**Münchener Kommentar
zum Wettbewerbsrecht**
Kartellrecht · Beihilfenrecht · Vergaberecht

Band 1/2: Europäisches Wettbewerbsrecht
Kfz-GVO
FuE-GVO
Spezialisierungs-GVO
TT-GVO
FKVO
Internationale Fusionskontrolle
Verfahren vor den Europäischen Gerichten in
Wettbewerbs- und Beihilfesachen

Die einzelnen Bände des
Münchener Kommentars zum Wettbewerbsrecht

Band 1: Europäisches Wettbewerbsrecht

Band 2: Deutsches Wettbewerbsrecht

Band 3: Vergaberecht I

Band 4: Vergaberecht II

Band 5: Beihilfenrecht

Münchener Kommentar zum Wettbewerbsrecht

Band 1/2
Europäisches Wettbewerbsrecht

Herausgegeben von

Prof. Dr. Dr. Dres. h.c. Franz Jürgen Säcker
em. Professor an der Freien Universität Berlin

Prof. Dr. Florian Bien Maître en Droit (Aix-Marseille III)
Professor an der Julius-Maximilians-Universität Würzburg

Prof. Dr. Peter Meier-Beck
Vorsitzender Richter am Bundesgerichtshof a. D. (Kartellsenat)
Honorarprofessor an der Heinrich-Heine-Universität Düsseldorf

Dr. Frank Montag, LL.M.
Rechtsanwalt in Brüssel

4. Auflage 2023

Zitiervorschlag:
MüKoWettbR/Säcker Kap. 1 Rn. 12
MüKoWettbR/Bien AEUV Art. 102 Rn. 1

www.beck.de

ISBN 978 3 406 80560 8

© 2023 Verlag C.H.Beck oHG
Wilhelmstraße 9, 80801 München

Druck: Westermann Druck Zwickau GmbH
Crimmitschauer Straße 43, 08058 Zwickau

Satz: Meta Systems Publishing & Printservices GmbH, Wustermark
Umschlag: Druckerei C.H.Beck Nördlingen
        nach einem Entwurf von Elmar Lixenfeld, duodez.de

chbeck.de/nachhaltig

Gedruckt auf säurefreiem, alterungsbeständigem Papier
(hergestellt aus chlorfrei gebleichtem Zellstoff)

Alle urheberrechtlichen Nutzungsrechte bleiben vorbehalten.
Der Verlag behält sich auch das Recht vor, Vervielfältigungen dieses Werkes
zum Zwecke des Text and Data Mining vorzunehmen.

Vorwort

Die Neuauflage des fünfbändigen Münchener Kommentars zum Wettbewerbsrecht bietet eine umfassende Erläuterung der zentralen wettbewerbsrechtlichen Bestimmungen: Unionskartellrecht (Band 1 in zwei Teilbänden), deutsches Kartellrecht (Band 2), Vergaberecht (Bände 3 und 4) und Beihilfenrecht (Band 5). Zu Band 1: Zusammenhänge und Zusammenspiel mit dem gewerblichen Rechtsschutz, dem Lauterkeits-, Verbraucherschutz-, Arbeits- und Regulierungsrecht sind im Grundlagenteil systematisch dargestellt. Auch die für das Verständnis des heutigen Wettbewerbsrechts unverzichtbaren wettbewerbsökonomischen Kenntnisse werden von anerkannten Ökonomen eingehend dargestellt, sodass bei den Einzelerläuterungen darauf verwiesen werden kann, um wettbewerbsrechtliche Streitfragen auf der Grundlage gesicherter wirtschaftswissenschaftlicher Erkenntnisse klären zu können. Dies ist von besonderer Bedeutung für die Fusionskontrolle, die sich seit der Einführung des SIEC-Prüfungsmaßstabs von einer primär marktanteilsbezogenen Betrachtung gelöst und zu einer umfassenden ökonomischen Analyse fortentwickelt hat. Seit der Dow/DuPont-Entscheidung wird die dynamische Entwicklung der Marktstrukturen auch außerhalb des Preiswettbewerbs – insbesondere hinsichtlich der Auswirkungen eines Zusammenschlusses auf die Innovationstätigkeit eines gesamten Industriezweigs – berücksichtigt. Die Entscheidung des EuG im Thyssen / Tata Steel Fall vom 22.6.2022 anerkennt Ermessensspielräume der Kommission bei der Definition des relevanten Marktes und der Marktbedeutung der Marktteilnehmer. Die systematische Einbeziehung der ökonomischen Entscheidungsgrundlagen in den Kommentar liefert die Basis für eine sachgerechte kritische Beurteilung dieser Entscheidungspraxis. Dadurch unterscheidet sich der Münchener Kommentar zum Wettbewerbsrecht deutlich von anderen Kommentaren.

Die Neuauflage von Band 1 berücksichtigt die zahlreichen jüngeren und jüngsten legislativen Reformen auf der Ebene des europäischen Wettbewerbsrechts. So bietet die neu aufgelegte Münchener Kommentar die erste Großkommentierung des Digital Markets Act (DMA), der neuen Vertikal-Gruppenfreistellungsverordnung (Vertikal-GVO) sowie der neuen Horizontal-Gruppenfreistellungsverordnungen für die Bereiche Forschung und Entwicklung sowie Spezialisierung. Die Neukommentierung berücksichtigt nicht nur das Zusammenspiel etwa des DMA mit dem traditionellen Wettbewerbsrecht, insbesondere Art. 102 AEUV, sondern auch mit neuen nationalen Vorschriften wie § 19a GWB, der in dem bereits erschienenen Band 2 (GWB) ebenfalls umfassend erläutert wird. Allein wegen der zusätzlichen Kommentierung des DMA auf knapp 500 Seiten bedurfte es der Aufteilung von Band 1 auf zwei Teilbände. Teilband 1/1 umfasst die Grundlagen, das Primärrecht (Art. 101-106) einschließlich der Sonderbereiche Versicherungswirtschaft, Verkehr und Landwirtschaft, den DMA, die VO 1/2003 (Wettbewerbsverfahrensrecht) und die neue Vertikal-GVO. Teilband 1/2 bietet eine Erläuterung weiterer Gruppenfreistellungsverordnungen (Kfz-Vertrieb, Forschung und Entwicklung, Technologie-Transfer und Spezialisierung), der Fusionskontrollverordnung (FKVO) und des Rechtsschutzes.

Da der Gesetzgeber das GWB mit dem EU-Kartellrecht (Art. 101 AEUV) auch bei rein innerstaatlich relevanten Wettbewerbsbeschränkungen harmonisiert hat, ist eine eigenständige Auslegung des deutschen Kartellrechts (§§ 1, 2 GWB), die zu von Art. 101 AEUV abweichenden Ergebnissen führt, nicht mehr gerechtfertigt. Eine Harmonisierungsnotwendigkeit besteht auch bei der Anwendung des Kartellverbots auf Solo-Selbstständige und bei klima- und umweltschützenden Nachhaltigkeitsvereinbarungen zwischen Wettbewerbern. Die Kommentierung der §§ 1 und 2 GWB beschränkt sich in Band 2 darauf, auf die umfassende Analyse der horizontalen und vertikalen Wettbewerbsbeschränkungen in Art. 101 AEUV zu verweisen und die für Deutschland besonders relevanten Fallgruppen ergänzend zu erläutern, um eine Doppelkommentierung zu vermeiden. Auch bei § 19 GWB konnte an die Erläuterungen zu Art. 102 AEUV angeknüpft werden. Die durch die Neunte GWB-Novelle (§ 18 GWB) näher präzisierten Kriterien für das Bestehen digitaler Marktmacht insbesondere von Online-Plattformen wie Amazon, Google, Facebook finden jetzt in der eingehenden Kommentierung des Digital Markets Act ihre Ergänzung und zugleich Konkretisierung.

Ebenso bestehen bei der Erfassung von Unternehmenszusammenschlüssen sowie beim Verfahrensrecht, beim Kartellschadensersatz- und Bußgeldrecht bedeutsame Unterschiede zwischen deutschem und europäischem Recht, die eingehend anhand der neuesten Rechtsprechung dargestellt werden. Das gilt auch für den Einfluss von Compliance-Maßnahmen auf die Bußgeldhöhe nach EU- und nach deutschem Recht. Der gerichtliche Rechtsschutz gegenüber kartellbehördlichen Entscheidungen, insbesondere gegenüber Bußgeldentscheidungen gegen Muttergesellschaften im Konzern wegen Kartellverstößen, ist sowohl nach deutschem Recht als auch nach EU-Recht gründlich dargestellt.

Vorwort

Die Erläuterungen haben angesehene Experten aus Wissenschaft und Praxis vorgenommen. Der Kreis der Herausgeber, die aus der Richterschaft, der Anwaltschaft und der Wissenschaft stammen, bürgt für praxisnahe und dogmatisch überzeugende Lösungen. Ziel des Kommentars ist es, in Auseinandersetzung mit der aktuellen Entscheidungspraxis der EU-Kommission, des Bundeskartellamtes und der Rechtsprechung klare Antworten auf die Fragen zu geben, die den Leser als Nutzer des Kommentars interessieren.

Die Herausgeber danken allen Autoren und Autorinnen, die die Mühen der Neuauflage auf sich genommen haben, zugleich im Namen des Verlages für Ihre kompetente Mitwirkung. Betont sei, dass alle Autoren und Autorinnen in diesem Band – unabhängig von ihrer beruflichen Haupttätigkeit – ihre persönliche wissenschaftliche Überzeugung zum Ausdruck bringen. Für die hervorragende verlagsseitige Betreuung dieses Bandes ist Frau Verena Eske und Frau Melanie Steiner herzlich zu danken.

Die kommentierten Gesetzestexte sind auf dem Stand 1.7.2023. Die zum 1.7.2023 in Kraft getretenen neuen Horizontal-Gruppenfreistellungsverordnungen (FuE, Spezialisierung) sind auf dem aktuellen Stand der Gesetzgebung kommentiert. Einige wichtige Entwicklungen sind bis zum Zeitpunkt der Drucklegung berücksichtigt worden, bspw. die Entscheidung des EuGH im Fall Towercast (Urt. v. 16.3.2023). Im Übrigen sind Rechtsprechung, Kommissionsentscheidungen und Literatur bis zum Stichtag 31.12.2022 (Allgemeiner Redaktionsschluss) ausgewertet worden. Die von der Kommission zwischenzeitlich verabschiedeten, zum Zeitpunkt der Drucklegung noch nicht im Amtsblatt veröffentlichten und noch nicht übersetzten Leitlinien „Horizontale Zusammenarbeit" sind stellenweise bereits in die Kommentierung eingeflossen, überwiegend jedoch in der Entwurfsfassung vom 1.3.2022 berücksichtigt worden.

Berlin, Brüssel, Karlsruhe, Würzburg, im Juli 2023   Die Herausgeber

Die Bearbeiter des ersten Bandes

Dr. Andreas Bardong, LL.M. (Michigan)
Bundesamt für Naturschutz, Bonn

Prof. Dr. Dr. h.c. Carl Baudenbacher
Of Counsel in Zürich/Oslo/Stavanger/Brüssel, ehem. Präsident des EFTA-Gerichtshofs

Prof. Dr. Carsten Becker
Direktor beim Bundeskartellamt, Bonn

Dr. Jochen Bernhard, Maître en Droit (Paris XII)
Rechtsanwalt in Stuttgart

Prof. Dr. Florian Bien, Maître en Droit (Aix-Marseille III)
Professor an der Julius-Maximilians-Universität Würzburg

Dr. Stephanie Birmanns
Rechtsanwältin in Brüssel

Dr. Alf-Henrik Bischke
Rechtsanwalt in Düsseldorf

Dr. Andreas v. Bonin, LL.M. (Columbia)
Rechtsanwalt in Brüssel

Dr. Wolfgang Bosch
Rechtsanwalt in Frankfurt

Dr. Ludger Breuer
Referatsleiter beim Bundeskartellamt, Bonn

Prof. Dr. Eckart Bueren
Inhaber des Lehrstuhls für Bürgerliches Recht, Kartellrecht, Handels- und Gesellschaftsrecht sowie Rechtsvergleichung an der Universität Göttingen

Prof. Dr. Christian Calliess, LL.M. Eur
Inhaber des Lehrstuhls für Öffentliches Recht und Europarecht an der Freien Universität Berlin, Inhaber eines Ad Personam Jean Monnet Chairs zum Recht der europäischen Integration

Prof. Dr. Peter Chrocziel, M.C.J., Attorney at Law (New York)
Rechtsanwalt in München, Honorarprofessor an der Universität Erlangen

Mag. Moritz Am Ende
Rechtsanwalt in Wien

Dr. Felix Engelsing
Direktor beim Bundeskartellamt, Bonn

Dr. Michael Esser
Rechtsanwalt in Düsseldorf

Dr. Oliver Fleischmann, LL.M. (Chicago)
Rechtsanwalt in Berlin

Die Bearbeiter

Dr. Jens Thomas Füller
Priv.-Doz., Rechtsanwalt in München

Dr. Anna Giedke
Rechtsanwältin in München

Prof. Dr. Jörg Gundel, Maître en Droit (Aix-Marseille III)
Professor an der Universität Bayreuth

Mag. Theresa Haas LL.M.
Rechtsberaterin im Juristischen Dienst des Rates der Europäischen Union

Dr. Andreas Hahn
Rechtsanwalt in Stuttgart

Christian Hildebrandt, Dipl.-Volkswirt
Senior Analyst bei der Monopolkommission, Bonn

Prof. Dr. Steffen Hindelang, LL.M. (Sheffield)
Professor an der Universität Uppsala und der Süddänischen Universität Odense

Alexander Israel, LL.M. (Boston)
Rechtsanwalt in Brüssel

Dr. Thorsten Käseberg, LL.M. (NYU)
Ministerialrat, Bundesministerium für Wirtschaft und Klimaschutz, Berlin

Prof. Dr. Wolfgang Kerber
Professor an der Philipps-Universität Marburg

Prof. Dr. Wolfgang Kirchhoff
Vorsitzender Richter am Bundesgerichtshof, Karlsruhe, Honorarprofessor an der Universität Bonn

Dr. Tobias Klose
Rechtsanwalt in Düsseldorf

Dr. Oliver Koch
Stellvertretender Referatsleiter, Europäische Kommission, Generaldirektion Energie, Brüssel

Ulrich v. Koppenfels
Sektorleiter in der Europäischen Kommission, Generaldirektion Energie, Brüssel

Prof. Dr. Stefan Korte, Dipl.-Kfm.
Professor an der Technischen Universität Chemnitz

Prof. Dr. Jan Krämer
Professor an der Universität Passau

Dr. Michael König
Referatsleiter, Direktorat für Digitale Plattformen, Generaldirektion Wettbewerb, Europäische Kommission, Brüssel

Roxana Mina Kruse
Rechtsanwältin in Düsseldorf

Prof. Dr. Peter Meier-Beck
Vorsitzender Richter am Bundesgerichtshof a.D. (Kartellsenat), Honorarprofessor an der Heinrich-Heine-Universität Düsseldorf

Prof. Dr. Jochen Mohr
Professor an der Universität Leipzig

Die Bearbeiter

Dr. Frank Montag, LL.M.
Rechtsanwalt in Brüssel

Prof. Dr. Rudolf Mögele
ehem. Stellv. Generaldirektor, Generaldirektion Landwirtschaft und ländliche Entwicklung, Europäische Kommission, Brüssel, Honorarprofessor an der Universität Würzburg

Stephan Manuel Nagel, LL.M. (European University Institute, Florenz)
Rechtsanwalt in Düsseldorf

Dr. Philipp Otto Neideck, LL.M. (Aberdeen)
Rechtsanwalt in Düsseldorf

Jörg Nothdurft
Direktor beim Bundeskartellamt, Bonn

Dr. Stefan Ohlhoff, LL.M. (London)
Rechtsanwalt in Berlin

Prof. a.D. Dr. Dr. h.c. Marian Paschke
Professor an der Universität Hamburg

Prof. Dr. Petra Pohlmann
Professorin an der Westfälischen Wilhelms-Universität Münster

Dr. Per Rummel
Regierungsrat im Ministerium für Verkehr Baden-Württemberg

Dr. Julian Sanner
Rechtsanwalt in Köln

Prof. Dr. Dr. Dres. h.c. Franz Jürgen Säcker
em. Professor an der Freien Universität Berlin

Dr. Denis Schlimpert, LL.M. (Université Paris 1 Panthéon-Sorbonne)
Rechtsanwalt in Hamburg

Hans-Helmut Schneider
Direktor beim Bundeskartellamt, Bonn

Prof. Dr. Dirk Schroeder
Rechtsanwalt in Köln, Honorarprofessor an der Universität zu Köln

Sascha Schubert, LL.M.
Rechtsanwalt in Brüssel

Prof. Dr. Ulrich Schwalbe
Professor an der Universität Hohenheim

Mag. Oliver Sitar
Referatsleiter, Europäische Kommission, Generaldirektion Landwirtschaft, Brüssel

Dr. Juliane Steffens, LL.M. (Harvard)
Referentin, Bundesministerium für Wirtschaft und Klimaschutz, Berlin

Prof. Dr. Peter-Tobias Stoll
Professor an der Universität Göttingen

Dr. rer. pol. Torben Stühmeier
Senior Economist bei der Monopolkommission, Bonn

Die Bearbeiter

Dr. Bastian Voell
Europäische Kommission, Brüssel

Prof. Dr. Florian Wagner-von Papp, LL.M. (Columbia Law School, New York)
Professor an der Helmut-Schmidt-Universität Hamburg

Prof. Dr. Thomas Weck
Lehrstuhl für Öffentliches Recht, Regulierungsrecht und Rechtsvergleichung, Frankfurt School of Finance and Management

Anne C. Wegner, LL.M. (European University Institute, Florenz)
Rechtsanwältin in Düsseldorf

Dr. Thomas Wessely
Rechtsanwalt in Brüssel

Prof. Dr. Maik Wolf
Professor an der Universität Erfurt

Prof. Dr. Wolfgang Wurmnest, LL.M. (Berkeley)
Professor an der Universität Hamburg

Dr. Asja Zorn
Rechtsanwältin in Berlin

Dr. Johannes Zöttl
Rechtsanwalt in Düsseldorf

Im Einzelnen haben bearbeitet

In Teilband 1:
Grundlagen
A. Die rechtspolitischen Grundlagen des Wettbewerbsrechts .... Franz Jürgen Säcker
B. Die ökonomischen Grundlagen des Wettbewerbsrechts .... Wolfgang Kerber/ Ulrich Schwalbe
C. Die Bedeutung der Grundrechte und Grundfreiheiten für das europäische Wettbewerbsrecht .... Christian Calliess
D. Wettbewerbs- und Regulierungsrecht .... Franz Jürgen Säcker
E. Das Verhältnis des europäischen Wettbewerbsrechts zum Lauterkeitsrecht („unfair competition law") .... Maik Wolf
F. Das Verhältnis des Wettbewerbsrechts und der Grundfreiheiten zu den gesetzlichen Regelungen zum Schutze geistigen Eigentums .... Maik Wolf
G. Das Verhältnis des europäischen Wettbewerbsrechts zum Arbeits- und Sozialrecht .... Jochen Mohr
H. Internationaler, sachlicher und zeitlicher Anwendungsbereich .... Florian Wagner-von Papp/ Wolfgang Wurmnest
I. Zentrale und dezentrale Anwendung des europäischen Wettbewerbsrechts; Verhältnis zum nationalen Recht .... Wolfgang Kirchhoff
J. Anwendung des Europäischen Wettbewerbsrechts im EWR .... Steffen Hindelang
K. Internationale Abkommen und Kooperationen (WTO, ICN, OECD, etc.) .... Peter Tobias Stoll

Art. 101 AEUV Kartellverbot
A. Einheitlicher Unternehmensbegriff .... Franz Jürgen Säcker/ Juliane Steffens
B. Vereinbarungen (Verträge, Beschlüsse, aufeinander abgestimmte Verhaltensweisen) im Sinne des Kartellrechts .... Marian Paschke
C. Verhinderung, Einschränkung oder Verfälschung des Wettbewerb .... Franz Jürgen Säcker/Asja Zorn
D. Horizontale Vereinbarungen .... Florian Wagner-von Papp
E. Vertikale Vereinbarungen und abgestimmte Verhaltensweisen .... Maik Wolf
F. Veränderungen der Unternehmensstruktur – insbes. Gemeinschaftsunternehmen .... Petra Pohlmann
G. Beeinträchtigung des zwischenstaatlichen Handels .... Wolfgang Kirchhoff
H. Art. 101 Abs. 2 – zivilrechtliche Folgen .... Franz Jürgen Säcker
I. Freistellung (Art. 101 Abs. 3 AEUV) .... Maik Wolf

Art. 102 AEUV Missbrauch einer marktbeherrschenden Stellung
A. Grundgegebenheiten und Normzweck von Art. 102 .. Florian Bien
B. Systematische Stellung von Art. 102 .... Florian Bien

Im Einzelnen haben bearbeitet

C. Normadressaten	Florian Bien
D. Marktabgrenzung und relevanter Markt	Jens Thomas Füller
E. Die marktbeherrschende Stellung	Florian Bien
F. Missbrauch einer marktbeherrschenden Stellung: Grundlagen	Florian Bien
G. Ausbeutungsmissbrauch und Diskriminierung (Beispieltatbestände in Art. 102 Abs. 2)	Florian Bien
H. Behinderungsmissbrauch	Florian Bien
I. Preisbezogener Behinderungsmissbrauch	Florian Bien
J. Missbräuchliche Rechtsverfolgung und ähnliche Formen des Behinderungsmissbrauchs	Florian Bien
K. Marktstrukturmissbrauch im engeren Sinne	Florian Bien
L. Verhältnis zwischen den einzelnen Missbrauchstatbeständen	Florian Bien
M. Eignung zur Beeinträchtigung des Handels zwischen den Mitgliedstaaten	Florian Bien
N. Zivilrechtsfolgen eines Verstoßes gegen Art. 102	Florian Bien
Art. 103 AEUV Erlass von Verordnungen und Richtlinien	Stefan Korte
Art. 104 AEUV Übergangsbestimmung	Stefan Korte
Art. 105 AEUV Wettbewerbsaufsicht	Stefan Korte
Art. 106 AEUV Öffentliche Unternehmen; Dienstleistungen von allgemeinem wirtschaftlichem Interesse	Jörg Gundel
Sonderbereiche	
A. Versicherungswirtschaft	Michael Esser
B. Verkehr (Land-, Luft- und Seeverkehr)	Per Rummel
C. Landwirtschaft	Rudolf Mögele/Oliver Sitar
DMA – Digital Markets Act (VO (EU) 2022/1925) Einleitung	Michael König
Ökonomische Grundlagen der digitalen Plattformregulierung	Jan Krämer
Art. 1–2	Michael König
Art. 3–13	Eckart Bueren/Thomas Weck
Art. 14	Thorsten Käseberg
Art. 15	Carsten Becker
Art. 16–19	Torben Stühmeier/Christian Hildebrandt
Art. 20–41	Sascha Schubert
Art. 42–54	Bastian Voell
VO 1/2003	
Art. 1–3	Andreas Bardong
Art. 4–10	Roxana Mina Kruse/Denis Schlimpert
Art. 11, 12	Andreas Bardong
Art. 13, 14	Hans-Helmut Schneider
Art. 15	Ludger Breuer/Jörg Nothdurft
Art. 16	Hans-Helmut Schneider
Art. 17–22	Alf-Henrik Bischke/Philipp Otto Neideck
Art. 23	Felix Engelsing/Hans-Helmut Schneider

Im Einzelnen haben bearbeitet

Art. 24–26	Hans-Helmut Schneider
Art. 27–45	Bastian Voell
Leniency-Bekanntmachung	Tobias Klose

Gruppenfreistellungsverordnungen
A. VO (EU) 2022/720 (Vertikal-GVO)

Einleitung, Art. 1–3	Jochen Bernhard
Art. 4–6	Johannes Zöttl
Art. 7–11	Jochen Bernhard

In Teilband 2:

B. VO (EU) Nr. 461/2010 (Kfz-GVO)	Wolfgang Bosch
C.I. VO (EU) Nr. 2023/1066 (FuE-GVO)	Peter Chrocziel/Anna Giedke
C.II. VO (EU) Nr. 1217/2010 (FuE-GVO 2010)	Peter Chrocziel/Anna Giedke
D. VO (EU) 2023/1067	Alexander Israel
E. GVO Nr. 316/2014 (TT-GVO)	Stephan Manuel Nagel

Europäische Fusionskontroll-VO Nr. 139/2004 (FKVO)

Grundlagen der europäischen Fusionskontrolle	Oliver Koch
Art. 1	Oliver Koch
Art. 2	Frank Montag/Andreas v. Bonin
Art. 3	Thomas Wessely/Anne Wegner
Art. 4	Dirk Schroeder/Julian Sanner
Art. 5	Thomas Wessely
Art. 6	Ulrich v. Koppenfels
Art. 7	Thomas Wessely
Art. 8	Ulrich v. Koppenfels
Art. 9	Stephanie Birmanns
Art. 10–13	Stefan Ohlhoff
Art. 14, 15	Oliver Fleischmann
Art. 16–20	Stefan Ohlhoff/Oliver Fleischmann
Art. 21, 22	Stephanie Birmanns
Art. 23–26	Andreas Hahn
Internationale Fusionskontrolle	Andreas Hahn
Verfahren vor den Europäischen Gerichten in Wettbewerbs- und Beihilfesachen	Carl Baudenbacher/Moritz am Ende/Theresa Haas
Sachverzeichnis	Vanessa Seibel

Verzeichnis der ausgeschiedenen und teilweise ausgeschiedenen Bearbeiter

Christoph Arhold: Art. 25, 26 VO (EG) 1/2003
Dr. Michael Bauer: Art. 4–10 VO 1/2003
Dr. Rainer Becker, LL.M. (Mc Gill): VO (EU) Nr. 461/2010 (Kfz-GVO)
Dr. Helmut Bergmann: Art. 23–26 FKVO, Internationale Fusionskontrolle
Dr. Ulf Böge: Art. 1–3 VO (EG) 1/2003,
Dr. Dirk Buschle: Verfahren vor den Europäischen Gerichten in Wettbewerbs- und Beihilfesachen, 1. und 2. Aufl.
Holger Dieckmann, LL.M.: Einleitung K. Anwendung des Europäischen Wettbewerbsrechts im EWR
Dr. Jochen Ehlers: Art. 81 EG D. Vertikale Wettbewerbsbeschränkungen, Gruppenfreistellungsverordnungen GVO Nr. 2790/1999 (Vertikal-GVO)
Prof. Dr. Dr. Thomas Eilmansberger: Art. 102 AEUV Missbrauch einer marktbeherrschenden Stellung
Dr. Michael Erhart: Sonderbereiche C. Landwirtschaft
Prof. Dr. Stefan Habermeier: Art. 81 EG D. Vertikale Wettbewerbsbeschränkungen
Prof. em. Dr. Harald Herrmann: Gruppenfreistellungsverordnungen F. GVO Nr. 358/2003 (Versicherungs-GVO)
Dr. Marco Herrmann: Einleitung D. Unternehmensbegriff
Dr. Andrea Herzog, LL.M.: Art. 101 AEUV D. Horizontale Vereinbarungen, Art. 101 AEUV E. Vertikale Vereinbarungen
Dr. Jörg Jaecks, LL.M.: Art. 81 EG I. Art. 81 Abs. 2 EG und zivilrechtliche Folgen
Dr. Thomas Jestaedt, LL.M.: Gruppenfreistellungsverordnungen A. GVO Nr. 330/2010 (Vertikal-GVO) (Vertikale Vereinbarungen)
Sven Leif Erik Johannsen: Gruppenfreistellungsverordnungen F. GVO Nr. 267/2010 (Versicherungs-GVO)
Robert Klotz: Sonderbereiche A. Telekommunikation und Energie
Dr. Dieter Kraus, LL.M.: Einleitung B. Die Bedeutung der Grundrechte und Grundfreiheiten für das System unverfälschten Wettbewerbs
Moritz Graf von Merveldt, LL.M.: Gruppenfreistellungsverordnungen C. GVO Nr. 1217/2010 (FuE- GVO)
Dr. Alexander Molle, LL.M. (Cambridge): Art. 101 AEUV C. Verhinderung, Einschränkung oder Verfälschung des Wettbewerbs ab der 3. Aufl. in Band 2
Jan Mühle: Art. 1–3 VO 1/2003
Barbara Rapp-Jung: Art. 83–85 EG
Georg Roebling: Einleitung E. Internationale Aspekte, F. Abkommen der EG mit Drittstaaten
Andreas Röhling: Gruppenfreistellungsverordnungen E. GVO Nr. 316/2014 (Technologie-GVO) (Technologietransfer)
Prof. Dr. Lars-Hendrik Röller: Einleitung I. Ökonomische Analyse des Begriffs „significant impediments to effective competition"
Dr. Michael Schedl: Art. 81 EG C. Horizontale Wettbewerbsbeschränkungen
Annette Schild (M.A.L.D. Fletcher School of Law and Diplomacy): Art. 9, 21, 22 VO Nr. 139/2004 (FKVO)
Dr. Christoph Schirra, LL.M. Eur.: Art. 27–45 VO 1/2003
Prof. em. Dr. Anton K. Schnyder: Einleitung G. Sachlicher, zeitlicher und räumlicher Geltungsbereich des Wettbewerbsrechts. Extraterritoriale Anwendung
Tania Schröter: Sonderbereiche B. Verkehr (Land-, Luft- und Seeverkehr)
Prof. Dr. Stephan Simon, LL.M. (Leicester): VO (EU) Nr. 461/2010 (Kfz-GVO)
Prof. Dr. Dr. h.c. Vassilios Skouris: Einleitung B. Die Bedeutung der Grundrechte und Grundfreiheiten für das System unverfälschten Wettbewerbs
Dr. Holger Stappert: Gruppenfreistellungsverordnungen F. GVO Nr. 267/2010 (Versicherungs-GVO) (Versicherungssektor)
Dr. Christian Stempel: Art. 11, 12 VO 1/2003
Dr. Andreas Strohm: Einleitung I. Ökonomische Analyse des Begriffs „significant impediments to effective competition"

Ausgeschiedene und teilweise ausgeschiedene Bearbeiter

Prof. Dr. Sven B. Völcker, LL.M.: Gruppenfreistellungsverordnungen D. GVO Nr. 2658/2000 (Spezialisierungs-GVO)

Mag. Dr. Hanno Wollmann: Art. 101 AEUV D. Horizontale Vereinbarungen, Art. 101 AEUV E. Vertikale Vereinbarungen

Inhaltsverzeichnis

Abkürzungs- und Literaturverzeichnis XXV

Teilband 1 enthält:

Kapitel 1. Grundlagen des Wettbewerbsrechts
A. Die rechtspolitischen Grundlagen des Wettbewerbsrechts 7
B. Die ökonomischen Grundlagen des Wettbewerbsrechts 21
C. Die Bedeutung der Grundfreiheiten und Grundrechte für das europäische Wettbewerbsrecht 272
D. Wettbewerbs- und Regulierungsrecht 353
E. Das Verhältnis des europäischen Wettbewerbsrechts zum Lauterkeitsrecht („unfair competition law") 362
F. Das Verhältnis des Wettbewerbsrechts und der Grundfreiheiten zu den gesetzlichen Regelungen zum Schutze geistigen Eigentums 373
G. Das Verhältnis des europäischen Wettbewerbsrechts zum Arbeits- und Sozialrecht 461
H. Internationaler, sachlicher und zeitlicher Anwendungsbereich 511
I. Zentrale und dezentrale Anwendung des europäischen Wettbewerbsrechts; Verhältnis zum nationalen Recht 589
J. Anwendung des Europäischen Wettbewerbsrechts im EWR 604
K. Internationale Abkommen und Kooperationen (WTO, ICN, OECD etc) sowie Abkommen der EU mit Drittstaaten (Europa-Abkommen, Freihandelsabkommen, Verwaltungsabkommen mit USA, Kanada, Japan) 616

Kapitel 2. Artikel 101–106 AEUV
Art. 101 AEUV [Kartellverbot] 657
A. Unternehmensbegriff 663
B. Vereinbarungen (Verträge, Beschlüsse, aufeinander abgestimmte Verhaltensweisen) iSd Kartellrechts 684
C. Verhinderung, Einschränkung oder Verfälschung des Wettbewerbs 723
D. Horizontale Vereinbarungen 757
E. Vertikale Vereinbarungen und abgestimmte Verhaltensweisen 835
F. Veränderungen der Unternehmensstruktur – insbes. Gemeinschaftsunternehmen 875
G. Beeinträchtigung des zwischenstaatlichen Handels 953
H. Zivilrechtliche Folgen (Abs. 2) 974
I. Freistellung gemäß Abs. 3 1003
Art. 102 AEUV [Missbrauch einer marktbeherrschenden Stellung] 1131
A. Grundgegebenheiten und Normzweck von Art. 102 1138
B. Systematische Stellung von Art. 102 1146
C. Normadressaten 1161
D. Marktabgrenzung und relevanter Markt 1165
E. Die marktbeherrschende Stellung 1212
F. Missbrauch einer marktbeherrschenden Stellung: Grundlagen 1237
G. Ausbeutungsmissbrauch und Diskriminierung (Beispieltatbestände in Abs. 2) 1259
H. Behinderungsmissbrauch 1293
I. Preisbezogener Behinderungsmissbrauch 1348
J. Missbräuchliche Rechtsverfolgung und ähnliche Formen des Behinderungsmissbrauchs 1385
K. Marktstrukturmissbrauch im engeren Sinn 1392
L. Verhältnis zwischen den einzelnen Missbrauchstatbeständen 1398
M. Eignung zur Beeinträchtigung des Handels zwischen den Mitgliedstaaten ... 1401
N. Zivilrechtsfolgen eines Verstoßes gegen Art. 102 1408
Art. 103 AEUV [Erlass von Verordnungen und Richtlinien] 1430
Art. 104 AEUV [Übergangsbestimmung] 1444

Inhaltsverzeichnis

Art. 105 AEUV [Wettbewerbsaufsicht] 1449
Art. 106 AEUV [Öffentliche Unternehmen; Dienstleistungen von allgemeinem wirtschaftlichem Interesse] 1455

Kapitel 3. Sonderbereiche
A. Versicherungswirtschaft 1531
B. Verkehr (Binnen-, Luft- und Seeverkehr) 1619
C. Landwirtschaft 1641

Kapitel 4. Digital Markets Act – DMA
Verordnung (EU) 2022/1925 des Europäischen Parlaments und des Rates vom 14. September 2022 über bestreitbare und faire Märkte im digitalen Sektor und zur Änderung der Richtlinien (EU) 2019/1937 und (EU) 2020/1828 (Gesetz über digitale Märkte)

Einleitung 1722
Ökonomische Grundlagen der digitalen Plattformregulierung 1735

Kapitel I. Gegenstand, Anwendungsbereich und Begriffsbestimmungen 1763
Art. 1 Gegenstand und Anwendungsbereich 1763
Art. 2 Begriffsbestimmungen 1777

Kapitel II. Torwächter 1809
Art. 3 Benennung von Torwächtern 1809
Art. 4 Überprüfung des Torwächter-Status 1838

Kapitel III. Unfaire oder die Bestreitbarkeit beschränkende Praktiken von Torwächtern 1843
Art. 5 Verpflichtungen von Torwächtern 1843
Art. 6 Verpflichtungen von Torwächtern, die möglicherweise noch durch Artikel 8 näher ausgeführt werden 1914
Art. 7 Verpflichtung von Torwächtern zur Interoperabilität nummernunabhängiger interpersoneller Kommunikationsdienste 1989
Art. 8 Einhaltung der Verpflichtungen durch Torwächter 2006
Art. 9 Aussetzung 2025
Art. 10 Befreiung aus Gründen der öffentlichen Gesundheit und der öffentlichen Sicherheit 2032
Art. 11 Berichterstattung 2039
Art. 12 Aktualisierung der Verpflichtungen der Torwächter 2043
Art. 13 Umgehungsverbot 2053
Art. 14 Verpflichtung zur Unterrichtung über Zusammenschlüsse 2063
Art. 15 Prüfungspflicht 2065

Kapitel IV. Marktuntersuchung 2074
Art. 16 Einleitung einer Marktuntersuchung 2074
Art. 17 Marktuntersuchung zur Benennung von Torwächtern 2075
Art. 18 Marktuntersuchung bei systematischer Nichteinhaltung 2077
Art. 19 Marktuntersuchung in Bezug auf neue Dienste und neue Praktiken ... 2081

Kapitel V. Untersuchungs-, Durchsetzungs- und Überwachungsbefugnisse 2083
Art. 20 Einleitung eines Verfahrens 2083
Art. 21 Auskunftsverlangen 2084
Art. 22 Befugnis zur Befragung und zur Aufnahme von Aussagen 2090
Art. 23 Befugnis zur Durchführung von Nachprüfungen 2094
Art. 24 Einstweilige Maßnahmen 2105
Art. 25 Verpflichtungszusagen 2109
Art. 26 Überwachung von Verpflichtungen und Maßnahmen 2113
Art. 27 Informationen von Dritten 2117
Art. 28 Compliance-Funktion 2120
Art. 29 Nichteinhaltung 2123
Art. 30 Geldbußen 2132
Art. 31 Zwangsgelder 2142
Art. 32 Verjährungsfrist für die Verhängung von Sanktionen 2146
Art. 33 Verjährungsfrist für die Durchsetzung von Sanktionen 2148
Art. 34 Anspruch auf rechtliches Gehör und Recht auf Akteneinsicht 2150

Inhaltsverzeichnis

Art. 35	Jährliche Berichterstattung	2156
Art. 36	Berufsgeheimnis	2156
Art. 37	Zusammenarbeit mit nationalen Behörden	2160
Art. 38	Zusammenarbeit und Koordinierung mit für die Durchsetzung von Wettbewerbsvorschriften zuständigen nationalen Behörden	2161
Art. 39	Zusammenarbeit mit nationalen Gerichten	2171
Art. 40	Hochrangige Gruppe	2177
Art. 41	Ersuchen um Einleitung einer Marktuntersuchung	2180
Art. 42	Verbandsklagen	2182
Art. 43	Meldung von Verstößen und Schutz von Hinweisgebern	2182
Kapitel VI. Schlussbestimmungen		2183
Art. 44	Veröffentlichung von Beschlüssen	2183
Art. 45	Ermessensnachprüfung durch den Gerichtshof	2184
Art. 46	Durchführungsvorschriften	2184
Art. 47	Leitlinien	2186
Art. 48	Festlegung von Normen	2187
Art. 49	Ausübung der Befugnisübertragung	2188
Art. 50	Ausschussverfahren	2190
Art. 51	Änderung der Richtlinie (EU) 2019/1937	2191
Art. 52	Änderung der Richtlinie (EU) 2020/1828	2191
Art. 53	Evaluierung	2191
Art. 54	Inkrafttreten und Geltungsbeginn	2192

Kapitel 5. Wettbewerbsverfahrensrecht

Verordnung (EG) Nr. 1/2003 des Rates vom 16. Dezember 2002 zur Durchführung der in den Artikeln 81 und 82 des Vertrags niedergelegten Wettbewerbsregeln

Kapitel I. Grundsätze		2201
Art. 1	Anwendung der Artikel 81 und 82 des Vertrags	2201
Art. 2	Beweislast	2212
Art. 3	Verhältnis zwischen den Artikeln 81 und 82 des Vertrags und dem einzelstaatlichen Wettbewerbsrecht	2227
Kapitel II. Zuständigkeit		2264
Art. 4	Zuständigkeit der Kommission	2264
Art. 5	Zuständigkeit der Wettbewerbsbehörden der Mitgliedstaaten	2266
Art. 6	Zuständigkeit der Gerichte der Mitgliedstaaten	2277
Kapitel III. Entscheidungen der Kommission		2279
Vor Art. 7 ff.		2279
Art. 7	Feststellung und Abstellung von Zuwiderhandlungen	2282
Art. 8	Einstweilige Maßnahmen	2295
Art. 9	Verpflichtungszusagen	2302
Art. 10	Feststellung der Nichtanwendbarkeit	2321
Kapitel IV. Zusammenarbeit		2332
Art. 11	Zusammenarbeit zwischen der Kommission und den Wettbewerbsbehörden der Mitgliedstaaten	2332
Art. 12	Informationsaustausch	2371
Art. 13	Aussetzung und Einstellung des Verfahrens	2397
Art. 14	Beratender Ausschuss	2406
Art. 15	Zusammenarbeit mit den Gerichten der Mitgliedstaaten	2422
Art. 16	Einheitliche Anwendung des gemeinschaftlichen Wettbewerbsrechts	2442
Kapitel V. Ermittlungsbefugnisse		2451
Vor Art. 17 ff.		2451
Art. 17	Untersuchung einzelner Wirtschaftszweige und einzelner Arten von Vereinbarungen	2461
Art. 18	Auskunftsverlangen	2464
Art. 19	Befugnis zur Befragung	2473
Art. 20	Nachprüfungsbefugnisse der Kommission	2477
Art. 21	Nachprüfungen in anderen Räumlichkeiten	2492
Art. 22	Ermittlungen durch Wettbewerbsbehörden der Mitgliedstaaten	2496

Inhaltsverzeichnis

Kapitel VI. Sanktionen		2499
Art. 23	Geldbußen	2499
Art. 24	Zwangsgelder	2545
Kapitel VII. Verjährung		2556
Art. 25	Verfolgungsverjährung	2556
Art. 26	Vollstreckungsverjährung	2564
Kapitel VIII. Anhörungen und Berufsgeheimnis		2567
Art. 27	Anhörung der Parteien, der Beschwerdeführer und sonstiger Dritter	2567
Art. 28	Berufsgeheimnis	2581
Kapitel IX. Freistellungsverordnungen		2584
Art. 29	Entzug des Rechtsvorteils in Einzelfällen	2584
Kapitel X. Allgemeine Bestimmungen		2585
Art. 30	Veröffentlichung von Entscheidungen	2585
Art. 31	Nachprüfung durch den Gerichtshof	2588
Art. 32	[aufgehoben]	2590
Art. 33	Erlass von Durchführungsvorschriften	2590
Kapitel XI. Übergangs-, Änderungs- und Schlussbestimmungen		2591
Art. 34	Übergangsbestimmungen	2591
Art. 35	Bestimmung der Wettbewerbsbehörden der Mitgliedstaaten	2592
Art. 36	[aufgehoben]	2593
Art. 37	Änderung der Verordnung (EWG) Nr. 2988/74	2593
Art. 38	Änderung der Verordnung (EWG) Nr. 4056/86	2593
Art. 39	Änderung der Verordnung (EWG) Nr. 3975/87	2594
Art. 40	Änderung der Verordnungen 19/65/EWG, (EWG) Nr. 2821/71 und (EWG) Nr. 1534/91	2594
Art. 41	[aufgehoben]	2594
Art. 42	[aufgehoben]	2594
Art. 43	Aufhebung der Verordnungen Nrn. 17 und 141	2594
Art. 44	Berichterstattung über die Anwendung der vorliegenden Verordnung	2595
Art. 45	Inkrafttreten	2595

Kapitel 6. Leniency-Bekanntmachung

Mitteilung der Kommission über den Erlass und die Ermäßigung von Geldbußen in Kartellsachen vom 8. Dezember 2006 2597

Kapitel 7. Gruppenfreistellungsverordnungen
A. Vertikal-GVO (VO (EU) 2022/720)

Verordnung (EU) 2022/720 der Kommission vom 10. Mai 2022 über die Anwendung des Artikels 101 Absatz 3 des Vertrags über die Arbeitsweise der Europäischen Union auf Gruppen von vertikalen Vereinbarungen und abgestimmten Verhaltensweisen

Einleitung		2655
Art. 1	Begriffsbestimmungen	2667
Art. 2	Freistellung	2701
Art. 3	Marktanteilsschwelle	2716
Art. 4	Beschränkungen, die zum Ausschluss des Rechtsvorteils der Gruppenfreistellung führen – Kernbeschränkungen	2719
Art. 5	Nicht freigestellte Beschränkungen	2762
Art. 6	Entzug des Rechtsvorteils im Einzelfall	2776
Art. 7	Nichtanwendung dieser Verordnung	2780
Art. 8	Anwendung der Marktanteilsschwelle	2781
Art. 9	Anwendung der Umsatzschwelle	2784
Art. 10	Übergangszeitraum	2785
Art. 11	Geltungsdauer	2787

Inhaltsverzeichnis

Teilband 2 enthält:

B. Kfz-GVO (VO (EU) Nr. 461/2010) Vertriebs- und Kundendienstvereinbarungen im Kfz-Sektor
Verordnung (EU) Nr. 461/2010 der Kommission vom 27. Mai 2010 über die Anwendung von Artikel 101 Absatz 3 des Vertrags über die Arbeitsweise der Europäischen Union auf Gruppen von vertikalen Vereinbarungen und abgestimmten Verhaltensweisen im Kraftfahrzeugsektor

Einleitung		2793
Kapitel I. Gemeinsame Bestimmungen		2799
Art. 1	Begriffsbestimmungen	2799
Kapitel II. Vertikale Vereinbarungen über den Bezug, Verkauf oder Weiterverkauf neuer Kraftfahrzeuge		2810
Art. 2	Geltung der Verordnung (EG) Nr. 1400/2002	2810
Art. 3	Anwendung der Verordnung (EU) Nr. 330/2010	2811
Kapitel III. Vertikale Vereinbarungen in Bezug auf den Kfz-Anschlussmarkt		2815
Art. 4	Freistellung	2815
Art. 5	Beschränkungen, die zum Ausschluss des Rechtsvorteils der Gruppenfreistellung führen – Kernbeschränkungen	2823
Kapitel IV. Schlussbestimmungen		2829
Art. 6	Nichtanwendung dieser Verordnung	2829
Art. 7	Überwachung und Bewertungsbericht	2830
Art. 8	Geltungsdauer	2830

C. FuE-GVO (VO (2023/1066))
Verordnung (EU) (2023/1066) der Kommission vom 1. Juni 2023 über die Anwendung von Artikel 101 Absatz 3 des Vertrags über die Arbeitsweise der Europäischen Union auf bestimmte Gruppen von Vereinbarungen über Forschung und Entwicklung

I. Kommentierung der aktuellen FuE-GVO (VO (2023/1066))

Einleitung		2834
Art. 1	Begriffsbestimmungen	2837
Art. 2	Freistellung	2850
Art. 3	Zugang zu den Endergebnissen	2854
Art. 4	Zugang zu bereits vorhandenem Know-how	2857
Art. 5	Gemeinsame Verwertung	2858
Art. 6	Marktanteilsschwellenwerte und Freistellungsdauer	2859
Art. 7	Anwendung der Marktanteilsschwellenwerte	2866
Art. 8	Kernbeschränkungen	2867
Art. 9	Nicht freigestellte Beschränkungen	2872
Art. 10	Entzug des Rechtsvorteils in Einzelfällen durch die Kommission	2876
Art. 11	Entzug des Rechtsvorteils in Einzelfällen durch die Wettbewerbsbehörde eines Mitgliedstaats	2878
Art. 12	Übergangszeitraum	2878
Art. 13	Inkrafttreten und Anwendung	2879

II. Kommentierung der FuE-GVO Nr. 1217/2010 (nicht mehr in Kraft)
Verordnung (EU) Nr. 1217/2010 der Kommission vom 14. Dezember 2010 über die Anwendung von Artikel 101 Absatz 3 des Vertrags über die Arbeitsweise der Europäischen Union auf bestimmte Gruppen von Vereinbarungen über Forschung und Entwicklung

Art. 1	Begriffsbestimmungen	2882
Art. 2	Freistellung	2893
Art. 3	Freistellungsvoraussetzungen	2899
Art. 4	Marktanteilsschwelle und Freistellungsdauer	2904
Art. 5	Kernbeschränkungen	2911
Art. 6	Nicht freigestellte Beschränkungen	2917

Inhaltsverzeichnis

Art. 7	Anwendung der Marktanteilsschwelle	2920
Art. 8	Übergangszeitraum	2923
Art. 9	Geltungsdauer	2923

D. Spezialisierungs-GVO (VO (EU) 2023/1067)

Verordnung (EU) 2023/1067 der Kommission vom 1. Juni 2023 über die Anwendung des Artikels 101 Absatz 3 des Vertrags über die Arbeitsweise der Europäischen Union auf bestimmte Gruppen von Spezialisierungsvereinbarungen

Einleitung		2927
Art. 1	Begriffsbestimmungen	2932
Art. 2	Freistellung	2939
Art. 3	Marktanteilsschwellenwert	2944
Art. 4	Anwendung des Marktanteilsschwellenwerts	2946
Art. 5	Kernbeschränkungen	2947
Art. 6	Entzug des Rechtsvorteils in Einzelfällen durch die Kommission	2948
Art. 7	Entzug des Rechtsvorteils in Einzelfällen durch die Wettbewerbsbehörde eines Mitgliedstaats	2949
Art. 8	Übergangszeitraum	2949
Art. 9	Inkrafttreten und Anwendung	2950

E. TT-GVO (VO (EU) Nr. 316/2014)

Verordnung (EU) Nr. 316/2014 der Kommission vom 21. März 2014 über die Anwendung von Artikel 101 Absatz 3 des Vertrags über die Arbeitsweise der Europäischen Union auf Gruppen von Technologietransfer-Vereinbarungen

Einleitung		2954
Art. 1	Begriffsbestimmungen	3001
Art. 2	Freistellung	3055
Art. 3	Marktanteilsschwellen	3063
Art. 4	Kernbeschränkungen	3066
Art. 5	Nichtfreigestellte Beschränkungen	3095
Art. 6	Entzug des Rechtsvorteils im Einzelfall	3102
Art. 7	Nichtanwendung dieser Verordnung	3106
Art. 8	Anwendung der Marktanteilsschwellen	3108
Art. 9	Verhältnis zu anderen Gruppenfreistellungsverordnungen	3114
Art. 10	Übergangszeit	3114
Art. 11	Geltungsdauer	3114

Kapitel 8
Europäische Fusionskontroll-VO Nr. 139/2004 (FKVO)

Verordnung (EG) Nr. 139/2004 des Rates vom 20. Januar 2004 über die Kontrolle von Unternehmenszusammenschlüssen („EG-Fusionskontrollverordnung")

Einleitung – Grundlagen der europäischen Fusionskontrolle		3121
Art. 1	Anwendungsbereich	3177
Art. 2	Beurteilung von Zusammenschlüssen	3195
Art. 3	Definition des Zusammenschlusses	3344
Art. 4	Vorherige Anmeldung von Zusammenschlüssen und Verweisung vor der Anmeldung auf Antrag der Anmelder	3403
Art. 5	Berechnung des Umsatzes	3443
Art. 6	Prüfung der Anmeldung und Einleitung des Verfahrens	3470
Art. 7	Aufschub des Vollzugs von Zusammenschlüssen	3485
Art. 8	Entscheidungsbefugnisse der Kommission	3514
Art. 9	Verweisung an die zuständigen Behörden der Mitgliedstaaten	3571
Art. 10	Fristen für die Einleitung des Verfahrens und für Entscheidungen	3605
Art. 11	Auskunftsverlangen	3616
Art. 12	Nachprüfungen durch Behörden der Mitgliedstaaten	3630
Art. 13	Nachprüfungsbefugnisse der Kommission	3632
Art. 14	Geldbußen	3639
Art. 15	Zwangsgelder	3648

Inhaltsverzeichnis

Art. 16	Kontrolle durch den Gerichtshof	3651
Art. 17	Berufsgeheimnis	3655
Art. 18	Anhörung Beteiligter und Dritter	3666
Art. 19	Verbindung mit den Behörden der Mitgliedstaaten	3688
Art. 20	Veröffentlichung von Entscheidungen	3697
Art. 21	Anwendung dieser Verordnung und Zuständigkeit	3699
Art. 22	Verweisung an die Kommission	3719
Art. 23	Durchführungsbestimmungen	3747
Art. 24	Beziehungen zu Drittländern	3749
Art. 25	Aufhebung	3750
Art. 26	Inkrafttreten und Übergangsbestimmungen	3751

Kapitel 9
Internationale Fusionskontrolle 3753

Kapitel 10
Verfahren vor den Europäischen Gerichten in Wettbewerbs- und Beihilfesachen ... 3805

Sachverzeichnis 3999

XXIII

Abkürzungs- und Literaturverzeichnis

aA	am Anfang; anderer Ansicht
abgedr.	abgedruckt
Abk.	Abkommen
abl.	ablehnend
ABl.	Amtsblatt der Europäischen Union/Gemeinschaft
Abs.	Absatz
Abschn.	Abschnitt
abw.	abweichend
AcP	Archiv für die civilistische Praxis (Zeitschrift)
aE	am Ende
AER	s. Am. Econ. Rev.
AEUV	Vertrag über die Arbeitsweise der Europäischen Union
aF	alte Fassung
AFDI	Annuaire Français de Droit International (Zeitschrift)
AG	Die Aktiengesellschaft (Zeitschrift)
AGB	Allgemeine Geschäftsbedingungen
AJCL	American Journal of Comparative Law (Zeitschrift)
AJIL	American Journal of International Law (Zeitschrift)
AktG	Aktiengesetz
Alt.	Alternative
aM	anderer Meinung
Am. Econ. Rev.	The American Economic Review (Zeitschrift)
Am. Univ. Int'l L. Rev.	American University International Law Review (Zeitschrift)
Am. Univ. L. Rev.	American University Law Review (Zeitschrift)
Anh.	Anhang
Anl.	Anlage
Anm.	Anmerkung
Ann. eur.	Annuaire européen (Zeitschrift) s. EuYB
Antitrust	Antitrust (Zeitschrift)
Antitrust Bull.	The Antitrust Bulletin (Zeitschrift)
Antitrust L. J.	Antitrust Law Journal (Zeitschrift)
AöR	Archiv des Öffentlichen Rechts (Zeitschrift)
Areeda/Hovenkamp	Areeda/Hovenkamp, Antitrust Law, An Analysis of Antitrust Principles and Their Application, New York/Gaithersburg 1986 ff.
Art.	Artikel
Auernhammer/Bearbeiter	Eßer/Kramer/von Lewinski, DSGVO/BDSG – Datenschutz-Grundverordnung/Bundesdatenschutzgesetz und Nebengesetze, 7. Aufl. 2020
Aufl.	Auflage
ausf.	Ausführlich
Bauer/Rahlmeyer/Schöner VertriebsKartellR-HdB/Bearbeiter	Bauer/Rahlmeyer/Schöner, Handbuch Vertriebskartellrecht, 1. Aufl. 2020
BB	Der Betriebs-Berater (Zeitschrift)
Bd.	Band
BDI	Bundesverband der Deutschen Industrie
Bechtold/Bosch	Bechtold/Bosch, Kartellgesetz: GWB, 10. Aufl. 2021
Bechtold/Bosch/Brinker	Bechtold/Bosch/Brinker, EU-Kartellrecht, 4. Aufl. 2023
BeckOGK/Bearbeiter	Gsell/Krüger/Lorenz/Reymann, beck-online.GROSSKOMMENTAR
Becker/Hossenfelder	Becker/Hossenfelder, Einführung in das neue Kartellrecht, 2006
Behrens EuWettbR-HdB	Behrens, Europäisches Marktöffnungs- und Wettbewerbsrecht, 2017
Bek.	Bekanntmachung
Bekanntmachung „Beratungsschreiben"	Bekanntmachung der Kommission Informelle Orientierungshilfen zu neuen oder ungelösten Fragen im Zusammenhang mit der Anwendung der Artikel 101 und

Abkürzungs- und Literaturverzeichnis

Bekanntmachung „Beschwerde"	102 des Vertrags über die Arbeitsweise der Europäischen Union in Einzelfällen (Beratungsschreiben) (ABl. 2022 C 381, 9) Bekanntmachung über die Behandlung von Beschwerden durch die Kommission gemäß Art. 81 und 82 EG-Vertrag (ABl. 2004 C 101, 65)
Bekanntmachung „Bewährte Vorgehensweisen"	Bekanntmachung der Kommission über bewährte Vorgehensweisen in Verfahren nach Artikel 101 und 102 des AEUV (ABl. 2011 C 308, 6)
Bekanntmachung „Marktabgrenzung"	Bekanntmachung der Kommission über die Definition des relevanten Marktes im Sinne des Wettbewerbsrechts der Gemeinschaft (ABl. 1997 C 372, 5)
Bekanntmachung „Nebenabreden"	Bekanntmachung der Kommission über Einschränkungen des Wettbewerbs, die mit der Durchführung von Unternehmenszusammenschlüssen unmittelbar verbunden und für diese notwendig sind (ABl. 2005 C 56, 24)
Bekanntmachung „Vereinfachtes Verfahren"	Bekanntmachung der Kommission über ein vereinfachtes Verfahren für bestimmte Zusammenschlüsse gemäß der Verordnung (EG) Nr. 139/2004 des Rates (ABl. 2013 C 366, 5)
Bekanntmachung „Zulieferverträge"	Bekanntmachung der Kommission vom 18.12.1978 über die Beurteilung von Zulieferverträgen nach Artikel 85 Absatz 1 des Vertrages zur Gründung der Europäischen Wirtschaftsgemeinschaft (ABl. 1978 C 1, 2)
Bekanntmachung „Zusammenarbeit Kommission/nationale Gerichte"	Bekanntmachung der Kommission über die Zusammenarbeit zwischen der Kommission und den Gerichten der EU-Mitgliedstaaten bei der Anwendung der Artikel 81 und 82 EG-Vertrag (ABl. 2004 C 101, 54)
Bekanntmachung „Zusammenarbeit Wettbewerbsbehörden"	Bekanntmachung der Kommission über die Zusammenarbeit innerhalb des Netzes der Wettbewerbsbehörden (ABl. 2004 C 101, 43)
Bellamy/Child	Bellamy/Child, European Community Law of Competition 8th ed. 2018
Benkard PatG/Bearbeiter	Benkard, Patentgesetz, Kommentar, 11. Aufl. 2015
Berg/Mäsch/Bearbeiter .	Berg/Mäsch, Deutsches und Europäisches Kartellrecht, 3. Aufl. 2018
Bergmann/Lenz	Bergmann/Lenz, Der Amsterdamer Vertrag: Eine Kommentierung der Neuerungen des EU- und EG-Vertrags, 1998
Berkeley J. Int'l L.	Berkeley Journal of International Law (Zeitschrift)
BerlKommEnergieR/ Bearbeiter	Säcker, Berliner Kommentar zum Energierecht, Band 3 (Energieumweltrecht, Energieeffizienzrecht, Energieanlagenrecht), Band 6 (MsbG – Messstellenbetriebsgesetz), Band 8 (EEG – Erneuerbare-Energien-Gesetz 2021, WindSeeG – Windenergie-auf-See-Gesetz), jeweils 5. Aufl. 2022; Band 7 (KWKG – Kraft-Wärme-Kopplungsgesetz), 5. Aufl. 2021; Band 1, Halbband 1 (Energiewirtschaftsrecht und Energiesicherungsgesetz, Grundlagen, §§ 1–42a EnWG) und Halbband 2 (Energiewirtschaftsrecht und Energiesicherungsgesetz, §§ 43–120 EnWG, EnSiG, BBPlG, EnLAG, NABEG), 4. Aufl. 2019, Band 3 (Europäische und deutsche Rechtsverordnungen zum Energierecht), 4. Aufl. 2018
BerlKommTKG/ Bearbeiter	Säcker, Berliner Kommentar zum Telekommunikationsgesetz, 2. Aufl. 2009
Beschl.	Beschluss
BGB	Bürgerliches Gesetzbuch
BGBl.	Bundesgesetzblatt
BGH	Bundesgerichtshof
BGHZ	Entscheidungen des Bundesgerichtshofs in Zivilsachen
Bien/Käseberg/Klumpe/ Körber/Ost 10. GWB-Novelle	Bien/Käseberg/Klumpe/Körber/Ost, Die 10. GWB-Novelle, 1. Aufl. 2021
BKartA	Bundeskartellamt
Blattmann Informationsaustausch	Blattmann, Der Informationsaustausch zwischen Wettbewerbern, 1. Aufl. 2012
BMWi	Bundesministerium für Wirtschaft und Energie
BReg	Bundesregierung

Abkürzungs- und Literaturverzeichnis

BRS VertriebsKartellR-HdB/Bearbeiter	Bauer/Rahlmeyer/Schöner, Handbuch Vertriebskartellrecht, 1. Aufl. 2020
Bsp.	Beispiel(e)
bspw.	beispielsweise
BT-Drs.	Bundestags-Drucksache
Bunte/Bearbeiter	Bunte, Kommentar zum deutschen und europäischen Kartellrecht, 14. Aufl. 2021
Bunte/Stancke KartellR	Bunte/Stancke, Kartellrecht, 4. Aufl. 2022
Butterworth	Butterworth's Competition Law: a Handbook, 25. Aufl. 2019
Busch/Bearbeiter	Busch, P2B-VO, 1. Aufl. 2022
BVerfG	Bundesverfassungsgericht
BVerfGE	Entscheidungen des Bundesverfassungsgerichts
BYIL	British Yearbook of International Law (Zeitschrift)
bzgl.	bezüglich
bzw.	beziehungsweise
C	Communicatio
C.A.	Court of Appeal (GB); Court of Appeals (USA)
Calliess/Ruffert/Bearbeiter	Calliess/Ruffert, EUV/AEUV, Das Verfassungsrecht der Europäischen Union mit Europäischer Grundrechtecharta, 6. Aufl. 2022
Cartou	Cartou, Communautés Européens, 10. Aufl. 1992
CDE	Cahiers de droit européen (Zeitschrift)
CFI	Court of First Instance (now EGC, Court of Justice of the European Union)
Chrocziel GewRS	Chrocziel, Einführung in den Gewerblichen Rechtsschutz und das Urheberrecht, 3. Aufl. 2019
CLI	Competition Law Inside (Zeitschrift)
Cloos/Reinesch/Vignes/Weiland	Cloos/Reinesch/Vignes/Weiland, Le Traité des Maastricht, 2. Aufl. 1994
CLPD	Competition Law & Policy Debate (Zeitschrift)
CMLR	Common Market Law Reports (Zeitschrift)
CMLRev.	Common Market Law Review (Zeitschrift)
Competition Policy Int.	Competition Policy International (Zeitschrift)
Constantinesco/Jacqué/Kovar/Simon	Constantinesco/Jacqué/Kovar/Simon, Traité instituant la CEE 1992
Cook/Kerse	Cook/Kerse, E. C. Merger Control, 5th ed. 2009
CPN	Competition Policy Newsletter (Zeitschrift)
CR	Computer und Recht (Zeitschrift)
Dalheimer/Feddersen/Miersch/Bearbeiter	Dalheimer/Feddersen/Miersch, EU-Kartellverfahrensverordnung, 2005
Dauses/Ludwigs EU-WirtschaftsR-HdB/Bearbeiter	Dauses, Handbuch des EU-Wirtschaftsrechts, Loseblattsammlung, 54. Ergänzungslieferung, Stand: Oktober 2021
Däubler/Wedde/Weichert/Sommer/Bearbeiter	Däubler/Wedde/Weichert/Sommer, EU-DSGVO und BDSG, 2. Aufl. 2020
DB	Der Betrieb (Zeitschrift)
de Bronett	de Bronett, Europäisches Kartellverfahrensrecht, 2. Aufl. 2012
De-minimis-Bekanntmachung	Bekanntmachung der Kommission über Vereinbarungen von geringer Bedeutung, die im Sinne des Artikels 101 Absatz 1 des Vertrags über die Arbeitsweise der Europäischen Union den Wettbewerb nicht spürbar beschränken (De-minimis-Bekanntmachung), ABl. 2014 C 291, 1
DesignG	Gesetz über den rechtlichen Schutz von Design (Designgesetz)
dh	das heißt
Diss.	Dissertation
DoJ	Department of Justice
Dok.	Dokument
DöV	Die Öffentliche Verwaltung (Zeitschrift)
DPMA	Deutsches Patent- und Markenamt
Drauz/Jones EU Competition Law II	Drauz/Jones, EU Competition Law, Volume II: Mergers and Acquisitions, 2. Aufl. 2011
Dreher/Hoffmann/Kling KartellR	Dreher/Hoffmann/Kling, Kartell- und Wettbewerbsrecht der Versicherungsunternehmen, 2. Aufl. 2015

Abkürzungs- und Literaturverzeichnis

Drs.	Drucksache
DVBl	Deutsche Verwaltungsblätter (Zeitschrift)
DVO FKVO	Verordnung (EU) 2023/914 der Kommission vom 20.4.2023 zur Durchführung der Verordnung (EG) Nr. 139/2004 des Rates über die Kontrolle von Unternehmenszusammenschlüssen und zur Aufhebung der Verordnung (EG) Nr. 802/2004 der Kommission (ABl. 2023 L 119, 22)
DZWir	Deutsche Zeitschrift für Wirtschaftsrecht (Zeitschrift)
EA	Europa-Abkommen
EAGV	Vertrag zur Gründung der Europäischen Atomgemeinschaft
EBOR	European Business Organization Law Review (Zeitschrift)
E. Bus. L. Rev.	s. Eur. Bus. L. Rev
EC	European Community; European Community Treaty
ECA	European Competition Authorities
ECC	European Commercial Cases (Zeitschrift)
ECJ	Court of Justice of the European Union
ECLR	European Competition Law Review (Zeitschrift)
ECN+-Richtlinie	Richtlinie (EU) 2019/1 des Europäischen Parlaments und des Rates vom 11. Dezember 2018 zur Stärkung der Wettbewerbsbehörden der Mitgliedstaaten im Hinblick auf eine wirksamere Durchsetzung der Wettbewerbsvorschriften und zur Gewährleistung des reibungslosen Funktionierens des Binnenmarkts, ABl. 2019 L 11, 3
ECR	European Court Report
ECSC	European Coal and Steel Community
ECU	European Currency Unit
ed./éd.	edited; edition; editor; edizione; éditeur; edition
EEA	Einheitliche Europäische Akte
EEC	European Economic Community
E. Econ. Rev.	s. Eur. Econ. Rev.
EFTA	European Free Trade Association
EG	Europäische Gemeinschaft; Vertrag zur Gründung der Europäischen Gemeinschaften idF des Vertrages über die Europäische Union v. 7.2.1992, BGBl. II 1253 (1256), geändert durch Beitrittsvertrag vom 24.6.1994, BGBl. II 2022 idF des Beschlusses vom 1.1.1995, ABl. L 1, 1, ber. ABl. 1997 L 179, 12, geändert durch den Amsterdamer Vertrag vom 2.10.1997, BGBl. II 387, ber. BGBl. II 416 und durch den Vertrag von Nizza vom 26.2.2001, BGBl. II 2001
EGBGB	Einführungsgesetz zum Bürgerlichen Gesetzbuch
EGKSV	Vertrag über die Gründung der Europäischen Gemeinschaft für Kohle und Stahl vom 18.4.1951 (BGBl. II 445)
Ehlers GuG	Ehlers, Europäische Grundrechte und Grundfreiheiten, 4. Aufl. 2015
Ehmann/Selmayr/Bearbeiter	Ehmann/Selmayr, Datenschutz-Grundverordnung, 2. Aufl. 2018
Einf.	Einführung
Einl.	Einleitung
EIPR	European Intellectual Property Review (Zeitschrift)
EJIL	European Journal of International Law (Zeitschrift)
ELJ	European Law Journal (Zeitschrift)
ELR	European Law Reporter (Zeitschrift)
ELRev.	European Law Review (Zeitschrift)
Emmerich/Lange	Emmerich/Lange, Kartellrecht, 15. Aufl. 2021
EMRK	Europäische Konvention zum Schutz der Menschenrechte und Grundfreiheiten v. 4.1.1950 (BGBl. II 685)
endg.	endgültig
Entsch.	Entscheidung
entspr.	entsprechend
EnWG	Gesetz über die Elektrizitäts- und Gasversorgung (Energiewirtschaftsgesetz)
EO	Erzeugerorganisation(en)
EPA	Europäisches Patentamt
EPG	Europäische Politische Gemeinschaft
EPL	European Public Law (Zeitschrift)
EPÜ	Europäisches Patentübereinkommen
Erl.	Erläuterung
Erwgr.	Erwägungsgrund
ESA	Europäische Weltraumorganisation
EStAL	European State Aid Law Quarterly (Zeitschrift)
ET	Energiewirtschaftliche Tagesfragen (Zeitschrift)
etc	et cetera

Abkürzungs- und Literaturverzeichnis

EU	Europäische Union
EuG	Gericht des Gerichtshofs der Europäischen Union
EuGH	Gerichtshof des Gerichtshofs der Europäischen Union
EUMR	European Union Merger Regulation
EuR	Europarecht (Zeitschrift)
Eur. Bus. L. Rev.	European Business Law Review (Zeitschrift)
Eur. Competition J.	European Competition Journal (Zeitschrift)
Eur. Econ. Rev.	European Economic Review (Zeitschrift)
Euratom	Europäische Atomgemeinschaft
EUV	Vertrag über die Europäische Union
EuYB	European Yearbook (Zeitschrift)
EuZW	Europäische Zeitschrift für Wirtschaftsrecht (Zeitschrift)
EW	Magazin für die Energiewirtschaft (Zeitschrift)
EWG	Europäische Wirtschaftsgemeinschaft
EWGV	Vertrag zur Gründung der Europäischen Wirtschaftsgemeinschaft vom 25.3.1957 (BGBl. II 753)
EWiR	Entscheidungen zum Wirtschaftsrecht (Zeitschrift)
EWR	Europäischer Wirtschaftsraum
EWRA	EWR-Abkommen
EWS	Europäisches Wirtschafts- und Steuerrecht (Zeitschrift)
f.	folgend
FAQ	Frequently asked questions
Faull & Nikpay	Faull/Nikpay, The EC Law of Competition, 3. Aufl. 2014
FERC	Federal Energy Regulation Commission (USA)
Fezer/Büscher/Obergfell/Bearbeiter	Fezer/Büscher/Obergfell, UWG, Band 1, 2, Kommentar, 3. Aufl. 2016
ff.	fortfolgende
Fikentscher	Fikentscher, Wirtschaftsrecht Band I, Weltwirtschaftsrecht und Europäisches Wirtschaftsrecht, Band II, Deutsches Wirtschaftsrecht, 1983
FIW-Schriftenreihe	Schriftenreihe des Forschungsinstituts für Wirtschaftsverfassung und Wettbewerb e.V., Köln
FK-EUV/GRC/AEUV	Pechstein/Nowak/Häde, Frankfurter Kommentar EUV, GRC und AEUV, Band 1–4, 2017
FK-KartellR/Bearbeiter	Jaeger/Kokott/Pohlmann/Schroeder/Kulka, Frankfurter Kommentar zum Kartellrecht, Loseblattsammlung, 6 Bände, 100. Aktualisierung, Stand 2021
FKVO	Verordnung (EG) Nr. 139/2004 des Rates vom 20.1.2004 über die Kontrolle von Unternehmenszusammenschlüssen (EU-Fusionskontrollverordnung) (ABl. 2004 L 24, 1)
Flohr/Wauschkuhn	Flohr/Wauschkuhn, Vertriebsrecht, 3. Aufl. 2023
Fn.	Fußnote
Fordham Corp. L. Inst.	Annual Proceedings of the Fordham Corporate Law Institute (Zeitschrift)
Fordham Int. L. J.	Fordham International Law Journal (Zeitschrift)
Fordham L. Rev.	Fordham Law Review (Zeitschrift)
Formblatt CO	Verordnung (EU) 2023/914 der Kommission vom 20.4.2023 zur Durchführung der Verordnung (EG) Nr. 139/2004 des Rates über die Kontrolle von Unternehmenszusammenschlüssen und zur Aufhebung der Verordnung (EG) Nr. 802/2004 der Kommission (ABl. 2023 L 119, 22), Anhang I – Formblatt CO zur Anmeldung eines Zusammenschlusses nach der Verordnung (EG) Nr. 139/2004
Franzen/Gallner/Oetker/Bearbeiter	Franzen/Gallner/Oetker, Kommentar zum europäischen Arbeitsrecht, 4. Aufl. 2022
FS	Festschrift
Bearbeiter FS Baudenbacher	Economic Law and Justice in Times of Globalisation – Wirtschaftsrecht und Justiz in Zeiten der Globalisierung, Festschrift für Carl Baudenbacher, 2007
Bearbeiter FS Wiedemann,	Das Unternehmen in der Wettbewerbsordnung, Festschrift für Gerhard Wiedemann zum 70. Geburtstag, 2020
Frenz EuropaR-HdB I	Frenz, Handbuch Europarecht, Band 1: Europäische Grundfreiheiten, 2. Aufl. 2012
Frenz EuropaR-HdB II	Frenz, Handbuch Europarecht, Band 2: Europäisches Kartellrecht, 2. Aufl. 2014
FTC	Federal Trade Commission
FuE-GVO	Verordnung (EU) 2023/1066 der Kommission vom 1.6.2023 über die Anwendung von Artikel 101 Absatz 3 des Vertrags über die Arbeitsweise der Europäischen Union auf bestimmte Gruppen von Vereinbarungen über Forschung und Entwicklung (ABl. 2023 L 143, 9)

Abkürzungs- und Literaturverzeichnis

FuE-GVO 2010	Verordnung (EU) Nr. 1217/2010 der Kommission vom 14.12.2010 über die Anwendung von Artikel 101 Absatz 3 des Vertrags über die Arbeitsweise der Europäischen Union auf bestimmte Gruppen von Vereinbarungen über Forschung und Entwicklung (ABl. 2010 L 335, 36), außer Kraft mit Ablauf des 30.6.2023
G.Y.I.L.	German Yearbook of International Law (Zeitschrift)
GA	Generalanwalt
GASP	Gemeinsame Außen- und Sicherheitspolitik
GATT	General Agreement on Tariffs and Trade/Allgemeines Zoll- und Handelsabkommen
GCR	Global Competition Review (Zeitschrift)
GD	Generaldirektion, Directorate General
GebrMG	Gebrauchsmustergesetz
GebrMV	Gebrauchsmusterverordnung
Geiger/Khan/Kotzur/Bearbeiter	Geiger/Khan/Kotzur, EUV/AEUV, 6. Aufl. 2017
gem.	gemäß
GemGeschmVO	Verordnung (EG) Nr. 6/2002 des Rates vom 12.12.2001 über das Gemeinschaftsgeschmacksmuster, ABl. 2002 L 3, 1
Geo. Mason L. Rev.	George Mason Law Review (Zeitschrift)
GeschOK	Geschäftsordnung der Kommission
GewA	Gewerbearchiv (Zeitschrift)
GG	Grundgesetz für die Bundesrepublik Deutschland
ggf.	gegebenenfalls
ggü.	gegenüber
GH	Gerichtshof
GK-KartellR/Bearbeiter	Müller-Henneberg/Schwartz/Hootz, Gesetz gegen Wettbewerbsbeschränkungen und Europäisches Kartellrecht – Gemeinschaftskommentar, Loseblattausgabe, 5. Aufl. 2006
Gleiss/Hirsch/Bearbeiter	Gleiss/Hirsch, Kommentar zum EG-Kartellrecht, 4. Aufl. 1993
Glöckner	Glöckner, Kartellrecht – Recht gegen Wettbewerbsbeschränkungen, 3. Aufl. 2021
GmSOGB	Gemeinsamer Senat der obersten Gerichtshöfe des Bundes
GMV	Verordnung (EG) Nr. 207/2009 des Rates vom 26.2.2009 über die Gemeinschaftsmarke, ABl. 2009 L 78, 1
GO	Geschäftsordnung
Goyder	Goyder, EC Competition Law, 5th ed. 2009
GPU	Gemeinschaftspatentübereinkommen
Grabitz/Hilf/Nettesheim/Bearbeiter ..	Grabitz/Hilf/Nettesheim, Das Recht der Europäischen Union, Loseblattsammlung, 74. EL 2021, Stand: September 2021
Grabenwarter/Pöcherstorfer/Rosenmayr-Klemenz Grundrechte	Grabenwarter/Pöcherstorfer/Rosenmayr-Klemenz, Die Grundrechte des Wirtschaftslebens nach dem Vertrag von Lissabon, 1. Aufl. 2011
GRCh	Charta der Grundrechte der Europäischen Union
grds.	grundsätzlich
Grüneberg/Bearbeiter ...	Ellenberger/Götz/Grüneberg/Herrler/von Pückler/Retzlaff/Siede/Sprau/Thorn/Weidenkaff/Weidlich/Wicke, Bürgerliches Gesetzbuch, 82. Aufl. 2023
GRUR	Gewerblicher Rechtsschutz und Urheberrecht (Zeitschrift)
GRUR Int.	Gewerblicher Rechtsschutz und Urheberrecht. Internationaler Teil (Zeitschrift)
GU	Gemeinschaftsunternehmen
GVBl.	Gesetz- und Verordnungsblatt
GVO	Gruppenfreistellungsverordnung
GWB	Gesetz gegen Wettbewerbsbeschränkungen
HambJB	Hamburger Jahrbuch für Wirtschafts- und Gesellschaftspolitik (Zeitschrift)
Harv. Int'l L. J.	Harvard International Law Review (Zeitschrift)
Harv. L. Rev.	Harvard Law Review (Zeitschrift)
Hastings Int'l & Comp. L. Rev.	Hastings International & Comparative Law Review (Zeitschrift)
Hauschka/Moosmayer/Lösler Corporate Compliance/Bearbeiter	Hauschka/Moosmayer/Lösler, Corporate Compliance, 3. Aufl. 2016
HdB-EuropaR/	Schulze/Janssen/Kadelbach, Europarecht, 4. Aufl. 2020

Abkürzungs- und Literaturverzeichnis

Heinemann Immaterial-güterschutz	Heinemann, Immaterialgüterschutz in der Wettbewerbsordnung, 1. Aufl. 2002
Hellermann Örtliche Daseinsvorsorge	Hellermann, Örtliche Daseinsvorsorge und gemeindliche Selbstverwaltung, 1. Aufl. 2000
HGB	Handelsgesetzbuch
Hilty/Henning-Bodewig LauterkeitsR ...	Hilty/Henning-Bodewig, Lauterkeitsrecht und Acquis Communautaire, 1. Aufl. 2009
HK-DS-GVO/BDSG ...	Sydow/Marsch, DS-GVO – BDSG, 3. Aufl. 2022
HK-UnionsR	Vedder/Heintschel von Heinegg, Europäisches Unionsrecht, 2. Aufl. 2018
HK-VerwR	Fehling/Kastner/Störmer, Verwaltungsrecht, 5. Aufl. 2021
hM	herrschende Meinung
Hoeren/Sieber/Holznagel MMR-HdB/Bearbeiter	Hoeren/Sieber/Holznagel, Handbuch Multimedia-Recht, 57. Aufl. 2021
Hrsg.	Herausgeber
Hs.	Halbsatz
I.E.C.L.	International Encyclopedia of Comparative Law, hrsg. v. David u.a., ab 1974
IBL	International Business Lawyer (Zeitschrift)
ICLQ	International Comparative Law Quarterly (Zeitschrift)
ICN	International Competition Network (Zeitschrift)
idR	in der Regel
iE	im Einzelnen
iErg	im Ergebnis
ieS	im engeren Sinne
IIC	International Review of Industrial Property and Copyright Law (Zeitschrift)
ILA	International Law Association
ILJ	Industrial Law Journal (Zeitschrift)
ILM	International Legal Materials (American Society of International Law) (Zeitschrift)
Immenga/Mestmäcker/Bearbeiter	Körber/Schweitzer/Zimmer, Wettbewerbsrecht, Band 1–5, 6. Aufl. 2019 f.
Immenga/Mestmäcker WettbR/Bearbeiter	Immenga/Mestmäcker, EG-Wettbewerbsrecht, 3. Aufl. 2001
insbes.	insbesondere
insg.	insgesamt
iR	im Rahmen
iRd	im Rahmen des/der
iRe	im Rahmen einer/eines
iRv	Im Rahmen von
iS	im Sinne
iSd	im Sinne des
iSe	im Sinne einer/eines
iSv	im Sinne von
iÜ	im Übrigen
iVm	in Verbindung mit
iwS	im weiteren Sinne
iZw	Im Zweifel
J. Comp. L. & Econ.	Journal of Competition Law & Economics (Zeitschrift)
JEBO	Journal of Economic Behavior & Organization (Zeitschrift)
J. L. & Econ.	Journal of Law and Economics (Zeitschrift)
J. World Trade	Journal of World Trade (Zeitschrift)
J. World Trade L.	Journal of World Trade Law (Zeitschrift)
Jb.f.Sw.	Jahrbuch für Sozialwissenschaft (Zeitschrift)
Jb.N.St.	Jahrbuch für Nationalökonomie und Statistik (Zeitschrift)
JCP	Jurisclasseur périodique – La semaine juridique (Zeitschrift)
JECLAP	Journal of European Competition Law & Practice (Zeitschrift)
JIEL	Journal of International Economic Law (Zeitschrift)
Jones/Sufrin	Jones/Sufrin, EU Competition Law, 7th ed. 2019
Jones/Weinert	Jones/Weinert, EU Competition Law, Volume II – Mergers and Acquisitions, 3. Aufl. 2021
JuS	Juristische Schulung (Zeitschrift)
JZ	Juristenzeitung (Zeitschrift)
K. Schmidt GesR	K. Schmidt, Gesellschaftsrecht, 4. Aufl. 2002
Kamann/Ohlhoff/Völcker Kartellverfahren-HdB/Bearbeiter	Kamann/Ohlhoff/Völcker, Kartellverfahren und Kartellprozess, 2017

Abkürzungs- und Literaturverzeichnis

Karpenstein/Mayer	Karpenstein/Mayer, Konvention zum Schutz der Menschenrechte und Grundfreiheiten: EMRK, 3. Aufl. 2022
KartB	Kartellbehörde
KassKomm/Bearbeiter	Körner/Krasney/Mutschler/Rolfs, Kasseler Kommentar Sozialversicherungsrecht, 118. Aufl. 2022
KBF/Bearbeiter	Köhler/Bornkamm/Feddersen, UWG, 40. Aufl. 2022
KEL	Kosten effizienter Leistungserbringung, vgl. § 21 EnWG, § 30 TKG
Kerse/Khan	Kerse/Khan, EU Antitrust Procedure, 6th ed. 2011
Kersting/Podszun 9. GWB-Novelle/Bearbeiter	Kersting/Podszun, Die 9. GWB-Novelle, 2017
Kfz-GVO	Verordnung (EU) Nr. 461/2010 der Kommission vom 27.5.2010 über die Anwendung von Artikel 101 Absatz 3 des Vertrags über die Arbeitsweise der Europäischen Union auf Gruppen von vertikalen Vereinbarungen und abgestimmten Verhaltensweisen im Kraftfahrzeugsektor L 129/52 28.5.2010
KG	Kammergericht (Berlin)
KK-OWiG/Bearbeiter	Mitsch, Karlsruher Kommentar zum Gesetz über Ordnungswidrigkeiten: OWiG, 5. Aufl. 2018
KK-StPO/Bearbeiter	Hannich, Karlsruher Kommentar zur Strafprozessordnung: StPO, 8. Aufl. 2019
Klees	Klees, Europäisches Kartellverfahrensrecht einschließlich Fusionskontrollverfahren, 2005
Kleinmann/Bechtold	Kleinmann/Bechtold, Kommentar zur Fusionskontrolle, 3. Aufl. 2005
Kling/Thomas	Kling/Thomas, Kartellrecht, 2. Aufl. 2016
KBF/Bearbeiter	Köhler/Bornkamm/Feddersen, UWG, 40. Aufl. 2022.
Kölner Komm KartellR/Bearbeiter	Busche/Röhling, Kölner Kommentar zum Kartellrecht, Bände 1–4, 2. Aufl. 2017
Kom.	Kommission
Kom. Befristeter Rahmen	Kommission, Befristeter Rahmen für die Prüfung kartellrechtlicher Fragen der Zusammenarbeit von Unternehmen in durch den derzeitigen COVID-19-Ausbruch verursachten Notsituationen, ABl. 2020 C 116 I, 7 („Kom. Befristeter Rahmen")
Kom. Wettbewerbsbericht	Kommission, Bericht über die Wettbewerbspolitik, Nr. (Jahr) Seite Randnummer
Komm.	Kommentar
Koppensteiner WettbR	Koppensteiner, Wettbewerbsrecht, Kommentar, 3. Aufl. 1997, Band 1 4. Aufl. 2021
Korah	Korah, An introductory guide to EEC Competition Law and Practice, 9th ed. 2007
krit.	kritisch
KS	Kartellsenat
Kühnen	Kühnen, Handbuch der Patentverletzung, 14. Aufl. 2022
Lampert/Niejahr/Kübler/Weidenbach	Lampert/Niejahr/Kübler/Weidenbach, EG-KartellVO, Praxiskommentar zur Verordnung (EG) Nr. 1/2003, 2004
Lane	Lane, EC Competition Law, 2001
Lange	Lange, Handbuch zum deutschen und europäischen Kartellrecht, 2. Aufl. 2006
Langheid/Wandt	Langheid/Wandt, Münchener Kommentar zum Versicherungsvertragsgesetz: VVG, Band 1, 3. Aufl. 2022; Band 2–3, 2. Aufl. 2016
Leitlinien „Festsetzung von Geldbußen"	Leitlinien für das Verfahren zur Festsetzung von Geldbußen gemäß Artikel 23 Absatz 2 Buchstabe a der Verordnung (EG) Nr. 1/2003 (ABl. 2006 C 210, 02)
Leitlinien „horizontale Zusammenarbeit"	Leitlinien zur Anwendbarkeit von Artikel 101 des Vertrags über die Arbeitsweise der Europäischen Union auf Vereinbarungen über horizontale Zusammenarbeit (ABl. 2011 C 11, 01); Novellierung nach allgemeinem Redaktionsschluss, Leitlinien vom 1.6.2023, C (2023) 3445 final; sofern in Kommentierungen bereits in Bezug genommen, erfolgt ein klarstellender Hinweis iRd jeweiligen Kommentierung
Leitlinien „horizontale Zusammenschlüsse"	Leitlinien zur Bewertung horizontaler Zusammenschlüsse gemäß der Ratsverordnung über die Kontrolle von Unternehmenszusammenschlüssen (ABl. 2004 C 31, 03)
Leitlinien „nichthorizontale Zusammenschlüsse"	Leitlinien zur Bewertung nichthorizontaler Zusammenschlüsse gemäß der Ratsverordnung über die Kontrolle von Unternehmenszusammenschlüssen (ABl. 2008 C 265, 07)

Abkürzungs- und Literaturverzeichnis

Leitlinien „Tarifverträge Solo-Selbstständige"	Leitlinien zur Anwendung des EU-Wettbewerbsrechts auf Tarifverträge über die Arbeitsbedingungen von Solo-Selbstständigen (ABl. 2022 C 374, 2)
Leitlinien-E „Tarifverträge Solo-Selbstständige"	Entwurf von Leitlinien zur Anwendung des EU-Wettbewerbsrechts auf Tarifverträge über die Arbeitsbedingungen von Solo-Selbstständigen (ABl. 2022 C 374, 2)
Leitlinien „Technologietransfer"	Leitlinien zur Anwendung von Artikel 101 des Vertrags über die Arbeitsweise der Europäischen Union auf Technologietransfer-Vereinbarungen (ABl. 2014 C 89, 03)
Leitlinien „Verkauf und Instandsetzung von Kraftfahrzeugen"	Ergänzende Leitlinien für vertikale Beschränkungen in Vereinbarungen über den Verkauf und die Instandsetzung von Kraftfahrzeugen und den Vertrieb von Kraftfahrzeugersatzteilen (ABl. 2010 C 138, 05)
Leitlinien „vertikale Vereinbarungen"	Mitteilung der Kommission: Leitlinien für vertikale Beschränkungen (ABl. 2022 C 248, 1)
Leitlinien „zwischenstaatlicher Handel"	Bekanntmachung – Leitlinien über den Begriff der Beeinträchtigung des zwischenstaatlichen Handels in den Artikeln 81 und 82 EG-Vertrag (ABl. 2004 C 101, 81)
Leitlinien zu Art. 81(3)	Leitlinien zur Anwendung von Art. 81 Abs. 3 EG-Vertrag (ABl. 2004 C 101, 97)
Lenz	Lenz, EG-Handbuch, Recht im Binnenmarkt, 2. Aufl. 1994
Lenz/Borchardt	Lenz/Borchardt, EU-Verträge: Kommentar 6. Aufl. 2012
Lettl	Lettl, Kartellrecht, 5. Aufl. 2021
Levy/Cook	Levy/Cook, European Merger Control Law: A Guide to the Merger Regulation, Loseblattsammlung, 2 Bände, 1286. Aktualisierung Oktober 2021
LG	Landgericht
Liebscher/Flohr/Petsche Gruppenfreistellungs-VO-HdB	Liebscher/Flohr/Petsche, Handbuch der EU-Gruppenfreistellungsverordnungen, 2. Aufl. 2012
Lit.	Literatur
lit.	littera (Buchstabe)
LKB	Landeskartellbehörde
LMIV	Verordnung (EU) Nr. 1169/2011 des Europäischen Parlaments und des Rates vom 25. Oktober 2011 betreffend die Information der Verbraucher über Lebensmittel
LMRKM/Bearbeiter	Loewenheim/Meessen/Riesenkampff/Kersting/Meyer-Lindemann, Kommentar zum Deutschen und Europäischen Kartellrecht, 4. Aufl. 2020
Löffler FKVO	Löffler, Kommentar zur europäischen Fusionskontrollverordnung, 1. Aufl. 2001
Löwisch/Rieble	Löwisch/Rieble, Tarifvertragsgesetz, 4. Aufl. 2017
LT-Drs.	Landtags-Drucksache
Lübbig/Klasse KartR Pharma- und Gesundheitssektor	Lübbig/Klasse, Kartellrecht im Pharma- und Gesundheitssektor, 2. Aufl. 2015
MA	Der Markenartikel (Zeitschrift)
Mäger EurKartellR/Bearbeiter	Mäger, Europäisches Kartellrecht, 2. Aufl. 2011
Mandat des Anhörungsbeauftragten	Beschluss des Präsidenten der Europäischen Kommission v. 13.10.2011 über Funktion und Mandat des Anhörungsbeauftragten in bestimmten Wettbewerbsverfahren, ABl. 2011 L 275, 29
Marly SoftwareR-HdB	Marly, Praxishandbuch Softwarerecht, 7. Aufl. 2018
Mäsch	Praxiskommentar zum deutschen und europäischen Kartellrecht, 2009
maW	mit anderen Worten
Merger Regulation	Council Regulation (EC) No 139/2004 of 20 January 2004 on the control of concentrations between undertakings (the EC Merger Regulation) (OJ No. L 24/1 of 29 January 2004)
Mestmäcker/Schweitzer EuWettbR	Mestmäcker/Schweitzer, Europäisches Wettbewerbsrecht, 3. Aufl. 2014
Meyer-Goßner/Schmitt	Meyer-Goßner/Schmitt, Strafprozessordnung: StPO, 65. Aufl. 2022
MHdB ArbR/Bearbeiter	Kiel/Lunk/Oetker, Münchener Handbuch zum Arbeitsrecht, Band 1–4, 5. Aufl. 2021

Abkürzungs- und Literaturverzeichnis

Mitteilung „Economic Evidence"	Mitteilung der Kommission „Best Practices for the Submissions of Economic Evidence and Data Collection in cases concerning the application of Articles 101 and 102 TFEU and in Merger Cases"
Mitteilung „Abhilfemaßnahmen"	Mitteilung der Kommission über nach der Verordnung (EG) Nr. 139/2004 des Rates und der Verordnung (EG) Nr. 802/2004 der Kommission zulässige Abhilfemaßnahmen (ABl. 2008 C 267, 1)
Mitteilung „Begriff des Vollfunktions-GU"	Mitteilung der Kommission über den Begriff des Vollfunktions-Gemeinschaftsunternehmens nach der Verordnung (EWG) Nr. 4064/89 des Rates über die Kontrolle von Unternehmenszusammenschlüssen (ABl. 1998 C 66, 1)
Mitteilung „Beteiligte Unternehmen"	Mitteilung der Kommission über den Begriff der beteiligten Unternehmen in der Verordnung (EWG) Nr. 4064/89 des Rates über die Kontrolle von Unternehmenszusammenschlüssen (ABl. 1998 C 66, 14)
Mitteilung „Beurteilung von Vollfunktions-GU" .	Mitteilung der Kommission über die Beurteilung von Vollfunktionsgemeinschaftsunternehmen nach den Wettbewerbsregeln der Europäischen Gemeinschaft (ABl. 1998 C 66, 38)
Mitteilung „Daseinsvorsorge in Europa"	Mitteilung der Kommission über die Daseinsvorsorge in Europa (ABl. 2001 C 17, 4)
Mitteilung „Erlass und Ermäßigung von Geldbußen"	Mitteilung der Kommission über den Erlass und die Ermäßigung von Geldbußen in Kartellsachen (ABl. 2006 C 298, 11)
Mitteilung „Funktionieren der VO 1/2003"	Mitteilung der Kommission über das Funktionieren der Verordnung (EG) Nr. 1/2003 des Rates vom 29.4.2009 (KOM(2009) 206)
Mitteilung „Merger Best Practices"	Mitteilung der Kommission „Best Practices on the conduct of EC merger control proceedings" vom 20.1.2004
Mitteilung „Regeln für die Einsicht in Kommissionsakten"	Mitteilung der Kommission über die Regeln für die Einsicht in Kommissionsakten in Fällen einer Anwendung der Artikel 81 und 82 EG-Vertrag, Artikel 53, 54 und 57 des EWR-Abkommens und der Verordnung (EG) Nr. 139/2004 (ABl. 2005 C 325, 07)
Mitteilung „Schadensumfang"	Mitteilung der Kommission zur Ermittlung des Schadensumfangs bei Schadensersatzklagen wegen Zuwiderhandlungen gegen Artikel 101 oder 102 des Vertrags über die Arbeitsweise der Europäischen Union (ABl. 2013 C 167, 19)
Mitteilung „Umsatzberechnung"	Mitteilung der Kommission über die Berechnung des Umsatzes im Sinne der Verordnung (EWG) Nr. 4064/89 des Rates über die Kontrolle von Unternehmenszusammenschlüssen (ABl. 1998 C 66, 25)
Mitteilung „Vergleichsverfahren"	Mitteilung der Kommission über die Durchführung von Vergleichsverfahren bei dem Erlass von Entscheidungen nach Artikel 7 und Artikel 23 der Verordnung (EG) Nr. 1/2003 des Rates in Kartellfällen (ABl. 2008 C 167, 1)
Mitteilung „Versicherungssektor"	Mitteilung der Kommission über die Anwendung von Artikel 101 Absatz 3 des Vertrags über die Arbeitsweise der Europäischen Union auf Gruppen von Vereinbarungen, Beschlüssen und abgestimmten Verhaltensweisen im Versicherungssektor (ABl. 2010 C 82, 20)
Mitteilung „Verweisung Fusionssachen"	Mitteilung der Kommission über die Verweisung von Fusionssachen (ABl. 2005 C 56, 02)
Mitteilung „Zusammenschlussbegriff"	Mitteilung der Kommission über den Begriff des Zusammenschlusses der Verordnung (EWG) Nr. 4064/89 des Rates über die Kontrolle von Unternehmenszusammenschlüssen (ABl. 1998 C 66, 5)
Mitteilung „Zuständigkeit"	Konsolidierte Mitteilung der Kommission zu Zuständigkeitsfragen gemäß der Verordnung (EG) Nr. 139/2004 des Rates über die Kontrolle von Unternehmenszusammenschlüssen (ABl. 2009 C 43, 10)

Abkürzungs- und Literaturverzeichnis

MJ	Maastricht Journal of European and Comparative Law (Zeitschrift)
MMR	Multimedia und Recht (Zeitschrift)
Mohr Sicherung Vertragsfreiheit	Mohr, Sicherung der Vertragsfreiheit durch Wettbewerbs- und Regulierungsrecht, 1. Aufl. 2015
MRL	Richtlinie (EU) 2015/2436 des Europäischen Parlaments und des Rates vom 16. Dezember 2015 zur Angleichung der Rechtsvorschriften der Mitgliedstaaten über die Marken
MüKoBGB/Bearbeiter	Münchener Kommentar zum Bürgerlichen Gesetzbuch, Band 1–4/2, 5, 6, 8, 9, 11, 9. Aufl. 2021 ff.; Band 7, 8a, 10, 12, 13, 8. Aufl. 2020 f.
MüKoUWG/Bearbeiter	Heermann/Schlingloff, Münchener Kommentar zum Lauterkeitsrecht, Band 1, 3. Aufl. 2020, Band 2, 3. Aufl. 2022
MuW	Markenschutz und Wettbewerb (Zeitschrift)
mwN	mit weiteren Nachweisen
NuR	Natur und Recht (Zeitschrift)
N&R	Netzwirtschaften und Recht (Zeitschrift)
N.Y.U.L. Rev.	New York University Law Review (Zeitschrift)
nF	neue Fassung
NJW	Neue Juristische Wochenschrift (Zeitschrift)
NJWE-WettbR	NJW-Entscheidungsdienst Wettbewerbsrecht
NJW-RR	NJW-Rechtsprechungsreport (Zeitschrift)
NK-BGB/Bearbeiter	Hüßtege/Mansel, BGB, Rom-Verordnungen – EuErbVO – HUP Bürgerliches Gesetzbuch Band 6, 3. Aufl. 2019
NK-EuGRCh/Bearbeiter	Meyer/Hölscheidt, Charta der Grundrechte der Europäischen Union, 5. Aufl. 2019
NK-EuWettbR/Bearbeiter	Schröter/Jakob/Klotz/Mederer, Europäisches Wettbewerbsrecht, 2. Aufl. 2014
No.	Number
Nordemann	Nordemann, Wettbewerbs- und Markenrecht, 11. Aufl. 2012
Nr.	Nummer(n)
NVwZ	Neue Zeitschrift für Verwaltungsrecht (Zeitschrift)
Nw. J. Int'l L. & Bus.	Northwestern Journal of International Law & Business (Zeitschrift)
NZKart	Neue Zeitschrift für Kartellrecht (Zeitschrift)
O'Donoghue/Padilla	O'Donoghue/Padilla, The Law and Economics of Article 102 TFEU, 3. Auflage 2020
OECD	Organisation for Economic Cooperation and Development / Organisation für wirtschaftliche Zusammenarbeit und Entwicklung
OECD J. Comp. L.P.	OECD Journal of Competition Law and Policy (Zeitschrift)
OFT	Office of Fair Trading
og	oben genannt
OJ	Official Journal of the European Union/Communities (s. ABl.)
OLG	Oberlandesgericht
Oppermann/Classen/Nettesheim EuropaR/Bearbeiter	Oppermann/Classen/Nettesheim, Europarecht, 9. Aufl. 2021
ORDO	ORDO, Jahrbuch für die Ordnung von Wirtschaft und Gesellschaft (zitiert nach Band und Seite, Jahreszahl in eckigen Klammern)
Ortiz Blanco/Van Houtte EU Regulation	Ortiz Blanco/Van Houtte, EU Regulation and Competition Law in the Transport Sector, 2. Aufl. 2017
OWiG	Ordnungswidrigkeitengesetz
ÖZK	Österreichische Zeitschrift für Kartellrecht (Zeitschrift)
ÖZW	Österreichische Zeitschrift für Wirtschaftsrecht (Zeitschrift)
Paal/Pauly/Bearbeiter	Paal/Pauly, DS-GVO BDSG. 3. Aufl. 2021
Pac. Rim L. & Pol'y J.	Pacific Rim Law & Policy Journal (Zeitschrift)
PPLRev.	Public Procurement Law Review (Zeitschrift)
Prioritätenmitteilung	Mitteilung der Kommission – Erläuterungen zu den Prioritäten der Kommission bei der Anwendung von Artikel 82 des EG-Vertrags auf Fälle von Behinderungsmissbrauch durch marktbeherrschende Unternehmen (ABl. 2009 C 45, 02)
Prölss/Dreher/Bearbeiter	Prölss/Dreher, Versicherungsaufsichtsgesetz: VAG, 13. Aufl. 2017
Prölss/Martin/Bearbeiter	Prölss/Martin, Versicherungsvertragsgesetz, 31. Aufl. 2021
R+W	Recht und Wirtschaft (Zeitschrift)

XXXV

Abkürzungs- und Literaturverzeichnis

RabelsZ	Zeitschrift für ausländisches und internationales Privatrecht (Zeitschrift)
RAE	Revue des affaires européennes (Zeitschrift)
RDAI	Revue de droit des Affaires Internationales (Zeitschrift)
RDCE	Revista de derecho communitario europeo (Zeitschrift)
RDE	Rivista di diritto europeo (Zeitschrift)
RdE	Recht der Energiewirtschaft (Zeitschrift)
RDLC	Revue des droits de la concurrence (Zeitschrift)
Reg.	Regulation
Reg. 1/2003	Council Regulation (EC) No 1/2003 of 16 December 2002 on the implementation of the rules on competition laid down in Articles 81 and 82 of the Treaty (OJ No. L 1/1 of 4 January 2003)
Reg.Begr.	Regierungsbegründung
Rehbinder/Peukert UrhR	Rehbinder/Peukert, Urheberrecht, 18. Aufl. 2018
Rengeling/Middeke/Gellermann Rechtsschutz-HdB	Rengeling/Middeke/Gellermann, Handbuch des Rechtsschutzes in der Europäischen Union, 3, Aufl. 2014
Rev. crit. dr. int. Privé	Revue critique de droit international privé (Zeitschrift)
Rev. int. dr. comp.	Revue internationale de droit comparé (Zeitschrift)
Rev. suisse dr. int. concurr.	Revue suisse du droit international de la concurrence / Suisse Review of International Competition Law (Zeitschrift)
RIE	Revista de instituciones europeos (Zeitschrift)
Ritter/Braun EC Competition Law	Ritter/Braun/Rawlinson, European Competition Law – A Practioner's Guide, 3. Aufl. 2004
Rittner/Dreher	Rittner/Dreher, Europäisches und deutsches Wirtschaftsrecht, 3. Aufl. 2008
Rittner/Kulka	Rittner/Dreher/Kulka, Wettbewerbs- und Kartellrecht, 8. Aufl. 2014
Riv. dir. eur.	Rivista di diritto europeo (Zeitschrift)
Riv. dir. int.	Rivista di diritto internazionale (Zeitschrift)
RIW	Recht der internationalen Wirtschaft (Zeitschrift)
RL	Richtlinie
RMC	Revue du Marché commun et de l'Ùnion européenne (Zeitschrift)
Rn.	Randnummer
Rosenberger/Wündisch Forschung und Entwicklung	Rosenberger/Wündisch, Verträge über Forschung und Entwicklung, 3. Aufl. 2017
Rs.	Rechtssache
Rspr.	Rechtsprechung
RStV	Rundfunkstaatsvertrag
RTD eur	Revue trimestrielle de droit européen (Zeitschrift)
s.	siehe
S.	Satz; Seite
Schnelle/Bartosch/Hübnener	Schnelle/Bartosch/Hübnener, Das neue EU-Kartellverfahrensrecht, 2004
NK-EuWettbR/Bearbeiter	Schröter/Jakob/Klotz/Mederer, Kommentar zum Europäischen Wettbewerbsrecht, 2. Aufl. 2014
Schricker/Loewenheim/Bearbeiter	Loewenheim/Leistner/Ohly, Urheberrecht, 6. Aufl. 2020
Schulte/Bearbeiter	Schulte, Handbuch Fusionskontrolle, 3. Aufl. 2019
Schulte/Just/Bearbeiter	Schulte/Just, Kartellrecht, 2. Aufl. 2015
Schulze/Janssen/Kadelbach EuropaR-HdB	Schulze/Janssen/Kadelbach, Europarecht, 4. Aufl. 2020
Schwalbe/Zimmer	Schwalbe/Zimmer, Kartellrecht und Ökonomie, 3. Aufl. 2021
Schwarze/Bearbeiter	Schwarze, EU-Kommentar, 4. Aufl. 2019
Schwarze/Weitbrecht	Schwarze/Weitbrecht, Grundzüge des europäischen Kartellverfahrensrechts – Die Verordnung (EG) Nr. 1/2003, 2004
sec.	Section
SEW	Sociaal-economische wetgeving (Zeitschrift)
Slg.	Amtliche Sammlung der Entscheidungen des Europäischen Gerichtshofes
Smit/Herzog	Smit/Herzog, On the Law of the European Economic Community, 2005
sog.	sogenannt

Abkürzungs- und Literaturverzeichnis

Spezialisierungs-GVO ...	Verordnung (EU) 2023/1067 der Kommission vom 1.6.2023 über die Anwendung von Artikel 101 Absatz 3 des Vertrags über die Arbeitsweise der Europäischen Union auf bestimmte Gruppen von Spezialisierungsvereinbarungen (ABl. 2023 L 143, 20)
Spezialisierungs-GVO 2010	Verordnung (EU) Nr. 1218/2010 der Kommission vom 14.12.2010 über die Anwendung von Artikel 101 Absatz 3 des Vertrags über die Arbeitsweise der Europäischen Union auf bestimmte Gruppen von Spezialisierungsvereinbarungen (ABl. 2010 L 335, 43), außer Kraft mit Ablauf des 30.6.2023.
Spindler/Schuster/ Bearbeiter	Spindler/Schuster, Recht der elektronischen Medien, 4. Aufl. 2019
SpStr.	Spiegelstrich
Schultze/Pautke/ Wagener TT-GVO	Schultze/Pautke/Wagener, Die Gruppenfreistellungsverordnung für Technologietransfer-Vereinbarungen, Kommentar, 2005
Schultze/Pautke/ Wagener Vertikal-GVO .	Schultze/Pautke/Wagener, Vertikal-GVO, Kommentar, 4. Aufl. 2018
Staudinger/Bearbeiter	Staudinger, Kommentar zum Bürgerlichen Gesetzbuch, 18. Aufl. 2018
Stelkens/Bonk/Sachs/ Bearbeiter	Stelkens/Bonk/Sachs VwVfG, 10. Aufl. 2022
StGB	Strafgesetzbuch
StPO	Strafprozessordnung
Streinz/Bearbeiter	Streinz, EUV/AEUV – Kommentar, 3. Aufl. 2018
stRspr	ständige Rechtsprechung
StuW	Steuer und Wirtschaft (Zeitschrift)
Taeger/Gabel	Taeger/Gabel, DSGVO – BDSG – TTDSG, 4. Aufl. 2022
TB	Tätigkeitsbericht des Bundeskartellamts
Thonig Privater RS	Thonig, Privater Rechtsschutz gegen den Missbrauch von Marktmacht, 1. Aufl. 2016
TT-GVO	Verordnung (EU) Nr. 316/2014 der Kommission vom 21.3.2014 über die Anwendung von Artikel 101 Absatz 3 des Vertrags über die Arbeitsweise der Europäischen Union auf Gruppen von Technologietransfer-Vereinbarungen (ABl. 2014 L 93, 17)
TKG	Telekommunikationsgesetz
TRIPS	Agreement on Trade Related Aspects of Intellectual Property Rights
TVG	Tarifvertragsgesetz
u.a.	unter anderem; und andere
UGP-RL	Richtlinie 2005/29/EG des Europäischen Parlaments und des Rates vom 11. Mai 2005 über unlautere Geschäftspraktiken von Unternehmen gegenüber Verbrauchern im Binnenmarkt und zur Änderung der Richtlinie 84/450/EWG des Rates, der Richtlinien 97/7/EG, 98/27/EG und 2002/65/EG des Europäischen Parlaments und des Rates sowie der Verordnung (EG) Nr. 2006/2004 des Europäischen Parlaments und des Rates (Richtlinie über unlautere Geschäftspraktiken)
U.L.Rev.	Utilities Law Review (Zeitschrift)
UMV	Verordnung (EU) 2017/1001 des Europäischen Parlaments und des Rates vom 14. Juni 2017 über die Unionsmarke
UNCTAD	United Nations Conference on Trade and Development
UNICITRAL	United Nations Commission on International Trade Law
UAbs.	Unterabsatz
UrhG	Urhebergesetz
USA	United States of America
uU	Unter Umständen
UWG	Gesetz gegen den unlauteren Wettbewerb
Va. J. Int'l L.	Virginia Journal of International Law (Zeitschrift)
Van Bael/Bellis	Van Bael/Bellis, Competition Law of the European Community, 5th ed. 2009
Van de Walle de Ghelcke/van Gerven	Van de Walle de Ghelcke/van Gerven, Competition Law of the European Community, Loseblattsammlung
Van den Bergh/Camesasca	Van den Bergh/Camesasca, European Competition Law and Economics: A Comparative Perspective, 2006
VEO	Vereinigung(en) von Erzeugerorganisationen
Verf.	Verfasser, Verfassung, Verfahren
VerfG	Verfassungsgericht
Versicherungs-GVO	Verordnung (EU) Nr. 267/2010 der Kommission vom 24.3.2010 über die Anwendung von Artikel 101 Absatz 3 des Vertrags über die Arbeitsweise der Europäischen

Abkürzungs- und Literaturverzeichnis

	Union auf Gruppen von Vereinbarungen, Beschlüssen und abgestimmten Verhaltensweisen im Versicherungssektor (ABl. 2010 L 83, 1), mit Ablauf des 31.3.2017 außer Kraft getreten.
VersW	Versicherungswirtschaft (Zeitschrift)
Vertikal-GVO	Verordnung (EU) Nr. 2022/720 der Kommission vom 10.5.2022 über die Anwendung von Artikel 101 Abs. 3 des Vertrags über die Arbeitsweise der Europäischen Union auf Gruppen von vertikalen Vereinbarungen und abgestimmten Verhaltensweisen (ABl. 2022 L 134, 4)
Vertikal-GVO-E	Entwurf einer Verordnung der Kommission über die Anwendung von Artikel 101 Abs. 3 AEUV auf Gruppen von vertikalen Vereinbarungen und abgestimmten Verhaltensweisen (C(2021) 5026 final)
vgl.	vergleiche
VO	Verordnung
VO 1/2003	Verordnung (EG) Nr. 1/2003 des Rates vom 16.12.2002 zur Durchführung der in den Artikeln 81 und 82 des Vertrages niedergelegten Wettbewerbsregeln) (ABl. 2003 L 1, 1)
VO 1033/2008	Verordnung (EG) Nr. 1033/2008 der Kommission vom 20.10.2008 zur Änderung der Verordnung (EG) Nr. 802/2004 zur Durchführung der Verordnung (EG) Nr. 139/2004 des Rates über die Kontrolle von Unternehmenszusammenschlüssen (ABl. 2008 L 279, 3)
VO 1184/2006	Verordnung (EG) Nr. 1184/2006 des Rates vom 24.7.2006 zur Anwendung bestimmter Wettbewerbsregeln auf die Produktion landwirtschaftlicher Erzeugnisse und den Handel mit diesen Erzeugnissen (ABl. 2006 L 214, 7)
VO 1308/2013	Verordnung (EU) Nr. 1308/2013 des Europäischen Parlaments und des Rates vom 17.12.2013 über eine gemeinsame Marktorganisation für landwirtschaftliche Erzeugnisse und zur Aufhebung der Verordnungen (EWG) Nr. 922/72, (EWG) Nr. 234/79, (EG) Nr. 1037/2001 und (EG) Nr. 1234/2007
VO 1419/2006	Verordnung (EG) Nr. 1419/2006 des Rates vom 25.9.2006 zur Aufhebung der Verordnung (EWG) Nr. 4056/86 über die Einzelheiten der Anwendung der Artikel 85 und 86 des Vertrags auf den Seeverkehr und zur Ausweitung des Anwendungsbereichs der Verordnung (EG) Nr. 1/2003 auf Kabotage und internationale Trampdienste (ABl. 2006 L 269, 1)
VO 169/2009	Verordnung (EG) Nr. 169/2009 des Rates vom 26.2.2009 über die Anwendung von Wettbewerbsregeln auf dem Gebiet des Eisenbahn-, Straßen- und Binnenschiffsverkehrs (ABl. 2009 L 61, 1)
VO 411/2004	Verordnung (EG) Nr. 411/2004 des Rates vom 26.2.2004 zur Aufhebung der Verordnung (EWG) Nr. 3975/87 und zur Änderung der Verordnung (EWG) Nr. 3976/87 sowie der Verordnung (EG) Nr. 1/2003 hinsichtlich des Luftverkehrs zwischen der Gemeinschaft und Drittländern (ABl. 2004 L 68, 1)
VO 773/2004	Verordnung (EG) Nr. 773/2004 der Kommission vom 7.4.2004 über die Durchführung von Verfahren auf der Grundlage der Artikel 81 und 82 EG-Vertrag durch die Kommission (ABl. 2004 L 123, 18)
VO 802/2004	Verordnung (EG) Nr. 802/2004 der Kommission vom 7.4.2004 zur Durchführung der Verordnung (EG) Nr. 139/2004 des Rates über die Kontrolle von Unternehmenszusammenschlüssen (ABl. 2004 L 133, 1), aufgehoben mit Ablauf des 31.8.2023 durch Art. 25 Abs. 1 UAbs. 1 DVO FKVO v. 20.4.2023 (ABl. 2023 L 119, 22); die VO gilt gem. Art. 25 Abs. 2 DVO FKVO weiterhin für Zusammenschlüsse, die unter die VO (EG) Nr. 139/2004 fallen und spätestens am 31.8.2023 angemeldet wurden.
VO 906/2009	Verordnung (EG) Nr. 906/2009 der Kommission vom 28.9.2009 über die Anwendung von Artikel 81 Absatz 3 EG-Vertrag auf bestimmte Gruppen von Vereinbarungen, Beschlüssen und aufeinander abgestimmten Verhaltensweisen zwischen Seeschifffahrtsunternehmen (Konsortien) (ABl. 2009 L 256, 31)
VOE	Verordnungsentwurf
v. Bogdandy/Bast Eur-VerfassungsR	von Bogdandy/Bast, Europäisches Verfassungsrecht – Theoretische und dogmatische Grundzüge, 2. Aufl. 2009
von der Groeben/Schwarze/Hatje/Bearbeiter	von der Groeben/Schwarze/Hatje, Europäisches Unionsrecht, 7. Aufl. 2015
vs.	versus
VVDStRL	Veröffentlichungen der Vereinigung der deutschen Staatsrechtslehrer
W.Comp.	World Competition (Zeitschrift)
W.L.R.	Weekly Law Reports (Zeitschrift)
Waelbroek/Frignani	Waelbroek/Frignani, European Competition Law, 2000
Wallenberg	von Wallenberg, Kartellrecht, 3. Aufl. 2010

Abkürzungs- und Literaturverzeichnis

wbl.	Wirtschaftsrechtliche Blätter (Zeitschrift)
Wesseling	Wesseling, The Modernisation of EC Antitrust Law, 2000
Wessely AntidumpingR	Wessely, Das Verhältnis von Antidumping- und Kartellrecht in der Europäischen Gemeinschaft, 1. Aufl. 1999
WettbR	Wettbewerbsrecht
Whish/Bailey	Whish/Bailey, Competition Law, 10th edition 2021
Wiedemann EWG-KartellR/Bearbeiter	Wiedemann, Kommentar zu den Gruppenfreistellungsverordnungen des EWG-Kartellrechts, Bd. 1 und 2, 1. Aufl. 1989
Wiedemann KartellR-HdB/Bearbeiter	Wiedemann, Handbuch des Kartellrechts, 4. Aufl. 2020
WIPO	Weltorganisation für geistiges Eigentum
WM	Wertpapiermitteilungen (Zeitschrift)
World Competition	World Competition Law and Economics Review (Zeitschrift)
WPg	Die Wirtschaftsprüfung (Zeitschrift)
WRP	Wettbewerb in Recht und Praxis (Zeitschrift)
WTO	World Trade Organisation (Welthandelsorganisation)
WuW	Wirtschaft und Wettbewerb (Zeitschrift)
WuW/E	Wirtschaft und Wettbewerb – Entscheidungssammlung
WuW/E BGH	Wirtschaft und Wettbewerb – Entscheidungen des Bundesgerichtshofs
WuW/E BKartA	Wirtschaft und Wettbewerb – Entscheidungen des Bundeskartellamtes
WuW/E DE-R	Wirtschaft und Wettbewerb – Entscheidungssammlung – Deutschland Rechtsprechung
WuW/E DE-V	Wirtschaft und Wettbewerb – Entscheidungssammlung – Deutschland Verwaltung
WuW/E EU-R	Wirtschaft und Wettbewerb – Entscheidungssammlung – Europäische Union Rechtsprechung
WuW/E EU-V	Wirtschaft und Wettbewerb – Entscheidungssammlung – Europäische Union Verwaltung
WuW/E OLG	Wirtschaft und Wettbewerb – Entscheidungen der Oberlandesgerichte
WuW/E Verg	Wirtschaft und Wettbewerb – Entscheidungssammlung – Vergabe und Verwaltung
Wyatt/Dashwood	Wyatt/Dashwood, European Union Law, 6th ed. 2011
Yale L.J.	Yale Law Journal (Zeitschrift)
YEL	Yearbook of European Law (Zeitschrift)
ZaöRV	Zeitschrift für ausländisches Recht und Völkerrecht (Zeitschrift)
zB	zum Beispiel
ZBernJV	Zeitschrift des Bernischen Juristen-Vereins (Zeitschrift)
ZEuP	Zeitschrift für Europäisches Privatrecht (Zeitschrift)
ZfE	Zeitschrift für Energiewirtschaft (Zeitschrift)
ZfRV	Zeitschrift für Rechtsvergleichung (Zeitschrift)
ZgesStW	Zeitschrift für die gesamte Staatswissenschaft (Zeitschrift)
ZGR	Zeitschrift für Unternehmens- und Gesellschaftsrecht (Zeitschrift)
ZHR	Zeitschrift für das gesamte Handelsrecht und Wirtschaftsrecht (Zeitschrift)
ZIP	Zeitschrift für Wirtschaftsrecht (Zeitschrift)
ZNER	Zeitschrift für neues Energierecht (Zeitschrift)
Zöller/Bearbeiter	Zöller, ZPO – Zivilprozessordnung, 34. Aufl. 2022
ZS	Zivilsenat
zT	zum Teil
ZUM	Zeitschrift für Urheber- und Medienrecht (Zeitschrift)
zust.	zustimmend
ZVersWiss	Zeitschrift für die gesamte Versicherungswissenschaft (Zeitschrift)
ZWeR	Zeitschrift für Wettbewerbsrecht (Zeitschrift)
zzgl.	zuzüglich

Kapitel 7

B. Kfz-GVO (VO (EU) Nr. 461/2010) Vertriebs- und Kundendienstvereinbarungen im Kfz-Sektor

Verordnung (EU) Nr. 461/2010 der Kommission vom 27. Mai 2010 über die Anwendung von Artikel 101 Absatz 3 des Vertrags über die Arbeitsweise der Europäischen Union auf Gruppen von vertikalen Vereinbarungen und abgestimmten Verhaltensweisen im Kraftfahrzeugsektor

(ABl. Nr. L 129/52; geändert bezüglich der Geltungsdauer durch VO (EU) 2023/822, ABl. Nr. L 102 I, 1)

[Erwägungsgründe]
(...)
(1) Nach der Verordnung Nr. 19/65/EWG ist die Kommission ermächtigt, Artikel 101 Absatz 3 des Vertrags über die Arbeitsweise der Europäischen Union[1] durch Verordnung auf Gruppen von vertikalen Vereinbarungen und entsprechenden abgestimmten Verhaltensweisen anzuwenden, die unter Artikel 101 Absatz 1 AEUV fallen. Gruppenfreistellungsverordnungen gelten für vertikale Vereinbarungen, die bestimmte Voraussetzungen erfüllen, und können allgemein oder nur auf bestimmte Sektoren anwendbar sein.

(2) Die Kommission hat eine Gruppe von vertikalen Vereinbarungen definiert, die ihrer Auffassung nach in der Regel die Voraussetzungen von Artikel 101 Absatz 3 AEUV erfüllen, und hat zu deren Freistellung die Verordnung (EU) Nr. 330/2010 der Kommission vom 20. April 2010 über die Anwendung von Artikel 101 Absatz 3 AEUV auf Gruppen von vertikalen Vereinbarungen und abgestimmten Verhaltensweisen[2] erlassen, die die Verordnung (EG) Nr. 2790/1999 der Kommission[3] ersetzt.

(3) Für den Kraftfahrzeugsektor, der sowohl Personenkraftwagen als auch Nutzfahrzeuge umfasst, wurden seit 1985 spezifische Gruppenfreistellungsverordnungen erlassen, zuletzt die Verordnung (EG) Nr. 1400/2002 der Kommission vom 31. Juli 2002 über die Anwendung von Artikel 81 Absatz 3 des Vertrags auf Gruppen von vertikalen Vereinbarungen und aufeinander abgestimmten Verhaltensweisen im Kraftfahrzeugsektor.[4] Die Verordnung (EG) Nr. 2790/1999 galt ausdrücklich nicht für vertikale Vereinbarungen, deren Gegenstand in den Geltungsbereich einer anderen Gruppenfreistellungsverordnung fällt. Daher fiel der Kraftfahrzeugsektor nicht in den Geltungsbereich der vorgenannten Verordnung.

(4) Die Verordnung (EG) Nr. 1400/2002 tritt am 31. Mai 2010 außer Kraft. Im Interesse der Verwaltungsvereinfachung, der Senkung der Befolgungskosten der betroffenen Unternehmen und der wirksamen Überwachung der Märkte nach Artikel 103 Absatz 2 Buchstabe b AEUV sollte für den Kraftfahrzeugsektor jedoch weiterhin eine Gruppenfreistellung gelten.

(5) Auf der Grundlage der seit 2002 mit dem Vertrieb neuer Kraftfahrzeuge, dem Vertrieb von Ersatzteilen und der Erbringung von Instandsetzungs- und Wartungsdienstleistungen für Kraftfahrzeuge gesammelten Erfahrungen lässt sich im Kraftfahrzeugsektor eine Gruppe von vertikalen Vereinbarungen definieren, bei denen die Voraussetzungen von Artikel 101 Absatz 3 AEUV in der Regel als erfüllt gelten können.

(6) Diese Gruppe umfasst vertikale Vereinbarungen über den Bezug, Verkauf oder Weiterverkauf neuer Kraftfahrzeuge, vertikale Vereinbarungen über den Bezug, Verkauf oder Weiterverkauf von

---

[1] Mit Wirkung vom 1.12.2009 ist an die Stelle des Artikels 81 des EG-Vertrags der Artikel 101 des Vertrags über die Arbeitsweise der Europäischen Union (AEUV) getreten. Artikel 81 des EG-Vertrags und Artikel 101 AEUV sind im Wesentlichen identisch. Im Rahmen dieser Verordnung sind Bezugnahmen auf Artikel 101 AEUV als Bezugnahmen auf Artikel 81 des EG-Vertrags zu verstehen, wo dies angebracht ist.
[2] ABl. L 102 vom 23.4.2010, S. 1.
[3] ABl. L 336 vom 29.12.1999, S. 21.
[4] ABl. L 203 vom 1.8.2002, S. 30.

Kraftfahrzeugersatzteilen und vertikale Vereinbarungen über die Erbringung von Instandsetzungs- und Wartungsdienstleistungen für Kraftfahrzeuge, die zwischen nicht miteinander im Wettbewerb stehenden Unternehmen, zwischen bestimmten Wettbewerbern oder von bestimmten Vereinigungen des Einzelhandels oder von Werkstätten geschlossen werden. Sie umfasst ferner vertikale Vereinbarungen, die Nebenabreden über die Übertragung oder Nutzung von Rechten des geistigen Eigentums enthalten. „Vertikale Vereinbarungen" sind daher so zu definieren, dass der Begriff sowohl diese Vereinbarungen als auch die entsprechenden abgestimmten Verhaltensweisen umfasst.

(7) Bestimmte Arten von vertikalen Vereinbarungen können die wirtschaftliche Effizienz innerhalb einer Produktions- oder Vertriebskette erhöhen, weil sie eine bessere Koordinierung zwischen den beteiligten Unternehmen ermöglichen. Insbesondere können sie dazu beitragen, die Transaktions- und Vertriebskosten der beteiligten Unternehmen zu verringern und deren Umsätze und Investitionen zu optimieren.

(8) Die Wahrscheinlichkeit, dass derartige effizienzsteigernde Auswirkungen stärker ins Gewicht fallen als etwaige von Beschränkungen in vertikalen Vereinbarungen ausgehende wettbewerbswidrige Auswirkungen, hängt von der Marktmacht der an der Vereinbarung beteiligten Unternehmen ab und somit von dem Ausmaß, in dem diese Unternehmen dem Wettbewerb anderer Anbieter von Waren oder Dienstleistungen ausgesetzt sind, die von ihren Kunden aufgrund ihrer Produkteigenschaften, ihrer Preise und ihres Verwendungszwecks als austauschbar oder substituierbar angesehen werden. Vertikale Vereinbarungen, die Beschränkungen enthalten, die wahrscheinlich den Wettbewerb beschränken und den Verbrauchern schaden oder die für die Herbeiführung der effizienzsteigernden Auswirkungen nicht unerlässlich sind, sollten nicht unter die Gruppenfreistellung fallen.

(9) Um den geeigneten Geltungsbereich einer Gruppenfreistellungsverordnung zu bestimmen, muss die Kommission die Wettbewerbsbedingungen in dem entsprechenden Sektor berücksichtigen. Die Schlussfolgerungen der Beobachtung des Kraftfahrzeugsektors, die im Bericht zur Bewertung der Verordnung (EG) Nr. 1400/2002 der Kommission vom 28. Mai 2008[5] und in der Mitteilung der Kommission – Der künftige wettbewerbsrechtliche Rahmen für den Kfz-Sektor – vom 22. Juli 2009[6] aufgeführt sind, ergaben, dass zwischen Vereinbarungen über den Vertrieb neuer Kraftfahrzeuge und Vereinbarungen über die Erbringung von Instandsetzungs- und Wartungsdienstleistungen und den Vertrieb von Ersatzteilen zu unterscheiden ist.

(10) Beim Vertrieb neuer Kraftfahrzeuge gibt es offenbar keine erheblichen Beeinträchtigungen des Wettbewerbs, die diesen Sektor von anderen Wirtschaftssektoren unterscheiden und die Anwendung von Regeln erforderlich machen würden, die anders und strenger sind als die der Verordnung (EU) Nr. 330/2010. Durch die Marktanteilsschwelle, den Ausschluss bestimmter vertikaler Vereinbarungen von der Gruppenfreistellung und die in der vorgenannten Verordnung genannten weiteren Voraussetzungen ist in der Regel sichergestellt, dass vertikale Vereinbarungen über den Vertrieb neuer Kraftfahrzeuge den Anforderungen von Artikel 101 Absatz 3 AEUV entsprechen. Daher sollten solche Vereinbarungen unter die Freistellung nach der Verordnung (EU) Nr. 330/2010 fallen, sofern alle darin festgelegten Voraussetzungen erfüllt sind.

(11) Im Zusammenhang mit Vereinbarungen über den Vertrieb von Ersatzteilen und über die Erbringung von Instandsetzungs- und Wartungsdienstleistungen sollten bestimmte Besonderheiten des Kfz-Anschlussmarktes berücksichtigt werden. Insbesondere zeigen die von der Kommission bei der Anwendung der Verordnung (EG) Nr. 1400/2002 gesammelten Erfahrungen, dass sich Preiserhöhungen für einzelne Instandsetzungsdienstleistungen nur teilweise in einer größeren Zuverlässigkeit moderner Fahrzeuge und längeren Wartungsintervallen widerspiegeln. Diese Trends sind mit der technologischen Entwicklung und der zunehmenden Komplexität und Zuverlässigkeit der Fahrzeugteile verknüpft, die die Kraftfahrzeughersteller von Originalteileherstellern beziehen. Die Originalteilehersteller verkaufen ihre Produkte sowohl über die Netze der zugelassenen Werkstätten der Fahrzeughersteller als auch über unabhängige Kanäle als Ersatzteile auf dem Anschlussmarkt und üben dadurch erheblichen Wettbewerbsdruck auf den Kfz-Anschlussmarkt aus. Die Kosten, die die Verbraucher in der Union im Schnitt für die Instandsetzung und Wartung von Kraftfahrzeugen tragen müssen, machen einen sehr großen Teil ihrer gesamten Kraftfahrzeugausgaben aus.

(12) Die Wettbewerbsbedingungen auf dem Kfz-Anschlussmarkt haben auch direkte Auswirkungen auf die öffentliche Sicherheit, weil nicht ordnungsgemäß instand gesetzte Fahrzeuge möglicherweise nicht sicher sind, wie auch auf die öffentliche Gesundheit und die Umwelt infolge der Emissionen von Kohlendioxid und anderen Luftschadstoffen von Fahrzeugen, die nicht regelmäßig gewartet werden.

(13) Soweit ein gesonderter Anschlussmarkt definiert werden kann, hängt es vom Grad des Wettbewerbs zwischen zugelassenen Werkstätten (dh Werkstätten, die direkt oder indirekt von Kraft-

---

[5] SEK(2008) 1946.
[6] KOM(2009) 388.

fahrzeugherstellern geschaffenen Werkstattnetzen angehören) wie auch zwischen zugelassenen und unabhängigen Marktteilnehmern (zu denen unabhängige Ersatzteilhersteller und unabhängige Werkstätten zählen) ab, ob auf den Märkten für den Bezug und Verkauf von Ersatzteilen und den Märkten für die Erbringung von Instandsetzungs- und Wartungsdienstleistungen für Kraftfahrzeuge wirksamer Wettbewerb herrscht. Die Wettbewerbsfähigkeit der letztgenannten Akteure hängt von dem ungehinderten Zugang zu wesentlichen Vorleistungen wie Ersatzteilen und technischen Informationen ab.

(14) Aufgrund dieser Besonderheiten sind die in der Verordnung (EU) Nr. 330/2010 festgelegten Regeln, einschließlich der einheitlichen Marktanteilsschwelle von 30 %, erforderlich, aber nicht ausreichend, um sicherzustellen, dass eine Gruppenfreistellung nur bei vertikalen Vereinbarungen über den Vertrieb von Ersatzteilen und über die Erbringung von Instandsetzungs- und Wartungsdienstleistungen gewährt wird, bei denen mit ausreichender Sicherheit angenommen werden kann, dass die Voraussetzungen von Artikel 101 Absatz 3 AEUV erfüllt sind.

(15) Daher sollten vertikale Vereinbarungen über den Vertrieb von Ersatzteilen und über die Erbringung von Instandsetzungs- und Wartungsdienstleistungen nur dann unter die Gruppenfreistellung fallen, wenn sie zusätzlich zu den in der Verordnung (EU) Nr. 330/2010 festgelegten Freistellungsvoraussetzungen auch strengere Voraussetzungen in Bezug auf bestimmte Arten schwerwiegender Wettbewerbsbeschränkungen, die die Lieferung und die Verwendung von Ersatzteilen auf dem Kfz-Anschlussmarkt beschränken könnten, erfüllen.

(16) Die Gruppenfreistellung sollte insbesondere nicht für Vereinbarungen gelten, die den Verkauf von Ersatzteilen durch Mitglieder des selektiven Vertriebssystems eines Kraftfahrzeugherstellers an unabhängige Werkstätten beschränken, die die Ersatzteile für die Erbringung von Instandsetzungs- und Wartungsdienstleistungen verwenden. Ohne Zugang zu solchen Ersatzteilen könnten die unabhängigen Werkstätten nicht wirksam mit zugelassenen Werkstätten in Wettbewerb treten, da sie nicht in der Lage wären, den Verbrauchern Leistungen von guter Qualität anzubieten, die zu einem sicheren und zuverlässigen Betrieb der Kraftfahrzeuge beitragen.

(17) Um den wirksamen Wettbewerb auf den Instandsetzungs- und Wartungsmärkten zu gewährleisten und Werkstätten die Möglichkeit zu geben, Endverbrauchern konkurrierende Ersatzteile anzubieten, sollte die Gruppenfreistellung zudem nicht für vertikale Vereinbarungen gelten, die zwar die Voraussetzungen der Verordnung (EU) Nr. 330/2010 erfüllen, aber die Möglichkeiten eines Ersatzteilherstellers beschränken, solche Teile an zugelassene Werkstätten im Vertriebssystem eines Kraftfahrzeugherstellers, unabhängige Ersatzteilhändler, unabhängige Werkstätten oder Endverbraucher zu verkaufen. Dies berührt nicht die zivilrechtliche Haftung des Ersatzteilherstellers oder die Möglichkeit der Kraftfahrzeughersteller, die zugelassenen Werkstätten ihres Vertriebssystems anzuweisen, nur Ersatzteile zu verwenden, die den bei der Montage eines bestimmten Kraftfahrzeugs verwendeten Bauteilen qualitativ gleichwertig sind. Wegen der unmittelbaren vertraglichen Einbindung der Fahrzeughersteller in die Instandsetzungsarbeiten im Rahmen der Gewährleistung, des unentgeltlichen Kundendienstes und von Rückrufaktionen sollte die Freistellung für Vereinbarungen gelten, denen zufolge zugelassene Werkstätten verpflichtet sind, für diese Instandsetzungsarbeiten nur vom Fahrzeughersteller gelieferte Originalersatzteile zu verwenden.

(18) Damit zugelassene und unabhängige Werkstätten sowie Endverbraucher den Hersteller von Kraftfahrzeugbauteilen oder Ersatzteilen identifizieren und zwischen alternativ angebotenen Ersatzteilen wählen können, sollte sich diese Gruppenfreistellung nicht auf Vereinbarungen erstrecken, durch die ein Kraftfahrzeughersteller die Möglichkeiten eines Herstellers von Bauteilen oder Originalersatzteilen beschränkt, sein Waren- oder Firmenzeichen auf diesen Teilen effektiv und sichtbar anzubringen.

(19) Damit alle Marktteilnehmer genügend Zeit haben, um sich an die vorliegende Verordnung anzupassen, sollte die Geltungsdauer der Bestimmungen der Verordnung (EG) Nr. 1400/2002, die sich auf vertikale Vereinbarungen über den Bezug, Verkauf und Weiterverkauf neuer Kraftfahrzeuge beziehen, bis zum 31. Mai 2013 verlängert werden. Für vertikale Vereinbarungen über den Vertrieb von Ersatzteilen und über die Erbringung von Instandsetzungs- und Wartungsdienstleistungen sollte die vorliegende Verordnung ab dem 1. Juni 2010 gelten, damit weiterhin ein angemessener Schutz des Wettbewerbs auf den Kfz-Anschlussmärkten gewährleistet ist.

(20) Die Kommission wird die Entwicklungen im Kraftfahrzeugsektor fortlaufend beobachten und geeignete Abhilfemaßnahmen treffen, wenn Wettbewerbsprobleme auftreten sollten, die sich auf dem Markt für den Vertrieb neuer Kraftfahrzeuge, für die Lieferung von Ersatzteilen oder die Erbringung von Kundendienstleistungen für Kraftfahrzeuge zum Schaden der Verbraucher auswirken könnten.

(21) Nach Artikel 29 Absatz 1 der Verordnung (EG) Nr. 1/2003 des Rates vom 16. Dezember 2002 zur Durchführung der in den Artikeln 81 und 82 des Vertrags niedergelegten Wettbewerbsre-

geln[7] kann die Kommission den Rechtsvorteil der Gruppenfreistellung entziehen, wenn sie in einem bestimmten Fall feststellt, dass eine Vereinbarung, für die die Gruppenfreistellung nach dieser Verordnung gilt, dennoch Wirkungen hat, die mit Artikel 101 Absatz 3 AEUV unvereinbar sind.

(22) Die mitgliedstaatlichen Wettbewerbsbehörden können nach Artikel 29 Absatz 2 der Verordnung (EG) Nr. 1/2003 den aus dieser Verordnung erwachsenden Rechtsvorteil für das Hoheitsgebiet des betreffenden Mitgliedstaats oder einen Teil dieses Hoheitsgebiets entziehen, wenn in einem bestimmten Fall eine Vereinbarung, für die die Gruppenfreistellung nach dieser Verordnung gilt, dennoch im Hoheitsgebiet des betreffenden Mitgliedstaats oder in einem Teil dieses Hoheitsgebiets, das alle Merkmale eines gesonderten räumlichen Marktes aufweist, Wirkungen hat, die mit Artikel 101 Absatz 3 AEUV unvereinbar sind.

(23) Bei der Entscheidung, ob der aus dieser Verordnung erwachsende Rechtsvorteil nach Artikel 29 der Verordnung (EG) Nr. 1/2003 entzogen werden sollte, sind die wettbewerbsbeschränkenden Wirkungen, die sich daraus ergeben, dass der Zugang zu einem relevanten Markt oder der Wettbewerb auf diesem Markt durch gleichartige Auswirkungen paralleler Netze vertikaler Vereinbarungen erheblich eingeschränkt werden, von besonderer Bedeutung. Derartige kumulative Wirkungen können sich etwa aus selektiven Vertriebssystemen oder aus Wettbewerbsverboten ergeben.

(24) Um die Überwachung paralleler Netze vertikaler Vereinbarungen zu verstärken, die gleichartige wettbewerbsbeschränkende Auswirkungen haben und mehr als 50 % eines Marktes abdecken, kann die Kommission durch Verordnung erklären, dass diese Verordnung auf vertikale Vereinbarungen, die bestimmte auf den betroffenen Markt bezogene Beschränkungen enthalten, keine Anwendung findet, und dadurch die volle Anwendbarkeit von Artikel 101 AEUV auf diese Vereinbarungen wiederherstellen.

(25) Um die Auswirkungen dieser Verordnung auf den Wettbewerb im Kraftfahrzeugvertrieb, bei der Lieferung von Ersatzteilen und der Erbringung von Kundendienstleistungen für Kraftfahrzeuge im Binnenmarkt zu bewerten, erscheint es angemessen, einen Bewertungsbericht über die Anwendung der vorliegenden Verordnung zu erstellen –

(…)

Schrifttum: Altham/Simon: ECJ, Quantitative selection criteria do not have to be objectively justified. JECLAP 2012, 552; Bechtold, Zulassungsansprüche zu selektiven Vertriebssystemen unter besonderer Berücksichtigung der Kfz-Vertriebssysteme, NJW 2003, 3729; Bechtold, Neues zur Zulassung zu selektiven Vertriebssystemen? Anmerkungen zu den BGH-Urteilen KZR 6/09 und KZR 7/09 vom 30.3.2011, BB 2011, 1610; Bechtold/Bosch/Brinker, EU–Kartellrecht, 4. Auflage, 2023; Becker/Hamilton, Multi-brand distribution and access to repairer networks under Motor Vehicle Block Exemption Regulation 1400/2002, Competition Policy Newsletter 2006, No. 2, 33; Buchner, EG-Kartellrecht und Vertriebssysteme, insbesondere der Kfz-Vertrieb, 2006; Buelens/De Muyter/Oosterhuis/Sepulchre/Van Brunnen, Flawed Reform of the Competition Rules for the European Motor Vehicle Distribution Sector, ECLRev. 2003, 254; Clark/Simon: The new legal framework for motor vehicle distribution: a toolkit to deal with real competition breakdowns, JECLAP 2010, 491; Creutzig, EG-Gruppenfreistellungsverordnung (GVO) für den Kraftfahrzeugsektor, 2003; Dauner, Thomas et al.: The European Commercial-Vehicle Sales and After-Sales Landscape. Report by The Boston Consulting Group, 2007; Ellger, Kfz-GVO in Immenga/Mestmäcker, Wettbewerbsrecht, 6. Auflage, 2019; Erdmann, Vertikale Vereinbarungen im Kfz-Sektor, 2006; Funk, Kfz-Vertrieb und EU-Kartellrecht, 2002; Henty, Agency Agreements – What are the Risks? The CFI's Judgment in DaimlerChrysler AG v Commission, ECLRev. 2006, 102; Karl, Kraftfahrzeugvertrieb und Europäisches Privatrecht, 2005; Liebscher/Petschke, Die neue Kfz-Gruppenfreistellungsverordnung. Neue Regeln im Bereich Kfz, 2003; Nolte, Weniger ist mehr: Die Neuerungen im EU-Kartellrecht für den Kfz-Vertrieb, BB 2013, 1667; Nolte, Vertrieb im Kfz-Sektor in Bunte, Kartellrecht, 14. Aufl. 2022; Reufels/Laufen, Abschlusszwang und Kündigungsverbote von Kfz-Vertragshändlerverträgen nach der VO (EG) Nr. 1400/2002, WuW 2004, 392; Schumacher, Die unmittelbare Anwendbarkeit von Art. 81 Abs. 3 EG. Zulässigkeit von Kfz-Vertriebssystemen außerhalb der Kfz-GVO, WuW 2005, 1222; Schumacher, Recht des Kfz-Vertriebs in Europa, 2005; Schütz in Gemeinschaftskommentar, Band Kfz-Vertrieb, 2002; Simon, Die neue Kartellrechtsverordnung (EU) Nr. 330, 2010 für Vertriebs- und Lieferverträge, EWS 2010, 497; Simon, Die neue Kfz-GVO 461/2010, ÖZK 2010, 83; Vezzoso, On the Antitrust Remedies to Promote Retail Innovation in the EU Car Sector, ECLRev. 2004, 190; Walz, Das Kartellrecht des Automobilvertriebs, 2005; Wegner, Neue Kfz-GVO (VO 461/2010) – des Kaisers neue Kleider? – Teil 1: Die Anschlußmärkte, BB 2010, 1803; Wegner, Neue Kfz-GVO (VO 461/2010) – Teil 2: Individuelle Beurteilung von Verträgen außerhalb der GVO auf den Anschlußmärkten, BB 2010, 1867; Wegner/Oberhammer, Neue Kfz-GVO (VO 461/2010) – Teil 3: Der Vertrieb von Neufahrzeugen ab Juni 2013, BB 2011, 1480; Wegner/Oberhammer, Marktabgrenzung für Vertragswerkstätten und Ersatzteillieferung, WuW 2012, 366; Wegner/Oberhammer/Berger, Recent Competition Law Developments in the Automotive Industry, JECLP 2016, 696; Wegner/Oberhammer/Berger, Competition Law in the Automotive Industry in Europe: A Survey of Recent Developments, JECLP 2018, 267.

---

[7] ABl. L 1 vom 4.1.2003, S. 1.

I. Die Kfz-GVO im Gefüge des europäischen Vertriebskartellrechts 1 **Einl. Kfz-GVO**

Sektorspezifische Veröffentlichungen der Europäischen Kommission: (zugänglich unter http://ec.europa/comm/competition/sectors/motor_vehicles/overview_en.html sowie http://europa.eu/rapid/search.htm):

Pressemitteilungen: Kommission erläßt neue Wettbewerbsvorschriften für Vertrieb und Reparatur von Kraftfahrzeugen, IP/10/619; sowie MEMO/10/217: Häufig gestellte Fragen. Kommission konsultiert Öffentlichkeit zur Überarbeitung der Wettbewerbsregeln für den Kfz Sektor, IP/09/1984. Kommission macht Vorschläge für künftigen wettbewerbsrechtlichen Rahmen für Kfz-Sektor, IP/09/1168. Commissioner Kroes hosts roundtable to discuss future of the Car Block Exemption Regulation, MEMO/09/57. Kommission gewährt unabhängigen Werkstätten freien Zugang zu Reparaturinformationen der Kfz-Hersteller, IP/07/1332. Kommission begrüßt Änderungen an BMW-Vertriebs- und Serviceverträgen, IP/06/302 (mit näheren Details im MEMO/06/120). Kommission begrüßt Änderungen an Vertriebs- und Serviceverträgen von General Motors, IP/06/303 (mit näheren Details im MEMO/06/120). Neue EU-Wettbewerbsregeln verschaffen dem Kfz-Handel größere Freiräume, IP/05/1208. Kommission genehmigt das neue Vertriebs- und Kundendienstsystem von Porsche, IP/04/585.

Entwürfe und Erläuterungen zur Kfz-GVO: 18 häufig gestellte Fragen zur Anwendung des EU-Kartellrechts im Kraftfahrzeugsektor; 27. August 2012. Ergänzende Leitlinien für vertikale Beschränkungen in Vereinbarungen über den Verkauf und die Instandsetzung von Kraftfahrzeugen und den Vertrieb von Kraftfahrzeugersatzteilen, ABl C 138 vom 28. Mai 2010, 16–27; Änderung der Leitlinien, ABl. 2023 C 133 I/1; Bewertungsbericht der Kommission über die Anwendung der Verordnung (EU) Nr. 461/2020 vom 28. Mai 2021 (Bewertungsbericht 2021); Entwurf der neuen Kfz-GVO 461/2010 und der dazugehörigen Leitlinien vom 21. Dezember 2009. Mitteilung der Kommission „Der künftige wettbewerbsrechtliche Rahmen für den Kfz-Sektor" (KOM(2009) 388 endg.), veröffentlicht zusammen mit dem Folgeabschätzungsbericht: The Future Competition Law Framework applicable to the motor vehicle sector, SEC (2009) 1053. Bericht der Kommission zur Bewertung der Verordnung (EG) Nr. 1400/2002 über Vertrieb, Instandsetzung und Wartung von Kraftfahrzeugen vom 28. Mai 2008 (Bewertungsbericht 2008); Leitfaden zur Kommissionsverordnung (EG) Nr. 1400/2002 vom 31. Juli 2002 über die Anwendung von Artikel 81 Absatz 3 des Vertrags auf Gruppen von vertikalen Vereinbarungen und aufeinander abgestimmten Verhaltensweisen im Kraftfahrzeugsektor („Leitfaden").

Einleitung

Übersicht

		Rn.			Rn.
I.	Die Kfz-GVO im Gefüge des europäischen Vertriebskartellrechts	1	1.	Betonung des Schutzes des Wettbewerbs in den Anschlussmärkten	8
1.	Die Vertikal-GVO als Grundlage der Kfz-GVO	1	2.	Wettbewerb im Kundendienst und Ersatzteilvertrieb	14
				a) Freie Werkstätten	15
2.	Aufbau und Bedeutung der Kfz-GVO	4		b) Zugelassene Werkstätten	18
				c) Vertrieb von Ersatzteilen	22
II.	Ordnungspolitische Ziele der Kfz-GVO	8	3.	Primärmarkt	23
			4.	Mehrmarkenvertrieb	24

I. Die Kfz-GVO im Gefüge des europäischen Vertriebskartellrechts

1. Die Vertikal-GVO als Grundlage der Kfz-GVO. Nach dem Ende einer dreijährigen 1 Übergangsfrist für den Vertrieb von Neuwagen ist seit dem 1.6.2013 die allgemeine Vertikal-GVO 330/2010, seit dem 1.6.2022 GVO 2022/720, die Grundlage sowohl für **Vertriebs-** als auch **Kundendienstverträge** in der Kfz-Branche (Art. 3 und Art. 4). Damit folgt die Neuregelung der Vertriebskartellrechts für die Kfz-Branche einem allgemeinen Trend der EU-Wettbewerbspolitik weg von branchenspezifischen Regelungen und hin zu einem allgemeinen Kartellrecht für alle Branchen. Die am 31.5.2013 endgültig ausgelaufene Kfz-GVO 1400/2002 war die erste der für diese Branche gültigen Gruppenfreistellungsverordnungen, die einem stärker **ökonomisch geprägten Ansatz,** wie er zuerst in der allgemeinen Vertikal-GVO 2790/1999 zu finden war, folgte. Die Kfz-GVO ist die möglicherweise letzte Gruppenfreistellungsverordnung der Kommission für diese Branche. Auch sie trägt der Erkenntnis Rechnung, dass negative Wettbewerbswirkungen von vertikalen Beschränkungen in erster Linie davon abhängen, inwieweit der jeweilige Lieferant bzw. der Käufer über Marktmacht verfügt, die sich annäherungsweise durch Marktanteile schätzen lässt. Gab es in der abgelösten Kfz-GVO solche Marktanteilsschwellen nur für den Lieferanten, und abhängig vom gewählten Vertriebssystem auch noch gleich drei verschiedene Schwellen, ist nun durch die als Grundlage dienende Vertikal-GVO seit dem 1.6.2013 für die **Kfz-Branche nur noch eine einzige, einheitliche Schwelle von 30 %** für alle Vertriebsverträge gültig, die sich auf den Marktanteil sowohl des Anbieters auf dessen Absatzmarkt als auch des Abnehmers auf dem Beschaffungsmarkt bezieht. Nach der Kfz-GVO sind daher bei einem Marktanteil des Anbieters und des Abnehmers von bis zu 30 % grundsätzlich **alle Vertriebsformen freigestellt:** sowohl die am häufigsten vorkommenden Formen des qualitativ-selektiven und quantitativ-selektiven Vertriebs als auch der Exklusivvertrieb sowie andere denkbare Vertriebsmodelle.

2 Die bisherige Kfz-GVO 1400/2002 ist oft für ihre übermäßige Regelungsdichte kritisiert worden. So enthielt diese Kfz-GVO 13 Kernbeschränkungen, also die unter Wettbewerbsgesichtspunkten besonders schädlichen Klauseln, die in Vertriebsverträgen nicht enthalten sein dürfen, wenn diese in den Genuss der pauschal angenommenen Kartellrechtskonformität einer Gruppenfreistellung kommen sollen. Dazu kam noch eine Vielzahl von allgemeinen und besonderen Voraussetzungen, denen 23 spezielle Begriffsbestimmungen vorangestellt waren. Die Kfz-GVO vereinfacht dieses Regelungsdickicht nachgerade radikal, so dass schon beinahe von einer **Deregulierung** gesprochen werden kann. Zwar müssen nun zwei Freistellungsverordnungen und die dazugehörigen Leitlinien konsultiert werden, insgesamt handelt es sich aber um eine Angleichung der Regeln für die Kfz-Branche an die allgemeinen Regeln des Vertriebskartellrechts und damit um eine **Vereinfachung**. Dies wird augenfällig durch die Anzahl der Kernbeschränkungen, die von 13 auf acht reduziert wurde. Die fünf in der Vertikal-GVO aufgeführten Kernbeschränkungen gelten auch für die Kfz-Branche.[1] Sie sind nicht mehr, wie in der Vorgänger-GVO, fast wortgleich aus der damaligen Vertikal-GVO übernommen worden, sondern gelten unmittelbar. Die Kfz-GVO enthält noch drei weitere solcher Kernbeschränkungen, die für den Vertrieb von Kfz-Ersatzteilen gelten (Art. 5). Diese drei Kernbeschränkungen machen zusammen mit einigen Definitionen des Art. 1 das branchenspezifische dieser GVO aus. Damit weist die Kfz-GVO im Vergleich zur Vorgänger-GVO eine wesentlich geringere Regelungsdichte und -tiefe auf.

3 Die Bedeutung der Vertikal-GVO und der dazugehörigen Leitlinien für die Kfz-Branche ist jedoch nicht neu: Ein Beispiel für die damals noch subsidiäre Heranziehung von Grundsätzen der Leitlinien „vertikale Vereinbarungen" ist der Fall BP Lubricants. Hier hat die Kommission sowohl bei der Beurteilung nach Art. 101 Abs. 1 AEUV als auch bei der Prüfung einer individuellen Freistellung nach Art. 101 Abs. 3 AEUV auf die Leitlinien „vertikale Vereinbarungen" abgestellt.[2]

4 **2. Aufbau und Bedeutung der Kfz-GVO.** Seit dem Ende der Übergangsfrist am 31.5.2013 gibt es keine Kfz-GVO mehr, die umfassend und eigenständig die kartellrechtlichen Fragen der Kfz-Branche regelt. Vielmehr gelten für alle drei Teilmärkte, den Vertrieb von Neufahrzeugen, den Vertrieb von Ersatzteilen sowie den Reparatur- und Wartungsmarkt die Bestimmungen der allgemeinen **Vertikal-GVO** und die dazu veröffentlichten **Leitlinien**. Die Kfz-GVO ist daher materiellrechtlich nicht mehr wie ihre drei Vorgänger eine eigenständige GVO, sondern nur noch eine Ergänzung zur allgemeinen Vertikal-GVO, die drei besondere Probleme beim Ersatzteilvertrieb regelt. Für den Vertrieb von Neufahrzeugen gibt es erstmals seit 1985 gar keine Sonderregeln mehr. Rechtstechnisch regelt sie aber nach wie vor den gesamten Kfz-Markt und deckt sowohl den Vertrieb von Neufahrzeugen als auch den Kundendienst, der aus den beiden getrennten (Anschluß-)Märkten für Wartung und Reparatur sowie für Ersatzteile besteht, ab.[3]

5 Art. 1 enthält wie gehabt eine Reihe von Begriffsbestimmungen. Die folgenden Art. 2–4 machen die Reduzierung der Kfz-GVO auf einen bloßen Zusatz zur Vertikal-GVO besonders deutlich: Art. 3 legt fest, dass nach Ablauf der Übergangsfrist für den Vertrieb von Neufahrzeugen am 31.5.2013 gemäß Art. 2 die Vertikal-GVO gilt. Für die beiden Anschlussmärkte Reparatur und Wartung sowie Vertrieb von Ersatzteilen gilt gemäß Art. 4 die Vertikal-GVO bereits mit dem Inkrafttreten der Kfz-GVO. Art. 5 enthält die erwähnten drei kartellrechtlich besonders bedenklichen Beschränkungen (sog hard core-Klauseln, **Kernbeschränkungen,** schwarze Klauseln), die eine Gruppen-Freistellung durch die GVO für die gesamte Vereinbarung ausschließen und auch eine Einzelfreistellung angesichts der Schwere der Beschränkung unwahrscheinlich werden lassen. Art. 6 enthält die Voraussetzungen für eine mögliche Erklärung der Nichtanwendbarkeit der Verordnung. In Art. 7 verspricht die Kommission, die Anwendung der Verordnung permanent zu überwachen

---

[1] Sowohl Preisbindungen der zweiten Hand also auch Beschränkungen des grenzüberschreitenden Handels durch Kfz-Hersteller waren in jüngerer Zeit in verschiedenen Ländern Gegenstand behördlicher und gerichtlicher Entscheidungen, s. den Überblick bei Wegner/Oberhammer/Berger JECLP 2018, 276.

[2] COMP/F2/38 730; der XXXIII. Bericht über die Wettbewerbspolitik, Rn. 158, ist insoweit missverständlich: die englische (Redaktions-)Fassung des Berichts spricht von „exempted by analogy with Regulation No. 2790/1999", die deutsche Fassung von einer Freistellung „durch VO Nr. 2790/1999". Die Kfz-GVO war in dem Fall zwar anwendbar, stellte jedoch, da eine Besondere Bedingung nach Art. 5 nicht vorlag, das in Rede stehende Wettbewerbsverbot nicht frei. Die Kommission erachtete aber die Voraussetzungen von Art. 81 Abs. 3 EGV als erfüllt, sofern sichergestellt ist, dass Werkstätten ihren Lieferanten ohne größere Schwierigkeiten wechseln können.

[3] Simon, Die neue Kfz-GVO, 85.

und spätestens zwei Jahre vor ihrem Auslaufen einen Bewertungsbericht vorzulegen. Art. 8 schließlich legt die Geltungsdauer der Kfz-Verordnung fest.

Die Kfz-GVO VO (EG) 1400/2002 wurde in der Branche oft als „Grundgesetz" des Kfz- 6 Vertriebs und Kundendiensts bezeichnet, das den Beteiligten grundlegende Rechte einräume und Pflichten auferlege. Das führte, befeuert vor allem durch die branchenspezifische Literatur, zu einem Missverständnis der **Funktion und Bedeutung einer GVO**. Die Kfz-GVO selbst **begründet unmittelbar weder Rechte noch Pflichten**.[4] Wie alle Gruppenfreistellungsverordnungen will die Kfz-GVO Herstellern, Händlern und Werkstätten einen „sicheren Hafen" bieten, innerhalb dessen sie keinen Verstoß ihrer Vereinbarungen gegen Art. 101 Abs. 1 AEUV befürchten müssen. Es wäre jedoch ein unzutreffender Umkehrschluss, dass jede Vereinbarung oder Praxis, die nicht von der Kfz-GVO gedeckt ist, unter Art. 101 Abs. 1 AEUV fiele und nicht durch Art. 101 Abs. 3 AEUV einzelfreigestellt sein könne. Die aktuelle Kfz-GVO scheint auf den ersten Blick jedoch gar nicht erst die Möglichkeit bieten zu wollen, einen Vertrag für die Reparatur und Wartung oder den Vertrieb von Ersatzteilen abzuschließen, der in den Genuss der Freistellung durch diese GVO kommt, da in aller Regel die Marktanteilsschwelle von 30 % überschritten sein dürfte. Das liegt daran, dass die Märkte für Reparatur und Wartung sowie den Vertrieb von Ersatzteilen auf dem Endkundenmarkt markenspezifisch abzugrenzen sind. Im Regelfall liegt der Marktanteil des Kfz-Herstellers auf den Märkten für Reparatur und Wartung sowie den Vertrieb der Ersatzteile seiner Automarken über 30 %, **wodurch der sichere Hafen der GVO in der Regel nicht mehr zu erreichen ist**. In der Literatur wird teilweise vertreten, Garantieleistungen, Kulanzarbeiten sowie Dienstleistungen im Rahmen von Rückrufaktionen aus dem Marktvolumen herauszunehmen, wodurch der Marktanteil des Herstellers erheblich sinken würde.[5] Es ist aber zumindest für die ersten Jahre nach dem Kauf eines Neuwagens zu bezweifeln, ob durch diese der Kommissionspraxis widersprechenden Herangehensweise tatsächlich ein Marktanteil von unter 30 % herauskäme. In der alten Kfz-GVO 1400/2002 galt dagegen für den am weitesten verbreiteten qualitativ-selektiven Vertrieb von Ersatzteilen noch eine Schwelle von 100 %. Weiterhin gilt aber, dass rein qualitative-selektive Vertriebssysteme, die drei besonders strenge Bedingungen erfüllen müssen, schon gar nicht unter Art. 101 Abs. 1 AEUV fallen.[6]

Die Kfz-GVO entfaltet dennoch Wirkung, denn Verträge, die eine oder mehrere dieser Kernbe- 7 schränkungen enthalten, werden auch kaum eine Einzelfreistellung erlangen. Zwar sollte selbst beim Vorliegen einer Kernbeschränkung nicht automatisch ein Verstoß gegen Art. 101 Abs. 1 AEUV angenommen und eine Individualfreistellung nach Art. 101 Abs. 3 AEUV verneint werden. Eine **Einzelfreistellung** nach Art. 101 Abs. 3 AEUV ist daher bei Verträgen, die Kernbeschränkungen enthalten, nicht von vorneherein ausgeschlossen, bedarf jedoch eines hohen Begründungsaufwands.[7] Die praktische Bedeutung dieser Kfz-GVO und der dazugehörigen branchenspezifischen Leitlinien liegt daher in erster Linie darin, dass die in ihr getroffenen **wettbewerbspolitischen Wertungen** wichtige **Orientierungshilfen** für die Auslegung und Anwendung sowohl von Art. 101 Abs. 1 AEUV als auch Art. 101 Abs. 3 AEUV in Fällen aus dem Kfz-Sektor geben.

II. Ordnungspolitische Ziele der Kfz-GVO

1. Betonung des Schutzes des Wettbewerbs in den Anschlussmärkten. Die Kfz-GVO 8 ist die einzige branchenspezifische GVO für den Vertrieb. Eine solche von den allgemeinen Bestimmungen des Vertriebskartellrechts abweichende Sonderregelung lässt sich nur rechtfertigen, wenn die Branche spezielle wettbewerbliche Probleme aufwirft. Das Auto ist für die allermeisten Konsumenten der zweitwichtigste Ausgabenposten nach dem Haus oder der Wohnung. Aufgrund dieser Bedeutung des Automobils für den Verbraucher und der Vielzahl von Wettbewerbsproblemen vor allem auf dem Markt für den Vertrieb von Neufahrzeugen, die sich in diversen Bußgeldentscheidungen gegen Automobilhersteller manifestierten,[8] hat die Kommission seit 1985 eigenständige Freistel-

---

[4] Dies hat auch der EuGH betont, vgl. EuGH Slg. 2006, I-7637 Rn. 56 – Vulcan Silkeborg, unter Verweis auf seine Judikatur VAG/Magne.
[5] Vgl. Wegner BB 2010, 1805.
[6] S. zu diesen drei Bedingungen sowie → Art. 1 Rn. 15, sowie aus der Judikatur zuletzt EuGH 6.12.2017 – C-230/16 Rn. 24 mwN – Coty; Leitlinien „Verkauf und Instandsetzung von Kraftfahrzeugen" Rn. 54 iVm 43.
[7] S. Leitlinien „vertikale Vereinbarungen" Rn. 181, sowie Leitlinien zu Art. 81 Abs. 3 Rn. 46.
[8] Kom. ABl. 2002 L 257, 1 – Mercedes-Benz (Beschränkung von Parallelexporten in Deutschland, Einschränkung von Verkäufen an Leasingunternehmen und Preisbindung in Belgien) – in weiten Teilen aufgehoben (insbesondere hinsichtlich der Einstufung als unechte Handelsvertreter) von EuG Slg. 2005, II-3319 – DaimlerChrysler; Kom. ABl. 2001 L 262, 14 – Volkswagen II (Preisbindung beim VW Passat in Deutsch-

lungsverordnungen für die Kfz-Branche erlassen. Mit der dritten Auflage der Kfz-GVO, der VO 1400/2002, verfolgte die Kommission gegenüber der allgemeinen Vertikal-GVO einen deutlich **stärker regulativen Ansatz**. Insbesondere traf sie in zahlreichen Einzelfragen erheblich **engere, detailliertere** und **strengere Regelungen**, als dies für die kartellrechtliche Behandlung von vertikalen Vertriebsverhältnissen nach der Vertikal-GVO und den Leitlinien für vertikale Vereinbarungen gemeinhin für erforderlich gehalten wurde.

9   In ihrem Bewertungsbericht 2008 kam die Kommission zu dem Schluss, dass die dritte Kfz-GVO 1400/2002 mit ihrer langen Liste an Definitionen, Voraussetzungen und Kernbeschränkungen zu interventionistisch war und dass viele dieser Bestimmungen obendrein auch noch redundant waren.[9] Vor allem die Regelungen zum Neuwagenvertrieb wurden als nicht mehr zeitgemäß empfunden. Anders als bei der Verabschiedung der Vorgänger-GVO 1400/2002 erwartet, hatte sich der Wettbewerb auf dem Markt für Neuwagen durch zunehmend globale und wettbewerbsfähigere Kfz-Märkte zugunsten der Verbraucher verschärft. Die ordnungspolitische Grundidee der Neuregelung 2010 war daher, die vielen Sonderregelungen für die Kfz-Branche zu verringern und den Schwerpunkt auf die Anschlussmärkte zu legen.

10   Die Kosten für Wartung und Reparatur machen einen beträchtlichen Teil der Gesamtkosten eines Autos über dessen Einsatzdauer aus.[10] Wie wohl in sonst keinem anderen Markt für hochwertige Konsumgüter hat sich ein fabrikatsunabhängiger Kundendienst etabliert. Dieser ist der Hauptwettbewerber der Vertragswerkstätten, ist aber für den Zugang zu technischen Reparatur- und Wartungsinformationen sowie für den Bezug bestimmter Ersatzteile vom Hersteller des Automobils abhängig. Da nach den Erkenntnissen der Kommission der Wettbewerb auf diesem Kundendienstmarkt immer noch eines besonderen Schutzes bedarf,[11] hat sich die Kommission zu einer neuen eigenständigen Kfz-GVO mit Schwerpunkt auf diesen Markt entschlossen.

11   Für den Neuwagenmarkt hingegen gelangte die Kommission zu der Auffassung, dass es keine erheblichen Beeinträchtigungen des Wettbewerbs gab, die eine eigenständige Regelung in Abweichung von oder Ergänzung zu der Vertikal-GVO erforderten. Eines der Hauptanliegen der abgelösten Kfz-GVO 1400/2002 war die Stärkung des (grenzüberschreitenden) markeninternen Wettbewerbs. Dazu hatten vor allem die zahlreichen Bußgeldentscheidungen gegen Hersteller beigetragen, die gezielt Reimporte ihrer Fahrzeuge von Endverbrauchern aus günstigeren EU-Mitgliedsländern behinderten[12] und mit dieser Behinderung des Parallelhandels dem **Binnenmarktziel der Marktintegration** zuwiderliefen.[13] Der bis 2011 jährlich von der Kommission herausgegebene Preismonitor für Neuwagen zeigte jedoch, dass die Preise im EWR – im Gegensatz zu der Lage in den 1990er Jahren – in den Jahren nach 2002 konvergierten.[14] Die Kommission zog aus den abnehmenden Preisunterschieden den Schluss, dass der grenzüberschreitende Handel mit neuen Fahrzeugen ausreichend sei, um effektiven Wettbewerbsdruck auszuüben.[15]

12   Neben diesem empirischen Befund trug aber auch eine ordnungspolitische Überlegung zum Wegfall besonderer Schutzbestimmungen für den **Parallelhandel von Automobilen** bei. Der Schutz solchen markeninternen Wettbewerbs ist nur dann zu rechtfertigen, wenn der Wettbewerb

---

land) – aufgehoben (aufgrund des Begriffs „Vereinbarung" nach Art. 81 Abs. 1) durch EuG Slg. 2003, 5141 – Volkswagen, bestätigt durch EuGH Slg. 2006, I-6585 – Volkswagen; Kom. ABl. 1998 L 124, 60 – Volkswagen I (Beschränkung des Parallelhandels aus Italien) – im Wesentlichen bestätigt durch EuG Slg. 2000, II-2707 und EuGH Slg. 2003, I-9189.

[9] Bewertungsbericht (2008), 14.
[10] Leitlinien „Verkauf und Instandsetzung von Kraftfahrzeugen", Rn. 15.
[11] Mitteilung (2009), Rn. 14.
[12] Kom. ABl. 2001 L 59, 1 – Opel Nederland (Beschränkung des Parallelhandels aus den Niederlanden) – im Wesentlichen bestätigt durch EuG Slg. 2003, 4491 und EuGH Slg. 2006, I-3173; Kom. ABl. 1998 L 124, 60 – Volkswagen I (Beschränkung des Parallelhandels aus Italien) – im Wesentlichen bestätigt durch EuG Slg. 2000, II-2707 und EuGH Slg. 2003, 9189.
[13] „Parallelimporte genießen nämlich einen gewissen gemeinschaftsrechtlichen Schutz, da sie die Entwicklung des Handelsverkehrs und die Stärkung des Wettbewerbs begünstigen", s. EuGH Slg. 2008, I-7139 Rn. 37 – Lelos; Leitlinien zu Art. 81 Abs. 3, Rn. 13: „Artikel 81 soll den Wettbewerb im Markt schützen, um den Wohlstand der Verbraucher zu fördern und eine effiziente Ressourcenallokation zu gewährleisten. Wettbewerb und Marktintegration dienen diesen Zielen, da die Schaffung und Erhaltung eines offenen Binnenmarktes zu einer effizienten Ressourcenallokation in der gesamten Gemeinschaft zum Wohle der Verbraucher fördert".
[14] Im letzten 2011 von der Kommission veröffentlichten Neuwagenpreismonitor war die Standardabweichung auf 8,2 % gesunken, in der Eurozone betrug sie 6,5 %. http://ec.europa.eu/competition/sectors/motor_vehicles/prices/report.html.
[15] Bewertungsbericht (2008), 7. Zu dieser Entwicklung haben vor allem auch die Einführung des Euro und die erhöhte Transparenz durch das Internet beigetragen.

II. Ordnungspolitische Ziele der Kfz-GVO 13–17 Einl. Kfz-GVO

zwischen den Marken nicht ausreichend spielt. Die Kommission hatte jedoch in ihren Bewertungsberichten 2008 und 2021 festgestellt, dass der Wettbewerb zwischen den einzelnen Herstellern intensiv war und sich in den vorangegangenen Jahren noch verstärkt hatte.[16] In einer solchen Marktsituation ist es unwahrscheinlich, dass eine Verringerung des markeninternen Wettbewerbs negative Auswirkungen auf die Verbraucher hat.[17]

In jedem Fall sollte die Anwendung der allgemeinen Grundsätze des Wettbewerbsrechts im gegenwärtigen Marktkontext für den Schutz des Parallelhandels genügen. So gelten in allen Vertriebssystemen Behinderungen von Passivverkäufen als eine nicht freigestellte Kernbeschränkung (Art. 4 lit. b Vertikal-GVO). Bei selektiven Vertriebssystemen gilt dies auch für sämtliche Behinderungen von aktiven Akquisitionen in anderen Gebieten (Art. 4 lit. c). Bei exklusivem Vertrieb besteht zwar Gebietsschutz gegen Aktivverkäufe; es müssen jedoch zum Ausgleich passive Verkäufe und Veräußerungen an unabhängige Wiederverkäufer erlaubt sein (Art. 4 lit. b (i)), die Kfz dann ihrerseits ohne Beschränkung vertreiben können. **13**

2. Wettbewerb im Kundendienst und Ersatzteilvertrieb. Ziel der Kfz-GVO ist eine Stärkung des Wettbewerbs auf den Märkten für die Reparatur und Wartung sowie des Ersatzteilhandels, auf denen die Kommission Wettbewerbsdefizite ausgemacht hatte. Die Kfz-Hersteller und ihre autorisierten Netze verfügen auf diesen Märkten über eine größere Marktmacht als beim Vertrieb von Neuwagen, da diese markenspezifisch abzugrenzen sind und als Wettbewerber nur die freien Werkstätten auftreten. Daher ist die Kfz-GVO bestrebt, sowohl bei Reparatur und Wartung als auch beim Vertrieb von Ersatzteilen die Rahmenbedingungen für stärkeren Wettbewerb zu schaffen. In der GVO selbst finden sich besondere Bestimmungen nur zum Ersatzteilevertrieb, der jedoch entscheidend dazu beiträgt, dass unabhängige Werkstätten Wettbewerbsdruck auf die Vertragswerkstattnetze der Hersteller ausüben können. Die Leitlinien geben einige weitere Hinweise darauf, wie die allgemeinen Regeln des Vertriebskartellrechts den Wettbewerb auf diesen Anschlussmärkten sicherstellen sollen. **14**

a) Freie Werkstätten. Unabhängige Werkstätten können nur dann wirksam mit Vertragswerkstätten der Hersteller konkurrieren, wenn sie Zugang zu den für Instandsetzungs- und Wartungsarbeiten erforderlichen technischen Informationen und Ersatzteilen haben. Der Zugang zu technischen Reparatur- und Wartungsinformationen ist für Pkws,[18] die nach dem 1.9.2009, und für Nutzfahrzeuge,[19] die nach dem 1.1.2013 in Verkehr gebracht wurden, durch Verordnungen außerhalb des Kartellrechts gesichert. Die diesbezügliche Kernbeschränkung in Art. 4 Abs. 2 der Kfz-GVO 1400/2002 wurde damit überflüssig. Die Leitlinien stellen darüber hinaus klar, dass dieser Zugang auch für allen Arten von Input, **Werkzeugen** und **Ausrüstungsgegenständen** (einschließlich elektronischer **Diagnosegeräte** und einschlägiger **Software**), die zur Reparatur und Wartung von Kfz erforderlich sind, sowie Schulungen zu gelten hat, damit die Vereinbarungen des Herstellers mit seinen Vertragswerkstätten nicht von Art. 101 Abs. 1 AEUV erfasst werden.[20] Außerdem ist dieser Zugang diskriminierungsfrei, in gleichem Umfang und zu denselben Konditionen zu gewähren, wie Mitgliedern des offiziellen Händler- und Werkstattnetzes ihn erhalten.[21] **15**

Daneben erleichtert die Kfz-GVO auch den **Zugang** freier Werkstätten **zu Ersatzteilen:** Art. 5 lit. a richtet sich gegen die Beschränkungen von zugelassenen Werkstätten, unabhängige Werkstätten mit Ersatzteilen für deren Eigenbedarf zu beliefern. Dies wird ergänzt durch Art. 5 lit. b: Danach ist es ebenfalls eine Kernbeschränkung, wenn Teilehersteller gehindert sind, ihre Erzeugnisse selbst an Händler und Werkstätten zu verkaufen. Die dritte Kernbeschränkung, Art. 5 lit. c, soll es den freien Werkstätten einfacher machen, den eigentlichen Hersteller eines Ersatzteils ausfindig zu machen und gegebenenfalls direkt dort zu bestellen. **16**

Eine weitere Voraussetzung für die Möglichkeit der freien Werkstätten, mit den Vertragswerkstätten konkurrieren zu können, besteht darin, dass die freien nicht von vorneherein durch Herstellergarantien von bestimmten Reparatur- und Wartungsarbeiten ausgeschlossen sind. Ein solcher **17**

---

[16] Bewertungsbericht (2008) Technischer Anhang 2, 25; Bewertungsbericht (2021) 8.
[17] Leitlinien „vertikale Vereinbarungen", Rn. 153.
[18] Verordnung (EU) 2018/858 des Europäischen Parlaments und des Rates vom 30.5.2018 über die Genehmigung und die Marktüberwachung von Kraftfahrzeugen und Kraftfahrzeuganhängern sowie von Systemen, Bauteilen und selbstständigen technischen Einheiten für diese Fahrzeuge, zur Änderung der Verordnungen (EG) Nr. 715/2007 und (EG) Nr. 595/2009 und zur Aufhebung der Richtlinie 2007/46/EG.
[19] Verordnung (EG) Nr. 595/2009 des Europäischen Parlaments und des Rates vom 18.6.2009 über die Typgenehmigung von Kraftfahrzeugen und Motoren hinsichtlich der Emissionen von schweren Nutzfahrzeugen (Euro 6) und über den Zugang zu Fahrzeugreparatur- und -wartungsinformationen ABl. 2009 L 188, 1.
[20] Leitlinien „Verkauf und Instandsetzung von Kraftfahrzeugen"; dazu Rn. 62a Leitlinien „Verkauf und Instandsetzung von Kraftfahrzeugen": dies soll auch für fahrzeuggenerierte Daten gelten, Rn. 67a.
[21] Leitlinien „Verkauf und Instandsetzung von Kraftfahrzeugen", Rn. 62 ff.

Missbrauch von Herstellergarantien oder -gewährleistungen läge dann vor, wenn die gesetzliche oder erweiterte Gewährleistungspflicht des Herstellers gegenüber dem Abnehmer davon abhängig gemacht wird, dass der Endverbraucher nicht unter die Gewährleistung fallende Instandsetzungs- und Wartungsdienste nur innerhalb des Netzes zugelassener Werkstätten ausführen lässt.[22] Derartige Vereinbarungen würden die negativen Wirkungen des Selektivvertriebs verstärken, hätten keine erkennbaren Vorteile für die Verbraucher und dürften daher kaum unter die Ausnahmeregelung nach Art. 101 Abs. 3 AEUV fallen.[23] Wegen des hohen Gefährdungspotentials für den Wettbewerb zwischen freien und zugelassenen Werkstätten hat die Kommission in den häufig gestellten Fragen einige Spezialfälle dieses Missbrauchs aufgegriffen.[24]

18   b) **Zugelassene Werkstätten.** Der Wettbewerb zwischen den Vertragswerkstätten einer bestimmten Marke ist für die Halter neuerer Fahrzeuge (bis zu einem Alter von vier Jahren) besonders wichtig, da diese ihren Jungfahrzeugen durch regelmäßige Wartung in einer Vertragswerkstatt einen höheren Restwert zurechnen und so für hohe Marktanteile der Vertragswerkstätten für diese Fahrzeugen sorgen.[25]

19   Die Intensität des Wettbewerbs zwischen Vertragswerkstätten einer Marke hängt ganz entscheidend davon ab, unter welchen Bedingungen ein Beitritt zu dem auf Standardvereinbarungen beruhenden Werkstattnetz möglich ist.[26] Da diese Werkstattnetze in aller Regel auf dem markenspezifisch abzugrenzenden Markt einen Anteil von über 30 % haben, können die Hersteller nur rein qualitative Selektionskriterien für ihre Vertriebsvereinbarungen verwenden, damit diese ganz sicher nicht von Art. 101 Abs. 1 AEUV erfasst werden. Die Kommission betont daher auch in ihren Leitlinien, dass der **Zugang zu den Netzen zugelassener Werkstätten** im Allgemeinen allen Unternehmen offen steht, die die Qualitätskriterien erfüllen.[27] Diese prinzipielle Offenheit der Netze der Vertragswerkstätten soll die Voraussetzungen dafür schaffen, dass die Nachfrage des Marktes über Zahl und Standort der Werkstätten entscheidet, und Verbraucher von Vertragswerkstätten in größerer räumlicher Nähe und von deren Wettbewerb untereinander profitieren können.[28]

20   In jedem Fall bleibt einem Hersteller immer die Möglichkeit einer Einzelfreistellung, wenn der Marktanteil des eigenen Netzes 30 % übersteigt und keine rein qualitative Selektion angewendet wird, die derartige Verträge dem Anwendungsbereich des Art. 101 Abs. 1 AEUV entziehen. Zu entscheiden ist dann, ob durch die Beschränkung des Zugangs die negativen Wirkungen des Bündels von Verträgen, die das Werkstattnetz ausmachen, so stark sind, dass die Anwendung des Art. 101 Abs. 3 AEUV ausgeschlossen ist.[29]

21   Um als Kunde vom Wettbewerb zwischen den Vertragswerkstätten profitieren zu können, sollten diese auch nicht daran gehindert sein, günstige Ersatzteile verwenden zu können. Zwar erfolgt die Versorgung mit Originalersatzteilen traditionell fast ausschließlich über den Kfz-Hersteller und von ihm autorisierte Importeure oder (Groß-)Händler. Die hohen Marktanteile des Kfz-Herstellers auf dem Markt für Ersatzteile ihrer Fahrzeuge von in der Regel deutlich über 30 % führen jedoch dazu, dass die Voraussetzung für eine Gruppenfreistellung nicht gegeben ist. Dies bedeutet, dass der Hersteller einen Markenzwang für seine Ersatzteile nur im Rahmen einer Einzelfreistellung durchsetzen kann, und die Vertragswerkstatt prinzipiell frei ist, auch **konkurrierende Ersatzteile** von Dritten – etwa dem Teilehersteller oder freien Großhändlern – zu beziehen und im Rahmen von Reparatur- und Wartungsarbeiten zu verwenden. Komplementär hierzu statuiert Art. 5 lit. b es als Kernbeschränkung, wenn Teilehersteller daran gehindert sind, die von ihnen produzierten Ersatzteile selbst zu vertreiben (hier gelten freilich Ausnahmen im Rahmen der Bekanntmachung „Zulieferverträge", näher → Art. 5 Rn. 14). Durch die Absenkung der Marktanteilsschwelle auf 30 % und Art. 5 lit. b will die GVO sicherstellen, dass Vertragswerkstätten auch weiterhin beim Einkauf von Ersatzteilen von einem Preiswettbewerb profitieren und dadurch erzielte niedrigere Einkaufspreise

---

[22] Leitlinien „Verkauf und Instandsetzung von Kraftfahrzeugen", Rn. 69. S. auch den von der portugiesischen Wettbewerbsbehörde bei der OECD eingereichten Jahresbericht Competition Policy Developments in Portugal, 6 (DAF/COMP/AR(2017)13, https://one.oecd.org/document/DAF/COMP/AR(2017)13/en/pdf, zuletzt abgerufen am 8.12.2019).
[23] Leitlinien „Verkauf und Instandsetzung von Kraftfahrzeugen", Rn. 69.
[24] GD Wettbewerb, Häufig gestellte Fragen zur Kfz-GVO, Fragen 1–6.
[25] Mitteilung 2009, Rn. 34.
[26] Leitlinien „Verkauf und Instandsetzung von Kraftfahrzeugen", Rn. 70.
[27] Leitlinien „Verkauf und Instandsetzung von Kraftfahrzeugen", Rn. 70.
[28] Becker/Hamilton, Multi-brand distribution and access to repairer networks, 33.
[29] Dies war Grundlage für die vier Entscheidungen gem. Art. 9 VO (EG) 1/2003 gegen DaimlerChrysler, Toyota, General Motors und Fiat, in denen sich diese Kfz- Hersteller verpflichten, allen unabhängigen Werkstätten in der EU technische Informationen für Fahrzeugreparaturen zur Verfügung zu stellen. Kom.-Entsch. vom 14.9.2007.

an die Endkunden weitergeben können. Sie will Verbrauchern damit eine reelle Möglichkeit zur Wahl zwischen identischen bzw. voll gleichwertigen Teilen geben, die – je nach Lieferant – oft zu sehr unterschiedlichen Preisen angeboten werden.

c) Vertrieb von Ersatzteilen. Die drei Kernbeschränkungen des Art. 5 betreffend den Vertrieb von Ersatzteilen durch Vertragswerkstätten und Teilehersteller zielen darauf ab, den Zugang von Ersatzteilherstellern zu den Kfz-Anschlussmärkten zu schützen und es freien Werkstätten zu ermöglichen, Monopolteile von Vertragswerkstätten zu beziehen. Auf diese Weise soll sichergestellt werden, dass konkurrierende Ersatzteilmarken sowohl unabhängigen und zugelassenen Werkstätten als auch Teilegroßhändlern zur Verfügung stehen.[30] Die dadurch geschaffene Möglichkeit der Verwendung von konkurrierenden Ersatzteilen auch durch zugelassene Werkstätten und der Zugang der freien Werkstätten zu Originalersatzteilen des Herstellers sollen für **Wettbewerb beim Vertrieb von Ersatzteilen** sorgen. Ersatzteile sind nicht nur die mit dem Markenzeichen der Kraftfahrzeughersteller versehenen Originalteile (OEM-Teile), sondern auch von Originalteileanbietern hergestellte und vertriebene Originalteile (OES-Teile, auch Identteile genannt) sowie von Teileherstellern produzierte Teile, die den Originalteilen qualitativ gleichwertig sind.[31]

22

3. Primärmarkt. Die neue Kfz-GVO enthält keinerlei Bestimmungen zum Primärmarkt des Automobilvertriebs. Für den Kfz-Vertrieb sollen die Regelungen der allgemeinen Vertikal-GVO ausreichen. In den ergänzenden Leitlinien finden sich jedoch Interpretationshilfen für einige Besonderheiten, die in der alten Kfz-GVO 1400/2002 noch eine wichtige Rolle gespielt hatten. Dazu zählen der Mehrmarkenvertrieb sowie Fragen des selektiven Vertriebs.

23

4. Mehrmarkenvertrieb. Der Kfz-GVO 1400/2002 lag die Annahme zugrunde, dass durch eine Konzentrationswelle der Wettbewerb zwischen den etablierten Autoherstellern sehr stark reduziert werden würde.

24

Die seit Juni 2013 für den Vertrieb von Neufahrzeugen einschlägige Vertikal-GVO, nunmehr VO 2022/720, führt zu einer Lockerung dieser strengen Freistellungsvoraussetzungen. Demnach kann der Hersteller für maximal fünf Jahre verlangen, dass der Händler nur seine Marke(n) anbietet. Voraussetzung für eine Freistellung eines Wettbewerbsverbots bzw. für den Markenzwang ist jedoch, dass der Marktanteil 30 % nicht übersteigt. Um aber denjenigen Händlern, die im Vertrauen auf die bisherige Regelung markenspezifische Investitionen getätigt haben, einen gewissen Schutz zu gewähren, hatte die Kommission die Kfz-GVO 1400/2002 für den Neuwagenvertrieb um drei Jahre verlängert.

25

Kapitel I. Gemeinsame Bestimmungen

Art. 1 Begriffsbestimmungen

(1) Für die Zwecke dieser Verordnung gelten folgende Begriffsbestimmungen:
a) „vertikale Vereinbarung" ist eine Vereinbarung oder abgestimmte Verhaltensweise, die zwischen zwei oder mehr Unternehmen, von denen jedes für die Zwecke der Vereinbarung oder der abgestimmten Verhaltensweise auf einer anderen Ebene der Produktions- oder Vertriebskette tätig ist, besteht und die die Bedingungen betrifft, zu denen die beteiligten Unternehmen Waren oder Dienstleistungen beziehen, verkaufen oder weiterverkaufen dürfen;
b) „vertikale Beschränkung" ist eine Wettbewerbsbeschränkung in einer vertikalen Vereinbarung, die unter Artikel 101 Absatz 1 AEUV fällt;
c) „zugelassene Werkstatt" ist ein Erbringer von Instandsetzungs- und Wartungsdienstleistungen für Kraftfahrzeuge, der dem von einem Kraftfahrzeuganbieter eingerichteten Vertriebssystem angehört;
d) „zugelassener Händler" ist ein Händler von Ersatzteilen für Kraftfahrzeuge, der dem von einem Kraftfahrzeuganbieter eingerichteten Vertriebssystem angehört;
e) „unabhängige Werkstatt" ist
 i) ein Erbringer von Instandsetzungs- und Wartungsdienstleistungen für Kraftfahrzeuge, der nicht dem von einem Kraftfahrzeuganbieter, dessen Kraftfahrzeuge er instand setzt oder wartet, eingerichteten Vertriebssystem angehört,

---

[30] Leitlinien „Verkauf und Instandsetzung von Kraftfahrzeugen", Rn. 18.
[31] Leitlinien „Verkauf und Instandsetzung von Kraftfahrzeugen", Rn. 19; die neu gefassten Leitlinien stellen in Rn. 19 für OES nur noch darauf ab, ob die Teile nach den Spezifikationen und Produktionsnormen des OEM gefertigt werden.

ii) eine zugelassene Werkstatt im Vertriebssystem eines Anbieters, soweit sie Instandsetzungs- und Wartungsdienstleistungen für Kraftfahrzeuge erbringt, für die sie nicht Mitglied des Vertriebssystems des entsprechenden Anbieters ist;
f) „unabhängiger Händler" ist:
   i) ein Händler von Ersatzteilen für Kraftfahrzeuge, der nicht dem von einem Kraftfahrzeuganbieter eingerichteten Vertriebssystem angehört,
   ii) ein zugelassener Händler im Vertriebssystem eines Anbieters, soweit er Ersatzteile für Kraftfahrzeuge vertreibt, für die er nicht Mitglied des Vertriebssystems des entsprechenden Anbieters ist;
g) „Kraftfahrzeuge" sind Fahrzeuge mit Selbstantrieb und mindestens drei Rädern, die für den Verkehr auf öffentlichen Straßen bestimmt sind;
h) „Ersatzteile" sind Waren, die in ein Kraftfahrzeug eingebaut oder an ihm angebracht werden und ein Bauteil dieses Fahrzeugs ersetzen, wozu auch Waren wie Schmieröle zählen, die für die Nutzung des Kraftfahrzeugs erforderlich sind, mit Ausnahme von Kraftstoffen;
i) „selektive Vertriebssysteme" sind Vertriebssysteme, in denen sich der Anbieter verpflichtet, die Vertragswaren oder -dienstleistungen unmittelbar oder mittelbar nur an Händler zu verkaufen, die aufgrund festgelegter Merkmale ausgewählt werden, und in denen sich diese Händler verpflichten, die betreffenden Waren oder Dienstleistungen nicht an Händler zu verkaufen, die innerhalb des vom Anbieter für den Betrieb dieses Systems festgelegten Gebiets nicht zum Vertrieb zugelassen sind.

(2) Für die Zwecke dieser Verordnung schließen die Begriffe „Unternehmen", „Anbieter", „Hersteller" und „Abnehmer" die jeweils mit diesen verbundenen Unternehmen ein. „Verbundene Unternehmen" sind:
a) Unternehmen, in denen ein an der Vereinbarung beteiligtes Unternehmen unmittelbar oder mittelbar
   i) die Befugnis hat, mehr als die Hälfte der Stimmrechte auszuüben, oder
   ii) die Befugnis hat, mehr als die Hälfte der Mitglieder des Leitungs- oder Aufsichtsorgans oder der zur gesetzlichen Vertretung berufenen Organe zu bestellen, oder
   iii) das Recht hat, die Geschäfte des Unternehmens zu führen;
b) Unternehmen, die in einem an der Vereinbarung beteiligten Unternehmen unmittelbar oder mittelbar die unter Buchstabe a aufgeführten Rechte oder Befugnisse haben;
c) Unternehmen, in denen ein unter Buchstabe b genanntes Unternehmen unmittelbar oder mittelbar die unter Buchstabe a aufgeführten Rechte oder Befugnisse hat;
d) Unternehmen, in denen ein an der Vereinbarung beteiligtes Unternehmen gemeinsam mit einem oder mehreren der unter den Buchstaben a, b und c genannten Unternehmen oder in denen zwei oder mehr der zuletzt genannten Unternehmen gemeinsam die unter Buchstabe a aufgeführten Rechte oder Befugnisse haben;
e) Unternehmen, in denen die folgenden Unternehmen gemeinsam die unter Buchstabe a aufgeführten Rechte oder Befugnisse haben:
   i) an der Vereinbarung beteiligte Unternehmen oder mit ihnen jeweils verbundene Unternehmen im Sinne der Buchstaben a bis d oder
   ii) eines oder mehrere der an der Vereinbarung beteiligten Unternehmen oder eines oder mehrere der mit ihnen verbundenen Unternehmen im Sinne der Buchstaben a bis d und ein oder mehrere dritte Unternehmen.

Übersicht

		Rn.			Rn.
I.	Allgemeines zu den Begriffsbestimmungen	1	V.	Selektives Vertriebssystem (lit. i)	12
II.	Vertikale Vereinbarungen und Beschränkungen (lit. a–b)	2	1.	Allgemeine Merkmale des selektiven Vertriebs	12
III.	Kraftfahrzeuge, Ersatzteile sowie Bauteile und Zubehör	3	2.	Qualitativer und quantitativer Selektivvertrieb	15
IV.	Zugelassene Werkstatt und zugelassener Händler, unabhängige Werkstatt und unabhängiger Händler (lit. c–f)	11	VI.	Verbundene Unternehmen (Abs. 2)	27
			VII.	Entstehungsgeschichte, Gesetzgebungsmaterialien	28

III. Kraftfahrzeuge, Ersatzteile sowie Bauteile und Zubehör

I. Allgemeines zu den Begriffsbestimmungen

Art. 1 enthält Legaldefinitionen für die Anwendung der Kfz-GVO. Einige sind (weitgehend) **1** identisch mit Definitionen in der Vertikal-GVO, andere übernehmen spezifische Begriffsbestimmungen für den Kfz-Sektor aus der Vorgänger Kfz-GVO 1400/2002, nur wenige sind neu.

II. Vertikale Vereinbarungen und Beschränkungen (lit. a–b)

Die Definitionen von „**vertikalen Vereinbarungen**" und „**vertikalen Beschränkungen**" **2** decken sich mit der Vertikal-GVO; in der Vorgänger Kfz-GVO 1400/2002 noch vorhandene sprachliche Abweichungen sind angeglichen worden. Der Begriff der Vereinbarung nach der Kfz-GVO und der Vertikal-GVO entspricht dem Begriff der Vereinbarung im Sinne von Art. 101 Abs. 1 AEUV. Dieser hat unter anderem durch Judikatur und Entscheidungspraxis im Kfz-Sektor einen maßgeblichen Teil seiner Konturen erhalten.

III. Kraftfahrzeuge, Ersatzteile sowie Bauteile und Zubehör

Der **Freistellungsausspruch in Art. 4** bezieht sich auf Verträge über die Erbringung von **3** **Werkstattdienstleistungen** (Instandsetzung und Wartung) an Kraftfahrzeugen (Kfz) sowie den **Vertrieb von Kfz-Ersatzteilen**. Während die Begriffe der „Instandsetzungs- und Wartungsdienstleistungen" (Art. 3) nicht näher bestimmt sind, definiert Art. 1 Abs. 1 die ebenfalls zentralen Begriffe „Kraftfahrzeug" und „Ersatzteile".

Der für eine Übergangszeit geltende **Freistellungsausspruch in Art. 2** bezieht sich auf den **4** Vertrieb „**neuer Kfz**", ohne dass das Adjektiv „neu" näher definiert wäre. Er wirft einige Abgrenzungsfragen auf, die in der Kommentierung zu Art. 2 diskutiert werden.[1]

Ein „**Kraftfahrzeug**" (**lit. g**) ist demnach ein selbstangetriebenes Fahrzeug mit mindestens **5** drei Rädern, das für den Verkehr auf öffentlichen Straßen bestimmt ist. Das Erfordernis des eigenen Antriebs ist selbstverständlich. Das Merkmal „mit mindestens drei Rädern" dient vor allem der Abgrenzung zu **Zweirädern** (Motorräder, Mopeds, Roller usw). Diese sind bewusst aus der Kfz-GVO ausgeklammert (und fallen unter die Vertikal-GVO), weil bei ihnen die spezifischen Probleme nicht vorliegen, die aus Sicht der Kommission eine Spezialregelung für die Anschlussmärkte des Kfz-Vertriebs rechtfertigen (→ Einl. Kfz-GVO Rn. 14 ff.). Es sollte jedoch nicht starr auf die Zahl der Räder abgestellt, sondern eine wertende Betrachtung vorgenommen werden: Motorräder mit Beiwagen haben zwar mehr als zwei Räder, sind aber funktional und von den Spezifika des Vertriebs her gesehen Motorrädern zuzurechnen. Gleiches dürfte für sog „Quads" (kleine Geländefahrzeuge) gelten, für die zudem fraglich ist, ob sie – anders als etwa Leichtkraftwagen – „**für den Verkehr auf öffentlichen Straßen bestimmt**" sind, wie es die Definition von Kfz voraussetzt. Bei diesem Merkmal kommt es nicht auf die straßenverkehrsrechtliche Einordnung und Erlaubnis zum Betrieb im Straßenverkehr in einzelnen Mitgliedstaaten an, sondern auf die vorherrschende Zweckbestimmung der Fahrzeuge in der Praxis; dabei ist – wie auch für Baufahrzeuge, Erdbewegungsmaschinen und Traktoren – unschädlich, wenn sie legalerweise bisweilen auf öffentlichen Straßen verkehren.[2]

Die sprachliche Begriffsbestimmung für „**Ersatzteile**" in **lit. h** aus Art. 1 Abs. 1 lit. s Kfz- **6** GVO 1400/2002 übernommen, die ihrerseits auf Art. 10 Ziff. 6 GVO 1475/95 aufbaute. Sie ist insbesondere relevant für die Frage, ob Liefer- und Vertriebsverträge für Teile den Anforderungen der Kfz-GVO oder jenen der Vertikal-GVO genügen müssen, um gruppenfreigestellt zu sein. Die Definition stellt maßgeblich auf die **Bestimmung zum Einbau in** bzw. **Anbringung an einem Kfz** und die **Ersatzfunktion für ein Bauteil** ab. Dabei wird bewusst darauf verzichtet, für „die Abgrenzung gegenüber anderen Teilen und Zubehör" auf die „**Verkehrsauffassung**" zu verweisen.[3] Denn dies hätte verschiedene Produkte unerfasst gelassen, obwohl sie für die Geschäftstätigkeit von Werkstätten von großer Bedeutung sind (etwa Schmierstoffe, Lacke und Reifen), was der Gesetzgeber der Kfz-GVO 1400/2002 vermeiden wollte.[4] In der Kfz-GVO wird daher wie schon in VO 1400/2002 die Definition mit den zentralen Begriffsmerkmalen („Bestimmung zum Einbau in oder zur Anbringung an Kfz" sowie „Ersatz eines Bauteils") durch eine klarstellende Passage („wozu auch ... zählen, ... mit Ausnahme von ...") ergänzt.

Diese ergänzende Formulierung „Ersatzteile sind ..., wozu auch Waren wie Schmieröle zählen, **7** die für die Nutzung des Kraftfahrzeugs erforderlich sind, mit Ausnahme von Kraftstoffen" ist indes nicht eindeutig. Fraglich – insbesondere in der deutschen Sprachfassung – ist, ob die Erforderlichkeit

---

[1] → Art. 2 Rn. 5–6.
[2] EuG Slg. 2004, II-49 Rn. 164 – JCB.
[3] Anders noch Art. 10 Ziff. 6 Kfz-GVO 1475/95.
[4] Ein Anliegen der Reform von 2002 war es, die angestrebte Stärkung des Wettbewerbs auch auf diese Produkte zu erstrecken, für die andernfalls die weniger strenge Vertikal-GVO gegolten hätte.

bei allen Ersatzteilen oder lediglich bei solchen Waren gegeben sein muss, bei denen es wie etwa bei Schmierstoffen und sonstigen Flüssigkeiten nach umgangssprachlichem Verständnis nicht ganz klar ist, dass sie ein vorhandenes Bauteil ersetzen. Müssten Ersatzfunktion und Erforderlichkeit **kumulativ** vorliegen, wären Produkte, die zwar ein Teil der Erstausstattung des Kfz ersetzen, jedoch zu dessen Nutzung nicht zwingend erforderlich sind (man denke etwa an eine werkseitig eingebaute Freisprechanlage für Mobiltelefone), keine Ersatzteile im Sinne von Art. 1 Abs. 1 lit. s. Vorzugswürdig ist jedoch ein weiteres Ersatzteilverständnis, nach dem es auf das Erforderlichkeitskriterium **subsidiär** nur ankommt, wenn die Ersatzfunktion zweifelhaft ist (etwa wenn es sich um Flüssigstoffe handelt, welche die Umgangssprache nicht mit dem Begriff „Bauteilen" verbindet). Eine entsprechende Auslegung entspricht auch am besten dem Wortlaut insbesondere in der englischen und französischen Sprachfassung (der Relativsatz „die [...] erforderlich sind" bezieht sich unmittelbar auf „Schmieröle", nicht jedoch auf „Bestimmung zum Einbau in bzw. Anbringung an einem Kfz als Ersatz für ein Bauteil") und dem Normzweck. Ratio der neuen Definition von Ersatzteilen ist, alle Produkte zu erfassen, die Werkstätten im Rahmen der Wartungs- und Instandsetzungsarbeiten regelmäßig benötigen. Hierzu zählen die werkseitig regelmäßig eingebauten Teile ausnahmslos.

8 Zentrales Element der Ersatzteildefinition ist das Begriffsmerkmal „**Ersatz eines Bauteils**". Es dient der **Abgrenzung** zu **Veränderungen** und **Umbauten** sowie zu **Zubehör** und ursprünglichen **Bauteilen**. Teile, die nicht ein werkseitig vorhandenes Bauteil ersetzen, sondern zusätzlich eingebaut oder angebracht werden sollen, stellen keine Ersatzteile im Sinne der Kfz-GVO dar. Dadurch, dass lit. h maßgeblich auf die Ersatzfunktion abstellt, sind auch Vereinbarungen zwischen Zulieferern (Original Equipment Supplier, OES) und Kfz-Herstellern (Original Equipment Manufacturer, OEM) über die Lieferungen von **Bauteilen (Komponenten) für die Erstfertigung** von Kfz ausgeschlossen, denn diese Bauteile ersetzen nichts Vorhandenes. Werden die gleichen Teile hingegen – in der Regel in anderer Verpackung und ggf. mit unterschiedlicher Beschriftung – vom OES an den OEM zum **Zwecke der Weiterveräußerung an Werkstätten** geliefert, so handelt es sich um Ersatzteile im Sinne der Kfz-GVO und die Vereinbarung unterliegt der Kfz-GVO. Dies folgt neben dem Wortlaut aus lit. h (Ersatzfunktion) aus dem Normzweck: Es ist ein zentrales Anliegen der GVO, die Stärkung des Wettbewerbs auf alle Stufen der Lieferkette und auf sämtliche für Wartung und Reparatur benötigten Teile zu erstrecken. Die Lieferbeziehung zwischen OES und OEM für die Erstfertigung liegt als solche hingegen außerhalb der wettbewerbspolitischen Zielsetzung der Kfz-GVO.[5] Dies können im Übrigen neben den vom OEM über seine Vertragswerkstätten vertriebenen „Originalersatzteile" auch identische Ersatzteile (OES-Teile, Identteile) oder qualitativ gleichwertige Ersatzteile sein, die der OES direkt vermarktet. Über das Begriffsmerkmal der Ersatzfunktion erfolgt auch die **Abgrenzung** zu Teilen, die umgangssprachlich als **Zubehör** bezeichnet werden. Gepäckträger, Kindersitze, Schonbezüge usw werden in der Regel zusätzlich im Kfz eingebaut bzw. angebracht und ersetzen kein bereits vorhandenes Bauteil. Sie sind daher kein Ersatzteil. Werden solche Gegenstände allerdings vom Hersteller als Teil der Erstausstattung vorgesehen, so stellen sie Ersatzteile im Rechtsinn dar. Maßgeblich dürfte insoweit sein, ob die betreffenden Teile mit hinreichender Regelmäßigkeit werkseitig eingebaut werden.

9 Neben den ausdrücklich genannten „Schmierölen" (Motor-, Hydraulik- und Getriebeöle)[6] sind auch andere „erforderliche" **Flüssigstoffe** wie Brems- und Kühlflüssigkeit sowie Kfz-spezifische Farben und Lacke nach Wortlaut und dem Normzweck einer umfassenden Einbeziehung aller reparatur- und wartungsrelevanten Produkte von der Ersatzteildefinition erfasst. Auch **Reifen** gelten – da zum Ersatz der werkseitig angebrachten Reifen bestimmt – als Ersatzteile. Lediglich Kraftstoffe bleiben durch Art. 1 Abs. 1 lit. h ausdrücklich ausgeklammert.

10 Die meisten der bei Reparatur und Wartung von Kfz verwendeten Produkte sind **Kfz-spezifisch**. Bei ihnen wird die Subsumtion unter „**Bestimmung zum Einbau in bzw. Anbringung an Kfz**" keine Probleme bereiten. Anderen Produkten hingegen, wie Schrauben, Muttern, Schmierölen oder Lacken, fehlt es an einer eindeutigen Zweckbestimmung, denn sie haben bei objektiver Betrachtung **verschiedene Anwendungsbereiche**. Bei solchen Produkten kann daher für den Begriff der „Bestimmung" nur die Bestimmung des Produkts aus Sicht der an der jeweiligen Vertriebsvereinbarung Beteiligten maßgeblich sein. Von einer Bestimmung zur Verwendung im Kfz-Kundendienst ist bei allgemeinen Produkten in der Regel dann auszugehen, wenn der Käufer entweder selbst in dieser Kfz-Branche tätig ist oder diese schwerpunktmäßig beliefert. Ansonsten kommt es auf eine Einzelfallbetrachtung an. Eine Liefervereinbarung zwischen einem Schraubenhersteller und einem Baumarkt fällt daher nicht unter die Kfz-GVO, selbst wenn der Hersteller die gleichen Schrauben auch an die Kfz-Industrie oder den spezialisierten Kfz-Ersatzteil-Großhandel

---

[5] Zur Bekanntmachung „Zulieferverträge" und der dort behandelten Frage, wann solche Verträge außerhalb des Anwendungsbereichs von Art. 101 Abs. 1 liegen, → Art. 5 Rn. 14.

[6] Anders noch nach den Kfz-GVOen vor 2002; s. etwa Kom. ABl. 1991 L 20, 42 – D'Ieteren Motorenöle.

liefert. Etwas anderes würde nur gelten, wenn es sich um Kfz-spezifische Schrauben handelt oder wenn es aufgrund anderer Anhaltspunkte (etwa der Verpackung) hinreichend sicher ist, dass der Baumarkt die Schrauben zur Erfüllung einer speziellen Nachfrage für die Verwendung in Kfz erwirbt. Bei vielen Produkten mit vermeintlich mehreren Anwendungsbereichen wird eine genaue Betrachtung allerdings ergeben, dass die konkrete Ausführung dieser Produkte trotz ihrer anscheinenden Multifunktionalität gleichwohl **gezielt für Kfz** entwickelt worden sind und besondere Kfz-spezifische Eigenschaften aufweisen. Dies gilt etwa für viele der in der Kfz-Branche verwendeten Lacke (besondere Lichtbeständigkeit oder Resistenz gegen Steinschlag etc) und Motoröle (besondere Viskosität, Elastizität oder Alterungsbeständigkeit).

IV. Zugelassene Werkstatt und zugelassener Händler, unabhängige Werkstatt und unabhängiger Händler (lit. c–f)

Das **Begriffspaar „zugelassen"/„unabhängig"** in Bezug auf **„Werkstatt"** in lit. c und e sowie **„Händler"** in lit. d und f knüpft an die Zugehörigkeit zu dem „Vertriebssystem" eines Anbieters von Kfz (zumeist der Kfz-Hersteller) an. Mitglieder eines solchen Vertriebssystems sind, wie noch in der Vorgänger-GVO ausdrücklich definiert, jene Unternehmen, die vom Hersteller oder mit seiner Zustimmung vertraglich mit der Wartung und Instandsetzung seiner Kfz und/oder dem Vertrieb von diesbezüglichen Ersatzteilen betraut worden sind.[7] Dies erfasst **alle Ebenen der Vertriebskette,** also nicht nur zugelassene (autorisierte, offizielle) Vertragshändler und Werkstätten, sondern auch zugelassene Importeure und Großhändler oder im Auftrag von Vertragshändlern tätige Verkaufsvermittler. Zudem sind auch alle Konstellationen erfasst, in denen ein gesellschaftsrechtlich vom Hersteller **unabhängiger Importeur/Großhändler** (für ein bestimmtes Gebiet) mit der Einrichtung und Betreuung eines Netzes zugelassener Händler und Werkstätten betraut ist und mit diesen Vertriebsverträgen nach den Vorgaben des Herstellers abschließt. Hervorzuheben ist ferner, dass zugelassene Werkstätten eines Herstellers als unabhängige Werkstätten im Sinne der Kfz-GVO angesehen werden, soweit sie Wartungs- und Instandsetzungsdienstleistungen an Kfz eines anderen Herstellers erbringen, s. lit. e und f, jeweils Punkt ii). Angesichts des Hauptgegenstands der neuen Kfz-GVO bezieht sich der Begriff des (zugelassenen und unabhängigen) „Händlers" nun nicht mehr auf den Vertrieb von Kfz, sondern allein auf den Vertrieb von Kfz-Ersatzteilen.

V. Selektives Vertriebssystem (lit. i)

1. Allgemeine Merkmale des selektiven Vertriebs. Art. 1 Abs. 1 **lit. i** definiert den in der Praxis des Kfz-Vertriebs zentralen Begriff des **Selektivvertriebs,** auch wenn die Definition im Rahmen der neuen Kfz-GVO unmittelbar nur noch für eine einzelne Kernbeschränkung relevant ist (Art. 5 lit. a). Sie entspricht der Begriffsbestimmung in Art. 1 lit. e Vertikal-GVO und meint ein geschlossenes Vertriebssystem, in dem der Lieferant Vertragswaren und -dienstleistungen nur an ausgewählte Vertriebspartner verkauft, die ihrerseits gehalten sind, nur an Endkunden und andere zugelassene Partner des offiziellen Netzes zu veräußern, nicht jedoch an netzfremde Wiederverkäufer.[8] Die entscheidende Wettbewerbsbeschränkung ist also dieses Wiederverkäuferbelieferungsverbot, bezogen auf Wiederverkäufer außerhalb des Systems. Die Partner des offiziellen Netzes zeichnen sich dadurch aus, dass sie alle bestimmte vom Lieferanten definierte Eigenschaften und Anforderungen in Bezug auf die Vertriebstätigkeit erfüllen müssen.

Die Voraussetzung, dass in selektiven Vertriebssystemen die Vertriebspartner aufgrund **„festgelegter Merkmale"** („critères définis"/„specified criteria") ausgewählt sein müssen, hat in der Kfz-Branche bisweilen Auslegungsfragen aufgeworfen, mit denen schließlich der Europäische Gerichtshof befasst wurde.[9] Dabei geht es vornehmlich darum, ob ein Hersteller, der ein selektives Vertriebssystem eingerichtet hat, seine Selektionskriterien fest- und offenzulegen hat und jeden Händler, der diese Kriterien erfüllt, in das System aufnehmen muss. Die streitigen Fälle betrafen quantitativ selektive Vertriebssysteme. Festlegung von Merkmalen meint, dass der Lieferant die für sein selektives Vertriebssystem charakteristischen Züge und die hierfür maßgeblichen Auswahlkriterien (üblicherweise als „Standards" bezeichnet) definiert. Diese Kriterien bestimmen, auf welche spezifische Art und Weise die Vertragswaren und -dienstleistungen zu vertreiben sind. Sie beziehen sich in der Regel auf die Ausstattung von Verkaufsräumen und den Gesamtauftritt der Verkaufsstelle, die Präsen-

---

[7] Vgl. die sachlich weiterhin zutreffende Begriffsbestimmung in Art. 1 Abs. 1 lit. v Kfz-GVO 1400/2002.
[8] Art. 4 lit. c Ziff. iii Vertikal-GVO (über Art. 4 Abs. 1 Kfz-GVO einschlägig) nimmt dieses charakteristische Wiederverkäuferverbot für selektive Vertriebssysteme von der entsprechenden Kernbeschränkung aus.
[9] EuGH 14.6.2012 – C-158/11, WuW/E EU-R 2394 – Auto 24. S. etwa auch die französische Cour de cassation, Az. 04–15 279, Arrêt n 982 vom 28.6.2005 – Garage Gremeau SA/Daimler Chrysler France SA.

tation der Produkte und der Marke, die Qualifikation und Fortbildung von Mitarbeitern sowie die Kundenbetreuung.

14 Die gemeinsamen Standards grenzen die autorisierten Händler nach außen von netzfremden Wiederverkäufern ab. Ohne ein **Mindestmaß an gemeinsamen vertraglichen Anforderungen** ist ein Vertriebssystem kein „selektives" im kartellrechtlichen Sinne. Denn ohne gemeinsame Standards (und die daraus resultierenden Investitionserfordernisse) würde die für den selektiven Vertrieb charakteristische Freistellung des Veräußerungsverbots an nicht-autorisierte Wiederverkäufer ihrer sachlichen Berechtigung entbehren: Das die Geschlossenheit des Vertriebssystems absichernde Verbot soll Schutz vor Trittbrettfahrereffekten (free-riding) durch netzfremde Wiederverkäufer gewähren, die keinen entsprechenden Investitions- und Marketingverpflichtungen unterliegen. Auch beim quantitativ selektiven Vertrieb erschöpfen sich die Auswahlkriterien daher keineswegs „in der quantitativen Selektion als solcher", also der bloßen Festlegung einer Höchstzahl der Vertriebspartner.[10] Die in lit. i angesprochenen „festgelegten Merkmale" müssen sich immer auch auf die Art und Weise der Verkaufstätigkeit beziehen. „Festgelegt" in lit. i bedeutet indes nicht, dass die Standards nicht im Laufe der Zeit bei Bedarf **fortentwickelt** werden könnten. Auch lässt sich eine **Veröffentlichungspflicht** nicht aus lit. i ableiten.[11] Vor allem aber folgt aus dem Erfordernis „festgelegter Merkmale" nicht, wie der Gerichtshof ausdrücklich klargestellt hat, dass diese Kriterien objektiv erforderlich sein oder diskriminierungsfrei angewendet werden müssten.[12] Denn die sachliche Erforderlichkeit und diskriminierungsfreie Anwendung sind gerade die Kennzeichen einer besonderen Unterform des Selektivvertriebs, nämlich des **qualitativ selektiven Vertriebs,** die für die andere Unterform **(quantitativ selektiver Vertrieb)** gerade nicht gelten[13] und daher kein Merkmal des übergeordneten Begriffs des Selektivvertriebs iSv lit. i sein können. Im Gegensatz zur Vorgänger-GVO 1400/2002 sieht die Kfz-GVO nicht mehr unterschiedliche Rechtsfolgen für diese beiden Unterformen vor und definiert sie daher nicht näher. Die Unterscheidung ist aber gleichwohl für die Beurteilung unter Art. 101 Abs. 1 und Abs. 3 AEUV von Bedeutung.[14]

15 **2. Qualitativer und quantitativer Selektivvertrieb.** **Qualitativer Selektivvertrieb** ist dadurch gekennzeichnet, dass die Zahl der zum Netz des Anbieters zugelassenen Händler oder Werkstätten nicht unmittelbar begrenzt wird. Der rein qualitative Selektivvertrieb, der kumulativ die folgenden drei Voraussetzungen erfüllt, fällt mangels wettbewerbswidriger Auswirkungen in der Regel erst gar nicht unter Art. 101 Abs. 1 AEUV: Erstens müssen rein qualitative Auswahlkriterien zur Anwendung kommen, die aufgrund der Beschaffenheit der Waren oder Dienstleistungen zur Wahrung der Qualität im Rechtssinne objektiv erforderlich sind. Zweitens müssen diese Kriterien einheitlich gelten und diskriminierungsfrei angewandt werden. Drittens dürfen die aufgestellten Kriterien nicht über das hinausgehen, was erforderlich ist (Übermaßverbot).[15] Die erste und dritte Bedingung ist bei Kriterien erfüllt, die nicht über das hinausgehen, was **aufgrund der Eigenart der betreffenden Produkte bzw. Dienstleistungen objektiv** als **erforderlich** gelten kann. Es sollen keine unnötigen Hindernisse zum Eintritt in das autorisierte Netz entstehen.[16] Die klassischen **Beispiele** für sachlich erforderliche und kartellrechtlich unbedenkliche Kriterien sind aus der Entscheidungspraxis der Kommission, Rechtsprechung und Literatur bekannt: Fachliche Qualifikation und fortlaufende Schulung von Personal, sachgemäße Einrichtung und Ausstattung, äußeres Erscheinungsbild der Geschäftsstätte, und Bandbreite der angebotenen Kundendienstleistungen. Sind diese Kriterien nicht erfüllt und liegt der Marktanteil nicht unter 30 %, kann die Vereinbarung immer noch einzelfreistellungsfähig sein.

16 Im **quantitativen Selektivvertrieb** kommen demgegenüber Auswahlkriterien zur Anwendung, die direkter die Anzahl der zugelassenen Händler/Werkstätten begrenzen. Hierbei kann es sich zum

---

[10] So aber wohl Bechtold NJW 2003, 3730.
[11] EuGH WuW/E EU-R 2394 Rn. 21 – Auto 24. Beim qualitativ selektiven Vertrieb ergibt sich indes aus dem Diskriminierungsverbot, dass die Standards den interessierten Kandidaten auf Nachfrage bekanntzugeben sind; Bechtold/Bosch/Brinker Art. 1 Rn. 25.
[12] EuGH WuW/E EU-R Rn. 32–39 – Auto 24.
[13] EuGH WuW/E EU-R Rn. 32–39 – Auto 24.
[14] S. Leitlinien „Verkauf und Instandsetzung von Kraftfahrzeugen", Rn. 43.
[15] Rn. 43 der Leitlinien „Verkauf und Instandsetzung von Kraftfahrzeugen" sowie Rn. 146 ff. der Leitlinien „vertikale Vereinbarungen", die ihrerseits auf dem in Rechtsprechung, Kommissionspraxis und Wissenschaft herrschenden Verständnis beruhen. S. aus der Judikatur zuletzt EuGH 6.12.2017 – C-230/16 Rn. 24 mwN – Coty. Zu Beispielen für (mangelnde) sachlich erforderliche Kriterien spezifisch in der Kfz-Branche s. ausf. die Kommentierung in der Vorauflage → 2. Aufl. 2015, Art. 1 Rn. 13. In jüngerer Zeit verweist die Kommission zumeist darauf, dass zur Überprüfung der sachlichen Erforderlichkeit von Auswahlkriterien in nationalen Vertriebsverträgen die mitgliedstaatlichen Gerichte und Behörden aufgrund ihrer größeren Sachnähe besonders gut geeignet sind.
[16] S. hierzu Kom. MEMO/06/120, 1.

einen um ausdrücklich numerisch bestimmte Obergrenzen handeln. Zum anderen können Kriterien aber auch mittelbar quantitativ begrenzend wirken.

Die **Abgrenzung zu rein qualitativen Kriterien** ist dabei vielfach nicht einfach, denn auch 17 diese begrenzen sehr indirekt die Zahl der Kandidaten auf jene, die zur Erfüllung der Kriterien in der Lage sind. In den Leitlinien zur Vertikal-GVO führt die Kommission aus, dass bei quantitativen Zulassungskriterien die mengenmäßige Begrenzung in „unmittelbarer" Weise erfolgt („criteria for selection that more directly limit the potential number of dealers", „critères de sélection qui limitent plus directement le nombre potentiel de revendeurs agréés").[17] Eher zu handhaben (und wohl gemeint) ist der Gesichtspunkt, ob unabhängig von zwingenden qualitativen Erwägungen eine bestimmte Gruppe von Kandidaten oder alle Kandidaten jenseits einer zahlenmäßigen Obergrenze von vornherein ausgeschlossen sind. Dies ist häufig dann der Fall, wenn Mindestvorgaben zur Werkstatts- bzw. Geschäftsgröße, Umsatz oder Kapazität gemacht werden.[18] Denn hierdurch wird faktisch die Zahl der Wettbewerber festgelegt, die – bei konstantem Marktvolumen – in einem Markt bestehen können. Insbesondere, wenn sich die vorgeschriebene Mindestkapazität der Werkstatt nach der gesamten örtlichen Nachfrage bemisst, wären alle neuen Kandidaten im Einzugsbereich einer existierenden Werkstatt zu wirtschaftlich sinnlosen Duplikationen der bereits vorhandenen Kapazität gezwungen.

Folgende **Beispiele** für **quantitative Merkmale** lassen sich daher festhalten: die Verpflichtung 18 zur Erreichung bestimmter Mindest- oder Höchstumsätze, zu einer jährlichen Mindestabnahme vom Hersteller, zur Mindestgröße von Geschäftsräumen, wie zB einer Mindestwerkstattkapazität (jenseits dessen, was zur Sicherstellung eines Mindestqualitätsniveaus notwendig ist) oder zur Koppelung der Anzahl an Verkaufsstätten/Werkstätten an die Einwohnerzahl oder Kaufkraft der Bevölkerung in einem bestimmten Gebiet (vergleichbare Wirkungen hat die Vorgabe einer variablen Mindestkapazität nach der Zahl der Einwohner in einem Gebiet).

Im **quantitativ selektiven** Vertrieb kommt dem Lieferanten **Ermessen** zu, welche der Kandi- 19 daten, die seine Auswahlkriterien erfüllen bzw. sich hierzu binnen einer angemessenen Übergangsfrist bereit erklärt haben, er in sein Vertriebsnetz aufnehmen möchte. Hier spielt oftmals das Bestehen einer hinreichenden Vertrauensgrundlage hinsichtlich der beim Händler maßgeblichen Personen eine erhebliche Rolle (intuitu personae). Insoweit kann der Lieferant also ohne Weiteres objektiv besser qualifizierte Kandidaten ablehnen,[19] solange von dem ausgewählten Kandidaten die Erfüllung der festgelegten Selektionskriterien verlangt wird (ggf. nach einer angemessenen Frist). Die anscheinend entgegengesetzte Ansicht der französischen Cour de Cassation in der Sache „Gremeau"[20] kann als durch den Europäischen Gerichtshof widerlegt gelten.[21] Zivilrechtliche Fürsorge- und Treuepflichten des Herstellers gegenüber seinen Vertriebshändlern bleiben von den geschilderten Grundsätzen des Kartellrechts unberührt.[22]

Im **qualitativ-selektiven** Vertriebssystem folgt aus der diskriminierungsfreien Anwendung der 20 Auswahlkriterien unter anderem, dass alle Kandidaten, die die Aufnahme in das Werkstattnetz eines Herstellers begehren und die sämtliche der objektiv erforderlichen Auswahlkriterien erfüllen, zugelassen werden müssen, wenn das Vertriebssystem kartellrechtlich als ein rein qualitativ-selektives behandelt werden soll. Unschädlich ist die Ablehnung aus objektiven Gründen wie zum Beispiel wirtschaftliche Schieflage oder bei gekündigten ehemaligen Mitgliedern die zu befürchtende Fortsetzung des früheren Fehlverhaltens, das zur Kündigung geführt hatte.[23] Daraus kann aber kein „Zulassungsanspruch" oder ein echter **„Kontrahierungszwang"** abgeleitet werden.[24] Die Weigerung eines Herstellers, eine alle qualitativen Auswahlkriterien erfüllende Werkstatt in das Netz seiner autorisierten Service-Partner aufzunehmen, führt dazu, dass sein selektives Vertriebssystem kein rein qualitatives mehr ist, was kartellrechtlich bedeutende Konsequenzen haben kann, aber nicht zwin-

---

[17] Leitlinien „vertikale Vereinbarungen", Rn. 176 ff.
[18] Vgl. Leitlinien „Verkauf und Instandsetzung von Kraftfahrzeugen", Rn. 44 sowie Kom. MEMO/06/120, 4.
[19] S. zum Ermessen des Herstellers ausf. Bechtold NJW 2003, 3730.
[20] Cour de cassation 04–15 279, Arrêt n 982 vom 28.6.2005 – Garage Gremeau SA/Daimler Chrysler France SA. Die Cour de cassation hat den Fall zur Entscheidung in der Sache an die Cour d'Appel de Paris verwiesen, vor die Kom. als amicus curiae nach Art. 15 Abs. 3 VO (EG) 1/2003 intervenierte.
[21] EuGH WuW/E EU-R 2394 Rn. 32–39 – Auto 24.
[22] Näher hierzu, mit weiteren Nachweisen, Creutzig, EG-Gruppenfreistellungsverordnung (GVO) für den Kraftfahrzeugsektor, 2003, Rn. 442.
[23] Zur Zerrüttung des Vertrauensverhältnisses s. etwa österr. OGH als Kartelloberkammergericht 8.10.2015, 16 Ok 1/15f (Kia); zum Konditionenmissbrauch österreichischer OGH Beschl. v. 17.2.2021 – 16 Ok 4/20d, NZKart 2021, 313 – Peugeot-Vertrieb in Österreich.
[24] S. beispielsweise Creutzig, EG-Gruppenfreistellungsverordnung (GVO) für den Kraftfahrzeugsektor, 2003, Art. 10 Rn. 1503. Zutreffend etwa NK-EuWettbR/Voet van Vormizeele AEUV Art. 101 Rn. 941, 960.

gend muss. Das bedeutet aber nicht, dass das Vertriebssystem kartellrechtswidrig ist. Auch nicht rein qualitativ-selektive Vertriebssysteme fallen nur dann unter Art. 101 Abs. 1 AEUV, wenn sie unter den konkreten Marktgegebenheiten spürbare wettbewerbsbeschränkende Wirkungen zeitigen. Selbst wenn Vertriebssysteme unter Art. 101 Abs. 1 AEUV fallen, besteht noch die Möglichkeit der Gruppenfreistellung, wenn die Marktanteile des autorisierten Netzes unter 30 % liegen, oder der Einzelfreistellung nach Art. 101 Abs. 3 AEUV. Liegen seine Marktanteile über 30 % und möchte ein Hersteller hingegen Rechtssicherheit haben, muss er die Kriterien der rein qualitativen Selektion erfüllen, um sicher aus dem Anwendungsbereich des Art. 101 Abs. 1 AEUV herauszufallen. Dazu muss er alle interessierten Werkstätten, die seine Qualitätskriterien erfüllen, ins Netz aufnehmen. Insoweit kann man von einem faktischen Kontrahierungs-„zwang" sprechen. Ein echter rechtlicher Kontrahierungszwang, also ein Zulassungsanspruch, lässt sich aus **Art. 101 AEUV** oder der GVO hingegen nicht ableiten.[25]

21 Aus europäischem Kartellrecht kommt allenfalls ein **Zulassungsanspruch** nach den allgemeinen Grundsätzen und hohen Anforderungen der Leistungsverweigerung nach **Art. 102 AEUV** in Betracht. Indes haben mitgliedstaatliche Gerichte einen möglichen Zulassungsanspruch bislang vor allem nach **nationalem Recht** diskutiert. In Frankreich ist beispielsweise ein Anspruch auf Zulassung zum Werkstattnetz als eine Form des Schadensersatzes „in naturam" wegen Kartellrechtsverstoßes anerkannt worden.[26] In anderen Mitgliedstaaten begegnet eine derartige Argumentation Bedenken, weil die Zulassung zum Netz nicht die einzige Möglichkeit zur Verhinderung der Fortdauer der Schädigung ist.[27] Gerichte in Frankreich haben in ihrer jüngeren Rechtsprechung betont, dass Hersteller in einem selektiven Vertriebssystem die Zahl der von ihnen gewünschten autorisierten Vertriebspartner dem Grundsatz nach frei bestimmen können,[28] und teilweise monetären Schadensersatz für Verletzung der vorvertraglichen Treuepflichten gewährt.[29]

22 In Deutschland wurden in Gerichtsverfahren über Zulassungsansprüche insbesondere **§§ 19, 20 GWB** diskutiert und eine mögliche **Marktbeherrschung** oder **-stärke** des betroffenen Kfz-Herstellers geprüft. Der BGH hat für den Bereich der Nutzfahrzeuge in der Rechtssache MAN einen auf diese Normen gestützten Zulassungsanspruch einer Werkstatt verneint. Er begründete dies damit, dass der betreffende Hersteller auf dem vorgelagerten Markt für die Bereitstellung der Ressourcen und Organisationsleistungen zur Erbringung von Kundendienstarbeiten, auf dem er den Werkstätten gegenüber steht, nicht marktbeherrschend (§§ 18, 19 GWB) sei und auch keine unternehmensbedingte Abhängigkeit (relative Marktmacht) iSv § 20 GWB vorliege.[30] Zu diesem Ergebnis kam der BGH, weil er auf diesem vorgelagerten Markt den Hersteller MAN in Konkurrenz zu anderen Herstellern stehend sah. Relevant war auch der Umstand, dass die Mehrzahl der Wartungs- und Instandsetzungsarbeiten an Nutzfahrzeugen in Deutschland von freien Werkstätten vorgenommen wird. Die Vorinstanz hatte den vorgelagerten Markt noch markenspezifisch abgegrenzt. Auf europäischer Ebene gibt es zu der Frage noch keine gerichtliche oder behördliche Entscheidungspraxis. Im Zusammenhang mit dem Werkstattnetz eines Pkw-Herstellers im Premiumbereich hat der BGH im Fall Jaguar indes die grundsätzliche Möglichkeit eines solchen Zulassungsanspruchs nach deutschem Kartellrecht betont und seine Voraussetzungen näher diskutiert.[31]

23 Für einen auf **Marktbeherrschung** gestützten Anspruch nach dem GWB (gleiches gilt für Art. 102 AEUV) kommt es darauf an, ob von einem **spezifischen,** auf die jeweilige **Marke begrenzten** Markt ausgegangen werden kann. Denn auf einem **markenübergreifend** definierten Markt wird in aller Regel kein einzelner Hersteller marktbeherrschend sein. Marktbeherrschung auf einem markenübergreifenden Ressourcenmarkt käme allenfalls in geografischen

---

[25] Ebenso Bunte/Nolte, Vertrieb im Kfz-Sektor, Rn. 1167–1168 mwN.
[26] Cour d'Appel de Dijon, Arrêt n 03/01 547 vom 1.4.2004: „la seule réparation adaptée à cette violation grave de ce texte communautaire est la réparation en nature qui est possible dès lors qu'une telle décision n'implique pas l'accomplissement de faits touchant à la personnalité du fournisseur et n'impose aucune contrainte intolérable"; die Revision gegen diesen Aspekt des Urteils wurde zurückgewiesen (vgl. Cour de Cassation, Az. P 04–15.300, Arrêt n 339 vom 7.3.2006).
[27] S. etwa für Deutschland zur Depotkosmetik-Judikatur des BGH (WuW/E DE-R 206) Bechtold NJW 2003, 3732. Einen durch das OLG Stuttgart aus §§ 20 Abs. 2, 33 GWB gewährten Schadensersatzanspruch hat der BGH in der Revision aufgehoben: WuW/E DE-R 1621 (1625) – Daimler Chrysler.
[28] Cour de cassation, chambre commerciale, 7.6.2016, n° 14-22093, Part Dieu Automobile et JP Reverdy c/ Hyundai Motor France; Cour d'appel de Paris, Pôle 5 – chambre 4, 24 mai 2017, n° 15/12129.
[29] Cour d'appel de Paris, aaO.
[30] BGH 30.3.2011– KZR 6/09, BGHZ 189, 94 Rn. 15 – MAN; dazu etwa Bechtold BB 2011, 1613; auch → Art. 4 Rn. 9.
[31] BGH 26.1.2016 – KZR 41/14, NJW 2016, 2504 Rn. 20 – Jaguar-Vertragswerkstatt. Näher etwa Wegner/Oberhammer/Berger JECLP 2016, 702.

Märkten in Betracht, in denen ein(e) Hersteller(gruppe) über eine außergewöhnlich starke Marktposition verfügt.

Wie der BGH[32] zu Recht betont hat, ist bei der Prüfung, ob in der Verweigerung der Aufnahme in das Vertragswerkstattnetz eines Kfz-Herstellers möglicherweise ein Missbrauch einer marktbeherrschenden Stellung liegt, nicht auf den Endkundenmarkt, auf dem Werkstätten ihre Kundendienstarbeiten erbringen, sondern auf die **vorgelagerte Ebene** abzustellen, auf der sich Hersteller und Werkstatt gegenüberstehen.[33] Der BGH hat hier vom Markt für die „Bereitstellung der Ressourcen zur Erbringung von Wartungs- und Instandsetzungsarbeiten an Kfz" gesprochen. Dieser umfasse alle Produkte, Dienstleistungen und Rechte, die den Zutritt auf dem nachgelagerten Endkundenmarkt zur Erbringung von Instandsetzungs- und Wartungsdienstleistungen für Nutzfahrzeuge erleichtern, also etwa Ersatzteile, Diagnosegeräte und Spezialwerkzeuge, die markenspezifischen Fachkenntnisse und die Zulassung als Vertragswerkstatt.[34] Die **Zulassung als Vertragswerkstatt** soll hierbei laut BGH aber keinen eigenständigen Markt darstellen, sondern nur „eine von mehreren untereinander austauschbaren Ressourcen" und damit ein „Teil des umfassenderen Ressourcenmarktes" sein.[35] Dies ist indes keineswegs offensichtlich, denn im Moment eines Zulassungsbegehrens bestehen andere Wettbewerbsbeziehungen als zu dem späteren Zeitpunkt, an dem die zugelassene Vertragswerkstatt beim Hersteller oder anderen Lieferanten Ersatzteile, Werkzeuge und markenspezifische spezifische Fachkenntnisse nachfragt. Zu dem vorgelagerten Zeitpunkt, in dem es um die Zulassung zu einem Vertragswerkstattnetz geht, konkurrieren Hersteller verschiedener Marken um qualifizierte Werkstätten. Umgekehrt konkurrieren Werkstätten miteinander um Zulassung zu einem attraktiven Netz unterschiedlicher Hersteller. Es ist durchaus üblich, dass Kfz-Werkstätten nach Tätigkeit für einen Hersteller sich dem Netz eines anderen Herstellers anschließen oder sich als autorisierte Mehrmarkenwerkstatt positionieren. Es bestehen zum Zeitpunkt des Zulassungsbegehrens also **markenübergreifende Wettbewerbsbeziehungen.** Dies ist beim späteren Ressourcenbezug durch die zugelassene Werkstatt nicht mehr (oder nicht mehr in vergleichbarem Maße) der Fall, was für eine gesonderte kartellrechtliche Betrachtung der vorgelagerten Zulassungsphase spricht. Insoweit bestehen Parallelen zwischen der Aufnahme in ein selektives Vertriebssystem in der Kfz-Branche und der Wettbewerbssituation bei Aufnahme von Franchisenehmern in das Netz eines Franchisegebers. Die Kommission hatte bislang noch keine Gelegenheit, die Abgrenzung des hier relevanten sachlichen Marktes in der Kfz-Branche zu untersuchen. Wenn von einem **gesonderten Markt für die Zulassung** zu einem Netz von Vertragswerkstätten auszugehen sein sollte, dürfte dieser markenübergreifend sein, was Ansprüche aufgrund von Marktbeherrschung von vornherein ausschlösse.

Sollte hingegen ein **umfassender Ressourcenmarkt** anzunehmen sein, der auch die Wettbewerbsbeziehungen in der Phase der ursprünglichen Aufnahme ins Werkstattnetz umfasst, erscheint ein markenspezifischer Markt eher denkbar. Nach dem BGH soll dies – aufgrund des Durchschlagens des Nachfrageverhaltens auf dem Endkundenmarkt – davon abhängen, ob die Kunden der betreffenden Marke entweder gar nicht oder nur in äußerst geringem Maße die Dienste von freien Werkstätten in Anspruch nehmen. Ausschlaggebend sei, ob die Zulassung als Vertragswerkstatt die einzige wirtschaftlich sinnvolle Möglichkeit für Werkstätten darstellt, Arbeiten an Kfz einer bestimmten Marke auszuführen.[36] Dahinter steht wohl die Erwägung, dass möglicherweise eine bestimmte Leistung auf dem vorgelagerten Markt deshalb nicht austauschbar ist, weil sie für die Teilnahme am Wettbewerb auf der nachgelagerten Stufe angesichts der Nachfrageperspektive der Endkunden unentbehrlich ist. Für Nutzfahrzeuge hat der BGH dies im MAN-Fall verneint. Für hochpreisige Kfz sah das Tatsachengericht im Jaguar-Verfahren nach Rückverweisung vom BGH den Nachweis als nicht erbracht, dass Endkunden der Marke in Deutschland de facto (fast) ausschließlich die Dienste von Vertragswerkstätten nutzen und freie Werkstätten für diese Marke keine Chance im Markt haben würden; dieses Urteil ist jedoch durch den Vortrag der Parteien in diesem konkreten Fall bedingt und zudem noch nicht rechtskräftig.[37] Auf europäischer Ebene bestand noch keine Gelegenheit, der Frage nachzugehen.

---

[32] BGH 30.3.2011 – KZR 6/09, BGHZ 189, 94 Rn. 15 – MAN-Vertragswerkstatt; 26.1.2016 – KZR 41/14, NJW 2016, 2504 Rn. 20 – Jaguar-Vertragswerkstatt, s. auch das Parallelverfahren BGH 23.1.2018 – KZR 2/18 Rn. 23 – Jaguar-Land Rover-Vertragswerkstatt.
[33] Anders verhält es sich bei der gelagerten Frage der Anwendung der 30%-Marktanteilsschwelle zwecks Freistellung. Hierbei kommt es auf die Endkundenebene an, s. näher → Art. 4 Rn. 9.
[34] BGH 30.3.2011 – KZR 6/09, BGHZ 189, 94 Rn. 15 – MAN-Vertragswerkstatt; 26.1.2016 – KZR 41/14, NJW 2016, 2504 Rn. 20 – Jaguar-Vertragswerkstatt; 23.1.2018 – KZR 2/18 Rn. 23 – Jaguar-Land Rover-Vertragswerkstatt.
[35] BGH 30.3.2011 – KZR 6/09 Rn. 16, BGHZ 189, 94 – MAN-Vertragswerkstatt.
[36] BGH 26.1.2016 – KZR 41/14 Rn. 22, NJW 2016, 2504 – Jaguar-Vertragswerkstatt.
[37] OLG Frankfurt a. M. 21.12.2017 – 11 U 6/14 (Kart), II.1.a), erneute Revision beim BGH anhängig (KZR 2/18).

26   Für einen auf Verstoß gegen **Art. 102** gestützten Anspruch müssten, selbst wenn Marktbeherrschung vorliegen sollte, noch die **weiteren Voraussetzungen** der Norm erfüllt sein. Hierzu zählt für den Missbrauchstatbestand der Leistungsverweigerung unter anderem, dass die Leistung (hier: die Aufnahme ins Werkstattnetz) unerlässlich für die Tätigkeit in einem (anderen) Markt ist und dass auf diesem Markt ohne den Zugang zur Leistung kein wirksamer Wettbewerb stattfinden würde.[38] An dieser Stelle käme es in der Tat darauf an, ob der Status als Vertragswerkstatt unabdingbare Voraussetzung für die Erbringung von Wartungs- und Instandsetzungsarbeiten an Kfz einer bestimmten Marke ist, und dass ohne die Tätigkeit der die Zulassung begehrenden Werkstatt kein wirksamer Wettbewerb zwischen den anderen im Markt für diese Marke tätigen Werkstätten herrscht. Auch wäre zu prüfen, ob ggf. objektive Gründe für die Verweigerung der Zulassung vorliegen, wie zB die konkrete Gefahr einer Insolvenz oder ein vollkommen zerrüttetes Vertrauensverhältnis zwischen Hersteller und Werkstatt.[39] **Weiterreichende Ansprüche** können sich aus **nationalem Recht** ableiten (Art. 3 Abs. 2 S. 2 VO (EG) 1/2003), in Deutschland etwa § 20 GWB. Dem europäischen Kartellrecht sind Ansprüche bei der Ausnutzung von rein relativer Marktmacht fremd. In der Rechtssache Jaguar hat das Tatsachengericht das Vorliegen einer unternehmensbedingten Abhängigkeit iSv § 20 verneint.

VI. Verbundene Unternehmen (Abs. 2)

27   Art. 1 Abs. 2 bestimmt, dass die in der GVO verwendeten Begriffe „Unternehmen", „Anbieter", „Käufer", „Hersteller" und „Abnehmer" die jeweils verbundenen Unternehmen einschließen. „**Verbundene Unternehmen**" sind solche, die entweder direkt oder indirekt, allein oder gemeinsam mit anderen von dem fraglichen Unternehmen kontrolliert werden oder dieses kontrollieren. Die Verbundklausel **entspricht allgemeinen Grundsätzen** des Kartellrechts und ist **identisch mit Art. 1 Abs. 2 Vertikal-GVO**. In der Kfz-GVO 1400/2002 (über Art. 2 bis 2013 geltend) kam der Verbundklausel vor allem bei der Bestimmung der relevanten Marktanteile mit Blick auf eine **Anwendung der de minimis-Mitteilung** sowie der **Schwellenwerte** für die Gruppenfreistellung Bedeutung zu: Einige Marken konnten sich allein deshalb nicht auf die de minimis-Mitteilung oder eine Gruppenfreistellung berufen, weil sie die einschlägigen Schwellenwerte aufgrund der Verbundklausel und der daraus folgenden Einbeziehung der Marktanteile anderer Konzernmarken überschritten. Da die neue Kfz-GVO sich ab 2013 nicht mehr auf den Neuwagenvertrieb, sondern nur noch auf die Anschlussmärkte Ersatzteilvertrieb und Kundendienst bezieht, und dort aufgrund der (in der Regel) gebotenen markenspezifischen Marktabgrenzung erheblich höhere Marktanteile als 5 % bzw. 15 % (de minimis) und 30 % (Freistellung) vorliegen werden, hat die Verbundklausel im Rahmen der Kfz-GVO an praktischer Bedeutung eingebüßt. Für die Freistellung von Kfz-Vertriebsvereinbarungen nach der Vertikal-GVO bleibt deren identische Verbundklausel freilich für die gemeinsame Veranschlagung der Marktanteile von Konzernunternehmen relevant.

VII. Entstehungsgeschichte, Gesetzgebungsmaterialien

28   Am 28.5.2008 hatte die Generaldirektion Wettbewerb gemäß Art. 11 Abs. 3 GVO 1400/2002 einen **Bewertungsbericht** 2008 zu dieser GVO vorgelegt,[40] der auf den Antworten zu Fragebögen von Marktbeteiligten (Kfz-Hersteller, Verbraucherverbände, Vertragshändler, freie Werkstätten, unabhängige Wiederverkäufer und Vermittler, freie Importeure, Teilehersteller und -händler ua), einem Gutachten von London Economics,[41] anderen Gutachten[42] sowie den eigenen Erfahrungen und Analysen der Kommission beruhte. In diesem Bericht kam die Kommission zu dem Schluss, dass die Bestimmungen der Kfz-GVO 1400/2002, die von den aus der Rechtsprechung der europäischen Gerichte abgeleiteten und in der Vertikal-GVO der Kommission verankerten allgemeinen Grundsätzen des Vertriebskartellrechts abwichen, unter den aktuellen wirtschaftlichen Rahmenbedingungen übermäßig streng, zu kompliziert und/oder redundant waren.[43]

29   Die logische Konsequenz aus diesem Bericht wäre gewesen, die branchenspezifische GVO einfach auslaufen zu lassen und dadurch die allgemeine Vertikal-GVO auch auf die Kfz-Branche

---

[38] EuG 17.9.2007 – T-201/04, Slg. 2007, II-3601 Rn. 331 – Microsoft.
[39] So etwa der österr. OGH als Kartelloberkammergericht, 8.10.2015 – 16.10.2015, 16 Ok 1/15f (Kia).
[40] http://europa.eu.int/comm/competition/car_sector/distribution/#report.
[41] London Economics (2006): „Developments in car retailing and after-sales markets under Regulation No. 1400/2002".
[42] Darunter der ACEA-Branchen-Bericht und der Bericht der Europäischen Kommission „CARS 21: A Competitive Automotive Regulatory System for the 21st Century".
[43] Bericht der Kommission zur Bewertung der Verordnung (EG) Nr. 1400/2002 über Vertrieb, Instandsetzung und Wartung von Kraftfahrzeugen vom 28.5.2008, 14.

VII. Entstehungsgeschichte, Gesetzgebungsmaterialien   30–33 Art. 1 Kfz-GVO

anzuwenden. Zu diesem Bericht erhielt die Generaldirektion Wettbewerb im Rahmen einer öffentlichen Konsultation jedoch 110 Stellungnahmen, von denen sich ein nicht unerheblicher Teil für die Beibehaltung einer branchenspezifischen GVO aussprach. Diese Stellungnahmen, ein Round Table mit Vertretern der wichtigsten Akteure,[44] die Diskussionen im Rahmen des Netzwerks der europäischen Wettbewerbsbehörden sowie die kommissionsinterne Ressortabstimmung führten dazu, **vier mögliche kartellrechtliche Regelungen** für die Kfz-Branche näher zu untersuchen, darunter auch eine erneute branchenspezifische Regelung.[45] Neben der Fortführung der Kfz-GVO 1400/2002 und der alleinigen Anwendbarkeit der Vertikal-GVO als den beiden extremen Optionen wurden auch Leitlinien und eine neue Kfz-GVO, die sich auf die Wettbewerbsprobleme im Kundendienst beschränkte, jeweils in Ergänzung zur Vertikal-GVO, im Rahmen eines Folgeabschätzungsverfahrens bewertet. Die Option, die bezüglich der Kriterien „Schutz des Wettbewerbs im Automobilsektor" und „bessere Rechtssetzung" in einem Folgeabschätzungsverfahren am besten bewertet wurde, war die Option der Leitlinien, dicht gefolgt von der Option der GVO mit Schwerpunkt Kundendienst.[46]

In der **Kommissionsmitteilung vom 22.7.2009**, der der Folgeabschätzungsbericht zugrunde lag, wurde festgelegt, dass das neue Regelwerk eine klare Unterscheidung treffen sollte zwischen den Märkten für den Verkauf neuer Kraftfahrzeuge, für die ab 2013 die dann gültige Vertikal-GVO anwendbar sein sollte, und den Kfz-Anschlussmärkten für Reparatur und Wartung sowie das Ersatzteilgeschäft, für die eine branchenspezifische Regelung gefunden werden sollte, um die unterschiedlichen Wettbewerbsbedingungen auf diesen Märkten widerzuspiegeln.[47] Zu dieser Mitteilung gingen der Kommission im Rahmen eines weiteren öffentlichen Konsultationsprozesses 77 Stellungnahmen zu. Es zeigte sich, dass alle wichtigen Interessengruppen mit Ausnahme der Vertragshändler den Kurs der Kommission unterstützten. Die Vertragshändler forderten eine Verlängerung der bestehenden Kfz-GVO über das Jahr 2013 hinaus, da sie vor allem den Wegfall des sogenannten Händlerschutzes und des Mehrmarkenvertriebs fürchteten.[48]   30

Auf Grundlage der Kommissionsmitteilung und unter Berücksichtigung der Stellungnahmen fertigte die Generaldirektion Wettbewerb einen **Kommissionsentwurf** einer neuen Kfz-GVO und der dazugehörigen Leitlinien an, die sie im **Dezember 2009** veröffentlichte[49] und erneut einer öffentlichen Konsultation unterwarf, die der Kommission über 60 Stellungnahmen einbrachte.   31

In der Folge kam es noch zu einigen Änderungen; die zentralen Elemente der Neuregelung waren jedoch bereits in diesem Entwurf enthalten. Vor allem das europäische Parlament versuchte noch, kurz vor Schluss die neue Regelung nachhaltig zu verändern, in dem es eine Resolution mit neun Forderungen an die Kommission verabschiedete.[50] Während die Mehrzahl dieser Forderungen im neuen Regelwerk berücksichtigt werden konnten, erwiesen sich die beiden letzten als unerfüllbar. Darin forderte das Parlament die Kommission auf, vor 2013 noch einmal die Wettbewerbssituation auf dem Markt für den Vertrieb von Neufahrzeugen zu beurteilen und erst auf Basis eines solchen Beurteilungsberichts endgültig über die Regeln zu befinden. Dies hätte zu großer Rechts- und Planungsunsicherheit geführt und wäre nicht im Interesse des Marktes gewesen, gerade in Zeiten der Krise, in der die Verkäufe in Europa zurückgehen und neue Herausforderungen wie die Umstellung auf emissionsfreie Autos auf Hersteller und Handel zukommen. Stattdessen wurde die ständige Beobachtung des Marktes durch die Kommission in der neuen Kfz-GVO verankert sowie die Möglichkeit der Nichtanwendbarkeit durch einen neuen Art. 6 hinzugefügt. Die so verbesserte **endgültige Fassung** der Kfz-GVO (VO (EU) Nr. 461/2010) sowie die ergänzenden Leitlinien wurden am 27.5.2010 von der Kommission angenommen. Ergänzt wurde dieses Regelwerk im August 2012 durch eine Sammlung von häufig gestellten Fragen (FAQ) und den Antworten der Generaldirektion Wettbewerb darauf. Diese FAQ vertiefen die Themen, die der Kommission besonders wichtig sind und enthalten die Erwägungen, die die Kommission im Falle einer kartellrechtlichen Prüfung treffen wird.   32

Der **Bewertungsbericht 2021** kommt zum Ergebnis, dass die Marktanteilsschwelle von 30% für die Anwendbarkeit der Kfz-GVO angemessen ist (S. 6), die einheitliche Rechtsanwendung durch die GVO gefördert wurde (S. 7), der Markenwettbewerb heftig und stabil geblieben ist (S. 8), der   33

---

[44] Round table 9.2.2009. Schlusswort von Kommissarin Kroes als Rede 09/45 abrufbar.
[45] Simon, Die neue Kfz-GVO, 84.
[46] The Future Competition Law Framework applicable to the motor vehicle sector. Impact Assessment (Folgeabschätzungsverfahren) vom 22.7.2009. COM(2009) 388 final, Rn. 245.
[47] Mitteilung der Kommission „Der künftige wettbewerbsrechtliche Rahmen für den Kfz-Sektor" (KOM(2009) 388 endg.), Rn. 48.
[48] Vgl. die Stellungnahme des ZDK zur Mitteilung, 17.
[49] S. http://ec.europa.eu/competition/consultations/2010_motor_vehicles/index.html.
[50] Resolution des Europäischen Parlaments vom 6.5.2010 zur Kfz-GVO (PE: B7-0245/10).

Wettbewerb zwischen Händlern derselben Marke geschützt (S. 8) und Beschränkungen des Parallelhandels bei Kraftfahrzeugen zumindest teilweise verhindert wurden (S. 9), die Befähigung unabhängiger Kfz-Werkstätten zum Wettbewerb mit den Vertragswerkstattnetzen der Händler gestärkt (S. 10) sowie der Wettbewerb zwischen zugelassenen Reparaturwerkstätten derselben Marke geschützt wurde (S. 11). Damit zieht der Bewertungsbericht 2021 eine positive Bilanz für die Vertriebsregulierung im Kfz-Sektor.

Kapitel II. Vertikale Vereinbarungen über den Bezug, Verkauf oder Weiterverkauf neuer Kraftfahrzeuge

Art. 2 Geltung der Verordnung (EG) Nr. 1400/2002

Nach Artikel 101 Absatz 3 AEUV gilt Artikel 101 Absatz 1 AEUV vom 1. Juni 2010 bis zum 31. Mai 2013 nicht für vertikale Vereinbarungen, die die Bedingungen betreffen, unter denen die beteiligten Unternehmen neue Kraftfahrzeuge beziehen, verkaufen oder weiterverkaufen dürfen, und die die in der Verordnung (EG) Nr. 1400/2002 festgelegten Freistellungsvoraussetzungen erfüllen, die speziell vertikale Vereinbarungen über den Bezug, Verkauf oder Weiterverkauf neuer Kraftfahrzeuge betreffen.

I. Überblick und wettbewerbspolitische Erwägungen

1   Art. 2 enthielt für eine Übergangszeit von drei Jahren den **Ausspruch der Gruppenfreistellung** für Vereinbarungen über den **Neuwagenvertrieb** und stellte hierfür auf die **Bedingungen der Kfz-GVO 1400/2002** ab. Seit dem 1.6.2013[1] ist der Neuwagenvertrieb nicht mehr von der lex specialis der Kfz-GVO geregelt und die Vertikal-GVO erlangt gemäß Art. 3 unmittelbare Anwendung (im Gegensatz zur mittelbaren Anwendung nach Art. 4). **Rechtstechnisch** handelt es sich bei Art. 2 nicht um eine eigenständige Fortgeltung der ausgelaufenen Kfz-GVO 1400/2002, sondern um eine Freistellung durch die neue Kfz-GVO, die hinsichtlich der Voraussetzungen auf die Regelungen der Vorgängerverordnung zurückgreift.

2   Dieser Regelung liegt die Erwägung zugrunde, dass der Neuwagenvertrieb **keine** derartigen **sektorspezifischen Wettbewerbsbeschränkungen** mehr aufweist, die eine Sonderregelung gegenüber der Vertikal-GVO rechtfertigen würde.[2] Im Gegensatz dazu hielt der Verordnungsgeber für Kundendienstvereinbarungen und den Ersatzteilvertrieb zusätzliche (und strengere) Regeln zur Vertikal-GVO weiterhin für erforderlich.[3] Die „Überführung" des Neuwagenvertriebs ab Juni 2013 in die Vertikal-GVO entspricht dem allgemeinen Trend, branchenspezifische Kartellrechtsvorschriften durch allgemeingültige zu ersetzen. Hinzu kam, dass die interventionistischen Regeln der Kfz-GVO 1400/2002 als nicht mehr erforderlich für den Schutz des Wettbewerbs und damit nicht mehr als zeitgemäß angesehen wurden.[4] Die Kommission hält zwar für den Kfz-Vertrieb die Regelungen der allgemeinen Vertikal-GVO für ausreichend, sie hat jedoch in den ergänzenden Leitlinien für den Kfz-Vertrieb der Branche Interpretationshilfen an die Hand gegeben, die auch einige der in der alten Kfz-GVO 1400/2002 behandelten Besonderheiten aufgreifen.

3   Sinn und Zweck der von 2010–2013 laufenden und bereits 2009 angekündigten Übergangsfrist war es zum einen, allen Beteiligten hinreichend Zeit zur Einstellung auf den neuen rechtlichen Rahmen für den Neuwagenvertrieb zu gewähren, auch wenn Vertriebsverträge nicht zwingend einer Änderung bedurften.[5] Zum anderen (und vor allem) sollte Händlern, die im Vertrauen auf die Regelung des Mehrmarkenvertriebs in Art. 5 Abs. 1 lit. a Kfz-GVO 1400/2002 spezifische Investitionen in eine zusätzliche Marke getätigt hatten, Gelegenheit zu einer längeren Amortisierung gewährt werden.[6]

II. Bedeutsame Merkmale der Kfz-GVO 1400/2002

4   Gegenüber der Vertikal-GVO weist die Kfz-GVO 1400/2002 einige bedeutsame Unterschiede in Bezug auf den Neuwagenvertrieb auf. Hierzu zählen insbesondere die Händlerschutzbestimmungen in Art. 3 Abs. 3–6 Kfz-GVO 1400/2002, die gestaffelten Marktanteilsschwellen für qualitativ

---
[1]   Nicht vorher, aA Wegner/Oberhammer BB 2011, 1487. Wie hier Immenga/Mestmäcker/Ellger Art. 2 Rn. 3.
[2]   S. Erwägungsgrund 10; Kom., Mitteilung 2009, Rn. 13; Bewertungsbericht, 15 f.
[3]   S. Art. 4 und Erwägungsgrund 14.
[4]   → Einl. Rn. 9–12.
[5]   Zu möglichen Gründen, Verträge gleichwohl anzupassen, s. Immenga/Mestmäcker/Ellger Art. 2 Rn. 2.
[6]   Simon ÖZK 2010, 88.

selektiven Vertrieb und andere Vertriebsformen in Art. 3 Abs. 1 und 2, die detaillierte und lange Liste an Kernbeschränkungen in Art. 4 sowie die Regelung des Mehrmarkenvertriebs in Art. 5 Abs. 1 lit. a. Für eine ausführliche Erläuterung insbesondere dieser Besonderheiten wird auf die Kommentierung in der → 2. Aufl. 2015, Rn. 1 ff. verwiesen.

III. Tatbestandsvoraussetzungen

1. Neuwagen. Die Freistellung gilt nur für Vertriebsvereinbarungen über **Neuwagen**. Bisweilen wird vertreten, dass sich der Begriff des „Neuwagens" nach nationalem Zivilrecht definiere. Dies würde indes zu divergierenden Auslegungen des Merkmals „neu" in Art. 2 Abs. 1 in den Mitgliedstaaten führen. Angezeigt ist daher eine autonome unionsrechtliche Auslegung, um eine einheitliche und widerspruchsfreie Anwendung des europäischen Wettbewerbsrechts sicherzustellen, sondern auch aus Praktikabilitätserwägungen etwa mit Blick auf grenzüberschreitende Transaktionen. Danach dürften reine Tageszulassungen als Neuwagen zu betrachten sein. Auch eine geringe, durch den Transport bedingte Laufleistung (ca. 20–50 km) ist unschädlich,[7] nicht jedoch die Zulassung auf einen Verbraucher. Ein praktischer Anhaltspunkt für die Abgrenzung kann sein, inwieweit ein Händler durch das Alter oder die Nutzung eines Kfz gezwungen ist, Käufern einen besonderen Preisnachlass zu gewähren. Die sehr viel weitere Definition von Neuwagen im Sinne des EU-Umsatzsteuerrechts (weniger als 6.000 km Laufleistung oder Nutzung weniger als 6 Monate)[8] ist für einen gänzlich anderen Zusammenhang vorgesehen, verfolgt ein unterschiedliches Regelungsziel und gilt nicht für das EU-Kartellrecht. 5

Für Vertriebsvereinbarungen über Gebrauchtwagen galt schon immer die Vertikal-GVO, die seit dem 1.6.2013 gem. Art. 2 und 3 auch für den Vertrieb von Neuwagen maßgeblich ist. Die Unterscheidung hat daher an Bedeutung verloren. 6

2. Vertikale Vereinbarung über den Bezug, Verkauf oder Weiterverkauf. Wie Art. 4 Abs. 1 knüpft auch Art. 2 nicht an die Funktionen in der Kfz-Vertriebskette oder den verwendeten Vertragstyp an, sondern an die Begriffe „Unternehmen" und „Bezug, Verkauf oder Weiterverkauf". Damit erfasst die Freistellung unabhängig von der Handelsstufe alle für den Neuwagenvertrieb relevanten Vertragsbeziehungen im Vertikalverhältnis. 7

Art. 3 Anwendung der Verordnung (EU) Nr. 330/2010

Ab dem 1. Juni 2013 gilt die Verordnung (EU) Nr. 330/2010 für vertikale Vereinbarungen über den Bezug, Verkauf oder Weiterverkauf neuer Kraftfahrzeuge.

Übersicht

	Rn.		Rn.
I. Allgemeines	1	III. Markenzwang	8
II. Marktanteilsschwelle und Marktabgrenzung	3	IV. Selektiver Vertrieb	11
		V. Spezialfragen des Automobilvertriebs	13

I. Allgemeines

Grundsätzlich gilt die Vertikal-GVO für alle Branchen, die nicht durch eine andere Gruppenfreistellungsverordnung von ihrem Geltungsbereich ausgenommen sind (Art. 2 Abs. 7 Vertikal-GVO). Die Kfz-GVO gilt für die gesamte Kfz-Branche und nimmt daher auch den Markt für den Vertrieb von Neufahrzeugen aus dem Geltungsbereich der Vertikal-GVO heraus. Art. 3 legt die Bedingungen für die Gruppenfreistellung von Verträgen für den Neufahrzeugvertrieb fest, indem er die allgemeine Vertikal-GVO in die Kfz-GVO importiert. Insofern hat dieser Art. keinen deklaratorischen, sondern konstitutiven Charakter. VO (EU) 2023/822, die die Geltungsdauer der Kfz–GVO verlängert, hat Art. 3 nicht auf die neue Vertikal–GVO 2022/720 geändert; dies kann aber nur ein Redaktionsversehen sein. 1

Die Vertikal-GVO enthält keine besonderen Bestimmungen für den Vertrieb von Neufahrzeugen. Die ergänzenden Leitlinien zur Kfz-GVO geben jedoch vielfältige Hinweise, wie die Kommission die allgemeinen Regeln der Vertikal-GVO in der Kfz-Branche anzuwenden gedenkt und welche Ausgestaltungen von Kfz-Vertriebs- und Kundendienstsystemen von ihr grundsätzlich nicht 2

---

[7] Vgl. GD Wettbewerb, Leitfaden, Frage 39 (51, Fn. 103).
[8] Art. 28a Richtlinie 96/95 EWG vom 20.12.1996.

beanstandet werden. Diese Hinweise beziehen sich auf einige Besonderheiten des Neuwagenvertriebs wie den Marktanteil, den Markenzwang, insbesondere den Mehrmarkenvertrieb, sowie die Verfügbarkeitsklausel, die Definition des Endverbrauchers und die Rolle von Vermittlern.

II. Marktanteilsschwelle und Marktabgrenzung

3   Während die Kfz-GVO 1400/2002 unterschiedliche Marktanteilsschwellen für den quantitativen und qualitativen Selektivvertrieb enthielt, kommt durch die Neuregelung die allgemeine 30 %-Schwelle der Vertikal-GVO zur Anwendung, die für alle Vertriebsformen gilt. Dies bedeutet, dass für die am häufigsten angewandte Vertriebsform, den quantitativ-selektiven Vertrieb, die Schwelle von bisher 40 % auf 30 % gesenkt wurde. Darüber hinaus ist die allgemeine 30 % Schwelle eine doppelte Marktanteilsschwelle in dem Sinne, dass sowohl der Hersteller als auch der Händler auf dem Markt für den Verkauf bzw. den Bezug von Neuwagen nicht mehr als 30 % haben darf. Da aber Händler in den seltensten Fällen eine starke Stellung auf dem Beschaffungsmarkt haben dürften, ist dieser zweite Teil der Schwelle für die Automobilbranche von untergeordneter Bedeutung. Anders kann es zumindest in einigen Ländern beim Marktanteil des Herstellers aussehen. Die eine oder andere Volumenmarke kann in ihrem jeweiligen Heimatland durchaus mehr als 30 % erreichen, zumal, wenn sie Teil einer Gruppe ist. Die Kommission hat in ihren Leitlinien aber anerkannt, dass auch bei Marktanteilen bis 40 % normalerweise keine negativen Auswirkungen für den Wettbewerb zu vermuten sind.[1]

4   Voraussetzung für die Berechnung des Marktanteils ist die Definition des relevanten Marktes. Art. 3 Abs. 1 Vertikal-GVO stellt auf den Markt ab, auf dem der Anbieter die Vertragswaren oder -dienstleistungen anbietet, und der Anteil des Abnehmers an dem relevanten Markt, auf dem er die Vertragswaren oder -dienstleistungen bezieht. **Relevante Marktstufe** ist also nicht der Endkundenmarkt, sondern der Markt, auf dem der Kfz-Hersteller (ggf. über Tochtergesellschaften) bzw. der unabhängige Importeur als Anbieter und seine Vertragshändler als Abnehmer tätig sind. Allerdings wirkt sich das Nachfrageverhalten der Endkunden maßgeblich auf die Marktabgrenzung aus. Denn wenn zwei Pkw vom Endkunden als austauschbar angesehen werden, dürfte eine Substituierbarkeit auch für die Händler bestehen, der sein Angebot (und damit auch seinen Einkauf) an dem Nachfragemuster der Endkunden ausrichtet. Wenn ein Endkunde ein bestimmtes Fahrzeug wünscht, wird der Händler genau dieses beim Hersteller nachfragen. Die Einschätzung der Austauschbarkeit auf der **Endkundenebene schlägt** damit **unmittelbar** auf die **Händlerebene durch**. Dies hat die Kommission ausdrücklich anerkannt.[2]

5   Die europäischen Gerichte und die Kommission haben sich bislang noch in keinem Fall auf eine Definition des sachlich relevanten Marktes festlegen müssen.[3] In verschiedenen Fusionskontrollentscheidungen und in einigen kartellrechtlichen Entscheidungen hat die Kommission jedoch erwogen, für Pkw auf Grundlage von Faktoren wie Leistung, Karosserie, Länge, Markenimage und Preis verschiedene separate Produktmärkte abzugrenzen. In diesem Zusammenhang wird vor allem die in der Branche übliche Segmentierung nach Fahrzeugklassen diskutiert (A: Kleinstwagen, B: Kleinwagen, C: Mittelklassewagen, D: Obere Mittelklasse, E: Oberklasse, F: Luxusklasse, S: Sportwagen, M: Mehrzweckfahrzeuge, J: Geländewagen).[4] Für Nutzfahrzeuge gelten die gleichen Grundsätze wie für Pkw, wenn im Einzelfall sich freilich Besonderheiten ergeben. Entscheidungspraxis liegt bislang nur aus der Fusionskontrolle vor. Bei Omnibussen über 8 t hat die Kommission drei separate Produktmärkte nach Verwendung unterschieden (Stadtbusse, Überlandbusse und Reisebusse), und bei Lkw nach Gewicht abgegrenzt (bis 5 Tonnen, bis 16 Tonnen und Schwerlastkraftwagen über 16

---

[1]   Leitlinien „Verkauf und Instandsetzung von Kraftfahrzeugen", Rn. 56. Damit wird zum Ausdruck gebracht, dass die Kommission aufgrund der Erfahrungen, die sie mit der Vorgänger-GVO sammeln konnte, bei Marktanteilen bis 40 % ein quantitativ-selektives Vertriebssystem regelmäßig gleichsam unter Gesichtspunkten des Art. 101 Abs. 3 AEUV als unbedenklich einstuft. Diese nur in den Leitlinien, nicht aber in der eigentlichen GVO aufgeführte Schwelle bindet nur die Kommission, nicht aber Gerichte und nationale Wettbewerbsbehörden. Eine Einzelfreistellung für höhere Marktanteile ist immer möglich. Anderer Ansicht Nolte BB 2013, 1667 (1668).
[2]   GD Wettbewerb, Leitfaden Kfz-GVO 1400/2002, Abschnitt 6.1 Abs. 4..
[3]   Aus der Kommissionspraxis etwa im Bereich Fusionskontrolle: Kom. M.416 – BMW/Rover; Kom. M.741 – Ford/Mazda; Kom. M.1204 – DaimlerBenz/Chrysler; Kom. M.1326 – Toyota/Daihatsu; Kom. M.1416 – Hyundai/Kia; Kom. M.1452 – Ford/Volvo; Kom. M.1847 – GM/Saab; Kom. M.1998 – Ford/Land-Rover; Kom. M.2832 – General Motors/Daewoo; Kom. M.5250 Porsche/Volkswagen; Kom. M.9730 – FCA/PSA sowie im Bereich Art. 101 Kom. ABl. 2001 L 262, 14 – Volkswagen II; Kom. ABl. 2001 L 59, 1 – Opel Nederland; Kom. ABl. 2002 L 257, 1 – Mercedes-Benz.
[4]   Vgl. Kom. ABl. 2001 L 262, 14 – Volkswagen II, Rn. 11; Leitfaden Kfz-GVO 1400/2002, Abschnitt 6.2; den von der Kommission bis 2011 publizierten Car Price Report sowie ausf. Walz, Kartellrecht des Automobilvertriebs, 187 (mwN).

Tonnen).⁵ Der BGH⁶ bezweifelte für Porsche, ob die 30%-Marktanteilsschwelle eingehalten wurde, weil Porsche nicht nachgewiesen hat, einen Marktanteil von weniger als 30% i.S.v. Art. 3 Abs. 1 Vertikal-GVO zu haben.

Wie bei jeder Marktabgrenzung ist im konkreten Fall eine detaillierte Analyse der tatsächlichen Austauschbeziehungen aus Nachfragersicht gefordert.⁷ Dabei mag sich durchaus herausstellen, dass einerseits Wagen aus benachbarten Segmenten als substituierbar angesehen werden, andererseits aber auch nicht alle Pkw innerhalb eines Segments als austauschbar angesehen werden (man denke etwa an das Segment S, dem verschiedene Sportwagen zugerechnet werden, die nach Leistung, Preiskategorie und Markenimage sehr wenig gemein haben). Auch ist im Einzelfall zu untersuchen, ob eine **Substitutionskette** zwischen mehreren Pkw besteht, die zwar individuell nicht als direkt substituierbar angesehen werden, bei denen aber durch eine Kette an Substitutionsmöglichkeiten miteinander verbunden sind.⁸ Weiterhin ist erwogen worden, auf Grundlage des **Sortimentsgedankens** die gesamte Bandbreite der Pkw-Segmente (ggf. sogar zuzüglich der Nutzfahrzeuge) zu einem einheitlichen Produktmarkt zusammenzufassen, auch wenn die Segmente nach Gesichtspunkten der Nachfragesubstitution durch Endkunden separat abzugrenzen wären.⁹ Dieser Ansatz scheint – soweit ersichtlich – in der Entscheidungspraxis der Kommission bislang noch nicht ernstlich in Betracht gezogen worden zu sein. Dagegen dürfte sprechen, dass die Nachfragestruktur auf der Wiederverkäuferebene durch die Nachfrage nach einem bestimmten Fahrzeugtyp auf Endkundenebene bestimmt wird. Händler verkaufen an Kunden (bislang) in der Regel nicht aus vorgehaltenen Lagerbeständen, sondern auf konkrete und individualisierte Bestellung. Die einzigen umfassenden veröffentlichten **empirischen Untersuchungen** der Substitutionsbeziehungen aus Nachfragersicht sind zu dem Schluss gelangt, dass kein die gesamte Bandbreite von Pkw umfassender Produktmarkt besteht.¹⁰ Vielmehr sollen die oben genannten Segmente C, D und S eigene sachlich relevante Märkte bilden. Zwei Paare benachbarter Märkte (A und B sowie E und F) sollen demgegenüber jeweils zusammen einen separaten Markt darstellen.¹¹ Inwieweit diese Ergebnisse tragfähig bzw. verallgemeinerungsfähig sind, gilt es noch im Einzelfall zu überprüfen.

In **geographischer** Hinsicht wird bisweilen ein **EWR-weiter Markt** vertreten.¹² Wenngleich die Entwicklung vielleicht in diese Richtung gehen mag, dürfte bislang von **nationalen Märkten** (auf der Handelsstufe) auszugehen sein. Die Kfz-Hersteller organisieren ihre Vertriebssysteme auf nationaler Ebene, Händler kaufen (noch) fast ausschließlich in ihrem Mitgliedstaat, Endkunden- und Händlerpreise (ebenso wie die diversen nationalen Steuerregeln) weisen erhebliche Unterschiede auf. Auch die Marktanteile der Kfz-Hersteller sind in den Mitgliedstaaten sehr verschieden; Verbraucherpräferenzen sind alles andere als homogen.

III. Markenzwang

Viele Hersteller versuchen, Händler exklusiv an sich zu binden. Neben der klassischen Exklusivitätsbindung als reinster Form eines Wettbewerbsverbots existieren vielfältige Vereinbarungen, die dem Händler direkte und indirekte Verpflichtungen auferlegen, keine konkurrierenden Waren zu vertreiben. Der Markenzwang ergibt sich somit nicht nur direkt aus einem Wettbewerbsverbot, sondern auch indirekt, zum Beispiel aus Mengenvorgaben, Bezugsbindungen oder Prämien. Das Wettbewerbsverbot der Kfz-GVO 1400/2002 ermöglichte es theoretisch einem Händler, drei verschiedene Automarken konkurrierender Hersteller im selben Schauraum anzubieten. Das ab Juni 2013 gültige neue Regelwerk führt zur Übernahme der Regelun-

---

⁵ S. etwa Kom. ABl. 1995 L 211, 1 – Mercedes Benz/Kässbohrer; Kom. ABl. 2000 L 143, 74 – Volvo/Scania; Kom. M.2201 MAN/Auwärter, 20.6.2001; Kom. M.4336, 20.12.2006 – MAN/Scania und zuletzt M.5157 Volkswagen/Scania, 13.6.2008.
⁶ BGH Urt. v. 6.7.2021 – KZR 35/20, NZKart 2021, 574 – Porsche Tuning II.
⁷ Daher geht die Kritik von Buchner (204) fehl, die Kom. habe keine allgemeingültige Marktabgrenzung vorgegeben. Unterschiede zwischen Mitgliedstaaten und Laufe der Zeit sind sehr wohl denkbar.
⁸ Näher Kom., Bekanntmachung über die Definition des relevanten Marktes, Rn. 57 sowie Leitfaden Kfz-GVO 1400/2002, Abschnitt 6.1 (Fn. 192) sowie 6.2 (81 f.).
⁹ Wegner/Oberhammer BB 2011, 1482; GK/Schütz, Kfz-Vertrieb, Art. 3 Rn. 13; s. auch Buelens/De Muyter/Oosterhuis/Sepulchre/Van Brunnen ECLRev. 2003, 259. Ablehnend Walz, Kartellrecht des Automobilvertriebs, 223.
¹⁰ Verboven, Quantitative Study to Define the Relevant Market in the Passenger Car Sector, http://europa.eu.int/competition/sectors/motor_vehicles/documents/study01.pdf, zuletzt abgerufen am 8.12.2019. S. auch die Untersuchung „Market Definition with Differentiated Products – Lessons from the Car Market" von Brenkers/Verboven, www.cepr.org/pubs/dps/DP5249.asp. Für eine an den Fahrzeugklassen orientierte Marktabgrenzung auch Walz, Kartellrecht des Automobilvertriebs, 225.
¹¹ Verboven aaO.
¹² Funk, Kfz-Vertrieb und EU-Kartellrecht, 201; GK/Schütz, Kfz-Vertrieb, Art. 3 Rn. 17.

gen der Vertikal-GVO und damit zu einer Aufhebung dieser im Vergleich zu allen anderen Branchen besonders starke Einschränkung der Vertragsfreiheit. Demnach können der Hersteller und Händler nun für **maximal fünf Jahre** Markenexklusivität vereinbaren. Voraussetzung für eine Freistellung eines Wettbewerbsverbots bzw. für den Markenzwang ist jedoch, dass der Marktanteil 30 % nicht übersteigt. Dies dürfte bis auf einige Volumenhersteller in ihren jeweiligen Heimatländern auf alle Hersteller zutreffen.

9   Zu beachten ist, dass der Händler frei sein muss, das Wettbewerbsverbot nach Ablauf der fünf Jahre tatsächlich zu beenden. Dieser Grundsatz findet sich in den Leitlinien zur Vertikal-GVO: Nichts darf den Händler daran hindern, das Wettbewerbsverbot nach Ablauf des Fünfjahreszeitraums tatsächlich zu beenden.[13] Die Leitlinien zur Kfz-GVO listen einige Verhaltensweisen auf, die einer stillschweigenden Verlängerung des betreffenden Markenzwangs gleichkommen und damit eine **Umgehung der Voraussetzungen** gemäß Art. 5 Abs. 1 lit. c Vertikal-GVO in der Automobilbranche darstellen. Dazu zählen neben Behinderungen und Kündigungsdrohungen vor allem die Androhung, dass der Markenzwang wieder eingeführt wird, bevor entweder der Händler oder der neue Anbieter genügend Zeit hatte, seine unwiederbringlichen Investitionen in die Zweitmarke zu amortisieren.[14] Ferner kann auch eine Mindestabnahmeverpflichtung, die die Schwelle von 80 % des jährlichen Gesamtbezugs nicht übersteigt, faktisch einen Markenzwang darstellen, wenn der Händler dadurch keine Zweitmarke in sein Verkaufsprogramm aufnehmen kann.[15]

10 Neben den direkten Maßnahmen zur Erreichung von Exklusivität oder Quasiexklusivität kann ein Hersteller auch auf **indirekte Maßnahmen** zurückgreifen, die dieselbe Wirkung entfalten. Die Leitlinien führen einige solcher indirekten Maßnahmen auf:[16] Qualitätsanforderungen, die speziell darauf ausgerichtet sind, die Händler vom Verkauf konkurrierender Fahrzeugmarken abzuhalten,[17] Prämien, die davon abhängig gemacht werden, dass der Händler bereit ist, ausschließlich eine Marke zu vertreiben, Zielrabatte oder bestimmte andere Anforderungen wie die Schaffung einer eigenen Rechtsperson die konkurrierende Marke oder die Verpflichtung, zusätzliche konkurrierende Marken in einem getrennten Ausstellungsraum an einem Ort auszustellen, an dem die Erfüllung solcher Anforderungen nicht rentabel wäre (zB in gering bevölkerten Gebieten).

IV. Selektiver Vertrieb

11 Während beim **qualitativen Selektivvertrieb** die Auswahl der Händler bzw. Werkstätten ausschließlich nach objektiven Kriterien erfolgt, die durch die Beschaffenheit des Produkts bzw. die Art der Dienstleistung bedingt sind, kommen beim **quantitativen Selektivvertrieb** Auswahlkriterien hinzu, die die Anzahl der in Frage kommenden Händler bzw. Werkstätten unmittelbarer dadurch begrenzen, dass entweder ihre Zahl ausdrücklich festgelegt wird (numerus clausus) oder beispielsweise Mindestverkaufszahlen vorgeschrieben werden.[18] Diese Form des Vertriebs von Neufahrzeugen ist bis auf wenige Ausnahmen der Standard in der Branche. Streit gibt es jedoch immer wieder über die Frage, ob ein Hersteller verpflichtet ist, sein Kriterium für die Begrenzung der Zahl der Händler objektiv zu begründen. Der EuGH hat hier 2012 klargestellt, dass der Kfz-Hersteller nicht verpflichtet ist, objektive, nachprüfbare Kriterien anzuwenden, die wirtschaftlich gerechtfertigt sind, oder diese ohne Unterscheidung auf alle Antragsteller für eine Zulassung ins Vertriebsnetz anzuwenden.[19] Die Unterscheidung zwischen qualitativer und quantitativer Selektion hat ihre einstige Bedeutung verloren, weil sie nicht mehr über die Frage der Gruppenfreistellung entscheidet (unter 30%-Marktanteil sind alle Vertriebssysteme freigestellt). Sie bleibt jedoch wichtig für die Frage, ob ein selektives Vertriebssystem von Art. 101 Abs. 1 AEUV erfasst wird.

12 Dabei ist zu beachten, dass die für den selektiven Vertrieb entscheidende Wettbewerbsbeschränkung, nämlich das Verbot des Weitervertriebs an Wiederverkäufer außerhalb des Systems, **nur für Neufahrzeuge** gilt. Der Vertrieb von Neufahrzeugen an ein Tuningunternehmen ist damit kein Vertrieb an einen Wiederverkäufer, denn das Tuningunternehmen verändert das Fahrzeug.[20]

---

[13] Leitlinien „vertikale Vereinbarungen", Rn. 248.
[14] Leitlinien „Verkauf und Instandsetzung von Kraftfahrzeugen", Rn. 26.
[15] Leitlinien „Verkauf und Instandsetzung von Kraftfahrzeugen", Rn. 37.
[16] Leitlinien „Verkauf und Instandsetzung von Kraftfahrzeugen", Rn. 32.
[17] S. Wettbewerbssachen BMW, IP/06/302 vom 13.3.2006 und Opel 2006, IP/06/303 vom 13.3.2006. In beiden Fällen ging es zwar um die Anschlussmärkte, sie veranschaulichen aber das Prinzip.
[18] Leitlinien „Verkauf und Instandsetzung von Kraftfahrzeugen", Rn. 44.
[19] EuGH WuW/E EU-R 2394 – Auto 24; Altham/Simon JECLAP 2012. Hierzu auch → Art. 1 Rn. 14.
[20] BGH Urt. v. 6.7.2021 – KZR 35/20, NZKart 2021, 574 – Porsche Tuning II.

V. Spezialfragen des Automobilvertriebs

Ein wichtiges wettbewerbspolitisches Ziel des Unionsrechts ist der Schutz des **Parallelhandels**, der auch durch die Gerichte immer wieder angemahnt wurde.[21] Die Automobilhersteller waren in der Vergangenheit neben der Pharmaindustrie am häufigsten das Ziel von Untersuchungen der Kommission wegen Behinderungen des Parallelhandels. Eine Form der indirekten Behinderung des Parallelhandels besteht darin, dass sich ein Händler neue Fahrzeuge mit den für grenzüberschreitenden Handel erforderlichen Spezifikationen, zum Beispiel Rechtslenkerautos, nicht beschaffen kann. Die Kfz-GVO 1400/2002 hatte daher die Beschränkung der Lieferung von Autos mit ausländischen Spezifikationen noch als Kernbeschränkung geführt (sog **Verfügbarkeitsklausel**). Die Leitlinien weisen explizit darauf hin, dass die fehlende Verfügbarkeit von Modellen des Herstellers mit Spezifikationen anderer EU-Länder als mittelbare Beschränkung des Parallelhandels gewertet werden und die Freistellung des Vertriebsvertrags gefährden können.[22]

13

Eng verbunden mit der Frage des Parallelhandels sind die Möglichkeiten des Endverbrauchers, einen **Vermittler** einzuschalten. Solange ein solcher Vermittler im Auftrag des Endverbrauchers handelt und von diesem mit einem gültigen Mandat für die Vermittlung eines näher bestimmten Neufahrzeugs ausgestattet ist, gilt dieses Geschäft als Endkundengeschäft.[23] Vermittler werden zumeist über die Landesgrenzen hinweg tätig und tragen so zur Verwirklichung des Binnenmarktgedanken bei. Die Grenze zu EU-Importeuren, die auf eigene Rechnung Fahrzeuge aus dem EU-Ausland importieren und dann an Endkunden weiterverkaufen, ist aber oftmals fließend. Bei einem Fahrzeug, das ein Endkunde von einem nicht autorisierten Wiederverkäufer erworben hat, können der Hersteller und sein Werkstattnetz die Erfüllung der **Herstellergarantie** verweigern. Ein Händler, der einem selektiven Vertriebssystem angehört, verletzt seinen selektiven Vertriebsvertrag, wenn er Fahrzeuge an nicht autorisierte Wiederverkäufer verkauft. Der Kfz-Hersteller ist daher berechtigt, Schritte zur Aufrechterhaltung der Integrität seines Vertriebsnetzes zu unternehmen, zu denen neben einer allfälligen Klage gegen den betreffenden Händler auch die Verweigerung einer Garantieleistung gehören kann, ohne dass dies zu einem Verstoß gegen das Wettbewerbsrecht führen würde.

14

Kapitel III. Vertikale Vereinbarungen in Bezug auf den Kfz-Anschlussmarkt

Art. 4 Freistellung

Nach Artikel 101 Absatz 3 AEUV und nach Maßgabe dieser Verordnung gilt Artikel 101 Absatz 1 AEUV nicht für vertikale Vereinbarungen, die die Bedingungen betreffen, unter denen die beteiligten Unternehmen Kraftfahrzeugersatzteile beziehen, verkaufen oder weiterverkaufen oder Instandsetzungs- und Wartungsdienstleistungen für Kraftfahrzeuge erbringen dürfen, und die die Freistellungsvoraussetzungen der Verordnung (EU) Nr. 330/2010 erfüllen und keine der in Artikel 5 der vorliegenden Verordnung aufgeführten Kernbeschränkungen enthalten.
Diese Freistellung gilt, soweit solche Vereinbarungen vertikale Beschränkungen enthalten.

Übersicht

	Rn.			Rn.
I.	Freistellungsanspruch und -bedingungen	1	3. Nicht freigestellte Beschränkungen nach Art. 5 Abs. 1 Vertikal-GVO	14
1.	Marktanteilsschwelle und Marktabgrenzung	4	4. Negative Bedingung: keine Vereinbarungen zwischen Wettbewerbern	16
	a) Keine Freistellung über einem Marktanteil von 30 %	4	II. Freistellungsbedürftigkeit, insbesondere beim rein qualitativen Selektivvertrieb	19
	b) Marktabgrenzung für Kundendienst und Ersatzteilvertrieb	5		
2.	Kernbeschränkungen in Art. 4 Vertikal-GVO und Art. 5	13	III. Sachlich-persönlicher Anwendungsbereich der Freistellung	22

---

[21] Parallelimporte genießen unionsrechtlichen Schutz, da sie die Entwicklung des Handelsverkehrs und die Stärkung des Wettbewerbs begünstigen, s. EuGH Slg. 2008, I-7139 Rn. 37 – Lelos.
[22] Leitlinien, „Verkauf und Instandsetzung, von Kraftfahrzeugen", Rn. 50.
[23] Leitlinien „Verkauf und Instandsetzung von Kraftfahrzeugen", Rn. 52.

I. Freistellungsausspruch und -bedingungen

1 Art. 4 enthält den **Ausspruch der Gruppenfreistellung** für die Anschlussmärkte und nennt die hierfür geltenden Voraussetzungen. Während in der Vorgänger-Kfz-GVO 1400/2002 die Freistellungsbedingungen sämtlich in der Verordnung selbst geregelt waren, bedient sich die neue Kfz-GVO für zentrale Voraussetzungen eines **Verweises auf die Vertikal-GVO**. Der Verweis ist nicht nur der gesetzgebungstechnischen Effizienz geschuldet, er soll auch den bei der Novelle der Kfz-GVO angestrebten größeren Gleichklang mit der Vertikal-GVO betonen.

2 Art. 4 Abs. 1 erklärt, dass Vereinbarungen über den Vertrieb von Ersatzteilen sowie die Erbringung von Kundendienstleistungen vom Kartellverbot des Art. 101 Abs. 1 AEUV **freigestellt sind**, sofern alle **Freistellungsvoraussetzungen der Vertikal-GVO** erfüllt sind und sie keine der in Art. 5 genannten Kernbeschränkungen enthalten. Erfasst durch den Verweis auf die Voraussetzungen der Vertikal-GVO ist erstens die Marktanteilsschwelle des Art. 3 Vertikal-GVO, zweitens die Bedingung, dass keine der Kernbeschränkungen aus Art. 4 Vertikal-GVO vorliegt, und drittens, dass keine der nicht freigestellten Beschränkungen in Art. 5 Abs. 1 Vertikal-GVO vorgesehen ist. Schließlich ist auch noch eine negative Anwendungsvoraussetzung der Vertikal-GVO relevant:[1] Nach Art. 2 Abs. 4 Vertikal-GVO gilt die Freistellung durch die Kfz-GVO nicht für Vereinbarungen zwischen Wettbewerbern. Wichtig sind auch die durch die Neufassung der Vertikal-GVO in Art. 2 Abs. 5 aufgestellten Freistellungsvoraussetzungen für den „dualen" Vertrieb, also Vertrieb durch den Hersteller direkt parallel zum Vertrieb über Händler. Die Frage nach einer Freistellung stellt sich selbstverständlich nur, wenn die betreffende Vereinbarung von Art. 101 Abs. 1 AEUV erfasst ist (siehe näher unten Abschnitt II „Freistellungsbedürftigkeit").

3 Bei den genannten kumulativen Voraussetzungen handelt es sich nicht mehr um de facto-Vorgaben an die positive Vertragsgestaltung, wie es in den frühen Kfz-GVOen üblich und auch noch in der unmittelbaren Vorgänger-Kfz-GVO anzutreffen war.[2] Wie in der Vertikal-GVO geht es nunmehr allein um die anhand von Marktanteilen vermutete Marktmacht und den Verzicht auf Kernbeschränkungen aus Art. 4 Vertikal-GVO und Art. 5 Kfz-GVO.

4 **1. Marktanteilsschwelle und Marktabgrenzung. a) Keine Freistellung über einem Marktanteil von 30 %.** Bei den Freistellungsvoraussetzungen der Vertikal-GVO steht an erster Stelle die Marktanteilsschwelle von 30 %, oberhalb derer eine Gruppenfreistellung ausgeschlossen ist. Diese Schwelle wird angesichts der (in der Regel) gebotenen markenspezifischen Marktabgrenzung durch die Kundendienst- und Ersatzteilvertriebsnetze der Kfz-Hersteller meist überschritten werden (näher → Rn. 10). Dadurch verliert die Kfz-GVO weiter an praktischer Bedeutung. Allerdings spielen die Kernbeschränkungen in Art. 5 sowie die erläuternden Leitlinien zur Kfz-GVO – wie erwähnt – für die Frage der Einzelfreistellung nach Art. 101 Abs. 3 AEUV und damit für die praktische Vertragsgestaltung eine wichtige Rolle.

5 **b) Marktabgrenzung für Kundendienst und Ersatzteilvertrieb.** Voraussetzung für eine Freistellung durch die Kfz-GVO ist ein Marktanteil, der 30 % nicht übersteigt. Bevor ein Marktanteil errechnet werden kann (gem. Art. 7 Vertikal-GVO), muss der relevante Markt definiert werden. Wie schon bei der Definition des relevanten Marktes für den Verkauf von Neufahrzeugen, so gibt es auch auf den Anschlussmärkten einige Kfz-spezifische Besonderheiten. Als Grundsatz gilt, dass, soweit neben dem Markt für den Verkauf neuer Kraftfahrzeuge ein gesonderter Markt für den Verkauf von Ersatzteilen und für Instandsetzungs- und Wartungsdienstleistungen vorhanden ist, dieser markenspezifisch abzugrenzen ist.[3]

6 **aa) Systemmärkte.** Von einem Systemmarkt spricht man, wenn die Erbringung von Wartungs- und Reparaturleistungen und der Verkauf von Ersatzteilen Teil des Primärmarktes für den Vertrieb von neuen Kfz ist und nicht mehr eigenständige sachlich getrennte Märkte darstellen.[4] Ein solcher **Systemmarkt** käme dann in Betracht, wenn aus Endkundensicht die beiden Bereiche derart verknüpft sind, dass ein signifikanter Anteil der Verbraucher seine Kaufentscheidung unter Berücksichtigung sowohl der Anschaffungskosten als auch der über die gesamte Lebensdauer des Fahrzeugs anfallenden Kosten trifft.[5] Das Verhältnis von Anschaffungspreis des Primärprodukts zu den Kosten für den Service während der Lebensdauer des Pkw, die Transparenz dieser Kosten aus Endkundensicht und vor allem die tatsächliche Berücksichtigung dieser Faktoren werden hier eine

---

[1] S. für den Umfang des Verweises auf die Vertikal-GVO Immenga/Mestmäcker/Ellger Art. 4 Rn. 17.
[2] S. Art. 3 Abs. 3–6. Zu den Gründen der Kommission, diese Vorschriften nicht fortzuführen, s. Simon ÖZK 2010, 87.
[3] Leitlinien „Verkauf und Instandsetzung von Kraftfahrzeugen", Rn. 15.
[4] S. auch Kom., Bekanntmachung zur Definition des relevanten Marktes, Rn. 56.
[5] Leitlinien „Verkauf und Instandsetzung von Kraftfahrzeugen", Rn. 57.

Rolle spielen. Welche Wartungs- und Reparaturkosten anfallen, ist für einen einzelnen Endkunden allerdings nicht so einfach vorhersehbar.[6] Dies mag der Grund dafür sein, dass Einzelkunden sich anscheinend bislang beim Kauf ihres Pkw wenig von den Kosten für Reparatur und Wartung leiten lassen.[7] Angebote von Herstellern, bei denen die Kosten für Reparatur und Wartung für eine bestimmten Zeitraum bereits mit dem Kaufpreis abgegolten sind, blieben Einzelfälle oder schlossen viele Leistungen aus, für die der Kunde dann doch wieder zu zahlen hatte. Ein solches Angebot gab es unter dem Namen „5-Sterne-Premium-Paket" von Chrysler, Jeep und Dodge, bei dem der Kaufpreis umfangreiche Reparatur- und Wartungsdienstleistungen einschloss. Das OLG Düsseldorf akzeptierte die offerierte Laufzeit von vier Jahren. Wenn jedoch solche Pakete Leistungen ausschließen, die der Kunde nur in Vertragswerkstätten ausführen lassen darf, um den Anspruch auf die im Kaufpreis eingeschlossenen Leistungen nicht zu verlieren, liegt möglicherweise ein Verstoß gegen Art. 101 AEUV zum Nachteil der unabhängigen Werkstätten vor.[8] Möglicherweise sind die Voraussetzungen für einen Systemmarkt eher bei reinen Elektroautos erfüllt. Schon jetzt gibt es bei Lkws eine Entwicklung hin zu einem Systemmarkt, bei dem die Kaufentscheidung anhand der Gesamtkosten pro Tonnenkilometer getroffen wird.[9] Insgesamt und vor allem bei Pkw ist für den Kfz-Markt jedoch weiterhin von getrennten Märkten auszugehen. Dies zeigt sich auch in der Marktstruktur. Im Bereich Kundendienst konkurrieren die Vertragshändler mit Werkstätte mit einer Vielzahl von Unternehmen, die keine neuen Pkw derselben Marke vertreiben. Untermauert wird die Annahme separater Märkte durch die Vergabe separater Werkstatt- und bei manchen Marken auch Tieleverträge, die im Gegensatz zum Neuwagenvertrieb fast ausnahmslos auf einem anderen, nämlich qualitativ-selektivem Vertriebssystem beruhen.

bb) Markt für Ersatzteilvertrieb. Solange es keinen Systemmarkt gibt, ist der relevante Produktmarkt für den Vertrieb von Kfz-Ersatzteilen markenspezifisch abzugrenzen.[10] Die Kommission hat denn auch, zumindest in einer Fusionskontrollentscheidung, in diesem Sinne abgegrenzt.[11] Maßgebliche Marktstufe ist auch hier der **Wiederverkäufermarkt.** Die sich im Einzelfall stellenden vielfältigen Abgrenzungsfragen sind also aus der Sicht der autorisierten Ersatzteil-Händler (zumeist Werkstätten) zu untersuchen. Zu diesen Fragen zählen unter anderem, ob für das betreffende Ersatzteil echte Substitute im Markt existieren (Stichwort: Monopolteile), ob verschiedene Gruppen von Ersatzteilen oder sogar alle über den **Sortimentsmarktgedanken** zu einem einheitlichen Produktmarkt zusammenzufassen sind,[12] ob und inwieweit sich das Nachfrageverhalten mit dem Alter der jeweiligen Modellreihe ändert (denkbar wäre etwa eine fast ausschließliche Nachfrage des Ersatzteils beim Kfz-Hersteller während der ersten Jahre), inwieweit Unterschiede bestehen zwischen sog schnelldrehenden und seltener nachgefragten Ersatzteilen oder zwischen leicht einzubauenden Teilen und solchen, die ein höheres Maß an Qualifikation und/oder technischen Kenntnissen erfordern. Bei diesen Fragen können durchaus Unterschiede zwischen den Mitgliedstaaten oder den diversen Kfz-Marken zu Tage treten.

In **geographischer** Hinsicht dürfte zumindest zum gegenwärtigen Zeitpunkt aufgrund der nationalen Organisation der Vertriebsnetze und geringen grenzüberschreitenden Nachfrage von nationalen Märkten auszugehen sein. Auch dies bleibt aber im Einzelfall zu untersuchen.

cc) Markt für Wartungs- und Reparaturleistungen. Art. 3 Abs. 1 Vertikal-GVO stellt auf den Markt ab, auf dem der Anbieter die Vertragswaren oder -dienstleistungen anbietet, und der Anteil des Abnehmers an dem relevanten Markt, auf dem er die Vertragswaren oder -dienstleistungen bezieht. Relevante Marktstufe ist also bei wörtlicher Auslegung dieses Artikels einmal mehr nicht der Endkundenmarkt, sondern der Markt, auf dem sich der Kfz-Hersteller bzw. der Importeur und die Vertragswerkstatt begegnen. Auf diesem Handelsmarkt (Ressourcenmarkt) tritt der Kfz-Hersteller jedoch kaum mit in Marktanteilen messbaren Leistungen gegenüber seinem Werkstattnetz in Erscheinung. Die relevanten Wartungs- und Reparaturleistungen werden von den Vertragswerkstätten erbracht. Andererseits geht die Wettbewerbsstellung der autorisierten Werkstätten maßgeblich auf den Kfz-Hersteller zurück: Die Werkstätten präsentieren sich im Markt als „Vertragswerkstätten" und dürfen die Markenzeichen des Herstellers verwenden; durch eine Reihe von markenspezifischen Investitionen hat die einzelne Werkstatt am gemeinsamen Auftritt des gesamten Netzes teil; der

---

[6] Kom., Folgeabschätzungsbericht, Technischer Anhang III, Rn. 28.
[7] Vgl. etwa Deutsche Automobil Treuhand (DAT)-Report 2013, 32.
[8] VI-U (Kart) 15/06; auch → Art. 4 Rn. 21 (Missbrauch von Herstellergarantien).
[9] Kom., Folgeabschätzungsbericht, Technischer Anhang III, Rn. 28; Dauner, Thomas et al.: The European Commercial-Vehicle Sales and After-Sales Landscape, 2007, 11.
[10] Leitlinien „Verkauf und Instandsetzung von Kraftfahrzeugen", Rn. 15.
[11] Kom. M.416, Rn. 14 – BMW/Rover.
[12] Hierfür: GK/Schütz, Kfz-Vertrieb, Art. 3 Rn. 13.

Hersteller organisiert das Netz, stellt den Werkstätten (und sei es auch entgeltlich) ein Paket an Software, technischer Unterstützung, Logistikdiensten etc zur Verfügung und betraut sie mit Gewährleistungs- und Kulanzarbeiten. Daher stellt die Kommission für den Reparatur- und Wartungsmarkt seit jeher für die Bestimmung der Marktmacht des Lieferanten (Kfz-Herstellers bzw. Importeurs) und die Anwendung der Marktanteilsschwellen der Kfz-GVO auf die Verkäufe von Wartungs- und Reparaturleistungen **des Netzes** der für die betreffende Marke **autorisierten Werkstätten** ab. In der Kfz-GVO 1400/2002 war dies in Art. 8 Abs. 1 lit. c ausdrücklich so geregelt. Der Wegfall von Art. 8 ist allein durch die Verzahnung der Kfz-GVO mit der Vertikal-GVO bedingt und ändert an dieser Sichtweise nichts. Den Leitlinien „Verkauf und Instandsetzung von Kraftfahrzeugen" lässt sich kein Anhaltspunkt für einen Wechsel des Ansatzes entnehmen. Dies entspricht im Übrigen auch dem Ansatz der Kommission im Franchise-Bereich.[13] Nicht im Widerspruch hierzu stehen die Urteile des BGH in den Rechtssachen MAN[14] und Jaguar.[15] Die Urteile beziehen sich beide nicht auf die Berechnung des Marktanteils bei Wartungs- und Reparaturleistungen für die Zwecke der Anwendung des Schwellenwerts der GVO. Sie sind vielmehr in Zusammenhang mit einem Begehren um Zulassung zum Vertragswerkstattnetz eines Herstellers ergangen und betrafen damit die Frage, ob ein Kfz-Hersteller auf dem vorgelagerten Ressourcenmarkt (oder ggf. einem gesonderten Zulassungsmarkt) marktbeherrschend iSd §§ 18, 19 GWB oder relativ marktstark iSd § 20 GWB ist.

10 Zur **sachlichen Marktabgrenzung** im Bereich Wartung und Instandsetzung fehlt es bislang an gesicherter unionsrechtlicher Rechtsprechung und Entscheidungspraxis. Weiterhin ist davon auszugehen, dass es sich um keinen gemeinsamen Markt für Wartung und Reparatur von Pkw aller Marken handelt, sondern dass **spezifische Märkte für den Service von Pkw der jeweiligen Marke** bestehen.[16] Die Wartungs- und Reparaturleistungen der zugelassenen Werkstatt der Marke A sind aus Nachfragersicht nicht austauschbar mit jenen, die eine für die Marke B zugelassene Werkstatt anbietet. Für einen Großteil der Leistungen wird es Werkstatt A an der Diagnoseausrüstung, dem technischen Spezialwissen und Schulung, den Werkzeugen oder Ersatzteilen fehlen, die zur Reparatur und Wartung eines Pkw der Marke B erforderlich sind. Dies schließt selbstverständlich nicht aus, dass aus Kundensicht bestimmte Wartungs- und Reparaturleistungen in gleichwertiger Weise auch von nicht-zugelassenen Werkstätten erbracht werden. Hierbei kann es sich, bei komplexeren Arbeiten, um hinreichend spezialisierte freie Werkstätten oder, bei bestimmten einfacheren Arbeiten, um Schnellservice-Ketten (wie Midas, ATU, Kwik-Fit oder pitstop; ein sachlich eigener Markt für leichte Reparatur- und Wartungsarbeiten durch Schnellreparatur-Ketten wurde erwogen und letztlich offen gelassen[17]) sowie Vertragswerkstätten anderer Marken handeln. Bei der Bestimmung des Marktvolumens für Wartungs- und Reparaturleistungen an Pkw einer bestimmten Marke sind daher neben der Tätigkeit der zugelassenen Werkstätten **auch die Umsätze von nicht für diese Marke zugelassenen Werkstätten** zu berücksichtigen, sofern diese Pkw der betreffenden Marke repariert bzw. gewartet haben. Es ist allerdings zu beachten, dass sich je nach Marke und betroffenem Mitgliedstaat unter Berücksichtigung der Entwicklung des Nachfrageverhaltens durchaus Unterschiede ergeben können: So mag eine engere Unterteilung des sachlich relevanten Marktes angezeigt sein; erwägen ließe sich insoweit etwa eine **Abgrenzung nach komplexen und weniger komplexen Arbeiten**[18] oder nach dem **Alter der Pkw,** da Kunden etwa während der Ersteigentümerphase (die oftmals der Garantiedauer entspricht) häufig ein anderes Nachfrageverhalten an den Tag legen als Eigentümer älterer Autos.

11 Ist der relevante Produktmarkt bestimmt, kommt es für die Berechnung des Marktvolumens und der Marktanteile darauf an, welche Leistungen berücksichtigt werden. Unterschiedliche Auffassungen gibt es hinsichtlich der Garantieleistungen, die der Hersteller bei seinen Vertragswerkstätten in Auftrag gibt und ganz oder teilweise vergütet. So wird vorgetragen, dass diese Leistungen aus dem Markt herauszurechnen seien, da der Endkunde keinen Auftrag im Wettbewerb vergeben könne und es daher für diese Leistungen keinen Markt gebe.[19] Andererseits bezahlt der Kunde diese

---

[13] Leitlinien „vertikale Vereinbarungen", Rn. 174.
[14] BGH 30.3.2011– KZR 6/09, BGHZ 189, 94 Rn. 15 – MAN näher etwa Bechtold BB 2011, 1613.
[15] BGH 26.1.2016 – KZR 41/14, NJW 2016, 2504 Rn. 20 – Jaguar-Vertragswerkstatt.
[16] Vgl. Leitlinien „Verkauf und Instandsetzung von Kraftfahrzeugen", Rn. 15; so auch Immenga/Mestmäcker/Ellger Art. 4 Rn. 28 f.; NK-EuWettbR/Voet van Vormizeele AEUV Art. 101 Rn. 958. Allein durch Verweis auf die Möglichkeiten von freien Werkstätten nach Art. 4 Abs. 2 VO (EG) 1400/2002 lässt sich die Gegenmeinung schwerlich begründen (so aber Buelens/De Muyter/Oosterhuis/Sepulchre/Van Brunnen ECLRev. 2003, 261).
[17] Kom., M.2948, Rn. 7 – CVC/Kwik-Fit; sowie Kom., M.1526, Rn. 9 – Ford/Kwik-Fit.
[18] Erwogen etwa in der Fusionskontrollentscheidung Kom. ABl. 2000 C 234, 5 Rn. 7 – Feu Vert/Carrefour/Autocenter Delauto; befürwortend Walz, Kartellrecht des Automobilvertriebs, 189.
[19] Wegner BB 2010, 1803 (1805).

Leistungen bereits mit dem Kaufpreis des Neufahrzeugs, in den der Hersteller die Kosten für eine Garantieversicherung eingerechnet hat. Sachgerecht wäre es daher, diese Leistungen einem Systemmarkt zuzurechnen, insbesondere, wenn der Kunde bei seiner Kaufentscheidung das Garantieversprechen des Herstellers berücksichtigt.[20] In den allermeisten Fällen dürfte es im Bereich Pkw jedoch für die Frage, ob der Marktanteil des Netzes 30 % übersteigt, auf diese Leistungen nicht ankommen, da die Vertragswerkstätten in den ersten 4 Jahren, also während der Laufzeit der allermeisten Garantien, einen Marktanteil von bis zu 80 % haben.[21]

In **geographischer** Hinsicht sind nationale Märkte anzunehmen. Kunden von Wartungs- und Reparaturleistungen sind in der Regel nicht bereit, mehr als 15–30 Minuten zur Werkstatt zu fahren; dennoch ist der relevante geographische Markt nicht auf das Einzugsgebiet einer einzelnen Werkstatt zu beschränken, da aufgrund der sich überlappenden Einzugsgebiete größere Gebiete den geographisch relevanten Markt bilden (Dominoeffekt). Daher ist es Kommissionspraxis, für die Berechnung der Marktanteile im Rahmen der Kfz-GVO nicht auf die einzelnen Werkstätten, sondern auf das **„Vertriebsnetz des Lieferanten" insgesamt** abzustellen.[22] Dieses Netz ist vielfach national organisiert. Die zwischen den Mitgliedstaaten bestehenden Preisunterschiede sowie eine nur sehr geringe grenzüberschreitende Nachfrage nach Serviceleistungen dürften ebenfalls dagegen sprechen, den Markt geographisch weiter als national abzugrenzen. 12

2. Kernbeschränkungen in Art. 4 Vertikal-GVO und Art. 5. Bei **Kernbeschränkungen** handelt es sich bekanntlich um kartellrechtlich besonders bedenkliche Beschränkungen, die eine Gruppenfreistellung durch die GVO für die gesamte Vereinbarung ausschließen und auch eine Einzelfreistellung angesichts der Schwere der Beschränkung unwahrscheinlich werden lassen.[23] Eine echte Vermutung der Kartellrechtswidrigkeit begründen Kernbeschränkungen indes nicht: Es kann nicht automatisch auf einen Verstoß gegen Art. 101 Abs. 1 AEUV geschlossen werden, dieser bleibt im jeweiligen Einzelfall zu prüfen. So betonen die Leitlinien zu Art. [101] Abs. 3 AEUV,[24] dass Kernbeschränkungen wegen des objektiven Zwecks der Beschränkung zwar „im Regelfall", damit aber gerade nicht in jedem Einzelfall eine Wettbewerbsbeschränkung nach Art. 101 Abs. 1 AEUV darstellen, und fordern zumindest eine „quick look analysis", ob ein atypischer Ausnahmefall vorliegt.[25] Auch bleibt insbesondere eine Einzelfreistellung nach Art. 101 Abs. 3 AEUV möglich, wenngleich dies ebenfalls nicht „wahrscheinlich" sein mag.[26] 13

3. Nicht freigestellte Beschränkungen nach Art. 5 Abs. 1 Vertikal-GVO. Gemäß Art. 5 Vertikal-GVO iVm Art. 4 Abs. 1 dürfen nach der Kfz-GVO freizustellende Werkstätten- und Ersatzteilvertriebsverträge keine **Wettbewerbsverbote** iSv Art. 5 Abs. 1 lit. a–c enthalten. Sind sie enthalten, entfällt nicht die Freistellung der gesamten Vereinbarung, sondern lediglich die der **betreffenden Klausel**. Des Weiteren führen Beschränkungen nach Art. 5 Vertikal-GVO im Gegensatz zu Kernbeschränkungen nicht dazu, dass die Parteien sich nicht auf die **de minimis-Bekanntmachung** berufen können. Auch besteht **keinerlei Vermutung** hinsichtlich der Wahrscheinlichkeit eines Eingreifens der **Individualausnahme nach Art. 101 Abs. 3 AEUV**, wie sie etwa für Kernbeschränkungen gilt.[27] 14

Im Bereich der Anschlussmärkte sind die Regeln über Wettbewerbsverbote in Art. 5 Abs. 1 Vertikal-GVO zum einen relevant für den **Vertrieb von Ersatzteilen,** denn jedenfalls vom OEM vertriebene Originalersatzteile und vom OES vertriebene Identteile[28] werden demselben Produktmarkt zuzuordnen sein. Zum anderen können Wettbewerbsverbote im Sinne von Art. 5 Abs. 1 auch relevant sein für Vereinbarungen auf dem **Reparatur- und Wartungsmarkt.** In der Literatur wird zwar gelegentlich die Auffassung vertreten, dass die von der Kommission vertretene markenspezifische Abgrenzung der Reparatur und Wartungsmarktes dazu führt, dass es kein Wettbewerbsverbot im Sinne von Art. 5 Abs. 1 darstellt, wenn ein Kfz-Hersteller in seinen Vertriebsverträgen eine Klausel einfügt, die es den Werkstätten untersagt, auch für Drittfabrikate tätig zu werden.[29] Zur Begründung wird angeführt, dass unterschiedliche Fabrikate für Reparatur- und Dienstleistungen 15

---

[20] Wegner/Oberhammer WuW 2012, 366 (369).
[21] Bericht, Technischer Anhang 4, 18.
[22] In der Kfz-GVO 1400/2002 war dies in Art. 8 Abs. 1 lit. c ausdrücklich so geregelt.
[23] Leitlinien „Verkauf und Instandsetzung von Kraftfahrzeugen", Rn. 17.
[24] S. Leitlinien Art. 81 Abs. 3, Rn. 20–23.
[25] S. Kjølbye ECLRev. 2004, 569.
[26] S. Leitlinien „vertikale Vereinbarungen", Rn. 181 sowie Leitlinien zu Art. 81 Abs. 3, Rn. 46.
[27] Leitlinien „Verkauf und Instandsetzung von Kraftfahrzeugen", Rn. 17 sowie Leitlinien zu Art. 81 Abs. 3, Rn. 46. Zu den Unterschieden zwischen Art. 4 und 5 auch → Einf. Rn. 5.
[28] → Art. 1 Rn. 8.
[29] Vgl. Wegner BB 2010, 1803 (1808); Immenga/Mestmäcker/Ellger Art. 4 Rn. 80.

nicht miteinander im Wettbewerb stünden. Diese Argumentation übersieht aber, dass nur auf dem Endkundenmarkt kein Wettbewerbsverhältnis zwischen diesen Dienstleistungen besteht. Entscheidend für die Beurteilung eines solchen Verbotes ist aber der vorgelagerte Markt, auf dem sich der Kfz-Hersteller und die Werkstätten, die sich um Aufnahme in das Netz der Vertragswerkstätten bewerben, gegenüberstehen.[30] Für weitere Einzelheiten zu den Wettbewerbsverboten nach Art. 5 Vertikal-GVO wird auf die Kommentierung dort verwiesen.

16   **4. Negative Bedingung: keine Vereinbarungen zwischen Wettbewerbern.** Aufgrund der negativen Freistellungsvoraussetzung des Art. 2 Abs. 4 Vertikal-GVO erstreckt sich der Freistellungsanspruch nicht auf Vereinbarungen zwischen Wettbewerbern. In der Kfz-Branche hat die Vorschrift vor allem in zwei Situationen praktische Bedeutung: Zum einen beim sog **zweigleisigen oder dualen Vertrieb,** bei dem ein Hersteller seine Waren (Kfz und Ersatzteile) über Niederlassungen in aktuellem bzw. potentiellem Wettbewerb mit zugelassenen (also netzzugehörigen) selbständigen Vertragshändlern an Endkunden vertreibt. Dies kommt bei vielen Kfz-Herstellern vor, zumindest in einigen Mitgliedstaaten. Da die selbständigen Vertragshändler die betreffenden Waren im Kfz-Sektor wohl nie auch selbst herstellen, findet indes Art. 2 Abs. 4 **lit. b** Vertikal-GVO Anwendung, wonach die Freistellung trotz des Wettbewerbsverhältnisses aufrechterhalten bleibt. Wichtig ist in diesem Zusammenhang der durch die Vertikal–GVO 2022/720 eingefügte Art. 2 Abs. 5: Danach ist der die direkte Umsetzung der Vertriebsvereinbarung nicht betreffende bzw. für die Verbesserung der Produktion und des Vertriebs der Vertragswaren nicht erforderliche Informationsaustausch von der Freistellung ausgenommen.

17   Zum anderen steht die Vorschrift in Fällen im Blickpunkt, in denen eine **Niederlassung des Herstellers A** den **konkurrierenden Hersteller B** um **Zulassung zu dessen Netz** autorisierter Werkstätten ersucht. Nach den Grundsätzen des von Hersteller B für sein Werkstättennetz praktizierten qualitativ selektiven Vertriebs müsste er sämtliche Werkstätten zulassen, die die einschlägigen qualitativen Selektionskriterien erfüllen. Dies könnte auch für eine zum Konzern des Herstellers A gehörende Werkstatt (Niederlassung) gelten und es fragt sich, ob angesichts von Art. 2 Abs. 4 Vertikal-GVO eine Vereinbarung zwischen Unternehmen konkurrierender Konzerne durch die GVO freigestellt wäre. Niederlassung A, die Kundendienst für Pkw der Marke B erbringen will, steht in einem Wettbewerbsverhältnis mit Niederlassungen von B. Nach Art. 2 Abs. 3 wäre eine Vertragswerkstättenvereinbarung zwischen Niederlassung A und Hersteller B nicht freigestellt, sofern nicht Art. 2 Abs. 3 lit. c eingreift (was voraussetzen würde, dass keine markenspezifischen Servicemärkte abzugrenzen wären, denn sonst wären Hersteller A und Hersteller B in direkter Konkurrenz auf derselben Wirtschaftsstufe tätig). Aber auch unabhängig von einem Eingreifen von lit. c sollten angesichts des Wettbewerbsverhältnisses zwischen den Konzernen die Grundsätze der qualitativen Selektion nicht dahingehend ausgelegt werden, dass Hersteller B im Rahmen des qualitativen Selektionssystems dazu „verpflichtet" ist, ein Konzernunternehmen seines unmittelbaren Wettbewerbers auf den Primärmarkt als autorisierte Werkstatt aufzunehmen und als solche an internen Vorgängen hinsichtlich seiner Marke teilhaben zu lassen (zB stille Rückrufaktionen). Etwas anderes wird gelten, wenn es sich bei der Werkstatt um ein selbständiges Unternehmen handelt, das nicht zum Konzern von A gehört.[31]

18   Scheitert eine Freistellung durch die Kfz-GVO an Art. 2 Abs. 3 Vertikal-GVO, so beurteilen sich die betreffenden Vereinbarungen kartellrechtlich nach den in den **Leitlinien „horizontale Zusammenarbeit"** dargestellten Grundsätzen und, soweit vertikale Beschränkungen enthalten sind, nach den Leitlinien „vertikale Vereinbarungen".[32]

II. Freistellungsbedürftigkeit, insbesondere beim rein qualitativen Selektivvertrieb

19   Eine Freistellung durch die Kfz-GVO ist nur dann erforderlich, wenn die betreffende Vereinbarung von **Art. 101 Abs. 1 AEUV** erfasst wird. Unter diesem Gesichtspunkt stellt sich die Frage der **Freistellungsbedürftigkeit** insbesondere beim **rein qualitativen Selektivvertrieb.** Denn dieser beschränkt, sofern die verwendeten Selektionskriterien objektiv erforderlich sind und diskriminierungsfrei angewandt werden, grundsätzlich nicht den Wettbewerb iSv Art. 101 Abs. 1 AEUV.[33] Etwas anderes kann

---

[30] Vgl. Clark/Simon, The new legal framework, 486.
[31] Auch hier handelt es sich unionsrechtlich nicht um einen „Kontrahierungszwang", sondern um eine Voraussetzung, wenn ein Hersteller sein Vertriebssystem als qualitativ-selektives behandelt sehen will, näher → Art. 1 Rn. 20 ff. (dort auch zum MAN-Urteil des BGH zum „Kontrahierungszwang" nach deutschem Recht).
[32] S. Leitlinien „horizontale Zusammenarbeit", Rn. 12.
[33] Hierzu zuletzt EuGH 6.12.2017 – C-230/16 Rn. 24 mwN – Coty sowie → Art. 1 Rn. 15 ff. und Leitlinien „Verkauf und Instandsetzung von Kraftfahrzeugen" Rn. 43, 54.

aber dann gelten, wenn das betreffende Vertriebssystem im Zusammenspiel mit ähnlichen Systemen anderer Hersteller kumulative wettbewerbsbeschränkende Wirkungen entfaltet.[34] Wenn andere als rein qualitative Selektionskriterien zur Anwendung kommen, ist eine Beschränkung des Wettbewerbs iSv Art. 101 Abs. 1 AEUV wahrscheinlicher, sie bleibt aber gleichwohl im Einzelfall zu überprüfen.

Darüber hinaus können rein qualitative Selektivsysteme für zugelassene Werkstätten oder Teile- 20 händler auch in einer Reihe anderer Konstellationen von Art. 101 Abs. 1 AEUV erfasst werden. So erwähnen die Leitlinien zur Kfz-GVO als Beispiel Teilnehmer eines selektiven Vertriebssystems, die durch ihr Verhalten im Rahmen der Vertriebsvereinbarung bewirken, dass **unabhängige Marktteilnehmer** wie insbesondere freie Werkstätten keinen (entgeltlichen) **Zugang zu technischen Informationen,** Diagnosegeräten und Werkzeugen usw erhalten, der für ihre Tätigkeit im Markt erforderlich ist.[35] Erforderlich ist dabei eine Beurteilung angesichts der Umstände des Einzelfalls und insbesondere der Frage, ob ohne entsprechenden Zugang der unabhängigen Werkstätten ein wesentlicher Teil des **Wettbewerbsdrucks auf das offizielle Werkstattnetz** verloren ginge. Zu berücksichtigen ist ferner, inwieweit Verpflichtungen zur Überlassung technischer Informationen aus nichtkartellrechtlichen Verordnungen greifen.[36]

Ein weiteres in den Leitlinien zur Kfz-GVO genanntes Beispiel bezieht sich auf wettbe- 21 werbsbeschränkende Bedingungen für die Erfüllung von Garantieversprechen. Hersteller knüpfen bisweilen ihre **(erweiterte) Herstellergarantie** an die **Bedingung,** dass der Kunde sein Fahrzeug **nicht bei netzfremden Werkstätten** warten und reparieren lässt. Wenn eine solche Bedingung auch nicht unter die Garantie fallende Reparatur- und Wartungsarbeiten erfasst, kann dies dazu führen, dass freie Werkstätten vom Kundendienst für die betroffenen Fahrzeuge für die unter Umständen erhebliche Dauer der Garantie (im Markt sind fünf- und sogar siebenjährige erweiterte Garantien nicht mehr unüblich) ausgeschlossen werden.[37] Diese **abschottenden Wirkungen** können neben den anderen Beschränkungen des Selektivvertriebs dazu führen, dass trotz qualitativer Auswahlkriterien die Vereinbarung von Art. 101 Abs. 1 AEUV erfasst ist. Auch eine Einzelfreistellung nach Art. 101 Abs. 3 AEUV erscheint mangels ersichtlicher Weitergabe von Effizienzvorteilen an die Verbraucher zweifelhaft.[38] Kommen in dem Werkstattvertrag Auswahlkriterien zur Anwendung, die nicht mehr als qualitativ, also nicht als objektiv erforderlich gelten können, wird die „Rechtfertigung" der Vereinbarung nach Art. 101 Abs. 1 und Abs. 3 AEUV noch einmal erschwert. Ein Beispiel für ein solches wohl nicht-qualitatives Kriterium ist die zwingende Anforderung, dass eine Werkstatt **neben dem Kundendienst auch Neuwagen** des betreffenden Kfz-Herstellers **vertreiben** muss.[39]

III. Sachlich-persönlicher Anwendungsbereich der Freistellung

Die in Art. 4 ausgesprochene Freistellung gilt für vertikale Vereinbarungen über den Bezug, 22 Verkauf und Weiterverkauf von Ersatzteilen und die Erbringung von Wartungs- und Instandsetzungsdienstleistungen (Abs. 1), sofern sie vertikale Beschränkungen enthalten (Abs. 2).

Der Begriff der **Ersatzteile,** in Art. 1 Abs. 1 definiert, hat Anlass zu einigen Fragen hinsichtlich 23 der Reichweite der Kfz-GVO gegeben.[40] Der Begriff der **Wartung** und **Instandsetzung** (Reparatur) erschließt sich aus dem allgemeinen Sprachverständnis. **Vertikale Beschränkungen** sind ebenfalls in Art. 1 Abs. 1 definiert (lit. b).

Art. 4 Abs. 1 knüpft nicht an die zentralen Funktionen in der Kfz-Vertriebskette (Hersteller, 24 Importeur und Vertragswerkstatt) an, sondern an den Begriff des **Unternehmens** und die **Waren** und **Dienstleistungen,** die dieses produziert, **kauft oder verkauft.** Dadurch erfasst die Kfz-GVO das gesamte Spektrum der für den Ersatzteilvertrieb und Kundendienst relevanten Vertragsbeziehungen (unabhängig von der Handelsstufe). Art. 4 Abs. 1 enthält auch **keine Vertragstypenfixierung,** sondern ist systemoffen. Neben **Vertragswerkstattverträgen** und **Ersatzteilvertriebsverträgen** fallen nunmehr auch Vereinbarungen des Kfz-Herstellers mit **Importeuren** oder **Großhändlern** von Ersatzteilen unter die GVO, allerdings nur, sofern es sich bei letzteren nicht um Tochterunternehmen des Herstellers handelt (auf **konzerninterne Vereinbarungen** findet bereits 101 Abs. 1 AEUV keine Anwendung).

Art. 4 Abs. 1 erstreckt sich auch auf die Unterverträge in **zwei-** oder **mehrstufigen Vertriebs-** 25 **systemen.** Die Entscheidung, mit wie vielen Ebenen das Vertriebssystem ausgestattet wird und

---

[34] Näher Leitlinien „vertikale Vereinbarungen", Rn. 156.
[35] Leitlinien „Verkauf und Instandsetzung von Kraftfahrzeugen", Rn. 62 f.; Simon ÖZK 2010, 90.
[36] Näher → Einl. Rn. 15 mwN.
[37] Für erweiterte Garantien aA NK-EuWettbR/Voet van Vormizeele AEUV Art. 101 Rn. 363.
[38] Näher Simon ÖZK 2010, 91.
[39] S. die entsprechende Kernbeschränkung in Art. 4 Abs. 1 lit. h, aA Bechtold/Bosch/Brinker Art. 5 Rn. 2.
[40] → Art. 1 Rn. 6–10.

nach welchen Kriterien die Auswahl etwaiger Unterhändler durch die Haupthändler zu erfolgen hat, liegt beim Hersteller oder Lieferanten, dessen Ersatzteile über das Netz vertrieben werden sollen. Es ist dem Lieferanten unbenommen, seinen Haupthändlern insoweit weites Ermessen einzuräumen. Ebenso kann es von Hauptwerkstätten bestellte Unterwerkstätten geben, deren Vertragsbeziehung an der Kfz-GVO zu messen ist. **Querliefervereinbarungen** zwischen zugelassenen Ersatzteilhändlern einer Marke betreffen zwar den Bezug und Weiterverkauf von Ersatzteilen. Sie sind aber deshalb regelmäßig nicht von der GVO erfasst, weil es sich nicht um eine vertikale Vereinbarung handelt, denn die Händler sind auf derselben Marktstufe tätig. Dementsprechend fällt hingegen die Querlieferungsvereinbarung zwischen einem Ersatzteilimporteur in Mitgliedstaat X mit einem Händler in Mitgliedstaat Y unter die Kfz-GVO. Von der Kfz-GVO erfasst sind auch Lieferverträge von Händlern und Werkstätten (gleichgültig, ob zugelassene oder netzfremde) mit **Herstellern von Ersatzteilen.** In der Praxis bedeutsam sind hier vor allem Vereinbarungen zwischen Zulieferern der Kfz-Hersteller und Teilegroßhändlern über den Vertrieb von Originalersatzteilen und qualitätsgleichen Ersatzteilen.[41] **Strittig** ist, ob und inwieweit die Produktions- und Lieferverträge zwischen **Kfz-Herstellern (OEM)** und den **Zulieferern (OES)** unter die Kfz-GVO fallen.[42] Es gilt zu differenzieren. OES und OEM sind auf verschiedenen Stufen der Produktions- und Vertriebskette, also im Vertikalverhältnis tätig. Soweit die Entwicklung, Fertigung und Belieferung des OEM durch den OES mit Bauteilen zur Verwendung bei der Erstmontage alleiniger Vertragsgegenstand ist, so fehlt es an in Art. 4 Abs. 1 genannten und damit von der GVO erfassten Waren.[43] Wenn jedoch die Vertragsbeziehung zwischen OES und OEM auch eine Vereinbarung über die Belieferung mit Ersatzteilen (oftmals anders bedruckt und verpackt als Bauteile) zum Zwecke der Weiterveräußerung durch den OEM umfasst, so ist für diese Vereinbarung der Anwendungsbereich der Kfz-GVO eröffnet, denn die Voraussetzungen von Art. 4 Abs. 1 liegen vor.[44] Diese nach dem Wortlaut indizierte Auslegung wird bestätigt durch Art. 5 Abs. 1 lit. b, der es als eine Kernbeschränkung der Kfz-GVO erklärt, wenn Vereinbarungen zwischen Lieferanten von Ersatzteilen (OES) und Kfz-Herstellern Beschränkungen über einen Direktvertrieb dieser Ersatzteile durch den OES enthalten; nach Art. 5 lit. b soll in diesen Fällen die Freistellung der Vereinbarung entfallen, die die Beschränkung enthält – dies setzt die Anwendbarkeit der Kfz-GVO auf diese Vereinbarung voraus.[45] Wenn in Zulieferverträgen dem OES vom OEM Know-how oder Werkzeuge überlassen wurden, so ist unter bestimmten Voraussetzungen gemäß der **Bekanntmachung „Zulieferverträge"**[46] Art. 101 Abs. 1 EG nicht eröffnet, so dass sich eine Freistellung durch Art. 4 Abs. 1 erübrigt.[47]

26 Da Art. 4 Abs. 1 nicht spezifisch auf vertikale Vereinbarungen der Kfz-Hersteller oder auf einen bestimmten Vertragstypus abstellt, sondern auf den Bezug, Kauf und Weiterverkauf von Ersatzteilen und Erbringung von Kundendienstleistungen, erfasst die GVO auch Verträge (teilweise **Franchising**)[48] zwischen sog **Fast Fit-Werkstätten** wie zB ATU, Midas, pitstop etc und den jeweiligen Oberorganisationen dieser Ketten. Denn diese Werkstätten beziehen von ihren Oberorganisationen Ersatzteile (und veräußern diese an Endkunden) und erbringen Wartungs- und Instandsetzungsdienstleistungen nach den Vorgaben und unter Nutzung der Marken der Oberorganisation. In diesen Fällen gelten die Regeln in Art. 5, die ausdrücklich auf „zugelassene Werkstätten" oder „Mitgliedern eines selektiven Vertriebssystems" abstellen, in der Regel entsprechend.[49] Eine Anwendung der Kfz-GVO erübrigt sich jedoch bei solchen Ketten, bei denen die Voraussetzungen der De-minimis-Bekanntmachung vorliegen.

27 Die Geschäftstätigkeit von **echten Handelsvertretern** (oder Kommissionären) umfasst – im zivilrechtlichen Sinne – weder einen Bezug **(Kauf)** noch ein eigenes **Weiterveräußern** von Ersatzteilen. Die Kfz-GVO 1400/2002 hatte gleichwohl ein Bedürfnis gesehen, Handelsvertreter über

---

[41] Ausf. zur Bedeutung der neuen Kfz-GVO für die Automobilzulieferindustrie Grams RIW 2003, 327.
[42] Gegen eine Anwendbarkeit auf Zulieferverträge GK/Schütz, Kfz-Vertrieb, Art. 2 Rn. 7, der damit aber wohl nur die Lieferung von Bauteilen meint;; dafür: Grams RIW 2003, 327 sowie Creutzig, EG-Gruppenfreistellungsverordnung (GVO) für den Kraftfahrzeugsektor, 2003, Art. 2 Rn. 737 (sowohl in Bezug auf Ersatzteile als auch – fälschlich – auf Bauteile zur Verwendung bei der Erstmontage).
[43] Zum Begriff von Bauteilen im Gegensatz zu Ersatzteilen → Art. 1 Rn. 6.
[44] Näher zur Anwendung der Kfz-GVO auf „gemischte" Bauteil-/Ersatzteillieferverträge → Art. 5 Rn. 10.
[45] Näher → Art. 5 Rn. 16. Die anderen in Art. 5 lit. b genannten Produkte (Diagnosegeräte, Werkzeuge etc) haben allerdings keine Entsprechung in Art. 4 Abs. 1, so dass diesbezügliche Lieferverträge nicht unter die Kfz-GVO fallen, selbst wenn ein Kfz-Hersteller sie zwecks Weitervertrieb an sein Werkstattnetz erwirbt.
[46] ABl. 1979 C 1, 2.
[47] Näher → Art. 5 Rn. 14.
[48] Sofern Franchise-Verträge im Einzelfall unter Art. 101 Abs. 1 AEUV fallen und die sachliche Anwendungsbereich der Kfz-GVO betroffen ist (Art. 4 Abs. 1), können sie durch die Kfz-GVO freigestellt sein.
[49] Entsprechend, weil derartige Werkstätten keine zugelassenen Werkstätten im Sinne der Definition in Art. 1 Abs. 1 lit. c sind: „von einem Kraftfahrzeuglieferanten eingerichtetes Vertriebssystem".

eine gesetzliche Fiktion als „Käufer" zu behandeln.[50] Dem lag die Erwägung zugrunde, dass die Kommission sie nicht schlechter als Eigenhändler stellen und die Vorteile einer Gruppenfreistellung vorenthalten wollte. In der neuen Kfz-GVO (und der Vertikal-GVO) ist eine solche Fiktion nicht vorgesehen. Ohnehin fallen die Verträge von echten Handelsvertretern (im Sinne des EU-Kartellrechts) erst gar nicht unter Art. 101 Abs. 1 AEUV, so dass für sie bereits ein Freistellungsbedürfnis fehlt. Die **Kriterien für die Abgrenzung**, ob ein **Handelsvertreterverhältnis im kartellrechtlichen Sinne** gegeben ist oder nicht, sind ausführlich in den Leitlinien „vertikale Vereinbarungen" dargelegt,[51] die insbesondere die Erkenntnisse aus zwei jüngeren Entscheidungen der EU-Gerichte aufgreifen.[52] Es kommt danach maßgeblich darauf an, inwieweit der Vertreter **spürbare eigene kaufmännische Risiken** in Bezug auf die für den Geschäftsherrn geschlossenen bzw. ausgehandelten Verträge trägt.[53] Hierbei sind insbesondere geschäftsspezifische Investitionen in Bezug auf den Gegenstand der Vertriebsvereinbarung zu berücksichtigen. Die Eingliederung in den Geschäftsbetrieb des Geschäftsherrn steht nicht mehr im Vordergrund. Dementsprechend sind relevante Gesichtspunkte zur Abgrenzung etwa, ob der Handelsvertreter auf eigene Kosten umfassende Ersatzteillager halten muss, ob er das Transport- und das Transportkostenrisiko trägt, ob er in markenspezifische Infrastruktur seines Betriebs investieren muss (sog sunk costs) oder ob er das Kostenrisiko bei Nichtabnahme bestellter Teile (Delkredere-Haftung) trägt.[54] Im Zuge der Novellierung der Vertikal-GVO hatte die Kommission erwogen, dass auch Risiken zu berücksichtigen seien, die ein vermeintlicher Handelsvertreter auf dem Gegenstand der Vertriebsvereinbarung benachbarten Märkten (etwa Verkauf von Straßenkarten oder Getränken durch eine Vertragswerkstatt) auf eigenes Risiko zu erbringen hat. Diese Regelung ist indes nicht in die endgültige Fassung der Leitlinien „vertikale Vereinbarungen" übernommen worden.

Bei Vereinbarungen zwischen Ersatzteilhändlern und Werkstätten und Leasing-, Finanzierungs- und Versicherungsgesellschaften der Kfz-Hersteller wiederum auf den Vertragsgegenstand abzustellen. Vereinbarungen über den Vertrieb von **Finanz- oder Versicherungsprodukten** (etwa Darlehen oder Reparaturversicherung) fallen daher nicht unter Art. 4 Abs. 1. 28

Art. 5 Beschränkungen, die zum Ausschluss des Rechtsvorteils der Gruppenfreistellung führen – Kernbeschränkungen

Die Freistellung nach Artikel 4 gilt nicht für vertikale Vereinbarungen, die unmittelbar oder mittelbar, für sich allein oder in Verbindung mit anderen Umständen unter der Kontrolle der beteiligten Unternehmen Folgendes bezwecken:
a) die Beschränkung des Verkaufs von Kraftfahrzeugersatzteilen durch Mitglieder eines selektiven Vertriebssystems an unabhängige Werkstätten, welche diese Teile für die Instandsetzung und Wartung eines Kraftfahrzeugs verwenden;
b) die zwischen einem Anbieter von Ersatzteilen, Instandsetzungsgeräten, Diagnose- oder Ausrüstungsgegenständen und einem Kraftfahrzeughersteller vereinbarte Beschränkung der Möglichkeiten des Anbieters, diese Waren an zugelassene oder unabhängige Händler, zugelassene oder unabhängige Werkstätten oder an Endverbraucher zu verkaufen;
c) die zwischen einem Kraftfahrzeughersteller, der Bauteile für die Erstmontage von Kraftfahrzeugen verwendet, und dem Anbieter dieser Bauteile vereinbarte Beschränkung der Möglichkeiten des Anbieters, sein Waren- oder Firmenzeichen auf diesen Teilen oder Ersatzteilen effektiv und gut sichtbar anzubringen.

Übersicht

	Rn.			Rn.
I. Allgemeines	1	II.	Die einzelnen Kernbeschränkungen	3
1. Bedeutung von Kernbeschränkungen	1	1.	Teileverkauf an unabhängige Werkstätten durch Mitglieder selektiver Vertriebssysteme (lit. a)	
2. Überblick und Normzweck	2			3

---

[50] S. Art. 1 Abs. 1 lit. k Kfz-GVO 1400/2002.
[51] Leitlinien „vertikale Vereinbarungen", Rn. 29 ff., Simon, Die neue Kartellrechtsverordnung (EU) 330/2010, EWS 2010, 498 f.
[52] EuG Slg. 2005, II-3319 Rn. 91 ff. – DaimlerChrysler; EuGH Slg. 2006, I-11987 – Confederación Española de Empresarios de Estaciones de Servicio/CEPSA, und EuGH Slg. 2008, I-6681 – CEPSA.
[53] Vgl. auch EuG Slg. 2005, II-3319 Rn. 112 – DaimlerChrysler; ausf. zur Abgrenzung GAin Kokott (Slg. 2006, I-11987 Rn. 47 ff.), die ein geringeres Maß an Risiko genügen lässt als das EuG.
[54] Vgl. auch Walz, Kartellrecht des Automobilvertriebs, 136.

	Rn.		Rn.
2. Freier Verkauf von Ersatzteilen und Werkstattausrüstung durch OES (lit. b)	8	b) Vertrieb von Werkstattausrüstung durch deren Lieferanten	15
a) Ersatzteilvertrieb durch Bauteilehersteller (OES)	10	3. Anbringung von Waren- und Firmenzeichen durch Bauteilehersteller (lit. c)	17

I. Allgemeines

1. Bedeutung von Kernbeschränkungen. Entsprechend dem allgemeinen Ansatz in modernen GVOen enthält die Kfz-GVO in Art. 5 eine Liste von **besonders schwerwiegenden Beschränkungen**, sog Kernbeschränkungen (hardcore restrictions). Enthält der betreffende Vertrag eine Kernbeschränkung, so entfällt nicht nur die Freistellung der betreffenden Klausel, sondern die der gesamten Vereinbarung.[1] Während ein Nichtvorliegen anderer Freistellungsvoraussetzungen nicht die Vermutung einer Kartellrechtswidrigkeit begründet, gilt bei Vereinbarung von Kernbeschränkungen, dass eine **Einzelfreistellung unwahrscheinlich** ist und allenfalls in atypischen Ausnahmefällen in Betracht kommt.[2] Der allgemeine Teil der Definition von Kernbeschränkungen ist bewusst weit gefasst ("unmittelbar oder mittelbar", "für sich allein oder in Verbindung mit anderen Umständen"). Dadurch sollen neben direkten Verboten **auch indirekte** Beschränkungen wie etwa negative finanzielle Anreize und mögliche Umgehungen erfasst werden. "Bezwecken" im Sinne des Tatbestands ist – wie in Art. 101 Abs. 1 AEUV – objektiv zu verstehen: der Zweck ergibt sich aus dem objektiven Inhalt der Vereinbarung selbst; auf die subjektiven Motive der Beteiligten kommt es nicht an. Kernbeschränkungen tragen nach der Einschätzung des Verordnungsgebers ein derart großes Potenzial an negativen Auswirkungen auf den Wettbewerb im Sinne des Art. 101 Abs. 1 AEUV in sich, dass ein **Nachweis der konkreten Auswirkungen nicht erforderlich** ist. Aufgrund der objektiven Auslegung des Zwecks dürfte aber zumeist die Wirkung einer Vereinbarung ein Indiz für den so verstandenen Zweck darstellen.

2. Überblick und Normzweck. Während die Vorgänger-Kfz-GVO eine sehr umfangreiche Liste an Kernbeschränkungen enthielt, die in ihrer Mehrzahl branchenspezifische Regeln waren, sieht die neue Kfz-GVO nur noch drei spezifische Kernbeschränkungen vor, die neben die allgemeinen Kernbeschränkungen der Vertikal-GVO treten (über Art. 4 Abs. 1). Hierbei handelt es sich um Regelungen, die im Interesse der Endkunden die Möglichkeit zu mehr **Wettbewerb auf den Märkten für Reparatur- und Wartung** schaffen sollen, insbesondere durch Öffnung **alternativer** Erwerbs- und **Vertriebsmöglichkeiten** bei **Ersatzteilen. lit. a** zielt darauf ab, dass zugelassene Werkstätten freie Werkstätten mit Ersatzteilen beliefern können. **lit. b** richtet sich gegen Beschränkungen von Teileherstellern (OES) in ihren Zuliefervereinbarungen mit Kfz-Herstellern in der Möglichkeit, selbst Ersatzteile an zugelassene und freie Werkstätten sowie Endkunden zu verkaufen. Gleiches soll für die Hersteller von Werkstattausrüstung gelten. **lit. c** schließlich zielt darauf ab, dass Teilehersteller ihre eigenen Firmen- und Warenzeichen auf Bauteile und Ersatzteile anbringen können, was ihnen einen direkten Ersatzteilvertrieb erleichtern soll. Nicht mehr enthalten ist die Regelung der Vorgänger-GVO (Art. 4 Abs. 1 lit. k Kfz-GVO 1400/2002), nach der Vertragswerkstätten im Grundsatz ungehindert an Stelle der vom Hersteller bezogenen Originalersatzteile auch Identteile vom Bauteilezulieferer (OES) oder qualitativ gleichwertige Ersatzteile verwenden können. Werkstätten hatten von dieser Möglichkeit nur begrenzt Gebrauch gemacht,[3] so dass beim Verordnungsgeber wohl das Bestreben überwog, die Liste der Kernbeschränkungen im Sinne einer möglichst geringen Regelungsintensität kurz zu halten. Die dem Art. 4 Abs. 1 lit. k Kfz-GVO 1400/2002 zugrundeliegenden wettbewerblichen Erwägungen behalten jedoch im Rahmen einer Beurteilung nach Art. 101 Abs. 1 und Abs. 3 AEUV ihre Gültigkeit.

II. Die einzelnen Kernbeschränkungen

1. Teileverkauf an unabhängige Werkstätten durch Mitglieder selektiver Vertriebssysteme (lit. a). Nach Art. 5 lit. a gilt die Freistellung nach Art. 4 nicht für eine vertikale Vereinbarung, die eine Beschränkung des Verkaufs von Kraftfahrzeugersatzteilen durch Mitglieder eines selektiven Vertriebssystems an unabhängige Werkstätten, die diese Teile für die Instandsetzung und Wartung eines Kraftfahrzeugs verwenden, enthält. Art. 5 lit. a soll eine Marktabschottung gegenüber freien Werkstätten verhindern, die darauf angewiesen sind, **Zugang zu (Original)ersatzteilen,** die sie

---

[1] Vgl. den mit Art. 5 Kfz-GVO identischen Wortlaut von Art. 4 Vertikal-GVO mit dem von Art. 5 Abs. 1 Vertikal-GVO.
[2] Näher → Einl. Rn. 7.
[3] S. Bewertungsbericht, 9, und Anhang 4, 27.

zur Durchführung von Wartungs- und Instandsetzungsarbeiten benötigen, zu erhalten. Würden der Kfz-Hersteller und sein Werkstattnetz vereinbaren, keine (Original)ersatzteile an unabhängige Werkstätten zu liefern, könnten die unabhängigen Werkstätten nicht mehr mit den Vertragswerkstätten in Wettbewerb treten, der Wettbewerbs beschränkte sich auf den markeninternen Wettbewerb der Vertragswerkstätten. Daher sieht lit. a vor, dass **zugelassene Händler und Werkstätten nicht darin beschränkt** werden dürfen, **Ersatzteile an unabhängige** (dh nicht zum Netz des betreffenden Herstellers gehörende)[4] **Werkstätten zu veräußern.** Diese Kernbeschränkung war wortgleich in der Vorgänger-GVO enthalten (Art. 4 Abs. 1 lit. i) und dient dem weiterhin verfolgten Ziel, den Wettbewerb zwischen den Vertragswerkstätten und den freien Werkstätten zu schützen.

Von lit. a erfasst sind **Ersatzteile,** bei denen es sich gemäß den **Begriffsbestimmungen** des Art. 1 lit. h um Waren handelt, die in ein Kraftfahrzeug eingebaut oder an ihm angebracht werden und ein Bauteil dieses Fahrzeugs ersetzen. Demnach sind alle Ersatzteile erfasst, ob Originalersatzteile mit dem Markenzeichen des Kraftfahrzeugherstellers (OEM-Teile, Identteile), Ersatzteile, die vom Ersatzteilehersteller oft auf den gleichen Produktionsanlagen wie OEM-Teile hergestellt werden, aber nur das Logo des Zulieferers tragen (OES-Teile) oder andere gleichwertige Ersatzteile handelt. Praktische Bedeutung kommt der Vorschrift vor allem für solche Originalersatzteile zu, die **nur vom Kfz-Hersteller** und dessen **autorisiertem Netz** bezogen werden können. Dazu zählen Ersatzteile, die das Markenzeichen des Kfz-Herstellers tragen, die aber auch baugleich vom Zulieferer bezogen werden könnten, und die sog **Monopolteile (captive parts),** die von keinem anderen Hersteller bezogen werden können, etwa weil geschmacksmusterrechtliche Beschränkungen bestehen.[5] Eine Vereinbarung zwischen dem jeweiligen Kfz-Hersteller und den Vertragswerkstätten seines Netzes, die es diesen untersagt oder auch nur unverhältnismäßig erschwert, solche OEM-Teile, insbesondere Monopolteile, an unabhängige Werkstätten zu verkaufen, führt zur Nichtanwendbarkeit der GVO.

Es entspricht dem geschilderten Normzweck, dass dies nur insoweit gilt, als die freien Werkstätten die betreffenden Ersatzteile zur Durchführung von Servicearbeiten nutzen.[6] Der Erwerb durch freie Werkstätten zum **Handel mit Ersatzteilen** ist also durch lit. a **nicht** geschützt. Die Veräußerung an reine Teilehändler kann also untersagt werden. Solange dies nicht im Ergebnis zu einer faktischen, mittelbaren Beschränkung im Sinne von lit. a führt, können Kfz-Hersteller von ihren Vertragshändlern und -werkstätten verlangen, dass sie sich etwa über Einforderung von **stichprobenhaften Belegen** von den freien Werkstätten vergewissern, dass die Ersatzteile für Servicearbeiten verwendet wurden.

lit. a hat nur für **selektive Vertriebssysteme** Bedeutung, denn Mitgliedern eines **rein** exklusiven (und nicht auch selektiven) Vertriebssystems wird ohnehin keine Verkaufsbeschränkung auferlegt, auch nicht in Bezug auf nicht-autorisierte Wiederverkäufer. Wäre eine **(unabhängige) Werkstatt,** die Ersatzteile nur selbst für die Reparatur oder Wartung eines Kfz eines Endkunden verwendet, kein (nicht-autorisierter) Wiederverkäufer im Sinne des Art. 4 lit. c Ziff. iii Vertikal-GVO, sondern ein **Endkunde,** reichte Art. 4 lit. f Vertikal-GVO für den Zugang unabhängiger Werkstätten zu Originalersatzteilen aus.[7] Dies wäre in jedem Fall gegeben, wenn die unabhängige Werkstatt Ersatzteile nur als Vermittler im Auftrag des Endkunden einkaufe. Da in aller Regel die freie Werkstatt die Ersatzteile aber auf eigene Rechnung ein- und an den Endkunden weiterverkauft, ist diese kein Endkunde im Sinne der Norm und die erste Kernbeschränkung ist daher nicht überflüssig. lit. a geht auch über den Art. 4 lit. c Vertikal-GVO hinaus, da diese Norm sich nur auf auf der Einzelhandelsstufe tätige Mitglieder eines selektiven Vertriebssystems bezieht. Gemäß lit. a sind auch auf der Großhandelsstufe tätige Teilehändler eines selektiven Vertriebs berechtigt, OEM-Teile an

---

[4] → Art. 1 Rn. 11.
[5] Auf Basis der EU-Richtlinie 98/71/EG von 1998 unterliegen Ersatzteile, die bei einer Autoreparatur zur Wiederherstellung der ursprünglichen Erscheinungsform des Autos verwendet werden wie zB Kotflügel, Außenspiegel oder Scheinwerfer, dem Schutz des dt. Geschmacksmustergesetzes. Ein Kommissionsvorschlag zur Harmonisierung der geschmacksmusterrechtlichen Regeln bei solchen Ersatzteilen und Einführung einer sogenannten Reparaturklausel fand bis heute keine Mehrheit im Europäischen Rat. S. etwa Kom. MEMO/04/215, Vorschlag der Kommission für mehr Wettbewerb auf dem Kfz-Ersatzteilmarkt – Häufig gestellte Fragen und wurde am 21.5.2014 zurückgezogen, ABl. 2014 C 153, 6.
[6] In diesem Sinne auch der BGH in der Sache Porsche-Tuning: BGH 6.10.2015 – KZR 87/13 Rn. 82–99. Alle Original-Porsche-Teile, die Porsche oder die zum Vertriebs- und Wartungsnetz gehörenden Porsche-Zentren vertreiben, müssen an unabhängige Veredler geliefert werden, sofern diese die Teile wertschöpfend einbauen oder für eine Wartungs- oder Reparaturdienstleistung verbrauchen; bestätigt durch BGH Urt. v. 6.7.2021 – KZR 35/20, NZKart 2021, 574 – Porsche Tuning II.
[7] Die Kommission hatte in ihrem Bewertungsbericht erwogen, diese Kernbeschränkung nicht weiterzuführen, da Art. 4 lit. e Vertikal-GVO ausreichend sei, sich dann aber doch für die Übernahme in die neue GVO entschieden. S. Bewertungsbericht, 8.

unabhängige Werkstätten zu verkaufen. In der Praxis haben jedoch nur sehr wenige Kfz-Hersteller einen unabhängigen Teilevertrieb auch auf der Großhandelsstufe eingerichtet.

7 Die Berechtigung, Ersatzteile an unabhängige Werkstätten zum Zweck der Reparatur und Wartung zu verkaufen, bedeutet jedoch nicht, dass Vertragswerkstätten zu einer solchen Lieferung verpflichtet wären. Eine zugelassene Werkstatt darf die Lieferung von OEM-Teilen an unabhängige Werkstätten verweigern, ohne dass die Freistellung entfällt oder Art. 101 AEUV anwendbar wird, sofern sie diese Entscheidung von sich aus trifft und diese einseitige Weigerung nicht direkt oder indirekt durch den Kfz-Hersteller veranlasst worden ist.[8]

8 **2. Freier Verkauf von Ersatzteilen und Werkstattausrüstung durch OES (lit. b).** lit. b bezieht sich vor allem auf Beschränkungen in Verträgen zwischen Kfz-Herstellern und ihren Zulieferern (OES), die den **OES** einen **eigenen Vertrieb** der an die Kfz-Hersteller gelieferten **Ersatzteile** verbieten. Ähnliches soll gelten für Verträge zwischen Kfz-Herstellern und Herstellern von Werkstattausrüstung über die Belieferung etwa mit Diagnosegeräten oder Spezialwerkzeugen.

9 Art. 5 lit. b ist sowohl Art. 4 Abs. 1 lit. f **Vertikal-GVO** als auch Art. 4 Abs. 1 lit. j **Vorgänger-GVO** 1400/2002 nachempfunden, wobei jedoch zu beiden einige Unterschiede bestehen.

10 **a) Ersatzteilvertrieb durch Bauteilehersteller (OES).** Anders als die ursprüngliche Regelung in Art. 6 Abs. 1 Nr. 10 GVO 1475/95 bezieht sich Art. 5 lit. b der Kfz-GVO nach seinem Wortlaut nicht auf einen Wegfall der Freistellung des Vertragswerkstätten- oder Ersatzteilhändlervertrags mit dem Kfz-Hersteller, sondern auf die **Freistellung des Liefervertrags zwischen** dem **Kfz-Hersteller** und dem **Ersatzteilehersteller.** Dies ist bisweilen bezweifelt worden.[9] Enthält dieser Vertrag eine (auch mittelbare)[10] Beschränkung dieses Lieferanten (OES), so ist nach dem eindeutigen Wortlaut von Art. 5 lit. b diese vertikale Vereinbarung nicht freigestellt. Dies entspricht der Regelung in Art. 4 Abs. 1 lit. f der Vertikal-GVO und deckt sich mit der neuen weiten Fassung von Art. 4, wonach auch vertikale Vereinbarungen eines Kfz-Herstellers mit Zulieferern über Ersatzteile unter die Kfz-GVO fallen. Auf Vereinbarungen eines Kfz-Herstellers mit Zulieferern über die Lieferung von **Bauteilen** für die Erstfertigung ist hingegen nicht die Kfz-GVO,[11] sondern die **Vertikal-GVO** und deren Art. 4 Abs. 1 lit. f anwendbar. Die Anwendung der jeweils einschlägigen Regeln ist in der Praxis nicht immer leicht, denn die Lieferbeziehungen zwischen Zulieferern und Kfz-Herstellern über Bauteile und Ersatzteile sind oftmals in einem **einheitlichen Vertragswerk** geregelt. Ein- und dieselbe Klausel dieses Vertrags kann nach der Vertikal-GVO freigestellt sein, soweit sie sich auf Bauteile bezieht, nach der Kfz-GVO hingegen nicht, **soweit sie sich auf Ersatzteile bezieht.** Trotz materieller Identität lassen sich Bau- und Ersatzteile häufig anhand unterschiedlicher Verpackung oder Beschriftung differenzieren. Sieht der Zuliefervertrag keine hieran anknüpfende Unterscheidung vor, und lässt sich auch sonst nicht eindeutig erkennen, welche der gelieferten Teile als Bauteile und welche als Ersatzteile verwendet werden sollen, ist **ausnahmsweise** auf den **wirtschaftlichen Schwerpunkt des Zuliefervertrags** abzustellen. Bei relativ schnell verschleißenden Teilen (wie Wischblättern oder Filtern oder auch Motoröl) mag dieser Schwerpunkt bei den Ersatzteilen liegen, ansonsten wird wirtschaftlich oft die Belieferung mit Bauteilen im Vordergrund stehen.

11 Lit. b deckt sich von der Normstruktur und ratio legis her in weiten Teilen mit Art. 4 Abs. 1 lit. f Vertikal-GVO, auf dessen Kommentierung verwiesen wird. lit. b bezieht sich jedoch nicht nur auf den Verkauf von Ersatzteilen, sondern auch auf die Lieferung diverser **Werkstattausrüstungsgegenstände** (näher → Rn. 15). Des Weiteren richtet sich lit. b auch gegen Einschränkungen des Ersatzteilverkaufs durch Teilehersteller an **zugelassene Teilehändler** oder **-werkstätten** des Kfz-Herstellers (nach der Vertikal-GVO freigestellt[12]). Ratio dieser Erstreckung auf die autorisierten Netze dürfte sein, dass die Kommission über Beschaffungsalternativen beim Bezug von Ersatzteilen den Weg zu mehr **Preiswettbewerb zwischen netzangehörigen Werkstätten** eröffnen wollte. Denn diese führen in der Kfz-Branche in den Segmenten der Wartung und Reparatur von jüngeren Autos (bis vier Jahre) den größten Teil aller Reparatur- und Wartungsarbeiten durch und sind insoweit oft nur geringem Wettbewerbsdruck von freien Werkstätten ausgesetzt. Allerdings hat lit. b in der neuen Kfz-GVO sein partielles Gegenstück aus der Vorgänger-GVO verloren, nämlich die Regelung in Art. 4 Abs. 1 lit. k GVO 1400/2002, dass auch den zugelassenen Werkstätten und Ersatzteilhändlern der Bezug von OES freistehen

---

[8] FAQ Kfz-GVO 1400/2002, Frage 9.
[9] In diesem Sinne Immenga/Mestmäcker/Ellger Art. 5 Rn. 16 mwN.
[10] Grams RIW 2003, 327, erwähnt etwa Beschränkungen über EDV-Dispositionssysteme und logistische Vorgaben.
[11] Näher zu Art. 2 Abs. 1, → Art. 2 Rn. 5.
[12] Vgl. auch Rn. 114 der Leitlinien „vertikale Vereinbarungen".

muss.[13] lit. b hat aber gleichwohl auch für Vertragswerkstätten und -teilehändler Bedeutung, wenn deren Netze (wie wohl oft) einen Marktanteil von 30 % überschreiten und damit nicht gruppenfreigestellt sind: Beschränkungen von zugelassenen Händlern und Werkstätten durch den Kfz-Hersteller in ihrem Bezug von (Ident)Teilen vom OES[14] dürften schwerlich durch Qualitätserwägungen, Sicherheitsbedenken oder andere Effizienzerwägungen nach Art. 101 Abs. 3 AEUV gerechtfertigt sein. Zugelassene Händler und Werkstätten sollten also in der Lage sein, von der den OES durch Art. 5 lit. b gewährten Freiheit Gebrauch zu machen.

Anders als die Vertikal-GVO schützt lit. b ausdrücklich auch den Ersatzteilvertrieb an **reine** **12 Teilehändler;** eine Begrenzung auf die Erbringer von Serviceleistungen oder eine Zweckbindung (etwa „Erwerb zur eigenen Verwendung für Servicearbeiten")[15] ist wohl deshalb nicht vorgenommen worden, weil die Kommission einer **alternativen Handelsschiene** den Weg ebnen wollte. In der Tat drohte ohne die Möglichkeit einer reinen Handelstätigkeit die Regelung des lit. b weitgehend leer zu laufen: Werkstätten sind in der Praxis nicht in der Lage, die Vielzahl der benötigten Ersatzteile vom jeweiligen Teilehersteller direkt zu bestellen. Sie sind vielmehr darauf angewiesen, **Sortimente von Ersatzteilen** von einem oder einer überschaubaren Anzahl von Lieferanten zu beziehen.

Es fragt sich, ob die Grundsätze des Art. 5 lit. b auch für das **Verhältnis** zwischen **Tier 1- zu** **13 Tier 2-Zulieferern** gelten. Der eindeutige Wortlaut (Verträge mit „einem Kraftfahrzeug-Hersteller") spricht allerdings dagegen. Auch der Normzweck wird bei einer engen Auslegung nicht verfehlt, denn jedenfalls in der anschließenden Liefervereinbarung zwischen dem Tier 1-Zulieferer und dem Kfz-Hersteller können keine Beschränkungen nach lit. b vereinbart werden, so dass eine Öffnung alternativer Vertriebsmöglichkeiten gewährleistet ist.

Zulieferverträge bedürfen – wie alle Vereinbarungen – nur dann einer Freistellung, wenn **14** sie von Art. 101 Abs. 1 AEUV erfasst werden. Nach der sog **Bekanntmachung „Zulieferverträge",**[16] die die Kommission auch weiterhin anwendet,[17] können Beschränkungen der in lit. b genannten Art (den Zulieferern auferlegte Wettbewerbsverbote) außerhalb des Anwendungsbereichs von Art. 101 Abs. 1 AEUV fallen, sofern der Hersteller dem Zulieferer zur Herstellung der Vertragsware Werkzeuge, Ausrüstung oder Know-how überlassen hat und dies auch bei wirtschaftlicher Betrachtung erforderlich im Sinne von Ziffer 2 der Bekanntmachung war.[18] Die Einschränkung in der Bekanntmachung „Zulieferverträge" auf das „Erforderliche" verhindert, dass Art. 5 lit. b ins Leere läuft, und steht einem Missbrauch der Bekanntmachung entgegen. Kfz-Hersteller können sich der Rechtsfolge des lit. b nicht dadurch entziehen, dass sie etwa – ohne echte Erforderlichkeit im Sinne der Bekanntmachung „Zulieferverträge" – den Zulieferern Werkzeuge (teil-)finanzieren.

b) Vertrieb von Werkstattausrüstung durch deren Lieferanten. Im Gegensatz zu Art. 4 **15** Abs. 1 lit. f Vertikal-GVO wendet sich Art. 5 lit. b auch gegen Beschränkungen in Verträgen zwischen Kfz-Herstellern und Lieferanten von „Instandsetzungsgeräten [dh **Werkzeugen**], Diagnose- oder Ausrüstungsgegenständen", dass diese nicht direkt an **freie und zugelassene Werkstätten** und Händler sowie Endkunden (kaum von Relevanz) liefern dürfen. Anliegen dieser Regelung ist es zum einen, auch hinsichtlich der Beschaffung der oftmals sehr kostspieligen Werkstattausrüstung **alternative Bezugsquellen** und die Möglichkeit zu **mehr Wettbewerb** zu eröffnen. Zum anderen und vor allem soll eine **Marktabschottung gegenüber freien Werkstätten** verhindert werden. In der Tat können netzexterne Werkstätten nur dann wirksam mit Vertragswerkstätten der Hersteller konkurrieren, wenn der Zugang zu den für Instandsetzungs- und Wartungsarbeiten erforderlichen Werkzeugen, Ausrüstungsgegenständen und elektronischen Diagnosegeräten (einschließlich Software) haben. Die Vorgänger-Kfz-GVO 1400/2002 enthielt in Art. 4 Abs. 2 zusätzlich zu der Kernbeschränkung des heutigen lit. b noch

---

[13] lit. k in Art. 4 Abs. 1 der GVO 1400/2002. Zu den Gründen für den Wegfall dieser Regelung s. Clark/Simon JECLAP 2010, 11.
[14] Gleiches dürfte für Teile gleichwertiger Qualität gelten; näher zum Begriff der Originalersatzteile, gleich ob vom Kfz-Hersteller (OEM) oder vom Bauteilezulieferer (OES) bezogen, und anderen Kategorien von Ersatzteilen wie insbes. solchen gleichwertiger Qualität ausf. → Rn. 32ff. der Kommentierung von Art. 1 Kfz-GVO 1400/2002 in der 1. Aufl.
[15] In diesem Sinne noch frühere Entwürfe zur Vorgängerregelung Art. 4 Abs. 1 lit. j Kfz-GVO 1400/2002; s. etwa die Fassung von Art. 4 Abs. 1 lit. i in Kom., Erläuterungen zum Entwurf der neuen Kfz-GVO von März 2002, ABl. 2002 C 67, 13.
[16] ABl. 1979 C 1, 2.
[17] S. Leitlinien „Verkauf und Instandsetzung von Kfz", Rn. 23, und Leitlinien „vertikale Vereinbarungen", Rn. 47.
[18] Näher siehe Ziffer 2 der Bekanntmachung „Zulieferverträge".

die begleitende Freistellungsvoraussetzung, dass Kfz-Hersteller Zugang zu technischen Reparatur- und Wartungsinformationen gewähren. Dieser Zugang ist mittlerweile durch nichtkartellrechtliche Verordnungen geregelt.[19]

16 Die Regelung in Art. 5 lit. b wirft die Frage auf, um die **Freistellung welcher Vereinbarung** es geht. Nach dem Wortlaut von lit. b soll die Freistellung nicht gelten für zwischen Kfz-Herstellern und den Lieferanten von Werkstattausrüstung „vereinbarte Beschränkungen" (deren Freistellungsbedürftigkeit vorausgesetzt). Dies kann jedoch kaum gemeint sein, denn nach Art. 4 Abs. 1 zählen Werkzeuge, Diagnosegeräte und andere Gegenstände der Werkstattausrüstung im Gegensatz zu Ersatzteilen **nicht** zu den Gütern, die vom **Anwendungsbereich der Kfz-GVO** erfasst sind. Ist die Kfz-GVO auf vertikale Vereinbarungen über diese Gegenstände nicht anwendbar, kann sie auch keine Bedingungen für deren Freistellung aufstellen. Dieser Widerspruch lässt sich in zweierlei Weise auflösen: Erwägen ließe sich zum einen eine Erweiterung des Anwendungsbereichs der Kfz-GVO in Art. 4 Abs. 1 im Wege einer Analogie im Lichte des Art. 5 lit. b.[20] Jedoch lässt sich die Einbeziehung neuer Produktgruppen in den Anwendungsbereich der Kfz-GVO ohne Grundlage im Wortlaut des Art. 4 Abs. 1 schwerlich mit den Grundsätzen der Rechtssicherheit sowie dem allgemeinen Gebot zur restriktiven Auslegung von GVOen vereinbaren. Es liefe auch dem Ansatz zuwider, dass branchenspezifische Ausnahmen von der Vertikal-GVO nicht über Gebühr ausgedehnt werden sollten. **Sachgerechter** lässt sich der Widerspruch auflösen, wenn der **Wegfall der Freistellung** nicht für die Verträge zwischen Ausstattungslieferant und Kfz-Hersteller gilt, sondern – wie in der Kfz-GVO von 1995 vorgesehen (Art. 6 Abs. 1 Nr. 10) – für die **Verträge des Kfz-Herstellers mit seinen Vertragswerkstätten.** Denn in lit. b geht es darum, dass die Wirkungen dieser selektiven Vertriebsvereinbarungen gegenüber freien Werkstätten nicht noch durch Beschränkungen der Belieferung mit Werkstattausrüstung verstärkt werden. Auslösendes Moment für einen Wegfall der Freistellung der Werkstattverträge wären die in Drittverträgen (mit den Werkstattausrüstungslieferanten) vereinbarten Beschränkungen. Diese Regelungstechnik ist nicht nur aus Art. 6 Abs. 1 Nr. 10 sowie 11 der Kfz-GVO 1475/95 bekannt; auch Art. 1 Abs. 2 lit. b VO Nr. 19/65 sieht ausdrücklich vor, dass GVOen auf Voraussetzungen abstellen können, die außerhalb der freizustellenden Vereinbarung liegen.

17 **3. Anbringung von Waren- und Firmenzeichen durch Bauteilehersteller (lit. c).** lit. c bezieht sich wiederum auf Vereinbarungen zwischen Kfz-Herstellern und **Bauteileherstellern (OES, Zulieferern)**, soweit letztere in der **Anbringung ihrer Waren- und Firmenzeichen auf Bauteilen** oder den entsprechenden **Ersatzteilen beschränkt** sind. Die Regelung gilt für alle Zulieferer von Bauteilen, die Kfz-Hersteller bei der **Erstfertigung** von Neuwagen verwenden. lit. c entspricht Art. 4 Abs. 1 lit. l Kfz-GVO 1400/2002, der die Regelung mit geringen Änderungen aus Art. 6 Abs. 1 Nr. 11 der GVO 1475/95 übernommen hat. Die Norm bezweckt eine Verbesserung des Wettbewerbs im Ersatzteilemarkt, indem sie sowohl Werkstätten als auch Endkunden die **Identifikation** erleichtern will, welches Unternehmen ein bestimmtes zu ersetzendes **Bauteil** hergestellt hat und damit als Lieferant des entsprechenden Ersatzteils in Betracht kommt. Der Schutz der Anbringung von OES-Marken auf **Ersatzteilen** dient der **Wiedererkennung** und **Absicherung,** dass das verwendete Ersatzteil auch dem zu ersetzenden Bauteil entspricht. Die Waren- und Firmenzeichen der Teilehersteller müssen „effektiv und gut sichtbar" angebracht werden dürfen. „**Effektiv**" ist am Zweck der leichten Identifizierbarkeit zu messen. „**Gut sichtbar**" stellt Mindestanforderungen an die Erkennbarkeit hinsichtlich Platzierung, Größe, Farbe, Haltbarkeit etc des Aufdrucks. lit. c setzt keineswegs voraus, dass allein die Markenzeichen des OES auf den Teilen angebracht werden; nichts spricht gegen eine Doppelkennzeichnung **(dual branding)**, also gegen eine zusätzliche Anbringung der Zeichen des Kfz-Herstellers, soweit letzterer als Markeninhaber damit einverstanden ist.[21]

18 Bei Vorliegen einer Beschränkung im Sinne von lit. c soll nach der Norm die Freistellung der **Vereinbarung** entfallen, die diese **Beschränkung enthält** (vgl. Art. 5). Dies ist unproblematisch, soweit es um Verträge zwischen OES und Kfz-Herstellern über die **Lieferung von Ersatzteilen** geht. Denn diese fallen in den Anwendungsbereich der Kfz-GVO (Art. 4 Abs. 1). lit. c bezieht sich aber auch auf Vereinbarungen über die **Lieferung von Bauteilen** und darin enthaltene Absprachen zur Markenunterdrückung. Derartige Vereinbarungen **unterfallen nicht der Kfz-GVO.** Die Norm

---

[19] Näher → Einl. Kfz-GVO Rn. 15 mwN.
[20] Immenga/Mestmäcker/Ellger Art. 5 Rn. 19, begründet eine Ausweitung des Anwendungsbereichs von Art. 4 Abs. 1 über Art. 2 Abs. 5 Vertikal-GVO. Wegner BB 2010, 1803 (1807), meint demgegenüber, lit. b würde gänzlich leerlaufen. NK-EuWettbR/Voet van Vormizeele AEUV Art. 101 Rn. 967, scheint – ohne nähere Diskussion – den Wegfall der Freistellung auf die Vereinbarung mit den Ausrüstungsherstellern zu beziehen.
[21] S. GD Wettbewerb, Leitfaden zur Kfz-GVO 1400/2002, Abschnitt 7.

erfüllt jedoch gleichwohl in Bezug auf Bauteile einen wettbewerbspolitischen Sinn. lit. c ist nämlich insoweit dahingehend auszulegen, dass bei Beschränkung der Anbringung der Zeichen von OES in Bauteileverträgen nicht die Freistellung dieser Verträge wegfällt, sondern die Freistellung der Vertragswerkstättenverträge der Kfz-Hersteller.[22] Denn es sind die wettbewerblich negativen Wirkungen dieser Werkstattverträge, die durch diese Beschränkung in den OES-Verträgen verstärkt werden.

Kapitel IV. Schlussbestimmungen

Art. 6 Nichtanwendung dieser Verordnung

Nach Artikel 1a der Verordnung Nr. 19/65/EWG kann die Kommission durch Verordnung erklären, dass in Fällen, in denen mehr als 50 % des relevanten Marktes von parallelen Netzen gleichartiger vertikaler Beschränkungen abgedeckt werden, die vorliegende Verordnung auf vertikale Vereinbarungen, die bestimmte Beschränkungen des Wettbewerbs auf diesem Markt enthalten, keine Anwendung findet.

Die Regelung über die Erklärung der **Nichtanwendbarkeit** der GVO durch Verordnung in Art. 6 ist **identisch mit Art. 7 der Vertikal-GVO.** Auf die Erläuterungen in den **Leitlinien für vertikale Beschränkungen** sowie der Kommentierung zu Art. 6 Vertikal-GVO wird daher verwiesen. Wie schon der Wortlaut des Artikels erkennen lässt, handelt es sich um eine Kannbestimmung. Eine Abdeckung von mehr als 50 % des relevanten Marktes durch parallele Netze mit gleichartigen vertikalen Beschränkungen ist in allen drei Märkten, die von der GVO erfasst werden, gegeben. Beinahe alle Kfz-Hersteller vertreiben ihre Produkte und gewährleisten deren Reparatur und Wartung über Netze von Vertragshändlern und Vertragswerkstätten. die durch quantitative oder qualitative Selektionskriterien in diese Netze aufgenommen wurden. Das Überschreiten der 50 %-Schwelle führt aber nicht zu einem sofortigen Einschreiten der Kommission. Dies ist vielmehr grundsätzlich erst dann der Fall, wenn zusätzlich konkrete Anhaltspunkte dafür bestehen, dass die parallelen Netze zu einer Abschottung des Marktes oder einer spürbaren Einschränkung des Wettbewerbs im relevanten Markt führen.[1] Als Beispiel werden in den Leitlinien zur Kfz-GVO kumulative Effekte infolge der weitverbreiteten Anwendung von Markenzwang genannt, die sich auf dem betreffenden Markt zum Schaden der Verbraucher auswirken.[2] 1

Eine Nichtanwendbarkeits-VO richtet sich nicht an einzelne Unternehmen, sondern enthält bestimmte Klauseln in Verträgen, die nicht mehr freigestellt sind. Dies bedeutet, dass die Kommission zum einen den sachlich und räumlich relevanten Markt und zum anderen die Art der vertikalen Beschränkung definieren muss, auf die die GVO keine Anwendung mehr findet. Sie kann beispielsweise Wettbewerbsverbote nicht mehr durch die GVO freistellen, die eine bestimmte Dauer überschreiten. Dann wären alle Unternehmen betroffen, deren Vereinbarungen einen Markenzwang von beispielsweise mehr als drei Jahren in bestimmten Mitgliedsstaaten oder der gesamten EU enthalten. Eine solche Nichtanwendbarkeits-VO tritt gemäß Art. 1 lit. a VO 19/65 frühestens nach sechs Monaten in Kraft, um den betroffenen Unternehmen Zeit zu geben, ihre Verträge anzupassen oder auf eine Einzelfreistellung gemäß Art. 101 Abs. 3 AEUV zu setzen. 2

Art. 6 war im veröffentlichten Entwurf vom Dezember 2009 noch nicht enthalten.[3] Er wurde insbesondere eingefügt, um Bedenken auszuräumen, dass die Neuregelung zum Mehrmarkenvertrieb durch eine Lockerung des Wettbewerbsverbotes den Markteintritt neuer Wettbewerber zu sehr erschweren könnte. Dafür hätte der entsprechende Artikel in der Vertikal-GVO zwar ausgereicht, der kurz vor Schluss in die Kfz-GVO eingefügte Art. 6 unterstreicht jedoch den Willen der Kommission, notfalls in allen drei Teilmärkten mit einer Nichtanwendbarkeits-VO einzuschreiten. Allerdings hat die Vorschrift bislang weder in Zusammenhang mit der Vertikal-GVO noch mit der Kfz-GVO praktische Bedeutung erlangt. 3

Statt einer Nichtanwendbarkeits-VO hat die Kommission auch die Möglichkeit, bestimmten Unternehmen **gemäß Art. 29 VO 1/2003** die durch die Kfz-GVO ausgesprochene Freistellung zu **entziehen,** wenn erwiesen ist, dass die gruppenweise Freistellung zu weit geht und Fälle erfasst, in denen die Voraussetzungen von Art. 101 Abs. 3 AEUV nicht vorliegen. Die Norm bietet also 4

---

22 Vgl. → Rn. 16 zu lit. b; s. auch Art. 6 Abs. 1 Nr. 11 Kfz-GVO 1475/95.
1 Kom., Leitlinien „vertikale Vereinbarungen", Rn. 256 ff.
2 Leitlinien „Verkauf und Instandsetzung von Kraftfahreugen" Rn. 36.
3 Vgl. Entwurf der Kfz-GVO vom 21.12.2009, abrufbar unter http://ec.europa.eu/competition/consultati ons/2010_motor_vehicles/index.html.

ein Korrektiv für Einzelfälle; die auf ihrer Grundlage erlassenen Entscheidungen richten sich gegen einzelne Unternehmen. Die Kommission trägt die Beweislast für das Vorliegen der Voraussetzungen für ein Eingreifen gemäß Art. 29 VO 1/2003. Als Beispiel führt die Kommission in ihren Leitlinien wiederum den kumulativen Abschottungseffekt durch Markenzwang an, der es rechtfertigen könnte, insbesondere marktstarken Kfz-Herstellern den Rechtsvorteil der GVO zu entziehen.[4] Sollte die Kommission bestimmten Unternehmen den Rechtsvorteil der Kfz-GVO gemäß Art. 29 VO 1/2003 entziehen, hat sie zuvor festgestellt, dass eine Vereinbarung, ein Beschluss oder eine abgestimmte Verhaltensweise, für die die Gruppenfreistellungsverordnung gilt, Wirkungen hat, die mit Art. 101 Abs. 3 AEUV des Vertrags unvereinbar sind. Das bedeutet, dass im Gegensatz zu einer Nichtanwendbarkeits-VO die betroffenen Unternehmen keine Möglichkeit einer Einzelfreistellung haben.

Art. 7 Überwachung und Bewertungsbericht

Die Kommission wird die Anwendung dieser Verordnung überwachen und die Verordnung vor dem 31. Mai 2028 bewerten.

1 Fortlaufende **aktive Marktbeobachtung** hat in der Praxis der GD Wettbewerb eine große Bedeutung für die Erkennung von Wettbewerbsproblemen und Bestimmung von Durchsetzungsprioritäten. Art. 7 verleiht dieser allgemeinen Aufgabe der Wettbewerbsbehörde für die Kfz-GVO besonderen Nachdruck. Die Kommission ist durch Art. 7 ermächtigt, die zur Marktbeobachtung und Erhebung von Marktdaten erforderlichen Ermittlungsmaßnahmen einzuleiten. In Betracht kommen vor allem **Auskunftsersuchen** gemäß Art. 18 VO 1/2003, aber auch die **Ausschreibung von Marktstudien** durch externe Institutionen – hiervon hat die Kommission für die Kfz-Branche bereits zweimal Gebrauch gemacht.[1] Die aktive Marktbeobachtung gilt ausdrücklich für die gesamte Kfz-Branche, also auch für den Neuwagenvertrieb.[2]

2 Wie schon seit der GVO 1475/95 gibt die neue Kfz-GVO der Kommission die Aufgabe, bis spätestens zwei Jahre vor Auslaufen der VO, also bis zum 31.5.2021, einen Bewertungsbericht zu erstellen, der am 25.5.2021 veröffentlicht wurde.[3] Der Bewertungsbericht 2021 kommt zum Ergebnis, dass die Marktanteilsschwelle von 30% für die Anwendbarkeit der Kfz-GVO angemessen ist (S. 6), die einheitliche Rechtsanwendung durch die GVO gefördert wurde (S. 7), der Markenwettbewerb heftig und stabil geblieben ist (S. 8), der Wettbewerb zwischen Händlern derselben Marke geschützt (S. 8) und Beschränkungen des Parallelhandels bei Kraftfahrzeugen zumindest teilweise verhindert wurden (S. 9), die Befähigung unabhängiger Kfz-Werkstätten zum Wettbewerb mit den Vertragswerkstattnetzen der Händler gestärkt (S. 10) sowie der Wettbewerb zwischen zugelassenen Reparaturwerkstätten derselben Marke geschützt wurde (S. 11).

Art. 8 Geltungsdauer

Diese Verordnung tritt am 1. Juni 2010 in Kraft.
Ihre Geltungsdauer endet am 31. Mai 2028.

1 Die Kfz-GVO ist am 1.6.2010 in Kraft getreten und folgt damit unmittelbar auf die Vorgänger-GVO 1400/2002, deren Gültigkeit mit dem 31.5.2010 abgelaufen war. Sie brachte zunächst nur für die beiden Anschlussmärkte Ersatzteilvertrieb und Reparatur und Wartung Neuregelungen, während sie die Geltungsdauer der alten Kfz-GVO 1400/2002 für den Vertrieb neuer Kraftfahrzeuge bis zum 1.6.2013 im Rahmen einer Übergangslösung verlängerte. Seit dem 1.6.2013 ist die Vorgänger-GVO endgültig außer Kraft, die Kfz-GVO verzichtet aber auf eigenständige Regelungen und importiert stattdessen die allgemeine Vertikal-GVO (vgl. Art. 3). Mit VO (EU) 2023/822 wurde ihre Geltung bis zum 31 Mai 2028 verlängert.

---

[4] Leitlinien „Verkauf und Instandsetzung von Kraftfahrzeugen" Rn. 35.
[1] S. etwa die von der GD Wettbewerb in Auftrag gegebene Studie des Instituts für Kraftfahrwesen Aachen über den Zugang zu technischen Informationen sowie die in London Economics vergebene „Studie über Marktentwicklungen in den Sektoren Kraftfahrzeug-Einzelhandel und -kundendienst nach dem Inkrafttreten der Verordnung Nr. 1400/2002" jeweils veröffentlicht auf der Internetseite des GD Wettbewerb (http://www.europa.eu.int/comm/dgs/competition/proposals2/#call_2 005 51495).
[2] Vgl. Erwägungsgrund 20.
[3] Der Bericht und die Ergebnisse der Evaluation sind unter https://ec.europa.eu/transparency/documents-register/detail?ref=COM(2021)264&lang=en abrufbar, zuletzt abgerufen am 19.7.2022.

C. FuE-GVO (VO (2023/1066))[1]

Verordnung (EU) (2023/1066) der Kommission vom 1. Juni 2023 über die Anwendung von Artikel 101 Absatz 3 des Vertrags über die Arbeitsweise der Europäischen Union auf bestimmte Gruppen von Vereinbarungen über Forschung und Entwicklung

(ABl. Nr. L 143/9)

[Erwägungsgründe]

(1) Nach der Verordnung (EWG) Nr. 2821/71 ist die Kommission ermächtigt, Artikel 101 Absatz 3 AEUV durch Verordnung auf Gruppen von Vereinbarungen, Beschlüssen und abgestimmten Verhaltensweisen anzuwenden, die unter Artikel 101 Absatz 1 AEUV fallen und die Forschung und Entwicklung von Produkten, Technologien oder Verfahren bis zur Produktionsreife sowie die Verwertung der Ergebnisse einschließlich der Bestimmungen über Rechte des geistigen Eigentums zum Gegenstand haben.

(2) Entsprechend ihrem Auftrag nach Artikel 179 Absatz 2 AEUV unterstützt die Union Unternehmen, einschließlich kleiner und mittlerer Unternehmen, in ihren Bemühungen auf dem Gebiet der Forschung und technologischen Entwicklung von hoher Qualität und fördert ihre Zusammenarbeitsbestrebungen. Die Zusammenarbeit zwischen Unternehmen im Bereich Forschung und Entwicklung kann zur Erreichung der Ziele des europäischen Grünen Deals[1] beitragen.

(3) In der Verordnung (EU) Nr. 1217/2010 der Kommission[2] sind Gruppen von Forschungs- und Entwicklungsvereinbarungen definiert, die nach Auffassung der Kommission in der Regel die Voraussetzungen des Artikels 101 Absatz 3 AEUV erfüllen. Die Geltungsdauer der genannten Verordnung endet am 30. Juni 2023. Angesichts der insgesamt positiven Erfahrungen mit der Anwendung der genannten Verordnung und der Ergebnisse ihrer Evaluierung sollte eine neue Gruppenfreistellungsverordnung erlassen werden.

(4) Mit dieser Verordnung sollen Forschung und Entwicklung erleichtert, gleichzeitig jedoch der Wettbewerb wirksam geschützt werden. Außerdem sollte diese Verordnung den Unternehmen angemessene Rechtssicherheit bieten. Im Zuge der Verfolgung dieser Ziele sollten ferner die behördliche Aufsicht und der rechtlichen Rahmen so weit wie möglich vereinfacht werden.

(5) Solange ein gewisser Grad an Marktmacht nicht erreicht ist, kann im Hinblick auf die Anwendung des Artikels 101 Absatz 3 AEUV grundsätzlich davon ausgegangen werden, dass die positiven Auswirkungen von Forschungs- und Entwicklungsvereinbarungen negative Auswirkungen auf den Wettbewerb überwiegen.

(6) Für die Anwendung des Artikel 101 Absatz 3 AEUV durch Verordnung ist es nicht erforderlich, die Vereinbarungen zu definieren, die unter Artikel 101 Absatz 1 AEUV fallen können. Bei der Prüfung einzelner Vereinbarungen nach Artikel 101 Absatz 1 AEUV sind mehrere Faktoren, insbesondere die Struktur des relevanten Marktes, zu berücksichtigen.

(7) Zusammenarbeit im Rahmen von gemeinsamer Forschung und Entwicklung oder Auftragsforschung und -entwicklung sowie bei der Verwertung der Ergebnisse trägt am ehesten zur Förderung des technischen und wirtschaftlichen Fortschritts bei, wenn die Parteien komplementäre Fähigkeiten, Vermögenswerte oder Tätigkeiten in die Zusammenarbeit einbringen.

(8) Die aus einer verstärkten und wirksameren Forschungs- und Entwicklungstätigkeit erwachsenden Vorteile kommen den Verbrauchern in der Regel in Form neuer oder verbesserter Produkte, Technologien oder Verfahren, einer schnelleren Markteinführung solcher Produkte, Technologien oder Verfahren oder niedrigerer Preise aufgrund neuer oder verbesserter Produkte, Technologien oder Verfahren zugute.

(9) Die gemeinsame Verwertung der Ergebnisse kann verschiedene Formen annehmen, z.B. die Produktion und den Vertrieb von Produkten oder die Anwendung von Technologien oder Verfahren

---

[1] Die Autoren danken Frau Rechtsreferendarin Selina Stachowitz und Herrn Rechtsreferendar Anas Bolata für ihre wertvolle Unterstützung bei der Neukommentierung.

[1] **Amtl. Anm.:** Mitteilung der Kommission an das Europäische Parlament, den Europäischen Rat, den Rat, den Europäischen Wirtschafts- und Sozialausschuss und den Ausschuss der Regionen – Der europäische Grüne Deal (COM(2019) 640 final).

[2] **Amtl. Anm.:** Verordnung (EU) Nr. 1217/2010 der Kommission vom 14. Dezember 2010 über die Anwendung von Artikel 101 Absatz 3 des Vertrags über die Arbeitsweise der Europäischen Union auf bestimmte Gruppen von Vereinbarungen über Forschung und Entwicklung (ABl. L 335 vom 18.12.2010, S. 36).

oder die für eine solche Produktion oder Anwendung erforderliche Übertragung oder Lizenzierung von Rechten des geistigen Eigentums oder Weitergabe von Know-how, die wesentlich zum technischen oder wirtschaftlichen Fortschritt beitragen.

(10) Um eine Freistellung nach dieser Verordnung zu rechtfertigen, sollte sich die gemeinsame Verwertung nur auf Produkte (einschließlich Waren und Dienstleistungen), Technologien oder Verfahren beziehen, für die die Nutzung der Forschungs- und Entwicklungsergebnisse unerlässlich ist.

(11) Ferner sollte in der Forschungs- und Entwicklungsvereinbarung festgelegt sein, dass alle Parteien für die Zwecke weiterer Forschung und Entwicklung und für die Zwecke der Verwertung uneingeschränkten Zugang zu den Endergebnissen der gemeinsamen Forschung und Entwicklung, einschließlich daraus erwachsender Rechte des geistigen Eigentums und daraus erwachsenden Know-hows, haben, sobald sie vorliegen. Der Zugang zu den Ergebnissen sollte grundsätzlich nicht beschränkt werden, wenn es um die Nutzung der Ergebnisse für die Zwecke weiterer Forschung und Entwicklung geht. Wenn die Parteien jedoch ihre Verwertungsrechte im Einklang mit dieser Verordnung beschränken, insbesondere wenn sie sich im Rahmen der Verwertung spezialisieren, kann auch der Zugang zu den Ergebnissen für die Zwecke der Verwertung entsprechend beschränkt werden. Ferner können an Forschung und Entwicklung beteiligte Hochschulen, Forschungsinstitute oder Unternehmen, die Forschungs- und Entwicklungsleistungen in Form gewerblicher Dienste erbringen und sich üblicherweise nicht mit der Verwertung von Ergebnissen befassen, vereinbaren, die Forschungs- und Entwicklungsergebnisse ausschließlich für die Zwecke weiterer Forschung und Entwicklung zu nutzen.

(12) Je nach ihren Kapazitäten und wirtschaftlichen Interessen können die Parteien ungleiche Beiträge zu ihrer Forschungs- und Entwicklungszusammenarbeit leisten. Um den unterschiedlichen Wert oder die unterschiedliche Art der Beiträge der Parteien zu berücksichtigen und auszugleichen, kann eine durch diese Verordnung freigestellte Forschungs- und Entwicklungsvereinbarung deshalb vorsehen, dass eine Partei einer anderen Partei für den Zugang zu den Ergebnissen für die Zwecke weiterer Forschung und Entwicklung oder der Verwertung eine Vergütung zahlt. Die Vergütung sollte jedoch nicht so hoch sein, dass sie diesen Zugang praktisch verhindern würde.

(13) Ist in der Forschungs- und Entwicklungsvereinbarung keine gemeinsame Verwertung der Ergebnisse vorgesehen, dann sollten die Parteien einander mit dieser Vereinbarung Zugang zu ihrem bereits vorhandenen Know-how gewähren, sofern dieses Know-how für die Verwertung der Ergebnisse durch die anderen Parteien unerlässlich ist. Jegliche erhobene Vergütung (etwa in Form von Lizenzgebühren) sollte nicht so hoch sein, dass sie den Zugang der anderen Parteien zu dem Know-how praktisch verhindern würde.

(14) Die durch diese Verordnung gewährte Freistellung sollte auf Forschungs- und Entwicklungsvereinbarungen beschränkt werden, durch die die Unternehmen nicht in die Lage versetzt werden, in Bezug auf einen wesentlichen Teil der betreffenden Produkte, Technologien oder Verfahren den Wettbewerb auszuschalten. Von der Gruppenfreistellung auszuschließen sind daher Vereinbarungen zwischen Wettbewerbern, deren gemeinsamer Marktanteil bei den Produkten, Technologien oder Verfahren, die dank der Forschungs- und Entwicklungsergebnisse verbessert, ausgetauscht oder ersetzt werden können, zum Zeitpunkt des Abschlusses der Vereinbarung einen bestimmten Schwellenwert übersteigt.

(15) Wenn eine Partei mehrere von Wettbewerbern durchgeführte Forschungs- und Entwicklungsprojekte finanziert, die dieselben Produkte, Technologien oder Verfahren betreffen, und insbesondere wenn die Partei das ausschließliche Recht erlangt, die Ergebnisse gegenüber Dritten zu verwerten, kann nicht ausgeschlossen werden, dass eine wettbewerbswidrige Marktverschließung bewirkt werden kann. Daher sollte für Vereinbarungen über Auftragsforschung und -entwicklung der Rechtsvorteil der durch diese Verordnung gewährten Freistellung nur gewährt werden, wenn der gemeinsame Marktanteil aller an diesen miteinander zusammenhängenden Vereinbarungen beteiligten Parteien, d.h. der finanzierenden Partei und aller die Forschungs- und Entwicklungsarbeiten ausführenden Parteien, einen bestimmten Schwellenwert nicht übersteigt.

(16) Die durch diese Verordnung gewährte Freistellung sollte jedoch keinem Marktanteilsschwellenwert unterliegen, wenn die an der Forschungs- und Entwicklungsvereinbarung beteiligten Parteien in Bezug auf Produkte, Technologien oder Prozesse, die durch die sich aus der Vereinbarung ergebenden Produkte, Technologien oder Verfahren verbessert, ausgetauscht oder ersetzt werden können, keine Wettbewerber sind. Dies umfasst z.B. Vereinbarungen über die Entwicklung von Produkten, Technologien oder Verfahren, die zu einer vollkommen neuen Nachfrage führen würden, oder Forschung und Entwicklung, die nicht eng mit einem bestimmten Produkt, einer bestimmten Technologie oder einem bestimmten Verfahren zusammenhängt oder noch nicht auf ein bestimmtes Ziel ausgerichtet ist.

(17) Es sollte nicht generell davon ausgegangen werden, dass Forschungs- und Entwicklungsvereinbarungen unter Artikel 101 Absatz 1 AEUV fallen oder die Voraussetzungen des Artikels 101

Absatz 3 AEUV nicht erfüllen, wenn der in dieser Verordnung festgelegte Marktanteilsschwellenwert überschritten wird oder andere Voraussetzungen dieser Verordnung nicht erfüllt sind. In solchen Fällen muss die Forschungs- und Entwicklungsvereinbarung einer Einzelfallprüfung nach Artikel 101 AEUV unterzogen werden.

(18) Damit auch bei der gemeinsamen Verwertung der Ergebnisse der gemeinsamen Forschung und Entwicklung oder der Auftragsforschung und -entwicklung wirksamer Wettbewerb gewährleistet bleibt, sollte festgelegt werden, dass die Gruppenfreistellung ihre Geltung verliert, wenn der gemeinsame Anteil der Parteien am Markt für die aus der Forschung und Entwicklung hervorgegangenen Produkte, Technologien oder Verfahren einen bestimmten Schwellenwert übersteigt. Die Freistellung sollte jedoch ungeachtet der Höhe der Marktanteile der Parteien während eines bestimmten Zeitraums nach Beginn der gemeinsamen Verwertung weiter gelten, damit sich – insbesondere nach Einführung eines vollkommen neuen Produkts – die Marktanteile der Parteien stabilisieren können und zugleich ein Mindestzeitraum für die Erwirtschaftung einer Rendite auf das investierte Kapital gewährleistet wird.

(19) Die durch diese Verordnung gewährte Freistellung sollte nicht für Vereinbarungen gelten, die Beschränkungen enthalten, die für die Erzielung der positiven Auswirkungen einer Forschungs- und Entwicklungsvereinbarung nicht unerlässlich sind. Vereinbarungen, die bestimmte Arten schwerwiegender Wettbewerbsbeschränkungen enthalten, sollten unabhängig vom Marktanteil der Parteien grundsätzlich von dem mit dieser Verordnung gewährten Rechtsvorteil der Freistellung ausgeschlossen werden; dies gilt unter anderem für Beschränkungen der Freiheit der Parteien, Forschung und Entwicklung in einem Bereich durchzuführen, der mit dem Bereich der betreffenden Vereinbarung nicht zusammenhängt, für die Festsetzung von Preisen für Dritte, für die Beschränkung von Produktion oder Absatz sowie für die Beschränkung des passiven Verkaufs von Produkten, Technologien oder Verfahren, die aus der gemeinsamen Forschung und Entwicklung oder der Auftragsforschung und -entwicklung hervorgegangen sind. Nutzungsbeschränkungen stellen in diesem Zusammenhang weder eine Produktions- oder Absatzbeschränkung noch eine Gebiets- oder Kundenbeschränkung dar.

(20) Durch die Marktanteilsschwellenwerte, den Ausschluss bestimmter Vereinbarungen von der Freistellung und die in dieser Verordnung vorgesehenen Voraussetzungen ist im Allgemeinen sichergestellt, dass Vereinbarungen, auf die die Gruppenfreistellung Anwendung findet, die Parteien nicht in die Lage versetzen, in Bezug auf einen wesentlichen Teil der betreffenden Produkte, Technologien oder Verfahren den Wettbewerb auszuschalten.

(21) Vereinbarungen zwischen Unternehmen, die nicht als Anbieter von Produkten, Technologien oder Verfahren, die aufgrund der Forschungs- und Entwicklungsergebnisse verbessert, ausgetauscht oder ersetzt werden können, miteinander im Wettbewerb stehen und die die Voraussetzungen dieser Verordnung erfüllen, schalten den wirksamen Innovationswettbewerb nur in Ausnahmefällen aus. Es ist daher zweckmäßig, diesen Vereinbarungen die mit dieser Verordnung gewährte Freistellung unabhängig vom Marktanteil zugutekommen zu lassen und Ausnahmefällen durch Entzug des Rechtsvorteils der durch diese Verordnung gewährten Freistellung zu begegnen. Die Freistellung solcher Vereinbarungen nach dieser Verordnung lässt die wettbewerbsrechtliche Würdigung von Forschungs- und Entwicklungsvereinbarungen, die die Voraussetzungen dieser Verordnung nicht erfüllen, oder von Vereinbarungen, für die der Rechtsvorteil der durch diese Verordnung gewährten Freistellung entzogen wurde, unberührt.

(22) In dieser Verordnung sollten typische Situationen aufgeführt werden, in denen es als angemessen angesehen werden kann, den Rechtsvorteil der durch sie gewährten Freistellung nach Artikel 29 der Verordnung (EG) Nr. 1/2003 des Rates[3] zu entziehen.

(23) Da Forschungs- und Entwicklungsvereinbarungen und insbesondere solche, bei denen sich die Zusammenarbeit auch auf die Verwertung der Ergebnisse erstreckt, häufig für einen langen Zeitraum geschlossen werden, sollte die Geltungsdauer dieser Verordnung auf 12 Jahre festgesetzt werden.

Schrifttum (für die aktuelle und die Vorgänger-GVO): Besen/Slobodenjuk, Die neue Gruppenfreistellungsverordnung für Forschungs- und Entwicklungsvereinbarungen, GRUR 2011, 300; Bosch, Die Entwicklung des deutschen und europäischen Kartellrechts, NJW 2022, 1653; Bundesministerium für Wirtschaft und Energie, Industrie 4.0 – Kartellrechtliche Betrachtungen, 2018; Cohausz, Gewerblicher Rechtsschutz und angrenzende Gebiete, 2018; Ensthaler, Industrie 4.0 und die Berechtigung an Daten, NJW 2016, 3473; Europäische Kommission, Eine Wettbewerbspolitik für neue Herausforderungen, 2021; Europäisches Parlament, Bericht über die Wettbewerbspolitik – Jahresbericht, 2019; Fritzsche, Die neuen Regeln über horizontale Kooperation im europä-

---

[3] **Amtl. Anm.:** Verordnung (EG) Nr. 1/2003 des Rates vom 16. Dezember 2002 zur Durchführung der in den Artikeln 81 und 82 des Vertrags niedergelegten Wettbewerbsregeln (ABl. L 1 vom 4.1.2003, S. 1).

ischen Wettbewerbsrecht, EuZW 2011, 208; Grabitz/Hilf/Nettesheim, Das Recht der EU, 2022; Gutermuth, Der neue Kartellrechtsrahmen für Forschungs- und Entwicklungsvereinbarungen, WuW 2012, 237; Hauck, Grenzen des Geheimnisschutzes, WRP 2018, 1032; Hasselblatt, Münchener Anwaltshandbuch Gewerblicher Rechtsschutz, 2017; Liebscher/Flohr/Petsche, Handbuch der EU-Gruppenfreistellungsverordnungen, 2012; Mestmäcker/Schweitzer, Europäisches Wettbewerbsrecht, 2014 sowie zur Historie der FuE-GVO auch Erstauflage 1974; Rosenberger/Wündisch, Verträge über Forschung und Entwicklung, 2018; Schubert, Kartellrechtliche Freistellungsfähigkeit von Vertriebsvereinbarungen im Rahmen von F&E-Kooperationen nach der GVO 1217/2010, NZKart 2013, 278; Slobodenjuk, Die FuE-Gruppenfreistellungsverordnung – Praxistipps, BB 2016, 1670; Strauch, Forschungsfreiheit – Forschung zwischen Freiheit und Reglementierung, ThürVBl 2021, 105; Thimm, Verwertung wissenschaftlicher Forschungsergebnisse – Zusammenführung von Angebot und Nachfrage auf elektronischen Forschungsmarktplätzen, 2017; Winzer, Forschungs- und Entwicklungsverträge, 2011; Winzer, Die Freistellungsverordnung der Kommission über Forschungs- und Entwicklungsvereinbarungen vom 1. Januar 2001, GRUR-Int 2001, 413; Wündisch, Wann die Freistellung vom Kartellverbot nach F&E-, TT- und Vertikal-GVO greifen, CR 2021, 641.

I. Kommentierung der aktuellen FuE-GVO (VO (2023/1066)

Die FuE-GVO (VO (EU) Nr. 1217/2010) wurde zum 1.7.2023 von der neu gefassten FuE-GVO (VO (EU) 2023/1066) abgelöst. Nach Art. 12 der aktuellen Fassung sind jedoch vor dem 30.6.2023 in Kraft getretene FuE-Vereinbarungen, welche nach der alten Fassung freigestellt waren, für den Zeitraum vom 1.7.2023 bis zum 30.6.2025 vom Verbot des Artikels 101 Absatz 1 AEUV weiterhin ausgenommen. Daher ist weiterhin die Vorgängerversion von Bedeutung. Sie wird daher im Anschluss an diese Kommentierung der geltenden FuE-GVO, unter II. Kommentierung der FuE-GVO Nr. 1217/2010 weiterhin kommentiert abgedruckt.

Einleitung

Übersicht

		Rn.			Rn.
I.	Normzweck	1	2.	Verhältnis zur TT-GVO	12
II.	Rechtsgrundlagen	7	3.	Verhältnis zur Spezialisierungs-GVO	15
III.	Verhältnis zu anderen Gruppenfreistellungsverordnungen	10	4.	Verhältnis zur Kfz-GVO	16
1.	Verhältnis zur Vertikal-GVO	11	5.	Unterschiede zu anderen GVOs	17

I. Normzweck

1 Es ist **Aufgabe der Gruppenfreistellungsverordnung für Vereinbarungen über Forschung und Entwicklung (FuE-GVO),** die volkswirtschaftlich erwünschte Forschung und Weiterentwicklung durch leicht handhabbare und flexible Regelungen zu fördern und nur dort Grenzen zu ziehen, wo dies zur Aufrechterhaltung des Zusammenspiels der Kräfte im freien Markt unvermeidbar ist.[1] Dies wird immer dann der Fall sein, wenn den Unternehmen durch die gewählten Vereinbarungen oder die tatsächlichen Marktverhältnisse die Möglichkeit eröffnet wird, den Wettbewerb für einen wesentlichen Teil der von der Vereinbarung betroffenen Produkte und Technologien auszuschalten. Auch die Neufassung der FuE-GVO verfolgt diese Ziele weiter.

2 FuE ist ein wirtschaftlich bedeutender Teil der Europäischen Union. Von den weltweit 2.500 Unternehmen, die im Jahr 2020 am meisten in FuE investierten, haben 20 % ihren Sitz in der EU. Allein diese EU-Unternehmen haben im Jahr 2020 jeweils mehr als EUR 36 Millionen in FuE investiert, insgesamt EUR 908,9 Milliarden. Wachstumstreiber waren im pandemischen Jahr 2020 die Bereiche Informations- und Kommunikationstechnik sowie Gesundheitswesen. Alle anderen Bereiche haben demgegenüber ihre Investitionen in FuE reduziert, insbesondere die Automobilbranche.[2]

3 FuE-Zusammenarbeit erfolgt zur Förderung des technischen und wirtschaftlichen Fortschritts. Sie führt zu Know-how-Gewinnen[3] sowie zu neuen Produkten oder Dienstleistungen[4] in besserer

---

[1] Cohausz, Gewerblicher Rechtsschutz und angrenzende Gebiete, Rn. 1907.
[2] http://iri.jrc.ec.europa.eu/rd_monitoring, zuletzt abgerufen am 22.3.2022.
[3] Zu den verschiedenen Möglichkeiten Know-how zu gewinnen: Cohausz, Gewerblicher Rechtsschutz und angrenzende Gebiete, Rn. 747 ff.
[4] Im aktuellen Verordnungstext werden Dienstleistungen vom dort definierten Begriff des „Produkts" erfasst, Art. 1 Abs. 1 Nr. 4.

Qualität oder zu niedrigeren Preisen. Damit fällt dieser Bereich in weiten Teilen bereits nicht unter das Kartellverbot des Art. 101 Abs. 1 AEUV. Nur wenn flankierend Beschränkungen vereinbart werden, die die Parteien darin einschränken gegenüber den übrigen Parteien Wettbewerbsvorteile zu erlangen, ist eine Wettbewerbsbeschränkung gegeben, die aber nach Art. 101 Abs. 3 AEUV vom Kartellverbot ausgenommen sein kann. Mit der FuE-GVO hat die Kommission bestimmte Gruppen von Vereinbarungen über FuE vom Kartellverbot freigestellt, da sie die Voraussetzungen des Art. 101 Abs. 3 AEUV für gegeben ansieht. Dabei ist die FuE-GVO – zu Recht – die großzügigste der bisher erlassenen GVOs.

Es gibt vielfältige Erscheinungsformen von FuE-Vereinbarungen, eher einseitige wie beispielsweise die Auftragsforschung oder Kooperationen, in denen ein Unternehmen ein zweites oder eine universitäre Forschungseinrichtung lediglich um begrenzte „Mithilfe" bittet, aber auch mehr oder weniger gleichberechtigte Kooperationsvereinbarungen, sowie besonders intensive Kooperationen, wie bei der Gründung eines neuen, gemeinsam kontrollierten Unternehmens. Für die Beurteilung, ob eine gemeinsame FuE-Tätigkeit von Art. 101 AEUV erfasst wird oder nicht, ist die Rechtsform jedoch ohne Belang. Informell abgestimmtes Verhalten oder notariell beurkundete Gemeinschaftsunternehmen können den Wettbewerb in gleicher Weise beschränken. **4**

All die privilegierenden Regeln für FuE stehen allerdings, wie auch in den anderen GVOs, unter dem Damoklesschwert, dass die Vorteile der Gruppenfreistellung dann entzogen werden, wenn der gemeinsame Anteil der Vertragsparteien am Markt, der aus der FuE hervorgegangenen Produkte oder Technologien zu groß wird. Dies ist sicherlich der gravierendste „Schwachpunkt" der FuE-GVO, gerade im Hinblick auf die mit der Anwendung der Marktanteilsschwelle verbundenen Schwierigkeiten bei der Abgrenzung der relevanten Märkte und der Ermittlung der notwendigen Informationen. **5**

Eine Freistellung nach der FuE-GVO bringt auch Verpflichtungen der FuE-Beteiligten in dem Sinne mit sich, dass die Endergebnisse der gemeinsamen FuE mit den anderen FuE-Beteiligten zu teilen sind (Art. 3 Abs. 2) und unter gewissen Umständen auch Zugang zu bereits vorhandenem Know-how einer Partei gewährt werden muss (Art. 4 Abs. 2). Das mag bei einer Auftragsforschung erstaunen, da man hier eher die Wertung der Bekanntmachung „Zulieferverträge" als passend ansehen könnte. Doch bietet die neue Fassung von Art. 4 Abs. 2 in der Praxis möglicherweise mehr Spielraum, um dennoch zu interessengerechten Ergebnissen zu gelangen (→ Art. 4 Rn. 1). **6**

II. Rechtsgrundlagen

Seit 1.7.2023 gelten für Kooperationsvereinbarungen zwischen Unternehmen im Bereich der FuE die bis zum 30.6.2035 gültige FuE-GVO (VO (EU) 2023/1066) vom 1. Juni 2023 sowie die überarbeiteten Leitlinien „horizontale Zusammenarbeit" der EU-Kommission.[5] Diese können zur Auslegung der FuE-GVO herangezogen werden und sollen den Parteien zudem die Prüfung der Freistellungsfähigkeit nicht von der Gruppenfreistellung erfasster Vereinbarungen nach Art. 101 Abs. 3 AEUV erleichtern. **7**

FuE-Vereinbarungen, die zwar geeignet sind, den Handel zwischen Mitgliedstaaten zu beeinträchtigen, aber die durch die FuE-GVO freigestellt sind, dürfen nicht durch das **nationale Recht** eines Mitgliedstaates untersagt werden.[6] Bei rein nationalen Sachverhalten dürfen die Mitgliedstaaten strengere Regelungen anwenden. In Deutschland gilt die FuE-GVO gemäß § 2 Abs. 2 GWB auch für Fälle ohne grenzüberschreitende Wirkungen. Bei rein nationalen Sachverhalten ist über diesen Verweis anwendbare FuE-GVO genauso auszulegen, wie bei grenzüberschreitenden Sachverhalten.[7] **8**

Im Übrigen verbleibt es bei der Anwendung der für FuE-Vereinbarungen ebenfalls wichtigen **Bekanntmachungen** der Kommission, so zB der De-minimis-Bekanntmachung und der Bekanntmachung „Zulieferverträge", die jeweils im Zusammenhang mit einer Überprüfung einer FuE-Vereinbarung nach den Regeln der FuE-GVO mit geprüft werden müssen. **9**

III. Verhältnis zu anderen Gruppenfreistellungsverordnungen

Die FuE-GVO stellt in **Art. 2 Abs. 3** klar, dass ihre Freistellung auch für FuE-Vereinbarungen gilt, die die Übertragung von IP-Rechten oder die Erteilung entsprechender Lizenzen betreffen, was für das Verhältnis zur TT-GVO relevant ist. Maßgeblich für die Freistellung ist hier, dass die **10**

---

[5] Leitlinien zur Anwendbarkeit von Art. 101 des Vertrages über die Arbeitsweise der Europäischen Union auf Vereinbarungen über horizontale Zusammenarbeit vom 1.6.2023, C(2023) 3445 final; diese werden im Folgenden zitiert.
[6] Art. 3 Abs. 2 VO 1/2003.
[7] Bechtold/Bosch GWB § 2 Rn. 28.

Rechtsübertragung bzw. Lizenzerteilung „nicht Hauptgegenstand" der Vereinbarung und für sie erforderlich ist. Damit ist zumindest bezogen auf die TT-GVO eine Art Schwerpunktbetrachtung angelegt. Für die übrigen GVOs enthält die FuE-GVO keine Vorgaben zur Abgrenzung. Die **Leitlinien „horizontale Zusammenarbeit"** stellen klar, dass horizontale Vereinbarungen verschiedene Stufen der Zusammenarbeit betreffen können.[8] Grundsätzlich ist eine Vereinbarung **an allen GVOs** zu messen, die eine integrierte Zusammenarbeit betreffen.[9] Wo allerdings der Anwendungsbereich der jeweiligen GVOs einer Schwerpunktbetrachtung nicht widerspricht, kann ein solches Vorgehen zur Abgrenzung und Auslegung zwischen den einzelnen GVOs dienen, zumal die FuE-GVO in Art. 2 Abs. 3 schon einen Fall der Schwerpunktbetrachtung einführt. Aus Gründen der anwaltlichen Vorsicht, sollte in unklaren Fällen im Zweifel sämtliche in Betracht kommende GVOs berücksichtigt werden.[10]

11   **1. Verhältnis zur Vertikal-GVO.** Im Hinblick auf die **Vertikal-GVO** ergibt sich der Vorrang der FuE-GVO für vertikale Beschränkungen, etwa bei der Behandlung von Kundenbeschränkungen oder Gebietszuweisungen, bereits aus Art. 2 Abs. 7 Vertikal-GVO.[11] Die Vertikal-GVO ist eine nur subsidiär eingreifende GVO, die bei originär vertriebsrechtlichen Regelungen und nicht bei Einschränkungen in Bezug auf die Vornahme von Forschungsarbeiten eingreift.[12]

12   **2. Verhältnis zur TT-GVO.** Die **TT-GVO** stellt in Art. 9 TT-GVO klar, dass die FuE-GVO grundsätzlich vorrangig ist.[13] Soweit die Parteien einer FuE-Vereinbarung im Zusammenhang mit der FuE einander oder an eine gemeinsame Einrichtung Schutzrechte oder Know-how lizenzieren, greift daher grundsätzlich die FuE-GVO, nicht die TT-GVO. Entscheidend für die Anwendbarkeit der FuE-GVO ist allerdings, dass die Übertragung von IP-Rechten oder die Erteilung diesbezüglicher Lizenzen nicht Hauptgegenstand der Vereinbarung und für diese erforderlich sind, Art. 2 Abs. 3. In einer von der FuE-GVO erfassten Vereinbarung können die Parteien auch die Bedingungen für eine Lizenzierung der Ergebnisse der FuE-Vereinbarung an Dritte festlegen. Die reine Lizenzerteilung an Dritte, die mit der FuE nichts zu tun hatten, ist dagegen nach der TT-GVO zu beurteilen.[14]

13   **Abgrenzungsfragen zur TT-GVO** ergeben sich jedoch beispielsweise im Bereich der Auftragsforschung, die von der FuE-GVO ebenfalls erfasst ist, ohne zwingend eine gemeinsame Verwertung der Ergebnisse zu verlangen.[15] Ein Grenzfall ist beispielsweise die Konstellation, in der der Auftraggeber einem spezialisierten Auftragnehmer eine Zielvorgabe macht, die der Auftragnehmer dann aufbauend auf seiner eigenen Expertise entwickeln soll. Wenn sich in diesem Fall der Auftraggeber an den Ergebnissen sämtliche Verwertungsrechte einräumen lässt, einschließlich etwaiger Lizenzen an erforderlicher Background-IP des Auftragnehmers, und die Bezahlung des Auftragnehmers erst nachträglich beim Vertrieb der Ergebnisse in Form von „Lizenzgebühren" erfolgt, scheint der Schwerpunkt der Vereinbarung eher bei dem lizenzierten Vertrieb der Ergebnisse zu liegen. Der für die Abgrenzung zur TT-GVO maßgebliche Schwerpunkt der Vereinbarung, Art. 2 Abs. 3, scheint in diesem Beispielsfall eher auf der Lizenzierung von Technologie als der (Auftrags-)FuE zu liegen.

14   Lässt sich nicht verlässlich klären, ob die FuE-GVO oder die TT-GVO einschlägig ist, gebietet die anwaltliche Vorsicht, soweit möglich die Vorgaben beider GVOs zu wahren – insbes. da sich bereits eine Entscheidung zur parallelen Anwendbarkeit von FuE- und TT-GVO findet.[16]

15   **3. Verhältnis zur Spezialisierungs-GVO.** Die ebenfalls neu gefasste **Spezialisierungs-GVO**[17] dürfte dagegen grundsätzlich – wie bisher – neben der FuE-GVO anwendbar bleiben,[18] wohl ohne dass dieser Parallelität idR besondere praktische Bedeutung zukommen dürfte. In Art. 2 Abs. 3 Spezialisierungs-GVO ist eine dem Art. 2 Abs. 3 FuE-GVO vergleichbare Regelung enthal-

---

[8] Leitlinien „horizontale Zusammenarbeit", Rn. 6.
[9] Leitlinien „horizontale Zusammenarbeit", Rn. 6.
[10] Die Leitlinien „horizontale Zusammenarbeit" enthalten hilfreiche Ausführungen zur Vornahme des Schwerpunkttests, weisen aber darauf hin, dass dieser nur für die Anwendung der Leitlinien, nicht aber die Abgrenzung der GVOs gelten solle, Rn. 6 ff. Mit dem Ziel der Leitlinien, den Unternehmen die Handhabung der GVOs zu erleichtern, ist dies kaum vereinbar.
[11] Bei vertikalen FuE-Vereinbarungen wird zT vertreten, beispielsweise Alleinbelieferungsverpflichtungen auch an der Vertikal-GVO zu messen, vgl. Smielick, Hasselblatt, Münchener Anwaltshandbuch Gewerblicher Rechtsschutz, § 49 Rn. 143.
[12] Staub/Emde HGB Vorb. § 84 Rn. 300.
[13] Hierzu auch Leitlinien „Technologietransfer" Rn. 74.
[14] Leitlinien „Technologietransfer" Rn. 74; Liebscher/Flohr/Petsche Gruppenfreistellungs-VO-HdB/Traugott § 10 Rn. 6; Immenga/Mestmäcker/Fuchs, Art. 2 Rn. 8.
[15] Leitlinien „Technologietransfer" Rn. 73.
[16] OLG Celle, BeckRS 2016, 124988 Rn. 52 – Zuckerrübenzüchtung.
[17] Verordnung (EU) 2023/1067 vom 1. Juni 2023, ABl. 2023 L 143, 20.
[18] Liebscher/Flohr/Petsche Gruppenfreistellungs-VO-HdB/Traugott § 10 Rn. 7.

ten, die die Abgrenzung zur TT-GVO betrifft. Eine Regelung mit Bezug auf die FuE-GVO ist nicht gegeben. Ein Überlapp im Anwendungsbereich beider GVOs besteht insofern, als die FuE-GVO die „Spezialisierung im Rahmen der Verwertung" mitumfasst, Art. 1 Nr. 12, Nr. 10 lit. c und Nr. 1 lit. a Ziff. ii und damit einen Aspekt, den die Spezialisierungs-GVO als „Vereinbarung über die gemeinsame Produktion" gem. Art. 1 Nr. 1 lit. a (3) erfasst. Voraussetzung für eine „Spezialisierung im Rahmen der Verwertung" im Sinne der FuE-GVO ist allerdings gemäß Art. 5 Abs. 1 lit. b, Art. 1 Abs. 1 lit. c, dass diese Ergebnisse betreffen muss, die durch Rechte des geistigen Eigentums geschützt sind oder Know-how darstellen und die für die Herstellung der Vertragsprodukte unerlässlich sind. Da sich beide GVOs insbesondere hinsichtlich der Marktanteilsschwellen unterscheiden (die FuE-GVO stellt die Parteien günstiger), kann eine Vereinbarung nur dann durch die FuE-GVO freigestellt werden, wenn der Schwerpunkt der Zusammenarbeit in der gemeinsamen FuE liegt.[19] Liegt hingegen der Schwerpunkt der Vereinbarung in der gemeinsamen Produktion oder Vermarktung, ohne dass ein nennenswerter FuE-Mehrwert von den Parteien vereinbart und realisiert wurde, greift allein die Spezialisierungs-GVO. In der Regel liegt der Schwerpunkt auf der FuE, falls es zu der gemeinsamen Produktion nur dann kommt, wenn die gemeinsame FuE erfolgreich verläuft,[20] dh die Ergebnisse der gemeinsamen FuE für die spätere gemeinsame Produktion maßgeblich sind. Wäre die gemeinsame Produktion aber in jedem Fall durchgeführt worden oder wäre die Integration im Bereich der Produktion vollständig, im Bereich der FuE aber nur teilweise, liegt der Schwerpunkt nicht mehr auf der FuE. Erfolgt die Vermarktung allein aufgrund der Spezialisierung, so liegt in ihr der Schwerpunkt.[21]

4. Verhältnis zur Kfz-GVO. Eine parallele Anwendung der FuE-GVO neben der **Kfz-GVO** **16** wird dagegen in den meisten Fällen wegen des unterschiedlichen Regelungsgegenstandes schon aus tatsächlichen Gründen nicht in Betracht kommen, ist aber nicht ausgeschlossen, wie die alte Kfz-GVO Nr. 1475/95 noch ausdrücklich klarstellte.[22]

5. Unterschiede zu anderen GVOs. Im Vergleich zu den anderen geltenden GVOs unter- **17** scheidet sich die FuE-GVO vor allem darin, dass sie die Einzige ist, die **zusätzliche, positive Freistellungsvoraussetzungen** formuliert (Art. 3 ff.) und für den siebenjährigen Freistellungszeitraum bei Wettbewerbern genügen lässt, dass **bei Vertragsschluss** eine bestimmte Marktanteilsschwelle nicht überschritten ist (Art. 6 Abs. 1, 3).

Art. 1 Begriffsbestimmungen

(1) Für die Zwecke dieser Verordnung bezeichnet der Ausdruck
1. „Forschungs- und Entwicklungsvereinbarung" eine Vereinbarung zwischen zwei oder mehr Parteien, die die Bedingungen betrifft, unter denen diese Parteien eine der folgenden Tätigkeiten ausüben:
   a) gemeinsame Forschung und Entwicklung von Vertragsprodukten oder Vertragstechnologien,
      i) die nicht die gemeinsame Verwertung der Ergebnisse dieser Forschung und Entwicklung umfasst, oder
      ii) die die gemeinsame Verwertung der Ergebnisse dieser Forschung und Entwicklung umfasst,
   b) Auftragsforschung und -entwicklung von Vertragsprodukten oder Vertragstechnologien,
      i) die nicht die gemeinsame Verwertung der Ergebnisse dieser Forschung und Entwicklung umfasst, oder
      ii) die die gemeinsame Verwertung der Ergebnisse dieser Forschung und Entwicklung umfasst,
   c) gemeinsame Verwertung der Ergebnisse von Forschung und Entwicklung von Vertragsprodukten oder Vertragstechnologien, die nach einer zuvor geschlossenen Vereinbarung nach Buchstabe a zwischen denselben Parteien durchgeführt worden ist,

---
[19] Smielick, Hasselblatt, Münchener Anwaltshandbuch Gewerblicher Rechtsschutz, § 49 Rn. 144; Schubert NZKart 2013, 278 (279) Fn. 6; zur Verhältnis FuE-GVO und Spezialisierungs-GVO und zum Schwerpunkttest, der (unverständlicherweise) laut Leitlinien „horizontale Zusammenarbeit" nur für die Anwendung der Leitlinien, nicht aber die Abgrenzung der GVOs gelten soll, Rn. 6 ff.
[20] Leitlinien „horizontale Zusammenarbeit" Rn. 7 lit. a.
[21] Leitlinien „horizontale Zusammenarbeit" Rn. 7 lit. b.
[22] GK-KartellR/Schödermeier/Wagner VO Nr. 418/85, Art. 1 Rn. 147.

d) gemeinsame Verwertung der Ergebnisse von Forschung und Entwicklung von Vertragsprodukten oder Vertragstechnologien, die nach einer zuvor geschlossenen Vereinbarung nach Buchstabe b zwischen denselben Parteien durchgeführt worden ist;
2. „Vereinbarung" eine Vereinbarung zwischen Unternehmen, einen Beschluss einer Unternehmensvereinigung oder eine abgestimmte Verhaltensweise;
3. „Forschung und Entwicklung" Tätigkeiten mit dem Ziel des Erwerbs von Know-how über Produkte, Technologien oder Verfahren, der Durchführung von theoretischen Analysen, systematischen Studien oder Versuchen einschließlich der Versuchsproduktion und der Produktion zu Demonstrationszwecken, der technischen Erprobung von Produkten oder Verfahren, der Errichtung der dafür erforderlichen Anlagen bis zu dem für Demonstrationszwecke erforderlichen Umfang und der Erlangung von Rechten des geistigen Eigentums an den Ergebnissen;
4. „Produkt" eine Ware oder eine Dienstleistung; darunter fallen sowohl Zwischenwaren und -dienstleistungen als auch Endwaren und -dienstleistungen;
5. „Vertragstechnologie" eine Technologie oder ein Verfahren, die bzw. das aus der gemeinsamen Forschung und Entwicklung bzw. der Auftragsforschung und -entwicklung hervorgeht;
6. „Vertragsprodukt" ein Produkt, das aus gemeinsamer Forschung und Entwicklung bzw. Auftragsforschung und -entwicklung hervorgeht oder unter Anwendung der Vertragstechnologien produziert wird;
7. „Verwertung der Ergebnisse" die Produktion oder den Vertrieb der Vertragsprodukte, die Anwendung der Vertragstechnologien, die Übertragung von Rechten des geistigen Eigentums oder die Erteilung diesbezüglicher Lizenzen oder die Weitergabe von Know-how, das für die Produktion, den Vertrieb oder die Anwendung erforderlich ist;
8. „Rechte des geistigen Eigentums" gewerbliche Schutzrechte, z.B. Patente und Markenzeichen, sowie Urheberrechte und verwandte Schutzrechte;
9. „Know-how" eine Gesamtheit praktischer Kenntnisse, die durch Erfahrungen und Erprobung gewonnen wurden und die
   a) „geheim", das heißt nicht allgemein bekannt und nicht leicht zugänglich sind,
   b) „wesentlich", das heißt für die Produktion der Vertragsprodukte oder die Anwendung der Vertragstechnologien von Bedeutung und nützlich sind, und
   c) „identifiziert", das heißt umfassend genug beschrieben sind, sodass überprüft werden kann, ob die Merkmale „geheim" und „wesentlich" erfüllt sind;
10. „gemeinsam" im Zusammenhang mit Tätigkeiten, die im Rahmen einer Forschungs- und Entwicklungsvereinbarung ausgeübt werden, die Ausübung der betreffenden Tätigkeiten
    a) durch ein gemeinsames Team, eine gemeinsame Organisation oder ein gemeinsames Unternehmen,
    b) durch einen gemeinsam beauftragten Dritten oder
    c) durch die Parteien im Wege der Spezialisierung im Rahmen der Forschung und Entwicklung oder der Spezialisierung im Rahmen der Verwertung.
11. „Spezialisierung im Rahmen der Forschung und Entwicklung" die Beteiligung aller Parteien an der unter die Forschungs- und Entwicklungsvereinbarung fallenden Forschung und Entwicklung und die Aufteilung der Forschungs- und Entwicklungsarbeiten untereinander so, wie es ihres Erachtens zweckmäßig ist; dies umfasst nicht Auftragsforschung und -entwicklung;
12. „Spezialisierung im Rahmen der Verwertung" die Verteilung einzelner Aufgaben wie Produktion oder Vertrieb unter den Parteien oder die Auferlegung von Beschränkungen hinsichtlich der Verwertung der Ergebnisse unter den Parteien wie in Bezug auf bestimmte Gebiete, Kunden oder Anwendungsbereiche; dies umfasst den Fall, dass nur eine Partei die Vertragsprodukte auf der Grundlage einer von den anderen Parteien erteilten ausschließlichen Lizenz produziert und vertreibt oder die Vertragstechnologien auf der Grundlage einer solchen Lizenz anwendet;
13. „Auftragsforschung und -entwicklung" Forschungs- und Entwicklungsarbeiten, die durch eine Partei ausgeführt und durch eine finanzierende Partei finanziert werden;
14. „finanzierende Partei" eine Partei, die Auftragsforschung und -entwicklung finanziert, aber selbst keine der Forschungs- und Entwicklungstätigkeiten ausübt;
15. „Wettbewerber" einen tatsächlichen oder potenziellen Wettbewerber:

Begriffsbestimmungen **Art. 1 FuE-GVO**

a) „tatsächlicher Wettbewerber" ein Unternehmen, das Produkte, Technologien oder Verfahren anbietet, die auf dem räumlich relevanten Markt durch das Vertragsprodukt bzw. die Vertragstechnologie verbessert, ausgetauscht oder ersetzt werden können,

b) „potenzieller Wettbewerber" ein Unternehmen, bei dem realistisch und nicht nur hypothetisch davon ausgegangen werden kann, dass es ohne die Forschungs- und Entwicklungsvereinbarung wahrscheinlich innerhalb von höchstens 3 Jahren die zusätzlichen Investitionen tätigen oder die sonstigen Kosten auf sich nehmen würde, die erforderlich wären, um Produkte, Technologien oder Verfahren anbieten zu können, die auf dem räumlich relevanten Markt durch das Vertragsprodukt bzw. die Vertragstechnologie verbessert, ausgetauscht oder ersetzt werden können;

16. „relevanter Produktmarkt" den relevanten Markt für die Produkte, die durch die Vertragsprodukte verbessert, ausgetauscht oder ersetzt werden können;
17. „relevanter Technologiemarkt" den relevanten Markt für die Technologien oder Verfahren, die durch die Vertragstechnologien verbessert, ausgetauscht oder ersetzt werden können;
18. „aktiver Verkauf" jegliche Art des Verkaufs außer passivem Verkauf;
19. „passiver Verkauf" einen auf unaufgeforderte Anfragen einzelner Kunden zurückgehenden Verkauf – einschließlich der Lieferung von Produkten an den Kunden –, der nicht durch gezielte Ansprache der betreffenden Kunden, der betreffenden Kundengruppe oder Kunden in den betreffenden Gebieten ausgelöst wurde, einschließlich Verkäufen infolge der Teilnahme an öffentlichen Vergabeverfahren oder an privaten Aufforderungen zur Interessensbekundung.

(2) ¹Für die Zwecke dieser Verordnung umfassen die Ausdrücke „Unternehmen" und „Partei" auch die jeweils mit diesen verbundenen Unternehmen. ²Der Ausdruck „verbundene Unternehmen" bezeichnet

1. Unternehmen, in denen eine Partei der Forschungs- und Entwicklungsvereinbarung unmittelbar oder mittelbar eines oder mehrere der folgenden Rechte oder eine oder mehrere der folgenden Befugnisse hat:
   a) die Befugnis, mehr als die Hälfte der Stimmrechte auszuüben,
   b) die Befugnis, mehr als die Hälfte der Mitglieder des Aufsichts- oder Leitungsorgans oder der zur gesetzlichen Vertretung berufenen Organe zu bestellen,
   c) das Recht, die Geschäfte des Unternehmens zu führen,
2. Unternehmen, die in einer an der Forschungs- und Entwicklungsvereinbarung beteiligten Partei unmittelbar oder mittelbar eines oder mehrere der unter Nummer 1 aufgeführten Rechte oder eine oder mehrere der unter Nummer 1 aufgeführten Befugnisse haben,
3. Unternehmen, in denen ein unter Nummer 2 genanntes Unternehmen unmittelbar oder mittelbar eines oder mehrere der unter Nummer 1 aufgeführten Rechte oder eine oder mehrere der unter Nummer 1 aufgeführten Befugnisse hat,
4. Unternehmen, in denen eine Partei der Forschungs- und Entwicklungsvereinbarung zusammen mit einem oder mehreren der unter den Nummern 1, 2 oder 3 genannten Unternehmen oder in denen zwei oder mehr der letztgenannten Unternehmen gemeinsam eines oder mehrere der unter Nummer 1 aufgeführten Rechte oder eine oder mehrere der unter Nummer 1 aufgeführten Befugnisse haben,
5. Unternehmen, in denen die folgenden Parteien gemeinsam eines oder mehrere der unter Nummer 1 aufgeführten Rechte oder eine oder mehrere der unter Nummer 1 aufgeführten Befugnisse haben:
   a) Parteien der Forschungs- und Entwicklungsvereinbarung oder mit ihnen verbundene Unternehmen im Sinne der Nummern 1 bis 4 oder
   b) eine oder mehrere Parteien der Forschungs- und Entwicklungsvereinbarung oder eines oder mehrere der mit ihnen verbundenen Unternehmen im Sinne der Nummern 1 bis 4 und ein oder mehrere Dritte.

Übersicht

	Rn.			Rn.
I. Überblick	1	2.	Vereinbarung (Art. 1 Abs. 1 Nr. 2)	6
II. Die einzelnen Legaldefinitionen	4	3.	Forschung und Entwicklung (Art. 1	
1. FuE-Vereinbarung (Art. 1 Abs. 1 Nr. 1)	4		Abs. 1 Nr. 3)	7

		Rn.			Rn.
4.	Produkt (Art. 1 Abs. 1 Nr. 4)	10	10.	Spezialisierung (Art. 1 Abs. 1 Nr. 11 und Nr. 12)	30
5.	Vertragstechnologie und Vertragsprodukt (Art. 1 Abs. 1 Nr. 5 und Nr. 6)	11	11.	Auftragsforschung (Art. 1 Abs. 1 Nr. 13 und 14)	33
6.	Verwertung der Ergebnisse (Art. 1 Abs. 1 Nr. 7)	12	12.	Wettbewerber (Art. 1 Abs. 1 Nr. 15)	36
7.	Rechte des geistigen Eigentums (Art. 1 Abs. 1 Nr. 8)	16	13.	Relevanter Produktmarkt/relevanter Technologiemarkt (Art. 1 Abs. 1 Nr. 16 und Nr. 2217)	41
8.	Know-how (Art. 1 Abs. 1 Nr. 9) – geheim, wesentlich und identifiziert (lit. a–c)	19	14.	Aktiver/passiver Verkauf (Art. 1 Abs. 1 Nr. 18 und Nr. 19)	43
9.	Gemeinsam (Art. 1 Abs. 1 Nr. 10)	24	15.	Verbundene Unternehmen (Art. 1 Abs. 2)	45

I. Überblick

1   Art. 1 definiert eine Reihe der in der Verordnung enthaltenen Begriffe. Ein großer Teil dieser Legaldefinitionen deckt sich mit denen anderer GVOs.

2   Im Vergleich zur Vorgängerversion der FuE-GVO wurden viele sprachliche Anpassungen vorgenommen und eine neue Nummerierung zugewiesen. Inhaltlich wurde an der Definition des „**potenziellen Wettbewerbers**" gefeilt und zur besseren Handhabbarkeit die Voraussetzung eines „geringen, aber anhaltenden Anstiegs der relativen Preise" gelöscht, Art. 1 Abs. 1 Nr. 15 lit. b. Außerdem wurde bei der Spezialisierung im Rahmen der Verwertung die lizenzgemäße Anwendung von Vertragstechnologien ausdrücklich erwähnt, Art. 1 Abs. 1 Nr. 12. Eine grundlegende Abkehr von der früher geltenden Rechtslage wurde mit den Neuerungen in Art. 1 jedoch nicht bewirkt und war auch nicht intendiert. Die zwischenzeitlich im Kommissionsentwurf angedachte Aufnahme von „FuE-Pol", „neues Produkt oder neue Technologie" sowie weiteren Begriffen im Zusammenhang mit dem Innovationswettbewerb in die Liste des Art. 1 Abs. 1 ist indessen aufgegeben worden (s. auch Kommentierung zu Art. 10 Abs. 2 lit. e).

3   Erstes Ziel der Änderungen war die Schaffung von mehr Klarheit. Es wurde kritisiert, dass Unstimmigkeiten zwischen den verschiedenen (vertikalen und horizontalen) GVOs in Bezug auf die Definition des „potenziellen Wettbewerbers" und in Bezug auf die Abgrenzung dieser untereinander bestanden.[1] Schließlich wurde auch die Komplexität der Definitionen und die hieraus folgende allzu vorsichtige Auslegung der Vorschriften kritisiert sowie Unklarheiten bzgl. der rechtlichen Rahmenbedingungen zur Abgrenzung von Wettbewerbern zu Nicht-Wettbewerbern.[2] Vornehmlich sollten die sprachlichen Anpassungen wohl dem Zweck dienen die vorgebrachten Kritikpunkte – zumindest bezüglich der Uneinheitlichkeit – auszuräumen.[3]

II. Die einzelnen Legaldefinitionen

4   **1. FuE-Vereinbarung (Art. 1 Abs. 1 Nr. 1).** Die Definition von „FuE-Vereinbarung" ist eine ergebnisorientierte. Es geht um Vereinbarungen, die die Schaffung von Vertragsprodukten oder Vertragstechnologien und/oder die Verwertung derselben zum Ziel haben. Die FuE-Phase sowie die Verwertungs-Phase können in zwei separaten Verträgen geregelt werden, die auch nicht zeitlich zusammentreffen müssen, vgl. Abs. 1 Nr. 1 lit. c und d. Bei den isolierten Verwertungsvereinbarungen (lit. c und d) ergeben sich leichter Abgrenzungsfragen zu Lizenzverträgen, die nach der TT-GVO zu beurteilen sind.[4]

5   Umstritten ist, ob nur eine solche Verwertungsvereinbarung freigestellt werden kann, bei der auch die vormalige FuE nach Art. 101 Abs. 1 AEUV zulässig war.[5] Hierfür spricht, dass es sachgerecht erscheint, nur das Ergebnis einer zulässigen FuE unter den Schutz der FuE-GVO zu stellen.[6] Eine Verwertungsvereinbarung ist auch dann noch erfasst, wenn eines der beteiligten Unternehmen nach Abschluss der ursprünglichen FuE-Phase aus der Kooperation ausgeschieden ist.[7] Umgekehrt

---

[1] SWD(2020) 172 final, 73, 78 Ziff. 19, 159; SWD(2021) 104 final, 29, 99, 113.
[2] SWD(2021) 104 final, 54.
[3] SWD(2021) 104 final, 46.
[4] Hierzu bereits → Einl. Rn. 12.
[5] So wohl die Kommission Leitlinien „horizontale Zusammenarbeit" Rn. 101.
[6] Smielick, Hasselblatt, Münchener Anwaltshandbuch Gewerblicher Rechtsschutz, § 49 Rn. 106.
[7] LMRKM/Schütze Art. 2 Rn. 31.

ist es von der Freistellung nicht mehr erfasst, wenn Dritt-Unternehmen nach abgeschlossener FuE alleine für die Verwertung hinzutreten.[8]

2. Vereinbarung (Art. 1 Abs. 1 Nr. 2). Art. 1 Abs. 1 Nr. 2 reflektiert in seinem Wortlaut 6 Art. 101 Abs. 1 AEUV, so dass insoweit auf die Erläuterungen zu dieser Vorschrift verwiesen werden kann. Insbesondere ist es unerheblich, ob eine Beschränkung bezweckt oder bewirkt wird. Auch eine dem Wortlaut nach freistellungsfähige Vereinbarung kann mit den Freistellungsvoraussetzungen unvereinbar sein, wenn sie in entsprechender Weise praktiziert wird.[9]

3. Forschung und Entwicklung (Art. 1 Abs. 1 Nr. 3). Die weit auszulegende[10] Legaldefini- 7 tion in Art. 1 Abs. 1 Nr. 3 erfasst alle klassischen FuE-Arbeiten bis hin zur Produktionsreife, ab der dann eine „Verwertung der Ergebnisse" iSv Art. 1 Abs. 1 Nr. 7 vorliegt. Neben den offenkundig zur FuE gehörenden und in der Norm aufgelisteten Tätigkeiten mit dem Ziel des Erwerbs von Know-how über bestehende oder neue Produkte zählen zu den FuE-Arbeiten auch verwertungsnähere Tätigkeiten, wie die Herstellung von Prototypen oder die technische Prüfung von Produkten und Verfahren zB durch klinische Tests. Forschung im engeren, rein wissenschaftlichen Sinne muss nicht vorliegen, es genügen reine Entwicklungskooperationen, solange diese einen gewissen innovativen Gehalt haben[11] und auf die Entwicklung von Vertragsprodukten oder -technologien zielen. Selbst Testversuche zur Erstellung von Dossiers zur Beantragung der Marktzulassung, beispielsweise für Arzneimitteln, können als FuE gelten,[12] obgleich dies eher die Ausnahme darstellen dürfte. Ebenso genügt, wenn sich der Beitrag einer Partei darauf beschränkt, das von der anderen Partei entwickelte Ergebnis (beispielsweise Prototypen) zu testen und diesbezügliche Verbesserungsvorschläge zu liefern,[13] zumindest sofern diese einen innovativen Gehalt aufweisen. Entscheidend ist, dass sich FuE auf Produkte, Technologien oder Verfahren richten müssen, eine reine (Grundlagen)Forschung, ohne jeglichen diesbezüglichen Bezug ist damit nicht erfasst[14] und würde in der Regel auch von vornherein nicht unter Art 101 Abs. 1 AEUV fallen.

Die Unterscheidung zwischen der eigentlichen FuE und der sich daran anschließenden Verwer- 8 tungsphase dürfte von geringer praktischer Bedeutung sein: Die siebenjährige Mindest-Freistellungsdauer beginnt erst mit dem Tag des ersten Inverkehrbringens der Produkte und nicht bereits mit deren Herstellung zu laufen, Art. 6 Abs. 3, und die Marktanteilsschwelle von 25 % bei zwischen konkurrierenden Unternehmen geschlossenen Vereinbarungen greift bereits zum Zeitpunkt des Vertragsschlusses ein, Art. 6 Abs. 1. Um den Beginn der 7-Jahresfrist möglichst präzise bestimmen zu können, sollte das erste Inverkehrbringen vertraglich geregelt werden.

Setzen die FuE Parteien in ihrer Kooperation Künstliche Intelligenz (KI) ein und werden 9 hierdurch Neuentwicklungen erzielt, dürfte dies grundsätzlich ebenfalls als FuE im Sinne der FuE-GVO angesehen werden. Hierfür spricht, dass ein durch KI erzieltes Ergebnis aus wettbewerbsrechtlicher Sicht genauso erstrebenswert ist wie ein durch menschliches Zusammenwirken entstandenes Ergebnis. Wurde die KI von einem Dritten erworben, wird dieser dadurch aber nicht Partei der FuE.

4. Produkt (Art. 1 Abs. 1 Nr. 4). Nach der Legaldefinition unterfallen diesem Begriff nicht 10 nur Waren, sondern auch Dienstleistungen sowohl in Form eines Zwischen- als auch Endprodukts. Die Definition ist demnach sehr weit gefasst, was vor dem Hintergrund eines umfassenden Wettbewerbsschutzes konsequent ist.

5. Vertragstechnologie und Vertragsprodukt (Art. 1 Abs. 1 Nr. 5 und Nr. 6). Die FuE- 11 GVO unterscheidet zwischen „Vertragstechnologien" und „Vertragsprodukten". Diese dem Patentrecht entlehnte (§ 9 PatG) Unterscheidung bedarf keiner näheren Erläuterung, da die Freistellung für Vertragsverfahren und Vertragsprodukte gleichermaßen gilt.[15] Der Begriff des „Produktes" gilt in gleicher Weise für Dienstleistungen und Waren (vgl. Art. 1 Abs. 1 Nr. 4).

6. Verwertung der Ergebnisse (Art. 1 Abs. 1 Nr. 7). Nach dieser Legaldefinition umfasst 12 die „Verwertung der Ergebnisse" die Produktion (in der FuE-GVO aF noch: „Herstellung") der Vertragsprodukte und die Anwendung der Vertragsverfahren sowie die Weitergabe der Ergebnisse

---

[8] LMRKM/Schütze Art. 2 Rn. 32; s. hierzu auch → Art. 2 Rn. 8.
[9] von der Groeben/Schwarze/Hatje/Hirsbrunner AEUV nach Art. 101 Rn. 130.
[10] Vgl. Kom. ABl. 1991 L 19, 25 – KSB/Goulds/Lowara/ITT, Rn. 20 zur VO Nr. 418/85.
[11] von der Groeben/Schwarze/Hatje/Hirsbrunner AEUV nach Art. 101 Rn. 132.
[12] Bspw. dann, wenn die Testergebnisse in die Produktion zurückfließen und so zu einer steten Verbesserung der Produkte führen, vgl. von der Groeben/Schwarze/Hatje/Hirsbrunner AEUV nach Art. 101 Rn. 133.
[13] Slobodenjuk BB 2016, 1670, (1671 f.).
[14] Immenga/Mestmäcker/Fuchs Rn. 13.
[15] LMRKM/Schütze Rn. 8; vgl. Immenga/Mestmäcker/Fuchs Rn. 15 f.

der Kooperation an Dritte im Wege der Übertragung (früher: „Abtretung") oder Lizenzierung. Zudem zählt auch der Vertrieb zur Verwertung. Die gemeinsame (s. Nr. 10) Verwertung der Ergebnisse erfasst damit sowohl den **gemeinsamen Vertrieb** als auch die gemeinsame Lizenzierung der Vertragserzeugnisse an Dritte und die in diesem Zusammenhang vereinbarten Beschränkungen. Die frühere Fassung der Definition wurde als zu komplex kritisiert. Es bestand die Gefahr einer übervorsichtigen Anwendung.[16]

Die Wahl des Begriffs „Übertragung" hat wohl den Hintergrund, dass die zuvor verwendete Wortwahl der „Abtretung", wenn man sie nach dem deutschen Rechtsverständnis betrachtet, nur eine Unterart der Übertragung darstellt, die Definition hierauf aber nicht beschränkt sein sollte. Dass dies auch schon vor der Neufassung so ausgelegt wurde, zeigt sich in der einschlägigen Kommentarliteratur, die überwiegend von Übertragung sprach und sich auch bei näheren Erläuterungen nicht auf die Abtretungsvariante beschränkte.[17] Damit stellen die Änderungen insgesamt nur eine Anpassung an das zuvor schon vorhandene Verständnis der Regelungen dar.

13 Gänzlich schrankenlos ist die Verwertung der Ergebnisse jedoch nicht. Zum einen darf eine gemeinsame Verwertung und damit auch der gemeinsame Vertrieb gemäß Art. 5 Abs. 1 nur Ergebnisse betreffen, die für die Produktion der Vertragsprodukte oder die Anwendung der Vertragstechnologien „unerlässlich" sind und zudem durch Rechte des geistigen Eigentums geschützt sind oder Know-how darstellen. Ferner stellt Art. 6 zeitliche Grenzen für die Freistellung des gemeinsamen Vertriebs auf.

14 Werden die FuE-Ergebnisse **nicht gemeinsam verwertet,** gilt die Freistellung der FuE-GVO nur für die Dauer der FuE, argumentum e Art. 6 Abs. 3. In diesem Kontext wird die Abgrenzung zur Spezialisierung im Rahmen der Verwertung relevant, die gem. Art. 1 Nr. 10 lit. c als „gemeinsame" Verwertung anzusehen ist und für die somit die 7-Jahresfrist gilt. Diese erfasst beispielsweise auch den Fall, dass nur eine Partei die Vertragsprodukte produziert und vertreibt oder die Vertragstechnologien anwendet, solange dies auf Grundlage einer von den anderen Parteien erteilten ausschließlichen Lizenz erfolgt, Art. 1 Nr. 12.

15 Bestimmte Formen der Vertriebsbindung sind schließlich gemäß Art. 8 überhaupt nicht oder gem. Art. 9 teilweise nicht freistellungsfähig.

16 **7. Rechte des geistigen Eigentums (Art. 1 Abs. 1 Nr. 8).** Rechte des geistigen Eigentums sind gewerbliche Schutzrechte, vor allem Patente und – jetzt neu explizit genannt – Markenrechte, aber auch Gebrauchsmuster, Designrechte, Kennzeichnungs- und Sortenschutzrechte, Urheberrechte sowie verwandte Schutzrechte. Urheberrechte, die mehr dem künstlerischen als dem gewerblichen Bereich zuzuordnen sind und daher zu Recht gesondert aufgeführt werden, können beispielsweise Softwareentwicklungen oder Darstellungen wissenschaftlicher oder technischer Art schützen, wie Pläne, Skizzen oder Tabellen. Als verwandte Schutzrechte werden gemeinhin die dem Urheberrecht nahestehenden Rechte wie die Rechte von ausübenden Künstlern, Sendeunternehmen, Datenbankherstellern und Herstellern von Tonträgern eingestuft.

17 Die neue Legaldefinition entspricht damit dem Wortlaut der Definition der TT-GVO. Im Gegensatz dazu, zählt die Vertikal-GVO weiterhin auch das Know-how zu den gewerblichen Schutzrechten,[18] was in das dortige System besser passt und für die dort von Art. 2 Abs. 3 Vertikal-GVO erfassten Anwendungsfälle der Franchise-Vereinbarungen von Bedeutung ist.[19] Durch die explizite Aufnahme von Markenrechten in die Definition, stellt der Verordnungsgeber klar, dass auch nicht-technische Schutzrechte gleichrangig angesehen werden. An der früher vertretenen Auffassung, dass gewerbliche Schutzrechte, die sich nicht unmittelbar auf den Schutz von Forschungsergebnissen beziehen oder keine technischen Kenntnisse zum Gegenstand haben, eine geringere Bedeutung erlangen könnten, wird daher nicht mehr festgehalten, zumal auch der neugefasste Art. 5 Abs. 1 klarstellt, dass sich das Unerlässlichkeitskriterium nicht auf die Rechte des geistigen Eigentums bezieht.

18 Die Aufzählung der Schutzrechte ist nicht abschließend. Damit bleibt auch Raum, das zunehmend relevante, rechtlich aber noch nicht klar gefasste **Recht auf bzw. an Daten,** die beispielsweise durch eine mit künstlicher Intelligenz **(KI)** ausgestattete Maschine während ihrer Anwendung gesammelt wurden, als Recht des geistigen Eigentums unter Nr. 8 zu fassen[20] oder als Know-how iSv Nr. 9

---

[16] SWD(2021) 103 final, 46.
[17] Immenga/Mestmäcker/Fuchs Rn. 17; Bechtold/Bosch/Brinker, 3. Aufl. 2014, Rn. 14; LMRKM/Schütze, 4. Aufl. 2020, Rn. 9.
[18] Art. 1 Abs. 1 lit. h und lit. i TT-GVO; Art. 1 Abs. 1 lit. i Vertikal-GVO.
[19] Dazu: LMRKM/Baron Vertikal-GVO Art. 2 Rn. 116 ff.
[20] Generell zu Industrie 4.0 und der Berechtigung an Daten Ensthaler, der „Daten" zwar definitorisch von Immaterialgüterrechten abgrenzt (Daten seien Informationen, die nicht (ausreichend) derart bearbeitet wurden, dass sie den Schutzbereich von IP-Rechten erreichen), jedoch ein neues Leistungsschutzrecht basierend auf § 950 BGB erwägt, Ensthaler NJW 2016, 3473 (3474, 3476 f.); s. auch Art. 3 Richtlinie 96/9/EG zum Schutz von Datenbanken.

anzusehen,[21] was nach der rechtlichen Aufwertung von Know-how, welches als Geschäftsgeheimnis qualifiziert werden kann, vorzugwürdig erscheint.[22]

8. Know-how (Art. 1 Abs. 1 Nr. 9) – geheim, wesentlich und identifiziert (lit. a–c). 19
Anders als es die neue Vertikal-GVO vorsieht,[23] fällt nach der FuE-GVO „Know-how" nicht unter den Begriff „Rechte des geistigen Eigentums". Bislang war ein Grund für die Trennung, dass im Gegensatz zu den erwähnten Schutzrechten mit „Know-how" keine rechtliche Ausschlussmöglichkeit verbunden war. Maßgeblich für den Ausschluss anderer war vielmehr die rein tatsächliche Komponente der Geheimhaltung (Art. 1 Abs. 1 Nr. 11). Dies hat sich mit der Richtlinie (EU) 2016/943 über den Schutz vertraulichen Know-hows und vertraulicher Geschäftsinformationen (Geschäftsgeheimnisse) sowie den nationalen Umsetzungsakten, wie dem deutschen Geschäftsgeheimnisgesetz, jedoch geändert, die Ausschlussrechte für Geschäftsgeheimnisse geschaffen haben.[24] Die definitorische Unterscheidung ist jedoch weiterhin sinnvoll, weil die FuE-GVO für manche Regelungen zwischen Know-how einerseits und Rechten des geistigen Eigentums andererseits unterscheidet. Beispielsweise Art. 9 nimmt in Abs. 1 lit. a nur Verpflichtungen von der Freistellung aus, die sich auf „Rechte des geistigen Eigentums" beziehen, nicht aber auf Know-how. Auch Art. 2 Abs. 3 stellt nur bzgl. der Übertragung von Rechten des geistigen Eigentums klar, dass diese von der Freistellung erfasst sein können, nicht aber für als Geschäftsgeheimnis zu qualifizierendes Know-how. Umgekehrt sieht Art. 4 nur für (bestimmtes) Know-how, nicht für Rechte des geistigen Eigentums vor, dass FuE-Vereinbarungen „Zugang" für die andere Partei gewähren müssen.

Know-how ist die Summe der praktischen Kenntnisse über ein Produkt oder Verfahren, die 20 im Zuge der FuE durch Erfahrungen und Versuche gewonnen werden und die geheim, wesentlich und identifizierbar sind. Hierunter können auch Daten fallen, die beispielsweise durch den Einsatz intelligenter Maschinen gesammelt werden **(KI).**[25] Die FuE-GVO konkretisiert selbst, was genau unter „geheim", „wesentlich" und „identifizierbar" zu verstehen ist. Die Definitionen decken sich mit denen der neuen Vertikal-GVO.

„Geheim" sind Erkenntnisse, die nicht allgemein bekannt und nicht leicht zugänglich sind. 21 Die Definition von „geheim" ist damit weiter als diejenige von Geschäfts„geheimnissen" der Richtlinie über den Schutz von Geschäftsgeheimnissen (RL (EU) 2016/943) und des deutschen Umsetzungsaktes (GeschGehG), die zur Qualifikation eines Geschäfts„geheimnisses" u.a. zusätzlich fordern, dass angemessene Geheimhaltungsmaßnahmen ergriffen wurden. Know-how kann also „geheim" im Sinne der FuE-GVO sein, ohne sich zugleich als Geschäftsgeheimnis iSd genannten RL/des GeschGehG zu qualifizieren. Es kann sich im FuE-Kontext jedoch empfehlen, zugleich die höheren Voraussetzungen des GeschGehG einzuhalten und zu dokumentieren, um zugleich von dem Schutz als Geschäftsgeheimnis zu profitieren. Dabei muss nicht jeder Bestandteil der Erkenntnisse völlig unbekannt sein.[26] Ebenso wenig ist es schädlich, wenn die Erkenntnisse bereits einem erweiterten Personenkreis bekannt sind, solange es sich dabei um eine deutlich eingegrenzte und durch Geheimhaltungsabreden gebundene Gruppe handelt und andere Personen vom Zugang zu diesen Informationen ausgeschlossen sind.[27] Das Kriterium der Geheimhaltung unterstreicht, dass die Gesamtheit von Informationen aufgrund der eingeschränkten Verbreitung und Zugänglichkeit ihrem Inhaber rein tatsächlich einen Wettbewerbsvorteil sichert.[28] Ein solcher Vorteil besteht auch

---

[21] So wohl Ensthaler NJW 2016, 3473 (3478); in diese Richtung Europäisches Parlament, Bericht A9-0022/2020, S. 25 Ziff. 11; KOM, position paper on the proposal for a new right in non-personal data, S. 1 ff.: Die Kommission forderte die Wettbewerbsregeln mit der Digitalisierung zu vereinbaren, wobei der Zugang und die Übertragbarkeit von Daten eine Schlüsselfrage darstellte, auch veröffentlichte sie das Vorhaben ein „data producers right" einzuführen.
[22] Nur, soweit Daten zB auch dem Geheimnisschutz unterfallen, sieht auch die Kommission die Daten als von geistigem Eigentumsschutz erfasst an: KOM, position paper on the proposal for a new right in non-personal data, S. 5.
[23] Art. 1 Abs. 1 lit. i Vertikal-GVO.
[24] §§ 4, 6 ff. GeschGehG.
[25] Generell zu Industrie 4.0 und der Berechtigung an Daten Ensthaler der, „Daten" zwar definitorisch von Immaterialgüterrechten abgrenzt (diese Informationen, die nicht (ausreichend) derart bearbeitet wurden, dass sie den Schutzbereich von IP-Rechten erreichen), jedoch ein neues Leistungsschutzrecht basierend auf § 950 BGB erwägt, Ensthaler NJW 2016, 3473 (3474, 3476 f.); sowie → Rn. 18.
[26] MüKoEuWettbR/Nagel, TT-GVO Art. 1 Rn. 108; so auch das Verständnis bei der Paralleldefinition im GeschGehG: BRS VertriebsKartellR-HdB/Duhe/Endres § 17 Rn. 54, die eine Übertragung der Definition befürworten; Ohly, GRUR 2019, 441 (443); BeckOK/Hohn-Hein/Barth GeschGehG § 2 Rn. 8; auch zur Übertragbarkeit in Bezug auf § 17 UWG aF: OLG Düsseldorf, GRUR-Prax 2021, 506 ff.
[27] KBF/Alexander GeschGehG § 2 Rn. 35; OLG Karlsruhe, BeckRS 2020, 15497 Rn. 29; Bechtold/Bosch/Brinker Rn. 17; BeckOK/Slobodenjuk Rn. 14.
[28] Vgl. Hauck WRP 2018, 1032 (1033); Art. 39 Abs. 2 lit. b TRIPS-Abkommen.

dann, wenn es zwar theoretisch möglich wäre, vergleichbare Erkenntnisse selbst zu entwickeln, aufgrund des dafür erforderlichen finanziellen und zeitlichen Aufwands de facto aber ein solches Vorgehen ausgeschlossen scheint.[29] Erkenntnisse können auch dann „geheim" sein, wenn sie zwar in einer Branche Stand der Technik, in der im konkreten Fall relevanten Branche aber völlig unbekannt sind und die Transferleistung sich nicht in reiner Nachahmung erschöpft.[30] IdR wird es für die Qualifikation als „geheim" genügen, eine Geheimhaltungsvereinbarung zu schließen und einzuhalten.[31]

22 Nach der Legaldefinition des Art. 1 Abs. 1 Nr. 9 lit. b ist die Gesamtheit praktischer Kenntnisse dann **„wesentlich"**, wenn sie für die Produktion der Vertragsprodukte oder die Anwendung der Vertragsverfahren **„von Bedeutung und nützlich"** ist. Es genügt also, dass die Erkenntnisse die Produktion in spürbarer Weise erleichtern.[32] Ein besonderes Qualitätserfordernis in Bezug auf den allgemeinen technischen Fortschritt gegenüber anderen Produkten oder Verfahren, die mit frei erhältlicher Technologie hergestellt wurden, wird damit nicht aufgestellt.[33] Bezugspunkt ist hier allein die Produktion der Vertragsprodukte bzw. die Anwendung der Vertragstechnologien. Wenn die Parteien das vereinbarte Entwicklungsziel erreicht haben, wird das hierfür erforderliche Know-how auch „wesentlich" sein.[34] Eine gemeinsame Verwertung von Know-how kann gem. Art. 5 Abs. 1 dagegen nur erfolgen, wenn das Know-how „unerlässlich" für die Produktion der Vertragsprodukte oder die Anwendung der Vertragstechnologien ist (→ Art. 5 Rn. 4). Der Wortlaut ist an den der TT-GVO angepasst, weshalb der dortige Maßstab zum Verständnis hinzugezogen werden kann.[35] Für die „Bedeutsamkeit" ist es demnach erforderlich, dass mehr als rein triviale Kenntnisse existieren.[36] Die Kommissionspraxis setzt die „Nützlichkeit" bei produktbezogenem Know-how mit einer annähernden „Notwendigkeit" gleich. An dieser fehlt es, wenn die Vertragsprodukte ebenso mit einer erhältlichen Technologie hergestellt werden können.[37] Technologiebezogenes Know-how ist nützlich, wenn damit eine Verbesserung der Wettbewerbsposition einhergeht.[38] Zum Beispiel kann dies durch Verringerung der Produktionskosten erreicht werden.[39]

23 Die geheimen und wesentlichen Kenntnisse müssen zuletzt auch **„identifiziert"** sein. Dies bedeutet, dass das Know-how umfassend genug beschrieben sein muss, so dass überprüft werden kann, ob es die Merkmale „geheim" und „wesentlich" erfüllt. Im Allgemeinen wird der Inhaber des Know-hows dem Erfordernis dadurch Genüge tun, dass er die Erkenntnisse schriftlich niederlegt oder in sonstiger Weise fixiert, bspw. Gesprächsprotokolle anfertigt. In den Leitlinien „Technologietransfer" anerkennt die Kommission jedoch, dass es Situationen geben kann, in denen eine solche Identifizierung nicht möglich ist.[40] So kann das Know-how bspw. in praktischen Kenntnissen der Beschäftigten des Know-how Inhabers über einen bestimmten Produktionsprozess liegen, dass sich nur durch Schulungen wirksam vermitteln lässt. In solchen Fällen genügt es der Kommission, wenn das Know-how nur allgemein beschrieben wird und die Beschäftigten aufgeführt werden, die an der Weitergabe des Know-hows mitwirken. Eine schriftliche Fixierung des Know-hows bzw. der Know-how Träger erleichtert den Nachweis der Identifizierbarkeit, kann aber ggf. die Geheimhaltung des Know-hows erschweren. Jedenfalls enthält die Definition von „identifiziert" kein zwingendes Schriftformerfordernis.[41] Jegliche Form der Dokumentation genügt.

24 **9. Gemeinsam (Art. 1 Abs. 1 Nr. 10).** Ein Großteil der freigestellten FuE-Vereinbarungen verlangt „gemeinsam" durchgeführte FuE-Arbeiten und/oder Verwertungshandlungen, Art. 1 Abs. 1 Nr. 1 iVm Art. 2 Abs. 1. Dabei sind hinsichtlich der „Gemeinsamkeit" die Anforderungen an die FuE selbst strenger als an die Verwertung: Die FuE muss gem. Art. 1 Abs. 1 Nr. 1 immer „gemein-

---

[29] KBF/Alexander, GeschGehG § 2 Rn. 36; BGH GRUR 2012, 1048 (1049) Rn. 21; BGH GRUR 2008, 727 (729) Rn. 19.
[30] BeckOK/Hohn-Hein/Barth GeschGehG § 2 Rn. 12; OLG Düsseldorf MMR 2022, 68 (69) Rn. 26; BGH GRUR 2008, 727 (728) Rn. 19, jeweils zum Merkmal der „allgemeinen Zugänglichkeit".
[31] Winzer, Forschungs- und Entwicklungsverträge Rn. 541; Hoeren/Münker MMR 2021, 523 (524), der eine selbstständige Definition der Informationen als möglich ansieht, die spätere Geheimhaltungspflicht davon aber trennt; vgl. AG Aachen CB 2022, 172 (178) Rn. 86; OLG Düsseldorf MMR 2022, 68 Rn. 51.
[32] Leitlinien „Technologietransfer" Rn. 45.
[33] Leitlinien „Technologietransfer" Rn. 45.
[34] Winzer, Forschungs- und Entwicklungsverträge Rn. 541.
[35] Immenga/Mestmäcker/Fuchs Rn. 19; LRKM/Schütze Rn. 13.
[36] Immenga/Mestmäcker/Fuchs TT-GVO Art. 1 Rn. 64.
[37] Büscher/Dittmer/Schiwy/Schmoll Kap. 17 Rn. 65; Leitlinien „Technologietransfer" Rn. 45.
[38] Immenga/Mestmäcker/Fuchs Art. 1 Rn. 19.
[39] Büscher/Dittmer/Schiwy/Schmoll Kap. 17 Rn. 65; Leitlinien „Technologietransfer" Rn. 45.
[40] Leitlinien „Technologietransfer" Rn. 45.
[41] BeckOK/Slobodenju Rn. 16; LMRKM/Schütze Rn. 14; Bechtold/Bosch/Brinker Rn. 19.

II. Die einzelnen Legaldefinitionen 25–28 **Art. 1 FuE-GVO**

sam" oder zumindest im Wege der Auftragsforschung erfolgen (was kein Fall „gemeinsamer" FuE ist, wie sich aus Art. 1 Abs. 1 Nr. 1 lit. a und lit. b sowie Nr. 10 iVm Nr. 11 aE ergibt).[42] Dagegen kann die Verwertung der erzielten Ergebnisse auch „ohne gemeinsame Verwertung" erfolgen, Art. 1 Abs. 1 Nr. 1 lit. a Ziff. i und lit. b Ziff. i.

Art. 1 Abs. 1 Nr. 10 stellt klar, dass die Parteien die betreffenden Tätigkeiten unabhängig von 25 der Rechtsform durch gemeinsame Teams, Organisationen oder Unternehmen durchführen lassen (lit. a), sie einem gemeinsam beauftragten Dritten übertragen (lit. b) oder eine Arbeitsteilung in Form der Spezialisierung vornehmen können (lit. c). Zu berücksichtigen ist bezüglich lit. a, dass die Gründung eines Gemeinschaftsunternehmens einen Zusammenschluss darstellt und damit der Fusionskontrolle unterfallen kann.[43] Dies wird aber wohl nur dann der Fall sein, wenn das Gemeinschaftsunternehmen auch die gemeinsame Verwertung der Ergebnisse übernimmt. Ein reines Forschungs- und Entwicklungsunternehmen wird dagegen idR bereits kein Vollfunktionsunternehmen sein.[44] Das Kriterium der „Gemeinsamkeit" liegt auch dann vor, wenn das betreffende Unternehmen ein Vollfunktionsgemeinschaftsunternehmen iSd FKVO ist. Dafür, dass die FuE-GVO nur für gemeinsame Unternehmen gelten soll, die keine Vollfunktionsgemeinschaftsunternehmen sind,[45] bietet der Text der Verordnung keinen Anhaltspunkt. Das Eingreifen der Fusionskontrolle hat jedoch keinen Einfluss auf die Freistellung nach der FuE-GVO.[46]

Daneben liegt eine „gemeinsam" ausgeübte Tätigkeit auch im Fall der **„Spezialisierung"** vor, 26 die vereinfacht als Art arbeitsteilig durchgeführte Kooperation bezeichnet werden kann. Hierbei übernimmt jede Partei im Zuge einer Koordinierung eine bestimmte Teilaufgabe,[47] sei es iRd eigentlichen FuE (Art. 1 Abs. 1 Nr. 11) oder iRd anschließenden Verwertung (Art. 1 Abs. 1 Nr. 12). Wie die Aufgaben verteilt werden, spielt für die „Gemeinsamkeit" keine Rolle. Die Parteien können dies nach eigenem Gutdünken tun („wie es ihres Erachtens am zweckmäßigsten ist", Art. 1 Abs. 1 Nr. 11, was auf den Fall in Nr. 12 übertragbar ist). Insbesondere wird keine Gleichwertigkeit der Beiträge gefordert. Unterschiede in der Bedeutung der Beiträge können die Parteien durch die Vereinbarung einer Vergütung Rechnung tragen (Art. 3 Abs. 4, s. auch Erwgr. 12), für die Freistellung als solche spielen derartige Unterschiede dagegen keine Rolle. Wenn jedoch eine Partei überhaupt nicht an den eigentlichen FuE-Arbeiten teilnimmt, sondern diese „lediglich" bezahlt (Art. 1 Abs. 1 Nr. 13 und Nr. 14), liegt keine „gemeinsame" FuE vor, sondern eine „Auftrags-FuE", die einen eigenen Tatbestand darstellt (Art. 1 Abs. 1 Nr. 11 aE sowie Nr. 13) allerdings über Art. 1 Abs. 1 Nr. 1 lit. b, Art. 2 gleichermaßen freigestellt ist.

Werden bestimmte **Aufgaben auf Dritte übertragen** (bspw. auf ein Forschungsinstitut), so 27 sind diesem auferlegte Wettbewerbsbeschränkungen ebenfalls freigestellt. Die Kommission geht ausdrücklich davon aus, dass Vereinbarungen, die eine Auslagerung von FuE-Arbeiten auf Dritte vorsehen, **Beschränkungen** wie zB eine ausschließliche Lieferklausel jedenfalls dann enthalten können, wenn der Dritte selbst mit der gewerblichen Nutzung der Ergebnisse nicht befasst wird.[48] In der Neufassung der Leitlinien „horizontale Zusammenarbeit" wurde nun auch ein Grund ergänzt. Hintergrund der fehlenden wettbewerbsbeschränkenden Auswirkungen ist, dass sich die kooperierenden Parteien in einem solchen Fall, zB hinsichtlich ihrer Fähigkeiten oder Technologien, ergänzen.[49] Zudem will es Art. 1 Abs. 1 Nr. 10 lit. b den Parteien gerade ermöglichen, bestimmte Tätigkeiten auf Dritte auszulagern, ohne den Vorteil der Gruppenfreistellung zu verlieren. Dementsprechend sind innerhalb des von der FuE-GVO gesteckten Rahmens auch die gegenüber einem mit bestimmten Arbeiten betrauten Dritten vereinbarten Wettbewerbsbeschränkungen freigestellt.[50]

Art. 1 Abs. 1 Nr. 10 lit. c macht deutlich, dass das Merkmal der „Gemeinsamkeit" auch dann 28 noch gegeben sein kann, wenn eine bestimmte Aufgabe **ausschließlich einer Partei** zugewiesen

---

[42] Immenga/Mestmäcker/Fuchs Rn. 9; aA Wiedemann KartellR-HdB/Schroeder § 9 Rn. 134, der ohne Begründung genügen lässt, dass jede Vertragspartei einen Beitrag im Bereich der FuE oder der Verwertung leistet.
[43] Leitlinien „horizontale Zusammenarbeit" Rn. 46.
[44] Mitteilung „Begriff des Vollfunktions-GU" Rn. 13; Mitteilung „Zuständigkeit" Rn. 95; Grabitz/Hilf/Nettesheim/Schroeder AEUV Art. 101 Rn. 477; AEUV Art. 101 Rn. 543.
[45] Vgl. Winzer, Forschungs- und Entwicklungsverträge Rn. 554.
[46] Str. wie hier Wiedemann KartellR-HdB/Schroeder § 9 Rn. 143; aA FK-KartellR/Pohlmann AEUV Art. 101, Grundfragen Art. 81 Abs. 3 EGV Rn. 393 u.a. mit der Erwägung, dass eine Freistellung nach der FuE-GVO befristet ist, die nach der FKVO dagegen nicht.
[47] Kom. ABl. 1991 L 19, 25 – KSB/Goulds/Lowara/ITT; Kom. ABl. 1990 L 32, 19 – Alcatel/Espace/ANT Nachrichtentechnik.
[48] Leitlinien „horizontale Zusammenarbeit" Rn. 77.
[49] S. auch Erwgr. 7.
[50] LMRKM/Schütze Rn. 16.

wird. So können die FuE-Arbeiten nach Zweckmäßigkeitsgesichtspunkten untereinander aufgeteilt werden, Nr. 11. Im Rahmen der Verwertung ist gar denkbar, dass nur eine Partei die Vertragsprodukte produziert und vertreibt, sofern dies auf Grundlage einer ausschließlichen Lizenz erfolgt, Nr. 12, sowie Art. 5 Abs. 2 lit. b. Der Fall jedoch, dass FuE-Arbeiten vollständig von einem Partner übernommen werden, während die andere Seite die Vertragsprodukte lediglich vertreibt oder herstellt, ist dagegen kein Fall der „gemeinsamen" FuE, wie sich aus Nr. 11 ergibt. Denn Nr. 11 verlangt selbst für den Fall der gemeinsamen FuE durch Spezialisierung, dass alle Parteien beteiligt sind und nur einzelne Arbeiten der FuE-Arbeiten aufgeteilt werden können und schließt die Auftragsforschung von der „gemeinsamen" FuE, ausdrücklich aus. Da Art. 2 Abs. 1 iVm Art. 1 Abs. 1 Nr. 1 nur „gemeinsame" FuE oder Auftragsforschung freistellen, ist somit der Fall, dass nur eine Partei FuE-Arbeiten durchführt (ohne dass ein Fall der Auftrags-FuE vorliegt), nicht von der Freistellung der FuE-GVO erfasst.

29 Inwiefern Wettbewerbsbeschränkungen in **Lizenzvereinbarungen,** die zwischen den Beteiligten einer „gemeinsamen" Tätigkeit unter einer FuE-Vereinbarung geschlossen werden, auch von der Freistellung nach Art. 1 erfasst werden, ist nach wie vor in der FuE-GVO nicht ausdrücklich geregelt. Für Regelungen zwischen den FuE Parteien bzw. einem FuE-Gemeinschaftsunternehmen, erstreckt Art. 2 Abs. 3 die Freistellung allerdings auf bestimmte Abreden in Bezug auf die Übertragung sowie Lizenzierung von geistigen Eigentums- und Nutzungsrechten, solange diese nicht den Hauptgegenstand der Vereinbarung ausmachen und für diese erforderlich sind. Nicht ausdrücklich erfasst ist dort aber der Fall einer Lizenz an einen für die FuE-Tätigkeiten gemeinsam beauftragten **Dritten** gem. Art. 1 Abs. 1 Nr. 10 lit. b. Dies erscheint angesichts der Gleichstellung eines gemeinsam bestimmten Dritten mit einem FuE-Gemeinschaftsunternehmen gem. Nr. 10 lit. a und b als nicht sinnvoll. Es wäre widersprüchlich, die Wettbewerbsbeschränkungen zwischen den Parteien und einem – juristisch von ihnen getrennten – Gemeinschaftsunternehmen zu erlauben, die gleichen Vereinbarungen aber zu verbieten, wenn sie mit einem gemeinsam bestimmten Dritten vereinbart werden, der dieselbe Funktion wie das Gemeinschaftsunternehmen übernimmt. Daher gilt Art. 2 Abs. 3 auch für Lizenzen mit Dritten iSv Art. 1 Abs. 1 Nr. 10 lit. b. Hatte die alte Leitlinie „Technologietransfer" noch die Gleichstellung der Erlaubnis von Beschränkungen zwischen den Parteien und einem Dritten mit der zwischen den Parteien und einem – juristisch von ihnen getrennten – Gemeinschaftsunternehmen versäumt, so stellt sie jetzt klar, dass die FuE-Vereinbarungen auch die Bedingungen für die Lizenzierung der Ergebnisse an Dritte festlegen können. Da diese Dritte jedoch nicht Vertragspartei der FuE-Vereinbarung sind, fällt eine mit Dritten geschlossene Lizenzvereinbarung nur unter die TT-GVO, soweit deren Voraussetzungen erfüllt sind.[51]

30 **10. Spezialisierung (Art. 1 Abs. 1 Nr. 11 und Nr. 12).** Die Verordnung stellt klar, dass die Parteien die verschiedenen FuE-Arbeiten sowie die Aufgaben bei der späteren Verwertung untereinander so aufteilen dürfen, wie sie es für richtig halten. Grenzen werden dem lediglich durch Nr. 11 gezogen, der stets die Beteiligung aller Parteien an der FuE fordert sowie durch Art. 8 und 9. Dabei ist es nicht erforderlich, dass jede Partei eine bestimmte Aufgabe allein und vollständig übernimmt. Es genügt vielmehr auch die Zuweisung von Teilfunktionen.[52] Nicht zur Spezialisierung zählt die Kommission dagegen die Auftrags-FuE, da bei dieser die finanzierende Partei keine FuE-Aufgaben übernimmt. Die Auftragsforschung stellt somit einen Grenzfall dar, der zwar nicht mehr als „gemeinsame" FuE angesehen wird, dennoch aber von der Freistellung erfasst ist, Art. 1 Abs. 1 Nr. 1 lit. b, lit. d und Art. 2 Abs. 1. Sie bildet einen eigenen Tatbestand, was aber in der Sache zumeist folgenlos bleibt (ausgenommen die Berechnung des maßgeblichen gemeinsamen Marktanteils gem. Art. 6 Abs. 1 lit. b), wenngleich sich hieraus vereinzelt Auslegungsfragen ergeben.[53]

31 Spezialisierung iRd Verwertung bedeutet nach der Legaldefinition nicht nur die Zuweisung der verschiedenen Aufgaben, sondern auch die Vereinbarung von Verwertungsbeschränkungen, namentlich die ausschließliche Zuweisung von Vertriebsgebieten, Kunden oder bestimmten Anwendungsbereichen. Die Verordnung stellt im Hs. 2 klar, dass auch eine Vereinbarung freigestellt ist, nach der nur eine Partei die Vertragsprodukte aufgrund einer von den übrigen Partnern erteilten Exklusivlizenz herstellt, vertreibt oder die Vertragstechnologien anwendet. Nicht geregelt ist, ob für die ausschließliche Lizenz ein Entgelt verlangt werden muss, damit noch von einer gemeinsamen Verwertung in Form der Spezialisierung gesprochen werden kann. Hierfür spricht ein Vergleich mit der Auftragsforschung. Die nur einseitige Forschung ist dann freigestellt, wenn der andere dafür zahlt. Entsprechend dürfte auch die nur einseitige Verwertung dann freigestellt sein, wenn der andere

---

[51] Leitlinien „Technologietransfer" Rn. 74.
[52] Immenga/Mestmäcker/Fuchs Rn. 22.
[53] So bspw. bei der Freistellungsvoraussetzung des unbeschränkten Zugangs zu den Endergebnissen der gemeinsamen FuE, vgl. nachfolgende Kommentierung zu Art. 3 → Art. 3 Rn. 8.

hierfür ein Entgelt erhält. Auf diese Weise ist er – spiegelbildlich zur Auftragsforschung – zumindest monetär beteiligt. Ferner ist zu beachten, dass gem. Art. 1 Abs. 1 Nr. 1 auch solche FuE-Vereinbarungen freigestellt sein können, die lediglich eine einseitige Verwertung vorsehen. Die Annahme, dass unentgeltliche, ausschließliche Lizenzen eine einseitige Verwertung darstellen, führt somit nicht unbedingt aus der Freistellung durch die FuE-GVO heraus.

Verpflichten sich die Parteien lediglich dazu, bei einer im Übrigen getrennten Verwertung Dritten nur nicht-exklusive Lizenzen zu erteilen, so wird teilweise vertreten, dass aus der getrennten Verwertung keine gemeinsame werde. Die Verpflichtung treffe alle Parteien in gleicher Weise und stelle daher keine Beschränkung im Sinne einer Aufteilung dar, wie es Nr. 12 aber verlange. Mangels Spezialisierung bleibe die Kooperation daher eine „reine" FuE-Kooperation,[54] mit der Folge, dass die 7-Jahresfrist des Art. 6 Abs. 3 nicht greife. Der Wortlaut gebietet diese enge Lesart jedoch nicht. Die als Spezialisierung beispielhaft genannte Auferlegung von Beschränkungen hinsichtlich der Verwertung unter den Parteien differenziert nicht danach, ob eine solche Beschränkung die FuE-Parteien gleichermaßen trifft oder nicht. Entscheidend ist, ob die Verwertungsrechte der Parteien beschränkt werden (vgl. Erwgr. 11), was im Beispielsfall gegeben ist. Ob die gewählte Art der Beschränkung freistellungsfähig ist, bemisst sich an den Regelungen in Art. 8 und 9, hier insbesondere Art. 8 lit. e. 32

11. Auftragsforschung (Art. 1 Abs. 1 Nr. 13 und 14). Die Legaldefinitionen stellen klar, dass ein Unternehmen sich auf die Rolle eines Finanziers beschränken kann, ohne dass die Vereinbarung mit demjenigen, der die eigentlichen FuE-Arbeiten durchführen und ggf. auch den Vertrieb übernehmen soll, aus dem Anwendungsbereich der FuE-GVO herausfällt. Es wird weder in der FuE-GVO noch den Leitlinien „horizontale Zusammenarbeit" klargestellt, ob das jeweilige Projekt vollständig durch die jeweilige Partei finanziert werden muss oder aber eine anteilige Finanzierung ausreicht.[55] Im Ergebnis dürfte auch eine teilweise Finanzierung genügen.[56] Bei nur teilweiser Finanzierung ist jedoch zu prüfen, ob ein klar abgrenzbarer FuE-Teil finanziert wurde und sich die Freistellung auch nur hierauf bezieht. 33

Die Einbeziehung der Auftragsforschung in die Definition der freigestellten FuE-Vereinbarung (Art. 1 Abs. 1 Nr. 1 lit. b und d) kann zu Spannungen mit anerkannten Grundsätzen des Vertragsrechts führen.[57] Dies gilt beispielsweise für die Freistellungsvoraussetzung, jeder Partei uneingeschränkten Zugriff auf die FuE-Ergebnisse für weitere FuE sowie weitere Auftragsforschung und -entwicklung zu gewähren, Art. 3 Abs. 2.[58] 34

Ein Abgrenzungsproblem zwischen Auftragsforschung, die von der FuE-GVO, und einem Lizenzvertrag, der von der TT-GVO erfasst wäre, kann sich in Fällen ergeben, in denen ein Unternehmen A einem anderen, spezialisierten Unternehmen B, vorgibt, was es entwickeln soll („Auftrag"), sämtliche für die Nutzung der Neuentwicklung erforderlichen Rechte von Unternehmen B einlizenziert und die „Auftrags"-FuE erst durch verkaufsabhängige Lizenzgebühren finanziert. Zwar spricht im Grunde nichts dagegen, dass Auftragsforschung auch nachfolgend durch Lizenzgebühren finanziert werden kann.[59] Hier kann jedoch auch die Lizenzierung Hauptgegenstand sein und daher gem. Art. 2 Abs. 3 nicht mehr die FuE-GVO greifen, sondern die TT-GVO. 35

12. Wettbewerber (Art. 1 Abs. 1 Nr. 15). Die Frage, ob die an der FuE-Vereinbarung beteiligten Unternehmen miteinander in Wettbewerb stehen, ist für die Anwendung der FuE-GVO von größter Bedeutung; u.a., da davon das Eingreifen der Marktanteilsschwellen gemäß Art. 6 abhängt. Differenziert wird zwischen tatsächlichen oder potenziellen Wettbewerbern. 36

Tatsächliche Wettbewerber sind alle Unternehmen, die bestehende Produkte, Technologien oder Verfahren anbieten, die auf dem räumlich relevanten Markt durch das Vertragsprodukt bzw. die Vertragstechnologie verbessert, ausgetauscht oder ersetzt werden können. 37

Die Definition des potenziellen Wettbewerbers wurde in der neuen FuE-GVO vereinfacht. Ein potenzieller Wettbewerber ist ein Unternehmen, bei dem realistisch und nicht nur hypothetisch davon ausgegangen werden kann, dass es ohne die FuE-Vereinbarung wahrscheinlich innerhalb von höchstens drei Jahren die zusätzlichen Investitionen tätigen oder die sonstigen Kosten auf sich nehmen würde, die erforderlich wären, um konkurrierende Produkte etc. anzubieten. Nicht mehr Definiti- 38

---

[54] Winzer, Forschungs- und Entwicklungsverträge Rn. 560 ff.
[55] Gutermuth WuW 2012, 237 (241); Immenga/Mestmäcker/Fuchs Rn. 9.
[56] Gutermuth WuW 2012, 237 (241).
[57] von der Groeben/Schwarze/Hatje/Hirsbrunner, AEUV nach Art. 101 Rn. 145; Wündisch, CR 2021, 641 (647); sowie nachfolgend zu Art. 3 Abs. 2 → Art. 3 Rn. 8.
[58] Von der Groeben/Schwarze/Hatje/Hirsbrunner, AEUV nach Art. 101 Rn. 145; Wündisch, CR 2021, 641 (647) sowie nachfolgend zu Art. 3 Abs. 2 → Art. 3 Rn. 8.
[59] von der Groeben/Schwarze/Hatje/Hirsbrunner AEUV nach Art. 101 Rn. 144.

onsbestandteil ist, dass die zusätzlichen Investitionen „als Reaktion auf einen geringen, aber anhaltenden Anstieg der relativen Preise" zu erwarten sind. Auch wird nicht mehr von „Umstellungskosten", sondern von nur noch von „Kosten" gesprochen, die der potenzielle Wettbewerber auf sich nehmen würde, um die konkurrierenden Produkte etc. anbieten zu können.[60] Das stellt klar, dass sich ein potenzielles Wettbewerbsverhältnis auch aufgrund von Produkten begründen lässt, die nicht nur eine „Umstellung" bezogen auf bisherige Produkte darstellen, sondern ggf. auch etwas gänzlich anderes darstellen.

39 Die im System des EU-Kartellrechts konsequente Einbeziehung des potenziellen Wettbewerbs ist nicht ganz unbedenklich, da die Identifizierung potenzieller Wettbewerber den beteiligten Unternehmen gerade auf Technologiemärkten in der Praxis häufig nicht leichtfallen dürfte.[61] Bei der Bestimmung des Wettbewerbsverhältnisses gelten die allgemeinen Regeln, wie sie die Kommission in ihrer Bekanntmachung „Marktabgrenzung" sowie in den Leitlinien „horizontale Zusammenarbeit" niedergelegt hat.[62]

40 Das aktuelle oder potenzielle Wettbewerbsverhältnis muss nicht nur auf demselben Produkt- bzw. Technologiemarkt, sondern auch auf demselben geografischen Markt bestehen.

41 **13. Relevanter Produktmarkt/relevanter Technologiemarkt (Art. 1 Abs. 1 Nr. 16 und Nr. 22**17**).** Die Definitionen haben geringe Aussagekraft. Die FuE-GVO beschreibt den relevanten Markt als den Markt für die Produkte oder Technologien, die durch die Ergebnisse der FuE-Kooperation verbessert, ausgetauscht oder ersetzt werden können. Zu beachten ist, dass der Produktmarkt auch den Dienstleistungsmarkt umfasst, vgl. Art. 1 Abs. 1 Nr. 4. Genauer erörtert wird der relevante Markt in der Bekanntmachung „Marktabgrenzung".[63] Da die Anwendung der FuE-GVO spätestens dann, wenn auch die siebenjährige Verwertungsphase nach Art. 6 Abs. 3 ausgelaufen ist, von den Marktanteilen der Parteien abhängt, kommt der Marktabgrenzung langfristig die maßgebliche Bedeutung zu. Angesichts der mit ihr verbundenen Schwierigkeiten und Unsicherheiten stellt die Marktabgrenzung aus Sicht der Parteien zugleich die wesentliche Hürde für die durch die Verordnung eigentlich bezweckte Rechtssicherheit dar.[64]

42 Bei der **räumlichen Marktabgrenzung** ist ebenfalls nach den allgemeinen Grundsätzen zu verfahren, wie sie die Kommission in ihrer Bekanntmachung „Marktabgrenzung" niedergelegt hat.[65] Lediglich in Bezug auf den potenziellen Wettbewerb hat die Kommission einen Höchstzeitraum von 3 Jahren festgelegt, jenseits dessen potenzielle Markteintritte nicht mehr bei der Marktbetrachtung zu berücksichtigen sind.

43 **14. Aktiver/passiver Verkauf (Art. 1 Abs. 1 Nr. 18 und Nr. 19).** Die FuE-GVO erhält nun erstmals Definitionen von aktivem und passivem Verkauf, wobei aktiver Verkauf alles sein soll, das nicht als passiver Verkauf anzusehen ist. Entscheidend für die Abgrenzung ist, von welcher Seite der Anstoß für den Verkauf kam. Aktive Verkäufe sind Verkäufe aufgrund von gezieltem Ansprechen von Kunden (persönlich, telefonisch, online, auch über die Gestaltung der Website, sowie über Massenmails, über errichtete Lager oder Vertriebsstätten). Selbst das Anbieten von unüblichen Sprachoptionen auf einer Website kann als aktiver Verkauf eingeordnet werden.[66] Passiver Verkauf meint demgegenüber einen Verkauf, der auf unaufgeforderte Anfragen einzelner Kunden zurückgeht. Klargestellt wird, dass auch Verkäufe, die sich aus der Beteiligung an privaten oder öffentlichen Ausschreibungen ergeben, als passive Verkäufe einzuordnen sind, obwohl hier ein initiales Engagement des Verkäufers in Form der Beteiligung am Ausschreibungsverfahren stattgefunden hat.

44 Zuvor waren die Begriffe in den Leitlinien „Vertikale Vereinbarungen" definiert. Aktiver Verkauf wurde dort noch positiv unter anderem als „aktive Ansprache" definiert. Der Begriff des passiven Verkaufs wurde von der Kommission noch sehr beispielhaft definiert. Die neue FuE-GVO

---

[60] Erläuternder Vermerk der Kommission S. 3 Ziff. 10, abrufbar über KOM, Pressemitteilung vom 1.3.2022, IP/22/1371.
[61] Deutsche Vereinigung für gewerblichen Rechtsschutz und Urheberrecht GRUR 2000, 587 (588); Leilinien „Technologietransfer" Rn. 36; Bundesministerium für Wirtschaft und Energie, Industrie 4.0 – Kartellrechtliche Betrachtungen, 38.
[62] Leitlinien „horizontale Zusammenarbeit" Rn. 128 ff.
[63] Bekanntmachung der Kommission über die Definition des relevanten Marktes im Sinne des Wettbewerbsrechts der Gemeinschaft (97/C 372/03); hierauf verweisen auch die Leitlinien „horizontale Zusammenarbeit" Rn. 64.
[64] Schroeder ECLR 1997, 430 (431); Bunte/Sauter, EG-Gruppenfreistellungsverordnungen, 1988, VO Nr. 418/85 Rn. 20; Immenga/Mestmäcker/Fuchs Art. 7 Rn. 2; Bundesministerium für Wirtschaft und Energie, Industrie 4.0 – Kartellrechtliche Betrachtungen, 38.
[65] Bekanntmachung „Marktabgrenzung" hierauf verweisen auch die Leitlinien „horizontale Zusammenarbeit" Rn. 64.
[66] Leitlinien „horizontale Zusammenarbeit" Rn. 111.

ist zu einer allgemeineren Formulierung übergegangen. Das Erfordernis der „aktiven Ansprache" wurde zum Negativmerkmal des passiven Verkaufs.[67]

15. Verbundene Unternehmen (Art. 1 Abs. 2). Sofern die FuE-GVO von „Unternehmen" oder „Parteien" spricht, sind „für die Zwecke" der FuE-GVO auch die jeweils mit diesen verbundenen Unternehmen gemeint, Art. 1 Abs. 2 S. 1.

Die für die Anwendung der Verordnung relevante Frage, ob die an der FuE-Vereinbarung beteiligten Unternehmen konkurrierende Unternehmen sind oder nicht, muss daher jeweils mit Blick auf die gesamte Unternehmensgruppe beantwortet werden. Praktisch wirkt sich dies vor allem auf die Berechnung der Marktanteile und die Anwendung der „schwarzen" sowie „grauen" Klauseln aus (Art. 8 und 9). Soweit dort auf die „Parteien" abgestellt wird, genügt wegen Art. 1 Abs. 2 bereits eine Beschränkung eines verbundenen Unternehmens, um den Vorteil der Freistellung entfallen zu lassen.[68] Unklar, im Ergebnis aber zu bejahen, ist die Frage, ob auch im Rahmen der Freistellungsvoraussetzungen, konkret bei dem in Art. 3 Abs. 2 geregelten uneingeschränkten Zugang zu den Endergebnissen, neben den an der FuE beteiligten „Parteien" auch die verbundenen Unternehmen Zugangsrechte erhalten müssen. Hierfür spricht neben dem Wortlaut von Art. 1 Abs. 2 auch die Möglichkeit gem. Art. 3 Abs. 2 für den Zugang eine Vergütung vereinbaren zu können. Wenn eine Partei der FuE-Vereinbarung sehr viele verbundene Unternehmen hat, müssen diese somit vollen Zugang erhalten, können aber zur Zahlung hierfür verpflichtet werden.

Als „verbundene Unternehmen" gelten Unternehmen, die mit einem unmittelbar oder mittelbar an der FuE-Vereinbarung beteiligten Unternehmen eine **wirtschaftliche Einheit** bilden. Eine wirtschaftliche Einheit zwischen zwei Unternehmen besteht dann, wenn das eine das andere Unternehmen kontrollieren kann (Art. 3 FKVO). Dazu zählen neben den beteiligten Unternehmen die von ihnen kontrollierten Tochtergesellschaften (Nr. 1), die die beteiligten Unternehmen kontrollierenden Muttergesellschaften (Nr. 2), die Schwestergesellschaften der beteiligten Unternehmen (Nr. 13), Gemeinschaftsunternehmen mit Konzerngesellschaften (Nr. 4) und schließlich Gemeinschaftsunternehmen der beteiligten oder der mit ihnen so verbundenen Unternehmen mit nicht an der Kooperation beteiligten Dritten (Nr. 5). Die Legaldefinition entspricht damit abgesehen von redaktionell bedingten Abweichungen den Verbundklauseln der Spezialisierungs-GVO (Art. 1 Abs. 2 Spezialisierungs-GVO), der Vertikal-GVO (Art. 1 Abs. 2 S. 2 Vertikal-GVO), der Kfz-GVO (Art. 1 Abs. 2 Kfz-GVO) und der TT-GVO (Art. 1 Abs. 2 TT-GVO).

Art. 1 Abs. 2 Nr. 1 erfasst alle von den an der Vereinbarung beteiligten Unternehmen kontrollierten **Tochtergesellschaften**. Die Aufzählung erfolgt abschließend in drei Tatbestandsalternativen, die jeweils rechtsformneutral ausgestaltet sind, die also auf sämtliche Rechtsformen des Unternehmens- und Gesellschaftsrechts der EU-Mitgliedstaaten Anwendung finden.[69] Die zu einem Verbund führende Kontrolle wird zunächst über die Verfügungsbefugnis über **die Stimmrechtsmehrheit** vermittelt (Art. 1 Abs. 2 Nr. 1 lit. a). Auf den „Besitz" von mehr als der Hälfte des Kapitals oder des Betriebsvermögens kommt es nicht an. Ob eine solche Verfügungsbefugnis rechtlich oder tatsächlich besteht (etwa im Falle von Mehrstimmrechten oder bei Aktien ohne Stimmrecht), richtet sich nach dem jeweils anwendbaren nationalen Gesellschaftsrecht.[70]

Verbunden sind gemäß Art. 1 Abs. 2 Nr. 1 lit. b ferner Unternehmen, bei denen eine Vertragspartei mehr als die Hälfte der Mitglieder des **Leitungs- oder Verwaltungsorgans oder der zur gesetzlichen Vertretung berufenen Organe** bestellen kann. Erfasst sind damit nur in der Rechtsform der Gesellschaft erfasste Unternehmen. Auch wenn nur von der Leitungs- und Verwaltungsebene die Rede ist, wird auch ein dualistisch verfasstes Unternehmen, das über die Hälfte der Aufsichtsratsmitglieder eines anderen Unternehmens berufen kann, dieses kontrollieren, da es damit jedenfalls nach deutschem Recht zugleich einen entscheidenden Einfluss auf die Bestellung des Vorstandes hat (§ 84 AktG). Soweit aber der Aufsichtsrat auf eine reine Aufsichtsfunktion beschränkt ist, wie es etwa in Frankreich oder Italien der Fall ist, folgt aus der Möglichkeit zur Bestellung von mehr als der Hälfte der Mitglieder wegen der fehlenden Kontrollmöglichkeiten kein Unternehmensverbund iSv Nr. 1 lit. b.

Nach Art. 1 Abs. 2 Nr. 1 lit. c wird ein Unternehmensverbund weiter durch das **Recht zur Geschäftsführung** in einem Unternehmen begründet, wobei das berechtigte Unternehmen in diesem Fall idR auch über die Mehrheit der Stimmrechte verfügen oder einen entscheidenden Einfluss auf die Bestellung der Leitungs- und Verwaltungsfunktionen des betroffenen Unternehmens

---

[67] → Vertikal-GVO Art. 4 Rn. 85 ff.
[68] Korah, R & D, 83; vgl. Immenga/Mestmäcker/Fuchs Art. 1 Rn. 27 f.
[69] Wiedemann KartellR-HdB/Wiedemann § 4 Rn. 1 ff., 9; Liebscher/Flohr/Petsche Gruppenfreistellungs-VO-HdB/Flohr/Schulz § 15 Rn. 11; EuGH EuZW 2019, 374 Rn. 36.
[70] Wiedemann, Kommentar zu den Gruppenfreistellungsverordnungen des EWG-Kartellrechts, 1989, GVO I AT Rn. 137; vgl. LMRKM/Grave/Nyberg AEUV Art. 101 Rn. 133.

haben dürfte. Erfasst werden Beherrschungs-[71] und Gewinnabführungsverträge, nicht aber Verträge über die Überlassung oder Pacht von Unternehmen sowie Gewinngemeinschaften. Die genannten Einflussmöglichkeiten müssen nicht „unmittelbar" bestehen, sondern können auch bloß „mittelbar" begründet sein, etwa durch Kontrollrechte gegenüber Unternehmen, die ihrerseits die nötigen Einflussmöglichkeiten auf das in Frage stehende Unternehmen besitzen.

51 Mit den beteiligten Unternehmen verbunden sind gemäß Art. 1 Abs. 2 Nr. 2 auch ihre **Muttergesellschaften,** soweit diese an dem betroffenen Unternehmen unmittelbar oder mittelbar die unter Nr. 1 bezeichneten Rechte oder Einflussmöglichkeiten haben. Auch wenn Nr. 2, anders als Nr. 4 und Nr. 5, die „gemeinsame" Beherrschung nicht ausdrücklich erwähnt, spricht doch die Pluralform für die Berücksichtigung mehrerer Muttergesellschaften. Dieses Ergebnis lässt sich auch unmittelbar auf Nr. 5 stützen.

52 Gemäß Art. 1 Abs. 2 Nr. 3 werden auch die **Schwesterunternehmen** der beteiligten Unternehmen als verbundene Unternehmen angesehen, sofern die gemeinsame Muttergesellschaft auch hier unmittelbar oder mittelbar die unter Nr. 1 bezeichneten Rechte oder Einflussmöglichkeiten hat.

53 Ferner gelten als verbundene Unternehmen die **zwischen den Konzerngesellschaften bestehenden Gemeinschaftsunternehmen,** also solche, die eine Vertragspartei mit einer oder mehreren ihrer Tochter-, Mutter- oder Schwestergesellschaften gemeinsam kontrollieren (Art. 1 Abs. 2 Nr. 4 Alt. 1). Daneben wird eine Verbindung auch dann begründet, wenn das Gemeinschaftsunternehmen ohne Beteiligung eines Kooperationspartners zwischen den Muttergesellschaften oder den Schwestergesellschaften besteht (Art. 1 Abs. 2 Nr. 4 Alt. 2). Ein bloßes Nebeneinander der Einflussmittel (etwa im Falle wechselnder Mehrheiten trotz rechnerischer Stimmenmehrheit) reicht allerdings in beiden Konstellationen nicht aus, solange nicht auch eine gemeinsame Kontrolle iSe koordinierten Einflussnahme vorliegt.[72] Diese wird bspw. durch den Gründungsvertrag über das Gemeinschaftsunternehmen oder Stimmbindungsverträge begründet. Jedoch genügt ebenso wie bei der Fusionskontrolle[73] auch ein rein tatsächlicher Zwang zur Koordinierung (bspw. bei einem paritätischen Gemeinschaftsunternehmen), um die Kontrolle zu begründen.[74]

54 Gemäß Art. 1 Abs. 2 Nr. 5 lit. a gelten weiter **Gemeinschaftsunternehmen zwischen den Kooperationspartnern** oder den mit ihnen verbundenen Unternehmen ebenfalls als verbundene Unternehmen, soweit eine gemeinsame Kontrolle besteht. Art. 1 Abs. 2 Nr. 5 lit. b stellt schließlich klar, dass auch **gemeinsam mit Dritten** beherrschte Gemeinschaftsunternehmen der beteiligten Unternehmen oder einer anderen Konzerngesellschaft zu den „verbundenem Unternehmen" nach Art. 1 Abs. 2 Nr. 5 zählen. Die Marktanteile eines solchen Gemeinschaftsunternehmens werden gemäß Art. 7 Abs. 4 den beherrschenden Unternehmen jeweils zu gleichen Teilen zugerechnet. Entscheidend ist also die Anzahl der herrschenden Unternehmen unabhängig von der Höhe ihrer Beteiligungen.[75]

Art. 2 Freistellung

(1) Nach Artikel 101 Absatz 3 AEUV und nach Maßgabe dieser Verordnung gilt Artikel 101 Absatz 1 AEUV nicht für Forschungs- und Entwicklungsvereinbarungen.

(2) Die Freistellung nach Absatz 1 gilt, soweit diese Forschungs- und Entwicklungsvereinbarungen Wettbewerbsbeschränkungen enthalten, die unter Artikel 101 Absatz 1 AEUV fallen.

(3) Die Freistellung nach Absatz 1 gilt auch für Forschungs- und Entwicklungsvereinbarungen, die Bestimmungen enthalten, die sich auf die Übertragung von Rechten des geistigen Eigentums oder die Erteilung diesbezüglicher Lizenzen an eine oder mehrere der Parteien oder an eine von den Parteien für die Durchführung der gemeinsamen Forschung und Entwicklung, der Auftragsforschung und -entwicklung oder der gemeinsamen Verwertung der Ergebnisse gegründete Einheit beziehen, sofern diese Bestimmungen sich unmittelbar auf die Umsetzung dieser Vereinbarung beziehen, dafür erforderlich sind und nicht den Hauptgegenstand der Vereinbarung darstellen.

---

[71] § 291 Abs. 1 AktG iVm § 308 AktG.
[72] LMRKM/Riesenkampff/Steinbarth FKVO Art. 3 Rn. 48; LMRKM/Kersting, 2. Teil Gemeinschaftsunternehmen, Rn. 2.
[73] Mitteilung „Zusammenschlussbegriff", Rn. 18; BKartA, BeckRS 2012, 1190 Rn. 199–202.
[74] Wiedemann, Kommentar zu den Gruppenfreistellungsverordnungen des EWG-Kartellrechts, 1989, GVO I AT Rn. 165; BKartA, BeckRS 2012, 1190 Rn. 199–202.
[75] Bechtold/Bosch/Brinker Art. 7 Rn. 5.

Übersicht

	Rn.		Rn.
I. Überblick	1	III. Nebenabreden, Abs. 3	9
II. Freigestellte Vereinbarungen, Abs. 1 und 2	5	IV. Entzug der Freistellung	12

I. Überblick

Art. 2 Abs. 1 stellt FuE-Vereinbarungen vom Kartellverbot des Art. 101 Abs. 1 AEUV frei. **1** Damit bestimmt letztlich die Definition von FuE-Vereinbarungen in Art. 1 Abs. 1 Nr. 1 den **Umfang der Freistellung** gemäß Art. 2. Allerdings müssen zudem noch positive Freistellungsvoraussetzungen erfüllt werden, vgl. Art. 3 und 4.

Die Freistellung soll nur für Vereinbarungen gelten, die Wettbewerbsbeschränkungen enthalten, **2** Abs. 2. Diese Bedingung ist allerdings überflüssig, da Vereinbarungen ohne Wettbewerbsbeschränkung ohnehin nicht von Art. 101 Abs. 1 AEUV erfasst werden. Sie bedürfen daher von vornherein keiner Freistellung. Die Bestimmung ist insoweit lediglich als Klarstellung zu verstehen. Die Freistellung gilt nur für zwischen **Unternehmen** geschlossene Vereinbarungen unabhängig von der Anzahl der Beteiligten oder ihrer Herkunft.[1] Als Unternehmen gelten auch Hochschulen oder Forschungsinstitute sowie Einzelpersonen, wenn sie FuE-Leistungen gegen Entgelt anbieten oder die von ihnen erzielten Ergebnisse gewerblich verwerten.[2] Der räumliche Anwendungsbereich der FuE-GVO umfasst zunächst den gesamten Binnenmarkt. Darüber hinaus erstreckt er sich aufgrund des Abkommens über den **Europäischen Wirtschaftsraum (EWGR)**[3] zusätzlich noch auf Island, Liechtenstein und Norwegen.[4]

Sofern die Freistellungsvoraussetzungen des Art. 3 und/oder 4 und keine Kernbeschränkungen **3** gem. Art. 8 vorliegen, ist grundsätzlich die gesamte FuE-Vereinbarung freigestellt – mit Ausnahme etwaig bestehender sog. grauer Klauseln, Art. 9. Allerdings gilt diese umfassende Freistellung nur für Vertragsklauseln, die tatsächlich einen inhaltlichen Zusammenhang mit der FuE aufweisen (vgl. zu Nebenabreden unten III. ® Rn. 9 f.). Sofern eine Freistellung nach der FuE-GVO ausscheidet, da beispielsweise die Marktanteilsschwelle überschritten ist, bleibt ggf. eine Einzelfreistellung gem. Art. 101 Abs. 3 AEUV möglich. Bei der Vertragsgestaltung sollten hier dennoch die weiteren Vorgaben der FuE-GVO als eine Art Mindestvoraussetzungen beachtet und ggf. leicht verschärft (beispielsweise zeitliche Befristungen noch weiter verkürzt) werden.[5]

Entfallen die Freistellungsvoraussetzungen, etwa weil die Marktanteilsschwellen gem. Art. 6 **4** Abs. 4 überschritten werden oder nachträglich Kernbeschränkungen vereinbart werden, stellt sich die Frage, ob die gem. Art. 101 Abs. 2 AEUV angeordnete Nichtigkeitsfolge ex tunc oder nur ex nunc eintritt. Um die mit der FuE-GVO bezweckte erhöhte Rechtssicherheit nicht zu unterlaufen, darf die Freistellungswirkung rückwirkend nicht entfallen. Daher ist lediglich von einer ex nunc Nichtigkeitswirkung auszugehen.[6] Zusätzlich sieht Art. 6 Abs. 5 für die Fälle des Art. 6 Abs. 4 eine Weitergeltung der Freistellung für die zwei anschließenden Kalenderjahre vor. Während des Freistellungszeitraums begründete Eigentumsrechte bleiben somit von der späteren Nichtigkeit unberührt. Inwiefern nach der Nichtigkeit des Vertrags Rechte übertragen und Lizenzen eingeräumt werden dürfen, richtet sich nach dem jeweiligen nationalen Recht, in Deutschland bei gemeinschaftlichen Ergebnissen insbesondere danach, ob diese als Bruchteils- oder Gesamthandsgemeinschaft gehalten werden (§§ 741 ff. BGB bzw. §§ 705 ff. BGB).

II. Freigestellte Vereinbarungen, Abs. 1 und 2

Den wichtigsten und praktisch wohl häufigsten Anwendungsfall einer nach Art. 2 freigestellten **5** FuE-Vereinbarung bilden Vereinbarungen, die sowohl **gemeinsame Forschungs- und Entwicklungsarbeiten** (einschließlich der Auftrags-FuE) als auch die **gemeinsame Verwertung** der dabei

---

[1] LMRKM/Schütze Art. 2 Rn. 27.
[2] Kom. ABl. 1976 L 6, 8 – AOIP/Beyrard; Kom. ABl. 1976 L 254, 40 – Reuter/BASF; Bunte/Sauter, EG-Gruppenfreistellungsverordnungen, 1988, VO Nr. 418/85 Rn. 9; Wiedemann, Kommentar zu den Gruppenfreistellungsverordnungen des EWG-Kartellrechts, 1989, GVO I VO Nr. 418/85 Art. 1 Rn. 9; LMRKM/Schütze Art. 2 Rn. 27; EuGH NJW 1991, 2891 Rn. 20 ff.
[3] ABl. 1994 L 1, 3.
[4] Art. 1 Ziff. 2 Beschl. Nr. 3/2011 des Gemeinsamen EWR-Ausschusses vom 11.2.2011 zur Änderung des Anhangs XIV (Wettbewerb) des EWR-Abkommens, ABl. 2011 L 93, 32.
[5] Hasselblatt, Münchener Anwaltshandbuch Gewerblicher Rechtsschutz/Lubitz, § 50 Rn. 14.
[6] Allgemein hierzu → AEUV Art. 101 Rn. 882.

erzielten Ergebnisse vorsehen. Solche Vereinbarungen können jedenfalls dann in den Anwendungsbereich des Art. 101 Abs. 1 AEUV fallen, wenn sie zwischen konkurrierenden Unternehmen geschlossen werden. Die Kommission geht aber davon aus, dass FuE-Vereinbarungen in diesem Fall regelmäßig zur Förderung des technischen und wirtschaftlichen Fortschritts beitragen und daher die Voraussetzungen für eine Freistellung vom Kartellverbot gemäß Art. 101 Abs. 3 AEUV erfüllen (Erwgr. 7). Dies gilt vor allem, wenn sich die Zusammenarbeit auf neue Technologien oder Produkte bezieht, die es zum Zeitpunkt des Abschlusses der FuE-Vereinbarung noch nicht gab (s. Art. 1 Abs. 1 Nr. 7).

6 Geht die Zusammenarbeit nicht über die **„reine" FuE-Tätigkeit** bis zur Produktionsreife hinaus, ist also keine gemeinsame Verwertung vorgesehen, greift das Kartellverbot idR bereits von vornherein nicht ein.[7] Es bedarf dann auch keiner Freistellung. Dies gilt grundsätzlich unabhängig davon, ob Wettbewerber an der Kooperation beteiligt sind oder nicht.[8] Hiervon kann es jedoch Ausnahmen geben (vgl. Kommentierung zu Art. 10 Abs. 2 lit. e). Wenn iRe „reinen" FuE-Vereinbarung besondere Beschränkungen vereinbart werden, zB ein Verbot, in dem der Vereinbarung unterliegenden Bereich weitere Kooperationen mit Dritten einzugehen, bedarf es einer Freistellung. Die Vergemeinschaftung von FuE-Aktivitäten ohne eine gemeinsame Verwertung kann ferner auch auf oligopolistisch strukturierten Märkten bei homogenen Erzeugnissen wettbewerbsbeschränkend wirken. Dort nimmt die gemeinsame FuE den Parteien die Möglichkeit, sich durch eigenständige Bemühungen einen Wettbewerbsvorteil zu verschaffen.[9]

7 Ebenfalls nicht freistellungsbedürftig sind die meisten FuE-Vereinbarungen zwischen **Nichtwettbewerbern.** Hier greift das Kartellverbot und erfordert eine Freistellung erst, wenn sich die Zusammenarbeit auf eine ausschließliche Nutzung der Ergebnisse bezieht und einer der Beteiligten marktstark ist.[10] Soweit die Beteiligten nicht in der Lage sind, die notwendigen FuE-Arbeiten eigenständig durchzuführen, liegt nach Ansicht der Kommission ebenfalls keine Wettbewerbsbeschränkung vor.[11] Die entscheidende Frage ist hier, ob jeder Beteiligte für sich über die erforderlichen Aktiva, das Know-how und die sonst notwendigen Ressourcen zur Durchführung der Arbeiten verfügt.[12] Werden die notwendigen Arbeiten auf spezialisierte Unternehmen oder Forschungsinstitute ausgelagert, so liegt meistens keine Wettbewerbsbeschränkung vor.[13] Die oben genannten Kooperationsformen „bedingen" nach Ansicht der Kommission normalerweise keine Koordinierung im Wettbewerb.[14] Bedeutung erlangt die Frage, ob eine Vereinbarung überhaupt von Art. 101 Abs. 1 AEUV erfasst wird, erst, wenn die **Marktanteilschwellen** des Art. 6 für Vereinbarungen zwischen Wettbewerbern bzw. für die Fortsetzung der Kooperation nach dem Ende der ersten Verwertungsphase eingreifen. Solange „ein gewisser Grad der Marktmacht" nicht erreicht wird, geht die Kommission davon aus, dass die Vorteile der Kooperation mögliche Wettbewerbsnachteile aufwiegen.[15] Dagegen kann eine Vereinbarung selbstverständlich auch von Unternehmen mit einem gemeinsamen Marktanteil von über 25 % abgeschlossen und zeitlich unbegrenzt fortgesetzt werden, wenn Art. 101 Abs. 1 AEUV nicht anwendbar ist[16] oder ausnahmsweise dennoch Art. 101 Abs. 3 AEUV eingreift, was beispielsweise bei Marktanteilen von unter 40% und Vereinbarungen, die ein stimmiges Gesamtkonzept im Einklang mit den sonstigen Vorgaben der FuE-GVO aufweisen, denkbar erscheint.

8 Verwerten Unternehmen gemeinsam die Ergebnisse einer früheren FuE-Arbeit, gilt die Freistellung, soweit die Verwertung durch die an der ursprünglichen Kooperation beteiligten Unternehmen erfolgt. Fraglich ist dabei, ob mit dem **Ausscheiden oder dem Hinzutreten eines Kooperationspartners** zugleich die Freistellung für die spätere Verwertung entfällt. Dies wird für alle Fälle verneint, in denen der Kreis der Beteiligten nicht erweitert wird. Die Freistellung bleibt also erhalten, wenn ein Kooperationspartner ausscheidet, sich mit einem anderen Beteiligten zusammenschließt

---

[7] vgl. Leitlinien „horizontale Zusammenarbeit" aF (2011) Rn. 129, 132, 137.
[8] GK/Schödermeier/Wagner VO Nr. 418/85 Art. 3 Rn. 5; kritisch wohl Immenga/Mestmäcker/Fuchs Art. 1 Rn. 8.
[9] Vgl. Kom. ABl. 1972 L 14, 14 – Henkel/Colgate; Kom. ABl. 1975 L 29, 20 – RANK/SOPELEM; Kom. ABl. 1977 L 327, 26 – GEC-Weir Natriumumwälzpumpen; Kom. ABl. 1979 L 70, 11 – Beecham/Parke, Davis.
[10] Leitlinien „horizontale Zusammenarbeit" Rn. 138.
[11] Vgl. Kom. ABl. 1990 L 209, 15 – Elopak/Metal Box – Odin.
[12] Leitlinien „horizontale Zusammenarbeit" Rn. 138 f.
[13] Leitlinien „horizontale Zusammenarbeit" Rn. 139.
[14] Leitlinien „horizontale Zusammenarbeit" Rn. 33.
[15] Erwgr. 5 und 9, vgl. Leitlinien „horizontale Zusammenarbeit" Rn. 86, 145 ff.
[16] Wiedemann, Kommentar zu den Gruppenfreistellungsverordnungen des EWG-Kartellrechts, 1989, GVO I VO Nr. 418/85 Art. 1 Rn. 6; Liebscher/Flohr/Petsche Gruppenfreistellungs-VO-HdB/Traugott § 10 Rn. 43.

oder von einem Dritten übernommen wird.¹⁷ Dagegen geht die Freistellung verloren, wenn ein an der früheren Kooperation nicht beteiligtes Unternehmen an der Verwertung teilnimmt. Anders ist es allenfalls in den Fällen, in denen während der Dauer der Kooperation neue FuE-Arbeiten unter Mitwirkung eines neuen Partners durchgeführt werden, deren Ergebnisse die Anforderungen des Art. 5 Abs. 1 erfüllen und von den Parteien (einschließlich des neuen Partners) gemeinsam verwertet werden.¹⁸

III. Nebenabreden, Abs. 3

Die gemeinsame FuE sowie ggf. die spätere gemeinsame Verwertung muss Hauptzweck der zwischen den Parteien geschlossenen Vereinbarung sein.¹⁹ Vereinbarungen über die **Übertragung und Lizenzierung geistiger Eigentums- oder Nutzungsrechte** zwischen den Parteien oder ein von ihnen gegründetes Gemeinschaftsunternehmen sind mit freigestellt, sofern diese Bestimmungen nicht Hauptgegenstand solcher Vereinbarungen sind und dafür erforderlich sind. Auch wenn sich diese Bestimmung vom Wortlaut her allein auf das Innenverhältnis unter den Kooperationspartnern sowie auf die Beziehungen zwischen ihnen und einem zur Durchführung der FuE-Arbeiten oder Verwertung gegründeten Gemeinschaftsunternehmen bezieht, sind richtigerweise auch Nebenabreden mit Dritten erfasst, die iSv Art. 1 Abs. 1 Nr. 10 gemeinsam von den Parteien mit der Ausführung der betreffenden Aufgaben beauftragt wurden. Alle anderen Vereinbarungen sind dagegen nach der TT-GVO zu beurteilen.²⁰ 9

Auch wenn die FuE-GVO keine umfassende Regelung dazu enthält, sind auch **andere Nebenabreden** weiterhin vom Kartellverbot freigestellt, soweit sie keine in den „schwarzen" und „grauen" Listen der Art. 8 und 9 enthaltenen Beschränkungen enthalten²¹ und, entsprechend den allgemeinen Grundsätzen,²² für die Durchführung der eigentlichen FuE-Vereinbarung objektiv erforderlich sind und in einem angemessenen Verhältnis zu ihren Zielen stehen. Eine Nebenabrede ist dann „objektiv erforderlich", wenn die Vereinbarung ohne sie nicht durchführbar wäre. Allein der Umstand, dass die FuE ohne die betreffende Beschränkung schwieriger oder weniger rentabel wäre, genügt nicht.²³ Allerdings kommt eine Einzelfreistellung nach Art. 101 Abs. 3 AEUV in Betracht, wenn die Nebenabrede für die Erzielung der mit einer FuE-Vereinbarung angestrebten Effizienzgewinne „notwendig" ist.²⁴ Keine notwendige Nebenabrede ist gegeben, wenn allein anlässlich der FuE-Vereinbarung eine hiervon unabhängige Pflicht vereinbart wird, etwa eine Informationspflicht bzgl. anderer Produkte. Die Kernbeschränkungen und grauen Klauseln stellen somit keine abschließende Auflistung kartellrechtswidriger Klauseln dar. Sie stellen vielmehr die Regelungen dar, die aus Sicht der Kommission am klarstellungsbedürftigsten schienen. Daher können auch dort nicht aufgeführte Klauseln, vor allem solche, die in FuE-Vereinbarungen völlig ungewöhnlich sind, unter das Kartellverbot des Art. 101 Abs. 1 AEUV fallen. 10

Geheimhaltungsabreden, die sich auf das iRd Kooperation mitgeteilte Know-how beziehen, sind nach der ständigen Praxis der Kommission aus wettbewerblicher Sicht unbedenklich. Sie sind fast immer eine unabdingbare Voraussetzung für die Zusammenarbeit.²⁵ Dementsprechend wirken auch entsprechende Mitteilungspflichten, wie zum Teil von Art. 4 gefordert, sowie die Zweckbindung des mitgeteilten Know-hows nicht wettbewerbsbeschränkend.²⁶ Ein **Bsp.** für eine solche zulässige Nebenabrede ist das Verbot, während der Durchführung der Vereinbarung allein oder im Verbund mit Dritten in dem der Vereinbarung unterliegenden Bereich oder in einem eng verwandten Bereich FuE zu betreiben. Die Grenze wird dabei durch Art. 8 lit. a Ziff. i gezogen. Eine nicht freistellungsfähige Nebenabrede liegt damit erst vor, wenn sich die 11

---

[17] Wiedemann, Kommentar zu den Gruppenfreistellungsverordnungen des EWG-Kartellrechts, 1989, GVO I VO Nr. 418/85 Art. 1 Rn. 7; Korah R & D, 20; White IIC 1985, 663 (678); Immenga/Mestmäcker/Fuchs Art. 1 Rn. 7; LMRKM/Schütze Art. 2 Rn. 30.
[18] Korah R & D, 20.
[19] Van Bael/Bellis, 495 unter Hinweis auf Kom. ABl. 1992 L 235, 9 – Quantel International-Continuum/Quantel S. A.
[20] Vgl. Liebscher/Flohr/Petsche Gruppenfreistellungs-VO-HdB/Traugott § 10 Rn. 6.
[21] Liebscher/Flohr/Petsche Gruppenfreistellungs-VO-HdB/Traugott § 10 Rn. 31; Immenga/Mestmäcker/Fuchs Art. 2 Rn. 10 ff.
[22] Vgl. Bekanntmachung „Nebenabreden".
[23] Leitlinien „horizontale Zusammenarbeit" Rn. 34.
[24] Leitlinie „horizontale Zusammenarbeit" Rn. 158.
[25] Art. 5 Abs. 1 lit. d VO Nr. 418/85; Kom. ABl. 1972 L 31, 29 – MAN/Saviem; Kom. ABl. 1968 L 201, 7 – ACEC-Berliet.
[26] Art. 4; Art. 5 Abs. 1 lit. a und lit. b VO Nr. 418/85; GK/Schödermeier/Wagner VO Nr. 418/85 Art. 5 Rn. 19.

Beschränkung auf Gebiete erstreckt, die in keinem erkennbaren Sachzusammenhang zu dem Gegenstand der Kooperation stehen. In ihrer Entscheidungspraxis hat die Kommission folgende Szenarien freigestellt: (i) ein zweijähriges Wettbewerbsverbot zugunsten eines entwickelnden und produzierenden Gemeinschaftsunternehmens für den Fall des Austritts eines Gesellschafters;[27] (ii) die den Gründern auferlegte Verpflichtung zur Erteilung von Lizenzen an das Gemeinschaftsunternehmen; und (iii) die Verpflichtung zur Erteilung von Lizenzen an die andere Partei im Falle der Kündigung oder Auflösung des Gemeinschaftsunternehmens.[28] Selbst gegenseitige Bezugspflichten[29] wurden von der Kommission als freistellungsfähig angesehen. Auch ein allgemeines Verbot der Zusammenarbeit mit Dritten kann aus Sicht der Kommission „unerlässlich" bzw. „erwartbar" sein. Der Grund ist darin zu sehen, dass es vernünftigerweise von den Beteiligten einer Kooperation nicht erwartet werden kann, Ressourcen auf die Kooperation zu verwenden und dann zuzulassen, dass der andere Beteiligte die Ergebnisse mit einem Dritten auswertet. Bei derartigen Verbotsregelungen, ist jedoch stets darauf zu achten, dass FuE-Tätigkeiten mit Dritten möglich bleiben, Art. 8 lit. a.

IV. Entzug der Freistellung

12   Die neugefasste FuE-GVO enthält wieder (wie die alte FuE-GVO aus dem Jahre 1984) eine eigenständige Rechtsgrundlage für den Entzug der Freistellung, vgl. Art. 10 und 11.

Vorbemerkung Art. 3–5

1   Die FuE-GVO ist die einzige GVO, die noch umfangreiche weitere Voraussetzungen für die Freistellung formuliert. Was in der FuE-GVO 2010 noch in Art. 3 aF zusammengefasst war, ist in der Neufassung in und den **Art. 3–5** geregelt. Vornehmlich dient dies der Schaffung größerer Transparenz, doch zum Teil gibt es auch praxisrelevante inhaltliche Änderungen, insbesondere zum Thema Zugang zu vorhandenem Know-how gem. Art. 4.

2   Der wesentliche Grundsatz für die Freistellung ist, dass alle Parteien uneingeschränkten Zugang zu den Endergebnissen ihrer gemeinsamen Bemühungen erhalten, einschließlich IP-Rechten und Know-how, sowohl für weitere FuE als auch Verwertung. Für den Zugang kann jedoch ein Entgelt gefordert werden. Beschränkungen für die Verwertung der Ergebnisse sind zulässig, wenn die Parteien eine entsprechende gemeinsame Verwertung vereinbaren, was diverse Formen der Spezialisierung einschließt. Der Zugang für weitere FuE-Arbeiten muss allerdings auch in diesem Fall offenbleiben. Im Ergebnis kann es zulässig sein, dass nur eine Partei vertreiben darf (Art. 5 Abs. 2 lit. b); dagegen muss die weitere FuE stets allen Parteien möglich bleiben.

3   Freistellungsvoraussetzung – auch im Falle einer Auftragsforschung – ist weiterhin, dass unter gewissen Voraussetzungen uneingeschränkt Zugang zu den Endergebnissen gemäß Artikel 3 Abs. 2 und Zugang zu bereits vorhandenem Know-how gemäß Artikel 4 Abs. 2 gewährt werden muss. Für die Auftragsforschung mag dies zunächst verwundern und eher die Bekanntmachung „Zulieferverträge" passend erscheinen. Doch ist der Zugang zu Endergebnissen nur für Zwecke weiterer FuE sowie der Verwertung erforderlich und der Zugang zu vorhandenem Know-how nur dann, wenn – und das ist neu – die gemeinsame Verwertung „ausgeschlossen" ist und der Zugang zum vorhandenen Know-how für die Verwertung „unerlässlich" ist. Es kann somit beispielsweise eine passende Art der gemeinsamen Verwertung in Form der Spezialisierung gewählt werden, um den Know-how Transfer zu verhindern, oder – zumindest lässt der Wortlaut hierfür Raum – die Frage der gemeinsamen Verwertung schlicht offengelassen (also nicht „ausgeschlossen") werden, was ebenfalls dazu führen sollte, dass kein vorhandenes Know-how transferiert werden muss.

Art. 3 Zugang zu den Endergebnissen

(1) Die Freistellung nach Artikel 2 gilt unter den Voraussetzungen der Absätze 2, 3 und 4 dieses Artikels.

(2) In der Forschungs- und Entwicklungsvereinbarung muss festgelegt sein, dass alle Parteien für die Zwecke weiterer Forschung und Entwicklung und für die Zwecke der Verwertung uneingeschränkten Zugang zu den Endergebnissen der gemeinsamen Forschung und Entwicklung oder der Auftragsforschung und -entwicklung haben.

---

[27] Kom. ABl. 1994 L 341, 66 Rn. 33 – Fujitsu AMD Semiconductor.
[28] Kom. ABl. 1990 L 209, 15 Rn. 32 – Elopak/Metal Box – Odin.
[29] Art. 4 lit. c VO Nr. 418/85; Kom. ABl. 1983 L 376, 11 – VW/MAN.

(3) Der Zugang nach Absatz 2
a) umfasst auch daraus erwachsende Rechte des geistigen Eigentums und daraus erwachsendes Know-how und
b) wird gewährt, sobald die Ergebnisse der Forschung und Entwicklung verfügbar sind.

(4) Ist in der Forschungs- und Entwicklungsvereinbarung vorgesehen, dass die Parteien einander für den Zugang zu den Ergebnissen für die Zwecke weiterer Forschung und Entwicklung oder für die Zwecke der Verwertung eine Vergütung zahlen, darf diese Vergütung nicht so hoch sein, dass sie diesen Zugang praktisch verhindern würde.

(5) Forschungsinstitute, Hochschulen oder Unternehmen, die Forschungs- und Entwicklungsleistungen in Form gewerblicher Dienste erbringen und sich üblicherweise nicht mit der Verwertung von Ergebnissen befassen, können vereinbaren, die Ergebnisse ausschließlich für die Zwecke weiterer Forschung und Entwicklung zu nutzen.

(6) Beschränken die Parteien ihre Verwertungsrechte im Einklang mit dieser Verordnung, und insbesondere dann, wenn sie sich im Rahmen der Verwertung spezialisieren, so kann der Zugang zu den Ergebnissen für die Zwecke der Verwertung entsprechend beschränkt werden.

1 Art. 3 will den technischen und wirtschaftlichen Fortschritt durch die Weitergabe von technischem Wissen fördern.[1] Alle Vertragsparteien müssen daher „uneingeschränkten Zugang" zu den Endergebnissen der gemeinsamen FuE-Arbeiten für weitere Forschungs-, Entwicklungs- oder Verwertungszwecke haben.[2]

2 **„Alle Parteien"** umfasst gem. Art. 1 Abs. 2 auch die jeweils mit den Parteien verbundenen Unternehmen. Die Existenz verbundener Unternehmen wirkt sich somit nicht nur nachteilig bei Bestimmung der Marktanteile aus, sondern im Rahmen der Freistellungsvoraussetzungen auch positiv. Bei der Vertragsgestaltung sollte geprüft werden, inwiefern verbundene Unternehmen existieren und ob diesbezügliche Lizenzzahlungspflichten durchgesetzt werden können.

3 Das Erfordernis des **„uneingeschränkten Zugangs"** fordert nicht nur Zugang zu den (faktischen) Endergebnissen der FuE, sondern auch zu etwaigen, daraus erwachsenden IP-Rechten sowie Know-how (Art. 3 Abs. 3 lit. a).[3] Ggf. sind daher Lizenzen einzuräumen, sofern beispielsweise nur eine FuE-Partei Inhaber der entstandenen IP-Rechte geworden ist.[4] Dies kann gegen **Entgelt** geschehen, solange die Höhe der Vergütung nicht den Zugang praktisch verhindert, indem sie prohibitiv hoch ist. Zum Teil wird vertreten, eine praktische Verhinderung liege schon dann vor, wenn der Lizenzsatz höher ausfällt, als was objektiv angemessen erscheint unter Berücksichtigung des Beitrags des Lizenznehmers zur FuE.[5] Diese Schwelle erscheint jedoch als zu niedrig, denn nicht jede unangemessene Höhe einer Lizenzgebühr führt zu einer praktischen Zugangsverhinderung. Ferner geht es Art. 3 ausschließlich um den Zugang der individuellen Parteien der FuE. Daher ist darauf abzustellen, ob der konkreten FuE-Partei unter Berücksichtigung ihrer individuellen Situation, bei der geforderten Lizenzhöhe der Zugang praktisch verwehrt ist. Unterschiedlich hohe Lizenzgebühren können nicht automatisch als Behinderung eingestuft werden.[6] Die Kommission hatte im Konsultationsverfahren zwar ursprünglich die Forderung nach einem „gleichen" Zugang erhoben, die aber am Ende keinen Eingang in die FuE-GVO fand.[7]

4 Klauseln, nach denen die Parteien die Ergebnisse nur gemeinsam zur weiteren FuE verwenden dürfen, erfüllen das Kriterium des uneingeschränkten Zugangs nicht und sind daher unwirksam.[8] **Ausschließliche Lizenzen,** die nur einem der Partner den Zugang zu den Ergebnissen für weitere FuE gewähren, sind ebenfalls nicht zulässig, da sie nur einen selektiven Zugang gewähren. Im Rahmen der Herstellung und des Vertriebs kann dagegen eine ausschließliche Lizenz zulässig sein,

---

[1] Erwgr. 9, 11; Leitlinien „horizontale Zusammenarbeit" Rn. 74.
[2] Kom. ABl. 1983 L 224, 19 – Rockwell/Iveco; Kom. ABl. 1983 L 376, 11 – VW/MAN.
[3] LMRKM/Schütze Art. 3 Rn. 40.
[4] Slobodenjuk BB 2016, 1670 (1672) mwN.
[5] Slobodenjuk BB 2016, 1670 (1672) mwN.
[6] Bechtold/Bosch/Brinker Art. 3 Rn. 5.
[7] Praxishinweis: In diesem Zusammenhang sollte mit Blick auf die ab 1. Juni 2023 geltenden Regelungen zum Einheitspatent und Einheitlichen Patentgericht vereinbart werden, ob die einheitliche Wirkung für ein Europäisches Patent beantragt werden soll, wer mit Blick auf die Rechtswahl an erster Stelle bei der Erfindernennung stehen soll (vgl. Art. 7 Abs. 2 EuPatVO), ob ein Opt-out (bzw. späterer Rücktritt) erklärt werden soll und wer die Entscheidung in den voranstehenden Angelegenheiten treffen soll.
[8] von der Groeben/Schwarze/Hatje/Hirsbrunner AEUV nach Art. 101 Rn. 157.

vgl. Art. 1 Abs. 1 Nr. 12 aE.⁹ Auch eine zeitlich unbefristete Aufteilung der Nutzungsrechte zwischen den Parteien liefe einem uneingeschränkten Zugang zuwider und steht daher einer Freistellung entgegen.¹⁰ Die jeweilige FuE darf inhaltlich nur im Rahmen des Art. 8 lit. a beschränkt werden. Für die gemeinsame Verwertung müssen die Parteien u.a. die zeitliche Schranke von 7 Jahren beachten, Art. 6 Abs. 3, 4, 5.

5   Ein uneingeschränkter Zugang wird nur zu den **„Endergebnissen"** der gemeinsamen Bemühungen gefordert, ohne diesen Begriff zu definieren. Mit Blick auf Abs. 3 lit. a sind damit vor allem etwaige Patente sowie das im Zuge der Kooperation entstandene Know-how gemeint. Zugangsbeschränkungen bei **Zwischenergebnissen** sind dagegen möglich, sofern diese nicht die Qualität von Rechten des geistigen Eigentums oder Know-hows erreichen. Wie mit bereits vorhandenem Know-how einer Partei umzugehen ist, wird jetzt in Art. 4 gesondert geregelt.

6   Auslegungsbedürftig ist weiter, was die Kommission unter einem Zugang **„für die Zwecke weiterer Forschung und Entwicklung und Verwertung"** versteht. Es wird diskutiert, ob sich dies nur auf FuE und Verwertung in demselben technischen Bereich wie die FuE-Vereinbarung bezieht oder umgekehrt nur auf FuE und Verwertung außerhalb dieses Bereichs, oder auf beides.¹¹ Richtigerweise ist beides erfasst. Es muss daher auch die Verwendung der Ergebnisse zu ursprünglich nicht von der Kooperation abgedeckten Zwecken möglich sein.¹² Hierfür spricht neben dem Zweck weitere FuE zu fördern (Erwgr. 11) ein systematischer Vergleich mit Art. 8 lit. a, in dem die FuE-GVO ausdrücklich zwischen den verschiedenen technischen Bereichen differenziert, was in Art. 3 Abs. 2 gerade nicht geschehen ist.

7   Der Zugang zu den Endergebnissen darf aber beschränkt werden, wenn die Parteien im Einklang mit der Verordnung ihre **Verwertungsrechte beschränken.** Sie dürfen also insbes. eine gemeinsame Verwertung vereinbaren und insoweit eigenständige Aktivitäten ausschließen. Solche Zugangsbeschränkungen sind aber nur für die Zeit der gemeinsamen Verwertung zulässig; anschließend muss der Zugang uneingeschränkt gewährt werden.¹³ Eigenständige FuE-Aktivitäten müssen die Parteien bereits während der Verwertungsphase gestatten. Gemäß Art. 8 lit. a dürfen die Parteien allerdings einander während der Dauer ihrer Kooperation durch Wettbewerbsverbote eine konkurrierende FuE-Tätigkeit in dem von der Kooperation abgedeckten und damit zusammenhängenden, benachbarten Bereichen untersagen. Ist aber ein solches Wettbewerbsverbot freigestellt, so muss insoweit auch kein Zugang gewährt werden.

8   Das uneingeschränkte Zugangserfordernis nach Art. 3 Abs. 2 erscheint für den Fall einer **Auftragsforschung** problematisch, beispielsweise wenn der Auftragnehmer die Ergebnisse für eine weitere FuE in Form der Auftragsforschung mit einem Wettbewerber des Auftraggebers verwenden will.¹⁴ Bezahlt ein Unternehmen für die Entwicklung von Produkten, kann es aus dem jeweils einschlägigen Vertragsrecht anerkannt sein, dass dem „Auftragnehmer" in gewissen zeitlichen Grenzen verwehrt ist, das Entwicklungsergebnis selbst zu nutzen.¹⁵ Diesem Ergebnis steht Art. 3 Abs. 2 insofern entgegen, als er uneingeschränkten Zugang zu den Endergebnissen der Auftrags-FuE für „weitere FuE und Verwertung" verlangt. Um einen Widerspruch zu vermeiden, ist hier besonders sorgfältig zu prüfen, ob überhaupt eine wettbewerbsbeschränkende Auftrags-FuE-Vereinbarung iSd Art. 101 Abs. 1 AEUV vorliegt. Alleine die Beschränkung der weiteren Nutzung der Endergebnisse kann in diesem Sonderfall ausnahmsweise keine Wettbewerbsbeschränkung darstellen, wenn und soweit aufgrund der schuldrechtlichen Ausgangslage von vornherein keine Handlungsfreiheit des Auftragsnehmers bzgl. der Forschungsergebnisse entsteht, die beschränkt werden könnte.¹⁶ Bei einer dennoch unter Art. 101 Abs. 1 AEUV fallenden Auftrags-FuE-Vereinbarung ist ferner zu prüfen, ob im Einzelfall die Verwendung der Endergebnisse für eine weitere Auftrags-FuE mit einem Wettbewerber eher als Fall der Verwertung als der weiteren FuE erscheint und somit grundsätzlich beschränkt werden kann. Dies ist beispielsweise dann denkbar, wenn der Auftragnehmer mit seiner

---

⁹ LMRKM/Schütze Art. 3 Rn. 40; von der Groeben/Schwarze/Hatje/Hirsbrunner AEUV nach Art. 101 Rn. 157.
¹⁰ Gutermuth WuW 2012, 237 (242); aA BeckOK/Slobodenjuk Rn. 3.
¹¹ Winzer, Forschungs- und Entwicklungsverträge, 2. Aufl. 2011, Rn. 626; Bechtold/Bosch/Brinker Rn. 3.
¹² Hasselblatt, Münchener Anwaltshandbuch Gewerblicher Rechtsschutz/Smielick, § 49 Rn. 113; Mestmäcker/Schweitzer EuWettbR § 32 Rn. 30 mit Verweis auf Erwgr. 11 FuE-GVO aF (jetzt Erwägungsgründe 10 bis 12); Enger Winzer, Forschungs- und Entwicklungsverträge Rn. 626ff.; Winzer GRUR-Int 2001, 413 (416), demzufolge sich Art. 3 Abs. 2 S. 1 FuE-GVO aF (jetzt Art. 3 Abs. 1) nur auf das technische Sachgebiet der Kooperation erstrecke.
¹³ Gutermuth WuW 2012, 237 (242); Rosenberger/Wündisch/Badtke Kap. 6 D. Rn. 374ff.
¹⁴ Von der Groeben/Schwarze/Hatje/Hirsbrunner AEUV nach Art. 101 Rn. 145.
¹⁵ OLG Frankfurt a. M. NJW-RR 1994, 1476 – Auftragsentwicklung für biotechnische Diagnostika; BGH GRUR 1985, 1041 (1043 f.) – Werkvertrag Softwareentwicklung.
¹⁶ von der Groeben/Schwarze/Hatje/Hirsbrunner AEUV nach Art. 101 Rn. 145.

stetig wachsenden Expertise durch Auftrags-FuE-Projekte wirbt. Es ist jedoch zuzugeben, dass durch die Freistellungsvoraussetzung des Art. 3 die Attraktivität der Auftragsforschung leidet und es für Auftraggeber ratsam erscheinen kann, lediglich ausgewählte Teilaspekte eines FuE-Projekts an einen Auftragnehmer zu vergeben.[17]

Die FuE-GVO geht davon aus, dass **Forschungsinstitute und ähnliche Einrichtungen** üblicherweise nicht als Verwerter auftreten, Art. 3 Abs. 5. Diese sollen somit dazu verpflichtet werden können, die Ergebnisse ausschließlich zum Zwecke der Durchführung weiterer Forschungsarbeiten zu verwenden. Diesen Einrichtungen kann folglich nach der GVO eine eigene wirtschaftliche Verwertung der Ergebnisse untersagt werden. Werden Universitäten jedoch bezuschusst, kann zumindest nach deutschem Recht der jeweilige Zuschussbescheid eine Verwertungspflicht vorsehen. In diesem Fall greift die in der GVO vorgesehene Privilegierung daher nicht.[18]

Es gibt keine ausdrücklichen Regelungen zu sog. field-of-use-Beschränkungen, also dem Fall, dass Nicht-Wettbewerber ihr Zugangsrecht auf **einzelne Anwendungsbereiche** beschränken. Teilen die Parteien lediglich die Verwertungsrechte nach verschiedenen Anwendungsbereichen auf, so gilt dies als (unter der Voraussetzung des Art. 3 Abs. 6 zulässige) Spezialisierung.[19] Ist die Phase der gemeinsamen Verwertung abgeschlossen (die aber länger als 7 Jahre dauern kann, wenn die Marktanteilsschwelle nicht überschritten wird, Art. 6 Abs. 4, 5), sind weitere anwendungsbezogene Verwertungsbeschränkungen nicht mehr von der FuE-GVO freigestellt, auch dann, wenn die Parteien keine Wettbewerber sind. Zudem stellt die Kommission klar, dass Nutzungsbeschränkungen (also field of use-Beschränkungen) weder als Produktions- oder Absatzbeschränkungen noch als Gebiets- oder Kundenbeschränkungen einzustufen sind.[20] Das gilt unabhängig davon, ob die Parteien Wettbewerber sind oder nicht.[21]

Das OLG Celle hat entschieden, dass selbst wenn eine Partei aufgrund einer Wettbewerbsverbotsklausel an der unabhängigen FuE gehindert ist, die FuE-Vereinbarung im Einzelfall als insgesamt wettbewerbsfördernd angesehen werden kann.[22]

Art. 4 Zugang zu bereits vorhandenem Know-how

(1) Umfasst die Forschungs- und Entwicklungsvereinbarung nicht die gemeinsame Verwertung der Ergebnisse, so gilt die Freistellung nach Artikel 2 unter den Voraussetzungen der Absätze 2 und 3 dieses Artikels.

(2) In der Vereinbarung muss festgelegt sein, dass jeder Partei Zugang zum bereits vorhandenen Know-how der anderen Parteien gewährt wird, sofern dieses Know-how für die Verwertung der Ergebnisse unerlässlich ist.

(3) Ist in der Vereinbarung vorgesehen, dass die Parteien einander für den Zugang zu ihrem bereits vorhandenen Know-how eine Vergütung zahlen, darf diese Vergütung nicht so hoch sein, dass sie diesen Zugang praktisch verhindern würde.

Das Zugangsrecht zu bestehendem Know-how gemäß Art. 4 muss in solchen FuE-Vereinbarungen vorgesehen werden, welche die gemeinsame Verwertung der Ergebnisse von gemeinsamer FuE oder Auftragsforschung und -entwicklung nicht umfassen, Abs. 1, 2 (s. auch Erwgr. 13). Die Zugangsgewährung ist daher nicht in Form der Freistellungsvoraussetzung bei der gemeinsamen Verwertung, was auch relativ einseitige Aufgabenverteilungen im Rahmen der Spezialisierung erfassen kann (Art. 1 Abs. 1 Nr. 10 lit. c, Nr. 12). Die Neuregelung unterstreicht die Bedeutung der Verwertungsphase. FuE wird gerade deshalb freigestellt, damit innovative und verbesserte Produkte bei den Verbrauchern ankommen.[1] Es soll vermieden werden, dass durch Zurückhalten von vorhandenem Know-how die Verwertung eingeschränkt werden kann.

---

[17] von der Groeben/Schwarze/Hatje/Hirsbrunner AEUV nach Art. 101 Rn. 158.
[18] Neben nationalen Vorgaben ist auf europäischer Ebene insbes. der Unionsrahmen für staatliche Beihilfen zur Förderung von Forschung, Entwicklung und Innovation (214/C 198/01), dort Ziff. 28 lit. d zu beachten, der in der Praxis zur Vereinbarung marktüblicher Bedingungen gegenüber Universitäten führt.
[19] Art. 1 Abs. 1 Nr. 14, vgl. Art. 8 Abs. 2 lit. c sowie Erwgr. 11 und 19; Gutermuth WuW 2012, 237 (241).
[20] Erwgr. 19 aE.
[21] Besen/Slobodenjuk GRUR 2011, 300 (303); Bechtold/Bosch/Brinker Rn. 9; generell zu fiel-of-use Beschränkungen LMRKM/Schütze Rn. 40.
[22] OLG Celle 14.10.2016 – 13 Sch 1/15 (Kart) 7 Sch 3/15 Rn. 72 f. – Zuckerrübenzüchtung.
[1] SWD(2021) 103 final, 3; Erwgr. 8.

2 Im Unterschied zu Art. 3 muss iRd Art. 4 lediglich **„Zugang"**, nicht „uneingeschränkter Zugang" gewährt werden und dies auch nur insofern, als dieses Know-how für die Verwertung der Ergebnisse (s. Art. 1 Abs. 1 Nr. 7) durch die Partei **„unerlässlich"** ist. Hier ist ein strenger Maßstab anzulegen, um nicht den unerwünschten Effekt zu haben, dass FuE-Kooperationen vermieden werden, um wertvolles bestehendes Know-how zu schützen. Jede Art von „Zugang", die die erstrebte Verwertung durch die andere Partei ermöglicht, ggf. auch nur mittelbar, beispielsweise durch Zugriff auf ein „Wartungsteam" oÄ, welches das Know-how auf die Produkte der anderen Partei anwendet, sollte daher genügen. Für den Zugang kann eine **Vergütung** vorgesehen werden, welche jedoch unter Abwägung der Umstände des Einzelfalls nicht prohibitiv hoch sein darf, Abs. 3. Im Umkehrschluss zu Abs. 2 folgt, dass kein zwingendes Erfordernis ist, Zugang zu IP-Rechten, wie Patenten zu gewähren. Sollte dieser Zugang zur Verwertung nötig sein, muss die betroffene Partei an eine vertragliche Rechtseinräumung denken.

Art. 5 Gemeinsame Verwertung

(1) Die Freistellung nach Artikel 2 gilt nur dann, wenn die gemeinsame Verwertung ausschließlich Ergebnisse betrifft, die die beiden folgenden Voraussetzungen erfüllen:
a) Die Ergebnisse sind für die Produktion der Vertragsprodukte oder die Anwendung der Vertragstechnologien unerlässlich.
b) Die Ergebnisse sind durch Rechte des geistigen Eigentums geschützt oder stellen Know-how dar.

(2) Werden eine oder mehrere Parteien im Wege der Spezialisierung im Rahmen der Verwertung mit der Produktion der Vertragsprodukte betraut, so gilt die Freistellung nach Artikel 2 nur dann, wenn diese Parteien verpflichtet sind, Aufträge der anderen Parteien über die Belieferung mit Vertragsprodukten zu erfüllen, es sei denn, eine der beiden folgenden Voraussetzungen ist erfüllt:
a) Die Forschungs- und Entwicklungsvereinbarung sieht auch einen Vertrieb durch ein gemeinsames Team, eine gemeinsame Organisation oder ein gemeinsames Unternehmen oder durch einen von den Parteien gemeinsam beauftragten Dritten vor.
b) Die Parteien haben vereinbart, dass nur die Partei, die die Vertragsprodukte produziert, diese auch vertreiben darf.

I. Überblick

1 Die (gemeinsame) Verwertung der Ergebnisse der FuE-Kooperation ist die „logische" (Erwgr. 9a) und von der FuE-GVO auch erstrebte (Erwgr. 9, 10) Folge der gemeinsamen Anstrengungen der Parteien, denn am Ende sollen die aus der FuE erwachsenen Vorteile den Verbrauchern in Form von neuen oder verbesserten Produkten etc. bzw. niedrigeren Preisen zu Gute kommen (Erwgr. 8). Bei gemeinsamer Verwertung (Art. 1 Abs. 1 Nr. 7 und Nr. 10) muss auch kein Zugang zu vorhandenem Know-how gem. Art. 4 gewährt werden. Schließlich ist bei gemeinsamer Verwertung die zeitliche Grenze des Art. 6 Abs. 3, 4, 5 zu beachten.
2 Verwerten die Parteien die FuE-Ergebnisse gemeinsam, können sie eine selbständige Verwertung unterbinden.[1] Dabei unterstellt die FuE-GVO eine gemeinsame Verwertung, sobald die Parteien ihre Verwertungsmöglichkeiten beschränken und seien es auch nur die Möglichkeiten einer Partei.[2] Da auch eine Produktionsspezialisierung als „gemeinsame" Verwertung gilt, können sich die Parteien gegenseitig **einzelne Nutzungsrechte** zuweisen.

II. Voraussetzungen der gemeinsamen Verwertung, Abs. 1

3 Die gemeinsame Verwertung muss gemäß Art. 5 Abs. 1 lit. b Ergebnisse betreffen, die durch **Rechte des geistigen Eigentums** (Art. 1 Abs. 1 Nr. 8) geschützt sind oder **Know-how** (Art. 1 Abs. 1 Nr. 9) darstellen. Insbesondere bedarf es weiterhin keines „wesentlichen" oder qualitativ besonders hochwertigen Beitrags zum technischen oder wirtschaftlichen Fortschritt.
4 Ferner müssen die Ergebnisse für die Herstellung der Vertragsprodukte oder für die Anwendung der Vertragsverfahren **„unerlässlich"** sein, dh, dass ohne sie eine Herstellung oder Verwendung der Vertragsprodukte oder – Technologie nicht möglich sein darf. Dabei wird es darauf ankommen, ob

---

[1] Mestmäcker/Schweitzer EuWettbR § 32 Rn. 39; vgl. Kom. ABl. 1994 L 341, 66 Rn. 34 und 44 – Fujitsu AMD Semiconductors.
[2] Gutermuth WuW 2012, 237 (242); vgl. Immenga/Mestmäcker/Fuchs Art. 3 Rn. 12; Bechtold/Bosch/Brinker, Art. 3 Rn. 10.

ohne das fragliche Know-how eine wirtschaftlich vernünftige Verwertung möglich ist oder nicht.[3] Diese Einschränkung soll verhindern, dass ansonsten nicht freistellungsfähige gemeinsame Vertriebsstrukturen auf Grundlage von bereits vorhandenem Stand der Technik ohne einen maßgeblichen Bezug zu der gemeinsamen FuE-Arbeit von der Freistellung profitieren.[4]

III. Gegenseitige Belieferung (Art. 5 Abs. 2)

Wird zwischen den Kooperationspartnern bei der Verwertung vereinbart, dass nur ein Teil der Parteien die Vertragsprodukte herstellt, so müssen die mit der Herstellung beauftragten Parteien alle anderen Partner auf deren Wunsch hin beliefern. Hierbei ist das generelle Diskriminierungsverbot zu berücksichtigen.[5] Anderenfalls könnte der Hersteller seine Partner durch einseitige Lieferbeschränkungen im Wettbewerb benachteiligen. Hiervon werden zwei Ausnahmefälle vorgesehen, einmal der Fall des gemeinsamen Vertriebs in Form eines gemeinsamen Teams bzw. durch einen gemeinsam bestimmten Dritten (Art. 1 Abs. 1 Nr. 10 lit. a oder b), oder der Fall, dass die Parteien vereinbart haben, dass nur die herstellende Partei die Produkte auch vertreiben darf, beispielsweise aufgrund einer ausschließlichen Lizenz. Damit ist auch ein Fall der Spezialisierung im Rahmen der Verwertung in den Ausnahmekatalog mit aufgenommen (Art. 1 Abs. 1 Nr. 10 lit. c iVm Nr. 12).

5

Art. 6 Marktanteilsschwellenwerte und Freistellungsdauer

(1) Sind zwei oder mehr Parteien Wettbewerber im Sinne des Artikels 1 Absatz 1 Nummer 15, so gilt die Freistellung nach Artikel 2 nur dann für die Dauer der Forschung und Entwicklung, wenn zum Zeitpunkt des Abschlusses der Forschungs- und Entwicklungsvereinbarung
a) bei Forschungs- und Entwicklungsvereinbarungen nach Artikel 1 Absatz 1 Nummer 1 Buchstabe a oder c der gemeinsame Marktanteil der Parteien der Vereinbarung auf den relevanten Produkt- und Technologiemärkten höchstens 25 % beträgt,
b) bei Forschungs- und Entwicklungsvereinbarungen nach Artikel 1 Absatz 1 Nummer 1 Buchstabe b oder d der gemeinsame Marktanteil der finanzierenden Partei und aller Parteien, mit denen die finanzierende Partei Forschungs- und Entwicklungsvereinbarungen in Bezug auf dieselben Vertragsprodukte oder Vertragstechnologien geschlossen hat, auf den relevanten Produkt- und Technologiemärkten höchstens 25 % beträgt.

(2) Sind die Parteien keine Wettbewerber im Sinne des Artikels 1 Absatz 1 Nummer 15, so gilt die Freistellung nach Artikel 2 für die Dauer der Forschung und Entwicklung.

(3) [1]Werden die Ergebnisse einer Forschungs- und Entwicklungsvereinbarung gemeinsam verwertet, so gilt die Freistellung nach Artikel 2 weiter für 7 Jahre ab dem Tag des ersten Inverkehrbringens der Vertragsprodukte oder der Vertragstechnologien im Binnenmarkt, sofern die Voraussetzungen des Absatzes 1 oder 2 dieses Artikels zum Zeitpunkt des Abschlusses der Vereinbarung nach Artikel 1 Absatz 1 Nummer 1 Buchstabe a oder b erfüllt sind. [2]Damit eine Forschungs- und Entwicklungsvereinbarung nach Artikel 1 Absatz 1 Nummer 1 Buchstabe c oder d auf diese Weise weiter freigestellt werden kann, müssen die Voraussetzungen des Absatzes 1 oder 2 dieses Artikels zum Abschlusszeitpunkt der zuvor geschlossenen Vereinbarung nach Artikel 1 Absatz 1 Nummer 1 Buchstabe a oder b erfüllt sein.

(4) Nach Ablauf des in Absatz 3 dieses Artikels genannten Zeitraums von 7 Jahren gilt die Freistellung nach Artikel 2 so lange weiter, wie
a) bei Forschungs- und Entwicklungsvereinbarungen nach Artikel 1 Absatz 1 Nummer 1 Buchstabe a oder c der gemeinsame Marktanteil der Parteien der Vereinbarung auf den relevanten Märkten, zu denen die Vertragsprodukte oder Vertragstechnologien gehören, höchstens 25 % beträgt,
b) bei Forschungs- und Entwicklungsvereinbarungen nach Artikel 1 Absatz 1 Nummer 1 Buchstabe b oder d der gemeinsame Marktanteil der finanzierenden Partei und aller Parteien, mit denen die finanzierende Partei Forschungs- und Entwicklungsvereinbarungen in Bezug auf dieselben Vertragsprodukte oder Vertragstechnologien geschlossen hat, auf den relevanten Märkten, zu denen die Vertragsprodukte oder Vertragstechnologien gehören, höchstens 25 % beträgt.

---

[3] Besen/Slobodenjuk GRUR 2011, 300 (303); BeckOK/Slobodenjuk Art. 3 Rn. 10.
[4] Hasselblatt, Münchener Anwaltshandbuch Gewerblicher Rechtsschutz/Smielick, § 49 Rn. 119.
[5] von der Groeben/Schwarze/Hatje/Hirsbrunner AEUV nach Art. 101 Rn. 164.

(5) Wenn der gemeinsame Marktanteil der relevanten Parteien den relevanten Schwellenwert nach Absatz 4 nicht bei Ablauf des in Absatz 3 genannten Zeitraums von 7 Jahren, sondern erst später überschreitet, so gilt die Freistellung nach Artikel 2 weiter für 2 aufeinanderfolgende Kalenderjahre im Anschluss an das Jahr, in dem der relevante Marktanteilsschwellenwert erstmals überschritten wurde.

Übersicht

		Rn.			Rn.
I.	Überblick	1	4.	Fortgeltung der Freistellung nach Ablauf der Verwertungsphase, Abs. 4 und 5	17
II.	Anwendung der Marktanteilsschwelle	5			
1.	Vereinbarungen zwischen Wettbewerbern, Abs. 1	5	5.	Parallele FuE-Aktivitäten	20
2.	Vereinbarungen zwischen Nicht-Wettbewerbern, Abs. 2	10	III.	Überschreiten der Marktanteilsschwelle	25
3.	Gemeinsame Verwertung, siebenjährige Freistellung, Abs. 3	12	IV.	Übersichtstabelle	27

I. Überblick

1   Der gegenüber Art. 4 FuE-GVO (2010) neugefasste Art. 6, stellt in Abs. 1 klar, dass es bei Wettbewerbern für die Freistellung auf die Marktanteile der Parteien ankommt. Demgegenüber sind die Marktanteile der Parteien der FuE nach Abs. 2 irrelevant, wenn die Parteien der FuE-Vereinbarung keine Wettbewerber sind. Die marktanteilsunabhängige Freistellung gilt für die Dauer der FuE. Klarer geregelt ist jetzt, dass die siebenjährige Verlängerung der Freistellung im Falle gemeinsamer Verwertung sowohl für FuE-Vereinbarungen mit Wettbewerbern als auch mit Nicht-Wettbewerbern gilt, Abs. 3. Klargestellt wurde auch, dass die über die sieben Jahre hinausgehende – marktanteilsabhängige – Freistellung nach den Abs. 4 und 5 sämtliche Fälle des Abs. 3 erfasst. Hier kommt es konsequenterweise nicht mehr auf die Marktanteile eines bestehenden Produkts/einer bestehenden Technologie an, sondern auf die Marktanteile der Märkte, zu denen das Vertragsprodukt bzw. die Vertragstechnologien gehören. Ferner wurde die bereits aus Abs. 1 bekannte Differenzierung zwischen gemeinsamer FuE (Abs. 4 lit. a) und Auftrags-FuE (Abs. 4 lit. b) im Hinblick auf die Weitergeltung der Freistellung nach Ablauf des siebenjährigen Zeitraums übernommen. Dies umfasst auch die Zurechnung der Marktanteile der Vertragspartner des Finanziers bei der Auftrags-FuE. Letztlich bestimmt Abs. 5 eine weitere Verlängerung der Freistellung für zwei anschließende Kalenderjahre, wenn die Überschreitung der Marktanteilsschwelle nach dem Siebenjahreszeitraum aus Abs. 3 erfolgt.

2   Die Freistellung von FuE-Vereinbarungen soll den Vertragsparteien nicht die Möglichkeit geben, den Wettbewerb für einen wesentlichen Teil der betreffenden Produkte oder Technologien auszuschalten (Erwgr. 14). Dementsprechend macht Art. 6 Abs. 1 die Freistellung einer Kooperation **zwischen konkurrierenden Unternehmen** davon abhängig, dass der gemeinsame Marktanteil der beteiligten Unternehmen zum Zeitpunkt des Abschlusses der Vereinbarung unter 25 % liegt. Gem. Art. 1 Abs. 2 sind bei dieser Berechnung auch die verbundenen Unternehmen einzubeziehen. Nur bei Unterschreiten der 25 %-Schwelle können die Parteien iR ihrer Kooperation Wettbewerbsbeschränkungen für die Dauer ihrer Kooperation vereinbaren. Verwerten die Parteien die von ihnen entwickelten Produkte oder Technologien gemeinsam (Art. 1 Abs. 1 Nr. 10), so gilt die Freistellung weiter auch für eine siebenjährige Verwertungsphase, die mit dem Tag des ersten Inverkehrbringens der Vertragsprodukte zu laufen beginnt. Daher sollte das erste Inverkehrbringen zwischen den Parteien vertraglich vereinbart werden. Liegt der gemeinsame Marktanteil zum Zeitpunkt des Vertragsschlusses über 25 %, ist die Kooperation insgesamt nicht nach der FuE-GVO freigestellt. Mit einer Marktanteilsschwelle von 25 % behandelt die FuE-GVO konkurrierende Unternehmen großzügiger als die TT-GVO oder die Spezialisierungs-GVO, nach denen die Freistellung jeweils bereits ab einem gemeinsamen Marktanteil von 20 % entfällt. Die Kommission begründet diese uneinheitliche Behandlung damit, dass FuE-Vereinbarungen innovationsfördernd sind und damit erhebliche Effizienzgewinne ermöglichen, was bei anderen Kooperationsformen weniger klar auf der Hand liege.[1] Bei einem leichten Überschreiten der Marktanteilsschwellen und sonstigem Einhalten der Vorgaben der GVO, kommt aber auch eine Freistellung nach **Art. 101 Abs. 3 AEUV** in Betracht. Entscheidend ist, wie stark die gemeinsame Stellung der Parteien auf den bestehenden Märkten ist und ob ihre Kooperation den Wettbewerb im Bereich der Innovation beschränkt.[2]

---

[1] KOM, Memo/10/676 v. 14.12.2010, A.3.
[2] Leitlinien „horizontale Zusammenarbeit" Rn. 146.

Stehen die beteiligten Unternehmen dagegen **nicht miteinander im Wettbewerb**, gilt die 3
Freistellung unabhängig von den Marktanteilen der Beteiligten für die gesamte Dauer der FuE-Arbeiten bis zur Marktreife und die anschließende Verwertungsphase von sieben Jahren. Dies gilt auch für den Fall, dass die FuE-Vereinbarung die Entwicklung eines Produkts betrifft, das erst eine **ganz neue Nachfrage** schaffen soll.[3] Erst im Anschluss daran greift die Marktanteilsschwelle von 25 %. Die zwischen den Parteien vereinbarten Beschränkungen sind dann nach Art. 6 Abs. 4 noch solange freigestellt, wie die Summe ihrer Marktanteile (inkl. der mit ihnen verbundenen Unternehmen, Art. 1 Abs. 2 sowie ggf. den in Art. 6 Abs. 4 lit. b genannten Unternehmen) auf dem relevanten Markt der Vertragsprodukte oder Technologien 25 % nicht überschreitet. An die eventuelle Überschreitung dieses Schwellenwertes schließen sich nach Abs. 5 dann noch zwei freigestellte Kalenderjahre an, beginnend mit dem Ende des Jahres in dem der Schwellenwert überschritten wurde. Danach geht die Freistellung endgültig verloren. Werden die Vertragsprodukte von nicht miteinander konkurrierenden Unternehmen getrennt vermarktet, greift die Marktanteilsschwelle überhaupt nicht ein.

Bleiben Wettbewerber oder Nicht-Wettbewerber zusammen stets unter 25 % (inkl. der mit 4
ihnen verbundenen Unternehmen sowie ggf. den in Art. 6 Abs. 4 lit. b genannten Unternehmen), gilt die Freistellung für den gemeinsamen Vertrieb über den 7-Jahres-Zeitraum hinaus, Art. 6 Abs. 4. Eine **Übersichtstabelle** zu den verschiedenen Freistellungszeiträumen findet sich am Ende unter IV. → Rn. 29.

II. Anwendung der Marktanteilsschwelle

1. Vereinbarungen zwischen Wettbewerbern, Abs. 1. Art. 6 Abs. 1 stellt Vereinbarungen 5
zwischen konkurrierenden Unternehmen nur dann vom Kartellverbot frei, wenn der gemeinsame **Marktanteil** der Kooperationspartner an den relevanten Produkt- und Technologiemärkten zum Zeitpunkt des Vertragsschlusses **nicht mehr als 25 %** beträgt.[4] Damit formuliert Art. 6 Abs. 1 nunmehr eine „doppelte Marktanteilsschwelle", wobei die zweite Schwelle für den Technologiemarkt nur dann eingreift, wenn alle Parteien auch auf den Technologiemärkten tatsächliche oder potenzielle Wettbewerber sind.[5] Mit den Parteien verbundene Unternehmen sind zu berücksichtigen, Art. 1 Abs. 2. Sind an der Vereinbarung mehr als zwei Unternehmen beteiligt, so reicht es für die Anwendung von Art. 6 Abs. 1 aus, dass nur zwei Beteiligte bzw. die mit ihnen verbundenen Unternehmen tatsächlich oder potenziell miteinander in Wettbewerb stehen.

Relevanter Markt ist der bestehende Markt für diejenigen Produkte oder Technologien, die 6
durch die Vertragserzeugnisse verbessert, ausgetauscht oder ersetzt werden könnten einschließlich ihrer nahen Substitute.[6] Sind mehrere Märkte betroffen,[7] so sind die Marktanteile jeweils gesondert zu berechnen. UU tritt die Freistellungswirkung dann nur für bestimmte Märkte ein.[8] Betrifft die Kooperation wichtige **Komponenten eines Endproduktes,** so ist ferner der bestehende Markt für dieses Endprodukt mit zu berücksichtigen.[9]

Handelt es sich bei der Kooperation um eine **Auftrags-FuE,** so sind gemäß Art. 6 Abs. 1 lit. b 7
bei der Marktanteilsberechnung die Marktanteile des Finanziers einerseits und die aller Parteien andererseits zusammenzuzählen, mit denen der Finanzier (weitere) FuE-Vereinbarungen über dieselben Produkte oder Technologien geschlossen hat. Entsprechend sollten die Parteien, die finanziert werden, vor Vertragsschluss klären, welche weiteren Auftragsforschungen der Finanzier in diesem Bereich noch fördert.

Bezugszeitraum für die Ermittlung des Marktanteils der Parteien zu Beginn der Kooperation 8
ist grundsätzlich das vorangegangene Kalenderjahr, wobei auf den Durchschnitt der Marktanteile der Parteien in den letzten drei vorangegangenen Kalenderjahren zurückgegriffen werden kann, wenn das vorangegangene Jahr nicht repräsentativ war (Art. 7 Abs. 3). Die Freistellung bleibt in diesem Fall während der gesamten Dauer der Arbeiten und der sich anschließenden („ersten") siebenjährigen Verwertungsphase auch dann erhalten, wenn der gemeinsame Marktanteil der Parteien

---

[3] Leitlinien „horizontale Zusammenarbeit" Rn. 90, 97 ff., 168.
[4] Kom. ABl. 1988 L 305, 33 Rn. 34 – Continental/Michelin; Kom. ABl. 1983 L 224, 19 – Rockwell/Iveco; Kom. ABl. 1983 L 376, 11 – VW/MAN.
[5] Fritzsche EuZW 2011, 208, 209; Bechtold/Bosch/Brinker Art. 4 Rn. 4; Immenga/Mestmäcker/Fuchs Art. 4 Rn. 16; zu potenziellen Wettbewerbern schon unter → Art. 1 Rn. 38.
[6] Leitlinien „horizontale Zusammenarbeit" Rn. 92 f., 187 f.
[7] Vgl. zB Leitlinien „horizontale Zusammenarbeit" Rn. 128 ff.
[8] Gutermuth WuW 2012, 237 (246); vgl. Bechtold/Bosch/Brinker TT-GVO Art. 3 Rn. 4; LMRKM/Baron Vertikal-GVO Art. 3 Rn. 173.
[9] Leitlinien „horizontale Zusammenarbeit" Rn. 131.

zwischenzeitlich über 25 % steigt.[10] **Nach Ablauf der Siebenjahresfrist** gilt die Freistellung gemäß Art. 6 Abs. 4 für eine weitere („zweite") Verwertungsphase weiter fort. Voraussetzung dafür ist aber, dass der gemeinsame Marktanteil der Kooperationspartner nach Ablauf des Siebenjahreszeitraums 25 % nicht übersteigt. Wird der Schwellenwert von 25% überschritten, gilt die Freistellung noch für zwei weitere aufeinanderfolgende Kalenderjahre fort, Art. 6 Abs. 5.

9 Werden die Marktanteilsschwellen nicht erreicht, so gilt die Freistellung für die gesamte Dauer der Kooperation, dh für die gemeinsamen FuE-Arbeiten sowie, im Falle einer gemeinsamen Verwertung, auch für diese, zunächst für sieben Jahre gerechnet ab dem ersten Inverkehrbringen in der Union, Abs. 3, sodann gem. Art. 6 Abs. 4 solange die Marktanteile unterhalb der 25 %-Schwelle bleiben zuzüglich der an eine Überschreitung anschließenden zwei Kalenderjahre, Art. 6 Abs. 5.

10 **2. Vereinbarungen zwischen Nicht-Wettbewerbern, Abs. 2.** Stehen die beteiligten Unternehmen nicht miteinander in Wettbewerb, so ist die zwischen ihnen getroffene Vereinbarung gemäß Art. 6 Abs. 2 zunächst ohne Befristung und unabhängig von der Marktstellung der beteiligten Unternehmen für die Dauer der FuE-Arbeiten freigestellt. Werden die Vertragsprodukte darüber hinaus gemeinsam verwertet, verlängert sich die Freistellungsfrist um weitere sieben Jahre, hierzu Abs. 3.

11 Sind die Parteien der Kooperation **potenzielle Wettbewerber,** so sind die Marktanteilsschwellen gem. Art. 6 Abs. 1 zu beachten; die Anwendung des Abs. 2 scheidet dagegen aus. Dies gilt – anders als nach der TT-GVO – auch dann, wenn die Parteien lediglich potenzielle Wettbewerber auf einem Technologiemarkt sind.[11] Art. 1 Abs. 1 Nr. 15 lässt hieran keine Zweifel. Maßgeblich für die Feststellung des (zumindest potenziellen) Wettbewerbsverhältnisses ist allerdings der Zeitpunkt des Vertragsschlusses. Ist an diesem Tag der Eintritt in den relevanten Markt binnen dreier Jahre möglich, so liegt ein potenzielles Wettbewerbsverhältnis vor (Art. 1 Abs. 1 Nr. 15 lit. b). Würde der Markteintritt längere Zeit in Anspruch nehmen, so gelten die Parteien als Nicht-Wettbewerber und die Marktanteilsschwelle greift nicht. Werden die Parteien erst im Laufe der Kooperation zu Wettbewerbern, so bleibt es bei der Anwendung von Art. 6 Abs. 2. Die Kooperation bleibt folglich unabhängig von den Marktanteilen der nunmehr miteinander konkurrierenden Unternehmen für die Dauer der FuE-Arbeiten und den sich uU daran anschließenden siebenjährigen Verwertungszeitraum freigestellt. In diesem Zusammenhang empfiehlt es sich, die Markteintrittsprognose beim Vertragsschluss zu dokumentieren. Sollte sich während der ersten drei Jahre der Kooperation herausstellen, dass – anders als ursprünglich gedacht – ein Markteintritt auch kurzfristig möglich ist, etwa weil im Zuge einer Übernahme nun das erforderliche Kapital bereitstünde, könnte sonst argumentiert werden, es habe schon bei Vertragsschluss ein potenzielles Wettbewerbsverhältnis bestanden. Daher sollte zum maßgeblichen Zeitpunkt des Vertragsschlusses eine fundierte Markteintrittsprognose niedergelegt werden, um die ansonsten entstehende Unsicherheit über den Fortbestand der Freistellung zu minimieren. Dies gilt umso mehr, als die Feststellung eines potenziellen Wettbewerbsverhältnisses gerade auf den Technologiemärkten in der Praxis häufig erhebliche Schwierigkeiten bereiten dürfte. Im Anschluss an den Siebenjahreszeitraum gilt die Marktanteilsschwelle des Art. 6 Abs. 4 ohnehin unabhängig davon, ob die beteiligten Unternehmen Wettbewerber sind oder nicht.

12 **3. Gemeinsame Verwertung, siebenjährige Freistellung, Abs. 3.** Die neugefasste Regelung zur siebenjährigen Freistellung bei gemeinsamer Verwertung (hierzu oben Rn. 1–4) stellt nunmehr klar, dass sie sowohl für den Fall gilt, dass Wettbewerber, als auch nicht-Wettbewerber Parteien der FuE-Vereinbarung sind.

13 Die Siebenjahresfrist beginnt ab dem Tag des **ersten Inverkehrbringens** der Vertragsprodukte oder der Vertragstechnologien. Nach wie vor definiert die Verordnung nicht den für den Beginn der Frist maßgeblichen Begriff des **Inverkehrbringens** der Vertragserzeugnisse. Erwägungsgrund 18 legt nahe, dass das Inverkehrbringen mit dem „Beginn der gemeinsamen Verwertung" gleichzusetzen ist, also dem Beginn der Herstellung, dem Vertrieb oder der Lizenzvergabe an Dritte (Art. 1 Abs. 1 Nr. 7). Der Begriff „Inverkehrbringen" ist jedoch erkennbar der Rspr. des Gerichtshofes zur Erschöpfung gewerblicher Schutzrechte im Zusammenhang mit dem freien Warenverkehr entlehnt. Danach wird ein Erzeugnis nicht schon mit seiner Herstellung in Verkehr gebracht, sondern erst, wenn es von dem Rechteinhaber selbst oder mit dessen Zustimmung von einem Dritten vertrieben wird.[12] In diesem engeren Sinne einer Einführung in den Markt dürfte der Begriff auch hier zu verstehen sein. Weder die zu den FuE-Arbeiten gehörenden Maßnahmen noch die Herstellung und

---

[10] Leitlinien „horizontale Zusammenarbeit" Rn. 91 f., 121; FK-KartellR/Gutemuth EG Art. 81 Abs. 1, 3 Fallgruppen II. 2 Rn. 115.
[11] Art. 1 Abs. 1 lit. n TT-GVO; Leitlinien „Technologietransfer" Rn. 83.
[12] EuGH Slg. 1974, 1147 (1163) – Centrafarm.

sonstige vor der eigentlichen Vermarktung liegende Vorbereitungshandlungen (zB Abgabe an Dritte zur Durchführung von Test) stellen ein Inverkehrbringen dar.[13] Hat eine der Parteien oder ein gemeinsam von den Kooperationspartnern bestimmter Dritter die Herstellung der Vertragsprodukte für die Vertragsparteien übernommen, so werden diese durch die Zulieferung an die Parteien noch nicht in Verkehr gebracht.[14]

Hinter dieser Regelung steht die Überlegung, dass die gerade bei neu entwickelten Produkten **14** nach Beginn der Verwertung häufig sehr hohen Marktanteile der Parteien nicht zu einem Verlust der Freistellung führen sollen. Ferner wird der relevante Markt häufig erst durch die FuE-Vereinbarungen geschaffen, wenn diese auf die Entwicklung eines völlig neuen Produktes abzielen. Den Parteien soll ferner ein Mindestzeitraum für die Abschreibung ihrer Investitionen zur Verfügung stehen (Erwgr. 18). Tatsächlich steht den Parteien zu diesem Zweck mitunter eine sehr lange Zeit zur Verfügung, bspw., wenn iRd Kooperation Schutzrechte entstehen. Um Transparenz und Planungssicherheit zu schaffen, sollten die Parteien vertraglich regeln, wann das erste Inverkehrbringen stattfindet.

Können verschiedene Vertragserzeugnisse unterschiedlichen Produkt- oder Technologiemärk- **15** ten zugeordnet werden, so beginnt die Siebenjahresfrist für jedes Produkt bzw. Technologie gesondert zu laufen. Die freigestellte Verwertungsphase endet damit auch für jedes dieser Produkte oder Technologien zu einem anderen Zeitpunkt. Der Ablauf der zuerst endenden Verwertungsphase lässt die Freistellung zugunsten der anderen Produkte oder Technologien nicht entfallen.[15] Um zu vermeiden, dass die Frist für die eigene Verwertung unnötig verkürzt wird, sollten die Parteien aber Dritten erst dann Lizenzen zur Verwertung erteilen, wenn sie die Vertragserzeugnisse selbst bereits in Verkehr gebracht haben. Dies ist bei der Vertragsgestaltung zu beachten. Bei einem Inverkehrbringen in den Beitrittsländern kommt es auf das Datum des Beitritts an.[16]

Unklar ist, ob die Siebenjahresfrist auch dann zu laufen beginnt, wenn die Produkte **außerhalb** **16** **des Binnenmarktes** in Verkehr gebracht werden und erst anschließend von einem Dritten ohne Zustimmung des/der Partei/en in den Binnenmarkt importiert werden. Nach der Rspr. des Gerichtshofs werden gewerbliche Schutzrechte in diesem Fall nicht erschöpft.[17] Die offenkundige Bezugnahme des Gesetzgebers auf diese Rspr. spricht für den Fristbeginn nur im Falle der erstmaligen Vermarktung innerhalb des Binnenmarktes durch den Berechtigten oder mit dessen Zustimmung durch einen Dritten.[18] Nur dann verbietet auch Art. 8 lit. g eine Verabredung zur Verhinderung von Parallelimporten mittels gewerblicher Schutzrechte. Werden die Vertragsprodukte außerhalb des Binnenmarktes in Verkehr gebracht, besteht keine Gefahr einer Aufteilung desselben.

4. Fortgeltung der Freistellung nach Ablauf der Verwertungsphase, Abs. 4 und 5. **17**
Gemäß Art. 6 Abs. 4 endet die Freistellung nach Ablauf der Siebenjahresfrist nicht automatisch. Vielmehr bleibt die **gemeinsame Verwertung** der Vertragserzeugnisse durch die Parteien (ob Wettbewerber oder nicht) auch danach solange freigestellt, wie der gemeinsame Marktanteil der maßgeblichen Unternehmen (sowie der mit ihnen verbundenen Unternehmen, Art. 1 Abs. 2) am relevanten Markt der Vertragsprodukte oder Vertragstechnologien iSv Art. 1 Abs. 1 Nr. 6 und Nr. 5 nicht über 25 % steigt. Für die gemeinsame FuE sind nur die Marktanteile der Parteien maßgeblich (lit. a). Für Auftrags-FuE wurde die aus Abs. 1 bekannte Maßgabe übernommen, dass dem Marktanteil des Finanziers die Anteile aller Parteien, mit denen er FuE-Vereinbarungen in Bezug auf dieselben Vertragsprodukte oder -technologien abgeschlossen hat, hinzugerechnet werden (lit. b).

Beträgt der gemeinsame Marktanteil zu Beginn der Freistellung nach Abs. 1 maximal 25 % und überschreitet später diese Schwelle, so gilt die Freistellung nach Art. 2 im Anschluss an das Jahr, in dem die 25 %-Schwelle erstmals überschritten wurde, noch für zwei weitere aufeinander folgende Kalenderjahre (Art. 6 Abs. 5). Diese Verlängerung ist nicht mehr auf Fälle beschränkt, in denen der gemeinsame Marktanteil nicht über 30% betrug (so noch Art. 7 lit. d FuE-GVO 2010). Wenn also

---

[13] GK/Schödermeier/Wagner VO Nr. 418/85 Art. 3 Rn. 16; Wiedemann, Kommentar zu den Gruppenfreistellungsverordnungen des EWG-Kartellrechts, 1989, GVO I VO 418/85 Art. 3 Rn. 14; Korah R & D, 33; Bunte/Sauter, EG-Gruppenfreistellungsverordnungen, 1988, VO Nr. 418/85 Rn. 22; BeckOK/Slobodenjuk Art. 4 Rn. 6; Rosenberger/Wündisch/Badtke Kap. 6 D. Rn. 338.
[14] Wiedemann, Kommentar zu den Gruppenfreistellungsverordnungen des EWG-Kartellrechts, 1989, GVO I VO 418/85 Art. 3 Rn. 14; GK/Schödermeier/Wagner VO Nr. 418/85 Art. 3 Rn. 19.
[15] GK/Schödermeier/Wagner VO Nr. 418/85 Art. 3 Rn. 24; Wiedemann, Kommentar zu den Gruppenfreistellungsverordnungen des EWG-Kartellrechts, 1989, GVO I VO Nr. 418/85 Rn. 20.
[16] Bechtold/Bosch/Brinker Art. 4 Rn. 2; zum Inverkehrbringen im EEA vgl. EuGH, Slg. 2005, I-3209 – Novartis/Millenium.
[17] EuGH Slg. 1982, 329 (344) – Polydor/Harlequin.
[18] BeckOK/Slobodenjuk Art. 4 Rn. 6; Rosenberger/Wündisch/Badtke Kap. 6 D. Rn. 338.

im Mai 2023 der gemeinsame Marktanteil erstmals bei zB 40 % liegt, gilt die Freistellung noch bis Ende 2025.

18 Die Art. 6 Abs. 4 und 5 gelten unabhängig davon, ob die Parteien bei Vertragsschluss konkurrierende Unternehmen waren oder nicht. Für „Nicht-Wettbewerber" wird die Marktanteilschwelle nach Ablauf der Siebenjahresfrist somit erstmals relevant. Mit dieser Regelung soll verhindert werden, dass der gemeinsame Anteil der Vertragsparteien am Markt der aus den gemeinsamen FuE-Arbeiten hervorgegangenen Produkte zu groß wird (Erwgr. 18). Die Vertragsparteien müssen daher ihre eigenen Marktanteile sowie die der mit ihnen verbundenen Unternehmen zumindest ab dem letzten Jahr der Siebenjahresfrist überprüfen, um festzustellen, ob sie anschließend weiter von der Freistellung profitieren können.[19] Im Falle einer **selbständigen Verwertung** wirkt die ursprüngliche Freistellung dagegen auch dann weiter fort, wenn der gemeinsame Marktanteil größer als 25 % ist.[20]

19 Werden die in Abs. 4 genannten Marktanteilsschwellen überschritten, kommt unter Umständen noch eine Freistellung gem. Art. 101 Abs. 3 AEUV in Betracht (vgl. unten III. Rn. 25 f.).

20 **5. Parallele FuE-Aktivitäten.** Die FuE-GVO beruht offenkundig auf der Annahme, dass sich die FuE-Phase nicht mit der siebenjährigen Verwertungsphase (Abs. 3) bzw. mit der sich möglicherweise daran anschließenden „zweiten" Verwertungsphase (Abs. 4) überschneidet. In der Praxis jedoch werden **FuE-Aktivitäten häufig auch nach Beginn der Verwertung bestimmter Ergebnisse parallel zu dieser fortgeführt;** zB kann Prototyp 1 früher Marktreife erlangen als Prototyp 2, sodass der eine bereits am Markt ist, während in Bezug auf den anderen noch geforscht wird. Es kann auch von vornherein eine FuE auf die Entwicklung mehrerer Generationen von Produkten angelegt sein.

21 Im Falle fortgesetzter FuE-Aktivitäten besteht die Möglichkeit, dass aus Nicht-Wettbewerbern aktuelle oder potenzielle Wettbewerber werden und sich die Marktanteile verändern. Da Art. 6 Abs. 1 aber auf den Zeitpunkt des Vertragsschlusses abstellt, gilt die Marktanteilsschwelle nicht direkt zu dem Zeitpunkt, an dem die Parteien in ein Wettbewerbsverhältnis treten, sofern die parallelen Aktivitäten auf der Grundlage der alten Vereinbarungen fortgesetzt werden. Hier bleibt es stattdessen bei der ursprünglichen Freistellung und einer erneuten Prüfung der Marktanteilsschwelle nach Ablauf des Freistellungszeitraums, Art. 6 Abs. 3.

22 Im Übrigen lassen sich folgende Fallgruppen bei parallelen FuE-Tätigkeiten unterscheiden: (i) Die Parteien betreiben von Anfang an nur „reine" FuE parallel zu einer **selbständigen** Verwertung der Ergebnisse. Diese fortgesetzte FuE bleibt für ihre gesamte Dauer freigestellt (Abs. 2), bei Wettbewerbern nur, solange bei Abschluss der FuE-Vereinbarung die Marktanteilsschwelle nicht überschritten war (Abs. 4). (ii) Die Parteien betreiben gemeinsame FuE parallel zu einer **gemeinsamen** Verwertung. Auch hier bleibt die gemeinsame FuE für ihre gesamte Dauer weiter freigestellt. Die gemeinsame Verwertung ist jedenfalls während der durch das erste Inverkehrbringen des ersten FuE-Produkts ausgelösten 7-Jahresfrist freigestellt, sowie ggf. darüber hinaus, sofern die Voraussetzungen von Abs. 4 erfüllt sind. Verlängert sich die Frist jedoch nicht gem. Abs. 4, weil die Marktanteilsschwellen überschritten werden, darf zwar eine gemeinsame FuE fortgesetzt, die Verwertung aber nicht mehr gemeinsam erfolgen. Anderenfalls könnten auch Unternehmen, die inzwischen zu Wettbewerbern mit erheblicher Marktmacht geworden sind, durch eine fortgesetzte FuE zeitlich unbeschränkt gemeinsam verwerten, so sie denn nur fortlaufend neue Produktverbesserungen auf den Markt bringen. Dies widerspräche vor allem der Wertung in Art. 6 Abs. 4.

23 Bei fortgesetzter FuE müssen die Parteien daher prüfen, welche Strategie für ihre Situation die bessere ist: Entweder, sie schließen für weitere Verbesserungsvorhaben eine neue FuE-Vereinbarung ab, was dann ratsam erscheint, wenn zu diesem Zeitpunkt entweder (noch) kein Wettbewerbsverhältnis zwischen Ihnen besteht oder aber die Marktanteilsschwelle des Abs. 1 nicht überschritten wird. Denn diese Variante hat den Vorteil, einen neuen 7-Jahreszeitraum in Gang zu setzen. Oder aber, sie setzen die ursprüngliche FuE fort in der Erwartung, dass nach Ablauf des ursprünglichen 7-Jahreszeitraums die Voraussetzungen des Art. 6 Abs. 3 ausreichend lange erfüllt sind. Dies dürfte dann der richtige Ansatz sein, wenn zu dem Zeitpunkt des Verbesserungsvorhabens ein Wettbewerbsverhältnis besteht und die Marktanteilsschwellen überschritten sind.

24 Dieses Ergebnis steht im Einklang mit der Wertung des Art. 6 Abs. 3, wonach spätestens nach 7 Jahren überprüft wird, ob die Freistellungsvoraussetzungen noch vorliegen – jedenfalls sofern die fortgesetzte FuE zu Verbesserungen führt, die innerhalb **desselben Produktmarktes** fallen, wie das erste in Verkehr gebrachte Vertragsprodukt bzw. -technologie. Sobald sich jedoch während der gemeinsamen, fortgesetzten FuE-Arbeiten abzeichnet, dass die FuE nunmehr auf ein Produkt in einem **neuen Produktmarkt** zielt, spricht vieles dafür, dass zu diesem Zeitpunkt die Voraussetzun-

---

[19] Leitlinien „horizontale Zusammenarbeit" Rn. 121.
[20] Rosenberger/Wündisch/Badtke Kap. 6 D. Rn. 337; Wiedemann KartellR-HdB/Schroeder § 9 Rn. 139.

gen von Art. 6 Abs. 1 und 2 zu prüfen sind. Anderenfalls könnten zwei Unternehmen auf einem „unproblematischen" Produktmarkt beginnen und ihre „fortgesetzte" FuE dann auf einen problematischen Produktmarkt lenken, was der Wertung des Art. 6 widerspräche.

III. Überschreiten der Marktanteilsschwelle

Allein das Überschreiten der gemeinsamen Marktanteilsschwelle durch die FuE-Vertragsparteien bedeutet nicht zwingend, dass die Vereinbarung kartellrechtswidrig ist.[21] Auch diese FuE-Vereinbarungen können zum einen so gestaltet sein, dass sie keine Wettbewerbsbeschränkung gem. Art. 101 Abs. 1 AEUV enthalten und daher keiner Freistellung bedürfen.[22] Zum anderen können sie jedoch, falls wettbewerbsbeschränkende Regelungen getroffen wurden,[23] wie beispielsweise gewisse Zugangsbeschränkungen zu den Ergebnissen, unter die Einzelfreistellung nach Art. 101 Abs. 3 AEUV fallen.[24] Dies gilt insbesondere auch für Gemeinschaftsunternehmen, die von den Parteien für die FuE gegründet wurden.[25] Eine Freistellung nach Art. 101 Abs. 3 AEUV kommt insbesondere dann in Betracht, wenn sich das von den Parteien vereinbarte und gelebte FuE-Konzept stimmig in den wettbewerbsrechtlichen Rahmen einfügt, also die Weichenstellungen der FuE-GVO (bis auf die Marktanteilsschwellen) einhält, durch legitime Interessen bestimmt ist und auch faktisch eine positive Wettbewerbslage besteht. Theoretisch mag eine Freistellung nach Art. 101 Abs. 3 AEUV sogar bei Vorliegen schwarzer Klauseln möglich sein, scheitert jedoch in der Regel an den hohen Hürden von Art. 101 Abs. 3 AEUV,[26] insbesondere der Unerlässlichkeitsprüfung. 25

Wenn aufgrund des Überschreitens der Marktanteilsschwellen nach Ablauf des 7-Jahres-Zeitraums die Freistellung durch die FuE-GVO nicht mehr greift, bleibt grundsätzlich allein die Möglichkeit einer Einzelfreistellung gem. Art. 101 Abs. 3 AEUV. Es ist **nicht möglich,** dieselbe Vereinbarung nunmehr anhand einer **anderen Gruppenfreistellungsverordnung** mit höheren Marktanteilsschwellen (wie zB die subsidiär geltende vertikale GVO) „freizustellen". Möglich ist allenfalls, die Kooperation auf neue Beine zu stellen. Die gemeinsame FuE sowie die gemeinsame Verwertung muss dafür zunächst beendet werden, was auch ein Ende aller im Rahmen der Spezialisierung vereinbarten Beschränkungen bei der Verwertung einschließt, Art. 1 Abs. 1 Nr. 12. Ansonsten wird die gemeinsame Verwertung fortgesetzt und die FuE-GVO bleibt anwendbar. 26

IV. Übersichtstabelle

Sofern die FuE-Vereinbarung überhaupt freistellungsbedürftig ist (bei „reinen" FuE-Vereinbarungen ohne Verwertungsregelungen häufig nicht der Fall), gilt für die Freistellung Folgendes: 27

Phase	Keine Wettbewerber	(potenzielle) Wettbewerber bzgl. Produkt/Technologie
FuE-Arbeiten	Freigestellt, unabhängig von Marktanteilen	Freigestellt, wenn **bei Vertragsschluss** gemeinsamer Marktanteil max. 25%; irrelevant, wenn Marktanteil nachträglich/zwischenzeitlich höher wird.
7-jährige gemeinsame Verwertungsphase	Freigestellt ab erstem Inverkehrbringen der Vertragsprodukte oder -technologien	
Nach 7 Jahren		FuE sowie gemeinsame Verwertung weiterhin freigestellt, solange gemeinsamer Marktanteil max 25% Von Anfang an fortgesetzte FuE (parallel zum Vertrieb) entbindet nicht von der Anwendung der 25% Schwelle bei Nichtwettbewerbern nach 7 Jahren. Bei Überschreiten der 25%: noch zwei Jahre nach Abschluss des Jahres, an dem Schwellenwert erstmals überschritten, Abs. 5.

---

21 Wiedemann KartellR-HdB/Schroeder § 9 Rn. 144.
22 Leitlinien „horizontale Zusammenarbeit" Rn. 146.
23 S. hierzu Leitlinien „horizontale Zusammenarbeit" Rn. 141 ff.
24 Leitlinien „horizontale Zusammenarbeit" Rn. 154 ff.; Kom. ABl. 1985, L 369, 6; ABl. 1991, L 19, 25 Rn. 24 f.
25 Kom. ABl. 1994, L 354, 87 Rn. 30.
26 Leitlinien zu Art. 81(3) Bekanntmachung Rn. 46.
27 Leitlinien „horizontale Zusammenarbeit" Rn. 158.

Art. 7 Anwendung der Marktanteilsschwellenwerte

(1) Für die Anwendung der in Artikel 6 Absätze 1 und 4 genannten Marktanteilsschwellenwerte gelten die Vorschriften der Absätze 2, 3 und 4 dieses Artikels.

(2) ¹Die Marktanteile werden anhand der Absatzwerte oder, wenn Angaben über die Absatzwerte nicht verfügbar sind, anhand der Absatzmengen ermittelt. ²Liegen keine Angaben über die Absatzmengen vor, so können Schätzungen vorgenommen werden, die auf anderen verlässlichen Marktdaten, wie u.a. den Ausgaben für Forschung und Entwicklung oder den Kapazitäten im Bereich der Forschung und Entwicklung, beruhen.

(3) ¹Die Marktanteile werden anhand der Angaben für das vorangegangene Kalenderjahr ermittelt. ²Wenn das vorangegangene Kalenderjahr für die Stellung der Parteien auf dem relevanten Markt bzw. den relevanten Märkten nicht repräsentativ ist, werden sie als Durchschnitt der Marktanteile der Parteien in den 3 vorangegangenen Kalenderjahren ermittelt.

(4) Der Marktanteil der in Artikel 1 Absatz 2 Nummer 5 genannten Unternehmen wird zu gleichen Teilen jedem Unternehmen zugerechnet, das eines oder mehrere der in Artikel 1 Absatz 2 Nummer 1 aufgeführten Rechte oder eine oder mehrere der in Artikel 1 Absatz 2 Nummer 1 aufgeführten Befugnisse hat.

I. Überblick

1   Art. 7 regelt die Handhabung der Marktanteilsschwellen des Art. 6, wobei zu beachten ist, dass die Marktanteile von verbundenen Unternehmen gem. Art. 1 Abs. 2 hinzugerechnet werden.

II. Anwendung der Schwellenwerte

2   Die Marktanteile werden grundsätzlich anhand des Absatzwertes berechnet, Abs. 2. Hinsichtlich des relevanten Marktes ist zu unterscheiden. Handelt es sich bei den Vertragsprodukten lediglich um Verbesserungen bestehender Produkte, so ist **der relevante Markt** der für diese Produkte einschließlich ihrer Substitute.[1] Dies gilt auch dann, wenn die Vertragsprodukte spürbare Verbesserungen an einem bestehenden Produkt mit sich bringen oder dieses gar ersetzen sollen.[2] Hat die Kooperation die Verbesserung eines Schlüsselelements für ein bestimmtes Erzeugnis zum Gegenstand, so ist der Markt für das Endprodukt zu berücksichtigen.[3] Wollen die Parteien dagegen völlig neue Produkte schaffen, für die noch keine Nachfrage besteht, kann die Marktanteilsschwelle nach Art. 6 Abs. 1 nicht eingreifen. In einem solchen Fall sind folglich auch Kooperationen zwischen Wettbewerbern unabhängig von ihren Marktanteilen auf anderen Märkten zulässig. Sind Angaben über den Absatzwert nicht verfügbar, wird der Marktanteil anhand der Absatzmengen ermittelt, Abs. 2 S. 1 Alt. 1. Dies stellt eine Aufwertung gegenüber Art. 7 lit. a a.F. dar, in dem die Absatzmenge lediglich als Schätzungsgrundlage aufgeführt war.

3   Die Marktanteilsschwelle gelten auch für **Technologiemärkte.** Dementsprechend muss in den Fällen, in denen die im Zuge der Kooperation entwickelten Verfahren getrennt von den Vertragserzeugnissen durch Lizenzvergabe vermarktet werden, neben dem relevanten Produktmarkt weiter ein davon getrennter Technologiemarkt nach den allgemeinen Grundsätzen abgegrenzt werden. Der Technologiemarkt besteht aus den in Lizenz vergebenen Technologien und alternativen Technologien, auf welche die Lizenznehmer überwechseln könnten.[4] Der Marktanteil der Parteien auf einem so definierten Technologiemarkt bemisst sich anhand der von den Parteien erzielten Verkäufe des Lizenzgebers und all seiner Lizenznehmer.[5] Dabei soll besonders der potenzielle Wettbewerb berücksichtigt werden, der von Unternehmen ausgeht, die zwar noch keine Lizenzen für eine alternative Technologie erteilt haben, dies aber zu tun gedenken.[6]

4   Zudem darf der Marktanteil gemäß Art. 7 mangels näherer Informationen über den Absatzwert oder die Absatzmengen auf der Grundlage „verlässlicher Marktdaten" geschätzt werden. Der neugefasste Abs. 2 nennt beispielhaft Ausgaben für FuE oder Kapazitäten im Bereich der FuE. Dabei sind die tatsächlich getätigten Ausgaben etc. mit zu berücksichtigen. Wegen der anderenfalls bestehenden Rechtsunsicherheit bleibt eine solche vertretbare Schätzung auch dann maßgeblich, wenn sie sich

---

[1]   Leitlinien „horizontale Zusammenarbeit" Rn. 92 f.
[2]   Leitlinien „horizontale Zusammenarbeit", 92 ff.
[3]   Mestmäcker/Schweitzer EuWettbR § 32 Rn. 14.
[4]   Art. 1 Abs. 1 Nr. 17.
[5]   Leitlinien „horizontale Zusammenarbeit" Rn. 96.
[6]   Leitlinien „horizontale Zusammenarbeit" Rn. 87 ff.

später iRe eingehenden Nachprüfung durch eine Behörde oder ein Gericht als falsch herausstellen sollte – selbstverständlich vorausgesetzt, dass die Schätzung nicht aus der Luft gegriffen wurde, sondern nach bestem Wissen und Gewissen getätigt wird.[7] Entsprechend empfiehlt es sich, die Schätzung zu dokumentieren. Erfolgt die Schätzung anhand vorläufiger Daten, so ist sie ggf. zu korrigieren, soweit absehbar ist, dass die korrekten Zahlen im selben Kalenderjahr zeitnah vorliegen werden. Ob und inwieweit es infolge dieser „Krücken" noch einer genaueren Befassung mit den Technologiemärkten bedarf, sei dahingestellt.[8]

Art. 7 Abs. 3 bestimmt weiter, dass die Marktanteile aus den Angaben für das jeweils **vorhergehende Kalenderjahr** zu berechnen sind.[9] Neu ergänzt in Reaktion auf die Erfahrungen mit der Corona-Pandemie wurde die Möglichkeit, den Marktanteil anhand des Durchschnitts der Marktanteile der Parteien in den letzten drei vorangegangenen Kalenderjahren zu ermitteln, sollte das vorangegangene Kalenderjahr nicht repräsentativ sein, Abs. 3 Hs. 2.

5

Die Marktanteile eines **Gemeinschaftsunternehmens** sind den kontrollierenden Gesellschaftern dabei zu gleichen Teilen zuzurechnen (Art. 7 Abs. 4). Entscheidend ist also die Zahl der herrschenden Unternehmen, nicht die Höhe ihrer Beteiligung.[10] Wenn beispielsweise eine Vertragspartei der FuE-Vereinbarung das Gemeinschaftsunternehmen zusammen mit einem Dritten beherrscht und ist das Gemeinschaftsunternehmen in einem relevanten Markt tätig, dann wäre der beherrschenden Vertragspartei bei einem Marktanteil des Gemeinschaftsunternehmens von 10 % ein Marktanteil von 5 % zuzurechnen.[11]

6

Art. 8 Kernbeschränkungen

Die Freistellung nach Artikel 2 gilt nicht für Forschungs- und Entwicklungsvereinbarungen, die unmittelbar oder mittelbar, für sich allein oder in Verbindung mit anderen Umständen, auf die die Parteien Einfluss haben, eine der folgenden Beschränkungen bezwecken:
a) Beschränkung der Freiheit der Parteien, eigenständig oder in Zusammenarbeit mit Dritten Forschung und Entwicklung zu betreiben
   i) in einem Bereich, auf den sich die Forschungs- und Entwicklungsvereinbarung nicht bezieht, oder
   ii) nach Abschluss der gemeinsamen Forschung und Entwicklung oder der Auftragsforschung und -entwicklung in dem Bereich, auf den sich die Forschungs- und Entwicklungsvereinbarung bezieht, oder in einem damit zusammenhängenden Bereich;
b) Beschränkung von Produktion oder Absatz, ausgenommen
   i) die Festlegung von Produktionszielen, wenn die gemeinsame Verwertung der Ergebnisse die gemeinsame Produktion der Vertragsprodukte umfasst,
   ii) die Festlegung von Absatzzielen, wenn die gemeinsame Verwertung der Ergebnisse
       1. den gemeinsamen Vertrieb der Vertragsprodukte oder die gemeinsame Erteilung von Lizenzen für die Vertragstechnologien umfasst und
       2. durch ein gemeinsames Team, eine gemeinsame Organisation oder ein gemeinsames Unternehmen oder durch einen von den Parteien gemeinsam beauftragten Dritten durchgeführt wird,
   iii) Verhaltensweisen, die eine Spezialisierung im Rahmen der Verwertung darstellen,
   iv) die Beschränkung der Freiheit der Parteien, während des Zeitraums, für den die Parteien die gemeinsame Verwertung der Ergebnisse vereinbart haben, mit den Vertragsprodukten oder Vertragstechnologien im Wettbewerb stehende Produkte, Technologien oder Verfahren zu produzieren, zu verkaufen, zu übertragen oder Lizenzen dafür zu erteilen;
c) Festsetzung der Preise für den Verkauf der Vertragsprodukte oder der Gebühren für die Erteilung von Lizenzen für die Vertragstechnologien an Dritte, ausgenommen die Festsetzung der Preise für direkte Abnehmer und die Festsetzung der Lizenzgebühren für direkte Lizenznehmer, wenn die gemeinsame Verwertung der Ergebnisse

---

[7] Bechtold/Bosch/Brinker Rn. 2.
[8] BeckOK/Becker, TT-GVO Art. 8 Rn. 5 ff.; BeckOK/Slobodenjuk Rn. 2 ff.; Liebscher/Flohr/Petsche Gruppenfreistellungs-VO-HdB, § 10 Rn. 47.
[9] Bechtold/Bosch/Brinker Rn. 4.
[10] Bechtold/Bosch/Brinker Rn. 5.
[11] Beispiel nach LMRKM/Schütze Rn. 73.

i) den gemeinsamen Vertrieb der Vertragsprodukte oder die gemeinsame Erteilung von Lizenzen für die Vertragstechnologien umfasst und
ii) durch ein gemeinsames Team, eine gemeinsame Organisation oder ein gemeinsames Unternehmen oder durch einen von den Parteien gemeinsam beauftragten Dritten durchgeführt wird;
d) Beschränkung des Gebiets oder der Kundengruppe, in dem oder an die die Parteien passiv die Vertragsprodukte verkaufen oder Lizenzen für die Vertragstechnologien erteilen dürfen, ausgenommen die Verpflichtung, Lizenzen für die Ergebnisse der Forschung und Entwicklung ausschließlich einer anderen Partei zu erteilen;
e) Beschränkung des aktiven Verkaufs der Vertragsprodukte oder Vertragstechnologien in Gebieten oder an Kunden, die einer der Parteien nicht im Wege der Spezialisierung im Rahmen der Verwertung ausschließlich zugewiesen sind;
f) Verpflichtung, Aufträge von Kunden abzulehnen, die in dem Gebiet der jeweiligen Partei ansässig sind, oder von Kunden, die im Wege der Spezialisierung im Rahmen der Verwertung einer anderen Partei zugewiesen sind, wenn diese Kunden die Vertragsprodukte in anderen Gebieten innerhalb des Binnenmarkts vermarkten würden;
g) Verpflichtung, Nutzern oder Wiederverkäufern den Bezug der Vertragsprodukte von anderen Wiederverkäufern auf dem Binnenmarkt zu erschweren.

Übersicht

	Rn.		Rn.
I. Überblick	1	4. Kunden- und Gebietsbeschränkungen (Art. 8 lit. d und e)	12
II. Die „schwarze Liste"	2		
1. Wettbewerbsverbote (Art. 8 lit. a)	2	5. Ungerechtfertigte Lieferverweigerung (Art. 8 lit. f)	16
2. Produktions- und Absatzbeschränkungen (Art. 8 lit. b)	4		
3. Preisabsprachen (Art. 8 lit. c)	8	6. Erschwerung des Weiterverkaufs (Art. 8 lit. g)	18

I. Überblick

1 Art. 8 enthält eine „schwarze Liste" nicht freistellungsfähiger Wettbewerbsbeschränkungen. Enthält die Kooperationsvereinbarung eine der dort genannten Klauseln, geht die Freistellung für alle in der Vereinbarung enthaltenen Beschränkungen insgesamt verloren. Das gilt auch, wenn die Vereinbarung zwar keine explizite „schwarze Klausel" enthält, aber aufgrund ihrer Ausgestaltung und der tatsächlichen Umstände eine entsprechende Wirkung hat. Voraussetzung ist dann allerdings, dass die Parteien diese Wirkung auch „bezweckt", dh die tatsächlichen Wirkungen bewusst ausgenutzt haben.[1] Eine geltungserhaltende Reduktion findet nicht statt (**„Alles-oder-Nichts"-Prinzip**).[2] Die FuE-GVO unterscheidet zwischen „Kernbeschränkungen" und den in Art. 9 geregelten „nicht freigestellten Beschränkungen" und lässt bei Letzteren eine geltungserhaltende Reduktion zu.[3] Im Unterschied zur TT-GVO kommt es für die Anwendbarkeit der „schwarzen Liste" nicht darauf an, ob die Parteien Wettbewerber sind oder nicht. Abgesehen von lit. a betreffen die durch Art. 8 verbotenen „schwarzen Klauseln" Wettbewerbsbeschränkungen bei der Verwertung der Ergebnisse der Kooperation, was dem Umstand geschuldet ist, dass „reine" FuE-Kooperationen nur selten in den Anwendungsbereich von Art. 101 Abs. 1 AEUV fallen und somit grundsätzlich keiner Freistellung bedürfen.

II. Die „schwarze Liste"

2 **1. Wettbewerbsverbote (Art. 8 lit. a).** Solange die FuE-Arbeiten andauern, dürfen die Parteien einander nicht eigenständige oder in Zusammenarbeit mit Dritten durchgeführte FuE-Arbeiten außerhalb des Bereichs ihrer Kooperation verbieten.[4] Nach Abschluss der FuE-Arbeiten sind **Wettbewerbsverbote** auch im Bereich der Kooperation oder in damit zusammenhängenden Bereichen unzulässig. Während der FuE-Phase können dagegen Wettbewerbsverbote vereinbart werden, solange

---

[1] Barbist/Rungg RdW 2001, 260 (262).
[2] Leitlinien „horizontale Zusammenarbeit" Rn. 105; LMRKM/Schütze Art. 2 Rn. 36.
[3] Vgl. auch TT-GVO Erwgr. 15; Leitlinien „Technologietransfer" Rn. 128.
[4] Vgl. aber Kom. Abl. 1983 L 376, 17 – Carbon Gas Technologie.

sich diese nicht auf „andere" Bereiche erstrecken.[5] Entsprechend dürften auch Verpflichtungen zulässig sein, den Vertragspartner während der FuE-Phase auf konkurrierende FuE-Tätigkeiten in den der Vereinbarung unterliegenden sowie damit zusammenhängenden Bereichen aufmerksam zu machen.

Die FuE-GVO definiert den in Art. 8 lit. a benutzten Begriff **„Bereich"** nicht. Ebenso wenig enthält sie eine Bestimmung darüber, wie dieser von „anderen" Bereichen abzugrenzen ist, für die keine Wettbewerbsverbote vereinbart werden dürfen. Offen ist auch, wann zwei Bereiche miteinander „zusammenhängen". Allerdings sollten keine zu hohen Anforderungen an den „Grad der Verwandtschaft" der Bereiche bzw. an den Zusammenhang in Art. 8 lit. a gestellt werden. Wettbewerbsverbote können ohne Verstoß gegen Art. 8 lit. a auf entfernt verwandte Bereiche erstreckt werden.[6] So dürfte eine Kernbeschränkung erst dann vorliegen, wenn bei vernünftiger Betrachtung in einem bestimmten Bereich keine sinnvolle Verwendung der fraglichen Ergebnisse erkennbar ist.[7] Die Grenze wird sich allerdings nur im Einzelfall bestimmen lassen, wobei der erforderliche Zusammenhang nicht durch die uU sehr eng zu fassende Marktabgrenzung hergestellt werden darf.[8] Zulässig erachtet werden neben Wettbewerbsverboten für Substitutionsprodukte,[9] auch Beschränkungen, die weitere FuE zum Schaden der Kooperationspartner verhindern,[10] insbesondere solcher FuE, die den Wert der durch die Kooperation erzielten Ergebnisse vermindert.[11] Fällt ein Wettbewerbsverbot aus dem Anwendungsbereich von Art. 8 lit. a heraus, muss es sich allerdings an den allgemeinen Regeln messen lassen. Geht ein Wettbewerbsverbot nach den allgemeinen Regeln des Art. 101 AEUV zu weit, zieht es allerdings nicht die gesamte FuE-Vereinbarung mit in den Abgrund. 3

2. Produktions- und Absatzbeschränkungen (Art. 8 lit. b). Weiter dürfen die Parteien weder Produktions- noch Absatzbeschränkungen vereinbaren. Dies gilt selbstverständlich nicht für die Aufstellung von Produktionszielen, soweit die Verwertung der Ergebnisse eine gemeinsame Produktion der Vertragsprodukte umfasst (Art. 8 lit. b Ziff. i). Eine gemeinsame Produktion liegt nach der Legaldefinition Art. 1 Nr. 10 lit. b auch dann vor, wenn die Produktion einem gemeinsam bestimmten Dritten übertragen wird oder die Parteien eine Spezialisierung vereinbaren. Die damit verbundenen Beschränkungen gelten, wie Art. 8 lit. b Ziff. i klarstellt, nicht als Kernbeschränkung. 4

Festlegungen von Absatzzielen können auch bei einer gemeinsamen Verwertung der Ergebnisse zulässig sein, sofern diese den gemeinsamen Vertrieb der Vertragsprodukte oder die gemeinsame Erteilung von Lizenzen für die Vertragstechnologien umfasst und – dies ist neu ergänzt worden – gemeinsam durchgeführt wird. 5

Weiterhin sind Beschränkungen von Produktion oder Absatz auch dann ausgenommen, wenn sie eine Spezialisierung im Rahmen der Verwertung darstellen. Unklar ist, **wie „einseitig" eine Spezialisierung** ausfallen darf, um noch als gemeinsame Verwertung iSv Art. 1 Abs. 1 Nr. 10 und somit auch der Rückausnahme von Art. 8 lit. b Ziff. iii angesehen werden zu können. Die Kommission will noch den Fall erfasst sehen, in dem nur eine Partei die Vertragsprodukte auf der Grundlage einer von den anderen Parteien erteilten ausschließlichen Lizenz herstellt und vertreibt, Art. 1 Abs. 1 Nr. 12. Nicht geregelt ist dagegen, ob für diese **ausschließliche Lizenz eine Gegenleistung** zu erbringen ist. Dies ist zutreffenderweise im Grundsatz zu bejahen. Kein Fall einer gemeinsamen Verwertung wäre die Situation, in der ausschließlich die andere FuE-Partei in räumlich, zeitlich und sachlich uneingeschränktem Umfang unentgeltlich die FuE-Ergebnisse nutzen darf und der anderen allenfalls die von Art. 3 Abs. 2 geforderte Nutzung für weitere FuE verbleibt. Denn hier würde der Lizenzgeber überhaupt nicht an der Verwertung partizipieren, so dass von gemeinsamer Verwertung nicht mehr die Rede sein kann. Auch der systematische Vergleich zur Auftragsforschung ergibt, dass jede FuE-Partei zumindest finanziell partizipieren muss. 5a

Ebenfalls freigestellt sind schließlich für die Dauer der gemeinsamen Verwertung vereinbarte Wettbewerbsverbote in Bezug auf konkurrierende Vertragsprodukte- und -technologien (lit. b Ziff. iv). 6

---

5 Kom. Abl. 1988 L 301, 68 Rn. 26 – BBC Brown Boveri; Kom. ABl. 1994 L 341, 66 Rn. 33 – Fujitsu AMD Semiconductors; Kom. ABl. 1994 L 354, 87 Rn. 29 – Asahi/Saint-Gobain; Kom. ABl. 1975 L 29, 20 – RANK/SOPELEM.
6 Rosenberger/Wündisch/Badtke Kap. 6 D. Rn. 396; Bechtold/Bosch/Brinker Art. 5 Rn. 4.
7 Bechtold/Bosch/Brinker Art. 5 Rn. 4; Van Bael/Bellis, 503.
8 Anders wohl GK/Schödermeier/Wagner VO Nr. 418/85 Art. 4 Rn. 6.
9 BeckOK/Slobodenjuk Art. 5 Rn. 6.
10 White IIC 1985, 663 (689).
11 BeckOK/Slobodenjuk Art. 5 Rn. 6, strenger wohl Bechtold/Bosch/Brinker Art. 5 Rn. 3 ff.

7 Hinsichtlich der Produktion der FuE-Ergebnisse geht die FuE-GVO über die zeitgleich in Kraft getretene Spezialisierungs-GVO hinaus, nach der Bestimmungen über Produktionsmengen oder die Festlegung des Kapazitäts- und Produktionsumfangs nur im Falle der Spezialisierung untereinander vereinbart bzw. nur einem gemeinsamen Produktionsunternehmen auferlegt werden dürfen.[12] Allerdings spricht die FuE-GVO anders als die Spezialisierungs-GVO nur von „Produktionszielen" und nicht von einer Festlegung der Mengen. Für die Vertragsgestaltung empfiehlt sich daher, einem mit der Produktion beauftragten Dritten einen Handlungsspielraum zu belassen.

8 **3. Preisabsprachen (Art. 8 lit. c).** Die Parteien müssen bei der Bestimmung ihrer Preise und Lizenzgebühren für die Vertragsprodukte bzw. -technologien an Dritte frei bleiben, anderenfalls entfällt die Freistellung in Gänze. Auch wenn die FuE-GVO hier anders als die frühere Verordnung 418/85 Preisbestandteile und Rabatte nicht ausdrücklich erwähnt, gilt dies weiterhin für alle preisbildenden Faktoren sowie für Zu- und Abschläge.[13] Eine besondere Vereinbarung ist nicht erforderlich. Vielmehr genügt auch die Preisfestsetzung mittels eines abgestimmten Verhaltens.[14] Das folgt bereits aus Art. 101 Abs. 1 AEUV, der die mittelbare Preisfestsetzung ebenso wie die unmittelbare verbietet. Nicht von Art. 8 lit. c erfasst wird dagegen die Festsetzung von Geschäftsbedingungen, obwohl diese nach Art. 101 Abs. 1 AEUV grds. wohl den Kernbeschränkungen zugerechnet werden müssen und daher ebenfalls regelmäßig unzulässig sein werden.

9 Art. 8 lit. c gilt nur für mit **dritten Abnehmern** geschlossenen Kauf- und Lizenzverträge. Die Parteien können daher die Vertragsprodukte untereinander zu abgesprochenen Preisen beziehen. Da bestimmte Aufgaben iRd Kooperation einem Gemeinschaftsunternehmen oder einem Dritten übertragen werden können, dürfen ferner auch die Preise für die Lieferungen des Gemeinschaftsunternehmens oder des Dritten an die Parteien festgesetzt werden.[15] Auch Preisfestsetzungen innerhalb eines Konzerns fallen nicht unter die „schwarze Klausel". Im Falle einer solchen Spezialisierung können die Parteien weiter **Meistbegünstigungsklauseln** untereinander vereinbaren oder einem mit der Herstellung beauftragten Dritten auferlegen.[16] Anderenfalls bestünde die Gefahr, dass die Kooperationspartner die auf ihren Bemühungen beruhenden Vertragsprodukte teurer einkaufen müssten als dritte Abnehmer. Dieses Ergebnis wäre unzumutbar.

10 Zulässig ist die gemeinsame Preisfestsetzung schließlich auch gegenüber Direktabnehmern und direkten Lizenznehmern im Falle des **gemeinsamen Vertriebs** bzw. der **gemeinsamen Lizenzerteilung** durch ein gemeinsames Team oder einen gemeinsam bestimmten Dritten. Die Neufassung erfasst nun auch den Fall der Spezialisierung, da der einschränkende Verweis auf nur die ersten beiden Varianten von Art. 1 Abs. 1 Nr. 10 entfallen ist. Diese Regelung bringt lediglich eine Selbstverständlichkeit zum Ausdruck, da ein gemeinsamer Vertrieb ohne eine gemeinsame Preisfestsetzung nicht möglich ist – es sei denn, die Parteien spezialisieren sich im Rahmen der Verwertung.

11 Nach wie vor unklar ist, ob eine Preisfestsetzung iSd FuE-GVO schon dann vorliegt, wenn die Parteien Höchstpreise festlegen oder Preisempfehlungen abgeben.[17] Nach der Vertikal-GVO und der TT-GVO wäre dies zulässig.[18] Da jedoch hier die dort niedergelegten Ausnahmen gerade fehlen, ist wohl davon auszugehen, dass Höchstpreise und Preisempfehlungen als Preisfestsetzung anzusehen sind. Es ist bedauerlich, dass die Kommission an dieser Stelle die Gelegenheit versäumt hat, einen eindeutigen Gleichlauf herzustellen.

12 **4. Kunden- und Gebietsbeschränkungen (Art. 8 lit. d und e).** Die Frage, ob und inwiefern Kunden- und Gebietsbeschränkungen zulässig sein können, hängt entscheidend davon ab, inwiefern auch „passive" Maßnahmen (lit. d) oder nur „aktive" (lit. e) untersagt werden.

13 Die FuE-GVO enthält nun in Art. 1 Abs. 1 Nr. 18 und Nr. 19 **Begriffsdefinitionen** für „aktiver" und „passiver" Verkauf, siehe dort.

14 Nach **Art. 8 lit. d** dürfen die Parteien einander Vertriebsgebiete zuweisen und entsprechende Beschränkungen vereinbaren, allerdings nur solange diese sich nicht auf passive Verkäufe oder Lizenzierungen erstrecken. Passiv-Verkäufe oder -Lizenzen müssen daher jederzeit möglich sein. Die FuE-GVO stellt klar, dass Passiv-Beschränkungen auch in Bezug auf Kunden unzulässig sind. Dies ist zB dann der Fall, wenn die betroffene Kundengruppe nur in einem bestimmten Gebiet

---

[12] Art. 5 lit. b Spezialisierungs-GVO; vgl. Leitlinien „horizontale Zusammenarbeit" Rn. 66 ff.
[13] Schröter/Jacob/Mederer/Schröter Art. 81 Abs. 1 Rn. 162.
[14] Immenga/Mestmäcker/Fuchs Art. 5 Rn. 13; Leitlinien „horizontale Zusammenarbeit" Rn. 15 f., 164.
[15] GK/Schödermeier/Wagner VO Nr. 418/85 Art. 3 Rn. 29.
[16] Rosenberger/Wündisch/Badtke Kap. 6 D. Rn. 402.
[17] Vgl. Gutermuth WuW 2012, 237 (244) mwN; ablehnend Liebscher/Flohr/Petsche Gruppenfreistellungs-VO-HdB Bagatellebekanntmachung § 16 Rn. 19; befürwortend BeckOK/Slobodenjuk Art. 5 Rn. 14; Bechtold/Bosch/Brinker Art. 5 Rn. 10; Immenga/Mestmäcker/Fuchs Art. 5 Rn. 16.
[18] Art. 4 lit. a Vertikal-GVO bzw. Art. 4 Abs. 2 lit. a TT-GVO.

II. Die „schwarze Liste"

angesiedelt war. Ausgenommen von dem Verbot von Passivbeschränkungen sind lediglich Verpflichtungen, Lizenzen für die Ergebnisse der FuE ausschließlich einem Kooperationspartner zu erteilen. In diesem Fall ist es somit möglich, die passive Lizenzierung an Dritte zu verhindern. Da hier nur von „Ergebnissen" und nicht wie in Art. 3 den „Endergebnissen" die Rede ist, dürfte auch eine entsprechende Lizenz-Beschränkung in Bezug auf Zwischenergebnisse zulässig sein. Das Verbot einer Beschränkung von Passiv-Verkäufen kann in der Praxis ggf. dazu führen, dass ein gemeinsamer Vertrieb durch unaufgeforderte Bestellungen oder Lizenzbegehren de facto unterlaufen wird. Diese Gefahr besteht jedoch nicht, wenn sich die Parteien dergestalt untereinander spezialisiert haben, dass eine unaufgeforderte Bestellung schon aus praktischen Gründen nicht bedient werden kann.[19]

Aktive Verkäufe oder Lizenzierungen dürfen gemäß **Art. 8 lit. e** zwar grundsätzlich unterbunden werden, aber nur soweit die betreffenden Gebiete, Kunden oder Anwendungsbereiche einer Partei zur ausschließlichen Verwertung zugewiesen wurden (Spezialisierung iRd Verwertung gemäß Art. 1 Abs. 1 Nr. 12). Jede Partei kann also ein eigenes exklusives Wirkungsfeld erhalten. Aktive Verkäufe oder Lizenzierungen in andere Gebiete, an andere Kunden oder für andere Anwendungsbereiche müssen jedoch ebenso wie Passivverkäufe uneingeschränkt möglich bleiben. Insoweit vereinbarte Beschränkungen gelten als Kernbeschränkungen und lassen die Freistellung für die FuE-Vereinbarung in Gänze entfallen. Da die Spezialisierung als Unterfall der gemeinsamen Verwertung nur im Rahmen der nach Art. 6 bestimmten Dauer freigestellt ist, dürfte die jeweilige Freistellungsdauer von sieben oder mehr Jahren auch für die Beschränkung des Aktivverkaufs gelten.[20] Die FuE-GVO lässt offen, ob eine Beschränkung aktiver Verkäufe auch in einem Gebiet möglich ist, das eine der Vertragsparteien nicht für sich selbst, sondern zugunsten eines Dritten reserviert hat. Im Ergebnis dürfte dies – ebenso wie bei der Vertikal-GVO – möglich sein, wofür auch ein Umkehrschluss aus Art. 9 Abs. 1 lit. b spricht. 15

5. Ungerechtfertigte Lieferverweigerung (Art. 8 lit. f). In Ergänzung zu lit. d verbietet lit. f besondere Formen passiver Verkaufsbeschränkungen. Die Parteien dürfen nicht vereinbaren, die Belieferung von bestimmten Kunden zu verweigern, die die Vertragsprodukte anschließend in anderen Gebieten des Binnenmarktes vertreiben wollen. Art. 8 lit. f soll Beschränkungen des Parallelhandels verhindern und so den freien Warenverkehr gewährleisten.[21] Anders als Art. 8 lit. d und lit. e betrifft sie nicht Parallelexporte der Kooperationspartner, sondern die ihrer Kunden – entweder Kunden, die in „dem Gebiet" der jeweiligen Partei ansässig sind oder aber im Wege der Spezialisierung einer anderen Partei für den Vertrieb zugewiesen sind. Unklar ist der Ausdruck **„dem Gebiet"** der jeweiligen Partei. Da hier gerade nicht auf eine Gebietszuweisung im Wege der Spezialisierung verwiesen wird, dürfte damit jedes Gebiet gemeint sein, in dem die betreffende Partei (allein oder gemeinsam mit anderen) vertreibt, aber auch das Gebiet, an dem sie ihren Sitz oder ihre Niederlassungen hat. Diese Kunden sollen frei bleiben, die im Vertriebsgebiet des einen Kooperationspartners erworbenen Waren in dem Gebiet des anderen zu vertreiben.[22] Die Lieferverweigerung kann entweder vertraglich vereinbart oder durch ein abgestimmtes Verhalten erfolgen. Art. 8 lit. f greift auch bei einer teilweisen Nichtannahme von Bestellungen ein, also zB durch die **Kürzung der bestellten Liefermengen** auf den tatsächlichen Bedarf des Kunden innerhalb eines Gebietes. In diesem Fall wird der Kunde trotz der Belieferung faktisch an einem Export der überschüssigen Menge gehindert. Dies gilt auch, wenn die Waren zwar im bestellten Umfang, aber zu ungünstigeren Preisen oder Konditionen geliefert werden als solche Waren, die im jeweiligen Inland verbleiben. Auch hierin ist ein teilweises Ablehnen von Kundenanfragen zu sehen, da die theoretisch noch möglichen Parallelexporte durch den Kunden erschwert und im Fall der Anwendung prohibitiver Preise gar verhindert werden. Dementsprechend wird Art. 8 lit. f auch auf diese Fälle anzuwenden sein. Eine **einseitig beschlossene Lieferverweigerung** oder Kürzung der Liefermengen ohne ausdrückliche oder stillschweigende Mitwirkung eines FuE-Partners sowie ohne die Zustimmung des betroffenen Kunden stellt jedoch mangels einer Absprache keinen Verstoß gegen Art. 101 Abs. 1 AEUV dar, selbst wenn sie Parallelimporte verhindern soll.[23] Aus der FuE-GVO folgt keine Lieferverpflichtung. Wegen der Marktanteilsschwelle kann die FuE-GVO zudem nicht auf marktbeherrschende Unternehmen angewandt werden. Eine Lieferverpflichtung nach Art. 102 AEUV scheidet in ihrem Anwendungsbereich damit ebenfalls grds. aus. Sie kann allerdings uU entstehen, wenn die 16

---

[19] Winzer, Forschungs- und Entwicklungsverträge Rn. 728.
[20] aA Wiedemann KartellR-HdB/Schroeder § 9 Rn. 134.
[21] Van Bael/Bellis, 502.
[22] BeckOK/Slobodenjuk Art. 5 Rn. 18; LMRKM/Schütze Art. 5 Rn. 66.
[23] EuG, Slg. 2000, II-3383 Rn. 71 – Bayer/Kommission; bestätigt durch EuGH Slg. 2004, I-23.

marktbeherrschende Stellung zu einem späteren Zeitpunkt entsteht. Schließlich stellt sich die Frage, ob die Nichtigkeitsfolge ex tunc oder ex nunc eintritt, wenn sich die Parteien erst im Laufe ihrer Zusammenarbeit über die Nichtannahme von Bestellungen einigen. Da der Tatbestand einer „schwarzen Klausel" dann erst nachträglich erfüllt ist, kommt allein eine ex nunc Nichtigkeit, dann allerdings der gesamten Vereinbarung, in Betracht.

17 Auch wenn die FuE-GVO nicht ausdrücklich davon spricht, dass nur die Verpflichtung zu objektiv nicht gerechtfertigten Lieferverweigerungen verboten sein soll, so liegt angesichts der Rspr. des Gerichtshofes zur Frage der missbräuchlichen Liefer- und Geschäftsverweigerung ein Verstoß nur vor, wenn die Weigerung für die Fälle vereinbart wird, in denen eine **objektive Rechtfertigung** nicht ersichtlich ist.[24] So besteht etwa keine Lieferverpflichtung gegenüber zahlungsunfähigen Schuldnern oder im Falle von Kapazitätsengpässen. Den Parteien bleibt es jedenfalls im Falle einer gemeinsamen Verwertung unbenommen, diesbezüglich Absprachen untereinander zu treffen.[25]

18 **6. Erschwerung des Weiterverkaufs (Art. 8 lit. g).** Dem Schutz des Parallelhandels dient schließlich auch Art. 8 lit. g. Die Bestimmung verbietet Vereinbarungen, die den Bezug der Vertragserzeugnisse bei Wiederverkäufern innerhalb des Binnenmarktes erschweren sollen. Bezugspunkt des Verbots ist dabei die Verpflichtung, „Nutzern" oder „Wiederverkäufern" den Bezug der Vertragsprodukte von anderen Wiederverkäufern zu erschweren. „Nutzer" dürften dabei sämtliche Personen oder Unternehmen sein, die die Vertragsprodukte verwenden. Eine Erschwerung des Parallelhandels kann beispielsweise gegeben sein bei der Verpflichtung, den Kunden Exportverbote aufzuerlegen[26] oder bei der Verpflichtung, nur für Produkte Garantieleistungen zu erbringen, die nicht von („anderen") Wiederverkäufern vertrieben wurden.[27] Daneben soll auch die Verweigerung von Serviceleistungen eine Erschwerung darstellen.[28] Letzteres wird man aber nur in besonderen Ausnahmefällen annehmen können, wenn die betreffende Leistung von Dritten nicht erbracht werden kann. Ein nicht abgestimmtes **einseitiges Vorgehen** der Parteien fällt ebenso wie die einseitige Liefer- oder Lizenzverweigerung nicht in den Anwendungsbereich der „schwarzen Liste".

19 Auch die Ausübung **gewerblicher Schutzrechte** kann den Tatbestand des Art. 8 lit. g erfüllen. In der Praxis allerdings dürfte dies regelmäßig daran scheitern, dass die Rechte an den fraglichen Produkten mit ihrem Inverkehrbringen erschöpft sind und eine Schutzrechtsausübung einen Parallelimport ohnehin nicht mehr verhindern könnte.[29] Die Parteien können aber Vereinbarungen über die Ausübung von Schutzrechten treffen, soweit diese keinen absoluten Gebietsschutz bewirken.[30] Ferner dürfen die Parteien ihre Schutzrechte einsetzen, um Dritte an einem erstmaligen Verkauf der Vertragsprodukte im Binnenmarkt zu hindern, falls dieser nicht durch eine der Parteien autorisiert wurde. Solange die Vertragsprodukte noch nicht innerhalb des Binnenmarktes vertrieben werden, können die Parteien folglich auch Importe aus **Drittstaaten** verhindern, in denen sie die Vertragsprodukte bereits in Verkehr gebracht haben.[31] Soweit das Inverkehrbringen der Vertragserzeugnisse nicht zu einer Erschöpfung der Schutzrechte geführt haben sollte,[32] dürfen diese auch gegenüber Importen aus anderen Mitgliedstaaten ausgeübt werden. Da die Regeln über den freien Warenverkehr in diesem Fall einer Ausübung nicht entgegenstehen, kann iRd FuE-GVO nichts anderes gelten.[33]

Art. 9 Nicht freigestellte Beschränkungen

(1) Die Freistellung nach Artikel 2 gilt nicht für die folgenden Verpflichtungen in Forschungs- und Entwicklungsvereinbarungen:

---

[24] EuGH, Slg. 1978, 207 Rn. 184/194 – United Brands.
[25] Wiedemann KartellR-HdB/Schroeder § 9 Rn. 134; argumentum e Art. 1 Nr. 14.
[26] EuGH Slg. 1975, 1103 (1111) – van Vliet/dalle Crode.
[27] EuGH Slg. 1985, 3933 (3944) – ETA/DK Investment; BeckOK/Slobodenjuk, Art. 5 Rn. 24.
[28] Bosch NJW 2022, 1653 (1658) Rn. 32.
[29] LMRKM/Nordemann 3. Teil Rn. 17; kritisch Rosenberger/Wündisch/Badtke Kap. 6 D. Rn. 417; → Wettbewerbsrecht 1. Teil Grundlagen Rn. 1209.
[30] EuGH Slg. 1984, 2999 (3018) – Hydrotherm/Compact; LMRKM/Nordemann 3. Teil Rn. 17.
[31] Wiedemann, Kommentar zu den Gruppenfreistellungsverordnungen des EWG-Kartellrechts, 1989, GVO I VO Nr. 418/85 Art. 6 Rn. 48; kritisch Rosenberger/Wündisch/Badtke Kap. 6 D. Rn. 417; → Kapitel 1 Rn. 1209.
[32] EuGH Slg. 1989, 79 (96) – EMI Elektrola/Patricia Im- und Export; LG Hamburg GRUR-RR 2014, 221 (223); OLG Düsseldorf BeckRS 2011, 17967.
[33] vgl. OLG Düsseldorf BeckRS 2011, 17967.

a) Verpflichtungen der Nichtanfechtung, d.h. die Verpflichtung,
   i) nach Abschluss der Forschung und Entwicklung die Gültigkeit von Rechten des geistigen Eigentums nicht anzufechten,
      1. die die Parteien im Binnenmarkt innehaben und
      2. die für die Forschung und Entwicklung von Bedeutung sind, oder
   ii) nach Ablauf der Forschungs- und Entwicklungsvereinbarung die Gültigkeit von Rechten des geistigen Eigentums nicht anzufechten,
      1. die die Parteien im Binnenmarkt innehaben und
      2. die die Ergebnisse der Forschung und Entwicklung schützen;
b) Verpflichtungen, Dritten keine Lizenzen für die Produktion der Vertragsprodukte oder für die Anwendung der Vertragstechnologien zu erteilen, sofern nicht die Verwertung der Ergebnisse der gemeinsamen Forschung und Entwicklung oder der Auftragsforschung und -entwicklung durch eine oder mehrere Parteien in der Vereinbarung vorgesehen ist und im Binnenmarkt gegenüber Dritten erfolgt.

(2) Absatz 1 Buchstabe a lässt die Möglichkeit unberührt, die Kündigung der Forschungs- und Entwicklungsvereinbarung für den Fall vorzusehen, dass eine der Parteien die Gültigkeit der unter Absatz 1 Buchstabe a Ziffern i und ii genannten Rechte des geistigen Eigentums anficht.

(3) Umfasst die Forschungs- und Entwicklungsvereinbarung eine der in Absatz 1 dieses Artikels genannten nicht freigestellten Beschränkungen, so gilt die Freistellung nach Artikel 2 für den übrigen Teil der Forschungs- und Entwicklungsvereinbarung weiter, sofern die nicht freigestellten Beschränkungen davon abtrennbar und die anderen Voraussetzungen nach dieser Verordnung erfüllt sind.

Übersicht

	Rn.		Rn.
I. Überblick	1	III. Beschränkung Lizenzerteilung gegenüber Dritten (Art. 9 Abs. 1 lit. b)	8
II. Nichtangriffsklauseln	2		

I. Überblick

Art. 9 enthält eine sog „graue Liste" von Klauseln, die zwar aus Sicht der Kommission nicht (gruppen-)freistellungsfähig sind, aber nicht die übrige FuE-Vereinbarung so sehr „beschädigen", dass diese insgesamt aus der GVO herausfiele. Die Kommission erachtet Nichtangriffsklauseln sowie Beschränkungen bei der Lizenzvergabe an Dritte nicht mehr als „Kernbeschränkungen". Der Umstand, dass eine Klausel unter die graue Liste des Art. 9 fällt, führt nicht zu einer Vermutung ihrer Rechtswidrigkeit. Ob sie freistellungsfähig ist, ist im Einzelfall gemäß Art. 101 Abs. 3 AEUV zu prüfen.[1] 1

Im neu ergänzten Abs. 3 stellt die Kommission klar, dass die Freistellung für sämtliche weitere Klauseln (außer der „grauen") weitergilt, sofern die nicht freigestellten Beschränkungen von dem übrigen Teil der FuE-Vereinbarung abtrennbar sind und die anderen Voraussetzungen nach dieser Verordnung erfüllt sind.

II. Nichtangriffsklauseln

Art. 9 Abs. 1 erklärt sogenannte Nichtangriffsklauseln für nicht freistellungsfähig, welche die Parteien und die mit ihnen verbundenen Unternehmen zu bestimmten Zeitpunkten an Bestandsangriffen bestimmter Schutzrechte hindern. Den beteiligten Unternehmen muss es danach grundsätzlich erlaubt bleiben, sowohl bestehende Schutzrechte, die für die FuE-Arbeiten von Bedeutung sind, als auch solche anzugreifen, die die Ergebnisse der Arbeiten schützen. 2

Im Umkehrschluss ergibt sich, dass für gewisse Zeiträume Nichtangriffsklauseln vereinbart werden können:[2] Zum einen können Nichtangriffsklauseln bis zum Ende der FuE-Arbeiten bzgl. Schutzrechten vereinbart werden, die für die FuE „von Bedeutung" sind. Zum anderen können bis „zum Ablauf" der FuE-Vereinbarung, Nichtangriffsklauseln bzgl. Schutzrechten vereinbart werden, die „die Ergebnisse" der FuE schützen. Erst in den sich daran jeweils anschließenden (Verwertungs)Phasen sind Nichtangriffsklauseln unzulässig. Für den Fall, dass ein beteiligtes Unternehmen 3

---

[1] LMRKM/Schütze Art. 6 Rn. 68.
[2] von der Groeben/Schwarze/Hatje/Hirsbrunner AEUV nach Art. 101 Rn. 179.

ein solches Schutzrecht angreift, kann die FuE-Vereinbarung jedoch ein **Kündigungsrecht** vorsehen, Abs. 2. Diese Möglichkeit wird im Kontext mit standardessentiellen Patenten hinterfragt.[3] Ebenfalls zulässig sind Nichtangriffsklauseln, wenn sie sich auf Schutzrechte beziehen, welche die Parteien außerhalb des Binnenmarktes in **Drittstaaten** halten.[4] Im Vergleich zur TT-GVO ist somit die FuE-GVO etwas großzügiger in puncto Nichtangriffsklauseln. In beiden GVOs bleibt für den Bereich, in dem eine Nichtangriffsklausel unzulässig ist, die Option ein Kündigungsrecht vorzusehen, wobei dies im Rahmen des TT-GVO nur bei exklusiven Lizenzverhältnissen möglich ist, Art. 5 lit. b TT-GVO.

4 Hinsichtlich der ab 1.6.2023 geltenden Regelungen zum Einheitspatent und Einheitlichen Patentgericht können Klauseln, welche Klagemöglichkeiten im Zusammenhang mit einem möglichen Opt-out von Europäischen Patenten betreffen, im Verhältnis zum Vertragspartner im Hinblick auf Nichtangriffsklauseln relevant sein. Zu prüfen ist im jeweiligen Einzelfall, ob eine mögliche Rechtswidrigkeit der Nichtangriffsklausel nach Art. 101 Abs. 3 AEUV auch zur Rechtswidrigkeit des Ausschlusses anderer Klagearten in der FuE-Vereinbarung führt. Konflikträchtig ist die Konstellation, dass der Patentinhaber im Falle der Unwirksamkeit einer Nichtangriffsklausel nicht verhindern kann, dass sein Vertragspartner Bestandsklage erhebt und so die Opt-out Möglichkeit vereitelt werden könnte. Es ist nicht ersichtlich, warum eine kartellrechtliche Wertung die grundsätzliche Entscheidungsmacht des Patentinhabers diesbezüglich einschränken soll. Denkbar ist dies nur dann, wenn bei der Auslegung von Art. 83 (3), (4) EPGÜ der Verhinderung des Zuständigkeitsverlusts des Gerichts während eines rechtshängigen Verfahrens Vorrang gegenüber der Entscheidungsfreiheit des Patentinhabers eingeräumt wird. Angesichts der mitunter hohen Bedeutung der Frage für den Patentinhaber erscheinen mögliche prozessuale Komplikationen weniger einschneidend. Der Gefahr des rein prozesstaktischen Einsatzes des Opt-outs im laufenden Verfahren könnte im Übrigen mit Billigkeitsgrundsätzen begegnet werden. Solange die Frage nicht geklärt ist, sollte jedenfalls die Integration des in Art. 9 Abs. 2 vorgesehenen Kündigungsrechts erwogen werden.

5 Anders als früher werden Nichtangriffsklauseln von der Kommission nicht mehr als Kernbeschränkungen eingestuft, sie gelten aber weiterhin im Einklang mit der **Entscheidungspraxis der Kommission** als Wettbewerbsbeschränkungen.[5] Der EuGH ist dem mit der Einschränkung gefolgt, dass bei der Beurteilung von Nichtangriffsklauseln auf den rechtlichen und wirtschaftlichen Kontext abgestellt werden müsse.[6] So soll etwa regelmäßig keine Wettbewerbsbeschränkung vorliegen, wenn eine Lizenz ohne Lizenzgebühren erteilt wird oder sich eine kostenpflichtige Lizenz auf ein technisch überholtes Verfahren bezieht, von dem das verpflichtete Unternehmen keinen Gebrauch gemacht hat,[7] auch dann nicht, wenn bei Nichtbenutzung der lizenzierten Technologie trotzdem Zahlung der Lizenzgebühr gefordert wird – solange dem Lizenznehmer ein Kündigungsrecht eingeräumt ist.[8] In der Vergangenheit wurden Nichtangriffsklauseln von der Kommission allerdings nicht immer einheitlich gehandhabt. Während die derzeit geltende TT-GVO Nichtangriffsklauseln ebenso wie die vorangehende VO Nr. 772/2004 in die „graue Liste" einordnet, konnten entsprechende Vereinbarungen nach der alten TT-GVO Nr. 240/96 im Wege des Widerspruchsverfahrens freigestellt werden. Nach der ersten FuE-GVO Nr. 418/85 konnten die Parteien einander ferner verpflichten, für die Vertragserzeugnisse und -verfahren gewerbliche Schutzrechte zu erwirken und aufrechtzuerhalten.[9] Als unbedenklich galt auch die Verpflichtung, einander Schutzrechtsverletzungen mitzuteilen und gegen diese vorzugehen.[10]

6 Unklar ist, welcher Zeitpunkt mit der **„Ablauf der FuE-Vereinbarung"** gemeint ist. Der Wortlaut des Abs. 1 lit. a Ziff. ii spricht dafür, dass Nichtangriffsklauseln für Schutzrechte zugunsten der Vertragsergebnisse bis zum Auslaufen der gesamten Vereinbarung zulässig sind. In der Lit. wird jedoch zutreffend darauf hingewiesen, dass der Vertrag nach dem Ende der FuE-Arbeiten sowie der Verwertungsphase häufig noch weiter gilt, bspw. in Form von Lizenzvereinbarungen, die den Parteien eine selbständige Verwertung erlauben. Da das Verbot von Nichtangriffsklauseln gerade für diesen Fall einen Bestandsangriff ermöglichen soll, sei es sinnlos, auf das endgültige Ende der Vertragsbeziehung abzustellen.[11] Dem ist zuzustimmen. Das Verbot von Nichtangriffsklauseln, welche

---

[3] Von der Groeben/Schwarze/Hatje/Hirsbrunner AEUV nach Art. 101 Rn. 180.
[4] Mestmäcker/Schweitzer EuWettbR § 32 Rn. 42.
[5] Kom. ABl. 1975 L 222, 34 – Kabelmetal-Luchaire; Kom. ABl. 1976 L 30, 13 – Bayer/Gist-Brocades; Kom. ABl. 1983 L 229, 1 – Windsurfing International.
[6] EuGH Slg. 1986, 611 Rn. 92 – Windsurfing International/Kommission; EuGH Slg. 1988, 5249 Rn. 16 – Bayer/Süllhöfer.
[7] EuGH Slg. 1988, 5249 Rn. 17 f. – Bayer/Süllhöfer.
[8] EuGH C-567/14 – Genentech v. Hoechst und Sanofi-Aventis, Rz. 43.
[9] Art. 5 Abs. 1 lit. c VO 418/85.
[10] Art. 5 Abs. 1 lit. e VO 418/85; vgl. Kom. ABl. 1988 L 305, 33 Rn. 17 f. – Continental/Michelin.
[11] GK/Schödermeier/Wagner Art. 6 Rn. 17; Bechtold/Bosch/Brinker Art. 6 Rn. 3; aA Immenga/Mestmäcker/Fuchs Art. 6 Rn. 4.

die Schutzrechte für die Ergebnisse der Kooperation betreffen, gilt je nach Art der getroffenen Vereinbarung ab dem Ende der FuE-Arbeiten bzw. dem Ende der gem. Art. 6 freigestellten gemeinsamen Verwertung.

Zuletzt bedarf der Auslegung, was mit geistigen Eigentumsrechten gemeint ist, die „die Ergebnisse" der FuE schützen. „Die Ergebnisse" meint nicht nur die Endergebnisse, sondern auch Zwischenergebnisse, wie sich aus Art. 1 Abs. 1 Nr. 7, Nr. 6 und Nr. 4 entnehmen lässt sowie aus dem systematischen Vergleich zu Art. 3 der anders als Art. 9 Abs. 1 lit. a von „End"Ergebnissen spricht. **7**

III. Beschränkung Lizenzerteilung gegenüber Dritten (Art. 9 Abs. 1 lit. b)

Eine Vereinbarung, Dritten keine Lizenzen für die Herstellung der Vertragsprodukte oder für die Anwendung der Vertragstechnologien zu erteilen, ist unzulässig, sofern die Verwertung der Ergebnisse nicht durch mindestens eine Partei vertraglich vorgesehen ist und auch tatsächlich im Binnenmarkt erfolgt. Die Regelung ist vor dem Hintergrund zu sehen, dass FuE-Vereinbarungen ua deshalb freigestellt werden, um zu befördern, dass Verbraucher neue oder verbesserte Waren oder Dienstleistungen erhalten (Erwgr. 8).[12] Entsprechend könnte die Kommission auch den gesamten Rechtsvorteil der FuE-GVO gem. Art. 29 VO (EG) Nr. 1/2003 entziehen, wenn die Parteien die FuE-Ergebnisse ohne sachlich gerechtfertigten Grund verwerten (Erwgr. 22, Art. 10 Abs. 2 lit. c). Im Einklang mit dieser Erwägung lässt somit Art. 9 Abs. 1 lit. b die Freistellung von Lizenzbeschränkungen nur dann bestehen, wenn die Verwertung der Vertragsprodukte iSv Art. 1 Abs. 1 Nr. 7 in der FuE-Vereinbarung vorgesehen ist und auch tatsächlich erfolgt, die Vertragsparteien also die Vertragsprodukte entweder (selbständig oder gemeinsam) herstellen und vertreiben oder einem Dritten die Gelegenheit dazu einräumen. Ansonsten darf kein Weiterlizenzierungsverbot vereinbart werden.[13] **8**

Entscheidend für die Freistellung von Lizenzbeschränkungen ist somit, ob die Vertragsprodukte durch die Parteien oder sonstige Dritte **tatsächlich verwertet** werden oder nicht. Entsprechend genügt es nicht, eine Verwertung (zu der nach Art. 1 Abs. 1 Nr. 7 auch die Lizenzvergabe gehört) nur zu vereinbaren,[14] wenn diese nicht tatsächlich ausgeführt wird. Umgekehrt wird vertreten, dass eine fehlende Vereinbarung zur Verwertung nicht schaden soll, solange diese tatsächlich erfolgt. Auf die Absichten der Parteien käme es nicht an.[15] Hiergegen spricht jedoch der Wortlaut des Art. 9 Abs. 1 lit. b, der neben dem Kriterium, dass eine Verwertung gegenüber Dritten tatsächlich „erfolgt" auch verlangt, dass eine solche Verwertung in der Vereinbarung **„vorgesehen"** ist. Im Idealfall ist somit ausdrücklich im Vertrag klargestellt, dass die Verwertung der Ergebnisse der FuE vorgesehen ist. Im Einzelfall wird sich auch eine konkludente Vereinbarung hierzu nachweisen lassen, insbesondere wenn von Anfang an die geforderte Verwertung tatsächlich erfolgt. **9**

Eine Freistellung trotz fehlender tatsächlicher Verwertung wird in Fällen diskutiert, in denen sich die Ergebnisse der Kooperation als ganz oder teilweise nicht marktfähig erweisen.[16] Dem ist zumindest für den Fall der vollständig fehlenden Marktfähigkeit zuzustimmen. Denn in diesem Fall hat die Lizenzbeschränkung keinen wettbewerbsrelevanten Effekt. Man könnte auch erwägen, dass Art. 9 Abs. 1 lit. b auf eine Lizenzierungsbeschränkung solange nicht anwendbar ist, wie sich die Parteien iRd Verwertungskooperation ernsthaft um eine Verwertung bemühen. Bei einem marktfähigen Produkt werden solche Bemühungen jedoch erfolgreich sein, so dass es vorzugswürdig erscheint, an das objektive Kriterium der Marktfähigkeit statt des subjektiven Kriteriums des „Bemühens" anzuknüpfen. Praktisch relevant wird die Bestimmung daher nur in den seltenen Fällen, in denen marktfähige Kooperationsergebnisse insgesamt endgültig zu den Akten gelegt oder von vornherein „für die Schublade" entwickelt werden. **10**

Ist eine Verwertung der Ergebnisse vorgesehen und erfolgt auch tatsächlich, ist ein **Verbot der Lizenzerteilung an Dritte** freigestellt. Das Gleiche gilt für Vorgaben, nach denen Dritten eine Lizenz nur mit Zustimmung der anderen Vertragspartner oder nur unter bestimmten Voraussetzungen erteilt werden darf.[17] **11**

---

[12] S. auch Bahr/Loest EWS 2002, 263 (267).
[13] GK/Schödermeier/Wagner VO Nr. 418/85 Art. 6 Rn. 45.
[14] vgl. auch Wortlaut „durchgeführt", „Verwertungsarbeiten", „produziert"; „vertrieb" Leitlinien „horizontale Zusammenarbeit", Rn. 69.
[15] AA Bahr/Loest EWS 2002, 263 (268).
[16] Rosenberger/Wündisch/Badtke Kap. 6 D. Rn. 442; generell zur Marktfähigkeit von Forschungsergebnissen: Grabitz/Hilf/Nettesheim/Schroeder AEUV Art. 101 Rn. 675; Pagenberg/Beier, Lizenzverträge, 9 Rn. 2, 7 ff.; Thimm, Verwertung wissenschaftlicher Forschungsergebnisse, 14.
[17] BeckOK/Slobodenjuk Art. 6 Rn. 7; Immenga/Mestmäcker/Zimmer GWB § 1 Rn. 150.

12 Die demnach freigestellten Lizenzbeschränkungen können also iRd Marktanteilsschwellen bzw. für den Siebenjahreszeitraum der freigestellten gemeinsamen Verwertung und ggf. auch über diesen hinaus (Art. 6 Abs. 4, 5) vereinbart werden.

13 In der Vor-Vorgängerverordnung war explizit klargestellt, dass Parteien, die einander die Weiterlizenzierung gestatten, vereinbaren können, dass die von dem Dritten erhaltenen **Lizenzgebühren zu teilen oder Ausgleichszahlungen zu leisten** sind, um ungleiche Beiträge zur Kooperation zu berücksichtigen.[18] Die aktuelle Fassung der FuE-GVO erwähnt den Fall der Teilung von Lizenzgebühren nicht mehr. Sie stellt jedoch in Erwägungsgrund 12 klar, dass Zahlungspflichten zwischen den Parteien der FuE möglich sind, um ungleiche Beiträge auszugleichen. Dann muss auch – nach wie vor – die Aufteilung von Lizenzgebühren Dritter möglich sein.

14 Eine Verpflichtung, das im Zusammenhang mit der Kooperation von den Vertragspartnern übermittelte **Know-how** nur für Zwecke der gemeinsamen FuE zu nutzen, dürfte im Einklang mit der früheren FuE-GVO auch weiterhin freigestellt sein,[19] zumal es sich dabei ohnehin nicht um ein „Ergebnis" der gemeinsamen FuE handelt.

15 Für den Fall, dass eine Verwertung der Ergebnisse der Kooperation zwar vorgesehen ist und sich die Ergebnisse auch als marktfähig erweisen, aber später dennoch auf eine Verwertung verzichtet wird, ist offen, ob die Freistellung rückwirkend oder nur ex nunc entfällt. Sofern die Voraussetzung für den Verlust der Freistellung erst nachträglich eintritt, wäre eine Rückwirkung aus Gründen der Rechtssicherheit unangemessen. Die Lizenzbeschränkung lässt die Freistellung daher nur ex nunc entfallen.[20] Dementsprechend tritt auch die Nichtigkeit gemäß Art. 101 Abs. 2 AEUV erst ein, wenn feststeht, dass keine Verwertung erfolgen wird. In der Praxis wird dies häufig nur schwer festzustellen sein. Auch wenn die Freistellung nunmehr nicht mehr für die ganze Vereinbarung verloren ginge, sollten die Parteien jedoch auf jeden Fall eine auflösende Bedingung für die Lizenzbeschränkung für den Fall der Nichtverwertung[21] und für den Fall einer Gesamtnichtigkeit eine Abwicklungsklausel vereinbaren.

Art. 10 Entzug des Rechtsvorteils in Einzelfällen durch die Kommission

(1) Nach Artikel 29 Absatz 1 der Verordnung (EG) Nr. 1/2003 kann die Kommission den Rechtsvorteil der durch diese Verordnung gewährten Freistellung entziehen, wenn sie in einem bestimmten Fall feststellt, dass eine nach dieser Verordnung freigestellte Forschungs- und Entwicklungsvereinbarung gleichwohl Wirkungen hat, die mit Artikel 101 Absatz 3 AEUV unvereinbar sind.

(2) Die Kommission kann den Rechtsvorteil der durch diese Verordnung gewährten Freistellung insbesondere dann nach Artikel 29 Absatz 1 der Verordnung (EG) Nr. 1/2003 entziehen, wenn

a) die Forschungs- und Entwicklungsarbeiten Dritter in dem bzw. den die Vertragsprodukte oder Vertragstechnologien betreffenden Bereich(en) durch das Bestehen einer Forschungs- und Entwicklungsvereinbarung erheblich eingeschränkt werden,
b) der Zugang Dritter zum relevanten Markt für die Vertragsprodukte oder Vertragstechnologien durch das Bestehen einer Forschungs- und Entwicklungsvereinbarung erheblich eingeschränkt wird,
c) die Parteien die Ergebnisse der gemeinsamen Forschung und Entwicklung oder der Auftragsforschung und -entwicklung ohne objektiv gerechtfertigten Grund nicht gegenüber Dritten verwerten,
d) die Vertragsprodukte oder Vertragstechnologien im Binnenmarkt oder in einem wesentlichen Teil desselben keinem wirksamen Wettbewerb unterliegen oder
e) der Innovationswettbewerb in einem bestimmten Bereich durch das Bestehen der Forschungs- und Entwicklungsvereinbarung erheblich beschränkt würde.

1 Die Kommission kann die Freistellung entziehen, wenn die FuE-Vereinbarung die FuE Dritter im maßgeblichen Bereich erheblich einschränkt, lit. a, beispielsweise wenn die FuE-Vereinbarung die Möglichkeiten Dritter, FuE-Arbeiten in dem relevanten Bereich durchzuführen, beschränkt, weil andere Forschungskapazitäten danach nur noch in einem begrenzten Umfang zur Verfügung

---

[18] Vgl. Art. 5 Abs. 1 lit. f und lit. g VO Nr. 418/85.
[19] Art. 5 Abs. 1 lit. b VO Nr. 418/85.
[20] Rosenberger/Wündisch/Badtke Kap. 6 D. Rn. 443; im Rahmen der TT-GVO BeckOK/Becker TT-GVO Art. 6 Rn. 11; Bechtold/Bosch/Brinker TT-GVO Art. 6 Rn. 10.
[21] Bahr/Loest EWS 2002, 263 (268).

stehen Hintergrund der Regelung ist offenbar der Gedanke, dass die betreffenden Forschungskapazitäten essential facilities sein können.[1]

Weiter kommt der Entzug der Freistellung in Betracht, wenn Dritte vom **Zugang** zu dem 2 relevanten Produkt- oder Technologiemarkt infolge der durch die Existenz der FuE-Vereinbarung geschaffenen besonderen Angebotsstruktur erheblich beschränkt werden, lit. b.[2] Dabei ist zu beachten, dass die Vertragsprodukte allein keinen eigenen Markt bilden, wie sich aus den Legaldefinitionen des Art. 1 Abs. 1 Nr. 16 und Nr. 17 ergibt. Dritte sind damit sowohl die Abnehmer als auch die Wettbewerber der Vertragsparteien. Angesichts der in Art. 6 niedergelegten Marktanteilsschwellen dürfte der Entzug der Freistellung infolge einer Marktabschottung wohl nur selten möglich sein. Dies gilt vor allem im Hinblick darauf, dass die FuE-GVO Vereinbarungen zwischen Wettbewerbern auch dann freistellt, wenn deren gemeinsamer Marktanteil den Wert von 25 % nach Vertragsschluss und während der Dauer der FuE-Arbeiten sowie des sich ggf. daran anschließenden Sieben-Jahres-Zeitraums für die gemeinsame Verwertung überschreitet. Ein Entzug der Freistellung kommt vor diesem Hintergrund kaum in Betracht.[3]

Weiter wurde in Art. 10 Abs. 2 lit. c auch der früher in Erwägungsgrund 21 geregelte Entzugs- 3 grund aufgenommen, dass die Parteien die Ergebnisse der gemeinsamen FuE-Arbeiten ohne objektiv gerechtfertigten Grund **nicht verwerten,** dh die Vertragsprodukte weder vertreiben noch die Ergebnisse der Kooperation an Dritte durch die Erteilung von Lizenzen oder die Weitergabe von Know-how zugänglich machen (Art. 1 Abs. 1 Nr. 7). Dies verwundert schon vor dem Hintergrund, dass die Kommission „reine" FuE-Vereinbarungen kaum je als wettbewerbsbeschränkend ansieht,[4] sondern eher die Fälle, in denen eine gemeinsame Verwertung hinzukommt.[5] Einen Verwertungszwang, gerade in Fällen, in denen eine „reine" FuE-Vereinbarung mit nachfolgend selbstständiger (also nicht gemeinsamer) Verwertung vorgesehen ist, ergibt sich aus der FuE-GVO nicht und ist auch wettbewerbsrechtlich nicht geboten. Es ist auch zweifelhaft, ob dieses Szenario der unterbliebenen Verwertung im Hinblick auf den erheblichen Investitionsbedarf im Zusammenhang mit FuE überhaupt realistischerweise eintreten kann.[6] Jedenfalls muss die Prüfung, ob ein sachlich gerechtfertigter Grund für die unterbliebene Verwertung vorliegt, unter Berücksichtigung der besonderen Umstände des jeweiligen Einzelfalles erfolgen. Man wird den Parteien zB nicht vorwerfen können, wenn sie nicht sämtliche Ergebnisse ihrer Kooperation, sondern nur diejenigen verwerten, die ihnen für eine Verwertung geeignet erscheinen,[7] oder wenn die FuE-Ergebnisse nicht den Anforderungen der Parteien gerecht werden und daher eine Entscheidung gegen die Verwertung getroffen wird. Im Übrigen wird eine „reine" FuE-Kooperation fast immer bereits beendet sein, wenn die Kommission feststellt, dass die Parteien die Ergebnisse nicht (selbstständig) verwerten. Nachträglich kann sie jedoch die Freistellung nicht mehr entziehen.[8] Eine Verwertungskooperation, bei der die Parteien sich einig sind, die Ergebnisse nicht zu verwerten, dürfte selten sein. Soweit sie aber andere Produkte als die Vertragsergebnisse verwerten, so gilt die Freistellung nach der FuE-GVO ohnehin nicht. Eine Entziehung ist dann ebenfalls nicht möglich.

Ein selektiver Entzug der Freistellung greift gem. Art. 9 Abs. 1 lit. b mit ex nunc Wirkung 4 bereits dann, wenn die Parteien einander Lizenzierungsbeschränkungen gegenüber Dritten auferlegt haben und die Ergebnisse auch sonst nicht verwerten. Die Kommission braucht hier nicht mehr tätig zu werden. Vor diesem Hintergrund erscheint dieser Entzugsgrund wenig durchdacht zu sein.

Der Entzug der Freistellung ist weiter möglich, wenn die Vertragsprodukte im Binnenmarkt 5 oder in einem wesentlichen Teil desselben **keinem wirksamen Wettbewerb** ausgesetzt sind, lit. d.[9] Unklar ist, zu welchem Zeitpunkt die Gruppenfreistellung entzogen werden kann. Grds. kann die Kommission die Gruppenfreistellung jederzeit, dh auch während der Dauer der FuE-Arbeiten und der Verwertungsphase entziehen. Andererseits soll die Freistellung nach Beginn der gemeinsamen Verwertung grds. gerade ungeachtet der Höhe der Marktanteile gelten, damit sich diese stabilisieren können (Erwgr. 18). Nach Auffassung der Kommission ist diese zusätzliche Freistellungsphase dadurch begründet, dass Unternehmen, die neue Produkte oder Technologien in den Markt einführen, zu Anfang häufig sehr hohe Marktanteile erzielen. Diese starke Marktstellung könne daher regelmäßig nicht als Ursache für eine Ausschaltung des Wettbewerbs angesehen werden.[10] Vor diesem

---

[1] Mestmäcker/Schweitzer EuWettbR § 32 Rn. 60; Leitlinienen „horizonale Zusammenarbeit" Rn. 178.
[2] Erwgr. 22, Art. 10, 11.
[3] Vgl. LMRKM/Schütze Art. 4 Rn. 53; Wiedemann KartellR-HdB/Seeliger § 11 Rn. 243.
[4] Leitlinien „horizonale Zusammenarbeit" Rn. 139 f., 144.
[5] Leitlinien „horizonale Zusammenarbeit" Rn. 149.
[6] Immenga/Mestmäcker/Fuchs, Einf. Rn. 35.
[7] Thimm, Verwertung wissenschaftlicher Forschungsergebnisse, 95, 102 f, 54 f.
[8] Vgl. Leitlinien „horizonale Zusammenarbeit" Rn. 125.
[9] Erwgr. 22, Art. 10, 11.
[10] Leitlinien „horizonale Zusammenarbeit" Rn. 90, 99.

Hintergrund wird die Kommission nur unter ganz besonderen Umständen ausnahmsweise davon ausgehen können, dass eine FuE-Vereinbarung den wirksamen Wettbewerb insgesamt ausschaltet.[11] Hohe Marktanteile werden insoweit aus Gründen der Rechtssicherheit nicht ausreichen. Sind die Anwendungsvoraussetzungen der FuE-GVO einmal erfüllt, so bleiben die Marktanteile der beteiligten Unternehmen für die gesamte Dauer der Freistellung außer Betracht.

6 Die Kommission kann die Freistellung entweder aufgrund eigener Initiative oder auf Antrag eines Mitgliedstaates bzw. im EWR auf Antrag eines anderen Überwachungsorgans[12] mit Wirkung für die Zukunft[13] entziehen. Es gilt das Opportunitätsprinzip, dh die Kommission ist nicht zum Einschreiten verpflichtet.[14] Dritte können ebenfalls die Entziehung der Freistellung bei der Kommission beantragen, müssen aber dazu ein berechtigtes Interesse darlegen, wobei insoweit auf die Kommentierung zu Art. 7 Abs. 2 VO 1/2003 verwiesen werden kann. Als mögliche Beschwerdeführer kommen insoweit vor allem Konkurrenten der beteiligten Unternehmen in Betracht. Lehnt die Kommission die Einleitung eines **Entziehungsverfahrens** ab oder betreibt sie es nach der Einleitung nicht weiter, so kann diese Entscheidung ebenso wie die Entziehungsentscheidung selbst angefochten werden.[15]

7 In Abs. 2 lit. e ist der Entzug der Freistellung für den Fall vorgesehen, dass der Innovationswettbewerb in einem bestimmten Bereich durch das Bestehen der FuE-Vereinbarung erheblich beschränkt würde. Der Kommissionsentwurf zur FuE-GVO enthielt detaillierte Regelungen zum Innovationswettbewerb im unmittelbar, d.h. ohne behördliche Entscheidung, anwendbaren Verordnungstext. Der Entwurf sah sich diesbezüglich erheblicher Kritik ausgesetzt, da die Einhaltung solcher Regelungen einen kartellrechtlich bedenklichen Informationsaustausch über laufende Forschungsprojekte zwischen betroffenen Unternehmen erfordert hätte. Die nun vorliegende Fassung der FuE-GVO erkennt an, dass Vereinbarungen zwischen Unternehmen, die nicht als Anbieter von Produkten, Technologien oder Verfahren, die aufgrund der FuE-Ergebnisse verbessert, ausgetauscht oder ersetzt werden können, miteinander im Wettbewerb stehen und die die übrigen Freistellungsvoraussetzungen erfüllen, nur in Ausnahmefällen einen wirksamen Innovationswettbewerb ausschalten (Erwgr. 21). Entsprechend dieses Ausnahmecharakters und mutmaßlich in Reaktion auf die kartellrechtlichen Bedenken gegenüber der Entwurfsfassung wurde sich letztlich für die Möglichkeit des Freistellungsentzugs durch die Kommission entschieden. Ob hierdurch jedoch ausreichende Rechtssicherheit hergestellt wurde, wird die Praxis erst zeigen.

Art. 11 Entzug des Rechtsvorteils in Einzelfällen durch die Wettbewerbsbehörde eines Mitgliedstaats

Die Wettbewerbsbehörde eines Mitgliedstaats kann den Rechtsvorteil der durch diese Verordnung gewährten Freistellung entziehen, wenn die Voraussetzungen des Artikels 29 Absatz 2 der Verordnung (EG) Nr. 1/2003 erfüllt sind.

1 Gemäß Art. 29 Abs. 2 VO (EG) 1/2003 dürfen auch die Kartellbehörden der Mitgliedstaaten den Vorteil der Gruppenfreistellung für ihr Gebiet entziehen, wenn sich die Vereinbarung auf einem gesonderten räumlichen Markt innerhalb des Mitgliedstaates auswirkt. Natürliche oder juristische Personen, die ein berechtigtes Interesse geltend machen, können bei der Kommission den Entzug der Freistellung beantragen. Angesichts der durch die FuE-GVO vorgesehenen Marktanteilsschwellen und der sonstigen Anwendungsvoraussetzungen für eine Freistellung sind Fälle, in denen der Entzug der Freistellung für FuE-Vereinbarungen in Betracht kommen könnte, eher theoretischer Natur. Dementsprechend hat die Kommission ihre Rechte bisher soweit ersichtlich noch nicht ausgeübt.[1]

Art. 12 Übergangszeitraum

Das Verbot des Artikels 101 Absatz 1 AEUV gilt in der Zeit vom 1. Juli 2023 bis zum 30. Juni 2025 nicht für bereits am 30. Juni 2023 in Kraft befindliche Vereinbarungen, die

---

[11] Hierzu Erwgr. 20; kritischer Immenga/Mestmäcker/Fuchs FuE-GVO Einführung Rn. 36; streng ist die Kommission bei Innovationswettbewerb: Mestmäcker/Schweitzer EuWettbR § 14 Rn. 77 Fn. 170.
[12] Beschluss Nr. 3/2011 des Gemeinsamen EWR-Ausschusses vom 11.2.2011 zur Änderung des Anhang XIV (Wettbewerb) des EWR-Abkommens, ABl. 2011 L 93, 32.
[13] VO Nr. 2821/71, letzte Rn.
[14] GK/Schödermeier/Wagner VO Nr. 418/85 Art. 10 Rn. 16; EuGH Slg. 1979, 3173 Rn. 18 – GEMA; Wiedemann KartellR-HdB/Seeliger § 11 Rn. 243; Leitlinien „horizontale Zusammenarbeit" Rn. 179.
[15] GK/Schödermeier/Wagner VO Nr. 418/85 Art. 10 Rn. 18; parallel dazu Bartosch, EU-Beihilfenrecht, AGVO Art. 10 Rn. 2 iVm Art. 9 Rn. 5 ff.
[1] Vgl. zur alten FuE-GVO Kom. ABl. 1993 L 183, 19 – Langnese/Iglo.

zwar nicht die Freistellungsvoraussetzungen dieser Verordnung, aber die Freistellungsvoraussetzungen der Verordnung (EU) Nr. 1217/2010 erfüllen.

Art. 12 stellt Altverträge, die zwar die Freistellungsvoraussetzungen der alten FuE-GVO **1** Nr. 1217/2010, nicht aber die der neuen erfüllen, für eine Übergangszeit vom Kartellverbot frei. Seit dem 1.7.2023 gilt die FuE-GVO unterschiedslos für alle FuE-Vereinbarungen. Sollte eine nach der Vorgängerverordnung zulässige Kooperation nach der neuen FuE-GVO nicht mehr freigestellt sein, etwa weil die Marktanteile der Parteien auf den relevanten Technologiemärkten zum Zeitpunkt über der 25 %-Schwelle lagen, könnte das uU bedeuten, dass die Siebenjahresfristen für die Verwertung der Ergebnisse unterbrochen werden und das obwohl sich an den Fristen selbst durch die neue Verordnung nichts geändert hat.

Art. 13 Inkrafttreten und Anwendung
Diese Verordnung tritt am 1. Juli 2023 in Kraft.
Sie gilt bis zum 30. Juni 2035.

Die am 1.7.2023 in Kraft getretene FuE-GVO gilt bis zum 30.6.2035. Die Notwendigkeit **1** einer zeitlichen Begrenzung ergibt sich aus Art. 2 Abs. 1 der Ermächtigungsverordnung Nr. 2821/71. Die Laufzeitbestimmung soll laut Erwägungsgrund 23 dem Umstand Rechnung tragen, dass FuE-Vereinbarungen regelmäßig über eine lange Laufzeit abgeschlossen werden und so eine ausreichende Rechtssicherheit gewährleisten. Diese Erwägung tritt jedoch allenfalls auf solche FuE-Vereinbarungen zu, die zum Zeitpunkt des Inkrafttretens der FuE-GVO abgeschlossen wurden. Bei später abgeschlossenen Vereinbarungen besteht dagegen die Gefahr, dass die Verordnung außer Kraft tritt, während die Kooperation noch läuft. Die Parteien müssen also damit rechnen, dass eine unter dieser FuE-GVO zulässige Vereinbarung nach 2035 uU allenfalls noch für eine kurze Übergangszeit freistellungsfähig ist. Besonders misslich ist dies im Hinblick auf die siebenjährige Verwertungsphase. Insoweit ist es möglich, dass die Geltung der FuE-GVO ausläuft und sich die Rechtslage ändert, bevor die Parteien überhaupt mit der Verwertung begonnen haben. Auch wenn nicht zu erwarten ist, dass die Kommission ihre Beurteilung von FuE-Vereinbarungen künftig grundlegend ändern wird, so wird die Rechtssicherheit der Unternehmen auf diese Weise erheblich geschmälert.

II. Kommentierung der FuE-GVO Nr. 1217/2010 (nicht mehr in Kraft)

Verordnung (EU) Nr. 1217/2010 der Kommission vom 14. Dezember 2010 über die Anwendung von Artikel 101 Absatz 3 des Vertrags über die Arbeitsweise der Europäischen Union auf bestimmte Gruppen von Vereinbarungen über Forschung und Entwicklung

(ABl. Nr. L 335/36; geändert durch VO (EU) 2022/2455, ABl. Nr. L 321/1; mit Ablauf des 30.6.2023 außer Kraft getreten)

[Erwägungsgründe]
(...)
(1) Nach der Verordnung (EWG) Nr. 2821/71 ist die Kommission ermächtigt, Artikel 101 Absatz 3 des Vertrags über die Arbeitsweise der Europäischen Union[1] durch Verordnung auf Gruppen von Vereinbarungen, Beschlüssen und abgestimmten Verhaltensweisen anzuwenden, die unter Artikel 101 Absatz 1 AEUV fallen und die Forschung und Entwicklung von Produkten, Technologien oder Verfahren bis zur Produktionsreife sowie die Verwertung der Ergebnisse einschließlich der Bestimmungen über Rechte des geistigen Eigentums zum Gegenstand haben.
(2) Entsprechend ihrem Auftrag nach Artikel 179 Absatz 2 AEUV unterstützt die Union Unternehmen, einschließlich kleiner und mittlerer Unternehmen, in ihren Bemühungen auf dem Gebiet der Forschung und

---

[1] Mit Wirkung vom 1.12.2009 ist an die Stelle des Artikel 81 EG-Vertrag (früher Art. 85 EWG Vertrag) der Artikel 101 des Vertrags [AEUV] getreten. Diese Vorschriften sind im Wesentlichen identisch. Im Rahmen dieser Verordnung sind Bezugnahmen auf Art. 85 EWG-Vertrag oder Art. 81 EG-Vertrag als Bezugnahme auf Artikel 101 AEUV zu verstehen, wo dies angebracht ist.

technologischen Entwicklung von hoher Qualität und fördert ihre Zusammenarbeitsbestrebungen. Mit dieser Verordnung sollen Forschung und Entwicklung erleichtert, gleichzeitig jedoch der Wettbewerb wirksam geschützt werden.

(3) In der Verordnung (EG) Nr. 2659/2000 der Kommission vom 29. November 2000 über die Anwendung von Artikel 81 Absatz 3 des Vertrags auf Gruppen von Vereinbarungen über Forschung und Entwicklung[2] sind Gruppen von Forschungs- und Entwicklungsvereinbarungen definiert, die nach Auffassung der Kommission in der Regel die Voraussetzungen des Artikels 101 Absatz 3 AEUV erfüllen. Angesichts der insgesamt positiven Erfahrungen mit der Anwendung dieser Verordnung, die am 31. Dezember 2010 außer Kraft tritt, und der seit ihrem Erlass gesammelten Erfahrungen sollte eine neue Gruppenfreistellungsverordnung erlassen werden.

(4) Diese Verordnung sollte sowohl den Wettbewerb wirksam schützen als auch den Unternehmen angemessene Rechtssicherheit bieten. Mit Blick auf diese beiden Ziele sollte ebenfalls angestrebt werden, die behördliche Aufsicht und den rechtlichen Rahmen soweit wie möglich zu vereinfachen. Solange ein gewisser Grad an Marktmacht nicht erreicht ist, kann im Hinblick auf die Anwendung von Artikel 101 Absatz 3 AEUV grundsätzlich davon ausgegangen werden, dass die positiven Auswirkungen von Forschungs- und Entwicklungsvereinbarungen negative Auswirkungen auf den Wettbewerb überwiegen.

(5) Für die Anwendung von Artikel 101 Absatz 3 AEUV durch diese Verordnung ist es nicht erforderlich, die Vereinbarungen zu definieren, die unter Artikel 101 Absatz 1 AEUV fallen können. Bei der Einzelfallprüfung nach Artikel 101 Absatz 1 AEUV sind mehrere Faktoren, insbesondere die Struktur des relevanten Marktes, zu berücksichtigen.

(6) Vereinbarungen über die gemeinsame Durchführung von Forschungsarbeiten oder die gemeinsame Weiterentwicklung der Forschungsergebnisse bis zur Produktionsreife fallen normalerweise nicht unter das Verbot des Artikels 101 Absatz 1 AEUV. Unter bestimmten Umständen, etwa wenn sich die Parteien darauf verständigen, keinen weiteren Forschungs- und Entwicklungstätigkeiten in demselben Feld nachzugehen, und damit auf die Möglichkeit verzichten, gegenüber den übrigen Parteien Wettbewerbsvorteile zu erlangen, können solche Vereinbarungen unter Artikel 101 Absatz 1 AEUV fallen und sollten deshalb in den Anwendungsbereich dieser Verordnung aufgenommen werden.

(7) Der mit dieser Verordnung gewährte Rechtsvorteil der Freistellung sollte nur Vereinbarungen zugutekommen, bei denen mit hinreichender Sicherheit angenommen werden kann, dass sie die Voraussetzungen des Artikels 101 Absatz 3 AEUV erfüllen.

(8) Eine Zusammenarbeit in Forschung und Entwicklung sowie bei der Verwertung der Ergebnisse trägt am ehesten zur Förderung des technischen und wirtschaftlichen Fortschritts bei, wenn die Parteien Fähigkeiten, Vermögenswerte oder Tätigkeiten in die Zusammenarbeit einbringen, die einander ergänzen. Dies gilt auch für den Fall, dass eine Partei die Forschung und Entwicklung einer anderen Partei lediglich finanziert.

(9) Die gemeinsame Verwertung der Ergebnisse kann als logische Folge gemeinsamer Forschung und Entwicklung angesehen werden. Sie kann in der Herstellung von Produkten, in der Verwertung von Rechten des geistigen Eigentums, die wesentlich zum technischen oder wirtschaftlichen Fortschritt beitragen, oder in der Vermarktung neuer Produkte bestehen.

(10) Die aus einer verstärkten und wirksameren Forschungs- und Entwicklungstätigkeit erwachsenden Vorteile kommen den Verbrauchern in Form neuer oder verbesserter Waren oder Dienstleistungen, in Form einer schnelleren Markteinführung dieser Waren oder Dienstleistungen oder in Form niedrigerer Preise infolge des Einsatzes neuer oder verbesserter Technologien oder Verfahren zugute.

(11) Um eine Freistellung zu rechtfertigen, sollte sich die gemeinsame Verwertung nur auf Produkte, Technologien oder Verfahren beziehen, für die die Nutzung der Forschungs- und Entwicklungsergebnisse von entscheidender Bedeutung ist. Ferner sollte in der Forschungs- und Entwicklungsvereinbarung festgelegt sein, dass alle Parteien für die Zwecke weiterer Forschung und Entwicklung und Verwertung uneingeschränkten Zugang zu den Endergebnissen der gemeinsamen Forschung und Entwicklung, einschließlich daraus erwachsender Rechte des geistigen Eigentums und daraus erwachsenden Know-hows, haben, sobald sie vorliegen. Der Zugang zu den Ergebnissen sollte grundsätzlich nicht beschränkt werden, wenn es um die Nutzung der Ergebnisse für die Zwecke weiterer Forschung und Entwicklung geht. Wenn die Parteien jedoch ihre Verwertungsrechte im Einklang mit dieser Verordnung beschränken, insbesondere wenn sie sich im Rahmen der Verwertung spezialisieren, kann auch der Zugang zu den Ergebnissen für die Zwecke der Verwertung entsprechend beschränkt werden. Ferner können an Forschung und Entwicklung beteiligte Hochschulen, Forschungsinstitute und Unternehmen, die Forschungs- und Entwicklungsleistungen in Form gewerblicher Dienste erbringen und sich üblicherweise nicht mit der Verwertung von Ergebnissen befassen, vereinbaren, die Forschungs- und Entwicklungsergebnisse ausschließlich für die Zwecke weiterer Forschung zu nutzen. Je nach ihrer Leistungsfähigkeit und ihren wirtschaftlichen Interessen können die Parteien ungleiche Beiträge zu ihrer Forschungs- und Entwicklungszusammenarbeit leisten. Um den unterschiedlichen Wert oder die unterschiedliche Art der Beiträge der Parteien zu berücksichtigen und auszugleichen, kann eine unter diese Verordnung fallende Forschungs- und Entwicklungsvereinbarung deshalb vorsehen, dass eine Partei einer anderen Partei für den Zugang zu den Ergebnissen für die Zwecke

---

[2] ABl. 2000 L 304, 7.

weiterer Forschung oder Verwertung eine Vergütung zahlt. Die Vergütung sollte jedoch nicht so hoch sein, dass sie diesen Zugang praktisch verhindern würde.

(12) Ist in der Forschungs- und Entwicklungsvereinbarung keine gemeinsame Verwertung der Ergebnisse vorgesehen, dann sollten die Parteien einander mit dieser Vereinbarung Zugang zu ihrem vorhandenen Knowhow gewähren, sofern dieses Know-how für die Verwertung der Ergebnisse durch die anderen Parteien unerlässlich ist. Hierfür in Rechnung gestellte Lizenzgebühren sollten nicht so hoch sein, dass sie den Zugang der anderen Parteien zu dem Know-how praktisch verhindern würden.

(13) Die durch diese Verordnung gewährte Freistellung sollte auf Forschungs- und Entwicklungsvereinbarungen beschränkt werden, bei denen nicht die Gefahr besteht, dass die Unternehmen für einen wesentlichen Teil der betreffenden Waren, Dienstleistungen oder Technologien den Wettbewerb ausschalten. Von der Gruppenfreistellung auszuschließen sind Vereinbarungen zwischen Wettbewerbern, deren gemeinsamer Anteil am Markt für die Waren, Dienstleistungen oder Technologien, die aufgrund der Forschungs- und Entwicklungsergebnisse verbessert oder ersetzt werden können, bei Abschluss der Vereinbarung eine bestimmte Schwelle überschreitet. Es kann jedoch nicht generell davon ausgegangen werden, dass Forschungs- und Entwicklungsvereinbarungen unter Artikel 101 Absatz 1 AEUV fallen oder dass sie die Voraussetzungen des Artikel 101 Absatz 3 AEUV nicht erfüllen, wenn die in dieser Verordnung festgelegte Marktanteilsschwelle überschritten ist oder andere Voraussetzungen dieser Verordnung nicht erfüllt sind. In diesem Fall muss die Forschungs- und Entwicklungsvereinbarung einer Einzelfallprüfung nach Artikel 101 AEUV unterzogen werden.

(14) Damit auch bei der gemeinsamen Verwertung der Ergebnisse Wettbewerb gewährleistet bleibt, sollte festgelegt werden, dass die Gruppenfreistellung ihre Geltung verliert, wenn der gemeinsame Anteil der Parteien am Markt für die aus der gemeinsamen Forschung und Entwicklung hervorgegangenen Produkte, Dienstleistungen oder Technologien zu groß wird. Die Freistellung sollte jedoch ungeachtet der Höhe der Marktanteile der Parteien während eines bestimmten Zeitraums nach Beginn der gemeinsamen Verwertung weiter gelten, damit sich – insbesondere nach Einführung eines gänzlich neuen Produkts – die Marktanteile der Parteien stabilisieren können und zugleich ein Mindestzeitraum für die Erwirtschaftung einer Rendite auf das investierte Kapital gewährleistet wird.

(15) Vereinbarungen, die Beschränkungen enthalten, die für die Erzielung der positiven Auswirkungen einer Forschungs- und Entwicklungsvereinbarung nicht unerlässlich sind, sollten mit dieser Verordnung nicht freigestellt werden. Vereinbarungen, die bestimmte Arten schwerwiegender Wettbewerbsbeschränkungen enthalten, sollten ohne Rücksicht auf den Marktanteil der Parteien grundsätzlich von dem mit dieser Verordnung gewährten Rechtsvorteil der Freistellung ausgeschlossen werden; dies gilt unter anderem für die Beschränkung der Freiheit der Parteien, Forschung und Entwicklung in einem Bereich durchzuführen, der mit dem Bereich der betreffenden Vereinbarung nicht zusammenhängt, für die Festsetzung von Preisen für Dritte, für die Beschränkung von Produktion oder Absatz sowie für die Beschränkung des passiven Verkaufs von Vertragsprodukten oder Vertragstechnologien in Gebiete oder an Kunden, die anderen Parteien vorbehalten sind. Nutzungsbeschränkungen stellen in diesem Zusammenhang weder eine Produktions- oder Absatzbeschränkung noch eine Gebiets- oder Kundenbeschränkung dar.

(16) Durch die Begrenzung des Marktanteils, den Ausschluss bestimmter Vereinbarungen von der Freistellung und die in dieser Verordnung vorgesehenen Voraussetzungen ist in der Regel sichergestellt, dass Vereinbarungen, auf die die Gruppenfreistellung Anwendung findet, den Parteien nicht die Möglichkeit eröffnen, für einen wesentlichen Teil der betreffenden Waren und Dienstleistungen den Wettbewerb auszuschalten.

(17) Es kann nicht ausgeschlossen werden, dass eine wettbewerbswidrige Marktverschließung bewirkt werden könnte, wenn eine Partei mehrere, von Wettbewerbern durchgeführte Forschungs- und Entwicklungsprojekte finanziert, die dieselben Vertragsprodukte oder Vertragstechnologien betreffen, insbesondere wenn die Partei das ausschließliche Recht erlangt, die Ergebnisse gegenüber Dritten zu verwerten. Daher sollte der Rechtsvorteil dieser Verordnung für Vereinbarungen über Auftragsforschung und -entwicklung nur gewährt werden, wenn der gemeinsame Marktanteil aller an diesen miteinander zusammenhängenden Vereinbarungen beteiligten Parteien, d.h. der finanzierenden Partei und aller die Forschungs- und Entwicklungsarbeiten ausführenden Parteien, höchstens 25 % beträgt.

(18) Vereinbarungen zwischen Unternehmen, die nicht als Hersteller von Produkten, Technologien oder Verfahren, die aufgrund der Forschungs- und Entwicklungsergebnisse verbessert, substituiert oder ersetzt werden können, miteinander im Wettbewerb stehen, schalten den Wettbewerb in Forschung und Entwicklung nur in Ausnahmefällen aus. Es ist daher zweckmäßig, diesen Vereinbarungen die mit dieser Verordnung gewährte Freistellung unabhängig vom Marktanteil zugutekommen zu lassen und in Ausnahmefällen den Rechtsvorteil der Gruppenfreistellung zu entziehen.

(19) Nach Artikel 29 Absatz 1 der Verordnung (EG) Nr. 1/2003 des Rates vom 16. Dezember 2002 zur Durchführung der in den Artikeln 81 und 82 des Vertrags niedergelegten Wettbewerbsregeln[3] kann die Kommission den Rechtsvorteil dieser Verordnung entziehen, wenn sie in einem bestimmten Fall feststellt, dass eine unter die Freistellung nach dieser Verordnung fallende Vereinbarung Auswirkungen hat, die mit Artikel 101 Absatz 3 AEUV unvereinbar sind.

---

[3] ABl. 2003 L 1, 1.

(20) Nach Artikel 29 Absatz 2 der Verordnung (EG) Nr. 1/2003 kann die Wettbewerbsbehörde eines Mitgliedstaats den Rechtsvorteil dieser Verordnung für das Gebiet oder ein Teilgebiet dieses Mitgliedstaats entziehen, wenn sie in einem bestimmten Fall feststellt, dass eine unter die Freistellung nach dieser Verordnung fallende Vereinbarung im Gebiet oder in einem Teilgebiet dieses Mitgliedstaats, das alle Merkmale eines gesonderten räumlichen Marktes aufweist, Auswirkungen hat, die mit Artikel 101 Absatz 3 AEUV unvereinbar sind.
(21) Der Rechtsvorteil dieser Verordnung könnte zum Beispiel nach Artikel 29 der Verordnung (EG) Nr. 1/2003 entzogen werden, wenn die Forschungs- und Entwicklungsarbeiten Dritter in dem betreffenden Bereich durch das Bestehen einer Forschungs- und Entwicklungsvereinbarung erheblich eingeschränkt werden, weil anderswo Forschungskapazitäten nur in begrenztem Umfang zur Verfügung stehen, oder wenn der Zugang Dritter zum Markt für die Vertragsprodukte oder Vertragstechnologien infolge der besonderen Angebotsstruktur durch das Bestehen der Forschungs- und Entwicklungsvereinbarung erheblich beschränkt wird, oder wenn die Parteien die Ergebnisse der gemeinsamen Forschung und Entwicklung ohne sachlich gerechtfertigten Grund nicht gegenüber Dritten verwerten, oder wenn die Vertragsprodukte oder Vertragstechnologien im Binnenmarkt oder in einem wesentlichen Teil desselben nicht mit Produkten, Technologien oder Verfahren im Wettbewerb stehen, die aufgrund ihrer Eigenschaften, ihres Preises und ihres Verwendungszwecks von den Nutzern als gleichartig angesehen werden, oder wenn durch das Bestehen der Forschungs- und Entwicklungsvereinbarung auf einem bestimmten Markt der Wettbewerbs im Bereich der Innovation beschränkt oder der Wettbewerb in Forschung und Entwicklung ausgeschaltet würde.
(22) Da Forschungs- und Entwicklungsvereinbarungen und insbesondere solche, bei denen sich die Zusammenarbeit auch auf die Verwertung der Ergebnisse erstreckt, häufig für einen langen Zeitraum geschlossen werden, sollte die Geltungsdauer dieser Verordnung auf 12 Jahre festgesetzt werden.

Art. 1 *Begriffsbestimmungen*

(1) Für die Zwecke dieser Verordnung bezeichnet der Ausdruck
a) *„Forschungs- und Entwicklungsvereinbarung" eine Vereinbarung zwischen zwei oder mehr Parteien, die die Bedingungen für die Verfolgung der nachstehenden Ziele durch diese Parteien betreffen:*
   i) *gemeinsame Forschung und Entwicklung von Vertragsprodukten oder Vertragstechnologien und gemeinsame Verwertung der erzielten Ergebnisse,*
   ii) *gemeinsame Verwertung der Ergebnisse der gemeinsamen Forschung und Entwicklung von Vertragsprodukten oder Vertragstechnologien, die nach einer zuvor geschlossenen Vereinbarung zwischen denselben Parteien durchgeführt worden ist,*
   iii) *gemeinsame Forschung und Entwicklung von Vertragsprodukten oder Vertragstechnologien ohne gemeinsame Verwertung der Ergebnisse,*
   iv) *Auftragsforschung und -entwicklung von Vertragsprodukten oder Vertragstechnologien und gemeinsame Verwertung der erzielten Ergebnisse,*
   v) *gemeinsame Verwertung der Ergebnisse der Auftragsforschung und -entwicklung von Vertragsprodukten oder Vertragstechnologien, die nach einer zuvor geschlossenen Vereinbarung zwischen denselben Parteien durchgeführt worden ist, oder*
   vi) *Auftragsforschung und -entwicklung von Vertragsprodukten oder Vertragstechnologien ohne gemeinsame Verwertung der Ergebnisse;*
b) *„Vereinbarung" eine Vereinbarung, einen Beschluss einer Unternehmensvereinigung oder eine abgestimmte Verhaltensweise;*
c) *„Forschung und Entwicklung" den Erwerb von Know-how über Produkte, Technologien oder Verfahren und die Durchführung von theoretischen Analysen, systematischen Studien oder Versuchen, einschließlich der versuchsweisen Herstellung und der technischen Prüfung von Produkten oder Verfahren, die Errichtung der dafür erforderlichen Anlagen und die Erlangung von Rechten des geistigen Eigentums an den Ergebnissen;*
d) *„Produkt" eine Ware oder eine Dienstleistung in Form einer Zwischen- oder Endware oder einer Zwischen- oder Enddienstleistung;*
e) *„Vertragstechnologie" eine Technologie oder ein Verfahren, die bzw. das aus den gemeinsamen Forschungs- und Entwicklungsarbeiten hervorgeht;*
f) *„Vertragsprodukt" ein Produkt, das aus den gemeinsamen Forschungs- und Entwicklungsarbeiten hervorgeht oder unter Anwendung der Vertragstechnologien hergestellt bzw. bereitgestellt wird;*
g) *„Verwertung der Ergebnisse" die Herstellung oder den Vertrieb der Vertragsprodukte, die Anwendung der Vertragstechnologien, die Abtretung von Rechten des geistigen Eigentums oder die Erteilung diesbezüglicher Lizenzen oder die Weitergabe von Know-how, das für die Herstellung oder Anwendung erforderlich ist;*
h) *„Rechte des geistigen Eigentums" unter anderem gewerbliche Schutzrechte, Urheberrechte und verwandte Schutzrechte;*

Begriffsbestimmungen   Art. 1 FuE-GVO 2010

i) „Know-how" eine Gesamtheit nicht patentgeschützter praktischer Kenntnisse, die durch Erfahrung und Erprobung gewonnen wurden und die geheim, wesentlich und identifiziert sind;
j) „geheim" im Zusammenhang mit Know-how, dass das Know-how nicht allgemein bekannt und nicht leicht zugänglich ist;
k) „wesentlich" im Zusammenhang mit Know-how, dass das Know-how bei der Herstellung der Vertragsprodukte oder der Anwendung der Vertragstechnologien bedeutsam und nützlich ist;
l) „identifiziert" im Zusammenhang mit Know-how, dass das Know-how so umfassend beschrieben ist, dass überprüft werden kann, ob es die Merkmale „geheim" und „wesentlich" erfüllt;
m) „gemeinsam" im Zusammenhang mit Tätigkeiten, die unter einer Forschungs- und Entwicklungsvereinbarung ausgeübt werden, die Ausübung der betreffenden Tätigkeiten
   i) in einem gemeinsamen Team, einer gemeinsamen Organisation oder einem gemeinsamen Unternehmen,
   ii) durch einen gemeinsam bestimmten Dritten oder
   iii) durch die Parteien im Wege der Spezialisierung im Rahmen der Forschung und Entwicklung oder der Verwertung;
n) „Spezialisierung im Rahmen der Forschung und Entwicklung" die Beteiligung aller Parteien an der unter die Forschungs- und Entwicklungsvereinbarung fallenden Forschung und Entwicklung und die Aufteilung der Forschungs- und Entwicklungsarbeiten untereinander, wie es ihres Erachtens am zweckmäßigsten ist; dies umfasst nicht Auftragsforschung und -entwicklung;
o) „Spezialisierung im Rahmen der Verwertung" die Verteilung einzelner Aufgaben wie Produktion oder Vertrieb unter den Parteien oder die Auferlegung von Beschränkungen hinsichtlich der Verwertung der Ergebnisse unter den Parteien wie in Bezug auf bestimmte Gebiete, Kunden oder Anwendungsbereiche; dies umfasst den Fall, dass nur eine Partei die Vertragsprodukte auf der Grundlage einer von den anderen Parteien erteilten ausschließlichen Lizenz herstellt und vertreibt;
p) „Auftragsforschung und -entwicklung" die Ausführung von Forschungs- und Entwicklungsarbeiten durch eine Partei und deren Finanzierung durch eine finanzierende Partei;
q) „finanzierende Partei" eine Partei, die Auftragsforschung und -entwicklung finanziert und selbst keine der Forschungs- und Entwicklungstätigkeiten ausübt;
r) „Wettbewerber" einen tatsächlichen oder potenziellen Wettbewerber;
s) „tatsächlicher Wettbewerber" ein Unternehmen, das Produkte, Technologien oder Verfahren anbietet, die auf dem räumlich relevanten Markt durch das Vertragsprodukt oder die Vertragstechnologie verbessert, substituiert oder ersetzt werden können;
t) „potenzieller Wettbewerber" ein Unternehmen, bei dem realistisch und nicht nur hypothetisch davon ausgegangen werden kann, dass es ohne die Forschungs- und Entwicklungsvereinbarung als Reaktion auf einen geringen, aber anhaltenden Anstieg der relativen Preise wahrscheinlich innerhalb von höchstens drei Jahren die zusätzlichen Investitionen tätigen oder sonstigen Umstellungskosten auf sich nehmen würde, die erforderlich wären, um Produkte, Technologien oder Verfahren anbieten zu können, die auf dem räumlich relevanten Markt durch das Vertragsprodukt oder die Vertragstechnologie verbessert, ausgetauscht oder ersetzt werden können;
u) „relevanter Produktmarkt" den relevanten Markt für die Produkte, die durch die Vertragsprodukte verbessert, ausgetauscht oder ersetzt werden können;
v) „relevanter Technologiemarkt" den relevanten Markt für die Technologien oder Verfahren, die durch die Vertragstechnologien verbessert, ausgetauscht oder ersetzt werden können.

(2) Für die Zwecke dieser Verordnung umfassen die Ausdrücke „Unternehmen" und „Parteien" die jeweils mit diesen verbundenen Unternehmen.
Der Ausdruck „verbundene Unternehmen" bezeichnet
a) Unternehmen, in denen eine Partei der Forschungs- und Entwicklungsvereinbarung unmittelbar oder mittelbar
   i) die Befugnis hat, mehr als die Hälfte der Stimmrechte auszuüben,
   ii) die Befugnis hat, mehr als die Hälfte der Mitglieder des Aufsichts- oder Leitungsorgans oder der zur gesetzlichen Vertretung berufenen Organe zu bestellen, oder
   iii) das Recht hat, die Geschäfte des Unternehmens zu führen;
b) Unternehmen, die in einem an der Forschungs- und Entwicklungsvereinbarung beteiligten Unternehmen unmittelbar oder mittelbar die unter Buchstabe a aufgeführten Rechte oder Befugnisse haben;
c) Unternehmen, in denen ein unter Buchstabe b genanntes Unternehmen unmittelbar oder mittelbar die unter Buchstabe a aufgeführten Rechte oder Befugnisse hat;
d) Unternehmen, in denen ein an der Forschungs- und Entwicklungsvereinbarung beteiligtes Unternehmen zusammen mit einem oder mehreren der unter den Buchstaben a, b und c genannten

Unternehmen oder in denen zwei oder mehr der zuletzt genannten Unternehmen zusammen die unter Buchstabe a aufgeführten Rechte oder Befugnisse haben;
e) Unternehmen, in denen die folgenden Parteien zusammen die unter Buchstabe a aufgeführten Rechte oder Befugnisse haben:
  i) an der Forschungs- und Entwicklungsvereinbarung beteiligte Parteien oder jeweils mit diesen verbundene Unternehmen im Sinne der Buchstaben a bis d oder
  ii) eine oder mehrere der an der Forschungs- und Entwicklungsvereinbarung beteiligten Parteien oder eines oder mehrere der mit ihnen verbundenen Unternehmen im Sinne der Buchstaben a bis d und eine oder mehrere dritte Parteien.

Übersicht

	Rn.			Rn.
I. Überblick	1	7.	Rechte des geistigen Eigentums (Art. 1 Abs. 1 lit. h)	14
II. Die einzelnen Legaldefinitionen	2	8.	Know-how (Art. 1 Abs. 1 lit. i) – geheim, wesentlich und identifiziert (lit. j–l)	15
1. Forschungs- und Entwicklungsvereinbarung (Art. 1 Abs. 1 lit. a)	2	9.	Gemeinsam (Art. 1 Abs. 1 lit. m)	20
2. Vereinbarung (Art. 1 Abs. 1 lit. b)	4	10.	Spezialisierung (Art. 1 Abs. 1 lit. n und lit. o)	26
3. Forschung und Entwicklung (Art. 1 Abs. 1 lit. c)	5	11.	Auftragsforschung (Art. 1 Abs. 1 lit. p und lit. q)	29
4. Produkt (Art. 1 Abs. 1 lit. d)	8	12.	Wettbewerber (Art. 1 Abs. 1 lit. r, s und t)	32
5. Vertragstechnologie und Vertragsprodukt (Art. 1 Abs. 1 lit. e und lit. f)	9	13.	Relevanter Produktmarkt/relevanter Technologiemarkt (Art. 1 Abs. 1 lit. u und lit. v)	33
6. Verwertung der Ergebnisse (Art. 1 Abs. 1 lit. g)	10	14.	Verbundene Unternehmen (Art. 1 Abs. 2)	35

I. Überblick

1 Art. 1 definiert eine Reihe der in der Verordnung enthaltenen Begriffe. Ein großer Teil dieser Legaldefinitionen deckt sich mit denen anderer Gruppenfreistellungsverordnungen.

II. Die einzelnen Legaldefinitionen

2 **1. Forschungs- und Entwicklungsvereinbarung (Art. 1 Abs. 1 lit. a).** Die Definition von „Forschungs- und Entwicklungsvereinbarung" ist eine ergebnisorientierte. Es geht um Vereinbarungen, die die Schaffung von Vertragsprodukten oder Vertragstechnologien und die Verwertung derselben zum Ziel haben. Im Übrigen ist es möglich, die FuE-Phase sowie die Verwertungs-Phase in zwei separaten Verträgen zu regeln. Beides muss auch nicht zeitgleich geschehen: Die FuE Parteien können auch erst später entscheiden, dass sie die Ergebnisse gemeinsam verwerten möchten.[1] Auch diese isolierte Verwertungsvereinbarung ist von der Definition erfasst (ii und v), wobei sich hier leichter Abgrenzungsfragen zu Lizenzverträgen, die nach der TT-GVO zu beurteilen sind, stellen können.[2] Umstritten ist, ob nur eine solche Verwertungsvereinbarung freigestellt werden kann, bei der auch die vormalige FuE nach Art. 101 Abs. 1 AEUV zulässig war.[3] Hierfür spricht, dass es sachgerecht erscheint, nur das Ergebnis einer zulässigen FuE unter den Schutz der FuE-GVO zu stellen.[4] Eine Verwertungsvereinbarung ist auch dann noch erfasst, wenn eines der beteiligten Unternehmen nach Abschluss der ursprünglichen FuE Phase aus der Kooperation ausgeschieden ist.[5] Umgekehrt ist es von der Freistellung nicht mehr erfasst, wenn Dritt-Unternehmen nach abgeschlossener FuE alleine für die Verwertung hinzutreten.[6]

3 Ausdrücklich erfasst sind ferner Fälle gemeinsamer FuE ohne gemeinsame Verwertung der Ergebnisse (iii) sowie die Auftragsforschung mit und ohne gemeinsame Verwertung.

---

[1] Wiedemann KartellR-HdB/Schroeder § 9 Rn. 134.
[2] Hierzu bereits → FuE-GVO Einl. Rn. 12.
[3] So wohl die Kommission in der neuen Entwurfsfassung der Leitlinien „horizontale Zusammenarbeit" Rn. 101.
[4] Smielick, Hasselblatt, Münchener Anwaltshandbuch Gewerblicher Rechtsschutz, 6. Aufl. 2022, § 46 Rn. 116.
[5] LMRKM/Schütze Art. 2 Rn. 31.
[6] LMRKM/Schütze Art. 2 Rn. 32; s. hierzu auch unten → Art. 2 Rn. 8.

2. Vereinbarung (Art. 1 Abs. 1 lit. b). Art. 1 Abs. 1 lit. b entspricht in seinem Wortlaut 4
Art. 101 Abs. 1 AEUV, so dass insoweit auf die Erläuterungen zu dieser Vorschrift verwiesen werden
kann. Insbesondere ist es unerheblich, ob eine Beschränkung bezweckt oder bewirkt wird. Auch
eine dem Wortlaut nach freistellungsfähige Vereinbarung kann mit den Freistellungsvoraussetzungen
unvereinbar sein, wenn sie in entsprechender Weise praktiziert wird.[7]

3. Forschung und Entwicklung (Art. 1 Abs. 1 lit. c). Die weit auszulegende[8] Legaldefini- 5
tion in Art. 1 Abs. 1 lit. c erfasst alle „reinen" FuE-Arbeiten bis hin zur Produktionsreife (Erwgr. 6),
ab der dann eine „Verwertung der Ergebnisse" iSv Art. 1 Abs. 1 lit. g vorliegt. Neben den offenkundig
zur FuE gehörenden Tätigkeiten wie dem Erwerb von Know-how und der Durchführung
theoretischer Analysen, systematischer Studien oder von Versuchen zählen zu den FuE-Arbeiten
auch die versuchsweise Herstellung (zB die Herstellung von Prototypen) und die technische Prüfung
von Produkten und Verfahren[9] (zB klinische Tests), aber auch Meinungs- und Marktforschungstätigkeiten,
sofern eigene Methoden und Standards auf wissenschaftlicher Grundlage entwickelt und
nicht bloß „mechanisch" umgesetzt werden. Forschung im engeren, rein wissenschaftlichen Sinne
muss somit nicht vorliegen, es genügen auch reine Entwicklungskooperationen, solange diese einen
gewissen innovativen Gehalt haben.[10] Selbst Testversuche zur Erstellung von Dossiers zur Beantragung
der Marktzulassung, beispielsweise für Arzneimitteln, können danach als FuE gelten,[11] obgleich
dies eher die Ausnahme darstellen dürfte. Ebenso genügt, wenn sich der Beitrag einer Partei darauf
beschränkt, das von der anderen Partei entwickelte Ergebnis (beispielsweise Prototypen) zu testen
und diesbezügliche Verbesserungsvorschläge zu liefern,[12] zumindest sofern diese einen innovativen
Gehalt aufweisen. Entscheidend ist, dass sich FuE auf Produkte, Technologien oder Verfahren richten
müssen, eine reine (Grundlagen)Forschung, ohne jeglichen diesbezüglichen Bezug ist damit nicht
erfasst[13] und würde in der Regel auch von vornherein nicht unter Art 101 Abs. 1 AEUV fallen.

Die Unterscheidung zwischen der eigentlichen FuE und der sich daran anschließenden Verwer- 6
tungsphase dürfte von geringer praktischer Bedeutung sein: Die siebenjährige Mindest-Freistellungsdauer
beginnt erst mit dem Tag des ersten Inverkehrbringens der Produkte und nicht bereits mit
deren Herstellung zu laufen, Art. 4 Abs. 1 und 3, und die Marktanteilsschwelle von 25 % bei zwischen
konkurrierenden Unternehmen geschlossenen Vereinbarungen greift bereits zum Zeitpunkt
des Vertragsschlusses ein, Art. 4 Abs. 2. Um den Beginn der 7-Jahresfrist möglichst präzise bestimmen
zu können, sollte das erste Inverkehrbringen vertraglich geregelt werden.

Setzen die FuE Parteien in ihrer Kooperation Künstliche Intelligenz (KI) ein und werden 7
hierdurch Neuentwicklungen erzielt, dürfte dies grundsätzlich ebenfalls als FuE im Sinne der FuE-
GVO angesehen werden. Hierfür spricht, dass ein durch KI erzieltes Ergebnis aus wettbewerbsrechtlicher
Sicht genauso erstrebenswert ist wie ein durch menschliches Zusammenwirken entstandenes
Ergebnis. Wurde die KI von einem Dritten erworben, wird dieser dadurch aber nicht Partei der
FuE.

4. Produkt (Art. 1 Abs. 1 lit. d). Nach der Legaldefinition unterfallen diesem Begriff nicht 8
nur Waren, sondern auch Dienstleistungen sowohl in Form eines Zwischen- als auch Endprodukts.
Die Definition ist demnach sehr weit gefasst, was vor dem Hintergrund eines umfassenden Wettbewerbsschutzes
konsequent ist. Erstaunlicherweise werden die Begriffe „Technologie" und „Verfahren"
in der FuE-GVO nicht gesondert definiert.[14]

5. Vertragstechnologie und Vertragsprodukt (Art. 1 Abs. 1 lit. e und lit. f). Wie schon 9
die Vorgängerverordnungen Nr. 418/85 und Nr. 2659/2000 unterscheidet auch die FuE-GVO zwischen
„Vertragstechnologien" (vormals als „Vertragsverfahren" bezeichnet) und „Vertragsprodukten".
Diese dem Patentrecht entlehnte (§ 9 PatG) Unterscheidung bedarf keiner näheren Erläuterung,
da die Freistellung für Vertragsverfahren und Vertragsprodukte gleichermaßen gilt.[15] Der Begriff des
„Vertragsproduktes" gilt in gleicher Weise für Dienstleistungen und Waren (vgl. Art. 1 Abs. 1 lit. d).

---

[7] von der Groeben/Schwarze/Hatje/Hirsbrunner AEUV nach Art. 101 Rn. 130.
[8] Vgl. Kom. ABl. 1991 L 19, 25 – KSB/Goulds/Lowara/ITT, Rn. 20 zur VO Nr. 418/85.
[9] LMRKM/Schütze Rn. 4; Wiedemann, Kommentar zu den Gruppenfreistellungsverordnungen des EWG-Kartellrechts, 1989, GVO I VO 418/85 Art. 1 Rn. 10.
[10] von der Groeben/Schwarze/Hatje/Hirsbrunner AEUV Anh. Art. 101 Rn. 132.
[11] Bspw. dann, wenn die Testergebnisse in die Produktion zurückfließen und so zu einer steten Verbesserung der Produkte führen, vgl. von der Groeben/Schwarze/Hatje/Hirsbrunner AEUV nach Art. 101 Rn. 133.
[12] Slobodenjuk BB 2016, 1670 (1671 f.).
[13] Immenga/Mestmäcker/Fuchs Rn. 13.
[14] Dazu Winzer, Forschungs- und Entwicklungsverträge, 2. Aufl. 2011, Rn. 502 ff.
[15] LMRKM/Schütze Rn. 8, vgl. Immenga/Mestmäcker/Fuchs Rn. 15 f.

10 **6. Verwertung der Ergebnisse (Art. 1 Abs. 1 lit. g).** Nach dieser Legaldefinition umfasst die „Verwertung der Ergebnisse" die Herstellung der Vertragsprodukte und die Anwendung der Vertragsverfahren sowie die Weitergabe der Ergebnisse der Kooperation an Dritte im Wege der Abtretung oder Lizenzierung. Zudem zählt auch der Vertrieb zur Verwertung. Die gemeinsame Verwertung der Ergebnisse erfasst damit den **gemeinsamen Vertrieb** (hierzu auch lit. m) und die in diesem Zusammenhang vereinbarten Beschränkungen, welche als „logische Folge"[16] der vorangegangenen gemeinsamen Anstrengungen der Parteien grds. ebenso zulässig sind wie eine gemeinsame Lizenzierung an Dritte.

Diese Definition wurde als zu komplex kritisiert. Es bestand die Gefahr einer übervorsichtigen Anwendung.[17] Die Wahl des Begriffs „Übertragung" im Rahmen der geplanten Neufassung hat wohl den Hintergrund, dass die zuvor verwendete Wortwahl der „Abtretung", wenn man sie nach dem deutschen Rechtsverständnis betrachtet, nur eine Unterart der Übertragung darstellt, die Definition hierauf aber nicht beschränkt sein sollte. Dass dies auch schon bei der aktuellen Fassung so ausgelegt wird, zeigt sich in der einschlägigen Kommentarliteratur, die überwiegend von Übertragung spricht und sich auch bei näheren Erläuterungen nicht auf die Abtretungsvariante beschränkt.[18] Damit stellen die geplanten Änderungen insgesamt nur eine Anpassung an das zuvor schon vorhandene Verständnis der Regelungen dar.

11 Gänzlich schrankenlos ist die Verwertung der Ergebnisse jedoch nicht. Zum einen sind eine gemeinsame Verwertung und damit auch der gemeinsame Vertrieb gemäß Art. 3 Abs. 4 nur möglich, wenn die FuE-Ergebnisse durch gewerbliche Schutzrechte geschützt sind oder Know-how darstellen. Ferner müssen die Ergebnisse für die Herstellung der Vertragsprodukte oder für die Anwendung der Vertragsverfahren „unerlässlich" sein. Zum anderen stellt Art. 4 zeitliche Grenzen für die Freistellung des gemeinsamen Vertriebs auf.

12 Werden die FuE-Ergebnisse **nicht gemeinsam verwertet,** gilt die Freistellung der FuE-GVO nur für die Dauer der FuE, Art. 4 Abs. 1. In diesem Kontext wird die Abgrenzung zur Spezialisierung im Rahmen der Verwertung relevant, die gem. Art. 1 lit. m Ziff. iii als „gemeinsame" Verwertung anzusehen und für die somit die 7-Jahresfrist gilt. Diese erfasst beispielsweise auch den Fall, dass nur eine Partei die Vertragsprodukte herstellt und vertreibt, solange dies auf Grundlage einer von den anderen Parteien erteilten ausschließlichen Lizenz erfolgt, Art. 1 lit. o.

13 Bestimmte Formen der Vertriebsbindung sind schließlich gemäß Art. 5 überhaupt nicht freistellungsfähig.

14 **7. Rechte des geistigen Eigentums (Art. 1 Abs. 1 lit. h).** Rechte des geistigen Eigentums sind gewerbliche Schutzrechte, Urheberrechte und verwandte Schutzrechte. Die Legaldefinition entspricht damit dem Wortlaut nach weitgehend den Definitionen der Vertikal-GVO (Art. 1 lit. i Vertikal-GVO) und der TT-GVO, wobei letztere allerdings das Know-how zu den gewerblichen Schutzrechten zählt und erst anschließend gesondert definiert.[19] Gewerbliche Schutzrechte sind Ausschließlichkeitsrechte wie Patente, Gebrauchsmuster, Designrechte, Kennzeichnungs- und Sortenschutzrechte. Urheberrechte, die mehr dem künstlerischen als dem gewerblichen Bereich zuzuordnen sind und daher zu Recht gesondert aufgeführt werden, können beispielsweise Softwareentwicklungen oder Darstellungen wissenschaftlicher oder technischer Art schützen, wie Pläne, Skizzen oder Tabellen. Als verwandte Schutzrechte werden gemeinhin die dem Urheberrecht nahestehenden Rechte wie die Rechte von ausübenden Künstlern, Sendeunternehmen, Datenbankherstellern und Herstellern von Tonträgern eingestuft. Aufgrund des Regelungsgegenstands der FuE-GVO werden allerdings nicht alle diese Rechte die gleiche Bedeutung erlangen. So dürften bei den gewerblichen Schutzrechten zB Kennzeichnungsrechte und Marken, die sich nicht unmittelbar auf den Schutz von Forschungsergebnissen beziehen oder keine **technischen Kenntnisse** zum Gegenstand haben, beispielsweise das Unerlässlichkeitskriterium des Art. 3 Abs. 4 wohl nicht erfüllen. Daher werden derartige Rechte zum Teil von vornherein vom Anwendungsbereich der FuE-GVO ausgenommen,[20] wofür der Wortlaut jedoch keine Stütze bietet. Die Aufzählung der Schutzrechte ist nicht abschließend. Die bei der Vorgänger-GVO aufgrund unterschiedlicher Sprachfassungen darüber bestehende Unsicherheit wurde beseitigt. Damit bleibt auch Raum, das zunehmend relevante, rechtlich aber noch nicht klar gefasste **Recht auf bzw. an Daten,** die beispielsweise durch eine mit künstlicher Intelligenz **(KI)** ausgestattete Maschine

---

[16] Erwgr. 9.
[17] SWD(2021) 103 final, 46.
[18] Immenga/Mestmäcker/Fuchs Rn. 17; Bechtold/Bosch/Brinker Rn. 14; LMRKM/Schütze Rn. 9.
[19] Art. 1 Abs. 1 lit. g, lit. h und lit. i TT-GVO.
[20] LMRKM/Schütze Rn. 8; aA Immenga/Mestmäcker/Fuchs Rn. 18; Wiedemann, Kommentar zu den Gruppenfreistellungsverordnungen des EWG-Kartellrechts, 1989, GVO I VO Nr. 418/85 Art. 1 Rn. 20.

während ihrer Anwendung gesammelt wurden, als Recht des geistigen Eigentums unter lit. h zu fassen[21] oder als Know-how iSv lit. i anzusehen.[22]

8. Know-how (Art. 1 Abs. 1 lit. i) – geheim, wesentlich und identifiziert (lit. j–l). 15
Anders als es die TT-GVO vorsieht, fällt nach der FuE-GVO „Know-how" richtigerweise nicht unter den Begriff „Rechte an geistigem Eigentum". Im Gegensatz zu den erwähnten Schutzrechten ist mit „Know-how" keine rechtliche Ausschlussmöglichkeit verbunden, maßgeblich für den Ausschluss anderer ist hier vielmehr die rein tatsächliche Komponente der Geheimhaltung (Art. 1 Abs. 1 lit. i). Dies dürfte derzeit auch für das **Recht an bzw. auf Daten** gelten, die beispielsweise durch intelligente Maschinen gesammelt werden **(KI)**.[23]

Know-how ist die Summe der praktischen Kenntnisse über ein Produkt oder Verfahren, die 16
im Zuge der FuE durch Erfahrungen und Versuche gewonnen werden und die geheim, wesentlich und identifizierbar sind. Hierunter können auch Daten fallen, die beispielsweise durch den Einsatz intelligenter Maschinen gesammelt werden **(KI)**.[24] Die FuE-GVO konkretisiert selbst, was genau unter „geheim", „wesentlich" und „identifizierbar" zu verstehen ist. Die Definitionen decken sich mit denen der neuen Vertikal-GVO.

„**Geheim**" sind Erkenntnisse, die nicht allgemein bekannt und nicht leicht zugänglich sind. 17
Die Definition von „geheim" ist damit weiter als diejenige von Geschäfts„geheimnissen" der Richtlinie über den Schutz von Geschäftsgeheimnissen (RL (EU) 2016/943) und des deutschen Umsetzungsaktes (GeschGehG), die zur Qualifikation eines Geschäfts„geheimnisses" u.a. zusätzlich fordern, dass angemessene Geheimhaltungsmaßnahmen ergriffen wurden. Know-how kann also „geheim" im Sinne der FuE-GVO sein, ohne sich zugleich als Geschäftsgeheimnis iSd genannten RL/des GeschGehG zu qualifizieren. Es kann sich im FuE-Kontext jedoch empfehlen, zugleich die höheren Voraussetzungen des GeschGehG einzuhalten und zu dokumentieren, um zugleich von dem Schutz als Geschäftsgeheimnis zu profitieren. Dabei muss nicht jeder Bestandteil der Erkenntnisse völlig unbekannt sein.[25] Ebenso wenig ist es schädlich, wenn die Erkenntnisse bereits einem erweiterten Personenkreis bekannt sind, solange es sich dabei um eine deutlich eingegrenzte und durch Geheimhaltungsabreden gebundene Gruppe handelt und andere Personen vom Zugang zu diesen Informationen ausgeschlossen sind.[26] Das Kriterium der Geheimhaltung unterstreicht, dass die Gesamtheit von Informationen aufgrund der eingeschränkten Verbreitung und Zugänglichkeit ihrem Inhaber rein tatsächlich einen Wettbewerbsvorteil sichert.[27] Ein solcher Vorteil besteht auch dann, wenn es zwar theoretisch möglich wäre, vergleichbare Erkenntnisse selbst zu entwickeln, aufgrund des dafür erforderlichen finanziellen und zeitlichen Aufwands de facto aber ein solches Vorgehen ausgeschlossen scheint.[28] Erkenntnisse können auch dann „geheim" sein, wenn sie zwar in einer Branche Stand der Technik, in der im konkreten Fall relevanten Branche aber völlig unbekannt sind und die Transferleistung sich nicht in reiner Nachahmung erschöpft.[29] IdR wird es für die Qualifikation als „geheim" genügen, eine Geheimhaltungsvereinbarung zu schließen und einzuhalten.[30]

---

[21] Generell zu Industrie 4.0 und der Berechtigung an Daten Enstaler, der „Daten" zwar definitorisch von Immaterialgüterrechten abgrenzt (Daten seien Informationen, die nicht (ausreichend) derart bearbeitet wurden, dass sie den Schutzbereich von IP-Rechten erreichen), jedoch ein neues Leistungsschutzrecht basierend auf § 950 BGB erwägt, Enstaler NJW 2016, 3473 (3474, 3476 f.); s. auch Art. 3 Richtlinie 96/9/EG zum Schutz von Datenbanken.
[22] So wohl Enstaler NJW 2016, 3473 (3478).
[23] Hierzu → Rn. 14 aE.
[24] Generell zu Industrie 4.0 und der Berechtigung an Daten Enstaler, der „Daten" zwar definitorisch von Immaterialgüterrechten abgrenzt (Daten seien Informationen, die nicht (ausreichend) derart bearbeitet wurden, dass sie den Schutzbereich von IP-Rechten erreichen), jedoch ein neues Leistungsschutzrecht basierend auf § 950 BGB erwägt, Enstaler NJW 2016, 3473 (3474, 3476 f.); sowie → Rn. 14 aE.
[25] → TT-GVO Rn. 108; so auch das Verständnis bei der Paralleldefinition im GeschGehG: BRS VertriebsKartellR-HdB/Duhe/Endres, § 17 Rn. 54, die eine Übertragung der Definition befürworten; Ohly, GRUR 2019, 441 (443); BeckOK/Hohn-Hein/Barth, GeschGehG § 2 Rn. 8; auch zur Übertragbarkeit in Bezug auf § 17 UWG aF.: OLG Düsseldorf, GRUR-Prax 2021, 506 ff.
[26] KBF/Alexander, GeschGehG § 2 Rn. 35; OLG Karlsruhe, BeckRS 2020, 15497 Rn. 29; Bechtold/Bosch/Brinker FuE-GVO Art. 1 Rn. 17; BeckOK/Slobodenjuk Art. 1 Rn. 14.
[27] Hauck WRP 2018, 1032 (1033); Art. 39 Abs. 2 lit. b TRIPS-Abkommen.
[28] KBF/Alexander GeschGehG § 2 Rn. 36; BGH GRUR 2012, 1048 Rn. 21; BGH GRUR 2008, 727 Rn. 19.
[29] BeckOK/Hohn-Hein/Barth GeschGehG § 2 Rn. 12; OLG Düsseldorf, MMR 2022, 68, (69) Rn. 26; BGH, GRUR 2008, 727 Rn. 19, jeweils zum Merkmal der „allgemeinen Zugänglichkeit".
[30] Winzer, Forschungs- und Entwicklungsverträge, Rn. 541; Hoeren/Münker, MMR 2021, 523 (524), der eine selbstständige Definition der Informationen als möglich ansieht, die spätere Geheimhaltungspflicht davon aber trennt; vgl. AG Aachen, CB 2022, 172 (178) Rn. 86; OLG Düsseldorf, MMR 2022, 68 Rn. 51.

18 Nach der Legaldefinition des Art. 1 Abs. 1 lit. k sind praktische Kenntnisse dann „**wesentlich**", wenn sie für die Herstellung der Vertragsprodukte oder die Anwendung der Vertragsverfahren „**bedeutsam und nützlich**" sind. Die Vorgänger-GVO hatte noch eine „Unerlässlichkeit" gefordert und damit zumindest nahegelegt, dass die Herstellung ohne die aus der gemeinsamen FuE gewonnenen Erkenntnisse überhaupt nicht möglich sein durfte. Zugleich wich diese alte Definition von der in der TT-GVO verwandten ab, die ebenfalls verlangt, dass die Erkenntnisse für die Herstellung der Vertragsprodukte „von Bedeutung und nützlich" sein müssen (Art. 1 Abs. 1 lit. i TT-GVO). Der Verordnungsgeber hat durch die jetzt vorgenommene Angleichung klargestellt, dass es genügt, dass die Erkenntnisse die Herstellung erleichtern.[31] Ein besonderes Qualitätserfordernis in Bezug auf den allgemeinen technischen Fortschritt gegenüber anderen Produkten oder Verfahren, die mit frei erhältlicher Technologie hergestellt wurden, wird damit nicht aufgestellt.[32] Bezugspunkt ist hier allein die Herstellung des Vertragsgegenstands. Wenn die Parteien das vereinbarte Entwicklungsziel erreicht haben, wird das so geschaffene Know-how auch „wesentlich" sein.[33] Qualitative Anforderungen werden an das Know-how iRd Begriffsbestimmung nicht gestellt. Die Frage stellt sich jedoch iRd Art. 3 Abs. 4 FuE-GVO bezüglich der Zulässigkeit einer gemeinsamen Verwertung (→ Art. 3 Rn. 17 f.). Die Kommissionspraxis setzt die „Nützlichkeit" bei produktbezogenem Know-how mit einer annähernden „Notwendigkeit" gleich. An dieser fehlt es, wenn die Vertragsprodukte ebenso mit einer erhältlichen Technologie hergestellt werden können.[34] Technologiebezogenes Know-how ist nützlich, wenn damit eine Verbesserung der Wettbewerbsposition einhergeht.[35] Zum Beispiel kann dies durch Verringerung der Produktionskosten erreicht werden.[36]

19 Die geheimen und wesentlichen Kenntnisse müssen zuletzt auch „**identifiziert**" sein. Dies bedeutet, dass das Know-how umfassend genug beschrieben sein muss, so dass überprüft werden kann, ob es die Merkmale „geheim" und „wesentlich" erfüllt. Im Allgemeinen wird der Inhaber des Know-hows dem Erfordernis dadurch Genüge tun, dass er die Erkenntnisse schriftlich niederlegt oder in sonstiger Weise fixiert, bspw. Gesprächsprotokolle anfertigt. In den Leitlinien „Technologietransfer" anerkennt die Kommission jedoch, dass es Situationen geben kann, in denen eine solche Identifizierung nicht möglich ist.[37] So kann das Know-how bspw. in praktischen Kenntnissen der Beschäftigten des Know-how Inhabers über einen bestimmten Produktionsprozess liegen, dass sich nur durch Schulungen wirksam vermitteln lässt. In solchen Fällen genügt es der Kommission, wenn das Know-how nur allgemein beschrieben wird und die Beschäftigten aufgeführt werden, die an der Weitergabe des Know-hows mitwirken. Eine schriftliche Fixierung des Know-hows bzw. der Know-how Träger erleichtert den Nachweis der Identifizierbarkeit, kann aber ggf. die Geheimhaltung des Know-hows erschweren. Jedenfalls enthält die Definition von „identifiziert" kein zwingendes Schriftformerfordernis.[38] Jegliche Form der Dokumentation genügt.

20 **9. Gemeinsam (Art. 1 Abs. 1 lit. m).** Ein Großteil der freigestellten FuE Vereinbarungen verlangt „gemeinsam" durchgeführte FuE-Arbeiten und/oder Verwertungshandlungen, Art. 1 Abs. 1 lit. a iVm Art. 2 Abs. 1. Dabei sind hinsichtlich der „Gemeinsamkeit" die Anforderungen an die FuE selbst strenger als an die Verwertung: Die FuE muss gem. Art. 1 Abs. 1 lit. a immer „gemeinsam" oder zumindest im Wege der Auftragsforschung erfolgen (was kein Fall „gemeinsamer" FuE ist, wie sich aus Art. 1 Abs. 1 lit. m iVm lit. n aE ergibt).[39] Dagegen kann die Verwertung der erzielten Ergebnisse auch „ohne gemeinsame Verwertung" erfolgen, Art. 1 Abs. 1 lit. a Ziff. iii und Ziff. vi.

21 Art. 1 Abs. 1 lit. m stellt klar, dass die Parteien die betreffenden Tätigkeiten unabhängig von der Rechtsform durch gemeinsame Arbeitsgruppen, Organisationen oder Unternehmen durchführen lassen (lit. i), sie einem gemeinsam bestimmten Dritten übertragen (lit. ii) oder eine Arbeitsteilung in Form der Spezialisierung vornehmen können (lit. iii). Zu berücksichtigen ist bezüglich lit. ii, dass die Gründung eines Gemeinschaftsunternehmens einen Zusammenschluss darstellen und damit der Fusionskontrolle unterfallen kann.[40] Dies wird aber wohl nur dann der Fall sein, wenn das Gemein-

---

[31] Leitlinien „Technologietransfer" Rn. 45.
[32] Leitlinien „Technologietransfer" Rn. 45.
[33] Winzer, Forschungs- und Entwicklungsverträge Rn. 541.
[34] Büscher/Dittmer/Schiwy/Schmoll, Kap. 17 Rn. 65; Leitlinien „Technologietransfer" Rn. 45.
[35] Immenga/Mestmäcker/Fuchs Art. 1 Rn. 19.
[36] Büscher/Dittmer/Schiwy/Schmoll, Kap. 17 Rn. 65; Leitlinien „Technologietransfer" Rn. 45.
[37] Leitlinien „Technologietransfer" Rn. 45.
[38] BeckOK/Slobodenjuk Rn. 16; LMRKM/Schütze Rn. 14; Bechtold/Bosch/Brinker Rn. 19.
[39] Immenga/Mestmäcker/Fuchs Rn. 9; aA Wiedemann KartellR-HdB/Schroeder § 9 Rn. 134, der ohne Begründung genügen lässt, dass jede Vertragspartei einen Beitrag im Bereich der FuE oder der Verwertung leistet.
[40] Leitlinien „horizontale Zusammenarbeit" Rn. 6.

schaftsunternehmen auch die gemeinsame Verwertung der Ergebnisse übernimmt. Ein reines Forschungs- und Entwicklungsunternehmen wird dagegen idR bereits kein Vollfunktionsunternehmen sein.[41] Das Eingreifen der Fusionskontrolle hat jedoch keinen Einfluss auf die Freistellung nach der FuE-GVO.[42] Das Kriterium der „Gemeinsamkeit" liegt auch dann vor, wenn das betreffende Unternehmen ein Vollfunktionsgemeinschaftsunternehmen iSd FKVO ist. Dafür, dass die FuE-GVO nur für gemeinsame Unternehmen gelten soll, die keine Vollfunktionsgemeinschaftsunternehmen sind,[43] bietet der Text der Verordnung keinen Anhaltspunkt.

Daneben liegt eine „gemeinsam" ausgeübte Tätigkeit auch im Fall der **„Spezialisierung"** vor, **22** die vereinfacht als Art arbeitsteilig durchgeführte Kooperation bezeichnet werden kann. Hierbei übernimmt jede Partei im Zuge einer Koordinierung eine bestimmte Teilaufgabe,[44] sei es iRd eigentlichen FuE (Art. 1 Abs. 1 lit. n) oder iRd anschließenden Verwertung (Art. 1 Abs. 1 lit. o). Wie die Aufgaben verteilt werden, spielt für die „Gemeinsamkeit" keine Rolle. Die Parteien können dies nach eigenem Gutdünken tun („wie es ihres Erachtens am zweckmäßigsten ist", Art. 1 Abs. 1 lit. n, was auf den Fall in lit. o übertragbar ist). Insbesondere wird keine Gleichwertigkeit der Beiträge gefordert. Unterschiede in der Bedeutung der Beiträge können die Parteien durch die Vereinbarung einer Vergütung Rechnung tragen, für die Freistellung als solche spielen derartige Unterschiede dagegen keine Rolle. Wenn jedoch eine Partei überhaupt nicht an den eigentlichen FuE-Arbeiten teilnimmt, sondern diese „lediglich" bezahlt (Art. 1 Abs. 1 lit. p und lit. q), liegt keine „gemeinsame" FuE vor, sondern eine „Auftrags-FuE", die einen eigenen Tatbestand darstellt (Art. 1 Abs. 1 lit. n aE sowie lit. p). Teilen die Parteien dagegen lediglich Ergebnisse, die sie zuvor unabhängig voneinander entwickelt haben, so fehlt es sowohl an einer gemeinsamen FuE[45] als auch an einer Auftrags-FuE, so dass die FuE-GVO nicht eingreift.

Werden bestimmte **Aufgaben auf Dritte übertragen** (bspw. auf ein Forschungsinstitut), so **23** sind diesem auferlegte Wettbewerbsbeschränkungen ebenfalls freigestellt. Die Kommission geht nunmehr ausdrücklich davon aus, dass Vereinbarungen, die eine Auslagerung von FuE-Arbeiten auf Dritte vorsehen, **Beschränkungen** wie zB eine ausschließliche Lieferklausel jedenfalls dann enthalten können, wenn der Dritte selbst mit der gewerblichen Nutzung der Ergebnisse nicht befasst wird.[46] Zudem will es Art. 1 Abs. 1 lit. m Ziff. ii den Parteien gerade ermöglichen, bestimmte Tätigkeiten auf Dritte auszulagern, ohne den Vorteil der Gruppenfreistellung zu verlieren. Dementsprechend sind innerhalb des von der FuE-GVO gesteckten Rahmens auch die gegenüber einem mit bestimmten Arbeiten betrauten Dritten vereinbarten Wettbewerbsbeschränkungen freigestellt.[47]

Art. 1 Abs. 1 lit. m macht deutlich, dass das Merkmal der „Gemeinsamkeit" auch dann noch **24** gegeben sein kann, wenn eine bestimmte Aufgabe **ausschließlich einer Partei** zugewiesen wird. So können die FuE-Arbeiten nach Zweckmäßigkeitsgesichtspunkten untereinander aufgeteilt werden, lit. n. Im Rahmen der Verwertung ist gar denkbar, dass nur eine Partei die Vertragsprodukte herstellt und vertreibt, sofern dies auf Grundlage einer ausschließlichen Lizenz erfolgt, lit. o, sowie Art. 3 Abs. 5 aE. Der Fall jedoch, dass FuE Arbeiten vollständig von einem Partner übernommen werden, während die andere Seite die Vertragsprodukte lediglich vertreibt oder herstellt, ist dagegen kein Fall der „gemeinsamen" FuE, wie sich aus lit. n ergibt. Denn lit. n verlangt selbst für den Fall der gemeinsamen FuE durch Spezialisierung, dass alle Parteien beteiligt sind und nur einzelne Arbeiten der FuE-Arbeiten aufgeteilt werden können. Nicht einmal die Auftragsforschung fällt unter „gemeinsame" FuE, lit. n aE. Da Art. 2 Abs. 2 iVm Art. 1 Abs. 1 lit. a nur „gemeinsame" FuE oder Auftragsforschung freistellen, ist somit der Fall, dass nur eine Partei FuE Arbeiten durchführt (ohne dass ein Fall der Auftrags-FuE vorliegt), nicht von der Freistellung der FuE-GVO erfasst.

Inwiefern Wettbewerbsbeschränkungen in **Lizenzvereinbarungen,** die zwischen den Beteiligten einer „gemeinsamen" Tätigkeit unter einer FuE Vereinbarung geschlossen werden, auch von der Freistellung nach Art. 1 erfasst werden, ist nach wie vor in der FuE-GVO nicht ausdrücklich geregelt. Für Regelungen zwischen den FuE Parteien bzw. einem FuE-Gemeinschaftsunternehmen, erstreckt Art. 2 Abs. 2 die Freistellung allerdings auf bestimmte Abreden in Bezug auf die Übertra- **25**

---

41 Mitteilung „Begriff des Vollfunktions-GU" Rn. 13; Mitteilung „Zuständigkeit" Rn. 95; Grabitz/Hilf/Nettesheim/Schroeder AEUV Art. 101 Rn. 477; AEUV Art. 101 Rn. 543.
42 Str. wie hier Wiedemann KartellR-HdB/Schroeder § 9 Rn. 143; aA FK-KartellR/Pohlmann AEUV Art. 101, Grundfragen Art. 81 Abs. 3 EGV Rn. 393 u.a. mit der Erwägung, dass die Freistellung nach der FuE-GVO befristet ist, die nach der FKVO dagegen nicht.
43 Vgl. Winzer, Forschungs- und Entwicklungsverträge Rn. 554.
44 Kom. ABl. 1991 L 19, 25 – KSB/Goulds/Lowara/ITT; Kom. ABl. 1990 L 32, 19 – Alcatel/Espace/ANT Nachrichtentechnik.
45 Kom. ABl. 1992 L 235, 9 – Quantel International-Continuum/Quantel S. A.
46 Leitlinien „horizontale Zusammenarbeit" Rn. 131.
47 LMRKM/Schütze Rn. 16.

gung sowie Lizenzierung von geistigen Eigentums- und Nutzungsrechten, solange diese nicht den Hauptgegenstand der Vereinbarung ausmachen. Nicht ausdrücklich erfasst ist dort aber der Fall einer Lizenz an einen für die FuE-Tätigkeiten gemeinsam bestimmten **Dritten** gem. Art. 1 Abs. 1 lit. m Ziff. ii. Dies erscheint angesichts der Gleichstellung eines gemeinsam bestimmten Dritten mit einem FuE-Gemeinschaftsunternehmen gem. lit. m als nicht sinnvoll. Es wäre widersprüchlich, die Wettbewerbsbeschränkungen zwischen den Parteien und einem – juristisch von ihnen getrennten – Gemeinschaftsunternehmen zu erlauben, die gleichen Vereinbarungen aber zu verbieten, wenn sie mit einem gemeinsam bestimmten Dritten vereinbart werden, der dieselbe Funktion wie das Gemeinschaftsunternehmen übernimmt. Daher gilt Art. 2 Abs. 2 auch für Lizenzen mit Dritten iSv Art. 1 Abs. 1 lit. m Ziff. iii. Die Kommission versäumt es, dies in ihren Leitlinien über Technologietransfer-Vereinbarungen klarzustellen. Sie bestätigt dort lediglich, dass die FuE-GVO auf die Gewährung von Lizenzen zwischen den Vertragsparteien sowie gegenüber einem FuE-Gemeinschaftsunternehmen Anwendung findet.[48] Sie ergänzt ferner, dass innerhalb dieser freigestellten Lizenzverträge auch die Bedingungen für die Lizenzierung der Ergebnisse an Dritte festgelegt werden dürfen. Dagegen sollen mit an der FuE nicht beteiligten Dritten geschlossene Lizenzvereinbarungen allein nach der TT-GVO beurteilt werden.

26 **10. Spezialisierung (Art. 1 Abs. 1 lit. n und lit. o).** Die Verordnung stellt klar, dass die Parteien die verschiedenen FuE-Arbeiten sowie die Aufgaben bei der späteren Verwertung untereinander so aufteilen dürfen, wie sie es für richtig halten. Grenzen werden dem lediglich durch lit. n gezogen, der stets die Beteiligung aller Parteien an der FuE fordert sowie durch Art. 5 und 6. Dabei ist es nicht erforderlich, dass jede Partei eine bestimmte Aufgabe allein und vollständig übernimmt. Es genügt vielmehr auch die Zuweisung von Teilfunktionen.[49] Nicht zur Spezialisierung zählt die Kommission dagegen die Auftrags-FuE, da bei dieser die finanzierende Partei keine FuE-Aufgaben übernimmt. Die Auftragsforschung stellt somit einen Grenzfall dar, der zwar nicht mehr als „gemeinsame" FuE angesehen wird, dennoch aber von der Freistellung erfasst ist, lit. a Ziff. iv–vi und Art. 2 Abs. 1. Sie bildet einen eigenen Tatbestand, was aber in der Sache folgenlos bleibt, wenngleich sich hieraus vereinzelt neue Auslegungsfragen ergeben.[50]

27 Spezialisierung iRd Verwertung bedeutet nach der Legaldefinition nicht nur die Zuweisung der verschiedenen Aufgaben, sondern auch die Vereinbarung von Verwertungsbeschränkungen, namentlich die ausschließliche Zuweisung von Vertriebsgebieten, Kunden oder bestimmten Anwendungsbereichen. Die Verordnung stellt im Hs. 2 klar, dass auch eine Vereinbarung freigestellt ist, nach der nur eine Partei die Vertragsprodukte aufgrund einer von den übrigen Partnern erteilten Exklusivlizenz herstellt oder vertreibt. Nicht geregelt ist, ob für die ausschließliche Lizenz ein Entgelt verlangt werden muss, damit noch von einer gemeinsamen Verwertung in Form der Spezialisierung gesprochen werden kann. Hierfür spricht ein Vergleich mit der Auftragsforschung. Die nur einseitige Forschung ist dann freigestellt, wenn der andere dafür zahlt. Entsprechend dürfte auch die nur einseitige Verwertung dann freigestellt sein, wenn der andere hierfür ein Entgelt erhält. Auf diese Weise ist er – spiegelbildlich zur Auftragsforschung – zumindest monetär beteiligt. Ferner ist zu beachten, dass gem. Art. 1 Abs. 1 lit. a auch solche FuE-Vereinbarungen freigestellt sein können, die lediglich eine einseitige Verwertung vorsehen. Die Annahme, dass unentgeltliche, ausschließliche Lizenzen eine einseitige Verwertung darstellen, führt somit nicht unbedingt aus der Freistellung durch die FuE-GVO heraus.

28 Verpflichten sich die Parteien lediglich dazu, bei einer im Übrigen getrennten Verwertung Dritten nur nicht-exklusive Lizenzen zu erteilen, so wird teilweise vertreten, dass aus der getrennten Verwertung keine gemeinsame werde. Die Verpflichtung treffe alle Parteien in gleicher Weise und stelle daher keine Beschränkung im Sinne einer Aufteilung dar, wie es lit. o aber verlange. Mangels Spezialisierung bleibe die Kooperation daher eine „reine" FuE-Kooperation,[51] mit der Folge, dass die 7-Jahresfrist des Art. 4 Abs. 1 nicht greift. Der Wortlaut gebietet diese enge Lesart jedoch nicht. Die als Spezialisierung beispielhaft genannte Auferlegung von Beschränkungen hinsichtlich der Verwertung unter den Parteien differenziert nicht danach, ob eine solche Beschränkung die FuE-Parteien gleichermaßen trifft oder nicht. Entscheidend ist, ob die Verwertungsrechte der Parteien beschränkt werden (vgl. Erwgr. 11), was im Beispielsfall gegeben ist. Ob die gewählte Art der Beschränkung freistellungsfähig ist, bemisst sich an den Regelungen in Art. 5 und 6, hier insbesondere Art. 5 lit. e).

---

[48] Leitlinien „Technologietransfer" Rn. 74.
[49] Immenga/Mestmäcker/Fuchs Rn. 22.
[50] So bspw. bei der Freistellungsvoraussetzung des unbeschränkten Zugangs zu den Endergebnissen der gemeinsamen FuE, vgl. nachfolgende Kommentierung zu Art. 3 → Art. 3 Rn. 8.
[51] Winzer, Forschungs- und Entwicklungsverträge Rn. 560 ff.

11. Auftragsforschung (Art. 1 Abs. 1 lit. p und lit. q). Die Legaldefinitionen stellen klar, 29 dass ein Unternehmen sich auf die Rolle eines Finanziers beschränken kann, ohne dass die Vereinbarung mit demjenigen, der die eigentlichen FuE-Arbeiten durchführen und ggf. auch den Vertrieb übernehmen soll, aus dem Anwendungsbereich der FuE-GVO herausfällt. Es wird weder in der FuE-GVO noch den horizontalen Leitlinien klargestellt, ob das jeweilige Projekt vollständig durch eine Partei finanziert werden muss oder aber eine anteilige Finanzierung ausreicht.[52] Im Ergebnis dürfte auch eine teilweise Finanzierung genügen.[53] Bei nur teilweiser Finanzierung ist jedoch zu prüfen, ob ein klar abgrenzbarer FuE-Teil finanziert wurde und sich die Freistellung auch nur hierauf bezieht.

Die Einbeziehung der Auftragsforschung in die Definition der freigestellten FuE-Vereinbarung 30 (Art. 1 Abs. 1 lit. a Ziff. iv–vi), kann zu Spannungen mit anerkannten Grundsätzen des Vertragsrechts führen.[54] Dies gilt beispielsweise für die Freistellungsvoraussetzung, jeder Partei uneingeschränkten Zugriff auf die FuE Ergebnisse für weitere FuE (sowie weitere Auftragsforschung?) zu gewähren, Art. 3 Abs. 2.[55]

Ein Abgrenzungsproblem zwischen Auftragsforschung, die von der FuE-GVO, und einem 31 Lizenzvertrag, der von der TT-GVO erfasst wäre, kann sich in Fällen ergeben, in denen ein Unternehmen A einem anderen, spezialisierten Unternehmen B, vorgibt, was es entwickeln soll („Auftrag"), und sämtliche für die Nutzung der Neuentwicklung erforderlichen Rechte von Unternehmen B einlizenziert und die „Auftrags"-FuE erst durch verkaufsabhängige Lizenzgebühren finanziert. Zwar spricht im Grunde nichts dagegen, dass Auftragsforschung auch nachfolgend durch Lizenzgebühren finanziert werden kann.[56] Hier kann jedoch auch die Lizenzierung Hauptgegenstand sein und daher gem. Art. 2 Abs. 2 nicht mehr die FuE-GVO greifen, sondern die TT-GVO.

12. Wettbewerber (Art. 1 Abs. 1 lit. r, s und t). Die Frage, ob die an der FuE-Vereinbarung 32 beteiligten Unternehmen miteinander in Wettbewerb stehen, ist für die Anwendung der FuE-GVO von größter Bedeutung, da davon das Eingreifen der Marktanteilsschwellen gemäß Art. 4 abhängt. Gegenüber der Vorgängerverordnung wurde die Definition präzisiert. Zugleich wurde klargestellt, dass auch ein Wettbewerbsverhältnis auf einem Technologiemarkt für die Freistellung nach der FuE-GVO von Bedeutung ist. Wettbewerber sind alle Unternehmen, deren Produkte, Technologien oder Verfahren durch die Vertragsprodukte oder Technologien verbessert, substituiert oder ersetzt werden können. Auch potentieller Wettbewerb ist mit zu berücksichtigen, wobei auch hier die Definition geschärft wurde. Die im System des EU-Kartellrechts konsequente Einbeziehung des potentiellen Wettbewerbs ist allerdings nicht ganz unbedenklich, da die Identifizierung potentieller Wettbewerber den beteiligten Unternehmen gerade auf Technologiemärkten in der Praxis häufig nicht leicht fallen dürfte.[57] Bei der Bestimmung des Wettbewerbsverhältnisses gelten die allgemeinen Regeln, wie sie die Kommission in ihrer Bekanntmachung „Marktabgrenzung" sowie in den Leitlinien über horizontale Zusammenarbeit niedergelegt hat.[58] Die Parteien sind folglich keine konkurrierenden Unternehmen, wenn sich ihre wirtschaftlichen Aktivitäten **im Bereich der Vertragsprodukte** oder **-technologien** nicht überlappen oder sich ihre Kooperation auf ein Produkt bezieht, das eine „völlig neue Nachfrage schafft".[59] Überlappungen in anderen Bereichen genügen nicht. Ein Wettbewerbsverhältnis wird ferner regelmäßig dann fehlen, wenn die Parteien allein nicht in der Lage wären, die FuE durchzuführen, sondern lediglich komplementäre Fähigkeiten, Technologien oder Ressourcen zusammenführen.[60]

13. Relevanter Produktmarkt/relevanter Technologiemarkt (Art. 1 Abs. 1 lit. u und 33 **lit. v).** Die FuE-GVO beschreibt den relevanten Markt als den Markt für die Produkte oder Technologien, die durch die Ergebnisse der FuE-Kooperation verbessert, ausgetauscht oder ersetzt werden können. Genauer erörtert wird dies in den horizontalen Leitlinien.[61] Da die Anwendung der Verord-

---

[52] Gutermuth, WuW 2012, 237 (241); Immenga/Mestmäcker/Fuchs Rn. 9.
[53] Gutermuth WuW 2012, 237 (241).
[54] von der Groeben/Schwarze/Hatje/Hirsbrunner, AEUV nach Art. 101 Rn. 145; Wündisch, CR 2021, 641 (647); sowie nachfolgend zu Art. 3 Abs. 2 → Art. 3 Rn. 8.
[55] von der Groeben/Schwarze/Hatje/Hirsbrunner AEUV nach Art. 101 Rn. 145; Wündisch, CR 2021, 641 (647) sowie nachfolgend zu Art. 3 Abs. 2 → Art. 3 Rn. 8.
[56] von der Groeben/Schwarze/Hatje/Hirsbrunner AEUV nach Art. 101 Rn. 144.
[57] Deutsche Vereinigung für gewerblichen Rechtsschutz und Urheberrecht GRUR 2000, 587 (588); Leilinien „Technologietransfer" Rn. 36; Bundesministerium für Wirtschaft und Energie, Industrie 4.0 – Kartellrechtliche Betrachtungen, 35.
[58] Leitlinien „horizontale Zusammenarbeit" Rn. 113 ff.
[59] Leitlinien „horizontale Zusammenarbeit" Rn. 126.
[60] Leitlinien „horizontale Zusammenarbeit" Rn. 130.
[61] Bekanntmachung der Kommission über die Definition des relevanten Marktes im Sinne des Wettbewerbsrechts der Gemeinschaft (97/C 372/03); hierauf verweisen auch die Leitlinien „horizontale Zusammenarbeit" Rn. 112 ff.

nung spätestens dann, wenn auch die siebenjährige Verwertungsphase nach Art. 4 Abs. 1 ausgelaufen ist, von den Marktanteilen der Parteien abhängt, kommt der Marktabgrenzung die maßgebliche Bedeutung zu. Angesichts der mit ihr verbundenen Schwierigkeiten und Unsicherheiten stellt die Marktabgrenzung aus Sicht der Parteien zugleich die wesentliche Hürde für die durch die Verordnung eigentlich bezweckte Rechtssicherheit dar.[62]

34 Bei der **räumlichen Marktabgrenzung** ist ebenfalls nach den allgemeinen Grundsätzen zu verfahren, wie sie die Kommission in ihrer Bekanntmachung „Marktabgrenzung" niedergelegt hat.[63] Lediglich in Bezug auf den potenziellen Wettbewerb hat die Kommission einen Höchstzeitraum von 3 Jahren festgelegt, jenseits dessen potentielle Markteintritte nicht mehr bei der Marktbetrachtung zu berücksichtigen sind.

35 **14. Verbundene Unternehmen (Art. 1 Abs. 2).** Sofern die FuE-GVO von „Unternehmen" oder „Parteien" spricht, sind „für die Zwecke" der FuE-GVO auch die jeweils mit diesen verbundenen Unternehmen gemeint, Art. 1 Abs. 2 S. 1.

36 Die für die Anwendung der Verordnung relevante Frage, ob die an der FuE Vereinbarung beteiligten Unternehmen konkurrierende Unternehmen sind oder nicht, muss daher jeweils mit Blick auf die gesamte Unternehmensgruppe beantwortet werden. Praktisch wirkt sich dies vor allem auf die Berechnung der Marktanteile und die Anwendung der „schwarzen" sowie „grauen" Klauseln aus (Art. 5 und 6). Soweit dort auf die „Parteien" abgestellt wird, genügt wegen Art. 1 Abs. 2 bereits eine Beschränkung eines verbundenen Unternehmens, um den Vorteil der Freistellung entfallen zu lassen.[64] Unklar, im Ergebnis aber zu bejahen ist die Frage, ob auch im Rahmen der Freistellungsvoraussetzungen, konkret bei dem in Art. 3 Abs. 2 S. 1 geregelten uneingeschränkten Zugang zu den Endergebnissen, neben den an der FuE beteiligten „Parteien" auch die verbundenen Unternehmen Zugangsrechte erhalten müssen. Hierfür spricht neben dem Wortlaut von Art. 1 Abs. 2 auch die Möglichkeit gem. Art. 3 Abs. 2 S. 4 für den Zugang eine Vergütung vereinbaren zu können. Wenn eine Partei der FuE-Vereinbarung sehr viele verbundene Unternehmen hat, müssen diese somit vollen Zugang erhalten, können aber zur Zahlung hierfür verpflichtet werden.

37 Als „verbundene Unternehmen" gelten Unternehmen, die mit einem unmittelbar oder mittelbar an der FuE-Vereinbarung beteiligten Unternehmen eine **wirtschaftliche Einheit** bilden. Eine wirtschaftliche Einheit zwischen zwei Unternehmen besteht dann, wenn das eine das andere Unternehmen kontrollieren kann (Art. 3 FKVO). Dazu zählen neben den beteiligten Unternehmen die von ihnen kontrollierten Tochtergesellschaften (lit. a), die die beteiligten Unternehmen kontrollierenden Muttergesellschaften (lit. b), die Schwestergesellschaften der beteiligten Unternehmen (lit. c), Gemeinschaftsunternehmen mit Konzerngesellschaften (lit. d) und schließlich Gemeinschaftsunternehmen der beteiligten oder der mit ihnen so verbundenen Unternehmen mit nicht an der Kooperation beteiligten Dritten (lit. e). Die Legaldefinition entspricht damit abgesehen von redaktionell bedingten Abweichungen den Verbundklauseln der Spezialisierungs-GVO (Art. 1 Abs. 2 Spezialisierungs-GVO), der Vertikal-GVO (Art. 1 Abs. 2 Vertikal-GVO), der Kfz-GVO (Art. 1 Abs. 2 Kfz-GVO) und der TT-GVO (Art. 1 Abs. 2 TT-GVO).

38 Art. 1 Abs. 2 lit. a erfasst alle von den an der Vereinbarung beteiligten Unternehmen kontrollierten **Tochtergesellschaften.** Die Aufzählung erfolgt abschließend in drei Tatbestandsalternativen, die jeweils rechtsformneutral ausgestaltet sind, dh die auf sämtliche Rechtsformen des Unternehmens- und Gesellschaftsrecht der EU-Mitgliedstaaten Anwendung finden.[65] Die zu einem Verbund führende Kontrolle wird zunächst über die Verfügungsbefugnis über **die Stimmrechtsmehrheit** vermittelt (Art. 1 Abs. 2 lit. a Ziff. i). Auf den „Besitz" von mehr als der Hälfte des Kapitals oder des Betriebsvermögens kommt es nicht an. Ob eine „solche Verfügungsbefugnis rechtlich oder tatsächlich besteht (etwa im Falle von Mehrstimmrechten oder bei Aktien ohne Stimmrecht), richtet sich nach dem jeweils anwendbaren nationalen Gesellschaftsrecht.[66]

39 Verbunden sind gemäß Art. 1 Abs. 2 lit. a Ziff. ii ferner Unternehmen, bei denen eine Vertragspartei mehr als die Hälfte der Mitglieder des **Leitungs- oder Verwaltungsorgans oder der zur gesetzlichen Vertretung berufenen Organe** bestellen kann. Erfasst sind damit nur in der Rechtsform der Gesellschaft erfasste Unternehmen. Auch wenn nur von der Leitungs- und Verwaltungs-

---

[62] Schroeder, ECLR 1997, 430 (431); Bunte/Sauter, EG-Gruppenfreistellungsverordnungen, 1988, VO Nr. 418/85 Rn. 20; Immenga/Mestmäcker/Fuchs Art. 7 Rn. 2; Bundesministerium für Wirtschaft und Energie, Industrie 4.0 – Kartellrechtliche Betrachtungen, 46.
[63] Bekanntmachung „Marktabgrenzung".
[64] Korah, R & D, 83; vgl. Immenga/Mestmäcker/Fuchs Rn. 27 f.
[65] Wiedemann KartellR-HdB/Wiedemann § 4 Rn. 1 ff., 9; Liebscher/Flohr/Petsche Gruppenfreistellungs-VO-HdB/Flohr/Schulz § 15 Rn. 11; EuGH, EuZW 2019, 374 Rn. 36.
[66] Wiedemann, Kommentar zu den Gruppenfreistellungsverordnungen des EWG-Kartellrechts, 1989, GVO I AT Rn. 137; vgl. LMRKM/Grave-Nyberg AEUV Art. 101 Rn. 133.

ebene die Rede ist, wird auch ein dualistisch verfasstes Unternehmen, das über die Hälfte der Aufsichtsratsmitglieder eines anderen Unternehmens berufen kann, dieses kontrollieren, da es damit jedenfalls nach deutschem Recht zugleich einen entscheidenden Einfluss auf die Bestellung des Vorstandes hat (§ 84 AktG). Soweit aber der Aufsichtsrat auf eine reine Aufsichtsfunktion beschränkt ist, wie es etwa in Frankreich oder Italien der Fall ist, folgt aus der Möglichkeit zur Bestellung von mehr als der Hälfte der Mitglieder wegen der fehlenden Kontrollmöglichkeiten kein Unternehmensverbund iSv lit. a Ziff. ii.

Nach Art. 1 Abs. 2 lit. a Ziff. iii wird ein Unternehmensverbund weiter durch das **Recht zur** 40 **Geschäftsführung** in einem Unternehmen begründet, wobei das berechtigte Unternehmen in diesem Fall idR auch über die Mehrheit der Stimmrechte verfügen oder einen entscheidenden Einfluss auf die Bestellung der Leitungs- und Verwaltungsfunktionen des betroffenen Unternehmens haben dürfte. Erfasst werden Beherrschungs-[67] und Gewinnabführungsverträge, nicht aber Verträge über die Überlassung oder Pacht von Unternehmen sowie Gewinngemeinschaften. Die genannten Einflussmöglichkeiten müssen nicht „unmittelbar" bestehen, sondern können auch bloß „mittelbar" begründet sein, etwa durch Kontrollrechte gegenüber Unternehmen, die ihrerseits die nötigen Einflussmöglichkeiten auf das in Frage stehende Unternehmen besitzen.

Mit den beteiligten Unternehmen verbunden sind gemäß Art. 1 Abs. 2 lit. b auch ihre **Mutter-** 41 **gesellschaften,** soweit diese an dem betroffenen Unternehmen unmittelbar oder mittelbar die unter lit. a bezeichneten Rechte oder Einflussmöglichkeiten haben. Auch wenn lit. b, anders als lit. d und lit. e, die „gemeinsame" Beherrschung nicht ausdrücklich erwähnt, spricht doch die Pluralform für die Berücksichtigung mehrerer Muttergesellschaften. Dieses Ergebnis lässt sich auch unmittelbar auf lit. e stützen.

Gemäß Art. 1 Abs. 2 lit. c werden auch die **Schwesterunternehmen** der beteiligten Unter- 42 nehmen als verbundene Unternehmen angesehen, sofern die gemeinsame Muttergesellschaft auch hier unmittelbar oder mittelbar die unter lit. a bezeichneten Rechte oder Einflussmöglichkeiten hat.

Ferner gelten als verbundene Unternehmen die **zwischen den Konzerngesellschaften beste-** 43 **henden Gemeinschaftsunternehmen,** also solche, die eine Vertragspartei mit einer oder mehreren ihrer Tochter-, Mutter- oder Schwestergesellschaften gemeinsam kontrollieren (Art. 1 Abs. 2 lit. d Alt. 1). Daneben wird eine Verbindung auch dann begründet, wenn das Gemeinschaftsunternehmen ohne Beteiligung eines Kooperationspartners zwischen den Muttergesellschaften oder den Schwestergesellschaften besteht (Art. 1 Abs. 2 lit. d Alt. 2). Ein bloßes Nebeneinander der Einflussmittel (etwa im Falle wechselnder Mehrheiten trotz rechnerischer Stimmenmehrheit) reicht allerdings in beiden Konstellationen nicht aus, solange nicht auch eine gemeinsame Kontrolle iSe. koordinierten Einflussnahme vorliegt.[68] Diese wird bspw. durch den Gründungsvertrag über das Gemeinschaftsunternehmen oder Stimmbindungsverträge begründet. Jedoch genügt ebenso wie bei der Fusionskontrolle[69] auch ein rein tatsächlicher Zwang zur Koordinierung (bspw. bei einem paritätischen Gemeinschaftsunternehmen), um die Kontrolle zu begründen.[70]

Gemäß Art. 1 Abs. 2 lit. e Ziff. i gelten weiter **Gemeinschaftsunternehmen zwischen den** 44 **Kooperationspartnern** oder den mit ihnen verbundenen Unternehmen ebenfalls als verbundene Unternehmen, soweit eine gemeinsame Kontrolle besteht. Art. 1 Abs. 2 lit. e Ziff. ii stellt schließlich klar, dass auch **gemeinsam mit Dritten** beherrschte Gemeinschaftsunternehmen der beteiligten Unternehmen oder einer anderen Konzerngesellschaft zu den „verbundenem Unternehmen" nach Art. 1 Abs. 2 lit. e zählen. Die Marktanteile eines solchen Gemeinschaftsunternehmens werden gemäß Art. 7 lit. c den beherrschenden Unternehmen jeweils zu gleichen Teilen zugerechnet. Entscheidend ist also die Anzahl der herrschenden Unternehmen unabhängig von der Höhe ihrer Beteiligungen.[71]

Art. 2 Freistellung

(1) Nach Artikel 101 Absatz 3 AEUV und nach Maßgabe dieser Verordnung gilt Artikel 101 Absatz 1 AEUV nicht für Forschungs- und Entwicklungsvereinbarungen.
Diese Freistellung gilt, soweit diese Vereinbarungen Wettbewerbsbeschränkungen enthalten, die unter Artikel 101 Absatz 1 AEUV fallen.

---

[67] § 291 Abs. 1 AktG iVm § 308 AktG.
[68] LMRKM/Riesenkampff/Steinbarth FKVO Art. 3 Rn. 48; LMRKM/Kersting, 2. Teil Gemeinschaftsunternehmen Rn. 2.
[69] Mitteilung „Zusammenschlussbegriff" Rn. 18; BKartA, BeckRS 2012, 1190 Rn. 199–202.
[70] Wiedemann, Kommentar zu den Gruppenfreistellungsverordnungen des EWG-Kartellrechts, 1989, GVO I AT Rn. 165; BKartA, BeckRS 2012, 1190 Rn. 199–202.
[71] Bechtold/Bosch/Brinker Art. 7 Rn. 5.

(2) Die Freistellung nach Absatz 1 gilt für Forschungs- und Entwicklungsvereinbarungen, deren Bestimmungen sich auf die Übertragung von Rechten des geistigen Eigentums oder die Erteilung diesbezüglicher Lizenzen an eine oder mehrere der Parteien oder an eine von den Parteien für die Durchführung der gemeinsamen Forschung und Entwicklung, der Auftragsforschung und -entwicklung oder der gemeinsamen Verwertung gegründete Einheit beziehen, sofern diese Bestimmungen nicht Hauptgegenstand solcher Vereinbarungen sind, sich aber unmittelbar auf deren Umsetzung beziehen und dafür erforderlich sind.

Übersicht

		Rn.			Rn.
I.	Überblick	1	III.	Nebenabreden	9
II.	Freigestellte Vereinbarungen	5	IV.	Entzug der Freistellung	11

I. Überblick

1   Art. 2 Abs. 1 stellt FuE-Vereinbarungen vom Kartellverbot des Art. 101 Abs. 1 AEUV frei. Damit bestimmt letztlich die Definition von FuE Vereinbarungen in Art. 1 Abs. 1 lit. a den **Umfang der Freistellung** gemäß Art. 2. Allerdings müssen zudem noch positive Freistellungsvoraussetzungen erfüllt werden, vgl. Art. 3 FuE-GVO. Mit der FuE-GVO steht nun fest, dass auch die Auftrags-FuE in den jeweils entsprechenden Spielarten zur FuE zählt, dh Kooperationen, bei denen eine oder mehrere Partei(en) keine eigenen FuE-Tätigkeiten ausüben, sondern diese lediglich finanzieren (Art. 1 Abs. 1 lit. a Ziff. iv–vi). Unter der Vorgängerverordnung hatte hierüber Unsicherheit bestanden.

2   Die Freistellung soll nur für Vereinbarungen gelten, die Wettbewerbsbeschränkungen enthalten. Diese Bedingung ist allerdings überflüssig, da Vereinbarungen ohne Wettbewerbsbeschränkung ohnehin nicht von Art. 101 Abs. 1 AEUV erfasst werden. Sie bedürfen daher von vornherein keiner Freistellung. Die Bestimmung ist insoweit lediglich als Klarstellung zu verstehen. Die Freistellung gilt nur für zwischen **Unternehmen** geschlossene Vereinbarungen unabhängig von der Anzahl der Beteiligten oder ihrer Herkunft.[1] Als Unternehmen gelten auch Hochschulen oder Forschungsinstitute sowie Einzelpersonen, wenn sie FuE-Leistungen gegen Entgelt anbieten oder die von ihnen erzielten Ergebnisse gewerblich verwerten.[2] Der räumliche Anwendungsbereich der FuE-GVO umfasst zunächst den gesamten Binnenmarkt. Darüber hinaus erstreckt er sich aufgrund des Abkommens über den **Europäischen Wirtschaftsraum**[3] zusätzlich noch auf Island, Liechtenstein und Norwegen.[4]

3   Sofern die Freistellungsvoraussetzungen des Art. 3 und keine Kernbeschränkungen gem. Art. 5 vorliegen, ist grundsätzlich die gesamte FuE-Vereinbarung freigestellt – mit Ausnahme etwaig bestehender sog. grauer Klauseln, Art. 6. Allerdings gilt diese umfassende Freistellung nur für Vertragsklauseln, die tatsächlich einen inhaltlichen Zusammenhang mit der FuE aufweisen (vgl. zu Nebenabreden unten III. → Rn. 9 f.). Sofern eine Freistellung nach der FuE-GVO ausscheidet, da beispielsweise die Marktanteilsschwelle überschritten ist, bleibt ggf. eine Einzelfreistellung gem. Art. 101 Abs. 3 AEUV möglich. Bei der Vertragsgestaltung sollten hier dennoch die weiteren Vorgaben der FuE-GVO als eine Art Mindestvoraussetzungen beachtet und ggf. leicht verschärft (beispielsweise zeitliche Befristungen noch weiter verkürzt) werden.[5]

4   Entfallen die Freistellungsvoraussetzungen, etwa weil die Marktanteilsschwellen gem. Art. 4 Abs. 3 überschritten werden oder nachträglich Kernbeschränkungen vereinbart werden, stellt sich die Frage, ob die gem. Art. 101 Abs. 2 AEUV angeordnete Nichtigkeitsfolge ex tunc oder nur ex nunc eintritt. Um die mit der FuE-GVO bezweckte erhöhte Rechtssicherheit nicht zu unterlaufen, darf die Freistellungswirkung rückwirkend nicht entfallen. Daher ist lediglich von einer ex nunc Nichtigkeitswirkung auszugehen.[6] Während des Freistellungszeitraums begründete Eigentumsrechte

---

[1] LMRKM/Schütze Rn. 27.
[2] Kom. ABl. 1976 L 6, 8 – AOIP/Beyrard; Kom. ABl. 1976 L 254, 40 – Reuter/BASF; Bunte/Sauter, EG-Gruppenfreistellungsverordnungen, 1988, VO Nr. 418/85 Rn. 9; Wiedemann, Kommentar zu den Gruppenfreistellungsverordnungen des EWG-Kartellrechts, 1989, GVO I VO Nr. 418/85 Art. 1 Rn. 9; LMRKM/Schütze Art. 2 Rn. 27; EuGH, NJW 1991, 2891 Rn. 20 ff.
[3] ABl. 1994 L 1, 3.
[4] Art. 1 Ziff. 2 Beschl. Nr. 3/2011 des Gemeinsamen EWR-Ausschusses vom 11.2.2011 zur Änderung des Anhangs XIV (Wettbewerb) des EWR-Abkommens, ABl. 2011 L 93, 32.
[5] Hasselblatt, Münchener Anwaltshandbuch Gewerblicher Rechtsschutz 6. Aufl. 2022/Lubitz, § 47 Rn. 14.
[6] Allgemein hierzu → AEUV Art. 101 Rn. 882.

bleiben somit von der späteren Nichtigkeit unberührt. Inwiefern nach der Nichtigkeit des Vertrags Rechte übertragen und Lizenzen eingeräumt werden dürfen, richtet sich nach dem jeweiligen nationalen Recht, in Deutschland bei gemeinschaftlichen Ergebnissen insbesondere danach, ob diese als Bruchteils- oder Gesamthandsgemeinschaft gehalten werden (§§ 741 ff. BGB bzw. §§ 705 ff. BGB).

II. Freigestellte Vereinbarungen

Den wichtigsten und praktisch wohl häufigsten Anwendungsfall einer nach Art. 2 freigestellten FuE-Vereinbarung bilden Vereinbarungen, die sowohl **gemeinsame Forschungs- und Entwicklungsarbeiten** (einschließlich der Auftrags-FuE) als auch die **gemeinsame Verwertung** der dabei erzielten Ergebnisse vorsehen. Solche Vereinbarungen können jedenfalls dann in den Anwendungsbereich des Art. 101 Abs. 1 AEUV fallen, wenn sie zwischen konkurrierenden Unternehmen geschlossen werden. Die Kommission geht aber davon aus, dass FuE-Vereinbarungen in diesem Fall regelmäßig zur Förderung des technischen und wirtschaftlichen Fortschritts beitragen und daher die Voraussetzungen für eine Freistellung vom Kartellverbot gemäß Art. 101 Abs. 3 AEUV erfüllen (Erwgr. 8). Dies gilt vor allem, wenn sich die Zusammenarbeit auf innovative Produkte bezieht, für die noch keine Nachfrage besteht. Werden die Ergebnisse an Dritte lizenziert, so ist auch eine gemeinsame Verwertung in den Augen der Kommission nicht wettbewerbsbeschränkend.[7] Eine Ausnahme gilt aber, wenn die Vereinbarung die Qualität und Vielfalt möglicher künftiger Produkte oder Technologien zu beeinträchtigen droht. Dies ist nach Ansicht der Kommission etwa dann gegeben, wenn die Kooperation von zwei Unternehmen eingegangen wird, die zuvor ein bestimmtes Produkt eigenständig bis in die Nähe der Marktreife hin entwickelt haben.[8]

Geht die Zusammenarbeit nicht über die **„reine" FuE-Tätigkeit** bis zur Produktionsreife hinaus, ist also keine gemeinsame Verwertung vorgesehen, greift das Kartellverbot idR bereits von vornherein nicht ein.[9] Es bedarf dann auch keiner Freistellung. Dies gilt unabhängig davon, ob Wettbewerber an der Kooperation beteiligt sind oder nicht.[10] Erst wenn iRe „reinen" FuE-Vereinbarung besondere Beschränkungen vereinbart werden, zB ein Verbot, in dem der Vereinbarung unterliegenden Bereich weitere Kooperationen mit Dritten einzugehen, bedarf es einer Freistellung (Erwgr. 6). Die Vergemeinschaftung von FuE-Aktivitäten ohne eine gemeinsame Verwertung kann ferner auch auf oligopolistisch strukturierten Märkten mit homogenen Erzeugnissen wettbewerbsbeschränkend wirken. Dort nimmt die gemeinsame FuE den Parteien die Möglichkeit, sich durch eigenständige Bemühungen einen Wettbewerbsvorteil zu verschaffen.[11]

Ebenfalls nicht freistellungsbedürftig sind die meisten FuE-Vereinbarungen zwischen **Nichtwettbewerbern.** Hier greift das Kartellverbot und erfordert eine Freistellung erst, wenn sich die Zusammenarbeit auf eine ausschließliche Nutzung der Ergebnisse bezieht und einer der Beteiligten marktstark ist.[12] Ferner ist Art. 101 Abs. 1 AEUV idR nicht auf **Arbeitsgemeinschaften** anwendbar. Soweit die Beteiligten nicht in der Lage sind, die notwendigen FuE-Arbeiten eigenständig durchzuführen, liegt nach Ansicht der Kommission ebenfalls keine Wettbewerbsbeschränkung vor.[13] Die entscheidende Frage ist hier, ob jeder Beteiligte für sich über die erforderlichen Aktiva, das Know-how und die sonst notwendigen Ressourcen zur Durchführung der Arbeiten verfügt.[14] Werden die notwendigen Arbeiten auf spezialisierte Unternehmen oder Forschungsinstitute ausgelagert, so liegt meistens keine Wettbewerbsbeschränkung vor.[15] Die oben genannten Kooperationsformen „bedingen" nach Ansicht der Kommission normalerweise keine Koordinierung im Wettbewerb.[16] Bedeutung erlangt die Frage, ob eine Vereinbarung überhaupt von Art. 101 Abs. 1 AEUV erfasst wird, erst, wenn die **Marktanteilsschwellen** des Art. 4 Abs. 2 und Abs. 3 für Vereinbarungen zwischen Wettbewerbern bzw. für die Fortsetzung der Kooperation nach dem Ende der ersten Verwertungsphase eingreifen. Solange „ein gewisser Grad der Marktmacht" nicht erreicht wird, geht die Kommission davon aus, dass die Vorteile der Kooperation mögliche Wettbewerbsnachteile aufwie-

---

[7] Leitlinien „horizontale Zusammenarbeit" Rn. 137.
[8] Leitlinien „horizontale Zusammenarbeit" Rn. 137.
[9] → FuE-GVO Erwgr. 6; vgl. Leitlinien „horizontale Zusammenarbeit", Rn. 129, 132, 137.
[10] ; kritisch wohl Immenga/Mestmäcker/Fuchs Art. 1 Rn. 8.
[11] Vgl. Kom. ABl. 1972 L 14, 14 – Henkel/Colgate; Kom. ABl. 1975 L 29, 20 – RANK/SOPELEM; Kom. ABl. 1977 L 327, 26 – GEC-Weir Natriumumwälzpumpen; Kom. ABl. 1979 L 70, 11 – Beecham/Parke, Davis.
[12] Leitlinien „horizontale Zusammenarbeit", Rn. 130, Fn. 1.
[13] Vgl. Kom. ABl. 1990 L 209, 15 – Elopak/Metal Box – Odin.
[14] Leitlinien „horizontale Zusammenarbeit" Rn. 130.
[15] Leitlinien „horizontale Zusammenarbeit" Rn. 131.
[16] Leitlinien „horizontale Zusammenarbeit" Rn. 24.

gen.¹⁷ Dagegen kann eine Vereinbarung selbstverständlich auch von Unternehmen mit einem gemeinsamen Marktanteil von über 25 % abgeschlossen und zeitlich unbegrenzt fortgesetzt werden, wenn Art. 101 Abs. 1 AEUV nicht anwendbar ist¹⁸ oder ausnahmsweise dennoch Art. 101 Abs. 3 AEUV eingreift, was beispielsweise bei Marktanteilen von unter 40% und Vereinbarungen, die ein stimmiges Gesamtkonzept im Einklang mit den sonstigen Vorgaben der FuE-GVO aufweisen, denkbar erscheint.

8   Verwerten Unternehmen gemeinsam die Ergebnisse einer früheren FuE-Arbeit, gilt die Freistellung, soweit die Verwertung durch die an der ursprünglichen Kooperation beteiligten Unternehmen erfolgt. Fraglich ist dabei, ob mit dem **Ausscheiden oder dem Hinzutreten eines Kooperationspartners** zugleich die Freistellung für die spätere Verwertung entfällt. Dies wird für alle Fälle verneint, in denen der Kreis der Beteiligten nicht erweitert wird. Die Freistellung bleibt also erhalten, wenn ein Kooperationspartner ausscheidet, sich mit einem anderen Beteiligten zusammenschließt oder von einem Dritten übernommen wird.¹⁹ Dagegen geht die Freistellung verloren, wenn ein an der früheren Kooperation nicht beteiligtes Unternehmen an der Verwertung teilnimmt. Anders ist es allenfalls in den Fällen, in denen während der Dauer der Kooperation neue FuE-Arbeiten unter Mitwirkung eines neuen Partners durchgeführt werden, deren Ergebnisse die Anforderungen des Art. 3 Abs. 4 erfüllen und von den Parteien (einschließlich des neuen Partners) gemeinsam verwertet werden.²⁰

III. Nebenabreden

9   Die gemeinsame FuE sowie ggf. die spätere gemeinsame Verwertung muss Hauptzweck der zwischen den Parteien geschlossenen Vereinbarung sein.²¹ Die in der Vorgängerverordnung noch enthaltene Klarstellung, dass Nebenabreden mit von der Verordnung freigestellt waren, sofern sie keine Kernbeschränkungen enthielten, ist entfallen. Die FuE-GVO bestimmt in Art. 2 Abs. 2 nunmehr nur noch, dass Vereinbarungen über die Übertragung und Lizenzierung geistiger Eigentums- oder Nutzungsrechte zwischen den Parteien oder ein von ihnen gegründetes Gemeinschaftsunternehmen mit freigestellt sind, sofern diese Bestimmungen nicht Hauptgegenstand solcher Vereinbarungen sind, sich aber unmittelbar auf deren Umsetzung beziehen und dafür erforderlich sind. Auch wenn sich diese Bestimmung vom Wortlaut her allein auf das Innenverhältnis unter den Kooperationspartnern sowie auf die Beziehungen zwischen ihnen und einem zur Durchführung der FuE-Arbeiten oder Verwertung gegründeten Gemeinschaftsunternehmen bezieht, sind richtigerweise auch Nebenabreden mit Dritten erfasst, die iSv Art. 1 Abs. 1 lit. m gemeinsam von den Parteien mit der Ausführung der betreffenden Aufgaben beauftragt wurden. Alle anderen Vereinbarungen sind dagegen nach der TT-GVO zu beurteilen.²²

10   Auch wenn die FuE-GVO, anders als ihre Vorgängerin, keine umfassende Regelung dazu enthält, sind auch andere **Nebenabreden** weiterhin vom Kartellverbot freigestellt, soweit sie keine in den „schwarzen" und „grauen" Listen der Art. 5 und 6 enthaltenen Beschränkungen enthalten²³ und, entsprechend den allgemeinen Grundsätzen,²⁴ mit der Durchführung der eigentlichen FuE-Vereinbarung unmittelbar verbunden und für diese notwendig sind. Die deutsche Sprachfassung verlangt nunmehr anstelle einer unmittelbaren Verbindung einen „Bezug" zur Durchführung. Dies aber ist auf eine fehlerhafte Übersetzung zurückzuführen. Die englische und die französische Fassung sind insoweit gegenüber der Vorgängerverordnung unverändert geblieben.²⁵ Eine Nebenabrede ist dann „unmittelbar" auf die Durchführung einer FuE-Vereinbarung bezogen, wenn sie eine enge inhaltliche Beziehung zu der eigentlichen Vereinbarung aufweist.²⁶ Ein rein zeitliches Zusammenfal-

---

¹⁷ Erwägungsgrund 4, vgl. Leitlinien „horizontale Zusammenarbeit" Rn. 127, 130.
¹⁸ Wiedemann, Kommentar zu den Gruppenfreistellungsverordnungen des EWG-Kartellrechts, 1989, GVO I VO Nr. 418/85 Art. 1 Rn. 6; Liebscher/Flohr/Petsche Gruppenfreistellungs-VO-HdB/Traugott § 10 Rn. 43.
¹⁹ Wiedemann, Kommentar zu den Gruppenfreistellungsverordnungen des EWG-Kartellrechts, 1989, GVO I VO Nr. 418/85 Art. 1 Rn. 7; Korah R & D, 20; White IIC 1985, 663 (678); Immenga/Mestmäcker/Fuchs, Art. 1 Rn. 7; LMRKM/Schütze Rn. 30.
²⁰ Korah R & D, 20.
²¹ Van Bael/Bellis, 495 unter Hinweis auf Kom. ABl. 1992 L 235, 9 – Quantel International-Continuum/Quantel S. A.
²² Vgl. Liebscher/Flohr/Petsche Gruppenfreistellungs-VO-HdB/Traugott § 10 Rn. 6.
²³ Liebscher/Flohr/Petsche Gruppenfreistellungs-VO-HdB/Traugott § 10 Rn. 31; Immenga/Mestmäcker/Fuchs Art. 2 Rn. 10 ff.
²⁴ Vgl. Bekanntmachung „Nebenabreden".
²⁵ Van Bael/Bellis, 505 unter Hinweis auf EuG Slg. 2001, II-2459 Rn. 104 – Métropole télévision ua/Kommission.
²⁶ Bekanntmachung Nebenabreden, ABl. 2005 C 56, 24.

IV. Entzug der Freistellung

len bzw. die Regelung in demselben Vertrag reichen hierfür nicht aus. „Notwendig" ist eine Nebenabrede, wenn die Vereinbarung ohne sie nicht oder nur unter ungewissen Voraussetzungen oder mit erheblich geringeren Erfolgsaussichten durchgeführt werden könnte.[27] Hier ist aber ein großzügiger Maßstab anzulegen. Es genügt, wenn die Vereinbarung mit der Nebenabrede zu größeren Effizienzgewinnen führt als ohne sie.[28] Keine notwendige Nebenabrede ist beispielsweise dann gegeben, wenn allein anlässlich der FuE-Vereinbarung eine hiervon unabhängige Pflicht vereinbart wird, etwa eine Informationspflicht bzgl. anderer Produkte. Die Kernbeschränkungen und grauen Klauseln stellen somit keine abschließende Auflistung kartellrechtswidriger Klauseln dar. Sie stellen vielmehr die Regelungen dar, die aus Sicht der Kommission am klarstellungsbedürftigsten schienen. Daher können auch dort nicht aufgeführte Klauseln, va solche, die in FuE-Vereinbarungen völlig ungewöhnlich sind, unter das Kartellverbot des Art. 101 Abs. 1 AEUV fallen. **Geheimhaltungsabreden,** die sich auf das iRd Kooperation mitgeteilte Know-how beziehen, sind nach der ständigen Praxis der Kommission aus wettbewerblicher Sicht unbedenklich. Sie sind fast immer eine unabdingbare Voraussetzung für die Zusammenarbeit.[29] Dementsprechend wirken auch entsprechende Mitteilungspflichten sowie die Zweckbindung des mitgeteilten Know-hows nicht wettbewerbsbeschränkend.[30] Ein **Bsp.** für eine solche zulässige Nebenabrede ist das Verbot, während der Durchführung der Vereinbarung allein oder im Verbund mit Dritten in dem der Vereinbarung unterliegenden Bereich oder in einem eng verwandten Bereich FuE zu betreiben. Die Grenze wird dabei durch Art. 5 lit. a gezogen. Eine nicht freistellungsfähige Nebenabrede liegt damit erst vor, wenn sich die Beschränkung auf Gebiete erstreckt, die in keinem erkennbaren Sachzusammenhang zu dem Gegenstand der Kooperation stehen. In ihrer Entscheidungspraxis hat die Kommission folgende Szenarien freigestellt: (i) ein zweijähriges Wettbewerbsverbot zugunsten eines entwickelnden und produzierenden Gemeinschaftsunternehmens für den Fall des Austritts eines Gesellschafters;[31] (ii) die den Gründern auferlegte Verpflichtung zur Erteilung von Lizenzen an das Gemeinschaftsunternehmen; und (iii) die Verpflichtung zur Erteilung von Lizenzen an die andere Partei im Falle der Kündigung oder Auflösung des Gemeinschaftsunternehmens.[32] Selbst gegenseitige Bezugspflichten[33] wurden von der Kommission als freistellungsfähig angesehen. Auch ein allgemeines Verbot der Zusammenarbeit mit Dritten kann aus Sicht der Kommission „unerlässlich" bzw. „erwartbar" sein. Der Grund ist darin zu sehen, dass es vernünftigerweise von den Beteiligten einer Kooperation nicht erwartet werden kann, Ressourcen auf die Kooperation zu verwenden und dann zuzulassen, dass der andere Beteiligte die Ergebnisse mit einem Dritten auswertet. Bei derartigen Verbotsregelungen, ist jedoch stets darauf zu achten, dass FuE-Tätigkeiten mit Dritten möglich bleiben, Art. 5 lit. a.

IV. Entzug der Freistellung

Die Vorgängerverordnung enthielt in ihrem Art. 7 eine eigenständige Rechtsgrundlage für den Entzug der Freistellung für den Fall, dass eine von der FuE-GVO erfasste Vereinbarung im Einzelfall doch eine unvereinbare Wirkungen mit Art. 101 Abs. 3 AEUV hat. In der Neufassung der Verordnung ist diese Regelung entfallen, da es mit Art. 29 VO (EG) 1/2003 inzwischen eine allgemeine Regelung gibt, die die früheren Sondervorschriften überflüssig macht. Der in Art. 7 aF enthaltene, nicht abschließende Beispielskatalog wurde jedoch in Erwägungsgrund 21 fast wortgleich übernommen, so dass sich trotz der geänderten Rechtsgrundlage im Ergebnis nichts an den Voraussetzungen für den Entzug der Freistellung geändert hat. **11**

Gemäß Art. 29 Abs. 2 VO (EG) 1/2003 dürfen auch die Kartellbehörden der Mitgliedstaaten den Vorteil der Gruppenfreistellung für ihr Gebiet entziehen, wenn sich die Vereinbarung auf einem gesonderten räumlichen Markt innerhalb des Mitgliedstaates auswirkt. Natürliche oder juristische Personen, die ein berechtigtes Interesse geltend machen, können bei der Kommission den Entzug der Freistellung beantragen. Angesichts der durch die VO eingeführten Marktanteilsschwellen und der sonstigen Anwendungsvoraussetzungen für eine Freistellung sind Fälle, in denen der Entzug der Freistellung für FuE-Vereinbarungen in Betracht kommen könnte, eher theoretischer Natur (Erwgr. 18). Dementsprechend hat die Kommission ihre Rechte bisher soweit ersichtlich noch nicht ausgeübt.[34] **12**

---

[27] Bekanntmachung Nebenabreden, ABl. 2005 C 56, 24 Rn. 13.
[28] Immenga/Mestmäcker/Fuchs Art. 2 Rn. 12.
[29] Art. 5 Abs. 1 lit. d VO Nr. 418/85; Kom. ABl. 1972 L 31, 29 – MAN/Saviem; Kom. ABl. 1968 L 201, 7 – ACEC-Berliet.
[30] Art. 5 Abs. 1 lit. a und lit. b VO Nr. 418/85.
[31] Kom. ABl. 1994 L 341, 66 Rn. 33 – Fujitsu AMD Semiconductor.
[32] Kom. ABl. 1990 L 209, 15 Rn. 2 – Elopak/Metal Box – Odin.
[33] Art. 4 lit. c VO Nr. 418/85; Kom. ABl. 1983 L 376, 11 – VW/MAN.
[34] Vgl. zur alten FuE-GVO, Kom. ABl. 1993 L 183, 19 – Langnese/Iglo.

13 Die Kommission kann die Freistellung entziehen, wenn die FuE-Vereinbarung den Wettbewerb im Bereich der Innovation ausschaltet.[35] Ferner, wenn die FuE Vereinbarung die Möglichkeiten Dritter, FuE-Arbeiten in dem relevanten Bereich durchzuführen, beschränkt, weil andere Forschungskapazitäten danach nur noch in einem begrenzten Umfang zur Verfügung stehen.[36] Hintergrund der Regelung ist offenbar der Gedanke, dass die betreffenden Forschungskapazitäten essential facilities sein können.[37] Eine **Marktabschottung auf dem Innovationsmarkt** soll nach Ansicht der Kommission dann vorliegen, wenn die FuE-Vereinbarung Schlüsseltechnologien betrifft, die Dritten nicht zur Verfügung stehen und auch nicht durch Lizenzvergabe oder auf anderem Wege zugänglich gemacht werden.[38]

14 Weiter kommt der Entzug der Freistellung in Betracht, wenn Dritte vom **Zugang** zu dem relevanten Produkt- oder Technologiemarkt infolge der durch die Existenz der FuE-Vereinbarung geschaffenen besonderen Angebotsstruktur erheblich beschränkt werden.[39] Dabei ist zu beachten, dass die Vertragsprodukte allein keinen eigenen Markt bilden, wie sich aus den Legaldefinitionen des Art. 1 Abs. 1 lit. u und lit. v ergibt. Nach der Vorgängerverordnung Nr. 418/85 war das noch offen.[40] Dritte sind damit sowohl die Abnehmer als auch die Wettbewerber der Vertragsparteien. Angesichts der in Art. 4 niedergelegten Marktanteilsschwellen dürfte der Entzug der Freistellung infolge einer Marktabschottung wohl nur selten möglich sein. Dies gilt vor allem im Hinblick darauf, dass die FuE-GVO Vereinbarungen zwischen Wettbewerbern auch dann freistellt, wenn deren gemeinsamer Marktanteil den Wert von 25 % nach Vertragsschluss und während der Dauer der FuE-Arbeiten sowie des sich ggf. daran anschließenden Sieben-Jahres-Zeitraums für die gemeinsame Verwertung überschreitet. Ein Entzug der Freistellung kommt vor diesem Hintergrund kaum in Betracht.[41]

15 Weiter wurde in Erwägungsgrund 21 auch der früher in Art. 7 aF geregelte Entzugsgrund aufgenommen, dass die Parteien die Ergebnisse der gemeinsamen FuE-Arbeiten ohne sachlich gerechtfertigten Grund **nicht verwerten,** dh die Vertragsprodukte weder vertreiben noch die Ergebnisse der Kooperation an Dritte durch die Erteilung von Lizenzen oder die Weitergabe von Knowhow zugänglich machen (Art. 1 Abs. 1 lit. g). Dies verwundert schon vor dem Hintergrund, dass die Kommission „reine" FuE-Vereinbarungen kaum je als wettbewerbsbeschränkend ansieht,[42] sondern eher die Fälle, in denen eine gemeinsame Verwertung hinzukommt.[43] Einen Verwertungszwang, gerade in Fällen, in denen eine „reine" FuE Vereinbarung mit nachfolgend selbstständiger (also nicht gemeinsamer) Verwertung vorgesehen ist, ergibt sich aus der FuE-GVO nicht und ist auch wettbewerbsrechtlich nicht geboten. Es ist auch zweifelhaft, ob dieses Szenario der unterbliebenen Verwertung im Hinblick auf den erheblichen Investitionsbedarf im Zusammenhang mit FuE überhaupt realistischerweise eintreten kann.[44] Jedenfalls muss die Prüfung, ob ein sachlich gerechtfertigter Grund für die unterbliebene Verwertung vorliegt, unter Berücksichtigung der besonderen Umstände des jeweiligen Einzelfalles erfolgen. Man wird den Parteien zB nicht vorwerfen können, wenn sie nicht sämtliche Ergebnisse ihrer Kooperation, sondern nur diejenigen verwerten, die ihnen für eine Verwertung geeignet erscheinen,[45] oder wenn die FuE-Ergebnisse nicht den Anforderungen der Parteien gerecht werden und daher eine Entscheidung gegen die Verwertung getroffen wird. Im Übrigen wird eine „reine" FuE-Kooperation fast immer bereits beendet sein, wenn die Kommission feststellt, dass die Parteien die Ergebnisse nicht (selbstständig) verwerten. Nachträglich kann sie jedoch die Freistellung nicht mehr entziehen. Eine Verwertungskooperation, bei der die Parteien sich einig sind, die Ergebnisse nicht zu verwerten, dürfte selten sein. Soweit sie aber andere Produkte als die Vertragsergebnisse verwerten, so gilt die Freistellung nach der FuE-GVO ohnehin nicht. Eine Entziehung ist dann ebenfalls nicht möglich. Schließlich greift bereits ein selektiver Entzug der Freistellung gem. Art. 6 lit. b mit ex nunc Wirkung, wenn die Parteien einander Lizenzierungsbe-

---

[35] Leitlinien „horizontale Zusammenarbeit", ABl. 2011 C 11, 1 Rn. 126.
[36] Erwgr. 21.
[37] Mestmäcker/Schweitzer EuWettbR 3. Aufl. 2014, § 32 Rn. 60.
[38] Leitlinien „horizontale Zusammenarbeit", ABl. 2011 C 11, 1 Rn. 138.
[39] Erwgr. 21.
[40] Wiedemann, Kommentar zu den Gruppenfreistellungsverordnungen des EWG-Kartellrechts, 1989, GVO I VO 418/85 Art. 10 Rn. 11.
[41] Vgl. LMRKM/Schütze Art. 4 Rn. 51; Wiedemann, Kommentar zu den Gruppenfreistellungsverordnungen des EWG-Kartellrechts, 1989, GVO I VO 418/85 Art. 10 Rn. 12; aA Bunte/Sauter, EG-Gruppenfreistellungsverordnungen, 1988, VO Nr. 418/85 Rn. 61.
[42] Leitlinien „horizontale Zusammenarbeit", ABl. 2011 C 11, 1 Rn. 129.
[43] Leitlinien „horizontale Zusammenarbeit", ABl. 2011 C 11, 1 Rn. 137.
[44] Wiedemann, Kommentar zu den Gruppenfreistellungsverordnungen des EWG-Kartellrechts, 1989, GVO I VO 418/85 Art. 10 Rn. 6.
[45] Korah R & D, 86.

schränkungen gegenüber Dritten auferlegt haben und die Ergebnisse auch sonst nicht verwerten. Die Kommission braucht hier nicht mehr tätig zu werden. Vor diesem Hintergrund erscheint dieser Entzugsgrund wenig durchdacht zu sein.

Der Entzug der Freistellung ist weiter möglich, wenn die Vertragsprodukte im Binnenmarkt 16 oder in einem wesentlichen Teil desselben **keinem wirksamen Wettbewerb** ausgesetzt sind.[46] Unklar ist, zu welchem Zeitpunkt die Gruppenfreistellung entzogen werden kann. Grds. kann die Kommission die Gruppenfreistellung jederzeit, dh auch während der Dauer der FuE-Arbeiten und der Verwertungsphase entziehen. Andererseits soll die Freistellung nach Beginn der gemeinsamen Verwertung grds. gerade ungeachtet der Höhe der Marktanteile gelten, damit sich diese stabilisieren können (Erwgr. 14). Nach Auffassung der Kommission ist diese zusätzliche Freistellungsphase dadurch begründet, dass Unternehmen, die neue Produkte oder Technologien in den Markt einführen, zu Anfang häufig sehr hohe Marktanteile erzielen. Diese starke Marktstellung könne daher regelmäßig nicht als Ursache für eine Ausschaltung des Wettbewerbs angesehen werden.[47] Vor diesem Hintergrund wird die Kommission nur unter ganz besonderen Umständen ausnahmsweise davon ausgehen können, dass eine FuE-Vereinbarung den wirksamen Wettbewerb insgesamt ausschaltet.[48] Hohe Marktanteile werden insoweit aus Gründen der Rechtssicherheit nicht ausreichen. Sind die Anwendungsvoraussetzungen der FuE-GVO einmal erfüllt, so bleiben die Marktanteile der beteiligten Unternehmen für die gesamte Dauer der Freistellung außer Betracht.

Schließlich kann die Freistellung in den seltenen Fällen entzogen werden, in denen **wirksamer** 17 **Wettbewerb bei FuE** in einem bestimmten Markt bereits durch die Existenz der FuE-Arbeiten ausgeschaltet würde.[49] Diese Regelung trägt dem Umstand Rechnung, dass die Marktanteilsschwellen bei völlig neugeschaffenen Produkten oder Technologien ins Leere gehen, da der relevante Markt durch die Kooperation erst geschaffen wird.[50] Dementsprechend gilt die Gruppenfreistellung für solche Vereinbarungen unabhängig vom jeweiligen Marktanteil auch für die siebenjährige Verwertungsperiode. Eine Analyse ist daher nur im Hinblick auf den Innovationswettbewerb möglich.[51] Im Gegensatz zu den oben beschriebenen Fällen besteht die Eingriffsmöglichkeit der Kommission hier jedoch bereits ab dem Zeitpunkt des Vertragsschlusses.

Die Kommission kann die Freistellung entweder aufgrund eigener Initiative oder auf Antrag 18 eines Mitgliedstaates bzw. im EWR auf Antrag eines anderen Überwachungsorgans[52] mit Wirkung für die Zukunft[53] entziehen. Es gilt das Opportunitätsprinzip, dh die Kommission ist nicht zum Einschreiten verpflichtet.[54] Dritte können ebenfalls die Entziehung der Freistellung bei der Kommission beantragen, müssen aber dazu ein berechtigtes Interesse darlegen, wobei insoweit auf die Kommentierung zu Art. 7 Abs. 2 VO 1/2003 verwiesen werden kann. Als mögliche Beschwerdeführer kommen insoweit vor allem Konkurrenten der beteiligten Unternehmen in Betracht. Lehnt die Kommission die Einleitung eines **Entziehungsverfahrens** ab oder betreibt sie es nach der Einleitung nicht weiter, so kann diese Entscheidung ebenso wie die Entziehungsentscheidung selbst angefochten werden.[55]

Art. 3 Freistellungsvoraussetzungen

(1) Die Freistellung nach Artikel 2 gilt unter den Voraussetzungen der Absätze 2 bis 5.

(2) ¹In der Forschungs- und Entwicklungsvereinbarung muss festgelegt sein, dass alle Parteien für die Zwecke weiterer Forschung und Entwicklung und Verwertung uneingeschränkten Zugang zu den Endergebnissen der gemeinsamen Forschung und Entwicklung oder der Auftragsforschung und -ent-

---

[46] Erwgr. 21.
[47] Leitlinien „horizontale Zusammenarbeit" Rn. 145.
[48] Hierzu → FuE-GVO Erwägungsgrund Rn. 21; ebenso Wiedemann, Kommentar zu den Gruppenfreistellungsverordnungen des EWG-Kartellrechts, 1989, GVO I VO 418/85 Art. 10 Rn. 9; Korah R & D, 86; Bunte/Sauter, EG-Gruppenfreistellungsverordnungen, 1988, VO Nr. 418/85 Rn. 63; kritischer Immenga/Mestmäcker/Fuchs FuE-GVO Einführung Rn. 36.
[49] Erwgr. 21.
[50] EG-Kom.-Wettbewerbsbericht, Nr. XXX 2000, 30.
[51] Leitlinien „horizontale Zusammenarbeit" Rn. 126.
[52] Beschluss Nr. 3/2011 des Gemeinsamen EWR-Ausschusses vom 11.2.2011 zur Änderung des Anhang XIV (Wettbewerb) des EWR-Abkommens, ABl. 2011 L 93, 32.
[53] Verordnung Nr. 2821/71, letzte Rn.
[54] Wiedemann, Kommentar zu den Gruppenfreistellungsverordnungen des EWG-Kartellrechts, 1989, GVO I VO 418/85 Art. 10 Rn. 265; EuGH Slg. 1979, 3173 Rn. 18 – GEMA.
[55] Wiedemann, Kommentar zu den Gruppenfreistellungsverordnungen des EWG-Kartellrechts, 1989, GVO I VO 418/85 Art. 10 Rn. 264.

wicklung einschließlich daraus erwachsender Rechte des geistigen Eigentums und daraus erwachsenden Know-hows haben, sobald sie vorliegen. ²Beschränken die Parteien ihre Verwertungsrechte im Einklang mit dieser Verordnung, insbesondere wenn sie sich im Rahmen der Verwertung spezialisieren, so kann der Zugang zu den Ergebnissen für die Zwecke der Verwertung entsprechend beschränkt werden. ³Ferner können Forschungsinstitute, Hochschulen oder Unternehmen, die Forschungs- und Entwicklungsleistungen in Form gewerblicher Dienste erbringen und sich üblicherweise nicht mit der Verwertung von Ergebnissen befassen, vereinbaren, die Ergebnisse ausschließlich für die Zwecke weiterer Forschung zu nutzen. ⁴Die Forschungs- und Entwicklungsvereinbarung kann vorsehen, dass die Parteien einander für den Zugang zu den Ergebnissen für die Zwecke weiterer Forschung oder Verwertung eine Vergütung zahlen, die jedoch nicht so hoch sein darf, dass sie diesen Zugang praktisch verhindern würde.

(3) ¹Sind in der Forschungs- und Entwicklungsvereinbarung nur gemeinsame Forschung und Entwicklung oder Auftragsforschung und -entwicklung vorgesehen, so muss in dieser Vereinbarung unbeschadet des Absatzes 2 festgelegt sein, dass jeder Partei Zugang zum vorhandenen Know-how der anderen Parteien gewährt wird, sofern dieses Know-how für die Verwertung der Ergebnisse durch die Partei unerlässlich ist. ²Die Forschungs- und Entwicklungsvereinbarung kann vorsehen, dass die Parteien einander für den Zugang zu ihrem vorhandenen Know-how eine Vergütung zahlen, die jedoch nicht so hoch sein darf, dass sie diesen Zugang praktisch verhindern würde.

(4) Die gemeinsame Verwertung darf nur Ergebnisse betreffen, die durch Rechte des geistigen Eigentums geschützt sind oder Know-how darstellen und die für die Herstellung der Vertragsprodukte oder die Anwendung der Vertragstechnologien unerlässlich sind.

(5) Die im Wege der Spezialisierung im Rahmen der Verwertung mit der Herstellung der Vertragsprodukte betrauten Parteien müssen verpflichtet sein, Aufträge der anderen Parteien über die Belieferung mit Vertragsprodukten zu erfüllen, es sei denn, die Forschungs- und Entwicklungsvereinbarung sieht auch einen gemeinsamen Vertrieb im Sinne von Artikel 1 Absatz 1 Buchstabe m Ziffer i oder ii vor oder die Parteien haben vereinbart, dass nur die Partei, die die Vertragsprodukte herstellt, diese auch vertreiben darf.

Übersicht

		Rn.			Rn.
I.	Überblick	1	2.	Möglichkeit selbstständiger Verwertung (Art. 3 Abs. 3)	14
II.	Die einzelnen Freistellungsvoraussetzungen	3	3.	Voraussetzungen einer gemeinsamen Verwertung (Art. 3 Abs. 4)	17
1.	Zugang zu den Ergebnissen (Art. 3 Abs. 2)	3	4.	Gegenseitige Belieferung (Art. 3 Abs. 5)	19

I. Überblick

1   Art. 3 stellt eine Reihe von Bedingungen für die Freistellung auf und bestimmt so gemeinsam mit Art. 1 und Art. 4 den Anwendungsbereich der GVO. Der wesentliche Grundsatz für die Freistellung ist, dass alle Parteien uneingeschränkten Zugang zu den Endergebnissen ihrer gemeinsamen Bemühungen – sowohl für weitere FuE als auch Verwertung – erhalten. Für den Zugang für weitere FuE kann ein Entgelt gefordert werden, das allerdings nicht prohibitiv hoch sein darf. Wo die Grenze hierfür liegt, ist eine Frage des Einzelfalls. Beschränkungen für die Verwertung der Ergebnisse sind zulässig, wenn die Parteien eine entsprechende gemeinsame Verwertung vereinbaren, was diverse Formen der Spezialisierung einschließt. Der Zugang für weitere FuE-Arbeiten muss allerdings auch in diesem Fall offenbleiben. Im Ergebnis kann es zulässig sein, dass nur eine Partei vertreiben darf (Abs. 5 aE); dagegen muss die weitere FuE stets allen Parteien möglich bleiben, wenn auch ggf. erschwert durch die bereits angesprochene moderate Lizenzzahlungspflicht, Abs. 2 aE.

2   Freistellungsvoraussetzung – auch im Falle einer Auftragsforschung – ist weiterhin, dass unter gewissen Voraussetzungen uneingeschränkt Zugang zu den Endergebnissen gemäß Artikel 3 Abs. 1 und Zugang zu bereits vorhandenem Know-how gemäß Artikel 4 Abs. 1 gewährt werden muss. Für die Auftragsforschung mag dies zunächst verwundern und eher die Bekanntmachung „Zulieferverträge passend erscheinen. Doch ist der Zugang zu Endergebnissen nur für Zwecke weiterer FuE sowie der Verwertung erforderlich und der Zugang zu vorhandenem Know-how nur dann, wenn – und das ist neu – die gemeinsame Verwertung „ausgeschlossen" ist und der Zugang zum vorhandenen Know-how für die Verwertung „unerlässlich" ist. Es kann somit beispielsweise eine passende Art

der gemeinsamen Verwertung in Form der Spezialisierung gewählt werden, um den Know-how Transfer zu verhindern, oder – zumindest lässt der Wortlaut hierfür Raum – die Frage der gemeinsamen Verwertung schlicht offengelassen (also nicht „ausgeschlossen") werden, was ebenfalls dazu führen sollte, dass kein vorhandenes Know-how transferiert werden muss.

II. Die einzelnen Freistellungsvoraussetzungen

1. Zugang zu den Ergebnissen (Art. 3 Abs. 2). Art. 3 Abs. 2 will den technischen und wirtschaftlichen Fortschritt durch die Weitergabe von technischem Wissen fördern.[1] Alle Vertragsparteien müssen daher „uneingeschränkten Zugang" zu den Endergebnissen der gemeinsamen FuE-Arbeiten für weitere Forschungs-, Entwicklungs- oder Verwertungszwecke haben.[2]

„**Alle Parteien**" umfasst gem. Art. 1 Abs. 2 auch die jeweils mit den Parteien verbundenen Unternehmen. Die Existenz verbundener Unternehmen wirkt sich somit nicht nur nachteilig bei Bestimmung der Marktanteile aus, sondern im Rahmen der Freistellungsvoraussetzungen auch positiv. Bei der Vertragsgestaltung sollte geprüft werden, inwiefern verbundene Unternehmen existieren und ob diesbezügliche Lizenzzahlungspflichten durchgesetzt werden können.

Das Erfordernis des „**uneingeschränkten Zugangs**" fordert nicht nur Zugang zu den (faktischen) Endergebnissen der FuE, sondern auch zu etwaigen, daraus erwachsenden IP-Rechten sowie Know-how.[3] Ggf. sind daher Lizenzen einzuräumen, sofern beispielsweise nur eine FuE Partei Inhaber der entstandenen IP Rechte geworden ist.[4] Dies kann gegen **Entgelt** geschehen, solange die Höhe der Vergütung nicht den Zugang praktisch verhindert, indem sie prohibitiv hoch ist. Zum Teil wird vertreten, eine praktische Verhinderung liege schon dann vor, wenn der Lizenzsatz höher ausfällt, als objektiv angemessen erscheint unter Berücksichtigung des Beitrags des Lizenznehmers zur FuE.[5] Diese Schwelle erscheint jedoch als zu niedrig, denn nicht jede unangemessene Höhe einer Lizenzgebühr führt zu einer praktischen Zugangsverhinderung. Ferner geht es Art. 3 Abs. 2 ausschließlich um den Zugang der individuellen Parteien der FuE. Daher ist darauf abzustellen, ob der konkreten FuE Partei unter Berücksichtigung ihrer individuellen Situation, bei der geforderten Lizenzhöhe der Zugang praktisch verwehrt ist. Unterschiedlich hohe Lizenzgebühren können nicht automatisch als Behinderung eingestuft werden.[6] Die Kommission hatte im Konsultationsverfahren zwar ursprünglich die Forderung nach einem „gleichen" Zugang erhoben, die aber am Ende keinen Eingang in die FuE-GVO fand.

Klauseln, nach denen die Parteien die Ergebnisse nur gemeinsam zur weiteren FuE verwenden dürfen, erfüllen das Kriterium des uneingeschränkten Zugangs nicht und sind daher unwirksam.[7] **Ausschließliche Lizenzen,** die von einem der Partner den Zugang zu den Ergebnissen für weitere FuE gewähren, sind ebenfalls nicht zulässig, da sie nur einen selektiven Zugang gewähren. Im Rahmen der Herstellung und des Vertriebs kann dagegen eine ausschließliche Lizenz zulässig sein, vgl. Art. 1 Abs. 1 lit. o aE.[8] Und in bestimmten Ausnahmefällen beschränken ausschließliche Zugangsrechte gar nicht erst den Wettbewerb und bedürfen daher auch keiner Freistellung. Dies kann bspw. bei sehr großen und risikobehafteten Investitionen in einem unsicheren Marktumfeld der Fall sein.[9] Auch eine zeitlich unbefristete Aufteilung der Nutzungsrechte zwischen den Parteien liefe einem uneingeschränkten Zugang zuwider und steht daher einer Freistellung entgegen.[10] Die jeweilige FuE darf inhaltlich nur im Rahmen des Art. 5 lit. a beschränkt werden; für die gemeinsame Verwertung müssen die Parteien u.a. die zeitliche Schranke von 7 Jahren für die gemeinsame Verwertung beachten, Art. 4.

Eine wichtige Änderung gegenüber der Vorgängerverordnung liegt darin, dass die gegenwärtige Verordnung einen uneingeschränkten Zugang nur zu den „**Endergebnissen**" der gemeinsamen Bemühungen fordert, ohne diesen Begriff indes zu definieren. Gemeint sind wohl vor allem etwaige Patente sowie das im Zuge der Kooperation entstandene Know-how. Umstritten ist, ob aus praktischen Erwägungen daneben auch ein Zugang zu bereits bestehendem Know-how und Patenten zu

---

[1] Leitlinien „horizontale Zusammenarbeit" Rn. 67.
[2] Kom. ABl. 1983 L 224, 19 – Rockwell/Iveco; Kom. ABl. 1983 L 376, 11 – VW/MAN.
[3] LMRKM/Schütze Rn. 40.
[4] Ebenso Smielick in Hasselblatt, Münchener Anwaltshandbuch Gewerblicher Rechtsschutz, 6. Aufl. 2022, § 46 Rn. 122.
[5] Slobodenjuk BB 2016, 1670 (1672) mwN.
[6] Bechtold/Bosch/Brinker FuE-GvO Art. 3 Rn. 5.
[7] von der Groeben/Schwarze/Hatje/Hirsbrunner AEUV nach Art. 101 Rn. 157.
[8] LMRKM/Schütze Art. 3 Rn. 40; von der Groeben/Schwarze/Hatje/Hirsbrunner AEUV nach Art. 101 Rn. 157.
[9] Kommission, Leitlinien über die horizontale Zusammenarbeit, Rn. 140.
[10] Gutermuth WuW 2012, 237 (242); aA BeckOK/Slobodenjuk, Art. 3 Rn. 3.

gewähren ist, soweit dieser für die Nutzung der Ergebnisse der gemeinsamen FuE erforderlich ist.[11] Gegen die Auffassung, dass Zugang generell auch zu „erforderlichem" Background-Know-how und Background-Patenten zu gewähren ist, spricht neben dem Wortlaut, der nur von Endergebnissen der FuE handelt, dass Abs. 3 eine spezielle Regelung für reine FuE Verträge enthält und selbst bei diesen nur die Lizenzierung von Background Know-how verlangt, nicht auch von Background-Patenten. Aus der Systematik ergibt sich somit, dass Abs. 2 S. 1 nur den Zugang zu den Endergebnissen selbst verlangt.[12] Bei der Vertragsgestaltung empfiehlt sich, eine vertragliche Verpflichtung zur späteren Lizenzierung der erforderlichen Background-IP zu prüfen. Zugangsbeschränkungen bei **Zwischenergebnissen** sind dagegen möglich. Die Grenze wird indes in der Praxis nur schwer zu ziehen sein, sodass diese Veränderung nur von zweifelhaftem Nutzen ist.

7 Auslegungsbedürftig ist weiter, was die Kommission unter einem Zugang „**für die Zwecke weiterer Forschung und Entwicklung und Verwertung**" versteht. Es wird diskutiert, ob sich dies nur auf FuE und Verwertung in demselben technischen Bereich wie die FuE Vereinbarung bezieht oder umgekehrt nur auf FuE und Verwertung außerhalb dieses Bereichs, oder auf beides.[13] Richtigerweise ist beides erfasst. Es muss daher auch ein Verwendung der Ergebnisse zu ursprünglich nicht von der Kooperation abgedeckten Zwecken möglich sein.[14] Hierfür spricht neben dem Zweck weitere FuE zu fördern (Erwgr 11) ein systematischer Vergleich mit Art. 5 lit. a, in dem die FuE Verordnung ausdrücklich zwischen den verschiedenen technischen Bereichen differenziert, was in Art. 3 Abs. 2 gerade nicht geschehen ist.

8 Der Zugang zu den Endergebnissen darf aber beschränkt werden, wenn die Parteien im Einklang mit der Verordnung ihre **Verwertungsrechte beschränken.** Sie dürfen also insbes. eine gemeinsame Verwertung vereinbaren und insoweit eigenständige Aktivitäten ausschließen. Solche Zugangsbeschränkungen sind aber nur für die Zeit der gemeinsamen Verwertung zulässig; anschließend muss der Zugang uneingeschränkt gewährt werden.[15] Eigenständige FuE-Aktivitäten müssen die Parteien bereits während der Verwertungsphase gestatten. Gemäß Art. 5 lit. a dürfen die Parteien allerdings einander während der Dauer ihrer Kooperation durch Wettbewerbsverbote eine konkurrierende FuE-Tätigkeit in dem von der Kooperation abgedeckten und damit zusammenhängenden, benachbarten Bereichen untersagen. Ist aber ein solches Wettbewerbsverbot freigestellt, so muss insoweit auch kein Zugang gewährt werden.

9 Das uneingeschränkte Zugangserfordernis nach Art. 3 Abs. 2 erscheint für den nunmehr miterfassten Fall einer **Auftragsforschung** problematisch, beispielsweise wenn der Auftragnehmer die Ergebnisse für eine weitere FuE in Form der Auftragsforschung mit einem Wettbewerber des Auftraggebers verwenden will.[16] Bezahlt ein Unternehmen für die Entwicklung von Produkten, kann es aus dem jeweils einschlägigen Vertragsrecht anerkannt sein, dass dem „Auftragnehmer" in gewissen zeitlichen Grenzen verwehrt ist, das Entwicklungsergebnis selbst zu nutzen.[17] Diesem Ergebnis steht Art. 3 Abs. 2 insofern entgegen, als er uneingeschränkten Zugang zu den Endergebnissen der Auftrags-FuE für „weitere FuE und Verwertung" verlangt. Um einen Widerspruch zu vermeiden, ist hier besonders sorgfältig zu prüfen, ob überhaupt eine wettbewerbsbeschränkende Auftrags-FuE-Vereinbarung iSd Art. 101 Abs. 1 AEUV vorliegt. Alleine die Beschränkung der weiteren Nutzung der Endergebnisse kann in diesem Sonderfall ausnahmsweise keine Wettbewerbsbeschränkung darstellen, wenn und soweit aufgrund der schuldrechtlichen Ausgangslage von vornherein keine Handlungsfreiheit des Auftragnehmers bzgl. der Forschungsergebnisse entsteht, die beschränkt werden könnte.[18] Bei einer dennoch unter Art. 101 Abs. 1 AEUV fallenden Auftrags-FuE-Vereinbarung ist

---

[11] Winzer, Forschungs- und Entwicklungsverträge, 2. Aufl. 2011, Rn. 635. Diese Ansicht müsste iErg zumindest dahingehend eingeschränkt werden, dass dieser Zugang allenfalls ex post, nicht aber schon zu Beginn der Kooperation erfolgen muss, wie es die Kommission zunächst gefordert hatte, Kommission, Memo/10/676. Denn zu diesem frühen Zeitpunkt dürfte sich ohnehin kaum je sagen lassen, welcher „background" später tatsächlich von Bedeutung sein wird.
[12] Hasselblatt, Münchener Anwaltshandbuch Gewerblicher Rechtsschutz 6. Aufl. 2022/Smielick, § 46 Rn. 126.
[13] Winzer, Forschungs- und Entwicklungsverträge, 2. Aufl. 2011, Rn. 626; Bechtold/Bosch/Brinker Rn. 3.
[14] Hasselblatt, Münchener Anwaltshandbuch Gewerblicher Rechtsschutz6. Aufl. 2022/Smielick § 46 Rn. 123; Mestmäcker/Schweitzer EuWettbR, 3. Aufl. 2014, § 32 Rn. 39 mit Verweis auf Erwgr. 11 FuE-GVO aF (jetzt Erwägungsgründe 11 bis 14); Enger Winzer, Forschungs- und Entwicklungsverträge Rn. 626 ff.; Winzer, GRUR-Int 2001, 413 (416), demzufolge sich Art. 3 Abs. 2 S. 1 FuE-GVO aF (jetzt Art. 3 Abs. 1) nur auf das technische Sachgebiet der Kooperation erstrecke.
[15] Gutermuth WuW 2012, 237 (242); Rosenberger/Wündisch/Badtke, Kap. 6 D. Rn. 374 ff.
[16] Von der Groeben/Schwarze/Hatje/Hirsbrunner AEUV nach Art. 101 Rn. 145.
[17] OLG Frankfurt a. M. NJW-RR 1994, 1476 (Auftragsentwicklung für biotechnische Diagnostika); BGH GRUR 1985, 1041 (1043 f.) (Werkvertrag Softwareentwicklung).
[18] von der Groeben/Schwarze/Hatje/Hirsbrunner AEUV nach Art. 101 Rn. 145.

ferner zu prüfen, ob im Einzelfall die Verwendung der Endergebnisse für eine weitere Auftrags-FuE mit einem Wettbewerber eher als Fall der Verwertung als der weiteren FuE erscheint und somit grundsätzlich beschränkt werden kann. Dies ist beispielsweise dann denkbar, wenn der Auftragnehmer mit seiner stetig wachsenden Expertise durch Auftrags-FuE Projekte wirbt. Es ist jedoch zuzugeben, dass durch die Freistellungsvoraussetzung des Art. 3 Abs. 2 die Attraktivität der Auftragsforschung leidet und es für Auftraggeber ratsam erscheinen kann, lediglich ausgewählte Teilaspekte eines FuE-Projekts an einen Auftragnehmer zu vergeben.[19]

Die FuE-GVO geht davon aus, dass **Forschungsinstitute und ähnliche Einrichtungen** **10** üblicherweise nicht als Verwerter auftreten, Art. 3 Abs. 2 S. 3. Diese sollen somit dazu verpflichtet werden können, die Ergebnisse ausschließlich zum Zwecke der Durchführung weiterer Forschungsarbeiten zu verwenden. Diesen Einrichtungen kann folglich nach der GVO eine eigene wirtschaftliche Verwertung der Ergebnisse untersagt werden. Werden Universitäten jedoch bezuschusst, kann zumindest nach deutschem Recht der jeweilige Zuschussbescheid eine Verwertungspflicht vorsehen. In diesem Fall greift die in der GVO vorgesehene Privilegierung daher nicht.[20]

Unter der Vorgänger-GVO konnten Nicht-Wettbewerber das Zugangsrecht auf **einzelne** **11** **Anwendungsbereiche** (field-of-use) beschränken. Diese Bestimmung ist nun entfallen, was jedoch in der Sache nicht zu einer Änderung der Rechtslage geführt hat. Teilen die Parteien nämlich lediglich die Verwertungsrechte nach verschiedenen Anwendungsbereichen auf, so gilt dies als (unter der Voraussetzung des Art. 3 Abs. 4 zulässige) Spezialisierung.[21] Ist die Phase der gemeinsamen Verwertung abgeschlossen (die aber länger als 7 Jahre dauern kann, wenn die Marktanteilsschwelle nicht überschritten wird, Art. 4 Abs. 3), sind weitere anwendungsbezogene Verwertungsbeschränkungen nicht mehr von der FuE-GVO freigestellt und – anders als früher – auch dann, wenn die Parteien keine Wettbewerber sind. Zudem stellt die Kommission klar, dass Nutzungsbeschränkungen (also field of use-Beschränkungen) weder als Produktions- oder Absatzbeschränkungen noch als Gebiets- oder Kundenbeschränkungen einzustufen sind.[22] Das gilt unabhängig davon, ob die Parteien Wettbewerber sind oder nicht.[23]

Selbst wenn die Freistellungsvoraussetzungen des Art. 3 Abs. 2 nicht erfüllt sind, kann die **12** Vereinbarung ausschließlicher Zugangsrechte für die Zwecke der Verwertung im Einzelfall die Freistellungsvoraussetzungen des **Art. 101 Abs. 3 AEUV** erfüllen, va „wenn derartige Rechte angesichts des Marktes, der Risiken und des Umfangs der zur Nutzung der Ergebnisse von Forschung und Entwicklung erforderlichen Investitionen unerlässlich sind".[24]

Das OLG Celle hat entschieden, dass selbst wenn eine Partei aufgrund einer Wettbewerbsver- **13** botsklausel an der unabhängigen FuE gehindert ist, die FuE-Vereinbarung im Einzelfall als insgesamt wettbewerbsfördernd angesehen werden kann.[25]

2. Möglichkeit selbstständiger Verwertung (Art. 3 Abs. 3). Sieht die Vereinbarung ledig- **14** lich die gemeinsame FuE oder Auftrags-FuE vor, nicht aber eine gemeinsame Verwertung, so müssen die Parteien einander wechselseitig Zugang zu ihrem jeweiligen Know-how (nicht aber, wie noch in der Entwurfsfassung vorgesehen, zu den jeweiligen Patenten) gewähren. Dies gilt allerdings nur, soweit dieser Zugang für eine spätere Verwertung der Ergebnisse unerlässlich ist. Die Parteien dürfen einander also nicht verbieten, die erzielten Ergebnisse zusammen mit vorher bestehendem, für die Verwertung erforderlichen Know-how selbstständig zu verwerten.[26] Ggf. müssen sie einander dazu Lizenzen erteilen,[27] wofür die Parteien allerdings ein angemessenes Entgelt verlangen dürfen, das mit anderen Worten nicht prohibitiv hoch sein darf. Forschungsinstituten und ähnlichen Einrichtungen darf nach Maßgabe von Abs. 2 S. 3 die wirtschaftliche Verwertung, nicht aber die Verwertung zu Forschungszwecken, untersagt werden.

Verwerten die Parteien die FuE-Ergebnisse gemeinsam, können sie eine selbstständige Verwertung **15** unterbinden.[28] Dabei unterstellt die Verordnung eine gemeinsame Verwertung, sobald die Parteien

---

[19] von der Groeben/Schwarze/Hatje/Hirsbrunner AEUV nach Art. 101 Rn. 158.
[20] Neben nationalen Vorgaben ist auf europäischer Ebene insbes. der Unionsrahmen für staatliche Beihilfen zur Förderung von Forschung, Entwicklung und Innovation (214/C 198/01), dort Ziff. 28 lit. d zu beachten, der in der Praxis zur Vereinbarung marktüblicher Bedingungen gegenüber Universitäten führt.
[21] Art. 1 Abs. 1 lit. o, vgl. Art. 5 lit. b Ziff. iii sowie die Erwgr. 11 u. 15; Gutermuth WuW 2012, 237 (241).
[22] Erwgr. 15 aE.
[23] Besen/Slobodenjuk, GRUR 2011, 300 (303); Bechtold/Bosch/Brinker Rn. 9; generell zu fiel-of-use Beschränkungen LMRKM/Schütze Rn. 40.
[24] Leitlinien „horizontale Zusammenarbeit" Rn. 140.
[25] OLG Celle 14.10.2016 – 13 Sch 1/15 (Kart) 7 Sch 3/15 Rn. 72 f. – Zuckerrübenzüchtung.
[26] Kom. ABl. 1979 L 70, 11 – Beecham/Parke, Davis.
[27] Pagenberg/Geissler, Lizenzverträge/Licence Agreements, 2008, Muster 8, S. 488.
[28] Mestmäcker/Schweitzer EuWettbR, 3. Aufl. 2014, § 32 Rn. 39; vgl. Kom. ABl. 1994 L 341, 66 Rn. 34 und 44 – Fujitsu AMD Semiconductors.

ihre Verwertungsmöglichkeiten beschränken und seien es auch nur die Möglichkeiten einer Partei.²⁹ Da auch eine Produktionsspezialisierung als „gemeinsame" Verwertung gilt, können sich die Parteien gegenseitig **einzelne Nutzungsrechte** zuweisen.

16 Entsprechend der Definition des Begriffs „Verwertung" in Art. 1 Abs. 1 lit. g umfasst das Recht zu einer selbständigen Verwertung der Forschungsergebnisse und des vorher bestehenden Know-hows grds. auch die **Vergabe von Lizenzen an Dritte** bzw. das Herstellenlassen der Vertragserzeugnisse durch Dritte.³⁰ Ein Verbot der Lizenzvergabe ist nicht freistellungsfähig, wenn eine Verwertung durch die Parteien weder vorgesehen ist noch tatsächlich innerhalb des Binnenmarktes erfolgt (Art. 6 lit. b). Soweit dagegen eine Verwertungsregelung getroffen wird oder innerhalb des Binnenmarktes stattfindet, können die Parteien auch die Weitergabe der Ergebnisse und des in die Kooperation eingebrachten Know-hows ausschließen.

17 **3. Voraussetzungen einer gemeinsamen Verwertung (Art. 3 Abs. 4).** Die gemeinsame Verwertung der Ergebnisse der FuE-Kooperation ist die „logische" Folge der gemeinsamen Anstrengungen der Parteien (Erwgr. 9). Nicht jedes Forschungsergebnis rechtfertigt jedoch automatisch eine gemeinsame Verwertung. Die gemeinsame Verwertung muss vielmehr gemäß Art. 3 Abs. 4 zunächst Ergebnisse betreffen, die durch gewerbliche Schutz- oder Urheberrechte geschützt sind oder Know-how darstellen. Fallengelassen wurde vor allem die bisherige Forderung nach einem „wesentlichen" Beitrag zum technischen oder wirtschaftlichen Fortschritt.

18 Ferner müssen die Ergebnisse für die Herstellung der Vertragsprodukte oder für die Anwendung der Vertragsverfahren „unerlässlich" sein, dh, dass ohne sie eine Herstellung oder Verwendung der Vertragsprodukte oder – Technologie nicht möglich sein darf. Dabei wird es darauf ankommen, ob ohne das fragliche Know-how eine wirtschaftlich vernünftige Verwertung möglich ist oder nicht.³¹ Diese Einschränkung soll verhindern, dass ansonsten nicht freistellungsfähige gemeinsame Vertriebsstrukturen auf Grundlage von bereits vorhandenem Stand der Technik ohne einen maßgeblichen Bezug zu der gemeinsamen FuE-Arbeit von der Freistellung profitieren.³²

19 **4. Gegenseitige Belieferung (Art. 3 Abs. 5).** Wird zwischen den Kooperationspartnern bei der Verwertung vereinbart, dass nur ein Teil der Parteien die Vertragsprodukte herstellt, so müssen die mit der Herstellung beauftragten Parteien alle anderen Partner auf deren Wunsch hin beliefern. Hierbei ist das generelle Diskriminierungsverbot zu berücksichtigen.³³ Anderenfalls könnte der Hersteller seine Partner durch einseitige Lieferbeschränkungen im Wettbewerb benachteiligen. Hiervon werden zwei Ausnahmefälle vorgesehen, einmal der Fall des gemeinsamen Vertriebs in Form eines gemeinsamen Teams oder durch einen gemeinsam bestimmten Dritten (Art. 1 Abs. 1 lit. m Ziff. i oder Ziff. ii); oder der Fall, dass die Parteien vereinbart haben, dass nur die herstellende Partei die Produkte auch vertreiben darf, beispielsweise aufgrund einer ausschließlichen Lizenz. Damit wurde auch ein Fall der Spezialisierung im Rahmen der Verwertung in den Ausnahmekatalog mit aufgenommen (Art. 1 Abs. 1 lit. m Ziff. iii iVm lit. o).

*Art. 4 Marktanteilsschwelle und Freistellungsdauer*¹

(1) ¹Sind die Parteien keine Wettbewerber, so gilt die Freistellung nach Artikel 2 für die Dauer der Forschung und Entwicklung. ²Werden die Ergebnisse gemeinsam verwertet, so gilt die Freistellung weiter sieben Jahre ab dem Tag des ersten Inverkehrbringens der Vertragsprodukte oder Vertragstechnologien im Binnenmarkt.

(2) Sind zwei oder mehr Parteien Wettbewerber, so gilt die Freistellung nach Artikel 2 nur dann für den in Absatz 1 des vorliegenden Artikels genannten Zeitraum, wenn zum Zeitpunkt des Abschlusses der Forschungs- und Entwicklungsvereinbarung

a) im Falle einer Forschungs- und Entwicklungsvereinbarung im Sinne von Artikel 1 Absatz 1 Buchstabe a Ziffer i, ii oder iii der gemeinsame Anteil der Parteien an den relevanten Produkt- und Technologiemärkten höchstens 25 % beträgt oder

b) im Falle einer Forschungs- und Entwicklungsvereinbarung im Sinne von Artikel 1 Absatz 1 Buchstabe a Ziffer iv, v oder vi der gemeinsame Anteil der finanzierenden Partei und aller Parteien,

---

²⁹ Gutermuth WuW 2012, 237 (242); vgl. Immenga/Mestmäcker/Fuchs Rn. 12; Bechtold/Bosch/Brinker Rn. 10.
³⁰ LMRKM/Schütze Rn. 41.
³¹ Besen/Slobodenjuk GRUR 2011, 300 (303); BeckOK/Slobodenjuk Rn. 10.
³² Hasselblatt, Münchener Anwaltshandbuch Gewerblicher Rechtsschutz/Smielick, 6. Aufl. 2022, § 46 Rn. 129.
³³ von der Groeben/Schwarze/Hatje/Hirsbrunner AEUV nach Art. 101 Rn. 164.
¹ Leitlinien „horizontale Zusammenarbeit" Rn. 112 ff., 123 ff.

mit denen die finanzierende Partei Forschungs- und Entwicklungsvereinbarungen über dieselben Vertragsprodukte oder Vertragstechnologien geschlossen hat, an den relevanten Produkt- und Technologiemärkten höchstens 25 % beträgt.

(3) Nach Ablauf des in Absatz 1 genannten Zeitraums gilt die Freistellung solange weiter, wie der gemeinsame Anteil der Parteien an den relevanten Produkt- und Technologiemärkten 25 % nicht überschreitet.

Übersicht

	Rn.			Rn.
I. Überblick	1	3.	Fortgeltung der Freistellung nach Ablauf der Verwertungsphase	16
II. Anwendung der Marktanteilsschwelle	4	4.	Parallele FuE-Aktivitäten	19
1. Vereinbarungen zwischen Nicht-Wettbewerbern	4	III.	Überschreiten der Marktanteilsschwelle	24
2. Vereinbarungen zwischen Wettbewerbern	8	IV.	Übersichtstabelle	26

I. Überblick

Die Freistellung von FuE-Vereinbarungen soll den Vertragsparteien nicht die Möglichkeit geben, den Wettbewerb für einen wesentlichen Teil der betreffenden Erzeugnisse oder Dienstleistungen auszuschalten (Erwgr. 13). Dementsprechend macht Art. 4 Abs. 2 die Freistellung einer Kooperation **zwischen konkurrierenden Unternehmen** davon abhängig, dass der gemeinsame Marktanteil der beteiligten Unternehmen zum Zeitpunkt des Abschlusses der Vereinbarung unter 25 % liegt. Gem. Art. 1 Abs. 2 sind bei dieser Berechnung auch die verbundenen Unternehmen einzubeziehen. Nur bei Unterschreiten der 25 %-Schwelle können die Parteien iR ihrer Kooperation Wettbewerbsbeschränkungen für die Dauer ihrer Kooperation vereinbaren. Verwerten die Parteien die von ihnen entwickelten Produkte oder Technologien gemeinsam (Art. 1 Abs. 1 lit. m), so gilt die Freistellung weiter auch für eine siebenjährige Verwertungsphase, die mit dem Tag des ersten Inverkehrbringens der Vertragsprodukte zu laufen beginnt. Daher sollte das erste Inverkehrbringen zwischen den Parteien vertraglich vereinbart werden. Liegt der gemeinsame Marktanteil zum Zeitpunkt des Vertragsschlusses über 25 %, ist die Kooperation insgesamt nicht nach der FuE-GVO freigestellt. Mit einer Marktanteilsschwelle von 25 % behandelt die FuE-GVO konkurrierende Unternehmen großzügiger als die TT-GVO oder die Spezialisierungs-GVO, nach denen die Freistellung jeweils bereits ab einem gemeinsamen Marktanteil von 20 % entfällt. Die Kommission begründet diese uneinheitliche Behandlung damit, dass FuE-Vereinbarungen innovationsfördernd sind und damit erhebliche Effizienzgewinne ermöglichen, was bei anderen Kooperationsformen weniger klar auf der Hand liege.[2] Bei einem leichten Überschreiten der Marktanteilsschwelle und sonstigem Einhalten der Vorgaben der GVO, kommt aber auch eine Freistellung nach **Art. 101 Abs. 3 AEUV** in Betracht. Entscheidend ist, wie stark die gemeinsame Stellung der Parteien auf den bestehenden Märkten ist und ob ihre Kooperation den Wettbewerb im Bereich der Innovation beschränkt.[3]

Stehen die beteiligten Unternehmen dagegen **nicht miteinander im Wettbewerb,** gilt die Freistellung unabhängig von den Marktanteilen der Beteiligten für die gesamte Dauer der FuE-Arbeiten bis zur Marktreife und die anschließende Verwertungsphase von sieben Jahren. Dies gilt auch für den Fall, dass die FuE-Vereinbarung die Entwicklung eines Produkts betrifft, das erst eine **ganz neue Nachfrage** schaffen soll.[4] Erst im Anschluss daran greift die Marktanteilsschwelle von 25 %. Die zwischen den Parteien vereinbarten Beschränkungen sind dann nach Art. 4 Abs. 3 nur noch solange freigestellt, wie die Summe ihrer Marktanteile (inkl. der mit ihnen verbundenen Unternehmen, Art. 1 Abs. 2) auf dem relevanten Markt der Vertragsprodukte oder Technologien 25 % nicht überschreitet. Anderenfalls geht die Freistellung endgültig verloren. Werden die Vertragsprodukte von nicht miteinander konkurrierenden Unternehmen getrennt vermarktet, greift die Marktanteilsschwelle überhaupt nicht ein.

Bleiben Wettbewerber oder Nicht-Wettbewerber zusammen stets unter 25 % (inkl. der mit ihnen verbundenen Unternehmen), gilt die Freistellung für den gemeinsamen Vertrieb über den 7-Jahres-Zeitraum hinaus, Art. 4 Abs. 3. Eine **Übersichtstabelle** zu den verschiedenen Freistellungszeiträumen findet sich am Ende unter → Rn. 26.

---

[2] KOM, Memo/10/676 v. 14.12.2010, A.3.
[3] Leitlinien „horizontale Zusammenarbeit" Rn. 135.
[4] Leitlinien „horizontale Zusammenarbeit" Rn. 126.

II. Anwendung der Marktanteilsschwelle

4 1. Vereinbarungen zwischen Nicht-Wettbewerbern. Stehen die beteiligten Unternehmen nicht miteinander in Wettbewerb, so ist die zwischen ihnen getroffene Vereinbarung gemäß Art. 4 Abs. 1 S. 1 zunächst ohne Befristung und unabhängig von der Marktstellung der beteiligten Unternehmen für die Dauer der FuE-Arbeiten freigestellt (Erwägungsgrund 18). Werden die Vertragsprodukte darüber hinaus gemeinsam verwertet, verlängert sich die Freistellungsfrist um weitere sieben Jahre. Die Siebenjahresfrist beginnt mit dem Tag, an dem das Vertragsprodukt oder eine Vertragstechnologie iSd Art. 1 Abs. 1 lit. f bzw. e erstmals von den Parteien oder, mit ihrer Zustimmung,[5] von einem Dritten im Gemeinsamen Markt in Verkehr gebracht wird. Hinter dieser Regelung steht die Überlegung, dass die gerade bei neu entwickelten Produkten nach Beginn der Verwertung häufig sehr hohen Marktanteile der Parteien nicht zu einem Verlust der Freistellung führen sollen. Ferner wird der relevante Markt häufig erst durch die FuE-Vereinbarungen geschaffen, wenn diese auf die Entwicklung eines völlig neuen Produktes abzielen. Den Parteien soll ferner ein Mindestzeitraum für die Abschreibung ihrer Investitionen zur Verfügung stehen (Erwgr. 14). Tatsächlich steht den Parteien zu diesem Zweck mitunter eine sehr lange Zeit zur Verfügung, bspw., wenn iRd Kooperation Schutzrechte entstehen. Um Transparenz und Planungssicherheit zu schaffen, sollten die Parteien vertraglich regeln, wann das erste Inverkehrbringen stattfindet.

5 Sind die Parteien der Kooperation **potenzielle Wettbewerber,** so sind die Marktanteilsschwellen gem. Art. 4 Abs. 2 zu beachten; die Anwendung des Abs. 1 scheidet dagegen aus. Dies gilt – anders als nach der TT-GVO – auch dann, wenn die Parteien lediglich potenzielle Wettbewerber auf einem Technologiemarkt sind.[6] Art. 1 Abs. 1 lit. r lässt hieran keinen Zweifel. Maßgeblich für die Feststellung des (zumindest potenziellen) Wettbewerbsverhältnisses ist allerdings der Zeitpunkt des Vertragsschlusses. Ist an diesem Tag der Eintritt in den relevanten Markt binnen dreier Jahre möglich, so liegt ein potenzielles Wettbewerbsverhältnis vor (Art. 1 Abs. 1 lit. t). Würde der Markteintritt längere Zeit in Anspruch nehmen, so gelten die Parteien als Nicht-Wettbewerber und die Marktanteilsschwelle greift nicht. Werden die Parteien erst im Laufe der Kooperation zu Wettbewerbern, so bleibt es bei der Anwendung von Art. 4 Abs. 1. Die Kooperation bleibt folglich unabhängig von den Marktanteilen der nunmehr miteinander konkurrierenden Unternehmen für die Dauer der FuE-Arbeiten und den sich uU daran anschließenden siebenjährigen Verwertungszeitraum freigestellt. In diesem Zusammenhang empfiehlt es sich, die Markteintrittsprognose beim Vertragsschluss zu dokumentieren. Sollte sich während der ersten drei Jahre der Kooperation herausstellen, dass – anders als ursprünglich gedacht – ein Markteintritt auch kurzfristig möglich ist, etwa weil im Zuge einer Übernahme nun das erforderliche Kapital bereitstünde, könnte sonst argumentiert werden, es habe schon bei Vertragsschluss ein potenzielles Wettbewerbsverhältnis bestanden. Daher sollte zum maßgeblichen Zeitpunkt des Vertragsschlusses eine fundierte Markteintrittsprognose niedergelegt werden, um die ansonsten entstehende Unsicherheit über den Fortbestand der Freistellung zu minimieren. Dies gilt umso mehr, als die Feststellung eines potenziellen Wettbewerbsverhältnisses gerade auf den Technologiemärkten in der Praxis häufig erhebliche Schwierigkeiten bereiten dürfte. Im Anschluss an den Siebenjahreszeitraum gilt die Marktanteilsschwelle des Art. 4 Abs. 3 ohnehin unabhängig davon, ob die beteiligten Unternehmen Wettbewerber sind oder nicht.

6 Nach wie vor definiert die Verordnung nicht den für den Beginn der Frist maßgeblichen Begriff des **Inverkehrbringens** der Vertragserzeugnisse. Erwägungsgrund 14 legt nahe, dass das Inverkehrbringen mit dem „Beginn der gemeinsamen Verwertung" gleichzusetzen ist, also dem Beginn der Herstellung, dem Vertrieb oder der Lizenzvergabe an Dritte (Art. 1 Abs. 1 lit. g). Der Begriff „Inverkehrbringen" ist jedoch erkennbar der Rspr. des Gerichtshofes zur Erschöpfung gewerblicher Schutzrechte im Zusammenhang mit dem freien Warenverkehr entlehnt. Danach wird ein Erzeugnis nicht schon mit seiner Herstellung in Verkehr gebracht, sondern erst, wenn es von dem Rechteinhaber selbst oder mit dessen Zustimmung von einem Dritten vertrieben wird.[7] In diesem engeren Sinne einer Einführung in den Markt dürfte der Begriff auch hier zu verstehen sein. Weder die zu den FuE-Arbeiten gehörenden Maßnahmen noch die Herstellung und sonstige vor der eigentlichen Vermarktung liegende Vorbereitungshandlungen (zB Abgabe an Dritte zur Durchführung von Test) stellen ein Inverkehrbringen dar.[8] Hat eine der Parteien oder ein gemeinsam von den Kooperationspartnern bestimmter Dritter die Herstellung der Vertragsprodukte für die Vertragsparteien übernommen, so werden diese durch die Zulieferung an die Parteien noch nicht

---

[5] EuGH Slg. 1974, 1147 (1163) – Centrafarm.
[6] Art. 1 Abs. 1 lit. n TT-GVO; Leitlinien „Technologietransfer" Rn. 83.
[7] EuGH Slg. 1974, 1147 (1163) – Centrafarm.
[8] ; Wiedemann, Kommentar zu den Gruppenfreistellungsverordnungen des EWG-Kartellrechts, 1989, GVO I VO 418/85 Art. 3 Rn. 14; Korah R & D, 33; Bunte/Sauter, EG-Gruppenfreistellungsverordnungen, 1988, VO Nr. 418/85 Rn. 22.

II. Anwendung der Marktanteilsschwelle   7–10   Art. 4 FuE-GVO 2010

in Verkehr gebracht.[9] Können verschiedene Vertragserzeugnisse unterschiedlichen Produkt- oder Technologiemärkten zugeordnet werden, so beginnt die Siebenjahresfrist für jedes Produkt bzw. Technologie gesondert zu laufen. Die freigestellte Verwertungsphase endet damit auch für jedes dieser Produkte oder Technologien zu einem anderen Zeitpunkt. Der Ablauf der zuerst endenden Verwertungsphase lässt die Freistellung zugunsten der anderen Produkte oder Technologien nicht entfallen.[10] Um zu vermeiden, dass die Frist für die eigene Verwertung unnötig verkürzt wird, sollten die Parteien aber Dritten erst dann Lizenzen zur Verwertung erteilen, wenn sie die Vertragserzeugnisse selbst bereits in Verkehr gebracht haben. Dies ist bei der Vertragsgestaltung zu beachten. Bei einem Inverkehrbringen in den Beitrittsländern kommt es auf das Datum des Beitritts an.[11]

Unklar ist, ob die Siebenjahresfrist auch dann zu laufen beginnt, wenn die Produkte **außerhalb** 7 **des Binnenmarktes** in Verkehr gebracht werden und erst anschließend von einem Dritten ohne Zustimmung des/der Partei/en in den Binnenmarkt importiert werden. Nach der Rspr. des Gerichtshofs werden gewerbliche Schutzrechte in diesem Fall nicht erschöpft.[12] Die offenkundige Bezugnahme des Gesetzgebers auf diese Rspr. spricht für den Fristbeginn nur im Falle der erstmaligen Vermarktung innerhalb des Binnenmarktes durch den Berechtigten oder mit dessen Zustimmung durch einen Dritten.[13] Nur dann verbietet auch Art. 5 lit. g eine Verabredung zur Verhinderung von Parallelimporten mittels gewerblicher Schutzrechte. Werden die Vertragsprodukte außerhalb des Binnenmarktes in Verkehr gebracht, besteht keine Gefahr einer Aufteilung desselben.

2. Vereinbarungen zwischen Wettbewerbern. Art. 4 Abs. 2 stellt Vereinbarungen zwischen 8 konkurrierenden Unternehmen nur dann für den in Art. 4 Abs. 1 genannten Zeitraum vom Kartellverbot frei, wenn der gemeinsame **Marktanteil** der Kooperationspartner an den relevanten Produkt- und Technologiemärkten zum Zeitpunkt des Vertragsschlusses **nicht mehr als 25 %** beträgt.[14] Damit formuliert Art. 4 Abs. 2 nunmehr eine „doppelte Marktanteilsschwelle", wobei die zweite Schwelle für den Technologiemarkt nur dann eingreift, wenn alle Parteien auch auf den Technologiemärkten tatsächliche oder potentielle Wettbewerber sind.[15] Mit den Parteien verbundene Unternehmen sind zu berücksichtigen, Art. 1 Abs. 2. Sind an der Vereinbarung mehr als zwei Unternehmen beteiligt, so reicht es für die Anwendung von Art. 4 Abs. 2 aus, dass nur zwei Beteiligte bzw. die mit ihnen verbundenen Unternehmen (Art. 2 Nr. 3) tatsächlich oder potenziell miteinander in Wettbewerb stehen.

Relevanter Markt ist der bestehende Markt für diejenigen Produkte oder – wie die Verordnung 9 nunmehr zweifelsfrei klarstellt – Technologien, die durch die Vertragserzeugnisse verbessert, ausgetauscht oder ersetzt werden könnten einschließlich ihrer nahen Substitute.[16] Sind mehrere Märkte betroffen,[17] so sind die Marktanteile jeweils gesondert zu berechnen. UU tritt die Freistellungswirkung dann nur für bestimmte Märkte ein.[18] Betrifft die Kooperation wichtige **Komponenten eines Endproduktes,** so ist ferner der bestehende Markt für dieses Endprodukt mit zu berücksichtigen.[19]

Zielt die FuE-Vereinbarung auf die Entwicklung eines **völlig neuen Produktes** oder einer 10 neuen Technologie ab, wird der Markt erst durch die Vereinbarung geschaffen. Das alte und das neue Produkt gehören dann regelmäßig zu unterschiedlichen Märkten.[20] Nichtsdestotrotz greift die Marktanteilsschwelle ein. Die Marktanteile werden dabei auf dem bestehenden Markt für die Produkte oder Technologien berechnet, die durch das neue Produkte oder die neue Technologie ersetzt werden.[21]

---

[9] Wiedemann, Kommentar zu den Gruppenfreistellungsverordnungen des EWG-Kartellrechts, 1989, GVO I VO 418/85 Art. 3 Rn. 14.
[10] Wiedemann, Kommentar zu den Gruppenfreistellungsverordnungen des EWG-Kartellrechts, 1989, GVO I VO Nr. 418/85 Rn. 20.
[11] Bechtold/Bosch/Brinker FuE-GVO Art. 4 Rn. 2; zum Inverkehrbringen im EEA vgl. EuGH Slg. 2005, I-3209 – Novartis/Millenium.
[12] EuGH Slg. 1982, 329 (344) – Polydor/Harlequin.
[13] Wiedemann, Kommentar zu den Gruppenfreistellungsverordnungen des EWG-Kartellrechts, 1989, GVO I VO 418/85 Art. 3 Rn. 14.
[14] Kom. ABl. 1988 L 305, 33 Rn. 34 – Continental/Michelin; Kom. ABl. 1983 L 224, 19 – Rockwell/Iveco; Kom. ABl. 1983 L 376, 11 – VW/MAN.
[15] Fritzsche EuZW 2011, 208 (209); Bechtold/Bosch/Brinker Rn. 4; Immenga/Mestmäcker/Fuchs Rn. 16; zu potenziellen Wettbewerbern schon unter → Art. 1 Rn. 32.
[16] Leitlinien „horizontale Zusammenarbeit", ABl. 2011 C 11, 1 Rn. 112 ff.
[17] Vgl. zB Leitlinien „horizontale Zusammenarbeit" Rn. 114, 115.
[18] Gutermuth WuW 2012, 237 (246); vgl. Bechtold/Bosch/Brinker TT-GVO Art. 3 Rn. 4; LMRKM/Baron Vertikal-GVO Art. 3 Rn. 173.
[19] Leitlinien „horizontale Zusammenarbeit", ABl. 2011 C 11, 1 Rn. 115.
[20] Leitlinien „horizontale Zusammenarbeit", Abl. 2011 C 11, 1 Rn. 114.
[21] Leitlinien „horizontale Zusammenarbeit", Abl. 2011 C 11, 1 Rn. 124.

11 Handelt es sich bei der Kooperation um eine **Auftrags-FuE**, so sind gemäß Art. 4 Abs. 2 lit. b bei der Marktanteilsberechnung die Marktanteile des Finanziers einerseits und die aller Parteien andererseits zusammenzuzählen, mit denen der Finanzier (weitere) FuE-Vereinbarungen über dieselben Produkte oder Technologien geschlossen hat. Entsprechend sollten die Parteien, die finanziert werden, vor Vertragsschluss klären, welche weiteren Auftragsforschungen der Finanzier in diesem Bereich noch fördert.

12 Die Freistellung nach Abs. 2 soll für **„den in Absatz 1 genannten Zeitraum"** gelten. Damit bleibt auch nach der Neufassung der Verordnung der Wortlaut der Vorschrift ungenau. Denn Art. 4 Abs. 1 unterscheidet zwischen der Dauer der FuE-Arbeiten (S. 1) einerseits sowie einen weiteren Zeitraum von sieben Jahren für die gemeinsame Verwertung (S. 2) andererseits. Genau genommen nennt er damit zwei verschiedene Zeiträume. Mit dem „in Absatz 1 genannten Zeitraum" könnte daher entweder der die Dauer der FuE-Arbeiten zuzüglich einer etwaigen Verwertungsphase von sieben Jahren umfassende Zeitraum[22] oder nur der Siebenjahreszeitraum im Falle einer gemeinsamen Verwertung gemeint sein. Nach der zweiten Variante würde die Marktanteilsschwelle nur für die gemeinsame Verwertung gelten. Reine FuE-Kooperationen zwischen Wettbewerbern wären dagegen unabhängig von ihrer Marktstellung freigestellt (selbstverständlich nur, sofern eine Freistellung in diesem Fall erforderlich ist). Für diese – enge – Auslegung spricht, dass die FuE-Phase in Art. 4 Abs. 1 zeitlich nicht begrenzt ist, sondern von der jeweiligen Dauer der Arbeiten abhängt.

13 Im Ergebnis trägt dieses Argument die enge Auslegung von Art. 4 Abs. 2 jedoch nicht. Die Marktanteilsschwelle darf im **Zeitpunkt des Vertragsschlusses** nicht überschritten werden. Bis zum Beginn der Verwertungsphase bzw. den Tag des ersten Inverkehrbringens können sich die Marktanteile der Parteien aber erheblich verändern.[23] Es wäre daher sinnlos, allein die Freistellung für die Verwertungsphase von der Marktsituation zu Beginn der Kooperation abhängig zu machen. Sinnvoll ist die Regelung vielmehr nur dann, wenn die Marktanteilsschwelle sowohl für „reine" FuE-Vereinbarungen als auch für die FuE mit einer sich daran anschließenden gemeinsamen Verwertung gilt. Deshalb kann mit dem „in Absatz 1 genannten Zeitraum" nur der **Gesamtzeitraum der Kooperation** gemeint sein, der sowohl FuE-Phase als auch die ggf. anschließende gemeinsame Verwertungsphase umfasst.[24] Alle FuE-Vereinbarungen zwischen Wettbewerbern sind folglich nur bis zu einem gemeinsamen Marktanteil von bis zu 25 % zum Zeitpunkt des Vertragsschlusses vom Kartellverbot freigestellt. Voraussetzung bleibt allerdings, dass die fragliche Vereinbarung überhaupt wettbewerbsbeschränkende Bestimmungen enthält. Bei einer „reinen" FuE-Vereinbarung ohne Verwertungsregelung wird dies häufig nicht der Fall sein.[25] Das Kartellverbot ist dann nicht anwendbar, so dass es auch keiner Freistellung bedarf, selbst wenn die Vereinbarung zwischen Wettbewerbern mit starken Marktanteilen getroffen wird.[26] Wird dagegen eine gemeinsame Herstellung oder Vermarktung zwischen Wettbewerbern vereinbart, so muss die Zusammenarbeit genauer untersucht werden, sofern die Marktanteilsschwelle bei Vertragsschluss oder nach Ablauf des in Abs. 1 genannten Gesamtzeitraums der Kooperation überschritten wird.[27] Eine Übersichtstabelle zu den Freistellungszeiträumen findet sich am Ende unter Art. 6 Rn. 29.

14 **Bezugszeitraum für die Ermittlung des Marktanteils** der Parteien zu Beginn der Kooperation ist das vorangegangene Kalenderjahr (Art. 7 lit. b). Die Freistellung bleibt in diesem Fall während der gesamten Dauer der Arbeiten und der sich anschließenden („ersten") siebenjährigen Verwertungsphase auch dann erhalten, wenn der gemeinsame Marktanteil der Parteien zwischenzeitlich über 25 % steigt.[28] **Nach Ablauf der Siebenjahresfrist** gilt die Freistellung gemäß Art. 4 Abs. 3 für eine weitere („zweite") Verwertungsphase weiter fort. Voraussetzung dafür ist aber, dass der gemeinsame Marktanteil der Kooperationspartner nach Ablauf des Siebenjahreszeitraums 25 % nicht übersteigt.

15 Werden die Marktanteilsschwellen nicht erreicht, so gilt die Freistellung für die gesamte Dauer der Kooperation, dh für die gemeinsamen FuE-Arbeiten sowie, im Falle einer gemeinsamen Verwertung, auch für diese, zunächst für sieben Jahre gerechnet ab dem ersten Inverkehrbringen in der Union, sodann gem. Art. 4 Abs. 3 solange die Marktanteile unterhalb der 25 %-Schwelle bleiben.

---

[22] Bechtold/Bosch/Brinker Rn. 4.
[23] Kom. ABl. 1991 L 19, 25 Rn. 24 – KSB/Gould/Lowara/ITT.
[24] Ebenso Winzer, Forschungs- und Entwicklungsverträge, 2. Aufl. 2011, Rn. 680; Bechtold/Bosch/Brinker Art. 4 Rn. 4.
[25] Leitlinien „horizontale Zusammenarbeit" Rn. 129.
[26] Wissel WuW 1985, 772 (774); aA Immenga/Mestmäcker/Fuchs Art. 1 Rn. 8; vgl. Leitlinien „horizontale Zusammenarbeit" Rn. 132.
[27] Leitlinien „horizontale Zusammenarbeit" Rn. 136.
[28] Leitlinien „horizontale Zusammenarbeit" Rn. 145 f.; FK-KartellR/Gutemuth EG Art. 81 Abs. 1, 3 Fallgruppen II.2 Rn. 115.

3. Fortgeltung der Freistellung nach Ablauf der Verwertungsphase. Gemäß Art. 4 **16** Abs. 3 endet die Freistellung nach Ablauf der Siebenjahresfrist nicht automatisch. Vielmehr bleibt die **gemeinsame Verwertung** der Vertragserzeugnisse durch die Parteien (ob Wettbewerber oder nicht) auch danach solange freigestellt, wie der gemeinsame Marktanteil der beteiligten Unternehmen (sowie der mit ihnen verbundenen Unternehmen, Art. 1 Abs. 2) am relevanten Markt der Vertragsprodukte oder Vertragstechnologien iSv Art. 1 Abs. 1 lit. e und lit. f nicht über 25 % steigt. Beträgt der gemeinsame Marktanteil zu Beginn der Freistellung nach Abs. 3 maximal 25 % und überschreitet später diese Schwelle, nicht aber 30%, so gilt die Freistellung nach Art. 2 im Anschluss an das Jahr, in dem die 25 %-Schwelle erstmals überschritten wurde, noch für zwei weitere aufeinander folgende Kalenderjahre (Art. 7 lit. d). Wenn also im Mai 2019 der gemeinsame Marktanteil erstmals bei 30 % lag, gilt die Freistellung noch bis Ende 2021. Werden dagegen die 30 % überschritten, gilt die Freistellung nach Art. 2 im Anschluss an das Jahr, in dem die 30 %-Schwelle erstmals überschritten wurde, nur noch für ein weiteres Kalenderjahr (Art. 7 lit. e). Wenn also im Mai 2019 die 30 %-Schwelle überschritten wird, endet die Freistellung mit Ende des Jahres 2020. Eine Kumulation beider Regelungen darf nicht dazu führen, dass ein Zeitraum von zwei Kalenderjahren überschritten wird (Art. 7 lit. f). Gemeint sind damit volle Kalenderjahre; anderenfalls könnte sich die nach lit. d gewährte Freistellungsperiode unvermittelt abbrechen oder sich gar verkürzen, was nicht beabsichtigt ist. Wenn also im Mai 2019 der gemeinsame Marktanteil erstmals bei 30 % lag (Freistellung an sich bis Ende 2021), dann aber im Mai 2021 die 30 %-Schwelle überschritten wird, verlängert sich die Freistellung nicht gem. Art. 7 lit. e bis Ende 2022, sondern läuft Ende 2021 ab.

Art. 4 Abs. 3 sowie die Schwellenregelungen in Art. 7 lit. d bis f gelten unabhängig davon, **17** ob die Parteien bei Vertragsschluss konkurrierende Unternehmen waren oder nicht. Für „Nicht-Wettbewerber" wird die Marktanteilsschwelle nach Ablauf der Siebenjahresfrist somit erstmals relevant. Mit dieser Regelung soll verhindert werden, dass der gemeinsame Anteil der Vertragsparteien am Markt der aus den gemeinsamen FuE-Arbeiten hervorgegangenen Produkte zu groß wird (Erwgr. 14). Die Vertragsparteien müssen daher ihre eigenen Marktanteile sowie die der mit ihnen verbundenen Unternehmen zumindest ab dem letzten Jahr der Siebenjahresfrist überprüfen, um festzustellen, ob sie anschließend weiter von der Freistellung profitieren können. Im Falle einer **selbständigen Verwertung** wirkt die ursprüngliche Freistellung dagegen auch dann weiter fort, wenn der gemeinsame Marktanteil größer als 25 % ist.[29]

Werden die in Abs. 3 bzw. Art. 7 lit. d-f genannten Marktanteilsschwellen überschritten, **18** kommt unter Umständen noch eine Freistellung gem. Art. 101 Abs. 3 AEUV in Betracht (vgl. Rn. 24 f.)

4. Parallele FuE-Aktivitäten. Die FuE-GVO beruht offenkundig auf der Annahme, dass sich **19** die FuE-Phase nicht mit der siebenjährigen Verwertungsphase (Abs. 1) bzw. mit der sich möglicherweise daran anschließenden „zweiten" Verwertungsphase (Abs. 3) überschneidet. In der Praxis jedoch werden **FuE-Aktivitäten häufig auch nach Beginn der Verwertung bestimmter Ergebnisse parallel zu dieser fortgeführt.** ZB kann Prototyp 1 früher Marktreife erlangen als Prototyp 2, sodass der eine bereits am Markt ist, während in Bezug auf den anderen noch geforscht wird. Es kann auch von vornherein eine FuE auf die Entwicklung mehrerer Generationen von Produkten angelegt sein.

Im Falle fortgesetzter FuE-Aktivitäten besteht die Möglichkeit, dass aus Nicht-Wettbewerbern **20** aktuelle oder potentielle Wettbewerber werden und sich die Marktanteile verändern. Da Art. 4 Abs. 2 aber auf den Zeitpunkt des Vertragsschlusses abstellt, gilt die Marktanteilsschwelle jedoch nicht direkt zu dem Zeitpunkt, an dem die Parteien in ein Wettbewerbsverhältnis treten, sofern die parallelen Aktivitäten auf der Grundlage der alten Vereinbarungen fortgesetzt werden. Sondern hier bleibt es bei der ursprünglichen Freistellung und einer erneuten Prüfung der Marktanteilsschwelle nach Ablauf des Freistellungszeitraums, Art. 4 Abs. 3.

Im Übrigen lassen sich folgende Fallgruppen bei parallelen FuE Tätigkeiten unterscheiden: **21** (i) Die Parteien betreiben von Anfang an nur „reine" FuE parallel zu einer **selbständigen** Verwertung der Ergebnisse. Diese fortgesetzte FuE bleibt für ihre gesamte Dauer freigestellt (Abs. 1), bei Wettbewerbern nur, solange bei Abschluss der FuE-Vereinbarung die Marktanteilsschwelle nicht überschritten war (Abs. 2). (ii) Die Parteien betreiben gemeinsame FuE parallel zu einer **gemeinsamen** Verwertung. Auch hier bleibt die gemeinsame FuE für ihre gesamte Dauer weiter freigestellt. Die gemeinsame Verwertung ist jedenfalls während der durch das erste Inverkehrbringen des ersten FuE-Produkts ausgelösten 7-Jahresfrist freigestellt, sowie ggf. darüber hinaus, sofern die Voraussetzungen von Abs. 3 erfüllt sind. Verlängert sich die Frist jedoch nicht gem.

---

[29] Rosenberger/Wündisch/Badtke, Kap. 6 D. Rn. 337; Wiedemann KartellR-HdB/Schroeder § 9 Rn. 139.

Abs. 3, weil die Marktanteilsschwellen überschritten werden, darf zwar eine gemeinsame FuE fortgesetzt, die Verwertung aber nicht mehr gemeinsam erfolgen. Anderenfalls könnten auch Unternehmen, die inzwischen zu Wettbewerbern mit erheblicher Marktmacht geworden sind, durch eine fortgesetzte FuE zeitlich unbeschränkt gemeinsam verwerten, so sie denn nur fortlaufend neue Produktverbesserungen auf den Markt bringen. Dies widerspräche va der Wertung in Art. 4 Abs. 3.

22 Bei fortgesetzter FuE müssen die Parteien daher prüfen, welche Strategie für ihre Situation die bessere ist: Entweder, sie schließen für weitere Verbesserungsvorhaben eine neue FuE Vereinbarung ab, was dann ratsam erscheint, wenn zu diesem Zeitpunkt entweder (noch) kein Wettbewerbsverhältnis zwischen Ihnen besteht oder aber die Marktanteilsschwelle des Abs. 2 nicht überschritten wird. Denn diese Variante hat den Vorteil, einen neuen 7-Jahreszeitraum in Gang zu setzen. Oder aber, sie setzen die ursprüngliche FuE fort in der Erwartung, dass nach Ablauf des ursprünglichen 7-Jahreszeitraums die Voraussetzungen des Art. 4 Abs. 3 ausreichend lange erfüllt sind. Dies dürfte dann der richtige Ansatz sein, wenn zu dem Zeitpunkt des Verbesserungsvorhabens ein Wettbewerbsverhältnis besteht und die Marktanteilsschwelle überschritten wird.

23 Dieses Ergebnis steht im Einklang mit der Wertung des Art. 4 Abs. 3, wonach spätestens nach 7 Jahren überprüft wird, ob die Freistellungsvoraussetzungen noch vorliegen – jedenfalls sofern die fortgesetzte FuE zu Verbesserungen führt, die innerhalb **desselben Produktmarktes** fallen, wie das erste in Verkehr gebrachte Vertragsprodukt bzw. -technologie. Sobald sich jedoch während der gemeinsamen, fortgesetzten FuE Arbeiten abzeichnet, dass die FuE nunmehr auf ein Produkt in einem **neuen Produktmarkt** zielt, spricht vieles dafür, dass zu diesem Zeitpunkt die Voraussetzungen von Art. 4 Abs. 1 und 2 zu prüfen sind. Anderenfalls könnten zwei Unternehmen auf einem „unproblematischen" Produktmarkt beginnen und ihre „fortgesetzte" FuE dann auf einen problematischen Produktmarkt lenken, was der Wertung des Art. 4 widerspräche.

III. Überschreiten der Marktanteilsschwelle

24 Allein das Überschreiten der gemeinsamen Marktanteilsschwelle durch die FuE-Vertragsparteien bedeutet nicht zwingend, dass die Vereinbarung kartellrechtswidrig ist.[30] Auch diese FuE-Vereinbarungen können zum einen so gestaltet sein, dass sie keine Wettbewerbsbeschränkung gem. Art. 101 Abs. 1 AEUV enthalten und daher keiner Freistellung bedürfen.[31] Zum anderen können sie jedoch, falls wettbewerbsbeschränkende Regelungen getroffen wurden,[32] wie beispielsweise gewisse Zugangsbeschränkungen zu den Ergebnissen, unter die Einzelfreistellung nach Art. 101 Abs. 3 AEUV fallen.[33] Dies gilt insbesondere auch für Gemeinschaftsunternehmen, die von den Parteien für die FuE gegründet wurden.[34] Eine Freistellung nach Art. 101 Abs. 3 AEUV kommt insbesondere dann in Betracht, wenn sich das von den Parteien vereinbarte und gelebte FuE-Konzept stimmig in den wettbewerbsrechtlichen Rahmen einfügt, also die Weichenstellungen der FuE-GVO (bis auf die Marktanteilsschwellen) einhält, durch legitime Interessen bestimmt ist und auch faktisch eine positive Wettbewerbslage besteht. Theoretisch mag eine Freistellung nach Art. 101 Abs. 3 AEUV sogar bei Vorliegen schwarzer Klauseln möglich sein, scheitert jedoch in der Regel an den hohen Hürden von Art. 101 Abs. 3 AEUV,[35] insbesondere der Unerlässlichkeitsprüfung.[36]

25 Wenn aufgrund des Überschreitens der Marktanteilsschwellen nach Ablauf des 7-Jahres-Zeitraums die Freistellung durch die FuE-GVO (inkl. Art. 7 lit. d-f) nicht mehr greift, bleibt grundsätzlich allein die Möglichkeit einer Einzelfreistellung gem. Art. 101 Abs. 3 AEUV. Es ist **nicht möglich,** dieselbe Vereinbarung nunmehr anhand einer **anderen Gruppenfreistellungsverordnung** mit höheren Marktanteilsschwellen (wie zB die subsidiär geltende vertikale GVO) „freizustellen". Möglich ist allenfalls, die Kooperation auf neue Beine zu stellen. Die gemeinsame FuE sowie die gemeinsame Verwertung muss dafür zunächst beendet werden, was auch ein Ende aller im Rahmen der Spezialisierung vereinbarten Beschränkungen bei der Verwertung einschließt, Art. 1 Abs. 1 lit. o. Ansonsten wird die gemeinsame Verwertung fortgesetzt und die FuE-GVO bleibt anwendbar.

---

[30] Wiedemann KartellR-HdB/Schroeder § 9 Rn. 144.
[31] Leitlinien „horizontale Zusammenarbeit", ABl. 2011 C 11, 1 Rn. 135.
[32] S. hierzu Leitlinien „horizontale Zusammenarbeit", ABl. 2011 C 11, 1 Rn. 127 ff.
[33] Leitlinien „horizontale Zusammenarbeit", ABl. 2011 C 11, 1 Rn. 141 ff.; Kom. ABl. 1985, L 369, 6; ABl. 1991, L 19, 25 Rn. 24 f.
[34] Kom. ABl. 1994, L 354, 87 Rn. 30.
[35] Leitlinien zu Art. 81(3) Bekanntmachung, Rn. 46.
[36] Leitlinien „horizontale Zusammenarbeit", ABl. 2011 C 11, 1 Rn. 142.

IV. Übersichtstabelle

Sofern die FuE-Vereinbarung überhaupt freistellungsbedürftig ist (bei „reinen" FuE-Vereinbarungen ohne Verwertungsregelungen häufig nicht der Fall), gilt für die Freistellung Folgendes: 26

Phase	Keine Wettbewerber	(potenzielle) Wettbewerber
FuE-Arbeiten	Freigestellt	Freigestellt, wenn bei **Vertragsschluss** gemeinsamer Marktanteil max. 25%. Irrelevant, wenn der Marktanteil zwischenzeitlich höher ist.
7-jährige Verwertungsphase	Irrelevant, wenn Parteien zu (potenziellen) Wettbewerbern werden	
Nach 7 Jahren	FuE sowie gemeinsame Verwertung weiterhin freigestellt, solange gemeinsamer Marktanteil max. 25 %. Von Anfang an fortgesetzte FuE (parallel zum Vertrieb) entbindet nicht von der Anwendung der 25% Schwelle bei Nichtwettbewerbern nach 7 Jahren. Werden die 25% überschritten, vgl. primär Art. 7 lit. d–f. Bei stimmigem Gesamtkonzept und positiver Wettbewerbslage, Freistellung nach Art. 101 Abs. 3 AEUV denkbar.	

Art. 5 Kernbeschränkungen

Die Freistellung nach Artikel 2 gilt nicht für Forschungs- und Entwicklungsvereinbarungen, die unmittelbar oder mittelbar, für sich allein oder in Verbindung mit anderen Umständen, auf die die Parteien Einfluss haben, einen der folgenden Zwecke verfolgen:

a) die Beschränkung der Freiheit der Parteien, eigenständig oder in Zusammenarbeit mit Dritten Forschung und Entwicklung in einem Bereich, der mit dem Bereich der Forschungs- und Entwicklungsvereinbarung nicht zusammenhängt, oder aber nach Abschluss der gemeinsamen Forschung und Entwicklung oder der Auftragsforschung und -entwicklung im Bereich der Forschungs- und Entwicklungsvereinbarung oder in einem damit zusammenhängenden Bereich zu betreiben;

b) die Beschränkung von Produktion oder Absatz, ausgenommen
  i) die Festlegung von Produktionszielen, wenn die gemeinsame Verwertung der Ergebnisse die gemeinsame Herstellung der Vertragsprodukte umfasst,
  ii) die Festlegung von Absatzzielen, wenn die gemeinsame Verwertung der Ergebnisse den gemeinsamen Vertrieb der Vertragsprodukte oder die gemeinsame Erteilung von Lizenzen für die Vertragstechnologien im Sinne von Artikel 1 Absatz 1 Buchstabe m Ziffer i oder ii umfasst,
  iii) Verhaltensweisen, die eine Spezialisierung im Rahmen der Verwertung darstellen, und
  iv) die Beschränkung der Freiheit der Parteien, während des Zeitraums, für den die Parteien die gemeinsame Verwertung der Ergebnisse vereinbart haben, mit den Vertragsprodukten oder Vertragstechnologien im Wettbewerb stehende Produkte, Technologien oder Verfahren herzustellen, zu verkaufen, abzutreten oder Lizenzen dafür zu erteilen;

c) die Festsetzung der Preise für den Verkauf der Vertragsprodukte oder der Gebühren für die Erteilung von Lizenzen für die Vertragstechnologien an Dritte, ausgenommen die Festsetzung der Preise für direkte Abnehmer und die Festsetzung der Lizenzgebühren für direkte Lizenznehmer, wenn die gemeinsame Verwertung der Ergebnisse den gemeinsamen Vertrieb der Vertragsprodukte oder die gemeinsame Erteilung von Lizenzen für die Vertragstechnologien im Sinne von Artikel 1 Absatz 1 Buchstabe m Ziffer i oder ii umfasst;

d) die Beschränkung des Gebiets oder der Kundengruppe, in dem oder an die die Parteien passiv die Vertragsprodukte verkaufen oder Lizenzen für die Vertragstechnologien erteilen dürfen, ausgenommen die Verpflichtung, Lizenzen für die Ergebnisse ausschließlich einer anderen Partei zu erteilen;

e) die Verpflichtung, die Vertragsprodukte oder Vertragstechnologien nicht oder nur in beschränktem Umfang aktiv in Gebieten oder an Kunden zu verkaufen, die einer der Parteien nicht im Wege der Spezialisierung im Rahmen der Verwertung ausschließlich zugewiesen sind;

f) die Verpflichtung, Aufträge von Kunden abzulehnen, die in dem Gebiet der jeweiligen Partei ansässig sind, oder von Kunden, die im Wege der Spezialisierung im Rahmen der Verwertung einer anderen Partei zugewiesen sind und die die Vertragsprodukte in anderen Gebieten innerhalb des Binnenmarkts vermarkten würden;

g) die Verpflichtung, Nutzern oder Wiederverkäufern den Bezug der Vertragsprodukte von anderen Wiederverkäufern auf dem Binnenmarkt zu erschweren.

Übersicht

		Rn.
I.	Überblick	1
II.	Die „schwarze Liste"	2
1.	Wettbewerbsverbote (Art. 5 lit. a)	2
2.	Produktions- und Absatzbeschränkungen (Art. 5 lit. b)	4
3.	Preisabsprachen (Art. 5 lit. c)	8

		Rn.
4.	Kunden- und Gebietsbeschränkungen (Art. 5 lit. d und lit. e)	12
5.	Ungerechtfertigte Lieferverweigerung (Art. 5 lit. f)	18
6.	Erschwerung des Weiterverkaufs (Art. 5 lit. g)	20

I. Überblick

1   Art. 5 enthält eine „schwarze Liste" nicht freistellungsfähiger Wettbewerbsbeschränkungen. Enthält die Kooperationsvereinbarung eine der dort genannten Klauseln, geht die Freistellung für alle in der Vereinbarung enthaltenen Beschränkungen insgesamt verloren. Das gilt auch, wenn die Vereinbarung zwar keine explizite „schwarze Klausel" enthält, aber aufgrund ihrer Ausgestaltung und der tatsächlichen Umstände eine entsprechende Wirkung hat. Voraussetzung ist dann allerdings, dass die Parteien diese Wirkung auch „bezweckt", dh die tatsächlichen Wirkungen bewusst ausgenutzt haben.[1] Eine geltungserhaltende Reduktion findet nicht statt (**„Alles-oder-Nichts"-Prinzip**).[2] Gegenüber der Vorgängerverordnung ist die „schwarze Liste" allerdings deutlich vereinfacht worden, was eine Verbesserung gegenüber dem alten Rechtszustand bedeutet. Die Regelungstechnik wurde an die der TT-GVO angeglichen. Die FuE-GVO unterscheidet nun wie diese zwischen „Kernbeschränkungen" und den in Art. 6 geregelten „nicht freigestellten Beschränkungen" und lässt bei letzteren eine geltungserhaltende Reduktion zu.[3] Anders als nach altem Recht führt bspw. die Vereinbarung von Nichtangriffsklauseln nunmehr nicht mehr zum Totalverlust der Freistellung (Art. 6 lit. a). Allerdings kommt es im Unterschied zur TT-GVO für die Anwendbarkeit der „schwarzen Liste" nicht darauf an, ob die Parteien Wettbewerber sind oder nicht. Abgesehen von lit. a betreffen die durch Art. 5 verbotenen „schwarzen Klauseln" Wettbewerbsbeschränkungen bei der Verwertung der Ergebnisse der Kooperation, was dem Umstand geschuldet ist, dass „reine" FuE-Kooperationen nur selten in den Anwendungsbereich von Art. 101 Abs. 1 AEUV fallen und somit grundsätzlich keiner Freistellung bedürfen.

II. Die „schwarze Liste"

2   **1. Wettbewerbsverbote (Art. 5 lit. a).** Solange die FuE-Arbeiten andauern, dürfen die Parteien einander nicht eigenständige oder in Zusammenarbeit mit Dritten durchgeführte FuE-Arbeiten außerhalb des Bereichs ihrer Kooperation verbieten.[4] Nach Abschluss der FuE-Arbeiten sind **Wettbewerbsverbote** auch im Bereich der Kooperation oder in damit zusammenhängenden Bereichen unzulässig. Während der FuE-Phase können dagegen Wettbewerbsverbote vereinbart werden, solange sich diese nicht auf „andere" Bereiche erstrecken.[5] Entsprechend dürften auch Verpflichtungen zulässig sein, den Vertragspartner während der FuE-Phase auf konkurrierende FuE-Tätigkeiten in den der Vereinbarung unterliegenden sowie damit zusammenhängenden Bereichen aufmerksam zu machen. Abgesehen von den auf eigenständige FuE-Arbeiten bezogenen Wettbewerbsverboten können auch allgemeine Wettbewerbsverbote zulässig sein (hierzu genauer → Rn. 3).[6]

3   Die FuE-GVO definiert den in Art. 5 Abs. 1 lit. a benutzten Begriff **„Bereich"** nicht. Ebenso wenig enthält sie eine Bestimmung darüber, wie dieser von „anderen" Bereichen abzugrenzen ist, für die keine Wettbewerbsverbote vereinbart werden dürfen. Offen ist auch, wann zwei Bereiche miteinander „zusammenhängen". Allerdings sollten keine zu hohen Anforderungen an den „Grad der Verwandtschaft" der Bereiche bzw. an den Zusammenhang in Art. 5 Abs. 1 lit. a gestellt werden. Wettbewerbsverbote können ohne Verstoß gegen Art. 5 Abs. 1 lit. a auf entfernt verwandte Bereiche

---

[1] Barbist/Rungg RdW 2001, 260 (262).
[2] Leitlinien „horizontale Zusammenarbeit" Rn. 8, 13 f.; LMRKM/Schütze Art. 2 Rn. 33.
[3] TT-GVO, Erwgr. 15; Leitlinien über Technologietransfer Rn. 128.
[4] Vgl. aber Kom. ABl. 1983 L 376, 17 – Carbon Gas Technologie.
[5] Kom. ABl. 1988 L 301, 68 Rn. 26 – BBC Brown Boveri; Kom. ABl. 1994 L 341, 66 Rn. 33 – Fujitsu AMD Semiconductors; Kom. ABl. 1994 L 354, 87 Rn. 29 – Asahi/Saint-Gobain; Kom. ABl. 1975 L 29, 20 – RANK/SOPELEM.
[6] Kom. ABl. 1983 L 376, 17 – Carbon Gas Technologie.

erstreckt werden.⁷ So dürfte eine Kernbeschränkung erst dann vorliegen, wenn bei vernünftiger Betrachtung in einem bestimmten Bereich keine sinnvolle Verwendung der fraglichen Ergebnisse erkennbar ist.⁸ Die Grenze wird sich allerdings nur im Einzelfall bestimmen lassen, wobei der erforderliche Zusammenhang nicht durch die uU sehr eng zu fassende Marktabgrenzung hergestellt werden darf. Zulässig erachtet werden neben Wettbewerbsverboten für Substitutionsprodukte,⁹ auch Beschränkungen, die weitere FuE zum Schaden der Kooperationspartner verhindern,¹⁰ insbesondere solcher FuE, die den Wert der durch die Kooperation erzielten Ergebnisse vermindert.¹¹ Fällt ein Wettbewerbsverbot aus dem Anwendungsbereich von Art. 5 lit. a heraus, muss es sich allerdings an den allgemeinen Regeln messen lassen. Geht ein Wettbewerbsverbot nach den allgemeinen Regeln des Art. 101 AEUV zu weit, zieht es allerdings nicht die gesamte FuE-Vereinbarung mit in den Abgrund.

2. Produktions- und Absatzbeschränkungen (Art. 5 lit. b). Weiter dürfen die Parteien **4** weder Produktions- noch Absatzbeschränkungen vereinbaren. Dies gilt selbstverständlich nicht für die Aufstellung von Produktionszielen, soweit die Verwertung der Ergebnisse eine gemeinsame Produktion der Vertragsprodukte umfasst (Art. 5 lit. a Ziff. i). Eine gemeinsame Produktion liegt nach der Legaldefinition Art. 1 Nr. 11 lit. b auch dann vor, wenn die Produktion einem gemeinsam bestimmten Dritten übertragen wird oder die Parteien eine Spezialisierung vereinbaren. Die damit verbundenen Beschränkungen gelten, wie der neu hinzugekommene Art. 5 lit. b Ziff. iii klarstellt, nicht als Kernbeschränkung.

Vor diesem Hintergrund stellt sich jedoch verschärft die Frage, **wie „einseitig" eine Speziali- 5 sierung** ausfallen darf, um noch als gemeinsame Verwertung iSv Art. 1 Abs. 1 lit. m und somit auch der Rückausnahme von Art. 5 lit. b angesehen werden zu können. Die Kommission will noch den Fall erfasst sehen, in dem nur eine Partei die Vertragsprodukte auf der Grundlage einer von den anderen Parteien erteilten ausschließlichen Lizenz herstellt und vertreibt, Art. 1 Abs. 1 lit. o. Nicht geregelt ist dagegen, ob für diese **ausschließliche Lizenz eine Gegenleistung** zu erbringen ist. Dies ist zutreffenderweise im Grundsatz zu bejahen. Kein Fall einer gemeinsamen Verwertung wäre die Situation, in der ausschließlich die andere FuE-Partei in räumlich, zeitlich und sachlich uneingeschränktem Umfang unentgeltlich die FuE-Ergebnisse nutzen darf und der anderen allenfalls die von Art. 3 Abs. 2 geforderte Nutzung für weitere FuE verbleibt. Denn hier würde der Lizenzgeber überhaupt nicht an der Verwertung partizipieren, so dass von gemeinsamer Verwertung nicht mehr die Rede sein kann. Auch der systematische Vergleich zur Auftragsforschung ergibt, dass jede FuE-Partei zumindest finanziell partizipieren muss.

Ebenfalls freigestellt sind schließlich für die Dauer der gemeinsamen Verwertung vereinbarte **6** Wettbewerbsverbote in Bezug auf konkurrierende Vertragsprodukte- und -technologien (lit. b Ziff. iv).

Hinsichtlich der Produktion der FuE-Ergebnisse geht die FuE-GVO über die zeitgleich in Kraft **7** getretene Spezialisierungs-GVO hinaus, nach der Bestimmungen über Produktionsmengen oder die Festlegung des Kapazitäts- und Produktionsumfangs nur im Falle der Spezialisierung untereinander vereinbart bzw. nur einem gemeinsamen Produktionsunternehmen auferlegt werden dürfen.¹² Allerdings spricht die FuE-GVO anders als die Spezialisierungs-GVO nur von „Produktionszielen" und nicht von einer Festlegung der Mengen. Für die Vertragsgestaltung empfiehlt sich daher, einem mit der Produktion beauftragten Dritten einen Handlungsspielraum zu belassen. Wird die Produktion dagegen einem Gemeinschaftsunternehmen übertragen, so dürfte es entgegen dem Wortlaut des Art. 5 lit. b auch möglich sein, die Produktionsmengen und den Kapazitätsumfang festzulegen. In diesem Fall liegt nach Ansicht der Kommission kein Verstoß gegen das Kartellverbot vor.¹³ Vielmehr sei es für die Funktionsweise solcher Gemeinschaftsunternehmen „charakteristisch", dass Entscheidungen über die Produktion von den beteiligten Unternehmen gemeinsam getroffen werden.¹⁴

3. Preisabsprachen (Art. 5 lit. c). Die Parteien müssen bei der Bestimmung ihrer Preise und **8** Lizenzgebühren für die Vertragsprodukte bzw. -technologien an Dritte frei bleiben, anderenfalls

---

⁷ Bahr/Loest EWS 2002, 263 (266); Wiedemann, Kommentar zu den Gruppenfreistellungsverordnungen des EWG-Kartellrechts, 1989, GVO I VO 418/85 Art. 4 Rn. 11; Korah R & D, 41; White IIC 1985, 663 (690).
⁸ Bechtold/Bosch/Brinker Rn. 4; Van Bael/Bellis, 503.
⁹ Wiedemann, Kommentar zu den Gruppenfreistellungsverordnungen des EWG-Kartellrechts, 1989, GVO I VO 418/85 Art. 4 Rn. 11.
¹⁰ White IIC 1985, 663 (689).
¹¹ Korah R & D, 40, 41.
¹² Art. 4 lit. b Ziff. i Spezialisierungs-GVO; vgl. Leitlinien „horizontale Zusammenarbeit", Rn. 160.
¹³ Leitlinien „horizontale Zusammenarbeit" Rn. 160.
¹⁴ Leitlinien „horizontale Zusammenarbeit" aF, ABl. 2000 C 3, 29, Fn. 18.

entfällt die Freistellung in Gänze. Auch wenn die FuE-GVO hier anders als die frühere Verordnung 418/85 Preisbestandteile und Rabatte nicht ausdrücklich erwähnt, gilt dies weiterhin für alle preisbildenden Faktoren sowie für Zu- und Abschläge.[15] Eine besondere Vereinbarung ist nicht erforderlich. Vielmehr genügt auch die Preisfestsetzung mittels eines abgestimmten Verhaltens.[16] Das folgt bereits aus Art. 101 Abs. 1 AEUV, der die mittelbare Preisfestsetzung ebenso wie die unmittelbare verbietet. Nicht von Art. 5 lit. c erfasst wird dagegen die Festsetzung von Geschäftsbedingungen, obwohl diese nach Art. 101 Abs. 1 AEUV grds. wohl den Kernbeschränkungen zugerechnet werden müssen und daher ebenfalls regelmäßig unzulässig sein werden.

9 Art. 5 lit. c gilt nur für mit **dritten Abnehmern** geschlossene Kauf- und Lizenzverträge. Die Parteien können daher die Vertragsprodukte untereinander zu abgesprochenen Preisen beziehen. Da bestimmte Aufgaben iRd Kooperation einem Gemeinschaftsunternehmen oder einem Dritten übertragen werden können, dürfen ferner auch die Preise für die Lieferungen des Gemeinschaftsunternehmens oder des Dritten an die Parteien festgesetzt werden. Auch Preisfestsetzungen innerhalb eines Konzerns fallen nicht unter die „schwarze Klausel". Im Falle einer solchen Spezialisierung können die Parteien weiter **Meistbegünstigungsklauseln** untereinander vereinbaren oder diese einem mit der Herstellung beauftragten Dritten auferlegen. Anderenfalls bestünde die Gefahr, dass die Kooperationspartner die auf einen Bemühungen beruhenden Vertragsprodukte teurer einkaufen müssten als dritte Abnehmer. Dieses Ergebnis wäre unzumutbar.[17]

10 Zulässig ist die gemeinsame Preisfestsetzung schließlich auch gegenüber Direktabnehmern und direkten Lizenznehmern im Falle des **gemeinsamen Vertriebs** bzw. der **gemeinsamen Lizenzerteilung** durch ein gemeinsames Team oder einen gemeinsam bestimmten Dritten. Der Fall der Spezialisierung ist hier dagegen nicht erfasst, da lit. c aE nur auf Art. 1 Abs. 1 lit. m Ziff. i oder ii, nicht auf iii verweist. Diese Regelung bringt lediglich eine Selbstverständlichkeit zum Ausdruck, da ein gemeinsamer Vertrieb ohne eine gemeinsame Preisfestsetzung nicht möglich ist – es sei denn, die Parteien spezialisieren sich im Rahmen der Verwertung.

11 Nach wie vor unklar ist, ob eine Preisfestsetzung iSd FuE-GVO schon dann vorliegt, wenn die Parteien **Höchstpreise** festlegen oder **Preisempfehlungen** abgeben.[18] Nach der Vertikal-GVO und der TT-GVO wäre dies zulässig.[19] Da jedoch hier die dort niedergelegten Ausnahmen gerade fehlen, ist wohl davon auszugehen, dass Höchstpreise und Preisempfehlungen als Preisfestsetzung anzusehen sind. Es ist bedauerlich, dass die Kommission an dieser Stelle die Gelegenheit versäumt hat, einen eindeutigen Gleichlauf herzustellen.

12 **4. Kunden- und Gebietsbeschränkungen (Art. 5 lit. d und lit. e).** Die Frage, ob und inwiefern Kunden- und Gebietsbeschränkungen zulässig sein können, hängt entscheidend davon ab, inwiefern auch „passive" Maßnahmen (lit. d) oder nur „aktive" (lit. e) untersagt werden.

13 Die FuE-GVO enthält keine **Begriffsdefinition** für „aktiver" und „passiver" Verkauf bzw. Lizenzierung. Zur Auslegung werden daher vor allem die Leitlinien für vertikale Beschränkungen heranzuziehen sein,[20] in denen sich die Kommission ausführlich mit „aktiven" und „passiven" Verkäufen befasst.[21]

14 Eine „aktive" **Verkaufspolitik** ist danach jede aktive Ansprache einzelner Kunden oder Kundengruppen mittels beispielsweise einer Direktwerbung (inkl Massen-E-Mails) oder mittels anderer verkaufsfördernder Maßnahmen, die sich gezielt an die betreffende Kundengruppe oder Kunden in dem betreffenden Gebiet richten. Auch andere verkaufsfördernde Maßnahmen fallen hierunter (wie in Art. 4 Abs. 1 lit. f VO (EWG) Nr. 418/85 noch ausdrücklich vorgesehen), sofern sie „interessant" sind und auch eine bestimmte Kundengruppe erreichen. Beispiele sind die Errichtung von Lagern oder Vertriebsstätten im Gebiet des anderen Kooperationspartners.

15 Unter „passiven" **Verkäufen** ist die Erledigung unaufgeforderter Bestellungen zu verstehen, die ein Kunde aus eigenem Antrieb heraus tätigt sowie allgemeine Werbe- und Verkaufsförderungsmaßnahmen, die auch Kunden in Gebieten erreichen, die anderen Händlern ausschließlich zugewiesen sind – sofern sie eine vernünftige Alternative zur Ansprache von Kunden außerhalb dieser Gebiete, zB im eigenen Gebiet, darstellen.[22]

---

[15] Schröter/Jacob/Mederer/Schröter Art. 81 Abs. 1 Rn. 162.
[16] Wiedemann, Kommentar zu den Gruppenfreistellungsverordnungen des EWG-Kartellrechts, 1989, GVO I VO 418/85 Art. 6 Rn. 23.
[17] Wiedemann, Kommentar zu den Gruppenfreistellungsverordnungen des EWG-Kartellrechts, 1989, GVO I VO 418/85 Art. 6 Rn. 25.
[18] Vgl. Gutermuth WuW 2012, 237 (244) mwN.
[19] Art. 4 lit. a Vertikal-GVO bzw. Art. 4 Abs. 2 lit. a Technologietransfer-GVO.
[20] Leitlinien für vertikale Beschränkungen, ABl. 2022 C 24801 Rn. 212.
[21] Liebscher/Flohr/Petsche Gruppenfreistellungs-VO-HdB/Traugott § 10 Rn. 57.
[22] Leitlinien für vertikale Beschränkungen, ABl. 2022 C 248 01 Rn. 212.

II. Die „schwarze Liste"

Nach **Art. 5 lit. d** dürfen die Parteien einander Vertriebsgebiete zuweisen und entsprechende 16
Beschränkungen vereinbaren, allerdings nur solange diese sich nicht auf passive Verkäufe oder Lizenzierungen erstrecken. Passiv-Verkäufe oder -Lizenzen müssen daher jederzeit möglich sein. Die FuE-GVO stellt nunmehr klar, dass Passiv-Beschränkungen auch in Bezug auf Kunden unzulässig sind. Nach der Vorgängerverordnung war dies nicht ganz sicher, auch wenn man richtigerweise nach altem Recht davon ausgehen musste, dass passive Kundenbeschränkungen jedenfalls dann verboten waren, wenn sie faktisch auf eine Gebietsbeschränkung hinausliefen. Dies ist zB dann der Fall, wenn die betroffene Kundengruppe nur in einem bestimmten Gebiet angesiedelt war. Ausgenommen von dem Verbot von Passivbeschränkungen sind lediglich Verpflichtungen, Lizenzen für die Ergebnisse der FuE ausschließlich einem Kooperationspartner zu erteilen. In diesem Fall ist es somit möglich, die passive Lizenzierung an Dritte zu verhindern. Da hier nur von „Ergebnissen" und nicht wie in Art. 3 Abs. 2 den „Endergebnissen" die Rede ist, dürfte auch eine entsprechende Lizenz-Beschränkung in Bezug auf Zwischenergebnisse zulässig sein. Das Verbot einer Beschränkung von Passiv-Verkäufen kann in der Praxis ggf. dazu führen, dass ein gemeinsamer Vertrieb durch unaufgeforderte Bestellungen oder Lizenzbegehren de facto unterlaufen wird. Diese Gefahr besteht jedoch nicht, wenn sich die Parteien dergestalt untereinander spezialisiert haben, dass eine unaufgeforderte Bestellung schon aus praktischen Gründen nicht bedient werden kann.[23]

Aktive Verkäufe oder Lizenzierungen dürfen gemäß **Art. 5 lit. e** zwar grundsätzlich unterbun- 17
den werden, aber nur soweit die betreffenden Gebiete, Kunden oder Anwendungsbereiche einer Partei zur ausschließlichen Verwertung zugewiesen wurden (Spezialisierung iRd Verwertung gemäß Art. 1 Abs. 1 lit. o). Jede Partei kann also ein eigenes exklusives Wirkungsfeld erhalten. Aktive Verkäufe oder Lizenzierungen in andere Gebiete, an andere Kunden oder für andere Anwendungsbereiche müssen jedoch ebenso wie Passivverkäufe uneingeschränkt möglich bleiben. Insoweit vereinbarte Beschränkungen gelten als Kernbeschränkungen und lassen die Freistellung für die FuE-Vereinbarung in Gänze entfallen. Eine zeitliche Begrenzung ist anders als nach der Vorgängerverordnung nicht mehr explizit vorgesehen. Die Vorgängerverordnung hatte eine Beschränkung aktiver Verkäufe nur für die Dauer von sieben Jahren nach dem ersten Inverkehrbringen im Binnenmarkt bzw. im EWR[24] erlaubt. Da die Spezialisierung als Unterfall der gemeinsamen Verwertung nur im Rahmen der nach Art. 4 bestimmten Dauer freigestellt ist, dürfte die jeweilige Freistellungsdauer von sieben oder mehr Jahren auch für die Beschränkung des Aktivverkaufs gelten.[25] Im Vergleich mit der Vertikal-GVO erscheint die FuE-GVO bei der Behandlung von Gebietsbeschränkungen strenger. Nach der Vertikal-GVO sind Beschränkungen aktiver Verkäufe zulässig, wenn das betreffende Gebiet ausschließlich dem Lieferanten oder einem anderen Abnehmer zugewiesen wird. In der FuE-GVO sind sie nur zulässig, wenn die Gebiete oder Kunden einer der Parteien im Wege der Spezialisierung im Rahmen der Verwertung ausschließlich zugewiesen sind. Die FuE-GVO lässt offen, ob eine Beschränkung aktiver Verkäufe auch in einem Gebiet möglich ist, das eine der Vertragsparteien nicht für sich selbst, sondern zugunsten eines Dritten reserviert hat. Im Ergebnis dürfte dies – ebenso wie bei der Vertikal-GVO – möglich sein, wofür auch ein Umkehrschluss aus Art. 6 lit. b spricht.

5. Ungerechtfertigte Lieferverweigerung (Art. 5 lit. f). In Ergänzung zu lit. d verbietet 18
lit. f besondere Formen passiver Verkaufsbeschränkungen. Die Parteien dürfen nicht vereinbaren, die Belieferung von bestimmten Kunden zu verweigern, die die Vertragsprodukte anschließend in anderen Gebieten des Binnenmarktes vertreiben wollen. Art. 5 lit. f soll Beschränkungen des Parallelhandels verhindern und so den freien Warenverkehr gewährleisten.[26] Anders als Art. 5 lit. d und lit. e betrifft sie nicht Parallelexporte der Kooperationspartner, sondern die ihrer Kunden – entweder Kunden, die in „dem Gebiet" der jeweiligen Partei ansässig sind oder aber im Wege der Spezialisierung einer anderen Partei für den Vertrieb zugewiesen sind. Unklar ist der Ausdruck „**dem Gebiet**" der jeweiligen Partei. Da hier gerade nicht auf eine Gebietszuweisung im Wege der Spezialisierung verwiesen wird, dürfte damit jedes Gebiet gemeint sein, in dem die betreffende Partei (allein oder gemeinsam mit anderen) vertreibt, aber auch das Gebiet, an dem sie ihren Sitz oder Niederlassungen hat. Diese Kunden sollen frei bleiben, die im Vertriebsgebiet des einen Kooperationspartners erworbenen Waren in dem Gebiet des anderen zu vertreiben.[27] Die Lieferverweige-

---

[23] Winzer, Forschungs- und Entwicklungsverträge, 2. Aufl. 2011, Rn. 728.
[24] Beschluss Nr. 3/2011 des Gemeinsamen EWR-Ausschusses vom 11.2.2011 zur Änderung des Anhang XIV (Wettbewerb) des EWR-Abkommens, ABl. 2011 L 93, 32 Beschluss des Gemeinsamen EWR-Ausschusses Nr. 113/2000 vom 22.12.2000 zur Änderung des Anhangs XIV (Wettbewerb) des EWR-Abkommens, ABl. 2001 L 52, 38.
[25] aA Schroeder in Wiedemann KartellR-HdB § 9 Rn. 134.
[26] Van Bael/Bellis, 502.
[27] Winzer GRUR-Int 2001, 413 (419).

rung kann entweder vertraglich vereinbart oder durch ein abgestimmtes Verhalten erfolgen. Art. 5 lit. f greift auch bei einer teilweisen Nichtannahme von Bestellungen ein, also zB durch die **Kürzung der bestellten Liefermengen** auf den tatsächlichen Bedarf des Kunden innerhalb eines Gebietes. In diesem Fall wird der Kunde trotz der Belieferung faktisch an einem Export der überschüssigen Menge gehindert. Dies gilt auch, wenn die Waren zwar im bestellten Umfang, aber zu ungünstigeren Preisen oder Konditionen geliefert werden als solche Waren, die im jeweiligen Inland verbleiben. Auch hierin ist ein teilweises Ablehnen von Kundenanfragen zu sehen, da die theoretisch noch möglichen Parallelexporte durch den Kunden erschwert und im Fall der Anwendung prohibitiver Preise gar verhindert werden. Dementsprechend wird Art. 5 lit. f auch auf diese Fälle anzuwenden sein. Eine **einseitig beschlossene Lieferverweigerung** oder Kürzung der Liefermengen ohne ausdrückliche oder stillschweigende Mitwirkung eines FuE-Partners sowie ohne die Zustimmung der betroffenen Kunden stellt jedoch mangels einer Absprache keinen Verstoß gegen Art. 101 Abs. 1 AEUV dar, selbst wenn sie Parallelimporte verhindern soll.[28] Aus der FuE-GVO folgt keine Lieferverpflichtung. Wegen der Marktanteilsschwelle kann die FuE-GVO zudem nicht auf marktbeherrschende Unternehmen angewandt werden. Eine Lieferverpflichtung nach Art. 102 AEUV scheidet in ihrem Anwendungsbereich damit ebenfalls grds. aus. Sie kann allerdings uU entstehen, wenn die marktbeherrschende Stellung zu einem späteren Zeitpunkt entsteht. Schließlich stellt sich die Frage, ob die Nichtigkeitsfolge ex tunc oder ex nunc eintritt, wenn sich die Parteien erst im Laufe ihrer Zusammenarbeit über die Nichtannahme von Bestellungen einigen. Da der Tatbestand einer „schwarzen Klausel" dann erst nachträglich erfüllt ist, kommt allein eine ex nunc Nichtigkeit, dann allerdings der gesamten Vereinbarung, in Betracht.

19 Auch wenn die FuE-GVO nicht ausdrücklich davon spricht, dass nur die Verpflichtung zu objektiv nicht gerechtfertigten Lieferverweigerungen verboten sein soll, so liegt angesichts der Rspr. des Gerichtshofes zur Frage der missbräuchlichen Liefer- und Geschäftsverweigerung ein Verstoß nur vor, wenn die Weigerung für die Fälle vereinbart wird, in denen eine **objektive Rechtfertigung** nicht ersichtlich ist.[29] So besteht etwa keine Lieferverpflichtung gegenüber zahlungsunfähigen Schuldnern oder im Falle von Kapazitätsengpässen. Den Parteien bleibt es jedenfalls im Falle einer gemeinsamen Verwertung unbenommen, diesbezüglich Absprachen untereinander zu treffen.[30]

20 **6. Erschwerung des Weiterverkaufs (Art. 5 lit. g).** Dem Schutz des Parallelhandels dient schließlich auch Art. 5 lit. g. Die Bestimmung verbietet Vereinbarungen, die den Bezug der Vertragserzeugnisse bei Wiederverkäufern innerhalb des Binnenmarktes erschweren sollen. Bezugspunkt des Verbots ist dabei die Verpflichtung, „Nutzern" oder „Wiederverkäufern" den Bezug der Vertragsprodukte von anderen Wiederverkäufern zu erschweren. „Nutzer" dürften dabei sämtliche Personen oder Unternehmen sein, die die Vertragsprodukte verwenden. Eine Erschwerung des Parallelhandels kann beispielsweise gegeben sein bei der Verpflichtung, dem Kunden Exportverbote aufzuerlegen[31] oder bei der Verpflichtung, nur für Produkte Garantieleistungen zu erbringen, die nicht von („anderen") Wiederverkäufern vertrieben wurden.[32] Daneben soll auch die Verweigerung von Serviceleistungen eine Erschwerung darstellen.[33] Letzteres wird man aber nur in besonderen Ausnahmefällen annehmen können, wenn die betreffende Leistung von Dritten nicht erbracht werden kann. Ein nicht abgestimmtes **einseitiges Vorgehen** der Parteien fällt ebenso wie die einseitige Liefer- oder Lizenzverweigerung nicht in den Anwendungsbereich der „schwarzen Liste".

21 Die Vorgängerverordnung nannte noch die Ausübung **gewerblicher Schutzrechte** als Bsp. für eine Bezugsbehinderung iSd Art. 5 lit. g. Auch wenn dieser Satz mit der Neufassung gestrichen wurde, kann auch auf diese Weise der Tatbestand des Art. 5 lit. g erfüllt sein. In der Praxis allerdings dürfte dies regelmäßig daran scheitern, dass die Rechte an den fraglichen Produkten mit ihrem Inverkehrbringen erschöpft sind und eine Schutzrechtsausübung einen Parallelimport ohnehin nicht mehr verhindern könnte.[34] Die Parteien können aber Vereinbarungen über die Ausübung von Schutzrechten treffen, soweit diese keinen absoluten Gebietsschutz bewirken.[35] Ferner dürfen die

---

[28] EuG Slg. 2000, II-3383 Rn. 71 – Bayer/Kommission; bestätigt durch EuGH Slg. 2004, I-23.
[29] EuGH Slg. 1978, 207 Rn. 184/194 – United Brands.
[30] Wiedemann, Kommentar zu den Gruppenfreistellungsverordnungen des EWG-Kartellrechts, 1989, GVO I VO Nr. 418/85 Art. 6 Rn. 43.
[31] EuGH Slg. 1975, 1103 (1111) – van Vliet/dalle Crode.
[32] EuGH Slg. 1985, 3933 (3944) – ETA/DK Investment.
[33] Wiedemann, Kommentar zu den Gruppenfreistellungsverordnungen des EWG-Kartellrechts, 1989, GVO I VO Nr. 418/85 Art. 6 Rn. 46; Korah R&D, 48.
[34] Wiedemann, Kommentar zu den Gruppenfreistellungsverordnungen des EWG-Kartellrechts, 1989, GVO I VO Nr. 418/85 Art. 6 Rn. 47.
[35] EuGH Slg. 1984, 2999 (3018) – Hydrotherm/Compact; Wiedemann, Kommentar zu den Gruppenfreistellungsverordnungen des EWG-Kartellrechts, 1989, GVO I VO Nr. 418/85 Art. 6 Rn. 47.

Parteien ihre Schutzrechte einsetzen, um Dritte an einem erstmaligen Verkauf der Vertragsprodukte im Binnenmarkt zu hindern, falls dieser nicht durch eine der Parteien autorisiert wurde. Solange die Vertragsprodukte noch nicht innerhalb des Binnenmarktes vertrieben werden, können die Parteien folglich auch Importe aus **Drittstaaten** verhindern, in denen sie die Vertragsprodukte bereits in Verkehr gebracht haben.[36] Soweit das Inverkehrbringen der Vertragserzeugnisse nicht zu einer Erschöpfung der Schutzrechte geführt haben sollte,[37] dürfen diese auch gegenüber Importen aus anderen Mitgliedstaaten ausgeübt werden. Da die Regeln über den freien Warenverkehr in diesem Fall einer Ausübung nicht entgegenstehen, kann iRd FuE-GVO nichts anderes gelten.[38]

Art. 6 Nicht freigestellte Beschränkungen
Die Freistellung nach Artikel 2 gilt nicht für die folgenden Verpflichtungen in Forschungs- und Entwicklungsvereinbarungen:
a) die Verpflichtung, nach Abschluss der Forschung und Entwicklung die Gültigkeit von Rechten des geistigen Eigentums, die die Parteien im Binnenmarkt innehaben und die für die Forschung und Entwicklung von Bedeutung sind, nicht anzufechten oder nach Ablauf der Forschungs- und Entwicklungsvereinbarung die Gültigkeit von Rechten des geistigen Eigentums, die die Parteien im Binnenmarkt innehaben und die die Ergebnisse der Forschung und Entwicklung schützen, nicht anzufechten; dies gilt unbeschadet der Möglichkeit, für den Fall, dass eine der Parteien die Gültigkeit solcher Rechte des geistigen Eigentums anficht, die Kündigung der Forschungs- und Entwicklungsvereinbarung vorzusehen;
b) die Verpflichtung, Dritten keine Lizenzen für die Herstellung der Vertragsprodukte oder für die Anwendung der Vertragstechnologien zu erteilen, sofern nicht die Verwertung der Ergebnisse der gemeinsamen Forschung und Entwicklung oder der Auftragsforschung und -entwicklung durch mindestens eine der Parteien in der Vereinbarung vorgesehen ist und im Binnenmarkt gegenüber Dritten erfolgt.

Übersicht

	Rn.		Rn.
I. Überblick	1	III. Beschränkung Lizenzerteilung gegenüber Dritten (Art. 6 lit. b)	9
II. Nichtangriffsklauseln	2		

I. Überblick

Der neu in die Verordnung aufgenommene Art. 6 enthält eine sog „graue Liste" von Klauseln, 1
die zwar aus Sicht der Kommission nicht (gruppen-)freistellungsfähig sind, aber nicht die übrige FuE-Vereinbarung so sehr „beschädigen", dass diese insgesamt aus der GVO herausfiele. Eine Vorläuferin dieser Bestimmung fand sich bereits in der alten Verordnung Nr. 418/85. Die Kommission erachtet Nichtangriffsklauseln sowie Beschränkungen bei der Lizenzvergabe an Dritte nun nicht mehr als „Kernbeschränkungen". Die früheren Bestimmungen dazu wurden weitgehend unverändert aus dem Katalog der „Kernbeschränkungen" in die „graue Liste" überführt. Der Umstand, dass eine Klausel unter die graue Liste des Art. 6 fällt, führt nicht zu einer Vermutung ihrer Rechtswidrigkeit. Ob sie freistellungsfähig ist, ist im Einzelfall gemäß Art. 101 Abs. 3 AEUV zu prüfen.[1]

II. Nichtangriffsklauseln

Art. 6 lit. a erklärt sogenannte Nichtangriffsklauseln für nicht freistellungsfähig, welche die 2
Parteien und die mit ihnen verbundenen Unternehmen zu bestimmten Zeitpunkten an Bestandsangriffen bestimmter Schutzrechte hindern. Den beteiligten Unternehmen muss es danach grundsätzlich erlaubt bleiben, sowohl bestehende Schutzrechte, die für die FuE-Arbeiten von Bedeutung sind, als auch solche anzugreifen, die die Ergebnisse der Arbeiten schützen.

Im Umkehrschluss ergibt sich, dass für gewisse Zeiträume Nichtangriffsklauseln vereinbart 3
werden können:[2] Zum einen können Nichtangriffsklauseln bis zum Ende der FuE-Arbeiten bzgl.

---

[36] Wiedemann, Kommentar zu den Gruppenfreistellungsverordnungen des EWG-Kartellrechts, 1989, GVO I VO Nr. 418/85 Art. 6 Rn. 48.
[37] EuGH Slg. 1989, 79 (96) – EMI Elektrola/Patricia Im- und Export.
[38] Wiedemann, Kommentar zu den Gruppenfreistellungsverordnungen des EWG-Kartellrechts, 1989, GVO I VO Nr. 418/85 Art. 6 Rn. 49.
[1] Loewenheim/Meessen/Riesenkampff/Schütze Rn. 64.
[2] von der Groeben/Schwarze/Hatje/Hirsbrunner AEUV Anh. Art. 101 Rn. 179.

Schutzrechten vereinbart werden, die für die FuE „von Bedeutung" sind. Zum anderen können bis „zum Ablauf" der FuE-Vereinbarung, Nichtangriffsklauseln bzgl. Schutzrechten vereinbart werden, die „die Ergebnisse" der FuE schützen. Erst in den sich daran jeweils anschließenden (Verwertungs)Phasen sind Nichtangriffsklauseln unzulässig. Für den Fall, dass ein beteiligtes Unternehmen ein solches Schutzrecht angreift, kann die FuE-Vereinbarung jedoch ein **Kündigungsrecht** vorsehen, lit. a aE. Diese Möglichkeit wird im Kontext mit standardessentiellen Patenten hinterfragt.[3] Ebenfalls zulässig sind Nichtangriffsklauseln, wenn sie sich auf Schutzrechte beziehen, welche die Parteien außerhalb des Binnenmarktes in **Drittstaaten** halten.[4] Im Vergleich zur TT-GVO ist somit die FuE-GVO etwas großzügiger in puncto Nichtangriffsklauseln. In beiden GVOs bleibt für den Bereich, in dem eine Nichtangriffsklausel unzulässig ist, die Option ein Kündigungsrecht vorzusehen, wobei dies im Rahmen des TT-GVO nur bei exklusiven Lizenzverhältnissen möglich ist, Art. 5 lit. b TT-GVO.

4 Anders als früher werden Nichtangriffsklauseln von der Kommission nicht mehr als Kernbeschränkungen eingestuft, sie gelten aber weiterhin im Einklang mit der **Entscheidungspraxis der Kommission** als Wettbewerbsbeschränkungen.[5] Der **EuGH** ist dem mit der Einschränkung gefolgt, dass bei der Beurteilung von Nichtangriffsklauseln auf den rechtlichen und wirtschaftlichen Kontext abgestellt werden müsse.[6] So soll etwa regelmäßig keine Wettbewerbsbeschränkung vorliegen, wenn eine Lizenz ohne Lizenzgebühren erteilt wird oder sich eine kostenpflichtige Lizenz auf ein technisch überholtes Verfahren bezieht, von dem das verpflichtete Unternehmen keinen Gebrauch gemacht hat,[7] auch dann nicht, wenn bei Nichtbenutzung der lizenzierten Technologie trotzdem Zahlung der Lizenzgebühr gefordert wird – solange dem Lizenznehmer ein Kündigungsrecht eingeräumt ist.[8] In der Vergangenheit wurden Nichtangriffsklauseln von der Kommission allerdings nicht immer einheitlich gehandhabt. Während die derzeit geltende TT-GVO Nichtangriffsklauseln ebenso wie die vorangehende VO Nr. 772/2004 in die „graue Liste" einordnet, konnten entsprechende Vereinbarungen nach der alten TT-GVO Nr. 240/96 im Wege des Widerspruchsverfahrens freigestellt werden. Nach der ersten FuE-GVO Nr. 418/85 konnten die Parteien einander ferner verpflichten, für die Vertragserzeugnisse und -verfahren gewerbliche Schutzrechte zu erwirken und aufrechtzuerhalten.[9] Als unbedenklich galt auch die Verpflichtung, einander Schutzrechtsverletzungen mitzuteilen und gegen diese vorzugehen.[10]

5 In der **Lit.** wurden Nichtangriffsklauseln unterschiedlich beurteilt. So wurde die ablehnende Haltung der Kommission gegenüber dieser Art von Vereinbarung als Hindernis für den Technologie-Transfer kritisiert, zumal die Regelung außer Acht lasse, ob die gebundene Partei die betreffenden Schutzrechte nutzen dürfe oder nicht.[11] Dem wurde entgegengehalten, dass Nichtangriffsklauseln nicht nur eine Überprüfung nichtiger oder wertloser Schutzrechte verhinderten, sondern zugleich auch die Grundlage für einen wettbewerbsbeschränkenden Umgang mit Schutzrechten bilden könnten. Vor diesem Hintergrund überwiege das öffentliche Interesse das Interesse des Rechteinhabers, Angriffe auf seine Rechte durch denjenigen zu verhindern, der infolge der Kooperation erst Kenntnis von der Angreifbarkeit des Rechts erlangt habe.[12] Die Kommission ist der Kritik an der von ihr gegenüber Nichtangriffsklauseln verfolgten Politik insoweit entgegengekommen, als sie diese nun nicht mehr als Kernbeschränkungen einstuft. Es bleibt allerdings dabei, dass Nichtangriffsklauseln nicht vom Kartellverbot freigestellt werden. Im Einklang mit der Rspr. des EuGH wird man bei der Prüfung, ob das Kartellverbot eingreift, den rechtlichen und wirtschaftlichen Zusammenhang der Vereinbarung berücksichtigen müssen. So wird ein Lizenznehmer regelmäßig kein berechtigtes Interesse an einem Angriff auf ein Schutzrecht haben, wenn er dieses uneingeschränkt nutzen darf. Hier dürfte entgegen der Art. 6 lit. a zugrundeliegenden Annahme häufig schon keine freistellungsbedürftige Wettbewerbsbeschränkung vorliegen.

---

[3] von der Groeben/Schwarze/Hatje/Hirsbrunner AEUV Anh. Art. 101 Rn. 180.
[4] Mestmäcker/Schweitzer EuWettbR, 3. Aufl. 2014, § 32 Rn. 42.
[5] Kom. ABl. 1975 L 222, 34 – Kabelmetal-Luchaire; Kom. ABl. 1976 L 30, 13 – Bayer/Gist-Brocades; Kom. ABl. 1983 L 229, 1 – Windsurfing International.
[6] EuGH Slg. 1986, 611 Rn. 92 – Windsurfing International/Kommission; EuGH Slg. 1988, 5249 Rn. 16 – Bayer/Süllhöfer.
[7] EuGH Slg. 1988, 5249 Rn. 17 f. – Bayer/Süllhöfer.
[8] EuGH C-567/14 – Genentech v. Hoechst und Sanofi-Aventis, Rz. 43.
[9] Art. 5 Abs. 1 lit. c VO 418/85.
[10] Art. 5 Abs. 1 lit. e VO 418/85; vgl. Kom. ABl. 1988 L 305, 33 Rn. 17 f. – Continental/Michelin.
[11] Winzer, Forschungs- und Entwicklungsverträge, 2. Aufl. 2011, Rn. 744 ff.; Wiedemann, Kommentar zu den Gruppenfreistellungsverordnungen des EWG-Kartellrechts, 1989, GVO I VO Nr. 418/85 Art. 6 Rn. 12; Korah R & D, 51; Winzer GRUR-Int 2002, 413 (417).
[12] Mestmäcker/Schweitzer EuWettbR, 3. Aufl. 2014, § 30 Rn. 87.

Unabhängig von der rechtspolitischen Bewertung weist auch Art. 6 lit. a, auch nach der Revision der Verordnung, jedenfalls in der deutschen Sprachfassung formale Mängel auf. So lässt der Wortlaut nicht erkennen, welche Schutzrechte „**für die Arbeiten von Bedeutung**" sein sollen.[13] Die frühere Verordnung Nr. 418/85 stellte demgegenüber klar, dass es um Schutzrechte ging, „die zur Durchführung des [FuE-Programms] benutzt" wurden (Art. 6 lit. b VO Nr. 418/85). Das Erfordernis, ein FuE-Programm aufzustellen, ist mittlerweile entfallen (Art. 2 lit. a VO Nr. 418/85). Eine inhaltliche Veränderung wurde damit im Hinblick auf Nichtangriffsklauseln jedoch nicht bezweckt, da sowohl die englische als auch die französische Sprachfassung insoweit unverändert geblieben sind („Relevant to the research and development", früher: „Relevant to the programme", bzw. „exploités aux fins de la recherche et du développement"). Die veränderte Bezugnahme trägt lediglich dem Wegfall des FuE-Programms Rechnung. Für die Arbeiten „von Bedeutung" sind also alle Schutzrechte, die für die FuE-Arbeiten benutzt werden. 6

Unklar ist weiter, welcher Zeitpunkt mit der „**Ablauf der FuE-Vereinbarung**" gemeint ist. Der Wortlaut des Hs. 1 spricht dafür, dass Nichtangriffsklauseln für Schutzrechte zugunsten der Vertragsergebnisse bis zum Auslaufen der gesamten Vereinbarung zulässig sind. In der Lit. wird jedoch zutreffend darauf hingewiesen, dass der Vertrag nach dem Ende der FuE-Arbeiten sowie der Verwertungsphase häufig noch weiter gilt, bspw. in Form von Lizenzvereinbarungen, die den Parteien eine selbständige Verwertung erlauben. Da das Verbot von Nichtangriffsklauseln gerade für diesen Fall einen Bestandsangriff ermöglichen soll, sei es sinnlos, auf das endgültige Ende der Vertragsbeziehung abzustellen.[14] Dem ist zuzustimmen. Das Verbot von Nichtangriffsklauseln, welche die Schutzrechte für die Ergebnisse der Kooperation betreffen, gilt je nach Art der getroffenen Vereinbarung ab dem Ende der FuE-Arbeiten bzw. dem Ende der gem. Art. 4 freigestellten gemeinsamen Verwertung. 7

Zuletzt bedarf der Auslegung, was mit geistigen Eigentumsrechten gemeint ist, die „die Ergebnisse" der FuE schützen. „Die Ergebnisse" meint nicht nur die Endergebnisse, sondern auch Zwischenergebnisse, wie sich aus Art. 1 Abs. 1 lit. g, f und d entnehmen lässt sowie aus dem systematischen Vergleich zu Art. 3 Abs. 2 der anders als Art. 6 lit. a von „End"Ergebnissen spricht. 8

III. Beschränkung Lizenzerteilung gegenüber Dritten (Art. 6 lit. b)

Eine Vereinbarung, Dritten keine Lizenzen für die Herstellung der Vertragsprodukte oder für die Anwendung der Vertragstechnologien zu erteilen, ist unzulässig, sofern die Verwertung der Ergebnisse nicht durch mindestens eine Partei vertraglich vorgesehen ist und auch tatsächlich im Binnenmarkt erfolgt. Die Regelung ist vor dem Hintergrund zu sehen, dass FuE-Vereinbarungen ua deshalb freigestellt werden, um zu befördern, dass Verbraucher neue oder verbesserte Waren oder Dienstleistungen erhalten (Erwgr. 10).[15] Entsprechend könnte die Kommission auch den gesamten Rechtsvorteil der FuE-GVO gem. Art. 29 VO (EG) Nr. 1/2003 entziehen, wenn die Ergebnisse der FuE-GVO ohne sachlich gerechtfertigten Grund nicht verwertet werden (Erwgr. 21). Im Einklang mit dieser Erwägung lässt somit Art. 6 lit. b die Freistellung von Lizenzbeschränkungen nur dann bestehen, wenn die Verwertung der Vertragsprodukte iSv Art. 1 Abs. 1 lit. g in der FuE-Vereinbarung vorgesehen ist und auch tatsächlich erfolgt, die Vertragsparteien also die Vertragsprodukte entweder (selbstständig oder gemeinsam) herstellen und vertreiben oder einem Dritten die Gelegenheit dazu einräumen. Ansonsten darf kein Weiterlizenzierungsverbot vereinbart werden. 9

Entscheidend für die Freistellung von Lizenzbeschränkungen ist somit, ob die Vertragsprodukte durch die Parteien oder sonstige Dritte **tatsächlich verwertet** werden oder nicht. Entsprechend genügt es nicht, eine Verwertung (zu der nach Art. 1 Abs. 1 lit. g auch die Lizenzvergabe gehört) nur zu vereinbaren,[16] wenn diese nicht tatsächlich ausgeführt wird. Umgekehrt wird vertreten, dass eine fehlende Vereinbarung zur Verwertung nicht schaden soll, solange diese tatsächlich erfolgt. Auf die Absichten der Parteien käme es nicht an.[17] Hiergegen spricht jedoch der Wortlaut des Art. 6 lit. b, der neben dem Kriterium, dass eine Verwertung gegenüber Dritten tatsächlich „erfolgt" auch verlangt, dass eine solche Verwertung in der Vereinbarung „**vorgesehen**" ist. Im Idealfall ist somit ausdrücklich im Vertrag klargestellt, dass die Verwertung der Ergebnisse der FuE vorgesehen ist. Im Einzelfall wird sich auch eine konkludente Vereinbarung hierzu nachweisen lassen, insbesondere wenn von Anfang an die geforderte Verwertung tatsächlich erfolgt. 10

---

[13] Winzer GRUR-Int 2002, 413 (416).
[14] Wiedemann, Kommentar zu den Gruppenfreistellungsverordnungen des EWG-Kartellrechts, 1989, GVO I VO Nr. 418/85 Art. 6 Rn. 14.
[15] S. auch Bahr/Loest EWS 2002, 263 (267).
[16] Besen/Slobodenjuk GRUR 2011, 300 (305).
[17] AA Bahr/Loest EWS 2002, 263 (268).

11   Eine Freistellung trotz fehlender tatsächlicher Verwertung wird in Fällen diskutiert, in denen sich die Ergebnisse der Kooperation als ganz oder teilweise nicht marktfähig erweisen.[18] Dem ist zumindest für den Fall der vollständig fehlenden Marktfähigkeit zuzustimmen. Denn in diesem Fall hat die Lizenzbeschränkung keinen wettbewerbsrelevanten Effekt. Man könnte auch erwägen, dass Art. 6 lit. b auf eine Lizenzierungsbeschränkung solange nicht anwendbar ist, wie sich die Parteien iRd Verwertungskooperation ernsthaft um eine Verwertung bemühen. Bei einem marktfähigen Produkt werden solche Bemühungen jedoch erfolgreich sein, so dass es vorzugswürdig erscheint, an das objektive Kriterium der Marktfähigkeit statt des subjektiven Kriteriums des „Bemühens" anzuknüpfen. Praktisch relevant wird die Bestimmung daher nur in den seltenen Fällen, in denen marktfähige Kooperationsergebnisse insgesamt endgültig zu den Akten gelegt oder von vornherein „für die Schublade" entwickelt werden.

12   Ist eine Verwertung der Ergebnisse vorgesehen und erfolgt auch tatsächlich, ist ein **Verbot der Lizenzerteilung an Dritte** freigestellt. Das Gleiche gilt für Vorgaben, nach denen Dritten eine Lizenz nur mit Zustimmung der anderen Vertragspartner oder nur unter bestimmten Voraussetzungen erteilt werden darf.[19]

13   Die somit trotz Art. 6 lit. b weiterhin freigestellten Lizenzbeschränkungen können iRd Marktanteilsschwellen bzw. der freigestellten gemeinsamen Verwertung (Art. 4) ggf. auch über den Siebenjahreszeitraum hinaus vereinbart werden (Art. 4 Abs. 3).

14   In der Vorgängerverordnung war explizit klargestellt, dass Parteien, die einander die Weiterlizenzierung gestatten, vereinbaren können, dass die von dem Dritten erhaltenen **Lizenzgebühren zu teilen oder Ausgleichszahlungen zu leisten** sind, um ungleiche Beiträge zur Kooperation zu berücksichtigen.[20] Die aktuelle Fassung der FuE-GVO erwähnt den Fall der Teilung von Lizenzgebühren nicht mehr. Sie stellt jedoch in Erwägungsgrund 11 am Ende klar, dass Zahlungspflichten zwischen den Parteien der FuE möglich sind, um ungleiche Beiträge auszugleichen. Dann muss auch – nach wie vor – die Aufteilung von Lizenzgebühren Dritter möglich sein.

15   Eine Verpflichtung, das im Zusammenhang mit der Kooperation von den Vertragspartnern übermittelte **Know-how** nur für Zwecke der gemeinsamen FuE zu nutzen, dürfte im Einklang mit der früheren FuE-GVO auch weiterhin freigestellt sein,[21] zumal es sich dabei ohnehin nicht um ein „Ergebnis" der gemeinsamen FuE handelt.

16   Für den Fall, dass eine Verwertung der Ergebnisse der Kooperation zwar vorgesehen ist und sich die Ergebnisse auch als marktfähig erweisen, aber später dennoch auf eine Verwertung verzichtet wird, ist offen, ob die Freistellung rückwirkend oder nur ex nunc entfällt. Sofern die Voraussetzung für den Verlust der Freistellung erst nachträglich eintritt, wäre eine Rückwirkung aus Gründen der Rechtssicherheit unangemessen. Die Lizenzbeschränkung lässt die Freistellung daher nur ex nunc entfallen.[22] Dementsprechend tritt auch die Nichtigkeit gemäß Art. 101 Abs. 2 AEUV erst ein, wenn feststeht, dass keine Verwertung erfolgen wird. In der Praxis wird dies häufig nur schwer festzustellen sein. Auch wenn die Freistellung nunmehr nicht mehr für die ganze Vereinbarung verloren ginge, sollten die Parteien jedoch auf jeden Fall eine auflösende Bedingung für die Lizenzbeschränkung für den Fall der Nichtverwertung[23] und für den Fall einer Gesamtnichtigkeit eine Abwicklungsklausel vereinbaren.

Art. 7 Anwendung der Marktanteilsschwelle[1]

Für die Anwendung der Marktanteilsschwelle gemäß Artikel 4 gelten die folgenden Vorschriften:
a) Der Marktanteil wird anhand des Absatzwerts berechnet; liegen keine Angaben über den Absatzwert vor, so können zur Ermittlung des Marktanteils der Parteien Schätzungen vorgenommen werden, die auf anderen verlässlichen Marktdaten unter Einschluss der Absatzmengen beruhen.
b) Der Marktanteil wird anhand der Angaben für das vorangegangene Kalenderjahr ermittelt.
c) Der Marktanteil der in Artikel 1 Absatz 2 Unterabsatz 2 Buchstabe e genannten Unternehmen wird zu gleichen Teilen jedem Unternehmen zugerechnet, das die in Buchstabe a des genannten Unterabsatzes aufgeführten Rechte oder Befugnisse hat.

---

[18] Korah R & D, 55.
[19] Winzer, Forschungs- und Entwicklungsverträge, 2. Aufl. 2011, Rn. 750.
[20] Vgl. Art. 5 Abs. 1 lit. f und lit. g Verordnung Nr. 418/85.
[21] Art. 5 Abs. 1 lit. b VO Nr. 418/85.
[22] Wiedemann, Kommentar zu den Gruppenfreistellungsverordnungen des EWG-Kartellrechts, 1989, GVO I VO 418/85 Art. 6 Rn. 1.
[23] Bahr/Loest EWS 2002, 263 (268).
[1] Leitlinien „horizontale Zusammenarbeit" Rn. 123 ff., 136 f.

d) *Beträgt der in Artikel 4 Absatz 3 genannte Marktanteil ursprünglich nicht mehr als 25 % und überschreitet er anschließend diese Schwelle, jedoch nicht 30 %, so gilt die Freistellung nach Artikel 2 im Anschluss an das Jahr, in dem die 25 %-Schwelle erstmals überschritten wurde, noch für zwei weitere aufeinander folgende Kalenderjahre.*

e) *Beträgt der in Artikel 4 Absatz 3 genannte Marktanteil ursprünglich nicht mehr als 25 % und überschreitet er anschließend 30 %, so gilt die Freistellung nach Artikel 2 im Anschluss an das Jahr, in dem die 30 %-Schwelle erstmals überschritten wurde, noch für ein weiteres Kalenderjahr.*

f) *Die in den Buchstaben d und e genannten Rechtsvorteile dürfen nicht in einer Weise miteinander verbunden werden, dass ein Zeitraum von zwei Kalenderjahren überschritten wird.*

I. Überblick

Art. 7 regelt die Handhabung der Marktanteilsschwellen des Art. 4, wobei zu beachten ist, dass 1 die Marktanteile von verbundenen Unternehmen gem. Art. 1 Abs. 2 hinzugerechnet werden. Er legt zunächst fest (lit. a), dass die Marktanteile anhand des **Absatzwertes** berechnet werden. Hinsichtlich des relevanten Marktes ist zu unterscheiden. Handelt es sich bei den Vertragsprodukten lediglich um Verbesserungen bestehender Produkte, so ist **der relevante Markt** der für diese Produkte einschließlich ihrer Substitute.[2] Dies gilt auch dann, wenn die Vertragsprodukte spürbare Verbesserungen an einem bestehenden Produkt mit sich bringen oder dieses gar ersetzen sollen.[3] Hat die Kooperation die Verbesserung eines Schlüsselelements für ein bestimmtes Erzeugnis zum Gegenstand, so ist der Markt für das Endprodukt zu berücksichtigen.[4] Wollen die Parteien dagegen völlig neue Produkte schaffen, für die noch keine Nachfrage besteht, kann die Marktanteilsschwelle nach Art. 4 Abs. 2 nicht eingreifen. In einem solchen Fall sind folglich auch Kooperationen zwischen Wettbewerbern unabhängig von ihren Marktanteilen auf anderen Märkten zulässig. Die Freistellung gilt dabei nicht nur für die Dauer der FuE-Arbeiten, sondern darüber hinaus auch für die sich daran anschließende siebenjährige Verwertungsphase.[5] Spätere Veränderungen der Marktanteile sind währenddessen für die Freistellung ohne Belang. Droht in einem solchen Fall eine Monopolisierung des Innovationswettbewerbs, etwa, wenn sich die Zusammenarbeit auf Schlüsselpatente bezieht,[6] kann die Freistellung entzogen werden.[7]

Die Marktanteilsschwellen gelten auch für **Technologiemärkte,** was unter der Vorgängerver- 2 ordnung nicht ganz eindeutig war. Dementsprechend muss in den Fällen, in denen die im Zuge der Kooperation entwickelten Verfahren getrennt von den Vertragserzeugnissen durch Lizenzvergabe vermarktet werden, neben dem relevanten Produktmarkt weiter ein davon getrennter Technologiemarkt nach den allgemeinen Grundsätzen abgegrenzt werden. Der Technologiemarkt besteht nach Ansicht der Kommission aus den in Lizenz vergebenen Technologien und alternativen Technologien, auf welche die Lizenznehmer überwechseln könnten.[8] Der Marktanteil der Parteien auf einem so definierten Technologiemarkt bemisst sich anhand der von den Parteien erzielten Lizenzeinnahmen.[9] Dabei soll besonders der potentielle Wettbewerb berücksichtigt werden, der von Unternehmen ausgeht, die zwar noch keine Lizenzen für eine alternative Technologie erteilt haben, dies aber zu tun gedenken.[10] Die Feststellung eines genauen Marktanteils kann sich vor diesem Hintergrund schwierig gestalten. Die Kommission selbst spricht davon, dass dieser Ansatz häufig nur in der Theorie funktioniere und schlägt als Alternative eine Berechnung anhand der Umsätze auf nachgelagerten Produktmärkten vor.[11]

Zudem darf der Marktanteil gemäß Art. 7 mangels näherer Informationen über den Absatzwert 3 auf der Grundlage „verlässlicher Marktdaten" geschätzt werden. Dabei sind die tatsächlich abgesetzten Mengen mit zu berücksichtigen. Wegen der anderenfalls bestehenden Rechtsunsicherheit bleibt eine solche vertretbare Schätzung auch dann maßgeblich, wenn sie sich später iRe eingehenden Nachprüfung durch eine Behörde oder ein Gericht als falsch herausstellen sollte – selbstverständlich vorausgesetzt, dass die Schätzung nicht aus der Luft gegriffen wurde, sondern nach bestem Wissen

---

[2] Leitlinien „horizontale Zusammenarbeit" Rn. 123, 136.
[3] Art. 4 Abs. 2; Leitlinien „horizontale Zusammenarbeit" Rn. 124.
[4] Mestmäcker/Schweitzer EuWettbR, 3. Aufl. 2014, § 32 Rn. 14.
[5] Leitlinien „horizontale Zusammenarbeit" Rn. 126; Liebscher/Flohr/Petsche Gruppenfreistellungs-VO HdB, § 10 Rn. 42.
[6] Leitlinien „horizontale Zusammenarbeit" Rn. 138.
[7] Vgl. Erwägungsgrund 20 aE.
[8] Leitlinien „horizontale Zusammenarbeit" Rn. 116.
[9] Leitlinien „horizontale Zusammenarbeit" Rn. 117.
[10] Leitlinien „horizontale Zusammenarbeit" Rn. 118.
[11] Leitlinien „horizontale Zusammenarbeit" Rn. 125.

und Gewissen getätigt wird.[12] Entsprechend empfiehlt es sich, die Schätzung zu dokumentieren. Erfolgt die Schätzung anhand vorläufiger Daten, so ist sie ggf. zu korrigieren, soweit absehbar ist, dass die korrekten Zahlen im selben Kalenderjahr zeitnah vorliegen werden. Ob und inwieweit es infolge dieser „Krücken" noch einer genaueren Befassung mit den Technologiemärkten bedarf, sei dahingestellt.[13]

4   Art. 7 lit. b bestimmt weiter, dass die Marktanteile aus den Angaben für das jeweils **vorhergehende Kalenderjahr** zu berechnen sind.[14] Die Marktanteile eines **Gemeinschaftsunternehmens** sind den kontrollierenden Gesellschaftern dabei zu gleichen Teilen zuzurechnen (Art. 7 lit. c). Entscheidend ist also die Zahl der herrschenden Unternehmen, nicht die Höhe ihrer Beteiligung.[15] Wenn beispielsweise eine Vertragspartei der FuE-Vereinbarung das Gemeinschaftsunternehmen zusammen mit einem Dritten beherrscht und ist das Gemeinschaftsunternehmen in einem relevanten Markt tätig, dann wäre der beherrschenden Vertragspartei bei einem Marktanteil des Gemeinschaftsunternehmens von 10 % ein Marktanteil von 5 % zuzurechnen.[16]

II. Toleranzklauseln

5   **1. Anwendungsbereich.** Überschreitet der gemeinsame Marktanteil der Parteien nach dem Ende des Siebenjahreszeitraums die Schwelle von 25 %, so geht die Gruppenfreistellung nicht sofort verloren. Vielmehr gewährt die FuE-GVO den Parteien eine Übergangsfrist, in der die in der Kooperationsvereinbarung enthaltenen Beschränkungen ohne Einzelprüfung freigestellt bleiben (s. hierzu auch die Kommentierung zu Art. 4 → Art. 4 Rn. 16 f. u. 24 f.). Die Auslauffrist beträgt zwei Jahre, wenn der gemeinsame Marktanteil zwar 25 %, nicht aber 30 % übersteigt (lit. d). Liegt der gemeinsame Marktanteil der Parteien dagegen direkt über 30 %, so gilt die Freistellung nur noch für ein Jahr fort (lit. e). Die Fristen beginnen im Anschluss an das Jahr zu laufen, in welchem der gemeinsame Marktanteil der Parteien erstmals über dem jeweiligen Schwellenwert lag. Je nach Zeitpunkt des Vertragsschlusses können die Parteien damit Übergangsfristen von fast drei Jahren erreichen. Beide Toleranzklauseln stehen in einem Alternativverhältnis. Eine Kombination beider Fristen ist nicht möglich. Sind die Übergangsfristen ausgelaufen, kann die Freistellung auch nicht dadurch wieder erworben werden, dass der gemeinsame Marktanteil der Parteien wieder unter 25 % sinkt.[17] Denn die beiden Toleranzklauseln gelten nur im Anschluss an das Jahr, in dem der gemeinsame Marktanteil „erstmals" über 25 % bzw. 30 % lag.[18]

6   **2. Nichtanwendbarkeit der Übergangsfristen.** Überschreitet der gemeinsame Marktanteil die Schwelle von 25 % bereits in dem Kalenderjahr, in dem die siebenjährige Verwertungsphase endet, gelten die Auslauffristen nicht. Abs. 2 und Abs. 3 machen die Anwendung der Toleranzregelung ausdrücklich davon abhängig, dass der gemeinsame Marktanteil der Parteien **„ursprünglich"** („initially", „initialement"), das bedeutet nach dem Ende der Siebenjahresfrist, nicht mehr als 25 % beträgt. Allerdings endet die Freistellung auch in diesem Falle nicht sofort mit Ablauf der Siebenjahresfrist und damit möglicherweise mitten im laufenden Kalenderjahr.[19] Vielmehr gilt die Freistellung in jedem Fall noch bis zum Ende des Kalenderjahres fort.[20] Gegen einen sofortigen Wegfall spricht, dass nach Art. 7 lit. b stets der Marktanteil des Vorjahres maßgeblich ist. Der am Tag des Ablaufs der Siebenjahresfrist relevante Marktanteil steht damit im laufenden Kalenderjahr noch nicht fest. Bei einem sofortigen Wegfall der Freistellung wüssten die Parteien bis zum Ende des Kalenderjahres nicht, ob ihre Vereinbarung noch zulässig ist oder nicht. Sie wären damit einer erheblichen Rechtsunsicherheit ausgesetzt, die bei einer Fortgeltung der Freistellung bis zum Jahresende nicht besteht. Endet die Siebenjahresfrist also bspw. am 30.6.2020, so gilt die Freistellung bis zum 31.12.2020 fort, auch wenn sich in der Rückschau zeigen sollte, dass der gemeinsame Marktanteil im Jahr 2020 über 25 % lag. Die zusätzliche Frist von einem oder zwei Jahren würde dagegen nur gewährt, wenn der gemeinsame Marktanteil im Jahr 2020 unter 25 % liegt, und erst im Jahr 2021 die Schwelle von 25 % bzw. 30 % überschreitet.

---

[12] Bechtold/Bosch/Brinker Rn. 2.
[13] BeckOK/Becker TT-GVO Art. 8 Rn. 5 ff.; BeckOK/Slobodenjuk, Art. 7 Rn. 2 ff.; Liebscher/Flohr/Petsche Gruppenfreistellungs-VO-HdB, § 10 Rn. 47.
[14] Bechtold/Bosch/Brinker Rn. 4.
[15] Bechtold/Bosch/Brinker Rn. 5.
[16] Beispiel nach LMRKM/Schütze Rn. 73.
[17] Ebenso von der Groeben/Schwarze/Hatje/Hirsbrunner AEUV Anh. Art. 101 Rn. 185.
[18] Ebenso LMRKM/Schütze Rn. 71.
[19] AA Bahr/Loest EWS 2002, 263 (265).
[20] Vgl. Wiedemann, Kommentar zu den Gruppenfreistellungsverordnungen des EWG-Kartellrechts, 1989, GVO I VO Nr. 418/85 Art. 3 Rn. 28.

Art. 8 Übergangszeitraum

Das Verbot des Artikels 101 Absatz 1 AEUV gilt in der Zeit vom 1. Januar 2011 bis zum 31. Dezember 2012 nicht für bereits am 31. Dezember 2010 in Kraft befindliche Vereinbarungen, die zwar nicht die Freistellungsvoraussetzungen dieser Verordnung, aber die Freistellungsvoraussetzungen der Verordnung (EG) Nr. 2659/2000 erfüllen.

Art. 8 stellt Altverträge, die zwar die Freistellungsvoraussetzungen der alten FuE-GVO Nr. 2659/2000, nicht aber die der nachfolgenden FuE-GVO Nr. 1217/2010 erfüllen, für eine Übergangszeit vom Kartellverbot frei. Ab dem 1.1.2013 galt die FuE-GVO unterschiedslos für alle FuE-Vereinbarungen. Sollte eine nach der Vorgängerverordnung zulässige Kooperation nach der nachfolgenden FuE-GVO nicht mehr freigestellt sein, etwa weil die Marktanteile der Parteien auf den relevanten Technologiemärkten zum Zeitpunkt über der 25 %-Schwelle lagen, könnte das uU bedeuten, dass die Siebenjahresfristen für die Verwertung der Ergebnisse unterbrochen werden und das obwohl sich an den Fristen selbst durch die neue Verordnung nichts geändert hat. 1

Art. 9 Geltungsdauer

Diese Verordnung tritt am 1. Januar 2011 in Kraft.
Ihre Geltungsdauer endet am 30. Juni 2023.

Die am 1.1.2011 in Kraft getretene FuE-GVO sollte bis zum 31.12.2022 gelten, mit VO (EU) 2022/2455 wurde sie bis zum 30.6.2023 verlängert, um noch Ergebnisse aus der öffentlichen Konsultation zu berücksichtigen. 1

Die Notwendigkeit einer zeitlichen Begrenzung ergibt sich aus Art. 2 Abs. 1 der Ermächtigungsverordnung Nr. 2821/71. Die Laufzeitbestimmung soll laut Erwägungsgrund 22 dem Umstand Rechnung tragen, dass FuE-Vereinbarungen regelmäßig über eine lange Laufzeit abgeschlossen werden und so eine ausreichende Rechtssicherheit gewährleisten. Diese Erwägung tritt jedoch allenfalls auf solche FuE Vereinbarungen zu, die zum Zeitpunkt des Inkrafttretens der FuE-GVO abgeschlossen wurden. Bei später abgeschlossenen Vereinbarungen besteht dagegen die Gefahr, dass die Verordnung außer Kraft tritt, während die Kooperation noch läuft. Die Parteien müssen also damit rechnen, dass eine unter dieser FuE-GVO zulässige Vereinbarung nach 2022 uU allenfalls noch für eine kurze Übergangszeit freistellungsfähig ist. Besonders misslich ist dies im Hinblick auf die siebenjährige Verwertungsphase. Insoweit ist es möglich, dass die Geltung der FuE-GVO ausläuft und sich die Rechtslage ändert, bevor die Parteien überhaupt mit der Verwertung begonnen haben. Auch wenn nicht zu erwarten ist, dass die Kommission ihre Beurteilung von FuE-Vereinbarungen künftig grundlegend ändern wird, so wird die Rechtssicherheit der Unternehmen auf diese Weise erheblich geschmälert. 2

D. Spezialisierungs-GVO (VO (EU) 2023/1067)

Verordnung (EU) 2023/1067 der Kommission vom 1. Juni 2023 über die Anwendung des Artikels 101 Absatz 3 des Vertrags über die Arbeitsweise der Europäischen Union auf bestimmte Gruppen von Spezialisierungsvereinbarungen

(ABl. Nr. L 143/20)

[Erwägungsgründe]
(...)
(1) Nach der Verordnung (EWG) Nr. 2821/71 ist die Kommission ermächtigt, Artikel 101 Absatz 3 AEUV durch Verordnung auf Gruppen von Vereinbarungen, Beschlüssen und abgestimmten Verhaltensweisen anzuwenden, die unter Artikel 101 Absatz 1 AEUV fallen und eine Spezialisierung zum Gegenstand haben, einschließlich der zur Erreichung einer solchen Spezialisierung erforderlichen Vereinbarungen.
(2) In der Verordnung (EU) Nr. 1218/2010 der Kommission[1] sind Gruppen von Spezialisierungsvereinbarungen definiert, die nach Auffassung der Kommission in der Regel die Voraussetzungen des Artikels 101 Absatz 3 AEUV erfüllen. Die Geltungsdauer der genannten Verordnung endet am 30. Juni 2023. Angesichts der insgesamt positiven Erfahrungen mit der Anwendung der genannten Verordnung und der Ergebnisse ihrer Evaluierung sollte eine neue Gruppenfreistellungsverordnung erlassen werden.
(3) Diese Verordnung soll sowohl den Wettbewerb wirksam schützen als auch den Unternehmen angemessene Rechtssicherheit bieten. Im Zuge der Verfolgung dieser beiden Ziele sollten ferner die behördliche Aufsicht und der rechtliche Rahmen soweit wie möglich vereinfacht werden.
(4) Für die Anwendung des Artikels 101 Absatz 3 AEUV durch Verordnung ist es nicht erforderlich, die Vereinbarungen zu definieren, die unter Artikel 101 Absatz 1 AEUV fallen können. Bei der Prüfung einzelner Vereinbarungen nach Artikel 101 Absatz 1 AEUV sind mehrere Faktoren, insbesondere die Struktur des relevanten Marktes, zu berücksichtigen.
(5) Der Rechtsvorteil der durch diese Verordnung gewährten Freistellung sollte nur Vereinbarungen zugutekommen, bei denen mit hinreichender Sicherheit davon ausgegangen werden kann, dass sie die Voraussetzungen des Artikels 101 Absatz 3 AEUV erfüllen. Solange ein gewisser Grad an Marktmacht nicht erreicht ist, kann im Hinblick auf die Anwendung des Artikels 101 Absatz 3 AEUV grundsätzlich davon ausgegangen werden, dass die positiven Auswirkungen von Spezialisierungsvereinbarungen gegenüber den negativen Auswirkungen auf den Wettbewerb überwiegen.
(6) Diese Verordnung sollte für Vereinbarungen über die Herstellung von Waren und die Vorbereitung von Dienstleistungen gelten. Die Vorbereitung von Dienstleistungen umfasst Tätigkeiten, die der Erbringung von Dienstleistungen für Kunden vorgelagert sind (z.B. die Zusammenarbeit bei der Schaffung oder dem Betrieb einer Plattform, über die eine Dienstleistung erbracht werden soll). Die Erbringung von Dienstleistungen für Kunden fällt nicht in den Anwendungsbereich dieser Verordnung, es sei denn, die Parteien vereinbaren, im Rahmen der Spezialisierungsvereinbarung vorbereitete Dienstleistungen gemeinsam zu erbringen.
(7) Spezialisierungsvereinbarungen tragen am ehesten zu Verbesserungen bei der Herstellung von Waren oder der Vorbereitung von Dienstleistungen und bei deren Vertrieb bei, wenn die Parteien komplementäre Fähigkeiten, Vermögenswerte oder Tätigkeiten einbringen, weil die Vereinbarung ihnen in diesem Fall ermöglicht, sich auf die Herstellung bestimmter Waren oder die Vorbereitung bestimmter Dienstleistungen zu konzentrieren und somit rationeller zu arbeiten und die betreffenden Produkte preisgünstiger anzubieten. In einer Situation wirksamen Wettbewerbs ist es wahrscheinlich, dass die Verbraucher angemessen an den entstehenden Vorteilen beteiligt werden.
(8) Solche Vorteile können sich erstens aus Vereinbarungen ergeben, mit denen eine oder mehrere Parteien zugunsten einer oder mehrerer anderer Parteien ganz oder teilweise auf die Herstellung bestimmter Waren oder die Vorbereitung bestimmter Dienstleistungen verzichten („einseitige Spezialisierung"), und zweitens aus Vereinbarungen, mit denen zwei oder mehr Parteien zugunsten einer oder mehrerer anderer Parteien ganz oder teilweise auf die Herstellung bestimmter, aber unterschiedlicher Waren oder die Vorbereitung bestimmter, aber unterschiedlicher Dienstleistungen verzichten („gegenseitige Spezialisierung"), sowie drittens aus Vereinbarungen, mit denen sich zwei

---

[1] **Amtl. Anm.:** Verordnung (EU) Nr. 1218/2010 der Kommission vom 14. Dezember 2010 über die Anwendung von Artikel 101 Absatz 3 des Vertrags über die Arbeitsweise der Europäischen Union auf bestimmte Gruppen von Spezialisierungsvereinbarungen (ABl. L 335 vom 18.12.2010, S. 43).

Spezialisierungs-GVO

oder mehr Parteien verpflichten, bestimmte Waren gemeinsam herzustellen oder bestimmte Dienstleistungen gemeinsam vorzubereiten („gemeinsame Produktion").

(9) Die Anwendung dieser Verordnung auf Vereinbarungen über die einseitige bzw. die gegenseitige Spezialisierung sollte auf Fälle beschränkt werden, in denen die Parteien auf demselben sachlich relevanten Markt tätig sind. Eine Tätigkeit der Parteien auf demselben räumlich relevanten Markt ist jedoch nicht notwendig. Darüber hinaus sollte es für eine einseitige oder gegenseitige Spezialisierung nicht erforderlich sein, dass eine Partei Kapazität abbaut, da es genügt, wenn sie ihr Produktionsvolumen verringert.

(10) Damit die Vorteile der Spezialisierung zum Tragen kommen, ohne dass sich eine Partei ganz aus dem der Produktion nachgelagerten Markt zurückzieht, sollten Vereinbarungen über die einseitige bzw. die gegenseitige Spezialisierung nur unter diese Verordnung fallen, sofern sie Liefer- und Bezugsverpflichtungen enthalten. Die Liefer- und Bezugsverpflichtungen können, müssen aber nicht ausschließlicher Art sein.

(11) Diese Verordnung gilt für Vereinbarungen über die gemeinsame Produktion, die von Parteien geschlossen werden, die bereits auf demselben sachlich relevanten Markt tätig sind, oder aber von Parteien, die über die Vereinbarung über die gemeinsame Produktion in einen sachlich relevanten Markt eintreten wollen. Der Abschluss einer Vereinbarung über die gemeinsame Produktion sollte es nicht erforderlich machen, dass die Parteien ihre jeweiligen Tätigkeiten im Zusammenhang mit der Herstellung von Waren oder der Vorbereitung von Dienstleistungen außerhalb des Anwendungsbereichs ihrer geplanten Vereinbarung zurückfahren.

(12) Solange für die Produkte, die Gegenstand einer Spezialisierungsvereinbarung sind, der Anteil der Parteien am relevanten Markt einen bestimmten Schwellenwert nicht überschreitet, kann davon ausgegangen werden, dass die Vereinbarung im Allgemeinen einen wirtschaftlichen Nutzen in Form von Größen- oder Verbundvorteilen oder besseren Produktionstechniken bei angemessener Beteiligung der Verbraucher an den entstehenden Vorteilen mit sich bringt.

(13) Handelt es sich bei den unter eine Spezialisierungsvereinbarung fallenden Produkten um Zwischenprodukte, die von einer oder mehreren der Parteien ganz oder teilweise intern als Vorleistung für ihre eigene Produktion nachgelagerter Produkte verwendet werden, die sie dann auf dem Markt verkaufen, so sollte die mit dieser Verordnung gewährte Freistellung auch daran gebunden sein, dass der Marktanteil der Parteien auf dem relevanten Markt für diese nachgelagerten Produkte einen bestimmten Schwellenwert nicht überschreitet. In diesem Fall würde bei alleiniger Berücksichtigung des Marktanteils der Parteien auf der Ebene des Zwischenprodukts das Risiko einer Marktabschottung oder einer Erhöhung der Inputpreise für Wettbewerber auf der Ebene der nachgelagerten Produkte außer Acht gelassen.

(14) Es sollte nicht generell davon ausgegangen werden, dass Spezialisierungsvereinbarungen unter Artikel 101 Absatz 1 AEUV fallen oder die Voraussetzungen des Artikels 101 Absatz 3 AEUV nicht erfüllen, wenn der in dieser Verordnung festgelegte Marktanteilsschwellenwert überschritten wird oder andere Voraussetzungen dieser Verordnung nicht erfüllt sind. In solchen Fällen muss die Spezialisierungsvereinbarung einer Einzelfallprüfung nach Artikel 101 AEUV unterzogen werden.

(15) Die durch diese Verordnung gewährte Freistellung sollte nicht für Vereinbarungen gelten, die Beschränkungen enthalten, die für die Erzielung der positiven Auswirkungen von Spezialisierungsvereinbarungen nicht unerlässlich sind. Vereinbarungen, die bestimmte Arten schwerwiegender Wettbewerbsbeschränkungen wie die Festsetzung von Preisen für Dritte, die Beschränkung von Produktion oder Absatz und die Zuweisung von Märkten oder Kundengruppen enthalten, sollten unabhängig vom Marktanteil der Parteien grundsätzlich vom Rechtsvorteil der durch diese Verordnung gewährten Freistellung ausgeschlossen werden.

(16) Durch den Marktanteilsschwellenwert, den Ausschluss bestimmter Vereinbarungen von der Freistellung und die in dieser Verordnung vorgesehenen Voraussetzungen ist im Allgemeinen sichergestellt, dass Vereinbarungen, auf die die Gruppenfreistellung Anwendung findet, die Parteien nicht in die Lage versetzen, in Bezug auf einen wesentlichen Teil der betreffenden Waren oder Dienstleistungen den Wettbewerb auszuschalten.

(17) In dieser Verordnung sollten typische Situationen aufgeführt werden, in denen es als angemessen angesehen werden kann, den Rechtsvorteil der durch sie gewährten Freistellung nach Artikel 29 der Verordnung (EG) Nr. 1/2003 des Rates[2] zu entziehen.

(18) Um den Abschluss von Spezialisierungsvereinbarungen zu erleichtern, die sich auf die Struktur der Parteien auswirken können, sollte die Geltungsdauer dieser Verordnung auf 12 Jahre festgesetzt werden.

(...)

---

[2] **Amtl. Anm.:** Verordnung (EG) Nr. 1/2003 des Rates vom 16. Dezember 2002 zur Durchführung der in den Artikeln 81 und 82 des Vertrags niedergelegten Wettbewerbsregeln (ABl. L 1 vom 4.1.2003, S. 1).

I. Normzweck   1–3   **Einl. Spezialisierungs-GVO**

Schrifttum: Barbist/Rungg, Reform der EG-Wettbewerbsregeln für Unternehmenskooperationen, RdW 2001, 260; Folz, Technologiegemeinschaften und Gruppenfreistellung, 2002; Bechtold, Leitlinien der Kommission und Rechtssicherheit – am Beispiel der neuen Horizontal-Leitlinien, GRUR 2012, 107; Fritzsche, Die neuen Regeln über horizontale Kooperation im europäischen Wettbewerbsrecht, EuZW 2011, 208; Jung, Die Verordnung (EWG) Nr. 151/93 – ein gefährlicher WEG zur Harmonisierung von Kartellaufsicht und Fusionskontrolle, EuZW 1993, 690; Lindroos/Schnichels/Svane, Liberalisation of the European Gas Markets, – Commission settles GFU case with Norwegian gas producers, CPN 3/2002, 50, 52; Lücking, Horizontal Co-Operation Agreements: Ensuring a modern policy, CPN 2/2002, 41; Lücking/Woods, Horizontal Co-Operation Agreements: New Rules in Force, CPN 1/2001, 8; Polley/Seeliger, Das neue EG-Kartellrecht für Vereinbarungen über horizontale Zusammenarbeit – Leitlinien der Kommission und Gruppenfreistellungsverordnungen Nr. 2658/2000 für Spezialisierung und Nr. 2659/2000 für Forschung und Entwicklung, WRP 2001, 494; Ritter, Spezialisierung durch Gemeinschaftsunternehmen – Bemerkungen zur neuen Gruppenfreistellungsverordnung der EG-Kommission für Spezialisierungsvereinbarungen, NJW 1983, 489; Schnichels/Valli, Vertical and horizontal restraints in the European Gas Sector – lessons learnt from the DONG/DUC case, CPN 2/2003, 60, 61; Seeliger/Laskey, Die Gruppenfreistellungsverordnung für Spezialisierungsvereinbarungen, EWS 2011, 119; Spormann, Förderung europäischer Spezialisierungskartelle, WuW 1973, 165.

Einleitung

Übersicht

		Rn.			Rn.
I.	Normzweck	1	3.	Verhältnis zu anderen GVOen	17
II.	Entstehungsgeschichte und Ermächtigungsgrundlage	7		a) FuE GVO	17
				b) TT-GVO	20
				c) Vertikal-GVO	21
III.	Verhältnis zu anderen Regelungen	13	4.	Verhältnis zur de-minimis-Bekanntmachung	22
1.	Verhältnis zur FKVO	13	5.	Verhältnis zur Einzelfreistellung nach Art. 101 Abs. 3 AEUV	23
2.	Verhältnis zu Art. 102 AEUV	16			

I. Normzweck

Die GVO 1218/2010 (nicht mehr in Kraft, übergangsweise auf Altfälle noch anwendbar) sowie die GVO 1067/2023 vom 1. Juni 2023 („Spezialisierungs-GVO") stellen Vereinbarungen, in denen sich konkurrierende Unternehmen verpflichten, einseitig oder gegenseitig, auf die Herstellung eines bestimmten Erzeugnisses zugunsten ihres Kooperationspartners zu verzichten (Spezialisierung) oder bestimmte Produkte nur gemeinsam herzustellen (Gemeinsame Produktion), vom Verbot des Art. 101 Abs. 1 frei. 1

Gemäß Art. 101 Abs. 3 AEUV kann das Verbot des Art. 101 Abs. 1 AEUV auf bestimmte Vereinbarungen, Beschlüsse und abgestimmte Verhaltensweisen für nicht anwendbar erklärt werden, wenn diese unter angemessener **Beteiligung der Verbraucher** an dem entstehenden Gewinn zur **Verbesserung der Warenerzeugung oder -verteilung** oder zur **Förderung des technischen oder wirtschaftlichen Fortschritts** beitragen. Durch eine Spezialisierung und gemeinsame Produktion können Unternehmen Risiken teilen, Kosten einsparen, Know-how zusammenlegen und Innovation beschleunigen. Im Hinblick auf die Globalisierung, den technischen Fortschritt, die zunehmende Dynamik der Märkte und den wachsenden Wettbewerbsdruck kann dadurch insbes. für kleine und mittlere Unternehmen die Anpassung an die sich verändernden Marktbedingungen erleichtert werden.[1] Insbes. werden die kooperierenden Unternehmen regelmäßig in die Lage versetzt, Produkte zu niedrigeren Preisen oder in einer besseren Qualität anzubieten oder Neuerungen schneller einzuführen. 2

Andererseits kann sich eine derartige Zusammenarbeit negativ auf den Wettbewerb auswirken, wenn zB Preise oder Produktionsmengen festgesetzt werden, Märkte aufgeteilt werden oder aufgrund der Zusammenarbeit Marktmacht erlangt, abgesichert oder ausgebaut wird.[2] Bei der Beurteilung der Vereinbarungen über eine Zusammenarbeit sind nach Auffassung der Kommission deshalb stets die wettbewerbswidrigen Auswirkungen gegen den wirtschaftlichen Nutzen abzuwägen.[3] Die Kommission zieht bei der Bewertung der Auswirkungen auf den Wettbewerb vor allem ökonomische Kriterien heran, wie zB die Marktmacht der Beteiligten oder die Marktstruktur.[4] 3

---

[1] Vgl. Leitlinien „horizontale Zusammenarbeit" Rn. 20.
[2] Vgl. Leitlinien „horizontale Zusammenarbeit" Rn. 21.
[3] Vgl. Leitlinien „horizontale Zusammenarbeit" Rn. 17 ff.
[4] Vgl. Leitlinien „horizontale Zusammenarbeit" Rn. 2.

4 Spezialisierungsvereinbarungen tragen idR zur Verbesserung der Warenerzeugung oder -verteilung iSd Art. 101 Abs. 3 AEUV bei, da die Konzentration auf bestimmte Erzeugnisse bzw. Dienstleistungen oder die gemeinsame Produktion **Rationalisierungsvorteile** durch eine bessere Ausnutzung der Produktionskapazität bzw. Synergieeffekte aufgrund der Zusammenlegung von Produktionsanlagen und -techniken mit sich bringen können, die wiederum eine Kostensenkung oder Qualitätsverbesserung bewirken.[5] Bei Vorliegen eines wirksamen Wettbewerbs ist davon auszugehen, dass die Verbraucher am durch die Arbeitsteilung hervorgerufenen wirtschaftlichen Nutzen angemessen beteiligt werden, etwa in Form niedrigerer Preise, besserer Qualität oder innovativer Produkte.[6]

5 Die GVO 1218/2010[7] sowie die GVO 1067/2023 vom 1. Juni 2023 stellen deshalb unter bestimmten Voraussetzungen Vereinbarungen zwischen zwei oder mehr Unternehmen über die Spezialisierung bei der Produktion von der Anwendung des Art. 101 Abs. 1 AEUV frei. In den Anwendungsbereich der Verordnung fallen zunächst Vereinbarungen, bei denen entweder eine oder mehrere Vertragsparteien **(einseitige Spezialisierungen)** oder jede Partei zugunsten einer anderen **(gegenseitige Spezialisierungen)** auf die Herstellung bestimmter Waren oder die Erbringung bestimmter Dienstleistungen verzichtet. Weiterhin findet die Verordnung auf Vereinbarungen Anwendung, in denen sich die Beteiligten verpflichten, bestimmte Erzeugnisse nur gemeinsam herzustellen oder bestimmte Dienstleistungen nur gemeinsam zu erbringen **(gemeinsame Produktion)**. Erfasst werden auch Bestimmungen, die mit der Durchführung der Spezialisierungsvereinbarungen unmittelbar verbunden und für diese notwendig sind, sowie bestimmte angeschlossene Alleinbelieferungs- und -bezugsabsprachen.

6 Auch nach Inkrafttreten der **VO 1/2003** zum 1.5.2004 und damit dem Übergang zum Legalausnahmesystem kommt dem Institut der Gruppenfreistellung im Allgemeinen und der Spezialisierungs-GVO im Besonderen erhebliche praktische Bedeutung zu. Fällt eine Vereinbarung in den Anwendungsbereich der Spezialisierungs-GVO, so erübrigt sich die Prüfung, ob die Vereinbarung unter Art. 101 Abs. 1 AEUV fällt und im Einzelfall die Voraussetzungen des Art. 101 Abs. 3 AEUV erfüllt. Insbes. erübrigt sich vor dem Hintergrund der in Art. 2 der VO 1/2003 vorgesehenen Beweislastverteilung für die sich auf die Freistellung berufenden Unternehmen der Nachweis der positiven Freistellungsvoraussetzungen im Einzelfall – ein Nachweis an den die Leitlinien der Kommission zur Anwendung des Art. 101 Abs. 3 AEUV[8] hohe Anforderungen stellen. Weiterhin dürfte nicht auszuschließen sein, dass einige nationale Gerichte die Unvereinbarkeit einer Kooperationsvereinbarung mit der Spezialisierungs-GVO als Anhaltspunkt für die Unvereinbarkeit mit Art. 101 Abs. 3 AEUV schlechthin ansehen.

II. Entstehungsgeschichte und Ermächtigungsgrundlage

7 Die Kommission hat die positiven wirtschaftlichen Effekte von Spezialisierungsvereinbarungen früh anerkannt und bereits 1972 die erste GVO für Spezialisierungsvereinbarungen[9] erlassen. In den nachfolgenden Verordnungen[10] wurde der **Anwendungsbereich** der Gruppenfreistellung sukzessiv **erweitert**.[11] So wurden die einschlägigen Marktanteils- und Umsatzgrenzen mehrmals heraufgesetzt und der Geltungsbereich 1982 auf die gemeinsame Produktion und 1993 auch auf den gemeinsamen Vertrieb der von der Spezialisierung umfassten Erzeugnisse ausgedehnt.

8 Die im Zuge der umfassenden **Modernisierung der Kartellrechtsregeln** erlassene GVO 2658/2000[12] trat am 1.1.2001 in Kraft und ersetzte die mehrfach geänderte GVO 417/1985.[13] Die neuen GVOen sollten vor allem benutzerfreundlicher sein und sich durch einen weiteren

---

[5] Erwgr. 7 VO 2023/1067, ABl. 2023 L 143, 21; allg. zu den verschiedenen Arten von Effizienzgewinnen: Leitlinien zu Art. 101 Abs. 3 EG, ABl. 2004 C 101, 8 Rn. 59–72.
[6] Vgl. Erwgr. 7 VO 2023/1067, ABl. 2023 L 143, 21.
[7] ABl. 2010 L 335, 43.
[8] Leitlinien zu Art. 81 Abs. 3, ABl. 2004 C 101, 8 Rn. 48 ff.
[9] VO 2779/72, ABl. 1972 L 292, 23; dazu Spormann WuW 1973, 165 (166).
[10] VO 2903/77, ABl. 1977 L 338, 14; VO 3604/82, ABl. 1982 L 376, 33; VO 417/85, ABl. 1985 L 53, 1 geändert durch VO 151/93, ABl. 1993 L 21, 8, VO 2236/97, ABl. 1997 L 306, 12 und VO 2658/2000 ABl. 2000 L 304, 3.
[11] Vgl. zur geschichtlichen Entwicklung Immenga/Mestmäcker/Fuchs Einl. Rn. 7 f.; Bechtold/Bosch/Brinker Einl. Rn. 2 f.
[12] ABl. 2000 L 304, 3.
[13] ABl. 1985 L 53, 1; so überzeugend Immenga/Mestmäcker/Fuchs Art. 1 Rn. 29, der auch auf einen kaufmännisch vernünftig handelnden Marktteilnehmer abstellt, der unternehmerische Chancen wahrnimmt, ohne unvernünftige Risiken einzugehen.

Anwendungsbereich sowie größere Klarheit auszeichnen.[14] Allgemein kennzeichnend für die neuen GVOen ist die Abkehr von einem formalistischen regulativen Ansatz hin zu einer stärker an **wirtschaftlichen Kriterien** orientierten Beurteilung der Vereinbarungen.[15] Es wurde auf die positive Nennung zulässiger Vertragsbestimmungen (weiße Listen) verzichtet und stattdessen negativ unzulässige Kernbeschränkungen definiert (schwarze Liste), die eine Freistellung ausschließen. Bei der Untersuchung der Auswirkungen der Vereinbarungen auf den Wettbewerb orientierte sich die Kommission vor allem an der Marktmacht der beteiligten Unternehmen.[16] Durch den Wegfall der unübersichtlichen und mitunter schwer verständlichen weißen Liste und die Ausweitung des Anwendungsbereichs bot die GVO 2658/2000 tatsächlich **größere Klarheit und Rechtssicherheit** für die betroffenen Unternehmen.[17]

Zum 1.1.2011 trat sodann die VO 1218/2010 in Kraft. Anders als bei der GVO 2658/2000, die einen vollständigen Produktionsverzicht vorsah, sind nun einseitige und gegenseitige Spezialisierungsvereinbarungen freistellungsfähig, auch soweit die Produktion bestimmter Produkte nur teilweise eingestellt wird. Zudem können die Parteien nunmehr auch auf verschiedenen geografischen Märkten tätig sein, entscheidend ist allein die Tätigkeit auf einem sachlich relevanten Markt. Ferner wird dem tatsächlichen Wettbewerb der **„potenzielle Wettbewerb"** gleichgestellt und dahingehend definiert, dass für diesen ein Eintritt in den relevanten Markt bei einem geringen, aber anhaltenden Preisanstieg innerhalb von drei Jahren realistisch gewesen wäre. Die nunmehr geltende VO 1067/2023 vom 1. Juni 2023 behält zwar die Begrifflichkeit des potenziellen Wettbewerbs bei, gibt aber den Maßstab des geringen, aber anhaltenden Preisanstiegs auf. **9**

Für Spezialisierungsvereinbarungen über **Zwischenprodukte** ist die Marktanteilsschwelle von 20 % auch für den Markt für diese nachgelagerten Produkte zu prüfen. Verwendet zumindest eine Partei den Zwischenprodukten nachgelagerte Produkte und überschreitet der Marktanteil auf dem nachgelagerten Markt die 20 % Schwelle, ist die Anwendung der Spezialisierungs-GVO ausgeschlossen. **10**

Die Spezialisierungs-GVO sowie der Entwurf der überarbeiteten Spezialisierungs-GVO vom 1. März 2022 wurden auf der Grundlage der **Ermächtigungsverordnung 2821/71** des Rates über die Anwendung von Art. 85 Abs. 3 des Vertrags auf Gruppen von Vereinbarungen, Beschlüssen und aufeinander abgestimmten Verhaltensweisen[18] erlassen. Gemäß Art. 1 Abs. 1 lit. c VO 2821/71 kann die Kommission im Wege der Verordnung Art. 101 Abs. 1 AEUV auf Gruppen von Vereinbarungen von Unternehmen, Beschlüssen von Unternehmensvereinigungen und aufeinander abgestimmte Verhaltensweisen für nicht anwendbar erklären, die Spezialisierungen einschließlich der zur Durchführung erforderlichen Abreden zum Gegenstand haben. **11**

Die überarbeitete Spezialisierungs–GVO trat am 1.7.2023 in Kraft und ist entsprechend bis zum 30.6.2035 gültig. Für die Zeit vom 1. Juli 2023 bis zum 30. Juni 2025 gelten am 30. Juni 2023 in Kraft befindliche Vereinbarungen, die die Freistellungsvoraussetzungen der Verordnung (EU) Nr. 1218/2010 erfüllen, fort. VO 1067/2023 erweitert die Definition der Vereinbarung über die einseitige Spezialisierung, indem der Begriff nunmehr auf zwei oder mehrere Parteien erweitert wird und nicht auf zwei Parteien beschränkt bleibt. Außerdem kann der Marktanteil auf der Grundlage der Daten des vorangegangenen Kalenderjahres berechnet werden. Ferner ist der Marktanteil als Durchschnitt der letzten drei vorangegangenen Kalenderjahre berechnet, wenn der aktuelle Marktanteil für die Stellung der beteiligten Unternehmen auf dem/den relevanten Markt/Märkten nicht repräsentativ ist. Die Schwelle für die Freistellungsfähigkeit Marktanteile liegt nun bei 20 %, wobei der Anteil später in einem der von der Spezialisierungsvereinbarung betroffenen Märkte über diese Schwelle steigen kann. Die Freistellung gilt dann für einen Zeitraum von nur zwei aufeinanderfolgenden Kalenderjahren nach dem Jahr, in dem die 20 %-Schwelle erstmals überschritten wurde (im Gegensatz zur vorherig geltenden Obergrenze von 25 %). Aufgrund der Verzögerung der neuen VO wurde durch VO 2022/2456 die Anwendung der VO 2018/2010 um 6 Monate bis zum 30. Juni 2023 verlängert. Am 1. Juli 2023 trat sodann die jetzt gültige VO 1067/2023 in Kraft. **12**

III. Verhältnis zu anderen Regelungen

1. Verhältnis zur FKVO. Die Gründung eines **gemeinsamen Produktionsunternehmens** iRd Vereinbarung über eine gemeinsame Produktion kann zugleich einen **Zusammenschluss iSd** **13**

---

[14] Kom. Wettbewerbsbericht Nr. XXX (2000) Rn. 24.
[15] Kom. Wettbewerbsbericht Nr. XXX (2000) Rn. 23.
[16] VO 2658/2000, ABl. 2000 L 304, 3 Rn. 5.
[17] So auch Langen/Bunte/Baron, 9. Aufl. 2001, Einf. EG-Kartellrecht Rn. 169.
[18] ABl. 1971 L 285, 46.

FKVO[19] darstellen. Gemäß Art. 3 Abs. 5 FKVO fällt die Gründung eines Gemeinschaftsunternehmens, das auf Dauer alle Funktionen einer selbständigen wirtschaftlichen Einheit erfüllt (sog **Vollfunktionsgemeinschaftsunternehmen),** grds. ausschließlich in den Anwendungsbereich der FKVO (Art. 21 Abs. 1 FKVO). Ausgeschlossen ist ausdrücklich die Anwendung der VO 1/2003 (Art. 21 Abs. 1 Hs. 1 FKVO) und damit die Anwendung von Art. 101 und 102 AEUV durch die Kommission. Ebenso dürfte auch die Anwendung von Art. 101 und 102 AEUV durch die Behörden und Gerichte der Mitgliedstaaten ausgeschlossen sein. Der Begriff des Vollfunktionsgemeinschaftsunternehmens wird in der Mitteilung über Zuständigkeitsfragen der Kommission näher erläutert.[20] Wesentliche Voraussetzung bei einem Produktionsgemeinschaftsunternehmen ist insbes., dass es als Marktteilnehmer auftritt und nicht nur die Muttergesellschaften beliefert oder von diesen für Einsatzprodukte abhängig ist.

14 Eine **Ausnahme** von der ausschließlichen Anwendung der FKVO sieht Art. 21 Abs. 1 aE FKVO für Gemeinschaftsunternehmen vor, die (a) keine gemeinschaftsweite Bedeutung haben, dh die Umsatzschwellen des Art. 1 Abs. 2 und 3 FKVO nicht überschreiten, und (b) die Koordinierung des Wettbewerbsverhaltens unabhängig bleibender Unternehmen bezwecken oder bewirken. Letzterer Begriff ist identisch mit dem in Art. 2 Abs. 4 FKVO.

15 Sind Art. 101 Abs. 1 und 3 AEUV auf Vollfunktionsgemeinschaftsunternehmen gem. Art. 2 Abs. 4 FKVO oder gem. Art. 21 Abs. 1 aE FKVO anwendbar, kommt theoretisch auch eine Anwendung der Spezialisierungs-GVO in Betracht.[21] Zu beachten ist allerdings, dass die Anwendung von Art. 101 AEUV in diesen Konstellationen auf etwaige Wettbewerbsbeschränkungen zwischen den unabhängig bleibenden Müttern beschränkt ist, dh auf sog Gruppen("spill-over")effekte. Zu Gruppeneffekten enthält die Spezialisierungs-GVO jedoch keine klare Aussage. In ihrer bisherigen Praxis zu Art. 2 Abs. 4 FKVO hat die Kommission zudem bisher noch nie die Anforderungen des Art. 101 Abs. 3 AEUV durchgeprüft, sondern entweder die Gefahr von Gruppeneffekten von vornherein verneint oder aber Zusagen entgegen genommen, die einen Gruppeneffekt ausschließen.[22]

16 2. **Verhältnis zu Art. 102 AEUV.** Die Anwendung des **Missbrauchsverbots des Art. 102 AEUV** bleibt durch die GVO unberührt.[23] Die Vorschriften über die missbräuchliche Ausnutzung einer marktbeherrschenden Stellung sind neben Art. 101 AEUV anwendbar.[24]

17 3. **Verhältnis zu anderen GVOen. a) FuE GVO.** Überschneidungen können sich mit dem Anwendungsbereich der **FuE GVO** ergeben.[25] So kann es iRe gemeinsamen Produktion iSd Spezialisierungs-GVO zu Nebenabreden über gemeinsame FuE-Maßnahmen kommen, die dann nach Art. 1 Abs. 2 Spezialisierungs-GVO mit freigestellt sind. Auf der anderen Seite kann eine FuE-Zusammenarbeit eine nach der FuE GVO freistellungsfähige gemeinsame (Art. 1 Abs. 1 lit. a FuE GVO) oder arbeitsteilige (Art. 1 Abs. 1 lit. b FuE GVO) Verwertung der erzielten Ergebnisse umfassen. Bei derartigen gemischten Vereinbarungen kann die Frage, welche GVO anwendbar ist, durchaus von praktischer Bedeutung sein, da die FuE GVO etwa im Hinblick auf die Marktanteilsschwellen großzügiger ist (25 %: Art. 6 Abs 2, 5 FuE GVO; Art. 3 der Spezialisierungs-GVO: 20 %), die FuE GVO aber gleichzeitig auch Beschränkungen im Hinblick auf die Freistellungsdauer (Art. 6 FuE GVO) und -voraussetzungen (Titel III FuE GVO) enthält, die in der Spezialisierungs-GVO keine Entsprechung finden. Eine parallele Anwendung beider GVOen käme daher in der Weise in Betracht, dass die FuE GVO und Spezialisierungs-GVO auf die jeweils einschlägigen Bestandteile der Kooperation angewendet werden.

18 Grds. ist eine **parallele Anwendung** möglich, wobei die FuE GVO typischerweise die Spezialisierungs-GVO als lex specialis für die gemeinsame Verwertung durch Spezialisierung verdrängen wird. Ein Abstellen auf den Schwerpunkt der relevanten Kooperation, wie dieses für die Beurteilung von Vereinbarungen nach Art. 101 AEUV und den Horizontalleitlinien erforderlich ist,[26] ist für die Gruppenfreistellung nicht gegeben. Diese Vorgehensweise soll nicht entspr. auf die Beurteilung für die Anwendung von GVO angewandt werden.[27] Eine gemeinsame Verwertung ist also nach der FuE GVO zu beurteilen, so dass hier ausschließlich die Marktanteilsschwellen nach Art. 6 FuE GVO relevant sind und Beschränkungen nach Art. 8 Abs. 2 FuE GVO.[28]

---

[19] VO 139/2004, ABl. 2004 L 24, 1.
[20] Konsolidierte Mitteilung der Kommission zu Zuständigkeitsfragen, ABl. 2009 C 43, 10 Rn. 91 ff.
[21] Wiedemann KartellR-HdB/Wiedemann § 16 Rn. 162.
[22] Vgl. Levy/Cook § 16.05.
[23] Klarstellend noch VO 2658/2000, ABl. 2000 L 304, 3 Rn. 18.
[24] Mestmäcker/Schweitzer EuWettbR § 16 Rn. 25; vgl. auch Kom. ABl. 1993 L 20, 14 Rn. 39 – Ford/Volkswagen.
[25] VO 1066/2023, ABl. 2023 L 143, 20.
[26] Leitlinien „horizontale Zusammenarbeit" Rn. 13.
[27] Leitlinien „horizontale Zusammenarbeit" Rn. 13.
[28] Fritzsche EuZW 2011, 208 (211).

III. Verhältnis zu anderen Regelungen

Bei komplexeren Vorgängen wie **strategischen Allianzen**, bei denen unterschiedliche Bereiche und Instrumente der Kooperation auf verschiedene Weise miteinander verbunden werden, sind jeweils die einzelnen Bereiche anhand der entsprechenden Vorgaben zu beurteilen, wobei auch die Wirkungen der Allianz in ihrer Gesamtheit zu berücksichtigen sind.[29] In diesen Fällen sind die GVOen ebenso nebeneinander anwendbar. Voraussetzung ist jedoch, dass es sich um voneinander unabhängige Vereinbarungen handelt, dh die Bestimmungen über die gemeinsame FuE dürfen nicht lediglich eine untergeordnete Nebenabrede der Spezialisierung darstellen und umgekehrt. **19**

b) TT-GVO. Überschneidungen ergeben sich auch mit dem Anwendungsbereich der GVO für **Technologietransfer-Vereinbarungen** VO 316/2014,[30] etwa wenn iRe Vereinbarung über eine gemeinsame Produktion auch Regelungen über die Übertragung oder Nutzung von Rechten an geistigem Eigentum getroffen werden.[31] **Art. 2 Abs. 2** regelt die **Abgrenzung** und sieht einen Vorrang der Spezialisierungs-GVO dann, wenn die Übertragung von Rechten an geistigem Eigentum oder diesbezüglicher Lizenzen nicht Hauptgegenstand sind. Zudem müssen die Bestimmungen über den Technologietransfer mit der Durchführung der Vereinbarung über die gemeinsame Produktion unmittelbar verbunden und für diese notwendig sein, um als **Nebenabreden** ebenfalls freigestellt zu sein. Wird iRe Spezialisierungsvereinbarung ein gemeinsames Produktionsunternehmen gegründet und diesem eine Lizenz zur Nutzung einer Technologie erteilt, so ist regelmäßig die Spezialisierungs-GVO einschlägig. Vergibt das Gemeinschaftsunternehmen wiederum Lizenzen an einen Dritten, so kommt die TT-GVO zur Anwendung, da dieser Technologietransfer nicht in unmittelbarem Zusammenhang mit der gemeinsamen Produktion steht. Handelt es sich bei dem Technologietransfer und der Spezialisierung um voneinander unabhängige Vereinbarungen, so sind die Bestimmungen anhand der jeweiligen GVO zu überprüfen. **20**

c) Vertikal-GVO. Vereinbarungen über **einseitige Spezialisierungen zwischen nicht konkurrierenden Unternehmen** fallen nicht in den Anwendungsbereich der Spezialisierungs-GVO (vgl. Art. 1 Abs. 1 lit. b und c bzw. Art. 1 Abs. 1 S. 1 und 2 des Entwurfs der überarbeiteten Spezialisierungs-GVO vom 1. März 2022). In diesen Fällen ist die VO 330/2010 über die Anwendung von Art. 101 Abs. 3 AEUV auf Gruppen von vertikalen Vereinbarungen und abgestimmten Verhaltensweisen[32] („Vertikal-GVO") anwendbar. IÜ genießt die Spezialisierungs-GVO Vorrang, denn Art. 2 Abs. 8 Vertikal-GVO schränkt die Anwendung der Vertikal-GVO dahingehend ein, dass diese nicht für vertikale Vereinbarungen gilt, deren Gegenstand in den Geltungsbereich einer anderen GVO fällt. **21**

4. Verhältnis zur de-minimis-Bekanntmachung. Liegen die Marktanteile der beteiligten Unternehmen unterhalb der Schwellenwerte der De-minimis-Bekanntmachung,[33] also bei aggregiert 10 % für Wettbewerber und 15 % für nicht-Wettbewerber, und enthält die Spezialisierungsvereinbarung keine bezweckten Wettbewerbsbeschränkungen, so liegt bereits mangels **Spürbarkeit** keine Wettbewerbsbeschränkung iSd Art. 101 Abs. 1 AEUV vor. Die Anwendung des Art. 101 Abs. 3 AEUV und damit auch der Spezialisierungs-GVO erübrigt sich. **22**

5. Verhältnis zur Einzelfreistellung nach Art. 101 Abs. 3 AEUV. Die Vorgaben der Spezialisierungs-GVO sind so gefasst, dass eine Freistellung nur solchen Vereinbarungen zugutekommt, von denen mit hinreichender Sicherheit angenommen werden kann, dass sie die Voraussetzungen von Art. 101 Abs. 3 AEUV erfüllen.[34] Fällt eine Spezialisierungsvereinbarung nicht in den Anwendungsbereich der GVO, so bedeutet dies noch nicht, dass sie mit Art. 101 Abs. 3 AEUV unvereinbar ist und unter Art. 101 Abs. 1 AEUV fallende Klauseln damit nichtig sind. Vielmehr können die Voraussetzungen des Art. 101 Abs. 3 AEUV im Einzelfall dennoch erfüllt sein. Nach Art. 2 S. 2 VO 1/2003 obliegt den Unternehmen die **Beweislast** hinsichtlich der Erfüllung der Freistellungsvoraussetzungen.[35] Hierbei ist zu einer hinreichenden Wahrscheinlichkeit für die objektiven Vorteile zu gelangen.[36] Nicht berücksichtigt werden dabei Leistungsgewinne, die nur den Beteiligten zugutekommen, dh nicht an den Verbraucher weitergegeben werden, oder Kosteneinsparungen, die auf der bloßen Ausübung von Marktmacht, zB der Aufteilung des Marktes, der Absprache von Preisen oder der Verringerung der Produktion beruhen. Für nationale Gerichte hat der EuGH im Delimitis- **23**

---

[29] Leitlinien „horizontale Zusammenarbeit" Rn. 12.
[30] ABl. 2014 L 93, 17.
[31] Vgl. dazu Leitlinien für Technologietransfer-Vereinbarungen, ABl. 2014 C 89, 03 Rn. 71–72; Frenz EuZW 2014, 532.
[32] ABl. 2010 L 102, 1.
[33] ABl. 2014 C 291, 1.
[34] Erwgr. 5 VO 1067/2023, ABl. 2023 L 143, 20.
[35] Leitlinien „horizontale Zusammenarbeit" Rn. 35.
[36] EuGH Slg. 2009, I-9291 Rn. 94 – GlaxoSmithKline.

Urteil ausdrücklich festgestellt, dass diese den Geltungsbereich von GVOen nicht verändern können, insbes. nicht durch entsprechende Anwendung von GVO-Regelungen.[37] Auch wenn ein solcher Formalismus jedenfalls nach Inkrafttreten der VO 1/2003 nicht mehr angemessen ist, kann nicht ausgeschlossen werden, dass nationale Gerichte unter Verweis auf diese Rspr. aus der Unanwendbarkeit der Spezialisierungs-GVO weitergehende Schlussfolgerungen für die Anwendung des Art. 101 Abs. 3 AEUV auf die ihnen vorliegende Kooperationsvereinbarung ziehen.

Art. 1 Begriffsbestimmungen

(1) Für die Zwecke dieser Verordnung bezeichnet der Ausdruck
1. „Spezialisierungsvereinbarung" eine Vereinbarung über die einseitige Spezialisierung, eine Vereinbarung über die gegenseitige Spezialisierung oder eine Vereinbarung über die gemeinsame Produktion:
   a) „Vereinbarung über die einseitige Spezialisierung" eine Vereinbarung zwischen zwei oder mehr auf demselben sachlich relevanten Markt tätigen Parteien, mit der sich eine oder mehrere Parteien verpflichten, die Produktion bestimmter Produkte ganz oder teilweise einzustellen oder von deren Produktion abzusehen und diese Produkte von einer anderen Partei bzw. anderen Parteien zu beziehen, die sich ihrerseits verpflichten, diese Produkte zu produzieren und zu liefern,
   b) „Vereinbarung über die gegenseitige Spezialisierung" eine Vereinbarung zwischen zwei oder mehr auf demselben sachlich relevanten Markt tätigen Parteien, mit der sich zwei oder mehr Parteien auf der Grundlage der Gegenseitigkeit verpflichten, die Produktion bestimmter, aber unterschiedlicher Produkte ganz oder teilweise einzustellen oder von deren Produktion abzusehen und diese Produkte von einer oder mehreren der anderen Parteien zu beziehen, die sich ihrerseits verpflichten, diese Produkte zu produzieren und zu liefern,
   c) „Vereinbarung über die gemeinsame Produktion" eine Vereinbarung, in der sich zwei oder mehr Parteien verpflichten, bestimmte Produkte gemeinsam zu produzieren;
2. „Vereinbarung" eine Vereinbarung zwischen Unternehmen, einen Beschluss einer Unternehmensvereinigung oder eine abgestimmte Verhaltensweise;
3. „Produkt" eine Ware oder eine Dienstleistung; darunter fallen sowohl Zwischenwaren und -dienstleistungen als auch Endwaren und -dienstleistungen, mit Ausnahme von Vertriebs- und Mietleistungen;
4. „Produktion" die Herstellung von Waren oder die Vorbereitung von Dienstleistungen, auch im Wege der Vergabe von Unteraufträgen;
5. „Vorbereitung von Dienstleistungen" Tätigkeiten, die der Erbringung von Dienstleistungen für Kunden vorgelagert sind;
6. „Spezialisierungsprodukt" ein Produkt, das im Rahmen der Spezialisierungsvereinbarung produziert wird;
7. „nachgelagertes Produkt" ein Produkt, für das ein Spezialisierungsprodukt von einer oder mehreren der Parteien als Vorleistung verwendet wird und das von diesen Parteien auf dem Markt verkauft wird;
8. „relevanter Markt" den sachlich und räumlich relevanten Markt, zu dem die Spezialisierungsprodukte gehören, sowie im Falle von Spezialisierungsprodukten in Form von Zwischenprodukten, die von einer oder mehreren der Parteien ganz oder teilweise intern für die Produktion nachgelagerter Produkte verwendet werden, auch den sachlich und räumlich relevanten Markt, zu dem die nachgelagerten Produkte gehören;
9. „Wettbewerber" einen tatsächlichen oder potenziellen Wettbewerber:
   a) „tatsächlicher Wettbewerber" ein Unternehmen, das auf demselben relevanten Markt tätig ist,
   b) „potenzieller Wettbewerber" ein Unternehmen, bei dem realistisch und nicht nur hypothetisch davon ausgegangen werden kann, dass es ohne die Spezialisierungsvereinbarung wahrscheinlich innerhalb von höchstens 3 Jahren die zusätzlichen Investitionen tätigen oder sonstigen Kosten auf sich nehmen würde, die erforderlich wären, um in den relevanten Markt einzutreten;
10. „Alleinbelieferungsverpflichtung" die Verpflichtung, die Spezialisierungsprodukte nicht an Wettbewerber zu liefern, es sei denn, es handelt sich dabei um eine oder mehrere Parteien der Spezialisierungsvereinbarung;

---

[37] EuGH Slg. 1992, I-935 Rn. 46 – Delimitis.

11. „Alleinbezugsverpflichtung" die Verpflichtung, die Spezialisierungsprodukte nur von einer oder mehreren Parteien der Spezialisierungsvereinbarung zu beziehen;
12. „gemeinsam" im Zusammenhang mit dem Vertrieb die Ausübung der betreffenden Tätigkeiten
    a) durch ein gemeinsames Team, eine gemeinsame Organisation oder ein gemeinsames Unternehmen oder
    b) durch einen gemeinsam ernannten dritten Vertriebshändler mit oder ohne Ausschließlichkeitsbindung, sofern der Dritte kein Wettbewerber ist;
13. „Vertrieb" den Verkauf und die Lieferung der Spezialisierungsprodukte an Kunden, einschließlich der Vermarktung dieser Produkte.

(2) ¹Für die Zwecke dieser Verordnung umfassen die Ausdrücke „Unternehmen" und „Partei" auch die jeweils mit diesen verbundenen Unternehmen. ²Der Ausdruck „verbundene Unternehmen" bezeichnet
1. Unternehmen, in denen eine Partei der Spezialisierungsvereinbarung unmittelbar oder mittelbar eines oder mehrere der folgenden Rechte oder eine oder mehrere der folgenden Befugnisse hat:
   a) die Befugnis, mehr als die Hälfte der Stimmrechte auszuüben,
   b) die Befugnis, mehr als die Hälfte der Mitglieder des Aufsichts- oder Leitungsorgans oder der zur gesetzlichen Vertretung berufenen Organe zu bestellen,
   c) das Recht, die Geschäfte des Unternehmens zu führen,
2. Unternehmen, die in einer an der Spezialisierungsvereinbarung beteiligten Partei unmittelbar oder mittelbar eines oder mehrere der unter Nummer 1 aufgeführten Rechte oder eine oder mehrere der unter Nummer 1 aufgeführten Befugnisse haben,
3. Unternehmen, in denen ein unter Nummer 2 genanntes Unternehmen unmittelbar oder mittelbar eines oder mehrere der unter Nummer 1 aufgeführten Rechte oder eine oder mehrere der unter Nummer 1 aufgeführten Befugnisse hat,
4. Unternehmen, in denen eine Partei der Spezialisierungsvereinbarung zusammen mit einem oder mehreren der unter den Nummern 1, 2 oder 3 genannten Unternehmen oder in denen zwei oder mehr der zuletzt genannten Unternehmen gemeinsam eines oder mehrere der unter Nummer 1 aufgeführten Rechte oder eine oder mehrere der unter Nummer 1 aufgeführten Befugnisse haben,
5. Unternehmen, in denen die folgenden Parteien gemeinsam eines oder mehrere der unter Nummer 1 aufgeführten Rechte oder eine oder mehrere der unter Nummer 1 aufgeführten Befugnisse haben:
   a) Parteien der Spezialisierungsvereinbarung oder mit ihnen verbundene Unternehmen im Sinne der Nummern 1 bis 4 oder
   b) eine oder mehrere Parteien der Spezialisierungsvereinbarung oder eines oder mehrere der mit ihnen verbundenen Unternehmen im Sinne der Nummern 1 bis 4 und ein oder mehrere Dritte.

Übersicht

		Rn.			Rn.
I.	Überblick	1	8.	Vorbereitung von Dienstleistungen (5.)	20
II.	Die einzelnen Legaldefinitionen (Abs. 1)	2	9.	Relevanter Markt (8.)	21
1.	Spezialisierungsvereinbarung (1.)	2	10.	Spezialisierungsprodukt (6.)	23
2.	Vereinbarung über die einseitige Spezialisierung (1. lit. a)	3	11.	Nachgelagertes Produkt (7.)	24
			12.	Wettbewerber (9.)	25
3.	Vereinbarung über die gegenseitige Spezialisierung (1. lit. b)	8	13.	Tatsächlicher Wettbewerber (Nr. 9 lit. a)	27
			14.	Potenzieller Wettbewerber (Nr. 9 lit. b)	28
4.	Vereinbarung über die gemeinsame Produktion (1. lit. c)	14	15.	Alleinbelieferungsverpflichtung (10.)	31
			16.	Alleinbezugsverpflichtung (11.)	32
5.	Vereinbarung (2.)	17	17.	Gemeinsam (12.)	33
6.	Produkt (3.)	18	18.	Vertrieb (13.)	34
7.	Produktion (4.)	19	III.	Verbundene Unternehmen (Abs. 2)	35

I. Überblick

1 Art. 1 definiert die in der Verordnung enthaltenen Begriffe, von denen sich einige auch in anderen GVOen finden, etwa in Art. 1 FuE GVO.

II. Die einzelnen Legaldefinitionen (Abs. 1)

2 **1. Spezialisierungsvereinbarung (1.).** Die Definition der Spezialisierungsvereinbarung wurde als Oberbegriff eingeführt und verweist auf einseitige und gegenseitige Vereinbarungen wie auch auf die gemeinsame Produktion. Dieser Begriff hat eine besondere Stellung in der GVO, da er zentrales Element der Reichweite der Freistellung ist. Er unterscheidet sich von dem in den Horizontalleitlinien verwendeten Oberbegriff der „Produktionsvereinbarung", wobei dort die Spezialisierungsvereinbarung als eine Form der horizontalen Zuliefervereinbarung erfasst wird.[1] GVO 1067/2023 erweitert den Anwendungsbereich nun auch auf Vereinbarungen zwischen mehr als zwei Parteien.

3 **2. Vereinbarung über die einseitige Spezialisierung (1. lit. a).** Die einseitige Spezialisierungsabrede zwischen **zwei der mehreren, auf demselben sachlich relevanten Markt** tätigen **Unternehmen** ist von der Gruppenfreistellung umfasst, da derartige Vereinbarungen wesentlich zur Effizienzsteigerung beitragen können und in vielen Branchen eine immer größere Rolle spielen.[2] Die weitere Fassung des Anwendungsbereichs – unter VO 2658/2000 waren nur Vereinbarungen zwischen Wettbewerbern erfasst – wird in der Praxis keine große Auswirkungen haben, denn wenn zwei Parteien nicht auf demselben sachlich relevanten Markt tätig sind, wird es regelmäßig bereits an einer Wettbewerbsbeschränkung nach Art. 101 Abs. 1 AEUV fehlen.[3] Einseitige Spezialisierungsvereinbarungen zwischen Nichtwettbewerbern können allerdings nach der **Vertikal-GVO** freigestellt sein.

4 Voraussetzung ist ferner, dass sich eine Partei dazu verpflichtet, ganz oder teilweise die eigene Produktion einzustellen oder von einer Produktion abzusehen, und im Gegenzug die Ware oder Dienstleistung von der anderen Vertragspartei zu beziehen. Die produzierende Partei muss sich im Gegenzug dazu verpflichten, das betreffende Spezialisierungsprodukt herzustellen und an die verzichtende Partei zu liefern. Dadurch soll sichergestellt werden, dass sich kein Beteiligter aus dem der Produktion nachgelagerten Markt zurückzieht und es unter dem Deckmantel von Spezialisierungsvereinbarungen zu Marktaufteilungen kommt.[4] Zudem bieten gegenseitige Bezugs- und Lieferverpflichtungen den Partnern ein Mindestmaß an Sicherheit für ihre Produktions- und Absatzplanung, da die Unternehmen mit Aufträgen und Lieferungen in einem gewissen Umfang rechnen und so die Auslastung ihrer Kapazitäten besser sicherstellen können.[5] Liefer- und Bezugspflichten erleichtern damit die Verwirklichung der mit der Spezialisierung angestrebten Rationalisierungserfolge. Die Pflichten können gem. Art. 2 Abs. 4 lit. a Spezialisierungs-GVO **ausschließlicher Art** sein, müssen es aber nicht.

5 Anders als noch zur Vorgängerregelung VO 1218/2010 ist nunmehr klargestellt, dass einseitige Spezialisierungsvereinbarungen dann erfasst sind, wenn sie zwischen **zwei Unternehmen** oder mehreren geschlossen werden. Zudem ist nun auch iRv einseitigen Spezialisierungsvereinbarungen ein gemeinsamer Vertrieb nach Art. 2 Abs. 4 lit. b möglich.

6 Die ausdrückliche vertragliche Verankerung der Verpflichtung zum Produktionsverzicht dürfte nicht erforderlich sein. Vielmehr sollte auch eine konkludente Vereinbarung insoweit ausreichen, zumal in den Anwendungsbereich der GVO auch „abgestimmte Verhaltensweisen" fallen. Eine konkludente Verpflichtung dürfte etwa bei der Vereinbarung von langfristigen und weitreichenden Bezugspflichten oder bei der Übertragung bisher genutzter Produktionsmittel auf die andere Vertragspartei(en) anzunehmen sein, soweit solche vertraglichen Regelungen eine Eigenherstellung während der Vertragslaufzeit erkennbar unwirtschaftlich und damit unwahrscheinlich machen. Erforderlich ist aber in jedem Fall, dass eine Vertragspartei eine etwa schon bestehende Eigenherstellung **teilweise** oder **vollständig** einstellt. Endgültig muss die Einstellung nicht sein, was schon daraus folgt, dass die Festlegung der Vertragsdauer der freien Gestaltung der Parteien unterliegt.

---

[1] Horizontalleitlinien Rn. 175.
[2] Vgl. Kom. Wettbewerbsbericht Nr. XXX (2000) Rn. 26; vgl. zur positiven Wirkung einseitiger Spezialisierungen Kom. ABl. 1973 L 296, 14 Rn. III 1 – Prym/Beka.
[3] Immenga/Mestmäcker/Fuchs Art. 1 Rn. 14.
[4] Vgl. VO 2658/2000, ABl. 2000 L 304, 3 Rn. 12; Kom. Wettbewerbsbericht Nr. XXX (2000) Rn. 26.
[5] Vgl. Kom. ABl. 1976 L 30, 13 Rn. III 3 A – Bayer/Gist-Brocades; Kom. ABl. 1969 L 195, 5 Rn. 10, 11 – Jaz/Peter; Kom. ABl. 1973 L 296, 24 Rn. III 3 – Prym/Beka; Kom. ABl. 1978 L 61, 17 Rn. 6 C – Jaz/Peter II; Kom. ABl. 1994 L 378, 37 Rn. 20 – Philips/Osram; Kom. ABl. 1971 L 134, 6 Rn. 13 – FN/CF; Kom. ABl. 1983 L 224, 19 Rn. II 10e – Rockwell/Iveco.

Die bisherige Frage, ob bei der einseitigen Spezialisierung der zur Lieferung verpflichtete **7**
Vertragspartner das Produkt auch durch einen **Dritten** herstellen lassen kann, dürften durch die
nunmehr einheitliche Verwendung des Begriffs „Produktion" und der Formulierung „zu produzieren und zu liefern", nunmehr klarer für eine Übertragungsmöglichkeit sprechen.[6]

3. Vereinbarung über die gegenseitige Spezialisierung (1. lit. b). Im Fall der gegenseitigen Spezialisierung verzichten die Vertragspartner wechselseitig zugunsten des jeweils anderen auf **8**
die Herstellung eines bestimmten Produkts. Anders als bei einseitigen Spezialisierungen fallen damit
neben Vereinbarungen zwischen Wettbewerbern auch gegenseitige Spezialisierungsvereinbarungen
zwischen **Nichtwettbewerbern** in den Anwendungsbereich der GVO. Weiterhin sind nunmehr
bei der einseitigen Spezialisierung, deren Definition in Abs. 1 lit. a nun von zwei Unternehmen
oder mehreren spricht, gleichförmig wie bei der gegenseitigen Spezialisierung auch Vereinbarungen
zwischen **mehr als zwei Unternehmen** von der Freistellung umfasst.

Wie bei der einseitigen Spezialisierung müssen sich die Vertragsparteien **verpflichten,** die **9**
Herstellung der jeweiligen Vertragsprodukte **teilweise** oder **vollständig einzustellen** bzw.
davon **abzusehen.**

Weiterhin müssen gegenseitige Spezialisierungsvereinbarungen wie einseitige Spezialisierungs- **10**
vereinbarungen **Liefer- bzw. Bezugsverpflichtungen** enthalten, die mit der Aufgabe der Herstellung durch die jeweils andere Partei korrespondieren. Gem. Art. 2 Abs. 4 können diese Verpflichtungen auch exklusiver Natur sein. Der Wortlaut von Art. 2 Abs. 4 sollte nicht so verstanden werden,
dass die Freistellung nur im Fall einer Alleinbezugs- oder Alleinbelieferungsverpflichtung gilt. Der
ansonsten weitgehend identische Art. 3 Abs. 1 VO 2658/2000 regelte noch, dass die Freistellung
„auch" gilt, wenn die Vertragsparteien eine Alleinbezugs- und/oder die Alleinbelieferungsverpflichtung akzeptieren. Dieses „auch" fand sich noch in der Entwurfsfassung der VO 1218/2010,[7]
jedoch nicht mehr in der schlussendlich verabschiedeten Fassung. Art. 2 Abs. 3 nimmt das „auch"
wieder mit in den Wortlaut auf. Dennoch ist Art. 2 Abs. 3 der VO 1218/2010 als Klarstellung zu
freistellungsfähigen Nebenabreden und nicht als Einschränkung des Anwendungsbereichs anzusehen.[8] Ohne Vereinbarung einer Bezugs- bzw. Lieferpflicht könnte eine Wettbewerbsbeschränkung
in Form der Marktaufteilung gesehen werden, da zumindest eine Partei nicht mehr am Markt tätig
wäre.[9]

Die gegenseitige Spezialisierung muss sich auf **unterschiedliche** Produkte beziehen. Der **11**
Begriff „unterschiedlich" ist in der Spezialisierungs-GVO nicht definiert. Produkte dürften dann
unterschiedlich sein, wenn sie verschiedenen sachlich relevanten Märkten zuzuordnen sind.

Es ist nicht erforderlich, dass die jeweils liefernde Vertragspartei das Produkt auch **selbst 12
produziert**, denn die Definition der Produktion in Abs 1 Nr. 4 spricht hier auch von „Unteraufträgen". Dem Wortlaut der GVO nach ist es daher möglich, dass die liefernde Vertragspartei
ihrerseits lediglich als Zwischenhändler auftritt. Es erscheint aber fraglich, ob eine bloße Händlerfunktion der liefernden Vertragspartei dem Geist der Spezialisierungs-GVO entspricht, die erkennbar davon ausgeht, dass die Vereinbarung unmittelbar zur Rationalisierung der Produktion beiträgt.
Angesichts des klaren Wortlauts des Abs. 1 werden die Wettbewerbsbehörden allerdings selbst bei
Umgehungssachverhalten auf eine Entziehung der Vorteile einer GVO nach Art. 29 VO 1/2003
zurückgreifen müssen.

Ein **gemeinsamer Vertrieb** der von der Spezialisierung umfassten Produkte ist wie bei der **13**
gemeinsamen Produktion von der Freistellung umfasst (vgl. Art. 2 Abs. 4).

4. Vereinbarung über die gemeinsame Produktion (1. lit. c). Durch eine Vereinbarung **14**
über eine gemeinsame Produktion kann zB die Markteinführung neuer oder verbesserter Produkte
in einer kürzeren Zeit oder zu niedrigeren Kosten ermöglicht werden. Eine derartige Vereinbarung
kann auf den bloßen **gemeinsamen Betrieb** der bereits vorhandenen Anlagen oder auf die Gründung eines speziellen **Gemeinschaftsunternehmens** gerichtet sein. Die Rechtsform der Zusammenarbeit ist dabei ohne Bedeutung, solange funktional eine Zusammenlegung von Produktionsmitteln erfolgt. Anders als etwa bei Art. 3 Abs. 4 FKVO dürfte die Bejahung der „Gemeinsamkeit" der
Produktion auch nicht entscheidend davon abhängen, ob die Vertragspartner über paritätische oder
zumindest strategische (Mit-)Kontrollrechte verfügen. Allerdings muss die gemeinsame Produktion

---

[6] Immenga/Mestmäcker/Fuchs Art. 1 Rn. 10; aA wohl Seeliger/Laskey EWS 2011, 119 (121), die in der
einheitlichen Anwendung des Begriffs „produzieren und liefern" eine Entscheidung der Kommission gegen
eine Übertragung sehen.
[7] Diese ist abrufbar unter: http://ec.europa.eu/competition/consultations/2010_horizontals/draft_specialisation_ber_de.pdf, zuletzt abgerufen am 6.3.2023.
[8] Ausf. dazu unter → Art. 2 Rn. 14 ff.
[9] Immenga/Mestmäcker/Fuchs Art. 1 Rn. 13.

zumindest insoweit formal von der Vertragspartei mit überlegenen Kontrollrechten getrennt sein, dass keine einseitige Spezialisierung vorliegt. Zum Vorrang der FKVO für Vollfunktionsgemeinschaftsunternehmen → Einl. Rn. 12 f.

15 Aus der Definition des Produktionsbegriffs in Abs. 1 Nr. 4 folgt, dass auch die gemeinsame **Beauftragung eines Dritten** mit der Produktion in den Anwendungsbereich der GVO fällt.[10] Die Produktion muss allerdings für die Dauer der gemeinsamen Produktion nicht vollständig auf das Gemeinschaftsunternehmen übertragen werden, eine gleichzeitige Herstellung durch eine oder beide Muttergesellschaften ist anders als bei der einseitigen und gegenseitigen Spezialisierung möglich.[11]

16 **Liefer- und Bezugspflichten** können, müssen jedoch – anders als bei ein- oder gegenseitigen Spezialisierungsvereinbarungen – nicht vereinbart werden. Gehen die Vertragspartner allerdings ausschließliche Liefer- und Bezugsbindungen ein, stellen diese nach Art. 5 lit. b keine Kernbeschränkungen dar und können somit freigestellt werden.

17 **5. Vereinbarung (2.).** Diese Bestimmung stellt klar, dass neben einer Vereinbarung auch ein Beschluss einer Unternehmensvereinigung und eine abgestimmte Verhaltensweise erfasst sind. Sie entsprechen den durch Art. 101 AEUV erfassten Verhaltensweisen und sind entspr. auszulegen. Insoweit ist auf die Erläuterungen zu dieser Vorschrift zu verweisen. Eine Spezialisierung in Form einer (lediglich) abgestimmten Verhaltensweise oder eines Beschlusses einer Unternehmensvereinigung dürfte eher selten sein.[12]

18 **6. Produkt (3.).** Der legal definierte Begriff „Produkt" ist für den Anwendungsbereich der Freistellung des Art. 2 von besonderer Bedeutung. „Produkte" iSd Spezialisierungs-GVO sind Waren und Dienstleistungen in Form eines Zwischen- oder Endprodukts. Anders als in Art. 1 Abs. 4 FuE GVO sind jedoch Vertriebs- oder Mietleistungen nicht genannt. Die Spezialisierungs-GVO geht damit davon aus, dass bei einer Spezialisierung lediglich auf Vertriebsebene die voraussichtlichen Rationalisierungsvorteile die zu erwartenden nachteiligen Wettbewerbswirkungen regelmäßig nicht überwiegen.

19 **7. Produktion (4.).** Auch der Begriff der Produktion ist für die Reichweite der Freistellung in Art. 2 Abs. 1 von besonderer Bedeutung, denn Produktion wird als Herstellung von Waren oder Erbringung von Dienstleistungen, auch im Wege der Vergabe von Unteraufträgen, definiert. Die Freistellung wird also grds. nicht von der Fertigungstiefe der die Produktion übernehmenden Vertragspartei bzw. des Gemeinschaftsunternehmens abhängig gemacht. Eine Produktion in diesem Sinne liegt auch dann vor, wenn die Herstellung des betreffenden Produkts oder Dienstleistung vollständig auf Dritte übertragen wird.[13] Auch mit Blick auf die Definition in der Vorgängerregelung VO Nr. 417/85 („herstellen oder herstellen lassen"), ist diese Interpretation überzeugend. Zumindest ist zu fordern, dass die die Produktion auf einen Dritten übertragende Vertragspartei über vertragliche Rechte hinsichtlich Art, Umfang und Dauer der Produktion durch den Dritten verfügt. Die Delegation der Produktion durch eine große Anzahl von Unteraufträgen kann in bestimmten Konstellationen dazu führen, dass die von der Spezialisierungs-GVO angenommenen Größenvorteile nicht entstehen und dadurch das Risiko einer Entziehung der Vorteile der GVO nach Art. 29 Abs. 1 VO 1/2003 besteht.

20 **8. Vorbereitung von Dienstleistungen (5.).** Die Vorbereitung von Dienstleitungen umfasst allein solche Tätigkeiten, die eine Dienstleistungserbringung für einen Kunden vorbereiten und beschreibt damit eine vorgelagerte Marktstufe für die eigentliche Dienstleistungserbringung. Wie im Verordnungstext in Abs 1 des Entwurfs der überarbeiteten Spezialisierungs-GVO vom 1. März 2022 vorgesehen, entspricht die Vorbereitung der Dienstleistung der Produktionsebene bei Waren. Die tatsächliche Erbringung der Dienstleistung umfasst auch den Vertrieb der Dienstleistung und ist demnach nach Art. 2 Abs. 4 freigestellt, wenn es sich um den ausschließlichen gemeinsamen Vertrieb der Spezialisierungsdienstleistung – nicht jedoch auch hinsichtlich anderer Dienstleistungen – handelt.

21 **9. Relevanter Markt (8.).** Der Begriff des relevanten Marktes ist von besonderer Bedeutung für die Marktanteilsschwelle in Art. 3, denn von seiner konkreten Bestimmung kann maßgeblich die Höhe der Marktanteile abhängen. Der relevante Markt wird als sachlich und räumlich relevanter

---

[10] IErg ebenso LMRKM/Heckenberger/Herzog Abschn. D Spezialisierungsvereinbarungen Rn. 21.
[11] Schulte/Just/Leupold Art. 1 Rn. 6.
[12] Ebenso Schulte/Just/Leupold Art. 1 Rn. 7, der als mögliche Beispiele nicht ausdrücklich geregelte Marktaufteilungen beim Vertrieb des Spezialisierungsprodukts nennt, bspw. durch historische Kundenbeziehungen.
[13] Ebenso Immenga/Mestmäcker/Fuchs Art. 1 Rn. 21; an der wirtschaftlichen Relevanz zweifelnd; Bechtold/Bosch/Brinker Rn. 11.

Markt definiert und verweist damit auf die allgemeinen Grundsätze der Marktabgrenzung, wie sie in der einschlägigen Bekanntmachung der Kommission im Einzelnen dargestellt werden, also regelmäßig entspr. dem Bedarfsmarktkonzept für aus Sicht des Abnehmers austauschbare Güter oder Dienstleistungen.[14] Die Definition beschränkt dieses zudem zunächst auf denjenigen sachlich und räumlich relevanten Markt, auf dem die Spezialisierungsprodukte angeboten werden.

Bilden die Spezialisierungsprodukte für eine oder mehrere Parteien der Spezialisierungsvereinbarung Zwischenprodukte, die für die Produktion anderer Produkte eingesetzt werden, so umfasst der relevante Markt auch den sachlich und räumlich relevanten Markt dieser Produkte auf der nachgelagerten Produktionsebene. Erwägungsgrund 13 der Spezialisierungs-GVO nennt als Grund das Risiko einer Marktabschottung auf der nachgelagerten Marktstufe und eine mögliche Erhöhung der Inputpreise für Wettbewerber. Diese Argumentation ist kritisch zu sehen, da auch bei hohen Marktanteilen auf dem Markt der nachgelagerten Produkte zumindest auf dem Markt für die Zwischenprodukte ausreichend Wettbewerb herrschen kann. Gerade die Spezialisierungs-GVO sieht bei einem Marktanteil unter 20 % eine typische Konstellation, bei der von einer Weitergabe von wirtschaftlichen Vorteilen an die Verbraucher, also die nächste Marktstufe, ausgegangen werden kann.[15]

10. Spezialisierungsprodukt (6.). Durch die Definition des Spezialisierungsprodukts als unter der Spezialisierungsvereinbarung hergestelltes Produkt wird klargestellt, dass der Begriff und damit auch die Freistellung aus Art. 2 Abs. 4 lit. b für einen gemeinsamen Vertrieb nur diejenigen Produkte der beteiligten Parteien der Spezialisierungsvereinbarung umfasst, die gerade aufgrund dieser hergestellt werden. Produzieren die Parteien einer Spezialisierungsvereinbarung identische Produkte außerhalb der Spezialisierungsvereinbarung, ist für selbige keine Freistellung nach Art. 2 Abs. 4 lit. b eines gemeinsamen Vertriebs möglich.[16]

11. Nachgelagertes Produkt (7.). Die Definition des nachgelagerten Produkts beschreibt das Verhältnis des Spezialisierungsprodukts in Bezug auf seine Verwendung für ein weiteres Produkt auf den nachgelagerten Produktionsstufen. Wird also ein Spezialisierungsprodukt nach Abs. 1 Nr. 6 als für die Herstellung eines weiteren Produkts durch zumindest eine Partei der Spezialisierungsvereinbarung genutzt und dieses Produkt sodann auf einem Markt verkauft, handelt es sich um ein nachgelagertes Produkt. Für dieses nachgelagerte Produkt ist ebenfalls die in Art. 3 vorgesehene Marktanteilsschwelle von 20 % heranzuziehen, wobei diese unabhängig von dem jeweiligen Marktanteil auf der Ebene des Spezialisierungsprodukts eine Anwendung der GVO ausschließen können.

12. Wettbewerber (9.). Die Definition des Wettbewerbers umfasst neben tatsächlichen Wettbewerbern, also nach Abs. 1 Nr. 9 lit. a auf demselben relevanten Markt tätigen Unternehmen, auch potenzielle Wettbewerber, für die nach Abs. 1 Nr. 9 lit b ein Markteintritt in den nächsten drei Jahren realistisch ist. Besondere Relevanz bekommt die Definition für Alleinbelieferungsverpflichtungen und den gemeinsamen Vertrieb iRv Spezialisierungsvereinbarungen.

Das hier relevante Konkurrenzverhältnis knüpft an die Definition des relevanten Markts iSd Abs. 1 Nr. 8 an und ist damit nur auf die Produkte bezogen, die Gegenstand der Spezialisierungsvereinbarung sind. Nunmehr gehört im Falle von Spezialisierungsvereinbarungen über Zwischenprodukte, die von einer Partei auch nur teilweise für die Herstellung nachgelagerter Produkte eingesetzt werden, auch der dem Spezialisierungsprodukt nachgelagerte Markt zum sachlich relevanten Markt. Damit sind auch dort tätige Unternehmen bzw. möglicherweise eintretende Unternehmen Wettbewerber.

13. Tatsächlicher Wettbewerber (Nr. 9 lit. a). Ein tatsächlicher Wettbewerber wird hier als ein Unternehmen definiert, das bereits auf demselben relevanten Markt tätig ist. Im Falle von Spezialisierungsvereinbarungen über Zwischenprodukte sind nach Abs. 1 lit. i (bzw. Abs. 1 Nr. 8 auch Unternehmen, die auf dem entspr. nachgelagerten Markt tätig sind, tatsächliche Wettbewerber.

14. Potenzieller Wettbewerber (Nr. 9 lit. b). Der Begriff des potenziellen Wettbewerbers wurde durch VO 1218/2010 in zeitlicher Hinsicht ergänzt. Es ist nunmehr erforderlich, dass ein Unternehmen, wenn die betreffende Spezialisierungsvereinbarung nicht bestünde, realistischerweise bei einem geringen, aber anhaltenden Preisanstieg innerhalb von höchstens drei Jahren eintreten würde. Der Wortlaut stellt zwar klar, dass es hier um eine hypothetische Betrachtung ohne die Spezialisierungsvereinbarung geht („wahrscheinlich"), der mögliche Eintritt soll allerdings nicht nur hypothetisch sein, sondern

---

14 Bekanntmachung „Marktabgrenzung", ABl. 1997 C 188, 5 Rn. 7.
15 Fritzsche EuZW 2011, 208 (210); ebenso krit. Immenga/Mestmäcker/Fuchs Art. 1 Rn. 24.
16 Schulte/Just/Leupold Art. 1 Rn. 12.

„realistisch". Eine solche Definition stellt somit zum einen auf die objektive Fähigkeit ab und zum anderen darauf, ob der Eintritt auch wirtschaftlich vernünftig wäre. Ein rein subjektiver Eintrittswille wäre manipulierbar und kann hier nicht herangezogen werden.[17] Gleichzeitig umfasst die Definition auch die Annahme, dass ein Markteintritt zusätzliche Investitionen und Umstellungskosten erfordern kann. Die nunmehr gültige VO 1067/2023 definiert einen potenziellen Wettbewerber nicht mehr in Bezug auf einen geringen, aber anhaltenden Anstieg der relativen Preise, sondern betrachtet unabhängig von Preisveränderungen, ob ein Unternehmen wahrscheinlich innerhalb von höchstens drei Jahren die zusätzlichen Investitionen tätigen oder sonstigen Umstellungskosten auf sich nehmen würde, die erforderlich wären, um in den relevanten Markt einzutreten.

29 Die Ergänzung des zeitlichen Bezugsrahmens gewährt zwar ein erhöhtes Maß an Rechtssicherheit, dieses dürfte aber durch die Ausgestaltung als Maximalzeitraum in der Praxis kaum hilfreiche Indizien liefern.[18] Gleichzeitig ist die herangezogene Dreijahresfrist in der überwiegenden Zahl der Märkte ein sehr langer Prognosezeitraum.[19] Da ausdrücklich nur eine Höchstfrist geregelt wird, kann im Einzelfall ein kürzerer Betrachtungszeitraum angemessen sein. Kritisch aus Sicht der Rechtssicherheit ist auch die fehlende Kohärenz mit anderen Definitionen des potenziellen Wettbewerbers zu beurteilen,[20] wobei das jeweilige Regelungsziel, bspw. eine Vertikalvereinbarung oder ein Zusammenschluss, abweichende Regelungen rechtfertigen kann. Praktische Probleme bei der Bewertung eines möglichen Vertragspartners als potenziellen Wettbewerber können nicht dadurch gelöst werden, dass hier ausdrücklich nach einem möglichen Markteintritt nachgefragt wird.[21]

30 Hatte die auf die Produktion verzichtende Vertragspartei bisher noch keinerlei Produktionstätigkeit im relevanten Markt oder unmittelbar benachbarten Märkten, auch nicht für den Eigenbedarf, wird man nur in seltenen Ausnahmefällen von einem potenziellen Wettbewerbsverhältnis ausgehen können.[22] Auch wenn ein Unternehmen sich nach einer Eigenproduktion für ein Outsourcing entscheidet, dürfte dies für sich schon ein starkes Indiz dagegen sein, dass unter „realistischen Annahmen" ein Markteintritt in Betracht kommt.

31 **15. Alleinbelieferungsverpflichtung (10.).** Eine Alleinbelieferungsverpflichtung stellt eine Verpflichtung der Parteien einer Spezialisierungsvereinbarung dar, das Spezialisierungsprodukt nicht an einen Wettbewerber zu liefern, es sei denn, dieser ist Vertragspartei der Vereinbarung. Der Begriff des Wettbewerbers umfasst nach Nr. 9 tatsächliche oder potenzielle Wettberber, die wiederum in lit. a und lit. b definiert werden. Anders als der Wortlaut indiziert, können die Parteien folglich auch an Dritte liefern, die nicht auf demselben sachlich relevanten Markt tätig sind und auch realistischerweise nicht innerhalb von drei Jahren in diesen eintreten werden. Eine entsprechende Wettbewerbsbeschränkung ist über Art. 2 Abs. 4 lit. b ebenfalls freigestellt.

32 **16. Alleinbezugsverpflichtung (11.).** Der Begriff definiert die ebenfalls nach Art. 2 Abs. 4 lit. a freigestellte Alleinbezugsvereinbarung als Wettbewerbsbeschränkung dahingehend, dass Spezialisierungsprodukte nur von den Vertragsparteien zu beziehen sind. Da hier nur auf das Spezialisierungsprodukt gem. Nr. 6 Bezug genommen wird, sind davon sowohl die einseitige bzw. gegenseitige Spezialisierung als auch die gemeinsame Produktion erfasst.

33 **17. Gemeinsam (12.).** Die Definition „gemeinsam" bezieht sich nach dem Wortlaut ausschließlich auf den „Vertrieb", der unter 13. definiert wird (→ Rn. 34). Der Begriff schließt neben dem kooperativen Vertrieb durch die Parteien auch die Ernennung eines Dritten zum Vertriebshändler ein, solange dieser kein Wettbewerber ist. Die Organisation des Vertriebs durch die Parteien selbst kann dabei auf unterschiedlichen Ebenen der Kooperation erfolgen und neben einem gemeinsamen Team und einer gemeinsamen Organisation, also der direkten Kooperation von Angestellten der Parteien in verschiedenen Organisationsformen, auch ein gemeinsames Unternehmen als Vertriebsvehikel umfassen. Auch kann der gemeinsame Vertrieb über eine Ernennung eines Dritten zum Vertriebshändler erfolgen, wenn dieser nicht tatsächlich oder potenziell auf demselben relevanten Produktmarkt tätig ist. Hierbei ist nicht relevant, ob mit dem Dritten eine Ausschließlichkeitsbindung vereinbart wird.

---

[17] So überzeugend Immenga/Mestmäcker/Fuchs Art. 1 Rn. 29, der auch auf einen kaufmännisch vernünftig handelnden Marktteilnehmer abstellt, der unternehmerische Chancen wahrnimmt, ohne unvernünftige Risiken einzugehen.

[18] So auch Immenga/Mestmäcker/Fuchs Art. 1 Rn. 29a; Fritzsche EuZW 2011, 208 (211); aA wohl Schulte/Just/Leupold Art. 1 Rn. 15, der den Test als in der Praxis durchaus handhabbar ansieht, da die beteiligten Unternehmen regelmäßig ausreichende Marktkenntnisse hätten.

[19] Seeliger/Laskey EWS 2011, 119 (122).

[20] So Immenga/Mestmäcker/Fuchs Art. 1 Rn. 29a, der zu Recht auf eine uneinheitliche Definition mit den Horizontalleitlinien, der Vertikal-GVO und den Leitlinien für horizontale Zusammenschlüsse hinweist.

[21] So aber wohl Schulte/Just/Leupold Art. 1 Rn. 15.

[22] Zustimmend Immenga/Mestmäcker/Fuchs Art. 1 Rn. 29.

| Freistellung | Art. 2 Spezialisierungs-GVO |

18. Vertrieb (13.). Der Vertrieb ist gesondert definiert, um eine klare Abgrenzung zur Produktion in Nr. 4 zu gewährleisten. Er umfasst insbes. den Verkauf von Waren und Dienstleistungen, wobei schon die Wortwahl der Regelung „unter anderem" indiziert, dass der Begriff weit auszulegen ist.[23] Dem Begriff kommt insbes. im Hinblick auf die Kernbeschränkungen in Art. 5 besondere Bedeutung zu, denn iRd „gemeinsamen Vertrieb" können Preise und Absatzziele festgesetzt werden, ohne dass hierdurch die Anwendung der GVO gefährdet wird. Gleichzeitig hat der Begriff Bedeutung für den in Art. 2 Abs. 4 geregelten Umfang der freistellungsfähigen Spezialisierungsvereinbarungen, denn diese sind auch bei gemeinsamem Vertrieb erfasst. 34

III. Verbundene Unternehmen (Abs. 2)

In Abs. 2 wird zunächst klargestellt, dass die Begriffe „Unternehmen" und „Parteien" auch die jeweils mit ihnen verbundenen Unternehmen erfassen und die unmittelbar an der Vereinbarung beteiligten Gesellschaften betreffen. Auf den Begriff der beteiligten Unternehmen, der in der VO 2658/2000 noch benutzt wurde, wird nunmehr verzichtet. 35

Die umfassende Definition der verbundenen Unternehmen ist vornehmlich für die Berechnung der Marktanteile nach Art. 3 relevant, denn hier sind nicht nur die Marktanteile der unmittelbar an der Vereinbarung beteiligten Unternehmen relevant, sondern die Marktanteile verbundener Unternehmen werden entspr. zugerechnet. Die Definition der verbundenen Unternehmen entspricht wörtlich der in Art. 1 Abs. 2 der FuE GVO, so dass auch auf die dortige Kommentierung verwiesen werden kann. Zudem findet sich eine vergleichbare Definition in Art. 1 Vertikal-GVO. 36

Umfasst sind zunächst die von den Vertragsparteien abhängigen Unternehmen, also diejenigen, auf die unmittelbar oder mittelbar ein beherrschender Einfluss ausgeübt werden kann. Zudem gehören zu den verbundenen Unternehmen die Unternehmen, die die Vertragsparteien beherrschen, also die auf die Vertragsparteien unmittelbar oder mittelbar beherrschenden Einfluss ausüben können. Daneben sind auch solche Unternehmen erfasst, bei denen ein herrschendes Unternehmen ebenfalls beherrschenden Einfluss hat, dh sog Schwestergesellschaften. Schließlich sind auch noch diejenigen Gemeinschaftsunternehmen erfasst, in denen die zuvor definierten verbundenen Unternehmen gemeinsam beherrschenden Einfluss haben. Gleiches gilt auch für Gemeinschaftsunternehmen, bei denen die Parteien der Spezialisierungsvereinbarung gemeinsam beherrschenden Einfluss haben. 37

Art. 2 Freistellung

(1) Nach Artikel 101 Absatz 3 AEUV und nach Maßgabe dieser Verordnung gilt Artikel 101 Absatz 1 AEUV nicht für Spezialisierungsvereinbarungen.

(2) Die Freistellung nach Absatz 1 gilt, soweit diese Vereinbarungen Wettbewerbsbeschränkungen enthalten, die unter Artikel 101 Absatz 1 AEUV fallen.

(3) Die Freistellung nach Absatz 1 gilt auch für Spezialisierungsvereinbarungen, die Bestimmungen enthalten, die sich auf die Übertragung von Rechten des geistigen Eigentums oder die Erteilung diesbezüglicher Lizenzen an eine oder mehrere der Parteien beziehen, sofern diese Bestimmungen sich unmittelbar auf die Umsetzung dieser Vereinbarung beziehen, dafür erforderlich sind und nicht den Hauptgegenstand der Vereinbarung darstellen.

(4) Die Freistellung nach Absatz 1 gilt für Spezialisierungsvereinbarungen, wenn
a) die Parteien eine Alleinbezugs- oder eine Alleinbelieferungsverpflichtung akzeptieren oder
b) die Parteien die Spezialisierungsprodukte gemeinsam vertreiben.

Übersicht

		Rn.			Rn.
I.	Geltungsbereich: Wettbewerbsbeschränkungen iSd Art. 101 Abs. 1 AEUV	1	III.	Nebenabreden (Abs. 3)	9
			IV.	Alleinbezugs- u. Alleinbelieferungsverpflichtungen (Abs. 4)	14
II.	Gegenstand freigestellter Vereinbarungen	6	V.	Entzug der Freistellung	21

---

[23] Ebenso Schulte/Just/Leupold Art. 1 Rn. 19.

I. Geltungsbereich: Wettbewerbsbeschränkungen iSd Art. 101 Abs. 1 AEUV

1 Eine Spezialisierungsvereinbarung fällt nur dann in den Anwendungsbereich des Art. 101 Abs. 1 AEUV und damit in den Geltungsbereich der Spezialisierungs-GVO, wenn sie eine Einschränkung des Wettbewerbs innerhalb des Gemeinsamen Marktes bezweckt oder bewirkt. Entspr. heißt es in Art. 2 Abs. 2, dass die Freistellung gilt, soweit die Spezialisierungsvereinbarungen Wettbewerbsbeschränkungen enthalten, die unter Art. 101 Abs. 1 AEUV fallen. Hinweise für die Beurteilung der Vereinbarungen enthalten die **Leitlinien über horizontale Zusammenarbeit**,[1] welche in dieser Hinsicht die horizontalen GVOen ergänzen.

2 Eine wettbewerbsbeschränkende Wirkung liegt vor, wenn eine Kooperationsvereinbarung aller Voraussicht nach den Wettbewerb auf dem Markt in einem solchen Maße verringert, dass negative Marktwirkungen im Hinblick auf Preise, Produktion, Innovation sowie Vielfalt und Qualität der Waren und Dienstleistungen zu erwarten sind.[2] Zu untersuchen sind sowohl die Auswirkungen auf den **unmittelbar** von einer Spezialisierungsvereinbarung betroffenen Markt als auch die Auswirkungen auf **mittelbar betroffene** räumlich oder sachlich benachbarte **Märkte**.[3] Insbes. kann sich die Zusammenarbeit auf die Wettbewerbsbedingungen hinsichtlich eines Endprodukts oder eines anderen Produkts[4] auswirken. Kriterien für die Beurteilung sind dabei insbes. die **Art der Vereinbarung** sowie die gemeinsame **Marktmacht** der beteiligten Unternehmen unter Berücksichtigung der **Strukturen der relevanten Märkte**.[5] Gefahren für den Wettbewerb bestehen im Fall von Spezialisierungsvereinbarungen zum einen aufgrund der Tendenz zur Verhaltenskoordinierung durch die beteiligten Unternehmen und zum anderen durch eine mögliche Abschottungswirkung gegenüber Dritten.[6]

3 Durch die Vereinbarung, die Herstellung eines bestimmten Produkts zugunsten des Partners einzustellen oder ein Produkt nur noch gemeinsam herzustellen, stehen die beteiligten Unternehmen in diesem Bereich in keinem Wettbewerbsverhältnis mehr. Die Kooperation führt zu einer **Angleichung der Herstellungskosten** und der **Produktqualität** des (End-)Produkts, so dass die beteiligten Unternehmen im Wesentlichen nur noch mit unterschiedlichen Handelsmargen konkurrieren können. Die Wettbewerbsbeeinträchtigung ist jedoch relativ gering, wenn sich die Vereinbarung auf Vor- bzw. Zwischenprodukte oder Komponenten beschränkt, deren Herstellungskosten im Hinblick auf die Gesamtkosten des Endprodukts wenig ins Gewicht fallen.[7]

4 Eine **Abschottungswirkung** kann zB auftreten, wenn die Unternehmen eine ausschließliche Belieferungs- bzw. Bezugsverpflichtung vereinbaren, so dass dritte Abnehmer bzw. Lieferanten nicht zum Zuge kommen. Auch im Fall der gemeinsamen Produktion können Abschottungsprobleme auftreten.[8] Eine Abschottungsgefahr besteht vor allem dann, wenn wenigstens eines der beteiligten Unternehmen eine sehr starke Marktstellung besitzt. Hat etwa ein Partner eine starke Position auf einem vorgelagerten Markt, zB für ein wichtiges Bauteil, so kann sich den beteiligten Unternehmen die Gelegenheit bieten, die Produktionskosten für ihre Wettbewerber auf dem nachgelagerten Markt zu erhöhen.

5 Nicht ausreichend für das Vorliegen einer Wettbewerbsbeschränkung iSd Art. 101 Abs. 1 AEUV ist die bloße Einschränkung des Wettbewerbs zwischen den Beteiligten. Regelmäßig nicht in den Anwendungsbereich des Art. 101 Abs. 1 AEUV fallen zudem **Vereinbarungen zwischen Nichtwettbewerbern**.[9] Vereinbarungen zwischen Wettbewerbern beschränken den Wettbewerb idR dann nicht, wenn sie die von der Zusammenarbeit erfasste Tätigkeit oder das Projekt nicht eigenständig durchführen könnten.[10] Das ist zB der Fall, wenn die Zusammenarbeit der einzige wirtschaftlich realistische Weg ist, in einen neuen Markt einzutreten, ein neues Produkt einzuführen oder ein

---

[1] ABl. 2010 C 11, 1.
[2] Leitlinien „horizontale Zusammenarbeit" Rn. 183.
[3] Leitlinien „horizontale Zusammenarbeit" Rn. 240 ff., 405; vgl. auch Ritter NJW 1983, 489 (492).
[4] Kom. ABl. 1993 L 20, 14 Rn. 21 – Ford/Volkswagen.
[5] Leitlinien „horizontale Zusammenarbeit" Fn. 40, Rn. 172 ff.
[6] Leitlinien „horizontale Zusammenarbeit" Rn. 226 ff.
[7] Kom. ABl. 1994 L 378, 37 Rn. 18 – Philips/Osram; Wiedemann KartellR-HdB/Lübbig § 9 Rn. 163.
[8] Vgl. Leitlinien „horizontale Zusammenarbeit" Rn. 412.
[9] Vgl. Kom. ABl. 1982 L 39, 25 Rn. 6 – Langenscheidt/Hachette; Kom. ABl. 1999 L 218, 14 Rn. 37–39 – Cégétel + 4; Kom. ABl. 1977 L 215, 11 Rn. II 4 – De Laval/Stork; Kom. ABl. 1984 L 212, 1 Rn. 27 – BPCL/ICI; Kom. ABl. 1999 L 218, 24 Rn. 32–40 – Télécom Développement; Kom. ABl. 1999 L 90, 6 Rn. 93–95 – TPS.
[10] Leitlinien „horizontale Zusammenarbeit" Rn. 226 ff.; Kom. ABl. 1999 L 218, 14 Rn. 40–46 – Cégétel + 4; Kom. ABl. 1993 L 20, 10 – Fiat/Hitachi; Kom. ABl. 1990 L 209, 15 Rn. 24–25 – Elopak/Metal Box-Odin; Kom. ABl. 1988 L 311, 36 Rn. 17 – Eurotunnel; Kom. ABl. 1990 L 228, 31 Rn. II (2) – Konsortium ECR 900.

bestimmtes Projekt durchzuführen. Durch die Ermöglichung eines vorher nicht oder nicht in diesem Umfang denkbaren Marktzutritts wird regelmäßig sogar eine Belebung des Wettbewerbs bewirkt.[11] Auch die Zusammenarbeit bei einer Tätigkeit, welche die relevanten Wettbewerbsparameter nicht beeinflusst, ist regelmäßig nicht von Art. 101 Abs. 1 AEUV erfasst.[12] Eine Wirkung auf das Wettbewerbsverhalten der Beteiligten ist zB sehr unwahrscheinlich, wenn nur ein **geringes Maß an Angleichung bei den Kosten** angenommen werden kann, etwa weil auf das Zwischenerzeugnis, auf das sich die Spezialisierung oder die gemeinsame Produktion bezieht, nur ein kleiner Teil der Gesamtproduktionskosten entfällt.[13] Auch der bloße **Erfahrungs- bzw. Informationsaustausch**[14] oder reine **Absichtserklärungen** ohne zwingenden Charakter[15] fallen nicht unter Art. 101 Abs. 1 AEUV. Schließlich stellen Vereinbarungen von geringer Bedeutung, die unter die **De-minimis-Bekanntmachung**[16] fallen, keine spürbare Wettbewerbsbeschränkung iSd Art. 101 Abs. 1 AEUV dar (vgl. → Einl. Rn. 21).

II. Gegenstand freigestellter Vereinbarungen

Eine in den Anwendungsbereich der Freistellung fallende Vereinbarung muss sich auf die Herstellung von Produkten beziehen, wobei unter Produkten sowohl **Waren** als auch **Dienstleistungen**, mit Ausnahme von Vertriebs- und Mietleistungen, zu verstehen sind, Art. 1 Abs. 1 Nr. 3. Dabei kann es sich sowohl um ein **Zwischen-** als auch ein **Endprodukt** handeln (Art. 1 Abs. 1 Nr. 3). Die Einbeziehung von Dienstleistungen beruht auf dem Gedanken, dass mit Spezialisierungen im Bereich der Dienstleistungserbringung ebenfalls Rationalisierungsgewinne einhergehen können. Spezialisierungen (allein) im Handel sind nicht Gegenstand der Verordnung.[17] 6

Kein Fall der Spezialisierung liegt vor, wenn sich die Vereinbarung nicht auf „**bestimmte Produkte**", also die Warenart, sondern den Umfang der Produktion (**Quotenkartelle**)[18] oder das Herstellungs- oder Vertriebsgebiet (**Gebietskartelle**) bezieht.[19] Der Produktionsverzicht einer Vertragspartei muss nicht vollständig sein, Effizienzgewinne können auch bei teilweisen Verzichten entstehen. 7

Voraussetzung ist weiterhin, dass sich die Unternehmen auf die „**Produktion**" spezialisieren. Nicht in den Anwendungsbereich fällt deshalb ein reiner Produktionsverzicht, ohne dass die Herstellung im Wege der Arbeitsteilung auf einen Vertragspartner, ein Gemeinschaftsunternehmen oder einen Dritten übertragen wird.[20] Der Begriff der Produktion umfasst auch die **Beauftragung eines Dritten**. Die Vereinbarung über eine einseitige oder gegenseitige Spezialisierung umfasst damit auch den Verzicht, das jeweilige Produkt durch ein drittes Unternehmen herstellen zu lassen. Die gemeinsame Produktion kann dementsprechend auch in der gemeinsamen Betrauung eines Drittunternehmens bestehen. 8

III. Nebenabreden (Abs. 3)

Abs. 3 regelt, dass die Freistellung einer Vereinbarung auch für Nebenabreden gilt, die sich auf die Übertragung von Rechten an geistigem Eigentum oder der Erteilung diesbezüglicher Lizenzen beziehen. Während die VO 417/1985 in Art. 2 eine abschließende Aufzählung der zulässigen Nebenabreden enthielt, wurde mit VO 2856/2000 eine Generalklausel für Nebenbestimmungen aufgenommen, die nunmehr durch eine Verengung des Wortlauts auf die Übertragung von Rechten an geistigem Eigentum und Lizenzen daran scheinbar begrenzt wird. Richtigerweise sind auch unter VO 1218/2010 und VO 1067/2023 alle notwendigen und unmittelbaren Nebenabreden möglich und von der Freistellung erfasst.[21] Ein Ausschluss notwendiger Nebenabreden würde eine Spezialisie- 9

---

[11] Vgl. Kom. ABl. 1999 L 218, 14 Rn. 46 – Cégétel + 4; Kom. ABl. 1969 L 195, 1 – Clima Chappée/Buderus; Kom. ABl. 1993 L 20, 14 Rn. 37 – Ford/Volkswagen; Kom. ABl. 1999 L 90, 6 Rn. 99 – TPS.
[12] Leitlinien „horizontale Zusammenarbeit" Rn. 226 ff.
[13] Vgl. Kom. ABl. 1994 L 378, 37 Rn. 18 – Philips/Osram.
[14] Kom. ABl. 1969 L 195, 5 Rn. 8 – Jaz/Peter; Kom. ABl. 1982 L 39, 25 Rn. 12 – Langenscheidt/Hachette.
[15] Kom. ABl. 1982 L 39, 25 Rn. 12 – Langenscheidt/Hachette.
[16] ABl. 2014 C 291, 1.
[17] Wiedemann EWG-KartellR GVO 417/85 Art. 1 Rn. 11.
[18] Kom. ABl. 1972 L 303, 24 Rn. 18–29 – CIMBEL; Kom. ABl. 1971 L 201, 1 Rn. 23 – Walzstahl; Kom. ABl. 1980 L 383, 19 Rn. II B 2 – Gussglas; Kom. Wettbewerbsbericht Nr. 1 (1971) Rn. 30; s. auch bereits zur Spez.-GVO 2779/72 Spormann WuW 1973, 165 (166).
[19] Wiedemann EWG-KartellR GVO 417/85 Art. 1 Rn. 10.
[20] Wiedemann EWG-KartellR GVO 417/85 Art. 1 Rn. 22; Liebscher/Flohr/Petsche Gruppenfreistellungs-VO-HdB/Polley/Seeliger § 9 Rn. 58.
[21] Immenga/Mestmäcker/Fuchs Art. 2 Rn. 4 (weite Auslegung des Art. 2 Abs. 2); Seeliger/Laskey EWS 2011, 119 (122), teleologische Reduktion und ungeschriebene Grundsätze der Freistellung erforderlicher Nebenabreden.

rung in der Praxis unmöglich machen. Die in Art. 5 aufgeführten Wettbewerbsbeschränkungen können niemals Nebenabreden iSd Abs. 3 sein.

10 Diese Betrachtung der notwendigen Nebenabreden entspricht der Praxis zu Art. 101 Abs. 1 AEUV, denn Nebenabreden, die mit einer nicht unter Art. 101 Abs. 1 AEUV fallenden Hauptvereinbarung unmittelbar verbunden und für ihre Durchführung erforderlich sind, fallen ebenfalls nicht unter Art. 101 Abs. 1 AEUV.[22] Unmittelbar mit dem Hauptgegenstand einer Vereinbarung verbunden ist eine Abrede, wenn sie dessen Durchführung **untergeordnet** und **untrennbar** mit ihm verbunden ist.[23]

11 Unter **geistigen Eigentumsrechten** werden gewerbliche Schutzrechte (zB Patente, Geschmacksmusterrechte, Warenzeichen), Urheberrechte und verwandte Schutzrechte verstanden.[24] In ihrer Praxis hat die Kommission den Austausch wissenschaftlichen und technischen Know-hows durch die Vergabe von Lizenzen und die Übertragung immaterieller Güter regelmäßig als zur Durchführung der Spezialisierung notwendige und damit zulässige Nebenabreden beurteilt.[25] Bei derartigen Vereinbarungen können sich allerdings Abgrenzungsschwierigkeiten zum Anwendungsbereich der TT-GVO ergeben, für die Abs. 3 nun klarstellt, dass die Spezialisierungs-GVO dann Vorrang hat, wenn die Übertragung der Rechte oder die Vergabe von Lizenzen lediglich eine Nebenabrede darstellt. Es handelt sich jedoch nicht mehr um eine entsprechende Nebenabrede, wenn es um nachgelagerte Lizenzvereinbarungen zwischen den Parteien und unbeteiligten Dritten geht.[26]

12 Denkbar sind auch Vereinbarungen über gemeinsame **FuE-Tätigkeiten** iRe gemeinsamen Produktion.[27] Bilden die Regelungen über die FuE jedoch den Schwerpunkt der Vereinbarung, ist die FuE GVO vorrangig anwendbar.

13 Die Kommission hat in ihrer **Entscheidungspraxis** außerdem die folgenden Vereinbarungen als Nebenabreden angesehen und damit freigestellt: die Einräumung eines Vorrechts für den Vertrieb von Neuheiten,[28] die Übertragung von Einrichtungen und Vermögenswerten wie Produktionsanlagen, Forschungseinrichtungen, Vertriebsorganisationen oder Goodwill,[29] die Vereinbarung wechselseitiger Meistbegünstigungsklauseln,[30] die Vereinbarung von Wettbewerbsverboten für die Anlaufzeit der Kooperation,[31] während der Laufzeit der Vereinbarung[32] und in Ausnahmefällen für die Zeit danach,[33] das Verbot der Übertragung von Schutzrechten an Gemeinschaftsentwicklungen ohne Zustimmung der Vertragspartner,[34] das Verbot der Vergabe von Lizenzen hinsichtlich des Knowhows des Gemeinschaftsunternehmens an andere Wettbewerber innerhalb von fünf Jahren nach Beendigung der Zusammenarbeit,[35] die Vereinbarung einer Mindestbetriebszeit für das gemeinsame Unternehmen,[36] das Verbot der Weiterveräußerung der Anteile am Gemeinschaftsunternehmen ohne Zustimmung der Partner,[37] die Vereinbarung von Investitionsbeschränkungen der Muttergesellschaften,[38] die Verpflichtung, die gemeinsam hergestellten Erzeugnisse unter dem jeweils eigenen Warenzeichen und über die eigenen Vertriebswege abzusetzen.[39] Wegen fehlender Notwendigkeit

---

[22] EuGH Slg. 1995, I-4515 Rn. 14 – Luttikhuis; EuG Slg. 2001, II-2459 Rn. 116 – Métropole télévision (M 6); vgl. aus der Kommissionspraxis Kom. ABl. 1999 L 218, 24 Rn. 47 – Télécom Développement.
[23] Leitlinien zu Art. 81(3) EG, ABl. 2004 C 101, 8 Rn. 29.
[24] Vgl. die Definition in Art. 2 Nr. 9 VO 2659/2000; Art. 1 lit. e VO 2790/1999.
[25] Kom. ABl. 1987 L 5, 13 – ENI/Montedison; Kom. ABl. 1977 L 215, 11 Rn. 13 – De Laval/Stork; Kom. ABl. 1976 L 30, 13 Rn. III 3 D – Bayer/Gist-Brocades; Kom. ABl. 1984 L 212, 1 Rn. 36 – BPCL/ICI; Kom. ABl. 1990 L 209, 15 Rn. 30–33 – Elopak/Metal Box-Odin; Kom. ABl. 1983 L 224, 19 Rn. II 10c – Rockwell/Iveco; Kom. ABl. 1988 L 52, 51 Rn. 57 – Olivetti/Canon.
[26] Schulte/Just/Leupold Art. 2 Rn. 5.
[27] Zur abweichenden Rechtslage nach der alten VO 417/85 vgl. Immenga/Mestmäcker/Veelken, 1. Aufl. 1997, VO 417/85 Art. 1 Rn. 11.
[28] Kom. ABl. 1969 L 195, 5 Rn. 16 – Jaz/Peter; Kom. ABl. 1978 L 61, 17 Rn. 6 C – Jaz/Peter II.
[29] Kom. ABl. 1987 L 5, 13 – ENI/Montedison; Kom. ABl. 1984 L 212, 1 Rn. 1, 6, 37 – BPCL/ICI.
[30] Kom. ABl. 1999 L 218, 14 Rn. 52–56 – Cégétel + 4.
[31] Kom. ABl. 1999 L 90, 6 Rn. 98, 99 – TPS.
[32] Kom. ABl. 1999 L 218, 14 Rn. 48 – Cégétel + 4; Kom. ABl. 1994 L 378, 37 Rn. 20 – Philips/Osram; Kom. ABl. 1994 L 341, 66 Rn. 34 – Fujitsu AMD Semiconductor; Kom. ABl. 1984 L 212, 1 Rn. 35 – BPCL/ICI; Kom. ABl. 1983 L 224, 19 Rn. II 10c – Rockwell/Iveco; Kom. ABl. 1999 L 218, 24 Rn. 48 – Télécom Développement.
[33] Kom. ABl. 1994 L 341, 66 Rn. 35 – Fujitsu AMD Semiconductor.
[34] Kom. ABl. 1994 L 341, 66 Rn. 36 – Fujitsu AMD Semiconductor.
[35] Kom. ABl. 1990 L 209, 15 Rn. 34 – Elopak/Metal Box-Odin.
[36] Kom. ABl. 1984 L 212, 1 Rn. 38 – BPCL/ICI.
[37] Kom. ABl. 1990 L 209, 15 Rn. 34 – Elopak/Metal Box-Odin.
[38] Kom. ABl. 1983 L 224, 19 Rn. II 10d – Rockwell/Iveco.
[39] Kom. ABl. 1988 L 52, 51 Rn. 57 – Olivetti/Canon.

hat die Kommission Nichtangriffsklauseln gegenüber Patentrechten des Vertragspartners[40] als nicht freistellungsfähig angesehen.

IV. Alleinbezugs- u. Alleinbelieferungsverpflichtungen (Abs. 4)

Entgegen des Wortlauts stellt Abs. 4 klar, dass sich die Freistellungswirkung des Abs. 1 auch **14** auf Spezialisierungsvereinbarungen, die Alleinbezugs- oder Alleinbelieferungsverpflichtungen[41] und Regelungen über den gemeinsamen Vertrieb von Spezialisierungsprodukten enthalten, erstreckt.[42] Bereits nach GVO 417/1985 waren Liefer- und Bezugsverpflichtungen unter bestimmten Voraussetzungen freigestellt.[43] Der Wortlaut von Abs. 3 VO 1218/2010 sollte jedoch nicht so verstanden werden, dass die Freistellung nur im Fall einer Alleinbezugs- oder Alleinbelieferungsverpflichtung gilt. Der ansonsten weitgehend identische Art. 3 Abs. 1 VO 2658/2000 regelte noch das die Freistellung **„auch"** gilt, wenn die Vertragsparteien eine Alleinbezugs- und/oder eine Alleinbelieferungsverpflichtung akzeptieren. Dieses „auch" findet sich noch in der Entwurfsfassung der VO 1218/2010,[44] jedoch nicht mehr in der schlussendlich verabschiedeten Fassung. Art. 2 Abs. 4 der nun mehr gültigen VO 1067/2023 erweitert den Wortlaut durch die Ergänzung „auch". Art. 2 Abs. 4 ist als Klarstellung und nicht als Einschränkung des Anwendungsbereichs anzusehen.[45] Insoweit kann in Abs. 3 eine Konkretisierung des Nebenabreden betreffenden Abs. 2 gesehen werden.[46] Abs. 4 kommt somit nur eine klarstellende Wirkung zu – er könnte ohne Änderung der Freistellungswirkung gestrichen werden. Es handelt sich um einen letzten Rest „weiße Liste".

Aus Abs. 4 ergibt sich, dass die notwendigen Liefer- und Bezugspflichten ausschließlicher Art **15** sein können. IRe **Alleinbelieferungsverpflichtung** sind die Vertragspartner verpflichtet, das Produkt, welches Gegenstand der Spezialisierungsvereinbarung ist, nicht an ein konkurrierendes Unternehmen zu liefern, es sei denn, es ist Vertragspartei der Vereinbarung. Nach Art. 2 Abs. 1 lit. c VO 417/85 waren exklusive Lieferverpflichtungen nur zulässig, wenn die Vertragspartner Alleinvertriebsabsprachen getroffen hatten.

Durch eine **Alleinbezugsverpflichtung** verpflichten sich die Vertragspartner, das Produkt, **16** welches Gegenstand der Vereinbarung ist, nur von der Vertragspartei zu beziehen, die sich zu seiner Lieferung bereit erklärt. Nach der GVO 417/85 war eine Alleinbezugsverpflichtung nur zulässig, wenn sie dem Vertragspartner die Möglichkeit gab, die Waren ausnahmsweise von einem Dritten zu beziehen, soweit dieser günstigere Bedingungen anbot und der andere Vertragspartner nicht bereit war, diese zu übernehmen.[47]

Durch in der Praxis recht häufige Alleinbezugs- und Alleinbelieferungsverpflichtungen werden **17** die Vertragsparteien angehalten, ihre Kräfte ausschließlich auf die vereinbarte Spezialisierung zu konzentrieren. Die Kombination aus freigestellten Alleinbezugs- und Alleinbelieferungsverpflichtungen läuft auf ein **Wettbewerbsverbot** hinsichtlich des Abschlusses paralleler Spezialisierungsvereinbarungen über die gleichen oder austauschbaren Erzeugnisse mit Dritten hinaus, und entspricht damit der ausdrücklichen Freistellung eines solchen Wettbewerbsverbots, wie sie noch in Art. 2 Abs. 1 lit. a VO 417/85 enthalten war.

Die Möglichkeit der Einrichtung eines **gemeinsamen Vertriebs** erleichtert es, die bei der **18** Herstellung erzielten Effizienzgewinne auch auf der Handelsstufe zu realisieren bzw. zu verbessern. Diese zuvor auf die gemeinsame Produktion beschränkte Freistellung ist nunmehr auch für einseitige

---

[40] Kom. ABl. 1976 L 30, 13 Rn. III 3 C – Bayer/Gist-Brocades.
[41] Vgl. hierzu Kom. ABl. 1969 L 195, 1 – Clima Chappée/Buderus; Kom. ABl. 1969 L 195, 5 Rn. 10 – Jaz/Peter; Kom. ABl. 1971 L 134, 6 Rn. 10, 13 – FN/CF; Kom. ABl. 1973 L 296, 24 Rn. III 3 – Prym/Beka; Kom. ABl. 1978 L 61, 17 Rn. 6 C – Jaz/Peter II; Kom. ABl. 1975 L 29, 20 Rn. III 3 – Rank/Sopelem; Kom. ABl. 1987 L 5, 13 Rn. 37 – ENI/Montedison; Kom. ABl. 1994 L 378, 37 Rn. 20 – Philips/Osram; Kom. ABl. 1994 L 144, 20 Rn. 78 – Exxon/Shell; Kom. ABl. 1984 L 212, 1 Rn. 39 – BPCL/ICI; Kom. ABl. 1993 L 20, 10 Rn. 27 – Fiat/Hitachi; Kom. ABl. 1983 L 224, 19 Rn. II 10e – Rockwell/Iveco; Kom. ABl. 1988 L 52, 51 Rn. 57 – Olivetti/Canon; Kom. ABl. 1999 L 218, 24 Rn. 45–47 – Télécom Développement.
[42] Vgl. hierzu Kom. ABl. 1993 L 48, 54 Rn. 29 – Empresa Nacional Siderúrgica/Aristrain-Gruppe; Kom. ABl. 1977 L 215, 11 Rn. 13 – De Laval/Stork; Kom. ABl. 1971 L 134, 6 Rn. 13 – FN/CF; Kom. ABl. 1975 L 29, 20 Rn. III 3 – Rank/Sopelem; Kom. ABl. 1993 L 20, 10 Rn. 28 – Fiat/Hitachi; Kom. ABl. 1983 L 224, 19 Rn. II 10b – Rockwell/Iveco; Kom. ABl. 1999 L 218, 24 Rn. 44 – Télécom Développement.
[43] Art. 2 Abs. 1 lit. b, Abs. 3 lit. a VO 417/85.
[44] Diese ist abrufbar unter: http://ec.europa.eu/competition/consultations/2010_horizontals/draft_specialisation_ber_de.pdf, zuletzt abgerufen 6.3.2023.
[45] Schulte/Just/Leupold Art. 2 Rn. 3.
[46] Immenga/Mestmäcker/Fuchs Art. 2 Rn. 12.
[47] Art. 2 Abs. 1 lit. b VO 417/85; dazu Immenga/Mestmäcker/Veelken, 1. Aufl. 1997, VO 417/85 Art. 2 Rn. 23; krit. zu dieser Regelung Wiedemann EWG-KartellR GVO 417/85 Art. 2 Rn. 8 ff.

und gemeinsame Spezialisierungsvereinbarungen möglich. Die Kooperation auf der Vertriebsstufe schränkt den Wettbewerb jedoch grds. stärker ein als eine Zusammenarbeit bei der Produktion, da die Unternehmen dadurch ihre Vertriebsstrategie, insbes. ihre Preise, angleichen können.[48] In VO 417/85 war die Marktanteilsgrenze für einen gemeinsamen Vertrieb deshalb bereits bei 10 % angesetzt.[49] Seit der VO 2658/2000 gilt auch für Vertriebsvereinbarungen die allgemeine Marktanteilsschwelle von 20 %.

19 Aus dem Wortlaut ergibt sich, dass die Freistellung nur für solche Vertriebsabsprachen gilt, die gleichsam als **Annex** zur Spezialisierungsvereinbarung geschlossen werden. Eine auf die Vertriebsstufe beschränkte Spezialisierung wird also nicht erfasst.[50] Nicht ausreichend für einen „gemeinsamen Vertrieb" ist nach Auffassung der Kommission die bloße Koordination des Verkaufs zwischen unabhängigen Produzenten.[51]

20 Wird das Spezialisierungsprodukt nicht selbst durch die Partien verkauft, können sie einen gemeinsamen Vertrieb oder die **Beauftragung eines Dritten,** sofern dieser **kein Wettbewerber** ist, vereinbaren. Die Vereinbarung des **Alleinvertriebs** durch einen Vertragspartner ist dagegen nicht ausdrücklich zugelassen. Nach Abschaffung der weißen Liste ist ein Rückschluss von der Nichtregelung auf die Unzulässigkeit einer Vereinbarung nicht mehr ohne weiteres möglich. Andererseits könnte die detaillierte Regelung in Art. 3 darauf hindeuten, dass jegliche nicht ausdrücklich freigestellte Absprache im Bereich des Absatzes als unzulässig angesehen wird. Gegen die Zulässigkeit derartiger Vereinbarungen spricht vor allem, dass durch die Einführung einer Liefer- und Bezugspflicht sichergestellt werden sollte, dass sich die Unternehmen aus dem nachgelagerten Markt und dem Vertrieb gerade nicht zurückziehen.[52] Durch die Vereinbarung eines alleinigen Vertriebs könnte die Wirkung der Liefer- und Bezugspflichten umgangen werden.

V. Entzug der Freistellung

21 Die Kommission kann nunmehr nach Art. 29 VO 1/2003 im Einzelfall die Freistellung mit Wirkung ex nunc entziehen, wenn die Spezialisierungsvereinbarung nicht die **Voraussetzungen des Art. 101 Abs. 3 AEUV** erfüllt. Der Entzug kann von Amts wegen sowie auf Beschwerde hin erfolgen. Gemäß Art. 29 Abs. 2 VO 1/2003 steht die Befugnis zum Entzug nunmehr auch den **nationalen Behörden** im Hinblick auf das Gebiet des jeweiligen Mitgliedstaats zu. Von der Möglichkeit des Entzugs einer Freistellung nach Art. 2 ist soweit ersichtlich bisher noch kein Gebrauch gemacht worden. Regelmäßig sind die Voraussetzungen des Art. 101 Abs. 3 AEUV bei Vereinbarungen, die in den Anwendungsbereich der Spezialisierungs-GVO fallen, erfüllt.

Art. 3 Marktanteilsschwellenwert

(1) Die Freistellung nach Artikel 2 gilt nur unter der Voraussetzung, dass der gemeinsame Anteil der Parteien auf dem relevanten Markt bzw. den relevanten Märkten, zu dem bzw. denen die Spezialisierungsprodukte gehören, höchstens 20 % beträgt.

(2) Handelt es sich bei den Spezialisierungsprodukten um Zwischenprodukte, die von einer oder mehreren Parteien ganz oder teilweise intern als Vorleistung für die Produktion nachgelagerter Produkte verwendet werden, die sie auch verkaufen, so gilt die Freistellung nach Artikel 2 nur dann, wenn die beiden folgenden Voraussetzungen erfüllt sind:
  a) Der gemeinsame Marktanteil der Parteien auf dem relevanten Markt bzw. den relevanten Märkten, zu dem bzw. denen die Spezialisierungsprodukte gehören, beträgt höchstens 20 %.
  b) Der gemeinsame Marktanteil der Parteien auf dem relevanten Markt bzw. den relevanten Märkten, zu dem bzw. denen die nachgelagerten Produkte gehören, beträgt höchstens 20 %.

I. Die Marktanteilsschwelle (Abs. 1)

1 Der Geltungsbereich der Freistellung bestimmt sich nach den **Marktanteilen der beteiligten Unternehmen.** Die Marktanteilsschwelle wurde bereits 1985 von 15 %[1] auf 20 %[2] erhöht. Die

---

[48] Vgl. VO 151/93, ABl. 1993 L 21, 8 Rn. 6; sehr krit. zur Ausweitung der Gruppenfreistellung auf den Vertrieb Jung EuZW 1993, 690 (696).
[49] Art. 3 Abs. 2 lit. a VO 417/85.
[50] Immenga/Mestmäcker/Fuchs Art. 2 Rn. 12.
[51] Vgl. Schnichels/Valli CPN 2/2003, 60 (61); Lindroos/Schnichels/Svane CPN 3/2002, 50 (52).
[52] Ebenso Liebscher/Flohr/Petsche Gruppenfreistellungs-VO-HdB/Polley/Seeliger § 9 Rn. 91.
[1] Art. 3 lit. a VO 3604/1982, ABl. 1982 L 376, 33.
[2] Art. 3 Abs. 1 lit. a VO 417/85.

III. Der relevante Markt 2–6 **Art. 3 Spezialisierungs-GVO**

früher zusätzlich geltende **Umsatzgrenze** in Höhe von einer Milliarde ECU (Art. 3 Abs. 1 lit. b VO 417/1985,[3] geändert durch Art. 1 Nr. 5 VO 151/93)[4] ist weggefallen, um auch größeren Unternehmen die Möglichkeit einer Gruppenfreistellung zu eröffnen. Außerdem wurde erkannt, dass ein derartiges Kriterium nicht der wirtschaftlichen Logik entspricht, da kein unmittelbarer Zusammenhang zwischen der Höhe des Umsatzes und der Markmacht eines Unternehmens besteht.[5] Ebenso wurde die niedrigere Schwelle in Höhe von 10 % für den Fall des gemeinsamen Vertriebs abgeschafft. Die Beschränkung auf eine einzige, einheitliche Marktanteilsschwelle kommt der Einfachheit und Benutzerfreundlichkeit der Spezialisierungs-GVO zugute. Einzelheiten zur Berechnung des Marktanteils finden sich in Art. 4.

Die Kommission geht in Erwägungsgrund 5 davon aus, dass bei relativ geringer Marktmacht 2 der beteiligten Unternehmen die möglichen Nachteile für den Wettbewerb durch die Vorteile von Spezialisierungsvereinbarungen aufgewogen werden. Bei höheren Marktanteilen wächst die Gefahr, dass Spezialisierungsvereinbarungen zu negativen Wettbewerbswirkungen führen. Die Spezialisierungs-GVO sieht deshalb eine Freistellung nur für solche Vereinbarungen vor, bei denen die Summe der Marktanteile der beteiligten Unternehmen im relevanten Markt einen Schwellenwert von 20 % nicht übersteigt. Durch diese relativ niedrige Schwelle kann sichergestellt werden, dass den beteiligten Unternehmen gemäß Art. 101 Abs. 3 lit. b AEUV nicht die Möglichkeit eröffnet wird, für einen wesentlichen Teil der betreffenden Produkte den Wettbewerb auszuschalten. Im Zusammenspiel mit der de-minimis-Bekanntmachung ist der Anwendungsbereich der Spezialisierungs-GVO im Ergebnis auf Vereinbarungen beschränkt, die nicht bezwecken den Wettbewerb zu beschränken und die zwischen Unternehmen mit einem Gesamtmarktanteil zwischen 10 % und 20 % geschlossen werden.

Bei **mehreren Produkten** muss der Marktanteil für jedes einzelne Produkt bestimmt werden. 3 Nur wenn der Marktanteil des jeweiligen Produkts höchstens 20 % beträgt, profitiert die entsprechende Vereinbarung von der Gruppenfreistellung. Die Bildung eines Querschnitts der Marktanteile mehrerer von einer Vereinbarung umfasster Produkte kommt nicht in Betracht.[6]

II. Zwischenprodukte (Abs. 2)

Handelt es sich bei dem Spezialisierungsprodukt um **Zwischenprodukte,** also um Vorprodukte 4 die eine oder mehrere Parteien intern für die Produktion nachgelagerter Produkte verwenden, liegt auch hierin ein relevanter Markt, für den der 20 % Schwellenwert gilt. Diese **zweite Marktanteilsschwelle** ist zu Recht auf Kritik gestoßen, da sie eine erhebliche Einschränkung der Rechtssicherheit für Unternehmen bedeutet und die angeführten Argumente einer möglichen Marktabschottung kaum überzeugen.[7]

III. Der relevante Markt

Der relevante Markt ist in Art. 1 Abs. 8 legal definiert und umfasst den sachlich und räumlich 5 relevanten Markt des Spezialisierungsprodukts bzw. der Zwischenprodukte. Der sachlich und räumlich relevante Markt ist mit Hilfe der von der Kommission in der **Bekanntmachung „Marktabgrenzung"**[8] veröffentlichten Methode zu bestimmen. Der **sachlich** relevante Markt umfasst sämtliche Erzeugnisse, die von den Verbrauchern hinsichtlich ihrer Eigenschaften, Preise und ihres vorgesehenen Verwendungszwecks als austauschbar angesehen werden.[9] Damit sind bei der Bestimmung des Marktanteils neben dem konkreten Gegenstand der Spezialisierung auch sonstige Erzeugnisse zu berücksichtigen, soweit sie von den Verbrauchern als gleichartig angesehen werden.[10] Der **räumlich** relevante Markt umfasst ein Gebiet, in dem die Wettbewerbsbedingungen hinreichend homogen sind und das sich von benachbarten Gebieten durch spürbar unterschiedliche Wettbewerbsbedingungen unterscheidet.[11] Der räumlich relevante Markt kann den gesamten Gemeinsamen Markt oder einen wesentlichen Teil desselben (zB das Gebiet eines Mitgliedstaats) umfassen.

Bei der Ermittlung des Marktanteils ist nur der **unmittelbar** von der Zusammenarbeit **betrof-** 6 **fene Markt** zu untersuchen. Zwar kann sich eine Wettbewerbsbeschränkung auch durch Auswir-

---

[3] ABl. 1985 L 53, 1.
[4] ABl. 1993 L 21, 8.
[5] Lücking CPN 1/2001, 8 (9).
[6] Liebscher/Flohr/Petsche Gruppenfreistellungs-VO-HdB/Polley/Seeliger § 9 Rn. 107.
[7] Immenga/Mestmäcker/Fuchs Art. 3 Rn. 7, auch → Art. 1 Rn. 16 f.
[8] ABl. 1997 C 372, 5.
[9] Bekanntmachung „Marktabgrenzung", ABl. 1997 C 372, 5 Rn. 7.
[10] So ausdrücklich Art. 3 Abs. 1 lit. a der alten VO 417/85.
[11] Bekanntmachung „Marktabgrenzung", ABl. 1997 C 372, 5 Rn. 8.

Israel 2945

kungen auf vor- und nachgelagerte Märkte oder Nachbarmärkte ergeben, zB wenn die Unternehmen eine starke Stellung auf einem vorgelagerten Markt (zB für ein Teilprodukt) oder einem nachgeordneten Markt einnehmen.[12] Hier definiert Art. 1 Abs. 1 lit. 8, dass nur der relevante Markt der einbezogenen Zwischenprodukte relevant werden kann. Um den Erfordernissen der Klarheit und Rechtssicherheit zu entsprechen, ist bei der Bestimmung des Marktanteils jedoch nur der Markt des von der Vereinbarung unmittelbar betroffenen Produkts zu untersuchen.

Art. 4 Anwendung des Marktanteilsschwellenwerts

Für die Anwendung des Marktanteilsschwellenwerts gemäß Artikel 3 gelten die folgenden Vorschriften:

a) Die Marktanteile werden anhand des Absatzwerts berechnet; liegen keine Angaben über den Absatzwert vor, so können Schätzungen vorgenommen werden, die auf anderen verlässlichen Marktdaten, wie u.a. den Absatzmengen, beruhen.

b) Die Marktanteile werden anhand der Angaben für das vorangegangene Kalenderjahr oder, wenn das vorangegangene Kalenderjahr für die Stellung der Parteien auf dem relevanten Markt bzw. den relevanten Märkten nicht repräsentativ ist, als Durchschnitt der Marktanteile der Parteien in den 3 vorangegangenen Kalenderjahren ermittelt.

c) Der Marktanteil der in Artikel 1 Absatz 2 Nummer 5 genannten Unternehmen wird zu gleichen Teilen jedem Unternehmen zugerechnet, das eines oder mehrere der in Artikel 1 Absatz 2 Nummer 1 aufgeführten Rechte oder eine oder mehrere der in Artikel 1 Absatz 2 Nummer 1 aufgeführten Befugnisse hat.

d) Betragen die in Artikel 3 genannten Marktanteile ursprünglich nicht mehr als 20 % und überschreiten sie anschließend auf mindestens einem der relevanten Märkte diesen Schwellenwert, so gilt die Freistellung nach Artikel 2 weiter für 2 aufeinanderfolgende Kalenderjahre im Anschluss an das Jahr, in dem der Schwellenwert von 20 % erstmals überschritten wurde.

I. Ermittlung des Marktanteils

1 Lit. a regelt die Modalitäten für die Ermittlung des nach Art. 3 maßgeblichen Marktanteils. Der Marktanteil wird demnach anhand des **Absatzwertes** oder, falls diesbezüglich keine Zahlen vorliegen, anhand von **Schätzungen,** die auf anderen verlässlichen Marktdaten unter Einschluss der Absatzmengen beruhen, ermittelt. Bei der Berechnung des Marktanteils ist gem. lit. b auf das vorangegangene Kalenderjahr abzustellen. Gemäß Art. 4 kann zudem alternativ auf den Durchschnitt der Marktanteile der Parteien in den letzten drei vorangegangenen Kalenderjahren abgestellt werden, wenn das vorangegangene Kalenderjahr für die Marktanteile der Parteien auf dem relevanten Markt bzw. den relevanten Märkten nicht repräsentativ ist). Ermittelt wird die Summe der Marktanteile der Parteien einschließlich der mit ihnen entspr. Art. 1 Abs. 2 verbundenen Unternehmen. Grundsätzlich kommt es hierbei zu einer vollständigen Zurechnung des Marktanteils bei Vorliegen des unmittelbaren oder mittelbaren beherrschenden Einflusses. Daher sieht Art. 4 lit. c für Gemeinschaftsunternehmen eine besondere Regelung für die Zurechnung von Marktanteilen vor, die eine unangemessene Kumulation verhindern soll. Die Marktanteile des Gemeinschaftsunternehmens werden hiernach zu gleichen Teilen allen Unternehmen zugerechnet, die beherrschenden Einfluss auf das Gemeinschaftsunternehmen ausüben.

II. Toleranzklausel

2 Art. 4 lit. d gewährt den Vertragsparteien eine gewisse **Übergangsfrist** zur Umgestaltung ihrer Vertragsbeziehungen, falls die Marktanteilsschwelle nach Abschluss der Vereinbarung überschritten wird. Bleibt nach VO 1218/2010 der neue Marktanteil unter 25 %, so gilt die Freistellung noch für zwei weitere Jahre. Bei einem Anstieg des Marktanteils auf über 25 % gilt eine einjährige Verlängerung (lit. e). Die Verlängerung beginnt jeweils mit Ablauf des Kalenderjahrs, in dem die Überschreitung stattfand. Die Übergangsfristen sind auf maximal zwei Jahre beschränkt (lit. f). Fällt der Marktanteil von über 25 % auf unter 20 %, ist Art. 2 direkt anwendbar, die Begrenzung wirkt nicht in diesem Sinne.[1]

3 Nunmehr sieht Art. 4 lit. d VO 1067/2023 vor, dass der Marktanteil auf der Grundlage der Daten des vorangegangenen Kalenderjahres berechnet werden kann, oder, wenn der Marktanteil für die Stellung der beteiligten Unternehmen auf dem/den relevanten Markt/Märkten nicht repräsenta-

---

[12] Vgl. Leitlinien „horizontale Zusammenarbeit" Rn. 204 ff., 405.
[1] Immenga/Mestmäcker/Fuchs Art. 5 Rn. 9.

tiv ist, als Durchschnitt der letzten drei vorangegangenen Kalenderjahre berechnet werden kann. Es ist ferner vorgesehen, die zweite Schwelle von 25 % aufzugeben. Es gilt entsprechend, dass die Marktanteile, die für eine Freistellung in Frage kommen, zunächst nicht mehr als 20 % betragen, aber später in mindestens einem der von der Spezialisierungsvereinbarung betroffenen Märkte über diese Schwelle steigen können. Die Freistellung gilt dann nur für einen Zeitraum von zwei aufeinanderfolgenden Kalenderjahren nach dem Jahr, in dem die 20 %-Schwelle erstmals überschritten wurde (im Gegensatz zur Obergrenze von 25 %).

Art. 5 Kernbeschränkungen

Die Freistellung nach Artikel 2 gilt nicht für Spezialisierungsvereinbarungen, die unmittelbar oder mittelbar, für sich allein oder in Verbindung mit anderen Umständen, auf die die Parteien Einfluss haben, einen der folgenden Zwecke verfolgen:
a) die Festsetzung der Preise für den Verkauf der Spezialisierungsprodukte an Dritte, ausgenommen die Festsetzung der Preise für direkte Abnehmer im Rahmen des gemeinsamen Vertriebs;
b) die Beschränkung von Produktion oder Absatz, ausgenommen
   i) Bestimmungen über die in Vereinbarungen über die einseitige oder die gegenseitige Spezialisierung festgelegten Mengen an Produkten,
   ii) die Festlegung von Kapazität und Produktionsvolumen in Vereinbarungen über die gemeinsame Produktion,
   iii) die Festlegung von Absatzzielen im Rahmen des gemeinsamen Vertriebs;
c) die Zuweisung von Märkten oder Kunden.

I. Allgemein

Die GVO kann nur solche Beschränkungen freistellen, die unerlässlich für die Herbeiführung 1 der Vorteile der Spezialisierungsvereinbarungen sind und den Wettbewerb nicht in unangemessener Weise beeinträchtigen. Dementsprechend enthält Art. 5 eine Liste von **Kernbeschränkungen (sog schwarze Liste),** die der Auflistung der Wettbewerbsbeschränkungen in Art. 101 Abs. 1 AEUV ähnelt. Vereinbarungen, welche die Festsetzung von Preisen, die Beschränkung der Produktion oder des Absatzes oder die Aufteilung von Märkten oder Kunden bezwecken, gelten als besonders schädlich, weil sie unmittelbar das Wettbewerbsgeschehen beeinflussen. Derartige Vereinbarungen sind idR auch nicht geeignet, die in Art. 101 Abs. 3 AEUV genannten positiven Wirkungen hervorzurufen.[1] Sie sind deshalb von der Freistellung ausgenommen. Aufgrund der Abschaffung der sog weißen Liste gilt umgekehrt der Grundsatz, dass alles, was nicht explizit verboten ist, von den Vertragsparteien vereinbart werden kann. Im Falle der Kernbeschränkungen ist allenfalls eine Freistellung im Einzelfall nach Art. 101 Abs. 3 AEUV möglich.

Eine Abtrennung der unzulässigen Vertragsbestimmungen hinsichtlich der Anwendung der Spe- 2 zialisierungs-GVO ist nicht möglich. Enthält die Vereinbarung eine der in Art. 5 aufgezählten Kernbeschränkungen, ist die Anwendung der GVO für die gesamte Vereinbarung ausgeschlossen (**"Alles-oder-nichts-Prinzip"**).[2] Auch eine Einzelfreistellung kommt in aller Regel bei Kernbeschränkungen nicht mehr in Betracht.

1. Festsetzung von Preisen. Lit. a verbietet generell die **Festsetzung von Preisen** für den 3 Verkauf der Produkte an dritte Abnehmer. Im Gegensatz zur Vertikal-GVO wird nicht zwischen der verbotenen Festsetzung von Fest- oder Mindestpreisen[3] und der gestatteten Festsetzung von Höchstpreisen oder Preisempfehlungen[4] differenziert. Es ist deshalb davon auszugehen, dass die schwarze Klausel sämtliche Absprachen von Preisen und Preisbestandteilen, insbes. auch bloße Preisempfehlungen, erfasst.[5] Auch ein abgestimmtes Verhalten im Hinblick auf die Preissetzung fällt wegen der weiten Definition des Art. 1 Abs. 1 Nr. 2 unter lit. a. Eine Ausnahme besteht hingegen für die Festsetzung von Preisen für direkte Abnehmer im gemeinsamen Vertrieb. Anders als noch unter VO 2658/2000, die hier eine Beschränkung auf ein gemeinsames Produktionsunternehmen vorsah, besteht nunmehr die Preisfestsetzungsmöglichkeit unabhängig von der Strukturierung des gemeinsamen Vertriebs.

---

[1] Vgl. Kom. Wettbewerbsbericht Nr. 2 (1972) Rn. 30; Kom. ABl. 1972 L 303, 24 Rn. 18–29 – CIMBEL.
[2] Liebscher/Flohr/Petsche Gruppenfreistellungs-VO-HdB/Seeliger/Laskey § 9 Rn. 113.
[3] Art. 4 lit. a Hs. 1 VO 330/2010.
[4] Art. 4 lit. a Hs. 2 VO 330/2010.
[5] Ähnlich Liebscher/Flohr/Petsche Gruppenfreistellungs-VO-HdB/Seeliger/Laskey § 9 Rn. 118.

Spezialisierungs-GVO Art. 6 Entzug des Rechtsvorteils in Einzelfällen durch die Kommission

4   Nicht ausdrücklich erfasst von lit. a ist die Vereinbarung von Geschäftsbedingungen. Wegen der Gleichsetzung von Preisen und Geschäftsbedingungen in Art. 101 Abs. 1 AEUV sollten jedoch zumindest Absprachen über solche Geschäftsbedingungen unterbleiben, die erkennbar preisbestimmenden Charakter haben (etwa die Festlegung von Zahlungszielen).

5   **2. Produktions- oder Absatzbeschränkung.** Als weitere Kernbeschränkung nennt die Spezialisierungs-GVO, ebenso wie etwa die FuE GVO, in lit. b die **Beschränkung der Produktion oder des Absatzes.** Durch die Begrenzung der Produktions- bzw. Absatzmenge, etwa durch die Zuteilung von Produktions- oder Lieferquoten, können grds. keine Effizienzgewinne erzielt werden.[6] Derartige Vereinbarungen schränken den Wettbewerb ein, ohne gleichzeitig zur Verbesserung der Warenerzeugung oder -verteilung bzw. zur Förderung des technischen oder wirtschaftlichen Fortschritts beizutragen, so dass eine Freistellung nach Art. 101 Abs. 3 AEUV ausscheidet. Ausnahmen sind in Art. 5 lit. b Ziff. i und Ziff. ii geregelt.

6   Absatz- und Produktionsbeschränkungen gelten nach lit. b Ziff. i nicht für Bestimmungen über die vereinbarte Menge an Produkten in einseitigen und gegenseitigen Spezialisierungsvereinbarungen, sowie die Festlegung des Umfangs der Kapazität und Produktionsvolumen bei einer gemeinsamen Produktion. Nach dem Sinn und Zweck der Vorschrift sind unter Vereinbarungen über die **Menge an Produkten** im Fall von einseitigen oder gegenseitigen **Spezialisierungen** nur solche Bestimmungen zu verstehen, die sich auf die jeweils für den Vertragspartner **herzustellende** und an ihn **zu liefernde Menge an Produkten** beziehen. Derartige Vereinbarungen sind für die Produktionsplanung des jeweils herstellenden Partners und die Organisation des Einkaufs des beziehenden Vertragspartners notwendig. Eine darüber hinaus gehende Bestimmung des Umfangs der Produktion des jeweils herstellenden Partners ist dagegen unzulässig.

7   Im Fall einer gemeinsamen Produktion durch ein **Gemeinschaftsunternehmen** folgt bereits aus der Zusammenlegung der Ressourcen in ein einziges, gemeinsames Unternehmen die Notwendigkeit einer Abstimmung über die **Kapazität** und den **Umfang der Produktion** dieses Unternehmens. Derartige Absprachen im Zusammenhang mit einer **gemeinsamen Produktion ohne Gründung eines Gemeinschaftsunternehmens** sind nun ebenfalls ausdrücklich freigestellt.

8   Lit. b Ziff. iii gestattet zudem die Festsetzung von **Absatzzielen,** soweit ein gemeinsamer Vertrieb oder die Benennung eines Dritten zum Vertriebshändler vereinbart ist. Ein gemeinsamer Vertrieb ist ohne gewisse Preisabsprachen schwer vorstellbar und nunmehr für alle Spezialisierungsformen freistellbar, unabhängig von der konkreten Organisation.

9   **3. Aufteilung von Märkten oder Abnehmerkreisen.** Die **Aufteilung von Märkten oder Kunden** führt zu einer Einschränkung des Angebots und damit regelmäßig zu einer verminderten Produktion und zu höheren Preisen. Marktaufteilungen haben damit typischerweise keine positiven Wirkungen für die Verbraucher.[7] Nicht zulässig ist deshalb zB die Verpflichtung, im Gebiet der anderen Partei weder Lizenzen zu erteilen noch Erzeugnisse unmittelbar herzustellen oder zu verkaufen.[8] Anders als etwa in Art. 8 Abs. 4 FuE-GVO lässt die Spezialisierungs-GVO auch die Beschränkung des lediglich aktiven Verkaufs in Gebiete oder an Kunden, die dem jeweils anderen Vertragsteil zugewiesen werden, nicht zu. Auch die Übertragung des **Alleinvertriebs** auf einen Vertragspartner ist, anders als noch unter VO 417/1985, nicht möglich.[9] Durch die Einführung der Liefer- und Bezugspflichten sollte gerade verhindert werden, dass sich ein Vertragspartner aus dem Vertrieb zurückzieht und der Wettbewerb dadurch eingeschränkt wird. Einzige Ausnahme bildet hier der gemeinsame Vertrieb, der diesen an ein gemeinsames Unternehmen oder einen Dritten als Vertriebshändler übertragen kann.

Art. 6 Entzug des Rechtsvorteils in Einzelfällen durch die Kommission

(1) Nach Artikel 29 Absatz 1 der Verordnung (EG) Nr. 1/2003 kann die Kommission den Rechtsvorteil der durch diese Verordnung gewährten Freistellung entziehen, wenn sie in einem bestimmten Fall feststellt, dass eine nach dieser Verordnung freigestellte Spezialisierungsvereinbarung gleichwohl Wirkungen hat, die mit Artikel 101 Absatz 3 AEUV unvereinbar sind.

---

[6] Kom. ABl. 1980 L 383, 19 Rn. II B 3 – Gussglas; Kom. Wettbewerbsbericht Nr. 1 (1971) Rn. 30.
[7] Kom. ABl. Kom. ABl. 1978 L 191, 41 Rn. 19b – SNPE-LEL; Kom. ABl. 1985 L 376, 29 Rn. 28 – Siemens/Fanuc.
[8] Kom. ABl. Kom. ABl. 1978 L 191, 41 Rn. 19 – SNPE-LEL.
[9] Liebscher/Flohr/Petsche Gruppenfreistellungs-VO-HdB/Seeliger/Laskey § 9 Rn. 96, 125.

(2) Die Kommission kann den Rechtsvorteil der durch diese Verordnung gewährten Freistellung insbesondere dann nach Artikel 29 Absatz 1 der Verordnung (EG) Nr. 1/2003 entziehen, wenn der relevante Markt stark konzentriert ist und bereits kaum Wettbewerb herrscht, was zum Beispiel auf einen oder mehrere der folgenden Gründe zurückzuführen sein kann:
a) die individuelle Marktstellung anderer Marktteilnehmer,
b) Verbindungen zwischen anderen Marktteilnehmern aufgrund paralleler Spezialisierungsvereinbarungen,
c) Verbindungen zwischen den Parteien und anderen Marktteilnehmern.

Die Vorschrift stellt klar, dass die Europäische Kommission nach Art. 29 VO 1/2003 die Freistellung entziehen kann, wenn Vereinbarungen ausnahmsweise Wirkungen zeigen, die mit Art 101 Abs. 3 AEUV unvereinbar sind. Zum konkreten Verfahren und den Voraussetzungen ist auf die Kommentierung zu Art. 29 VO 1/2003 verwiesen. 1

Abs. 2 beschreibt den besonderen Fall der Entziehung der Freistellung aufgrund der hohen Konzentration des relevanten Markts und des bereits fehlenden Wettbewerbs. Hierzu werden als mögliche Gründe beispielhaft die individuelle Marktstellung anderer Marktteilnehmer, Verbindungen zwischen anderen Marktteilnehmern aufgrund paralleler Spezialisierungsvereinbarungen oder Verbindungen zwischen den Parteien und anderen Marktteilnehmern genannt. Hierzu gehören Situationen in den mehrere Parteien einer Spezialisierungsvereinbarung, weitere Vereinbarungen mit anderen Marktteilnehmern eingehen, oder eine oder mehrere der Parteien vertragliche oder strukturelle Verbindungen zu anderen Marktteilnehmern in anderen relevanten Märkten aufrechterhalten.[1] 2

Art. 7 Entzug des Rechtsvorteils in Einzelfällen durch die Wettbewerbsbehörde eines Mitgliedstaats

Die Wettbewerbsbehörde eines Mitgliedstaats kann den Rechtsvorteil der durch diese Verordnung gewährten Freistellung entziehen, wenn die Voraussetzungen des Artikels 29 Absatz 2 der Verordnung (EG) Nr. 1/2003 erfüllt sind.

Klargestellt wird ebenfalls für die Wettbewerbsbehörden der Mitgliedstaaten, dass sie die Rechtsvorteil der Gruppenfreistellung entziehen können, wenn die Voraussetzungen des Art. 29 Abs. 2 der VO 1/2003 erfüllt sind. Die Wettbewerbsbehörde muss feststellen, dass die Spezialisierungsvereinbarung den Wettbewerb im Sinne von Art. 101 Abs. 1 AEUV einschränkt und die Vereinbarung nicht mindestens eine der vier kumulativen Voraussetzungen des Art. 101 Abs. 3 erfüllt. Die Entscheidung, den Rechtsvorteil zu entziehen, kann mit der Feststellung einer Zuwiderhandlung gegen Art. 101 AEUV und der Anordnung zur Abstellung der Zuwiderhandlung verbunden werden. Die Wettbewerbsbehörde kann auch verhaltensbezogene oder strukturelle Abhilfemaßnahmen auferlegen.[1] 1

Art. 6 und 7 verweisen nun ausdrücklich auf die Möglichkeit nach Art. 29 Abs. 1 und 2 der VO 1/2003, die einen Entzug der Rechtsvorteile ermöglicht. Selbiger Entzug ist dann möglich, wenn eine Spezialisierungsvereinbarung Wirkungen entfaltet, die nicht mit Art. 101 Abs. 3 AUEV vereinbar sind. Der Entzug kann durch die Europäische Kommission oder eine Wettbewerbsbehörde eines Mitgliedstaats erfolgen, wenn der Markt sehr konzentriert ist oder bereits kaum Wettbewerb besteht. 2

Art. 8 Übergangszeitraum

Das Verbot des Artikels 101 Absatz 1 AEUV gilt in der Zeit vom 1. Juli 2023 bis zum 30. Juni 2025 nicht für bereits am 30. Juni 2023 in Kraft befindliche Vereinbarungen, die zwar nicht die Freistellungsvoraussetzungen dieser Verordnung, aber die Freistellungsvoraussetzungen der Verordnung (EU) Nr. 1218/2010 erfüllen.

Art. 8 statuiert aus **Vertrauensschutzgründen** eine Übergangsfrist für Vereinbarungen, die zwar in den Anwendungsbereich der alten VO 1218/2010 fielen, die Voraussetzungen der neuen Spezialisierungs-GVO jedoch nicht erfüllten, Dieser Übergangszeitraum gilt bis 30. Juni 2025. 1

---

[1] Leitlinien „horizontale Zusammenarbeit" Rn. 213 ff. und Rn. 122 ff.
[1] Leitlinien „horizontale Zusammenarbeit" Rn. 213 ff. und Rn. 122 ff.

Art. 9 Inkrafttreten und Anwendung
Diese Verordnung tritt am 1. Juli 2023 in Kraft.
Sie gilt bis zum 30. Juni 2035.

1 Spezialisierungsvereinbarungen sind idR auf längere Zeit angelegt, damit sich Rationalisierungsgewinne trotz der zunächst regelmäßig anfallenden Umstellungskosten realisieren lassen. Da sich Spezialisierungsvereinbarungen zudem auf die Struktur der beteiligten Unternehmen auswirken können, hat die Kommission die Geltungsdauer der Spezialisierungs-GVO auf zwölf Jahre festgesetzt, um den Unternehmen eine gewisse **Planungssicherheit** zu gewährleisten.[1] Durch VO 2456/2022 wurde der Anwendungszeitraum der VO 1218/2010 um 6 Monate bis zum 30.6.2023 verlängert. Der Geltungszeitraum ist somit 1.7.2023 bis zum 30.6.2035.

---

[1] Vgl. Erwgr. 16, VO 1067/2023, ABl. 2023 L 143, 20.

E. TT-GVO (VO (EU) Nr. 316/2014)

Verordnung (EU) Nr. 316/2014 der Kommission vom 21. März 2014 über die Anwendung von Artikel 101 Absatz 3 des Vertrags über die Arbeitsweise der Europäischen Union auf Gruppen von Technologietransfer-Vereinbarungen

(ABl. Nr. L 93/17)

[Erwägungsgründe]
(1) Nach der Verordnung Nr. 19/65/EWG ist die Kommission ermächtigt, Artikel 101 Absatz 3 AEUV durch Verordnung auf bestimmte unter Artikel 101 Absatz 1 AEUV fallende Gruppen von Technologietransfer-Vereinbarungen und entsprechende aufeinander abgestimmte Verhaltensweisen für anwendbar zu erklären, an denen nur zwei Unternehmen beteiligt sind.

(2) Auf der Grundlage der Verordnung Nr. 19/65/EWG hat die Kommission insbesondere die Verordnung (EG) Nr. 772/2004[1] erlassen. In der Verordnung (EG) Nr. 772/2004 sind die Gruppen von Technologietransfer-Vereinbarungen festgelegt, die nach Auffassung der Kommission in der Regel die Voraussetzungen des Artikels 101 Absatz 3 AEUV erfüllen. Angesichts der insgesamt positiven Erfahrungen mit der Anwendung dieser Verordnung, die am 30. April 2014 außer Kraft tritt, und der seit ihrem Erlass gesammelten Erfahrungen sollte eine neue Gruppenfreistellungsverordnung erlassen werden.

(3) Diese Verordnung sollte sowohl den Wettbewerb wirksam schützen als auch den Unternehmen angemessene Rechtssicherheit bieten. Bei der Verfolgung dieser beiden Ziele ist darauf zu achten, dass die behördliche Kontrolle und der rechtliche Rahmen so weit wie möglich vereinfacht werden.

(4) Gegenstand einer Technologietransfer-Vereinbarung ist die Vergabe von Technologierechten in Form einer Lizenz. Solche Vereinbarungen steigern in der Regel die Effizienz in der Wirtschaft und fördern den Wettbewerb, da sie den parallelen Forschungs- und Entwicklungsaufwand reduzieren, den Anreiz zur Aufnahme von Forschungs- und Entwicklungsarbeiten stärken, Anschlussinnovationen fördern, die Verbreitung der Technologie erleichtern und den Wettbewerb auf den Produktmärkten beleben können.

(5) Die Wahrscheinlichkeit, dass die effizienzsteigernden und wettbewerbsfördernden Wirkungen die wettbewerbsschädigenden Wirkungen überwiegen, die von Beschränkungen in Technologietransfer-Vereinbarungen verursacht werden, hängt von der Marktmacht der beteiligten Unternehmen und somit von dem Ausmaß ab, in dem diese Unternehmen dem Wettbewerb anderer Unternehmen ausgesetzt sind, die über Ersatztechnologien verfügen oder Ersatzprodukte herstellen.

(6) Diese Verordnung sollte nur für Technologietransfer-Vereinbarungen zwischen einem Lizenzgeber und einem Lizenznehmer gelten. Sie sollte für solche Vereinbarungen auch dann gelten, wenn sie Bedingungen für mehr als eine Handelsstufe enthalten, beispielsweise wenn der Lizenznehmer verpflichtet wird, ein spezielles Vertriebssystem zu errichten, und wenn ihm vorgegeben wird, welche Verpflichtungen er den Wiederverkäufern der in Lizenz hergestellten Produkte auferlegen muss oder kann. Diese Beschränkungen und Verpflichtungen sollten jedoch mit den für Liefer- und Vertriebsvereinbarungen geltenden Wettbewerbsregeln der Verordnung (EU) Nr. 330/2010 der Kommission[2] vereinbar sein. Liefer- und Vertriebsvereinbarungen zwischen einem Lizenznehmer und Kunden, die seine Vertragsprodukte kaufen, sollten von dieser Verordnung nicht freigestellt sein.

(7) Diese Verordnung sollte nur für Vereinbarungen gelten, mit denen der Lizenzgeber dem Lizenznehmer und/oder einem oder mehreren seiner Zulieferer(n) erlaubt, die lizenzierten Technologierechte – gegebenenfalls nach weiteren Forschungs- und Entwicklungsarbeiten des Lizenznehmers und/oder seines Zulieferers bzw. seiner Zulieferer – zur Produktion von Waren oder Dienstleistungen zu nutzen. Sie sollte nicht gelten für die Lizenzvergabe im Zusammenhang mit Forschungs-

---

[1] Verordnung (EG) Nr. 772/2004 der Kommission vom 7. April 2004 über die Anwendung von Artikel 81 Absatz 3 EG-Vertrag auf Gruppen von Technologietransfer-Vereinbarungen (ABl. L 123 vom 27.4.2004, S. 11).

[2] Verordnung (EU) Nr. 330/2010 der Kommission vom 20. April 2010 über die Anwendung von Artikel 101 Absatz 3 des Vertrags über die Arbeitsweise der Europäischen Union auf Gruppen von vertikalen Vereinbarungen und abgestimmten Verhaltensweisen (ABl. L 102 vom 23.4.2010, S. 1).

und Entwicklungsvereinbarungen, die unter die Verordnung (EU) Nr. 1217/2010 der Kommission[3] fallen, und die Lizenzvergabe im Zusammenhang mit Spezialisierungsvereinbarungen, die unter die Verordnung (EU) Nr. 1218/2010 der Kommission[4] fallen. Ebenfalls nicht gelten sollte sie für Vereinbarungen zur reinen Vervielfältigung und zum reinen Vertrieb urheberrechtlich geschützter Softwareprodukte, da derartige Vereinbarungen nicht die Vergabe von Technologielizenzen zu Produktionszwecken zum Gegenstand haben, sondern eher mit Vertriebsvereinbarungen vergleichbar sind. Ferner sollte die Verordnung weder für Vereinbarungen zur Errichtung von Technologiepools, das heißt Vereinbarungen über die Zusammenführung von Technologien mit dem Ziel, diese Dritten zur Nutzung anzubieten, noch für Vereinbarungen gelten, in deren Rahmen diesen Dritten Lizenzen für die zusammengeführten Technologien erteilt werden.

(8) Für die Anwendung des Artikels 101 Absatz 3 AEUV durch Verordnung ist es nicht erforderlich, diejenigen Technologietransfer-Vereinbarungen zu bestimmen, die unter Artikel 101 Absatz 1 AEUV fallen könnten. Bei der individuellen Beurteilung von Vereinbarungen nach Artikel 101 Absatz 1 sind mehrere Faktoren zu berücksichtigen, insbesondere die Struktur und Dynamik der relevanten Technologie- und Produktmärkte.

(9) Die in dieser Verordnung geregelte Gruppenfreistellung sollte nur für Vereinbarungen gelten, von denen mit hinreichender Sicherheit angenommen werden kann, dass sie die Voraussetzungen des Artikels 101 Absatz 3 AEUV erfüllen. Damit die Vorteile des Technologietransfers genutzt und die damit verbundenen Ziele erreicht werden können, sollte diese Verordnung nicht nur für den Technologietransfer als solchen, sondern auch für andere in Technologietransfer-Vereinbarungen enthaltene Bestimmungen gelten, soweit diese Bestimmungen unmittelbar mit der Produktion oder dem Verkauf von Vertragsprodukten verbunden sind.

(10) Bei Technologietransfer-Vereinbarungen zwischen Wettbewerbern kann davon ausgegangen werden, dass sie im Allgemeinen zu einer Verbesserung der Produktion oder des Vertriebs und zu einer angemessenen Beteiligung der Verbraucher an den daraus resultierenden Vorteilen führen, wenn der gemeinsame Marktanteil der beteiligten Unternehmen auf den relevanten Märkten 20 % nicht überschreitet und die Vereinbarungen keine stark wettbewerbsschädigenden Beschränkungen enthalten.

(11) Bei Technologietransfer-Vereinbarungen zwischen Nicht-Wettbewerbern kann davon ausgegangen werden, dass sie im Allgemeinen zu einer Verbesserung der Produktion oder des Vertriebs und zu einer angemessenen Beteiligung der Verbraucher an den daraus resultierenden Vorteilen führen, wenn der individuelle Marktanteil der beteiligten Unternehmen auf den relevanten Märkten 30 % nicht überschreitet und die Vereinbarungen keine stark wettbewerbsschädigenden Beschränkungen enthalten.

(12) Wird die anwendbare Marktanteilsschwelle auf einem oder mehreren Produkt- oder Technologiemärkten überschritten, so sollte die Gruppenfreistellung für die Vereinbarung in Bezug auf die betreffenden relevanten Märkte nicht gelten.

(13) Bei Technologietransfer-Vereinbarungen oberhalb dieser Marktanteilsschwellen kann nicht ohne weiteres davon ausgegangen werden, dass sie unter Artikel 101 Absatz 1 AEUV fallen. Eine Vereinbarung zwischen nichtkonkurrierenden Unternehmen über die Vergabe einer Exklusivlizenz fällt beispielsweise häufig nicht unter Artikel 101 Absatz 1 AEUV. Auch bei unter Artikel 101 Absatz 1 fallenden Technologietransfer-Vereinbarungen oberhalb dieser Marktanteilsschwellen kann nicht ohne weiteres davon ausgegangen werden, dass sie die Freistellungsvoraussetzungen nicht erfüllen. Ebenso wenig kann jedoch angenommen werden, dass sie in der Regel objektive Vorteile mit sich bringen, die nach Art und Umfang geeignet sind, die durch sie verursachten Wettbewerbsbeeinträchtigungen auszugleichen.

(14) Diese Verordnung sollte keine Technologietransfer-Vereinbarungen freistellen, die Beschränkungen enthalten, die für die Verbesserung der Produktion oder des Vertriebs nicht unerlässlich sind. Insbesondere Technologietransfer-Vereinbarungen, die stark wettbewerbsschädigende Beschränkungen enthalten, wie die Festsetzung von Preisen gegenüber Dritten, sollten ungeachtet des Marktanteils der beteiligten Unternehmen von dem Vorteil der Gruppenfreistellung nach dieser Verordnung ausgenommen werden. Bei diesen sogenannten Kernbeschränkungen sollte die gesamte Vereinbarung vom Vorteil der Gruppenfreistellung ausgeschlossen werden.

---

[3] Verordnung (EU) Nr. 1217/2010 der Kommission vom 14. Dezember 2010 über die Anwendung von Artikel 101 Absatz 3 des Vertrags über die Arbeitsweise der Europäischen Union auf bestimmte Gruppen von Vereinbarungen über Forschung und Entwicklung (ABl. L 335 vom 18.12.2010, S. 36).

[4] Verordnung (EU) Nr. 1218/2010 der Kommission vom 14. Dezember 2010 über die Anwendung von Artikel 101 Absatz 3 des Vertrags über die Arbeitsweise der Europäischen Union auf bestimmte Gruppen von Spezialisierungsvereinbarungen (ABl. L 335 vom 18.12.2010, S. 43).

(15) Um Innovationsanreize zu wahren und eine angemessene Anwendung der Rechte des geistigen Eigentums sicherzustellen, sollten bestimmte Beschränkungen von der Gruppenfreistellung ausgenommen werden. Dies gilt vor allem für bestimmte Rücklizenz-Verpflichtungen und Nichtangriffsklauseln. Sind solche Beschränkungen in einer Lizenzvereinbarung enthalten, so sollte nur die betreffende Beschränkung vom Vorteil der Gruppenfreistellung ausgeschlossen werden.

(16) Die Marktanteilsschwellen und der Ausschluss von der Gruppenfreistellung von Technologietransfer-Vereinbarungen welche stark wettbewerbsschädigende Beschränkungen und nichtfreigestellte Beschränkungen, die in dieser Verordnung vorgesehen sind, enthalten, dürften im Allgemeinen sicherstellen, dass Vereinbarungen, auf die die Gruppenfreistellung Anwendung findet, den beteiligten Unternehmen nicht die Möglichkeit eröffnen, für einen wesentlichen Teil der betreffenden Produkte den Wettbewerb auszuschalten.

(17) Nach Artikel 29 Absatz 1 der Verordnung (EG) Nr. 1/2003 des Rates[5] kann die Kommission den mit dieser Verordnung verbundenen Rechtsvorteil entziehen, wenn sie in einem bestimmten Fall feststellt, dass eine nach dieser Verordnung freigestellte Vereinbarung gleichwohl Wirkungen hat, die mit Artikel 101 Absatz 3 AEUV unvereinbar sind. Dies kann unter anderem dann der Fall sein, wenn Innovationsanreize eingeschränkt werden oder der Marktzugang erschwert wird.

(18) Die Wettbewerbsbehörde eines Mitgliedsstaats kann nach Artikel 29 Absatz 2 der Verordnung (EG) Nr. 1/2003 den Rechtsvorteil der vorliegenden Verordnung für das Gebiet oder ein Teilgebiet des jeweiligen Mitgliedsstaats entziehen, wenn sie in einem bestimmten Fall feststellt, dass eine unter die Freistellung nach dieser Verordnung fallende Vereinbarung im Gebiet oder in einem Teilgebiet des Mitgliedsstaats, das alle Merkmale eines gesonderten räumlichen Marktes aufweist, Wirkungen hat, die mit Artikel 101 Absatz 3 AEUV unvereinbar sind.

(19) Im Hinblick auf die Verstärkung der Überwachung paralleler Netze von Technologietransfer-Vereinbarungen, die gleichartige wettbewerbsbeschränkende Auswirkungen haben und mehr als 50 % eines Marktes abdecken, kann die Kommission durch Verordnung erklären, dass die vorliegende Verordnung auf Technologietransfer-Vereinbarungen, die bestimmte auf den betroffenen Markt bezogene Beschränkungen enthalten, keine Anwendung findet, und dadurch die volle Anwendbarkeit des Artikels 101 AEUV auf diese Vereinbarungen wiederherstellen –

(...)

Schrifttum: Axster, Offene Fragen unter der EG-Gruppenfreistellungsverordnung für Patentlizenzverträge, GRUR 1985, 581; Bartenbach, Patentlizenz- und Know-how-Vertrag, 7. Aufl. 2013; Benkard, Patentgesetz, Gebrauchsmustergesetz, 11. Aufl. 2015; Bohlig, Möglichkeiten und Grenzen der Gruppenfreistellung für Lizenzverträge, GRUR Int. 1986, 97; Bowman, Patent and Antitrust Law – A Legal and Economic Appraisal, 1973; Brändel, Offene Fragen zum „ergänzenden Schutzzertifikat", GRUR 2001, 875; Bühring/Braitmayer/Haberl, Gebrauchsmustergesetz, 9. Aufl. 2021; Chrocziel, Einführung in den Gewerblichen Rechtsschutz und das Urheberrecht, 3. Aufl. 2019; Dreier/Schulze, Urheberrechtsgesetz, Verwertungsgesellschaftengesetz Kunsturhebergesetz Kommentar, 7. Aufl. 2022; Drexl, Die neue Gruppenfreistellungsverordnung über Technologietransfer-Vereinbarungen im Spannungsfeld von Ökonomisierung und Rechtssicherheit, GRUR Int. 2004, 716; Emmerich/Lange, Kartellrecht, 15. Aufl. 2021; Feil, Lizenzkartellrecht, US-amerikanische und europäische Entwicklungen, 2009; Enders, Know How Schutz als Teil des geistigen Eigentums, GRUR 2012, 25; Fröhlich, Standards und Patente – Die ETSI IPR Policy, GRUR 2008, 205; Frank, Die neue Gruppenfreistellungsverordnung für Technologietransfer-Vereinbarungen und ihre Relevanz für Verträge der Informationstechnologie, CR 2014, 349; Fromm/Nordemann, Urheberrecht – Kommentar zum Urheberrechtsgesetz und zum Urheberrechtswahrnehmungsgesetz, 12. Aufl. 2018; Gaster, Das urheberrechtliche Territorialprinzip aus Sicht des Europäischen Gemeinschaftsrechts, ZUM 2006, 8; Gaster, Kartellrecht und geistiges Eigentum: Unüberbrückbare Gegensätze im EG-Recht?, CR 2005, 247; Gennen, Reihe Kartellrecht: Die neue Gruppenfreistellungsverordnung für Technologietransfer-Vereinbarungen vom 21.3.2014, IPRB 2014, 131; Götting, Gewerblicher Rechtsschutz: Patent-, Gebrauchsmuster-, Design- und Markenrecht, 11. Aufl. 2020; Gotzen, Gewerbliche Schutzrechte und Urheberrecht in der Rechtsprechung des Europäischen Gerichtshofs zu Art. 30–36 des EWG-Vertrags, GRUR Int. 1984, 146; Gramm, Der Gegenstand eines Gebrauchsmusters nach dem Gesetz zur Änderung des Gebrauchsmustergesetzes, GRUR 1985, 650; Handig, Was erfordert die „Einheit und Kohärenz des Unionsrechts"? – das urheberrechtliche Nachspiel der EuGH-Entscheidung Football Association Premier League, GRUR Int 2012, 9; Heinemann, Immaterialgüterschutz in der Wettbewerbsordnung – Eine grundlagenorientierte Untersuchung zum Kartellrecht des geistigen Eigentums, 2002; Heyers, Effiziente Patentpoolkonstitution – zugleich ein Beitrag zum sog. More Economic Approach, GRUR Int 2011, 213; Hoeren, Der Erschöpfungsgrundsatz bei Software: Körperliche Übertragung und Folgeprobleme, GRUR 2010, 665; Hubmann/Götting, Gewerblicher Rechtsschutz, 7. Aufl. 2002; Jakobs, Standardessentielle Patente und FRAND-Selbstverpflichtungen – Konkretisierung der kartellrechtlichen Maßgaben durch jüngste Kommissionsentscheidungen und die neuen Technologietransfer-Leitlinien, NZKart 2014, 394; Korah, Draft Block Exemption for Technology Transfer, ECLR 2004, 247; Kreile, Medien

---

[5] Verordnung (EG) Nr. 1/2003 des Rates vom 16.12.2002 zur Durchführung der in den Art. 81 und 82 des Vertrags niedergelegten Wettbewerbsregeln (ABl. L 1 vom 4.1.2003, S. 1).

ohne Grenzen – Offener Markt: Mögliche Konsequenzen im Bereich Film, ZUM 2011, 719; Kur, Die Auswirkungen des neuen Geschmacksmusterrechts auf die Praxis, GRUR 2002, 661; Leistner, Das Murphy-Urteil des EuGH: Viel Lärm um nichts oder Anfang vom Ende des Territorialitätsgrundsatzes im Urheberrecht, JZ 2011, 1140; Leistner/Königs, Der Kommissionsentwurf neuer Regelungen für Technologietransfer-Vereinbarungen – eine kritische Analyse, WRP 2014, 268; Lejeune, Die neue europäische Gruppenfreistellungsverordnung für Technologietransfer-Vereinbarungen, CR 2004, 467; Lenz/Borchardt, EU-Verträge: Kommentar nach dem Vertrag von Lissabon, 6. Aufl. 2012; Leßmann/Würtenberger, Deutsches und europäisches Sortenschutzrecht, 2. Aufl. 2009; Lettl, Die neue Vertikal-GVO (EU Nr. 330/2010): Unter Einbeziehung der Änderungen der Vertikal-Leitlinien im Hinblick auf den Internetvertrieb insbesondere in selektiven Vertriebssystemen, WRP 2010, 807; Lorenz, Die Beurteilung von Patentlizenzvereinbarungen anhand der Innovationstheorie, WRP 2006, 1008; Lubitz, Die neue Technologietransfer-Gruppenfreistellungsverordnung, EuZW 2004, 652; Lübbig, „... et dona ferentes": Anmerkungen zur neuen EU-Gruppenfreistellungsverordnung im Bereich des Technologietransfers, GRUR 2004, 483; Lutz, Die neuen Überlegungen der Kommission zur Schaffung eines einheitlichen Patentschutzes in Europa, GRUR Int. 2012, 331; Mailänder, Vereinbarungen zur Know-how-Überlassung im Wettbewerbsrecht der EWG, GRUR Int. 1987, 523; Mankowski, Werkvertragsrecht – Die Neuerungen durch § 651 BGB und der Abschied vom Werklieferungsvertrag, MDR 2003, 854; Marx, Deutsches, europäisches und internationales Markenrecht, 2. Aufl. 2007; Niebel, Das Kartellrecht der Markenlizenz unter besonderer Berücksichtigung des Europäischen Gemeinschaftsrechts, WRP 2003, 482; Ohly/Sosnitza, Gesetz gegen den unlauteren Wettbewerb: mit Zugabeverordnung, mit Preisangabenverordnung, 7. Aufl. 2016; Pfaff/Osterrieth, Lizenzverträge, 4. Aufl. 2018; Polley, Softwareverträge und ihre kartellrechtliche Wirksamkeit, CR 2004, 641; Rehbinder/Peukert, Urheberrecht, 18. Aufl. 2018; Röhling, Die Zukunft des Kartellverbots in Deutschland nach In-Kraft-Treten der neuen EU-Verfahrensrechtsordnung, GRUR 2003, 1019; Sack, Der „spezifische Gegenstand" von Immaterialgüterrechten als immanente Schranke des Art. 85 Abs. 1 EG-Vertrag bei Wettbewerbsbeschränkungen in Lizenzverträgen, RIW 1997, 448; Schneider, Neues zu Vorlage und Herausgabe des Quellcodes?, CR 2003, 1; Schneider, Softwareerstellung und Softwareanpassung – Wo bleibt der Dienstvertrag?, CR 2003, 317; Schnelle, Missbrauch einer marktbeherrschenden Stellung durch Patentanmeldungs- und -verwaltungsstrategien, GRUR-Prax 2010, 169; Schultze/Pautke/Wagener, Die letzte ihrer Art: Die Gruppenfreistellungsverordnung für Technologietransfer-Vereinbarungen – Reformentwürfe der Kommission, WRP 2004, 175; Schumacher/Schmid, Die neue Gruppenfreistellungsverordnung für Technologietransfer-Vereinbarungen, GRUR 2006, 1; Straus, Das Regime der European Telecommunications Standards Institute – ETSI: Grundsätze, anwendbares Recht und Wirkung der ETSI gegenüber abgegebenen Erklärungen, GRUR Int 2011, 469; Ullrich, Die wettbewerbspolitische Behandlung gewerblicher Schutzrechte in der EWG, GRUR Int. 1984, 89; Ullrich, Lizenzkartellrecht auf dem Weg zur Mitte, GRUR Int. 1996, 555; Ullrich, Patentschutz im europäischen Binnenmarkt, GRUR Int. 1991, 1; Ulmer, Rule of Reason im Rahmen von Art. 85 EWGV, RIW 1985, 517; Vieregge, Aktuelle Berichte – März 2004, GRUR 2004, 489; Wissel/Eickhoff, Die neue EG-Gruppenfreistellungsverordnung für Technologietransfer-Vereinbarungen, WuW 2004, 1244; Zöttl, Das neue EG-Kartellrecht für Technologietransferverträge, WRP 2005, 33.

Einleitung

Übersicht

		Rn.
I.	**Art. 101 AEUV und Rechte des geistigen Eigentums**	1
1.	Das Verhältnis zwischen dem Kartellverbot des Art. 101 AEUV und Rechten geistigen Eigentums	1
2.	Reflexion der Rspr. des EuGH in den Gruppenfreistellungsverordnungen	27
3.	Technologietransfer-Vereinbarungen als Nebenabreden	36
4.	Die Horizontalleitlinien und Vereinbarungen über Rechte geistigen Eigentums, insbesondere Vereinbarungen über Normen	38
5.	Exkurs: Technologiepools	48

		Rn.
6.	Spürbarkeit der Wettbewerbsbeschränkung und der Beeinträchtigung des Handels zwischen Mitgliedstaaten	57
II.	**Entstehungsgeschichte der VO (EU) Nr. 316/2014**	62
III.	**Grundzüge**	83
IV.	**Abgrenzung zum Anwendungsbereich anderer Gruppenfreistellungsverordnungen**	89
V.	**Rechtsvergleichende Betrachtung zum US-amerikanischen Antitrust Law**	95
VI.	**Beweislast**	108
VII.	**Rechtsfolgen**	109

I. Art. 101 AEUV und Rechte des geistigen Eigentums

1. Das Verhältnis zwischen dem Kartellverbot des Art. 101 AEUV und Rechten geistigen Eigentums. Europäisches Kartellrecht und Rechte des geistigen Eigentums stehen in einem

I. Art. 101 AEUV und Rechte des geistigen Eigentums　　　　　　　　**2 Einl. TT-GVO**

komplexen Spannungsverhältnis zueinander.[1] Praktische Relevanz weist dieses Spannungsverhältnis insbesondere in Bezug auf das Lizenzkartellrecht auf. Während Art. 101 und 102 AEUV[2] den Wettbewerb auf dem EU-Binnenmarkt schützen, gewähren die Rechte des geistigen Eigentums[3] ihren Inhabern zeitlich begrenzte Ausschließlichkeitsrechte, dh ausschließliche Nutzungs- und Vergaberechte, die übertragen oder lizenziert werden können. Dieses Spannungsverhältnis hat auch die Diskussion seit dem Inkrafttreten des EWG-Vertrags bestimmt. Neben den allgemeinen Ordnungsfunktionen des Wettbewerbsrechts verfolgt das europäische Kartellrecht zusätzlich eine binnenmarktgerichtete Integrationsfunktion, die sich auch auf das Verhältnis zu den Rechten des geistigen Eigentums im EU-Binnenmarkt auswirkt.[4] Art. 1 VO 1/2003[5] (früher Art. 1 VO 17/62[6]) stellt klar, dass **Art. 101 und 102 AEUV unmittelbar anwendbar** sind. Dies definiert jedoch noch nicht den Umfang der Anwendbarkeit auf die Ausübung geistiger Eigentumsrechte und auf Lizenzverträge. Die Anwendung des europäischen Wettbewerbsrechts auf vorwiegend national gewährte Rechte des geistigen Eigentums und Lizenzverträge unterlag seit Anfang der sechziger Jahre einem stetigen Wandel.

Erstmals in ihrer sog **Weihnachtsbekanntmachung von 1962**,[7] die inzwischen widerrufen **2** ist,[8] hat die Kommission zu diesem Spannungsverhältnis, allerdings beschränkt auf Patentlizenzverträge, Stellung genommen. Hiernach fielen Vereinbarungen, die dem Lizenznehmer Nutzungs- und Produktionsbeschränkungen sowie Beschränkungen der Patentbenutzung in zeitlicher, räumlicher und persönlicher Hinsicht auferlegen, nicht in den Anwendungsbereich des Art. 101 Abs. 1 AEUV (seinerzeit Art. 85 Abs. 1 EWG). Gleiches galt für die Verpflichtung des Lizenznehmers zur Anbringung von Patentvermerken.[9] Diese Abwägung zugunsten des Schutzrechts begründete die Kommission damit, dass die Beschränkungen vom Inhalt des Patents gedeckt seien. Die Verpflichtungen bedeuteten lediglich die teilweise Aufrechterhaltung des im ausschließlichen Recht des Patentinhabers enthaltenen Verbotsrechts gegenüber dem Lizenznehmer, dem iÜ die Nutzung der Erfindung gestattet werde. Die Aufzählung der möglichen Beschränkungen stelle allerdings keine erschöpfende Abgrenzung des Inhalts des Patentrechts dar. Zudem seien Verpflichtungen des Lizenznehmers zur Anbringung von Patentvermerken vom Kartellverbot nicht erfasst, da dies dem berechtigten Interesse des Patentgebers an der Herkunftskennzeichnung entspreche.[10] Auch Beschaffenheits- und Bezugsbindungen fielen gemäß der Bekanntmachung nicht unter Art. 101 Abs. 1 AEUV,[11] weil und soweit sie technisch untauglichen Ausführungen der Erfindung vorbeugen sollten.[12] Gleiches galt für nichtausschließliche gegenseitige Verpflichtungen zum Erfahrungsaustausch und zur Rücklizenzierung,[13] da der Lizenznehmer die Möglichkeit der Mitteilung und Lizenzierung an Dritte behalte und daher keine Wettbewerbsbeschränkung vorliegen könne.[14] Auch nicht vom Kartellverbot erfasst waren nach der Bekanntmachung Verpflichtungen des Lizenzgebers, keinem anderen die Benutzung zu gestatten und selbst die Erfindung nicht zu benutzen.[15] Dies wurde damit begründet, dass diese Ausschließlichkeitsbindungen nach dem damaligen Entwicklungsstand der Europäischen Gemeinschaft nicht dazu geeignet gewesen seien, den Handel zwischen den Mitgliedstaaten zu beeinträchtigen. Außerdem komme die Verpflichtung, die Erfindung nicht selbst zu nutzen, der Übertragung derselben so nahe, dass sie unbedenklich erschiene.[16] Vor dem Inkrafttreten der Patentlizenz-Gruppenfreistellungsverordnung[17] aus dem Jahr 1985 hat die Kommission aufgrund

---

[1] Zu diesem Spannungsverhältnis s. auch Frank CR 2014, 349 (349); Wiedemann KartellR-HdB/Klawitter § 14 Rn. 1 ff.; Kölner Komm KartellR/Herrmann Einl. Rn. 6 ff.
[2] Im Folgenden wird ausschließlich der Vertrag über die Arbeitsweise der Europäischen Union (AEUV) zitiert, auch wenn sich die zitierten Entscheidungen auf frühere Fassungen des EG- bzw. EWG-Vertrags beziehen.
[3] Der Begriff des geistigen Eigentums erfasst gewerbliche Schutzrechte (Patent-, Gebrauchsmuster-, Marken-, Geschmacksmuster-, Sorten- und Kennzeichnungsrechte) und Urheberrechte sowie verwandte Schutzrechte.
[4] Heinemann, Immaterialgüterschutz in der Wettbewerbsordnung – Eine grundlagenorientierte Untersuchung zum Kartellrecht des geistigen Eigentums, 2002, 288 f.
[5] ABl. 2003 L 1, 1.
[6] ABl. 1962 P 13, 204.
[7] Bek. über Patentlizenzverträge, ABl. 1962, 2922.
[8] Widerrufen durch Bek. v. 22.8.1984, ABl. 1984 C 220, 14.
[9] ABl. 1962, 2922 sub I. A., B.
[10] ABl. 1962, 2923 sub IV.
[11] ABl. 1962, 2922 sub I. C.
[12] ABl. 1962, 2923 sub IV.
[13] ABl. 1962, 2922 sub I. D.
[14] ABl. 1962, 2923 sub IV.
[15] ABl. 1962, 2922 sub I. E.
[16] ABl. 1962, 2923 sub IV.
[17] VO/EWG Nr. 2349/84, ABl. 1984 L 219, 15.

eines gewandelten Verständnisses des Art. 101 Abs. 1 AEUV die Bekanntmachung von 1962 widerrufen.[18]

3   Der EuGH thematisierte das besondere Spannungsverhältnis zwischen Wettbewerbsrecht und (nationalen) Rechten des geistigen Eigentums im EU-Binnenmarkt ab Mitte der 60er Jahre. Er unterschied hinsichtlich der Möglichkeit einer Kollision von Art. 101 AEUV mit Art. 345 AEUV, wonach der Vertrag die Eigentumsordnung in den Mitgliedstaaten unberührt lässt, zwischen **Bestand und Ausübung von Schutzrechten** (→ Kapitel 1 Rn. 1072 ff.).[19] Der Bestand betrifft die Existenz des Schutzrechts sowie die alleinige Eigentümerstellung am Schutzrechtsgegenstand, wohingegen die Ausübung das Gebrauchmachen von Schutzrechten betrifft.[20] Die Unterscheidung zwischen Ausübung und Bestand dient dazu, festzustellen, ob überhaupt ein Verhalten iSd Art. 101 Abs. 1 AEUV vorliegt.[21] Der bloße Bestand eines Schutzrechts kann weder Vereinbarung noch abgestimmte Verhaltensweise zwischen Unternehmen sein und wird seinerseits von Art. 345 AEUV geschützt.[22] Auch die bloße Ausübung an sich ist nicht wettbewerbsbeschränkend und damit nicht tatbestandlich iSv Art. 101 Abs. 1 AEUV (→ Kapitel 1 Rn. 1208). In der Folge hat der Gerichtshof zur Feststellung der Kartellrechtsrelevanz der Ausübung von Schutzrechten darauf abgestellt, ob das Verhalten als **Gegenstand, Mittel oder Folge einer Kartellabsprache** gewertet werden kann.[23] Hierbei ist zu beachten, dass eine wettbewerbsbeschränkende Ausübung im vorgenannten Sinne nicht nur bei Lizenzierungen, sondern auch bei Übertragungen des Schutzrechts sowie schutzrechtlich (dinglich) wirkenden Verwertungsvereinbarungen vorliegen kann, eben wenn diese Übertragungen/Nutzungszuweisungen ihrerseits Gegenstand, Mittel oder Folge einer Kartellabsprache sind.[24]

4   Die Dogmatik der Unterscheidung zwischen Ausübung und Bestand von Schutzrechten, die für die Wettbewerbsregeln entwickelt wurde, ist später auf das **Verhältnis von Schutzrechten zur Warenverkehrsfreiheit** des Art. 34 AEUV übertragen worden, wobei sie hier jedoch iRd Rechtfertigung des Art. 36 AEUV geprüft wird.[25] Die Differenzierung zwischen Ausübung und Bestand wurde stark kritisiert. Sie erweise sich wegen der mangelnden Festlegung der genauen Abgrenzungskriterien schnell als nichtssagend. Die dogmatische Abgrenzung sei auch deshalb schwierig, weil sich der Bestand des Schutzrechts über die gewährten Ausschließlichkeitsrechte

---

[18] Bek. v. 22.8.1984, ABl. 1984 C 220, 14.
[19] EuGH Slg. 1966, 321 (394) – Consten, Grundig/Kom.; EuGH Slg. 1968, 85 (111) – Parke, Davis/Probel; EuGH Slg. 1971, 69 Rn. 5, 9 – Sirena/Eda; EuGH Slg. 1974, 1147 Rn. 39 f. – Centrafarm/Sterling Drug; EuGH Slg. 1976, 811 Rn. 25, 29 – Emi Records/CBS; EuGH Slg. 1982, 3381 Rn. 13, 17 – Coditel/Ciné-Vog Films; EuGH Slg. 1982, 2015 Rn. 28 – Nungesser/Kom. und schließlich EuGH Slg. 1988, 1919 Rn. 9 – Erauw-Jacquery/La Hesbignonne; aus der Entscheidungspraxis der Kom. zu der in Frage stehenden Differenzierung Kom. ABl. 1972 L 143, 39 (40), sub I. – Raymond-Nagoya; Kom. ABl. 1975 L 222, 34 Rn. 6 – Kabelmetal-Luchaire; Kom. ABl. 1976 L 6, 8, sub II. 4. – AOIP/Beyrard; Kom. ABl. 1979 L 19, 32 Rn. 14 – Vaessen/Moris; Kom. ABl. 1990 L 21, 71 Rn. 57 – Bayo-n-ox; s. auch Bunte/Lembach AEUV Anh. Art. 101 Rn. 1321; NK-EuWettbR/Werner AEUV Art. 101 Rn. 1009, 1015; eingehend zur Rspr. bzgl. der Rechte des geistigen Eigentums und Art. 101 AEUV → Kapitel 1 Rn. 1072.
[20] Vgl. Immenga/Mestmäcker/Ullrich/Heinemann, 5. Aufl. 2012, GRUR B Rn. 13.
[21] EuGH Slg. 1966, 312 (393) – Consten, Grundig/Kom.; EuGH Slg. 1968, 85 (112) – Parke, Davis/Probel; EuGH Slg. 1971, 69 Rn. 9, 11 – Sirena/Eda; EuGH Slg. 1976, 811 Rn. 25, 29 – Emi Records/CBS; EuGH Slg. 1982, 3381 Rn. 7 – Coditel/Ciné-Vog Films; EuGH Slg. 1982, 2015 Rn. 28 – Nungesser/Kom.
[22] EuGH Slg. 1966, 312 (394) – Consten, Grundig/Kom.; EuGH Slg. 1966, 456 (486) – Italien/Kom.; EuGH Slg. 1971, 69 Rn. 5 – Sirena/Eda; FK-KartellR/Werner AEUV Art. 101 Abs. 1, 3 Fallgruppen IV. Rn. 33, 39; Grabitz/Hilf/Nettesheim/Leible/T. Streinz AEUV Art. 36 Rn. 35; → Grdl. Rn. 1065.
[23] EuGH Slg. 1971, 69 Rn. 9 – Sirena/Eda; EuGH Slg. 1971, 487 Rn. 6 – Deutsche Grammophon/Metro-SB-Großmärkte; EuGH Slg. 1974, 1147 Rn. 39, 40 – Centrafarm/Sterling Drug; EuGH Slg. 1982, 3381 Rn. 7, 15 – Coditel/Ciné-Vog Films; EuGH Slg. 1982, 2015 Rn. 28 – Nungesser/Kom.; Dauses EU-WirtschaftsR-HdB/Ullrich/Konrad C. III. Rn. 62; FK-KartellR/Werner AEUV Art. 101 Abs. 1, 3 Fallgruppen IV. Rn. 38; Gleiss/Hirsch Art. 85 Abs. 1 Rn. 682; Grabitz/Hilf/Nettesheim/Koch, Altband I 4. EL 1990, EUV Art. 85 Rn. 204; Bunte/Lembach AEUV Anh. Art. 101 Rn. 1321; LMRKM/Nordemann 3. Teil Rn. 16; Ullrich GRUR-Int 1991, 1 (4).
[24] Gleiss/Hirsch EGV Art. 85 Abs. 1 Rn. 685; Immenga/Mestmäcker/Ullrich/Heinemann, 5. Aufl. 2012, GRUR B Rn. 27, 29.
[25] EuGH Slg. 1971, 487 Rn. 11 – Deutsche Grammophon/Metro-SB-Großmärkte; EuGH Slg. 1974, 1147 Rn. 6/8 – Centrafarm/Sterling Drug; EuGH Slg. 1974, 1183 Rn. 4, 7 – Centrafarm/Winthrop; EuGH Slg. 1976, 1039 Rn. 5 – Terrapin/Terranova; EuGH Slg. 1978, 1139 Rn. 6 – Hoffmann-La Roche/Centrafarm; EuGH Slg. 1978, 1823 Rn. 7, 10 – Centrafarm/American Home Products; EuGH Slg. 1989, 79 Rn. 8, 12 – EMI Electrola/Patricia Im- und Export; FK-KartellR/Werner AEUV Art. 101 Abs. 1, 3 Fallgruppen IV. Rn. 24; für eine ausf. Besprechung der Beziehung von Art. 34 ff. AEUV (seinerzeit Art. 28 ff. EG) zu geistigen Eigentumsrechten und der hierzu ergangenen Rspr. → Grdl. Rn. 728 ff.

I. Art. 101 AEUV und Rechte des geistigen Eigentums   5, 6   Einl. TT-GVO

definiere. Es ist allerdings zu berücksichtigen, dass die Differenzierung ursprünglich eng im Zusammenhang mit der Kompetenzordnung, insbesondere mit Art. 345 AEUV, stand. Nach Ansicht des EuGH sind die Mitgliedstaaten ausschließlich für den Bestand der nationalen Schutzrechte, die Union hingegen (konkurrierend) für den Bereich der Ausübung zuständig.[26]

IRd Warenverkehrsfreiheit fand die Weiterentwicklung zur **Lehre vom spezifischen Gegen-** 5 **stand des Schutzrechts (Schutzinhaltslehre)** statt, anhand derer Bestand und Ausübung unterschieden werden (→ Kapitel 1 Rn. 1072 ff.). Dies bedeutet, dass der rechtspolitische Zweck eines Schutzrechts ermittelt wird und dieser Zweck iRd Rechtfertigung einer angenommenen Beschränkung der Warenverkehrsfreiheit als zwingender Grund des Allgemeininteresses nach Art. 36 AEUV mit der Warenverkehrsfreiheit abgewogen wird. Dabei wird einerseits nach Art. 36 S. 1 AEUV der Kern des Schutzrechts geschützt, andererseits ist aber auch die Rückausnahme des Art. 36 S. 2 AEUV iRe umfassenden Abwägung zu berücksichtigen.[27] Der spezifische Gegenstand ist mithin Bezugspunkt für die Abwägung zwischen Schutzrechtszweck und Waren-/Dienstleistungsfreiheit iRd **Rechtfertigung**.[28] Der EuGH bezweckte mit der Etablierung der Lehre vom spezifischen Gegenstand des Schutzrechts in der Warenverkehrsfreiheit letztlich eine unionsautonome Auslegung des spezifischen Schutzgegenstands. Bis zu diesem Zeitpunkt wurden Rechte des geistigen Eigentums ausschließlich national gewährt und somit auch national definiert. Dies führte zu teilweise stark divergierenden Rechten in den einzelnen Mitgliedstaaten. Der EuGH hat den spezifischen Gegenstand der einzelnen Rechte des geistigen Eigentums in seiner Judikatur konkretisiert. Von einer abschließenden Definition des jeweiligen spezifischen Gegenstands hat er allerdings abgesehen (→ Rn. 19).

Nicht entschieden ist, ob die Lehre vom spezifischen Gegenstand des Schutzrechts zur Unter- 6 scheidung von Bestand und Ausübung auf Art. 101 AEUV übertragbar ist (→ Kapitel 1 Rn. 1161 ff.).[29] Bejaht man die **Übertragung der Lehre vom spezifischen Gegenstand auf Art. 101 AEUV,** könnten nur solche Verhaltensweisen kartellrechtsrelevant sein, die über den Kernbereich des spezifischen Gegenstands hinausgehen. Es fände sozusagen eine Art. 101 Abs. 1 AEUV vorgeschaltete Anwendbarkeitsprüfung statt.[30] Folge wäre, dass trotz des Vorrangs des Unionsrechts die Anwendbarkeit der Kartellrechtsregeln des AEUV wegen einer vorgeschalteten Prüfung des spezifischen Gegenstands des Schutzrechts zumindest mittelbar von den mitgliedstaatlichen Regelungen des geistigen Eigentums (mit-)abhängig wäre, da Schutzrechte des geistigen Eigentums nach wie vor hauptsächlich durch die Mitgliedstaaten gewährt werden.[31] Zudem sprechen gegen die Anwendbarkeit der Lehre vom spezifischen Schutzrecht im Kartellrecht als vorgelagerter Anwendbarkeitsprüfung die verschiedenen Funktionen der Unterscheidung von Bestand und Ausübung der Schutzrechte im Kartellrecht einerseits und im Verkehrsfreiheitenrecht andererseits. Im Kartellrecht dient sie der Unterscheidung von Existenz des Schutzrechts und Geltendmachung/Benutzung desselben, in den Verkehrsfreiheiten handelt es sich um eine Einschränkung der Ausschlussfunktion des geistigen Eigentums nach Art. 36 S. 1 AEUV durch die Rückkopplung an den unionsrechtlich

---

[26] Immenga/Mestmäcker/Ullrich/Heinemann, 5. Aufl. 2012, GRUR B Rn. 13; Immenga/Mestmäcker/Ullrich, 5. Aufl. 2012, GRUR A Rn. 44; Heinemann, Immaterialgüterschutz in der Wettbewerbsordnung – Eine grundlagenorientierte Untersuchung zum Kartellrecht des geistigen Eigentums, 2002, 239, 292.

[27] EuGH Slg. 1971, 487 Rn. 11 – Deutsche Grammophon/Metro-SB-Großmärkte; EuGH Slg. 1974, 1147 Rn. 6/8, 9, 10/12 – Centrafarm/Sterling Drug; EuGH Slg. 1974, 1183 Rn. 4/7, 8, 9/11 – Centrafarm/Winthrop; EuGH Slg. 1976, 1039 Rn. 5, 7 – Terrapin/Terranova; EuGH Slg. 1978, 1139 Rn. 6–12 – Hoffmann-La Roche/Centrafarm; EuGH Slg. 1978, 1823 Rn. 7/10–19/22 – Centrafarm/American Home Products; EuGH Slg. 1994, I-2789 Rn. 32 – IHT Internationale Heiztechnik und Danziger; Gotzen GRUR-Int 1984, 146 (147); Grabitz/Hilf/Nettesheim/Leible/T. Streinz AEUV Art. 36 Rn. 35; LMRKM/Axster/Schütze 3. Teil Rn. 25 f.; Bunte/Lembach AEUV Anh. Art. 101 Rn. 1322; für eine ausf. Besprechung der Rechtsfigur des spezifischen Gegenstands des Schutzrechts iSd Warenverkehrsfreiheit → Grdl. Rn. 1066 ff.

[28] FK-KartellR/Werner AEUV Art. 101 Abs. 1, 3 Fallgruppen IV. Rn. 25; Bunte/Lembach AEUV Art. 101 Rn. 1321 f.; vgl. auch Gotzen GRUR-Int 1984, 146 (151); Streinz/Eilmansberger/Kruis AEUV Art. 101 Rn. 235; dass die Rechtsfigur des spezifischen Gegenstands des Schutzrechts und die diesbezügliche Abwägung iSd Art. 36 AEUV auch für die Dienstleistungsfreiheit gem. Art. 56 AEUV gelten, stellte der EuGH in EuGH Slg. 1982, 3381 Rn. 10 ff. – Coditel/Ciné-Vog Films klar.

[29] Bejahend FK-KartellR/Werner AEUV Art. 101 Abs. 1, 3 Fallgruppen IV. Rn. 43; Sack RIW 1997, 448 (450 f.); Gaster CR 2005, 247 (249); aA Heinemann, Immaterialgüterschutz in der Wettbewerbsordnung – Eine grundlagenorientierte Untersuchung zum Kartellrecht des geistigen Eigentums, 2002, 553; Grabitz/Hilf/Nettesheim/Koch EGV Art. 85 Rn. 235; NK-EuWettbR/Gaster AEUV Art. 101 Rn. 1009, 1015; Nicht eindeutig die Kom. in ihrem Evaluierungsbericht der Kommission über die GVO (EG) Nr. 240/96 für Technologietransfer-Vereinbarungen (GFTT) – Technologietransfer-Vereinbarungen nach Artikel 81 EG-Vertrag KOM(2001) 786 endgültig.

[30] Bunte/Lembach AEUV Anh. Art. 101 Rn. 1321; NK-EuWettbR/Gaster AEUV Art. 101 Rn. 1019.

[31] Zum Stand der Harmonisierung der einzelnen Schutzrechte → Art. 1 Rn. 4 ff., 71 ff.

anzuerkennenden Zweck des Schutzrechts, dh der zweckgebundene Bestand wird geschützt, die diesem Zweck nicht mehr entsprechende Ausübung nicht.[32]

7 Andererseits würde eine Übertragung der Lehre vom spezifischen Schutzgegenstand auf die kartellrechtliche Beurteilung eine unionskohärente Auslegung mitgliedstaatlich garantierter Rechte des geistigen Eigentums ermöglichen und eine abweichende Bewertung des jeweiligen Schutzumfangs iRd Verkehrsfreiheiten und des Kartellrechts vermeiden (→ Kapitel 1 Rn. 1162).[33] **Das Kartellrecht flankiert die Verkehrsfreiheiten,** indem es privaten Unternehmen die künstliche Aufrechterhaltung von Handelsbarrieren zwischen den Mitgliedstaaten untersagt. Zwar haben Verkehrsfreiheiten und kartellrechtliche Vorschriften insoweit unterschiedliche Regelungsbereiche, als erstere den freien Handelsfluss zwischen Mitgliedstaaten gegen staatliche Intervention schützen, letztere hingegen den Schutz des freien Wettbewerbs gegen Beschränkungen durch wirtschaftlich tätige Unternehmen betreffen. Beide Regelungskomplexe dienen aber der Integration des Binnenmarktes, die eines der Ziele des Kartellrechts der Union ist und dieses insoweit sowohl von nationalen als auch von drittstaatlichen Kartellrechtsordnungen unterscheidet.

8 Der EuGH bezieht sich in seiner **kartellrechtlichen Rspr.** oftmals auf die **Lehre vom spezifischen Gegenstand des Schutzrechts,** allerdings nicht konsequent in der Funktion einer Art. 101 Abs. 1 AEUV vorgeschalteten Anwendbarkeitsprüfung.[34] So diskutierte er bspw. in seiner Maissaatgut-Entscheidung (Nungesser/Kommission) nicht, ob die Einräumung der ausschließlichen Lizenz vom spezifischen Gegenstand des Sortenschutzrechts erfasst wird.[35] Vielmehr argumentierte der EuGH mit dem wirtschaftlichen Sinn der Ausschließlichkeit der Lizenz, er berücksichtigte also schutzrechtliche Besonderheiten iRd Art. 101 Abs. 1 AEUV (→ Rn. 9). Die Ablehnung der Übertragung der Lehre vom spezifischen Schutzgegenstand auf die Kartellrechtsregelungen des AEUV iSe vorgeschalteten Anwendbarkeitsprüfung bedeutet nicht, dass die hinter dem spezifischen Schutzgegenstand stehenden Erwägungen nicht iRd Kartellrechts zu berücksichtigen seien. So stellte der EuGH in der Entscheidung Karen Murphy klar, dass der spezifische Gegenstand des geistigen Eigentums den Inhabern der betreffenden Rechte insbesondere den Schutz der Befugnis gewährleisten soll, das Inverkehrbringen oder die Bereitstellung der Schutzgegenstände dadurch kommerziell zu nutzen, dass gegen Zahlung einer (angemessenen) Vergütung Lizenzen erteilt werden.[36] Diese angemessene Vergütung setzt zum einen die erforderlichen Anreize für Innovationen bzw. Forschung und Entwicklung, zum anderen setzt sie die erforderlichen Anreize, die durch Rechte geistigen Eigentums geschützten Ergebnisse der innovativen Arbeiten durch Lizenzen zu verbreiten. Sie stellt sich somit als unabdingbar für die Schaffung innovativer und allokativer Effizienzen dar. Diese effizienzfördernden Wirkungen der angemessenen Vergütung und somit des spezifischen Schutzgegenstands sind daher **bei Art. 101 Abs. 3 AEUV** zu berücksichtigen, der den Prüfungsrahmen für Freistellungen vom Kartellverbot des Art. 101 Abs. 1 AEUV wegen effizienzfördernder Wirkungen einer Vereinbarung bzw. abgestimmten Verhaltensweise bildet. Insoweit wird auch ein Gleichlauf mit der Lehre vom spezifischen Schutzgegenstand iRd Verkehrsfreiheiten erreicht, in denen diese Rechtsfigur iRd Rechtfertigung, also der Ausnahmevorschrift, nicht aber als vorgelagerte Anwendbarkeitsprüfung angewandt wird.[37] Auch iRd Art. 101 AEUV ist daher die Lehre vom spezifischen Schutzgegenstand, soweit sie auf die effizienzfördernden Wirkungen geistiger Eigentumsrechte abstellt, bei der Freistellung des Art. 101 Abs. 3 AEUV als Ausnahme vom Kartellverbot zu prüfen. Ganz in diesem Sinne hat der EuGH in der Entscheidung Karen Murphy, insoweit den Schlussanträgen von Generalanwältin Kokott folgend,[38] die Prüfung des spezifischen Gegenstands der in Frage stehenden Schutzrechte iRd Art. 101 Abs. 3 AEUV vorgenommen, indem er auf die Ausführungen zur Prüfung iRd Dienstleistungsfreiheit verwies.[39] Auch bei der Prüfung des Vorliegens einer bezweckten Wettbewerbsbeschränkung iRd Art. 101 Abs. 1 AEUV zeigte sich der Gleichlauf zur Prüfung der Dienstleistungsfreiheit, indem der EuGH, seiner Maissaatgut-Entscheidung

---

[32] Immenga/Mestmäcker/Ullrich, 5. Aufl. 2012, GRUR A Rn. 51, 105; Immenga/Mestmäcker/Ullrich/Heinemann, 5. Aufl. 2012, GRUR B Rn. 14.
[33] Grabitz/Hilf/Nettesheim/Koch, Altband I 4. EL 1990, EGV Art. 85 Rn. 235, 239.
[34] Vgl. EuGH Slg. 1986, 611 Rn. 85, 663 Rn. 92 – Windsurfing International/Kom.; Heinemann, Immaterialgüterschutz in der Wettbewerbsordnung – Eine grundlagenorientierte Untersuchung zum Kartellrecht des geistigen Eigentums, 2002, 305.
[35] EuGH Slg. 1982, 2015 – Nungesser/Kom.
[36] EuGH Slg. 2011, I-9159 Rn. 107 ff. – Karen Murphy.
[37] Vgl. zur Verankerung der Lehre des spezifischen Gegenstands im Rahmen der Rechtfertigung beschränkter Verkehrsfreiheiten EuGH Slg. 2003, I-12705, I-12728 Rn. 23 mit Verweisen – Rioglass und Transremar; EuGH Slg. 2011, I-9159 Rn. 94 iVm 106 – Karen Murphy.
[38] Schlussanträge GA Kokott Slg. 2011, I-9090 Rn. 250.
[39] EuGH Slg. 2011, I-9159 Rn. 145 iVm 105–121 – Karen Murphy.

folgend, zwischen nach den Umständen des Einzelfalls ggf. zulässigen offenen ausschließlichen Lizenzen und grds. unzulässigen ausschließlichen Lizenzen mit absolutem Gebietsschutz unterschied (→ Rn. 14 ff.).[40]

Wann iRv **Lizenzverträgen** eine wettbewerbsbeschränkende Ausübung geistiger Eigentums- **9** rechte iSd Art. 101 Abs. 1 AEUV vorliegt, hat der EuGH in seiner wegweisenden **Maissaatgut-Entscheidung** (Nungesser/Kommission) präzisiert.[41] Gegenstand der Entscheidung war der zwischen INRA, einer Körperschaft des französischen Rechts, und einem deutschen Züchter geschlossene Lizenzvertrag über die ausschließliche Lizenz an durch nationale Sortenschutzrechte geschützten Maissaatgutsorten. Der Lizenzvertrag räumte dem Lizenznehmer bzw. der vom deutschen Züchter zu diesem Zweck gegründeten Firma Nungesser ausschließliche Vertriebsrechte für das Gebiet der Bundesrepublik Deutschland für bestimmte INRA-Maissaatgutsorten sowie das ausschließliche Recht, die lizenzierten Sorten in Deutschland zu erzeugen, ein. Zudem verpflichtete sich die Lizenzgeberin INRA dazu, alle erforderlichen Maßnahmen zu treffen, um Ausfuhren von INRA-Maissaatgutsorten nach Deutschland zu verhindern. Gegen Parallelimporteure gingen Lizenzgeber und -nehmer unter Berufung auf die Vereinscheidung des Lizenzvertrags aktiv vor. In der Urteilsbegründung führte der EuGH die Unterscheidung zwischen einer **offenen ausschließlichen Lizenz oder Konzession** und einer **ausschließlichen Lizenz oder Konzession mit absolutem Gebietsschutz** ein. Erstere betrifft nur das Verhältnis zwischen Lizenzgeber und -nehmer, sie berührt indes nicht die Stellung Dritter wie der Parallelimporteure oder der Lizenznehmer für andere Gebiete. Zum Schutze des Lizenznehmers verpflichtet sich der Lizenzgeber diesem im Vertragsgebiet keine Konkurrenz zu machen und keine zusätzlichen Lizenzen an Dritte zu vergeben. Eine ausschließliche Lizenz mit absolutem Gebietsschutz liegt hingegen vor, wenn die Vertragsparteien durch entsprechende Vertragsklauseln (zB sämtlichen belieferten Händlern entsprechende Verbote aufzuerlegen) versuchen, im Lizenzgebiet jeglichen Wettbewerb Dritter, wie zB durch Lizenznehmer anderer Gebiete oder durch Parallelimporteure, auszuschalten.[42]

Hinsichtlich der **offenen ausschließlichen Lizenzen** kam der EuGH, im Gegensatz zu frühe- **10** ren Entscheidungen der Kommission,[43] zu dem Ergebnis, dass keine Verhinderung, Einschränkung oder Verfälschung des Wettbewerbs und somit keine Verletzung von Art. 101 Abs. 1 AEUV vorlag. Dies begründete der EuGH damit, dass ein Unternehmen, das in einem anderen Mitgliedstaat ansässig ist, sich dadurch von der Vermarktung des fraglichen Produktes abschrecken lassen könne, dass andere Lizenznehmer oder der Lizenzgeber selbst ihm in dem zugewiesenen Gebiet Konkurrenz machen könnten. Wegen der Kosten für den Marktzutritt und der damit verbundenen verlorenen Aufwendungen könne das Risiko der Vermarktung neuer Produkte zu hoch und daher nicht mehr tragbar sein, was die Verbreitung neuer Technologien und den Wettbewerb einschränken würde.[44] Zudem ist in diesem Zusammenhang zu beachten, dass der Lizenzgeber oft einen gewissen Marktvorsprung gegenüber dem Lizenznehmer hat, der deshalb ein berechtigtes Interesse daran hat, dass der Lizenzgeber ihm keinen direkten Wettbewerb macht. In der nachfolgenden Entscheidung Coditel/Ciné-Vog Films hat der EuGH jedoch hinsichtlich der Zulässigkeit offener ausschließlicher (Urheberrechts-)Lizenzen mit Blick auf deren Erforderlichkeit festgestellt, dass sie nicht zu unangemessen hohen Vergütungen der getätigten Investitionen und nicht zu einer übermäßigen Dauer der Ausschließlichkeit führen dürfen.[45]

Der EuGH wog also letztlich ab, ob die durch offene ausschließliche Lizenzen erzeugten Wettbe- **11** werbsbeschränkungen geringer wiegen als das Interesse an einer Amortisation der Investitionen. Aus diesem Grunde sei der Anwendungsbereich des Art. 101 Abs. 1 AEUV nicht eröffnet. Zugunsten einer Erweiterung des interbrand-Wettbewerbs (Wettbewerb zwischen mit verschiedenen Technologien hergestellten Produkten) wurde eine mögliche Einschränkung des intrabrand-Wettbewerbs (Wettbewerb zwischen mit derselben Technologie hergestellten Produkten) hingenommen.[46] Diese

---

[40] EuGH Slg. 2011, I-9159 Rn. 135–144 – Karen Murphy.
[41] EuGH Slg. 1982, 2015 – Nungesser/Kom.
[42] EuGH Slg. 1982, 2015 Rn. 53 – Nungesser/Kom.
[43] Kom. ABl. 1972 L 13, 50 (51) sub II. – Burroughs/Deplanque; Kom. ABl. 1972 L 13, 53 (54), sub II. – Burroughs/Geha; Kom. ABl. 1972 L 143, 31 Rn. 7 – Davidson Rubber; Kom. ABl. 1975 L 222, 34 Rn. 6 – Kabelmetal-Luchaire; Kom. ABl. 1976 L 6, 8, sub II. 4. a, b – AOIP/Beyrard; Kom. ABl. 1978 L 70, 69, sub II. A., B. – Campari.
[44] EuGH Slg. 1982, 2015 Rn. 56–58 – Nungesser/Kom.; in diese Richtung bereits EuGH Slg. 1966, 305 – Société technique minière/Maschinenbau Ulm; vgl. hierzu die Mitt. der Kom., Leitlinien zur Anwendung von Artikel 101 AEUV auf Technologietransfer-Vereinbarungen, ABl. 2014 C 89, 3 Rn. 8.
[45] EuGH Slg. 1982, 3381 Rn. 19 – Coditel/Ciné-Vog Films; so auch Kom. ABl. 1987 L 41, 31 Rn. 23 – Mitchell Cotts/Sofiltra.
[46] EuGH Slg. 1982, 2015 Rn. 57 – Nungesser/Kom.; vgl. hierzu auch die Mitt. der Kom., Leitlinien zur Anwendung von Artikel 101 AEUV auf Technologietransfer-Vereinbarungen, ABl. 2014 C 89, 3 Rn. 11.

Abwägung zugunsten einer offenen ausschließlichen Lizenz bedingt aber, wie es in dem vom EuGH entschiedenen Sachverhalt der Fall war, dass Lizenzgeber und -nehmer keine Wettbewerber hinsichtlich der lizenzierten Technologierechte oder der Vertragsprodukte sind.[47] Auch wenn der EuGH diesen Begriff meidet, handelt es sich hierbei rechtstechnisch um die Anwendung der aus dem US-amerikanischen Recht bekannten **„rule of reason"**,[48] also um eine Methode zur Eingrenzung der Anwendung des Kartellverbots bei (auch) wettbewerbsfördernden Vereinbarungen.[49]

12   Teilweise wird der Ansatz des EuGH als „Markterschließungstheorie" betrachtet. Dies präzisiert aber in der Sache nur den Grund, weshalb iRd Prüfung der Erforderlichkeit einer Beschränkung eine bestimmte Klausel letztlich als nicht wettbewerbsbeschränkend angesehen wird.[50]

Anders beurteilte der Gerichtshof hingegen die **ausschließlichen Lizenzen mit absolutem Gebietsschutz**. Mit Bezug auf seine Urteile in der verbundenen Rs. 56 und 58/64 Consten-Grundig/Kommission[51] und in der Rs. 28/77 Tepea/Kommission[52] stellte er fest, dass die Verhinderung von Parallelimporten zur künstlichen Aufrechterhaltung getrennter nationaler Märkte und somit wettbewerbsfreier Preisfestsetzungen für die Produkte im jeweiligen abgeschotteten Markt führe und daher unionswidrig sei.[53] Hier wiegt also die Beeinträchtigung des intrabrand-Wettbewerbs so schwer, dass eine eventuelle Förderung des interbrand-Wettbewerbs in der Abwägung unterliegt.[54]

13   Im Spannungsverhältnis zwischen Urheber- und Kartellrecht stellte sich im Fall **Karen Murphy** die Frage nach der kartellrechtlichen Beurteilung **schuldrechtlicher Gebietssicherungsklauseln in ausschließlichen Lizenzverträgen**.[55] Die Football Association Premier League Ltd. (FAPL) vergab ausschließliche Lizenzrechte für die Live-Ausstrahlung der Begegnungen der „Premier League". Die ausschließlichen Ausstrahlungsrechte wurden an interessierte Sendeunternehmen in einem offenen Ausschreibungsverfahren für bestimmte Gebiete, die idR mit den Grenzen der einzelnen EU-Mitgliedstaaten zusammenfielen, erteilt. Die Preise für die territorialen Exklusivrechte konnten je nach Interesse der Endkunden im jeweiligen Mitgliedstaat stark variieren. Zur Sicherstellung der gebietsabhängigen Exklusivität enthielt der FAPL-Lizenzvertrag eine zusätzliche Gebietssicherungsklausel. Diese beinhaltete die Verpflichtung für die lizenznehmenden Sendeunternehmen, die Öffentlichkeit daran zu hindern, Sendungen außerhalb des jeweiligen Lizenzgebiets zu empfangen. Zum einen mussten die Sendeunternehmen die Codierung ihrer Satellitensignale, die auch außerhalb ihres Lizenzgebiets empfangen werden können, sicherstellen. Zum anderen wurden sie verpflichtet, keine Decodiervorrichtungen, die den Zugang zu den Schutzrechtsgegenständen ermöglichen, für eine Verwendung außerhalb des vom Lizenzvertrag erfassten Gebiets zur Verfügung zu stellen. Im maßgeblichen Zeitpunkt war alleiniger Lizenznehmer für das Vereinigte Königreich BSkyB Ltd., für Griechenland NOVA. Auslöser des Ausgangsverfahrens war der Umstand, dass u.a. Karen Murphy in ihrer Gaststätte im Vereinigten Königreich eine griechische Decodiervorrichtung zum entschlüsselten Empfang der in Griechenland von NOVA ausgestrahlten Satellitensendung verwendete, um den mit höheren Kosten verbundenen Empfang durch den für das Vereinigte Königreich ausschließlich zuständigen Anbieter BSkyB Ltd. zu umgehen.

14   Im Ergebnis nahm der EuGH in Karen Murphy dieselbe kartellrechtliche Wertung vor, die auch seiner in der Maissaatgut-Entscheidung etablierten **Differenzierung zwischen offenen ausschließlichen Lizenzen und ausschließlichen Lizenzen mit absolutem Gebietsschutz** zugrunde liegt (→ Rn. 9). Die bloße Einräumung ausschließlicher Lizenzen für die Übertragung von Begegnungen der „Premier League" wurde in den Ausgangsverfahren selbst nicht in Frage gestellt.[56] Eine solche offene ausschließliche Lizenz bezweckt grds. keine Wettbewerbsbeschränkung, es ist jedoch unter Berücksichtigung der wirtschaftlichen und rechtlichen Umstände des Einzelfalls, insbesondere der Angemessenheit der Höhe der Vergütungen für die getätigten Investitionen, die die Ausschließlichkeit ermöglichen soll, und damit im Zusammenhang stehend der Dauer der Aus-

---

[47] Drexl GRUR-Int 2004, 716 (724).
[48] Vgl. von der Groeben/Schwarze/Hatje/Gaster AEUV Anh. Art. 101 Rn. 782; LMRKM/Axster/Schütze 3. Teil Rn. 96; Mestmäcker/Schweitzer EuWettbR § 8 Rn. 63 f.; Pfaff/Osterrieth/Axster/Osterrieth A.III. Rn. 233; NK-EuWettbR/Gaster AEUV Art. 101 Rn. 1123.
[49] Ausf. zur „rule of reason" im Rahmen des Art. 101 Abs. 1 AEUV FK-KartellR/Pohlmann Art. 81 Abs. 3 Grundfragen Rn. 100 ff.
[50] Vgl. Ulmer RIW 1985, 517 (521).
[51] EuGH Slg. 1966, 321 (391) – Consten, Grundig/Kom.
[52] EuGH Slg. 1978, 1391 Rn. 40/45, 52/56 – Tepea/Kom.
[53] EuGH Slg. 1982, 2015 Rn. 29, 2070 Rn. 61 – Nungesser/Kom.; vgl. zu einem System absoluten Gebietsschutzes auch Kom. ABl. 1990 L 21, 71 Rn. 39 – Bayo-n-ox.
[54] EuGH Slg. 1966, 321 (391) – Consten, Grundig/Kom.
[55] EuGH Slg. 2011, I-9159 – Karen Murphy.
[56] EuGH Slg. 2011, I-9159 Rn. 141 – Karen Murphy.

schließlichkeit, zu prüfen, ob eine Wettbewerbsbeschränkung bewirkt wird.[57] Zu berücksichtigen sind dabei alle tatsächlichen und potentiellen Auswirkungen des Lizenzvertrags auch auf die Position Dritter.[58] Die Groupe Canal+ Entscheidung des EuGH vom 9.12.2020 bestätigte die unterschiedliche kartellrechtliche Bewertung offener ausschließlicher Lizenzen und ausschließlicher Lizenzen mit absolutem Gebietsschutz.[59]

15 Eine **bezweckte Wettbewerbsbeschränkung** ist indes bei Vereinbarungen, die auf die Abschottung nationaler Märkte zielen und der Schaffung des EU-Binnenmarkts entgegenstehen, anzunehmen.[60] Für einen Lizenzvertrag, der darauf gerichtet ist, die grenzüberschreitende Erbringung von Rundfunkdienstleistungen zu untersagen bzw. einzuschränken, ist nach Auffassung des EuGH ein wettbewerbswidriger Zweck zu vermuten, soweit sich nicht das Gegenteil aus seinem rechtlichen oder wirtschaftlichen Kontext ergibt.[61] Die **schuldrechtliche Gebietssicherungsklausel eines ausschließlichen Lizenzvertrags,** die den Lizenznehmer verpflichtet, die Einhaltung der territorialen Begrenzung für die Nutzung dieser Lizenz sicherzustellen (in dem Fall Karen Murphy durch die Verpflichtung zur Codierung des Signals und die Verpflichtung keine Decodiervorrichtungen, die den Zugang zu den Schutzrechtsgegenständen ermöglichen, für eine Verwendung außerhalb des vom Lizenzvertrag erfassten Gebiets zur Verfügung zu stellen), ziele durch die territoriale Segmentierung des EU-Binnenmarkts in abgeschottete Lizenzgebiete auf die Ausschaltung jeglichen intrabrand-Wettbewerbs zwischen den Sendeunternehmen.[62] Solche schuldrechtlichen Gebietssicherungsklauseln verfolgen somit denselben Zweck wie Vereinbarungen, durch die Parallelimporte verboten oder eingeschränkt werden sollen. Es handelt sich also um Vereinbarungen absoluten Gebietsschutzes (zur Maissaatgut-Entscheidung → Rn. 9), die nach der Rspr. des EuGH grds. kartellrechtlich unzulässig sind.[63] Etwas anderes ergab sich im Fall Karen Murphy auch nicht aus dem wirtschaftlichen und rechtlichen Kontext des Lizenzvertrags.[64]

Der EuGH bekräftigte im Fall Groupe Canal+ noch einmal, dass schuldrechtliche Klauseln in Lizenzvereinbarungen, die darauf gerichtet sind, die grenzüberschreitende Erbringung von Rundfunkdiensten in Bezug auf die vertragsgegenständlichen audiovisuellen Inhalte zu unterbinden und folglich absoluten Gebietsschutz zu gewähren, bezweckte Wettbewerbsbeschränkungen darstellen.[65] Damit bestätigte der EuGH seine bisherige Rspr. und Entscheidung in Karen Murphy.[66]

16 Der Entscheidung Karen Murphy lässt sich ferner entnehmen, dass auch die Unterscheidung zwischen offenen ausschließlichen Lizenzen und ausschließlichen Lizenzen mit absolutem Gebietsschutz im Kartellrecht einer **parallelen Wertung im Verkehrsfreiheitenrecht** entspricht. Während jedoch iRd Kartellverbots diese Unterscheidung zunächst für die Frage relevant ist, ob eine Wettbewerbsbeschränkung bezweckt oder bewirkt wird, prüft sie der EuGH iRd Verkehrsfreiheitenrechts bei der Rechtfertigung einer Beschränkung des freien Dienstleistungsverkehrs durch das Ziel, Rechte des geistigen Eigentums zu schützen. Während in diesem Zusammenhang der spezifische Schutzgegenstand des Eigentumsrechts dem Inhaber gewährleisten soll, eine angemessene Vergütung zu erhalten, garantiere er ihm andererseits nicht, eine höchstmögliche Vergütung etwa dadurch zu erzielen, dass ihm Lizenznehmer für die Einräumung absoluter gebietsabhängiger Exklusivität einen Aufschlag zahlen. Der absolute Gebietsschutz sei geeignet, zu künstlichen Preisunterschieden zwischen den abgeschotteten nationalen Märkten zu führen, was mit dem grundlegenden Ziel des AEUV – der Verwirklichung des Binnenmarkts – nicht vereinbar sei. Daher könne die Aufschlagzahlung nicht als Teil der angemessenen Vergütung angesehen werden, die dem Rechtsinhaber zu gewähren sei.[67] Aus diesen Gründen komme iRd kartellrechtlichen Prüfung auch keine **Freistellung nach Art. 101 Abs. 3 AEUV** aufgrund des Schutzes des spezifischen Gegenstands des hier betroffenen Urheberrechts in Betracht, wobei der EuGH auf die entsprechenden Wertungen zur mangelnden Rechtfertigung der beschränkten Dienstleistungsfreiheit verwies (zum Gleichlauf der Wertungen innerhalb der Verkehrsfreiheits- und Kartellrechtsregeln → Rn. 17). Hieraus lässt sich entnehmen,

---

[57] Vgl. EuG Slg. 1982, 3381 Rn. 17 ff. – Coditel/Ciné-Vog Films.
[58] Vgl. EuGH Slg. 1982, 2015 Rn. 54 ff. – Nungesser/Kom.
[59] EuGH Urt. v. 9.12.2020 – C-132/19 P Rn. 51 ff. – Groupe Canal+/Kommission.
[60] Vgl. stRspr im Arzneimittelsektor EuGH Slg. 2008, I-7139 Rn. 65 – Sot. Lélos kai Sia u.a.; EuGH Slg. 2009, I-9291 Rn. 59, 61 – GlaxoSmithKline Services/Kommission.
[61] EuGH Slg. 2011, I-9159 Rn. 140 – Karen Murphy.
[62] EuGH Slg. 2011, I-9159 Rn. 142 – Karen Murphy.
[63] Schlussanträge GA Kokott Slg. 2011, I-9090 Rn. 248; EuGH Slg. 2011, I-9159 Rn. 142 – Karen Murphy.
[64] EuGH Slg. 2011, I-9159 Rn. 144 – Karen Murphy.
[65] EuGH Urt. v. 9.12.2020 – C-132/19 P Rn. 51, 54 – Groupe Canal+/Kommission.
[66] EuGH Urt. v. 9.12.2020 – C-132/19 P Rn. 51, 53 f. – Groupe Canal+/Kommission.
[67] EuGH Slg. 2011, I-9159 Rn. 105 ff. – Karen Murphy; so auch Schlussanträge GA Kokott Slg. 2011, I-9090 Rn. 249.

dass eine ausschließliche Lizenz mit absolutem Gebietsschutz, die eine Wettbewerbsbeschränkung nach Art. 101 Abs. 1 AEUV bezweckt, grds. auch nicht nach Art. 101 Abs. 3 AEUV freistellungsfähig ist. Die vom EuGH in seiner Karen Murphy-Entscheidung vorgenommene kartellrechtliche Wertung ausschließlicher Lizenzen mit schuldrechtlichen Gebietssicherungsklauseln steht folglich in Einklang mit der stRspr zur wettbewerbsbeschränkenden Ausübung geistiger Eigentumsrechte in Lizenzverträgen und ist daher aus kartellrechtlicher Perspektive nicht überraschend.

17 Die Wertungen innerhalb der Verkehrsfreiheiten und des Wettbewerbsrechts sollten mithin parallel verlaufen, insbesondere sollten Wertungswidersprüche vermieden werden. Die Rspr. seit der Maissaatgut-Entscheidung verdeutlicht die **Wechselbeziehung der Warenverkehrsfreiheit und des Kartellverbots.** Die Wertung, dass ausschließliche Lizenzen mit absolutem Gebietsschutz gegen Art. 101 Abs. 1 AEUV verstoßen, entspricht der Wertung, dass ein auf nationales Recht gestütztes Verbot von Parallelimporten gegen die Warenverkehrsfreiheit verstößt.[68] Gleiches illustriert die Entscheidung Karen Murphy für die **Wechselbeziehung zwischen Dienstleistungsfreiheit und Kartellrecht.** Im Rahmen seiner Ausführungen zu Art. 101 AEUV verwies der EuGH auf seine Wertung zur Rechtfertigung der Beschränkung der Dienstleistungsfreiheit zum Schutze des geistigen Eigentums.[69] Auch seine Generalanwältin Kokott betonte, dass die Wertungen iRd Verkehrsfreiheiten und des Kartellrechts grds. nicht widersprüchlich sein dürften.[70] Dieser Gleichklang von Kartellrechts- und Verkehrsfreiheitsregeln ist mit Hinblick darauf gerechtfertigt, dass beide Regelungskomplexe einander ergänzen und bedürfen: Während die Verkehrsfreiheiten den Handel zwischen den Mitgliedstaaten erst ermöglichen, bewahren ihn die Wettbewerbsregeln vor Verzerrungen. Beide dienen mithin der allgemeinen Marktfreiheit im EU-Binnenmarkt.[71] Die weiterhin relevante binnenmarktgerichtete Integrationsfunktion des EU Kartellsrechts und daraus folgend die grds. Kartellrechtlichswidrigkeit absoluten Gebietsschutz gewährender ausschließlicher Lizenzen zeigt sich auch fortlaufend in der Entscheidungspraxis der Kommission.[72]

18 In der Dogmatik der Warenverkehrsfreiheit führte der EuGH im Hinblick auf die Rechte des geistigen Eigentums das sog unionsweite **Erschöpfungsprinzip** ein (→ Kapitel 1 Rn. 1128 ff.). Dieses besagt, dass, wenn der Schutzrechtsinhaber einmal von seinem Schutzrecht Gebrauch gemacht hat, indem er die Schutzrechtsgegenstände freiwillig auf den EU-Binnenmarkt gebracht hat oder mit seinem Willen bringen ließ, er die weitere Verbreitung dieser Schutzrechtsgegenstände nicht etwa durch das Verbot von Parallelimporten untersagen darf. Sein Schutzrecht hat sich durch die Ausübung erschöpft.[73] Dabei ist zu beachten, dass die Erschöpfung nicht bereits mit der Vergabe der Lizenz eintritt. Vielmehr vermag nur ein körperliches Inverkehrbringen des Schutzrechtsgegenstandes die Erschöpfung auszulösen,[74] wobei bei nicht-körperlichen Gegenständen das Inverkehrbringen in der entsprechenden Form erfolgen kann.

19 Die Übertragung des Erschöpfungsgrundsatzes auf die Dienstleistungsfreiheit ist umstritten.[75] Generalanwältin Kokott befürwortete zu Recht eine entsprechende Anwendung des Erschöpfungsgrundsatzes iRd Dienstleistungsfreiheit wegen des Gleichlaufs der Verkehrsfreiheiten zumindest in

---

[68] Vgl. EuGH Slg. 1971, 487 Rn. 12 – Deutsche Grammophon/Metro-SB-Großmärkte; EuGH Slg. 1974, 1147 Rn. 10/12 – Centrafarm/Sterling Drug; EuGH Slg. 1974, 1183 Rn. 9/11 – Centrafarm/Winthrop; EuGH Slg. 1989, 79 Rn. 8 – EMI Electrola/Patricia Im- und Export.

[69] EuGH Slg. 2011, I-9159 Rn. 140, 145 – Karen Murphy.

[70] Schlussanträge GA Kokott Slg. 2011, I-9090 Rn. 249–250.

[71] Vgl. schon EuGH Slg. 1966, 457 (486) – Italien/Kom.; NK-EuWettbR/Gaster AEUV Art. 101 Rn. 1007; Ullrich GRUR-Int 1991, 1 (3).

[72] Vgl. etwa Kom., Case 40433 – NBC Film merchandise.

[73] EuGH Slg. 1971, 487 Rn. 12 – Deutsche Grammophon/Metro-SB-Großmärkte; EuGH Slg. 1974, 1147 Rn. 10/12 – Centrafarm/Sterling Drug; EuGH Slg. 1974, 1183 Rn. 9/11 – Centrafarm/Winthrop; EuGH Slg. 1976, 1039 Rn. 6 – Terrapin/Terranova; EuGH Slg. 1981, 147 Rn. 10 – Musik-Vertrieb Membran/GEMA; EuGH Slg. 1984, 2281 Rn. 22–27 – Pharmon/Hoechst; EuGH Slg. 1989, 79 Rn. 9 – EMI Electrola/Patricia Im- und Export; EuGH Slg. 1996, I-6371 Rn. 30 – Merck und Beecham; einschränkend für das Warenzeichenrecht EuGH Slg. 1994, I-2789 Rn. 37 und 2850 Rn. 43 – IHT International Heiztechnik und Danziger, einschränkend für das Urheberrecht EuGH Slg. 1998, I-1953 Rn. 14–20 – Metronome Musik; FK-KartellR/Werner AEUV Art. 101 Abs. 1, 3 Fallgruppen IV. Rn. 26; Bunte/Lembach AEUV Anh. Art. 101 Rn. 1320; LMRKM/Nordemann 3. Teil Rn. 17; NK-EuWettbR/Gaster AEUV Art. 101 Rn. 1074; ausf. zum Grundsatz der EU-weiten Erschöpfung → Grdl. Rn. 1079.

[74] OLG Frankfurt a. M. 17.4.2007 – 11 U (Kart) 5/06, Rn. 44 unter Bezugnahme auf RL 96/9/EG (Datenbankrichtlinie), RL 2001/29/EG (Urheberrecht in der Informationsgesellschaft) und RL 89/104/EG (Markenrechtsrichtlinie, nunmehr RL 2008/95/EG); Grabitz/Hilf/Nettesheim/Leible/T. Streinz AEUV Art. 36 Rn. 42; Lenz/Borchardt/Grill Art. 101 Rn. 122; Streinz/Eilmansberger Art. 101 Rn. 240, Sack RIW 1997, 448, 453.

[75] Bejahend Schlussanträge GA Kokott Slg. 2011, I-9090 Rn. 188.

I. Art. 101 AEUV und Rechte des geistigen Eigentums
20, 21 Einl. TT-GVO

Bezug auf solche Dienstleistungen, deren Erbringung sich nicht wesentlich von der Veräußerung von Waren unterscheidet. Bspw. immaterielle Güter, die aus dem Internet heruntergeladen werden, sind hinsichtlich des binnenmarktorientierten Zwecks des Erschöpfungsgrundsatzes dem Warenvertrieb vergleichbar (im Gegensatz zu der von der Generalanwältin als Beispiel aufgeführten Dienstleistung von Friseuren, bei der sich mit Erbringung der Dienstleistung der wirtschaftliche Wert realisiert und die als solche nicht weitergereicht werden kann).[76] Der EuGH folgte in der Entscheidung Karen Murphy, ohne ausdrücklich den Begriff Erschöpfungsgrundsatz zu benutzen, in der Sache der Auffassung der Generalanwältin.[77]

Trotz des weitgehenden Gleichklangs der Rspr. zur Warenverkehrsfreiheit und zu den Wettbewerbsregeln in Bezug auf geistige Eigentumsrechte ist der Erschöpfungsgrundsatz jedoch nicht zwingende Voraussetzung der Anwendung des Kartellverbots. Die Anwendung des Kartellrechts bestimmt sich vielmehr ausschließlich nach der Wettbewerbswidrigkeit einer Vereinbarung oder abgestimmten Verhaltensweise, die auch in Fällen von nicht erschöpften Rechten vorliegen kann.[78] Im Bereich der territorialen Beschränkungen durch Kartellabsprachen ist der Erschöpfungsgrundsatz im Gleichklang zu den Verkehrsfreiheiten jedoch uneingeschränkt anwendbar.[79] So wird der Erschöpfungsgrundsatz zB als Argument für eine Anwendung des Art. 101 AEUV angeführt, um die mangelnde Schutzwürdigkeit von Patentrechten gegen Parallelimporte zu begründen, die der Schutzrechtsinhaber selbst oder ein Dritter mit dessen Zustimmung in einem Mitgliedstaat der EU bereits in Verkehr gebracht hat.[80] Auch der EuGH stellte in der Entscheidung Karen Murphy, der Auffassung seiner Generalanwältin folgend, iRd mangelnden Rechtfertigung der Beschränkung der Dienstleistungsfreiheit darauf ab, dass sich das Schutzrecht im Gegensatz zum Sachverhalt in der Rechtssache Coditel I dadurch erschöpft hatte, dass die Sendeunternehmen im Sendemitgliedstaat über eine Erlaubnis der betreffenden Rechtsinhaber verfügten und diesen eine Vergütung zahlten.[81] Auf diese Ausführungen verwies der EuGH iRd Prüfung des Kartellverbots des Art. 101 AEUV.[82] Dogmatisch betrachtet lässt sich der Erschöpfungsgrundsatz bei der Prüfung des Art. 101 Abs. 3 AEUV verorten. Nach dem oben (→ Rn. 8) Gesagten kann iRd Freistellung des Art. 101 Abs. 3 AEUV berücksichtigt werden, dass der spezifische Gegenstand des Schutzrechts seinem Inhaber ermöglichen soll, eine angemessene Vergütung zu verlangen, da dies zu Effizienzen in der Form von Förderungen von Innovationen und Verbreitungen von Schutzrechten und Technologien im Binnenmarkt führen kann. Erschöpft sich jedoch dieses Recht, indem die Schutzrechtsgegenstände mit Willen des Schutzrechtsinhabers von diesem oder einem Dritten im Binnenmarkt in den Verkehr gebracht werden, wofür der Schutzrechtsinhaber eine angemessene Vergütung verlangen kann, so können (weitere) Beschränkungen des Verkehrs der Schutzrechtsgegenstände grds. nicht nach Art. 101 Abs. 3 AEUV freigestellt werden.

Aus der oben erläuterten Entwicklung der Rspr. (→ Rn. 3 ff.) und aus allgemeinen Erwägungen wurden verschiedene Schlussfolgerungen für das Verhältnis des geistigen Eigentums zum Kartellverbot gezogen. Teilweise wird nach der sog **Wettbewerbseröffnungstheorie** davon ausgegangen, dass, wenn der Inhaber von Rechten des geistigen Eigentums ohnehin über Ausschließlichkeitsrechte verfügt, er durch Übertragung dieser Schutzrechte oder deren Lizenzierung nur zusätzlichen Wettbewerb eröffnet. Mithin könne eine Beschränkung in den zugrunde liegenden Verträgen eine Anwendbarkeit des Art. 101 Abs. 1 AEUV nicht begründen.[83] In dieser Verallgemeinerung wird die Wettbewerbseröffnungstheorie im europäischen Recht nicht mehr vertreten; sie lag aber bis zur 7. GWB-Novelle der Konzeption des deutschen Rechts zugrunde. In der Systematik des Art. 101 AEUV ist eine so weitgehende Freistellung der Ausübung von Rechten des geistigen Eigentums vom Kartellverbot nicht angelegt.

---

[76] Schlussanträge GA Kokott Slg. 2011, I-9090 Rn. 183–188.
[77] EuGH Slg. 2011, I-9159 Rn. 118–121 – Karen Murphy.
[78] EuGH Slg. 1976, 1039 Rn. 6 – Terrapin/Terranova; für den Nichterschöpfungsfall des Umpackens von Markenwaren Kom. ABl. 1990 L 351, 46 Rn. 10 – Bayer Dental.
[79] Evaluierungsbericht der Kommission über die GVO (EG) Nr. 240/96 für Technologietransfer-Vereinbarungen (GFTT) – Technologietransfer-Vereinbarungen nach Artikel 81 EG-Vertrag KOM(2001) 786 endgültig, 44; vgl. auch die Mitt. der Kom., Leitlinien zur Anwendung von Artikel 101 AEUV auf Technologietransfer-Vereinbarungen, ABl. 2014 C 89, 3 Rn. 6.
[80] Kom. ABl. 1990 L 21, 71 Rn. 59 – Bayo-n-ox; vgl. zu einer ähnlichen Argumentation hinsichtlich der „Quasi-Erschöpfung" des Urheberrechts in Folge des Sendelandprinzips im Fall Karen Murphy → Rn. 13 ff.
[81] EuGH Slg. 2011, I-9159 Rn. 120 – Karen Murphy.
[82] EuGH Slg. 2011, I-9159 Rn. 140, 145 – Karen Murphy.
[83] Dem folgte die Kom. in ihrer Weihnachtsbekanntmachung ABl. 1962, 2922; krit. zur Wettbewerbseröffnungstheorie → Grdl. Rn. 1175; Immenga/Mestmäcker/Ullrich/Heinemann, 5. Aufl. 2012, GRUR B Rn. 18 f.

22 Der **Bestand des Schutzrechts,** der dem Eigentümer Ausschließlichkeit garantiert, ist vielmehr von der **Ausübung des Schutzrechts** in Form von Gebrauchmachen, Geltendmachen, Lizenzierung sowie Übertragung zu trennen (→ Rn. 3). Die Ausübung selbst ist kartellrechtsrelevant, wenn sie **Gegenstand, Mittel oder Folge einer Absprache** ist.[84] Maßgeblich ist somit die zugrundeliegende Kartellabsprache. Dies kann anhand eines Vergleichs zum Eigentum an körperlichen Gegenständen deutlich gemacht werden. Der Bestand des Eigentums an Sachen mit den hiermit verbundenen Ausschließlichkeitsrechten ist keine Einschränkung, sondern Voraussetzung des Wettbewerbs. So verhält es sich auch mit geistigem Eigentum.[85] Die Geltendmachung von Sacheigentumsrechten wie zB von Unterlassungsansprüchen, Schadensersatzforderungen oder die Übereignung sowie Vermietung und Pacht sind grds. kartellrechtsneutral. Geschieht dies jedoch im Rahmen, als Mittel oder als Folge wettbewerbsbeschränkender Absprachen (bzw. unter wettbewerbsbeschränkenden Bedingungen), so kann ein Verstoß gegen das Kartellverbot vorliegen. Bei geistigen Eigentumsrechten, die flexiblere Gestaltungsmöglichkeiten zulassen, erscheint dies tendenziell sogar mehr eher möglich zu sein als bei körperlichen Eigentumsrechten. Geistige Eigentumsrechte ermöglichen nämlich die Nutzung des Gegenstands zur gleichen Zeit unbegrenzt viele Male[86] und die Schutzrechte sind spaltbar[87] (zu den Beschränkungen, die deswegen möglich sind, gehören bspw. Gebietslizenzen oder Aufspaltungen derselben Erfindung in verschiedenes, je nationales geistiges Eigentum).[88] Die Wettbewerbseröffnungstheorie lässt unberücksichtigt, dass mit dem Inverkehrbringen des Schutzrechts bzw. der Schutzrechtsgegenstände ein Markt eröffnet wird und somit die Lizenzvereinbarung auf diesem neuen Markt wettbewerbsbeschränkende Wirkungen verursachen kann. Dies kann, wie das Inverkehrbringen von Sacheigentum, im Gegensatz zur bloßen Existenz geistigen Eigentums kartellrechtsrelevant sein.[89]

23 Die **Lehre vom spezifischen Schutzrechtsgegenstand** definiert einen spezifischen Gegenstand, eine Art Kernbereich der verschiedenen Rechte des geistigen Eigentums, der von Art. 101 Abs. 1 AEUV nicht betroffen sein könne (→ Rn. 5).[90] Aus einer Gesamtschau der in der Judikatur behandelten Einzelaspekte sei der spezifische Gegenstand eines jeden Schutzrechts zu ermitteln. Der spezifische Schutzrechtsgegenstand wird grds. eng definiert.[91] Er gewährleiste die kommerzielle Verwertung des Schutzrechts durch die Befugnis des erstmaligen Inverkehrbringens oder Bereitstellens des Schutzrechtsgegenstands im Wege der entgeltlichen Lizenzierung.[92] Keine höchstmögliche, sondern allein eine angemessene Vergütung werde garantiert. Eine solche Vergütung müsse in einem vernünftigen Verhältnis zum wirtschaftlichen Wert der Leistung stehen.[93] Der spezifische Gegenstand des Patents bestehe bspw. darin, dass der Inhaber als Ausgleich für seine erfinderische Tätigkeit das ausschließliche Recht erlangt, das Patent selber durch Produktion und Inverkehrbringen der Produkte oder durch Lizenzierung an Dritte zu verwerten.[94]

24 Kartellrechtsrelevant können hiernach nur solche Verhaltensweisen sein, die über diesen Kernbereich hinausgehen. Da jedoch die Rechte des geistigen Eigentums zum gegenwärtigen Zeitpunkt der Entwicklung der Europäischen Union weiterhin vornehmlich vom nationalen Gesetzgeber definiert und gewährleistet werden (zu Rechten des geistigen Eigentums → Art. 1 Rn. 72 ff.), muss aus der **nationalen Schutzrechtsbestimmung** auch der spezifische Schutzgegenstand, mithin

---

[84] EuGH Slg. 1971, 69 Rn. 9 – Sirena/Eda; EuGH Slg. 1971, 487 Rn. 6 – Deutsche Grammophon/Metro-SB-Großmärkte; EuGH Slg. 1974, 1147 Rn. 39/40 – Centrafarm/Sterling Drug; EuGH Slg. 1982, 3381 Rn. 7, 15 – Coditel/Ciné-Vog Films; EuGH Slg. 1982, 2015 Rn. 28 – Nungesser/Kom.; Ullrich GRUR-Int 1991, 1 (4); vgl. auch Ullrich GRUR-Int 1996, 555 (566).
[85] Ullrich GRUR-Int 1996, 555 (566).
[86] Grabitz/Hilf/Nettesheim/Koch, Altband I 4. EL 1990, EGV Art. 85 Rn. 211.
[87] Grabitz/Hilf/Nettesheim/Koch, Altband I 4. EL 1990, EGV Art. 85 Rn. 212.
[88] Vgl. Immenga/Mestmäcker/Ullrich/Heinemann, 5. Aufl. 2012, GRUR B. Rn. 22–23.
[89] Vgl. Ullrich GRUR-Int 1996, 555 (562, 566). Für eine grds. Gleichbehandlung des geistigen Eigentums mit Sacheigentum s. auch Drexl GRUR-Int 2004, 716 (721 f.).
[90] FK-KartellR/Werner AEUV Art. 101 Abs. 1, 3 Fallgruppen IV. Rn. 25; Bunte/Lembach AEUV Anh. Art. 101 Rn. 1322 ff.; NK-EuWettbR/Gaster AEUV Art. 101 Rn. 1009; ähnlich für Know-how-Vereinbarungen Mailänder GRUR-Int 1987, 523 (531).
[91] Vgl. zuletzt zum Urheberrecht EuGH Slg. 2011, I-9159 Rn. 107 f. – Karen Murphy.
[92] Vgl. für Patentrechte EuGH Slg. 1974, 1147 Rn. 9 – Centrafarm/Sterling Drug; vgl. für Urheberrechte EuGH Slg. 1982, 3381 Rn. 12 – Coditel/Ciné-Vog Films; EuGH Slg. 2011, I-9159 Rn. 107–108 – Karen Murphy; Evaluierungsbericht der Kommission über die GVO (EG) Nr. 240/96 für Technologietransfer-Vereinbarungen (GFTT) – Technologietransfer-Vereinbarungen nach Artikel 81 EG-Vertrag KOM(2001) 786, 39.
[93] EuGH Slg. 2011, I-9159 Rn. 107–108 – Karen Murphy.
[94] EuGH Slg. 1981, 2063 Rn. 9 f.– Merck/Stephar; EuGH Slg. 1992, I-777 Rn. 17 – EK/Italien.

überhaupt die **Anwendbarkeit des europäischen Kartellrechts** hergeleitet werden.[95] Entgegen der Vorrangwirkung des Unionsrechts gegenüber nationalem Recht zur Integration des EU-Binnenmarktes[96] würde also der nationale Gesetzgeber über die Anwendbarkeit der europäischen Wettbewerbsregeln (mit-)disponieren können.[97] Diesem mit EU-Recht nicht zu vereinbarenden Ergebnis wird begegnet, indem unionsrechtliche Wertungen zur Korrektur der Schutzrechtsdefinitionen der nationalen Gesetzgeber herangezogen werden.[98] So wird iRd Warenverkehrs- und Dienstleistungsverkehrsfreiheit eine Grenze für die Vorgreiflichkeit nationaler Schutzrechtsregelungen geschaffen.[99] Eine nationale Schutzrechtsbestimmung, die gegen die Verkehrsfreiheiten verstößt, sei unionskonform restriktiv zu interpretieren.[100] Abgesehen von der Frage, ob bei den verschiedenartigen Schutzrechten in den Mitgliedstaaten eine solche Definition überhaupt sachgerecht oder gar möglich ist, besteht bei einer Schutzrechtskerndefinition durch den Gerichtshof zudem das Problem der Kompetenzüberschreitung gegenüber den nationalen Parlamenten (vgl. Art. 345 AEUV). IÜ wird argumentiert, dass eine solche Definition nur sehr pauschal ausfallen könne und daher wenige praktische Vorteile habe.[101] Hieraus zieht von Stoephasius als Anhänger der Schutzinhaltslehre die Konsequenz, dass eine Lösung nur in der **Schaffung von Unions-Schutzrechten** liegen könne.[102] Die Schaffung von Unionsrechten des geistigen Eigentums ist durch die Einführung der Ermächtigungsgrundlage des Art. 118 AEUV im Zuge des Vertrags von Lissabon erleichtert worden.

Die **Lehre vom spezifischen Schutzrechtsgegenstand** berücksichtigt nicht hinreichend den 25 Unterschied zwischen Bestand und Ausübung des Schutzrechts, soweit sie bereits den Anwendungsbereich der Art. 101 ff. AEUV einschränken will (→ Rn. 3–8). Das Schutzrecht als solches, und somit erst recht der Kernbereich, ist nicht kartellrechtsrelevant, da es weder Vereinbarung, noch abgestimmte Verhaltensweise, noch Beschluss iSd Art. 101 Abs. 1 AEUV ist.[103] Selbst die bloße Ausübung als solche erfüllt diese Tatbestandsmerkmale nicht. Ist die Ausübung hingegen Gegenstand, Mittel oder Folge einer Absprache, so ist auch der Anwendungsbereich des Art. 101 Abs. 1 AEUV eröffnet, ohne das Schutzrecht oder seinen spezifischen Gegenstand in Frage zu stellen.[104] Wie oben unter → Rn. 8 dargelegt, ist der spezifische Schutzrechtsgegenstand zwar nicht iSe vorgelagerten Anwendbarkeitsprüfung des Kartellrechts zu berücksichtigen, wohl aber iRd Prüfung der Freistellungsvoraussetzungen des Art. 101 Abs. 3 AEUV. Legt man den spezifischen Schutzrechtsgegenstand insoweit eng aus, dass er lediglich dem Inhaber des Schutzrechts eine angemessene Vergütung gewährleisten soll, so kann er iRd Prüfung von Effizienzgewinnen in der Form von Innovationsförderung und der Förderung der Verbreitung von Schutzrechten und deren Gegenständen (bspw. Technologien) berücksichtigt werden. Hierbei handelt es sich im Grunde um die herkömmliche Prüfung, ob eine wettbewerbsbeschränkende Vereinbarung iSd Art. 101 Abs. 3 AEUV unerlässlich ist, um Effizienzen zu erzeugen, die im angemessenen Umfang an die Verbraucher weitergegeben werden. Wie unter → Rn. 18 erläutert, wird eine solche Freistellung nach Art. 101 Abs. 3 AEUV jedoch grds. ausscheiden, wenn sich das Schutzrecht bereits erschöpft hat.

Eine der bisherigen Entscheidungspraxis der Kommission[105] nahekommende Meinung stellt 26 nur darauf ab, ob ein Verhalten in Form einer Vereinbarung, abgestimmten Verhaltensweise oder Entscheidung iSd Art. 101 Abs. 1 AEUV vorliegt und die Ausübung der Schutzrechte Gegenstand,

---

[95] Grabitz/Hilf/Nettesheim/Koch, Altband I 4. EL 1990, EGV Art. 85 Rn. 211; vgl. auch Gleiss/Hirsch EGV Art. 85 Abs. 1 Rn. 704.
[96] EuGH Slg. 1964, 1270 – Costa/ENEL; Lenz/Borchardt/Hetmeier AEUV Art. 288 Rn. 36.
[97] NK-EuWettbR/Gaster AEUV Art. 101 Rn. 1019.
[98] Grabitz/Hilf/Nettesheim/Koch, Altband I 4. EL 1990, EGV Art. 85 Rn. 214.
[99] Grabitz/Hilf/Nettesheim/Koch, Altband I 4. EL 1990, EGV Art. 85 Rn. 215.
[100] Grabitz/Hilf/Nettesheim/Koch, Altband I 4. EL 1990, EGV Art. 85 Rn. 235; Immenga/Mestmäcker/Emmerich, 1. Aufl. 1997, EGV Art. 85 Abs. 1 Rn. 251, 255; Langen/Bunte/von Stoephasius, 9. Aufl. 2000, EGV Art. 81 Rn. 201; NK-EuWettbR/Gaster AEUV Art. 101 Rn. 1020, 1113 ff.; ähnlich Gleiss/Hirsch EGV Art. 85 Abs. 1 Rn. 762.
[101] Vgl. hierzu Gotzen GRUR-Int 1984, 146 (149).
[102] Bunte/von Stoephasius, 9. Aufl. 2000, EGV Art. 81 Rn. 212.
[103] Immenga/Mestmäcker/Ullrich/Heinemann, 5. Aufl. 2012, GRUR B. Rn. 9, 13; → Grdl. Rn. 1065.
[104] EuGH Slg. 1971, 69 Rn. 9 – Sirena/Eda; EuGH Slg. 1971, 487 Rn. 6 – Deutsche Grammophon/Metro-SB-Großmärkte; EuGH Slg. 1974, 1147 Rn. 39/40 – Centrafarm/Sterling Drug; EuGH Slg. 1982, 3381 Rn. 7, 15 – Coditel/Ciné-Vog Films; EuGH Slg. 1982, 2015 Rn. 28 – Nungesser/Kom.; EuGH Slg. 1994, I-2789 Rn. 59 – IHT Internationale Heiztechnik und Danziger; Ullrich GRUR-Int 1996, 555 (566).
[105] Vgl. zum Lösungsansatz der Kom., eine Ausnahme vom Kartellverbot nur im Rahmen des Art. 101 Abs. 3 AEUV zu machen: Kom. ABl. 1987 L 41, 31 Rn. 23 – Mitchell Cotts/Sofiltra; Kom. ABl. 1987 L 50, 30 Rn. 16 – Boussois/Interpane; Kom. ABl. 1988 L 69, 21 Rn. 12, 27 – Rich Products/Jus-rol; Kom. ABl. 1988 L 309, 34 Rn. 23 – Delta Chemie-DDD; Kom. ABl. 1990 L 100, 32 Rn. 15 – Moosehead-Whitbread; vgl. hierzu auch Ullrich GRUR-Int 1984, 89 (95).

Mittel oder Folge eines solchen Verhaltens ist.[106] Hiernach existiert also kein Ausnahmebereich für Schutzrechte, sondern **Art. 101 Abs. 1 AEUV wird unmittelbar angewandt** und subsumiert.[107] Nur das differenzierte System des Art. 101 Abs. 3 AEUV wird als Ausnahme vom Kartellverbot zugelassen.[108] Diese Ansicht lässt die wettbewerblichen Besonderheiten unberücksichtigt, die sich aus der Natur des geistigen Eigentums ergeben. Anders als körperliches Eigentum oder die Nutzung körperlicher Gegenstände (unmittelbarer Sachbesitz) ist geistiges Eigentum sowie die Nutzung desselben teilbar. Hieraus ergeben sich Hindernisse für die Übertragung und Lizenzierung geistigen Eigentums, da mit Konkurrenz auf den Produktmärkten zu rechnen ist. Zudem besteht die Gefahr, dass das eigene Wissen und die eigene Kreativität, geschützt in der Form von Schutzrechten, unentgeltlich ausgebeutet wird, was wiederum zu einem Nachlassen des Innovationswettbewerbs führen könnte. Sowohl die Aufrechterhaltung der Verkehrsfähigkeit geistigen Eigentums als auch die Aufrechterhaltung von Innovationsanreizen kann Wettbewerbsbeschränkungen in Übertragungs- und Lizenzverträgen rechtfertigen bzw. diese nach Art. 101 Abs. 3 AEUV freistellungsfähig machen.[109] Intrabrand-Beschränkungen können zur Förderung des interbrand-Wettbewerbs führen. Die im Ergebnis wettbewerbsfördernde Wirkung von Beschränkungen muss jedoch bereits iRd Art. 101 Abs. 1 AEUV berücksichtigt werden, soweit es um die Frage der Aufrechterhaltung der Verkehrsfähigkeit geistiger Eigentumsrechte etwa bei der Bewertung offener ausschließlicher Lizenzen geht. Die innovationsfördernden Wirkungen geistiger Eigentumsrechte sind jedoch grds. in Anlehnung an die Entscheidung des EuGH in der Rechtssache Karen Murphy iRd differenzierten Rechtfertigungssystems des Art. 101 Abs. 3 AEUV als spezifischer Schutzrechtsgegenstand zu berücksichtigen, da eine vorgelagerte Anwendbarkeitsprüfung iRd Art. 101 Abs. 1 AEUV aus den oben genannten Gründen (→ Rn. 6) zu einer unangemessenen Einschränkung des Anwendungsbereichs des Unions-Kartellrechts führen würde und im Hinblick auf die Kompetenzverteilung zwischen Union und Mitgliedstaaten fragwürdig ist.[110]

27   **2. Reflexion der Rspr. des EuGH in den Gruppenfreistellungsverordnungen.** Unter dem Eindruck der Entscheidung Nungesser/Kommission hat die Kommission 1984 den Grundsätzen des Urteils folgend eine **Gruppenfreistellungsverordnung für Patentlizenzvereinbarungen VO/EWG Nr. 2349/84**[111] erlassen. Die Verordnung unterschied zwischen ausschließlichen Lizenzen, die Art. 101 Abs. 1 AEUV nicht verletzen müssen, aber aus Klarstellungsgründen dennoch vollständig in den Freistellungstatbestand des Art. 1 VO/EWG 2349/84 aufgenommen wurden, und ausschließlichen Lizenzen mit absolutem Gebietsschutz.[112] Letztere, die insbesondere durch die Verhinderung von Parallelimporten gekennzeichnet sind, wurden in Nachfolge von Nungesser/Kommission gemäß Art. 3 Nr. 11 VO/EWG 2349/84 von der Freistellung ausgenommen, es handelte sich um sog „schwarze Klauseln", die zur Nichtanwendbarkeit der GVO auf die gesamte Vereinbarung führten.[113] Erlaubt war hingegen nach Art. 1 Abs. 1 Nr. 5, 6 VO/EWG Nr. 2349/84 das Verbot für den Lizenznehmer, in einem anderen Lizenzgebiet aktiven Verkauf zu betreiben, und für fünf Jahre nach dem ersten Inverkehrbringen der Schutzrechtsgegenstände auf dem gemeinsamen Markt auch das Verbot des passiven Verkaufs in einem fremden Lizenzgebiet.[114]

28   In der nachfolgenden **Know-how-Gruppenfreistellungsverordnung VO/EWG Nr. 556/89**[115] folgte die Kommission diesem Schema. Obwohl ausschließliche Lizenzvereinbarungen nicht unter Art. 101 Abs. 1 AEUV fallen müssen, wurden sie generell in den Freistellungstatbestand des Art. 1 VO/EWG Nr. 556/89 aufgenommen.[116] Wiederum wurde iRd ausschließlichen Lizenzvereinbarungen nach Art. 1 Abs. 1 Nr. 5, 6 VO/EWG Nr. 556/89 auch das Verbot aktiven oder passiven Wettbewerbs für den Lizenznehmer im fremden Lizenzgebiet freigestellt.[117] Nicht gruppenfreistel-

---

[106] Immenga/Mestmäcker/Ullrich/Heinemann, 5. Aufl. 2012, GRUR B. Rn. 10, 13.
[107] Immenga/Mestmäcker/Ullrich/Heinemann, 5. Aufl. 2012, GRUR B. Rn. 1; Ullrich GRUR-Int 1996, 555 (566).
[108] Immenga/Mestmäcker/Ullrich/Heinemann, 5. Aufl. 2012, GRUR B. Rn. 11, 16; in diese Richtung schon Ullrich GRUR-Int 1984, 89 (93).
[109] Vgl. für Know-how-Vereinbarungen Mailänder GRUR-Int 1987, 523 (533).
[110] EuGH Slg. 2011, I-9159, 9226, 9215, Rn. 145 iVm 105–121 – Karen Murphy;. so im Ergebnis auch EuGH Slg. 1982, 2015 Rn. 57 – Nungesser/Kom.; EuGH Slg. 1982, 3381 Rn. 19 – Coditel/Ciné-Vog Films; in diese Richtung für Know-how-Vereinbarungen Mailänder GRUR-Int 1987, 523 (528).
[111] ABl. 1984 L 219, 15.
[112] Vgl. VO/EWG 2349/84, ABl. 1984 L 219, 15 (16–17) Erw. 11–13.
[113] Vgl. VO/EWG 2349/84, ABl. 1984 L 219, 15 (17) Erw. 13–15.
[114] Vgl. VO/EWG 2349/84, ABl. 1984 L 219, 15 (16–17) Erw. 12.
[115] ABl. 1989 L 61, 1.
[116] Vgl. VO/EWG 556/89, ABl. 1989 L 61, 1 (2) Erw. 6.
[117] Vgl. VO/EWG 556/89, ABl. 1989 L 61, 1 (2–3) Erw. 7.

lungsfähig als sog „schwarze Klauseln" waren jedoch nach Art. 3 Nr. 12 VO/EWG Nr. 556/89 Vereinbarungen, die zu einer Unterbindung von Parallelimporten verpflichteten, also ausschließliche Lizenzvereinbarungen mit absolutem Gebietsschutz.[118] Schließlich wurden diese Grundsätze auch in die **erste Technologietransfer-Gruppenfreistellungsverordnung VO/EG Nr. 240/96**[119] übernommen. Diese fasste erstmals die Anwendungsbereiche der Patentlizenz- und der Know-how-Gruppenfreistellungsverordnung in einer Verordnung zusammen.[120] Zudem wurde der Anwendungsbereich auf sonstige Vereinbarungen mit Nebenbestimmungen über andere Rechte des geistigen Eigentums als Patente nach Art. 1 Abs. 1 VO/EG Nr. 240/96 ausgedehnt.[121] Wiederum wurden ausschließliche Lizenzen einschließlich des Verbots aktiven oder passiven Wettbewerbs im fremden Lizenzgebiet in den Freistellungstatbestand des Art. 1 VO/EG Nr. 240/96 aufgenommen.[122] ISv Nungesser/Kommission blieben ausschließliche Lizenzvereinbarungen mit absolutem Gebietsschutz verboten, was darin Ausdruck fand, dass Verpflichtungen zur Verhinderung von Parallelimporten nach Art. 3 Nr. 3 VO/EG Nr. 240/96 als „schwarze Klauseln" nicht gruppenfreistellungsfähig blieben.[123]

Eine Änderung trat jedoch bzgl. der rechtlichen Beurteilung von **Nichtangriffsklauseln** ein. **29** Früher waren Nichtangriffsklauseln in ständiger Entscheidungspraxis der Kommission grds. verboten mit der Begründung, dass diese nicht mehr vom Bestand des Schutzrechts gedeckt seien und der Verpflichtete der jedem Dritten gegebenen Möglichkeit beraubt werde, die Rechtsgültigkeit des Schutzrechts anzugreifen und so seine eigene Stellung als Wettbewerber, diejenige von Drittunternehmen und schließlich die Lage der Verbraucher zu verbessern, also dem öffentlichen Interesse an der Geltendmachung der Unwirksamkeit von Schutzrechten zu dienen.[124] Diese Entscheidungspraxis bestätigte der EuGH im Urteil Windsurfing International/Kommission. In dieser Entscheidung stellte der EuGH fest, dass zum spezifischen Gegenstand des Patents nicht ein Schutz gegen Angriffe gehört, da es im öffentlichen Interesse liege, die Ungültigkeit von Patenten geltend zu machen. Aus diesem Grund verletzten Nichtangriffsklauseln Art. 101 Abs. 1 AEUV.[125] Diese Entscheidungs- und Rechtsprechungspraxis befand sich in Einklang mit Art. 3 Nr. 1 VO/EWG Nr. 2349/84 und Art. 3 Nr. 4 VO/EWG Nr. 556/89, die beide Nichtangriffsklauseln als schwarze Klauseln und mithin nicht gruppenfreistellungsfähig qualifizierten.[126] Die Rspr. des EuGH änderte sich jedoch 1988 mit dem Urteil in der Sache Bayer/Süllhöfer.[127] Hier stellte der EuGH fest, dass hinsichtlich der Beurteilung, ob eine Wettbewerbsbeschränkung vorliegt, der technische und wirtschaftliche Zusammenhang zu beachten sei.[128] Nichtangriffsverpflichtungen stellten dann keine Wettbewerbsbeschränkungen dar, wenn die Lizenz kostenlos erteilt wird, da dann der Lizenznehmer nicht die mit der Gebührenzahlung zusammenhängenden Wettbewerbsnachteile zu tragen habe.[129] Zudem stelle eine Nichtangriffsabrede bei kostenpflichtigen Lizenzen keine Wettbewerbsbeschränkung dar, wenn sich die Lizenz auf ein technisch überholtes Verfahren, von dem das betroffene Unternehmen keinen Gebrauch macht, beziehet.[130] Diese neue Rspr. hat sich in der Entscheidungspraxis der Kommission[131] und in der ersten TT-GVO niedergeschlagen. So wurde eine Nichtangriffsverpflichtung nicht in Art. 3 VO/EG 240/96 als schwarze Klausel aufgeführt, vielmehr wurde sie nach Art. 4 Abs. 2 lit. b VO/EG 240/96 als sog graue Klausel einem Anmelde- und Widerspruchsverfahren unterworfen. Auch in der aktuellen TT-GVO sind Nichtangriffsklauseln keine Kernbeschränkungen nach Art. 4, sondern nicht freigestellte Beschränkungen gem. Art. 5 Abs. 1 lit b.

---

[118] Vgl. VO/EWG 556/89, ABl. 1989 L 61, 1 (3) Erw. 9.
[119] ABl. 1996 L 31, 2.
[120] Vgl. VO/EG 240/96, ABl. 1996 L 31, 2 (2) Erw. 3.
[121] Vgl. VO/EG 240/96, ABl. 1996 L 31, 2 (3) Erw. 6.
[122] Vgl. VO/EG 240/96, ABl. 1996 L 31, 2 (3, 4) Erw. 10, 15.
[123] Vgl. VO/EG 240/96, ABl. 1996 L 31, 2 (4) Erw. 17.
[124] Kom. ABl. 1972 L 143, 31 Rn. 16 – Davidson Rubber; Kom. ABl. 1972 L 143, 39 (41), sub II. 3. – Raymond Nagoya; Kom. ABl. 1975 L 222, 34 Rn. 15 – Kabelmetal-Luchaire; Kom. ABl. 1976 L 6, 8, sub II. 4. c) – AOIP/Beyrard; Kom. ABl. 1978 L 60, 19, sub II. 4. – Penneys; Kom. ABl. 1979 L 19, 32 Rn. 14 – Vaessen/Moris; vgl. auch zu Nichtangriffsabreden außerhalb von Lizenzverträgen Kom. ABl. 1982 L 379, 19, sub II. 3. B) b) – Toltecs-Dorcet.
[125] EuGH Slg. 1986, 643 Rn. 92 – Windsurfing International/Kom.; vgl. auch EuGH Slg. 1985, 363 Rn. 33 – BAT Cigaretten-Fabriken/Kom.
[126] Vgl. VO/EWG 2349/84, ABl. 1984 L 219, 15, Erw. 20.
[127] EuGH Slg. 1988, 5249 (5282) – Bayer/Süllhöfer; vgl. zur kartellrechtlichen Beurteilung von Nichtangriffsklauseln auch Ullrich GRUR-Int 1996, 555 (565).
[128] EuGH Slg. 1988, 5249 Rn. 16 – Bayer/Süllhöfer; vgl. auch EuGH Urt. v. 30.1.2020 – C 307/18 Rn. 82 – Generics.
[129] EuGH Slg. 1988, 5249 Rn. 17 – Bayer/Süllhöfer.
[130] EuGH Slg. 1988, 5249 Rn. 18 – Bayer/Süllhöfer.
[131] Kom. ABl. 1990 L 100, 32 Rn. 15 – Moosehead/Whitbread.

30 Was für Nichtangriffklauseln in Technologietransfervereinbarungen gilt, gilt jedoch nicht zwangsläufig für alle Arten von Nichtangriffsvereinbarungen bzw. Vereinbarungen, die wie Nichtangriffsvereinbarungen wirken. So ging der EuGH in der Lundbeck Entscheidung davon aus, dass Pay-for-Delay Streitbeilegungsvereinbarungen, wenn also (ehemalige) Patentinhaber Generika-Hersteller für eine Verzögerung des Markteintritts und für ein Ablassen von Patentstreitigkeiten bezahlen, bezweckte Wettbewerbsbeschränkungen darstellen können. Zwar handelte es sich bei diesen Streitbeilegungsvereinbarungen nicht unmittelbar um Nichtangriffsklauseln, sie hatten aber im Ergebnis die gleiche Wirkung, da potentiellen Wettbewerbern durch Zahlungen jeglicher Anreiz genommen wurde, gegen angeblichen Patentschutz vorzugehen.[132]

31 Am 27.4.2004 hat die Kommission die **Technologietransfer-Gruppenfreistellungsverordnung VO/EG Nr. 772/2004** erlassen, die am 1.5.2004 in Kraft trat.[133] Mit der Verordnung wurden am 27.4.2004 **Leitlinien der Kommission zur Anwendung des Artikel 81 EG-Vertrag auf Technologietransfer-Vereinbarungen**[134] bekannt gemacht, die zur Anwendbarkeit des jetzigen Art. 101 AEUV auf Lizenzverträge, auch außerhalb des Anwendungsbereichs der Vorgänger-TT-GVO, wesentliche Hinweise enthielten, die für die Gerichte jedoch nicht bindend waren.[135] Hinsichtlich des Bezweckens bzw. Bewirkens von Wettbewerbsbeschränkungen iSd Art. 101 Abs. 1 AEUV unterschied die Kommission zwischen **Technologienwettbewerb** und **technologieinternem Wettbewerb.** Technologienwettbewerb sei der Wettbewerb zwischen Unternehmen, die konkurrierende Technologien verwenden, wohingegen technologieinterner Wettbewerb vorliege, wenn die Unternehmen dieselbe Technologie verwenden.[136] Hinsichtlich des Technologienwettbewerbs sei zu prüfen, ob die Lizenzvereinbarung den Wettbewerb einschränkt, der ohne die Vereinbarung bestanden hätte, wobei auch der Wettbewerb zwischen den Parteien und durch Dritte zu berücksichtigen sei. Prüfungsgegenstand sei die Unterbindung der Nutzung konkurrierender Technologien.[137] Hinsichtlich des technologieinternen Wettbewerbs sei zu prüfen, ob die Vereinbarung den Wettbewerb beschränkt, der ohne die vertraglich festgelegte Beschränkung bestanden hätte. Hier geht es zB um Preisfestsetzungen und Verkaufsbeschränkungen für Lizenznehmer derselben Technologierechte. Einige dieser technologieinternen Beschränkungen fielen jedoch in Anlehnung an die Nungesser/Kommission Entscheidung[138] nicht in den Anwendungsbereich des Art. 101 Abs. 1 AEUV, wenn sie für die in Rede stehende Vereinbarung objektiv notwendig sind, da sie den Technologienwettbewerb durch Verbreitung einer Technologie förderten.[139]

32 Am 21.3.2014 veröffentlichte die Kommission die **Technologietransfer-Gruppenfreistellungsverordnung VO/EU Nr. 316/2014**,[140] die am 1.5.2014 in Kraft trat. Ergänzend erließ sie die **Leitlinien zur Anwendung von Artikel 101 des Vertrages über die Arbeitsweise der Europäischen Union auf Technologietransfer-Vereinbarungen.**[141] Wie in den Vorgänger-Leitlinien, differenziert die Kommission weiterhin zwischen **Technologienwettbewerb und technologieinternem Wettbewerb.**[142] Auch hinsichtlich des diesbezüglichen Prüfungsmaßstabs gibt es keine Änderungen.[143] Dabei berücksichtigt die Kommission in den Leitlinien nach wie vor die Nungesser/Kommission Entscheidung,[144] indem bestimmte Beschränkungen unter der Voraussetzung der objektiven Notwendigkeit nicht unter Art. 101 Abs. 1 AEUV fallen sollen.[145]

33 Allerdings ist die VO/EU Nr. 316/2014 im Hinblick auf **Verkaufsbeschränkungen in Vereinbarungen zwischen Nicht-Wettbewerbern** insoweit strenger geworden, als die Rückausnahme von der schwarzen Klausel (Kernbeschränkung) der Beschränkung des Gebiets oder des Kundenkreises, in das bzw. an den der Lizenznehmer Vertragsprodukte passiv verkaufen darf, des

---

[132] Vgl. EuGH Urt. v. 25.3.2021 – C 591/16 P Rn. 133 ff. – Lundbeck.
[133] ABl. 2004 L 123, 11.
[134] Bek. der Kom., Leitlinien zur Anwendung von Artikel 81 EG-Vertrag auf Technologietransfer-Vereinbarungen, ABl. 2004 C 101, 2.
[135] Lenz/Borchardt/Grill AEUV Art. 101 Rn. 135.
[136] Bek. der Kom., Leitlinien zur Anwendung von Artikel 81 EG-Vertrag auf Technologietransfer-Vereinbarungen, ABl. 2004 C 101, 2 Rn. 10. → Rn. 11 zum „intrabrand"- und „interbrand"-Wettbewerb.
[137] Bek. der Kom., Leitlinien zur Anwendung von Artikel 81 EG-Vertrag auf Technologietransfer-Vereinbarungen, ABl. 2004 C 101, 2 Rn. 12a.
[138] EuGH Slg. 1982, 2015 – Nungesser/Kom. → Rn. 8–11.
[139] Bek. der Kom., Leitlinien zur Anwendung von Artikel 81 EG-Vertrag auf Technologietransfer-Vereinbarungen, ABl. 2004 C 101, 2 Rn. 12b.
[140] ABl. 2014 L 93, 17, gültig bis zum 30.4.2026.
[141] Leitlinien „Technologietransfer" Rn. 69–78; dazu s. auch Gennen IPRB 2014, 131 (132 f.).
[142] Leitlinien „Technologietransfer" Rn. 11.
[143] Leitlinien „Technologietransfer" Rn. 12.
[144] EuGH Slg. 1982, 2015 Rn. 9–11 – Nungesser/Kom.
[145] Leitlinien „Technologietransfer" Rn. 12b.

Art. 4 Abs. 2 lit. b Ziff. ii VO/EG Nr. 772/2004 ersatzlos gestrichen wurde. Nach Art. 4 Abs. 2 lit. b Ziff. ii VO/EG Nr. 772/2004 stellte in einer Vereinbarung zwischen Nicht-Wettbewerbern die Beschränkung des passiven Verkaufs in ein Exklusivgebiet oder an eine Exklusivkundengruppe, das bzw. die vom Lizenzgeber einem anderen Lizenznehmer für die ersten beiden Jahre, in denen dieser Lizenznehmer die Vertragsprodukte in dieses Gebiet bzw. an diese Kundengruppe verkauft, zugewiesen worden ist, keine Kernbeschränkung dar.

Nichtangriffsklauseln fallen auch nach der VO/EU Nr. 316/2014 unter die nichtfreigestellten **34** Beschränkungen nach Art. 5 Abs. 1. Nach den Leitlinien, die eine technische und wirtschaftliche Betrachtungsweise zugrunde legen, gilt das Verbot des Art. 101 Abs. 1 AEUV idR für Nichtangriffsklauseln, wenn die lizenzierte Technologie wertvoll ist und somit ein Wettbewerbsnachteil für die Unternehmen entsteht, die an ihrer Nutzung gehindert werden oder die die Technologie nur gegen Zahlung von Lizenzgebühren nutzen können. In diesen Fällen seien die Voraussetzungen des Art. 101 Abs. 3 AEUV regelmäßig nicht erfüllt. Beziehe sich die lizenzierte Technologie jedoch auf ein technisch überholtes Verfahren, von dem der Lizenznehmer keinen Gebrauch mache, oder werde die Lizenz kostenlos erteilt, so liege keine Wettbewerbsbeschränkung vor.[146] Diese Differenzierung entspricht den in dem Urteil des EuGH in der Sache Bayer/Süllhöfer[147] aufgestellten Kriterien.

Anders als in der Vorgängerverordnung ist die **Möglichkeit, die Beendigung der Technolo- 35 gietransfer-Vereinbarung für den Fall vorzusehen, dass der Lizenznehmer die Gültigkeit eines oder mehrerer der lizenzierten Technologierechte anficht**, gemäß Art. 5 Abs. 1 lit. b nur noch dann gruppenfreigestellt, wenn es sich um eine Exklusivlizenz handelt. Begründet wird dies damit, dass ein Kündigungsrecht dieselben Wirkungen wie eine Nichtangriffsklausel haben könne, wenn der Entzug der Technologierechte des Lizenzgebers für den Lizenznehmer einen erheblichen Verlust bedeuten würde oder wenn die geschützte Technologie ein notwendiges Input für seine Produktion ist.[148] Letztendlich liegt Art. 5 Abs. 1 lit. b die im Windsurfing International Urteil[149] des EuGH entwickelte Interessenabwägung zugrunde, wobei das Ergebnis dieser Interessenabwägung durch die Kommission nunmehr (leicht) anders ausfällt als noch unter der VO/EG Nr. 772/2004. Gegenstand dieser Interessenabwägung ist das öffentliche Interesse an der Beseitigung von Wirtschaftshindernissen, die aus fälschlich erteilten Rechten des geistigen Eigentums erwachsen können, dem das öffentliche Interesse entgegensteht, für den Lizenzgeber die Anreize zur Lizenzvergabe dadurch zu erhöhen, dass er nicht verpflichtet ist, mit einem Lizenznehmer, der den Kerngegenstand der Lizenzvereinbarung anficht, weiter vertraglich verbunden zu sein.[150] Grds. fällt diese Abwägung also in der VO/EU Nr. 316/2014 zugunsten des öffentlichen Interesses an der Beseitigung von Wirtschaftshindernissen aus; allerdings mit der Einschränkung, dass die Vereinbarung einer Vertragsbeendigung bei Anfechtung der lizenzierten Technologierechte im Falle einer Exklusivlizenz – wegen der geringeren Wahrscheinlichkeit wettbewerbsschädigender Wirkungen – gruppenfreistellungsfähig ist.

3. Technologietransfer-Vereinbarungen als Nebenabreden. Hinsichtlich der Anwendbar- **36** keit des Art. 101 Abs. 1 AEUV auf Vereinbarungen über Rechte des geistigen Eigentums ist außerdem zu beachten, ob diese nur **Nebenabreden** darstellen. Dies kommt in Betracht, wenn Lizenzverträge anlässlich eines **Zusammenschlusses iSd VO/EG Nr. 139/2004**[151] geschlossen werden. Wird ein Zusammenschluss durch eine Entscheidung der Kommission als mit dem EU-Binnenmarkt vereinbar angesehen, so gelten nach Art. 6 Abs. 1 lit. b S. 2 bzw. nach Art. 8 Abs. 1 S. 2, Abs. 2 S. 3 VO/EG Nr. 139/2004 auch die hiermit unmittelbar verbundenen und hierfür notwendigen Beschränkungen als genehmigt. In der Bekanntmachung der Kommission bzgl. Nebenabreden, die mit der Durchführung von Unternehmenszusammenschlüssen unmittelbar verbunden und für diese notwendig sind, wird konkretisiert, welche Abreden automatisch mit der Entscheidung freigestellt werden.[152] Die Vereinbarungen müssen unmittelbar mit dem Zusammenschluss verbunden sowie notwendig hierfür sein.[153] Die Kommission geht bei **Lizenzverträgen iRv Unternehmensüber-**

---

[146] Leitlinien „Technologietransfer" Rn. 134.
[147] EuGH Slg. 1988, 5249 (5282) – Bayer/Süllhöfer.
[148] Leitlinien „Technologietransfer" Rn. 136.
[149] EuGH Slg. 1986, 611 Rn. 92 – Windsurfing International.
[150] Leitlinien „Technologietransfer" Rn. 138.
[151] ABl. 2004 L 24, 1.
[152] Bekanntmachung „Nebenabreden" Rn. 1.
[153] Bekanntmachung „Nebenabreden" Rn. 12, 13; hiernach ist eine Vereinbarung notwendig, wenn ohne sie der Zusammenschluss entweder gar nicht oder nur unter deutlich ungewisseren Voraussetzungen, zu wesentlich höheren Kosten, über einen spürbar längeren Zeitraum oder mit erheblich geringeren Erfolgsaussichten durchgeführt werden könnte; zudem darf die Einschränkung hinsichtlich ihrer Geltungsdauer sowie ihres sachlichen und räumlichen Geltungsbereichs nicht über das hinausgehen, was für die Durchführung des Zusammenschlusses wirklich erforderlich ist.

nahmen davon aus, dass diese Möglichkeit sowohl bei einfachen als auch bei ausschließlichen Lizenzen besteht, die ggf. auch auf bestimmte Anwendungsbereiche beschränkt sein können, sofern diese mit den Tätigkeiten des übertragenen Unternehmens übereinstimmen. Die Lizenzen müssten nicht befristet sein.[154] Eine räumliche Beschränkung der Herstellung auf das Gebiet, in dem die übertragene Geschäftstätigkeit ausgeführt wird, sei hingegen für die Durchführung des Zusammenschlusses nicht notwendig. Erteilt der Veräußerer dem Erwerber eine Lizenz, so könne dem Veräußerer unter den gleichen Voraussetzungen wie bei einem Wettbewerbsverbot eine Gebietsbeschränkung auferlegt werden. Beschränkungen in Lizenzvereinbarungen, die über diese Bestimmungen hinausgehen (zB Beschränkungen, die eher den Lizenzgeber schützen als den Lizenznehmer), seien für die Durchführung des Zusammenschlusses nicht notwendig.[155] Die gleichen Grundsätze gelten grds. für die Gründung von Vollfunktionsgemeinschaftsunternehmen in Bezug auf Lizenzvergaben durch die Gründer an das Gemeinschaftsunternehmen. Die Vergabe ausschließlicher Lizenzen durch die Gründer an das Gemeinschaftsunternehmen könne bspw. für die Durchführung des Zusammenschlusses notwendig sein. Die Beschränkungen der Lizenz auf bestimmte Anwendungsbereiche sei idR zulässig, wenn diese der Geschäftstätigkeit des Gemeinschaftsunternehmens entsprechen.[156] Unter den gleichen Bedingungen wie bei Unternehmensübernahmen könnten Lizenzen, die das Gemeinschaftsunternehmen einem Gründer gewährt, oder wechselseitige Lizenzen als notwendige Nebenabreden betrachtet werden. Ausgenommen vom Nebenabredenprivileg seien Lizenzverträge zwischen den Gründerunternehmen.[157]

37 Ein weiterer Fall von **Nebenabreden**, die vom Anwendungsbereich des Art. 101 Abs. 1 AEUV ausgenommen werden, bilden Verträge über gewerbliche Schutzrechte und Know-how iRv **Werk-, insbesondere Zulieferverträgen**. Hierzu bezieht die Kommission in ihrer Bekanntmachung zur Beurteilung von Zulieferverträgen aus dem Jahr 1978 Stellung.[158] Es geht hierbei um Zulieferverträge,[159] bei denen der Auftraggeber dem Zulieferer, damit dieser nach Weisung des Auftraggebers bestimmte Leistungen erbringen kann, besondere Kenntnisse und Betriebsmittel zur Verfügung stellen muss. Der Auftraggeber könne hierbei daran interessiert sein, die Nutzung der Kenntnisse und Betriebsmittel auf die Erfüllung des geschlossenen Vertrags zu beschränken, damit ihm der wirtschaftliche Wert erhalten bleibt.[160] Nach Auffassung der Kommission sind solche Verträge vom Anwendungsbereich des Art. 101 Abs. 1 AEUV nicht erfasst, in denen die zur Verfügung gestellten Kenntnisse und Betriebsmittel nur zum Zweck der Vertragserfüllung genutzt werden dürfen, diese Dritten nicht zur Verfügung gestellt werden dürfen oder die mit ihrer Hilfe hergestellten Erzeugnisse und erbrachten Dienst- und Arbeitsleistungen nur für den Auftraggeber bestimmt sind oder nur für seine Rechnung ausgeführt werden dürfen. Dies gelte, soweit die Kenntnisse und Betriebsmittel erforderlich sind, um den Zulieferer dazu in die Lage zu versetzen, unter angemessenen Bedingungen nach den Weisungen des Auftraggebers die geschuldeten Leistungen zu erbringen. Regelmäßig soll keine Wettbewerbsbeschränkung gegeben sein, wenn der Zulieferer gewerbliche Schutzrechte und Know-how des Auftraggebers benutzt.[161] Des Weiteren sollen Vereinbarungen nicht unter Art. 101 Abs. 1 AEUV fallen, in denen sich die Vertragspartner verpflichten, geheime Kenntnisse oder Herstellungsverfahren sowie vertrauliche Informationen nicht preiszugeben, und Vereinbarungen, die den Zulieferer verpflichten, die geheimen Kenntnisse und Herstellungsverfahren auch nach der Vertragslaufzeit nicht selbst zu verwerten sowie dem Auftraggeber während der Vertragserfüllung gefundene technische Verbesserungen auf nichtausschließlicher Basis mitzuteilen und ihm nichtausschließliche Lizenzen hieran zu gewähren. Sogar ausschließliche Lizenzen sollen möglich sein, wenn die vom Zulieferer gefundenen Verbesserungen nicht ohne Benutzung der Kenntnisse oder des Grundpatents des Auftraggebers genutzt werden können. Eine Verpflichtung jedoch, die das Verfü-

---

[154] Bekanntmachung „Nebenabreden" Rn. 28.
[155] Bekanntmachung „Nebenabreden" Rn. 28 ff.
[156] Bekanntmachung „Nebenabreden" Rn. 42.
[157] Bekanntmachung „Nebenabreden" Rn. 43.
[158] Bek. der Kom. v. 18.12.1978 über die Beurteilung von Zulieferverträgen nach Artikel 85 Absatz 1 des Vertrages zur Gründung der Europäischen Wirtschaftsgemeinschaft, ABl. 1979 C 1, 2.
[159] Das sind nach der Definition der Bek. der Kom. v. 18.12.1978 über die Beurteilung von Zulieferverträgen nach Artikel 85 Absatz 1 des Vertrages zur Gründung der Europäischen Wirtschaftsgemeinschaft ABl. 1979 C 1, 2 Rn. 1 Verträge, durch die ein Unternehmen (Auftraggeber) ein anderes Unternehmen (Zulieferer) beauftragt, nach seinen Weisungen Erzeugnisse herzustellen, Dienstleistungen zu erbringen oder Arbeiten zu verrichten, die für den Auftraggeber bestimmt sind oder für seine Rechnung ausgeführt werden.
[160] Bek. der Kom. v. 18.12.1978 über die Beurteilung von Zulieferverträgen nach Artikel 85 Absatz 1 des Vertrages zur Gründung der Europäischen Wirtschaftsgemeinschaft, ABl. 1979 C 1, 2 Rn. 1.
[161] Bek. der Kom. v. 18.12.1978 über die Beurteilung von Zulieferverträgen nach Artikel 85 Absatz 1 des Vertrages zur Gründung der Europäischen Wirtschaftsgemeinschaft, ABl. 1979 C 1, 2 Rn. 2.

gungsrecht des Zulieferers über künftige, selbständig verwertbare Ergebnisse seiner eigenen Forschungs- und Entwicklungsarbeit betrifft, soll unter Art. 101 Abs. 1 AEUV fallen.[162]

4. Die Horizontalleitlinien und Vereinbarungen über Rechte geistigen Eigentums, insbesondere Vereinbarungen über Normen. Während früher die Bekanntmachung der Kommission über zwischenbetriebliche Zusammenarbeit vom 29.7.1968[163] noch spezielle Hinweise zur Beurteilung von Lizenzverträgen nach dem europäischen Kartellrecht enthielt, ist diese Bekanntmachung durch die **Leitlinien über horizontale Zusammenarbeit**[164] ersetzt worden, die mittlerweile in einer neuen Fassung von 2011 vorliegen.[165] Die Leitlinien ihrerseits enthalten auch einige Hinweise zur Bewertung der Lizenzierung und Übertragung von Rechten des geistigen Eigentums in bestimmten Konstellationen. So definieren die Leitlinien in Rn. 116–118 den Technologiemarkt, also den Markt für die Lizenzierung und Übertragung von Rechten des geistigen Eigentums, um die Auswirkungen von FuE-Vereinbarungen auf diesen Markt beurteilen zu können. Des Weiteren behandeln die Leitlinien in Rn. 127 ff. die kartellrechtliche Bewertung von FuE-Vereinbarungen, die u.a. auch eine gemeinsame Verwertung in Form einer Lizenzierung an Dritte umfassen können (so auch Art. 1 Abs. 1 lit. a Ziff. ii FuE-GVO). Während sich die Beurteilung der Vereinbarung über die Verwertung der Ergebnisse gemeinsamer FuE, auch in der Form der Lizenzierung an Dritte, nach der FuE-GVO bzw. den Horizontalleitlinien richtet, sind die mit den Dritten abgeschlossenen Lizenzvereinbarungen jedoch nach der TT-GVO bzw. nach den hierzu ergangenen **Leitlinien zu Technologietransfer-Vereinbarungen** zu beurteilen.[166] IÜ regelt Art. 2 Abs. 2 **FuE-GVO**[167] die Freistellung von Bestimmungen in FuE-Vereinbarungen, die nicht den eigentlichen Gegenstand solcher Vereinbarungen bilden, die aber mit deren Durchführung unmittelbar verbunden und für diese notwendig sind. Hierunter kann natürlich auch die Lizenzierung geistigen Eigentums und die Übertragung von Know-how zum Zwecke gemeinsamer FuE fallen (→ Rn. 86 f.).

Einen Schwerpunkt legt die Kommission in ihren Horizontalleitlinien auf die kartellrechtliche Bewertung von **Vereinbarungen über Normen bzw. Standards.**[168] Insoweit besteht ein Zusammenhang zum Technologietransfer, da Technologien in Technologiepools (also Vereinbarungen, bei denen zwei oder mehr Parteien ein Technologiepaket zusammenstellen, das nicht nur an Mitglieder des Pools, sondern auch an Dritte in Lizenz vergeben wird[169]) als Ganzes oder in Teilen einen de facto oder de jure bestehenden Industriestandard unterstützen können.[170] Allerdings besteht, wie die Kommission in ihren Leitlinien zu Technologietransfer-Vereinbarungen anerkennt, keine unmittelbare bzw. zwingende Verbindung zwischen einem Technologiepool und einem bestimmten Industriestandard.[171] Zudem können unterschiedliche Technologiepools konkurrierende Standards unterstützen.[172] Hinsichtlich Technologien in Technologiepools, die einen Industriestandard unterstützen, verweist die Kommission nunmehr in den Leitlinien zu Technologietransfer-Vereinbarungen von 2014 auf die entsprechenden Ausführungen zu Standards und Standardisierungsvereinbarungen in den Horizontalleitlinien.[173] Die Kommission hat im März 2022 einen Entwurf neuer Horizontalleitlinien vorgelegt und eine entsprechende Konsultation eingeleitet. Die Ausführungen zu Standardisierungsvereinbarungen im vorliegenden Entwurf decken sich jedoch weitestgehend mit denjenigen in den aktuellen Horizontalleitlinien.[174] Zudem ergänzen die Leitlinien die Definition von „wesentlichen" bzw. nunmehr sogenannten „essenziellen" in einem Pool zusammengeführten Technologien um Fälle, in denen die zusammengeführten Technologien einen Standard bilden. In diesen Fällen seien Technologien essenziell, wenn sie einen notwendigen Bestandteil der zusammengeführ-

---

[162] Bek. der Kom. v. 18.12.1978 über die Beurteilung von Zulieferverträgen nach Artikel 85 Absatz 1 des Vertrages zur Gründung der Europäischen Wirtschaftsgemeinschaft, ABl. 1979 C 1, 2 Rn. 3.
[163] Bek. über Vereinbarungen, Beschlüsse und aufeinander abgestimmte Verhaltensweisen, die eine zwischenbetriebliche Zusammenarbeit betreffen, ABl. 1968 C 75, 3, korrigiert durch ABl. 1968 C 93, 3.
[164] Bek. der Kom., Leitlinien zur Anwendbarkeit von Artikel 81 EG-Vertrag auf Vereinbarungen über horizontale Zusammenarbeit, ABl. 2001 C 3, 2.
[165] Leitlinien „horizontale Zusammenarbeit".
[166] Leitlinien „Technologietransfer" Rn. 74.
[167] VO (EU) Nr. 1217/2010, ABl. 2010 L 335, 36, gültig bis zum 31.12.2022.
[168] Leitlinien „horizontale Zusammenarbeit" Rn. 257–335.
[169] Leitlinien „Technologietransfer" Rn. 244.
[170] Leitlinien „Technologietransfer" Rn. 245.
[171] Leitlinien „Technologietransfer" Rn. 245.
[172] Leitlinien „Technologietransfer" Rn. 245 sowie Pressemitteilung IP/02/1651 der Kom. zur Vergabe von Patenten für Mobilfunkdienste der dritten Generation.
[173] Leitlinien „horizontale Zusammenarbeit" Rn. 257 ff.
[174] Mitt. der Kom., Approval of the content of a draft for a Communication from the Commission, Guidelines on the applicability of Article 101 of the Treaty on the Functioning of the European Union to horizontal co-operation agreements, 1.3.2022, C(2022) 1159 final.

ten Technologien bilden (dh es gibt keine tragfähigen Substitute), die für die Erfüllung des vom Pool unterstützten Standards unerlässlich sind.[175]

40 Der **Zweck von Vereinbarungen über Normen** ist primär in der Festlegung technischer oder qualitätsbezogener Anforderungen an bestehende oder zukünftige Produkte, Dienstleistungen oder sonstige Verfahren zu sehen. Auch die Bedingungen des Zugangs zu einem bestimmten Gütezeichen können als Norm iSd Horizontalleitlinien qualifiziert werden.[176] Vereinbarungen über die Vorbereitung und Ausarbeitung technischer Normen unterliegen dem Kartellrecht, wenn die Beteiligten (bspw. die nach der Richtlinie 98/34/EG anerkannten europäischen Normenorganisationen) als Unternehmen oder Unternehmensvereinigungen agieren, nicht jedoch, wenn es sich um die Ausübung hoheitlicher Befugnisse handelt.[177] Die Kommission führt in ihren Horizontalleitlinien aus, dass Vereinbarungen über Normen wettbewerbliche Wirkungen auf vier verschiedenen Märkten, nämlich auf Produkt-/Dienstleistungsmärkten, Technologiemärkten, Normungsmärkten und Prüfungs-/Zertifizierungsmärkten, entfalten könnten.[178] IRd kartellrechtlichen Bewertung von Vereinbarungen über Normen erkennt die Kommission einerseits die vielfältigen **positiven Wettbewerbseffekte von Normen** an: Neben der Verwirklichung des EU-Binnenmarkts durch die Integration nationaler Märkte könnten Normen u.a. zu Vorteilen für die Verbraucher in Form der Herstellung von Interoperabilität bzw. Kompatibilität von Technologien und Produkten, der Entwicklung neuer, besserer Produkte, der Aufrechterhaltung von Qualität und der Verbesserung von Lieferbedingungen führen. Normen könnten daher wettbewerbsfördernd wirken und Effizienzgewinne durch Kosteneinsparungen, niedrigere Verkaufspreise und verbesserte Produkte hervorbringen.[179] Allerdings können Normen auch **wettbewerbsbeschränkende Wirkungen** haben. Als mögliche nachteilige Wirkungen von Normen kommen nach den Leitlinien eine potentielle Verringerung des Preiswettbewerbs als Folge von Absprachen iRd Normung, Marktverschließung für neue innovative Lösungen (Beschränkung des „Intertechnologie-Wettbewerbs") sowie die Erschwerung des effektiven Zugangs zu Normen für interessierte Dritte in Betracht.[180] Ist für die Einführung und Anwendung einer Norm die Lizenzierung eines Schutzrechts erforderlich, könne der Rechtsinhaber in der Lage sein, die Kontrolle über die Norm zu erlangen und, wenn die Norm eine Marktzutrittsschranke darstellt, den nachgelagerten Produkt- oder Dienstleistungsmarkt zu kontrollieren. Diese Position könne in wettbewerbswidriger Weise ausgenutzt werden, indem der Inhaber des Schutzrechts die Erteilung von Lizenzen generell verweigert oder überhöhte bzw. diskriminierende Lizenzentgelte fordert, die den effektiven Zugang zu der Norm verhindern. Allerdings stellen die Leitlinien klar, dass, selbst wenn die Festlegung einer Norm die Marktmacht von Inhabern von Rechten des geistigen Eigentums, die für die Norm erforderlich sind, begründen oder verstärken kann, dies noch nicht bedeute, dass die Inhaberschaft oder die Ausübung der Rechte des geistigen Eigentums schon Besitz oder Ausübung von Marktmacht gleichkommen muss. Vielmehr handele es sich bei der Feststellung von Marktmacht um eine Einzelfallprüfung.[181]

41 **Normenvereinbarungen** können nach den Leitlinien **Wettbewerbsbeschränkungen** iSd Art. 101 Abs. 1 AEUV **bezwecken**, wenn sie bspw. objektiv darauf abzielen, bestimmte Produkte vom Markt oder Technologien von der Norm fern zu halten. Auch Normvereinbarungen, die Absprachen über Preise für nachgelagerte Produkte, für substituierbare Technologien oder für substituierbares geistiges Eigentum unter dem Deckmantel der Offenlegung der wesentlichen Rechte des geistigen Eigentums oder der restriktivsten Lizenzbedingungen (zur grundsätzlichen Zulässigkeit dieser Offenlegungen → Rn. 38 f.) darstellen, bezwecken Wettbewerbsbeschränkungen.[182]

42 Ob eine Normung eine **Wettbewerbsbeschränkung bewirkt,** sei nach den Umständen des Einzelfalls zu beurteilen. Wenn keine Marktmacht, sondern wirksamer Wettbewerb zwischen verschiedenen freiwillig vereinbarten Normen besteht, seien Wettbewerbsbeschränkungen unwahrscheinlich.[183] Hinsichtlich Normvereinbarungen, die zu Marktmacht führen könnten, schaffen die Leitlinien einen **Safe Harbour.** Normvereinbarungen fallen dann in den Safe Harbour, dh es wird

---

[175] Mitt. der Kom., Leitlinien zur Anwendung von Artikel 101 AEUV auf Technologietransfer-Vereinbarungen, ABl. 2014 C 89, 3, 46, 11, Rn. 252 sowie → Rn. 45.
[176] Leitlinien „horizontale Zusammenarbeit" Rn. 257.
[177] Leitlinien „horizontale Zusammenarbeit" Rn. 258.
[178] Leitlinien „horizontale Zusammenarbeit" Rn. 261.
[179] Leitlinien „horizontale Zusammenarbeit" Rn. 263.
[180] Leitlinien „horizontale Zusammenarbeit" Rn. 264–268; vgl. auch Missbrauchsfälle im Normungszusammenhang Kom. ABl. 2010 C 30, 17 – Rambus; Kom. MEMO/09/516 – Qualcomm; Kom. MEMO/09/549 – IPCom.
[181] Leitlinien „horizontale Zusammenarbeit" Rn. 269.
[182] Leitlinien „horizontale Zusammenarbeit" Rn. 273.
[183] Leitlinien „horizontale Zusammenarbeit" Rn. 277.

davon ausgegangen, dass keine Wettbewerbsbeschränkung vorliegt, wenn sie vier Voraussetzungen erfüllen.[184] Zum einen müsse die Normenorganisation die **uneingeschränkte Beteiligung** aller Wettbewerber auf den von der Norm betroffenen Märkten am Normungsprozess sicherstellen. Die Regelungen der Beteiligung müssten den Grundsätzen der Objektivität und Diskriminierungsfreiheit genügen.[185] Zweitens müsse die Normenorganisation das Verfahren für die Annahme der betreffenden Norm **transparent** gestalten. Die relevanten Akteure müssten sich über die geplante, laufende und abgeschlossene Normungsarbeit informieren können.[186] Drittens dürfe **keine Verpflichtung zur Einhaltung der Norm** bestehen.[187] Viertens müsse der effektive **Zugang zu der Norm zu fairen, zumutbaren und diskriminierungsfreien Bedingungen** gewährleistet werden. Hierzu solle, wenn die Norm Rechte des geistigen Eigentums betrifft, ein **klares, ausgewogenes und auf Rechte des geistigen Eigentums ausgelegtes Konzept, das auf die betreffende Branche und den Bedarf der jeweiligen Normenorganisation zugeschnitten** ist, eingeführt und angewandt werden. Dieses Konzept müsse u.a. vorsehen, dass die Beteiligten, deren geistige Eigentumsrechte Bestandteil der Norm werden sollen, vor der Annahme der Norm eine **unwiderrufliche, schriftliche Verpflichtung** abgeben, Dritten zu fairen, zumutbaren und diskriminierungsfreien (fair, reasonable and non-discriminatory – abgekürzt FRAND) Bedingungen Lizenzen für die betreffenden Rechte zu erteilen **(FRAND-Selbstverpflichtung)**.[188] So hat bspw. die europäische Normungsorganisation ETSI eine solche Verpflichtung in Art. 6.1 ETSI IPR-Policy[189] etabliert. Zudem soll das Konzept gemäß den Leitlinien vorsehen, dass der Rechteinhaber gewisse Technologien vom Normungsprozess und somit von der FRAND-Verpflichtung ausschließen kann, wenn dieser Ausschluss zu einem frühen Zeitpunkt der Normentwicklung erfolgt („Freistellung von pauschaler FRAND-Selbstverpflichtung").[190] Hierdurch werde sichergestellt, dass der Rechteinhaber mit den freiwillig ausgenommenen Technologien nicht gebunden ist und (auch) mit diesen in Wettbewerb zu der Norm treten kann. Da der Ausschluss zu einem frühen Zeitpunkt des Normungsprozesses erfolgt, werde zudem gewährleistet, dass der Rechteinhaber den fortgeschrittenen Prozess nicht einseitig blockieren kann. Schließlich müsse der Rechteinhaber dafür Sorge tragen, dass auch für Rechtsnachfolger, auf die er die in Frage stehenden Rechte überträgt, die FRAND-Selbstverpflichtung gilt.[191] Hinsichtlich der Einhaltung der FRAND-Grundsätze sei es nicht erforderlich, dass die Normenorganisation diese selbst prüft, vielmehr müssten die beteiligten Rechteinhaber sicherstellen, dass die Lizenzbedingungen und die Gebühren die FRAND-Voraussetzungen erfüllen.[192] Die entscheidende Frage, wie die angemessene Höhe einer Lizenzgebühr zu FRAND-Bedingungen konkret zu berechnen ist,[193] lässt die Kommission in ihren Horizontalleitlinien weitgehend offen.[194] Jedenfalls müsse die Lizenzgebühr in einem angemessenen Verhältnis zum wirtschaftlichen Wert des Schutzrechts stehen, für die Festlegung biete sich zB der Vergleich der jeweils in Rechnung gestellten Lizenzgebühren vor und nach dem Inkrafttreten der Norm an. Als weitere Methoden werden die Einholung eines unabhängigen Expertengutachtens, ggf. die Heranziehung von vorab iRd Normungsprozesses offengelegten Lizenzbedingungen und der Vergleich mit Gebührensätzen für dasselbe Recht des geistigen Eigentums bei vergleichbaren Normen genannt. Eine kostenbezogene Methode sei wegen der Schwierigkeit der Berechnung der mit der Entwicklung von geistigen Eigentumsrech-

---

[184] Leitlinien „horizontale Zusammenarbeit" Rn. 280.
[185] Leitlinien „horizontale Zusammenarbeit" Rn. 281.
[186] Leitlinien „horizontale Zusammenarbeit" Rn. 282.
[187] Leitlinien „horizontale Zusammenarbeit" Rn. 280, 293.
[188] Leitlinien „horizontale Zusammenarbeit" Rn. 283–285.
[189] ETSI Intellectual Property Rights Policy (Annex 6) 2018, abrufbar unter https://www.etsi.org/images/files/IPR/etsi-ipr-policy.pdf, zuletzt abgerufen am 29.3.2023.
[190] Leitlinien „horizontale Zusammenarbeit" Rn. 285.
[191] Leitlinien „horizontale Zusammenarbeit" Rn. 285.
[192] Leitlinien „horizontale Zusammenarbeit" Rn. 289 f.
[193] Vgl. Fröhlich GRUR 2008, 205 (212).
[194] In ihrem Begleitmemo zu den Entscheidungen v. 29.4.2014 Case AT.39985 – Motorola – Enforcement of GPRS standard essential patents und Case AT.39939 – Samsung – Enforcement of UMTS standard essential patents weist die Kom. vielmehr darauf hin, dass sie hierzu zwar keine allgemeingültigen Vorgaben machen wird und führt aus: „The Commission believes that courts and arbitrators are well-placed to set FRAND rates in cases of disputes." Sie bietet allerdings den nationalen Gerichten an, die Kommission um Rat bei der Auslegung des EU-Kartellrechts zu bitten, wovon das Landgericht Mannheim bereits Gebrauch gemacht hat, s. Kom. MEMO v. 29.4.2014, Antitrust decisions on standard essential patents (SEPs) – Motorola Mobility and Samsung Electronics – Frequently asked questions, MEMO/14/322, 3; zu beiden Kom.-Entscheidungen Jakobs NZKart 2014, 394 (395); s. auch European Commission Communication COM(2017) 712 on Setting out the EU approach to Standard Essential Patents, 7, bezüglich der Bestimmung von Lizenzgebühren zu FRAND-Bedingungen.

ten verbundenen Kosten grds. weniger geeignet.[195] Der Entwurf der überarbeiteten Horizontalleitlinien enthält ebenfalls nicht eine einzige geeignete Methode, die Lizenzgebühr zu FRAND-Bedingungen zu berechnen, sondern schlägt verschiedene Methoden und Herangehensweisen vor.[196]

43 Der BGH lehnte es, ähnlich wie auch der EuGH in seiner wegweisenden Huawei Entscheidung, ab, eine genaue Lizenzgebühr unter FRAND-Bedingungen festzulegen.[197] Der Nutzer eines standardessentiellen Patents („SEP") müsse vielmehr dem Patentinhaber aktiv seine ausdrückliche Bereitschaft und den Willen anzeigen, eine Lizenz zu FRAND-Bedingungen abzuschließen und selbst dem Patentinhaber ein entsprechendes Angebot zu FRAND-Bedingungen unterbreiten.[198] Ob ein vorgelegtes Angebot bzw. ein entsprechendes Gegenangebot des Eigentümers eines standardessentiellen Patents tatsächlich FRAND-Bedingungen entspricht, ist jedoch fast immer umstritten. Die praxisrelevante Frage, ob eine gegenüber einer Normungsorganisation abgegebene FRAND-Selbstverpflichtung einen vertraglichen Anspruch auf die Erteilung einer Lizenz zu FRAND-Bedingungen zugunsten eines Dritten etabliert,[199] ist weiterhin umstritten, bestimmt sich grds. nach dem Zivilrecht der jeweiligen Mitgliedstaaten sowie der Auslegung der jeweiligen FRAND-Selbstverpflichtung.[200]

44 Da die Kommission das bestehende System für die Lizenzierung von Standard Essential Patents (SEPs) als ineffektiv und durch teils abweichende Rechtsprechung in den Mitgliedstaaten als rechtsunsicher ansieht, plant sie bis Ende 2022 eine gesetzliche Initiative, mit der ein harmonisierter Regelungsrahmen geschaffen werden soll. Die Gesetzesinitiative soll die Reform der Horizontalleitlinien ergänzen und ist damit relevant für die künftige kartellrechtliche Beurteilung von Vereinbarungen über die Übertragung und Lizenzierung von Rechten des geistigen Eigentums und Normenvereinbarungen. Im Rahmen der Gesetzesinitiative sollen insbesondere die bestehenden Rechtsunsicherheiten hinsichtlich des Konzepts und der Bestimmung von FRAND-Bedingungen beseitigt werden, um die effiziente Lizenzierung der schnell anwachsenden Anzahl von essentiellen Industriestandards zu gewährleisten.

45 Schließlich soll das Konzept für Rechte des geistigen Eigentums die Mitglieder der Normenorganisation zur **gutgläubigen Offenlegung** derjenigen Rechte des geistigen Eigentums verpflichten, die für die Anwendung einer in Ausarbeitung befindlichen Norm erforderlich sein könnten, wobei es ausreichen soll, dass Beteiligte hinsichtlich bestimmter Technologien erklären, dass sie wahrscheinlich Rechte des geistigen Eigentums geltend machen werden. Diese Offenlegung diene dem Zweck, dass die Branche eine fundierte Entscheidung im Hinblick auf die in die Norm aufzunehmenden Technologien treffen kann und sich so bspw. für schutzrechtsfreie Technologien anstelle von durch geistige Eigentumsrechte geschützte Technologien entscheiden kann. Die potentiellen Auswirkungen auf den Endpreis des Normungsergebnisses und die Bereitschaft der Rechteinhaber zur Lizenzierung der Technologie sollen für den Fall der Aufnahme der Technologie in die Norm vorab beurteilt werden können.[201]

46 Wenn Vereinbarungen **nicht** in den **beschriebenen Safe Harbour** fallen, bedeutet dies noch nicht, dass die Normvereinbarung eine Wettbewerbsbeschränkung bewirkt. Vielmehr sind die Umstände des Einzelfalls zu prüfen. Der Entwurf der neuen Horizontalleitlinien bestätigt, dass ein Nichterfüllen der Bedingungen für den beschriebenen Safe Harbour noch keine Vermutung einer bewirkten Wettbewerbsbeschränkung begründet, sondern lediglich eine Einzelfallprüfung nach

---

[195] Leitlinien „horizontale Zusammenarbeit" Rn. 289; in diesem Zusammenhang ist allgemein zu beachten, dass die Vereinbarung einer Gebühr zu FRAND-Bedingungen in einer Lizenzvereinbarung für das Zustandekommen eines Vorvertrags uU zu unbestimmt sein kann, vgl. OLG Karlsruhe WuW/E DE-R 3347 ff.
[196] Mitteilung „Genehmigung Leitlinien horizontale Zusammenarbeit 2022" Rn. 474 ff.
[197] Vgl. BGH GRUR 2020, 961.
[198] Vgl. BGH GRUR 2020, 961.
[199] Vgl. Straus GRUR-Int 2011, 469 (476), der nach französischem Recht eine „stipulation pour autrui" (Vertrag zu Gunsten Dritter) annimmt.
[200] Ist der Rechteinhaber marktbeherrschend, kann es nach der Rechtsprechung des EuGH (16.7.2015 – C-170/13 Rn. 44 ff. – Huawei Technologies/ZTE u.a.) einen Missbrauch der marktbeherrschenden Stellung iSv Art. 102 AEUV darstellen, wenn sich der Patentinhaber im Rahmen einer FRAND-Verpflichtung bereit erklärt hat, die Patente zu Bedingungen zu lizenzieren, die „fair, reasonable and non-discriminatory" sind, und dennoch patentrechtliche Unterlassungs- oder Beseitigungsansprüche gegenüber einem Gegner im Zivilverfahren geltend macht, der sich bereit erklärt hat, eine Lizenz zu FRAND-Bedingungen zu akzeptieren. Die vom EuGH entwickelten Voraussetzungen legt auch die neuere obergerichtliche Rechtsprechung in Deutschland zugrunde (bspw. OLG Düsseldorf 30.3.2017 – I-15 U 66/15); s. auch schon Kom., AT.39985 – Motorola – Enforcement of GPRS standard essential patents (vgl. auch die ähnliche Konstellation in der Entscheidung der Kom. v. 29.4.2014 Case AT.39939 – Samsung – Enforcement of UMTS standard essential patents); zur deutschen Rechtsprechung s. auch BGH GRUR 2020, 961.
[201] Leitlinien „horizontale Zusammenarbeit" Rn. 268, 60 Rn. 286.

Art. 101 Abs. 1, Abs. 3 AEUV erforderlich macht.[202] Zu beachten ist bei dieser Prüfung gemäß den Leitlinien u.a., ob die Beteiligten weiterhin frei bleiben, andere Normen oder Produkte zu entwickeln, der Zugang zu der Norm (als maßgebliches Kriterium), die Möglichkeit und der Umfang der Mitwirkung am Normungsprozess, die Marktanteile der auf der betreffenden Norm basierenden Waren und Dienstleistungen, die Diskriminierungsfreiheit der Normvereinbarungen und die Art der Offenlegung von Rechten des geistigen Eigentums iRd Normungsprozesses zwecks Gewährung des effektiven Zugangs zu der Norm.[203] Begrüßenswert ist in diesem Zusammenhang, dass die Kommission eine Offenlegung der restriktivsten Lizenzbedingungen durch die Rechteinhaber vor Annahme der Norm ausdrücklich als grds. mit Art. 101 Abs. 1 AEUV vereinbar erklärt. Eine unilaterale, vorherige Offenlegung der restriktivsten Lizenzbedingungen ermögliche den Normorganisationen eine fundierte Entscheidung betreffend die in die Norm aufzunehmenden Technologien nicht nur in technischer, sondern auch in preislicher Hinsicht. Allerdings dürfe eine solche Offenlegung nicht als Deckmantel für eine verdeckte Preisabsprache dienen.[204]

47 Sollte anhand dieser Grundsätze festgestellt werden, dass die Normvereinbarung wettbewerbsbeschränkende Wirkungen hat, kommt eine **Freistellung nach Art. 101 Abs. 3 AEUV** in Betracht. Gemäß den Leitlinien ist bei der Prüfung von **Effizienzgewinnen** u.a. zu beachten, dass Normen die Marktintegration erleichtern und so zu einem größeren Produktangebot und zu niedrigeren Preisen für die Verbraucher beitragen können. Zudem könnten Normen technische Interoperabilität und Kompatibilität schaffen und so verhindern, dass Abnehmer an einen bestimmten Anbieter gebunden sind. Wenn Normen auf horizontaler Ebene die Kompatibilität zwischen verschiedenen Technologieplattformen sicherstellen, seien Effizienzgewinne wahrscheinlich. Normen könnten zu niedrigeren Transaktionskosten, verbesserter Produktqualität, einer erleichterten Produktwahl für die Verbraucher und zur Förderung der Innovation beitragen. Die Auswirkungen auf die Innovationstätigkeit seien jedoch in jedem Einzelfall zu untersuchen. Um Nutzen aus diesen Effizienzgewinnen ziehen zu können, müssten potentiellen neuen Marktteilnehmern die für die Normanwendung erforderlichen Informationen zur Verfügung stehen.[205] Im Hinblick auf das Freistellungserfordernis der **Unerlässlichkeit** der Beschränkung weisen die Leitlinien darauf hin, dass die Beteiligung an der Normierung grds. allen Wettbewerbern auf den von der Norm betroffenen Märkten offenstehen soll, es sei denn, die Parteien weisen nach, dass dies ineffizient wäre, oder es sind anerkannte Verfahren zur kollektiven Interessenwahrnehmung vorgesehen. Zudem solle die Normsetzung, wenn nur eine (einzige) technologische Lösung im Interesse der Verbraucher bzw. der Gesamtwirtschaft liegt, diskriminierungsfrei erfolgen. Hinsichtlich Normen, die Rechte des geistigen Eigentums enthalten, sind zudem bestimmte Grundsätze zu beachten, die auch allgemein für Technologiepools gelten (→ Rn. 43 ff.). So sei es grds. nicht unerlässlich und mithin iRd Art. 101 Abs. 3 AEUV unzulässig, substituierbare Rechte des geistigen Eigentums als wesentliche Bestandteile in die Norm einzubeziehen und von den Nutzern der Norm zu verlangen, mehr für diese Rechte zu zahlen, als technisch (wegen der Substituierbarkeit) erforderlich wäre. Auch die Beschränkung der Nutzung solcher Technologien auf die bestimmte Norm wäre im Falle der Einbeziehung von substituierbaren Rechten des geistigen Eigentums als wesentliche Bestandteile einer Norm nicht zur Erzielung der Effizienzgewinne unerlässlich und würde den Wettbewerb zwischen den Technologien beschränken. Prinzipiell nicht unerlässlich sei auch die Verpflichtung der Verwendung einer Norm für eine Branche. Schließlich seien Normvereinbarungen, die bestimmten Einrichtungen das ausschließliche Recht übertragen, die Normkonformität zu überprüfen, nur in bestimmten Fällen freistellungsfähig, wenn die Ausschließlichkeit bspw. für einen bestimmten Zeitraum gilt, um Anlaufkosten zu amortisieren. In diesem Fall müssten jedoch bestimmte Schutzklauseln vorgesehen sein, um Wettbewerbsrisiken zu minimieren, bspw. eine zumutbare und angemessene Zertifizierungsgebühr.[206] Schließlich müssen die erzielten Effizienzgewinne in angemessenem Umfang **an die Verbraucher weitergegeben werden**[207] und die Vereinbarungen dürfen es den Beteiligten **nicht ermöglichen, den Wettbewerb für einen wesentlichen Teil der betreffenden Waren und Dienstleistungen auszuschalten** (etwa bei Verweigerung des Zugangs zu einer De-facto-Norm für Dritte).[208]

48 **5. Exkurs: Technologiepools.** Wenn Normen Rechte des geistigen Eigentums enthalten, handelt es sich grds. auch um **Technologiepools,** dh Vereinbarungen, bei denen zwei oder mehrere

---

[202] Mitt. der Kom., Approval of the content of a draft for a Communication from the Commission, Guidelines on the applicability of Article 101 of the Treaty on the Functioning of the European Union to horizontal co-operation agreements, 1.3.2022, ABl. 2022 C 164, 1 Rn. 40 ff.
[203] Leitlinien „horizontale Zusammenarbeit" Rn. 292 ff.
[204] Leitlinien „horizontale Zusammenarbeit" Rn. 299.
[205] Leitlinien „horizontale Zusammenarbeit" Rn. 308 ff.
[206] Leitlinien „horizontale Zusammenarbeit" Rn. 315 ff.
[207] S. hierzu Leitlinien „horizontale Zusammenarbeit" Rn. 321.
[208] S. hierzu Leitlinien „horizontale Zusammenarbeit" Rn. 321.

Parteien ein Technologiepaket zusammenstellen, das nicht nur an die Mitglieder des Pools, sondern auch an Dritte in Lizenz vergeben wird.[209] Für diese Normen gelten dann ergänzend die Ausführungen der Kommission in den Technologietransfer-Leitlinien zu Technologiepools.[210] Die Technologietransfer-Leitlinien behandeln Technologiepools im Allgemeinen, dh sie beschränken sich nicht auf Normvereinbarungen mit geistigen Eigentumsrechten.

49 Vereinbarungen zur Gründung und zur Festlegung der Funktionsweise von Technologiepools werden ausschließlich von den Leitlinien behandelt und fallen nicht unter die TT-GVO. Da die Mitglieder des Pools die Lizenzvergabe an Dritte auf Lizenzgeberseite grds. gemeinsam festlegen, wird nach den Leitlinien von 2014 eine derartige Lizenzvereinbarung idR als Mehrparteien-Vereinbarung betrachtet. Daher falle auch ein solcher Lizenzvertrag nicht unter die TT-GVO, sondern unter die in den Rn. 261, 266 ff. der Leitlinien dargelegten Grundsätze.[211] Nach den Vorgänger-Leitlinien von 2004 fielen Lizenzvereinbarungen zwischen einem Pool und Dritten noch in den Anwendungsbereich der TT-GVO.[212] Die diesbezügliche Änderung wurde nunmehr in Erwägungsgrund 7 der TT-GVO[213] aufgenommen und beruht auf der Ermächtigungsgrundlage für die TT-GVO in der VO/EWG Nr. 19/65, die nur eine Gruppenfreistellung für Vereinbarungen zwischen zwei Unternehmen vorsieht.[214] In diesem Zusammenhang ist zu beachten, dass die TT-GVO jedenfalls dann auf eine Lizenzvergabe durch den Pool anwendbar bleibt, wenn es sich bei dem Pool ausnahmsweise um ein Vollfunktionsgemeinschaftsunternehmen handelt (→ Art. 1 Rn. 50).

50 Die Leitlinien schaffen für die Bildung und Verwaltung des Pools sowie für die Lizenzvergabe durch den Pool einen sog **Safe Harbour.** Danach liegt grds. kein Verstoß gegen Art. 101 Abs. 1 AEUV vor, wenn sieben Voraussetzungen kumulativ erfüllt sind. Es muss gewährleistet werden, dass die Poolgründung allen interessierten Parteien **offensteht.**[215] Des Weiteren müssen ausreichende Vorkehrungen getroffen werden, um die **ausschließliche Bündelung von sog essenziellen Technologien** sicherzustellen.[216] Eine Technologie ist essenziell, wenn es innerhalb oder außerhalb des Pools keine Substitute gibt, die Technologie aber notwendiger Bestandteil des jeweiligen Technologiepakets ist, da sie für die Herstellung der Produkte oder die Anwendung der Verfahren unerlässlich ist.[217] Eine Technologie ist auch essenziell (sog standard-essenzielle Technologie), wenn sie einen notwendigen Bestandteil der zusammengeführten Technologien darstellt (dh es gibt keine tragfähigen Substitute), die für die Erfüllung eines von einem Pool unterstützten Standards unerlässlich sind.[218] Essenzielle Technologien sind immer gleichzeitig ergänzende Technologien (zu der Unterscheidung zwischen ergänzenden und substituierbaren Technologien → Rn. 51 f.).[219] Für die Prüfung, ob in den Pool ausschließlich essenzielle Technologien aufgenommen werden, seien grds. unabhängige externe Sachverständige zu bestellen.[220] In diesem Zusammenhang müssten die Sachverständigen auch überprüfen, ob es sich um gültige Schutzrechte handelt.[221] Zudem müsse der essenzielle Charakter der Technologien auch noch nach der Gründung des Pools geprüft werden, da eine Technologie ihren essenziellen Charakter bspw. dadurch verlieren kann, dass neue Technologien Dritter auf den Markt gelangen. Wenn eine ursprünglich essenzielle Technologie zu einer nicht essenziellen Technologie wird, könne Bedenken im Hinblick auf mögliche Ausschlusswirkungen gegenüber dritten Technologien bspw. dadurch Rechnung getragen werden, dass neuen und bestehenden Lizenznehmern eine Lizenz ohne die nicht mehr essenzielle Technologie zu einer entsprechend niedrigeren Lizenzgebühr angeboten wird.[222] Weitere Voraussetzung für den Safe-Harbour ist es, den **Austausch sensibler Informationen** durch entsprechende Vorkehrungen auf das für

---

[209] Leitlinien „Technologietransfer" Rn. 244.
[210] Zum Verhältnis von Technologiepools und Normen bzw. Standards s. Leitlinien „Technologietransfer" Rn. 245, 46 Rn. 246; mit Verweis auf die Leitlinien auch Gennen IPRB 2014, 131 (133).
[211] Leitlinien „Technologietransfer" Rn. 247, 49 Rn. 266.
[212] Bek. der Kom., Leitlinien zur Anwendung von Artikel 81 EG-Vertrag auf Technologietransfer-Vereinbarungen, ABl. 2004 C 101, 2 Rn. 212.
[213] VO (EU) Nr. 316/2014, ABl. 2014 L 93, 17 (18).
[214] VO (EWG) Nr. 19/65, ABl. 1965 P 36, 533; geändert durch VO/EG 1215/1999, ABl. L 148, 1, in der die Gruppenfreistellung auf Vereinbarungen zwischen zwei oder mehreren Unternehmen, die auf unterschiedlichen Produktions- oder Vertriebsstufen tätig sind, erweitert wird.
[215] Leitlinien „Technologietransfer" n. 249, 48 Rn. 261a.
[216] Leitlinien „Technologietransfer" Rn. 261b.
[217] Leitlinien „Technologietransfer" Rn. 252; krit. hierzu Heyers GRUR-Int 2011, 213 (221–222).
[218] Leitlinien „Technologietransfer" Rn. 252.
[219] Leitlinien „Technologietransfer" Rn. 252.
[220] Leitlinien „Technologietransfer" Rn. 256 f.
[221] Leitlinien „Technologietransfer" Rn. 257.
[222] Leitlinien „Technologietransfer" Rn. 263.

die Gründung und Verwaltung des Pools erforderliche Maß zu beschränken;[223] dabei weisen die Leitlinien darauf hin, dass insbesondere in Oligopolmärkten ein Austausch sensibler Daten Absprachen erleichtern kann. Sind bspw. die Meldungen von Produktions- und Absatzdaten für die Berechnung und Überwachung der Lizenzgebühren notwendig und handelt es sich bei bestimmten Poolmitgliedern um Wettbewerber der Lizenznehmer (die ebenfalls Poolmitglieder sein können) auf den betreffenden Märkten, sollte nach den Leitlinien hierfür ein unabhängiger Sachverständiger oder ein neutrales lizenzvergebendes Organ zwischengeschaltet werden.[224] Bei der Einführung von Vorkehrungen gegen einen Austausch wettbewerblich sensibler Informationen sei besondere Sorgfalt geboten, wenn die Parteien zugleich an der Gründung von Pools konkurrierender Standards beteiligt sind und dies zum Austausch sensibler Informationen zwischen den Pools führen könnte.[225] Nicht zuletzt muss sichergestellt werden, dass dem Pool keine exklusiven Lizenzen erteilt werden, dass die im Pool zusammengeführten Technologien zu **„FRAND"-Bedingungen** („in fairer, angemessener und diskriminierungsfreier Weise") zugänglich sind und dass es den Poolmitgliedern und den Lizenznehmern freisteht, die Gültigkeit und den essenziellen Charakter der zusammengeführten Technologien **anzufechten** und **konkurrierende Produkte und Technologien zu entwickeln**.[226] Schließlich empfehlen die Leitlinien, Vorkehrungen für einen unabhängigen Streitbeilegungsmechanismus zu treffen.[227]

Außerhalb des Safe-Harbour-Bereichs ist zunächst zwischen ergänzenden und substituier- **51** baren Technologien zu unterscheiden. **Ergänzende Technologien** sind Technologien, die zusammen erforderlich sind, um ein Produkt herzustellen oder ein Verfahren anzuwenden, **substituierbare Technologien** hingegen ermöglichen jeweils für sich die Herstellung des betreffenden Produkts oder die Anwendung des betreffenden Verfahrens.[228] Oftmals ist diese Abgrenzung jedoch nicht eindeutig vorzunehmen, da Technologien teilweise substituierbar und teilweise ergänzend sind. In diesem Fall sei danach zu fragen, ob ein Lizenznehmer auch ohne den Technologiepool wegen der sich ergebenden Effizienzvorteile wahrscheinlich beide Technologien nachfragen würde. Wenn dies der Fall ist, gelten die Technologien nach den Leitlinien als Ergänzungen, selbst wenn sie teilweise substituierbar sind.[229] Bei Fehlen eines solchen nachfragebasierten Nachweises deutet es gemäß den Leitlinien auf die Komplementarität der Technologien hin, wenn die Parteien, die Technologien in einen Pool einbringen, weiterhin das Recht haben, selbst Lizenzen für ihre Technologie zu gewähren, der Pool bereit ist, für die Technologien der einzelnen Parteien auch separate Lizenzen zu vergeben, und die Gesamtlizenzgebühren für den Erwerb separater Lizenzen für alle zusammengeführten Technologien nicht höher sind als die Lizenzgebühren für das gesamte Technologiepaket.[230]

Enthält der Pool **substituierbare Technologien,** schränkt dies gemäß den Leitlinien den **52** Technologiewettbewerb ein und führt zu kollektiven Kopplungsgeschäften und zur Preisfestsetzung zwischen Wettbewerbern. Werden in erheblichem Umfang Substitute in den Pool aufgenommen, liege daher idR ein Verstoß gegen Art. 101 Abs. 1 AEUV vor. Auch eine Freistellung nach Art. 101 Abs. 3 AEUV scheide grds. aus, wenn der Pool in erheblichem Umfang substituierbare Technologien enthält, da die Aufnahme von zwei austauschbaren Technologien in einen Pool nicht zu Einsparungen von Transaktionskosten führe. Auch die Möglichkeit unabhängiger Lizenzvergaben durch die Poolteilnehmer vermöge an dieser Beurteilung nichts zu ändern. Die Parteien hätten kaum Interesse an einer solchen selbständigen Lizenzvergabe, da sie die Lizenzvergabe des Pools, die ihnen die gemeinsame Ausübung von Marktmacht ermöglicht, nicht untergraben wollten.[231]

Weniger eindeutig ist die rechtliche Einordnung der Pools außerhalb des Safe-Harbour-Bereichs, **53** die **nicht essenzielle, aber sich ergänzende Technologien** enthalten. Hier besteht das Risiko, dass konkurrierende, fremde Technologien abgeschottet werden, wenn die Lizenznehmer Lizenzen für Substitute dieser fremden Technologien bereits iRd Pakets erhalten. Zudem würden bei Einbeziehung ergänzender, aber nicht essenzieller Technologien, Lizenznehmer gezwungen, auch für Technologien zu zahlen, die sie eigentlich nicht benötigen. Die Einbeziehung dieser ergänzenden, aber nicht wesentlichen Technologien führe daher zu einer kollektiven Kopplung.[232] Hierbei ist zu

---

[223] Leitlinien „Technologietransfer" Rn. 261c.
[224] Leitlinien „Technologietransfer" Rn. 259.
[225] Leitlinien „Technologietransfer" Rn. 260.
[226] Leitlinien „Technologietransfer" Rn. 261 lit. d–g.
[227] Leitlinien „Technologietransfer" Rn. 258.
[228] Leitlinien „Technologietransfer" Rn. 251; krit. zu dieser Differenzierung Heyers GRUR-Int 2011, 213 (219 f.), der darauf abstellt, ob der Pool eine Basistechnologie enthält und eine Verbesserung dynamischer Effizienz nicht auszuschließen ist.
[229] Leitlinien „Technologietransfer" Rn. 254.
[230] Leitlinien „Technologietransfer" Rn. 254.
[231] Leitlinien „Technologietransfer" Rn. 255.
[232] Leitlinien „Technologietransfer" Rn. 262.

beachten, dass die Beurteilung des essenziellen Charakters der Technologien aufgrund des andauernden technischen Fortschrittes immer im Fluss ist.[233] Wichtige Kriterien, die gegen das Vorliegen einer Wettbewerbsbeschränkung oder für eine Freistellung sprechen, sind bei der Einbeziehung nicht essenzieller, aber sich ergänzender Technologien in den Pool: Eine schwache Stellung des Pools auf dem Markt;[234] wettbewerbsförderliche Wirkungen der Einbeziehung nicht essenzieller Technologien (wenn bspw. aufgrund der Anzahl der einbezogenen Technologien die Beantwortung der Frage, ob alle Technologien essenziell sind, mit hohen Kosten verbunden wäre); die Freiheit der Poolteilnehmer, Lizenzen auch unabhängig voneinander und von dem Pool zu vergeben; für den Fall, dass die im Pool zusammengefassten Technologien unterschiedliche Anwendungsbereiche abdecken, das Angebot von Einzelpaketen für separate Anwendungen; das Angebot von Einzellizenzierung betreffend Teile des Pakets mit entsprechend geringeren Lizenzgebühren (den einzelnen Technologien muss ein Anteil an den Gesamtlizenzgebühren zugeordnet werden) sowie, wenn der Pool einen De-facto-Industriestandard stützt, die (kurze) Laufzeit einer Lizenzvereinbarung bzw. die Möglichkeit, die Lizenzvereinbarung teilweise mit entsprechender Verringerung der Lizenzgebühren zu kündigen.[235] Schließlich weisen die Leitlinien darauf hin, dass auch wettbewerbsbeschränkende Technologiepools nach Art. 101 Abs. 3 AEUV freigestellt sein können. Wenn der Pool bspw. nicht essenzielle Technologien enthält, aber alle anderen Voraussetzungen des Safe-Harbour vorliegen, seien die Voraussetzungen des Art. 101 Abs. 3 AEUV idR erfüllt, wenn die Einbeziehung der nicht essenziellen Technologien dem Wettbewerb förderlich ist und die Lizenznehmer die Möglichkeit haben, eine Lizenz für lediglich einen Teil des Pakets zu entsprechend geringeren Lizenzgebühren zu erhalten.[236]

54 Zu **Lizenzvereinbarungen zwischen einem Technologiepool und dritten Lizenznehmern außerhalb des Safe-Harbour** nehmen die Leitlinien in Rn. 266 ff. Stellung. Bei der Bewertung solcher Lizenzvereinbarung nach Art. 101 AEUV berücksichtigt die Kommission insbesondere folgende Faktoren: die Marktstellung des Pools (also mangelnde Marktstärke), die Vergabe an alle potentiellen Lizenznehmer zu nicht diskriminierenden Bedingungen, den mangelnden Ausschluss von Technologien Dritter in ungerechtfertigter Weise, die mangelnde Einschränkung der Errichtung alternativer Pools, das Nicht-Vorliegen von Kernbeschränkungen nach Art. 4.[237] Die Festlegung von Lizenzgebühren für das Technologiepaket und des Anteils der einzelnen Technologien an den Lizenzgebühren durch einen Pool sei für sich betrachtet keine Wettbewerbsbeschränkung. Unter Effizienzgesichtspunkten könne es aber sinnvoll sein, die Höhe der Lizenzgebühren vor Festlegung eines Standards zu bestimmen, um zu vermeiden, dass die Festlegung des Standards die Lizenzgebühren dadurch erhöht, dass einer oder mehreren essenziellen Technologien erhebliche Marktmacht verliehen wird.[238] Zudem müssten die Lizenznehmer die Möglichkeit haben, den Preis ihrer mithilfe der Lizenz gefertigten Produkte selbst festzulegen.[239] Für **marktbeherrschende Pools** wird eine Anwendung der FRAND-Bedingungen gefordert, also dass Lizenzgebühren und andere Lizenzbedingungen angemessen und diskriminierungsfrei sind und keine Exklusivlizenzen vergeben werden. Insbesondere berücksichtige die Kommission, ob Lizenzgeber des Pools und andere Lizenznehmer gleich hohe Lizenzgebühren zahlen müssen. Die Erhebung unterschiedlicher Gebühren für unterschiedliche Produktmärkte sei aber allgemein zulässig, solange keine unterschiedliche Behandlung innerhalb des jeweiligen Produktmarktes vorliegt.[240] Generell, auch bei nicht marktbeherrschenden Pools, sollte es Lizenzgebern und auch Lizenznehmern freistehen, konkurrierende Produkte und Standards zu entwickeln und Lizenzen auch außerhalb des Pools zu vergeben und zu erwerben. Dies gelte insbesondere, wenn die Pool-Technologien in einem (De-facto-)Industriestandard enthalten sind.[241]

55 Zudem nehmen die Leitlinien zu **weiteren Beschränkungen** Stellung, die typischerweise bei der Lizenzvergabe durch Technologiepools anzutreffen sind. Für Rücklizenzverpflichtungen gilt, dass diese nicht ausschließlicher Natur sein sollten; auch sollten sie nur für solche Technologien gelten, die für die Verwendung der Pool-Technologien essenziell oder wichtig sind. Dies gestatte dem Pool, Vorteile aus den Verbesserungen der zusammengefassten Technologien zu ziehen und weiterzugeben sowie sicherzustellen, dass die Verwertung der zusammengefassten Technologien nicht von Lizenznehmern – einschließlich Zulieferern, die iRe vom Lizenznehmer erhaltenen Lizenz tätig

---

[233] Leitlinien „Technologietransfer" Rn. 263.
[234] Leitlinien „Technologietransfer" Rn. 262.
[235] Leitlinien „Technologietransfer" Rn. 264.
[236] Leitlinien „Technologietransfer" Rn. 265.
[237] Leitlinien „Technologietransfer" Rn. 267.
[238] Leitlinien „Technologietransfer" Rn. 268.
[239] Leitlinien „Technologietransfer" Rn. 268.
[240] Leitlinien „Technologietransfer" Rn. 269.
[241] Leitlinien „Technologietransfer" Rn. 270.

sind – blockiert wird, die essenzielle Patente innehaben oder erwerben.[242] Schließlich sei darauf zu achten, dass Pools nicht zum Schutze ungültiger Patente instrumentalisiert werden. Vor diesem Hintergrund fielen Nichtangriffsklauseln einschließlich Kündigungsklauseln in einer Technologietransfer-Vereinbarung zwischen einem Pool und Dritten idR unter Art. 101 Abs. 1 AEUV.[243]

56 Wenn Technologiepools einen Standard unterstützen, sind auch die Ausführungen zu Normen aus den Horizontalleitlinien zu beachten (dort Rn. 257–335).[244] Zu den Anforderungen, die die Horizontalleitlinien an Vereinbarungen über Normen (die Leitlinien zu Technologietransfervereinbarungen sprechen von Industriestandards) stellen, wurde bereits ausführlich in den → Rn. 38 ff. Stellung genommen.

6. Spürbarkeit der Wettbewerbsbeschränkung und der Beeinträchtigung des Handels **57** zwischen Mitgliedstaaten.

Ein Verstoß auch von **Technologietransfer-Vereinbarungen** gegen Art. 101 Abs. 1 AEUV liegt nicht vor, wenn die **Wettbewerbsbeschränkung nicht spürbar** ist, womit sich die sog **„De-minimis-Bekanntmachung"**[245] der Kommission beschäftigt. Gegen Vereinbarungen, die in den Anwendungsbereich dieser Bekanntmachung fallen, geht die Kommission weder von Amts wegen noch auf Antrag vor. Überdies sind gutgläubige Unternehmen, die davon ausgehen, die Anforderungen der Bekanntmachung erfüllt zu haben, von Bußgeldern befreit.[246] Allerdings ist die Bekanntmachung für Gerichte, auch die nationalen Gerichte, nicht bindend.[247] Dies kann insbesondere bei Zivilprozessen von Bedeutung sein.

58 Anhand von **Marktanteilsschwellen** bestimmt die Kommission die Spürbarkeit der Wettbewerbsbeschränkung.[248] Bei horizontalen Vereinbarungen kann demnach eine Spürbarkeit erst vorliegen, wenn der gemeinsame Marktanteil der beteiligten Unternehmen auf einem der betroffenen Märkte über 10 % liegt.[249] Bei Vertikalvereinbarungen gilt, dass der Anteil eines Unternehmens auf einem betroffenen Markt nicht über 15 % liegen darf.[250] Bei Netzen von Vereinbarungen, die zu einer kumulativen Abschottung auf einem relevanten Markt führen, werden die zuvor genannten Marktanteilsschwellen in beiden Fällen auf 5 % herabgesetzt.[251] Unter Berücksichtigung der Expedia-Rechtsprechung des EuGH[252] sind bezweckte Wettbewerbsbeschränkungen nicht vom Anwendungsbereich der De-Minimis-Befreiung umfasst, da diese stets spürbar sind.[253] Um zu veranschaulichen, was bezweckte Wettbewerbsbeschränkungen in Abgrenzung zu lediglich bewirkten Wettbewerbsbeschränkungen sind, hat die Kommission ein **Arbeitspapier „Guidance on restrictions of competition „by object" for the purpose of defining which agreements may benefit from the De Minimis Notice"** veröffentlicht.[254] Hierbei unterscheidet die Kommission verschiedene Vereinbarungen zwischen Wettbewerbern einerseits und Nicht-Wettbewerbern andererseits und versucht auf Grundlage von Beispielen aus der Rspr. und ihrer eigenen Entscheidungspraxis sowie unter Heranziehung der Gruppenfreistellungsverordnungen bezweckte Wettbewerbsbeschränkungen sowie Ausnahmen, bei denen es sich nur um bewirkte Wettbewerbsbeschränkungen handelt und die daher unter die De-minimis-Befreiung fallen können, zu identifizieren. Soweit Technologietransfer-Vereinbarungen behandelt werden, beschränken sich die Ausführungen der Kommission im Wesentlichen auf die Kernbeschränkungen des Art. 4 und deren Rückausnahmen.[255]

---

[242] Leitlinien „Technologietransfer" Rn. 271.
[243] Leitlinien „Technologietransfer" Rn. 272.
[244] Leitlinien „horizontale Zusammenarbeit", 55 ff.
[245] De-minimis-Bekanntmachung.
[246] De-minimis-Bekanntmachung Rn. 5.
[247] De-minimis-Bekanntmachung Rn. 5, 7.
[248] De-minimis-Bekanntmachung Rn. 3.
[249] De-minimis-Bekanntmachung Rn. 8, 8a.
[250] De-minimis-Bekanntmachung Rn. 8, 8b.
[251] De-minimis-Bekanntmachung Rn. 10.
[252] EuGH 13.12.2012 – C 226/11 Rn. 35 – Expedia.
[253] De-minimis-Bekanntmachung Rn. 2, 13.
[254] Europäische Kommission, Arbeitspapier der Kommissionsdienststellen, „Guidance on restrictions of competition „by object" for the purpose of defining which agreements may benefit from the De Minimis Notice", C(2014) 4136 final, überarbeitete Version v. 3.6.2015.
[255] Auf S. 12 des Arbeitspapiers „Guidance on restrictions of competition „by object" for the purpose of defining which agreements may benefit from the De Minimis Notice", C(2014) 4136 final, überarbeitete Version v. 3.6.2015, äußert die Kommission die Auffassung, dass die Rückausnahme in Art. 4 Abs. 1 lit. d für Beschränkungen, die unerlässlich sind, um die Preisgabe des lizenzierten Know-hows an Dritte zu verhindern, auf beide Alternativen des Art. 4 Abs. 1 lit. d anwendbar sei, also nicht nur auf die Beschränkung der Möglichkeit der Vertragsparteien, Forschungs- und Entwicklungsarbeiten durchzuführen, sondern auch auf die erste Alternative, also die Beschränkung des Lizenznehmers, seine eigenen Technologierechte zu verwerten. Diese Auffassung ist vor dem Hintergrund des eindeutigen Wortlauts „letztere Beschränkungen", der nur die zweite Alternative erfasst, nicht nachvollziehbar.

59 Fallen Lizenzverträge in den Anwendungsbereich der „De-minimis-Bekanntmachung", wird von der Kommission unwiderleglich vermutet, dass sie schon wegen mangelnder Spürbarkeit der Wettbewerbsbeschränkung nicht vom Kartellverbot des Art. 101 Abs. 1 AEUV erfasst sind.

59 In eine ähnliche Richtung gehen die **Leitlinien zum zwischenstaatlichen Handel**.[256] Hierin stellt die Kommission Kriterien dafür auf, wann der **Handel zwischen den Mitgliedstaaten** normalerweise nicht **spürbar** beeinträchtigt wird. Bei Erfüllung dieser Kriterien wird die Kommission widerlegbar vermuten, dass die Vereinbarung nicht geeignet ist, den Handel zwischen den Mitgliedstaaten spürbar iSv Art. 101 Abs. 1 AEUV zu beeinträchtigen. Diese Vermutung gilt selbst dann, wenn die Vereinbarung Kernbeschränkungen iSd GVO enthalten sollte. In Fällen, in denen diese Negativvermutung anwendbar ist, wird die Kommission idR weder von Amts wegen noch auf Antrag ein Verfahren einleiten. Sind die beteiligten Unternehmen hinsichtlich der Negativvermutung gutgläubig, wird die Kommission kein Bußgeld festsetzen.[257] Auch hier ist jedoch zu beachten, dass die Bekanntmachung für Gerichte, auch die nationalen Gerichte, nicht bindend ist.[258]

60 Die Negativvermutung gilt, wenn der gemeinsame **Marktanteil** der beteiligten Parteien auf keinem von der Vereinbarung betroffenen relevanten Markt innerhalb der Union 5 % überschreitet und im Falle horizontaler Bindungen der gemeinsame **Jahresumsatz** innerhalb der Union mit den von der Vereinbarung betroffenen Waren den Betrag von 40 Mio. EUR nicht überschreitet. Im Falle vertikaler Vereinbarungen darf der Jahresumsatz eines jeden Lieferanten mit den betroffenen Waren den Betrag von 40 Mio. EUR nicht überschreiten. Bei Lizenzvereinbarungen werden als relevanter Umsatz der gesamte Umsatz der Lizenznehmer mit den Waren der lizenzierten Technologie und der eigene Umsatz des Lizenzgebers mit diesen Waren zugrunde gelegt.[259] Während bei mangelnder Spürbarkeit der Wettbewerbsbeschränkung die Anwendbarkeit nationalen Kartellrechts ausgeschlossen ist (Art. 3 Abs. 2 S. 1 VO 1/2003), bleibt bei Fehlen einer zwischenstaatlichen Wirkung das nationale Recht anwendbar.

61 Zuletzt sind bzgl. der kartellrechtlichen Beurteilung von Lizenzverträgen, allerdings iRd Art. 101 Abs. 3 AEUV, die übrigen **Gruppenfreistellungsverordnungen** zu nennen.[260] Auf deren Beziehung zur TT-GVO und ihre Bedeutung für den in Frage stehenden Bereich wird unten im Einzelnen eingegangen (→ Rn. 84 ff.).

II. Entstehungsgeschichte der VO (EU) Nr. 316/2014

62 Auf den Druck immer neuer Anträge auf ein Negativattest oder eine Freistellung nach Art. 101 Abs. 3 AEUV (seinerzeit Art. 85 Abs. 3 EWG) für Vereinbarungen im Bereich des geistigen Eigentums[261] reagierte die Kommission am 3.3.1979 mit einem ersten Entwurf für eine Gruppenfreistellungsverordnung für Patentlizenzverträge.[262] Dieser Entwurf zeichnete im Wesentlichen die Struktur der späteren Verordnung vor, wobei sich jedoch die Kommission aufgrund des Urteils Nungesser/Kommission[263] und der eingegangenen Stellungnahmen zu ergänzenden Klarstellungen veranlasst sah.[264] Aufgrund der Ermächtigung des Art. 1 der VO/EWG Nr. 19/65[265] erließ die Kommission dann am 23.7.1984 die **Gruppenfreistellungsverordnung VO/EWG Nr. 2349/84**,[266] die allerdings nur für Patentlizenzverträge galt und am 1.1.1985 in Kraft trat. Diese Verordnung enthielt in Art. 1 VO/EWG Nr. 2349/84 eine Liste von nach Art. 101 Abs. 3 AEUV (seinerzeit Art. 85 Abs. 3 EWG) freigestellten Klauseln in Patentlizenzvereinbarungen und gemischten Patentlizenz-Knowhow-Vereinbarungen, an denen nur zwei Unternehmen beteiligt waren, was der Ermächtigungsgrundlage des Art. 1 Abs. 1 lit. b, Abs. 2 lit. b VO/EWG Nr. 19/65 entsprach. Die hier genannten Klauseln betrafen allesamt Gebietsbeschränkungen.

---

[256] Leitlinien „zwischenstaatlicher Handel".
[257] Leitlinien „zwischenstaatlicher Handel" Rn. 50.
[258] De-minimis-Bekanntmachung Rn. 5, 7.
[259] Leitlinien „zwischenstaatlicher Handel" Rn. 52.
[260] Hier sind von Bedeutung die Spezialisierungs-GVO, die FuE-GVO und die Vertikal-GVO.
[261] Nach dem Kom.-Wettbewerbsbericht Nr. 9 von 1979, Rn. 7 waren am 31.12.1979 63 % der fast 2600 in Bearbeitung befindlichen Fälle solche, die Lizenzvereinbarungen betrafen. Gem. dem Kom.-Wettbewerbsbericht Nr. 15 von 1985, Rn. 21 gingen vor Erlass der VO/EG Nr. 2349/84 für Patentlizenzverträge, dh vor 1985, jährlich allein 100 Neuanmeldungen für Patentvereinbarungen ein, 1985 waren lediglich zwölf zu verzeichnen. Insgesamt lagen am 31.12.1984 1.150 Anmeldungen von Patentverträgen vor.
[262] ABl. 1979 C 58, 12 und ABl. 1979 C 110, 10; vgl. hierzu Kom. Wettbewerbsbericht Nr. 9 (1979) Rn. 7 ff.
[263] EuGH Slg. 1982, 2015 – Nungesser/Kom.
[264] Kom. Wettbewerbsbericht Nr. 12 (1982) Rn. 17.
[265] ABl. 1965, 533.
[266] ABl. 1984 L 219, 15; vgl. hierzu auch Kom. Wettbewerbsbericht Nr. 14 (1984) Rn. 31.

In Art. 2 VO/EWG Nr. 2349/84 folgte eine Liste von sogenannten **weißen Klauseln,** dh 63
Verpflichtungen, die insbesondere der Freistellung nach Art. 1 VO/EWG Nr. 2349/84 nicht entgegenstanden und idR nicht wettbewerbsbeschränkend waren. Nach Art. 2 Abs. 2 VO/EWG Nr. 2349/84 waren diese Klauseln sogar dann freigestellt, wenn sie aufgrund besonderer Umstände vom Verbot des Art. 101 Abs. 1 AEUV (seinerzeit Art. 85 Abs. 1 EWG) erfasst waren und nicht im Zusammenhang mit einer Verpflichtung iSd allgemeinen Freistellungstatbestands des Art. 1 standen. In Art. 3 VO/EWG Nr. 2349/84 wurden sog **schwarze Klauseln** aufgezählt, die einer Anwendbarkeit der Gruppenfreistellung nach Art. 1 und 2 VO/EWG Nr. 2349/84 auf die Vereinbarung stets entgegenstanden. Dies entsprach den Voraussetzungen der Ermächtigung des Art. 1 Abs. 1 lit. b, Abs. 2 lit. a VO/EWG Nr. 19/65. Nach Art. 4 VO/EWG Nr. 2349/84 bestand ein **Widerspruchsverfahren** für sog **graue Klauseln.** Das waren Klauseln, die Wettbewerbsbeschränkungen enthielten, die in den Freistellungstatbeständen der Art. 1 und 2 VO/EWG Nr. 2349/84 nicht genannt waren und die nicht als schwarze Klauseln unter Art. 3 VO/EWG Nr. 2349/84 fielen. Vereinbarungen mit grauen Klauseln kamen nach Art. 4 VO/EWG Nr. 2349/84 in den Genuss der Gruppenfreistellung, wenn sie bei der Kommission angemeldet wurden und diese nicht innerhalb eines Zeitraums von sechs Monaten nach Eingang der Anmeldung gegen die betreffenden Klauseln Widerspruch erhob. Zuletzt ermöglichte Art. 9 VO/EWG Nr. 2349/84 den **Entzug der Freistellung** iSd Art. 7 VO/EWG Nr. 19/65, wenn im Einzelfall feststand, dass eine gruppenfreigestellte Verpflichtung dennoch Wirkungen hatte, die mit Art. 101 Abs. 3 AEUV (seinerzeit Art. 85 Abs. 3 EWG) unvereinbar waren. Hierzu wurden Beispielsfälle genannt.

Nach dem Erlass der Gruppenfreistellungsverordnung für Patentlizenzvereinbarungen VO/ 64
EWG Nr. 2349/84 machte sich die Kommission bereits 1985 an den Entwurf einer Gruppenfreistellungsverordnung für Know-how-Vereinbarungen, da die VO/EWG 2349/84 nur für gemischte Patentlizenz-Know-how-Vereinbarungen galt. Hierzu wurden im Laufe des Jahres 1985 Gespräche mit den betroffenen Wirtschaftskreisen sowie Vertretern der rechtsberatenden Berufe und Universitätsprofessoren geführt. Hierbei kam die Kommission zu dem Schluss, dass die Verbreitung von Know-how wettbewerbsförderlich sein könne, aber wegen mangelnder Regeln Know-how-Vereinbarungen leichter als Patentlizenzen für Wettbewerbsbeschränkungen missbraucht werden könnten. Außerdem wurde festgestellt, dass der Bereich besonders sensibel sei, da Know-how nicht wie Patente gesetzlich geschützt ist. Zudem wurde die Vereinbarkeit einer möglichen Gruppenfreistellungsverordnung mit der VO/EWG Nr. 2349/84 gefordert.[267] Ab 1986 begann die Kommission mit der Ausarbeitung eines Entwurfs für eine Know-how-Gruppenfreistellungsverordnung,[268] der am 12.8.1987 veröffentlicht wurde.[269] Nach der Berücksichtigung der eingegangenen Stellungnahmen[270] mündete dieser Entwurf in den Erlass der **VO/EWG Nr. 556/89**[271] vom 30.11.1988, die am 1.4.1989 in Kraft trat. Die Know-how-GVO folgte von der Struktur her im Wesentlichen der Patentlizenz-GVO. Der allgemeine Freistellungstatbestand fand sich in Art. 1 VO/EWG Nr. 556/89 und beinhaltete hauptsächlich Gebietsbeschränkungen, wurde jedoch ergänzt in Art. 1 Abs. 1 Nr. 7 VO/EWG Nr. 556/89 um Kennzeichnungspflichten mit dem Warenzeichen des Lizenzgebers und in Art. 1 Abs. 1 Nr. 8 VO/EWG Nr. 556/89 um bestimmte Mengen- und Produktionsbeschränkungen. In Abs. 7 VO/EWG Nr. 556/89 fand sich eine Reihe von Legaldefinitionen. Art. 2 VO/EWG Nr. 556/89 enthielt eine Liste von weißen Klauseln und Art. 3 VO/EWG Nr. 556/89 eine Liste von schwarzen Klauseln. Art. 4 VO/EWG Nr. 556/89 wiederum sah das Widerspruchsverfahren für graue Klauseln vor und nannte in Abs. 2 zwei Beispiele für graue Klauseln. Nach Art. 7 VO/EWG Nr. 556/89 konnte die Kommission den Rechtsvorteil der Gruppenfreistellung in bestimmten Fällen entziehen, wofür ebenfalls Beispielsfälle aufgeführt wurden.

Nach der Veröffentlichung eines ersten Entwurfs für eine **TT-GVO** am 30.9.1994[272] und 65
einer langen Diskussion vor allem über die Einführung von Marktanteilsschwellen,[273] die zu einer zweimaligen Verlängerung der am 31.12.1994 ausgelaufenen Patentlizenz-GVO führte,[274] wurde am 31.1.1996 die **VO/EG Nr. 240/96**[275] **für Technologietransfer-Gruppenfreistellungen** erlassen, die am 1.4.1996 in Kraft trat. Diese fasste die Anwendungsbereiche der Patentlizenz- und

---

[267] Kom. Wettbewerbsbericht Nr. 15 (1985) Rn. 24.
[268] Vgl. Kom. Wettbewerbsbericht Nr. 16 (1986) Rn. 35.
[269] ABl. 1987 C 214, 2; vgl. auch Kom. Wettbewerbsbericht Nr. 17 (1987) Rn. 38.
[270] Kom. Wettbewerbsbericht Nr. 17 (1987) Rn. 42.
[271] ABl. 1989 L 61, 1; vgl. hierzu Kom. Wettbewerbsbericht Nr. 18 (1988) Rn. 26.
[272] ABl. 1994 C 178, 3, berichtigt durch ABl. 1994 C 187, 16.
[273] Vgl. Immenga/Mestmäcker/Fuchs TT-GVO Einl. Rn. 14.
[274] Durch die VO/EG 70/95, ABl. 1995 L 12, 13 und durch die VO/EG 2131/95, ABl. 1995 L 214, 6.
[275] ABl. 1996 L 31, 2; vgl. hierzu auch Kom. Wettbewerbsbericht Nr. 26 (1996), SEK (1997) 628 endgültig Rn. 27.

der Know-how-GVO in einer Verordnung zusammen[276] und dehnte sie auf sonstige Vereinbarungen mit Nebenbestimmungen über andere Rechte des geistigen Eigentums als Patente nach Art. 1 Abs. 1 aus.[277] Hinsichtlich des Aufbaus wurde das Schema der Patentlizenz-GVO und der Know-how-GVO fortgeführt. So enthielt Art. 1 VO/EG Nr. 240/96 einen allgemeinen Freistellungstatbestand mit einer Aufzählung der Klauseln, die die aus der Patentlizenz- und Know-how-GVO bekannten Gebietsbeschränkungen sowie die aus der Know-how-GVO bekannten Kennzeichnungspflichten und bestimmten Mengen- und Produktionsbeschränkungen umfasste. Art. 2 VO/EG Nr. 240/96 enthielt die Liste der weißen und Art. 3 VO/EG Nr. 240/96 die Liste der schwarzen Klauseln. Letztere wurde jedoch stark gekürzt, von 12 in der Patentlizenz-GVO bzw. 15 in der Know-how-GVO runter auf 8. Art. 4 VO/EG Nr. 240/96 sah wieder für graue Klauseln das Widerspruchsverfahren vor, das die Kommission ursprünglich wegen Ineffizienz abschaffen wollte, dann aber aufgrund des Drucks der öffentlichen Diskussion beibehielt.[278] Auch sah Art. 4 Abs. 2 VO/EG Nr. 240/96 wieder zwei, allerdings von der Know-how-GVO verschiedene, Beispiele für graue Klauseln vor. Die Widerspruchsfrist verkürzte sich auf vier Monate. Art. 7 VO/EG Nr. 240/96 eröffnete wieder die Möglichkeit des Entzugs der Gruppenfreistellung im Einzelfall, wobei hier besonders in Art. 7 Nr. 1 VO/EG Nr. 240/96 betont wurde, dass dies möglich ist, wenn die Lizenzerzeugnisse im Marktgebiet keinem effektiven Wettbewerb ausgesetzt sind, wobei eine Marktanteilsschwelle des Lizenznehmers von 40 % genannt wurde. Neu war auch ein eigener Artikel (Art. 10 VO/EG Nr. 240/96) für eine Reihe von Legaldefinitionen.

66 Die entscheidende Wende in der Wettbewerbspolitik bzgl. des Technologietransfers stellte die folgende **TT-GVO VO (EG) Nr. 772/2004** dar. Durch die TT-GVO VO (EG) Nr. 772/2004 wurde der zu starre, enge und formalistische Ansatz der vorausgehenden VO/EG Nr. 240/96 u.a. nach dem Vorbild der damaligen Vertikal-GVO VO/EG Nr. 2790/99 und nach US-amerikanischem Vorbild reformiert und vereinfacht.

Die VO/EG Nr. 772/2004 führte ein differenziertes System der Ausnahmen von Kernbeschränkungen ein, welches zwischen Vereinbarungen zwischen Wettbewerbern von solchen zwischen Nicht-Wettbewerbern unterschied. Sie verfolgte mit der Einführung von Marktanteilsschwellen einen wirtschaftsorientierten Ansatz in der Beurteilung von Lizenzvereinbarungen. Zudem erfasste die TT-GVO VO (EG) Nr. 772/2004 erstmals Softwarelizenzverträge und Vereinbarungen zwischen mehr als zwei Parteien.

67 Gemäß Art. 11 VO/EG Nr. 772/2004 galt die TT-GVO Nr. 772/2004 bis zum 30.4.2014. Die Europäische Kommission verfolgte mit der anschließenden Revision der TT-GVO Nr. 772/2004 das Ziel, diese den Gegebenheiten und Bedürfnissen des Marktes anzupassen. Insbesondere sollten der Abschluss wettbewerbsfördernder Technologietransfer-Vereinbarungen zwischen Wettbewerbern und Nicht-Wettbewerbern erleichtert und neue Anreize für Forschung und Entwicklung geschaffen werden, um durch vermehrte Innovationen den Wettbewerb zu stimulieren. Grundlage für die Revision war unter anderem die von der Kommission in Auftrag gegebene und im November 2011 veröffentlichte **Studie „Assessment of Potential Anticompetitive Conduct in the Field of Intellectual Property Rights and Assessment of the Interplay Between Competition Policy and IPR Protection"**.[279] Diese vorwiegend ökonomische Studie analysiert das Verhältnis zwischen der Wettbewerbspolitik und dem Schutz des geistigen Eigentums im EU-Binnenmarkt anhand verschiedener Lizenzmodelle und der Fusionskontrolle. Im besonderen Fokus stehen Kreuzlizenzierungen, Patentpools, Rücklizenzen und Patentdickichte.

68 Die Studie kommt u.a. zu den Ergebnissen, dass **Kreuzlizenzvereinbarungen** im Hinblick auf die Höhe der Lizenzgebühren näher untersucht werden sollten und dass Kreuzlizenzvereinbarungen und hierzu in Beziehung stehende Vereinbarungen wie FuE Joint Ventures konsistenter behandelt werden sollten. Zudem wird darauf hingewiesen, dass Kreuzlizenzvereinbarungen großen bzw. marktbeherrschenden Unternehmen die Möglichkeit einräumen könnten, ihre Marktmacht auf Kosten von Wettbewerbern mit kleineren Patentportfolios zu missbrauchen. Im Hinblick auf **Patentpools** (→ Rn. 48 ff.) kommt die Studie u.a. zu den Ergebnissen, dass der „Safe Harbour" der Leitlinien zum Technologietransfer für wesentliche Schutzrechte[280] erhalten bleiben sollte, dass unter einer „rule of reason" Betrachtung die Möglichkeit bestehen sollte, auch nicht wesentliche Schutz-

---

[276] Vgl. VO/EG 240/96, ABl. 1996 L 31, 2 (2) Erw. 3 und Kom. Wettbewerbsbericht Nr. 26 (1996), SEK (1997) 628 endgültig, Rn. 16, 27.
[277] Vgl. VO/EG 240/96, ABl. 1996 L 31, 2 (2) Erw. 4.
[278] Zur Kritik hierzu vgl. Immenga/Mestmäcker/Fuchs TT-GVO Einl. Rn. 15.
[279] COMP/2010/16, abrufbar unter https://op.europa.eu/en/publication-detail/-/publication/21c2bdb4-e366-48a3-b0eb-a26e83024d10/language-en, zuletzt abgerufen am 30.3.2023.
[280] zum Begriff „wesentliche Schutzrechte" s. o. die Ausführungen zu „essenziellen Technologien" in → Rn. 45.

rechte in einen Pool aufzunehmen, dass die Poolmitglieder frei bleiben sollten, ihre Schutzrechte auch außerhalb des Pools zu lizenzieren, dass auch Pools mit selektiver Mitgliedschaft, wenn diese gerechtfertigt ist, wettbewerbsfördernd sein können und dass weniger auf die Höhe der Lizenzgebühren als auf die Art der im Pool zusammengefassten Schutzrechte und die Regeln per Pools geachtet werden sollte. Zudem bestehe zwar keine generelle Vermutung, dass Pools, in denen sich eine Anzahl reiner FuE-Unternehmen befinden, weniger wettbewerblich wären als Pools, in denen sich ausschließlich produzierende Unternehmen befinden. Dennoch sei es wahrscheinlicher, dass reine FuE-Unternehmen höhere Lizenzgebühren forderten, wenn der Technologiewettbewerb intensiv ist und erheblichen Netzwerkeffekten unterliegt. Schließlich sollten Regelungen für die Auflösung des Pools im Falle wesentlicher Austritte von Mitgliedern bestehen. Im Hinblick auf **Rücklizenzierungsverpflichtungen** fordert die Studie, die damalige Rechtslage, nach der Rücklizenzierungsverpflichtungen für nicht abtrennbare Verbesserungen (also Verbesserungen, die nicht ohne Verletzung der lizenzierten Schutzrechte verwertet werden können) grds. vom Kartellverbot freigestellt waren, zu überdenken. Zudem solle die Behandlung von Rücklizenzierungsverpflichtungen mit den anderen innovationsbezogenen Vereinbarungen, insbesondere der von FuE Joint Ventures, kompatibel sein, wobei insbesondere die Komplementarität der Schutzrechte zu beachten sei. Die Studie fordert eine genauere kartellrechtliche Analyse von sog **pass through Vereinbarungen.** Hierbei handelt es sich um Vereinbarungen zwischen Lizenzgeber und Lizenznehmer, nach denen auch die Kunden des Lizenznehmers, die dessen von dem lizenzierten Schutzrecht geschützten Produkte in ihren eigenen Produkten weiterverwerten, vor Verletzungsansprüchen des Lizenzgebers geschützt sind. Schließlich empfiehlt die Studie im Hinblick auf die **Zusammenschlusskontrolle,** dass auch Zusammenschlüsse, die komplementäre Schutzrechte betreffen, kartellrechtlich genauer geprüft werden sollten. IRv Verpflichtungszusagen solle Veräußerungen grds. der Vorrang vor Lizenzierungen von geistigen Eigentumsrechten eingeräumt werden. Als Vorschlag wird die Abtretung der Rechte an einen gewinnmaximierenden Pool, an dem die abtretenden Zusammenschlussbeteiligten eine nicht kontrollierende Beteiligung halten, unterbreitet.[281]

Zur Ermittlung der tatsächlichen Marktbedürfnisse, der in der Praxis offenbar gewordenen technologietransferhemmenden Wirkungen bestimmter Regelungen und fehlender, aber dringend erforderlicher neuer Regelungen führte die Generaldirektion Wettbewerb der Europäischen Kommission eine öffentliche Konsultation zur Überprüfung der VO/EG Nr. 772/2004 durch.[282] Im Rahmen dieser **Konsultation,** es gab 38 Rückantworten an die Kommission, bestand Einigkeit darüber, dass die TT-GVO als verbindliches Regelwerk ebenso wie die Leitlinien beibehalten werden sollten.[283] Allerdings wurden einige Aspekte deutlich, die einer Verbesserung bedurften. Es wurde sich vermehrt dafür ausgesprochen, dass die Anerkennung wettbewerbsfördernder Wirkungen von Lizenzvereinbarungen in einem neuen Regelwerk stärker zum Ausdruck kommen sollte.[284] Erneut wurde zudem eine Klarstellung hinsichtlich der Abgrenzung der Anwendungsbereiche der TT-GVO und der FuE-GVO gefordert, da es hier weiterhin zu Überschneidungen im Anwendungsbereich kommen könne, die mit Rechtsunsicherheit bei den beteiligten Unternehmen einhergingen.[285] Die Ermittlung des relevanten Marktes sowie die Bestimmung der Marktanteile stellten in der Praxis die größte Herausforderung dar.[286] Hinsichtlich des Produktmarktes sei es schwierig, bei Abschluss des Lizenzvertrages festzustellen, inwieweit ein mit der Technologie hergestelltes Produkt ein anderes ersetzen kann. Es sei wünschenswert, hierzu detaillierte Vorgaben und Definitionen in den Leitlinien zu haben.[287] Insgesamt wurde der Wunsch nach erweiterter Einbeziehung von Praxisbeispielen und Fallstudien in die Leitlinien geäußert, um die Anwendung zu erleichtern.[288] Zudem wurde geäußert, dass es sich schwierig gestalte, die Abgrenzung des relevanten Technologiemarktes vorzunehmen, insbesondere die hier relevanten Daten zusammenzutragen.[289] In einigen Stellungnahmen wurde vorgeschlagen, den Technologiemarkt gänzlich außer Betracht zu lassen. Fast ausnahmslos wurde sich aufgrund der aufgezeigten Unsicherheiten für eine Abschaffung der Marktanteilsschwellen aus-

---

[281] COMP/2010/16, 3–7.
[282] Kom., Pressemitteilung v. 6.12.2011.
[283] BDI, Stellungnahme, 1; Freshfields Bruckhaus Deringer, Stellungnahme, 2.
[284] Confederation of British Industry, Stellungnahme, 1; Confederation of Swedish Enterprise, Stellungnahme, 1.
[285] BDI, Stellungnahme, 3.
[286] The City of London Law Society, Stellungnahme, 7; s. zur Kritik an den Marktanteilsschwellen auch Leistner/Königs WRP 2014, 268 (274) sowie Frank CR 2014, 349 (352).
[287] The City of London Law Society, Stellungnahme, 8.
[288] BDI, Stellungnahme, 3, 8; Freshfields Bruckhaus Deringer, Stellungnahme, 3.
[289] Dorsey Whitney, Stellungnahme, 2; Freshfields Bruckhaus Deringer, Stellungnahme, 3.

gesprochen.²⁹⁰ Es sei notwendig, einfachere und verständlichere Kriterien einzuführen, mittels derer sich der „safe harbour" bestimmen lässt.²⁹¹ Falls die Kommission an den Marktanteilsschwellen festhalten wolle, wurde vorgeschlagen, diese nur noch bei Wettbewerbern anzuwenden. Zumindest aber sollten die Marktanteilsschwellen erhöht werden. Es wurden Erhöhungen bis zu 40 % vorgeschlagen.²⁹² Zudem wurde angeregt, den die Kernbeschränkungen enthaltenden Art. 4 verständlicher abzufassen, da es für Unternehmen aufgrund der vielen doppelten Verneinungen und der Ausnahmen von den Ausnahmen schwierig sei, auf den ersten Blick zu erfassen, was gilt.²⁹³ Einige Stellungnahmen betrachteten zudem die in Art. 8 enthaltene zweijährige Übergangsphase bei Überschreiten der Marktanteilsschwelle als nicht zufriedenstellend. Die dort bestimmte Dauer der Übergangsphase sei nicht ausreichend, um Rechtsunsicherheiten über die gesamte Vertragslaufzeit auszuschließen. Vielmehr bestehe permanent das Risiko, bei gestiegenen Marktanteilen die Lizenzverträge zur Unzeit anpassen zu müssen.²⁹⁴ Deswegen sei eine Verlängerung der Übergangsphase notwendig.²⁹⁵ Viele Stellungnahmen befürworteten eine Ausweitung des Anwendungsbereichs der TT-GVO auf Mehr-Parteien-Lizenzverträge.²⁹⁶ Hinsichtlich der Erfassung von Softwarelizenzverträgen wurde eine Klarstellung dahingehend gefordert, welche Verträge genau in den Anwendungsbereich der GVO fallen. Da die VO/EG Nr. 772/2004 die Gruppenfreistellung nur für solche Softwarelizenzverträge vorsah, die die Produktion von Vertragsprodukten ermöglichen, würden nicht alle denkbaren Konstellationen erfasst, mitunter könne hier auch die Vertikal-GVO einschlägig sein.²⁹⁷ Häufig wurde in den Stellungnahmen auf Rn. 44 der Leitlinien²⁹⁸ hingewiesen, wonach die Verordnung auch auf Zulieferverträge Anwendung fand, wobei allerdings der Verordnung eine entsprechende Normierung dieser Anwendbarkeit fehlte. Dieser Zustand sei zu beheben.²⁹⁹ Schließlich wurde in mehreren Stellungnahmen angeregt, Nutzungsbeschränkungen nicht nur aufgrund technischer Merkmale, sondern auch aufgrund anderer wettbewerbsfördernder Gründe für zulässig zu erachten, da sie in vielen Fällen unabdingbare Voraussetzung für den Abschluss eines Vertrags seien.³⁰⁰

70 Ungefähr die Hälfte der Stellungnahmen ging näher auf die Studie „Assessment of Potential Anticompetitive Conduct in the Field of Intellectual Property Rights and Assessment of the Interplay Between Competition Policy and IPR Protection" ein.³⁰¹ Wie von der Europäischen Kommission gewünscht, äußerten die Interessenvertreter neben einer allgemeinen Stellungnahme insbesondere ihre Sichtweise zu Kreuzlizenzvereinbarungen, Patentpools und Rücklizenzierungsverpflichtungen. Insgesamt wurde die Studie iRd Konsultation kritisch beurteilt. So wurde nahezu einheitlich bemängelt, dass für die dargelegten Zusammenhänge und gezogenen Schlussfolgerungen empirische Daten fehlten.³⁰² Ohne solche sei nicht einmal die Notwendigkeit einer Reform ersichtlich. Die Studie stelle rein theoretische Szenarien dar, anhand derer weitreichende Empfehlungen gegeben würden, ohne dabei die tatsächlichen Marktgegebenheiten und rechtlichen Aspekte zu berücksichtigen. Sie habe daher kaum praktischen Wert. Statt einer ernsthaften Auseinandersetzung mit der wirtschaftswissenschaftlichen Literatur werde lediglich die Sicht des Autors wiedergegeben.³⁰³ Die angedeuteten schädlichen Auswirkungen auf den Wettbewerb seien überwiegend spekulativ und nur unzureichend substantiiert. Entgegen dieser wohl herrschenden Auffassung wurde stellenweise vertreten, dass es sich bei der Studie um eine gelungene ökonomische Analyse handele.³⁰⁴

---

²⁹⁰ BDI, Stellungnahme, 2; Confederation of Swedish Enterprise, Stellungnahme, 2; Dorsey Whitney, Stellungnahme, 2.
²⁹¹ The Law Society, Stellungnahme, 2.
²⁹² BDI, Stellungnahme, 6; International Chamber of Commerce, Stellungnahme, 4.
²⁹³ Intellectual Property Lawyers' Association, Stellungnahme, 5; The City of London Law Society, Stellungnahme, 5 f.
²⁹⁴ AmCham EU, Stellungnahme, 10.
²⁹⁵ International Chamber of Commerce, Stellungnahme, 4.
²⁹⁶ AmCham EU, Stellungnahme, 7.
²⁹⁷ Deutsche Gesellschaft für Recht und Informatik e.V., Stellungnahme, 1 f.; Frank CR 2014, 349 (350).
²⁹⁸ Bek. der Kom., Leitlinien zur Anwendung von Artikel 81 EG-Vertrag auf Technologietransfer-Vereinbarungen, ABl. 2004 C 101, 2.
²⁹⁹ Bitkom, Stellungnahme, 1 f.; International Chamber of Commerce, Stellungnahme, 2.
³⁰⁰ BDI, Stellungnahme, 11 f.; Confederation of Swedish Enterprise, Stellungnahme, 1; International Chamber of Commerce, Stellungnahme, 2.
³⁰¹ Studie abrufbar unter https://op.europa.eu/en/publication-detail/-/publication/21c2bdb4-e366-48a3-b0eb-a26e83024d10/language-en, abrufbar unter http://ec.europa.eu/competition/consultations/2012_technology_transfer/.
³⁰² AmCham EU, Stellungnahme, 11; Confederation of Swedish Enterprise, Stellungnahme, 2.
³⁰³ AmCham EU, Stellungnahme, 11.
³⁰⁴ International Chamber of Commerce, Stellungnahme, 5.

Im Einzelnen wurde kritisiert, dass die Studie eine zu negative Sicht auf **Kreuzlizenzvereinba-** 71
rungen habe.[305] Dies sei vor allem deshalb nicht sachgerecht, da es für die kritische Darstellung
von Kreuzlizenzvereinbarungen keine wissenschaftlich erprobten Erkenntnisse gebe.[306] Statt zu einer
Einschränkung des Wettbewerbs führten Kreuzlizenzvereinbarungen regelmäßig zu Effizienzvorteilen.[307] Ohne solche Vereinbarungen müssten die betreffenden Unternehmen zeitliche und personelle
Ressourcen aufbringen, um über einzelne Lizenzen zu verhandeln. Alternativ müsse die eigene
Forschung und Entwicklung gefördert werden, damit so die benötigten Patente gewonnen werden
können, ohne dabei in Konflikt mit bereits bestehenden Patenten zu gelangen. Teilweise wurde der
Vorschlag, Kreuzlizenzvereinbarungen und hiermit in Beziehung stehende Vereinbarungen wie FuE
Joint Ventures konsistent zu behandeln, kritisiert, da dieser verkenne, dass eine solche Harmonisierung aufgrund unterschiedlicher rechtlicher Rahmenbedingungen nicht durchführbar sei.[308]

Hinsichtlich **Patentpools,** die von der Studie vor dem Hintergrund der geltenden Regelungen 72
grds. für wettbewerbsunschädlich gehalten werden, stimmten die Interessenvertreter in ihren Stellungnahmen der Studie weitestgehend zu.[309] Der zur Erweiterung des „safe harbour" iRd Studie
geäußerte Vorschlag, es den am Pool teilnehmenden Schutzrechtsinhabern zu gestatten, außerhalb
der Vereinbarungen ihr geistiges Eigentum an Nichtmitglieder des Pools zu lizenzieren, wurde
vereinzelt unterstützt.[310]

In einigen Äußerungen wird das Vorhaben, die unterschiedliche Behandlung von **Rücklizen-** 73
zierungsverpflichtungen für nicht abtrennbare Verbesserungen – welche grds. vom Kartellverbot
gruppenfreigestellt waren – und Rücklizenzierungsverpflichtungen für abtrennbare Verbesserungen
neu zu überdenken, grds. unterstützt. Entgegen der in der Studie vertretenen Ansicht sollte allerdings
eine Angleichung nach Meinung der Interessenvertreter unter Anpassung von Art. 5 Abs. 1 lit. a
und lit. b VO/EU Nr. 772/2004 dahingehend erfolgen, dass Rücklizenzierungsverpflichtungen für
abtrennbare Verbesserungen in Zukunft ebenfalls vom Kartellverbot ausgenommen sind.[311] Teilweise
wurde geäußert, dass die Studie ungenau hinsichtlich der Grenze zwischen wettbewerbsfördernden
und wettbewerbsschädlichen Rücklizenzierungsverpflichtungen sei.[312] Die grundlegende Skepsis
gegenüber solchen Verpflichtungen entspreche zudem nicht der wettbewerbsrechtlichen Literatur.
Pass through Vereinbarungen seien ebenfalls zu negativ dargestellt, da diese grds. nicht wettbewerbsschädlich seien.[313] Eine genauere kartellrechtliche Analyse sei daher nicht notwendig.

Auf Grundlage der Ergebnisse der Konsultation schlug die Kommission am 20.2.2013 Änderun- 74
gen der geltenden Vorschriften vor. Konkret handelte es sich dabei um einen **Entwurf der neuen
Technologietransfer-Gruppenfreistellungsverordnung,**[314] der klarstellt, welche wettbewerbsrechtlich unbedenklichen Vereinbarungen mit den Vorschriften des europäischen Rechts vereinbar
und automatisch von einer wettbewerbsrechtlichen Prüfung freigestellt sind, sowie einen **Entwurf
der entsprechenden Leitlinien,**[315] die dem Rechtsanwender eine Orientierungshilfe für die
Bewertung der Technologietransfer-Gruppenfreistellungsverordnung sowie von Technologietransfer-Vereinbarungen außerhalb des Anwendungsbereich der Gruppenfreistellung geben sollen. Hinsichtlich dieser beiden Entwürfe hat die Kommission bis zum 17.5.2013 erneut um Stellungnahmen.[316]

Im Rahmen dieser **zweiten öffentlichen Konsultation** erhielt die Kommission 58 Antworten. 75
Dabei gingen viele Stellungnahmen auf die **Marktanteilsschwellen** nach Art. 3 des Entwurfs der
Verordnung ein. Die Regelung zu Marktanteilsschwellen im Allgemeinen wurde von den Stellungnehmenden unterschiedlich beurteilt. Während sich einige Stellungnahmen aufgrund der aufwendigen und schwierigen Bestimmbarkeit von Marktanteilen pauschal gegen Marktanteilsschwellen in
der TT-GVO aussprachen, erkannte der Großteil diese als notwendig an.[317] Zudem wurde geäußert,
dass neben der grundsätzlichen Problematik, Marktanteilsschwellen zu bestimmen, es wie in der
Vorgänger-GVO Nr. 772/2004 unklar sei, wie die Marktanteile auf relevanten Technologiemärkten

---

[305] Ericsson, Stellungnahme, 3.
[306] Intellectual Property Lawyers' Association, Stellungnahme, 9.
[307] American Bar Association, Stellungnahme, 20; Confederation of Swedish Enterprise, Stellungnahme, 2.
[308] CEFIC The European Chemical Industry, Stellungnahme, 5.
[309] BDI, Stellungnahme, 13.
[310] Intellectual Property Lawyers' Association, Stellungnahme, 4.
[311] Intellectual Property Lawyers' Association, Stellungnahme, 9.
[312] American Bar Association, Stellungnahme, 21.
[313] American Bar Association, Stellungnahme, 22.
[314] Entwurf d. Kom., C(2013) 921 draft.
[315] Entwurf einer Mitteilung der Kommission, Leitlinien zur Anwendung von Artikel 101 des Vertrags über die Arbeitsweise der Europäischen Union auf Technologietransfer-Vereinbarungen, C(2013) 924 draft.
[316] Beiträge sowie Übersicht (Overview) abrufbar unter http://ec.europa.eu/competition/consultations/2013_technology_transfer/index_en.html.
[317] Overview, Rn. 6 f.

mit der Methode der Ableitung von den Marktanteilen auf den relevanten Produktmärkten zu berechnen sind, wenn nicht nur verschiedene räumlich, sondern auch verschiedene sachlich relevante Produktmärkte betroffen sind (→ Art. 3 Rn. 6).[318] Neu war gemäß Art. 3 Abs. 2 des Entwurfs,[319] dass im Falle von nicht-konkurrierenden Unternehmen, wenn der Lizenznehmer eine Technologie besitzt, die er ausschließlich für die firmeninterne Herstellung nutzt und die mit der lizenzierten Technologie substituierbar ist, die Freistellung nur dann gelten sollte, wenn der gemeinsame Marktanteil der Parteien auf keinem der relevanten Märkte mehr als 20 % beträgt. Dies hätte zu einer Einschränkung des Anwendungsbereichs der Gruppenfreistellung im Gegensatz zur VO/EG Nr. 772/2004 geführt, nach welcher der individuelle Marktanteil der Parteien 30 % betragen durfte. In den Stellungnahmen wurde diese neue 20 %-Grenze für in-house genutzte substituierbare Technologien im Wesentlichen als ein lediglich theoretisches Szenario angesehen, welches in der Praxis kaum eine große Rolle spiele.[320] Kritisch wurde bemerkt, dass es fraglich sei, ob es Hinweise oder Fallstudien gibt, die die Notwendigkeit der Absenkung der Marktanteilsschwellen begründen können. Ohne solche tatsächlichen Anhaltspunkte solle der Anwendungsbereich der Gruppenfreistellung nicht eingeschränkt werden.[321]

76 Im Hinblick auf **Kernbeschränkungen** sah schon der Entwurf der TT-GVO[322] vor, Art. 4 Abs. 2 lit. b Ziff. ii VO/EG Nr. 772/2004 zu streichen. Dies hat zur Folge, dass die Beschränkung des passiven Verkaufs in ein Exklusivgebiet oder an eine Exklusivkundengruppe, das bzw. die vom Lizenzgeber einem anderen Lizenznehmer für die ersten beiden Jahre, in denen dieser Lizenznehmer die Vertragsprodukte in dieses Gebiet bzw. an diese Kundengruppe verkauft, zugewiesen worden ist, nicht mehr unter die TT-GVO fällt. Ein Großteil der Stellungnahmen ging auch auf diese Änderung ein. Zum Teil wurde die Streichung wegen der nun erfolgten Anpassung an die damals geltende Vertikal-GVO begrüßt.[323] Andere Verfasser argumentierten, dass eine solche Angleichung aufgrund der Unterschiede der beiden GVOs nicht nötig sei.[324] Neben dieser zutreffenden Kritik ist anzumerken, dass die Streichung des Art. 4 Abs. 2 lit. b Ziff. ii VO/EG Nr. 772/2004 nicht näher begründet wird und zu Rechtsunsicherheit führen kann, da nunmehr entsprechende Beschränkungen von den Unternehmen selbst iRd Einzelfreistellung nach Art. 101 Abs. 3 AEUV zu prüfen sind.

77 Der überwiegende Teil der Stellungnahmen ging zudem auf die (vorgeschlagenen) Änderungen in Art. 5 Abs. 1[325] ein. Danach sollten zu den nicht durch die TT-GVO gruppenfreigestellten Beschränkungen auch sämtliche exklusive Rücklizenz- bzw. Rückübertragungs-Verpflichtungen an eigenen Verbesserungen des Lizenznehmers an der lizenzierten Technologie und Kündigungsklauseln für den Fall der Anfechtung der Gültigkeit der lizenzierten Rechte zählen. In Bezug auf **Rücklizenz- bzw. Rückübertragungs-Verpflichtungen** sollen zukünftig Verpflichtungen, nach denen der Lizenznehmer dem Lizenzgeber für eigene Verbesserungen an der lizenzierten Technologie oder eigene neue Anwendungen dieser Technologie eine Exklusivlizenz oder Gesamt- bzw. Teilrechte zu gewähren hat, nicht mehr gruppenfreigestellt sein. Bislang waren solche Verpflichtungen nur dann nicht gruppenfreigestellt, wenn es sich um „abtrennbare" Verbesserungen handelte, also Verbesserungen, die ohne Verletzung der lizenzierten Technologie verwertet werden können.[326] Diese Neufassung wurde differenziert bewertet. Gegen die Verschärfung der Rechtslage durch den Ausschluss aller exklusiven Rücklizenz-/Rückübertragungs-Verpflichtungen wurde zu Recht angeführt, dass der Lizenzgeber ein berechtigtes Interesse daran habe, Verbesserungen an seiner eigenen Technologie dauerhaft nutzen zu können.[327] Zudem wurde häufig argumentiert, dass der Lizenzgeber bei nicht-abtrennbaren Verbesserungen unter patentrechtlichen Gesichtspunkten ohnehin verhindern könne, dass Dritte die Technologie ohne Lizenz für die zu Grunde liegende Basistechnologie verwen-

---

[318] BDI, Stellungnahme, 6 f.
[319] Entwurf einer Verordnung (EU) Nr. .../. der Kommission vom XXX über die Anwendung von Artikel 101 Absatz 3 des Vertrags über die Arbeitsweise der Europäischen Union auf Gruppen von Technologietransfer-Vereinbarungen, C(2013) 921 draft.
[320] Overview, Rn. 8.
[321] Freshfields Bruckhaus Deringer, Stellungnahme, 3.
[322] Entwurf einer Verordnung (EU) Nr. .../. der Kommission vom XXX über die Anwendung von Artikel 101 Absatz 3 des Vertrags über die Arbeitsweise der Europäischen Union auf Gruppen von Technologietransfer-Vereinbarungen, C(2013) 921 draft.
[323] BMWI und BKartA, Stellungnahme, 1; overview, Rn. 9.
[324] Baker & McKenzie, Stellungnahme, 4; Bird & Bird, Stellungnahme, 4; Freshfields Bruckhaus Deringer, Stellungnahme, 3; Overview, Rn. 8.
[325] VO/EG 772/2004, ABl. 2004 L 123, 11.
[326] VO/EG 772/2004, ABl. 2004 L 123, 11 (16), Art. 5 Abs. 1a.
[327] BDI, Stellungnahme,; Overview, Rn. 13.

den.[328] Daher sei nicht einzusehen, weshalb der Lizenzgeber nicht auch exklusive Nutzungsrechte an den nicht abtrennbaren Verbesserungen erhalten können soll. In anderen Stellungnahmen wurde die Aufhebung der Unterscheidung zwischen abtrennbaren und nicht-abtrennbaren Technologien im Falle exklusiver Rücklizenz- bzw. Rückübertragungs-Verpflichtungen begrüßt. Diese ziehe eine bessere Verwertung von Innovationen nach sich, wodurch der Anreiz steige, in die Forschung zur Verbesserung bestehender Technologien zu investieren.[329]

Zudem sollte es nach dem Entwurf[330] zukünftig nicht mehr gruppenfreigestellt sein, ein **78** **Kündigungsrecht** für den Fall zu vereinbaren, dass der Lizenznehmer die Gültigkeit eines oder mehrerer der lizenzierten Schutzrechte anficht.[331] In den Stellungnahmen wurde auch diese vorgeschlagene Änderung unterschiedlich bewertet. Gegen die Einbeziehung solcher Klauseln in den Kanon der nicht gruppenfreigestellten Beschränkungen spreche im Wesentlichen, dass kein Unternehmen dazu gezwungen werden solle, mit einer Partei in Vertragsbeziehungen zu bleiben, die den Vertragsgegenstand der Lizenz angreift.[332] Zudem stehe es – nach dem Grundsatz der Vertragsfreiheit – jedem Unternehmen frei, Lizenzen an andere Unternehmen zu erteilen oder aber entsprechende Verträge zu kündigen.[333] Von anderen Stellungnahmen wurde die Nichtfreistellung von Kündigungsklauseln ausdrücklich begrüßt.[334] Von einer drohenden Kündigung könne nämlich aufgrund der bereits getätigten Investitionen eine erhebliche abschreckende Wirkung ausgehen, sodass berechtigte Patentklagen unterblieben. Unrechtmäßig gewährte Schutzrechte würden den Wettbewerb zwischen Unternehmen behindern, ohne dass dem ein legitimer Schutz von Innovationsanreizen gegenüberstehe. In der finalen Regelung des Art. 5 Abs. 1 lit. b hat die Kommission insoweit einen Kompromiss gefunden, als die Möglichkeit der Vertragsbeendigung, wenn der Lizenznehmer die Gültigkeit der lizenzierten Technologierechte anficht, zwar grds. nicht mehr gruppenfreistellungsfähig ist, eine Ausnahme aber für den Fall von Exklusivlizenzen gemacht wird.

In vielen Stellungnahmen wurde ferner die explizite **Regelung des Verhältnisses der TT-** **79** **GVO zu anderen Gruppenfreistellungsverordnungen** in Art. 9 des Entwurfs der TT-GVO[335] begrüßt.[336] Dem ist vollumfänglich zuzustimmen, da die Klarstellung zu einer erhöhten Rechtssicherheit in der Anwendungspraxis führt.

Kritisch zu sehen ist bezüglich des **Anwendungsbereiches** der TT-GVO, dass gemäß den **80** Entwürfen und schließlich auch gemäß Erwägungsgrund 7 der finalen VO/EU Nr. 316/2014 und Rn. 62 der Leitlinien die Lizenzierung von Software-Urheberrechten zur reinen Vervielfältigung und entsprechendem Vertrieb eines geschützten Werks nun nicht mehr unter die TT-GVO, sondern unter die grds. strengere Vertikal-GVO fallen soll.[337] Die Notwendigkeit dieser Änderung wird nur unzureichend begründet. Die Kommission geht davon aus, dass bloße Kopien von Software keine Produktion eines Vertragsprodukts mit einer „Technologie" darstellten und daher der Anwendungsbereich der TT-GVO nicht eröffnet sei, gleichfalls seien entsprechende Lizenzverträge bei einer wirtschaftlichen Betrachtung vielmehr mit Vertriebsverträgen vergleichbar.[338] Sie scheint dabei anzunehmen, dass die jeweilige Softwareanwendung die Technologie sei und diese lediglich vervielfältigt werde, jedoch keine Vertragsprodukte mit ihr produziert würden. Hierbei übersieht die Kommission jedoch, dass es sich beim Technologietransfer um eine Lizenzierung von Technologierechten handelt und diese Technologierechte gemäß Art. 1 Abs. 1 lit. b auch Software-Urheberrechte sind. Diese Urheberrechte sind Grundlage für die Produktion der Softwareanwendung, die auf mehrere Daten-

---

[328] BDI, Stellungnahme, 9.
[329] BMWI und BKartA, Stellungnahme, 1; overview Rn. 14.
[330] Entwurf einer Verordnung (EU) Nr. …/. der Kommission vom XXX über die Anwendung von Artikel 101 Absatz 3 des Vertrags über die Arbeitsweise der Europäischen Union auf Gruppen von Technologietransfer-Vereinbarungen, C(2013) 921 draft.
[331] Entwurf einer Verordnung (EU) Nr. …/. der Kommission vom XXX über die Anwendung von Artikel 101 Absatz 3 des Vertrags über die Arbeitsweise der Europäischen Union auf Gruppen von Technologietransfer-Vereinbarungen, C(2013) 921 draft, Art. 5 Abs. 1 lit. b.
[332] BDI, Stellungnahme, 10; Overview, Rn. 11.
[333] BDI, Stellungnahme, 10; Clifford Chance, Stellungnahme, 4.
[334] Blackberry, Stellungnahme, 5; Overview, Rn. 12.
[335] Entwurf einer Verordnung (EU) Nr. …/. der Kommission vom XXX über die Anwendung von Artikel 101 Absatz 3 des Vertrags über die Arbeitsweise der Europäischen Union auf Gruppen von Technologietransfer-Vereinbarungen, C(2013) 921 draft.
[336] BMWI und BKartA, Stellungnahme, 2 Overview, Rn. 5.
[337] Dazu und krit. zur Begrifflichkeit „Software" Gennen IPRB 2014, 131 (132); zur Anwendbarkeit der Vertikal-GVO auch Wiedemann KartellR-HdB/Klawitter § 14 Rn. 51.
[338] VO/EU 316/2014, ABl. 2014 L 93, 17 (18), Erw. 7; Mitt. der Kom., Leitlinien zur Anwendung von Artikel 101 AEUV auf Technologietransfer-Vereinbarungen, ABl. 2014 C 89, 3 Rn. 62.

träger zwecks Vertriebs kopiert werden kann. In diesem Sinne produziert der Lizenznehmer mit jeder Kopie eine neue Fassung der Softwareanwendung, und zwar auf Grundlage der lizenzierten Software-Urheberrechte. Es handelt sich mithin um eine klassische Technologietransfer-Vereinbarung, die alle Voraussetzungen der entsprechenden Definition in Art. 1 Abs. 1 lit. c erfüllt und daher, entgegen der Auffassung der Kommission, richtiger Weise in den Anwendungsbereich der Gruppenfreistellung fallen müsste. Wegen der entgegenstehenden Regelung in Erwägungsgrund 7 kann die an sich gebotene Einbeziehung solcher Vereinbarungen in die GVO in der Praxis allerdings nicht mehr vertreten werden. Die Formulierung des Erwägungsgrunds ist zwar missverständlich, da sie nicht wie die Leitlinien von einer „Lizenzierung von Software-Urheberrechten für die reine Vervielfältigung und den reinen Vertrieb eines geschützten Werks" spricht, sondern vielmehr von „Vereinbarungen zur reinen Vervielfältigung und zum reinen Vertrieb urheberrechtlich geschützter Softwareprodukte". Sie muss jedoch insoweit im Lichte der präziseren Formulierung der Leitlinien ausgelegt werden.

81 Der Entwurf der Leitlinien[339] wurde iÜ fast ausschließlich positiv bewertet. Die Leitlinien seien gut ausgearbeitet und gäben eine hilfreiche Orientierung.[340] Viele Stellungnahmen lobten insbesondere die Ergänzungen im Kapitel zu **Streitbeilegungsvereinbarungen**.[341] Sie begrüßten die Einsicht der Kommission, dass in den Fällen, in denen der Lizenznehmer ohne die Lizenz wahrscheinlich vom Markt ausgeschlossen würde, sich der Zugang des Lizenznehmers zur betreffenden Technologie mittels einer Streitbeilegungsvereinbarung im Allgemeinen wettbewerbsfördernd auswirkt.[342] Auch die Erläuterungen bezüglich der kartellrechtlichen Bewertung von **Technologiepools** seien hilfreich und nachvollziehbar.[343] Als sehr positiv wurde in diesem Zusammenhang auch die Einführung eines ausdrücklichen „safe harbour" gesehen, innerhalb dessen sich die Unternehmen sicher sein können, dass die Errichtung und der Betrieb des Pools nicht gegen Art. 101 AEUV verstoßen.[344]

82 Der am 20.2.2013 veröffentlichte Entwurf für eine neue Technologietransfer-Gruppenfreistellungsverordnung nahm die spätere VO/EU Nr. 316/2014 im Wesentlichen vorweg. Unter Berücksichtigung der eingegangenen Stellungnahmen veröffentlichte die Kommission am 21.3.2014 die **neue TT-GVO VO (EU) Nr. 316/2014,**[345] die am 1.5.2014 in Kraft trat. Gegenüber dem Entwurf gab es verschiedene Änderungen, ohne allerdings vom Grundkonzept abzuweichen. Es gab redaktionelle Umstellungen, gerade in den Begründungserwägungen und in Art. 1. So wurde die Definition der „Technologietransfer-Vereinbarung" in Art. 1 Abs. 1 lit. c verändert. Bestimmungen, die sich auf den Erwerb von Produkten durch den Lizenznehmer, auf die Lizenzierung oder die Übertragung von Rechten des geistigen Eigentums oder von Know-how auf den Lizenznehmer beziehen und die unmittelbar mit der Produktion oder dem Verkauf von Vertragsprodukten verbunden sind, fallen nicht mehr unter die Definition, sind aber weiterhin aufgrund der Ergänzung in Art. 2 Abs. 3 freigestellt. Wesentlich ist, dass nach dem endgültigen Text der GVO die Marktanteilsschwellen in Art. 3 nicht verändert werden.[346] Der Entwurf sah noch vor, dass die strengere Marktanteilsschwelle von 20 % gemeinsamen Marktanteils für Unternehmen, die nicht konkurrieren, gilt, wenn der Lizenznehmer eine Technologie besitzt, die er ausschließlich für die firmeninterne Herstellung nutzt und die mit der lizenzierten Technologie substituierbar ist.[347] Nunmehr gilt für Nicht-Wettbewerber einheitlich die Marktanteilsschwelle von 30 % individuellen Markanteils.[348] Zudem differenziert die finale Fassung bei der Vereinbarung von Kündigungsklauseln gemäß Art. 5 Abs. 1 lit. b zwischen exklusiven und nicht-exklusiven Lizenzverträgen. Nach dem Entwurf sollte die Möglichkeit der Vertragsbeendigung für den Fall, dass der Lizenznehmer die Gültigkeit eines oder mehrerer der lizenzierten Technologierechte anficht, generell nicht gruppenfreigestellt sein.[349] Bei Exklusivlizen-

---

[339] Entwurf einer Mitteilung der Kommission, Leitlinien zur Anwendung von Artikel 101 des Vertrags über die Arbeitsweise der Europäischen Union auf Technologietransfer-Vereinbarungen, C(2013) 924 draft.
[340] Freshfields Bruckhaus Deringer, Stellungnahme, 3.
[341] Overview, Rn. 17.
[342] Overview, Rn. 17.
[343] Overview, Rn. 15.
[344] BDI, Stellungnahme, 16; Overview, Rn. 16; Frank CR 2014, 349 (353 f.).
[345] ABl. 2014 L 93, 17.
[346] Zu den Marktanteilsschwellen s. auch Frank CR 2014, 349 (351).
[347] Entwurf einer Verordnung (EU) Nr. …/. der Kommission vom XXX über die Anwendung von Artikel 101 Absatz 3 des Vertrags über die Arbeitsweise der Europäischen Union auf Gruppen von Technologietransfer-Vereinbarungen, C(2013) 921 draft, Art. 3 Abs. 2.
[348] VO 316/2014, ABl. 2014 L 93, 17 (21), Art. 3 Abs. 2.
[349] Entwurf einer Verordnung (EU) Nr. …/. der Kommission vom XXX über die Anwendung von Artikel 101 Absatz 3 des Vertrags über die Arbeitsweise der Europäischen Union auf Gruppen von Technologietransfer-Vereinbarungen, C(2013) 921 draft, Art. 5 Abs. 1 lit. b.

zen ist eine solche Möglichkeit der Vertragsbeendigung jetzt gruppenfreigestellungsfähig; im Falle nicht-exklusiver Lizenzverträge dagegen nicht.[350] Auch im Hinblick auf die Kernbeschränkungen in Art. 4, insbesondere Abs. 1 lit. c, beinhaltet die finale Fassung der VO/EU Nr. 316/2014 einige Änderungen gegenüber dem Entwurf (hierzu und zu den weiteren Änderungen durch die VO/EU Nr. 316/2014 → Rn. 78 ff.).

III. Grundzüge

83 Die VO/EG Nr. 316/2014[351] ist eine aufgrund der Ermächtigung des Art. 1 VO/EG Nr. 19/65[352] von der Kommission erlassene GVO iSd Art. 101 Abs. 3 AEUV. Mit neun Artikeln, die sich mit Fragen des materiellen Rechts befassen, ist die GVO relativ kurz; ein Großteil der Auslegungsfragen ist in die Leitlinien verlagert.[353] Art. 1 enthält eine Reihe von **Legaldefinitionen** der wichtigsten Begriffe. Sodann findet sich in Art. 2 der **allgemeine Freistellungstatbestand**. Nach Art. 2 Abs. 1 wird gemäß Art. 101 Abs. 3 AEUV und nach Maßgabe der GVO das Kartellverbot des Art. 101 Abs. 1 AEUV für nicht anwendbar auf Technologietransfer-Vereinbarungen erklärt. Der Begriff Technologietransfer-Vereinbarung erfasst nach Art. 1 Abs. 1 lit. c Ziff. i eine von zwei Unternehmen geschlossene Vereinbarung über die Lizenzierung von Technologierechten mit dem Ziel der Produktion von Vertragsprodukten durch den Lizenznehmer und/oder seine Zulieferer sowie gem. Art. 1 Abs. 1 lit c Ziff. ii eine Übertragung von Technologierechten zwischen zwei Unternehmen mit dem Ziel der Produktion von Vertragsprodukten, bei der das mit der Verwertung der Technologierechte verbundene Risiko zum Teil beim Veräußerer bleibt. Ausweislich Art. 1 Abs. 1 lit. b umfassen Technologierechte Know-how sowie Patente, Gebrauchsmuster, Geschmacksmuster, Topografien von Halbleiterprodukten, ergänzende Schutzzertifikate für Arzneimittel oder andere Produkte, für die solche ergänzenden Schutzzertifikate vergeben werden können, Sortenschutzrechte und Software-Urheberrechte einschließlich Anträgen auf Gewährung bzw. Registrierung dieser Rechte sowie eine Kombination dieser Rechte/Anträge miteinander und mit Know-how. Die Freistellung nach Art. 2 Abs. 1 gilt gemäß Art. 2 Abs. 3 auch für solche Bestimmungen in Technologietransfer-Vereinbarungen, die sich auf den Erwerb von Produkten durch den Lizenznehmer oder aber auf die Lizenzierung oder Übertragung von Rechten des geistigen Eigentums oder von Know-how beziehen, sofern diese Bestimmungen unmittelbar mit der Produktion oder dem Verkauf von Vertragsprodukten verbunden sind. Die Freistellung nach Art. 2 gilt, solange die Rechte an der lizenzierten Technologie noch existieren und solange das Know-how geheim bleibt, dh solange letzteres nicht infolge eines Verhaltens des Lizenznehmers offenkundig wird. Sowohl Urheberrechtsverwertungs-Vereinbarungen, Softwarelizenzen ausgenommen, als auch Markenlizenz- und Markenabgrenzungsvereinbarungen werden vom Anwendungsbereich der TT-GVO gemäß Art. 1 Abs. 1 lit. b iVm Art. 2 Abs. 3 nur in den Fällen erfasst, in denen sie im unmittelbaren Zusammenhang mit der Produktion oder dem Verkauf der Vertragsprodukte stehen.[354]

84 Eine weitere Voraussetzung für die Geltung der gruppenweisen Freistellung ist nach Art. 3 die **Nichtüberschreitung der Marktanteilsschwellen**. Zur Bestimmung dieser Schwellen müssen zunächst die relevanten Produkt- und Technologiemärkte definiert werden. Des Weiteren muss festgestellt werden, ob es sich bei den Vertragsparteien um Wettbewerber handelt oder nicht. Auf den Technologiemärkten ist dabei nach Art. 1 Abs. 1 lit. n Ziff. i, nur der tatsächliche Wettbewerb relevant, auf den Produktmärkten nach Art. 1 Abs. 1 lit. n Ziff. ii, auch der potentielle Wettbewerb. Nach Art. 3 Abs. 1 ist bei Wettbewerbern, also bei horizontalen Vereinbarungen, die Marktanteilsschwelle überschritten, wenn der gemeinsame Marktanteil der Parteien auf dem betroffenen relevanten Markt bzw. den relevanten Märkten 20 % überschreitet, wobei unter relevantem Markt gemäß Art. 1 Abs. 1 lit. m die Kombination des relevanten Technologie- oder Produktmarkts mit dem räumlich relevanten Markt zu verstehen ist. Bei Nicht-Wettbewerbern, also bei Vertikalvereinbarungen, gilt nach Art. 3 Abs. 2 eine Marktanteilsschwelle von 30 % je Unternehmen. Art. 8 enthält zusätzliche Regelungen für die konkrete Bestimmung der Marktanteilsschwellen.

85 Des Weiteren ist die Gruppenfreistellung des Art. 2 nicht auf Vereinbarungen anwendbar, die in Art. 4 geregelte **Kernbeschränkungen** enthalten; es handelt sich hierbei um sog **schwarze Klauseln**. Auch hier ist zu unterscheiden, ob es sich bei den Parteien um Wettbewerber oder Nicht-Wettbewerber handelt. Zwischen Wettbewerbern sind grds. nach Art. 4 Abs. 1 solche Vereinbarungen nicht freistellungsfähig, die bezwecken, dass Preise gebunden werden, dass der Output

---
[350] Krit. zur Begründung und zu einem in der Leitlinie genannten Beispiel Frank CR 2014, 349 (352).
[351] ABl. 2014 L 93, 17.
[352] ABl. 1965, 533.
[353] Leitlinien „Technologietransfer".
[354] Leitlinien „Technologietransfer" Rn. 47.

beschränkt wird, dass Märkte oder Kunden zugewiesen werden sowie Beschränkungen des Lizenznehmers, seine eigenen Technologierechte zu verwerten und Beschränkungen der Vertragsparteien, Forschungs- und Entwicklungsarbeiten durchzuführen. Die meisten dieser schwarzen Klauseln enthalten allerdings Rückausnahmen. Nach Art. 4 Abs. 2 sind Vertikalvereinbarungen zwischen nicht konkurrierenden Unternehmen nicht freigestellt, die Preisbindungen, Gebiets- oder Kundenbeschränkungen hinsichtlich des passiven Verkaufs und Beschränkungen des aktiven oder passiven Verkaufs an Endverbraucher durch Lizenznehmer auf der Einzelhandelsstufe, die einem selektiven Vertriebssystem angehören, bezwecken. Auch zu diesen schwarzen Klauseln sind jedoch Rückausnahmen vorgesehen. IRd Art. 4 ist zudem zu beachten, dass teilweise zwischen **wechselseitigen und nicht wechselseitigen Vereinbarungen** unterschieden wird, wobei nach Art. 1 Abs. 1 lit. d wechselseitige Vereinbarungen solche Technologietransfer-Vereinbarungen sind, in denen sich zwei Unternehmen einander in demselben oder in getrennten Verträgen Lizenzen für konkurrierende Technologien oder für die Produktion konkurrierender Produkte erteilen. Entsprechend werden nicht wechselseitige Vereinbarungen, wie sich insbesondere in bestimmten Ausnahmetatbeständen zu den schwarzen Klauseln zeigt, grds. weniger streng behandelt als wechselseitige Vereinbarungen.

86 Art. 5 nennt **nicht freigestellte Beschränkungen,** auf die die Freistellungsklausel des Art. 2 keine Anwendung findet. Im Gegensatz zu den in Art. 4 aufgelisteten schwarzen Klauseln ist der Freistellungstatbestand des Art. 2 hier jedoch nur auf die einzelnen Verpflichtungen unanwendbar, dh nur diese Verpflichtungen sind nicht gruppenfreigestellt; der Vertrag bleibt iU gruppenfreistellungsfähig (zivilrechtlich gilt § 139 BGB).[355] Da die in Frage stehenden Klauseln nicht zur Unanwendbarkeit der GVO auf die ganze Vereinbarung führen, könnte man die fraglichen Klauseln in Anlehnung an die Terminologie zum Widerspruchsverfahren vor der Verfahrensverordnung VO 1/2003 als **graue Klauseln** bezeichnen (allerdings führte ein Widerspruch nach Art. 4 VO/EG Nr. 240/96 zur Unwirksamkeit der ganzen Vereinbarung).[356] Als graue Klauseln werden in Art. 5 aufgezählt: Verpflichtungen des Lizenznehmers zu ausschließlichen Rücklizenzen oder zu Übertragungen von Gesamt- bzw. Teilrechten für eigene Verbesserungen der lizenzierten Technologie oder eigene neue Anwendungen dieser Technologie (Art. 5 Abs. 1 lit. a) sowie Nichtangriffsklauseln, außer dem Recht zur Vertragsbeendigung im Falle von Angriffen durch den Lizenznehmer, falls es sich bei der Technologietransfer-Vereinbarung um eine Exklusivlizenz handelt (Art. 5 Abs. 1 lit. b). In Art. 5 Abs. 2 werden für Nicht-Wettbewerber zusätzlich als graue Klauseln Verpflichtungen genannt, die die Möglichkeit des Lizenznehmers, seine eigenen Technologierechte zu verwerten oder die Möglichkeit der Parteien, Forschungs- und Entwicklungsarbeiten durchzuführen, beschränken, außer wenn letztere Beschränkungen unerlässlich sind, um die Preisgabe des lizenzierten Know-hows an Dritte zu verhindern.

87 Auch die neue TT-GVO sieht in Art. 6 die Möglichkeit des **Entzugs der Gruppenfreistellung im Einzelfall** vor. Art. 6 ist dabei an die Verfahrensordnung der VO 1/2003 angepasst, sodass bei wettbewerbsschädlichen Wirkungen in einem Gebiet eines Mitgliedstaats oder in einem Teilgebiet desselben, das alle Merkmale eines gesonderten räumlichen Marktes aufweist, auch die Kartellbehörde des Mitgliedstaats nach Art. 6 Abs. 2 iVm Art. 29 Abs. 2 VO 1/2003 für das betroffene Gebiet den Vorteil der Gruppenfreistellung entziehen kann. Art. 6 Abs. 1 nennt für den Fall, dass eine gruppenfreigestellte Vereinbarung gleichwohl Wirkungen hat, die mit Art. 101 Abs. 3 AEUV unvereinbar sind, also für den Fall eines Entzugs im Einzelfall, einige Beispiele: die Beschränkung des Zugangs von Technologien Dritter zum Markt, zB durch die Wirkung paralleler Netze gleichartiger Vereinbarungen, die den Lizenznehmern die Nutzung von Technologien Dritter untersagen (Art. 6 Abs. 1 lit. a), die Beschränkung des Zugangs potentieller Lizenznehmer zum Markt, zB durch die Wirkung paralleler Netze gleichartiger Vereinbarungen, die den Lizenzgebern die Erteilung von Lizenzen an andere Lizenznehmer untersagen, oder weil der einzige Eigentümer einer Technologie, der für relevante Technologierechte eine Lizenz vergibt, einem Lizenznehmer eine Exklusivlizenz erteilt, der bereits mit substituierbaren Technologierechten auf dem betreffenden Produktmarkt tätig ist (Art. 6 Abs. 1 lit. b). Nach Art. 7 iVm Art. 1a VO/EWG Nr. 19/65 kann die Kommission eine **Verordnung** erlassen, nach der die Gruppenfreistellung auf Technologietransfer-Vereinbarungen, die bestimmte Beschränkungen des Wettbewerbs auf einem relevanten Markt vorsehen, **nicht anwendbar** ist, wenn mehr als 50 % dieses relevanten Marktes von parallelen Netzen gleichartiger Technologietransfer-Vereinbarungen erfasst werden. Von dieser Ermächtigung, die auch schon in der Vorgänger-GVO enthalten war, hat die Kommission bisher keinen Gebrauch gemacht. Art. 6

---

[355] Hierzu auch Gennen IPRB 2014, 131 (136).
[356] Immenga/Mestmäcker/Ullrich, 1. Aufl. 1997, GRUR C. Rn. 86; vgl. auch Immenga/Mestmäcker/Fuchs TT-GVO Einl. Rn. 32.

Abs. 1 sieht insoweit auch die Möglichkeit vor, den Rechtsvorteil der GVO im Einzelfall zu entziehen, sodass eine entsprechende VO entbehrlich ist.

Im Gegensatz zur Vorgänger-GVO regelt Art. 9 explizit **das Verhältnis zur FuE-GVO (VO/EU 2023/1066)**[357] **und zur Spezialisierungs-GVO (VO/EU 2023/1067).**[358] Hiernach gilt die TT-GVO nicht für Lizenzabsprachen in Vereinbarungen über Forschung und Entwicklung, die unter die FuE-GVO fallen, oder in Spezialisierungsvereinbarungen, die unter die Spezialisierungs-GVO fallen.[359]

IV. Abgrenzung zum Anwendungsbereich anderer Gruppenfreistellungsverordnungen

Schon in den dem Evaluierungsbericht zur alten TT-GVO VO/EG Nr. 240/96 vorausgegangenen Stellungnahmen wurde kritisiert, dass die Abgrenzung der TT-GVO zu anderen GVOen nicht klar genug sei. Diesem Problem ist die Kommission zunächst in den **Leitlinien** zur TT-GVO VO (EG) Nr. 772/2004[360] und nun in den Leitlinien zur aktuellen TT-GVO VO (EU) Nr. 316/2014[361] entgegengetreten. Im Gegensatz zur alten TT-GVO ist zudem in der aktuellen TT-GVO das Verhältnis zu anderen Gruppenfreistellungsverordnungen ausdrücklich geregelt. Gemäß Art. 9 gilt die VO/EU Nr. 316/2014 nicht für Lizenzabsprachen in Vereinbarungen über Forschung und Entwicklung, die unter die **FuE-GVO (VO/EU 2023/1066)**[362] fallen, oder in Spezialisierungsvereinbarungen, die unter die **Spezialisierungs-GVO (VO/EU 2023/1067)**[363] fallen (s. auch Erwägungsgrund 7 der VO/EU Nr. 316/2014).[364]

Zunächst ist das Verhältnis der TT-GVO zur **Spezialisierungs-GVO (VO (EU) 2023/1067)** genauer zu betrachten. Nach Art. 2 Abs. 2 Spezialisierungs-GVO gilt die Gruppenfreistellung für Spezialisierungsvereinbarungen, dh gemäß Art. 1 Abs. 1 Nr. 1 Spezialisierungs-GVO für Vereinbarungen über einseitige Spezialisierungen iSd Art. 1 Abs. 1 Nr. 1 lit. a, für Vereinbarungen über gegenseitige Spezialisierungen iSd Art. 1 Abs. 1 Nr. 1 lit. b oder für Vereinbarungen über die gemeinsame Produktion iSd Art. 1 Abs. 1 Nr. 1 lit. c. Insbesondere hinsichtlich der Vereinbarungen über die gemeinsame Produktion ist eine Abgrenzung zur TT-GVO vorzunehmen. Hierbei handelt es sich nach Art. 1 Abs. 1 lit. d Spezialisierungs-GVO um Vereinbarungen, in denen sich zwei oder mehr Parteien verpflichten, bestimmte Produkte gemeinsam zu produzieren. Die Freistellung gilt nach Art. 2 Abs. 2 Spezialisierungs-GVO auch für Spezialisierungsvereinbarungen, deren Bestimmungen sich auf die Übertragung von Rechten des geistigen Eigentums oder die Erteilung diesbezüglicher Lizenzen an eine oder mehrere der Parteien beziehen, sofern diese Bestimmungen nicht Hauptgegenstand der Vereinbarungen sind, sich aber unmittelbar auf ihre Umsetzung beziehen und dafür erforderlich sind. Zu fragen ist also nach dem Schwerpunkt der Vereinbarung. Dieser kann entweder in der einseitigen bzw. gegenseitigen Spezialisierung bzw. in der Zusammenarbeit zur gemeinsamen Produktion oder aber in der Lizenzierung geistigen Eigentums zum Zwecke der Produktion von Lizenzprodukten bestehen. Der Schwerpunkt der Vereinbarung kann vor dem Hintergrund der Neufassung des Art. 2 Abs. 4 nicht mehr wie noch unter der Vorgänger-GVO VO/EG Nr. 772/2004 anhand der wesentlichen (wirtschaftlichen) Interessen der Vertragsparteien bestimmt werden. Vielmehr ist der inhaltliche Schwerpunkt einer Vereinbarung allein anhand objektiven Maßstäben wie bspw. den zivilrechtlichen Hauptleistungspflichten, die sich nach einem objektiven Empfängerhorizont richten, zu bestimmen (→ Art. 2 Rn. 20). Gründen zB Unternehmen zum Zwecke der gemeinsamen Produktion ein neues Unternehmen und erteilen diesem Lizenzen zur Nutzung von Technologierechten zur Herstellung der gemeinsamen Produkte, so ist die Spezialisierungs-GVO einschlägig. Die Spezialisierungs-GVO ist hingegen nicht mehr anwendbar, wenn das Gemeinschaftsunternehmen seinerseits Dritten Lizenzen erteilt, da dies ein Vorgang ist, der nicht mehr mit der Produktion des Gemeinschaftsunternehmens verbunden ist.[365] Hierbei handelt es sich vielmehr um einen Technologiepool, dessen Gründung, Verwaltung und Lizenzvergabe die Leitlinien zu Technologietransfer-Vereinbarungen behandeln.[366] Die Spezialisierungs-GVO ist somit bei

---

[357] ABl. 2023 L 143, 9.
[358] ABl. 2023 L 143, 20.
[359] Krit. zur Verwendung des nicht definierten Begriffs der „Lizenzabsprache" Gennen IPRB 2014, 131 (132).
[360] Bek. der Kom., Leitlinien zur Anwendung von Artikel 81 EG-Vertrag auf Technologietransfer-Vereinbarungen, ABl. 2004 C 101, 2 Rn. 56 ff.
[361] Leitlinien „Technologietransfer" Rn. 69 ff.
[362] ABl. 2023 L 143, 9.
[363] ABl. 2023 L 143, 20.
[364] Leitlinien „Technologietransfer" Rn. 70.
[365] Leitlinien „Technologietransfer" Rn. 72.
[366] Vgl. hierzu Leitlinien „Technologietransfer" Rn. 244 ff.

91 Des Weiteren ist die Abgrenzung zur **FuE-GVO (VO (EU) 2023/1066)** vorzunehmen. Die Gruppenfreistellung gilt nach Art. 2 Abs. 1 FuE-GVO für Forschungs- und Entwicklungsvereinbarungen. Dies sind gemäß Art. 1 Abs. 1 Nr. 1 lit. a FuE-GVO Vereinbarungen zwischen zwei oder mehr Parteien betreffend die gemeinsame Forschung und Entwicklung oder Auftragsforschung und -entwicklung und gemeinsame Verwertung der erzielten Ergebnisse, Vereinbarungen betreffend nur die gemeinsame Verwertung nach gemeinsamer Forschung und Entwicklung bzw. nach einer Auftragsforschung und -entwicklung derselben Parteien oder Vereinbarungen betreffend nur die gemeinsame Forschung und Entwicklung oder Auftragsforschung und -entwicklung ohne gemeinsame Verwertung der Ergebnisse. Die Freistellung gilt gemäß Art. 2 Abs. 3 auch für Forschungs- und Entwicklungsvereinbarungen, deren Bestimmungen sich auf die Übertragung von Rechten des geistigen Eigentums oder die Erteilung diesbezüglicher Lizenzen an eine oder mehrere Parteien oder an eine von den Parteien für die Durchführung der gemeinsamen Forschung und Entwicklung, der Auftragsforschung und -entwicklung oder der gemeinsamen Verwertung gegründete Einheit beziehen, sofern diese Bestimmungen nicht Hauptgegenstand solcher Vereinbarungen sind, sich aber unmittelbar auf deren Umsetzung beziehen und dafür erforderlich sind. Folglich ist auch bei der Abgrenzung des Anwendungsbereichs der TT-GVO zur FuE-GVO darauf abzustellen, wo der nach objektiven Maßstäben zu bestimmendem inhaltlichem Schwerpunkt der Vereinbarung liegt. Ist dies die gemeinsame Forschung und Entwicklung bzw. Auftragsforschung und -entwicklung und/oder die gemeinsame Verwertung der erzielten Ergebnisse und werden hiermit verbunden notwendigerweise durch die Parteien Technologierechte einander oder gemeinsamen Einrichtungen lizenziert, so ist die FuE-GVO einschlägig.[367] Wird hingegen geistiges Eigentum zur Ermöglichung der Produktion von Vertragsprodukten lizenziert und muss der Lizenznehmer, bevor er ein marktreifes Produkt anbieten kann, noch Entwicklungsarbeiten durchführen, so liegt der Schwerpunkt der Vereinbarung eindeutig auf dem Technologietransfer. Die TT-GVO ist hier allein anwendbar.

92 Zur Anwendbarkeit der TT-GVO bedarf es einer direkten Verbindung zwischen den lizenzierten Technologierechten und dem hergestellten Vertragsprodukt. Sie ist mithin nicht anwendbar, wenn bestimmte Technologierechte zu dem Zweck lizenziert werden, dem Lizenznehmer die Durchführung weiterer Forschungs- und Entwicklungsarbeiten in verschiedenen Bereichen zu ermöglichen. Beispiel hierfür ist die Vergabe einer Lizenz für ein Forschungsinstrument, das für weitere Forschungsarbeiten eingesetzt werden soll. Gegenstand der Vereinbarung wäre hier nicht die Lizenzierung zum Zwecke der Produktion von Vertragsprodukten, sondern zum Zwecke der Forschungs- und Entwicklungsarbeit. Dies gilt auch für Zulieferverträge im Bereich Forschung und Entwicklung, in denen sich der Lizenznehmer verpflichtet, Forschungs- und Entwicklungsarbeiten im Bereich der lizenzierten Technologie durchzuführen und dem Lizenzgeber die Verbesserungen zu überlassen.[368] In Forschungs- und Entwicklungsvereinbarungen können bereits die Bedingungen festgelegt werden, unter denen die gemeinsamen Ergebnisse an Dritte weiterlizenziert werden. Die mit dem Dritten zu diesen Bedingungen geschlossene Vereinbarung fällt nicht in den Bereich der **FuE-GVO**, da dieser gerade nicht Vertragspartner der Forschungs- und Entwicklungsvereinbarung ist. Hier kann vielmehr, bei Vorliegen der übrigen Voraussetzungen, der Anwendungsbereich der TT-GVO eröffnet sein.[369] Die Situation verhält sich parallel zur **Spezialisierungs-GVO** (→ Rn. 89).

93 Besonders eng miteinander verbunden[370] und daher auch besonders genau abzugrenzen sind die TT-GVO und die **Vertikal-GVO VO/EU Nr. 2022/720**.[371] Nach Art. 2 Abs. 1 Vertikal-GVO erfolgt die Freistellung für vertikale Vereinbarungen. Dies sind gemäß Art. 1 Abs. 1 lit. a Vertikal-GVO Vereinbarungen bzw. abgestimmte Verhaltensweisen zwischen zwei oder mehr Unternehmen, von denen jedes für die Zwecke der Vereinbarung oder der abgestimmten Verhaltensweise auf einer anderen Ebene der Produktions- oder Vertriebskette tätig ist, und welche Bedingungen betreffen, zu denen die Parteien bestimmte Waren oder Dienstleistungen beziehen, verkaufen oder weiterverkaufen können. Nach Art. 2 Abs. 3 Vertikal-GVO gilt die Freistellung für solche Vereinbarungen auch, wenn sie Bestimmungen enthalten, die die Übertragung von Rechten des geistigen Eigentums auf den Abnehmer oder die Nutzung solcher Rechte durch den Abnehmer betreffen, sofern diese Bestimmungen nicht Hauptgegenstand der Vereinbarung sind und sofern sie sich unmittelbar auf die Nutzung, den Verkauf oder den Weiterverkauf von Waren oder Dienstleistungen durch den Abnehmer oder seine Kunden beziehen. Eine weitere Voraussetzung für die Freistellung solcher

---

[367] Leitlinien „Technologietransfer" Rn. 74.
[368] Leitlinien „Technologietransfer" Rn. 66.
[369] Leitlinien „Technologietransfer" Rn. 74.
[370] Leitlinien „Technologietransfer" Rn. 76.
[371] Verordnung (EU) Nr. 2022/720, ABl. 2022 L 134, 4.

Vereinbarungen ist, dass diese Bestimmungen für die Vertragswaren oder -dienstleistungen keine Wettbewerbsbeschränkungen enthalten, die denselben Zweck verfolgen wie vertikale Beschränkungen, die durch die Vertikal-GVO nicht freigestellt sind. Diesbezüglich ist also zur Abgrenzung ähnlich wie bei der Spezialisierungs-GVO und der FuE-GVO (→ Rn. 88 ff.) auf den objektiven inhaltlichen Schwerpunkt der Vereinbarung abzustellen, ob es sich also schwerpunktmäßig um den Vertrieb von Waren bzw. Dienstleistungen oder aber um die Lizenzierung geistiger Eigentumsrechte zur Produktion von Vertragsprodukten handelt. Zur inkonsequenten Behandlung der Lizenzierung von Software-Urheberrechten zur reinen Vervielfältigung und entsprechendem Vertrieb eines geschützten Werks, die gemäß Erwägungsgrund 7 der TT-GVO und Rn. 62 der Leitlinien nicht mehr unter die TT-GVO, sondern unter die grds. strengere Vertikal-GVO fallen soll, wurde bereits (→ Rn. 75) kritisch Stellung genommen.

Die TT-GVO gilt zwischen dem Lizenzgeber und dem Lizenznehmer, wohingegen zwischen Lizenznehmer und dessen Abnehmer die **Vertikal-GVO** gelten kann, da der Lizenznehmer zugleich Anbieter iSd Vertikal-GVO ist.[372] Dabei ist zu beachten, dass die TT-GVO Lizenzvereinbarungen auch dann freistellt, wenn die Vereinbarung Verpflichtungen des Lizenznehmers über die Art und Weise des Verkaufs der Vertragsprodukte vorsieht.[373] Dies kann zB die Verpflichtung des Lizenznehmers zum Aufbau eines bestimmten Vertriebssystems – Alleinvertrieb oder selektiver Vertrieb – betreffen. Die zum Zwecke der Umsetzung dieser Verpflichtungen geschlossenen Vertriebsvereinbarungen müssen jedoch mit der Vertikal-GVO konform sein, da jeder Lizenznehmer ein Anbieter iSd Vertikal-GVO ist. Dies bedeutet, dass der Lizenznehmer als Anbieter den Händlern seines Vertriebssystems keine Beschränkungen auferlegen darf, welche die Vertikal-GVO missbilligt.[374] So muss es den Händlern des Lizenznehmers bspw. nach Art. 4 lit. b Vertikal-GVO grds. freigestellt sein, passive Verkäufe in den Gebieten anderer Alleinvertriebshändler des Lizenznehmers zu tätigen.[375] Da nach der Vertikal-GVO jeder Lizenznehmer als eigenständiger Anbieter betrachtet wird, kann den Händlern seines Vertriebssystems zudem grds. nicht untersagt werden, aktive oder passive Verkäufe in Gebieten zu tätigen, die durch die Vertriebssysteme anderer Lizenznehmer, also anderer Anbieter, abgedeckt sind, die ihre eigenen Erzeugnisse auf der Grundlage der lizenzierten Technologie herstellen.[376] Eine Ausnahme in Bezug auf Beschränkungen des aktiven Verkaufs soll nach den Leitlinien zum Technologietransfer dann gelten, wenn die Produkte von verschiedenen Lizenznehmern, also verschiedenen Anbietern, unter einer gemeinsamen Marke verkauft werden, die dem Lizenzgeber gehört. In diesen Fällen könnten auch Beschränkungen des aktiven Verkaufs zwischen den verschiedenen Vertriebssystemen der Lizenznehmer zulässig sein. Voraussetzung sei, dass der gemeinsamen Marke im Hinblick auf die Vermittlung von Qualität und anderer relevanter Informationen an den Verbraucher eine herausragende Bedeutung zukommt. Dann könnten nämlich die Beschränkungen des aktiven Verkaufs zwischen den Vertriebssystemen wegen der gemeinsamen Markenidentität die gleichen Effizienzgewinne begründen wie entsprechende Beschränkungen innerhalb eines einzelnen vertikalen Vertriebssystems. Unter diesen Voraussetzungen will die Kommission die Freistellung der **Vertikal-GVO analog** anwenden, wenn deren Voraussetzungen entsprechend erfüllt sind. Es soll hingegen nicht ausreichen, dass das Produkt zusätzlich zu den Marken der Lizenznehmer die Marke des Lizenzgebers trägt, die ihn als Eigentümer der Technologie ausweist.[377]

V. Rechtsvergleichende Betrachtung zum US-amerikanischen Antitrust Law

Die Anwendung des US-amerikanischen Antitrust Law, dh des Sherman Act und des Federal Trade Commission Act, auf Vereinbarungen betreffend geistiges Eigentum wird in den **Antitrust Guidelines for the Licensing of Intellectual Property** konkretisiert, die am 12.1.2017 vom U. S. Department of Justice und der Federal Trade Commission (FTC) veröffentlicht wurden.[378] Zunächst stellen die IP-Guidelines klar, dass geistiges Eigentum im Grundsatz mit sonstigem Eigentum vergleichbar sei[379] und daher die Kartellregeln auf Lizenzverträge über geistiges Eigentum genauso uneingeschränkt wie auf alle anderen Verträge angewandt werden könnten.[380] Die spezifi-

---

[372] Leitlinien „Technologietransfer" Rn. 76.
[373] Leitlinien „Technologietransfer" Rn. 55.
[374] Leitlinien „Technologietransfer" Rn. 77.
[375] Leitlinien „Technologietransfer" Rn. 77.
[376] Leitlinien „Technologietransfer" Rn. 78.
[377] Leitlinien „Technologietransfer" Rn. 78.
[378] Im Folgenden IP-Guidelines. Abrufbar unter https://www.justice.gov/atr/IPguidelines/download, zuletzt abgerufen am 29.3.2023.
[379] IP-Guidelines, 2.0, abrufbar unter https://www.justice.gov/atr/IPguidelines/download, zuletzt abgerufen am 29.3.2023.
[380] IP-Guidelines, 2.1, abrufbar unter https://www.justice.gov/atr/IPguidelines/download, zuletzt abgerufen am 29.3.2023.

schen Eigenarten des geistigen Eigentums, die dieses von sonstigem Eigentum unterscheiden, könnten bei der üblichen kartellrechtlichen Prüfung berücksichtigt werden und erforderten nicht die Anwendung grundlegend anderer Grundsätze.[381] Die Probleme der Praktizierung von Ausschließlichkeitsrechten stellten sich nämlich bei geistigem Eigentum genauso wie bei sonstigem Eigentum.[382] Dieser Ansatz entspricht dem oben vertretenen Ansatz des europäischen Kartellrechts und der hierzu ergangenen Rspr. (→ Rn. 21).

96 Ein **Einfluss der in den US-amerikanischen IP-Guidelines getroffenen Wertungen** in Bezug auf das Verhältnis zwischen geistigem Eigentum und Kartellrecht und die sich daran anschließende Kartellrechtspraxis auf die Entwicklung der Beurteilung dieser Rechtsproblematik im europäischen Rechtsraum kann nicht bestritten werden.[383] Dennoch ist zu berücksichtigen, dass das europäische Kartellrecht, neben den einer jeden Wettbewerbsordnung immanenten Ordnungsfunktionen, zusätzlich eine Integrationsfunktion zur Herstellung und Gewährleistung des EU-Binnenmarktes verfolgt. Deshalb fließen in die europäische Beurteilung dieses Spannungsverhältnisses zusätzliche integrationspolitische Aspekte ein.[384]

97 Den IP-Guidelines sind neben dem Grundsatz der Anwendbarkeit der allgemeinen Kartellregeln **zwei weitere wesentliche Grundsätze** vorangestellt. Erstens, dass Rechte des geistigen Eigentums nicht per se ihrem Inhaber Marktmacht auf dem wettbewerbsrechtlich relevanten Markt verschafften.[385] Dies ist auch im europäischen Kartellrecht unbestritten.[386] Zweitens wird betont, dass Lizenzverträgen grds. eine wettbewerbsfördernde Wirkung immanent sei.[387]

98 Bei der kartellrechtlichen Betrachtung der einzelnen Vereinbarungen wählen die US-amerikanischen Kartellrechtler eine praktische, **wirtschaftliche Sichtweise**.[388] Auch die Europäische Kommission versucht sich bei der Betrachtung solcher Vereinbarungen von der formaljuristischen Ebene weg zu einer wirtschaftlichen Betrachtungsweise zu bewegen.[389] Sie beruft sich dabei ausdrücklich auf den US-amerikanischen Ansatz.[390] Konsequenz dieser neuen wirtschaftlichen Betrachtungsweise sind u.a. die VO/EU Nr. 316/2014 und deren Vorgängerverordnung VO/EG Nr. 772/2004.[391] Die IP-Guidelines sehen Lizenzverträge grds. als positiv und wettbewerbsfördernd an,[392] da sie zur Verbreitung der Technologien und zu ihrer Kombination mit anderen Anwendungen beitragen und so zur verbesserten Nutzung der Technologien führen könnten.[393] Zudem könne der durch Lizenzierungen erwirtschaftete Gewinn den Anreiz zu Innovationen und Forschungs- und Entwicklungsarbeiten fördern. So könnten auch Anwendungs-, Gebiets- und sonstige Beschränkungen Wettbewerbsvorteile bringen, wenn sie dem Lizenzgeber ermöglichen, sein geistiges Eigentum so effektiv wie nur möglich zu nutzen. Es liegt nämlich gemäß den IP-Guidelines in seinem Interesse, durch Lizenzvergaben keinem Wettbewerb in seinem eigenen Markt ausgesetzt zu sein, sodass die Gefahr bestünde, dass er ohne die fraglichen Beschränkungen keine Lizenzen vergeben würde. Auch der Lizenznehmer könne durch diese Beschränkungen veranlasst werden, das Risiko der Investitionen

---

[381] IP-Guidelines, 2.1, abrufbar unter https://www.justice.gov/atr/IPguidelines/download, zuletzt abgerufen am 29.3.2023.
[382] IP-Guidelines, 2.1, abrufbar unter https://www.justice.gov/atr/IPguidelines/download, zuletzt abgerufen am 29.3.2023.
[383] Loewenheim/Meessen/Riesenkampff/v. Falck/Schmaltz, 2. Aufl. 2009, Rn. 3.
[384] Feil, Lizenzkartellrecht, 2009, 78.
[385] IP-Guidelines, 2.0, abrufbar unter https://www.justice.gov/atr/IPguidelines/download, zuletzt abgerufen am 29.3.2023.
[386] EuGH Slg. 1968, 85 (112) – Parke, Davis & Co/Probel; Heinemann, Immaterialgüterschutz in der Wettbewerbsordnung – Eine grundlagenorientierte Untersuchung zum Kartellrecht des geistigen Eigentums, 2002, 441 ff.
[387] IP-Guidlines, 2.0, abrufbar unter https://www.justice.gov/atr/IPguidelines/download, zuletzt abgerufen am 29.3.2023.
[388] Vgl. zB IP-Guidelines, 3.1, 4.1.2, abrufbar unter https://www.justice.gov/atr/IPguidelines/download, zuletzt abgerufen am 29.3.2023.
[389] Evaluierungsbericht der Kommission über die GVO (EG) Nr. 240/96 für Technologietransfer-Vereinbarungen (GFTT) – Technologietransfer-Vereinbarungen nach Artikel 81 EG-Vertrag KOM(2001) 786 endgültig, 3.
[390] Evaluierungsbericht der Kommission über die GVO (EG) Nr. 240/96 für Technologietransfer-Vereinbarungen (GFTT) – Technologietransfer-Vereinbarungen nach Artikel 81 EG-Vertrag KOM(2001) 786 endgültig, 46 ff.
[391] Vgl. VO/EU 316/2014, ABl. 2014 L 93, 17, 17, Erw. 3; VO/EG 772/2004, ABl. 2004 L 123, 11 (11) Erw. 4; s. hierzu insbesondere Drexl GRUR 2004, 716.
[392] IP-Guidelines, 2.0, 3.4, abrufbar unter https://www.justice.gov/atr/IPguidelines/download, zuletzt abgerufen am 29.3.2023.
[393] IP-Guidelines, 2.3, abrufbar unter https://www.justice.gov/atr/IPguidelines/download, zuletzt abgerufen am 29.3.2023.

in neue Technologien einzugehen, da er sich keinem technologieinternen Wettbewerb in seinem Vertragsgebiet ausgesetzt sieht.[394] Die Kommission hat sich mit der TT-GVO sehr eng an diesen Ansatz des US-amerikanischen Kartellrechts angelehnt.

Des Weiteren unterscheiden die IP-Guidelines zwischen **Horizontal- und Vertikalvereinbarungen**.[395] Während Vertikalvereinbarungen grds. kartellrechtlich unbedenklich sein sollen, werden Horizontalvereinbarungen einer genaueren kartellrechtlichen Analyse unterzogen.[396] Es gibt jedoch auch Ausnahmen für Vertikalvereinbarungen, wie zB das Verbot, andere Technologien zu nutzen.[397] Hinsichtlich der Beurteilung von Vertikalvereinbarungen befinden sich die IP-Guidelines in Nachfolge des Ansatzes der Chicago-School.[398] In Anlehnung an diesen Ansatz[399] unterscheidet auch die Kommission iRe sog „wirtschaftlichen Betrachtungsweise" zwischen horizontalen und vertikalen Vereinbarungen.[400] Zwar werden in der Konsequenz auch vertikale Vereinbarungen in Art. 4 Abs. 2 erheblich großzügiger bewertet als horizontale Vereinbarungen in Art. 4 Abs. 1. Dennoch bleiben schwarze Klauseln für Vertikalvereinbarungen übrig, die sich, wie zB die Untersagung des Verbots passiver Verkäufe in fremden Lizenzgebieten in Art. 4 Abs. 2 lit. b, dadurch erklären lassen, dass in Europa die Wettbewerbsfreiheit als integraler Bestandteil einer allgemeinen Marktfreiheit verstanden wird, das also gerade auch das Kartellrecht, ähnlich den Verkehrsfreiheiten, dazu beizutragen hat, dass der EU-Binnenmarkt verwirklicht und nicht durch Gebietsaufteilungen beschränkt wird.[401]

Eine weitere Folge des wirtschaftlichen Ansatzes ist die Unterscheidung zwischen den verschiedenen Märkten. Hierbei hat die Kommission, in Anlehnung an das US-amerikanische Recht,[402] eine **Unterscheidung zwischen Technologie- und Produktmarkt** in Art. 1 Abs. 1 lit. j VO/EG Nr. 772/2004 eingeführt und in Art. 1 Abs. 1 lit. j, k VO (EU) Nr. 316/2014 beibehalten. Auch die IP-Guidelines unterscheiden zwischen diesen beiden Märkten, kennen aber noch einen dritten Markt, den **Forschungs- und Entwicklungsmarkt** bzw. **Innovationsmarkt** für noch nicht existierende Produkte oder Technologien.[403] Zwar wird ein solcher Innovationsmarkt nicht bei den Marktanteilsschwellen als Anwendungsvoraussetzung der TT-GVO in deren Art. 3 berücksichtigt. Hier beschränkt sich die TT-GVO auf die Marktanteile der Technologie- und Produktmärkte. Gemäß den Leitlinien der Kommission zu Technologietransfer-Vereinbarungen können sich Lizenzvereinbarungen jedoch auch auf die Innovationsmärkte auswirken. Zwar werde sich die Kommission grds. darauf beschränken, die Auswirkung der Vereinbarung auf den Wettbewerb innerhalb bestehender Produkt- und Technologiemärkte zu prüfen. Auf diesen Märkten seien Innovationen als Quellen potentiellen Wettbewerbs zu berücksichtigen. So könne der Wettbewerb auf den Technologie- und Produktmärkten durch Vereinbarungen beeinflusst werden, die die Einführung verbesserter oder neuer Erzeugnisse verzögern. In bestimmten Fällen könne es jedoch nützlich und notwendig sein, die Auswirkungen auf den Innovationswettbewerb gesondert zu untersuchen. Dies gelte insbesondere für Fälle, in denen sich die Vereinbarung auf die Innovationstätigkeit auswirkt, und in Fällen, in

---

[394] IP-Guidelines, 2.3, abrufbar unter https://www.justice.gov/atr/IPguidelines/download, zuletzt abgerufen am 29.3.2023.
[395] IP-Guidelines, 3.3, abrufbar unter https://www.justice.gov/atr/IPguidelines/download, zuletzt abgerufen am 29.3.2023.
[396] IP-Guidelines, Example 1, 3.1, abrufbar unter https://www.justice.gov/atr/IPguidelines/download, zuletzt abgerufen am 29.3.2023.
[397] IP-Guidelines, Example 1, abrufbar unter https://www.justice.gov/atr/IPguidelines/download, zuletzt abgerufen am 29.3.2023.
[398] Bowman, Patent and Antitrust Law – A Legal and Economic Appraisal, 1973.
[399] Evaluierungsbericht der Kommission über die GVO (EG) Nr. 240/96 für Technologietransfer-Vereinbarungen (GFTT) – Technologietransfer-Vereinbarungen nach Artikel 81 EG-Vertrag KOM(2001) 786 endgültig, 54.
[400] Evaluierungsbericht der Kommission über die GVO (EG) Nr. 240/96 für Technologietransfer-Vereinbarungen (GFTT) – Technologietransfer-Vereinbarungen nach Artikel 81 EG-Vertrag KOM(2001) 786 endgültig, 183; vgl. zur VO/EG 772/2004 deren Erw. 4 und Bek. der Kom., Leitlinien zur Anwendung von Artikel 81 EG-Vertrag auf Technologietransfer-Vereinbarungen, ABl. 2004 C 101, 2 Rn. 26–33; zur VO/EU 316/2014 deren Erw. 10 und 11 sowie Mitt. der Kom., Leitlinien zur Anwendung von Artikel 101 des Vertrages über die Arbeitsweise der Europäischen Union auf Technologietransfer-Vereinbarungen, ABl. 2014 C 89, 3 Rn. 27–39.
[401] Vgl. Evaluierungsbericht der Kommission über die GVO (EG) Nr. 240/96 für Technologietransfer-Vereinbarungen (GFTT) – Technologietransfer-Vereinbarungen nach Artikel 81 EG-Vertrag KOM(2001) 786 endgültig, 55.
[402] Vgl. Evaluierungsbericht der Kommission über die GVO (EG) Nr. 240/96 für Technologietransfer-Vereinbarungen (GFTT) – Technologietransfer-Vereinbarungen nach Artikel 81 EG-Vertrag KOM(2001) 786 endgültig, 53.
[403] IP-Guidelines, 3.2, 3.2.3, abrufbar unter https://www.justice.gov/atr/IPguidelines/download, zuletzt abgerufen am 29.3.2023.

denen es möglich ist, Forschungs- und Entwicklungspole bereits in einer frühen Phase auszumachen. In solchen Fällen könne untersucht werden, ob nach Abschluss der Vereinbarung eine ausreichende Anzahl an konkurrierenden Forschungs- und Entwicklungspolen übrig bleibt, um einen wirksamen Innovationswettbewerb aufrecht zu erhalten.[404] Auch die Horizontalleitlinien der Europäischen Kommission untersuchen die Auswirkungen von Forschungs- und Entwicklungsvereinbarungen auf den Wettbewerb im Bereich Innovation,[405] wobei auch diesbezüglich von einem vorgelagerten Innovationsmarkt gesprochen werden kann. Ein Unterschied zum europäischen Recht besteht darin, dass im Gegensatz zu Art. 1 Abs. 1 lit. n Ziff. i im US-amerikanischen Antitrust Law auch auf dem Technologie- sowie Forschungs- und Entwicklungsmarkt der potentielle Wettbewerb zwischen Unternehmen ausreicht, um als auf der gleichen Marktstufe tätig zu gelten.[406]

101 Die grundsätzliche Gleichbehandlung von Gebiets-, Anwendungs- und sonstigen Beschränkungen im US-amerikanischen Recht beruht ebenfalls auf einer wirtschaftlichen Betrachtungsweise. Auch die Kommission hat die Beschränkung des Anwendungsbereichs der TT-GVO auf Gebietsbeschränkungen für unsinnig und unbegründbar erachtet[407] und dem zunächst durch den allgemeinen Freistellungstatbestand des Art. 2 VO/EG Nr. 772/2004 und in der TT-GVO durch den allgemeinen Freistellungstatbestand des Art. 2 abgeholfen. Zur Behandlung von Produktmarkt- und Anwendungsbeschränkungen unter der VO/EU Nr. 316/2014 im Einzelnen → Art. 4 Rn. 14 ff., 34, 38, 50 f., 54.

102 Während es im europäischen Kartellrecht darauf ankommt, ob eine Lizenzvereinbarung die Tatbestandsmerkmale des Art. 101 Abs. 1 AEUV erfüllt und nur in besonderen Fällen, um auf die Besonderheiten des geistigen Eigentums in Bezug auf seine Verkehrsfähigkeit Rücksicht zu nehmen, zwischen wettbewerbsförderlichen und wettbewerbsschädlichen Klauseln ähnlich der **„rule of reason"** im US-amerikanischen Recht abgewogen wird,[408] grds. aber die Freistellung des Art. 101 Abs. 3 AEUV[409] bzw. die hierzu erlassenen GVOs angewandt werden, ist im US-amerikanischen Recht die Anwendung der „rule of reason" die Regel.[410] Hierbei geht der US-amerikanische Rechtsanwender zweistufig vor. So werden zunächst per se Verbote ausgeschieden, zu denen Preisfestsetzungen, Mengenbeschränkungen, Marktaufteilungen zwischen Wettbewerbern und auch gewisse Formen des Gruppenboykotts sowie Preisbindungen der zweiten Hand gehören. Zur Feststellung, ob ein per se Verbot vorliegt, muss geprüft werden, ob die betreffende Vereinbarung oder Klausel nicht eine effizienzverstärkende Integration wirtschaftlicher Aktivität durch Verbreitung der Technologie bewirken kann – sog **efficiency-enhancing intergration of economic activity**.[411] Alle Klauseln, die nicht per se verboten sind, werden in einer umfassenden Abwägung zwischen wettbewerbsfördernden und -beschränkenden Wirkungen im Einzelfall iRd „rule of reason" gewürdigt.[412] Hierbei ist auch die Erforderlichkeit der wettbewerbsbeschränkenden Klauseln für mögliche Förderungen des Wettbewerbs zu prüfen.[413] Der US-amerikanische Ansatz einer Einzelfallabwägung hat eine relativ starke Rechtsunsicherheit für die Unternehmen zur Folge.

103 Um diese Rechtsunsicherheit zu vermeiden, haben die IP-Guidelines einen **„safe-harbour"** für Vereinbarungen geschaffen, die keine per se Verbote enthalten und bei denen Lizenzgeber und

---

[404] Leitlinien „Technologietransfer" Rn. 26.
[405] Leitlinien „horizontale Zusammenarbeit" Rn. 119 ff.
[406] IP-Guidelines, 3.2.2, 3.2.3, abrufbar unter https://www.justice.gov/atr/IPguidelines/download, zuletzt abgerufen am 29.3.2023.
[407] Evaluierungsbericht der Kommission über die GVO (EG) Nr. 240/96 für Technologietransfer-Vereinbarungen (GFTT) – Technologietransfer-Vereinbarungen nach Artikel 81 EG-Vertrag KOM(2001) 786 endgültig, 117, 130.
[408] EuGH Slg. 1982, 2015 Rn. 56 ff. – Nungesser/Kom.; EuGH Slg. 1988, 3381 Rn. 19 – Coditel/Ciné-Vog Films; in andere Richtung bereits EuGH Slg. 1966, 282 (304) – Société technique minière/Maschinenbau Ulm; vgl. hierzu auch → Rn. 11, 24.
[409] Vgl. zum Lösungsansatz der Kom., grds. eine Ausnahme vom Kartellverbot nur im Rahmen des Art. 101 Abs. 3 AEUV zu machen: Kom. ABl. 1987 L 41, 31 Rn. 23 – Mitchell Cotts/Sofiltra; Kom. ABl. 1987 L 50, 30 Rn. 16 – Boussois/Interpane; Kom. ABl. 1988 L 69, 21 Rn. 12, 27 – Rich Products/Jus-rol; Kom. ABl. 1988 L 309, 34 Rn. 23 – Delta Chemie-DDD; Kom. ABl. 1990 L 800, 32 Rn. 15 – Moosehead-Whitbread; vgl. hierzu auch Ullrich GRUR-Int 1984, 89 (95).
[410] IP-Guidelines, 3.4, abrufbar unter https://www.justice.gov/atr/IPguidelines/download, zuletzt abgerufen am 29.3.2023.
[411] IP-Guidelines, 3.4, Example 6 und 8, abrufbar unter https://www.justice.gov/atr/IPguidelines/download, zuletzt abgerufen am 29.3.2023.
[412] IP-Guidelines, 3.4, 4.2, abrufbar unter https://www.justice.gov/atr/IPguidelines/download, zuletzt abgerufen am 29.3.2023.
[413] IP-Guidelines, 4.2, abrufbar unter https://www.justice.gov/atr/IPguidelines/download, zuletzt abgerufen am 29.3.2023.

-nehmer auf dem relevanten Markt nicht mehr als 20 % Marktanteil haben.[414] Auch die Kommission hat zur Förderung der Rechtssicherheit und iSd wirtschaftlichen Betrachtungsweise **Marktanteilsschwellen** für die Anwendbarkeit der GVO in Art. 3 VO/EG Nr. 772/2004 eingeführt und in Art. 3 beibehalten.[415] Hier wird jedoch zwischen Wettbewerbern und Nicht-Wettbewerbern unterschieden und damit bereits bei der Bestimmung des „safe harbour" den unterschiedlichen wettbewerblichen Auswirkungen von Technologievereinbarungen zwischen Wettbewerbern und Nicht-Wettbewerbern Rechnung getragen. So beträgt die Marktanteilsschwelle für Wettbewerber nach Art. 3 Abs. 1 20 % (gemeinsamer Marktanteil) und für Nicht-Wettbewerber nach Art. 3 Abs. 2 30 % (individueller Marktanteil). Die US-amerikanischen IP-Guidelines bestimmen zudem, dass grds. nicht gegen Vereinbarungen außer per se Verboten vorgegangen wird, wenn mindestens vier zusätzliche Konkurrenztechnologien bestehen. Ähnliches gilt für die Forschung- und Entwicklungsmärkte, in denen mindestens vier unabhängige Einrichtungen, die Möglichkeiten und Leistungsanreize zu Forschungs- und Entwicklungsarbeit haben, bestehen müssen.[416] Auch die Kommission erklärt in ihren Leitlinien, wiederum dem US-amerikanischen Ansatz folgend, dass außerhalb des Anwendungsbereichs der GVO eine wettbewerbsbeschränkende Wirkung einer Vereinbarung, ausgenommen sind Kernbeschränkungen, unwahrscheinlich sei, wenn es neben der von den Vertragsparteien kontrollierten Technologie vier oder mehr von unabhängigen Dritten kontrollierte Technologien gibt, die zu für den Nutzer vergleichbaren Kosten anstelle der lizenzierten Technologie eingesetzt werden können. Bei der Beurteilung, ob diese Technologien als ausreichende Substitute angesehen werden können, müsse die relative Marktstärke der Technologien berücksichtigt werden.[417] Ähnlich geht die Kommission in den Horizontalleitlinien in Bezug auf die Auswirkungen von Forschungs- und Entwicklungsvereinbarungen auf die Innovation im Falle von klar strukturierten Innovationsprozessen, dh von Prozessen, in denen bereits in der Anfangsphase konkurrierende FuE-Pole ausgemacht werden können, vor. Konkurrierende FuE-Pole seien FuE-Anstrengungen, die auf ein neues Produkt oder eine neue Technologie gerichtet sind, und die Substitute für die entsprechende Forschung und Entwicklung (hierbei sei insbesondere auch ein ähnlicher Zeitplan von Bedeutung). Zu prüfen sei, ob nach Abschluss der Vereinbarung eine ausreichende Anzahl von FuE-Polen übrig bleibt. Hierbei müsse es sich um sog ernstzunehmende Wettbewerber handeln, was anhand der Kriterien Art, Bereich und Umfang anderer FuE-Anstrengungen, Zugang zu Ressourcen, Know-how/Patenten oder anderen spezifischen Vermögenswerten sowie Zeitplan und Fähigkeit zur Verwertung der Ergebnisse zu beurteilen sei.[418] Allerdings wird nicht konkretisiert, wie hoch die Anzahl der übrig gebliebenen, ernstzunehmenden, konkurrierenden FuE-Pole sein muss.

Was die verschiedenen Arten möglicher Vereinbarungen betrifft, so nennen die IP-Guidelines **104** zunächst allgemein **Horizontalvereinbarungen.** Bei diesen sei anhand der efficiency-enhancing intergration of economic activity zwischen per se Verboten und Beschränkungen, bei denen nach der „rule of reason" zu verfahren ist, zu unterscheiden. Als per se Verbote werden exemplarisch Preisfestsetzungen, Aufteilungen von Märkten und Kunden, Outputbeschränkungen und Gruppenboykotte aufgeführt.[419] Das europäische Kartellrecht sieht auch für Horizontalvereinbarungen die generelle Freistellungsklausel des Art. 2 vor und nennt als Kernbeschränkungen für Horizontalvereinbarungen ähnlich dem US-amerikanischen Recht in Art. 4 Abs. 1 lit. a–c Preisfestsetzungen, Outputbeschränkungen und Zuweisungen von Märkten und Kunden (mit den dort aufgeführten Ausnahmen). Hinzu kommt das Verbot, den Lizenznehmer bei der Verwertung eigener Technologien oder der Vertragsparteien bei der Durchführung von Forschungs- und Entwicklungsarbeiten zu beschränken (es sei denn, letztere Beschränkungen sind unerlässlich, um die Preisgabe lizenzierten Know-hows an Dritte zu verhindern). Außerdem existieren in Art. 5 Abs. 1 graue Klauseln für Horizontalvereinbarungen.

Bei **Preisbindungen der zweiten Hand** werden nach dem US-amerikanischen Kartellrecht **105** deren wettbewerbsbeschränkenden und wettbewerbsfördernden Wirkungen auf Basis einer Einzelfallanalyse nach der „rule of reason" gegeneinander abgewogen.[420] Im europäischen Kartellrecht

---

[414] IP-Guidelines, 4.3, abrufbar unter https://www.justice.gov/atr/IPguidelines/download, zuletzt abgerufen am 29.3.2023.
[415] Vgl. hierzu Evaluierungsbericht der Kommission über die GVO (EG) Nr. 240/96 für Technologietransfer-Vereinbarungen (GFTT) – Technologietransfer-Vereinbarungen nach Artikel 81 EG-Vertrag KOM(2001) 786 endgültig, 184–187.
[416] IP-Guidelines, 4.3, Example 3, abrufbar unter https://www.justice.gov/atr/IPguidelines/download, zuletzt abgerufen am 29.3.2023.
[417] Leitlinien „Technologietransfer" Rn. 157.
[418] Leitlinien „horizontale Zusammenarbeit" Rn. 120.
[419] IP-Guidelines, 5.1, abrufbar unter https://www.justice.gov/atr/IPguidelines/download, zuletzt abgerufen am 29.3.2023.
[420] Vgl. IP-Guidelines, 5.2 mwN, abrufbar unter https://www.justice.gov/atr/IPguidelines/download, zuletzt abgerufen am 29.3.2023.

handelt es sich nach Art. 4 Abs. 2 lit. a um Kernbeschränkungen. **Kopplungsabreden** können nach den IP-Guidelines sowohl wettbewerbsbeschränkende als auch wettbewerbsfördernde Wirkungen haben. Im Einzelfall wird in Anbetracht der Marktmacht des koppelnden Unternehmens, der wettbewerbsbeschränkenden Wirkungen und der Effizienzvorteile eine „rule of reason" Abwägung durchgeführt.[421] Während die Kommission Kopplungsabreden anfangs eher negativ beurteilte,[422] änderte sich dies später insoweit, als die Marktmacht als entscheidendes Kriterium für die Wettbewerbsschädlichkeit solcher Abreden aufgefasst wird.[423] Als Ergebnis werden Kopplungsabreden in der VO/EU Nr. 316/2014 nicht mehr gesondert erwähnt, dh sie unterfallen dem Freistellungstatbestand des Art. 2, wenn die Marktanteilsschwellen des Art. 3 eingehalten werden. Außerhalb des Anwendungsbereichs der GVO soll nach den Leitlinien, in Anlehnung wiederum an das US-amerikanische Recht, eine Abwägung zwischen wettbewerbsförderlichen und wettbewerbsschädlichen Auswirkungen der Kopplungsabreden unter besonderer Berücksichtigung der Marktmacht des koppelnden Unternehmens auf dem Markt des Kopplungsprodukts und auf dem des gekoppelten Produkts sowie des von der Kopplung betroffenen Marktanteils auf dem Markt des gekoppelten Produkts iRd Art. 101 Abs. 3 AEUV stattfinden.[424]

106   In Bezug auf **Wettbewerbsverbote,** die den Lizenznehmer verpflichten, keine konkurrierenden Technologien zu lizenzieren, zu veräußern, zu verteilen oder zu benutzen, sehen die IP-Guidelines wiederum eine „rule of reason" Abwägung im Einzelfall vor. Hierbei wird die Förderung der Nutzung und Weiterentwicklung der lizenzierten Technologie mit der Verhinderung oder Einschränkung der Nutzung und Weiterentwicklung konkurrierender Technologien abgewogen. Umfang der Marktabschottung, Dauer des Wettbewerbsverbots, und im Hinblick auf die in- und output-Märkte Marktkonzentration, Marktzutrittsschranken und Anpassungsfähigkeit des Marktes an Preisveränderungen sind hierbei die relevanten Faktoren.[425] Das europäische Recht sieht unterhalb der Marktanteilsschwellen des Art. 3 eine Freistellung für solche Vereinbarungen vor, es sei denn, der Lizenznehmer wird an der Verwertung eigener Technologien iSd Art. 4 Abs. 1 lit. d, Art. 5 Abs. 2 gehindert. Für Wettbewerbsverbote außerhalb des Anwendungsbereichs der GVO besteht die Möglichkeit einer Freistellung nach Art. 101 Abs. 3 AEUV, wobei nach den Leitlinien besonders eine etwaige Marktabschottung und eine etwaige Möglichkeit der Erleichterung horizontaler Marktabsprachen zwischen den Lizenzgebern zu beachten sind.[426] Zur Feststellung, ob eine Marktabschottung vorliegt, werden die Anzahl der bereits gebundenen potentiellen Lizenznehmer, die Marktstellung des Lizenzgebers, die kumulative Wirkung, wenn mehrere Lizenzgeber solche Vereinbarungen abschließen (hier gehen die Leitlinien davon aus, dass sich unterhalb eines gebundenen Anteils von 50 % des Marktes idR kein schwerwiegender kumulativer Effekt ergeben dürfte), die Marktzutrittsschranken für neue Lizenznehmer (in diesem Zusammenhang sind die Zugangsmöglichkeiten der Lizenznehmer zum Vertrieb und zu Produktionsanlagen zu beachten) und die Frage, ob das Produkt für Dritte oder für den Eigenbedarf des Lizenznehmers bestimmt ist, herangezogen.[427] Als zu beachtende wettbewerbsfördernde Wirkungen von Wettbewerbsverboten nennen die Leitlinien die Förderung der Verbreitung von Technologien durch Senkung des Risikos einer unrechtmäßigen Nutzung der lizenzierten Technologie, insbesondere von (mitlizenziertem) Know-how, das ansonsten auch für den Einsatz konkurrierender Technologien durch den Lizenznehmer genutzt werden könnte und somit den Wettbewerbern des Lizenzgebers zugute käme. Zudem mache die Nutzung konkurrierender Technologien durch den Lizenznehmer die Berechnung der Lizenzgebühren schwieriger und könne daher ein Hemmnis für den Technologietransfer darstellen.[428] Wettbewerbsverbote könnten auch notwendig sein, um dem Lizenznehmer Anreize zu bieten,

---

[421] IP-Guidelines, 5.3, abrufbar unter https://www.justice.gov/atr/IPguidelines/download, zuletzt abgerufen am 29.3.2023.
[422] Evaluierungsbericht der Kommission über die GVO (EG) Nr. 240/96 für Technologietransfer-Vereinbarungen (GFTT) – Technologietransfer-Vereinbarungen nach Artikel 81 EG-Vertrag KOM(2001) 786 endgültig, 161. Vgl. Kom. ABl. 1979 L 19, 32 Rn. 15, 23 – Vaessen/Moris; anders jedoch Kom. ABl. 1978 L 70, 69, sub III. C. – Campari; Kom. ABl. 1988 L 69, 21 Rn. 37 – Rich Products/Jus-rol; Kom. ABl. 1990 L 100, 32 Rn. 9, 15 – Moosehead/Whitbread, da in diesen Fällen die Kopplung nötig war, um die Qualität des Vertragsprodukts zu sichern.
[423] Evaluierungsbericht der Kommission über die GVO (EG) Nr. 240/96 für Technologietransfer-Vereinbarungen (GFTT) – Technologietransfer-Vereinbarungen nach Artikel 81 EG-Vertrag KOM(2001) 786 endgültig, 161–164.
[424] Leitlinien „Technologietransfer" Rn. 221 ff.
[425] IP-Guidelines, 5.4, abrufbar unter https://www.justice.gov/atr/IPguidelines/download, zuletzt abgerufen am 29.3.2023.
[426] Leitlinien „Technologietransfer" Rn. 228.
[427] Leitlinien „Technologietransfer" Rn. 229 f.
[428] Leitlinien „Technologietransfer" Rn. 231.

in die lizenzierte Technologie zu investieren und diese effektiv zu nutzen. Jedoch sei zu prüfen, ob weniger wettbewerbsbeschränkende Alternativen wie bspw. Mindestproduktionsvorgaben oder Mindestlizenzgebühren in Betracht kommen.[429] Schließlich kämen als wettbewerbsfördernde Wirkungen Lösungen von Hold-Up-Problemen in Betracht, wenn der Lizenzgeber kundenspezifische (also Lizenznehmer-spezifische) Investitionen tätigen muss. Als weniger wettbewerbsbeschränkende Alternative bestehe hier jedoch idR die Möglichkeit, eine Pauschalsumme vom Lizenznehmer für die getätigten Investitionen zu fordern.[430]

Bezüglich **Rücklizenzierungsverpflichtungen** sehen die IP-Guidelines wiederum die Anwendung einer „rule of reason" Abwägung vor, wobei die Marktmacht des Lizenzgebers im Technologie- und Innovationsmarkt ein entscheidender Faktor in der Abwägung sein soll. Zudem unterscheiden die IP-Guidelines zwischen ausschließlichen und nicht ausschließlichen Rücklizenzierungsverpflichtungen, wobei letztere eher wettbewerbsfördernde Wirkungen haben sollen.[431] Auch die Kommission betrachtet wettbewerbswidrige Auswirkungen von nicht ausschließlichen Rücklizenzierungsverpflichtungen als weniger wahrscheinlich.[432] Als Konsequenz sind in Art. 5 Abs. 1 lit. a nur ausschließliche Rücklizenzierungsverpflichtungen sowie (teilweise) Rückübertragungsverpflichtungen des Lizenznehmers für eigene Verbesserungen oder eigene neue Anwendungen der lizenzierten Technologie als graue Klauseln aufgeführt. Im Gegensatz zur VO/EU Nr. 772/2004 ist diese graue Klausel jedoch nicht mehr auf exklusive Rücklizenzierungsverpflichtungen bzw. Rückübertragungsverpflichtungen für „abtrennbare" Verbesserungen beschränkt (→ Art. 5 Rn. 4).

VI. Beweislast

Entsprechend den allgemeinen Beweislastregeln hat im Zivilrechtsstreit derjenige, der sich auf die Unwirksamkeit nach Art. 101 Abs. 2 AEUV beruft, das Vorliegen der Voraussetzungen des Art. 101 Abs. 1 AEUV darzulegen und zu beweisen. Sind dessen Voraussetzungen als erwiesen anzusehen, hat die Gegenpartei den Nachweis zu erbringen, dass die Voraussetzungen der Gruppenfreistellung vorliegen, also u.a. dass die Marktanteilsschwellen nicht überschritten sind (vgl. auch Art. 2 VO 1/2003). Es ist dann wiederum Sache der die Unwirksamkeit behauptenden Partei, darzulegen und ggf. zu beweisen, dass eine der Kernbeschränkungen vorliegt,[433] wobei sich wiederum die Gegenseite mit der Darlegung und dem Beweis einer Rückausnahme entlasten kann. Soweit einzelne Tatsachen der insoweit beweisbelasteten Partei nicht bekannt sind, trifft die andere Vertragspartei unter Umständen eine erhöhte Mitwirkungspflicht, dh in diesem Fall kann sich die beweisbegünstigte Partei nicht auf ein einfaches Bestreiten beschränken, sondern ein Bestreiten ist nur dann beachtlich, wenn es hinreichend qualifiziert erfolgt. Dies betrifft insbesondere die Feststellung der Marktanteile konkurrierender Unternehmen. Dementsprechend genügt das schlichte Bestreiten der Behauptung, die Marktanteilsschwelle sei nicht überschritten, nicht den Anforderungen eines ordnungsgemäßen Vortrags. Vielmehr muss derjenige, der vorträgt, die Marktanteilsschwelle sei überschritten und der Vertrag daher nicht gruppenweise freigestellt, qualifiziert Tatsachen vortragen, worauf sich dieser Vortrag stützt, soweit er aufgrund seines eigenen Wissens hierzu in der Lage ist. Die Mitwirkungspflicht folgt zum einen aus der prozessualen Verpflichtung zum ordnungsgemäßen Vortrag, aber auch aus einer Nebenpflicht zu dem abgeschlossenen Vertrag, nämlich innerhalb eines Rechtsstreits daran mitzuwirken, dass die Verträge als wirksam angesehen werden. Im Verwaltungsverfahren, und erst recht im Bußgeldverfahren, gilt nach völlig einhelliger Auffassung trotz der Regelung des Art. 2 VO 1/2003 der Amtsermittlungsgrundsatz. Die Behörde ist also verpflichtet, von Amts wegen die Voraussetzungen der GVO, einschließlich der Marktanteilsschwelle, aufzuklären. Die Vertragsparteien sind ihrerseits zur Mitwirkung verpflichtet. Die Beweislastverteilung des Art. 2 VO 1/2003 betrifft daher nach richtiger Ansicht nur die materielle Beweislast im Verwaltungsverfahren, dh sie wird grds. nur im Falle eines non liquet relevant. Im Bußgeldverfahren hingegen gilt nach zutreffender Ansicht schon wegen der Unschuldsvermutung und wegen auch im europäischen Recht geltender Grundsätze

---

[429] Leitlinien „Technologietransfer" Rn. 232.
[430] Leitlinien „Technologietransfer" Rn. 233.
[431] IP-Guidelines, 5.6, abrufbar unter https://www.justice.gov/atr/IPguidelines/download, zuletzt abgerufen am 29.3.2023.
[432] Evaluierungsbericht der Kommission über die GVO (EG) Nr. 240/96 für Technologietransfer-Vereinbarungen (GFTT) – Technologietransfer-Vereinbarungen nach Artikel 81 EG-Vertrag KOM(2001) 786 endgültig, 166.
[433] AA Schultze/Pautke/Wagener TT-GVO Rn. 51 f.

des Rechtsstaats die Beweislastverteilung des Art. 2 VO 1/2003 nicht, dh auch nicht in materieller Hinsicht.[434]

VII. Rechtsfolgen

109 Sind die Voraussetzungen der GVO nicht erfüllt, und liegen auch nicht die Voraussetzungen einer Einzelfreistellung nach Art. 101 Abs. 3 AEUV vor, sind die iSd Art. 101 Abs. 1 AEUV wettbewerbsbeschränkenden Vereinbarungen gemäß Art. 101 Abs. 2 AEUV nichtig. Ferner besteht weitgehend Übereinstimmung, dass sich die Rechtsfolge der Nichtigkeit grds. nicht auf den gesamten Vertrag bezieht, sondern nur auf die nach Abs. 1 verbotenen Vereinbarungen, also die wettbewerbsbeschränkenden Teile des Vertrages.

110 Die Wirksamkeit des übrigen Vertrages bestimmt sich nach nationalem Recht, also in Deutschland nach § 139 BGB.[435]

111 Eine Technologietransfer-Vereinbarung fällt nicht unter die Gruppenfreistellung, wenn die Marktanteile gemäß Art. 3 überschritten werden oder wenn die Vereinbarung eine Kernbeschränkung iSd Art. 4 enthält. In beiden Fällen ist eine Einzelfallprüfung erforderlich. Hinsichtlich der Überschreitung der Marktanteilsschwellen betonen Erwägungsgrund 13 zur TT-GVO sowie Rn. 43 und 156 der Leitlinien,[436] dass weder eine Vermutung für das Vorliegen einer Wettbewerbsbeschränkung nach Art. 101 Abs. 1 AEUV noch für das Nichteingreifen der Legalausnahme des Art. 101 Abs. 3 AEUV besteht.[437] Erforderlich ist mithin eine umfassende Prüfung am Maßstab des Art. 101 AEUV.[438]

112 Fällt jedoch eine Vereinbarung nicht unter die Gruppenfreistellung, weil eine Kernbeschränkung vorliegt, so ist hinsichtlich der Kernbeschränkung davon auszugehen, dass diese, außer in Ausnahmefällen, eine Wettbewerbsbeschränkung iSd Art. 101 Abs. 1 AEUV darstellt und regelmäßig nicht von der Legalausnahme gemäß Art. 101 Abs. 3 AEUV profitieren kann.[439] Auch die übrigen wettbewerbsbeschränkenden Klauseln in der Vereinbarung, die eine Kernbeschränkung enthält, können nicht mehr in den Genuss der Gruppenfreistellung gelangen und bedürfen daher einer Einzelprüfung. Wie bereits erwähnt, betrifft die Nichtigkeit nach Art. 101 Abs. 2 AEUV jedoch nur die wettbewerbsbeschränkenden und nicht freigestellten Teile einer Vereinbarung, dh insbesondere die Kernbeschränkungen, da diese wahrscheinlich nicht die Voraussetzungen des Art. 101 Abs. 3 AEUV erfüllen. Das Schicksal des Gesamtvertrages bestimmt sich in diesen Fällen nach nationalem Recht, in Deutschland also nach § 139 BGB.[440]

113 Liegt eine nicht freigestellte Beschränkung gemäß Art. 5 vor, so gilt der Grundsatz der kartellrechtlichen Abtrennbarkeit. Dh die Vereinbarung bleibt, wenn und soweit iÜ die Voraussetzungen der GVO vorliegen und sich die Beschränkung vom übrigen Teil der Vereinbarung trennen lässt, bis auf die nicht freigestellte Beschränkung gruppenweise freigestellt, nur die nicht freigestellte Beschränkung ist einer Einzelfallprüfung anhand des Art. 101 AEUV unterworfen.[441] Falls eine nicht freigestellte Beschränkung iSd Art. 5 gegen Art. 101 Abs. 1 AEUV verstößt, nicht nach Art. 101 Abs. 3 AEUV freigestellt ist und mithin nach Art. 101 Abs. 2 AEUV nichtig ist, bestimmt sich die Wirksamkeit des übrigen Vertrages wiederum nach § 139 BGB.[442]

114 Ob die Nichtigkeit wettbewerbsbeschränkender Klauseln eine geltungserhaltende Reduktion in dem Sinne rechtfertigt, dass die Parteien verpflichtet sind, eine Anpassung des Vertrages hinzunehmen, welche entweder nicht mehr wettbewerbsbeschränkend ist oder die Voraussetzungen der GVO erfüllt (zB durch Streichung einer Kernbeschränkung), beurteilt sich jedenfalls nach nationalem Recht. Hierbei ist jedoch dem in der Rspr. des EuGH anerkannten Grundsatz Rechnung zu tragen,

---

[434] Vgl. Bechtold/Bosch/Brinker Kartellverfahrens-VO Art. 2 Rn. 29.
[435] Schultze/Pautke/Wagener TT-GVO Rn. 13, 498.
[436] Leitlinien „Technologietransfer" Rn. 43, 31 Rn. 156.
[437] Allerdings verweisen Pfaff/Osterrieth/Axster/Osterrieth A. III. Rn. 290 auf die sog. „4plus-Daumenregel", die sich aus Rn. 157 der Leitlinie ergibt und die Aussage beinhaltet, dass außerhalb der Kernbeschränkungen ein Verstoß gegen Art. 101 AEUV „unwahrscheinlich ist, wenn es neben den von den Vertragsparteien kontrollierten Technologien vier oder mehr von unabhängigen Dritten kontrollierte Technologien gibt […]"; dazu auch Wiedemann KartellR-HdB/Klawitter § 14 Rn. 60.
[438] S. dazu auch Pfaff/Osterrieth/Axster/Osterrieth A. III. Rn. 239 sowie Wiedemann KartellR-HdB/Klawitter § 14 Rn. 29.
[439] Leitlinien „Technologietransfer" Rn. 18, 12, Rn. 43, 20 Rn. 94 f., 31 Rn. 156; Gennen IPRB 2014, 131 (134).
[440] Zöttl WRP 2005, 33 (38).
[441] Leitlinien „Technologietransfer" Rn. 128.
[442] Zöttl WRP 2005, 33 (39).

dass die Anwendung des nationalen Rechts die Effektivität der Durchsetzung des europäischen Rechts nicht in Frage stellen darf.[443]

Art. 1 Begriffsbestimmungen

(1) Für diese Verordnung gelten folgende Begriffsbestimmungen:
a) „Vereinbarung": eine Vereinbarung, ein Beschluss einer Unternehmensvereinigung oder eine abgestimmte Verhaltensweise;
b) „Technologierechte": Know-how und die folgenden Rechte oder eine Kombination daraus einschließlich Anträgen auf Gewährung bzw. auf Registrierung dieser Rechte:
   i) Patente,
   ii) Gebrauchsmuster,
   iii) Geschmacksmuster,
   iv) Topografien von Halbleiterprodukten,
   v) ergänzende Schutzzertifikate für Arzneimittel oder andere Produkte, für die solche ergänzenden Schutzzertifikate vergeben werden können,
   vi) Sortenschutzrechte,
   vii) Software-Urheberrechte;
c) „Technologietransfer-Vereinbarung":
   i) eine von zwei Unternehmen geschlossene Vereinbarung über die Lizenzierung von Technologierechten mit dem Ziel der Produktion von Vertragsprodukten durch den Lizenznehmer und/oder seine Zulieferer,
   ii) eine Übertragung von Technologierechten zwischen zwei Unternehmen mit dem Ziel der Produktion von Vertragsprodukten, bei der das mit der Verwertung der Technologierechte verbundene Risiko zum Teil beim Veräußerer verbleibt;
d) „wechselseitige Vereinbarung": eine Technologietransfer-Vereinbarung, bei der zwei Unternehmen einander in demselben oder in getrennten Verträgen eine Technologierechtslizenz erteilen, die konkurrierende Technologien zum Gegenstand hat oder für die Produktion konkurrierender Produkte genutzt werden kann;
e) „nicht wechselseitige Vereinbarung": eine Technologietransfer-Vereinbarung, bei der ein Unternehmen einem anderen Unternehmen eine Technologierechtslizenz erteilt oder mit der zwei Unternehmen einander eine solche Lizenz erteilen, wobei diese Lizenzen jedoch keine konkurrierenden Technologien zum Gegenstand haben und auch nicht für die Produktion konkurrierender Produkte genutzt werden können;
f) „Produkt": eine Ware oder eine Dienstleistung in Form eines Zwischen- oder Endprodukts;
g) „Vertragsprodukt": ein Produkt, das unmittelbar oder mittelbar auf der Grundlage der lizenzierten Technologierechte produziert wird;
h) „Rechte des geistigen Eigentums": gewerbliche Schutzrechte, vor allem Patente und Markenzeichen, sowie Urheberrechte und verwandte Schutzrechte;
i) „Know-how": eine Gesamtheit praktischer Kenntnisse, die durch Erfahrungen und Versuche gewonnen werden und die
   i) geheim, das heißt nicht allgemein bekannt und nicht leicht zugänglich sind,
   ii) wesentlich, das heißt für die Produktion der Vertragsprodukte von Bedeutung und nützlich sind, und
   iii) identifiziert sind, das heißt umfassend genug beschrieben sind, so dass überprüft werden kann, ob die Merkmale „geheim" und „wesentlich" erfüllt sind;
j) „relevanter Produktmarkt": der Markt für die Vertragsprodukte und ihre Substitute, das heißt alle Produkte, die aufgrund ihrer Eigenschaften, ihrer Preise und ihres Verwendungszwecks vom Käufer als austauschbar oder substituierbar angesehen werden;
k) „relevanter Technologiemarkt": der Markt für die lizenzierten Technologierechte und ihre Substitute, das heißt alle Technologierechte, die aufgrund ihrer Eigenschaften, der für sie zu entrichtenden Lizenzgebühren und ihres Verwendungszwecks vom Lizenznehmer als austauschbar oder substituierbar angesehen werden;
l) „räumlich relevanter Markt": das Gebiet, in dem die beteiligten Unternehmen die relevanten Produkte anbieten bzw. nachfragen oder Technologierechte lizenzieren, in dem die Wettbewerbsbedingungen hinreichend homogen sind und das sich von

---

[443] EuGH Slg. 1976, I-1989 Rn. 5 – Rewe Zentralfinanz, Rewe Zentral AG/Landwirtschaftskammer Saarland; EuGH Slg. 1983, I-3595 Rn. 12 – Amministrazione delle finanze dello Stato/San Giorgio.

benachbarten Gebieten durch spürbar unterschiedliche Wettbewerbsbedingungen unterscheidet;
m) „relevanter Markt": die Kombination des relevanten Produkt- oder Technologiemarktes mit dem räumlich relevanten Markt;
n) „konkurrierende Unternehmen": Unternehmen, die auf dem relevanten Markt miteinander im Wettbewerb stehen, das heißt
   i) konkurrierende Unternehmen auf dem relevanten Markt, auf dem die Technologierechte lizenziert werden, das heißt Unternehmen, die Lizenzen für konkurrierende Technologierechte vergeben (tatsächliche Wettbewerber auf dem relevanten Markt),
   ii) konkurrierende Unternehmen auf dem relevanten Markt, auf dem die Vertragsprodukte verkauft werden, das heißt Unternehmen, die ohne die Technologietransfer-Vereinbarung auf dem relevanten Markt bzw. den relevanten Märkten, auf denen die Vertragsprodukte angeboten werden, beide tätig sein würden (tatsächliche Wettbewerber auf dem relevanten Markt), oder die unter realistischen Annahmen und nicht nur rein theoretisch im Falle einer geringfügigen, aber dauerhaften Erhöhung der relevanten Preise auch ohne die Technologietransfer-Vereinbarung wahrscheinlich umgehend die notwendigen zusätzlichen Investitionen oder sonstigen Umstellungskosten auf sich nehmen würden, um in den relevanten Markt bzw. in die relevanten Märkte eintreten zu können (potenzielle Wettbewerber auf dem relevanten Markt);
o) „selektive Vertriebssysteme": Vertriebssysteme, bei denen sich der Lizenzgeber verpflichtet, Lizenzen für die Produktion der Vertragsprodukte unmittelbar oder mittelbar nur Lizenznehmern zu erteilen, die anhand festgelegter Kriterien ausgewählt werden, und bei denen sich diese Lizenznehmer verpflichten, die Vertragsprodukte nicht an Händler zu verkaufen, die in dem vom Lizenzgeber in Bezug auf dieses System vorbehaltenen Gebiet nicht zum Vertrieb zugelassen sind;
p) „Exklusivlizenz": eine Lizenz, bei der der Lizenzgeber selber mit den lizenzierten Technologierechten weder im Allgemeinen noch im Hinblick auf eine bestimmte Nutzung oder in einem bestimmten Gebiet produzieren darf und diese Technologierechte auch nicht an Dritte vergeben darf;
q) „Exklusivgebiet": ein bestimmtes Gebiet, in dem nur ein Unternehmen die Vertragsprodukte produzieren darf, wobei die Möglichkeit nicht ausgeschlossen ist, dass es einem anderen Lizenznehmer erlaubt ist, die Vertragsprodukte in diesem Gebiet nur für einen bestimmten Kunden zu produzieren, wenn die zweite Lizenz erteilt worden ist, um diesem Kunden eine alternative Bezugsquelle zu verschaffen;
r) „Exklusivkundengruppe": eine Gruppe von Kunden, an die nur ein an der Technologietransfer-Vereinbarung beteiligtes Unternehmen die mit der lizenzierten Technologie produzierten Vertragsprodukte aktiv verkaufen darf.

(2) Für die Zwecke dieser Verordnung schließen die Begriffe „Unternehmen", „Lizenzgeber" und „Lizenznehmer" verbundene Unternehmen ein.
„Verbundene Unternehmen" sind
a) Unternehmen, bei denen ein an der Technologietransfer-Vereinbarung beteiligtes Unternehmen unmittelbar oder mittelbar
   i) über mehr als die Hälfte der Stimmrechte verfügt oder
   ii) mehr als die Hälfte der Mitglieder des Leitungs- oder Aufsichtsorgans oder der zur gesetzlichen Vertretung berufenen Organe bestellen kann oder
   iii) das Recht hat, die Geschäfte zu führen;
b) Unternehmen, die in einem an der Technologietransfer-Vereinbarung beteiligten Unternehmen unmittelbar oder mittelbar die unter Buchstabe a bezeichneten Rechte oder Einflussmöglichkeiten haben;
c) Unternehmen, in denen ein unter Buchstabe b genanntes Unternehmen unmittelbar oder mittelbar die unter Buchstabe a bezeichneten Rechte oder Einflussmöglichkeiten hat;
d) Unternehmen, in denen ein an der Technologietransfer-Vereinbarung beteiligtes Unternehmen gemeinsam mit einem oder mehreren der unter den Buchstaben a, b und c genannten Unternehmen oder in denen zwei oder mehr der zuletzt genannten Unternehmen gemeinsam die unter Buchstabe a bezeichneten Rechte oder Einflussmöglichkeiten haben;

II. Einzelne Begriffsbestimmungen 1, 2 **Art. 1 TT-GVO**

e) Unternehmen, in denen die unter Buchstabe a bezeichneten Rechte und Einflussmöglichkeiten gemeinsam ausgeübt werden durch
  i) an der Technologietransfer-Vereinbarung beteiligte Unternehmen oder mit ihnen jeweils verbundene Unternehmen im Sinne der Buchstaben a bis d oder
  ii) eines oder mehrere der an der Technologietransfer-Vereinbarung beteiligten Unternehmen oder eines oder mehrere der mit ihnen im Sinne der Buchstaben a bis d verbundenen Unternehmen und ein oder mehrere dritte Unternehmen.

Übersicht

		Rn.			Rn.
I.	Allgemeines	1	6.	Produkt, Abs. 1 lit. f	68
II.	Einzelne Begriffsbestimmungen	2	7.	Vertragsprodukt, Abs. 1 lit. g	69
1.	Vereinbarung, Abs. 1 lit. a	2	8.	Rechte des geistigen Eigentums, Abs. 1 lit. h	72
2.	Technologierechte, Abs. 1 lit. b	3		a) Markenzeichen iSd Abs. 1 lit. h	75
	a) Patente, Abs. 1 lit. b Ziff. i	4		b) Urheberrechte und verwandte Schutzrechte iSd Abs. 1 lit. h	79
	b) Gebrauchsmuster, Abs. 1 lit. b Ziff. ii	10			
	c) Geschmacksmuster, Abs. 1 lit. b Ziff. iii	13	9.	Know-how, Abs. 1 lit. i	83
	d) Topografien von Halbleiterprodukten, Abs. 1 lit. b Ziff. iv	21	10.	Relevanter Produktmarkt, Abs. 1 lit. j	92
	e) Ergänzende Schutzzertifikate für Arzneimittel oder andere Produkte, für die solche ergänzenden Schutzzertifikate vergeben werden können, Abs. 1 lit. b Ziff. v	24	11.	Relevanter Technologiemarkt, Abs. 1 lit. k	94
			12.	Räumlich relevanter Markt, Abs. 1 lit. l	95
	f) Sortenschutzrechte, Abs. 1 lit. b Ziff. vi	26	13.	Relevanter Markt, Abs. 1 lit. m	96
	g) Software-Urheberrechte, Abs. 1 lit. b Ziff. vii	30	14.	Konkurrierende Unternehmen, Abs. 1 lit. n	97
	h) Know-how, Abs. 1 lit. b	42			
	i) Kombination von Rechten	43	15.	Selektive Vertriebssysteme, Abs. 1 lit. o	106
	j) Geschützte Rechte	44	16.	Exklusivlizenz, Abs. 1 lit. p	113
3.	Technologietransfer-Vereinbarung, Abs. 1 lit. c	45	17.	Exklusivgebiet, Abs. 1 lit. q	117
4.	Wechselseitige Vereinbarung, Abs. 1 lit. d	61	18.	Exklusivkundengruppe, Abs. 1 lit. r	120
5.	Nicht wechselseitige Vereinbarung, Abs. 1 lit. e	67	19.	Verbundene Unternehmen, Abs. 2	122

I. Allgemeines

Art. 1 enthält eine **Liste von Definitionen** der wichtigsten Begriffe der TT-GVO, die die 1 Arbeit mit der Verordnung erleichtern soll, aber auch ihrerseits direkt materielles Recht setzt, so zB durch die verschiedenen Definitionen des konkurrierenden Unternehmens für den Technologiemarkt einerseits und den Produktmarkt andererseits in Abs. 1 lit. n. Durch die Definition der Begriffe Technologietransfer-Vereinbarung und Technologierechte in Abs. 1 lit. b und lit. c wird im Wesentlichen der sachliche Anwendungsbereich der GVO bestimmt. Sie befindet sich insofern im Einklang mit der neuen Generation von GVOs (zum Verhältnis zu den anderen GVOs → Einl. Rn. 89 ff.). So gibt es Listen von Legaldefinitionen jeweils in Art. 1 der VO/EU Nr. 2022/720 (Vertikal-GVO),[1] der VO/EU 2023/1067 (Spezialisierungs-GVO)[2] sowie der VO/EU 2023/1066 (FuE-GVO).[3]

II. Einzelne Begriffsbestimmungen

1. Vereinbarung, Abs. 1 lit. a. In Übereinstimmung mit Art. 101 Abs. 1 AEUV stellt Abs. 1 2 lit. a klar, dass der Begriff Vereinbarung iSd TT-GVO sowohl eine **Vereinbarung** als auch einen **Beschluss einer Unternehmensvereinigung** oder eine **aufeinander abgestimmte Verhaltensweise** erfasst. Mithin meint der Vereinbarungsbegriff der GVO jedes Verhalten iSd Art. 101 Abs. 1 AEUV[4] und ist insoweit weiter als der Begriff der Vereinbarung iSv Art. 101 AEUV. Dies dient letztlich der Klarstellung, dass auch ein abgestimmtes Verhalten oder der Beschluss einer Unterneh-

---

[1] ABl. 2022 L 134, 4, gültig bis zum 31.5.2034.
[2] ABl. 2023 L 143, 20.
[3] ABl. 2023 L 143, 9.
[4] IE s. Art. 101 Abs. 1 AEUV.

mensvereinigung unter den Voraussetzungen der TT-GVO den Vorteil der gruppenweisen Freistellung erlangen kann. Eine Legaldefinition der drei Begriffe enthält die TT-GVO allerdings nicht. Insoweit kann jedoch auf die Begriffsbestimmung iRd Art. 101 Abs. 1 AEUV zurückgegriffen werden.[5]

3   **2. Technologierechte, Abs. 1 lit. b.** Abs. 1 lit. b definiert Technologierechte, also die möglichen (Haupt-) Gegenstände von Technologietransfer-Vereinbarungen, als Patente, Gebrauchsmuster, Geschmacksmuster, Topografien von Halbleiterprodukten, ergänzende Schutzzertifikate für Arzneimittel oder andere Produkte, für die solche ergänzenden Schutzzertifikate vergeben werden können, Sortenschutzrechte und Software-Urheberrechte einschließlich Anträgen auf Gewährung bzw. auf Registrierung dieser Rechte sowie Know-how und Kombinationen hieraus. Durch diese Definition des Begriffs Technologierechte bestimmt Abs. 1 lit. b im Wesentlichen den **Anwendungsbereich der TT-GVO.**

4   **a) Patente, Abs. 1 lit. b Ziff. i.** Patente iSd Abs. 1 lit. b Ziff. i sind – wie alle gewerblichen Schutzrechte – rechtliche Zuordnungen eines geistigen Gegenstands an den Schaffenden, der diesen wirtschaftlich verwertbar gemacht hat, zur Befriedigung seiner kommerziellen und persönlichen Interessen[6] und im Interesse der Allgemeinheit an der Fortentwicklung der Wirtschaft und an der Ordnung des gewerblichen Miteinanders.[7] Sie räumen ihrem Inhaber eine **rechtliche Monopolstellung** hinsichtlich der Verwertung der Rechte (nicht jedoch zwingend eine marktbeherrschende Stellung iSd Art. 102 AEUV) ein.[8] Dabei bestehen gemeinsame Wesensmerkmale der verschiedenen **gewerblichen Schutzrechte.** Sie sind subjektive Privatrechte und gegenständliche (dingliche) Rechte.[9] Aus diesem Grund ist für ihre Zuordnung an einzelne Rechtsträger maßgebend, dass die Schutzgegenstände sich durch ihre objektive Eigenart vom Stand der übrigen Gegenstände der Technik, Kultur, Wissenschaft oder Wirtschaft abgrenzen. Zudem gilt bei den meisten Schutzrechten hinsichtlich der Zuordnung das Prioritätsprinzip und der Schaffende muss zum Erhalt der Zuordnung bestimmte Formalitäten (Anmeldung) einhalten.[10] Wie bei anderen dinglichen Rechten besteht auch für die gewerblichen Schutzrechte ein gesetzlicher numerus clausus.[11] Als dingliche Rechte sind gewerbliche Schutzrechte absolute Rechte.[12] Außerdem sind gewerbliche Schutzrechte Immaterialgüterrechte, dh Vermögensrechte an verkehrsfähigen geistigen Gütern.[13] Sie sind, da sie geistige Güter schützen, räumlich und zeitlich nicht gebunden (potentielle Ubiquität)[14] und als Schutzrechte von Ideen grds. auch unabhängig von ihrer jeweiligen Verkörperungs- bzw. Mitteilungsform.[15] Den gewerblichen Schutzrechten ist, bis auf die Kennzeichenrechte, gemeinsam, dass sie nur für eine bestimmte Zeit gültig sind.[16]

5   Des Weiteren wird zwischen **technischen und nicht technischen Schutzrechten** unterschieden. Zu den technischen Schutzrechten zählen in Deutschland das Patent-, Gebrauchsmuster-, Sorten- und Halbleiterschutzrecht.[17] Hinsichtlich des Halbleiterschutzes ist jedoch umstritten, ob es sich nicht vielmehr um ein urheberrechtsgleiches Recht handelt, da nicht die abstrakte Idee, sondern ihre Verkörperungen geschützt werden.[18] IRd Abs. 1 lit. h (→ Rn. 72 ff.) ist dieser Streit irrelevant, da auch Urheberrechte und ähnliche Schutzrechte wie gewerbliche Schutzrechte zum geistigen Eigentum gezählt werden. Für eine Einordnung als gewerbliches Schutzrecht auf europäischer Ebene spricht die Gleichstellung mit Patenten in Abs. 1 lit. b. Zu den nicht technischen Schutzrechten zählen in Deutschland das Designrecht (ehemals Geschmacksmusterrecht)[19] sowie Marken- und sonstige Kennzeichenrechte (zB geografische Herkunftsangaben und geschäftliche Bezeichnungen).[20]

---

[5]   Immenga/Mestmäcker/Fuchs Art. 1 Rn. 2.
[6]   Chrocziel GewRS Rn. 40; Götting GewRS § 5 Rn. 1 ff.
[7]   Chrocziel GewRS Rn. 40, 60.
[8]   Chrocziel GewRS Rn. 61.
[9]   Götting GewRS § 5 Rn. 1 ff.
[10] Chrocziel GewRS Rn. 105; Götting § 5 Rn. 5 f.
[11] Chrocziel GewRS Rn. 15.
[12] Chrocziel GewRS Rn. 63; Götting GewRS § 5 Rn. 8.
[13] Chrocziel GewRS Rn. 8; Götting GewRS § 5 Rn. 7.
[14] Chrocziel GewRS Rn. 11.
[15] Chrocziel GewRS Rn. 12.
[16] Chrocziel GewRS Rn. 10, 89; Götting GewRS § 5 Rn. 42.
[17] Vgl. Chrocziel GewRS Rn. 24.
[18] Vgl. Chrocziel GewRS Rn. 43.
[19] Vgl. Götting GewRS § 5 Rn. 26 ff.
[20] Vgl. Chrocziel GewRS Rn. 30; Götting GewRS § 5 Rn. 31 ff.

Unter den Begriff der Technologierechte fallen nach Abs. 1 lit. b Ziff. i zunächst **Patente und** 6
Patentanmeldungen (letztere als Anträge auf Gewährung bzw. Registrierung der Patente). Davon erfasst werden sämtliche Patente des Europäischen Patentsystems, dh sowohl nationale als auch Europäische Patente, vgl. bereits Erwägungsgrund 4 VO/EG Nr. 240/96. Patente sind die traditionell am stärksten ausgeprägten Rechte des geistigen Eigentums.[21]

Schutzgegenstand des Patents ist die Erfindung. Unter einer Erfindung ist die Lösung eines 7 konkreten technischen Problems (Aufgabe) mit technischen Mitteln zu verstehen.[22] Die Erfindung muss also eine Lehre über die Lösung eines technischen Problems, eine Regel für technisches Handeln sein.[23] Das Merkmal Technik bedeutet menschliche Naturbeherrschung und ist dynamisch auszulegen.[24] Gegenstand des Patentrechts ist die Erfindungsidee mit ihren Erzeugnissen und Ausführungsformen.[25] Die Erfindung muss nach Art. 52 Abs. 1 Europäisches Patentübereinkommen (EPÜ) bzw. § 1 Abs. 1 PatG neu sein, auf einer erfinderischen Tätigkeit beruhen und gewerblich anwendbar sein.[26] Nicht als Erfindungen gelten gemäß Art. 52 Abs. 2 EPÜ bzw. § 1 Abs. 3 PatG Entdeckungen, wissenschaftliche Theorien und mathematische Methoden, ästhetische Formschöpfungen, Pläne, Regeln und Verfahren für gedankliche Tätigkeiten, für Spiele oder für geschäftliche Tätigkeiten sowie Programme für Datenverarbeitungsanlagen und die Wiedergabe von Informationen als solche. Eine Erfindung gilt nach Art. 54 Abs. 1 EPÜ bzw. § 3 Abs. 1 S. 1 PatG als neu, wenn sie nicht zum Stand der Technik gehört. Im Patentrecht gilt das Prioritätsprinzip (Art. 60 Abs. 2 EPÜ, § 6 S. 3 PatG), sodass sich die Neuheit der Erfindung nach dem Zeitpunkt der Anmeldung bestimmt.[27]

Die Erfindung gilt nach Art. 56 S. 1 EPÜ bzw. § 4 S. 1 PatG als auf einer erfinderischen 8 Tätigkeit beruhend, wenn sie sich für den Fachmann nicht in naheliegender Weise aus dem Stand der Technik ergibt. Sie gilt gemäß Art. 57 EPÜ bzw. § 5 PatG als gewerblich anwendbar, wenn ihr Gegenstand auf irgendeinem gewerblichen Gebiet einschließlich der Landwirtschaft hergestellt oder benutzt werden kann. Das Patentrecht ist ein **absolutes Recht,** ein **Immaterialgüterrecht** und ein **Vermögensrecht.**[28] Es weist dem Patentinhaber zeitlich begrenzt die ausschließliche Verwertungsrecht zu. Inhalt dieses Rechts ist nach § 9 PatG das ausschließliche Recht, ein geschütztes Erzeugnis herzustellen, anzubieten, in Verkehr zu bringen und zu gebrauchen oder hierzu einzuführen oder zu besitzen, im Falle eines geschützten Verfahrens dieses anzuwenden oder anzubieten oder das durch das Verfahren unmittelbar hergestellte Erzeugnis anzubieten, zu gebrauchen oder zu diesen Zwecken einzuführen oder zu besitzen. Auch die mittelbare Benutzung wird Dritten gemäß § 10 Abs. 1 PatG untersagt. Der EuGH bezeichnet es als den spezifischen Gegenstand des Patents, dass der Inhaber zum Ausgleich für seine schöpferische Erfindungstätigkeit das ausschließliche Recht erlangt, gewerbliche Erzeugnisse herzustellen und in den Verkehr zu bringen, mithin die Erfindung entweder selbst oder im Wege der Lizenzvergabe an Dritte zu verwerten, und dass er ferner das Recht erlangt, sich gegen jegliche Zuwiderhandlung zur Wehr zu setzen.[29] Dabei soll das Recht des ersten Inverkehrbringens dem Erfinder die Möglichkeit geben, einen Ausgleich für seine Tätigkeit zu erhalten.[30] So ist der Patentinhaber frei, seine patentgeschützten Produkte irgendwo innerhalb der Union in den Verkehr zu bringen, muss jedoch auch die entsprechenden Folgen zB im Falle der Erschöpfung[31] bei der Einfuhr der Produkte von nicht patentgeschützten in patentgeschützte Gebiete tragen.[32] Da die Erschöpfung jedoch ein freiwilliges Inverkehrbringen erfordert, behält der Patentinhaber das Recht zur Abwehr der Einfuhr zwangslizenzierter Produkte.[33]

Das Patentrecht entwickelt sich in verschiedenen Stufen. Am Anfang steht das Erfinderrecht, das 9 von Abs. 1 lit. b nicht erfasst wird. Es entsteht mit der Vollendung der Erfindung. Das Erfinderrecht

---

21 Schultze/Pautke/Wagener Vertikal-GVO Rn. 255.
22 Götting GewRS § 10 Rn. 3.
23 Benkard PatG/Ullmann/Deichfuß PatG Einl. Rn. 74; Götting GewRS § 10 Rn. 3.
24 Chrocziel GewRS Rn. 24; Götting GewRS § 10 Rn. 5 f.
25 Götting GewRS § 4 Rn. 8 ff., § 5 Rn. 17.
26 Vgl. hierzu Immenga/Mestmäcker/Ullrich, 5. Aufl. 2012, GRUR A Rn. 7.
27 Zum Prioritätsgrundsatz Benkard PatG/Ullmann/Deichfuß PatG Einl. Rn. 80.
28 Benkard PatG/Bacher PatG § 1 Rn. 2c; Götting GewRS § 5 Rn. 7 f.
29 EuGH Slg. 1974, 1147 Rn. 9 – Centrafarm/Sterling Drug; EuGH Slg. 1981, 2063 Rn. 4 – Merck/Stephar und Exler; EuGH Slg. 1996, I-6371 Rn. 30 – Merck and Beecham; zur Anwendung der Lehre des spezifischen Gegenstands im Kartellrecht auch → Einl. Rn. 5 ff., insbesondere → Einl. Rn. 21.
30 EuGH Slg. 1981, 2063 Rn. 9 – Merck/Stephar und Exler; EuGH Slg. 1996, I-6371 Rn. 10 – Merck und Beecham.
31 Vgl. zur Erschöpfung Chrocziel GewRS Rn. 263 und → Einl. Rn. 18.
32 EuGH Slg. 1981, 2063 Rn. 11, 14 – Merck/Stephar und Exler; EuGH Slg. 1996, I-6371 Rn. 32, 54 – Merck and Beecham; vgl. NK-EuWettbR/Gaster AEUV Art. 101 Rn. 1028.
33 EuGH Slg. 1985, 2281 Rn. 25 ff. – Pharmon/Hoechst; EuGH Slg. 1996, I-6371 Rn. 48 ff. – Merck und Beecham.

schützt die wirtschaftlichen Interessen des Erfinders, indem es die Nutzung des Erfindungsgedankens dem Erfinder positiv zuordnet und negativ die widerrechtliche Nutzung des Erfindungsgedankens durch andere untersagt. Dieses Verbot erlischt mit der Veröffentlichung des Erfindungsgedankens. Zudem hat das Erfinderrecht auch eine persönlichkeitsrechtliche Komponente zum Schutz der Erfinderehre, der Erfinderschaft und des Selbstbestimmungsrechts des Erfinders.[34] Als nächste Stufe entsteht mit der **Patentanmeldung** beim deutschen oder europäischen Patentamt, die von Abs. 1 lit. b aufgrund der Formulierung „einschließlich Anträgen auf Gewährung bzw. Registrierung dieser Rechte" erfasst wird, ein öffentlich-rechtlicher Anspruch auf Erteilung des Patents (Art. 60 Abs. 3 EPÜ bzw. § 7 PatG). Dieser Anspruch stellt zugleich eine privatrechtliche Anwartschaft des Anspruchsinhabers dar.[35] Das Anwartschaftsrecht erstarkt schließlich, zumindest in Deutschland, mit Veröffentlichung der Erteilung des Patents zum Vollrecht (§ 58 Abs. 1 S. 3 PatG).

10   b) **Gebrauchsmuster, Abs. 1 lit. b Ziff. ii.** Der Begriff der Technologierechte nach Abs. 1 lit. b erfasst auch das **Gebrauchsmuster**. Dieses ist mit dem Patent eng verwandt und wird teilweise als „kleines Patent" bezeichnet.[36] Das Gebrauchsmuster existiert gegenwärtig – wenn überhaupt – nur auf nationaler Ebene und weist stark voneinander abweichende nationale Voraussetzungen auf. Auf Ebene der Union veröffentlichte die Europäische Kommission 1995 ein Grünbuch über den Gebrauchsmusterschutz im Binnenmarkt, in dem sie u.a. die Optionen einer Angleichung der nationalen Gebrauchsmustersysteme und die Einführung eines unionsrechtlichen Gebrauchsmusters diskutierte.[37] Das daran anschließende Rechtsetzungsverfahren zur Realisierung der favorisierten ersten Variante wurde im März 2000, nach dem Scheitern sowohl des ursprünglichen Vorschlags der Kommission zum Erlass einer Richtlinie über die Angleichung der Rechtsvorschriften betreffend den Schutz von Erfindungen durch Gebrauchsmuster[38] als auch einer überarbeiteten Fassung dieses Vorschlags,[39] ausgesetzt.[40] Bedenken gegen die Gewährung eines Unions-Gebrauchsmusterschutzes bestanden vorwiegend aufgrund des Risikos einer zu großen Rechtsunsicherheit, ausgelöst durch eine fehlende Prüfung der Schutzvoraussetzungen, der Gefahr einer Überschwemmung mit ungeprüften Schutztiteln und schließlich einer möglichen negativen Auswirkung auf das gesamte Patentsystem in der EU.[41]

11   In Deutschland wird das Gebrauchsmuster durch das Gebrauchsmustergesetz (GebrMG),[42] begleitet von der Gebrauchsmusterverordnung (GebrMV),[43] geschützt. Schutzgegenstand ist wie beim Patent die Erfindung,[44] wobei ein Unterschied darin besteht, dass zumindest in Deutschland[45] der Schutz von Verfahrenserfindungen nach § 2 Nr. 3 GebrMG ausgeschlossen ist. Der Schutzgegenstand umfasst dabei den Erfindungsgedanken mit seinen Ausführungsformen und Erzeugnissen.[46] Ebenso wie beim Patentschutz werden nur technische Erfindungen erfasst.[47] Nach § 1 Abs. 1 GebrMG muss die Erfindung neu sein, auf einem erfinderischen Schritt beruhen und gewerblich anwendbar sein. Wie im Patentrecht richtet sich auch im Gebrauchsmusterrecht der Begriff der Neuheit wegen des hier ebenfalls geltenden Prioritätsprinzips[48] (§ 6 S. 3 PatG iVm § 13 Abs. 3 GebrMG) nach dem Zeitpunkt der Anmeldung. Im Gegensatz zu dem im Patentrecht geltenden absoluten Neuheitsbegriff ist das Kriterium der Neuheit im Gebrauchsmusterrecht jedoch gemäß § 3 Abs. 1 GebrMG nach dem relativen Neuheitsbegriff zu bestimmen.[49] Zwar gilt eine Erfindung auch im Gebrauchsmusterrecht nicht als neu, wenn sie zum Stand der Technik gehört (§ 3 Abs. 1 S. 1 GebrMG). Im Gegensatz zum Patentrecht fingiert das Gebrauchsmusterrecht hingegen nur solche Kenntnisse als zum Stand der Technik gehörend, die vor dem für den Zeitrang der Anmeldung maßgeblichen Tag durch schriftliche Beschreibung oder durch eine im Inland erfolgte Benutzung

---

[34] Benkard PatG/Ullmann/Deichfuß PatG Einl. Rn. 71; Chrociel GewRS Rn. 26; Götting GewRS § 5 Rn. 16.
[35] Chrociel GewRS Rn. 27; Götting GewRS § 5 Rn. 17.
[36] Götting GewRS § 12 Rn. 2.
[37] KOM(95) 370 endgültig.
[38] KOM(97) 691 endgültig.
[39] KOM(1999) 309 endgültig.
[40] SEK(2001) 1307; vgl. auch NK-EuWettbR/Gaster AEUV Art. 101 Rn. 1038.
[41] SEK(2001) 1307, 2.2.
[42] BGBl. 1986 I 1455; zuletzt geändert durch Art. 10 G v. 17.7.2017, BGBl. 2013 I 2541.
[43] BGBl. 2004 I 890; zuletzt geändert durch Art. 4 V v. 10.12.2012, BGBl. 2012 I 2630.
[44] S. zum Begriff der Erfindung und zum Schutzgegenstand des Patents oben → Rn. 7 f.
[45] Anders zB in Österreich, wo nach § 2 Nr. 2 und 3 GMG nur der Schutz von Heilverfahren und Verfahren zur Züchtung von Tieren, Pflanzen und biologischem Material ausgeschlossen wird.
[46] Götting GewRS § 4 Rn. 8 ff., § 5 Rn. 18.
[47] Benkard PatG/Goebel/Engel GebrMG § 1 Rn. 4.
[48] S. zum Prioritätsprinzip Benkard PatG/Ullmann/Deichfuß PatG Einl. Rn. 80.
[49] Götting GewRS § 12 Rn. 5.

der Öffentlichkeit zugänglich gemacht worden sind (§ 3 Abs. 1 S. 2 GebrMG). Mithin bleiben selbst offenkundige Benutzungen im Ausland und (öffentliche) mündliche Beschreibungen sowohl im In- als auch im Ausland unberücksichtigt.[50] Insoweit ist der Neuheitsbegriff im Gebrauchsmusterrecht relativ. Ein weiterer Unterschied zum Patent besteht darin, dass die Patenterfindung auf einer erfinderischen Tätigkeit beruhen muss, die Gebrauchsmustererfindung hingegen auf einem erfinderischen Schritt. In der Literatur wird daraus überwiegend geschlussfolgert, dass das Gebrauchsmuster eine geringere Leistung als das Patent voraussetzt, die Erfindungshöhe geringer sein kann als bei Patenten, obwohl ein genaues Maß, um wie viel geringer die Erfindungshöhe sein kann, nicht existiere.[51] Der BGH hingegen geht in seiner „Demonstrationsschrank"-Entscheidung davon aus, dass die Anforderungen an die Erfindungshöhe bei Patenten und Gebrauchsmustern gleich sind. Das Kriterium des erfinderischen Schritts sei, wie die erfinderische Tätigkeit im Patentrecht, nicht quantitativ sondern qualitativ zu bestimmen.[52] Der Begriff der gewerblichen Anwendbarkeit, der in § 3 Abs. 2 GebrMG legaldefiniert ist, stimmt mit dem entsprechenden Begriff im Patentrecht überein.[53] Auch definiert § 1 Abs. 2 GebrMG in gleicher Weise wie § 1 Abs. 3 PatG, was nicht unter den Schutzgegenstand des Gebrauchsmusters gefasst werden darf, schließt darüber hinaus jedoch auch biotechnologische Erfindungen iSd § 1 Abs. 2 PatG in Nr. 5 aus (zum Schutzgegenstand des Patents → Rn. 7).

Ein weiterer Unterschied zwischen Patent und Gebrauchsmuster ist die Länge der Schutzdauer **12** (20 Jahre beim Patent nach Art. 63 Abs. 1 EPÜ bzw. § 16 PatG und zehn Jahre beim Gebrauchsmuster nach § 23 Abs. 1 GebrMG). Wie beim Patent gewährt auch das Gebrauchsmuster seinem Inhaber ein ausschließliches Benutzungsrecht. Allein der Gebrauchsmusterinhaber ist nach deutschem Recht berechtigt, das Erzeugnis, das Gegenstand des Gebrauchsmusters ist, herzustellen, anzubieten, in Verkehr zu bringen oder zu gebrauchen oder zu diesen Zwecken einzuführen oder zu besitzen (§ 11 Abs. 1 GebrMG). Wie nach § 10 Abs. 1 PatG für das Patent verbietet auch § 11 Abs. 2 GebrMG für das Gebrauchsmuster die mittelbare Benutzung durch Dritte. Wie bereits ausgeführt, existiert das Gebrauchsmuster jedoch nicht in allen Mitgliedstaaten der EU. In vielen Mitgliedstaaten ist nur ein vereinfacht registriertes Erfindungsschutzrecht mit kürzeren Laufzeiten vorgesehen, andere kennen gar kein „petty patent".[54] Jedoch ist auch das registrierte Erfindungsschutzrecht mit Blick auf die Intention der TT-GVO, den Bereich des Technologietransfers möglichst umfassend zu regeln, als Gebrauchsmuster iSd Abs. 1 lit. b Ziff. ii anzusehen. Wie das Patent entwickelt sich auch das Gebrauchsmuster vom Erfinderrecht (→ Rn. 8) vor der Anmeldung mit dem öffentlich-rechtlichen Anspruch auf Eintragung, den man mit der Anmeldung erhält (§ 7 PatG iVm § 13 Abs. 3 GebrMG), zum Anwartschaftsrecht der **Gebrauchsmusteranmeldung.** Auch die Gebrauchsmusteranmeldung ist ein Technologierecht iSd Abs. 1 lit. b. Dieses Anwartschaftsrecht erstarkt mit Erteilung, dh in Deutschland nach § 11 GebrMG mit der Eintragung in die Gebrauchsmusterrolle, zum Vollrecht, dem Gebrauchsmuster.[55] Der Vorteil eines Gebrauchsmusters im Vergleich zum Patent ist in der schnelleren und einfacheren Erteilung eines Gebrauchsmusters zu sehen, da die Kriterien der Neuheit und der Erfindungshöhe beim Gebrauchsmuster nur in einem eingeschränkten Umfang geprüft werden.[56]

c) Geschmacksmuster, Abs. 1 lit. b Ziff. iii. Auch das **Geschmacksmuster** ist vom **13** Begriff der Technologierechte in Abs. 1 lit. b umfasst. Dadurch wird der Anwendungsbereich der TT-GVO erheblich erweitert. Der Schutzgegenstand des Geschmacksmusters lässt sich aus einer Zusammenschau der nationalen Rechtsordnungen, der Rspr. des EuGH und der europäischen Sekundärrechts ermitteln. Besonders das Sekundärrecht ist sehr ergiebig, da es durch die Richtlinie über den rechtlichen Schutz von Mustern und Modellen (GeschmMRL)[57] zu einer weitgehenden Anpassung des Geschmacksmusterschutzes in den EU-Mitgliedstaaten gekommen ist und durch die Verordnung über das Gemeinschaftsgeschmacksmuster (GemGeschMVO)[58] sogar ein unionsweit einheitliches Geschmacksmuster eingeführt wurde. Das durch die GemGeschMVO (VO/EG Nr. 6/2002) etablierte System ermöglicht es Unternehmen im Zuge einer einzigen Anmeldung beim Harmonisierungsamt für den Binnenmarkt (Marken, Muster und Modelle) einen einheitlichen Geschmacksmusterschutz mit Wirkung für den gesamten EU-Bin-

---

[50] Bühring/Braitmayer/Haberl, Gebrauchsmustergesetz, 9. Aufl. 2021, § 3 Rn. 7; Gramm GRUR 1985, 650.
[51] Benkard PatG/Goebel/Engel GebrMG § 1 Rn. 13 f.; Götting GewRS § 12 Rn. 10 f. mwN.
[52] BGH GRUR 2006, 842 (844 f.) – Demonstrationsschrank.
[53] Götting GewRS § 12 Rn. 12.
[54] Immenga/Mestmäcker/Ullrich, 5. Aufl. 2012, GRUR A Rn. 8 Fn. 45.
[55] Chrocziel GewRS Rn. 27; Götting GewRS § 20 Rn. 15.
[56] SEK(2001) 1307, 2.1.1; Götting GewRS § 20 Rn. 10.
[57] RL 98/71, ABl. 1998 L 289, 28.
[58] VO/EG 6/2002, ABl. 2002 L 3, 1, zuletzt geändert durch EU-BeitrAkt 2013 v. 9.12.2011, ABl. 2012 L 112, (21).

nenmarkt zu erlangen. Regelungen für die Durchführung dieses Verfahrens enthalten die VO/EG Nr. 2245/2002,[59] die die EU-weite Eintragung des Gemeinschaftsgeschmacksmusters näher regelt, und die VO/EG Nr. 2246/2002,[60] die die zu entrichtenden Gebühren für die Eintragung von Gemeinschaftsgeschmacksmustern zum Inhalt hat.

14 Das am 1.6.2004 in Kraft getretene GeschmMG (nunmehr DesignG) setzt die RL 98/71/EG in deutsches Recht um und zielt darauf ab, das Geschmacksmusterrecht **vom Urheberrecht zu lösen** und seine Eigenständigkeit sicherzustellen.[61] Mit Wirkung zum 1.1.2014 wurde das GeschmG, neben anderen Änderungen, in **Designgesetz (DesignG)** umbenannt. Die begleitende Verordnung zur Ausführung des Geschmacksmustergesetzes (GeschmV)[62] wurde aufgehoben und durch die Verordnung zur Ausführung des Designgesetzes (DesignV)[63] ersetzt. Auf nationaler Ebene tritt damit anstelle des Begriffs „Geschmacksmuster" die Bezeichnung „eingetragenes Design". Auf Unionsebene bleibt es hingegen bei der bisherigen Terminologie.[64] Im Sinne der Lösung des Geschmacksmusterrechts vom Urheberrecht spricht das DesignG nicht vom Urheber des Designs. Außerdem gewährt § 38 DesignG ein absolutes Ausschließlichkeitsrecht de Benutzung ohne subjektive Komponente, das eine absolute Sperrwirkung entfaltet. Dadurch, dass die Schutzvoraussetzung für Designs nicht Eigentümlichkeit, sondern nach § 2 Abs. 1 und 3 DesignG **Eigenart** ist, bedarf das Design in Abgrenzung zum Urheberrechtsschutz keines eigenschöpferischen Charakters mehr, der das Maß des Könnens des Durchschnittsdesigners übersteigt.[65] Mithin sind die urheberrechtlichen Elemente entfallen. Das unionsweit nach RL 98/71/EG harmonisierte Design (auf Unionsebene weiterhin Geschmacksmuster genannt) ist kein Zwitter mehr zwischen Urheberrecht und gewerblichem Schutzrecht, sondern ein eigenes gewerbliches Schutzrecht.[66] Geschützt werden **Designs/Muster**. Nach der Legaldefinition des Art. 3 lit. a VO/EG Nr. 6/2002 bzw. § 1 Nr. 1 DesignG ist ein Design/Muster die (zweidimensionale oder dreidimensionale) Erscheinungsform eines ganzen Erzeugnisses oder eines Teils davon, die sich insbesondere aus den Merkmalen der Linien, Konturen, Farben, der Gestalt, Oberflächenstruktur oder des Werkstoffe des Erzeugnisses selbst oder seiner Verzierung ergibt (vgl. auch Art. 1 lit. a RL 98/71/EG). Der Schutzgegenstand umfasst dabei das Design/Muster mit seinen Ausführungsformen und den Erzeugnissen, in denen es sich verwirklicht.[67] Anders als nach § 1 GeschmMG aF wird keine gewerbliche Verwertbarkeit des Designs/Musters[68] mehr vorausgesetzt. Während nach alter Rechtslage in Deutschland von einem Muster auch stets gefordert wurde, dass es einen ästhetischen (nicht bloß intellektuellen) Gehalt aufweist,[69] ist das mit Blick auf die neue Rechtslage des Designs/Musters als rein gewerblichem Schutzrecht ohne urheberrechtliche Komponente fraglich. Hiergegen spricht Erwägungsgrund 14 der RL 98/71/EG, der besagt, dass das Geschmacksmuster einen solchen ästhetischen Gehalt nicht unbedingt aufweisen muss.[70]

15 Unabhängig vom Erfordernis des ästhetischen Gehalts schließt jedoch Art. 8 Abs. 1 VO/EG Nr. 6/2002 bzw. § 3 Abs. 1 Nr. 1 DesignG (Art. 7 Abs. 1 RL 98/71/EG) zwecks Förderung technologischer Innovationen vom Schutz des Designs/Geschmacksmusters solche Erscheinungsmerkmale von Erzeugnissen aus, die ausschließlich durch deren technische Funktion bedingt sind. Die Designs/Muster müssen nach Art. 4 Abs. 1 VO/EG Nr. 6/2002 bzw. § 2 Abs. 1 DesignG (Art. 3 Abs. 2 RL 98/71/EG) neu sein und Eigenart aufweisen. **Neu** ist nach der Legaldefinition des Art. 5 Abs. 1 VO/EG Nr. 6/2002 bzw. § 2 Abs. 2 DesignG (Art. 4 RL 98/71/EG) ein Design/Muster, wenn kein identisches Design/Muster offenbart worden ist, wobei ein identisches Design/Muster auch ein solches ist, dessen Merkmale sich nur in unwesentlichen Einzelheiten unterscheiden. Es gilt der

---

[59] ABl. 2002 L 341, 28 idF der VO/EG 876/2007, ABl. 2007 L 193, 13.
[60] ABl. 2002 L 341, 54 idF der VO/EG 877/2007, ABl. 2007 L 193, 16.
[61] Begr. RegE, Bl.PMZ 2004, 222 (225); Götting GewRS § 5 Rn. 28, § 39 Rn. 2, der in § 39 Rn. 9 starke Bedenken äußert, ob dieses Ziel mit dem neuen GeschmMG (jetzt DesignG) tatsächlich erreicht werden kann.
[62] Verordnung v. 11.5.2004 BGBl. 2004 I 884; aufgehoben durch Art. 6 Verordnung v. 2.1.2014 BGBl. 2014 I 18.
[63] Verordnung v. 2.1.2014 BGBl. 2014 I 18, zuletzt geändert durch Art. 17 G v. 12.5.2017, BGBl. 2017 I 1121.
[64] Vgl. Art. 1 Abs. 1 lit. b Ziff. iii sowie VO/EG 6/2002, ABl. 2002 L 3, 1 idF der VO/EG 1891/2006, ABl. 2006 L 386, 14.
[65] Kur GRUR 2002, 661 (665).
[66] Vieregge GRUR 2004, 214; in diese Richtung auch Götting GewRS § 39 Rn. 2 und Kur GRUR 2002, 661 (662).
[67] Vgl. Chrocziel GewRS Rn. 20; Götting GewRS § 5 Rn. 20.
[68] Vgl. zum Begriff und zur alten Rechtslage Hubmann/Götting GewRS § 30 Rn. 5.
[69] Chrocziel GewRS Rn. 20; Hubmann/Götting GewRS § 30 Rn. 6.
[70] RL 98/71, ABl. 1998 L 289, 28 (29) Erw. 14; vgl. auch Erw. 10 der VO/EG 6/2002, ABl. 2002 L 3, 1 (2).

sog fotografische Neuheitsbegriff.⁷¹ **Maßgeblicher Zeitpunkt** ist nach Art. 5 Abs. 1 lit. b VO/EG Nr. 6/2002 bzw. § 2 Abs. 2 DesignG (Art. 4 RL 98/71/EG) wegen des auch im Designrecht/Geschmacksmusterrecht geltenden Prioritätsprinzips grds. der Tag der Anmeldung des Designs/Musters. Nach Art. 7 Abs. 2 und 3 VO/EG Nr. 6/2002 und § 6 S. 1 DesignG (Art. 6 Abs. 2 und 3 RL 98/71/EG) gilt eine Neuheitsschonfrist von zwölf Monaten. Das Design/Muster hat nach der Legaldefinition des Art. 6 Abs. 1 VO/EG Nr. 6/2002 bzw. § 2 Abs. 3 DesignG (Art. 5 RL 98/71/EG) eine **Eigenart,** wenn sich der Gesamteindruck, den es beim informierten Benutzer hervorruft, von dem Gesamteindruck unterscheidet, den ein anderes Design/Muster bei diesem Benutzer hervorruft, das vor dem Anmeldetag/Tag der Veröffentlichung offenbart worden ist. Maßgeblicher Zeitpunkt ist also grds. wiederum nach Art. 6 Abs. 1 VO/EG Nr. 6/2002 bzw. § 2 Abs. 3 DesignG (Art. 5 RL 98/71/EG) wegen des Prioritätsprinzips der Tag der Anmeldung/Veröffentlichung. Bei der Beurteilung der Eigenart wird der Grad der Gestaltungsfreiheit des Entwerfers bei der Entwicklung des Designs/Musters berücksichtigt (Art. 6 Abs. 2 VO/EG Nr. 6/2002, § 2 Abs. 3 S. 2 DesignG, Art. 5 Abs. 2 RL 98/71/EG). Während in Deutschland bis zum Inkrafttreten des neuen GeschmMG (heute DesignG) zum 1.1.2004 der Schutz typographischer Schriftzeichen durch das Schriftzeichengesetz geregelt wurde, gilt das DesignG auch für neu angemeldete Schriftzeichen (§ 61 DesignG).

Nach Art. 19 Abs. 1 VO (EG) Nr. 6/2002 bzw. § 38 Abs. 1 DesignG (Art. 12 Abs. 1 RL 98/71/EG) besteht ein **ausschließliches Benutzungsrecht** des Rechtsinhabers des eingetragenen Designs/Geschmacksmusters, das keine subjektive Komponente mehr hat, sodass Schutz gegen alle Arten unerlaubter Benutzung besteht.⁷² Nach der Einführung der absoluten Sperrwirkung schließt eine Benutzung nach Art. 19 Abs. 1 VO/EG Nr. 6/2002 bzw. § 38 Abs. 1 DesignG (Art. 12 Abs. 1 RL 98/71/EG) insbesondere die Herstellung, das Anbringen, das Inverkehrbringen, die Einfuhr, die Ausfuhr, den Gebrauch eines Erzeugnisses, in das das eingetragene Design/Geschmacksmuster aufgenommen oder in dem es verwendet wird, und den Besitz eines solchen Erzeugnisses zu diesen Zwecken ein. Der EuGH definiert als Substanz des ausschließlichen Rechts des Geschmacksmusterinhabers die Befugnis, die Herstellung von Erzeugnissen, die das Muster verkörpern, durch Dritte zwecks Verkaufs auf dem Binnenmarkt oder zwecks Ausfuhr zu untersagen oder die Einfuhr derartiger Erzeugnisse, die ohne seine Erlaubnis in anderen Mitgliedstaaten hergestellt wurden, sowie den Verkauf solcher Erzeugnisse zu verhindern.⁷³

Nach dem DesignG entsteht das Designrecht nach § 27 Abs. 1 DesignG mit der Eintragung in das Register (sog reines Registerrecht). Die bei der Eintragung des Designs vom Deutschen Patent- und Markenamt (DPMA) durchgeführte Prüfung ist beschränkt auf die formellen Voraussetzungen, eine Sachprüfung wird indes nicht vorgenommen.⁷⁴ Mit der Schaffung des Designs entsteht ein Erfinderrecht, das allgemeine zivilrechtliche Ansprüche auslösen kann. Dieses weist sowohl einen vermögens- als auch einen persönlichkeitsrechtlichen Gehalt auf.⁷⁵ Dabei ist nach geltendem Recht, das die Registrierung voraussetzt, von einem dreistufigen Entstehungstatbestand auszugehen. Erst mit einer ordnungsgemäßen Anmeldung entsteht, wie beim Patent oder Gebrauchsmuster, ein öffentlich-rechtlicher Anspruch auf Eintragung, der ein privatrechtliches Anwartschaftsrecht ist. Schließlich führt die Eintragung nach § 27 Abs. 1 DesignG zum Vollrechtserwerb.

Das **europäische Geschmacksmusterrecht** weist die Besonderheit auf, dass es auch einem nicht eingetragenen Gemeinschaftsgeschmacksmuster nach Art. 11 VO/EG Nr. 6/2002 Rechtsschutz gewährt. Ein solches Muster entsteht im Zeitpunkt der Fertigstellung, vorausgesetzt, es liegen alle materiellen Schutzvoraussetzungen vor. Die Schutzdauer für ein nicht eingetragenes Gemeinschaftsgeschmacksmuster beträgt nach Art. 11 Abs. 1 VO/EG Nr. 6/2002 allerdings nur drei Jahre ab dem Tag, an dem es der Öffentlichkeit auf dem Territorium der EU erstmals zugänglich gemacht worden ist. Unter welchen Voraussetzungen dies zu bejahen ist, bestimmt Art. 11 VO/EG Nr. 6/2002. Die geringere Schutzwirkung eines nicht eingetragenen Gemeinschaftsgeschmacksmusters zeigt sich deutlich bei einem Vergleich mit derjenigen eines eingetragenen Musters/Designs. Die Schutzdauer des eingetragenen Designs im deutschen Recht nach § 27 Abs. 2 DesignG (Art. 10 RL 98/71/EG) beträgt 25 Jahre ab dem Anmeldetag, im europäischen Recht für eingetragene Gemeinschaftsgeschmacksmuster nach Art. 12 VO/EG Nr. 6/2002 zunächst fünf Jahre, allerdings mit der Möglichkeit einer Verlängerung bis zu insgesamt 25 Jahren ab dem Anmeldetag. Abgesehen von der vergleichsweise kurzen Schutzdauer des nichteingetragenen Gemeinschaftsgeschmacksmusters ist dessen Rechtsschutz nach Art. 19 Abs. 2 VO/EG Nr. 6/2002 auch inhaltlich, ähnlich der alten deutschen Rechtslage, auf den Schutz vor Nachahmungen beschränkt.

---

71 Götting GewRS § 40 Rn. 3.
72 Vgl. Immenga/Mestmäcker/Ullrich, 5. Aufl. 2012, GRUR A Rn. 26; Kur GRUR 2002, 661 (667).
73 EuGH Slg. 1988, 6039 Rn. 11 – CIRCA u.a./Renault; EuGH Slg. 1988, 6211 Rn. 8 – Volvo/Veng.
74 Götting GewRS § 42 Rn. 7.
75 Hubmann/Götting, Gewerblicher Rechtsschutz, 7. Aufl. 2002, § 33 Rn. 1.

19 Ein mit dem nicht eingetragenen Gemeinschaftsgeschmacksmusterrecht vergleichbarer Schutz für nicht eingetragene Designs existiert im deutschen Recht nicht, wohl aber das Anwartschaftsrecht der **Designanmeldung**. Nach § 32 DesignG wird die **Designanmeldung** wie das Vollrecht als Vermögensgegenstand behandelt, kann also beispielsweise übertragen und lizenziert werden. Im Hinblick darauf, dass die TT-GVO die Beziehung zwischen Kartellrecht und gewerblichen Schutzrechten (bis auf Marken- und sonstige Kennzeichenrechte) möglichst umfassend regeln soll und in Parallelität zur Patent- (→ Rn. 6) und Gebrauchsmusteranmeldung (→ Rn. 10) musste daher bereits unter der Vorgängerverordnung VO/EG Nr. 772/2004 davon ausgegangen werden, dass Art. 1 Abs. 1 lit. h VO/EG Nr. 772/2004, obwohl nicht ausdrücklich erwähnt, auch das Recht der Geschmacksmusteranmeldung (heute Designanmeldung) im deutschen Recht erfasste.[76] Mittlerweile ist die Designanmeldung als „Antrag auf Gewährung bzw. Registrierung" des Designs/Geschmacksmuster von Abs. 1 lit. b ausdrücklich als Technologierecht erfasst. Diese Klarstellung ist zu begrüßen. Wegen des numerus clausus von Art. 1 unterfällt der im deutschen Recht auf § 4 Nr. 3 UWG gestützte ergänzende Leistungsschutz (sklavische Nachahmungen) jedoch nicht dem Begriff der Technologierechte iSd TT-GVO.

20 Durch den Beitritt der EU zur **Genfer Akte des Haager Abkommens über die internationale Eintragung gewerblicher Muster und Modelle** wurde ein System etabliert, mit dem Unternehmen Geschmacksmuster mit einer einzigen Anmeldung nicht nur mit Geltung für den gesamten EU-Binnenmarkt, sondern darüber hinaus auch in anderen Vertragsstaaten der Genfer Akte unter Schutz stellen lassen können. Im Zuge des Beitritts zur Genfer Akte wurde der Titel „Internationale Eintragung von Mustern und Modellen", Art. 106a–106f, in die VO/EG Nr. 6/2002 eingefügt. Nach Art. 106b iVm Art. 106d Abs. 1 VO/EG Nr. 6/2002 hat eine internationale Anmeldung nach Art. 4 Abs. 1 der Genfer Akte, die beim Internationalen Büro der Weltorganisation für geistiges Eigentum (WIPO) eingereicht wurde und in der die Union benannt ist, ab dem Anmeldetag dieselbe Wirkung wie die Anmeldung eines Gemeinschaftsgeschmacksmusters. Danach sollen die Verfahren für die internationale Eintragung grds. denen der Anmeldung von Gemeinschaftsgeschmacksmustern entsprechen. Dasselbe gilt analog für die Erklärung der Nichtigkeit.

21 d) **Topografien von Halbleiterprodukten, Abs. 1 lit. b Ziff. iv.** Des Weiteren nennt Abs. 1 lit. b **Topografien von Halbleiterprodukten**.[77] Mangels EuGH-Rspr. zu diesem Schutzrecht bedarf es zur Bestimmung seines Schutzgegenstands einer Zusammenschau der nationalen und europäischen Regelungen. Zur Einführung[78] eines speziellen Halbleitertopografieschutzes in den Mitgliedstaaten der EU führte erst die Richtlinie 87/54/EWG über den Rechtsschutz der Topografien von Halbleitererzeugnissen,[79] sodass unionsweit eine weitgehende Harmonisierung im Bereich des Halbleitertopografieschutzes herrscht. Vorbild der europäischen Regelungen war der US-amerikanische Semiconductor Chip Protection Act von 1984.[80] In Deutschland werden Halbleitererzeugnisse durch das Gesetz über den Schutz der Topografien von mikroelektronischen Halbleitererzeugnissen (HalblSchG)[81] geschützt. Der Schutz von Topografien von Halbleitererzeugnissen nimmt, ähnlich wie früher das Geschmacksmusterrecht, eine Zwischenstellung zwischen den gewerblichen Schutzrechten technischer Art und dem Urheberrechtsschutz ein. Einerseits ist sein Schutzgegenstand technischer Natur, andererseits gewährt er kein ausschließliches Recht mit absoluter Sperrwirkung, sondern nur einen Nachahmungs- und Verwertungsschutz, nicht jedoch einen Schutz vor Gebrauch oder unberechtigtem Besitz.[82] Zudem wird nur die konkrete Verkörperung, nicht jedoch die technische Idee geschützt, was den Halbleitertopografieschutz in die Nähe des Urheberrechts rückt.[83]

22 Nach Art. 2 Abs. 1 RL 87/54/EWG werden Topografien von Halbleitererzeugnissen geschützt. Die **Legaldefinitionen** hierzu finden sich in Art. 1 RL 87/54/EWG. Nach Art. 1 lit. a RL 87/54/EWG ist ein Halbleitererzeugnis die endgültige Form oder die Zwischenform eines Erzeugnisses, das 1. aus einem Materialteil besteht, der eine Schicht aus halbleitendem Material enthält, und 2. mit einer oder mehreren Schichten aus leitendem, isolierendem oder halbleitendem Material versehen ist, wobei die Schichten nach einem vorab festgelegten dreidimensionalen Muster angeordnet sind, und 3. das ausschließlich oder neben anderen Funktionen eine elektronische Funktion übernehmen

---

[76] AA Schultze/Pautke/Wagener TT-GVO Rn. 144.
[77] NK-EuWettbR/Gaster AEUV Art. 101 Rn. 1039 ff.
[78] Vorher bestand kein spezieller Schutz von Halbleitertopografien in den EU-Mitgliedstaaten vgl. Erwägungsgrund 3 der Richtlinie 87/54/EWG.
[79] ABl. 1987 L 24, 36.
[80] Immenga/Mestmäcker/Ullrich, 5. Aufl. 2012, GRUR A Rn. 26 Fn. 175.
[81] BGBl. 1987 I 2294; zuletzt geändert durch Art. 12 G v. 17.7.2017, BGBl. 2017 I 2541.
[82] Immenga/Mestmäcker/Ullrich, 5. Aufl. 2012, GRUR A Rn. 26.
[83] Chrocziel GewRS Rn. 43.

soll. Die Topografie eines solchen Halbleitererzeugnisses ist nach Art. 1 Abs. 1 lit. b RL 87/54/ EWG eine Reihe in Verbindung stehender Bilder, unabhängig von der Art ihrer Fixierung oder Kodierung, die 1. ein festgelegtes dreidimensionales Muster der Schichten darstellen, aus denen ein Halbleitererzeugnis besteht, und wobei 2. die Bilder so miteinander in Verbindung stehen, dass jedes Bild das Muster oder einen Teil des Musters einer Oberfläche des Halbleitererzeugnisses in einem beliebigen Fertigungsstadium aufweist. Der deutsche Gesetzgeber hat in Umsetzung der Richtlinie hieraus vereinfachend in § 1 Abs. 1 S. 1 HalblSchG die Definition gewonnen, dass Topografien dreidimensionale Strukturen von mikroelektronischen Halbleitererzeugnissen sind. In den Schutzbereich fallen nach § 1 Abs. 1 S. 2 HalblSchG auch selbständig verwertbare Teile sowie Darstellungen zur Herstellung von Topografien.

Geschützt werden diese Topografien von Halbleitererzeugnissen nach Art. 2 Abs. 2 S. 1 RL 87/ 54/EWG unter der Voraussetzung, dass sie das Ergebnis der eigenen geistigen Tätigkeit ihres Schöpfers und in der Halbleiterindustrie nicht alltäglich sind. Diese Voraussetzungen hat der deutsche Gesetzgeber in § 1 Abs. 2 HalblSchG übernommen, wobei er die beiden Voraussetzungen unter dem Terminus **Eigenart** zusammenfasst. Im Gegensatz zum Patent ist somit eine erfinderische Tätigkeit nicht zwingend erforderlich, die Voraussetzungen an die den Schutz auslösende Eigenart sind also geringer. Der Schutz der Topografien von Halbleitererzeugnissen gewährt dem Berechtigten nach Art. 5 RL 87/54/EWG das ausschließliche Recht, die Nachbildung der geschützten Topografie zu erlauben oder zu verbieten sowie die geschäftliche Verwertung und die für diesen Zweck erfolgte Einfuhr einer Topografie oder eines Halbleitererzeugnisses, das unter Verwendung der Topografie hergestellt wurde, zu erlauben oder zu verbieten. Von diesen Befugnissen sehen Art. 5 Abs. 2–7 RL 87/54/EWG eine Reihe von Ausnahmen vor. Der deutsche Gesetzgeber hat diese Regelung in § 6 HalblSchG entsprechend umgesetzt. Während die Richtlinie nach Art. 4 Abs. 1 RL 87/54/EWG den Mitgliedstaaten freistellt, ob sie den Schutz erst mit Eintragung oder Hinterlegung der Topografie gewähren (in diesem Fall fallen aber auch die „Anträge auf Gewährung bzw. Registrierung" der Topografien unter die Definition der Technologierechte nach Abs. 1 lit. b), beginnt in Deutschland nach § 5 Abs. 1 HalblSchG der Schutz bereits mit der Anmeldung oder schon am Tag der ersten nicht nur vertraulichen geschäftlichen Verwertung der Topografie, wenn sie innerhalb von **zwei Jahren** nach dieser Verwertung beim Patentamt angemeldet wird. Im Einklang mit den Vorgaben des Art. 7 Abs. 3 RL 87/54/EWG endet der Schutz der Topografie gemäß § 5 Abs. 2 HalblSchG mit Ablauf des zehnten Kalenderjahres nach dem Jahr des Schutzbeginns.

e) Ergänzende Schutzzertifikate für Arzneimittel oder andere Produkte, für die solche ergänzenden Schutzzertifikate vergeben werden können, Abs. 1 lit. b Ziff. v. Auch ergänzende Schutzzertifikate für Arzneimittel oder andere Produkte, für die solche Zertifikate vergeben werden können, fallen nach Abs. 1 lit. b Ziff. v unter den Begriff der Technologierechte.[84] Zurzeit besteht in der Union ein ergänzendes Schutzzertifikat für Arzneimittel nach der VO/EG Nr. 469/2009,[85] und ein ergänzendes Schutzzertifikat für Pflanzenschutzmittel nach der VO/EG Nr. 1610/96.[86] Grund für die Einführung ergänzender Schutzzertifikate war, dass für das Inverkehrbringen solcher Produkte wie Arzneimittel oder Pflanzenschutzmittel die Überprüfung des Vorliegens bestimmter Zulassungsvoraussetzungen erforderlich ist und sich deshalb die Schutzdauer eines Patents für Arznei- oder Pflanzenschutzmittel um den Zeitraum zwischen der Patentanmeldung und der Genehmigung für das Inverkehrbringen des Arznei-/Pflanzenschutzmittels faktisch verkürzte. Eine solche verkürzte Schutzdauer, teilweise kann die Überprüfung der Zulassungsvoraussetzungen sogar einen Zeitraum von mehreren Jahren in Anspruch nehmen, konnte für die Amortisierung der in der Forschung vorgenommenen hohen Investitionen unzureichend sein, sodass ein Innovationshindernis entstand.[87] Um dem abzuhelfen, wurden die ergänzenden Schutzzertifikate eingeführt. Diese Zertifikate haben nach Art. 4 VO/EG Nr. 469/2009 bzw. Art. 5 VO/EG Nr. 1610/96 dieselben Wirkungen wie das Grundpatent, das in Art. 1 lit. c VO/EG Nr. 469/2009 und in Art. 1 Nr. 9 VO/EG Nr. 1610/96 legaldefiniert ist. Das Schutzzertifikat erweitert nicht den Schutzbereich des Grundpatents, sondern verlängert nur in zeitlicher Hinsicht die Schutzdauer des jeweiligen Grundpatents. Art. 4 VO/EG Nr. 469/2009 und Art. 5 VO/EG Nr. 1610/96 stellen ausdrücklich klar, dass das Schutzzertifikat dieselben Rechte wie das Grundpatent gewährt, gleichzeitig aber auch denselben Beschränkungen und Verpflichtungen wie das einschlägige Grundpatent unterliegt. Das Zertifikat gilt nach Art. 13 VO/EG Nr. 469/2009 bzw. VO/EG Nr. 1610/96 ab

---

[84] Vgl. zu den ergänzenden Schutzzertifikaten Chrocziel GewRS Rn. 296.
[85] ABl. 2009 L 152, 1, geändert durch EU-BeitrAkt2013 v. 9.12.2011, ABl. 2012 L 112, 21.
[86] ABl. 1996 L 198, 30, zuletzt geändert durch EU-BeitrAkt2013 v. 9.12.2011, ABl. 2012 L 112, 21, 41; vgl. hierzu auch die schriftlichen Anfragen an die Kom. E-764/95 bis E-771/95 von Xaver Mayer sowie die Antwort von Mario Monti im Namen der Kom. ABl. 1995 C 213, 19.
[87] VO/EG 469/2009, ABl. 2009 L 152, 1, 1 Erw. 4–8 und VO/EG 1610/96, ABl. 1996 L 198, 30, 30 Erw. 5.

Ablauf der gesetzlichen Laufzeit des Patents für eine Dauer, die dem Zeitraum zwischen der Einreichung der Anmeldung für das Patent und dem Zeitpunkt der ersten Genehmigung für das Inverkehrbringen in der Union entspricht, abzüglich eines Zeitraums von fünf Jahren, jedoch ungeachtet dessen höchstens fünf Jahre von seinem Wirksamwerden an. Die **Anmeldung zum Zertifikat** kann nach Art. 7 VO/EG Nr. 469/2009 bzw. VO/EG Nr. 1610/96 innerhalb einer Frist von sechs Monaten ab Erteilung der Genehmigung für das Inverkehrbringen bzw., wenn diese vor der Erteilung des Patents erfolgte, innerhalb einer Frist von sechs Monaten nach dem Zeitpunkt der Erteilung des Patents eingereicht werden. Das mit der Anmeldung entstehende Recht auf das Zertifikat ist ein selbständiges, übertragbares Vermögensrecht, da über die Verweisung des § 16a Abs. 2 PatG auch § 15 Abs. 1 S. 2 PatG Anwendung findet, wonach bereits der Anspruch auf Erteilung eines Patents übertragbar ist.[88] Das hierdurch entstehende Anwartschaftsrecht auf das Zertifikat ist als Antrag auf Gewährung eines ergänzenden Schutzzertifikats ein eigenes Technologierecht iSv Abs. 1 lit. b.[89] Das Zertifikat wird gemäß Art. 9 VO/EG Nr. 469/2009 bzw. Art. 10 VO/EG Nr. 1610/96 durch Hoheitsakt von der jeweils zuständigen Behörde des Mitgliedstaats nach Prüfung der Voraussetzungen erteilt.

25 Bedingung für die Erteilung des Zertifikats ist nach Art. 3 VO/EG Nr. 469/2009 bzw. VO/EG Nr. 1610/96, dass das Erzeugnis durch ein in Kraft befindliches mitgliedstaatliches Grundpatent geschützt ist, dass eine gültige Genehmigung für das Inverkehrbringen erteilt wurde, dass nicht bereits ein Zertifikat für das Erzeugnis erteilt wurde und dass die betreffende Genehmigung für das Inverkehrbringen die erste ihrer Art für das Erzeugnis ist. Der Schutzgegenstand des **ergänzenden Schutzzertifikats für Arzneimittel** ist nach Art. 2 iVm Art. 1 lit. b VO/EG Nr. 469/2009 ein Wirkstoff oder die Wirkstoffzusammensetzung eines Arzneimittels, das Gegenstand eines verwaltungsrechtlichen Genehmigungsverfahrens nach RL 2001/83/EG[90] oder RL 2001/82/EG[91] ist. Unter Arzneimittel versteht die Legaldefinition des Art. 1 lit. a VO/EG Nr. 469/2009 einen Stoff oder eine Stoffzusammensetzung, der (die) als Mittel zur Heilung oder zur Verhütung menschlicher oder tierischer Krankheiten bezeichnet wird, sowie einen Stoff oder eine Stoffzusammensetzung, der (die) dazu bestimmt ist, im oder am menschlichen oder tierischen Körper zur Erstellung einer ärztlichen Diagnose oder zur Wiederherstellung, Besserung oder Beeinflussung der menschlichen oder tierischen Körperfunktionen angewandt zu werden. Schutzgegenstand des **ergänzenden Schutzzertifikats für Pflanzenschutzmittel** ist nach Art. 2 iVm Art. 3 Abs. 1 lit. b VO/EG Nr. 1610/96 ein Wirkstoff oder die Wirkstoffzusammensetzung eines Pflanzenschutzmittels, das Gegenstand eines verwaltungsrechtlichen Genehmigungsverfahrens nach RL 91/414/EWG[92] (nunmehr VO/EG Nr. 1107/2009)[93] oder – wenn es sich um ein Pflanzenschutzmittel handelt, für das der Genehmigungsantrag vor der Umsetzung der Richtlinie 91/414/EWG durch diesen Mitgliedstaat eingereicht wurde – nach einer gleichwertigen einzelstaatlichen Rechtsvorschrift ist. Art. 1 Nr. 1 VO/EG Nr. 1610/96 definiert legal, was unter Pflanzenschutzmittel zu verstehen ist.

26 **f) Sortenschutzrechte, Abs. 1 lit. b Ziff. vi.** Zudem nennt Abs. 1 lit. b Ziff. vi die **Sortenschutzrechte** als Schutzrechte, die nach der TT-GVO ebenfalls unter den Begriff der Technologierechte fallen.[94] Zur Definition und Beschreibung des Sortenschutzrechts bietet sich wieder eine Zusammenschau des sekundären Unionsrechts, der Rspr. des EuGH und der nationalen Rechtsordnungen an. Durch die VO/EG Nr. 2100/94[95] ist ein Unionssortenschutzrecht geschaffen worden, das einheitlich für den gesamten Binnenmarkt Geltung entfaltet. Zur Durchführung der VO/EG Nr. 2100/94 dient die VO/EG Nr. 874/2009.[96] Darüber hinaus wurden zahlreiche Richtlinien erlassen, wie etwa die Richtlinie RL 2002/53/EG über einen gemeinsamen Sortenkatalog für landwirtschaftliche Pflanzenarten[97] und die Richtlinie RL 2002/55/EG über den Verkehr mit Gemüsesaatgut (Gemüserichtlinie).[98] Da viele Staaten ihre nationalen Sortenschutzrechte an die

---

[88] Benkard PatG/Grabinski PatG § 16a Rn. 40; Brändel GRUR 2001, 875 (878).
[89] Bechtold/Bosch/Brinker Rn. 8.
[90] ABl. 2001 L 311, 67, zuletzt geändert durch VO (EU) 2017/745 v. 5.4.2017, ABl. 2017 L 117, 1.
[91] ABl. 2001 L 311, 1, zuletzt geändert durch die RL 2009/53, ABl. 2009 L 168, 33.
[92] ABl. 1991 L 230, 1 mit Wirkung zum 14.6.2011 durch die VO/EG Nr. 1107/2009 aufgehoben.
[93] ABl. 2009 L 309, 1, zuletzt geändert durch VO/EU 2018/605 v. 19.4.2018, ABl. 2018 L 101, 33.
[94] Zu den Sortenschutzrechten s. auch Chrocziel GewRS Rn. 322, 519 ff.; Immenga/Mestmäcker/Ullrich, 5. Aufl. 2012, GRUR A Rn. 10; NK-EuWettbR/Gaster AEUV Art. 101 Rn. 1046 ff.; Wuesthoff/Leßmann/Würtenberger Handbuch zum deutschen und europäischen Sortenschutz, 1999, § 4 Rn. 71.
[95] ABl. 1994 L 227, 1, zuletzt geändert durch Art. 1 VO/EG 15/2008, ABl. 2008 L 8, 2.
[96] ABl. 2009 L 251, 3, geändert durch VO/EU 2016/1448 v. 1.9.2016, ABl. 2016 L 236, 1.
[97] ABl. 2002 L 93, 1, geändert durch VO/EG 1829/2003 v. 22.9.2003, ABl. 2003, L 268, 1.
[98] ABl. 2002 L 193, 33.

II. Einzelne Begriffsbestimmungen   27, 28   **Art. 1 TT-GVO**

Verordnung angepasst sowie die Richtlinien umgesetzt haben und da sowohl die nationalen Sortenschutzrechte als auch das Unionssortenschutzrecht auf dem Internationalen Übereinkommen zum Schutz von Pflanzenzüchtungen (UPOV-Übereinkommen 1978) beruhen,[99] ist es zu einer weitgehenden unionsweiten Harmonisierung gekommen. In Deutschland wird der Sortenschutz durch das SortenschutzG[100] gewährt.

Schutzgegenstand des Sortenschutzrechts ist eine Sorte. Der Begriff wird in Art. 5 Abs. 2 **27** VO/EG Nr. 2100/94 bzw. § 2 Nr. 1a SortenschutzG annähernd wortgleich legaldefiniert. Danach ist eine Sorte eine pflanzliche Gesamtheit, innerhalb eines einzigen botanischen Taxons der untersten bekannten Rangstufe, die 1. durch die sich aus einem bestimmten Genotyp oder einer bestimmten Kombination von Genotypen ergebende Ausprägung der Merkmale definiert, 2. zumindest durch die Ausprägung eines der erwähnten Merkmale von jeder anderen pflanzlichen Gesamtheit unterschieden und 3. in Anbetracht ihrer Eignung, unverändert vermehrt zu werden, als Einheit angesehen werden kann. Voraussetzung für den Schutz einer Sorte ist, dass sie nach Art. 6 VO/EG Nr. 2100/94 bzw. § 1 SortenschutzG unterscheidbar,[101] homogen,[102] beständig[103] und neu[104] ist. Außerdem muss sie durch eine eintragbare Sortenbezeichnung iSv § 7 SortenschutzG bezeichnet sein. Das Sortenschutzrecht gewährt seinem Inhaber das ausschließliche Recht, bestimmte Handlungen vorzunehmen. Diese Handlungen sind nach Art. 13 Abs. 2 VO/EG Nr. 2100/94 bzw. § 10 Abs. 1 Nr. 1 lit. a SortenschutzG die Vermehrung (Erzeugung oder Fortpflanzung), die Aufbereitung zum Zwecke der Vermehrung, das Anbieten zum Verkauf, der Verkauf oder das sonstige Inverkehrbringen sowie die Ausfuhr und Einfuhr zu diesen Zwecken der Sortenbestandteile oder des Ernteguts der geschützten Sorte. Nach § 10 Abs. 1 Nr. 1 lit. b SortenschutzG ist in Deutschland zusätzlich die Aufbewahrung zu den genannten Zwecken geschützt. Unter den geschützten Sortenbestandteilen versteht man nach Art. 5 Abs. 2 VO/EG Nr. 2100/94 das Vermehrungs- bzw. Basissaatgut (vgl. auch § 2 Nr. 1a SortenschutzG). Auf Erntegut findet der Schutz gemäß Art. 13 Abs. 3 VO/EG Nr. 2100/94 bzw. § 10 Abs. 1 Nr. 2 SortenschutzG nur Anwendung, wenn es dadurch gewonnen wurde, dass Sortenbestandteile der geschützten Sorte ohne Zustimmung verwendet wurden und wenn der Inhaber nicht hinreichend Gelegenheit hatte, sein Recht im Zusammenhang mit den Sortenbestandteilen geltend zu machen. Grds. gilt der Schutz also für Sortenbestandteile (Vermehrungs- bzw. Basissaatgut).[105]

Da nur bestimmte Handlungen Gegenstand des Ausschließlichkeitsrechts sind, entfaltet dieses **28** keine absolute, sondern nur eine **relative Sperrwirkung**. Zum Schutz der Landwirtschaft und sonstiger schutzwürdiger Betätigungen sehen Art. 14 und 15 VO/EG Nr. 2100/94 sowie § 10a SortenschutzG Ausnahmen vom ausschließlichen Sortenschutzrecht sowie Einschränkungen desselben vor. Zu demselben Zweck hat die Kommission zur Gemüserichtlinie die Ausnahmerichtlinie RL 2009/145/EG[106] erlassen. Der EuGH hat sich mit dem Sortenschutz u.a. in der wegweisenden Entscheidung Nungesser/Kommission auseinandergesetzt (→ Kapitel 7 Rn. 8–11). Dabei stellte das Gericht fest, dass das Sortenschutzrecht nicht so spezifische Merkmale aufweise, als dass es einer anderen wettbewerbsrechtlichen Behandlung als die übrigen Schutzrechte bedürfe. Dennoch sei der spezifischen Natur des Erzeugnisses, das Gegenstand des Sortenschutzrechts ist, Rechnung zu tragen.[107] Da das in dem Fall geschützte Hybridmaissaatgut eine risikoreiche Investition darstellte, traf der EuGH erstmals mit Rücksicht auf den Schutzgegenstand des Sortenschutzrechts die Unterscheidung zwischen offenen ausschließlichen Lizenzen, die zur Amortisierung der Investition erforderlich und daher erlaubt sind, und den verbotenen ausschließlichen Lizenzen mit absolutem Gebietsschutz.[108] In der späteren Entscheidung Erauw-Jacquery/La Hesbignonne hat der EuGH das lizenzvertragliche Verbot, Basissaatgut zu verkaufen, zu überlassen oder auszuführen als mit Art. 101 Abs. 1 AEUV vereinbar angesehen, da es aufgrund der Schutzwürdigkeit des Basissaatguts dem Sortenschutzrechtsinhaber vorbehalten bleiben müsse, sich durch diese vertraglichen Beschränkungen vor jeder unsachgemäßen Behandlung der Saatgutsorten zu schützen.[109] Hierbei ist, wie oben erläutert, nicht die Unterscheidung von Bestand und Ausübung des Sortenschutzrechts ausschlagge-

---

[99] NK-EuWettbR/Gaster AEUV Art. 101 Rn. 1046.
[100] BGBl. 1997 I 3164, zuletzt geändert durch Art. 6 Abs. 37 des Gesetzes v. 13.4.2017, BGBl. 2017 I 872.
[101] Legaldefiniert in Art. 7 VO/EG 2100/94 bzw. § 3 SortenschutzG.
[102] Legaldefiniert in Art. 8 VO/EG 2100/94 bzw. § 4 SortenschutzG.
[103] Legaldefiniert in Art. 9 VO/EG 2100/94 bzw. § 5 SortenschutzG.
[104] Legaldefiniert in Art. 10 VO/EG 2100/94 bzw. § 6 SortenschutzG.
[105] NK-EuWettbR/Gaster AEUV Art. 101 Rn. 1046.
[106] ABl. 2009 L 312, 44.
[107] EuGH Slg. 1982, 2015 Rn. 43 – Nungesser/Kom.
[108] EuGH Slg. 1982, 2015 Rn. 53–67 – Nungesser/Kom.
[109] EuGH Slg. 1988, 1919 Rn. 9 – Erauw-Jacquery/La Hesbignonne.

bend, sondern die Abwägung wettbewerbsfördernder und wettbewerbsbeschränkender Wirkungen.[110] Als wettbewerbswidrig wurde hingegen eine Klausel zur Einhaltung von Mindestpreisen für zertifiziertes Saatgut aller Art angesehen.[111] Nicht im kartellrechtlichen Bereich, sondern hinsichtlich des gesetzlichen Verbots des Art. 3 Abs. 1 Gemüserichtlinie, Saatgut aus nicht zugelassenen Sorten in den Verkehr zu bringen, urteilte der EuGH in der Entscheidung Association Kokopelli/Graines Baumaux SAS, dass auch Saatgut aus alten, amtlich nicht zugelassenen Pflanzensorten ausnahmsweise hergestellt und vermarktet werden darf.[112] Diese Entscheidung wirkt sich zwar in gewissem Maß zu Lasten von Sortenschutzrechtsinhabern zugelassener Sorten aus, die das aufwendige Verfahren zur Erteilung des Sortenschutzrechts (→ Rn. 29) auf sich nehmen, ermöglicht es jedoch anderen (meist kleineren) Wirtschaftsteilnehmern, „alte Sorten", die nicht die Voraussetzungen „unterscheidbar, homogen, beständig und neu" erfüllen und damit grds. keinen Schutz genießen (→ Rn. 27 sowie Art. 4 und 5 Gemüserichtlinie), zum Verkauf anzubieten. Dies stützt der EuGH auf die Ausnahmerichtlinie der Kommission RL 2009/145/EG, die es solchen Wirtschaftsteilnehmern erlaube, Saatgut aus Erhaltungssorten und Sorten, die für den Anbau unter besonderen Bedingungen gezüchtet werden, in den Verkehr zu bringen.[113] Der Forderung der Generalanwältin Kokott, das Vermarktungsverbot für ungültig zu erklären,[114] folgte der EuGH jedoch nicht. Vielmehr gebühre den Zielen der Gemüserichtlinie, die Produktivität beim Gemüseanbau in der Union zu steigern, den Binnenmarkt für Gemüsesaatgut zu fördern und die pflanzengenetischen Ressourcen zu erhalten,[115] in Abwägung zu den wirtschaftlichen Interessen der betroffenen Wirtschaftsteilnehmer der Vorzug.[116]

29 Das Sortenschutzrecht entsteht mit der Erteilung durch das jeweils zuständige Sortenschutzamt (nationales Sortenschutzamt oder Gemeinschaftliches Sortenamt) nach Art. 62 VO/EG Nr. 2100/94 bzw. nach dem SortenschutzG, nachdem die Voraussetzungen für die Erteilung des Sortenschutzrechts in einem förmlichen Verwaltungsverfahren auf Antrag überprüft wurden. Einzelheiten für die effiziente Anwendung des Unionssortenschutzes durch das Gemeinschaftliche Sortenamt regelt die Durchführungsverordnung VO/EG Nr. 874/2009. Der berechtigte Antragsteller erhält mit dem Antrag einen öffentlich-rechtlichen Anspruch auf Erteilung des Sortenschutzes. Dieser bildet, wie die Patent- (→ Rn. 7), Gebrauchsmuster- (→ Rn. 10), Geschmacksmusteranmeldung (→ Rn. 18) und die Anmeldung zum ergänzenden Schutzzertifikat (→ Rn. 24), ein privatrechtliches Anwartschaftsrecht. Der Sortenschutzantrag wird in ein eigens hierfür vorgesehenes Register eingetragen (Art. 87 Abs. 1 VO/EG Nr. 2100/94 bzw. § 23 Abs. 1 SortenschutzG). Er wird vermögensrechtlich nach Art. 26 VO/EG Nr. 2100/94 bzw. § 11 SortenschutzG wie das Vollrecht behandelt. Im Gegensatz zur VO/EG Nr. 772/2004 wird der **Sortenschutzantrag** nun ausdrücklich in Abs. 1 lit. b als „Antrag auf Gewährung bzw. Registrierung" des Sortenschutzrechts genannt und fällt unter die Definition des Technologierechts. Aber auch iRd Vorgängerverordnung war – aufgrund des Anspruchs der VO/EG Nr. 772/2004, eine möglichst umfassende und abdeckende Regelung im Bereich der Beziehungen zwischen gewerblichen Schutzrechten (bis auf Kennzeichenrechte) und Kartellrecht zu bilden – bereits davon auszugehen, dass der **Sortenschutzantrag** als Anwartschaftsrecht unter den Patentbegriff des Art. 1 Abs. 1 lit. h VO/EG Nr. 772/2004 fiel.[117] Hierfür sprach auch ein Vergleich mit den dogmatisch sehr ähnlichen technischen Schutzrechten des Patents[118] und des Gebrauchsmusters, deren jeweiligen Anwartschaftsrechte (Patentanmeldung, Gebrauchsmusteranmeldung) explizit in Art. 1 Abs. 1 lit. h VO/EG Nr. 772/2004 genannt wurden. Für eine Ungleichbehandlung des Sortenschutzantrags war, wie auch bei der Geschmacksmusteranmeldung, (→ Rn. 19) kein Grund ersichtlich. Bei der Nichtnennung des Sortenschutzantrags in Art. 1 Abs. 1 lit. h VO/EG Nr. 772/2004 handelte es sich daher um ein Redaktionsversehen, das in der TT-GVO erfreulicher Weise korrigiert wurde.

30 **g) Software-Urheberrechte, Abs. 1 lit. b Ziff. vii.** Mit Rücksicht auf die technische Entwicklung und die zunehmende wirtschaftliche Bedeutung von Software, die heutzutage idR urheberrechtlichen Schutz genießt, sind **Software-Urheberrechte** auch Technologierechte iSd Abs. 1

---

[110] AA in diesem Fall NK-EuWettbR/Gaster AEUV Art. 101 Rn. 1049.
[111] EuGH Slg. 1988, 1919 Rn. 15 – Erauw-Jacquery/La Hesbignonne.
[112] EuGH Urt. v. 12.7.2012 – C-59/11 – Association Kokopelli/Graines Baumaux SAS.
[113] EuGH Urt. v. 12.7.2012 – C-59/11 Rn. 62–64 – Association Kokopelli/Graines Baumaux SAS.
[114] Schlussanträge GA Kokott v. 19.1.2012 in Rs. C-59/11 Rn. 76 ff.
[115] EuGH Urt. v. 12.7.2012 – C-59/11 Rn. 43–48 – Association Kokopelli/Graines Baumaux SAS.
[116] EuGH Urt. v. 12.7.2012 – C-59/11 Rn. 64–65 – Association Kokopelli/Graines Baumaux SAS.
[117] So wohl auch Bechtold/Bosch/Brinker/Hirsbrunner, 2. Aufl. 2009, VO 772/2004 Art. 1 Rn. 19; aA Immenga/Mestmäcker/Fuchs, 5. Aufl. 2012, Art. 1 Rn. 50.
[118] Vgl. zur Patentähnlichkeit und -unähnlichkeit Chrocziel GewRS Rn. 519 ff.; NK-EuWettbR/Gaster AEUV Art. 101 Rn. 1046.

II. Einzelne Begriffsbestimmungen   31, 32 **Art. 1 TT-GVO**

lit. b Ziff. vii. Auf eine Legaldefinition der Software-Urheberrechte iSd TT-GVO wurde verzichtet.[119] Dies kann zu Problemen in der praktischen Kartellrechtsanwendung führen. Wegen der verschiedenen Lizenzierungsmöglichkeiten von Software ist eine Differenzierung zwischen standardisierter Massensoftware und Individualsoftware vorzunehmen (→ Rn. 32 ff.).

Die Definition von **Software** wird allgemein der Begriffsbestimmung aus den Mustervorschriften der Weltorganisation für geistiges Eigentum (WIPO) entnommen.[120] Nach § 1 (iv) derselben zählen zur Software ein Computerprogramm, die Programmbeschreibung und das Begleitmaterial. § 1 (i) definiert das Computerprogramm als eine Folge von Befehlen, die nach Aufnahme in einen maschinenlesbaren Träger fähig sind, zu bewirken, dass eine Maschine mit informationsverarbeitenden Fähigkeiten eine bestimmte Funktion oder Aufgabe oder ein bestimmtes Ergebnis anzeigt, ausführt oder erzielt. § 1 (ii) definiert als Programmbeschreibung eine vollständige prozedurale Darstellung in sprachlicher, schematischer oder anderer Form, deren Angaben ausreichend sind, um eine Folge von Befehlen festzulegen, die ein ihr entsprechendes Computerprogramm darstellen. Zuletzt werden in § 1 (iii) als Begleitmaterial alle Unterlagen definiert, die nicht ein Computerprogramm oder eine Programmbeschreibung darstellen und die dazu bestimmt oder geeignet sind, das Verständnis oder die Anwendung eines Computerprogramms zu fördern, zB Problembeschreibungen und Benutzungsanweisungen. Während die Mustervorschriften der WIPO die oben genannte Definition enthalten, hat die Kommission sowohl in ihrem Richtlinienvorschlag zum Rechtsschutz von Computerprogrammen von 1989[121] als auch in ihrem Bericht über die Umsetzung und die Auswirkungen dieser Richtlinie von 2000[122] sowie in ihrem Vorschlag zur Kodifizierung der neuen Richtlinie zum Rechtsschutz von Computerprogrammen von 2008[123] von einer Definition von Software abgesehen. Auch das Europäische Parlament und der Rat bei Erlass bzw. Änderung der (ersten) Richtlinie von 1991[124] ebenso wie der Bundestag bei Umsetzung in das nationale Recht 1993[125] haben hiervon abgesehen. Die Kommission begründete die fehlende Definition damit, dass eine Definition aufgrund der rapiden Entwicklung im EDV-Sektor zu schnell überholt sei.[126] Die Kommission beschäftigte sich nur mit der Definition des Computerprogramms, was sie offensichtlich mit Software gleichsetzte, und nahm hiervon Bedienungsanleitungen und Wartungsbücher aus. Hingegen sollte das Entwurfsmaterial Teil des geschützten Programms sein. Auch in die Hardware integrierte Programme sollten erfasst werden.[127] Hiermit näherte sich die Kommission dem herrschenden Meinungsstand in der Informationswissenschaft an, der den Begriff der Computersoftware mit dem des Computerprogramms des § 1 (i) der Mustervorschriften der WIPO synonym verwendet.[128] Für die TT-GVO ist diesem Begriff der Kommission, die die GVO erlassen hat, zu folgen. Software iSd Abs. 1 lit. b Ziff. vii ist ein Computerprogramm iSd § 1 (i) der WIPO-Mustervorschriften einschließlich des Entwurfsmaterials.[129]

Nicht in der TT-GVO definiert ist, welche Vertragsbeziehungen im Einzelnen als Softwarelizenz-Vereinbarungen iSd TT-GVO angesehen werden können. Im deutschen Recht ist hinsichtlich der Veräußerung von **standardisierter Massensoftware** zur Nutzung auf Dauer umstritten, ob ein reiner Kaufvertrag oder zumindest ein kaufähnliches Rechtsgeschäft,[130] eine Know-how-Vereinbarung,[131] eine Lizenzvereinbarung,[132] oder ein zusammengesetzter Sach- und Rechtskauf[133] vorliegt. Dieser Streit hängt eng damit zusammen, ob die Software als bloße Sache oder geistiges Eigentum verstanden wird.[134] Die Rspr. qualifiziert die auf einem Datenträger verkörperte standardisierte Massensoftware als bewegli-

---

[119] Krit. zur Verwendung des Begriffs „Software", da das deutsche Urheberrecht ausschließlich den Begriff „Computerprogramme" verwendet Gennen IPRB 2014, 131 (132).
[120] Abgedruckt in GRUR-Int 1978, 286 (290 f.).
[121] Entwurf RL 91/250, ABl. 1989 C 91, 4.
[122] KOM(2000) 199 endgültig.
[123] KOM(2008) 23 endgültig.
[124] RL 91/250/EWG, ABl. 1991 L 122, 42; aufgehoben und ersetzt durch RL 2009/24/EG, ABl. 2009 L 111, 16.
[125] BT-Drs. 12/4022, 9.
[126] Vgl. Marly SoftwareR-HdB Rn. 11.
[127] RL 91/250, ABl. 1991 L 122, 42, Erw. und Art. 1 Abs. 1.
[128] Vgl. Marly SoftwareR-HdB Rn. 8.
[129] Vgl. zur Vorgänger-GVO Schultze/Pautke/Wagener TT-GVO Rn. 125.
[130] Vgl. Marly SoftwareR-HdB Rn. 697, 701; Schricker/Loewenheim/Spindler Vor §§ 69a ff. Rn. 59.
[131] Vgl. Marly SoftwareR-HdB Rn. 700 ff.
[132] Vgl. Marly SoftwareR-HdB Rn. 696, 699.
[133] Vgl. Marly SoftwareR-HdB Rn. 703 ff.
[134] Bartenbach Patentlizenz Rn. 283 f.; Marly SoftwareR-HdB Rn. 690 ff., 709–741; Schricker/Loewenheim/Spindler Vor §§ 69a ff. Rn. 59.

Nagel

che Sache, auf die – abhängig von der konkreten Überlassungsform – Kauf- oder Mietrecht anwendbar ist.[135] Sie stellt mithin auf die zur Nutzung der Software notwendige Verkörperung ab. Der Informationsträger sei vergleichbar mit einem Buch, das einerseits lediglich aufgrund seines geistigen Inhalts erworben, dessen Sachqualität andererseits nicht angezweifelt werde. Hiervon zu trennen sei das urheberrechtlich geschützte Werk. Für den Softwareüberlassungsvertrag spiele letzteres keine Rolle, da der Zweck der Vereinbarung lediglich in der Ermöglichung der Nutzung der Software liege, und zwar unabhängig davon, ob sie geschützt oder ungeschützt ist. Genießt die Software im Einzelfall urheberrechtlichen Schutz, ist zur rechtmäßigen Nutzung der Software freilich zusätzlich zum Kauf- bzw. Mietvertrag die Erlaubnis des Rechtsinhabers iSd § 69c UrhG erforderlich, wobei nicht bei jedem Kaufvertrag die Zustimmung des Rechtsinhabers vorliegen muss. Wurde die Software einmal durch Veräußerung rechtmäßig, dh mit Zustimmung des Rechtsinhabers, in den Verkehr gebracht, erschöpft sich das Verbreitungsrecht des Rechtsinhabers vielmehr hiermit.[136] Folglich entfalten urheberrechtliche Befugnisse keine Wirkungen auf die Rechtsnatur der Softwareüberlassungsvereinbarung, sondern sind nur als Nebenpflichten mitgeregelt.[137]

33   Die **Kommission** geht jedoch bei der **Veräußerung von Standardsoftware** zur Nutzung von einem Lizenzvertrag aus (was jedoch nicht bedeutet, dass es sich um eine Technologietransfer-Vereinbarung handelt). Nach der Kommission kommen dabei, im Falle von Endverbrauchern, Lizenzen über die Anwendung der Software in Form von „Shrink-wrap-" bzw. „Schutzhüllenlizenzen" zustande, die der Anwender mit dem Öffnen einer Verpackung, auf der die Lizenzbedingungen abgedruckt sind, annimmt.[138] Hierbei ist jedoch zu beachten, dass, wenn der Erwerber privater Letztverbraucher ist, mangels Unternehmenseigenschaft nicht in den Anwendungsbereich des Art. 101 AEUV fällt.[139] Unionsrechtlich ist somit von einem weiten Begriff des Softwarelizenzvertrags auszugehen, der an sich auch die alltägliche Veräußerung von Standardsoftware umfasst. Zu beachten ist jedoch unbedingt die Einschränkung, dass nur dann eine Technologietransfer-Vereinbarung nach Abs. 1 lit. c vorliegt, wenn das Ziel der Vereinbarung die Produktion von Vertragsprodukten ist. Für die sich hieraus ergebenden Fragen in Bezug auf Softwarelizenzen → Rn. 35 ff. Bei den in Softwareverträgen lizenzierten Nutzungsrechten handelt es sich neben Patenten[140] in erster Linie um Urheberrechte.[141] Es sei darauf hingewiesen, dass mit dem Begriff Urheberrecht der sich nach dem spezifischen Schutzgegenstand beurteilende unionsrechtliche Begriff des Urheberrechts gemeint ist.[142]

34   Hinsichtlich der Produktion und Veräußerung von **individuell hergestellter Software** ist im deutschen Recht von einem Werklieferungsvertrag über individuell erstellte Software auszugehen, auf den im Wesentlichen die Regeln des Kaufrechts Anwendung finden.[143] Mit Blick auf den weiten Softwarelizenzvertragsbegriff des Unionsrechts ist aber unionsrechtlich, zumindest hinsichtlich der Rechte des geistigen Eigentums, von einer Lizenzierung auszugehen.

35   Bei der Softwarelizenzierung ist zu beachten, dass für die Anwendung der TT-GVO die Definition der **Technologietransfer-Vereinbarung** in Abs. 1 lit. c voraussetzt, dass die Lizenzvereinbarung oder Übertragung von Technologierechten die **Produktion von Vertragsprodukten zum Ziel** hat (zu dieser Voraussetzung iE → Rn. 53–58). Nur dann ist die TT-GVO anwendbar. Bereits in der Vorgängerverordnung war diese Voraussetzung in ähnlicher Form enthalten. Allerdings folgte die Notwendigkeit der Ermöglichung der Produktion von Vertragsprodukten durch die Vereinbarung nicht aus dem Begriff der Technologietransfer-Vereinbarung selbst, sondern aus den Freistellungsvoraussetzungen des Art. 2 UAbs. 1 VO/EG Nr. 772/2004.[144] Fraglich ist, welche Arten von Softwarelizenz-/-überlassungsverträgen die Produktion von Vertragsprodukten zum Ziel haben.

36   Zweifelsohne haben Verträge über Individualsoftware, die es dem Lizenznehmer erlauben, das Softwareprodukt zur Herstellung eines neuen oder verbesserten Softwareprodukts zu verwenden oder so abzuändern, dass neue Software entsteht, sog **Softwareentwicklungsverträge,** die **Produktion von**

---

[135] BGHZ 102, 135 (139–144); BGHZ 109, 97 (99); BGH NJW 1990, 3011 (3012); BGH NJW 1993, 2436 (2437); BGH NJW 1995, 187 (188); BGH NJW 2000, 1415; BGH NJW 2007, 2394; Bartenbach Patenzlizenz Rn. 283 f.; Marly SoftwareR-HdB Rn. 706 ff.
[136] S. OLG Frankfurt a. M. 23.6.2009 – 11 U 71/08 Rn. 6; Hoeren GRUR 2010, 665 (666).
[137] BGH NJW 2007, 2394 (2395); Marly SoftwareR-HdB Rn. 734.
[138] Leitlinien „Technologietransfer" Rn. 62.
[139] Vgl. Immenga/Mestmäcker/Ullrich, 1. Aufl. 1997, GRUR C Fn. 153.
[140] Vgl. zur Patentierbarkeit von Software Bartenbach Patentlizenz Rn. 254 ff.
[141] Vgl. VO/EG 240/96, ABl. 1996 L 31, 2 (3) Erw. 6; Bartenbach Patentlizenz Rn. 267 ff.
[142] Vgl. zur unionsrechtlichen Definition des Urheberrechts iE → Rn. 78–88.
[143] Mankowski MDR 2003, 854 (857); Schneider CR 2003, 1 (6); Schneider CR 2003, 317 (322); differenzierend nach dem Gepräge des Vertrags zwischen Werklieferungs- und Werkvertrag Marly SoftwareR-HdB Rn. 680 ff.
[144] Vgl. Polley CR 2004, 641 (645); Schumacher/Schmid GRUR 2006, 1 (4); Zöttl WRP 2005, 33 (35).

II. Einzelne Begriffsbestimmungen 37 **Art. 1 TT-GVO**

Vertragsprodukten zum Ziel.[145] Gleiches ist natürlich der Fall, wenn Software bestimmungsgemäß in den maschinellen Produktionsprozess zur Herstellung von körperlichen Gütern Eingang findet. In Abgrenzung zu Lizenzierungen von Software-Urheberrechten für die reine Vervielfältigung und den reinen Vertrieb eines geschützten Werks, die nach den Leitlinien nicht mehr in den Anwendungsbereich der TT-GVO fallen sollen,[146] stellt die Kommission klar, dass, wenn der Lizenznehmer die lizenzierte Software in das Vertragsprodukt integriert, es sich nicht um eine reine Vervielfältigung, sondern um Produktion handele. So gelten die TT-GVO und die Technologietransfer-Leitlinien beispielsweise für die Lizenzierung von Software-Urheberrechten, bei der der Lizenznehmer das Recht hat, die Software durch Integration in ein Gerät, also ein neues Produkt, zu vervielfältigen, mit dem die Software interagiert.[147] Schließlich ist die TT-GVO auch anwendbar, wenn die Lizenzierung des Software-Urheberrechts (und ggf. die Nutzung der geschützten Software) zum Ziel haben, dass der Lizenznehmer hiermit bestimmte Dienstleistungen als Vertragsprodukte erbringen kann (zur Behandlung der Lizenzierung von Software zur innerbetrieblichen Anwendung → Rn. 41). Entgegen der missverständlichen Formulierung in den neuen Technologietransfer-Leitlinien[148] kommt es in diesen Fällen nicht darauf an, wie der Lizenzgeber dem Lizenznehmer die für die Produktion von körperlichen Gütern oder neuen/verbesserten Softwareprodukten oder für die Erbringung von Dienstleistungen erforderliche Software zur Verfügung stellt. Dies kann auf beweglichen Datenträgern aber auch „remote", bspw. über das Internet, erfolgen. Grds. nicht anwendbar ist die TT-GVO nach den Leitlinien auf die verschiedenen Arten von **Softwarevertriebslizenzen.**[149] Erhält ein Händler Softwarekopien auf einem materiellen Träger lediglich für den Weiterverkauf, so soll schon keine Softwarelizenzierung, sondern ein bloßer Verkauf der Kopien an den Händler vorliegen. Der Wiederverkäufer erhält kein eigenes Nutzungsrecht am immateriellen Teil der Anwendung, er verkauft nur körperliche Kopien weiter und kommt mit der eigentlich bestehenden immateriellen Schöpfung nicht in Berührung. Seine Rechte beschränken sich auf die Veräußerung der materiellen Verkörperung der Software, also der Hardware, weshalb, wenn überhaupt, der Anwendungsbereich der Vertikal-GVO eröffnet ist (vgl. Leitlinien der Kommission für vertikale Beschränkungen[150] Rn. 82).[151]

Eine andere Variante einer Softwarevertriebslizenz ist die Lizenzierung der Software-Urheber- 37 rechte an den Händler zur Anfertigung von **Vervielfältigungen in körperlichen Kopien (sog Masterkopie).** Die Lizenzierung von Software-Urheberrechten für die **reine Vervielfältigung und den reinen Vertrieb eines geschützten Werks** (also die Erstellung von Kopien für den Weiterverkauf) wird nach den Technologietransfer-Leitlinien und Erwägungsgrund 7 der TT-GVO nicht als Produktion iSv Abs. 1 lit. c angesehen. Sie falle daher nicht unter die GVO. Auf die Vervielfältigung zum Vertrieb seien hingegen die Vertikal-GVO[152] und die Leitlinien für vertikale Beschränkungen analog anwendbar.[153] Eine **Vervielfältigung zum Vertrieb** liege vor, wenn unabhängig vom technischen Vertriebsverfahren eine Lizenz zur Vervielfältigung der Software auf einem Datenträger erteilt wird. So falle beispielsweise die Lizenzierung von Software-Urheberrechten, bei der der Lizenznehmer eine Stammkopie der Software zwecks Vervielfältigung und anschließenden Weiterverkaufs an Endkunden erhält, nicht unter die TT-GVO. Hierin liegt ein **wesentlicher Unterschied zur VO/EG Nr. 772/2004.** Die Kommission betrachtete nämlich nach Rn. 51 der Vorgänger-Leitlinien zur Anwendung von Art. 81 EG auf Technologietransfer-Vereinbarungen[154]

---

[145] Polley CR 2004, 641 (645); Schultze/Pautke/Wagener TT-GVO Rn. 392; Schultze/Pautke/Wagener WRP 2004, 175 (180); Schumacher/Schmid GRUR 2006, 1 (4); Wissel/Eickhoff WuW 2004, 1244 (1246); Zöttl WRP 2005, 33 (35); so auch Wiedemann KartellR-HdB/Klawitter § 14 Rn. 52.
[146] Leitlinien „Technologietransfer" Rn. 62.
[147] Leitlinien „Technologietransfer" Rn. 63.
[148] Leitlinien „Technologietransfer" Rn. 62.
[149] Leitlinien „Technologietransfer" Rn. 62; vgl. auch Bechtold/Bosch/Brinker Rn. 10.
[150] European Commission Communication C(2022) 3006, Guidelines on vertical restraints, abrufbar unter https://ec.europa.eu/competition-policy/system/files/2022-05/20220510_guidelines_vertical_restraints_art101_TFEU_.pdf, Rn. 82, zuletzt abgerufen am 29.3.2023.
[151] So schon Evaluierungsbericht der Kommission über die GVO (EG) Nr. 240/96 für Technologietransfer-Vereinbarungen (GFTT) – Technologietransfer-Vereinbarungen nach Artikel 81 EG-Vertrag KOM(2001) 786 endgültig, 115; Schumacher/Schmid GRUR 2006, 1 (5); Wissel/Eickhoff WuW 2004, 1244 (1246); Zöttl WRP 2005, 33 (35); dem folgend Wiedemann KartellR-HdB/Klawitter § 14 Rn. 53; krit. Schultze/Pautke/Wagener TT-GVO Rn. 406.
[152] VO/EU 720/2022, ABl. 2022 L 134, 4.
[153] European Commission Communication C(2022) 3006, Guidelines on vertical restraints, abrufbar unter https://ec.europa.eu/competition-policy/system/files/2022-05/20220510_guidelines_vertical_restraints_art101_TFEU_.pdf, Rn. 83, zuletzt abgerufen am 29.3.2023.
[154] Bek. der Kom., Leitlinien zur Anwendung von Artikel 81 EG-Vertrag auf Technologietransfer-Vereinbarungen ABl. 2004 C 101, 2.

die Vergabe von Lizenzen für die Vervielfältigung und Verbreitung eines geschützten Werks, dh die Herstellung von Kopien für den Weiterverkauf, generell als eine der Lizenzierung einer Technologie ähnliche Lizenzvergabe und wollte die TT-GVO auf solche Sachverhalte analog anwenden, selbst wenn keine Technologie iSd TT-GVO lizenziert wurde. Dementsprechend musste die TT-GVO auf Softwarelizenzvereinbarungen zur Vervielfältigung der Software auf Datenträgern für den Weiterverkauf erst recht zumindest analog anwendbar sein, da es sich ja bei der Software um eine Technologie iSd TT-GVO handelte.[155]

38   Wie bereits oben (→ Kapitel 7 Rn. 74) erörtert, ist die **Kehrtwende der Kommission** in der neuen TT-GVO nicht nachvollziehbar. Die Auffassung der Kommission, dass solche Vereinbarungen keine Produktion von Vertragsprodukten zum Ziel haben, scheint auf der Annahme zu beruhen, dass die jeweilige Softwareanwendung die Technologie sei und diese lediglich vervielfältigt werde. Hierbei übersieht die Kommission jedoch, dass es sich beim Technologietransfer um eine Lizenzierung von Technologierechten handelt und diese Technologierechte gemäß Abs. 1 lit. b auch Software-Urheberrechte sind. Diese Urheberrechte sind Grundlage für die Produktion der Softwareanwendung, die auf mehrere Datenträger zwecks Vertriebs kopiert werden kann. In diesem Sinne produziert der Lizenznehmer mit jeder Kopie eine neue Fassung der Softwareanwendung auf Grundlage der lizenzierten Software-Urheberrechte. Es handelt sich mithin um eine klassische Technologietransfer-Vereinbarung, die alle Voraussetzungen der entsprechenden Definition in Abs. 1 lit. c erfüllt. Wegen der entgegenstehenden Regelung in Erwägungsgrund 7 kann die an sich gebotene Einbeziehung solcher Vereinbarungen in die GVO in der Praxis allerdings nicht mehr vertreten werden.

39   Nach den Leitlinien gilt die GVO auch nicht für die Lizenzierung von Software-Urheberrechten und den Vertrieb von Software über sogenannte **Schutzhüllenlizenzen** (→ Rn. 43).[156] Wie bereits (oben unter → Rn. 33) erwähnt, ist in diesen Fällen das Kartellverbot des Art. 101 AEUV ohnehin nur anwendbar, wenn der Endkunde ein Unternehmen und kein privater Verbraucher ist. Zudem scheint die Kommission davon auszugehen, dass im Falle von Schutzhüllenlizenzen der Lizenzvertrag grds. keine Herstellung von Produkten mit der Software regelt, mithin keine Vertragsprodukte vorliegen. Insoweit würde ein grds. nicht unter die TT-GVO fallender Einsatz der Software zur rein innerbetrieblichen Anwendung vorliegen (→ Rn. 41). Anders ist die Vereinbarung jedoch zu beurteilen, wenn die Software gerade zur Erbringung von bestimmten Dienstleistungen bzw. zur Produktion bestimmter Waren veräußert wird. In diesem Fall kann eine Technologietransfer-Vereinbarung iSd Abs. 1 lit. c vorliegen.

40   Schließlich sollen nach Auffassung der Kommission weder die TT-GVO noch die Leitlinien für die Lizenzierung von Software-Urheberrechten und den Vertrieb von Software durch **Herunterladen aus dem Internet** gelten.[157] Diese Formulierung ist zumindest missverständlich. Auch hier gilt zunächst, dass Art. 101 AEUV ohnehin nur Anwendung findet, wenn auf beiden Seiten der Vereinbarung Unternehmen beteiligt sind. Es ist wohl davon auszugehen, dass die Kommission die Lizenzierung von Software-Urheberrechten für die reine Vervielfältigung und den reinen Vertrieb eines geschützten Werks über das Internet bzw. den Vertrieb selber über das Internet durch den Lizenznehmer, der nur Software vervielfältigt, oder durch den Lizenzgeber, ohne dass die Herstellung von Produkten Vertragsgegenstand ist (→ Rn. 37 f.), meint. Jedenfalls unter die TT-GVO müssen jedoch Lizenzen über Software-Urheberrechte mit dem Ziel der Produktion von Vertragsprodukten fallen, wenn der Lizenzgeber dem Lizenznehmer die für die Produktion erforderliche Software nicht auf einem Datenträger, sondern per Internet zur Verfügung stellt.

41   Eine **Lizenzierung von Software zur innerbetrieblichen Anwendung** kann sowohl bei standardisierter Massensoftware als auch bei Individualsoftware in Betracht kommen. Zwar kann argumentiert werden, dass durch den innerbetrieblichen Einsatz auch Vertragsprodukte in Form von zB Dienstleistungen produziert werden, wenn zB der Anwalt das Word-Programm zur Anfertigung von Schriftsätzen benutzt.[158] Hierbei von der Herstellung von Vertragsprodukten auszugehen, ist jedoch zu weit, da diese Herstellung bei den gegebenen Verträgen grds. nicht Vertragsbestandteil wird. Es liegen mithin keine Vertragsprodukte vor (zu Vertragsprodukten im Einzelnen → Rn. 69 f.).[159] Dies gilt insbesondere beim alltäglichen Verkauf von Standardsoft-

---

[155] Polley CR 2004, 641 (646); Zöttl WRP 2005, 33 (35); für eine direkte Anwendung der Vorgänger-GVO Polley CR 2004, 641 (646); Schultze/Pautke/Wagener TT-GVO Rn. 394; Schumacher/Schmid GRUR 2006, 1 (5); Wissel/Eickhoff WuW 2004, 1244 (1246); Zöttl WRP 2005, 33 (35); für eine analoge Anwendung Langen/Bunte/Jestaedt AEUV Anh. Art. 101 Rn. 1313; zumindest iErg bejahend Feil, Lizenzkartellrecht, 2009, 177 f.; aA noch Schultze/Pautke/Wagener WRP 2004, 175 (180).
[156] Leitlinien „Technologietransfer" Rn. 62.
[157] Leitlinien „Technologietransfer" Rn. 62.
[158] So für das konkrete Beispiel zur Vorgänger-GVO Schultze/Pautke/Wagener TT-GVO Rn. 430.
[159] So LMRKM/Schweda/Giesen Art. 1 Rn. 59; vgl. zur Vorgänger-GVO Polley CR 2004, 641 (646 f.); aA Bechtold/Bosch/Brinker Art. 2 Rn. 7.

ware, bei der der Verkäufer nicht einmal ahnen kann, wofür seine Software verwendet wird. Eine Ausnahme kann jedoch vorliegen, wenn die Software gerade zur Erbringung von bestimmten Dienstleistungen veräußert wird und eventuell sogar noch hierzu individuell modelliert wird, wie zB der Erwerb eines Buchführungsprogramms durch ein Consulting-Unternehmen.[160]

h) Know-how, Abs. 1 lit. b. Abs. 1 lit. b definiert Know-how als Technologierechte iSd Verordnung und stellt es damit den aufgelisteten Schutzrechten geistigen Eigentums (bzw. den Anträgen auf Gewährung oder Registrierung dieser Rechte) für die Zwecke der Gruppenfreistellung gleich. Dass auch Know-how Gegenstand einer Verwertungsvereinbarung sein kann, ist mittlerweile unumstritten.[161] Dennoch sind **Know-how-Vereinbarungen** keine Lizenzverträge im klassischen Sinne, da Lizenzverträge über absolute Schutzrechte oder deren Vorstufen (Anmeldungen) abgeschlossen werden, was das Know-how aber gerade nicht ist.[162] Was Know-how iSd TT-GVO ist, definiert Abs. 1 lit. i. Es muss sich hierbei um eine Gesamtheit praktischer Kenntnisse handeln, die durch Erfahrungen und Versuche gewonnen wurden und die geheim, wesentlich und identifiziert sind.[163] Es ist gerade das Wesen des Know-hows, dass es nicht in Form absoluter Schutzrechte geschützt ist.[164] Vielmehr handelt es sich beim Know-how-Vertrag um ein Zur-Verfügung-Stellen von Erfahrungen und technischen, betriebswirtschaftlichen oder kaufmännischen Kenntnissen, also eines faktischen Verwertungsmonopols (zur Beschränkung des Know-how-Begriffs des Abs. 1 lit. i auf „praktische" Kenntnisse → Rn. 86 f.).[165] Es dürfen keine in Abs. 1 lit. b Ziff. i–vii genannten Rechte für die Gesamtheit der Kenntnisse bestehen, auch keine bloßen Anträge auf Gewährung bzw. Registrierung dieser Rechte (→ Rn. 107). Auch bei Know-how-Vereinbarungen ist zwischen ausschließlichen bzw. alleinigen und einfachen „Lizenzen" zu differenzieren.[166] Bei der ausschließlichen „Lizenz" sagt der Know-how-Geber dem Know-how-Nehmer zu, ihm allein das Know-how für ein bestimmtes Gebiet, eine bestimmte Anwendung oder eine bestimmte Kundengruppe zu erteilen und selbst in diesem Gebiet, in diesem Anwendungsbereich oder für diese Kundengruppe das Vertragsprodukt weder herzustellen noch zu vertreiben.[167] Mangels Schutzrechtscharakters von Know-how kann diese „Lizenz" nur schuldrechtlich wirken. Behält der Know-how-Geber ein eigenes Nutzungsrecht, handelt es sich um eine alleinige Lizenz.[168] Bei einfachen „Lizenzen" erhält der Know-how-Nehmer ein gewöhnliches Benutzungsrecht, der Know-how-Geber bleibt neben ihm zur Verwertung und Nutzung des Know-hows befugt und kann das Know-how auch an Dritte „lizenzieren".[169] Fraglich ist, wie die „Lizenzierung" von Know-how in Abs. 1 lit. c Ziff. i von der Übertragung von Know-how in Abs. 1 lit. c Ziff. ii abzugrenzen ist. Es ist davon auszugehen, dass nur ausschließliche, alleinige oder einfache Know-how-„Lizenzen" oder „Unterlizenzen" von Abs. 1 lit. c Ziff. i erfasst, nicht jedoch weitere Veräußerungen der Know-how-Berechtigten aus dem „Lizenzvertrag". Mangels absoluter Rechtsqualität von Know-how kann im deutschen Recht die „Lizenzierung" von Know-how keine Übertragung von Rechten sein. Vielmehr liegt eine Übertragung von Know-how-Rechten nur vor, wenn der Know-how-Nehmer seine Rechte und Forderungen gegen den Know-how-Geber aus dem Erstvertrag weiterveräußert und überträgt. Diese Übertragung wird dann von Abs. 1 lit. c Ziff. ii, nicht von Abs. 1 lit. c Ziff. i erfasst. **Know-how-Lizenzen iSd Abs. 1 lit. c Ziff. i** sind mithin ausschließliche, alleinige und einfache Know-how-„Lizenzen", nicht jedoch Zweitveräußerungsverträge, welche jedoch ihrerseits unter den Begriff **Übertragung von Know-how-Rechten iSd Abs. 1 lit. c Ziff. ii** fallen.

i) Kombination von Rechten. Neben Know-how und den in Abs. 1 lit. b Ziff. i–vii genannten Rechten sowie Anträgen auf Gewährung bzw. Registrierung dieser Rechte fällt auch die **Kombination** daraus unter die Definition der Technologierechte in Abs. 1 lit. b. Die Formulierung des Abs. 1 lit. b ist nicht ganz eindeutig. Mit der Kombination ist bei verständiger Auslegung nicht nur eine Kombination von Know-how mit mindestens einem (ggf. aber auch mehreren) der aufgelisteten Schutzrechte geistigen Eigentums gemeint, sondern auch Kombinationen von Know-how mit Anträgen auf Gewährung bzw. Registrierung dieser Schutzrechte. Auch eine Kombination verschie-

---

[160] Vgl. zur Vorgänger-GVO Schultze/Pautke/Wagener TT-GVO Rn. 430; Schultze/Pautke/Wagener Vertikal-GVO Rn. 428; Schumacher/Schmid GRUR 2006, 1 (4).
[161] Groß Lizenzvertrag A Rn. 16.
[162] Bartenbach Patentlizenz Rn. 2530; vgl. Bechtold/Bosch/Brinker Rn. 12.
[163] IE Rn. 81–89.
[164] Bartenbach Patentlizenz Rn. 215, 2549.
[165] Bartenbach Patentlizenz Rn. 215, 2531, 2547, 2671.
[166] Bartenbach Patentlizenz Rn. 2673.
[167] Vgl. Bartenbach Patentlizenz Rn. 2673.
[168] Groß Lizenzvertrag F Rn. 361, 366; auch → Rn. 48.
[169] Groß Lizenzvertrag A Rn. 39 und G Rn. 381.

dener Schutzrechte bzw. Anträge auf Gewährung bzw. Registrierung dieser Schutzrechte ist erfasst, wenn bspw. iRe Software-Lizenz sowohl Patente als auch Urheberrechte und Know-how „lizenziert" werden. Dies gilt auch für Kombinationen ohne Know-how. Zusammengefasst fallen also alle möglichen Kombinationen der in Abs. 1 lit. b genannten Schutzrechte, von Anträgen auf Gewährung bzw. Registrierung dieser Schutzrechte und von Know-how unter die Definition des Technologierechts in Abs. 1 lit. b. Das ergibt sich zum einen daraus, dass die TT-GVO den Bereich des Technologietransfers möglichst umfassend im Interesse der Rechtssicherheit für die betroffenen Unternehmen regeln soll. Zum anderen werden die genannten Schutzrechte geistigen Eigentums, Anträgen auf deren Gewährung bzw. Registrierung sowie Know-how von Abs. 1 lit. b als Technologierechte gleichgestellt. Es wäre also ein Wertungswiderspruch, wollte man bestimmte Technologierechte von der Möglichkeit einer Kombination ausnehmen. Da jedoch Abs. 1 lit. c bei der Definition der Technologietransfer-Vereinbarung Vereinbarungen über die Lizenzierung oder Übertragung von Technologierechten nennt, also den Plural benutzt, würden die verschiedenen Kombinationen ohnehin in den Anwendungsbereich der TT-GVO fallen, sodass die Einbeziehung der Kombinationen in die Definition des Technologierechts überflüssig ist. Es ist davon auszugehen, dass die gemischten Vereinbarungen, die also von mindestens zwei der aufgezählten Technologierechte Elemente enthalten, die Mehrheit der Vereinbarungen bilden. So bestehen Nutzungsrechte an Software oft aus patentierten und nicht patentierten Schutzrechten und bei Geheimhaltung des Quellcodes wird regelmäßig auch Know-how[170] mit „lizenziert". Auch bei Patentlizenzverträgen bedarf es regelmäßig der „Mitlizenzierung" zusätzlichen Know-hows zur Nutzung der patentierten Erfindung. Häufig kommen auch Know-how-Vereinbarungen vor, in denen die zusätzliche Erteilung einer Patentlizenz nur als Begleiterscheinung auftaucht, die Vergabe des Know-hows also den wesentlichen Vertragsinhalt bildet.

44 **j) Geschützte Rechte.** Schließlich ist zu beachten, dass die Technologierechte durch die jeweilige mitgliedstaatliche oder die EU-Rechtsordnung **geschützt und dem Lizenzgeber zugeordnet** sein müssen (auch wenn sie von einem Drittstaat verliehen wurden). Wettbewerbsbeschränkende Vereinbarungen im Hinblick auf nicht geschützte oder dem Lizenzgeber nicht zustehende Technologierechte können nämlich nicht nach Art. 101 Abs. 3 AEUV freigestellt werden, da die Beschränkungen, wenn sich ohnehin jeder der Technologien bedienen kann oder jedenfalls der Lizenzgeber dies nicht verhindern kann, nicht zu Effizienzgewinnen führen können.[171] Die Leitlinien führen hierzu ausdrücklich aus, dass die TT-GVO nur in den Mitgliedstaaten gilt, in denen der Lizenzgeber entsprechende Technologierechte innehat. Anderenfalls lägen keine Technologierechte iSd TT-GVO vor, die transferiert werden könnten.[172] Denkbar ist jedoch, dass Technologien, die in bestimmten Mitgliedstaaten von den genannten Rechten des geistigen Eigentums geschützt werden, in anderen jedoch nicht, in letzteren Know-how des Lizenzgebers darstellen, das wiederum als Technologierecht in den Anwendungsbereich der TT-GVO fällt.

45 **3. Technologietransfer-Vereinbarung, Abs. 1 lit. c.** Abs. 1 lit. c definiert die **Technologietransfer-Vereinbarung** als eine von zwei Unternehmen geschlossene Vereinbarung über die Lizenzierung von Technologierechten mit dem Ziel der Produktion von Vertragsprodukten durch den Lizenznehmer und/oder seine Zulieferer; als Technologietransfer-Vereinbarung gilt auch eine Übertragung von Technologierechten zwischen zwei Unternehmen mit dem Ziel der Produktion von Vertragsprodukten, bei der das mit der Verwertung der Technologierechte verbundene Risiko zum Teil beim Veräußerer verbleibt.

46 Durch diese Definition des Begriffs Technologietransfer-Vereinbarung bestimmt Abs. 1 lit. c iVm Abs. 1 lit. b im Wesentlichen den **Anwendungsbereich der TT-GVO.**

47 Zunächst unterscheidet Abs. 1 lit. c zwischen **Lizenzierungen (i)** und **Übertragungen von Technologierechten (ii)** und stellt für beide Arten von Vereinbarungen unterschiedliche Voraussetzungen auf, um als Technologietransfer-Vereinbarung qualifiziert werden zu können. Es gibt **unbeschränkte und beschränkte Übertragungen von Technologierechten.** Bei unbeschränkten Übertragungen begibt sich der Inhaber jeglicher Rechtsposition am geistigen Eigentum, um dieses auf den Erwerber zu übertragen. Soweit kein Verwertungsrisiko beim Veräußerer verbleibt, ist die unbeschränkte Übertragung von Technologierechten grds. kartellrechtsneutral. **Verbleibt** indes bei der Übertragung **das mit der Verwertung der Technologierechte verbundene Risiko zum Teil beim Veräußerer,** liegt eine Technologietransfer-Vereinbarung vor, auf die die TT-GVO

---

[170] Bartenbach Patentlizenz Rn. 265.
[171] Vgl. Bechtold/Bosch/Brinker Rn. 3.
[172] Leitlinien „Technologietransfer" Rn. 44.

II. Einzelne Begriffsbestimmungen

anwendbar ist (zu dieser Voraussetzung iE → Rn. 59).[173] Nach deutschem Recht vollzieht sich die Übertragung geistiger Eigentumsrechte entsprechend der Regeln für die Abtretung nach §§ 398, 413 BGB.[174] Hiervon zu trennen ist nach deutschem Recht das zugrundeliegende Kausalgeschäft,[175] was bei der Übertragung auf Dauer regelmäßig ein Kaufvertrag über ein Recht nach §§ 433, 453 BGB ist.[176] Beim unionsrechtlichen Begriff der Übertragung ist jedoch zu beachten, dass das deutsche Abstraktionsprinzip in den übrigen EU-Mitgliedstaaten unbekannt ist. Daher ist der Übertragungsvertrag nicht in einen zugrundeliegenden schuldrechtlichen Vertrag und einen dinglichen Vertrag, die eigentliche Übertragung, aufzuspalten. Vielmehr liegt ein einheitlicher Übertragungsvertrag vor, was schon daraus ersichtlich wird, dass Art. 4 und 5 als schwarze und graue Klauseln typisch schuldrechtliche Klauseln wie das Verbot der Nutzung eigener Technologierechte, die Beschränkung, Forschungs- und Entwicklungsarbeiten durchzuführen und die Verpflichtung zu exklusiver Rücklizenzierung oder Rückübertragung von Verbesserungen oder neuen Anwendungen der vom lizenzierten Technologierecht geschützten Technologie vorsehen. Außerdem gibt es die beschränkte Übertragung geistiger Eigentumsrechte. Hierunter versteht man zum einen die Einräumung des Rechts in einzelnen seiner Aspekte, wie zB durch eine Lizenz. Zur beschränkten Übertragung gehört jedoch auch die Einräumung einer Mitberechtigung wie zB die Begründung einer Eigentümergemeinschaft.[177] Gründungen von Eigentümergemeinschaften können jedoch nur unter die TT-GVO fallen, wenn ihr Ziel die Produktion von Vertragsprodukten durch den neuen Miteigentümer ist und nur zwei Unternehmen beteiligt sind. Werden sie mit dem Ziel einer gemeinsamen Lizenzierung der Technologierechte an Dritte gegründet, kommen – wenn überhaupt – nur die in den Leitlinien enthaltenen Regelungen zu Technologiepools zur Anwendung (die allerdings die Zusammenfassung verschiedener Technologien zu einem Paket voraussetzen, → Rn. 50; zu Technologiepools im Allgemeinen → Einl. Rn. 48 ff.). Werden Miteigentümergemeinschaften mit dem Ziel einer gemeinsamen Produktion oder Forschung- und Entwicklung gegründet, scheidet der Anwendbarkeit der TT-GVO ebenfalls aus, in Betracht kommt jedoch eine Anwendung der Spezialisierungs-GVO (VO/EU 2023/1067) bzw. der FuE-GVO (VO/EU 2023/1066) (→ Kapitel 7 Rn. 89 ff.). **Übertragungen von Technologierechten iSd Abs. 1 lit. c Ziff. ii** sind, zusammengefasst, jegliche Arten der beschränkten und unbeschränkten Übertragung geistiger Eigentumsrechte, einschließlich der zugrundeliegenden Kausalgeschäfte, bis auf die Lizenzierungen, die reine Nutzungsgewährungen sind.

Lizenzen sind Nutzungsgewährungen. Aus dem geschützten Recht wird als Bestandteil des Gesamtrechts das Recht zur Nutzung gewährt.[178] Lizenzen können dabei für ein bestimmtes Gebiet (Gebietsbeschränkungen)[179] und/oder für eine bestimmte Art der Nutzung wie Herstellungs-, Vertriebs- und Gebrauchslizenzen („field-of-use"-Beschränkungen)[180] gewährt werden, es sind also beschränkte Lizenzierungen möglich. Des Weiteren ist zwischen **ausschließlichen und einfachen bzw. gewöhnlichen Lizenzen** zu unterscheiden. Eine ausschließliche Lizenz liegt vor, wenn der Lizenzgeber dem Lizenznehmer das alleinige positive Recht zur Ausübung aller oder einzelner Befugnisse erteilt, die das geistige Eigentumsrecht gewährt.[181] Nach deutschem Recht erhält der Lizenznehmer eine quasidingliche, absolute Rechtsposition.[182] Die ausschließliche Lizenz ist mithin dem Nießbrauch vergleichbar.[183] Es ist jedoch zu beachten, dass natürlich auch die ausschließliche Lizenz räumlich, zeitlich und sachlich beschränkbar ist.[184] Aufgrund der starken quasidinglichen Wirkung der ausschließlichen Lizenz ist diese von der Vollrechtsübertragung abzugrenzen. Im letzteren Fall liegt der Rechtsübertragung, bei der grds. keine Rechtsposition beim Veräußerer verbleibt (anders bspw. bei Gründungen von Miteigentümergemeinschaften, wenn der Veräußerer Miteigen-

---

[173] Immenga/Mestmäcker/Fuchs Art. 1 Rn. 49; aA zur Vorgänger-GVO Schulte/Just/Dallmann TT-GVO Art. 1 Rn. 6, nach dem es bei der Übertragung von Rechten keine Rolle spielt, wenn das Verwertungsrisiko zum Teil beim Veräußerer verbleibt.
[174] Benkard PatG/Ullmann/Deichfuß PatG § 15 Rn. 5 für das Patentrecht.
[175] Benkard PatG/Ullmann/Deichfuß PatG § 15 Rn. 16 für das Patentrecht.
[176] Benkard PatG/Ullmann/Deichfuß PatG § 15 Rn. 24, 34 für das Patentrecht.
[177] Benkard PatG/Ullmann/Deichfuß PatG § 15 Rn. 56 für das Patentrecht.
[178] Vgl. Benkard PatG/Ullmann/Deichfuß PatG § 15 Rn. 54 f. für das Patentrecht.
[179] Benkard PatG/Ullmann/Deichfuß PatG § 15 Rn. 63, 66 für das Patentrecht.
[180] Bartenbach Patentlizenz Rn. 85; Benkard PatG/Ullmann/Deichfuß PatG § 15 Rn. 63, 69 für das Patentrecht.
[181] Bartenbach Patentlizenz Rn. 78 ff.; Groß Lizenzvertrag A Rn. 36; Benkard PatG/Ullmann/Deichfuß PatG § 15 Rn. 89 für das Patentrecht.
[182] RGZ 57, 38; RGZ 76, 235; RGZ 134, 91; Bartenbach Patentlizenz Rn. 93; Groß Lizenzvertrag A Rn. 36; Benkard PatG/Ullmann/Deichfuß PatG § 15 Rn. 92 für das Patentrecht.
[183] Benkard PatG/Ullmann/Deichfuß PatG § 15 Rn. 92 für das Patentrecht.
[184] Groß Lizenzvertrag A Rn. 37; Benkard PatG/Ullmann/Deichfuß PatG § 15 Rn. 94 für das Patentrecht.

tümer bleibt → Rn. 47), im deutschen Recht schuldrechtlich idR ein Kaufvertrag zugrunde. Entscheidendes Kriterium der Abgrenzung ist der Umfang der Rechtseinräumung.[185] Zu unterscheiden von der ausschließlichen Lizenz ist – in Anlehnung an die angelsächsische Differenzierung zwischen „exclusive licence" und „sole licence" – die alleinige bzw. semi-ausschließliche Lizenz. Danach behält der Lizenzgeber ein eigenes Nutzungsrecht.[186] Einfache bzw. gewöhnliche Lizenzen liegen vor, wenn der Nutzungserlaubnis keine Ausschließlichkeitswirkung zukommt, weil der Rechtsinhaber sein Nutzungsrecht nicht aufgibt und sich entweder das Recht zur weiteren Lizenzvergabe auf dem entsprechenden Gebiet vorbehält oder derartige Lizenzen bereits vergeben hat.[187] Nach ganz hM ist die Wirkung solcher einfachen Lizenzen nach deutschem Recht nur schuldrechtlicher, dh relativer, Natur.[188] Hinsichtlich der nach Unionsrecht zu beurteilenden Definition der Lizenzvereinbarung ist jedoch ohnehin nicht zwischen schuldrechtlicher und dinglicher bzw. quasidinglicher Wirkung einer Lizenz zu unterscheiden, da unabhängig davon alle Arten von Lizenzvereinbarungen von Abs. 1 lit. c Ziff. i erfasst sind. Soweit die Rechtsnatur des zugrunde liegenden Lizenzvertrags in Deutschland umstritten ist, kommt es hierauf für die Auslegung des Unionsrechts ebenso wenig an wie auf die Unterscheidung zwischen schuldrechtlichem Vertrag und dinglichem Geschäft: Beide Verträge unterfallen als einheitliches Rechtsgeschäft dem Begriff der Lizenzvereinbarung in Abs. 1 lit. c Ziff. i. Unter **Vereinbarung über die Lizenzierung iSd Abs. 1 lit. c Ziff. i** ist mithin die Erteilung sowohl ausschließlicher und alleiniger als auch einfacher Lizenzen, einschließlich der dazu gehörenden Verpflichtungsgeschäfte, zu verstehen.

49 Technologietransfer-Vereinbarungen müssen **zwischen zwei Unternehmen** geschlossen werden. Auf wie viele Unternehmen und Handelsstufen sich die Vereinbarung auswirkt, ist indes irrelevant.[189] Ursprünglich schlug die Kommission in ihrem Evaluierungsbericht zur VO/EG Nr. 240/96 vor, von diesem Merkmal abzurücken, um mehrseitige Lizenzvereinbarungen und Technologiepools in der GVO berücksichtigen zu können.[190] Hierzu hätte es allerdings einer Änderung der Ratsverordnung VO/EWG Nr. 19/65 bedurft, deren Abs. 1 lit. b, als Ermächtigungsgrundlage für die Kommission zum Erlass von Technologietransfer-GVOs, nur eine Freistellung von Vereinbarungen zwischen zwei Unternehmen vorsieht. Hierzu ist es nicht gekommen und so blieb die Rechtslage diesbezüglich auch unter der TT-GVO Nr. 316/2014 unverändert, wobei allerdings auf mehrseitige Lizenzvereinbarungen nach den Leitlinien der Kommission die GVO analog anzuwenden ist, wenn sie ihrem Gegenstand nach den unter die GVO fallenden Vereinbarungen entsprechen (dies soll allerdings nicht für die Lizenzvergabe durch Technologiepools gelten → Rn. 50). Dies wird damit begründet, dass mehrseitige Vereinbarungen oft die gleichen Fragen wie gleichartige zweiseitige Vereinbarungen aufwerfen.[191] Da die GVO hierzu ausdrücklich keine Regelung trifft, handelt es sich insoweit um eine unverbindliche Aussage der Kommission zur Freistellungsfähigkeit derartiger Vereinbarungen im Einzelfall, welche als Hinweis der Kommission von den nationalen Behörden/Gerichten bei der Auslegung des Art. 101 Abs. 3 AEUV berücksichtigt werden kann. Gleichzeitig wäre die Kommission gehindert, gegen Unternehmen ein Bußgeldverfahren einzuleiten, falls sie sich iRd Leitlinien bewegen.

50 Vereinbarungen zur Gründung und Organisation von Technologiepools sowie die **Lizenzvergabe durch Technologiepools** fallen nach den Leitlinien und Erwägungsgrund 7 der TT-GVO nicht unter die TT-GVO, da es sich regelmäßig um Mehrparteien-Vereinbarungen handele.[192] Der Begriff des Technologiepools betrifft Vereinbarungen zwischen zwei oder mehr Parteien, ihre Technologien zusammenzulegen und sie als Paket in Lizenz zu vergeben. Ferner umfasst er Vereinbarungen von zwei oder mehr Unternehmen, einer dritten Partei eine Lizenz zu gewähren und ihr zu gestatten, das Technologiepaket weiterzulizenzieren (iE → Kapitel 7 Rn. 43 ff.).[193] Hinsichtlich der Lizenzvergabe durch Technologiepools kommt nach den Leitlinien auch keine analoge Anwendung der TT-GVO in Betracht.[194] Prüfungsmaßstäbe zu Technologiepools sowie zur Lizenzvergabe durch

---

[185] Bartenbach Patentlizenz Rn. 86–92; zum Patentkauf Groß Lizenzvertrag A Rn. 36.
[186] Bartenbach Patentlizenz Rn. 79; Groß Lizenzvertrag A Rn. 38.
[187] Bartenbach Patentlizenz Rn. 120; Groß Lizenzvertrag A Rn. 39; Benkard PatG/Ullmann/Deichfuß PatG § 15 Rn. 99 für das Patentrecht.
[188] Bartenbach Patentlizenz Rn. 121; Benkard PatG/Ullmann/Deichfuß PatG § 15 Rn. 99 für das Patentrecht.
[189] Leitlinien „Technologietransfer" Rn. 54 f.; vgl. auch Langen/Bunte/Jestaedt AEUV Anh. Art. 101 Rn. 1307.
[190] Evaluierungsbericht der Kommission über die GVO (EG) Nr. 240/96 für Technologietransfer-Vereinbarungen (GFTT) – Technologietransfer-Vereinbarungen nach Artikel 81 EG-Vertrag KOM(2001) 786 endgültig, 132, 181.
[191] Leitlinien „Technologietransfer" Rn. 57.
[192] VO/EU 316/2014, ABl. 2014 L 93, 17 (18) Erw. 7; Leitlinien „Technologietransfer" Rn. 57, 46 Rn. 247.
[193] Leitlinien „Technologietransfer" Rn. 56, 45 Rn. 244.
[194] Leitlinien „Technologietransfer" Rn. 57.

Technologiepools enthalten vielmehr Rn. 244–273 der Leitlinien.[195] Die Lizenzvergabe durch einen Pool fällt jedoch, entgegen der pauschalen Aussage in den Leitlinien, jedenfalls dann unter die TT-GVO, wenn der Technologiepool als ein **Vollfunktionsgemeinschaftsunternehmen** organisiert ist und daher als Einheit am Markt operativ (wenn auch nicht strategisch) selbständig agiert. In diesen Fällen ist davon auszugehen, dass der Technologiepool ein Unternehmen ist, wenn auch von den Mutterunternehmen gemeinsam beherrscht, und der Lizenznehmer das zweite Unternehmen. Während also die Vereinbarung der Mutterunternehmen, dem Vollfunktionsgemeinschaftsunternehmen die Lizenzen zwecks Zusammenstellung eines Technologiepakets und Weiterlizenzierung dieses Pakets an Dritte zur Verfügung zu stellen, nicht unter die TT-GVO fällt,[196] fällt der Lizenzvertrag zwischen dem Vollfunktionsgemeinschaftsunternehmen und dem Dritten unter die TT-GVO. Allerdings wird es in der Praxis selten sein, dass ein Technologiepool ein Vollfunktionsgemeinschaftsunternehmen ist, jedenfalls wenn sich seine Tätigkeit in der Lizenzierung eines Technologiepakets erschöpft, das Technologien der Mutterunternehmen enthält. So stellt Rn. 95 der Konsolidierten Mitteilung der Kommission zu Zuständigkeitsfragen gemäß der VO/EG Nr. 139/2004 klar, dass ein Gemeinschaftsunternehmen keine Vollfunktion besitzt, wenn es im Wesentlichen auf den Vertrieb bzw. den Verkauf von Erzeugnissen (hier: die Lizenzvergabe von Technologierechten) der Mutterunternehmen beschränkt und damit als Verkaufsagentur tätig ist.[197] Nach Rn. 101 der Konsolidierten Mitteilung zu Zuständigkeitsfragen ist es im Falle von umfangreichen Käufen (hier Lizenznahmen) des Gemeinschaftsunternehmens bei den Mutterunternehmen umso unwahrscheinlicher, dass ein Vollfunktionsgemeinschaftsunternehmen vorliegt, je geringer die Wertschöpfung der von ihm hergestellten Waren oder erbrachten Dienstleistungen ist.[198] Wenn also der Technologiepool nur die lizenzierten Technologierechte der Mutterunternehmen an Dritte (weiter-)lizenziert, dürfte es sich grds. nicht um ein Vollfunktionsgemeinschaftsunternehmen handeln.

Das Zweiseitigkeitserfordernis schließt allerdings nicht aus, dass ein Unternehmen seine Technologie an **verschiedene Unternehmen lizenziert**, was schon Art. 4 Abs. 1 lit. c Ziff. ii voraussetzt, der von mehreren Lizenznehmern ausgeht. Hierbei kommt es nur auf die Unabhängigkeit der Verträge voneinander an, dass also keine Koordination zwischen den Lizenznehmern hinsichtlich der Ausgestaltung der Lizenzverträge vorliegt.[199] Liegen unabhängige Verträge mit den verschiedenen Lizenznehmern vor, so ist auf jeden einzelnen Vertrag die TT-GVO anwendbar.

Der **Unternehmensbegriff** ist auch iRd Abs. 1 lit. c kartellrechtlich weit zu verstehen, dh erfasst sind alle Einheiten, wenn und soweit sie eine kommerzielle oder wirtschaftliche Tätigkeit ausüben. Hiermit wird lediglich die Sphäre des privaten Verbrauchs sowie des hoheitlichen Handelns aus dem Anwendungsbereich des Kartellrechts ausgenommen.[200] Es darf sich um nur zwei Unternehmen, dh zwei verschiedene Einheiten iSv verbundenen Unternehmen gemäß Abs. 2 handeln. Aus Gründen der Rechtssicherheit stellt die GVO jedoch nicht auf den Begriff der „wirtschaftlichen Einheit" ab, wie er in der Rspr. der Unionsgerichte verwendet wird,[201] sondern formalisiert den Begriff des „verbundenen Unternehmens" in Abs. 2. Während der Begriff der „wirtschaftlichen Einheit" darauf abstellt, ob ein Rechtssubjekt ein anderes beherrscht (bzw. beherrschen kann), enthält Abs. 2 ähnlich wie Art. 5 Abs. 4 VO/EG 139/2004 (FKVO) formale Kriterien: das Verfügen über mehr als die Hälfte der Stimmrechte, die Möglichkeit, mehr als die Hälfte der Mitglieder des Leitungs- oder Verwaltungsorgans oder der zur gesetzlichen Vertretung berufenen Organe zu bestimmen, und das Recht, die Geschäfte des Unternehmens zu führen. Über das Zurechnungskriterium „das Recht […], die Geschäfte des Unternehmens zu führen" wird es jedoch in der Praxis häufig iRd Abs. 2 zu denselben Ergebnissen wie bei der Prüfung der Zurechnung iRd „wirtschaftlichen Einheit" kommen. Allerdings ist insoweit in Anlehnung an die Konsolidierte Mitteilung der

---

[195] Leitlinien „Technologietransfer".
[196] Leitlinien „Technologietransfer" Rn. 56.
[197] Berichtigung der Konsolidierten Mitt. der Kom. zu Zuständigkeitsfragen gemäß der Verordnung (EG) Nr. 139/2004 des Rates über die Kontrolle von Unternehmenszusammenschlüssen (Amtsblatt der Europäischen Union C 95 v. 16.4.2008), ABl. 2009 C 43, 10 (33).
[198] Berichtigung der Konsolidierten Mitt. der Kom. zu Zuständigkeitsfragen gemäß der Verordnung (EG) Nr. 139/2004 des Rates über die Kontrolle von Unternehmenszusammenschlüssen (Amtsblatt der Europäischen Union C 95 v. 16.4.2008), ABl. 2009 C 43, 10 (35).
[199] Vgl. zur VO/EG Nr. 240/96 Immenga/Mestmäcker/Ullrich, 1. Aufl. 1997, GRUR C Rn. 21 und Kom. ABl. 1972 L 143, 31 Rn. 2 – Davidson Rubber einerseits und andererseits einen Fall der Koordination zwischen allen Lizenznehmern und dem Lizenzgeber Kom. ABl. 1975 L 249, 27 – Bronbemaling/Heidemaatschappij.
[200] Statt aller Immenga/Mestmäcker/Zimmer AEUV Art. 101 Abs. 1 Rn. 9 ff.
[201] EuGH Slg. 2011, I–00001 Rn. 35 – General Química SA u.a./Kom.; EuGH Slg. 2011, I–02239 Rn. 95 – ArcelorMittal Luxembourg/Kom. und Kom./ArcelorMittal Luxembourg u.a.; EuGH Slg. 2011, I–08947 Rn. 53 – Elf Aquitaine SA/Kom.

Kommission zu Zuständigkeitsfragen und den dort gemachten Ausführungen zum „Recht, die Geschäfte des Unternehmens zu führen" in Art. 5 Abs. 4 lit. b Ziff. iv FKVO zu beachten, dass eine bloße faktische Kontrolle iSe wirtschaftlichen Abhängigkeit nicht ausreicht. Insoweit ist das „Recht, die Geschäfte des Unternehmens zu führen" von einer bloßen (faktischen) „Einflussmöglichkeit" zu unterscheiden.[202] Zugleich ist jedoch grds. davon auszugehen, dass jedenfalls zugunsten der beteiligten Unternehmen, wenn es etwa um die Anwendbarkeit der TT-GVO geht, der Begriff der wirtschaftlichen Einheit den Begriff des verbundenen Unternehmens iSd Abs. 2 überlagert bzw. ergänzt (→ Rn. 121 ff.). Entfällt die Verbundenheit/wirtschaftliche Einheit von mehreren an einer Technologietransfer-Vereinbarung beteiligten Unternehmen im Nachhinein, zB aufgrund der Aufgabe von Beteiligungen, so entfällt auch die wirtschaftlich-rechtliche Zurechnung. Mithin kann die GVO nach Abschluss der Vereinbarung unanwendbar werden.

53 Aus Abs. 1 lit. c folgt, dass Lizenzvereinbarungen und Übertragungen von Technologierechten nur dann unter die TT-GVO fallen, wenn sie **mit dem Ziel der Produktion von Vertragsprodukten** geschlossen werden. Es handelt sich also bei Technologietransfer-Vereinbarungen iSd VO/EU Nr. 316/2014 um Herstellungslizenzen, nicht um Vertriebslizenzen.[203] Dient die Vereinbarung dagegen nicht dem Ziel der Produktion von Vertragsprodukten, sondern beispielsweise lediglich der Verhinderung der Entwicklung einer konkurrierenden Technologie, so fällt sie nicht unter die TT-GVO.[204]

54 Hier verläuft auch der Abgrenzungsbereich zu anderen GVOen wie zB der Vertikal-GVO.[205] Das Ziel der Produktion von Vertragsprodukten bedeutet, dass es dem Lizenznehmer erlaubt und möglich sein muss, mit der von den lizenzierten Technologierechten geschützten Technologie Produkte herzustellen oder herstellen zu lassen, die die geschützte Technologie enthalten oder mit ihrer Hilfe produziert werden.[206] Dies ist der Fall, wenn die von den lizenzierten Technologierechten geschützte Technologie im Produktionsprozess verwendet wird und/oder wenn sie in das Erzeugnis selbst Eingang findet.[207] Hierbei ist es, mit Blick auf den Sinn der Gruppenfreistellung, die Verbreitung von Technologierechten, die Innovation und den Wettbewerb auf den Produktmärkten zu fördern,[208] erforderlich, dass die lizenzierten Technologierechte (bzw. die geschützte Technologie) die Produktion der Vertragsprodukte zumindest erleichtern oder günstiger bzw. effizienter machen. Im Falle von Know-how fordern die Leitlinien in Anlehnung an die Definition von Know-how in Abs. 1 lit. i, dass die Kenntnisse wesentlich zur Produktion der Vertragsprodukte beitragen bzw. die Produktion wesentlich erleichtern (→ Rn. 90).[209] Hat die Lizenzierung der Technologierechte keine Vorteile für die Produktion, so scheidet eine Gruppenfreistellung nach Art. 101 Abs. 3 AEUV aus.

55 Hieraus folgt auch, dass die Vereinbarung ihrem objektiven Zweck nach in eine Produktion münden muss. Für eine Lizenzvereinbarung, die die Produktion von Vertragsprodukten zum Ziel hat, ist die nach objektiven Faktoren zu bestimmende Absicht zur Herstellung eines Vertragsprodukts **innerhalb eines absehbaren Zeitraumes** erforderlich. Eine Freistellung kann nicht von einer rein subjektiven Nutzungsabsicht abhängen (insoweit ist die Formulierung des Ziels der Produktion von Vertragsprodukten allerdings nicht eindeutig). Subjektive Zwecksetzungen sind dem Kartellrecht vielmehr fremd. Die Nutzungsabsicht muss sich demnach objektiv, bspw. anhand der nach objektiven Kriterien auszulegenden Lizenzvereinbarung, manifestieren. Eine Freistellung nach der TT-GVO setzt – wie Art. 101 Abs. 3 AEUV – einen Effizienzgewinn und eine angemessene Beteiligung der Verbraucher an dem Effizienzgewinn voraus. Entscheidend ist hierbei auch die zeitliche Komponente bei der Realisierung der Effizienzgewinne und ihrer Weitergabe an die Verbraucher in angemessenem Umfang.[210] Die Technologietransfer-Vereinbarung muss daher – nach objektiven Maßstäben – auf eine zeitlich absehbare Umsetzung der Produktion der Vertragsprodukte gerichtet sein.[211] Eine solche Verwertung der lizenzierten Technologierechte setzt jedoch mit den Worten der Kommission

---

[202] Berichtigung der Konsolidierten Mitt. der Kom. zu Zuständigkeitsfragen gemäß der Verordnung (EG) Nr. 139/2004 des Rates über die Kontrolle von Unternehmenszusammenschlüssen (Amtsblatt der Europäischen Union C 95 v. 16.4.2008), ABl. 2009 C 43, 10 Rn. 184.
[203] Vgl. auch VO/EU 316/2014, ABl. 2014 L 93, 17, 17 Erw. 6.
[204] Leitlinien „Technologietransfer" Rn. 59.
[205] → Einl. Rn. 83 f.
[206] VO/EU 316/2014, ABl. 2014 L 93, 17 (18) Erw. 7; Leitlinien „Technologietransfer" Rn. 44, 14 Rn. 58.
[207] Leitlinien „Technologietransfer" Rn. 61.
[208] VO/EU 316/2014, ABl. 2014 L 93, 17 (17) Erw. 4.
[209] Leitlinien „Technologietransfer" Rn. 45b.
[210] Bek. der Kom., Leitlinien zur Anwendung von Artikel 81 Abs. 3 EG-Vertrag, ABl. 2004 C 101, 97 Rn. 76, 81, 87–89.
[211] AA Bechtold/Bosch/Brinker Art. 2 Rn. 4 und Immenga/Mestmäcker/Fuchs Art. 1 Rn. 31.

II. Einzelne Begriffsbestimmungen 56, 57 **Art. 1 TT-GVO**

nicht die „Zusammenführung von Vermögenswerten"²¹² voraus, es muss also nicht zwangsläufig mit Hilfe der geschützten Technologie produziert werden. Vielmehr reicht es aus, wenn die Lizenz dem Lizenznehmer Gestaltungsfreiheit verschafft und ihm erlaubt, seine eigene Technologie zu verwerten, ohne Verletzungsklagen des Lizenzgebers fürchten zu müssen (beispielsweise Verzichts- und Streitbeilegungsvereinbarungen → Rn. 58).²¹³ Für das Erfordernis der zeitlichen Absehbarkeit der Produktion spricht auch, dass die Verwertung der lizenzierten Technologierechte iRd Produktion den eigentlichen Grund für die Freistellung darstellt. Würde diese Verwertung schon nach dem objektiven Zweck der Vereinbarung erst nach einem unbestimmten Zeitraum eintreten, wäre es fraglich, inwieweit es hierdurch noch zu Effizienzgewinnen kommen könnte, die in einem solchen Maß an die Verbraucher weitergegeben werden, dass sie die wettbewerbsbeschränkenden Wirkungen der Vereinbarung zumindest kompensieren. Zudem besteht in solchen Fällen die Gefahr eines Missbrauchs, nämlich dass die Vereinbarung nicht tatsächlich der Produktion von Vertragsprodukten, sondern anderen Zwecken, wie etwa verdeckten Markt- bzw. Kundenaufteilungen oder der Schaffung eines Patentdickichts dient.²¹⁴ Dass die zeitlich absehbare Verwertung wesentlicher Grund der Freistellung ist, ergibt sich zum einen aus den Leitlinien zu Technologietransfer-Vereinbarungen. Dort heißt es: „Wenn, allgemeiner ausgedrückt, die Parteien die lizenzierten Technologierechte nicht verwerten, kommt es nicht zu einer Effizienzsteigerung, sodass kein Grund für eine Freistellung vorliegt."²¹⁵ Ähnliches ergibt sich aus einer parallelen Wertung zur FuE-GVO, namentlich zu Art. 3 Abs. 2 und Art. 9 Abs. 1 lit. b FuE-GVO, aus denen hervorgeht, dass auch iRv FuE-Vereinbarungen die Verwertung der Ergebnisse ein wesentlicher Grund für die Freistellung ist. Wie zeitnah die Umsetzung tatsächlich erfolgen muss, ist aus dem Gesamtzusammenhang der Vereinbarung objektiv zu bestimmen. Die (vorläufige) Nicht-Verwertung muss sachlich begründet sein. Notwendige Investitionen in die Produktionsanlagen und erforderliche Entwicklungsarbeiten sind unschädlich. Voraussetzung ist jedoch, dass in der Technologietransfer-Vereinbarung die Produktion eines Vertragsprodukts vereinbart wurde.²¹⁶

Eine bloße **Übergangsphase,** in der nur ein Vertrieb aufgrund der Lizenz erfolgt, die dann aber **56** in eine vertraglich vereinbarte Nutzung der Technologierechte zur Herstellung der Vertragsprodukte mündet, fällt auch schon unter die TT-GVO, sofern diese Übergangsphase zu Zwecken der Produktion erforderlich ist.²¹⁷ Dies lässt sich damit begründen, dass im Falle einer notwendigen Übergangsphase zur Produktion auch die vorgeschaltete Vertriebsphase letztlich die Produktion der Vertragsprodukte ermöglicht. Bei **gemischten Herstellungs- und Vertriebslizenzen,** wenn also der Lizenznehmer einen Teil der Produkte selbst produziert und einen Teil vom Lizenzgeber zum Vertrieb bezieht, ist die Vereinbarung entweder nach beiden GVOen (also TT-GVO und Vertikal-GVO) zu beurteilen oder, falls sie auftrennbar sind, die Produktions- und die Vertriebslizenz gesondert zu betrachten. Ebenfalls anwendbar ist die TT-GVO auf Lizenzen, bei denen der Lizenznehmer, bevor er das Vertragsprodukt anbieten kann, **noch weitere Forschungs- und Entwicklungsarbeiten durchführen muss,** solange der Hauptgegenstand der Vereinbarung die Produktion der Vertragsprodukte und nicht die Durchführung von Forschungs- und Entwicklungsarbeiten ist²¹⁸ und es in einem absehbaren Zeitraum zur Produktion kommen soll (→ Rn. 55). In Abgrenzung hierzu gilt nach den Leitlinien die TT-GVO mangels des Ziels einer Produktion von Vertragsprodukten nicht für Lizenzvereinbarungen, die dem Lizenznehmer lediglich die Durchführung weiterer Forschungs- und Entwicklungsarbeiten, einschließlich der Weiterentwicklung eines Produkts, das aus dieser Forschung und Entwicklung hervorgeht, ermöglichen sollen. Ebenfalls nicht erfasst würden Zulieferverträge im Bereich Forschung und Entwicklung, wenn der Lizenznehmer also Forschungs- und Entwicklungsarbeiten im Bereich der von den lizenzierten Technologierechten geschützten Technologie durchführt und die gefundenen Ergebnisse bzw. Verbesserungen dem Lizenzgeber überlässt. Ziel solcher Vereinbarungen sei die Erbringung von Forschungs- und Entwicklungsarbeiten, nicht hingegen die Produktion von Vertragsprodukten.²¹⁹

Kommt es trotz des objektiven Ziels der Vereinbarung, dass der Lizenznehmer oder seine **57** Zulieferer innerhalb eines absehbaren Zeitraums die Vertragsprodukte produzieren, **nicht zu einer**

---

²¹² Leitlinien „Technologietransfer" Rn. 59.
²¹³ Vgl. Leitlinien „Technologietransfer" Rn. 59.
²¹⁴ Leitlinien „Technologietransfer" Rn. 59.
²¹⁵ Leitlinien „Technologietransfer" Rn. 59.
²¹⁶ Leitlinien „Technologietransfer" Rn. 65.
²¹⁷ Vgl. VO/EG 556/89, ABl. 1989 L 61, 1 (2) Erw. 5 und zur VO/EG 240/96 Immenga/Mestmäcker/Ullrich, 1. Aufl. 1997, GRUR C Rn. 16.
²¹⁸ VO/EU 316/2014, ABl. 2014 L 93, 17 (18) Erw. 7; Mitt. der Kom., Leitlinien zur Anwendung von Artikel 101 des Vertrages über die Arbeitsweise der Europäischen Union auf Technologietransfer-Vereinbarungen, ABl. 2014 C 89, 3 Rn. 65.
²¹⁹ Leitlinien „Technologietransfer" Rn. 66; auch → Einl. Rn. 86 f.

solchen Produktion innerhalb des absehbaren Zeitraums, so ist die TT-GVO nicht (mehr) anwendbar.[220] Wie bereits unter → Rn. 55 erläutert, bestimmt es sich objektiv nach dem Gesamtzusammenhang der Vereinbarung, wie zeitnah die Produktion tatsächlich erfolgen muss. Eine (vorläufige) Nicht-Verwertung muss sachlich begründet sein, damit der Vorteil der Gruppenfreistellung für den Übergangszeitraum erhalten bleibt. Verwertet der Lizenznehmer (bzw. seine Zulieferer) als eine der Parteien die lizenzierte Technologie (dh die von den lizenzierten Technologierechten geschützte Technologie) nicht innerhalb des genannten Zeitraums, ist die TT-GVO nicht (mehr) anwendbar.

58 Bereits oben wurde ausführlich besprochen, dass die **Lizenzierung von Software-Urheberrechten für die reine Vervielfältigung und den reinen Vertrieb eines geschützten Werkes** nach Erwägungsgrund 7 TT-GVO und den Leitlinien nicht in den Anwendungsbereich der TT-GVO fallen soll, da solche Vereinbarungen angeblich keine Produktion von Vertragsprodukten zum Ziel haben (hierzu und zu weiteren Themen iVm Vereinbarungen über Software-Urheberrechte → Rn. 30 ff.). Die TT-GVO soll nach den Leitlinien auch nicht für diejenigen Teile einer Technologietransfer-Vereinbarung gelten, die die Vergabe von **Unterlizenzen** vorsehen.[221] Auch diese haben keine Produktion von Vertragsprodukten zum Ziel. Allerdings wird die Kommission nach Rn. 60 der Technologietransfer-Leitlinien die Grundsätze der TT-GVO analog auf Vereinbarungen, mit denen der Lizenzgeber es dem Lizenznehmer gestattet, Unterlizenzen für die Technologierechte zu vergeben, anwenden (sog **Masterlizenzen**). Vereinbarungen zwischen dem Lizenznehmer und seinen Unterlizenznehmern mit dem Ziel der Produktion von Vertragsprodukten fallen wiederum in den Anwendungsbereich der TT-GVO.[222] Ausreichend für eine Technologietransfer-Vereinbarung, die die Produktion von Vertragsprodukten zum Ziel hat, sind ferner **Verzichts- oder Streitbeilegungsvereinbarungen,** wenn sich also der „Lizenzgeber" verpflichtet, seine Technologierechte nicht gegenüber dem „Lizenznehmer" auszuüben und auf diese Weise dem „Lizenznehmer" die Produktion der Vertragsprodukte ermöglicht.[223] Zu Streitbeilegungsvereinbarungen, auch außerhalb des Anwendungsbereichs der TT-GVO, enthalten die Leitlinien in Rn. 234–243 ein eigenes Kapitel mit Prüfungsmaßstäben.[224] Auch **Zulieferverträge,** in denen dem Lizenznehmer die Technologie zu dem Zweck lizenziert wird, ausschließlich Produkte für den Lizenzgeber zu produzieren, fallen unter die TT-GVO, da sie die Produktion der Vertragsprodukte zum Ziel haben. Der Begriff der Zulieferung kann auch die Lieferung von Ausrüstungsgegenständen durch den Lizenzgeber, die für die Produktion der unter die Vereinbarung fallenden Waren und Dienstleistungen verwendet werden, umfassen. Diese Art der Zulieferung iRe Zulieferlizenzvereinbarung fällt allerdings nur dann unter die TT-GVO, wenn die gelieferte Ausrüstung unmittelbar mit der Produktion der Vertragsprodukte verbunden ist.[225] Die Bekanntmachung der Kommission über die Beurteilung von Zulieferverträgen nach Art. 101 Abs. 1 AEUV (seinerzeit Art. 85 Abs. 1 EWG)[226] bleibt hiervon jedoch unberührt,[227] sodass Zulieferverträge im Zweifel schon nicht von Art. 101 Abs. 1 AEUV erfasst werden.[228] Liegt eine wettbewerbsbeschränkende Zuliefervereinbarung vor, die nicht die Lizenz eines Technologierechts zwecks Produktion für den Lizenzgeber, sondern den Kauf des zugelieferten Produkts betrifft, ist neben der Zulieferbekanntmachung anstelle der TT-GVO die Vertikal-GVO ggf. anwendbar (vgl. Art. 1 Abs. 1 lit. a Vertikal-GVO, nach dem Verträge über den Bezug, Verkauf und Weiterverkauf der Ware in den Anwendungsbereich der Vertikal-GVO fallen).[229]

59 Abs. 1 lit. c Ziff. i stellt ausdrücklich klar, was zu begrüßen ist, dass das Ziel der Produktion von Vertragsprodukten nicht zwangsläufig eine eigene Produktion durch den Lizenznehmer voraussetzt, sondern dass eine Produktion durch dessen **Zulieferer** genügt. Der Plural Zulieferer macht deutlich, was auch von Erwägungsgrund 7 der TT-GVO bestätigt wird,[230] dass der Lizenznehmer sich auch mehrerer Zulieferer bedienen kann. Zudem stellt Erwägungsgrund 7 klar,[231] dass auch die Durchführung weiterer Forschungs- und Entwicklungsarbeiten in einer Übergangsphase vor der Produktion

---

[220] AA Bechtold/Bosch/Brinker Art. 2 Rn. 4.
[221] Leitlinien „Technologietransfer" Rn. 60.
[222] Leitlinien „Technologietransfer" Rn. 60.
[223] Leitlinien „Technologietransfer" Rn. 53.
[224] Leitlinien „Technologietransfer"; s. zu „Pay-for-Delay" Streitbeilegungsvereinbarungen außerhalb des Anwendungsbereichs der TT-GVO auch EuGH C-591/16 P – Lundbeck.
[225] Leitlinien „Technologietransfer" Rn. 64.
[226] Bek. der Kom. vom 18.12.1978 über die Beurteilung von Zulieferverträgen nach Artikel 85 Absatz 1 des Vertrages zur Gründung der Europäischen Wirtschaftsgemeinschaft, ABl. 1979 C 1, 2.
[227] Leitlinien „Technologietransfer" Rn. 64.
[228] Auch → Einl. Rn. 34.
[229] Zur Vorgänger-GVO Schulte/Just/Dallmann TT-GVO Art. 2 Rn. 4; zur Abgrenzung zwischen Technologie- und Vertikal-GVO → Einl. Rn. 88 f.
[230] VO/EU 316/2014, ABl. 2014 L 93, 17.
[231] VO/EU 316/2014, ABl. 2014 L 93, 17.

II. Einzelne Begriffsbestimmungen 60–62 **Art. 1 TT-GVO**

der Vertragsprodukte (→ Rn. 55) durch einen oder mehrere Zulieferer des Lizenznehmers erfolgen kann. Zwar findet sich der Zusatz „durch den Lizenznehmer und/oder seine Zulieferer" nicht in Abs. 1 lit. c Ziff. ii, der die Übertragung von Technologierechten zwischen zwei Unternehmen mit dem Ziel der Produktion von Vertragsprodukten, bei der das mit der Verwertung der Technologierechte verbundene Risiko zum Teil beim Veräußerer verbleibt, als Technologietransfer-Vereinbarung definiert. Hierbei handelt es sich jedoch lediglich um eine Auslassung aus sprachlichen Gründen. Sachliche Gründe für eine diesbezügliche Differenzierung zwischen Lizenzen als Technologietransfer-Vereinbarungen nach Abs. 1 lit. c Ziff. i und Übertragungen von Technologierechten mit einer teilweisen Beibehaltung des Verwertungsrisikos durch den Veräußerer als Technologietransfer-Vereinbarungen nach Abs. 1 lit. c Ziff. ii sind nicht ersichtlich, sodass dieses Merkmal in Abs. 1 lit. c Ziff. ii hineinzulesen ist.[232]

Nach Abs. 1 lit. c Ziff. ii können auch **Übertragungen von Technologierechten** Technologietransfer-Vereinbarungen sein. Bereits oben wurde erläutert, dass die Übertragung eines Schutzrechts die Entäußerung des Rechts oder eines Teils des Rechts durch den Veräußerer voraussetzt, im Gegensatz zur Lizenzierung, die nur ein Nutzungsrecht einräumt (→ Rn. 48 f.). Als Voraussetzung nennt Abs. 1 lit. c Ziff. ii des Weiteren, dass das **mit der Verwertung der Technologierechte verbundene Risiko zum Teil beim Veräußerer verbleiben** muss. Bei Lizenzverträgen bleibt das Recht selbst beim Veräußerer, dieser trägt regelmäßig das wirtschaftliche Risiko mit. Übertragungen, bei denen das Verwertungsrisiko zum Teil beim Veräußerer verbleibt, sind mithin wirtschaftlich den Lizenzvereinbarungen gleichzustellen, was auch eine rechtliche Gleichstellung durch Abs. 1 lit. c rechtfertigt.[233] Für das Mittragen des Risikos der Verwertung der übertragenen Technologierechte werden in den Leitlinien einige Beispiele genannt: Der Profit des Übertragenden bleibt vom Erfolg der Vertragsprodukte auf der Sekundärebene mit abhängig, wenn zB die für die Übertragung zu entrichtende Gebühr vom Umsatz abhängt, den der neue Inhaber der Rechte mit den Produkten erzielt, die er auf Grundlage der übertragenen Technologierechte produziert hat. Gleiches gilt, wenn das Entgelt von der Menge der produzierten Vertragsprodukte oder der Anzahl der unter Nutzung der Technologie durchgeführten Vorgänge abhängig gemacht wird.[234]

4. Wechselseitige Vereinbarung, Abs. 1 lit. d. Die Definition der wechselseitigen Vereinbarung (cross licence) des Abs. 1 lit. d ist relevant iRd Beurteilung von Kernbeschränkungen und deren Ausnahmen nach Art. 4 Abs. 1. Bereits Art. 5 Abs. 2 Nr. 2 VO/EG Nr. 240/96 enthielt den Begriff der **wechselseitigen Vereinbarung**, der auch in Art. 5 Abs. 1 Nr. 3 legaldefiniert war. Unter Geltung der VO/EG Nr. 240/96 waren nach Art. 5 Abs. 1 Nr. 3 solche Vereinbarungen grds. von der Gruppenfreistellung ausgenommen. Nach dem jetzigen Abs. 1 lit. d sind wechselseitige Vereinbarungen solche Technologietransfer-Vereinbarungen, bei denen zwei Unternehmen einander in demselben oder in getrennten Verträgen eine Technologierechtslizenz erteilen, die konkurrierende Technologien zum Gegenstand hat oder für die Produktion konkurrierender Produkte genutzt werden kann. Gegenüber der Definition in der Vorgänger-Verordnung (dort Art. 1 Abs. 1 lit. c VO/EG Nr. 772/2004) wurde die Begriffsbestimmung der wechselseitigen Vereinbarung in Abs. 1 lit. d umformuliert. Dies ist der Einführung des Terminus „Technologierechte" in Abs. 1 lit. b geschuldet, der insoweit zu einer Vereinfachung der Formulierung führt („Technologierechtslizenz" anstelle von „eine Patent-, eine Know-how-, eine Softwarelizenz oder eine gemischte Patent-, Know-how- oder Softwarelizenz"). Eine inhaltliche Änderung ist mit dieser Umformulierung jedoch nicht verbunden.

Es müssen zwei Unternehmen einander eine **Technologierechtslizenz** erteilen. Die Formulierung des Abs. 1 lit. d ist missglückt. Abs. 1 lit. d spricht zwar von Technologietransfer-Vereinbarungen, nennt aber im Gegensatz zu Abs. 1 lit. c Ziff. ii nicht die Übertragung von Technologierechten, bei der das Verwertungsrisiko teilweise beim Veräußerer verbleibt. Dies ist jedoch nur auf die unglückliche Formulierung zurückzuführen. Bewusst stellt Abs. 1 lit. c Ziff. ii die Übertragung von Rechten der Lizenzierung gleich, wenn das Risiko der Verwertung teilweise beim Veräußerer bleibt. Wirtschaftlich handelt es sich um einen vergleichbaren Vorgang, der lediglich in ein anderes rechtliches Gewand gekleidet wird.[235] Dies rechtfertigt auch die von der Kommission in Abs. 1 lit. c Ziff. ii vorgenommene Gleichstellung dieser Übertragungen mit Lizenzverträgen (→ Rn. 48, 50).[236] Für Abs. 1 lit. d und lit. e kann aber nichts anderes gelten. Die Unterscheidung zwischen wechselseitigen und nicht wechselseitigen Vereinbarungen dient dazu, iRd Kernbeschränkungen in Art. 4 zu diffe-

---
[232] Vgl. Bechtold/Bosch/Brinker Rn. 14.
[233] Vgl. zur rechtlichen Gleichstellung von Übertragung und Lizenzierung geistigen Eigentums EuGH Slg. 1982, 2015 Rn. 47 – Nungesser/Kom.
[234] Mitt. der Kom., Leitlinien zur Anwendung von Artikel 101 des Vertrages über die Arbeitsweise der Europäischen Union auf Technologietransfer-Vereinbarungen, ABl. 2014 C 89, 3 Rn. 52.
[235] Vgl. Immenga/Mestmäcker/Fuchs Art. 1 Rn. 49.
[236] EuGH Slg. 1982, 2015 Rn. 47 – Nungesser/Kom; Immenga/Mestmäcker/Fuchs Art. 1 Rn. 49.

renzieren, da hinsichtlich der Gefahren von Marktaufteilungen wechselseitige Vereinbarungen als für den Wettbewerb gefährlicher angesehen werden. Daher sind auch wechselseitige Übertragungen, wenn das Verwertungsrisiko teilweise beim Veräußerer verbleibt, bzw. die Kombination aus Lizenzierung und Übertragung mit teilweisem Verwertungsrisiko des Veräußerers als Lizenzen iSd Abs. 1 lit. d anzusehen.

63　　Die Unternehmen müssen **einander die Lizenz in demselben oder in getrennten Verträgen** erteilen. Unter dem Begriff Verträge sind sämtliche Vereinbarungen iSd Abs. 1 lit. a zu verstehen.[237] Fraglich ist die Bedeutung von „einander". Mit Blick auf die Entwicklungsgeschichte der TT-GVOs ist es unklar, ob ein **Synallagma** zwischen den Lizenzierungen in Abs. 1 lit. d vorausgesetzt wird. In der Patentlizenz-GVO VO/EWG Nr. 2349/84[238] war noch in dem entsprechenden Art. 5 Abs. 1 Nr. 3 von einem **wechselseitigen Einräumen** von Lizenzen an Patenten, Marken oder Verkaufsrechten an nicht patentgeschützten Erzeugnissen die Rede. Diese Formulierung klingt mehr nach Synallagma als das schwache **einander erteilen** in Abs. 1 lit. d, lässt aber auch nicht eindeutig auf das Erfordernis einer synallagmatischen Beziehung schließen. Abgeschwächt wurde die Formulierung hinsichtlich des Erfordernisses eines Synallagmas zudem durch die Berichtigung von 1985,[239] nach der unter Art. 5 Abs. 1 Nr. 3 VO/EWG Nr. 2349/84 Vereinbarungen fielen, mit denen **ein Vertragspartner dem anderen Vertragspartner** eine Patentlizenz erteilt und dieser andere, auch wenn dies in getrennten Vereinbarungen oder über verbundene Unternehmen geschieht, dem ersten eine Lizenz an Patenten oder Marken oder Verkaufsrechte für nicht patentgeschützte Erzeugnisse einräumt oder ihm technisches Wissen mitteilt. Dennoch wurde zu Art. 5 Abs. 1 Nr. 3 VO/EWG Nr. 2349/84 vertreten, dass trotz des insoweit angeblich missglückten Wortlauts[240] eine synallagmatische Beziehung vorliegen müsste, was mit der Formulierung **im Austausch** in Erwägungsgrund 5 der insoweit wortgleichen Know-how-GVO VO/EWG Nr. 556/89,[241] der ausdrücklichen Freistellung von Rücklizenzierungsverpflichtungen in Art. 2 Abs. 1 Nr. 10 VO/EWG Nr. 2349/84 (die sonst überflüssig wäre) und der Entstehungsgeschichte der Norm begründet wurde.[242] Diese Ansicht bestätigte offenbar die Kommission in der nachfolgenden TT-GVO VO/EG Nr. 240/96. So hieß es in deren Art. 5 Abs. 1 Nr. 3 recht klar, dass ein Vertragspartner dem anderen Vertragspartner eine Patent- und/oder Know-how-Lizenz erteilt und ihm **dafür**, (...), **im Austausch** eine Lizenz an Patenten, Marken oder Know-how oder ausschließliche Verkaufsrechte eingeräumt werden. Auch Erwägungsgrund 8 sprach eindeutig davon, dass eine Lizenz **im Austausch** für andere Lizenzen erteilt wird.[243] Es entsprach daher ganz herrschender Lehre, dass eine synallagmatische Beziehung vorliegen muss.[244] Von den auf ein Synallagma hindeutenden Formulierungen des Art. 5 Abs. 1 Nr. 3 VO/EG Nr. 240/96 hatte sich bereits Art. 1 Abs. 1 lit. c VO/EG Nr. 772/2004 getrennt und sprach nur noch von **einander (...) erteilen.** Diese Neuformulierung deutete darauf hin, dass das Synallagma nicht mehr erforderlich sein sollte, sondern vielmehr ein bloßer Austausch genügte. Die VO/EU Nr. 316/2014 hat die Formulierung aus Art. 1 Abs. 1 lit. c VO/EG Nr. 772/2004 nunmehr in Abs. 1 lit. d übernommen. Das Erfordernis eines Synallagmas erschien schon in der VO/EWG Nr. 2349/84 mit Hinblick auf den bewusst neu formulierten und so geänderten Wortlaut des Art. 5 Abs. 1 Nr. 3 VO/EWG Nr. 2349/84 fraglich.

64　　Da nun aber, nachdem Art. 5 Abs. 1 Nr. 3 VO/EG Nr. 240/96 ausdrücklich das Vorliegen eines Synallagmas gefordert hatte, trotz des Wissens um die Problematik der Formulierung die Kommission hiervon wieder in Art. 1 Abs. 1 lit. c VO/EG Nr. 772/2004 abgerückt ist und dies in Abs. 1 lit. d beibehalten hat, muss davon ausgegangen werden, dass ein **Synallagma nicht erforderlich** ist. Erhellend sind hierzu auch die Leitlinien, die davon ausgehen, dass die Vereinbarung nicht synallagmatischer Natur sein muss. Zunächst sprechen die Leitlinien von einem Lizenzaustausch und treffen mit dieser Formulierung keine eindeutige Entscheidung für oder gegen das Erfordernis eines Synallagmas. Hiernach wird jedoch gesagt, dass eine nicht wechselseitige Vereinbarung durch die Erteilung einer zweiten Lizenz zu einer wechselseitigen Vereinbarung werden kann.[245] Ist die erste Lizenz aber bereits erteilt und als nicht wechselseitig qualifiziert, weil nicht von Anfang an als

---

[237] Vgl. zur Vorgänger-GVO Immenga/Mestmäcker/Fuchs Art. 1 Fn. 220; so auch Bechtold/Bosch/Brinker Rn. 16.
[238] ABl. 1984 L 219, 15.
[239] ABl. 1985 L 113, 35.
[240] Vgl. hierzu Bohlig GRUR-Int 1986, 97 (101).
[241] ABl. 1989 L 61, 1 (2) Erw. 5.
[242] Axster GRUR 1985, 581 (595).
[243] VO 240/96, ABl. 1996 L 31, 2 (3), Erw. 8.
[244] Vgl. Immenga/Mestmäcker/Ullrich, 1. Aufl. 1997, GRUR C Rn. 93.
[245] Mitt. der Kom., Leitlinien zur Anwendung von Artikel 101 des Vertrages über die Arbeitsweise der Europäischen Union auf Technologietransfer-Vereinbarungen, ABl. 2014 C 89, 3 (21) Rn. 98.

gegenseitig konzipiert, und tritt später einfach eine andere Lizenz in umgekehrter Richtung hinzu, so lassen sich schwerlich Fälle einer synallagmatischen Beziehung konstruieren. Dies entspricht auch der Zielsetzung der TT-GVO. Die Unterscheidung zwischen wechselseitigen und nicht wechselseitigen Vereinbarungen wird getroffen, um innerhalb der Kernbeschränkungen des Art. 4 Abs. 1 eine Differenzierung vornehmen zu können.[246] Dabei werden nicht wechselseitige Vereinbarungen als weniger problematisch betrachtet, da sie nicht das Potential zur Marktaufteilung in sich tragen sollen, das wechselseitigen Vereinbarungen innewohnt. Die Gefahr der wechselseitigen Vereinbarungen liegt darin begründet, dass gegenseitig konkurrierende Technologien bzw. Technologien zur Produktion konkurrierender Produkte lizenziert werden, also innerhalb eines horizontalen Wettbewerbsverhältnisses (welches Art. 4 Abs. 1 voraussetzt) mit der gegenseitigen Gewährung der Wettbewerbsobjekte/-voraussetzungen Marktaufteilungen oder sonstigen Wettbewerbsbeschränkungen Vorschub geleistet wird. Hierbei kann es jedoch nicht darauf ankommen, ob diese Gewährungen in einem strengen Synallagma stehen. Es ist nach den Leitlinien zu beachten, dass eine **Rücklizenzierungsverpflichtung** oder die Erteilung einer Lizenz durch den Lizenznehmer gegenüber dem Lizenzgeber für eigene Verbesserungen der lizenzierten Technologie für sich alleine noch keine wechselseitige Vereinbarung begründet,[247] vielmehr sind auch die anderen Voraussetzungen des Abs. 1 lit. d zu prüfen, etwa ob eine konkurrierende Technologie oder eine Technologie zur Produktion konkurrierender Produkte vorliegt. Wird eine nicht wechselseitige Vereinbarung später durch die Erteilung einer zweiten Lizenz zu einer wechselseitigen Vereinbarung, so berücksichtigt die Kommission bei ihrer kartellrechtlichen Prüfung, wie viel Zeit zwischen der ersten und der zweiten Lizenzvergabe verstrichen ist.[248]

Gegenstand der zwischen den beiden Unternehmen abgeschlossenen Technologietransfer-Vereinbarung muss eine Technologierechtslizenz bzw. Übertragung von Technologierechten sein, **die konkurrierende Technologien zum Gegenstand hat oder für die Produktion konkurrierender Produkte genutzt werden kann**. Konkurrierende Technologien sind in diesem Zusammenhang gleichzusetzen mit **konkurrierenden Technologierechten**. Dies ergibt sich aus Abs. 1 lit. k, wonach der relevante Technologiemarkt der Markt für die lizenzierten Technologierechte und ihre Substitute ist. Konkurrierende Technologierechte sind also solche, die miteinander im Wettbewerb stehen und sich mithin auf demselben relevanten Markt befinden.[249] Dies bedeutet, dass das eine Technologierecht durch das andere aus der Sicht der Marktgegenseite substituierbar ist.[250] Hierbei stellt Abs. 1 lit. k darauf ab, dass der Lizenznehmer die Technologierechte aufgrund ihrer Eigenschaften, ihrer Lizenzgebühren und ihres Verwendungszwecks als austauschbar oder substituierbar ansieht (→ Rn. 94). Die Frage eines potentiellen Wettbewerbs der Technologierechte stellt sich sinnvollerweise hier – im Gegensatz zur Definition der konkurrierenden Unternehmen auf dem Technologiemarkt in Abs. 1 lit. n Ziff. i – nicht, da Technologierechte aus Sicht der Marktgegenseite entweder austauschbar sind oder nicht. Dass einer der Lizenzpartner an der Entwicklung einer austauschbaren Technologie arbeitet, begründet nicht die Wechselseitigkeit. Lizenziert dieser Vertragspartner seinerseits das Recht an der von ihm entwickelten Technologie an den Lizenzgeber, wird hiermit die Wechselseitigkeit der Vereinbarung begründet. **Lizenzen für die Produktion konkurrierender Produkte** bedeutet, dass die Unternehmen einander Technologierechte gewähren, die zur Herstellung konkurrierender Produkte eingesetzt werden können und/oder sollen. Konkurrierende Produkte sind nach Abs. 1 lit. j Produkte, die vom Käufer aufgrund ihrer Eigenschaften, ihrer Preise und ihres Verwendungszwecks als austauschbar oder substituierbar angesehen werden (→ Rn. 92 ff.).

Fraglich ist, ob die **Lizenzierung konkurrierender Technologierechte** und die **Lizenzierung von Technologierechten, die für die Produktion konkurrierender Produkten genutzt werden,** nicht im Grunde dasselbe sind. Es ist denkbar, dass auf der Grundlage von zwei Technologierechten konkurrierende Produkte hergestellt werden, die Technologierechte aber von den Unternehmen nicht als substituierbar angesehen werden (etwa weil eine der von ihnen jeweilig Technologierecht geschützten Technologien erheblich kostengünstiger ist oder die Technologien verschiedene Bestandteile des konkurrierenden Endprodukts betreffen) und daher keine konkurrierenden Technologierechte vorliegen. Zudem ist denkbar, dass zwei verschiedene Technologierechte als substituierbar angesehen werden, da die von ihnen geschützten Technologien zu den gleichen Bedingungen die Produktion gleicher oder konkurrierender Produkte erlauben. Eine der geschützten Technologien

---

[246] Leitlinien „Technologietransfer" Rn. 98.
[247] Leitlinien „Technologietransfer" Rn. 98.
[248] Leitlinien „Technologietransfer" Rn. 98.
[249] Krit. zu diesem Begriff in der Vorgänger-GVO Pfaff/Osterrieth/Winzer, 3. Aufl. 2010, B.III Rn. 481.
[250] Vgl. EuG Slg. 1994, II-905 Rn. 51 – Fiatagri; EuG Slg. 1995, II-791 Rn. 24 – Trefileurope; Kom. ABl. 1994 L 259, 20 Rn. 17 – Night Services. Näher hierzu → Rn. 91 ff.

ist aber dazu in der Lage, auch andere Produkte zu produzieren, die mit den konkurrierenden Produkten in keinerlei Wettbewerbsverhältnis stehen, mithin ihrerseits nicht konkurrierend sind. Wird eine „field-of-use"-Beschränkung auf diese nicht konkurrierenden Produkte vereinbart, so liegt zwar eine Lizenzierung konkurrierender Technologierechte, nicht jedoch eine solche zur Herstellung konkurrierender Produkte vor. Wechselseitige Vereinbarungen setzen eine Lizenz für konkurrierende Technologierechte oder für die Herstellung konkurrierender Produkte voraus. Ein ursprüngliches Wettbewerbsverhältnis zwischen den Parteien muss jedoch nicht zwangsläufig vorliegen.[251]

67   **5. Nicht wechselseitige Vereinbarung, Abs. 1 lit. e.** Eine **nicht wechselseitige Vereinbarung** stellt das Gegenteil der wechselseitigen Vereinbarung nach Abs. 1 lit. d dar und ist nach Abs. 1 lit. e eine Technologietransfer-Vereinbarung, bei der ein Unternehmen einem anderen Unternehmen eine Technologierechtslizenz erteilt oder mit der zwei Unternehmen einander eine solche Lizenz erteilen, wobei diese Lizenzen jedoch keine konkurrierenden Technologien zum Gegenstand haben und auch nicht zur Produktion konkurrierender Produkte genutzt werden können. Spiegelbildlich zu Abs. 1 lit. d ist auch hier der Wortlaut missglückt. Die **„Lizenzen"** erfassen auch die Übertragung von Technologierechten, wenn das mit der Verwertung der Technologierechte verbundene Risiko zum Teil beim Veräußerer verbleibt (→ Rn. 48, 60). Im Gegensatz zu wechselseitigen Vereinbarungen sind **nicht wechselseitige Vereinbarungen** solche, bei denen ein Unternehmen einseitig einem anderen Unternehmen Lizenzen erteilt oder Technologierechte überträgt. Aber auch wenn zwei Unternehmen einander Lizenzen erteilen oder Technologierechte übertragen, wobei irrelevant ist, ob diese Vereinbarungen synallagmatisch sind oder nicht (→ Rn. 61 f.), kann eine nicht wechselseitige Vereinbarung vorliegen. Dies ist der Fall, wenn die vertragsgegenständlichen Technologierechte nicht miteinander konkurrieren und die Technologietransfer-Vereinbarungen nicht die Produktion konkurrierender Produkte zum Gegenstand haben.

68   **6. Produkt, Abs. 1 lit. f.** Unter Produkt ist nach Abs. 1 lit. f eine Ware oder eine Dienstleitung in Form eines Zwischen- oder Endprodukts zu verstehen. Unter **Waren** fallen sämtliche materiellen Gegenstände, die Gegenstand des Rechtsverkehrs sein können. Dies sind körperliche Gegenstände, also Sachen, genauso wie materielle, aber nicht körperliche Gegenstände, wie zB elektrischer Strom. **Dienstleistungen** sind sämtliche Gegenstände des Wirtschaftsverkehrs außer Immaterialgütern und Waren.[252] Während das **Endprodukt** die Form der Ware/Dienstleistung ist, in der sie an den Endverbraucher gelangen soll, ist das **Zwischenprodukt** eine Form der Ware/Dienstleistung, die noch weiterer Be- oder Verarbeitung bedarf, um zum Endprodukt zu avancieren.

69   **7. Vertragsprodukt, Abs. 1 lit. g.** Abs. 1 lit. g definiert den Begriff **Vertragsprodukt**. Es handelt sich danach um ein Produkt (zum Produkt iE → Rn. 68), das unmittelbar oder mittelbar auf der Grundlage der lizenzierten Technologierechte produziert wird. Auch hier ist, wie bei den Definitionen der wechselseitigen und nicht wechselseitigen Vereinbarungen in Abs. 1 lit. e und lit. f, davon auszugehen, dass mit lizenzierten Technologierechten auch übertragene Technologierechte nach Abs. 1 lit. c Ziff. ii gemeint sind, wenn also das mit der Verwertung der Technologierechte verbundene Risiko zum Teil beim Veräußerer verbleibt (→ Rn. 60). Nach den Leitlinien, die die unpräzise Formulierung des Abs. 1 lit. g erläutern, sind Vertragsprodukte Produkte, die die vom lizenzierten (übertragenen) Technologierecht geschützte Technologie enthalten oder mit Hilfe des lizenzierten (übertragenen) Technologierechts produziert werden.[253] Dies ist der Fall, wenn die vom lizenzierten (übertragenen) Technologierecht geschützte Technologie im Produktionsprozess genutzt wird und/oder wenn sie in das Erzeugnis selbst Eingang findet.[254] Voraussetzung ist aber eine Herstellung unter Einsatz der lizenzierten/übertragenen Technologierechte. Diese liegt bereits dann vor, wenn der Inhaber des Technologierechts sich gegenüber dem Vertragspartner verpflichtet, seine Rechte nicht geltend zu machen (Verzichts- bzw. Streitbeilegungsvereinbarung).[255] Nach Aussage der Kommission in den Leitlinien geht die TT-GVO davon aus, dass zwischen den lizenzierten Technologierechten und einem Vertragsprodukt eine unmittelbare Verbindung besteht.[256] Insoweit stellt die begrüßenswerte neue Formulierung des Abs. 1 lit. g klar, dass das Produkt unmittelbar oder mittelbar auf der Grundlage der lizenzierten Technologierechte produziert werden kann. Dies bedeutet also, dass auch Zwischenschritte möglich sind, also bspw. die geschützte Technologie in

---

[251] Schultze/Pautke/Wagener TT-GVO Rn. 92 ff.
[252] Vgl. zur Vertikal-GVO Immenga/Mestmäcker/Ellger Vertikal-GVO Art. 2 Rn. 16.
[253] Leitlinien „Technologietransfer" Rn. 58.
[254] Leitlinien „Technologietransfer" Rn. 61.
[255] Leitlinien „Technologietransfer" Rn. 53.
[256] Leitlinien „Technologietransfer" Rn. 61.

einem ersten Verfahrensschritt zur Produktion verwendet wird, an den sich weitere Verfahrensschritte anschließen.

Vertragsprodukte müssen als weitere, nicht von Abs. 1 lit. g erwähnte Voraussetzung zumindest konkludent **Gegenstand der Technologietransfer-Vereinbarung** sein (→ Rn. 53). Dies ergibt sich aus der Definition der Technologietransfer-Vereinbarung in Abs. 1 lit. b, die das Ziel der Produktion von Vertragsprodukten voraussetzt. Auch verschiedene Produkte in verschiedenen relevanten Märkten, die auf Grundlage derselben Technologierechte produziert werden sollen, können Vertragsprodukte sein. Soll die geschützte Technologie in ein Zwischenprodukt Eingang finden bzw. ein Zwischenprodukt hiermit produziert werden mit dem (ggf. konkludent) vereinbarten Ziel, dass dieses Zwischenprodukt in ein Endprodukt Eingang findet bzw. das Endprodukt mit dem Zwischenprodukt produziert wird, sind sowohl Zwischen- als auch Endprodukt Vertragsprodukte.[257]

Schließlich ist zu beachten, dass nur die auf Grundlage der lizenzierten bzw. übertragenen Technologierechte produzierten bzw. zu produzierenden Produkte, die Vertragsgegenstände der Technologietransfer-Vereinbarung geworden sind, **nicht jedoch deren Substitute** auf den selben relevanten Markt Vertragsprodukte sind. Dies ergibt sich aus Abs. 1 lit. j und ist für die Definitionen des Exklusivgebiets in Abs. 1 lit. q (→ Rn. 117) und der Exklusivkundengruppe in Abs. 1 lit. r (→ Rn. 120 f.) von Bedeutung. Dies bedeutet jedoch nicht, dass es sich bei Vertragsprodukten nur um die konkreten vom Lizenznehmer/Erwerber der Technologierechte hergestellten Produkte handelt. Vertragsprodukte bezeichnet vielmehr eine bestimmte **Art von Produkten,** ohne deren Substitute einzubeziehen (also bspw. ein Smartphone einer besonderen Bauweise mit bestimmten Funktionen und nicht alle Smartphones). Vertragsprodukte können mithin auch vom Lizenzgeber oder von anderen Lizenznehmern produziert werden, wie sich aus Abs. 1 lit. o, q, r, Art. 8 lit. d ergibt. Wesentlich ist aber, dass die Vertragsprodukte unmittelbar oder mittelbar auf Grundlage eines Technologierechts, das iRd Technologietransfer-Vereinbarung lizenziert oder übertragen wird, produziert werden.

8. Rechte des geistigen Eigentums, Abs. 1 lit. h. Unter **Rechten des geistigen Eigentums** versteht die TT-GVO nach Abs. 1 lit. h gewerbliche Schutzrechte, vor allem Patente und Markenzeichen, sowie Urheberrechte und verwandte Schutzrechte.

Die Lizenzierung und Übertragung von Rechten des geistigen Eigentums, die keine Technologierechte iSd Abs. 1 lit. b sind, fällt nur dann unter die TT-GVO, wenn es sich um mitfreigestellte Bestimmungen in einer Technologietransfer-Vereinbarung nach Art. 2 Abs. 3 handelt (→ Art. 2 Rn. 20–24). Während bei den beispielhaft für gewerbliche Schutzrechte genannten Patente auch Technologierechte sind, ist das bei den ebenfalls genannten **Markenzeichen** nicht der Fall (zu Marken- und Kennzeichenrechten → Rn. 75 ff.). Gemäß den Leitlinien wird die Kommission außer in den Fällen des Art. 2 Abs. 3 die TT-GVO und die in den Leitlinien aufgestellten Grundsätze auch nicht analog auf die Lizenzierung von Markenrechten anwenden. Markenzeichen würden nämlich oft im Zusammenhang mit dem Vertrieb und dem Weiterverkauf von Waren und Dienstleistungen lizenziert, sodass die Vereinbarung eher einer Vertriebsvereinbarung als einer Technologietransfer-Vereinbarung entspreche. Wenn sich eine Markenzeichenlizenz unmittelbar auf die Nutzung, den Verkauf oder den Weiterverkauf von Waren und Dienstleistungen beziehe und nicht den Hauptgegenstand der Vereinbarung bilde, sei jedoch die Vertikal-GVO anwendbar.[258]

Auch die Lizenzierung und Übertragung von **Urheberrechten** (zu Urheberrechten und verwandten Schutzrechten → Rn. 79 ff.), die keine Technologierechte, also keine Software-Urheberrechte, sind, fallen nur unter den Voraussetzungen des Art. 2 Abs. 3 unter die TT-GVO. Allerdings stellt die Kommission in den Leitlinien fest, dass sie bei der Prüfung der Lizenzierung von Urheberrechten für die Produktion von Vertragsprodukten nach Art. 101 AEUV im Allgemeinen die Grundsätze der TT-GVO und der Leitlinien analog anwenden werde.[259] Keine analoge Anwendung werde jedoch auf die Lizenzierung von Verleihrechten und Rechten zur öffentlichen Wiedergabe aus Urheberrechten erfolgen, da sich in diesen Fällen spezielle Fragen stellten, die nicht den Grundsätzen des Technologietransfers entsprächen. So müssten bei der Anwendung von Art. 101 AEUV in diesen Fällen die Besonderheiten des Werks und die Art und Weise, wie es genutzt wird, berücksichtigt werden.[260]

a) Markenzeichen iSd Abs. 1 lit. h. Neben Patenten sind auch **Markenzeichen** ausdrücklich zur Konkretisierung des Begriffs der gewerblichen Schutzrechte in Abs. 1 lit. h genannt. Den

---

[257] Vgl. Bechtold/Bosch/Brinker Rn. 18.
[258] Leitlinien „Technologietransfer" Rn. 50.
[259] Leitlinien „Technologietransfer" Rn. 48.
[260] Leitlinien „Technologietransfer" Rn. 49.

Markenzeichen ähnliche Schutzrechte sind die **Kennzeichenrechte,** die ebenfalls als Rechte des geistigen Eigentums unter die Definition des Abs. 1 lit. h fallen. Marken- und Kennzeichenrechte existieren sowohl auf europäischer als auch auf nationaler Ebene. Eine **Harmonisierung** der Vorschriften über die Markenrechte beinhaltet die Markenrichtlinie RL (EU) 2015/2436[261] (zuvor RL 89/104/EWG[262] und darauf folgend RL 2008/95/EG, die am 15.1.2019 außer Kraft getreten ist, – MarkenRL),[263] welche auf nationaler Ebene iRd MarkenG in deutsches Recht umgesetzt wurde. Mit der Unionsmarkenverordnung VO (EU) 2017/1001[264] (zuvor Gemeinschaftsmarkenverordnung VO/EG Nr. 40/94,[265] abgelöst durch VO/EG Nr. 207/2009 – GMV)[266] wurde in Ergänzung zu den daneben anwendbaren nationalen Markenrechten[267] ein **einheitliches europäisches Markenrecht** geschaffen. Im Gegensatz zur nationalen Marke, bei der ihre Benutzung zur Schutzerlangung bereits ausreicht (§ 4 Nr. 2 MarkenG), bedarf es für einen einheitlichen, europäischen Schutz der Eintragung der Unionsmarke beim Amt der Europäischen Union für geistiges Eigentum (Art. 2, 6, 41 ff. UMV). Die Gemeinschaftsmarke hat einheitliche Wirkung für die gesamte Union: sie kann nur für das gesamte Gebiet der EU eingetragen und übertragen, ihre Benutzung nur für das gesamte Gebiet untersagt werden (Art. 1 Abs. 2 UMV). Eine weitere Möglichkeit der internationalen Registrierung der beim Harmonisierungsamt sowie den in den Unterzeichnerstaaten eingetragenen Marken wird durch das **Madrider Markenabkommen**[268] und das **Protokoll zum Madrider Markenabkommen**[269] eröffnet. Auf deren Grundlage wird zwar – anders als bei der Gemeinschaftsmarke – keine internationale einheitliche Marke geschaffen. Doch kann der Schutz einer nationalen oder Gemeinschaftsmarke auf das Gebiet der Staaten ausgedehnt werden, die das Abkommen bzw. das Protokoll unterzeichnet haben. Es entsteht mithin ein Bündel von (nationalen) Markenrechten, deren Schutz sich nach nationalem Recht (bzw. Unionsrecht) richtet, wobei ihre Verwaltung zentral durch die WIPO erfolgt.[270] Die Umsetzungsbestimmungen des Madrider Markenabkommens wurden in Deutschland in die §§ 107 ff. MarkenG aufgenommen.

76 **Marken** können alle Zeichen sein, die sich graphisch darstellen lassen, insbesondere Wörter einschließlich Personennamen, Abbildungen, Buchstaben, Zahlen, aber auch Hörzeichen, dreidimensionale Gestaltungen einschließlich der Form der Ware oder ihrer Verpackung sowie sonstige Aufmachungen einschließlich Farben und Farbzusammenstellungen, soweit solche Zeichen geeignet sind, Waren oder Dienstleistungen eines Unternehmens von denjenigen anderer Unternehmen zu unterscheiden (Art. 3 MarkenRL, Art. 4 UMV bzw. §§ 3 Abs. 1, 8 Abs. 1 MarkenG). Hierin kommt die Grundfunktion der Marke, nämlich die Unterscheidung von Waren und Dienstleistungen verschiedener Unternehmen, zum Ausdruck. Nach Art. 10 Abs. 1 MarkenRL und § 14 Abs. 1 MarkenG bzw. Art. 9 Abs. 1 UMV gewährt die Marke ihrem Inhaber ein ausschließliches Recht. Bei der Bestimmung des **Schutzgegenstandes** des Markenrechts stellt der EuGH vornehmlich auf die mit der Unterscheidungsfunktion teilidentische Herkunftsfunktion sowie die Qualitätssicherungsfunktion der Marke ab. Hauptfunktion der Marke sei es, die Ursprungsidentität der Ware oder Dienstleistung gegenüber den Verbrauchern zu garantieren.[271] Die Marke könne ihre Aufgabe als wesentlicher Bestandteil des Systems eines unverfälschten Wettbewerbs nur erfüllen, wenn sie gewährleistet, dass alle Waren oder Dienstleistungen, die sie kennzeichnet, unter der Kontrolle eines einzigen Unternehmens hergestellt oder erbracht worden sind, das für ihre Qualität verantwortlich gemacht werden kann.[272] Der Markenrechtsinhaber soll vor den Gefahren von Verwechslungen geschützt sein, wenn Dritte beabsichtigen, widerrechtlich aus dem Ruf seiner Produkte Vorteile zu

---

[261] ABl. 2015, L 336, 1.
[262] ABl. 1989 L 40, 1; aufgehoben und ersetzt durch RL 2008/95, ABl. 2008 L 299, 25.
[263] ABl. 2008 L 299, 25.
[264] ABl. 2017 L 154, 1.
[265] ABl. 1994 L 11, 1; aufgehoben und ersetzt durch VO/EG 207/2009, ABl. 2009 L 78, 1.
[266] ABl. 2009 L 78, 1.
[267] S. VO/EG 207/2009, ABl. 2009 L 78, 1, 1 Erw. 6.
[268] Madrider Abkommen über die internationale Registrierung von Marken v. 14.4.1891; zuletzt revidert in Stockholm am 14.7.1967, BGBl. 1970 II 293, 418 und geändert am 2.10.1979, BGBl. 1984 II 799.
[269] Protokoll zum Madrider Abkommen über die internationale Registrierung von Marken, angenommen in Madrid am 27.6.1989, BGBl. 1995 II 1017 und ABl. 2003 L 296, 22.
[270] Vgl. Götting SoftwareR-HdB § 68 Rn. 1; Nordemann Rn. 1023.
[271] EuGH Slg. 2010, I-2417 Rn. 82 – Google France und Google; EuGH Slg. 2009, I-5185 Rn. 58 – Loréal/Bellure; EuGH Slg. 2005, I-8551 Rn. 23 – Medion; EuGH Slg. 2002, I-10273, I-10316 Rn. 48 – Arsenal Football Club; EuGH Slg. 1998, I-5507 Rn. 28 – Canon; dies hat der EuGH für Unionskollektivmarken bestätigt EuGH Urt. v. 20.9.2017 – C-673/15 P, C-674/15 P, C-675/15 P, C-676/15 P – The Tea Board/Amt der Europäischen Union für geistiges Eigentum (EUIPO).
[272] EuGH Slg. 2002, I-10273, I-10316 Rn. 48 – Arsenal Football Club; EuGH Slg. 2002, I-5475, I-5504 Rn. 30 – Philips; EuGH Slg. 1998, I-5507 Rn. 28 – Canon.

ziehen.²⁷³ Der dem Markenrechtsinhaber gewährte Schutz beschränkt sich allerdings auf sein Recht, das gekennzeichnete Produkt unter seiner Kontrolle in den Verkehr zu bringen und dabei das Markenrecht zu benutzen.²⁷⁴ Er erschöpft sich mithin in der Benutzungshandlung des Inverkehrbringens, dh Dritten darf die rechtmäßige Benutzung der Produkte nicht verboten werden, wenn sie durch den Markenrechtsinhaber oder mit seiner Zustimmung in den Verkehr gebracht worden sind. Aus Art. 7 RL 2008/95/EG, der die Erschöpfung auf das Inverkehrbringen innerhalb der Europäischen Union beschränkt und insoweit eine umfassende Harmonisierung enthält, folgt andererseits, dass es den Mitgliedstaaten verwehrt ist, den Erschöpfungsgrundsatz auf Fälle zu auszudehnen, in denen der Rechteinhaber die mit der Marke gekennzeichneten Produkte in einem Drittland in den Verkehr gebracht hat.²⁷⁵

Das deutsche **MarkenG** beschränkt sich nicht auf die Regelung des Markenrechts, sondern regelt darüber hinaus auch den Schutz anderer Kennzeichenrechte, namentlich geschäftlicher Bezeichnungen und geographischer Herkunftsangaben. Die europäische Verordnung zum Schutz von geographischen Angaben und Ursprungsbezeichnungen für Agrarerzeugnisse und Lebensmittel,²⁷⁶ deren Regelungen unmittelbar anwendbar sind, wurde iRd MarkenG berücksichtigt. Unter den Begriff der **geschäftlichen Bezeichnungen** fallen Unternehmenskennzeichen und Werktitel (§ 5 Abs. 1 MarkenG). Dabei sind **Unternehmenskennzeichen** solche Zeichen, die im geschäftlichen Verkehr als Name, als Firma oder als besondere Bezeichnung eines Geschäftsbetriebes oder eines Unternehmens benutzt werden (§ 5 Abs. 2 S. 1 MarkenG). Der Name wird auch von § 12 BGB geschützt, der neben § 5 MarkenG anwendbar ist. Diese allgemeine Vorschrift wird jedoch immer dann von § 5 MarkenG verdrängt, wenn der Name innerhalb des geschäftlichen Verkehrs genutzt wird. Internet-Domains werden den Unternehmenskennzeichen zugeordnet, wenn sie außerhalb des geschäftlichen Verkehrs genutzt werden, von § 12 BGB geschützt.²⁷⁷ **Werktitel** sind Namen oder besondere Bezeichnungen von Druckwerken, Filmwerken, Tonwerken, Bühnenwerken oder sonstigen vergleichbaren Werken (§ 5 Abs. 3 MarkenG). Als **geographische Herkunftsangaben** werden Namen von Orten, Gegenden, Gebieten oder Ländern sowie sonstige Angaben oder Zeichen, die im geschäftlichen Verkehr zur Kennzeichnung der geographischen Herkunft von Waren oder Dienstleistungen benutzt werden, soweit sie keine Gattungsbezeichnungen sind, geschützt (§ 126 MarkenG bzw. Art. 5 VO/EU Nr. 1151/2012).

In einer Zusammenschau der einzelnen Definitionen wird deutlich, dass allen Kennzeichenrechten gemeinsam ist, dass mit ihrer Hilfe Unternehmen bzw. Waren und Dienstleistungen identifiziert werden sollen.²⁷⁸ Auch geschäftliche Bezeichnungen und geographische Herkunftsangaben definieren sich mithin maßgeblich über ihre Unterscheidungskraft. Für die Bestimmung des **Schutzgegenstands** der Kennzeichenrechte ist ihre Eignung zur Unterscheidung und zum Schutz des Verbrauchers vor der Gefahr der Irreführung entscheidend,²⁷⁹ wobei die einzelnen Kennzeichen freilich unterschiedliche Bezugsobjekte haben. Geht es bei der Marke um die Unterscheidung von Waren oder Dienstleistungen eines Unternehmens, haben die sonstigen Kennzeichenrechte die Funktion, das Unternehmen selbst, Werke oder geographische Ursprünge zu identifizieren.

b) Urheberrechte und verwandte Schutzrechte iSd Abs. 1 lit. h. Des Weiteren gehören nach Abs. 1 lit. h auch **Urheberrechte und verwandte Schutzrechte** zu den Rechten des geistigen Eigentums. Zur Definition des Urheberrechts ist eine Zusammenschau der Rspr. des EuGH, des sekundären Unionsrechts und der Rechtsordnungen der Mitgliedstaaten heranzuziehen. **Schutzgegenstand** des Urheberrechts ist grds. ein Werk der Literatur, Wissenschaft oder Kunst.²⁸⁰ Der EuGH

---

²⁷³ EuGH Slg. 2007, I-3391, I-3447 Rn. 14 – Boehringer Ingelheim/Swingward; EuGH Slg. 1994, I-2789, I-2847 Rn. 33 – IHT/Ideal-Standard; EuGH Slg. 1990, I-3711, I-3758 Rn. 14 – CNL-Sucal/HAG; EuGH Slg. 1978, 1824 Rn. 11/14 – Centrafarm/American Home Products Corporation; EuGH Slg. 1974, 1183 Rn. 8 – Centrafarm/Winthrop.
²⁷⁴ Niebel WRP 2003, 482 (484).
²⁷⁵ EuGH Slg. 1998, I-4822, I-4828 ff. Rn. 18 ff., 25 f. – Silhouette/Hartlauer.
²⁷⁶ VO/EG 2081/92, ABl. 1992 L 208, 1; aufgehoben und ersetzt durch VO/EU 1151/2012, ABl. 2012 L 343, 1.
²⁷⁷ BGH GRUR 2016, 810 – profitbricks.es; BGH GRUR 2014, 506 – sr.de; BGH GRUR 2012, 304 – Basler Haar-Kosmetik; BGH GRUR 2005, 262 – soco.de; BGH MMR 2005, 313 – mho.de; BGH GRUR 2002, 622 – shell.de.
²⁷⁸ Marx, Deutsches, europäisches und internationales Markenrecht, 2. Aufl. 2007, Rn. 29.
²⁷⁹ Vgl. auch BGH GRUR 2005, 517 (518) – Literaturhaus; GRUR 2004, 514 (515) – Telekom; GRUR 2002, 814 (816) – Festspielhaus I; GRUR 2001, 420 (421) – SPA; NJW 1965, 1853 (1854) – L'Oréal de Paris.
²⁸⁰ Chrocziel GewRS Rn. 18; Fromm/Nordemann, Urheberrecht/Nordemann, 12. Aufl. 2018, § 1 Rn. 2; Immenga/Mestmäcker/Ullrich, 5. Aufl. 2012, GRUR A Rn. 19; Rehbinder/Peukert UrhR Rn. 2; Schricker/Loewenheim/Loewenheim Einl. Rn. 1 f.

betont stets in Anlehnung an die Berner Übereinkunft zum Schutze von Werken der Literatur und der Kunst[281] den Schutz literarischer und künstlerischer Werke durch das Urheberrecht.[282] Diese Werke sind persönlich-geistige Leistungen und erhalten Schutz aufgrund ihrer Individualität in Form einer Mindestgestaltungshöhe.[283] Das Urheberrecht gilt jedoch nicht einer abstrakten Idee oder der schöpferischen Tätigkeit, sondern deren persönlicher Präsentation, dem Geisteswerk bzw. der geistigen Schöpfung, die ein körperliches Ausdrucksmittel findet.[284] Das geschützte Werk ist nach Rehbinder/Peukert ein menschliches Geistesgut.[285] Das Urheberrecht stellt ein absolutes Ausschließlichkeitsrecht dar.[286] Es vermittelt sowohl ausschließliche positive Verwertungs- als auch negative Ausschlussrechte.[287] Mangels Vollharmonisierung und aufgrund der verschiedenartigen Ausprägungen des Urheberrechts in den EU-Mitgliedstaaten ist eine genaue Definition des spezifischen Schutzgegenstandes des Urheberrechts kaum möglich.[288] Mangels Harmonisierung sah der **EuGH** sich auch in der Entscheidung Karen Murphy gezwungen, von einer eindeutigen Definition des spezifischen Urheberrechtsgegenstandes abzusehen.[289] Sehr weit führte der EuGH in seiner bisherigen Rspr. aus, dass der spezifische Gegenstand des Urheberrechts in dem Schutz der Persönlichkeitsrechte und der wirtschaftlichen Rechte des Inhabers, sein Werk kommerziell zu verwerten, liege. Das Urheberrecht hat somit eine persönlichkeitsrechtliche und eine kommerzielle Komponente.[290] Das Persönlichkeitsrecht berechtige den Inhaber insbesondere dazu, sich jeder für Ehre oder Ruf nachteiligen Entstellung, Verstümmelung oder sonstigen Änderung des Werkes zu widersetzen.[291] Die kommerzielle Komponente beinhalte die Befugnis des Schutzrechtsinhabers zur Erteilung von Lizenzen gegen eine angemessene Vergütung.[292] So gewährt das UrhG[293] in Deutschland **bestimmte Vergütungsrechte**.[294]

80 Als **grundlegende Rechte des Urhebers**[295] betrachtet der EuGH das ausschließliche Recht der Auf-/Vorführung und das ausschließliche Recht der Vervielfältigung und Verbreitung des Werkes.[296] Auch wenn eine nationale Rechtsordnung einzelne typische Rechte des Urhebers, wie zB die Vermietung (bzw. den Vergütungsanspruch hierfür),[297] nicht gesondert schützt, kann dennoch ein Urheberrecht vorliegen.[298] Im EU-Binnenmarkt kann das Urheberrecht nach der Rspr. des EuGH Gegenstand der Kartellkontrolle und der Verkehrsfreiheiten sein.[299]

81 Unter die **dem Urheberrecht verwandten Schutzrechte** fallen Leistungsschutzrechte. Deren Gegenstand sind Leistungen auf kulturellem Gebiet, die selbst keine Werke darstellen, aber solche

---

[281] BGBl. 1973 II 1071, zuletzt geändert durch Änderungsbeschluss v. 2.10.1979.
[282] EuGH Slg. 1980, 881 Rn. 12 – Coditel/Ciné Vog; EuGH Slg. 1988, 2605 Rn. 11 – Warner Brothers/Christiansen; EuGH Slg. 1989, 79 Rn. 7 – EMI Electrola/Patricia Im- und Export; EuGH Slg. 1998, I-1953 Rn. 15, 23 – Metronome Musik; vgl. auch Schricker/Loewenheim/Loewenheim Einl. Rn. 1; NK-EuWettbR/Gaster AEUV Art. 101 Rn. 1063.
[283] Immenga/Mestmäcker/Ullrich, 5. Aufl. 2012, GRUR A Rn. 19; Rehbinder/Peukert UrhR Rn. 55 ff., 61.
[284] Chrocziel GewRS Rn. 18; Immenga/Mestmäcker/Ullrich, 5. Aufl. 2012, GRUR A Rn. 19, 24; Rehbinder/Peukert UrhR Rn. 2, 47, 58 ff., 65; das Merkmal der Gestaltungshöhe aufgebend Schricker/Loewenheim/Loewenheim § 2 Rn. 14.
[285] Rehbinder/Peukert UrhR Rn. 28, 189.
[286] Rehbinder/Peukert UrhR Rn. 7, 350; Schricker/Loewenheim/Loewenheim Einl. Rn. 25; zum ausschließlichen Verwertungsrecht s. auch EuGH Slg. 1981, 147 Rn. 8 – Musik-Vertrieb Membran/GEMA.
[287] Rehbinder/Peukert UrhR Rn. 7 ff., 331 ff.; Schricker/Loewenheim/Loewenheim Einl. Rn. 26.
[288] Schricker/Loewenheim/Leistner Einl. Rn. 102; vgl. NK-EuWettbR/Gaster AEUV Art. 101 Rn. 1060.
[289] EuGH Slg. 2011, I-9159 Rn. 188 – Karen Murphy; vgl. zur einheitlichen Begriffsauslegung Handig GRUR-Int 2012, 9 (10–14).
[290] Vgl. EuGH Slg. 2011, I-9159 Rn. 107 – Karen Murphy; EuGH Slg. 1981, 147 Rn. 12 – Musik-Vertrieb Membran/GEMA; Chrocziel GewRS Rn. 18; Rehbinder/Peukert UrhR Rn. 18 ff., 5, 66, 102; Schricker/Loewenheim/Loewenheim Einl. Rn. 28.
[291] EuGH Slg. 1993, I-5145 Rn. 20 – Phil Collins.
[292] EuGH Slg. 2011, I-9159 Rn. 107 ff. – Karen Murphy.
[293] BGBl. 1965 I 1273, zuletzt geändert durch Art. 1 G v. 17.7.2017 mWv 1.3.2018, BGBl. 2017 I 3346.
[294] Rehbinder/Peukert UrhR Rn. 350 f.; Schricker/Loewenheim/Loewenheim Einl. Rn. 27.
[295] Für einen Überblick über die urheberrechtliche Rechtsprechung des EuGH s. Dreier/Schulze, Urheberrechtsgesetz, Verwertungsgesellschaftengesetz Kunsturhebergesetz Kommentar/Dreier Einl. Rn. 53.
[296] Vgl. EuGH Slg. 2011, I-9159 Rn. 153 ff. – Karen Murphy; EuGH Slg. 1980, 881 Rn. 14, 16 – Coditel/Ciné Vog; EuGH Slg. 1988, 2605 Rn. 13 – Warner Brothers/Christiansen; EuGH Slg. 1989, 79 Rn. 7 – EMI Electrola/Patricia Im- und Export; EuGH Slg. 1998, I-1953 Rn. 19 – Metronome Musik.
[297] Vgl. hierzu EuGH Slg. 1998, I-1953 Rn. 16 – Metronome Musik.
[298] EuGH Slg. 1988, 2605 Rn. 18 – Warner Brothers/Christiansen.
[299] Vgl. EuGH Slg. 2011, I-9159 Rn. 76 ff. und 134 ff. – Karen Murphy; EuGH Slg. 1981, 147 Rn. 23 ff. – Musik-Vertrieb Membran/GEMA; vgl. auch Schricker/Loewenheim/Loewenheim Einl. Rn. 81–88, 98–106.

II. Einzelne Begriffsbestimmungen 82–84 **Art. 1 TT-GVO**

vermitteln können.³⁰⁰ Dies bedeutet, dass nicht der Geist selbst in einer bestimmten Form Ausdruck findet und diese so zum Werk geistiger Schöpfung wird (so jedoch beim Urheberrecht), sondern dass lediglich eine Tätigkeit sich auf ein bestimmtes geistiges Gut bezieht. Die Leistungen unterscheiden sich voneinander aufgrund objektiver Merkmale und nicht aufgrund subjektiver geistiger Individualität.³⁰¹ Hierunter fallen beispielsweise die Ausschließlichkeitsrechte des ausübenden Künstlers an seiner Darbietung³⁰² sowie die entsprechenden Rechte der Tonträger-,³⁰³ Film-³⁰⁴ und Datenbankhersteller,³⁰⁵ wenn diesen kein Urheberrechtsschutz zukommt, und der Sendeunternehmen³⁰⁶ sowie Rechte an wissenschaftlichen Ausgaben alter Werke³⁰⁷ und an einfachen Fotografien.³⁰⁸, ³⁰⁹

Während die Schaffung eines Unionsurheberrechts noch aussteht, hat es im **Sekundärrecht** 82 zahlreiche europäische Regelungen zur Harmonisierung und/oder Ergänzung nationaler Urheberrechtssysteme gegeben. Aus diesen Regelungen des Sekundärrechts kann geschlossen werden, dass ihre Regelungsgegenstände auf jeden Fall Urheberrechte oder verwandte Schutzrechte iSd Unionsrechts sind.³¹⁰

9. Know-how, Abs. 1 lit. i. Bei **Know-how** handelt es sich um Technologierechte nach 83 Abs. 1 lit. b, die Gegenstand einer unter die TT-GVO fallenden Technologietransfer-Vereinbarung nach Abs. 1 lit. c sein können.

Know-how unterscheidet sich von den Rechten des geistigen Eigentums dadurch, dass es keine 84 Ausschließlichkeit vermittelt, es daher nur ein sog unvollkommenes „Recht" des geistigen Eigentums ist. Nach Abs. 1 lit. i ist Know-how eine **Gesamtheit praktischer Kenntnisse, die durch Erfahrungen und Versuche gewonnen** werden und die (i) **geheim**, dh nicht allgemein bekannt und nicht leicht zugänglich sind, (ii) **wesentlich**, dh die für die Produktion der Vertragsprodukte von Bedeutung und nützlich sind, und (iii) **identifiziert** sind, dh umfassend genug beschrieben sind, sodass überprüft werden kann, ob es (das Know-how) die Merkmale „geheim" und „wesentlich" erfüllt. Know-how trat unionsrechtlich erstmals mit der Ermächtigungsverordnung VO/EWG Nr. 19/65³¹¹ in Erscheinung. Eine Legaldefinition folgte in der GVO für Forschung und Entwicklung VO/EWG Nr. 418/85,³¹² der GVO für Franchisevereinbarungen VO/EWG Nr. 4087/88,³¹³ gefolgt von der GVO für Know-how-Vereinbarungen VO/EWG Nr. 556/89,³¹⁴ die später mit der Patentlizenzvereinbarungs-GVO VO/EWG Nr. 2349/84³¹⁵ zur ersten TT-GVO VO/EG Nr. 240/96³¹⁶ zusammengefasst wurde. Auch die Vertikal-GVO Nr. 330/2010³¹⁷ enthielt in Abs. 1 lit. g eine Definition des Know-how, ebenso wie ihre Vorgänger-GVO Nr. 2790/1999 in lit. f. Dies gilt auch für die aktuelle Vertikal-GVO (VO (Eu) 2022/720), dort Abs. 1 lit. j. Gleiches gilt für die FuE-GVO (VO/EU 2023/1066)³¹⁸ (Abs. 1 Nr. 9) und ihre Vorgänger-GVOs VO/EU Nr. 1217/2010 (Abs. 1 lit. i-l) und VO/EG Nr. 2659/2000³¹⁹ (Art. 2 Nr. 10). Die Definition des Know-hows hat sich dabei von Art. 1 Abs. 2 lit. e VO/EWG Nr. 418/85, Art. 1 Abs. 3 lit. f und lit. g VO/EWG Nr. 4087/88 sowie Art. 1 Abs. 7 Nr. 1–4 VO/EWG Nr. 556/89 über Art. 10 Nr. 1–4 VO/EG

---

³⁰⁰ Rehbinder/Peukert UrhR Rn. 2 f.
³⁰¹ Rehbinder/Peukert UrhR Rn. 641 ff.
³⁰² Im deutschen Recht §§ 73–83 UrhG.
³⁰³ Im deutschen Recht §§ 85 f. UrhG.
³⁰⁴ Im deutschen Recht §§ 94 f. UrhG.
³⁰⁵ Im deutschen Recht §§ 87a–87e UrhG.
³⁰⁶ Im deutschen Recht § 87 UrhG.
³⁰⁷ Im deutschen Recht § 70 UrhG.
³⁰⁸ Im deutschen Recht § 72 UrhG.
³⁰⁹ Zum gesamten Themenkomplex vgl. Immenga/Mestmäcker/Ullrich, 5. Aufl. 2012, GRUR A Rn. 21; Rehbinder/Peukert UrhR Rn. 2, 641 ff.; vgl. hierzu auch Fromm/Nordemann, Urheberrecht/Nordemann, 12. Aufl. 2018, Vor § 70 Rn. 1, § 70 Rn. 8; Schricker/Loewenheim/Loewenheim Einl. Rn. 39.
³¹⁰ Sekundärrechtliche Rechtsakte sind u.a. die 2009/24/EG Computerprogramm-Richtlinie, die Richtlinie 96/9 EG über den rechtlichen Schutz von Datenbanken, die Richtlinie 2006/116 über die Schutzdauer des Urheberrechts, die Richtlinie 2006/115 EG zum Vermiet- und Verleihrecht sowie zu bestimmten dem Urheberrecht verwandten Schutzrechten im Bereich des geistigen Eigentums oder die Richtlinie 93/83 EWG zur Satellitenrundfunk- und Kabelweiterverbreitung.
³¹¹ ABl. 1965, 36, 533.
³¹² ABl. 1985 L 53, 5.
³¹³ ABl. 1988 L 359, 46.
³¹⁴ ABl. 1989 L 61, 1.
³¹⁵ ABl. 1984 L 113, 35.
³¹⁶ ABl. 1996 L 31, 2.
³¹⁷ ABl. 2010 L 102, 1.
³¹⁸ ABl. 2023 L 143, 9.
³¹⁹ ABl. 2000 L 304, 7.

Nr. 240/96, Art. 2 Nr. 10 VO/EG Nr. 2659/2000 und Art. 1 Abs. 1 lit. i VO/EG Nr. 772/2004, Art. 1 Abs. 1 lit. g VO/EU Nr. 330/2010 bis hin zu den heutigen Definitionen der Art. 1 Abs. 1 lit. i TT-GVO, Art. 1 Abs. 1 lit. j Vertikal-GVO (VO(EU) 2022/720) und Art. 1 Abs. 1 Nr. 9 FuE-GVO (VO/EU 2023/1066) immer leicht gewandelt, wobei nicht nur der Wortlaut, sondern auch der Sinn betroffen waren, insbesondere was das Merkmal der Wesentlichkeit anbelangt. Im Gegensatz zu Art. 1 Abs. 1 lit. i VO/EG Nr. 772/2004 ist in Abs. 1 Nr. 9 die Einschränkung, dass es sich um „nicht patentierte" Kenntnisse handeln muss, entfallen. Dies führt jedoch nicht zu inhaltlichen Änderungen (→ Rn. 87).

85   Während die VO/EWG Nr. 556/89 und die VO/EG Nr. 240/96 noch eine Gesamtheit technischer Kenntnisse vorsahen und die VO/EG Nr. 772/2004 eine Gesamtheit nicht patentierter praktischer Kenntnisse verlangte, fordert die VO/EU Nr. 316/2014 nun eine **Gesamtheit praktischer Kenntnisse**, die durch Erfahrungen und Versuche gewonnen werden. Bereits die Definition der VO/EG Nr. 772/2004 war eine Angleichung an den Wortlaut des Art. 1 lit. f Vertikal-GVO VO/EG Nr. 2790/1999 (nunmehr Art. 1 Abs. 1 lit. j Vertikal-GVO (VO(EU) 2022/720). Der Unterschied zwischen den technischen Kenntnissen der früheren TT-GVO VO/EG Nr. 240/96 und den praktischen Kenntnissen der VO/EWG Nr. 4087/88 bzw. der Vertikal-GVO VO/EG Nr. 2790/99 (nunmehr VO (EU) Nr. 2022/720) bestand darin, dass technische Kenntnisse keine kommerziellen Kenntnisse sind.[320] Somit wurde zumindest Vermarktungs-Know-how nicht in die TT-GVO einbezogen,[321] da die TT-GVO nicht den Vertrieb, sondern in erster Linie Innovation und Produktion fördern sollte.[322] Der Produktion dient aber auch betriebs- bzw. produktionsorganisatorisches Wissen, das kein technisches Wissen ieS ist.[323] Auch diese Kenntnisse wurden daher in den Bereich der technischen Kenntnisse einbezogen.[324] Für diese Argumentation spricht u.a. der Wortlaut des Abs. 1 lit. b der Ermächtigungsverordnung VO/EWG Nr. 19/65, der von Herstellungsverfahren oder von zum Gebrauch oder Anwendung von Betriebstechniken dienenden Kenntnissen spricht. Erwägungsgrund 4 der VO/EG Nr. 240/96 nannte als Beispiele für technische Kenntnisse Beschreibungen von Herstellungsverfahren, Rezepturen, Formeln, Mustern oder Zeichnungen.

86   Mit der Neufassung der VO/EG Nr. 772/2004 und dem Begriff **praktische Kenntnisse** war keine Erweiterung des Know-how-Begriffs auf vollkommen untechnische, rein betriebswirtschaftliche Kenntnisse wie reines Vermarktungswissen beabsichtigt.[325] Dies konnte man daran erkennen, dass das Merkmal **wesentlich** in der VO/EG Nr. 772/2004, wie auch jetzt in der VO/EU Nr. 316/2014, als **für die Produktion von Vertragsprodukten von Bedeutung und nützlich** definiert wird, das fragliche Wissen also produktionsrelevant sein muss. Jedoch ist hiermit keine Beschränkung auf den engen patentrechtlichen Begriff verbunden. Die Kenntnisse müssen nämlich lediglich für die Produktion nützlich und von Bedeutung sein, was produktionsorganisatorisches, betriebswirtschaftliches Wissen einschließt. Der Entwurf der VO/EG Nr. 772/2004[326] sprach noch davon, dass das Wissen für die **Herstellung und Bereitstellung der Vertragsprodukte unerlässlich** sein muss, was vor allem im Hinblick auf das Merkmal „Bereitstellung" auch organisatorisches Vermarktungswissen mit einschloss. Die Neudefinition der durch Erfahrungen und Versuche gewonnenen **praktischen Kenntnisse** war jedoch lediglich als Anpassung an die Formulierung des Art. 1 lit. f VO/EG Nr. 2790/1999 (insoweit wortgleich Art. 1 Abs. 1 lit. j Vertikal-GVO VO (EU) Nr. 2022/720) zu verstehen, ohne jedoch einen Bedeutungswandel des Begriffs Know-how im Technologietransfer zu beabsichtigen. Die Voraussetzung der praktischen Kenntnisse wurde in der VO/EU Nr. 316/2014 übernommen.

87   Im Gegensatz zur Definition in der Vorgängerverordnung fehlt in der VO/EU Nr. 316/2014, jedenfalls dem Wortlaut nach, eine Einschränkung: Nach Art. 1 Abs. 1 lit. i VO/EG Nr. 772/2004 durfte die Gesamtheit der Kenntnisse **nicht patentiert** sein, dh sie durfte nicht durch ein gewerbliches Schutzrecht nach Art. 1 Abs. 1 lit. h VO/EG Nr. 772/2004 geschützt sein. Allerdings hat diese rein redaktionelle Änderung keine inhaltlichen Auswirkungen. Es dürfen auch unter der VO/EU Nr. 316/2014 keine in Abs. 1 lit. b Ziff. i–vii genannten Rechte für die Gesamtheit der Kenntnisse bestehen, auch keine bloßen Anträge auf Gewährung bzw. Registrierung dieser Rechte. Dass die Kenntnisse in ihrer Gesamtheit nicht patentiert bzw. von anderen Technologierechten geschützt sein dürfen ergibt sich nämlich – bis auf einen Schutz durch Software-Urheberrechte nach Abs. 1 lit. b

---

[320] Gleiss/Hirsch Art. 85 Abs. 1 Rn. 1554; Immenga/Mestmäcker/Fuchs Art. 1 Rn. 62; Immenga/Mestmäcker/Veelken, 1. Aufl. 1997, GFVO F Rn. 25.
[321] Gleiss/Hirsch Art. 85 Abs. 1 Rn. 767 und Art. 1 Rn. 17 zur VO/EG Nr. 556/89.
[322] Vgl. VO/EG 240/96, ABl. 1996 L 31, 2 (4) Erw. 12.
[323] Technik ieS ist menschliche Naturbeherrschung → Rn. 15.
[324] Immenga/Mestmäcker/Ullrich, 1. Aufl. 1997, GRUR C Rn. 25.
[325] Korah ECLR 2004, 247 (252).
[326] ABl. 2003 C 235, 11.

II. Einzelne Begriffsbestimmungen 88–90 **Art. 1 TT-GVO**

Ziff. vii – aus dem Merkmal **geheim**, da Voraussetzung der Erlangung gewerblichen Rechtsschutzes die Offenlegung des Schutzgegenstands ist.[327] Zudem grenzt schon die Definition des Abs. 1 lit. b Know-how von den dort genannten „Rechten" (einschließlich den Software-Urheberrechten) ab. Schon unter der TT-GVO VO (EG) Nr. 772/2004 war es unschädlich – und auch insoweit hat sich inhaltlich nichts geändert –, wenn die einzelnen Kenntnisse und Komponenten patentiert/von Technologierechten geschützt und offenkundig sind, da es auf die komplexe **Gesamtheit der Kenntnisse**, die Zusammensetzung der einzelnen Komponenten, ankommt.[328] IÜ können Kenntnisse, die durch ein Technologierecht iSd Abs. 1 lit. b geschützt sind, ohnehin Gegenstand einer Technologietransfer-Vereinbarung nach Abs. 1 lit. c sein. Der Begriff des Technologierechts erfasst nach Abs. 1 lit. b auch Kombinationen der dort genannten Schutzrechte und der Anträge auf Gewährung/Registrierung dieser Rechte mit Know-how. Kenntnisse, die durch ein Recht des geistigen Eigentums nach Abs. 1 lit. h geschützt sind, können außerdem Gegenstand der mitfreigestellten Bestimmungen in Technologietransfer-Vereinbarungen nach Art. 2 Abs. 3 sein. Dem Merkmal **durch „Erfahrungen und Versuche gewonnen"** kommt die Bedeutung zu, dass die Kenntnisse durch praktische Arbeit und Ausprobieren sowie Testen in der Praxis gewonnen sein müssen.

Das Know-how muss **geheim, dh nicht allgemein bekannt** sein und **nicht leicht zugänglich** 88 sein. Beide Voraussetzungen müssen kumulativ vorliegen, dh allgemein Bekanntes oder leicht Zugängliches sind von dem Know-how-Begriff nicht erfasst. Geheim sind nicht nur Kenntnisse, die allen bis auf dem Know-how-Inhaber völlig unbekannt sind, sondern auch solche, die nicht allgemein bekannt sind. Da allgemein Bekanntes idR auch leicht zugänglich ist, ist die zweite Voraussetzung die eigentlich wesentliche. Bereits die Definition in Art. 10 Nr. 2 VO/EG Nr. 240/96 (ebenso Art. 1 Abs. 7 Nr. 2 VO/EWG Nr. 556/89, Art. 3 Abs. 2 lit. g VO/EWG Nr. 4087/88) stellte klar, dass **geheim** nicht im engen Sinne zu verstehen ist, wonach jeder einzelne Bestandteil des Know-hows völlig unbekannt sein muss oder außerhalb des Geschäftsbetriebs des Lizenzgebers nicht erhältlich sein darf.[329] Das Geheime ist also eine Zugangsschwierigkeit des potentiellen Know-how-Nehmers, die durch die Technologietransfer-Vereinbarung überwunden wird.[330] Bei der Frage der Zugänglichkeit ist auf einen durchschnittlichen Know-how-Nehmer aus dem betreffenden Verkehrskreis abzustellen.[331]

Es reicht jedoch, dass die Kenntnisse, wie es der Wortlaut des Abs. 1 lit. i fordert, **nicht leicht** 89 **zugänglich** sind.[332] Eine schwere Zugänglichkeit, die also mit erheblichem Aufwand und Kosten verbunden ist, wird von der TT-GVO explizit nicht verlangt.[333] Zudem ist zu beachten, dass durchaus die einzelnen Kenntnisse offenkundig und sogar patentiert sein können, solange die Gesamtheit der Kenntnisse nicht leicht zugänglich ist.[334] So sprach bzw. spricht die detailliertere Definition des Art. 10 Nr. 2 VO/EG Nr. 240/96 (ebenso Art. 1 Abs. 7 Nr. 2 VO/EWG Nr. 556/89) wie auch Art. 1 lit. f der früheren Vertikal-GVO VO/EG Nr. 2790/1999[335] und Art. 1 Abs. 1 lit. g der früheren Vertikal-GVO VO/EU Nr. 330/2010 sowie Art. 1 Abs. 1 lit. j der aktuellen Vertikal-GVO VO (EU) Nr. 2022/720 davon, dass das Know-how entweder insgesamt oder aber in der genauen Gestaltung und Zusammensetzung seiner Bestandteile nicht allgemein bekannt oder leicht zugänglich sein darf. Maßgeblich für das Geheime ist also der Wissensvorsprung des Know-how-Gebers, der einen durchschnittlichen potentiellen Know-how-Nehmer an der eigenständigen Entwicklung des bzw. am Zugang zum Know-how aufgrund der zu investierenden Kosten und Mühen hindert und die Technologietransfer-Vereinbarung als günstigere Alternative gegenüber der anderweitigen Eigeninitiative erscheinen lässt.[336] In diesem Sinne sprach auch Art. 10 Nr. 2 VO/EG Nr. 240/96 (Art. 1 Abs. 7 Nr. 2 VO/EWG Nr. 556/89) davon, dass ein Teil des Werts des Know-hows in dem Vorsprung besteht, den der Lizenznehmer gewinnt, wenn es ihm mitgeteilt wird.

Das Know-how muss **wesentlich, dh für die Produktion der Vertragsprodukte von Bedeutung** 90 und nützlich sein. Wie (→ Rn. 42 und → Rn. 86) erläutert, wird ein Zusammenhang zur Produktion durch dieses Merkmal hergestellt, was dem Merkmal der **technischen Kenntnisse** der VO/EG Nr. 240/96 entspricht. Das Know-how muss eine bedeutende und nützliche Rolle bei der

---

[327] So auch Bechtold/Bosch/Brinker Rn. 22.
[328] So auch die Kom. ABl. 1987 L 50, 30 Rn. 1–3 – Boussois/Interpane; Bechtold/Bosch/Brinker Rn. 22.
[329] Vgl. Kom. ABl. 1987 L 50, 30 Rn. 2 – Boussois/Interpane.
[330] Immenga/Mestmäcker/Fuchs Art. 1 Rn. 63.
[331] Vgl. zur Vorgänger-GVO Gleiss/Hirsch Art. 85 Abs. 1 Rn. 1555.
[332] Vgl. hierzu Kom. ABl. 1988 L 69, 21 Rn. 26 – Rich Products/Jus-Rol.
[333] Vgl. Immenga/Mestmäcker/Fuchs Art. 1 Rn. 63.
[334] Immenga/Mestmäcker/Ullrich, 1. Aufl. 1997, GRUR C Rn. 27 Fn. 203; so auch die Kom. ABl. 1987 L 50, 30 Rn. 1–3 – Boussois/Interpane.
[335] Vgl. Schultze/Pautke/Wagener Vertikal-GVO Rn. 266.
[336] Vgl. Kom. ABl. 1987 L 41, 31 Rn. 5 – Mitchell Cotts/Sofiltra; Immenga/Mestmäcker/Fuchs Art. 1 Rn. 63.

Produktion spielen, was bedeutet, dass die Kenntnisse wesentlich zur Produktion der Vertragsprodukte beitragen bzw. diese wesentlich erleichtern müssen.[337] Das Know-how muss jedoch dem Wortlaut nach keine conditio-sine-qua-non für die Produktion sein, wie noch der Entwurf der VO/EG Nr. 772/2004 forderte, indem er die fraglichen Kenntnisse als für die Herstellung oder Bereitstellung der Vertragsprodukte unerlässlich beschrieb. Vielmehr fordern die Leitlinien, dass das Know-how, wenn es sich auf ein Produkt bezieht, für die Produktion des Vertragsprodukts nützlich ist, was nicht der Fall sein soll, wenn das Vertragsprodukt mit frei erhältlicher Technologie produziert werden kann. Zugleich stellen die Leitlinien klar, dass sich – wie auch aus dem Wortlaut des Abs. 1 lit. i hervorgeht – die Nützlichkeit auf die Produktion der Vertragsprodukte, also der zwischen Lizenzgeber und -nehmer vereinbarten Produkte, und nicht auf die Produktion von allen zum relevanten Produktmarkt gehörenden Produkten, also auch substituierbaren Produkten, beziehen muss. Es sei nämlich nicht erforderlich, dass das Vertragsprodukt hochwertiger als die mit frei zugänglicher Technologie hergestellten Produkte ist.[338] Dies relativiert den Begriff der Nützlichkeit insoweit, als der Lizenznehmer durchaus bereits in der Lage sein kann, konkurrierende Produkte mit eigenen, freien oder den Technologien Dritter herzustellen. Die Vorgänger-Leitlinien forderten noch, dass das Know-how für die Herstellung der Vertragsprodukte notwendig sein musste (und nicht nur nützlich).[339] Im Gegensatz zur in der Vorauflage noch geäußerten Auffassung ist dieser Änderung zuzustimmen. Denn schon die Nützlichkeit für die Produktion der Vertragsprodukte befördert einen Wettbewerb durch den Lizenznehmer im Bereich der Vertragsprodukte und hat somit effizienzsteigernde Wirkungen. Zudem geht das Erfordernis der Notwendigkeit nicht aus dem Wortlaut des Abs. 1 lit. i Ziff. ii hervor.[340] Schließlich werden Wertungswidersprüche zu der Situation vermieden, dass das Know-how sich nicht auf ein Produkt, sondern auf eine Verfahrenstechnik bezieht. In diesem Fall ist nach den Leitlinien das Merkmal der Nützlichkeit erfüllt, wenn zum Zeitpunkt des Vertragsschlusses nach sorgfältiger Prüfung angenommen werden kann, dass das Know-how die Wettbewerbsposition des Lizenznehmers beispielsweise durch Verringerung seiner Produktionskosten erheblich zu verbessern geeignet ist.[341] Unter Know-how sind nicht nur technische Kenntnisse ieS zu verstehen, also Kenntnisse der menschlichen Naturbeherrschung. Vielmehr können auch betriebs- und produktionsorganisatorische Kenntnisse für die Produktion von Bedeutung und nützlich sein.

91 Zuletzt müssen die Kenntnisse noch **identifiziert,** dh umfassend genug beschrieben sein, sodass überprüft werden kann, ob sie die Merkmale „geheim" und „wesentlich" erfüllen. Aus der jeweiligen Umschreibung der Kenntnisse muss sich ableiten lassen, ob die übrigen Tatbestandsmerkmale des Know-how-Begriffs erfüllt sind. Deshalb ist eine gewisse Fixierung der Identifikation erforderlich. So bedarf es grds. einer schriftlichen Fixierung,[342] was die elektronische Form einschließt. Die Kenntnisse können bspw. als Dateien in einer Datenbank gesammelt werden. In einem solchen Fall kann das das Know-how verkörpernde Werk, hier die Datenbank, seinerseits vom Urheberrecht geschützt sein.[343] Es kann jedoch Fälle geben, in denen eine Fixierung unmöglich ist, wenn das Know-how zB in den Kenntnissen der Beschäftigten des Lizenzgebers besteht. In diesen Fällen es nach den Leitlinien reichen, wenn das Know-how in der schriftlichen Vereinbarung allgemein beschrieben und die Beschäftigten aufgeführt werden, die an der Weitergabe des Know-hows an den Lizenznehmer mitwirken werden oder mitgewirkt haben.[344] Dies kommt der hL nahe, nach der bloß mündlich mitgeteiltes Know-how zumindest protokolliert sein muss.[345] Als Zweck des Merkmals „identifiziert" nannte Art. 10 Nr. 4 VO/EG Nr. 240/96 einerseits die Kontrollfunktion hinsichtlich der Erfüllung der übrigen Merkmale, andererseits aber auch, dass sichergestellt werden kann, dass der Lizenznehmer bei der Benutzung seiner eigenen Technologie nicht unangemessenen Beschränkungen unterworfen wird.[346] Gerade letztere Funktion liegt auch im Interesse des Wettbewerbs und trägt zur Verhinderung eines Missbrauchs der die Verbreitung von Technologien fördern-

---

[337] Leitlinien „Technologietransfer" Rn. 45.
[338] Leitlinien „Technologietransfer" Rn. 45.
[339] Bek. der Kom., Leitlinien zur Anwendung von Artikel 81 EG-Vertrag auf Technologietransfer-Vereinbarungen, ABl. 2004 C 101, 2 Rn. 47.
[340] AA Bechtold/Bosch/Brinker Rn. 23, die fordern, dass das Know-how für die Produktion der Vertragsprodukte kausal ist, dh dass ohne das Know-how realistischerweise die Vertragsprodukte überhaupt nicht hergestellt werden können oder jedenfalls nicht mit den für die Vertragsprodukte wesentlichen Charakteristika.
[341] Leitlinien „Technologietransfer" Rn. 45.
[342] Leitlinien „Technologietransfer" Rn. 45.
[343] Enders GRUR 2012, 25 (28).
[344] Leitlinien „Technologietransfer" Rn. 45.
[345] Immenga/Mestmäcker/Fuchs Art. 1 Rn. 65; vgl. zur VO/EWG Nr. 556/89; vgl. auch Kom. ABl. 1988 L 69, 21 Rn. 4 – Rich Products/Jus-Rol.
[346] Vgl. auch zur VO/EWG Nr. 556/89 Wiedemann KartellR – HdB, 1. Aufl. 1999, Kap. 1 Rn. 26.

den Freistellung bei. Es ist aufgrund der gleich gebliebenen Zielrichtung der TT-GVO davon auszugehen, dass durch die Neufassung der Formulierung in der VO/EG Nr. 772/2004, die die VO/EU Nr. 316/2014 beibehalten hat, keine materielle Veränderung eingetreten ist und das Merkmal „identifiziert" nach wie vor auch der Verhinderung von unangemessenen Beschränkungen bei der Benutzung der dem Lizenznehmer eigenen Technologierechte dient. Es ist mithin auch mit Rücksicht auf diese Zielrichtung auszulegen.

10. Relevanter Produktmarkt, Abs. 1 lit. j. Gemäß Abs. 1 lit. j umfasst der **relevante Pro-** 92
duktmarkt den Markt für Vertragsprodukte und ihre Substitute, dh alle Produkte, die aufgrund ihrer Eigenschaften, ihrer Preise und ihres Verwendungszwecks als austauschbar bzw. substituierbar angesehen werden. Damit die an der Technologietransfer-Vereinbarung beteiligten Unternehmen Wettbewerber auf dem oder den relevanten Produktmärkten sind, bedarf es eines horizontalen Wettbewerbsverhältnisses zwischen den Unternehmen hinsichtlich der in Frage stehenden **Vertragsprodukte.** Die Vertragsprodukte können einem Endproduktmarkt und/oder einem Zwischenproduktmarkt zuzurechnen sein.[347] Unter Vertragsprodukten sind dabei alle Waren und Dienstleistungen zu verstehen, die nach Abs. 1 lit. g unmittelbar oder mittelbar auf der Grundlage der lizenzierten Technologierechte produziert werden. Zudem muss die Technologietransfer-Vereinbarung die Produktion dieser Vertragsprodukte zum Ziel haben, dh sie müssen – ggf. konkludent – Gegenstand der Technologietransfer-Vereinbarung sein.[348] Vertragsprodukte sind jedoch nicht nur die konkret vom Lizenznehmer produzierten Vertragsprodukte. Vielmehr bezeichnet Vertragsprodukte eine bestimmte Art von Produkten, die bspw. auch vom Lizenzgeber und dritten Lizenznehmern produziert werden können, solange dies auf Grundlage der Technologierechte, die Gegenstand der zu beurteilenden Technologietransfer-Vereinbarung sind, geschieht. Des Weiteren ist es möglich, dass eine Technologietransfer-Vereinbarung Vertragsprodukte zum Gegenstand hat, die auf Grundlage desselben oder verschiedener lizenzierter Technologierechte produziert werden, sich aber auf verschiedenen Produktmärkten befinden. Hiervon geht auch Abs. 1 lit. n Ziff. ii ausdrücklich aus. Zudem können in derselben Technologietransfer-Vereinbarung sowohl Zwischen- als auch Endprodukte als Vertragsprodukte vereinbart sein, die sich mithin auf den verschiedenen relevanten Märkten für die jeweiligen Zwischen- und Endprodukte befinden. Dies ist bspw. der Fall, wenn die vom lizenzierten Technologierecht geschützte Technologie in einem mehrstufigen Produktionsprozess zunächst in ein Zwischenprodukt Eingang findet, mit dem sodann durch den Lizenznehmer und/oder seine Zulieferer vereinbarungsgemäß ein Endprodukt hergestellt wird (→ Rn. 69). Vertragsprodukte befinden sich auf demselben relevanten Markt, wenn sie miteinander bzw. mit anderen Produkten in Konkurrenz stehen, wobei nach Abs. 1 lit. n Ziff. ii von einer Situation ohne die Technologietransfer-Vereinbarung auszugehen ist, also das Verhältnis ohne den Abschluss des Vertrages maßgeblich ist, da in den meisten Fällen die Vereinbarung selber zumindest ein potentielles Wettbewerbsverhältnis begründet. Die Produkte müssen miteinander in Wettbewerb stehen, sich also auf demselben sachlich und räumlich relevanten Markt iSd Abs. 1 lit. m befinden.[349] Abs. 1 lit. j betrifft nur die **sachliche Abgrenzung des relevanten Produktmarkts.** Maßgeblich für die Abgrenzung des **sachlich relevanten Markts** ist nach Abs. 1 lit. j das **Bedarfsmarktkonzept,** dh die Produkte müssen aus der Sicht der Marktgegenseite austauschbar sein (dieses wird ergänzt durch das Konzept der Angebotssubstituierbarkeit, → Rn. 93).[350] Entscheidend ist hierfür der **SSNIP-Test** (→ Rn. 93).[351] Hierbei ist auf die Sicht eines durchschnittlichen Käufers, des sog Verbrauchsdisponenten, abzustellen, der sich bereits für eine bestimmte Ware oder Dienstleistung entschieden hat. Die von Abs. 1 lit. j genannten Kriterien für die Substituierbarkeit – Eigenschaften, Preis und Verwendungszweck – sind als Beispiele anzusehen.[352]

IRd **modifizierten Bedarfsmarktkonzepts** sind die anhand der Prüfung der Nachfrage- 93
substituierbarkeit gefundenen Ergebnisse durch eine Prüfung der **Angebotssubstituierbarkeit** zu ergänzen bzw. zu korrigieren.[353] Zwar erwähnt Abs. 1 lit. j das Konzept der Angebotssubstituierbarkeit nicht. Dessen Berücksichtigung ergibt sich jedoch aus allgemeinen Erwägungen, die auch die Kommission in ihrer Bekanntmachung über die Definition des relevanten Marktes[354] heranzieht. Die Marktabgrenzung dient nämlich dazu, die wirkenden Wettbewerbskräfte, zu denen auch die Angebotssubstituierbarkeit gehört, zu beschreiben. Nach der Bekanntmachung der Kom-

---

[347] Leitlinien „Technologietransfer" Rn. 21.
[348] Zu den Begriffen Produkt und Vertragsprodukt → Rn. 67 ff.
[349] Vgl. Bekanntmachung „Marktabgrenzung" Rn. 9.
[350] Vgl. hierzu NK-EuWettbR/Schröter/Voet van Vormizeele AEUV Art. 101 Rn. 111.
[351] Bekanntmachung „Marktabgrenzung" Rn. 15–19; Mitt. der Kom., Leitlinien „Technologietransfer" Rn. 22.
[352] NK-EuWettbR/Schröter/Voet van Vormizeele AEUV Art. 101 Rn. 113.
[353] So auch Bechtold/Bosch/Brinker Rn. 26.
[354] Bekanntmachung „Marktabgrenzung".

mission setzt Angebotssubstituierbarkeit voraus, dass die Anbieter in Reaktion auf kleine, dauerhafte Änderungen bei den relativen Preisen in der Lage sind, ihre Produktion auf die relevanten Erzeugnisse umzustellen und sie kurzfristig auf den Markt zu bringen (also eine Art umgekehrter SSNIP-Test), ohne spürbare Zusatzkosten oder Risiken zu gewärtigen. Sind diese Voraussetzungen erfüllt, so übten die zusätzlich auf den Markt gelangenden Produkte auf das Wettbewerbsgebaren der beteiligten Unternehmen eine disziplinierende Wirkung aus.[355] In diesen Fällen umfasse der sachlich relevante Markt sämtliche Produkte, die sowohl von der Nachfrage als auch vom Angebot her substituierbar sind, und es werde der Gesamtabsatz dieser Produkte zur Bestimmung des Gesamtmarktvolumens ermittelt.[356] Eine Angebotssubstituierbarkeit liege jedoch nicht vor, wenn die Anpassung der Produktion erhebliche Veränderungen bei den vorhandenen Sachanlagen und immateriellen Aktiva, zusätzliche Investitionen, strategische Entscheidungen oder zeitliche Verzögerungen mit sich brächte.[357]

94   **11. Relevanter Technologiemarkt, Abs. 1 lit. k.** Der relevante Technologiemarkt ist nach Abs. 1 lit. k der Markt für die lizenzierten Technologierechte und ihre Substitute, dh alle Technologierechte, die aufgrund ihrer Eigenschaften, der für sie zu entrichtenden Lizenzgebühren und ihres Verwendungszwecks vom Lizenznehmer als austauschbar oder substituierbar angesehen werden. Ähnlich wie beim relevanten Produktmarkt definierte die Vorgänger-GVO den relevanten Technologiemarkt iRd Definition von konkurrierenden Unternehmen auf dem relevanten Technologiemarkt in Art. 1 Abs. 1 lit. j Ziff. i VO/EG Nr. 772/2004; eine inhaltliche Änderung ist insoweit durch die Neufassung nicht eingetreten. Die Technologierechte befinden sich auf demselben **relevanten Technologiemarkt** im Wettbewerb, wenn die Lizenznehmer bzw. diejenigen, auf die die Technologierechte übertragen werden, (also die Marktgegenseite) sie als austauschbar bzw. substituierbar betrachten.[358] Dieses im europäischen wie im deutschen Kartellrecht anwendbare **Bedarfsmarktkonzept** (→ Rn. 93) orientiert sich primär an den Bedürfnissen der Marktgegenseite.[359] Es sind sowohl aktuelle als auch potentielle Nachfrager in die Betrachtung einzubeziehen,[360] wobei auf die Sicht eines durchschnittlichen Lizenznehmers bzw. Erwerbers des Technologierechts abzustellen ist, der sich bereits für ein Technologierecht entschieden hat.[361] Die Kriterien Eigenschaften, Lizenzgebühren und Verwendungszweck, die die TT-GVO für die Austauschbarkeit bzw. Substituierbarkeit nennt, sind dabei nur als, wenn auch entscheidende, Beispiele anzusehen.[362] Die Kommission wendet, um eine Nachfragesubstituierbarkeit der Technologierechte für den Lizenznehmer/Erwerber feststellen zu können, den **SSNIP-Test** (small, but significant, non-transitory increase in price) an, der dem Konzept der Kreuzpreiselastizität[363] entspricht. Die Testfrage lautet: Zu welchen Technologierechten würde der Lizenznehmer/Erwerber als Reaktion auf eine geringfügige (circa 5–10 %), aber dauerhafte Erhöhung des relativen Preises, dh der Lizenzgebühren (bzw. der Erwerbspreise unter Berücksichtigung des teilweise beim Veräußerer verbleibenden Verwertungsrisikos), überwechseln? Wenn sich eine Preiserhöhung aufgrund des Umsatzrückgangs für den Anbieter als unrentabel erweisen würde, ist das Technologierecht, zu dem die Nachfrager wechseln würden, als Substitut zu betrachten, es gehört zum selben sachlich relevanten Markt.[364] Die iRd modifizierten Bedarfsmarktkonzepts ergänzend vorzunehmende Prüfung der **Angebotssubstituierbarkeit,** also der Produktionsumstellungsflexibilität, erscheint bei Technologierechten, die ja nicht produziert werden, eher theoretischer Natur zu sein (zur Angebotssubstituierbarkeit → Rn. 92). Abs. 1 lit. k betrifft nur die **sachliche Abgrenzung des relevanten Technologiemarkts.**

95   **12. Räumlich relevanter Markt, Abs. 1 lit. l.** Die Definition des räumlich relevanten Markts ist mit der VO/EU Nr. 316/2014 neu eingeführt worden. Nach Abs. 1 lit. l umfasst der räumlich relevante Markt das Gebiet, in dem die beteiligten Unternehmen die relevanten Pro-

---

[355] Bekanntmachung „Marktabgrenzung" Rn. 20.
[356] Bekanntmachung „Marktabgrenzung" Rn. 21.
[357] Bekanntmachung „Marktabgrenzung" Rn. 23.
[358] Vgl. auch die Definition des sachlich relevanten Markts in Bekanntmachung „Marktabgrenzung" Rn. 7 und Rn. 13.
[359] Immenga/Mestmäcker/Emmerich AEUV Art. 101 Abs. 1 Rn. 156, 159 f.
[360] FK-KartellR/Krönen FKVO 139/2004, Rn. 12 ff.
[361] Vgl. Immenga/Mestmäcker/Körber FKVO Art. 2 Rn. 41.
[362] Vgl. Immenga/Mestmäcker/Emmerich AEUV Art. 101 Abs. 1 Rn. 160; NK-EuWettbR/Schröter/Voet van Vormizeele AEUV Art. 101 Rn. 113.
[363] Nach der Definition in der Bekanntmachung „Marktabgrenzung", 10 Fn. 5 ist die Kreuzpreiselastizität zwischen den Produkten X und Y ein Maßstab dafür, wie die Nachfrage nach X auf Änderungen des Preises von Y reagiert.
[364] Bekanntmachung „Marktabgrenzung" Rn. 15–19; Mitt. der Kom., Leitlinien „Technologietransfer" Rn. 22.

II. Einzelne Begriffsbestimmungen

dukte anbieten bzw. nachfragen oder Technologierechte lizenzieren, in dem die Wettbewerbsbedingungen hinreichend homogen sind und das sich von benachbarten Gebieten durch spürbar unterschiedliche Wettbewerbsbedingungen unterscheidet. Dabei kann sich die räumliche Ausdehnung des bzw. der relevanten Technologiemärkte von der Ausdehnung des bzw. der relevanten Produktmärkte unterscheiden.[365] Ausgangspunkt für die Definition des räumlich relevanten Markts ist die Nachfragesubstituierbarkeit bei einem Bezug aus einem anderen räumlichen Gebiet, wobei wieder der SSNIP-Test anzuwenden ist, also geprüft wird, ob die Kunden bei einer kleinen, bleibenden Erhöhung der Preise kurzfristig auf andere räumliche Gebiete mit ihrer Nachfrage ausweichen würden.[366] Da bei unkörperlichem, geistigem Eigentum keine Transportprobleme und ähnliche Hindernisse auftauchen, die den räumlichen Markt körperlicher Produkte einschränken, ist aus Sicht der Nachfrager der relevante Markt grds. unbegrenzt; sie können grds. überall auf der Welt ohne Schranken geistiges Eigentum oder die Nutzungsmöglichkeit hieran erwerben. Jedoch spricht die Definition in Abs. 1 lit. l davon, dass der räumlich relevante Markt das Gebiet ist, in dem die beteiligten Unternehmen das Produkt anbieten bzw. nachfragen oder Technologierechte lizenzieren, in dem hinreichend homogene Wettbewerbsbedingungen herrschen. Neben der Nachfragesubstituierbarkeit ist daher iRd modifizierten Bedarfsmarktkonzepts auch die Angebotssubstituierbarkeit ergänzend zu prüfen.[367] In diesem Rahmen wird untersucht, ob gebietsspezifische Besonderheiten vorliegen, die Unternehmen daran hindern, ihre Produkte abzusetzen.[368] Hierbei kann es aus der Sicht der Anbieter durchaus wettbewerbsrelevante Unterschiede geben, wenn etwa trotz der europäischen Rechtsvereinheitlichung in bestimmten Gebieten (Mitgliedstaaten) kein gewerblicher oder urheberrechtlicher Rechtsschutz für den Schutzgegenstand bestehen sollte und dennoch das Risiko der unionsweiten Erschöpfung gegeben ist,[369] wenn das Schutzniveau in den verschiedenen Staaten differiert oder aber wenn Zwangslizenzen bestehen.[370] Aus der Sicht der Lizenzgeber bestehen mithin nicht notwendigerweise homogene Wettbewerbsbedingungen im gesamten EU-Binnenmarkt. Faktoren für die räumliche Markttrennung sind im Hinblick auf **Produkte** die Verbrauchergewohnheiten, die Transportmöglichkeiten sowie die Transportfähigkeit der Produkte, die räumliche Erreichbarkeit der Produkte durch die Verbraucher, fortbestehende staatliche Handelsschranken, Erforderlichkeit einer Gebietspräsenz, Zugangsbedingungen zu den Vertriebswegen, Kosten der Errichtung eines Vertriebsnetzes, etwaige regulatorische Schranken im öffentlichen Auftragswesen, Preisvorschriften, den Handel oder die Produktion einschränkende Kontingente und Zölle, technische Normen, Monopole, Niederlassungsfreiheit, erforderliche behördliche Genehmigungen, Verpackungsvorschriften etc.[371] Dabei ist zu beachten, dass sich der räumlich relevante Markt gerade im Falle von Lizenzvereinbarungen oft auf das in der Vereinbarung genannte Gebiet beschränkt.[372]

13. Relevanter Markt, Abs. 1 lit. m. Abs. 1. lit. m definiert den relevanten Markt als die 96 Kombination des relevanten Produkt- oder Technologiemarkts mit dem räumlich relevanten Markt. Hierdurch wird klargestellt, dass der relevante Markt im Kartellrecht zumindest eine sachliche und eine räumliche Dimension hat. Nicht ausdrücklich erwähnt wird die zeitliche Dimension, die iRd Technologietransfers in der Praxis keine bedeutende Rolle spielt. Zeitlich begrenzte Märkte gibt es bspw. bei Veranstaltungen wie Messen, die von festen Terminen abhängen, wenn ein potentieller Teilnehmer Zugang zu der Veranstaltung begehrt. Aufgrund der ausdrücklichen Definition in Abs. 1 lit. m kann die zeitliche Dimension, sollte sie doch einmal relevant werden, nur mittelbar iRd sachlichen Marktabgrenzung bei der Frage der Substituierbarkeit berücksichtigt werden. Der sachlich relevante Produktmarkt wird in Abs. 1 lit. j (→ Rn. 92, 93), der sachlich relevante Technologiemarkt in Abs. 1 lit. k (→ Rn. 94) und der räumlich relevante Markt in Abs. 1 lit. l (→ Rn. 95) definiert.

---

[365] Leitlinien „Technologietransfer" Rn. 24.
[366] Bekanntmachung „Marktabgrenzung" Rn. 15 ff., 7 Rn. 29.
[367] So auch Bechtold/Bosch/Brinker Rn. 26.
[368] Bekanntmachung „Marktabgrenzung" Rn. 30.
[369] Vgl. EuGH Slg. 1981, 2063 Rn. 11, 14 – Merck/Stephar und Exler; EuGH Slg. 1996, I-6371 Rn. 32, 54 – Merck und Beecham; NK-EuWettbR/Gaster AEUV Art. 101 Rn. 1028.
[370] Vgl. EuGH Slg. 1985, 2281 Rn. 25 ff. – Pharmon/Hoechst; EuGH Slg. 1996, I-6371 Rn. 48 ff. – Merck und Beecham.
[371] Emmerich/Lange § 9 Rn. 11; FK-KartellR/Krönen FKVO 139/2004, Rn. 78 ff.; Gleiss/Hirsch Art. 85 Abs. 1 Rn. 226; vgl. auch Bek. der Kom. über die Definition des relevanten Marktes im Sinne des Wettbewerbsrechts der Gemeinschaft, ABl. 1997 C 372, 5 Rn. 30.
[372] Immenga/Mestmäcker/Emmerich AEUV Art. 101 Abs. 1 Rn. 166; NK-EuWettbR/Schröter/Voet van Vormizeele AEUV Art. 101 Rn. 118.

97   **14. Konkurrierende Unternehmen, Abs. 1 lit. n.** Nach Abs. 1 lit. n sind **konkurrierende Unternehmen** solche, die auf dem relevanten Markt miteinander im Wettbewerb stehen.[373] Der Unternehmensbegriff erstreckt sich nach Abs. 2 UAbs. 1 auch auf verbundene Unternehmen, sodass zur Feststellung des Wettbewerbsverhältnisses auch auf die einzelnen Glieder abzustellen ist. Zudem ist auf die **Situation ohne die Technologietransfer-Vereinbarung** abzustellen. Wenn die Parteien ohne die Vereinbarung keine tatsächlichen oder potentiellen Wettbewerber auf einem relevanten, von der Vereinbarung betroffenen Markt gewesen wären, so werden sie als Nicht-Wettbewerber betrachtet.[374] Eine Ausnahme von dieser Regel ist jedoch zu machen, wenn der Lizenznehmer bereits seine eigenen Technologierechte lizenziert und der Lizenzgeber in diesen Technologiemarkt eintritt, indem er dem Lizenznehmer eine Lizenz für ein konkurrierendes Technologierecht erteilt. In diesem Fall soll ein tatsächliches Wettbewerbsverhältnis auf dem Technologiemarkt vorliegen.[375] Werden die Parteien erst nach der Vereinbarung zu konkurrierenden Unternehmen, so gilt im Hinblick auf Kernbeschränkungen Art. 4 Abs. 3, nach dem grds. die Regeln für nicht konkurrierende Unternehmen weiter gelten (→ Art. 4 Rn. 83 ff.).

98   Um als konkurrierendes Unternehmen zu gelten, muss man auf einem relevanten Technologie- oder Produktmarkt in einem Wettbewerbsverhältnis stehen. Wie sich schon aus der Definition des relevanten Produktmarkts in Abs. 1 lit. j (→ Rn. 92 f.), die als Bezugspunkt auf die Vertragsprodukte abstellt, und aus der Definition des relevanten Technologiemarkts in Abs. 1 lit. k (→ Rn. 94), die auf die lizenzierten Technologierechte abstellt, sowie aus dem Wortlaut von Abs. 1 lit. n ergibt, ist für die Feststellung des Wettbewerbsverhältnisses iRd Technologie-GVO nur auf die Märkte abzustellen, die von der Technologietransfer-Vereinbarung betroffen sein können.[376] Während die TT-GVO also auf die Produkt- und Technologiemärkte für das Vorliegen eines Wettbewerbsverhältnisses abstellt, sollen die Auswirkungen auf den Innovationsmarkt nur iRd Auswirkungen auf die Technologie- und Produktmärkte geprüft werden, wenn Vereinbarungen die Einführung verbesserter oder neuer Produkte verzögern und Innovationen eine Quelle potentiellen Wettbewerbs auf diesen Märkten sind.[377]

99   **Konkurrierende Unternehmen auf dem relevanten Markt, auf dem Technologierechte lizenziert werden, also auf dem relevanten Technologiemarkt,** sind nach lit. n Ziff. i Unternehmen, die Lizenzen für konkurrierende Technologierechte vergeben (tatsächliche Wettbewerber auf dem relevanten Markt). Die Unternehmen müssen also in einem horizontalen Wettbewerbsverhältnis bzgl. der **Technologierechte** stehen. Sie müssen konkurrierende Technologierechte vergeben, wobei diese Vergabe nicht nur auf Lizenzierungen beschränkt ist, wie es der Wortlaut suggeriert, sondern alle Technologietransfer-Vereinbarungen iSd Abs. 1 lit. c erfasst, dh auch Übertragungen von Technologierechten, wenn das Risiko der Verwertung der Technologierechte zum Teil beim Veräußerer verbleibt. Die Unternehmen sind Wettbewerber, wenn sich die angebotenen Technologierechte auf demselben relevanten Markt befinden (zum relevanten Markt → Rn. 96).

100   Art. 1 Abs. 1 lit. j VO/EG Nr. 772/2004 sah noch ausdrücklich vor, dass kein horizontales Wettbewerbsverhältnis besteht, wenn durch Lizenzvergaben Rechte des anderen Unternehmens an geistigem Eigentum verletzt werden. Diesen klarstellenden Zusatz enthält die neue TT-GVO nicht mehr. Allerdings ergibt sich aus den Leitlinien, dass die **Verletzung der Rechte des geistigen Eigentums des anderen Unternehmens** nach wie vor bei der Frage, ob die Parteien Wettbewerber auf den relevanten Technologiemärkten und/oder Produktmärkten sind, zu berücksichtigen ist.[378] Unter schutzwürdigem Wettbewerb wird mithin nur der rechtmäßige Wettbewerb verstanden, wobei sich der Rechtmäßigkeitsmaßstab, gerade im Hinblick auf den Schutz geistigen Eigentums, nach unionsrechtlichen Kriterien unter Berücksichtigung der Verkehrsfreiheiten und des Wettbewerbsrechts beurteilt,[379] dh insbesondere die Rspr. des EuGH zur unionsweiten Erschöpfung und zum spezifischen

---

[373] Krit. zum Begriff konkurrierende Unternehmen in der Vorgänger-GVO Pfaff/Osterrieth/Winzer, 3. Aufl. 2010, B.III Rn. 481.
[374] Leitlinien „Technologietransfer" Rn. 28.
[375] Leitlinien „Technologietransfer" Rn. 35.
[376] Leitlinien „Technologietransfer" Rn. 28; Bechtold/Bosch/Brinker Rn. 31.
[377] Grds. will sich die Kom. mit der Prüfung der Auswirkungen der Vereinbarungen auf die relevanten Produkt- und Technologiemärkte begnügen. In manchen Fällen erkennt sie jedoch an, dass es zweckmäßig und notwendig sein kann, die Auswirkungen auf den Innovationswettbewerb gesondert zu untersuchen. Das soll insbesondere gelten, wenn sich die Vereinbarung auf die Innovationstätigkeit auswirkt, mit der neue Produkte entwickelt werden sollen und wo es möglich ist, Forschungs- und Entwicklungspole bereits in einer frühen Phase auszumachen. In solchen Fällen könne untersucht werden, ob nach der Vereinbarung eine ausreichende Anzahl an konkurrierenden Forschungs- und Entwicklungspolen übrigbleibt, um einen wirksamen Innovationswettbewerb aufrechtzuerhalten; vgl. Leitlinien „Technologietransfer" Rn. 26.
[378] Leitlinien „Technologietransfer" Rn. 29 ff.; aA jedenfalls im Hinblick auf rechtliche Sperrpositionen, die unter den Parteien streitig sind, Bechtold/Bosch/Brinker Rn. 33.
[379] Immenga/Mestmäcker/Zimmer AEUV Art. 101 Abs. 1 Rn. 115 ff.; NK-EuWettbR/Schröter/Voet van Vormizeele AEUV Art. 101 Rn. 92, 94.

Gegenstand des Schutzrechts ist zu beachten.[380] Die Leitlinien führen diesbezüglich aus, dass die Vertragsparteien, wenn sie sich in einer **einseitigen oder zweiseitigen Sperrposition** befinden, als nicht konkurrierende Unternehmen angesehen werden. Eine einseitige Sperrposition liegt hiernach vor, wenn ein Technologierecht nicht verwertet werden kann, ohne ein anderes gültiges Technologierecht zu verletzen, oder wenn eine Partei nicht wirtschaftlich rentabel am relevanten Markt teilnehmen kann, ohne ein gültiges Technologierecht der anderen Partei zu verletzen. Dies sei beispielsweise der Fall, wenn ein Technologierecht für eine Verbesserung eines anderen Technologierechts besteht und die Verbesserung ohne eine Lizenz für das ursprüngliche Technologierecht nicht rechtmäßig genutzt werden kann. Eine zweiseitige Sperrposition sei gegeben, wenn keines der Technologierechte verwertet werden kann, ohne das andere Technologierecht zu verletzen, oder wenn keine der Parteien am relevanten Markt wirtschaftlich rentabel teilnehmen kann, ohne ein gültiges Technologierecht der anderen Partei zu verletzen. In einem solchen Fall müssten die Parteien sich gegenseitig Lizenzen gewähren oder gegenüber der anderen auf ihre Rechte verzichten, um die Technologierechte verwerten zu können.[381] Wenn sich die Unternehmen hingegen, bspw. über eine Rechtelizenz oder nach den FRAND-Grundsätzen, allgemein verpflichtet haben, für bestimmte Rechte des geistigen Eigentums Lizenzen zu vergeben, können diese Rechte keine Sperrpositionen begründen.[382] Zu Recht weisen die Leitlinien darauf hin, dass das Vorliegen einer Sperrposition in der Praxis manchmal nicht leicht nachzuweisen ist, da es unklar sein kann, ob ein bestimmtes Technologierecht gültig ist und verletzt wird.[383] Unter anderem für solche Fälle stellen die Leitlinien Vermutungsregelungen auf. So sei es ein starkes Indiz gegen eine Sperrposition, wenn beide Parteien bereits auf demselben Produktmarkt tätig sind, ohne eine Lizenzvereinbarung abgeschlossen zu haben. In diesem Fall könne davon ausgegangen werden, dass die Parteien tatsächliche Wettbewerber auf dem Produktmarkt sind, wenn nicht – insbesondere durch ein rechtskräftiges Gerichtsurteil – nachgewiesen ist, dass eine Sperrposition vorliegt.[384] Besonders hohe Beweisanforderungen für das Vorliegen eine Sperrposition könnten erforderlich sein, wenn die Parteien ein gemeinsames Interesse haben, sich auf eine Sperrposition zu berufen, um als Nicht-Wettbewerber eingestuft zu werden, etwa wenn die angebliche Sperrposition Technologierechte betrifft, bei denen es sich um technologische Substitute handelt, oder wenn der Lizenzgeber dem Lizenznehmer einen erheblichen finanziellen Anreiz bietet.[385]

Eine durch ein lizenziertes Technologierecht geschützte Technologie kann eine derartige Neuerung darstellen, dass die Technologie des Lizenznehmers veraltet und nicht mehr wettbewerbsfähig ist.[386] In diesen Fällen wird durch die neue Technologie des Lizenzgebers entweder ein neuer Markt geschaffen oder die alte Technologie des Lizenznehmers vom Markt verdrängt. Aufgrund der **durchgreifenden Innovation** der vom Technologierecht geschützten neuen Technologie sind die Parteien keine Wettbewerber mehr auf denselben Technologie- und Produktmärkten. Oft kann bei Abschluss des Vertrags, wenn die Produkte und die Technologie dem Verbraucher noch nicht zugänglich gemacht worden sind und sich damit noch nicht am Markt etablieren konnten, eine solche durchgreifende Innovation noch nicht festgestellt werden, sodass die Parteien zunächst als Wettbewerber betrachtet werden müssen. Es sind jedoch auch später bei der Prüfung des Art. 101 AEUV wesentliche Veränderungen der Umstände zu berücksichtigen. Die Beurteilung des Wettbewerbsverhältnisses der Parteien kann sich mithin mit der Zeit ändern, wenn sich herausstellt, dass die Parteien aufgrund einer durchgreifenden Innovation einer Technologie keine Wettbewerber mehr sind. Als Beispiel für eine solche durchgreifende Innovation, die sich erst später als solche erwies, nennen die Leitlinien die Ersetzung der Langspielplatte als Tonträger durch die CD.[387] **101**

ISd TT-GVO sind konkurrierende Unternehmen auf dem Technologiemarkt nur solche, die in einem **tatsächlichen Wettbewerbsverhältnis** stehen, ein potentielles reicht nicht aus. Dies bedeutet, dass die Unternehmen tatsächlich die konkurrierenden Technologierechte lizenzieren müssen, eine bloße Wahrscheinlichkeit des Markteintritts des Lizenznehmers genügt nicht. Es wird jedoch ein tatsächliches Wettbewerbsverhältnis auf dem Technologiemarkt angenommen, wenn der Lizenznehmer bereits Lizenzen für seine eigenen Technologierechte vergibt und der Lizenzgeber in diesen Technologiemarkt eintritt, indem er dem Lizenznehmer eine Lizenz für konkurrierende Technologierechte erteilt.[388] **102**

---

[380] NK-EuWettbR/Schröter/Voet van Vormizeele AEUV Art. 101 Rn. 95; zu dieser Rspr. → Einl. Rn. 3 ff.
[381] Leitlinien „Technologietransfer" Rn. 29.
[382] Leitlinien „Technologietransfer" Rn. 29 Fn. 29.
[383] Leitlinien „Technologietransfer" Rn. 29.
[384] Leitlinien „Technologietransfer" Rn. 30.
[385] Leitlinien „Technologietransfer" Rn. 33.
[386] Leitlinien „Technologietransfer" Rn. 37.
[387] Leitlinien „Technologietransfer" Rn. 37.
[388] Leitlinien „Technologietransfer" Rn. 35.

103 Konkurrierende Unternehmen auf dem relevanten Markt, auf dem die Vertragsprodukte verkauft werden, also auf dem relevanten Produktmarkt, sind nach Abs. 1 lit. n Ziff. ii solche Unternehmen, die ohne die Technologietransfer-Vereinbarung auf dem relevanten Markt bzw. den relevanten Märkten, auf denen die Vertragsprodukte angeboten werden, beide tätig sein würden, (tatsächliche Wettbewerber auf dem relevanten Markt), oder die unter realistischen Annahmen und nicht nur rein theoretisch im Falle einer geringfügigen, aber dauerhaften Erhöhung der relevanten Preise auch ohne die Technologietransfer-Vereinbarung wahrscheinlich umgehend die notwendigen zusätzlichen Investitionen oder sonstigen Umstellungskosten auf sich nehmen würden, um in den relevanten Markt bzw. in die relevanten Märkte eintreten zu können (potentielle Wettbewerber auf dem relevanten Markt).

104 Im Hinblick auf horizontale Wettbewerbsverhältnisse auf den relevanten Produktmärkten stellen die Leitlinien klar, dass solche nur vorliegen, wenn ein Unternehmen **ohne Verletzung derr Rechte an geistigem Eigentum des anderen Unternehmens** auf dem jeweiligen Produktmarkt tätig ist bzw. im Falle potentiellen Wettbewerbs ohne die Verletzung fremder Rechte an geistigem Eigentum in den jeweiligen Markt eintreten kann.[389] Es wird also nur der rechtmäßige Wettbewerb als Wettbewerb iSd TT-GVO berücksichtigt,[390] wobei als Rechtmäßigkeitsmaßstab das Unionsrecht unter besonderer Berücksichtigung der Verkehrsfreiheiten und des Wettbewerbsrechts[391] mit der dazu ergangenen Rspr. des EuGH dient.[392]

105 Im Gegensatz zu den konkurrierenden Unternehmen auf dem relevanten Technologiemarkt sind konkurrierende Unternehmen auf dem relevanten Produktmarkt nach Abs. 1 lit. n Ziff. ii auch **potentielle Wettbewerber**.[393] Ein potentielles Wettbewerbsverhältnis liegt jedoch nicht bereits bei einer bloßen Möglichkeit des anderen Unternehmens zum Einstieg in den sachlich und räumlich relevanten Produktmarkt vor.[394] Vielmehr müsste das Unternehmen nach Abs. 1 lit. n Ziff. ii unter realistischen Annahmen und nicht nur rein theoretisch im Falle einer geringfügigen, dauerhaften Erhöhung der relevanten Preise auch ohne die Technologietransfer-Vereinbarung wahrscheinlich umgehend die zusätzlichen Investitionen oder sonstigen Umstellungskosten auf sich nehmen, die nötig sind, um in die sachlich und räumlich relevanten Märkte eintreten zu können. Die Leitlinien führen hierzu aus, dass die Wahrscheinlichkeit eines solchen Markteintritts auf Grundlage des Sachverhalts im jeweiligen Einzelfall beurteilt werden sollte. So sei die Wahrscheinlichkeit eines Markteintritts größer, wenn der Lizenznehmer bereits Anlagen besitzt, die es ihm ohne weiteres ermöglichen, ohne erhebliche verlorene Kosten in den Markt einzutreten, oder wenn er bereits Pläne ausgearbeitet oder andere Investitionen im Hinblick auf einen Markteintritt getätigt hat.[395] Unter Bezugnahme auf die Rspr. des EuG[396] stellen die Leitlinien klar, dass ein Unternehmen nicht als potentieller Wettbewerber betrachtet werden kann, wenn sein geplanter Markteintritt nicht mit einer wirtschaftlich tragfähigen Strategie einhergeht.[397] Zudem sei bei der Prüfung potentiellen Wettbewerbs auch zu berücksichtigen, ob eine Sperrposition vorliegt (→ Rn. 98).[398] Wenn das Vorliegen einer Sperrposition unklar ist, müssten die Parteien bei der Prüfung, ob ein potentielles Wettbewerbsverhältnis vorliegt, alle zum jeweiligen Zeitpunkt vorliegenden Umstände berücksichtigen, einschließlich der Möglichkeit, dass Rechte des geistigen Eigentums verletzt werden, sowie der Frage, ob es eine wirksame Möglichkeit gibt, bestehende Rechte des geistigen Eigentums zu umgehen. Wenn weit fortgeschrittene Pläne im Hinblick auf einen Markteintritt bestehen oder bereits erhebliche diesbezügliche Investitionen getätigt wurden, könne dies dafür sprechen, dass die Parteien potentielle Wettbewerber sind (wenngleich eine Sperrposition nicht ausgeschlossen werden könne).[399] Der potentielle Markteintritt muss in einer vertretbaren, absehbaren Zeit möglich sein. Die Länge des Zeitraums richtet sich nach dem jeweiligen Einzelfall unter Berücksichtigung der Strukturen und Verhältnisse des betreffenden Markts.[400] Zur Ermittlung des jeweiligen Zeitraums können die Zeiträume herangezogen werden, die von den in dem betreffenden Markt tätigen Unternehmen benötigt

---

[389] Leitlinien „Technologietransfer" Rn. 29 ff.
[390] AA Bechtold/Bosch/Brinker Rn. 34.
[391] Immenga/Mestmäcker/Zimmer AEUV Art. 101 Abs. 1 Rn. 115 f.; NK-EuWettbR/Schröter/Voet van Vormizeele AEUV Art. 101 Rn. 92, 94; s. auch → Rn. 98.
[392] NK-EuWettbR/Schröter/Voet van Vormizeele AEUV Art. 101 Rn. 95; zu dieser Rspr. → Einl. Rn. 3 ff.
[393] Leitlinien „Technologietransfer" Rn. 31.
[394] Immenga/Mestmäcker/Zimmer AEUV Art. 101 Abs. 1 Rn. 108.
[395] Leitlinien „Technologietransfer" Rn. 31.
[396] EuG Slg. 2011, II-1729 Rn. 167 – Visa Europe Ltd. und Visa International Service/Europäische Kommission; EuG Slg. 1998, II-3141 Rn. 137 – European Night Services u.a./Kommission.
[397] Leitlinien „Technologietransfer" Rn. 31.
[398] Leitlinien „Technologietransfer" Rn. 32.
[399] Leitlinien „Technologietransfer" Rn. 33.
[400] Gleiss/Hirsch Art. 85 Abs. 1 Rn. 123.

werden, um ihre Kapazitäten entsprechend anzupassen.[401] Die Kommission hält einen Zeitraum von ein bis zwei Jahren für idR angemessen.[402] Durch eine **durchgreifende Innovation** im Bereich einer Technologie kann sich auch das Wettbewerbsverhältnis auf dem Produktmarkt hinsichtlich der Vertragsprodukte ändern, wie das Beispiel der Entwicklung der CD-Technik für das Verhältnis von CDs und Langspielplatten gezeigt hat. Die Beurteilung, ob zwischen den Parteien ein Wettbewerbsverhältnis auf dem Produktmarkt besteht, kann sich also im Laufe der Zeit ändern.[403] Die Rechtsfolge im Hinblick auf Kernbeschränkungen regelt Art. 4 Abs. 3 (→ Art. 4 Rn. 80 ff.).

15. Selektive Vertriebssysteme, Abs. 1 lit. o. Selektive Vertriebssysteme (vgl. lit. c und Art. 4 Abs. 2 lit. b Ziff. v, → Art. 4 Rn. 79 ff.) sind nach Abs. 1 lit. o Vertriebssysteme, bei denen sich der Lizenzgeber verpflichtet, Lizenzen für die Produktion der Vertragsprodukte unmittelbar oder mittelbar nur Lizenznehmern zu erteilen, die anhand festgelegter Kriterien ausgewählt werden, und bei denen sich diese Lizenznehmer verpflichten, die Vertragsprodukte nicht an Händler zu verkaufen, die in dem vom Lizenzgeber in Bezug auf dieses System vorbehaltenen Gebiet nicht zum Vertrieb zugelassen sind. Zudem erfolgte hiermit eine Anpassung an die Definition in Art. 1 Abs. 1 lit. e Vertikal-GVO.[404] Bei den in Frage stehenden Vertriebssystemen handelt es sich im Gegensatz zu Art. 1 Abs. 1 lit. g Vertikal-GVO nicht um solche, in denen ein Hersteller/Lieferant und mehrere Händler vertraglich verbunden sind, sondern um solche, in denen ein Technologiegeber den Technologienehmern Lizenzen zur Produktion der Vertragsprodukte erteilt (bzw. eine sonstige Technologietransfer-Vereinbarung iSd Abs. 1 lit. c abschließt) und diese dann die Produkte entweder selbst vertreiben oder durch zugelassene Händler vertreiben lassen. Maßgeblich ist also der **Lizenzierung/Übertragung von Technologierechten zur Produktion von Waren oder Dienstleistungen**.[405]

Zunächst muss sich der Lizenzgeber zur Auswahl der Lizenznehmer **verpflichten**. Es muss sich also um eine Vereinbarung handeln, strikt einseitige Selektion wird schon von Art. 101 Abs. 1 AEUV nicht erfasst. Diese Verpflichtung muss nicht iS einer rechtlichen Verbindlichkeit verstanden werden, vielmehr reicht eine faktische Verständigung zwischen Lizenzgeber und Lizenznehmern über die Einführung eines selektiven Vertriebssystems aus, da ansonsten die Parteien über das Vorliegen dieses Merkmals disponieren könnten.[406] Die Lizenznehmer, die zu diesem selektiven Vertriebssystem zugelassen werden, werden nach **bestimmten, festgelegten Kriterien** ausgewählt. Diese werden in der Verständigung zwischen Lizenzgeber und Lizenznehmer objektiv bestimmbar festgelegt.[407] Die festgelegten Kriterien werden sich hauptsächlich als qualitative oder quantitative Anforderungen an Produktion und/oder Vertrieb darstellen, wie zB Qualität der Produktion, Produktionskapazitäten, eigene Absatzmöglichkeiten, infrastrukturelle Anbindung, eigene Kundenberatung, besondere Verkaufsstellen und sonstige besondere Serviceleistungen. Der Lizenznehmer muss sich wiederum verpflichten, keine Vertragsprodukte an **in dem Gebiet des selektiven Vertriebssystems nicht zugelassene Händler** zu liefern. Auch insoweit genügt eine Verständigung iS eines übereinstimmenden Verständnisses. Dies soll die Geschlossenheit des Systems in dem jeweiligen Gebiet garantieren.

Die TT-GVO eröffnet dem Lizenzgeber ausdrücklich die Möglichkeit, die Beschränkung des Verkaufs an zugelassene Händler **auf ein bestimmtes Gebiet** zu begrenzen. Erfolgt die Begrenzung des selektiven Vertriebs auf ein Teilgebiet der EU, bedeutet dies zwar, dass der Vertrieb an nicht zugelassene Händler außerhalb dieses Gebiets von der Beschränkung des selektiven Vertriebs unberührt bleiben muss.[408] Dem Lizenzgeber ist jedoch die **Kombination mit anderen Vertriebsformen** durch die TT-GVO erlaubt, wenn und soweit deren Voraussetzungen erfüllt sind.[409] Ein selektives Vertriebssystem, das den Verkauf an zugelassene Händler auf ein bestimmtes Gebiet beschränkt, kann bspw. mit einem exklusiven Vertriebssystem in einem anderen Gebiet in Form einer räumlich definierten Exklusivkundengruppe gemäß Abs. 1 lit. r kombiniert werden (→ Rn. 117 f.). Auch Kombinationen verschiedener Vertriebssysteme in ein und demselben Gebiet sind zulässig.

---

[401] Leitlinien „Technologietransfer" Rn. 34.
[402] Leitlinien „Technologietransfer" Rn. 34.
[403] Leitlinien „Technologietransfer" Rn. 37 ff.
[404] Nunmehr sind selektive Vertriebssysteme in Art. 1 Abs. 1 lit e Vertikal-GVO VO (EU) Nr. 2022/720 definiert.
[405] AA zur Vorgänger-GVO, nur auf den Vertrieb abstellend, Schultze/Pautke/Wagener TT-GVO Rn. 214.
[406] LMRKM/Baron, 2. Aufl. 2009, Vertikal-GVO Art. 4 Rn. 251 ff.
[407] Immenga/Mestmäcker/Ellger Vertikal-GVO Art. 4 Rn. 80.
[408] Dies kann sich insbesondere zu Lasten kleiner und mittlerer Unternehmen, denen der flächendeckende Betrieb des Vertriebssystems nicht möglich ist, auswirken, vgl. zur Vorgänger-Vertikal-GVO Lettl WRP 2010, 807 (819).
[409] Zur Möglichkeit der gebietsweisen Kombination selektiven Vertriebs mit anderen Vertriebsformen im Rahmen der Vorgänger-Vertikal-GVO s. Liebscher/Flohr/Petsche Gruppenfreistellungs-VO-HdB/Schumacher § 8 Rn. 49.

Allerdings ist es nach Art. 4 Abs. 2 lit. c unzulässig, ein selektives Vertriebssystem in einem Gebiet dergestalt mit Exklusivgebieten oder Exklusivkundengruppen zu kombinieren, dass dies zu einer Beschränkung des aktiven oder passiven Verkaufs an Endverbraucher durch einen auf der Einzelhandelsstufe tätigen Lizenznehmer führt (unbeschadet der Möglichkeit, Lizenznehmern zu verbieten, Geschäfte von nichtzugelassenen Niederlassungen aus zu betreiben). Dies stellen die Leitlinien ausdrücklich klar[410] und bringen hiermit mittelbar zum Ausdruck, dass Kombinationen verschiedener Vertriebssysteme in ein und demselben Gebiet grds. zulässig sind. So ist es bspw. zulässig, in einer Technologietransfer-Vereinbarung zwischen nicht konkurrierenden Unternehmen einem auf der Großhandelsstufe tätigen Lizenznehmer in dem Gebiet eines selektiven Vertriebssystems eine Exklusivkundengruppe von Einzelhändlern iSd Abs. 1 lit. r zuzuweisen, an die nur dieser Lizenznehmer aktiv verkaufen darf. Dies stellt weder eine Beschränkung passiver Verkäufe nach Art. 4 Abs. 2 lit. b noch eine Beschränkung von Verkäufen an Endverbraucher nach Art. 4 Abs. 2 lit. c dar.

109 Nach der Vertikal-GVO ist eine Kombination von selektivem Vertrieb und Alleinvertrieb in verschiedenen Gebieten nach Art. 4 lit. b Ziff. ii VO (EU) Nr. 2022/720, Art. 4 lit. c Ziff. i Nr. 1 VO (EU) Nr. 2022/720 zulässig. Im Gegensatz zur TT-GVO stellt jedoch in der Vertikal-GVO eine Kombination von selektivem Vertrieb und Alleinvertrieb in demselben Gebiet eine unzulässige Kernbeschränkung nach Art. 4 lit. b, lit. c VO (EU) Nr. 2022/720 dar, was die Vertikalleitlinien auch ausdrücklich klarstellen.[411] Bspw. würde eine Kombination von Alleinvertrieb auf der Großhandelsstufe und selektivem Vertrieb auf der Einzelhandelsstufe u.a. ein unzulässiges Verbot von Querlieferungen im selektiven Vertrieb nach Art. 4 lit. c Ziff. ii VO (EU) Nr. 2022/720 darstellen.

110 Nach den Vertikalleitlinien der Europäischen Kommission[412] können selektive Vertriebssysteme unabhängig von der Art des Produkts und der Art der Auswahlkriterien zulässig sein. Die Kommission ist jedoch der Ansicht, dass solche Vertriebssysteme in der Regel keine effizienzsteigernde Wirkung haben, die ausreichen würde, um einen erheblichen Verlust an markeninternem Wettbewerb aufzuwiegen, wenn das betreffende Produkt aufgrund seiner Beschaffenheit keinen selektiven Betrieb oder die Anwendung der gewählten Auswahlkriterien erfordert. Bei spürbaren wettbewerblichen Auswirkungen könne dies zur Unzulässigkeit des Selektivvertriebs führen.[413] Diese Restriktion ist iRd Technologie-GVO als zu eng anzusehen. Auch die Rspr. bzgl. der Vereinbarkeit selektiver Vertriebssysteme mit **Art. 101 Abs. 1 AEUV,** die ebenfalls die **Erforderlichkeit der Vertriebsart aufgrund der Art der Produkte** fordert,[414] kann nicht als Maßstab herangezogen werden. Nur Produkte, die langlebig, hochwertig oder technisch hochentwickelt sind, sollen hiernach wegen der erforderlichen Qualitätssicherung für ein selektives Vertriebssystem, das die Anwendbarkeit des Art. 101 Abs. 1 AEUV ausschließt, in Frage kommen.[415] Wenn solche Produkte vorliegen und die durch das Vertriebssystem geschaffenen Bedingungen für die Qualitätssicherung erforderlich und angemessen sind, so handelt es sich um ein **einfaches Fachhandelssystem,** das nach der Rspr. schon nicht unter Art. 101 Abs. 1 AEUV fällt, wenn die Auswahlkriterien diskriminierungsfrei angewandt werden.[416] IRd TT-GVO kommt dem Begriff „selektives Vertriebssystem" hingegen nur in Art. 4 Abs. 2 lit. b Ziff. v und lit. c Bedeutung zu. Art. 4 Abs. 2 lit. b Ziff. v macht eine Rückausnahme vom grds. von Art. 101 Abs. 1 AEUV erfassten und nicht gruppenfreistellungsfähigen Verbot des passiven Verkaufs. Es ist jedoch davon auszugehen, dass Art. 4 Abs. 2 lit. b Ziff. v nicht nur deklaratorischen Charakter hat und Vereinbarungen wie das einfache Fachhandelssystem betrifft, die ohnehin nicht unter Art. 101 Abs. 1 AEUV fallen.[417] Zudem stellt Abs. 1 lit. o keine

---

[410] Leitlinien „Technologietransfer" Rn. 125.
[411] European Commission Communication C(2022) 3006, Guidelines on vertical restraints, abrufbar unter https://ec.europa.eu/competition-policy/system/files/2022-05/20220510_guidelines_vertical_restraints_art 101_TFEU_.pdf, Rn. 236 f., zuletzt abgerufen am 30.3.2023.
[412] European Commission Communication C(2022) 3006, Guidelines on vertical restraints, abrufbar unter https://ec.europa.eu/competition-policy/system/files/2022-05/20220510_guidelines_vertical_restraints_art 101_TFEU_.pdf, zuletzt abgerufen am 30.3.2023.
[413] Zum Ganzen European Commission Communication C(2022) 3006, Guidelines on vertical restraints, abrufbar unter https://ec.europa.eu/competition-policy/system/files/2022-05/20220510_guidelines_vertical_ restraints_art101_TFEU_.pdf, Rn. 143 ff., zuletzt abgerufen am 30.3.2023.
[414] EuGH Urt. v. 6.12.2017 – C-230/16 Rn. 24 ff. – Coty; EuGH Slg. 2009, I-3421 Rn. 28, 31 f. – Copad/Dior; EuGH Slg. 1980, 3775 Rn. 16 – L'Oréal/De Nieuwe Amck; EuG Slg. 1992, II-415 Rn. 65 – Vichy/Kom.
[415] EuGH Slg. 2011, I-9413 Rn. 40–41 – Pierre Fabre Dermo-Cosmétique; EuGH Slg. 1977, 1875 Rn. 20 – Metro/Kom. I; EuGH Slg. 1985, 3933 Rn. 16 – ETA/DK Investment; EuGH Slg. 1986, 3021 Rn. 54 – Metro/Kom. II.
[416] EuGH Urt. v. 6.12.2017 – C-230/16 Rn. 24 – Coty; EuGH Slg. 2011, I-9413, Rn. 41 – Pierre Fabre Dermo-Cosmétique; EuGH Slg. 1980, 3775 Rn. 15 – L'Oréal/De Nieuwe Amck; EuGH Slg. 1977, 1875 Rn. 20 – Metro/Kom. I; EuG Slg. 1992, II-415 Rn. 65 – Vichy/Kom..
[417] Vgl. zur Vorgänger-Vertikal-GVO Immenga/Mestmäcker/Ellger Vertikal-GVO Art. 4 Rn. 77–78.

II. Einzelne Begriffsbestimmungen

besonderen Anforderungen an die Produkte und den dadurch bedingten Vertrieb. Auch die Leitlinien für vertikale Beschränkungen der Kommission beschreiben die Freistellung des selektiven Vertriebs nach der Vertikal-GVO grds. als unabhängig von der Art der Produkte (machen jedoch insoweit eine Einschränkung, dass, wenn das betreffende Produkt aufgrund seiner Beschaffenheit keinen selektiven Vertrieb oder nicht die Anwendung der gewählten Auswahlkriterien erfordert und wenn spürbare wettbewerbswidrige Auswirkungen auftreten, wahrscheinlich der Rechtsvorteil der Gruppenfreistellung entzogen wird).[418] Aus diesen Gründen muss die Art der Vertragsprodukte nicht die Art des Vertriebssystems erforderlich machen. Auch nicht langlebige, nicht hochwertige und nicht technisch hochentwickelte Produkte können Gegenstand des selektiven Vertriebssystems sein.[419] Zudem wird für **qualitative selektive Vertriebssysteme** gefordert, dass die Auswahlkriterien einheitlich und diskriminierungsfrei auf alle in Betracht kommenden Händler angewandt und diesen zur Verfügung gestellt werden, damit keine Wettbewerbsbeschränkungen iSd Art. 101 Abs. 1 AEUV vorliegen.[420] Teilweise wird davon ausgegangen, dass dies auch iRd gruppenweisen Freistellung nach Art. 101 Abs. 3 AEUV wegen der Voraussetzung der „festgelegten Merkmale" bzw. der „festgelegten Kriterien" bei der Definition des selektiven Vertriebssystems gelten soll.[421] Dies ist jedoch abzulehnen. Es ist nicht einzusehen, warum selektive Vertriebssysteme, die zwar unter Art. 101 Abs. 1 AEUV fallen, weil sie diskriminierend ausgestaltet sind, aber alle Voraussetzungen der TT-GVO oder auch der Vertikal-GVO erfüllen, nicht gruppenweise nach Art. 101 Abs. 3 AEUV freigestellt werden sollten.[422] Die Voraussetzung „festgelegte Kriterien" in Abs. 1 lit. o bedeutet lediglich, dass die Selektionskriterien im Voraus zwischen Lizenzgeber und Lizenznehmer objektiv bestimmt werden, eine diskriminierungsfreie Anwendung derselben fordert der Wortlaut jedoch nicht.[423]

Hinsichtlich der Ausgestaltung des Vertriebssystems kommen **qualifizierte Fachhandelsbindungen** (vorliegend besser: qualifizierte Lizenznehmerbindungen) und ein **quantitativer selektiver Vertrieb** in Betracht.[424] Qualifizierte Fachhandelsbindungen bzw. Lizenznehmerbindungen sind solche, die dem Lizenznehmer zusätzliche Maßnahmen auferlegen, die zur Qualitätssicherung **nicht erforderlich** sind und die daher unter Art. 101 Abs. 1 AEUV fallen können,[425] aber nach Art. 101 Abs. 3 AEUV (iVm einer GVO) freistellungsfähig sein können. **Quantitativer selektiver Vertrieb** liegt vor, wenn nach der Anlage des Systems nicht sämtliche Lizenznehmer, die die Qualitätsmerkmale erfüllen, zugelassen werden, zwischen ihnen vielmehr eine weitere Auswahl nach quantitativen Gesichtspunkten stattfindet.[426] Auch diese Vertriebssysteme unterfallen regelmäßig Art. 101 Abs. 1 AEUV,[427] können aber nach Art. 101 Abs. 3 AEUV (ggf. iVm einer GVO) freistellungsfähig sein.[428] IRd Art. 4 Abs. 2 lit. b Ziff. v sind nur Bestimmungen von Interesse, die den passiven Verkauf durch Lizenznehmer an nicht zugelassene Händler untersagen und mithin für den Bestand des selektiven Vertriebssystems **erforderlich** sind. Gleiches gilt für die Möglichkeit nach Art. 4 Abs. 2 lit. c, Mitgliedern des selektiven Vertriebssystems zu untersagen, Geschäfte von nichtzugelassenen Niederlassungen aus zu betreiben.

Keine Voraussetzung für ein selektives Vertriebssystem iSd Unionsrechts ist die **theoretische oder praktische Lückenlosigkeit.**[429] Theoretische Lückenlosigkeit setzt voraus, dass der Lizenzgeber mit den Lizenznehmern Verträge geschlossen hat, die sicherstellen, dass die gebundenen Waren

---

[418] European Commission Communication C(2022) 3006, Guidelines on vertical restraints, abrufbar unter https://ec.europa.eu/competition-policy/system/files/2022-05/20220510_guidelines_vertical_restraints_art 101_TFEU_.pdf, Rn. 162 ff., zuletzt abgerufen am 30.3.2023.
[419] Vgl. zur Vorgänger-Vertikal-GVO Bunte/Nolte AEUV Anh. Art. 101 Rn. 536; Immenga/Mestmäcker/Ellger Vertikal-GVO Art. 4 Rn. 85; Schultze/Pautke/Wagener Vertikal-GVO Rn. 245–247.
[420] Leitlinien „vertikale Vereinbarungen" Rn. 175.
[421] Für die Vertikal-GVO Immenga/Mestmäcker/Ellger Vertikal-GVO Art. 4 Rn. 83.
[422] Schultze/Pautke/Wagener TT-GVO Rn. 220 für die Vorgänger-TT-GVO; für die Vorgänger-Vertikal-GVO s. Langen/Bunte/Nolte AEUV Anh. Art. 101 Rn. 537; Schultze/Pautke/Wagener Vertikal-GVO Rn. 240.
[423] Schultze/Pautke/Wagener TT-GVO Rn. 216 für die Vorgänger-TT-GVO; für die Vertikal-GVO s. Schultze/Pautke/Wagener Vertikal-GVO Rn. 242.
[424] Für die Vorgänger-Vertikal-GVO Immenga/Mestmäcker/Ellger Vertikal-GVO Art. 4 Rn. 79.
[425] EuGH Slg. 1980, 3775 Rn. 17 – L'Oréal/De Nieuwe Amck; EuGH Slg. 1977, 1875 Rn. 21 – Metro/Kom. I.
[426] Immenga/Mestmäcker/Zimmer AEUV Art. 101 Abs. 1 Rn. 283; Immenga/Mestmäcker/Ellger AEUV Art. 101 Abs. 3 Rn. 180.
[427] EuGH Slg. 1985, 2015 Rn. 34 – Binon/AMP; EuG Slg. 1992, II-415 Rn. 72 – Vichy/Kom.
[428] EuGH Slg. 1985, 2015 Rn. 34 – Binon/AMP; Immenga/Mestmäcker/Zimmer AEUV Art. 101 Abs. 1 Rn. 284.
[429] EuGH Slg. 1997, I-3123 Rn. 12–14 – VAG; EuGH Slg. 1994, I-15 Rn. 28 – Metro; Immenga/Mestmäcker/Zimmer AEUV Art. 101 Abs. 1 Rn. 282; für die Vertikal-GVO s. Immenga/Mestmäcker/Ellger Vertikal-GVO Art. 4 Rn. 87; Schultze/Pautke/Wagener Vertikal-GVO Rn. 249.

nur durch gebundene Händler vertrieben werden. Praktische Lückenlosigkeit bedeutet, dass der Lizenzgeber die Vertriebsbindungen durchsetzt, indem er gegen vertragsbrüchige Händler oder Dritte vorgeht, die sich die Waren bei vertragsbrüchigen Händlern beschaffen.[430] Das Erfordernis der Lückenlosigkeit eines selektiven Vertriebssystems wurde im deutschen Lauterkeitsrecht damit begründet, dass es einem Vertriebshändler nicht dann zumutbar sei, sich an die vereinbarten Bindungen zu halten, wenn die Vertriebsbindung in jeder Hinsicht lückenlos ist, da er andernfalls einem unfairen Wettbewerb mit Außenseitern ausgesetzt sei. Es musste also davon ausgegangen werden, dass der Außenseiter, der sich vertriebsgebundene Erzeugnisse verschaffen konnte, von einem Vertragsbruch eines gebundenen Händlers profitierte.[431] Die Rspr. des BGH zum deutschen Lauterkeitsrecht hat jedoch jedenfalls das Erfordernis einer praktischen Lückenlosigkeit aufgegeben, vielmehr bedarf es anderer zusätzlicher Faktoren, um das Festhalten der gebundenen Unternehmen an die Vertriebsbindungen als unzumutbar erscheinen zu lassen.[432]

113 **16. Exklusivlizenz, Abs. 1 lit. p.** Die **Definition der Exklusivlizenz** wurde durch die VO (EU) Nr. 316/2014 neu eingeführt. Bedeutung hat sie für Art. 5 Abs. 1 lit. a, nach dem alle Verpflichtungen des Lizenznehmers, dem Lizenzgeber oder einem vom Lizenzgeber benannten Dritten Exklusivlizenzen für eigene Verbesserungen oder eigene neue Anwendungen der lizenzierten Technologie zu gewähren, graue Klauseln sind (→ Art. 5 Rn. 2). Zudem findet sich der Begriff Exklusivlizenz in der Rückausnahme in Art. 5 Abs. 1 lit. b, wonach im Falle einer Exklusivlizenz eine Klausel gruppenfreistellungsfähig ist, die die Beendigung der Technologietransfer-Vereinbarung für den Fall vorsieht, dass der Lizenznehmer die Gültigkeit eines oder mehrerer der lizenzierten Technologierechte anficht (→ Art. 5 Rn. 7). Schließlich kommt der Begriff Exklusivlizenz im Regelbeispiel für einen Entzug der Gruppenfreistellung im Einzelfall in Art. 6 Abs. 1 lit. b vor, wonach mit Art. 101 Abs. 3 AEUV unvereinbare Wirkungen einer Vereinbarung vorliegen können, wenn der Zugang potentieller Lizenznehmer zum Markt beschränkt wird, weil der einzige Eigentümer einer Technologie, der für relevante Technologierechte eine Lizenz vergibt, einem Lizenznehmer eine Exklusivlizenz erteilt, der bereits mit substituierbaren Technologierechten auf dem betreffenden Produktmarkt tätig ist (→ Art. 6 Rn. 3).

114 Als **Exklusivlizenz** definiert Abs. 1 lit. p eine Lizenz, bei der der Lizenzgeber selber mit den lizenzierten Technologierechten weder im Allgemeinen noch im Hinblick auf eine bestimmte Nutzung oder in einem bestimmten Gebiet produzieren darf und diese Technologierechte auch nicht an Dritte vergeben darf. Unter anderem die englische[433] und die französische[434] Fassung von Abs. 1 lit. p weichen in der Formulierung ab und besagen, dass der Lizenzgeber nicht auf Grundlage der lizenzierten Technologierechte produzieren darf und die lizenzierten Technologierechte nicht an Dritte lizenzieren darf, im Allgemeinen oder für eine bestimmte Nutzung oder in einem bestimmten Gebiet. Dies entspricht auch der Formulierung in Rn. 190 der Leitlinien.[435] Das bedeutet nach den Leitlinien im Umkehrschluss, dass der Lizenznehmer der Einzige ist, der auf der Grundlage der lizenzierten Technologierechte im Allgemeinen oder im Hinblick auf die jeweilige Nutzung oder das jeweilige Gebiet produzieren darf.[436] Während die deutsche Fassung von Abs. 1 lit. p so ausgelegt werden könnte, dass generell nur der Lizenznehmer auf Grundlage der lizenzierten Technologierechte produzieren darf, lässt sich der englischen und französischen Fassung sowie den Leitlinien entnehmen, dass unter den Begriff Exklusivlizenz auch exklusive Gebiets- und Nutzungslizenzen fallen, also Lizenzen, deren Exklusivität auf ein bestimmtes Gebiet oder eine bestimmte Nutzung beschränkt ist. Hierfür spricht auch, dass die Leitlinien die Exklusivgebietszuweisungen nach Art. 4 Abs. 1 lit. c Ziff. i und ii als Exklusivlizenzen bezeichnen und zwischen Exklusivlizenzen, die weltweit gelten und bei denen der Lizenzgeber daher aus dem Markt austritt, und auf bestimmte Gebiete,

---

[430] EuGH Slg. 1994, I-15 Rn. 21 – Metro.
[431] EuGH Slg. 1997, I-3123 Rn. 10 – VAG; EuGH Slg. 1994, I-15 Rn. 21, 23 – Metro.
[432] BGHZ 143, 232 (235); BGH GRUR 1999, 1113; Ohly/Sosnitza, Gesetz gegen den unlauteren Wettbewerb: mit Zugabeverordnung, mit Preisangabenverordnung, 7. Aufl. 2016, UWG § 3 Rn. 92 und § 4 Rn. 4/70.
[433] Die englische Fassung des Art. 1 Abs. 1 lit. p lautet: „‚exclusive licence' means a licence under which the licensor itself is not permitted to produce on the basis of the licensed technology rights and is not permitted to license the licensed technology rights to third parties, in general or for a particular use or in a particular territory".
[434] Die französische Fassung des Art. 1 Abs. 1 lit. p lautet: „‚licence exclusive': une licence en vertu de laquelle le donneur de licence lui-même n'est pas autorisé à produire sur la base des droits sur technologie concédés et n'est pas autorisé à concéder les droits sur technologie concédés à des tiers, en général, pour un usage déterminé ou sur un territoire déterminé".
[435] Leitlinien „Technologietransfer".
[436] Leitlinien „Technologietransfer" Rn. 190.

bspw. Mitgliedstaaten, beschränkte Exklusivlizenzen unterscheiden.[437] Schließlich grenzen die Leitlinien Exklusivlizenzen von Alleinlizenzen ab. Während sich der Lizenzgeber bei Exklusivlizenzen verpflichtet, in einem bestimmten Gebiet auf die Produktion zu verzichten und Dritten keine Produktionslizenz zu erteilen, verpflichtet er sich bei Alleinlizenzen, Dritten in einem bestimmten Gebiet keine Produktionslizenz zu erteilen, darf aber selber in dem Gebiet produzieren.[438] Folglich sind Exklusivlizenzen iSd Abs. lit. p, entgegen dem missverständlichen deutschen Wortlaut der Regelung, nicht nur weltweit und für alle Anwendungsbereiche geltende Exklusivlizenzen, sondern auch auf bestimmte Gebiete oder bestimmte Anwendungsbereiche (bzw. Wirtschaftszweige oder Produktmärkte) beschränkte Exklusivlizenzen. So kann der Lizenzgeber mehrere Exklusivlizenzen vergeben, bspw. für Deutschland an den einen Lizenznehmer und für Frankreich an den anderen Lizenznehmer, oder für die Produktion der Produkte A an den einen Lizenznehmer und für die Produktion der Produkte B an den anderen Lizenznehmer. Auch eine Kombination aus Exklusivgebiet und Exklusivanwendung ist möglich. So handelt es sich um Exklusivlizenzen, wenn der eine Lizenznehmer ausschließlich die Vertragsprodukte A und der andere ausschließlich die Vertragsprodukte B in Deutschland auf Grundlage der lizenzierten Technologierechte produzieren darf.

115 Abs. 1 lit. p stellt schon dem Wortlaut nach auf die Produktion ab. Exklusivlizenzen im Sinne dieser Vorschrift sind also **exklusive Produktionslizenzen,** keine exklusiven Vertriebslizenzen. Ausdrücklich weisen daher die Leitlinien darauf hin, dass Exklusiv- und Alleinlizenzen häufig mit Verkaufsbeschränkungen einhergehen, die die Parteien darin beschränken, wo sie die Produkte, die die lizenzierte Technologie enthalten, verkaufen dürfen.[439] Hieraus folgt, dass es sich bei Exklusivlizenzen um Produktionslizenzen handeln muss. Dies entspricht auch Sinn und Zweck der Rückausnahme in Art. 5 Abs. 1 lit. b. Die Leitlinien führen hierzu aus, dass sich der Lizenzgeber im Falle einer Exklusivlizenz in einem besonderen Abhängigkeitsverhältnis vom Lizenznehmer befinden kann, da der Lizenznehmer seine einzige Einnahmequelle in Bezug auf die lizenzierten Technologierechte sei (Anmerkung: nach dem oben Gesagten jedenfalls in dem jeweiligen Exklusivgebiet und/oder Exklusivanwendungsbereich), wenn die Lizenzgebühren von der Produktion mit den lizenzierten Technologierechten abhingen, was oftmals eine effiziente Möglichkeit zur Strukturierung der Lizenzgebühren sei.[440] Anknüpfungspunkt ist also die Produktion der Vertragsprodukte. In einem solchen Szenario könnten die Anreize zur Innovation und zur Lizenzvergabe beeinträchtigt werden, wenn der Lizenzgeber an eine Vereinbarung mit einem ausschließlichen Lizenznehmer gebunden ist, der kaum noch Anstrengungen unternimmt, das Produkt, das mit den lizenzierten Technologierechten produziert wird bzw. produziert werden soll, weiterzuentwickeln, zu produzieren oder zu vermarkten.[441] Diese Probleme können sich sowohl bei allgemeinen Exklusivlizenzen als auch bei exklusiven Gebiets- und Anwendungslizenzen sowie bei einer Kombination von exklusiven Gebiets- und Anwendungslizenzen ergeben. Maßgeblich ist jedoch, dass sich die Exklusivität auf die Produktion bezieht, da gerade darin die Wertschöpfung aus den lizenzierten Technologierechten liegt. Vor diesem Hintergrund stellt die TT-GVO Kündigungsklauseln in Exklusivlizenz-Vereinbarungen frei, sofern auch die anderen Freistellungsvoraussetzungen erfüllt sind.[442]

116 Im Falle von exklusiven Gebietslizenzen ist auch die Definition des Exklusivgebiets in Abs. 1 lit. q zu beachten (→ Rn. 113 ff.) Danach ist es unschädlich für das Vorliegen eines Exklusivgebiets, wenn es einem anderen Lizenznehmer erlaubt ist, die Vertragsprodukte in diesem Gebiet nur für einen bestimmten Kunden zu produzieren, wobei die zweite Lizenz erteilt worden ist, um diesem Kunden eine alternative Bezugsquelle zu schaffen (**second-sourcing-Lizenz**). Dies muss konsequenter Weise für exklusive Gebietslizenzen nach Abs. 1 lit. p entsprechend gelten.

117 **17. Exklusivgebiet, Abs. 1 lit. q.** Die Legaldefinition des **Exklusivgebiets** in Abs. 1 lit. q ist seit der Vorgängerverordnung VO/EG Nr. 772/2004 Bestandteil der GVO. Gegenüber der Vorgänger-GVO wurde die Definition leicht umformuliert, insbesondere entfiel der Zusatz, dass die Vertragsprodukte „mit der lizenzierten Technologie" produziert werden. Inhaltlich hat dies keine Konsequenzen, da schon die Definition von Vertragsprodukten in Abs. 1 lit. g beinhaltet, dass diese auf Grundlage der lizenzierten Technologierechte produziert werden (→ Rn. 69 ff.). Nach Abs. 1 lit. q ist ein Exklusivgebiet ein bestimmtes Gebiet, in dem nur ein Unternehmen die Vertragsprodukte produzieren darf, wobei die Möglichkeit nicht ausgeschlossen ist, dass es einem anderen Lizenznehmer erlaubt ist, die Vertragsprodukte in diesem Gebiet nur für einen bestimmten Kunden zu produzieren, wenn die zweite Lizenz erteilt worden ist, um diesem Kunden eine alternative Bezugsquelle

---

[437] Leitlinien „Technologietransfer" Rn. 192.
[438] Leitlinien „Technologietransfer" Rn. 191.
[439] Leitlinien „Technologietransfer" Rn. 191.
[440] Leitlinien „Technologietransfer" Rn. 139.
[441] Leitlinien „Technologietransfer" Rn. 139.
[442] Leitlinien „Technologietransfer" Rn. 139.

zu schaffen. Die Exklusivität des Gebiets bezieht sich auf die **Produktion**. Relevant ist mithin die Herstellung der Vertragsprodukte mit den lizenzierten Technologierechten.[443] Das durch das geistige Eigentum und/oder die Technologietransfer-Vereinbarung vermittelte ausschließliche Recht zur Produktion der Vertragsprodukte in dem Gebiet umfasst jedoch oft auch das ausschließliche Recht zum Vertrieb der betreffenden Produkte in dem Gebiet. Dies ergibt sich u.a. aus Art. 4 Abs. 1 lit. c Ziff. i und ii bzw. Art. 4 Abs. 2 lit. b Ziff. i, die als Ausnahmen von der schwarzen Klausel der Kunden- und Marktzuweisung Beschränkungen des aktiven und/oder passiven Verkaufs in das Exklusivgebiet der anderen Partei bzw. dem Lizenznehmer auferlegte bestimmte Verkaufsbeschränkungen betreffend das Exklusivgebiet eines anderen Lizenznehmers freistellen (→ Art. 4 Rn. 31 ff.). Aufgrund der eindeutigen Definition in Abs. 1 lit. q ist die Exklusivität des Exklusivgebiets iSd TT-GVO jedoch auf die Produktion zu beschränken. Dies schließt natürlich die Vereinbarung exklusiver Vertriebsgebiete nicht aus. Exklusive Vertriebsgebiete fallen jedoch unter die Definition der Exklusivkundengruppe nach Abs. 1 lit. r (→ Rn. 120 f.), da diese auch nach bloßen räumlichen Merkmalen abgegrenzt werden kann.[444] Die Möglichkeit der Aufteilung von Gebieten zur Herstellung bestimmter Produkte mit einem bestimmten Technologierecht ergibt sich aus den Möglichkeiten beschränkter Lizenzierungen geistigen Eigentums und vor allem auch daraus, dass gewerbliche Schutzrechte und Urheberrechte nach wie vor innerhalb nationaler Grenzen bestehen, sodass sie staatenweise lizenziert und übertragen werden können. Diese nationalen Grenzen können zu Wettbewerbs- und Verkehrsbeschränkungen im EU-Binnenmarkt aufgrund der Schaffung von Exklusivgebieten führen.

118 Die Exklusivität bezieht sich auf die Produktion der **Vertragsprodukte,** also der Art von Produkten, die unmittelbar oder mittelbar auf der Grundlage der lizenzierten/übertragenen Technologierechte produziert werden und deren Produktion ausdrücklich oder konkludent Gegenstand der Technologietransfer-Vereinbarung geworden ist (→ Rn. 68 ff.).

119 Für das bestimmte Gebiet darf die Produktion der Vertragsprodukte nur **einem Unternehmen** vertraglich und schutzrechtlich erlaubt sein. Der Unternehmensbegriff ist dabei weit iSd Abs. 2 zu verstehen (→ Rn. 119 ff.). Vertragliche Grundlage ist eine Technologietransfer-Vereinbarung nach Abs. 1 lit. c, also nicht nur eine Lizenzierung von Technologierechten, sondern auch eine Übertragung von Technologierechten, wenn das mit der Verwertung der Technologierechte verbundene Risiko zum Teil beim Veräußerer verbleibt. Letzteres kann relevant werden, wenn zwischen zwei Unternehmen eine Miteigentümergemeinschaft an Technologierechten mit dem Ziel der Produktion von Vertragsprodukten durch den Erwerber und/oder seine Zulieferer gegründet wird (→ Rn. 47) und vertraglich vereinbart wird, dass nur der Erwerber oder nur der Veräußerer mit den gemeinsamen Technologierechten in einem bestimmten Gebiet die Vertragsprodukte produzieren darf. Eine Ausnahme vom Grundsatz des einen Unternehmens macht jedoch der zweite Hs. des Abs. 1 lit. q. Nach diesem bleibt die Möglichkeit unberührt, einem anderen Lizenznehmer in diesem Gebiet die Produktion der Vertragsprodukte nur für einen bestimmten Kunden zu erlauben, wenn diese zweite Lizenz erteilt worden ist, um diesem Kunden eine alternative Bezugsquelle zu schaffen. Dabei kann auch der Lizenzgeber selbst dieser zweite „Lizenznehmer", also Produzent, sein. Diese Ausnahme hat Ähnlichkeit mit der weißen Klausel des Art. 2 Abs. 1 Nr. 13 VO/EG Nr. 240/96,[445] die insbesondere solche Vereinbarungen vom Kartellverbot freistellte, die eine mengenmäßige Lieferbeschränkung für den Lizenznehmer enthielten, wenn die Lizenz erteilt worden war, um für den Abnehmer innerhalb des Vertragsgebiets eine zweite Lieferquelle zu schaffen. Art. 2 Abs. 1 Nr. 13 VO/EG Nr. 240/96 findet sich in der TT-GVO in Art. 4 Abs. 1 lit. c Ziff. iv und Art. 4 Abs. 2 lit. b Ziff. iii wieder. Dort ist diese Situation als Ausnahme von der schwarzen Klausel der Markt- und Kundenzuweisung genannt. Die beschriebene Situation, dass eine Lizenz vergeben wird, um einem Abnehmer eine zweite Bezugsquelle zu schaffen, wird **second-sourcing-Lizenz** genannt.[446] Einem bestimmten Abnehmer soll im Fall des Abs. 1 lit. q eine zweite Bezugsquelle neben dem exklusivberechtigten Unternehmen eröffnet werden. Grund für die second-sourcing-Klauseln in der GVO ist, dass sich die Lizenzerteilung von vornherein nicht als Schaffung einer unabhängigen Versorgungsquelle, sondern als Zugeständnis einer zusätzlichen Versorgungsmöglichkeit darstellt, die nicht dem Angebotssteuerungsinteresse des Lizenzgebers, sondern dem Beschaffungsinteresse des Abnehmers dient (dies auch in den Fällen, in denen der Lizenzgeber selber der zweite „Lizenznehmer", also Produzent,

---

[443] Zum Begriff Technologierechte → Rn. 3 ff.; zum Erfordernis der zeitnahen Produktion → Rn. 54.
[444] Zur Vorgänger-GVO Schultze/Pautke/Wagener TT-GVO Rn. 225–230, 232.
[445] ABl. 1996 L 31, 2; in Art. 4 Abs. 2 VO/EG 556/89, ABl. 1989 L 61, 1 wurde dieser Fall noch als graue Klausel behandelt.
[446] Immenga/Mestmäcker/Fuchs Art. 1 Rn. 91; Immenga/Mestmäcker/Fuchs Art. 4 Rn. 59; vgl. auch Kölner Komm KartellR/Herrmann Art. 1 Rn. 116.

II. Einzelne Begriffsbestimmungen   120, 121   **Art. 1 TT-GVO**

ist).[447] Nach dem eindeutigen Wortlaut des Abs. 1 lit. q darf die Lizenz nur zugunsten eines bestimmten Abnehmers und nicht für mehrere Abnehmer erteilt werden.[448] Anders als im Falle des Art. 4 Abs. 1 lit. c Ziff. iv, Art. 4 Abs. 2 lit. b Ziff. iii[449] kann im Falle des Abs. 1 lit. q nicht davon ausgegangen werden, dass auch mehrere second-sourcing-Lizenzen für den bestimmten Abnehmer bestehen können. In Abs. 1 lit. q kommt es auf die Definition des Exklusivgebiets an, das nur einem Unternehmen vorbehalten ist. Eine Ausnahme hierzu ist eng auszulegen. Wenn schon die Schaffung einer alternativen Bezugsquelle für einen Abnehmer den Charakter als Exklusivgebiet nicht schmälert, muss dies auf den Fall beschränkt werden, dass nur dieser zusätzliche Lizenznehmer nur diesen Abnehmer beliefern darf. Würde es sich um mehrere second-sourcing-Lizenzen und mehrere Lizenznehmer handeln, so könnte, gerade wenn es sich um einen Großabnehmer handelt, die Exklusivität ausgehöhlt werden. Die Ausnahmen von der schwarzen Klausel der Kunden- und Marktzuweisung zum Schutz von Exklusivgebieten der Art. 4 Abs. 1 lit. c Ziff. i und ii, Art. 4 Abs. 2 lit. b Ziff. i dienen der Förderung des Technologietransfers durch den Lizenzgeber und der Amortisation von Investitionskosten des Lizenznehmers.[450] Diese Ziele würden verfehlt, wenn mehrere second-sourcing-Lizenznehmer in den fraglichen Gebieten für einen Großabnehmer produzierten und sich so das Gebiet faktisch nicht als Exklusivgebiet darstellte. Erfolgt dies gleichwohl, liegt kein Exklusivgebiet iSv Abs. 1 lit. q vor.

18. Exklusivkundengruppe, Abs. 1 lit. r. Eine **Exklusivkundengruppe** ist nach Abs. 1 120 lit. r eine Gruppe von Kunden, an die nur ein an der Technologietransfer-Vereinbarung beteiligtes Unternehmen die mit der lizenzierten Technologie produzierten Vertragsprodukte aktiv verkaufen darf. Der Begünstigte der Exklusivität ist also ein an der Technologietransfer-Vereinbarung beteiligtes Unternehmen. Dies bedeutet jedoch nicht, dass es ausreicht, wenn das andere beteiligte Unternehmen von den aktiven Verkäufen an diese Kundengruppe ausgeschlossen wird. Vielmehr dürfen auch Dritten keine aktiven Verkäufe an diese Kundengruppe erlaubt werden. Die Betonung ist also bei Abs. 1 lit. r auf „nur ein ... Unternehmen" zu legen. Dies ergibt sich schon aus dem Begriff „Exklusivkundengruppe" und wird bestätigt von der Formulierung des Art. 4 Abs. 1 lit. c Ziff. i, wonach die Exklusivkundengruppe der anderen Partei vorbehalten sein muss. Zudem stellt Art. 4 Abs. 1 lit. c Ziff. ii klar, dass der Lizenzgeber auch einem anderen Lizenznehmer eine Exklusivkundengruppe zuweisen kann. Hieraus folgt auch, dass zwecks Wahrung der Exklusivität andere Lizenznehmer von den aktiven Verkäufen an diese Kundengruppe ausgeschlossen werden können und müssen.

Der Begriff **Unternehmen** ist weit iSd Abs. 2 auszulegen (→ Rn. 119 ff.). Der Begriff **lizen-** 121 **zierte Technologie** ist ein Überbleibsel der Vorgänger-GVO. Gemeint sind Technologierechte iSd Abs. 1 lit. b (→ Rn. 3 ff.). **Technologietransfer-Vereinbarungen** sind in Abs. 1 lit. c definiert (→ Rn. 45 ff.). In diesem Zusammenhang ist zu beachten, dass unter Lizenzen bei der „lizenzierten Technologie" iSv Abs. 1 lit. r auch Übertragungen von Technologierechten zu verstehen sind, wenn das mit der Verwertung verbundene Risiko zum Teil beim Veräußerer verbleibt (→ Rn. 59). Dies kann relevant werden, wenn zwischen zwei Unternehmen eine Miteigentümergemeinschaft an Technologierechten mit dem Ziel der Produktion von Vertragsprodukten durch den Erwerber und/oder seine Zulieferer gegründet wird (→ Rn. 58) und vertraglich vereinbart wird, dass nur der Erwerber oder nur der Veräußerer die mit den Technologierechten produzierten Vertragsprodukte an eine bestimmte Kundengruppe aktiv verkaufen darf. **Vertragsprodukte** sind auf Grundlage der lizenzierten Technologierechte produzierte Produkte iSd Abs. 1 lit. g, deren Produktion ausdrücklich oder konkludent Gegenstand der Technologietransfer-Vereinbarung ist (→ Rn. 68 ff.). Der Begriff des **aktiven Verkaufs** ist in Art. 1 Abs. 1 lit. l der Vertikal-GVO legaldefiniert, wobei allerdings Fn. 59 der Leitlinien zur Anwendung von Art. 101 AEUV auf Technologietransfer-Vereinbarungen[451] für die Definition auf die alten Vertikal-Leitlinien[452] verweist (→ Art. 4 Rn. 45). Nach Abs. 1 lit. l der neuen Vertikal-GVO ist aktiver Verkauf die gezielte Ansprache von Kunden durch Besuche, Schreiben, E-Mails, Anrufe oder sonstige Formen der direkten Kommunikation oder durch gezielte Werbung und Absatzförderung, offline oder online, bspw. durch Printmedien oder digitale Medien,

---

[447] Zur Vorgänger-GVO Immenga/Mestmäcker/Fuchs Art. 4 Rn. 59; s. auch VO/EG 240/96, ABl. 1996 L 31, 2 (5), Erw. 23; krit. zur Vorgänger-GVO Pfaff/Osterrieth/Winzer, 3. Aufl. 2010, B.III Rn. 497.
[448] So auch zu der Vorgängervorschrift eindeutig VO/EG 556/89, ABl. 1989 L 61, 1 (4), Erw. 15 und ebenfalls eindeutig zu Art. 4 Abs. 1 lit. c Ziff. iv die Mitt. der Kom., Leitlinien zur Anwendung von Artikel 101 des Vertrages über die Arbeitsweise der Europäischen Union auf Technologietransfer-Vereinbarungen, ABl. 2014 C 89, 3 Rn. 112.
[449] Vgl. → Art. 4 Rn. 59 und Leitlinien „Technologietransfer" Rn. 112.
[450] Vgl. Leitlinien „Technologietransfer" Rn. 107–108, 26 Rn. 121.
[451] Leitlinien „Technologietransfer" Rn. 108 Fn. 59.
[452] Leitlinien „vertikale Vereinbarungen".

einschließlich Online-Medien, Preisvergleichsdiensten oder Suchmaschinenwerbung, die auf Kunden in bestimmten Gebieten oder aus bestimmten Kundengruppen ausgerichtet sind, durch den Betrieb einer Website mit einer Top-Level-Domain, die bestimmten Gebieten entspricht oder durch das Angebot von in bestimmten Gebieten üblichen Sprachoptionen auf einer Website, sofern diese Sprachen sich von denen unterscheiden, die in dem Gebiet, in dem der Abnehmer niedergelassen ist, üblicherweise verwendet werden. Werbung oder verkaufsfördernde Maßnahmen, die für den Abnehmer nur interessant sind, wenn sie (auch) eine bestimmte Kundengruppe oder Kunden in einem bestimmten Gebiet erreichen, gelten als „aktiver" Verkauf an diese Kundengruppe oder an die Kunden in diesem bestimmten Gebiet.[453] Die Kundengruppe, an die nur ein Unternehmen die Vertragsprodukte aktiv verkaufen darf, kann nach allen möglichen **abstrakten oder individuellen Merkmalen**[454] bestimmt werden, wie zB nach angestrebtem Verwendungszweck der Vertragsprodukte, Wirtschaftszweig, aber auch nach Wohnsitz oder Niederlassung, sodass eine Beschränkung auf eine Exklusivkundengruppe auch eine Gebietsbeschränkung darstellen kann.[455] Dass eine räumlich definierte Exklusivkundengruppe mithin ein **exklusives Vertriebsgebiet** bilden kann, ist besonders im Fall des Art. 4 Abs. 1 lit. c Ziff. i und ii sowie des Art. 4 Abs. 2 lit. b Ziff. i relevant. Der Begriff Kundengruppe impliziert, dass es sich um mehrere Kunden handeln muss, individuelle Kundenbeschränkungen auf einen Kunden mithin nicht erfasst sind.[456]

122 **19. Verbundene Unternehmen, Abs. 2.** Nach Abs. 2 UAbs. 1 schließen die Begriffe „Unternehmen", „Lizenzgeber" und „Lizenznehmer" **verbundene Unternehmen** für die Zwecke der Verordnung mit ein. Eine solche Klausel über verbundene Unternehmen fand sich annähernd wortgleich in jeder bisherigen GVO, die aufgrund der Ermächtigungen der VO/EWG Nr. 19/65 und der VO/EWG Nr. 2821/71 erlassen wurde, bis auf die inzwischen nicht mehr rechtsgültige VO/EWG Nr. 4087/88. Kleinere Änderungen führte erst die Vertikal-GVO VO/EG Nr. 2790/1999 ein, die dann sowohl in der alten Kraftfahrzeug-GVO VO/EG Nr. 1400/2002,[457] in der Vorgänger-TT-GVO VO (EG) Nr. 772/2004 als auch in der aktuellen TT-GVO, der Vorgänger-Vertikal-GVO VO/EU Nr. 330/2010, der neuen Vertikal GVO VO (EU) 2022/720 und der Kraftfahrzeug-GVO VO/EU Nr. 461/2010[458] beibehalten wurden.[459] Sinn der Einbeziehung verbundener Unternehmen ist die rechtliche Zurechnung wirtschaftlicher Machtverhältnisse. Von den **Verbundklauseln** profitieren die betroffenen Unternehmen einerseits, da auch verbundene Unternehmen in die Gruppenfreistellung einbezogen werden.[460] Zudem wird der Anwendungsbereich der Gruppenfreistellung nach Art. 2 erweitert, da Abs. 1 lit. c nur Vereinbarungen zwischen zwei Unternehmen vorsieht, jedoch mehrere an der Vereinbarung beteiligte verbundene Unternehmen nur als **ein** Unternehmen betrachtet werden.[461] Andererseits müssen sich die betroffenen Unternehmen die Marktanteile ihrer verbundenen Unternehmen zurechnen lassen, sodass verzweigte Konzerne leichter die Marktanteilsschwellen des Art. 3 überschreiten.[462] Zudem wird durch die Einbeziehung von Konzernmitgliedern der Bereich der im horizontalen Wettbewerbsverhältnis stehenden Unternehmen erweitert, was zu einer Anwendung strengerer Regeln führt.[463] Abs. 2 UAbs. 2 lit. a nennt die Zurechnungstatbestände, während Abs. 2 UAbs. 2 lit. b und lit. c weitere Varianten der Verknüpfung aufzeigen. Zuletzt beziehen Abs. 2 UAbs. 2 lit. d und lit. e noch Gemeinschaftsunternehmen mit ein **(Mehrmütterklauseln)**.

123 **Abs. 2 UAbs. 2 lit. a** definiert als verbundene Unternehmen solche Unternehmen, bei denen ein an der Technologietransfer-Vereinbarung beteiligtes Unternehmen unmittelbar oder mittelbar (Ziff. i) über mehr als die Hälfte der Stimmrechte verfügt (Ziff. ii) mehr als die Hälfte der Mitglieder des Leitungs- oder Aufsichtsorgans (bspw. der Aufsichtsrat in einer deutschen AG) oder der zur

---

[453] European Commission Communication C(2022) 3006, Guidelines on vertical restraints, abrufbar unter https://ec.europa.eu/competition-policy/system/files/2022-05/20220510_guidelines_vertical_restraints_art101_TFEU_.pdf, Rn. 214, zuletzt abgerufen am 8.6.2022.
[454] Vgl. Immenga/Mestmäcker/Ellger Vertikal-GVO Art. 4 Rn. 43.
[455] So auch Bechtold/Bosch/Brinker Rn. 40.
[456] So auch Immenga/Mestmäcker/Fuchs Art. 1 Rn. 93; aA Bechtold/Bosch/Brinker Rn. 40; zur Vertikal-GVO Immenga/Mestmäcker/Ellger GFVO Vertikal-VO Art. 4 Rn. 43; zur Vertikal-GVO Bunte/Nolte AEUV Anh. Art. 101 Rn. 507.
[457] ABl. 2002 L 203, 30.
[458] ABl. 2010 L 129, 52.
[459] So hinsichtlich der Zurechnungskriterien und der Unterscheidung zwischen verbundinternen und verbundexternen Gemeinschaftsunternehmen.
[460] Immenga/Mestmäcker/Ellger AEUV Art. 101 Abs. 3 Rn. 374.
[461] Wiedemann KartellR-HdB I AT Rn. 169.
[462] Vgl. Immenga/Mestmäcker/Ellger AEUV Art. 101 Abs. 3 Rn. 378.
[463] Vgl. Immenga/Mestmäcker/Ellger AEUV Art. 101 Abs. 3 Rn. 374.

gesetzlichen Vertretung berufenen Organe bestellen kann oder (Ziff. iii) das Recht hat, die Geschäfte zu führen.

Strittig ist, ob die aufgezählten Zurechnungskriterien abschließend sind oder als zusätzliches **124** Merkmal die **Kontrollmöglichkeit** des herrschenden Unternehmens bestehen muss. Ein Unterschied ergibt sich zB in der Auslegung des Abs. 2 UAbs. 2 lit. a Ziff. ii. Hält man das Merkmal der Kontrollausübung für erforderlich, so kann eine Stimmenmehrheit im Aufsichtsorgan Aufsichtsrat (§§ 95–116 AktG, § 52 GmbHG) nur relevant sein, wenn dieses Gremium auch das Geschäftsführungsorgan bestellt.[464] Dies ist angelegt in der Alternativität des Wortlauts des Abs. 2 UAbs. 2 lit. a Ziff. ii. Das ungeschriebene Erfordernis der Kontrollmöglichkeit wird damit begründet, dass die Verbundklauseln teleologisch in Zusammenschau mit den anderen Unionsregelungen hinsichtlich verbundener Unternehmen ausgelegt werden müssten. So könne eine wirtschaftliche Einheit nur bestehen, wenn ein Unternehmen über das andere die Kontrolle ausübe.[465] Hiergegen spricht jedoch, dass Abs. 2 UAbs. 2 gerade nicht auf den Begriff der wirtschaftlichen Einheit und/oder der Kontrolle abstellt, sondern vielmehr wie Art. 5 Abs. 4 FKVO einen formellen Begriff des verbundenen Unternehmens zugrunde legt. Wegen der annähernden Wortgleichheit können daher die Ausführungen der Kommission zu Art. 5 Abs. 4 FKVO in der Konsolidierten Mitteilung zu Zuständigkeitsfragen[466] für die Auslegung des Abs. 2 UAbs. 2 lit. a entsprechend herangezogen werden. Danach sind die Kriterien für verbundene Unternehmen nicht deckungsgleich mit dem Begriff der Kontrolle in Art. 3 Abs. 2 FKVO.

So werde eine **faktische Kontrolle** iS einer wirtschaftlichen Abhängigkeit beim verbundenen **125** Unternehmen nur berücksichtigt, wenn eindeutig nachgewiesen wird, dass das beteiligte Unternehmen das Recht hat, über die Hälfte der Stimmrechte auszuüben oder mehr als die Hälfte der zur gesetzlichen Vertretung berufenen Organe einzusetzen.[467] Für die Varianten „über mehr als die Hälfte der Stimmrechte verfügt" und „mehr als die Hälfte der Mitglieder des Aufsichtsrats, des Verwaltungsrats [in der TT-GVO: des Leitungs- oder Aufsichtsorgans] oder der zur gesetzlichen Vertretung berufenen Organe bestellen kann" (vgl. Abs. 2 UAbs. 2 lit. a Ziff. i und ii) reiche die faktische Befugnis hierzu aus.[468] Dies gelte jedoch nicht für „das Recht, die Geschäfte [des Unternehmens] zu führen" (Abs. 2 UAbs. 2 lit. a Ziff. iii). Diese Variante setze im Gegensatz zu den anderen beiden Varianten ein Recht und keine bloßen Einflussmöglichkeiten voraus. Für Gemeinschaftsunternehmen bedeute dies, dass verbundene Unternehmen vorliegen, wenn die Mutterunternehmen gemeinsam das Recht haben (bzw. im Falle verbundexterner Gemeinschaftsunternehmen iSd Abs. 2 UAbs. 2 lit. e das Recht ausüben, → Rn. 127), die Geschäfte auf der Grundlage individueller Vetorechte zu führen. Nicht erfasst seien hingegen – im Gegensatz zur gemeinsamen Kontrolle – Fälle, bei denen wegen starker gemeinsamer Interessen zwischen verschiedenen Minderheitsanteilseignern des Gemeinschaftsunternehmens auf der Grundlage der Beteiligung der Anteilseigner faktisch eine gemeinsame Kontrolle erfolgt. Auch decke „das Recht, die Geschäfte [des Unternehmens] zu führen" Fälle einer negativen Einzelkontrolle nicht ab.[469] Schließlich seien auch Fälle denkbar, in denen zwar die Kriterien des Art. 5 Abs. 4 FKVO erfüllt sind, aber keine Kontrolle iSd Art. 3 Abs. 2 FKVO vorliegt.[470]

Die Kommission begründet in der Konsolidierten Mitteilung zu Zuständigkeitsfragen den **126** **Unterschied zwischen verbundenen Unternehmen iSd Art. 5 Abs. 4 FKVO und dem Kontrollbegriff des Art. 3 Abs. 2 FKVO** mit der unterschiedlichen Funktion der Vorschriften. Während Art. 5 Abs. 4 FKVO der Ermittlung der für die Anwendbarkeit der FKVO maßgeblichen Umsätze dient und daher ein Bedarf an Präzisierung und Sicherheit bezüglich der entsprechenden Kriterien

---

[464] Wiedemann KartellR-HdB I AT Rn. 141.
[465] Wiedemann KartellR-HdB I AT Rn. 123–126.
[466] Berichtigung der Konsolidierten Mitt. der Kom. zu Zuständigkeitsfragen gemäß der Verordnung (EG) Nr. 139/2004 des Rates über die Kontrolle von Unternehmenszusammenschlüssen (Amtsblatt der Europäischen Union C 95 v. 16.4.2008), ABl. 2009 C 43, 10 Rn. 175–184.
[467] Berichtigung der Konsolidierten Mitt. der Kom. zu Zuständigkeitsfragen gemäß der Verordnung (EG) Nr. 139/2004 des Rates über die Kontrolle von Unternehmenszusammenschlüssen (Amtsblatt der Europäischen Union C 95 v. 16.4.2008), ABl. 2009 C 43, 10 Rn. 184.
[468] Berichtigung der Konsolidierten Mitt. der Kom. zu Zuständigkeitsfragen gemäß der Verordnung (EG) Nr. 139/2004 des Rates über die Kontrolle von Unternehmenszusammenschlüssen (Amtsblatt der Europäischen Union C 95 v. 16.4.2008), ABl. 2009 C 43, 10 Rn. 179.
[469] Berichtigung der Konsolidierten Mitt. der Kom. zu Zuständigkeitsfragen gemäß der Verordnung (EG) Nr. 139/2004 des Rates über die Kontrolle von Unternehmenszusammenschlüssen (Amtsblatt der Europäischen Union C 95 v. 16.4.2008), ABl. 2009 C 43, 10 Rn. 184, s. auch 50 Rn. 180–182.
[470] Berichtigung der Konsolidierten Mitt. der Kom. zu Zuständigkeitsfragen gemäß der Verordnung (EG) Nr. 139/2004 des Rates über die Kontrolle von Unternehmenszusammenschlüssen (Amtsblatt der Europäischen Union C 95 v. 16.4.2008), ABl. 2009 C 43, 10 Rn. 184.

bestehe, könne die Frage, ob ein Zusammenschluss iSd Art. 3 Abs. 2 FKVO entsteht, in viel umfassenderer Weise untersucht werden.[471] **Sinn und Zweck der Formalisierung** der Zurechnungskriterien des Art. 5 Abs. 4 FKVO ist mithin die Schaffung von Rechtssicherheit durch eine Loslösung vom nicht immer eindeutigen und materiellen Begriff der Kontrolle. Für Abs. 2 UAbs. 2, der sich in seiner Formulierung an Art. 5 Abs. 4 FKVO anlehnt, kann aber nichts anderes gelten.

127 Allerdings kann **in der Praxis** davon ausgegangen werden, dass die Anwendung der Begriffe des „verbundenen Unternehmens" in Abs. 2, des kontrollierenden bzw. kontrollierten Unternehmens iSd FKVO und der „wirtschaftlichen Einheit" aus der Rspr. des EuGH **häufig zu denselben Ergebnissen führt.**[472] Aufgrund der Formalisierung der Kriterien durch die TT-GVO ist es aber nicht auszuschließen, dass dies in bestimmten Konstellationen nicht der Fall ist. So kann, wie bereits oben erwähnt, Unternehmen A zwar die Stimmenmehrheit im Aufsichtsrat von Unternehmen B haben, der Aufsichtsrat jedoch nicht für wesentliche strategische Entscheidungen und auch nicht für die Bestellung der Geschäftsführung zuständig sein. Wenn Unternehmen A auch iÜ nicht die Möglichkeit hat, Unternehmen B zu kontrollieren, sind Unternehmen A und B zwar verbundene Unternehmen nach Abs. 2 UAbs. 2, bilden jedoch keine wirtschaftliche Einheit. Umgekehrt besteht die Möglichkeit, dass Unternehmen A trotz Nichtvorliegens der Voraussetzungen des Abs. 2 UAbs. 2 faktisch und nachweisbar die Kontrolle über Unternehmen B ausübt, etwa aufgrund einer Gesamtbetrachtung langfristiger Liefervereinbarungen, hiermit verbundener Kredite und struktureller sowie personeller Verflechtungen.

128 In diesen Fällen, in denen die Anwendung der Begriffe **zu unterschiedlichen Ergebnissen führt,** ist zunächst zu beachten, dass der Begriff des „verbundenen Unternehmens" aus Abs. 2 schon aufgrund der Normhierarchie keinen Einfluss auf die Anwendung des Art. 101 AEUV als Primärrecht hat, dh in diesem Zusammenhang ist nur auf die wirtschaftliche Einheit abzustellen.[473] Im ersten Beispiel, in dem A und B zwar verbundene Unternehmen sind, aber keine wirtschaftliche Einheit bilden, ist somit im Falle eines Abschlusses einer Lizenzvereinbarung zwischen A und B von einer Vereinbarung zwischen zwei Unternehmen iSd Art. 101 Abs. 1 AEUV auszugehen. Dies muss dann aber auch für Art. 2 gelten, der die Gruppenfreistellung regelt und eine Technologietransfer-Vereinbarung zwischen zwei Unternehmen iSd Abs. 1 lit. c voraussetzt. Wenn Unternehmen A allerdings Unternehmen B nicht beherrscht, kann es aus wirtschaftlicher Sicht auch nicht zu einer gegenseitigen Zurechnung von Marktstellungen (Wettbewerbsverhältnissen) und Marktanteilen in Konstellationen kommen, in denen A oder B Lizenzvereinbarungen mit Dritten abschließen. Insoweit ist davon auszugehen, dass der Begriff der wirtschaftlichen Einheit als Teil der Definition des Unternehmens des Art. 101 Abs. 1 AEUV im **Primärrecht den sekundärrechtlichen Begriff des verbundenen Unternehmens in der TT-GVO zugunsten der Beteiligten überlagert.**

129 Fraglich ist, ob eine solche **Überlagerung** auch **zu Lasten der Unternehmen** stattfinden kann, wenn also im zweiten Beispiel eine wirtschaftliche Einheit wegen einer rein faktischen Beherrschung des Unternehmens B durch Unternehmen A vorliegt, aber die Zurechnungskriterien des Abs. 2 UAbs. 2 nicht erfüllt sind. Schließen in dieser Situation Unternehmen A und B einen Lizenzvertrag, liegt keine Vereinbarung zwischen Unternehmen iSd Art. 101 Abs. 1 AEUV vor, da das durch die Kommission gesetzte Sekundärrecht nicht die Auslegung des Art. 101 Abs. 1 AEUV durch den EuGH überlagern kann. Schließt jedoch Unternehmen A einen Lizenzvertrag mit dem dritten Unternehmen C ab, so stellt sich die Frage, ob A wegen seiner faktischen Kontrolle die Marktstellung und Marktanteile von B iRd TT-GVO zuzurechnen sind. Anders als im ersten Beispiel wirkt hier die Überlagerung des Begriffs des verbundenen Unternehmens durch den Begriff der wirtschaftlichen Einheit zu Lasten der beteiligten Unternehmen. Für die TT-GVO interne, das Sekundärrecht der GVO betreffende Zurechnung von Wettbewerbsverhältnissen (bspw. für die Unterscheidung zwischen konkurrierenden und nicht konkurrierenden Unternehmen bei den Kernbeschränkungen des Art. 4 und den grauen Klauseln des Art. 5) und Berechnung von Marktanteilen ist eine solche primärrechtskonforme Auslegung zu Lasten der Unternehmen jedoch abzulehnen, was sich schon aus dem Bestimmtheitsgrundsatz ergibt. Dies gilt gerade vor dem Hintergrund, dass bei einer Versagung der Freistellung im Extremfall sogar ein Bußgeld festgesetzt werden kann. Auch würde eine solche Überlagerung zu Lasten der Beteiligten dem Sinn und Zweck der Formalisierung der Zurech-

---

[471] Berichtigung der Konsolidierten Mitt. der Kom. zu Zuständigkeitsfragen gemäß der Verordnung (EG) Nr. 139/2004 des Rates über die Kontrolle von Unternehmenszusammenschlüssen (Amtsblatt der Europäischen Union C 95 v. 16.4.2008), ABl. 2009 C 43, 10 Rn. 184.

[472] Nach der Rechtsprechung ist unter dem Begriff „Unternehmen" im Rahmen des (gesamten) Kartellrechts eine wirtschaftliche Einheit zu verstehen; so schon EuGH Slg. 1984, 2999 Rn. 11 – Hydrotherm/Compact, wobei es in dieser Entscheidung um die Anwendung einer Verordnung ging, die den Unternehmensbegriff nicht definiert.

[473] Vgl. FK-KartellR/Pohlmann Art. 81 Abs. 3 EG Grundfragen Rn. 423.

nungskriterien, Rechtssicherheit zu schaffen, zuwiderlaufen, wenn die Freistellung der Vereinbarung nun doch von der Anwendung des unbestimmten Begriffs der wirtschaftlichen Einheit abhinge. Um wettbewerbsschädliche Ergebnisse zu vermeiden und den wirtschaftlichen Gegebenheiten angemessen Rechnung tragen zu können, bleibt jedoch für solche Fälle der Entzug der Gruppenfreistellung im Einzelfall nach Art. 6 (s. Kommentierung zu Art. 6).

Im Gegensatz zu den verbundinternen Gemeinschaftsunternehmen des Abs. 2 UAbs. 2 lit. d regelt die Mehrmütterklausel des Abs. 2 UAbs. 2 lit. e die **verbundexternen Gemeinschaftsunternehmen**, bei denen die Mütter nicht miteinander verbunden sind.[474] Abs. 2 UAbs. 2 lit. e Ziff. i erfasst dabei solche Unternehmen, auf die die an der Technologietransfer-Vereinbarung beteiligten Unternehmen oder jeweils die mit ihnen verbundenen Unternehmen iSd Abs. 2 UAbs. 2 lit. a–d gemeinsam die beschriebenen Einflussmöglichkeiten haben. Abs. 2 UAbs. 2 lit. e Ziff. ii beschreibt Unternehmen, die Gemeinschaftsunternehmen einer oder mehrerer der an der Technologietransfer-Vereinbarung beteiligten Unternehmen bzw. der mit ihnen verbundenen Unternehmen und eines oder mehrerer dritter Unternehmen sind. Im Gegensatz zu Abs. 2 UAbs. 2 lit. d reicht hier jedoch nach dem eindeutigen Wortlaut kein gemeinsames **Haben** von Einflussmöglichkeiten bzw. Rechten. Die Einflussmöglichkeiten bzw. Rechte müssen vielmehr gemeinsam **ausgeübt** werden. Dies bedeutet ein bewusstes und gewolltes, planmäßiges Zusammenwirken.[475] Die Unternehmen müssen ihr Vorgehen koordinieren. Nicht erforderlich ist, dass die einheitliche Willensbildung der Mutterunternehmen von Beginn an für alle in Betracht kommenden Angelegenheiten gesichert ist. Vielmehr reicht die begründete Erwartung, dass die beteiligten Unternehmen sich regelmäßig miteinander abstimmen werden.[476] Wie im Falle des Abs. 2 UAbs. 2 lit. d gilt jedes der beteiligten Unternehmen je für sich als mit dem Tochterunternehmen verbunden.[477] Eine Ausnahme von der **doppelten Zurechnung** macht jedoch Art. 8 lit. c für die Berechnung der Marktanteile. Es werden die Marktanteile des verbundexternen Tochterunternehmens den gemeinsamen Müttern nicht jeweils in vollem Umfang, sondern zu gleichen Teilen angerechnet.[478]

Art. 2 Freistellung

(1) Nach Artikel 101 Absatz 3 AEUV und nach Maßgabe dieser Verordnung gilt Artikel 101 Absatz 1 AEUV nicht für Technologietransfer-Vereinbarungen.

(2) ¹Die Freistellung nach Absatz 1 gilt, soweit diese Technologietransfer-Vereinbarungen Wettbewerbsbeschränkungen enthalten, die unter Artikel 101 Absatz 1 AEUV fallen. ²Die Freistellung gilt, solange die lizenzierten Technologierechte nicht abgelaufen, erloschen oder für ungültig erklärt worden sind oder — im Falle von lizenziertem Know-how — solange das Know-how geheim bleibt. ³Wenn das Know-how jedoch infolge des Verhaltens des Lizenznehmers offenkundig wird, gilt die Freistellung für die Dauer der Vereinbarung.

(3) Die Freistellung nach Absatz 1 gilt auch für Bestimmungen in Technologietransfer-Vereinbarungen, die sich auf den Erwerb von Produkten durch den Lizenznehmer oder aber auf die Lizenzierung oder die Übertragung von Rechten des geistigen Eigentums oder von Know-how auf den Lizenznehmer beziehen, soweit diese Bestimmungen unmittelbar mit der Produktion oder dem Verkauf von Vertragsprodukten verbunden sind.

Übersicht

	Rn.		Rn.
I. Allgemeines	1	V. Geltungsdauer der Freistellung, Abs. 2 S. 2 und 3	16
II. Allgemeines Prüfungsschema der Gruppenfreistellung	2	VI. Mitfreigestellte Bestimmungen, Abs. 3	20
III. Allgemeiner Gruppenfreistellungstatbestand, Abs. 1	12	VII. Typischerweise freigestellte Vereinbarungen	25
IV. Wettbewerbsbeschränkungen nach Art. 101 Abs. 1 AEUV, Abs. 2 S. 1	14	VIII. Rechtsfolge	26

---

[474] Vgl. Immenga/Mestmäcker/Ellger AEUV Art. 101 Abs. 3 Rn. 377.
[475] Vgl. I AT Rn. 161.
[476] Immenga/Mestmäcker/Veelken, 4. Aufl. 2007, GFVO Einl. Rn. 37.
[477] Immenga/Mestmäcker/Veelken, 4. Aufl. 2007, GFVO Einl. Rn. 38.
[478] So auch Art. 8 lit. e Vertikal-GVO (VO(EU) 2022/720), vgl. Immenga/Mestmäcker/Ellger AEUV Art. 101 Abs. 3 Rn. 378.

I. Allgemeines

1 Gemäß **Art. 101 Abs. 3 AEUV** kann das Kartellverbot des Art. 101 Abs. 1 AEUV unter bestimmten, dort näher umschriebenen Voraussetzungen auf bestimmte Vereinbarungen oder Gruppen von Vereinbarungen zwischen Unternehmen, Beschlüsse oder Gruppen von Beschlüssen von Unternehmensvereinigungen, aufeinander abgestimmte Verhaltensweisen zwischen Unternehmen oder Gruppen von solchen für nicht anwendbar erklärt werden. Die gruppenweise Freistellung erfolgt dabei durch GVOs, die abstrakt die Merkmale von freigestellten Vereinbarungen festlegen. Hierdurch erhalten die beteiligten Unternehmen Rechtssicherheit und für die Kommission stellte sich früher wegen der damaligen Belastung durch das Verfahren der Einzelfreistellung nach Art. 81 Abs. 3 EG eine Arbeitserleichterung ein. Diese Belastung ist aufgrund der unmittelbaren Anwendbarkeit des Art. 81 Abs. 3 EG/Art. 101 Abs. 3 AEUV durch nationale Behörden und Gerichte nach der VO 1/2003[1] weggefallen. Nach Art. 103 Abs. 1, 2 lit. b AEUV kann der Rat auf Vorschlag der Kommission und nach Anhörung des Parlaments Verordnungen erlassen, die Einzelheiten der Anwendung des Art. 101 Abs. 3 AEUV festlegen. Aufgrund dieser Ermächtigung hat der Rat die **VO/EWG Nr. 19/65**[2] erlassen. Diese Verordnung dient wiederum als **Ermächtigung für die Kommission zum Erlass von GVOs.** So bestimmt Art. 1 Abs. 1 lit. b VO/EWG Nr. 19/65, dass die Kommission gemäß Art. 101 Abs. 3 (seinerzeit Art. 85 Abs. 3 EWG) des Vertrages durch Verordnung Art. 101 Abs. 1 (seinerzeit Art. 85 Abs. 1 EWG) auf Gruppen von Vereinbarungen für nicht anwendbar erklären kann, an denen nur zwei Unternehmen beteiligt sind und die Beschränkungen enthalten, die im Zusammenhang mit dem Erwerb und der Nutzung von gewerblichen Schutzrechten – insbesondere von Patenten, Gebrauchsmustern, Geschmacksmustern oder Warenzeichen – oder im Zusammenhang mit den Rechten aus einem Vertrag zur Übertragung oder Gebrauchsüberlassung von Herstellungsverfahren oder von zum Gebrauch und zur Anwendung von Betriebstechniken dienenden Kenntnissen auferlegt sind. Auf Grundlage dieses Artikels hat die Kommission nach Veröffentlichung eines Entwurfs und nach Anhörung des Beratenden Ausschusses für Kartell- und Monopolfragen am 21.3.2014 die VO/EU Nr. 316/2014 erlassen. Diese enthält mit **Art. 2** einen **allgemeinen Freistellungstatbestand für Technologietransfer-Vereinbarungen.**

II. Allgemeines Prüfungsschema der Gruppenfreistellung

2 Um zu prüfen, ob eine bestimmte Vereinbarung unter die TT-GVO fällt und mithin nach Art. 2 vom Kartellverbot des Art. 101 Abs. 1 AEUV freigestellt ist, empfiehlt sich folgendes **Prüfungsschema:**
1. Handelt es sich um eine Technologietransfer-Vereinbarung?
2. Was sind die relevanten Produkt- und Technologiemärkte?
3. Sind die Parteien Wettbewerber oder Nicht-Wettbewerber?
4. Wie hoch sind die Marktanteile auf den relevanten Märkten?
5. Handelt es sich um eine wechselseitige oder nicht wechselseitige Vereinbarung?
6. Enthält die Vereinbarung eine Kernbeschränkung? Greift eine Rückausnahme ein?
7. Enthält die Vereinbarung eine nicht freigestellte Beschränkung? Greift eine Rückausnahme ein?
8. Kann die Gruppenfreistellung im Einzelfall entzogen werden?
9. Ist die Freistellung noch gültig?

3 Im **ersten Schritt** muss festgestellt werden, ob eine Technologietransfer-Vereinbarung vorliegt. Der Begriff Technologietransfer-Vereinbarung wird in Art. 1 Abs. 1 lit. c definiert, die Hauptgegenstände einer Technologietransfer-Vereinbarung, die Technologierechte, in Art. 1 Abs. 1 lit. b. → Art. 1 Rn. 3 ff.

4 Im **zweiten Schritt** ist festzustellen, welche relevanten Produkt- und Technologiemärkte betroffen sind. Die relevanten Märkte sind in Art. 1 Abs. 1 lit. j–m definiert und unter → Art. 1 Rn. 92 ff. näher erläutert.

5 Eng hiermit verknüpft kann dann im **dritten Schritt** festgestellt werden, ob die Unternehmen iSd Art. 1 Abs. 1 lit. n Wettbewerber oder Nicht-Wettbewerber auf den betroffenen relevanten Märkten sind. Wettbewerber auf dem relevanten Technologiemarkt sind nur tatsächliche Wettbewerber, während hierzu auf dem relevanten Produktmarkt auch potentielle Wettbewerber gehören.[3] Wie es sich auswirkt, wenn während der Laufzeit der Vereinbarung Nicht-Wettbewerber zu Wettbewerbern werden, wird iRd Marktanteilsschwellen (→ Art. 4 Rn. 83 f.) und der Kernbeschränkungen (→ Art. 4 Rn. 80 ff., 84) erläutert.

---

[1] ABl. 2003 L 1, 1.
[2] ABl. 1965, 533.
[3] Im Übrigen zur Definition von Wettbewerbern und Nicht-Wettbewerbern → Art. 1 Rn. 103–110.

II. Allgemeines Prüfungsschema der Gruppenfreistellung 6–11 **Art. 2 TT-GVO**

Als nächster und **vierter Schritt** sind die Marktanteile der beteiligten Unternehmen nach Art. 8 auszurechnen. Werden die Marktanteilsschwellen des Art. 3 überschritten, so ist die GVO nicht anwendbar. Dann bedarf es einer Einzelprüfung, ob die Vereinbarung überhaupt nach Art. 101 Abs. 1 AEUV eine Wettbewerbsbeschränkung bezweckt oder bewirkt und, wenn ja, ob eine Einzelfreistellung nach Art. 101 Abs. 3 AEUV in Betracht kommt. Die Nichtanwendbarkeit der GVO schließt eine Anwendbarkeit des Art. 101 Abs. 3 AEUV ausdrücklich nicht aus.[4] Die Marktanteilsschwelle für Wettbewerber liegt nach Art. 3 Abs. 1 bei 20 % gemeinsamem Marktanteil auf dem relevanten Markt bzw. den relevanten Märkten. Bei Nicht-Wettbewerbern beträgt die Marktanteilsschwelle 30 % des jeweiligen individuellen Marktanteils der Parteien (Art. 3 Abs. 2). Zur Berechnung der Marktanteile und zu den Marktanteilsschwellen s. Kommentierung zu Art. 3 und Art. 8. 6

Der **fünfte Schritt** dient der Feststellung, ob die in Frage stehende Vereinbarung wechselseitig ist oder nicht. Wechselseitige Vereinbarungen sind nach Art. 1 Abs. 1 lit. d Technologietransfer-Vereinbarungen, bei denen zwei Unternehmen einander in demselben oder in getrennten Verträgen eine Technologierechtslizenz erteilen, die konkurrierende Technologien zum Gegenstand hat oder für die Produktion konkurrierender Produkte genutzt werden kann. Ob die Vereinbarung wechselseitig ist oder nicht, hat iRd Kernbeschränkungen nach Art. 4 Bedeutung. Zu der genauen Definition und Abgrenzung von wechselseitigen und nicht wechselseitigen Vereinbarungen (→ Art. 1 Rn. 61 ff.). 7

Im **sechsten Schritt** wird festgestellt, ob eine Kernbeschränkung nach Art. 4 vorliegt. Ist dies der Fall, kann die GVO auf die gesamte Vereinbarung nicht mehr angewandt werden. In Betracht kommt nur noch eine einzelfallbezogene Beurteilung nach Art. 101 AEUV, wobei es unwahrscheinlich ist, dass eine Vereinbarung, die eine Kernbeschränkung enthält, nicht die Tatbestandsmerkmale des Art. 101 Abs. 1 AEUV erfüllt oder nach Art. 101 Abs. 3 AEUV freigestellt ist[5] (zumindest im Hinblick auf die Kernbeschränkung, davon zu trennen ist die Frage, ob die übrige Vereinbarung wirksam sein kann, → Kapitel 7 Rn. 109). Hinsichtlich der Kernbeschränkungen unterscheidet Art. 4 wieder zwischen Wettbewerbern und Nicht-Wettbewerbern. Waren die Parteien zur Zeit des Abschlusses der Vereinbarung Nicht-Wettbewerber und werden sie später zu Wettbewerbern, so bleiben nach Art. 4 Abs. 3 die Regelungen über Nicht-Wettbewerber anwendbar, solange die Vereinbarung später nicht wesentlich geändert wird. Art. 4 sieht auch Ausnahmen von den Kernbeschränkungen vor. Bei einigen Ausnahmetatbeständen kommt es darauf an, ob die in Frage stehende Vereinbarung wechselseitig oder nicht wechselseitig ist. Für nähere Erläuterungen zu den Kernbeschränkungen und ihren Ausnahmen s. Kommentierung zu Art. 4. 8

Hiernach ist im **siebten Schritt** zu fragen, ob die Vereinbarung eine nicht freigestellte Beschränkung iSd Art. 5 enthält. Ist dies der Fall, ist die Vereinbarung als Ganze zwar nicht von der Gruppenfreistellung ausgenommen, wohl aber die einzelne Klausel. Diese Klausel unterfällt dann einer Einzelbeurteilung iRd Art. 101 AEUV. Auch Art. 5 sieht Ausnahmen von den nicht freigestellten Beschränkungen vor. Zu den nicht freigestellten Klauseln s. Kommentierung zu Art. 5. 9

Im **achten Schritt** ist zu fragen, ob die GVO für unanwendbar erklärt werden kann oder eine Entziehung der Gruppenfreistellung im Einzelfall in Betracht kommt. Nach Art. 7 kann die Kommission eine Verordnung erlassen, nach der sie die Gruppenfreistellung für den Fall, dass mehr als 50 % eines relevanten Markts von parallelen Netzen gleichartiger Technologietransfer-Vereinbarungen durchzogen werden, auf Technologietransfer-Vereinbarungen für unanwendbar erklärt, die bestimmte Wettbewerbsbeschränkungen mit diesem Markt vorsehen. Da eine solche Verordnung noch nicht erlassen worden ist, hat die Vorschrift bislang keine Relevanz erlangt. Sollte eine solche Verordnung erlassen werden, wären hier inzident die Voraussetzungen dieser Verordnung zu prüfen. Hierzu im Einzelnen die Kommentierung zu Art. 7. Auch muss die Möglichkeit eines Entzugs der Gruppenfreistellung im Einzelfall in Betracht gezogen werden. Nach Art. 6 kann die Kommission oder in bestimmten Fällen eine mitgliedstaatliche Wettbewerbsbehörde den Vorteil der Gruppenfreistellung entziehen, wenn eine nach Art. 2 freigestellte Vereinbarung dennoch Wirkungen hat, die mit Art. 101 Abs. 3 AEUV unvereinbar sind. In Art. 6 Abs. 1 sind zwei Regelbeispiele genannt, in denen ein solcher Entzug in Frage kommt. Zu den Einzelheiten s. Kommentierung zu Art. 6. 10

Zuletzt ist im **neunten Schritt** zu fragen, ob die Gruppenfreistellung noch gilt. Ein Erlöschen kommt zB nach Abs. 2 in Betracht, wenn die lizenzierten bzw. übertragenen Technologierechte abgelaufen, erloschen oder für ungültig erklärt worden sind oder das Know-how ohne Zutun des Lizenznehmers offenkundig geworden ist (→ Rn. 16–19). Eine weitere Möglichkeit des Erlöschens der Gruppenfreistellung ist es, dass die Marktanteilsschwellen im Laufe der Zeit überschritten werden und die Übergangsfrist des Art. 8 lit. e ausläuft (→ Art. 8 Rn. 16 f.). 11

---

[4] VO/EU 316/2014, ABl. 2014 L 93, 17 (18), Erw. 13.
[5] Leitlinien „Technologietransfer" Rn. 43, 20 Rn. 95.

III. Allgemeiner Gruppenfreistellungstatbestand, Abs. 1

12 Gemäß Abs. 1 gilt Art. 101 Abs. 1 AEUV nach Art. 101 Abs. 3 AEUV und nach Maßgabe der TT-GVO nicht für Technologietransfer-Vereinbarungen. Voraussetzung der Gruppenfreistellung ist demnach, dass eine **Technologietransfer-Vereinbarung** vorliegt. Zum Begriff der „Vereinbarung" → Art. 1 Rn. 2, zum Begriff der „Technologietransfer-Vereinbarung" → Art. 1 Rn. 45 ff. Gegenstand einer Technologietransfer-Vereinbarung sind **Technologierechte** nach Art. 1 Abs. 1 lit. b. Zu den Technologierechten wird in → Art. 1 Rn. 3 ff. Stellung genommen. Eine Technologietransfer-Vereinbarung muss zwischen **zwei Unternehmen** geschlossen werden, es darf sich nicht um eine Mehrparteienvereinbarung handeln, was in → Art. 1 Rn. 49 ff. im Einzelnen erläutert wird. Wesentlich für den Anwendungsbereich der Gruppenfreistellung ist, dass die Technologietransfer-Vereinbarung **die Produktion von Vertragsprodukten durch den Lizenznehmer und/oder seine Zulieferer zum Ziel** hat. Diese Voraussetzung sowie Fälle, in denen die Voraussetzung nicht erfüllt ist (bspw. im Zusammenhang mit der Lizenzierung von Software-Urheberrechten für die reine Vervielfältigung und den reinen Vertrieb eines geschützten Werkes), werden in → Art. 1 Rn. 53 ff. kommentiert. Hinsichtlich der **entsprechenden Anwendung** der TT-GVO auf Rechte des geistigen Eigentums, die keine Technologierechte sind, also bspw. auf Urheberrechte, die keine Software-Urheberrechte sind, wird auf die Kommentierung in → Art. 1 Rn. 73 Bezug genommen.

13 Weitere Voraussetzung des allgemeinen Gruppenfreistellungstatbestands des Abs. 1 ist, dass die Gruppenfreistellung **„nach Art. 101 Abs. 3 AEUV und nach Maßgabe dieser Verordnung gilt"**. Da die TT-GVO für die Zwecke der Gruppenfreistellung die Merkmale des Freistellungstatbestands des Art. 101 Abs. 3 AEUV konkretisiert und schematisiert, bedeutet dies, dass eine Verhaltensweise vom Verbot des Art. 101 Abs. 1 AEUV grds. gruppenfreigestellt ist, wenn sämtliche Voraussetzungen der TT-GVO erfüllt sind. Da sich die Freistellung jedoch vorrangig nach dem primärrechtlichen Art. 101 Abs. 3 AEUV richtet, sieht die GVO selber in Art. 6 die Möglichkeit eines Entzugs des Rechtsvorteils der Gruppenfreistellung durch die Kommission oder eine mitgliedstaatliche Wettbewerbsbehörde vor, wenn eine nach Art. 2 gruppenfreigestellte Technologietransfer-Vereinbarung im Einzelfall gleichwohl Wirkungen hat, die mit Art. 101 Abs. 3 AEUV unvereinbar sind. Zum Prüfungsschema der Voraussetzungen einer Gruppenfreistellung nach der TT-GVO → Rn. 2 ff.

IV. Wettbewerbsbeschränkungen nach Art. 101 Abs. 1 AEUV, Abs. 2 S. 1

14 Nach Abs. 2 S. 1 gilt die Freistellung, soweit die Technologietransfer-Vereinbarungen Wettbewerbsbeschränkungen enthalten, die unter Art. 101 Abs. 1 AEUV fallen. Da es sich um eine Gruppenfreistellung nach Art. 101 Abs. 3 AEUV handelt, ist dieser Hinweis an sich überflüssig, da Vereinbarungen, die keine Wettbewerbsbeschränkungen iSd Art. 101 Abs. 1 AEUV enthalten, auch keiner Freistellung bedürfen. Unter den Begriff **Wettbewerbsbeschränkung** iSd Abs. 2 S. 1 fallen sowohl die Verhinderung als auch die Einschränkung und Verfälschung des Wettbewerbs iSd Art. 101 Abs. 1 AEUV, da eine Freistellung von allen Varianten des Verbots des Art. 101 Abs. 1 AEUV aufgrund von Art. 101 Abs. 3 AEUV Gegenstand der GVO ist. Die Klarstellung des Abs. 2 S. 1 dient in erster Linie dazu, eine Gruppenfreistellung von Anfang an für solche Vereinbarungen mangels Anwendbarkeit von Art. 101 Abs. 1 AEUV auszuschließen, die zwar die Handlungsmöglichkeiten der beteiligten Unternehmen und Dritter beschränken und so an sich eine Wettbewerbsbeschränkung darstellen, vom Gerichtshof aber nicht als solche angesehen werden, weil der Wettbewerb in anderer Hinsicht durch sie gefördert bzw. erst ermöglicht wird.

15 Im Zusammenhang mit der Lizenzierung geistigen Eigentums ist das klassische Beispiel hierfür die Vereinbarung eines offenen ausschließlichen Gebietsschutzes, die zwar den intrabrand-Wettbewerb einschränkt, aber durch Verbreitung der Technologierechte den interbrand-Wettbewerb fördert, sodass bei einer Gesamtbetrachtung eine Wettbewerbsförderung und **keine Wettbewerbsbeschränkung** stattfindet (→ Einl. Rn. 11).[6] Solche Vereinbarungen fallen nicht unter Art. 101 AEUV und bedürfen somit auch keiner Freistellung nach Art. 101 Abs. 3 AEUV. Zudem fallen auch solche Wettbewerbsbeschränkungen nicht unter Art. 101 Abs. 1 AEUV und bedürfen daher keiner Freistellung, die nicht spürbar sind. Die Spürbarkeit beurteilt sich nach den Maßstäben der (nicht verbindlichen) „De-minimis-Bekanntmachung".[7] Schließlich ist nicht nur die Spürbarkeit der Wettbewerbsbeschränkung selbst für die Erfüllung des Art. 101 Abs. 1 AEUV maßgeblich, sondern auch, ob sich die Wettbewerbsbeschränkung spürbar auf den Handel zwischen den EU-Mitgliedstaaten beeinträchtigend auswirken kann. Für diese Spürbarkeit der Beeinträchtigung des zwischenstaatlichen Handels kann auf die, allerdings unverbindlichen, Leitlinien zum zwischenstaatlichen Handel abgestellt wer-

---

[6] EuGH Slg. 1982, 2015 Rn. 57 – Nungesser/Kom.; → Einl. Rn. 8–11.
[7] De-minimis-Bekanntmachung → Einl. Rn. 52–56.

den.[8] Falls die genannten Vereinbarungen ohnehin durch die TT-GVO freigestellt wären, erübrigt sich die Prüfung, ob die Vereinbarungen unter Art. 101 Abs. 1 AEUV fallen.[9]

V. Geltungsdauer der Freistellung, Abs. 2 S. 2 und 3

Die TT-GVO bestimmt in Abs. 2 S. 2 und 3, dass die Freistellung gilt, solange die lizenzierten 16 Technologierechte nicht abgelaufen, erloschen oder für ungültig erklärt worden sind oder – im Falle von „lizenziertem" Know-how – solange das Know-how geheim bleibt. Wenn das Know-how jedoch infolge des Verhaltens des Lizenznehmers offenkundig wird, gilt die Freistellung für die Dauer der Vereinbarung. Es ist zu beachten, dass mit dem Begriff „lizenzierte Technologierechte" alle Technologierechte gemeint sind, die Gegenstand einer Technologietransfer-Vereinbarung nach Art. 1 Abs. 1 lit. c sind, also auch solche Technologierechte, die nicht lizenziert werden, sondern übertragen werden, wobei ein Teil des Risikos der Verwertung beim Veräußerer verbleibt (→ Art. 1 Rn. 59).

Im Falle von **Technologietransfer-Vereinbarungen über Technologierechte, die Rechte** 17 **des geistigen Eigentums sind** (also alle Technologierechte bis auf Know-how), gilt die Freistellung, solange die lizenzierten Technologierechte nicht **abgelaufen, erloschen** oder **für ungültig erklärt** worden sind. Bei **gemischten Vereinbarungen unter Einbeziehung von Know-how** sind sowohl der Erlöschungstatbestand für Technologierechte, die Rechte des geistigen Eigentums sind, als auch der für Know-how anzulegen, wobei sich die Dauer der Freistellung nach der jeweils längsten Frist richtet.[10] Es ist nur die Laufzeit der von Anfang an einbezogenen Technologierechte entscheidend, sodass später eventuell hinzutretende Rechte an Verbesserungserfindungen unberücksichtigt bleiben. Dies liegt daran, dass die Freistellung solchen Beschränkungen zugutekommen soll, die zur Verbreitung der lizenzierten Technologierechte, etwa durch Amortisation von notwendigen Investitionskosten, erforderlich sind.[11] Daher soll die Einbeziehung von Verbesserungserfindungen nicht die Gruppenfreistellung der Beschränkungen in den Vereinbarungen über die ursprünglich lizenzierten/übertragenen Technologierechte verlängern. Vielmehr sind die Rücklizenzierungen als eigene Lizenzverträge zu betrachten, für die eigene Freistellungen und Laufzeiten gelten.[12] Die Tatbestandsalternativen des Ablaufens, des Erlöschens und der Erklärung der Ungültigkeit der Technologierechte erfassen jede Form des Unwirksamwerdens der Rechte. Ein **Ablaufen** eines Technologierechts kommt in Betracht, wenn ein gewerbliches Schutzrecht nur für einen bestimmten Zeitraum erteilt wird. Das Patentrecht in Deutschland zB dauert nach § 16 Abs. 1 PatG zwanzig Jahre, die mit dem Tag beginnen, der auf die Anmeldung der Erfindung folgt. Eine **Ungültigerklärung** eines Rechts des geistigen Eigentums kann durch staatliche Behörden oder Gerichte erfolgen. So kann das Patent in Deutschland nach § 21 Abs. 1 PatG durch das Patentamt (§ 61 PatG) widerrufen werden, wenn sich ergibt, dass der patentierte Gegenstand nach §§ 1–5 PatG doch nicht patentierbar ist, wenn das Patent die Erfindung nicht so deutlich und vollständig offenbart, dass ein Fachmann sie ausführen kann, wenn ein Fall der widerrechtlichen Entnahme nach § 21 Abs. 1 Nr. 3 PatG vorliegt oder wenn der Gegenstand des Patents über den Inhalt der Anmeldung in der Fassung hinausgeht, in der sie bei der für die Einreichung der Anmeldung zuständigen Behörde ursprünglich eingereicht worden ist. Aus denselben Gründen kommt auch eine Nichtigerklärung des Patents nach § 81 PatG durch die Gerichte in Betracht. Ein Teilwiderruf und eine Teilnichtigerklärung nach §§ 21 Abs. 2, 22 Abs. 2 PatG lassen jedoch die Wirksamkeit der Freistellung, solange auch die Vereinbarung bestehen bleibt, unberührt. Die Tatbestandsalternative des **Erlöschens** kann als Auffangtatbestand angesehen werden, da auch nach Zeitablauf sowie bei Widerruf und Nichtigerklärung das Recht erlischt. Zudem fallen hierunter sonstige Erlöschenstatbestände wie im Falle des deutschen Patentrechts das Erlöschen nach § 20 Abs. 1 PatG, wenn der Patentinhaber auf das Patent durch schriftliche Erklärung an das Patentamt verzichtet, wenn er die Erfindererklärung des § 37 PatG nicht rechtzeitig abgibt oder wenn er die Jahresgebühr oder den Unterschiedsbetrag nicht rechtzeitig bezahlt. Die Erschöpfung wird nicht vom Tatbestand des Erlöschens erfasst, da sie sich nur auf die mit dem Willen des Schutzrechtsinhabers in den Verkehr gebrachten konkreten Waren oder Dienstleistungen bezieht, nicht jedoch auf die Wirksamkeit und das Bestehen des Schutzrechts an sich.[13] Alle Tatbestandsalternativen des Abs. 2 S. 2 führen zur Ungültigkeit der lizenzierten Technologierechte und so zur Beendigung der Freistellung.

---

[8] Leitlinien „zwischenstaatlicher Handel". → Einl. Rn. 53.
[9] Leitlinien „Technologietransfer" Rn. 42.
[10] Vgl. Leitlinien „Technologietransfer" Rn. 68.
[11] Vgl. VO/EU 316/2014, ABl. 2014 L 93, 17 (17), Erw. 4 und Leitlinien „Technologietransfer" Rn. 8.
[12] AA zur Vorgänger-GVO Schultze/Pautke/Wagener TT-GVO Rn. 312.
[13] S. hierzu Bechtold/Bosch/Brinker Rn. 11.

18 Die Freistellung einer Technologietransfer-Vereinbarung über **Know-how** gilt, solange das Know-how **geheim** bleibt, es sei denn, das Know-how wird infolge des Verhaltens des Lizenznehmers offenkundig. In diesem Fall gilt die Freistellung für die **Dauer der Vereinbarung**.[14] Wie oben erläutert, bezieht sich der Geheimnisbegriff des Know-hows nach Art. 1 Abs. 1 lit. i Ziff. i auf eine Zugangserschwernis des potentiellen Durchschnitts-Know-how-Nehmers zu den geschützten Kenntnissen, dh für den durchschnittlichen Know-how-Nehmer dürfen die Kenntnisse nicht leicht zugänglich sein.[15] Wird dieser Zustand aufgehoben, kann sich also jeder problemlos der Kenntnisse bedienen, verlieren die Kenntnisse ihren Charakter als Know-how iSd Art. 1 Abs. 1 lit. i Ziff. i und die Freistellung wird nach Abs. 2 S. 2 beendet. Dies gilt jedoch nach Abs. 2 S. 3 nicht, wenn das Know-how aufgrund eines Verhaltens des Lizenznehmers offenkundig wird. Einerseits soll der Know-how-Nehmer sich nicht durch Geheimnisverrat von den Bindungen der Technologietransfer-Vereinbarung einseitig befreien können, damit die Bereitschaft des Know-how-Gebers zur Vergabe seiner Kenntnisse erhöht und mithin die Verbreitung neuer Technologierechte gefördert wird. Andererseits haben Wettbewerbsbeschränkungen, die trotz Offenkundigkeit des Know-hows bestehen bleiben, keinerlei die Verbreitung von Technologierechten oder die Innovation fördernden Charakter mehr (bis auf die wettbewerbsfördernde Wirkung der ursprünglichen „Lizenzierung" an den Know-how-Nehmer), dh die Voraussetzungen einer Gruppenfreistellung nach Art. 101 Abs. 3 AEUV wären an sich weggefallen. Die Begriffe „infolge des Verhaltens des Lizenznehmers" sind vor diesem Hintergrund und mit Rücksicht auf den Schutzzweck der Norm auszulegen. Sinn der Klausel ist es, dass der Lizenznehmer sich nicht einseitig von der Vereinbarung lösen kann, indem er durch Offenbarung des Know-hows den Geheimnischarakter und damit die Schutzfähigkeit zerstört. Eine bloße Kausalität zwischen seinem Verhalten und dem Offenkundigwerden des Know-hows genügt nicht für eine Beibehaltung der Freistellung. Dies wäre zB der Fall, wenn das Know-how alleine aufgrund der Nutzung durch den Lizenznehmer bekannt wird. Das Verhalten wäre zwar kausal, aber auch ein vertragsgemäßes Verhalten, das nicht genügt. Voraussetzung ist daher ein vertragswidriges bzw. widerrechtliches Verhalten des Know-how-Nehmers. Vorsätzliches Verhalten des Know-how-Nehmers ist aber nicht nötig. Dies würde die Bereitschaft des Know-how-Gebers zum Technologietransfer, der gegen Fehlverhalten aus der Sphäre des Vertragspartners abgesichert sein will, zu sehr einschränken. Der Know-how-Nehmer oder einer seiner Gehilfen muss das Offenkundigwerden daher vorsätzlich oder fahrlässig (also schuldhaft) herbeigeführt haben.[16] Ist Know-how durch ein Verhalten des Lizenznehmers bekannt geworden, ist es Sache des Lizenznehmers, den Nachweis zu erbringen, dass er dies nicht zu vertreten hat. Aus denselben Erwägungen gilt bei einem vom Lizenznehmer zu vertretenden Offenkundigwerden des Know-hows die Freistellung zwar für die mit diesem abgeschlossene Technologietransfer-Vereinbarung bis zum Ende der Vereinbarung weiter, die Freistellung von Vereinbarungen mit Dritten entfällt indes, weil diesbezüglich kein Schutzbedürfnis des Lizenzgebers gegen vertragswidriges Verhalten besteht.[17] Insoweit ist der Wortlaut des Abs. 2 S. 2 und 3 auch eindeutig.

19 Die Gruppenfreistellung gilt für jedes einzelne Technologierecht in der jeweiligen Technologietransfer-Vereinbarung. Sie gilt nicht mehr, wenn das letzte Technologierecht, das mit der betreffenden Vereinbarung lizenziert bzw. übertragen wurde, ungültig wird.[18] Erlöschen Technologierechte oder laufen sie ab, tritt diese Wirkung ex nunc ein. Anderes gilt jedoch zumindest nach deutschem Recht, wenn ein Schutzrecht durch Widerruf oder Nichtigerklärung beseitigt wird; die Wirkung der Nichtexistenz gilt dann ex tunc. Die zuvor geschlossenen Lizenzverträge werden jedoch auch nach deutschem Recht bei Widerruf oder Nichtigerklärung des lizenzierten Schutzrechts nicht rückwirkend unwirksam.[19] Daher gilt auch im europäischen Recht, dass die Gruppenfreistellung für die Vereinbarung **ex nunc** nach Abs. 2 S. 2 entfällt, was seine Formulierung bereits nahe legt.

VI. Mitfreigestellte Bestimmungen, Abs. 3

20 Nach Abs. 3 sind auch Bestimmungen in Technologietransfer-Vereinbarungen gruppenfreigestellt, die sich auf den Erwerb von Produkten durch den Lizenznehmer oder auf die Lizenzierung oder Übertragung von Rechten des geistigen Eigentums oder von Know-how auf den Lizenznehmer beziehen, soweit diese Bestimmungen unmittelbar mit der Produktion oder dem Verkauf der Vertragsprodukte verbunden sind. Bei diesen mitfreigestellten Bestimmungen muss es sich, wie sich schon aus der Natur der Gruppenfreistellung, aber auch aus dem eindeutigen Wortlaut des Abs. 3

---

[14] S. zur VO/EU Nr. 772/2004 Lubitz EuZW 2004, 652 (654).
[15] → Art. 1 Rn. 87 f.
[16] AA Bechtold/Bosch/Brinker VO Rn. 13.
[17] S. zur Vorgänger-GVO auch Lubitz EuZW 2004, 652 (654).
[18] Leitlinien „Technologietransfer" Rn. 68.
[19] Vgl. für das deutsche Patent Götting GewRS § 29 Rn. 3.

VI. Mitfreigestellte Bestimmungen, Abs. 3   21–23   **Art. 2 TT-GVO**

ergibt, um **Bestimmungen in Technologietransfer-Vereinbarungen** handeln. Die Vereinbarungen müssen also ihrem objektiven inhaltlichen – nicht unbedingt ihrem wirtschaftlichen – Schwerpunkt nach Technologietransfer-Vereinbarungen iSd Art. 1 Abs. 1 lit. c sein (zu den Voraussetzungen einer Technologietransfer-Vereinbarung → Art. 1 Rn. 45 ff.). Der Begriff **Bestimmungen** ist weit zu verstehen und umfasst sämtliche – ausdrückliche oder konkludente – Vereinbarungen oder auch bloß abgestimmte Verhaltensweisen zwischen den Parteien der Technologietransfer-Vereinbarung. Sie müssen nicht in der Technologietransfer-Vereinbarung selbst enthalten sein, aber im zeitlichen Zusammenhang mit ihr stehen und insbesondere unmittelbar mit der Produktion oder dem Verkauf der Vertragsprodukte der Technologietransfer-Vereinbarung verbunden sein (zu letzterer Voraussetzung → Rn. 24).

Mitfreigestellte Bestimmungen sind zum einen solche, die sich auf den **Erwerb von Produkten** 21 **durch den Lizenznehmer** beziehen. Unter **Produkten** sind gemäß Art. 1 Abs. 1 lit. f sowohl Waren als auch Dienstleistungen in Form eines Zwischen- oder Endprodukts zu verstehen, wobei entsprechend dem Zweck der TT-GVO, eine möglichst umfassende Regelung zu treffen, eine weite Auslegung geboten ist. Unter **Waren** sind sämtliche materielle Gegenstände zu verstehen, die Gegenstand des Rechtsverkehrs sein können. Hierunter fallen körperliche Gegenstände, also Sachen, genauso wie materielle, aber nicht körperliche Gegenstände, wie zB elektrischer Strom. **Dienstleistungen** sind sämtliche Gegenstände des Wirtschaftsverkehrs außer Immaterialgütern und Waren.[20] Zum Begriff Produkte → Art. 1 Rn. 67. Auch der Begriff **Erwerb** von Waren ist weit auszulegen und meint jegliche Begründung einer Rechtsposition an Waren, wobei diese nicht im Eigentum bestehen muss, sondern Besitz ausreicht.[21] Erwerb von Dienstleistungen wiederum meint deren Nutznießung. Die Produkte müssen **durch den Lizenznehmer** (bzw. Empfänger der Technologierechte im Falle des Art. 1 Abs. 1 lit. c Ziff. ii) erworben werden, wobei irrelevant ist, von wem der Lizenznehmer die Produkte erwirbt. Dies kann der Lizenzgeber sein, aber auch ein beliebiger Dritter. So ist es bspw. denkbar, dass der Lizenzgeber zur Wahrung des Rufs der auf Grundlage seiner Technologierechte hergestellten Vertragsprodukte als weiteren Input für die Produktion oder als Mittel der Vermarktung nur Produkte bestimmter Dritter zulassen will, die eine besondere Qualität bzw. besondere Eigenschaften aufweisen. Bestimmungen über den **Verkauf von Produkten** sind nicht mitfreigestellt.

Zum anderen sind Bestimmungen in Technologietransfer-Vereinbarungen gruppenfreigestellt, 22 die sich auf die **Lizenzierung oder die Übertragung von Rechten des geistigen Eigentums oder von Know-how auf den Lizenznehmer** beziehen. **Rechte des geistigen Eigentums** sind in Art. 1 Abs. 1 lit. h definiert und umfassen gewerbliche Schutzrechte, vor allem Patente und Markenzeichen, sowie Urheberrechte und verwandte Schutzrechte (→ Art. 1 Rn. 72 ff.). Der Begriff **Know-how** ist in Art. 1 Abs. 1 lit. i definiert und wird im Einzelnen in → Art. 1 Rn. 83 ff. erläutert. Zu den Begriffen **Lizenzierung** und **Übertragung** gilt das oben bei der Kommentierung der Definition der Technologietransfer-Vereinbarung in Art. 1 Abs. 1 lit. c Gesagte entsprechend (→ Art. 1 Rn. 45, 60). Ein wesentlicher Unterschied zwischen der Definition der Technologietransfer-Vereinbarung in Art. 1 Abs. 1 lit. c und der mitfreigestellten Bestimmungen in Abs. 3 besteht allerdings darin, dass iRd Abs. 3 bei der Übertragung von Rechten des geistigen Eigentums oder von Know-how auf den Lizenznehmer kein mit der Verwertung der Rechte verbundenes Risiko zum Teil beim Veräußerer verbleiben muss. Es müssen die Rechte des geistigen Eigentums und/oder das Know-how **auf den Lizenznehmer** (bzw. Empfänger der Technologierechte im Falle des Art. 1 Abs. 1 lit. c Ziff. ii) übertragen bzw. diesem lizenziert werden. Wie bei den Bestimmungen über den Erwerb von Produkten ist es irrelevant, wer dem Lizenznehmer die Rechte überträgt oder lizenziert. So ist es bspw. denkbar, dass der Lizenzgeber zur Wahrung des Rufs der auf Grundlage seiner Technologierechte hergestellten Vertragsprodukte als weiteren Input für die Produktion oder als Mittel der Vermarktung nur Know-how oder Rechte geistigen Eigentums bestimmter Dritter zulassen will. Denkbar ist auch, dass der Lizenznehmer nur Know-how/Rechte des geistigen Eigentums bestimmter Dritter verwenden möchte, da er bspw. an diesen bereits eine Lizenz hält.

Die mitfreigestellten Bestimmungen dürfen nicht den eigentlichen Gegenstand der Vereinbarung bilden. Wie bereits oben erwähnt (→ Rn. 20), muss es sich vielmehr um Bestimmungen in 23 Technologietransfer-Vereinbarungen handeln. Daher muss der inhaltliche Schwerpunkt der Vereinbarung bestimmt werden und anhand dessen abgegrenzt werden, ob es sich um eine Technologie-

---

[20] Vgl. zur Vorgänger-Vertikal-GVO Immenga/Mestmäcker/Ellger Vertikal-GVO Art. 2 Rn. 16.
[21] Im Ergebnis ebenso zur Vorgänger-Vertikal-GVO Bechtold/Bosch/Brinker, 3. Aufl. 2014, VO 330/2010 Art. 1 Rn. 3, die die bloße Besitzbegründung durch Miete, Pacht oder Leasing dem Erwerb einer Dienstleistung zurechnen und so zum gleichen Ergebnis kommen; anders jedoch zur Vorgänger-Vertikal-GVO Mitt. der Kom., Leitlinien für vertikale Beschränkungen, ABl. 2010 C 130, 1 Rn. 26; Immenga/Mestmäcker/Ellger Vertikal-GVO Art. 2 Rn. 21.

transfer-Vereinbarung oder um eine andere Vereinbarung, die ggf. in den Anwendungsbereich einer anderen GVO fällt, handelt. Allerdings kann dieser inhaltliche Schwerpunkt nicht anhand der wesentlichen (wirtschaftlichen) Interessen der Vertragsparteien und derjenigen Leistungen, die diese Interessen maßgeblich befriedigen sollen, bestimmt werden. Nach Abs. 3 muss nämlich der wirtschaftliche Interessenschwerpunkt der Parteien nicht auf der Lizenzierung oder Übertragung des Technologierechts zwecks Produktion der Vertragsprodukte liegen, sondern kann bspw. auch auf der Nutzung eines mitlizenzierten Markenrechts liegen (dies gilt entsprechend für den Erwerb von Produkten durch den Lizenznehmer). Voraussetzung ist jedoch, dass, um in dem Beispiel zu bleiben, die Lizenzierung des Markenrechts unmittelbar mit der Produktion (beim Markenrecht eher unwahrscheinlich) oder dem Verkauf der Vertragsprodukte verbunden ist (→ Rn. 24).[22] Um den inhaltlichen Schwerpunkt einer Vereinbarung zu identifizieren und so die Vereinbarung charakterisieren und einordnen zu können, sind daher rein objektive Maßstäbe anzulegen. So ist bspw. auf die zivilrechtlichen Hauptleistungspflichten einer Vereinbarung abzustellen, die sich nach dem objektiven Empfängerhorizont bestimmen (→ Kapitel 7 Rn. 85).

24 Die mitfreigestellten Bestimmungen müssen **unmittelbar mit der Produktion oder dem Verkauf von Vertragsprodukten verbunden** sein. **Vertragsprodukte** sind nach Art. 1 Abs. 1 lit. g Produkte, die unmittelbar oder mittelbar auf der Grundlage der lizenzierten Technologierechte produziert werden. Zudem müssen sie (konkludent) Gegenstand der Technologietransfer-Vereinbarung nach Art. 1 Abs. 1 lit. c sein, da ihre Produktion durch den Lizenznehmer und/oder seine Zulieferer Ziel der Technologietransfer-Vereinbarung sein muss (zum Begriff Vertragsprodukte → Art. 1 Rn. 69 ff.). Die mitfreigestellten Bestimmungen haben also grds. nicht der Übertragung/Lizenzierung des Immaterialgutes, sondern vielmehr auf der zweiten Ebene der Produktion oder dem Verkauf der Vertragsprodukte zu dienen. Die Grenzen sind jedoch fließend, da auch der Technologietransfer selbst der Produktion der Vertragsprodukte dient. Nach den Leitlinien soll es bspw. ausreichend sein, dass eine Verpflichtung des Lizenznehmers, das Markenzeichen des Lizenzgebers zu verwenden, die Verbreitung der Technologie fördert, indem der Lizenzgeber die Möglichkeit erhält, sich selbst als denjenigen auszuweisen, von dem die zugrunde liegende Technologie stammt.[23] Hieraus folgt, dass die mitfreigestellten Bestimmungen die Technologietransfer-Vereinbarung selbst erst ermöglichen können. Der Begriff **Produktion** ist weit zu verstehen und umfasst jeden, auch mittelbaren, Herstellungsschritt. Das Merkmal **Verkauf** ist ebenfalls weit auszulegen und bedeutet jeglichen Absatz. **Unmittelbar verbunden** ist so auszulegen, dass die mitfreigestellten Bestimmungen nach der **objektiv zu beurteilenden Intention der Vertragspartner** die Produktion und/oder den Absatz zumindest fördern und erleichtern sollen. Nach den Leitlinien soll es darauf ankommen, dass die Bestimmungen den Lizenznehmer in die Lage versetzen, die lizenzierten Technologierechte besser zu verwerten.[24] Sollte dies so gemeint sein, dass es tatsächlich zu einer Möglichkeit einer verbesserten Verwertung iSe bei Umsetzung der Möglichkeit messbaren Erfolgs kommen muss, findet diese Auslegung keine Stütze im Wortlaut des Abs. 3, der lediglich auf die „unmittelbare Verbundenheit" abstellt. Ausreichend muss daher der objektiv zu beurteilende Intention der Vertragspartner sein, die Produktion und/oder den Absatz der Vertragsprodukte zumindest zu fördern und zu erleichtern. Zuzustimmen ist jedoch der Aussage in den Leitlinien, dass die TT-GVO nicht für diejenigen Teile von Technologietransfer-Vereinbarungen gilt, die sich auf Inputs und/oder Ausrüstung beziehen, die für andere Zwecke als die Produktion der Vertragsprodukte verwendet werden. Das Abstellen auf die Vertragsprodukte ist wesentlich. Werde beispielsweise Milch zusammen mit einer Technologielizenz für die Produktion von Käse verkauft, so falle nur derjenige Anteil der Milch unter die TT-GVO, der für die Herstellung von Käse mit der lizenzierten Technologie verwendet wird.[25]

VII. Typischerweise freigestellte Vereinbarungen

25 Während frühere Verordnungen zum Technologietransfer in Art. 2 VO/EG Nr. 240/96, VO/EWG Nr. 556/89 und VO/EWG Nr. 2349/84 eine Liste von weißen Klauseln vorsahen, die idR nicht wettbewerbsbeschränkend sind und, falls sie doch vom Verbot des Art. 101 Abs. 1 AEUV erfasst sind, nach Abs. 2 gruppenfreigestellt wurden, besteht eine solche Liste seit der TT-GVO Nr. 772/2004 nicht mehr. Die Leitlinien nennen gleichwohl einige **Klauseln, die im Allgemeinen keine Wettbewerbsbeschränkungen iSv Art. 101 Abs. 1 AEUV darstellen**.[26] Es handelt sich mithin um eine Art Liste von weißen Klauseln, da davon auszugehen ist,

---

[22] Leitlinien „Technologietransfer" Rn. 47.
[23] Leitlinien „Technologietransfer" Rn. 47.
[24] Leitlinien „Technologietransfer" Rn. 47.
[25] Leitlinien „Technologietransfer" Rn. 46.
[26] Leitlinien „Technologietransfer" Rn. 183.

dass, wenn die betreffenden Klauseln doch im Einzelfall eine Wettbewerbsbeschränkung bewirken, sie grds. nach Art. 101 Abs. 3 AEUV freigestellt sind. Bei den in Frage stehenden Klauseln handelt es sich um folgende Verpflichtungen: a) Wahrung der Vertraulichkeit, b) keine Vergabe von Unterlizenzen, c) Nutzungsverbot nach Ablauf der Vereinbarung, sofern die lizenzierten Technologierechte noch gültig und rechtswirksam sind, d) Unterstützung des Lizenzgebers bei der Durchsetzung der lizenzierten Rechte des geistigen Eigentums, e) Zahlung von Mindestgebühren oder Produktion einer Mindestmenge an Produkten, die die lizenzierte Technologie enthalten, und f) Verwendung des Markenzeichens des Lizenzgebers oder Angabe des Namens des Lizenzgebers auf dem Produkt.

VIII. Rechtsfolge

Sind die Voraussetzungen der **Gruppenfreistellung** erfüllt und liegt kein Entzug der Freistellung im Einzelfall nach Art. 6 vor, so ist die in Frage stehende Vereinbarung nach Art. 101 Abs. 3 AEUV iVm Abs. 1 vom Verbot des Art. 101 Abs. 1 AEUV freigestellt. **26**

Art. 3 Marktanteilsschwellen

(1) Handelt es sich bei den Vertragsparteien um konkurrierende Unternehmen, so gilt die Freistellung nach Artikel 2 unter der Voraussetzung, dass der gemeinsame Marktanteil der Parteien auf dem relevanten Markt bzw. den relevanten Märkten 20 % nicht überschreitet.

(2) Handelt es sich bei den Vertragsparteien nicht um konkurrierende Unternehmen, so gilt die Freistellung nach Artikel 2 unter der Voraussetzung, dass der individuelle Marktanteil der Parteien auf dem relevanten Markt bzw. den relevanten Märkten 30 % nicht überschreitet.

Übersicht

	Rn.			Rn.
I. Allgemeines	1	IV.	Verhältnis der verschiedenen Marktanteilsschwellen zueinander (Abs. 1 und 2)	6
II. Marktanteilsschwellen zwischen konkurrierenden Unternehmen (Abs. 1)	3			
III. Marktanteilsschwellen zwischen nicht konkurrierenden Unternehmen (Abs. 2)	5			

I. Allgemeines

Die **Marktanteilsschwellen** sind teilweise heftig kritisiert worden. Während nämlich die **1** Unternehmen durch die Gruppenfreistellung Rechtssicherheit erlangen sollen und der Technologietransfer innerhalb der Union angeregt werden soll,[1] bewirken Marktanteilsschwellen in vielen Fällen das Gegenteil. Es kann sich für Unternehmen als äußerst schwierig und kostspielig, wenn nicht gar unmöglich, erweisen, ihren Marktanteil auf den betroffenen Märkten zu errechnen oder auch nur die relevanten Märkte unangreifbar abzugrenzen.[2] Zusätzliche Schwierigkeiten ergeben sich, wenn im Falle konkurrierender Unternehmen gemeinsame Marktanteile berechnet werden müssen. Es wird nämlich häufig nicht im Interesse der Unternehmen liegen, dem jeweils anderen Unternehmen einen so tiefen Einblick in ihre Geschäftstätigkeit zu gewähren, dass hinsichtlich von zB Produktionsmengen und Absatz ein gemeinsamer Marktanteil berechnet werden kann. Auch birgt eine solche Preisgabe von Geschäftsgeheimnissen die Gefahr einer wettbewerbsbeschränkenden Absprache iSd Art. 101 Abs. 1 AEUV in sich.

Das größte Problem aber stellt die **Feststellung von Marktanteilen** auf dem relevanten Tech- **2** nologiemarkt dar, da – anders als bei vielen relevanten Produktmärkten – Technologierechte nicht Gegenstand von Statistiken sind und Technologierechte ihrem Wesen nach nicht offen gehandelt werden. Für die Berechnung der Marktanteile auf den relevanten Technologiemärkten sieht Art. 8 lit. d daher eine Ableitung aus der Präsenz der lizenzierten Technologierechte auf den relevanten Produktmärkten der Vertragsprodukte vor (→ Art. 8 Rn. 6–14). Zur **Berechnung der Marktanteile** → Art. 7 Rn. 1 ff.

---

[1] Vgl. VO/EU 316/2014, ABl. 2014 L 93, 17 (17) Erw. 3 f.
[2] Vgl. auch LMRKM/Schweda/Giesen Art. 4 Rn. 164; Frank CR 2014, 349 (352).

II. Marktanteilsschwellen zwischen konkurrierenden Unternehmen (Abs. 1)

3   Nach Abs. 1 ist die Gruppenfreistellung nicht anwendbar, wenn bei einer **Vereinbarung zwischen konkurrierenden Unternehmen** der gemeinsame Marktanteil der Parteien auf dem relevanten Markt bzw. den relevanten Märkten 20 % überschreitet. Zur Definition des Begriffs „konkurrierende Unternehmen" → Art. 1 Rn. 97 ff. Die **Marktanteile** einer jeden beteiligten Partei sind für jeden relevanten Markt, der von der Vereinbarung betroffen ist, gesondert zu berechnen. Hierzu ist festzustellen, welche Technologierechte und welche Vertragsprodukte Gegenstand der Vereinbarung sind. Sind die betreffenden Technologierechte und Vertragsprodukte identifiziert, so sind mit Hilfe des modifizierten Bedarfsmarktkonzepts alle betroffenen **relevanten Märkte** sachlich und räumlich zu definieren (→ Art. 1 Rn. 92 ff.). Hierbei ist zu beachten, dass, je enger man die Marktdefinition fasst, dh je mehr Eigenschaften der Technologierechte und Produkte man als eine Substituierbarkeit ausschließend betrachtet, desto höher die Marktanteile werden und desto unwahrscheinlicher folglich die Anwendung der GVO wird. Sodann sind die Marktanteile der beteiligten Unternehmen **nach der Methode des Art. 8 zu berechnen** und anschließend für jeden einzelnen Markt zu addieren, um den **gemeinsamen Marktanteil** auf dem jeweiligen Markt zu erhalten.

4   Die Formulierung in Art. 3, die von „dem relevanten Markt bzw. den relevanten Märkten" spricht, bringt, wenn auch noch nicht völlig eindeutig, zum Ausdruck, dass die TT-GVO auf dem jeweiligen relevanten Markt nicht anwendbar ist, auf dem die Marktanteilsschwelle überschritten wird, auf den anderen relevanten Märkten jedoch anwendbar bleibt.[3] Dieses Verständnis wird von den Leitlinien bestätigt.[4] Da von einer Technologietransfer-Vereinbarung mehrere sachlich und/oder räumlich verschiedene Technologie- und Produktmärkte betroffen sein können und für jeden eine Einzelbetrachtung durchgeführt werden muss, kann die Vereinbarung also für einen relevanten Markt gruppenfreigestellt und für den anderen relevanten Markt verboten sein. Mithin kann die Vereinbarung für bestimmte relevante Märkte und auf bestimmten relevanten Märkten gelten, während sie auf anderen relevanten Märkten, wenn sie nicht modifiziert wird oder aus anderen Gründen nicht unter das Verbot des Art. 101 Abs. 1 AEUV fällt, nach Art. 101 Abs. 2 AEUV nichtig sein kann (→ Rn. 9).[5]

III. Marktanteilsschwellen zwischen nicht konkurrierenden Unternehmen (Abs. 2)

5   Wenn es sich um **nicht konkurrierende Unternehmen** handelt, gilt die Gruppenfreistellung nach Abs. 2 nicht, wenn der individuelle Marktanteil der Parteien auf dem betroffenen relevanten Markt bzw. den relevanten Märkten 30 % überschreitet. Es gilt das zu den konkurrierenden Unternehmen (→ Rn. 6 f.) Gesagte entsprechend. Es genügt eine **Überschreitung auf einem relevanten Markt,** um die Gruppenfreistellung auf diesem relevanten Markt entfallen zu lassen. Der Unterschied zwischen Abs. 2 und Abs. 1 besteht darin, dass die Marktanteile der Parteien auf den jeweiligen Märkten nicht addiert werden (anderenfalls wären sie Wettbewerber), sondern der individuelle Marktanteil eines jeden Unternehmens maßgeblich ist. Überschreitet auch nur ein Unternehmen auf einem der relevanten Märkte die Schwelle von 30 % Marktanteil, so gilt die Gruppenfreistellung auf dem betroffenen Markt nicht.

IV. Verhältnis der verschiedenen Marktanteilsschwellen zueinander (Abs. 1 und 2)

6   Fraglich ist, ob die beiden Absätze des Art. 3 in einem **Ausschließlichkeitsverhältnis** stehen und damit nur alternativ anwendbar sind,[6] oder ob sie auch kumulativ Anwendung finden können.[7] Im Falle eines Alternativverhältnisses wäre die Anwendung der für die Betroffenen vorteilhafteren Bestimmung des Abs. 2 ausgeschlossen, wenn ein Wettbewerbsverhältnis auf nur einem relevanten Markt, dh entweder auf einem relevanten Technologie- oder auf einem relevanten Produktmarkt, existiert. Dies hätte zur Folge, dass das bestehende Wettbewerbsverhältnis auf nur einem Markt zu einer ausschließlichen Anwendbarkeit des Abs. 1 führen würde und damit schon ein Marktanteil von mehr als 20 % eines Vertragspartners auf dem nicht wettbewerblichen Markt, also auf dem Markt, auf dem der andere Vertragspartner nicht (potentiell) tätig ist, ausreicht, um die Anwendung der TT-GVO auszuschließen. Eine **kumulative Anwendbarkeit** erlaubt hingegen eine differenzierte, wirtschaftliche Betrachtung. Für ein Ausschließlichkeitsverhältnis könnte angeführt werden, dass bereits dann ein Wettbewerbsverhältnis vorliegt bzw. es sich bei den Parteien um „konkurrierende Unternehmen" handelt, wenn die Unternehmen auf einem relevanten Markt im Wettbewerb

---
[3] So auch Berg/Mäsch/Lorenz Art. 3 Rn. 5; aA wohl Bechtold/Bosch/Brinker Rn. 6, 8.
[4] Leitlinien „Technologietransfer" Rn. 81, 20 Rn. 93 Beispiel 3.
[5] Leitlinien „Technologietransfer" Rn. 81.
[6] Immenga/Mestmäcker/Fuchs Art. 3 Rn. 9.
[7] Bechtold/Bosch/Brinker Rn. 4.

IV. Verhältnis der verschiedenen Marktanteilsschwellen zueinander (Abs. 1 und 2) 7–9

stehen. Daraus könnte man schließen, dass es immer zur ausschließlichen Anwendung des Abs. 1 kommen müsste, sobald die betroffenen Unternehmen auf nur einem Markt im Wettbewerb stehen, weil sie dann in jeder Hinsicht – also auch dann, wenn sie auf anderen Märkten nicht miteinander konkurrieren – als konkurrierende Unternehmen iSd Abs. 1 aufzufassen wären.[8] Dem ist jedoch zu entgegnen, dass man innerhalb eines Marktes als konkurrierende Unternehmen auftreten[9] und gleichzeitig auf dem anderen Markt weiterhin nicht konkurrierende Unternehmen sein kann,[10] wenn nur eine der Parteien auf letzterem Markt (potentiell) als Anbieter aktiv ist. Eine **wirtschaftliche Betrachtungsweise** gebietet daher eine differenzierte kumulative Betrachtung.[11] Für eine solche, auf den jeweiligen relevanten Markt abstellende, relative Betrachtung spricht auch der neue Wortlaut des Art. 1 Abs. 1 lit. n, der besagt, dass konkurrierende Unternehmen Unternehmen sind, die „auf dem relevanten Markt im Wettbewerb stehen". Den bestimmten Artikel „dem" kann man so auslegen, dass die Situation auf einem anderen relevanten Markt anders sein kann und der Begriff des Wettbewerbsverhältnisses daher relativ ist. Auf Märkten, auf denen sich die Parteien als konkurrierende Unternehmen gegenüberstehen, ist auf die gemeinsamen Marktanteile und die entsprechenden Marktanteilsschwellen des Abs. 1 abzustellen. Hinsichtlich der Märkte, auf denen sie nicht konkurrierende Unternehmen sind, ist der individuelle Marktanteil des dort tätigen Partners und mithin Marktanteilsschwelle des Abs. 2 maßgeblich.

Auch ein **systematischer Vergleich mit den Vorschriften der Art. 4 und 5** erlaubt keinen 7 Rückschluss, der für die Annahme eines Exklusivverhältnisses spricht.[12] Auch wenn diese ebenfalls zwischen konkurrierenden und nicht konkurrierenden Unternehmen unterscheiden und die Bestimmungen über konkurrierende Unternehmen anwendbar sind, wenn die Parteien auf nur einem Markt Wettbewerber sind, schließt dies eine differenzierte, wirtschaftliche Betrachtung der Märkte unter Berücksichtigung der Wettbewerbsverhältnisse iRd Art. 3 nicht aus. Für eine differenzierte Betrachtung spricht auch, dass die 20 %-Schwelle des Abs. 1 schon seinem Wortlaut nach nur von einem „gemeinsamen" Marktanteil überschritten werden kann;[13] überschreitet ein nur „individueller" Marktanteil die Schwelle des Abs. 1 (da nur eine Partei auf diesem Markt aktiv ist), nicht aber die des Abs. 2, gilt die Freistellung der TT-GVO weiterhin auf diesem Markt, soweit iÜ die Voraussetzungen der TT-GVO erfüllt sind. Andernfalls würde der Anwendungsbereich des Abs. 2 über Gebühr eingeschränkt werden.

Wenn verschiedene relevante Produkt- oder Technologiemärkte, sei es in sachlicher oder räumlicher Hinsicht, von der Vereinbarung betroffen sind, kann es nach Rn. 81 der Leitlinien zu Technologietransfer-Vereinbarungen zu einer **gespaltenen Anwendbarkeit der TT-GVO** kommen, je nachdem, ob die Marktanteile überschritten werden oder nicht (→ Rn. 5).[14] Dies gilt auch, wenn bspw. die Marktanteile auf dem betroffenen relevanten Technologiemarkt überschritten werden, nicht jedoch auf dem betroffenen relevanten Produktmarkt. Das von Rn. 81 der Leitlinien aufgestellte Prinzip der gespaltenen Anwendbarkeit der TT-GVO wird durch die (Neu-)Formulierung des Abs. 1, 2 „auf dem relevanten Markt bzw. den relevanten Märkten" bestätigt. 8

Als **Beispiel:** Der Lizenzgeber A hält ein Patent für ein bestimmtes Herstellungsverfahren für 9 Plastikprodukte. Dieses kann sowohl für die Produktion von Kinderspielzeug (Puppen) als auch für die Produktion von Gartenmöbeln verwendet werden. Es ist davon auszugehen, dass auch die Substitute dieses Verfahrens sowohl für die Produktion von Spielzeug als auch für die Herstellung von Gartenmöbeln verwendet werden können, also ein einheitlicher vorgelagerter Technologiemarkt vorliegt (bestehend aus Patenten für die Herstellungsverfahren). Der Lizenzgeber A ist auf diesem vorgelagerten Technologiemarkt tätig, der Lizenznehmer B, dem A eine Lizenz sowohl für die Produktion von Spielzeugpuppen als auch von Gartenmöbeln erteilt, nicht. Der Marktanteil des Lizenzgebers A beträgt auf dem vorgelagerten Technologiemarkt 25 %. Sowohl Lizenzgeber A als auch Lizenznehmer B sind auf den nachgelagerten Produktmärkten für Spielzeugpuppen und Gartenmöbel aktiv. Liegt der gemeinsame Marktanteil von A und B auf beiden Märkten unter 20 %, ist die TT-GVO insgesamt anwendbar. Überschreitet der gemeinsame Marktanteil von A und B lediglich auf dem Markt für Spielzeugpuppen 20 %, so ist die TT-GVO zwar auf den Markt für Gartenmöbel, nicht jedoch auf den Markt für Spielzeugpuppen anwendbar. Sind die übrigen Voraussetzungen der TT-GVO erfüllt, ist die Vereinbarung in Bezug auf den Markt für Gartenmöbel

---

[8] So Immenga/Mestmäcker/Fuchs Art. 3 Rn. 9.
[9] Wish/Bailey, 784.
[10] Für eine differenzierte Betrachtung der einzelnen Märkte unter der Vorgänger-GVO auch Feil, Lizenzkartellrecht, US-amerikanische und europäische Entwicklungen, 2009, 209–210.
[11] Für eine alternative Anwendbarkeit hingegen Kölner Komm KartellR/Herrmann Art. 3 Rn. 14.
[12] So auch Immenga/Mestmäcker/Fuchs Art. 3 Rn. 9 und Fn. 31.
[13] Bechtold/Bosch/Brinker Rn. 4.
[14] Leitlinien „Technologietransfer" Rn. 81.

gruppenweise freigestellt. Im Hinblick auf den Markt für Spielzeugpuppen ist zu prüfen, ob eine Wettbewerbsbeschränkung iSd Art. 101 Abs. 1 AEUV bezweckt oder bewirkt wird. Sollte dies der Fall sein, sind die Voraussetzungen einer Einzelfreistellung nach Art. 101 Abs. 3 AEUV zu prüfen. Kommt auch eine Einzelfreistellung nicht in Betracht, stellt sich die Frage, ob die Vereinbarung im Hinblick auf die verschiedenen Produktmärkte zivilrechtlich teilbar ist.

10   Sollte der Marktanteil des Lizenzgebers A auf dem vorgelagerten Technologiemarkt des Patents für die Herstellungsverfahren über 30 % liegen, so ist die TT-GVO auf dem Technologiemarkt nicht anwendbar. Im Hinblick auf den Technologiemarkt ist also eine Einzelprüfung nach Art. 101 Abs. 1, 3 AEUV vorzunehmen. Liegen zugleich die gemeinsamen Marktanteile auf dem Markt für Gartenmöbel und auf dem Markt für Spielzeugpuppen jeweils unter 20 %, ist die TT-GVO bei Vorliegen ihrer sonstigen Voraussetzungen auf diese Märkte anwendbar. Wird jedoch auf einem der Produktmärkte der gemeinsame Marktanteil von 20 % überschritten, kommt hinsichtlich dieses Marktes nur eine Einzelfreistellung in Betracht, falls eine Wettbewerbsbeschränkung iSd Art. 101 Abs. 1 AEUV bezweckt oder bewirkt wird.

11   Erteilt A dem B nur eine Lizenz für die Herstellung von Gartenmöbeln, so ist die TT-GVO hinsichtlich aller relevanten Märkte anwendbar, wenn der Marktanteil von A auf dem vorgelagerten Technologiemarkt des Patents für das Herstellungsverfahren nicht über 30 % liegt und der gemeinsame Marktanteil von A und B auf dem nachgelagerten Produktmarkt für Gartenmöbel 20 % nicht überschreitet. Auf die Marktanteile auf dem Markt für Spielzeugpuppen kommt es hingegen nicht an, da dieser nicht von der Vereinbarung betroffen ist. Wird entweder auf dem vorgelagerten Technologiemarkt oder auf dem nachgelagerten Markt für Gartenmöbel die jeweilige Marktanteilsschwelle überschritten, kommt es wieder zu einer gespaltenen Anwendbarkeit der TT-GVO.

12   **Verändern sich die Wettbewerbsverhältnisse der Parteien während der Laufzeit der Technologietransfer-Vereinbarung,** waren sie also ursprünglich Nicht-Wettbewerber und werden später zu Wettbewerbern (und ggf. dann wieder zu Nicht-Wettbewerbern) oder umgekehrt, so gilt, dass im Hinblick auf die Marktanteilsschwellen des Art. 3 immer auf das Wettbewerbsverhältnis der Parteien zu einem gegebenen Zeitpunkt abzustellen ist, wobei für die maßgeblichen Zeitpunkte die Regelungen des Art. 8 zu beachten sind (→ Art. 4 Rn. 83–87).

Art. 4 Kernbeschränkungen

(1) Handelt es sich bei den Vertragsparteien um konkurrierende Unternehmen, so gilt die Freistellung nach Artikel 2 nicht für Vereinbarungen, die unmittelbar oder mittelbar, für sich allein oder in Verbindung mit anderen Umständen, die der Kontrolle der Parteien unterliegen, Folgendes bezwecken:
a) **die Beschränkung der Möglichkeit einer Partei, den Preis, zu dem sie ihre Produkte an Dritte verkauft, selbst festzusetzen;**
b) **die Beschränkung des Outputs mit Ausnahme von Output-Beschränkungen, die dem Lizenznehmer in einer nicht wechselseitigen Vereinbarung oder nur einem Lizenznehmer in einer wechselseitigen Vereinbarung in Bezug auf die Vertragsprodukte auferlegt werden;**
c) **die Zuweisung von Märkten oder Kunden mit Ausnahme**
   i) **der dem Lizenzgeber und/oder dem Lizenznehmer in einer nicht wechselseitigen Vereinbarung auferlegten Verpflichtung, mit den lizenzierten Technologierechten in dem Exklusivgebiet, das der anderen Partei vorbehalten ist, nicht zu produzieren und/oder in das Exklusivgebiet oder an die der anderen Partei vorbehaltene Exklusivkundengruppe nicht aktiv und/oder passiv zu verkaufen,**
   ii) **der in einer nicht wechselseitigen Vereinbarung dem Lizenznehmer auferlegten Beschränkung des aktiven Verkaufs in das Exklusivgebiet oder an die Exklusivkundengruppe, das bzw. die vom Lizenzgeber einem anderen Lizenznehmer zugewiesen worden ist, sofern es sich bei Letzterem nicht um ein Unternehmen handelt, das zum Zeitpunkt seiner eigenen Lizenzerteilung in Konkurrenz zum Lizenzgeber stand,**
   iii) **der dem Lizenznehmer auferlegten Verpflichtung, die Vertragsprodukte nur für den Eigenbedarf zu produzieren, sofern er keiner Beschränkung in Bezug auf den aktiven und passiven Verkauf der Vertragsprodukte als Ersatzteile für seine eigenen Produkte unterliegt,**
   iv) **der dem Lizenznehmer in einer nicht wechselseitigen Vereinbarung auferlegten Verpflichtung, die Vertragsprodukte nur für einen bestimmten Kunden zu produ-**

zieren, wenn die Lizenz erteilt worden ist, um diesem Kunden eine alternative Bezugsquelle zu verschaffen;
d) die Beschränkung der Möglichkeit des Lizenznehmers, seine eigenen Technologierechte zu verwerten, oder die Beschränkung der Möglichkeit der Vertragsparteien, Forschungs- und Entwicklungsarbeiten durchzuführen, es sei denn, letztere Beschränkungen sind unerlässlich, um die Preisgabe des lizenzierten Know-hows an Dritte zu verhindern.

(2) Handelt es sich bei den Vertragsparteien nicht um konkurrierende Unternehmen, so gilt die Freistellung nach Artikel 2 nicht für Vereinbarungen, die unmittelbar oder mittelbar, für sich allein oder in Verbindung mit anderen Umständen, die der Kontrolle der Parteien unterliegen, Folgendes bezwecken:
a) die Beschränkung der Möglichkeit einer Partei, den Preis, zu dem sie ihre Produkte an Dritte verkauft, selbst festzusetzen; dies gilt unbeschadet der Möglichkeit, Höchstverkaufspreise festzusetzen oder Preisempfehlungen auszusprechen, sofern sich diese nicht infolge der Ausübung von Druck oder der Gewährung von Anreizen durch eine der Vertragsparteien tatsächlich wie Fest- oder Mindestverkaufspreise auswirken;
b) die Beschränkung des Gebiets oder des Kundenkreises, in das bzw. an den der Lizenznehmer Vertragsprodukte passiv verkaufen darf, mit Ausnahme
   i) der Beschränkung des passiven Verkaufs in ein Exklusivgebiet oder an eine Exklusivkundengruppe, das bzw. die dem Lizenzgeber vorbehalten ist,
   ii) der dem Lizenznehmer auferlegten Verpflichtung, die Vertragsprodukte nur für den Eigenbedarf zu produzieren, sofern er keiner Beschränkung in Bezug auf den aktiven und passiven Verkauf der Vertragsprodukte als Ersatzteile für seine eigenen Produkte unterliegt,
   iii) der Verpflichtung, die Vertragsprodukte nur für einen bestimmten Kunden zu produzieren, wenn die Lizenz erteilt worden ist, um diesem Kunden eine alternative Bezugsquelle zu verschaffen,
   iv) der Beschränkung des Verkaufs an Endverbraucher durch Lizenznehmer, die auf der Großhandelsebene tätig sind,
   v) der Beschränkung des Verkaufs an nichtzugelassene Händler, die Mitgliedern eines selektiven Vertriebssystems auferlegt wird;
c) die Beschränkung des aktiven oder passiven Verkaufs an Endverbraucher, sofern diese Beschränkung einem Lizenznehmer auferlegt wird, der einem selektiven Vertriebssystem angehört und auf der Einzelhandelsebene tätig ist; dies gilt unbeschadet der Möglichkeit, Mitgliedern des Systems zu verbieten, Geschäfte von nichtzugelassenen Niederlassungen aus zu betreiben.

(3) Sind die Vertragsparteien zum Zeitpunkt des Abschlusses der Vereinbarung keine konkurrierenden Unternehmen, sondern treten sie erst später miteinander in Wettbewerb, so ist Absatz 2 anstelle von Absatz 1 während der gesamten Geltungsdauer der Vereinbarung anwendbar, sofern die Vereinbarung nicht später wesentlich geändert wird. Eine solche Änderung liegt beispielsweise vor, wenn die Parteien eine neue Technologietransfer-Vereinbarung in Bezug auf konkurrierende Technologierechte schließen.

Übersicht

		Rn.			Rn.
I.	Allgemeines	1	III.	Nicht konkurrierende Unternehmen (Abs. 2)	68
II.	Kernbeschränkungen zwischen konkurrierenden Unternehmen (Abs. 1)	4	1.	Allgemeines	68
1.	Allgemeine Voraussetzungen	4	2.	Preisbestimmungsrecht	69
2.	Preisbestimmungsrecht	8	3.	Passivverkaufsverbot	73
3.	Outputbeschränkungen	12	4.	Beschränkung des Verkaufs an Endverbraucher in selektiven Vertriebssystemen	81
4.	Markt- und Kundenaufteilung	14	IV.	Wechsel von nicht konkurrierenden zu konkurrierenden Unternehmen (Abs. 3)	83
5.	Verwertungsbeschränkung und Durchführung eigener Forschung und Entwicklung	62			

I. Allgemeines

1 Art. 4 enthält Kernbeschränkungen, welche eine gruppenweise Freistellung ausschließen, selbst wenn die Marktanteilsschwellen nicht erreicht sind (**„Schwarze Klauseln"**). Die Verordnung unterscheidet wegen der Verschiedenartigkeit der wettbewerblichen Gefährdungslage zwischen konkurrierenden und nicht konkurrierenden Unternehmen (zur Definition → Art. 1 Rn. 97 ff.). Hiermit setzt sich die Privilegierung von Kooperationen zwischen nicht konkurrierenden Unternehmen über Art. 3 hinaus fort. Gerechtfertigt wird diese Unterscheidung durch die von beschränkenden Vereinbarungen zwischen Wettbewerbern ausgehende erhöhte Gefahr für den Wettbewerb. Regelungstechnisch arbeiten die meisten Klauseln des Art. 4 mit Rückausnahmen (zur Begrifflichkeit: die schwarzen Klauseln sind die Ausnahmen zur Gruppenfreistellung), dh die Ausschlusswirkung wird für bestimmte Vertragsklauseln aufgehoben.[1] Dies führt allerdings dazu, dass derartige Rückausnahmen lediglich bis zu den Marktanteilsschwellen des Art. 3 gruppenfreigestellt sind. Auf diese Weise wird innerhalb der Marktanteilsschwellen Rechtsklarheit geschaffen. Oberhalb der Marktanteilsschwellen ist jeweils im Einzelfall zu prüfen, ob der in der Rückausnahme geregelte Sachverhalt überhaupt eine Wettbewerbsbeschränkung bezweckt oder bewirkt und sich daher die Notwendigkeit einer Einzelfreistellung nach Art. 101 Abs. 3 AEUV ergibt. Der Schluss, die Rückausnahme lasse die Freistellung nach Art. 2 „wieder aufleben", ist nur in den Fällen richtig, in denen der in der Rückausnahme geregelte Sachverhalt seinerseits eine unter Art. 101 Abs. 1 AEUV fallende Wettbewerbsbeschränkung bezweckt oder bewirkt. Sofern dies nicht der Fall ist, bedarf es der Rückausnahme nicht, dh die Rückausnahme verschafft einen „Safe Harbour" bis zu einem Marktanteil von 20 % bei Verträgen zwischen Wettbewerbern und 30 % bei Verträgen zwischen Nicht-Wettbewerbern iSd TT-GVO.

2 Ein Teil der Klauseln differenziert ferner zwischen Beschränkungen in **wechselseitigen und nicht wechselseitigen Vereinbarungen** (zur Definition → Art. 1 Rn. 61 ff.). Wechselseitige Vereinbarungen zwischen Wettbewerbern stellen einen Lizenzaustausch von konkurrierenden Technologierechten oder für die Produktion konkurrierender Produkte dar (Cross-Licensing), der wegen des mit ihm verbundenen wettbewerbsbeschränkenden Potentials einer besonders kritischen Würdigung zu unterwerfen ist.[2] Klauseln, welche in derartigen Lizenzaustauschverträgen darauf zielen, den Umfang der Nutzung gegenseitig zu beschränken, können die Wirkungen von Marktaufteilungen haben. Wenn eine nicht-wechselseitige Vereinbarung später durch die Erteilung einer zweiten Lizenz zu einer wechselseitigen Vereinbarung wird, müssen die Parteien ggf. die Konditionen der Lizenzvereinbarung ändern, um weiterhin in den Genuss der Gruppenfreistellung zu kommen (sodass also die Vereinbarung nunmehr keine Kernbeschränkung wegen der Wechselseitigkeit enthält). Gemäß Rn. 98 der Leitlinien zu Technologietransfer-Vereinbarungen wird die Kommission berücksichtigen, wie viel Zeit zwischen der ersten und der zweiten Lizenzvergabe verstrichen ist.[3]

3 Sofern die Voraussetzungen des Art. 4 erfüllt sind, die Vereinbarung also eine Kernbeschränkung enthält, entfällt für den gesamten Vertrag die gruppenweise Freistellung, dh sämtliche wettbewerbsbeschränkenden Klauseln der Vereinbarung, also auch solche, welche im Grundsatz gruppenweise freigestellt sind, erlangen nicht mehr den Vorteil der Gruppenfreistellung. Zwar ist eine einzelfallbezogene Freistellung einer Kernbeschränkung nach Art. 101 Abs. 3 AEUV nicht zwangsläufig ausgeschlossen. Im Regelfall dürfte aber eine Klausel, welche eine Kernbeschränkung enthält, nicht einzeln freistellungsfähig sein.[4] Vielmehr besteht die Gefahr der Verhängung einer Bußgeldsanktion wegen Verstoßes gegen Art. 101 AEUV. Wie sich die **Unwirksamkeit** der wettbewerbsbeschränkenden Klauseln auf den restlichen Vertrag auswirkt, beantwortet sich grds. nach nationalem Recht (→ Einl. Rn. 105).[5]

II. Kernbeschränkungen zwischen konkurrierenden Unternehmen (Abs. 1)

4 **1. Allgemeine Voraussetzungen.** Es muss sich bei den Parteien um **konkurrierende Unternehmen** auf einem relevanten Markt handeln (→ Art. 1 Rn. 97 ff.). Sind von einer Lizenzvereinbarung mehrere relevante Märkte betroffen (ein relevanter Technologie- und ein relevanter Produktmarkt sind zumindest immer betroffen), so reicht es für die Anwendung des Abs. 1 aus, dass die Parteien auf einem der betroffenen Märkte als konkurrierende Unternehmen iSd Art. 1 Abs. 1 lit. n anzusehen sind. Eine geteilte Betrachtung verschiedener relevanter Märkte wie iRd Marktanteilsschwellen des Art. 3, die zur Anwendbarkeit der GVO auf den einen und zur Nichtanwendbarkeit

---
[1] Krit. wegen der etwas unübersichtlichen Systematik Gennen IPRB 2014, 131 (134).
[2] Leitlinien „Technologietransfer" Rn. 98.
[3] Leitlinien „Technologietransfer" Rn. 98.
[4] Leitlinien „Technologietransfer" Rn. 94 f.
[5] S. auch Schultze/Pautke/Wagener TT-GVO Rn. 498; Zöttl WRP 2005, 33 (38).

II. Kernbeschränkungen zwischen konkurrierenden Unternehmen (Abs. 1) 5–8 **Art. 4 TT-GVO**

auf den anderen Märkten führen kann (→ Art. 3 Rn. 8), ist iRd Art. 4 nicht möglich. Besteht nämlich auf nur einem Markt ein Wettbewerbsverhältnis zwischen den Parteien iSd Art. 1 Abs. 1 lit. n, können von einer Kernbeschränkung iSd Abs. 1 so nachteilige Wirkungen auf den Wettbewerb ausgehen, dass ein Entfallen der Gruppenfreistellung für die gesamte Vereinbarung gerechtfertigt ist.

Die Vereinbarung muss **unmittelbar** oder **mittelbar** eine **Kernbeschränkung** bezwecken. 5
Unmittelbar bezweckend ist jede Klausel, welche die unzulässige Kernbeschränkung ausdrücklich zum Gegenstand hat. Mittelbar bezweckt eine Vertragsklausel eine bestimmte Kernbeschränkung, wenn sie so gestaltet ist, dass bei wirtschaftlich rationalem Verhalten der Vertragspartner davon auszugehen ist, dass der gewünschte Erfolg eintritt. Wird zum Beispiel iRd vereinbarten Lizenzstaffel ein Anreiz geschaffen, im Markt einen bestimmten Preis zu verlangen, so stellt dies eine mittelbare, nämlich wirtschaftlich wirkende Beschränkung des Preisbestimmungsrechts des Lizenznehmers dar. Da der Begriff „Vereinbarung" gemäß Art. 1 Abs. 1 lit. a auch abgestimmte Verhaltensweisen erfasst, muss es sich nicht zwangsläufig um Vertragsklauseln einer Lizenzvereinbarung oder mündliche Absprachen handeln, die die Kernbeschränkung unmittelbar oder mittelbar bezwecken. Ausreichend ist vielmehr, dass die Parteien im gegenseitigen Bewusstsein der Koordinierung die Kernbeschränkung tatsächlich praktizieren.[6] Voraussetzung für eine Anwendbarkeit des Abs. 1 ist ferner, dass die Vereinbarung für sich allein **oder in Verbindung mit anderen Umständen, die der Kontrolle der Parteien unterliegen,** die Kernbeschränkung bezweckt. Die Umstände müssen außerhalb der Vereinbarung liegen. Es können bspw. Marktgegebenheiten oder das Verhalten eines Vertragspartners sein. Allerdings werden nur Umstände berücksichtigt, welche der **Kontrolle beider** Vertragsparteien unterliegen. Ausgeschlossen werden also insbesondere objektive Marktgegebenheiten. Im Einzelfall wird entscheidend sein, ob es sachlich gerechtfertigte Gründe für ein bestimmtes Verhalten der Vertragsparteien gibt. Liegen derartige Gründe nicht vor, werden die Umstände im Zweifelsfalle „der Kontrolle der Parteien unterliegen". Ausreichend ist auch, dass die von einer Partei auferlegte Beschränkung von der anderen akzeptiert wird, auch wenn sie wirtschaftlich bzw. tatsächlich hierzu gezwungen ist. Die Kontrolle einer Partei ist nur dann ausgeschlossen, wenn sie weder von der Beschränkung wusste noch diese verhindern konnte.[7] In diesem Fall liegt schon keine Vereinbarung bzw. abgestimmte Verhaltensweise zwischen den Parteien vor.

Die Kernbeschränkung muss von den Vertragsparteien **bezweckt** sein. Der Terminus „bezwe- 6
cken" ist im Unionskartellrecht objektiv und nicht subjektiv (also nicht im Hinblick auf den Willen der Parteien) auszulegen.[8] Ein Bezwecken liegt bereits vor, wenn eine nicht notwendigerweise im Vertragstext verankerte Vereinbarung oder abgestimmte Verhaltensweise (Art. 1 Abs. 1 lit. a) ihrem Wesen nach auf eine Wettbewerbsbeschränkung abzielt. Die fragliche Klausel hat ein so hohes Potential negativer Auswirkungen auf den Wettbewerb aufzuweisen, dass ihre tatsächlichen Auswirkungen auf den Markt nicht mehr nachgewiesen werden müssen.[9] Um festzustellen, ob eine Vereinbarung eine Wettbewerbsbeschränkung bezweckt, ist auf mehrere Faktoren abzustellen: Der Inhalt der Vereinbarung und die damit verfolgten Ziele, der Zusammenhang, in dem sie angewendet wird oder angewendet werden soll, eine Würdigung des tatsächlichen Verhaltens der Parteien im Markt, der zugrunde liegende Sachverhalt und der besonderen Umstände, unter denen die Vereinbarung geschlossen worden ist, sowie die Art der Durchführung der Vereinbarung, selbst wenn diese keine ausdrückliche Bestimmung in diesem Sinne enthält. Die subjektive Absicht der Parteien kann zwar auch ein relevanter Faktor sein, ist aber für das Vorliegen des Merkmals „bezwecken" keine notwendige Voraussetzung.[10]

Liegt also wegen des objektiven Unwertgehalts einer Vereinbarung ein Bezwecken einer Wett- 7
bewerbsbeschränkung vor, so ist ein **Bewirken** nicht mehr nachzuweisen. Dies soll gemäß den Leitlinien bei Kernbeschränkungen immer der Fall sein.[11] Das Vorliegen einer Kernbeschränkung bedingt mithin ein Bezwecken. Aus diesem Grund konnte die Kommission auch darauf verzichten, das Merkmal des „Bewirkens" in Art. 4 aufzunehmen.[12]

2. Preisbestimmungsrecht. Abs. 1 lit. a enthält ein uneingeschränktes **Verbot der Preisbin-** 8
dung für beide Parteien (Lizenzgeber und Lizenznehmer), welches sich auf die Preise für von diesen an Dritte veräußerte Produkte (zur Definition → Art. 1 Rn. 68) bezieht. Im Umkehrschluss zu Abs. 2 lit. a gilt dies auch für Preisempfehlungen und Höchstpreisfestsetzungen.[13] Auch Preisemp-

---

[6] Vgl. Bechtold/Bosch/Brinker Rn. 3.
[7] Vgl. Bechtold/Bosch/Brinker Rn. 4; Immenga/Mestmäcker/Fuchs Art. 4 Rn. 7.
[8] Leitlinien „Technologietransfer" Rn. 14; Schultze/Pautke/Wagener TT-GVO Rn. 494.
[9] Leitlinien „Technologietransfer" Rn. 14.
[10] Leitlinien „Technologietransfer" Rn. 14.
[11] Leitlinien „Technologietransfer" Rn. 14.
[12] Vgl. Schultze/Pautke/Wagener TT-GVO Rn. 495.
[13] Leitlinien „Technologietransfer" Rn. 99.

fehlungen zwischen Wettbewerbern stellen nämlich grds. eine wettbewerbsbeschränkende abgestimmte Verhaltensweise dar, da sie den Parteien durch die gegenseitige Fühlungnahme eine Preiskoordinierung ermöglichen.[14] Der Grund für diese sehr restriktive Regelung besteht darin, dass jegliche Form der Einflussnahme auf die Preisgestaltung von Wettbewerbern die Gefahr einer Preisabsprache in sich birgt.

9   Abs. 1 lit. a bezieht sich auf Preisbindungen hinsichtlich der **Produkte, die Lizenzgeber und/oder Lizenznehmer veräußern.** Dies schließt selbstverständlich die Vertragsprodukte mit ein,[15] ist aber nicht auf diese beschränkt.[16] Dafür spricht der klare Wortlaut des Abs. 1 lit. a, der sich auf die Definition des Art. 1 lit. f bezieht, wonach der Begriff „Produkte" sämtliche Waren und/oder Dienstleistungen, die von den Vertragsparteien hergestellt bzw. erbracht werden, erfasst. Weisen die Produkte jedoch keinerlei wirtschaftliche Beziehung zum Technologietransfer auf, handelt es sich also weder um Vertragsprodukte noch um Produkte, die dem Technologietransfer, der Produktion oder dem Verkauf der Vertragsprodukte dienlich sein können, ist die Gruppenfreistellung ohnehin nicht anwendbar. Selbst wenn diesbezügliche Preisabsprachen in demselben Dokument wie die Technologietransfer-Vereinbarung enthalten sind und ggf. sogar als (sachfremde) Gegenleistung für einen Technologietransfer vereinbart werden, stehen sie objektiv betrachtet in keinem inneren, sachlichen Zusammenhang mit dem Technologietransfer.[17] Es handelt sich vielmehr um bei Gelegenheit einer Technologietransfer-Vereinbarung getroffene wettbewerbsbeschränkende Absprachen, die schon nicht in den Anwendungsbereich der TT-GVO fallen. Verstoßen diese Absprachen gegen Art. 101 AEUV und handelt es sich bei den Absprachen nicht um separate Vereinbarungen, sondern um sachwidrige Bestandteile der Technologietransfer-Vereinbarung (bspw. Preisabsprachen als Gegenleistung für den Technologietransfer), kann dies u.a. zur Nichtigkeit der gesamten Vereinbarung nach § 139 BGB führen (zur ähnlichen Problematik bei Abs. 2 lit. a → Rn. 69).

10 Unter die Kernbeschränkung des Abs. 1 lit. a fallen keine Preisbindungen hinsichtlich der Lizenzierung von Technologierechten. Dies betrifft zB **Meistbegünstigungsklauseln,** die den Lizenzgeber oder aber auch -nehmer im Bezug auf die Lizenzierung von Technologierechten binden.[18] Bezüglich den Lizenzgeber bindende Meistbegünstigungsklauseln stellte die TT-GVO Nr. 240/96 noch explizit fest, dass es sich hierbei um weiße Klauseln handelt, die idR nicht wettbewerbsbeschränkend sind (Art. 2 Abs. 1 Nr. 10 VO/EG Nr. 240/96). Betrifft eine Meistbegünstigungsklausel jedoch die Veräußerung von Produkten, wird also etwa dem Lizenznehmer eine solche Verpflichtung in Bezug auf seine Kunden auferlegt, so liegt eindeutig ein Eingriff in dessen Preisbestimmungsautonomie vor, der unter Abs. 1 lit. a fällt.[19]

11 Abs. 1 lit. a erfasst sämtliche Bestimmungen des Vertrages, welche geeignet sind, eine Vertragspartei (nicht nur den Käufer wie in Art. 4 lit. a Vertikal-GVO) in der Gestaltung ihres Abgabepreises zu beschränken.[20] Dies kann beispielsweise eine **Lizenzstaffel** sein, welche die Höhe der Lizenzgebühr an einen bestimmten Abgabepreis koppelt (zB bei sinkendem Abgabepreis steigt die Lizenzgebühr).[21] Umsatzbezogene Lizenzgebühren und -staffeln sind jedoch ebenso unbedenklich (zu auf den Gesamtumsatz bezogenen Lizenzgebühren siehe sogleich) wie Lizenzstaffeln, welche bei sinkenden Marktpreisen zu einer Senkung der Lizenzgebühr führen, da in diesem Fall kein Anreiz für den Lizenznehmer geschaffen wird, den Preis für die Vertragsprodukte künstlich auf einem bestimmten Niveau zu halten. Auch Mindestlizenzgebühren fallen nicht unter Abs. 1 lit. a.[22] Problematisch sind jedoch nach Rn. 100 der Leitlinien[23] Lizenzgebühren in einem Cross-Licensing-Vertrag, die sich Wettbewerber wechselseitig auferlegen und die sich auf der Grundlage einzelner Produktverkäufe berechnen (**„running royalties").** Hierdurch wirke sich die Höhe der Lizenzgebühren nämlich direkt auf die Grenzkosten des Produkts und mithin auf dessen Preis aus. Wettbewerber könnten daher mit Hilfe solcher wechselseitigen Vereinbarungen die Preise auf den nachgelagerten Produkt-

---

[14] Insoweit unklar Bechtold/Bosch/Brinker Rn. 9.
[15] Leitlinien „Technologietransfer" Rn. 99.
[16] Leitlinien „Technologietransfer" Rn. 99, 101; so auch Wiedemann KartellR-HdB/Klawitter § 14 Rn. 150; Kölner Komm KartellR/Herrmann Art. 5 Rn. 17; aA Bechtold/Bosch/Brinker Rn. 8; krit. auch Immenga/Mestmäcker/Fuchs Art. 4 Rn. 10.
[17] Vgl. Bechtold/Bosch/Brinker Art. 2 Rn. 2, Art. 4 Rn. 8.
[18] Immenga/Mestmäcker/Fuchs Art. 4 Rn. 14–15; Zöttl WRP 2004, 33 (41).
[19] Zur Vorgänger-GVO Schultze/Pautke/Wagener TT-GVO Rn. 508, 736.
[20] Zur Möglichkeit der „mittelbaren Preisfestsetzung" s. auch Wiedemann KartellR-HdB/Klawitter § 14 Rn. 152.
[21] Leitlinien „Technologietransfer" Rn. 99.
[22] Leitlinien „Technologietransfer" Rn. 99.
[23] Leitlinien „Technologietransfer" Rn. 10.

märkten abstimmen.[24] Dies gilt nach Rn. 100 der Leitlinien auch, wenn eine Partei der anderen Partei eine Lizenz erteilt und zusagt, ein materielles Input vom Lizenznehmer zu erwerben. Der entsprechende Kaufpreis könne die gleiche Funktion wie eine Lizenzgebühr haben.[25] Die Kommission fordert daher, dass solche Lizenzgestaltungen einen wettbewerbsfördernden Zweck haben und gutgläubig abgeschlossen wurden, also ein triftiger wirtschaftlicher Grund für die Vereinbarung vorliegt. Ansonsten werde es sich um eine verschleierte Kartellabsprache handeln. In Rn. 185 der Leitlinien[26] wird die Ermöglichung der Zusammenführung ergänzender Technologien als ein rechtfertigender Grund anerkannt.[27] Ausweislich der Leitlinien[28] sollen unter Abs. 1 lit. a grds. auch Vereinbarungen fallen, nach denen die **Lizenzgebühr nach dem Gesamtumsatz berechnet** wird, unabhängig davon, ob das Produkt unter Einsatz der lizenzierten Technologierechte hergestellt wird. Dies scheint zweifelhaft, da der Lizenznehmer an der freien Kalkulation seiner Preise aufgrund einer derartigen Vereinbarung nicht gehindert wird. Der Umstand, dass ihm auch bei mittels eigener Technologie oder der Technologie Dritter hergestellten Produkten Kosten in Form der Lizenzgebühr entstehen, rechtfertigt nicht die Annahme einer mittelbaren Beeinflussung in der Preisgestaltung. Dies wäre nur dann anzunehmen, wenn sich der Marktpreis stets an den Kosten orientieren würde; tatsächlich sind die Kosten der Herstellung aber nur einer von mehreren Faktoren, welche letztlich den im Markt erzielbaren Preis bestimmen. Möglich ist jedoch, dass eine solche Klausel als Kernbeschränkung nach Abs. 1 lit. d zu qualifizieren ist, wenn sie den Lizenznehmer darin beschränkt, mit seiner eigenen konkurrierenden Technologie zu produzieren.[29] Ausweislich der Leitlinien soll im Einzelfall eine derartige Klausel freistellungsfähig sein, wenn anderenfalls schwer feststellbar wäre, welche Produkte mittels der lizenzierten Technologie hergestellt und welcher Anteil auf die mittels eigener oder dritter Technologie hergestellten Produkte entfällt.[30] Daneben soll die Berechnungsmethode, nach der die Lizenzgebühr auf Grundlage der Gesamtproduktion berechnet wird, laut Kommission gerechtfertigt sein können, wenn für den einzelnen Schutzgegenstand keine Nachfrage besteht, an deren Befriedigung der Lizenznehmer durch eine solche Berechnungsmethode gehindert würde.[31] Zur kartellrechtlichen Beurteilung der Gestaltung von Lizenzgebühren außerhalb des Bereichs der TT-GVO nimmt die Kommission in Rn. 184–188 der Leitlinien[32] Stellung.

3. Outputbeschränkungen. Abs. 1 lit. b behandelt zunächst sämtliche **Beschränkungen des Outputs,** dh Vereinbarungen bzw. abgestimmte Verhaltensweisen, mit denen die Parteien festlegen, wie viel sie produzieren und/oder verkaufen dürfen,[33] als Kernbeschränkungen, um sodann mit der Rückausnahme diese Kernbeschränkungen im Hinblick auf den Lizenznehmer teilweise wieder aufzuheben. Sämtliche einer Partei in ihrer Eigenschaft als Lizenzgeber auferlegten Outputbeschränkungen führen somit zur Unanwendbarkeit der GVO (zu Outputbeschränkungen, die einer der Parteien nur „bei Gelegenheit" einer Technologietransfer-Vereinbarung auferlegt worden, zu Preisfestsetzungen entsprechend → Rn. 8). Die Rückausnahme ist bei wechselseitigen Outputbeschränkungen ebenfalls nicht anwendbar. **Keine wechselseitige Outputbeschränkung** in diesem Sinne liegt vor, wenn sich die Parteien in einer nicht wechselseitigen Lizenzvereinbarung iSd Art. 1 Abs. 1 lit. e, die also keine konkurrierenden Technologien zum Gegenstand hat und auch nicht zur Produktion konkurrierender Produkte genutzt werden kann, in ihrer jeweiligen Eigenschaft als Lizenznehmer Outputbeschränkungen in Bezug auf die jeweiligen Vertragsprodukte auferlegen.[34] Outputbeschränkungen für den oder die Lizenznehmer in nicht wechselseitigen Lizenzvereinbarungen bzw. nur einer der Vertragsparteien in ihrer Eigenschaft als Lizenznehmer auferlegte Outputbeschränkungen in wechselseitigen Lizenzvereinbarungen berühren also nicht die Freistellung, wenn sie sich auf

---

[24] So auch die Studie der Kommission „Assessment of Potential Anticompetitive Conduct in the Field of Intellectual Property Rights and Assessment of the Interplay Between Competition Policy and IPR Protection" v. Nov. 2011, COMP/2010/16, 19, abrufbar unter: https://op.europa.eu/en/publication-detail/-/publication/21c2bdb4-e366-48a3-b0eb-a26e83024d10/language-en, zuletzt abgerufen am 30.3.2023.
[25] Leitlinien „Technologietransfer" Rn. 100 Fn. 57.
[26] Leitlinien „Technologietransfer" Rn. 185.
[27] Krit. Zöttl WRP 2004, 33 (42) der bezweifelt, dass dieser Ansatz der Tatsache, dass „running royalties" im Vergleich zu Pauschalbeträgen eine angemessene kaufmännische Risiko- und Erfolgsteilung ermöglichen, ausreichend Beachtung schenkt.
[28] Leitlinien „Technologietransfer" Rn. 101.
[29] Leitlinien „Technologietransfer" Rn. 101, 24 f. und Rn. 116.
[30] Leitlinien „Technologietransfer" Rn. 102.
[31] S. EuGH Slg. 1986, 611 Rn. 65 – Windsurfing International/Kom.
[32] Leitlinien „Technologietransfer" Rn. 184–188.
[33] Leitlinien „Technologietransfer" Rn. 103; Bechtold/Bosch/Brinker Rn. 10.
[34] Bechtold/Bosch/Brinker Rn. 11; Immenga/Mestmäcker/Fuchs Art. 4 Rn. 22; Pfaff/Osterrieth/Axster/Osterrieth A. III. Rn. 274; Wiedemann KartellR-HdB/Klawitter § 14 Rn. 158.

die Vertragsprodukte beziehen.[35] Da es sich bei Vertragsprodukten iSd Art. 1 Abs. 1 lit. g um Produkte handelt, die auf der Grundlage der lizenzierten Technologierechte produziert werden und deren Produktion zumindest konkludent Gegenstand der Technologietransfer-Vereinbarung geworden ist (→ Art. 1 Rn. 68 ff.), sind folglich nur nicht wechselseitige Outputbeschränkungen im oben beschriebenen Sinne, die sich auf die vereinbarte Produktion auf Grundlage der lizenzierten Technologierechte (also der fremden Technologierechte) bzw. den Vertrieb dieser Vertragsprodukte beziehen, von der Kernbeschränkung ausgenommen. Im Umkehrschluss sind Outputbeschränkungen, die sich auf andere Produkte als die auf Grundlage der lizenzierten Technologierechte produzierten Vertragsprodukte beziehen, von der Rückausnahme nicht erfasst.[36] Beschränkungen im Hinblick auf die mit den eigenen Technologierechten des Lizenznehmers produzierten Produkte stellen zudem Kernbeschränkungen iSd Abs. 1 lit. d dar.

13 Gemäß den Leitlinien liegen nämlich **einseitigen Outputbeschränkungen für den jeweiligen Lizenznehmer** idR ökonomisch nachvollziehbare Erwägungen (bspw. Förderung der Lizenzvergabe durch den Lizenzgeber; der Lizenznehmer ist umgekehrt bereit, die Outputbeschränkung zu akzeptieren, da die Vereinbarung zu einer tatsächlichen Zusammenführung sich ergänzender Technologien führt bzw. zu einem Effizienzgewinn, der die Integration der überlegenen Technologie des Lizenzgebers in die Produktionsanlagen des Lizenznehmers fördert) zugrunde und sie führten nicht zwangsläufig zu niedrigerem Output auf dem Markt. Eine Outputbeschränkung, die nur einem der Lizenznehmer in einer wechselseitigen Technologietransfer-Vereinbarung auferlegt wird, sei aller Wahrscheinlichkeit nach Ausdruck des höheren Werts der von einer der Parteien lizenzierten Technologierechte und könne dazu beitragen, einen dem Wettbewerb förderlichen Technologietransfer zu unterstützen.[37] Die Reichweite der Kernbeschränkung ist grds. weit zu fassen. Sie erfasst daher auch Regelungen, welche Anreize schaffen, den Output auf eine bestimmte Menge zu begrenzen (zB steigende Lizenzgebühren bei Steigerung des Absatzes/der Produktion über eine bestimmte Menge; Ausgleichszahlungen bei einem bestimmten Output).[38] Nicht erfasst werden hingegen Mindestmengenverpflichtungen,[39] die das Gegenteil von Outputbeschränkungen sind, sowie Outputbeschränkungen, die nach den Rückausnahmen in Abs. 1 lit. c Ziff. iii und iv freigestellt sind. Zu Outputbeschränkungen außerhalb des Anwendungsbereichs der TT-GVO nimmt die Kommission in Rn. 204–207 der Leitlinien Stellung.[40]

14 **4. Markt- und Kundenaufteilung.** Die in Abs. 1 lit. c geregelte Kernbeschränkung bezieht sich auf **Zuweisungen bzw. Aufteilungen von Märkten oder Kunden zwischen konkurrierenden Unternehmen,** zB Aufteilungen in A- und B-Kunden bzw. Gebiete oder Produktmärkte/Technologiemärkte. Die betroffene Vertragspartei ist gemäß solcher Klauseln bspw. nur berechtigt, bestimmte Produkte an bestimmte Kunden bzw. in bestimmte Gebiete zu liefern, nur in bestimmten Gebieten oder für bestimmte Produktmärkte/Anwendungsbereiche zu produzieren oder nur in bestimmten Technologiemärkten oder an bestimmte Lizenznehmer Technologierechte zu lizenzieren. Zuweisungen bzw. Aufteilungen von Märkten oder Kunden sind nicht selten essentiell für die Bereitschaft des Rechteinhabers, überhaupt Lizenzen zu erteilen und damit den Markt für die Technologierechte zu öffnen. Gleiches gilt für die Bereitschaft des Lizenznehmers, Lizenzen zu erwerben und die notwendigen Investitionen für die Produktion und den Vertrieb der Vertragsprodukte zu tätigen. Gleichwohl hat der Verordnungsgeber entschieden, Gebiets- oder Kundenzuweisungen jedenfalls dann für nicht freistellungsfähig zu erachten, wenn sie in wechselseitigen Technologietransfer-Vereinbarungen zwischen Wettbewerbern beiderseitig vereinbart werden (dies ergibt sich aus einem Umkehrschluss aus Ziff. i,[41] s. auch Leitlinien Rn. 105). Erteilen bspw. Wettbewerber einander Exklusivlizenzen in wechselseitigen Vereinbarungen, wird dies nach den Leitlinien als

---

[35] Krit. Wiedemann KartellR-HdB/Klawitter § 14 Rn. 161, der in Frage stellt, ob bei Mengenbeschränkungen des Lizenznehmers in nicht wechselseitigen Vereinbarungen bzw. einseitigen Mengenbeschränkungen des Lizenznehmers in wechselseitigen Vereinbarungen überhaupt eine Wettbewerbsbeschränkung vorliegt.
[36] Vgl. zur Vorgänger-GVO Lejeune CR 2004, 467 (468); so auch Wiedemann KartellR-HdB/Klawitter § 14 Rn. 158; aA Schultze/Pautke/Wagener TT-GVO Rn. 542–546, nach denen sämtliche Outputbeschränkungen unter die Kernbeschränkung fallen und mithin keine Kernbeschränkung vorliegt, die keine Produkte betreffen, welche der Lizenznehmer mit seiner eigenen konkurrierenden Technologie herstellt; Schumacher/Schmid GRUR 2006, 1 (7) lesen den Bezug auf Vertragsprodukte nur in die 2. Alt. (einem Lizenznehmer in einer wechselseitigen Vereinbarung auferlegte Outputbeschränkung) hinein.
[37] Leitlinien „Technologietransfer" Rn. 104.
[38] Leitlinien „Technologietransfer" Rn. 103.
[39] Leitlinien „Technologietransfer" Rn. 183 lit. e; s. Immenga/Mestmäcker/Fuchs Art. 4 Rn. 19 Fn. 55.
[40] Leitlinien „Technologietransfer" Rn. 204 ff.
[41] Vgl. zur Vorgänger-GVO Schultze/Pautke/Wagener TT-GVO Rn. 553.

Kernbeschränkung in Form einer Marktaufteilung eingestuft.[42] Die Kernbeschränkung des Abs. 1 lit. c wird für vier Sonderfälle durch Rückausnahmen wieder aufgehoben, wobei ein Teil dieser **Rückausnahmen** nur für nicht wechselseitige Vereinbarungen gilt.

Nicht eindeutig geregelt ist die Gruppenfreistellung von field-of-use- bzw. Anwendungs-/ **15** Nutzungsbeschränkungen. Gemäß der dem Wortlaut nach gestrichenen **Rückausnahme des Art. 4 Abs. 1 lit. c Ziff. i VO/EG Nr. 772/2004** fielen produkt- und anwendungsbezogene Beschränkungen der Lizenzen (field-of-use-Klauseln) nicht in den Anwendungsbereich der Kernbeschränkung. Dies galt jedoch nur für **dem Lizenznehmer** auferlegte **Beschränkungen in Bezug auf die lizenzierte Technologie,** dh in wechselseitigen Lizenzvereinbarungen musste die jeweilige Partei in ihrer Rolle als Lizenznehmer betroffen sein.[43] IRd VO/EG Nr. 240/96 gehörte die anwendungsbezogene Beschränkung, soweit sie den Lizenznehmer verpflichtete, zu den weißen Klauseln, welche „idR nicht wettbewerbsbeschränkend" waren, also nicht in den Anwendungsbereich des Art. 101 Abs. 1 AEUV fielen (s. Art. 2 Abs. 1 Ziff. 8 VO/EG Nr. 240/96). Die field-of-use Beschränkung iSd Art. 4 Abs. 1 lit. c Ziff. i VO/EG Nr. 772/2004 konnte **Produktmärkte oder Anwendungsbereiche** betreffen. Ein technischer **Anwendungsbereich** ist kleiner als ein Produktmarkt, was die alten Leitlinien in Rn. 179 und Rn. 208 klarstellen (ein Produktmarkt kann mehrere technische Anwendungsbereiche umfassen).[44] Also war bzw. ist auch die Beschränkung auf ein bestimmtes Produkt zulässig, das sich mit anderen, substituierbaren Produkten auf einem Produktmarkt befindet. Die Kommission nannte in den alten Leitlinien, was die aktuellen Leitlinien übernommen haben, hierfür als Beispiele eine Motortechnik, mit der sowohl Vier- als auch Sechs-Zylinder-Motoren produziert werden, oder eine Technologie zur Herstellung von Chipsätzen, mit der sowohl Chipsätze mit bis zu vier Hauptprozessoren als auch Chipsätze mit mehr als vier Hauptprozessoren produziert werden können.[45]

Die Ausnahme nach Ziff. i setzte jedoch voraus, dass die den Anwendungsbereich (bzw. den **16** Produktmarkt) betreffende Beschränkung nicht über den Einsatzbereich der lizenzierten Technologie hinausging und dass die Lizenznehmer nicht in der Nutzung ihrer eigenen Technologie eingeschränkt wurden (vgl. hierzu die Kernbeschränkung in Abs. 1 lit. d). Ansonsten liefe die Anwendungsbeschränkung auf eine **Marktaufteilung** hinaus.[46]

Nutzen bedeutete jedes Gebrauchmachen von der Lizenz, also auch Verkauf. Dem Lizenzneh- **17** mer konnte somit auch auferlegt werden, die für einen bestimmten Anwendungsbereich oder Produktmarkt hergestellten Produkte ausschließlich an Kunden zu verkaufen, welche die Produkte in diesem Anwendungsbereich oder Produktmarkt nutzen. Konnte bspw. mittels des Technologierechts eine Gummimischung hergestellt werden, welche sowohl zur Herstellung von Auto- wie auch Fahrradreifen geeignet ist, so konnte der Lizenznehmer auf eine Produktion von Fahrradreifen beschränkt werden. Er konnte dann in ebenso zulässiger Weise verpflichtet werden, die Gummimischung nur an Kunden zu verkaufen, die Fahrradreifen herstellen.

Trotz der Streichung der Rückausnahme des Art. 4 Abs. 1 lit. c Ziff. i VO/EG Nr. 772/2004 **18** ist es **nicht zu einer inhaltlichen Änderung gekommen.** Bei Art. 4 Abs. 1 lit. c Ziff. i VO/EG Nr. 772/2004 handelte es sich nämlich schon unter der Vorgänger-GVO, wie jetzt besonders deutlich wird, inhaltlich nicht um eine Rückausnahme, sondern vielmehr um eine Klarstellung, dass die dem bzw. den Lizenznehmern auferlegte Verpflichtung, das lizenzierte Technologierecht in einem oder mehreren Anwendungsbereichen, Produktmärkten oder Wirtschaftszweigen zu nutzen, **keine Kernbeschränkung nach Art. 4 Abs. 1, 2 VO/EG Nr. 772/2004** darstellte. Dies gilt entsprechend, worauf die Leitlinien an verschiedenen Stellen hinweisen, für die TT-GVO VO/EU Nr. 316/2014.[47] Die genannten field-of-use Beschränkungen für Lizenznehmer in Bezug auf die lizenzierten Technologierechte sind also in Vereinbarungen zwischen Wettbewerbern gruppenfreigestellt, wenn der gemeinsame Marktanteil auf dem betreffenden Markt 20 % nicht überschreitet, in Vereinbarungen zwischen Nicht-Wettbewerbern, wenn der individuelle Marktanteil 30 % nicht überschreitet.[48] Die Kommission als Verordnungsgeber bringt klar zum Ausdruck, dass aus ihrer Sicht keine der

---

[42] Leitlinien „Technologietransfer" Rn. 105, 40 Rn. 211.
[43] Bechtold/Bosch/Brinker/Hirsbrunner, 2. Aufl. 2009, VO 772/2004 Art. 4 Rn. 13.
[44] Bek. der Kom., Leitlinien zur Anwendung von Artikel 81 EG-Vertrag auf Technologietransfer-Vereinbarungen, ABl. 2004 C 101, 2 Rn. 179; Leitlinien „Technologietransfer" Rn. 208.
[45] Bek. der Kom., Leitlinien zur Anwendung von Artikel 81 EG-Vertrag auf Technologietransfer-Vereinbarungen, ABl. 2004 C 101, 2 Rn. 179; Leitlinien „Technologietransfer" Rn. 208.
[46] Bek. der Kom., Leitlinien zur Anwendung von Artikel 81 EG-Vertrag auf Technologietransfer-Vereinbarungen, ABl. 2004 C 101, 2 Rn. 90; so auch die aktuellen Leitlinien „Technologietransfer" Rn. 113.
[47] Leitlinien „Technologietransfer" Rn. 113, 40 Rn. 209 f., 41 Rn. 213 f.; s. auch Bechtold/Bosch/Brinker Rn. 13.
[48] Leitlinien „Technologietransfer" Rn. 113, 41 Rn. 213 f.

Kernbeschränkungen in Abs. 1 einschlägig ist. Die field-of-use- bzw. Nutzungsbeschränkungen bezwecken **keine Zuweisung bzw. Aufteilung von Märkten oder Kunden iSd Abs. 1 lit. c**.[49]

19 Eine **Marktaufteilung** liege jedoch in Abgrenzung zu den gruppenfreigestellten Nutzungsbeschränkungen vor, wenn die Lizenznehmer hinsichtlich der Nutzung ihrer eigenen Technologierechte eingeschränkt würden.[50] Solange die Parteien ihre eigenen Technologierechte uneingeschränkt nutzen können, wird gemäß den Leitlinien nicht angenommen, dass die Nutzungsbeschränkungen die Parteien dazu veranlassen, von der (weiteren) Erschließung des bzw. der Anwendungsbereiche abzusehen, die von der Lizenz der anderen Partei erfasst bzw. von der eigenen Lizenz nicht erfasst sind (asymmetrische Nutzungsbeschränkung, → Rn. 25). Auch wenn die Lizenznehmer über die maschinelle Ausrüstung verfügten, um das lizenzierte Technologierecht innerhalb des lizenzierten Anwendungsbereichs zu nutzen, sei noch nicht gesagt, dass dies Auswirkungen auf die Anlagen hat, die zur Produktion außerhalb der Lizenz eingesetzt werden.[51] Zu einer anderen wettbewerblichen Beurteilung kommt die Kommission jedoch inkonsequenter Weise außerhalb des Anwendungsbereichs der Gruppenfreistellung (→ Rn. 25).[52]

20 Die field-of-use- bzw. Nutzungsbeschränkungen sind klar von **Kundenzuweisungen** iSd Abs. 1 lit. c abzugrenzen. Nutzungsbeschränkungen beziehen sich nach den Leitlinien auf verschiedene Produktmärkte, Wirtschaftszweige oder Anwendungsbereiche (wobei ein Wirtschaftszweig mehrere Produktmärkte, aber nicht einen Teil eines Produktmarkts umfassen kann).[53] Kundenbeschränkungen bezögen sich hingegen auf die einem Gebiet oder einer Gruppe zugeordneten Kunden, die Produkte erwerben, welche zum selben Produktmarkt oder technischen Anwendungsbereich gehören.[54] Während eine Kundenbeschränkung also nach Merkmalen der Kunden definiert wird (bspw. Gebiet, in dem die Kunden ihren Sitz haben; Großhändler, Einzelhändler oder Endkunden; mit den Kunden getätigte Umsätze), müssen Nutzungsbeschränkungen objektiv unter Verweis auf genau bezeichnete, relevante technische Merkmale des Vertragsprodukts definiert sein.[55] Falls es sich um eine Nutzungsbeschränkung iSe Verkaufsbeschränkung handelt, kommt es auf die technischen Merkmale der von den Kunden hergestellten Produkte an (wenn bspw. die auf Grundlage der lizenzierten Technologierechte hergestellte Gummimischung, die an die Kunden verkauft wird, sowohl zur Produktion von Auto- wie auch von Fahrradreifen geeignet ist, → Rn. 18). Es ist nach den Leitlinien unschädlich, wenn eine Nutzungsbeschränkung bestimmten Kundengruppen in einem Produktmarkt entspricht, weil bspw. bestimmte Kunden ausschließlich Computerchips mit mehr als vier Hauptprozessoren erwerben.[56] Im Gegensatz zu einer Nutzungsbeschränkung sei eine Kundenbeschränkung, auch wenn der Lizenznehmer seine eigenen Technologierechte weiter uneingeschränkt nutzen kann, wettbewerblich problematisch.[57] Denn sobald der Lizenznehmer über die maschinelle Ausrüstung verfügt, um die Technologierechte des Lizenzgebers für die Produktion eines bestimmten Produkts zu nutzen, könne es kostspielig sein, eine andere Technologie zu verwenden, um Kunden zu beliefern, die unter die Beschränkung fallen.[58] Wenn ein und dasselbe Produkt mit unterschiedlichen Technologien für verschiedene Kundengruppen produziert wird, müssen ggf. neue maschinelle Anlagen angeschafft werden und/oder die Produktionsprozesse müssen getrennt werden mit dem entsprechenden Verlust von economies of scale. Zudem können die Vorteile von Kundenaufteilungen für die Beteiligten den Anreiz des Lizenznehmers verringern, mit seiner eigenen Technologie zu produzieren.[59]

21 Um **Preisbeschränkungen** iSd Abs. 1 lit. a, Abs. 2 lit. a handelt es sich bei den field-of-use Beschränkungen offensichtlich nicht.

22 Zur Abgrenzung zwischen gruppenfreigestellten field-of-use- bzw. Nutzungsbeschränkungen und **Outputbeschränkungen** iSd Abs. 1 lit. b führen die Leitlinien aus, dass Nutzungsbeschränkungen nicht als Outputbeschränkungen betrachtet würden, weil eine Nutzungsbeschränkung nicht

---

[49] Leitlinien „Technologietransfer" Rn. 113; s. auch Bechtold/Bosch/Brinker Rn. 13; Pfaff/Osterrieth/Axster/Osterrieth A. III. Rn. 275; zust. wegen der grundsätzlichen Unbedenklichkeit von field-of-use Beschränkungen auch Kölner Komm KartellR/Herrmann Art. 4 Rn. 49; vgl. auch Wiedemann KartellR-HdB/Klawitter § 14 Rn. 221, der fragt, ob nicht-wechselseitige Nutzungsbeschränkungen wegen des Inhalts und der Reichweite gewerblicher Schutzrechte überhaupt freistellungsbedürftig sind.
[50] Leitlinien „Technologietransfer" Rn. 113.
[51] Leitlinien „Technologietransfer" Rn. 114.
[52] Leitlinien „Technologietransfer" Rn. 214.
[53] Leitlinien „Technologietransfer" Rn. 114, 40 Rn. 208.
[54] Leitlinien „Technologietransfer" Rn. 114.
[55] Leitlinien „Technologietransfer" Rn. 209.
[56] Leitlinien „Technologietransfer" Rn. 209.
[57] Leitlinien „Technologietransfer" Rn. 106, 24, Rn. 114.
[58] Leitlinien „Technologietransfer" Rn. 106.
[59] Leitlinien „Technologietransfer" Rn. 106.

den Output beschränkt, den der Lizenznehmer innerhalb des lizenzierten Anwendungsbereichs produzieren darf.[60] Hinzuzufügen ist, dass eine Nutzungsbeschränkung grds. auch nicht den Output des Lizenznehmers im nicht lizenzierten Anwendungsbereich beschränkt. Er darf lediglich auf Grundlage der lizenzierten Technologierechte nicht in diesem Anwendungsbereich produzieren, ansonsten unterliegt seine Produktion in diesem Anwendungsbereich keinerlei Beschränkungen.

Die Abgrenzung der gruppenfreigestellten Nutzungsbeschränkungen zu den **Beschränkungen des passiven Verkaufs in bestimmte Gebiete oder an bestimmte Kundenkreise** iSd Abs. 2 lit. b ist genauso vorzunehmen wie die Abgrenzung zu den Kernbeschränkungen der Markt- und Kundenzuweisungen in Abs. 1 lit. c. Im Gegensatz zu den Beschränkungen des passiven Verkaufs im Hinblick auf bestimmte Gebiete und Kundenkreise, die nach den Merkmalen der Gebiete bzw. Kunden zu definieren sind, müssen Nutzungsbeschränkungen objektiv unter Verweis auf genau bezeichnete, relevante technische Merkmale des Vertragsprodukts definiert sein.[61] Anhand dieser Erfordernisse an die Definitionen von Nutzungsbeschränkungen ist auch die Abgrenzung zu **Beschränkungen des aktiven oder passiven Verkaufs an Endverbraucher für auf der Einzelhandelsebene tätige Lizenznehmer in einem selektiven Vertriebssystem** iSd Abs. 2 lit. c vorzunehmen. 23

Schließlich dürfen Nutzungsbeschränkungen gemäß Abs. 1 lit. d weder dazu führen, dass **die Möglichkeit des Lizenznehmers, seine eigenen Technologierechte zu verwerten, beschränkt wird,** noch dass **die Möglichkeit einer Vertragspartei beschränkt wird, Forschungs- und Entwicklungsarbeiten durchzuführen** (es sei denn, letztere Beschränkungen sind unerlässlich, um die Preisgabe des lizenzierten Know-hows an Dritte zu verhindern). 24

Außerhalb des Anwendungsbereichs der Gruppenfreistellung ist zunächst davon auszugehen, dass field-of-use- bzw. Nutzungsbeschränkungen grds. nicht wettbewerbsbeschränkend sind (vgl. Art. 2 Abs. 1 Ziff. 8 VO/EG Nr. 240/96) und daher auch grds. keiner Freistellung bedürfen. Die Kommission nimmt zu Nutzungsbeschränkungen außerhalb des Anwendungsbereichs der TT-GVO in Rn. 208–215 der Leitlinien Stellung.[62] Sie geht in Rn. 212 und 214 der Leitlinien ebenfalls von der marktöffnenden Wirkung derartiger Klauseln aus. Zutreffend verweist sie darauf, dass Nutzungsbeschränkungen den Lizenzgeber veranlassen können, Lizenzen für Anwendungen zu erteilen, die außerhalb seines Tätigkeitsbereichs liegen.[63] Zudem könne er durch Nutzungsbeschränkungen verhindern, dass die von den lizenzierten Rechten geschützten Technologien in Bereichen verwendet werden, in denen sie sich noch nicht bewährt haben.[64] Überdies fördern Nutzungsbeschränkungen den Technologietransfer, wenn der Lizenznehmer nur ein Interesse an einer Anwendung der Technologierechte in einem bestimmten Bereich hat. Wird die Lizenz auf die Anwendung in diesem Bereich beschränkt, kann davon ausgegangen werden, dass der Lizenznehmer die Lizenz grds. kostengünstiger als im Falle einer unbeschränkten Lizenz erwerben kann. 25

Allerdings behauptet die Kommission in Rn. 213 der Leitlinien, dass bei Vereinbarungen zwischen Wettbewerbern die Gefahr bestehe, dass der Lizenznehmer außerhalb des lizenzierten Anwendungsbereichs als Wettbewerber wegfällt. Diese Gefahr sei bei Nutzungsbeschränkungen in wechselseitigen Lizenzen zwischen Wettbewerbern, die asymmetrisch sind, noch größer. **Asymmetrische Nutzungsbeschränkungen** lägen vor, wenn die lizenzierten Technologierechte von der einen Partei in einem Wirtschaftszweig, Produktmarkt oder Anwendungsbereich und von der anderen in einem anderen Wirtschaftszweig, Produktmarkt oder Anwendungsbereich genutzt werden dürfen. Wettbewerbsbedenken könnten insbesondere dann bestehen, wenn mit den Produktionsanlagen des Lizenznehmers, die zur Verwendung der vom lizenzierten Recht geschützten Technologie umgerüstet worden sind, auch Produkte außerhalb des lizenzierten Anwendungsbereichs auf Grundlage der eigenen Technologierechte des Lizenznehmers produziert werden. Wenn dies zu einer Verringerung des Outputs des Lizenznehmers außerhalb des lizenzierten Anwendungsbereichs führt, falle die Vereinbarung grds. unter Art. 101 Abs. 1 AEUV.[65] Mit diesen rein hypothetischen Erwägungen setzt sich die Kommission in Widerspruch zu den an anderen Stellen der Leitlinien getroffenen zutreffenden Aussagen, dass Nutzungsbeschränkungen gerade nicht als Outputbeschränkungen betrachtet werden können, da sie nicht den Output beschränken, den der Lizenznehmer innerhalb des lizenzierten Anwendungsbereichs produzieren darf,[66] und dass grds. nicht gesagt werden könne, dass Nut- 26

---

60 Leitlinien „Technologietransfer" Rn. 210.
61 Leitlinien „Technologietransfer" Rn. 209.
62 Leitlinien „Technologietransfer" Rn. 208 ff.
63 Leitlinien „Technologietransfer" Rn. 212, 41 Rn. 214.
64 Leitlinien „Technologietransfer" Rn. 212.
65 Leitlinien „Technologietransfer", 41 Rn. 213.
66 Leitlinien „Technologietransfer", 40 Rn. 210; zudem beschränken Nutzungsbeschränkungen grds. auch nicht den Output in den nicht lizenzierten Anwendungsbereichen, → Rn. 23.

zungsbeschränkungen Auswirkungen auf die Anlagen haben könnten, die zur Produktion außerhalb der Lizenz eingesetzt werden.[67] Im Gegensatz zur kritischen Auffassung der Kommission ist vielmehr davon auszugehen, dass Nutzungsbeschränkungen, auch wenn sie in wechselseitigen Vereinbarungen zwischen Wettbewerbern enthalten und asymmetrisch sind, grds. nicht wettbewerbsbeschränkend sind, da sie den Lizenzgeber erst veranlassen können, überhaupt seine Technologierechte zu lizenzieren, und da es dem Lizenznehmer freisteht, weiterhin mit seiner eigenen Technologie in dem nicht lizenzierten Wirtschaftszweig, Produktmarkt oder Anwendungsbereich zu produzieren. Insoweit ist die Aussage der Kommission zu Lizenzvereinbarungen, die es dem Lizenznehmer ermöglichen, seine eigene Technologie iRd Lizenz weiterzuentwickeln und zu verwerten, ohne Verletzungsklagen des Lizenzgebers befürchten zu müssen, verallgemeinerungsfähig. Diesbezüglich stellt die Kommission zutreffend fest, was aber generell für alle dem Lizenznehmer auferlegten Nutzungsbeschränkungen der lizenzierten Technologierechte gilt, dass der Wettbewerb, der vor Abschluss der Vereinbarung bestanden hat, durch die Nutzungsbeschränkung allein nicht eingeschränkt wird.[68] Anders zu beurteilen sind natürlich Vereinbarungen, worauf auch die Kommission zu Recht hinweist, bei denen es sich nicht um tatsächliche Nutzungsbeschränkungen, sondern um verdeckte Marktaufteilungsvereinbarungen handelt, nach denen der Lizenznehmer seine Tätigkeiten in den nicht lizenzierten Anwendungsbereichen reduziert oder gar einstellt.[69] Hinsichtlich **symmetrischer Nutzungsbeschränkungen,** in denen die Parteien einander Lizenzen zur Nutzung ihrer Technologien in denselben Anwendungsbereichen erteilen, geht auch die Kommission davon aus, dass grds. keine Wettbewerbsbeschränkung iSd Art. 101 Abs. 1 AEUV vorliegt (obwohl auch in diesem Fall außerhalb des lizenzierten Bereichs nicht mit der lizenzierten Technologie produziert werden darf).[70] Im Bereich der Gruppenfreistellung ist es auch nach Auffassung der Kommission irrelevant, ob die Nutzungsbeschränkung symmetrisch oder asymmetrisch ist.[71]

27   Art. 4 Abs. 1 lit. c Ziff. iii VO/EG Nr. 772/2004 enthielt dem Wortlaut nach eine uneingeschränkte „Rückausnahme" für **Alleinlizenzen,** also für Lizenzvereinbarungen, in denen sich der Lizenzgeber verpflichtet, Dritten keine **Produktionslizenzen** in einem bestimmten Gebiet zu erteilen, was jedoch sein eigenes Recht zur Produktion in diesem Gebiet auf Grundlage der lizenzierten Technologierechte unberührt lässt (zur Abgrenzung zur Exklusivlizenz → Art. 1 Rn. 48). Derartige Klauseln waren auch in wechselseitigen Lizenzvereinbarungen ausdrücklich gruppenweise freigestellt. Durch die Streichung von Art. 4 Abs. 1 lit. c Ziff. iii VO/EG Nr. 772/2004 hat sich allerdings **keine inhaltliche Änderung** ergeben. Auch unter der VO/EU Nr. 316/2014 sind Erteilungen von Alleinlizenzen selbst in wechselseitigen Vereinbarungen zwischen Wettbewerbern gruppenweise freigestellt. Wie auch bei Art. 4 Abs. 1 lit. c Ziff. i VO/EG Nr. 772/2004 handelte es sich nämlich bei Art. 4 Abs. 1 lit. c Ziff. iii VO/EG Nr. 772/2004 nicht um eine Rückausnahme, sondern vielmehr um eine Klarstellung, dass keine Zuweisung von Märkten oder Kunden vorliegt. Die Leitlinien weisen wiederholt und ausdrücklich darauf hin, dass wechselseitige Erteilungen von Alleinlizenzen zwischen Wettbewerbern bis zur Marktanteilsschwelle von 20 % auf dem jeweiligen Markt gruppenfreigestellt.[72] Zur Begründung wird angeführt, dass solche Vereinbarungen die Möglichkeit der Parteien, ihre eigene Technologierechte in den betreffenden Gebieten in vollem Umfang zu nutzen, nicht in Frage stellen.[73] Im Hinblick auf die vorgelagerten Technologiemärkte ist festzustellen, dass der Lizenzgeber zwar seine Handlungsfreiheit in Bezug auf die Vergabe von Produktionslizenzen an weitere Lizenznehmer in den betreffenden Gebieten einschränkt, dies aber noch keine Zuweisung von Märkten oder Kunden darstellt. Wie auch Exklusivlizenzen[74] können Alleinlizenzen weltweit erteilt werden, dh der Lizenzgeber verpflichtet sich, weltweit nur dem Lizenznehmer eine Produktionslizenz zu erteilen. Wenn der Lizenznehmer Wettbewerber auf dem betreffenden Technologiemarkt ist, kann es allerdings sein, dass es sich bei solchen weltweiten Alleinlizenzen um verdeckte Absprachen handelt, die tatsächlich Zuweisungen bzw. Aufteilungen von Technologiemärkten bezwecken. In diesem Fall läge eine Kernbeschränkung nach Abs. 1 lit. c vor bzw. die Vereinbarung wäre schon keine Technologietransfer-Vereinbarung nach Art. 1 Abs. 1 lit. c, da ihr Ziel nicht die Produktion von Vertragsprodukten, sondern die Aufteilung von Technologiemärkten ist. Um festzustellen, ob es sich tatsächlich um eine bezweckte Marktaufteilung zwischen Wettbewerbern handelt,

---

[67] Leitlinien „Technologietransfer", 24 Rn. 114.
[68] Leitlinien „Technologietransfer", 41 Rn. 213.
[69] Leitlinien „Technologietransfer", 41 Rn. 213.
[70] Leitlinien „Technologietransfer", 41 Rn. 213.
[71] Leitlinien „Technologietransfer", 24 Rn. 114.
[72] Leitlinien „Technologietransfer" Rn. 109, 37 Rn. 192; s. auch Bechtold/Bosch/Brinker Rn. 13; Wiedemann KartellR-HdB/Klawitter § 14 Rn. 174.
[73] Leitlinien „Technologietransfer" Rn. 109.
[74] Leitlinien „Technologietransfer", 37 Rn. 191.

ist auf den objektiv zu bestimmenden Zweck der Vereinbarung unter Berücksichtigung sämtlicher Begleitumstände, insbesondere auch der Marktgegebenheiten und der Interessen der Beteiligten, abzustellen.

Hinsichtlich wechselseitiger Lizenzvereinbarungen, mit denen sich die Beteiligten verpflichten, Dritten keine Lizenzen zu erteilen, führen die Leitlinien für den **Bereich außerhalb der Gruppenfreistellung** aus, dass Anlass zu Bedenken bestehe, wenn das so entstandene Technologiepaket faktisch einen Industriestandard begründet, zu dem Dritte Zugang erhalten müssen, um effektiv auf dem Markt konkurrieren zu können. Die Kommission bewerte solche Vereinbarungen nach denselben Maßstäben wie Technologiepools (→ Kapitel 7 Rn. 48 ff.). Wenn die Beteiligten auf einem Produktmarkt, den der Industriestandard betrifft, mit Dritten im Wettbewerb stehen, hätten solche Vereinbarungen grds. erhebliche Ausschlusseffekte zur Folge. IdR gelte daher die Voraussetzung, dass die Technologierechte, die dem Industriestandard zugrunde liegen, zu gerechten, vernünftigen und diskriminierungsfreien Bedingungen an Dritte lizenziert werden müssen (sog FRAND-Bedingungen → Einl. Rn. 42).[75] 28

Nach Rn. 109, 191 der Leitlinien[76] sind nur Alleinlizenzen mit Bezug auf „Gebiete" erfasst, was nach der Benutzung des Worts Gebiet in Art. 1 Abs. 1 lit. p, q, Abs. 1 lit. c Ziff. i, ii, Abs. 2 lit. b Ziff. i und der englischen Version (territory) nur räumliche Gebiete betrifft. Es stellt sich also die Frage, ob auch Verpflichtungen hinsichtlich Wirtschaftszweigen, Produktmärkten und Anwendungsbereichen, keine Lizenzen an Dritte zu erteilen **(sachliche Alleinlizenzen),** unter die Gruppenfreistellung fallen. Eine bejahende Antwort hierauf findet sich in Rn. 211 und 215 der Leitlinien, wonach Nutzungsbeschränkungen kombiniert mit Alleinlizenzen wie Alleinlizenzen behandelt werden.[77] Für eine gruppenweise Freistellung von Alleinlizenzen in Bezug auf Wirtschaftszweige, Produktmärkte oder Anwendungsbereiche spricht ferner, dass Art. 1 Abs. 1 lit. p Exklusivlizenzen nicht nur als exklusive Gebietslizenzen, sondern auch als allgemeine exklusive Lizenzen und exklusive Nutzungslizenzen definiert (→ Art. 1 Rn. 113). Für Alleinlizenzen kann insoweit nichts anderes gelten. Zudem ist kein Grund für eine unterschiedliche Bewertung von räumlichen und sachlichen Alleinlizenzen ersichtlich.[78] Die Begründung für eine Gruppenfreistellung in den Leitlinien, dass Alleinlizenzen die Möglichkeit der Parteien, ihre eigenen Technologierechte in den betreffenden Gebieten in vollem Umfang zu nutzen, nicht in Frage stellen,[79] muss für räumliche wie auch für sachliche Anwendungsgebiete gelten. Auch bei sachlichen Alleinlizenzen ist jedoch darauf zu achten, dass es sich nach den oben dargestellten Maßstäben nicht um verdeckte Marktzuweisungen iSd Abs. 1 lit. c handelt. Dies könnte bspw. der Fall sein, wenn der Lizenzgeber und der Lizenznehmer die einzigen (potentiellen) Wettbewerber auf dem Technologiemarkt sind und der Lizenzgeber dem Lizenznehmer für den einzigen wirtschaftlich relevanten Anwendungsbereich des Technologierechts eine Alleinlizenz erteilt, damit in Zukunft nur noch der Lizenznehmer auf dem Technologiemarkt Lizenzen vergibt. Auch bei einer solchen Vereinbarung handelt es sich grds. schon nicht um eine Technologietransfer-Vereinbarung iSd Art. 1 Abs. 1 lit. c, da sie nicht die Produktion von Vertragsprodukten, sondern die Zuweisung von Technologiemärkten zum Ziel hat. 29

Auch **Kombinationen von räumlichen und sachlichen Alleinlizenzen** fallen unter die Gruppenfreistellung. Wenn bspw. mit einem bestimmten patentierten Herstellungsverfahren für Plastikprodukte sowohl Spielzeugpuppen als auch Gartenmöbel hergestellt werden können und sich der Lizenzgeber verpflichtet, keinem anderen Lizenznehmer in Frankreich eine Lizenz für die Produktion von Gartenmöbeln zu erteilen, so liegt eine unter den Voraussetzungen der TT-GVO gruppenfreigestellte Alleinlizenz vor. Zudem ist zu beachten, dass der Lizenzgeber nur verpflichtet werden darf, die **iRd betreffenden Technologietransfer-Vereinbarung lizenzierten Technologierechte** keinem anderen Lizenznehmer in einem bestimmten Gebiet und/oder Anwendungsbereich (bzw. Wirtschaftszweig oder Produktmarkt) zu erteilen.[80] Nicht erforderlich ist jedoch, dass die Lizenz des Lizenznehmers spiegelbildlich räumlich und/oder sachlich beschränkt ist. 30

Oberhalb der Marktanteilsschwelle von 20 % soll für die Beurteilung von Alleinlizenzverträgen in wechselseitigen Vereinbarungen zwischen Wettbewerbern nach den Leitlinien die Marktstellung der Parteien maßgeblich sein. Bei erheblicher Marktmacht könnten wechselseitige Alleinlizenzvereinbarungen Kartellen Vorschub leisten, weil sie gewährleisten, dass nur die Vertragsparteien Anbieter auf dem Markt sind, die auf Grundlage der lizenzierten Technologierechte produzieren.[81] 31

---

[75] Leitlinien „Technologietransfer", 38 Rn. 196.
[76] Leitlinien „Technologietransfer", 23 Rn. 109, 37 Rn. 191.
[77] Leitlinien „Technologietransfer", 40 Rn. 211, 41 Rn. 215.
[78] S. zur Vorgänger-GVO auch Schultze/Pautke/Wagener TT-GVO Rn. 592.
[79] Leitlinien „Technologietransfer", 23 Rn. 109.
[80] Bechtold/Bosch/Brinker Rn. 13.
[81] Leitlinien „Technologietransfer", 37 Rn. 192.

Diese Gefahr besteht bei nicht wechselseitigen Vereinbarungen naturgemäß nicht in dem Maße. Handelt es sich um Erteilungen von Alleinlizenzen zwischen Nicht-Wettbewerbern, so gilt wie bei Exklusivlizenzen, dass, falls überhaupt eine Wettbewerbsbeschränkung iSd Art. 101 Abs. 1 AEUV vorliegt, idR von der Erfüllung der Freistellungsvoraussetzungen des Art. 101 Abs. 3 AEUV auszugehen ist.[82]

32 Die Rückausnahmen in **Abs. 1 lit. c Ziff. i** betreffen nicht wechselseitige Vereinbarungen, in denen entweder dem Lizenznehmer oder aber dem Lizenzgeber auferlegt wird, mit den lizenzierten Technologierechten in dem Exklusivgebiet, das der anderen Partei vorbehalten ist, nicht zu produzieren und/oder in das Exklusivgebiet oder an die der anderen Partei vorbehaltene Exklusivkundengruppe nicht aktiv und/oder passiv zu verkaufen. Damit erfasst Abs. 1 lit. c Ziff. i im Grunde genommen zwei verschiedene Rückausnahmen, die in ähnlicher Form bereits in Art. 4 Abs. 1 lit. c Ziff. ii und iv der Vorgängerverordnung VO/EG Nr. 772/2004 enthalten waren.

33 Der erste Teil der Rückausnahme betrifft in nicht wechselseitigen Vereinbarungen vorgesehene Verbote der Produktion mit den lizenzierten Technologierechten in dem Exklusivgebiet, das der anderen Partei vorbehalten ist. Der in Art. 1 Abs. 1 lit. e definierte Begriff der **nicht wechselseitigen Vereinbarung** wird in → Art. 1 Rn. 61 im Einzelnen erläutert. Bei den Vereinbarungen muss es sich um **Technologietransfer-Vereinbarungen** iSd Art. 1 Abs. 1 lit. c handeln (→ Art. 1 Rn. 45 ff.). Dies bedeutet auch, dass nicht nur Lizenzvereinbarungen erfasst werden, sondern nach Art. 1 Abs. 1 lit. c Ziff. ii auch Übertragungen von Technologierechten mit dem Ziel der Produktion von Vertragsprodukten, wenn das mit der Verwertung der Technologierechte verbundene Risiko zum Teil beim Veräußerer verbleibt. In diesen Fällen sind die Begriffe Lizenzgeber und Lizenznehmer in Abs. 1 lit. c Ziff. i gleichbedeutend mit Veräußerer oder Erwerber. Wesentlich ist, dass die Produktionsverbote im Hinblick auf die der jeweils anderen Partei vorbehaltenen Exklusivgebiete sowohl dem **Lizenzgeber** als auch dem **Lizenznehmer** sowie auch beiden gemeinsam auferlegt werden können, wenn es sich um nicht wechselseitige Vereinbarungen handelt.

34 Produktionsverbote im Hinblick auf Anwendungsbereiche und Produktmärkte fallen nicht unter Abs. 1 lit. c Ziff. i (zu den Folgen → Rn. 35).[83] Vielmehr muss das Verbot **Exklusivgebiete** betreffen. Der Begriff Exklusivgebiet wird in Art. 1 Abs. 1 lit. q definiert (→ Art. 1 Rn. 117 ff.). In einem Exklusivgebiet darf nur ein Lizenznehmer (oder der Lizenzgeber) die Vertragsprodukte produzieren, ohne jedoch die Möglichkeit einer second-sourcing-Lizenz für aber lediglich einen weiteren Lizenznehmer in diesem Gebiet auszuschließen (dieser weitere Lizenznehmer kann auch der Lizenzgeber sein). Wesentlich ist, dass ansonsten nur die eine Partei in diesem Gebiet produzieren darf und keine dritten Lizenznehmer, es muss also tatsächlich Exklusivität vorliegen. Exklusivität zugunsten des Lizenzgebers soll aber bereits gegeben sein, wenn er sich das entsprechende Gebiet für eine spätere Produktion exklusiv vorbehält.[84] Zudem ist Voraussetzung der Rückausnahme von Abs. 1 lit. c Ziff. i, dass das Exklusivgebiet der anderen Partei **vorbehalten** ist. Bezogen auf geographische Gebiete regelt Abs. 1 lit. c Ziff. i, wenn das Verbot zugunsten des Lizenznehmers wirkt, mithin die Zulässigkeit von **Exklusivlizenzen (exclusive licence)**, wenn also der Lizenzgeber nur einem einzigen Lizenznehmer die Produktion im Vertragsgebiet gestattet (außer ggf. einem weiteren für second-sourcing) und Dritte hiervon ausschließt sowie auch (außer second-sourcing) nicht selbst in diesem Gebiet produziert (s. hierzu die Definition in Art. 1 Abs. 1 lit. p und → Art. 1 Rn. 113 ff.). Hiervon zu unterscheiden ist die grds. gruppenfreigestellte **Alleinlizenz (sole licence)**, in der der Lizenzgeber zwar nur einem Lizenznehmer für ein bestimmtes Gebiet eine Lizenz erteilt, sich selbst jedoch die Produktion in diesem Gebiet vorbehält.[85] IRd räumlichen Exklusivität ist die Größe des betroffenen Gebiets irrelevant. So wird auch ein weltweites Exklusivgebiet, dh der Rückzug des Lizenzgebers vom bzw. Nicht-Eintritt in den Markt, von der Rückausnahme des Abs. 1 lit. c Ziff. i erfasst und ist daher gruppenfreistellungsfähig.[86]

35 Der **Wegfall der Produktionsverbote für Anwendungsbereiche und Produktmärkte** aus der Rückausnahme des Abs. 1 lit. c Ziff. i im Vergleich zu Art. 4 Abs. 1 lit. c Ziff. ii VO/EG Nr. 772/2004 hat **keine Auswirkungen, soweit es sich um Beschränkungen für den Lizenznehmer** handelt. Wie unter → Rn. 14 erläutert, fallen field-of-use- bzw. Nutzungsbeschränkungen für den Lizenznehmer ohnehin in den Anwendungsbereich der TT-GVO. Wenn der Lizenzgeber also positiv die Lizenz auf bestimmte Wirtschaftszweige, Produktmärkte oder Anwendungsbereiche beschränken kann, bedeutet dies negativ, dass er den Lizenznehmer von der Produktion mit den lizenzierten Technologierechten in den anderen Wirtschaftszweigen, Produktmärkten oder Anwen-

---

[82] Leitlinien „Technologietransfer", 37 Rn. 194.
[83] Vgl. Bechtold/Bosch/Brinker Rn. 14.
[84] Leitlinien „Technologietransfer" Rn. 121.
[85] Zur Unterscheidung dieser beiden Termini s. Leitlinien „Technologietransfer" Rn. 190 f.
[86] Leitlinien „Technologietransfer", 22 Rn. 107.

dungsbereichen ausschließen kann. Dabei ist es irrelevant, ob der Lizenzgeber sich diese Wirtschaftszweige, Produktmärkte oder Anwendungsbereiche exklusiv vorbehält oder nicht oder ob es sich um eine wechselseitige oder nicht wechselseitige Vereinbarung handelt (anderes gilt bei Gebietsbeschränkungen für Lizenznehmer → Rn. 32 f.). Bei den „Produktionsbeschränkungen" muss es sich jedoch um völlige Produktionsverbote in den betreffenden Bereichen handeln. Bloß mengenmäßige Beschränkungen sind Outputbeschränkungen iSd Abs. 1 lit. b, wie sich aus einem Umkehrschluss aus Rn. 210 der Leitlinien ergibt.[87] Diese sind allerdings auch gruppenfreigestellt, wenn sie sich auf die Vertragsprodukte beziehen und dem Lizenznehmer in einer nicht wechselseitigen Vereinbarung auferlegt werden (oder nur einem der Lizenznehmer in einer wechselseitigen Vereinbarung).

Ein Unterschied zur Vorgänger-GVO ergibt sich jedoch, soweit es sich um **dem Lizenzgeber auferlegte Produktionsverbote im Hinblick auf bestimmte Anwendungsbereiche oder Produktmärkte** handelt. Im Gegensatz zu Nutzungsbeschränkungen für den Lizenznehmer wird der Lizenzgeber in der Nutzung seiner eigenen Technologierechte eingeschränkt.[88] Auch eine analoge Anwendung des Abs. 1 lit. c Ziff. i kommt nicht in Betracht. Eine Analogie setzt nämlich eine planwidrige Regelungslücke voraus, wovon nicht ausgegangen werden kann, da die Kommission als Verordnungsgeber bewusst die Beschränkungen für Anwendungsbereiche und Produktmärkte nicht in Abs. 1 lit. c Ziff. i übernommen hat. Produktionsverbote für den Lizenzgeber im Hinblick auf bestimmte Anwendungsbereiche oder Produktmärkte sind daher nicht mehr gruppenfreistellungsfähig und unterliegen einer Einzelfreistellung nach Art. 101 Abs. 3 AEUV, falls sie Wettbewerbsbeschränkungen nach Art. 101 Abs. 1 AEUV bezwecken oder bewirken.

Wenn es sich jedoch um **dem Lizenznehmer exklusiv vorbehaltene Wirtschaftszweige, Produktmärkte oder Anwendungsbereiche** handelt (unbeschadet der Möglichkeit einer second-sourcing Lizenz für einen weiteren Lizenznehmer/den Lizenzgeber) und dem Lizenzgeber das diesbezügliche Produktionsverbot in einer **nicht wechselseitigen Vereinbarung** auferlegt wird, so gilt eine **Vermutung, dass das dem Lizenzgeber auferlegte Verbot der Produktion mit den lizenzierten Technologierechten nach Art. 101 Abs. 3 AEUV freigestellt ist, wenn die übrigen Voraussetzungen der TT-GVO erfüllt sind.** Ansonsten würde sich nämlich ein Wertungswiderspruch zwischen der Gruppenfreistellung für geographische Produktionsverbote im Hinblick auf Exklusivgebiete und der Einzelfreistellung für sachliche Produktionsverbote im Hinblick auf exklusive Anwendungsbereiche ergeben. Nach Rn. 107 der Leitlinien kann sich der Lizenzgeber iRd Rückausnahme nach Abs. 1 lit. c Ziff. i durch die Erteilung einer weltweiten räumlichen Exklusivlizenz sogar völlig aus dem Markt zurückziehen bzw. auf einen Markteintritt verzichten.[89] Dann muss es erst recht zulässig sein, sich durch die Erteilung sachlicher Exklusivlizenzen aus bestimmten Wirtschaftszweigen, Produktmärkten oder Anwendungsbereichen zurückzuziehen. Hierfür spricht auch, dass Art. 1 Abs. 1 lit. p bei Exklusivlizenzen die geographischen und sachlichen Produktionsverbote gleichstellt. Auch außerhalb des Anwendungsbereichs der TT-GVO behandeln Rn. 190–196 der Leitlinien räumliche und sachliche Exklusivlizenzen gleich.[90] Rn. 193 spricht sogar davon, dass die nicht wechselseitige Erteilung von Exklusivlizenzen zwischen Wettbewerbern bis zur Marktanteilsschwelle von 20 % unter die Gruppenfreistellung fällt, ohne zwischen räumlichen und sachlichen Produktionsverboten zu unterscheiden,[91] was allerdings im Hinblick auf sachliche Produktionsverbote wegen des eindeutigen Wortlauts des Abs. 1 lit. c Ziff. i nicht zutrifft. Als Grund für eine Gruppenfreistellung der dem Lizenzgeber auferlegten Produktionsverbote für Exklusivgebiete des Lizenznehmers nennt Rn. 107 der Leitlinien, dass der Zweck einer solchen Vereinbarung darin bestehen könne, dem Lizenznehmer einen Anreiz zu bieten, in die lizenzierte Technologie zu investieren und diese weiterzuentwickeln. Der Zweck der Vereinbarung sei daher nicht unbedingt eine Aufteilung der Märkte.[92] Diese Erwägung muss aber gleichermaßen für räumliche wie für sachliche Exklusivlizenzen gelten.

Auch iRd Vermutung einer Einzelfreistellung nach Art. 101 Abs. 3 AEUV ist jedoch zu beachten, dass nur in **nicht wechselseitigen Vereinbarungen** enthaltene **Produktionsverbote** für den Lizenzgeber in den dem Lizenznehmer exklusiv vorbehaltenen Wirtschaftszweigen, Produktmärkten und Anwendungsbereichen vermutet freigestellt sind, wenn iÜ die Voraussetzungen der TT-GVO erfüllt sind. Dies gilt nicht für mengenmäßige Produktionsbeschränkungen, bei denen es sich vielmehr nach Abs. 1 lit. b um Kernbeschränkungen handelt, wenn sie dem Lizenzgeber in Vereinbarungen zwischen Wettbewerbern auferlegt werden.

---

[87] Leitlinien „Technologietransfer", 40 Rn. 210.
[88] Vgl. Leitlinien „Technologietransfer" Rn. 211; zust. Wiedemann KartellR-HdB/Klawitter § 14 Rn. 222.
[89] Leitlinien „Technologietransfer", 23 Rn. 107.
[90] Leitlinien „Technologietransfer" 37, 38 Rn. 190 ff.
[91] Leitlinien „Technologietransfer", 37 Rn. 193.
[92] Leitlinien „Technologietransfer", 23 Rn. 107.

39 Die **Vermutung für eine Einzelfreistellung,** wenn iÜ die Voraussetzungen der TT-GVO erfüllt sind, gilt zudem nur, wenn es sich um dem Lizenznehmer **exklusiv** vorbehaltene Wirtschaftszweige, Produktmärkte oder Anwendungsbereiche handelt (unbeschadet der Möglichkeit einer second-sourcing Lizenz für eine weiteren Lizenznehmer/den Lizenzgeber). Insoweit muss nämlich die Wertung zu räumlichen Produktionsverboten in Abs. 1 lit. c Ziff. i beachtet werden, die nur gruppenfreigestellt ist, wenn es sich um ein Exklusivgebiet handelt. Dies stellt die Kommission im Hinblick auf Verbote des aktiven und/oder passiven Verkaufs nach Abs. 1 lit. c Ziff. i Alt. 2 in Rn. 108 der Leitlinien noch einmal klar, indem sie betont, dass diese nur dann gruppenfreigestellt seien, wenn das betreffende Gebiet oder die Kundengruppe ausschließlich der anderen Partei vorbehalten ist.[93] Die Kommission scheint dabei davon auszugehen, dass die wettbewerbsfördernden Wirkungen von Produktions- und Verkaufsbeschränkungen für den Technologietransfer, nämlich die Anreizsetzungen für den Lizenzgeber, die Technologierechte zu verbreiten und in die geschützten Technologien zu investieren/diese weiterzuentwickeln, und für den Lizenznehmer, Technologierechtslizenzen zu erwerben, in die geschützten Technologien zu investieren/diese weiterzuentwickeln und diese in die Produktion bzw. Produktionsanlagen zu integrieren, nur dann eintreten, wenn der jeweilige Gebiets- oder Kundenschutz ausschließlich ist. Zwar ist der Kommission insofern zuzustimmen, dass theoretisch schon bei nur einem Wettbewerber unbegrenzter Wettbewerb möglich sein kann und daher die wettbewerbsfördernden Wirkungen nicht mehr eintreten können. Dies ist jedoch von den jeweiligen Marktbedingungen abhängig. Die Verallgemeinerung der Erforderlichkeit von Exklusivität durch die Kommission ist daher nicht nachvollziehbar, da, je nach Marktsituation, bereits ein begrenzter Schutz für Lizenzgeber oder Lizenznehmer, der nicht ausschließlich ist, diese zur Verbreitung der Technologierechte bzw. Investitionen in die Technologien, Weiterentwicklung der Technologien und Integration der Technologien in die eigene Produktion veranlassen kann. Auch bei nicht exklusivem Schutz kann der Anreiz des Lizenzgebers, die Technologierechte zu verbreiten und in die von ihnen geschützten Technologien zu investieren/diese weiterzuentwickeln, dadurch verstärkt werden, dass er weiß, dass er in einem Gebiet oder Anwendungsbereich zwar Wettbewerb ausgesetzt ist, dieser aber unter Berücksichtigung der Marktgegebenheiten nur beschränkt ist (etwa durch eine beschränkte Anzahl von Lizenznehmern). Entsprechendes gilt für Anreize des Lizenznehmers, Technologierechtslizenzen zu erwerben, in die geschützten Technologien zu investieren, diese weiterzuentwickeln und mit ihnen zu produzieren. So räumt die Kommission im Hinblick auf Beschränkungen des aktiven Verkaufs für Lizenznehmer in Vereinbarungen zwischen Nicht-Wettbewerbern in Rn. 120 der Leitlinien ein, dass die Gruppenfreistellung auch für Beschränkungen des aktiven Verkaufs zwischen den Gebieten und Kundengruppen der Lizenznehmer durch den Lizenzgeber gilt, wenn diese mehreren Lizenznehmern zugewiesen sind. Effizienzsteigernde Investitionen seien nämlich dann zu erwarten, wenn der Lizenznehmer sicher sein könne, dass er dem Wettbewerb nur durch den aktiven Verkauf einer begrenzten Anzahl von Lizenznehmern innerhalb des Gebiets ausgesetzt ist und nicht dem Wettbewerb von Lizenznehmern außerhalb des Gebiets.[94] Auch an anderer Stelle weicht die Kommission von dem Erfordernis der Exklusivität ab. Die Verkaufsverbote in der Rückausnahme des Abs. 1 lit. c Ziff. i Alt. 2 können sich nämlich auf Exklusivgebiete beziehen. Exklusivgebiete sind jedoch nach Art. 1 Abs. 1 lit. q exklusive Produktionsgebiete und gerade keine exklusiven Vertriebsgebiete. Dies bedeutet, dass der Lizenzgeber iRd Abs. 1 lit. c Ziff. i Alt. 2 einem Lizenznehmer sämtliche Verkäufe in ein ihm vorbehaltenes Exklusivgebiet untersagen kann und allen anderen Lizenznehmern die Verkäufe in dieses Gebiet erlauben kann.

40 Sind die Gebiete, Wirtschaftszweige, Produktmärkte oder Anwendungsbereiche, hinsichtlich derer dem Lizenzgeber ein Verbot, auf Grundlage der lizenzierten Technologierechte zu produzieren, auferlegt wird, **nicht exklusiv** dem Lizenznehmer vorbehalten, so bedarf es einer Einzelfreistellung nach Art. 101 Abs. 3 AEUV, falls eine Wettbewerbsbeschränkung nach Art. 101 Abs. 1 AEUV bezweckt oder bewirkt wird. Entsprechendes gilt für Verbote des Lizenznehmers, auf Grundlage der lizenzierten Technologierechte in Gebieten zu produzieren, die **nicht exklusiv** dem Lizenzgeber vorbehalten sind (→ Rn. 33). Eine Freistellungsvermutung gibt es dabei nicht. Die Leitlinien enthalten jedoch in Rn. 108 den Hinweis in Bezug auf Verkaufsverbote nach Abs. 1 lit. c Ziff. i Alt. 2, der für Produktionsverbote nach Abs. 1 lit. c Ziff. i Alt. 1 entsprechend gelten muss, dass unter bestimmten Umständen und in Einzelfällen solche Vereinbarungen auch dann die Voraussetzungen des Art. 101 Abs. 3 AEUV erfüllen können, wenn die Ausschließlichkeit ad hoc eingeschränkt wird (die Leitlinien sprechen unzutreffender Weise von „ausgeweitet"), bspw. um vorübergehenden Produktionsengpässen des Lizenzgebers oder des Lizenznehmers zu begegnen, dem das Gebiet bzw. die Kundengruppe ausschließlich zugewiesen wurde. In solchen Fällen dürfe der Lizenzgeber oder Lizenznehmer dennoch hinreichend vor Wettbewerbshandlungen geschützt sein, um einen Anreiz zu haben, seine Technologierechte in Lizenz zu ver-

---

[93] Leitlinien „Technologietransfer", 23 Rn. 108.
[94] Leitlinien „Technologietransfer", 26 Rn. 120.

II. Kernbeschränkungen zwischen konkurrierenden Unternehmen (Abs. 1)   41–45   **Art. 4 TT-GVO**

geben bzw. Investitionen für die Nutzung der lizenzierten Technologierechte zu tätigen.[95] Wie bereits (→ Rn. 39) erläutert, ist diese Sicht der Kommission zu eng. Unter Berücksichtigung der jeweiligen Marktgegebenheiten können nämlich durchaus auch Produktionsverbote, die sich auf nicht-exklusive Gebiete oder Anwendungsbereiche beziehen, die gleichen wettbewerbsfördernden Wirkungen haben wie Produktionsverbote für Exklusivgebiete und Exklusivanwendungsbereiche.

Die Tätigkeit, die nach Abs. 1 lit. c Ziff. i Alt. 2 untersagt werden kann, ist ausschließlich die **Produktion,** also die Herstellung von Waren und/oder Dienstleistungen, auf Grundlage der lizenzierten Technologierechte. Wie sich bereits aus dem Begriff des der anderen Partei zugewiesenen Exklusivgebiets nach Art. 1 Abs. 1 lit. q ergibt, muss sich die eine Vertragspartei zur vollständigen Einstellung der Produktion im Hinblick auf das Exklusivgebiet der anderen Partei verpflichten. Unschädlich ist jedoch nach Art. 1 Abs. 1 lit. q die Erteilung einer second-sourcing Lizenz, wobei der Lizenzgeber auch sich selbst als zweiten Lizenznehmer in dem Exklusivgebiet des Lizenznehmers einsetzen kann und in seinem eigenen Exklusivgebiet den Lizenznehmer, der sich nach Abs. 1 lit. c Ziff. i iÜ verpflichtet, nicht in dem Exklusivgebiet auf Grundlage der lizenzierten Technologierechte zu produzieren. Eine **mengenmäßige Produktionsbeschränkung** fällt hingegen nicht in den Anwendungsbereich von Abs. 1 lit. c Ziff. i. Es handelt sich vielmehr um eine nach Abs. 1 lit. b zu beurteilende Outputbeschränkung. 41

Zu **Exklusivlizenzen außerhalb des Anwendungsbereichs der TT-GVO** nimmt die Kommission in Rn. 190–196 der Leitlinien Stellung.[96] 42

Die zweite Rückausnahme in Abs. 1 lit. c Ziff. i ergänzt das gruppenfreigestellte Herstellungsverbot des ersten Teils um die den Vertragsparteien alternativ oder kumulativ („und/oder") **in einer nicht wechselseitigen Vereinbarung** auferlegte **Verpflichtung, in das Exklusivgebiet oder an die der anderen Partei vorbehaltene Exklusivkundengruppe nicht aktiv und/oder passiv zu verkaufen.**[97] Hiernach kann eine räumlich exklusive Herstellungslizenz verbunden werden mit einer Verpflichtung, die so hergestellten Produkte in das Exklusivgebiet des Partners nicht zu liefern oder bestimmte Exklusivkundengruppen nicht zu beliefern. Dies gilt sowohl für den aktiven wie passiven Verkauf;[98] insoweit schränkt die Definition des Begriffs „Exklusivkundengruppe" in Art. 1 Abs. 1 lit. r („aktiver Verkauf") die speziellere Vorschrift des Abs. 1 lit. c Ziff. i nicht ein. 43

Abs. 1 lit. c Ziff. i Alt. 2 erfasst nur **Verbote (und keine bloßen Beschränkungen) des aktiven und/oder passiven Verkaufs** in die der jeweils anderen Partei vorbehaltenen Exklusivgebiete und/oder Exklusivkundengruppen sowie Kombinationen hieraus (zu möglichen Kombinationen → Rn. 48). Die einzig mögliche Differenzierung bei den Verkaufsverboten ist diejenige zwischen aktiven und passiven Verkäufen. Es kann also ausreichen, wenn iRd Abs. 1 lit. c Ziff. i nur aktive Verkäufe untersagt werden. Mengenmäßige Verkaufsbeschränkungen fallen hingegen nicht unter die Rückausnahme des Abs. 1 lit. c Ziff. i Alt. 2. Es handelt sich bei mengenmäßigen Verkaufsbeschränkungen vielmehr um Outputbeschränkungen, deren Beurteilung sich nach Abs. 1 lit. b richtet, wenn sie sich in Technologietransfer-Vereinbarungen zwischen konkurrierenden Unternehmen befinden (→ Rn. 12, 13). 44

„**Aktiver Verkauf**" ist in der Verordnung nicht definiert. Nach Rn. 108 der Leitlinien zu Technologietransfer-Vereinbarungen[99] ist auf die Definition in den (alten) Leitlinien für vertikale Beschränkungen zurückzugreifen.[100] Mittlerweile gibt es eine Legaldefinition des aktiven Verkaufs in Art. 1 Abs. 1 lit. l Vertikal-GVO. Aktiver Verkauf ist das aktive, selbständige Ansprechen potentieller Kunden (zur Definition des Begriffs „aktiver Verkauf" s. auch → Art. 1 Rn. 139). Hierbei kann es sich bspw. handeln um: Aufbau eines Außendienstes, Errichtung von Verkaufsstellen, Versenden von Verkaufsunterlagen, einschließlich Prospekten sowie telefonische Ansprachen. Soweit die gebundene Vertragspartei außerhalb des Exklusivgebietes Kunden mit dem ausdrücklichen Zweck beliefert, dass diese Kunden die Vertragsprodukte in das Exklusivgebiet verkaufen, handelt es sich um eine bewusste Umgehung des Verbots des aktiven Verkaufs, welches als aktiver Verkauf anzusehen ist. Werbung über Internet unterfällt nur insoweit dem Begriff des aktiven Verkaufs, als sich aufgrund der Gestaltung unzweifelhaft ergibt, dass sich die Internet-Darstellung gerade an Kunden mit Sitz in dem Exklusivgebiet wendet.[101] 45

---

[95] Leitlinien „Technologietransfer", 23 Rn. 108.
[96] Leitlinien „Technologietransfer" Rn. 190 ff.
[97] Krit. zur Freistellungsbedürftigkeit aktiver und passiver Verkaufsbeschränkungen wegen des Kontrollrechts des Schutzrechtsinhabers Wiedemann KartellR-HdB/Klawitter § 14 Rn. 207 ff.
[98] Krit. zu dieser Unterscheidung Pfaff/Osterrieth/Winzer, 3. Aufl. 2010, B.III Rn. 516 f.
[99] Leitlinien „Technologietransfer" Rn. 108.
[100] Mitt. der Kom., Leitlinien für vertikale Beschränkungen, ABl. 2010 C 130, 1 Rn. 51.
[101] Zur Problematik des Internetvertriebs vgl. Mitt. der Kom., Leitlinien für vertikale Beschränkungen, ABl. 2010 C 130, 1 Rn. 52–56; Immenga/Mestmäcker/Ellger Vertikal-GVO Einl. Rn. 28–31 und Immenga/Mestmäcker/Ellger Vertikal-GVO Art. 4 Rn. 50–59; Polley CR 2010, 625 (628 ff.).

Nagel   3081

46 „Passiver Verkauf" ist ebenfalls in der TT-GVO nicht definiert, und es soll nach Rn. 108 der Leitlinien zu Technologietransfer-Vereinbarungen[102] auf die Definition in den (alten) Leitlinien für vertikale Beschränkungen abgestellt werden.[103] Auch der passive Verkauf ist mittlerweile in Art. 1 Abs. 1 lit. m Vertikal-GVO wie folgt legaldefiniert: „passiver Verkauf" ist ein auf unaufgeforderte Anfragen einzelner Kunden zurückgehender Verkauf, einschließlich der Lieferung von Waren an oder der Erbringung von Dienstleistungen für solche Kunden, der nicht durch gezielte Ansprache der betreffenden Kunden, Kundengruppen oder Kunden in den betreffenden Gebieten ausgelöst wurde und den Verkauf infolge der Teilnahme an öffentlichen Vergabeverfahren oder privaten Aufforderungen zur Interessensbekundung einschließt.

47 Die Unterscheidung zwischen aktivem und passivem Verkauf ist iRv Abs. 1 lit. c Ziff. i insofern relevant, als hiermit klargestellt ist, dass iRv nicht wechselseitigen Technologietransfer-Vereinbarungen zwischen Wettbewerbern auch absoluter Gebietsschutz vereinbart werden kann. Aus der Definition des Exklusivgebiets in Art. 1 Abs. 1 lit. q ergeben sich **Besonderheiten für die Rückausnahme in Abs. 1 lit. c Ziff. i Alt. 2** (und auch in Abs. 1 lit. c Ziff. ii und Abs. 2 lit. b Ziff. i) gegenüber dem ähnlichen Art. 4 lit. b Vertikal-GVO.[104] Wie in der Kommentierung zur Definition des Exklusivgebiets in → Art. 1 Rn. 117 ff. bereits hervorgehoben, bedeutet Exklusivgebiet iSd TT-GVO ein Exklusivproduktionsgebiet, ist also nicht auf einen exklusiven Vertrieb bezogen.[105] Dies hat zur Folge, dass der Lizenzgeber sich (oder einem anderen Lizenznehmer gemäß Ziff. ii) ein Gebiet iSd Art. 1 Abs. 1 lit. q exklusiv zur Produktion vorbehalten darf und sich gleichzeitig vor dem Verkauf in dieses exklusive Produktionsgebiet schützen kann.[106] Zudem können über die Definition der Exklusivkundengruppe (vgl. Art. 1 Abs. 1 lit. r und → Art. 1 Rn. 120) auch Exklusivvertriebsgebiete geschaffen werden, da eine Exklusivkundengruppe sowohl nach sachlichen als auch nach räumlichen Merkmalen abgegrenzt werden kann. Eine rein geografisch definierte Exklusivkundengruppe bildet mithin ein exklusives Vertriebsgebiet.[107] Folglich kann Gebietsschutz im Hinblick auf den Verkauf für exklusive Produktionsgebiete, exklusive Vertriebsgebiete und sachlich abgegrenzte Exklusivkundengruppen vereinbart werden.

48 Dies ermöglicht den Vertragsparteien **umfassende Kombinationen für den Gebietsschutz in nicht wechselseitigen Vereinbarungen.** So können zum einen Exklusivvertriebsgebiete und sachliche Exklusivkundengruppen miteinander und mit anderen Vertriebsformen (vorbehaltlich der Regelung des Abs. 2 lit. c → Rn. 43) kombiniert werden (→ Art. 1 Rn. 106). Zum anderen können Herstellungsexklusivitäten nach Abs. 1 lit. c Ziff. i Alt. 1 mit Vertriebsexklusivitäten iSd Abs. 1 lit. c Ziff. i Alt. 2 kombiniert werden. Dies gilt sowohl in der Konstellation, dass ein exklusives Produktionsgebiet gleichzeitig exklusives Vertriebsgebiet für eine Partei ist, als auch in der wohl in der Praxis seltenen Konstellation, dass das dem A exklusiv vorbehaltene Produktionsgebiet dem B exklusiv für den Vertrieb vorbehalten ist. Der Lizenzgeber kann aber auch Gebietsschutz hinsichtlich des Vertriebs für exklusive Produktionsgebiete schaffen, ohne dass diese gleichzeitig exklusive Vertriebsgebiete sein müssten.[108] Es ist denkbar, dass der Lizenzgeber sich ein exklusives Produktionsgebiet vorbehält und nur bestimmten Lizenznehmern dort den Verkauf untersagt, anderen jedoch nicht.[109] Dies ist natürlich nicht im Falle eines exklusiven Vertriebsgebiets möglich, da dieses eine geografisch definierte Exklusivkundengruppe ist und nach der Definition voraussetzt, dass nur ein Unternehmen an diese aktiv verkaufen kann (Art. 1 Abs. 1 lit. r).[110] Insoweit kann jedoch differenziert werden, indem bestimmten Lizenznehmern die passiven Verkäufe in dieses exklusive Vertriebsgebiet nach Abs. 1 lit. c Ziff. i Alt. 2 untersagt werden und anderen nicht. Der Lizenzgeber kann auch exklusive Herstellungs- und Vertriebsgebiete in der Weise kombinieren, dass er sich für Gebiet A die Produktion und für Gebiet B den Vertrieb, nicht aber die Produktion, exklusiv vorbehält und seinen Lizenznehmern den Verkauf in beide Gebiete oder aber auch nur in das exklusive Vertriebsgebiet untersagt.[111] Er kann hierbei zwar einzelnen Lizenznehmern den aktiven Verkauf in das exklusive Produktionsgebiet A gestatten, nicht aber in das exklusive Vertriebsgebiet B, will er dieses als geografische Exklusivkundengruppe iSd Art. 1 Abs. 1 lit. r aufrechterhalten.[112] Da eine Exklusivkunden-

---

[102] Leitlinien „Technologietransfer" Rn. 108.
[103] Mitt. der Kom., Leitlinien für vertikale Beschränkungen, ABl. 2010 C 130, 1 Rn. 51.
[104] VO/EU 330/2010, ABl. 2010 L 102, 1 (5).
[105] Vgl. zur Vorgänger-GVO Schultze/Pautke/Wagener TT-GVO Rn. 605.
[106] Zur Vorgänger-GVO Schultze/Pautke/Wagener TT-GVO Rn. 596.
[107] Zur Vorgänger-GVO Schultze/Pautke/Wagener TT-GVO Rn. 605.
[108] Zur Vorgänger-GVO Schultze/Pautke/Wagener TT-GVO Rn. 596.
[109] Zur Vorgänger-GVO Schultze/Pautke/Wagener TT-GVO Rn. 627.
[110] Zur Vorgänger-GVO Schultze/Pautke/Wagener TT-GVO Rn. 632.
[111] Zur Vorgänger-GVO Schultze/Pautke/Wagener TT-GVO Rn. 631.
[112] Zur Vorgänger-GVO Schultze/Pautke/Wagener TT-GVO Rn. 632.

gruppe nach sowohl räumlichen als auch sachlichen Kriterien bestimmt werden kann, steht der Wortlaut von Abs. 1 lit. c Ziff. i Alt. 2 auch nicht einer Kombination dieser Merkmale entgegen. So ist es möglich, dass der Lizenzgeber sich ein bestimmtes exklusives Vertriebsgebiet A vorbehält und absoluten Gebietsschutz hierfür erhält, gleichzeitig aber innerhalb dieses Gebiets den Lizenznehmern die Lieferung an eine bestimmte Kundengruppe B gestattet, indem er die von ihm belieferte Kundengruppe als mit den geographischen Merkmalen A minus den sachlichen Merkmalen B definiert. Selbstverständlich ist diese Kombination auch mit einem exklusiven Produktionsgebiet möglich (indem die exklusive Kundengruppe als die im exklusiven Produktionsgebiet A ansässigen Kunden außer den dort ansässigen Kunden mit dem sachlichen Merkmal B definiert werden).[113] Zuletzt ist es auch möglich, dass einem Lizenznehmer die exklusive Belieferung einer Kundengruppe mit dem sachlichen Merkmal A im exklusiven Vertriebsgebiet des Lizenzgebers mit dem räumlichen Merkmal B ermöglicht wird, indem die Exklusivkundengruppe des Lizenznehmers nach der Kombination des sachlichen Merkmals A und des räumlichen Merkmals B und das exklusive Vertriebsgebiet des Lizenzgebers als exklusive Kundengruppe mit dem räumlichen Merkmal B minus dem sachlichen Merkmal A definiert wird.

Voraussetzung für die iRd Abs. 1 lit. c Ziff. i Alt. 2 zulässigen Verkaufsverbote ist jedoch stets, **49** dass diese in einer **nicht wechselseitigen Vereinbarung** iSd Art. 1 Abs. 1 lit. e (→ Art. 1 Rn. 61) vereinbart werden. Zudem müssen sich die Verkaufsverbote auf die **Vertragsprodukte** iSd Art. 1 Abs. 1 lit. g beziehen (→ Art. 1 Rn. 69 ff.). Dies ergibt sich aus Sinn und Zweck der Gruppenfreistellung von Verkaufsverboten, dem dem Lizenzgeber durch den Wettbewerbsschutz Anreize geben sollen, die Technologierechte zu verbreiten, in die geschützten Technologien zu investieren und diese weiterzuentwickeln, und dem Lizenznehmer Anreize, die Lizenzen zu erwerben, in die geschützten Technologien zu investieren, diese weiterzuentwickeln und sie in die eigene Produktion zu integrieren.[114] Nur der Schutz vor Wettbewerb mit den Vertragsprodukten kann zur Erreichung dieser wettbewerbsfördernden Wirkungen bzw. Effizienzvorteile unerlässlich iSd Art. 101 Abs. 3 AEUV sein. Für eine Beschränkung auf Vertragsprodukte spricht auch der grammatikalische und systematische Zusammenhang zu Abs. 1 lit. c Ziff. i Alt. 1, die ausdrücklich von Verboten der Produktion mit den lizenzierten Technologierechten spricht. Zudem beziehen sich die Verkaufsverbote des Abs. 1 lit. c Ziff. i Alt. 2 auf Exklusivgebiete und Exklusivkundengruppen. Exklusivgebiete sind nach Art. 1 Abs. 1 lit. q Gebiete, in denen grds. nur ein Unternehmen die Vertragsprodukte produzieren darf. Bei Exklusivkundengruppen handelt es sich nach Art. 1 Abs. 1 lit. p um Gruppen von Kunden, an die nur ein an der Technologietransfer-Vereinbarung beteiligtes Unternehmen die mit der lizenzierten Technologie produzierten Vertragsprodukte aktiv verkaufen darf.

Exklusive Wirtschaftszweige, Produktmärkte und Anwendungsbereiche werden nicht **50** als Bezugspunkte für die gruppenfreigestellten Verkaufsverbote in Abs. 1 lit. c Ziff. i Alt. 2 genannt. Ein solches Verkaufsverbot wäre bspw. eine Verpflichtung des Lizenznehmers, eine auf Grundlage der lizenzierten Technologierechte hergestellte Gummimischung nur an die Produzenten von Fahrradreifen und nicht an die Produzenten von Autoreifen zu veräußern (→ Rn. 19). Werden solche Verkaufsverbote dem **Lizenznehmer** auferlegt, sind sie unter den Voraussetzungen der TT-GVO gruppenfreigestellt, und zwar unabhängig davon, ob Exklusivität vorliegt und ob es sich um eine wechselseitige oder eine nicht wechselseitige Vereinbarung handelt. Verkaufsverbote für den Lizenznehmer im Hinblick auf Wirtschaftszweige, Produktmärkte und Anwendungsbereiche sind nämlich grds. zulässige (negative) field-of-use- bzw. Nutzungsbeschränkungen (→ Rn. 19; entsprechend zu Produktionsverboten → Rn. 34).

Doch auch **dem Lizenzgeber in nicht wechselseitigen Vereinbarungen auferlegte Ver- 51 kaufsverbote im Hinblick auf exklusive Wirtschaftszweige, Produktmärkte und Anwendungsbereiche** können nach Abs. 1 lit. c Ziff. i Alt. 2 bei Vorliegen der übrigen Voraussetzungen der TT-GVO gruppenfreigestellt sein, wenn man diese wie Kundenzuweisungen ausgestaltet. Eine Exklusivkundengruppe kann nämlich als eine Gruppe von Kunden definiert werden, die nur in einem bestimmten Wirtschaftszweig, Produktmarkt und Anwendungsbereich produziert werden.

Nicht gruppenfreigestellt sind Verkaufsverbote im Hinblick auf **nicht exklusive** Gebiete und **52** Kundengruppen (es sei denn, es handelt sich um dem Lizenznehmer auferlegte field-of-use Beschränkungen; → Rn. 15 ff.). Wegen des klaren Wortlauts kommt auch hier wie bei Abs. 1 lit. c Ziff. i Alt. 1 nur eine Einzelprüfung nach Art. 101 AEUV in Betracht. Diesbezüglich gelten die Ausführungen zu Abs. 1 lit. c Ziff. i Alt. 1 (→ Rn. 31) entsprechend. IRv Abs. 1 lit. c Ziff. i Alt. 2 wirkt das Festhalten der Kommission an dem Erfordernis der Exklusivität besonders merkwürdig, da sie sich selbst hierzu in Widerspruch setzt, indem sie als Bezugspunkte für Verkaufsbeschränkungen exklusive Produktionsgebiete zulässt, die gerade keine exklusiven Vertriebsgebiete sind.

---

[113] Zur Vorgänger-GVO Schultze/Pautke/Wagener TT-GVO Rn. 629.
[114] Leitlinien „Technologietransfer", 23 Rn. 107 f.

53 Zu Verkaufsbeschränkungen **auch außerhalb des Anwendungsbereichs der TT-GVO** nimmt die Kommission in Rn. 197 ff. der Leitlinien Stellung.[115]

Wird die **Marktanteilsschwelle überschritten,** ist unter Berücksichtigung der mit dem Lizenzvertrag verbundenen wettbewerbsbeschränkenden und marktöffnenden Wirkungen die Frage zu prüfen, ob eine Wettbewerbsbeschränkung vorliegt und, falls ja, ob eine Einzelfreistellung gegeben ist. Je nach Entwicklungsreife der von den lizenzierten Rechten geschützten Technologien und seiner Marktstellung wird ein Lizenznehmer nur dann bereit sein, die Kosten für eine Markterschließung zu übernehmen, wenn ihm Gebiets- oder Kundenschutz eingeräumt wird. Sofern der Lizenzgeber nur über eine unbedeutende Marktstellung auf dem Produktmarkt verfügt, wird es häufig im Falle von nicht wechselseitigen Lizenzen an einer Wettbewerbsbeschränkung fehlen. Verkaufsverbote für die Lizenznehmer können in einer solchen Situation eine Lizenzvergabe durch den Lizenzgeber erst ermöglichen, der ansonsten dem Wettbewerb durch die Lizenznehmer ausgesetzt wäre.[116] Dasselbe gilt für nicht wechselseitige Lizenzen, wenn die Vertragsparteien nur Wettbewerber auf dem Technologiemarkt sind und der Lizenzgeber als kleines Unternehmen nicht in der Lage wäre, das Produkt erfolgreich in den Markt einzuführen.[117]

54 Abs. 1 lit. c Ziff. ii enthält eine **Rückausnahme** für die den aktiven Verkauf betreffenden **Zuweisungen von Exklusivgebieten oder Exklusivkundengruppen in nicht wechselseitigen Vereinbarungen bei verschiedenen Lizenznehmern.** Trotz des Wortlauts „Beschränkung des aktiven Verkaufs" sind wie auch bei Abs. 1 lit. c Ziff. i nur Verbote des aktiven Verkaufs erfasst, da es sich bei mengenmäßigen Beschränkungen um Outputbeschränkungen handelt, die nach Abs. 1 lit. b zu beurteilen sind (→ Rn. 12 f.). Im Gegensatz zu Ziff. i darf jedoch im Rahmen dieser Rückausnahme der passive Verkauf nicht verboten werden. Dies entspricht der allgemeinen Beurteilung von Passivverkaufsverboten in sonstigen Vertikalverträgen (vgl. auch Art. 4 lit. b Ziff. i, Art. 4 lit. c Ziff. i Nr. 1 und Art. 4 lit. d Ziff. i der Vertikal GVO VO (EU) Nr. 2022/720), steht aber in einem gewissen Widerspruch zu Ziff. i, da ein absoluter Gebiets- bzw. Kundenschutz zwischen Lizenzgeber und Lizenznehmer vereinbart werden darf, dies aber nicht auch im Verhältnis zu anderen Lizenznehmern gelten soll, wenn der Lizenzgeber das ihm gegenüber dem Lizenznehmer vorbehaltene Vertriebs- oder Produktionsrecht an dritte Lizenznehmer lizenziert. Zusätzlich wird die Rückausnahme dadurch eingeschränkt, dass ein Aktivverkaufsverbot zugunsten des anderen Lizenznehmers nur vereinbart werden darf, wenn dieser zum Zeitpunkt der Lizenzerteilung nicht in Konkurrenz zum Lizenzgeber stand.[118] Die Kommission begründet dies in den Leitlinien damit, dass dem Lizenznehmer, der auf dem Markt noch nicht vertreten ist, Exklusivgebiete und/oder Exklusivkundengruppen zugewiesen werden können, um ihn vor aktiven Verkäufen durch Lizenznehmer zu schützen, die als Wettbewerber des Lizenzgebers bereits auf dem Markt etabliert sind.[119] Letztere sind die Lizenznehmer, denen das Verbot aktiver Verkäufe nach Abs. 1 lit. c Ziff. ii auferlegt wird und die Wettbewerber des Lizenzgebers sind, da Abs. 1 Technologietransfer-Vereinbarungen zwischen Wettbewerbern betrifft. Die Verbote des aktiven Verkaufs können den geschützten Lizenznehmer erst dazu veranlassen, überhaupt eine Lizenz zu erwerben und die Investitionen zu tätigen, um auf Grundlage der lizenzierten Technologierechte zu produzieren. Nach den Leitlinien dürften sie zudem den Lizenznehmer dazu veranlassen, die von den lizenzierten Technologierechten geschützten Technologien effizienter zu nutzen.[120] Der Lizenznehmer soll allerdings nur vor Konkurrenz geschützt werden, wenn er noch nicht auf dem Markt präsent war und mit Hilfe der Exklusivität einen neuen Markt erschließen will.[121] Hieraus folgt, dass die Technologierechte, die Gegenstand der Technologietransfer-Vereinbarung mit dem Lizenznehmer sind, dem nach Abs. 1 lit. c Ziff. ii die aktiven Verkäufe verboten werden, zumindest zum Teil mit denen identisch sein müssen, die dem geschützten Lizenznehmer lizenziert werden. Das mangelnde Wettbewerbsverhältnis zwischen dem geschützten Lizenznehmer und dem Lizenzgeber bezieht sich auf die Vertragsprodukte der Technologietransfer-Vereinbarung mit dem geschützten Lizenznehmer, die auf Grundlage dieser identischen Technologierechte produziert werden.

55 Wie auch Abs. 1 lit. c Ziff. i Alt. 2 erwähnt Abs. 1 lit. c Ziff. ii keine Verbote des aktiven Verkaufs im Hinblick auf **Wirtschaftszweige, Produktmärkte oder Anwendungsbereiche,** die dem anderen Lizenznehmer exklusiv zugeteilt wurden. Allerdings fallen solche dem Lizenznehmer

---

[115] Leitlinien „Technologietransfer", 38 Rn. 197 ff.
[116] Vgl. auch Leitlinien „Technologietransfer", 38 Rn. 199.
[117] Leitlinien „Technologietransfer", 38 Rn. 199.
[118] Krit. zu diesem Ergebnis im Rahmen der Vorgänger-GVO Pfaff/Osterrieth/Winzer B.III Rn. 524, der darin die Möglichkeit, exklusive Vertriebsrechte zu vergeben, weitgehend eingeschränkt sieht.
[119] Leitlinien „Technologietransfer", 24 Rn. 110.
[120] Leitlinien „Technologietransfer" Rn. 110; zust. Wiedemann KartellR-HdB/Klawitter § 14 Rn. 213.
[121] Leitlinien „Technologietransfer", 38 Rn. 200; LMRKM/Schweda/Giesen Art. 4 Rn. 206.

auferlegten Nutzungsbeschränkungen ohnehin in den Anwendungsbereich der TT-GVO und zwar unabhängig davon, ob anderen Lizenznehmern Wirtschaftszweige, Produktmärkte oder Anwendungsbereiche exklusiv zugeteilt werden oder nicht (→ Rn. 22). Verbote des aktiven Verkaufs im Hinblick auf Gebiete und/oder Kundengruppen, die einem anderen Lizenznehmer nicht exklusiv zugewiesen wurden, sind nicht gruppenfreigestellt und bedürfen daher einer Einzelfallprüfung nach Art. 101 AEUV. Insoweit gelten die oben zu Abs. 1 lit. c Ziff. i Alt. 2 dargestellten Erwägungen entsprechend (→ Rn. 50).

Wie bei Abs. 1 lit. c Ziff. i ist auch hier Voraussetzung der Rückausnahme, dass die Vereinbarung **56** zwischen Lizenzgeber und Lizenznehmer **nicht wechselseitig** iSd Art. 1 Abs. 1 lit. e ist (→ Art. 1 Rn. 61). Zu entsprechenden Beschränkungen des aktiven Verkaufs zugunsten anderer Lizenznehmer **außerhalb des Anwendungsbereichs der TT-GVO** nimmt die Kommission in Rn. 200 der Leitlinien Stellung.[122]

Abs. 1 lit. c Ziff. iii sichert die vertragliche **Beschränkung der Produktion auf den Eigen-** **57** **bedarf** ab. Es handelt sich im Verhältnis zu Abs. 1 lit. b um die speziellere Regelung,[123] da sie den Output nicht – wie in lit. b vorausgesetzt – mengenmäßig, sondern von seiner Verwendung her, nämlich für den Eigenbedarf begrenzt.[124] Diese Beschränkung ist nur zulässig, wenn dem Lizenznehmer gleichzeitig das Recht des aktiven und passiven Verkaufs der auf Grundlage der Technologierechte hergestellten Vertragsprodukte als **Ersatzteile für seine eigenen Produkte** eingeräumt wird. In diesem Umfang muss also der Lizenznehmer völlig frei bleiben. Die Einschränkung rechtfertigt sich aus der Erwägung, dass die wettbewerbsfördernde Wirkung der Möglichkeit der Produktionsbeschränkung für den Eigenbedarf zu stark begrenzt würde, wenn der Lizenznehmer die Vertragsprodukte zwar für seine eigenen mit dem Vertragsprodukt hergestellten Endprodukte herstellen dürfte, die Werkstätten aber nicht in vollem Umfang mit Ersatzteilen beliefern dürfte. Dabei führt **jegliche Beschränkung des aktiven und passiven Verkaufs der Vertragsprodukte** als Ersatzteile für die eigenen Produkte des Lizenznehmers zu einer Nicht-Anwendbarkeit der TT-GVO. Dies gilt auch für mengenmäßige Beschränkungen. Der Begriff der Beschränkung in Abs. 1 lit. c Ziff. iii ist also anders auszulegen als der Begriff der Beschränkung in Abs. 1 lit. c Ziff. ii, der nur Verbote des aktiven Verkaufs erfasst (→ Rn. 52). Grund hierfür ist, dass Zuweisungen von Märkten und Kunden gemäß Abs. 1 lit. c grds. Kernbeschränkungen sind. Ausnahmen hiervon sind eng auszulegen, insbesondere, wenn sie wie Abs. 1 lit. c Ziff. ii bei weiter Auslegung mit einer anderen Kernbeschränkung, nämlich Abs. 1 lit. b, kollidieren würden (in dieser Kommentierung werden die Ausnahmen von den Kernbeschränkungen als Rückausnahmen bezeichnet, da die Kernbeschränkungen ihrerseits bereits Ausnahmen von der Gruppenfreistellung sind). Ausnahmen von den Rückausnahmen wiederum, die also wieder zu einer Kernbeschränkung und zur Nicht-Anwendbarkeit der TT-GVO führen, sind weit auszulegen. Dass es sich bei den fraglichen Vereinbarungen um Kernbeschränkungen handelt, entspricht nämlich der grundsätzlichen wettbewerblichen Wertung, die nur durch die Rückausnahmen teilweise revidiert wird. Die weite Auslegung der Einschränkungen dieser Rückausnahmen ist im Interesse eines wirksamen Wettbewerbsschutzes geboten. Abs. 1 lit. c Ziff. iii Hs. 2 ist daher als Ausnahme von der Rückausnahme weit auszulegen, jegliche Verkaufsbeschränkung wird erfasst.

Für den **Eigenbedarf** stellt der Lizenznehmer her, wenn er das auf Grundlage der lizenzierten **58** Technologierechte hergestellte Vertragsprodukt bestimmungsgemäß durch den Einsatz bei der Herstellung eines für den Markt bestimmten Endproduktes selbst verbraucht. Hierbei muss es sich nicht zwingend um einen Endverbrauchermarkt handeln; es genügt, wenn das vorläufige Endprodukt bestimmungsgemäß in einem anderen Produkt Verwendung findet. Abs. 1 lit. c Ziff. iii sperrt als speziellere Vorschrift gleichzeitig die Anwendung der Ziff. i und ii, dh einem Lizenznehmer, der die Vertragsprodukte für den Eigenbedarf herstellt, darf nicht mittels einer Beschränkung des Vertriebs die Möglichkeit der Lieferung der Vertragsprodukte als Ersatzteile für seine eigenen Produkte verboten werden. Er erlaubt jedoch, einem Lizenznehmer den Verkauf der Vertragsprodukte in Vertriebs- und Kundendienstsysteme, die im Wettbewerb zum Lizenzgeber die Produkte nicht nur als Ersatzteile für die Produkte des Lizenznehmers, sondern auch für andere Verwendungszwecke vertreiben, zu verbieten.[125]

---

[122] Leitlinien „Technologietransfer", 38 Rn. 200.
[123] So auch zur Vorgänger-GVO Schultze/Pautke/Wagener TT-GVO Rn. 656.
[124] Anders Immenga/Mestmäcker/Fuchs Art. 4 Rn. 56, der die Vorschrift des Artikel 4 Abs. 1 lit. c Ziff. iii zwar ebenfalls als lex specialis erachtet, jedoch in der Beschränkung des Eigenbedarfs „quasi als Rechtsreflex" eine mengenmäßige Beschränkung sieht; für eine zusätzliche Outputbeschränkung für den Eigenbedarf bedarf es freilich der Erfüllung der Voraussetzungen der Rückausnahmen in Art. 4 Abs. 1 lit. b, aA Bechtold/Bosch/Brinker Rn. 18.
[125] Bechtold/Bosch/Brinker Rn. 18.

59   Zu Beschränkungen auf den Eigenbedarf auch **außerhalb des Anwendungsbereichs der TT-GVO** nimmt die Kommission in Rn. 216 ff. der Leitlinien Stellung.[126]

60   **Abs. 1 lit. c Ziff. iv** enthält – in Ergänzung zur **Eigenbedarfslizenz** – die Rückausnahme für das sog „**second sourcing**" durch den Zulieferlizenzvertrag im Falle einer nicht wechselseitigen Vereinbarung, unter der Voraussetzung, dass dem Kunden eine alternative Bezugsquelle verschafft werden soll. Auch diese Rückausnahme ist nur auf **nicht wechselseitige Vereinbarungen** iSd Art. 1 Abs. 1 lit. e anwendbar (→ Art. 1 Rn. 61). Die Definition des Begriffs „Exklusivgebiet" in Art. 1 Abs. 1 lit. q enthält ebenfalls eine Einschränkung im Hinblick auf „second sourcing". Im Gegensatz zur Definition des „Exklusivgebiets" in Art. 1 Abs. 1 lit. q umfasst die Ausnahme des Abs. 1 lit. c Ziff. iv jedoch auch Fälle, in denen der Lizenzgeber mehreren Lizenznehmern für denselben Kunden second-sourcing-Lizenzen erteilt[127] (sog **multiple sourcing**, s. Leitlinien Rn. 112[128] und → Art. 1 Rn. 115). Mit Abs. 1 lit. c Ziff. iv ist jedenfalls klargestellt, dass im Rahmen eines „second sourcing" der Lizenznehmer in zulässiger Weise verpflichtet werden kann, nur für einen bestimmten Kunden zu produzieren. Nach dem Wortlaut ist offen, ob dies nur gilt, wenn gleichzeitig der Lizenznehmer berechtigt ist, bei ansprechendem Wunsch den Kunden mit sämtlichen von ihm benötigten Vertragsprodukten zu beliefern,[129] oder ob der Lizenzgeber den Lizenznehmer bezogen auf diesen Kunden gleichzeitig einer Output-Beschränkung gemäß Abs. 1 lit. b unterwerfen darf. Art. 2 Abs. 1 Nr. 13 VO/EG Nr. 240/96 war insoweit eindeutig: Eine entsprechende Begrenzung war zulässig. Dass bereits der Wortlaut von Art. 4 Abs. 1 lit. c Ziff. vii VO/EG Nr. 772/2004, der dem des heutigen Abs. 1 lit. c Ziff. iv entspricht, den Fall der Output-Beschränkung nicht mehr ausdrücklich regelte, lässt nicht den Schluss zu, dass derartige Beschränkungen nicht mehr zulässig sind. Mangels ausdrücklicher Regelung des Gegenteils ist vielmehr davon auszugehen, dass eine Kombination aus Zuliefererlizenz und Output-Beschränkung erlaubt ist. Die Regelung der VO/EG Nr. 240/96 muss zudem vor dem Hintergrund gesehen werden, dass eine Output-Beschränkung grds. eine „schwarze Klausel" darstellte, wovon Art. 2 Nr. 13 VO/EG Nr. 240/96 eine Ausnahme machte, während in der jetzigen GVO, wie auch in der Vorgänger-GVO VO/EG Nr. 772/2004, die Output-Beschränkungen des Lizenznehmers bis zu einer Marktanteilsgrenze von 20 % bzw. 30 % unter den Voraussetzungen von Abs. 1 lit. b freigestellt ist. Mithin können Output-Beschränkungen und second-sourcing-Lizenz miteinander kombiniert werden.[130]

61   Schließlich muss durch das „second sourcing" einem **bestimmten** Kunden eine **alternative Bezugsquelle** geschaffen werden. „Bestimmt" ist der Kunde, wenn er in der Technologietransfer-Vereinbarung, ggf. konkludent und/oder auch nur mündlich, für die Beteiligten bestimmbar beschrieben wird. „Alternative Bezugsquelle" setzt voraus, dass der Kunde mit den auf Grundlage der lizenzierten Technologierechte hergestellten Vertragsprodukten auch durch den Lizenzgeber und/oder einen oder mehrere andere Lizenznehmer beliefert wird.

62   **5. Verwertungsbeschränkung und Durchführung eigener Forschung und Entwicklung.** Dem Lizenznehmer auferlegte **Beschränkungen in der Verwertung** seiner eigenen Technologierechte stellen ebenso eine Kernbeschränkung dar wie die Verpflichtung der Vertragsparteien, also Lizenznehmer und Lizenzgeber (bzw. Erwerber und Veräußerer im Falle des Art. 1 Abs. 1 lit. c Ziff. ii), keine eigenen **Forschungs- und Entwicklungsarbeiten** durchzuführen. Grds. werden Beschränkungen iSd Abs. 1 lit. d als für den Wettbewerb sowohl auf dem Technologiemarkt als auch auf dem Produktmarkt schädlich eingestuft.[131] Jeder Vertragspartner soll frei sein, im Wettbewerb seine eigenen Technologien zu entwickeln bzw. weiterzuentwickeln. Nur dort, wo sich die eigene Entwicklungstätigkeit behindernd auf die Lizenzvergabepolitik auswirken würde, lässt die Verordnung unter engen Voraussetzungen Beschränkungen zu.

63   Der Begriff der **Beschränkung** des Abs. 1 lit. d ist anders als der der Rückausnahme des Abs. 1 lit. c Ziff. ii weit auszulegen (→ Rn. 55) und erfasst jegliche Art einer Beschränkung. Für **Beschränkungen der Möglichkeit des Lizenznehmers,** seine **eigenen Technologierechte zu verwerten,** stellen dies die Leitlinien in Rn. 116 ausdrücklich klar. Danach darf der Lizenznehmer in Bezug auf seine eigenen Technologierechte nicht im Hinblick darauf beschränkt werden, wo er herstellt oder verkauft, innerhalb welcher technischen Anwendungsbereiche oder Produktmärkte er produziert, welche Mengen er herstellt oder verkauft und zu welchem Preis er verkauft. Außerdem darf er nicht bei der Lizenzierung seiner eigenen Techno-

---

[126] Leitlinien „Technologietransfer" Rn. 216 ff.
[127] Bechtold/Bosch/Brinker Rn. 19; Wiedemann KartellR-HdB/Klawitter § 14 Rn. 219 mwN.
[128] Leitlinien „Technologietransfer", 24 Rn. 112.
[129] So zur Vorgänger-GVO Vollebregt ECLR 2004, 660 (664).
[130] S. auch Bechtold/Bosch/Brinker Rn. 19; zur Vorgänger-GVO Schultze/Pautke/Wagener TT-GVO Rn. 663.
[131] Leitlinien „Technologietransfer", 24 Rn. 116.

logierechte an Dritte eingeschränkt werden.¹³² Eine Beschränkung des Lizenznehmers, seine eigenen Technologierechte zu verwerten, liegt auch vor, wenn er verpflichtet wird, Lizenzgebühren für Erzeugnisse zu zahlen, die auf der Grundlage seines eigenen Technologierechts hergestellt werden, es sei denn, ohne die Zahlungsverpflichtung wäre es unmöglich oder unangemessen schwierig, die Lizenzgebühr zu berechnen.¹³³ In letzterem Fall kommt jedenfalls eine Einzelfreistellung in Betracht. Es ist jedoch darauf hinzuweisen, dass das Beschränkungsverbot des Abs. 1 lit. d Hs. 1 nur für eigene **konkurrierende** Technologierechte des Lizenznehmers gilt. Dies ergibt sich einerseits aus dem Wortlaut der Leitlinien (Rn. 116 S. 1) und andererseits auch aus der Erwägung, dass die TT-GVO ohnehin nur auf Klauseln anwendbar ist, die in einem objektiven inneren, sachlichen Zusammenhang mit einer Technologietransfer-Vereinbarung stehen. Werden anlässlich einer Technologietransfer-Vereinbarung auch Verwertungsbeschränkungen hinsichtlich nicht konkurrierender Technologierechte des Lizenznehmers vereinbart, so geschieht dies lediglich bei Gelegenheit des Vertragsschlusses, sodass schon die TT-GVO keine Anwendung findet.¹³⁴ Dies gilt auch, wenn solche Verwertungsbeschränkungen als (sachfremde) Gegenleistungen bei einem Technologietransfer vereinbart werden. Eine nach Abs. 1 lit. d Hs. 1 verbotene Beschränkung liegt weiterhin nur vor, wenn der Lizenznehmer bei der Verwendung des eigenen Technologierechts nicht zugleich die lizenzierten Technologierechte nutzt.¹³⁵ Schließlich werden nur Beschränkungen der Möglichkeit des Lizenznehmers, seine eigenen Technologierechte zu verwerten, erfasst, nicht jedoch Beschränkungen der Nutzung konkurrierender Technologierechte Dritter.¹³⁶ Solche sogenannten **Wettbewerbsverbote** fallen vielmehr unter die Gruppenfreistellung, wenn auch die übrigen Voraussetzungen der TT-GVO vorliegen. Zu Wettbewerbsverboten außerhalb des Anwendungsbereichs der TT-GVO nimmt die Kommission in Rn. 226 ff. der Leitlinien Stellung.¹³⁷

Auch der Begriff der **Beschränkung der Möglichkeit einer der Vertragsparteien, Forschungs- und Entwicklungsarbeiten durchzuführen,** ist – wie oben dargelegt – weit auszulegen und erfasst grds. jede Art einer Beschränkung. Allerdings fällt gemäß Rn. 115 der Leitlinien hierunter nicht die gegenseitige Verpflichtung der Vertragsparteien zur Lizenzierung von künftigen Verbesserungen ihrer jeweiligen Technologien.¹³⁸ Ausweislich der Leitlinien werden Beschränkungen von Forschung und Entwicklung unabhängig davon erfasst, ob der jeweilige Bereich von der Vereinbarung (Lizenzierung) betroffen ist oder nicht.¹³⁹ Hier besteht also (scheinbar) ein Gegensatz zur Verwendungsbeschränkung des eigenen Technologierechts des Lizenznehmers, das ein konkurrierendes sein muss. Dennoch ist auch hier zu fordern, dass die Beschränkung in einem inneren Zusammenhang mit der Technologietransfer-Vereinbarung steht. Bei nicht direkt betroffenen Forschungs- und Entwicklungsbereichen kann dies bei sachlicher Nähe der Bereiche oder bestimmten, im Zusammenhang mit der Lizenzierung stehenden, wirtschaftlichen Interessenüberschneidungen der Fall sein. Ansonsten wäre die TT-GVO schon nicht anwendbar.

Mittelbar beschränkend kann auch ein Kündigungsvorbehalt sein, wenn er geeignet ist, den Lizenznehmer davon abzuhalten, seine eigenen Technologierechte zu verwerten oder eigene Forschungs- und Entwicklungsarbeiten durchzuführen. Dies ist dann anzunehmen, wenn das lizenzierte Technologierecht für den Lizenznehmer von so erheblicher Bedeutung ist, dass die aus der Beendigung folgenden Nachteile die Vorteile deutlich überwiegen. Aber auch in diesem Fall muss dem Lizenzgeber das Recht vorbehalten bleiben, die **Exklusivität** der Lizenz zu kündigen, falls der Lizenznehmer eigene Forschungs- und Entwicklungsarbeiten durchführt oder seine eigenen Technologierechte verwertet. Es ist nicht ersichtlich, dass gegenüber der weißen Klausel in Art. 2 Abs. 1 Nr. 18 VO/EG Nr. 240/96 die in der VO/EG Nr. 772/2004 und nunmehr in der VO/EU Nr. 316/2014 geregelte Kernbeschränkung erheblich ausgeweitet werden sollte.¹⁴⁰ Dasselbe gilt, wenn dem Lizenznehmer die Verpflichtung auferlegt wird, den Nachweis zu erbringen, dass seine Forschungs- und Entwicklungstätigkeit mit Dritten nicht zur Preisgabe des lizenzierten Know-hows führt.

---

[132] Leitlinien „Technologietransfer", 24 Rn. 116.
[133] Leitlinien „Technologietransfer" Rn. 101, 24 Rn. 116.; zu Vereinbarungen, nach denen die Lizenzgebühr auch auf der Grundlage von Produkten berechnet wird, die der Lizenznehmer mittels seiner eigenen Technologierechte herstellt, → Rn. 11.
[134] So im Ergebnis auch Bechtold/Bosch/Brinker Rn. 21 und Art. 5 Rn. 12; zur VO/EU Nr. 772/2004 bereits Schultze/Pautke/Wagener TT-GVO Rn. 670.
[135] Leitlinien „Technologietransfer", 24 Rn. 116.
[136] Leitlinien „Technologietransfer", 24 Rn. 116.
[137] Leitlinien „Technologietransfer", 43 f. Rn. 226–233.
[138] Leitlinien „Technologietransfer", 24 Rn. 115.
[139] Leitlinien „Technologietransfer" Rn. 115.
[140] AA Schultze/Pautke/Wagener TT-GVO Rn. 679.

66 Zulässig ist eine Beschränkung der Möglichkeit der Vertragsparteien, Forschungs- und Entwicklungsarbeiten durchzuführen,[141] nur dann, wenn diese **unerlässlich ist, um die Preisgabe des lizenzierten Know-hows an Dritte zu verhindern.** Seinem Wortlaut nach bezieht sich die Rückausnahme auf beide Vertragsparteien. Geschützt wird also auch der Lizenznehmer davor, dass der Lizenzgeber das ihm ausschließlich „lizenzierte" (zur Begrifflichkeit → Art. 1 Rn. 42) Know-how Dritten preisgibt. Die Beschränkung muss **unerlässlich** sein, dh notwendig und verhältnismäßig. So kann es sich etwa als notwendig erweisen, eine Beschränkung in der Forschungs- und Entwicklungstätigkeit zu vereinbaren, ihrem Umfang nach ist es aber möglicherweise ausreichend, die Beschränkung in persönlicher Hinsicht auf einzelne Wissensträger bei dem anderen Vertragspartner zu begrenzen.[142] Dies kann aber nur gelten, wenn auf diese Weise eine Preisgabe des Know-hows mit hinreichender Sicherheit ausgeschlossen werden kann. In der Praxis dürfte dies Schwierigkeiten bereiten, da für ein Unternehmen Berichtspflichten bestehen und daher der Know-how-Transfer nicht hinreichend wirksam unterbunden werden kann. Die Ausnahme gilt ferner nur, wenn die Preisgabe von **Know-how** an Dritte verhindert werden soll. Eine entsprechende Beschränkung kommt also nur dann in Betracht, wenn mit der Vereinbarung auch Know-how lizenziert worden ist. Bei gemischten Lizenzen, also solchen, bei denen neben Know-how auch andere Technologierechte betreffen, stellt sich die Frage, ob diese ebenfalls von der Rückausnahme in Abs. 1 lit. d erfasst werden und, falls man diese Frage bejaht, wie hoch der Know-how-Anteil sein muss. Nach dem Wortlaut der Vorschrift ist es ausreichend, dass überhaupt Know-how „lizenziert" worden ist. Folglich müssen auch gemischte Lizenzen erfasst sein. Da der Rückausnahmetatbestand eine restriktive Auslegung erfordert (→ Rn. 55), darf der Know-how-Anteil gegenüber den anderen Technologierechten bei wertender Betrachtung jedoch keine untergeordnete Rolle spielen.[143] Da eine sinnvolle Aufspaltung der Vereinbarung in eine Know-how- und eine weitere Technologietransfer-Vereinbarung kaum möglich sein dürfte, erstreckt sich in diesem Fall die Rückausnahme auf die Gesamtvereinbarung, die auch die weiteren Technologierechte einschließt.[144]

67 Es mag auf den ersten Blick überraschend sein, dass Technologietransfer-Vereinbarungen, die nur **andere Technologierechte** und kein Know-how betreffen, nicht unter die Rückausnahme fallen können (keine Beschränkungen zwecks Verhinderung der Weitergabe/Unterlizenzierung anderer lizenzierter Technologierechte an Dritte). Dies ist einerseits richtig, andererseits aber ohne relevante Bedeutung, da eine Weitergabe/Unterlizenzierung der lizenzierten Technologierechte an Dritte eine schwerwiegende Vertragsverletzung darstellt. Bei anderen Technologierechten, insbesondere bei eingetragenen Schutzrechten, ist idR wesentlich einfacher feststellbar, ob unter Verstoß gegen die Lizenzvereinbarung Dritten das lizenzierte Technologierecht zugänglich gemacht worden ist, und der Lizenzgeber hat ebenso wie der Lizenznehmer (sofern ihm dieses Recht eingeräumt worden ist) die Möglichkeit, gegen Dritte unter dem Gesichtspunkt der Schutzrechtsverletzung vorzugehen (beruft sich in diesem Verfahren der Dritte auf eine ihm erteilte Lizenz, steht damit gleichzeitig der Vertragsverstoß durch die Vertragspartei fest). Bei Know-how ist hingegen die Gefahr einer nicht erkennbaren und nicht beweisbaren Preisgabe des Know-hows an Dritte ungleich größer, sodass zum Schutz der Vertragsparteien hier das Verbot, Forschungs- und Entwicklungsarbeiten mit Dritten durchzuführen, die einzige Möglichkeit darstellen kann, einen **wirksamen Schutz vor Weitergabe an Dritte** zu vereinbaren. Die Beschränkung muss der Verhinderung der Preisgabe des Know-hows an Dritte dienen. Mithin bleibt es dem Lizenznehmer gerade wegen Abs. 1 lit. d unbenommen, das lizenzierte Know-how in eigener FuE-Arbeit zu verwenden. Eine Grenze besteht jedoch da, wo aus der FuE-Arbeit neue Technologien oder Produkte entstehen, die die lizenzierten Technologien enthalten bzw. mit ihnen hergestellt wurden. Hier kann der Lizenzgeber zulässige field-of-use Beschränkungen vereinbaren (zu field-of-use- bzw. Nutzungsbeschränkungen → Rn. 15 ff.).[145]

---

[141] Wie sich aus dem eindeutigen Wortlaut des Art. 4 Abs. 1 lit. d ergibt, gilt die Rückausnahme nur für die zweite Alternative des Art. 4 Abs. 1 lit. d, also die Beschränkung der Möglichkeit der Vertragsparteien, Forschungs- und Entwicklungsarbeiten durchzuführen, und nicht für die erste Alternative, also die Beschränkung des Lizenznehmers, seine eigenen Technologierechte zu verwerten; so auch Bechtold/Bosch/Brinker Rn. 21; Pfaff/Osterrieth/Axster/Osterrieth, 4. Aufl. 2018, A. III. Rn. 276. Die gegenteilige Auffassung, die von der Kommission auf S. 12 des Arbeitspapiers zu „Guidance on restrictions of competition „by object" for the purpose of defining which agreements may benefit from the De Minimis Notice", C(2014) 4136 final, überarbeite Version v. 3.6.2015, geäußert wird, ist vor dem Hintergrund des eindeutigen Wortlauts nicht nachvollziehbar.

[142] Leitlinien „Technologietransfer" Rn. 115.

[143] So zur Vorgänger-GVO Schultze/Pautke/Wagener TT-GVO Rn. 683.

[144] Immenga/Mestmäcker/Fuchs Art. 4 Rn. 68; aA Bechtold/Bosch/Brinker Rn. 22, die nur den Know-how-Teil als von der Rückausnahme erfasst betrachten.

[145] Vgl. zur Vorgänger-GVO Schultze/Pautke/Wagener TT-GVO Rn. 684.

III. Nicht konkurrierende Unternehmen (Abs. 2)

1. Allgemeines. Abs. 2 regelt **Kernbeschränkungen zwischen nicht konkurrierenden** 68
Unternehmen (zur Definition → Art. 1 Rn. 97 ff.). Hierbei geht der Verordnungsgeber davon aus, dass Beschränkungen der Handlungsfreiheit zwischen nicht konkurrierenden Unternehmen wettbewerblich weniger bedenklich sind als zwischen konkurrierenden Unternehmen und häufig dazu dienen, den Markt für das lizenzierte Technologierecht zu öffnen. Lizenzgeber wären nicht bereit, den Markt für die von ihnen entwickelte Technologie/das Know-how zu öffnen, wenn sie den anderen Vertragspartner nicht entsprechend binden könnten. Wettbewerblich relevant sind daher im vertikalen Verhältnis zwischen Lizenzgeber und Lizenznehmer vor allem Beschränkungen des Lizenznehmers hinsichtlich des Absatzes der Vertragsprodukte. Dementsprechend enthält Abs. 2 im Wesentlichen Kernbeschränkungen zu Lasten des Lizenznehmers, wobei – ähnlich wie in Abs. 1 – die Kernbeschränkungen weitreichende Rückausnahmen mit der Folge erlauben, dass bis zu der Marktanteilsschwelle von 30 % (Art. 3 Abs. 2) die Gruppenfreistellung gilt. Wenn die Marktanteilsschwelle überschritten wird, bedeutet dies nicht automatisch, dass die Klausel gegen Art. 101 AEUV verstößt. In erster Linie ist in diesem Fall die Frage zu untersuchen, ob die betreffende Klausel unter Berücksichtigung der Entscheidungspraxis von Kommission und europäischen Gerichten wettbewerbsbeschränkend ist. Eine Vielzahl der Rückausnahmen stellt in diesem Sinne keine Wettbewerbsbeschränkung dar. Anhaltspunkte, ob eine Klausel wettbewerbsbeschränkend ist, geben, sofern die Verordnung nicht ausdrücklich etwas anderes regelt, auch die anderen Gruppenfreistellungsverordnungen. Liegt eine Wettbewerbsbeschränkung vor und ist die Marktanteilsschwelle überschritten, kommt eine Einzelfreistellung nach Art. 101 Abs. 3 AEUV unter den dort geregelten Voraussetzungen in Betracht. Die Leitlinien enthalten insoweit wichtige Hinweise zur Freistellungsfähigkeit. Kernbeschränkungen als solche sind idR nicht freistellungsfähig.[146] Die Rückausnahmen werden von der Kommission als weniger wettbewerbsschädlich angesehen, sodass hier auch oberhalb der Marktanteilsschwelle eine Einzelfreistellung durchaus gegeben sein kann. Zu den Merkmalen, dass die Vereinbarungen **unmittelbar oder mittelbar, für sich allein oder in Verbindung mit anderen Umständen, die der Kontrolle der Parteien unterliegen, eine Kernbeschränkung bezwecken müssen,** gilt das zu Abs. 1 Gesagte entsprechend (→ Rn. 5, 6).

2. Preisbestimmungsrecht. Die in **Abs. 2 lit. a** geregelte Beeinträchtigung der **Preisbestim-** 69
mungsfreiheit stellt grds. eine Kernbeschränkung im Kartellrecht dar und ist keine Besonderheit im Zusammenhang mit Rechten des geistigen Eigentums. Die Regelung gilt für beide Vertragsparteien (anders als in der Vertikal-GVO, in deren Art. 4 lit. a nur die Preisbindung des Abnehmers als Kernbeschränkung geregelt ist). In dem Verhältnis zwischen Lizenzgeber und -nehmer ist jegliche Einflussnahme auf das Preisbestimmungsrecht unzulässig. **Ausgenommen** hiervon sind die **Festsetzung von Höchstpreisen** und die **Empfehlung von Preisen.** Dies deckt sich mit der Vertikal-GVO (Art. 4 lit. a). Die Zulässigkeit der **Festsetzung von Höchstpreisen** ist in einem auf Institutionenschutz angelegten Wettbewerbsrecht ein Fremdkörper und rechtfertigt sich ausschließlich aus Verbraucherschutzgesichtspunkten. Es darf lediglich ein Höchstpreis festgesetzt werden, dh die gebundene Vertragspartei muss frei sein, unterhalb dieses Höchstpreises die Produkte an Dritte zu verkaufen. Die festgelegten Höchstpreise sind von der gebundenen Vertragspartei einzuhalten. Allerdings darf der Höchstpreis sich nicht infolge von Druckausübung oder gewährten Anreizen **wie ein Fest- oder Mindestverkaufspreis auswirken.** Dabei ist zu beachten, dass nach Auffassung der Kommission, die allerdings im Widerspruch zum Wortlaut des Abs. 2 lit. a steht, nicht nur die Festsetzung von Fest- oder Mindestverkaufspreisen, sondern auch die Festsetzung eines Fest- oder Mindestverkaufspreisniveaus eine Kernbeschränkung ist.[147] Wird der Höchstpreis so niedrig festgesetzt, dass der Händler unter Berücksichtigung seines Einkaufspreises (bzw. der Lizenzgebühren) faktisch gezwungen ist, den Höchstpreis auch zu nehmen, so soll dies bereits die Rückausnahme ausschließen.[148] Dies ist aber allenfalls für den extremen Fall anzunehmen, dass zwischen Einkaufspreis und Höchstpreis keine oder eine äußerst geringe Spanne bleibt. IÜ ist eine solche Einschränkung der Rückausnahme im Wortlaut von Abs. 2 lit. a nicht angelegt. Abs. 2 lit. a fordert im Gegenteil nicht nur, dass sich der Höchstpreis nicht wie ein Fest- oder Mindestpreis auswirkt, sondern dass sich eine solche Auswirkung **als Folge der Ausübung von Druck oder der Gewährung von Anreizen** darstellt. Die bloße Vereinbarung eines bestimmten Einkaufspreises oder auch die Festlegung eines Höchstpreises unter Berücksichtigung eines bestimmten Einkaufspreises stellt keine

---

[146] Leitlinien „Technologietransfer" Rn. 43.
[147] Leitlinien „Technologietransfer" Rn. 118.
[148] So Bayreuther EWS 2000, 106 (112); Immenga/Mestmäcker/Fuchs Art. 4 Rn. 72; Schultze/Pautke/Wagener Vertikal-GVO Rn. 545 f., 553; aA Immenga/Mestmäcker/Ellger Vertikal-GVO Art. 4 Rn. 24; LMRKM/Baron Vertikal-GVO Rn. 220.

Form einer Druckausübung oder der Gewährung eines Vorteils dar.[149] Anderenfalls müsste der Höchstpreis stets oberhalb des Preises liegen, den der Lizenznehmer unter Berücksichtigung einer angemessenen Marge und seines Einkaufspreises/der Lizenzgebühr kalkuliert, was aber den Höchstpreis wiederum als „Mondpreis" erscheinen ließe. Eine derartige Einschränkung wäre auch nicht justiziabel. Insbesondere ist nicht erkennbar, ab welchem Preisniveau sich der Höchstpreis unter Berücksichtigung der Einkaufspreise/Lizenzgebühren wie ein fester Weiterverkaufspreis auswirkt.

70 Ferner dürfen **Preisempfehlungen** ausgesprochen werden. Diese müssen nicht ausdrücklich als unverbindlich bezeichnet werden. Allerdings darf weder Druck zur Durchsetzung ausgeübt werden, noch dürfen positive oder negative Anreize finanzieller oder sonstiger Art gewährt werden, um den Empfehlungsempfänger zur Einhaltung der Preisempfehlung zu veranlassen. Die Drohung mit dem Abbruch der Geschäftsbeziehung oder ihr tatsächlicher Abbruch ist ebenso unzulässig wie die Gewährung/Streichung von Rabatten oder sonstigen Konditionen für den Fall, dass die Preisempfehlung eingehalten oder nicht eingehalten wird.[150] Zu verschiedenen Möglichkeiten der mittelbaren Festsetzung von Fest- oder Mindestverkaufspreisen/-preisniveaus nimmt die Kommission in Rn. 118 der Leitlinien Stellung.[151]

71 Unter das Verbot der Preisbindung soll auch die Verpflichtung zur Anwendung einer **Meistbegünstigungsklausel** gegenüber den Kunden der jeweiligen Vertragspartei fallen.[152] Allerdings ist zu beachten, dass sich das Preisbindungsverbot nur auf den Verkauf von Produkten, nicht jedoch auf die Lizenzierung von Technologierechten bezieht (→ Rn. 10).[153] Sofern also die Lizenzvereinbarung als integralen Bestandteil eine Bindung des Lizenzgebers in Bezug auf die Lizenzgebühren (→ Rn. 10) enthält, die er von Dritten für die lizenzierten Technologierechte verlangt, stellt dies keine Kernbeschränkung iSd Abs. 2 lit. a dar. Dies gilt erst recht für eine Meistbegünstigungsklausel zugunsten des Lizenznehmers in Bezug auf die Lizenzgebühren für die lizenzierten Technologierechte.[154]

72 Abs. 2 lit. a bezieht sich allgemein auf Fest- oder Mindestverkaufspreisfestsetzungen für **Produkte**. Dies dürften in erster Linie Vertragsprodukte sein und ggf. Produkte, die in einem wirtschaftlichen Verhältnis zu den Vertragsprodukten stehen.[155] Weisen die Produkte keinerlei wirtschaftliche Beziehung zum Technologietransfer auf, ist die Gruppenfreistellung ohnehin nicht anwendbar. Selbst wenn die Preisfestsetzungen in demselben Dokument wie die Technologietransfer-Vereinbarung enthalten sind und ggf. sogar als (sachfremde) Gegenleistung für einen Technologietransfer vereinbart werden, stehen sie objektiv betrachtet in keinem inneren, sachlichen Zusammenhang mit dem Technologietransfer. Es handelt sich vielmehr um bei Gelegenheit einer Technologietransfer-Vereinbarung getroffene wettbewerbsbeschränkende Absprachen, die nicht in den Anwendungsbereich der TT-GVO fallen. Solche Klauseln unterfallen einer Einzelprüfung nach Art. 101 AEUV. Sollten sie gegen Art. 101 AEUV verstoßen und Bestandteil der Technologietransfer-Vereinbarung sein (bspw. Preisfestsetzungen als Gegenleistung für den Technologietransfer) kann dies nach § 139 BGB zur Unwirksamkeit der gesamten Technologietransfer-Vereinbarung führen.

73 3. Passivverkaufsverbot. Abs. 2 lit. b enthält zunächst ein umfassendes **Verbot der Beschränkung des Gebiets oder des Kundenkreises, in das bzw. an den der Lizenznehmer Vertragprodukte passiv verkaufen darf** (zur Definition des aktiven und passiven Verkaufs → Rn. 44 f.).[156] Die Beschränkung muss sich auf ein räumliches Gebiet oder einen Kundenkreis beziehen, eine Verkaufsbeschränkung im Hinblick auf einen Wirtschaftszweig, Produktmarkt oder Anwendungsbereich stellt hingegen eine field-of-use- bzw. Nutzungsbeschränkung dar, die grds. unter die Gruppenfreistellung fällt (zur Abgrenzung → Rn. 18 f.). Da es sich um die Definition einer Kernbeschränkung handelt, ist der Begriff „Beschränkung" nach den dargelegten Grundsätzen (→ Rn. 55) im Interesse eines effektiven Wettbewerbsschutzes weit auszulegen, dh sämtliche, auch

---

[149] AA bereits zur Vorgänger-GVO Schultze/Pautke/Wagener TT-GVO Rn. 714.
[150] European Commission Communication C(2022) 3006, Guidelines on vertical restraints, abrufbar unter https://ec.europa.eu/competition-policy/system/files/2022-05/20220510_guidelines_vertical_restraints_art101_TFEU_.pdf, Rn. 223 ff., zuletzt abgerufen am 30.3.2023.
[151] Leitlinien „Technologietransfer" Rn. 118.
[152] Mitt. der Kom., Leitlinien zur Anwendung von Art. 101 des Vertrages über die Arbeitsweise der Europäischen Union auf Technologietransfer-Vereinbarungen, ABl. 2014 C 89, 3 Rn. 118; Bechtold/Bosch/Brinker Rn. 24; Wiedemann KartellR-HdB/Klawitter § 14 Rn. 245; so auch zur Vorgänger-GVO Schultze/Pautke/Wagener TT-GVO Rn. 736–737 und Rn. 702; aA Langen/Bunte/Jestaedt EGV Art. 81 Rn. 359.
[153] Bechtold/Bosch/Brinker Rn. 24.
[154] Bechtold/Bosch/Brinker Rn. 24; Immenga/Mestmäcker/Fuchs Art. 4 Rn. 70.
[155] Vgl. auch Wiedemann KartellR-HdB/Klawitter § 14 Rn. 242.
[156] Krit. gegenüber dieser Einschränkung der Gestaltungsmöglichkeiten Kölner Komm KartellR/Herrmann Art. 4 Rn. 111 f.

III. Nicht konkurrierende Unternehmen (Abs. 2)

mengenmäßige Beschränkungen des passiven Verkaufs werden erfasst. Die Beschränkung kann sowohl direkt als auch indirekt sein, wie etwa durch die Gewährung von finanziellen Vorteilen, die Einrichtung eines Überwachungssystems zur Überprüfung des tatsächlichen Bestimmungsorts des lizenzierten Erzeugnisses oder durch generelle Mengenbeschränkungen, wenn diese genutzt werden, um eine Marktaufteilungsvereinbarung durchzusetzen.[157] Der aktive Verkauf durch den Lizenznehmer (bis auf die Ausnahme in Abs. 2 lit. b Ziff. ii – aktiver Verkauf von Vertragsprodukten als Ersatzteile für die eigene Produktion – und die Ausnahme in Abs. 2 lit. c – aktiver Verkauf an Endverbraucher bei Einzelhändlern in einem selektiven Vertriebssystem) sowie jeglicher Verkauf, also aktiver und passiver, durch den Lizenzgeber können hingegen bis zur Marktanteilsgrenze von 30 % vertraglich ausgeschlossen werden.[158] Abs. 2 lit. b bezieht sich nur auf das Verbot des passiven Verkaufs von Vertragsprodukten (zur Definition → Art. 1 Rn. 68 ff.). Auf Beschränkungen passiver Verkäufe anderer Produkte ist die Gruppenfreistellung ohnehin nicht anwendbar. Selbst wenn solche Beschränkungen in demselben Dokument wie die Technologietransfer-Vereinbarung enthalten sind und ggf. sogar als (sachfremde) Gegenleistung für einen Technologietransfer vereinbart werden, stehen sie objektiv betrachtet in keinem inneren, sachlichen Zusammenhang mit dem Technologietransfer. Es handelt sich vielmehr um bei Gelegenheit einer Technologietransfer-Vereinbarung getroffene wettbewerbsbeschränkende Absprachen, die nicht in den Anwendungsbereich der TT-GVO fallen (→ Rn. 9, 61). Zu Verkaufsbeschränkungen zwischen Nicht-Wettbewerbern außerhalb des Anwendungsbereichs der TT-GVO nimmt die Kommission in Rn. 201 ff. der Leitlinien Stellung.[159]

Ähnlich der Systematik von Abs. 1 lit. c enthält Abs. 2 lit. b insgesamt **fünf Rückausnahmen:** 74 Abs. 2 lit. b Ziff. i schützt den Lizenzgeber vor passiven Verkäufen in das ihm vorbehaltene Exklusivgebiet bzw. an die ihm vorbehaltene Exklusivkundengruppe; Ziff. ii enthält eine mit Abs. 1 lit. c Ziff. iii identische Regelung hinsichtlich der Beschränkung auf die Produktion für den Eigenbedarf; Ziff. iii korrespondiert mit der Zuliefererbeschränkung des Abs. 1 lit. c Ziff. iv; Ziff. iv enthält eine vertriebsspezifische Rückausnahme, nämlich für das mit dem Großhändler vereinbarte Verbot, keine Endverbraucher zu beliefern, sowie Ziff. v die Absicherung selektiver Vertriebssysteme (zur Definition → Art. 1 Rn. 106 ff.) des Lizenzgebers.

Abs. 2 lit. b Ziff. i enthält eine sehr **weitgehende Ausnahme zu der Kernbeschränkung** 75 **des passiven Verkaufs.** Hat sich der Lizenzgeber ein bestimmtes Exklusivgebiet oder die Belieferung einer bestimmten Exklusivkundengruppe selbst vorbehalten, so kann er sich für die Dauer des Vertrages vor Wettbewerb durch seine Lizenznehmer schützen. Voraussetzung ist, dass sich der Lizenzgeber ein Exklusivgebiet oder eine Exklusivkundengruppe vorbehalten hat. In diesem Kontext ist darauf hinzuweisen, dass sich das Exklusivgebiet nur auf die Exklusivproduktion (s. die Definition in Art. 1 Abs. 1 lit. q und → Art. 1 Rn. 117 ff.) bezieht, wohingegen sich die Exklusivkundengruppe auf die Exklusivität des Vertriebs bezieht. Da eine Exklusivkundengruppe auch nach räumlichen Merkmalen bestimmt werden kann (→ Art. 1 Rn. 120), kann ebenfalls ein Exklusivvertriebsgebiet unter das Merkmal „Exklusivkundengruppe" fallen. Zu den sich hieraus ergebenden mannigfaltigen Kombinationsmöglichkeiten (→ Rn. 46). Zur Möglichkeit einer Kombination eines Exklusivvertriebsgebiets mit anderen Vertriebsformen → Art. 1 Rn. 106. Im Falle eines dem Lizenzgeber zugewiesenen Exklusivgebiets oder einer Exklusivkundengruppe ist es nach den Leitlinien[160] nicht erforderlich, dass dieser bereits im Vertragsgebiet oder für die betreffenden Kundengruppen produziert. Es reicht, dass er sich das Gebiet oder die Kundengruppe für eine spätere Nutzung vorbehält. Behält sich der Lizenzgeber bestimmte Gebiete oder Kundengruppen nicht exklusiv vor, kommt im Hinblick auf eine Beschränkung passiver Verkäufe in diese Gebiete bzw. an diese Kundengruppen für bestimmte Lizenznehmer nur eine Einzelfallprüfung nach Art. 101 AEUV in Betracht. Insoweit gelten die Überlegungen zu Abs. 1 lit. c Ziff. i (→ Rn. 39) entsprechend.

Neben dem Lizenzgeber schützte die **Vorgängerverordnung in Art. 4 Abs. 2 lit. b Ziff. ii** 76 **VO/EG Nr. 772/2004** auch dritte Lizenznehmer vor dem passiven Verkauf anderer Lizenznehmer in ihre Exklusivgebiete oder Exklusivkundengruppen, die ihnen vom Lizenzgeber für die ersten beiden Jahre, in denen sie die Vertragsprodukte in diese Gebiete bzw. an diese Kundengruppen verkauften, zugewiesen worden waren. Unter anderem um eine Angleichung an die Vertikal-GVO herbeizuführen, wurde diese Rückausnahme in der VO/EU Nr. 316/2014 gestrichen. In Betracht kommt bei Verboten des passiven Verkaufs zugunsten anderer Lizenznehmer also nur noch eine Einzelfallprüfung nach Art. 101 AEUV. Hierauf geht die Kommission in Rn. 126 der Leitlinien näher ein. Nach Auffassung der Kommission können Beschränkungen des passiven Verkaufs durch

---

[157] Leitlinien „Technologietransfer", 25 Rn. 119.
[158] Leitlinien „Technologietransfer" Rn. 120; s. auch Pfaff/Osterrieth/Axster/Osterrieth A. III. Rn. 279 mit dem Hinweis, dass diese Regelung über die Möglichkeiten der VO 240/96 hinausgeht.
[159] Leitlinien „Technologietransfer" Rn. 200–203.
[160] Leitlinien „Technologietransfer", 26 Rn. 121.

Lizenznehmer in ein Exklusivgebiet oder an eine Exklusivkundengruppe, das bzw. die einem anderen Lizenznehmer vorbehalten ist, für eine gewisse Zeit vom Verbot des Art. 101 Abs. 1 AEUV ausgenommen werden, wenn die Beschränkungen objektiv notwendig sind, damit der geschützte Lizenznehmer in einen neuen Markt eintreten kann. Dies könne der Fall sein, wenn der Lizenznehmer umfangreiche Investitionen in Produktionsanlagen und Werbung auf sich nehmen muss, um einen neuen Markt zu erschließen und zu entwickeln. Der Lizenznehmer trage dabei erhebliche Risiken, insbesondere weil die Investitionen, die er tätigen muss, häufig verlorene Investitionen seien (also Investitionen in Mittel, die er nicht für andere Tätigkeiten nutzen oder nicht ohne bedeutende Verluste verkaufen kann). Bestehen solche Risiken, würden Lizenznehmer ohne einen befristeten Schutz vor passiven (und aktiven) Verkäufen in ihr Gebiet oder an ihre Kundengruppe in vielen Fällen keine Technologietransfer-Vereinbarung abschließen. Beschränkungen des passiven Verkaufs anderer Lizenznehmer in ein Exklusivgebiet oder an eine Exklusivkundengruppe des geschützten Lizenznehmers fallen in diesen Fällen nach Auffassung der Kommission solange nicht unter Art. 101 Abs. 1 AEUV, bis sich die Investitionen des geschützten Lizenznehmers amortisiert haben. Die Kommission hält dafür idR einen Zeitraum von bis zu zwei Jahren ab dem Zeitpunkt, zu dem das Vertragsprodukt von dem geschützten Lizenznehmer in seinem Exklusivgebiet das erste Mal in den Verkehr gebracht bzw. an seine Exklusivkundengruppe verkauft wurde, für angemessen. In Einzelfällen komme jedoch auch ein längerer Zeitraum in Betracht.[161]

77 Hinsichtlich **Ziff. ii** und **Ziff. iii** des Abs. 2 lit. b kann auf die Kommentierung der insoweit identischen Bestimmungen des Abs. 1 lit. c Ziff. iii und iv verwiesen werden (→ Rn. 55 ff.). Im Gegensatz zur Regelung in Abs. 1 lit. c Ziff. iv ist Abs. 2 lit. b Ziff. iii jedoch nicht auf nicht wechselseitige Vereinbarungen beschränkt, da es sich ohnehin um eine Vereinbarung zwischen nicht konkurrierenden Unternehmen handelt. Unterschiede können sich bei Überschreiten der Marktanteilsschwelle für die Beurteilung einer Einzelfreistellung ergeben. Die sich aus vertikalen Vereinbarungen für den Wettbewerb ergebenden Risiken sind anders zu gewichten als im Horizontalverhältnis: Je nach Struktur des Marktes kommt eine Einzelfreistellung für **Beschränkungen der Produktion auf den Eigenbedarf bzw. die Belieferung eines bestimmten Kunden** bei vertikalen Vereinbarungen eher in Betracht als bei horizontalen Vereinbarungen.[162]

78 **Abs. 2 lit. b Ziff. iv** schützt parallel zu Art. 4 lit. b Ziff. iv, Art. 4 lit. c Ziff. i Nr. 4, Art. 4 lit. d Ziff. iv Vertikal-GVO die **Errichtung eines mehrstufigen Vertriebs** durch den Lizenzgeber. Hiernach dürfen Lizenznehmer, die auf der Großhandelsstufe tätig sind, verpflichtet werden, ausschließlich Einzelhändler und keine Endverbraucher zu beliefern (sog Sprunglieferungsverbot). Die Kommission geht im Einklang mit der Rspr. des EuGH davon aus,[163] dass eine solche Klausel idR nicht wettbewerbsbeschränkend iSv Art. 101 Abs. 1 AEUV ist, sodass sie unabhängig von der Höhe der Marktanteile zulässig ist. Die wettbewerbliche Neutralität der Klausel leitet sich aus der **unterschiedlichen Funktion von Großhandel und Einzelhandel** ab. Großhandel ist Verkaufsmittler zwischen Hersteller und Einzelhändler. Er hat eine andere Kostenstruktur und hält idR kein geschultes Verkaufspersonal vor. Seine Einkaufskonditionen müssen dieser Mittlerfunktion Rechnung tragen. Es liegt nahe, dass der Einzelhandel im Wettbewerb mit dem Großhandel keine ernsthafte Chance hätte, wenn dieser direkt an Endverbraucher liefern würde. Legt sich somit der Kunde des Lizenzgebers auf eine bestimmte Funktion (Großhandel oder Einzelhandel) fest und nimmt die entsprechenden Konditionen in Anspruch, muss er sich an dieser Entscheidung festhalten lassen. Nach dem Wortlaut der Vorschrift gilt dies jedoch auch, wenn keine strikte Funktionstrennung zwischen Groß- und Einzelhändler besteht;[164] insoweit genügt, dass der durch die Vereinbarung beschränkte Lizenznehmer Großhändler ist. **Großhändler** sind in diesem Zusammenhang Unternehmen, deren Geschäftszweck darin besteht, Einzelhändler zu beliefern, und welche ihrerseits zu Großhändlerkonditionen beliefert werden.[165] Dem Großhändler darf auch untersagt werden, Tochterunternehmen zu gründen, welche ihrerseits den Endverbraucher beliefern, da dies anderenfalls zu einer Umgehung des Verbots des Verkaufs an Endverbraucher führen würde. Das Wort „Beschränkung" in der Rückausnahme des Abs. 2 lit. b Ziff. iv ist nach den oben dargestellten allgemeinen Auslegungsgrundsätzen (→ Rn. 55) und dem Sinn und Zweck der Regel, einen dreistufigen Vertrieb zu ermöglichen und zu verhindern, dass Großhändler dieses Vertriebssystem unter-

---

[161] Leitlinien „Technologietransfer", 27 Rn. 126.
[162] Leitlinien „Technologietransfer", 41–42 Rn. 216–220.
[163] Leitlinien „Technologietransfer" Rn. 124; EuGH Slg. 1977, 1875, 1909–1010, Rn. 28–30 – Metro/Saba I.
[164] AA Wiedemann KartellR-HdB/Klawitter § 14 Rn. 271, der eine klare Abgrenzung der Vertriebssysteme voraussetzt.
[165] Vgl. auch Wiedemann KartellR-HdB/Klawitter § 14 Rn. 271 mit dem Hinweis, dass es nicht auf die Bezeichnung des Händlers ankommt, sondern auf die tatsächliche Funktion. Dies gelte ebenfalls für den Begriff des Endverbrauchers, der auch Großverbraucher umfasse.

graben, indem sie direkt an Endkunden verkaufen, eng auszulegen. Es umfasst daher nur völlige Verbote des Verkaufs an Endverbraucher und keine mengenmäßigen Beschränkungen. Dies ergibt sich auch aus den Leitlinien, die davon sprechen, dass der Lizenzgeber einem auf der Großhandelsstufe tätigen Lizenznehmer vorschreiben darf, nicht an Endverbraucher, sondern nur an Einzelhändler zu verkaufen.[166]

Abs. 2 lit. b Ziff. v enthält schließlich eine Rückausnahme für Beschränkungen des Verkaufs an nicht zugelassene Händler im Rahmen **selektiver Vertriebssysteme** (zur Definition → Art. 1 Rn. 124 ff.). Aus den oben dargestellten allgemeinen Auslegungsgrundsätzen (→ Rn. 55) und aus dem Sinn und Zweck des Abs. 2 lit. b Ziff. v, einen selektiven Vertrieb zu ermöglichen, der nicht durch Verkäufe an nicht zugelassene Händler untergraben werden soll, ergibt sich, dass das Wort „Beschränkung" eng iSe Verkaufsverbots auszulegen ist. Dies wird durch die Leitlinien bestätigt, die davon sprechen, dass dem Lizenznehmer untersagt werden darf, an nicht zugelassene Händler zu verkaufen.[167]

Im Gegensatz zur Vertikal-GVO enthält die TT-GVO nicht als Kernbeschränkung das Verbot des Parallelhandels zwischen zugelassenen Händlern eines selektiven Vertriebssystems (Art. 4 lit. c Ziff. ii Vertikal-GVO). Daher kann iRd TT-GVO innerhalb eines selektiven Vertriebssystems zugelassenen Lizenznehmern untersagt werden, andere zugelassene Lizenznehmer mit den Vertragsprodukten zu beliefern, wenn es sich um aktive Verkäufe handelt oder wenn der selektive Vertrieb mit einer kunden- oder gebietsbezogenen Beschränkung verbunden wird.[168] Die Beschränkung nach Abs. 2 lit. b Ziff. v ist häufig verbunden mit Beschränkungen nach Ziff. iv, nämlich dann, wenn ein selektives Vertriebssystem mehrstufig aufgebaut ist. Händler können dementsprechend Einzelhändler und Großhändler sein. Die Gebundenen müssen Mitglieder eines selektiven Vertriebssystems sein, dh ein derartiges System muss errichtet und der Gebundene muss Mitglied dieses Systems sein. Mitglied wird ein Vertriebspartner idR durch Abschluss eines entsprechenden Vertrages. Dieser kann mit dem Lizenzvertrag verbunden werden.

4. Beschränkung des Verkaufs an Endverbraucher in selektiven Vertriebssystemen. In Ergänzung zu Abs. 2 lit. b Ziff. iv und Ziff. v enthält **lit. c des Abs. 2** eine **Kernbeschränkung hinsichtlich Beschränkungen des aktiven und passiven Verkaufs an Endverbraucher,** welche Lizenznehmern **im Rahmen eines selektiven Vertriebs auf der Einzelhandelsebene** auferlegt werden. Nach den oben dargestellten allgemeinen Auslegungsgrundsätzen (→ Rn. 55) ist das Wort Beschränkung in Abs. 2 lit. c im Interesse eines effektiven Wettbewerbsschutzes weit auszulegen. Es erfasst daher jegliche Art von Beschränkungen, auch mengenmäßige Beschränkungen. Lizenznehmer, die Einzelhändler in selektiven Vertriebssystemen sind, müssen also völlig frei bleiben, aktive und passive Verkäufe an Endverbraucher zu tätigen. Dies entspricht im Grundsatz der Regelung des Art. 4 lit. d Ziff. iii Vertikal-GVO, der allerdings ausdrücklich Ausnahmen für Aktivverkäufe in andere Alleinvertriebsgebiete oder an andere Alleinvertriebskundengruppen und für Beschränkungen des Niederlassungsorts vorsieht. Abs. 2 lit. c schränkt hingegen im Rahmen selektiver Vertriebssysteme die Rückausnahmetatbestände in Abs. 2 lit. b ein (zu Beschränkungen des Niederlassungsorts, die gruppenfreigestellt sind, s. jedoch sogleich Rn. 79). Er schließt nicht nur jegliche Beschränkung des aktiven Verkaufs von der Gruppenfreistellung aus, sondern lässt innerhalb von selektiven Vertriebssystemen eine räumliche und kundengruppenbezogene Marktaufteilung auf der Einzelhandelsstufe nicht zu.[169] Abs. 2 lit. c geht insoweit als speziellere Regelung den Rückausnahmen in lit. b vor.[170] Unberührt bleibt hingegen die Rückausnahme des Abs. 2 lit. b Ziff. iv, da Abs. 2 lit. c nur für Lizenznehmer auf der Einzelhandelsebene gilt. Dies bedeutet, dass der Lizenzgeber iRd TT-GVO auch in selektiven Vertriebssystemen einem Lizenznehmer eine Großhandelsfunktion mit der Konsequenz zuweisen kann, dass dieser nicht an Endverbraucher verkaufen darf.[171]

Abs. 2 lit. c Hs. 2 stellt klar, dass das Recht zu sog **Standortklauseln,** dh das Recht, den jeweiligen Lizenznehmern zu verbieten, von nicht zugelassenen Niederlassungen Geschäfte mit Endverbrauchern zu betreiben, unberührt bleibt. Dieses Recht ist für selektive Vertriebssysteme von

---

[166] Mitt. der Kom., Leitlinien zur Anwendung von Artikel 101 des Vertrages über die Arbeitsweise der Europäischen Union auf Technologietransfer-Vereinbarungen, ABl. 2014 C 89, 3, 26 Rn. 124.
[167] Mitt. der Kom., Leitlinien zur Anwendung von Artikel 101 des Vertrages über die Arbeitsweise der Europäischen Union auf Technologietransfer-Vereinbarungen, ABl. 2014 C 89, 3 Rn. 125.
[168] So schon zur Vorgänger-GVO Schultze/Pautke/Wagener TT-GVO Rn. 798–799.
[169] Mitt. der Kom., Leitlinien zur Anwendung von Artikel 101 des Vertrages über die Arbeitsweise der Europäischen Union auf Technologietransfer-Vereinbarungen, ABl. 2014 C 89, 3 Rn. 125.
[170] Zur Vorgänger-GVO Schultze/Pautke/Wagener TT-GVO Rn. 796–801; Pfaff/Osterrieth/Axster/Osterrieth, 4. Aufl. 2018, A. III. Rn. 280.
[171] S. auch Mitt. der Kom., Leitlinien zur Anwendung von Art. 101 des Vertrages über die Arbeitsweise der Europäischen Union auf Technologietransfer-Vereinbarungen, ABl. 2014 C 89, 3 Rn. 125.

erheblicher Bedeutung, da Lizenznehmer idR nicht bereit sind, in den Aufbau der Vertriebsstruktur zu investieren, wenn gleichzeitig die Gefahr besteht, dass ein anderer Lizenznehmer durch Eröffnungen von Niederlassungen in ein direktes Wettbewerbsverhältnis eintritt. Diese Möglichkeit der ortsbezogenen Beschränkung sieht die Vertikal-GVO in Art. 4 lit. b Ziff. iii und Art. 4 lit. d Ziff. iii auch für Fälle von Gebiets- oder Kundenkreisbeschränkungen außerhalb selektiver Vertriebssysteme vor.

IV. Wechsel von nicht konkurrierenden zu konkurrierenden Unternehmen (Abs. 3)

83   Abs. 3 enthält eine Regelung für den Fall, dass die Vertragsparteien erst **nach Abschluss der Vereinbarung Wettbewerber** werden. Es gelten in diesem Fall grds. nur die Kernbeschränkungen des Abs. 2. Würde es diese Regelung nicht geben, entstünde einerseits eine nicht unerhebliche Rechtsunsicherheit. Zum anderen würde eine großzügige Lizenzpolitik erschwert, da der Lizenzgeber stets damit rechnen müsste, dass der Lizenznehmer zum Wettbewerber wird und damit bestimmte Beschränkungen nicht mehr zulässig vereinbart werden können. Der Lizenznehmer hätte es sogar in der Hand, die Unwirksamkeit der Vereinbarung dadurch herbeizuführen, dass er zum Wettbewerber wird.

84   Die **Einschränkung von Abs. 3 S. 1 letzter Hs.**, „sofern die Vereinbarung nicht später wesentlich geändert wird", ist weit auszulegen. Sie betrifft nicht nur Änderungen der Vereinbarung selbst, sondern auch **Änderungen von Begleitumständen unter der Kontrolle der Parteien**. Dies ergibt sich daraus, dass Abs. 3 S. 2 als Beispiel für eine solche Änderung den Fall nennt, dass die Parteien eine neue Technologietransfer-Vereinbarung in Bezug auf konkurrierende Technologierechte schließen. Die neue Technologietransfer-Vereinbarung muss also Technologierechte betreffen, die für die Herstellung von Produkten genutzt werden können, die mit den Vertragsprodukten im Wettbewerb stehen.[172] Es handelt sich hierbei nicht um eine Änderung der ursprünglichen Technologietransfer-Vereinbarung, sondern von Begleitumständen unter der Kontrolle der Parteien. Bezöge sich die Einschränkung des Abs. 3 S. 1 letzter Hs. nur auf wesentliche Änderungen der Vereinbarung selbst, käme ihr zudem kaum eigene Bedeutung zu. Aus zivilrechtlichen Gründen käme eine wesentliche Änderung des Vertrages nämlich grds. einem Neuabschluss unter veränderten Bedingungen gleich. Keine wesentliche Änderung der Begleitumstände ist es, dass die Parteien Wettbewerber werden, da dies bereits Anwendungsvoraussetzung von Abs. 3 ist. Ansonsten sind Änderungen **wesentlich**, wenn sie eine andere wettbewerbliche Beurteilung der ursprünglichen Technologietransfer-Vereinbarung erforderlich machen. Hierzu zählen bei der Anwendung einer Preisgleitklausel und die Vereinbarung einer üblichen Anpassung der Lizenzgebühr in der Technologietransfer-Vereinbarung. Bei marktunüblicher Anpassung der Lizenzgebühr könnte der eigentliche Grund für die Anpassung in dem entstandenen Wettbewerbsverhältnis liegen (zB die Lizenzgebühr wird gesenkt, damit der Lizenznehmer nicht mit seiner eigenen Technologie in den Markt eintritt). In diesem Fall wäre die Änderung der Lizenzgebühr wesentlich. Da Abs. 3 nur während der Geltungsdauer der Vereinbarung gilt, ist damit klargestellt, dass eine nachträgliche Vertragsverlängerung auf keinen Fall Abs. 3 unterfällt.[173] Anders liegt es bei Vertragsverlängerungen, die bereits im Vertrag angelegt sind, da sie zur „gesamten Geltungsdauer der Vereinbarung" gehören.[174] Jede nachträgliche Aufnahme einer Kernbeschränkung in die Vereinbarung, welche nach Abs. 2 zulässig ist, nicht aber nach Abs. 1, dürfte hingegen eine wesentliche Änderung darstellen.[175] Die wesentliche Änderung muss „**später**" erfolgen, was bedeutet, dass es sich um einen Zeitpunkt nach Abschluss der ursprünglichen Vereinbarung handelt.

85   Die Regelung des Abs. 3 gilt nicht in den Fällen, in denen ein Hersteller gerade **durch Abschluss des Lizenzvertrages Wettbewerber des Lizenzgebers** bei den Vertragsprodukten wird, da es sich in diesem Fall nicht um konkurrierende Unternehmen iSd Art. 1 Abs. 1 lit. n Ziff. ii handelt. Abs. 3 regelt den Fall, dass der Lizenznehmer beginnt, bereits vorhandene konkurrierende Technologierechte zu lizenzieren bzw. aufgrund eigener Entwicklungen von Technologien oder

---

[172] Mitt. der Kom., Leitlinien zur Anwendung von Artikel 101 des Vertrages über die Arbeitsweise der Europäischen Union auf Technologietransfer-Vereinbarungen, ABl. 2014 C 89, 3 Rn. 39.
[173] Im Ergebnis auch Bechtold/Bosch/Brinker Rn. 5, die die Änderung der Vertragslaufzeit nach Beginn des Wettbewerbverhältnisses als wesentliche Änderung einstufen; aA zur Vorgänger-GVO unter Hinweis auf den englischen (Original-)Text der VO/EG Nr. 772/2004 Schultze/Pautke/Wagener TT-GVO Rn. 810-811.
[174] Immenga/Mestmäcker/Fuchs Art. 4 Rn. 90; anders Bechtold/Bosch/Brinker Rn. 5, die nur Verlängerungen, die auf Nicht-Kündigung beruhen, als unwesentliche Veränderungen betrachten; vgl. dazu auch Wiedemann KartellR-HdB/Klawitter § 14 Rn. 275, wonach Art. 4 Abs. 3 anwendbar ist, wenn sich die Laufzeit „automatisch oder auch nur optional verlängert".
[175] Ähnlich zur Vorgänger-GVO Schultze/Pautke/Wagener TT-GVO Rn. 814.

dem Erwerb von Technologierechten und deren Lizenzierung während der Geltungsdauer der Vereinbarung zum Wettbewerber des Lizenzgebers wird[176] oder der Lizenzgeber selbst als Hersteller in den Markt der Vertragsprodukte eintritt, in dem der Lizenznehmer – unabhängig von der Lizenz – bereits tätig war.[177] In letzterem Fall besteht Anlass zu der Prüfung, ob es sich nicht bereits bei Vertragsabschluss um potentielle Wettbewerber gehandelt hat.

Abs. 3 regelt lediglich, dass sich die Freistellungsfähigkeit nach Abs. 2 beurteilt, wenn die Vertragsparteien zum Zeitpunkt des Abschlusses des Vertrages keine Wettbewerber waren. Abs. 3 enthält indes keine Regelung, dass dies auch für die **Marktanteilsschwellen des Art. 3** gilt. Es stellt sich also die Frage, ob nach Entstehen eines Wettbewerbsverhältnisses die 20 %-Schwelle des Art. 3 Abs. 1 oder die 30 %-Schwelle des Art. 3 Abs. 2 gilt. Die Systematik und der eindeutige Wortlaut des Abs. 3 sprechen dafür, dass die Regelung sich ausschließlich auf die Kernbeschränkungen und die Rückausnahmen bezieht.[178] Diese Auslegung wird durch Rn. 85 der Leitlinien bestätigt, in der die Kommission feststellt, dass die Markanteilsschwelle von 20 % des Art. 3 Abs. 1 Anwendung findet, wenn und sobald die Parteien zu einem späteren Zeitpunkt Wettbewerber werden.[179] Vor dem Hintergrund dieser Feststellung kommt auch keine analoge Anwendung des Abs. 3 im Hinblick auf die Marktanteilsschwellen in Betracht (anders noch die Vorauflage). Eine solche Analogie setzt nämlich eine planwidrige Regelungslücke voraus, die nicht vorliegt. Dies bedeutet im Ergebnis u.a., dass in Fällen, in denen der Marktanteil eines Vertragspartners von Anfang an über 20 % lag, die Gruppenfreistellung mit Eintritt des Vertragspartners in den Wettbewerb nicht mehr gilt. Art. 8 hilft in diesem Fall nicht, da es sich nicht um einen Fall der späteren Überschreitung der Marktanteilsschwelle handelt. **86**

Für den umgekehrten Fall, dass also die Parteien **während der Geltungsdauer der Vereinbarung zu Nicht-Wettbewerbern** werden, gilt, dass die Parteien ab Eintritt der Änderung der Wettbewerbsverhältnisse auch wie Nicht-Wettbewerber behandelt werden.[180] Die Kommission stellt dies in Rn. 37 der Leitlinien[181] für den Fall des Wegfalls eines Wettbewerbsverhältnisses aufgrund einer durchgreifenden Innovation, die zur Bildung eines neuen sachlich relevanten Marktes führt, ausdrücklich klar. Werden die Parteien später wieder zu Wettbewerbern, so ist fraglich, ob Abs. 3 Anwendung finden kann. Da Abs. 3 jedoch explizit auf den Abschluss der Vereinbarung als Ausgangssituation abstellt und zudem als Ausnahmevorschrift restriktiv auszulegen ist, ist seine Anwendbarkeit auf diese Situation zu verneinen. Vielmehr finden dann wieder die für Wettbewerber geltenden Vorschriften (hinsichtlich Kernbeschränkungen, Marktanteilsschwellen) Anwendung.[182] Im Hinblick auf die Marktanteilsschwellen des Art. 3 ist immer auf das Wettbewerbsverhältnis der Parteien zu einem gegebenen Zeitpunkt abzustellen. **87**

Art. 5 Nichtfreigestellte Beschränkungen

(1) Die Freistellung nach Artikel 2 gilt nicht für die folgenden in Technologietransfer-Vereinbarungen enthaltenen Verpflichtungen:
a) alle unmittelbaren oder mittelbaren Verpflichtungen des Lizenznehmers, dem Lizenzgeber oder einem vom Lizenzgeber benannten Dritten für eigene Verbesserungen an der lizenzierten Technologie oder eigene neue Anwendungen dieser Technologie eine Exklusivlizenz oder Gesamt- bzw. Teilrechte zu gewähren;
b) alle einer Partei auferlegten unmittelbaren oder mittelbaren Verpflichtungen, die Gültigkeit der Rechte des geistigen Eigentums, über die die andere Partei in der Union verfügt, nicht anzufechten, unbeschadet der Möglichkeit, bei einer Exklusivlizenz die Beendigung der Technologietransfer-Vereinbarung für den Fall vorzusehen, dass der Lizenznehmer die Gültigkeit eines oder mehrerer der lizenzierten Technologierechte anficht.

(2) Handelt es sich bei den Vertragsparteien nicht um konkurrierende Unternehmen, so gilt die Freistellung nach Artikel 2 nicht für unmittelbare oder mittelbare Verpflichtungen, die die Möglichkeit des Lizenznehmers, seine eigenen Technologierechte zu verwerten,

---

[176] Vgl. Leitlinien „Technologietransfer" Rn. 38.
[177] Leitlinien „Technologietransfer" Rn. 39.
[178] Gegen eine Anwendbarkeit von Abs. 3 auch Wiedemann KartellR-HdB/Klawitter § 14 Rn. 277, der allerdings auf die Abmilderung der Wirkungen für die Parteien durch den Übergangszeitraum nach Art. 8 lit. e GVO-TT hinweist, wenn die Parteien von Nicht-Wettbewerbern zu Wettbewerbern werden.
[179] Leitlinien „Technologietransfer" Rn. 85.
[180] So auch Bechtold/Bosch/Brinker Rn. 6.
[181] Leitlinien „Technologietransfer" Rn. 37.
[182] Zur Vorgänger-GVO Schultze/Pautke/Wagener TT-GVO Rn. 821.

oder die Möglichkeit einer der Vertragsparteien, Forschungs- und Entwicklungsarbeiten durchzuführen, beschränken, es sei denn, letztere Beschränkung ist unerlässlich, um die Preisgabe des lizenzierten Know-hows an Dritte zu verhindern.

Übersicht

	Rn.		Rn.
I. Allgemeines	1	III. Nicht freigestellte Beschränkungen zwischen nicht konkurrierenden Unternehmen (Abs. 2)	12
II. Nicht freigestellte Beschränkungen zwischen konkurrierenden und nicht konkurrierenden Unternehmen (Abs. 1)	2		

I. Allgemeines

1 Art. 5 enthält eine Reihe von Vertragsklauseln, deren Verwendung einerseits nicht gruppenweise freigestellt ist, andererseits aber nicht dazu führt, dass die gesamte Vereinbarung nicht mehr gruppenweise freigestellt ist (in der VO/EG Nr. 240/96 daher als „**graue**" **Klauseln** bezeichnet). Die Freistellung bezieht sich nicht auf derartige Verpflichtungen mit der Folge, dass sie einer Einzelfallwürdigung am Maßstab des Art. 101 AEUV zu unterwerfen sind. Verstoßen sie gegen Art. 101 Abs. 1 AEUV und erfüllen sie die Voraussetzungen des Art. 101 Abs. 3 AEUV nicht, sind sie nicht wirksam vereinbart, wobei die übrigen wettbewerbsbeschränkenden Vertragsklauseln gruppenfreigestellt bleiben, sofern sie die Voraussetzungen der GVO erfüllen. Welche rechtlichen Folgen die Unwirksamkeit einer oder mehrerer dieser Verpflichtungen für den Gesamtvertrag hat, beurteilt sich wiederum nach nationalem Recht (§ 139 BGB), sodass die Unwirksamkeit einzelner, gegen Art. 5 verstoßender Verpflichtungen im Einzelfall auch zur Unwirksamkeit des Gesamtvertrages führen kann.[1] Abs. 1 gilt unabhängig davon, ob die Vertragsparteien konkurrierende oder nicht konkurrierende Unternehmen sind, während Abs. 2 die für konkurrierende Unternehmen in Art. 4 Abs. 1 lit. d als Kernbeschränkung geregelte Klausel des Verbots der Verwertung der eigenen Technologierechte des Lizenznehmers bzw. der Durchführung eigener FuE-Arbeiten durch eine der Vertragsparteien in abgeschwächter Form auf nicht konkurrierende Unternehmen überträgt. Beschränkungen iSd Abs. 1 und 2 werden unabhängig davon erfasst, ob sie unmittelbar oder mittelbar wirken (→ Art. 4 Rn. 5), ohne dabei wie Art. 4 Abs. 1 und 2 ein „Bezwecken" oder die „Kontrolle der Parteien" ausdrücklich vorauszusetzen.[2] Dass eine „Kontrolle der Parteien" vorliegt, ergibt sich jedoch schon aus dem Begriff „Verpflichtung", der eine Vereinbarung oder zumindest eine abgestimmte Verhaltensweise der Vertragsparteien erfordert.[3] Die Verwendung einer in Art. 5 näher bezeichneten Klausel bedeutet nicht, dass sie automatisch unwirksam ist. Die Aufnahme in den Katalog der nicht freigestellten Klauseln besagt, dass der Verordnungsgeber die potentiell wettbewerbsbeschränkende Wirkung von Klauseln, welche Innovationsanreize zu verringern geeignet sind[4] oder zur Aufrechterhaltung unwirksamer Technologierechte führen können, für so schwerwiegend erachtet, dass selbst unterhalb der Marktanteilsschwelle des Art. 3 eine Einzelfallprüfung erforderlich ist.[5]

II. Nicht freigestellte Beschränkungen zwischen konkurrierenden und nicht konkurrierenden Unternehmen (Abs. 1)

2 Gemäß **Abs. 1 lit. a** gilt die Gruppenfreistellung nicht für dem **Lizenznehmer auferlegte Exklusivrücklizenzverpflichtungen sowie Verpflichtungen des Lizenznehmers zur Übertragung von Gesamt- bzw. Teilrechten an Verbesserungserfindungen oder eigenen neuen Anwendungen der von den lizenzierten Rechten geschützten Technologien.** Im Falle von Abs. 1 lit. a Alt. 1 verpflichtet sich der Lizenznehmer, dem Lizenzgeber oder einem von diesem benannten Dritten eine exklusive Rücklizenz auf zukünftige, eigene Verbesserungen an bzw. eigene neue Anwendungen der von den lizenzierten Rechten geschützten Technologie einzuräumen. Abs. 1 lit. a Alt. 2 regelt die Übertragung von Gesamt- oder Teilrechten an Verbesserungserfindungen bzw.

---

[1] Vgl. Zöttl WRP 2005, 33 (39); Gennen IPRB 2014, 131 (136); Zöttl folgend auch Kölner Komm KartellR/Herrmann Art. 5 Rn. 2.
[2] Zust. Kölner Komm KartellR/Herrmann Art. 5 Rn. 4, die den Wegfall des Merkmals des Bezweckens für „folgerichtig" hält.
[3] Bechtold/Bosch/Brinker Rn. 4.
[4] Leitlinien „Technologietransfer", 27 Rn. 128.
[5] Leitlinien „Technologietransfer" Rn. 128; zur Vorgänger-GVO Schultze/Pautke/Wagener TT-GVO Rn. 823.

neuen Anwendungen der Technologie vom Lizenznehmer an den Lizenzgeber oder einen von ihm benannten Dritten. Es muss sich bei der rückzulizenzierenden Technologie[6] um eine eigene Verbesserung oder um eigene, neue Anwendungen der Technologie handeln, die Gegenstand der Technologietransfer-Vereinbarung ist. Eine **Verbesserung** liegt vor, wenn diese Technologie weiterentwickelt worden ist und sich dies positiv auf die Nutzung der Technologie auswirkt. Es ist iRd Abs. 1 lit. a nicht notwendig, dass die Verbesserung selbst schutzfähig ist. Es muss sich aber um ein lizenzfähiges oder übertragbares Wissen (zu den Begriffen „Lizenz" und „Übertragung" iRd Transfers von Know-how → Art. 1 Rn. 42) handeln. Dem Lizenznehmer bzw. Technologierechtsempfänger der Technologietransfer-Vereinbarung muss die Befugnis zur Lizenzierung bzw. Übertragung zustehen, was sich aus dem Adjektiv **„eigene"** ergibt. Abs. 1 lit. a Alt. 2, der die teilweise oder vollständige **Übertragung** regelt,[7] setzt dem Wortlaut nach **Rechte** an eigenen Verbesserungen des Lizenznehmers voraus. Da jedoch auch Know-how in Art. 1 Abs. 1 lit. b als Technologierecht definiert wird, fällt unter Abs. 1 lit. a Alt. 2 auch eine Übertragung von Know-how (zur Übertragung von Know-how → Art. 1 Rn. 42). Abs. 1 lit. a Alt. 2 erfasst sowohl die vollständige Eigentumsübertragung an den Rechten des geistigen Eigentums, die die Verbesserung oder neue Anwendung schützen, als auch die Übertragung von **Teilrechten** wie bspw. Miteigentum. Bei den Rechten muss es sich nicht um Technologierechte iSd Art. 1 Abs. 1 lit. b handeln. Eine **neue Anwendung** liegt vor, wenn die Technologie, die Gegenstand der Technologietransfer-Vereinbarung ist, über den ursprünglichen Anwendungsbereich hinaus für andere Anwendungen nutzbar gemacht wird und sie in ihrer ursprünglichen Form für diesen Anwendungsbereich nicht genutzt werden konnte.[8] Dies ist beispielsweise der Fall, wenn die Technologie A für die Herstellung des Produktes X lizenziert und geeignet ist und aufgrund entsprechender Weiterentwicklungen auch für die Herstellung des Produktes Y verwendet werden kann. Auch wenn der Wortlaut dies nicht erfordert, setzt diese Alternative ebenfalls eine Weiterentwicklung der lizenzierten Technologie durch den Lizenznehmer voraus.

Nicht in den Anwendungsbereich des Art. 5 fallen **nicht ausschließliche** Rücklizenzierungsverpflichtungen hinsichtlich eigener Verbesserungen oder eigener neuer Anwendungen des Lizenznehmers. Dies soll auch dann gelten, wenn nur der Lizenznehmer verpflichtet wird und der Lizenzgeber berechtigt ist, die Verbesserungen/neuen Anwendungen an andere Lizenznehmer weiterzugeben.[9] Der Begriff der **„Exklusivlizenz"** wird in Art. 1 Abs. 1 lit. p definiert und (→ Art. 1 Rn. 110 ff.) näher erläutert. Exklusivlizenz bedeutet, dass der Lizenznehmer nicht nur keine weiteren Lizenzen erteilt, sondern auch selbst nicht auf Grundlage der Verbesserung oder neuen Anwendung produziert, wobei diese Exklusivität nicht generell gelten muss,[10] sondern sich auf bestimmte Nutzungen (Wirtschaftszweige, Produktmärkte oder Anwendungsbereiche) oder Gebiete beschränken kann (→ Art. 1 Rn. 111).[11] Dies bedeutet im Umkehrschluss, dass auch die Erteilung von auf bestimmte Nutzungen oder Gebiete beschränkten exklusiven Rücklizenzen nicht gruppenfreistellungsfähig ist. Ein solche Beschränkung der Exklusivität ist jedoch bei der Einzelfallprüfung nach Art. 101 AEUV zu beachten. Die Erteilung einer Alleinlizenz an den Lizenzgeber bleibt hingegen gruppenfreistellungsfähig, wenn der Lizenznehmer das Recht behält, auf Grundlage der eigenen Verbesserungen und neuen Anwendungen selbst zu produzieren.[12] Schließlich ist zu beachten, dass es sich gemäß der Definition der Exklusivlizenzen in Art. 1 Abs. 1 lit. p um eine exklusive Produktionslizenz handeln muss (→ Art. 1 Rn. 112). Die Verpflichtung zur Erteilung anderer exklusiver Rücklizenzen, bspw. exklusiver Vertriebslizenzen, bleibt daher gruppenfreigestellt.

Ist eine nach Abs. 1 lit. a nichtfreigestellte Beschränkung in einer Technologietransfer-Vereinbarung enthalten, ist eine **Einzelfallprüfung** nach Art. 101 AEUV durchzuführen. Die Leitlinien enthalten verschiedene Gesichtspunkte, welche iRd erforderlichen Gesamtbetrachtung der wettbewerbsfördernden und wettbewerbsbeschränkenden Wirkungen zu berücksichtigen sind. So sollen die Lizenzgebühr sowie die Marktstellung des Lizenzgebers auf dem Technologiemarkt maßgebliche

---

[6] Eigentlich werden die Rechte rücklizenziert, die diese Technologie schützen, oder das entsprechende Know-how.
[7] AA Bechtold/Bosch/Brinker Rn. 2.
[8] Vgl. zur Vorgänger-GVO Schultze/Pautke/Wagener TT-GVO Rn. 835.
[9] Leitlinien „Technologietransfer" Rn. 131.
[10] AA wohl Bechtold/Bosch/Brinker Rn. 5.
[11] Insoweit sind die Aussagen in den Leitlinien, dass Art. 5 Abs. 1 lit. a sich auf „ausschließliche Rücklizenzen (durch die Verbesserungen des Lizenznehmers ausschließlich an den Lizenzgeber zurücklizenziert werden)" beziehe und dass „eine ausschließliche Rücklizenz [...] den Lizenznehmer (der die Innovation hervorgebracht und in diesem Fall der Lizenzgeber der Verbesserung ist) daran [hindere], die Verbesserung (entweder in seiner eigenen Produktion oder durch Lizenzvergabe an Dritte) zu verwerten", in dieser Allgemeinheit unzutreffend – s. Leitlinien „Technologietransfer" Rn. 129.
[12] Bechtold/Bosch/Brinker Rn. 6.

Faktoren sein.[13] Entscheidend sind u.a. die Auswirkungen exklusiver Rücklizenzierungs- bzw. Übertragungsverpflichtungen auf den vom Lizenznehmer ausgehenden Innovationswettbewerb. Kostenlose oder quasi-kostenlose exklusive Rücklizenzierungs-/Übertragungsverpflichtungen können dem Lizenznehmer den Anreiz nehmen, an der Entwicklung von Verbesserungen zu arbeiten.[14] Bei hohen Marktanteilen des Lizenzgebers auf dem Technologiemarkt kommt andererseits dem Innovationswettbewerb besondere Bedeutung für den Wettbewerb auf dem Technologiemarkt zu. In diesem Fall erschweren Exklusivrücklizenzierungs-/Übertragungsverpflichtungen, dass das Ergebnis dieses Innovationswettbewerbs anderen Marktteilnehmern zugänglich gemacht wird, sodass sie geeignet sind, die Marktstellung des Lizenzgebers weiter zu verfestigen.[15] In diesem Zusammenhang ist zu berücksichtigen, ob die dem Lizenzgeber oder einem vom Lizenzgeber benannten Dritten zu erteilenden Exklusivlizenzen beschränkt oder unbeschränkt sind. Handelt es sich um Exklusivlizenzen, die sich auf bestimmte Nutzungen oder Gebiete beschränken, so können je nach deren wirtschaftlicher Bedeutung genügend Innovationsanreize für den Lizenznehmer verbleiben. Dieser bleibt nämlich hinsichtlich der anderen Nutzungen und Gebiete bei der Verwertung der Verbesserung/neuen Anwendung frei.

5 Außerhalb des Anwendungsbereichs der TT-GVO besteht nach Auffassung der Kommission beim **Cross-Licensing zwischen Wettbewerbern** die Gefahr, dass durch gegenseitige, auch nicht-ausschließliche Rücklizenzierungsverpflichtungen mit der Auflage, dass die Parteien auch Verbesserungen ihrer eigenen Technologien miteinander teilen, die Vertragsparteien möglicherweise davon abgehalten werden, Wettbewerbsvorsprünge aufzubauen und auszunutzen. Es sei jedoch unwahrscheinlich, dass die Parteien von einem Wettbewerbsvorsprung abgehalten werden, wenn durch die Lizenzen die Entwicklungen der eigenen Technologien der Parteien ermöglicht werden sollen und die Parteien nicht dazu veranlasst werden, ihre Produkte auf derselben technologischen Grundlage zu gestalten. Dies sei der Fall, wenn die Lizenz darauf gerichtet ist, die Gestaltungsfreiheit des (jeweiligen) Lizenznehmers zu gewährleisten und nicht seine technologische Grundlage der Produktion zu verbessern.[16] Die besprochenen Cross-Licensing-Verpflichtungen können also insbesondere dann nach Art. 101 AEUV zulässig sein, wenn die lizenzierte Verbesserung den Lizenznehmer in die Lage versetzt, seine eigene Technologie weiterzuentwickeln, da dies den Technologiewettbewerb jedenfalls dann fördert, wenn im Ergebnis weiterhin untereinander im Wettbewerb stehende unterschiedliche Technologien im Markt angeboten werden.

6 **Nichtangriffsverpflichtungen,** dh Verpflichtungen einer Partei, die Gültigkeit der Rechte des geistigen Eigentums, über die die andere Partei in der Union verfügt, nicht anzufechten, sind gemäß Abs. 1 lit. b nicht gruppenfreigestellt. Dies entspricht den grundsätzlichen Vorbehalten der Kommission gegen Nichtangriffsabreden in Lizenzverträgen. Ursprünglich war die Kommission wie auch der EuGH der Auffassung, dass jegliche Nichtangriffsabrede per se wettbewerbsbeschränkend und nicht freistellungsfähig sei (zur Entwicklung der Beurteilung von Nichtangriffsverpflichtungen → Einl. Rn. 27).[17] Selbst in gerichtlichen Vergleichen sollten derartige Klauseln nur Gültigkeit haben, wenn ernsthaft über das Bestehen des Schutzrechtes gestritten werden konnte.[18] Die Kommission begründet ihre kritische Haltung gegenüber Nichtangriffsklauseln in den Leitlinien damit, dass im Interesse eines unverfälschten Wettbewerbs und im Einklang mit den Grundsätzen, die dem Schutz des geistigen Eigentums zugrunde liegen, ungültige Rechte des geistigen Eigentums aufgehoben werden sollten. Ungültige Rechte des geistigen Eigentums verhinderten eher die Innovationstätigkeit als dass sie sie förderten. Lizenznehmer wiederum könnten idR am besten beurteilen, ob ein lizenziertes Recht des geistigen Eigentums ungültig ist oder nicht.[19] Auch der EuGH betonte in seiner Entscheidung in Sachen Lundbeck, dass die Anfechtung potentiell ungültiger geistiger Eigentumsrechte im Allgemeininteresse liege. Der EuGH urteilte daher, dass auch solche Abreden in Streitbeilegungsvergleichen, die de facto Nichtangriffsklauseln entsprechen und die gleiche Wirkung entfalten, bezweckte Wettbewerbsbeschränkungen darstellen können.[20] Wenn die von den Rechten des geistigen Eigentums geschützte Technologie wertvoll ist und daher ein Wettbewerbsnachteil für die Unternehmen entsteht, die trotz der Ungültigkeit der Rechte des geistigen Eigentums an ihrer

---

13 Leitlinien „Technologietransfer" Rn. 130.
14 Vgl. dazu Frank CR 2014, 349 (353) mit dem Hinweis auf das Beispiel der Kommission, dass eine Vergütungspflicht als Gegenleistung für eine Exklusivlizenz den Innovationsanreiz hingegen aufrechterhalten könne; Leitlinien „Technologietransfer" Rn. 130.
15 Leitlinien „Technologietransfer" Rn. 130.
16 Leitlinien „Technologietransfer" Rn. 132.
17 Vgl. EuGH Slg. 1986, 611 Rn. 77 ff. – Windsurfing International.
18 S. EuGH Slg. 1988, 5249 Rn. 14 – Bayer/Süllhöfer.
19 Leitlinien „Technologietransfer" Rn. 134.
20 Vgl. EuGH Urt. v. 25.7.2021 – C-591/16 P Rn. 133 ff. – Lundbeck.

Nutzung gehindert werden oder sie nur gegen Zahlung von Lizenzgebühren nutzen können, ist nach Auffassung der Kommission eine Nichtangriffsverpflichtung idR nach Art. 101 Abs. 1 AEUV wettbewerbsbeschränkend und erfüllt nicht die Freistellungsvoraussetzungen des Art. 101 Abs. 3 AEUV.[21] Wenn jedoch eine Lizenz kostenlos erteilt wird oder sich auf ein technisch überholtes Verfahren bezieht, von dem der Lizenznehmer keinen Gebrauch gemacht hat, liegt bei Vereinbarung einer Nichtangriffsklausel keine Wettbewerbsbeschränkung vor.[22] Nach Rn. 242 der Leitlinien sollen auch Nichtangriffsklauseln in Streitbeilegungsvereinbarungen idR schon nicht unter Art. 101 Abs. 1 AEUV fallen, da es gerade der Sinn solcher Vereinbarungen sei, bestehende Konflikte zu lösen oder künftige zu vermeiden, indem sich die Parteien u.a. darauf einigen, die fraglichen Rechte nicht im Nachhinein anzufechten.[23] Eine andere Beurteilung einer Nichtangriffsklausel in einer Streitbeilegungsvereinbarung kann nach Rn. 243 der Leitlinien in Betracht kommen, wenn das betreffende Recht des geistigen Eigentums auf der Grundlage unrichtiger oder irreführender Angaben gewährt wurde oder wenn der Lizenzgeber dem Lizenznehmer, der sich zur Nichtanfechtung verpflichtet, weitere finanzielle oder sonstige Anreize außer der Lizenz hierfür bietet oder wenn die Technologie ein notwendiger Input für die Produktion des Lizenznehmers ist.[24] Eine Klausel, die den Lizenznehmer verpflichtet, die Eigentümerstellung des Lizenzgebers an Technologierechten nicht anzufechten, stellt nach Auffassung der Kommission keine wettbewerbsbeschränkende Vereinbarung nach Art. 101 Abs. 1 AEUV dar. Streiten sich die Parteien nämlich nicht um die Gültigkeit der Rechte, sondern nur um die Eigentümerstellung, so ist unabhängig davon, ob die Technologierechte im Eigentum des Lizenzgebers oder eines Dritten stehen, die Nutzung der Technologie durch den Lizenznehmer oder andere Parteien an die Gewährung einer Lizenz gebunden.[25]

Abs. 1 lit. b umfasst ausdrücklich **Nichtangriffsverpflichtungen für beide Parteien** und 7 nicht nur solche, die für den Lizenznehmer gelten sollen.[26] Nichtangriffsverpflichtungen für den Lizenznehmer stehen in einem inneren Zusammenhang mit der Technologietransfer-Vereinbarung, da der Lizenznehmer bestimmungsgemäß mit den lizenzierten Technologierechten des Lizenzgebers in Kontakt kommt. Eine Nichtangriffsverpflichtung für den Lizenzgeber weist jedoch, wenn er nicht zugleich auch Lizenznehmer ist, keinerlei objektiv sachliche Beziehung zum Technologietransfer auf. Selbst wenn die Nichtangriffsverpflichtung für den Lizenzgeber in demselben Dokument wie die Technologietransfer-Vereinbarung enthalten ist, steht sie objektiv betrachtet in keinem inneren, sachlichen Zusammenhang mit dem Technologietransfer. Es handelt sich vielmehr um eine bei Gelegenheit einer Technologietransfer-Vereinbarung getroffene wettbewerbsbeschränkende Absprache, die nicht in den Anwendungsbereich der TT-GVO fällt.

Dies gilt generell für Nichtangriffsverpflichtungen, die sich auf andere Rechte des geistigen 8 Eigentums beziehen als auf die Technologierechte, die dem Lizenznehmer lizenziert wurden und mit denen er deswegen iRd Technologietransfers bestimmungsgemäß in Berührung kommt. Dennoch gilt Abs. 1 lit. b – wenn auch nach hiesiger Ansicht überflüssiger Weise – ausdrücklich für aller **Rechte des geistigen Eigentums** einerlei Art, seien es lizenzierte Technologierechte oder nicht. Der Begriff „Rechte des geistigen Eigentums" wird in Art. 1 Abs. 1 lit. h definiert und (→ Art. 1 Rn. 71 ff.) im Einzelnen erläutert. Die Rechte des geistigen Eigentums, auf die sich die Nichtangriffsverpflichtung bezieht, müssen der jeweiligen Partei **in der Union** zustehen. Nichtangriffsverpflichtungen im Hinblick auf geistige Eigentumsrechte in Drittstaaten, die in der EU nicht gelten, fallen nicht unter Abs. 1 lit. b.

Da Abs. 1 lit. b nur für Rechte des geistigen Eigentums nach Art. 1 Abs. 1 lit. h gilt, gilt er 9 folglich nicht für **Know-how**.[27] Dies wird durch die Definition von Rechten des geistigen Eigentums in Art. 1 Abs. 1 lit. h klargestellt. Nichtangriffsabreden für Know-how fallen mithin unter die GVO, sind also bis zur Marktanteilsschwelle des Art. 3 automatisch freigestellt.[28] Die Kommission begründet dies damit, dass es unmöglich oder zumindest sehr schwierig sein dürfte, einmal lizenziertes Know-how wiederzuerlangen. Eine Nichtangriffs- oder Kündigungsklausel fördere in diesem

---

[21] Leitlinien „Technologietransfer" Rn. 134; Wiedemann KartellR-HdB/Klawitter § 14 Rn. 291, weist darauf hin, dass sich kaum abschätzen lässt, welche Technologien von den Kartellbehörden und Gerichten als „wertvoll" angesehen werden und welche nicht, weswegen es ratsam sei, Nichtangriffsabreden in jedem Fall zu vermeiden; krit. zur Unterscheidung von „wertvollen" und „nicht wertvollen" Technologien u.a. wegen der Schwierigkeiten der praktischen Anwendung auch Kölner Komm KartellR/Herrmann Art. 5 Rn. 28.
[22] EuGH Slg. 1988, 5249 Rn. 17–18. – Bayer/Süllhöfer; Leitlinien „Technologietransfer" Rn. 134.
[23] Leitlinien „Technologietransfer" Rn. 242.
[24] Leitlinien „Technologietransfer" Rn. 243.
[25] Leitlinien „Technologietransfer" Rn. 135.
[26] Krit. zur Begrenzung der Zulässigkeit von Nichtangriffsverpflichtungen Kölner Komm KartellR/Herrmann Art. 5 Rn. 22.
[27] Bechtold/Bosch/Brinker Rn. 8.
[28] Leitlinien „Technologietransfer" Rn. 140.

Fall die Verbreitung neuer Technologien, weil schwächere Lizenzgeber auf diese Weise stärkeren Lizenznehmern eine Lizenz erteilen könnten, ohne fürchten zu müssen, dass ihr Know-how angefochten wird, sobald der Lizenznehmer es sich zu eigen gemacht hat.[29]

10   **Die Vereinbarung der Möglichkeit, die Technologietransfer-Vereinbarung für den Fall zu beenden, dass der Lizenznehmer die Gültigkeit eines oder mehrerer der lizenzierten Technologierechte anficht**, ist gemäß Abs. 1 lit. b nur gruppenfreigestellt, wenn es sich um eine **Exklusivlizenz** handelt.[30] Die Anfechtung muss eines oder mehrere der Technologierechte betreffen, die Gegenstand der Technologietransfer-Vereinbarung sind. Begünstigter des Kündigungsrechts kann nur der Lizenzgeber der Technologietransfer-Vereinbarung sein. Zudem muss es sich bei der Technologietransfer-Vereinbarung um eine Exklusivlizenz für den Lizenznehmer iSd Art. 1 Abs. 1 lit. p handeln (→ Art. 1 Rn. 110 ff.). Im Entwurf der VO/EU Nr. 316/2014 schlug die Kommission noch vor, ein Kündigungsrecht des Lizenzgebers gänzlich von der Gruppenfreistellung auszunehmen. Das Kündigungsrecht könne dieselben Auswirkungen wie eine Nichtangriffsklausel haben, da der Lizenznehmer bei einer Kündigung des Lizenzgebers die Vertragsprodukte nicht mehr herstellen könne und bereits erheblich mit den Kosten für die Einrichtung der Produktion belastet sei. In diesen Fällen werde der Lizenznehmer möglicherweise davon abgehalten, die Gültigkeit der Rechte des geistigen Eigentums anzufechten.[31] Die Kommission differenziert in der TT-GVO jedoch zwischen exklusiven und nicht-exklusiven Lizenzverträgen. In den Leitlinien hält sie daran fest, dass ein Kündigungsrecht dieselben Wirkungen wie eine Nichtangriffsklausel haben könne, wenn der Entzug der Technologierechte des Lizenzgebers für den Lizenznehmer einen erheblichen Verlust bedeuten würde oder wenn die geschützte Technologie ein notwendiges Input für seine Produktion ist. Ersteres könne bspw. der Fall sein, wenn der Lizenznehmer bereits in Produktionsanlagen investiert hat, die nicht für die Produktion mit einer anderen Technologie verwendet werden können.[32] Letzteres könne der Fall sein, wenn es sich um ein standardessentielles Technologierecht handelt oder der Lizenzgeber eine herausragende Marktstellung innehat und es für den Lizenznehmer schwierig ist, eine alternative Technologie zu finden.[33] Die Kommission räumt jedoch ein, dass in anderen Situationen Kündigungsklauseln einer Anfechtung nicht erheblich entgegenstehen und daher nicht dieselbe Wirkung wie Nichtangriffsklauseln haben.[34] Dies ist außerhalb des Anwendungsbereichs der Gruppenfreistellung bei einer Einzelfallprüfung nach Art. 101 AEUV zu berücksichtigen.

11   Letztendlich liegt Abs. 1 lit. b dieselbe **Interessenabwägung** zugrunde, die nach Rn. 138 der Leitlinien auch einer Einzelfallprüfung nach Art. 101 AEUV außerhalb des Anwendungsbereichs der TT-GVO zugrunde liegt. Dem öffentlichen Interesse an der Beseitigung von Wirtschaftshindernissen, die aus fälschlich erteilten Rechten des geistigen Eigentums erwachsen können, steht das öffentliche Interesse entgegen, für den Lizenzgeber die Anreize zur Lizenzvergabe dadurch zu erhöhen, dass er nicht verpflichtet ist, mit einem Lizenznehmer, der den Kerngegenstand der Lizenzvereinbarung anficht, weiter vertraglich verbunden zu sein.[35] Bei der Einzelfallprüfung nach Art. 101 AEUV sei auch zu berücksichtigen, ob der Lizenznehmer alle seine vertraglichen Verpflichtungen zum Zeitpunkt der Anfechtung erfüllt.[36] Nachdem diese Abwägung zum Zeitpunkt der Entwurfsfassung einseitig zugunsten des öffentlichen Interesses an der Beseitigung von Wirtschaftshindernissen, die aus fälschlich erteilten Rechten des geistigen Eigentums erwachsen können, ausgefallen war, hat die Kommission diese grundsätzliche Haltung zwar auch in der finalen Fassung beibehalten, allerdings mit der Einschränkung, dass die Vereinbarung eines Kündigungsrechtes im Falle einer Exklusivlizenz gruppenfreistellungsfähig ist. Bei Exklusivlizenzen sei die Wahrscheinlichkeit, dass Kündigungsklau-

---

[29] Leitlinien „Technologietransfer" Rn. 140.
[30] Zur Kritik an der Einschränkung des Kündigungsrechts des Lizenzgebers bei Anfechtung eines Schutzrechts durch den Lizenznehmer bei Exklusivlizenzen Leistner/Königs WRP 2014, 268 (271) mwN; krit. auch Kölner Komm KartellR/Herrmann Art. 5 Rn. 22 ff.
[31] Entwurf der Mitt. der Kom., Leitlinien zur Anwendung von Art. 101 des Vertrages über die Arbeitsweise der Europäischen Union auf Technologietransfer-Vereinbarungen, Rn. 125.
[32] Krit. zu diesem Beispiel der Leitlinien Frank CR 2014, 349 (352) mit dem Hinweis, dass bei Exklusivlizenzvereinbarungen der Lizenznehmer noch nicht einmal die Möglichkeit habe, seine Produktionsmaschinen weiterzuveräußern, um den Verlust zu reduzieren, er also entgegen der Wertung der TT-GVO erst recht schutzwürdig sei.
[33] Leitlinien „Technologietransfer" Rn. 136; zur Beurteilung von Kündigungsklauseln in einer Lizenzvereinbarung über standardessentielle Patente („SEPs") im Rahmen eines Vergleichs nach Art. 102 AEUV s. die Entscheidung der Kom. v. 29.4.2014 Case AT.39985 – Motorola – Enforcement of GPRS standard essential patents Rn. 375 ff. und 475 ff. (noch unter Geltung der VO/EG Nr. 772/2004).
[34] Leitlinien „Technologietransfer" Rn. 137.
[35] EuGH Slg. 1986, 611 Rn. 92 – Windsurfing International/Kom.; Leitlinien „Technologietransfer" Rn. 138; Leistner/Königs WRP 2014, 268 (269).
[36] Leitlinien „Technologietransfer" Rn. 138.

seln wettbewerbsschädigende Wirkungen haben, regelmäßig geringer, da sich der Lizenzgeber nach Erteilung der Lizenz selbst in einem besonderen Abhängigkeitsverhältnis befinden könne. Dies sei der Fall, wenn der Lizenznehmer seine einzige Einnahmequelle in Bezug auf die lizenzierten Technologierechte hat. Oftmals hingen die Lizenzgebühren nämlich von der Produktion mit den lizenzierten Technologierechten ab. In einem solchen Szenario könnten die Anreize zur Innovation und zur Lizenzvergabe beeinträchtigt werden, wenn (das Risiko besteht, dass) der Exklusivität genießende Lizenznehmer kaum noch Anstrengungen unternimmt, die Vertragsprodukte weiterzuentwickeln, zu produzieren oder zu vermarkten.[37] Auch bei Vereinbarungen, die keine Exklusivlizenzen und daher nicht gruppenfreistellungsfähig sind, könne sich der Lizenzgeber in einem ähnlichen Abhängigkeitsverhältnis zum Lizenznehmer befinden, was iRd Einzelfallprüfung nach Art. 101 AEUV zu berücksichtigen sei.[38] Bei ihren Erwägungen übersieht die Kommission allerdings, dass sich Exklusivlizenzen auf bestimmte Nutzungen oder Gebiete beschränken können (→ Art. 1 Rn. 111)[39] und daher das Abhängigkeitsverhältnis zwischen Lizenzgeber und Lizenznehmer auch im Falle von Exklusivlizenzen immer eine Frage des individuellen Einzelfalls ist. Auch ist die Beschränkung der Möglichkeit, die Technologietransfer-Vereinbarung im Fall von Anfechtungen der lizenzierten Rechte zu beenden, auf Exklusivlizenzen nicht wirklich nachvollziehbar. Die sachliche Rechtfertigung für Kündigungsklauseln liegt darin, dass es dem Lizenzgeber grds. nicht zumutbar ist, an dem Lizenzvertrag festzuhalten, wenn der Lizenznehmer dessen Grundlage in Frage stellt; im Falle eines berechtigten Angriffes braucht der Lizenznehmer die Lizenz ohnehin nicht.[40] Die Kündigungsklausel schützt den Lizenzgeber also nur vor unberechtigten Anfechtungen, die keinerlei wettbewerbsfördernde Wirkung haben. Schließlich setzt sich die Kommission mit der Neufassung von Abs. 1 lit. b in Widerspruch zu Art. 9 Abs. 1 lit. a FuE-GVO (VO/EU 2023/1066).

III. Nicht freigestellte Beschränkungen zwischen nicht konkurrierenden Unternehmen (Abs. 2)

Abs. 2 entspricht inhaltlich der Regelung des Art. 4 Abs. 1 lit. d (→ Art. 4 Rn. 60 ff.), auch wenn er teilweise in der Formulierung abweicht.[41] Soweit die Vertragsparteien **nicht konkurrieren**, stellen **Beschränkungen des Lizenznehmers in der Verwertung der eigenen Technologierechte bzw. Beschränkungen einer der Vertragsparteien in der Durchführung von Forschungs- und Entwicklungsarbeiten** keine die Gruppenfreistellung für die gesamte Vereinbarung ausschließenden Kernbeschränkungen nach Art. 4 dar, sondern sind nach Art. 5 nur als einzelne Klauseln der Vereinbarung nicht gruppenfreistellungsfähig. Eine Einzelfreistellung solcher Klauseln scheidet grds. dann aus, wenn die Vertragsparteien zwar formal keine Wettbewerber sind, obwohl der Lizenznehmer über konkurrierende Technologierechte verfügt, diese aber nicht an Dritte lizenziert (also nicht tatsächlicher Wettbewerber iSv Art. 1 Abs. 1 lit. n Ziff. i ist), und ein Verbot der Verwertung und Weiterentwicklung seiner konkurrierenden Technologien, das den Wettbewerb zwischen den Technologien zu beeinträchtigen geeignet ist, vereinbart wird.[42] Letztlich geht es also um den Schutz potentiellen Technologiewettbewerbs, aber auch um den von der Eigennutzung ausgehenden Wettbewerb. Die **erste Alternative des Abs. 2** setzt ebenso wie Art. 4 Abs. 1 lit. d voraus, dass die betroffenen eigenen Technologierechte des Lizenznehmers mit den lizenzierten Technologierechten konkurrieren.[43] Auf Beschränkungen hinsichtlich nicht konkurrierender Technologierechte des Lizenznehmers findet die TT-GVO schon keine Anwendung.[44] Da sich Abs. 2 auf Nicht-Wettbewerber bezieht, kommen für diese Alternative also nur zwei mögliche Fallkonstellationen in Betracht: Der Lizenznehmer lizenziert seine eigenen konkurrierenden Technologie noch nicht, sodass Lizenzgeber und Lizenznehmer nur potentielle Wettbewerber auf dem Technologiemarkt sind, oder der Lizenznehmer entwickelt seine von einem Technologierecht geschützte Technologie erst nach Abschluss der Lizenzvereinbarung und diese erfährt keine wesentliche Änderung (Art. 4 Abs. 3).[45]

Die wettbewerbliche Beurteilung des **Verbots der Durchführung eigener Forschungs- und Entwicklungsarbeiten** ist wiederum von der Marktstellung der Technologie abhängig. Gibt es

---

[37] Leitlinien „Technologietransfer" Rn. 139.
[38] Leitlinien „Technologietransfer" Rn. 139 Fn. 67.
[39] AA wohl Bechtold/Bosch/Brinker VO Rn. 9.
[40] OLG Karlsruhe MMR 2012, 247 (249); krit. Lejeune CR 2004, 467 (473).
[41] Leitlinien „Technologietransfer" Rn. 141.
[42] Vgl. Leitlinien „Technologietransfer" Rn. 142.
[43] → Art. 4 Rn. 61; Leitlinien „Technologietransfer" Rn. 142 f.
[44] → Art. 4 Rn. 61; so im Ergebnis auch Bechtold/Bosch/Brinker Rn. 12.
[45] Zur Vorgänger-GVO Schultze/Pautke/Wagener TT-GVO Rn. 858; zum Begriff der wesentlichen Änderung → Art. 4 Rn. 81.

nur wenige konkurrierende Technologien im Markt, führt das Verbot, eigene Forschungs- und Entwicklungsarbeiten durchzuführen, zu einer Absicherung der Marktstellung der begünstigten Partei insbesondere dann, wenn die andere Partei über Einrichtungen oder Fähigkeiten verfügt, welche sie in die Lage versetzen, in wirksamen Innovationswettbewerb zu treten.[46]

14   Die **Vereinbarung eines Kündigungsrechts** für den Fall, dass der Lizenznehmer eine wirtschaftlich rentable Technologie entwickelt hat und die Produkte marktreif sind und er die Produktion aufnimmt, soll keine Wettbewerbsbeschränkung darstellen, da in diesem Fall der Anreiz des Lizenznehmers, seine eigene Technologie zu verbessern und zu verwerten bzw. zu entwickeln, nicht beeinträchtigt wird.[47] Dies ist sehr eng und lässt unberücksichtigt, dass der Lizenzgeber ein berechtigtes Interesse daran hat, auch schon vor Eintritt der Marktreife der Produkte des Lizenznehmers die Vertragsbeziehungen jedenfalls dann zu beenden, wenn der Markteintritt, ggf. nur in den Technologiemarkt, feststeht. Die in den Leitlinien angelegte eingeschränkte Kündigungsmöglichkeit ist geeignet, den Lizenzgeber in seiner Lizenzierungspraxis auf Lizenznehmer zu beschränken, von denen bereits bei Abschluss des Vertrages mit hinreichender Sicherheit feststeht, dass sie keine in Wettbewerb stehende Technologie entwickeln. Über die Leitlinien hinaus ist somit eine Vertragsklausel nicht wettbewerbsbeschränkend, jedenfalls aber freistellungsfähig, wenn sie eine Kündigungsmöglichkeit des Lizenzgebers für den Fall vorsieht, dass der Lizenznehmer mit einer von ihm entwickelten Technologie als Wettbewerber auf dem Technologiemarkt tätig wird. Wie auch bei Art. 4 Abs. 1 lit. d sind **Beschränkungen der Möglichkeit einer der Vertragsparteien, Forschungs- und Entwicklungsarbeiten durchzuführen,** gruppenfreigestellt, wenn sie **unerlässlich sind, um die Preisgabe des lizenzierten Know-hows** (also nicht anderer Technologierechte) **an Dritte zu verhindern** (→ Art. 4 Rn. 64 f.).

Art. 6 Entzug des Rechtsvorteils im Einzelfall

(1) Nach Artikel 29 Absatz 1 der Verordnung (EG) Nr. 1/2003 kann die Kommission den mit dieser Verordnung verbundenen Rechtsvorteil entziehen, wenn sie in einem bestimmten Fall feststellt, dass eine nach Artikel 2 freigestellte Technologietransfer-Vereinbarung gleichwohl Wirkungen hat, die mit Artikel 101 Absatz 3 AEUV unvereinbar sind; dies gilt insbesondere, wenn
a) der Zugang von Technologien Dritter zum Markt beschränkt wird, beispielsweise durch die kumulative Wirkung paralleler Netze gleichartiger beschränkender Vereinbarungen, die den Lizenznehmern die Nutzung von Technologien Dritter untersagen;
b) der Zugang potenzieller Lizenznehmer zum Markt beschränkt wird, beispielsweise durch die kumulative Wirkung paralleler Netze gleichartiger beschränkender Vereinbarungen, die den Lizenzgebern die Erteilung von Lizenzen an andere Lizenznehmer untersagen, oder weil der einzige Eigentümer einer Technologie, der für relevante Technologierechte eine Lizenz vergibt, einem Lizenznehmer eine Exklusivlizenz erteilt, der bereits mit substituierbaren Technologierechten auf dem betreffenden Produktmarkt tätig ist.

(2) Wenn eine unter die Freistellung nach Artikel 2 dieser Verordnung fallende Technologietransfer-Vereinbarung im Gebiet eines Mitgliedstaats oder in einem Teilgebiet desselben, das alle Merkmale eines gesonderten räumlichen Marktes aufweist, im Einzelfall Wirkungen hat, die mit Artikel 101 Absatz 3 AEUV unvereinbar sind, kann die Wettbewerbsbehörde dieses Mitgliedstaats unter den gleichen Umständen wie in Absatz 1 des vorliegenden Artikels den Rechtsvorteil dieser Verordnung gemäß Artikel 29 Absatz 2 der Verordnung (EG) Nr. 1/2003 in Bezug auf das betroffene Gebiet entziehen.

I. Allgemeines

1   Beruhend auf Art. 7 Abs. 1 der Ermächtigungs-Verordnung VO/EWG Nr. 19/65 sieht Art. 6[1] die Möglichkeit des **Entzugs der Freistellung** im Einzelfall vor.[2] Diese Möglichkeit wird der Kartellbehörde bereits durch Art. 29 VO 1/2003 eröffnet, sodass Art. 6 insoweit nur deklaratorischen Charakter hat. Zuständig für den Freistellungsentzug ist die Kommission (Abs. 1), die nicht nur von

---

[46] Leitlinien „Technologietransfer" Rn. 143; vgl. zur 2. Alt. des Artikel 5 Abs. 2 auch die Ausführung zur Kernbeschränkung in der Kommentierung zu → Art. 4 Rn. 61 ff.
[47] Leitlinien „Technologietransfer" Rn. 143.
[1] Zur Vereinbarkeit der Ermächtigung mit der VO/EWG Nr. 19/65 vgl. EuG Slg. 1995, II-1533 Rn. 139–154 – Langnese-Iglo/Kom.
[2] Vgl. zu Art. 7 VO/EWG 19/65 de Bronett WuW 1999, 825.

I. Allgemeines   2 **Art. 6 TT-GVO**

Amts wegen, sondern nach ihrem Entschließungsermessen auch auf Beschwerde hin tätig werden kann (Art. 6 Abs. 1 VO/EU Nr. 316/2014 iVm Art. 29 Abs. 1 VO 1/2003). Bei Sachverhalten, deren Wirkung sich auf einen Mitgliedsstaat bzw. Teilgebiete eines Mitgliedsstaats beschränkt, welche einen räumlich objektiven Markt bilden, ist die jeweilige nationale Kartellbehörde zuständig (Abs. 2). Die EU-Kommission bleibt aber auch in letzterem Fall neben der nationalen Behörde zuständig; nur umgekehrt – wenn der betroffene räumliche Markt die Grenzen zwischen Mitgliedstaaten überschreitet – ist die Kommission ausschließlich zuständig. Generalklauselartig knüpft Art. 6 an mit Art. 101 Abs. 3 AEUV unvereinbare Wirkungen an, welche in Abs. 1 durch zwei **Regelbeispiele** konkretisiert werden, wodurch die Regelung mit Blick auf Art. 29 VO 1/2003 eine eigenständige Bedeutung erfährt.[3] Es muss sich um Wirkungen handeln, welche über die von Art. 2 in Kauf genommenen Wirkungen hinausgehen, es müssen also Umstände zu den ohnehin mit der Vereinbarung einhergehenden wettbewerbsbeschränkenden Wirkungen hinzutreten.

Hierbei enthalten die Regelbeispiele Hinweise auf die Sachverhalte, welche gemeint sind. IRd 2 Entzugs nach Art. 6 liegt die **Beweislast** bei der Behörde, die beweisen muss, dass die Vereinbarung in den Anwendungsbereich des Art. 101 Abs. 1 AEUV fällt und die Voraussetzungen des Art. 101 Abs. 3 AEUV nicht erfüllt sind.[4] Trotz der Formulierung, dass die „Kommission […] den […] Rechtsvorteil […] entziehen [kann], wenn sie in einem bestimmten Fall feststellt, […]", reicht eine bloße Feststellung der Kommission nicht aus. Vielmehr muss die Vereinbarung tatsächlich gegen Art. 101 Abs. 1 AEUV verstoßen und die Freistellungsvoraussetzungen des Art. 101 Abs. 3 AEUV dürfen nicht erfüllt sein. Zudem kann die Freistellung nur **im Einzelfall** entzogen werden, was in Abs. 1 durch die Formulierung „in einem bestimmten Fall" zum Ausdruck kommt, während Abs. 2 unmittelbar vom „Einzelfall" spricht. Das Verfahren muss mithin eine oder mehrere konkrete, individuelle Vereinbarungen oder Verhaltensweisen zum Gegenstand haben.[5] Gegenstand des Entzugsverfahrens kann im konkreten Fall auch das gesamte Vereinbarungssystem oder ein Netz von Vereinbarungen eines Unternehmens sein, das etwa auf Grundlage eines Formularvertrages errichtet wurde.[6] Eine grds. unter die TT-GVO fallende Vereinbarung kann durch die kumulative Wirkung paralleler Netze von Vereinbarungen den Marktzugang beschränken und abschottende Wirkungen haben.[7] Allerdings gilt nach Rn. 153 der Leitlinien die Vermutung, dass, wenn der Marktanteil von Produkten, die eine lizenzierte Technologie eines einzelnen Lizenzgebers enthalten, nicht über 5 % liegt, eine Vereinbarung oder ein Netz von Vereinbarungen, die diese Technologie zum Gegenstand haben, nicht wesentlich zur kumulativen Wirkung beitragen.[8] Um Vereinbarungen den Vorteil der Gruppenfreistellung entziehen zu können, bei denen marktabschottende Wirkungen feststellbar sind, muss es der Kommission möglich sein, eine Entscheidung über das gesamte Vereinbarungssystem bzw. das Netz von Vereinbarungen eines Unternehmens treffen zu können. Der Entzug der Gruppenfreistellung bezieht sich freilich nur auf die gegen Art. 101 Abs. 1 AEUV verstoßenden Teile der Vereinbarung, die der Freistellung nach Art. 101 Abs. 3 AEUV bedürfen.[9] Er kann nur das Unternehmen betreffen, dem das Vereinbarungssystem bzw. das Netz von Vereinbarungen zuzuordnen ist, das Gegenstand des Verfahrens ist. So führte die Kommission neben ihrem Verfahren in der Sache Langnese-Iglo[10] ein Parallelverfahren gegen das Unternehmen Schöller, das Musterverträge derselben Art über Vereinbarungen nutzte, die auch Langnese-Iglo auf Grundlage eines Formularvertrages mit einer Vielzahl von Einzelhändlern getroffen hatte.[11] In beiden Verfahren entzog sie jeweils dem Unternehmen den Vorteil der Freistellung und stützte sich dabei auf Art. 14 der damaligen Vertikal-GVO VO/EG Nr. 1984/83,[12] der ebenfalls den Entzug der Freistellung im Einzelfall erlaubte. Diese Vorschrift entspricht der Regelung des Art. 6. Bei Bündelverträgen muss die Kommission daher gegen jedes einzelne Unternehmen Verfahren durchführen, wenn sie nicht nach Art. 7 vorgehen möchte. Hierbei reicht es aus, wenn dieses Unternehmen und die Gruppe seiner Vertragspartner bezeichnet sowie die Vertragsklauseln beschrieben werden.[13] Zukünftig erst abzuschließenden Vereinbarungen kann die Freistellung allerdings nicht entzogen werden. So überschritt

---
3   Vgl. Bechtold/Bosch/Brinker Rn. 1.
4   Leitlinien „Technologietransfer" Rn. 146.
5   Vgl. de Bronett WuW 1999, 825 (827).
6   So etwa in Kom. ABl. 1993 L 183, 19 – Langnese-Iglo; anders Bechtold/Bosch/Brinker Kartellverfahrens-VO Art. 29 Rn. 11 und TT-GVO Art. 6 Rn. 8, die auch Netze von Vereinbarungen verschiedener Unternehmen als tauglichen Verfahrensgegenstand betrachten.
7   Leitlinien „Technologietransfer" Rn. 148.
8   Leitlinien „Technologietransfer" Rn. 153.
9   Bechtold/Bosch/Brinker Kartellverfahrens-VO Art. 29 Rn. 11 und TT-GVO Art. 6 Rn. 8.
10 Kom. ABl. 1993 L 183, 19 – Langnese-Iglo.
11 Kom. ABl. 1993 L 183, 1 – Schöller.
12 ABl. 1983 L 173, 5.
13 De Bronett WuW 1999, 825 (827).

die Kommission in den genannten Verfahren ihre Grenzen, indem sie den Unternehmen Langnese-Iglo und Schöller jeweils untersagte, neue, dem Gegenstand des Verfahrens entsprechende Vereinbarungen abzuschließen. Der Entzug des Vorteils der Freistellung für die Zukunft war nach Art. 14 VO/EG Nr. 1984/83 nicht möglich.[14] Auch Art. 29 VO 1/2003 räumt der Kommission bzw. den Wettbewerbsbehörden der Mitgliedstaaten nicht die Befugnis ein, die Gruppenfreistellung für zukünftige, inhaltsgleiche Vereinbarungen der beteiligten Unternehmen zu entziehen.[15] Wird bestimmten Unternehmen der Vorteil der Freistellung für die Zukunft entzogen, liegt darin ein Verstoß gegen den Gleichbehandlungsgrundsatz, da andere Unternehmen Vereinbarungen derselben Art treffen könnten.[16] Aufgrund des Gleichklangs von Art. 14 VO/EG Nr. 1984/83 mit Art. 6 und aufgrund der entsprechenden Regelung des Art. 29 VO 1/2003 kann iRd TT-GVO nichts anderes gelten.

3   Die Kommission ist zwar nicht gezwungen, gegen sämtliche vergleichbaren Verträge einzuschreiten. Andererseits darf die Kommission nicht einzelne Anbieter im Wettbewerb **über das notwendige Maß hinaus benachteiligen**. Die Kommission ist auch nicht verpflichtet, statt im Einzelfall nach Art. 6 auf der Grundlage der Ermächtigung des Art. 7 vorzugehen, selbst wenn die dortigen Voraussetzungen gegeben sind. Art. 7 hat also **keinen Vorrang** gegenüber Art. 6. Allerdings kann sich eine Reduzierung des Ermessens der Kommission ergeben, wenn bei einem Einschreiten im Einzelfall der Betroffene in seinen eigenen wettbewerblichen Möglichkeiten unangemessen benachteiligt wird. Dies wird etwa dann anzunehmen sein, wenn sämtliche Wettbewerber vergleichbare Marktanteile haben und auch sonstige Technologievorsprünge nicht erkennbar sind, da in diesem Fall eine Benachteiligung des Einzelnen im Wettbewerb nur dadurch ausgeschlossen werden kann, dass gegen sämtliche Verträge vorgegangen wird.

II. Regelbeispiele

4   Abs. 1 lit. a sieht als Beispiel für den Entzug der Gruppenfreistellung die **Beschränkung des Zugangs von Technologien Dritter zum Markt** vor. Dies wird mit dem Beispielsfall der kumulativen Wirkung paralleler gleichartiger Bindungen, welche den Lizenznehmern die Nutzung von Technologien Dritter untersagen, näher erklärt. Hiermit knüpft die Regelung an die in der Rspr. des EuGH anerkannte **Bündeltheorie** an, wonach sich die wettbewerbsbeschränkende Wirkung einer für sich wettbewerbsneutralen Regelung aus dem Vorhandensein paralleler, mehr oder weniger gleicher Vertragsbeziehungen ergeben kann.[17] Dementsprechend ist zu verlangen, dass auch die weiteren Voraussetzungen der Bündeltheorie vorliegen, dh: Der Vertrag muss Bestandteil eines Bündels gleichartiger wettbewerbsbeschränkender Verträge sein; durch das Geflecht gleichartiger Verträge muss der Zugang zu dem sachlich und räumlich relevanten Markt beeinträchtigt sein; die Abschottung des Marktes muss aufgrund einer Gesamtbetrachtung unter Berücksichtigung auch anderer Umstände belegt sein; schließlich muss der jeweilige Vertrag zur Marktabschottungswirkung wesentlich beitragen. Liegen diese Voraussetzungen nicht vor, fehlt es an einer spürbaren wettbewerbsbeschränkenden Wirkung des Vertrages; ein Entzug der Freistellung kommt schon mangels Vorliegen der Voraussetzungen des Art. 101 Abs. 1 AEUV nicht in Betracht.[18] Sofern der Entzug der Freistellung für einen Teil der Vereinbarung genügt, um die in Art. 6 vorausgesetzte wettbewerbsschädliche Wirkung nicht eintreten zu lassen, ist der Entzug auf diese Vertragsklauseln zu beschränken. Allerdings ist die Kommission nicht verpflichtet, den Entzug auf einzelne Teile des Bündels gleichartiger Verträge eines einzelnen Unternehmens zu beschränken.[19] Unwesentliche Beeinträchtigungen unterfallen schon nicht Art. 101 Abs. 1 AEUV und können daher nicht Anlass für den Entzug der Rechtsvorteile gemäß Art. 6 sein.[20] Die **Wesentlichkeit der Beschränkungen** ist daher in beide Regelbeispiele des Abs. 1 lit. a und lit. b als Tatbestandsmerkmal hineinzulesen.

---

[14] EuG Slg. 1995, II-1533 Rn. 208 – Langnese-Iglo/Kom.; EuG Slg. 1995, II-1611 Rn. 162 – Schöller/Kom., bestätigt durch EuGH Slg. 1998, I-5609 Rn. 74; ausf. zum Verfahrensgang Immenga/Mestmäcker/Veelken, 4. Aufl. 2007, GFVO Einl. Rn. 45.

[15] Immenga/Mestmäcker/Ellger AEUV Art. 101 Abs. 3 Rn. 402; Immenga/Mestmäcker/Veelken, 4. Aufl. 2007, GFVO Einl. Rn. 45.

[16] EuG Slg. 1995, II-1533 Rn. 209 – Langnese-Iglo/Kom.; EuG Slg. 1995, II-1611 Rn. 163 – Schöller/Kom., bestätigt durch EuGH Slg. 1998, I-5609 Rn. 74; aA Immenga/Mestmäcker/Ellger AEUV Art. 101 Abs. 3 Rn. 402.

[17] EuGH Slg. 1991, I-935 Rn. 13–27 – Delimitis.

[18] Vgl. zur Vorgänger-GVO Schultze/Pautke/Wagener TT-GVO Rn. 889; s. auch Wiedemann KartellR-HdB/Klawitter § 14 Rn. 357.

[19] EuG Slg. 1995, II-1533 Rn. 188–196 – Langnese-Iglo/Kom.

[20] Kölner Komm KartellR/Herrmann Art. 6 Rn. 10 mwN, die bei Marktanteilen von nicht mehr als 5 % die Wesentlichkeit ablehnt.

Abs. 1 lit. b will den Markt für dritte Lizenznehmer offen halten, indem zum einen an die 5 kumulative Wirkung von den Lizenzgebern durch die Lizenznehmer auferlegten Beschränkungen die Möglichkeit des Entzugs der Freistellung geknüpft wird. Anknüpfungspunkt ist also die Untersagung der Erteilung von Lizenzen an andere Lizenznehmer, die im Bündel mit gleichartigen Vereinbarungen zu einem wesentlichen Ausschluss anderer Lizenznehmer vom Markt führt, die keinen Zugang zu notwendigen Technologierechten erhalten. Zum anderen wird als Beispiel für die Beschränkung des Marktzugangs anderer Lizenznehmer der Fall genannt, dass **der einzige Eigentümer einer Technologie, der für relevante Technologierechte eine Lizenz vergibt, einem Lizenznehmer eine Exklusivlizenz erteilt, der bereits mit substituierbaren Technologierechten auf dem betreffenden Produktmarkt tätig ist.** Die Leitlinien fügen hinzu, dass die Technologierechte nur dann relevant sind, wenn sie technisch und wirtschaftlich substituierbar sind, sodass der Lizenznehmer auf dem betreffenden Produktmarkt tätig sein kann.[21] Gemeint ist also eine Situation, in der es nur einen einzigen Lizenzgeber für bestimmte Technologierechte und deren Substitute gibt, der tatsächlich Lizenzen an diesen Technologierechten vergibt. Dieser vergibt eine Exklusivlizenz an einen Lizenznehmer, der jedoch nur eingeschränkt schützenswert ist, da er bereits auf Grundlage substituierbarer Technologierechte Produkte herstellt und mit diesen in dem Markt der Vertragsprodukte tätig ist. Die von ihm aufgrund der Lizenzierung zu tragenden Investitionsrisiken sind also überschaubar, ein Markterschließungsrisiko trägt er grds. nicht mehr. Die Kommission scheint davon auszugehen, dass in einer solchen Situation die Vergabe einer Exklusivlizenz zu marktabschottenden Wirkungen gegenüber potentiellen dritten Lizenznehmern führt, die mangels Erforderlichkeit der Exklusivität nicht von den wettbewerbsfördernden Wirkungen der Lizenzvergabe an den bereits auf dem Produktmarkt tätigen Lizenznehmer aufgewogen werden. Ob dies tatsächlich der Fall ist, bedarf jedoch einer genauen Prüfung im Einzelfall. Insbesondere ist dabei die wirtschaftliche Bedeutung der Exklusivität zu prüfen. Exklusivlizenzen können nämlich gemäß Art. 1 Abs. 1 lit. p auf bestimmte Nutzungen (Wirtschaftszweige, Produktmärkte oder Anwendungsbereiche) oder Gebiete beschränkt sein (→ Art. 1 Rn. 111). Eine Exklusivlizenz muss daher nicht zu einer wesentlichen Beschränkung der Lizenzvergabe an dritte Lizenznehmer führen. Kommt die Einzelfallprüfung zu dem Ergebnis, dass mangels (wesentlicher) Beschränkung des Zugangs potentieller Lizenznehmer zum Markt das Regelbeispiel des Abs. 1 lit. b doch nicht erfüllt ist (obwohl dem Wortlaut nach das Beispiel des Abs. 1 lit. b Alt. 2 erfüllt ist), so kommt ein Entzug der Gruppenfreistellung im Einzelfall grds. nicht in Betracht, da davon ausgegangen werden kann, dass entweder schon keine Wettbewerbsbeschränkung iSd Art. 101 Abs. 1 AEUV vorliegt oder aber jedenfalls die Freistellungsvoraussetzungen des Art. 101 Abs. 3 AEUV erfüllt sind. Schließlich bezieht sich das Beispiel des Abs. 1 lit. b Alt. 2 nur auf Exklusivlizenzen, bei denen auch der Lizenzgeber im Anwendungsbereich der Exklusivität nicht auf Grundlage der Technologierechte produzieren darf, nicht jedoch auf Alleinlizenzen, die dem Lizenzgeber in ihrem Anwendungsbereich lediglich die Vergabe der Technologierechte an Dritte untersagen.

Ein **potentieller Lizenznehmer** iSd Abs. 1 lit. b muss nicht bereits sein Interesse bekundet 6 haben, damit der Anwendungsbereich der Vorschrift eröffnet ist; ausreichend ist vielmehr, dass eine wesentliche Marktzugangsbeschränkung für andere Lizenznehmer tatsächlich möglich, das Vorhandensein einer Lizenzierungsnachfrage mithin realistisch ist.[22]

Nach den **Leitlinien** ist außerdem ein Entzug der Gruppenfreistellung im Einzelfall wahrscheinlich, 7 wenn eine erhebliche Zahl von Lizenzgebern, die konkurrierende Technologierechte lizenzieren, ihre Lizenznehmer in Einzelvereinbarungen verpflichten, ihnen die anderen Lizenzgebern eingeräumten günstigeren Konditionen zu gewähren.[23]

Art. 6 Abs. 1 lit. c der Vorgängerverordnung VO/EG Nr. 772/2004 nannte als weiteres 8 Regelbeispiel für einen Entzug der Gruppenfreistellung die sachlich nicht gerechtfertigte Nicht-Verwertung der lizenzierten Technologie. Dieses Regelbeispiel wurde ersatzlos gestrichen, was begrüßenswert ist, da es bei einer sachlich nicht gerechtfertigten Nicht-Verwertung der lizenzierten Technologie keines Entzugs der Gruppenfreistellung bedarf. Die TT-GVO ist vielmehr schon nicht anwendbar.[24] Der Begriff der Technologietransfer-Vereinbarung nach Art. 1 Abs. 1 lit. c setzt nämlich voraus, dass die Lizenzierung bzw. die Übertragung der Technologierechte die Produktion von Vertragsprodukten zum Ziel hat. Dies bedeutet auch, dass die Produktion zeitnah erfolgen muss. Ist dies nicht der Fall, ist bzw. wird die TT-GVO unanwendbar (→ Art. 1 Rn. 54 ff.). Wenn der Lizenznehmer die lizenzierten Technologierechte nicht verwertet, kommt es nicht zu einer Effizienzsteigerung, sodass kein Grund für eine Freistellung vorliegt. Bei Lizenzen zwischen Wettbewerbern

---

[21] Leitlinien „Technologietransfer" Rn. 147.
[22] Immenga/Mestmäcker/Fuchs Art. 6 Rn. 8; aA Bechtold/Bosch/Brinker VO 316/2014 Art. 6 Rn. 5.
[23] Leitlinien „Technologietransfer" Rn. 148.
[24] AA Bechtold/Bosch/Brinker VO 316/2014 Art. 6 Rn. 7.

kann zudem die Nichtnutzung auf verdeckte Kartellabsprachen hindeuten.[25] Allerdings setzt eine Verwertung der lizenzierten Technologierechte keine Integration von Vermögensgegenständen voraus. Es genügt vielmehr, wenn die Lizenz dem Lizenznehmer erlaubt, seine eigene Technologie zu verwerten, ohne Verletzungsklagen des Lizenzgebers fürchten zu müssen.[26]

III. Entzug der Freistellung durch nationale Wettbewerbsbehörden

9   Abs. 2 betrifft die **Zuständigkeit der nationalen Behörde** für den Entzug des Rechtsvorteils der GVO. Diese Regelung stützt sich auf Art. 29 Abs. 2 VO 1/2003 und ist die Konsequenz aus der mit dem Übergang zur Legalausnahme verbundenen stärkeren Verantwortung der Mitgliedstaaten bei der Anwendung des Art. 101 AEUV. Da die Mitgliedstaaten nunmehr außerhalb der GVO zur Anwendung des Art. 101 Abs. 3 AEUV verpflichtet sind, muss ihnen auch folgerichtig das Recht zum Entzug der Gruppenfreistellung im Einzelfall zugestanden werden. Die Entscheidung, mit der die nationale Behörde den Vorteil entzieht, ist in ihrer Wirkung auf das betroffene Gebiet zu begrenzen. Hierunter ist der Mitgliedstaat oder ein Teilgebiet desselben zu verstehen, das alle Merkmale eines **gesonderten räumlichen Marktes** aufweist. Dieser Relativsatz bezieht sich sowohl auf den Teil des Mitgliedstaates als auch auf den Mitgliedstaat selbst.[27] Räumlich gesondert ist ein Markt, in dem die Wettbewerbsbedingungen hinreichend homogen sind und der sich von den benachbarten Gebieten unterscheidet. Anzuknüpfen ist insoweit an die Bekanntmachung der Kommission über die Definition des relevanten Marktes.[28] In Deutschland ist grds. das BKartA, bei auf einzelne Bundesländer beschränkten Sachverhalten jedoch die oberste Landesbehörde (§§ 32d, 48 Abs. 2 S. 2, 50 Abs. 2 GWB) zuständig, wobei der Geschäftsverkehr mit der EU-Kommission über das BKartA erfolgt.

IV. Wirkungen des Entzugs

10   Der Entzug der Gruppenfreistellung wirkt **ex nunc**. Ab diesem Zeitpunkt richtet sich die Freistellung nach **Art. 101 Abs. 3 AEUV**. Soweit die Voraussetzungen des Art. 6 erfüllt sind, dürfte jedoch im Regelfall eine Einzelfreistellung nicht in Betracht kommen, da Art. 6 tatbestandlich voraussetzt, dass die betreffende Vereinbarung Wirkungen hat, die mit Art. 101 Abs. 3 AEUV unvereinbar sind, sodass bei Vorliegen der Regelbeispiele des Abs. 1 gerade die Freistellungsfähigkeit nach Art. 101 Abs. 3 AEUV verneint wird. Die Vereinbarung bzw. die gegen Art. 101 Abs. 1 AEUV verstoßenden und nicht nach Art. 101 Abs. 3 AEUV freigestellten Teile der Vereinbarung sind nach Art. 101 Abs. 2 AEUV nichtig. Im Falle der Teilnichtigkeit bestimmt sich die Wirksamkeit der übrigen Vereinbarung nach nationalem Recht (§ 139 BGB).

Art. 7 Nichtanwendung dieser Verordnung

(1) Gemäß Artikel 1a der Verordnung Nr. 19/65/EWG kann die Kommission durch Verordnung erklären, dass in Fällen, in denen parallele Netze gleichartiger Technologietransfer-Vereinbarungen mehr als 50 % eines relevanten Marktes erfassen, die vorliegende Verordnung auf Technologietransfer-Vereinbarungen, die bestimmte Beschränkungen des Wettbewerbs auf diesem Markt vorsehen, keine Anwendung findet.

(2) Eine Verordnung nach Absatz 1 wird frühestens sechs Monate nach ihrem Erlass anwendbar.

1   Art. 7 sieht vor, dass die GVO durch Verordnung auf bestimmte Fälle für nicht anwendbar erklärt werden kann. Bislang hat die Kommission von der Möglichkeit des Erlasses einer solchen Verordnung keinen Gebrauch gemacht. Im Gegensatz zu Art. 6 handelt es sich um eine generell-abstrakt wirkende Verordnung der Kommission,[1] die für eine Vielzahl von Unternehmen gelten kann.[2] Voraussetzung ist, dass – so wie in der Vertikal-GVO – parallele Netze gleichartiger Technologietransfer-Vereinbarungen mehr als 50 % eines relevanten Marktes erfassen. Für die **Parallelität der Netze,** dh einer Vielzahl von Vereinbarungen (mehrerer) Lizenzgeber und Lizenznehmer, ist

---

[25] Zust. Wiedemann KartellR-HdB/Klawitter § 14 Rn. 358.
[26] Leitlinien „Technologietransfer" Rn. 59.
[27] Bechtold/Bosch/Brinker Rn. 11.
[28] Bek. der Kom. über die Definition des relevanten Marktes im Sinne des Wettbewerbsrechts der Gemeinschaft, ABl. 1997 C 372, 5 Rn. 8.
[1] Vgl. Kölner Komm KartellR/Herrmann Art. 7 Rn. 3, 12 mwN.
[2] So auch Wiedemann KartellR-HdB/Klawitter § 14 Rn. 363.

erforderlich, dass sie auf demselben relevanten Markt bestehen.[3] **Relevanter Markt** bedeutet gem. Art. 1 Abs. 1 lit. m die Kombination des (sachlich) relevanten Produkt- oder Technologiemarktes mit dem räumlich relevanten Markt (→ Art. 1 Rn. 91 ff.). Es kann sich bei dem relevanten Markt folglich sowohl um den vorgelagerten Technologiemarkt als auch um den nachgelagerten Produktmarkt handeln. Zudem müssen die betroffenen Vereinbarungen **bestimmte Beschränkungen des Wettbewerbs** auf diesem Markt vorsehen, dh die in den Vereinbarungen enthaltenen Beschränkungen müssen zumindest ähnliche Wirkungen auf dem Markt haben.[4] Die **Erklärung der Nichtanwendbarkeit** hat zur Folge, dass der durch die GVO erlangte Vorteil der Gruppenfreistellung für bestimmte Vereinbarungen in Bezug auf die betroffenen Märkte aufgehoben wird. Für einen klaren Anwendungsbereich der Nichtanwendungsverordnung ist es notwendig, dass die Kommission sowohl die betroffenen sachlichen und räumlichen Märkte als auch die Art der Beschränkungen in Vereinbarungen, die von der Verordnung erfasst sein sollen, definiert.[5] Trotz der teilweisen Bezugnahme der Leitlinien der Kommission auf Beschränkungen,[6] erstreckt sich der Ausschluss der Freistellung durch die Verordnung auch auf die Vereinbarungen, die eine in der Verordnung beschriebene Beschränkung enthalten.[7] Hierfür spricht bereits der klare Wortlaut des Art. 7 gilt.[8] Dies schließt insbesondere hinsichtlich der Verträge, welche zur Abschottung des Marktes iSd Entscheidung Delimitis[9] nicht wesentlich beitragen, nicht aus, dass sie nicht wettbewerbsbeschränkend iSd Art. 101 Abs. 1 AEUV sind oder die Voraussetzung des Art. 101 Abs. 3 AEUV erfüllen. Dies ist nach Auffassung der Kommission idR dann der Fall, wenn der Marktanteil der Erzeugnisse, die eine lizenzierte Technologie eines einzelnen Lizenzgebers enthalten (bzw. hiermit produziert wurden), die Gegenstand der betreffenden Vereinbarungen ist, nicht über 5 % liegt.[10]

Die Entscheidung, eine Verordnung zu erlassen, steht im **Ermessen der Kommission.** Sie muss demnach nicht eingreifen, wenn die Grenze von 50 % Marktabdeckung überschritten ist.[11] Die Kommission entscheidet auch bei der Auswahl der von der Verordnung erfassten vertraglichen Beschränkungen nach pflichtgemäßem Ermessen. Die Verordnung kann inhaltlich und zeitlich auf die Vertragstypen und -klauseln beschränkt werden, welche in besonderem Maße zur Abschottung des Marktes beitragen.[12] Zu entsprechenden Begrenzungen (zB im Hinblick auf die Laufzeit, den sachlichen und/oder räumlichen Umfang der Klauseln, die Marktabdeckung der Vereinbarungen eines Unternehmens) ist die Kommission aus Gründen der Verhältnismäßigkeit (Anwendung des mildesten Mittels) verpflichtet, wenn auf diese Weise die wettbewerbsbeschränkende Wirkung des Vertragsnetzes mit hinreichender Wahrscheinlichkeit ebenso beendet werden kann, wie wenn die GVO auf sämtliche Verträge des fraglichen Netzes mit ähnlich wirkenden Beschränkungen für nicht anwendbar erklärt würde. Die Kommission wird auch erwägen müssen, ob ein Freistellungsentzug nach Art. 6 als milderes Mittel in Betracht kommt,[13] wobei ihre Entscheidung insbesondere von der Anzahl der betroffenen konkurrierenden Unternehmen oder der betroffenen räumlichen Märkte abhängen kann.[14] Dem Bestimmtheitsgrundsatz entsprechend muss der Anwendungsbereich der Verordnung klar abgegrenzt sein. Dies setzt eine klare sachliche und räumliche Marktabgrenzung und eine präzise Bestimmung der von der Verordnung erfassten Beschränkungen voraus.[15] Aus Gründen des Vertrauensschutzes und zwecks Gewährung hinreichender **Umstellungsfristen** sieht Art. 7 Abs. 2 vor, dass die Verordnung frühestens sechs Monate nach ihrem Erlass, dh ihrem Verkündungstag im Amtsblatt, anwendbar sein darf.

Lassen sich die Verträge nicht innerhalb von sechs Monaten umstellen, muss dem bei der Fristbestimmung Rechnung getragen werden. Ebenso sind Nachteile zu berücksichtigen, welche eine Vertragspartei dadurch erleidet, dass die Wirkungen der TT-GVO entfallen und hiernach unter Umständen der gesamte Vertrag nach Art. 101 Abs. 2 AEUV unwirksam wird. Die Verordnung

---

[3] Immenga/Mestmäcker/Fuchs Art. 7 Rn. 2.
[4] Leitlinien „Technologietransfer" Rn. 151; vgl. auch Bechtold/Bosch/Brinker VO 316/2014 Art. 7 Rn. 3.
[5] Leitlinien „Technologietransfer" Rn. 153.
[6] So in Rn. 150 S. 1 der Leitlinien, während in Rn. 149 und 150 S. 2 vom Ausschluss der Freistellung für Vereinbarungen die Rede ist.
[7] So auch Immenga/Mestmäcker/Fuchs Art. 7 Rn. 12 mwN; aA Bechtold/Bosch/Brinker Rn. 5.
[8] Leitlinien „Technologietransfer" Rn. 150.
[9] EuGH Slg. 1991, I-935 – Delimitis.
[10] Leitlinien „Technologietransfer" Rn. 153; krit. zu den Leitlinien Immenga/Mestmäcker/Fuchs Art. 7 Rn. 9; krit. zu einer marktanteilsbezogenen Differenzierung auch Kölner Komm KartellR/Herrmann Art. 7 Rn. 7, 12.
[11] Leitlinien „Technologietransfer" Rn. 152.
[12] Leitlinien „Technologietransfer" Rn. 153.
[13] So auch Kölner Komm KartellR/Herrmann Art. 7 Rn. 2, 12 mwN.
[14] Leitlinien „Technologietransfer" Rn. 152.
[15] Leitlinien „Technologietransfer" Rn. 153.

wirkt **ex nunc**, dh bis zum Inkrafttreten sind die Vereinbarungen als freigestellt und damit wirksam anzusehen. Allerdings stellt sich die Frage, ob aus der dem Art. 7 zugrundeliegenden Wertung Rückschlüsse auf die Freistellungsfähigkeit einzelner Klauseln oberhalb der Marktanteilsschwelle des Art. 3 gezogen werden können. Ein derartiger Schluss ist jedoch nicht zulässig, da mit dem Entzug des Vorteils der gruppenweisen Freistellung durch Verordnung nach Art. 7 keineswegs gleichzeitig feststeht, dass die Verträge gegen Art. 101 Abs. 1 AEUV verstoßen bzw. nicht mehr die Voraussetzungen des Art. 101 Abs. 3 AEUV erfüllen.[16] Aufgrund der Verordnung über die Nichtanwendbarkeit der Gruppenfreistellung wird lediglich der Weg für eine individuelle Prüfung des einzelnen Vertrages nach Art. 101 Abs. 1 und 3 AEUV eröffnet.

Art. 8 Anwendung der Marktanteilsschwellen

Für die Anwendung der Marktanteilsschwellen nach Artikel 3 gelten folgende Vorschriften:

a) Der Marktanteil wird anhand des Absatzwerts berechnet; liegen keine Angaben über den Absatzwert vor, so können zur Ermittlung des Marktanteils des betreffenden Unternehmens Schätzungen vorgenommen werden, die auf anderen verlässlichen Marktdaten unter Einschluss der Absatzmengen beruhen.

b) Der Marktanteil wird anhand der Angaben aus dem vorhergehenden Kalenderjahr ermittelt.

c) Der Marktanteil der in Artikel 1 Absatz 2 Unterabsatz 2 Buchstabe e genannten Unternehmen wird zu gleichen Teilen jedem Unternehmen zugerechnet, das die in Artikel 1 Absatz 2 Unterabsatz 2 Buchstabe a aufgeführten Rechte oder Einflussmöglichkeiten hat.

d) Der Anteil eines Lizenzgebers an einem relevanten Markt für die lizenzierten Technologierechte wird auf der Grundlage der Präsenz der lizenzierten Technologierechte auf dem relevanten Markt bzw. den relevanten Märkten (das heißt sowohl für den sachlich relevanten als auch für den räumlich relevanten Markt), auf dem/denen die Vertragsprodukte verkauft werden, berechnet, das heißt auf der Grundlage der Verkaufsdaten betreffend die vom Lizenzgeber und seinen Lizenznehmern insgesamt hergestellten Vertragsprodukte.

e) Wird die in Artikel 3 Absatz 1 oder Absatz 2 genannte Marktanteilsschwelle von 20 % bzw. 30 % erst zu einem späteren Zeitpunkt überschritten, so gilt die Freistellung nach Artikel 2 im Anschluss an das Jahr, in dem die Schwelle von 20 % bzw. 30 % erstmals überschritten wird, noch für zwei aufeinander folgende Kalenderjahre weiter.

Übersicht

	Rn.		Rn.
I. Überblick	1	III. Überschreitung der Marktanteils-	
II. Berechnung von Marktanteilen (lit. a–d)	2	schwelle (lit. e)	16

I. Überblick

1 Art. 8 enthält in lit. a–d Bestimmungen für die **Berechnung der Marktanteile** und in lit. e „**Übergangsvorschriften**" für den Fall des Überschreitens der Marktanteilsschwelle während der Laufzeit des Vertrages. Art. 8 enthält keine ausdrückliche Regelung für den Fall, dass die Marktanteilsschwelle in einem Jahr überschritten und im nächsten Jahr wieder unterschritten wird.

II. Berechnung von Marktanteilen (lit. a–d)

2 Gemäß lit. a wird der Marktanteil nach dem **Absatzwert** berechnet.[1] Entscheidend ist somit in erster Linie der Umsatz mit dem Produkt (also der Ware oder Dienstleistung). Beim Umsatz mit dem Produkt handelt es sich um die handelsrechtlichen **Umsatzerlöse**, bei den Umsätzen mit den Technologierechten ist aufgrund der Sonderregelung des lit. d ebenfalls auf die relevanten Produktmärkte abzustellen (→ Rn. 6–14). Die Berechnung der **Umsatzerlöse** erfolgt mangels spezieller Regelungen nach der Konsolidierten Mitteilung der Kommission zu Zuständigkeitsfragen gemäß

---

[16] So auch Kölner Komm KartellR/Herrmann Art. 7 Rn. 9, 12 mwN.
[1] Krit. Pfaff/Osterrieth/Winzer, 3. Aufl. 2010, B. III. Rn. 491.

II. Berechnung von Marktanteilen (lit. a–d) 3–6 **Art. 8 TT-GVO**

der Verordnung (EG) Nr. 139/2004 des Rates über die Kontrolle von Unternehmenszusammenschlüssen.[2] Gemäß **lit. a S. 2** können mangels verfügbarer Angaben über den Absatzwert die Marktanteile geschätzt werden. Die Schätzungen müssen auf verlässlichen Marktdaten beruhen, wobei als eine der wichtigsten Marktdaten die Absatzmenge ausdrücklich genannt wird. Schätzgrundlage kann aber auch ein durchschnittlicher Pro-Kopf-Verbrauch sein, wenn es hinreichende Anhaltspunkte für die Aussagekraft dieser Größe gibt. Denkbar ist auch eine Hochrechnung aus Marktdaten aus zurückliegenden Zeiträumen.

Die eigentliche Bedeutung des **lit. a S. 2** liegt in der mit der Vorschrift indirekt verbundenen **Beweiserleichterung.** Wer sich zu seinen Gunsten auf die Unterschreitung der Marktanteilsschwelle beruft und damit das Vorliegen einer gruppenweisen Freistellung behauptet, kann den Nachweis der Unterschreitung der Marktanteilsschwelle auch mit **derartigen** Schätzungen führen und es ist Sache der freien tatrichterlichen Würdigung, ob das Gericht diesen Schätzangaben folgt. Das Gericht ist insbesondere in einem zivilgerichtlichen Verfahren nicht verpflichtet, Beweis durch Vernehmung sämtlicher Wettbewerber zu erheben (idR wird dies schon daran scheitern, dass eine Prozesspartei nicht hinreichend substantiiert zu den Marktanteilen der Wettbewerber vortragen kann). Soweit die Kartellbehörde ein Verfahren betreibt, stehen ihr ergänzend die Ermittlungsbefugnisse nach dem GWB bzw. nach der VO 1/2003 zu. Sie ist aber zur Ermittlung des Absatzwertes nicht verpflichtet, wenn sie auf der Grundlage von Schätzungen zu dem Ergebnis gelangt, dass die Marktanteilsschwelle nicht überschritten ist. Will allerdings die Kartellbehörde eine Überschreitung der Marktanteilsschwelle annehmen und damit das Vorliegen der Gruppenfreistellung verneinen, ist sie aus Gründen des Amtsermittlungsgrundsatzes verpflichtet, die Marktdaten zu erheben, falls das Ergebnis der Schätzung von den betroffenen Unternehmen bestritten wird. 3

lit. b legt als **Referenzperiode** das vorhergehende Kalenderjahr fest. Dies gilt selbst dann, wenn aus Gründen der Produktionszyklen längere Referenzperioden angezeigt wären, um auftragsbedingte und damit verzerrende Marktanteilsschwankungen auszuschließen (zB im Anlagenbau mit langen Produktionszyklen).[3] 4

lit. c enthält eine mit Art. 5 Abs. 5 lit. b VO/EG Nr. 139/2004 (Fusionskontroll-VO) vergleichbare Regelung für den Fall eines **Gemeinschaftsunternehmens** iSd Art. 1 Abs. 2 UAbs. 2 lit. e (wobei ersterer für die Berechnung von Marktanteilen und letzterer für die Berechnung von Umsätzen gilt): Dessen Marktanteil wird den Mutterunternehmen zu gleichen Teilen zugerechnet, also bei zwei Mutterunternehmen zu je ein halb, bei drei je zu ein Drittel usw. Es kommt also lediglich auf die Anzahl der Mutterunternehmen und nicht auf ihren jeweiligen Anteil am Gemeinschaftsunternehmen an.[4] Aus der entsprechenden Übernahme der Regelung des Art. 5 FKVO kann gleichzeitig abgeleitet werden, dass auch Binnenumsätze zwischen Mutter- und Gemeinschaftsunternehmen nicht zu berücksichtigen sind. Dies bedeutet, dass bei der Berechnung der Marktstellung des Gemeinschaftsunternehmens nur die mit Dritten erzielten Umsätze in Ansatz gebracht werden, also nicht die Umsätze, welche sich daraus ergeben, dass das Gemeinschaftsunternehmen die Produkte (ggf. nach Veränderung) wieder an die Muttergesellschaften liefert. Beispiel: Die Muttergesellschaften liefern das halbfertige Produkt an das Gemeinschaftsunternehmen, welches dieses zu einem Endprodukt fertigt, das aber an eine der Muttergesellschaften zwecks Vertriebs zurückgeliefert wird; in diesem Fall werden die Lieferungen zwischen Muttergesellschaft und Gemeinschaftsunternehmen ebenso wenig bei der Berechnung der Marktstellung auf dem Markt für das halbfertige Produkt berücksichtigt wie die Lieferungen der Endprodukte durch das Gemeinschaftsunternehmen an eine der Muttergesellschaften bei der Berechnung der Marktstellung des Gemeinschaftsunternehmens auf dem Markt des Endproduktes. Der Muttergesellschaft, welche das Endprodukt im Markt vertreibt, wird die volle Marktstellung zugerechnet. 5

lit. d enthält eine Bestimmung zur **Berechnung der Marktanteile der Parteien auf dem Technologiemarkt.** Danach wird der Anteil eines Lizenzgebers an einem Markt für die lizenzierten Technologierechte **(Technologiemarkt)** auf der Grundlage der Präsenz der lizenzierten Technologierechte auf dem sachlich und räumlich relevanten Markt bzw. den relevanten Märkten, auf dem/denen die Vertragsprodukte verkauft werden, **(Produktmarkt)** berechnet, dh auf der Grundlage der Verkaufsdaten betreffend die vom Lizenzgeber und seinen Lizenznehmern insgesamt hergestellten Vertragsprodukte.[5] Soweit lit. d von den Marktanteilen eines Lizenzgebers spricht, sind hiermit beide 6

---

[2] Berichtigung der Konsolidierten Mitt. der Kom. zu Zuständigkeitsfragen gemäß der Verordnung (EG) Nr. 139/2004 des Rates über die Kontrolle von Unternehmenszusammenschlüssen (Amtsblatt der Europäischen Union C 95 v. 16.4.2008), ABl. 2009 C 43, 10 Rn. 157–220.
[3] AA Bechtold/Bosch/Brinker Rn. 4.
[4] Bechtold/Bosch/Brinker Rn. 5.
[5] S. auch Pfaff/Osterrieth/Axster/Osterrieth, 4. Aufl. 2018, A. III. Rn. 265 mit dem Hinweis, dass Lizenzverträge grds. auch Auswirkungen auf Innovationsmärkte haben können, die ggf. definiert werden müssten.

Parteien gemeint. lit. d gilt also nicht nur für die Berechnung der Marktanteile des Lizenzgebers der Technologietransfer-Vereinbarung auf dem relevanten Technologiemarkt, sondern auch für die Berechnung der Markanteile des Lizenznehmers.[6] Dies ergibt sich aus dem unbestimmten Artikel „eines" Lizenzgebers anstelle von „des" Lizenzgebers. Ist der Lizenznehmer nämlich Wettbewerber auf dem relevanten Technologiemarkt, bedeutet dies, dass er zugleich auch Lizenzgeber auf diesem Markt sein muss, da Art. 1 Abs. 1 lit. n Ziff. i nur den tatsächlichen Wettbewerb auf dem Technologiemarkt erfasst.

7   lit. d geht von der Erfahrung aus, dass sich die **Nutzung von Technologierechten in dem Output niederschlägt und hiermit korrespondiert.** Die Bestimmung erleichtert die Berechnung der Marktanteile auf dem Technologiemarkt[7] und trägt der Erfahrung Rechnung, dass der Anbieter von Technologierechten idR mangels entsprechender Statistiken oder sonstiger veröffentlichter Daten keine Erkenntnisse über die Marktstellung seiner Technologierechte hat.[8] Auch die Leitlinien weisen darauf hin, dass es generell schwierig sei, zuverlässige Angaben über Lizenzeinnahmen zu erhalten. Zudem geht die Kommission in den Leitlinien davon aus, dass bspw. in Fällen von Cross-Licensing oder der Lieferung gekoppelter Produkte die Lizenzgebühren selbst nicht repräsentativ für die Marktstellung der Technologierechte sein müssen. Der sogenannte „Fußbadruck" der Technologierechte auf den Produktmärkten spiegele daher die Marktstellung der Technologierechte idR angemessen wider.[9]

8   **„Präsenz"** bedeutet Grad der Verbreitung der geschützten Technologien auf den Produktmärkten. Die Kommission spricht in den Leitlinien auch von dem „Fußabdruck" der Technologierechte auf der Produktebene.[10] Maßgeblich sind **die Produktmärkte, auf denen die Vertragsprodukte der Technologietransfer-Vereinbarung verkauft werden.** Bei Vertragsprodukten iSd Art. 1 Abs. 1 lit. g handelt es sich um Produkte, die unmittelbar oder mittelbar auf Grundlage der jeweiligen lizenzierten Technologierechte produziert werden und deren Produktion nach Art. 1 Abs. 1 lit. c Ziel der (jeweiligen) Technologietransfer-Vereinbarung ist (zur Definition → Art. 1 Rn. 8 ff.). Gemäß lit. d wird einem Lizenzgeber der Marktanteil aller seiner Lizenznehmer mit den jeweiligen Vertragsprodukten mit der Folge zugerechnet, dass für die Berechnung seines Marktanteils auf dem Technologiemarkt die **Marktanteile des Lizenzgebers**, sofern er auf dem relevanten Produktmarkt tätig ist, und die seiner Lizenznehmer mit den jeweiligen Vertragsprodukten auf dem Produktmarkt zusammenzurechnen sind. Während es bei der Bestimmung des relevanten Produktmarkts auf die Vertragsprodukte der zu beurteilenden Technologietransfer-Vereinbarung ankommt, ist für die Berechnung der Marktanteile auf sämtliche Vertragsprodukte aller Lizenznehmer des Lizenzgebers sowie auf seine eigenen Produkte abzustellen, die sich auf diesem Produktmarkt befinden und die auf Grundlage der Technologierechte der zu beurteilenden Technologietransfer-Vereinbarung oder auf Grundlage konkurrierender Technologierechte des Lizenzgebers, die sich auf demselben Technologiemarkt befinden, hergestellt werden. Voraussetzung ist also, dass es sich entweder bei den Vertragsprodukten der anderen Lizenznehmer und den Produkten des Lizenzgebers ebenfalls um „Vertragsprodukte" iSd zu beurteilenden Technologietransfer-Vereinbarung handelt, also um dieselbe Art von Produkten, wobei diese auf Grundlage der in der zu beurteilenden Technologietransfer-Vereinbarung lizenzierten Technologierechte hergestellt werden müssen. Oder es handelt sich bei den Vertragsprodukten der anderen Lizenznehmer und den Produkten des Lizenzgebers um andere Produkte, die mit den Vertragsprodukten der zu beurteilenden Technologietransfer-Vereinbarung konkurrieren und sich daher auf demselben nachgelagerten Produktmärkten befinden. Weitere Voraussetzung ist aber in diesem Fall, dass auch diese Produkte entweder auf Grundlage der Technologierechte, die Gegenstand der zu beurteilenden Technologietransfer-Vereinbarung sind, oder auf Grundlage substituierbarer Technologierechte des Lizenzgebers, die sich nach Art. 1 Abs. lit. k auf demselben Technologiemarkt befinden, hergestellt werden.

9   Wenn also bspw. der Lizenzgeber A ein Technologierecht an den Lizenznehmer B zur Produktion der Vertragsprodukte X lizenziert und an den Lizenznehmer C dasselbe oder ein substituierbares Technologierecht zur Produktion anderer Vertragsprodukte Y lizenziert, so ist der relevante Produktmarkt für die Vereinbarung mit A der Markt, auf dem die Produkte X veräußert werden. Sind X und Y Substitute und befinden sich mithin auf demselben sachlich relevanten Produktmarkt und sind B und C auch in räumlicher Hinsicht Wettbewerber und daher auf demselben Produktmarkt tätig, so sind nach lit. d für die Berechnung der Marktanteile des A auf dem Technologiemarkt die Marktanteile der Produkte X und Y auf dem Produktmarkt zu addieren. Sollte der Lizenzgeber A

---

[6] AA Bechtold/Bosch/Brinker VO 316/2014 Art. 8 Rn. 9.
[7] Leitlinien „Technologietransfer" Rn. 87; aA zur Vorgänger-GVO Schumacher/Schmid GRUR 2006, 1 (6), die auf die Probleme der Berechnungsmethode hinweisen.
[8] Bechtold/Bosch/Brinker VO 316/2014 Art. 8 Rn. 6.
[9] Leitlinien „Technologietransfer", 9 Rn. 25, 18 Rn. 87.
[10] Leitlinien „Technologietransfer" Rn. 87 f.

auch noch selbst die Produkte X und Y auf Grundlage der Technologierechte produzieren und in dem relevanten Markt anbieten, in dem B und C aktiv sind, sind die Marktanteile dieser Produkte auch noch zu addieren. Zusammengefasst ist der Marktanteil des Lizenzgebers auf dem relevanten Technologiemarkt der Anteil seiner Umsätze mit eigenen Produkten und der Umsätze aller seiner Lizenznehmer mit deren Vertragsprodukten, die auf Grundlage der Technologierechte, die Gegenstand der zu beurteilenden Technologietransfer-Vereinbarung sind, oder auf Grundlage konkurrierender Technologierechte des Lizenzgebers hergestellt werden, am Gesamtmarktvolumen des relevanten Produktmarkts der Vertragsprodukte der zu beurteilenden Technologietransfer-Vereinbarung. Hinsichtlich der eigenen Produkte des Lizenzgebers sind jedoch nur solche Produkte einzubeziehen, die auf Grundlage von konkurrierenden Technologierechten produziert werden, die er auch in Lizenz vergibt. Bloße In-House-Technologien des Lizenzgebers sind unbeachtlich, da Art. 1 Abs. 1 lit. n Ziff. i nur auf den tatsächlichen Wettbewerb auf dem Technologiemarkt abstellt. Die Berechnungsmethode des lit. d bedeutet auch, dass, wenn Lizenzgeber und Lizenznehmer Wettbewerber auf dem Technologiemarkt sind, zur Berechnung des gemeinsamen Marktanteils iSd Art. 3 Abs. 1 zu den Verkäufen des Lizenzgebers und seiner Lizenznehmer nach den soeben dargestellten Grundsätzen auch noch sämtliche Verkäufe von Produkten, die auf Grundlage konkurrierender Technologierechte des Lizenznehmers (an denen auch Lizenzen vergeben werden) produziert werden, zu addieren sind. Für neue Technologierechte, hinsichtlich derer es im vorhergehenden Kalenderjahr noch keine Verkäufe von Vertragsprodukten gab, wird ein Marktanteil von Null festgesetzt.[11]

Ein Merkmal der Berechnungsmethode des lit. d ist, dass der mit den auf dem relevanten Produktmarkt sich befindenden Produkten **erzielte Gesamtumsatz** als Gesamtmarktvolumen zugrunde gelegt wird. Nach der von der Kommission in den Leitlinien geäußerten Auffassung sollen zwar bei der Berechnung – sofern möglich – Produkte vom Produktmarkt ausgenommen werden, die auf Grundlage bloßer In-House-Technologierechte hergestellt werden, die (noch) nicht lizenziert werden und mithin kein tatsächliches Wettbewerbsverhältnis auf einem Technologiemarkt begründen.[12] Da es sich in der Praxis jedoch als schwierig erweisen könne, in Erfahrung zu bringen, ob andere Produkte desselben Produktmarktes mit lizenzierten oder nur firmenintern genutzten Technologien hergestellt werden, werde der Marktanteil auf dem Technologiemarkt für die Zwecke der TT-GVO nach lit. d anhand des Anteils der auf Grundlage der lizenzierten Technologierechte (und konkurrierender Technologierechte, → Rn. 8) hergestellten Produkte an der Gesamtheit der Produkte des betreffenden Produktmarktes berechnet. Dieser Ansatz ermögliche eine angemessene Beurteilung der Stärke einer Technologie. Hierdurch werde potentieller Wettbewerb auf dem Technologiemarkt durch Unternehmen, die nicht lizenzieren, aber über eine konkurrierende Technologie verfügen, berücksichtigt.[13] Doch auch wenn diese Produzenten keine potentiellen Wettbewerber auf dem Technologiemarkt sind (weil sie – die Ursache dahingestellt – nicht auf eine geringfügige, aber dauerhafte Erhöhung der Lizenzgebühren hin mit der Lizenzierung beginnen würden bzw. dies nicht können, weil sie mit schutzrechtsfreien Technologien produzieren), ermöglicht die Methode des lit. d, den Wettbewerbsdruck auf der Ebene des Produktmarkts zu berücksichtigen, der sich auf den Technologiemarkt auswirkt und dort den Lizenzgeber unter Wettbewerbsdruck setzt. Zwar besteht ein gewisser **Widerspruch zwischen der Berechnungsmethode des lit. d,** nach der **beim Gesamtmarktvolumen** auch bloße In-House-Technologien berücksichtigt werden, **und der Definition für „konkurrierende Unternehmen auf dem relevanten Markt, auf dem die Technologierechte lizenziert werden"** in Art. 1 Abs. 1 lit. n Ziff. i, die nur tatsächliche Wettbewerber auf dem Technologiemarkt umfasst. IRd Art. 3 führt jedoch dieser Widerspruch nicht zu unsachgerechten Ergebnissen, da bei einer wirtschaftlichen Betrachtungsweise von Wettbewerbsverhältnissen auf den vorgelagerten Technologiemärkten auch der potentielle Wettbewerbsdruck für die Marktposition des Lizenzgebers erheblich ist, der von Technologien ausgeht, die von den Produzenten auf den nachgelagerten Produktmärkten verwendet, aber nicht iS eines potentiellen Wettbewerbsverhältnisses lizenziert werden würden. Der aufgrund dieser Technologien bestehende Wettbewerb auf dem Produktmarkt kann den Lizenzgeber in seinen Handlungsmöglichkeiten auf dem vorgelagerten Technologiemarkt wirksam beschränken. Eine Erhöhung der Lizenzgebühren auf dem Technologiemarkt würde sich nämlich auf die Kosten des Lizenznehmers auswirken. Seine Wettbewerbsfähigkeit würde in Konkurrenz mit den anderen Anbietern auf dem Produktmarkt nachlassen und sein Absatz und damit die Marktbedeutung der lizenzierten Technologierechte sowie – je nach Vereinba-

---

[11] Leitlinien „Technologietransfer" Rn. 90; Bechtold/Bosch/Brinker VO 316/2014 Art. 8 Rn. 8; Immenga/Mestmäcker/Fuchs Art. 8 Rn. 10; anders zur Vorgänger-GVO Zöttl WRP 2005, 33 (38) und Schumacher/Schmid GRUR 2006, 1 (6) die davon ausgehen, dass durch die Innovation ein neuer Technologiemarkt entsteht, an dem der Lizenzgeber einen Anteil von 100 % hat.
[12] Leitlinien „Technologietransfer", 18 Rn. 88.
[13] Leitlinien „Technologietransfer", 18 Rn. 88.

11 rung – die zu zahlenden Lizenzgebühren sinken. Dies wird durch das Abstellen auf den Marktanteil der Technologierechte des Lizenzgebers auf dem Produktmarkt iRd lit. d angemessen berücksichtigt.[14]

11 Auf der anderen Seite kann die Berechnungsmethode des lit. d die **Marktposition des Lizenzgebers als zu stark erscheinen lassen** und daher zu verzerrten Ergebnissen führen. Dies kann der Fall sein, wenn es einen vorgelagerten Technologiemarkt und verschiedene nachgelagerte Produktmärkte, sei es in sachlicher oder in räumlicher Hinsicht, gibt. Gemäß den Leitlinien ist nämlich die Berechnungsmethode des lit. d **getrennt für jeden relevanten (Produkt-)Markt** vorzunehmen.[15]

12 Hierfür kann auf das **Beispiel** (→ Art. 3 Rn. 9) zurückgegriffen werden. Lizenzgeber A ist auf dem vorgelagerten Technologiemarkt für das Patent für das Herstellungsverfahren für Spielzeugpuppen und Gartenmöbel aus Plastik aktiv. Die nachgelagerten Produktmärkte für Spielzeugpuppen und Gartenmöbel haben das gleiche Gesamtmarktvolumen nach Umsätzen. Auf dem Markt für Spielzeugpuppen produziert Lizenznehmer B auf Grundlage des Patents des A und hat einen Marktanteil von 40 %. Auf dem Markt für Gartenmöbel produziert Lizenznehmer C auf Grundlage des Patents des A und hat einen Marktanteil von 10 %. D, der auf keinem der Märkte bislang aktiv ist, möchte eine Lizenz am Patent des A für die Herstellung von Spielzeugpuppen und Gartenmöbeln erwerben. A ist mangels Produktionskapazitäten auch kein potentieller Wettbewerber auf den Märkten für Spielzeugpuppen und Gartenmöbel.

13 Stellt man iRd lit. d nur auf den Markt für Spielzeugpuppen zwecks Berechnung der Marktanteile des A auf dem Technologiemarkt ab, wäre die TT-GVO auf eine Lizenzvereinbarung zwischen A und D auf dem Technologiemarkt nicht anwendbar. Da A und D auf den betroffenen Technologie- und Produktmärkten keine konkurrierenden Unternehmen sind, ist die Marktanteilsschwelle des Art. 3 Abs. 2 einschlägig. A hat auf dem vorgelagerten Technologiemarkt unter Anwendung der Berechnungsmethode des lit. d und bei alleinigem Abstellen auf den Produktmarkt für Spielzeugpuppen einen Marktanteil von 40 %, da der mit seinem Technologierecht produzierende B einen Marktanteil von 40 % auf dem nachgelagerten Produktmarkt für Spielzeugpuppen hält. Hierdurch werden jedoch die tatsächlichen Marktanteile des A auf dem vorgelagerten Technologiemarkt, der Patente für Verfahren umfasst, mit denen man sowohl Spielzeugpuppen als auch Gartenmöbel produzieren kann, künstlich erhöht. Grund hierfür ist, dass sich der auf dem Markt für Spielzeugpuppen starke Hersteller B für das Technologierecht des A entschieden hat, obwohl genug substituierbare Technologien, von denen entsprechender Wettbewerbsdruck ausgeht, vorhanden sind. Entsprechende Beispiele könnten gebildet werden, wenn es einen weltweiten vorgelagerten Technologiemarkt und verschiedene räumlich nachgelagerte Produktmärkte gibt.[16]

14 In diesen Fällen muss die Berechnungsmethode des lit. d modifiziert werden, um zu sachgerechten und angemessenen Ergebnissen zu gelangen.[17] Es sollten daher die verschiedenen relevanten nachgelagerten Produktmärkte zu einem einheitlichen Markt mit entsprechendem Marktvolumen zusammengefasst werden und auf die Marktanteile der Technologierechte auf diesem Gesamtmarkt abgestellt werden. In dem Beispielsfall weisen der Produktmarkt für Spielzeugpuppen, auf dem der Marktanteil des Technologierechts des A bei 40 % liegt, und der Produktmarkt für Gartenmöbel, auf dem der Marktanteil des Technologierechts des A bei 10 % liegt, das gleiche Marktvolumen auf. Bei Bildung eines einheitlichen nachgelagerten relevanten Produktmarkts für die Berechnungsmethode des lit. d läge daher der Marktanteil des A auf dem vorgelagerten Technologiemarkt bei 25 %. Die TT-GVO wäre auf die Lizenzvergabe des A an D auf dem Technologiemarkt anwendbar. Diese **„Gesamtmarktmethode"** ist – entgegen der Leitlinien (Rn. 93, Beispiel 2) – insbesondere anzuwenden, wenn es einen vorgelagerten Technologiemarkt und verschiedene räumliche Produktmärkte gibt, da es ansonsten, wie

---

[14] Leitlinien „Technologietransfer", 18 Rn. 88.
[15] Leitlinien „Technologietransfer" Rn. 93 Beispiel 2; krit. auch zur Vorgänger-GVO Liebscher/Flohr/Petsche Gruppenfreistellungs-VO-HdB/Bauer § 12 Rn. 65, im Hinblick auf verschiedene räumlich relevante nachgelagerte Produktmärkte, denen ein räumlich weiterer Technologiemarkt vorgelagert ist.
[16] Gibt es nur einen nachgelagerten Produktmarkt, soll sich die räumliche Abgrenzung des Technologiemarkts nach Auffassung der Kommission nach der des Produktmarkts richten, Leitlinien „Technologietransfer" Rn. 89. Dieser Auffassung kann nicht gefolgt werden, da sich die Wettbewerbsverhältnisse auf dem Technologiemarkt, der in der Regel weltweit abzugrenzen ist, gerade in räumlicher Hinsicht maßgeblich von denen auf dem nachgelagerten Produktmarkt auf dem möglicherweise Beschränkungen durch Transportkosten auftreten unterscheiden können.
[17] Liebscher/Flohr/Petsche Gruppenfreistellungs-VO-HdB/Bauer § 12 Rn. 65 sieht aufgrund der Tatsache, dass Technologiemärkte im Gegensatz zu Produktmärkten meist räumlich weitere Märkte darstellen, ebenfalls die Notwendigkeit, unterschiedlichen Produktmärkten einen gemeinsamen, räumlich weiteren Technologiemarkt zuzuordnen. Auf der anderen Seite soll nach der dort vertretenen Auffassung bei verschiedenen sachlich relevanten nachgelagerten Produktmärkten iRd Art. 3 Abs. 3 VO/EG 772/2004 (nunmehr Artikel 8 lit. d) von entsprechenden (verschiedenen) sachlich relevanten vorgelagerten Technologiemärkten ausgegangen werden.

oben gezeigt, zu unsachgerechten Ergebnissen käme, die die wirtschaftlichen Gegebenheiten nicht widerspiegeln. Der Wortlaut des lit. d, der von „dem relevanten Markt bzw. den relevanten Märkten (das heißt sowohl für den sachlich relevanten als auch für den räumlich relevanten Markt), auf dem/denen die Vertragsprodukte verkauft werden," spricht, steht der Gesamtmarktmethode jedenfalls nicht entgegen, wenn sich die Vertragsprodukte wie in dem og Beispiel auf verschiedenen Produktmärkten befinden (→ Rn. 14). Gibt es verschiedene relevante nachgelagerte sachliche Produktmärkte, ist iRd Marktabgrenzung genau zu prüfen, ob es tatsächlich nur einen vorgelagerten Technologiemarkt gibt. Bei der Marktabgrenzung nach dem modifizierten Bedarfsmarktkonzept ist nämlich u.a. der **Verwendungszweck** aus Nachfragersicht entscheidend. In dem Beispielsfall ist daher nur von einem vorgelagerten Technologiemarkt auszugehen, wenn sich mit dem Patent des A für das Herstellungsverfahren und seinen Substituten aus Sicht des D und anderer (potentieller) Nachfrager zugleich sowohl Spielzeugpuppen als auch Gartenmöbel herstellen lassen.

Wenn es zu dem lizenzierten Technologierecht zwar verschiedene nachgelagerte Produktmärkte **15** gibt, weil dieses wie das Patent für das Herstellungsverfahren in dem og Beispiel für die Produktion verschiedener Produkte (Spielzeugpuppen und Gartenmöbel) genutzt werden kann, die Technologietransfer-Vereinbarung jedoch nur **Vertragsprodukte auf einem dieser Produktmärkte zum Gegenstand hat** (sei es in sachlicher oder räumlicher Hinsicht), scheidet eine Anwendung der Gesamtmarktmethode wegen des insoweit eindeutigen Wortlauts des lit. d aus.

III. Überschreitung der Marktanteilsschwelle (lit. e)

lit. e enthält eine „**Übergangsregelung**" für den Fall der Marktanteilsüberschreitung **16** während der Dauer der Technologietransfer-Vereinbarung. Wird die jeweilige Marktanteilsschwelle des Art. 3 Abs. 1 oder Abs. 2 überschritten, so **gilt die Gruppenfreistellung im Anschluss an das Jahr des Überschreitens der Marktanteilsschwelle noch für zwei aufeinander folgende Kalenderjahre weiter.** Gemäß lit. b ist der Marktanteil zu dem für die Beurteilung relevanten Zeitpunkt auf der Grundlage der Marktdaten des vorausgegangenen Kalenderjahres zu ermitteln, dh im Jahre 1 sind die Marktdaten des Jahres 0 zu Grunde zu legen. Die Überschreitung der Marktanteilsschwelle wird somit ebenfalls auf der Grundlage der Marktdaten des vorausgegangenen Jahres festgestellt.[18] Wenn sodann die Freistellung noch für zwei weitere Jahre im Anschluss an das Jahr der Überschreitung gilt, lässt die TT-GVO letztlich für die Dauer von vier Jahren eine Überschreitung der Marktanteilsschwelle zu, nämlich für das Jahr der Überschreitung selbst, das Jahr der Feststellung der Überschreitung und die zwei nachfolgenden Kalenderjahre. Beispiel 3 der Leitlinien[19] ist insoweit missverständlich und gilt nur für den Fall, dass schon im ersten Jahr der Marktanteil, berechnet nach dem vorausgegangenen Jahr, bei über 20 % liegt (da in diesem Fall schon kein Anwendungsfall des lit. e gegeben ist). Beispiel 2 der Leitlinien enthält eine zutreffende Berechnung. Im Jahr 3 wird tatsächlich die Marktanteilsschwelle überschritten, sodass nach lit. b eine Überschreitung für das Jahr 4 festzustellen ist. Da die GVO nach lit. e noch für zwei aufeinander folgende Kalenderjahre weitergilt, betrifft dies die Jahre 5 und 6. Erst im Jahr 7 entfällt mithin die Gruppenfreistellung. Die Leitlinien sprechen korrekter Weise davon, dass die Vereinbarung „nach dem Jahr 6" nicht mehr unter die Gruppenfreistellung fällt.[20]

Wird die **Marktanteilsschwelle in einem Jahr über-, in einem der darauf folgenden** **17** **Jahre wieder unterschritten,** so gilt nach dem Wortlaut die TT-GVO nicht, wenn die Marktanteilsschwelle gemessen an den Angaben für das vorherige Kalenderjahr bereits zum Zeitpunkt des Abschlusses der Technologie-Vereinbarung überschritten wird. In einem solchen Fall, dass also zu einem späteren Zeitpunkt die Marktanteilsschwelle unterschritten wird und von Anfang an die sonstigen Voraussetzungen der Gruppenfreistellung nach der TT-GVO vorliegen, ist es jedoch idR wahrscheinlich, dass die Vereinbarung von Anfang an entweder gegen die TT-GVO nicht gegen Art. 101 Abs. 1 AEUV verstößt oder aber die Voraussetzungen für eine Einzelfreistellung nach Art. 101 Abs. 3 AEUV erfüllt sind, was aber anhand der Umstände des Einzelfalls zu prüfen ist. Sollte dennoch eine ursprüngliche Unwirksamkeit des Vertrags wegen Verstoßes gegen Art. 101 Abs. 1 AEUV und Nicht-Vorliegens der Voraussetzungen für eine Einzelfreistellung vorliegen, kann allerdings der ursprünglich nicht (gruppen-)freigestellte Vertrag später (wenn die Marktanteilsschwellen unterschritten werden und die übrigen Voraussetzungen der TT-GVO weiterhin vorliegen) bestätigt werden, was aber voraussetzt, dass die Vertragsparteien in Kenntnis der Unwirksamkeit den Vertrag bestätigen und damit im zivilrechtlichen Sinne neu abschließen.[21] Wird die Marktanteilsschwelle während der

---

[18] So auch Berg/Mäsch/Lorenz Art. 8 Rn. 7 mwN; LMRKM/Schweda/Giesen Rn. 163, 165.
[19] Leitlinien „Technologietransfer", 19 Rn. 93.
[20] Leitlinien „Technologietransfer", 19 Rn. 93 Beispiel 2.
[21] So im Ergebnis auch Bechtold/Bosch/Brinker Rn. 10.

Dauer der Vereinbarung überschritten, gilt Art. 8 lit. e, dh die Gruppenfreistellung gilt nach dem oben unter → Rn. 15 Gesagten für eine Dauer von insgesamt vier Jahren, einschließlich dem Jahr des tatsächlichen Überschreitens, weiter. Danach entfällt sie unabhängig von der zwischenzeitlichen und weiteren Entwicklung der Marktanteile. Aus Art. 3, aber auch aus Art. 8 folgt, dass die Voraussetzungen für die gruppenweise Freistellung bei Abschluss der Vereinbarung und für deren gesamte Dauer vorliegen müssen. Allerdings dürften idR die Voraussetzungen für eine Einzelfreistellung gegeben sein, wenn die Marktanteile nach kurzzeitiger Überschreitung in einem Jahr wieder unter die Marktanteilsschwellen des Art. 3 fallen.

Art. 9 Verhältnis zu anderen Gruppenfreistellungsverordnungen

Diese Verordnung gilt nicht für Lizenzabsprachen in Vereinbarungen über Forschung und Entwicklung, die unter die Verordnung (EU) Nr. 1217/2010 fallen oder in Spezialisierungsvereinbarungen, die unter die Verordnung (EU) Nr. 1218/2010 fallen.

1   Art. 9 regelt das **Verhältnis der TT-GVO zur FuE-GVO (VO/EU 2023/1066)**[1] **und zur Spezialisierungs-GVO (VO/EU 2023/1067)**[2] iSe Spezialitätsverhältnisses. Voraussetzung für eine Spezialität ist im Fall der FuE-GVO, dass es sich um eine Lizenzabsprache iRe Vereinbarung über Forschung und Entwicklung handelt, im Fall der Spezialisierungs-GVO, dass es sich um eine Lizenzabsprache iRe Spezialisierungsvereinbarung handelt.[3] In beiden Fällen ist also anhand des objektiven inhaltlichen Schwerpunkts der Vereinbarung zu bestimmen, ob eine FuE-, Spezialisierungs- oder Technologietransfer-Vereinbarung vorliegt (→ Kapitel 7 Rn. 87 ff.). Die Kommission geht in Rn. 70–74 der Leitlinien auf die Abgrenzung dieser GVOs voneinander näher ein.[4] Zur Abgrenzung des Anwendungsbereichs der TT-GVO von anderen GVOs im Einzelnen → Einl. Rn. 84 ff.

Art. 10 Übergangszeit

Das Verbot nach Artikel 101 Absatz 1 AEUV gilt vom 1. Mai 2014 bis zum 30. April 2015 nicht für Vereinbarungen, die am 30. April 2014 bereits in Kraft waren und die am 30. April 2014 die Voraussetzungen für eine Freistellung zwar nach der Verordnung (EG) Nr. 772/2004, nicht aber nach dieser Verordnung erfüllen.

1   Art. 10 sieht eine Übergangsregelung für Vereinbarungen vor, die vor dem Inkrafttreten der TT-GVO VO/EU Nr. 316/2014 in Kraft waren, dh rechtsverbindlich zwischen den Parteien abgeschlossen waren, und die am Tag vor dem Inkrafttreten der TT-GVO, also am 30.4.2014 (und zwar in der logischen Sekunde vor Beginn des 1.5.2014), sämtliche Voraussetzungen der Gruppenfreistellung nach der Vorgänger-GVO VO/EG Nr. 772/2004, nicht aber nach der TT-GVO VO/EU Nr. 316/2014 erfüllten. Solche Vereinbarungen blieben für ein weiteres Jahr, dh bis zum Ablauf des 30.4.2015, im Genuss der Gruppenfreistellung.

Art. 11 Geltungsdauer

Diese Verordnung tritt am 1. Mai 2014 in Kraft.
Sie gilt bis zum 30. April 2026.

1   Mit Ablauf des 30.4.2026 tritt die seit dem 1.5.2014 geltende GVO automatisch **außer Kraft**. Eine Verlängerung ist möglich, bedarf aber des Erlasses einer neuen Verordnung.

2   Die abschließende Feststellung der Verbindlichkeit und Gültigkeit in jedem Mitgliedstaat hat ihre aus dem **Vorrang des Unionsrechts** folgende Selbstverständlichkeit. Das nationale Recht hat im Zweifelsfalle zurückzutreten. Sollte eine nationale Behörde oder ein nationales Gericht der Auffassung sein, Teile der GVO seien mit dem AEUV, insbesondere also mit Art. 101 Abs. 3 AEUV, nicht vereinbar, muss diese Behörde die GVO gleichwohl anwenden. Ein Gericht wird im Zweifelsfalle dem EuGH die Frage der Vereinbarkeit der GVO mit dem AEUV zur Vorabentscheidung vorlegen.

---

[1] ABl. 2023 L 143, 9.
[2] ABl. 2023 L 143, 20.
[3] Krit. zur Verwendung des nicht definierten Begriffs der „Lizenzabsprache" Gennen IPRB 2014, 131 (132).
[4] Leitlinien „Technologietransfer" Rn. 70–74.

Kapitel 8

Europäische Fusionskontroll-VO Nr. 139/2004 (FKVO)

Verordnung (EG) Nr. 139/2004 des Rates vom 20. Januar 2004 über die Kontrolle von Unternehmenszusammenschlüssen („EG-Fusionskontrollverordnung")

(ABl. Nr. L 24/1)

[Erwägungsgründe]
(...)
(1) Die Verordnung (EWG) Nr. 4064/89 des Rates vom 21. Dezember 1989 über die Kontrolle von Unternehmenszusammenschlüssen[1] ist in wesentlichen Punkten geändert worden. Es empfiehlt sich daher aus Gründen der Klarheit, im Rahmen der jetzt anstehenden Änderungen eine Neufassung dieser Verordnung vorzunehmen.

(2) Zur Verwirklichung der allgemeinen Ziele des Vertrags ist der Gemeinschaft in Artikel 3 Absatz 1 Buchstabe g) die Aufgabe übertragen worden, ein System zu errichten, das den Wettbewerb innerhalb des Binnenmarkts vor Verfälschungen schützt. Nach Artikel 4 Absatz 1 des Vertrags ist die Tätigkeit der Mitgliedstaaten und der Gemeinschaft dem Grundsatz einer offenen Marktwirtschaft mit freiem Wettbewerb verpflichtet. Diese Grundsätze sind für die Fortentwicklung des Binnenmarkts wesentlich.

(3) Die Vollendung des Binnenmarkts und der Wirtschafts- und Währungsunion, die Erweiterung der Europäischen Union und die Reduzierung der internationalen Handels- und Investitionshemmnisse werden auch weiterhin erhebliche Strukturveränderungen bei den Unternehmen, insbesondere durch Zusammenschlüsse, bewirken.

(4) Diese Strukturveränderungen sind zu begrüßen, soweit sie den Erfordernissen eines dynamischen Wettbewerbs entsprechen und geeignet sind, zu einer Steigerung der Wettbewerbsfähigkeit der europäischen Industrie, zu einer Verbesserung der Wachstumsbedingungen sowie zur Anhebung des Lebensstandards in der Gemeinschaft zu führen.

(5) Allerdings ist zu gewährleisten, dass der Umstrukturierungsprozess nicht eine dauerhafte Schädigung des Wettbewerbs verursacht. Das Gemeinschaftsrecht muss deshalb Vorschriften für solche Zusammenschlüsse enthalten, die geeignet sind, wirksamen Wettbewerb im Gemeinsamen Markt oder in einem wesentlichen Teil desselben erheblich zu beeinträchtigen.

(6) Daher ist ein besonderes Rechtsinstrument erforderlich, das eine wirksame Kontrolle sämtlicher Zusammenschlüsse im Hinblick auf ihre Auswirkungen auf die Wettbewerbsstruktur in der Gemeinschaft ermöglicht und das zugleich das einzige auf derartige Zusammenschlüsse anwendbare Instrument ist. Mit der Verordnung (EWG) Nr. 4064/89 konnte eine Gemeinschaftspolitik in diesem Bereich entwickelt werden. Es ist jedoch nunmehr an der Zeit, vor dem Hintergrund der gewonnenen Erfahrung die genannte Verordnung neu zu fassen, um den Herausforderungen eines stärker integrierten Markts und der künftigen Erweiterung der Europäischen Union besser gerecht werden. Im Einklang mit dem Subsidiaritätsprinzip und dem Grundsatz der Verhältnismäßigkeit nach Artikel 5 des Vertrags geht die vorliegende Verordnung nicht über das zur Erreichung ihres Ziels, der Gewährleistung eines unverfälschten Wettbewerbs im Gemeinsamen Markt entsprechend dem Grundsatz einer offenen Marktwirtschaft mit freiem Wettbewerb, erforderliche Maß hinaus.

(7) Die Artikel 81 und 82 des Vertrags sind zwar nach der Rechtsprechung des Gerichtshofs auf bestimmte Zusammenschlüsse anwendbar, reichen jedoch nicht aus, um alle Zusammenschlüsse zu erfassen, die sich als unvereinbar mit dem vom Vertrag geforderten System des unverfälschten Wettbewerbs erweisen könnten. Diese Verordnung ist daher nicht nur auf Artikel 83, sondern vor allem auf Artikel 308 des Vertrags zu stützen, wonach sich die Gemeinschaft für die Verwirklichung ihrer Ziele zusätzliche Befugnisse geben kann; dies gilt auch für Zusammenschlüsse auf den Märkten für landwirtschaftliche Erzeugnisse im Sinne des Anhangs I des Vertrags.

---

[1] **Amtl. Anm.:** ABl. L 395 von 30.12.1989, S. 1. Berichtigte Fassung im ABl. L 257 von 21.9.1990, S. 13. Verordnung zuletzt geändert durch die Verordnung (EG) Nr. 1310/97 (ABl. L 180 von 9.7.1997, S. 1), Berichtigung im ABl. L 40 von 13.2.1998, S. 17.

(8) Die Vorschriften dieser Verordnung sollten für bedeutsame Strukturveränderungen gelten, deren Auswirkungen auf den Markt die Grenzen eines Mitgliedstaats überschreiten. Solche Zusammenschlüsse sollten grundsätzlich nach dem Prinzip der einzigen Anlaufstelle und im Einklang mit dem Subsidiaritätsprinzip ausschließlich auf Gemeinschaftsebene geprüft werden. Unternehmenszusammenschlüsse, die nicht im Anwendungsbereich dieser Verordnung liegen, fallen grundsätzlich in die Zuständigkeit der Mitgliedstaaten.

(9) Der Anwendungsbereich dieser Verordnung sollte anhand des geografischen Tätigkeitsbereichs der beteiligten Unternehmen bestimmt und durch Schwellenwerte eingegrenzt werden, damit Zusammenschlüsse von gemeinschaftsweiter Bedeutung erfasst werden können. Die Kommission sollte dem Rat über die Anwendung der Schwellenwerte und Kriterien Bericht erstatten, damit dieser sie ebenso wie die Vorschriften für Verweisungen vor einer Anmeldung gemäß Artikel 202 des Vertrags regelmäßig anhand der gewonnenen Erfahrungen überprüfen kann. Hierzu ist es erforderlich, dass die Mitgliedstaaten der Kommission statistische Angaben übermitteln, auf deren Grundlage die Kommission ihre Berichte erstellen und etwaige Änderungen vorschlagen kann. Die Berichte und Vorschläge der Kommission sollten sich auf die von den Mitgliedstaaten regelmäßig übermittelten Angaben stützen.

(10) Ein Zusammenschluss von gemeinschaftsweiter Bedeutung sollte dann als gegeben gelten, wenn der Gesamtumsatz der beteiligten Unternehmen die festgelegten Schwellenwerte überschreitet und sie in erheblichem Umfang in der Gemeinschaft tätig sind, unabhängig davon, ob der Sitz der beteiligten Unternehmen sich in der Gemeinschaft befindet oder diese dort ihr Hauptgeschäft ausüben.

(11) Die Regeln für die Verweisung von Zusammenschlüssen von der Kommission an die Mitgliedstaaten und von den Mitgliedstaaten an die Kommission sollten angesichts des Subsidiaritätsprinzips als wirksames Korrektiv wirken. Diese Regeln wahren in angemessener Weise die Wettbewerbsinteressen der Mitgliedstaaten und tragen dem Bedürfnis nach Rechtssicherheit sowie dem Grundsatz einer einzigen Anlaufstelle Rechnung.

(12) Zusammenschlüsse können in den Zuständigkeitsbereich mehrerer nationaler Fusionskontrollregelungen fallen, wenn sie die in dieser Verordnung genannten Schwellenwerte nicht erreichen. Die mehrfache Anmeldung desselben Vorhabens erhöht die Rechtsunsicherheit, die Arbeitsbelastung und die Kosten der beteiligten Unternehmen und kann zu widersprüchlichen Beurteilungen führen. Das System, nach dem die betreffenden Mitgliedstaaten Zusammenschlüsse an die Kommission verweisen können, sollte daher weiterentwickelt werden.

(13) Die Kommission sollte in enger und stetiger Verbindung mit den zuständigen Behörden der Mitgliedstaaten handeln und deren Bemerkungen und Mitteilungen entgegennehmen.

(14) Die Kommission sollte gemeinsam mit den zuständigen Behörden der Mitgliedstaaten ein Netz von Behörden bilden, die ihre jeweiligen Zuständigkeiten in enger Zusammenarbeit durch effiziente Regelungen für Informationsaustausch und Konsultation wahrnehmen, um sicherzustellen, dass jeder Fall unter Beachtung des Subsidiaritätsprinzips von der für ihn am besten geeigneten Behörde behandelt wird und um Mehrfachanmeldungen weitestgehend auszuschließen. Verweisungen von Zusammenschlüssen von der Kommission an die Mitgliedstaaten und von den Mitgliedstaaten an die Kommission sollten in einer effizienten Weise erfolgen, die weitestgehend ausschließt, dass ein Zusammenschluss sowohl vor als auch nach seiner Anmeldung von einer Stelle an eine andere verwiesen wird.

(15) Die Kommission sollte einen angemeldeten Zusammenschluss mit gemeinschaftsweiter Bedeutung an einen Mitgliedstaat verweisen können, wenn er den Wettbewerb in einem Markt innerhalb dieses Mitgliedstaats, der alle Merkmale eines gesonderten Marktes aufweist, erheblich zu beeinträchtigen droht. Beeinträchtigt der Zusammenschluss den Wettbewerb auf einem solchen Markt und stellt dieser keinen wesentlichen Teil des gemeinsamen Marktes dar, sollte die Kommission verpflichtet sein, den Fall ganz oder teilweise auf Antrag an den betroffenen Mitgliedstaat zu verweisen. Ein Mitgliedstaat sollte einen Zusammenschluss ohne gemeinschaftsweite Bedeutung an die Kommission verweisen können, wenn er den Handel zwischen den Mitgliedstaaten beeinträchtigt und den Wettbewerb in seinem Hoheitsgebiet erheblich zu beeinträchtigen droht. Weitere Mitgliedstaaten, die für die Prüfung des Zusammenschlusses ebenfalls zuständig sind, sollten die Möglichkeit haben, dem Antrag beizutreten. In diesem Fall sollten nationale Fristen ausgesetzt werden, bis eine Entscheidung über die Verweisung des Falles getroffen wurde, um die Effizienz und Berechenbarkeit des Systems sicherzustellen. Die Kommission sollte befugt sein, einen Zusammenschluss für einen antragstellenden Mitgliedstaat oder mehrere antragstellende Mitgliedstaaten zu prüfen und zu behandeln.

(16) Um das System der Fusionskontrolle innerhalb der Gemeinschaft noch effizienter zu gestalten, sollten die beteiligten Unternehmen die Möglichkeit erhalten, vor Anmeldung eines Zusam-

menschlusses die Verweisung an die Kommission oder an einen Mitgliedstaat zu beantragen. Um die Effizienz des Systems sicherzustellen, sollten die Kommission und die einzelstaatlichen Wettbewerbsbehörden in einem solchen Fall innerhalb einer kurzen, genau festgelegten Frist entscheiden, ob der Fall an die Kommission oder an den betreffenden Mitgliedstaat verwiesen werden sollte. Auf Antrag der beteiligten Unternehmen sollte die Kommission einen Zusammenschluss mit gemeinschaftsweiter Bedeutung an einen Mitgliedstaat verweisen können, wenn der Zusammenschluss den Wettbewerb auf einem Markt innerhalb dieses Mitgliedstaats, der alle Merkmale eines gesonderten Marktes aufweist, erheblich beeinträchtigen könnte, ohne dass dazu von den beteiligten Unternehmen der Nachweis verlangt werden sollte, dass die Auswirkungen des Zusammenschlusses wettbewerbsschädlich sein würden. Die Kommission sollte einen Zusammenschluss nicht an einen Mitgliedstaat verweisen dürfen, wenn dieser eine solche Verweisung abgelehnt hat. Die beteiligten Unternehmen sollten ferner vor der Anmeldung bei einer einzelstaatlichen Behörde beantragen dürfen, dass ein Zusammenschluss ohne gemeinschaftsweite Bedeutung, der nach dem innerstaatlichen Wettbewerbsrecht mindestens dreier Mitgliedstaaten geprüft werden könnte, an die Kommission verwiesen wird. Solche Anträge auf eine Verweisung vor der Anmeldung an die Kommission wären insbesondere dann angebracht, wenn der betreffende Zusammenschluss den Wettbewerb über das Hoheitsgebiet eines Mitgliedstaats hinaus beeinträchtigen würde. Wird ein Zusammenschluss, der nach dem Wettbewerbsrecht mindestens dreier Mitgliedstaaten geprüft werden könnte, vor seiner Anmeldung bei einer einzelstaatlichen Behörde an die Kommission verwiesen, so sollte die ausschließende Zuständigkeit für die Prüfung dieses Zusammenschlusses auf die Kommission übergehen, wenn keiner der für die Prüfung des betreffenden Falls zuständigen Mitgliedstaaten sich dagegen ausspricht; für diesen Zusammenschluss sollte dann die Vermutung der gemeinschaftsweiten Bedeutung gelten. Ein Zusammenschluss sollte jedoch nicht vor seiner Anmeldung von den Mitgliedstaaten an die Kommission verwiesen werden, wenn mindestens einer der für die Prüfung des Falles zuständigen Mitgliedstaaten eine solche Verweisung abgelehnt hat.

(17) Der Kommission ist vorbehaltlich der Nachprüfung ihrer Entscheidungen durch den Gerichtshof die ausschließliche Zuständigkeit für die Anwendung dieser Verordnung zu übertragen.

(18) Die Mitgliedstaaten dürfen auf Zusammenschlüsse von gemeinschaftsweiter Bedeutung ihr innerstaatliches Wettbewerbsrecht nur anwenden, soweit es in dieser Verordnung vorgesehen ist. Die entsprechenden Befugnisse der einzelstaatlichen Behörden sind auf die Fälle zu beschränken, in denen ohne ein Tätigwerden der Kommission wirksamer Wettbewerb im Gebiet eines Mitgliedstaats erheblich behindert werden könnte und die Wettbewerbsinteressen dieses Mitgliedstaats sonst durch diese Verordnung nicht hinreichend geschützt würden. Die betroffenen Mitgliedstaaten müssen in derartigen Fällen so schnell wie möglich handeln. Diese Verordnung kann jedoch wegen der Unterschiede zwischen den innerstaatlichen Rechtsvorschriften keine einheitliche Frist für den Erlass endgültiger Entscheidungen nach innerstaatlichem Recht vorschreiben.

(19) Im Übrigen hindert die ausschließliche Anwendung dieser Verordnung auf Zusammenschlüsse von gemeinschaftsweiter Bedeutung die Mitgliedstaaten unbeschadet des Artikels 296 des Vertrags nicht daran, geeignete Maßnahmen zum Schutz anderer berechtigter Interessen als derjenigen zu ergreifen, die in dieser Verordnung berücksichtigt werden, sofern diese Maßnahmen mit den allgemeinen Grundsätzen und den sonstigen Bestimmungen des Gemeinschaftsrechts vereinbar sind.

(20) Der Begriff des Zusammenschlusses ist so zu definieren, dass er Vorgänge erfasst, die zu einer dauerhaften Veränderung der Kontrolle an den beteiligten Unternehmen und damit an der Marktstruktur führen. In den Anwendungsbereich dieser Verordnung sollten daher auch alle Gemeinschaftsunternehmen einbezogen werden, die auf Dauer alle Funktionen einer selbstständigen wirtschaftlichen Einheit erfüllen. Ferner sollten Erwerbsvorgänge, die eng miteinander verknüpft sind, weil sie durch eine Bedingung miteinander verbunden sind oder in Form einer Reihe von innerhalb eines gebührend kurzen Zeitraums getätigten Rechtsgeschäften mit Wertpapieren stattfinden, als ein einziger Zusammenschluss behandelt werden.

(21) Diese Verordnung ist auch dann anwendbar, wenn die beteiligten Unternehmen sich Einschränkungen unterwerfen, die mit der Durchführung des Zusammenschlusses unmittelbar verbunden und dafür notwendig sind. Eine Entscheidung der Kommission, mit der ein Zusammenschluss in Anwendung dieser Verordnung für mit dem Gemeinsamen Markt vereinbar erklärt wird, sollte automatisch auch alle derartigen Einschränkungen abdecken, ohne dass die Kommission diese im Einzelfall zu prüfen hätte. Auf Antrag der beteiligten Unternehmen sollte die Kommission allerdings im Fall neuer oder ungelöster Fragen, die zu ernsthafter Rechtsunsicherheit führen können, gesondert prüfen, ob eine Einschränkung mit der Durchführung des Zusammenschlusses unmittelbar verbunden und dafür notwendig ist. Ein Fall wirft dann eine neue oder ungelöste Frage auf, die zu ernsthafter Rechtsunsicherheit führen kann, wenn sie nicht durch die entsprechende Bekanntmachung der Kommission oder eine veröffentlichte Entscheidung der Kommission geregelt ist.

(22) Bei der Regelung der Kontrolle von Unternehmenszusammenschlüssen ist unbeschadet des Artikels 86 Absatz 2 des Vertrags der Grundsatz der Nichtdiskriminierung zwischen dem öffentlichen und dem privaten Sektor zu beachten. Daher sind im öffentlichen Sektor bei der Berechnung des Umsatzes eines am Zusammenschluss beteiligten Unternehmens unabhängig von den Eigentumsverhältnissen oder von den für sie geltenden Regeln der verwaltungsmäßigen Zuordnung die Unternehmen zu berücksichtigen, die eine mit einer autonomen Entscheidungsbefugnis ausgestattete wirtschaftliche Einheit bilden.

(23) Es ist festzustellen, ob die Zusammenschlüsse von gemeinschaftsweiter Bedeutung mit dem Gemeinsamen Markt vereinbar sind; dabei ist von dem Erfordernis auszugehen, im Gemeinsamen Markt wirksamen Wettbewerb aufrechtzuerhalten und zu entwickeln. Die Kommission muss sich bei ihrer Beurteilung an dem allgemeinen Rahmen der Verwirklichung der grundlegenden Ziele der Gemeinschaft gemäß Artikel 2 des Vertrags zur Gründung der Europäischen Gemeinschaft und Artikel 2 des Vertrags über die Europäische Union orientieren.

(24) Zur Gewährleistung eines unverfälschten Wettbewerbs im Gemeinsamen Markt im Rahmen der Fortführung einer Politik, die auf dem Grundsatz einer offenen Marktwirtschaft mit freiem Wettbewerb beruht, muss diese Verordnung eine wirksame Kontrolle sämtlicher Zusammenschlüsse entsprechend ihren Auswirkungen auf den Wettbewerb in der Gemeinschaft ermöglichen. Entsprechend wurde in der Verordnung (EWG) Nr. 4064/89 der Grundsatz aufgestellt, dass Zusammenschlüsse von gemeinschaftsweiter Bedeutung, die eine beherrschende Stellung begründen oder verstärken, durch welche ein wirksamer Wettbewerb im Gemeinsamen Markt oder in einem wesentlichen Teil desselben in erheblichem Ausmaß behindert wird, für mit dem Gemeinsamen Markt unvereinbar zu erklären sind.

(25) In Anbetracht der Auswirkungen, die Zusammenschlüsse in oligopolistischen Marktstrukturen haben können, ist die Aufrechterhaltung wirksamen Wettbewerbs in solchen Märkten umso mehr geboten. Viele oligopolistische Märkte lassen ein gesundes Maß an Wettbewerb erkennen. Unter bestimmten Umständen können Zusammenschlüsse, in deren Folge der beträchtliche Wettbewerbsdruck beseitigt wird, den die fusionierenden Unternehmen aufeinander ausgeübt haben, sowie der Wettbewerbsdruck auf die verbleibenden Wettbewerber gemindert wird, zu einer erheblichen Behinderung wirksamen Wettbewerbs führen, auch wenn eine Koordinierung zwischen Oligopolmitgliedern unwahrscheinlich ist. Die Gerichte der Gemeinschaft haben jedoch bisher die Verordnung (EWG) Nr. 4064/89 nicht ausdrücklich dahingehend ausgelegt, dass Zusammenschlüsse, die solche nicht koordinierten Auswirkungen haben, für mit dem Gemeinsamen Markt unvereinbar zu erklären sind. Daher sollte im Interesse der Rechtssicherheit klargestellt werden, dass diese Verordnung eine wirksame Kontrolle solcher Zusammenschlüsse dadurch vorsieht, dass grundsätzlich jeder Zusammenschluss, der einen wirksamen Wettbewerb im Gemeinsamen Markt oder in einem wesentlichen Teil desselben erheblich behindern würde, für mit dem Gemeinsamen Markt unvereinbar zu erklären ist. Für die Anwendung der Bestimmungen des Artikels 2 Absätze 2 und 3 wird beabsichtigt, den Begriff „erhebliche Behinderung wirksamen Wettbewerbs" dahin gehend auszulegen, dass er sich über das Konzept der Marktbeherrschung hinaus ausschließlich auf diejenigen wettbewerbsschädigenden Auswirkungen eines Zusammenschlusses erstreckt, die sich aus nicht koordiniertem Verhalten von Unternehmen ergeben, die auf dem jeweiligen Markt keine beherrschende Stellung haben würden.

(26) Eine erhebliche Behinderung wirksamen Wettbewerbs resultiert im Allgemeinen aus der Begründung oder Stärkung einer beherrschenden Stellung. Im Hinblick darauf, dass frühere Urteile der europäischen Gerichte und die Entscheidungen der Kommission gemäß der Verordnung (EWG) Nr. 4064/89 weiterhin als Orientierung dienen sollten und gleichzeitig die Übereinstimmung mit den Kriterien für einen Wettbewerbsschaden, die die Kommission und die Gerichte der Gemeinschaft bei der Prüfung der Vereinbarkeit eines Zusammenschlusses mit dem Gemeinsamen Markt angewendet haben, gewahrt werden sollte, sollte diese Verordnung dementsprechend den Grundsatz aufstellen, dass Zusammenschlüsse von gemeinschaftsweiter Bedeutung, die wirksamen Wettbewerb im Gemeinsamen Markt oder in einem wesentlichen Teil desselben erheblich behindern würden, insbesondere infolge der Begründung oder Stärkung einer beherrschenden Stellung, für mit dem Gemeinsamen Markt unvereinbar zu erklären sind.

(27) Außerdem sollten die Kriterien in Artikel 81 Absätze 1 und 3 des Vertrags auf Gemeinschaftsunternehmen, die auf Dauer alle Funktionen einer selbstständigen wirtschaftlichen Einheit erfüllen, insoweit angewandt werden, als ihre Gründung eine spürbare Einschränkung des Wettbewerbs zwischen unabhängig bleibenden Unternehmen zur Folge hat.

(28) Um deutlich zu machen und zu erläutern, wie die Kommission Zusammenschlüsse nach dieser Verordnung beurteilt, sollte sie Leitlinien veröffentlichen, die einen soliden wirtschaftlichen Rahmen für die Beurteilung der Vereinbarkeit von Zusammenschlüssen mit dem Gemeinsamen Markt bieten sollten.

(29) Um die Auswirkungen eines Zusammenschlusses auf den Wettbewerb im Gemeinsamen Markt bestimmen zu können, sollte begründeten und wahrscheinlichen Effizienzvorteilen Rechnung getragen werden, die von den beteiligten Unternehmen dargelegt werden. Es ist möglich, dass die durch einen Zusammenschluss bewirkten Effizienzvorteile die Auswirkungen des Zusammenschlusses auf den Wettbewerb, insbesondere den möglichen Schaden für die Verbraucher, ausgleichen, so dass durch den Zusammenschluss wirksamer Wettbewerb im Gemeinsamen Markt oder in einem wesentlichen Teil desselben, insbesondere durch Begründung oder Stärkung einer beherrschenden Stellung, nicht erheblich behindert würde. Die Kommission sollte Leitlinien veröffentlichen, in denen sie die Bedingungen darlegt, unter denen sie Effizienzvorteile bei der Prüfung eines Zusammenschlusses berücksichtigen kann.

(30) Ändern die beteiligten Unternehmen einen angemeldeten Zusammenschluss, indem sie insbesondere anbieten, Verpflichtungen einzugehen, die den Zusammenschluss mit dem Gemeinsamen Markt vereinbar machen, sollte die Kommission den Zusammenschluss in seiner geänderten Form für mit dem Gemeinsamen Markt vereinbar erklären können. Diese Verpflichtungen müssen in angemessenem Verhältnis zu dem Wettbewerbsproblem stehen und dieses vollständig beseitigen. Es ist ebenfalls zweckmäßig, Verpflichtungen vor der Einleitung des Verfahrens zu akzeptieren, wenn das Wettbewerbsproblem klar umrissen ist und leicht gelöst werden kann. Es sollte ausdrücklich vorgesehen werden, dass die Kommission ihre Entscheidung an Bedingungen und Auflagen knüpfen kann, um sicherzustellen, dass die beteiligten Unternehmen ihren Verpflichtungen so effektiv und rechtzeitig nachkommen, dass der Zusammenschluss mit dem Gemeinsamen Markt vereinbar wird. Während des gesamten Verfahrens sollte für Transparenz und eine wirksame Konsultation der Mitgliedstaaten und betroffener Dritter gesorgt werden.

(31) Die Kommission sollte über geeignete Instrumente verfügen, damit sie die Durchsetzung der Verpflichtungen sicherstellen und auf Situationen reagieren kann, in denen die Verpflichtungen nicht eingehalten werden. Wird eine Bedingung nicht erfüllt, unter der die Entscheidung über die Vereinbarkeit des Zusammenschlusses mit dem Gemeinsamen Markt ergangen ist, so tritt der Zustand der Vereinbarkeit des Zusammenschlusses mit dem Gemeinsamen Markt nicht ein, so dass der Zusammenschluss damit in der vollzogenen Form von der Kommission nicht genehmigt ist. Wird der Zusammenschluss vollzogen, sollte er folglich ebenso behandelt werden wie ein nicht angemeldeter und ohne Genehmigung vollzogener Zusammenschluss. Außerdem sollte die Kommission die Auflösung eines Zusammenschlusses direkt anordnen dürfen, um den vor dem Vollzug des Zusammenschlusses bestehenden Zustand wieder herzustellen, wenn sie bereits zu dem Ergebnis gekommen ist, dass der Zusammenschluss ohne die Bedingung mit dem Gemeinsamen Markt unvereinbar wäre. Wird eine Auflage nicht erfüllt, mit der die Entscheidung über die Vereinbarkeit eines Zusammenschlusses mit dem Gemeinsamen Markt ergangen ist, sollte die Kommission ihre Entscheidung widerrufen können. Ferner sollte die Kommission angemessene finanzielle Sanktionen verhängen können, wenn Bedingungen oder Auflagen nicht eingehalten werden.

(32) Bei Zusammenschlüssen, die wegen des begrenzten Marktanteils der beteiligten Unternehmen nicht geeignet sind, wirksamen Wettbewerb zu behindern, kann davon ausgegangen werden, dass sie mit dem Gemeinsamen Markt vereinbar sind. Unbeschadet der Artikel 81 und 82 des Vertrags besteht ein solches Indiz insbesondere dann, wenn der Marktanteil der beteiligten Unternehmen im Gemeinsamen Markt oder in einem wesentlichen Teil desselben 25 % nicht überschreitet.

(33) Der Kommission ist die Aufgabe zu übertragen, alle Entscheidungen über die Vereinbarkeit oder Unvereinbarkeit der Zusammenschlüsse von gemeinschaftsweiter Bedeutung mit dem Gemeinsamen Markt sowie Entscheidungen, die der Wiederherstellung des Zustands vor dem Vollzug eines für mit dem Gemeinsamen Markt unvereinbar erklärten Zusammenschlusses dienen, zu treffen.

(34) Um eine wirksame Überwachung zu gewährleisten, sind die Unternehmen zu verpflichten, Zusammenschlüsse von gemeinschaftsweiter Bedeutung nach Vertragsabschluss, Veröffentlichung des Übernahmeangebots oder des Erwerbs einer die Kontrolle begründenden Beteiligung und vor ihrem Vollzug anzumelden. Eine Anmeldung sollte auch dann möglich sein, wenn die beteiligten Unternehmen der Kommission gegenüber ihre Absicht glaubhaft machen, einen Vertrag über einen beabsichtigten Zusammenschluss zu schließen und ihr beispielsweise anhand einer von allen beteiligten Unternehmen unterzeichneten Grundsatzvereinbarung, Übereinkunft oder Absichtserklärung darlegen, dass der Plan für den beabsichtigten Zusammenschluss ausreichend konkret ist, oder im Fall eines Übernahmeangebots öffentlich ihre Absicht zur Abgabe eines solchen Angebots bekundet haben, sofern der beabsichtigte Vertrag oder das beabsichtigte Angebot zu einem Zusammenschluss von gemeinschaftsweiter Bedeutung führen würde. Der Vollzug eines Zusammenschlusses sollte bis zum Erlass der abschließenden Entscheidung der Kommission ausgesetzt werden. Auf Antrag der beteiligten Unternehmen sollte es jedoch gegebenenfalls möglich sein, hiervon abzuweichen. Bei der Entscheidung hierüber sollte die Kommission alle relevanten Faktoren, wie die Art und die

Schwere des Schadens für die beteiligten Unternehmen oder Dritte sowie die Bedrohung des Wettbewerbs durch den Zusammenschluss, berücksichtigen. Im Interesse der Rechtssicherheit ist die Wirksamkeit von Rechtsgeschäften zu schützen, soweit dies erforderlich ist.

(35) Es ist eine Frist festzulegen, innerhalb derer die Kommission wegen eines angemeldeten Zusammenschlusses das Verfahren einzuleiten hat; ferner sind Fristen vorzusehen, innerhalb derer die Kommission abschließend zu entscheiden hat, ob ein Zusammenschluss mit dem Gemeinsamen Markt vereinbar oder unvereinbar ist. Wenn die beteiligten Unternehmen anbieten, Verpflichtungen einzugehen, um den Zusammenschluss mit dem Gemeinsamen Markt vereinbar zu machen, sollten diese Fristen verlängert werden, damit ausreichend Zeit für die Prüfung dieser Angebote, den Markttest und für die Konsultation der Mitgliedstaaten und interessierter Dritter bleibt. Darüber hinaus sollte in begrenztem Umfang eine Verlängerung der Frist, innerhalb derer die Kommission abschließend entscheiden muss, möglich sein, damit ausreichend Zeit für die Untersuchung des Falls und für die Überprüfung der gegenüber der Kommission vorgetragenen Tatsachen und Argumente zur Verfügung steht.

(36) Die Gemeinschaft achtet die Grundrechte und Grundsätze, die insbesondere mit der Charta der Grundrechte der Europäischen Union[2] anerkannt wurden. Diese Verordnung sollte daher im Einklang mit diesen Rechten und Grundsätzen ausgelegt und angewandt werden.

(37) Die beteiligten Unternehmen müssen das Recht erhalten, von der Kommission gehört zu werden, sobald das Verfahren eingeleitet worden ist. Auch den Mitgliedern der geschäftsführenden und aufsichtsführenden Organe sowie den anerkannten Vertretern der Arbeitnehmer der beteiligten Unternehmen und betroffenen Dritten ist Gelegenheit zur Äußerung zu geben.

(38) Um Zusammenschlüsse ordnungsgemäß beurteilen zu können, sollte die Kommission alle erforderlichen Auskünfte einholen und alle erforderlichen Nachprüfungen in der Gemeinschaft vornehmen können. Zu diesem Zweck und im Interesse eines wirksamen Wettbewerbsschutzes müssen die Untersuchungsbefugnisse der Kommission ausgeweitet werden. Die Kommission sollte insbesondere alle Personen, die eventuell über sachdienliche Informationen verfügen, befragen und deren Aussagen zu Protokoll nehmen können.

(39) Wenn beauftragte Bedienstete der Kommission Nachprüfungen vornehmen, sollten sie alle Auskünfte im Zusammenhang mit Gegenstand und Zweck der Nachprüfung einholen dürfen. Sie sollten ferner bei Nachprüfungen Versiegelungen vornehmen dürfen, insbesondere wenn triftige Gründe für die Annahme vorliegen, dass ein Zusammenschluss ohne vorherige Anmeldung vollzogen wurde, dass der Kommission unrichtige, unvollständige oder irreführende Angaben gemacht wurden oder dass die betreffenden Unternehmen oder Personen Bedingungen oder Auflagen einer Entscheidung der Kommission nicht eingehalten haben. Eine Versiegelung sollte in jedem Fall nur unter außergewöhnlichen Umständen und nur während der für die Nachprüfung unbedingt erforderlichen Dauer, d.h. normalerweise nicht länger als 48 Stunden, vorgenommen werden.

(40) Unbeschadet der Rechtsprechung des Gerichtshofs ist es auch zweckmäßig, den Umfang der Kontrolle zu bestimmen, die ein einzelstaatliches Gericht ausüben kann, wenn es nach Maßgabe des einzelstaatlichen Rechts vorsorglich die Unterstützung durch die Vollzugsorgane für den Fall genehmigt, dass ein Unternehmen sich weigern sollte, eine durch Entscheidung der Kommission angeordnete Nachprüfung oder Versiegelung zu dulden. Nach ständiger Rechtsprechung kann das einzelstaatliche Gericht die Kommission insbesondere um weitere Auskünfte bitten, die für die Ausübung seiner Kontrolle erforderlich sind und in Ermangelung dieser Auskünfte die Genehmigung verweigern. Des Weiteren sind die einzelstaatlichen Gerichte nach ständiger Rechtsprechung für die Kontrolle der Anwendung der einzelstaatlichen Vorschriften für die Vollstreckung von Zwangsmaßnahmen zuständig. Die zuständigen Behörden der Mitgliedstaaten sollten bei der Ausübung der Untersuchungsbefugnisse der Kommission aktiv mitwirken.

(41) Wenn Unternehmen oder natürliche Personen Entscheidungen der Kommission nachkommen, können sie nicht gezwungen werden, Zuwiderhandlungen einzugestehen; sie sind jedoch in jedem Fall verpflichtet, Sachfragen zu beantworten und Unterlagen beizubringen, auch wenn diese Informationen gegen sie oder gegen andere als Beweis für eine begangene Zuwiderhandlung verwendet werden können.

(42) Im Interesse der Transparenz sollten alle Entscheidungen der Kommission, die nicht rein verfahrensrechtlicher Art sind, auf breiter Ebene bekannt gemacht werden. Ebenso unerlässlich wie die Wahrung der Verteidigungsrechte der beteiligten Unternehmen, insbesondere des Rechts auf Akteneinsicht, ist der Schutz von Geschäftsgeheimnissen. Die Vertraulichkeit der innerhalb des Netzes sowie mit den zuständigen Behörden von Drittländern ausgetauschten Informationen sollte gleichfalls gewahrt werden.

---

[2] **Amtl. Anm.:** ABl. C 364 von 18.12.2000, S. 1.

(43) Die Einhaltung dieser Verordnung sollte, soweit erforderlich, durch Geldbußen und Zwangsgelder sichergestellt werden. Dabei sollte dem Gerichtshof nach Artikel 229 des Vertrags die Befugnis zu unbeschränkter Ermessensnachprüfung übertragen werden.

(44) Die Bedingungen, unter denen Zusammenschlüsse in Drittländern durchgeführt werden, an denen Unternehmen beteiligt sind, die ihren Sitz oder ihr Hauptgeschäft in der Gemeinschaft haben, sollten aufmerksam verfolgt werden; es sollte die Möglichkeit vorgesehen werden, dass die Kommission vom Rat ein Verhandlungsmandat mit dem Ziel erhalten kann, eine nicht-diskriminierende Behandlung für solche Unternehmen zu erreichen.

(45) Diese Verordnung berührt in keiner Weise die in den beteiligten Unternehmen anerkannten kollektiven Rechte der Arbeitnehmer, insbesondere im Hinblick auf die nach Gemeinschaftsrecht oder nach innerstaatlichem Recht bestehende Pflicht, die anerkannten Arbeitnehmervertreter zu unterrichten oder anzuhören.

(46) Die Kommission sollte ausführliche Vorschriften für die Durchführung dieser Verordnung entsprechend den Modalitäten für die Ausübung der der Kommission übertragenen Durchführungsbefugnisse festlegen können. Beim Erlass solcher Durchführungsbestimmungen sollte sie durch einen Beratenden Ausschuss unterstützt werden, der gemäß Artikel 23 aus Vertretern der Mitgliedstaaten besteht –

(...)

Einleitung – Grundlagen der europäischen Fusionskontrolle

Schrifttum: Ahlborn/Turner, Expanding Success? Reform of the EC Merger Regulation, ECLR 1998, 249; Albers, Fusionskontrolle zwischen Wettbewerbs- und Industriepolitik, CR 1990, 444; Albers, Auslegungsfragen und praktische Anwendungen der europäischen Fusionskontrolle, FIW-Schriftenreihe 146 (Schwerpunkte des Kartellrechts 1990/91), 99; Alfter, Untersagungskriterien in der Fusionskontrolle, WuW 2003, 20; Axter, Die europäische Fusionskontrolle, FS Quack, 1991, 569; Baker, My Summer Vacation at the European Commission, The Antitrust Source, 9/2005, 1; Baker/Shapiro, Detecting and Reversing the Decline in Horizontal Merger Control, Antitrust 2008, Vol. 22(3), 29–36; Banks, Non-Competition Factors and their Future Relevance under European Merger Law, ECLR 1997, 182; Basedow, Gemeinschaftsrechtliche Grenzen der Ministererlaubnis in der Fusionskontrolle, EuZW 2003, 44; BDI, Memorandum zur Europäischen Wettbewerbspolitik, 1993; Bechtold, Abwägung zwischen den Vor- und Nachteilen eines Zusammenschlusses in der europäischen Fusionskontrolle, EuZW 1996, 389; Beffa, Pour une nouvelle politique industrielle, La Documentation française/Collection des rapports officiels, 2005; Bellis/Elliot/van Acker, The Current State of the EU Merger Control System: Ten Areas Where Improvements Can Be Made in: International Antitrust Law & Policy: Fordham Competition Law, 2011; Bergmann/Burholt, Nicht Fisch und nicht Fleisch – Zur Änderung des materiellen Prüfkriteriums in der Europäischen Fusionskontrolle, EuZW 2004, 161; Berlin, Contrôle communautaire des concentrations, 1992; Bishop, European or National? The Community's New Merger Regulation in Bishop/Kay, European Mergers and Merger Policy, 1993, 313; Blank, Europäische Fusionskontrolle im Rahmen der Art. 85, 86 EWGV, 1991; Block, Die europäische Fusionskontrolle, WSI-Mitteilungen 1/1992, 33; Böge, Reform der europäischen Fusionskontrolle, WuW 2004, 138; Böge/Müller, From the Market Dominance Test to the SLC Test: Are There Any Reasons for a Change?, ECLR 2002, 495; Bos/Stuyck/Wytinck, Concentration Control in the EEC, 1992; Bourgeois/Drijber, De EEC concentratiecontroleverordening: een erste commentar, SEW 3 (1990), 119; Brittan, The Law and Policy of Merger Control in the EEC, ELR 1990, 351; Brittan, Competition Policy and Merger Control in the Single European Market, 1991; Brunet/Girgenson, La double réforme du contrôle communautaire des concentrations, RTDE 2004, 1; Bunte, Nochmals: Rechtsfragen zur Ministererlaubnis nach § 42 GWB, BB 2002, 2393; Burgstaller, Marktbeherrschung oder „Substantial Lessening of Competition"?, WuW 2003, 726; Burnside, Dance of the Veils? Reform of the EC Merger Regulation, ECLR 1996, 371; Burnside, The Governance of EC Merger Control in International Bar Association, EC Merger Control: Ten years on: Papers from the EC Merger Control 10th Anniversary Conference, 2000; Burnside, GE, Honey, I sunk the Merger, ECLR, 2002, 107; Cardwell, The Role of the Efficiency Defence in EU Merger Control Proceedings Following UPS/ TNT, FedEx/TNT and UPS v Commission, JECLAP 11/2017, 551; Caspari/Schwarz, Europäische Fusionskontrolle – ein Historienspiel, FS Benisch, 1989, 383; Christiansen, Der „More Economic Approach" in der EU-Fusionskontrolle, 2010; Christiansen, Die Reform der EU-Fusionskontrolle ökonomisch betrachtet, WuW 2005, 283; Cisnal de Ugarte, Perez, Pico, A New Era for European Merger Control, European Competition and Regulatory Law Review (2022), vol. 1, 17; Diem, Überblick über das EWG-Kartellrecht, WuW 1994, 522; de la Mano, For the customer's sake: The competitive effects of efficiencies in European merger control, 2002; Dirksen, Praktische Erfahrungen im ersten Jahr der Fusionskontrolle FIW-Schriftenreihe 146 (Schwerpunkte des Kartellrechts 1990/91), 89; Dittert, Die Reform des Verfahrens in der neuen EG-Fusionskontrollverordnung, WuW 2004, 148; Downes/Ellison, The Legal Control of Mergers in the European Communities, 1991; Drauz, Ein Jahr europäische Fusionskontrolle, FIW-Schriftenreihe 146 (Schwerpunkte des Kartellrechts 1990/91), 89; Drauz, Reform der Fusionskontrollverordnung, WuW 2002, 444; Drauz/Chellingsworth/Hyrkas, Recent Developments in EU Merger Control, JECLP 2010, 12; Drauz/Schröder, Praxis der Europäischen Fusionskontrolle, 3. Aufl. 1995; Dreher, Der Rang des Wettbewerbs im europäischen Gemeinschaftsrecht, WuW 1998, 656; Dreher, Deutsche Ministererlaubnis in der Zusammenschlusskontrolle und europäisches Kartellrecht, WuW, 2002, 829;

Ebenroth/Lange, Zukunftsmärkte in der Europäische Fusionskontrolle EWS 1995, 1; Ebenroth/Parche, Der Verordnungsentwurf einer europäischen Fusionskontrolle und seine Auswirkungen auf nationales und internationales Kartellrecht, BB 1988, Beilage 18, 1; Ehlermann, Die europäische Fusionskontrolle – erste Erfahrungen, WuW 1991, 535; Elland, The Mergers Control Regulation, ECLR 1990, 111; Emmerich, Die Auslegung von Art. 85 Abs. 1 EWG-Vertrag durch die bisherige Praxis der Kommission, EuR 1971, 295; Farbmann, Die Geschichte der Fusionskontrollverordnung als ein Beispiel der europäischen Normsetzung, EuR 2004, 478; Feuring, Zusammenschlußkontrolle in der Europäischen Gemeinschaft für Kohle und Stahl, 1980; Fountoukakos/Ryan, A New Substantive Test for EU Merger Regulation, ECLR 2005, 277; Franchoo/Pollard, The Application of European Competition Law in the Financial Services Sector, Journal of European Competition Law & Practice 6 (2012); Frees, Das neue industriepolitische Konzept der Europäischen Gemeinschaft, EuR 1991, 281; Gonzales Diaz, The Reform of European Merger Control: Quid Novi Sub Sole?, W. Comp. 2004, 177–199; von der Groeben, Wettbewerbsregeln und Wettbewerbspolitik als Instrumente der europäischen Integration, FS Hartmann, 1976, 217; Guersent/Winckler, La nouvelle réglementation des concentrations en droit communautaire: une évolution sous le signe du pragmatisme, Revue Lamy de la Concurrence 2004, 12; Haid, Europäische Fusionskontrolle, DIW-Wochenberichte, 10/1998; Halverson, Legal Issues of European Integration, 1992, 49; Hatton/Gabathuler/Lichy, Digital Markets and Merger Control in the EUCPI Antitrust Chronicle 2/2018; v. Hinten-Reed/Camesasca/Schedl, Reform der europäischen Fusionskontrolle, RIW 2003, 321; Hirsbrunner, Neue Durchführungsbestimmungen und Mitteilungen zur EG-Fusionskontrolle, EuZW 1998, 613; Holley, EEC Competition Practice: A Thirty-Year Retrospective, Fordham Int. L. J. Vol. 16. No. 2. (1992/1993), 342; Horn/Stennek, EU Merger Control and Small Member State Interests, Swedish Competition Authority: The Pros and Cons of Merger Control EU, 2002; Hovenkamp/Areeda, Fundamentals of Antitrust Law, 2004; Immenga, Die Sicherung unverfälschten Wettbewerbs durch Europäische Fusionskontrolle, WuW 1990, 371; Immenga, Wettbewerbspolitik contra Industriepolitik nach Maastricht, EuZW 1994, 14; Janicki, EG-Fusionskontrolle auf dem Weg zur praktischen Umsetzung, WuW 1990, 195; K Käseberg, Der Digital Markets Act als Regelwerk für fairen Wettbewerb im Netz, Zeitschrift für Wirtschaftspolitik 2022, 2070; Käseberg/Van Laer, Competition Law and Industrial Policy in Patel/Schweitzer, The Historical Foundations of EU Competition Law, 2013; Kaiser, A Primer in Antitrust Law and Policy, 2005; Kerber, Die Europäische Fusionskontrollpraxis und die Wettbewerbskonzeption der EG, 1994; Kindler, Europäische Fusionskontrolle auf Abwegen, EuZW 1995, 321; Klees, Der Vorschlag für eine neue EG-Fusionskontrollverordnung, EuZW 2003, 197; Koch, Yes – we can (prohibit); the Ryanair/Aer Lingus merger before the Court, ECN 3/2010, 41; Koch, Der Grundsatz der Verhältnismäßigkeit in der Rechtsprechung des Gerichtshofs der Europäischen Gemeinschaften, 2003; Kofler-Senoner/Scholz, Wirtschaftsrechtliche Blätter 2004, 266; Kokkoris, The Reform of the European Control Merger Regulation in the Aftermath of the Airtours Case – the Eagerly Expected Debate: SLC v Dominance Test, ECLR 2005, 37; Kommission, Das Problem der Unternehmenskonzentration im Gemeinsamen Markt – Denkschrift der Europäischen Wirtschaftsgemeinschaft vom 1.12.1965, Kollektion Studien, Reihe Wettbewerb Nr. 3, 1966; Kronast, Die „Philip-Morris-Doktrin" und die Europäische Fusionskontrolle, 1996; Langeheine/v. Koppenfels, Aktuelle Probleme der Fusionskontrolle, ZWeR 3/2013, 299; Krimphove, Europäische Fusionskontrolle, 1992; Lagerlöf/Heidues, Wirtschaftsdienst 2003, 121; Levy/Gelfand/Nelson, EC Merger Control, 2003; Levy, Dominance versus SLC: a Subtle Distinction? in Drauz/Reynolds, EC Merger Control, 2003, 143; Loriot, Contrôle des concentrations: les principaux aspects de la reforme, L'Observateur de Bruxelles, 55 (2004), 18; Lindsay/Berridge, The EC Merger Regulation: Substantive Issues, 3. Aufl. 2009; Lyons, Reform of European Merger Policy, Review of International Economics, 2004; Maier-Rigaud/Parplies, EU Merger Control Five Years After The Introduction Of The SIEC Test: What Explains the Drop in Enforcement Activity?, ECLR 2009, 565; Merz, Bedarf die Errichtung eines Europäischen Kartellamtes der Änderung des EWG-Vertrages?, EuZW, 1990, 405; Mestmäcker, Europäisches Wettbewerbsrecht, 1974; Mestmäcker, Fusionskontrolle im Gemeinsamen Markt zwischen Wettbewerbspolitik und Industriepolitik, EuR 1988, 349; Mische, Nicht-wettbewerbliche Faktoren in der europäischen Fusionskontrolle, 2002; Monnet, Erinnerungen eines Europäers, 1978; Montag, Neueste Entwicklungen in der Europäischen Fusionskontrolle in Baudenbacher, Neueste Entwicklungen im europäischen und internationalen Kartellrecht, 2003, 289; Montag/Kaessner, Neuere Entwicklungen in der Fallpraxis der europäischen Fusionskontrolle, WuW 1997, 781; Möschel, Ist „Größe an sich" gefährlich?, WuW 1986, 191; Möschel, Neue Rechtsfragen bei der Ministererlaubnis in der Fusionskontrolle, BB 2002, 2077; Monopolkommission, Konzeption einer europäischen Fusionskontrolle (17. Sondergutachten), 1989; Monopolkommission, Sondergutachten Nr. 34 (2004); Montalcino, Substantive Test – Are the Differences between the Dominance and SLC real or semantic? in Drauz/Reynolds, EC Merger Control, 2003, 177; Navarro/Font/Folguera/Briones, Merger Control in the EU, 2005; Neven/Nutfall/Seabright, Mergers in a Daylight, 1993; Niederleithinger, Vier Prognosen zur europäischen Fusionskontrolle, FS Quack, 1991, 644; Niemeyer, Die Europäische Fusionskontrollverordnung, 1991; Niemeyer, Die Anwendbarkeit der Art. 85 und 86 EWG-Vertrag auf Unternehmenszusammenschlüsse nach Inkrafttreten der EG-Fusionskontrollverordnung, RIW 1991, 448; Oberwexer, Gesetzgebung im Binnenmarkt, EuR 2004, Beiheft 3, 145; Oechsler, Deutsches Wettbewerbs- und Kartellrecht, 2000; Pang, How European Merger Policy Respond to Global Competition, DLPR 1(2020), 33; Pathak, EEC Concentration Control: The Foreseeable Uncertainties, ECLR 1990, 119; Peyre/Simic, International Business Law Journal, 2004, 519; Portwood, Mergers under EEC Competition Law, 1993; Röller/Stennek/Verboven, Efficiency Gains from Mergers in Ilzkovitz/Meiklejohn, European Merger Control: Do We Need an Efficiency Defence, 2006; Röller/de la Mano, The Impact of the New Substantive Test in European Merger Control, ECJ 2006, 9; Rosenthal, Neuordnung der Zuständigkeiten und des Verfahrens in der Europäischen Fusionskontrolle, EuZW 2004, 327; Rosenthal/Thomas, European Merger Control, 2010; Sauter, Ein Nachwort zur europäischen Fusionskontrolle, FS Quack, 1991, 657; Schödermeier, Auf dem Weg zur europäischen Fusionskontrolle, WuW 1988, 185; Schmidt, Europäische Industriepolitik – ein Widerspruch zur Wettbewerbsordnung?, WuW 1995, 971; Schmidt, The Suitability of the European Merger Control System: An Analysis of Five Years of Application, Jahrbuch für Nationalökonomie und Statistik, 1996; Schmidt, WuW 1999, 133; J. Schmidt, The New ECMR „Significant Impediment" or „Significant Improvement?", CMLRev. 41 (2004), 1555; J. Schmidt, Fusionskontrolle – Effizienz durch Wettbewerb oder Konzentration?, WuW 2004, 359; Schmidt/Richard, Zum Verhältnis von Dumping- und Kartellrecht in der EG, WuW 1991, 665; Schmidt/Fritz, Die unterschiedlichen Wirkungen von Kartellen und Fusionen auf Wettbewerb und Effizienz, FS Kantzenbach, 1996, 119; Schulte, Handbuch der Fusionskontrolle, 3. Aufl. 2019; Schwalbe/Zimmer, Law and Economics of European Merger Control, 2009; Schweda, Die Bindungswirkung von Bekanntmachungen und Leitlinien der Europäischen Kommission, WuW 2004, 1133; Sedemund, Das Verfahren der EWG in Wettbewerbssachen, EuR 1973, 306; Sedemund, Zwei Jahre europäische Fusionskontrolle: Ausgewählte Zentralfragen und Ausblick, FS Deringer, 1993, 379; Servan-Schreiber, Die amerikanische Herausforderung, 1967; Sinclair, Reflections on the European Commission's Proposals to Amend the Jurisdictional Test in the Merger Regulation: A Hall of Mirrors?, ECLR 2002, 326; Soames/Mauhuit, Changes in EU Merger Control, ECLR 2005, 57–64, 75–82, 144–150; Spaak, Bericht der Delegationsleiter an die Außenminister – Regierungsausschuss, eingesetzt von der Konferenz von Messina, 1956; Steabe, Fusionskontrolle nach Art. 81 und 82 EG?, EWS 2003, 249; Steindorff, Die Durchsetzung des Wettbewerbsrechts in der EWG, Heft 14 der Schriftenreihe der Europa-Union, 51; Steindorff, Grenzen der EG-Kompetenzen, 1990; Stockenhuber, Die Europäische Fusionskontrolle: Das materielle Recht, 1995; Streinz, Europarecht, 9. Aufl. 2012; Strohm, EC Competition Newsletter 3/2001, 22; Sullivan/Meiners, Merger Analysis: SLC versus Dominance in Drauz/Reynolds, EC Merger Control, 2003, 185; Terhechte, Die Rolle des Wettbewerbsrechts in der Europäischen Verfassung, EuR 2004, Beiheft 3, 107; Van Empel, Merger Control in the EEC, W. Comp. 1990, 5; Vickers, How to reform the EC Merger Test? in Drauz/Reynolds, EC Merger Control, 2003, 181; Voigt/Schmidt, Switching to Substantial Impediments of Competition (SIC) can have Substantial Costs – SIC!, ECLR 2004, 584; Weitbrecht, Drei Jahre Europäische Fusionskontrolle – eine Zwischenbilanz, EuZW 1993, 687; Weitbrecht, EU Merger Control in 2004 – An Overview, ECLR 2005, 67; Wessely, Das Verhältnis von Antidumping- und Kartellrecht in der Europäischen Gemeinschaft, 1999; Zimmer, Significant Impediment to Effective Competition, ZWeR 2004, 250.

Übersicht

		Rn.
I.	**Entstehungsgeschichte**	1
1.	Entstehung staatlicher Fusionskontrolle im 19. Jahrhundert	2
2.	Fusionskontrolle iRd EGKS	3
3.	Diskussionen um eine allgemeine europäische Fusionskontrolle	7
4.	Gesetzgebungsprozess	10
	a) 1965–1972: Fusionskontrolle über Art. 86 EWGV	11
	b) 1973–1987: Erster Verordnungsvorschlag und Jahre der Stagnation	17
	c) 1987–1989: Wiederbelebung des Gesetzgebungsprozesses und endgültige Einigung	26
II.	**Wesentliche Reformen seit Inkrafttreten der FKVO**	41
1.	1990–1997: Durchführungsverordnung und Mitteilungen	41
2.	Die „kleine Reform" von 1997	44
3.	Mitteilungen zwischen 1997 und 2003	48
4.	Die „große Reform" von 2004	49
	a) Verweisungsverfahren	52
	b) Neuformulierung des materiellen Tests und Leitlinien zu horizontalen Zusammenschlüssen – Elemente eines „more economic approach"	53
	c) Verfahrensablauf	57
5.	Reformschritte seit 2004	62
	a) Rechtliche Kontinuität – graduelle Reformen des Verfahrens	62

		Rn.
	b) Ausbleiben einer großen Reform – trotz entsprechender Forderungen	63
III.	**Rechtsgrundlage**	66
1.	Keine Notwendigkeit einer Vertragsänderung	67
2.	Art. 103 AEUV als Rechtsgrundlage	68
3.	Art. 352 AEUV als Rechtsgrundlage	69
4.	Parallele Anwendung von Art. 103 AEUV und Art. 352 AEUV	70
5.	Keine landwirtschaftliche Kompetenzgrundlage	72
6.	Änderungen durch den Vertrag von Lissabon	73
IV.	**Grundprinzipien der FKVO**	76
1.	Wettbewerbsorientierung	77
	a) Außerwettbewerbliche Ziele in der EU-Fusionskontrolle	77
	b) Der „more economic approach" in der Fusionskontrolle und die Frage der Kontrolldichte	86
2.	Prinzip der ausschließlichen Kommissionszuständigkeit	89
3.	Vorherige Anmeldepflicht von Fusionen	98
4.	Einstufiges Verwaltungsverfahren	100
5.	Prinzip der förmlichen Entscheidung	107
6.	Beschleunigungsgrundsatz	109
7.	Transparenzgebot	113
8.	Prinzip der Behördenkooperation	115

	Rn.			Rn.
V.	**Konkurrenzverhältnis der FKVO zu anderen Rechtsvorschriften** 118		a) Möglichkeit der informellen Konsultation zu Zuständigkeitsfragen 161	
1.	Verhältnis zu gemeinschaftsrechtlichen Vorschriften 118		b) Informelle Pränotifikationsphase 162	
	a) Art. 101 und 102 AEUV 118		c) Voruntersuchungsverfahren (Phase 1) .. 165	
	b) Montanrecht 130		d) Vertieftes Prüfverfahren (Phase 2) 170	
	c) Beihilferecht und Verhältnis zum Kontrollverfahren ausländischer Beihilfen ... 131		e) Überwachungsphase 178	
	d) Verhältnis zum Kontrollverfahren ausländischer Direktinvestitionen 137	3.	Abweichende Verfahrensarten 179	
			a) Vereinfachtes Verfahren 179	
	e) Verhältnis zum „Digital Markets Act" 140		b) Verweisungsentscheidungen 180	
	f) Antidumpingrecht 141		c) Ausnahmen vom Vollzugsverbot 181	
	g) Landwirtschaftsrecht 143	VIII.	**Die Organisation der Fusionskontrolle innerhalb der Kommission** 183	
	h) Verkehrsrecht 144			
	i) Übernahmerichtlinien 145	1.	Von der „Merger Task Force" zur Eingliederung in die sektorale Hierarchie 183	
	j) Allgemeine Rechtsgrundsätze 147			
2.	Verhältnis zum Recht der Mitgliedstaaten 149	2.	Kollegialitätsprinzip und Ermächtigungssystem 189	
VI.	**Aufbau der FKVO und Zusammenspiel mit anderen Rechtstexten** 150	IX.	**Fallpraxis** 197	
		1.	Anwendungspraxis 197	
1.	FKVO und andere relevante Texte 150		a) 1990–1999: Anfangsjahre – grundlegende Weichenstellungen 198	
2.	Aufbau der FKVO 155			
	a) Zuständigkeitsvorschriften: Art. 1, 3–5, 9 und 22 156		b) 1999–2002: Zeit der aktiven Intervention 200	
	b) Vorschriften zur materiellen Beurteilung von Fusionen: Art. 2, 6 und 8 ... 157		c) 2002–2015: Zurückhaltung und Ökonomisierung der Fusionskontrolle nach Schneider/Tetra/Airtours 201	
	c) Verfahrensvorschriften 158			
VII.	**Grundzüge des Fusionsverfahrens** 159		d) Gegenwart: „Wiederbelebung" der Fusionskontrolle und neue Herausforderungen (Digitalisierung – Politisierung – Green Deal) 204	
1.	Rechtsgrundlagen 159			
2.	Verfahrensablauf 161	2.	Statistik 206	

I. Entstehungsgeschichte[1]

1 Gemessen an den übrigen Instrumenten der europäischen Wettbewerbspolitik ist die Geschichte der europäischen Fusionskontrolle relativ jung. Dies lag unter anderem an recht verschiedenen Ansichten der Mitgliedstaaten zur Rolle und politischen Ausrichtung der EU-Fusionskontrolle. Diese Differenzen haben lange die Einführung einer europäischen Fusionskontrolle verhindert und sind heute wieder verstärkt spürbar.

2 **1. Entstehung staatlicher Fusionskontrolle im 19. Jahrhundert.** In den USA wurde bereits in der zweiten Hälfte des neunzehnten Jahrhunderts der Ruf nach staatlicher Kontrolle des Wettbewerbsverhaltens der großen Konzerne („Trusts") laut, die sich im Zuge der Industrialisierung entwickelt und den Wettbewerb in einigen Bereichen nahezu zum Erliegen gebracht hatten. Der im Jahr 1890 vom Kongress verabschiedete **Sherman Act** enthielt zwar noch keine ausdrücklichen Regelungen im Hinblick auf Unternehmenszusammenschlüsse, wurde jedoch von US-Gerichten schon früh auch für die (nachträgliche) Überprüfung von Fusionen herangezogen.[2] Der **Clayton Act** von 1914 schuf dann erstmals eine speziell gegen wettbewerbsbeeinträchtigende Zusammenschlüsse gerichtete Verbotsvorschrift, die bis heute Grundlage der amerikanischen Fusionskontrolle ist. Die in den USA schon im ausgehenden 19. Jahrhundert zu verzeichnende Fusionswelle[3] wurde durch den damals weltgrößten Binnenmarkt begünstigt. Sie ließ die mit der Entstehung von Marktmacht verbundenen Gefahren deutlich hervortreten.

3 **2. Fusionskontrolle iRd EGKS.** In Europa konzentrierte sich die Wettbewerbspolitik dagegen zunächst auf die Kontrolle wettbewerbswidriger Absprachen und missbräuchlicher Ausnut-

---

[1] Der Beitrag gibt ausschließlich die persönliche Auffassung des Autors wieder und bindet in keiner Weise die Europäische Kommission.

[2] Levy/Gelfand/Nelson, EC Merger Control, § 23.02; Hovenkamp/Areeda, Fundamentals of Antitrust Law, § 2.1c; in ähnlicher Weise zogen acht Jahrzehnte später die Gemeinschaftsgerichte Art. 85 und 86 zur Fusionskontrolle heran, → Rn. 11, 32.

[3] Levy/Gelfand/Nelson, EC Merger Control, § 23.02.

zung von Marktmacht. Weder das deutsche GWB noch das Wettbewerbskapitel des EWG-Vertrags enthielten Vorschriften zur Fusionskontrolle. Die einzige Ausnahme bildeten lange Zeit die für den Montanbereich geltenden Fusionskontrollvorschriften in **Art. 66 Abs. 1–6 EGKSV**, die dem montanrechtlichen Kartell- und Missbrauchsverbot (Art. 65 und 66 Abs. 7 EGKSV) an die Seite gestellt wurden.[4] Die Tatsache, dass die Montanunion bereits 1951 ein umfassendes Fusionskontrollregime für den Kohle- und Stahlsektor vorsah, ist vor allem auf das Bestreben zurückzuführen, ein Wiedererstarken der kriegswichtigen deutschen Montanindustrie zu verhindern.[5] So wird schon am Text der Schuman-Erklärung deutlich,[6] dass Unternehmenszusammenschlüsse im Montanbereich in erster Linie wegen ihrer **sicherheitspolitischen Relevanz** und weniger zur Durchsetzung allgemeiner wettbewerbspolitischer Vorstellungen kontrolliert werden sollten.[7] Die Einführung starker Wettbewerbsvorschriften wurde aber gerade auch von deutscher und niederländischer Seite unterstützt, um sich gegen planwirtschaftliche Tendenzen im Montanbereich abzusichern.[8]

Dementsprechend war die **Kompetenz** für die montanrechtliche Fusionskontrolle auch ausschließlich in die Hände der Hohen Behörde[9] gelegt worden, ohne dass dafür ein Nachweis der Beeinträchtigung des innergemeinschaftlichen Handels oder das Erreichen bestimmter Schwellenwerte nötig war.

Einige Vorschriften der FKVO sind unmittelbar auf die Fusionskontrollpraxis iRd Art. 66 EGKSV zurückzuführen:[10] So etwa die Ausgestaltung der Fusionskontrolle als Präventivkontrolle mit Vollzugsverbot (Art. 66 Abs. 5 EGKSV), die weitgehenden Auskunftsrechte und die Konzepte der Kontrolle[11] oder des Gemeinschaftsunternehmens. Ähnlichkeiten bestanden auch beim **materiellen Test** des Art. 66 EGKSV, nach dem solche Fusionen zu untersagen waren, die den Unternehmen die Möglichkeit verschafften, „[...] die Preise zu bestimmen, die Produktion oder die Verteilung zu kontrollieren oder zu beschränken oder einen wirklichen Wettbewerb zu verhindern". Der **materielle Test** des EGKSV wurde unter Rückgriff auf das Marktbeherrschungskriterium interpretiert.[12]

Die **Anwendungspraxis** der montanrechtlichen Fusionskontrolle wurde allerdings durch die zunehmende weltweite Konkurrenz auf den Montanmärkten geprägt, die nicht nur zu einem Niedergang der europäischen Montanindustrie, sondern auch zu einer weiten Marktabgrenzung und einer insgesamt **großzügigen Genehmigungspraxis** der Kommission im Montanbereich führte.[13] Nur in wenigen Einzelfällen wurde im Montanbereich eine Marktbeherrschungsgefahr festgestellt und Freigaben an Auflagen geknüpft,[14] während bei den übrigen der zwischen 1952 und 2002 überprüften Fusionen keine Wettbewerbsprobleme festgestellt wurden.

3. Diskussionen um eine allgemeine europäische Fusionskontrolle. Der EWG-Vertrag von 1957 enthielt zwar recht detaillierte Vorschriften zum Kartell- und Missbrauchsverbot, jedoch **keine ausdrückliche Regelung** zur Kontrolle von Unternehmenszusammenschlüssen. Zum Teil wurde daraus abgeleitet, dass es sich um eine **bewusste Lücke** im Vertrag handele;[15] man habe bestehende industriepolitische Spielräume der Mitgliedstaaten nicht antasten wollen. Tatsächlich

---

[4] Ausf. zum Recht der Fusionskontrolle im Bereich der EGKS: Feuring, Zusammenschlußkontrolle in der Europäischen Gemeinschaft für Kohle und Stahl, passim.
[5] Vgl. etwa Caspari/Schwarz FS Benisch, 1989, 383; Brittan, Competition Policy and Merger Control in the Single European Market, 23.
[6] „La solidarité de production qui sera ainsi nouée manifestera que toute guerre entre la France et l'Allemagne devient non seulement impensable, mais matériellement impossible", Erklärung von Robert Schuman vom 9.5.1950, abrufbar unter http://europa.eu/abc/symbols/9-may/decl_fr.htm, zuletzt abgerufen am 1.4.2023.
[7] Jones/Sufrin, EC Competition Law, 6th edition, 2016, 1130; Bos/Stuyck/Wytinck, Concentration Control in the EEC, 29.
[8] Monnet, 443.
[9] Bis zum Fusionsvertrag im Jahr 1965 war die Bezeichnung für die Kommission im Montanbereich „Hohe Behörde".
[10] Vgl. im Einzelnen dazu Berlin, Contrôle communautaire des concentrations, 11 ff.; Bos/Stuyck/Wytinck, 42; Stockenhuber, Die Europäische Fusionskontrolle, 27; Janicki WuW 1990, 195 (196).
[11] Vgl. Entscheidung der Hohen Behörde Nr. 24/54 betreffend eine Verordnung über die Tatbestandsmerkmale der Kontrolle eines Unternehmens aufgrund Art. 66 § 1 des Vertrages, ABl. 1954, 345 ff.
[12] Stockenhuber, 25.
[13] Vgl. dazu Bos/Stuyck/Wytinck, 60.
[14] Vgl. in jüngerer Zeit etwa Kom., IV.CECA/1351 ECSC.1351 – Usinor/Arbed/Aceralia; Kom., IV.CECA/1268 – Usinor/Cockerill; sowie Kom., IV.CECA/1252 – RAG/Saarbergwerke (vom Gerichtshof wegen fehlender beihilferechtlicher Prüfung aufgehoben); damit liegt die Quote der nur unter Auflagen freigegebenen Entscheidungen im Bereich des EGKSV (< 1 %) deutlich unter der entsprechenden Quote der FKVO (ca. 5–10 %).
[15] FK-KartellR/Schütz Einl. Rn. 1.

zeigt der Spaak-Bericht von 1956, der die Grundzüge des späteren EWG-Vertrages umriss und die Möglichkeit der Schaffung von Sekundärrecht zur Zusammenschlusskontrolle ausdrücklich vorsah, dass die Fusionskontrolle von den Autoren des Vertrages zumindest nicht übersehen wurde.[16] Allerdings zählte die Fusionskontrolle damals in keinem Mitgliedstaat zu den Prioritäten staatlicher Wettbewerbspolitik.[17] Die Märkte waren zumeist noch national, und Fusionen – insbes. grenzüberschreitende – wurden außerhalb der Montanindustrie kaum als Bedrohung empfunden. Das Thema stand schlicht **nicht auf der wettbewerbspolitischen Agenda** der 50-er Jahre.[18]

8 Wirtschaftlicher Aufschwung und **zunehmende Marktintegration** in Europa führten dann allerdings in den frühen 60er Jahren zu einer Fusionswelle, anlässlich derer Vor- und Nachteile einer europäischen Fusionskontrolle erstmals breiter diskutiert wurden. Eine zunehmende Zahl von Mitgliedstaaten sah in der fehlenden Kontrolle großer Unternehmenszusammenschlüsse eine **wettbewerbspolitische Lücke**. Auch die Kommission sah Handlungsbedarf und unterbreitete Mitte der 60er Jahre erste Vorschläge für eine europäische Fusionskontrolle.

9 Allerdings standen die meisten Mitgliedstaaten der Einführung einer europäischen Fusionskontrolle noch kritisch gegenüber. Zwar wurden die Gefahren der Marktkonzentration durchaus als Problem begriffen und nur vereinzelt als „unbedenklicher Prozess im Sinne der Schumpeter'schen kreativen Zerstörung" bewertet.[19] Andererseits bestanden deutliche **Vorbehalte** gegen die Steuerung nationaler Markt- und Unternehmensstrukturen durch Behörden, noch dazu durch eine supranationale Instanz. Dies galt umso mehr, als die Fusionskontrolle nicht die Bewertung vergangenen Verhaltens, sondern zukünftiger Gefahren für die Marktstruktur erfordert. Gerade wegen der dabei bestehenden Beurteilungsspielräume[20] hatten – und haben – viele Mitgliedstaaten Bedenken, ihre Souveränität zur nationalen Wirtschaftssteuerung würde eingeschränkt.

10 **4. Gesetzgebungsprozess.** Obwohl die Debatte um die Fusionskontrolle schon in den 60er Jahren aufgeflammt war, sollte es noch über drei Jahrzehnte bis zum Erlass der FKVO dauern.[21]

11 **a) 1965–1972: Fusionskontrolle über Art. 86 EWGV.** In Ermangelung spezieller Vorschriften versuchte die Kommission zunächst, Zusammenschlüsse mit Hilfe des primären Vertragsrechts zu kontrollieren.

12 **aa) Konzentrationsmemorandum 1965.** Im Jahr 1965 verfasste die Kommission ein Memorandum zum „Problem der Unternehmenskonzentration im Gemeinsamen Markt", das sich mit den wirtschaftlichen und rechtlichen Rahmenbedingungen für die steigende Zahl von Unternehmenszusammenschlüssen in Europa beschäftigte.[22] Es fußte auf einer Untersuchung einer internationalen Professorengruppe, die sich auch damit auseinandersetzte, inwieweit sich die Regelungen der Art. 85 ff. EWGV für die Kontrolle von Unternehmenszusammenschlüssen nutzbar lassen machen könnten. Die Wissenschaftler hatten in ihrem Gutachten mehrheitlich die Ansicht vertreten, dass es **bereits nach dem geltenden Vertragsrecht** möglich sei, Unternehmenszusammenschlüsse zu kontrollieren. So könne ein Zusammenschluss jedenfalls dann unter das Kartellverbot des Art. 85 EWGV fallen, wenn die Rechtspersönlichkeit beider Unternehmen erhalten bleibe und die Übernahme eines Unternehmens auf einer Vereinbarung – und nicht auf einem Anteilserwerb über die Börse – beruhe. Ein Zusammenschluss könne auch einen Missbrauch iSd Art. 86 EWGV darstellen, wenn eine der Parteien marktbeherrschend sei oder der Zusammenschluss auf eine solche Marktbeherrschung abziele.

13 Die **Kommission** folgte der Ansicht der Professoren hinsichtlich der Anwendbarkeit von Art. 85 EWGV auf Fusionen zunächst nicht. Ihrer Ansicht zufolge passe das dem Art. 85 EWGV zugrunde liegende Regel/Ausnahme-Verhältnis, nach dem eine Absprache grds. verboten ist, nicht auf Fusionen, die von der Kommission grds. positiv beurteilt würden.[23] Das Erfordernis von Art. 85 Abs. 3 EWGV, nur „unerlässliche" Vereinbarung zu erlauben, sei ebenso wenig praktikabel wie die Nichtigkeitsrechtsfolge des Abs. 2 oder die Notwendigkeit, Freistellungen regelmäßig zu überprüfen. Art. 85 EWGV sollte daher allenfalls auf selbstständig bleibende

---

[16] Spaak, Bericht der Delegationsleiter an die Außenminister, 60.
[17] Caspari/Schwarz FS Benisch, 1989, 383 (384).
[18] Brittan, Competition Policy and Merger Control in the Single European Market, 23.
[19] Van Empel W. Comp. 1990, 5 (6).
[20] Portwood, Mergers under EEC Competition Law, 1.
[21] Ehlermann WuW 1991, 535 (536), spricht nicht zu Unrecht von einer „schweren Geburt".
[22] Kom., Das Problem der Unternehmenskonzentration im Gemeinsamen Markt; das Memorandum befasste sich nicht nur mit wettbewerbsrechtlichen, sondern auch steuer- und gesellschaftsrechtlichen Rahmenbedingungen von Fusionen.
[23] Kom., 8, 23.

Gemeinschaftsunternehmen,[24] nicht aber auf den Erwerb von Unternehmen angewendet werden.[25]

bb) Die „Continental-Can"-Entscheidung von 1971. Art. 86 EWGV wurde dagegen **14** auch von der Kommission als geeignete Grundlage für eine Zusammenschlusskontrolle angesehen. Tatsächlich ging die Kommission im Jahr 1971 erstmals mit Hilfe des Missbrauchsverbots gegen einen Zusammenschluss vor. In der Entscheidung „Continental Can" stufte sie den Erwerb eines niederländischen Verpackungsherstellers durch das US-Unternehmen Continental Can als Verstoß gegen Art. 86 EWGV ein, da der Erwerb die beherrschende Stellung von Continental Can auf dem Markt für Leichtmetallverpackungen verstärke und so den Wettbewerb ausschalte.[26] Mit dieser wegweisenden Entscheidung[27] signalisierte die Kommission Unternehmen und Mitgliedstaaten, dass eine europäische Fusionskontrolle bereits nach geltendem Vertragsrecht möglich war. Obgleich die Anwendbarkeit von Art. 86 EWGV auf Fusionen zunächst umstritten blieb,[28] bestätigte der EuGH in seinem **„Continental Can"-Urteil** von 1973 die Auslegung durch die Kommission.[29] Wenn Art. 85 EWGV schon jede Beeinträchtigung verbiete, könne nicht unterstellt werden, der Vertrag „habe in Art. 86 erlauben wollen, dass Unternehmen durch ihren Zusammenschluss zu einer organischen Einheit eine so beherrschende Stellung erlangen, dass jede ernst zu nehmende Wettbewerbsmöglichkeit praktisch ausgeschlossen ist."[30]

Damit war die Tür für eine europäische Fusionskontrolle einen Spalt breit offen.[31] Zwischen **15** 1971 und dem Inkrafttreten der FKVO im Jahr 1990 nahm die Kommission **zahlreiche Fusionsprüfungen**[32] nach Art. 86 vor. Wenngleich die Zusammenschlussprüfung nur vereinzelt zur Feststellung eines Missbrauchs führte,[33] bewirkte die Initiative doch, dass Unternehmen bei Fusionsvorhaben, die zu hohen Marktanteilen führten, von sich aus schon vorher mit der Kommission Kontakt aufnahmen,[34] um Wettbewerbsprobleme ggf. auf durch das Angebot von Zusagen zu beseitigen.[35]

Allerdings war das Problem der europäischen Fusionskontrolle keineswegs gelöst, denn Art. 86 **16** EWGV ließ letztlich nur eine sehr beschränkte und verfahrensmäßig **wenig effiziente Fusionskontrolle** zu. Da sich Art. 86 EWGV nur gegen den Missbrauch bestehender marktbeherrschender Stellungen richtete, war die Kommission nicht in der Lage, Fusionen zu untersagen, durch die eine marktbeherrschende Stellung erst entstand.[36] Art. 86 EWGV sah auch kein Anmeldeverfahren vor, sondern ließ nur eine nachträgliche Kontrolle zu, ohne die Rechtsfolgen eines Missbrauchs (zB Entflechtung) genauer zu regeln. Daher setzte sich die Kommission nunmehr verstärkt für die Schaffung einer Fusionskontrollverordnung ein.

b) 1973–1987: Erster Verordnungsvorschlag und Jahre der Stagnation. aa) Scheitern 17 der ersten Verordnungsentwürfe. Nachdem das Parlament mehrfach gesetzliche Fusionskontrollregeln angemahnt hatte,[37] sprachen sich die Regierungschefs Ende 1972 erstmals ausdrücklich für

---

[24] Die Kom. hatte bereits Art. 85 auf nichtkonzentrative Gemeinschaftsunternehmen angewendet, dazu Brittan, 23, 28.
[25] Kom., 23 f.
[26] Kom. ABl. 1972 L 7, 25 – Continental Can.
[27] Caspari/Schwarz FS Benisch, 1989, 383 (385): „... nachgerade revolutionär.".
[28] Vgl. etwa Stockenhuber, Die Europäische Fusionskontrolle, 32.
[29] EuGH Slg. 1973, 215 Rn. 18–27 – Continental Can; das Gericht hob die Kommissionsentscheidung im Ergebnis allerdings wegen einer unzureichenden Marktabgrenzung auf; das EuG bestätigte noch im Jahr 1990 die Continental-Can-Doktrin, vgl. EuG Slg. 1990, II-309 Rn. 22–23 – Tetra Pak (I).
[30] EuGH ebenda Fn. 29.
[31] Caspari/Schwarz FS Benisch, 1989, 383 (386).
[32] Vgl. Monopolkommission, Konzeption einer europäischen Fusionskontrolle (17. Sondergutachten), 25, Fn. 16.
[33] Neben der „Continental Can"-Entscheidung stellte die Kommission auch im Fall Tetra Pak (I) eine durch eine Unternehmensübernahme ausgelöste marktbeherrschende Stellung fest, vgl. Kom. ABl. 1988 L 272, 27.
[34] Cook/Kerse, EC Merger Control, 3.
[35] Vgl. etwa die Fälle Pilkington/BSN-Gervais, EG-Kom.-Wettbewerbsbericht Nr. X. 1980, 114; Irish Distillers Group, EG-Kom.-Wettbewerbsbericht Nr. XVIII 1989, 83; British Airway/British Caledonian, EG-Kom.-Wettbewerbsbericht Nr. XVIII 1989, 84; Stena/Houlder Office, EG-Kom.-Wettbewerbsbericht Nr. XVIII 1990, 85.
[36] Ritter/Braun/Rawlinson, 497; Bos/Stuyck/Wytinck, Concentration Control in the EEC, 1992, 11.
[37] Vgl. Entschließung des Europäischen Parlaments über die Wettbewerbsregeln und die Stellung der europäischen Unternehmen im gemeinsamen Markt und der Weltwirtschaft, ABl. 1971 C 66, 11 Rn. 9; vgl. auch Entschließung über den Ersten Bericht der Kommission der EG über die Wettbewerbspolitik, ABl. 1973 C 14, 8 Rn. 13; vgl. auch Farbmann EuR 2004, 478.

den Erlass von Fusionskontrollvorschriften aus.[38] Daraufhin legte die Kommission im August 1973 ihren **ersten Vorschlag** für eine Fusionskontrollverordnung (ABl. 1973 C 92, 1) vor, die ein präventives Kontrollsystem mit Vollzugsverbot und einer Anmeldepflicht ab einem Umsatz von 1 Mrd. Rechnungseinheiten[39] vorsah. Materielles Prüfungskriterium war – in Anlehnung an Art. 66 § 2 EGKSV – das Entstehen oder die Stärkung der Fähigkeit, einen **wirksamen Wettbewerb zu verhindern.**[40] Der Entwurf enthielt noch eine **allgemeine Rechtfertigungsklausel,** die an die Formulierung von Art. 85 EWGV angelehnt war und die Freigabe solcher Fusionen vorsah, die trotz einer Behinderung des Wettbewerbs unerlässlich für ein „vorrangiges Ziel" im Gemeinschaftsinteresse waren (Art. 1 Abs. 3). Eröffnete die Kommission nicht nach drei Monaten das formelle Verfahren, galt eine **Vereinbarkeitsfiktion** (Art. 2 Abs. 4). Obwohl Parlament (ABl. 1974 C 23, 19) und Wirtschafts- und Sozialausschuss (ABl. 1974 C 88, 19) dem Vorschlag zugestimmt und der Rat noch im Dezember 1973 einen Zeitplan zur Verabschiedung der Verordnung bis 1975 angenommen hatte, zeigte sich in den mit der Ausarbeitung befassten Arbeitsgruppen des Rates schon bald, dass eine Einigung über die Details des Entwurfs nicht erzielt werden konnte. Der Verordnungsvorschlag **scheiterte** somit am Widerstand des Rates, der einstimmig über die FKVO entscheiden musste (vgl. → Rn. 67).

18 Die Differenzen im Rat waren so groß, das die Arbeitsgruppe bis 1985 ihre Arbeit an der Verordnung ganz einstellte und der Entwurf buchstäblich in den Schubladen des Rates liegen blieb.[41] Die Kommission legte 1981,[42] 1984[43] und 1986[44] zwar nochmals **überarbeitete Verordnungsentwürfe** vor, in denen die Aufgreifschwellen sukzessive erhöht[45] und die Rechte der Mitgliedstaaten im Fusionsverfahren verstärkt wurden.[46] Diese Änderungen konnten jedoch – ebenso wenig wie eine Verstärkung der Rechtfertigungsmöglichkeiten wettbewerbsschädigender Fusionen[47] – die Blockade im Rat nicht auflösen.

19 **bb) Gründe des Scheiterns.** Ursächlich für die lange Verzögerung bis zur Verabschiedung der FKVO war vor allem die tiefe Spaltung zwischen den Mitgliedstaaten hinsichtlich der Grundzüge der europäischen Fusionskontrolle. Dabei ging es vor allem um die folgenden Streitpunkte:

20 **(1) Beurteilungskriterien: Wettbewerbs- versus Industriepolitik.** Kontrovers diskutiert wurden die Zwecke, die mit der Kontrolle von Zusammenschlüssen verfolgt werden sollten. Dies betraf zum einen das **Untersagungskriterium,** also die Frage, wann eine Fusion zu verbieten ist. Zum Teil wurde dabei das Kriterium der marktbeherrschenden Stellung, zum Teil das Kriterium des „Verhinderns von Wettbewerb" favorisiert.[48]

21 Vor allem aber ging es um die Frage, ob der Zweck der Fusionskontrolle auf den Schutz einer intakten Wettbewerbsstruktur beschränkt oder auch auf andere, insbes. **industriepolitische Ziele** ausgedehnt werden sollte. Während eine Gruppe von Staaten, zu denen vor allem Deutschland und seit dem Beitritt auch Großbritannien[49] gehörte, für eine strikt an wettbewerblichen Kriterien orientierte Fusionskontrolle eintrat, wurde eine solche Beschränkung insbes. durch Frankreich und viele südliche Länder abgelehnt. Der Wettbewerbsschutz dürfe nicht dazu führen, staatliche Indust-

---

[38] Schlusserklärung der Konferenz der Staats- und Regierungschefs der Mitglied- und Beitrittsstaaten der Europäischen Gemeinschaften vom 21.10.1972, Punkt 7. Gipfel von Paris 1972 (Dokument Nr. 1866/1/72 (AG 163 rev1) (d), S. 10).

[39] Die Rechnungseinheit diente vor der Einführung des Euro bzw. ECU als gemeinsamer Nenner zur Wertbestimmung.

[40] Art. 1 Abs. 1 des Vorschlags; in der englischen Fassung wurde die Formulierung „power to hinder effective competition" verwendet.

[41] Axter FS Quack, 1991, 569 (571), spricht von einer 16-jährigen „Agonie". Im EU-Jargon hat sich auch das Wort der „Schubladisierung" für das Nichtbehandeln von Verordnungsvorschlägen durch den Rat eingebürgert.

[42] ABl. 1982 C 36, 3 (KOM/81/773 endg.).

[43] ABl. 1984 C 51, 8 (KOM/84/59 endg.).

[44] ABl. 1986 C 324, 5 (KOM/86/676 endg.).

[45] Von 250 Mio. stieg der vorgeschlagene Mindestumsatz im Entwurf von 1981 auf 500 Mio. Rechnungseinheiten und danach auf 750 Mio. im Entwurf von 1984.

[46] In Art. 19 Abs. 8 des Entwurfes von 1981 etwa wurde den Mitgliedstaaten das Recht eingeräumt, Ausnahmen von der Unvereinbarkeitsregel unter Berufung auf vorrangige Ziele zu erreichen. Der Entwurf von 1986 sah erstmals die Einrichtung eines eigenen Beratenden Ausschusses für die Fusionskontrolle vor.

[47] Neben dem soeben erwähnten Art. 19 Abs. 8 des Entwurfs von 1981 wurden auch die Rechtfertigungsmöglichkeiten über die in Art. 85 Abs. 3 EWGV enthaltenen Voraussetzungen hinaus erweitert, vgl. Mestmäcker EuR 1988, 349 (373); Bos/Stuyck/Wytinck, Concentration Control in the EEC, 1992, 24.

[48] Vgl. zum „SIEC"- und „SLC"-Test → Rn. 53.

[49] Monopolkommission, Konzeption einer europäischen Fusionskontrolle (17. Sondergutachten), 77.

riepolitik (etwa durch Schaffung starker europäischer Unternehmen) unmöglich zu machen. Diese Staatengruppe versuchte daher, eine **politische Rechtfertigungsmöglichkeit** für auch wettbewerblich bedenkliche Zusammenschlüsse durchzusetzen.

Tatsächlich war es gerade der Streit um die Berücksichtigung nichtwettbewerblicher Faktoren, der die Einführung einer europäischen Fusionskontrolle lange verzögert hat. Obwohl alle in den 60er und 70er Jahren in Europa eingeführten Fusionskontrollsysteme Mechanismen vorsahen, wettbewerbsfremde Ziele der Industrie-, Beschäftigungs-, Umwelt- oder Sicherheitspolitik in einer bilan économique, rule of reason oder anderen Abwägungsklauseln zu berücksichtigen, lehnte es insbes. die deutsche Regierung bis zuletzt ab, der Kommission entsprechende Kompetenzen zu übertragen, da sie eine **Politisierung** des Instruments der Fusionskontrolle und die Vernachlässigung wettbewerbspolitischer Ziele durch die Kommission befürchtete.[50]   22

(2) Wahrung mitgliedstaatlicher Kompetenzen versus One-Stop-Shop-Prinzip. Auch die Abgrenzung der Zuständigkeiten zwischen EG und Mitgliedstaaten war zwischen den Mitgliedstaaten umstritten. Der Streit betraf nicht nur die Definition der maßgeblichen **Aufgreifschwellen**, sondern auch die Frage, ob **öffentliche Unternehmen** in die Fusionskontrolle einbezogen werden sollten[51] und ob man eine **Verweisungsmöglichkeit** von Fusionsprüfungen mit Gemeinschaftsbedeutung zu den Mitgliedstaaten (und in umgekehrter Richtung) vorsehen sollte. Während eine Mehrzahl der Mitgliedstaaten bis noch zur Einführung der FKVO kein eigenes Fusionskontrollrecht besaß und der Kommission möglichst umfassende Kompetenzen geben wollte, fürchteten andere Länder einen Bedeutungsverlust der als wirksam empfundenen eigenen Fusionskontrolle.[52] Zwar bestand Einigkeit, die europäische Fusionskontrolle auf große Fusionen mit „gemeinschaftsweiter" Bedeutung zu beschränken. Andererseits bestand der Sinn einer gemeinsamen Fusionskontrolle gerade darin, Doppel- und Mehrfachkontrollen auf nationaler Ebene zu vermeiden („One-Stop Shop"). Je mehr Kontrollkompetenzen aber bei den Mitgliedstaaten verblieben, desto größer war das Risiko, dass weiterhin Mehrfachkontrollen erforderlich und die Vorteile des „One-Stop Shops" – die eigentliche „Attraktion" einer europäischen Regelung[53] – verwässert würden.[54] Besonders deutlich wurden diese Differenzen bei den verschiedenen Vorschlägen zu den **Umsatzschwellen**, die eine gemeinschaftsweite Bedeutung indizierten. Während die Kommission in ihrem ersten Verordnungsentwurf vorschlug, Fusionen schon ab einem weltweiten Gesamtumsatz von 250 Mio. Rechnungseinheiten auf europäischer Ebene zu prüfen, wollte Deutschland lange Zeit nur Fusionen von Unternehmen mit einem Gesamtumsatz oberhalb von ECU 10 Mrd. der Kommission zur Prüfung überlassen.[55]   23

(3) Anmeldepflicht versus nachträgliche Kontrolle. Grundlegende Unterschiede gab es schließlich auch bei den Vorstellungen über das Verfahren, mit dem Fusionen auf europäischer Ebene kontrolliert werden sollten. Umstritten war insbes., ob Fusionen unter ein präventives **Verbot mit Genehmigungsvorbehalt** gestellt werden sollten oder die Kommission – analog zum Kartell- und Missbrauchsverbot der Art. 101, 102 AEUV – nur **nachträglich** einschreiten sollte, wenn es Hinweise gab, dass eine Fusion zu einer marktbeherrschenden Stellung geführt hatte. Während große Staaten wie Spanien, Frankreich oder Großbritannien fusionswilligen Unternehmen ein aufwändiges Anmeldungsverfahren ersparen und Fusionen nur nachträglich kontrollieren wollten, votierten andere Staaten für ein obligatorisches Anmeldeverfahren für Zusammenschlüsse ab einer bestimmten Größe.[56] Als einziger Mitgliedstaat setzte sich dabei Deutschland für eine Kopplung der Anmeldepflicht an ein **Vollzugsverbot** ein,[57] das unwiderrufliche Marktstrukturveränderung verhindern sollte.   24

Auch ob das Fusionskontrollverfahren einer **gesonderten Behörde** übertragen werden sollte, die – ähnlich dem Bundeskartellamt – unabhängig von Weisungen der Kommission über Fusionen entscheiden könnte, war bis zuletzt umstritten. Während die deutsche Seite die Fusionskontrolle vor politischer Einflussnahme absichern wollte,[58] sahen es Kommission und die meisten übrigen Mitgliedstaaten als problematisch an, Entscheidungen, die geeignet seien, die europäische Industriestruktur maßgeblich zu beeinflussen, einer Behörde zu übertragen, die niemandem rechenschaftspflichtig sei.[59]   25

---

50 Vgl. dazu Block WSI-Mitteilungen 1/1992, 33.
51 Ehlermann WuW 1991, 535 (536).
52 Monopolkommission, Konzeption einer europäischen Fusionskontrolle (17. Sondergutachten), 1989, 40.
53 Janicki WuW 1990, 195.
54 Elland ECLR 1990, 111 (116).
55 Monopolkommission, Konzeption einer europäischen Fusionskontrolle (17. Sondergutachten), 47.
56 Auch der erste Kommissionsentwurf von 1973 sah eine Anmeldepflicht erst ab einem Umsatz von ECU 1 Mrd. vor.
57 Monopolkommission, Konzeption einer europäischen Fusionskontrolle (17. Sondergutachten), 47.
58 Monopolkommission 110.
59 Vgl. Brittan, Competition Policy and Merger Control in the Single European Market, 23, 45: „... wholly unacceptable".

26 **c) 1987–1989: Wiederbelebung des Gesetzgebungsprozesses und endgültige Einigung.**
Die Stagnationsphase bei den Verhandlungen um den Erlass einer Fusionskontrollverordnung wurde erst Ende 1987 durch einen **Meinungsumschwung im Rat** beendet, der zur Wiederaufnahme der Verhandlungen führte.

27 **aa) Triebfedern der Einigung auf ein EU-Fusionskontrollregime.** Angesichts veränderter wirtschaftlicher Rahmenbedingungen wurde das Fehlen einer gemeinsamen Fusionskontrolle zunehmend als Problem wahrgenommen.

28 **(1) Binnenmarktinitiative.** Seit Mitte der 60er Jahre hatte die Zahl grenzüberschreitender Fusionen nochmals deutlich zugenommen. Dabei hatte der Erfolg großer Konzerne gezeigt, dass die Möglichkeit, durch Zusammenschlüsse **Größenvorteile** auszuschöpfen, unverzichtbar für die Wettbewerbsfähigkeit der noch vergleichsweise kleinen europäischen Unternehmen war.[60]

29 Allerdings schärfte die verstärkte Zusammenschlussaktivität auch das Bewusstsein für die Gefahren einer drohenden Marktmonopolisierung. In Großbritannien (1965), Deutschland (1973) und Frankreich (1977) wurden **erste nationale Fusionskontrollsysteme** eingeführt. Auch auf europäischer Ebene setzte sich zunehmend die Erkenntnis durch, dass die Vorteile des entstehenden Binnenmarktes nicht durch die aufkommende Tendenz zur Oligopolisierung vieler Märkte gefährdet werden sollten.[61]

30 Neben der ordnungspolitischen Einsicht, dass eine Kontrolle von Fusionen marktschädigende Monopolisierungstendenzen verhindern könne, war auch die **Harmonisierungsfunktion** eines einheitlichen Fusionskontrollregimes eine wesentliche Triebfeder für den Erlass der FKVO. So bereitete die nationale Fusionskontrolle zunehmend Probleme, da die relevanten Märkte oft nicht mehr auf das Gebiet des jeweiligen Mitgliedstaates beschränkt waren.[62] Die Rechtszersplitterung innerhalb Europas erwies sich als ein gravierendes **Hindernis für grenzüberschreitende Zusammenschlüsse** in Europa. Fusionswillige Unternehmen mussten jeden Zusammenschluss in mehreren Mitgliedstaaten anmelden, in denen er sodann nach ganz verschiedenen Grundsätzen und mit unterschiedlichen Erfolgsaussichten geprüft wurde. Europäische Unternehmen sahen im Zwang zu **Mehrfachkontrollen** und der daraus resultierenden Rechtsunsicherheit einen großen Nachteil gegenüber ihren schlagkräftigen Konkurrenten aus den USA und Japan.[63] Ein einheitliches Fusionskontrollsystem („level playing field") wurde zunehmend als **Standortfaktor** der europäischen Wirtschaft angesehen.

31 Einen entscheidenden Schub[64] erhielt die Diskussion um eine europäische Fusionskontrolle durch die 1987 verabschiedete Einheitliche Europäische Akte und die gleichzeitig gestartete **Binnenmarktinitiative** – ein umfangreiches Deregulierungs- und Harmonisierungsprogramm, das bis spätestens Ende 1992 die wichtigsten bestehenden Hindernisse für einen europäischen Binnenmarkt beseitigen sollte. Gerade vor dem Hintergrund der zersplitterten Fusionskontrolle und der daraus resultierenden Probleme für den Binnenmarkt[65] wurde die Binnenmarktinitiative zur Triebfeder für einen neuen Anlauf zur Schaffung eines Fusionskontrollverordnung.[66] So erhoffte man sich durch die Harmonisierung der nationalen Fusionskontrollsysteme zu Recht eine spürbare Integrationswirkung.[67]

32 **(2) Philip Morris: Anwendung von Art. 85 EWGV auf Zusammenschlüsse.** Angesichts des Stillstandes der Verhandlungen um die Fusionskontrollverordnung hatte die Kommission Mitte der 80er Jahre begonnen, in Abkehr von ihrer früheren Doktrin nicht nur Art. 86 EWGV, sondern auch Art. 85 EWGV auf Fusionen anzuwenden.[68] Im Jahr 1984 setzte sie dabei in zwei Verfahren[69] gegen den amerikanischen Zigarettenhersteller Philip Morris durch, dass dieser auf den Erwerb der gemeinsamen Kontrolle beim Wettbewerber Rothmans International verzichtete, nachdem die Behörde deutlich gemacht hatte, dass der geplante Kontrollerwerb gegen Art. 85 EWGV verstoße.[70]

---

[60] Block WSI-Mitteilungen 1/1992, 24; vgl. auch Erwgr. Nr. 3 der FKVO.
[61] Immenga/Mestmäcker/Körber Einl. Rn. 7.
[62] Kom. Wettbewerbsbericht Nr. 28 (1998) Rn. 15; Immenga/Mestmäcker/Körber Einl. Rn. 7.
[63] Stockenhuber, 56 ff.
[64] Ehlermann, 536.
[65] Vgl. auch den Hinweis auf die Eigenschaft des Binnenmarktes als Vertragsziel in Erwgr. Nr. 2 der FKVO.
[66] Zur engen Verbindung zwischen Einigungs- und Reformbemühungen im Bereich der Fusionskontrolle und allgemeiner Integrationsdynamik Ebenroth/Parche BB 1988, Beilage 18, 1 (2).
[67] von der Groeben FS Hartmann, 1976, 105; Stockenhuber, 28.
[68] Vgl. die Nachweise bei Niemeyer, Fusionskontrolle, 9 ff.
[69] Die Verfahren IV/30 342 und IV/30 926 wurden aufgrund von Beschwerden zweier Wettbewerber eingeleitet.
[70] Vgl. Verfahrensbericht im Schlussantrag von GA Mancini Slg. 1987, 4487 Rn. 1.

I. Entstehungsgeschichte   33–36 Einl. FKVO

Damit erweiterte die Kommission den Anwendungsbereich der Verbotsvorschrift des Art. 85 EWGV über dessen Wortlaut hinaus auf wettbewerbsschädigende Zusammenschlüsse.

Der Gerichtshof bestätigte im Jahr 1987 – zur Überraschung vieler Beobachter[71] – den von **33** der Kommission eingeschlagenen Weg bei der Anwendbarkeit von Art. 85 EWGV. Ein Beteiligungserwerb am Kapital eines Konkurrenten, der zum Erwerb der rechtlichen oder faktischen Kontrolle über dessen geschäftliches Verhalten führe, könne, „als Mittel dienen, das geschäftliche Verhalten der betreffenden Unternehmen so zu beeinflussen, dass der Wettbewerb auf dem Markt, auf dem sie ihre Geschäftstätigkeit entfalten, eingeschränkt oder verfälscht wird."[72]

Allerdings ist die rechtliche Bedeutung des Urteils – das die einzige Entscheidung zur **34** Anwendung von Art. 85 EWGV auf Zusammenschlüsse blieb – bis heute **umstritten**.[73] So wurde nur vereinzelt vertreten, dass das Urteil – gleichsam „durch die Hintertür"[74] – die Tür für eine umfassende Fusionskontrolle auf europäischer Ebene geöffnet habe.[75] Unklar ist bis heute[76] etwa, ob der Gerichtshof überhaupt „klassische" Zusammenschlussvorgänge erfassen wollte, bei denen ein beteiligtes Unternehmen seine wirtschaftliche Selbstständigkeit verliert, oder ob sich das Urteil nur gegen die Koordinierung selbstständig bleibender Unternehmen richte.[77] Selbst wenn Art. 85 EWGV auch Mehrheitsbeteiligungen erfassen sollte, blieb zweifelhaft, ob eine „Abstimmung" iSd Art. 85 EWGV auch bei einem Anteilserwerb über die Börse oder gar bei einer feindlichen Übernahme vorliegen kann[78] oder ob auch Fusionen ieS (Verschmelzungen) erfasst sein können. Neben diesen rechtlichen Unsicherheiten war die Fusionskontrolle aber auch in verfahrensrechtlicher Hinsicht ein „stumpfes Schwert", da ihr die für eine effektive Fusionskontrolle nötige rechtliche Infrastruktur[79] (klare Zuständigkeitsregelung, Definition von Aufgreif-/Eingreifkriterien etc) fehlte.

Dennoch verstand es die Kommission, die bloße Möglichkeit, Fusionen nun auch über Art. 85 **35** EWGV zu überprüfen, als **Druckmittel** gegenüber dem Rat einzusetzen. Dieser konnte nicht die Augen davor verschließen, dass größere Zusammenschlüsse nun auch ohne gesetzliche Notifikationspflicht der Kommission zur Prüfung vorgelegt wurden, um das drohende Risiko einer drohenden Nichtigkeitsfolge zu umgehen.[80] Obwohl die Ankündigung des damaligen Wettbewerbskommissars Sutherland, nunmehr verstärkt nach Art. 85 und 86 gegen Fusionen einzuschreiten,[81] tatsächlich nur zu einer begrenzten Zahl von Verfahren führte,[82] war den Mitgliedstaaten klar, dass nur eine Einigung im Rat ein „eigenmächtiges" Vorgehen der Kommission verhindern und den Zustand der Rechtsunsicherheit beenden konnte.

bb) Endgültige Einigung auf die FKVO. Nachdem sich der Rat im November 1987 auf **36** Grundprinzipien einer künftigen FKVO und die Wiederaufnahme der Verhandlungen geeinigt hatte, legte die Kommission zahlreiche neue (veröffentlichte[83] und unveröffentlichte[84]) Verordnungsvorschläge vor, um die im Rat buchstäblich bis zur letzten Minute gerungen wurde. Die vielen – zT grundlegenden[85] – Änderungen und Einfügungen kamen dabei nicht immer der Verständlichkeit der endgültigen Version der FKVO zugute.

---

[71] Vgl. dazu Kronast, Die „Philip-Morris-Doktrin" und die Europäische Fusionskontrolle, 29.
[72] EuGH Slg. 1987, 4566 Rn. 37 – BAT und Reynolds/Kommission.
[73] Dazu Kronast, Die „Philip-Morris-Doktrin" und die Europäische Fusionskontrolle, 30; Bos/Stuyck/Wytinck, Concentration Control in the European Economic Community, 70–90; Stockenhuber, 43.
[74] Moosecker, Wendepunkt im europäischen Kartellrecht, Handelsblatt v. 3.12.1987, 3.
[75] Sehr weit gehend etwa Blank, Europäische Fusionskontrolle im Rahmen der Art. 85, 86 EWGV, 135, 146–149.
[76] Vgl. zuletzt etwa Basedow EuZW 2003, 44 (46).
[77] Vgl. etwa FK-KartellR/Rösler § 22 Rn. 5; ausf. dazu Kronast, 30–83.
[78] So sieht Blank, Europäische Fusionskontrolle im Rahmen der Art. 85, 86 EWGV, 135, 146–149. Anders die Monopolkommission, Konzeption einer europäischen Fusionskontrolle, 30; dazu Kronast, 77 ff.
[79] Schödermeier WuW 1988, 185 (193).
[80] Van Empel W.Comp. 1990, 10.
[81] Vgl. Pressemitteilung IP(87)407 vom 18.11.1987; in der Lit. wird wohl zu Recht darauf hingewiesen, dass die Einigung im Rat in hohem Maße auf das persönliche Engagement Sutherlands zurückzuführen sein dürfte, vgl. Van Empel W. Comp. 1990, 5.
[82] Vgl. etwa Kom. IP/88/512 – Irish Destiller Groups/GC&C Brands; Kom. IP/88/810 – Danish Fur Sales/Hudson's Bay; Kom. IP/89/795 – Stena UK/Houlder Off-Shore; vgl. auch Niemeyer, Die Europäische Fusionskontrollverordnung, 9.
[83] Vorschlag vom 25.4.1988, ABl. 1988 C 130, 4; Vorschlag vom 30.11.1988, ABl. 1989 C 22, 14.
[84] Unveröffentlichte Änderungsvorschläge unterbreitete die Kommission dem Rat am 9.7.1987, am 11.1.1988, am 25.7.1988 sowie am 30.3.1989, vgl. dazu Sauter FS Quack, 1991, 657 (661–666).
[85] Vgl. etwa der Vorschlag zur Abschaffung der Präventivkontrolle noch im letzten Vorschlag von März 1989, dazu Sauter, 665.

37 Der **Entwurf von April 1988** (ABl. 1989 C 130, 4) sah ua ein deutlich zügigeres Entscheidungsverfahren mit festen Fristen vor, stärkte die Rechte der Mitgliedstaaten im Verfahren[86] und erhöhte die Schwelle für die gemeinschaftsweite Bedeutung auf ECU 1 Mrd. Die deutsche Präsidentschaft hatte die „Begründung oder Verstärkung einer beherrschenden Stellung" als Untersagungskriterium durchgesetzt, das mit einer negativen Vereinbarkeitsvermutung bei weniger als 20 % Marktanteil und einer an Art. 85 Abs. 3 EWGV angelehnten Rechtfertigungsmöglichkeit verknüpft war.

38 Während auch in den **zwei folgenden Entwürfen**[87] noch eine Rechtfertigungsmöglichkeit erhalten war,[88] wurde die Vereinbarkeitsvermutung schon bald fallen gelassen. Auch die exklusive Zuständigkeit der Kommission und Ausnahmetatbestände wurden klarer definiert;[89] die Frist für die Verfahrenseröffnung wurde drastisch auf einen Monat halbiert.[90]

39 Der **endgültige Durchbruch** in den Verhandlungen erfolgte erst im Jahr 1989, nachdem der neue Wettbewerbskommissar, Sir Leon Brittan, in einer **politischen Initiative vom März 1989** den Mitgliedstaaten entgegen gekommen war und einer deutlichen Heraufsetzung der Schwellenwerte zustimmte, die – „vorläufig"[91] – auf ECU 5 Mrd. angehoben werden sollten, während gleichzeitig das Ausschlusskriterium (Umsatzanteil in nur einem Mitgliedstaat) von ¾ auf ⅔ herab- und der EG-Mindestumsatz jedes Unternehmens auf 250 Mio. EUR heraufgesetzt wurde.

40 Der ursprüngliche Vorschlag, das Vollzugsverbot abzuschaffen und das Präventionsverfahren durch eine nur nachträgliche Kontrolle zu ersetzen, scheiterte am Widerstand der deutschen Delegation. Unter Federführung der französischen Präsidentschaft wurde im Dezember 1989 schließlich ein **Globalkompromiss** gefunden, bei dem die deutsche Delegation den größten Teil ihrer ordnungspolitischen Vorstellungen durchsetzen konnte. Der Schwellenwert wurde auf 5·Mrd. EUR festgelegt, und er wurde gem. Art. 1 Abs. 3 nicht automatisch abgesenkt, sondern nur einer Überprüfungsklausel unterworfen. Die ⅔-Regelung und die „de minimis"-Grenze von 250 Mio. EUR für den gemeinschaftsweiten Umsatz der beteiligten Unternehmen entsprachen dem Vorschlag des Brittan-Vorstoßes von März 1989. Die noch in allen Vorentwürfen enthaltene „Public-Interest"-Klausel wurde in der endgültigen Fassung ersatzlos gestrichen, obwohl die Einigung über die Wiederaufnahme der Verhandlungen im November 1987 ein Festhalten an einer Rechtfertigungsmöglichkeit vorgesehen hatte. Gegen die Mehrheit der anderen Mitgliedstaaten[92] setzte die deutsche Delegation schließlich durch, dass es beim Vollzugsverbot mit zivilrechtliche Unwirksamkeitsfolge blieb und dass es möglich wurde, Fälle an die Mitgliedstaaten zu verweisen (sog „Deutsche Klausel", Art. 9). Die auf Grundlage dieses Kompromisses am 21.12.1989 vom Rat einstimmig angenommene Fusionskontrollverordnung Nr. 4064/89[93] trat am 21.9.1990 in Kraft.

II. Wesentliche Reformen seit Inkrafttreten der FKVO

41 **1. 1990–1997: Durchführungsverordnung und Mitteilungen.** Die Kommission ergänzte die FKVO rechtzeitig zu ihrem Inkrafttreten durch eine **Durchführungsverordnung,** die Einzelheiten des Verfahrens sowie der dabei zu beachtenden Fristen und Anhörungsrechte erläuterte und im Anhang das neue Formular für Fusionsanmeldungen, das sog **Formblatt CO,** enthielt.[94] In zwei **Bekanntmachungen** erläuterte die Kommission grundlegende Auslegungsfragen im Zusammenhang mit der Abgrenzung von kooperativen und konzentrativen Gemeinschaftsunternehmen[95] sowie mit der Beurteilung sog „Nebenabreden"[96] im Zusammenhang mit Fusionen.[97] Schon vor der

---

[86] ZB war eine Anhörung der Mitgliedstaaten bereits vor Verfahrenseinleitung vorgesehen, vgl. Art. 18 Abs. 2 des Entwurfes.
[87] Unveröffentlichter Vorschlag vom 25.7.1988 und Vorschlag vom 30.11.1988, ABl. 1989 C 22, 14.
[88] Vgl. dazu Ebenroth/Parche BB 1988, Beilage 18, 1 (8).
[89] Nach den vorherigen Entwürfen konnten die Mitgliedstaaten nach einer Verfahrenseinstellung der Kommission tätig werden.
[90] Vgl. dazu Monopolkommission, Konzeption einer europäischen Fusionskontrolle, 40–47; Sauter FS Quack, 1991, 657 (662); Caspari/Schwarz FS Benisch, 1989, 383 (395–397).
[91] Der Wert sollte ab dem 1.1.1993 automatisch durch eine Schwelle von 2 Mrd. EUR ersetzt werden.
[92] Dazu Janicki WuW 1990, 195 (196).
[93] VO (EWG) Nr. 4064/89, ABl. 1989 L 395, 1, berichtigte Fassung ABl. 1990 L 257, 13.
[94] VO (EWG) Nr. 2367/90 der Kommission vom 25.7.1990 über die Anmeldungen, über die Fristen sowie über die Anhörung nach der Verordnung (EWG) Nr. 4064/89 des Rates über die Kontrolle von Unternehmenszusammenschlüssen, ABl. 1990 L 219, 5.
[95] Bekanntmachung der Kommission über Konzentrations- und Kooperationstatbestände nach der Verordnung (EWG) Nr. 4064/89 des Rates vom 21.12.1989 über die Kontrolle von Unternehmenszusammenschlüssen, ABl. 1990 C 203, 10.
[96] Bekanntmachung der Kommission über Nebenabreden, ABl. 1990 C 203, 5.
[97] Die Kommission – bzw. ihr Übersetzungsdienst – gebraucht die Begriffe „Bekanntmachung" und „Mitteilung" („Notices") synonym, vgl. dazu → Rn. 138.

Norderweiterung im Jahr 1995, nämlich bereits am 1.1.1994, wurde der **Anwendungsbereich** der FKVO (mit gewissen Einschränkungen)[98] durch das EWR-Abkommen auch auf die Länder des damaligen EWR ausgedehnt.[99]

Obwohl nach der **Revisionsklausel** des Art. 1 Abs. 3 für 1994 eine Überprüfung der Schwellenwerte vorgesehen war, wurden die FKVO-Schwellenwerte – entgegen der ursprünglichen Absicht der Kommission[100] – nicht abgesenkt, da ein entsprechender Konsens nicht erzielbar war.[101] Neu eingeführt wurde dagegen in der reformierten Durchführungsverordnung von 1994 ua eine **vereinfachte Anmeldung** wettbewerblich unproblematischer Fälle sowie eine **Frist für die Abgabe von Zusagen**, die eine ausreichende Prüfung und Anhörung Dritter ermöglichen sollte.[102] Der Beschluss zum **Anhörungsbeauftragten** in Wettbewerbssachen sicherte die Anhörungsrechte weiter ab.[103]

42

Um die Kommissionspolitik zu Fragen der Zuständigkeit näher zu erläutern, überarbeitete die Kommission 1994 nicht nur die Mitteilung zur Abgrenzung kooperativer und konzentrativer Gemeinschaftsunternehmen,[104] sondern veröffentlichte auch drei weitere grundlegende **Mitteilungen** zum **Zusammenschlussbegriff**,[105] zu den **beteiligten Unternehmen**[106] und zur **Umsatzberechnung**.[107]

43

2. Die „kleine Reform" von 1997. Im Januar 1996 veröffentlichte die Kommission ein Grünbuch[108] mit Vorschlägen für eine Änderung der FKVO. In den Verhandlungen mit dem Rat konnte sich die Kommission mit ihrem Vorschlag zur Absenkung der allgemeinen Aufgreifschwelle des Art. 1 Abs. 1 auf ECU 3 Mrd. erneut nicht durchsetzen. Nicht umgesetzt wurde auch der Vorschlag, zur Vermeidung des immer noch beklagten[109] Problems der Mehrfachanmeldungen eine Gemeinschaftszuständigkeit für Fusionen einzuführen, die in mindestens **drei Mitgliedstaaten** notifizierbar wären. Stattdessen enthielt die schließlich am 30.6.1997 vom Rat einstimmig[110] verabschiedete und am 1.3.1998 in Kraft getretene Änderungsverordnung[111] mit Art. 1 Abs. 3 nun einen recht kompliziert geratenen abgesenkten **alternativen Schwellenwert von 2,5 Mio. EUR,** der nicht an einer „3+-Regel", sondern bestimmten Mindestumsätzen der beteiligten Unternehmen in mindestens drei Mitgliedstaaten anknüpft (vgl. Art. 1 Abs. 3). Die neue Regel trägt deutliche Züge einer

44

---

[98] Vgl. zu den Schwellenwerten bei Beteiligung von EWR-Ländern → Art. 1 Rn. 28.
[99] Dazu Diem WuW 1994, 522; vgl. auch VO (EG) Nr. 3666/93 der Kommission vom 15.12.1993 zur Änderung der Verordnungen Nr. 27, (EWG) Nr. 1629/69, (EWG) Nr. 4260/88, (EWG) Nr. 4261/88 und (EWG) Nr. 2367/90 im Hinblick auf die Durchführung der in dem Abkommen über den Europäischen Wirtschaftsraum niedergelegten Wettbewerbsregeln, ABl. 1993 L 336, 1.
[100] Protokollerklärung der Kommission zu Artikel 1 der VO (EWG) Nr. 4064/89 des Rates (abgedruckt in Kommission, Die Fusionskontrolle in der Europäischen Union, 1999, 53).
[101] Vgl. Kommission, Report from the Commission to the Council on the implementation of the Merger Regulation, KOM(93)385, sowie Kom. Wettbewerbsbericht Nr. 23 (1993), 39–46; Presseerklärung der Kommission vom 28.7.1993, P/93/38; dazu auch Weitbrecht EuZW 1993, 687.
[102] VO (EG) Nr. 3384/94 über die Anmeldungen, über die Fristen sowie über die Anhörung nach der Verordnung (EWG) Nr. 4064/89 des Rates vom 21.12.1989 über die Kontrolle von Unternehmenszusammenschlüssen ABl. 1994 L 377, 1.
[103] Beschluss (EG, EGKS) Nr. 94/810 der Kommission über das Mandat des Anhörungsbeauftragten in Wettbewerbsverfahren vor der Kommission, ABl. 1994 L 330, 67.
[104] Bekanntmachung der Kommission über die Unterscheidung zwischen konzentrativen und kooperativen Gemeinschaftsunternehmen nach der Verordnung (EWG) Nr. 4064/89 des Rates vom 21.12.1989 über die Kontrolle von Unternehmenszusammenschlüssen, ABl. 1994 C 385, 1.
[105] Bekanntmachung der Kommission über den Begriff des Zusammenschlusses nach der Verordnung (EWG) Nr. 4064/89 des Rates vom 21.12.1989 über die Kontrolle von Unternehmenszusammenschlüssen, ABl. 1994 C 385, 5.
[106] Bekanntmachung der Kommission über den Begriff der beteiligten Unternehmen im Sinne der Verordnung (EWG) Nr. 4064/89 des Rates vom 21.12.1989 über die Kontrolle von Unternehmenszusammenschlüssen, ABl. 1994 C 385, 12.
[107] Bekanntmachung der Kommission über die Berechnung des Umsatzes im Sinne der Verordnung (EWG) Nr. 4064/89 des Rates vom 21.12.1989 über die Kontrolle von Unternehmenszusammenschlüssen, ABl. 1994 C 385, 22.
[108] KOM(1996) 19 endg.; dazu Burnside ECLR 1996, 371; Ahlborn/Turner ECLR 1998, 249.
[109] Vgl. etwa BDI, Memorandum zur Europäischen Wettbewerbspolitik, Mai 1993, 1; vgl. dazu auch Sedemund FS Deringer, 1993, 379 (394).
[110] Die Kommission konnte sich mit ihrem ursprünglichen Verordnungsvorschlag, bei dem zumindest die Änderung der Schwellenwerte im Hinblick auf Art. 1 Abs. 3 (aF) mit qualifizierter Mehrheit erfolgen sollte, nicht durchsetzen.
[111] VO (EG) Nr. 1310/97 des Rates vom 30.6.1997 zur Änderung der Verordnung (EWG) Nr. 4064/89 des Rates über die Kontrolle von Unternehmenszusammenschlüssen, ABl. 1997 L 180, 1; ber. durch ABl. 1998 L 40, 17.

komplexen Kompromisslösung, trug aber nicht wesentlich zur Verringerung von Mehrfachanmeldungen bei.[112]

45 Durchsetzen konnte sich die Kommission dagegen mit ihrem Vorschlag zur Ausweitung der Kontrolle von Gemeinschaftsunternehmen: Bisher fielen nur sog „konzentrative" Gemeinschaftsunternehmen unter die FKVO, also Gemeinschaftsunternehmen, bei denen es zu keiner Koordinierung des Wettbewerbsverhaltens der Muttergesellschaften kommen konnte.[113] Die Abgrenzung zwischen konzentrativen und kooperativen Gemeinschaftsunternehmen und die Prüfung koordinativer Effekte bereitete in der Praxis jedoch Schwierigkeiten und erforderte einen verhältnismäßig großen Prüfungsaufwand.[114] Daher wurde der Anwendungsbereich der FKVO nun auf **alle Vollfunktionsgemeinschaftsunternehmen** erweitert, also auch solche, bei denen es möglicherweise zu Koordinations- bzw. „Spill-Over"-Effekten kommen konnte.[115] Um mögliche Wettbewerbsnachteile solcher Koordinierungswirkungen zu erfassen, wurde für diese in Art. 2 Abs. 4 eine Prüfung am Maßstab des Art. 85 aF EG eingeführt, die innerhalb des Fusionskontrollverfahrens durchzuführen war.[116] Die Kommission erläuterte die Definition des Vollfunktionsgemeinschaftsunternehmens in einer neuen Mitteilung.[117]

46 Mit der Möglichkeit, **Zusagen bereits in der ersten Phase** anzubieten, und der **Teilverweisung** von Fällen an die Mitgliedstaaten formalisierte die Kommission eine seit langem bestehende Praxis.[118] Weitere Änderungen betrafen **ausgeweitete Verweisungsmöglichkeiten** bei Bestehen eines „gesonderten Marktes" innerhalb der Gemeinschaft,[119] eine **einfachere Befreiung vom Vollzugsverbot** (das nun ohne drohenden „ernsthaften Schaden" gewährt werden konnte)[120] sowie Änderungen bei der Umsatzberechnung bei Kredit- und Finanzinstituten.[121]

47 Angepasst an die reformierte FKVO wurde auch die **Durchführungsverordnung,**[122] die nun genauere Regeln zur Fristberechnung im Fusionsverfahren enthielt,[123] sowie die Mitteilungen zum Zusammenschlussbegriff,[124] zu den beteiligten Unternehmen[125] und der Berechnung des Umsatzes.[126] Zwei neue Mitteilungen der Kommission betrafen die Annäherung von Fusionsverfahren nach dem (auslaufenden) EGKSV und dem EG-Vertrag[127] und die Definition des relevanten Marktes.[128]

48 **3. Mitteilungen zwischen 1997 und 2003.** Zwischen den beiden Reformen der FKVO von 1997 und 2003 veröffentlichte die Kommission drei weitere Mitteilungen: Die erste betraf

---

[112] Report from the Commission to the Council on the application of the Merger Regulation thresholds, KOM(2000) 399(01).
[113] Vgl. Art. 2 Abs. 2 S. 2 VO Nr. 4064/89; dazu Drauz/Schröder, Praxis der Europäischen Fusionskontrolle, 35–39. Vgl. auch Kom. Wettbewerbsbericht Nr. 27 (1997), 56. Die Entscheidungen, die die Prüfung kooperativer Vollfunktionsgemeinschaftsunternehmen betreffen, erhielten zunächst das Aktenzeichen „JV."; 2001 wurde diese Praxis jedoch aufgegeben.
[114] Levy/Cook, European Merger Control, 2003, § 4.03.
[115] Krit. dazu Kindler EuZW 1995, 321 (324).
[116] Zuvor wurden die Koordinierungseffekte noch im Rahmen der VO Nr. 17/62 geprüft.
[117] Mitteilung der Kommission über den Begriff des Vollfunktionsgemeinschaftsunternehmens nach der Verordnung (EWG) Nr. 4064/89 des Rates über die Kontrolle von Unternehmenszusammenschlüssen, ABl. 1998 C 66, 1.
[118] Vgl. Kom. Wettbewerbsbericht Nr. 28 (1998), 55.
[119] Art. 9 Abs. 2 und 3 (1998).
[120] Art. 7 Abs. 4 nF (1998).
[121] Art. 5 Abs. 3 nF (1998).
[122] VO (EG) Nr. 447/98 der Kommission vom 1.3.1998 über die Anmeldungen, über die Fristen sowie über die Anhörung nach der Verordnung (EWG) Nr. 4064/89 des Rates über die Kontrolle von Unternehmenszusammenschlüssen, ABl. 1998 L 61, 1.
[123] Dazu Hirsbrunner EuZW 1998, 613 (615).
[124] Bekanntmachung der Kommission über den Begriff des Zusammenschlusses nach der Verordnung (EWG) Nr. 4064/89 des Rates vom 21.12.1989 über die Kontrolle von Unternehmenszusammenschlüssen, ABl. 1998 C 66, 5.
[125] Bekanntmachung der Kommission über den Begriff der beteiligten Unternehmen im Sinne der Verordnung (EWG) Nr. 4064/89 des Rates vom 21.12.1989 über die Kontrolle von Unternehmenszusammenschlüssen, ABl. 1998 C 66, 14.
[126] Bekanntmachung der Kommission über die Berechnung des Umsatzes im Sinne der Verordnung (EWG) Nr. 4064/89 des Rates vom 21.12.1989 über die Kontrolle von Unternehmenszusammenschlüssen ABl. 1998 C 66, 25.
[127] Mitteilung der Kommission über die Angleichung der Bearbeitungsverfahren bei Zusammenschlussvorhaben nach dem EGKS- und dem EG-Vertrag, ABl. 1998 C 66, 36.
[128] Bekanntmachung der Kommission über die Definition des relevanten Marktes im Sinne des Wettbewerbsrechts der Gemeinschaft, ABl. 1997 C 372, 5.

II. Wesentliche Reformen seit Inkrafttreten der FKVO

die Einführung eines **vereinfachten Verfahrens** für wettbewerblich unproblematische Zusammenschlussvorhaben,[129] das die bereits in Abschnitt C des Anmeldeformulars vorgesehene Kurzformanmeldung komplettierte. Seit September 2000 konnte die Kommission bestimmte Fälle (zB relativ kleine Gemeinschaftsunternehmen oder Zusammenschlüsse mit geringen bzw. keinen Marktanteilsadditionen) mit einer Entscheidung in Kurzform (ohne Entscheidungsgründe) freigeben. Zur Erläuterung ihrer Politik im Bereich der sog „Zusagen" veröffentlichte die Kommission im Dezember 2000 eine neue Mitteilung über zulässige **Abhilfemaßnahmen** im Fusionskontrollverfahren sowie erläuternde „Best Practices" und Mustertexte.[130] Da die Kommission zudem seit Juli 2001 darauf verzichtete, Nebenabreden („ancillary restraints") iRd Fusionskontrollverfahrens zu prüfen, wurde auch die **Mitteilung zu den Nebenabreden** von 1990 entsprechend geändert.[131] Überarbeitet wurden ebenfalls die vier Mitteilungen zur Zuständigkeit (Mitteilungen „Umsatzberechnung", „Zusammenschlussbegriff", „beteiligte Unternehmen" und „Vollfunktionsgemeinschaftsunternehmen").[132] Die 1999 im Internet veröffentlichten „Best Practices" enthielten Empfehlungen zur effizienten Durchführung des Verfahrens.[133] Ende 2001 erweiterte die Kommission auch die Rechte des **Anhörungsbeauftragten, ua** durch Stärkung seiner Unabhängigkeit, mehr Beteiligungsrechte am Verfahren und die Veröffentlichung seiner Berichte.[134]

4. Die „große Reform" von 2004. Nicht nur die seit 1997 rapide gestiegene Zahl der Fusionsanmeldungen, sondern auch die Perspektive der Erweiterung der EU um zehn neue Mitgliedstaaten veranlasste die Kommission, im Dezember 2001 mit der Veröffentlichung eines neuen **Grünbuchs** die bislang umfangreichste Reform der FKVO einzuleiten.[135] Auf dem Prüfstand standen nicht nur Zuständigkeits- und Verfahrensfragen, sondern erstmals auch die materiellen Prüfkriterien der FKVO.

Einige Vorschläge des Grünbuchs wurden im Laufe der weiteren Verhandlungen **fallen gelassen.** Dies gilt etwa für den (erneuten) Vorschlag, eine automatische Gemeinschaftszuständigkeit für Fusionen einzuführen, die in mindestens **drei Mitgliedstaaten** notifizierbar wären[136] oder die Idee einer Verweisung an die Mitgliedstaaten von Amts wegen.[137] Auch die Idee der Kodifizierung des vereinfachten Verfahrens in der Verordnung oder im Wege einer Gruppenfreistellung[138] wurde nicht weiter verfolgt, ebenso wie die Einführung einer „de-minimis"-Schwelle für Nischenmärkte,[139] die Einführung von Anmeldegebühren[140] oder die Ausdehnung des Zusammenschlussbegriffs auf wirtschaftlich eng verbundene Zusammenschlüsse.[141]

Im Dezember 2002 veröffentlichte die Kommission den ersten **Verordnungsentwurf.**[142] Zeitgleich wurden Entwürfe für Leitlinien zur Beurteilung horizontaler Zusammenschlüsse und neue Verfahrensleitlinien „Best Practices"[143] – veröffentlicht. In den Verhandlungen im Rat wurden die Änderungsvorschläge bis zuletzt kontrovers diskutiert. Dabei ging es insbes. um die Frage der **Änderung des materiellen Tests,** bei der erst im November 2003 eine Einigung

---

[129] Bekanntmachung der Kommission über ein vereinfachtes Verfahren für bestimmte Zusammenschlüsse gemäß der Verordnung (EWG) Nr. 4064/89 des Rates, ABl. 2000 C 217, 32.
[130] Mitteilung der Kommission über im Rahmen der Verordnung (EWG) Nr. 4064/89 des Rates und der Verordnung (EG) Nr. 447/98 der Kommission zulässige Abhilfemaßnahmen, ABl. 2001 C 68, 3.
[131] Bekanntmachung der Kommission über Einschränkungen des Wettbewerbs, die mit der Durchführung von Unternehmenszusammenschlüssen unmittelbar verbunden und für diese notwendig sind, ABl. 2001 C 188, 5.
[132] Veröffentlicht im ABl. 1998 C 66.
[133] Zur rechtlichen Bedeutung von Best Practices vgl. → Rn. 138.
[134] Vgl. dazu die Pressemitteilung IP/01/736 vom 23.5.2001 sowie die Entscheidung (EG, EKGS) Nr. 2001/462 der Kommission vom 23.5. über das Mandat von Anhörungsbeauftragten in bestimmten Wettbewerbsverfahren (ABl. 2001 L 162, 21).
[135] Grünbuch über die Revision der Verordnung (EWG) Nr. 4064/89 des Rates vom 11.12.2001, KOM(2001) 745/6 endg. („Grünbuch 2001"); vgl. dazu Drauz WuW 2002, 444; v. Hinten-Reed/Camesasca/Schedl RIW 2003, 321; Klees EuZW 2003, 197.
[136] Grünbuch 2001, Rn. 62.
[137] Grünbuch 2001, Rn. 81.
[138] Vgl. Art. 7 Abs. 4 des Verordnungsentwurfs vom 28.1.2003.
[139] Grünbuch 2001, Rn. 177 ff.
[140] Grünbuch 2001, Rn. 227.
[141] Art. 3 Abs. 4 des Verordnungsentwurfs vom 28.1.2003; dazu Dittert WuW 2004, 148 (161).
[142] Vorschlag für eine Verordnung des Rates über die Kontrolle von Unternehmenszusammenschlüssen, ABl. 2003 C 20, 4.
[143] Nicht zu verwechseln mit den ebenfalls als „Best Practices" bezeichneten erläuternden Texten zu Abhilfemaßnahmen.

erzielt werden konnte. Die neue[144] FKVO wurde am 20.1.2004 formell verabschiedet[145] und trat – rechtzeitig zur EU-Osterweiterung – am 1.5.2004 zusammen mit einer neuen Durchführungsverordnung[146] in Kraft. Schon im Februar 2004 waren die ergänzenden **Leitlinien zu horizontalen Zusammenschlüssen**[147] und die „**Best-Practices**" zur Durchführung von Fusionskontrollverfahren[148] veröffentlicht worden. Im Juli 2005 wurden **neue Mitteilungen** zum vereinfachten Verfahren,[149] zu Nebenabreden[150] und zum neuen Verweisungssystem[151] veröffentlicht. Mit der Überarbeitung der Mitteilung zu **Abhilfemaßnahmen**,[152] der **Konsolidierten Mitteilung zu Zuständigkeitsfragen**[153] und der Veröffentlichung neuer **Leitlinien zu nicht-horizontalen Zusammenschlüssen** im Jahr 2008[154] war das Reformprojekt von 2004 im Wesentlichen beendet. Die Änderungen der neuen FKVO betrafen vor allem[155] die folgenden Bereiche:

52 a) **Verweisungsverfahren.** Da die Mehrheit des Rates bis zuletzt ihren Widerstand gegen eine automatische Kommissionszuständigkeit bei Zusammenschlüssen, die in mehr als drei Ländern anzumelden waren („**3-Plus**"-**Vorschlag**) aufrecht hielt,[156] blieben die Schwellenwerte des Art. 1 unverändert. Als **Kompromisslösung** zur Eindämmung von Mehrfachanmeldungen konnte man sich auf ein neues Verweisungssystem einigen, das Verweisungen schon im Stadium **vor der Anmeldung** ermöglicht. Die Verweisungsvorschrift des **Art. 4 Abs. 5** erlaubte es nun Unternehmen, die einen Zusammenschluss in mindestens drei Mitgliedstaaten anmelden müssten, einen Antrag auf Verweisung an die Kommission zu stellen, und so eine Mehrfachanmeldung zu vermeiden. Die Mitgliedstaaten können sich dem nur durch ein Veto innerhalb von 15 Arbeitstagen entgegenstellen. Umgekehrt können Unternehmen nun ebenfalls eine doppelte Anmeldung vermeiden, wenn sie schon vor der Notifikation einen Verweisungsantrag an die Kommission gem. **Art. 4 Abs. 4** stellen. Für beide Verweisungsarten wurde ein eigenes Formular („Form RS")[157] veröffentlicht. Nach der Anmeldung kann die Kommission zwar nicht von Amts wegen verweisen,[158] jedoch die Mitgliedstaaten auffordern, Fälle zu verweisen oder zu übernehmen (Art. 9 Abs. 2 und 22 Abs. 5).

53 b) **Neuformulierung des materiellen Tests und Leitlinien zu horizontalen Zusammenschlüssen – Elemente eines „more economic approach".** Die bei weitem größte Aufmerksamkeit während des Reformprozesses richtete sich auf die Änderung des bisherigen Marktbe-

---

[144] Auch wenn der größte Teil der Vorgängerverordnung inhaltlich übernommen wurde, handelt es sich rechtstechnisch bei der VO 139/2004 um eine neue Verordnung und nicht um eine bloße Änderungsverordnung.

[145] VO (EG) Nr. 139/2004 des Rates über die Kontrolle von Unternehmenszusammenschlüssen, ABl. 2004 L 24, 1.

[146] VO (EG) Nr. 802/2004 der Kommission vom 7.4.2004 zur Durchführung der Verordnung (EG) Nr. 139/2004 des Rates über die Kontrolle von Unternehmenszusammenschlüssen, ABl. 2004 L 133, 1.

[147] Leitlinien zur Bewertung horizontaler Zusammenschlüsse gemäß der Ratsverordnung über die Kontrolle von Unternehmenszusammenschlüssen ABl. 2004 C 31, 5.

[148] Best Practices on the conduct of EC merger control proceedings, abrufbar unter: https://competition-policy.ec.europa.eu/mergers/legislation_en, zuletzt abgerufen am 1.4.2023.

[149] Bekanntmachung der Kommission über ein vereinfachtes Verfahren für bestimmte Zusammenschlüsse gemäß der Verordnung (EG) Nr. 139/2004 des Rates, ABl. 2005 C 56, 36.

[150] Bekanntmachung über Einschränkungen des Wettbewerbs, die mit der Durchführung von Unternehmenszusammenschlüssen unmittelbar verbunden und für diese notwendig sind, ABl. 2005 C 56, 24.

[151] Mitteilung der Kommission über die Verweisung in Fusionssachen, ABl. 2005 C 56, 2; vgl. auch die Mitteilung zu Verweisungen nach dem EWR-Übereinkommen: https://competition-policy.ec.europa.eu/mergers/legislation_en, zuletzt abgerufen am 1.4.2023.

[152] Mitteilung der Kommission über nach der Verordnung (EG) Nr. 139/2004 des Rates und Verordnung Nr. 802/2004 der Kommission zulässige Abhilfemaßnahmen, ABl. 2008 C 267, 1.

[153] Konsolidierte Mitteilung der Kommission zu Zuständigkeitsfragen gemäß der Verordnung (EG) Nr. 139/2004 des Rates über die Kontrolle von Unternehmenszusammenschlüssen, ABl. 2009 C 43, 10.

[154] Leitlinien zur Bewertung nichthorizontaler Zusammenschlüsse gemäß der Ratsverordnung über die Kontrolle von Unternehmenszusammenschlüssen, ABl. 2008 C 265, 6.

[155] Vgl. zur Reform der Fusionskontrolle auch: Dittert WuW 2004, 148 (162); Böge WuW 2004, (138–148); Weitbrecht ECLR 2005, 67; Kofler-Senoner/Scholz Wirtschaftsrechtliche Blätter 2004, 266; Rosenthal EuZW 2004, 327; Gonzales Diaz W. Comp. 2004, (177–199); Kokkoris ECLR 2005, 37; Peyre/Simic International Business Law Journal 2004, 519 (537); Lyons Review of International Economics, 2004; Loriot L'Observateur de Bruxelles 2004, 18 (24, 41–42); Brunet/Girgenson RTDE 2004, 1; Guersent/Winckler Revue Lamy de la Concurrence 2004, 12.

[156] Vgl. die „Background Note Competitiveness Council Brussels, 26/27 November 2003" v. 24.11.2003 des Rates.

[157] „RS" steht dabei für „reasoned submission" („begründete Stellungnahme").

[158] S. insofern noch der Vorschlag im Grünbuch 2001, Rn. 81.

herrschungstests.[159] Schon in ihrem Grünbuch hatte die Kommission die Möglichkeit eines Wechsels zum „Substantial Lessening of Competition"-Test **(„SLC"-Test)** zur Diskussion gestellt. Befürworter einer Annäherung an den SLC-Test machten geltend, dass ein Wechsel der Konvergenz mit dem US-System zugute käme und dass der bisherige Marktbeherrschungstest nicht geeignet sei, alle relevanten Formen verbraucherschädlicher Wettbewerbsbeeinträchtigungen abzudecken – so etwa bei den sog nichtkoordinierten Effekten in Oligopolmärkten.[160] Die Kommission vertrat dagegen die Ansicht, dass eine solche **„Lücke"** nicht bestand und dass sich alle möglichen Wettbewerbsprobleme mit dem Marktbeherrschungstest erfassen ließen.[161] Zudem dürfe das Kriterium der Marktbeherrschung schon deswegen nicht aufgegeben werden, um die langjährige Rspr. dazu zu erhalten. Dementsprechend hatte die Kommission noch im ersten Verordnungsentwurf am Marktbeherrschungstest festgehalten. In den Verhandlungen mit Parlament und Rat im Herbst 2003 zeigte sich allerdings, dass eine Mehrheit der Mitgliedstaaten eine Änderung des Prüfungskriteriums befürwortete. Die Kommission legte daraufhin eine von Spanien und Frankreich vorgeschlagene Kompromisslösung vor, der sich letztlich alle Delegationen anschließen konnten. Der neue **„hybride" Test** des Art. 2 stellt zwar einerseits auf eine wesentliche Behinderung des Wettbewerbs ab, macht aber andererseits deutlich, dass die Marktbeherrschung weiterhin der wichtigste Anwendungsfall der Wettbewerbsbehinderung bleibt (vgl. Erwgr. 26).

Der analytische Rahmen für die Anwendung des neu formulierten Tests wurde in den **Leitlinien zu horizontalen Zusammenschlüssen** näher erläutert. Die Leitlinien unterscheiden zwischen zwei Gruppen potenziell wettbewerbsbeeinträchtigender Wirkungen, den nichtkoordinierten („unilateralen") und den koordinierten Effekten. Die noch im ersten Entwurf enthaltene Kategorie der „überragenden Marktstellung" wurde fallen gelassen. Insgesamt zeigen die Leitlinien,[162] dass sich die Kommission auch unter der Ägide des neuen Tests an den in ihrer bisherigen Entscheidungspraxis herausgearbeiteten Kriterien orientiert. Die Leitlinien zu horizontalen Zusammenschlüssen haben in der Anwendungspraxis eine **zentrale Bedeutung** erlangt und werden insbes. vom Gerichtshof regelmäßig als Maßstab der materiellen Fusionskontrolle herangezogen.[163] 54

Erstmals bekannte sich die Kommission, wenn auch nur in den Begründungserwägungen (Erwägungsgrund 29), nun auch ausdrücklich zur Berücksichtigung von **Effizienzvorteilen** als „Ausgleichsfaktor" möglicher Wettbewerbsprobleme. Die – recht restriktiv gefassten – Voraussetzungen dieser Rechtfertigungsmöglichkeit werden ebenfalls in den Leitlinien zu horizontalen Zusammenschlüssen erläutert (vgl. dazu → Art. 2 Rn. 298 ff.). 55

Schließlich stellte die neue Verordnung klar, dass die Fusionsprüfung keine Entscheidung der Kommission über die Zulässigkeit etwaiger **Nebenabreden** erfordert.[164] Der Rat setzte allerdings durch, dass sich die Kommission zumindest in einem Erwägungsgrund grds. bereit erklärte, in bestimmten außergewöhnlichen Fällen die Rechtmäßigkeit weiterhin zu prüfen.[165] 56

c) Verfahrensablauf. Ein weiterer Kernpunkt der Reform betraf Verbesserungen des Fusionsverfahrens. Flexibler wurde etwa das **Fristenregime** der FKVO gestaltet. Die regelmäßige Dauer der ersten und zweiten Phase blieb zwar weitgehend[166] unverändert, jedoch konnte es in beiden Phasen bei der Vorlage von Zusagen nun zu einer **Fristverlängerung** um 10 (Phase 1) bzw. 15 Tage (Phase 2) kommen. Eingeführt wurde auch die Möglichkeit, auf Antrag oder mit Zustimmung der Parteien die zweite Phase um bis zu maximal 20 Arbeitstage zu verlängern (Art. 10 Abs. 3) („stop-the-clock"-Mechanismus). 57

Großzügiger gestaltet wurde auch der mögliche **Anmeldungszeitpunkt,** der nun bereits vor dem formellen Vertragsschluss liegen kann.[167] Die Anmeldepflicht binnen einer Woche nach Ver- 58

---

[159] Burgstaller WuW 2003, 726; Alfter WuW 2003, 20; Drauz/Reynolds, EC Merger Control/Levy, 2003, 143; Drauz/Reynolds, EC Merger Control/Montalcino, 2003, 177; Drauz/Reynolds, EC Merger Control/Vickers, 2003, 181; Drauz/Reynolds, EC Merger Control/Sullivan/Meiners, 2003, 185; Böge/Müller ECLR 2002, 495; Sinclair ECLR 2002, 326.
[160] Dazu Leitlinien „horizontale Zusammenschlüsse", Rn. 25; ausf. in → Art. 2 Rn. 80 ff.
[161] Einleitung zum Verordnungsentwurf vom 28.1.2003, Rn. 53–58, sowie MEMO/04/9; vgl. auch Fountoukakos/Ryan ECLR 2005, 277 (282–287).
[162] Dass die neue Formulierung des Tests allenfalls geringe Auswirkungen auf die Prüfungspraxis der Kommission haben wird, zeigt sich auch schon daran, dass die neue Formulierung nur sehr wenige Änderungen am Entwurf der Leitlinien zu horizontalen Zusammenschlüssen erforderlich machte.
[163] Dazu Schulte/Koch Rn. 2282.
[164] Vgl. Art. 6 Abs. 1 lit. b S. 2; Art. 8 Abs. 1 S. 2 und 8 Abs. 3 S. 3. Dazu näher in → Art. 8 Rn. 88–112.
[165] Vgl. Begründungserwägung 21; zum Bestehen einer Prüfungspflicht und zur (Brief-)Form der entsprechenden Entscheidung vgl. → Art. 8 Rn. 94.
[166] Gem. Art. 10 Abs. 1 dauert Phase 1 nun 25 Arbeitstage statt bisher einen Monat, Phase 2 nun 90 Arbeitstage statt vier Monate.
[167] Art. 4 Abs. 4 S. 2. Dazu anschaulich Dittert WuW 2004, 148 (151).

tragsschluss wurde gestrichen. Hinsichtlich der Rücknahme der Anmeldung in Phase 2 stellt die FKVO nunmehr klar, dass eine Beendigung des Verfahrens ohne Entscheidung nach Art. 8 bei einer Anmeldungsrücknahme nur dann in Betracht kommt, wenn die Parteien die Aufgabe des Fusionsverfahrens deutlich machen.[168]

59 Verstärkt wurden die **Ermittlungs- und Sanktionsbefugnisse** der Kommission im Fusionskontrollverfahren, die nun zu Nachprüfungen vor Ort und zur Versiegelung von Geschäftsräumen berechtigt ist und auch auf das Instrument der mündlichen Befragungen zurückgreifen kann.[169] Genauer geregelt wurden auch die Konsequenzen der Aufhebung einer Entscheidung durch den Gerichtshof[170] sowie die Folgen einer Entflechtungsentscheidung nach einem Fusionsverbot.

60 Für eine größere **Transparenz** des Verfahrens sollen vor allem die in den „Best Practices" zur Durchführung von Fusionsverfahren beschriebenen verbesserten Möglichkeiten zur Dokumenteneinsicht für Parteien und Dritte sorgen, die allerdings hinter den von Unternehmensseite geforderten umfassenden Einsichtsrechten zurückbleiben. In den „Best Practices" erklärt sich die Kommission aber bereit, den Parteien nun bereits vor der Mitteilung der Beschwerdepunkte eine Auswahl bestimmter **„Schlüsseldokumente"** zu übermitteln.

61 Ausgedehnt wurde schließlich auch der Anwendungsbereich des **vereinfachten Verfahrens**, auf das jetzt auch beim Übergang von gemeinsamer zu alleiniger Kontrolle zurückgegriffen werden kann.[171]

62 **5. Reformschritte seit 2004. a) Rechtliche Kontinuität – graduelle Reformen des Verfahrens.** In rechtlicher Hinsicht hat sich das rechtliche Fundament der EU-Fusionskontrolle seit 2004 trotz zahlreicher Reformdiskussionen erstaunlich **wenig verändert**. Mit einer Änderung der Bekanntmachung zum vereinfachten Verfahren erhöhte die Kommission im **Dezember 2013 die Marktanteilsschwellen für die Anmeldung im vereinfachten Verfahren** (von 15 auf 20 % bei horizontalen und von 25 auf 30 % bei vertikalen Zusammenschlüssen). Zudem wurde die Möglichkeit geschaffen, auch Fälle mit geringen Marktanteilsadditionen und mit Gesamtmarktanteilen von unter 50 % nach dem vereinfachten Verfahren zu behandeln.[172] Daneben wurde der Umfang der für Fusionsanmeldungen vorzulegenden Informationen gesenkt, etwa hinsichtlich möglicher von der Fusion betroffener Märkte (Darstellung nur noch ab 20 % Marktanteil) oder durch die Einführung einer vereinfachten „Minimalanmeldung" für nicht im EWR tätige Gemeinschaftsunternehmen.[173] Die Verfahrensreformen sollen nicht nur die Last für Unternehmen reduzieren, sondern auch der Kommission die knappen Ressourcen der Generaldirektion Wettbewerb entlasten. Im Übrigen hat sich die Kommission darauf beschränkt, eine Reihe neuer Mitteilungen zu Verfahrensfragen veröffentlichen.[174]

63 **b) Ausbleiben einer großen Reform – trotz entsprechender Forderungen.** Während der Rechtsrahmen seit 2004 stabil geblieben ist, gab es gerade in den letzten Jahren intensive Debatten um die Notwendigkeit weiterer Reformen der EU-Fusionskontrolle. Diese betraf nicht nur klassische **Verfahrensthemen** wie die Anmeldeschwellen, die Kontrolle von Minderheitsbeteiligungen, oder Reformbedarf beim materiellen Test. Spätestens seit kontroversen Fusionsfreigaben wie in den Fällen Facebook/WhatsApp[175] oder Siemens/Alstom[176] forderten Politik und Teile der Wissenschaft vermehrt **grundlegende Änderungen** am bisherigen System der EU-Fusionskontrolle. So müsse die Fusionskontrolle einer stärkeren **Kontrolle durch Politik und Parlamente** unterworfen werden; die klassische Marktabgrenzung erfasse die Realität globaler Märkte und die Konkurrenz aus China nur unzureichend; zudem erlaube es das bisherige Instrumentarium nicht, die Wettbewerbsverhält-

---

[168] Art. 6 Abs. 1 lit. c S. 2; dazu Information note on abandonment of concentrations, strafbar unter: http://ec.europa.eu/comm/competition/mergers/legislation/abandonment_of_concentrations_en.pdf, zuletzt abgerufen am 20.10.2019; umstritten ist, ob an Rücknahmen in Phase 1 des Verfahrens dieselben Anforderungen zu stellen sind. Dafür, unter Hinweis auf die Missbrauchsgefahr einer ungeschriebenen Fristverlängerung durch Rücknahme und Neuanmeldung in Phase 1 Dittert WuW 2004, 148 (152).
[169] Hausdurchsuchungen oder Branchenuntersuchungen sind im Fusionsverfahren weiterhin nicht gestattet.
[170] Art. 10 Abs. 5: Eintritt in die erste Prüfungsphase, vgl. dazu Schulte/Koch Rn. 2180.
[171] Bekanntmachung „vereinfachtes Verfahren", Rn. 5 lit. d.
[172] Bekanntmachung vereinfachtes Verfahren vom 14.12.2013; die Erfahrung mit den neuen Regeln hat gezeigt, dass inzwischen etwa 80 % der neuen Fälle im vereinfachten Verfahren behandelt werden können.
[173] S. dazu auch Langeheine/von Koppenfels ZWeR 3/2013, 206 ff.
[174] S. etwa die neuen „Best practice rules" zur Vorlage ökonometrischer Beweismittel (2011), zum Umgang mit Informationen in sog. „Datenräumen" (2015) und zur Erstellung nichtvertraulicher Versionen von Dokumenten (2015), https://competition-policy.ec.europa.eu/mergers/legislation_en, zuletzt abgerufen am 1.4.2023.
[175] Kom., M.7217 – Facebook/Whatsapp.
[176] Kom., M.8677 – Siemens/Alstom.

nisse in **digitalen Märkten**[177] oder die Auswirkungen von Fusionen auf **Innovationen**[178] hinreichend zu berücksichtigen.

Im Juli 2014 machte die Kommission in einem **Weißbuch** erste Reformvorschläge. Abweichend von ihrer bisherigen Linie schlug sie u.a. einen neuen **Kontrollmechanismus für Minderheitsbeteiligungen** vor.[179] Der Vorschlag einer Ausweitung der Kompetenzen der Kommission stieß bei Industrie und vielen Mitgliedstaaten allerdings auf wenig Begeisterung und wurde letztlich nicht weiterverfolgt. Bewegung, wenn auch mit einiger Verzögerung, gab es dagegen bei der Frage, wie man wettbewerbsrelevante Fusionen in **digitalen Märkten** und anderen Sektoren besser mit den Mitteln der Fusionskontrolle fassen könne. So hatte sich in Fusionsprüfungen von Internetunternehmen gezeigt (so etwa im Fall Facebook/WhatsApp[180]), dass die Umsatzschwellen und Prüfkriterien der auf Industrieunternehmen zugeschnittenen FKVO nicht unbedingt in der Lage sind, die Wettbewerbskräfte der datenbasierten Internetwirtschaft in angemessener Weise zu analysieren.

Nach einer mehrjährigen Phase umfangreicher Konsultationen verwarf die Kommission allerdings die Idee, Fusionen im digitalen Sektor etwa durch eine Herabsetzung der Umsatzschwellen oder die Einbeziehung des Börsenwertes besser zu erfassen. Stattdessen kündigte sie, für viele überraschend, im März 2021 eine **Neubewertung der Anwendung von Art. 22** an, nach der es den Mitgliedstaaten von nun an erlaubt sei, Fusionen auch dann durch eine Verweisung gem. Art. 22 in die Zuständigkeit der Kommission zu überführen,[181] wenn sie selbst nicht für die Prüfung der Fusion zuständig seien. Dadurch werde ermöglicht, auch solche Fusionen zu kontrollieren, die ursprünglich weder der Jurisdiktion der Mitgliedstaaten, noch der Kommission unterlagen. Das Gericht hat den ersten Anwendungsfall dieser – durchaus umstrittenen – neuen Praxis im Fall **„Illumina"** inzwischen bestätigt.[182] Es bleibt abzuwarten, ob der Gerichtshof die neue Praxis bestätigt.

Im **April 2023** vereinfachte und modernisierte die Kommission die bestehenden Verfahrensregeln. Dabei kam die Kommission einerseits langjährigen Forderungen von Kanzleien und anmeldenden Unternehmen entgegen. Die Reform ist andererseits auch Ausdruck des Willens, die begrenzten Ressourcen der DG Wettbewerb auf Fälle mit besonders gravierenden Auswirkungen für die Verbraucher zu konzentrieren. Die Reform weitete vor allem den Anwendungsbereich des **vereinfachten Prüfverfahrens** aus. So führte die Kommission neue Schwellenwerte für die Anwendung des vereinfachten Verfahrens bei vertikalen Zusammenschlüssen ein (zB bei weniger als 30% Marktanteil auf vor- und nachgelagertem Markt). Eine neue Flexibilitätsklausel erlaubt es der Kommission, auf Antrag der Anmelder auch solche Zusammenschlüsse nach dem vereinfachten Verfahren zu behandeln, die eigentlich dem Standardverfahren unterfallen (so etwa bei kombinierten horizontalen Marktanteilen mit EU-Umsätzen von weniger als 150 Mio. EUR). Die überarbeitete Mitteilung zum vereinfachten Verfahren konkretisiert schließlich auch die Umstände, aufgrund derer die Kommission sich ggf. gegen die Anwendung des vereinfachten Verfahrens entscheidet (so etwa bei Indizien für eine dynamische Entwicklung künftiger Marktanteile oder in Fällen, bei denen die Marktabgrenzung besondere Schwierigkeiten aufwirft). Auch das Formblatt für das vereinfachte Prüfverfahren wurde weiter verkürzt, etwa durch die Verwendung von Multiple-Choice-Fragen.

Die Kommission nutzte die Reform auch zu Vereinfachungen des Standardverfahrens der Fusionsanmeldung. So erfolgt die Anmeldung nunmehr ausschließlich auf elektronischem Wege; eine eigene Mitteilung der Kommission erläutert die Einzelheiten der elektronischen Übermittlung. Die überarbeite **Durchführungsverordnung** zur FKVO (DVO FKVO) enthält daneben eine Klarstellung zu einigen Sachverhalten, die in der Vergangenheit zu Konflikten führten (zB Selbstverpflichtung der Kommission, im Pränotifikationsverfahren in „angemessener Zeit" zu reagieren; Klarstellung bezüglich des Umgangs mit neuen Tatsachen in der späten Verfahrensphase einer vertieften Fusionsprüfung; neue 5-Tage-Frist zur Erstellung nichtvertraulicher Fassungen).[183]

---

[177] S. etwa die von 19 Regierungen unterstützte Erklärung zu einer großzügigeren Fusionskontrolle anlässlich eines Ministertreffens v. 18.12.2018: abrufbar unter https://presse.economie.gouv.fr/929-declaration-finale-6eme-reunion-des-amis-de-lindustrie/, zuletzt abgerufen am 1.4.2023.
[178] Kom., M.7932 – Dow/DuPont.
[179] S. Weißbuch „Eine wirksame Fusionskontrolle", KOM(2014) 641.
[180] Kom., M.7217 – Facebook/Whatsapp.
[181] Mitteilung der Kommission – Leitfaden zur Anwendung des Verweisungssystems nach der Fusionskontrollverordnung auf bestimmte Kategorien von Vorhaben v. 31.3.2021, abrufbar unter https://competition-policy.ec.europa.eu/mergers/legislation_en, zuletzt abgerufen am 1.4.2023.
[182] EuG ECLI:EU:T:2022:447 – Illumina.
[183] Die überarbeitete Mitteilung zum vereinfachten Verfahren und die neue Mitteilung zur elektronischen Übermittlung von Unterlagen sind unter folgendem Link abrufbar: https://competition-policy.ec.europa.eu/mergers/legislation_en; die DVO FKVO und die Formblätter zur Anmeldung sind unter folgendem Link abrufbar: https://ec.europa.eu/transparency/documents-register/detail?ref=C(2023)2400&lang=de, beide Links zuletzt abgerufen am 7.5.2023.

Ebenfalls in Überarbeitung befindet sich die **Mitteilung zur Marktabgrenzung,** die noch aus dem Jahr 1997 stammt. Trotz der Kritik an der als zu lasch empfundenen Kontrollpraxis von Übernahmen durch ausländische Wettbewerber ist allerdings nicht damit zu rechnen, dass die Kommission ihre etablierten Grundsätze zur geografischen Marktabgrenzung – etwa durch eine Vermutung zugunsten weltweiter Märkte – aufgibt. Dagegen ist eine Anpassung der Kriterien der sachlichen Marktabgrenzung an die Realität der digitalen Wirtschaft zu erwarten.

Insgesamt ist es der Kommission damit gelungen, den Kern des 1989 geschaffenen Fusionskontrollsystems gegen alle Kritik zu erhalten und weiter zu stärken. Allerdings ist spätestens seit dem „Brexit" festzustellen, dass es auch ohne gesetzliche Reformen zu Änderungen in der Fusionskontrollpraxis kommen kann, wie sich etwa an der Behandlung von Fusionen zur Schaffung sog. nationaler oder europäischer „Champions" zeigt (→ Rn. 73–80).

III. Rechtsgrundlage

66 Die Gemeinschaftsverträge enthalten keine ausdrücklichen Regeln zur Kontrolle von Unternehmenszusammenschlüssen. Nach dem **Prinzip der begrenzten Einzelermächtigung** können die Gemeinschaftsorgane nur dort tätig werden, wo ihnen die Mitgliedstaaten in den Gründungsverträgen entsprechende Kompetenzen übertragen haben. Ansonsten können sie nur nach einer entsprechenden Ergänzung der Gründungsverträge Recht setzen.[184] Andererseits kann der Vertrag gleich mehrere Kompetenzgrundlagen für das Tätigwerden der Gemeinschaft enthalten. Dann entscheidet die **Wahl der Rechtsgrundlage** darüber, welches Organ mit welcher Mehrheit die entsprechende Regelung erlassen bzw. ändern darf. So könnte etwa eine ausschließlich auf Art. 103 AEUV gestützte Änderung der Schwellenwerte der Fusionskontrolle im Rat mit qualifizierter Mehrheit entschieden werden, während ein Rückgriff auf Art. 352 AEUV Einstimmigkeit erfordert.[185]

67 **1. Keine Notwendigkeit einer Vertragsänderung.** Einige Autoren vertraten unter Hinweis auf die fehlende ausdrückliche Kompetenznorm die Ansicht, dass eine Fusionskontrolle nur im Wege einer **Vertragsänderung** gem. Art. 48 EUV eingeführt werden könne.[186] Eine europäische Fusionskontrolle sei, im Unterschied zum EGKS-Vertrag, bewusst nicht in den Vertragstext aufgenommen worden, da den Mitgliedstaaten bewusst gewesen sei, dass eine solche Kontrolle weit reichende Auswirkungen für ihre wirtschaftspolitische Gestaltungsfreiheit haben könne. In dogmatischer Hinsicht hätte eine Vertragsänderung die Möglichkeit eröffnet, ein klar von den kartell- und beihilferechtlichen Vorschriften abgegrenztes System der Fusionskontrolle einzuführen und bestehende Abgrenzungsprobleme zu Art. 101, 102 AEUV zu vermeiden, die aus dem Fehlen primärrechtlicher Fusionskontrollvorschriften resultieren.[187] Eine Vertragsänderung fand allerdings wenig Unterstützung, hätte sie doch die Entscheidung über die Einführung einer Fusionskontrolle in die Hand der nationalen Parlamente gelegt und ein **langwieriges Ratifikationsverfahren** erfordert (Art. 48 Abs. 3 EUV). Auch der Gerichtshof verwarf in seiner „Continental-Can"-Entscheidung die These, dass die Fusionskontrolle außerhalb des Anwendungsbereichs des Vertrags liege, und stellte klar, dass ein effektiver Wettbewerbsschutz, der nach **Art. 3 Abs. 1 lit. g EG** aF zu den Aufgaben der Gemeinschaft zählte, durchaus die Möglichkeit der Kontrolle von Unternehmenszusammenschlüssen umfassen müsse.[188]

68 **2. Art. 103 AEUV als Rechtsgrundlage.** Umstritten blieb jedoch weiterhin, ob Art. 103 AEUV (Art. 83 EUV aF), der den Rat ermächtigt, „die zweckdienlichen Verordnungen zur Verwirklichung der in den Artikeln [101 und 102 AEUV] niedergelegten Grundsätze" zu erlassen, eine **hinreichende Rechtsgrundlage** für die FKVO ist. Tatsächlich hatte bereits der Spaak-Bericht die Fusionskontrolle zu den Gegenständen gezählt, die mit Hilfe von Durchführungsverordnungen geregelt werden könnten.[189] Seit der „Continental-Can"- und der „Philip-Morris"-Entscheidung war zudem klar, dass die Fusionskontrolle zumindest auch die Verwirklichung der Art. 101/102 ff. AEUV

---

[184] Vgl. zu den Abgrenzungsschwierigkeiten zwischen Vertragsauslegung und Vertragsänderung etwa von der Groeben/Schwarze/Hatje/Schröder AEUV Art. 352 Rn. 12 ff.
[185] Zur Frage der Wahl der Rechtsgrundlage grundlegend EuGH Slg. 1987, 1493 Rn. 11 – APS; vgl. auch EuGH Slg. 2000, I-8498 – Tabakwerbeverbot.
[186] Vgl. etwa Steindorff, Grenzen der EG-Kompetenzen, 1990, 90; Pathak ECLR 1990, 119 (122).
[187] Dazu Kronast, Die „Philipp-Morris-Doktrin" und die Europäische Fusionskontrolle, 138; Niemeyer, Die Europäische Fusionskontrollverordnung, 11.
[188] EuGH Slg. 1973, 215 Rn. 24 – Continental Can, 7. und 8. Leitsatz; das Wettbewerbsziel des Art. 3 Abs. 1 Buchst. g EGV ist auf Initiative der französischen Regierung mit dem Vertrag von Lissabon aus dem Zielkatalog des Art. 3 EUV gestrichen und in ein Protokoll (Nr. 27) verschoben worden.
[189] Spaak, Bericht der Delegationsleiter an die Außenminister, 60.

III. Rechtsgrundlage 69–73 Einl. FKVO

dient.¹⁹⁰ Dennoch hielt die wohl überwiegende Ansicht Art. 87 EG (Art. 103 AEUV) nicht für eine ausreichende Rechtsgrundlage für die FKVO.¹⁹¹

3. Art. 352 AEUV als Rechtsgrundlage. Wegen des engen Binnenmarktbezugs der Fusions- 69 kontrolle ist heute zwar weitgehend unbestritten, dass der für die Anwendung der „Lückenschließungsnorm" des **Art. 352 AEUV** notwendige Bezug zu den Zielen der Gemeinschaft vorliegt.¹⁹² Voraussetzung wäre allerdings, dass ein solcher Rückgriff auch **erforderlich** ist, die entsprechenden Vorschriften also nicht schon auf Grundlage von Art. 103 AEUV (Art. 87 EG aF) erlassen werden konnten. Entscheidend kommt es also auf das Verhältnis zwischen Art. 101, 102 AEUV und der FKVO an: Wenn man Art. 101 und 102 AEUV bereits als Grundlage für eine umfassende europäische Fusionskontrolle ansieht, scheidet eine Anwendung von Art. 308 AEUV aus. Damit entfielen auch Abgrenzungsprobleme zwischen dem der FKVO und dem verbleibenden Anwendungsbereich von Art. 101, 102 AEUV.

4. Parallele Anwendung von Art. 103 AEUV und Art. 352 AEUV. Bei ihrer Verabschie- 70 dung im Jahr 1989 entschied man sich schließlich dafür, die FKVO **sowohl auf** Art. 103 **als auch auf Art.** 352 AEUV (Art. 87 und Art. 235 EG aF) zu stützen. Erwägungsgrund 7 der FKVO führt zur Begründung an, dass Art. 101 und 102 AEUV nicht ausreichen, um alle Arten wettbewerbsschädlicher Zusammenschlüsse zu erfassen. Daher sei Art. 352 AEUV sogar als primäre Rechtsgrundlage anzusehen. Damit sollte deutlich gemacht werden, dass die FKVO keine bloße Durchführungsverordnung zu Art. 101, 102 AEUV ist, sondern **eigenständige Regeln** zur Fusionskontrolle schafft.¹⁹³ Ziel war, hinreichend **Rechtssicherheit** für das neue Fusionskontrollregime zu erzielen und sicher zu stellen, dass die wesentlichen materiellen und verfahrensrechtlichen¹⁹⁴ Eingriffsbefugnisse der FKVO auf eine hinreichend sichere Rechtsgrundlage gestützt werden konnten.¹⁹⁵

Damit unterliegen Änderungen der FKVO grds. dem **Einstimmigkeitserfordernis.** Dies ist 71 angesichts der allgemeinen Ausweitung der Mehrheitsentscheidung mit dem Vertrag von Lissabon durchaus bemerkenswert. So hat sich das Einstimmigkeitserfordernis bislang als **hochwirksame Absicherung** gegenüber Versuchen von Mitgliedstaaten – oft nach unliebsamen Fusionsentscheidungen¹⁹⁶ – erwiesen, die grundsätzliche Ausrichtung der Fusionskontrolle in Frage zu stellen. Es verschafft der FKVO (und damit der Kommission) eine relative starke Position, da sie gegen Versuche von Mitgliedstaaten, die Prinzipien der FKVO aufzuweichen, de facto weitgehend immun ist. Andererseits scheiterten auch mehrere Kommissionsinitiativen zur Änderung der Schwellenwerte. Einzige Ausnahme von der Einstimmigkeit ist die in Art. 1 Abs. 5 vorgesehene Änderung der Aufgreifschwellenwerte, die im Wege der qualifizierten Mehrheit erfolgen kann, wovon der Rat allerdings bisher noch nicht Gebrauch gemacht hat (vgl. → Rn. 44).¹⁹⁷

5. Keine landwirtschaftliche Kompetenzgrundlage. Obwohl die FKVO grds. auch auf 72 Fusionen landwirtschaftlicher Betriebe anwendbar ist,¹⁹⁸ stützt sich die FKVO – anders als VO 1184/2006¹⁹⁹ über die Anwendung der Vorschriften der Art. 101 ff. AEUV. im Agrarbereich – nicht auf die Agrarkompetenznorm des Art. 43 AEUV.²⁰⁰

6. Änderungen durch den Vertrag von Lissabon. Der Vertrag von Lissabon nahm **keine** 73 **grundsätzlichen Änderungen** an den Kompetenzgrundlagen der FKVO vor. Zwar entfiel der

---

¹⁹⁰ So vor allem Emmerich EuR 1971, 295 (308); Mestmäcker, Europäisches Wettbewerbsrecht, 1974, 422; Mestmäcker EuR 1988, 349 (365); Blank, Europäische Fusionskontrolle im Rahmen der Art. 85, 86 des EWGV, 1991, 201; Bos/Stuyck/Wytinck, Concentration Control in the EEC, 397.
¹⁹¹ Zuleeg, Der Rang des europäischen im Verhältnis zum nationalen Wettbewerbsrecht, EuR 1990, 123 (134) mwN.
¹⁹² Bos/Stuyck/Wytinck, Concentration Control in the EEC, 397; Kronast, Die „Philipp-Morris-Doktrin" und die Europäische Fusionskontrolle, 107–111.
¹⁹³ Vgl. zu den entsprechenden Diskussionen während der Verhandlungen um die FKVO Kronast (Fn. 190), 85.
¹⁹⁴ Auch Art. 87 EG aF (Art. 103 AEUV) hätte bestimmte Elemente des Fusionsverfahrens allerdings abgedeckt, wie etwa die Möglichkeit von Zusagen, die schon aus der Anwendung des Verhältnismäßigkeitsgrundsatzes folgt. Dazu Koch, Der Grundsatz der Verhältnismäßigkeit in der Rechtsprechung des Gerichtshofs der Europäischen Gemeinschaften, 2003, 209, 284.
¹⁹⁵ Vgl. auch EuGH Slg. I-1375 Rn. 170 – Frankreich/KOM, (K&S); Bourgeois/Drijber SEW 3 (1990), 119 (121).
¹⁹⁶ Vgl. etwa die Diskussion zu einer Änderung der FKVO nach der Untersagung der Fusion Siemens/Alstom.
¹⁹⁷ Zur verstärkten Einbeziehung des Parlaments seit dem Vertrag von Lissabon → Rn. 71.
¹⁹⁸ Erwgr. 7 FKVO; dazu → Art. 1 Rn. 45.
¹⁹⁹ VO (EG) Nr. 1184/2006 v. 24.7.2006 zur Anwendung bestimmter Wettbewerbsregeln auf die Produktion landwirtschaftlicher Erzeugnisse und den Handel mit diesen Erzeugnissen, ABl. 2006 L 214, 7.
²⁰⁰ Dazu Bos/Stuyck/Wytinck, Concentration Control in the EEC, 125.

bisherige Art. 3 lit. g EG, der die Gewährleistung unverfälschten Wettbewerbs zu den Aufgaben der Gemeinschaft zählte und wiederholt zur Begründung der europäischen Fusionskontrolle herangezogen wurde.[201] Da der Wettbewerbsschutz aber zu den **Zielen der Union** gem. Protokoll Nr. 27 zum EUV und AEUV zählt,[202] werden die vertraglichen Grundlagen der Fusionskontrolle zumindest rechtlich nicht geschwächt.

74 Art. 3 Abs. 1 lit. b AEUV definiert die Bereiche der ausschließlichen Kompetenzen der Union und zählt die „Festlegung der für das Funktionieren des Binnenmarktes erforderlichen Wettbewerbsregeln" dazu. Er kommt allerdings **nicht als eigene Rechtsgrundlage** für den Erlass neuer Fusionsvorschriften in Betracht, da der Umfang der Kompetenzen sich ausschließlich nach den speziellen Ermächtigungen des Dritten Teils der Verfassung richtet, Art. 2 Abs. 6 AEUV. Gerade am Beispiel des Fusionskontrollrechts, das als „Paradebeispiel" paralleler bzw. nach neuer Terminologie „geteilter" (vgl. Art. 2 Abs. 2 AEUV) Kompetenzen gelten kann[203], zeigt sich iÜ, wie wenig geglückt die Einordnung der Wettbewerbspolitik als „ausschließliche Zuständigkeit" ist.[204]

75 Am grundsätzlichen **Einstimmigkeitserfordernis** für Änderungen an der FKVO hat sich auch nach Inkrafttreten des Vertrags von Lissabon nichts geändert. Allerdings sieht Art. 352 AEUV (sog „Flexibilitätsklausel") nunmehr eine verstärkte Beteiligung des Parlaments vor. Auf die Flexibilitätsklausel gestützte Änderungen der Fusionskontrollverordnung bedürfen damit der **Zustimmung des Parlaments**. Durchführungsverordnungen, die allein auf Art. 103 AEUV gestützt werden, können dagegen vom Rat weiterhin mit einfacher Mehrheit gefasst werden und unterliegen keinem Vetorecht des Parlamentes.

IV. Grundprinzipien der FKVO

76 Die europäische Fusionskontrolle ist durch das Bestreben gekennzeichnet, marktstrukturschädigende Fusionen zu verhindern, ohne geplante Fusionsvorhaben durch unnötige Hürden zu behindern. Dabei lassen sich folgende Prinzipien unterscheiden:

77 **1. Wettbewerbsorientierung. a) Außerwettbewerbliche Ziele in der EU-Fusionskontrolle.** Die Frage, welche Ziele mit der hoheitlichen Kontrolle von Unternehmenszusammenschlüssen verfolgt werden, ist gewissermaßen die **Gretchenfrage** eines jeden Fusionskontrollregimes. Das Ringen um Einführung einer europäischen Fusionskontrolle war wesentlich durch den Konflikt um die mit der Fusionskontrolle verfolgten Ziele bestimmt. Dabei war keineswegs selbstverständlich, dass die Fusionskontrolle in erster Linie dem Wettbewerbsschutz dienen solle. Viele Mitgliedstaaten, insbes. Frankreich und die südeuropäischen Mitgliedstaaten, strebten mit der Fusionskontrolle auch die Einführung eines **wirtschaftlichen Steuerungsinstrumentes** an, mit dem sich allgemeine wirtschafts- oder geopolitische Zielsetzungen verfolgen ließen, so etwa die Förderung bestimmter Wirtschaftszweige oder Regionen, die Verteidigung der europäischen Industrie vor außereuropäischen Wettbewerbern, der Schutz von Arbeitsplätzen oder die Steuerung technologischer Entwicklungen. Die Diskussion um das Für und Wider der **Berücksichtigung von außerwettbewerblichen Zielen** ist auch nach Einführung der FKVO nicht abgeebbt[205] und lebte mit gewisser Regelmäßigkeit immer wieder auf, so etwa anlässlich politisch umstrittener Fusionsentscheidungen,[206] Reformen der EU-Verträge,[207] der

---

[201] EuGH Slg. 1973, 215 Rn. 24 – Continental Can; vgl. auch Erwgr. 2 der FKVO.
[202] ABl. 2008 C 115, 309.
[203] So auch EuG ECLI:EU:T:2022:447 Rn. 160 – Illumina vs. Commission.
[204] Dazu auch Terhechte EuR 2004, Beiheft 3, 107 (110); die von ihm als „nicht ganz unproblematisch" bezeichnete parallele Anwendung der Vertragsergänzungsnorm des Art. 352 AEUV neben der seit dem Vertrag von Lissabon „ausschließlichen" Kompetenznorm des Art. 103 AEUV stößt allerdings in dogmatischer Hinsicht auf keine Bedenken, da auch eine ausschließliche Gemeinschaftskompetenz nicht umfassend sein muss und ergänzungsbedürftig sein kann; vgl. zu den Neuerungen durch die Verfassung auch Oberwexer EuR 2004, Beiheft 3, 145 (164).
[205] Mische, Nicht-wettbewerbliche Faktoren in der europäischen Fusionskontrolle; Kerber, Die Europäische Fusionskontrollpraxis und die Wettbewerbskonzeption der EG, 182; Lagerlöf/Heidues Wirtschaftsdienst 2003, 121; Horn/Stennek in Swedish Competition Authority The Pros and Cons of Merger Control EU, 83; Haid DIW-Wochenberichte 10/1998; s. auch Krimphove, Europäische Fusionskontrolle, 61; Banks ECLR 1997, 182; Schmidt WuW 1995, 971; Block WSI-Mitteilungen 1/1992, 24 (33); Halverson Legal Issues of European Integration, 1992, 49, 53–66; Bos/Stuyck/Wytinck, Concentration Control in the EEC, 17–26; Frees EuR 1991, 281; Albers CR 1990, 444 (447); Mestmäcker EuR 1988, 349.
[206] Vgl. etwa Kom., M.165 – Alcatel/AEG Kabel; Kom., M.315 – Mannesmann/Vallourec/Ilva (einziger Fall, in dem der Wettbewerbskommissar überstimmt wurde); Kom., M.477: 14.2.1995 – Mercedes-Benz/Kässbohrer; Kom., M.308 – Kali+Salz/MdK/Treuhandanstalt; Kom., M.1672 – Volvo/Scania; Kom., M.2220 – General Electric/Honeywell; Kom., M.6166 – Deutsche Börse/NYSE.
[207] Zur Diskussion um die Auswirkungen des neuen Titels „Industriepolitik" in den EGV etwa Kindler EuZW 1995, 321 (326); Schmidt WuW 1999, 133 (138); Dreher WuW 1998, 656; auch die Streichung des

Fusionskontrollverordnung[208] oder beim Amtsantritt einer neuen Kommission.[209] Seit dem Austritt Großbritanniens aus der EU und der Verpflichtung der EU, die Ziele des „Green Deals" zu erreichen, gewinnt die Debatte erneut stark an Dynamik. Dabei sah und sieht sich das gegenwärtige Kontrollregime der Kritik von zwei Seiten ausgesetzt:

Die **Gegner** einer Berücksichtigung außerwettbewerblicher – insbes. industriepolitischer – **78** Ziele halten die Fusionskontrolle nicht für das geeignete Instrument für eine „interventionistische" Wirtschaftspolitik. Grund dafür mag ein **„latentes Misstrauen"** gegenüber politisch motivierten Entscheidungen der Kommission sein,[210] die die Fusionskontrolle zum Spielball politischer Interessen machen könnte. Tatsächlich wurde der Vorwurf „politisch motivierter" Fusionsentscheidungen schon mehrfach – gerade auch bei der Untersagung von Fusionen ausländischer Wettbewerber – laut.[211]

Auf der anderen Seite finden sich bis heute zahlreiche **Befürworter** der Berücksichtigung **79** außerwettbewerblicher Ziele in der Fusionskontrolle, die insbes. für eine Berücksichtigung **industriepolitischer Ziele** eintreten. So dürfe die Fusionskontrolle nicht die Entstehung großer, schlagkräftiger Unternehmenseinheiten (**„European Champions"**) verhindern, die unerlässlich sei, um im internationalen Wettbewerb zu bestehen – selbst wenn dies kurzfristig zu Nachteilen für die Verbraucher führe.[212] Auch regionalpolitische, soziale (Arbeitsplatzsicherung)[213] oder andere politische Aspekte (zB Verhinderung politisch einflussreicher Konzerne)[214] müssten in die Beurteilung von Fusionen einfließen. Kleinere Länder forderten, die besondere Situation kleinerer Mitgliedstaaten stärker zu berücksichtigen und eine zu strenge Kontrolle in diesen Ländern zu vermeiden;[215] andere Stimmen kritisierten eine als zu kleinteilig empfundene nationale Marktabgrenzung, die angesichts der zunehmenden Konkurrenz aus Fernost nicht mehr im Interesse der europäischen Industrie sei.[216] Auch in Reihen der Kommission gibt es – außerhalb der Generaldirektion Wettbewerb – immer wieder Stimmen, die für eine stärkere Ausrichtung der Fusionskontrolle an industriepolitischen Zielsetzungen eintreten.[217] Gerade bei Fällen, an denen Staatsunternehmen beteiligt sind, spielen politische Erwägungen eine deutlich wahrnehmbare Rolle.[218] In jüngster Zeit wurde auch vermehrt die Frage gestellt, ob Fusionen nicht auch im Lichte des Klimaschutzes statt nur wettbewerbsrechtlich bewertet werden müssten.[219]

Wettbewerbsziels aus dem Zielkatalog des EU-Vertrags im Vertrag von Lissabon wurde als Abkehr von der Wettbewerbsorientierung gewertet, s. etwa van Rompuy, The Impact of the Lisbon Treaty on EU Competition Law, CPI 1/2011.

[208] Vgl. etwa den Vorschlag des Europäischen Parlamentes, in der überarbeiteten FKVO auch auf die „internationale Wettbewerbsfähigkeit" abzustellen, PE 323 172/26 – 60 v. 25.6.2003.

[209] S. etwa der damalige Industriekommissar Verheugen, Le Monde v. 6.1.2005: „S'il s'agit de favoriser l'apparition de champions européens, j'y suis clairement favorable" Ablehnend Kroes, Handelsblatt v. 15.2.2005.

[210] Block WSI-Mitteilungen 1/1992, 24 (33); vgl. auch Albers CR 1990, 444 (447); Merz EuZW 1990, 405 (406); Bos/Stuyck/Wytinck, Concentration Control in the EEC, 1992, 24.

[211] Halverson, 61; zum Fall Boeing/McDonell Douglas s. Presseerklärung der Kommission IP/97/400; zum Fall GE/Honeywell vgl. Burnside ECLR 2002, 107 (110).

[212] S. etwa Verheugen, Le Monde v. 6.1.2005; Beffa, Pour une nouvelle politique industrielle, La Documentation française/Collection des rapports officials; grundlegd Servan-Schreiber, Die amerikanische Herausforderung, 171.

[213] Vgl. den Vorschlag des Ausschusses für Wirtschafts- und Finanzfragen des Europäischen Parlaments einer obligatorischen Arbeitnehmerbeteiligung im Fusionsverfahren, PE 323 172/26–60 vom 25.6.2003.

[214] Dazu Portwood, Mergers under EEC competition Law, 6; Möschel WuW 1986, 191.

[215] Vgl. dazu etwa Horn/Stennek in Swedish Competition Authority: The Pros and Cons of Merger Control EU, 83.

[216] S. dazu Fletcher/Lyons, Geographic Market Definition in European Commission Merger Control, 7.

[217] S. etwa Punkt 3.7 („Binnenmarkt und Industriepolitik") des Berichts von Mario Monti „Eine neue Strategie für den Binnenmarkt" vom 9.5.2010 (der in Kooperation mit der Kommission erstellt wurde), wonach die Fusionskontrolle „kein Hindernis für industriepolitische Bestrebungen" sei und in der die von Fusionskontrollregeln ermöglichte Fusion Air France/KLM als positives Beispiel einen „European Champion" hervorgehoben wird. S. zur öffentlich gewordenen Kritik der GD Unternehmen und Industrie an der Verhinderung der Fusion Deutsche Börse/NYSE in den Jahren 2011/2012 etwa Franchoo/Pollard, Journal of European Competition Law & Practice (2012) – http://jeclap.oxfordjournals.org/content/early/2012/06/08/jeclap.lps027.full.pdf+html, zuletzt abgerufen am 1.4.2023; s. auch die kommissionsinterne Diskussion im Fusionsfall Deutsche Börse.

[218] So etwa bei den beiden Verfahren zur Prüfung der Übernahme der griechischen Olympic Airlines durch den Konkurrenten „Aegean" Kom., M.5830 – Olympic/Aegean Airlines (Untersagung) und Kom., M.6796 – Aegean/Olympic II (Freigabe).

[219] S. etwa die Beiträge zur Fusionskontrolle im Rahmen der Konferenz v. 21.3.2021 zur Rolle der Wettbewerbspolitik bei der Erreichung der Ziele des „Green Deals", abrufbar unter https://competition-policy.ec.europa.eu/policy/green-gazette/conference-2021_de, zuletzt abgerufen am 1.4.2023.

80 aa) Rechtliche Vorgaben der FKVO zu außerwettbewerblichen Zielen. Die Entwürfe zur FKVO hatten, dem Vorbild nationaler Fusionskontrollregime, noch die Möglichkeit vorgesehen, außerwettbewerbliche Ziele – insbes. industrie- und sozialpolitischer Art[220] – zu berücksichtigen.[221] Die entsprechende Genehmigungsklausel wurde erst im letzten Entwurf der FKVO gestrichen.[222] Der materielle Test des heutigen Art. 2 stellt die Marktstrukturkontrolle in den Mittelpunkt der Prüfung der Vereinbarkeit mit dem Gemeinsamen Markt[223] und stellt dabei **ausschließlich auf wettbewerbliche Faktoren,** nämlich den Gefährdungstatbestand der Wettbewerbsbeeinträchtigung bzw. dessen wichtigstes Regelbeispiel, die Marktbeherrschungsgefahr, ab.[224]

81 Dennoch enthält die FKVO zumindest gewisse **Spielräume** für die Berücksichtigung solcher Faktoren: Als potenzielles Einfallstor für industriepolitische Erwägungen wurde insbes. **Art. 2 Abs. 1 lit. b** angesehen, der auf Druck der französischen und spanischen Delegation Eingang in die FKVO fand.[225] Danach berücksichtigt die Kommission bei der wettbewerblichen Würdigung ua „die Entwicklung des technischen und wirtschaftlichen Fortschritts, sofern diese dem Verbraucher dient und den Wettbewerb nicht behindert". **Erwägungsgrund 23** bestimmt zudem, dass sich die Kommission bei der Beurteilung von Fusionen „an dem allgemeinen Rahmen der Verwirklichung der grundlegenden Ziele des Vertrages gemäß Art. 2 [EGV aF] und Art. 2 [EUV aF] orientieren" muss.[226] Der Erwägungsgrund macht den potenziellen **Zielkonflikt** deutlich, der nach der Konzeption des AEUV zwischen dem Wettbewerbsschutz und den Instrumenten zur Erreichung anderer Vertragsziele[227] angelegt ist (zB Industriepolitik, Art. 173 AEUV, Strukturpolitik, Art. 174 AEUV, Sozialpolitik, Art. 151 AEUV, Umweltpolitik, Art. 191 AEUV, Energiepolitik, Art. 194 AEUV).

82 bb) Fallpraxis zu außerwettbewerblichen Zielen. Tatsächlich zeigt ein Blick auf die Entscheidungspraxis jedoch, dass die Kommission bisher darauf verzichtet hat, die in Erwägungsgrund 23 und Art. 2 Abs. 1 lit. b angedeuteten Spielräume zur Einbeziehung außerwettbewerblicher Ziele aktiv zu nutzen.[228] Stattdessen hat sie in der Vergangenheit ihre Fusionskontrolle **strikt an wettbewerblichen Kriterien** ausgerichtet und außerwettbewerbliche Faktoren nur äußerst selten in die Entscheidung einbezogen. Den Zielkonflikt zwischen der in Art. 2 geforderten „Berücksichtigung" außerwettbewerblicher Ziele und der Wettbewerbsorientierung der Fusionskontrolle löst die Kommission regelmäßig, indem sie darauf verweist, dass ein aktiver Wettbewerbsschutz das beste Mittel sei, die anderen Vertragsziele in Art. 3 EUV zu verwirklichen.[229]

---

[220] Vgl. dazu Kom. Wettbewerbsbericht Nr. 10 (1981) Rn. 21.
[221] Zur Interessenabwägung in den Entwürfen von 1982 und 1984 (Freigabe, wenn „unerlässlich zur Verwirklichung höherrangiger Ziele") Mestmäcker EuR 1988, 349 (357); Bos/Stuyck/Wytinck, Concentration Control in the EEC, 1992, 24.
[222] Dazu Sauter FS Quack, 1991, 657 (665).
[223] EuGH Slg. 1999, II-743 Rn. 106 – Gencor/Kommission: „Der Hauptzweck der Konzentrationskontrolle auf Gemeinschaftsebene [besteht] darin, darauf zu achten, daß die Phänomene der Neustrukturierung der Unternehmen nicht zur Entstehung wirtschaftlicher Machtpositionen führen, die einen wirksamen Wettbewerb im Gemeinsamen Markt erheblich behindern könnten".
[224] Dazu Käseberg/VanLaer, 188.
[225] Dazu Janicki WuW 1990, 195; Mische, Nicht-wettbewerbliche Faktoren in der europäischen Fusionskontrolle, 2002, 117; Immenga WuW 1990, 371 (377). Ausf. auch Bechtold EuZW 1996, 389.
[226] In der FKVO aF war in Erwgr. 13 noch der Zusatz „einschließlich des Ziels der Stärkung des wirtschaftlichen Zusammenhaltes der Gemeinschaft im Sinne des Artikels 130a" enthalten. Die besondere Betonung des Ziels der Strukturpolitik, die sich auch in der Erklärung in den Anmerkungen der Kommission zur VO (EWG) Nr. 4064/89 des Rates findet (abgedruckt in: Europäische Kommission, Die Fusionskontrolle in der Europäischen Union, 1998, 53), darf allerdings nicht als besonderes Bekenntnis zur fusionskontrollrechtlichen Strukturpolitik verstanden werden. Ursache dieses Zusatzes war vielmehr der Umstand, dass die Strukturpolitik erst mit dem Vertrag von Amsterdam zu den Vertragszielen des Art. 2 gehörte.
[227] Zum Verhältnis von Art. 173 AEUV (Industriepolitik) und Wettbewerbspolitik vgl. Calliess/Ruffert EUV/AEUV Art. 173 Rn. 31; wie zB die Umweltpolitik (Art. 11 AEUV) ist die Industriepolitik seit dem Vertrag von Amsterdam als Querschnittsklausel gefasst, die bei allen Gemeinschaftsaufgaben zu berücksichtigen ist.
[228] Die einzige Ausnahme ist hier die zT unter Rückgriff auf Art. 2 Abs. 1 lit. b erfolgte Prüfung von Effizienzvorteilen von Fusionen; vgl. dazu → Art. 2 Rn. 298 ff.
[229] Vgl. etwa Kroes, Rede v. 7.2.2005, SPEECH/05/78; Kroes Handelsblatt v. 15.2.2005, 4; insofern ist nicht zu erwarten, dass die Aufwertung der Sozialpolitik, der die Europäische Verfassung – insofern gleichrangig mit der Wettbewerbspolitik – Verfassungsrang einräumt, etwas an der Wettbewerbsorientierung der Fusionskontrolle ändern wird; vgl. zum Begriff der „Sozialen Marktwirtschaft" und der Verfassung Oberwexer EuR 2004, Beiheft 3, 145 (148).

Die Zurückweisung industriepolitischer Argumente im Fall **Aérospatiale/Aliena/De Havilland** – gegen den erbitterten Widerstand anderer Generaldirektionen – gab hier eine wettbewerbspolitische Richtung vor,[230] von der die Kommission bisher nur wenig abgewichen ist. 83

Auch in späteren Verfahren[231] war die GD Wettbewerb zT massiven Interventionen seitens anderer Generaldirektionen und Regierungen von Mitgliedstaaten und Drittländern ausgesetzt.[232] Obwohl ihr – insbes. in Fällen mit außereuropäischem Bezug[233] – vielfach industriepolitische Beweggründe unterstellt wurden,[234] war es der Kommission doch in nahezu allen Fällen gelungen, industrie-, struktur- oder arbeitsmarktpolitische Erwägungen aus ihren Entscheidungen herauszuhalten und ihre Analyse auf wettbewerbsrechtliche Aspekte zu beschränken.[235] Dies ist umso bemerkenswerter, als die GD Wettbewerb ihre Entscheidungen oft nicht nur gegen beträchtliche Widerstände von Unternehmensseite oder anderen Generaldirektionen, sondern – anders als mitgliedstaatliche Behörden – oft auch gegen nationale Widerstände durchsetzen muss. Innerhalb der Kommission sind auch kontrovers diskutierte Entscheidungen in Phase 2 zumeist einstimmig ergangen (→ Art. 8 Rn. 17). Die – auch international weitgehend anerkannte[236] – wettbewerbliche Orientierung der Kommission galt lange als eine der **wesentlichen Errungenschaften** der europäischen Fusionskontrolle.[237] 84

Allerdings zeigt sich in jüngster Zeit, dass die FKVO durchaus **Spielräume für eine politischere Handhabung der Fusionskontrolle** belässt und dass wechselnde Wettbewerbskommissare und politische Strömungen die Ausrichtung der Kontrolle stark beeinflussen können.[238] Gerade in jüngster Zeit mehren sich die Stimmen, die sich für eine Revision der Fusionskontrollpraxis einsetzen, um eine **Benachteiligung europäischer Unternehmen gegenüber außereuropäischen Unternehmen** zu kompensieren. So wird etwa die **Marktabgrenzung** der Kommission als zu eng angesehen und eine großzügigere Prüfungspraxis angeregt, um die Schaffung großer, im internationalen Maßstab wettbewerbsfähiger Unternehmen zuzulassen („European Champions").[239] Im Jahr 2018 hatte sich sogar die Bundesregierung dem Ruf nach einer industriepolitischen Ausrichtung der Fusionskontrolle angeschlossen.[240] Die Kommission hat eine Kehrtwende bei ihrer Kontrollpraxis in beiden Punkten bisher klar abgelehnt.[241] Die Frage der Kalibrierung zwischen Wettbewerbs- und Industriepolitik stellt sich allerdings mit jedem Wechsel der Führung der GD Wettbewerb neu, wobei Kommissar und Generaldirektor bislang eine gewisse Unabhängigkeit gegenüber dem Kommissionspräsidenten bewahren konnten. Die jüngere Entscheidungspraxis der Kommission zeigt, dass es der GD Wettbewerb spätestens seit dem Austritt Großbritanniens nicht mehr so leicht wie früher 85

---

[230] Kom. 2.10.1991 – M.53 – Aérospatiale/Aliena/DeHavilland; dazu Burnside, Ten years on: Papers from the EC Merger Control 10th Anniversary Conference, 11; Mische, Nicht-wettbewerbliche Faktoren in der europäischen Fusionskontrolle, 158; Haid DIW-Wochenberichte 10/1998.

[231] Vgl. nur die Verfahren Kom., M.165 – Alcatel/AEG Kabel; Kom., M.315 – Mannesmann/Vallourec/Ilva (einziger Fall, in dem der Wettbewerbskommissar überstimmt wurde); Kom., M.477 – Mercedes-Benz/Kässbohrer; Kom., M.308 – Kali+Salz/MdK/Treuhandanstalt; Kom., M.1672 – Volvo/Scania; Kom., M.2220 – General Electric/Honeywell; weitere Nachweise bei Mische, 155–320.

[232] S. zuletzt etwa im Fall M.6166 – Deutsche Börse/NYSE, dazu etwa Franchoo/Pollard Journal of European Competition Law & Practice 6 (2012) – http://jeclap.oxfordjournals.org/content/early/2012/06/08/jeclap.lps027.full.pdf+html, zuletzt abgerufen am 1.4.2023.

[233] S. etwas die Intervention zahlreicher US-Senatoren im Fall Kom., M.5529 – Oracle/Sun oder die entsprechenden Protektionismusvorwürfe im Fall M.6166 – Deutsche Börse/NYSE.

[234] Dazu Schmidt, Jahrbuch für Nationalökonomie und Statistik, 287, 303; Schmidt WuW 1995, 971 (980); Haid DIW-Wochenberichte 10/1998.

[235] Zu diesem Ergebnis kam auch Mische, Nicht-wettbewerbliche Faktoren in der europäischen Fusionskontrolle, 325.

[236] Levy/Cook, Merger Control Law, § 4.02; Fountoukakos/Ryan ECLR 2005, 277 (279); Kindler EuZW 1995, 321 (326); Ebenroth/Lange EWS 1995, 1 (7); Immenga EuZW 1994, 14 (18); Monopolkommission, Hauptgutachten 1990/91, Rn. 613; zum Verzicht der Kommission, im Rahmen von Zusagenverhandlungen Industriepolitik zu betreiben → Art. 8 Rn. 34 ff.

[237] Levy/Cook, Merger Control Law, § 4.02.

[238] S. etwa der starke Rückgang der Interventionsrate unter Kommissar Almunia, dazu etwa Maier-Rigaud/Parplies ECLR 2009, 565.

[239] S. etwa das Papier des BDI vom 10.1.2019, abrufbar unter https://bdi.eu/#/publikation/news/china-partner-und-systemischer-wettbewerber/, zuletzt abgerufen am 1.4.2023.

[240] S. etwa die von 19 Regierungen unterstützte Erklärung zu einer großzügigeren Fusionskontrolle anlässlich eines Ministertreffens vom 18.12.2018 (Abruflink s. Fn. 179).

[241] Zum Thema der Marktabgrenzung hat die Kommission eine eigene Studie in Auftrag gegeben, die überzeugend zum Schluss kommt, dass die bisherige Marktabgrenzungspraxis sachgerecht ist; vgl. Fletcher/Lyons, Geographic Market Definition in EU Merger Control – abrufbar unter http://ec.europa.eu/competition/publications/reports/study_gmd.pdf, zuletzt abgerufen am 1.4.2023.

zu fallen scheint, sich dem politischen Druck zu widersetzen, Fusionen trotz Wettbewerbsbedenken freizugeben.²⁴²

86 **b) Der „more economic approach" in der Fusionskontrolle und die Frage der Kontrolldichte.** Auch wenn an der grundsätzlichen Wettbewerbsorientierung der Kommission heute nur noch selten gezweifelt wird, so kann die Beschränkung auf wettbewerbsorientierte Zwecke letztlich nur dann gesichert werden, wenn die Fusionskontrolle anhand **nachvollziehbarer Kriterien** durchgeführt wird. In diesem Zusammenhang sind Befürchtungen laut geworden, dass der Wechsel vom Marktbeherrschungs- zum „SIEC"-Test (dazu bereits → Rn. 23 sowie ausf. → Art. 2 Rn. 23 ff.)²⁴³ sowie das explizite Bekenntnis der Kommission zur Berücksichtigung von Effizienzvorteilen, wenig konturierte Möglichkeiten für mögliche Fusionsverbote schaffe – was wiederum zu einer erhöhten Rechtsunsicherheit der Beteiligten führe.²⁴⁴ Die Interventionsschwelle werde durch die Ausdehnung des bei der wettbewerblichen Würdigung bestehenden Beurteilungsspielraumes²⁴⁵ spürbar gesenkt.²⁴⁶

87 **aa) Kontrolldichte: Implikationen des SIEC-Tests.** Tatsächlich handelt es sich bei der Neufassung des materiellen Tests²⁴⁷ zunächst nur um eine bloße Umkehr der zwei bisherigen Elemente des Tests: Die im Test zuvor als Folge der „Marktbeherrschung" aufgeführte „Wettbewerbsbehinderung"²⁴⁸ wird nun als Untersagungskriterium vorgezogen; die Marktdominanz bleibt das einzige in Art. 2 genannte und wichtigste Regelbeispiel.²⁴⁹ Die Kommission hat nach der Reform deutlich gemacht, dass die Umkehr der Prüfungspunkte keineswegs ein **Absenken der Interventionsschwelle** oder die Schaffung größerer Beurteilungsspielräume für Effizienzüberlegungen bezwecke.²⁵⁰ Wesentlicher Beweggrund für die Reform war vielmehr, die bestehende Unsicherheit darüber zu beseitigen, ob sich mit Hilfe des Marktbeherrschungstests auch wettbewerbsbeeinträchtigende Zusammenschlüsse erfassen ließen, die nicht zur Entstehung eines dominanten Unternehmens führten. Tatsächlich hat die Entscheidungspraxis der Kommission nach 2004 bestätigt, dass die Neuformulierung **keinen grundsätzlichen Kurswechsel** der Kommission bewirkt hat. Zugenommen hat aber zweifellos die Bedeutung der **ökonomischen Analyse** im Rahmen der Fusionskontrolle. Dabei können die Auswirkungen der Einführungen des SIEC-Tests durchaus als **ambivalent** angesehen werden: Einerseits schafft der SIEC-Test, zumindest theoretisch, erhöhte Eingriffsmöglichkeiten der Kommission, so etwa in **Fällen unterhalb der Dominanzschwelle**. In der Praxis sind Interventionen, die nicht mit dem alten Dominanzkriterium zu fassen gewesen wären, allerdings sehr selten geblieben. Wenn man auch eine intensivere Auseinandersetzung mit den Auswirkungen des Zusammenschlusses und einen verstärkten Einsatz ökonometrischer Studien zur Flankierung der Argumentation feststellen kann („effect-based approach"), bleibt in der Fusionskontrollpraxis das Marktbeherrschungskriterium doch das wichtigste Prüfkriterium. Von einer grundsätzlichen Abkehr von der Strukturkontrolle kann also keine Rede sein.²⁵¹ Andererseits kann die Forderung, in jedem Fusions-

---

²⁴² S. etwa die mit dem erklärten Ziel der Schaffung „nationaler Champions" durchgeführten Fusionen Kom., M.9014 – PKN/Orlen; Kom., M.9969 – Suez/Veolia; s. dazu Levy/Mostyn/Little Concurrences No 2-2019, 23.

²⁴³ Allgemein zum SIEC-Test Fountoukakos/Ryan ECLR 2005, 471; Voigt/Schmidt ECLR 2004, 584; Bergmann/Burholt EuZW 2004, 161; Zimmer ZWeR 2004, 250; Tilmann WuW 2004, 3; Schmidt CMLRev. 2004, 1555 (1563); Burgstaller WuW 2003, 726; Alfter WuW 2003, 20; Drauz/Reynolds, EC Merger Control/Levy, 2003, 143; Drauz/Reynolds, EC Merger Control/Montalcino, 2003, 177; Drauz/Reynolds, EC Merger Control/Vickers, 2003, 181; Drauz/Reynolds, EC Merger Control/Sullivan/Meiners, 2003, 185; Böge/Müller ECLR 2002, 495; Sinclair ECLR 2002, 326.

²⁴⁴ Vgl. etwa Sinclair ECLR 2002, 326 (327); Voigt/Schmidt ECLR 2004, 584 (590); Christiansen WuW 2005, 283 (285).

²⁴⁵ Oft wird auch von gestiegenen „Ermessen" der Gemeinschaft gesprochen. Vgl. zur fehlenden Unterscheidung zwischen Beurteilungsspielraum und Ermessen im Gemeinschaftsrecht Koch, Der Grundsatz der Verhältnismäßigkeit in der Rechtsprechung des Gerichtshofs der Europäischen Gemeinschaften, 2003, 522.

²⁴⁶ Alfter WuW 2003, 20 (27); Voigt/Schmidt ECLR 2004, 584 (590).

²⁴⁷ Vgl. schon die dem heutigen Test sehr ähnlichen Formulierungen in den Entwürfen zur FKVO von 1973 oder vom Juni 1988.

²⁴⁸ Zur bis 2004 geringen Bedeutung des Kriteriums der Wettbewerbsbeeinträchtigung Fountoukakos/Ryan ECLR 2005, 271 (280).

²⁴⁹ Vgl. zu weiteren Beispielen der Wettbewerbsbeeinträchtigung Erwgr. 25 sowie die Leitlinien „horizontale Zusammenschlüsse". S. auch die Ausf. Analyse im Weißbuch „Eine wirksame Fusionskontrolle" vom 9.3.2014 (KOM/2014/449) und dem begleitenden Arbeitspapier (SWD (2014) 221).

²⁵⁰ Vgl. etwa Generaldirektor Lowe, vom 9.12.2003 auf dem Competition Day in Rom (abrufbar unter: http://ec.europa.eu/comm/competition/speeches/text/sp2003_067_en.pdf); vgl. auch die Stellungnahme der Kommission zur neuen FKVO vom 21.1.1994, MEMO/04/9.

²⁵¹ Erste Entscheidungen, die eine Wettbewerbsbeeinträchtigung auch ohne Marktbeherrschung feststellten, waren etwa Kom., M.3653 – Siemens/VATech (Rn. 326–327) und Kom., M.3916 – T-Mobile Austria/ Telering, Rn. 125 ff.; s. auch Röller/de la Mano ECJ 2006, 9 ff.

fall die tatsächlich zu erwartenden Auswirkungen im Sinne des „more economic approach" genau zu untersuchen, auch zu einem **Absenken der Eingriffsintensität** führen. Tatsächlich wurde argumentiert, dass die Eingriffsintensität in der europäischen Fusionskontrolle in den Jahren seit der Einführung des SIEC-Tests eher ab- als zugenommen habe.[252] Ob das Absinken der Eingriffsintensität durch ein verstärktes Abstellen auf ökonometrische Modelle,[253] auf eine stärkere Kontrolldichte des EuGH[254] oder die politische Ausrichtung der DG Wettbewerb zurückzuführen sind, lässt sich empirisch schwer nachweisen.[255] Allerdings hat sich die Eingriffsintensität nach dem starken Rückgang nach den Urteilen Schneider/Airtours/Tetra im Jahr 2002 seit dem Antritt von Wettbewerbskommissarin Vestager wieder deutlich erhöht.

bb) Bedeutung der Einbeziehung von Effizienzvorteilen. Auch Befürchtungen, dass die ausdrückliche Bereitschaft der Kommission, Effizienzvorteile als „Ausgleichsfaktoren" in ihre Kontrolle einzubeziehen,[256] zu einer Aufweichung der etablierten Prüfungskriterien führen und schwer nachvollziehbare Rechtfertigungsmöglichkeiten für Freigabeentscheidungen einführen könnte, haben sich nicht bestätigt. So setzt sich die Kommission zwar inzwischen verstärkt mit Effizienzvorteilen als Ausgleichsfaktor für in der Untersuchung identifizierte Wettbewerbsprobleme auseinander. Allerdings spielen Effizienzerwägungen immer noch eine **vergleichsweise geringe Rolle** in der EU-Fusionskontrolle.[257] Dies mag mit dem Umstand zusammenhängen, dass Unternehmen oft zögern, ausführlich auf das Bestehen von Effizienzvorteilen einzugehen, dies – nach der Logik der FKVO – auch als **Eingeständnis für das Bestehen von Wettbewerbsproblemen** angesehen werden kann.[258] Auch wenn in jüngeren Entscheidungen eine größere Bereitschaft erkennbar ist, Effizienzerwägungen zu diskutieren und auch zuzugestehen, dass diese an die Konsumenten weitergereicht werden,[259] ist es nicht zu einer spürbaren Aufweichung der Prinzipien der Marktstrukturkontrolle durch die Möglichkeit der Effizienzverteidigung gekommen.[260]

2. Prinzip der ausschließlichen Kommissionszuständigkeit. Die FKVO ermöglicht es Unternehmen, die meisten Großfusionen bei einer einzigen Anlaufstelle anzumelden (**„One-Stop-Shop"-Prinzip**). Der Wunsch, den fusionswilligen Unternehmen die Bürde der **Mehrfachanmeldungen** zu ersparen und europaweit einheitliche Kontrollstandards (**„level playing field"**) für Großfusionen zu schaffen, war eine wesentliche Triebfeder für den Erlass der FKVO.

---

[252] Dazu etwa Maier-Rigaud/Parplies ECLR 2009, 565; vgl. auch die Fusionsstatistik für das Jahr 2012, in der die Rate der von der Kommission angenommen Zusagenentscheidungen auf ein historisches Tief von 2 % fiel.

[253] S. dazu auch Bellis/Elliot/van Acker International Antitrust Law and Policy (2011), 325 ff. (6. These).

[254] Dazu Schulte/Koch Rn. 2287 ff.

[255] Die Tatsache, dass der Ermittlungs- und der interne und externe Argumentationsaufwand im Falle von Interventionen der DG COMP (zB Eröffnung einer Zweiten Phase/Verbotsentscheidung) im Vergleich zu den Anfangsjahren der Fusionskontrolle geradezu exponentiell gestiegen ist (wie sich schon an der durchschnittlichen Seitenzahl der entsprechenden Entscheidungen ablesen lässt), kann wohl zu Recht als zusätzliche Interventionsschwelle angesehen werden.

[256] Vgl. Erwgr. 29 der FKVO sowie die Leitlinien „horizontale Zusammenschlüsse", Rn. 12 und 76; schon in ihrer Kontrollpraxis vor 2004 hatte sich die Kommission allerdings – gestützt vor allem auf Art. 2 Abs. 1 lit. b – in verschiedenen Fällen mit Effizienzargumenten der Parteien auseinandergesetzt, vgl. etwa Kom., M.53, Rn. 66 – Aerospatiale/Aliena/De Havilland, oder Kom., M.1313, Rn. 198 – Danish Crown/Vestjyske Slagterier. Vgl. zu weiteren Fällen ausf. de la Mano, For the customer's sake: The competitive effects of efficiencies in European merger control. Auch die Fälle Kali&Salz/MdK/Treuhand und BASF/Pantochim/Eurodiol sind als Anwendungsfälle einer „efficiency defence" gedeutet worden (vgl. etwa Strohm EC Competition Newsletter 3/2001, 22). Zumindest im Fall Kali&Salz waren allerdings ausschließlich Kausalitätserwägungen ausschlaggebend.

[257] Vgl. etwa Kom., M.3732 – Procter & Gamble/Gillette, Rn. 131–133; Kom., M.4057 – Korsnäs/AD Cartounboard, Rn. 57–65 oder Kom., M.4000 – Inco/Falconbridge, Rn. 532–553. Kom., M.6607 – US Airways/American Airlines, Rn. 90; Kom., M.6570 – UPS/TNT; in Anbetracht der geringen Fallzahl erstaunt insoweit die Aussage der Kommission im Arbeitspapier zu Weißbuch „Eine wirksame Fusionskontrolle", die Prüfung von Effizienzen sei integraler Bestandteil der Fusionskontrolle (s. SWD (2014) 221, Rn. 2).

[258] Es erscheint allerdings zweifelhaft, ob das Verständnis, die Effizienzargumentation nur als Verteidigungsvorbringen (defence) anzusehen und nur „defensiv" einzusetzen, der Fusionskontrollpraxis gerecht wird. Die Kommission wird – zumindest bei nicht ganz versteckten Wettbewerbsproblemen – denselben Prüfungsmaßstab anlegen wie ohne einen entsprechenden Vortrag. Zu den Bedenken hinsichtlich einer „efficiency offense" auch Röller/Stennek/Verboven, 70 f.

[259] Kom., M.6570 – UPS/TNT; zu aktuellen Fällen auch Cardwell, JECLAP 2017, 551 ff.

[260] Auch das Beispiel der USA zeigt, dass die Erfolgsaussichten von Effizienzargumenten regelmäßig gering sind, vgl. etwa die Zurückweisung der entsprechenden Argumente durch Richter Vaughn Walker des District Court for the Northern District of California in der „Oracle"-Entscheidung vom 9.9.2004 (C 04-0807 VRW), S. 162 des Urteils.

90 Seit dem „Brexit", der eine gesonderte Anmeldung für Großbritannien notwendig macht, und der Einführung **neuer Kontrollverfahren** auf EU-Ebene kann von einem „One-Stop-Shop" allerdings oft keine Rede mehr sein. So dürfte das neue **Verfahren zur Überprüfung ausländischer Beihilfen,** das getrennt vom FKVO-Prüfverfahren durchgeführt werden soll, zu einer bemerkenswerten **Doppelung der Fusionsverfahren** führen. Die Trennung der Verfahren mag zwar den Vorteil haben, dass die wettbewerbsorientierte Fusionskontrolle nicht von der „politischeren" Beihilfekontrolle kontaminiert wird; jedoch wird es eine Herausforderung sein, beide Prüfverfahren in zeitlich und inhaltlich abgestimmter Weise durchzuführen. Fallen Unternehmen zudem noch in sicherheitsrelevante Sektoren gem. der VO zur **Überprüfung ausländischer Direktinvestitionen,**[261] kommt ein weiteres getrenntes Anmeldeverfahren hinzu. Damit kann in Fusionsfällen allein auf EU-Ebene eine Prüfung von Zusammenschlüssen in nicht weniger als **drei getrennten Prüfverfahren** durch drei getrennte Kommissionsstellen erforderlich werden.

91 Weitgehend unbestritten war von Anfang an, dass die Kommission nur für größere Zusammenschlüsse mit „gemeinschaftsweiter Bedeutung" zuständig sein sollte. Art. 21 Abs. 3 bestimmt, dass die Mitgliedstaaten kein nationales Recht auf Zusammenschlüsse mit gemeinschaftsweiter Bedeutung anwenden (vgl. Erwgr. 18), so dass derartige Zusammenschlüsse im Regelfall **ausschließlich nach Gemeinschaftsrecht** zu beurteilen sind. Für das Fusionskontrollverfahren ist gem. Art. 21 Abs. 2 allein die Kommission zuständig (vgl. Erwgr. 17). Damit ist die Fusionskontrolle einer der seltenen Anwendungsfälle der **gemeinschaftsunmittelbaren Verwaltung.**[262]

92 Das Prinzip der ausschließlichen Kommissionszuständigkeit für Zusammenschlüsse mit gemeinschaftsweiter Bedeutung ist allerdings nur teilweise verwirklicht und durch zahlreiche, allerdings klar abgegrenzte, **Durchbrechungen** gekennzeichnet.[263]

93 So konnte die deutsche Delegation durchsetzen, dass in Fällen mit gemeinschaftsweiter Bedeutung die Mitgliedstaaten gem. **Art. 9** eine **Verweisung von Fusionsfällen an die Mitgliedstaaten** beantragen können, wenn der Wettbewerb schwerpunktmäßig lediglich auf einem abgegrenzten nationalen Markt betroffen ist (sog „deutsche Klausel", → Art. 9 Rn. 3). Entgegen manchen Befürchtungen[264] werden nur etwa 3 % aller angemeldeten Fälle ganz oder teilweise[265] an die Mitgliedstaaten verwiesen[266] – dann allerdings mit der Konsequenz, dass der Mitgliedstaat nicht mehr an die Beurteilung der Kommission gebunden ist.[267] Gemäß **Art. 4 Abs. 4** kann eine Verweisung an die Mitgliedstaaten auf Antrag der Parteien seit 2004 vor einer Anmeldung bei der Kommission erfolgen.

94 Auch auf dem umgekehrten Wege können Fälle, die eigentlich keine gemeinschaftsweite Bedeutung haben, vor oder nach der Anmeldung **an die Kommission** verwiesen werden, so etwa nach **Art. 22** (sog „niederländische Klausel") oder **Art. 4 Abs. 5** (Pränotifikationsverweisung bei Anmeldepflicht in drei oder mehr Mitgliedstaaten auf Antrag der Parteien) (dazu im Einzelnen → Art. 4 Rn. 131–157). Angesichts der Tatsache, dass Art. 4 Abs. 5 eine einheitliche Kontrolle in Fällen ermöglicht, die an sich in mehreren Mitgliedstaaten anzumelden wären, sollte Art. 4 Abs. 5 allerdings nicht als Durchbrechung, sondern als Verwirklichung des Prinzips der ausschließlichen Zuständigkeit der Kommission für Zusammenschlüsse mit gemeinschaftsweiter Bedeutung betrachtet werden.

95 Die Möglichkeit der Mitgliedstaaten, sich in Fällen mit gemeinschaftsweiter Bedeutung auf „**berechtigte öffentliche Interessen**" gem. **Art. 21 Abs. 4** zu berufen, führte nur in wenigen Fällen zu einer Einschränkung oder Ausschaltung der Prüfungskompetenz durch die Kommission.[268] Von den in Art. 21 Abs. 3 aufgezählten Interessen (öffentliche Sicherheit, Medienvielfalt, Aufsichtsregeln) entfaltete zunächst nur die Ausnahmebestimmung der öffentlichen Sicherheit eine spürbare Wirkung. Seit dem Jahr 2005 musste sich die Kommission allerdings mehrfach mit nationalen Versuchen, freigegebene Fusionen zu behindern, auseinandersetzen. In mehreren Fällen hat sie ein Verfahren zur Überprüfung der Ausnahme gemäß Art. 21 Abs. 4 eingeleitet.[269] Auch Art. 346

---

[261] VO 452/2019, ABl. 2019 L 79,1.
[262] Zur Unterscheidung zwischen mittelbarer und unmittelbarer Gemeinschaftsverwaltung vgl. etwa Streinz, Europarecht, 5. Aufl. 2001, Rn. 463–467.
[263] Anders noch Elland ECLR 1990, 111 (116); Pathak ECLR 1990, 118 (119).
[264] Vgl. nur Elland ECLR 1990, 111 (116), der von einer „Verwässerung" des „One-Stop-Shop"-Gedankens spricht.
[265] Zuerst in Kom., M.180 – Tarmac/Steetly, vgl. dazu Kom. Wettbewerbsbericht Nr. 22 (1992), 23.
[266] Niederleithinger FS Quack, 1991, 644 (653).
[267] Vgl. EuG Slg. 2003, II-1433 Rn. 349–358 – Royal Philips/Kommission.
[268] Vgl. die Anmerkungen der Kommission zum damaligen Art. 21 Abs. 3 der VO (EWG) Nr. 4064/89 des Rates (abgedruckt in: Europäische Kommission, Die Fusionskontrolle in der Europäischen Union, 53); vgl. auch Erwgr. 19 FKVO.
[269] Vgl. Kom., M.4110 – E.ON/Endesa; Kom., M.3896 – Abertis/Autostrade; vgl. auch Kom., M.3894 – Unicredito/HVB und Kom., M.3768 – BBVA/BNL.

AEUV räumt den Mitgliedstaaten hier Sonderrechte ein (→ Art. 21 Rn. 49). Allerdings durchlief die große Mehrzahl der etwa 50 Zusammenschlussvorhaben, in denen der Militärbereich betroffen war, das volle Prüfverfahren bei der Kommission, die zT sogar Auflagen verhängte.[270] Außerhalb des Bereichs der öffentlichen Sicherheit ließ die Kommission oft zusätzliche nationale Maßnahmen etwa zum Schutz der nationalen Wasser-[271] oder Stromversorgung[272] zu.

96 Weitere Durchbrechungen des Prinzips einer einheitlichen Anlaufstelle können aus **divergierenden nationalen Fusionskontrollregeln**, etwa bei den Aufgreifschwellen, folgen. So sieht etwa das deutsche GWB, abweichend vom europäischen Zusammenschlussbegriff, schon bei einem Erwerb einer 25 %igen Beteiligung eine Anmeldepflicht vor. Diese Pflicht kann auch Unternehmen treffen, die gleichzeitig über den Schwellenwerten der FKVO liegen.[273] Auch über die im Zusammenhang mit einer Fusion getroffenen **Nebenabreden** entscheidet nicht die Kommission; vielmehr müssen die Parteien eventuelle Konflikte vor nationalen Gerichten austragen.

97 Möglich bleibt eine zusätzliche Kontrolle von Zusammenschlüssen unter dem Aspekt des **Art. 101 und 102 AEUV**.[274] Obwohl sich die Kommission die Anwendung dieser Artikel in ihren Anmerkungen zur FKVO jedenfalls für Zusammenschlüsse ohne gemeinschaftsweite Bedeutung bis zu einer weiteren Absenkung der Schwellenwerte noch vorbehalten hatte,[275] hat sie nach dem Inkrafttreten der FKVO keine Fusionskontrollverfahren nach Art. 101 oder 102 AEUV durchgeführt. Allerdings können Art. 101, 102 AEUV bei der Prüfung von Minderheitsbeteiligungen eine Rolle spielen.[276]

98 **3. Vorherige Anmeldepflicht von Fusionen.** Das europäische Fusionskontrollverfahren ist als **präventives Kontrollsystem** ausgestaltet, bei dem die möglichen Folgen eines Zusammenschlusses schon vor dessen Vollzug untersucht werden.[277] Dadurch soll vor allem vermieden werden, dass durch einen schon vollzogenen Zusammenschluss Fakten geschaffen werden, die durch eine nachträgliche Untersagungsentscheidung nur schwer wieder rückgängig gemacht werden können. So bereitet nicht nur die gesellschaftsrechtliche Rückabwicklung eines vollzogenen Unternehmenszusammenschlusses erhebliche Schwierigkeiten; auch mögliche Veränderungen auf den betroffenen Märkten (zB durch in der Zwischenzeit erfolgte Marktaustritte etc) sind nachträglich nur schwer zu korrigieren. Das System der Präventivkontrolle war bereits in den ersten Entwürfen zur FKVO enthalten und fand schließlich auch Eingang in die FKVO, die heute eine **strikte Anmeldepflicht** schon vor Vollzug des Zusammenschlusses vorsieht. Die Idee ein **fakultatives Aufgreifverfahren** für bestimmte Fälle (vor allem Minderheitsbeteiligungen) einzuführen, wurde von der Kommission nicht weiter verfolgt.[278] Die Anmeldepflicht gilt **ausnahmslos** für alle Zusammenschlüsse mit gemeinschaftsweiter Bedeutung und ist unabhängig von den zu erwartenden gemeinsamen Marktanteilen.[279] Stark differenziert wird allerdings hinsichtlich des Umfanges der Anmeldung; die große Mehrheit der Anmeldungen erfolgt heute nach dem stark vereinfachten Verfahren. Die Anmeldepflicht wird von einem **Vollzugsverbot** flankiert (Art. 7 Abs. 1), dessen Verletzung die **Nichtigkeit** der betreffenden Verträge und empfindliche Geldbußen zur Folge haben kann.[280] Auf Antrag der Parteien kann die Kommission eine Befreiung vom Vollzugsverbot erteilen, wenn das Vollzugsinteresse die möglichen Gefahren für den Wettbewerb überwiegt.[281]

---

[270] Kom. 21.3.2000 – M.1636 – MMS/DASA/Astrium.
[271] Kom. 21.12.1995 – M.567 – Lyonnaise des Eaux/Northumbrian Water (Art. 21 Abs. 3 – Entscheidung auf der Kommissionshomepage veröffentlicht).
[272] Kom., M.1346 – EDF/London Electricity (Art. 21 Abs. 3 – Entscheidung auf der Kommissionshomepage veröffentlicht); vgl. auch die Bestätigung der Ablehnung einer nationalen Ausnahme nach Art. 21 Abs. 3 aF im Urteil EuGH Slg. 2004, I-6079 – Portugal/Kommission.
[273] Dazu Drauz FIW-Schriftenreihe 146 (1990/91), 89 (96). Das Problem einer möglichen Doppelkontrolle von nichtkonzentrativen Gemeinschaftsunternehmen ist durch die Reform von 1997 entschärft worden.
[274] Dazu Pathak ECLR 1990, 119 (120); Basedow EuZW 2003, 44 (46).
[275] Anmerkungen der Kommission zu Art. 22 VO (EWG) Nr. 4064/89 des Rates (abgedruckt in: Europäische Kommission, Die Fusionskontrolle in der Europäischen Union, 53).
[276] So etwa im Fall des jahrelangen Streits um die Minderheitsbeteiligung des Unternehmens „Ryanair" an der Fluggesellschaft „Air Lingus", abrufbar unter https://www.gov.uk/cma-cases/ryanair-aer-lingus-merger-inquiry, zuletzt abgerufen am 20.10.2019.
[277] Art. 4 Abs. 1; vgl. auch Erwgr. 34 der FKVO und Erwgr. 4 der DVO FKVO (dort ist ausdrücklich von einem „Grundsatz" der vorherigen Anmeldung die Rede).
[278] S. zu einem solchen Vorschlag etwa COM(2014) 449 final.
[279] Vgl. im Unterschied dazu die begrenzte Anmeldepflicht nach den Regeln des Hart-Scott-Rodino Act in den USA, vgl. dazu Levy/Gelfand/Nelson, European Merger Control, § 23.
[280] Art. 7 Abs. 4; Art. 14 Abs. 2 lit. a.
[281] Art. 7 Abs. 3; vgl. auch Erwgr. 34 S. 4/5.

99 Das gemeinschaftsrechtliche Fusionskontrollsystem ist ein **Verbot mit Genehmigungsvorbehalt,**[282] wobei die Genehmigung gem. Art. 10 Abs. 6 als erteilt gilt, wenn die vorgesehenen Fristen für die Prüfung nicht eingehalten werden (Genehmigungsfiktion). Die Ausgestaltung als Verbot mit Genehmigungsvorbehalt ist dabei keineswegs Ausdruck einer rechtlichen Missbilligung von Fusionen,[283] die von der FKVO grds. positiv beurteilt werden,[284] sondern soll sicherstellen, dass etwaige Wettbewerbsprobleme schon vor ihrer Entstehung identifiziert und verhindert werden können.

100 **4. Einstufiges Verwaltungsverfahren.** Die Zuständigkeit für die Untersuchung und die Entscheidung von Fusionsfällen liegt während des gesamten Verfahrens **ausschließlich bei der Europäischen Kommission.** Dieses Verwaltungsverfahren unterscheidet sich von zahlreichen nationalen Systemen, in denen Untersagungsentscheidungen nur von Gerichten oder gerichtsähnlichen Institutionen gefällt werden können.[285] Die FKVO überträgt dagegen sowohl die Zuständigkeit für die erste Untersuchung des Falles bis zur Verfahrenseröffnung als auch die Kompetenz zur vertieften Untersuchung des Falles und zum Erlass einer Verbotsentscheidung auf die Kommission. Während auch andere Mitgliedstaaten das Untersagungsverfahren nicht als kontradiktorisches Gerichtsverfahren, sondern als **objektives Verwaltungsverfahren** ausgestaltet haben, ist das europäische Verfahren doch insofern besonders, als Untersagungsentscheidungen nicht von einer spezialisierten Behörde, sondern von einer in voller Besetzung tagenden „Regierung" (der Europäischen Kommission) getroffen werden.[286] Anders als etwa das deutsche Fusionsverfahren ist das europäische Verfahren auch nicht als zweistufiges Verfahren ausgestaltet, bei dem in einer ersten Stufe zunächst eine rein wettbewerbsorientierte Prüfung vorgenommen wird und eine zweite Instanz dann prüfen kann, ob mögliche außerwettbewerbliche Faktoren (Gemeinwohlerwägungen, öffentliche Sicherheit etc.) eine abweichende Entscheidung erfordern. Eine solche Trennung zwischen Untersagungs- und Genehmigungsverfahren scheidet im europäischen Recht schon deswegen aus, weil die FKVO, anders als die meisten nationalen Systeme, keine ausdrücklichen Möglichkeiten zur Genehmigung einer wettbewerbsschädigenden Fusion aus außerwettbewerblichen Gründen vorsieht.

101 Die ausschließliche Zuständigkeit der Kommission für das gesamte Fusionsverfahren wurde vielfach kritisiert. Die – insbes. von angelsächsischen Autoren vorgebrachte – Kritik konzentriert sich dabei im Wesentlichen auf zwei Aspekte: Zum einen werde die Objektivität der Entscheidung dadurch in Frage gestellt, dass dieselbe Behörde, die für die Untersuchung zuständig ist, auch über die Untersagung entscheidet **(Vermischung der Funktionen von Staatsanwalt und Richter).**[287] Die Parteien könnten ihre Argumente nicht vor einem der Untersuchungsbehörde getrennten Spruchkörper vorbringen und sich letztlich nur durch eine Klage vor dem Gerichtshof zur Wehr setzen. Dies könne aber angesichts der regelmäßig fehlenden aufschiebenden Wirkung die Auswirkungen der Fusionsentscheidung kaum mehr beseitigen. Zum anderen mache die Übertragung des Fusionsverfahrens an eine „politische" Behörde wie die Kommission das Verfahren **anfällig für die Einflussnahme Dritter** und die (verdeckte) Einbeziehung außerwettbewerblicher Faktoren.[288]

102 Die Tatsache, dass das Fusionskontrollverfahren nicht als kontradiktorisches Verfahren ausgestaltet ist, entspricht allerdings dem europäischen Verständnis wirtschaftsverwaltungsrechtlicher Entscheidungen und muss nicht zwangsläufig zu einer „Voreingenommenheit" der zuständigen Behörde führen. Auch darf nicht übersehen werden, dass die Übertragung der Zuständigkeit auf eine neue Instanz in der Mitte eines Verfahrens gerade in umfangreichen Fällen zu einer erheblichen Zeitverzögerung führen kann, da die neue Behörde erst mit der zT sehr komplexen Materie vertraut machen müsste. Das einstufige Verfahren hat durchaus **Vorteile,** da hier die Autoren der Entscheidung regelmäßig direkteren und breiteren Kontakt zu den Marktteilnehmern haben als Gerichte – was gerade angesichts der Technizität der Materie von Vorteil sein kann. Auch ist die GD Wettbewerb iÜ keineswegs frei von jeglicher **Kontrolle,** sondern wird durch den Juristischen Dienst der Kommission, andere beteiligte Dienste (die mitunter erheblich divergierende Auffassungen vertreten), den

---

[282] Vgl. zu diesem Instrument des Ordnungsrechts Götz, Polizei- und Ordnungsrecht, 2017, § 25.
[283] Entgegen der Auffassung von Montag in Baudenbacher, Neueste Entwicklungen im europäischen und internationalen Kartellrecht, 289, 327, impliziert ein Verbot mit Erlaubnisvorbehalt keineswegs, dass das entsprechende Verhalten missbilligt wird, sondern unterwirft dieses nur einer behördlichen Kontrolle, vgl. dazu Götz, Polizei- und Ordnungsrecht, 2017, Fn. 279.
[284] Vgl. etwa Erwgr. 4 der FKVO; s. auch Navarro/Font/Folguera/Briones, Merger Control in the EU, 350.
[285] Vgl. etwa das System in den USA oder Österreich (gerichtliches Untersagungsverfahren) sowie in Großbritannien oder Frankreich oder (Untersagungsverfahren durch gesonderte Wettbewerbsbehörde).
[286] Weitbrecht EuZW 1993, 687 (688).
[287] Vgl. etwa Burnside ECLR 2002, 107 (110); s. dazu auch Levy, EC Merger Control – a Brief History, Fn. 64.
[288] Dazu auch Merz EuZW 1990, 405.

Anhörungsbeauftragten, den Beratenden Ausschuss und mittlerweile in allen vertieften Prüfverfahren auch durch sog „Panels" kontrolliert, die die Plausibilität jeder Untersagungsentscheidung intensiv prüfen. Zudem stellen Anhörungsrechte sicher, dass die Argumente aller Beteiligten berücksichtigt werden.

Ungeachtet dessen fordern gerade deutsche Autoren schon seit den 60er Jahren immer wieder, **103** die Fusionskontrolle in die Hände einer **unabhängigen Wettbewerbsbehörde** zu legen.[289] So wird kritisiert, dass nach dem bestehenden System die Entscheidung „nicht von kompetenten Richtern oder Beamten, sondern politischen Kommissaren, die weder mit der rechtlichen noch der wirtschaftlichen Seite des Falles vertraut sind", getroffen werde.[290] Eine Behörde, die intensiv Industriepolitik betreibe, könne nicht gleichzeitig als Hüterin des Wettbewerbs agieren.[291] Die Spannungen zwischen Industrie- und Wettbewerbspolitik auch innerhalb der Kommission treten tatsächlich regelmäßig zu Tage.[292]

Unklar ist allerdings, ob die Einrichtung einer unabhängigen, keiner Kontrolle unterworfenen **104** Behörde nach dem geltenden Gemeinschaftsrecht überhaupt **rechtlich zulässig** wäre.[293] Angesichts der weiten Beurteilungsspielräume[294] bei Fusionskontrollentscheidungen und der erheblichen wirtschaftlichen und politischen Reichweite der Entscheidungen dürfte dies zweifelhaft sein. In jedem Fall müsste man selbst nach den inzwischen großzügigeren Grundsätzen der Rspr. zu dezentralisierten Behörden aus Rechtsschutzgründen zumindest eine Beschwerdemöglichkeit zur Kommission vorsehen.[295] In der Praxis wird der überwiegende Teil der Fusionsentscheidungen nicht durch das Kollegium, sondern – im Wege der Ermächtigung – durch den Wettbewerbskommissar getroffen (ausführlicher → Rn. 175). In allen Fällen liegt die Federführung in Fusionsverfahren klar bei der GD Wettbewerb. Angesichts der Politisierung auch von Wettbewerbsentscheidungen seit der „more political" Juncker-Kommission wird die Frage der Unabhängigkeit der Fusionskontrolle wieder vermehrt gestellt.[296]

Wenn man zugestehen mag, dass die Machtposition der GD Wettbewerb innerhalb der Kommis- **105** sion zumindest auch von der jeweiligen **Person des Kommissars** abhängt und dass das europäische Fusionskontrollsystem durchaus eine Anfälligkeit für politische Einflussnahme aufweist, hat sich das institutionelle System der europäischen Fusionskontrolle insgesamt doch bewährt. Zudem zeigt die Erfahrung, dass auch in anderen, scheinbar unabhängigeren Systemen, eine politische Einflussnahme nie vollständig ausgeschlossen werden kann.[297] Sollte es in Zukunft wieder vermehrt zu strittigen Entscheidungen im Kollegium und dem Versuch der Einflussnahme kommen, könnte iÜ schon eine Veröffentlichung des Votums der Kommission für die notwendige Verfahrenstransparenz sorgen.[298]

---

[289] Monopolkommission, Konzeption einer europäischen Fusionskontrolle, (17. Sondergutachten), 110; Steindorff, Die Durchsetzung des Wettbewerbsrechts in der EWG, Heft 14 der Schriftenreihe der Europa-Union, 51; Sedemund EuR 1973, 306.

[290] Schmidt, Jahrbuch für Nationalökonomie und Statistik, 1996, 287, 303; Schmidt, Wettbewerbspolitik und Kartellrecht, 238.

[291] So Block WSI-Mitteilungen 1/1992, 24 (33). S. auch Bishop/Kay, European Mergers and Merger Policy, 1993, 313; Merz EuZW 1990, 405 (407).

[292] Vgl. zuletzt die Auseinandersetzung um die stark industriepolitisch motivierte Fusion zwischen Siemens und Alstom (Kom. M.8677); dazu Politico v. 15.11.2018, 6 abrufbar unter https://www.politico.eu/article/siemens-alstom-merger-trains-pit-merkel-and-macron-against-brussels/, zuletzt abgerufen am 1.4.2023.

[293] Priebe, Entscheidungsbefugnisse vertragsfremder Einrichtungen im europäischen Gemeinschaftsrecht, 1979, 30; Merz EuZW 1990, 405 (406–408); Uerpmann, Mittelbare Gemeinschaftsverwaltung durch Personen des öffentlichen Rechts, AöR 125 (2000), 551; Koch, Die Externalisierung der Kommission – Zulässigkeit und Grenzen mittelbarer Gemeinschaftsverwaltung, 2004, 14–28.

[294] Im Gemeinschaftsrecht werden allerdings begrifflich alle Entscheidungen mit Wertungsspielräumen als „Ermessensentscheidungen" bezeichnet; insofern geht die Ansicht von Merz EuZW 1990, 405 (407), fehl, bei der Fusionskontrolle handele es sich nicht um eine Ermessensentscheidung; vgl. dazu etwa Koch, Der Grundsatz der Verhältnismäßigkeit in der Rechtsprechung des Gerichtshofs des Europäischen Gemeinschaften, 2003, 522.

[295] Vgl. EuGH Slg. 1958, 51 (81–85) – Meroni I; nunmehr etwas weiter EuGH ECLI:EU:C:2013:562 – ESMA; vgl. auch Brittan, Competition Policy and Merger Control in the Single European Market, 1991, 23, 45, der Entscheidungen einer Behörde, die niemandem rechenschaftspflichtig sei, als „... wholly unacceptable" bezeichnet; vgl. dazu auch Koch, Die Externalisierungspolitik der Kommission, 2004, 134.

[296] Zur „politischen Kommission" etwa den Rechenschaftsbericht der Juncker-Kommission, abrufbar unter https://ec.europa.eu/info/sites/default/files/review-juncker-commission-brochure.pdf, zuletzt abgerufen am 20.7.22.

[297] So weist Burnside zu Recht darauf hin, dass auch im US-System für die Wettbewerbskontrolle zuständige Assistant Attorney General ein politischer Beamter ist; dazu Burnside in Ten years on: Papers from the EC Merger Control 10th Anniversary Conference, 13.

[298] Vgl. zu diesem Vorschlag auch Haid DIW-Wochenberichte 10/1998.

106 Während die Kommission institutionell also nicht zwischen politischer und administrativer Ebene unterscheidet, gilt für die nationalen Wettbewerbsbehörden nach Inkrafttreten der Richtlinie zur „Stärkung der Wettbewerbsbehörden" ein höherer Standard: Weisungen von politischen Instanzen zu konkreten Entscheidungen sind nunmehr ausdrücklich untersagt.[299]

107 **5. Prinzip der förmlichen Entscheidung.** Anders als im deutschen Fusionskontrollrecht oder im Kartellverfahrensrecht endet jedes bei der Kommission angemeldete Verfahren mit einer förmlichen Entscheidung (entweder – in Phase 1 – gem. Art. 6 Abs. 1 lit. a oder lit. b oder – in Phase 2 – gem. Art. 8 Abs. 1–4).[300] Falls es der Kommission nicht gelingen sollte, innerhalb der in der FKVO vorgesehenen Fristen eine Entscheidung zu treffen, gilt das Zusammenschlussvorhaben gemäß der **Genehmigungsfiktion** des Art. 10 Abs. 6 als freigegeben. Das Prinzip der förmlichen Entscheidung schafft für die Unternehmen **Rechtssicherheit** hinsichtlich der Haltung der Kommission, was für Käufer und Verkäufer von großer Bedeutung ist, da die Ungewissheit über das „regulatorische Risiko" und die damit einhergehende Verzögerung der Auszahlung des Kaufpreises die beteiligten Unternehmen viel Geld kosten kann.

108 Einzige Ausnahme vom Prinzip der förmlichen Entscheidung ist der Fall der Anmeldungsrücknahme. Angesichts der Gefahr der Umgehung der in der FKVO vorgesehenen Fristen durch missbräuchliche Mehrfachanmeldungen macht die FKVO den Verzicht auf eine förmliche Entscheidung inzwischen von einer Glaubhaftmachung abhängig, dass das Fusionsvorhaben von den Parteien dauerhaft aufgegeben wurde.[301]

109 **6. Beschleunigungsgrundsatz.** In den Verhandlungen um die FKVO war die Zusage der Kommission, Fusionen in einem besonders zügigen Verfahren innerhalb fester Fristen zu bearbeiten, von entscheidender Bedeutung für die schließlich erzielte Einigung. Einige Mitgliedstaaten und zahlreiche Unternehmensverbände hatten darauf gedrängt, die Unternehmen für die „Bürde" der Notifikationspflicht durch schnelle Rechtssicherheit hinsichtlich des Schicksals des Zusammenschlusses zu entschädigen. Die FKVO enthält dementsprechend einen äußerst **knapp bemessenen Zeitrahmen mit festen Fristen** für die Prüfung von Zusammenschlussvorhaben, der nur wenig mehr als einen Monat für die Verfahrenseröffnung und ca. vier weitere Monate für eine abschließende Entscheidung vorsieht. Mit der **Genehmigungsfiktion des Art. 10 Abs. 6** (sog „Guillotine"-Mechanismus) wurde zudem ein effektives Druckmittel gegen eine Verschleppung des Verfahrens geschaffen.

110 Da die Kommission regelmäßig Zusammenschlüsse mit einer Vielzahl betroffener Märkte zu prüfen hat und schon das komplexe Entscheidungsverfahren relativ viel Zeit in Anspruch nimmt (zB für interne Konsultationen, Anhörungen Dritter, Vorbereitung der Akteneinsicht, Erstellung notwendiger Übersetzungen etc), wurde anfangs bezweifelt, ob die Kommission in der Lage sein würde, ihre Verfahren innerhalb des engen Fristenrahmens abzuschließen.[302] Tatsächlich hat die Kommission bis heute alle angemeldeten Verfahren innerhalb der in der FKVO vorgesehenen Fristen abgeschlossen.[303] Damit erhalten Unternehmen im europäischen Fusionskontrollsystem schneller Rechtssicherheit als etwa nach dem US-System, für dessen abschließende richterliche Entscheidung keine bindenden Fristen gelten.

111 Allerdings gibt es einige **Durchbrechungen** des starren Fristenkorsetts: So hat die Erfahrung gerade in komplexen Fusionsverfahren gezeigt, dass der enge Zeitrahmen der FKVO von 1989 in bestimmten Situationen dazu führt, dass der Kommission nicht mehr genug Zeit bleibt, neue Tatsachen (etwa die Vorlage von Zusagen in Phase 2) mit der gewünschten Sorgfalt zu berücksichtigen. Daher sieht die FKVO inzwischen in bestimmten Fällen die **Möglichkeit von Fristverlängerungen** vor, die teils automatisch (zB bei Zusagenangeboten oder Verweisungsanträgen in Phase 1), teils auf Initiative der Parteien oder der Kommission erfolgen (Art. 10 Abs. 3 UAbs. 2). Weiter durchbrochen werden kann der enge Fristenrahmen durch eine **Fristenhemmung gem. Art. 11**

---

[299] S. den Vorschlag für eine Richtlinie des Parlaments und Rates zur Stärkung der Wettbewerbsbehörden der Mitgliedstaaten im Hinblick auf eine wirksamere Durchsetzung der Wettbewerbsvorschriften und zur Gewährleistung des reibungslosen Funktionierens des Binnenmarkts, COM(2017) 142 final; auch wenn der Vorschlag nur im Bereich der Art. 101, 102 AEUV Anwendung findet, dürfte er auch wegen der engen administrativen Verknüpfung die Unabhängigkeit der Fusionsabteilungen stärken.
[300] Möglich ist allerdings auch eine Verweisungsentscheidung nach Art. 9 und eine Verfahrensrücknahme, vgl. Art. 6 Abs. 1 lit. c S. 2.
[301] Art. 6 Abs. 1 lit. c S. 2; vgl. auch die Information note on abandonment of concentrations, abrufbar unter: http://ec.europa.eu/comm/competition/mergers/legislation/abandonment_of_concentrations_en.pdf, zuletzt abgerufen am 20.10.2019; vgl. in diesem Zusammenhang auch das Urteil EuG Slg. 2004, II-3253 Rn. 78–114 – MCI/Kommission.
[302] Vgl. etwa Jones/Sufrin, 863.
[303] Dazu bereits Dirksen FIW-Schriftenreihe 146 (1990/91), 89 (96).

Abs. 4 UAbs. 1 (bei einem förmlichen Auskunftsersuchen, etwa wegen unvollständiger Antworten) oder eine unvollständige Anmeldung (Art. 10 Abs. 1 S. 2). In komplexen Verfahren wird darüber hinaus die Fristenhemmung gem. Art. 11 Abs. 4 UAbs. 1 im Einverständnis zwischen der Kommission und den Parteien zu einer **in der FKVO nicht vorgesehenen Verfahrensunterbrechung** genutzt. Diese Praxis begegnet im Hinblick auf die enumerativen Ausnahmen von den Fristen des Art. 10 und unter Berücksichtigung etwaiger Interessen beteiligter Drittparteien rechtlichen Bedenken.[304]

Zu einer faktischen Ausdehnung des Prüfungszeitraumes hat auch das inzwischen übliche **Pränotifikationsverfahren** geführt, das bei komplexeren Fusionen mehr als ein Jahr dauern kann. Allerdings trägt eine gründliche Vorbereitung oft dazu bei, die gesamte Verfahrenslänge zu reduzieren. 112

7. Transparenzgebot. Auch wenn das europäische Fusionsverfahren nicht als kontradiktorisches Verfahren ausgestaltet ist, räumt es den Fusionsparteien und anderen Beteiligten doch **weitgehende Beteiligungs-, Anhörungs- und Akteneinsichtsrechte** ein.[305] Diese Rechte dienen nicht nur dem Interesse der anmeldenden Parteien und Dritten, sondern nutzen gerade auch der Kommission, die oft auf die Sicht betroffener Dritter zu einem Zusammenschlussvorhaben und deren Expertise angewiesen ist. Für Konflikte im Zusammenhang mit der Anhörung wurde eigens der Posten des Anhörungsbeauftragten geschaffen, der Verfahrensrechte der Parteien und Dritter wahren soll und dessen Rechte sukzessive erweitert wurden.[306] 113

Dennoch werden insbs. die von der Kommission gewährten Akteneinsichtsrechte zT als unzureichend **kritisiert**.[307] Tatsächlich gewährt die Kommission den Zusammenschlussparteien nicht während des gesamten Verfahrens, sondern erst zum Zeitpunkt der Mitteilung der Beschwerdepunkte ein vollständiges[308] Akteneinsichtsrecht. Die Ursachen für das fehlende Akteneinsichtsrecht in Phase 1 und den späten Zeitpunkt des Akteneinsichtsrechts dürften weniger im Bestreben der Kommission liegen, Informationen zurückzuhalten, als in den praktischen Problemen, die die Vorbereitung der Akteneinsicht im laufenden Verfahren bereitet. Dies gilt auch in Zeiten der elektronischen Kommunikation, in der vermehrt umfangreiche interne Datensätze der beteiligten Unternehmen angefordert werden. So müssen vor der Akteneinsicht alle Dokumente der zT viele 10.000 Seiten umfassenden Akte auf etwaige Geschäftsgeheimnisse geprüft und ggf. nichtvertrauliche Versionen dieser Dokumente angefordert werden. Zunehmend versuchen Unternehmen und Dritte auch, die Verordnung über den Zugang zu Dokumenten[309] für Zwecke der Akteneinsicht nutzbar zu machen, was zumindest in laufenden Verfahren regelmäßig ohne Erfolg bleibt. Angesichts der zugangsfreundlichen Rspr. des EuGH[310] wird die Verordnung 1049/2001 in Fusionsverfahren besonders aktiv eingesetzt, etwa um Entscheidungsprozesse bei kontroversen Fusionsentscheidungen detailliert nachzuprüfen. So hat ein erfolgreiches Auskunftsersuchen etwa zur Veröffentlichung des umfangreichen kommissionsinternen Handbuches zur Durchführung des Prüfverfahrens geführt.[311] 114

8. Prinzip der Behördenkooperation. Ein konstitutives Element der europäischen Fusionskontrolle ist schließlich die Kooperation der Kommission mit den nationalen Wettbewerbsbehörden der Mitgliedstaaten und Behörden von Drittstaaten. Die Kontrolle von Fusionen durch eine supranationale Behörde, die sich auf fast dreißig Mitgliedstaaten (mit jeweils eigenem Fusionskontrollregime) erstreckt, erfordert notwendigerweise eine enge Abstimmung zwischen nationalen Behörden und Kommission. Deutlich sichtbar ist diese Notwendigkeit beim System der Verweisung von Fusionsfällen von und an die Mitgliedstaaten. Gerade die mit der Reform im Jahr 2004 eingeführte Möglichkeit von Verweisungsanträgen im Vorfeld der eigentlichen Anmeldung erfordert dabei einen zügigen 115

---

[304] S. auch die seit 2004 erweiterten Möglichkeiten zur Fristenhemmung in Art. 10 Abs. 3.
[305] Vgl. dazu im Einzelnen Art. 18. Vgl. auch Erwgr. 37 der FKVO.
[306] Vgl. zuletzt die in der Mitteilung „Merger Best Practices" genannten Möglichkeiten dreiseitiger Treffen oder des Zugangs zu Schlüsseldokumenten schon vor der Übermittlung der Beschwerdepunkte, Rn. 38 und 45.
[307] Vgl. etwa Levy, EC Merger Control, § 17.07(4); zur entsprechenden Kritik des früheren Anhörungsbeauftragten Temple Lang Financial Times v. 24.5.2001.
[308] Zur Möglichkeit, schon zu Beginn des vertieften Prüfverfahrens Zugang zu Schlüsseldokumenten zu erhalten vgl. → Rn. 45 der Mitteilung „Merger Best Practices".
[309] VO 1049/2001, ABl. 2001 L 145, 43; vgl. dazu etwa EuG Slg. 2005, II-1121 – VKI/Kommission.
[310] S. etwa EuGH ECLI:EU:C:2012:394 Rn. 71 ff. – Agrofert/Kommission; der weit reichende Zugang zu internen Dokumenten nach Abschluss des Verfahrens ist für den Entscheidungsprozess der Kommission nicht unproblematisch, da der bislang offene Austausch von Argumenten innerhalb der DG Wettbewerb beeinträchtigt und fusionspolitische Erwägungen eher mündlich ausgetauscht werden – was der Klarheit der Entscheidungsfindung nicht zugutekäme.
[311] https://data.europa.eu/doi/10.2763/267952, zuletzt abgerufen am 1.4.2023.

Informationsaustausch. Die im Fusionsverfahren schon seit 1990 etablierte Kooperation der beteiligten Behörden wurde im Mai 2004 durch die Schaffung des sog **Netzes der Europäischen Wettbewerbsbehörden** institutionalisiert, dem neben der Kommission alle nationalen Wettbewerbsbehörden der Mitgliedstaaten angehören. Im Jahr 2010 wurde das bis dahin weitgehend funktionslos gebliebene Netz der Europäischen Wettbewerbsbehörden[312] durch die Schaffung einer „Arbeitsgruppe Fusionskontrolle" mit Leben erfüllt, was sich ua in der Veröffentlichung „Best Practices on cooperation between EU National Competition Authorities In Merger Review" im November 2011 niederschlug.[313] In ihrem Weißbuch zu einer möglichen Reform der FKVO von 2014[314] hat die Kommission auch eine weitere Stärkung der Behördenkooperation im Bereich der Fusionskontrolle und eine stärkere Angleichung der nationalen Fusionskontrollvorschriften vorgeschlagen.[315] Zu einem entsprechenden Gesetzgebungsvorschlag ist es bislang allerdings nur im Bereich des Kartellrechts gekommen.[316]

116 Da die gemeinschaftliche Fusionskontrolle in den Souveränitätsbereich der Mitgliedstaaten eingreift, werden diese auch unabhängig von Verweisungen über jedes Verfahrensstadium informiert und vor allen Entscheidungen im vertieften Prüfverfahren in einem eigens eingerichteten **Beratenden Ausschuss für die Kontrolle von Unternehmenszusammenschlüssen** (vgl. Art. 19 Abs. 3–7) angehört. Dessen Votum ist für die Kommission zwar rechtlich unverbindlich, wird aber im Amtsblatt veröffentlicht und kann durchaus maßgeblichen Einfluss auf den Ausgang von Fusionsverfahren haben, wie sich etwa im Verfahren Omya/Huber gezeigt hat.[317]

117 Besonders eng ist naturgemäß auch die Kooperation der Kommission mit der Wettbewerbsbehörde des Europäischen Wirtschaftsraum („EFTA-Überwachungsbehörde"), in dem die FKVO unter bestimmten Voraussetzungen Anwendung findet (im Einzelnen → Art. 1 Rn. 62–64). Daneben bestehen zahlreiche bilaterale **Kooperationsabkommen mit Behörden von Drittländern**.[318]

V. Konkurrenzverhältnis der FKVO zu anderen Rechtsvorschriften

118 **1. Verhältnis zu gemeinschaftsrechtlichen Vorschriften. a) Art. 101 und 102 AEUV.** Art. 21 Abs. 1 bestimmt, dass für Zusammenschlüsse mit gemeinschaftsweiter Bedeutung allein die Vorschriften der FKVO maßgeblich sind. Dennoch ist die Abgrenzung des Anwendungsbereichs der FKVO von den kartellrechtlichen Vorschriften der Art. 101 und 102 AEUV auch mehr als fünfzehn Jahre nach Verabschiedung der FKVO umstritten.[319] Die dabei diskutierten Fragen lassen sich den folgenden Problemkreisen zuordnen:

119 **aa) Anwendung von Art. 101, 102 AEUV auf Zusammenschlüsse mit gemeinschaftsweiter Bedeutung.** Unumstritten verbleibt Art. 101, 102 AEUV auch bei Zusammenschlüssen mit gemeinschaftsweiter Bedeutung ein – allerdings begrenzter – Anwendungsbereich. So richtet sich etwa die nach Art. 2 Abs. 4 vorzunehmende Prüfung etwaiger **Koordinationswirkungen** von Gemeinschaftsunternehmen (sog „Spill-Over-Effekte") nach Art. 101 Abs. 1 und Abs. 3 AEUV. Allerdings spielte diese **Doppelkontrolle** kooperativer Gemeinschaftsunternehmen in den letzten

---

[312] Vgl. Erwgr. 14 zur FKVO. Neben der Information über notifizierte Fälle entfaltet das Netzwerk jedoch keine nennenswerte Tätigkeit.
[313] Die „Best Practices" regeln die Zusammenarbeit bei in mehreren Mitgliedstaaten anzumeldenden Fusionen, https://competition-policy.ec.europa.eu/mergers/legislation_en, zuletzt abgerufen am 1.4.2023.
[314] S. Weißbuch „Eine wirksame Fusionskontrolle" von 9.7.2014, KOM(2014) 449.
[315] Vgl. etwa die Rede von Wettbewerbskommissar Almunia vom 10.3.2011: „Merger Regulation in the EU after 20 years", SPEECH 11/166.
[316] S. Vorschlag für eine Richtlinie des Parlaments und Rates zur Stärkung der Wettbewerbsbehörden der Mitgliedstaaten im Hinblick auf eine wirksamere Durchsetzung der Wettbewerbsvorschriften und zur Gewährleistung des reibungslosen Funktionierens des Binnenmarkts, COM(2017) 142 final.
[317] Im Verfahren Omya/Huber lehnte der Beratende Ausschuss den Entscheidungsentwurf einer Fusionsentscheidung ab, so dass dieser grds. überarbeitet werden musste, was angesichts der Zeitknappheit im Fusionsverfahren erhebliche Probleme für die Kommission aufwarf, die Entscheidung noch rechtzeitig zu erlassen, vgl. Kom., M.3796 – Omya/Huber.
[318] Vgl. zu den Kooperationsabkommen → Art. 1 Rn. 62–66; vgl. auch die „US-EU Best Practices on Cooperation in Merger Investigations", abrufbar unter: https://competition-policy.ec.europa.eu/mergers/legislation_en, zuletzt abgerufen am 1.4.2023.
[319] Vgl. dazu etwa: Basedow EuZW 2004, 44; Monopolkommission, Sondergutachten Nr. 34 (2004), 120–129; Steabe EWS 2003, 249; Dreher WuW 2002, 829; Bunte BB 2002, 2393 (2402); Möschel BB 2002, 2077 (2084); Niemeyer RIW 1991, 448; Mestmäcker/Schweitzer EuWettbR § 24 Rn. 12–16; Wiedemann/Wiedemann § 15 Rn. 24–28; Ritter/Braun/Rawlinson, 523; Portwood, Mergers under EEC Competition Law, 1993, 45–59; Downes/Ellison, The Legal Control of Mergers in the European Communities, 13; Bos/Stuyck/Wytinck, Concentration Control in the EEC, 1992, 373–378.

Jahren eine vergleichsweise geringe Rolle in der Entscheidungspraxis.[320] Auch für die Beurteilung von **Nebenabreden**, die im Zusammenhang mit Unternehmenszusammenschlüssen getroffen werden, bleiben Art. 101, 102 AEUV insoweit maßgeblich, wie die Nebenabreden nicht notwendig und unmittelbar mit dem Zusammenschluss verbunden sind. Derartige Nebenabreden werden nicht von der Freigabeentscheidung der Kommission erfasst und sind (ua) am Maßstab der Art. 101, 102 AEUV zu prüfen (→ Art. 8 Rn. 92). Nicht die Kommission, sondern die Parteien selbst sind jedoch für die Beurteilung der Rechtmäßigkeit zuständig.[321] Einen weiteren Berührungspunkt mit Art. 101 AEUV erwähnen die Leitlinien zu horizontalen Zusammenschlüssen, indem auf sie frühere Kartellvorstöße als Faktor zur Beurteilung der Wahrscheinlichkeit koordinierter Effekte abstellen.[322] Abzulehnen ist nach richtiger Ansicht allerdings die in verschiedenen Urteilen des EuG geäußerte Auffassung, vor der Prüfung **vertikaler** oder **konglomerater** Wirkungen eines Zusammenschlusses müsse geprüft werden, ob das gerügte Verhalten nicht ohnehin ggf. gegen Art. 101 AEUV oder Art. 102 AEUV verstoßen würde, da es im Einzelfall hinreichend abschreckend sei.[323] Eine solche „Selbstprüfungspflicht" liefe dem Grundgedanken der FKVO, nämlich einem effizienten Wettbewerbsschutz, zuwider.[324] Der Verweis auf die Abschreckungswirkung von Art. 101 AEUV und Art. 102 AEUV sollte nicht genügen, um eine drohende Wettbewerbsbehinderung auszuschließen.

Umstritten ist weiter, ob die Kommission oder die Mitgliedstaaten berechtigt oder verpflichtet **120** sein könnten, Art. 101, 102 AEUV auf Fusionen mit gemeinschaftsweiter Bedeutung anzuwenden. So wird vereinzelt vertreten, dass Kommission und Mitgliedstaaten nach der Rspr. des Gerichtshofs („Continental Can"/„Philip Morris") Art. 101 AEUV und Art. 102 AEUV weiterhin auch auf Zusammenschlüsse mit gemeinschaftsweiter Bedeutung anwenden könnten. Diese **primärrechtlich verankerte Anwendung** könne auch nicht durch bloßes Sekundärrecht (wie etwa Art. 21 Abs. 1) ausgeschlossen werden. Nach dieser Ansicht könnten sich Konkurrenten möglicherweise vor nationalen Gerichten auf die unmittelbar anwendbaren Art. 101, 102 AEUV berufen, um sich etwa gegen die Freigabe einer Fusion zur Wehr zu setzen.[325]

Zwar trifft es zu, dass der sekundärrechtliche Anwendungsausschluss der Kartellrechtsvorschrif- **121** ten in Art. 21 Abs. 1 nur die VO (EG) 1/2003, nicht aber die primärrechtlichen Vorschriften der Art. 101, 102 AEUV betreffen kann.[326] Entscheidend ist hier aber der gesetzgeberische Wille, auf solche Fusionen ausschließlich die FKVO anzuwenden: Die Urteile „Continental Can" bzw. „Philip Morris" ergingen vor Erlass der FKVO – beruhen in wesentlichen Teilen auf dem Gedanken des **„effet utile"**, also der Idee, dass eine im EU-Wettbewerbsrecht bis dahin bestehende Lücke bei der Fusionskontrolle durch Anwendung der Art. 101, 102 AEUV geschlossen werden müsse.[327] Diese wesentlichen Motive sind mit der Einführung der FKVO aber **vollständig entfallen.** Dementsprechend finden sich in der Rechtsprechung EuG und EuGH seit Erlass der FKVO keine Hinweise mehr auf eine parallele Anwendung von Art. 101, 102 AEUV auf Zusammenschlüsse.[328]

---

[320] Vgl. die zunächst noch vergleichsweise häufigen Prüfungen von Art. 2 Abs. 4 in den Entscheidungen JV 1–57, insbesondere die bedingte Freigabeentscheidung im Fall Kom., JV 15 – BT/AT&T. In jüngerer Zeit finden sich nur vereinzelt Prüfungen zu Art. 2 Abs. 4 (vgl. etwa Kom., M.3333, Rn. 176–182 – Sony/BMG).

[321] Vgl. Erwgr. 21 der FKVO und Mitteilung zu Nebenabreden, Rn. 2.

[322] Leitlinien „horizontale Zusammenschlüsse", Rn. 46; Kom., M.580, Rn. 95 – ABB/Daimler-Benz; einschränkend allerdings für zeitlich lang zurückliegende Kartelle EuGH Slg. 1998, I-1375 Rn. 241 – Frankreich u. SSCA/Kommission (Kali & Salz).

[323] Vgl. EuG Slg. 2002, II-4381, – Tetrapak/Kommission; EuG Slg. 2005, II-5575 – General Electric/Kommission.

[324] So nach richtiger Auffassung auch EuGH Slg. 2005, I-987 Rn. 77 – Kommission/Tetra Laval.

[325] Für eine Anwendung zumindest von Art. 102 durch mitgliedstaatliche Gerichte FK-KartellR/Rösler Art. 22 Rn. 8; Portwood, Mergers under EEC Competition Law, 59; Basedow EuZW 2004, 44 (45), konzediert dagegen, dass Art. 21 iVm der Grundsatz des Vorrangs des gemeinschaftlichen Wettbewerbsrechts („Walt-Wilhelm-"/„Masterfood"-Doktrin) zumindest die parallele Anwendung von Art. 101/102 AEUV durch die Mitgliedstaaten auf Fusionen mit gemeinschaftsweiter Bedeutung ausschließt; vgl. auch Monopolkommission, Sondergutachten Nr. 34 (2004), 120–123; Niemeyer RIW 1991, 448 (449).

[326] So zutreffend Basedow EuZW 2004, 44 (46) mwN.

[327] EuGH Slg. 1973, 215 Rn. 25 – Continental Can; auch das Philip-Morris-Urteil wurde als „Warnschuss" in Richtung Rat verstanden, zu einer Einigung hinsichtlich der Einführung einer europäischen Fusionskontrolle zu kommen.

[328] Im Urteil „Royal Philips/Kommission" stellte das EuG fest, dass die Mitgliedstaaten nach der Verweisung eines Falles gem. Art. 9 frei seien, diesen nach ihren eigenen fusionskontrollrechtlichen Regeln zu beurteilen, vgl. EuG Slg. 2003, II-1433 Rn. 349–358 – Royal Philips/Kommission; von einer „residualen" Anwendbarkeit der Art. 101/102 AEUV durch die Mitgliedstaaten oder gar deren Verpflichtung, Gemeinschaftsrecht anzuwenden, ist nicht die Rede; Staebe EWS 2003, 249 (253) weist in diesem Zusammenhang auch auf das Urteil EuGH Slg. 1998, I-1375 Rn. 165 ff. – Frankreich u. SSCA/Kommission (Kali & Salz), hin, in dem der Gerichtshof umfangreich die Rechtsgrundlagen der FKVO problematisierte, ohne dabei auf Art. 85/86 EG (Art. 105/106 AEUV) einzugehen; vgl. auch Dreher WuW 2002, 828 (836).

122 bb) **Anwendung von Art. 101, 102 AEUV auf Zusammenschlüsse ohne gemeinschaftsweite Bedeutung.** Art. 21 Abs. 1 stellt klar, dass eine Kontrolle möglicher Koordinierungswirkungen nach Art. 101 AEUV auch bei Zusammenschlüssen ohne gemeinschaftsweite Bedeutung iSd Art. 1 möglich bleiben soll. Nicht ganz klar war lange Zeit, ob auch darüber hinaus eine allgemeine **Fusionskontrolle nach Art. 101, 102 AEUV** durch die Kommission möglich ist:

123 Zum Zeitpunkt des Erlasses der FKVO hatte sich die **Kommission** eine umfassende Anwendung von Art. 101, 102 AEUV auf Zusammenschlüsse ohne gemeinschaftsweite Bedeutung zumindest noch vorbehalten. Die entsprechenden Bedenken der Lit., dass es zu einer parallelen Anwendung von Art. 101, 102 AEUV und FKVO-Vorschriften auf Fusionen kommen könne,[329] haben sich letztlich jedoch nicht bestätigt. Die Kommission hatte ihre Androhung, Art. 101, 102 AEUV[330] möglicherweise auf Fusionsfälle anzuwenden, von vorneherein auf Fälle eines gemeinsamen Umsatzes von 2–5 Mrd. EUR bzw. eines Gemeinschaftsumsatzes von über 100 Mio. EUR beschränkt. Von diesem – rechtlich problematischen – Druckmittel zur Durchsetzung geringerer Schwellenwerte[331] hat die Kommission niemals Gebrauch gemacht. Nachdem die Auseinandersetzung um die Schwellenwerte mittlerweile beendet ist, ist dies auch in Zukunft nicht zu erwarten.[332]

124 Offen war lange Zeit, ob **Mitgliedstaaten** Art. 101 oder 102 AEUV auf Fusionen ohne gemeinschaftsweite Bedeutung iSd Art. 1 anwenden dürfen. So hat etwa die Monopolkommission in ihrer Stellungnahme zum Verfahren E.ON/Ruhrgas vertreten, dass die Mitgliedstaaten wegen ihrer nach Art. 4 Abs. 3 EUV bestehenden Kooperationspflicht verpflichtet seien, Zusammenschlüsse ohne gemeinschaftsweite Bedeutung an den Vorschriften der Art. 101, 102 AEUV zu messen, wenn der zwischenstaatliche Handel beeinträchtigt werden könnte.[333]

125 Während der Wortlaut von Art. 21 Abs. 1 und die Erwägungsgründe (insb. Erwgr. 8 S. 2) dafür zu sprechen schienen, dass Zusammenschlüsse ohne gemeinschaftsweite Bedeutung allein nach nationalem Recht beurteilt werden sollten, hat der Gerichtshof inzwischen in der Rs. **Towercast** klargestellt, dass Mitgliedstaaten Art. 102 AEUV auch nach Erlass der FKVO noch auf Fusionen ohne gemeinschaftsweite Bedeutung anwenden können. Der EuGH folgte insoweit den Schlussanträgen von Generalanwältin Kokott, die die Anwendung von Art. 102 AEUV insbesondere mit der Notwendigkeit begründet hatte, einen lückenlosen Schutz gegen mögliche Wettbewerbsverzerrungen zu gewährleisten.[334]

126 cc) **Anwendung von Art. 101, 102 AEUV auf Kooperationen außerhalb des Zusammenschlusstatbestandes.** Unproblematisch ist dagegen die Anwendung von Art. 101, 102 AEUV auf Kooperationsformen, die nicht den Zusammenschlusstatbeständen des Art. 3 unterfallen. Dies gilt etwa für den Erwerb von nicht zum Kontrollerwerb führenden **Minderheitsbeteiligungen** oder Gemeinschaftsunternehmen, die nicht dauerhaft alle Funktionen einer selbstständigen unternehmerischen Einheit erfüllen **(Teilfunktionsgemeinschaftsunternehmen)**.[335]

127 dd) **Existenz eines Fusionsprivilegs.** Obwohl es sowohl bei Unternehmenszusammenschlüssen als auch bei **nicht-konzentrativen Formen der Verhaltenskoordination** grds. um Wettbewerbsprobleme durch Kooperation zwischen Unternehmen geht, genießen Zusammenschlüsse im Gemeinschaftsrecht gegenüber nicht-konzentrativen Zusammenarbeitsformen **rechtliche Vorteile**. So erhalten die Unternehmen nach der einmaligen Kontrolle einer Fusion dauerhaft Rechtssicherheit hinsichtlich der Legalität ihres Zusammenschlusses, während bloß kooperierende Unternehmen eine solche Rechtssicherheit nicht erlangen können. Während iRv Art. 101 AEUV grds. schon jede „spürbare" Wettbewerbsbeschränkung für einen Verstoß ausreicht, werden Fusionen zudem nur dann untersagt, wenn sie zu einer „erheblichen" Behinderung des Wettbewerbs führen.[336] Auch wird Unternehmen, die sich zusammenschließen, etwas erlaubt (zB die einheitliche Festsetzung von Preisen und der freie Austausch von Informationen), **was ihnen nach Art. 101 AEUV regelmäßig untersagt ist**. Angesichts der Ausweitung von tatbestandlichen Ausnahmen und Rechtfertigungsmöglichkeiten iRd Prüfung von Art. 101 AEUV hat das Ausmaß der Privilegierung von Fusionen

---

[329] Elland ECLR 1990, 111 (118).
[330] Zum damaligen Zeitpunkt war Art. 81 Abs. 3 EG (Art. 101 Abs. 3 AEUV) noch nicht unmittelbar anwendbar, weshalb sich die Kommission ein Vorgehen nach Art. 85 EG (Art. 105 AEUV) vorbehielt.
[331] Dazu Brittan ELR 1990, 351 (355); Bos/Stuyck/Wytinck, Concentration Control in the EEC, 1992, 375.
[332] Dazu auch Albers FIW-Schriftenreihe 146 (1990/91), 99 (100).
[333] Monopolkommission, Sondergutachten 34 (2002), 121 u. 123; vgl. auch Basedow EuZW 2003, 44 (45).
[334] EuGH ECLI:EU:C:2023:207 – Towercast; s. auch die Schlussanträge von GAin Kokott, ECLI:EU:C:2022:777 Rn. 48. Gegen eine Anwendung von Art. 102 AEUV noch Staebe EWS 2003, 249 (253).
[335] Vgl. etwa Kom., ABl. 1994 L 223, 36 – BT/MCI sowie die vorherige Feststellung der Kommission, dass es sich um keinen Zusammenschluss handelt: Kom., M.353 – BT/MCI; s. auch Weißbuch „Eine wirksame Fusionskontrolle" von 9.7.2014, KOM(2014) 449, Rn. 57, 58.
[336] Vgl. dazu Mestmäcker/Schweitzer EuWettbR § 24 Rn. 21.

allerdings abgenommen.[337] Dennoch erscheint die grundsätzliche Privilegierung auf den ersten Blick überraschend, da das Ausmaß der Zusammenarbeit von unabhängigen Unternehmen ja regelmäßig hinter dem sich zusammenschließender Unternehmen zurückbleibt und Zusammenschlüsse daher ggf. sogar strengeren statt milderen Anforderungen unterworfen werden sollten.[338]

Die Privilegierung von Unternehmenszusammenschlüssen wird ökonomisch mit den **Effizienzvorteilen** einer dauerhaften Fusion begründet. So unterscheidet sich ein Zusammenschluss von der bloßen Zusammenarbeit selbstständig bleibender Unternehmen regelmäßig dadurch, dass fusionierende Unternehmen deutlichere Größenvorteile realisieren und an die Verbraucher weitergeben können.[339]   **128**

Die Frage des Fusionsprivilegs wurde insbes. auch im Zusammenhang mit der Gründung von **Gemeinschaftsunternehmen** diskutiert. Tatsächlich muss ein wirksames Wettbewerbssystem verhindern, dass Kartellmitglieder sich durch die Gründung eines Gemeinschaftsunternehmens dem Kartellverbot entziehen können, ohne ihre Eigenständigkeit zu verlieren. Art. 2 Abs. 4 stellt heute sicher, dass auch bei der Gründung von Gemeinschaftsunternehmen, die der FKVO unterfallen, die Kooperation der Mütter der kartellrechtlichen Kontrolle des Art. 101 AEUV unterworfen bleibt.[340]   **129**

b) Montanrecht. Seit Auslaufen des EGKS-Vertrages am 23.7.2002 sind Zusammenschlüsse auch in denjenigen Sektoren den Regeln der FKVO unterworfen, in denen zuvor die montanrechtlichen Fusionskontrollvorschriften des Art. 66 EGKSV galten. Schon vor Außerkrafttreten des EGKSV war das Prüfungsverfahren montanrechtlicher Zusammenschlüsse weitgehend dem Verfahren der FKVO angeglichen worden.[341]   **130**

c) Beihilferecht und Verhältnis zum Kontrollverfahren ausländischer Beihilfen. Die Anwendbarkeit beihilferechtlicher Vorschriften kann zu Überschneidungen zwischen Beihilfe- und Fusionskontrollverfahren führen. Tatsächlich werfen gerade Veräußerungen staatlicher oder staatsnaher Unternehmen nicht nur fusionskontrollrechtliche, sondern häufig auch beihilferechtliche Probleme auf, etwa wenn Unternehmen unter Wert verkauft oder anlässlich des Verkaufs entschuldet werden.[342] Umgekehrt können **durch Subventionierung entstehende Wettbewerbsvorteile** auch in der Fusionskontrolle relevant sein. Während beihilferechtliche Fragen in den ersten Jahrzehnten der EU-Fusionskontrolle nur eine geringe Rolle spielten, rückten in jüngster Zeit potenzielle **Marktverzerrungen durch Subventionen nichteuropäischer Marktteilnehmer** in den Mittelpunkt des politischen Interesses.   **131**

Das EuG hat schon im Urteil **RJB Mining** festgestellt, dass die Kommission aufgrund des Grundsatzes des kohärenten Gemeinschaftshandelns[343] dazu verpflichtet ist, Unstimmigkeiten zwischen Wertungen im Fusionskontroll- und Beihilfeverfahren zu vermeiden, da beide Verfahren letztlich der Wahrung des unverfälschten Wettbewerbs dienten.[344] Der Fall betraf zwar einen montanrechtlichen Fusionsfall, seine Wertungen sind aber auch auf die FKVO zu übertragen.[345] Es ergeben sich somit **Berührungspunkte in zwei Richtungen:**   **132**

Einerseits können Feststellungen, die innerhalb eines Fusionsverfahrens getroffen werden (etwa Marktabgrenzungen, Aussagen über die Wettbewerbsstruktur), wegen des Kohärenzgebotes iRe späteren Beihilfeverfahrens eine gewisse Rolle spielen.[346]   **133**

---

[337] Dazu auch Zimmer ZWeR 2004, 250 (265), der allerdings die Ansicht vertritt, dass der neue „SIEC"-Test der FKVO zu einer abgesenkten Interventionsschwelle bei der Fusionskontrolle führt; Schmidt WuW 2004, 359.
[338] Auf der anderen Seite behandelt die Fusionskontrolle bestimmte Sachverhalte auch strenger als die Kontrolle nach Art. 101/102 AEUV. So allerdings sind iRv Art. 101 AEUV etwa bestimmte Formen eines Parallelverhaltens erlaubt, die nach den Vorschriften der FKVO möglicherweise zu einer Untersagung des Zusammenschlusses wegen zu befürchtender koordinierter Effekte führen könnten.
[339] Grundlegend Schmidt/Fritz FS Kantzenbach, 1996, 119; Oechsler, Deutsches Wettbewerbs- und Kartellrecht, 2000, 68.
[340] Dazu etwa FK-KartellR/Schröer Art. 2 Rn. 225–260.
[341] Vgl. Mitteilung der Kommission über die Angleichung der Bearbeitungsverfahren bei Zusammenschlussvorhaben nach dem EGKS- und dem EG-Vertrag, ABl. 1998 C 66, 36.
[342] Dazu Downes/Ellison, Legal control of mergers in the EC, 25.
[343] EuG Slg. 2001, II-337 Rn. 112; EuGH Slg. 1993, I-3203 Rn. 41 – Matra/Kommission; EuGH Slg. 1980, 1533 Rn. 11 – Kommission/Italien.
[344] EuG Slg. 2001, II-337 Rn. 112 – RJB Mining/Kommission.
[345] Vgl. Kom., M.3596, Rn. 66–71 – ThyssenKrupp AG/HDW; Kom., M.3596, Rn. 67–78 – HDW/Ferrostaal/Hellenic Shipyard; vgl. zuletzt etwa Kom., M.6362 – CIN/Tirrenia (vgl. dazu IP/12/29 vom 18.1.2012).
[346] EuG Slg. 2001, II-337, Rn. 113 – RJB Mining/Kommission.

134 Umgekehrt ist die Kommission verpflichtet, die **Auswirkungen der Gewährung einer Beihilfe** auf die Wettbewerbsverhältnisse in den betrachteten Märkten im **Rahmen ihrer Fusionsprüfung zu berücksichtigen**.[347] Für die wettbewerbliche Würdigung relevant können etwa die Auswirkungen der Beihilfe für die **Finanzkraft des Unternehmens** oder dessen Absatzmöglichkeiten (etwa bei Staatsaufträgen) sein.[348] Dabei ist auch die Gefahr einer Quersubventionierung von Produkten auf anderen Märkten in Betracht zu ziehen.[349] Dabei ist zwischen Fusionen von Unternehmen, die dem europäischen Beihilferecht, und solchen Unternehmen zu unterscheiden, die nicht dem europäischen Beihilferecht unterliegen.

135 Die Kommission ist **bei europäischen Unternehmen** zwar nicht verpflichtet, innerhalb des Fusionskontrollverfahrens noch ein formelles beihilferechtliches Prüfungsverfahren durchzuführen. Dies entbindet die Kommission aber nach Auffassung des Gerichts nicht davon, iRd Fusionsverfahrens etwa den **Beihilfecharakter einer Zuwendung zu prüfen**, die sich auf die Finanzkraft des Unternehmens auswirken könnte, falls noch kein entsprechendes Beihilfeverfahren durchgeführt wurde.[350] Obwohl die Kommission in ihren Entscheidungen regelmäßig darauf hinweist, dass ihre iRd Fusionsverfahren getroffenen beihilferechtlichen Würdigungen keinerlei Einfluss auf das Ergebnis laufender Beihilfeverfahren hätten,[351] gibt es sicher zumindest eine **begrenzte faktische Bindungswirkung** derartiger beihilferechtlicher Feststellungen im Fusionsverfahren.

136 Nicht durch ein EU-Beihilfeverfahren können Wettbewerbsverzerrungen vermieden werden, die durch **subventionierte Unternehmen aus dem Ausland** entstehen. Zwar haben derartige Wettbewerbsverzerrungen in Fusionsentscheidungen bis vor wenigen Jahren kaum eine Rolle gespielt. Jedoch haben prominente Fusionsfälle und die europäischen Bestrebungen zu stärkerer strategischer Autonomie und zu einer Debatte um eine potenzielle **Regelungslücke** der Fusionskontrolle geführt, die sozusagen auf dem subventionsrechtlichen Auge blind sei.[352] Dementsprechend hat die Kommission im Mai 2021 einen Vorschlag für eine „VO über den Binnenmarkt verzerrende drittstaatliche Subventionen" vorgelegt, der ein **eigenständiges System der Zusammenschlusskontrolle** für subventionierte ausländische Unternehmen schaffen soll.[353] Danach soll die Kommission künftig befugt sein, finanzielle Zuwendungen zu prüfen, die in der EU tätige Unternehmen von Behörden eines Nicht-EU-Staats erhalten. Das Kontrollverfahren ähnelt dabei in vielfacher Hinsicht dem Fusionskontrollverfahren (Zuständigkeit nach Schwellenwerten, ex-ante-Kontrolle und Notifizierungspflicht, zweistufiges Verfahren, Zusagen und Abhilfemaßnahmen etc). Da sich die Kommission entschieden hat, das neue Beihilfeverfahren außerhalb des FKVO-Prüfverfahrens durchzuführen und es mit eigenen Fristen und eigenen Prüfkriterien auszustatten, kommt es zu einer bemerkenswerten **Doppelung der Fusionsverfahren**. Dies hat zwar den Vorteil, dass das wettbewerbsorientierte Fusionskontrollverfahren nicht von der „politischeren" Beihilfekontrolle kontaminiert wird; jedoch wird es eine Herausforderung sein, beide Prüfverfahren in zeitlich und inhaltlich abgestimmter Weise durchzuführen. Fallen Unternehmen zudem noch in sicherheitsrelevante Sektoren gem. der VO zur Überprüfung ausländischer Direktinvestitionen, werden für eine Fusion nun allein auf EU-Ebene gleich **drei Anmeldungen** fällig, die zu drei verschiedenen Prüfverfahren führen können. Da sich bei sog. Gatekeeper-Unternehmen auch nach dem **„Digital Markets Act"** noch weitere Anmeldepflichten ergeben können, können bis zu vier verschiedene Kommissionsstellen mit der Prüfung eines Zusammenschlusses beschäftigt sein.

137 **d) Verhältnis zum Kontrollverfahren ausländischer Direktinvestitionen.** Nach der FKVO werden Zusammenschlüsse nur im Hinblick auf Wettbewerbsbedenken geprüft. Bedenken im Hinblick auf sicherheitspolitische Belange können nach Art. 23 allenfalls von nationaler Seite angerufen werden. Lange Zeit war strittig, ob die Union weitere Kompetenzen für eine Prüfung auch im Hinblick auf sicherheitspolitische oder „strategische" Interessen erhalten sollte – sei es innerhalb der FKVO, sei es in einem neuen außenwirtschaftlichen Prüfverfahren.[354] Ein solches

---

[347] EuG Slg. 2001, II-337, Rn. 114 – RJB Mining/Kommission.
[348] EuG Slg. 2001, II-337, Rn. 116 – RJB Mining/Kommission; vgl. auch Leitlinien „horizontale Zusammenschlüsse", Rn. 36.
[349] Kom., EGKS. 1252, Rn. 40 – RAG/Saarbergwerke/Preussag Anthrazit.
[350] EuG Slg. 3001, II-337, Rn. 122–126 – RJB Mining/Kommission.
[351] Kom., EGKS. 1252, Rn. 54 – RAG/Saarbergwerke/Preussag Anthrazit; Kom., M.3596, Rn. 71 – ThyssenKrupp AG/HDW; Kom., M.3596, Rn. 78 – HDW/Ferrostaal/Hellenic Shipyard.
[352] S. etwa zur Debatte um die Fehleinschätzung der Wettbewerbskraft subventionierter chinesischer Wettbewerber im Bereich Schienenfahrzeuge Pang DLPR 1 (2020), 33; Kom., M.8677 – Siemens/Alstom.
[353] Vorschlag für eine VO über den Binnenmarkt verzerrende drittstaatliche Subventionen v. 5.5.2021, COM(2021) 223.
[354] S. etwa den Aufruf von Abgeordneten der EVP-Fraktion, abrufbar unter https://www.eppgroup.eu/newsroom/news/state-influenced-foreign-investment-eu-must-be-able-to-intervene, zuletzt abgerufen am 1.4.2023.

Prüfverfahren ist mit der sog. FDI-Verordnung[355] nunmehr geschaffen worden. Ab Ende 2020 wird die EU danach ausländische Direktinvestitionen (also nicht nur Übernahmen und Zusammenschlüsse) in einem eigenständigen, vom Fusionskontrollverfahren strikt getrennten Verfahren auf mögliche Gefahren für die Sicherheit und öffentliche Ordnung in der EU und ihren Mitgliedstaaten kontrollieren. Nach dem im November 2018 gefundenen politischen Kompromiss dient das neue Verfahren vor allem der Koordinierung der vorhandenen außenwirtschaftlichen Kontrollregime,[356] ersetzt aber nicht deren Eigenständigkeit. Allerdings kann die Kommission alle Mitgliedstaaten durch eine nicht verbindliche Stellungnahme davon in Kenntnis setzen, dass eine geplante Investition (und ggf. eine Unternehmensübernahme) zu Gefahren für die Sicherheit und öffentliche Ordnung führen würde. Diese Bedenken können sich etwa auf Fragen der Energieversorgungssicherheit oder den Zugang ausländischer Unternehmen oder Staaten zu „kritischen" Technologien oder Infrastrukturen beziehen.[357]

138 Es gibt für Unternehmen oder Mitgliedstaaten also keine zusätzliche verpflichtende Präventivanmeldung von Investitionen oder Übernahmen bei der Kommission. Allerdings besteht eine Meldepflicht für diejenigen Mitgliedstaaten, die über ein nationales außenwirtschaftliches Prüfverfahren verfügen und im konkreten Fall eine Prüfung einleiten. Auch gilt eine – etwas versteckte[358] – Stillhalteverpflichtung für die Mitgliedstaaten, die in Zukunft eine außenwirtschaftliche Prüfentscheidung erst erlassen dürfen, nachdem sie Kommission und anderen Mitgliedstaaten Gelegenheit zur Stellungnahme gegeben haben.[359]

139 Die Stellungnahmen der Kommission sind zwar rechtlich unverbindlich, dürften aber eine gewisse politische Wirkung entfalten.[360] Obwohl die neue außenwirtschaftliche Kompetenz der EU kein der FKVO vergleichbares systematisches EU-Prüfregime schafft, sondern auf Koordinierung und fakultative Stellungnahmen beschränkt bleibt, wird die Kommission in Zukunft also in bestimmten Fällen zweimal zu Transaktionen mit EU-Außenbezug Stellung nehmen. Dabei ergeben sich zahlreiche rechtliche, politische und praktische Berührungspunkte.[361]

140 **e) Verhältnis zum „Digital Markets Act".** Die im Jahr 2022 angenommene „VO über bestreitbare und faire Märkte im digitalen Sektor" („Digital Markets Act" – DMA)[362], die ein ganz neues System präventiver und nachträglicher Wettbewerbskontrolle einführt, wird für Fusionsfälle im Internetsektor eine zusätzliche Prüfebene schaffen. Art. 14 DMA verpflichtet sog. „Gatekeeper", also Unternehmen, die den Zugang zu einem digitalen Markt verweigern oder beschränken können, die Kommission über geplante **Zusammenschlüsse** im Sinne einer ex-ante Notifizierung zu informieren. Die Pflicht besteht dabei unabhängig von den Schwellenwerten der FKVO oder nationaler Behörden. Sie soll es der Kommission ermöglichen, Gefahren für den Wettbewerb auf Internetmärkten früh zu erkennen.[363] Der DMA verweist in diesem Zusammenhang ausdrücklich auf die Möglichkeit, der Kommission über Art. 22 die Überprüfung potenziell marktschädlicher Übernahmen zu ermöglichen. Die neuen Kompetenzen und Pflichten unter dem DMA sind damit **komplementär zur FKVO** und ersetzen diese nicht durch ein eigenständiges Prüfverfahren von Zusammenschlüssen im Digitalbereich.

141 **f) Antidumpingrecht.** Ähnlich wie die Beihilfepolitik kann sich auch die Antidumpingpolitik auf die gemeinschaftliche Fusionskontrolle auswirken. Zwar unterscheiden sich Antidumping- und

---

[355] Vgl. den Kommissionsvorschlag v. 13.9.2017 über eine VO des Rates und des Parlaments zur Schaffung eines Rahmens für die Überprüfung ausländischer Direktinvestitionen in der Europäischen Union, KOM(2017) 487 endg.; s. auch die Pressemitteilung zum politischen Kompromiss zwischen Parlament und Rat vom 19.11.2018: http://europa.eu/rapid/press-release_IP-18-6467_de.htm, zuletzt abgerufen am 1.4.2023; der Begriff steht für „Foreign Direkt Investments" und findet sich auch in der Verordnung selbst wieder, vgl. Art. 12 („FDI-Expertengruppe").
[356] Derzeit haben 14 Mitgliedstaaten ein AWG entsprechendes Kontrollsystem.
[357] S. im Einzelnen den Katalog in Art. 4 der FDI-Verordnung.
[358] Die 35-tägige Stillhalteverpflichtung lässt sich aus Art. 3(3) und 6(8) der VO ableiten (und entspricht etwa der 25-tägigen (Arbeitstage) Frist in Phase I der FKVO).
[359] S. dazu Art. 6 und 7 der FDI-Verordnung.
[360] Allerdings zeigt der Disput um die „Nordstream II"-Gasleitung, dass Mitgliedstaaten durchaus auch gegen die Empfehlung der Kommission handeln.
[361] S. dazu auch die Ausführungen zu Überschneidungen mit der FKVO in Begründung des Kommissionsvorschlags, die insbesondere auf mögliche Überschneidungen bei der Anrufung nationaler Sicherheitsinteressen nach Art. 21 Abs. 4 hinweisen.
[362] VO (EU) 2022/1925, ABl. 2022 L 265, 1.
[363] S. dazu etwa Käseberg Zeitschrift für Wirtschaftspolitik 2022, 2070; Cisnal de Ugarte/Perez/Pico European Competition and Regulatory Law Review 2022, vol. 1, 17; sowie Schmalenberger/Nagel, Der Digital Markets Act – eine neue Regulierung für digitale Märkte, abrufbar unter https://www.taylorwessing.com/de/insights-and-events/insights/2022/04/the-digital-markets-act, zuletzt abgerufen am 1.4.2023.

Fusionskontrollrecht hinsichtlich ihrer Zielsetzungen insofern voneinander, als die Zielsetzungen der Antidumpingpolitik weiter gefasst sind als die der FKVO und auf den Schutz einzelner Wirtschaftsteilnehmer und nicht auf den Schutz des Wettbewerbs als solchen oder des Verbrauchers abstellen.[364] Das Kohärenzgebot[365] verpflichtet die Kommission aber auch hier, Widersprüche zwischen Fusionskontroll- und Dumpingentscheidungen soweit wie möglich zu vermeiden. Angesichts der wesentlichen Unterschiede der beiden Politikbereiche dürften sich die gegenseitigen Auswirkungen allerdings in Grenzen halten. So besitzen etwa die iRe Dumpingverfahrens getroffenen Feststellungen zur **„gleichartigen Ware"** gem. Art. 1 Abs. 4 VO (EU) 2016/1036 (ABl. L 176, 21) regelmäßig keine Relevanz für die anderen Kriterien folgende Marktabgrenzung im Fusionsverfahren.[366]

142   Relevant werden kann dagegen die Frage, inwieweit sich Antidumpingzölle auf die wettbewerbliche Situation innerhalb der Gemeinschaft – insbes. die geografische Marktabgrenzung – auswirken. So können Antidumpingmaßnahmen zu einem erheblichen Rückgang bzw. zum Erliegen der Einfuhren aus Drittländern und damit zu hohen Marktanteilen innerhalb der Gemeinschaft führen.[367] Dennoch kann das Angebot dadurch begünstigter Unternehmen, ihre Unterstützung für die Antidumpingmaßnahmen zurückzunehmen, schon deshalb nicht als **Zusage** zur Beseitigung eines Wettbewerbsproblems akzeptiert werden,[368] weil die Kommission im Antidumpingrecht von Amts wegen tätig werden kann und die Rücknahme der Maßnahmen von den Marktbedingungen und nicht vom Parteiwillen abhängt.[369] Eine solche Zusage wäre auch nur schwer mit der theoretischen Konzeption des Antidumpingrechts vereinbar, nach der das Auslaufen einer Antidumpingmaßnahme nicht zu erhöhten Importen führen sollte, da Antidumpingzölle – zumindest theoretisch – nur den „fairen" Wettbewerbspreis herstellen, so dass die Importe nach deren Wegfall auch nicht steigen dürften.[370] Trotz des grundsätzlichen Spannungsverhältnisses[371] zwischen Antidumping- und Wettbewerbspolitik der Union kam dieser Konflikt in Fusionsfällen bisher allerdings nur in Einzelfällen zum Tragen.[372]

143   **g) Landwirtschaftsrecht.** Anders als bei den kartellrechtlichen Vorschriften der Art. 101, 102 AEUV ist die Anwendbarkeit der FKVO keinen Ausnahme- oder Sondervorschriften unterworfen. Prüfungsmaßstab ist damit auch bei landwirtschaftlichen Zusammenschlüssen allein die Vereinbarkeit mit dem Gemeinsamen Markt. Die **uneingeschränkte Geltung der FKVO** für alle Zusammenschlüsse von Unternehmen im landwirtschaftlichen Sektor wird allerdings dadurch relativiert, dass die Schwellenwerte der FKVO bei landwirtschaftlichen Zusammenschlüssen nur selten erreicht werden. Bei der wettbewerblichen Würdigung und der Ausgestaltung von Zusagen ist regelmäßig die besondere Struktur der etwa durch Marktordnungen und Quotensysteme gemeinschaftsrechtlich reglementierten Märkte zu berücksichtigen.[373]

144   **h) Verkehrsrecht.** Auch für Fusionen, die den Bereich des Land-, See- oder Luftverkehrs betreffen, gelten im Fusionskontrollrecht **keine Ausnahmeregelungen.** Dem steht auch nicht die Protokollerklärung der Kommission aus dem Jahr 1997 entgegen, die anlässlich der Einbeziehung „koordinativer" Vollfunktionsgemeinschaftsunternehmen in die FKVO feststellte, dass die FKVO nicht für Konsortien im Seeverkehrssektor gilt. Diese Erklärung hat nämlich lediglich **deklaratorischen Charakter** und soll klarstellen, dass derartige Konsortien schon nicht als Vollfunktionsgemeinschaftsunternehmen iSd Art. 3 Abs. 4 anzusehen sind.[374]

---

[364] Vgl. Art. 21 der Antidumping-Grundverordnung (VO 384/96, ABl. 1996 L 56, 1); zu den unterschiedlichen Zielsetzungen auch Schmidt/Richard WuW 1991, 665 (678); Wessely, Das Verhältnis von Antidumping- und Kartellrecht in der Europäischen Gemeinschaft, 76.
[365] EuGH Slg. 1993, I-3203 Rn. 41 – Matra/Kommission.
[366] Art. 1 Abs. 4 lautet: „Im Sinne dieser Verordnung gilt als „gleichartige Ware" eine Ware, die mit der betreffenden Ware identisch ist, dh, ihr in jeder Hinsicht gleicht, oder, wenn es eine solche Ware nicht gibt, eine andere Ware, die zwar der betreffenden Ware nicht in jeder Hinsicht gleicht, aber Merkmale aufweist, die denen der betreffenden Ware sehr ähnlich sind." Vgl. aber das gegenteilige Vorbringen der Parteien im Fall Kom., M.774, Rn. 44 – Saint-Gobain/Wacker-Chemie/NOM.
[367] Vgl. etwa Mitteilung der Kommission, Kom., (Fn. 340), Rn. 122–124.
[368] Kom., M.774, Rn. 261–264 – Saint-Gobain/Wacker-Chemie/NOM.
[369] Vgl. etwa Art. 5 Abs. 6 VO 384/96.
[370] So zu Recht auch Montag/Kaessner WuW 1997, 781 (790).
[371] Vgl. dazu etwa Montag/Kaessner WuW 1997, 781 (789); Schmidt/Richard WuW 1991, 665 (678).
[372] Kom., M.702, Rn. 29 – Starck/Wienerberger; Kom., M.774 – Saint-Gobain/Wacker-Chemie/NOM.
[373] Vgl. etwa Kom., M.2530, Rn. 162–169 – Südzucker/Saint Louis.
[374] Erklärung der Kommission für das Ratsprotokoll zu Art. 3 Abs. 2, Interinstitutionelles Dossier Nr. 96/0224 (CNS) vom 20.6.1997 (abgedruckt in: Europäische Kommission, Die Fusionskontrolle in der Europäischen Union, 1998, 65, 66); vgl. auch schon die Anmerkung zu Art. 3 Abs. 2 UAbs. 1 VO (EWG) Nr. 4064/89 des Rates (abgedruckt in: Europäische Kommission, Die Fusionskontrolle in der Europäischen Union, 1998, 53, 54); s. Gruppenfreistellung für Konsortien im Seeverkehr (VO 246/2009, ABl. 2009 L 256, 31).

V. Konkurrenzverhältnis der FKVO zu anderen Rechtsvorschriften

i) Übernahmerichtlinien. Die Fusionskontrollverordnung ist nur ein Element eines ganzen 145 Bündels von Richtlinien und Verordnungen zur Erleichterung grenzüberschreitender Zusammenschlüsse. Die Kommission hat bereits früh mit der Erarbeitung eines umfangreichen Richtlinienprogramms begonnen, das bestehende Hindernisse für grenzüberschreitende Zusammenschlüsse beseitigen soll und Regelungen zur Harmonisierung von Rechnungslegungs-[375] und Steuervorschriften[376] und zu eigenen europäischen Gesellschaftsrechtsformen[377] umfasst.

Die Fusionskontrollverordnung wird in der Presse mitunter mit den verschiedenen „Fusions- 146 richtlinien" vermengt. Dies trifft zunächst auf die vieldiskutierte **„Übernahmerichtlinie"**[378] zu, die gesellschaftsrechtliche Probleme der Verschmelzung von Gesellschaften regelt.[379] Als „Fusionsrichtlinien" werden auch die **Übernahmeangebotsrichtlinie** Nr. 2004/25[380] und die **Fusionsbesteuerungsrichtrichtlinie** Nr. 90/434[381] bezeichnet. Keine dieser Richtlinien enthält jedoch Wettbewerbsvorschriften, so dass allenfalls ein indirekter Bezug zur FKVO besteht.[382]

j) Allgemeine Rechtsgrundsätze. Die allgemeinen Rechtsgrundsätze spielen in der fusions- 147 kontrollrechtlichen Praxis eine nicht zu unterschätzende Rolle. Als Gemeinschaftsprimärrecht genießen sie Vorrang gegenüber der FKVO. Zu den allgemeinen Rechtsgrundsätzen zählen einerseits die **Gemeinschaftsgrundrechte,** deren von ihrer textlichen Verankerung unabhängige Geltung der Gerichtshof schon früh bestätigt hat und auf die Erwägungsgrund 36 der FKVO ausdrücklich Bezug nimmt. So folgt schon aus dem Grundrecht der wirtschaftlichen Betätigungsfreiheit,[383] dass die Kommission in ihrer Entscheidung, eine Fusion zu untersagen oder nicht, keineswegs frei ist, sondern einer sachlichen Rechtfertigung bedarf, um eine Fusion zu untersagen. Die auch im 4. Erwägungsgrund zum Ausdruck kommende grds. positive Einstellung der Gemeinschaft gegenüber Fusionen lässt sich also auch schon aus den Grundrechten ableiten. Die Tatsache, dass der materielle Test der Fusionskontrolle insofern also nicht „symmetrisch" sein kann und eine grundsätzliche Vermutung für die Freigabe einer Fusion spricht, sagt allerdings nichts über die Beweisanforderungen für die Rechtfertigung einer Fusion aus. Insofern steht das Grundrecht der wirtschaftlichen Betätigungsfreiheit lediglich unter einem allgemeinen Verhältnismäßigkeitsvorbehalt.[384] Die Anforderungen an die dabei zu treffende Prognoseentscheidung sind in der FKVO nicht näher konkretisiert (zB durch ein Erfordernis einer „hohen Wahrscheinlichkeit" einer Wettbewerbsbeeinträchtigung). Daher gelten die allgemeinen Beweisanforderungen für wirtschaftsverwaltungsrechtliche Prognoseentscheidungen. In Fällen, in denen im Fusionsverfahren investigative Maßnahmen ergriffen (zB Durchsuchungen) werden, können auch andere Grundrechte eine Rolle spielen (zB die Unverletzlichkeit der Wohnung).

Von großer praktischer Bedeutung für das Fusionsverfahren sind dagegen die allgemeinen 148 **verwaltungsrechtlichen Rechtsgrundsätze.** Dies gilt insbes. für den Grundsatz der Verhältnismäßigkeit, der in einer Reihe von Artikeln der FKVO und der DVO FKVO verankert ist[385] und der sowohl bei der materiellen Behandlung von Fusionen als auch bei der Ausgestaltung des

---

[375] Vgl. etwa die sog „Bilanzrichtlinie" 2013/34/EU, ABl., 2013 L 182, 19.
[376] Vgl. etwa die RL 90/435/EWG des Rates vom 23.7.1990 über das gemeinsame Steuersystem für Mutter- und Tochtergesellschaften verschiedener Mitgliedstaaten, ABl. 1990 L 225, 1.
[377] Vgl. die VO 2157/2001 zur Europäischen Aktiengesellschaft, ABl. 2001 L 294, 1.
[378] RL (EWG) Nr. 78/855, ABl. 1978 L 295, 36.
[379] Vorschlag für eine Richtlinie des Europäischen Parlaments und des Rates über die Verschmelzung von Kapitalgesellschaften aus verschiedenen Mitgliedstaaten, KOM(2003) 703.
[380] RL 2004/25/EG des Europäischen Parlaments und des Rates vom 21.4.2004 betreffend Übernahmeangebote, ABl. 2004 L 142, 12.
[381] RL 90/434/EWG des Rates vom 23.7.1990 über das gemeinsame Steuersystem für Fusionen, Spaltungen, die Einbringung von Unternehmensanteilen und den Austausch von Anteilen, die Gesellschaften verschiedener Mitgliedstaaten betreffen, ABl. 1990 L 225, 6; dazu etwa Diemer RIW 1991, 570.
[382] Gesellschaftsrechtliche Vorschriften können allerdings bei Zuständigkeitsfragen (zB beim Kontrollbegriff) eine Rolle spielen.
[383] Vgl. etwa EuGH Slg. 1985, 2857 Rn. 23 – Finsider/Kommission; vgl. auch Europäische Verfassung, Art. II-76 sowie zuvor schon Art. 16 der Charta der Grundrechte der EU. Dazu auch Nowak EuR 2004, Beiheft 3, 77 (88–91).
[384] Koch, Der Grundsatz der Verhältnismäßigkeit in der Rechtsprechung des Gerichtshofs der Europäischen Gemeinschaften, 2003, 508.
[385] Vgl. etwa Art. 6 Abs. 2 und 8 Abs. 2: Freigabe mit Auflagen/Bedingungen; Art. 7 Abs. 3: Erforderlichkeit der Vollzugsaussetzung und bedingte Vollzugsaussetzung; Art. 6 Abs. 1 lit. b UAbs. 2, Art. 8 Abs. 1 UAbs. 2 und 6 Abs. 2 UAbs. 3: notwendige Nebenabreden; Art. 8 Abs. 4–7: geeignete Maßnahmen zur Auflösung; Art. 12–15: erforderliche Nachprüfungen, angemessene Sanktionen; Art. 21 Abs. 4: geeignete Maßnahmen zum Schutz nationaler Interessen; Art. 4 DVO FKVO: erforderliche Auskünfte; Art. 17 DVO FKVO: erforderliche Akteneinsichtsrechte.

Fusionsverfahrens zu beachten ist. Der Verhältnismäßigkeitsgedanke liegt etwa der Zusagenpraxis der Kommission zugrunde, wo er dazu verpflichtet, bei geeigneten Zusagenangeboten auf ein Verbot zu verzichten und Zusagen prinzipiell auf das Erforderliche zu begrenzen;[386] Gleiches gilt für die Beurteilung von Nebenabreden, die für die Durchführung des Zusammenschlusses notwendig sein müssen, um in den Genuss der Genehmigungswirkung einer Freigabeentscheidung zu kommen (vgl. → Art. 8 Rn. 88–112). Auch in anderen Gebieten des Verfahrens – etwa beim Recht auf Zugang zu Fusionsdokumenten nach VO 1049/2001 (ABl. 2001 L 145, 43) – ist die Kommission stets verpflichtet, die Erforderlichkeit ihrer Maßnahmen zu prüfen und mildere Mittel in Betracht zu ziehen. Der Gleichheitsgrundsatz kommt im Fusionskontrollrecht etwa bei der Bindung der Kommission an ihre in den verschiedenen Mitteilungen dargelegte Verfahrens- und Entscheidungspraxis zum Tragen. Zu beachten sind schließlich auch die allgemeinen verfahrensrechtlichen Rechtsgrundsätze (Recht auf rechtliches Gehör, Begründungspflicht, Dokumentenzugang etc).

149 **2. Verhältnis zum Recht der Mitgliedstaaten.** Entscheidend dafür, ob nationales oder Gemeinschaftsrecht anwendbar ist, ist die Frage, ob es sich um einen Zusammenschluss mit gemeinschaftsweiter Bedeutung iSd Art. 1–5 handelt. Soweit die FKVO einschlägig ist, gilt der Grundsatz **der ausschließlichen Anwendung gemeinschaftsrechtlicher Fusionskontrollvorschriften**.[387] Eine parallele Rechtsanwendung ist – anders als etwa iRd allgemeinen Kartellvorschriften der Art. 101, 102 AEUV (vgl. → AEUV Art. 102 Rn. 51–59) – nicht vorgesehen. Nationales Fusionskontrollrecht kann auf Fusionen mit gemeinschaftsweiter Bedeutung allerdings dann Anwendung finden, wenn der Fall nach Art. 4 Abs. 4 oder Art. 9 an die Behörden der Mitgliedstaaten verwiesen wurde. Nach einer Verweisung sind die Mitgliedstaaten nicht gem. Art. 4 Abs. 3 EUV an die zuvor getroffenen Feststellungen der Kommission gebunden, sondern können frei nach nationalem Recht entscheiden.[388]

VI. Aufbau der FKVO und Zusammenspiel mit anderen Rechtstexten

150 **1. FKVO und andere relevante Texte.** Die beiden einzigen unmittelbar rechtsverbindlichen Texte des Fusionskontrollrechts sind die **FKVO**[389] sowie die sie ergänzende **Durchführungsverordnung**,[390] die die wesentlichen verfahrensrechtlichen Vorschriften der FKVO konkretisiert (Form der Anmeldung, Anmeldeformulare, Fristenregime, Anhörungsrechte).

151 **Überragende Bedeutung** für die Praxis der Fusionskontrolle haben in den vergangenen Jahren die zahlreichen **erläuternden „soft-law"-Texte** der Kommission erlangt. So sind viele wichtige Details, auf die die Kommission bei der Abgrenzung der Zuständigkeit, beim materiellen Test oder in Verfahrensfragen abstellt, in eigenen „Mitteilungen", „Stellungnahmen", „Bekanntmachungen", „Leitlinien" oder „Best Practices" geregelt. Dies sind im Wesentlichen:[391]
– die Mitteilung zum **Verweisungssystem sowie die ergänzende Mitteilung zur Anwendung von Art. 22**,[392]
– die Bekanntmachung zum **vereinfachten Verfahren**,[393]
– die Leitlinien zu **horizontalen Zusammenschlüssen**,[394]

---

[386] Allerdings ist die Kommission auch zur Entgegennahme „überschießender" Zusagen berechtigt, wenn die Parteien etwa ein Unternehmen nur als Ganzes veräußern wollen, s. EuG Slg. 2006, II-319 Rn. 308 ff. – Cementbouw/Kommission; vgl. dazu → Art. 8 Rn. 31.
[387] Art. 21 Abs. 1 und Abs. 3 sowie Erwgr. 17 und 18 der FKVO.
[388] EuG Slg. 2003, II-1433 Rn. 349–358 – Royal Philips/Kommission.
[389] VO (EG) Nr. 139/2004 des Rates über die Kontrolle von Unternehmenszusammenschlüssen, ABl. 2004 L 24, 1.
[390] VO (EG) Nr. 802/2004 der Kommission vom 7.4.2004 zur Durchführung der Verordnung (EG) Nr. 139/2004 des Rates über die Kontrolle von Unternehmenszusammenschlüssen, ABl. 2004 L 133, 1.
[391] Die aktuellen Versionen aller genannten Rechtstexte sind auf der Internetseite der GD Wettbewerb abrufbar unter https://competition-policy.ec.europa.eu/mergers/legislation/notices-and-guidelines_en, zuletzt abgerufen am 1.4.2023.
[392] Mitteilung der Kommission über die Verweisung in Fusionssachen, ABl. 2013 C 366, 5; Mitteilung der Kommission – Leitfaden zur Anwendung des Verweisungssystems nach Artikel 22 der Fusionskontrollverordnung auf bestimmte Kategorien von Vorhaben, ABl. 2021 C 113, 1; vgl. auch die Mitteilung zu Verweisungen nach dem EWR-Übereinkommen, ABl. 2005 C 56, 2.
[393] Bekanntmachung der Kommission über die vereinfachte Behandlung bestimmter Zusammenschlüsse gemäß der Verordnung (EG) Nr. 139/2004 des Rates, über die Kontrolle von Unternehmenszusammenschlüssen, ABl. 2023 C 160, 1.
[394] Leitlinien zur Bewertung horizontaler Zusammenschlüsse gemäß der Ratsverordnung über die Kontrolle von Unternehmenszusammenschlüssen ABl. 2004 C 31, 5.

VI. Aufbau der FKVO und Zusammenspiel mit anderen Rechtstexten

- die Leitlinien zu **nicht-horizontalen Zusammenschlüssen**,[395]
- die Bekanntmachung über die **Definition des relevanten Marktes**,[396]
- die Mitteilung zu **Zuständigkeitsfragen**[397] (die die vorherigen Mitteilungen zur Umsatzberechnung, zum Zusammenschlussbegriff, zum Vollfunktionsgemeinschaftsunternehmen und zum Begriff der Beteiligten Unternehmen zusammenfasst),
- die Mitteilung zu **Abhilfemaßnahmen**[398] und die „**Best Practice Guidelines**" über Standardtexte für Zusagenangebote,[399]
- die Bekanntmachung zu **Nebenabreden**,[400]
- die „**Information Note**" zur Aufgabe von Zusammenschlussvorhaben,[401]
- die „**Best Practices**" zur **Durchführung des Fusionskontrollverfahrens** und zum **Austausch ökonometrischer Daten**,[402]
- die Mitteilung zur **Akteneinsicht** und die „**Guidance**" zur Anfertigung **nichtvertraulicher Versionen**,[403]
- die Mitteilung zur **elektronischen Übermittlung von Unterlagen**,[404]
- der Beschluss zum Mandat der **Anhörungsbeauftragten**.[405]

Bei den meisten der og Texte handelt es sich in rechtlicher Hinsicht um die in Art. 288 AEUV beschriebene Handlungsform der „Stellungnahme".[406] Die Bezeichnung als „Mitteilung", „Leitlinie", „Bekanntmachung" etc ist für die rechtliche Einordnung der Texte ohne Bedeutung und nicht etwa Ausdruck einer beabsichtigten Differenzierung.[407] Die Texte sind zwar nach dem Wortlaut des Art. 288 AEUV **zunächst rechtlich unverbindlich.** Da sämtliche Mitteilungen aber in einer großen Zahl von Fusionsfällen zur Anwendung kommen und, anders als etwa reine Verwaltungsvorschriften, von vorneherein für die Öffentlichkeit bestimmt sind,[408] können sie über den Gleichheitssatz des Gemeinschaftsrechts eine **erhebliche Bindungswirkung** gegenüber der Kommission bei der Auslegung der FKVO und der Ausgestaltung des Verfahrens gewinnen.[409] Dementsprechend nimmt der Gerichtshof regelmäßig in seinen Urteilen auf die relevanten Mitteilungen Bezug.[410]

---

[395] Leitlinien zur Bewertung nichthorizontaler Zusammenschlüsse gemäß der Ratsverordnung über die Kontrolle von Unternehmenszusammenschlüssen, ABl. 2008 C 265, 6.

[396] Bekanntmachung der Kommission über die Definition des relevanten Marktes im Sinne des Wettbewerbsrechts der Gemeinschaft, ABl. 1997 C 372, 5.

[397] Konsolidierte Mitteilung der Kommission zu Zuständigkeitsfragen gemäß der Verordnung (EG) Nr. 139/2004 des Rates über die Kontrolle von Unternehmenszusammenschlüssen, ABl. 2009 C 43, 10.

[398] Mitteilung der Kommission über nach der Verordnung (EG) Nr. 139/2004 des Rates und Verordnung Nr. 802/2004 der Kommission zulässige Abhilfemaßnahmen, ABl. 2008 C 267, 1.

[399] Best Practice Guidelines for Divestiture Commitments, abrufbar unter https://competition-policy.ec.europa.eu/mergers/legislation_en, zuletzt abgerufen am 1.4.2023.

[400] Bekanntmachung über Einschränkungen des Wettbewerbs, die mit der Durchführung von Unternehmenszusammenschlüssen unmittelbar verbunden und für diese notwendig sind, ABl. 2005 C 56, 24.

[401] DG COMP Information note on Art. 6 Abs. 1c 2nd sentence of the Merger Regulation (abandonment of mergers), abrufbar unter https://competition-policy.ec.europa.eu/mergers/legislation_en, zuletzt abgerufen am 1.4.2023.

[402] Best Practices on the conduct of EC merger control proceedings, on disclosure of information in data rooms, abrufbar unter: https://competition-policy.ec.europa.eu/mergers/legislation_en, zuletzt abgerufen am 1.4.2023.

[403] Mitteilung der Kommission über die Regeln für die Einsicht in Kommissionsakten in Fällen einer Anwendung der Artikel 81 und 82 EG-Vertrag, Artikel 53, 54 und 57 des EWR-Abkommens und der Verordnung (EG) 139/2004, ABl. 2005 C 325, 7.

[404] Mitteilung gemäß Artikel 3 Absatz 2, Artikel 13 Absatz 3, Artikel 20 und Artikel 22 der Durchführungsverordnung (EU) 2023/914 der Kommission zur Durchführung der Verordnung (EG) Nr. 139/2004 des Rates über die Kontrolle von Unternehmenszusammenschlüssen und zur Aufhebung der Verordnung (EG) Nr. 802/2004 der Kommission, ABl. 2023 C 160, 2.

[405] Beschluss des Präsidenten der Europäischen Kommission vom 13.10.2011 über Funktion und Mandat des Anhörungsbeauftragten in bestimmten Wettbewerbsverfahren Text von Bedeutung für den EWR, ABl. 2011 L 275, 29.

[406] Zum Unterschied zwischen „Empfehlungen" und „Stellungnahmen" iSd Art. 249 EG (Art. 288 AEUV) von der Groeben/Schwarze/Hatje/Geismann EG Art. 288 Rn. 63. Die Europäische Verfassung sieht insoweit keine Änderung an dieser Terminologie vor, vgl. Art. I-33.

[407] Wie man an den einheitlichen Titeln der englischen Ausgangsdokumente („Notice") sehen kann, werden die Begriffe „Bekanntmachung" und „Mitteilung" in der Übersetzung offenbar eher zufällig ausgewählt.

[408] Allerdings werden die „Best Practices", anders als die anderen genannten Mitteilungen, nicht im Amtsblatt, sondern lediglich in englischer Sprache im Internet veröffentlicht.

[409] EuG Slg. 2002, II-4825 Rn. 90 – Lagardère; Dittert WuW 2004, 148, Fn. 84; Schweda WuW 2004, 1133 (1138).

[410] Vgl. etwa EuG Slg. 2006, II-1931 Rn. 132 – Easyjet/Kommission.

Obwohl die Kommission eine solche Bindungswirkung zumindest in den „Best Practices" – die auch nicht in andere Amtssprachen übersetzt werden – ausdrücklich auszuschließen versucht,[411] entfalten die in den Best Practices beschriebenen Verfahrensweisen jedenfalls solange eine Bindungswirkung, wie die Kommission ihnen nachweisbar folgt und es sich nicht um einen atypischen Sonderfall handelt. Insofern kommt den Mitteilungen durchaus eine **quasinormative Wirkung** zu, da sie Betroffene berechtigen können, gegenüber der Kommission einzufordern, nicht von der in den Mitteilungen dargelegten Auslegung bzw. Vorgehensweise abzuweichen.

153 Neben den beiden Verordnungen und den genannten Mitteilungen spielen auch die verschiedenen **Protokollerklärungen**,[412] die Rat und Kommission bei Verabschiedung der jeweiligen Rechtsakte abgegeben haben, eine Rolle für die Auslegung der Fusionskontrollvorschriften. Ebenso wie die **Erwägungsgründe** der beiden Verordnungen sind die Protokollerklärungen zwar nicht rechtsverbindlich. Sie sind aber ein wichtiges Hilfsmittel für die Interpretation bestimmter Rechtsvorschriften,[413] **und wie diese kann eine entsprechende Kommissionspraxis eine Bindungswirkung für die Kommission begründen, auf die sich Dritte ggf. berufen können.**[414] Für bestimmte Aspekte der Fusionskontrolle sind auch die **Art. 101, 102 AEUV** weiterhin von Bedeutung (zB Auslegung von Nebenabreden, Prüfung koordinierter Wirkungen in Gemeinschaftsunternehmen).

154 Zunehmende Bedeutung für die Auslegung der FKVO gewinnen schließlich auch die **Urteile von EuG und EuGH** in Fusionssachen.[415] Dies gilt nicht nur für die bereits erwähnten allgemeinen Rechtsgrundsätze, sondern auch für die Auslegung zahlreicher Rechtsbegriffe (wie etwa der Marktbeherrschung); dabei sind auch Urteile zu berücksichtigen, die vor Inkrafttreten der FKVO ergingen.[416]

155 **2. Aufbau der FKVO.** Wegen der großen praktischen Bedeutung der Mitteilungen für die Auslegung von FKVO und DVO FKVO sind die einzelnen Artikel der Verordnungen stets unter Berücksichtigung der relevanten Mitteilungstexte zu lesen. Die FKVO enthält im Wesentlichen drei Typen von Normen: Vorschriften zur **Zuständigkeit** der Kommission (Jurisdiktionsvorschriften), Vorschriften zur **materiellen Beurteilung** von Fusionen und Vorschriften zum **Verfahren** in Fusionssachen.

156 a) **Zuständigkeitsvorschriften: Art. 1, 3–5, 9 und 22.** Die für die Frage der Kommissionszuständigkeit maßgeblichen Vorschriften finden sich in **Art. 1** („Definition der gemeinschaftsweiten Bedeutung"), **Art. 3** (Definition des Zusammenschlusses) und **Art. 5** (Berechnung des maßgeblichen Umsatzes). Zur Auslegung dieser Vorschriften ist die **Mitteilung der Kommission zu Zuständigkeitsfragen** hinzuzuziehen, die in der Praxis von großer Bedeutung ist, da die dort behandelten Fragen (etwa die Berechnung des Umsatzes in Unternehmenskonglomeraten oder die Frage der Vollfunktionsfähigkeit) häufig rechtliche Probleme aufwerfen. Die für die Kommissionszuständigkeit maßgeblichen Verweisungsvorschriften sind in **Art. 4 Abs. 4** (Pränotifikationsverweisung an Mitgliedstaat), **Art. 4 Abs. 5** (Pränotifikationsverweisung an die Kommission), **Art. 9** (Verweisung an Mitgliedstaat) und **Art. 22** (Verweisung an die Kommission) geregelt, deren Auslegung in der **Mitteilung zu Verweisungen** präzisiert wird. Auch die Erwägungsgründe 8–20 der FKVO beziehen sich auf Jurisdiktionsfragen.

157 b) **Vorschriften zur materiellen Beurteilung von Fusionen: Art. 2, 6 und 8.** Die materielle Beurteilung von Fusionen richtet sich nach **Art. 2,** wobei die Grundlagen der Prüfung in den (wichtigen) Leitlinien zu horizontalen Zusammenschlüssen, in den Leitlinien zu nicht-horizontalen Zusammenschlüssen sowie der Mitteilung zum relevanten Markt näher beschrieben werden. Zu berücksichtigen sind auch die Erwägungsgründe 21–29. Für die Interventionspraxis der Kommission

---

[411] Vgl. → Rn. 4 der Mitteilung „Merger Best Practices".
[412] Zur FKVO von 1989: Anmerkungen zur Verordnung (EWG) Nr. 4064/89 des Rates (abgedruckt in: Europäische Kommission, Die Fusionskontrolle in der Europäischen Union, 1998, 53); zur Änderungsverordnung von 1997: Erklärungen für das Ratsprotokoll, Interinstitutionelles Dossier Nr. 96/0224 (CNS) vom 20.6.1997 (abgedruckt in: Europäische Kommission, Die Fusionskontrolle in der Europäischen Union, 1998, 65); zur FKVO von 2004: Protokollerklärung v. 27.1.2004 (Ratsdokument Nr. 5501/04 ADD1.
[413] Vgl. etwa die Anmerkungen der Kommission zur Art. 21 Abs. 3 aF der Verordnung (EWG) Nr. 4064/89 des Rates (abgedruckt in: Europäische Kommission, Die Fusionskontrolle in der Europäischen Union, 1998, 53).
[414] Beispiel für eine solche Bindungswirkung könnte etwa Erwgr. 21 sein, in dem die Kommission zusagt, bestimmte Arten von Nebenabreden weiterhin zu prüfen.
[415] S. dazu Schulte/Koch Rn. 2287 ff.
[416] Vgl. etwa zum Marktbeherrschungsbegriff, EuGH Slg. 1979, 461 Rn. 520 – Hoffmann-La Roche/Kommission.

in Fusionssachen besonders wichtig sind die in **Art. 6 und Art. 8** enthaltenen Vorschriften zu Abhilfemaßnahmen (auch „Zusagen") in Fusionssachen, die von einer jüngst erneuerten Mitteilung sowie Mustertexten für Zusagen und Treuhändermandat ergänzt werden.

c) Verfahrensvorschriften. Die übrigen Vorschriften der FKVO und der FKVO-Durchführungsverordnung betreffen das Verfahren in Fusionssachen und regeln die Anmeldepflicht **(Art. 4; Art. 2–6 DVO FKVO)**, das Vollzugsverbot **(Art. 7)**, den Verfahrensablauf, Entscheidungsarten und Fristen **(Art. 6, 8** und **10; Art. 7–10 DVO FKVO** und **Art. 19–20 FKVO-Durchführungsverordnung** sowie die Bekanntmachung zum vereinfachten Verfahren und Rn. 5–41 der „Best Practices"), Anhörungs- und Verteidigungsrechte der Parteien **(Art. 18; Art. 11–18 DVO FKVO**, Rn. 42–49 der „Best Practices"), Ermittlungs- und Sanktionsbefugnisse **(Art. 11–15)** sowie die behördliche Zusammenarbeit **(Art. 19)**. 158

VII. Grundzüge des Fusionsverfahrens

1. Rechtsgrundlagen. Auch wenn wesentliche Grundzüge des Fusionsverfahrens bereits in der FKVO selbst geregelt sind, ermächtigt Art. 23 Abs. 1 die Kommission, weitere Durchführungsvorschriften zu bestimmten Verfahrensfragen festzulegen (Anmeldung, Verweisungsverfahren, Vorlage von Verpflichtungszusagen und Anhörung).[417] Die auf dieser Grundlage erlassene **Durchführungsverordnung** (DVO FKVO) der Kommission regelt wichtige Verfahrensdetails und enthält als Anhang die vier Anmeldeformulare für normale Anmeldungen („Formblatt CO"),[418] vereinfachte Anmeldungen („Vereinfachtes Formblatt CO"), für Pränotifikationsverweisungen („Formblatt RS") sowie nunmehr auch ein Formblatt für Zusagen („Formblatt RM").[419] Ergänzt werden diese unmittelbar rechtsverbindlichen Normen durch nur mittelbar rechtsverbindliche Mitteilungen und Bekanntmachungen, etwa die zum vereinfachten Verfahren, zu Abhilfemaßnahmen, zum Verweisungsverfahren und zu Nebenabreden. 159

Wesentliches Charakteristikum des europäischen Fusionskontrollverfahrens ist die **intensive Kommunikation** zwischen der Kommission, den Parteien und Drittbetroffenen sowie den Behörden der Mitgliedstaaten, deren Interessen zu berücksichtigen sind. Die zahlreichen Kontakte dienen dabei nicht nur der gegenseitigen Information, sondern häufig auch der **Verhandlung** formeller oder materieller Fragen im Zusammenhang mit dem Fusionsverfahren (zB Umfang, Form und Zeitpunkt der Anmeldung, mögliche Befreiungen vom Vollzugsverbot, Zeitpunkt bestimmter Verfahrensschritte, Marktdefinitionen und wettbewerbliche Würdigung, Zusagen). Das Fusionsverfahren zeichnet sich dabei – bei Wahrung der formellen Anforderungen an ein rechtsstaatliches Verfahren – durch seine **flexible Ausgestaltung** aus, die eine pragmatische und lösungsorientierte Handhabung zulässt. 160

2. Verfahrensablauf. a) Möglichkeit der informellen Konsultation zu Zuständigkeitsfragen. Schon bevor ein Vorhaben – das allerdings konkret beabsichtigt sein muss[420] – anmeldefähig ist, können die Parteien in einem informellen **„Konsultationsverfahren"** die Kommission um eine Stellungnahme zu der Frage bitten, ob das Vorhaben nach den Vorschriften der FKVO anmeldepflichtig ist.[421] Konsultationen werden regelmäßig durch einen Brief des Direktors des jeweils betroffenen Sektors der Generaldirektion Wettbewerb beantwortet. Obwohl die iRd Konsultationsverfahrens erteilten Auskünfte ausdrücklich als unverbindlich gekennzeichnet sind[422] und es sich nicht um Kommissionsentscheidungen handelt, entfalten sie zumindest insoweit Rechtswirkungen, als sie einen Vertrauenstatbestand schaffen, auf den sich die Parteien bei späteren Konflikten um Zuständigkeitsfragen berufen können.[423] 161

b) Informelle Pränotifikationsphase. Obwohl eine Pränotifikationsphase weder in der FKVO noch in der DVO FKVO-Durchführungsverordnung erwähnt ist, beginnt das praktische 162

---

[417] Andere Punkte, wie etwa die Einzelheiten der Behördenkooperation gem. Art. 19, sind von der Kompetenznorm des Art. 23 Abs. 1 allerdings nicht umfasst.
[418] CO steht für „concentration" („Zusammenschluss").
[419] RS steht dabei für „reasoned submission" („begründeter Antrag"), RM für „remedies" („Abhilfemaßnahmen").
[420] Rein abstrakte Rechtsfragen werden von der Kommission im Konsultationsverfahren nicht beantwortet.
[421] Mitteilung „Merger Best Practices", Rn. 24 f.
[422] Die Antworten auf Anfragen im Konsultationsverfahren enthalten regelmäßig eine Klarstellung, dass es sich nur um die Auffassung der mit der Fusionskontrolle befassten Dienste der GD Wettbewerb handelt, die in keiner Weise die Kommission bindet.
[423] Zur Frage des Anspruchs auf eine rechtsverbindliche Entscheidung über die Anmeldepflichtigkeit einer Fusion etwa EuGH v. 25.9.2003, Schlüsselverlag Moser, Slg. 2003, 9889; die Anfechtbarkeit formloser Kommissionsschreiben ablehnend (allerdings in einem Zusagenfall) nunmehr EuG ECLI:EU:T:2018:665 – Multiconnect/Kommission.

Fusionskontrollverfahren regelmäßig bereits vor Einreichung der förmlichen Anmeldung. So hat sich ein zwar informelles, aber in langjähriger Praxis durchaus formalisiertes **Pränotifikationsverfahren** etabliert, das die eigentliche Anmeldung vorbereiten und Verzögerungen und Unterbrechungen während des Hauptverfahrens verhindern soll. Die Kontaktaufnahme vor der Anmeldung ist zwar nicht verpflichtend, wird aber von der Kommission ausdrücklich empfohlen.[424] Üblicherweise senden die Parteien, sobald sich das Anmeldvorhaben hinreichend konkretisiert hat, der Kommission ein erstes – formloses – Memorandum (**„Briefing Paper"**) zu, in dem sie das geplante Fusionsvorhaben und wesentliche Einzelheiten der Transaktion (Jurisdiktionsfragen, betroffene Märkte, mögliche Wettbewerbsprobleme) beschreiben.[425] Nachdem – regelmäßig montags – ein Case Team für den Fall bestimmt wurde, analysiert dieses Team die eingereichten Unterlagen und diskutiert dann mit den Parteien Fragen, die sich im Hinblick auf die Zuständigkeit und die Organisation des Verfahrensablaufs (zB möglicher Anmeldezeitpunkt, Anmeldungen bei anderen Behörden, Ablauf von Fristen bei Übernahmeangeboten etc) stellen. Dazu gehört regelmäßig die Frage, ob der Fall für ein vereinfachtes Verfahren[426] oder eine Verweisung von oder zur Kommission in Betracht kommt und inwieweit die Kommission auf bestimmte Angaben in den recht umfangreichen Anmeldeformblättern verzichten kann[427] (sog „waiver").

163   Umfang und Dauer des Pränotifikationsverfahrens richten sich nach der Komplexität des jeweiligen Falles, wobei es sich gerade bei umfangreicheren Anmeldungen und potentiell problematischen Fällen dringend empfiehlt, **so früh wie möglich** mit der Kommission Kontakt aufzunehmen. Auch wenn es paradox erscheinen mag, auf den Vorteil des strengen Fristenrahmens der FKVO zu verzichten, kommt eine gründliche Vorbereitung des Falles letztlich den Parteien zugute. So hilft eine Prüfung eines Entwurfs des Anmeldeformulars zu vermeiden, dass sich im Zusammenschlussvorhaben als nicht anmeldepflichtig erweist oder dass es zu Verfahrensunterbrechungen durch eine später festgestellte Unvollständigkeit der Anmeldung kommt (Art. 6 Abs. 1 lit. c). Vor allem besteht die Möglichkeit, schon vor der eigentlichen Anmeldung die wettbewerblichen Probleme des Falles zu analysieren und – im Einverständnis mit den Parteien[428] – mit der Marktuntersuchung zu beginnen. Gerade in Fällen, die zwar sehr komplex, aber wettbewerblich kaum problematisch sind, können die Parteien so verhindern, dass die Kommission das Hauptverfahren eröffnen muss, weil sie am Schluss der ersten Phase die Struktur der betroffenen Märkte noch nicht genau genug analysiert hat, um etwaige wettbewerbliche Bedenken vollständig auszuräumen.[429] Vereinzelt wurde die Kommission kritisiert, dass sie diese Vorprüfungsphase durch als irrelevant empfundene Fragen unnötig in die Länge ziehe. Zudem sei es bei zwei konkurrierenden Fusionen im selben Markt oft rein zufällig, wer zuerst die „Freigabe" der Kommission zur Einreichung des Formblattes CO erhalte („gun jumping"). Bei dieser Kritik ist allerdings zu beachten, dass die Ermöglichung von Pränotifikationskontakten vor allem im Interesse der anmeldenden Unternehmen liegt. Sie dient dazu, eine spätere Unvollständigkeitserklärung nach Art. 6 Abs. 1 lit. a zu vermeiden (was tatsächlich seit 2002 gelungen ist) oder sogar eine empfindliche **Buße wegen Nichtanmeldung** zu vermeiden.[430] Die Pränotifikationsphase ist auch sinnvoll, um wesentliche materielle Fragen des Falles bereits vor der Anmeldung zu klären, um die Eröffnung des Verfahrens („2. Phase") nach Art. 6 Abs. 1 lit. b zu vermeiden. Zuzugeben ist allerdings, dass auch ein Mangel an Erfahrung mit Fusionssachen auf Anwaltsseite oder auf Seiten der Kommission die Anmeldung verzögern kann.

164   Auch in unproblematischen Fällen sollte der Kommission spätestens eine Woche vor der geplanten Anmeldung ein vollständiger Anmeldungsentwurf übermittelt werden, damit die Kommission sich – allerdings unverbindlich – zur Vollständigkeit des Entwurfs äußern kann.[431] Die Kontakte während der Pränotifikationsphase werden von der Kommission **streng vertraulich** behandelt und unterliegen keinerlei Formerfordernissen. Art. 21 DVO FKVO, der Mindestanforderungen für die Übermittlung von Schriftstücken im Vor- und Hauptverfahren festlegt, findet noch keine Anwendung. In komplexeren Fällen wird ein erster Anmeldeentwurf in einem **Pränotifikationstreffen** mit der Kommission besprochen, bei dem es sich empfiehlt, nicht nur Anwälte, sondern auch Fachleute aus den Unternehmen zu beteiligen.[432]

---

[424] Mitteilung „Merger Best Practices", Rn. 5.
[425] Mitteilung „Merger Best Practices", Rn. 11.
[426] Art. 3 Abs. 2 DVO FKVO sowie Bekanntmachung „Vereinfachtes Verfahren"; vgl. auch Mitteilung „Merger Best Practices", Rn. 19.
[427] Vgl. Art. 4 Abs. 2 DVO FKVO sowie dessen Anhang 1 (Formblatt CO, Einleitung 1.1.) sowie Mitteilung „Merger Best Practices", Rn. 19.
[428] Mitteilung „Merger Best Practices", Rn. 26.
[429] Art. 6 Abs. 1 lit. c.
[430] In jüngster Zeit sind die EU-Bußen empfindlich gestiegen, s. etwa die 124,5 Mio. Euro-Buße im Nichtanmeldungsfall Kom., M.7993 -Altice/PT Portugal.
[431] Mitteilung „Merger Best Practices", Rn. 15.
[432] Mitteilung „Merger Best Practices", Rn. 9.

c) **Voruntersuchungsverfahren (Phase 1).** Mit der Einreichung der vollständigen Anmel- 165
dung beginnt die formelle Voruntersuchungsphase, für die sich der Begriff „Erste Phase" oder
„Phase 1" eingebürgert hat.[433] Obwohl Art. 6 Abs. 1 lit. c selbst erst beim Übergang zur sog
„Phase 2" von der „Eröffnung des Verfahrens" spricht, handelt es sich auch schon bei der Voruntersuchungsphase um ein **formelles Verfahren.** Dies wird schon daran deutlich, dass die Anmeldung
gem. Art. 4 Abs. 4 im Amtsblatt veröffentlicht wird und die Fristen gem. Art. 10 Abs. 1 in Gang
setzt. Allerdings bestehen in „Phase 1" nur eingeschränkte Beteiligungsrechte von Parteien, Dritten
und Mitgliedstaaten. Im Mittelpunkt von Phase 1 steht die **Marktuntersuchung,** mit deren Hilfe
potentielle Wettbewerbsprobleme identifiziert werden sollen. Dabei nimmt die Kommission Kontakt
mit Wettbewerbern, betroffenen Dritten (Kunden, Lieferanten, Verbänden) und ggf. den Wettbewerbsbehörden betroffener Mitgliedstaaten auf, um zu verifizieren, ob die Angaben der Parteien in
der Anmeldung vollständig und korrekt sind und ob die vorgeschlagene Marktabgrenzung und
die beschriebene Wettbewerbsstruktur den tatsächlichen Wettbewerbsverhältnissen entsprechen. Die
Marktuntersuchung wird vor allem mit Hilfe informeller schriftlicher Auskunftsverlangen gem.
Art. 11 Abs. 1 Alt. 1 durchgeführt; erst etwas zögerlich geht die Kommission dazu über, das **Internet**
für die Auskunftsverlangen nach Art. 11 nutzbar zu machen (sog **„e-questionnaires");** mitunter
führt die Kommission auch (protokollierte) Telefongespräche oder trifft sich bereits in diesem Stadium mit Drittbeteiligten.

In allen Fällen, in denen die Kommission Zweifel an der Vereinbarkeit des Zusammenschlusses 166
mit dem Gemeinsamen Markt hat, bietet sie ein sog **„State of Play"-Treffen** an, um die Parteien
über Art und Umfang der Bedenken zu informieren und ihnen Gelegenheit zu geben, Zusagen zur
Beseitigung der Wettbewerbsprobleme zu unterbreiten; aus diesem Grund findet das Treffen auch
möglichst innerhalb der 20-Tage-Frist zur Vorlage von Zusagen statt.[434] Legen die Parteien Zusagen
vor, verlängert sich die Frist in Phase 1 um zehn Arbeitstage. Dasselbe gilt im Fall eines Verweisungsantrags gem. Art. 9 Abs. 2, der innerhalb von 15 Arbeitstagen nach Anmeldung gestellt werden
kann.

Legen die Parteien Zusagen vor, müssen diese im Markt getestet und – ggf. in modifizierter 167
Form – in den **Entscheidungsvorschlag** des Case Teams eingearbeitet werden. Dieser wird dann
innerhalb der Kommission in einer sog „Interservice-Konsultation" mit den anderen beteiligten
Diensten (idR Juristischer Dienst, mitunter andere Generaldirektionen wie etwa die GD Unternehmen und Industrie)[435] diskutiert (zu den Einzelheiten des internen Entscheidungsverfahrens vgl.
→ Rn. 175–182), während zeitgleich die Marktuntersuchung weiterläuft. Parteien und Mitgliedstaaten besitzen in Phase 1 im Hinblick auf die Entscheidung gem. Art. 6 **keine förmlichen Anhörungs- und Beteiligungsrechte.**

Phase 1 endet entweder mit einer **Freigabeentscheidung** gem. Art. 6 Abs. 1 lit. b oder mit 168
der **Eröffnung des vertieften Prüfverfahrens** gem. Art. 6 Abs. 1 lit. c. Ein vertieftes Prüfverfahren muss die Kommission eröffnen, wenn sie „ernsthafte Bedenken" hat, dass der Zusammenschluss zu einer erheblichen Wettbewerbsbeeinträchtigung führt. Die **Schwelle** für solche „Bedenken" liegt **niedriger als die für eine spätere Verbotsentscheidung** erforderliche tatsächliche
Feststellung einer Wettbewerbsbeeinträchtigung. Dies bedeutet für die Vorlage von Zusagen in
Phase 1, dass die Kommission möglicherweise umfangreichere Abhilfemaßnahmen fordert als nach
einer vertieften Prüfung in Phase 2, denn die Zusagen in Phase 1 müssen geeignet sein, alle möglichen Bedenken auszuräumen. Dass die Schwelle der „ernsthaften Bedenken" dennoch recht hoch
liegt,[436] zeigt schon die Tatsache, dass die Kommission nur etwa **7 % der Fälle**[437] tatsächlich
interveniert, also ein vertieftes Prüfverfahren einleitet oder Zusagen in Phase 1 akzeptiert. Während
es sich nach den Vorgaben der FKVO bei der Entscheidung nach Art. 6 Abs. 1 lit. c eigentlich „nur"
um eine Verfahrenseröffnung handelt die den Ausgang des Verfahrens in keiner Weise präjudiziert,
wird der Übergang in 2. Phase von den betroffenen Unternehmen heute als sehr weit reichender
Schritt empfunden und oft mit einer drohenden Verbotsentscheidung gleichgesetzt. Tatsächlich führt

---

[433] Der ebenfalls verwendete Begriff des „Vorverfahrens" hat zwar den Vorteil, dass er den Unterschied zum Hauptverfahren (vgl. Art. 6 Abs. 1 lit. c – „Phase 2"), deutlich macht, erscheint aber nicht hinreichend vom Pränotifikationsverfahren abgegrenzt.
[434] Mitteilung „Merger Best Practices", Rn. 33a.
[435] Beteiligte Generaldirektionen (zumeist zumindest die GD Unternehmenspolitik) haben bei mehr als 25 % Marktanteil ein Vetorecht gegenüber Freigabeentscheidungen in Phase 1; Entscheidungen gem. Art. 6 Abs. 1 lit. c bedürfen „nur" des Einverständnisses des Kommissionspräsidenten; vgl. dazu → Rn. 181.
[436] Krit. im Hinblick auf die „großzügigen Standards" insoweit Kerber, Die Europäische Fusionskontrollpraxis und die Wettbewerbskonzeption der EG, 151.
[437] In 648 von 8.816 Verfahren hat die Kommission bis Ende April 2023 nach Abschluss der ersten Prüfphase eine Auflagenentscheidung oder eine Entscheidung zum Eintritt in vertiefte Prüfverfahren gefällt.

die Verfahrenseröffnung „Phase 2" regelmäßig zu einer deutlichen Verzögerung des Fusionsvorhabens (in der Praxis von minimal ca. fünf Wochen bis zu maximal ca. fünf Monaten und mehr), und auch die Kommission prüft angesichts der erheblichen personellen Ressourcen, die eine „2. Phase"-Untersuchung bindet, genau, ob die vertiefte Untersuchung zu anderen Ergebnissen führen wird als die Voruntersuchung.

169 Von der Möglichkeit einer **Unzuständigkeitsentscheidung** nach Art. 6 Abs. 1 lit. a macht die Kommission heute praktisch keinen Gebrauch mehr, da die relevanten Jurisdiktionsfragen zumeist schon in der Pränotifikationsphase erörtert werden. Die Entscheidung nach Art. 6 kann theoretisch bereits nach Ablauf der Frist für einen Verweisungsantrag (15 Arbeitstage) ergehen. Tatsächlich wird der 25–35-tägige Zeitrahmen für Phase 1 aber nur selten (zumeist in Fällen des vereinfachten Verfahrens) unterschritten.

170 **d) Vertieftes Prüfverfahren (Phase 2).** Das Verfahren in Phase 2 zeichnet sich, insbes. wegen der bestehenden Anhörungsrechte, durch einen **höheren Formalisierungsgrad** aus. Nach der Entscheidung zur Eröffnung einer Zweiten Phase wird das Case Team regelmäßig verstärkt, wobei dem Team im Regelfall spätestens jetzt ein Mitarbeiter des „Chief Economist" zur Seite gestellt wird (in komplexen Fällen auch schon in Phase 1). Die nun beginnende **ausgeweitete Marktuntersuchung** hat vor allem zum Ziel, die in Phase 1 offen gebliebenen Fragen auf den wettbewerblich problematischen Märkten durch eine intensive und umfassende Marktuntersuchung zu klären. Dabei ist die Kommission, anders als bei den Beschwerdepunkten, nicht an die in der Eröffnungsentscheidung identifizierten Probleme gebunden, sondern kann auch auf neuen, bisher nicht weiter betrachteten Märkten eine Untersuchung einleiten. Insgesamt hat die Kommission regelmäßig nur etwa sechs Wochen für ihre vertiefte Marktuntersuchung Zeit.

171 Falls die Ergebnisse bestätigt haben, dass eine Wettbewerbsbeeinträchtigung droht, teilt die Kommission den Parteien die Gründe für diese Annahme in der **Mitteilung der Beschwerdepunkte** („Statement of Objections") mit. Der Entscheidung, ob und vor allem in welchem Umfang Beschwerdepunkte versandt werden, kommt im Fusionsverfahren **entscheidende Bedeutung** zu, da die Beschwerdepunkte den Rahmen dafür festlegen, was den Parteien in einer späteren Entscheidung entgegen gehalten werden kann. Eine spätere Verbotsentscheidung kann sich nicht auf Wettbewerbsprobleme auf Märkten stützen, die nicht in den Beschwerdepunkten genannt waren. Anders als im Kartellverfahren ist angesichts der Zeitknappheit in Phase 2 auch die Zusendung modifizierter Beschwerdepunkte faktisch zumeist nicht mehr möglich. Verzichtet die Kommission gänzlich auf Beschwerdepunkte, muss sie die Fusion freigeben.

172 Das Anhörungsrecht der Parteien gem. Art. 18 wird aber nicht nur durch die Beschwerdepunkte, sondern auch durch die Möglichkeit der **Akteneinsicht** gewahrt. Die Akteneinsicht erfolgt heute durch die Übergabe eines Datenspeichers im PDF-Format, der die gesamte, um Geschäftsgeheimnisse bereinigte Verfahrensakte (in komplexeren Verfahren mehr als 100.000 Druckseiten) enthält. Eine fortlaufende Akteneinsicht während des gesamten Verfahrens, wie zT gefordert,[438] wird den Parteien damit auch nach der Reform von 2004 nicht gewährt. Gegen diese Praxis wird vor allem eingewandt, dass sie der Kommission einen unfairen Wissensvorsprung verschaffe, da die Parteien die Dokumente, auf die sie in der Verfahrenseröffnungsentscheidung Bezug genommen hat, erst in den Beschwerdepunkten zu sehen bekommen und dann regelmäßig[439] nur zehn Arbeitstage für eine Antwort zur Verfügung haben. Um diesen Konflikt zu entschärfen, stellt die Kommission den Parteien heute auf Wunsch gleich nach der Verfahrenseröffnungsentscheidung bestimmte **Schlüsseldokumente** zur Verfügung, auf die sie in der Eröffnungsentscheidung Bezug genommen hat oder die sie für exemplarisch für bestimmte Wettbewerbsprobleme hält (zumeist Antworten auf Auskunftsverlangen und Stellungnahmen Drittbeteiligter).[440] Ein Recht auf umfassenden Zugang zur Marktuntersuchung oder zu Eingaben Dritter räumt die Kommission den Parteien dabei jedoch nicht ein. Diese Kompromisslösung kann als zufriedenstellender Ausgleich zwischen dem berechtigtem Informationsinteresse der Parteien und der Sicherstellung eines zügigen Verfahrens angesehen werden.

173 Der Wahrung des rechtlichen Gehörs dienen schließlich auch die **regelmäßigen informellen Treffen** zwischen Kommission und Parteien („State-of-Play"-Meetings), in denen die Kommission die Parteien über den Stand der Ermittlungen informiert und ihnen Gelegenheit zur direkten Stellungnahme bietet. Die Best Practices empfehlen nicht weniger als vier[441] solche Treffen in

---

[438] Dazu etwa Levy/Cook, EC Merger Control, § 17.07 Abs. 4.
[439] Die Frist von zehn Arbeitstagen ist nicht positivrechtlich geregelt, entspricht aber der ständigen Kommissionspraxis.
[440] Mitteilung „Merger Best Practices", Rn. 45 f.
[441] Mitteilung „Merger Best Practices", Rn. 33b–e.

Phase 2 (direkt nach der Verfahrenseröffnungsentscheidung, vor den Beschwerdepunkten, nach einer etwaigen förmlichen Anhörung und vor dem Beratenden Ausschuss). Als sehr effizient haben sich auch **dreiseitige Treffen** erwiesen, zu denen neben den Parteien auch Drittbeteiligte (idR Wettbewerber) geladen werden, da die Argumente darin direkt, dh ohne den Umweg über die Kommission ausgetauscht werden können, was zu einer beträchtlichen Zeitersparnis führen kann.[442]

174 Die Parteien können innerhalb von zehn Arbeitstagen zu den Beschwerdepunkten schriftliche Stellung nehmen und eine **förmliche mündliche Anhörung** beantragen. In dieser Anhörung, die vom Anhörungsbeauftragten der Kommission geleitet wird, erhalten Parteien und Drittbeteiligte Gelegenheit, ihre Ansicht zu der in den Beschwerdepunkten dargelegten Analyse vorzutragen. Auch wenn der Ablauf der Anhörung mitunter einer Gerichtsverhandlung ähnelt, dient sie in erster Linie der Information der Kommission; eine Befragung oder ein „Kreuzverhör" der Kommission ist nicht vorgesehen. Da die Vorbereitung der ein- bis zweitägigen Anhörung einen gewissen Aufwand erfordert und sie auch kritischen Wettbewerbern ein Forum bietet, verzichten Parteien mitunter auf eine förmliche Anhörung; andererseits bietet die Anhörung Gelegenheit, die eigenen Argumente vor einer breiten Audienz aller maßgeblichen Entscheidungsbeteiligten im Zusammenhang zu präsentieren.

175 Etwaige **Zusagenangebote** müssen spätestens 65 Arbeitstage nach Beginn von Phase 2 unterbreitet werden. Wenn Zusagen zwischen dem 55. und 65. Arbeitstag vorgelegt werden, tritt (ähnlich wie in Phase 1) eine Fristverlängerung um 15 Arbeitstage ein.[443] Bei der Verhandlung und Ausgestaltung der Zusagen wird das Case Team regelmäßig durch ein in Zusagenfragen erfahrenes Mitglied des Koordinierungsreferates unterstützt.

176 Bevor die Kommission über das Fusionsvorhaben entscheidet, erhalten die Mitgliedstaaten Gelegenheit, im **Beratenden Ausschuss** zu dem Entscheidungsvorschlag der Kommission Stellung zu nehmen. Die Stellungnahme des Ausschusses ist rechtlich unverbindlich, wird aber im Amtsblatt veröffentlicht, weshalb die Kommission daran interessiert ist, die Ansichten der Mitgliedstaaten zu berücksichtigen. Dies führt allerdings zumeist nur zu kleineren Veränderungen der Entscheidung (die zu diesem Zeitpunkt ohnehin schon dem Übersetzungsdienst zugesandt wurde).[444]

177 Die abschließende Entscheidung über die Vereinbarkeit (Art. 8 Abs. 1 oder Art. 8 Abs. 2) oder Unvereinbarkeit einer Fusion mit dem Gemeinsamen Markt in Phase 2 (Art. 8 Abs. 3) trifft die **Kommission**, die im Kollegium mit einfacher Stimmenmehrheit beschließt. Der Juristische Dienst und die jeweils betroffenen Generaldirektionen werden aber schon vorher in verschiedenen Konsultationen in den Entscheidungsprozess einbezogen[445] (vor Absendung der Beschwerdepunkte, die der Zustimmung des Kommissionspräsidenten bedarf, sowie anlässlich der Übersendung der Entscheidungsvorschläge an den Beratenden Ausschuss und das Kommissionskollegium).

178 e) **Überwachungsphase.** Wenn ein Zusammenschlussvorhaben in Phase 1 oder 2 nur unter Auflagen und Bedingungen freigegeben wurde, überwacht die Kommission in Zusammenarbeit mit den dafür bestellten Treuhändern, ob die Auflagen und Bedingungen tatsächlich rechtzeitig erfüllt werden; vielfach wird zu einem späteren Zeitpunkt auch eine Abänderung der ursprünglichen Zusagen erforderlich, um sie an veränderte Gegebenheiten anzupassen. Für die Überwachung der Zusagen, die mehrere Jahre dauern kann, ist das ursprüngliche Case Team zuständig. Dass die Beobachtung vollzogener Fusionen auch ohne Zusagen bedeutsam sein kann, zeigte sich im Fall Facebook/WhatsApp, in dem sich eine im Verfahren gemachte Behauptung im Nachhinein als unwahr erwies, was zu einer Rekordbuße von 110 Mio. Euro für Facebook führte.[446] In der Praxis stellen sich durch die hohe Fluktuation des Personals der Fusionskontrollabteilung der Kommission mitunter Probleme bei der langjährigen Überwachung.[447]

179 3. **Abweichende Verfahrensarten. a) Vereinfachtes Verfahren.** Eine **überragende Rolle** spielt in der Praxis das sog **vereinfachte Verfahren,** das die Kommission in Fällen anwendet, die offensichtlich keine Wettbewerbsprobleme aufwerfen – das sind immerhin **fast 80 % aller angemeldeten Zusammenschlüsse.** Dies geschieht vor allem dann, wenn die Parteien auch nach dem Zusammenschluss **geringe gemeinsame Marktanteile** von unter 20 % besitzen und

---

[442] Die Kommission macht daher auch in Kartellverfahren verstärkt von der Möglichkeit dreiseitiger Treffen Gebrauch.
[443] Art. 10 Abs. 3 S. 2 FKVO und Art. 19 Abs. 2 DVO FKVO; dies dürfte auch für erhebliche Veränderungen von bereits vor dem 55. Tag unterbreiteten Zusagen der Fall sein; zu Einzelheiten vgl. → Art. 10 Rn. 14.
[444] Vgl. aber zuletzt die Stellungnahme des beratenden Ausschusses im Fall Kom., M.3796 – Omya/J. M. Huber PCC.
[445] Zu Einzelheiten des internen Entscheidungsprozesses → Rn. 175–182.
[446] Kom., M.8228 – Facebook/WhatsApp.
[447] Krit. zur Auflösung der „Remedies Unit" Maudhuit/Soames ECLR 2005, 144 (145).

der Anteil beider Fusionspartner auch auf vor- oder nachgelagerten Märkten jeweils unter 30 % liegt. Auch sehr kleine Gemeinschaftsunternehmen und Zusammenschlüsse, die durch das Ausscheiden des Partners eines Gemeinschaftsunternehmens bewirkt werden, können im vereinfachten Verfahren geprüft werden.[448] Die Anmeldung derartiger Zusammenschlüsse wird durch ein reduziertes Formblatt („**Vereinfachtes Formblatt CO**") erleichtert. Allerdings empfiehlt es sich, in jedem Fall vor der Anmeldung mit der Kommission Kontakt aufzunehmen, da die Kommission bei der Anwendung des vereinfachten Verfahrens über einen Beurteilungsspielraum verfügt.[449] Das Anmeldeformular enthält diejenigen Daten, auf die die Kommission angewiesen ist, um die Existenz eines Wettbewerbsproblems sicher auszuschließen und eine verkürzte Prüfung ohne oder mit einer reduzierten Marktuntersuchung vorzunehmen. Bei korrekter Anmeldung werden dabei keine weiteren Treffen zwischen Parteien und Kommission notwendig, die nach einer **Plausibilitätskontrolle** der Angaben der Parteien innerhalb von spätestens[450] 25 Arbeitstagen eine **Freigabeentscheidung in Kurzform** erlässt. Diese enthält keine ausführliche Begründung, sondern stellt lediglich fest, dass der Zusammenschluss keine wettbewerblichen Probleme aufwirft und nennt den entsprechenden Tatbestand der Bekanntmachung zum vereinfachten Verfahren. Die materiellen Gründe der Freigabe werden in einem vom Case Team erstellten internen Vermerk an den Wettbewerbskommissar festgehalten. Vereinfachte Freigabeentscheidungen werden vom Generaldirektor der GD Wettbewerb erlassen, da Kollegium bzw. Kommissar die entsprechende Befugnis auf diesen delegiert haben.[451] Typischer Anwendungsfall des vereinfachten Verfahrens sind Unternehmenskäufe durch Finanzinvestoren wie Banken oder Investmentfonds. Die Bedeutung dieses Verfahrens ist in den letzten zehn Jahren ganz erheblich gestiegen. In den Jahren 2004 und 2005 wurden ca. 50 % aller Fusionsverfahren im Wege des vereinfachten Verfahrens entschieden. In den letzten Jahren betrug der Anteil der vereinfachten Verfahren bereits fast **80 %** der angemeldeten Fälle und mit der **im April 2023 beschlossenen Ausdehnung des vereinfachten Verfahrens** dürfte der Anteil in Zukunft noch weiter steigen.

180   **b) Verweisungsentscheidungen.** Bei der Kommission angemeldete Zusammenschlüsse können statt mit einer Freigabe- oder Untersagungsentscheidung auch mit einer Verweisungsentscheidung gem. Art. 9 Abs. 3 enden. Der entsprechende Antrag der Mitgliedstaaten muss innerhalb von 15 Arbeitstagen nach Zustellung der Anmeldung erfolgen und setzt voraus, dass der Zusammenschluss einen **gesonderten Markt** innerhalb dieses Mitgliedstaates betrifft, auf dem entweder eine **erhebliche Beeinträchtigung** des Wettbewerbs droht[452] oder der nicht als wesentlicher Teil des Gemeinsamen Marktes zu betrachten ist.[453] Liegen die Voraussetzungen vor, muss die Kommission innerhalb von 65 Arbeitstagen nach der Anmeldung entscheiden, den Fall zu verweisen oder selbst weiter zu prüfen (andernfalls gilt der Fall als verwiesen, Art. 9 Abs. 5). Die für die Entscheidung der Kommission maßgeblichen Faktoren werden in der Mitteilung „Verweisungsverfahren" erläutert. Formelle Rechte der Parteien zur Beeinflussung der Entscheidung bestehen nicht. Vollständige oder teilweise Verweisungen nach Art. 9 Abs. 3 sind außerordentlich selten geworden (ca. 1 % der angemeldeten Fälle). Gem. Art. 4 Abs. 4 ist eine Verweisung an die Mitgliedstaaten seit 2004 auch schon **vor der Anmeldung** bei der Kommission möglich, wobei die Verweisungskriterien weitgehend denen des Art. 9 Abs. 2 entsprechen (vgl. im Einzelnen → Art. 4 Rn. 78–130). Im umgekehrten Fall der Verweisung eines Zusammenschlusses ohne gemeinschaftsweite Bedeutung von den Mitgliedstaaten **an die Kommission** (Art. 4 Abs. 5, 22 Abs. 3) folgt die Prüfung nach Anmeldung bei der Kommission den üblichen Verfahrensregeln. Bei einer Verweisung nach Art. 22 prüft die Kommission die wettbewerblichen Auswirkungen nur in den Ländern, die einen Verweisungsantrag gestellt haben.

181   **c) Ausnahmen vom Vollzugsverbot.** Gem. Art. 7 Abs. 3 kann die Kommission vor oder während des Verfahrens eine Freistellung vom Vollzugsverbot des Art. 7 Abs. 1 gewähren. Eine solche Entscheidung hat die Kommission insbes. in Fällen einer drohenden Insolvenz des zu übernehmenden Unternehmens erlassen. Das Prüfungsverfahren bleibt iÜ unverändert; allerdings kann eine

---

[448] Mitteilung „Vereinfachtes Verfahren", Rn. 5a–d.
[449] Vgl. etwa Mitteilung „Vereinfachtes Verfahren" Rn. 7 f.
[450] In Fällen des vereinfachten Verfahrens erlässt die Kommission mitunter schon vor Ablauf der 25-tägigen Frist eine Freigabeentscheidung (allerdings stets nach Ablauf der 15-tägigen Frist für einen Verweisungsantrag der Mitgliedstaaten).
[451] Zum Ermächtigungs- und Subdelegationsverfahren → Rn. 175.
[452] Die „erhebliche Beeinträchtigung" der Art. 9 und 4 Abs. 4 ist nicht mit der „erheblichen Behinderung" des Art. 2 und Abs. 2 und 3 zu verwechseln; eine mögliche erhebliche Beeinträchtigung liegt idR bereits beim Vorliegen betroffener Märkte iSd Abschnitt 6 des Formblattes CD.
[453] Art. 9 Abs. 2 lit. a und b. Ausf. dazu → Art. 9 Rn. 25–57.

Entflechtungsentscheidung gem. Art. 8 Abs. 4 notwendig werden. Daher kommt eine Freistellung vom Vollzugsverbot in Fällen, in denen der Zusammenschluss ernsthafte Wettbewerbsprobleme befürchten lässt, nicht in Betracht. Ausnahmen vom Vollzugsverbot werden selten gewährt (in weniger als 2 % der Anmeldungen).[454]

Der Ablauf des Fusionskontrollverfahrens ist in der folgenden Übersicht zusammengefasst: **182**

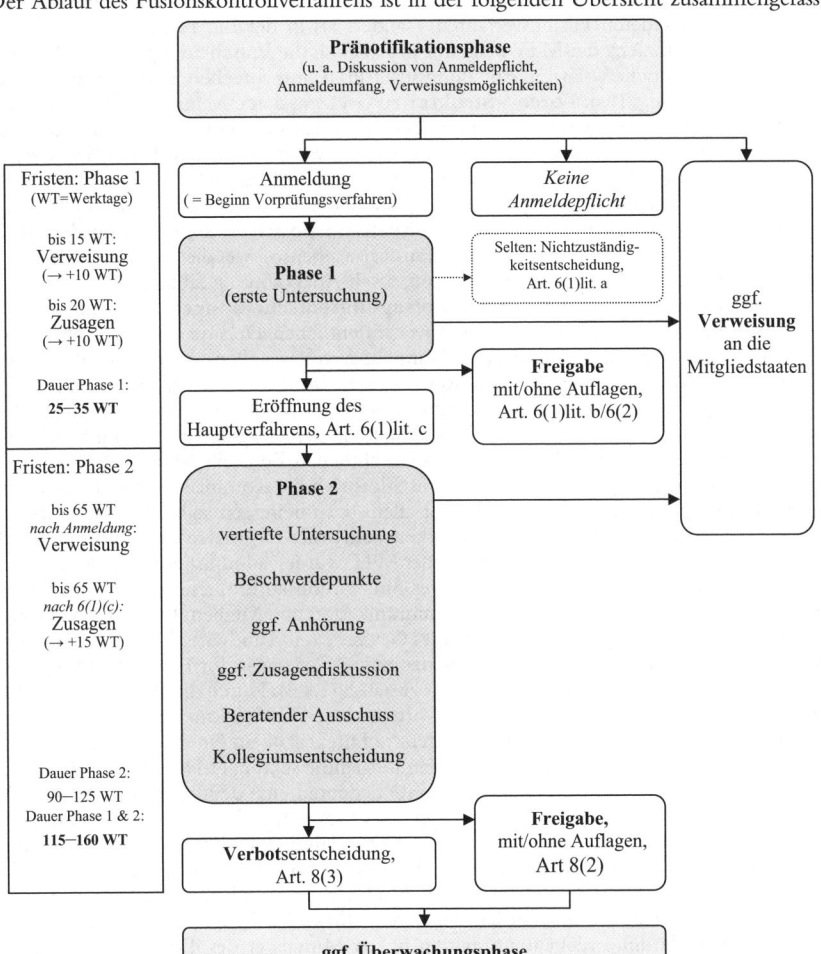

VIII. Die Organisation der Fusionskontrolle innerhalb der Kommission

1. Von der „Merger Task Force" zur Eingliederung in die sektorale Hierarchie. Die **183** mit der Fusionskontrolle befassten Referate unterschieden sich in organisatorischer Hinsicht zunächst deutlich von den anderen Diensten der GD Wettbewerb. Ursächlich dafür waren vor allem die kurzen Fristen der FKVO, auf die sich die Mitgliedstaaten im Jahr 1988 geeinigt hatten.[455] Die Kommission stellte eigens eine sog. **„Merger Task Force"** zusammen, die eine **spezielle Organisationsstruktur** erhielt, die eine schnelle, aber dennoch sorgfältige Prüfung von Zusammenschlüssen ermöglichen sollte. Die in der Task Force entwickelten Organisationsprinzipien wurden zunächst durch die Schaffung einer eigenen Direktion umgesetzt, die den Namen „Merger Task Force" („MTF") behielt; die internen Verfahrensprinzipien der „MTF" prägen die europäische Fusionskontrolle aber bis heute und unterscheiden die Fusionsabteilungen von anderen Diensten der Kommission.

So werden Fusionsfällen etwa systematisch in Teams **(„Case Teams")** bearbeitet, die je nach **184** den Anforderungen des spezifischen Falles individuell zusammengestellt werden und regelmäßig aus

---

[454] Zu dieser als „restriktiv" bezeichneten Praxis Streinz/Reidlinger Anh. Art. 103 Rn. 122 mwN.
[455] Vgl. die Fristenverkürzung seit dem Entwurf von April 1988, ABl. 1989 C 130, 4.

einem Referatsleiter, einem stellvertretenden Referatsleiter oder anderen erfahrenen Beamten als „Case Manager", zwei bis vier höheren Beamten und einer Fallsekretärin bestehen. Gerade die Nutzung der Vorteile der Teamarbeit (Aufteilung der Arbeit bei komplexen Fällen, Vermeidung von Verzögerungen durch Ausfälle von Mitarbeitern, verbesserte Entscheidungsqualität durch Mehraugenprinzip,[456] hohe Motivation der Mitarbeiter, einschließlich der Sekretärinnen) ermöglichte es der MTF, alle angemeldeten Fusionsverfahren – anders als in der Lit. befürchtet[457] – fristgerecht abzuschließen. Zur Effizienz der MTF beigetragen hat auch die Entscheidung, die für die Kommission sonst charakteristischen starren Abteilungsstrukturen aufzubrechen und durch eine flexible, abteilungsübergreifende **„Task Force"-Struktur** zu ersetzen, deren Manager und Mitarbeiter nach Bedarf – und nicht nach den starren Vorgaben des Organigramms – eingesetzt werden konnten und in ständigem Kontakt miteinander standen. Die Referate waren direkt dem Leiter der Merger Task Force zugeordnet; eine weitere Hierarchieebene dazwischen gab es nicht.

185 Die anfängliche Skepsis in Bezug auf die Fähigkeit der Kommission, eine effiziente Fusionskontrolle zu organisieren, wich dann auch einer **weitgehend positiven Beurteilung** der Arbeit der MTF, deren zügige und pragmatische Verfahrensweise ebenso wie die vergleichsweise genauen Marktanalysen, die in kurzer Zeit erstellt wurden, rasch Anerkennung fanden.[458]

186 Nachdem das EuG im Jahr 2002 **drei Untersagungsentscheidungen** der Kommission aufgehoben hatte, kam es allerdings zu einer intensiven öffentlichen Debatte um die Organisation der Fusionskontrolle innerhalb der Kommission. Während zuvor vor allem die mangelnde Transparenz und die zu große Machtfülle der Kommission kritisiert wurde,[459] wurden nun verstärkt Zweifel hinsichtlich der Qualität der Fusionskontrollentscheidungen laut, die durch die Feststellung des EuG genährt wurden, die Kommission habe „offensichtliche Beurteilungsfehler" begangen. Unabhängig von der Tatsache, dass die Feststellung eines „offensichtlichen Beurteilungsfehlers" in Gerichtsentscheidungen keineswegs ungewöhnlich ist,[460] entschloss sich die Kommission im Jahr 2003 zu einer **weitgehenden Organisationsreform,** die vor allem dazu beitragen sollte, flexibler auf steigende Anmeldungszahlen reagieren zu können und stärkere **sektorale Expertise** aus Antitrust- und Beihilfereferate einzubinden. Die bisherigen Referate der MTF wurden administrativ jeweils verschiedenen sektoralen Direktoraten zugeordnet. 2022 gab es fünf Fusionskontrollreferate in fünf Direktoraten (B 4: Energie & Umwelt; C 5: Information, Kommunikation und Medien; D 6: Finanzdienstleistungen; E 4: Industrie, Konsumgüter, produzierendes Gewerbe und Landwirtschaft; F 4: Transport, Post und andere Dienstleistungen); ein weiteres „horizontales" Referat ist für Fusionskontrollpolitik und die Unterstützung der Referate bei der Fallarbeit zuständig (A 2). Durch die Bildung eines **„Merger Networks"** versucht die GD Wettbewerb, die Vorteile der MTF-Struktur zu erhalten. Allerdings ist es durch die hierarchische Eingliederung in getrennte Direktorate zu einer klaren organisatorischen Trennung der Fusionsreferate gekommen. Die Einflussnahme sektoraler Direktoren und der Aufbau neuer Kontrollstrukturen und Koordinationsreferate bedeuten eine deutliche und bewusste Abkehr von der sehr flachen Hierarchie der ehemaligen MTF. Als Teil der Organisationsreform wurde innerhalb der GD Wettbewerb die Position eines im Drei-Jahres-Rhythmus wechselnden **Chefökonomen** geschaffen, dessen Mitarbeiter die Case Teams in komplexen ökonomischen Fragen beraten sollen. Dieser hat allein durch die Tatsache, dass er bei einem wöchentlichen Treffen mit der Wettbewerbskommissarin ein Mitspracherecht hat, eine **sehr starke Position** innerhalb der GD Wettbewerb erlangt – die allerdings nicht unumstritten ist, da Mitglieder des Teams des Chefökonomen nicht immer Teil der Case Teams sind und daher mitunter ein weniger breites Bild von Fusionsfällen haben als die unmittelbar mit der Untersuchung befassten Mitarbeiter. Der verstärkten[461] Qualitätskontrolle dient auch die Einführung sog **Panels,** die aus erfahrenen Mitarbeitern bestehen, die nicht mit dem Fall befasst sind („fresh pair of eyes") und die in allen vertieften Prüfungsverfahren die

---

[456] Navarro/Font/Folguera/Briones, Merger Control in the EU, 2005, 359.
[457] Axter FS Quack, 1991, 569 (588); Merz EuZW 1990, 405 (407); Niederleithinger FS Quack, 1991, 644 (655); Elland ECLR 1990. 111, 119; Pathak ECLR 1990, 119.
[458] Vgl. etwa; Sedemund FS Deringer, 1993, 379; Dirksen FIW-Schriftenreihe 146 (1990/91), 89 (96); Kerber, Die Europäische Fusionskontrollpraxis und die Wettbewerbskonzeption der EG, 139 („völlig neue Maßstäbe"); Holley, EEC Competition Practice: A Thirty-Year Retrospective, Fordham Int. L. J. Vol. 16. No. 2. (1992/1993), 342 („big success"); Levy, European Merger Control, § 4.02 und § 4.03 („highly successful"); Neven/Nutfall/Seabright, Mergers in a Daylight, 223; vgl. allerdings auch die Bezeichnung der MTF-Mitarbeiter als „process-oriented technocrats" (Wall Street Journal v. 15.1.2001, nach der Entscheidung GE/Honeywell).
[459] Dazu etwa Neven/Nutfall/Seabright, Mergers in a Daylight, 224.
[460] Wirtschaftspolitische Ermessensentscheidungen der Kommission können nach gefestigter Rechtsprechung nur bei einem „offensichtlichen Beurteilungsfehler" vom Gerichtshof aufgehoben werden.
[461] Alle Kommissionsentscheidungen müssen auch die Hürde der Zustimmung des Juristischen Dienstes nehmen.

VIII. Die Organisation der Fusionskontrolle innerhalb der Kommission

Haltbarkeit der von der Kommission vertretenen Position kritisch überprüfen; im Interesse der Stärkung der Verfahrensrechte der Fusionsbeteiligten wurde schließlich auch die Mitarbeiterzahl des Anhörungsbeauftragten aufgestockt.

Das Merger Network hat heute ca. 90 feste Mitarbeiter (knapp 60 Mitarbeiter der Laufbahngruppen AD[462] und AST (sog „Paralegals", Sekretariats- und Registraturkräfte). Die Mitarbeiter der Laufbahngruppen AD waren traditionell zumeist Juristen; seit einigen Jahren werden allerdings verstärkt Ökonomen und auch Ingenieure rekrutiert. Während aus nationalen Behörden abgeordnete Beamte anfangs fast die Hälfte der Mitarbeiter ausmachten, beträgt ihr Anteil heute weniger als 10 %. **187**

Innerhalb der GD Wettbewerb sind ausschließlich die Fusionsreferate für die Kontrolle von Fusionsfällen zuständig; bei Bedarf werden die Teams allerdings mit Mitarbeitern aus anderen sektoralen Kartellabteilungen verstärkt (insbes. bei Fällen, die regulierte Märkte wie Energie, Transport und Telekommunikation betreffen). Außer in diesen Fällen einer zeitweisen Abordnung bleiben die Kontakte zwischen Fusions- und Antitrust-/Beihilfeabteilungen – trotz der sektoralen Reorganisation – selten.[463] Ein Problem ist seit Jahren die außerordentlich hohe Wechselrate der oft sehr jungen Mitarbeiter der Fusionskontrollreferate, die zwar meist exzellent qualifiziert, aber angesichts zT extremer Arbeitszeiten oft nicht für eine dauerhafte Mitarbeit in der Fusionskontrolle zu gewinnen sind. **188**

2. Kollegialitätsprinzip und Ermächtigungssystem. Anders als deutsche Behörden handelt die Kommission bei allen Entscheidungen, die über ein schlichtes Verwaltungshandeln („actes de pure gestion") hinausgehen, grds. als Kollegialorgan und entscheidet durch gemeinsame Entscheidung des Kollegiums. Wegen der großen Zahl der gerade in Fusionssachen nötigen Entscheidungen ist es allerdings bei allen Akten, die nicht von grundsätzlicher Bedeutung sind, möglich, die Entscheidungskompetenz durch eine sog **Ermächtigungsentscheidung** auf ein einzelnes Kommissionsmitglied zu übertragen.[464] In diesem Fall kann die Entscheidungsbefugnis weiter auf den jeweiligen Generaldirektor übertragen werden (sog „Subdelegation").[465] Da eine weitere Übertragung der Entscheidungskompetenzen auf einzelne Beamte nicht möglich ist, werden alle iRd Fusionskontrollverfahrens zu treffenden Entscheidungen entweder vom Kollegium, von einem einzelnen Kommissar[466] oder vom Generaldirektor getroffen. Auch übertragene Entscheidungen ergehen im Namen des Kommissionskollegiums, das für alle Entscheidungen verantwortlich ist. Aus diesem Grund haben andere Kommissionsmitglieder das Recht, bei politisch sensitiven Fragen den Präsidenten mit der Frage zu befassen – selbst wenn ein Kommissar eine Ermächtigung für diese Entscheidungsart besitzt.[467] Damit erfordert das an das französische Verwaltungssystem angelehnte Entscheidungsverfahren umfangreiche Informations- und Berichtspflichten innerhalb der GD Wettbewerb und zwischen der GD Wettbewerb und anderen Generaldirektionen und lässt in geringerem Maße dezentralisierte Entscheidungen zu als vergleichbare deutsche Behörden. **189**

Die zahlreichen Entscheidungen, die iRd Fusionskontrollverfahrens zu treffen sind, lassen sich somit entweder als Maßnahmen der laufenden Verwaltung (zB informelle Auskunftsersuchen iRd Marktuntersuchung), übertragbare Entscheidungen der „Geschäftsführung und Verwaltung" iSd Art. 13 Abs. 1 GO (zB Verweisungsentscheidungen) und grundsätzliche Entscheidungen von prinzipieller Bedeutung einordnen (zB Untersagungsentscheidungen). Die Frage, ob eine Kommissionsentscheidung formell rechtmäßig zustande gekommen ist, kann für den Betroffenen insofern von Bedeutung sein, da die Gemeinschaftsgerichte regelmäßig die **objektive Rechtmäßigkeit** von Rechtsakten der Kommission überprüfen und daher – anders als im deutschen Recht – auch bloße interne Verfahrensfehler zur Aufhebung einer Entscheidung führen können.[468] **190**

Welche der über 60 Entscheidungsarten im Fusionsverfahren vom Kollegium und welche vom Wettbewerbskommissar bzw. seinem Generaldirektor zu treffen sind und welche anderen Generaldi- **191**

---

[462] Entspricht dem deutschen „höheren Dienst".
[463] Die nach der Ausdehnung der Fusionskontrolle auf kooperative Vollfunktionsgemeinschaftsunternehmen im Jahr 1998 eingeführte Prüfung von Fällen mit möglichen koordinativen Effekten durch eine separate Kartellrechtsfachabteilung wurde nicht beibehalten. Die entsprechenden Effekte gem. Art. 2 Abs. 4 werden heute – falls dies überhaupt geschieht – von den jeweiligen Case Teams der Fusionsreferate selbst geprüft.
[464] EuGH Slg. 1986, 2607 Rn. 33 – Akzo/Kommission; Art. 13 Abs. 1 der Geschäftsordnung der Kommission, ABl. 2000 L 308, 26.
[465] Art. 13 Abs. 3 der Geschäftsordnung der Kommission.
[466] Die Ermächtigung erfolgt regelmäßig nicht ad personam und kann daher auch von anderen Kommissaren ausgeübt werden, weshalb viele Fusionsentscheidungen auch von anderen Kommissaren unterschrieben werden, vgl. Durchführungsvorschriften zu Art. 13 der Geschäftsordnung der Kommission, Kom., C (2002) 544.
[467] Durchführungsvorschriften zu Art. 13 und 14 der Geschäftsordnung der Kommission, Rn. 6.
[468] EuGH Slg. 1986, 2607 Rn. 33–42 – Akzo/Kommission; EuGH Slg. 1994, I-2555 Rn. 64 – Kommission/BASF; EuGH Slg. I-5438 Rn. 40 – Deutschland/Kommission.

192 rektionen vor einer Entscheidung jeweils konsultiert werden müssen, ergibt sich aus der **Habilitationsentscheidung** der Kommission vom 24.4.2013.[469]

192 Zu den Entscheidungen, die nur vom **Kommissionskollegium** getroffen werden können, zählen insbes. Freigabe- oder Verbotsentscheidungen in Phase 2 gem. Art. 8 Abs. 1– 3 und die Ablehnung einer Verweisung an die Mitgliedstaaten gem. Art. 9. Auch die Entscheidungen nach Art. 8 Abs. 4–6, Art. 6 Abs. 3, Art. 14 und 15 sowie Art. 21 Abs. 4 sind in jedem Fall vom Kollegium zu treffen.

193 Zu den Entscheidungen, die im Wege der Ermächtigung (frz.: „habilitation") **vom Wettbewerbskommissar** getroffen werden können, zählen vor allem die unbedingte und bedingte Freigabeentscheidung in Phase 1 gem. Art. 6 Abs. 1 lit. b, die Verweisungsentscheidung gem. Art. 9 Abs. 3, die Eröffnung des vertieften Prüfverfahrens gem. Art. 6 Abs. 1 lit. c sowie Ausnahmen vom Vollzugsverbot gem. Art. 7 Abs. 3. Weitere Ermächtigungen bestehen für die Mitteilung von Beschwerdepunkten in Phase 2 gem. Art. 18 Abs. 1 FKVO iVm Art. 12 und 13 DVO FKVO, für Art. 6 Abs. 1 lit. a (Unzuständigkeit), Art. 8 Abs. 5 (einstweilige Maßnahmen vor Anhörung), Art. 12 (Ersuchen an mitgliedstaatliche und EFTA-Behörden zur Teilnahme an einer Durchsuchung), Art. 15 Abs. 1 (Zwangsgelder wegen verweigerter Auskünfte), Art. 18 Abs. 1 (förmliche Anhörung, Akteneinsicht), Art. 19 Abs. 2 (Stellungnahme der Mitgliedstaaten), Art. 19 Abs. 5 (Entscheidungsvorschlag für Beratenden Ausschuss), Art. 20 (Entscheidung über Geschäftsgeheimnisse) und Art. 22 Abs. 3 (Verfahrensannahme nach Verweisung).

194 Der **Generaldirektor** kann schließlich Freigabeentscheidungen im vereinfachten Verfahren gem. Art. 6 Abs. 1 lit. b treffen, sowie Maßnahmen, die für die Durchführung und Überwachung von Auflagen und Bedingungen nach Art. 6 Abs. 2 und 8 Abs. 2 notwendig sind,[470] Verweisungsentscheidungen nach Art. 4 Abs. 4, Entscheidungen gem. Art. 3 Abs. 5 lit. a (Fristverlängerung), Art. 4 Abs. 1 (Unvollständigkeit der Anmeldung), Art. 10 Abs. 3 (Prüfungsfristverlängerung), Art. 11 (formelles Auskunftsverlangen) und Art. 13 (Durchsuchungen).

195 Bei den meisten der im Wege der Ermächtigung und Subdelegation zu treffenden Entscheidungen sind neben dem Juristischen Dienst auch diejenigen Generaldirektionen zu konsultieren, die von der Entscheidung betroffen sein könnten (regelmäßig die GD „Unternehmenspolitik", ggf. aber auch die GD „Wirtschaft und Finanzen", die GD „Transport und Energie" oder die GD „Informationsgesellschaft"). Dabei besitzen diese Generaldirektionen ein **Vetorecht** für den Fall, dass die GD Wettbewerb einen Fall in Phase 1 freigeben will und eines der Unternehmen mehr als 25 % Marktanteil besitzt. Die Entscheidung über die Eröffnung des vertieften Prüfverfahrens und die Zusendung von Beschwerdepunkten können zwar im Wege der Ermächtigung vom Wettbewerbskommissar gefällt werden, jedoch nur mit dem **Einverständnis des Präsidenten der Kommission**.[471]

196 In der Praxis wird das Kollegialprinzip auch bei übertragenen Entscheidungsbefugnissen durch eine Pflicht zur vorherigen Konsultation der betroffenen Generaldirektionen gewahrt. Dabei erfahren die Vorschläge der GD Wettbewerb allerdings nur in seltenen Fällen substantielle Änderungen durch den Druck anderer Generaldirektionen oder des Kommissionspräsidenten. Daher sollten das Kollegialprinzip und das Konsultationsverfahren nicht darüber hinweg täuschen, dass das **eigentliche Entscheidungszentrum** der Fusionskontrolle bislang die GD Wettbewerb geblieben ist. Schon wegen der komplexen Faktenlage vieler Fusionsverfahren kommt der Beurteilung des Falles durch das Case Team eine nicht zu unterschätzende Bedeutung zu. Maßgeblichen Einfluss auf die Entscheidung können daneben vor allem der für die Fusionskontrolle zuständige stellvertretende Generaldirektor, der Generaldirektor der GD Wettbewerb sowie der Wettbewerbskommissar und deren jeweilige Assistenten und Kabinettsmitglieder nehmen.

IX. Fallpraxis

197 **1. Anwendungspraxis.** In über zwanzig Jahren Anwendungspraxis und rund neuntausend angemeldeten und im Vorprüfungsverfahren erörterten möglichen Fusionsfällen hat die Kommission inzwischen zu den meisten Kernfragen des Fusionskontrollrechts Stellung genommen und die FKVO in vielen Bereichen wesentlich fortentwickelt. Daher bildet der „acquis" der bisherigen Fusionsentscheidungen – die, anders als andere Entscheidungen der GD Wettbewerb, in voller Länge veröffentlicht werden – auch eine **wichtige Erkenntnisquelle** für die Auslegung der FKVO durch die

---

[469] KOM(2013) 2349 v. 24.4.2013, s. http://ec.europa.eu/transparency/documents-register/detail?ref=C(2019) 2349&lang, zuletzt abgerufen am 1.4.2023.

[470] Wobei davon auszugehen ist, dass im Falle einer grundlegenden Auswechslung einer Zusage in Phase 2 (zB Befreiung von einer in der Entscheidung nach Art. 8 Abs. 2 vorgesehenen Verkaufsauflage) angesichts des grundlegenden Charakters der Entscheidung das Kommissionskollegium zu befassen ist.

[471] Vgl. Ermächtigungsbeschluss der Kommission, Art. 2 Abs. 4 und 5.

Kommission.[472] Dabei lassen sich verschiedene Phasen der Fortentwicklung der Fusionskontrolle unterscheiden, in denen jeweils bestimmte zentrale Fragen im Vordergrund standen.

a) 1990–1999: Anfangsjahre – grundlegende Weichenstellungen. Wegweisend für die wettbewerbspolitische Orientierung der Kommission in der Fusionskontrolle war die gleich im ersten Jahr der Anwendung der FKVO gegen den Druck anderer Generaldirektionen und Mitgliedstaaten durchgesetzte Verbotsentscheidung im Fall **Aerospatiale/Aliena/De Havilland**[473] im Jahr 1991. In den ersten Jahren der Fusionskontrolle entwickelte die Kommission auch den Anwendungsbereich der FKVO durch eine weite Auslegung des materiellen Tests wesentlich weiter. Umstritten war etwa, ob auch die gemeinsame Marktbeherrschung von der FKVO erfasst wurde. Obwohl die gemeinsame Marktbeherrschung bewusst nicht in der FKVO geregelt worden ist, prüfte die Kommission schon bald nach Inkrafttreten der FKVO in einigen Fällen das Entstehen einer gemeinsamen Marktbeherrschung[474] und stellte im Fall **Nestle/Perrier**[475] erstmals eine oligopolistische Marktbeherrschung fest. Diese nicht unerhebliche Ausdehnung des Anwendungsbereichs der FKVO blieb lange Zeit umstritten[476] und wurde erst 1998 vom EuGH bestätigt.[477] Ebenfalls nicht in der FKVO erwähnt war die von der Kommission erstmals im Fall **Kali & Salz**[478] anwandte Rechtsfigur der Sanierungsfusion. Früh hat die Kommission angefangen, die FKVO auf Zusammenschlüsse nichteuropäischer Unternehmen anzuwenden. Der Gerichtshof hat die Kommissionspraxis der extraterritorialen Anwendung der FKVO im Jahr 1998 im Urteil **Gencor/Lonrho**[479] ausdrücklich bestätigt.

Breiten Raum – sowohl in den Entscheidungen der Kommission als auch in wissenschaftlichen Abhandlungen – nahm in den Anfangsjahren die Diskussion der Abgrenzung von **koordinativen und konzentrativen Gemeinschaftsunternehmen** ein; erst die Revision von 1998 und die Einbeziehung koordinativer Vollfunktionsgemeinschaftsunternehmen führte zum Abebben dieser lebhaft geführten Debatte.

b) 1999–2002: Zeit der aktiven Intervention. Nachdem diesen grundlegenden Weichenstellungen in den Anfangsjahren wandte die Kommission die FKVO in der zweiten Hälfte der 90er Jahre zunehmend auch auf **vertikale und konglomerate Zusammenschlüsse** an.[480] Die Zahl der jährlich angemeldeten Zusammenschlüsse stieg von etwa 60 in den ersten Jahren auf mehr als 100 im Jahr 1995 an und erreichte mit **345 Fusionen** einen neuen Höchststand. Trotz der dramatisch angestiegenen Fallzahlen (auf die nicht durch eine entsprechende Aufstockung der Miterbeiter reagiert wurde) ließ die Bereitschaft zur Intervention nicht nach, sondern stieg sogar noch: Im Jahr 2000 ergingen nicht weniger als 38 Zusagenentscheidungen, und im Jahr 2011 erreichte die Zahl der jährlichen Verbotsentscheidungen mit fünf Verboten einen historischen Höchststand. Neben der Weiterentwicklung der **Zusagenpolitik** der Kommission[481] konzentrierte sich die Kommission in diesen Jahren – nach einigen prominenten Fällen divergierender Entscheidungen von US-Behörden und Kommission[482] – ua auf den Ausbau bilateraler Abkommen, insbes. mit den USA.[483]

c) 2002–2015: Zurückhaltung und Ökonomisierung der Fusionskontrolle nach Schneider/Tetra/Airtours. Drei Urteile des EuG, in denen die Richter in rascher Folge drei Untersagungsentscheidungen der Kommission aufhoben **(Schneider/Tetra/Airtours)**, führten dann 2002 zu der bisher wohl **deutlichsten Zäsur** in der Fusionskontrollpraxis der Kommission.[484] Die Fusionskontrolle wurde einer umfangreichen Revision unterzogen, die sowohl das Verfahren,

---

[472] Vgl. nur den ausdrücklichen Hinweis auf die frühere Entscheidungspraxis in Erwgr. 21.
[473] Kom., M.53, Aerospatiale/Aliena/De Havilland.
[474] Kom., M.12, Rn. XXXII – Varta/Bosch; Kom., M.202 – Thorn EMI/Virgin Music.
[475] Kom., M.190, Rn. 109–116 – Nestlé/Perrier.
[476] Generalanwalt Tesauro hat die Anwendbarkeit noch im Jahr 1997 abgelehnt, vgl. EuGH Slg. 1997, I-1213 – CCE Société Générale des Grandes Sources.
[477] EuGH Slg. 1998, I-1375 Rn. 152–178 – Frankreich und Kali & Salz/Kommission.
[478] Kom., M.308 – Kali+Salz/MdK/Treuhandanstalt; vgl. auch Kom., M.2314 – BASF/Pantochim/Eurodiol, Rn. 151–163.
[479] EuGH Slg. 1998, I-6178 – Gencor/Lonrho; zu früheren Fällen extraterritorialer Anwendung der FKVO etwa Bos/Stuyck/Wytinck, Concentration Control in the EEC, 1992, 386 ff.
[480] Kom., M.794 – Coca-Cola/Carlsberg; Kom., M.833 – Guinness/Grand Metropolitan; Kom., M.1524 – Airtours/First Choice (später durch das EuG aufgehoben); Kom., M.2220, General Electric/Honeywell.
[481] Vgl. Mitteilung „Abhilfemaßnahmen" sowie die Schaffung der „Remedies Unit" im Jahr 2001.
[482] Vgl. etwa Kom., M.877, Boeing/McDonnell Douglas; Kom., M.2220, General Electric/Honeywell.
[483] Vgl. insbes. die EU-US „Best Practices on Cooperation in Merger Investigations", abrufbar unter: http://ec.europa.eu/comm/competition/mergers/others/eu_us.pdf; vgl. dazu auch die Presseerklärung IP/02/1591.
[484] EuG Slg. 2002, II-4071 – Schneider; EuG Slg. 2002, II-4381 – Tetra Laval; EuG Slg. 2002, II-2585 – Airtours.

als auch das materielle Prüfprogramm betraf (→ Rn. 172). Die erheblich gestiegenen Anforderungen des Gerichts an den Nachweis einer Wettbewerbsbeeinträchtigung führten in den folgenden Jahren der Neuorientierung zu einer **gewissen Zurückhaltung** der Kommission in ihrer **Kontrolldichte**. Nach den Urteilen Schneider/Tetra/Airtours im Jahr 2002 wurden bis zum Jahr 2011 nur zwei Fusionen untersagt (verglichen mit 17 Untersagungsentscheidungen in den Jahren von 1993–2002). Im Jahr 2011 erreichte die **„Interventionsrate"**, also die Zahl der Untersagungen und der nur gegen Zusagen freigegebenen Fusionen, einen – vorübergehenden – historischen Tiefstand von 3 % (verglichen mit 12 % im Jahr 2000).

202 Nicht nur die Entscheidungsprozesse wurden – durch die Auflösung der MTF – grundlegend reformiert, auch die Fusionsentscheidungen selbst haben seit der Intervention des Gerichtshofs deutlich verändert. Wie sehr einerseits die gestiegenen Beweisanforderungen des Gerichtshofs, andererseits die **Ökonomisierung der Fusionskontrolle** die Entscheidungsbegründungen in Fusionssachen verändert haben, lässt sich bereits am dramatisch **gestiegenen Seitenumfang** der Fusionsentscheidungen ablesen. Waren Untersagungsentscheidungen in den 90er Jahren mitunter nur 20–30 Seiten lang,[485] waren die Begründungen der letzten drei Untersagungsentscheidungen **zwischen 400 und 600 Seiten lang**. Obwohl der Gerichtshof klargestellt hat, dass der Test symmetrisch ist (die Beweisanforderungen für Untersagungen wie für Freigaben also grds. gleich sind), sind die vom Gerichtshof aber auch von der Kommission selbst („effects-based approach") aufgestellten Anforderungen an den Nachweis ernsthafter Wettbewerbsbedenken oder gar einer wesentlichen Beeinträchtigung des Wettbewerbs heute sehr hoch. In der Fusionskontrollpraxis seit 2002 spiegelt sich das insbes. durch die deutlich **seltenere Einleitung von „2. Phasen"** und eine **geringere Untersagungsquote** wider. Auch was die Verwendung komplexerer Untersagungstheorien betrifft, übt sich die Kommission seit 2002 in Zurückhaltung. So hat sie seit 2002 in nur sehr wenigen Einzelfällen Wettbewerbsbedenken wegen konglomerater oder koordinierter Effekte geltend gemacht.

203 Die Reform der materiellen Prüfungskriterien der FKVO von 2004 („SIEC-Test") hat sicher zur Ökonomisierung des Prüfprogramms beigetragen. Die Prüfungspraxis der Kommission ist aber im Ergebnis, entgegen mancher Befürchtungen, nicht grundlegend verändert worden.[486] Allerdings ist seit der Verwendung des SIEC-Tests eine deutlich **gesunkene Relevanz der reinen Marktanteilsbetrachtung** und eine stark angestiegene Verwendung quantitativer bzw. ökonometrischer Analysen bei der Beurteilung von Fusionen zu beobachten. Auch hinsichtlich der Anerkennung von Effizienzvorteilen und deren Weitergabe an den Verbraucher hat sich die Entscheidungspraxis in den letzten Jahren deutlich fortentwickelt.[487]

204 **d) Gegenwart: „Wiederbelebung" der Fusionskontrolle und neue Herausforderungen (Digitalisierung – Politisierung – Green Deal).** Seit Antritt von Kommissarin Vestager hat sich die Interventionsrate nach einer gewissen Zurückhaltung, insbesondere unter der Ägide von Kommissar Almunia, wieder „normalisiert" und beim langjährigen Durchschnitt von etwa 7% der Fälle eingependelt (zur Interventionsrate → Rn. 190).

205 Seit Kommissarin Vestager 2019 als Vizepräsidentin der Kommission auch für die Industriepolitik zuständig wurde, hat der Druck, Fusionskontrolle politischer auszugestalten, deutlich zugenommen. Die Länder, die sich für eine rein wettbewerblich ausgestaltete Fusionskontrolle einsetzen, dürften spätestens nach dem Austritt Großbritanniens einer Minderheit von Mitgliedstaaten angehören. Zwar schützt die Einstimmigkeitsklausel die FKVO in gewissem Maße vor grundlegenden Reformen. Es bleibt aber abzuwarten, wie künftige Kommissionen mit der Forderung nach einer „politischeren" Fusionskontrolle umgehen werden. Besonders aufschlussreich dürften dafür Fälle sein, die auf die Schaffung nationaler oder europäischer „Champions" zielen, sowie Akquisitionen durch ausländische Internet- oder chinesische Staatsunternehmen[488] oder Verfahren, die gleichzeitig dem Fusions- und den Verfahren zur Kontrolle ausländischer Beihilfen oder Direktinvestitionen unterfallen.

206 **2. Statistik.** Zwischen September 1990 und Februar 2023 8796 Zusammenschlüsse bei der Kommission angemeldet worden.[489] Rechnet man die Fälle hinzu, nicht über die Pränotifikations-

---

[485] S. etwa Kom., IV/M.490 – Nordic Sattelite Distribution oder IV/M.553 – RTL/Veronica/Endemol.
[486] S. zu den ersten „gap-cases" (Wettbewerbsbedenken ohne Vorliegen einer marktbeherrschender Stellung) bereits Kom., M.3916 – T-Mobile Austria/Telering, Rn. 125 f. und zur Berücksichtigung von Effizienzen Kom., M.3742 – Procter & Gamble/Gillette; Kom., M.4000 – Inco/Falconbridge, Rn. 532–553.
[487] Vgl. etwa die ausdrückliche Anerkennung von Effizienzgewinnen im Fall KOM, COMP/M.6166 – Deutsche Börse/NYSE oder Kom., COMP/M.6570 – UPS/TNT. Im letztgenannten Fall hat die Kommission erstmal Wettbewerbsbedenken auf einer großen Zahl von Märkten mit dem Hinweis auf Effizienzgewinne ausgeräumt.
[488] S. in diesem Zusammenhang etwa die US Horizontal Merger Guidelines vom 19.8.2010 und die Reform der Fusionskontrollvorschriften in Großbritannien.
[489] S. competition-policy.eu.europa.eu/system/sites2023-3/merger.cases.pdf, zuletzt abgerufen am 1.4.2023.

phase hinaus gelangten (aufgebene Fusionen, Konsultationsverfahren), dürfte die Kommission bereits über 10.000 **Zusammenschlüsse** formell oder materiell geprüft haben.[490] Die Zahl der Anmeldungen bleibt seit Ende der neunziger Jahre auf hohem Niveau stabil und pendelt sich, nach leichten Rückgängen nach Platzen der „Internetblase" (2002–2004), während der Finanzkrise (2008–2013) und der Coronakrise (2020), bei etwa 400 Fusionsanmeldungen pro Jahr ein. Die Kommission hat bis Februar 2023 etwa 8.000 abschließende Entscheidungen gem. Art. 6 oder 8 erlassen. In 7830 Fällen (ca. 95 % aller angemeldeten Fusionen) hat sie den Zusammenschluss bereits in Phase 1 freigegeben, in 298 Fällen eine vertiefte Prüfung („2. Phase") eingeleitet.

Bis zum 28.2.2023 hat die Kommission **32 Fusionsverbote**[491] erlassen. Die Tatsache, dass die Kommission nur weniger als **0,5 % der angemeldeten Fusionen** vollständig untersagt hat, gibt aber nur unzureichend über die tatsächliche Kontrolldichte bei der Fusionskontrolle Aufschluss und sollte aber nicht vorschnell auf eine großzügige Kontrollpraxis der Kommission schließen lassen.[492] Bezieht man die Fälle ein, in denen die Kommission Wettbewerbsprobleme durch das Angebot von Zusagen beseitigen konnte (316 Fälle in Phase 1 und 133 Fälle in Phase 2), und berücksichtigt man darüber hinaus noch diejenigen Fälle, in denen die Parteien ein Fusionsvorhaben nach Einleitung einer vertieften Prüfung von sich aus aufgegeben haben (44 Fälle),[493] bleibt die **„Interventionsrate"** in Fusionssachen trotz temporärer Schwankungen relativ stabil etwa 7 % der angemeldeten Fälle.

207

Art. 1 Anwendungsbereich

(1) Unbeschadet des Artikels 4 Absatz 5 und des Artikels 22 gilt diese Verordnung für alle Zusammenschlüsse von gemeinschaftsweiter Bedeutung im Sinne dieses Artikels.

(2) Ein Zusammenschluss hat gemeinschaftsweite Bedeutung, wenn folgende Umsätze erzielt werden:
a) ein weltweiter Gesamtumsatz aller beteiligten Unternehmen zusammen von mehr als 5 Mrd. EUR und
b) ein gemeinschaftsweiter Gesamtumsatz von mindestens zwei beteiligten Unternehmen von jeweils mehr als 250 Mio. EUR;
dies gilt nicht, wenn die beteiligten Unternehmen jeweils mehr als zwei Drittel ihres gemeinschaftsweiten Gesamtumsatzes in ein und demselben Mitgliedstaat erzielen.

(3) Ein Zusammenschluss, der die in Absatz 2 vorgesehenen Schwellen nicht erreicht, hat gemeinschaftsweite Bedeutung, wenn
a) der weltweite Gesamtumsatz aller beteiligten Unternehmen zusammen mehr als 2,5 Mrd. EUR beträgt,
b) der Gesamtumsatz aller beteiligten Unternehmen in mindestens drei Mitgliedstaaten jeweils 100 Mio. EUR übersteigt,
c) in jedem von mindestens drei von Buchstabe b) erfassten Mitgliedstaaten der Gesamtumsatz von mindestens zwei beteiligten Unternehmen jeweils mehr als 25 Mio. EUR beträgt und

---

[490] Zu den fortlaufend nummerierten Fusionsfällen nach der FKVO sind auch unter der Bezeichnung JV geführten Verfahren sowie die mehr als 1.000 Konsultationsverfahren zu rechnen; daneben hat die Kommission mehr als 100 Fälle nach dem EKGSV geprüft.

[491] Kom., M.53 – Aérospatiale-Alenia/de Havilland; Kom., M.469 – MSG/Media Service; Kom., M.490 – Nordic Satellite Distribution; Kom., M.533 – RTL/Veronica/Endemol; Kom., M.774 – Saint Gobain/Wacker Chemie; Kom., M.619 – Gencor/Lohnro; Kom., M.784 – Kesko/Tuko; Kom., M.890 – Blokker/Toys"R"Us; Kom., M.993 – Bertelsmann/Kirch/Premiere; Kom., M.1027 – Deutsche Telekom/Beta Research; Kom., M.1524 – Airtours/First Choice (vom EuG aufgehoben); Kom., M.1672 – Volvo/Scania; Kom., M.1741 – WorldCom MCI/Sprint (vor Verbotsentscheidung zurückgenommen; vom EuG aus formalen Gründen aufgehoben); Kom., M.2097 – SCA/Metsä Tissue; Kom., M.2220 – GE/Honeywell (vom EuG im Wesentlichen bestätigt); Kom., M.2283 – Schneider/Legrand (vom EuG aufgehoben); Kom., M.2187 – CVC/Lenzing; Kom., M.2416 – Tetra Laval/Sidel (vom EuG aufgehoben; Urteil bestätigt durch den EuGH); Kom., M.3440 – ENI/EDP/GDP (vom EuG bestätigt); Kom., M.4439 – Ryanair/Aer Lingus (bestätigt durch das EuG); COMP/M.6663 – Ryanair/Aer Lingus III; Kom., M.6570 – UPS/TNT; Kom., M.7612 – O2/Hutchison; Kom., M.7878 – Heidelbergcement/Schwenk/CEMEX; Kom., M.7995 – Deutsche Börse LSE III; Kom., M.8677 – Siemens/Alstom; Kom., M.8900 – Wieland/Aurubis; Kom., M.8713 – Tata Steel/ThyssenKrupp; Kom., M.9343, Hundai/Daewoo Shipbuilduing.

[492] Dies verkennen etwa Maier-Rigaud/Parplies ECLR 2009, 565, die ihre Argumentation im Wesentlichen auf den Rückgang der Verbote stützen.

[493] Auch die in 187 Fällen erfolgte Rücknahme einer Anmeldung in Phase 1 war vielfach auf festgestellte Wettbewerbsbedenken zurückzuführen.

d) der gemeinschaftsweite Gesamtumsatz von mindestens zwei beteiligten Unternehmen jeweils 100 Mio. EUR übersteigt;
dies gilt nicht, wenn die beteiligten Unternehmen jeweils mehr als zwei Drittel ihres gemeinschaftsweiten Gesamtumsatzes in ein und demselben Mitgliedstaat erzielen.

(4) Vor dem 1. Juli 2009 erstattet die Kommission dem Rat auf der Grundlage statistischer Angaben, die die Mitgliedstaaten regelmäßig übermitteln können, über die Anwendung der in den Absätzen 2 und 3 vorgesehenen Schwellen und Kriterien Bericht, wobei sie Vorschläge gemäß Absatz 5 unterbreiten kann.

(5) Der Rat kann im Anschluss an den in Absatz 4 genannten Bericht auf Vorschlag der Kommission mit qualifizierter Mehrheit die in Absatz 3 aufgeführten Schwellen und Kriterien ändern.

Schrifttum: Alber, Auslegungsfragen und praktische Anwendungen der europäischen Fusionskontrolle, FIW-Schriftenreihe 146 (Schwerpunkte des Kartellrechts 1990/91), 99; Baron, Die neuen Bestimmungen der europäischen Fusionskontrolle, WuW 1997, 579; Bechtold, Neuere Entwicklungen im Bereich der Fusionskontrolle der EG in Schwarze, Europäisches Wettbewerbsrecht im Wandel, 2001, 1613; Bechtold, EC merger control in cross-border mergers, European Legal Forum 2000, 19; Bechtold, Zwischenbilanz zum EG-Fusionskontrollrecht, EuZW 1994, 653; Berlin, Contrôle communautaire des concentrations, 1992; Bos/Stuyck/Wytinck, Concentration Control in the EEC, 1992; Bradford/Jackson/Zytnick, Is E.U. Merger Control Used for Protectionism? An Empirical Analysis in Journal of Empricial Legal Studies (2018), Volume 15, Issue 4; Breuvart/Chassaing/Perraut, Big data and competition law in the digital sector, Concurrences (2016) Nr. 3, S. 47 ff.; Broberg, The European Commission's Jurisdiction to Scrutinise Mergers, 2. Aufl. 2003; Broberg, Muddying the Clear Waters: On the Commission's Proposals for a new Delineation of Jurisdiction in the Field of Merger Control, ECLRev 2002, 429; Broberg, The European Commission's Extraterritorial Powers in Merger Control, ICLQ 2000, 172: Broberg, The EC Commission's Green Paper on the Review of the Merger Regulation, ECLRev. 1996, 289; Burnside, Dance of the Veils? Reform of the EC Merger Regulation, ECLR 1996, 371; Cremer/de Montjoye/Schweitzer, Competition policy for the digital era, 2019; Dittert, Die ausschließlichen Kompetenzen der Europäischen Gemeinschaft im System des EG-Vertrags, 2001; Drauz, Ein Jahr europäische Fusionskontrolle, FIW-Schriftenreihe 146 (Schwerpunkte des Kartellrechts 1990/91), 89; Ehlermann, Die europäische Fusionskontrolle – erste Erfahrungen, WuW 1991, 535; Ellison, Legal control of mergers in the EC, 1991;Europäischer Rechnungshof, Die EU-Fusionskontroll- und Kartellrechtsverfahren der Kommission: Marktaufsicht sollte verstärkt werden, Sonderbericht 24/2020; Graef, Stretching EU Comüetition Law Tools for Search Engines and Social Networks, Internet Policy Review (2015), 4(3); Gugerbauer, Handbuch der Fusionskontrolle, 1995; Haucap/Stühmeier, Competition and antitrust in Internet markets in Bauer/Latzer, Handbook on the Economics of the Internet, 2016, 183 ff.; Janicki, EG-Fusionskontrolle auf dem Weg zur praktischen Umsetzung, WuW 1990, 195; Krimphove, Europäische Fusionskontrolle, 1992; Lampert, Die Anwendbarkeit der EG-Fusionskontrollverordnung im Verhältnis zum Fusionskontrollrecht der Mitgliedstaaten, 1995; Montag/Kaessner, Neuere Entwicklungen in der Fallpraxis der europäischen Fusionskontrolle, WuW 1997, 781; Navarro/FontFolguera/Briones, Merger Control in the European Union, 2. Aufl. 2005; O'Keefe, Merger Regulation Thresholds: An Analysis of the Community-dimension Thresholds in Regulation 4064/89, ECLRev 1994, 21; Pathak, EEC Concentration Control: The Foreseeable Uncertainties, ECLR 1990, 119; Pallek, L'avenir de la coopération Euro-Américaine dans le domaine de la concurrence, CDE 2004, 96; Ryan, Positive Comity, Competition Policy Newsletter 2000, 33; Schäfer, Internationaler Anwendungsbereich der präventiven Zusammenschlusskontrolle im deutschen und europäischen Recht, 2004; Schmitz, How Dare They? European Merger Control and the European Commission's Blocking of the General Electric/Honeywell Merger, University of Pennsylvania Journal of International Economic Law 2002, 325; Schwarze, Die extraterritoriale Anwendbarkeit des EG-Wettbewerbsrechts – Vom Durchführungsprinzip zum Prinzip der qualifizierten Auswirkung, WuW 2001, 1190; Sinclair, Reflections on the European Commission's Proposals to Amend the Jurisdictional Test in the Merger Regulation: A Hall of Mirrors, ECLRev. 2002, 326; Siragusa, The Lowering of the Thresholds: An Opportunity to Harmonize Merger Control, ECLRev. 1993, 139; van Dorp/Batura, Challenges for Competition Policy in a Digitalised Economy, Study for the EU Parliament, 2015; Zschocke, Harmonisierung der Fusionskontrolle aus der Sicht des Praktikers, WuW 1996, 85.

Übersicht

	Rn.
I. Normzweck	1
II. Systematische Einordnung	3
III. Entstehungsgeschichte	11
1. Einigung auf die Schwellenwerte der FKVO	11
2. Gescheiterte Versuche einer Revision der Aufgreifschwellen	16

	Rn.
3. Der Kunstgriff der Aktivierung von Art. 22	23
IV. Inhalt der Aufgreifschwellen von Art. 1	24
1. Die allgemeine Aufgreifschwelle des Abs. 2	25
a) Größenkriterium: 5 Mrd. kombinierter Weltumsatz	25

		Rn.			Rn.
	b) Bagatellschwelle: je 250 Mio. Gemeinschaftsumsatz	29	V.	Anwendungsbereich der FKVO	48
	c) Zwei-Drittel-Regel	31	1.	Sachlicher Anwendungsbereich	48
2.	Die spezielle Aufgreifschwelle des Abs. 3 – gescheiterte Eindämmung von Mehrfachanmeldungen	34		a) Sektorübergreifende Anwendung	48
				b) Mitgliedstaatliche Zuständigkeit trotz gemeinschaftsweiter Bedeutung	52
3.	Die Revisionsklausel der Abs. 4 und 5	40	2.	Räumlicher Anwendungsbereich	55
4.	Kritik am Konzept der umsatzbezogenen Aufgreifschwellen und Reformtendenzen	41		a) Extraterritoriale Anwendung der FKVO	55
				b) Internationale Kooperation	67

I. Normzweck

Art. 1 legt fest, in welchem Umfang die Europäische Kommission für die Kontrolle von Fusionen zuständig ist. Im System der europäischen Fusionskontrolle **teilen sich Mitgliedstaaten und Kommission** grds. die Kompetenzen für die Fusionskontrolle[1]: Für kleinere Fusionen unterhalb bestimmter Umsatzschwellenwerte sind grundsätzlich die Mitgliedstaaten zuständig, für Fusionen oberhalb dieser Schwellenwerte besitzt die Kommission die ausschließliche Prüfungskompetenz. Die nationale Kontrolle einer Fusion ist gem. Art. 21 Abs. 2 ausgeschlossen, wenn gem. Art. 1 der Anwendungsbereich der FKVO eröffnet ist (→ Kapitel 8 Rn. 84–91). Damit übernimmt Art. 1 die Funktion einer **zentralen Kompetenzabgrenzungsnorm** zwischen mitgliedstaatlicher und gemeinschaftlicher Kontrollkompetenz. Art. 1 spiegelt das Subsidiaritätsprinzip wieder (Erwgr. 8) und stellt dabei auf möglichst klare und transparente Kriterien ab, damit die Betroffenen leicht feststellen können, welchem Fusionsregime sie unterfallen. 1

Die sog **Aufgreifkriterien** des Art. 1 knüpfen vor allem am **Umsatz** der beteiligten Unternehmen an. Ein bestimmter Mindestumsatz ist im System der EU-Fusionskontrolle der Hauptindikator, um diejenigen Zusammenschlüsse zu identifizieren, die potenziell Wettbewerbsprobleme aufwerfen und sich grenzüberschreitend auswirken könnten. Dieses Konzept ist zuletzt vermehrt auf Kritik gestoßen.[2] 2

II. Systematische Einordnung

Abs. 1 stellt klar, dass Fusionen nach den Vorschriften der FKVO zu prüfen sind, wenn zwei Voraussetzungen erfüllt sind: Es muss sich um einen **Zusammenschluss** iSd FKVO handeln, und dieser Zusammenschluss muss **gemeinschaftsweite Bedeutung** iSd FKVO besitzen. Während der Zusammenschlussbegriff erst in Art. 3 und der zugehörigen **Mitteilung zur Zuständigkeit** in Fusionssachen näher definiert wird, legt Art. 1 unmittelbar die wesentlichen Voraussetzungen zur Bestimmung der **gemeinschaftsweiten Bedeutung**[3] eines Zusammenschlusses fest. 3

Das in Abs. 2 und 3 näher erläuterte Konzept der gemeinschaftsweiten Bedeutung knüpft dabei an zwei Elementen an: Zum einen muss der Zusammenschluss eine gewisse wirtschaftliche Bedeutung haben **(Größenkriterium)**; zum anderen muss er geeignet sein, die Wettbewerbsverhältnisse in mehreren Mitgliedstaaten zu beeinflussen **(Zwischenstaatlichkeitskriterium)**. Die entscheidende Richtgröße sowohl für das Größen- als auch für das Zwischenstaatlichkeitskriterium ist dabei der **Unternehmensumsatz** der an der Fusion beteiligten Unternehmen. Die Zugrundelegung dieses quantitativen Kriteriums für die ökonomische Bedeutung eines Zusammenschlusses beruht auf der Fiktion, dass der Unternehmensumsatz die wirtschaftlichen Ressourcen und das wettbewerbliche Potenzial der an der Fusion beteiligten Unternehmen widerspiegelt und dass die Fusion umsatzstarker Unternehmen eher geeignet ist, gemeinschaftsweite Wettbewerbsprobleme zu schaffen als ein Zusammenschluss umsatzschwacher Unternehmen.[4] Angesichts der zunehmenden Bedeutung von Fusionen in hochinnovativen Märkten wie den **digitalen Märkten** oder den **pharmazeutischen Märkten,** in denen der Umsatz mitunter wenig über die tatsächliche Marktmacht der Unternehmen aussagt, wird das Kriterium wieder vermehrt in Frage gestellt (dazu → Rn. 38–42). 4

---

[1] Zur insoweit irreführenden pauschalen Einordnung der Wettbewerbspolitik als „ausschließliche" Gemeinschaftskompetenz bereits → FKVO Grdl. Rn. 91; s. zuletzt etwa EuG ECLI:EU:T:2022:447 Rn. 160 – Illumina; zum Begriff der parallelen Zuständigkeiten Dittert, Die ausschließlichen Kompetenzen der Europäischen Gemeinschaft im System des EG-Vertrags, 2001, 39 ff.
[2] S. etwa den Sonderbericht des Europäischen Rechnungshofes 24/2020, S. 5.
[3] Die Mitteilung „Zuständigkeit" spricht auch vom „gemeinschaftlichem Interesse", vgl. → Rn. 3.
[4] O'Keeffe ECLRev. 1994, 1.

5 Das Konzept der „gemeinschaftsweiten Bedeutung" findet **keine Entsprechung im übrigen Wettbewerbsrecht** der Europäischen Union und geht insbs. über das Erfordernis der „Beeinträchtigung des zwischenstaatlichen Handels" bei Art. 101 und 102 AEUV hinaus. Es ist auch innerhalb des Fusionskontrollrechtes nicht deckungsgleich mit dem Kriterium des „wesentlichen Teils des Gemeinsamen Marktes" in Art. 2 Abs. 2 und 3 (→ Art. 2 Rn. 46–48), das als materielles Kriterium für die Vereinbarkeit von Fusionen mit dem Gemeinsamen Markt, nicht aber für die Frage der Kommissionszuständigkeit maßgeblich ist.

6 Art. 1 enthält eine **allgemeine Aufgreifschwelle** (Abs. 2), die für die große Mehrheit der von der Gemeinschaft geprüften Zusammenschlüsse maßgeblich ist, und eine **spezielle Aufgreifschwelle** (Abs. 3), die gegenüber Abs. 2 subsidiär und nur dann zu prüfen ist, wenn die Schwellenwerte von Abs. 2 nicht erreicht werden.

7 Obwohl das Konzept der „gemeinschaftsweiten Bedeutung" zumindest insoweit materiellen Gehalt zu haben scheint, als es eine **Näherungsformel für das wettbewerbliche Potenzial** der beteiligten Unternehmen ist, dient es doch ausschließlich der formellen Bestimmung der Gemeinschaftszuständigkeit. Dementsprechend stellt die Mitteilung zur Zuständigkeit in Fusionssachen ausdrücklich klar, dass die ermittelten Umsatzwerte nicht dazu dienen, die wettbewerbliche Stellung der beteiligten Unternehmen im Rahmen der materiellen Prüfung zu beurteilen.[5] Allerdings zeigt ein Blick auf die Leitlinien für horizontale Zusammenschlüsse, dass die Umsatzgröße (als Indikator für die Finanzkraft eines Unternehmens) durchaus für die wettbewerbliche Würdigung bedeutsam sein kann.[6]

8 Das Konzept der Umsatzschwellen war an sich als **dynamisches Konzept** gedacht, das bei Bedarf an veränderte wirtschaftliche Rahmenbedingungen angepasst werden sollte;[7] dementsprechend enthalten **Abs. 4 und 5** eine Berichtspflicht über die Ergebnisse der Anwendung der Schwellenwerte und eine Revisionsklausel hinsichtlich der Höhe der Schwellenwerte. Dennoch sind die Schwellenwerte des Abs. 2 seit Inkrafttreten der FKVO nominell **unverändert geblieben**.[8]

9 In systematischer Hinsicht bilden Art. 1 FKVO (gemeinschaftsweite Bedeutung) und **Art. 3 und 5** (Zusammenschluss, beteiligte Unternehmen, Umsatzberechnung) bei der Bestimmung der Kommissionszuständigkeit eine **Prüfungseinheit**. Dabei sind die Voraussetzungen der Art. 3 und 5 schon vor Art. 1 zu prüfen: Nur wenn überhaupt ein Zusammenschluss iSd Art. 3 vorliegt, kommt es auf das Erreichen der Schwellenwerte an. Sowohl für die Auslegung des Zusammenschlussbegriffs als auch für die Ermittlung des relevanten Umsatzes (etwa bei Unternehmenskonglomeraten) ist die **Mitteilung zur Zuständigkeit in Fusionssachen** von großer praktischer Bedeutung.

10 Art. 1 iVm Art. 3 und 5 geben nicht abschließend Auskunft auf die Frage nach der Gemeinschaftszuständigkeit, denn die in Art. 1 genannte „gemeinschaftsweite Bedeutung" ist nur eine von mehreren Möglichkeiten, die Kommissionszuständigkeit zu eröffnen. Zum System der Zuständigkeitsnormen der FKVO gehören daher auch die **Verweisungsmöglichkeiten** der FKVO (Art. 4 Abs. 4, Art. 4 Abs. 5, Art. 9 und Art. 22), die es der Kommission erlauben, Zusammenschlüsse ohne gemeinschaftsweite Bedeutung zu prüfen oder umgekehrt Zusammenschlüsse mit gemeinschaftsweiter Bedeutung zur Prüfung an die Mitgliedstaaten zu verweisen. Die größte Rolle bei den Verweisungsmöglichkeiten spielte in der Praxis bisher Art. 4 Abs. 5. Es ist anzunehmen, dass der neu interpretierte Art. 22 (→ Rn. 23) schon bald ähnlich bedeutsam werden wird, bietet er nach der neuen Interpretation der Kommission doch eine **schwellenwertlose Eintrittskarte** für die europäische Fusionskontrolle. Schließlich kann auch Art. 21 Abs. 4 (ggf. iVm Art. 346 AEUV) die Gemeinschaftszuständigkeit nach Art. 1 einschränken.

III. Entstehungsgeschichte

11 **1. Einigung auf die Schwellenwerte der FKVO.** Der Streit um die Aufgreifkriterien hat maßgeblich zur jahrelangen Verzögerung des Erlasses der FKVO beigetragen. Da die Schwellenwerte letztlich darüber entscheiden, welche Einflussmöglichkeiten den Mitgliedstaaten in der Fusionskontrolle verbleiben, kam es zu einer regelrechten **„Schlacht um die Schwellenwerte"**,[9] wobei insbs. Deutschland sich hartnäckig (und letztlich mit Erfolg) den als zu weit reichend empfundenen Kontrollkompetenzen der Kommission widersetzt hatte. Kleine Staaten ohne eigenes Fusionskontrollregime favorisierten dagegen niedrige Schwellenwerte.

---

[5] Mitteilung „Zuständigkeit", Rn. 127.
[6] Leitlinien „horizontale Zusammenschlüsse", Rn. 36 S. 5.
[7] S. Protokollerklärung der Kommission zu Art. 1 VO (EWG) Nr. 4064/98 des Rates (abgedruckt in: Kommission, Die Fusionskontrolle in der Europäischen Union, 1999, 53).
[8] Die Revisionsklausel hinsichtlich der Schwellenwerte in Abs. 2 wurde 1997 gestrichen und auf den neu eingefügten Abs. 3 begrenzt.
[9] Berlin, Contrôle communautaire des concentrations, 96.

III. Entstehungsgeschichte

Während der erste Verordnungsentwurf der Kommission als **Aufgreifschwelle** noch einen **12** maßgeblichen Gesamtumsatz der beteiligten Unternehmen von **nur 200 Mio.** Rechnungseinheiten vorsah, korrigierte die Kommission den Schwellenwert in den folgenden Verordnungsentwürfen immer weiter nach oben. Weder die Vorschläge von 1981 (500 Mio. ECU), 1984 (750 Mio. ECU) oder 1988 (1 Mrd. ECU) fanden indes die Zustimmung aller im Rat vertretenen Mitgliedstaaten. Noch 1988 forderte Deutschland, den Schwellenwert auf **10 Mrd. ECU** – das Fünfzigfache des ursprünglichen Wertes – zu erhöhen. Im Globalkompromiss von 1989 über die FKVO (→ Kapitel 8 Rn. 40) einigte man sich schließlich auf den noch heute gültigen Schwellenwert von 5 Mrd. ECU, wobei die Kommission in einer Protokollerklärung darauf hinwies, dass dieser hohe Schwellenwert ihrer Ansicht nach **nur für eine Anfangszeit** gelten dürfte.[10]

Eine ähnliche Entwicklung nahm die Diskussion um die **Bagatellklausel** (Mindestumsatz in **13** der EU) des heutigen Abs. 2 lit. b. Auch hier stand der ursprüngliche Kommissionsentwurf von 1973, der eine Bagatellschwelle von **30 Mio.** Rechnungseinheiten vorsah, in Widerspruch zu den Vorstellungen der deutschen und britischen Regierung, die einen Wert von **500 Mio. EUR** vorschlugen.[11] In späteren Vorschlägen wurde die Bagatellgrenze dann sukzessive auf 50 Mio. (April 1988), 100 Mio. (Juli 1988) und schließlich im November 1988 auf den heutigen Wert eines gemeinschaftsweiten Umsatzes von 250 Mio. ECU erhöht.

Die in Abs. 2 lit. c enthaltene **Zwischenstaatlichkeitsklausel** geht in ihrer jetzigen Form auf **14** den Wirtschafts- und Sozialausschuss zurück, der 1988 vorschlug, Fusionen mit klarem nationalen Schwerpunkt der Prüfung durch die betroffenen Mitgliedstaaten zu überlassen und dabei auf den Gemeinschaftsumsatz Bezug zu nehmen.[12] Als Schwelle für den „nationalen Schwerpunkt" wurden zunächst 75 % des gemeinschaftsweiten Umsatzes vorgeschlagen (April 1988); erwogen wurde aber auch eine Grenze von nur 50 %.[13] Im Globalkompromiss von 1989 einigte man sich dann auf die heute gültige Grenze von ⅔ des gemeinschaftsweiten Umsatzes.

Bereits ein Jahr zuvor hatte die Kommission von ihrem Vorschlag Abstand genommen, bei den **15** Aufgreifschwellen – wie in einigen anderen Rechtsordnungen – auch auf die **Marktanteile** der beteiligten Unternehmen abzustellen. Der erste Entwurf von 1973 hatte die gemeinschaftsweite Bedeutung neben der Umsatzschwelle noch von einem Marktanteil der beteiligten Unternehmen von mehr als 25 % in allen Mitgliedstaaten abhängig gemacht. Auch die Entwürfe von 1981[14] und 1984[15] sahen noch eine Anmeldepflicht ab gemeinschaftsweiten Marktanteilen von 20 % (1981) bzw. 50 % (1984) vor. Erst mit dem Entwurf von April 1988 fielen die marktanteilsbezogenen Aufgreifschwellen fort.[16]

2. Gescheiterte Versuche einer Revision der Aufgreifschwellen. Art. 1 enthielt eine **16** **Revisionsklausel,**[17] die eine Überprüfung der Schwellenwerte innerhalb von vier Jahren vorsah.[18] In ihrem Bericht von 1993[19] stellte die Kommission fest, dass wirtschaftliche Gründe für eine Absenkung der Werte sprächen, sah aber keine Mehrheit für ihren Vorschlag und empfahl schließlich nur, die Werte bis 1996 erneut zu überprüfen.[20] Dies geschah zunächst im **Grünbuch zur Revision der FKVO von 1996,** in dem die Kommission erneut eine Absenkung der Schwellenwerte (auf 2 Mrd./100 Mio. ECU) empfahl.[21] Gleichzeitig schlug sie die Einführung einer **speziellen Aufgreifschwelle** vor, die das Problem der Mehrfachanmeldungen eindämmen sollte.[22] Danach sollte die Kommission auch für solche Fusionen zuständig sein, die **in mindestens drei Mitgliedstaaten** anmeldepflichtig wären (**„3+"-Regel**), vorausgesetzt, dass der weltweite Umsatz 2 Mrd. EUR und

---

[10] Protokollerklärung der Kommission zu Art. 1 VO (EWG) Nr. 4064/98 des Rates (abgedruckt in: Kommission, Die Fusionskontrolle in der Europäischen Union, 1999, 53).
[11] Vgl. dazu Janicki WuW 1989, 187 (192).
[12] Vgl. ABl. 1988 C 208, 11 (14).
[13] Monopolkommission, Konzeption einer europäischen Fusionskontrolle (17. Sondergutachten), 53.
[14] ABl. 1982 C 36, 3 (KOM(81) 773 endg.).
[15] ABl. 1984 C 51, 8 (KOM(84) 59 endg.).
[16] ABl. 1988 C 130, 4 ff.; der Marktanteil spielte allerdings in materieller Hinsicht eine Rolle, da unter 20 % Marktanteil eine Vereinbarkeitsvermutung bestand. Die 25 %-Schwelle findet sich heute als Grenze zum Vereinfachten Verfahren wieder.
[17] Vgl. Art. 1 Abs. 3 aF.
[18] Protokollerklärung der Kommission zu Art. 1 VO (EWG) Nr. 4064/98 des Rates (abgedruckt in: Kommission, Die Fusionskontrolle in der Europäischen Union, 1999, 53 und 55).
[19] Community Merger Control – Report from the Commission to the Council on the Implementation of the Merger Regulation, KOM(1993) 385 endg.
[20] Vgl. Levy/Cook, § 6.02.
[21] KOM(1996) 19 endg.; dazu Broberg ECLR 1996, 289.
[22] S. auch KOM(1996) 313 endg.

der gemeinschaftsweite 100 Mio. EUR übersteigt. Diese „3+"-Regel fand jedoch **nicht die Unterstützung der Mitgliedstaaten.**

17 Beibehalten wurde in Art. 1 Abs. 3 der **reformierten Verordnung von 1997** jedoch die Idee einer **zweiten Aufgreifschwelle** für Fusionen, die mehrere Mitgliedstaaten betreffen. Allerdings sieht man dem auf einen Vorschlag der italienischen Delegation zurückgehenden Abs. 3 seinen **Kompromisscharakter** an, denn er ist außerordentlich kompliziert formuliert.[23] Zugleich beendete die Reform die Diskussion um die Höhe der Schwellenwerte, denn die ursprüngliche **Revisionsklausel für Art. 1 Abs. 2 wurde gestrichen** und nur für den neu geschaffenen Abs. 3 beibehalten.

18 Ein **Kommissionsbericht aus dem Jahr 2000** zur Anwendung der Schwellenwerte offenbarte, dass die Aufnahme des zweiten Schwellenwertes nicht den erhofften Erfolg bei der Bekämpfung der Mehrfachanmeldungen gebracht hatte.[24] Eine große Zahl von Fusionen wurde weiterhin nicht von Abs. 3 erfasst und musste weiterhin in bis zu sieben einzelnen Mitgliedstaaten angemeldet werden (vgl. → Rn. 75). Das **Grünbuch von 2001 zur Revision der FKVO**[25] bestätigte, dass im Jahr 2000 nur 20 Fälle (5 % aller Anmeldungen) bei der Kommission nach Abs. 3 angemeldet wurden, während 75 europäische Fusionen bei drei oder mehr nationalen Behörden angemeldet werden mussten (→ Rn. 24) – und schlug erneute eine **„3+"-Regel** als vermeintlich einfaches Aufgreifkriterium vor.

19 Der erneute Vorschlag des Grünbuchs fand allerdings letztlich keinen Eingang in den Kommissionsvorschlag.[26] Die praktische Umsetzung der „3+"-Regel sei wegen der unterschiedlichen nationalen Anmeldekriterien schwierig und führe zu **unzumutbarer Rechtsunsicherheit.** Ausschlaggebend dürfte aber auch hier die ablehnende Haltung großer Mitgliedstaaten gegenüber dem „3+"-System gewesen sein.[27]

20 Art. 1 hat folglich auch die **große Fusionskontrollreform von 2004** (bis auf einige redaktionelle Änderungen)[28] **weitgehend unverändert** überstanden. Allerdings hat die „3+"-Regel, etwas versteckt, schließlich doch Eingang in die FKVO gefunden, und zwar im neu aufgenommenen **Art. 4 Abs. 5.** Dieser schuf die Möglichkeit, nationale Fusionen ohne gemeinschaftsweite Bedeutung auf Antrag von der Kommission prüfen zu lassen, wenn die Fusion in mindestens drei Mitgliedstaaten anmeldepflichtig ist. Der rege Gebrauch von Art. 4 Abs. 5[29] zeigt jedoch, dass die Regelung in der Praxis der von der Kommission vorgeschlagenen „3+"-Regel in Abs. 3 recht nahe kommt und dazu beitragen konnte, die Zahl der Mehrfachnotifizierungen zumindest zu verringern.

21 Schon 2005 gab es einen weiteren Versuch, die **Aufgreifschwellen** zu reformieren – dieses Mal angestoßen von Wettbewerbskommissarin Kroes, die, nachdem die Fusion von Gas Natural und Endesa nicht auf EU-Ebene geprüft werden konnte,[30] die wohlbekannte **„3+"-Regel** ins Spiel brachte. Trotz eines ausführlichen Berichts zur Notwendigkeit einer Reform aus dem Jahr 2009 scheiterte auch dieser Versuch am Widerstand wichtiger Mitgliedstaaten.[31]

22 In ihrem **Weißbuch** zum Reformbedarf der FKVO von 2014 schlug die Kommission dann vor, den Umfang der Fusionskontrolle nicht durch eine Änderung der Aufgreifschwellen, wohl aber durch eine Ausdehnung auf die **Prüfung von Minderheitsbeteiligungen** auszuweiten.[32] Obwohl die Kommission ihren Vorstoß sorgfältig begründete, stieß der Vorschlag, weiter in den Kompetenzbereich der Mitgliedstaaten einzudringen, bei Industrie und vielen Mitgliedstaaten auf wenig Gegenliebe. Er wurde letztlich nicht weiterverfolgt.

Trotz mancher Prognose, dass die Schwellenwerte das Ende des Jahrzehnts nicht überleben würden[33] und gegen den Willen der Kommission[34] blieben die Werte der Aufgreifschwelle des

---

[23] Navarro/FontFolguera/Briones, Merger Control in the European Union, 72; Baron WuW 1997, 579.
[24] KOM(2000) 399 endg.
[25] KOM(2000) 745 endg., 6 Rn. 21–63.
[26] Vgl. Kommissionsvorschlag für eine VO des Rates zur Kontrolle von Unternehmenszusammenschlüssen, ABl. 2003 C 20, 4.
[27] Vgl. Jensen, EU-Fusionskontrolle stößt auf Widerstand, Financial Times Deutschland v. 5.6.2002; vgl. auch Broberg ECLRev. 2002, 429; Sinclair ECLRev. 2002, 326.
[28] Streichung der Worte „im Sinne dieser Verordnung", Umstellung auf EUR, Aufnahme eines Hinweises auf die Notwendigkeit der Übermittlung statistischer Daten durch die Mitgliedstaaten für die Evaluation der Anwendung von Art. 1 bis zum 1.7.2009 und Hinweis auf das Recht der Kommission, Änderungsvorschläge hinsichtlich Abs. 3 zu unterbreiten (vgl. Abs. 4).
[29] Bis September 2012 gab es bereits 233 Verweisungsanträge gem. Art. 4 Abs. 5.
[30] Vgl. Presseerklärung der Kommission v. 15.11.2005 (IP/05/1425).
[31] Bericht über das Funktionieren der VO 139/2004, KOM(2009) 281 endg.; s. auch Commission Staff Working Paper Accompanying the Report on the Functioning of Regulation 139/2004, SEC(2009) 808 final, 2 Rn. 70 ff.; s. auch IP/09/963 vom 18.6.2009.
[32] S. Weißbuch „Eine wirksame Fusionskontrolle" vom 9.7.2014, KOM(2014) 449.
[33] Niederleithinger FS Quack, 1991, 644 (647).
[34] Protokollerklärung der Kommission zu Art. 1 VO (EWG) Nr. 4064/98 des Rates (abgedruckt in: Kommission, Die Fusionskontrolle in der Europäischen Union, 1999, 53).

Art. 1 damit **bis heute nominell unverändert**. Allerdings hat die **Inflation** seit 1990 **de facto zu einer Absenkung der Schwellenwerte** geführt. So entspricht die heutige Schwelle von 5 Mrd. EUR unter Einbeziehung der Inflation einer Kaufkraft von rund **2.8 Mrd. EUR** im Jahr 1989.[35]

Auch hat das im Jahr 2000 eingeführte und bis 2023 stark ausgeweitete **vereinfachte Prüfverfahren** de facto zu einer Zweiteilung des Fusionsprüfverfahrens geführt, nach dem mehr als 80% der notifizierbaren Fälle nur einem stark vereinfachten Anmeldungs- und Prüfverfahren unterworfen sind, während weniger als 20% der Fälle der vollständigen Prüfung unterliegen.

3. Der Kunstgriff der Aktivierung von Art. 22. Nach mehreren Übernahmen junger aber dynamischer Internetunternehmen mit hohen Nutzerzahlen durch große Internetkonzerne, die nicht unter die EU-Jurisdiktion (und vielfach auch nicht die nationale Jurisdiktion) fielen,[36] rückte das Kriterium der Umsatzschwellen erneut in den Mittelpunkt der Reformdebatten. Kommissarin Vestager hatte 2016 angesichts der kritisierten **Kontrolllücke** zunächst noch eine Reform der Aufgreifschwellen in Aussicht gestellt und dabei eine **transaktionswertabhängige Aufgreifschwelle** ins Spiel gebracht.[37] Tatsächlich hatte es einige **nationale Initiativen zur Anpassung der Schwellenwerte** an die Internetökonomie gegeben, die in die entsprechende Richtung gingen;[38] dazu → Rn. 40–42. Nachdem die Kommission zwei Konsultationen und externe wissenschaftliche Gutachten[39] ausgewertet hatte, kam sie jedoch zu dem Schluss, dass auch eine Absenkung der Schwellenwerte und/oder ein Abstellen auf den Kaufpreis des Unternehmens die bestehende Kontrolllücke nicht beseitigt hätte.[40] Zur Lösung des Problems schlug die Kommission 2021 dann für viele überraschend vor, den bis dahin wenig genutzten **Art. 22 zu aktivieren**, um problematische Fusionen unterhalb der Schwellenwerte durch die Kommission zu prüfen. Nach Art. 22 können Wettbewerbsbehörden einen Fall auch dann an die Kommission verweisen, wenn sie selbst keine Zuständigkeit für die Fusion besitzen. In einem außerordentlich kreativen Schritt schuf sie damit de facto eine **Kontrollkompetenz außerhalb der Schwellenwerte**. Sie wich damit nicht nur von ihrer bisherigen Praxis ab, nur in den Mitgliedstaaten notifizierbare Verweisungsersuche nach Art. 22 anzunehmen,[41] sondern schuf eine denkbar weit gehende Kontrollkompetenz für die Kommission, die vollkommen unabhängig vom bisherigen Schwellenwertmodell des Art. 1 ist und eher dem Konzept des Digital Market Acts nahe steht (→ Grundl. Rn. 127d). Das Gericht hat die – von mancher Seite als Umgehung von Art. 1 gerügte – neue Auslegung von Art. 22 allerdings nunmehr ausdrücklich gebilligt.[42]

IV. Inhalt der Aufgreifschwellen von Art. 1

Die Aufgreifschwellen in Abs. 2 und 3 erscheinen zwar auf den ersten Blick kompliziert, insbes., wenn man nur auf die sprachlich etwas ungenaue deutsche Übersetzung abstellt. Beiden Schwellenwerten liegt jedoch das **dreistufige Prüfungsschema** des Abs. 2 zugrunde, das in Abs. 3 lediglich betragsmäßig variiert und geringfügig ergänzt wird. Nach beiden Aufgreifschwellen hat ein Zusammenschluss dann gemeinschaftsweite Bedeutung, wenn die beteiligten Unternehmen (1) zusammen im weltweiten Maßstab eine bestimmte Mindestgröße besitzen, (2) einzeln innerhalb der Gemeinschaft mehr als nur geringfügige Umsätze erzielen und (3) in hinreichendem Maße grenzüberschreitend tätig sind. Die spezielle Aufgreifschwelle des Abs. 3 ergänzt dieses Schema um Mindestumsätze in mindestens drei Mitgliedstaaten.

1. Die allgemeine Aufgreifschwelle des Abs. 2. a) Größenkriterium: 5 Mrd. kombinierter Weltumsatz. Nach der für die große Mehrheit der Zusammenschlüsse einschlägigen allgemeinen Aufgreifschwelle des Abs. 2 lit. a muss der Zusammenschluss Unternehmen kombinieren,

---

[35] Der Brexit hat allerdings dazu geführt, dass die im Vereinigten Königreich erzielten Umsätze nicht zum EU-weiten Umsatz zählen und damit den Schwellenwert – indirekt – wieder etwas erhöht wurde.
[36] S. dazu die ausführliche Analyse im Arbeitsdokument der Kommission Evaluation of procedural and jurisdictional aspects of EU merger control vom 26.3.2021, SWD(2021), 66 endg., Rn. 89 ff.
[37] S. etwa die Rede von Kommissarin Vestager vom 10.3.2016, abrufbar unter: htpps://studienvereinigung.de/sites/default/files/2022-05/mv-speech-merger-policy-studienvereinigung-final_0.pdf, zuletzt abgerufen am 1.4.2023.
[38] Zum neuen, transaktionswertbezogenen Aufgreifkriterium den Leitfaden der deutschen und österreichischen Kartellbehörde „Transaktionswert-Schwellen für die Anmeldpflicht von Zusammenschlussvorhaben", abrufbar unter: https://www.bwb.gv.at/fileadmin/user_upload/PDFs/Leitfaden/20180709_Leitfaden_Transaktionswertschwellen_final.pdf, zuletzt abgerufen am 1.4.2023.
[39] Cremer/de Montjoye/Schweitzer, 2019, 110 ff.
[40] Zwischen 2015 und 2019 wären bei einem Schwellenwert von 1 Mrd. EUR nur sechs Unternehmenskäufe der großen Internetunternehmen erfasst worden; dagegen hätten tausende von nichtproblematischen Fällen anhand von Transaktionswerten geprüft werden müssen, s. SWD(2021), 66 endg., Rn. 146.
[41] S. dazu auch ECLI:EU:T:2022:447 – Illumina.
[42] ECLI:EU:T:2022:447 – Illumina.

26 Abzustellen ist bei der Umsatzberechnung auf den Umsatz aller „**beteiligten Unternehmen**". Der Begriff der beteiligten Unternehmen ist in der FKVO nicht definiert, obwohl zahlreiche Vorschriften auf ihn Bezug nehmen.[43] Er ist vom Begriff der Verfahrensbeteiligten[44] zu unterscheiden und soll in erster Linie klären, welche Unternehmen und Unternehmensteile bei der Umsatzberechnung gem. Art. 1 iVm Art. 5 zu berücksichtigen sind. Daneben wird der Begriff der beteiligten Unternehmen auch zur Bezeichnung der Adressaten fusionskontrollrechtlicher Entscheidungen gebraucht.[45]

27 Die in der Mitteilung zur Zuständigkeit in Fusionssachen gegebene Definition, nach der die direkten Teilnehmer an einer Fusion oder einem Kontrollerwerb als „beteiligte Unternehmen" anzusehen sind,[46] ist für die Abgrenzung wenig hilfreich. Als **Faustformel** gilt vielmehr, dass das/die **erwerbende(n) und das zu erwerbende Unternehmen** (bzw. der zu erwerbende Unternehmensteil),[47] nicht aber das veräußernde Unternehmen als beteiligte Unternehmen anzusehen sind. Wird ein Unternehmensteil erworben, ist gem. Art. 5 Abs. 2 nur der auf den zu erwerbenden Teil entfallende Umsatz des Veräußerers zu berücksichtigen. Nach Art. 5 Abs. 4 ist grds. der **Konzernumsatz** unter Einbeziehung von Umsätzen von Tochter- und sonstigen verbundenen Unternehmen zu berücksichtigen (vgl. dazu Art. 5 Abs. 4 sowie → Art. 5 Rn. 52–80). Gerade bei komplizierten Konzernstrukturen oder wenn es um die Gründung von Gemeinschaftsunternehmen geht (vgl. dazu Art. 5 Abs. 5 sowie → Art. 5 Rn. 81–84), kann die Berechnung des für Art. 1 relevanten Umsatzes erhebliche Schwierigkeiten bereiten. Bei der Gründung von Gemeinschaftsunternehmen ist die Bestimmung der „beteiligten Unternehmens" eng mit der Bestimmung des „kontrollierenden Unternehmens" (Art. 3 Abs. 1) verknüpft.[48]

28 Bei der Zuständigkeitsermittlung sind alle (Konzern-)**Umsätze aus gewöhnlicher Geschäftstätigkeit** zu berücksichtigen, also auch Umsätze aus nicht im mit der Fusion in Zusammenhang stehenden Tätigkeitsbereichen.[49] Bei der **räumlichen Zuordnung** von Unternehmensumsätzen zu bestimmten Gebieten (zB „gemeinschaftsweiter" Umsatz) gilt die Regel, dass Umsätze in dem Land erzielt werden, in dem sich der Nachfrager befindet; allerdings kann es gerade bei Dienstleistungsunternehmen zu schwierigen Abgrenzungsfragen kommen.[50] Auch der maßgebliche **Zeitpunkt** für den erzielten Umsatz kann für das Erreichen der Schwellenwerte eine entscheidende Rolle spielen.[51] Grds. kommt es auf die im letzten Geschäftsjahr erzielten Umsätze, spätestens jedenfalls auf den Zeitpunkt der Anmeldung an. Erhöhungen oder Verringerungen des Unternehmensumsatzes nach der Anmeldung sind bei der Zuständigkeitsbestimmung nicht zu berücksichtigen.[52] Die Einzelheiten zur Umsatzberechnung werden bei Art. 5 kommentiert.

---

[43] Neben Art. 1 und 5 sind dies: Art. 2 Abs. 1 lit. b (Marktstellung, wirtschaftliche Macht und Finanzkraft der beteiligten Unternehmen); Art. 4 Abs. 3 (Veröffentlichung der Namen der beteiligten Unternehmen); Art. 6 Abs. 1 lit. c S. 2 (Glaubhaftmachung der Aufgabe des Zusammenschlusses durch die beteiligten Unternehmen); Art. 4 Abs. 3 (Veröffentlichung der Namen der beteiligten Unternehmen); Art. 6 Abs. 2, Art. 8 Abs. 2, Art. 10 Abs. 1, 2 und 3 (Verpflichtungszusagen durch beteiligte Unternehmen); Art. 6 Abs. 3 lit. a und b, Art. 8 Abs. 4 lit. a und b, Art. 8 Abs. 6 lit. a und b (Widerruf/Entflechtung wegen Falschangaben, Auflagenverstoßes oder Verstoßes gegen das Vollzugsverbot durch beteiligte Unternehmen); Art. 7 Abs. 3 S. 3 (Auswirkungen des Vollzugsverbots auf die beteiligten Unternehmen); Art. 9 Abs. 1, 2 und 6, Art. 22 Abs. 2 und 4 (Benachrichtigung der beteiligten Unternehmen von Verweisungsentscheidungen); Art. 9 Abs. 7 (räumliche Aktivität der beteiligten Unternehmen); Art. 14 Abs. 2 oder 15 Abs. 2 (beteiligte Unternehmen als Buß- und Zwangsgeldadressaten); Art. 18 Abs. 4 (Anhörungsrechte von Gremien der beteiligten Unternehmen); Art. 19 Abs. 5 (Abwendung von Schaden von den beteiligten Unternehmen).

[44] Vgl. Art. 18; Art. 11 lit. b DVO FKVO.

[45] Der Begriff wird auch im Zusammenhang mit materiellen Fragen verwendet; so stellt etwa Art. 2 Abs. 1 auf die Marktstellung der „beteiligten Unternehmen", Art. 9 Abs. 7 bei der räumlichen Marktabgrenzung auf die Aktivität der beteiligten Unternehmen ab.

[46] Vgl. Mitteilung „Beteiligte Unternehmen", Rn. 5; s. zuvor Kom. Wettbewerbsbericht Nr. 21 (1991), Annex III, 7 § 1.

[47] Etwas anderes gilt nur bei der Einbringung eines bestehenden Unternehmens in ein Gemeinschaftsunternehmen, vgl. → Rn. 23 der Mitteilung „Beteiligte Unternehmen".

[48] Insofern war die Zusammenfassung der auf verschiedene Mitteilungen verteilten Definitionen dieser Begriffe in einer einzigen Mitteilung zur Zuständigkeit sicher sinnvoll. Allerdings sind die Konzepte nach dem Wortlaut der FKVO gerade nicht deckungsgleich, vgl. → Art. 5 Rn. 70.

[49] Dazu auch Rn. 4 der Mitteilung „Umsatzberechnung".

[50] Vgl. zu weiteren Einzelheiten Rn. 45–48 der Mitteilung „Umsatzberechnung".

[51] Zum Problem der Bestimmung des relevanten Zeitpunktes bei der Fusion E.ON/Ruhrgas vgl. etwa OLG Düsseldorf ECLI:DE:OLGD:2002:0711.KART25.02V.00=BeckRS 2022, 163007.

[52] Vgl. zu weiteren Einzelheiten Rn. 24–35 der Mitteilung „Umsatzberechnung".

IV. Inhalt der Aufgreifschwellen von Art. 1

b) Bagatellschwelle: je 250 Mio. Gemeinschaftsumsatz. Die Vorschrift des Abs. 2 lit. b, 29 nach der mindestens zwei[53] der beteiligten Unternehmen einen gemeinschaftsweiten Umsatz von mehr als 250 Mio. EUR erzielen müssen, soll Bagatellfälle aus dem Anwendungsbereich der FKVO herausnehmen. Die Vorschrift zielt als **formelle de-minimis-Regelung** (zum Fehlen einer materiellen de-minimis-Schwelle in der FKVO → Art. 2 Rn. 154–158) nicht nur auf den Ausschluss von Übernahmen wettbewerblich unbedeutender Kleinunternehmen. Sie soll auch sicherstellen, dass bei Fusionen außereuropäischer Unternehmen nur solche Zusammenschlüsse der europäischen Fusionskontrolle unterfallen, bei denen Erwerber und erworbenes Unternehmen[54] in hinreichendem Umfang in der Gemeinschaft aktiv sind (zur extraterritorialen Anwendung der FKVO → Rn. 50 sowie → Kapitel 8 Rn. 939–949). Da allerdings nur zwei der beteiligten Unternehmen die Bagatellschwelle überschreiten müssen, verfehlt die Regelung immer dann ihr Ziel, wenn auf Erwerberseite mehr als nur ein Unternehmen beteiligt ist. So unterfällt etwa die Gründung eines Gemeinschaftsunternehmens durch zwei hinreichend große Unternehmen der FKVO, ohne dass es auf den Umsatz des zu gründenden Unternehmens ankäme. Allerdings können Zusammenschlüsse durch Gründung relativ kleiner Gemeinschaftsunternehmen (sog „Kantinenfälle") regelmäßig in einer verkürzten Anmeldung angemeldet und im vereinfachten Verfahren geprüft werden.[55]

Zu beachten ist iÜ, dass die Kommission nach Art. 57 des EWR-Übereinkommens zwar regel- 30 mäßig auch die materiellen Auswirkungen eines Zusammenschlusses in den EWR-Ländern Norwegen, Island und Liechtenstein überprüft. Diese Ausdehnung der materiellen Prüfungskompetenz findet jedoch keine Entsprechung in den formellen Aufgreifschwellen. Die gemeinschaftsweite Bedeutung kann also nicht durch eine **„EWR-weite" Bedeutung** ersetzt werden. Auch in Fällen, in denen der Schwerpunkt des Wettbewerbsproblems zB in Norwegen liegt, ist die Zuständigkeit der Kommission nur dann gegeben, wenn die beteiligten Unternehmen die Mindestschwellenwerte des Abs. 2 lit. b **innerhalb der EU** erreichen. Etwaige Umsätze in Norwegen, Island oder Liechtenstein bleiben bei Abs. 2 lit. b unberücksichtigt.[56]

c) Zwei-Drittel-Regel. Nach der Zwei-Drittel-Regel gem. Abs. 2 UAbs. 2 fällt ein Zusam- 31 menschluss nur dann nicht unter die FKVO, wenn jedes der beteiligten Unternehmen mehr als zwei Drittel seines gemeinschaftsweiten Umsatzes in ein- und demselben Mitgliedstaat erzielt. Die Zwei-Drittel-Regel soll, anders als die vorgenannten Größenkriterien, sicherstellen, dass der von der Kommission geprüfte Zusammenschluss eine hinreichende **zwischenstaatliche Bedeutung** hat und im Einklang mit dem Subsidiaritätsprinzip[57] verhindern, dass die Kommission Fälle prüft, die zwar große wirtschaftliche Bedeutung haben, deren Auswirkungen sich aber auf einen einzigen Mitgliedstaat beschränken. In diesem Fall dürfte die mitgliedstaatliche Behörde besser in der Lage sein, die Auswirkungen des Zusammenschlusses einzuschätzen.[58] Die – sprachlich nicht sehr geglückt – doppelt negativ formulierte Zwei-Drittel-Regel übernimmt im Fusionskontrollrecht die Funktion, die im allgemeinen Kartellrecht dem Kriterium der „Beeinträchtigung des Handels zwischen Mitgliedstaaten" zukommt. Inhaltlich stellt die Zwei-Drittel-Regel allerdings deutlich höhere Anforderungen als die allgemeine kartellrechtliche Zwischenstaatlichkeitsklausel (→ AEUV Art. 101 Rn. 565–656), da die zwischenstaatliche Bedeutung – positiv formuliert – nur dann vorliegt, wenn alle beteiligten Unternehmen immerhin ein Drittel ihres gemeinschaftsweiten Umsatzes im Ausland erzielen. Damit können auch sehr große Fusionen mit erheblichen Umsätzen – die durchaus erhebliche Auswirkungen auf den Wettbewerb in anderen Mitgliedstaaten haben können[59] – dem Anwendungsbereich der FKVO entzogen bleiben, zumal die Zwei-Drittel-Regel außerhalb der EU erzielte Umsätze unberücksichtigt lässt.[60]

---

[53] Vgl. die englische Fassung: „each of at least two of the undertakings".
[54] Vgl. dagegen § 35 Abs. 1 Nr. 2 GWB, nach dem nur ein Unternehmen hinreichend in Deutschland präsent sein muss.
[55] Rn. 5 lit. a der Mitteilung „Vereinfachtes Verfahren".
[56] Ursächlich für diese systematisch nicht sehr überzeugende Regelung dürfte weniger die Tatsache gewesen sein, dass Konzept der EWR-weiten Bedeutung zu einer effektiven Absenkung der Schwellenwerte geführt hätte (so Broberg, The European Commission's Jurisdiction to Scrutinise Mergers, 2. Aufl. 2003, 244). Vielmehr stellte die Ausdehnung des Anwendungsbereichs durch die FKVO den Gesetzgeber vor Kompetenzschwierigkeiten, da auch Sachverhalte außerhalb des Geltungsbereichs der EU geregelt worden wären, weshalb die FKVO wohl im Wege eines (gemischten) Abkommens hätte erlassen werden müssen.
[57] Vgl. Begründungserwägung 2 der Änderungsverordnung zur FKVO, VO (EG) Nr. 1310 v. 30.6.1997, ABl. 1997 L 180, 1; Schulte/Henschen Rn. 261.
[58] KOM(1990) 16 endg., Rn. 17.
[59] Vgl. etwa die unter die Zwei-Drittel-Regel fallende Großfusion zwischen den Unternehmen E.ON und Ruhrgas.
[60] Dazu auch FK-KartellR/Völcker Rn. 21. Vgl. in diesem Zusammenhang auch die Initiative von Wettbewerbskommissarin Kroes, die Angemessenheit der ⅔-Regelung zu überprüfen, s. etwa Vortrag v. 3.2.2006 vor dem Wirtschafts- und Sozialausschuss (SPEECH/06/60).

32 Bezugsgröße der Zwei-Drittel-Regel ist der gemeinschaftsweite und nicht der weltweite Umsatz. Die Fallpraxis hat iÜ klargestellt, dass **alle beteiligten Unternehmen** (also auch die, deren Gemeinschaftsumsatz 250 Mio. EUR unterschreitet) unter die Zwei-Drittel-Regel fallen müssen, damit nicht ein Fall ausnahmsweise keine gemeinschaftsweite Bedeutung hat.[61] Wenn zwar die erwerbenden Unternehmen zwei Drittel des Umsatzes innerhalb der Gemeinschaft erzielen, nicht aber das Zielunternehmen, bleibt es bei der Gemeinschaftszuständigkeit.[62] Die Formulierung „in ein und demselben Mitgliedstaat" ist so zu verstehen, dass alle beteiligten Unternehmen ihren Schwerpunkt in **demselben Mitgliedstaat** haben müssen. Die Gemeinschaftszuständigkeit wird also nicht ausgeschlossen, wenn zwar alle beteiligten Unternehmen mehr zwei Drittel ihres Gemeinschaftsumsatzes in ihrem jeweiligen Mitgliedstaat erzielen, es sich dabei aber um verschiedene Mitgliedstaaten handelt.

33 Die Zwei-Drittel-Regel ist – gerade auch von Kommissionsseite – mit guten Argumenten **kritisiert** worden. Tatsächlich erreicht die Regel ihr Ziel, Fälle mit vorrangig mitgliedstaatlicher Bedeutung auszunehmen, nur eingeschränkt. Da sie an die unternehmensinterne Umsatzverteilung und nicht an absolute Umsatzzahlen anknüpft, entzieht sie auch solche Großfusionen der Prüfung durch die Kommission, bei denen die beteiligten Unternehmen – absolut gesehen – in beträchtlichem Umfange über die Gemeinschaftsgrenzen hinweg aktiv sind. Gerade im Bereich der regulierten oder erst kurzzeitig liberalisierten Industrien[63] **(Energie, Banken, Telekommunikationssektor)** führt die Zwei-Drittel-Regel immer noch dazu, dass Fusionen mit Bedeutung für die gesamteuropäische Wettbewerbsstruktur (wie etwa die Fusion zwischen den Energieunternehmen E.ON und Ruhrgas[64]) von nationalen Behörden geprüft werden. Die so bewirkte Fallzuordnung wird nicht zu Unrecht als „eher zufällig" bezeichnet.[65] Die Kommission hat diesen Umstand in ihrem Bericht zu den Schwellenwerten von 2009 kritisiert und eine Reform der ⅔-Regelung angeregt – allerdings ohne Erfolg.[66]

34 **2. Die spezielle Aufgreifschwelle des Abs. 3 – gescheiterte Eindämmung von Mehrfachanmeldungen.** Die 1997 eingefügte spezielle Aufgreifschwelle sollte das Problem der Mehrfachanmeldungen lindern und zielt auf kleinere Fusionen, die sich in mehreren Mitgliedstaaten auswirken. Sie ist nur dann zu prüfen, wenn die Voraussetzungen der allgemeinen Aufgreifschwelle des Abs. 2 nicht erfüllt sind. Hinter dem unübersichtlichen Aufbau von Abs. 3 mit seinen **fünf Prüfungskriterien** verbirgt sich eine Prüfungsstruktur, die weitgehend der in Abs. 2 entspricht und nur in lit. b und c zwei neue Kriterien enthält. In der Praxis besitzt Abs. 3 relativ **geringe Bedeutung**.[67]

35 Der gem. Abs. 3 lit. a erforderliche **weltweite Gesamtumsatz** aller beteiligten Unternehmen beträgt nur 2,5 Mrd. EUR anstatt 5 Mrd. EUR, entspricht iÜ aber Abs. 2 lit. a. Die – etwas unsystematisch in lit. d versteckte – **Bagatellschwelle** für den gemeinschaftsweiten Mindestumsatz von mindestens zwei Unternehmen entspricht inhaltlich ebenfalls der entsprechenden Schwelle in Abs. 2, ist aber auf 100 Mio. EUR abgesenkt. Wortgleich aus Abs. 2 übernommen wurde schließlich die **Zwei-Drittel-Regel** in Abs. 3 UAbs. 2.

36 Neu gegenüber Abs. 2 sind in Abs. 3 lediglich dessen lit. b und c. Sie sollen sicherstellen, dass die Fusion trotz der verminderten Schwellenwerte zumindest in drei Mitgliedstaaten eine hinreichend spürbare wirtschaftliche Bedeutung hat. Die zwei neuen Unterabsätze führen neben dem weltweiten (lit. a) und dem Gemeinschaftsumsatz (lit. d) eine dritte Umsatzebene ein, nämlich den in den einzelnen Mitgliedstaaten erzielten Umsatz, wobei wie in Abs. 2 ein hinreichender Gesamtumsatz (lit. b) und ein hinreichender individueller Mindestumsatz (Bagatellschwelle in drei Staaten) gefordert wird (lit. c).

37 Abs. 3 lit. b verlangt, dass der **Gesamtumsatz aller beteiligten Unternehmen** in mindestens drei Mitgliedstaaten (bzw. EWR-Staaten) mindestens 100 Mio. EUR betragen muss. Da es Ziel von

---

[61] Vgl. etwa Kom., M.239 – Avesta/British Steel/NCC/AGA/Axel Johnson; zu dieser Auslegung auch Broberg, The European Commission's Jurisdiction to Scrutinise Mergers, 26.

[62] Vgl. etwa Kom., M.883 – Prudential/HSBC/Finnish Chemicals, Rn. 16.

[63] Kommission, Bericht der Kommission über die Anwendung der Schwellenwerte des Art. 1, KOM(1996) 19, Rn. 41; Levy/Cook, § 6.02.

[64] S. zu weiteren Fällen das Staff Working Paper zum Bericht über das Funktionieren von Verordnung 139/2004, SEC(2009) 808 endg., 2 Rn. 70.

[65] S. dazu Lampert, Die Anwendbarkeit der EG-Fusionskontrollverordnung im Verhältnis zum Fusionskontrollrecht der Mitgliedstaaten, 1995, 175; Brittan, Rede vor dem CEPS in Brüssel am 24.9.1990, IP/90/751 („willkürlich").

[66] S. Bericht über das Funktionieren der VO 139/2004, KOM(2009) 281 endg.; s. auch Commission Staff Working Paper Accompanying the Report on the Functioning of Regulation 139/2004, SEC (2009) 808 endg., 2 Rn. 70 ff.; s. auch IP/09/963 vom 18.6.2009.

[67] Nach dem Staff Working Paper zum Bericht über das Funktionieren der VO 139/2004, SEC (2009) 808 endg., 2 Rn. 37, wurden zwischen 2004 und 2009 nur zwischen 5 und 15 % der Fusionen gem. Abs. 3 angemeldet.

IV. Inhalt der Aufgreifschwellen von Art. 1

Abs. 3 war, die Zahl der Mehrfachnotifizierungen zu verringern, sollten idealerweise nur solche Fusionen erfasst werden, die hinreichend bedeutsam sind, um der Anmeldepflicht der mitgliedstaatlichen Fusionskontrollregeln zu unterfallen. Mangels eines einheitlichen Schwellenwertes in den verschiedenen Mitgliedstaaten stellt Abs. 3 lit. b auf einen Wert von 100 Mio. EUR als Näherungsgröße für regelmäßig anmeldepflichtige Fusionen ab. Auch hier zeigt ein Blick auf die englische und französische Fassung des Texts, dass alle beteiligten Unternehmen zusammen (und nicht etwa jedes beteiligte Unternehmen einzeln) einen gemeinsamen Umsatz von 100 Mio. EUR in drei Mitgliedstaaten erzielen müssen. Es muss sich auch hier um EU-Mitgliedstaaten handeln.

Abs. 3 lit. c fordert schließlich einen gewissen **individuellen Mindestumsatz** in drei Mitgliedstaaten und enthält damit eine weitere **Bagatellschwelle**. Danach müssen in den drei Mitgliedstaaten,[68] in denen die beteiligten Unternehmen zusammen über 100 Mio. EUR umsetzen (vgl. lit. b), mindestens zwei Unternehmen mehr als 25 Mio. EUR umsetzen. Dadurch soll sichergestellt werden, dass nicht nur ein großes Unternehmen (etwa der Käufer) in mehreren Mitgliedstaaten in nennenswertem Umfang aktiv ist. Gerade diese Schwelle hat sich in der Praxis als Hürde für die Unionszuständigkeit erwiesen.[69] Der komplizierte spezielle Schwellenwert des Abs. 3 – dem man seinen Kompromisscharakter deutlich ansieht – hat in der Praxis die erwünschte Wirkung (Beseitigung des Problems der Mehrfachanmeldungen) nicht erreicht (→ Rn. 17). Immerhin ist mit Art. 4 Abs. 5 inzwischen ein Korrekturmechanismus geschaffen worden, dessen rege Inanspruchnahme die Zahl der Mehrfachanmeldungen zumindest reduzieren konnte.[70] 38

Das folgende Prüfungsschema fasst die zur Ermittlung der gemeinschaftsweiten Bedeutung gem. Abs. 2 und 3 notwendigen Schritte zusammen: 39

1. Allgemeine Aufgreifschwelle, Art. 1(2) FKVO   2. Spezielle Aufgreifschwelle, Art. 1(3) FKVO

1. Allgemeine Umsatzschwelle
Schwelle: > 5 Mrd. € weltweit
Wer: alle beteiligten Unternehmen gemeinsam

2. Bagatellschwelle
Schwelle: je > 250 Mio. € EU-weit
Wer: erzielt durch mindestens 2 Beteiligte

3. Zwei-Drittel-Regel
Wenn alle beteiligten Unternehmen (einzeln) 2/3 ihres gemeinschaftsweiten Umsatzes in demselben Mitgliedstaat erzielen → FKVO (-)

(-)

1. Spezielle Umsatzschwelle
Schwelle: > 2,5 Mrd. € weltweit
Wer: alle beteiligten Unternehmen gemeinsam

2. Bagatellschwelle
Schwelle: je > 250 Mio. € EU-weit
Wer: erzielt durch mindestens 2 Beteiligte

3. Zwei-Drittel-Regel
Wenn alle beteiligten Unternehmen (einzeln) 2/3 ihres gemeinschaftsweiten Umsatzes in demselben Mitgliedstaat erzielen → FKVO (-)

4. Mitgliedstaatliche Umsatzschwelle
Schwelle: je >100 Mio. € in 3 EU-Staaten
Wer: alle beteiligten Unternehmen

5. Mitgliedstaatliche Bagatellschwelle
Schwelle: je >25 Mio. € in den 3 EU-Staaten
Wer: erzielt durch mindestens 2 Beteiligte

(+)   (+)

Gemeinschaftsweite Bedeutung

3. Die Revisionsklausel der Abs. 4 und 5. Änderungen der FKVO erfordern gem. Art. 352 AEUV grundsätzlich eine einstimmige Entscheidung der Mitgliedstaaten. (→ Kapitel 8 Rn. 67). Dies gilt auch für Änderungen der allgemeinen Schwellenwerte nach Abs. 2. Allerdings erlaubt 40

---

[68] Auch hier gilt wieder die strikte Beschränkung auf die EU-Mitgliedstaaten; die Beteiligung eines EFTA-Landes reicht nicht aus.
[69] KOM(2000) 399 endg., Rn. 43.
[70] Die Kommission versucht zudem, politisch auf eine weitere Harmonisierung der nationalen Aufgreifschwellen in der EU hinzuwirken, was das Problem der Mehrfachanmeldung mildern könnte.

Abs. 5, die speziellen Schwellenwerte des Abs. 3 ausnahmsweise mit **qualifizierter Mehrheit** zu ändern.

41   **4. Kritik am Konzept der umsatzbezogenen Aufgreifschwellen und Reformtendenzen.** Die Hauptkritik am Aufgreiftatbestand des Art. 1 bezieht sich auf den Unternehmensumsatz als Schlüsselkriterium zur Feststellung der wettbewerblichen Relevanz. Die starren und relativ hohen Schwellenwerte[71] erfassen de facto nur Fusionen, an denen Großunternehmen bzw. Unternehmenskonglomerate beteiligt sind. Sie sind klar auf **klassische Industrieunternehmen** zugeschnitten.

42   Einerseits weisen die Schwellenwerte mitunter Fällen eine gemeinschaftsweite Bedeutung zu, die für den Wettbewerb innerhalb der Gemeinschaft kaum von Bedeutung sind, so etwa beim Kauf von kleineren nationalen Unternehmen mit klarem Focus in einem Mitgliedstaat durch mehrere Finanzinvestoren, bei der Gründung eines neuen Gemeinschaftsunternehmens im außereuropäischen Ausland durch europäische Unternehmen[72] oder bei der Gründung kleiner innereuropäischer Gemeinschaftsunternehmen (sog. **„Kantinenfälle"**). Diese Fälle binden Ressourcen der Kommission, ohne EU-weite Wettbewerbsrelevanz zu besitzen.

43   Das eigentliche Problem der Umsatzschwellenwerte ist jedoch, dass sie eine zunehmende Zahl von Fällen **Fusionen nicht erfasst,** die durchaus von europaweiter wettbewerblicher Bedeutung sind. Es wird heute kaum noch angezweifelt, dass sich das umsatzbezogene System des Art. 1 nur eingeschränkt als Messgröße für die wettbewerbliche Bedeutung eines Zusammenschlusses innerhalb der Europäischen Union eignet und nicht immer zu einer sachgerechten Abgrenzung von mitgliedstaatlichen und Unionskompetenzen führt.[73] So werden in einigen Sektoren, die durch kleinere, **spezialisierte Unternehmen** geprägt sind, Fusionen systematisch nicht erfasst, obwohl einige dieser Bereiche[74] (zB die Computer- und Softwareindustrie, Presse- und Verlagswesen, Maschinenbau, etc) für den Wettbewerb im Gemeinsamen Markt von großer Bedeutung sind. Wegen der speziellen Regeln für die Umsatzermittlung von **Finanzdienstleistungsunternehmen** unterschreiten auch die Zusammenschlüsse von Börsen meist die Schwellenwerte der FKVO, obwohl sie von maßgeblicher Bedeutung für die europäische Wettbewerbsstruktur sein können.[75] Anders als in verschiedenen Mitgliedstaaten gibt es auf EU-Ebene keine Sonderschwellenwerte für Pressefusionen oder Fusionen im Finanzbereich. Auch die wettbewerblichen Wirkungen von Fusionen im **Pharmabereich** werden mitunter nur unzureichend erfasst – etwa wenn ein Übernahmekandidat ein vielversprechendes Patent für ein neues Präparat besitzt, mit diesem aber noch keinen Umsatz erzielt.[76]

44   Besonders deutlich wird das **Versagen des Umsatzkriteriums** für die sachgerechte Ermittlung der wettbewerblichen Bedeutung in Fusionsfällen in **digitalen Märkten** (übrigens nicht nur bei der Frage der Aufgreifschwellen, sondern auch bei der materiellen Beurteilung[77]). Große **Plattformen,** die Ihre Gewinne aus dem Geschäft mit Nutzerdaten erzielen, für den Nutzer aber kostenfrei sind, entziehen sich mitunter den Umsatzschwellen. Eine der wettbewerblichen Bedeutung entsprechende Behandlung kann oft nur durch eine Verweisung nach Art. 4 Abs. 4 gewährleistet werden – wie sich etwa im Fall Facebook/WhatsApp zeigte, der zwar fast die Hälfte der EU-Bürger als Plattformnutzer betraf, aber nicht die Umsatzschwellen für eine Prüfung durch die Kommission erreichte.

45   Tatsächlich sind daher immer wieder **Alternativmodelle** zu den umsatzorientierten Aufgreifschwellen diskutiert worden, so etwa ein Anknüpfen am **Unternehmenswert** (zB Börsenwert) der beteiligten Unternehmen, oder am **Transaktionswert**[78] des Zusammenschlusses. Vorgeschlagen

---

[71] Krit. zu den als zu hoch empfundenen Schwellenwerten etwa Pathak ECLR 1990, 119 (120); Drauz FIW-Schriftenreihe 146 (1990/91), 89 (96); vgl. auch die Anmerkungen der Kommission zu Art. 1 VO (EWG) Nr. 4064/89 des Rates (abgedr. in: Europäische Kommission, Die Fusionskontrolle in der Europäischen Union, 1998, 53).

[72] LMRKM/Simon Rn. 20; Albers FIW-Schriftenreihe 146, 99 (100).

[73] S. auch LMRKM/Simon Rn. 20 f.

[74] Vgl. ausf. Kommission, Bericht der Kommission über die Anwendung der Schwellenwerte des Art. 1, KOM(1996) 19, Rn. 39–42; Navarro/FontFolguera/Briones, Merger Control in the European Union, 68; Ehlermann WuW 1991, 535 (538).

[75] Bei Börsen sind nicht die Handelsumsätze, sondern nur die Börsengebühren maßgeblich, vgl. Art. 5 Abs. 3.

[76] Dazu etwa Vestager, Fn. 39.

[77] S. zur Kritik an der umsatzbasierten materiellen Beurteilung des Facebook/WhatsApp-Falles etwa van Dorp/Batura, Challenges for Competition Policy in a Digitalised Economy, Study for the EU Parliament, 52 ff.; Haucap/Stühmeier, Competition and antitrust in Internet markets, 183 ff.; Graef, Stretching EU Comüetition Law Tools for Search Engines and Social Networks, Internet Policy Review (2015), 4(3); Breuvart/Chassaing/Perraut, Concurrences (2016) Nr. 3, S. 47 ff.

[78] Vgl. etwa die Systeme in den USA oder Kanada, dazu KOM 2000 (399) endg., Annex 1, Rn. 18; Levy, European Merger Control Law, § 6.01. s. auch zu entsprechenden Reformen in Deutschland und Österreich, den in Fn. 40 zitierten Leitfaden.

wurde auch, zur Bestimmung der wettbewerblichen Relevanz auf **qualitative Kriterien** abzustellen, ein Ansatz, der – insbes. in Form von **Marktanteilsschwellen** – in vielen Mitgliedstaaten verbreitet ist.[79] Für Fusionen von Internetunternehmen hat das Parlament vorgeschlagen, auf die **Anzahl der Nutzer** abzustellen.[80]

Allerdings gibt es unbestreitbare **Vorteile** der Umsatzschwellenwerte, die vor allem in der praktischen Handhabung liegen. Das Abstellen auf das „relativ simple"[81] Umsatzkriterium erlaubt es Unternehmen regelmäßig, **zügig und mit hinreichender Sicherheit** zu bestimmen, ob ein Zusammenschluss bei der Kommission anzumelden ist oder nicht. Mögen qualitative Kriterien wie Marktanteile auch das tatsächliche Wettbewerbspotenzial der beteiligten Unternehmen besser widerspiegeln, sind sie doch gerade bei präventiven Fusionskontrollsystemen wenig praktikabel, da sie praktisch ein Vorziehen der materiellen vor die formelle Prüfung[82] und damit zeitaufwändige Ermittlungen erfordern – gerade wenn mehrere nationale Märkte betroffen sind. Zudem hat sich inzwischen zu den meisten Fragen der klassischen Industrien eine gesicherte Fallpraxis etabliert.[83] Gerade im Hinblick auf den Zeitdruck, dem das Fusionskontrollverfahren unterliegt[84] und angesichts des Interesses der Unternehmen an hinreichender Rechtssicherheit bei der Zuständigkeitsbestimmung[85] weist das Umsatzschwellensystem klare Vorteile auf.[86] 46

Trotz der prinzipiellen Vorteile der Umsatzschwellen gibt es doch klar identifizierbare Fallgruppen, bei denen Umsätze nur begrenzt in der Lage sind, wettbewerbsrelevante Fusionen zu identifizieren. Gewichtige Argumente sprechen also dafür, der Kommission zu erlauben **auch auf andere Aspekte abzustellen,** um Fälle mit Unionsbezug zu identifizieren. Allerdings haben die Erfahrung mit den Aufgreifschwellenwerten in Deutschland und die Untersuchung der Kommission gezeigt, dass auch eine Betrachtung des **Transaktionswertes** nicht die wirklich problematischen Fälle erfasst und zudem in der Praxis Probleme aufwirft. Dies liegt vor allem daran, dass bei einer hohen Aufgreifschwelle (zB von 1 Mrd. Euro) die meisten Unternehmenskäufe der Marktführer Amazon, Google, Facebook, Apple oder Microsoft gar nicht erfasst würden, obwohl schon ein solcher Schwellenwert 500–1000 potenzielle neue Fälle zur Kommission bringen würde. Setzte man die Schwellen dagegen niedriger, müsste die Kommission ggf. mehrere 10.000 Fälle pro Jahr überwachen.[87] Ob der Weg über Art. 22 die Frage der Kontrolllücke dauerhaft schließen kann, bleibt – selbst wenn auch der EuGH den Ansatz bestätigen würde – fraglich, denn Fälle kommen mangels Notifikationspflicht regelmäßig nur dann auf den Radarschirm der Behörden, wenn sich ein Wettbewerber beschwert. Es ist daher bedauerlich, dass die Kommission nicht auch **alternative Schwellenwertkonzepte** in Erwägung gezogen hat, so etwa die in der Praxis durchaus maßgebliche **Zahl der registrierten oder aktiven Nutzer** der beteiligten Unternehmen. 47

V. Anwendungsbereich der FKVO

1. Sachlicher Anwendungsbereich. a) Sektorübergreifende Anwendung. Die Vorschriften der FKVO sind **auf alle Zusammenschlüsse** mit gemeinschaftsweiter Bedeutung anzuwenden; Ausnahmen für Fusionen in besonderen Sektoren gibt es nicht (vgl. Art. 21 Abs. 1). Der sachliche Anwendungsbereich der FKVO geht damit über den Anwendungsbereich der VO 1/2003 hinaus. Zu Berührungspunkten der FKVO mit den Kontrollverfahren ausländischer Beihilfen und Direktinvestitionen sowie dem Digital Markets Act (DMA) → Kapitel 8 Rn. 124 ff. 48

Seit dem Auslaufen des EGKSV unterfallen auch Zusammenschlüsse aus dem Bereich **Kohle und Stahl** der FKVO, so dass im Montanbereich Zusammenschlüsse mit gemeinschaftsweiter Bedeutung gem. Art. 1 von der Kommission, andere Zusammenschlüsse nunmehr ggf. von mitgliedstaatli- 49

---

[79] Vgl. etwa die Fusionskontrollregime in Großbritannien, Spanien, Portugal, Norwegen, Polen, Lettland, Slowenien und der Slowakei.
[80] S. ECON Komitee, Entwurf einer Stellungnahme zum Wettbewerbsbericht der Kommission, (2018/2102(INI)).
[81] Navarro/Font/Folguera/Briones, Merger Control in the European Union, 2005, 66.
[82] Vgl. von der Groeben/Schwarze/Hatje/Hirsbrunner Rn. 15.
[83] Levy/Cook § 6.01.
[84] Auch wenn Zuständigkeitsfragen heute im Regelfall schon vor der Anmeldung geklärt werden, ist die Kommission doch rechtlich verpflichtet, sowohl die Zuständigkeit als auch die materiellen Fragen innerhalb von nur 25 Werktagen zu prüfen. Vgl. auch Navarro/Font/Folguera/Briones, Merger Control in the European Union, 2005, 69.
[85] Vgl. die Bußgeldbewehrung des Verstoßes gegen die Anmeldepflicht oder das Vollzugsverbot, Art. 14 Abs. 2 lit. a und lit. b.
[86] Auch die jüngeren Fusionsregime in Europa knüpfen fast ausnahmslos an Umsatzschwellen an, vgl. etwa die Systeme in Ungarn, Estland, Lettland, Litauen, Malta, Polen, Zypern, Slowenien, der Tschechischen Republik, der Slowakei.
[87] S. Evaluation der Kommission, Rn. 146 ff.

chen Behörden zu prüfen sind.[88] Schon vor Außerkrafttreten des EGKSV waren die Verfahren der FKVO und des EGKSV weitgehend angeglichen worden.[89]

50   Die FKVO gilt auch für Zusammenschlüsse im **Agrarsektor**.[90] Da aber nur wenige landwirtschaftliche Betriebe die Schwellenwerte des Art. 1 erreichen, hatte die Kommission aber bisher nur vergleichsweise wenige Fusionen im Agrarsektor zu prüfen.[91] Dabei konnte die Kommission das Spannungsverhältnis zwischen gemeinschaftlicher Agrar- und Wettbewerbspolitik bislang ohne größere Konflikte lösen.[92]

51   Auch Fusionen im **Transportsektor** unterfallen vollständig der FKVO.[93] Obwohl zunächst umstritten war, ob auch Fusionen **öffentlicher Unternehmen** der Kontrolle durch die Kommission unterworfen sind,[94] hat diese früh klargestellt, dass die FKVO auch für Unternehmen in öffentlichem Besitz gilt.[95] Schließlich zeigt auch die Einbeziehung von Vollfunktionsgemeinschaftsunternehmen im Jahr 1997 und die weite Auslegung des Zusammenschlussbegriffs,[96] dass gemeinschaftsweite Zusammenschlüsse nach dem Willen des Gesetzgebers möglichst lückenlos erfasst werden sollen.

52   **b) Mitgliedstaatliche Zuständigkeit trotz gemeinschaftsweiter Bedeutung.** Die Zuständigkeit der Kommission kann auch bei Fusionen ohne gemeinschaftsweite Bedeutung als Folge eines Verweisungsantrages gem. Art. 4 Abs. 5 oder 22 eröffnet sein. Umgekehrt kann ein **Verweisungsantrag** gem. Art. 4 Abs. 4 oder 9 bewirken, dass ein Zusammenschluss mit gemeinschaftsweiter Bedeutung zur Prüfung an einen oder mehrere Mitgliedstaaten verwiesen wird.

53   Auch wenn die Voraussetzungen eines Verweisungsantrages gem. Art. 4 Abs. 4 oder 9 nicht vorliegen, bietet **Art. 21 Abs. 4** den Mitgliedstaaten die Möglichkeit, sich auf „**berechtigte öffentliche Interessen**" zu berufen und die Prüfungskompetenz der Kommission so auszuschließen oder zumindest einzuschränken.[97] Dabei sind die Interessen, auf die sich ein Mitgliedstaat berufen kann, nicht auf die in Art. 21 Abs. 4 UAbs. 2 genannten Interessen (öffentliche Sicherheit, Medienvielfalt, Aufsichtsregeln) beschränkt.[98] Bis vor Kurzem haben sich Mitgliedstaaten bisher nur in wenigen Fällen auf öffentliche Interessen berufen. Dabei hat die Kommission, wenn überhaupt,[99] zumeist **zusätzliche nationale Kontrollmaßnahmen** zum Schutz der nationalen Wasser-[100] oder Stromversorgung,[101]

---

[88] Zur ehemals ausschließlichen Kompetenz der Kommission für alle Zusammenschlüsse im Montanbereich vgl. → FKVO Grdl. Rn. 4; vgl. auch die Mitteilung über bestimmte Aspekte der Behandlung von Wettbewerbsfällen nach Auslaufen des EGKSV, ABl. 2002 C 152, 5.

[89] Vgl. etwa M.2045 und EGKS. 1336 – Salzgitter/Mannesmann-Röhrenwerke. Bestätigt durch EuG Slg. 2003, II-2275 – Verband freier Röhrenwerke.

[90] Anders als die VO 26/62 nimmt die FKVO nicht auf die landwirtschaftliche Kompetenzgrundlage des Art. 43 AEUV Bezug. Die Kompetenz der Kommission zur Fusionskontrolle im Agrarsektor wird heute aber nicht mehr in Zweifel gezogen (vgl. noch Bos/Stuyck/Wytinck, Concentration Control in the EEC, 125).

[91] Vgl. etwa aus dem Bereich der fleischverarbeitenden Industrie die Fälle Kom., M.3968 – Sovion/Südfleisch; Kom., M.3605 – Sovion/HMG; Kom., M.3476 – Cargill/Seara; COMP M.3337 – Best Agrifund/Nordfleisch; Kom., M.3175 – Best Agrifund/Dumeco; Kom., M.2662 – Danish Crown/Steff-Houlberg; Kom., M.1313 – Danish Crown/Vestjyske Slagterier; aus dem Bereich der zuckerverarbeitenden Industrie Kom., M.3241 – Arla/Südzucker; Kom., M.2530 – Südzucker/Saint Louis; Kom., M.2029 – Tate&Lyle/Amylum; Kom., M.1023 – IFIL/Worms & Cie; Kom., M.1010 – Artémis/Worms & Cie.; Kom., M.909 – Worms/Saint-Louis; Kom., M.62 – Erisiana/ISI.

[92] Vgl. etwa Kom., M.2530 – Südzucker/Saint Louis.

[93] Bos/Stuyck/Wytinck, Concentration Control in the EEC, 126; anders noch Protokollerklärung der Kommission zu Art. 3 Abs. 2 vom 20.6.1997, 96/0224 (CNS), abgedruckt in: Kommission, Die Fusionskontrolle in der Europäischen Union, 1999, 66); Gugerbauer, Handbuch der Fusionskontrolle, 84.

[94] Ehlermann WuW 1991, 535 (536); Ellison, Legal control of mergers in the EC, 1991, 7.

[95] Vgl. etwa die Verbotsentscheidung Kom., M.3440 – ENI/EDP/GDP; zuerst festgestellt in Kom., M.157 – Air France/Sabena.

[96] Vgl. etwa Erwgr. 20 (eng verknüpfte Zusammenschlüsse).

[97] Zu Einzelheiten vgl. Art. 21.

[98] Vgl. die Anmerkungen der Kommission zum damaligen Art. 21 Abs. 3 VO (EWG) Nr. 4064/89 des Rates (abgedruckt in: Europäische Kommission, Die Fusionskontrolle in der Europäischen Union, 53); vgl. auch Erwgr. 19 FKVO.

[99] Vgl. die Zurückweisung einer Ausnahme nach Art. 21 Abs. 3(aF) in den Fällen Kom., M.1680 – BSCH/A und Kom., M.2054 – Secil/Holderbank/Cimpor (bestätigt durch EuGH Slg. 2004, I-6079 – Portugal/Kommission).

[100] Kom., M.567 – Lyonnaise des Eaux/Northumbrian Water (Art. 21 Abs. 3-Entscheidung auf der Kommissionshomepage veröffentlicht).

[101] Kom., M.1346 – EDF/London Electricity (Art. 21 Abs. 3-Entscheidung auf der Kommissionshomepage veröffentlicht).

des Finanzsektors[102] oder der Meinungsvielfalt[103] zugelassen, die den materiellen Gehalt der Kommissionsentscheidung weitgehend unberührt ließen. Der Gerichtshof hat diesbezüglich festgestellt, dass die Kommission befugt ist, Ermittlungen bezüglich der Notwendigkeit einer Ausnahme gem. Art. 21 Abs. 4 anzustellen und eine solche Ausnahme ggf. abzulehnen.[104] Seit dem Jahr 2005 musste sich die Kommission allerdings mehrfach mit nationalen Versuchen, von der Kommission freigegebene Fusionen zu behindern, auseinandersetzen und hat in mehreren Fällen ein Verfahren gemäß Art. 21 Abs. 4 eingeleitet.[105] Seit der klaren Entscheidung des Gerichtshofs in der Sache „Endesa" zugunsten der Kommission sind die Fälle mitgliedstaatlicher Alleingänge allerdings seltener geworden.[106]

Unabhängig von Art. 21 Abs. 4 steht den Mitgliedstaaten allerdings die Möglichkeit offen, sich auf die primärrechtliche Vorschrift des **Art. 346 AEUV** zu berufen, wenn der Zusammenschluss den **Handel mit Militärgütern** betrifft. Danach kann jeder Mitgliedstaat „die Maßnahmen ergreifen, die seines Erachtens für die Wahrung seiner wesentlichen Sicherheitsinteressen erforderlich sind (…)". Dementsprechend hat es die Kommission bisher akzeptiert, dass militärische Aspekte eines Zusammenschlusses von der Anmeldepflicht ausgenommen wurden. Dies galt allerdings nur dann, wenn die Güter nicht auch zivil nutzbar waren und wenn vom Zusammenschluss nur Staaten betroffen waren, die sich auf Art. 346 AEUV berufen.[107] In diesem Fall verlangte sie im Regelfall eine volle Anmeldung und vertrat die Ansicht, dass die Mitgliedstaaten sich erst nach der Prüfung des Zusammenschlusses durch die Kommission auf Art. 346 AEUV berufen konnten. Diese restriktive Interpretation hat dazu geführt, dass die große Mehrzahl der etwa 70 Zusammenschlussvorhaben, in denen bisher der Militärbereich betroffen war, das volle Prüfverfahren bei der Kommission durchlief. In einem Fall gab die Kommission eine Fusion von Satellitenbetreibern sogar nur unter Auflagen frei, die auch den militärischen Teil der Transaktion betrafen.[108] Es bleibt abzuwarten, ob es der Kommission gelingt, ihre restriktive Interpretation von Art. 346 AEUV auch in Zeiten einer weiteren Konsolidierung der europäischen Rüstungsindustrie aufrecht zu erhalten.[109] Unbeschadet bleibt auch die Beschränkung ausländischer Direktinvestitionen nach den Vorschriften der nationalen Außenwirtschaftsgesetze, für deren Koordinierung die FDI-Verordnung inzwischen einen eigenen EU-Rahmen geschaffen hat (dazu → Kapitel 8 Rn. 127a–c). **54**

2. Räumlicher Anwendungsbereich. a) Extraterritoriale Anwendung der FKVO. Die Tatsache, dass die FKVO Teil des Europarechts ist, andererseits aber die Tätigkeit global operierender Unternehmen regelt, wirft naturgemäß **Konflikte** bei der Regelung grenzüberschreitender Zusammenschlüsse auf. Nach den Regeln der FKVO sind grds. alle Fusionen, die die in Art. 1 genannten Schwellenwerte erreichen, bei der Kommission anzumelden. Dabei knüpft Art. 1 **nicht** am **Sitz,** am **Tätigkeitsschwerpunkt** oder am **Produktionsstandort** der am Zusammenschluss beteiligten Unternehmen und auch nicht am **Vollzugsort** der Fusion an. Ausschlaggebend ist vielmehr das Erreichen bestimmter Mindestumsätze zweier beteiligter Unternehmen innerhalb Europas. Damit erfasst Art. 1 notwendigerweise auch eine Reihe von Sachverhalten mit Auslandsbezug. **55**

Bei der Frage nach der sog **extraterritorialen Anwendung der FKVO** geht es nicht um die Geltung der FKVO außerhalb der EU, sondern darum, ob die Anwendung der FKVO sich ggf. auch über das Territorium der EU hinaus auf Sachverhalte auswirken kann, die sich im Ausland abspielen (vgl. → FKVO Grdl. Rn. 938–949). Das Problem der extraterritorialen Wirkung im Fusionskontrollrecht unterscheidet sich von der entsprechenden Problematik im allgemeinen Kartellrecht dadurch, dass die Fusionskontrolle nicht Kontrolle zurückliegenden Verhaltens mit Deliktscharakter, sondern zukunftsbezogene Strukturkontrolle ist.[110] Gerade die dabei bestehenden Beurteilungsspielräume und die Tatsache, dass es sich – jedenfalls im Fall einer Untersagung – um einen massiven Eingriff in die Unternehmenspolitik und -strategie eines ausländischen Unternehmens handelt, machen die **besondere Brisanz** der Frage der extraterritorialen Wirkung im Fusionskontrollrecht deutlich. **56**

---

[102] Kom., M.759 – Sun Alliance/Royal Insurance.
[103] Kom., M.423 – Newspaper Publishing.
[104] EuGH Slg. 2004, I-6079 – Portugal/Kommission.
[105] Vgl. Kom., M.4110 – E.ON/Endesa; Kom., M.3896 – Abertis/Autostrade; vgl. auch Kom., M.3894 – Unicredito/HVB und Kom., M.3768 – BBVA/BNL.
[106] EuGH Slg. 2008, I-41 – Spanien/Kommission.
[107] Vgl. dazu im Einzelnen Kom., M.528/British Aerospace/VSEL, Rn. 10.
[108] Kom., M.1636 – MMS/DASA/Astrium.
[109] Vgl. zuletzt etwa Kom., M.4160 – ThyssenKrupp/EADS/Atlas; Kom., M.3596 – ThyssenKrupp/HDW; Kom., M.3932 – ThyssenKrupp/Hellenic Shipyard.
[110] Vgl. Ebenroth/Parche BB 1988, Beilage 18, 1 (19). Dazu, dass auch die territoriale Anknüpfung schwerer fällt als bei der Anknüpfung an die Durchführung im Kartellrecht Schwarze WuW 2001, 1190 (1198).

57 Als besonders problematisch hat sich die Frage erwiesen, ob die Kommission auch solche Zusammenschlüsse kontrollieren kann, an denen zwar **Unternehmen mit Sitz und/oder Tätigkeitsschwerpunkt im Ausland** beteiligt sind, die aber **Auswirkungen innerhalb der Gemeinschaft haben** und ob solche Zusammenschlüsse überhaupt bei der Kommission angemeldet werden müssen.[111]

58 Anders als das deutsche oder das US-amerikanische Fusionskontrollrecht[112] enthält die FKVO **keine ausdrückliche kollisionsrechtliche Regelung** zur Behandlung von Fusionen ausländischer Unternehmen. Allerdings stellte schon in der ersten Fassung der FKVO der 11. Erwägungsgrund klar, dass die FKVO nach dem Willen des europäischen Gesetzgebers auch für Unternehmen gilt, die ihren Tätigkeitsschwerpunkt außerhalb der Union haben, in der Union aber in erheblichem Umfang aktiv sind. Für einen solchen Willen spricht auch, dass eine Klausel des ursprünglichen FKVO-Entwurfs, nach der die Kommissionszuständigkeit nur dann eröffnet war, wenn eines der beteiligten Unternehmen einen Sitz innerhalb der Union hat, im Laufe der Verhandlungen fallen gelassen wurde. Zusätzlich hielten Rat und Kommission in einer Protokollerklärung zu Art. 2[113] fest, dass sich die Fusionskontrolle auch auf die Prüfung von **materiellen Auswirkungen auf Auslandsmärkten** bezieht.[114] Heute stellt der mit der Reform von 2004 eingefügte 11. Erwägungsgrund der FKVO ausdrücklich fest, dass die Anwendung der FKVO „unabhängig davon (ist), ob der Sitz der beteiligten Unternehmen sich in der Gemeinschaft befindet oder diese dort ihr Hauptgeschäft ausüben."

59 Dies entspricht der langjährigen Kommissionspraxis, die ihre Zuständigkeit stets angenommen hat, wenn die in Art. 1 genannten Umsätze erreicht wurden, und zwar unabhängig davon, ob es sich um in- oder ausländische Unternehmen handelte. Völkerrechtlicher Anknüpfungspunkt war dabei das sog **Auswirkungsprinzip**, das für die Anwendung innerstaatlichen Rechts an den Auswirkungen eines ausländischen Sachverhaltes im Inland anknüpft.[115] Abs. 2 lit. b ist zurecht als positivrechtliche Normierung des Auswirkungsprinzips bezeichnet worden.[116] Auf der Grundlage des Auswirkungsprinzips hat die Kommission so prominente Zusammenschlüsse außereuropäischer Unternehmen wie die Fälle „**Boeing/McDonnel-Douglas**",[117] „**General Electric/Honeywell**"[118] „**Oracle/Sun**",[119] **Facebook/WhatsApp**[120] geprüft. Gerade im Verfahren, in denen die US-amerikanischen Behörden den Zusammenschluss ohne Auflagen freigegeben hatten, ist die Untersagungsentscheidung als unzulässiger Eingriff in ausländische Souveränitätsrechte interpretiert worden und hat zu massiven Interventionen auf politischer Ebene geführt.[121] Allerdings lässt sich eine Voreingenommenheit der Kommission in Fusionssachen gegenüber ausländischen Unternehmen empirisch nicht belegen.[122]

60 Schon 1999 hatte das EuG allerdings die Praxis der extraterritorialen Anwendung der FKVO durch die Kommission in seinem **Gencor-Urteil**[123] ausdrücklich bestätigt. Die Anwendung der FKVO sei jedenfalls dann gerechtfertigt, wenn der Zusammenschluss in der Gemeinschaft eine **unmittelbare, vorhersehbare und wesentliche Auswirkung** haben wird. Danach ist die Kommission selbst dann berechtigt einen Zusammenschluss zu verbieten, wenn Sitz und Hauptaktivitäten der beteiligten Unternehmen im Ausland liegen und die wettbewerblichen Auswirkungen nur zum Teil innerhalb der Union zum Tragen kommen.

61 Auch nach der grundsätzlichen Ermächtigung der Kommission zur Prüfung von Zusammenschlüssen ausländischer Unternehmen im Gencor-Urteil bleiben einige Fragen im Zusammenhang

---

[111] Vgl. etwa Broberg ICLQ 2000, 172; Portwood, Mergers under EEC Competition Law, 1993, 37, jeweils mwN.

[112] § 130 Abs. 2 GWB; Section 1 Sherman Act („Every contract, combination in the form of trust or otherwise, or conspiracy, in restraint of trade or commerce among the several States, or with foreign nations, is declared to be illegal." – Hervorhebungen vom Verfasser).

[113] Anmerkungen von Rat und Kommission zu Art. 2 Verordnung 4064/89 des Rates, Abs. 6, Unterabs. 1 (abgedruckt in: Kommission, Die Fusionskontrolle in der Europäischen Union, 1999, 53).

[114] Vgl. zur entsprechenden Debatte im deutschen Recht Benica WuW 2005, 43.

[115] Vgl. etwa Schwarze WuW 2001, 1190 (1191); zur Kommissionspraxis bei der Anwendung des Auswirkungsprinzips vgl. EG-Kom.- Wettbewerbsbericht Nr. XI 1981, Rn. 34–37.

[116] Vgl. etwa LMRKM/Simon Rn. 12.

[117] Kom., M.877 – Boeing/McDonnell Douglas.

[118] Kom., M.2220 – General Electric/Honeywell.

[119] Kom., M.5529 – Oracle/Sun.

[120] Kom., M.7217 – Facebook/WhatsApp.

[121] Dazu Burnside ECLR 2002, 107 (110); Schmitz, University of Pennsylvania Journal of International Economic Law 2002, 325 (355).

[122] So das Ergebnis der umfangreichen Analyse von Bradford/Jackson/Zytnick, Is E.U. Merger Control Used for Protectionism? An Empirical Analysis in Journal of Empiricial Legal Studies (2018), Volume 15, Issue 4.

[123] EuG Slg. 1999, II-753 Rn. 90 und 92 – Gencor/Kommission. Vgl. dazu Schäfer, Internationaler Anwendungsbereich der präventiven Zusammenschlusskontrolle im deutschen und europäischen Recht, 88.

mit der extraterritorialen Anwendung der FKVO ungeklärt. Nur indirekt hat das EuG etwa zur Frage Stellung genommen, ob das Verbot eines Auslandszusammenschlusses den völkerrechtlichen **Grundsatz der Nichtintervention** (Interventionsverbot) verletzen könne. Das Gericht hat offen gelassen, ob ein solcher völkerrechtlicher Grundsatz, nach dem die Gemeinschaft im Gencor-Fall verpflichtet gewesen sein könnte, angesichts der Freigabe der Fusion durch die südafrikanische Regierung auf ein Verbot zu verzichten,[124] überhaupt besteht. Dies brauche nicht entschieden zu werden, da die südafrikanische Regierung die Fusion jedenfalls nicht verboten habe. Insoweit habe gar kein rechtlicher Konflikt zwischen den Anwendungsbefehlen zweier Rechtsordnungen bestanden.[125] Die Fragwürdigkeit dieser Argumentation zeigt sich allerdings schon daran, dass sich bei zwei divergierenden Entscheidungen eine Verbotsentscheidung danach immer gegenüber der (nicht verbindlichen) Freigabeentscheidung durchsetzen würde.[126] Der Konflikt um das Gebot der Nichtintervention ist in der Praxis inzwischen durch den Erlass zahlreicher multi- und bilateraler Abkommen entschärft worden, die den **Grundsatz der Rücksichtnahme** (sog „comity"-Grundsatz)[127] – als positive Entsprechung zum Grundsatz der Nichtintervention – konkretisieren und Maßnahmen zur Entschärfung auftretender Konflikte vorsehen.[128]

Selbst bei Anerkennung eines Grundsatzes der Nichtintervention kann dieser – will man das **62** Auswirkungsprinzip nicht völlig negieren – allerdings nur iSe. **Verpflichtung zur verhältnismäßigen Intervention** der Kommission verstanden werden. Damit deckt sich der Grundsatz im Ergebnis mit dem allgemeinen Verhältnismäßigkeitsprinzip, dem das Handeln der Union unterliegt.[129] So könnte man unter Verhältnismäßigkeitsaspekten etwa fordern, Zusammenschlüsse ausländischer Unternehmen nicht vollständig, sondern grds. nur mit Wirkung für die Union zu verbieten.[130] Eine solche Lösung erscheint im Fusionskontrollrecht allerdings wenig praktikabel, da ein Zusammenschluss regelmäßig nicht territorial trennbar ist, sondern wirtschaftlich sinnvoll nur mit globaler Wirkung oder gar nicht vollzogen werden kann (auch → Kapitel 8 Rn. 949).

Wirksamkeit entfaltet der Verhältnismäßigkeitsgrundsatz allerdings schon heute beim **räumli- 63 chen Zuschnitt von Zusagen,** die in der Fusionskontrollpraxis eine erhebliche Rolle spielen. Dies gilt jedenfalls dann, wenn die entsprechenden Zusagen (etwa die Veräußerung von Geschäftsteilen) teilbare wirtschaftliche Aktivitäten betreffen. In diesem Fall wäre es unverhältnismäßig, auf einer über das Unionsgebiet hinaus gehenden Zusage zu bestehen.[131] Ist andererseits eine räumliche Beschränkung der Zusagen nicht möglich, muss die Kommission berechtigt sein, den Zusammenschluss insgesamt zu verbieten, wenn die Parteien nicht zu einer räumlich weiter gehenden Zusage bereit sind. Dies folgt schon daraus, dass es sich selbst bei einer notwendigerweise über das Unionsgebiet hinaus gehenden Zusage gegenüber dem Verbot um das mildere Mittel handelt.

Fraglich ist ebenfalls, ob nach den Grundsätzen der Gencor-Entscheidung in allen Fällen, in **64** denen ein Zusammenschluss unter Art. 1 fällt, eine **Anmeldung** gem. Art. 4 erforderlich ist und das **Vollzugsverbot** gem. Art. 7 Abs. 1 gilt. Dies wird zT mit der Begründung abgelehnt, dass das EuG die extraterritoriale Anwendung der FKVO nur für Zusammenschlüsse mit wesentlichen Auswirkungen in der Union bejaht habe. Handele es sich dagegen um Zusammenschlüsse, die ersichtlich keine wesentlichen Wettbewerbsprobleme innerhalb der Union befürchten lassen (zB bei der Gründung von Gemeinschaftsunternehmen im Ausland durch ausländische Unternehmen), fehle es an der für die Anwendung der FKVO notwendigen Auswirkung innerhalb der Union.[132] Dies gelte gerade angesichts der Tatsache, dass eine Anmeldung wegen des Zeitaufwandes und der entstehenden Kosten nicht unerheblich in die Rechte ausländischer Unternehmen eingreife.[133] In diesen Fällen solle sich die Kommission von vorneherein für unzuständig erklären.[134]

---

[124] Vgl. das Vorbringen der Kläger im Fall EuG Slg. 1999, II-753 Rn. 62 – Gencor/Kommission, sowie von der Groeben/Schwarze/Hatje/Schröter AEUV Vor Art. 101–105 Rn. 115.
[125] EuG Slg. 1999, II-753 Rn. 103.
[126] Vgl. dazu auch Schwarze WuW 2001, 1190 (1199).
[127] Dazu etwa Ebenroth/Parche BB 1988, Beilage 18, 1 (19).
[128] So auch Montag/Leibenrath WuW 2000, 852 (853).
[129] Dazu Koch, Der Grundsatz der Verhältnismäßigkeit in der Rechtsprechung des Gerichtshofs der Europäischen Gemeinschaften, 193.
[130] Vgl. dazu etwa Bechtold European Legal Forum 2000, 19 (20), unter Hinweis auf Entscheidung Morris/Rothmans des Kammergerichts von 1983, WuW/E OLG 3051.
[131] Vgl. zuletzt zum Fall einer auf das EWR-Gebiet beschränkten Zusage Kom., M.3732, Procter & Gamble/Gillette (Veräußerung des EWR-weiten Geschäfts mit Batteriezahnbürsten).
[132] Broberg, The European Commission's Jurisdiction to Scrutinise Mergers, 274; Bechtold European Legal Forum 2000, 19; Bechtold EuZW 1994, 653 (658).
[133] Vgl. etwa Bechtold in Schwarze, Europäisches Wettbewerbsrecht im Wandel, 1613, 1620; ähnlich Montag/Kaessner WuW 1997, 781 (786).
[134] Broberg ICLQ 2000, 172, 275.

65 Unabhängig von der Frage, inwieweit die Kommission die Nichtanmeldung von Fusionen mit geringen Auswirkungen in der Union tatsächlich verfolgen würde, ist eine Ausnahme für ausländische Unternehmen von der **Anmeldepflicht** aber abzulehnen. Sie käme einer wettbewerblichen Selbstveranlagung ausländischer Unternehmen gleich, die die Effektivität der europäischen Fusionskontrolle im Ergebnis in Frage stellen könnte. Die Schwellenwerte der FKVO begründen eine **Vermutung** einer nicht nur unerheblichen wettbewerblichen Auswirkung des Zusammenschlusses im Gemeinsamen Markt iSd Gencor-Rspr.[135] Da ein wettbewerblich unproblematischer Fall nur eine verkürzte Anmeldung erfordert und nach den Vorschriften des vereinfachten Verfahrens behandelt werden kann, erscheint der Eingriff in die Rechte ausländischer Unternehmen nicht unverhältnismäßig.

66 Schließlich stellt sich die Frage der extraterritorialen Wirkung auch in der umgekehrten Konstellation, nämlich in Fällen, in denen die strikt umsatzbezogenen Schwellenwerte der FKVO zwar die Kommissionszuständigkeit eröffnen, der Zusammenschluss jedoch **keine wettbewerblichen Auswirkungen im Unionsgebiet** hat.[136] Dies kann etwa bei Gründung von Gemeinschaftsunternehmen durch europäische Unternehmen im Ausland oder bei Zusammenschlüssen ausländischer Unternehmen der Fall sein, die durch (begrenzte) Aktivitäten im europäischen Raum die Schwellenwerte erreichen.[137] In diesen Fällen **verzichtet** die Kommission auf eine materielle Prüfung des Zusammenschlusses. Dies gilt jedenfalls dann, wenn Auswirkungen auf den EEA-Raum ausgeschlossen werden können.[138]

67 **b) Internationale Kooperation. aa) EWR-Abkommen.** Zu einer **vertraglich vereinbarten räumlichen Erweiterung** des Anwendungsbereichs der FKVO hat der Abschluss des EWR-Übereinkommens von 1994 geführt.[139] Gem. Art. 57 EWR-Abkommen ist die Kommission in allen Fällen, in denen ein Zusammenschluss gemeinschaftsweite Bedeutung hat, auch für die Prüfung der Auswirkungen des Zusammenschlusses in den Ländern des EWR zuständig. Die Wirkung von Freigabe- und Untersagungsentscheidungen der Kommission erstrecken sich damit auf den gesamten EWR-Raum. Zu den EFTA-Ländern, die dem EWR angehören, zählen nach dem Beitritt Österreichs, Schwedens und Finnlands allerdings nur noch **Norwegen, Liechtenstein und Island.**

68 In verfahrensrechtlicher Hinsicht sieht das EWR-Abkommen vor, dass die EFTA-Wettbewerbsbehörde („ESA")[140] in bestimmten Fällen – sog **„Kooperationsfälle"**[141] – konsultiert wird.[142] Eigene Entscheidungsbefugnisse besitzt die ESA dabei nicht. Solche Entscheidungsbefugnisse kommen der ESA nur bei Zusammenschlüssen zu, die zwar keine gemeinschaftsweite, aber sog „EFTA-weite Bedeutung" besitzen.[143] Allerdings ist diese Kompetenz bislang rein theoretisch geblieben, da kein Zusammenschluss die Schwellenwerte für die „EFTA-weite" Bedeutung erfüllt, die Werte für die gemeinschaftsweite Bedeutung aber gleichzeitig verfehlt hat.[144]

---

[135] Das Erreichen der Umsatzschwellen ist jedenfalls wesentlich genug, um eine Anmeldung auszulösen; es geht hier nicht, wie im Fall Gencor, um die völkerrechtlichen Voraussetzungen einer Untersagungsentscheidung.

[136] Vgl. zuletzt etwa Kom., M.1741, – MCI/Worldcom, Rn. 304–315 (aufgehoben durch EuG Slg. 2004, II-3253 – MCI/Kommission); Kom., M.124 – BNP/Dresdner Bank (CS).

[137] Vgl. etwa Kom., IV./346 – JCSAT/SAJAC (Fusion japanischer Satellitenbetreiber).

[138] Kom., IV./346 – JCSAT/SAJAC. In ihrem Weißbuch „Eine wirksame Fusionskontrolle" vom 9.7.2014 schlägt die Kommission nunmehr vor, derartige Fusionen der Anmeldepflicht vgl. KOM(2014) 449, Rn. 77.

[139] Abrufbar im Internet unter: http://ec.europa.eu/competition/mergers/legislation/eea_agreemt_comp.pdf, zuletzt abgerufen am 20.10.2019.

[140] EFTA Surveillance Authority (ESA), vgl. http://www.eftasurv.int, zuletzt abgerufen am 20.10.2019.

[141] Vgl. etwa Kom., M.3149 – Procter & Gamble/Wella, Rn. 6.

[142] Ein Kooperationsfall liegt vor, wenn entweder (1.) 25 % des Unternehmensumsatzes innerhalb des EWR werden in den drei in EFTA-Ländern erzielt (aus diesem Grund ist in der Form CO der EWR-weite Umsatz anzugeben), (2.) Umsatz von zwei beteiligten Unternehmen in den drei EFTA-Ländern größer als 250 Mio. EUR, oder (3.) drohende Wettbewerbsbehinderung iSd Art. 2 in einem der drei EFTA-Staaten. Vgl. dazu (und zu weiteren Fällen gem. Art. 2 Rn. 2 des Protokolls) Art. 2 des Protokolls Nr. 24 zum EWR-Übereinkommen, zuletzt geändert durch die Entscheidung des EEA Joint Committee Nr. 78/2004 vom 8.6.2004 (Annex IV). (abrufbar unter: http://ec.europa.eu/competition/international/multilateral/eea.html, zuletzt abgerufen am 20.10.2019).

[143] Vgl. die in lit. b und lit. c des Annex I zur Entscheidung des EEA Joint Committee Nr. 78/2004 vom 8.6.2004 genannten Voraussetzungen, abrufbar unter: https://competition-policy.ec.europa.eu/mergers/legislation_en, zuletzt abgerufen am 1.4.2023; insbes. die Mindestumsätze (je 250 Mio. EUR in zwei EWR-Ländern) sind eine offenbar kaum überwindbare Hürde, da derartige Unternehmen regelmäßig auch die Schwellenwerte der FKVO erfüllen.

[144] Insofern ist auch die Kritik von Broberg, The European Commission's Jurisdiction to Scrutinise Mergers, 235, der wegen der weiter bestehenden Kompetenz der Mitgliedstaaten in reinen EFTA-Fällen eine Umgehung des „one-stop-shop"-Prinzips sieht, eher theoretischer Natur.

Sowohl bei der **Umsatzberechnung** als auch beim **Verweisungssystem** gelten für die EFTA- 69
Staaten **Sonderregeln.** So werden trotz der Erstreckung der materiellen Fusionskontrolle auf das
Gebiet des EWR die drei EFTA-Staaten bei der Berechnung des Umsatzes und bei der Bestimmung
der für eine Verweisung notwendigen Mitgliedstaaten[145] außer Betracht gelassen (und nicht etwa
als „Mitgliedstaat" iSd EWR-Übereinkommens angesehen). Insbes. bei Verweisungen sind die
Rechte der EFTA-Länder insoweit eingeschränkt, als sie im Regelfall kein Vetorecht besitzen und
ein Antrag nach Art. 22 ausgeschlossen ist.[146]

bb) Abkommen mit Drittstaaten. Neben dem EWR-Abkommen hat die EU zahlreiche 70
Abkommen mit Drittstaaten und internationalen Organisationen abgeschlossen.[147] Viele dieser
Abkommen sehen ein **Verfahren zur Kooperation und gegenseitigen Information** in Fällen
vor, in denen sich die Transaktion auch außerhalb der Gemeinschaft auswirkt. Sie konkretisieren
insoweit das Gebot der Rücksichtnahme („comity") und tragen dazu bei, entstehende Konflikte bei
der Beurteilung von Fusionen zu entschärfen.[148] Damit können sie sich zumindest mittelbar auch
materiell auf die Fusionskontrolle der Kommission auswirken.

Besonders eng ist – nicht zuletzt wegen der engen wirtschaftlichen Verknüpfung beider 71
Länder – die Kooperation mit den Kartellbehörden der USA. Bereits 1995 und 1998 wurden
zwei Kooperationsabkommen zu Anwendung der Wettbewerbsregeln geschlossen.[149] Nachdem
divergierende Auffassungen zwischen Kommission und US-Behörden in einigen prominenten
Fusionsfällen mit US-Beteiligung zu diplomatischen Verstimmungen geführt haben,[150] haben die
Behörden beider Seiten versucht, ähnliche Konflikte durch eine engere Abstimmung in Fusionsverfahren zu vermeiden. Dazu wurden 2002 sog **„Best Practices" zur Kooperation in Fusionsfällen**[151] erarbeitet, die 2011 erneuert und erweitert wurden.[152] Danach arbeiten beide
Behörden nicht nur bei der Planung des Verfahrensablaufs (Anmelde- und Entscheidungszeit-
punkte), sondern zB auch bei der Marktuntersuchung[153] und bei der Prüfung möglicher Zusagen
eng miteinander zusammen und können – mit Einverständnis der Parteien – Informationen über
die Ermittlungsergebnisse austauschen.[154] Inzwischen gibt es vergleichbare Abkommen mit
Kanada, Japan, Korea und der Schweiz.[155]

Art. 2 Beurteilung von Zusammenschlüssen

**(1) Zusammenschlüsse im Sinne dieser Verordnung sind nach Maßgabe der Ziele dieser
Verordnung und der folgenden Bestimmungen auf ihre Vereinbarkeit mit dem Gemeinsamen Markt zu prüfen.**

---

[145] Abs. 2/3 und Art. 4 Abs. 5.
[146] Bei Art. 4 Abs. 5 kommt einem EFTA-Staat ein Vetorecht nur insoweit zu, als er der Verweisung hinsichtlich seines eigenen Mitgliedstaates widersprechen kann. Dieses Veto ist aber ohne Einfluss auf die Verweisung iÜ (durch mindestens drei Mitgliedstaaten), vgl. Art. 6 Abs. 5 Protokoll 24 zum EWR-Abkommen.
[147] Vgl. im Einzelnen dazu Teil 2., C. Abkommen der EU mit Drittstaaten.
[148] Vgl. zum Rücksichtnahmegebot allgemein die OECD-Empfehlungen von 1995 (Revised Recommenda-
tion of the OECD Council concerning Cooperation between Member Countries on Anti-competitive
Practices Affecting international Trade v. 27./28.7.1995, C(95)130/Final). Zur Unterscheidung zwischen
„positive comity" und „negative comity" Ryan, Positive Comity, Competition Policy Newsletter 2000,
33.
[149] Vgl. Beschluss des Rates und der Kommission v. 10.5.1995 über den Abschluss des Abkommens zwischen
den Europäischen Gemeinschaften und der Regierung der Vereinigten Staaten von Amerika über die
Anwendung ihrer Wettbewerbsregeln, ABl. 1995 L 95, 47; Beschluss des Rates und der Kommission v.
29.5.1998 über den Abschluss des Abkommens zwischen den Europäischen Gemeinschaften und der Regierung der Vereinigten Staaten von Amerika über die Anwendung der „Positive Comity"-Grundsätze bei der
Durchsetzung ihrer Wettbewerbsregeln, ABl. 1998 L 173, 26.
[150] Vgl. nur Kom., M.877 – Boeing/McDonnel-Douglas; Kom., M.2220 – General Electric/Honeywell.
[151] Die 2002-Best Practices sind abrufbar unter: https://competition-policy.ec.europa.eu/mergers/legislation_
en, zuletzt abgerufen am 1.4.2023.
[152] US-EU Merger Working Group: Best Practices on the Cooperation in Merger Investigations (14.10.2011),
abrufbar unter: http://ec.europa.eu/competition/international/bilateral/eu_us.pdf, zuletzt abgerufen am
20.10.2019.
[153] Vorausgesetzt, die Parteien erteilen ihre Zustimmung zu einem solchen Informationsaustausch (was aber
regelmäßig der Fall ist, da ein reibungsloses Verfahren zumeist im Interesse der Parteien liegt).
[154] Dass die „Best Practices" auch harte inhaltliche Auseinandersetzungen bei der materiellen Beurteilung
parallel angemeldeter Fusionen letztlich nicht vermeiden können, zeigte sich zuletzt im Verfahren „Oracle/
Sun". Vgl. zu dieser Problematik auch Pallek CDE 2004, 96.
[155] S. dazu http://ec.europa.eu/competition/international/bilateral/index.html, zuletzt abgerufen am
20.10.2019.

Bei dieser Prüfung berücksichtigt die Kommission:
a) die Notwendigkeit, im Gemeinsamen Markt wirksamen Wettbewerb aufrechtzuerhalten und zu entwickeln, insbesondere im Hinblick auf die Struktur aller betroffenen Märkte und den tatsächlichen oder potenziellen Wettbewerb durch innerhalb oder außerhalb der Gemeinschaft ansässige Unternehmen;
b) die Marktstellung sowie die wirtschaftliche Macht und die Finanzkraft der beteiligten Unternehmen, die Wahlmöglichkeiten der Lieferanten und Abnehmer, ihren Zugang zu den Beschaffungs- und Absatzmärkten, rechtliche oder tatsächliche Marktzutrittsschranken, die Entwicklung des Angebots und der Nachfrage bei den jeweiligen Erzeugnissen und Dienstleistungen, die Interessen der Zwischen- und Endverbraucher sowie die Entwicklung des technischen und wirtschaftlichen Fortschritts, sofern diese dem Verbraucher dient und den Wettbewerb nicht behindert.

(2) Zusammenschlüsse, durch die wirksamer Wettbewerb im Gemeinsamen Markt oder in einem wesentlichen Teil desselben nicht erheblich behindert würde, insbesondere durch Begründung oder Verstärkung einer beherrschenden Stellung, sind für mit dem Gemeinsamen Markt vereinbar zu erklären.

(3) Zusammenschlüsse, durch die wirksamer Wettbewerb im Gemeinsamen Markt oder in einem wesentlichen Teil desselben erheblich behindert würde, insbesondere durch Begründung oder Verstärkung einer beherrschenden Stellung, sind für mit dem Gemeinsamen Markt unvereinbar zu erklären.

(4) Soweit die Gründung eines Gemeinschaftsunternehmens, das einen Zusammenschluss gemäß Artikel 3 darstellt, die Koordinierung des Wettbewerbsverhaltens unabhängig bleibender Unternehmen bezweckt oder bewirkt, wird eine solche Koordinierung nach den Kriterien des Artikels 81 Absätze 1 und 3 des Vertrags[1] beurteilt, um festzustellen, ob das Vorhaben mit dem Gemeinsamen Markt vereinbar ist.

(5) Bei dieser Beurteilung berücksichtigt die Kommission insbesondere, ob
– es auf dem Markt des Gemeinschaftsunternehmens oder auf einem diesem vor- oder nachgelagerten Markt oder auf einem benachbarten oder eng mit ihm verknüpften Markt eine nennenswerte und gleichzeitige Präsenz von zwei oder mehr Gründerunternehmen gibt;
– die unmittelbar aus der Gründung des Gemeinschaftsunternehmens erwachsende Koordinierung den beteiligten Unternehmen die Möglichkeit eröffnet, für einen wesentlichen Teil der betreffenden Waren und Dienstleistungen den Wettbewerb auszuschalten.

Schrifttum: Abramson, Are „Online Markets" Real and Relevant? From the Monster-Hotjobs Merger to the Google-Doubleclick Merger, J.C.L.&E. 2008, 655; Alexandrov/Deltas/Spulber, Antitrust and Competition in Two-Sided Markets, J.C.L.&E. 2011, 775; Azar/Schmalz/Tecu, Research on the Competitive Consequences of Common Ownership: A Methodological Critique, Antitrust Bull. 66,1 (2021), 113; Bien, Die Berücksichtigung nichtwettbewerblicher Aspekte in der Fusionskontrolle – Gibt es Alternativen zur Ministererlaubnis?, NZKart 2016, 445; Bishop, (Fore)closing the Gap: the Commission's Draft Non-Horizontal Merger Guidelines, ECLR 29,1 (2008) 1; Bishop/Walker, The economics of EC competition law: concepts, application and measurement, 3. Aufl. 2010; Böni/Palzer, Kollektive Marktbeherrschung – Sinnbild für »Des Kaisers neue Kleider«?, WuW 2009, 477; von Bonin, Vertikale und konglomerate Zusammenschlüsse nach dem Urteil GE/Kommission WuW 2006, 466; Budzinski/Ruhmer, Merger Simulation in Competition Policy: A Survey, JCLE 2010, 277; Bühler/Büttner/Ocello/Piergiovanni, Europe – The final countdown: Five, four, three … no, wait!, CLPD 3,4 (2017) 18; Campbell, Bilateral Monopoly in Mergers, Antitrust L. J. 2007, 521; Carlton, Market definition, use and abuse, Competition Policy Int. 3,1 (2007) 3; Chamberlain, Duopoly: Value Where Sellers are Few, Quarterly Journal of Economics 44,1 (1929) 63; Church, The Impact of Vertical and Conglomerate Mergers on Competition, Report for DG Competition, 2004; Colley, From „Defence" to „Attack"? Quantifying Efficiency Arguments in Mergers, ECLR 25,6 (2004) 342; De Coninck, Application of the Nonhorizontal Merger Guidelines, Antitrust Bull. 55,4 (2010) 929; de la Manao/Pesaresi/Stehman, Econometric and survey evidence in the competitive assessment of the Ryanair-Aer Lingus merger, Competition Policy Newsletter 2007, 73; De Coninck, Innovation in EU Merger controll: in need of a consistent framework, CLPD 2,3 (2016) 41; Denzel/Hermann, Der Leitlinienentwurf der Europäischen Kommission zur Bewertung nichthorizontaler Zusammenschlüsse: Post-Chicago-Ansätze in Brüssel?, WuW 2007, 566; Deselaers/Seeliger, Die Leitlinien der Kommission zur Bewertung nichthorizontaler Zusammenschlüsse, EWS 2008, 57; Dethmers, EU Merger Control: Out of Control?, ECLR 11 (2016) 435; Donath, The use of pricing analysis for market definition purposes: the Arjowiggins/M-real Zanders Reflex

---

[1] Der Verweis auf Art. 81 EGV im Normtext gilt gemäß Art. 5 des Vertrages von Lissabon als Verweis auf Art. 101 AEUV.

and Arsenal/DSP mergers, Competition Policy Newsletter 2009, 41; Drauz, An efficiency defence for mergers: Putting an intricate puzzle together, ZWeR 2003, 254; Dreher, Die Kontrolle des Wettbewerbs in Innovationsmärkten. Marktabgrenzung und Marktbeherrschung in innovationsgeprägten Märkten, ZWeR 2009, 149; Driessen Reilly/Panayides/De Coninck, EdF/BE: Yin and Yang — why complementarity can be problematic, Competition Policy Newsletter 2009, 73; Ehlermann/Völcker/Gutermuth, Unilateral Effects: The Enforcement Gap under the Old EC Merger Regulation, W. Comp. 28,2 (2005) 193; Elhauge/Majumdar/Schmalz, Confronting Horizontal Ownership Concentration, Antitrust Bull. 66,1 (2021), 3; Emmerich, Fusionskontrolle 2007/2008, AG 2008, 517; Emmerich, Fusionskontrolle 2008/2009, AG 2009, 597; Emmerich, Fusionskontrolle 2009/2010, AG 2010, 517; Emmerich, Fusionskontrolle 2010/2011, AG 2011, 565; Evans/Noel, The Analysis of Mergers that involve Multisuded Platform Businesses, J.C.L.&E. 2008, 663; Ewald, Ökonomie im Kartellrecht; Vom more economic approach zu sachgerechten Standards forensischer Ökonomie, ZWeR 2011, 15; Farrell/Shapiro, Antitrust Evaluation of Horizontal Mergers: An Economic Alternative to Market Definition; The B.E. Journal of Theoretical Economics 2010, 1; Farrell/Shapiro, Upward Pricing Pressure and Critical Loss Analysis: Response, The CPI Antitrust Journal (February 2010) 2; Faull/Nikpay, The EC Law of Competition, 3. Aufl. 2014; Federico, The Economic Analysis of Energy Mergers in Europe and in Spain, JCLE 2011, 603; Flechtcher/Lyons, Geographic Market Definition in European Commission Merger Control – A Study for DG Competition, January 2016; Fox, The European Court's judgement in GE/Honeywell – Not a Poster Child for Comity or Convergence, Antitrust, Spring 2006, 77; Garzaniti/O'Reagan, Telecommunications, Broadcasting and the Internet, 3. Aufl. 2010; Gerke, Marktbeherrschung und Wettbewerbsbeschränkung als Untersagungskriterium nach Art. 2 FKVO, 2011; Heimler, Was the change of the test for merger control in Europe justified?: an assessment (Four years after the introduction of SIEC) in ECJ 2008, 85; Hennig, Come fly with me – der Fall Ryanair/Aer Lingus, ZWeR 2011, 443; Hirsbrunner, Neue Entwicklungen der Europäischen Fusionskontrolle, EuZW 2009, 239; Hirsbrunner, Neue Entwicklungen in der europäischen Fusionskontrolle im Jahr 2009, EuZW 2010, 727; Hirsbrunner, Neue Entwicklungen in der europäischen Fusionskontrolle im Jahr 2010, EuZW 2011, 549; Hirsbrunner, Die Entwicklung der europäischen Fusionskontrolle im Jahr 2012, EuZW 2013, 657; Hirsbrunner, Die Entwicklung der europäischen Fusionskontrolle im Jahr 2014, EuZW 2015, 535; Hirsbrunner, Die Entwicklung der europäischen Fusionskontrolle im Jahr 2015, EuZW 2016, 610; Hirsbrunner/v. Köckritz, Da capo senza fine – Das Sony/BMG Urteil des EuGH, EuZW 2008, 591; Holterhus, Beweisführung in der Europäischen Fusionskontrolle, 2014; Holzwarth, T-Mobile Austria/tele.ring – Nicht koordinierte Effekte als Auffangtatbestand erheblicher Wettbewerbsbehinderungen?, ZWeR 2007, 338; Höppner/Grabenschröer, Marktabgrenzung bei mehrseitigen Märkten am Beispiel der Internetsuche, NZKart 2015, 162; ICN, Recommended Practices for Merger Analysis, 2018; Iversen, The Efficiency Defence in EC Merger Control, ECLR 31,9 (2010) 370; Jacquemin, Mergers and European Policy, in P.H. Admiral, Merger and Competition Policy in the European Community, 2009; Jenny, Anmerkung zu Nestlé/Perrier, European Merger Control Reporter B100; Jullien/Lefouili, Horizontal Mergers and Innovation, JCLE 14,3 (2018), 364; Jung/Sinclair, Innovation theories of harm in merger control: plugging a perceived enforcement gap in anticipation of more far-reaching reforms?, ECLR 40,6 (2019), 266; Juramy/Koltay/Ramondino, Competition Merger Brief 2/2016, 2; Kleemann, Enthält Art. 2 der EG-Fusionskontrollverordnung eine wettbewerbliche Abwägungsklausel?, FS Lieberknecht, 1997, 379; Klein, SSNIP-Test oder Bedarfsmarktkonzept, WuW 2010, 169; Kokkoris, Assessment of Mergers Inducing Coordinated Effects in the Presence of Explicit Collusion, W. Comp. 31,4 (2008) 499; Kokkoris/Valletti, Innovation considerations in Horizontal Merger Control, JCLE 16,2 (2020), 220; Körber, GlaxoSmithKline – Parallelhandel mit Medikamenten zwischen Binnenmarktziel, Konsumentenwohlfahrt und Innovationswettbewerb, ZWeR 2007, 515; Körber, Die Leitlinien der Kommission zur Bewertung nichthorizontaler Zusammenschlüsse, WuW 2008, 522; Körber, Google im Fokus des Kartellrechts, WRP 2012, 761; Körber, Konzeptionelle Erfassung digitaler Plattformen und adäquate Regulierungsstrategien, ZUM 2017, 93; Kuhn, The 15th anniversary of the SIEC test under the EU Merger Regulation – where do we stand (Part 1), ZWeR 2020, 1; Kuhn, The 15th anniversary of the SIEC test under the EU Merger Regulation – where do we stand (Part 2), ZWeR 2020, 153; Levy, The EU's SIEC Test five years on: has it made a difference?, Eur. Competition J. 6,1 (2010) 211; Lübbig/Klasse, Kartellrecht im Pharma- und Gesundheitssektor, 2. Aufl. 2015; Majumdar/Mullan, Nokia/NAVTEQ – Navigating the Non-Horizontal Merger Guidelines, ECLR 30,10 (2009) 487; Mäger/Dworschak, Zielkonflikt zwischen Kartellrecht und Arzneimittelregulierung, NZKart 2018, 23; Monopolkommission, XX. Hauptgutachten – Eine Wettbewerbsordnung für die Finanzmärkte, 2014; Montag, Effizienz und Wettbewerb in der rechtlichen Praxis am Beispiel der europäischen Fusionskontrolle, in Oberender, Effizienz und Wettbewerb, 2005, 95; Montag, The Future of „Dominance" under the Merger Control Regulation and Article 82 EC, in Baudenbacher, Neueste Entwicklungen im europäischen und internationalen Kartellrecht, 2005, 275; Montag, Das GE/Honeywellurteil des EuG: Absage an Konglomerate und vertikale Effekte in der europäischen Fusionskontrolle?, FS Bechtold, 2006, 339; Montag/von Bonin, Collective dominance in Merger Cases after Airtours, in Drauz/Reynolds, EC Merger Control: A major reform in progress, 2002, 323; Navarro/Font/Folguera/Briones, Merger Control in the European Union: law, economics and practice, 2. Aufl. 2005; Nothhelfer, Wann behindern konglomerate Fusionen den Wettbewerb?, EuZW 2007, 332; Oinonen, Modern Economic Advances in Contemporary Merger-control: An Imminent Farewell to the Market Definition?, ECLR 32,12 (2011) 629; Petrasincu, The European Commission's New Guidelines on the Assessment of Non-Horizontal Mergers – Great Expectations Disappointed, ECLR 29,4 (2008) 221; Petrasincu, Die amerikanischen Horizontal Merger Guidelines, WuW 2010, 999; Pilsbury, The Impala Decision: An Economic Critique, Eur. Competition J. 3,1 (2007) 31; Podszun/Franz, Was ist ein Markt? – Unentgeltliche Leistungsbeziehungen im Kartellrecht, 121; Powell/Czapracka, The shifting sands of EU merger control – un, deux, trois, piano!, CLPD 3,4 (2017) 41; Posner, Policy Implications oft he Common Ownership

Debate, Antitrust Bull. 66,1 (2021), 140; Säcker, Die Auswirkungen von Innovations- und Technologiewettbewerb auf die Feststellung des SIEC-Kriteriums – Folgerungen aus der Vodafone/Liberty Global-Entscheidung der EU-Kommission, FS Wiedemann, 2020, 497; Schmalz, Recent Studies on Common Ownership, Firm Behavior, and Market Outcomes, Antitrust Bull. 66,1 (2021), 12; Schroeder, Innovationswettbewerb in der Fusionskontrolle, FS Wiedemann 2020, 521; Schubert, Die Eliminierung potenziellen Wettbewerbs als Schadenstheorie in der deutschen und europäischen Fusionskontrolle, FS Wiedemann, 2020, 539; Schumacher, Effizienz und Wettbewerb, 2011; Schwaderer, Conglomerate Merger Analysis – the Legal Context: How the European Court's Standard of Proof put an end to the ex Ante Assessment of Leveraging, ZWeR 2007, 482; Schwalbe, Die Berücksichtigung von Effizienzgewinnen in der Fusionskontrolle – Ökonomische Aspekte, in Oberender, Effizienz und Wettbewerb, 2005, 63; Schwalbe/Zimmer, Kartellrecht und Ökonomie, 3. Aufl. 2021; Seehafer, Die Verwendung ökonomischer Modelle aus der Fusionskontrollverordnung aus juristischer Perspektive, WuW 2009, 728; Selten, A simple model of imperfect competition, where four are few and six are many, International Journal of Game Theory 2 (1973), 141; Sprangler/Heppner, Innovationen in der Fusionskontrolle nach Dow/DuPont, PharmR 2018, 522; Stehmann/Zenger, The Competitive Effects of Rail Freight Mergers in the Context of European Liberalization, JCLE 2011, 455; Strohm, „Effizienzgesichtspunkte" und Europäische Wettbewerbspolitik, in Oberender, Effizienz und Wettbewerb, 2005, 113; Tamke, Big Data and Competition Law, ZWeR 2017, 358; Thiede, Die Entwicklung der Europäischen Fusionskontrolle in den Jahren 2017 und 2018, EuZW 2019, 628; Thiede, Die Entwicklung der Europäischen Fusionskontrolle 2020 und 2021, EuZW 2022, 397; Thiede/Müller, Die Entwicklung der europäischen Fusionskontrolle 2019, EuZW 2020, 880; Thomas, The Known Unknown: In search of a legal structure of the significance criterion of the SIEC test, J. Comp. L. & Econ. 13,2 (2017) 346; T'Syen, Market Power in Bidding Markets: An Economic Overview, W. Comp. 31,1 (2008) 37; Vaquero/Calisti/Tsoumanis, Competition Merger Brief 2/2016, 5; Völcker/Israel, Drittanfechtungen in der Fusionskontrolle, ZWeR 2011, 95; von Bonin, Vertikale und konglomerate Zusammenschlüsse nach dem Urteil GE/Kommission, WuW 2006, 466; Wagner, Die Analyse kollektiver Marktbeherrschung in der deutschen Fusionskontrolle im Vergleich zur europäischen Fusionskontrolle, WuW 2009, 619; Weck, Fusionskontrolle in der digitalen Welt, NZKart 2015, 290; Weck/Scheidtmann, Non-horizontal Mergers in the Common Market: Assessment under the Commission's Guidelines and Beyond, ECLR 29,8 (2008) 480; Werden, Unilateral Competitive Effects and the Test for Merger Control, ECJ 2008, 95; Wessely, Der „Maverick" in der EU-Fusionskontrolle, FS Wiedemann, 2020, 577; Wirtz/Schulz, Innovationswettbewerb in der Fusionskontrolle – Bayer/Monsanto und Dow/DuPont, NZKart 2019, 20; Wolf, Effizienzen und europäische Zusammenschlusskontrolle, 2009; Zimmer, Differenzierte Produkte, nicht koordinierte Effekte und das Upward Pricing Pressure-Konzept: Wird die Marktabgrenzung in Fusionskontrollverfahren entbehrlich?, WuW 2013, 928; Zimmer, Der rechtliche Rahmen für die Implementierung moderner ökonomischer Ansätze, WuW 2007, 1198; Zimmer, Was ist eine Wettbewerbsbeschränkung? Eine Neubesinnung, FS Wiedemann, 2020, 269.

Übersicht

		Rn.			Rn.
I.	**Normzweck und Normstruktur**	1	1.	VO 4064/89	26
1.	Ziele und Kriterien der Fusionskontrolle (Abs. 1)	3	2.	VO 139/2004	30
	a) Aufrechterhaltung und Entwicklung wirksamen Wettbewerbs (Abs. 1 lit. a)	4	III.	**Die Prüfung von Zusammenschlüssen auf ihre Vereinbarkeit mit dem Binnenmarkt**	34
	b) Marktbezogene und unternehmensbezogene Kriterien (Abs. 1 lit. b)	5	1.	Prüfungsschema	35
	c) Schutz der Verbraucherinteressen und Entwicklung des technischen und wirtschaftlichen Fortschritts	6	2.	Marktabgrenzung	36
				a) Bedeutung und Grundsätze der Marktabgrenzung	39
	d) Relevanz wettbewerbsfremder Erwägungen	8		b) Sachlich relevanter Markt	50
2.	Vereinbarkeitserklärung (Abs. 2)	10		c) Räumlich relevanter Markt	57
3.	Untersagung (Abs. 3)	12		d) Besondere Konstellationen	66
4.	Beurteilung von Koordinierungswirkungen bei der Gründung von Gemeinschaftsunternehmen (Abs. 4, 5)	14	3.	Die erhebliche Behinderung wirksamen Wettbewerbs auf dem Binnenmarkt	77
				a) Überblick über den Regelungsgehalt	78
				b) Marktstruktur	84
5.	Rechtsquellen der materiellen Fusionskontrolle	15		c) Schadenstheorien	109
				d) Horizontale, vertikale und konglomerate Zusammenschlüsse	136
6.	Verhältnis zu Art. 101 und 102 AEUV	21		e) Erheblichkeit der Behinderung wirksamen Wettbewerbs	140
	a) Parallele Anwendbarkeit	21		f) Auswirkungen auf den Binnenmarkt	145
	b) Zeitliche Abgrenzung und Verhaltensanreize durch primärrechtliche Sanktionsdrohung	24	4.	Kausalität	148
			5.	Ausgleichsfaktoren	150
II.	**Entstehungsgeschichte**	26		a) Nachfragemacht der Marktgegenseite	151

		Rn.
	b) Marktzutritt und potenzieller Wettbewerb	160
	c) Effizienzgewinne	182
	d) Sanierungsfusion (failing firm defence)	208
6.	Prognoseentscheidung und Prognosezeitraum	217
	a) Prognoseentscheidung	218
	b) Prognosezeitraum	223
7.	Verhältnismäßigkeitsprinzip	228
IV.	**Schadenstheorien im Kontext horizontaler Zusammenschlüsse**	235
1.	Nicht koordinierte Wirkungen	238
	a) Hohe Marktanteile der fusionierenden Unternehmen	244
	b) Zusammenschluss naher Wettbewerber	271
	c) Begrenzte Möglichkeiten der Kunden, zu einem anderen Anbieter überzuwechseln	288
	d) Erhöhung des Angebots der Wettbewerber bei Preiserhöhungen unwahrscheinlich	296
	e) Fähigkeit des fusionierten Unternehmens, die Wettbewerber am Wachstum zu hindern	302
	f) Beseitigung einer wichtigen Wettbewerbskraft und Innovationswettbewerb	318
	g) Zusammenschluss mit einem potenziellen Wettbewerber	326
	h) Begründung oder Verstärkung von Nachfragemacht in vorgelagerten Märkten	341
2.	Koordinierte Wirkungen	344
	a) Fehlen wirksamen Wettbewerbs zwischen den Oligopolbeteiligten	353
	b) Schwäche des Wettbewerbsdrucks von außen auf das Oligopol	373
	c) Eintritt von Marktstrukturveränderungen durch den Zusammenschluss	377

		Rn.
V.	**Schadenstheorien im Kontext vertikaler Zusammenschlüsse**	379
1.	Nicht koordinierte Wirkungen: Ausschluss von Wettbewerbern von Beschaffungs- und Absatzmärkten (Abschottung)	387
	a) Abschottung von den Einsatzmitteln: input foreclosure	393
	b) Abschottung von den Kunden: customer foreclosure	426
	c) Andere nicht koordinierte Wirkungen: Zugang zu Daten	451
2.	Koordinierte Wirkungen	455
	a) Erleichterung stillschweigender Koordinierung im Oligopol	456
	b) Weitere Möglichkeiten der Erleichterung wettbewerbswidriger Verhaltenskoordination durch einen vertikalen Zusammenschluss	464
VI.	**Schadenstheorien im Kontext konglomerater Zusammenschlüsse**	466
1.	Nicht koordinierte Wirkungen	470
	a) Abschottung	470
	b) Verstärkung der Finanzkraft	491
	c) Portfoliowirkungen	492
2.	Koordinierte Wirkungen	498
VII.	**Verfahrensrechtliche Aspekte**	500
1.	Umfang der gerichtlichen Kontrolle, Beweislast und erforderliches Beweismaß	500
	a) Umfang der gerichtlichen Kontrolle	504
	b) Beweislast und erforderliches Beweismaß	510
2.	Einbeziehung anderer Stellen in die Entscheidungsfindung	520
VIII.	**Beurteilung von Koordinierungswirkungen bei der Gründung von Gemeinschaftsunternehmen**	523

I. Normzweck und Normstruktur

Art. 2 bildet die **zentrale materiell-rechtliche Grundnorm** der europäischen Fusionskontrolle. Anhand seiner Kriterien ist die Vereinbarkeit jedes Zusammenschlusses, der unionsweite Bedeutung hat, mit dem Europäischen Binnenmarkt zu beurteilen. Kern dieser Beurteilung ist Art. 2 Abs. 3. Zusammenschlüsse mit unionsweiter Bedeutung, durch die wirksamer Wettbewerb im Gemeinsamen Markt bzw. im Binnenmarkt[2] oder in einem wesentlichen Teil desselben erheblich behindert würde, insbesondere durch Begründung oder Verstärkung einer beherrschenden Stellung, sind für mit dem Binnenmarkt unvereinbar zu erklären, dh zu untersagen. Das Ziel der wettbewerblichen Marktstrukturkontrolle innerhalb der Europäischen Union ist die Aufrechterhaltung des von erheblichen Behinderungen freien, wirksamen Wettbewerbs. Art. 2 ist ein integrativer Bestandteil des unionsrechtlichen Normenprogramms zur Verwirklichung des Binnenmarktes und damit im **Kernbereich der Tätigkeiten der Europäischen Union** (Art. 3 Abs. 3 EUV, Art. 26 Abs. 1 AEUV iVm dem Protokoll (Nr. 27) über den Binnenmarkt und den Wettbewerb, ABl. 2008 C 115, 309).[3]

Mit der **Neufassung von Art. 2 durch die VO 139/2004** wurde die Marktbeherrschung als zentrales Untersagungskriterium durch die erhebliche Behinderung wirksamen Wettbewerbs abge-

---

[2] Mit dem Vertrag von Lissabon und insbesondere dem Vertrag über die Arbeitsweise der Europäischen Union (AEUV) wurde u.a. der Begriff „Gemeinsamer Markt" durch „Binnenmarkt" sowie der Begriff der „Gemeinschaft" durch „Union" ersetzt. Im Folgenden wird durchgehend die Terminologie des AEUV verwendet.

[3] Vgl. auch FKVO Erwgr. 2.

löst. Damit einhergehend fand eine **Akzentverschiebung** bei den Zielen der europäischen Fusionskontrolle statt. Neben das wettbewerbspolitische Ziel des Schutzes der unverfälschten Wettbewerbsstruktur als solcher, das im Protokoll über den Binnenmarkt und den Wettbewerb und etwa in Erwägungsgrund 5 zur FKVO zum Ausdruck kommt, trat in zunehmendem Maße der Schutz des Verbrauchers als Ziel der Fusionskontrolle.[4] Der Schutz wirksamen Wettbewerbs versteht sich heute mehr als Mittel zum Ziel der Verbraucherwohlfahrt, die es in Form niedriger Preise, hochwertiger Produkte, einer großen Auswahl an Waren und Dienstleistungen und Innovation zu gewährleisten gilt. Nach ihrem Verständnis verhindert die Kommission mit der Fusionskontrolle Zusammenschlüsse, die geeignet wären, den Verbrauchern diese Vorteile vorzuenthalten, indem die Marktmacht der Unternehmen spürbar erhöht würde.[5]

3 **1. Ziele und Kriterien der Fusionskontrolle (Abs. 1).** Art. 2 Abs. 1 enthält **kein materielles Prüfprogramm** für die Beurteilung der Vereinbarkeit eines Zusammenschlusses mit dem Binnenmarkt. Dieses hat sich in der europäischen Fusionskontrollpraxis herausgebildet und ist im Wesentlichen durch entsprechende Leitlinien, Bekanntmachungen und Mitteilungen der Kommission geprägt (→ Rn. 17). Die Aufzählung der Kriterien in Abs. 1, die die Kommission bei der Zusammenschlussprüfung zu berücksichtigen hat, reflektiert eher die wettbewerbspolitischen Bekenntnisse und Konflikte bei der Schaffung der europäischen Fusionskontrolle Ende der 1980er Jahre. Vieles davon ist heute unstrittig. Bei der Prüfung des konkreten Falls haben die in Abs. 1 genannten Kriterien in der Praxis keine tatbestandliche Wirkung, sondern dienen als Argumentationsrahmen der wettbewerblichen Beurteilung.

4 **a) Aufrechterhaltung und Entwicklung wirksamen Wettbewerbs (Abs. 1 lit. a).** Art. 2 Abs. 1 lit. a verpflichtet die europäische Fusionskontrolle zunächst auf eine **Marktstrukturkontrolle** („insbesondere im Hinblick auf die Struktur aller betroffenen Märkte") und grenzt die FKVO damit zu Art. 101 und Art. 102 AEUV ab, die wettbewerbswidriges Verhalten von Unternehmen betreffen. Im Rahmen des more economic approach der Kommission steht allerdings die ökonomische Analyse der negativen und positiven Auswirkungen eines Zusammenschlusses auf Kunden und letztlich Verbraucher weitgehend im Vordergrund der Prüfung. Dieser Ansatz nimmt vor allem Bezug auf mögliche Preiserhöhungsspielräume der fusionierten Einheit. Durch das Abstellen auf eine erhebliche Behinderung wirksamen Wettbewerbs in Art. 2 Abs. 2 und 3 wird diesem Ansatz Rechnung getragen; gleichzeitig wird durch den Verweis auf die Begründung oder Verstärkung einer marktbeherrschenden Stellung auch der Bedeutung der Marktstruktur Rechnung getragen.[6] Die Regelung betont zudem die grundsätzliche **Gleichstellung von aktuellem und potenziellem Wettbewerb** bei der Prüfung der Auswirkungen eines Zusammenschlusses. Schließlich findet sich hier die Verpflichtung zur Berücksichtigung von Wettbewerb durch innerhalb oder außerhalb der Europäischen Union ansässige Unternehmen. Damit erhebt die FKVO nicht den Anspruch, Märkte außerhalb der Europäischen Union zu kontrollieren,[7] sondern reflektiert das völkerrechtliche **Auswirkungsprinzip**, nach dem Gegenstand der unionsrechtlichen Prüfung auch der Wettbewerb von nicht in der Europäischen Union ansässigen Unternehmen ist, soweit er sich in dieser auswirkt.

5 **b) Marktbezogene und unternehmensbezogene Kriterien (Abs. 1 lit. b).** Art. 2 Abs. 1 lit. b führt als weitere marktbezogene Kriterien, die die Kommission bei ihrer Prüfung zu berücksichtigen hat, die Marktstellung der beteiligten Unternehmen, die Wahlmöglichkeiten der Lieferanten und Abnehmer, ihren Zugang zu den Absatz- und Beschaffungsmärkten, rechtliche oder tatsächliche **Marktzutrittsschranken** und die Entwicklung des Angebots und der Nachfrage an. Darin finden die Untersuchung **horizontaler, vertikaler und konglomerater Zusammenschlüsse** sowie das Erfordernis einer dynamischen, zukünftige Marktentwicklungen einbeziehenden Zusammenschlussprüfung ihren Anknüpfungspunkt. Als unternehmensbezogene Kriterien werden die **wirtschaftliche Macht** und die **Finanzkraft** der beteiligten Unternehmen genannt. Auf die Bedeutung dieser Kriterien für die Zusammenschlussprüfung am konkreten Fall wird im weiteren Verlauf der Kommentierung jeweils eingegangen.

6 **c) Schutz der Verbraucherinteressen und Entwicklung des technischen und wirtschaftlichen Fortschritts.** Die Pflicht zur Berücksichtigung der **Verbraucherinteressen** und der **Entwicklung des technischen und wirtschaftlichen Fortschritts** fand sich bereits in der VO 4064/89. Durch die Änderung des materiellen Untersagungskriteriums durch die VO 139/2004 in

---

[4] S. Darstellung bei Maier-Rigaud/Parplies ECLR 2009, 565.
[5] Leitlinien „horizontale Zusammenschlüsse" Rn. 8; Leitlinien „nichthorizontale Zusammenschlüsse" Rn. 10.
[6] Langen/Bunte/Käseberg Rn. 105.
[7] Kom., M.124, Rn. 6 – BNP/Dresdner Bank Czecho-Slovakia; NK-EuWettbR/Hirsbrunner Art. 1 Rn. 44 ff.

I. Normzweck und Normstruktur 7, 8 **Art. 2 FKVO**

Art. 2 Abs. 3 und eine Veränderung des wettbewerbspolitischen Ansatzes der Kommission unterhalb der Gesetzesebene haben sie jedoch stärkere Bedeutung erlangt. Beeinflusst von der deutlich stärker auf den Verbraucherschutz ausgerichteten Zielrichtung des amerikanischen Antitrust- und Fusionskontrollrechts ist der Schutz der Verbraucherinteressen auch in Europa in den Vordergrund gerückt. Am deutlichsten wird dies in den jeweiligen Leitlinien für horizontale und nichthorizontale Zusammenschlüsse ausgesprochen.[8] Mehr als eine Akzentverschiebung bei den Zielen der europäischen Fusionskontrolle trägt der in Abs. 1 lit. b unveränderte Gesetzestext jedoch nicht.[9] Die Unionsgerichte haben bereits mehrfach darauf hingewiesen, dass die Wettbewerbsregeln „nicht nur dazu bestimmt sind, die unmittelbaren Interessen einzelner Wettbewerber oder Verbraucher zu schützen, sondern die Struktur des Marktes und damit den Wettbewerb als solchen."[10]

In eine ähnliche Richtung zielt die stärkere Berücksichtigung von **Effizienzvorteilen** im Rahmen des materiellen Untersagungskriteriums (→ Kapitel 8 Rn. 83).[11] Die fusionskontrollrechtliche Bedeutung von durch Zusammenschlüsse erreichten Effizienzen findet erstmals im Erwägungsgrund 29 der FKVO ausdrückliche Erwähnung. (→ Rn. 182 ff.) In das Formblatt CO zur Anmeldung von Zusammenschlüssen wurde ein entsprechender Abschnitt zur Darstellung zusammenschlussbedingter Effizienzen eingefügt.[12] Zurzeit überarbeitet die Kommission das Formblatt CO; der neue Entwurf behandelt Effizienzen – im Wortlaut gegenüber dem aktuellen Formblatt CO unverändert – in Abschnitt 11.[13] Textlicher Anknüpfungspunkt für die Berücksichtigungsfähigkeit von Effizienzen in den Bestimmungen der FKVO selbst ist die Bezugnahme auf die Entwicklung des technischen und wirtschaftlichen Fortschritts in Art. 2 Abs. 1 lit. b. Ältere Beschlüsse, in denen die Kommission entweder offen gelassen hat,[14] ob Erwägungen des technischen und wirtschaftlichen Fortschritts überhaupt für die Beurteilung nach Art. 2 maßgeblich sein könnten, oder Effizienzen als wettbewerbsschädlichen Marktmachtzuwachs der beteiligten Unternehmen bezeichnet hat,[15] sind überholt; die Kommission hat sich durch die Aufnahme eines ausführlichen Teils zur Berücksichtigung von Effizienzgewinnen sowohl in den Leitlinien für horizontale Zusammenschlüsse wie auch in den Leitlinien für nichthorizontale Zusammenschlüsse entsprechend gebunden. (→ Rn. 182 ff.)[16] In ihren seither erlassenen Beschlüssen[17] hat sie Effizienzgewinne zwar in ihre allgemeine Bewertung des jeweiligen Zusammenschlusses einbezogen,[18] jedoch bisher keinen Freigabebeschluss allein aufgrund von Effizienzgewinnen erlassen. Effizienzgewinne könnten sich auch im Bereich von Abhilfemaßnahmen auswirken: Es erscheint denkbar, dass die Kommission in einigen Fällen weniger belastende Abhilfemaßnahmen akzeptiert, um Effizienzgewinne, die sich zum Wohle der Verbraucher auswirken, nicht zu gefährden.

d) Relevanz wettbewerbsfremder Erwägungen. Aus historischer Sicht ist bemerkenswert, dass sowohl der Schutz der Verbraucherinteressen als auch die Entwicklung des technischen und wirtschaftlichen Fortschritts Relikte früher Entwurfsfassungen der FKVO sind,[19] die wesentlich

---

[8] Leitlinien „horizontale Zusammenschlüsse" Rn. 8; Leitlinien „nichthorizontale Zusammenschlüsse" Rn. 10.
[9] Vgl. auch Kleemann FS Lieberknecht, 1997, 379 (383).
[10] EuGH, C-286/13 P, ECLI:EU:C:2015:184, Rn. 125 – Dole/Kommission; C-8/08, ECLI:EU:C:2009:343, Rn. 38 – T-Mobile Netherlands/Kommission; EuG, T-799/17, ECLI:EU:T:2022:48, Rn. 321 – Scania/Kommission; T-105/17, ECLI:EU:T:2019:675, Rn. 65 – HSBC/Kommission; T-530/15, ECLI:EU:T:2019:498, Rn. 75 – Huhtamäki/Kommission.
[11] Vgl. dazu Montag in Oberender, Effizienz und Wettbewerb, 95 ff.; Böge/Jakobi BB 2005, 113; EuG, T-175/12, ECLI:EU:T:2015:148, Rn. 273 ff. – Deutsche Börse/Kommission; zu Letzteren auch Hirsbrunner EuZW 2016, 610 (611).
[12] Vgl. Formblatt CO, Abschnitt 9.
[13] Der Entwurfstext ist abrufbar unter https://competition-policy.ec.europa.eu/public-consultations/2022-merger-simplification_de, zuletzt abgerufen am 17.3.2023.
[14] Vgl. Kom., M.469 – MSG Media Service; M.126 – Accor/Wagons-Lits; M.53 – Aerospatiale/Alenia/De Havilland; M.50 – AT&T/NCR.
[15] Kom., M.856 – British Telecom/MCI (II); M.490 – Nordic Satellite Distribution.
[16] Leitlinien „horizontale Zusammenschlüsse" Rn. 76 ff.; Leitlinien „nichthorizontale Zusammenschlüsse" Rn. 152, 77, 115.
[17] Mit dem Vertrag von Lissabon und insbesondere Artikel 288 des Vertrags über die Arbeitsweise der Europäischen Union (AEUV) wurde der deutsche Begriff „Entscheidung" durch „Beschluss" ersetzt. Eine inhaltliche Änderung ist damit nicht verbunden; in den englischen und französischen Sprachfassungen heißt es weiterhin „decision" bzw. „décision". In Anlehnung an die deutschsprachige Praxis der Unionsgerichte und der Kommission wird nachfolgend in Abweichung von der FKVO durchgehend die Terminologie des AEUV verwendet.
[18] Kom., M.8900, Rn. 196, 691, 715 – Wieland/Aurubis Rolled Products/Schwermetall; M.8792, Rn. 893 ff. – T-Mobile NL/Tele2 NL; M.5727, Rn. 184–200 – Microsoft/Yahoo! Search Business; M.5159, Rn. 164 – Apax Partners/D+S Europe.
[19] Vgl. Immenga/Mestmäcker/Körber FKVO Einl. Rn. 30.

stärker als der später Gesetz gewordene Text Freistellungsoptionen gegenüber Zusammenschlüssen mit Marktbeherrschungsfolge aus industriepolitischen Gründen vorsahen. Die stärkere Betonung dieser Elemente in der geltenden FKVO und den untergesetzlichen Leitlinien spiegelt auch den im Rahmen der sog. Lissabon-Agenda der Europäischen Kommission wieder thematisierten angeblichen Gegensatz zwischen Wettbewerbs- und Industriepolitik wider.[20] Eine Abkehr der europäischen Fusionskontrolle von der **strikten Wettbewerbsbezogenheit,** die eine wichtige Errungenschaft der VO 4064/89 darstellte, ist damit aber nicht verbunden. Es bestehen keinerlei Zweifel daran, dass sich die Entscheidungsfindung der Kommission ausschließlich an den Erfordernissen der FKVO und – in materieller Hinsicht – des Art. 2 zu orientieren hat.[21] In den mehr als 30 Jahren der europäischen Fusionskontrolle unter der FKVO ist es der Kommission auch durchweg gelungen, wettbewerbsfremde, etwa (industrie-)politische, Erwägungen keinen Eingang in ihre Beschlüsse finden zu lassen.[22]

9 So ließ die Kommission industriepolitische Erwägungen zuletzt in Siemens/Alstom konsequent unberücksichtigt.[23] In der Folge forderten Deutschland und Frankreich zunächst eine Überarbeitung der europäischen Fusionskontrolle, einschließlich der Prüfung einer Möglichkeit für den Europäischen Rat, Beschlüsse der Europäischen Kommission in der Fusionskontrolle in „genau bestimmten" Fällen unter „strengen Voraussetzungen" aufzuheben.[24] Wenig später milderten sie diese Forderung zu einem bloßen Konsultationsrecht ab.[25] Seitdem sind industriepolitische Ziele in der Debatte tendenziell wieder in den Hintergrund getreten. Zunehmend im Mittelpunkt steht hingegen die Frage, ob der traditionelle Test eine ausreichende Berücksichtigung von Umweltschutz, Tierschutz und sonstigen Nachhaltigkeits- aber auch Datenschutzerwägungen erlaubt.[26] Dass die Kommission bei der Beurteilung von Zusammenschlüssen die in Art. 3 EUV genannten Ziele der Union berücksichtigt, zu denen auch der Umweltschutz gehört, ist in Erwägungsgrund 23 der FKVO ausdrücklich vorgesehen. Den materiellen Rahmen hierfür bilden allerdings Art. 2 Abs. 1 bis 3, wie die Kommission zu Recht in Bayer/Monsanto betonte.[27] Insofern können Nachhaltigkeits- und Datenschutzaspekte Bedeutung erlangen, soweit sie Auswirkungen auf den wirksamen Wettbewerb haben. So ist es durchaus plausibel, dass umweltfreundliche Eigenschaften, die Nachhaltigkeit eines Produktes oder besonders umfassende Datenschutzvorkehrungen aus Verbrauchersicht mit einer höheren Produktqualität verknüpft werden. Dies kann wiederum zur Folge haben, dass Verbraucher nur noch Produkte als Substitute ansehen, die ebenfalls entsprechende Eigenschaften aufweisen. Damit würde sich der sachlich relevante Markt erheblich verkleinern.[28] Diese Erwägung lässt sich auf die Frage übertragen, ob ein erhöhtes Maß an Substituierbarkeit zwischen den Produkten der fusionierenden Unternehmen besteht und diese daher als enge Wettbewerber anzusehen sind. Auf bestimmten Märkten können Nachhaltigkeitsaspekte zudem einen wichtigen Faktor im Innovationswettbewerb darstellen.[29] Schließlich ist vorstellbar, dass die Kommission die Nachhaltigkeit eines Produkts als

---

[20] Vgl. zu diesem Thema Rede von Neelie Kroes, Wettbewerbskommissarin der Europäischen Kommission, vom 14.9.2006, abrufbar unter https://ec.europa.eu/commission/presscorner/detail/en/SPEECH_06_499, zuletzt abgerufen am 17.3.2023.
[21] Vgl. auch Kom., M.8084, Rn. 3005 ff., insbes. Rn. 3016 f., 3022 – Bayer/Monsanto.
[22] AA s. Bien NZKart 2016, 445 (446).
[23] Kom., M.8677 – Siemens/Alstom.
[24] Vgl. Bundesministerium für Wirtschaft und Energie/Ministère de l'Economie des Finances et de la Relance, A Franco-German Manifesto for a European industrial policy fit for the 21st Century, abrufbar unter https://www.bmwk.de/Redaktion/DE/Downloads/F/franco-german-manifesto-for-a-european-industrial-policy.pdf, zuletzt abgerufen am 17.3.2023.
[25] Vgl. Bundesministerium für Wirtschaft und Energie / Ministère de l'Economie des Finances et de la Relance / Ministerstwo Przedsiębiorczości I technologii, Modernising EU Competition Policy, abrufbar unter https://www.bmwk.de/Redaktion/DE/Downloads/M-O/modernising-eu-competition-policy.pdf zuletzt abgerufen am 17.3.2023.
[26] Vgl. zuletzt etwa Welsch, Agenda 2025. Mehr Nachhaltigkeit in der Fusionskontrolle?, abrufbar unter https://www.d-kart.de/blog/2022/08/08/agenda-2025-mehr-nachhaltigkeit-in-der-fusionskontrolle/?utm_source=mailpoet&utm_medium=email&utm_campaign=ikk-and-icn-conference-the-debriefing_32, zuletzt abgerufen am 17.3.2023.
[27] Vgl. im Detail Kom., M.8084, Rn. 3005 ff., insbes. Rn. 3016 f., 3022 – Bayer/Monsanto.
[28] Vgl. Kom., M.9076, Rn. 82 ff. – Novelis/Aleris; ferner Inderst/Sartzetakis/Xepapadeas, Technical Report on Sustainability and Competition. A report jointly commissioned by the Netherlands Authority for Consumers and Markets (ACM) and the Hellenic Competition Commission (HCC), abrufbar unter https://www.acm.nl/sites/default/files/documents/technical-report-sustainability-and-competition_0.pdf, zuletzt abgerufen am 17.3.2023.
[29] Vgl. Kom., M.8084, Rn. 75 ff., 1004 ff., 3011 ff. – Bayer/Monsanto; Autoriteit Consument & Markt, ACM/20/043574, Rn. 42, 72, 76, 78, 86 ff. – Van Drie/Van Dam; im Kontext von Art. 101 AEUV auch Kom., AT.40178, Rn. 89 f., 123 ff. – car emissions.

Effizienzvorteil ansieht, der mögliche negative Auswirkungen auf den Wettbewerb ausgleichen kann. Insofern dürfte die Herausforderung allerdings regelmäßig darin liegen, die Vorteile eines Produkts für die Umwelt bzw. die Gesamtgesellschaft konkret zu beziffern[30] und ihre Weitergabe an die Verbraucher nachzuweisen. Darüber hinaus bietet die derzeitige Fassung von Art. 2 jedoch keinen Raum für eine weitergehende Berücksichtigung außerhalb des Wettbewerbsschutzes liegender politischer oder gesellschaftlicher Anliegen.

2. Vereinbarkeitserklärung (Abs. 2). Zusammenschlüsse, durch die nach dem materiellen 10
Test der FKVO wirksamer Wettbewerb im Binnenmarkt oder in einem wesentlichen Teil desselben nicht erheblich behindert wird, sind nach Abs. 2 für mit dem Binnenmarkt vereinbar zu erklären. Die Vereinbarkeitserklärung bedarf danach wie die in Abs. 3 geregelte Unvereinbarkeitserklärung eines **ausdrücklichen, begründeten Beschlusses** der Kommission (vgl. Art. 6, 8).

Im Übrigen gilt zur **Begründungspflicht** der Kommission: Nur wenn ein Freigabebeschluss 11
den dargestellten Anforderungen entspricht, können sich Dritte ggf. gegen diesen Beschluss wenden. Wollen sie einen Freigabebeschluss der Kommission angreifen, müssen sie ihre Klage zunächst hinreichend substantiieren, dh darlegen, aus welchen Tatsachen sich eine unzureichende Sachverhaltsermittlung der Kommission ergibt.[31] Erst dann muss die Kommission sich insoweit rechtfertigen.[32] Zum gerichtlichen Rechtsschutz gegen Freigabebeschlüsse → Rn. 503, → Rn. 508, → Rn. 519.

3. Untersagung (Abs. 3). Art. 2 Abs. 3 ist die zentrale Norm der FKVO. Er enthält die 12
Befugnis der Kommission, Zusammenschlüsse mit unionsweiter Bedeutung für mit dem Binnenmarkt unvereinbar zu erklären, das Zusammenschlussvorhaben also zu untersagen. Gleichzeitig bestimmt die Norm die materiellen Voraussetzungen für eine solche Unvereinbarkeitserklärung. Diese werden im weiteren Verlauf detailliert kommentiert (→ Rn. 34 ff.). Seit Beginn der europäischen Fusionskontrolle im Jahr 1990 ist die Untersagung von Unternehmenszusammenschlüssen die Ausnahme geblieben. Von knapp 48.800 verfahrensabschließenden Beschlüssen zwischen September 1990 und Februar 2023 sind nur 32 Untersagungsbeschlüsse gewesen.[33] Für eine statistische Auswertung → Kapitel 8 Rn. 206 f.

Das von Seiten der Wirtschaftswissenschaften vorgetragene Postulat, der materielle Test habe 13
gleichermaßen die Untersagung nicht wettbewerbsbeschränkender Zusammenschlüsse („**Type 1-Errors**") und die Nicht-Untersagung wettbewerbsbeschränkender Zusammenschlüsse („**Type 2-Errors**") zu verhindern,[34] wird den rechtlichen Anforderungen an die Klarheit wirtschaftsbeschränkender Normen nicht gerecht. Zusammenschlüsse sind eine generell zulässige wirtschaftliche Verhaltensweise von Unternehmen, die durch verfassungsrechtliche Grundsätze sowohl auf europäischer[35] als auch auf nationaler Ebene[36] geschützt wird. Der offene Wortlaut von Art. 2 Abs. 3 ist im Sinne der Rechtssicherheit durch eine restriktive Auslegung der Tatbestandsmerkmale und ein klar konturiertes Prüfprogramm der Kommission einzugrenzen.[37] Hierbei zeigt sich, dass die Kommission vor allem in Fällen, in denen nach einer ersten Prüfung struktureller Kriterien, vor allem der Marktanteile der Zusammenschlussbeteiligten und der Wettbewerber im Markt, keine wettbewerblichen Bedenken erkennbar sind, in der Regel von einer eingehenderen Untersuchung der Auswirkungen eines Zusammenschlusses absieht.[38]

4. Beurteilung von Koordinierungswirkungen bei der Gründung von Gemeinschafts- 14
unternehmen (Abs. 4, 5). Nach Art. 2 Abs. 4 vollzieht sich die Prüfung kooperativer Vollfunktionsgemeinschaftsunternehmen iVm Art. 101 AEUV. Art. 2 Abs. 5 enthält eine nicht abschließende

---

[30] Vgl. Kom., M.9409, Rn. 844 – Aurubis/Metallo.
[31] EuGH, C-413/06 P, ECLI:EU:C:2008:392, Rn. 131 f. – Bertelsmann und Sony/Impala.
[32] EuGH, C-341/06 P, ECLI:EU:C:2008:375, Rn. 110 – Chronopost SA und La Poste/Union française de l'express (UFEX) u.a.; EuG, T-405/08, ECLI:EU:T:2013:306, Rn. 164 ff. – Spar/Kommission.
[33] Vgl. die monatlich aktualisierte Statistik der Kommission über Fusionskontrollverfahren, abrufbar unter https://ec.europa.eu/competition-policy/mergers/statistics_en, zuletzt abgerufen am 17.3.2023.
[34] Vgl. dazu Neven/Röller, Consumer Surplus vs. Welfare Standard in a Political Economy Model of Merger Control, Diskussionspapier FS IV 00–15, Wissenschaftszentrum Berlin, 2000.
[35] Vgl. Art. 16, 17 der Charta der Grundrechte der Europäischen Union, ABl. 2000 C 364, 1.
[36] Vgl. Art. 2, 14 GG.
[37] Vgl. Montag/von Bonin, Collective Dominance in Merger Cases after Airtours, in Drauz/Reynolds (Hrsg.), IBA, EC Merger Control: A major reform in progress, 323 (338).
[38] Vgl. Immenga/Mestmäcker/Körber, Rn. 196; vgl. auch zB Kom., M.6313, Rn. 31–40 – Ashland/International Specialty Products; M.6364, Rn. 41 – Apax/Kinetic Concepts; M.6348, Rn. 41 – Arla Foods/Allgäuland; M.5733, Rn. 29–32 – Gestamp Automocion/Edscha Hinge & Control Systems. Als Ausnahme hiervon bspw. Kom., M.7630 – FEDEX/TNT Express.

Aufzählung von Kriterien, die für die Prüfung einer Koordinierung zu berücksichtigen sind. (→ Rn. 523 ff.)

15 **5. Rechtsquellen der materiellen Fusionskontrolle.** Primäre Rechtsquelle für die materielle Prüfung von Zusammenschlüssen mit unionsweiter Bedeutung ist Art. 2. Die Vorschrift ist Teil der **FKVO**, die als Verordnung im Sinne des Art. 288 AEUV allgemeine Geltung hat, in allen ihren Teilen verbindlich ist und unmittelbar in jedem Mitgliedstaat gilt. Für die Auslegung wesentlich sind auch die der Verordnung vorangestellten Erwägungsgründe. Die Anwendung der VO 1/2003 und anderer wettbewerbsrechtlicher Verordnungen ist für den Bereich der Fusionskontrolle nach Art. 21 Abs. 1 weitgehend ausgeschlossen.

16 Auch andere Unionsrechtstexte können für Teile der materiellen Zusammenschlussprüfung relevant werden. So enthalten etwa die erläuternden Textteile des Abschnitts 6 des **Formblatts CO** Definitionen für die Bestimmung relevanter Produktmärkte und räumlich relevanter Märkte. Danach haben die Anmelder die geforderten Angaben zu tätigen, um eine vollständige Anmeldung einzureichen, die den Fristlauf in Gang setzt. Ebenfalls im Formblatt CO finden sich Ausführungen dazu, ab welchen gemeinsamen Marktanteilen ein relevanter Markt als horizontal oder vertikal betroffen gilt. (→ Rn. 86 ff.) Das Formblatt CO ist als Anhang I zur VO 802/2004 der Kommission vom 7.4.2004, geändert durch VO 1269/2013 der Kommission vom 5.12.2013,[39] im Amtsblatt der Europäischen Union veröffentlicht worden. Zurzeit arbeitet die Kommission zudem an einer Überarbeitung des Formblatts CO.[40] Die Entwurfsfassung weicht in Aufbau und Inhalt von dem bisherigen Formblatt CO ab (so sind die erläuternden Textteile in einem Einleitungsabschnitt zusammengezogen; auch werden relevante Märkte nunmehr negativ unter Bezug auf die ihrerseits überarbeitete Bekanntmachung „Vereinfachtes Verfahren" definiert). Die wesentlichen Grundzüge bleiben jedoch unverändert. Aus dem Zweck des Formblatts lässt sich schließen, dass die in ihm enthaltenen Definitionen für die Anmelder und die Kommission jedenfalls verbindlich festlegen, welche Angaben für eine vollständige Anmeldung erforderlich sind. Wie im konkreten Einzelfall der relevante Markt in sachlicher und geografischer Hinsicht zum Zwecke der materiellen Zusammenschlussprüfung abzugrenzen ist, bestimmt sich jedoch allein nach der FKVO.

17 Im Interesse der größeren Rechtsklarheit hat die Kommission auch im Bereich der materiellen Fusionskontrolle **Leitlinien, Bekanntmachungen und Mitteilungen** veröffentlicht. Diesen kommt nach Art. 288 AEUV keine Normqualität zu. Jedoch hat das EuG im Urteil Ducros entschieden, dass die Kommission sich bei der Ausübung ihres Ermessens (bzw. Beurteilungsspielraums) in Anwendung des Wettbewerbsrechts der Europäischen Union durch Leitlinien selbst binden kann, sofern diese Regeln enthalten, die auf den Inhalt der Ermessensbindung hinweisen und die nicht gegen den Vertrag verstoßen.[41] In der Folge hat das EuG dies mehrfach ausdrücklich auch für den Bereich der Fusionskontrolle bestätigt.[42] Folglich sind Leitlinien, Bekanntmachungen und Mitteilungen im Bereich der materiellen Fusionskontrolle wie etwa die Leitlinien für horizontale Zusammenschlüsse,[43] die Leitlinien für nichthorizontale Zusammenschlüsse[44] und die Bekanntmachung zur Marktabgrenzung[45] in der Praxis wesentliche Rechtsquellen für die Zusammenschlussparteien und interessierte Dritte, da sie zwar keine Bindungswirkung für die Allgemeinheit, gleichwohl aber für die Kommission entfalten.

18 Eine ebenfalls beachtliche Bindungswirkung für die Kommission entfalten die **Entscheidungen der Unionsgerichte** in Fusionskontrollsachen. Sie werden in Erwägungsgrund 26 als „Orientierung" bezeichnet. Ihre praktische Bedeutung geht darüber hinaus. Zwar haben die Entscheidungen des Gerichtshofs und des Gerichts weder für die jeweiligen Gerichte selbst noch für die Kommission über den zu entscheidenden Einzelfall hinaus eine formelle Bindungswirkung; regelmäßig betonen die Unionsgerichte zudem den weiten Beurteilungsspielraum der Kommission bei der Bewertung komplexer wirtschaftlicher Zusammenhänge. (→ Rn. 504) Gleichwohl besteht Einigkeit darüber,

---

[39] VO 802/2004, ABl. 2004 L 133, 1 (9), geändert durch VO 1269/2013, ABl. 2013 L 336, 1.
[40] Der Entwurfstext ist abrufbar unter https://competition-policy.ec.europa.eu/public-consultations/2022-merger-simplification_de, zuletzt abgerufen am 17.3.2023.
[41] EuG, T-149/95, ECLI:EU:T:1997:165, Rn. 61 – Ducros/Kommission mwN.
[42] EuG, T-399/16, ECLI:EU:T:2020:217, Rn. 99 f. – CK Telecoms/Kommission; T-405/08, ECLI:EU:T:2013:306, Rn. 58 – Spar/Kommission; T-282/06, ECLI:EU:T:2007:203, Rn. 55 – Sun Chemical Group/Kommission; T-119/02, ECLI:EU:T:2003:101, Rn. 242 – Royal Philips Electronics/Kommission.
[43] Leitlinien zur Bewertung horizontaler Zusammenschlüsse gemäß der Ratsverordnung über die Kontrolle von Unternehmenszusammenschlüssen (ABl. 2004 C 31, 3).
[44] Leitlinien zur Bewertung nichthorizontaler Zusammenschlüsse gemäß der Ratsverordnung über die Kontrolle von Unternehmenszusammenschlüssen (ABl. 2008 C 265, 7).
[45] Bekanntmachung der Kommission über die Definition des relevanten Marktes im Sinne des Wettbewerbsrechts der Gemeinschaft (ABl. 1997 C 372, 5).

dass die Reform der europäischen Fusionskontrolle in den Jahren 2002 und 2003 maßgeblich durch drei vielbeachtete Aufhebungsentscheidungen des EuG angestoßen wurde.[46] Die in diesen Urteilen aufgestellten Grundsätze zur Behandlung kollektiver Marktbeherrschung und zu den Darlegungs- und Begründungspflichten der Kommission haben weitestgehend Eingang in die Fallpraxis gefunden. In der Folge haben die Unionsgerichte die Schwelle gerichtlich kontrollierbarer Beurteilungsfehler der Kommission in Fusionskontrollbeschlüssen tendenziell abgesenkt, aber auch die Grenzen der gerichtlichen Kontrolle präzisiert (→ Rn. 504 ff.), sodass die faktische Bindungswirkung präzedenzieller EuG- und EuGH-Entscheidungen in der Praxis zunehmende Bedeutung hat.

Schließlich enthält auch die **Beschlusspraxis der Kommission** selbst Rechtshinweise darauf, wie diese etwa die Marktabgrenzung oder die wettbewerbliche Beurteilung in Fällen vornehmen wird, die mit bereits entschiedenen Sachverhalten vergleichbar sind; vorausgesetzt die Marktverhältnisse haben sich in der Zwischenzeit nicht wesentlich verändert. **19**

Auch die Hinweise aus der Beschlusspraxis und die einschlägige Rechtsprechung **unter Geltung der VO 4064/89** bleiben wesentliche Orientierungshilfen für die Rechtsanwender. Erwägungsgrund 26 zur FKVO nennt diesen Aspekt als wesentlichen Grund für die geänderte Formulierung des materiellen Tests in Art. 2 Abs. 2 und 3. Die Kommission selbst geht ebenfalls von der bleibenden Relevanz der bisherigen Fallpraxis aus.[47] Zwar greift sie heute stärker als früher auf wirtschaftswissenschaftliche Untersuchungsmethoden zurück, doch ist dies weniger auf die Änderung des materiellen Tests als auf die allgemein stärkere Bedeutung ökonomischer Ansätze in der Fusionskontrolle zurückzuführen, die auch die Kommission erkannt und parallel zur Reform der FKVO auf der Verwaltungsebene umgesetzt hat.[48] **20**

6. Verhältnis zu Art. 101 und 102 AEUV. a) Parallele Anwendbarkeit. Gem. Art. 21 Abs. 1 sind die wesentlichen Durchführungsverordnungen zu Art. 101 und 102 AEUV im Anwendungsbereich der FKVO unanwendbar, was **de facto** einem **Ausschluss** von **Art. 101 und 102 AEUV** selbst nahekommt. Die Vorschriften des Primärrechts bleiben unerwähnt, da diese de jure durch die FKVO als Sekundärrecht nicht verdrängt werden können. (→ Art. 21 Rn. 6 f.) Unabhängig davon wird zuletzt vor allem im Rahmen von killer acquisitions und early stage Start-ups (→ Rn. 327) in den Bereichen Pharma- und Biotechnologie diskutiert, ob Zusammenschlüsse unterhalb der Umsatzschwellen der FKVO im Rahmen einer Prüfung nach Art. 102 AEUV aufgegriffen werden könnten.[49] **21**

Vor Einführung einer europäischen **Fusionskontrolle** durch die VO 4064/89 hatte die Kommission mit Billigung des EuGH in Continental Can[50] **Art. 102 AEUV** (damals Art. 86 EWGV) (→ Kapitel 8 Rn. 14 ff.) und in Philip Morris[51] einmalig **Art. 101 AEUV** (damals Art. 85 EWGV) (→ Kapitel 8 Rn. 32 ff.) **auf Zusammenschlüsse angewendet.** Mit Einführung der europäischen Fusionskontrolle waren die Kommission und der Rat allerdings übereinstimmend der Ansicht, dass aus Gründen der Rechtssicherheit einzig die FKVO auf Zusammenschlüsse im Sinne von Art. 3 Anwendung finden solle.[52] Die Kommission erklärte zudem ihre Intention, „normalerweise" die Art. 101 und 102 AEUV nicht „auf Zusammenschlüsse im Sinne von Art. 3 anders als im Wege dieser Verordnung anzuwenden".[53] **22**

Diese Ansicht teilte zuletzt auch die französische Wettbewerbsbehörde als sie im Januar 2020 die Beschwerde eines Wettbewerbers gegen den Zusammenschluss TDF/Itas zurückwies.[54] Dieses Zusammenschlussvorhaben erreichte weder die Umsatzschwellenwerte der europäischen noch der französischen Fusionskontrolle. Um es dennoch zu stoppen, hatte der Wettbewerber Towercast in Anknüpfung an die Continental Can-Entscheidung[55] vorgetragen, dass TDF durch den Zusammen- **23**

---

[46] EuG, T-80/02, ECLI:EU:T:2002:265 – Tetra Laval/Kommission; T-77/02, ECLI:EU:T:2002:255 – Schneider Electric/Kommission; T-342/99, ECLI:EU:T:2002:146 – Airtours/Kommission.
[47] Vgl. Leitlinien „horizontale Zusammenschlüsse" Rn. 4; Leitlinien „nichthorizontale Zusammenschlüsse" Rn. 8.
[48] S. hierzu Rede von Joaquín Almunia, Vizepräsident der Europäischen Kommission, 8.9.2011, abrufbar unter https://ec.europa.eu/commission/presscorner/detail/en/SPEECH_11_561, zuletzt abgerufen am 17.3.2023.
[49] Vgl. Grabitz/Hilf/Nettesheim/Jung, Art. 102 AEUV, Rn. 326 mwN; Schweitzer/Haucap/Kerber/Welker, Modernisierung der Missbrauchsaufsicht für marktmächtige Unternehmen, abrufbar unter https://www.rewi.hu-berlin.de/de/lf/oe/rdt/pub/working-paper-no-5, zuletzt abgerufen am 17.3.2023.
[50] EuGH, C-6/72, ECLI:EU:C:1973:22, Rn. 18–27 – Europemballage und Continental Can/Kommission.
[51] EuGH, C-142/84, ECLI:EU:C:1987:490 – BAT und Reynolds/Kommission.
[52] Kom. und Rat, Erklärungen für das Ratsprotokoll vom 19.12.1989, WuW 1990, 240 (243 f.).
[53] Kom., Erklärungen für das Ratsprotokoll vom 19.12.1989, WuW 1990, 240 (243).
[54] Autorité de la concurrence, Décision n° 20-D-01 du 16 Janvier 2020, abrufbar unter https://www.autoritedelaconcurrence.fr/sites/default/files/integral_texts/2020-01/20d01.pdf, zuletzt abgerufen am 17.3.2023.
[55] EuGH, C-6/72, ECLI:EU:C:1973:22, Rn. 18–27 – Europemballage und Continental Can/Kommission.

schluss seine marktbeherrschende Stellung missbrauche. Nachdem Towercast gerichtlich gegen die Zurückweisung der Beschwerde vorging, lag dem EuGH ein Vorabentscheidungsersuchen zu der Frage vor, ob **Art. 102 AEUV** auf Zusammenschlüsse **anwendbar** ist, die weder die europäischen noch nationalen Schwellenwerte für eine Fusionskontrolle erreichen und auch nicht nach Art. 22 an die Kommission verwiesen wurden.[56] Generalanwältin Kokott bejahte in ihren Schlussanträgen in der Sache Towercast diese Frage.[57] Der EuGH folgte dem in seiner Entscheidung und hält damit eine nachträgliche Prüfung solcher Zusammenschlüsse nach Art. 102 AEUV durch nationale Behörden für möglich.[58] Im Gegensatz zur französischen Wettbewerbsbehörde entschied sich die italienische Wettbewerbsbehörde im Jahr 2020 für eine Anwendung von Art. 102 AEUV auf Zusammenschlüsse eines marktbeherrschenden Unternehmens.[59] Diese Entscheidung hob das Verwaltungsgericht Latium im Jahr 2022, und damit vor der Entscheidung des EuGH in der Sache Towercast, auf. Das Verwaltungsgericht hielt eine Anwendbarkeit von Art. 102 AEUV auf Zusammenschlüsse u.a. wegen der langjährigen Verfahrensdauer und dem Fehlen starrer Prüffristen im Rahmen der Missbrauchsaufsicht für unvereinbar mit dem Grundsatz der Rechtssicherheit und dem Grundrecht auf privatwirtschaftliche Betätigung.[60]

24 **b) Zeitliche Abgrenzung und Verhaltensanreize durch primärrechtliche Sanktionsdrohung.** In Hinblick auf mögliche missbräuchliche Verhaltensweisen der fusionierenden Unternehmen stellt sich die grundsätzliche Frage, inwieweit diese bereits von der präventiven Fusionskontrolle oder erst im Wege der nachfolgenden Verhaltenskontrolle (Art. 102 AEUV) erfasst werden sollen. Das EuG hat sich in Gencor[61] zur Abgrenzung der Fusionskontrolle und der Verhaltenskontrolle nach Art. 102 AEUV geäußert. Danach ist zu unterscheiden, ob die Entstehung von Bedingungen, die missbräuchliche Verhaltensweisen nicht nur möglich machen, sondern auch wirtschaftlich vernünftig erscheinen lassen, die unmittelbare und sofortige Folge des Zusammenschlusses sind oder ob Missbräuche lediglich in mehr oder weniger naher Zukunft erwartet werden können. Im ersteren Fall handelt es sich um Marktstrukturveränderungen, die Gegenstand der Fusionskontrolle sind.

25 Der EuGH bestätigte in Tetra Laval[62] unter Zurückweisung der anders lautenden Auffassung des Gerichts[63], dass die Kommission im Rahmen der Fusionskontrolle nicht verpflichtet ist, bei jedem geplanten Zusammenschluss zu prüfen, in welchem Umfang die Anreize für wettbewerbswidrige Verhaltensweisen auf Grund der Rechtswidrigkeit der fraglichen Verhaltensweisen, der Wahrscheinlichkeit ihrer Entdeckung, ihrer Verfolgung durch die zuständigen Behörden sowohl auf Unionsebene als auch auf nationaler Ebene und möglicher finanzieller Sanktionen verringert oder sogar beseitigt würden. Entstehen also auf Grund der mit dem Zusammenschluss verbundenen Marktstrukturveränderungen Anreize für das fusionierte Unternehmen, eine ggf. vorbestehende marktbeherrschende Stellung auszunutzen, so ist dies im Rahmen der Fusionskontrolle relevant. Die fusionierenden Unternehmen können dem nicht ohne weiteres entgegenhalten, dass derartiges missbräuchliches Verhalten rechtswidrig und mithin nicht zu erwarten sei. In General Electric hat das EuG allerdings die Argumentation der Kommission zu den vertikalen Aspekten dieses Zusammenschlusses zurückgewiesen, weil die Kommission überhaupt keine Analyse der abschreckenden Wirkung des Art. 102 AEUV vorgenommen hatte.[64] Die Kommission müsse zwar keine genaue Subsumtion von Art. 102 AEUV vornehmen, eine summarische Analyse auf Grundlage der zur Verfügung stehenden Beweise sei jedoch erforderlich.

II. Entstehungsgeschichte

26 **1. VO 4064/89.** Die Kommission legte **1973** den **ersten Entwurf für eine Fusionskontrollverordnung** vor,[65] der Beurteilungskriterien für Zusammenschlüsse enthielt, aber noch keinen Marktbeherrschungstest vorsah (→ Kapitel 8 Rn. 17 ff.). Der Kommissionsvorschlag wurde vom

---

[56] EuGH, C-449/21 – Towercast; vgl. auch der Cour d'appel de Paris, NZKart 2021, 707.
[57] GA Kokott, Schlussanträge v. 13.10.2022, Rs. C-449/21 – Towercast/Autorité de la concurrence.
[58] EuGH – C-449/21, ECLI:EU:C:2023:207 Rn. 52 f. – Towercast.
[59] Autorità Garante della Concorrenza e del Mercato, Decisione n° 28495/2020 del 22 dicembre 2020.
[60] Vgl. Di Tomaso, Eventim/Ticketone v. AGCM – May acquisitions be prosecuted pursuant to Article 102 TFEU?, abrufbar unter https://www.lexxion.eu/en/coreblogpost/may-acquisitions-be-prosecuted-pursuant-to-article-102-tfeu/, zuletzt abgerufen am 17.3.2023.
[61] EuG Slg., T-102/96, ECLI:EU:T:1999, II-753:65, Rn. 94 – Gencor/Kommission.
[62] EuGH, C-12/03 P, ECLI:EU:C:2005:87, Rn. 75 f. – Tetra Laval/Kommission.
[63] EuG, T-5/02, ECLI:EU:T:2002:264, Rn. 159 – Tetra Laval/Kommission.
[64] EuG, T-210/01, ECLI:EU:T:2005:456 – General Electric/Kommission.
[65] Vorschlag für eine Verordnung des Rates über die Kontrolle von Unternehmenszusammenschlüssen, KOM(1973) 1210 endg., ABl. 1973 C 92, 1.

Ministerrat abgelehnt. Umstritten waren u.a. die Ausnahmen von der Fusionskontrolle.[66] Danach war auf eine Fusionskontrolle immer dann zu verzichten, wenn dies „für die Verwirklichung eines im allgemeinen Interesse der Gemeinschaft liegenden vorrangigen Ziels unerlässlich" gewesen wäre.[67]

Der **Vorschlag der Kommission vom April 1988** enthielt erstmals den Marktbeherrschungstest (→ Kapitel 8 Rn. 37 ff.). Danach sollten Zusammenschlüsse mit dem Binnenmarkt (bzw. Gemeinsamen Markt) unvereinbar sein, „die im Gemeinsamen Markt oder in einem wesentlichen Teil desselben eine beherrschende Stellung begründen oder verstärken".[68] Immer noch sah dieser Entwurf, der Grundlage der weiteren Verhandlungen wurde,[69] eine umfassende Ausnahmeregelung vor, die sich weitgehend an Art. 101 Abs. 3 AEUV (damals Art. 85 Abs. 3 EWGV) orientierte.[70] In den weiteren Verhandlungen kam es zu einer **Auseinandersetzung um den Inhalt des materiellen Prüfkriteriums.** Streit bestand zwischen den Befürwortern eines rein wettbewerblich ausgerichteten Ansatzes und Mitgliedstaaten, die auch industriepolitische Aspekte wie die Beschäftigungslage berücksichtigt sehen wollten.[71] Nach weiteren Verhandlungen und Änderungen wurde schließlich am 21.12.1989 im Rat die Fusionskontrollverordnung Nr. 4064/89 verabschiedet, die am 21.9.1990 in Kraft trat.[72] Nach Art. 2 Abs. 3 **VO 4064/89** waren Zusammenschlüsse zu untersagen, „die eine beherrschende Stellung begründen oder verstärken, durch die wirksamer Wettbewerb im Gemeinsamen Markt oder in einem wesentlichen Teil desselben erheblich behindert würde".

Der damit ohne eine Ausnahmeregelung enthaltene **Marktbeherrschungstest** hatte sich erst relativ spät bei den Verhandlungen auf Druck einzelner Mitgliedstaaten hin als konsensfähig erwiesen.[73] Dieser wettbewerblich ausgerichtete Marktbeherrschungstest setzte sich vor allem deshalb durch, weil er sowohl in Art. 102 AEUV (damals Art. 86 EWGV) als auch im deutschen Recht (§§ 22, 24 GWB aF) bereits verwendet wurde und folglich eine vertraute Rechtsterminologie darstellte.[74] Vereinzelt wurde behauptet, dass aufgrund der Übereinstimmung des europäischen mit dem deutschen materiellen Test die deutsche Bundesregierung, die einen an rein wettbewerblichen Kriterien orientierten Ansatz verfolgte, „Sieger nach Punkten" gewesen sei.[75]

Die Formulierung „durch die wirksamer Wettbewerb [...] erheblich behindert würde" **(Behinderungsklausel)** ergänzte aber insbesondere auf Wunsch der französischen Delegation den Marktbeherrschungstest. Die französische Delegation hatte eine Fusionskontrolle nach dem Missbrauchsprinzip einführen wollen. Die Behinderungsklausel sollte sicherstellen, dass bei der Beurteilung der beherrschenden Stellung auch der Marktverhaltensaspekt, soweit er marktstrukturelle Bedeutung hat, mitberücksichtigt wird.[76] Das **Wesen dieser Behinderungsklausel** war in Praxis und Literatur **umstritten.** So herrschte Uneinigkeit darüber, ob diese ein eigenständiges Tatbestandsmerkmal darstelle oder ob eine marktbeherrschende Stellung eine erhebliche Behinderung wirksamen Wettbewerbs bereits indiziere. Die Kommissionspraxis und die Rechtsprechung der Unionsgerichte haben insoweit keine einheitliche Linie erkennen lassen. Zwar räumte das EuG der Behinderungsklausel mehrfach eine eigenständige Bedeutung ein, doch verlangte es von der Kommission keine ausdrückliche Subsumtion darunter.[77] Vielmehr wurde es als ausreichend angesehen, wenn sich aufgrund der von der Kommission vorgenommenen Tatsachenanalyse das Vorhandensein beider Tatbestandsmerkmale ergebe, da die im Kontext der Marktbeherrschung angeführten Faktoren oftmals dieselben seien, aus denen sich auch die erhebliche Behinderung wirksamen Wettbewerbs ergebe.[78] Rückblickend ist festzustellen, dass es sich bei der Behinderungsklausel unter Geltung der VO 4064/89 **nie** um **mehr als ein unselbstständiges Tatbestandsmerkmal** handelte, welches der Konkretisierung der marktbeherrschenden Stellung diente.

---

[66] Vgl. zur Entstehungsgeschichte der FKVO Farbmann EuR 2004, 478.
[67] ABl. 1973 C 92, 1, Art. 1 Abs. 3.
[68] ABl. 1988 C 130, 4, Art. 2 Abs. 2.
[69] Niemeyer, Die Europäische Fusionskontrollverordnung, BB 35/36 (1991), Beilage 25, 10.
[70] ABl. 1988 C 130, 4, Art. 2 Abs. 4.
[71] Stockenhuber, Die Europäische Fusionskontrolle. Das materielle Recht, 1995, 61 ff.
[72] VO 4064/89, ABl. 1989 L 395, 1, Art. 25 Abs. 1.
[73] Levy/Cook, European Merger Control Law, § 2.03.
[74] Levy/Cook, European Merger Control Law, § 2.03.
[75] Hölzler WM 1990, 489 (491).
[76] Janicki WuW 1990, 195 (198); vgl. auch FK-KartellR/Könen Rn. 117 ff.
[77] EuG, T-210/01, ECLI:EU:T:2005:456, Rn. 87 – General Electric/Kommission; T-87/05, ECLI:EU:T:2005:333, Rn. 49 – EDP/Kommission; T-310/01, ECLI:EU:T:2002:254, Rn. 321–323, 380, 383 f. – Schneider Electric u.a./Kommission; T-290/94, ECLI:EU:T:1997:186, Rn. 158 – Kaysersberg/Kommission; T-2/93, ECLI:EU:T:1994:55, Rn. 79 – Air France/Kommission.
[78] Vgl. EuG, T-210/01, ECLI:EU:T:2005:456, Rn. 87 f. – General Electric/Kommission.

30   **2. VO 139/2004.** Im Rahmen der Vorlage des Berichtes der Kommission vom 28.6.2000 nach Art. 1 Abs. 4 VO 4064/89, in dem die Kommission die Ansicht vertrat, dass es einer Überprüfung der Zuständigkeitsverteilung der Verordnung bedürfte, wurde auch eine **Überprüfung der materiell- und verfahrensrechtlichen Vorschriften der VO 4064/89** angeregt.[79] In der Folge kam es zu einer umfassenden Überprüfung der Verordnung (→ Kapitel 8 Rn. 49 ff.). Die Kommission legte dazu am 11.12.2001 ein **Grünbuch über die Revision der Fusionskontrollverordnung** vor.[80] Darin wurde eine Diskussion über die Vorteile des Marktbeherrschungstests des Art. 2 VO 4064/89 im Vergleich zum **S**ubstantial **L**essening of **C**ompetition (SLC)-Test vorgeschlagen.[81] Der SLC-Test enthält als materielles Prüfkriterium für die Zulässigkeit eines Fusionsvorhabens die „wesentliche Verminderung des Wettbewerbs". Er wird in den USA,[82] Kanada, Australien, Neuseeland, Japan sowie – mittlerweile auch in Europa – in Irland, Island, Malta und dem Vereinigten Königreich verwendet. **Zweifel am Markbeherrschungskriterium** in der europäischen Fusionskontrollverordnung wurden durch die Untersagungsbeschlüsse der Kommission in den Fällen Airtours/First Choice und General Electric/Honeywell geweckt.[83] Während die spätere Aufhebung des Airtours-Beschlusses durch das Gericht[84] die Frage aufkommen ließ, ob der Marktbeherrschungstest Lücken habe, wurde im Zusammenhang mit dem General Electric/Honeywell-Beschluss geltend gemacht, verschiedene materielle Prüfungsmaßstäbe dies- und jenseits des Atlantiks leisteten einem Auseinanderfallen der Ergebnisse der US-amerikanischen und europäischen Fusionskontrolle Vorschub.[85]

31   Am 11.12.2002 legte die Kommission einen **Verordnungsvorschlag** vor, in dem sie ein grundsätzliches Festhalten am Marktbeherrschungstest befürwortete. Sie begründete dies mit der Rechtssicherheit, die durch ein Beibehalten des bisherigen Tests gewährleistet werde.[86] Nach Auffassung der Kommission könne der Marktbeherrschungstest, wenn er zutreffend angewendet wird, die gesamte Bandbreite wettbewerbsbeschränkender Auswirkungen von Unternehmenszusammenschlüssen erfassen.[87] Der Vorschlag[88] sah in Art. 2 Abs. 3 eine Klarstellung vor, nach der Marktbeherrschung eines oder mehrerer Unternehmen auch dann angenommen würde, „wenn sie mit oder ohne Koordinierung ihres Verhaltens über die wirtschaftliche Macht verfügen, spürbar und nachhaltig Einfluss auf die Wettbewerbsparameter, insbesondere auf die Preise, auf die Art, Quantität und Qualität der Produktion, auf den Vertrieb oder die Innovation zu nehmen oder den Wettbewerb spürbar zu beschränken". Damit sollten mögliche Lücken bei der Anwendung des Marktbeherrschungstests geschlossen werden (→ Kapitel 8 Rn. 53).[89]

32   Im **Rat** erwies sich der Vorschlag als nicht konsensfähig. Während Deutschland, Italien, die Niederlande, Dänemark und Portugal den Marktbeherrschungstest verteidigten, unterstützten das Vereinigte Königreich, Irland und Schweden den SLC-Test.[90] Spanien und Frankreich wiederum schlugen einen Kompromiss vor, der am 27.11.2003 schließlich eine Ratsmehrheit erhielt. Eingeführt wurde ein **neuer materieller Test**, der weitgehend dem der französischen Fusionskontrolle entspricht.[91] Nach Aussage der Kommission sollte er sowohl die Vorteile des SLC-Tests als auch ein hohes Maß an Rechtssicherheit auf sich vereinen. Die novellierte Fusionskontrollverordnung

---

[79] KOM(2000) 399 endg., Rn. 81.
[80] KOM(2001) 745 endg.
[81] KOM(2001) 745 endg., Rn. 159 ff.
[82] Clayton Act, 15 U. S. C. § 18 (2000).
[83] Kom., M.2220 – General Electric/Honeywell; M.1524 – Airtours/First Choice.
[84] EuG, T-342/99, ECLI:EU:T:2002:146 – Airtours/Kommission.
[85] Vgl. Berg BB 2004, 561; Bartosch/Nollau EuZW 2002, 197; Gifford/Kudrle Antitrust L. J., 2005, 423; v. Meibom/Geiger EuZW 2002, 261; Kolasky Competition Policy Int. 1,1 (2005) 155 (163); Kolasky, Antitrust, Spring 2006, 69; Fox, Antitrust, Spring 2006, 77.
[86] KOM(2002) 711 endg., ABl. 2003 C 20, 4 Rn. 55 ff.
[87] Vgl. KOM(2001) 745 endg., Rn. 167; ebenso Bundeskartellamt, Diskussionspapier: Das Untersagungskriterium in der Fusionskontrolle Marktbeherrschende Stellung versus Substantial Lessening of Competition?, 8/9.10.2001; Alfter WuW 2003, 20; Bartosch EuZW 2002, 645; Böge/Müller ECLR 23, 10 (2002), 495; Montag/von Bonin, Collective Dominance in Merger Cases after Airtours, in Drauz/Reynolds, IBA, EC Merger Control: A major reform in progress, 323 (335 ff.); Montag/Wolfsgruber, Neueste Entwicklungen in der europäischen Fusionskontrolle, in Baudenbacher, Internationales Kartellrechtsforum, 289 (296 ff.).
[88] Vorschlag für eine Verordnung des Rates über die Kontrolle von Unternehmenszusammenschlüssen („EG-Fusionskontrollverordnung"), KOM(2002) 711 endg., Rn. 58.
[89] Monti, Merger Control in the European Union: A Radical Reform, speech at the European Commission/IBA Conference on EU Merger Control, Rede vom 7.12.2002, Pressemitteilung der Kommission SPEECH/02/545.
[90] Vgl. Böge WuW 2004, 138 (143).
[91] Vgl. Art. L 430–6 Code de Commerce.

wurde sodann mit der erforderlichen Einstimmigkeit im Rat angenommen. Der Rat der Europäischen Union verabschiedete am 20.1.2004 die VO 139/2004,[92] die zum 1.5.2004 in Kraft trat.

Die Neufassung des Art. 2 Abs. 2 und Abs. 3 durch die geltende FKVO ist textlich ein politischer Kompromiss. In der Sache geht es um die Klarstellung, dass die FKVO auch wettbewerbswidrige Wirkungen eines Zusammenschlusses erfasst, aufgrund derer sich einem Unternehmen in oligopolistischen Märkten einseitige, also nicht durch stillschweigende Koordinierung geschaffene Spielräume zur Preiserhöhung oder Kapazitätsreduktion eröffnen, ohne dass das betreffende Unternehmen Marktführer ist. Wie dem Erwägungsgrund 25 der FKVO zu entnehmen ist, ist der Begriff „erhebliche Behinderung wirksamen Wettbewerbs" dahingehend auszulegen, dass er sich „über das Konzept der Marktbeherrschung hinaus ausschließlich auf diejenigen wettbewerbsschädlichen Auswirkungen eines Zusammenschlusses erstreckt, die sich aus nicht koordiniertem Verhalten von Unternehmen ergeben, die auf dem jeweiligen Markt keine beherrschende Stellung haben würden". Diese Wirkungen werden als einseitige oder nicht koordinierte Wirkungen (unilateral effects bzw. non-coordinated effects) bezeichnet. (ausf. → Rn. 238 ff.) Nach Auffassung des Unionsgesetzgebers hatte die Rechtsunsicherheit darüber, ob der Marktbeherrschungstest nicht koordinierte Wirkungen vollständig erfassen kann oder nicht – und damit unter der VO 4064/89 ggf. eine Lücke in den Durchsetzungsmöglichkeiten der europäischen Fusionskontrolle (enforcement gap) bestand[93] –, eine entsprechende Änderung des Textes der FKVO und damit eine Klarstellung im Sinne der Rechtssicherheit notwendig gemacht.[94]

III. Die Prüfung von Zusammenschlüssen auf ihre Vereinbarkeit mit dem Binnenmarkt

Die folgende Darstellung der materiellen Zusammenschlussprüfung nach Art. 2 folgt den Erfordernissen ihrer praktischen Anwendung. Zunächst wird die Struktur der Zusammenschlussprüfung in der Fallpraxis der Kommission dargestellt, die sich weniger an den einzelnen Tatbestandsmerkmalen des Art. 2 Abs. 2 und 3 orientiert, sondern eine Gesamtbetrachtung der Auswirkungen des jeweiligen Zusammenschlusses auf den relevanten Märkten enthält (→ Rn. 35). Anschließend werden die im Rahmen dieser Prüfung zu berücksichtigenden Kriterien einzeln kommentiert, beginnend mit der Abgrenzung des relevanten Marktes (→ Rn. 36 ff.), über das zentrale Tatbestandsmerkmal der erheblichen Behinderung wirksamen Wettbewerbs (→ Rn. 77 ff.), der Kausalität des Zusammenschlusses für eine festgestellte Behinderung wirksamen Wettbewerbs (→ Rn. 148 ff.), dem Vorliegen möglicher Ausgleichsfaktoren (→ Rn. 150 ff.), der der Prüfung zugrundeliegenden ex-ante-Beurteilung (→ Rn. 217 ff.) und der stets vorzunehmenden Verhältnismäßigkeitsprüfung (→ Rn. 228 ff.). In der Folge werden die einzelnen Fallgruppen, in denen eine erhebliche Behinderung wirksamen Wettbewerbs ökonomisch wahrscheinlich ist (sog. Schadenstheorien oder theories of harm) nach den wesentlichen Zusammenschlussarten (horizontal (→ Rn. 235 ff.), vertikal (→ Rn. 379 ff.), konglomerat (→ Rn. 468 ff.)) getrennt dargestellt.

1. Prüfungsschema. Die materielle Prüfung von Zusammenschlüssen nach der FKVO folgt dem hier dargestellten Prüfungsschema, das auf den Leitlinien für horizontale Zusammenschlüsse sowie den Leitlinien für nichthorizontale Zusammenschlüsse und Entscheidungen der Unionsgerichte basiert. Je nach der von der Kommission verfolgten Schadenstheorie, unter der der geprüfte Zusammenschluss zu einer erheblichen Behinderung wirksamen Wettbewerbs führen soll, wird die Untersuchung der Kommission eine entsprechende Auswahl der nachstehenden Prüfungspunkte umfassen:

I. Marktabgrenzung
II. Marktstruktur
   1. Marktanteilshöhe und wesentliche Wettbewerber
   2. Konzentrationsgrad des relevanten Marktes
III. Erhebliche Behinderung wirksamen Wettbewerbs
   1. Behinderung wirksamen Wettbewerbs
      a) Horizontale Zusammenschlüsse
         aa) Nicht koordinierte Wirkungen

---

[92] VO 139/2004, ABl. 2004 L 24, 1.
[93] Vgl. etwa Azevedo/Walker ECLR 23,7 (2002) 363; Fingleton in Drauz/Reynolds, IBA, EC Merger Control: A major reform in progress, 343 ff.; Levy, Dominance vs. SLC – A Subtile Distinction?, in Drauz/Reynolds, IBA, EC Merger Control: A major reform in progress, 143 ff.; Fingleton/Nolan, Mind the gap: reforming the EU Merger Regulation, 2003; offen gelassen von González-Díaz W. Comp. 27,2 (2004) 177; Völcker ECLR 25,7 (2004) 395; Ehlermann/Völcker/Gutermuth W. Comp. 28,2 (2005) 193.
[94] Vgl. FKVO Erwgr. 25.

- (1) Begründung oder Verstärkung einer marktbeherrschenden Stellung (Einzelmarktbeherrschung)
- (2) Sonstige nicht koordinierte Wirkungen
  - (a) Wettbewerbsnähe der fusionierenden Unternehmen
  - (b) Ausweichmöglichkeiten der Kunden
  - (c) Wahrscheinlichkeit der Erhöhung des Angebots durch die Wettbewerber bei Preiserhöhungen
  - (d) Fähigkeit des fusionierten Unternehmens, die Wettbewerber am Wachstum zu hindern
  - (e) Beseitigung einer wichtigen Wettbewerbskraft durch den Zusammenschluss
  - (f) Zusammenschluss mit einem potenziellen Wettbewerber
  - (g) Begründung oder Verstärkung von Nachfragemacht
  - (h) nnovationswettbewerb
  - (i) Weitere Schadenstheorien
- **bb)** Koordinierte Wirkungen (gemeinsame Marktbeherrschung)
  - (1) Fähigkeit der koordinierenden Unternehmen, die koordinierte Verhaltenspolitik zu erkennen und die Befolgung der Koordinierungsmodalitäten zu überwachen
  - (2) Vorhandensein glaubhafter Abschreckungsmechanismen
  - (3) Keine Gefährdung der Koordinierung durch Außenstehende (Wettbewerber oder Kunden)
- **b)** Vertikale Zusammenschlüsse
  - **aa)** Nicht koordinierte Wirkungen
    - (1) Abschottung von Einsatzmitteln
    - (2) Abschottung von Kunden
    - (3) Weitere Schadenstheorien
  - **bb)** Koordinierte Wirkungen
    - (1) Fähigkeit der koordinierenden Unternehmen, die koordinierte Verhaltenspolitik zu erkennen und die Befolgung der Koordinierungsmodalitäten zu überwachen
    - (2) Vorhandensein glaubhafter Abschreckungsmechanismen
    - (3) Keine Gefährdung der Koordinierung durch Außenstehende (Wettbewerber oder Kunden)
  - **cc)** Sonstige Erleichterung wettbewerbswidriger Verhaltenskoordination
- **c)** Konglomerate Zusammenschlüsse
  - **aa)** Nicht koordinierte Wirkungen
    - (1) Abschottung von Einsatzmitteln
    - (2) Abschottung von Kunden
    - (3) Verstärkung der Finanzkraft
    - (4) Portfoliowirkungen
    - (5) Weitere Schadenstheorien
  - **bb)** Koordinierte Wirkungen
    - (1) Fähigkeit der koordinierenden Unternehmen, die koordinierte Verhaltenspolitik zu erkennen und die Befolgung der Koordinierungsmodalitäten zu überwachen
    - (2) Vorhandensein glaubhafter Abschreckungsmechanismen
    - (3) Keine Gefährdung der Koordinierung durch Außenstehende (Wettbewerber oder Kunden)
  - **cc)** Sonstige Erleichterung wettbewerbswidriger Verhaltenskoordination
  2. Erheblichkeit der Behinderung
- **IV.** Auswirkung auf den Binnenmarkt oder einen wesentlichen Teil desselben
- **V.** Kausalität
- **VI.** Ausgleichsfaktoren
  1. Nachfragemacht der Abnehmer
  2. Marktzutritt und potenzieller Wettbewerb
     - **a)** Wahrscheinlichkeit eines Marktzutritts
     - **b)** Rechtzeitigkeit des Marktzutritts
     - **c)** Umfang des Marktzutritts
  3. Effizienzgewinne

      a) Vorteil für die Verbraucher (passing on)
      b) Nachprüfbarkeit der Effizienzgewinne
      c) Fusionsspezifik der Effizienzgewinne
  4. Sanierungsfusion
      a) Ausscheiden des zu erwerbenden Unternehmens aus dem Markt
      b) Kein milderes Mittel
      c) Kausalität des Zusammenschlusses für die Verschlechterung der Wettbewerbsstruktur

2. Marktabgrenzung. Die Abgrenzung des relevanten Marktes bildet den **Ausgangspunkt** nicht nur für die Berechnung von Marktanteilen, sondern für jede Beurteilung wettbewerblich relevanten Verhaltens von Unternehmen (zu den ökonomischen Hintergründen → Rn. 437 ff. sowie ausf. → Kapitel 1 Rn. 235 ff.). Denn der relevante Markt umreißt das „Spielfeld", in dem das betreffende Unternehmen seinen Konkurrenten im Wettbewerb gegenübertritt.

Im europäischen Wettbewerbsrecht ist die Methode zur Abgrenzung des relevanten Marktes nicht explizit gesetzlich vorgegeben. Es haben sich aber in der Fall- und Rechtsprechungspraxis Grundsätze der Marktabgrenzung herausgebildet, die in der Bekanntmachung der Kommission über die Abgrenzung des relevanten Marktes im Sinne des Wettbewerbsrechts der Europäischen Union Ausdruck gefunden haben.[95] An die in dieser Bekanntmachung festgelegten Grundsätze und Methoden zur Marktabgrenzung ist die Kommission auch gebunden.[96] Die Kommission arbeitet zurzeit an einer **Überarbeitung der Bekanntmachung,** um neue Entwicklungen insbesondere mit Blick auf digitale Märkte, fortschreitende Globalisierung, quantitative Methoden, Berechnung von Marktanteilen und nichtpreislicher Wettbewerb (einschließlich Innovation) zu berücksichtigen.[97] Die derzeitige Bekanntmachung gilt aber vorerst weiter und es sind auch keine grundlegenden Änderungen zu erwarten.

Das Konzept des relevanten Marktes findet sich, ebenso wie das der Marktbeherrschung, neben der Fusionskontrolle auch in der **Missbrauchsaufsicht** (→ Art. 102 Rn. 81 ff.). Unterschiede können sich jedoch daraus ergeben, dass das Verhalten der Unternehmen und damit auch der relevante Markt in der Missbrauchsaufsicht für die Vergangenheit, in der Fusionskontrolle aber für die Zukunft beurteilt werden.

a) Bedeutung und Grundsätze der Marktabgrenzung. Um zu ermitteln, auf welchem „Spielfeld" der Zusammenschluss sich auswirkt, verlangt die Fusionskontrolle eine Bestimmung der Produkte, die den Gegenstand des relevanten Wettbewerbsgeschehens bilden, und des geografischen Raums, in dem sich dieses abspielt. Unterschieden wird daher zwischen dem **sachlich relevanten Markt** bzw. dem relevanten Produktmarkt (→ Rn. 50 ff.) und dem räumlich bzw. **geografisch relevanten Markt** (→ Rn. 57 ff.). Die Kriterien, nach denen der relevante Markt abzugrenzen ist, haben sowohl für den relevanten Produktmarkt als auch für den relevanten geografischen Markt den gleichen Ausgangspunkt. Dies gilt insbesondere für den SSNIP-Test und den zeitlichen Horizont der Prognoseentscheidung.

aa) Marktabgrenzung als Voraussetzung für die Fusionskontrolle. Die Bestimmung des relevanten Marktes oder der relevanten Märkte für den Zusammenschluss geht logisch der Prüfung der Marktkonzentration und der wettbewerblichen Auswirkungen des Vorhabens auf den so bestimmten Märkten voraus. Ein Hinweis auf die **Bedeutung der Marktabgrenzung** in der Fusionskontrolle ergibt sich etwa aus Art. 2 Abs. 1 lit. a, der die Berücksichtigung der „Struktur aller betroffenen Märkte" verlangt. Zudem setzt die Beibehaltung der Marktbeherrschung als Regelbeispiel der erheblichen Behinderung wirksamen Wettbewerbs in Art. 2 Abs. 3 eine Marktabgrenzung voraus. Gleiches gilt für die Leitlinien für horizontale und für nichthorizontale Zusammenschlüsse, nach denen Marktanteile und Konzentrationsgrad Anhaltspunkte für die Marktstruktur und die wettbewerbliche Bedeutung der Fusionspartner und ihrer Mitbewerber sind.[98] Dabei ist zudem zu berücksichtigen, dass die Kommission innerhalb desselben (ausdifferenzierten) Marktes auch unterschiedliche Wettbewerbsbedingungen in einzelnen Segmenten untersuchen kann.[99]

Die **Leitlinien für horizontale Zusammenschlüsse** verpflichten die Kommission deshalb auf eine zweistufige materielle Zusammenschlussprüfung: Danach soll die Bewertung von Zusam-

---

[95] Bekanntmachung „Marktabgrenzung".
[96] EuG, T-251/19, ECLI:EU:T:2022:296, Rn. 38 – Wieland-Werke/Kommission.
[97] Der Entwurfstext ist abrufbar unter https://competition-policy.ec.europa.eu/public-consultations/2022-market-definition-notice_de, zuletzt abgerufen am 17.3.2023.
[98] Leitlinien „horizontale Zusammenschlüsse" Rn. 14; Leitlinien „nichthorizontale Zusammenschlüsse" Rn. 24.
[99] EuG, T-251/19, ECLI:EU:T:2022:296, Rn. 40 f. – Wieland-Werke/Kommission.

menschlüssen „in der Regel" (a) eine Abgrenzung der sachlich und räumlich relevanten Märkte und (b) die wettbewerbliche Würdigung des Zusammenschlusses einschließen.[100] Nach diesen Leitlinien ist der Hauptzweck der Marktabgrenzung, „systematisch zu erfassen, welchem unmittelbaren Wettbewerbsdruck das fusionierte Unternehmen ausgesetzt ist".[101] Im Rahmen der zunehmend ökonomischen Ausrichtung der Analyse von Zusammenschlussvorhaben durch die Kommission ist die Bedeutung der Marktabgrenzung allerdings immer wieder Gegenstand von Diskussionen. (→ Rn. 337 ff.) In der Praxis wird es regelmäßig nicht gelingen, die Prüfung der Wettbewerbsauswirkungen eines schwierigen Zusammenschlusses durch eine formalistische Argumentation zur Marktabgrenzung zu vermeiden.

42   Trotz dieser Diskussionen ist aber auch nach **stRspr der Unionsgerichte** die angemessene Festlegung des relevanten Marktes „eine notwendige Voraussetzung für jede Beurteilung des Einflusses eines Zusammenschlusses auf den Wettbewerb".[102] Der Umfang der Ausführungen zur sachlichen (→ Rn. 50 ff.) und geografischen (→ Rn. 57 ff.) Marktabgrenzung in einzelnen Fusionskontrollentscheidungen der Kommission variiert allerdings stark. In Entscheidungen nach dem vereinfachten Verfahren sind regelmäßig keine Ausführungen zur Marktabgrenzung enthalten.[103] Auch in Entscheidungen im regulären Verfahren wird die genaue Abgrenzung des relevanten Marktes meist offengelassen, soweit der geprüfte Zusammenschluss unter keiner denkbaren Marktabgrenzung zu wettbewerblichen Bedenken führt. Diese Praxis ist unter dem Gesichtspunkt der **Begründungspflicht der Kommission** auch für Freigabeentscheidungen nach Art. 2 Abs. 2 FKVO iVm Art. 296 Abs. 2 AEUV sowie vor dem Hintergrund der möglichen Anfechtung einer Freigabeentscheidung durch Dritte im Ergebnis unbedenklich. Die Rechtsprechung verlangt allein, dass die Kommission ihrer Begründungspflicht unter Berücksichtigung der **Besonderheiten des konkreten Einzelfalls** genügt und die Entscheidung so der gerichtlichen Überprüfung zugänglich ist.[104] Soweit die Kommission die genaue Abgrenzung des relevanten Marktes offenlässt, muss sie also zumindest begründen, warum es auf eine solche exakte Marktabgrenzung nicht ankommt.[105] Umgekehrt kann die Frage der Marktabgrenzung aber auch für das Ergebnis der Prüfung so wesentlich sein, dass deren Erörterung den weit überwiegenden Teil der Entscheidung einnimmt. So erstreckt sich die Abgrenzung des relevanten Marktes in der Entscheidung der Kommission vom 26.10.2004 im Fall Oracle/Peoplesoft über 41 Seiten, während die wettbewerbliche Beurteilung lediglich 8 Seiten beansprucht.[106]

43   In der Terminologie der Fusionskontrolle sind der relevante Markt und der betroffene Markt zu unterscheiden. **Relevante Märkte** sind diejenigen Märkte, auf denen die Zusammenschlussparteien tätig sind. **Betroffene Märkte** im Sinne der FKVO sind alle sachlich und räumlich relevanten Märkte, auf denen im Europäischen Wirtschaftsraum (EWR) die Aktivitäten der an dem Zusammenschluss beteiligten Unternehmen horizontale Überschneidungen mit einem gemeinsamen Marktanteil von 20 % und mehr oder vertikale Beziehungen mit (einzelnen oder gemeinsamen) Marktanteilen von 30 % oder mehr aufweisen.[107] Die Bestimmung der von einem Zusammenschluss betroffenen Märkte ist somit Teil der wettbewerblichen Beurteilung und setzt die Marktabgrenzung voraus.

44   **bb) Ökonomische Betrachtungsweise.** Eine rein ökonomische Betrachtungsweise der Wirkungen von Zusammenschlüssen auf den Wettbewerb setzt eine Marktabgrenzung indes nicht zwingend voraus. Statt auf die Addition von vorbestehenden Marktanteilen der Zusammenschlussparteien in bestimmten Märkten würde etwa ein ausschließlich ökonomischer Ansatz auf den **zusammenschlussbedingten Wegfall von Wettbewerb** infolge der Fusion abstellen und analysieren, inwiefern sich dem fusionierten Unternehmen oder seinen Wettbewerbern dadurch Preiserhöhungsspielräume bieten. Dies kann in verschiedenen Konstellationen Vorteile bieten bzw. genauere Analysen ermöglichen. So führt etwa die Marktabgrenzung anhand des **SSNIP-Tests** (**S**mall but **S**ignificant **N**on-transitory **I**ncrease in **P**rice oder hypothetical monopolist test) im Falle ausdifferenzierter Produktmärkte dazu, dass auch suboptimale Substitute zum relevanten Markt zu zählen sind, da dieser

---

[100] Leitlinien „horizontale Zusammenschlüsse" Rn. 10.
[101] Leitlinien „horizontale Zusammenschlüsse" Rn. 10.
[102] EuG, T-251/19, ECLI:EU:T:2022:296, Rn. 34 – Wieland-Werke/Kommission; EuG, T-399/16, ECLI:EU:T:2020:217, Rn. 144 f. – CK Telecoms/Kommission; EuGH, C-68/94, ECLI:EU:C:1998:148, Rn. 143 – Frankreich u.a./Kommission („Kali und Salz").
[103] Bekanntmachung „Vereinfachtes Verfahren" Rn. 17 f.
[104] EuGH, C-413/06 P, ECLI:EU:C:2008:392, Rn. 166 – Bertelsmann und Sony/Impala mwN; EuG, T-691/18, ECLI:EU:T:2021:43, Rn. 161 ff. – KPN/Kommission.
[105] Vgl. EuG – T-394/15, ECLI:EU:T:2017:756 Rn. 59 – KPN/Kommission.
[106] Kom., M.3216 – Oracle/Peoplesoft.
[107] Formblatt CO, Abschnitt 6.3.

auch Produkte umfasst, auf die Nachfrager bei einer immerhin 5–10 % Preiserhöhung aller anderen Produkte ausweichen würden. (→ Rn. 46 ff., → Kapitel 1 Rn. 244 ff., → Art. 102 Rn. 93 ff.) Allerdings wird sich eine wesentliche Erhöhung der Marktmacht in Gestalt nicht koordinierter Wirkungen vor allem dann einstellen, wenn die Produkte der Zusammenschlussparteien aus Sicht der Kunden besonders enge Substitute sind. Zur Feststellung solcher nicht koordinierter Effekte wurden deshalb verschiedene ökonomische Analysemethoden entwickelt, die teilweise, wie etwa das Simulationsmodell, keine Marktabgrenzung voraussetzen. Da aber keines der Modelle eine umfassende Markteinschätzung und verlässliche Prognose ermöglicht, sollten die verschiedenen Modelle kombiniert werden. (→ Kapitel 1 Rn. 418 ff.)

Auch die Kommission nimmt im Rahmen ihres more economic approach im Bereich der Fusionskontrolle zur Kenntnis, dass Marktanteile nur eine **begrenzte Aussagekraft** für die Marktmacht der Unternehmen nach dem Zusammenschluss haben (und daher eine Marktabgrenzung zur Feststellung der Marktanteile weniger erforderlich sein müsste). Denn hohe Marktanteile sind nach gesicherten industrieökonomischen Erkenntnissen weder eine notwendige noch eine hinreichende Bedingung für wettbewerbsschädigende Auswirkungen jedenfalls in Fällen von nicht koordinierten Wirkungen.[108] Deshalb berücksichtigt die Kommission auch **andere Faktoren,** wie etwa die Nähe der Wettbewerber zueinander[109] oder die Einstufung eines Unternehmens als wichtige Wettbewerbskraft[110], in ihrer Analyse. Anderseits ist auch in Rechtsordnungen, deren materielles Untersagungskriterium überhaupt nicht auf Marktbeherrschung abstellt, die Marktabgrenzung ein Prüfungsschritt bei der Fusionskontrolle.[111] Dabei ist anerkannt, dass Marktabgrenzung und Analyse der wettbewerblichen Auswirkungen eines Zusammenschlusses sich gegenseitig beeinflussen und eine Wechselwirkung zwischen beiden Aspekten der Analyse besteht. Auch weiterhin haben die Marktanteile, für deren Bestimmung eine Marktabgrenzung notwendig ist, eine wichtige **Filterfunktion** (screening function) für die Kommission, da sie unterhalb bestimmter Schwellen regelmäßig nicht in eine vertiefte Prüfung der Wettbewerbsnähe und weiterer Faktoren einsteigen wird. (zu den Vermutungen → Rn. 106 ff.) Im Übrigen nimmt aber mit der abnehmenden Bedeutung der vornehmlich auf Marktanteile abstellenden, statischen Betrachtungsweise von Zusammenschlüssen auch die Bedeutung der Marktabgrenzung für die wettbewerbliche Beurteilung graduell ab.[112] → Kapitel 1 Rn. 418 ff.

cc) Hypothetischer Monopolistentest (SSNIP-Test). Die entscheidende Frage bei der Marktabgrenzung ist, ob die Kunden der Zusammenschlussparteien als Reaktion auf eine angenommene geringfügige aber dauerhafte **Erhöhung der relativen Preise** (im Bereich zwischen 5 % und 10 %) für die betreffenden Produkte auf leicht verfügbare Substitute ausweichen oder diese aus anderen Gebieten beziehen würden.[113] Ob dies der Fall ist, lässt sich am besten mit einem hypothetischen Näherungsverfahren, dem sog. SSNIP-Test oder hypothetical monopolist test, ermitteln. Es werden immer weitere Produkte oder Gebiete zum relevanten Markt hinzugenommen, solange auch nach der Hinzunahme dieses weiteren Produktes oder Gebietes die angenommene Preiserhöhung (eines hypothetischen monopolistischen Anbieters aller dieser Produkte) unprofitabel bleibt, da die Kunden auf andere Produkte ausweichen oder von Anbietern aus anderen Gebieten beziehen würden. Sobald sich trotz einer kleinen, bleibenden Preiserhöhung kein Absatzrückgang in dem aus den betrachteten Produkten oder Gebieten gebildeten Markt mehr ergibt, da den Kunden keine akzeptablen **Ausweichprodukte oder alternative Bezugsquellen** in anderen Gebieten mehr zur Verfügung stehen, steht die Marktabgrenzung fest. Weitere Produkte und Gebiete gehören dann nicht mehr zum relevanten Markt, weil sie keine vernünftigen Ausweichmöglichkeiten für Kunden bieten; die Kunden wären dann einer Preiserhöhung voll ausgesetzt. Dabei ist jedoch zu beachten, dass in einigen Märkten faktisch bereits ein (Beinahe-)Monopol besteht, so dass der Anbieter bereits den höchstmöglichen Preis erzielt. Weichen Kunden im Falle einer weiteren Preiserhöhung auf andere Produkte aus, heißt dies nicht in jedem Fall, dass diese Produkte zum gleichen Markt gehören (nach einer Entscheidung des US Supreme Courts zur Marktabgrenzung für Zellophan sog. cellophane fallacy[114]). Ein Beispiel hierfür können erst kürzlich liberalisierte Märkte sein, in denen zB ein Staatsbetrieb bisher der einzige Anbieter war. In der europäischen Fusionskontrolle wurde dieses Phänomen etwa bei Zusammenschlüssen diskutiert, die den kurz zuvor liberalisierten Eisenbahngü-

---

[108] Vgl. Schwalbe/Zimmer 102 ff., 343 ff.
[109] Kom., M.9094, Rn. 110 ff. – Amcor/Bemis; M.8569, Rn. 57 ff. – Europcar/Goldcar.
[110] Kom., M.9076, Rn. 702 – Novelis/Aleris; M.8713, Rn. 556 ff. – Tata Steel/ThyssenKrupp/JV.
[111] Vgl. U.S. Horizontal Merger Guidelines vom 19.8.2010, Abschnitt 4; CMA, Merger Assessment Guidelines vom 18.3.2021, Abschnitt 9.3.
[112] Levy/Cook, European Merger Control Law, § 8.01.
[113] Bekanntmachung „Marktabgrenzung" Rn. 17.
[114] United States v. E. I. du Pont de Nemours & Co., 351 U. S. 377, 100 L. Ed. 1264 (1956).

terverkehr betrafen.[115] Grundlegend zur Marktabgrenzung und cellophane fallacy → Kapitel 1 Rn. 235 ff.

47 In der Praxis bildet der SSNIP-Test für die Fusionskontrolle ein Instrument unter mehreren bei der Bestimmung des relevanten Marktes. Zwar fragt die Kommission regelmäßig im Rahmen der **Marktuntersuchung** die von den Zusammenschlussparteien benannten Kunden danach, ob sie im Falle einer 5–10 %igen Preiserhöhung die Produkte der Zusammenschlussparteien weiterbeziehen oder auf andere Angebote ausweichen würden.[116] Eine wissenschaftlich aufbereitete Untersuchung des Kundenverhaltens zum Zwecke der Marktabgrenzung ist jedoch in der Fallpraxis die Ausnahme. Geht es um die Abgrenzung von Endkundenmärkten, verwendet die Kommission gegebenenfalls **Marktstudien,** die von den Parteien für deren Marktforschungszwecke angefertigt wurden.[117] Vereinzelt hat die Kommission auch **Kundenbefragungen** als wesentliche Begründungselemente für ihre Marktabgrenzung herangezogen.[118] Insgesamt besteht keine „Hierarchie" zwischen den einzelnen Instrumenten der Kommission oder eine Pflicht, alle von ihnen zu nutzen; die Kommission wählt jeweils diejenigen Instrumente aus, die sie für die jeweilige Untersuchung für tauglich hält.[119] In einzelnen Fällen, etwa bei üblicherweise individuell verhandelten Preisen kann der SSNIP-Test auch untauglich sein.[120] Ferner stößt der SSNIP-Test auch bei Plattformmärkten und digitalen Märkten mit unentgeltlichen Leistungsbeziehungen sowie in Fällen, in denen funktionell äquivalente Produkte große Preisunterschiede haben, an seine Grenzen (zu besonderen Konstellationen → Rn. 66 ff.; zur Substituierbarkeit auf Nachfrageseite → Rn. 51 f., → Rn. 59 ff.). Auch bei der Definition von Märkten für Arbeitskräfte ist der SSNIP-Test wohl nicht unmittelbar anwendbar; hier ist vielmehr die entscheidende Frage, ob eine kleine aber spürbare Verringerung des Arbeitslohns dazu führt, dass Arbeitnehmer den Arbeitgeber wechseln.[121] Eigens für ein Fusions- oder Wettbewerbsverfahren in Auftrag gegebenen Studien begegnet die Kommission jedoch grundsätzlich mit Skepsis.[122] Zudem vermag die Nachfragesicht in einzelnen Fällen aufgrund der speziellen Bedürfnisse der Kunden ohnehin nur einen ungefähren Eindruck für die Marktabgrenzung zu vermitteln.[123]

48 dd) **Ex-ante-Bewertung und Prognose.** Im Gegensatz zur Missbrauchsaufsicht nach den Art. 101 und 102 AEUV knüpft die fusionskontrollrechtliche Bewertung wettbewerblicher Auswirkungen auf bestimmten Märkten nicht an die Marktsituation in der Vergangenheit an. Bei der Entscheidung über die Vereinbarkeit eines Zusammenschlusses mit dem Binnenmarkt handelt es sich vielmehr um eine **Prognoseentscheidung** (→ Rn. 217 ff., → Kapitel 1 Rn. 235). Daraus folgt, dass auch im Rahmen der Marktabgrenzung die zukünftige **Entwicklung der Wettbewerbsverhältnisse** berücksichtigt werden muss. Die Auswirkungen eines Zusammenschlusses im Markt werden nur dann richtig erfasst, wenn auch die Entwicklung dieses Marktes sowohl in sachlicher als auch in geografischer Hinsicht im Wege einer dynamischen Marktabgrenzung mitberücksichtigt werden. Dabei kommt es auf die Marktverhältnisse in naher Zukunft nach dem Zusammenschluss an.[124] Laufende und absehbare technische Entwicklungen, Veränderungen der wirtschaftlichen oder rechtlichen Rahmenbedingungen oder die mit ökonomisch-empirischen Mitteln[125] bereits zum Prüfungszeitpunkt absehbare Veränderung von Verbraucherpräferenzen können für die Frage, welche Produktangebote in welchem geografischen Raum als untereinander austauschbar angesehen werden, Bedeutung gewinnen.

49 Trotz verfeinerter Analysemethoden der modernen Fusionskontrolle sind Wert- und Wahrscheinlichkeitsurteile bei der Marktabgrenzung kaum vermeidbar. An die **Substantiierung der zukünftigen Entwicklungen** von Märkten sind daher grundsätzlich hohe Anforderungen zu

---

[115] Kom., M.5855, Rn. 168 ff., 228 – DB/Arriva; M.5096, Rn. 30–38 – RCA/MAV Cargo; M.4746, Rn. 35 ff. – DB/EWS; s. hierzu auch Stehmann/Zenger JCLE 2011, 455 (461).
[116] Bekanntmachung „Marktabgrenzung" Rn. 33 f., 40; vgl. Kom., M.8451, Rn. 60, 71 – Tronox/Cristal; M.7995, Rn. 160 – Deutsche Börse/London Stock Exchange Group.
[117] Vgl. Bekanntmachung „Marktabgrenzung" Rn. 41.
[118] Vgl. etwa Kom. ABl. 1994 L 354, 32., M.430, Rn. 35 ff. – Procter & Gamble/VP Schickedanz (II).
[119] Kom., M.6166, Rn. 245 ff. – Deutsche Börse/NYSE Euronext; s. hierzu auch EuG, T-175/12, ECLI:EU:T:2015:148 – Deutsche Börse/Kommission.
[120] Kom., M.6570, Rn. 154 – UPS/TNT Express.
[121] Montag/Schaefer, ABA/IBA International Cartel Workshop 2022, Competition Law on Labour Markets – A European Perspective, S. 11 f.
[122] Vgl. Bekanntmachung „Marktabgrenzung" Rn. 41; vgl. Kom., M.8797, Rn. 232 ff. – Thales/Genalto; M.7292, Rn. 246 f. – Demb/Mondelez/Charger Opco.
[123] Kom., M.4747, Rn. 122 f. – IBM/Telelogic.
[124] Immenga/Mestmäcker/Körber Rn. 21.
[125] Vgl. ICN, Investigative Techniques Handbook for Merger Review, 2005, Chapter 4.

III. Prüfung auf Vereinbarkeit mit dem Binnenmarkt　　　50, 51　**Art. 2 FKVO**

stellen. Der Verweis auf generelle Wirtschaftsentwicklungen allein genügt für die Marktabgrenzung nicht. So ist etwa nicht mit Verweis auf die allgemeine **Globalisierung** die geografische Marktabgrenzung in sich globalisierenden Industriezweigen grundsätzlich weiter zu fassen. Dies ist nur dann der Fall, wenn konkrete Anhaltspunkte dafür bestehen, dass die Kunden tatsächlich aus einem weltweit von vergleichbaren Wettbewerbsbedingungen geprägten Angebot auswählen können und dies auch bereits tun oder in naher Zukunft tun werden. Tatsächlich hat die Kommission mit Verweis auf die jeweiligen Marktstrukturen in den letzten Jahren zunehmend häufiger weltweite Märkte angenommen; Forderungen nach einer generell weiteren Definition geografischer Märkte hat die Kommission aber auch im Nachgang an ihre Entscheidung Siemens/Alstom abgelehnt.[126] So lässt auch die Konsultation zur Neufassung der Bekanntmachung nicht erkennen, dass sich die Kommissionspraxis insoweit grundlegend ändern wird.[127] Andererseits spricht der in vielen Wirtschaftszweigen zu beobachtende generelle **Trend zur Spezialisierung** nicht in jedem Fall dafür, dass Produktmärkte in solchen Bereichen tendenziell enger abzugrenzen sind. Hier ist etwa zu fragen, ob auch hochspezialisierte technische Produkte für einzelne Anwendungen nicht doch etwa unter dem Gesichtspunkt der Angebotssubstituierbarkeit miteinander konkurrieren, da Preiserhöhungen für ein Produkt durch die Möglichkeit weiterer Hersteller, dieses Produkt in ihr Angebot mit aufzunehmen, wirksam verhindert werden. Auch hier bedarf es jedoch eines genauen Vortrags der Beteiligten und einer Bestätigung durch die Marktuntersuchung.[128] → Kapitel 1 Rn. 241 ff.

b) Sachlich relevanter Markt. Der relevante Produktmarkt umfasst sämtliche Erzeugnisse **50** und/oder Dienstleistungen, die von den Verbrauchern hinsichtlich ihrer Eigenschaften, Preise und ihres vorgesehenen Verwendungszwecks als austauschbar oder substituierbar angesehen werden.[129] Ein relevanter Produktmarkt kann bisweilen aus einer Reihe von Erzeugnissen und/oder Dienstleistungen bestehen, die weitgehend die gleichen physischen oder technischen Merkmale aufweisen und **voll austauschbar** sind.[130] Neben der Untersuchung der Austauschbarkeit aus Sicht der Nachfrager kann auch die Fähigkeit weiterer Anbieter, zeitnah und ohne größere Kosten ihre Produktion auf konkurrierende Produkte oder Dienstleistungen umzustellen oder zu erweitern, von Bedeutung für die Marktabgrenzung sein.[131]

aa) Substituierbarkeit auf der Nachfrageseite. Wichtigstes Kriterium der Produktmarktab- **51** grenzung ist die **Austauschbarkeit aus Nachfragersicht**. Danach gehören solche Produkte zum selben relevanten Markt, die aus Sicht der Kunden in ähnlicher Weise zur Befriedigung der konkreten Nachfrage in Betracht kommen. Erforderlich ist eine gesamthafte Bewertung, die verschiedene Aspekte einbezieht: Die **Produkteigenschaften** sind ein Ausgangspunkt der Marktabgrenzung, jedoch nicht allein entscheidend. So greift die Kommission etwa im Bereich verschreibungspflichtiger Arzneimittel auf die sog. ACT-Klassifikation zurück, wonach die Medikamente nach ihrer Zusammensetzung und den therapeutischen Eigenschaften abgegrenzt werden.[132] Nach der Rechtsprechung der Unionsgerichte können selbst identische Produkte zu verschiedenen Produktmärkten gehören, wenn sie eine spezifische Nachfrage befriedigen.[133] Die funktionelle Austauschbarkeit ist ein wesentliches Indiz für die Zugehörigkeit von verschiedenen Produkten zum selben Markt,[134] reicht aber nicht aus, wenn die Kundenpräferenzen einer Austauschbarkeit widersprechen.[135] Bei Verbraucherprodukten kann dabei auch die Unterscheidung von Marken- und no name-Produk-

---

[126] Kom., M.8677, Rn. 107 – Siemens/Alstom.
[127] Kom. SWD/2021/0199 final, S. 42 ff.; zur Konsultation s. https://ec.europa.eu/info/law/better-regulation/have-your-say/initiatives/12325-EU-Wettbewerbsrecht-Bekanntmachung-uber-die-Marktabgrenzung-Evaluuierung-_de, zuletzt abgerufen am 17.3.2023.
[128] Vgl. Kom., M.9353, Rn. 22 ff. – Advent/Evonik; M.8019, Rn. 22 ff. – Advent/Nuplex Industries.
[129] Vgl. Bekanntmachung „Marktabgrenzung," Rn. 7.
[130] Vgl. Formblatt CO, Abschnitt 6, I.
[131] Vgl. Bekanntmachung „Marktabgrenzung" Rn. 20.
[132] Lübbig/Klasse KartR Pharma- und Gesundheitssektor, § 2 Rn. 10.
[133] Vgl. EuGH, C-322/81, ECLI:EU:C:1983:313 – Michelin/Kommission; EuGH, C-85/76, ECLI:EU:C:1979:36, Rn. 41 – Hoffmann-La Roche/Kommission; EuGH, C-6/73, ECLI:EU:C:1974, 223:18 – Istituto Chemioterapico Italiano und Commercial Solvents/Kommission; EuGH Slg. 1979, 461 Rn. 41 – Hoffmann-La Roche/Kommission; EuGH Slg. 1983, 3461 – Michelin/Kommission.
[134] Kom., M.8792, Rn. 151, 276 – T-Mobile NL/Tele2 NL; M.3039, Rn. 25 – Soprol/Cereol-Lesieur; ABl. 1999 C 344, 7 Rn. 11 f. – Anglo American/Tarmac; ABl. 1998 L 316, 33 Rn. 14 ff. – TKS/ITW Signode/Titan; ABl. 1998 C 4, Rn. 8 ff. – Cargill/Vandemoortele.
[135] Kom., M.8909, Rn. 95 ff. – KME/MKM; M.3436, Rn. 4 – Continental/Phoenix; vgl. auch Kom. M.5655, Rn. 21 – SNCF/LCR/Eurostar.

ten,[136] bei pharmazeutischen Produkten die Austauschbarkeit von Originalprodukten und Generika[137] sowie auch zwischen zugelassenen und off-label-Produkten[138] eine Rolle spielen. Ein wichtiger Faktor ist in diesen Fällen der **Preis**[139] eines Produktes, wobei das untersuchte Datenmaterial klare Hinweise auf getrennte Preisniveaus statt bloßer, sich überlappender Preisbandbreiten geben muss, damit eine Marktgrenze angenommen werden kann.[140] Sofern aber nur kleine Preisunterschiede bestehen und auch sonst keine wesentlichen Merkmale eine Unterscheidung rechtfertigen, kann unter Anwendung des SSNIP-Tests hingegen häufig von einem einheitlichen Markt ausgegangen werden. (zur mittels Kreuzpreiselastizität ermittelten Nachfragesubstitution → Kapitel 1 Rn. 247 ff.; zur Marktabgrenzung mittels SSNIP-Test → Rn. 46 f.)

52   Sofern **unterschiedliche Kundengruppen** – etwa Weitervermarkter und Endkunden,[141] OEMs (**O**riginal **E**quipment **M**anufacturer) und Ersatzteilhändler[142] oder Privat- und Geschäftskunden[143] – unterschiedliche Bedürfnisse[144] und unterschiedliche Verhandlungsmacht haben, können von diesen nachgefragte gleichartige Produkte gleichwohl unterschiedlichen Produktmärkten angehören. Voraussetzung ist, dass die Kundengruppen klar zu trennen sind und keine Querlieferungs- oder Arbitrage-Möglichkeiten bestehen.[145] Unterschiedliche Vertriebskanäle können ebenfalls zur Folge haben, dass gleiche Produkte unterschiedlichen Märkten zuzuordnen sind.[146] Andererseits können auch unterschiedliche Produkte einen gemeinsamen Produktmarkt bilden, wenn sie regelmäßig im Bündel[147] oder an der gleichen Verkaufsstelle[148] nachgefragt werden, oder wenn die Handelsbedingungen hinreichend homogen sind.[149] Wo wegen der besonderen Beschaffenheit der relevanten Produkte eine Marktabgrenzung nach Austauschbarkeit nicht zu sinnvollen Ergebnissen führt, ist auf die übrigen Faktoren zurückzugreifen.[150] Diese Grundsätze der Substituierbarkeit von Produkten und Dienstleistungen aus Nachfragersicht können nen daneben analog auch auf Märkte für Arbeitskräfte angewendet werden. So sind aus Sicht der Arbeitgeber grundsätzlich all jene Arbeitnehmer zu demselben Markt zu fassen, die etwa über vergleichbare Bildung, Qualifikation, Arbeitserfahrung und Sprachkenntnisse verfügen.[151]

53   **bb) Substituierbarkeit auf der Angebotsseite.** Dem relevanten Produktmarkt sind nicht nur die Produkte hinzuzurechnen, auf die die Nachfrage im Falle einer kleinen, dauerhaften Preiserhöhung des übrigen Produktangebotes ausweichen würde. Unter bestimmten Voraussetzungen gehören auch solche Produkte zum relevanten Markt, die zwar aus Nachfragesicht kein geeignetes Substitut darstellen, aber derzeit von Produzenten angeboten werden, die die fraglichen Produkte in ihrer Gesamtheit in ihrem Produktportfolio haben[152] oder ihre Produktion jederzeit auf **substituierbare Produkte** erweitern oder umstellen könnten.[153] Ein Beispiel: Hersteller A und B bieten Schleifscheiben aus bestimmtem Material mit einer bestimmten Körnung an, die

---

[136] Kom., M.8394, Rn. 120 ff. – Essilor/Luxottica; M.2640, Rn. 16 – Nestlé/Schöller; anders: Kom., M.5046 – Friesland/Campina; vgl. dazu auch Kom., M.6813, Rn. 187 ff. – McCain Foods Group/Lutosa Business; M.6455, Rn. 201 ff. – SCA/Georgia-Pacific Europe.
[137] Kom., M.9274, Rn. 15 – Glaxosmithkline/Pfizer; M.7379, Rn. 14 ff. – Mylan/Abbott.
[138] Hierzu Mäger/Dworschak NZKart 2018, 23.
[139] Kom., M.10059, Rn. 31 ff. – SK Hynix/Intel; M.8394, Rn. 108 ff. – Essilor/Luxottica; M.6214, Rn. 106 – Seagate Technology/Samsung.
[140] Kom., M.8909, Rn. 97 – KME/MKM; vgl. auch Kom., M.9369, Rn. 24 ff. – PAI Partners/Wessanen (Marktabgrenzung letztlich offengelassen).
[141] Kom., M.9839, Rn. 11 – VGRD/Auto Wichert Assets; M.9730, Rn. 1630 ff. – FCA/PSA.
[142] EuGH, C-322/81, ECLI:EU:C:1983:313 – Michelin/Kommission; Kom., M.8963, Rn. 9, 11 – Eurocar/Bonaldi.
[143] Kom., M.9559, Rn. 23 ff. – Telefonica/Prosegur/Prosegur Alarmas España; M.9014, Rn. 627 ff. – PKN Orlen/Grupa Lotos.
[144] Kom., M.10158, Rn. 96 – IHS Markit/CME Group/JV; M.9287, Rn. 55 – Connect Aiways/Flybe; M.8964, Rn. 50 ff. – Delta/Air France-Klm/Virgin Group/Virgin Atlantic.
[145] Vgl. Bekanntmachung „Marktabgrenzung," Rn. 43.
[146] Kom., M.10364, Rn. 41 f. – ECI/Bonak/Fast Group; M.6789, Rn. 150 ff. – Bertelsmann/Pearson/Penguin Random House.
[147] Kom., M.7995, Rn. 40 ff. – Deutsche Börse / London Stock Exchange Group; M.7555, Rn. 72 ff. – Staples/Depot Office; zu Letzterem vgl. auch Vaquero/Calisti/Tsoumanis, Competition Merger Brief 2/2016, 5 ff.
[148] Kom., M.9014, Rn. 599 ff. – PKN Orlen/Grupa Lotos.
[149] ZB Kom., M.5549, Rn. 15–21 – EDF/Segebel; M.5721, Rn. 20 – Otto/Primondo Assets.
[150] Kom., M.7476, Rn. 50 ff. – Holtzbrinck Publishing Group/Springer/JV.
[151] Montag/Schaefer, ABA/IBA International Cartel Workshop 2022, Competition Law on Labour Markets – A European Perspective, S. 11 f.
[152] Kom., M.9771, Rn. 40 – Hitachi/Honda/Hiams/Keihin/Showa/Nissin Kogyo (i.E. offengelassen).
[153] Kom., M.9383, Rn. 17 ff. – ZF/Wabco.

Kunde X für eine Spezialanwendung benötigt. Hersteller C produziert ebensolche Scheiben, die aber aufgrund ihrer anderen Materialzusammensetzung und anderer Körnung für die Anwendungen des X unbrauchbar sind. Könnte C seine Produktion ohne große Kosten und Mühen auf die Herstellung der von X benötigten Scheiben erweitern oder umstellen, so zählten auch die bisher von C hergestellten Scheiben zum relevanten Produktmarkt.[154]

Die für die Bewertung dieser **Angebotsumstellungsflexibilität** dem SSNIP-Test entsprechend relevante Frage ist danach, ob bisher nicht im relevanten Produktspektrum tätige Anbieter in Reaktion auf einen 5–10 %igen Preisanstieg in diesem Spektrum ihre Produktion auf die relevanten Produkte umstellen oder ausweiten könnten und dies für sie ökonomisch reizvoll wäre. Diese Möglichkeit ist nur dann für die Marktabgrenzung beachtlich, wenn sie konkret genug ist, um Wettbewerbsdruck auf die vorhandenen Anbieter auszuüben. Dafür ist erforderlich, dass die Anbieter kurzfristig und ohne spürbare Zusatzkosten oder Risiken zur **Produktergänzung oder -umstellung** in der Lage sind.[155] Sind diese Voraussetzungen gegeben, so kommt die wettbewerbliche Disziplinierung durch andere Anbieter dem Nachfrage-Substitutionseffekt hinsichtlich Wirkung und Unmittelbarkeit gleich (→ Kapitel 1 Rn. 246 ff.).[156] Die Prüfung der Marktabgrenzung unter dem Gesichtspunkt der Substituierbarkeit auf der Angebotsseite ähnelt insofern der Prüfung der wettbewerblichen Bedeutung potenziellen Wettbewerbs (→ Rn. 160 ff.). Ist das Eintrittspotential nicht ausreichend für die Berücksichtigung im Rahmen der Marktabgrenzung, kann die disziplinierende Wirkung des Vorhandenseins eines potenziellen Wettbewerbs auf der Ebene der Beurteilung der Auswirkungen des Zusammenschlusses dennoch berücksichtigt werden.[157]

In einer Vielzahl der relevanten Fälle hat die Kommission bisher die Beachtlichkeit von Substituierbarkeit auf der Angebotsseite abgelehnt.[158] Entweder fehlte es an der **erforderlichen Fähigkeit** der Hersteller zur Produktionserweiterung oder -umstellung,[159] an der **Zeitnähe** der Umstellungsmöglichkeit[160] oder den **ökonomischen Anreizen**.[161] Üblicherweise bildet allein die Angebotsumstellungsflexibilität eines im aus Nachfragersicht relevanten Produktbereich bisher nicht tätigen Anbieters[162] nicht den tragenden Grund für eine umfassende Produktmarktabgrenzung, sondern tritt grundsätzlich neben nachfrageseitige Gesichtspunkte.[163] Ist die Substituierbarkeit nur von Anbieter- aber nicht von Nachfragerseite gegeben, kann die Kommission allerdings auch einen gesamten sachlich relevanten Markt annehmen, in dem die aus Nachfragerseite nicht substituierbaren Güter oder Dienstleistungen einzelne Segmente bilden.[164] Diesen kann dann wiederum besondere Bedeutung für den Gesamtmarkt zukommen.[165]

Wo nachfrageseitig nicht oder schwach austauschbare Produkte bereits von den gleichen Herstellern angeboten werden, kann dies dagegen ein Grund für die Zusammenfassung dieser Produkte zu einem Markt sein, wenn **weitere Gesichtspunkte** hinzutreten. Statt des vom potenziellen Markteintritt eines Anbieters ausgehenden Drucks wird die disziplinierende Wirkung in dieser Konstellation bereits durch die bestehende Präsenz des Konkurrenten bei einem anderen, verwandten Produkt ausgeübt.[166] Dieser Fall unterscheidet sich von dem in Rn. 53 gebildeten Beispiel. Zu denken ist hier etwa an Endkunden-Kraftstoffmärkte: Obwohl Benzin und Super untereinander aus Nachfragesicht nur eingeschränkt und mit Diesel überhaupt nicht austauschbar sind, gehören diese Kraftstoffe für Kfz demselben Markt an, weil alle Anbieter alle Kraftstoffarten anbieten können und tatsächlich auch anbieten und diese in der Regel in ein und derselben Verkaufsstelle erhältlich sind.[167]

c) Räumlich relevanter Markt. Der geografisch relevante Markt umfasst das Gebiet, in dem die beteiligten Unternehmen die relevanten Produkte oder Dienstleistungen anbieten, in dem die

---

[154] Vgl. Bekanntmachung „Marktabgrenzung" Rn. 21; vgl. auch Kom., M.6471, Rn. 162, 173 – Outokumpu/Inoxum.
[155] Kom., M.9730, Rn. 81 – FCA/PSA.
[156] Vgl. Bekanntmachung „Marktabgrenzung," Rn. 20; Kom., M.9730, Rn. 81 – FCA/PSA.
[157] Vgl. Bekanntmachung „Marktabgrenzung" Rn. 14, 23 f.; Kom., M.6214, Rn. 152 – Seagate/HDD; M.9730, Rn. 88 – FCA/PSA.
[158] Kom., M.9730, Rn. 88 – FCA/PSA; M.8394, Rn. 99 – Essilor/Luxottica.
[159] Kom. M.9592, Rn. 30 – Freudenberg/L&B; M.5907, Rn. 87 – Votorantim/Fischer/JV.
[160] Kom., M.10123, Rn. 19 – PPG/Tikkurila.
[161] Kom., M.10123, Rn. 19 – PPG/Tikkurila; M.5046, Rn. 51 – Friesland/Campina.
[162] Zweifelhaft in Kom. ABl. 2002 C 89, 6., M.2702, Rn. 11 – Norsk Hydro/VAW.
[163] Kom. M.2772, Rn. 17 – HDW/Ferrostaal/Hellenic Shipyard; M.1672, Rn. 29 – Volvo/Scania.
[164] Kom., M.9706, Rn. 286 – Novelis/Aleris.
[165] Kom. M.6497, Rn. 138 ff. – Hutchison 3G Austria/Orange Austria; M.5253, Rn. 80 – Sanofi-Aventis/Zentiva.
[166] Kom., M.10173, Rn. 15 f. – Luminus/Essent; M.5294, Rn. 30 – Schaeffler/Continental.
[167] Kom., M.9014, Rn. 599 ff. – PKN Orlen/Grupa Lotos.

Wettbewerbsbedingungen **hinreichend homogen** sind und das sich von benachbarten Gebieten durch spürbar unterschiedliche Wettbewerbsbedingungen unterscheidet.[168]

58 Der EuGH hat festgestellt, dass sich für die Abgrenzung des relevanten geografischen Marktes „die **objektiven Wettbewerbsbedingungen** bei dem relevanten Erzeugnis für alle Unternehmen gleichen" müssen.[169] Ferner kann – gerade bei sich erst entwickelnden Märkten – auch die räumliche Ausdehnung anderer, mit dem in Frage stehenden Produktmarkt in Verbindung stehender Produktmärkte Einfluss auf die Abgrenzung des räumlichen Marktes haben. So wurde zB daraus, dass der Mobilfunkmarkt sowie der Markt für Bankdienstleitungen an Endkunden in der Vergangenheit national abgegrenzt wurden, geschlossen, dass auch die in der Entstehung begriffenen Märkte für die Abwicklung von Zahlungen der Verbraucher über Mobiltelefone (die wiederum sowohl Leistungen der Mobilfunkanbieter wie auch der Banken einbeziehen) wohl ebenfalls national abzugrenzen seien.[170] Der Definition des räumlich relevanten Marktes kann insofern große Bedeutung zukommen, als dass diese unmittelbar Einfluss auf die Marktstellung der Parteien hat – in Ineos/Kerling etwa hatten die Zusammenschlussparteien einen gemeinsamen Anteil am EWR-weiten Markt von 20–30 %, während sie bei Abgrenzung nationaler Märkte Marktanteile von bis zu 90–100 % in Norwegen und Schweden erreichten.[171]

59 **aa) Substituierbarkeit auf der Nachfrageseite.** Entscheidend für die Bestimmung des geografisch relevanten Marktes ist wiederum die Nachfragersicht.[172] In Anwendung des **SSNIP-Tests** (→ Rn. 46 f.; zur Nachfragesubstitution → Kapitel 1 Rn. 244 ff.) ist der relevante geografische Markt solange um weitere Gebiete zu vergrößern, bis eine 5–10 %ige Preiserhöhung der in diesem Gebiet gehandelten Produkte oder Dienstleistungen deshalb nicht zu einem Absatzrückgang führt, weil die Nachfrager nicht auf die Angebote in anderen Gebieten ausweichen können oder wollen und die Preiserhöhung damit profitabel wäre.[173]

60 Wesentlicher Anhaltspunkt bei der Prüfung der geografischen Ausdehnung des relevanten Marktes ist die **Homogenität der Wettbewerbsbedingungen** innerhalb des Marktraumes. Diese werden von dem beobachtbaren Käuferverhalten in den relevanten Gebieten, dem Preisniveau,[174] den Handelsströmen[175] und Lieferstrukturen, der regulatorischen Situation sowie den Kundenpräferenzen[176] geprägt. Gebiete, in denen geografisch unterschiedliche Regulierung etwa durch nationale Zulassungsverfahren[177] oder kulturell unterschiedliche Vorlieben zu Marktzutrittsschranken, zum Erfordernis großer räumlicher Nähe zwischen Anbieter und Kunden oder zu regionalspezifischen Produktunterschieden führen, werden kaum zu einem einheitlichen geografischen Markt zusammenzufassen sein.

61 Im Rahmen der Anmeldung ist die **Marktanteilsverteilung** für die aus Sicht der Parteien relevanten Produktmärkte auf Ebene der Mitgliedstaaten, der EU und der EFTA anzugeben. Hiermit verschafft sich die Kommission in der Praxis einen ersten Eindruck vom Umfang des räumlich relevanten Marktes.[178] Die endgültige Marktabgrenzung wird, soweit für die Entscheidung erforderlich, auf Grundlage dieser Arbeitshypothese, der von den Parteien in der Anmeldung vorgeschlagenen und begründeten Marktabgrenzung sowie unter Berücksichtigung der Ergebnisse der Marktuntersuchung gebildet. Im Rahmen ihrer stärker ökonomischen Ausrichtung stellt die Kommission auch bei der geografischen Marktabgrenzung verstärkt auf quantitative Faktoren wie Preis- und Margenunterschiede ab.[179]

62 Die geografische Marktabgrenzung ist nach der Fallpraxis der Kommission eine **Einzelfallentscheidung**. Generelle Aussagen lassen sich nur begrenzt treffen. Die Kommission orientiert sich stark an ihrer eigenen Fallpraxis und ist geneigt, auf in früheren Entscheidungen zugrunde gelegte Markträume zurückzugreifen, wenn nicht wesentliche Veränderungen im Markt eine Modifizierung

---

[168] Vgl. Art. 9 Abs. 7; Bekanntmachung „Marktabgrenzung," Rn. 8; Formblatt CO, Abschnitt 6.2.
[169] EuGH C-27/76, ECLI:EU:C:1978, 207:22, Rn. 44 – United Brands/Kommission.
[170] Kom., M.6314, Rn. 221 – Telefónica UK/Vodafone UK/Everything Everywhere/JV.
[171] Kom., M.4737, Rn. 45 – Ineos/Kerling.
[172] Vgl. Bekanntmachung „Marktabgrenzung" Rn. 17, 28 ff.; Kom., M.3687, Rn. 67 ff. – Johnson & Johnson/Guidant; vgl. auch Verweisungsentscheidung gem. Art. 9 Abs. 4 in Kom., M.9142, Rn. 27 ff. – Rewe/Lekkerland und gem. Art. 9 Abs. 3 in Kom., M.5790, Rn. 14 – Lidl/Plus Romania/Plus Bulgaria.
[173] Vgl. Bekanntmachung „Marktabgrenzung," Rn. 17.
[174] Kom., M.8870, Rn. 196 – E.ON/Innogy.
[175] Kom., M.8900, Rn. 162 – Wieland/Aurubis Rolled Products/Schwermetall.
[176] Kom., M.7932, Rn. 328 – Dow/DuPont; M.3333, Rn. 35 – Sony/BMG.
[177] Kom., M.8084, Rn. 323 ff., 2589 ff. – Bayer/Monsanto; M.7932, Rn. 327 ff., 358 – Dow/DuPont.
[178] Vgl. Bekanntmachung „Marktabgrenzung" Rn. 28; M.5675, Rn. 136 – Syngenta/Monsanto.
[179] So auch Levy/Cook, European Merger Control Law, § 8.07; vgl. auch Kom., M.4513, Rn. 63 ff. – Arjowiggins/M-Real Zanders Reflex; vgl. auch Donath CPN 1/2009, 41.

III. Prüfung auf Vereinbarkeit mit dem Binnenmarkt 63, 64 **Art. 2 FKVO**

nahelegen.[180] In einer im Januar 2016 von der Kommission veröffentlichten Studie zur geografischen Marktabgrenzung kritisieren die Autoren, dass sich diese in der Tendenz zu sehr an den mitgliedstaatlichen Grenzen orientiere.[181] Deshalb wurde der Kommission nahegelegt, sich bei ihren Untersuchungen an sog. Isochronen sowie **isochronischen Grenzen,** die ein Gebiet etwa anhand der Erreichbarkeit von einem gegebenen Ausgangspunkt aus innerhalb einer bestimmten Zeit abgrenzen, zu orientieren.[182] In neueren Entscheidungen wie bspw. Holcim/Lafarge,[183] Cargill/ADM Chocolate,[184] Kingspan/Steel Partners[185] oder Holcim/Cemex West[186] findet sich dieser Ansatz berücksichtigt.

Grundsätzlich finden sich in der **Fallpraxis** alle denkbaren Ausprägungen der geografischen **63** Marktabgrenzung; die im Folgenden zitierten Fälle sollen kein vollständiges Bild der einschlägigen Beschlusspraxis geben, sondern haben nur Beispielscharakter. Der relevante Markt kann sich zunächst bereits aus der **Ortsgebundenheit** der betrachteten Wirtschaftsleistung ergeben, etwa bei Punktzu-Punkt-Märkten,[187] Netzwerkmärkten,[188] Märkten für Hinterland-Hafenverkehre[189] oder im Falle von Leistungen, die von den Kunden nur an einem Ort nachgefragt werden können wie etwa Betankungsleistungen am Flughafen.[190] Weiterhin können lokale **Kundenpräferenzen**[191] oder die **Transportuntauglichkeit**[192] des relevanten Produktes eine besonders enge geografische Marktabgrenzung vorgeben, ebenso wie die Tatsache, dass bestimmte Produkte nicht für die Verwendung in allen Regionen tauglich sind.[193] Insbesondere im Lebensmitteleinzelhandel geht die Kommission von lokalen oder regionalen **Einzugsgebieten** der einzelnen Einzelhandelsgeschäfte aus; gehört ein solches Geschäft aber zu einer national tätigen Kette, sollen auch die Auswirkungen auf den Wettbewerb auf nationaler Ebene untersucht werden.[194] Im Einklang mit dem Vorstehenden, ging die Kommission in ihrer Entscheidung im Fall Ball/Rexam[195] von einem regional differenzierten Markt auf Basis der folgenden vier Grundbedingungen aus: (i) Angebots- und Nachfragebedingungen variieren von einem Standort zum nächsten, (ii) Abnehmer beziehen den Großteil ihrer Einkäufe innerhalb einer bestimmten Entfernung von ihren Abfüllstationen, (iii) die Anbieter liefern die Dosen normalerweise zum Standort des jeweiligen Abnehmers und (iv) die Preise werden in Abhängigkeit zur jeweiligen Abfüllstation vereinbart.[196] Auf Grundlage dessen definierte die Kommission den geografischen Markt als bestehend aus einzelnen Einzugsgebieten in Form von „regionalen Clustern" mit einem Radius von 700 km um die Abfüllstationen der Abnehmer herum. Hieraus bildete die Kommission dann wieder einzelne Regionen.[197]

Die Berechnung von Einzugsgebieten in Form von Radien verfolgt die Kommission daneben **64** u.a. für die Zementindustrie.[198] **Regulatorische Unterschiede** (einschließlich Normen, Standards und gewerblichen Schutzrechten),[199] die die Nachfrager von grenzüberschreitender Bedarfs-

---

[180] Kom., M.9450, Rn. 33 – PPG/TIL/JV; M.6381, Rn. 31–34 – Google/Motorola Mobility.
[181] Fletcher/Lyons, Geographic Market Definition in European Commission Merger Control – A Study for DG Competition, January 2016, 17 f., abrufbar unter http://ec.europa.eu/competition/publications/reports/study_gmd.pdf, zuletzt abgerufen am 17.3.2023.
[182] Fletcher/Lyons, S. 5, 17 f. u. 58 f., abrufbar unter http://ec.europa.eu/competition/publications/reports/study_gmd.pdf, zuletzt abgerufen am 17.3.2023.
[183] Kom., M.7252, Rn. 57 ff. – Holcim/Lafarge.
[184] Kom., M.7408, Rn. 63 ff. – Cargill/ADM Chocolate Business.
[185] Kom., M.7479, Rn. 39 ff. – Kingspan/Steel Partners.
[186] Kom., M.7009, Rn. 136 ff. – Holcim/Cemex West.
[187] Kom., M.9287, Rn. 47 f. – Connect Airways/Flybe; M.6607, Rn. 8 – US Airways/American Airlines.
[188] Kom., M.8864, Rn. 315 – Vodafone/Certain Liberty Global Assets.
[189] Kom., M.9450, Rn. 16 ff. – PPG/TIL/JV.
[190] Kom., M.1383, Rn. 808 ff. – Exxon/Mobil; s. zu Bodenabfertigungsdiensten allgemein Kom., M.7021, Rn. 44 – Swissport/Servisair.
[191] Kom., M.3333, Rn. 35 – Sony/BMG; vgl. auch Kom., M.5781, Rn. 31 – Total Holdings Europe SAS/ERG SPA/JV, und Verweisungsentscheidung gem. Art. 4 Abs. 4, Kom., M.9414, Rn. 14 – Kuwait Petroleum Belgium/U Car Services/Vp Oil/Certain Businesses From Uhoda.
[192] Kom., M.9316, Rn. 91 ff. – Peab/Yit's Paving And Mineral Aggregates Business; COMP/JV.29 Rn. 14 – Lafarge/Readymix.
[193] Kom., M.5675, Rn. 115 – Syngenta/Monsanto's Sunflower Seed Business.
[194] S. allgemein zu Einzelhandelsketten Verweisungsentscheidung nach Art. 4 Abs. 4, Kom., M.9609, Rn. 21 – Mann Mobilia/Tessner Holding.
[195] Kom., M.7567, Rn. 6 – Ball/Rexam.
[196] Hierzu vgl. Juramy/Koltay/Ramondino, Competition Merger Brief 2/2016, 2 f.
[197] Kom., M.7567, Rn. 6 – Ball/Rexam.
[198] Kom., M.7878, Rn. 160 ff. – HeidelbergCement/Schwenk/Cemex Hungary/Cemex Croatia; M.7744, Rn. 35 – HeidelbergCement/Italcementi; M.7252, Rn. 58, 79 ff. – Holcim/Lafarge.
[199] Kom., M.7949, Rn. 28 – Norwegian/Shiphold/OSM Aviation; M.3570, Rn. 23 – Piaggio/Aprilia; M.2922, Rn. 62 – Pfizer/Pharmacia; vgl. auch Kom., M.5649, Rn. 17 – RREF Fund/Endesa/UFG/SAGGAS.

deckung abhalten, unterschiedliche **Preisniveaus,**[200] verschiedene **Markenpositionierung**[201] oder **Gebrauchsgewohnheiten**[202] und **Sprachgrenzen**[203] können für nationale Märkte oder Märkte sprechen, die einzelne Mitgliedstaaten umfassen. Für Produkte und Dienstleistungen, die in weitgehend ähnlicher Charakteristik zu weitgehend vergleichbaren Preisen in der EU erhältlich sind, die zu geringen **Transportkosten** innerhalb Europas befördert werden können und hinsichtlich derer keine nennenswerten Hemmnisse für den Handel innerhalb der EU bestehen, werden in der Regel EU- oder EWR-weite Märkte angenommen.[204] Seit dem Brexit kann dies dazu führen, dass die Kommission trotz im Wesentlichen ähnlicher Marktbedingungen das Vereinigte Königreich einerseits und die EU bzw. den EWR andererseits unterschiedlichen geographischen Märkten zuordnet.[205] In einzelnen Entscheidungen wurden Europa-weite Märkte angenommen, die auch europäische Länder außerhalb der EU einbezogen.[206] Schließlich können für Produkte, die jedenfalls in der hochindustrialisierten Welt zu homogenen Bedingungen gehandelt werden, spezielle Marktabgrenzungen angebracht sein, die den EWR, Nordamerika,[207] den NAFTA-Raum oder auch Japan umfassen. Für Güter, hinsichtlich derer weltweit einheitliche Wettbewerbsbedingungen herrschen, hat die Kommission globale Märkte angenommen.[208]

65 bb) **Substituierbarkeit auf der Angebotsseite.** Ebenso wie bei der Abgrenzung des relevanten Produktmarktes können auch bei der räumlichen Marktabgrenzung angebotsseitige Überlegungen mit einfließen. Insbesondere wird ermittelt, ob Unternehmen vor Hindernissen stehen, wenn sie ihren Absatz zu wettbewerbsfähigen Bedingungen innerhalb des gesamten räumlichen Marktes ausbauen wollen. Dadurch soll das Vorliegen oder die Abwesenheit von **Marktzutrittsschranken** ermittelt werden, die gebietsfremde Unternehmen davon abhalten könnten, ihr Angebot im Falle einer kleinen, dauerhaften Preiserhöhung in das Marktgebiet auszudehnen (→ Kapitel 1 Rn. 250 ff.). Die Kommission wird bei ihrer Marktuntersuchung im Rahmen der Prüfung eines angemeldeten Zusammenschlusses die Wettbewerber der Zusammenschlussparteien vor allem auf folgende Kriterien hin befragen: Erforderlichkeit einer **Gebietspräsenz,**[209] Zugangsbedingungen zu den Vertriebswegen, Errichtung eines **Vertriebsnetzes**[210] sowie mögliche **regulatorische Schranken,** etwa für Produktzulassungen,[211] das öffentlichen Auftragswesen,[212] Preisvorschriften,[213] den Handel oder die Produktion einschränkende Kontingente und Zölle,[214] technische Normen, Monopole bzw. Lizenzen,[215] Niederlassungsfreiheit, erforderliche behördliche Genehmigungen,[216] Verpackungsvorschriften usw.[217] In immer mehr Industriebereichen deutet allerdings eine Europäisierung der Märkte an, etwa aufgrund der zunehmenden Integration des Binnenmarktes[218] oder auch der binnenmarktweiten Liberalisierung in bestimmten Wirtschaftszweigen, wie etwa dem Eisenbahngüterverkehr.[219]

66 d) **Besondere Konstellationen.** Bei der Marktabgrenzung müssen immer auch die besonderen Umstände des Marktes berücksichtigt werden, insbesondere bei den im Folgenden aufgeführten Markttypen. Darüber hinaus können sich besondere Probleme der Marktabgrenzung auch bei Märkten mit differenzierten Gütern (→ Kapitel 1 Rn. 255 ff.), bei Märkten mit Preisdiskriminierung

---

[200] Kom., M.8864, Rn. 44 f. – Vodafone/Certain Liberty Global Assets; M.6458, Rn. 228 – Universal Music Group/EMI Music.
[201] Kom., M.9857, Rn. 39 – Volvo/Daimler/JV.
[202] Kom., M.10459, Rn. 32 ff. – CVC/Stock Spirits Group; M.5114, Rn. 42 – Pernod Ricard/V&S.
[203] Kom., M.9501, Rn. 50 – I Squared Capital Advisors/Pema; M.5699, Rn. 14 – Adecco/MPS Group.
[204] Kom., M.8797, Rn. 108 – Thales/Gemalto; M.6218, Rn. 25 – Ineos/Tessenderlo Group S-PVC Assets.
[205] Kom., M.10078, Rn. 325, 376, 477 f. – Cargotec/Konecranes.
[206] Kom., M.8677, Rn. 133 – Siemens/Alstom.
[207] Kom., M.984, Rn. 44 – Dupont/ICI.
[208] Kom., M.10097, Rn. 95 f. – AMD/XILINX; M.5984, – Intel/McAfee.
[209] Kom., M.8797, Rn. 102 – Thales/Gemalto; M.8480, Rn. 148 – Praxair/Linde; M.8258, Rn. 42 – Advent International/Morpho.
[210] Kom., M.3333, Rn. 15 – Sony/BMG; vgl. auch Verweisungsentscheidung gem. Art. 9 Abs. 3, M.5637, Rn. 40–42 – Motor Oil (Hellas) Corinth Refineries/Shell Overseas Holdings.
[211] Kom., M.8084, Rn. 323 ff., 2589 ff. – Bayer/Monsanto; M.7932, Rn. 327 ff., 358 – Dow/DuPont; M.5675, Rn. 136 – Syngenta/Monsanto.
[212] Kom., M.8677, Rn. 128 – Siemens/Alstom.
[213] Kom., M.9461, Rn. 13 – Abbvie/Allergan.
[214] Kom., M.8480, Rn. 149 – Praxair/Linde.
[215] Kom., M.8258, Rn. 42 – Advent International/Morpho.
[216] Kom., M.8797, Rn. 103 – Thales/Gemalto.
[217] Bekanntmachung „Marktabgrenzung," Rn. 30.
[218] Kom., M.9483, Rn. 18 – Engie/Powerlines.
[219] Kom., M.5096, Rn. 45 – RCA/MAV Cargo; M.4746, Rn. 32 – Deutsche Bahn/English Welsh and Scottish Railway Holdings (EWS).

(→ Kapitel 1 Rn. 257 ff.) sowie Sortimentsmärkten (→ Kapitel 1 Rn. 268 ff.) ergeben. Ganz allgemein ist auch immer die **Marktdynamik,** etwa ausgelöst durch höhere Nachhaltigkeitsstandards, bei der Marktabgrenzung zu berücksichtigen (→ Rn. 9).

aa) Entstehende Märkte. Bei ihrer **zukunftsgerichteten Marktabgrenzung** muss die Fusionskontrolle auch Märkte berücksichtigen, die erst im Entstehen begriffen sind. Dies kann etwa bei einer Änderung der wirtschaftlichen und rechtlichen Rahmenbedingungen der Fall sein. Besonders prominente Beispiele hierfür waren etwa **Liberalisierungen** im Bereich der Telekommunikation[220] und Energie[221], die zu einer neuen sachlichen Marktabgrenzung führten. Die Änderung des regulatorischen Rahmens kann sich, etwa durch den Wegfall von Zöllen oder sonstigen Handelsbeschränkungen, zudem auch auf die geografische Marktabgrenzung auswirken. Daneben werden neue Märkte insbesondere in Bereichen mit raschem technologischen Fortschritt und entsprechend angepassten bzw. neuen Geschäftsmodellen angenommen.[222] 67

In diesen Fällen bildet die Kommission sog. emerging markets und untersucht die Wirkungen angemeldeter Vorhaben auf diesen entstehenden Märkten. Eine zukunftsgerichtete Marktabgrenzung im sog. **Innovationswettbewerb** hat die Kommission in der Vergangenheit insbesondere in der Pharmaindustrie[223] und zB auch im Bereich von Pflanzenschutzmitteln[224] vorgenommen. Hier prüfte sie, ob die beiden Parteien im Hinblick auf sog. Pipeline-Produkte auf einem zukünftigen Markt miteinander im Wettbewerb stehen würden. Auch bei der wettbewerblichen Beurteilung der Position der Zusammenschlussparteien auf entstehenden Märkten ist deren **dynamische Entwicklung** mit einzubeziehen. Eine nur vorübergehende Führerschaft auf einem neu entstehenden Markt führt nicht automatisch zur Annahme einer marktbeherrschenden Stellung, da von einem zeitnahen Eintritt anderer Wettbewerber in entstehende Märkte ausgegangen werden kann.[225] Anders kann die Bewertung jedoch ausfallen, wenn die Parteien in der Lage sind, vorbestehende Marktmacht in benachbarten Märkten in den entstehenden Markt hinein auszudehnen und den Markteintritt für Wettbewerber zu erschweren.[226] Zum hiervon zu unterscheidenden Konzept des Innovationsmarkts → Kapitel 1 Rn. 261 ff. 68

bb) Beschaffungsmärkte. Häufig beziehen sich fusionskontrollrechtliche Untersuchungen auf Angebotsmärkte, so dass sich die Marktabgrenzung auf entsprechende Produktmärkte aus Nachfragesicht konzentriert. Spiegelbildlich hierzu kann aber auch die Marktkonzentration auf Beschaffungsmärkten – also auf Seiten der Nachfrager nach Produkten – zu untersuchen sein.[227] Besonders prominent waren hierzu bisher Fälle im Bereich des **Lebensmitteleinzelhandels,** die aber häufig gemäß Art. 4 Abs. 4 an die nationalen Wettbewerbsbehörden zur Entscheidung verwiesen werden (→ Rn. 521).[228] Hierbei ist zu untersuchen, inwiefern die Anbieter ihre Produkte anderen Nachfragern anbieten können bzw. ihre Produktion entsprechend umstellen können, um nicht der Nachfragemacht auf dem Beschaffungsmarkt ausgesetzt zu sein.[229] Dieses Konzept der **Angebotsumstellungsflexibilität** ist auch für die Definition des Angebotsmarkts relevant, insbesondere mit Blick auf die Frage, ob auch bisher nicht tätige Anbieter entsprechende Produkte anbieten können (→ Rn. 54 f.). 69

cc) Zweiseitige Märkte bzw. Plattformmärkte. Ferner können Besonderheiten bei zweiseitigen Märkten bzw. Plattformmärkten bestehen, in denen ein Anbieter als Mittler zwischen zwei 70

---

[220] Kom., M.1795, Rn. 21 – Vodafone Airtouch/Mannesmann; M.2050, Rn. 26–33 – Vivendi/Canal+/Seagram; vgl. auch Garzaniti/O'Reagan, Telecommunications, Broadcasting and the Internet, S. 421 ff.
[221] Kom., M.2679, Rn. 23 – EDF/TXU Europe/24 Seven; COMP/JV.28, Rn. 25, 28 – Sydkraft/HEW/Hansa Energy Trading.
[222] Kom., M.8744 – Daimler/BMW/Car Sharing JV; M.4942, Rn. 103 – Nokia/Navteq; M.5227, Rn. 12, 20 – Robert Bosch/Samsung/JV; M.3333, Rn. 43 ff., insbes. Rn. 93 – Sony/BMG; M.2416, Rn. 198 – Tetra Laval/Sidel.
[223] So bspw. Kom., M.7559 – Pfizer/Hospira; M.7326 – Medtronic/Covidien; M.7275 – Novartis/GlaxoSmithKline Oncology Business.
[224] Kom., M.8084 – Bayer/Monsanto; M.7932 – Dow/DuPont; M.7962 – Chemchina/Syngenta.
[225] Vgl. Kom., M.2282, Rn. 7 – BT/Esat Digifone; M.2609, Rn. 37 f. – HP/Compaq; M.2403, Rn. 18 – Schneider/Thomson Multimedia/JV; M.1976, Rn. 44 – Shell/Halliburton/Well Dynamics JV; COMP/JV.36, Rn. 37 – TXU Europe/EDF-London Investments; M.1867, Rn. 10 – Volvo/Telia/Ericsson-Wireless Car; M.2048, Rn. 4, 16 – Alcatel/Thomson Multimedia/JV; M.1190, Rn. 1 – Amoco/Repsol/Iberdola/Ente Vasco de la Energia.
[226] Kom., M.8788, Rn. 336 ff. – Apple/Shazam.
[227] Vgl. Bekanntmachung „Marktabgrenzung" Rn. 17.
[228] Vgl. etwa Kom., M.10201, Rn. 21 – Ahold Delhaize/Deen Assets; M.9886, Rn. 30 – Salling Group/Tesco Polska.
[229] Immenga/Mestmäcker/Körber, Rn. 23.

oder mehreren Nachfragergruppen auftritt und indirekte **Netzeffekte** bestehen (→ Kapitel 1 Rn. 129 ff.; → Kapitel 1 Rn. 263 ff.). Diese liegen dann vor, wenn der Nutzen der Plattform für eine Gruppe mit der Zahl der Nutzer auf der Gegenseite steigt. Beispiele sind die Bereitstellung von Online-Werbeflächen durch Suchmaschinenanbieter[230] oder die Übermittlung von Informationen freier Hotelkapazitäten via eines Mittlers auf der Reisebüros.[231] Hierbei ist zu untersuchen, ob es sich um mehrere Produktmärkte – bei sozialen Netzwerken etwa unterteilt in Angeboten gegenüber Nutzern der Plattform einerseits und Angeboten gegenüber Werbetreibenden andererseits – oder um einen einheitlichen, alle Aktivitäten umfassenden Produktmarkt handelt. Zwar lässt die Kommission diese Entscheidung im Ergebnis häufig offen. In einigen Entscheidungen hat sie aber danach unterschieden, ob zwischen den Marktseiten eine **Transaktion** stattfindet oder nicht.[232] Ist dies der Fall, etwa bei der Vermittlung von Reisen, handelt es sich um einen einheitlichen Markt.[233] Findet kein direkter Austausch statt, wie häufig etwa bei sozialen Netzwerken, dürfte es sich dagegen regelmäßig um verschiedene Produktmärkte handeln.[234] Weitere Faktoren, die die Kommission berücksichtigt, sind beispielsweise der Grad der Produktdifferenzierung auf jeder Seite und die Art der Plattform (zB, ob es sich um eine Transaktions- oder um eine Matching-Plattform handelt). Außerdem kommen getrennte Märkte eher in Betracht, wenn verschiedene Unternehmen substituierbare Produkte für jede Nutzergruppe anbieten.[235]

71 Aufgrund der indirekten Netzeffekte ist im Rahmen des **SSNIP-Test** für die Frage, ob eine Preiserhöhung lohnenswert ist, zu untersuchen, ob durch den Verlust von Kunden auf der einen Marktseite auch Kunden auf der anderen Marktseite verloren gehen.[236] Durch die verschiedenen interdependenten Interessen der Nutzergruppen gestaltet sich die Abgrenzung bei mehrseitigen Märkten also besonders schwierig – teilweise wird die Tauglichkeit des SSNIP-Tests dabei insgesamt in Abrede gestellt.[237] Dies gilt insbesondere für Plattformmärkte, auf denen wie bei sozialen Netzwerken häufig zumindest einer Nutzergruppe die Leistungen unentgeltlich angeboten werden (→ Rn. 72 f., → Kapitel 1 Rn. 266 ff.). Auch die Kommission betont, dass in diesen Fällen die Anwendung des SSNIP-Tests erschwert wird. Als Alternative dazu kann die Kommission beispielsweise die Wechselbereitschaft von Kunden als Reaktion auf eine geringfügige, aber signifikante und anhaltende Qualitätsminderung prüfen.[238]

72 **dd) Märkte mit unentgeltlichen Leistungsbeziehungen.** Insbesondere im digitalen Bereich gibt es mehr und mehr unentgeltliche Leistungsbeziehungen, gerade auch auf **Plattformmärkten** (→ Rn. 70). Hierunter fällt etwa die Nutzung sozialer Netzwerke und von Navigationsdiensten, für die Verbraucher häufig keine monetäre Gegenleistung erbringen, sondern etwa Daten zur Verfügung stellen oder Werbung akzeptieren. Diese Märkte werden deshalb auch Nullpreismärkte (oder -marktseiten) genannt.[239] Dabei ist auch zu berücksichtigen, dass in einigen Fällen nur einige Anbieter ihre Produkte kostenlos anbieten, während andere diese gegen Entgelt anbieten und im Gegenzug etwa auf Datennutzung oder Werbung verzichten. Zudem sind bestimmte Zusatzdienste häufig nur gegen Aufpreis erhältlich, was im Rahmen der Marktabgrenzung bzw. Segmentierung gegebenenfalls zu berücksichtigen sein kann.

73 Der klassische **SSNIP-Test** (→ Rn. 46) ist jedenfalls für die Marktseite, auf der zumindest von einigen Anbietern keine entgeltlichen Gegenleistungen verlangt werden, nicht anwendbar. Die Kommission untersucht in ihren Entscheidungen daher vor allem, ob die Produkte aus Sicht der Nutzer sehr ähnlich bzw. austauschbar sind. Das kann etwa die Frage betreffen, welche spezifischen **Funktionalitäten** angeboten und wie diese Produkte genutzt werden können (→ Kapitel 1 Rn. 266 f.).[240]

74 **ee) Technologiemärkte.** Technologiemärkte weisen insofern Besonderheiten auf, als dass auf ihnen keine Produkte oder Dienstleistungen im engeren Sinne, sondern **Verfahren und Know-how** gehandelt werden.[241] Unternehmen, die eigene Technologien, Produktionsprozesse oder Verfahren

---

[230] Kom., M.9660, Rn. 155 – Google/Fitbit; s. hierzu auch Evans/Noel J.C.L.&E. 2008, 663 (664); Alexandrov/Deltas/Spulber J.C.L&E 2011, 775 (782).
[231] Kom., M.4523, Rn. 11 – Travelport/Worldspan.
[232] Levy/Cook, European Merger Control Law, § 8.03.
[233] Kom., M.8416, Rn. 16 ff. – The Priceline Group/Momondo Group Holdings; M.4523, Rn. 9 ff. – Travelport/Worldspan.
[234] Kom., M.8124, Rn. 87 ff – Microsoft/LinkedIn.
[235] Entwurf Mitteilung „Marktabgrenzung" Rn. 95.
[236] Vgl. Kom., M.4523, Rn. 18 – Travelport/Worldspan.
[237] Hierzu mwN Höppner/Grabenschröer NZKart 2015, 162; Weck NZKart 2015, 290 (292 ff.).
[238] Entwurf Mitteilung „Marktabgrenzung" Rn. 98.
[239] Immenga/Mestmäcker/Körber, Rn. 52.
[240] Kom., M.9660, Rn. 182 ff. – Google/Fitbit; M.8788, Rn. 107 ff. – Apple/Shazam.
[241] Kom., M.7932, Rn. 333 ff. – Dow/DuPont.

entwickelt haben und dafür **gewerbliche Schutzrechte** (in der Regel Patente) besitzen, lizenzieren diese Verfahren häufig an Konkurrenten, die diese ebenfalls benötigen. Dies geschieht regelmäßig auf freiwilliger Basis; in Ausnahmefällen können marktbeherrschende Patentinhaber hierzu auch durch die Wettbewerbsaufsicht verpflichtet werden. Werden von verschiedenen Unternehmen unterschiedliche, aber untereinander austauschbare Technologien für Dritte angeboten, so entsteht mit der darauf gerichteten Nachfrage ein Technologiemarkt, der von dem nachgelagerten Produktmarkt für die entsprechenden Produktionserzeugnisse zu unterscheiden ist. Sofern ein Unternehmen der einzige Lizenzgeber für das in Rede stehende Verfahren bleibt, ist es Monopolist auf dem jeweiligen Technologiemarkt.[242]

Die Charakteristika solcher Technologiemärkte wurden von der Kommission erstmals ausführlich in der Entscheidung vom 24.4.1996 – Shell/Montecatini beschrieben.[243] Der Fall betraf verschiedene Verfahren zur Produktion von Polypropylen, die als Kombination des Verfahrens-Knowhows und eines speziellen Katalysators lizenziert wurden. Auch andere Fälle, in denen die Kommission Technologiemärkte speziell definiert hat, betreffen die chemische Industrie.[244] Eine ähnliche Struktur wie Technologiemärkte weisen **Lizenz- und Rechtemärkte** in anderen Sektoren, etwa im Bereich der audiovisuellen Rechte oder der Lizenzen für urheberrechtlich geschützte künstlerische Produkte auf. Diese Märkte sind ebenfalls Gegenstand der Beschlusspraxis der Kommission.[245] Zu hiervon zu unterscheidenden Innovationsmärkten → Kapitel 1 Rn. 261 f. **75**

ff) Anschlussmärkte (aftermarkets). Anschlussmärkte bzw. aftermarkets zeichnen sich **76** dadurch aus, dass für die Nutzung eines Produkts auch ein **weiteres Produkt** erworben werden muss. Dies ist etwa der Fall bei Druckern, für die bestimmte Patronen benötigt werden, oder bei Kaffeemaschinen, die nur mit bestimmten Kaffeepads funktionieren. Auch wenn es sich um zwei unterschiedliche Produkte handelt, können diese im Rahmen der Marktabgrenzung doch gemeinsam als **System** zu behandeln sein. Denn Nachfrager werden regelmäßig schon bei der Kaufentscheidung über das primäre Produkt die Kosten für das benötigte sekundäre Produkt auf dem Folgemarkt berücksichtigen.[246] Dies gilt insbesondere dann, wenn sie hinsichtlich des sekundären Produkts etwa aus technischen Gründen nicht auf von anderen Anbietern angebotene Produkte ausweichen können (lock-in) (→ Kapitel 1 Rn. 259 f.). Die Kommission kennt dabei drei Möglichkeiten zur Abgrenzung der sachlich relevanten Märkte bei Primär- und Sekundärprodukten. Erstens ist eine Abgrenzung möglich als Systemmarkt, der sowohl das Primär- als auch das Sekundärprodukt umfasst. Zweitens besteht die Möglichkeit, mehrere Märkte zu erfassen, einen Markt für das Primärprodukt und jeweils getrennte Märkte für die mit den einzelnen Marken des Primärprodukts verbundenen Sekundärprodukte. Drittens kommen duale Märkte in Betracht, also der Markt für das Primärprodukt einerseits und den Markt für das Sekundärprodukt andererseits.[247] Dabei sieht die Kommission die Abgrenzung eines Systemmarkts als geeigneter an, je größer die Wahrscheinlichkeit ist, dass die Kunden beim Kauf des Primärprodukts die Lebensdauerkosten berücksichtigen, je höher die Ausgaben für die Sekundärprodukte im Vergleich zu den Ausgaben für das Primärprodukt sind, je höher der Grad der Substituierbarkeit zwischen Primärprodukten ist und je niedriger die Kosten eines Wechsels zwischen verschiedenen Primärprodukten sind und wenn es keine oder nur wenige Anbieter gibt, die sich nur auf das Sekundärprodukt bzw. die Sekundärprodukte spezialisiert haben.[248] Ähnliche Grundsätze wie bei Anschlussmärkten wendet die Kommission auch bei **digitalen Ökosystemen** an. Bei diesen kann unter bestimmten Umständen davon ausgegangen werden, dass sie ein primäres Kernprodukt und mehrere digitale Sekundärprodukte umfassen, deren Verwendung mit dem Kernprodukt verbunden ist. Wenn die digitalen Sekundärprodukte gebündelt angeboten werden, kann die Kommission auch prüfen, ob die gebündelten Produkte einen eigenen relevanten Markt bilden.[249]

3. Die erhebliche Behinderung wirksamen Wettbewerbs auf dem Binnenmarkt. Nach **77** Art. 2 Abs. 3 sind Zusammenschlüsse mit unionsweiter Bedeutung, durch die wirksamer Wettbewerb im Binnenmarkt oder in einem wesentlichen Teil desselben erheblich behindert würde, insbesondere

---

[242] Kom., M.8306, Rn. 225, 236 – Qualcomm/NXP Semiconductors; M.6381, Rn. 54, 61 – Google/Motorola Mobility.
[243] Kom., M.269, Rn. 28 ff. – Shell/Montecatini.
[244] Kom., M.2187, Rn. 118 ff. – CVC/Lenzing; M.3225, Rn. 28 ff. – Alcan/Pechiney (II); M.550, Rn. 36 ff. – Union Carbide/Enicham.
[245] Kom., M.9669, Rn. 10 ff. – PPF Group/Central European Media Enterprises; M.8788, Rn. 119 ff. – Apple/Shazam.
[246] Vgl. Bekanntmachung „Marktabgrenzung" Rn. 56; Immenga/Mestmäcker/Körber, Rn. 64.
[247] Entwurf Mitteilung „Marktabgrenzung" Rn. 100.
[248] Entwurf Mitteilung „Marktabgrenzung" Rn. 101.
[249] Entwurf Mitteilung „Marktabgrenzung" Rn. 103.

durch Begründung oder Verstärkung einer beherrschenden Stellung, für mit dem Binnenmarkt unvereinbar zu erklären. Durch die Neufassung des materiellen Prüfungskriteriums in Art. 2 Abs. 2 und 3 wurde der Wortlaut des Art. 2 Abs. 3 der bis zum 1.5.2004 geltenden VO 4064/89 umgekehrt, wonach Zusammenschlüsse zu untersagen waren, durch die eine marktbeherrschende Stellung entsteht oder verstärkt wird, die wirksamen Wettbewerb im Binnenmarkt erheblich behindert. Der Test stellt seitdem allein auf die erhebliche Behinderung wirksamen Wettbewerbs ab und nennt die Entstehung oder Verstärkung einer marktbeherrschenden Stellung als bloßes Regelbeispiel einer solchen erheblichen Behinderung. Nach den Anfangsbuchstaben der englischen Sprachfassung des Tatbestandsmerkmals (**s**ignificant **i**mpediment of **e**ffective **c**ompetition) wird der materielle Test auch als SIEC-Test bezeichnet.

78 **a) Überblick über den Regelungsgehalt.** Nach der geltenden FKVO ist für die materielle Bewertung von Zusammenschlüssen auf die **erhebliche Behinderung wirksamen Wettbewerbs** abzustellen. Eine Definition des Merkmals findet sich jedoch weder in der früheren Beschluss- bzw. Entscheidungspraxis der Kommission oder Unionsgerichte noch in der FKVO selbst. Auch seit der Neufassung des Art. 2 Abs. 3 haben es die Kommission und die Unionsgerichte lange vermieden, die erhebliche Behinderung wirksamen Wettbewerbs ausdrücklich zu definieren. Aus den Erwägungsgründen ergibt sich allerdings die Ansicht des Gesetzgebers, wonach eine erhebliche Behinderung wirksamen Wettbewerbs „im Allgemeinen aus der Begründung oder Stärkung einer beherrschenden Stellung [resultiert]"[250] und sich der Begriff darüber hinaus „ausschließlich auf diejenigen wettbewerbsschädigenden Auswirkungen eines Zusammenschlusses erstreckt, die sich aus nicht koordinierten Verhalten von Unternehmen ergeben, die auf dem jeweiligen Markt keine beherrschende Stellung haben würden".[251]

79 Die Begründung oder Verstärkung einer **marktbeherrschenden Stellung** wurde zu einem bloßen Regelbeispiel der erheblichen Behinderung wirksamen Wettbewerbs herabgestuft. Auch unter der geltenden FKVO hält das EuG aber daran fest, dass nicht jede Begründung oder Verstärkung einer marktbeherrschenden Stellung zugleich eine erhebliche Behinderung wirksamen Wettbewerbs bedeutet; wenngleich beide Kriterien aufgrund derselben Tatsachen erfüllt sein können.[252]

80 Die Leitlinien der Kommission für horizontale bzw. für nichthorizontale Zusammenschlüsse lösen sich in gewisser Weise von den Konzepten der erheblichen Behinderung wirksamen Wettbewerbs und der Marktbeherrschung.[253] Stattdessen verlagern sie den Fokus auf das **Konzept erhöhter Marktmacht** (zu den ökonomischen Hintergründen → Kapitel 1 Rn. 141 ff.; → Kapitel 1 Rn. 219 ff.). Demnach verhindere die Kommission mit der Fusionskontrolle Zusammenschlüsse, die geeignet wären, den Verbrauchern die Vorteile wirksamen Wettbewerbs vorzuenthalten, indem sie die Marktmacht der Unternehmen spürbar erhöht würde.[254] Erhöhte Marktmacht bezeichnet dabei „die Fähigkeit eines oder mehrerer Unternehmen, Gewinn bringend ihre Preise zu erhöhen, den Absatz, die Auswahl oder Qualität der Waren oder Dienstleistungen zu verringern, die Innovation einzuschränken oder die Wettbewerbsparameter auf andere Weise zu beeinflussen".[255] Inhaltlich greifen die Leitlinien damit letztlich den ursprünglichen Vorschlag der Kommission für die Neufassung des Art. 2 Abs. 3 auf, für den sich im Ministerrat keine Mehrheit fand. (→ Rn. 31 f.) Im weiteren Verlauf erörtern die Leitlinien jeweils eine Reihe von Faktoren, die zu einer erhöhten Marktmacht des fusionierten Unternehmens führen können (zB hohe Marktanteile, Nähe des Wettbewerbs zwischen den fusionierenden Unternehmen, Beseitigung einer wichtigen Wettbewerbskraft).

81 In der FKVO selbst findet sich dieses (ökonomische) Konzept nur mittelbar, soweit eine erhöhte Marktmacht die Kehrseite einer **Verringerung des Wettbewerbsdrucks** darstellt. Nach Erwägungsgrund 25 können „[u]nter bestimmten Umständen [...] Zusammenschlüsse, in deren Folge der beträchtliche Wettbewerbsdruck beseitigt wird, den die fusionierenden Unternehmen aufeinander ausgeübt haben, sowie der Wettbewerbsdruck auf die verbleibenden Wettbewerber gemindert wird, zu einer erheblichen Behinderung wirksamen Wettbewerbs führen, auch wenn eine Koordinierung zwischen Oligopolmitgliedern unwahrscheinlich ist". Hierin sah das EuG in CK Telecoms zwei kumulative Voraussetzungen dafür, dass nicht koordinierte Wirkungen eines Zusammenschlusses

---

[250] FKVO Erwgr. 26; ähnlich auch Leitlinien „horizontale Zusammenschlüsse" Rn. 4.
[251] FKVO Erwgr. 25.
[252] EuG, T-399/16, ECLI:EU:T:2020:217, Rn. 84 – CK Telecoms/Kommission, derzeit im Rechtsmittel beim EuGH anhängig (C-376/20 P); unter der VO 4064/89 bereits EuG, T-210/01, ECLI:EU:T:2005:456, Rn. 87 – General Electric/Kommission; T-210/01, ECLI:EU:T:2005:456, Rn. 49 – EDP/Kommission; T-310/01, ECLI:EU:T:2002:254, Rn. 321–323, 380, 383 f. – Schneider Electric u.a./Kommission.
[253] Ähnlich auch Immenga/Mestmäcker/Körber, Rn. 200.
[254] Leitlinien „horizontale Zusammenschlüsse" Rn. 8; Leitlinien „nichthorizontale Zusammenschlüsse" Rn. 10.
[255] Leitlinien „horizontale Zusammenschlüsse" Rn. 8; ähnlich auch Leitlinien „nichthorizontale Zusammenschlüsse" Rn. 10.

unter bestimmten Umständen eine erhebliche Behinderung wirksamen Wettbewerbs zur Folge haben können. Zum einen muss der Zusammenschluss dazu führen, dass „der beträchtliche Wettbewerbsdruck beseitigt wird, den die fusionierenden Unternehmen aufeinander ausgeübt haben", zum anderen muss auch „der Wettbewerbsdruck auf die verbleibenden Wettbewerber gemindert" werden.[256] Dieser Anfassung widerspricht GAin Kokott in ihren Schlussanträgen zu CK Telecoms. Der Generalanwältin zufolge erscheint es nicht ausgeschlossen, dass nur eine dieser beiden Voraussetzungen bereits für das Vorliegen einer solchen erheblichen Behinderung ausreicht.[257]

Insofern betonte das EuG in CK Telecoms aber zugleich die Bedeutung des Begriffs der erheblichen Behinderung wirksamen Wettbewerbs als alleiniges Untersagungskriterium in Art. 2 Abs. 3. Dieser dürfe **nicht** mit den kumulativen Kriterien in Erwägungsgrund 25 oder den Kriterien in den Leitlinien der Kommission **verwechselt oder vermengt** werden; andernfalls würde der Anwendungsbereich des Art. 2 Abs. 3 erheblich erweitert.[258] Ob ein geplanter Zusammenschluss den wirksamen Wettbewerb erheblich behindern würde, muss vielmehr durch eine umfassende Beurteilung des Vorliegens und der Erheblichkeit nicht koordinierter (oder koordinierter) Wirkungen festgestellt werden (→ Rn. 141 ff.).[259] **82**

Letztlich eröffnet die geltende FKVO der Kommission größere Spielräume als die Vorfassung des Art. 2 Abs. 3 der VO 4064/89: Das Kriterium der erheblichen Behinderung wirksamen Wettbewerbs spiegelt den – auf die Auswirkungen eines Zusammenschlusses abstellenden – more economic approach der Kommission wider, während das Regelbeispiel der Marktbeherrschung dem früheren, auf die Marktstruktur Bezug nehmenden Ansatz folgt. Der **Kommission** kommt **bei der Auswahl der Kriterien** für eine möglichst sachgerechte Beurteilung eines Zusammenschlussvorhabens **großes Ermessen** zu.[260] Über dessen Ausübung hat die Kommission im Interesse der Rechtssicherheit von Zusammenschlussparteien Klarheit herzustellen, was durch die zahlreichen Leitlinien, Mitteilungen und Bekanntmachungen geschehen ist (→ Rn. 17). **83**

b) Marktstruktur. Die Struktur der betroffenen Märkte spielt weiterhin eine bedeutende Rolle und ist regelmäßig **Ausgangspunkt** der wettbewerblichen Beurteilung durch die Kommission. Entscheidend sind hierfür insbesondere die Verteilung der **Marktanteile** und der **Konzentrationsgrad** auf den jeweiligen Märkten.[261] Hohe Marktanteile sind nach wie vor ein wesentliches,[262] jedoch nicht das einzige Kriterium der Beurteilung, ob der angemeldete Zusammenschluss zur erheblichen Behinderung wirksamen Wettbewerbs führt[263] (→ Kapitel 1 Rn. 132; → Kapitel 1 Rn. 219). Der nach dem Zusammenschluss vorhandene gemeinsame Marktanteil der Parteien gibt einen Anhaltspunkt dafür, ob ihnen nach dem Zusammenschluss besondere Marktmacht zukommen kann; die Addition der Marktanteile gibt Aufschluss darüber, ob diese Marktmacht durch den Zusammenschluss herbeigeführt wird. Das **Verhältnis zwischen den Marktanteilen** der am Zusammenschluss beteiligten Unternehmen und denen ihrer Konkurrenten ist zudem ein Indiz für das Vorliegen einer beherrschenden Stellung.[264] **84**

Der Konzentrationsgrad und seine Veränderung durch den Zusammenschluss wird regelmäßig mittels des **Herfindahl-Hirschman-Index** (HHI) ermittelt und ist, je höher er ist, ein weiteres wichtiges Indiz für Wettbewerbsbedenken (→ Kapitel 1 Rn. 397ff.). In Fällen mit hohen Marktanteilen, hohen Konzentrationsgraden und einem nicht unbedeutenden Delta zwischen den Konzentrationsgraden vor und nach dem Zusammenschluss ist folglich mit einer besonders eingehenden Prüfung der Kommission zu rechnen (zu den Vermutungen → Rn. 106ff.). In Ihrer Bewertung der Marktstruktur berücksichtigt die Kommission aber auch andere Aspekte wie etwa die Anzahl der Wettbewerber, Fähigkeiten und Anreize kleinerer Wettbewerber, Kapazitätsengpässe und Substituierbarkeit verschiedener Produkte.[265] **85**

---

[256] EuG, T-399/16, ECLI:EU:T:2020:217, Rn. 95 f. – CK Telecoms/Kommission; zum Erwgr. 25 s. auch EuG, T-584/19, ECLI:EU:T:2022:386 Rn. 566ff. – ThyssenKrupp/Kommission.
[257] GAin Kokott, Schlussanträge v. 20.10.2022, Rs. C-376/20 P Rn. 76 – CK Telecoms/Kommission.
[258] EuG, T-399/16, ECLI:EU:T:2020:217, Rn. 173 – CK Telecoms/Kommission.
[259] EuG, T-399/16, ECLI:EU:T:2020:217, Rn. 288–290 – CK Telecoms/Kommission.
[260] Immenga/Mestmäcker/Körber Rn. 187.
[261] Leitlinien „horizontale Zusammenschlüsse" Rn. 14ff.; Leitlinien „nichthorizontale Zusammenschlüsse" Rn. 23ff.
[262] S. zB Kom., M.6266, Rn. 129 – J&J/Synthes; M.6101, Rn. 96 – UPM/Myllykoski und Rhein Papier.
[263] Nochmals bestätigt durch EuG, T-210/01, ECLI:EU:T:2005:456, Rn. 115 – General Electric/Kommission, unter Verweis auf EuGH, C-85/76, ECLI:EU:C:1979:36, Rn. 41 – Hoffmann-La Roche/Kommission.
[264] EuG, T-102/96, ECLI:EU:T:1999:65, Rn. 201 f. – Gencor/Kommission.
[265] Leitlinien „horizontale Zusammenschlüsse" Rn. 17; Leitlinien „nichthorizontale Zusammenschlüsse" Rn. 27.

86 **aa) Berechnung der Marktanteile.** Die Berechnung der Marktanteile ist nicht in der FKVO geregelt, die Kommission hat hierzu aber Hinweise in der Bekanntmachung Marktabgrenzung veröffentlicht.[266] Danach erfolgt die Berechnung der Marktanteile „üblicherweise" auf der Grundlage von Verkaufszahlen. Hierfür kann wiederum grundsätzlich auf den **Mengenumsatz** und auf den **Umsatzwert** abgestellt werden; zu beidem müssen die Parteien im Formblatt CO auch entsprechende Angaben machen.[267] Bei differenzierten Produkten spiegelt der auf der Grundlage des Werts der Verkäufe, also des Umsatzwerts, berechnete Marktanteil die relative Position und Stärke der einzelnen Wettbewerber am besten wider.[268] Denn so wird gewährleistet, dass hochwertigen Produkten die richtige Gewichtung gegenüber Produkten von geringerem Wert gegeben wird. Danach spricht einiges dafür, dass der Marktanteil der am Zusammenschluss beteiligten Unternehmen in der Regel aufgrund des wertmäßigen Umsatzes zu berechnen ist.

87 Die Bekanntmachung Marktabgrenzung erkennt aber ausdrücklich an, dass je nach relevanten Produktmarkt und Wirtschaftszweig auch **andere Indikatoren** zur Berechnung von Marktanteilen herangezogen werden können. Hierunter fallen etwa Kapazität, Anzahl der Wirtschaftsteilnehmer auf Ausschreibungsmärkten, Flotteneinheiten im Bereich der Luftfahrt und Umfang der Reserven etwa im Bergbau.[269] Dies spiegelt sich auch in der Beschlusspraxis der Kommission, in der sie Marktanteile etwa anhand von monatlichen Nutzerzahlen (monthly active users)[270] oder der Kapazitäten[271] berechnet hat. Für den Markt für Musikrechte stellte sie auf die Anzahl der Anzahl der kontrollierten Musikrechte,[272] für den Markt für Infrastrukturkonzessionen auf die Länge der mittels Konzession übertragenen Infrastruktur in Kilometer[273] und für den Carsharing-Markt auf die Flottengröße ab.[274]

88 Häufig werden **mehrere Berechnungsarten nebeneinander** verwandt, um die Marktstruktur bestmöglich zu erfassen: So wurde in der Entscheidung BASF/Solvay der auf Handelsmärkten generierte Umsatzwert, Kapazitäten sowie die Summe der auf Handelsmärkten und konzernintern generierten Umsätze zur Marktanteilsberechnung herangezogen. Die Kommission verwies dabei insbesondere darauf, dass dadurch die Stellung vertikal integrierter Unternehmen auf den jeweiligen Marktstufen besser erfasst werden kann (zur Berücksichtigung konzerninterner Umsätze → Rn. 90 f.)[275] In Oracle/Sun Microsystems konnte die Kommission nicht auf Umsatzzahlen zurückgreifen, da die von Sun Microsystems angebotene Datenbanksoftware vielfach kostenfrei zur Verfügung gestellt wurde.[276] Die Kommission nutzte in diesem Fall u.a. eine Reihe von Marktbefragungen.[277] Insgesamt verlangt die Betrachtung der Internetökonomie nach alternativen und jeweils einzelfallbezogenen Berechnungsweisen von Marktmacht.[278] Zur Marktabgrenzung bei Märkten mit unentgeltlichen Leistungsbeziehungen → Rn. 72 ff., → Kapitel 1 Rn. 266 ff.

89 Nach Abschnitt 7 iVm Abschnitt 1.7 des Formblattes CO sind Marktanteile grundsätzlich für ein **Kalenderjahr** zu berechnen. Auch der Entwurf für ein überarbeitetes Formblatt CO sieht Marktanteile auf Jahresbasis vor (dort Abschnitt 6), allerdings fehlt die ausdrückliche Gleichsetzung mit dem Kalenderjahr.[279] In einigen Fällen, in denen jährlich nur wenige Produkte hergestellt werden, kann ein mehrjähriger Zeitraum passender sein.[280] Gleiches gilt bei Ausschreibungsmärkten, in denen nicht jährlich Ausschreibungen stattfinden. (→ Rn. 99) Das Formblatt CO legt auch fest, dass die Parteien hinsichtlich **betroffener Märkte** wesentlich detailliertere Angaben vorlegen müssen: Dies ist der Fall, wenn der Zusammenschluss auf dem Markt, auf dem beide Parteien tätig sind, zu einem gemeinsamen Marktanteil von 20 % oder mehr führt (horizontale Beziehungen). Gleiches gilt dann, wenn ein oder mehrere an dem Zusammenschluss beteiligte Unternehmen auf einem Produktmarkt tätig sind, der einem anderen von den beteiligten Unternehmen Produktmarkt vor- oder nachgelagert ist, und ihr Marktanteil auf dem einen oder anderen Markt einzeln oder gemeinsam 30 % oder mehr beträgt (vertikale Beziehungen). Dies gilt unabhängig davon, ob sie als Zulieferer

---

[266] Bekanntmachung „Marktabgrenzung" Rn. 53 ff.
[267] Formblatt CO, Abschnitt 7.2 und 7.3.
[268] Bekanntmachung „Marktabgrenzung" Rn. 55.
[269] Bekanntmachung „Marktabgrenzung" Rn. 55.
[270] Kom., M.9260, Rn. 469 ff. – Google/Fitbit.
[271] Kom., M.6101, Rn. 99 – UPM/Myllykoski und Rhein Papier.
[272] Kom., M.8989, Rn. 71 ff. – Sony/EMI Music Publishing.
[273] Kom., M.8994, Rn. 168 ff. – ACS/Hochtief/Atlantia/Abertis.
[274] Kom., M.8744, Rn. 159 ff. – Daimler/BMW/Car Sharing JV.
[275] Kom., M.8674, Rn. 453 ff. – BASF/Solvay.
[276] Kom., M.5529, Rn. 121 – Oracle/Sun Microsystems.
[277] Kom., M.5529, Rn. 124, 367 ff. – Oracle/Sun Microsystems.
[278] Hierzu exemplarisch Tamke ZWeR 2017, 358 (364 ff.); Weck NZKart 2015, 290 (294).
[279] Der Entwurfstext ist unter https://competition-policy.ec.europa.eu/public-consultations/2022-merger-simplification_de, zuletzt abgerufen am 17.3.2023.
[280] Kom., M.580, Rn. 55 – ABB/Daimler-Benz.

bzw. Abnehmer des jeweils anderen Unternehmens fungieren oder nicht.[281] Zur Unterscheidung von betroffenen und relevanten Märkten → Rn. 43.

(1) Konzerninterne Umsätze. Für die Berechnung der Marktanteile anhand der Umsätze 90 kommt es regelmäßig nur auf die auf **Handelsmärkten** getätigten Umsätze und nicht auf konzerninterne Umsätze (captive sales bzw. captive production) an. Ein Handelsmarkt umfasst dabei die Verkäufe an Dritte und schließt die Produktionsmengen aus, die intern innerhalb einer Unternehmensgruppe für die Weiterverarbeitung in nachgeordnete Produkte verbraucht werden.[282] Konzerninterne Umsätze durch Produktion und Lieferung werden grundsätzlich nicht berücksichtigt, da sie „weder Marktbedingungen unterliegen noch irgendeinem Wettbewerb ausgesetzt sind" und den Kunden auch nicht zur Verfügung stehen.[283]

Dieser grundsätzliche Ausschluss der Eigenbedarfsproduktion bei der Marktanteilsberechnung 91 begegnet allerdings Bedenken. Häufig ist der interne Bezug von Vorprodukten oder Dienstleistungen im Unternehmen keine Selbstverständlichkeit. Vielmehr konkurrieren interne mit externen Anbietern um die Belieferung und interne Abnehmer stehen mit externen im Wettbewerb um die konzerninternen Bezugsmengen (sog. arm's length Prinzip). In diesen Fällen ist es sinnvoll, den internen Verbrauch bzw. konzerninterne Umsätze zu berücksichtigen. Auch generell kann die Eigenbedarfsproduktion dann, wenn sie für den gleichen Zweck wie die Nichteigenbedarfsproduktion verwendet werden kann, auch für eine Belieferung des Handelsmarkts genutzt werden. Damit würde die Preisgestaltungsfreiheit anderer Anbieter auf dem Handelsmarkt eingeschränkt, was für eine **Einbeziehung der Eigenbedarfsproduktion** bei der Marktanteilsberechnung spricht.[284] Dies hat auch das EuG im Verfahren Schneider/Legrand anerkannt und festgestellt, dass die Verkäufe vertikal integrierter Unternehmen einzuberechnen sind, wenn diese an Ausschreibungen mit nicht-integrierten Herstellern teilgenommen haben und folglich eine entsprechende **Wettbewerbsbeziehung** bestand.[285]

In ZF/Wabco bezog die Kommission konzerninterne Lieferungen der vertikal integrierten 92 Anbieter von Autoteilen ein, da diese Produkte, u.a. auch zur internen Kostenkontrolle, sowohl intern als auch extern bezogen wurden.[286] Auch in BASF/Solvay berücksichtigte die Kommission, neben anderen Berechnungsmethoden, auch konzerninterne Umsätze um die Marktstellung der vertikal integrierten Unternehmen besser zu erfassen.[287] Auch in einer Entscheidung betreffend den Markt für Asphalt stellte die Kommission fest, dass für die Marktanteilsberechnung in diesem Markt sowohl die Eigenproduktion als auch die Umsätze auf Handelsmärkten zu berücksichtigen sind. Hierfür verwies sie auf die **besonderen Umstände** dieses Marktes und die enge Beziehung zwischen den vor- und nachgelagerten Märkten: So sind viele Asphalthersteller vertikal integriert und beziehen Asphalt aus eigener Produktion und von Dritten abhängig vom Standort der jeweiligen Projekte. Zudem schwankte die Gesamtproduktion weniger stark als die Marktanteile auf den jeweils vor- und nachgelagerten Märkten, die von einzelnen Ausschreibungen abhängen.[288] In Fällen, in denen die Berechnung der Marktanteile nicht anhand der Umsätze, sondern anhand der Kapazitäten erfolgte, hat die Kommission konzerninterne Lieferungen nicht ausgeschlossen, sondern in der anzusetzenden **Gesamtkapazität** berücksichtigt.[289]

(2) Zurechnung der Marktanteile von verbunden Unternehmen. Art. 2 Abs. 1 lit. b ver- 93 pflichtet die Kommission dazu, bei der Zusammenschlussprüfung der Marktstellung der „beteiligten Unternehmen" zu berücksichtigen. Eine konkrete Zurechnungsregel für die Marktanteile verbundener Unternehmen enthält die FKVO aber nicht. Auch die in Art. 5 Abs. 4 vorgesehene Berücksichtigung von Unternehmen, an denen eine Partei bestimmte Beteiligungen oder Einflussmöglichkeiten hat, findet dem Wortlaut nach nur für die Umsatzberechnung Anwendung.[290] Allerdings müssen, um die **wirtschaftlichen Auswirkungen eines Zusammenschlusses** zu erfassen, die Marktanteile der verbundenen Unternehmen den Parteien dann zugerechnet werden, wenn sich diese auf deren Marktstellung auswirken. Das ist bei solchen Unternehmen anzunehmen, auf die eine Partei des Zusammenschlusses (kontrollierenden) Einfluss hat und die damit im Wettbewerb grundsätzlich gleichgerichtete Interessen verfolgen. Deshalb sind insbesondere die

---
[281] Vgl. Formblatt CO, Abschnitt 6.3.
[282] Kom., M.2389, Rn. 22 – Shell/Dea.
[283] Kom., M.2420, Rn. 172, 216 – Mitsui/CVRD/Caemi.
[284] Levy/Cook, European Merger Control Law, § 9.04 [1].
[285] EuG, T-310/01, ECLI:EU:T:2002:254, Rn. 282 – Schneider Electric/Legrand.
[286] Kom., M.9383, Rn. 205 ff. – ZF/Wabco.
[287] Kom., M.8674, Rn. 453 ff. – BASF/Solvay.
[288] Kom., M.9316, Rn. 199 ff. – PEAB/YIT'S Paving and Mineral Aggregates Business.
[289] Kom., M.6101, Rn. 99 – UPM/Myllykoski und Rhein Papier.
[290] S. auch Mitteilung „Zuständigkeit" Rn. 175.

Marktanteile von (iSd Konzernrechts) **beherrschten Unternehmen** stets der jeweiligen Muttergesellschaft zuzurechnen.[291]

94 Bei **Gemeinschaftsunternehmen** erfolgt eine Zurechnung der Marktanteile hingegen nur, wenn eine **Kontrolle** im Einzelfall festgestellt werden kann.[292] Maßgeblich hierfür sind Einflussmöglichkeiten auf die Strategie des Gemeinschaftsunternehmens haben, etwa durch zur gesetzlichen Vertretung berufenen Organe des Gemeinschaftsunternehmens.[293] Eine Zurechnung der Marktanteile zu einem am Zusammenschluss beteiligten Unternehmen findet auch dann statt, wenn das Gemeinschaftsunternehmen zwischen einem am Zusammenschluss beteiligten Unternehmen und einem nicht am Zusammenschluss beteiligten Unternehmen besteht. Denn die Kommission nimmt bei der Gründung eines Gemeinschaftsunternehmens, das auf Dauer alle Funktionen einer selbstständigen wirtschaftlichen Einheit erfüllt, grundsätzlich an, dass es „zu einer bestimmten Unternehmensintegration kommt und dass die Muttergesellschaft in der Lage ist, die Geschäftsstrategie ihres Gemeinschaftsunternehmens zu kontrollieren".[294]

95 Auch bei **Minderheitsbeteiligungen** ist eine Zurechnung des Marktanteils des verbundenen Unternehmens auf ein am Zusammenschluss beteiligtes Unternehmen möglich. Voraussetzung ist, dass die Muttergesellschaft das Unternehmen trotz eines bloßen Minderheitsanteils wie in der Situation von gemeinsamer **Kontrolle** mitbeherrscht.[295] Besonders bedeutend sind insoweit insbesondere **Vetorechte** und Rechte zur **Ernennung des Managements,** die schon in verschiedenen Entscheidungen zur Annahme einer Kontrolle und damit einer Zurechnung der Marktanteile geführt haben.[296] Auch faktische Möglichkeiten zur Einflussnahme sind zu berücksichtigen, sowohl wenn sie de facto eine Kontrolle vermitteln als auch wenn sie gesellschaftsrechtliche Möglichkeiten zur Einflussnahme begrenzen. So wurde etwa in Einzelfällen bei einer besonders starken Stellung und Einfluss übriger Aktionäre eine Kontrolle auch trotz einer nominell hohen Beteiligung abgelehnt.[297] Zur Vermeidung von Wertungswidersprüchen darf eine Zurechnung der Marktanteile des Beteiligungsunternehmens auch dann nicht erfolgen, wenn davon ausgegangen wird, dass Art. 101 AEUV im Verhältnis zwischen dem Beteiligungsunternehmen und der Muttergesellschaft anwendbar ist. Denn dies beinhaltet notwendigerweise die Annahme, dass zwischen Muttergesellschaft und Beteiligungsunternehmen keine wirtschaftliche Einheit besteht.[298] Zur Frage, inwieweit Art. 101 AEUV im Verhältnis der Muttergesellschaft zu einem Gemeinschaftsunternehmen Anwendung findet, äußert sich die Kommission ausführlich in Rn. 13 des Entwurfs für überarbeitete Leitlinien „horizontale Zusammenarbeit".[299] Dazu sowie zu einem möglichen Widerspruch zur Haftung der Muttergesellschaft für die Tochtergesellschaft[300] (→ AEUV Art. 101 Rn. 104 ff.). Bleibt der Einfluss der Muttergesellschaft unterhalb der gemeinsamen Kontrolle, findet eine Zurechnung nicht statt. Die Kommission untersucht in diesem Falle jedoch im Rahmen ihrer übrigen wettbewerblichen Beurteilung, ob der Wettbewerb zwischen Muttergesellschaft und Beteiligungsunternehmen durch die strukturelle Verbindung verringert ist.[301]

96 In mehreren Entscheidungen, die Zusammenschlüsse im Luftverkehrsbereich betrafen, hat die Kommission zudem untersucht, inwieweit **„Allianzen"** (die nicht notwendigerweise mit gegenseitigen Beteiligungen der betreffenden Unternehmen aneinander oder der Gründung von Gemeinschaftsunternehmen einhergehen) zwischen den Zusammenschlussbeteiligten und weiteren Fluglinienbetreibern bestehen.[302] Soweit eine enge Kooperation bestand und die Mitglieder einer Allianz keinen Anreiz hatten, miteinander in Wettbewerb zu treten, rechnete die Kommission die Marktanteile all dieser Anbieter zusammen.[303]

---

[291] Immenga/Mestmäcker/Körber, Rn. 227; Kom., M.2139, Rn. 41 – Bombardier/ADtranz; M.331, Rn. 24 – Fletcher Challenge/Methanex.
[292] Kom., M.2220, Rn. 46 ff. – General Electric/Honeywell; im Ergebnis bestätigt durch EuG, T-210/01, ECLI:EU:T:2005:456, Rn. 127 ff. – General Electric/Kommission; M.5152, Rn. 10 – Posten AB/Post Danmark; LMRKM/Riesenkampff/Steinbarth Rn. 77; Immenga/Mestmäcker/Körber, Rn. 228.
[293] Kom., M.1383, Rn. 450 f. – Exxon/Mobil.
[294] Kom., M.1383, Rn. 449 – Exxon/Mobil.
[295] Kom., M.2876, Rn. 306 – Newscorp/Telepiù.
[296] Kom., M.5384, Rn. 102 f. – BNP Paribas/Fortis.
[297] Kom., M.2404, Rn. 3 – Elkem/SAPA.
[298] S. Immenga/Mestmäcker/Zimmer, Art. 101 Abs. 1 AEUV, Rn. 30 ff.
[299] Der Entwurfstext ist abrufbar unter https://competition-policy.ec.europa.eu/public-consultations/2022-hbers_de, zuletzt abgerufen am 17.3.2023.
[300] S. EuGH, C-97/08 P, ECLI:EU:C:2009:536 – Akzo/Kommission.
[301] Kom., M.2404, Rn. 21 – Elkem/SAPA.
[302] Kom., M.5889 – United Air Lines/Continental Airlines; M.5335 – Lufthansa/SN Airholding (Brussels Airlines).
[303] Kom., M.5181, Rn. 24–28 – Delta Airlines/Northwest Airlines.

(3) Besondere Marktkonstellationen. Die momentanen Marktanteile der am Zusammen- 97 schluss beteiligten Unternehmen sind auf Märkten nur von begrenzter Aussagekraft, auf denen Aufträge stets durch **Ausschreibungen** vergeben werden (Ausschreibungsmärkte).[304] Dies gilt nach Ansicht der Kommission insbesondere dann, wenn ein Großteil der Aufträge in wenigen, großen Transaktionen vergeben wird[305] und die Produkte der verschiedenen Wettbewerber sowie ihre Kostenstruktur weitgehend homogen sind.[306] Denn die Marktanteilsangaben spiegeln nur die wettbewerbliche Aktivität der Unternehmen wieder, die den Zuschlag für einen bestimmten Auftrag erhalten haben. Sie sagen nichts darüber aus, wie viele ernsthafte Konkurrenten ebenfalls ein Angebot eingereicht und damit Wettbewerbsdruck ausgeübt haben.[307] Außerdem steigen und fallen die Marktanteile der Anbieter auf solchen Märkten je nach ihrem Erfolg bei den Ausschreibungen. So können erfolgreiche Bieter rasch sehr hohe Marktanteile erreichen, obwohl ihre Marktposition, die bei jeder Neuausschreibung mit Aussicht auf Erfolg angegriffen werden kann, derjenigen ihrer Wettbewerber weit weniger deutlich überlegen sein mag.[308]

Daher kommt auf Ausschreibungsmärkten der **historischen Entwicklung** von Marktanteilen 98 und die voraussichtliche Entwicklung des Bieterverhaltens aktueller und potenzieller Wettbewerber besondere Bedeutung zu.[309] Hinzu kommt, dass Nachfrager durch Ausschreibungen eine große **Verhandlungsmacht** haben können, was die Bedingungen und die Auswahl der Anbieter betrifft.[310] Sofern ein Unternehmen allerdings seine Marktanteile über mehrere Jahre hinweg konstant halten oder sogar steigern kann, ist dies auch in Ausschreibungsmärkten ein Zeichen für Marktmacht.[311] In diesem Fall können hohe Marktanteile nicht mit Hinweis auf Besonderheiten des Ausschreibungsmarktes entschuldigt werden. Auch in Märkten, in denen es zu häufigen Ausschreibungen mit kleinerem Volumen kommt und die Wettbewerber im Markt heterogene Produkte anbieten, kommt den Marktanteilen der einzelnen Unternehmen erhebliche Bedeutung bei der Beurteilung etwaiger Marktmacht zu.[312]

In Märkten, in denen keine jährlichen Ausschreibungen stattfinden und/oder Produkte eine lange 99 Lebenszeit haben, kann es angezeigt sein, **längere Zeiträume** zur Ermittlung der Marktposition der beteiligten Unternehmen zugrunde zu legen. So stützte sich die Kommission in dem Beschluss Siemens/Alstom grundsätzlich auf den durchschnittlichen mengenmäßigen Marktanteil der beiden Schienenfahrzeughersteller in einem Zeitraum von fünf Jahren.[313] In dem Beschluss Alstom/Bombardier wurde angesichts der nur unregelmäßigen Ausschreibungen und um die historische Entwicklung besser nachvollziehen zu können, sogar ein Zeitraum von 10 Jahren berücksichtigt.[314] Zudem stellte die Kommission in dem Siemens/Alstom-Beschluss fest, dass bei Ausschreibungen, an denen sich Unternehmen häufig im Rahmen von **Konsortien** beteiligten, als Hauptauftragnehmer das Unternehmen zu behandeln ist, welchem der Zuschlag erteilt wird. Den übrigen Mitgliedern des Konsortiums wurden Marktanteile entsprechend ihrem Anteil an dem Konsortium zugerechnet.[315]

Ähnlich liegt es im Fall von Märkten, auf denen hoch innovative Produkte gehandelt werden 100 **(Innovationsmärkte),** wie etwa auf Märkten für pharmazeutische Produkte und im Bereich Computer/Informationstechnologie. Ein temporär bestehender hoher Marktanteil eines Unternehmens kann hier von nur begrenzter Aussagekraft für seine Marktstellung sein,[316] wenn damit zu rechnen ist, dass ein Wettbewerber in Kürze eine neue Produktentwicklung auf den Markt bringt, die wesentliche Teile der Nachfrage auf ihn umlenkt.[317] Innovationsmärkte sind zudem von ständigem Marktein- und -austritt gekennzeichnet, was das Entstehen von Marktmacht zusätzlich erschwert. Wegen der **hohen Volatilität** der Marktanteile auf Innovationsmärkten kann die Marktmachtanalyse nicht lediglich auf die Marktanteile zum Zusammenschlusszeitpunkt abstellen (→ Rn. 250). Zudem

---

[304] Kom., M.5697, Rn. 17 – Alstom Holdings/Alstom Hydro Holding; M.2201, Rn. 32 – MAN/Auwärter.
[305] Vgl. zB Kom., M.5936, Rn. 39, 50 – EADS DS/ATLAS/JV.
[306] Kom., M.3653, Rn. 39 – Siemens/VA Tech.
[307] Kom., M.2139, Rn. 39 – Bombardier/ADtranz.
[308] Kom., M.9383, Rn. 66 ff. – ZF/Wabco.
[309] Kom., M.10078, Rn. 530 ff. – Cargotec/Konecranes.
[310] Kom., M.5467, Rn. 149–151 – RWE/Essent; M.2069, Rn. 23 – Alstom/Fiat Ferroviaria.
[311] EuG, T-210/01, ECLI:EU:T:2005, II-5575:456, Rn. 151 – General Electric/Kommission; vgl. auch Kom., M.9706, Annex I, Fn. 84 – Novelis/Aleris.
[312] Kom., M.3653, Rn. 40–43 – Siemens/VA Tech.
[313] Kom., M.8677, Rn. 179 ff., 1015 – Siemens/Alstom.
[314] Kom., M.9779, Rn. 275 ff. – Alstom/Bombardier.
[315] Kom., M.8677, Rn. 145, 301, 411, 1059 – Siemens/Alstom.
[316] Kom., M.7217, Rn. 99 – Facebook/WhatsApp; M.6281, Rn. 70–72, 78 – Microsoft/Skype; bestätigt durch EuG 11.12.2013 –, T-79/12, ECLI:EU:T:2013:635, Rn. 69 – Cisco Systems und Messagenet/Kommission; vgl. auch Dreher ZWeR 2009, 149 (172). Zum Ganzen Barth, Innovationsmärkte in der Fusionskontrolle, 2004.
[317] Kom., M.6281, Rn. 122 f. – Microsoft/Skype; vgl. auch Beispiele bei Körber WRP 2012, 761 (765).

können insbesondere bei Innovationsmärkten auch Besonderheiten der Marktabgrenzung bestehen. Zu entstehenden Märkten (→ Rn. 67 f.), zu Plattformmärkten und Märkten mit unentgeltlichen Leistungsbeziehungen (→ Rn. 72 ff.).

101 Ein weiteres Beispiel für Märkte, in denen Marktanteilen nur eine begrenzte Aussagekraft zukommt, sind Märkte, in denen ein Produkt ein anderes **Produkt teilweise ersetzen** kann. Zum Beispiel kann der Transport von Fracht auf der Schiene teilweise durch Transport auf der Straße ersetzt werden, aber nicht in allen Fällen.[318] Bei der Bestimmung der Marktanteile der Marktteilnehmer im Eisenbahnfrachtverkehr führt eine Einbeziehung des Transports auf der Straße zu einer Unterschätzung ihrer Marktanteile, ein Außerachtlassen der Möglichkeit des Frachttransport auf der Straße führt hingegen zu einer Überschätzung ihrer Marktanteile.[319]

102 Die Kommission legt ihrer Analyse regelmäßig die gegenwärtigen Marktanteile zugrunde und errechnet die gemeinsamen Marktanteile nach dem Zusammenschluss unter der Annahme, dass der gemeinsame Marktanteil der Beteiligten die Summe ihrer Marktanteile vor dem Zusammenschluss ist.[320] Eine Ausnahme hat die Kommission zunächst im Bereich der Werbeagenturen gemacht, bei denen die Marktanalyse der Kommission ergab, dass Kunden keine Agentur beauftragen, die auch für Wettbewerber tätig wird.[321] In der Literatur wird dieses Phänomen unter dem Stichwort der **„Abschmelzeffekte"** diskutiert, die dadurch entstehen, dass Kunden zB zur Erhaltung ihrer Versorgungsunabhängigkeit voraussichtlich ganz oder teilweise auf **andere Bezugsquellen** ausweichen werden.[322] In einer Reihe von Fällen haben die Zusammenschlussbeteiligten entsprechende Argumente vorgebracht.[323] Die Kommission scheint willens zu sein, diese „Abschmelzeffekte" zumindest als einen von mehreren Gesichtspunkten bei der wettbewerblichen Beurteilung in Betracht zu ziehen.[324]

103 **(4) Datengrundlage.** Die Kommission kann angesichts der kurzen Fristen, die für die Prüfung eines Zusammenschlusses nach Art. 6 gelten, jedenfalls in der ersten Prüfphase (grundsätzlich 25 Arbeitstage) nur in geringem Umfang eigene Ermittlungen anstellen und ist – jedenfalls in Routinefällen – maßgeblich auf die **Angaben der Parteien** angewiesen (zu den Angaben in der Anmeldung → Art. 4 Rn. 30 ff.). Darüber hinaus verlangt die Kommission von den Wettbewerbern der Zusammenschlussparteien in der Regel im Rahmen der frühen Marktuntersuchungen deren eigene Verkaufszahlen und Marktvolumenschätzungen.[325] Weitere Quellen für die Berechnung von Marktanteilen von Unternehmen sind neben den Schätzungen der Unternehmen einschlägige **Industriestudien** oder **Datenmaterial von Wirtschaftsberatern** und Wirtschaftsverbänden.[326] In absehbar schwierigen Fällen können die Marktdaten auch im Rahmen eines bis zu mehrere Monate langen informellen Prä-Notifizierungsverfahrens in Zusammenarbeit zwischen den anmeldenden Parteien und der Kommission aufgearbeitet werden, um eine Beendigung der Fallprüfung innerhalb der ersten Prüfphase zu gewährleisten oder mindestens wahrscheinlicher zu gestalten.[327]

104 Auf Bitten der Parteien findet sich die Kommission gegebenenfalls auch bereit, schon vor der fristauslösenden Einreichung der endgültigen Anmeldung mit der Marktuntersuchung zu beginnen.[328] Weichen die verschiedenen Angaben untereinander ab, so nimmt die Kommission **eigene Schätzungen** vor.[329] In der Entscheidung BP Amoco/Arco gab es keinen allgemein verfügbaren und akzeptierten Indikator, anhand dessen die Marktanteile für die Exploration (Suche nach neuen Lagerstätten) von Erdöl und Erdgas errechnet werden konnten. Die Kommission stellte fest, dass es mehrere Faktoren zur Ermittlung von Marktanteilen gibt und untersuchte die Investitionsausgaben sowie die zu erwartende Gesamtförderung, wobei die Marktanteile der Parteien jeweils gleich waren.[330] In Johnson & Johnson/Synthes standen den Zusammenschlussbeteiligten ebenfalls keine Marktstudien oÄ zur Verfü-

---

[318] Kom., M.5855, Rn. 144 f. – DB/Arriva; M.5480, Rn. 20 ff. – DB/PCC Logistics.
[319] Kom., M.5855, Rn. 144 f. – DB/Arriva; M.5096, Rn. 52–58 – RCA/MAV Cargo; vgl. ferner Stehmann/Zenger JCLE 2011, 455 (460) mwN.
[320] Leitlinien für „horizontale Zusammenschlüsse" Rn. 15.
[321] Kom., M.147, Rn. 17 – Eurocom/RSCG.
[322] Wiedemann KartellR-HdB/Wagemann § 16 Rn. 60.
[323] Kom., M.5483, Rn. 33 – Toshiba/Fujitsu HDD Business; M.4941, Rn. 69 f. – Henkel/Adhesives and& Electronic Business.
[324] Kom., M.4941, Rn. 69 f. – Henkel/Adhesives and& Electronic Business.
[325] Bekanntmachung der Kommission über die Definition des relevanten Marktes, ABl. 1997 C 372, 5„Marktabgrenzung" Rn. 53.
[326] Levy/Cook, European Merger Control Law, § 9.02 [2].
[327] Mitteilung „Economic Evidence", Rn. 76; im Detail zum Prä-Notifizierungsverfahren vgl. Mitteilung „Merger Best Practices", Rn. 5–15.
[328] So wurde verfahren in Kom., M.10078 – Cargotec/Konecranes.
[329] Kom., M.3083, Rn. 109 – GE/Instrumentarium; M.2050, Rn. 37 – Vivendi/Canal+/Seagram.
[330] Kom., M.1532, Rn. 20–23 – BP Amoco/ArcoAtlantic Richfield.

gung. Die Kommission gab sich für etliche Märkte nicht mit einer Marktschätzung seitens der Parteien zufrieden, sondern nahm ihrerseits eine **Marktrekonstruktion** vor, indem sie Daten zu den Nettoumsätzen der Parteien und ihrer Wettbewerber erhob. Für diejenigen Märkte, in denen erst in jüngster Zeit Marktzutritte zu verzeichnen waren, erhob die Kommission Daten für insgesamt drei Geschäftsjahre, um auch Marktanteilsveränderungen abzubilden.[331] Auch im Verfahren Cargotec/Konecranes überprüfte die Kommission die Angaben der Parteien durch eine Marktrekonstruktion, für die sie Umsatzdaten der Parteien und Wettbewerber anforderte.[332]

bb) Die Bestimmung der Marktkonzentration durch den Herfindahl-Hirschman-Index (HHI). Auch der **Konzentrationsgrad** eines Marktes liefert Hinweise zur Marktmacht der auf diesem Markt tätigen Unternehmen. Um den Konzentrationsgrad zu ermitteln, verwendet die Kommission den HHI.[333] (→ Kapitel 1 Rn. 397 ff.) Der HHI wird durch die Summe des Quadrates der jeweiligen Marktanteile sämtlicher Unternehmen in einem Markt errechnet. In einem Markt mit 100 Anbietern mit jeweils 1 % Marktanteil, ist der HHI folglich 100; in einem monopolisierten Markt 10.000. Dieser Index räumt den Marktanteilen der größeren Unternehmen ein verhältnismäßig größeres Gewicht für die Marktkonzentration ein. Während im Idealfall alle Unternehmen eines Marktes in die Berechnung einbezogen werden sollten, hat das Fehlen von Angaben über sehr kleine Unternehmen nur geringe Auswirkungen auf die Höhe des HHI. Ihre Marktanteile beeinflussen die Index-Berechnung nur geringfügig. Die absolute Höhe des HHI ermöglicht eine erste Aussage über den Wettbewerbsdruck in dem betreffenden Markt nach dem Zusammenschluss; die durch einen Vergleich des Konzentrationsgrades vor und nach dem Zusammenschluss ermittelte Veränderung im Index (als „Delta" bezeichnet) liefert Aufschluss über die durch den Zusammenschluss unmittelbar herbeigeführten Änderungen der Marktkonzentration. **105**

cc) Vermutungen nach den Leitlinien. In ihren Leitlinien für **horizontale Zusammenschlüsse** hat die Kommission auch entsprechende **widerlegliche Vermutungen** aufgestellt, die sowohl der Kommission als auch den Parteien eine (erste) Einschätzung erleichtern: So bestehen bei horizontalen Zusammenschlüssen regelmäßig keine Wettbewerbsbedenken, wenn die gemeinsamen Marktanteile unter 25 % liegen; liegen sie über 50 % ist von einer Marktbeherrschung auszugehen. Zur Beurteilung des Konzentrationsgrads hat die Kommission festgelegt, dass bei einem HHI von unter 1.000 nach dem Zusammenschluss regelmäßig keine Bedenken bestehen. Dies gilt auch dann, wenn der HHI-Wert nach dem Zusammenschluss zwischen 1.000 und 2.000 und das Delta unter 250 liegt oder wenn der HHI-Wert nach dem Zusammenschluss oberhalb von 2.000 und das Delta unter 150 liegt.[334] Auch diese HHI-Höhen und Deltas sind nur als erster Hinweis für fehlende Wettbewerbsbedenken zu verstehen, begründen für sich allein aber keine Vermutung für das Vorhandensein oder die Abwesenheit solcher Bedenken.[335] Zudem hat das EuG hinsichtlich der Bedeutung des HHI-Wertes klargestellt, dass das Ergebnis der Prüfung der Vereinbarkeit eines Zusammenschlussvorhabens mit dem Binnenmarkt nicht in Frage gestellt wird, wenn die Kommission den Konzentrationsgrad des betroffenen Marktes nicht in Bezug auf sämtliche in den Leitlinien aufgeführte Kriterien überprüft hat.[336] **106**

Diese Vermutungen gelten insbesondere dann nicht, wenn einer der in den Leitlinien für horizontale Zusammenschlüsse aufgeführten Faktoren gegeben ist.[337] **Besondere Umstände** können etwa vorliegen, wenn an dem Zusammenschluss ein potenzieller Wettbewerber oder ein Unternehmen mit einem kleinen Marktanteil beteiligt ist, das vor kurzem in den Markt eingetreten ist. Weitere Beispiele für solche besonderen Umstände sind der Zusammenschluss von Unternehmen, deren Innovationspotenzial sich (noch) nicht in den Marktanteilen niederschlägt, und der Zusammenschluss von Marktteilnehmern mit Überkreuz-Beteiligungen in erheblichem Ausmaß. Auch wenn es sich bei einem der fusionierenden Unternehmen um einen sog. „Außenseiter" (Maverick) handelt, der etwaiges koordiniertes Verhalten mit hoher Wahrscheinlichkeit stören wird, können besondere Umstände vorliegen. Liegen überhaupt Anzeichen für eine Marktkoordinierung oder eine solche erleichternde Praktiken vor, so kann auch eine verhältnismäßig geringe Marktkonzentration Wettbewerbsbedenken auslösen. Beträgt der Marktanteil einer der fusionierenden Parteien 50 % oder mehr, so wird die Kommission auch bei einer relativ geringen Marktanteilsaddition, also bei **107**

---

[331] Kom., M.6266, Rn. 136–138 – Johnson & Johnson/J&J/Synthes.
[332] Kom., M.10078, Rn. 1191 – Cargotec/Konecranes.
[333] Leitlinien „horizontale Zusammenschlüsse" Rn. 16, 19 ff.; Leitlinien „nichthorizontale Zusammenschlüsse" Rn. 25.
[334] Leitlinien „horizontale Zusammenschlüsse" Rn. 19 f.
[335] Leitlinien „horizontale Zusammenschlüsse" Rn. 21.
[336] EuG, T-282/06, ECLI:EU:T:2007:203, Rn. 140 – Sun Chemical/Kommission.
[337] Leitlinien „horizontale Zusammenschlüsse" Rn. 20 lit. a–f.

einem moderaten Delta-Wert den Zusammenschluss nicht von vornherein für unbedenklich halten.[338] Zur Bedeutung der Marktstruktur bei horizontalen Zusammenschlüssen → Rn. 244 ff.

108 Für **vertikale** und **konglomerate Zusammenschlüsse** hat die Kommission ähnliche **Vermutungen** in den Leitlinien für nichthorizontale Zusammenschlüsse aufgenommen (→ Rn. 382). Danach können Wettbewerbsbedenken regelmäßig ausgeschlossen werden, wenn die gemeinsamen Marktanteile in den betroffenen Märkten jeweils unter 30 % und der HHI nach dem Zusammenschluss unter 2.000 liegt. Eine eingehende Untersuchung des Zusammenschlusses wird auch hier in der Regel nur stattfinden, wenn (i) an der Fusion Unternehmen beteiligt sind, die aufgrund kürzlicher Innovationen in naher Zukunft erheblich wachsen werden, (ii) zwischen den Marktteilnehmern beträchtliche Überkreuz-Beteiligungen oder wechselseitige Besetzung von Führungspositionen gegeben sind, (iii) eines der fusionierten Unternehmen koordiniertes Marktverhalten gestört hätte (Maverick) oder (iv) Anzeichen für vergangene oder gegenwärtige Koordinierung oder Praktiken, die eine Koordinierung erleichtern, bestehen.[339] → Rn. 383 ff.

109 **c) Schadenstheorien.** In der Praxis wird das Merkmal der erheblichen Behinderung wirksamen Wettbewerbs ausgefüllt durch sog. **Schadenstheorien** (theories of harm). Dabei handelt es sich um Hypothesen, wie und warum ein Zusammenschluss die Marktstruktur oder die Anreize und das Verhalten der fusionierenden Unternehmen oder Dritter in einer Weise verändern kann, dass dadurch der wirksame Wettbewerb auf einem oder mehreren relevanten Märkten erheblich behindert wird.[340] Diese negativen Änderungen der Marktstruktur müssen kausal auf den Zusammenschluss zurückzuführen sein. (→ Rn. 148 f.) Typische Schadenstheorien sind etwa darauf gerichtet, dass Unternehmen durch den Zusammenschluss die Fähigkeit erhalten, Gewinn bringend ihre Preise zu erhöhen, den Absatz, die Auswahl oder Qualität der Waren oder Dienstleistungen zu verringern oder die Innovation einzuschränken.[341] Anknüpfend daran, wie und warum ein Zusammenschluss zu derartigem Verhalten befähigt, werden Schadenstheorien in zwei Kategorien unterschieden: **einseitige** bzw. **nicht koordinierte Wirkungen** (unilateral bzw. non-coordinated effects) und **koordinierte Wirkungen** (coordinated effects).[342] Diese Terminologie stammt ursprünglich aus der US-Fusionskontrolle,[343] die sie ihrerseits aus der Industrieökonomie übernommen hat, und hat sich nach Einführung des SIEC-Tests auch in Europa durchgesetzt. Dies entspricht einem weltweiten Trend zu größerer Konvergenz bei der Prüfung von Zusammenschlüssen; auch das internationale Netzwerk der Wettbewerbsbehörden (International Competition Network, ICN → Kapitel 1 Rn. 1754 ff.) empfiehlt seinen Mitgliedsbehörden diese Struktur der Zusammenschlussprüfung.[344]

110 Die damit einhergehende Umstellung von der strukturellen Analyse des Entstehens oder der Verstärkung einer marktbeherrschenden Stellung auf den **wirkungsbasierten Ansatz** reflektiert die im Rahmen des more economic approach der Kommission refokussierte ökonomische Ausrichtung der europäischen Fusionskontrolle. Während in den Anfangsjahren der europäischen Fusionskontrolle überwiegend – wenn auch nicht ausschließlich (→ Rn. 26 ff.) – eine qualitativ-wertende Beurteilung der Marktmachtentwicklung nach dem Zusammenschluss vorgenommen wurde, spielen seit der Umstellung des materiellen Prüfkriteriums quantitativ-ökonometrische Methoden eine bedeutende Rolle im Rahmen der Prüfung (→ FKVO Grdl. Rn. 188a).[345]

111 **Nicht koordinierte Wirkungen** können auftreten, wenn durch den Zusammenschluss beträchtlicher Wettbewerbsdruck beseitigt wird, den die fusionierenden Unternehmen aufeinander ausgeübt haben, und zusätzlich der Wettbewerbsdruck auf die verbleibenden Wettbewerber gemindert wird, sodass für das fusionierte oder andere auf den relevanten Märkten tätige Unternehmen **erhebliche Spielräume zu einer einseitigen Erhöhung der Preise bzw. Beeinflussung sonstiger Wettbewerbsparameter** entstehen.[346] Hierzu gehört zunächst die Begründung oder Ver-

---

[338] Leitlinien „horizontale Zusammenschlüsse" Rn. 20.
[339] Leitlinien „nichthorizontale Zusammenschlüsse" Rn. 25 f.
[340] Bellamy/Child 8.230.
[341] Vgl. Leitlinien „horizontale Zusammenschlüsse" Rn. 8; Leitlinien „nichthorizontale Zusammenschlüsse" Rn. 10.
[342] Vgl. Leitlinien „horizontale Zusammenschlüsse" Rn. 22; Leitlinien „nichthorizontale Zusammenschlüsse" Rn. 17.
[343] Vgl. U.S. Horizontal Merger Guidelines vom 19.8.2010, Abschnitte 6–7; U.S. Vertical Merger Guidelines vom 30.6.2020, Abschnitte 4–5; zuvor bereits U.S. Non-Horizontal Merger Guidelines vom 14.6.1984, Abschnitt 4.
[344] ICN, Recommended Practices for Merger Analysis, 2018, Abschnitt IV.B., Abschnitt V und Abschnitt VI; zuvor bereits ICN, Merger Guidelines Workbook, 2006, Kapitel 4, Abschnitt C und Abschnitt D.
[345] Vgl. „Economic Evidence" Rn. 1; Almunia, The past and the future of merger control in the EU, Rede vom 28.9.2010, Pressemitteilung der Kommission SPEECH/10/486.
[346] FKVO Erwgr. 25; EuG, T-399/16, ECLI:EU:T:2020:217, Rn. 95 f. – CK Telecoms/Kommission.

stärkung einer marktbeherrschenden Stellung durch ein einzelnes Unternehmen. Auch unterhalb der Schwelle der Marktbeherrschung kann es jedoch zu nicht koordinierten Wirkungen kommen. Dies gilt insbesondere auf konzentrierten Märkten, wenn die fusionierenden Unternehmen besonders hohen Wettbewerbsdruck aufeinander ausüben, etwa weil sie besonders nahe Wettbewerber sind oder eines der fusionierenden Unternehmen eine wichtige Wettbewerbskraft darstellt.

Koordinierte Wirkungen können auf konzentrierten, oligopolistischen Märkten auftreten.[347] Das sind solche Märkte, die durch wenige Wettbewerber, homogene Produkte und ein hohes Maß an Transparenz gekennzeichnet sind. Eine derartige Marktstruktur kann ggf. dazu führen, dass **Unternehmen** parallele Verhaltensweisen verfolgen, auf wettbewerbliche Impulse am Markt gleichförmig reagieren und dadurch **weniger intensiv miteinander in Wettbewerb treten** (sog. Reaktionsverbundenheit oder oligopolistische Interdependenz). Insofern ist, anders als im Anwendungsbereich des Art. 101 AEUV (→ AEUV Art. 101 Rn. 85 ff.), weder eine ausdrückliche noch eine konkludente Absprache erforderlich. Es genügt vielmehr, dass Unternehmen die Fähigkeit und den Anreiz zu einem derartigen Verhalten haben. Eine solche Koordinierung kann sich auf Preise, Produktion, Kunden oder Verkäufe beziehen.[348] Demnach kann eine Transaktion dann Bedenken hinsichtlich koordinierter Wirkungen aufwerfen, wenn sie das Risiko einer Koordinierung erhöht oder eine bestehende Koordinierung erleichtert, stabilisiert oder sie erfolgreicher macht.[349] 112

Nicht koordinierte und koordinierte Wirkungen können nicht gleichzeitig auftreten, sondern **schließen einander aus.** Sie setzen jeweils eine andere Marktstruktur voraus. Während im Falle nicht koordinierter Wirkungen ein Unternehmen allein über Marktmacht verfügt, ist dies im Falle koordinierter Wirkungen gerade nicht der Fall. Zwar treten beide Arten wettbewerbsschädigender Wirkungen vornehmlich in konzentrierten, oligopolistischen Märkten auf. Daher finden sich Entscheidungen, in denen die Kommission beide Wirkungen untersucht; teilweise verändert die Kommission auch im Laufe des Verfahrens die angenommene Schadenstheorie.[350] Während einseitige Preiserhöhungsspielräume eher in Märkten auftreten können, auf denen ein heterogenes Produktangebot besteht, werden sich Indizien für eine stillschweigende Kollusion, die Preiserhöhungen auf Grund der gegenseitigen Reaktionsverbundenheit der Marktteilnehmer im engen Oligopol möglich erscheinen lassen,[351] vornehmlich in einem Umfeld homogener Produkte und erhöhter Markttransparenz zeigen. Während nicht koordinierte Wirkungen notwendigerweise zu befürchten sein müssen, ohne dass es auf die Reaktion anderer Marktteilnehmer ankommt, setzen koordinierte Wirkungen voraus, dass sich Preiserhöhungen erst durch das stillschweigende, durch die Marktrationalitäten ermöglichte Zusammenwirken der Wettbewerber ergeben. 113

In Folge der Einführung des SIEC-Tests bzw. der kurz zuvor ergangenen Entscheidung des EuG in Airtours[352] zu koordinierten Wirkungen ist zu beobachten, dass die Kommission in ihren Entscheidungen schwerpunktmäßig zur Prüfung von nicht koordinierten Verhaltensweisen übergegangen ist.[353] In den letzten Jahren haben koordinierte Wirkungen in der Beschlusspraxis der Kommission eine gewisse Renaissance erlebt.[354] Auch in diesen Fällen lag der Schwerpunkt der Prüfung aber auf nicht koordinierten Wirkungen. Es bleibt abzuwarten, ob die Entscheidung des EuG in CK Telecoms[355] zu nicht koordinierten Wirkungen insofern zu einer Neuorientierung der Kommissionspraxis führen wird. 114

aa) Marktbeherrschung. Wenngleich die erhebliche Behinderung wirksamen Wettbewerbs das alleinige Untersagungskriterium in Art. 2 Abs. 3 bildet, verdeutlicht der Wortlaut doch, dass koordinierte oder nicht koordinierte Wirkungen „insbesondere durch Begründung oder Verstärkung einer marktbeherrschenden Stellung" entstehen können. Erwägungsgrund 26 betont zudem, dass 115

---

[347] Vgl. Leitlinien „horizontale Zusammenschlüsse" Rn. 25 Fn. 29.
[348] Vgl. Leitlinien „horizontale Zusammenschlüsse" Rn. 40.
[349] Vgl. Leitlinien „horizontale Zusammenschlüsse" Rn. 22 lit. b; Leitlinien „nichthorizontale Zusammenschlüsse" Rn. 19.
[350] Kom., M.8084 – Bayer/Monsanto; M.7932 – Dow/DuPont; M.3333 – Sony/BMG; M.3216 – Oracle/Peoplesoft.
[351] Vgl. Immenga/Mestmäcker/Körber, Rn. 454.
[352] EuG, T-342/99, ECLI:EU:T:2002:146 – Airtours/Kommission.
[353] Dethmers, ECLR 11 (2016) 435; Thomas, J. Comp. L. & Econ. 13, 2 (2017) 346 (349).
[354] Vgl. etwa Kom., M.10059 – SK hynix/Intel's NAND and SSD business; M.8948 – Spirit/Asco; M.8792 – T-Mobile NL/Tele2 NL; M.8451 – Tronox/Cristal; M.8444 – ArcelorMittal/Ilva; M.7881 – AB InBev/SABMiller; M.7758 – Hutchison 3G Italy/WIND/JV; M.7252, Rn. 42–44, 110 – Holcim/Lafarge.
[355] EuG, T-399/16, ECLI:EU:T:2020:217 – CK Telecoms/Kommission, derzeit im Rechtsmittel beim EuGH anhängig (C-376/20 P); zu nicht-koordinierten Wirkungen s. auch EuG, T-584/19, ECLI:EU:T:2022:386 Rn. 555 ff. – Thyssenkrupp/Kommission.

eine erhebliche Behinderung wirksamen Wettbewerbs „im Allgemeinen aus der Begründung oder Stärkung einer beherrschenden Stellung [resultiert]". Die Leitlinien für horizontale Zusammenschlüsse greifen diesen Gedanken auf und verweisen an zahlreichen Stellen auf die – nach wie vor bestehende – Bedeutung der Marktbeherrschung. So sei die „Begründung oder Verstärkung einer beherrschenden Stellung [...] die **wichtigste Form**" einer erheblichen Behinderung wirksamen Wettbewerbs[356] und es sei „zu erwarten, dass den meisten Fällen von Unvereinbarkeit eines Zusammenschlusses mit dem [Binnenmarkt] weiterhin die Feststellung von Marktbeherrschung zugrunde liegen wird".[357] Auch in den Leitlinien für nichthorizontale Zusammenschlüsse wird auf eine erhebliche Behinderung wirksamen Wettbewerbs „insbesondere als Ergebnis der Schaffung oder Verstärkung einer beherrschenden Stellung" verwiesen.[358] Diese Erwartung spiegelt sich auch in der **Beschlusspraxis der Kommission.** Von den zwölf bisher unter der geltenden FKVO ergangenen Untersagungsbeschlüssen stützen sich neun ausschließlich und ein weiterer zumindest für einen von mehreren Märkten auf die Annahme einer marktbeherrschenden Stellung.[359] Lediglich zwei Untersagungsbeschlüsse ergingen allein aufgrund nicht koordinierter Wirkungen unterhalb der Schwelle der Marktbeherrschung, die zudem beide durch die Unionsgerichte aufgehoben wurden (→ Rn. 127 ff.).[360]

116 Unter einer **marktbeherrschenden Stellung** verstehen die Unionsgerichte in stRspr „die wirtschaftliche Machtstellung eines oder mehrerer Unternehmen [...], die diese in die Lage versetzt, die Aufrechterhaltung wirksamen Wettbewerbs auf dem relevanten Markt zu verhindern, indem sie ihnen die Möglichkeit verschafft, sich ihren Konkurrenten, ihren Kunden und letztlich den Verbrauchern gegenüber in einem nennenswerten Umfang unabhängig zu verhalten".[361] Mit anderen Worten handelt es sich um eine Stellung, die „wesentlich durch die Fähigkeit gekennzeichnet ist, dass man sein Verhalten in der Marktstrategie ohne Rücksichtnahme auf diesen Wettbewerb bestimmen kann, ohne aufgrund dieser Haltung Nachteile hinnehmen zu müssen".[362]

117 Sofern **koordinierte Wirkungen** eines Zusammenschlusses in Rede stehen, sind die untersagungsrelevanten Kriterien nach der Neufassung von Art. 2 Abs. 3 weitgehend identisch mit dem Begriff der **„kollektiven marktbeherrschenden Stellung"** wie er durch die Unionsgerichte gefasst wurde (→ Rn. 133). Nach Erwägungsgrund 25 sollte die Neufassung des Art. 2 Abs. 3 – unterhalb der Schwelle der Marktbeherrschung – allein nicht koordinierte Wirkungen erfassen.[363] Ohnehin wäre eine erhebliche Behinderung wirksamen Wettbewerbs durch koordinierte Wirkungen, die unterhalb der Schwelle der kollektiven Marktbeherrschung bleiben, höchstens in Ausnahmesituationen vorstellbar. Ist etwa eine Gruppe von Anbietern trotz eines relativ geringen gemeinsamen Marktanteils in der Lage, Preise stillschweigend koordiniert hochzuhalten, weil ihnen bewusst ist, dass Nachfrageverschiebungen selbst durch marktanteilsstarke Außenstehende aufgrund von Kapazitätsengpässen nicht bedient werden können, so könnte darin eine koordinierte Wirkung unterhalb der Marktbeherrschung gesehen werden. Die in den Leitlinien für horizontale Zusammenschlüsse aufgestellten Bedingungen, unter denen ein Zusammenschluss wegen der durch ihn ausgelösten

---

[356] Vgl. Leitlinien „horizontale Zusammenschlüsse" Rn. 2.
[357] Vgl. Leitlinien „horizontale Zusammenschlüsse" Rn. 4.
[358] Leitlinien „nichthorizontale Zusammenschlüsse" Rn. 15.
[359] Kom., M.9343 – Hyundai Heavy Industries/Daewoo Shipbuilding; M.8900 – Wieland/Aurubis/Schwermetall; M.8713 – Tata Steel/ThyssenKrupp/JV (für einen von mehreren relevanten Märkten); M.8677 – Siemens/Alstom; M.7995 – Deutsche Börse/London Stock Exchange; M.7878 – HeidelbergCement/Schwenk/Cemex Hungary/Cemex Croatia; M.6663 – Rynair/Aer Lingus III; M.6166 – Deutsche Börse/NYSE Euronext; M.5830 – Olympic/Aegean Airlines; M.4439 – Ryanair/Aer Lingus.
[360] Kom., M.7612 – Hutchison 3G UK/Telefónica UK (aufgehoben durch EuG, T-399/16, ECLI:EU:T:2020:217 – CK Telecoms/Kommission); Kom., M.6570 – UPS/TNT Express (wegen einer Verletzung rechtlichen Gehörs aufgehoben durch EuG, T-194/13, ECLI:EU:T:2017:144 – United Parcel Service/Kommission; seinerseits bestätigt durch EuGH, C-265/17 P, ECLI:EU:C:2019:23 – Kommission/United Parcel Service).
[361] EuG, T-405/08, ECLI:EU:T:2013:306, Rn. 50 – Spar/Kommission; T-282/02, ECLI:EU:T:2006:64, Rn. 195 – Cementbouw/Kommission; T-102/96, ECLI:EU:T:1999:65, Rn. 200 – Gencor/Kommission; ähnlich auch EuGH, C-85/76, ECLI:EU:C:1979:36, Rn. 38 – Hoffmann-La Roche/Kommission; C-27/76, ECLI:EU:C:1978:22, Rn. 65 – United Brands/Kommission; EuG, T-336/07, ECLI:EU:T:2012:172, Rn. 147 – Telefónica/Kommission; T-66/01, ECLI:EU:T:2010:255, Rn. 254 – Imperial Chemical/Kommission; T-57/01, ECLI:EU:T:2009:519, Rn. 275 – Solvay/Kommission; T-340/03, ECLI:EU:T:2007:22, Rn. 99 – France Telecom/Kommission; T-210/01, ECLI:EU:T:2005:456, Rn. 114 – General Electric/Kommission; ferner Leitlinien „horizontale Zusammenschlüsse" Rn. 2.
[362] EuGH, C-85/76, ECLI:EU:C:1979:36, Rn. 70 – Hoffmann-La Roche/Kommission; EuG, T-336/07, ECLI:EU:T:2012:172, Rn. 162 – Telefónica/Kommission; T-340/03, ECLI:EU:T:2007:22, Rn. 101 – France Telecom/Kommission T-210/01, ECLI:EU:T:2005:456, Rn. 117 – General Electric/Kommission.
[363] FKVO Erwgr. 25 S. 6.

koordinierten Wirkungen untersagt werden kann, entsprechen jedenfalls den Kriterien, die das EuG für die Bejahung einer kollektiven marktbeherrschenden Stellung genannt hat.[364] Für koordinierte Wirkungen im Zusammenhang mit vertikalen und konglomeraten Fusionen gilt nichts anderes, da auch hier – wenn überhaupt – eine erhebliche Behinderung wirksamen Wettbewerbs nur denkbar ist, wenn die Wettbewerber die Einhaltung einer stillschweigenden Koordinierung im Oligopol wirksam überwachen können, glaubhafte Abschreckungsmechanismen ein Abweichen von der Koordinierung verhindern und die Koordinierung im Oligopol nicht von außenstehenden Wettbewerbern gefährdet wird.[365]

Die marktbeherrschende Stellung eines Unternehmens muss **durch den Zusammenschluss** **begründet oder** durch ihn **verstärkt** werden. Bei horizontalen Zusammenschlüssen ist dafür meist die mit dem Zusammenschluss verbundene **Marktanteilsaddition** entscheidend. In Fällen, in denen die Produkte der Zusammenschlussbeteiligten unterschiedlichen Marktsegmenten angehören, kann auch eine Marktanteilsaddition ohne Auswirkung auf den Wettbewerb bleiben.[366] Bei vertikalen Zusammenschlüssen kommt es auf das Vorliegen von Marktverschließungs- bzw. **Abschottungswirkungen** und bei konglomeraten Konstellationen neben Abschottungswirkungen etwa auf **Hebel- oder Portfoliowirkungen** an (→ Rn. 492). Eine bereits bestehende marktbeherrschende Stellung kann in besonderen Fällen auch durch Zusammenschlüsse ohne Marktanteilsaddition verstärkt werden, etwa durch eine erhebliche zusammenschlussbedingte Verbesserung der Finanzkraft des Unternehmens. Verstärkungswirkungen können sich aber auch durch die Eliminierung potenzieller Wettbewerber auf benachbarten Märkten ergeben.[367] Sowohl für die Begründung als auch für die Verstärkung einer marktbeherrschenden Stellung ist erforderlich, dass die **Veränderung der Wettbewerbsstruktur von Dauer** ist. 118

Zur Annahme der **Begründung einer marktbeherrschenden Stellung** muss folglich ein grundlegender Wandel der bisher auf dem Markt vorherrschenden Wettbewerbsbedingungen prognostiziert werden können.[368] Damit das Regelbeispiel des Art. 2 Abs. 3 erfüllt wird, muss eine vorbestehende Wettbewerbsstruktur, die wirksamen Wettbewerb gewährleistet, durch den Zusammenschluss durch eine Struktur ersetzt werden, die durch nicht koordinierte oder koordinierte Wirkungen zu erhöhter Marktmacht von auf dem relevanten Markt tätigen Unternehmen führt. Dass auf dem relevanten Markt der Wettbewerb vollständig zum Erliegen kommt, ist für die Annahme der Begründung einer marktbeherrschenden Stellung nicht erforderlich, da auch in beherrschten Märkten Restwettbewerb bestehen kann (→ aber Rn. 121). Diese Voraussetzungen gelten sowohl für die Begründung von Einzelmarktbeherrschung wie auch für die Begründung von kollektiver Marktbeherrschung. Im letzteren Fall muss der Zusammenschluss gerade dazu führen, ein vorher – wenn auch oligopolistisches so doch noch – wettbewerbliches und nicht stillschweigend koordiniertes Marktgeschehen in ein kollusives Gleichgewicht umkippen zu lassen (sog. tipping effect). 119

Die Annahme der **Verstärkung einer marktbeherrschenden Stellung** setzt voraus, dass bereits vor dem Zusammenschluss der relevante Markt beherrscht wurde. Dazu reicht die Feststellung bestehender Marktmacht als solche nicht aus, da nach der Systematik des Art. 2 Abs. 3 die Marktbeherrschung, deren Vorbestehen die Verstärkungsalternative fordert, ein besonderer (Extrem-) Fall von Marktmacht ist. Umgekehrt ist dort, wo bereits vor dem Zusammenschluss auf dem relevanten Markt ein Monopol vorlag, eine Verstärkung grundsätzlich nur im Wege eines vertikalen oder konglomeraten Zusammenschlusses denkbar. Soweit es überhaupt zu einem horizontalen Zusammenschluss mit einem Monopolisten kommen kann – etwa durch Fusion mit einem potenziellen Wettbewerber –, müssen besondere Umstände nahelegen, dass durch den Zusammenschluss die bestehende Monopolstellung spürbar verfestigt wird. 120

Dass der Untersagungstatbestand auch für die Verstärkung einer marktbeherrschenden Stellung die erhebliche **Behinderung wirksamen Wettbewerbs** voraussetzt, ist nicht unproblematisch. Es ist kaum ersichtlich, in welcher Konstellation einerseits wirksamer Wettbewerb im Markt bestehen kann, der andererseits von einer vorbestehenden marktbeherrschenden Stellung gekennzeichnet ist. Somit stellt sich jedenfalls bei einer Wortlautauslegung die Frage, inwieweit ein Zusammenschluss unter dem SIEC-Test eine marktbeherrschende Stellung verstärken kann. Dieser innere Widerspruch war bereits in Art. 2 Abs. 3 VO 4064/89 enthalten, fiel dort jedoch wegen der geringen Bedeutung des Behinderungstatbestands nicht ins Gewicht. Sollte sich dieser Konflikt unter dem SIEC-Test einmal als praktisch relevant erweisen, bestehen zwei Möglichkeiten: Einerseits könnten in diesem 121

---

[364] Vgl. Leitlinien „horizontale Zusammenschlüsse" Rn. 41.
[365] Leitlinien „nichthorizontale Zusammenschlüsse" Rn. 80, 119.
[366] Vgl. Kom., M.2537, Rn. 31 ff. – Philips/Marconi Medical Systems.
[367] Kom., M.2416, Rn. 262 – Tetra Laval/Sidel; M.3340, Rn. 31 ff. – GEGeneral Electric/Amersham.
[368] Vgl. NK-EuWettbR/Hacker, Kap. 4 C, Rn. 272.

Fall die Anforderungen an die Wirksamkeit des vorbestehenden Wettbewerbs abgesenkt werden mit der Folge, dass auch ein neben der Marktbeherrschung noch bestehender Restwettbewerb als wirksam angesehen werden müsste.³⁶⁹ Diese Lösung geriete aber mit dem Auftrag an die Kommission zur Aufrechterhaltung wirksamen Wettbewerbs in Art. 2 Abs. 1, denn dieser kann bezüglich eines beherrschten Marktes kaum als erfüllt gelten. Als zweite Möglichkeit bietet sich an, in diesen Fallkonstellationen auf das Erfordernis der Wirksamkeit zu verzichten. Insofern wäre es sinnvoll gewesen, das Wort „wirksam" im Zuge der Neufassung des Art. 2 Abs. 3 zu streichen. In diesem Fall hätte es ausgereicht, wenn vor dem Zusammenschluss noch ein wenig mehr Restwettbewerb als danach bestanden hätte. Hätte der Zusammenschluss dann die weitere Beschränkung dieses Restwettbewerbs zur Folge, könnte auch die Verstärkung der marktbeherrschenden Stellung unter Art. 2 Abs. 3 subsumiert werden. Das im Tatbestand des Art. 2 Abs. 3 enthaltene Wort „wirksam" macht diese Auslegung ohne Überdehnung des Wortlauts schwierig.³⁷⁰

122   **bb) (Sonstige) nicht koordinierte Wirkungen.** Ein Zusammenschluss kann zu einer **Beseitigung wichtigen Wettbewerbsdrucks** für ein oder mehrere Unternehmen führen, deren **Marktmacht** auf diese Weise **einseitig,** dh ohne auf ein koordiniertes Verhalten zurückgreifen zu müssen, **erhöht** wird (nicht koordinierte Wirkungen).³⁷¹ Aus ökonomischer Sicht ist es hier gerade der zusammenschlussbedingte Wegfall des vorbestehenden Wettbewerbs zwischen den fusionierenden Unternehmen, der diesen die Möglichkeit eröffnen kann, Preise zu erhöhen oder sonstige Wettbewerbsparameter negativ zu beeinflussen (→ Kapitel 1 Rn. 401 ff.). Bieten die Fusionspartner Produkte an, die aus Kundensicht die besten Substitute füreinander sind, so kann das zusammengeschlossene Unternehmen die Preise für eines seiner Produkte profitabel erhöhen, wenn die Kunden auf sein anderes Produkt und nicht − oder nur zu einem geringen Teil − auf Wettbewerbsprodukte ausweichen. Hätte eines der Unternehmen ohne den Zusammenschluss seine Preise erhöht, so hätte es einen Teil seines Absatzes an den Wettbewerber verloren. Eine Preiserhöhung wäre dadurch ggf. unprofitabel geworden, so dass sie unterblieben wäre. Darüber hinaus kann ein Zusammenschluss auch Wettbewerbsdruck auf andere im Markt aktive Unternehmen reduzieren. Können die fusionierenden Unternehmen nach dem Zusammenschluss ihre Preise erhöhen, so ist eine Nachfrageverlagerung zu den anderen Wettbewerbern zu erwarten, denen nun ihrerseits Preiserhöhungsspielräume eröffnet werden können.³⁷² Insgesamt kann daher der zusammenschlussbedingte Rückgang des Wettbewerbsdrucks zu spürbaren Preiserhöhungen im relevanten Markt führen.³⁷³ Im Hinblick auf nichthorizontale Zusammenschlüsse besteht die Gefahr von Preiserhöhungen vor allem dadurch, dass der Zugang des Wettbewerber des fusionierten Unternehmens zu Bezugs- oder Absatzmärkten erschwert oder beschränkt wird („Abschottung").³⁷⁴

123   In den **Leitlinien für horizontale Zusammenschlüsse** führt die Kommission eine − nicht abschließende − **Reihe von** für sich genommen nicht notwendig entscheidenden **Faktoren** dafür auf, ob nicht koordinierte Wirkungen von einem Zusammenschluss zu erwarten sind: hohe Marktanteile der fusionierenden Unternehmen; die Tatsache, dass die fusionierenden Unternehmen nahe Wettbewerber sind; begrenzte Möglichkeiten der Kunden, zu einem anderen Anbieter überzuwechseln; die Tatsache, dass eine Erhöhung des Angebots durch die Wettbewerber bei Preiserhöhungen unwahrscheinlich ist; die Fähigkeit des fusionierten Unternehmens, Wettbewerber am Wachstum zu hindern; und die Beseitigung einer wichtigen Wettbewerbskraft.³⁷⁵ In den **Leitlinien für nichthorizontale Zusammenschlüsse** führt die Kommission als mögliche nicht koordinierte Wirkungen auf: die Abschottung von Einsatzmitteln; die Abschottung des Zugangs für Kunden; und der Zugang zu vertraulichen Unternehmensdaten über die vorgelagerten oder nachgeordneten Tätigkeiten der Wettbewerber.³⁷⁶

124   In der **Beschlusspraxis der Kommission** wird das Konzept der (sonstigen) nicht koordinierten Wirkungen zum einen dort in Ansatz gebracht, wo die Begründung einer marktbeherrschenden Stellung nicht offensichtlich ist, die ernsten Zweifel jedoch durch Zusagen der Parteien im Ergebnis ausgeräumt werden, und zum anderen dort, wo die Kommission eine erhebliche Wettbewerbsbeein-

---

³⁶⁹ So iErg Immenga/Mestmäcker/Körber, Rn. 201.
³⁷⁰ Montag, The Future of „Dominance" under the Merger Control Regulation and Article 82 EC, in Baudenbacher (Hrsg.), Neueste Entwicklungen im europäischen und internationalen Kartellrecht, 275, 280 f.
³⁷¹ Vgl. Leitlinien „horizontale Zusammenschlüsse" Rn. 22 lit. a; Leitlinien „nichthorizontale Zusammenschlüsse" Rn. 18.
³⁷² Leitlinien „horizontale Zusammenschlüsse" Rn. 24.
³⁷³ Befürchtung der Kommission in Kom., M.3916 − T-Mobile Austria/tele.ring; vgl. auch ausf. Diskussion in Kom., M.6471 − Outokumpu/Inoxum.
³⁷⁴ Leitlinien „nichthorizontale Zusammenschlüsse" Rn. 18.
³⁷⁵ Leitlinien „horizontale Zusammenschlüsse" Rn. 26−38.
³⁷⁶ Leitlinien „nichthorizontale Zusammenschlüsse" Rn. 29−75.

III. Prüfung auf Vereinbarkeit mit dem Binnenmarkt

trächtigung befürchtet, Marktbeherrschung aber nicht begründet werden kann.[377] Bisher betraf dies neben der chemischen Industrie,[378] dem Einzelhandel,[379] der Energieversorgung,[380] Kurierlieferungen,[381] der Metallerzeugung[382] sowie der Herstellung von Batterien[383] und medizinischen Produkten[384] vor allem den Telekommunikationssektor.[385] Wenngleich die Kommission in der Vergangenheit mehrfach betont hat, dass es keine „magische Zahl" mindestens erforderlicher Wettbewerber in einem Markt gebe,[386] zeichnet sich diese Beschlusspraxis – insbes. im Telekommunikationssektor – durch eine grundsätzliche Skepsis gegenüber einer Konsolidierung von 4 auf 3 Wettbewerbern (sog. 4 to 3 mergers) aus. Insofern hat das EuG allerdings in CK Telecoms betont, dass die Verringerung von vier zu drei Wettbewerbern für sich genommen nicht geeignet ist, eine erhebliche Behinderung wirksamen Wettbewerbs zu belegen.[387]

Exemplarisch für die **Zusammenschlüsse im Telekommunikationssektor** ist etwa T-Mobile Austria/tele.ring.[388] Die Kommission gab den Zusammenschluss nur unter Auflagen frei, obwohl das fusionierte Unternehmen in Österreich nicht zum Marktführer geworden wäre. Dies begründete sie damit, dass durch den Zusammenschluss in seiner ursprünglich geplanten Form tele.ring als **wichtige Wettbewerbskraft** (important competitive force) entfallen wäre, dh als ein Wettbewerber, der erheblichen Wettbewerbsdruck auf die beiden größten Marktteilnehmer ausgeübt hatte. Denn tele.ring hatte den Verbrauchern in den vorangegangenen Jahren die niedrigsten Preise geboten. Die gleiche Argumentationslinie findet sich in einem weiteren Fall, der den österreichischen Mobilfunkmarkt betraf: In Hutchison 3G Austria/Orange Austria wollten sich der dritt- und der viertgrößte Anbieter zusammenschließen, und auch das zusammengeschlossene Unternehmen wäre nur der drittgrößte Marktteilnehmer gewesen. Die Kommission nahm allerdings an, dass das zusammengeschlossene Unternehmen einen geringeren Anreiz gehabt hätte, in aggressiven Wettbewerb zu den anderen Anbietern zu treten, während insbesondere eine der Zusammenschlussparteien zuvor durch innovativen Service und die subventionierte Abgabe hochklassiger Mobilfunkgeräte an Kunden in Erscheinung trat und generell mehr Einfluss auf den Wettbewerb hatte, als ihr Marktanteil vermuten ließ.[389] Zusagen der Beteiligten ermöglichten schließlich die Freigabe des Vorhabens. Auch in den anderen Zusammenschlussvorhaben im Telekommunikationssektor machte die Kommission wettbewerbliche Bedenken geltend, weil sie einen oder mehrere der in den Leitlinien für horizontale Zusammenschlüsse aufgeführten Faktoren für nicht koordinierte Wirkungen feststellte; namentlich, weil sie die fusionierenden Unternehmen als wichtige Wettbewerbskraft oder zumindest als **nahe Wettbewerber** einschätzte. Um Freigaben zu erreichen, waren jeweils umfangreiche Zusagen erforderlich, die regelmäßig dazu dienten, einen Markteintritt durch einen neuen Wettbewerber zu ermöglichen und damit die Anzahl der Wettbewerber auf dem Markt konstant zu halten. In zwei Fällen konnten oder wollten die Beteiligten keine von der Kommission als ausreichend erachteten Zusagen geben. In Teliasonera/Telenor/JV gaben die Beteiligten das Zusammenschlussvorhaben auf.[390] In Hutchison 3G UK/Telefónica UK erließ die Kommission eine Untersagungsentscheidung, die später allerdings durch das EuG aufgehoben wurde (→ Rn. 128 f.).[391] Das Rechtsmittel der Kommission gegen das Urteil des EuG ist noch anhängig.[392]

---

[377] S. zB Kom., M.5355, Rn. 21 – BASF/CIBA.
[378] Kom., M.8451 – Tronox/Cristal; M.5355 – BASF/CIBA.
[379] Kom., M.7555 – Staples/Office Depot; M.5047 – REWE/ADEG.
[380] Kom., M.5549 – EDF/Segebel; M.4141 – Linde/BOC.
[381] Kom., M.6570 – UPS/TNT Express.
[382] Kom., M.8713 – Tata Steel/ThyssenKrupp/JV.
[383] Kom., M.8988 – Energizer/Spectrum Brands.
[384] Kom., M.3687 – Johnson & Johnson/Guidant.
[385] Kom., M.9041 – Hutchison/Wind Tre; M.7758 – Hutchison 3G Italy/WIND/JV; M.7637 – Liberty Global/BASE Belgium; M.7612 – Hutchison 3G UK/Telefónica UK; M.7421 – Orange/Jazztel; M.7419 – Teliasonera/Telenor/JV (aufgegeben); M.7018 – Telefónica Deutschland/E-Plus; M.6992 – Hutchison 3G UK/Telefónica Ireland; M.6497, Rn. 250 ff. – Hutchison 3G Austria/Orange Austria; M.3916 – T-Mobile Austria/tele.ring.
[386] Vgl. etwa Pressemitteilung der Kommission 16/1713; Rede von Margrethe Vestager, Vizepräsidentin der Europäischen Kommission, Competition in telecom markets, 2.10.2015; Vande Walle/Wambach, Competition Merger Brief 1/2014, 10.
[387] EuG, T-399/16, ECLI:EU:T:2020:217, Rn. 434 – CK Telecoms/Kommission.
[388] Kom., M.3916 – T-Mobile Austria/tele.ring.
[389] Kom., M.6497, Rn. 250 ff. – Hutchison 3G Austria/Orange Austria.
[390] Kom., M.7419 – Teliasonera/Telenor/JV.
[391] Kom., M.7612 – Hutchison 3G UK/Telefónica UK; aufgehoben durch EuG, T-399/16, ECLI:EU:T:2020:217 – CK Telecoms/Kommission.
[392] EuGH, C-376/20 P – Kommission/CK Telecoms.

126 Auch in **anderen Sektoren** argumentierte die Kommission ähnlich. So nahm sie etwa in Linde/BOC auch ohne Begründung oder Verstärkung einer marktbeherrschenden Stellung eine Behinderung wirksamen Wettbewerbs an, da infolge des Zusammenschlusses ein **neuer Wettbewerber** im Markt, der bisher eine **aggressive Wettbewerbspolitik** verfolgt habe, entfiele.[393] In REWE/ADEG[394] wurde der Zusammenschluss nur unter Auflagen freigegeben, obwohl die Zusammenschlussbeteiligten gemeinsam nur moderate Marktanteile erreichten. Trotz der Annahme eines **nationalen Einzelhandelsmarktes** untersuchte die Kommission die Marktposition der Zusammenschlussbeteiligten auf **lokaler Ebene** und stellte insofern fest, dass der proportional stärkere Zuwachs der Marktanteile in 24 bevölkerungsreichen Bezirken wahrscheinlich zu einer Erhöhung des Preisniveaus auf dem nationalen Markt insgesamt führen würde. In BASF/CIBA[395] wären die Parteien des Zusammenschlusses zwar nicht zum führenden Lieferanten von Dimethylaminoethyl aufgestiegen, allerdings wäre **nur noch ein weiterer bedeutender Anbieter** in diesem Produktmarkt vorhanden gewesen. Die Kommission ging davon aus, dass der andere Anbieter keinen Anreiz gehabt hätte, Preiserhöhungen von BASF/CIBA nach dem Zusammenschluss entgegenzuwirken.[396] In EDF/Segebel[397] hätte der Zusammenschluss der zweit- und drittgrößten Stromerzeuger in Belgien nur zu einem gemeinsamen Marktanteil von ca. 30 % geführt, während der Marktführer auf einen Marktanteil von ca. 65 % kam. Dennoch machte die Kommission wettbewerbliche Bedenken geltend, da EDF der einzige Wettbewerber war, der – durch den Bau zweier neuer Kraftwerke – in erheblichem Umfang neue Stromerzeugungskapazitäten in Belgien schaffen wollte. Der Zusammenschluss mit Segebel hätte nach Ansicht der Kommission den **Anreiz** für EDF verringert, diese **Kapazitäten an den Markt zu bringen,** da sich dies negativ auf den von Segebel erzielten Strompreis auswirken könnte. Der Zusammenschluss wurde schließlich unter Auflagen freigegeben, nachdem EDF zugesagt hatte, eine der mit der Errichtung eines Kraftwerks betrauten Projektgesellschaften an einen Dritten zu veräußern, und die Projektgesellschaft für das zweite Kraftwerk ebenfalls zu veräußern, falls EDF vom Bau der zweiten Kraftwerks Abstand nehmen sollte oder diesen erheblich verzögerte. Es ist davon auszugehen, dass die Kommission unter Art. 2 Abs. 3 aF diese Auswirkungen unterhalb der Marktbeherrschungsschwelle nicht im Hinblick auf nicht koordinierte Wirkungen hätte angreifen können.

127 Der erste Untersagungsbeschluss aufgrund nicht koordinierter Wirkungen unterhalb der Schwelle der Marktbeherrschung erging in **UPS/TNT Express.**[398] Der Zusammenschluss hätte die Anzahl der Wettbewerber auf dem Markt für internationale Kurierlieferungen von **4 auf 3** (für einige Kunden auch von 3 auf 2) reduziert. Die Kommission sah die Zusammenschlussparteien als **nahe Wettbewerber** auf einem heterogenen Markt und TNT Express zudem als **wichtige Wettbewerbskraft** an.[399] Zwar sei auch DHL ein naher Wettbewerber der Zusammenschlussparteien; auf die Frage, wer die nächsten Wettbewerber (closest competitors) seien, komme es jedoch nicht an.[400] Der Zusammenschluss schaffe für das fusionierte Unternehmen einen Anreiz zur Preiserhöhung, da es einen Teil der Nachfrage, die sich infolge einer solchen Preiserhöhung auf andere Angebote verlagern würde, durch das Angebot des anderen Fusionspartners internalisieren könnte.[401] Zudem würde durch den Zusammenschluss auch der Wettbewerbsdruck auf die übrigen Wettbewerber reduziert, für die es infolge der Nachfrageverlagerung nach einer Preiserhöhung des fusionierten Unternehmens ihrerseits profitabel sein könne, ihre Preise zu erhöhen.[402] Der Untersagungsbeschluss wurde später durch die Unionsgerichte aufgehoben, allerdings beruhte dies im Wesentlichen auf einer Verletzung rechtlichen Gehörs; mit der Analyse nicht koordinierter Wirkungen setzten sich die Unionsgerichte insoweit nicht auseinander.[403]

128 Der Untersagungsbeschluss in **Hutchison 3G UK/Telefonica UK** betraf den Telekommunikationssektor.[404] Der Zusammenschluss hätte die Anzahl der Wettbewerber auf dem Endkundenmarkt für Mobilfunkdienste im Vereinigten Königreich von **4 auf 3** reduziert und den größten und den

---

[393] Kom., M.4141, Rn. 161–167 – Linde/BOC.
[394] Kom., M.5047 – REWE/ADEG; bestätigt durch EuG, T-405/08, ECLI:EU:T:2013:306, Rn. 164 ff. – Spar/Kommission.
[395] Kom., M.5355 – BASF/CIBA.
[396] Kom., M.5355, Rn. 21 f. – BASF/CIBA.
[397] Kom., M.5549 – EDF/Segebel.
[398] Kom., M.6570 – UPS/TNT Express.
[399] Kom., M.6570, Rn. 702, 720, 723 – UPS/TNT Express.
[400] Kom., M.6570, Rn. 703 – UPS/TNT Express.
[401] Kom., M.6570, Rn. 722 – UPS/TNT Express.
[402] Kom., M.6570, Rn. 723–726 – UPS/TNT Express.
[403] EuGH, C-265/17 P, ECLI:EU:C:2019:23 – Kommission/United Parcel Service; EuG, T-194/13, ECLI:EU:T:2017:144 – United Parcel Service/Kommission.
[404] Kom., M.7612 – Hutchison 3G UK/Telefonica UK.

viertgrößten Anbieter vereint. Zwar hätte dies keine marktbeherrschende Stellung begründet, doch sah die Kommission die Zusammenschlussparteien auch hier als **nahe Wettbewerber** und Three als **wichtige Wettbewerbskraft** an.[405] Nicht erforderlich für die Annahme einer erheblichen Behinderung wirksamen Wettbewerbs war insofern nach Ansicht der Kommission, wie schon in UPS/TNT Express, dass die Zusammenschlussparteien nächste Wettbewerber (closest competitors) seien.[406] Eine Besonderheit bei diesem Zusammenschluss war zudem die Tatsache, dass alle vier britischen Mobilfunknetzbetreiber hinsichtlich der Nutzung ihrer Netzinfrastruktur untereinander kooperierten. Die Kommission nahm insofern an, dass durch den Zusammenschluss die Möglichkeit und ein Anreiz für das fusionierte Unternehmen bestehe, die existierenden Nutzungsvereinbarungen erheblich zu stören und so die Wettbewerbsfähigkeit der übrigen Anbieter zu beeinträchtigen.[407]

Diesen Untersagungsbeschluss hob das EuG in **CK Telecoms** auf.[408] Grundlegend ist insofern **129** die Feststellung des Gerichts, dass die Neufassung des materiellen Tests durch die geltende FKVO die Interventionsschwelle nicht abgesenkt hat; dh ein Zusammenschluss kann nur dann untersagt (bzw. nur mit Abhilfemaßnahmen freigegeben) werden, wenn die Beeinträchtigung des Wettbewerbs vergleichbar mit derjenigen durch die Begründung oder Verstärkung einer marktbeherrschenden Stellung ist.[409] Entscheidendes Untersagungskriterium ist stets, durch eine **umfassende Gesamtwürdigung** festzustellende, erhebliche Behinderung wirksamen Wettbewerbs.[410] Dies habe die Kommission unzulässig mit den Kriterien der Leitlinien für horizontale Zusammenschlüsse (nahe Wettbewerber; wichtige Wettbewerbskraft) vermengt.[411] Zwar akzeptiert das Gericht grundsätzlich die Relevanz der Fragen, ob die Zusammenschlussparteien **nahe Wettbewerber** (→ Rn. 271 ff.) oder eine **wichtige Wettbewerbskraft** (→ Rn. 318 ff.) sind. Allerdings legte das EuG jeweils **deutlich strengere Anforderungen** als die Kommission an, **um** diese **Kriterien im Einzelfall festzustellen.** Nahe Wettbewerber müssen einander „besonders nah" (particularly close) sein; es können also nicht alle Wettbewerber im Oligopol „nahe Wettbewerber" sein.[412] Eine wichtige Wettbewerbskraft muss sich hinsichtlich der Auswirkungen auf den Wettbewerb von ihren Wettbewerbern unterscheiden; auch insofern können also gerade nicht alle Wettbewerber im Oligopol eine „wichtige Wettbewerbskraft" darstellen.[413] Vielmehr muss eine wichtige Wettbewerbskraft einen besonders aggressiven Wettbewerb verfolgen und in der Lage sein, die Dynamik des Wettbewerbs auf dem Markt erheblich zu verändern.[414] Im Übrigen kann die bloße Reduzierung der Anzahl der Wettbewerber von **4 auf 3** nicht schon für sich genommen eine erhebliche Behinderung wirksamen Wettbewerbs begründen.[415] Gegen diese Entscheidung des EuG hat die Kommission Rechtsmittel zum EuGH eingelegt. Für die Ansicht der Kommission sprach sich auch Generalanwältin Kokott in ihren Schlussanträgen vor dem EuGH aus;[416] eine Entscheidung in diesem Verfahren steht aber noch aus. Allerdings wird für den Fall eines Unterliegens der Kommission vor dem EuGH vereinzelt bereits eine Reform des materiellen Tests gefordert.[417]

Im Rahmen von nichthorizontalen Zusammenschlüssen sind die Schadenstheorien regelmäßig **130** darauf gerichtet, dass das fusionierte Unternehmen **Wettbewerber vom Markt abschottet** und in der Folge einem geringeren Wettbewerbsdruck ausgesetzt ist, wodurch Spielräume zu einer einseitigen Erhöhung der Preise bzw. Beeinflussung sonstiger Wettbewerbsparameter entstehen können. Bei **vertikalen Zusammenschlüssen** steht zu befürchten, dass das fusionierte Unternehmen seine Wettbewerber auf dem nachgelagerten Markt von Einsatzmitteln (→ Rn. 393 ff.) oder seine Wettbe-

---

[405] Kom., M.7612, Rn. 463, 481, 681, 777, 1179, 1195, 2126, 2747 – Hutchison 3G UK/Telefonica UK.
[406] Kom., M.7612, Rn. 324, 421, 1193 – Hutchison 3G UK/Telefonica UK.
[407] Kom., M.7612, Rn. 885, 1228 ff. – Hutchison 3G UK/Telefonica UK.
[408] EuG, T-399/16, ECLI:EU:T:2020:217 – CK Telecoms/Kommission.
[409] EuG, T-399/16, ECLI:EU:T:2020:217, Rn. 90 – CK Telecoms/Kommission.
[410] EuG, T-399/16, ECLI:EU:T:2020:217, Rn. 100, 172 f., 287–290 – CK Telecoms/Kommission.
[411] EuG, T-399/16, ECLI:EU:T:2020:217, Rn. 173 – CK Telecoms/Kommission; widersprechend GAin Kokott, Schlussanträge v. 20.10.2022, Rs. C-376/20 P, Rn. 106 ff. – CK Telecoms/Kommission.
[412] EuG, T-399/16, ECLI:EU:T:2020:217, Rn. 242, 247, 249 – CK Telecoms/Kommission; widersprechend GAin Kokott, Schlussanträge v. 20.10.2022, Rs. C-376/20 P, Rn. 115 ff. – CK Telecoms/Kommission; hierzu Wessely FS Wiedemann, 2020, 577 (587 ff.).
[413] EuG, T-399/16, ECLI:EU:T:2020:217, Rn. 158, 174 – CK Telecoms/Kommission.
[414] EuG, T-399/16, ECLI:EU:T:2020:217, Rn. 215 f. – CK Telecoms/Kommission.
[415] EuG, T-399/16, ECLI:EU:T:2020:217, Rn. 434 – CK Telecoms/Kommission.
[416] GAin Kokott, Schlussanträge v. 20.10.2022, Rs. C-376/20 P – CK Telecoms/Kommission.
[417] So etwa Andreas Mundt in einer Diskussion zum Thema Merger Guidelines in Modern Economies auf dem von dem U.S. Department of Justice und der U.S. Federal Trade Commission veranstalteten Spring 2022 Enforcers Summit am 4.4.2022, vgl. FTC, Enforcers Summit – 4.4.2022, Diskussionsprotokoll, S. 29 f., abrufbar unter https://www.ftc.gov/system/files/ftc_gov/pdf/FTC%20Enforcers%20Summit_April%204.pdf, zuletzt abgerufen am 22.8.2022.

werber auf dem vorgelagerten Markt von Kunden (→ Rn. 426 ff.) abschotten kann. Bei **konglomeraten Zusammenschlüssen** steht zu befürchten, dass das fusionierte Unternehmen mit einer starken Stellung in einem Markt durch Kopplung, Bindung oder sonstige ausschließende Praktiken eine Hebelwirkung in einem anderen, eng verwandten Markt ausüben und so seine Marktmacht in diesen übertragen kann (→ Rn. 470 ff.).

131 cc) **Koordinierte Wirkungen.** Ein Zusammenschluss kann Wettbewerbsfaktoren aber auch dahingehend verändern, dass Unternehmen, die zuvor ihr Verhalten nicht koordiniert hatten, nun eher **geneigt** sind (are now significantly more likely to) **in einem koordinierten Vorgehen** ihre Preise zu erhöhen oder auf andere Weise **wirksamen Wettbewerb zu beeinträchtigen.** Soweit die Unternehmen ihr Verhalten bereits vor der Fusion koordiniert haben, kann ein Zusammenschluss die Koordinierung erleichtern, stabilisieren oder sie erfolgreicher machen (koordinierte Wirkungen).[418] Der damit beschriebene ökonomische Wirkungszusammenhang (→ Kapitel 1 Rn. 441 ff.) wurde zunächst unter der Geltung des Marktbeherrschungstests der VO 4064/89 rechtlich fassbar gemacht. Daher war die Begrifflichkeit in der europäischen Fusionskontrolle, auch wegen ihrer Beeinflussung durch unterschiedliches Sprachverständnis innerhalb Europas und durch die US-amerikanische Rechtstradition, lange nicht einheitlich. Es besteht jedoch inzwischen weitgehend Einigkeit darüber, dass die Begriffe „koordinierte Wirkungen", „kollektive Marktbeherrschung", „gemeinsame Marktbeherrschung", „Oligopolmarktbeherrschung" und „stillschweigende Kollusion" im Kern die gleiche Bedeutung haben und dasselbe wettbewerbswirksame Phänomen beschreiben.[419] In dem Wortlaut des Art. 2 Abs. 2 und Abs. 3 finden koordinierte Wirkungen ebenso wenig Erwähnung wie nicht koordinierte bzw. einseitige Wirkungen. Es ist jedoch (inzwischen) unstrittig, dass sowohl der SIEC-Test als auch das Regelbeispiel der Marktbeherrschung die Untersagung von Zusammenschlüssen umfassen, die koordinierte Wirkungen im Markt begründen oder verstärken.[420]

132 Die stillschweigende Koordinierung weniger Anbieter in einem Oligopolmarkt wurde zuerst im wirtschaftswissenschaftlichen Schrifttum beschrieben. Bereits in den 1920er Jahren erläuterte Chamberlain, dass sich der Marktpreis dem Monopolpreis annähere, wenn Anbieter in einem duopolistischen Markt stillschweigend zusammenwirken. In einem solchen Umfeld würde der Anbieter, der seine Gewinne rational und intelligent zu maximieren sucht, erkennen, dass jeder vorstoßende Wettbewerb eine Reaktion des anderen Anbieters nach sich zieht. Da im Ergebnis jede Preissenkung zu einer Verminderung der Gewinne beider führt, da sie vom (einzigen) Wettbewerber umgehend nachvollzogen würde, um Marktanteilsverluste zu minimieren, müssten Preissenkungen von vornherein unterbleiben.[421] Damit ist zugleich auch der Unterschied zwischen stillschweigender und expliziter Koordinierung im Sinne abgestimmter Verhaltensweisen nach Art. 101 AEUV offensichtlich: Während Kartellanten eine ausdrückliche Vereinbarung treffen müssen, um suprakompetitive Preise durchsetzen zu können, ist für den Eintritt koordinierter Wirkungen im Oligopol kennzeichnend, dass sich ein Preisniveau über dem Wettbewerbspreis durch bloßes rationales, nach außen hin unabhängiges Verhalten einstellt. Trotz zahlreicher Versuche[422] konnte auch die Ökonomie jedoch bisher noch keine allgemein gültigen Merkmale aufzeigen, bei deren Vorhandensein in einem Oligopol stillschweigende Koordinierung zu erwarten ist. Den größten Einfluss auf die wettbewerbsrechtliche Behandlung kollektiver Marktbeherrschung haben ökonomische Erklärungsansätze zum Zusammenhang zwischen Marktkonzentration und Unternehmensgewinnen (Bain), zur Wesentlichkeit der Eignung des Marktes zur stillschweigenden Preiskoordination (Stiegler) und zum Konzept der „bestreitbaren Märkte", wonach Märkte ohne spürbare Ein- und Austrittsbarrieren selbst dann keiner Regulierung bedürften, wenn auf ihnen nur wenige Anbieter präsent sind (Baumol/Lee), gehabt.[423] Auch spieltheoretische Ansätze sind zur Erklärung von kollektiver Marktbeherrschung verfolgt worden.[424] Dabei geht es auch um die Frage, wie viele Firmen dem Oligopol maximal angehören können, damit stillschweigende Koordinierungen noch praktikabel sind.[425] Weitgehende Einigkeit

---

[418] Vgl. Leitlinien „horizontale Zusammenschlüsse" Rn. 22 lit. b; Leitlinien „nichthorizontale Zusammenschlüsse" Rn. 19.
[419] Zur synonymen Verwendung der Begriffe coordinated effects, collective dominance, oligopolistic dominance, und joint dominance vgl. etwa Kom., M.1524, Rn. 58 – Airtours/First Choice.
[420] Vgl. EuGH, C-413/06 P, ECLI:EU:C:2008:392, Rn. 124 ff. – Bertelsmann und Sony/Impala; EuG, T-342/99, ECLI:EU:T:2002:146, Rn. 58 ff. – Airtours/Kommission; T-102/96, ECLI:EU:T:1999:65, Rn. 126 f., 273, 275 f. – Gencor/Kommission; Levy/Cook, European Merger Control Law, § 14.03.
[421] Vgl. Chamberlain 43 Quarterly Journal of Economics 44,1 (1929) 63.
[422] Vgl. Bork, The Antitrust Paradox – a Policy at War with Itself: „there appear to be as many oligopoly theories as there are economists who have written on the subject."
[423] Williamson Europäische Wirtschaft Nr. 57 (1994), 136 ff.
[424] Etter W. Comp. 23,3 (2000) 103 (115 ff.).
[425] Selten Int J Game Theory 2, 141 (141 ff.); Huck/Normann/Oechssler Journal of Economic Behaviour & Organization, Vol.JEBO 53 (2004) 435 (435 ff.).

besteht allerdings darüber, dass im engen Oligopol wirksamer Wettbewerb ebenso nachhaltig sein kann wie eine wettbewerbswidrige Entwicklung hin zum Monopolpreis.[426] Aus diesem Grund erfordert die Prüfung koordinierter Wirkungen eine detaillierte Analyse zahlreicher Einzelfaktoren, die die Zusammenschlussparteien, den relevanten Markt und die dort umgesetzten Produkte oder Dienstleistungen betreffen. Zur ökonomischen Bedeutung der einzelnen Faktoren → Einl. Bd. 1 Rn. 323 ff.

In **Airtours** beschrieb das EuG die mit koordinierten Wirkungen einhergehende Wettbewerbsbeeinträchtigung als eine wettbewerbliche Situation, die sich aus einem Zusammenschluss ergeben kann, „wenn dieser – aufgrund der Merkmale des relevanten Marktes und indem die Marktstruktur durch den Zusammenschluss geändert wird – dazu führt, dass jedes Mitglied des beherrschenden Oligopols es in **Wahrnehmung der gemeinsamen Interessen** für **möglich, wirtschaftlich vernünftig** und daher **ratsam** hält, dauerhaft einheitlich auf dem Markt vorzugehen, um zu höheren als den Wettbewerbspreisen zu verkaufen, ohne zuvor eine Vereinbarung im Sinne von Art. 101 AEUV zu treffen oder auf eine abgestimmte Verhaltensweise im Sinne dieser Vorschrift zurückgreifen zu müssen".[427] Dieses Verständnis koordinierter Wirkungen wird auch in den Leitlinien für horizontale Zusammenschlüsse aufgegriffen.[428] **133**

Konkret entwickelte das EuG drei – seitdem als „Airtours-Kriterien" bekannte – kumulative **Voraussetzungen für die Annahme koordinierter Wirkungen** (→ ausf. Rn. 345 ff.), die in der Folge Eingang in die Leitlinien für horizontale Zusammenschlüsse gefunden haben und in Impala auch durch den EuGH gebilligt wurden: Erstens muss es den Oligopolisten möglich sein, **Übereinstimmung** über ihre Koordinierungsmodalitäten zu **erzielen** und mögliche **Abweichungen** vom stillschweigend koordinierten Verhalten **überwachen** zu können.[429] Zweitens müssen ihnen wirksame **Abschreckungsmechanismen** zur Verfügung stehen, um auf vorstoßenden Wettbewerb anderer Oligopolisten so nachhaltig reagieren zu können, dass solcher von vornherein unterbleibt.[430] Drittens dürfen die außerhalb des Oligopols stehenden **Wettbewerber und die Kunden nicht** in der Lage sein, das **Gleichgewicht** der stillschweigenden Koordinierung glaubhaft **gefährden** zu können.[431] **134**

Eine solche Koordinierung kann sich nicht nur darauf beziehen, dass die **Preise** oberhalb der Höhe gehalten werden, die sich bei ungehindertem Wettbewerb ergeben würden. Die Koordinierung kann auch auf die Beschränkung der **Produktion** oder des Umfangs der auf den Markt zu bringenden neuen **Kapazitäten** abzielen.[432] Eine Koordinierung kann auch hinsichtlich der **Aufteilung des Marktes** zB nach räumlichen Gebieten, nach sonstigen Kundenmerkmalen oder durch die Zuteilung der Aufträge in Bietermärkten bestehen.[433] **135**

d) Horizontale, vertikale und konglomerate Zusammenschlüsse. Je nach der Art der durch einen Zusammenschluss zusammengeführten Wettbewerbspositionen der beteiligten Unternehmen unterscheidet man gemeinhin drei verschiedene Zusammenschlussarten.[434] Bei **horizontalen Zusammenschlüssen** kommt es zu einer Unternehmensverbindung zwischen aktuellen oder potenziellen Wettbewerbern auf dem gleichen Markt.[435] An **vertikalen Zusammenschlüssen** sind typischerweise Unternehmen beteiligt, die auf benachbarten Stufen derselben Wertschöpfungskette tätig sind, etwa Hersteller und Händler oder Vorleistungslieferant und Weiterverarbeiter.[436] **Konglomerate Zusammenschlüsse** bringen Unternehmen zusammen, die auf unterschiedlichen Märkten tätig sind und zwischen denen weder horizontale noch vertikale **136**

---

[426] Faull & Nikpay, The EC Law of Competition Rn. 1.80; vgl. auch FKVO Erwgr. 25 S. 2.
[427] EuG, T-342/99, ECLI:EU:T:2002:146, Rn. 61 – Airtours/Kommission; ähnlich EuGH, C-413/06 P, ECLI:EU:C:2008:392, Rn. 122 – Bertelsmann und Sony/Impala; EuG, T-102/96, ECLI:EU:T:1999:65, Rn. 277 – Gencor/Kommission.
[428] Vgl. Leitlinien „horizontale Zusammenschlüsse" Rn. 39.
[429] Vgl. EuGH, C-413/06 P, ECLI:EU:C:2008:392, Rn. 123 – Bertelsmann und Sony/Impala; EuG, T-342/99, ECLI:EU:T:2002:146, Rn. 62 – Airtours/Kommission; Leitlinien „horizontale Zusammenschlüsse" Rn. 44–51.
[430] Vgl. EuGH, C-413/06 P, ECLI:EU:C:2008:392, Rn. 123 – Bertelsmann und Sony/Impala; EuG, T-342/99, ECLI:EU:T:2002:146, Rn. 62 – Airtours/Kommission; Leitlinien „horizontale Zusammenschlüsse" Rn. 52–55.
[431] Vgl. EuGH, C-413/06 P, ECLI:EU:C:2008:392, Rn. 123 – Bertelsmann und Sony/Impala; EuG, T-342/99, ECLI:EU:T:2002:146, Rn. 62 – Airtours/Kommission; Leitlinien „horizontale Zusammenschlüsse" Rn. 56 f.
[432] Kom., M.2498, Rn. 127 ff. – UPM-Kymmene/Haindl.
[433] Vgl. Leitlinien für „horizontale Zusammenschlüsse" Rn. 40.
[434] Vgl. LMRKM/Riesenkampff/Steinbarth Rn. 118.
[435] Leitlinien „horizontale Zusammenschlüsse" Rn. 5.
[436] Leitlinien „nichthorizontale Zusammenschlüsse" Rn. 4.

Beziehungen bestehen.[437] Diese Unterscheidung ist praktisch bedeutsam, da **je nach Art des Zusammenschlusses unterschiedliche Schadenstheorien** (theories of harm) in Betracht kommen. Die detaillierte Darstellung der einzelnen Schadenstheorien erfolgt daher gesondert für horizontale Zusammenschlüsse (→ Rn. 235 ff.), vertikale Zusammenschlüsse (→ Rn. 379 ff.) und konglomerate Zusammenschlüsse (→ Rn. 466 ff.).

137 In der **Beschlusspraxis der Kommission** nehmen horizontale Zusammenschlüsse den breitesten Raum ein, da sie – unter den wettbewerblich nicht von vorneherein völlig unbedenklichen Zusammenschlüssen – am häufigsten vorkommen. Allerdings sind nicht nur horizontale,[438] sondern auch vertikale[439] und konglomerate[440] Zusammenschlusskonstellationen bereits **Gegenstand von Untersagungsbeschlüssen** der Kommission gewesen. Auch die Unionsgerichte haben die möglichen wettbewerbswidrigen Wirkungen der verschiedenen Konstellationen im Grundsatz anerkannt.[441]

138 **Vertikale** (und erst recht konglomerate) **Zusammenschlüsse** würden die wenigsten Ökonomen ohne weiteres als wettbewerbsschädlich ansehen.[442] Vielmehr kann die Integration von Unternehmen auf vor- oder nachgelagerten Märkten zu erheblichen Effizienzvorteilen führen.[443] Daneben können durch vertikale Integration Verbesserungen technologischer Art herbeigeführt werden. Beide Aspekte sind **grundsätzlich** als **wettbewerbsfördernd** anzusehen (zu den Auswirkungen vertikaler Verbindungen aus ökonomischer Sicht → ausf. Kapitel 1 Rn. 496 ff.). Beispielsweise wird durch die vertikale Integration die Zahl der Teilnehmer an der Wertschöpfungskette verringert mit der Folge, dass weniger Händler- oder Produzentenmargen auf den Preis aufgeschlagen werden. Niedrigere Endkundenpreise und ersparte Transaktionskosten können die Folge sein. Beides kommt dem Verbraucher zugute. Ein weiterer Vorteil vertikaler Integration ist die Förderung von Investitionen. So können insbesondere in kapitalintensiven Industriezweigen, wo sich Investitionsentscheidungen nur über einen langen Zeitraum rentieren, konzerninterne Absatzmöglichkeiten Sicherheiten bieten, die selbst durch langfristige Vertragsbeziehungen mit dritten Parteien nicht erreicht werden können.[444] Auch die Kommission erkennt unter Bezugnahme auf die og Beispiele in ihren Leitlinien für nichthorizontale Zusammenschlüsse an, dass vertikale (und auch konglomerate) Zusammenschlüsse ein erhebliches Potential für Effizienzgewinne bieten.[445]

139 Ein mehrdimensionaler Zusammenschluss kann horizontale und vertikale oder konglomerate Aspekte mit sich bringen.[446] Schließt sich etwa ein über zwei Produktionsstufen vertikal integriertes Unternehmen mit einem Wettbewerber zusammen, der nur auf einer Stufe tätig ist, so kann diese Unternehmensverbindung zu Marktanteilsadditionen, also horizontalen Überschneidungen, und gleichzeitig zu vertikalen Bezügen führen, da die vorbestehende Tätigkeit des einen Unternehmens auf einer Produktionsstufe mit den Aktivitäten des Zusammenschlusspartners auf der anderen Produktionsstufe zusammengeführt wird.[447] Umfasst ein Zusammenschluss zB zwei Hersteller von jeweils unterschiedlichen Produkten, die getrennten Märkten zuzuordnen sind, und ist gleichwohl eine Partei ein potenzieller Wettbewerber auf einem der Märkte der anderen Partei, so können

---

[437] Leitlinien „nichthorizontale Zusammenschlüsse" Rn. 5.
[438] Vgl. etwa Kom., M.9343 – Hyundai Heavy Industries/Daewoo Shipbuilding; M.8900 – Wieland/Aurubis/Schwermetall; M.8713 – Tata Steel/ThyssenKrupp/JV; M.8677 – Siemens/Alstom; M.7995 – Deutsche Börse/London Stock Exchange; M.7878 – HeidelbergCement/Schwenk/Cemex Hungary/Cemex Croatia; M.7612 – Hutchison 3G UK/Telefónica UK.
[439] Vgl. etwa Kom., M.490 – Nordic Satellite Distribution.
[440] Vgl. etwa Kom., M.2416 – Tetra Laval/Sidel; M.2220 – General Electric/Honeywell.
[441] EuG, T-5/02, ECLI:EU:T:2002:264, Rn. 142–155 – Tetra Laval/Kommission; T-22/97, ECLI:EU:T:1999:327, Rn. 141–167 – Kesko/Kommission; T-102/96, ECLI:EU:T:1999:65, Rn. 201 f. – Gencor/Kommission.
[442] Vgl. Bundeskartellamt, Das Untersagungskriterium in der Fusionskontrolle – Marktbeherrschende Stellung versus Substantial Lessening of Competition?, Diskussionspapier, 8.10.2001, 25; Bishop/Walker, The economic of EC Competition Law, 3. Aufl. 2010, 8-003, 8-004; eine umfassende Darstellung zu den ökonomischen Aspekten vertikaler Zusammenschlüsse findet sich in Church, The Impact of Vertical and Conglomerate Mergers on Competition, Report for DG Competition, Ch. 3, abrufbar unter https://appliedantitrust.com/12_nonhorizontal_mergers/7_europe/church_impact_vertical9_2004.pdf, zuletzt abgerufen am 17.3.2023.
[443] Vgl. Bundeskartellamt, Das Untersagungskriterium in der Fusionskontrolle – Marktbeherrschende Stellung versus Substantial Lessening of Competition?, Diskussionspapier, 8.10.2021, 25; Cook/Kerse, E. C. Merger Control, 7-016; Schwalbe/Zimmer, Kartellrecht und Ökonomie, 468, 679 f.
[444] Vgl. Bishop/Walker, 8-048.
[445] Leitlinien „nichthorizontale Zusammenschlüsse" Rn. 13 f.
[446] Vgl. etwa Kom., M.8394 – Essilor/Luxottica; M.4041 – Basell/Société du Craqueur.
[447] Vgl. etwa Kom., M.1027 – Deutsche Telekom/BetaResearch; M.993 – Bertelsmann/Kirch/Premiere; M.553 – RTL/Veronica/Endemol.

sich horizontale Überschneidungen zwischen der aktuellen Wettbewerbsposition des einen und der potenziellen Wettbewerbsposition des anderen Unternehmens ergeben, während der Zusammenschluss im übrigen konglomeraten Charakter hat.[448] Die Auswirkungen sind je nach ihrer Art anhand der jeweiligen Leitlinien für horizontale bzw. nichthorizontale Zusammenschlüsse zu beurteilen.[449]

e) Erheblichkeit der Behinderung wirksamen Wettbewerbs. Vom Prüfungsmaßstab des Art. 2 Abs. 2 und Abs. 3 erfasst werden nur erhebliche Wettbewerbsbehinderungen. Auch wenn dies weder von der Kommission noch den Unionsrichtern ausdrücklich so bezeichnet wird, handelt es sich dabei in der Sache letztlich um eine Ausprägung des allgemeinen Grundsatzes der Verhältnismäßigkeit (→ Rn. 228 ff.). Dieses **Erheblichkeitskriterium** soll sicherstellen, dass nicht jede geringfügige Zunahme von Marktmacht zur Untersagung führt. Nicht jeder einseitige Preiserhöhungsspielraum, der dem fusionierten Unternehmen durch den Zusammenschluss vermittelt wird, und nicht jede Erleichterung koordinierten Verhaltens in einem Oligopol können danach zur Untersagung der Transaktion führen. In den Leitlinien für horizontale und für nichthorizontale Zusammenschlüsse greift die Kommission das Erheblichkeitskriterium auf.[450] Die deutschen Sprachfassungen weichen allerdings von der Terminologie der FKVO ab und sprechen stattdessen von „**Spürbarkeit**". Dass darin keine inhaltliche Korrektur liegt, zeigt schon ein Blick in die übrigen Sprachfassungen, die jeweils der Terminologie der FKVO folgen. Anknüpfend daran wird in der Literatur diskutiert, inwieweit das Erheblichkeitskriterium als Erfordernis einer **zeitlichen, räumlichen** oder **sachlichen Spürbarkeit** der Wettbewerbsbehinderung zu verstehen sei.[451]

140

Demgegenüber hat das EuG in **CK Telecoms** anhand des Erheblichkeitskriteriums herausgestellt, dass die Feststellung einer erheblichen Behinderung wirksamen Wettbewerbs stets einer „umfassenden Bewertung" bedarf. Nicht ausreichend ist die Feststellung des Vorliegens einzelner der in den Leitlinien für horizontale bzw. nichthorizontale Zusammenschlüsse genannten Faktoren (wie etwa der Tatsache, dass eines der fusionierenden Unternehmen eine „wichtige Wettbewerbskraft" darstellt). Vielmehr bedarf es einer **Gesamtwürdigung,** ob festgestellte nicht koordinierte oder koordinierte Wirkungen des Zusammenschlusses „erheblich" sind.[452] Generalanwältin Kokott zufolge hat das EuG allerdings den Umfang der Überprüfung verkannt und damit rechtsfehlerhaft entschieden.[453]

141

Eine **inhaltliche Annäherung** an den Bedeutungsgehalt des Erheblichkeitskriteriums erlaubt das Regelbeispiel der **Marktbeherrschung.** Daraus kann geschlossen werden, dass Zusammenschlüsse, die zum Entstehen oder zur Verstärkung einer marktbeherrschenden Stellung führen, regelmäßig auch eine erhebliche Behinderung mit sich bringen.[454] Insofern ändert sich nichts an der früheren Rechtslage, da in der Kommissionspraxis bereits unter der VO 4064/89 auf eine gesonderte Prüfung des Behinderungskriteriums verzichtet wurde, wenn Marktbeherrschung vorlag.

142

Anknüpfend daran hat das EuG das Erheblichkeitskriterium in CK Telecoms für **nicht koordinierte Wirkungen** unterhalb der Schwelle der Marktbeherrschung ausgestaltet. Demnach erlaubt Art. 2 Abs. 3 die Untersagung von Zusammenschlüssen, „die Wettbewerbsbedingungen auf dem Markt **in einem Maß beeinträchtigen** können, das **vergleichbar ist mit** demjenigen der **beherrschenden Stellung,** indem der aus dem Zusammenschluss hervorgehenden Einheit eine Macht verschafft wird, die es ihr gestattet, selbst die Wettbewerbsparameter zu bestimmen und insbesondere die **Preise festzusetzen, statt sie zu akzeptieren".**[455]

143

Unabhängig davon kann die Erheblichkeit der Behinderung auch durch das Vorhandensein von **Ausgleichsfaktoren** entfallen, aufgrund derer der Zusammenschluss im konkreten Fall nicht zu einem spürbaren Zuwachs an Marktmacht führt (→ Rn. 150 ff.). Zu denken ist zB daran, dass gegenläufige Marktmacht der Nachfrageseite oder die Verwirklichung von Effizienzvorteilen dazu führen, dass die mit dem Zusammenschluss einhergehende Wettbewerbsbehinderung, wenn sie nicht vollständig wegfällt, so doch nicht mehr als erheblich anzusehen ist. Daher wird auch die Auffassung vertreten, dass das Merkmal der „erheblichen" Wettbewerbsbeschränkung das Ziel habe, die Berücksichtigungsfähigkeit so genannter Effizienzvorteile im Normtext zu verankern.[456]

144

---

448 Vgl. etwa Kom., M.2416 – Tetra Laval/Sidel.
449 Leitlinien „nichthorizontale Zusammenschlüsse" Rn. 7.
450 Leitlinien „horizontale Zusammenschlüsse" Rn. 8, 24, 26–28, 36 f., 59 f., 63 f., 68, 70; Leitlinien „nichthorizontale Zusammenschlüsse" Rn. 32, 47–49, 59, 65, 74 f., 94.
451 Vgl. FK-KartR/Könen Rn. 122; Immenga/Mestmäcker/Körber, Rn. 203; LMRKM/Riesenkampff/Steinbarth Rn. 55; Schulte/Zeise Rn. 1331.
452 EuG, T-399/16, ECLI:EU:T:2020:217, Rn. 284–289 – CK Telecoms/Kommission.
453 GAin Kokott, Schlussanträge v. 20.10.2022, Rs. C-376/20 P, Rn. 159 ff. – CK Telecoms/Kommission.
454 Vgl. auch Leitlinien „horizontale Zusammenschlüsse" Rn. 25.
455 EuG, T-399/16, ECLI:EU:T:2020:217, Rn. 90 – CK Telecoms/Kommission; zu nicht-koordinierten Wirkungen s. auch EuG – T-584/19, ECLI:EU:T:2022:386 Rn. 555 ff. – Thyssenkrupp/Kommission.
456 Zimmer ZWeR 2004, 250 (261).

145 **f) Auswirkungen auf den Binnenmarkt.** Die wettbewerbsbehindernden Auswirkungen eines Zusammenschlusses müssen nach Art. 2 Abs. 3 im Binnenmarkt oder in einem wesentlichen Teil desselben auftreten. Damit gewährleistet die Vorschrift materiell die Beschränkung der europäischen Fusionskontrolle auf Auswirkungen im **Zuständigkeitsgebiet der Kommission**. Einerseits ist die Kommission nicht gehindert, Zusammenschlüsse von außerhalb der EU ansässigen Unternehmen zu untersagen, sofern diese zu einer erheblichen Behinderung wirksamen Wettbewerbs innerhalb des Binnenmarktes oder eines wesentlichen Teils desselben führen. Andererseits verbietet Art. 2 Abs. 3 der Kommission die Untersagung von Zusammenschlüssen, die sich ausschließlich außerhalb des Binnenmarktes wettbewerbsbeschränkend auswirken. Das **Gebiet des Binnenmarktes** umfasst das gesamte Gebiet der Europäischen Union. Dies ergibt sich aus Art. 26 Abs. 2 AEUV, der den Binnenmarkt als den Raum bezeichnet, innerhalb dessen die Waren-, Personen-, Dienstleistungs- und Kapitalverkehrsfreiheiten gelten.

146 Des Weiteren enthält das Tatbestandsmerkmal eine **Spürbarkeitsschwelle,** unterhalb derer Zusammenschlüsse auch dann nicht untersagt werden können, wenn sie sich zwar innerhalb des Binnenmarktes, aber nur lokal begrenzt auswirken. Auswirkungen müssen mindestens in einem wesentlichen Teil des Binnenmarktes auftreten. Diese Voraussetzung wurde von der Kommission regelmäßig im Zusammenhang mit Verweisungsentscheidungen nach Art. 9 geprüft (→ Art. 9 Rn. 45 f.; → Art. 9 Rn. 61–64). Ob ein bestimmter Markt einen wesentlichen Teil des Binnenmarktes darstellt, richtet sich nach **quantitativen und qualitativen Faktoren.** Entscheidend sind einerseits der Anteil des auf diesem Markt gehandelten bzw. verbrauchten Volumens der jeweiligen Waren oder Dienstleistungen im Verhältnis zum Gesamtvolumen im Binnenmarkt, die Zahl der auf diesem Markt vorhandenen Kunden und das absolute Volumen des betreffenden Marktes im Vergleich zu anderen Teilen des Binnenmarkts.[457] Lokale[458] oder regionale Märkte mit einem sehr geringen Volumenanteil der jeweiligen Produkte von bis zu 1 % des Gesamtvolumens im Binnenmarkt werden in der Regel nicht als wesentlicher Teil desselben anzusehen sein. Separate Märkte in Gestalt von Punkt-zu-Punkt-Verbindungen etwa im Nahverkehr wurden ebenfalls nicht als wesentliche Teile des Binnenmarktes angesehen.[459] Unter bestimmten Voraussetzungen kommt auch eine Bündelung kleinerer Märkte in Betracht, etwa wenn sie in verschiedenen Mitgliedstaaten betroffen werden oder untereinander ausreichende Verbindungen aufweisen, dass sie insgesamt als wesentlicher Teil des Binnenmarktes anzusehen sind. Dagegen bilden – auch kleinere[460] – Mitgliedstaaten, Teile größerer Mitgliedstaaten,[461] in Deutschland auch die Bundesländer,[462] regelmäßig einen wesentlichen Teil des Binnenmarktes.

147 Andererseits können auch kleine geografische Bereiche wesentliche Teile des Binnenmarktes sein, wenn sie **qualitativ** über **wirtschaftliche Bedeutung** verfügen, eine wichtige Rolle für den grenzüberschreitenden Handel spielen oder im Vergleich die auf diesen Märkten gehandelten Volumina derjenigen kleinerer Mitgliedstaaten erreichen oder übertreffen. So bezeichnete die Kommission etwa die Flughäfen Frankfurt[463] und Gatwick[464] oder die Stadt London, die hinsichtlich des relevanten Elektrizitätsmarktes einen größeren Verbrauch aufwies als die Mitgliedstaaten Irland oder Luxemburg,[465] als wesentliche Teile des Binnenmarktes.

148 **4. Kausalität.** Ein Zusammenschluss kann nur dann für unvereinbar mit dem Binnenmarkt erklärt werden, wenn er für die erhebliche Behinderung wirksamen Wettbewerbs, und im Fall der Verwirklichung des Regelbeispiels der Begründung oder Verstärkung einer marktbeherrschenden Stellung für diese, kausal ist. Hierfür vergleicht die Kommission die sich aus dem angemeldeten Vorhaben ergebenden Wettbewerbsbedingungen mit den Bedingungen wie sie ohne das Vorhaben fortbestehen würden (sog. **Counterfactual**).[466] In der Regel dürfte diese Kausalität gegeben sein, da die im Rahmen des Fusionskontrollverfahrens betrachteten Marktstrukturveränderungen, die Gegenstand der Prognoseentscheidung der Kommission sind, für gewöhnlich durch den Zusammen-

---

[457] Kom., M.5200, Rn. 21 – Strabag/Kirchner; vgl. auch Schulte/Zeise Rn. 2076.
[458] Kom., M.5112, Rn. 34–36 – REWE Plus/Discount; M.3572, Rn. 30 – Cemex/RMC; M.3669, Rn. 34 f. – Blackstone (TBG CareCo)/NHP.
[459] Kom., M.2446, Rn. 17 – Govia/Connex South Central.
[460] Kom., M.5046, Rn. 593 (Niederlande) – Friesland/Campina; M.2530, Rn. 44 (Belgien) – Südzucker/Saint Louis.
[461] Kom., M.2530, Rn. 44 (Süddeutschland) – Südzucker/Saint Louis.
[462] Vgl. EuGH, C-475/99, ECLI:EU:C:2001:577, Rn. 38 – Ambulanz Glöckner/Landkreis Südwestpfalz; Kom., M.417, Rn. 13 – VIAG/Bayernwerk.
[463] Kom., IV/34.801 – FAG – Flughafen Frankfurt Main.
[464] Kom., M.1383, Rn. 813 – Exxon/Mobil.
[465] Kom., M.1346, Rn. 47 – EDF/London Electricity.
[466] Leitlinien „horizontale Zusammenschlüsse" Rn. 9; Leitlinien „nichthorizontale Zusammenschlüsse" Rn. 20.

schluss verursacht sein werden (→ Rn. 253). Im Verfahren Cargotec/Konecranes hat die Kommission allerdings das von Cargotec vorgetragene Counterfactual, dass Cargotec den Markt für Hafenkräne ohne den Zusammenschluss in jedem Fall verlassen werde, trotz der detailliert vorgetragenen Probleme und mangelnden Profitabilität dieses Geschäftsteils verworfen und auch insoweit wettbewerbliche Bedenken geäußert, aufgrund derer die Parteien dann entsprechende Zusagen anboten.[467] Am Tag nach der Aufgabe des Zusammenschlussvorhabens aufgrund einer Untersagungsentscheidung der britischen CMA hat Cargotec den Ausstieg aus dem Krangeschäft auch tatsächlich beschlossen; das Counterfactual ist somit trotz gegenteiliger Annahme der Kommission eingetreten.[468] Auch im Falle **koordinierter Wirkungen** kann es an der Kausalität dann mangeln, wenn zwar Hinweise auf eine stillschweigende Koordinierung im Markt bestehen, diese aber durch den Zusammenschluss nicht einfacher, stabiler oder effektiver würde (→ Rn. 378).

An der Kausalität des Zusammenschlusses kann es, unabhängig von der konkret verfolgten **149** Schadenstheorie, auch im Fall der **Sanierungsfusion** (failing firm defense) fehlen, wenn die Parteien substantiiert darlegen, dass die Marktanteile des Zielunternehmens dem Erwerber auch ohne den Zusammenschluss zugeflossen wären. In den Leitlinien für horizontale Zusammenschlüsse[469] und der Praxis wird die Sanierungsfusion – insbesondere als Vergleich der Marktstruktur mit und ohne Fusion – aber regelmäßig erst nach der Prüfung übriger Ausgleichsfaktoren untersucht. (→ Rn. 208 ff.) Schließlich hat die Kommission bei der Beurteilung der Kausalität des konkreten Zusammenschlusses vereinzelt auch **hypothetische, alternative Zusammenschlüsse** berücksichtigt. Dem lag die Annahme zugrunde, dass das Zielunternehmen ohne das angemeldete Vorhaben stattdessen von einem anderen Kaufinteressenten erworben worden bzw. einer anderen Allianz von Fluggesellschaften beigetreten wäre.[470] In anderen Fällen lehnte die Kommission es hingegen ab, derartige alternative Zusammenschlüsse zu berücksichtigen, da die Verhandlungen mit dem alternativen Kaufinteressenten noch nicht hinreichend konkret und der alternative Zusammenschluss daher nicht hinreichend vorhersehbar war.[471]

5. Ausgleichsfaktoren. Bei der Untersuchung, ob ein Zusammenschluss zu einer erheblichen **150** Behinderung wirksamen Wettbewerbs auf den betroffenen Märkten führt, bildet die Prüfung möglicher nicht koordinierter oder koordinierter Wirkungen des Zusammenschlusses lediglich den ersten Prüfungsschritt. Nicht jede festgestellte Möglichkeit wettbewerbswidriger Wirkungen führt zur Untersagung eines Zusammenschlussvorhabens. Ein wettbewerbswidriger Marktmachtzuwachs, der eine erhebliche Behinderung wirksamen Wettbewerbs zur Folge hat, kann durch gegengewichtige Ausgleichsfaktoren, aufgrund derer auch nach dem Zusammenschluss wirksamer Wettbewerb bestehen wird, verhindert werden. Wesentliche Ausgleichsfaktoren wettbewerbswidriger Folgen von horizontalen Zusammenschlüssen sind die gegenläufige **Nachfragemacht** der Abnehmerseite,[472] niedrige **Marktzutrittsschranken**[473] und mögliche **Effizienzgewinne**.[474] Darüber hinaus kann ein eigentlich problematisches Zusammenschlussvorhaben mit dem Binnenmarkt vereinbar sein, wenn eines der beteiligten Unternehmen ohne den Zusammenschluss ohnehin aus dem Markt ausscheiden würde **(Sanierungsfusion)**.[475]

a) Nachfragemacht der Marktgegenseite. Die Marktmacht eines Unternehmens kann **151** durch bestehende Nachfragemacht seiner Abnehmer deutlich gemindert werden. Nachfragemacht ist als die **Verhandlungsmacht** anzusehen, die ein Käufer gegenüber seinem Lieferanten angesichts seiner Größe, seiner wirtschaftlichen Bedeutung für den Lieferanten und seiner Fähigkeit, zu Wettbewerbern seines Lieferanten überzuwechseln, ausspielen kann.[476] Im Zentrum der Ermittlungen der Kommission steht die Frage, ob die Nachfrager in der Lage wären, der erhöhten Marktmacht der durch den Zusammenschluss entstehenden fusionierten Einheit ausreichenden Druck entgegenzuset-

---

[467] Kom., M.10078, Rn. 511 ff. – Cargotec/Konecranes.
[468] Pressemitteilung von Cargotec, abrufbar unter https://www.cargotec.com/en/nasdaq/stock-exchange-release-kalmar-hiab-macgregor/2022/cargotec-refocuses-its-strategy-for-higher-financial-performance-through-sustainability-and-growth-in-profitable-core-businesses-plans-to-exit-kalmars-heavy/, zuletzt abgerufen am 17.3.2023.
[469] Leitlinien „horizontale Zusammenschlüsse" Rn. 89 ff.
[470] Kom., M.5440, Rn. 60–62, 85–105 – Lufthansa/Austrian Airlines; M.5335, Rn. 286–298 – Lufthansa/SN Airholding (Brussels Airlines).
[471] Kom., M.7421, Rn. 164–168 – Orange/Jazztel.
[472] Leitlinien „horizontale Zusammenschlüsse" Rn. 64 ff.
[473] Leitlinien „horizontale Zusammenschlüsse" Rn. 68 ff.
[474] Leitlinien „horizontale Zusammenschlüsse" Rn. 76 ff.
[475] Leitlinien „horizontale Zusammenschlüsse" Rn. 89 ff.
[476] Leitlinien „horizontale Zusammenschlüsse" Rn. 64; vgl. auch Kom., Prioritätenmitteilung Rn. 18; U.S. Horizontal Merger Guidelines vom 19.8.2010, Abschnitt 8.

zen, um sie an Preiserhöhungen zu hindern. Die Kommission hat dies in ihrer bisherigen Beschlusspraxis nur selten angenommen.

152 **aa) Struktur des Nachfragemarktes.** Die Wirksamkeit ausgeübter Nachfragemacht hängt maßgeblich von der Struktur des Nachfragemarktes ab. Je konzentrierter die Nachfrageseite ist, desto wahrscheinlicher ist, dass Nachfrager in der Lage sind, ihre Lieferanten von Preiserhöhungen abzuhalten.[477] Dies gilt insbesondere, aber nicht nur, für Märkte mit besonders starker **Nachfragekonzentration** oder gar einem Nachfragemonopol wie etwa im Bereich der Rüstungsindustrie (zu Monopson und Oligopson → Kapitel 1 Rn. 215).[478] Umgekehrt hat eine stark fragmentierte Nachfrageseite, etwa auf Konsumentenmärkten wie Mobilfunk oder Flugdienstleistungen, regelmäßig keine Nachfragemacht.[479] Zu beachten ist außerdem, dass eine Nachfragemacht vor dem Zusammenschluss nicht ausreicht; sie muss auch nach der Fusion fortbestehen und wirksam bleiben.[480] So kann ein Zusammenschluss zwischen zwei Anbietern die Nachfragemacht schwächen, wenn dadurch eine wichtige alternative Lieferquelle wegfällt.[481] Dies gilt insbesondere, wenn Kunden durch multisourcing-Strategien darauf angewiesen sind, dass eine gewisse Anzahl von Anbietern im Markt aktiv ist, um auch beim Bezug von Waren von mehreren Anbietern noch eine ausreichende Anzahl alternativer Bezugsquellen zur Verfügung zu haben.[482]

153 Entscheidend ist, ob die bestehende Nachfragemacht zur **Neutralisierung der Auswirkungen** eines möglichen Marktzuwachses des fusionierten Unternehmens ausreichend ist. Der bloße Umstand, dass es sich bei dem Abnehmer um ein Großunternehmen handelt, führt daher nicht automatisch zur Bejahung einer die negativen Folgen eines Zusammenschlusses ausgleichenden Nachfragemacht. Zwar können Großunternehmen, zB große Supermarktketten, in der Regel günstigere Preiskonditionen von ihren Lieferanten erzwingen als ein kleiner Einzelhändler. Dies bedeutet jedoch nicht automatisch, dass die Nachfragemacht eines solchen Unternehmens ausreichend ist, um die befürchteten negativen Auswirkungen der Fusion, vor allem eine Erhöhung des Preisniveaus insgesamt, zu verhindern. Denn die Marktmacht muss gegenüber einer ausreichend großen Zahl von Abnehmern beschränkt sein.[483] Im Falle von Supermarktketten ist zudem zu berücksichtigen, dass sie häufig gewisse Produkte (must have- bzw. must stock-Produkte) führen müssen und insoweit möglicherweise keine Marktmacht gegenüber den Anbietern ausspielen können.[484] Folglich berücksichtigt die Kommission Nachfragemacht nur in dem Maße, wie diese tatsächlich die potenziellen negativen Folgen des Zusammenschlusses neutralisieren kann.[485]

154 **bb) Arten von Nachfragemacht und Einzelfälle.** Eine Form der Nachfragemacht kann dann bestehen, wenn ein Abnehmer glaubwürdig androhen kann, innerhalb eines nicht zu langen Zeitraums zu einer anderen **Lieferquelle überzuwechseln,** falls sein Lieferant die Preise erhöht oder die Qualität oder die Bedingungen seiner Lieferungen verschlechtert. Das wäre der Fall, wenn er seinen Anbieter unverzüglich wechseln könnte, was insbesondere bei multi-sourcing-Strategien anzunehmen sein kann.[486] Hierbei sind u.a. die Komplexität eines Umstellungs- bzw. Produktwechsels sowie die damit verbundenen Kosten zu berücksichtigen (zur Substituierbarkeit aus Nachfragersicht → Rn. 51 f.).[487] Auch durch die regelmäßige Ausschreibung von Aufträgen, an denen möglichst viele potenzielle Lieferanten beteiligt werden, können Käufer effektiv Preiserhöhungen verhindern.[488] Daneben können Käufer glaubwürdig androhen, sich in den vorgelagerten Markt vertikal zu integrieren und die entsprechenden Vorprodukte selbst herzustellen (→ Rn. 179).[489] Ferner ist die glaubhafte Drohung, Wachstum bzw. einen Marktzutritt im vorgelagerten Markt etwa durch Zusage von Großbestellungen zu fördern, möglich (→ Kapitel 1

---

[477] Kom., M.8797, Rn. 391 ff. – Thales/Gemalto; M.8674, Rn. 777 ff. – BASF/Solvay.
[478] Langen/Bunte/Käseberg, Rn. 183.
[479] Kom., M.7637, Rn. 270 ff. – Liberty Global/Base Belgium; M.4439, Rn. 541 ff. – Ryanair/Aer Lingus.
[480] Leitlinien „horizontale Zusammenschlüsse" Rn. 68.
[481] Leitlinien „horizontale Zusammenschlüsse" Rn. 68; Kom., M.5046, Rn. 273 – Friesland Foods/Campina.
[482] Kom., M.9779, Rn. 576 ff. – Alstom/Bombardier; M.6471, Rn. 492 ff. – Outokumpu/Inoxum.
[483] Leitlinien „horizontale Zusammenschlüsse" Rn. 67; Kom., M.9779, Rn. 576 ff. – Alstom/Bombardier; M.8480, Rn. 688 – Praxair/Linde.
[484] Kom., M.6813, Rn. 200 – McCain Foods Group/Lutosa Business; Levy/Cook, European Merger Control Law, § 11.08 [1].
[485] Leitlinien „horizontale Zusammenschlüsse" Rn. 67.
[486] Kom., M.4980 – ABF/GBI Business.
[487] Kom., M.9094, Rn. 127 ff. – Amcor/Bemis; M.8797, Rn. 386 ff. – Thales/Gemalto; M.8480, Rn. 854 f., 921 ff. – Praxair/Linde.
[488] Kom., M.9418, Rn. 58 – Temasek/RRJ Master Fund III/Gategroup.
[489] Kom., M.4781, Rn. 151 f. – Norddeutsche Affinerie/Cumerio.

Rn. 358).[490] Ein Kunde kann Gegenmacht ferner ausüben, indem er sich weigert, andere von seinem Lieferanten hergestellte Produkte zu beziehen, oder, insbesondere bei langlebigen Gütern, seine Bezüge hinauszögern.[491]

Letztlich wird vorgeläufige Nachfragemacht als Ausgleichsfaktor für einen durch den Zusammenschluss bewirkten Marktmachtzuwachs immer auf Basis einer **Einzelfallentscheidung** beurteilt werden müssen. Hierbei kann die Kommission auch untersuchen, ob die Abnehmer einen **Anreiz** zur Ausübung der Marktmacht haben. So kann ein Abnehmer keinen Anreiz haben, den Markteintritt eines neuen Anbieters zu fördern, wenn dieser Marktzutritt auch Wettbewerbern zugutekommt.[492] Auch in Fällen, in denen die Nachfrager etwaige Preiserhöhungen der Hersteller ihrerseits an ihre Kunden weiterreichen können, fehlt es möglicherweise an einem Anreiz zur Ausübung der Nachfragemacht.[493] Zudem muss in der Analyse auch berücksichtigt werden, dass Nachfragemacht zwar dazu führen kann, Preisentwicklungen zu begrenzen. Andere Aspekte wie Innovationswettbewerb und Durchsetzung der kostengünstigsten Produktionsverfahren werden hingegen regelmäßig durch Parallelwettbewerb und nicht durch Nachfragemacht sichergestellt.[494]

Bei der Untersuchung der Nachfragemacht sind auch die Beziehungen und mögliche **strukturelle Verbindungen** zwischen den Zusammenschlussparteien und ihren Abnehmern zu berücksichtigen. So verwies die Kommission in der Untersagungsentscheidung Siemens/Alstom darauf, dass die historisch und politisch bedingten „besonderen Beziehungen" zu den Zugherstellern die großen Bahnbetreiber als Abnehmer daran hinderten, ihre Nachfragemacht tatsächlich auszuüben.[495] In dem Verfahren Framatome/Siemens/Cogéma beanstandete die Kommission die Gründung eines Gemeinschaftsunternehmens hingegen nicht, obwohl dieses einen Marktanteil von 80–90 % auf dem Markt für Druckwasserreaktoren-Brennelemente erreichte. Zwar versorgte Framatome fast ausschließlich den bedeutenden französischen Markt durch Lieferungen an EDF. Allerdings unternahm EDF Anstrengungen, zukünftig seine Brennelemente anderweitig zu beziehen und stieg als Anteilseigner von Framatome aus. Angesichts dessen nahm die Kommission eine Verbesserung der Lage auf dem französischen Markt an.[496]

Die Kommission untersucht auch die **kombinierte Nachfragemacht** mehrerer Abnehmer. So prüfte die Kommission in der Entscheidung Celanese/Degussa, welche die Gründung eines Gemeinschaftsunternehmens beider Chemiekonzerne betraf, ob 5–10 Nachfrager, die üblicherweise mehr als 90 % des Absatzes eines bestimmten Herstellers auf den sachlich relevanten Märkten für Butyraldehyd stellten, Nachfragemacht besaßen. Die Kommission lehnte dies u.a. deshalb ab, weil die meisten Abnehmer langfristige und enge Geschäftsbeziehungen anstrebten und nur eine begrenzte Anzahl von Herstellern als ernsthafte Alternative in Betracht zogen.[497]

Bei der Bestimmung von Nachfragemacht sind auch die **Veränderungen der Produktionsverhältnisse** zu berücksichtigen. Insbesondere die Automobilindustrie galt lange Zeit als Paradebeispiel einer marktmächtigen Nachfragerseite, da Automobilkonzerne oftmals die einzigen Abnehmer zunehmend spezialisierter Produkte waren und in erheblichem Maße Preisreduzierungen ihrer Lieferanten durchsetzen konnten.[498] So werden Zulieferverträge häufig erst nach einer Ausschreibung abgeschlossen und können, damit auch der Weiterverarbeiter von Effizienzsteigerungen seines Zulieferers profitieren, etwa über die Jahre abnehmende Preise (zB in Höhe von 1–2 % pro Jahr) vorsehen. Die zunehmende Spezialisierung führt andererseits auch zu einer gesteigerten Abhängigkeit der Abnehmer von ihren Lieferanten. So hat die Kommission in ihrer Entscheidung Continental/Phoenix[499] festgestellt, dass die immer geringere Fertigungstiefe der Fahrzeugherstellung dafür sorgt, dass Fahrzeughersteller abhängiger von ihren Zulieferern werden, auf die immer größere Teile der Wertschöpfung entfallen und von deren Verhalten, auch unter Berücksichtigung der typischen just-in-time Produktion, die Produktionssicherheit in wesentlichem Maß abhängt. Zudem trifft es in einigen Bereichen nicht mehr zu, dass die Automobilindustrie glaubhaft mit der Umstellung auf Eigenfertigung von Zulieferteilen drohen kann. Gerade bei Märkten für Zulieferteile, die erhebliches Produktions-Know-how verlangen, fehlt den Abnehmern die Möglichkeit, auf eine Produktion

---

[490] Leitlinien „horizontale Zusammenschlüsse" Rn. 65; Kom., M.9820, Rn. 744 ff. – Danfoss/Eaton Hydraulics.
[491] Leitlinien „horizontale Zusammenschlüsse" Rn. 65.
[492] Leitlinien „horizontale Zusammenschlüsse" Rn. 66.
[493] Kom., M.7932, Rn. 533 – Dow/DuPont; M.6471, Rn. 824 – Outokumpu/Inoxum.
[494] Immenga/Mestmäcker/Körber, Rn. 318.
[495] Kom., M.8677, Rn. 540 ff. – Siemens/Alstom.
[496] Kom., M.1940, Rn. 39, 42–45, 89–97 – Framatome/Siemens/Cogema/JV.
[497] Kom., M.3056, Rn. 51 – Celanese/Degussa/European Oxo Chemicals.
[498] Kom., M.5484, Rn. 42 – SGL Carbon/Brembo/BCBS/JV.
[499] Kom., M.3436, Rn. 152, 166 – Continental/Phoenix.

im eigenen Hause umzuschwenken und damit auch eine entsprechende Nachfragemacht (zum potenziellen Wettbewerb durch Eigenproduktion → Rn. 179).

159 Im Bereich zweiseitiger Märkte bzw. von **Plattformmärkten** können Kunden erhebliche Nachfragemacht haben (→ Rn. 70): Denn die Attraktivität der Plattform hängt maßgeblich davon ab, wie viele Kunden der einen Gruppe die andere Kundengruppe durch die Plattform erreichen kann. Wechseln viele Kunden der einen Gruppe zu einer anderen Plattform, so wird diese insgesamt für alle Kundengruppen weniger attraktiv. Insbesondere die Anbieter, die auf der Plattform ihre Produkte Endkunden anbieten, sind von besonderer Bedeutung für die Attraktivität des Angebots und können mithin erhebliche Verhandlungsmacht haben.[500]

160 **b) Marktzutritt und potenzieller Wettbewerb.** Art. 2 Abs. 1 lit. a geht ausdrücklich davon aus, dass neben dem tatsächlichen auch der potenzielle Wettbewerb in die wettbewerbliche Beurteilung mit einzubeziehen ist (→ Rn. 329). Kernfrage ist, ob auf einem Markt ausreichender potenzieller Wettbewerb vorhanden ist, um die Ausübung von Marktmacht durch das fusionierte Unternehmen zu verhindern. Hierbei prüft die Kommission, ob ein solcher Eintritt wahrscheinlich ist, ob wettbewerbsrelevant und wirksam wäre und ob er kurzfristig genug stattfinden könnte, um die wettbewerbsschädlichen Auswirkungen des Zusammenschlusses zu verhindern oder aufzuheben.[501] Sofern diese **drei Kriterien** erfüllt sind, ist davon auszugehen, dass der Markt beweglich genug ist, um jedwedes wettbewerbsbeschränkende Verhalten des fusionierten Unternehmens, zB Preiserhöhungen, durch den Markteintritt neuer Wettbewerber, zu unterbinden.[502] Sofern aber zu erwarten ist, dass zB ein Unternehmen, das erfolgreich mit dem Zusammenschluss auf benachbarten Märkten konkurriert, nicht in der Lage sein würde, einen signifikanten Marktanteil in dem vom Zusammenschluss betroffenen Markt zu erobern, kann dies gegen einen wahrscheinlichen, wirksamen kurzfristigen Markteintritt sprechen.[503] Das fusionierte Unternehmen kann auch durch eine mögliche Kapazitätserweiterung bestehender Wettbewerber oder Eigenfertigung durch Abnehmer (→ Rn. 178 f.) oder – bei bestehenden Überkapazitäten – schlichte Angebotsausweitung durch Wettbewerber (→ Rn. 267 f.) von wettbewerbsbeschränkendem Verhalten abgehalten werden. Daneben ist der potenzielle Wettbewerb auch im Rahmen einzelner Schadenstheorien zu berücksichtigen. Dies kann horizontale (→ Rn. 235), vertikale (→ Rn. 379 ff.) und konglomerate Zusammenschlüsse (→ Rn. 466 ff.) betreffen.

161 **aa) Wahrscheinlichkeit des Marktzutritts.** Nach den Leitlinien für horizontale Zusammenschlüsse ist ein Markteintritt dann wahrscheinlich, „wenn er unter Berücksichtigung der Auswirkungen einer **Hinzufügung zusätzlicher Produktionsmengen** in den Markt auf die Preise und der potenziellen Reaktion der angestammten Unternehmen hinreichend Gewinn bringend ist".[504] Somit ist ein Marktzutritt weniger wahrscheinlich, wenn die etablierten Unternehmen ihre Marktanteile etwa durch langfristige Verträge oder gezielte Preissenkungen schützen können oder wenn mit einem Markteintritt hohe Risiken bzw. im Falle eines fehlgeschlagenen Eintritts hohe verlorene Kosten (sunk costs) verbunden sind. Hierbei orientiert sich die Kommission in ihrer Beschlusspraxis insbesondere an den unten aufgeführten Kriterien. Daneben sind Marktzutrittsschranken, die erheblichen Einfluss auf Risiken, Kosten und Rentabilität eines Marktzutritts haben können, in die Analyse miteinzubeziehen.

162 **(1) Allgemeine Kriterien für die Wahrscheinlichkeit des Marktzutritts.** Ein Unternehmen kommt insbesondere dann als beachtlicher potenzieller Wettbewerber in Betracht, wenn dieses entweder bereits die relevanten Produkte auf anderen geografischen Märkten anbietet[505] bzw. als Anbieter auf **benachbarten Produktmärkten** tätig ist oder zumindest zu einer erforderlichen **Produktionsumstellung** in der Lage ist.[506] Letzteres ist vor allem dann anzunehmen, wenn es sich um Unternehmen handelt, welche eine weitestgehend gemeinsame Technologie verwenden und damit leicht ihre Produktion umstellen können.[507] Die Behauptung, dass ein bestimmtes Unternehmen tatsächlich dazu in der Lage ist, in den relevanten Produktmarkt einzutreten, muss durch die Zusammenschlussparteien hinreichend bewiesen werden. Gleiches gilt auch für die Behauptung,

---

[500] Kom., M.4523, Rn. 100 – Travelport/Worldspan.
[501] Leitlinien „horizontale Zusammenschlüsse" Rn. 68 ff.; vgl. auch Kom., Prioritätenmitteilung Rn. 16 f; U.S. Horizontal Merger Guidelines vom 19.8.2010, Abschnitt 9.
[502] Navarro/Font/Folguera/Briones, Merger Control in the EU, Rn. 8.26.
[503] Kom., M.5597, Rn. 77 – Towers Perrin/Watson Wyatt.
[504] Leitlinien „horizontale Zusammenschlüsse" Rn. 69.
[505] Kom., M.4647, Rn. 87 AAE– AEE/Lentjes.
[506] Vgl. Kom., M.3436, Rn. 179 f. – Continental/Phoenix; Navarro/Font/Folguera/Briones, Merger Control in the EU, Rn. 8.27.
[507] Bunte/Bardong/Käseberg Rn. 186.

dass Kunden bereit sind, ihren Bedarf in anderen geografischen Märkten abzudecken. Allgemeine Behauptungen werden dabei von der Kommission als nicht ausreichend angesehen.[508]

Für die Wahrscheinlichkeit des Markteintrittes spielt dessen erwartbare **Rentabilität** eine beson- **163** dere Rolle. Bei der Prüfung, ob ein Marktzutritt rentabel wäre, ist die zu erwartende Marktentwicklung zu berücksichtigen.[509] Grundsätzlich ist es rentabel, in einen Markt einzutreten, bei dem in Zukunft mit hohem Wachstum gerechnet wird, als in einen ausgereiften Markt, bei dem eher ein Rückgang der Nachfrage anzunehmen ist[510] oder auf dem viele etablierte Anbieter tätig sind.[511] Auch wenn mit dem jeweiligen Produkt nur geringe Verkäufe oder Margen erzielt werden, spricht dies eher gegen einen Marktzutritt.[512] Bei einem notwendigen Aufbau erheblicher Kapazitäten würde sich das Angebot erhöhen, was wiederum zu einem Rückgang der Preise führen kann, sodass der Marktzutritt weniger lohnend erscheint.[513] Größenvorteile oder Netzwirkungen können einen Marktzutritt unrentabel machen, wenn das eintretende Unternehmen keinen ausreichend großen Marktanteil erringen kann (→ Kapitel 1 Rn. 298 f.). Jedoch kann auch der Eintritt in einen Nischenmarkt, den die Leitlinien für sich genommen aber als nicht ausreichend bezeichnen,[514] eine wesentliche Wettbewerbsperspektive bilden. Denn vielfach erobern neue Anbieter breite Marktbereiche über einen ersten Eintritt in einer Marktnische.[515]

Neben der Rentabilität des Marktzutritts ist insbesondere die Frage der damit verbundenen **164** **Risiken** von besonderer Bedeutung bei der Bestimmung der Wahrscheinlichkeit des Markteintrittes. Hierbei gilt es insbesondere, die **verlorenen Kosten** (sunk cost) zu berücksichtigen.[516] Ein Marktzugang ist besonders wahrscheinlich, wenn die Anbieter Produktionsanlagen bereits für die Belieferung anderer Märkte unterhalten, die für diesen Markteintritt genutzt werden können. Dadurch werden die verlorenen Eintrittskosten verringert.[517] Im Zusammenhang mit der Abschätzung des mit dem Markteintritt verbundenen Risikos ist es hilfreich, Markteintritte in der jüngeren Vergangenheit zu identifizieren und zu untersuchen, wie sich der relevante Markt in der Folgezeit entwickelt hat.[518] Im Rahmen ihrer Untersuchungen befragt die Kommission regelmäßig Kunden und Wettbewerber der Zusammenschlussparteien danach, ob diese einen Markteintritt in der Vergangenheit bereits versucht haben, derzeit beabsichtigen oder dies bei anderen Unternehmen beobachtet haben. Die Kommission misst derartigen **Absichtserklärungen** große Bedeutung bei und erhofft sich auch Rückschlüsse darauf, ob Marktzutrittsschranken bestehen bzw. wie hoch diese sind.

(2) Marktzutrittsschranken. Die Frage, ob Wettbewerb potenziell zu erwarten ist, hängt **165** entscheidend davon ab, ob und welche Marktzutrittsschranken bestehen. Auch deshalb sind in Art. 2 Abs. 1 lit. b „rechtliche und tatsächliche Marktzutrittsschranken" ausdrücklich als Kriterium für die wettbewerbliche Beurteilung des Zusammenschlusses aufgeführt. Nach den Leitlinien für horizontale Zusammenschlüsse sind Marktzutrittsschranken „spezifische Marktmerkmale, die den angestammten Unternehmen Vorteile gegenüber ihren potenziellen Wettbewerbern verleihen".[519] Hohe Marktzutrittsschranken verringern den potenziellen Wettbewerb durch eine Behinderung des Marktzutrittes neuer Konkurrenten.[520] Hierbei unterscheiden die Leitlinien zwischen rechtlichen, technischen und wirtschaftlichen Marktzutrittsschranken.[521] Diese Marktzutrittsschranken sind aber nicht isoliert, sondern immer mit Blick auf ihre **gemeinsame Wirkung** zu untersuchen. Dies gilt auch vor dem Hintergrund, dass sich diese Marktzutrittsschranken überschneiden können und eine Abgrenzung nach den drei Fallgruppen auch nicht zwingend erforderlich ist. Entscheidend ist, wie hoch diese barriers to entry sind, also wie sehr sie den Marktzutritt im Einzelfall erschweren (→ Kapitel 1 Rn. 295 ff.).

---

[508] Navarro/Font/Folguera/Briones, Merger Control in the EU, Rn. 8.27.
[509] Leitlinien für „horizontale Zusammenschlüsse" Rn. 72, vgl. auch Kom., M.6281, Rn. 93 f. – Microsoft/Skype.
[510] EuG, T-102/96, ECLI:EU:T:1999:65, Rn. 237 – Gencor/Kommission.
[511] Kom., M.9820, Rn. 613 f., 742 ff. – Danfoss/Eaton Hydraulics.
[512] Kom., M.8480, Rn. 922 – Praxair/Linde; M.7555, Rn. 433 – Staples/Office Depot.
[513] Leitlinien „horizontale Zusammenschlüsse" Rn. 69; Kom., M.6471, Rn. 375 f. – Outokumpu/Inoxum.
[514] Leitlinien „horizontale Zusammenschlüsse" Rn. 75.
[515] Vgl. Voigt/Schmidt CML Rev. 41,5 (2004) 1583 (1592).
[516] S. Kom., M.5611, Rn. 75 – Agilent/Varian.
[517] Leitlinien für „horizontale Zusammenschlüsse" Rn. 73.
[518] Leitlinien „horizontale Zusammenschlüsse" Rn. 70. Kom., M.8480, Rn. 1218 ff. – Praxair/Linde; M.6281, Rn. 90 – Microsoft/Skype.
[519] Leitlinien „horizontale Zusammenschlüsse" Rn. 70; vgl. auch Kom., Prioritätenmitteilung, Rn. 17.
[520] FK-KartellR/Könen Rn. 166.
[521] Leitlinien „horizontale Zusammenschlüsse" Rn. 71.

166 Ein Zusammenschluss kann auch zu einer Erhöhung der wirtschaftlichen Marktzutrittsschranken führen, was im Rahmen des SIEC-Tests bzw. einzelner Schadenstheorien zu berücksichtigen ist (→ Rn. 109 ff.). Beispiele hierfür sind etwa bestimmte durch den Zusammenschluss erreichte Skaleneffekte und sonstige Größenvorteile. Insofern besteht ein Zusammenhang zwischen Marktzutrittsschranken und den durch den Zusammenschluss gehobenen **Effizienzen** (→ Rn. 182 ff.).

167 **(a) Rechtliche Marktzutrittsschranken.** Rechtliche Marktzutrittsschranken sind insbesondere regulatorische Schranken, zB in Form von notwendigen Konzessionen, Produktzulassungen sowie tarifäre und nicht tarifäre Handelsschranken.[522] Auch wenn diese innerhalb des europäischen Binnenmarkts schon weitgehend abgebaut wurden, so können diese etwa auf Grund der Ausnahmen nach Art. 36 AEUV weiterhin auch innerhalb der EU bestehen (zum Zusammenspiel von Grundfreiheiten und Wettbewerbsrecht → Kapitel 1 Rn. 739 ff.). Insbesondere aber mit Blick auf Wettbewerber von außerhalb der EU bzw. EWR sind rechtliche Marktzutrittsschranken, etwa in Form von europäischen **Produktanforderungen** oder **Zöllen**, zu berücksichtigen. So stellte die Kommission in der Entscheidung Arsenal/DSP fest, dass Wettbewerber von außerhalb des EWR aufgrund von Zöllen nur dann Wettbewerbsdruck auf die Zusammenschlussbeteiligten ausüben könnten, wenn sie über Kostenvorteile verfügen, die die Zölle aufwiegen.[523]

168 Neben Zöllen sind staatliche **Regulierungen** daraufhin zu untersuchen, ob sie rechtliche Marktzutrittsschranken darstellen. Dies kann etwa der Fall sein bei (aufwendigen) Zulassungs- und Zertifizierungsverfahren[524], aufsichtsrechtlichen Regulierungen etwa im Bankenbereich[525] und notwendigen Slots an Flughäfen.[526] Aber etwa auch Bauvorschriften und Qualifikationsnachweise können sich, jedenfalls wenn sie tatsächlich erheblichen Aufwand in der Umsetzung erfordern, als rechtliche Marktzutrittsschranken erweisen.[527]

169 **(b) Technische Marktzutrittsschranken.** Nach den Leitlinien können technische Marktzutrittsschranken dann bestehen, wenn angestammte Unternehmen einen erleichterten Zugang zu wesentlichen Einrichtungen **(essential facilities)**, natürlichen Ressourcen, Innovation sowie Forschung und Entwicklung oder geistigen Eigentumsrechten haben. Daneben sind auch der Zugang zu wesentlichen Einsatzmitteln, der Schutz von notwendigen Produkten oder Verfahren durch Patente, Größen- und Umfangsvorteile, Vertriebs- und Absatznetze sowie der Zugang zu wichtigen Technologien bedeutsam.[528] Hier überschneiden sich technische mit anderen Zutrittsschranken, zB wenn der Zugang zu der relevanten Technik durch gewerbliche Schutzrechte tatsächlich verhindert wird oder wenn er „nur" einen hohen Kapitalbedarf erfordert.

170 So erschien der Kommission in Hutchison 3G UK/Telefonica UK der Eintritt in den Markt für Netzbetreiber aufgrund des enormen finanziellen Aufwands zur Schaffung der technischen Voraussetzungen für eine landesweite Versorgung, einschließlich der geringen Wahrscheinlichkeit, dass die aktuellen Netzbetreiber Kooperationen mit einem neuen Marktteilnehmer eingehen würden, quasi ausgeschlossen.[529] Ferner bilden technologische Vorsprünge der etablierten Unternehmen, zB durch deren hohe Aufwendungen für Forschung und Entwicklung, technische Marktzutrittsschranken darstellen.[530] Dahingegen senken einheitliche **technische Normen und Standards** die technischen Marktzutrittsbarrieren und tragen zur Öffnung von Märkten für neue Anbieter bei, da deren Entwicklungsaufwand für standardisierte Produkte geringer und deren potenzieller Kundenkreis größer sind.[531] Sind technische Normen hingegen besonders hoch, können sie auch eine besondere Marktzutrittsschranke darstellen.[532] Auch das Erfordernis besonders qualifizierten Personals[533] und/oder die Kenntnis über die Anwendung benötigter Spezialmaschinen muss berücksichtigt werden.[534] Der Zugang zu Vertriebs- und Absatznetzen als techni-

---

[522] Leitlinien „horizontale Zusammenschlüsse" Rn. 71.
[523] Kom., M.5153, Rn. 222 f. – Arsenal/DSP.
[524] Kom., M.9820, Rn. 591 ff., 712 ff. – Danfoss/Eaton Hydraulics; M.8677, Rn. 469 – Siemens/Alstom; M.7801, Rn. 287 ff. – Wabtec/Faiveley Transport.
[525] Kom., M.873, Rn. 46 – Bank Austria/Creditanstalt.
[526] Kom., M.5440, Rn. 118 ff, 151, 182, 261 – Lufthansa/Austrian Airlines.
[527] Levy/Cook, European Merger Control Law, § 11.07 [1]; Immenga/Mestmäcker/Körber, Rn. 302.
[528] Leitlinien „horizontale Zusammenschlüsse" Rn. 70.
[529] Kom., M.7612, Rn. 1798 ff. – Hutchison 3G UK/Telefonica UK.
[530] Kom., M.9820, Rn. 558 ff; 709 ff. – Danfoss/Eaton Hydraulics.
[531] Kom., M.3436, Rn. 182 – Continental/Phoenix.
[532] Immenga/Mestmäcker/Körber, Rn. 304.
[533] Kom., M.9196, Rn. 95 – Marsh & Mclennan/Jardine Lloyd Thompson; M.8480, Rn. 850 f. – Praxair/Linde.
[534] Kom., M.9686, Rn. 108 – Mitsui/Belchim Crop Protection.

sche Marktzutrittsschranke kann sich etwa durch den Vorteil des category captain ergeben, der Empfehlungen hinsichtlich der Präsentation von Produkten und Marken auch von Wettbewerbern aussprechen kann.[535]

(c) Wirtschaftliche Marktzutrittsschranken. Wirtschaftliche Marktzutrittsschranken können sich aus der Stellung der angestammten Unternehmen ergeben. Hierbei ist nach den Leitlinien insbesondere die Bedeutung von Erfahrung und Reputation in dem jeweiligen Markt, Kundentreue, Enge des Verhältnisses zwischen Lieferanten und Kunden sowie die Bedeutung von Marktförderung und Werbung zu untersuchen. Aber auch aus erheblichen Überschusskapazitäten und hohen Wechselkosten für die Abnehmer können sich solche wirtschaftlichen Marktzutrittsschranken ergeben.[536] Daneben zählt hierzu auch die Notwendigkeit einer ausreichend großen Betriebsgröße zur Marktteilnahme **(economies of scale).**[537] Darüber hinaus können **Netzeffekte,** also Größenvorteile im Konsum, Marktzutrittsschranken darstellen: Selbst technisch überlegene Produkte können auf bestimmten Märkten, in denen eine große installierte Basis besteht (z.B. von Betriebssystemen mit bereits etablierten Anwendungen), häufig nur schwer Fuß fassen (→ Kapitel 1 Rn. 298). Auch das Erfordernis von Big Data für ein Geschäftsmodell kann eine Marktzutrittsschranke darstellen (→ Kapitel 1 Rn. 299 ff.). 171

In der Beschlusspraxis hat die Kommission wirtschaftliche Marktzutrittsschranken zB mit Blick auf den notwendigen Aufbau eines **attraktiven Angebots,** etwa in der Form von in ausreichender Zahl zur Verfügung stehender Carsharing-Autos,[538] eines ausreichenden Produktportfolios,[539] notwendigen Investitionen in Produktionskapazitäten[540] und Service-Netzwerke,[541] Kundenbeziehungen,[542] gegebenenfalls notwendige politische Unterstützung[543] sowie etwa den Aufbau eines ausreichend dichten Verteil- und Vertriebsnetzes für einen Paketdienst untersucht.[544] Ferner berücksichtigt sie etwa auch die Bedeutung des Rufs oder etablierter Kundenbeziehungen inklusive langfristiger Lieferverträge,[545] die Notwendigkeit aufwendiger Werbemaßnahmen[546] sowie die Existenz anerkannter Markennamen insbesondere bei bestehender Markentreue der Kunden.[547] Auch von (potenziellen) Kunden durchgeführte anspruchsvolle und kostenintensive Auswahl- und Qualifikationsverfahren für neue Anbieter und erforderliche Referenzen können Marktzutrittsschranken darstellen.[548] Diese zur Überwindung dieser einzelnen Marktzutrittsschranken notwendigen und zusammengenommen hohen Investitionskosten können ebenfalls eine (eigene) Marktzutrittsschranke darstellen.[549] 172

Insgesamt ist insbesondere bedeutsam, wie hoch die für den erfolgreichen Markteintritt aufzubringenden **Fixkosten** sind und wie hoch der Verlust bei einem fehlgeschlagenen Eintritt ausfallen würde (verlorene Kosten bzw. sunk cost).[550] Je höher diese sunk cost, etwa in Form von Werbe-,[551] Infrastruktur- und Entwicklungskosten sind, desto mehr kann dies potenzielle Neuzugänger vom Markteintritt abhalten.[552] Der Marktzutritt kann zudem durch die (erwartete) Reaktion der bereits im Markt tätigen Unternehmen auf neue Markteintritte erschwert werden.[553] In Ryanair/Aer Lingus wurde die Präsenz insbesondere von Ryanair als mögliches Marktzutrittshindernis angesehen, da 173

---

535 Kom., M.4824, Rn. 31 – Kraft/Danone Biscuits.
536 Leitlinien „horizontale Zusammenschlüsse" Rn. 71.
537 Kom., M.9820, Rn. 596 ff., 725 ff. – Danfoss/Eaton Hydraulics; M.9730, Rn. 249 – FCA/PSA; M.4647, Rn. 76 – AEE/Lentjes.
538 Kom., M.8744, Rn. 155, 350 – Daimler/BMW/Car Sharing JV.
539 Kom., M.9820, Rn. 599 f.; 728 f. – Danfoss/Eaton Hydraulics.
540 Kom., M.8480, Rn. 677 ff., 848 ff., 906 – Praxair/Linde.
541 Kom., M.9820, Rn. 601 ff. – Danfoss/Eaton Hydraulics; M.9730, Rn. 241 – FCA/PSA.
542 Kom., M.7893, Rn. 160 ff., 210 ff., 269 ff. – Plastic Omnium/Faurecia Exterior Automotive Business.
543 Kom., M.8677, Rn. 480 – Siemens/Alstom.
544 Kom., M.7630, Rn. 73 ff. – Fedex/TNT Express.
545 Leitlinien „horizontale Zusammenschlüsse" Rn. 71; vgl. auch Kom., M.7893, Rn. 236 ff. – Plastic Omnium/Faurecia Exterior Automotive Business.
546 Kom., M.7292, Rn. 171 ff. – DEMB/Mondelez/Charger.
547 Kom., M.9820, Rn. 604 ff; 733 ff., 1008 ff. – Danfoss/Eaton Hydraulics.
548 Kom., M.9779, Rn. 207 ff., 540 ff. – Alstom/Bombardier; M.8677, Rn. 472 f. – Siemens/Alstom.
549 Kom., M.9820, Rn. 610 ff., 739 ff. – Danfoss/Eaton Hydraulics; M.8900, Rn. 431 ff. – Wieland/Aurubis Rolled Products/Schwermetall.
550 Leitlinien „horizontale Zusammenschlüsse" Rn. 69.
551 Kom., M.4439, Rn. 587 – Ryanair/Aer Lingus.
552 Kom., M.9418, Rn. 60 – Temasek/RRJ Master Fund III/Gategroup; Immenga/Mestmäcker/Körber, Rn. 306.
553 Leitlinien „horizontale Zusammenschlüsse" Rn. 69.

Wettbewerber auf einigen Strecken, in denen sie in Konkurrenz zu Ryanair standen, ihren Betrieb eingestellt hatten.[554]

174 bb) **Rechtzeitigkeit des Markteintritts.** Der Marktzutritt muss „ausreichend zügig und anhaltend möglich" sein, „um die Ausübung von Marktmacht zu verhindern".[555] Auch wenn dies nach den Leitlinien für horizontale Zusammenschlüsse in der Regel nur dann erfüllt ist, wenn der Markteintritt innerhalb von **zwei Jahren** stattfindet, muss die Kommission in ihrer Entscheidung die Umstände des Einzelfalls, insbesondere zur Marktdynamik, sowie Fähigkeiten der (potenziellen) Marktzugänger berücksichtigen.[556] Hierbei spielen auch die oben dargelegten Marktzutrittsschranken, etwa in der Form langer Zulassungsprozesse oder der für den Aufbau von komplexen Produktionsanlagen benötigten Zeit, eine Rolle (→ Rn. 165).

175 In Siemens/Alstom verwiesen die Parteien u.a. darauf, dass die relevanten Märkte Züge und damit langfristige Investitionsgüter betreffen und dass die Kommission Marktanteile über einen Zeitraum von 10 Jahren berechnete. Zwar untersuchte die Kommission in diesem Fall auch mögliche Markteintritte innerhalb der nächsten 5 Jahre, die von den Parteien vorgetragenen 5–10 Jahre als relevanter Zeitraum erschienen ihr allerdings als zu lang und nur schwer vorhersehbar.[557] In Cargotec/Konecranes hat die Kommission festgestellt, dass insbesondere ein Wettbewerber aus China seine Kapazität wahrscheinlich ausbauen wird und in Zukunft besonderen Wettbewerbsdruck ausüben könnte. Da dies allerdings erst in einigen Jahren und jedenfalls nicht innerhalb der nächsten drei Jahre zu erwarten sei, sah die Kommission dies nicht als ausreichend und rechtzeitig an.[558]

176 cc) **Umfang des Markteintritts.** Darüber hinaus muss der Markteintritt in einem Umfang erfolgen, dass wettbewerbswidrige Wirkungen eines Zusammenschlusses verhindert werden.[559] Dies ist dann der Fall, wenn die von dem oder den Marktzugänger(n) geplanten Mengen und Preise die Möglichkeiten etablierter Anbieter, Preis und Menge festzusetzen, wirksam begrenzen.[560] Der Eintritt nur in eine Marktnische ist deshalb, auch wenn er eine wichtige mittel- bis längerfristige Wettbewerbsperspektive darstellen kann (→ Rn. 163), grundsätzlich nicht ausreichend.[561]

177 Insofern hat die Kommission in der Vergangenheit immer wieder solche Unternehmen als potenzielle Wettbewerber abgelehnt, deren Eintritt in den Markt keine oder nur geringfügige **Auswirkungen** auf das Verhalten des fusionierten Unternehmens haben würde.[562] In Daimler/BMW/Car Sharing JV hat die Kommission angenommen, dass u.a. die angekündigten 2000 neuen Car Sharing Autos von Volkswagen in Berlin genügten, um künftig ausreichenden Wettbewerb in dieser Region sicherzustellen. Dahingegen waren die Pläne von Wettbewerbern, in Hamburg 100 Car Sharing Autos anzubieten, aus Sicht der Kommission nicht ausreichend.[563]

178 dd) **Arten potenziellen Wettbewerbs.** Potenzieller Wettbewerb kann unterschiedliche Formen annehmen. An der Schnittstelle zwischen aktuellem und potenziellem Wettbewerb liegen **mögliche Kapazitätserhöhungen** durch bereits im relevanten Markt tätige Unternehmen. So hatte die Kommission in Solvay/Rhodia trotz eines gemeinsamen Marktanteils von 50–60 % keine wettbewerblichen Bedenken und begründete dies mit der Möglichkeit der Wettbewerber, ihrerseits die Produktionsmenge zu erhöhen und dem möglichen Eintritt neuer Wettbewerber, die bisher nur in Lohnfertigung für eine der Zusammenschlussparteien tätig waren.[564] Erforderlich hierfür ist aber, dass eine solche rechtzeitige Kapazitätserhöhung auch tatsächlich möglich ist. Zu ausbleibenden Kapazitätserweiterungen trotz Preiserhöhungen als Schadenstheorie → Rn. 426.

179 Daneben können bisher auf nachgelagerten Wertschöpfungsstufen tätige Unternehmen nötige Vorprodukte gegebenenfalls selbst herstellen und dadurch entscheidenden Einfluss auf den Wettbewerb in dem Markt der Vorprodukte ausüben. In der bisherigen Beschlusspraxis spielten diese

---

[554] Kom., M.4439, Rn. 515, 624, 656 – Ryanair/Aer Lingus; bestätigt durch EuG, T-342/07, ECLI:EU:T:2010:280 Rn. 186 – Ryanair/Kommission.
[555] Leitlinien „horizontale Zusammenschlüsse" Rn. 74.
[556] Levy/Cook, European Merger Control Law, § 11.07 [3]; Immenga/Mestmäcker/Körber, Rn. 290.
[557] Kom., M.8677, Rn. 489 ff. – Siemens/Alstom; vgl. auch Kom., M.9779, Rn. 558 ff. – Alstom/Bombardier.
[558] Kom., M.10078, Rn. 1100, 1122 ff. – Cargotec/Konecranes.
[559] Leitlinien „horizontale Zusammenschlüsse" Rn. 75.
[560] Immenga/Mestmäcker/Körber Rn. 291.
[561] Leitlinien „horizontale Zusammenschlüsse" Rn. 75.
[562] Kom., M.7276, Rn. 174 f. – GlaxoSmithKline/Novartis Vaccines Business (excl. influenza)/Novartis Consumer Health Business.
[563] Kom., M.8744, Rn. 164, 193 – Daimler/BMW/Car Sharing JV.
[564] Kom., M.6230, Rn. 77–80 – Solvay/Rhodia.

III. Prüfung auf Vereinbarkeit mit dem Binnenmarkt   180–182   **Art. 2 FKVO**

Erwägungen vor allem im Bereich der Kfz-Zulieferteile eine Rolle.[565] Aufgrund veränderter Produktionstechniken in dieser Industrie und zunehmender Spezialisierung sinken jedoch die **Eigenfertigungsmöglichkeiten** vieler Automobilhersteller.[566] (→ Rn. 158) Aber auch in anderen Industrien besteht diese Möglichkeit und berücksichtigt es die Kommission, ob Abnehmer ein Interesse daran haben, mit der Eigenproduktion zu beginnen.[567] In einigen Fällen sichern sich Hersteller in ihren Zulieferverträgen gegen Produktionsausfälle dadurch ab, dass zumindest ein weiterer Zulieferer eine Lizenz zur Herstellung des relevanten Produkts erhält oder unter bestimmten Voraussetzungen erhalten kann. Auch dies kann im Rahmen des potenziellen Wettbewerbs zu berücksichtigen sein.

Potenzieller Wettbewerb kann auch durch **potenzielle Importe** von Produzenten der jeweiligen Produkte aus anderen geografischen Märkten ausgeübt werden. Insbesondere in Zusammenschlussfällen, die die Fertigung industrieller Produkte betreffen, verweisen Parteien regelmäßig auf zunehmenden Wettbewerbsdruck von Anbietern aus Fernost oder anderen Regionen mit geringeren Fertigungskosten. Diese Argumente finden in der Regel bei der Kommission aber nur dann Gehör, wenn sie durch konkrete Belege und Beispiele substanziiert werden.[568] Dabei achtet die Kommission sowohl auf mögliche **Kostennachteile für importierte Waren** (Transportkostenanteil im Warenwert) als auch auf die **Akzeptanz importierter Ware** durch europäische Kunden (Qualität, Liefersicherheit, Kundenvertrauen etc). Zudem erkennt die Kommission den von (potenziellen) Importen ausgehenden Wettbewerbsdruck teilweise nur dann als relevant an, wenn die Importe dauerhaft eine Bezugsalternative darstellen und nicht zu erwarten ist, dass Importe durch zusätzliche Faktoren wie etwa Währungsschwankungen immer wieder zeitweise wirtschaftlich nicht lohnend sind bzw. werden.[569] Auch rechtliche Marktzutrittsschranken insbesondere in der Form von Handelshemmnissen sind insoweit zu berücksichtigen (→ Rn. 167). Sollten Ex- bzw. Importe von Anbietern aus anderen geografischen Märkten, etwa aufgrund hoher Transportkosten oder Zölle, nicht möglich oder rentabel sein, so können diese unter Umständen neue Produktionsstätten eröffnen und insoweit mit ihrem bereits bestehenden Knowhow erheblichen Wettbewerbsdruck ausüben (→ Rn. 270).

Darüber hinaus können grundsätzlich auch **völlig neue Anbieter,** die bisher weder in benachbarten geografischen Märkten noch benachbarten Produktmärkten tätig sind, in den Markt eintreten. Allerdings steht die Kommission einer solchen Argumentation äußerst zurückhaltend gegenüber.[570] Denn die finanziellen und technischen Schwierigkeiten einer Produktionsaufnahme durch ein markt- oder branchenfernes Unternehmen innerhalb des für die Bewertung der Fusionswirkungen relevanten Prognosezeitraums (→ Rn. 223 ff.) mindern den von einem solchen potenziellen Wettbewerber ausgehenden Wettbewerbsdruck erheblich, wenn nicht besondere Umstände hinzutreten. Die bloße Hoffnung auf den Eintritt von Newcomern wird in der Kommissionspraxis nicht als relevant angesehen.[571] Dass ein Marktzutritt von branchenfremden Unternehmen aber durchaus möglich und erfolgreich sein kann, zeigen etwa AirBnB, Uber und Tesla sowie – im Bereich Zahlungsdienstleistungen – auch der Marktzutritt von Apple, Google und PayPal. Generell erkennt auch die Kommission an, dass in vielen Produktmärkten immer weniger das physische Produkt selbst im Vordergrund steht, sondern zunehmend die diese Produkte steuernde Software.[572] Diese Entwicklung eröffnet aber ganz neuen Anbietern den Marktzutritt.

c) Effizienzgewinne. Auch wenn sich dies nicht aus dem Wortlaut des Art. 2 Abs. 1 selbst ergibt, ist nach Erwägungsgrund 29 „begründeten und wahrscheinlichen Effizienzvorteilen" Rechnung zu tragen. Diese Effizienzvorteile können die wettbewerbsschädlichen Auswirkungen des Zusammenschlusses ausgleichen, so dass der wirksame Wettbewerb durch den Zusammenschluss „nicht erheblich behindert würde". Ausführlichere Erläuterungen zur Berücksichtigung von Effizienzen, insbesondere zu den Vorteilen für die Verbraucher, Fusionsspezifik und Nachprüfbarkeit, hat die Kommission in den Leitlinien für horizontale Zusammenschlüsse festgelegt.[573] Die Parteien müssen von ihnen geltend gemachte Effizienzen im Formblatt CO Abschnitt 9 insbesondere unter

---

[565] Kom., M.164, Rn. 37 – Mannesmann/VDO; M.134, Rn. 19, 30 – Mannesmann/Boge.
[566] Kom., M.3436, Rn. 166 – Continental/Phoenix.
[567] Kom., M.4878, Rn. 74 f. – Continental/Siemens VDO.
[568] Kom., M.9820, Rn. 747 ff. – Danfoss/Eaton Hydraulics; M.9779, Rn. 374 ff. – Alstom/Bombardier.
[569] Kom., M.6471, Rn. 583 ff. – Outokumpu/Inoxum.
[570] Immenga/Mestmäcker/Körber, Rn. 287.
[571] Kom., M.490, Rn. 100 – Nordic Satellite Distribution; M.430, Rn. 132 – Procter & Gamble/VP Schickedanz (II).
[572] Vgl. Kom. SWD/2021/67 final, S. 14.
[573] Leitlinien „horizontale Zusammenschlüsse" Rn. 76 ff.; vgl. auch Leitlinien „nichthorizontale Zusammenschlüsse" Rn. 52 ff., 77, 115 ff.; U.S. Horizontal Merger Guidelines vom 19.8.2010, Abschnitt 10.

183 **aa) Ökonomische Grundlagen.** Neben möglichen negativen Auswirkungen, etwa in der Form von Marktmacht und einer darauf beruhenden Verschiebung der Wettbewerbsparameter, führen Zusammenschlüsse für die beteiligten Unternehmen typischerweise auch zu Effizienzgewinnen, insbesondere in Form von Kostenersparnissen, und damit zu **Wohlfahrtsverbesserungen** (→ Kapitel 1 Rn. 467 f.). Prokompetitive Wirkungen in Gestalt von Effizienzvorteilen stehen demnach aus dem Blickwinkel der Fusionskontrolle möglichen wettbewerbsbeschränkenden Marktmachteffekten eines Zusammenschlusses gegenüber. Welches Gewicht den jeweiligen Wirkungen im Rahmen der vorzunehmenden Abwägung beigemessen wird, ist eine wettbewerbspolitische Frage und betrifft im Kern die Wahl des der Bewertung zugrunde zu legenden relevanten Wohlfahrtsstandards: Nach dem Gesamtwohlfahrtstandard (Total Welfare Model) liegen relevante Wohlfahrtssteigerungen immer schon dann vor, wenn die Summe aus Produzenten- und Verbraucherwohlfahrt steigt. Danach können Wohlfahrtssteigerungen allein auf Seiten der Produzenten ausreichen. Nach dem **Verbraucherwohlfahrtstandard** (Consumer Welfare Model) hingegen werden nur solche Effizienzen als wohlfahrtssteigernd angesehen, die den Verbrauchern zukommen (→ Kapitel 1 Rn. 147 ff.). Nach den Leitlinien für horizontale Zusammenschlüsse müssen berücksichtigungsfähige Effizienzen den Verbrauchern zugutekommen.[575] Sie wenden also den Verbraucherwohlfahrtstandard an und berücksichtigen Effizienzvorteile, die allein den Produzenten zugutekommen, nicht. Den Weg zu einer vollständigen efficiency defence sind Unionsgesetzgeber und Kommission mithin bisher nicht gegangen.

184 Allerdings können durch den Zusammenschluss generierte Effizienzvorteile auch zu einem wettbewerbswidrigen Machtzuwachs führen. Die Frage, ob Zusammenschlüsse deshalb im Rahmen einer **efficiency offence** untersagt werden können, ist bisher offen geblieben.[576] In seinem easyjet-Urteil, das die Klage von easyjet gegen die Freigabe des Zusammenschlusses zwischen Air France und KLM betrifft, weist das EuG zumindest auf die durch den Zusammenschluss gegebene Möglichkeit hin, „aufgrund des Zusammenschlusses preisgünstigere Leistungen anzubieten". Dies könnte „in einer begrenzten Zahl von Fällen einen möglichen Hinweis auf die Begründung oder Verstärkung einer beherrschenden Stellung bilden, etwa dann, wenn die fusionierte Einheit die Absicht hätte oder in der Lage wäre, Kampfpreise zu praktizieren".[577] Allerdings dient die Fusionskontrolle allein dazu, die Begründung oder Verstärkung einer marktbeherrschenden Stellung und eine dadurch hervorgerufene erhebliche Beeinträchtigung des wirksamen Wettbewerbs zu verhindern. Dazu hätte nachgewiesen werden müssen, dass die zu erwartenden Kampfpreise zum Ausscheiden weniger effizienter Wettbewerber aus dem Markt geführt hätten und dass danach die fusionierenden Unternehmen in der Lage gewesen wären, durch entsprechende Preiserhöhungen die Kosten der Kampfpreisphase wieder hereinzuholen. Genau dies ist in diesem Fall nicht nachgewiesen worden.[578] Im Übrigen stellen auch die Leitlinien für nichthorizontale Zusammenschlüsse fest, dass Effizienzgewinne alleine keine Wettbewerbsbedenken auslösen können.[579] Eine allgemeine efficiency offence ist daher eher abzulehnen, weil Effizienzen nur in wenigen Ausnahmesituationen im Zusammenspiel mit anderen Umständen zu einer erheblichen Beeinträchtigung wirksamen Wettbewerbs führen dürften (→ Kapitel 1 Rn. 473; → Kapitel 1 Rn. 481).

185 **bb) Die Bedeutung von Effizienzen im Rahmen der FKVO.** Unter Geltung des SIEC-Tests ist die erhebliche Wettbewerbsbehinderung alleiniges Untersagungskriterium (→ Rn. 34 ff.). Der Erwägungsgrund 29 der FKVO bestimmt daneben ausdrücklich, dass bei der Bestimmung der Auswirkungen eines Zusammenschlusses auf den Wettbewerb begründeten und wahrscheinlichen Effizienzvorteilen Rechnung getragen werden soll. Er weist auch darauf hin, dass die Effizienzvorteile die Auswirkungen des Zusammenschlusses auf den Wettbewerb ausgleichen können und in diesen Fällen eine erhebliche Wettbewerbsbehinderung ausgeschlossen werden kann. Die so ausdrücklich zu einem **Ausgleichsfaktor** aufgewerteten Effizienzgewinne können, sofern sie zusammenschlussbedingt und erheblich sind, die durch nicht koordinierte oder koordinierte Wirkungen des Zusammenschlusses hervorgerufene Wettbewerbsbehinderung ausgleichen. Nach den Leitlinien für hori-

---

[574] Der Entwurfstext ist abrufbar unter https://competition-policy.ec.europa.eu/public-consultations/2022-merger-simplification_de, zuletzt abgerufen am 17.3.2023.
[575] Leitlinien „horizontale Zusammenschlüsse" Rn. 79 ff.; Leitlinien „nichthorizontale Zusammenschlüsse" Rn. 52 f.
[576] Cook/Kerse, EC Merger Control, Rn. 7–063.
[577] EuG, T-177/04, ECLI:EU:T:2006:187, Rn. 72 – easyjet/Kommission.
[578] EuG, T-177/04, ECLI:EU:T:2006:187, Rn. 73 – easyjet/Kommission.
[579] Leitlinien „nichthorizontale Zusammenschlüsse" Rn. 16.

zontale Zusammenschlüsse ist es allerdings „höchst unwahrscheinlich, dass ein Zusammenschluss, der zu einer Marktstellung führt, die einem Monopol nahekommt oder ein ähnliches Maß an Marktmacht erbringt", allein aufgrund von Effizienzvorteilen freigegeben wird.[580]

Unterhalb einer solchen Fast-Monopolisierung können vorhandene Effizienzvorteile nach dem **186** rechtlichen Konzept der FKVO zur Freigabe eines an sich untersagungsfähigen Zusammenschlusses führen. Die Prüfung möglicher Effizienzvorteile kann entweder als Teil der Zusammenschlussprüfung selbst („integrierter Ansatz")[581] oder als efficiency defence, also als Effizienzeinrede gegen die Untersagung eines an sich rechtswidrigen Zusammenschlusses, anzusehen sein. In der Fallpraxis prüft die Kommission Effizienzen, wenn auch als eigene Unterpunkte, im Rahmen ihres competitive assessments, was eher für einen integrierten Ansatz spricht. Bislang hat die Kommission aber noch keine Freigabeentscheidung allein auf die durch einen Zusammenschluss erzielten Effizienzgewinne gestützt; sie hat aber in vereinzelten Fällen Effizienzerwägungen zumindest in Teilen akzeptiert.[582] Effizienzgewinne waren insoweit ein **Faktor unter mehreren,** der bei der Bestimmung einbezogen wurde, ob ein Zusammenschluss wettbewerbliche Bedenken aufwirft.[583] Zwar hat die Relevanz von Effizienzen bei der wettbewerblichen Beurteilung insgesamt zugenommen, trotzdem wird die weiterhin eher restriktive Linie der Kommission mit Blick auf die Effizienzen in der Literatur überwiegend kritisiert.[584]

cc) Anforderungen an die Geltendmachung von Effizienzen. Nach den Leitlinien für **187** horizontale Zusammenschlüsse finden Effizienzvorteile nur dann Berücksichtigung, wenn sie den Verbrauchern in den betroffenen Märkten zugutekommen, nachprüfbar und fusionsspezifisch sind.[585] Diese Grundsätze finden auch auf im Rahmen von vertikalen Zusammenschlüssen geltend gemachten Effizienzen Anwendung.[586] Neben der durch diese Auflistung größeren Rechtsklarheit[587] ist auch positiv zu bewerten, dass sich diese Beurteilungskriterien denen der (bisherigen) US-Praxis annähern.[588] Ein voller Gleichlauf mit der Prüfungsmethodik in den USA wird aber nicht erreicht.[589]

(1) Vorteile für Verbraucher, Erheblichkeit und Rechtzeitigkeit. Die Kommission misst **188** behauptete Effizienzvorteile daran, dass die Verbraucher durch den Zusammenschluss nicht benachteiligt werden. Um dies zu gewährleisten, müssen die geltend gemachten Effizienzen „**erheblich** sein, sich **rechtzeitig** einstellen und den **Verbrauchern in den relevanten Märkten** zugutekommen, in denen ansonsten Wettbewerbsbedenken entstehen würden".[590]

(a) Erheblichkeit. Von einer Erheblichkeit der Effizienzen ist auszugehen, wenn sie die realen **189** Kosten des Unternehmens verringern. In diesem Zusammenhang werden häufig Größenvorteile bzw. **Skaleneffekte** (economies of scale), **Verbundvorteile** (economies of scope), Vorteile auf Beschaffungsmärkten, verbesserte Möglichkeiten der Kapitalbeschaffung, Verringerung von Ineffizienzen, verbesserte Weitergabe von Know-how und technischer Fortschritt angeführt (→ Kapitel 1 Rn. 470 ff.). Nach den Leitlinien für nichthorizontale Zusammenschlüsse bieten insbesondere vertikale und konglomerate Fusionen „erheblichen Spielraum für Effizienzgewinne", etwa durch die Internalisierung doppelter Margen.[591] Für einige Effizienzen gilt dies aber dann nicht bzw. nur eingeschränkt, wenn die Parteien schon vor der Fusion verbunden waren und etwa eine Partei über die andere schon bisher gemeinsame Kontrolle ausübt und entsprechende Effizienzen heben kann.[592]

In der Untersagungsentscheidung zum Zusammenschlussvorhaben Ryanair/Aer Lingus stellte **190** die Kommission fest, dass insbesondere angesichts der nach einem Zusammenschluss entstehenden hohen Marktanteile der fusionierten Einheit, die sich auf einigen Flugverbindungen einer Monopolstellung annäherten, geltend gemachte Effizienzen „selbst wenn sie nachweisbar, fusionsspezifisch und wahrscheinlich zum Nutzen des Kunden sind, wesentlich sein [müssten]", um etwaige wettbe-

---

[580] Leitlinien „horizontale Zusammenschlüsse" Rn. 84.
[581] Dazu Wolf, Effizienzen und europäische Zusammenschlusskontrolle, S. 88–92 ff.; Thomas J. Comp. L. & Econ. 13,2 (2017) 346.
[582] Kom., M.7278 – General Electric/Alstom; M.7630 – FedEx/TNT Express.
[583] Kom., M.5727, Rn. 184–200 – Microsoft/Yahoo! Search Business; M.4057, Rn. 57–64 – Korsnäs/Assidomän Cartonboard.
[584] S. etwa Thomas J. Comp. L. & Econ. 13,2 (2017) 346 (348 ff.).
[585] Leitlinien „horizontale Zusammenschlüsse" Rn. 78 ff.
[586] Leitlinien „nichthorizontale Zusammenschlüsse" Rn. 53.
[587] So auch Strohm in Oberender, Effizienz und Wettbewerb, 113, 119.
[588] U.S. Horizontal Merger Guidelines vom 19.8.2010, Abschnitt 10; vgl. dazu auch Mestmäcker/Schweitzer EuWettbR § 26 Rn. 189 f., 192.
[589] Vgl. von Bonin WuW 2006, 466 mwN.
[590] Leitlinien „horizontale Zusammenschlüsse" Rn. 79.
[591] Leitlinien „nichthorizontale Zusammenschlüsse" Rn. 13. S. auch Kom., M.8792, Rn. 893 ff. – T-Mobile NL/Tele2 NL.
[592] Kom., M.8900, Rn. 196, 691, 715 – Wieland/Aurubis Rolled Products/Schwermetall.

werbsschädliche Wirkungen zu verhindern.⁵⁹³ Dies spricht dafür, dass die **Anforderungen** an mögliche Effizienzgewinne umso höher werden, umso schwerer mögliche wettbewerbswidrige Wirkungen wiegen.⁵⁹⁴ Vor diesem Hintergrund hat sich die Kommission in einigen Fällen mit der Feststellung begnügt, dass die auf Grundlage der von den Parteien vorgebrachten Daten ermittelten Effizienzen jedenfalls nicht ausreichten, um die zu befürchtenden Wettbewerbsbeschränkungen auszuräumen.⁵⁹⁵

191 Auch zum **Nachweis** der Erheblichkeit sollten die Effizienzvorteile und die daraus resultierenden Vorteile für die Verbraucher nach Möglichkeit im Formblatt CO quantifiziert werden (zur Quantifizierung → Kapitel 1 Rn. 482 ff.).⁵⁹⁶ Gemäß den Leitlinien für horizontale Zusammenschlüsse muss überdies sichergestellt sein, dass die erheblichen Effizienzvorteile auch „in hinreichendem Maße" an die Verbraucher weitergegeben werden.⁵⁹⁷ Bereits die **Quantifizierung** von Effizienzgewinnen begegnet praktischen Schwierigkeiten, eine Quantifizierung des Umfangs, in dem sie an Verbraucher weitergegeben werden, ist regelmäßig noch schwieriger.⁵⁹⁸

192 **(b) Rechtzeitigkeit.** Die Leitlinien für horizontale Zusammenschlüsse verlangen ferner, dass sich geltend gemachte Effizienzvorteile **rechtzeitig** einstellen müssen.⁵⁹⁹ Somit können nur solche Effizienzvorteile, die innerhalb eines überschaubaren Zeitraums realisiert werden, als ausgleichender Faktor berücksichtigt werden.⁶⁰⁰ Daraus folgt auch, dass Effizienzvorteilen umso weniger Gewicht eingeräumt werden kann, je weiter ihre Realisierung in die Zukunft projiziert wird. Dies begründet sich damit, dass mögliche Wettbewerbsbeschränkungen bereits relativ kurze Zeit nach dem Zusammenschluss eintreten können und gleichzeitig durch Effizienzgewinne ausgeglichen werden sollten (→ Kapitel 1 Rn. 482). Zudem ist die **Vorhersage** von erst spät anfallenden Effizienzgewinnen deutlich unsicherer (→ zur Nachprüfbarkeit Rn. 195). Vor diesem Hintergrund sind grundsätzlich nur solche Effizienzvorteile, die innerhalb des relevanten Prognosezeitraums (→ Rn. 223 ff.) eintreten, als rechtzeitig anzusehen.

193 **(c) Verbraucher in den betroffenen Märkten.** Zudem müssen die Effizienzvorteile den Verbrauchern in den **betroffenen Märkten** zugutekommen, in denen ansonsten Wettbewerbsbedenken entstehen würden (→ Rn. 517).⁶⁰¹ Allerdings können zum Teil sehr bedeutsame Effizienzvorteile etwa auch dadurch entstehen, dass die Forschungs- und Entwicklungsmöglichkeiten des fusionierten Unternehmens sich verbessern und neuartige Produkte für Märkte entwickelt werden, auf denen der Zusammenschluss keine Wettbewerbsbedenken hervorruft.⁶⁰² Eine Nichtberücksichtigung derartiger Effizienzvorteile durch die Kommission übersieht, dass Verbraucher in ihrer Gesamtheit auch von derartigen neuentwickelten Produkten profitieren können. Zudem werden etwa im Rahmen der Abwägungsklausel in § 36 Abs. 1 S. 2 Nr. 1 GWB auch positive Wirkungen auf anderen Märkten berücksichtigt.⁶⁰³ Dem wird aus ökonomischer Sicht zum Teil entgegengehalten, dass die Berücksichtigung von Verbesserungen auf anderen Märkten im Rahmen der Effizienzbewertung nur möglich wäre, wenn der Prüfungsansatz alle denkbaren Effizienzen unter Zugrundelegung eines Total Welfare Model umfasse, was nach der FKVO und den Leitlinien für horizontale Zusammenschlüsse jedoch nicht vorgesehen ist. Dieser Einwand überzeugt zwar nicht, da auch auf anderen als den „Verschlechterungsmärkten" auftretende Vorteile den Verbrauchern zugutekommen können und mithin ihre Berücksichtigung mit dem der FKVO zugrundeliegenden Fokus auf der **Verbraucherwohlfahrt** vereinbar wäre⁶⁰⁴ (→ Rn. 183 ff.; Kapitel 1 Rn. 146 ff.; zu umweltbezogenen Effizienzen → Rn. 9, → Rn. 207). Die Kommission orientiert sich in ihrer Beschlusspraxis aber jedenfalls an den Anforderungen der Leitlinien für horizontale Zusammenschlüsse und fordert daher grundsätzlich, dass die Verbraucher in den betroffenen Märkten von den Effizienzen profitieren (→ Rn. 17).

---

⁵⁹³ Kom., M.4439, Rn. 1103 – Ryanair/Aer Lingus.
⁵⁹⁴ Iversen ECLR 31,9 (2010,) 370 (371); Wolf, Effizienzen und europäische Zusammenschlusskontrolle, 2009, 344; Kom., M. 6166, Rn. 1336 ff. – Deutsche Börse/NYSE Euronext.
⁵⁹⁵ Kom., M.7421, Rn. 750 – Orange/Jazztel; M.6905, Rn. 1218 – INEOS/Solvay/JV.
⁵⁹⁶ Leitlinien „horizontale Zusammenschlüsse" Rn. 86; vgl. auch Leitlinien „Art. 81(3) EG-Vertrag" Rn. 55.
⁵⁹⁷ Leitlinien „horizontale Zusammenschlüsse" Rn. 84.
⁵⁹⁸ Iversen ECLR 31,9 (2010) 370 (372); vgl. auch Kom., M.6101, Rn. 167 – UPM/Myllykoski und Rhein Papier.
⁵⁹⁹ Leitlinien „horizontale Zusammenschlüsse" Rn. 79, 83.
⁶⁰⁰ Leitlinien „horizontale Zusammenschlüsse" Rn. 83.
⁶⁰¹ Leitlinien „horizontale Zusammenschlüsse" Rn. 79.
⁶⁰² Vgl. Schwalbe in Oberender, Effizienz und Wettbewerb, 63, 71.
⁶⁰³ Vgl. auch Kleemann FS Lieberknecht, 1997, 379.
⁶⁰⁴ Vgl. Strohm in Oberender, Effizienz und Wettbewerb, 113 ff.; Verouden/Bengtsson/Albæk Antitrust Bull. 49,1–2 (2004), 243 (282); differenzierend Wolf, Effizienzen und europäische Zusammenschlusskontrolle, S. 339 ff.

III. Prüfung auf Vereinbarkeit mit dem Binnenmarkt   194–196   **Art. 2 FKVO**

Diese Frage hat die Kommission in verschiedenen Entscheidungen eingehend untersucht. So **194** haben die Parteien in Tronox/Cristal nach Ansicht der Kommission nicht nachgewiesen, dass das fusionierte Unternehmen einen ausreichenden **Anreiz** zur für die Verbraucher vorteilhaften Erhöhung der Produktionsmenge habe; vielmehr verwies sie auf frühere Managementaussagen, nach denen die Produktionsmenge früher bei anziehender Nachfrage nicht erhöht wurde.[605] In Ryanair/ Air Lingus akzeptierte die Kommission, dass die durch die Effizienzen ermöglichten Einsparungen bei Fixkosten das Ertragsniveau, ab dem die Aufnahme einer neuen Verbindung profitabel ist, absenken würde. Allerdings entstünde in diesem Fall ein **Verbrauchernutzen** nicht unmittelbar, sondern erst durch eine „Kette von Ereignissen", so dass der Verbrauchernutzen deutlich weniger wahrscheinlich sei als im Falle der Reduzierung der Grenzkosten, die einen unmittelbaren Anreiz für Preissenkungen schaffen würden.[606] Zudem bezögen sich die geltend gemachten Effizienzen nur auf die Kosten von Aer Lingus, so dass keine Kostensenkung und damit ein möglicher Streckenausbau bei Ryanair ersichtlich war. Demgegenüber sah die Kommission vielmehr die Gefahr, dass es auf den Strecken, auf denen Ryanair und Aer Lingus einen sehr hohen gemeinsamen Marktanteil hatten, zu Preiserhöhungen käme. Hingegen sei unwahrscheinlich, dass Ryanair auf diesen Flugstrecken die Frequenz erhöhen und so die durchschnittlichen Flugpreise senken würde.[607] In Deutsche Börse/ NYSE stellte die Kommission zwar fest, dass die Verbraucher unmittelbar von Kostensenkungen profitieren könnten, dass hierdurch im Umkehrschluss jedoch auch gleichzeitig der Anreiz seitens des Zusammenschlussunternehmens bestünde, die Preise zu erhöhen.[608] Diese Einschätzung wurde in einer späteren Entscheidung des EuG bestätigt.[609]

(2) Nachprüfbarkeit von Effizienzen. Nach den Leitlinien ist es daneben erforderlich, dass **195** die idealerweise quantifizierten Effizienzvorteile auch nachprüfbar sind.[610] Es muss der Kommission also möglich sein, zu überprüfen, dass Effizienzgewinne mit einer **hohen Wahrscheinlichkeit** eintreten werden. Da die Unternehmen regelmäßig über bessere Informationen zu potenziellen Effizienzgewinnen verfügen als die Kommission liegt die **Beweislast** für das Vorliegen von Effizienzvorteilen bei den Unternehmen.[611] Daneben stützt sich die Kommission auch auf von Dritten gemachten Angaben zu Effizienzen[612] (zur Beweislast im Allgemeinen → Rn. 510 ff.).

Aus diesem Grund werden die Parteien im Formblatt CO aufgefordert, jeden einzelnen Effizi- **196** enzgewinn – insbesondere mögliche Kostenreduzierungen, Produktinnovation oder -verbesserung – zu beschreiben und durch Unterlagen zu belegen.[613] Zudem müssen die Parteien die zur Effizienzerzielung nötigen **Schritte** erläutern, die damit verbundenen **Risiken** identifizieren sowie den **zeitlichen Rahmen** und die damit verbunden **Kosten** angeben. Soweit möglich, sind die Effizienzen zu quantifizieren und die Berechnungsmethode darzulegen. Weiterhin ist der Umfang der Verbrauchervorteile zu erläutern und darzulegen, warum Effizienzen gleichen Ausmaßes nicht durch eine den Wettbewerb weniger behindernde Form der Konzentration oder Kooperation erzielt werden können. Als geeignete Nachweise für die Bewertung von Effizienzvorteilen listen die Leitlinien für horizontale Zusammenschlüsse interne Managementunterlagen, Ausführungen der Unternehmensleitung an die Eigentümer und Finanzmärkte zu den erwarteten Effizienzvorteilen, Beispiele für zurückliegende Effizienz- und Verbrauchervorteile sowie vor dem Zusammenschluss erstellte Studien außenstehender Sachverständiger auf.[614] Geringere Überzeugungskraft kommt hingegen Unterlagen zu, die erst im Rahmen und zu Zwecken des Fusionskontrollverfahrens vor der Kommission erstellt wurden.[615] Daraus, und insbesondere aus dem detaillierten Fragenkatalog des Formblatt CO erklärt sich, dass die Unternehmen in der Praxis auf beträchtliche Probleme beim Nachweis von Effizienzvorteilen stoßen, die über bloße Fixkosten-Synergien hinausgehen.[616]

---

[605] Kom., M.8451, Rn. 428 – Tronox/Cristal.
[606] Kom., M.4439, Rn. 1148 – Ryanair/Aer Lingus.
[607] Kom., M.4439, Rn. 1149 f. – Ryanair/Aer Lingus.
[608] Kom., M. 6166, Rn. 1235 ff. – Deutsche Börse/NYSE Euronext.
[609] EuG, Urt. v. 9.3.2015, T-175/12, ECLI:EU:T:2015:148, Rn. 267 ff. – Deutsche Börse AG/Kommission.
[610] Leitlinien „horizontale Zusammenschlüsse" Rn. 86 ff.
[611] Leitlinien „horizontale Zusammenschlüsse" Rn. 87; vgl. auch Kom., M.8793, Rn. 403 – Thales/Gemalto.
[612] Kom., M.9730, Rn. 276 ff. – FCA/PSA.
[613] Formblatt CO, Abschnitt 9.3.
[614] Leitlinien „horizontale Zusammenschlüsse" Rn. 88.
[615] Kom., M.8451, Rn. 406 – Tronox/Cristal.
[616] Oberender, Effizienz und Wettbewerb/Montag, 2005, 95 (111); Kühn Journal of Industry, Competition and Trade 2002, 311 (341 ff.), abrufbar unter https://deepblue.lib.umich.edu/handle/2027.42/46442, zuletzt abgerufen am 17.3.2023; Colley ECLR 25,6 (2004) 342 (343 ff.); Kom., M.6570, Rn. 883 ff. – UPS/TNT Express; M.5497, Rn. 410 ff. (insbes. Rn. 412), Rn. 421 ff. (insbes. Rn. 425) – Hutchison 3G Austria/Orange Austria.

197 Zwar ist der Nachweis von Kostenvorteilen – gegebenenfalls unter **Zuhilfenahme ökonomischer Modelle** – den Parteien häufig grundsätzlich möglich. Soweit Kostenvorteile aber etwa aufgrund größerer Einkaufsmengen oder der Bündelung der Nachfrage der Parteien in sonstigen Bereichen erwartet werden, verlangt die Kommission allerdings **detaillierte Informationen** zu den Beschaffungsmärkten, um abschätzen zu können, ob etwa Rabatte aufgrund größerer Beschaffungsmengen angesichts der Struktur des Beschaffungsmarktes überhaupt realistisch sind.[617] Auch können Unterlagen über konkrete Angebote von den Vertragspartnern der Zusammenschlussbeteiligten verlangt werden.[618] Hilfreich können zudem interne Modellrechnungen der Unternehmen zu den Vorteilen der Fusion sein, die gegebenenfalls auch schon für die Ermittlung des Kaufpreises im Rahmen der Transaktion erstellt wurden.

198 Generell verlangt die Kommission häufig eine **große Detailtiefe** im Rahmen der Effizienzanalyse. So hat sie in den Verfahren Hutchison 3G UK/Telefonica Ireland und Telefonica Deutschland/E-Plus festgestellt, dass mögliche Effizienzvorteile prinzipiell in eine UPP-Analyse eingestellt werden könnten, die Parteien solche jedoch nicht hinreichend dargelegt hätten.[619] Auch in anderen Fällen, in denen sich die Parteien im Wesentlichen auf wenige Dokumente stützten, ihre Angaben zur Erreichung der Effizienzen nicht detailliert genug oder die Informationen zu Effizienzen teilweise inkonsistent waren, sah die Kommission die **Beweisanforderungen** nicht als erfüllt an.[620] Zudem verwies die Kommission in Hutchison 3G Italy/WIND/JV auch darauf, dass in Synergieberechnungen das Ausmaß der Kosteneinsparungen häufig überschätzt wird.[621] Diese Auffassung stimmt allerdings mit der unternehmerischen Wirklichkeit nicht überein. In dieser ist es häufig so, dass die im Rahmen eines Genehmigungsantrags für einen Zusammenschluss den Aufsichtsgremien angekündigten Synergieeffekte vom Management konservativ berechnet werden, um diese dann nach dem Vollzug des Zusammenschlusses in jedem Fall erreichen und idealiter sogar übertreffen zu können. Darüber hinaus ist es besonders schwierig darzulegen, welcher Wert neuen oder verbesserten Waren oder Dienstleistungen beizumessen ist, insbesondere wenn sich die Verbesserungen erst in der Zukunft realisieren sollen.

199 Zur Quantifizierung von Effizienzen werden auch sog. Merger simulation models verwendet, die es in einigen Fällen mit ausreichender Datenbasis erlauben, die Auswirkungen von Fusionen auf die Preise in den betroffenen Märkten quantitativ zu bestimmen.[622] Derartige **Simulationsmodelle** werden in den USA schon seit Ende der 90er Jahre zur Beurteilung der Auswirkungen von Fusionen und dabei insbesondere auch zur Bewertung von Ausmaß und Wahrscheinlichkeit von Effizienzgewinnen eingesetzt.[623] Da auch die EU-Kommission seit dem Fall Volvo/Scania[624] verstärkt Simulationstechniken anwendet, scheint deren Einsatz zum Nachweis von Effizienzen grundsätzlich durchaus geeignet zu sein; allerdings werden an die Verlässlichkeit der Modelle hohe Anforderungen gestellt.[625] Zur Kritik an Simulationsmodellen → Kapitel 1 Rn. 435 f.

200 Aus der strikten Anwendung der Voraussetzungen und der Beweislast der Parteien wird deshalb mitunter eine nur beschränkte Bedeutung von Effizienzvorteilen im Allgemeinen gefolgert.[626] Es bleibt aber festzuhalten, dass Effizienzvorteile **ex ante** quantifiziert werden müssen und daher zwingend **unsicher** sind. Abschließende Sicherheit über den Umfang der aus dem Zusammenschluss resultierenden Effizienzen wird man daher nicht fordern können. Dies relativiert die Frage, welche Anforderungen im Einzelnen an die Beweiskraft der von den Unternehmen vorzulegenden Unterlagen realistischerweise gestellt werden können. Auch aus ökonomischer Sicht besteht ein gewisser Widerspruch zwischen der theoretischen Prognostizierbarkeit von Preissenkungen eines Zusammenschlusses und der fehlenden praktischen Möglichkeit, die quantitativ relevanten Faktoren zu berücksichtigen.[627] Aus rechtlicher Sicht sollten die Beweisanforderungen an die Unternehmen zum Nachweis der Effizienzgewinne nicht höher sein als die Beweisanforderungen an die Kommission im Rahmen ihrer Prognoseentscheidung zu den negativen Auswirkungen des Zusammenschlusses.

---

[617] Kom., M.5830, Rn. 1787 – Olympic/Aegean Airlines.
[618] Kom., M.5830, Rn. 1793 – Olympic/Aegean Airlines.
[619] Kom., M.7018, Rn. 46, 138 ff. – Telefonica Deutschland/E-Plus; M.6992, Rn. 633 ff. – Hutchison 3G UK/Telefonica Ireland.
[620] Kom., M.8451, Rn. 407 ff., 430 ff. – Tronox/Cristal; M.7724, Rn. 443 – ASL/Arianespace.
[621] Kom., M.7758, Rn. 1383 – Hutchison 3G Italy/WIND/JV.
[622] Colley ECLR 25,6 (2004) 342 (343 ff.).
[623] Vgl. Colley ECLR 25,6 (2004) 342 (343 ff.).
[624] Kom., M.1672 – Volvo/Scania.
[625] S. Budzinski/Ruhmer JCLE 2010, 277 (insbes. 200–304 mwN).
[626] Vgl. Thomas J. Comp. L. & Econ. 13,2 (2017) 346 (348 ff.).
[627] Vgl. die Darstellung bei Röller/Stennek/Verboven, Efficiency gains from merger, in: Ilzkovitz/Meiklejohn, European Merger Control, 2006, 84 ff.

(3) Fusionsspezifische Effizienzvorteile. Nach den Leitlinien für horizontale Zusammenschlüsse müssen die Effizienzvorteile auch fusionsspezifisch sein.[628] Dies sind sie dann, wenn sie eine **unmittelbare Folge** des Zusammenschlusses sind und nicht in ähnlichem Umfang durch weniger wettbewerbswidrige Alternativen erzielt werden können.[629] Als derartige Alternativen kommen etwa Forschungs- oder Einkaufskooperationen, Gemeinschaftsunternehmen[630] oder internes Unternehmenswachstum in Betracht. Dabei sollten die Zusammenschlussparteien jedoch nicht auf alle theoretisch denkbaren Alternativen verwiesen werden können, sondern in erster Linie auf solche, die in der jeweiligen Industrie gängige Praxis und nicht völlig unüblich, kostenträchtig und schwierig durchzuführen sind.[631]

Ob vorgebrachte Effizienzvorteile als fusionsspezifisch anzusehen sind, untersuchte die Kommission in verschiedenen Fällen. So stellte sie in FCA/PSA darauf ab, dass die Parteien nicht ausreichend dargelegt und begründet hätten, welche der geltend gemachten und durch gemeinsame Plattformen für Autos zu erzielenden Effizienzen tatsächlich fusionsspezifisch sind. Dahingegen akzeptierte die Kommission, dass durch **gemeinsame Einkaufspreise** und **gemeinsame technologische Standards** generierte Effizienzen fusionsspezifisch sind, da die Parteien hierfür sensible Vertragsinformationen und Know-how miteinander teilen müssen. Durch größere **Einkaufsvolumina** erzielte Kostensenkungen seien hingegen nicht fusionsspezifisch, da diese grundsätzlich etwa auch durch ein Joint Venture erreicht werden könnten.[632] Die Prüfung der Fusionsspezifik von Effizienzen unterscheidet sich also grundlegend von der Prüfung der Kausalität des Zusammenschlusses für eine Behinderung wirksamen Wettbewerbs: Im Rahmen von Effizienzen vergleicht die Kommission die Situation nach dem Zusammenschluss nicht mit dem konkreten **Counterfactual** (dh wie wäre die Kostensituation ohne diesen Zusammenschluss) (→ Rn. 148), sondern mit einer Vielzahl von denkbaren, nicht völlig abwegigen Alternativen, ähnliche Kostensenkungen zu erzielen.

In dem Verfahren Telefonica Deutschland/E-Plus wurde die gemeinsame **Nutzung von Netzen** als möglicher Effizienzvorteil von Parteien vorgebracht. Die Kommission wies dies jedoch mit der Begründung zurück, dass diese Form der Kooperation auch durch weniger wettbewerbsbeschränkende Zusammenarbeit zu erreichen wäre.[633] So habe sie im Rahmen der Ermittlungen Hinweise darauf gefunden, die eine mögliche Zusammenarbeit auch ohne einen Zusammenschluss belegen und daher die reine Möglichkeit der gemeinsamen Nutzung von Netzen nicht automatisch einen Effizienzvorteil bedeuten könne.[634] In Tronox/Cristal lehnte die Kommission die Fusionsspezifik u.a. deshalb ab, weil die Parteien ihrer Ansicht nach nicht nachgewiesen haben, dass die geltend gemachten Effizienzen u.a. durch die **Übernahme von Managementkonzepten** in der angestrebten Höhe auch tatsächlich realisiert werden könnten.[635]

dd) Effizienzarten. In den Leitlinien für horizontale Zusammenschlüsse werden die verschiedenen Arten von Effizienzvorteilen nur skizziert, die aus Zusammenschlüssen resultieren können.[636] Ausführlicher fallen demgegenüber die Erläuterungen in den Leitlinien zur Anwendung von Art. 101 Abs. 3 AEUV aus,[637] die auch in der Fusionskontrolle herangezogen werden können. Generell kann zwischen Effizienzgewinnen, die zu **Kosteneinsparungen** führen und solchen, die einen **Mehrwert** in Form neuer oder verbesserter Produkte oder Dienstleistungen erbringen, unterschieden werden (→ Kapitel 1 Rn. 470 ff.).[638] Dabei ist der Katalog der in den Leitlinien zu Art. 101 Abs. 3 AEUV angeführten Effizienzvorteile als nicht abschließend anzusehen.

---

[628] Leitlinien „horizontale Zusammenschlüsse" Rn. 85.
[629] Leitlinien „horizontale Zusammenschlüsse," Rn. 85. S. zB Kom., M.4439, Rn. 1143 – Ryanair/Aer Lingus; M.4000, Rn. 537–542 – Inco/Falconbridge.
[630] Kom., M.4000, Rn. 542 – Inco/Falconbridge.
[631] Vgl. Schwalbe in Oberender (Hrsg.), Effizienz und Wettbewerb, 63, 71; Wolf, Effizienzen und europäische Zusammenschlusskontrolle, S. 327 ff.
[632] Kom., M.9730, Economic Annex on LCVs Rn. 102 ff. – FCA/PSA.
[633] Kom., M.7018, Rn. 1113 ff. – Telefonica Deutschland/E-Plus.
[634] Kom., M.7018, Rn. 1116 ff. – Telefonica Deutschland/E-Plus.
[635] Kom., M.8451, Rn. 421 – Tronox/Cristal.
[636] Leitlinien für „horizontale Zusammenschlüsse" Rn. 80 f.; Leitlinien „Art. 81 Abs. (3,) EG-Vertrag" Rn. 59; Calvino, Some Thoughts on the Role of Efficiencies in Merger Control, in: Drauz/Reynolds (Hrsg.),, IBA 2002, EC Merger Control: A major reform in progress, 221 ff.; Venit, The Role of Efficiencies in Merger Control, in: Drauz/Reynolds (Hrsg.),, IBA 2002, EC Merger Control: A major reform in progress, 229, 232 ff.; Schwalbe in Oberender (Hrsg.), Effizienz und Wettbewerb, 63, 72 ff.
[637] Leitlinien „Art. 81 Abs. (3, ABl. 2004 C 101, 97) EG-Vertrag" Rn. 59 ff.
[638] Leitlinien für „horizontale Zusammenschlüsse," Rn. 80 f., ausführlich MüKoEuWettbR/Kerber/Schwalbe Einl.; vgl. auch Leitlinien „nichthorizontale Zusammenschlüsse" Rn. 42154 ff.

205 Kosteneinsparungen können sich ergeben aus der Entwicklung neuer **Produktionstechniken und -verfahren**[639] oder aus Synergieeffekten infolge der Zusammenlegung von Vermögenswerten, die zB eine verbesserte **Kosten-/Produktionsstruktur** ermöglicht.[640] Daneben können Kosteneinsparungen auch aus **Skalenvorteilen,** also abnehmenden Stückkosten bei steigender Produktion, resultieren, wenn zB die gesteigerte Betriebsgröße eine bessere Arbeitsaufteilung ermöglicht.[641] Derartige Kosteneinsparungen wurden von der Kommission als wettbewerbsfördernd angesehen.[642] Kosteneinsparungen können ferner durch **Verbundvorteile** hervorgerufen werden, wenn Unternehmen mit den gleichen Einsatzmitteln unterschiedliche Produkte herstellen oder vertreiben und ihre Aktivitäten zusammenlegen.[643] Vorteile für die Verbraucher in Form neuer oder verbesserter Waren oder Dienstleistungen können sich zB aus Effizienzgewinnen in den Bereichen Forschung, Entwicklung und Innovation ergeben (→ Rn. 189, → Kapitel 1 Rn. 470 ff.).[644]

206 Einsparungen bei den **variablen Kosten** sind grundsätzlich positiver zu beurteilen als eine Senkung der **Fixkosten,** da eine Reduzierung der variablen Kosten eher zu einer (preissenkenden) Erhöhung des Ausstoßes führen kann.[645] Eine Weitergabe der Einsparungen ist bei verringerten variablen Kosten also wahrscheinlicher als bei einer Fixkostenreduktion. Deshalb könnten an die Weitergabe von Fixkosteneinsparungen an die Verbraucher höhere Beweisanforderungen gestellt werden. Allerdings sehen die Leitlinien für horizontale Zusammenschlüsse, die Leitlinien für nichthorizontale Zusammenschlüsse und die Leitlinien zu Art. 101 Abs. 3 AEUV eine derartige Einschränkung bei der Anerkennung von Effizienzen nicht ausdrücklich vor. Auch die FKVO selbst beinhaltet keine solchen Einschränkungen, so dass grundsätzlich alle Arten von Effizienzen berücksichtigt werden können.

207 Darüber hinaus ist es auch denkbar, dass die Kommission **umweltbezogene Effizienzen,** etwa eine verbesserte Umweltbilanz in der Produktion, in ihren Fusionskontrollentscheidungen berücksichtigt. Rein rechtlich könnte sie sich insoweit auf Erwägungsgrund 23 berufen, der wiederum auf die grundlegenden Ziele der EU verweist, zu denen nach Art. 3 EUV auch „ein hohes Maß an Umweltschutz und Verbesserung der Umweltqualität" gehört[646] (→ Rn. 9). Die Voraussetzungen der Leitlinien für horizontale Zusammenschlüsse – insb. erhebliche und rechtzeitige Vorteile für Verbraucher, Fusionsspezifik und Nachprüfbarkeit[647] (→ Rn. 188 ff.) – können grundsätzlich auch umweltbezogene Effizienzen erfüllen.[648] Während eine Berücksichtigung von Umweltschutzaspekten etwa im Rahmen des Art. 101 Abs. 3 AEUV diskutiert wird,[649] hat die Kommission diese aber, soweit ersichtlich, im Rahmen der durch Fusionen generierten Effizienzen noch nicht eingehend geprüft. Für die Parteien dürfte die Herausforderung regelmäßig darin liegen, die Vorteile eines Produkts für die Umwelt bzw. die Gesellschaft konkret zu beziffern[650] und ihre Weitergabe an die Verbraucher nachzuweisen.

208 **d) Sanierungsfusion (failing firm defence).** Sofern ein von Insolvenz bedrohtes Unternehmen den Markt ohnehin verlassen würde, liegt eine besondere im Rahmen der Fusionskontrolle zu berücksichtigende Situation vor (→ Kapitel 1 Rn. 486).[651] Diese failing firm defense bzw. im Fall von Unternehmensteilen failing division defense ist nicht in der FKVO selbst geregelt. Die Kommission hat sie aber erstmals ausführlich in ihrer Entscheidung Kali und Salz/MdK/Treuhand[652] anerkannt und entsprechende Regelungen in den Leitlinien für horizontale Zusammenschlüsse getroffen: Im Rahmen der Prüfung des counterfactual (→ Rn. 148) kann die Kommission zu dem Ergebnis gelangen, dass ein eigentlich problematisches Vorhaben mit dem Binnenmarkt vereinbar ist, wenn

---

[639] Leitlinien „Art. 81(3) EG-Vertrag" Rn. 64.
[640] Leitlinien „Art. 81(3) EG-Vertrag" Rn. 65.
[641] Leitlinien „Art. 81(3) EG-Vertrag" Rn. 66.
[642] Vgl. Kom., M.7630, Rn. 515 ff. – Fedex/TNT Express; M.6101, Rn. 150 – UPM/Myllykoski und Rhein Papier; M.5727, Rn. 184 – Microsoft/Yahoo! Search Business.
[643] Leitlinien „Art. 81(3) EG-Vertrag" Rn. 67.
[644] Leitlinien „horizontale Zusammenschlüsse" Rn. 81.
[645] Leitlinien „horizontale Zusammenschlüsse" Rn. 80; Leitlinien „Art. 81(3) EG-Vertrag" Rn. 59; vgl. auch Kom., M.8792, Rn. 893 – T-Mobile NL/Tele2 NL.
[646] Levy/Cook, European Merger Control Law, § 15.02.
[647] Leitlinien „horizontale Zusammenschlüsse" Rn. 78 ff.
[648] Olthoff/von Bonin EuZW 2021, 181 (185).
[649] S. etwa Schley/Symann WuW 2022, 2 ff.
[650] Vgl. Kom., M.9409, Rn. 844 – Aurubis/Metallo.
[651] Eine ausführliche Darstellung zur failing firm defence findet sich in NK-EuWettbR/Hacker Rn. 461 ff.; Levy/Cook, European Merger Control Law, § 15.03; Navarro/Font/Folguera/Briones, Merger Control in the EU, Rn. 11.20 ff.; Simon/Stelzer NZKart 2014, 497 ff.
[652] Kom., M.308 – Kali+Salz/MDK/Treuhand; EuGH, C-68/94, ECLI:EU:C:1998:148, Rn. 110 ff. – Frankreich u.a./Kommission („Kali und Salz").

III. Prüfung auf Vereinbarkeit mit dem Binnenmarkt

die Verschlechterung der Wettbewerbsstruktur nach dem Zusammenschluss nicht auf diesen zurückgeführt werden kann.[653] Aus dogmatischer Sicht fehlt es also an der **Kausalität** (→ Rn. 148 f.).[654] Das ist dann anzunehmen, wenn das Zielunternehmen ohne den Zusammenschluss in naher Zukunft aus dem Markt **ausscheiden** würde, wenn keine weniger wettbewerbswidrige Verkaufsalternative gegeben ist und wenn die Vermögenswerte des Zielunternehmens ohne den Zusammenschluss zwangsläufig aus dem Markt ausscheiden würden.[655]

aa) Ausscheiden des zu erwerbenden Unternehmens aus dem Markt. Zunächst ist es 209 erforderlich, dass das Zielunternehmen aufgrund seiner finanziellen Schwierigkeiten gezwungen wäre, in naher Zukunft aus dem Markt auszuscheiden, falls es nicht durch ein anderes Unternehmen übernommen wird.[656] Eine nur eingeschränkte Fähigkeit wettbewerblichen Druck auszuüben, reicht dafür nicht aus.[657] Im Rahmen der failing division defense kann dies auch für verlustbringende **Unternehmensteile** von im Übrigen finanziell soliden Konzernen angenommen werden, wenn nachgewiesen werden kann, dass dieser Unternehmensteil sonst abgewickelt würde.[658] In diesen Fällen muss aber besonders genau nachgewiesen werden, dass der betreffende Unternehmensteil ohne den Zusammenschluss tatsächlich geschlossen würde.[659] In Cargotec/Konecranes hat die Kommission ein solches von Cargotec vorgetragenes Counterfactual trotz entsprechender Nachweise letztlich fälschlicherweise verworfen, da Cargotec dieses Counterfactual nach Absage der Transaktion auch tatsächlich umsetzte (→ Rn. 148).

Unter welchen Bedingungen von dem wahrscheinlichen Ausscheiden des zu erwerbenden 210 Unternehmens aus dem Markt ausgegangen werden kann, ist hingegen nicht in den Leitlinien geregelt. Auch die bisherige Beschlusspraxis der Kommission bietet insofern keine klaren Richtlinien. Beispielsweise genügte es der Kommission im Fall Kali und Salz, dass die Zielgesellschaft ohne andauernde finanzielle Unterstützung durch die Treuhandanstalt nicht bestehen konnte.[660] In Olympic/Aegean nahm die Kommission im ersten Verfahren 2010/2011 hingegen an, dass die Muttergesellschaft der Olympic Airways über ausreichende finanzielle Mittel verfügte, um Olympic Airways zu unterstützen, und außerdem ein erhebliches Interesse daran hatte, das Überleben der Gesellschaft zu sichern (auch, um die Glaubwürdigkeit der Muttergesellschaft gegenüber Investoren nicht zu beschädigen), sodass eine failing firm defence nicht eingriff.[661] In einer zweiten Entscheidung aus dem Jahr 2013 nahm die Kommission allerdings an, dass es sich bei Olympic Airways mittlerweile tatsächlich um eine failing firm handele, da das Unternehmen in einem allgemein von wirtschaftlichen Krisen geprägten Umfeld **kontinuierlich Verluste** machte und die Muttergesellschaft mittlerweile angekündigt hatte, ihre Unterstützung einzustellen, sollte Olympic Airways nicht an Aegean Airlines veräußert werden.[662]

Sofern ein Unternehmen „nur" finanzielle Schwierigkeiten hat, ein Ausscheiden aus dem Markt 211 aber nicht unmittelbar droht, kann die Kommission dies im Rahmen ihrer übrigen wettbewerblichen Beurteilung berücksichtigen. So lagen etwa im Verfahren T-Mobile NL/Tele2 NL[663] die Voraussetzungen der Sanierungsfusion nicht vor und die Parteien hatten dies auch nicht geltend gemacht. Die Kommission stellte aber fest, dass Tele2 NL aufgrund seiner schlechten Position auch dann, wenn es im Markt bliebe, keine bedeutende **Wettbewerbskraft** sei und der Zusammenschluss den Wettbewerb daher nicht erheblich behinderte.[664] Zum SIEC-Test → Rn. 77.

bb) Kein milderes Mittel. Es ist weiter darzulegen, dass es keine weniger wettbewerbswidrige 212 **Zusammenschlussalternative** zu dem angemeldeten Zusammenschluss gibt.[665] Deshalb kann die Kommission untersuchen, ob es einen alternativen Erwerber gäbe, dessen Zusammenschluss mit dem

---

[653] Leitlinien „horizontale Zusammenschlüsse" Rn. 89 f.; vgl. auch U.S. Horizontal Merger Guidelines vom 19.8.2010, Abschnitt 11; EuGH, C-68/94, ECLI:EU:C:1998:148, Rn. 110 ff. – Frankreich u.a./Kommission („Kali und Salz").
[654] EuGH, C-68/94, ECLI:EU:C:1998:148, Rn. 110 ff. – Frankreich u.a./Kommission („Kali und Salz"); Gasser NZKart 2020, 465 (466 f.).
[655] Schwalbe/Zimmer 614 ff.
[656] Leitlinien „horizontale Zusammenschlüsse" Rn. 90; Kom., M.308 – Kali+Salz/MDK/Treuhand; Gasser NZKart 2020, 465 (467).
[657] Kom., M.7758, Rn. 683 – Hutchison 3G Italy/WIND/JV.
[658] Kom., M.6360, Rn. 315 ff. – Nynas/Shell/Harburg Refinery; M.6796, Rn. 685 ff. – Aegean/Olympic II.
[659] Kom., M.2876, Rn. 212 – Newscorp/Telepiù; Immenga/Mestmäcker/Körber, Rn. 391 ff.
[660] Kom., M.308 – Kali+Salz/MDK/Treuhand; vgl. auch Kom., M.4381, Rn. 717–720 – JCI/Fiamm.
[661] Kom., M.5830, Rn. 2035–2038 – Olympic/Aegean Airlines.
[662] Kom., M.6796 – Aegean/Olympic II.
[663] Kom., M.8792 – T-Mobile NL/Tele2 NL.
[664] Kom., M.8792, Rn. 443 ff. – T-Mobile NL/Tele2 NL.
[665] Leitlinien „horizontale Zusammenschlüsse" Rn. 90; Kom., M.308 – Kali+Salz/MDK/Treuhand.

sanierungsbedürftigen Unternehmen keine oder weniger Wettbewerbsbeschränkungen hervorrufen würde als das angemeldete Vorhaben.[666] Hierbei ist u.a. bedeutsam, ob und wie intensiv in der Vergangenheit erfolglos nach Interessenten für das sanierungsbedürftige Unternehmen gesucht worden ist.[667] In dem Fall Aegean/Olympic II hatte der griechische Staat bereits in der Vergangenheit erfolglos Veräußerungsversuche unternommen und die Kommission selbst hatte 20 Fluggesellschaften nach einem etwaigen Erwerbsinteresse befragt, bei dem nur eine von ihnen ein Interesse anmeldete, jedoch mangels Größe und Finanzkraft von der Kommission nicht akzeptiert wurde.[668] Hierbei ist auch zu berücksichtigen, dass es für die Beurteilung des counterfactual – und damit auch die Frage, welche Erwerber Interesse haben (könnten) – auf den Zeitpunkt des Zusammenschlusses ankommt.[669]

213 cc) **Verschlechterung der Wettbewerbsstruktur auch ohne den Zusammenschluss.** Letztlich setzt die Geltendmachung des Sanierungseinwandes voraus, dass die Vermögenswerte des gescheiterten Unternehmens ohne den Zusammenschluss zwangsläufig vom Markt genommen werden.[670] Die **Unvermeidbarkeit,** dass die Vermögenswerte des einen Sanierungsfall darstellenden Unternehmens vom Markt genommen werden würden, kann – insbesondere im Falle eines Zusammenschlusses der zwei alleinigen Wettbewerber in einem Duopol – darauf beruhen, dass der Marktanteil dieses Unternehmens in jedem Fall der anderen fusionierenden Partei zufiele.[671]

214 Unter besonderen Bedingungen ist es aber auch ausreichend, dass nur ein Teil der Marktanteile auf die andere fusionierende Partei übergeht. In der Entscheidung BASF/Eurodiol/Pantochim[672] gelangte die Kommission im Rahmen des counterfactual zu dem Ergebnis, dass die Produktionsanlagen der zu übernehmenden Unternehmen ohne den Zusammenschluss die Produktionsanlagen endgültig aus dem Markt ausscheiden würden und aufgrund ihrer Komplexität nicht kurzfristig ersetzt werden könnten. Diese drohenden erheblichen Kapazitätsengpässe machten massive Preissteigerungen wahrscheinlich. Aus Sicht der Abnehmer sei dies nachteilhafter als die beherrschende Stellung der übernehmenden Partei, zumal aufgrund der spezifischen **Umstände des Einzelfalls** nicht von Preiserhöhungen auszugehen sei.[673] In den Andersen-Fällen, in denen eine kollektive Marktbeherrschung vorlag, stellte die Kommission fest, dass sich die Anzahl der Marktteilnehmer in allen angemeldeten Zusammenschluss verringerte und dass diese Alternativen nicht weniger wettbewerbsschädlich waren.[674]

215 In anderen Fällen lehnte die Kommission hingegen die Annahme einer Sanierungsfusion ab. So gelang es den Zusammenschlussbeteiligten im Fall JCI/Fiamm zwar darzulegen, dass sich die Zielgesellschaft in unlösbaren finanziellen Problemen befand und in der Vergangenheit kein anderer Käufer zu finden war. Allerdings akzeptierte die Kommission nicht, dass die **Vermögenswerte des Zielunternehmens** ohne den Zusammenschluss unweigerlich aus dem Markt ausscheiden würden. Vielmehr war nach Ansicht der Kommission nicht auszuschließen, dass im Falle einer Insolvenz zB kleinere Unternehmen Teile der Vermögenswerte erwerben und diese dem Markt so erhalten bleiben würden.[675]

216 Im Rahmen der Sanierungsfusion relevante Vermögenswerte sind im Übrigen nicht nur Produktionsmittel. So können auch Marken einen **erheblichen Vermögenswert** besitzen, dessen Ausscheiden aus dem Markt von der Kommission untersucht wird. Besteht die Chance, dass eine Marke künftig von einem anderen Anbieter genutzt wird, verlässt dieser Vermögenswert nicht den Markt.[676] In der Luftfahrtbranche haben hingegen Slots einen besonderen Vermögenswert. In der Entscheidung IAG/BMI nahm die Kommission an, dass die wichtigsten Vermögenswerte von BMI, namentlich die Slots, zurück in den entsprechenden Pool fallen und durch Wiedervergabe den Markt letztlich nicht verlassen würden.[677] Zum umgekehrten Ergebnis kam die Kommission entsprechend in dem

---

[666] Gasser NZKart 2020, 465 (467 ff.).
[667] Kom., M.4381, Rn. 734 – JCI/Fiamm; M.308 – Kali+Salz/MDK/Treuhand.
[668] Kom., M.6796, Rn. 806 ff. – Aegean/Olympic II.
[669] Kom., M.8444, Rn. 417 ff. – ArcelorMittal/Ilva.
[670] Leitlinien „horizontale Zusammenschlüsse" Rn. 90; Kom., M.6447, Rn. 627 – IAG/BMI; M.308 – Kali & +Salz/MdKMDK/Treuhand.
[671] EuGH, C-68/94, ECLI:EU:C:1998:148, Rn. 116 f. – Frankreich u.a./Kommission („Kali und Salz").
[672] Kom., M.2314 – BASF/Pantochim/Eurodiol.
[673] Kom., M.2314, Rn. 151–164 – BASF/Pantochim/Eurodiol.
[674] Kom., M.2810, Rn. 44 ff. – Deloitte&Touche/Andersen (UK); M.2816, Rn. 76 ff. – Ernst&Young/Andersen France.
[675] Kom., M.4381, Rn. 749 – JCI/Fiamm.
[676] Kom., M.5830, Rn. 2106 – Olympic/Aegean Airlines; M.4381, Rn. 809 – JCI/Fiamm.
[677] Kom., M.6447, Rn. 616 ff. – IAG/BMI.

Fall Aegean/Olympic II, in welchem kein hinreichendes Interesse von Marktteilnehmern an den zurückfallenden Slots erkennbar war.[678]

6. Prognoseentscheidung und Prognosezeitraum. Freigabe- und Untersagungsbeschlüsse 217 im Rahmen der Fusionskontrolle betreffen die Auswirkungen der durch den Zusammenschluss hervorgebrachten Marktstrukturveränderungen auf den **zukünftigen Wettbewerb** in den relevanten Märkten. Sie sind daher notwendig zukunftsgerichtet und bedürfen insoweit einer ex ante-Prognose. Dadurch unterscheiden sie sich von Beschlüssen nach Art. 101 und Art. 102 AEUV, die typischerweise ex post ein in der Vergangenheit liegendes Verhalten anhand seiner Auswirkungen auf den Wettbewerb in einem vergangenen Zeitraum beurteilen.[679] Nur in bestimmten Konstellationen, etwa bei der Beurteilung von Verpflichtungszusagen nach Art. 9 der VO 1/2003 oder der Bewertung von Effizienzgewinnen im Rahmen des Art. 101 Abs. 3 AEUV mag die verhaltenskartellrechtliche Analyse prospektive Elemente enthalten. Dagegen hat die Kommission im Rahmen des Art. 2 Abs. 2 und 3 in jedem Einzelfall Prognosen anzustellen.

a) Prognoseentscheidung. Zum einen ist im Rahmen der **Marktabgrenzung** die zukünftige 218 Entwicklung der relevanten Märkte abzuschätzen (→ Rn. 48 f.). Ist nach dem Vortrag der Parteien und den Ergebnissen der Marktuntersuchung zu erwarten, dass sich die Wettbewerbsverhältnisse auf den betrachteten Märkten in der Zukunft mit hinreichender Vorhersehbarkeit so verändern werden, dass eine andere Abgrenzung des relevanten Produktmarktes oder des relevanten geografischen Marktes erforderlich ist, so hat die Kommission diese absehbaren Veränderungen in ihrer Marktabgrenzung zu untersuchen und ggf. zu berücksichtigen.[680] Von den Parteien wird dabei verlangt, derartige Veränderungen plausibel vorzutragen und zu belegen.[681] Nicht selten wird die Kommission es in der Praxis dabei bewenden lassen, mögliche Veränderungen der Marktabgrenzung anzudeuten, sich aber in der Entscheidung nicht festzulegen, wenn die genaue Marktabgrenzung für die Beurteilung des in Rede stehenden Falles im Ergebnis keine Rolle spielt (→ Rn. 42).[682]

Zum anderen hat die Kommission bei der Bewertung der **Wirkungen des Zusammenschlus-** 219 **ses** auf die Wettbewerbsverhältnisse im Markt eine Prognose zu stellen. Diese betrifft zunächst die Entwicklung der gemeinsamen Marktposition der Zusammenschlussparteien im zeitlichen Ablauf.[683] Eine bloße Addition der Marktanteile der Parteien auf Grundlage der Umsätze des letzten vollständigen Geschäftsjahrs (va bei horizontalen Zusammenschlüssen) vor dem Zusammenschluss wird den Anforderungen einer **dynamischen Analyse der Fusionswirkungen** in der Regel nicht gerecht, da die weitere **Entwicklung des Marktgeschehens** und die Reaktion der aktuellen und potenziellen Wettbewerber sowie der Kunden auf den Zusammenschluss einzubeziehen sind.[684] Nur in wenigen Fällen extrem hoher gemeinsamer Marktanteile wird ohne weiteres die Begründung von Marktbeherrschung nach dem Zusammenschluss als Regelbeispiel einer erheblichen Behinderung wirksamen Wettbewerbs anzunehmen sein. Auch dann ist jedoch noch eine Prognose über den Einfluss möglicher Ausgleichsfaktoren zu stellen. Bei vertikalen Zusammenschlüssen ist eine Prognose darüber zu stellen, ob Lieferströme in Zukunft verändert werden und eine Abschottung bisheriger Lieferanten oder Abnehmer eines Produkts erfolgt.[685] Betrifft der Beschluss erst **im Entstehen begriffene Märkte,** kann dies Schwierigkeiten begegnen und eine sehr komplexe Analyse erforderlich machen (→ Rn. 67 f.).[686] Des Weiteren ist jedenfalls auch dann eine Prognoseentscheidung zu treffen, wenn die Kommission die Schadenstheorie (theory of harm) neben rein strukturellen Wirkungen des Zusammenschlusses auch mit **zu erwartendem Verhalten der Zusammenschlussparteien** begründet. Befürchtet die Kommission etwa im Rahmen konglomerater Zusammenschlüsse, dass die Zusammenschlussparteien durch Kopplung oder Bindung (→ Rn. 472) versuchen werden, aktuelle oder potenzielle Wettbewerber vom Markt abzuschotten, so liegt darin ein prognos-

---

[678] Kom., M.6796, Rn. 818 ff. – Aegean/Olympic II.
[679] Immenga/Mestmäcker/Körber, Rn. 20.
[680] Kom., M.8864, Rn. 216 – Vodafone/Certain Liberty Global assets; M.7637, Rn. 130 – Liberty Global/BASE Belgium; M.5483, Rn. 18–22 – Toshiba/Fujitsu HDD Business; zur Marktabgrenzung auf sog. Innovationsmärkten vgl. Dreher ZWeR 2009, 149 (155 ff.).
[681] Vgl. Kom., M.3216, Rn. 109, 166 – Oracle/Peoplesoft; M.2876, Rn. 39, 47 – Newscorp/Telepiù.
[682] Vgl. M.7637, Rn. 133 – Liberty Global/BASE Belgium; M.6381, Rn. 27 f. – Google/Motorola Mobility.
[683] Vgl. zB Kom., M.5529, Rn. 659 ff. – Oracle/Sun Microsystems.
[684] Leitlinien „horizontale Zusammenschlüsse" Rn. 9, 15; vgl. zB Kom., M.9095, Rn. 59–97, 105 – UPL/Arysta LifeScience; M.8724, Rn. 159–165, 216–222 – Daimler/BMW/Car Sharing JV.
[685] Leitlinien „nichthorizontale Zusammenschlüsse" Rn. 18; vgl. auch zB Kom., M.6381, Rn. 78 ff. – Google/Motorola Mobility.
[686] Kom., M.6314, Rn. 19 f., 383 ff., 77 f., 88, 251 – Telefónica UK/Vodafone UK/Everything Everywhere/JV; s. dazu auch Hirsbrunner EuZW 2013, 657 (659).

tisches Element.[687] An diese Prognose sind besondere Anforderungen hinsichtlich der durch die Kommission vorzulegenden, sie stützenden Beweismittel zu stellen.[688] Insbesondere muss das fusionierte Unternehmen für ein solches Verhalten einen entsprechenden wirtschaftlichen Anreiz haben.[689] Ebenso verhält es sich, wenn nach dem Zusammenschluss eine stillschweigende Koordinierung der Mitglieder eines marktbeherrschenden Oligopols befürchtet wird oder im Rahmen eines Vertikalzusammenschlusses Bedenken wegen möglicher abschottender Praktiken (foreclosure) des fusionierten Unternehmens geltend gemacht werden.[690]

220 Die Kommission darf nur tatsächliche und rechtliche Gesichtspunkte berücksichtigen, die zum Zeitpunkt ihrer Untersuchung mit **hinreichender Wahrscheinlichkeit** feststehen. In Air France prüfte das Gericht eine Nichtigkeitsklage gegen einen Beschluss der Kommission, mit dem der Erwerb von 49,9 % der Anteile von TAT European Airlines durch British Airways genehmigt worden war.[691] Die Klägerin machte u.a. geltend, die Kommission habe es versäumt, die mögliche künftige Ausübung einer Erwerbsoption durch British Airways für die restlichen Anteile an TAT zu berücksichtigen. Das EuG bestätigte jedoch die Auffassung der Kommission, dass diese in Anbetracht der **hypothetischen Natur** eines solchen Erwerbs berechtigt gewesen sei, diesen von ihrer Beurteilung auszunehmen.[692] Zu den Anforderungen an Beweismaß und Beweislast im Rahmen der Prognoseentscheidung der Kommission im Einzelnen (→ Rn. 510 ff.).

221 Im Rahmen der Prognoseentscheidung berücksichtigt die Kommission insbesondere mit hinreichender Sicherheit zu erwartende **Marktzutritte** (→ ausf. Rn. 160 f.).[693] Auch **regulatorische Veränderungen** können Beachtung finden.[694] Ebenso kann die Kommission bereits **angekündigte, aber noch nicht vollzogene Zusammenschlussvorhaben** angemessen berücksichtigen, sofern deren Durchführung und voraussichtliche Auswirkungen zum Zeitpunkt der Prüfung durch die Kommission hinreichend sicher sind.[695] In der Praxis hat die Kommission bereits berücksichtigt: Weitere bei der Kommission oder den nationalen Wettbewerbsbehörden angemeldete Zusammenschlussvorhaben,[696] einschließlich zeitgleicher Vorhaben;[697] im Zusammenhang stehende Zusammenschlussvorhaben im öffentlichen Sektor;[698] und Maßnahmen oder Absprachen, die im Zusammenhang mit dem angemeldeten Vorhaben ergriffen bzw. eingegangen wurden.[699] Werden zwei den gleichen Markt betreffende Zusammenschlussvorhaben innerhalb kurzer Zeit angemeldet, lässt die Kommission in Anwendung der **sog. Prioritätsregel** bei der Entscheidung über den zuerst angemeldeten Zusammenschluss den zweiten Zusammenschluss außer Acht.[700] Die Kommission erhielt im Jahr 2011 an zwei aufeinander folgenden Tagen zunächst die Anmeldung des Zusammenschlussvorhabens von Seagate Technology und Samsung Electronics betreffend der Festplattensparte von Samsung; sowie am nächsten Tag die Anmeldung des Zusammenschlussvorhabens von Western Digital und Hitachi (Viviti Technologies).[701] Bei der Entscheidung über den Zusammenschluss Seagate/Samsung wurde der Zusammenschluss zwischen Western Digital und Viviti Technologies

---

[687] Vgl. Leitlinien „nichthorizontale Zusammenschlüsse" Rn. 32, 59.
[688] Vgl. EuGH, C-265/17 P, ECLI:EU:C:2019:23, Rn. 32 – Kommission/United Parcel Service; C-12/03 P, ECLI:EU:C:2005:87, Rn. 43 f. – Kommission/Tetra Laval; EuG, T-370/17, ECLI:EU:T:2019:354, Rn. 109 – KPN/Kommission; T-399/16, ECLI:EU:T:2020:217, Rn. 108–117 – CK Telecoms/Kommission.
[689] EuG, T-5/02, ECLI:EU:T:2002:264, Rn. 148 – Tetra Laval/Kommission.
[690] EuGH, C-413/06 P, ECLI:EU:C:2008:392, Rn. 125 ff. – Bertelsmann und Sony / Impala; EuG, T-210/01, ECLI:EU:T:2005:456, Rn. 295 – General Electric/Kommission.
[691] EuG, T-2/93, ECLI:EU:T:1994:55 – Air France/Kommission.
[692] EuG, T-2/93, ECLI:EU:T:1994:55, Rn. 70 – Air France/Kommission.
[693] Vgl. Leitlinien „horizontale Zusammenschlüsse" Rn. 9, 15, 68–75; Leitlinien „nichthorizontale Zusammenschlüsse" Rn. 20, Kom., M.9005, Rn. 94 f., 113, 118 – Booking Holdings/HotelsCombined; M.8744, Rn. 164 f., 216–222 – Daimler/BMW/JVM.
[694] Vgl. etwa Kom., M.9686, Rn. 194 f. – Mitsui/Belchim Crop Production; M.9095, Rn. 59–97, 105 – UPL/Arysta LifeScience; M.7392, Rn. 986, 1242, 1244, 1306, 1306–1316, 1339–1343, 1410–1414, 1515, 1780–1792, 2040, 2722–2729, 2808, 2985 – Dow/DuPont.
[695] Vgl. Levy/Cook, European Merger Control Law, § 10.05.
[696] Kom., M.3178 – Bertelsmann/Springer/JV.
[697] Kom., M.6214, Rn. 12–18 – Seagate/Samsung.
[698] Kom., M.3752, Rn. 98–106 – Verizon/MCI.
[699] Kom., M.7908, Rn. 33–39 – CMA CGM/NOL; M.3547, Rn. 9–15 – Banco Santander/Abbey National; M.190, Rn. 37 – Nestlé/Perrier.
[700] Kom., M.6214, Rn. 12–18 – Seagate/Samsung; bestätigt anlässlich von Transaktionen im Bereich Pflanzenschutz: Kom., M.7962, Rn. 15 f. – ChemChina/Syngenta; M.8084 – Bayer/Monsanto; bestätigt anlässlich von zwei Transaktionen im Bereich Kupfererzeugnisse: Kom., M.8909 – KME/MKM; M.8900 – Wieland/Aurubis Rolled Products/Schwermetall.
[701] Kom., M.6203 – Western Digital Ireland/Viviti Technologies.

nicht berücksichtigt und das Vorhaben ohne Auflagen freigegeben. Bei der Entscheidung über den Zusammenschluss Western Digital/Viviti Technologies wurde der Zusammenschluss zwischen Seagate und Samsung berücksichtigt; da der Markt aufgrund des Zusammenschlusses Seagate/Samsung einen erhöhten Konzentrationsgrad aufwies, wurde das Vorhaben nur mit einer Entflechtungszusage freigegeben. Western Digital erhob gegen den Beschluss der Kommission Klage und wandte sich u.a. gegen die Anwendung der Prioritätsregel; die Klage wurde jedoch später zurückgenommen.[702] In einigen Fällen hat die Kommission es aber auch abgelehnt, angekündigte, aber noch nicht vollzogene Zusammenschlüsse zu berücksichtigen.[703]

Auch **konjunkturelle Trends** können Berücksichtigung finden. So setzte sich die Kommission **222** etwa in IPIC/MAN Ferrostaal ausdrücklich mit dem durch die Bankenkrise beeinträchtigten Wirtschaftsumfeld auseinander, verwies aber letztlich auf die „mittelfristig" zu erwartende Erholung der Nachfrage.[704] In Aegean/Olympic II lehnte die Kommission es hingegen ab, in Anbetracht der Wirtschaftskrise in Griechenland einen längeren Prognosezeitraum anzulegen, da Verbraucher gerade in wirtschaftlich schwierigen Zeiten „ohne unangemessene Verzögerung Schutz vor wettbewerbswidrigen Auswirkungen benötigen".[705] Zuletzt erörterte die Kommission mehrfach die wirtschaftlichen Auswirkungen der COVID-19 Pandemie, verwies aber auch insofern regelmäßig auf die „post-COVID" zu erwartende Erholung.[706] Empfänglicher für pandemiebedingte Anpassungen der Prognoseentscheidung zeigte sich die Kommission bei der nachträglichen Neubewertung von vor der Pandemie abgegebenen Veräußerungszusagen.[707]

b) Prognosezeitraum. Als **Prognosezeitraum** wird die Zeitspanne bezeichnet, über die **223** die Kommission mögliche Auswirkungen des Zusammenschlusses und den möglichen Eintritt von Ausgleichsfaktoren betrachtet. Mit zunehmender Länge des Prognosezeitraums nimmt die Prognosesicherheit ab. Marktrelevante Veränderungen im Verhalten von Wettbewerbern und Kunden, mögliche Marktzutritte, regulatorische Veränderungen oder Innovationen lassen sich nur innerhalb eines begrenzten Zeitraums so sicher voraussehen, dass sie die Grundlage für die Entscheidung über einen Zusammenschluss bilden können.

Seit der Entscheidung des EuG in Ryanair ist es Kommissionspraxis, den Prognosezeitraum in **224** der jeweils zu untersuchenden Situation unter Berücksichtigung der **besonderen Merkmale und Dynamik des jeweiligen Marktes** herauszuarbeiten.[708] Der in den Leitlinien für horizontale Zusammenschlüsse im Kontext eines möglichen Marktzutritts genannte Prognosezeitraum von pauschal zwei Jahren kann insoweit als überholt gelten.[709] Zwar spricht die Kommission teils weiterhin von „der allgemeinen Zweijahresfrist für die Berücksichtigung von Markteintritten", prüft dann allerdings inwieweit im Einzelfall eine andere Frist angemessen ist.[710] In der Regel betrachtet die Kommission mögliche Auswirkungen des Zusammenschlusses und den Eintritt möglicher Ausgleichsfaktoren in einem Zeitraum von wenigen, meist nur etwa zwei bis drei, allenfalls fünf Jahren.[711] Allerdings wird die Länge des zugrunde gelegten Prognosezeitraums nur in seltenen Fällen konkret beziffert; häufiger spricht die Kommission von „kurzfristigen" oder „mittelfristigen" Entwicklun-

---

[702] EuG, T-60/12, ECLI:EU:T:2012:456 – Western Digital u.a./Kommission.
[703] EuG Slg. 2002, II-2585 Rn. 61 – Airtours/Kommission; bereits EuG Slg. 1999, II-753 Rn. 277 – Gencor/Kommission. Kom., M.7421, Rn. 164–168 – Orange/Jazztel; M.6611, Rn. 97 – Arla Foods/Milk Link; M.5152, Rn. 10 – Posten AB/Post Danmark A/S.
[704] Kom., M.5406, Rn. 48 f. – IPIC/MAN Ferrostaal.
[705] Kom., M.6796, Rn. 243 – Aegean/Olympic II.
[706] Kom., M.10234, Rn. 56 – Bain Capital/Cinven/Lonza Specialty Ingredients; M.9677, Rn. 105 – DIC/BASF Colors & Effects; M.9343 – Hyundai Heavy Industries/Daewoo Shipbuilding; M.9014, Rn. 86–93, 1063, 2380, 2385 f. – PKN Orlen/Grupa Lotos; die von den Parteien vorgetragenen Pandemie-bedingten Argumente erkannte die Kommission ferner nicht an in dem in der Folge von den Parteien aufgegebenen Verfahren Kom., M.9162 – Fincantieri/Chantiers de l'Atlantique.
[707] Kom., M.9546, Entscheidung über die Umsetzung von Zusagen vom 29.10.2021, Rn. 13, 23–26, 30, 33 – Gategroup/LSG European Business; M.9076, Entscheidung über die Umsetzung von Zusagen vom 7.4.2020, Rn. 24 – Novelis/Aleris; M.8955, Entscheidung über die Umsetzung von Zusagen vom 28.5.2020, Rn. 24, 54 – Takeda/Shire; M.8870, Entscheidung über die Umsetzung von Zusagen vom 20.10.2020, Rn. 18 – E.ON/Innogy.
[708] EuG, T-342/07, ECLI:EU:T:2010:280, Rn. 294 – Ryanair/Kommission: „In Wirklichkeit hängt der entsprechende Zeitraum von der geprüften Situation ab"; FK-KartellR/Könen Rn. 10.
[709] Leitlinien „horizontale Zusammenschlüsse" Rn. 74; vgl. auch FK-KartellR/Schroeder § 36 GWB Rn. 511.
[710] Vgl. Kom., M.6796, Rn. 243 – Aegean/Olympic II.
[711] Vgl. Kom., M.9064, Rn. 192 f., 385, 427, 966, 1002 – Telia/Bonnier Broadcasting; M.8797, Rn. 84, 331, 347–349 – Thales/Gemalto; M.8792, Rn. 491 – T-Mobile NL/Tele2 NL; M.8677, Rn. 489–496, 512 f., 887, 1015, 1335, 1344 – Siemens/Alstom.

gen.⁷¹² Die fehlende Spezifizierung des im Einzelfall zugrunde gelegten Prognosezeitraums ist vom EuG nicht gerügt worden.⁷¹³

225 Die Bestimmung des Prognosezeitraums kann insbesondere problematisch sein, wenn frühe Pipeline-Produkte existieren, deren Markteinführung noch nicht unmittelbar bevorsteht.⁷¹⁴ Allgemeine Entwicklungen der Nachfrage oder andere generelle Markttrends hat die Kommission bereits über mehr als zehn Jahre betrachtet und in die Entscheidung einbezogen.⁷¹⁵ Zudem hat die Kommission einen **längeren Zeitrahmen in bestimmten Wirtschaftsbereichen** in Betracht gezogen, in denen dies erforderlich erscheint, zB im Öl- und Gassektor, wo Verträge eine Laufzeit von über 10 Jahren haben und die Entwicklung von Rohrleitungen langfristig angelegt ist.⁷¹⁶ Aus ähnlichen Erwägungen hat das EuG für den Telekommunikationssektor einen längeren Prognosezeitraum angemahnt und insoweit auf die Erforderlichkeit langfristiger Investitionen und die häufig mehrjährige Vertragsbindung der Kunden verwiesen.⁷¹⁷ Zuletzt stand die Kommission längeren Prognosezeiträumen – insbes. in Hinblick auf den möglichen Marktzutritt chinesischer Wettbewerber – wiederholt skeptisch gegenüber. In Tronox/Cristal kam die Kommission zu dem Schluss, der von den Parteien vorgetragene Marktzutritt chinesischer Wettbewerber sei frühestens in 5 bis 7 Jahren zu erwarten, sodass diese allenfalls „sehr begrenzten" Wettbewerbsdruck ausüben könnten.⁷¹⁸ In Siemens/Alstom hielten die Parteien eine Berücksichtigung möglicher Marktzutritte über einen Zeitraum von 5 bis 10 Jahren für angemessen, da die Kommission bei der Ermittlung der Marktanteile ebenfalls einen Zeitraum von 10 Jahren zugrunde gelegt hatte und Ausschreibungen in den relevanten Märkten vergleichsweise selten seien. Die Kommission legte für mögliche Marktzutritte dennoch nur einen Prognosezeitraum von 5 Jahren an, da ein Marktzutritt ausreichend schnell passieren müsse, um das Verhalten der Marktteilnehmer einzuschränken, und die Parteien im Übrigen bereits bei vergangenen Zusammenschlussvorhaben auf bevorstehende Marktzutritte chinesischer Wettbewerber verwiesen hatten, welche jedoch nicht eingetreten seien.⁷¹⁹

226 Im Gegensatz dazu berücksichtigt die Kommission **im Technologiesektor** wegen der dort vorherrschenden **Schnelllebigkeit** zukünftige Entwicklungen eher zurückhaltend.⁷²⁰ Auch das EuG hat einen Prognosezeitraum von drei Jahren in Bezug auf einen Innovationsmarkt als „relativ lang" bezeichnet.⁷²¹ Auf technologieorientierten Märkten kann das **Innovationstempo** so hoch sein, dass die Kommission verpflichtet ist, Marktveränderungen zu berücksichtigen, die im Laufe ihrer Untersuchung auftreten.⁷²²

227 Eine besondere Konstellation stellte sich in Wabtec/Faiveley Transport.⁷²³ Hier prüfte die Kommission die Auswirkungen eines **Marktzutritts durch** eines der **an dem Zusammenschluss** selbst **beteiligten Unternehmen**, Wabtec. Sie stellte fest, dass die zu berücksichtigenden Zeiträume „unterschiedlich sein können, wenn es sich bei dem potenziellen Marktteilnehmer um eines der fusionierenden Unternehmen selbst handelt, in Abgrenzung zu Fällen, in denen der Markteintritt eines Dritten als in die Marktmacht des fusionierten Unternehmens begrenzender Faktor angesehen werden kann".⁷²⁴ Auch wegen der hohen Marktzutrittsschranken hielt die Kommission es in dieser Sonderkonstellation für angemessen, den Prognosezeitraum hinsichtlich eines Marktzutritts von Wabtec „nicht auf einige Jahre nach dem Zusammenschluss zu beschränken."⁷²⁵

---

⁷¹² Vgl. etwa Kom., M.9367, Rn. 40 – Mirova/Predica/Indigo; M.8864, Rn. 216 – Vodafone/Certain Liberty Global assets; M.7995, Fn. 14, Rn. 422 – Deutsche Börse/London Stock Exchange.
⁷¹³ Vgl. EuG, T-158/00, ECLI:EU:T:2003:246, Rn. 106 ff. – ARD/Kommission.
⁷¹⁴ Vgl. etwa Kom., M.7275, Rn. 84 ff – Novartis/GlaxoSmithKline Oncology Business; M.8401, Rn. 12 f – Johnson & Johnson/Actelion; FK-KartellR/Könen Rn. 10; Kuhn ZWeR 2020 153 (197–199).
⁷¹⁵ Kom., M.8444, Rn. 193 – ArcelorMittal/Ilva; M.1673, Rn. 81 – Veba/VIAG.
⁷¹⁶ Kom., M.2791 – Gaz de France/Ruhrgas/Slovensky (4 bis 8 Jahre); M.2745, Rn. 21 – Shell/Enterprise Oil (10 Jahre).
⁷¹⁷ EuG, T-399/16, ECLI:EU:T:2020:217, Rn. 415 – CK Telecoms/Kommission.
⁷¹⁸ Kom., M.8451, Rn. 253–270 – Tronox/Cristal.
⁷¹⁹ Kom., M.8677, Rn. 492–497 – Siemens/Alstom.
⁷²⁰ Ocello/Sjödin/Subočs, Competition Merger Brief 1/2015, 1 (3); Cox/Kanellopoulos/Staykova, Competition Merger Brief 1/2015, 8 (9).
⁷²¹ EuG, T-79/12, ECLI:EU:T:2013:635, Rn. 99 ff., insbes. Rn. 121 – Cisco Systems und Messagenet/Kommission; s. dazu Kom., M.6281, Rn. 221 – Microsoft/Skype.
⁷²² Vgl. Kom., M.7000, Rn. 181, 300, 404, 421 – Liberty Global/Ziggo; ferner Art. 3 VO 2120/2015: Während die Kommission den Zusammenschluss zweier niederländischer Kabelnetzbetreiber untersuchte, stimmte das Europäische Parlament der Einführung einer europaweiten Bestimmung zur Netzneutralität zu, Netflix kündigte seine Expansion im EWR an und mehrere niederländische Fernsehsender starteten eine gemeinsame Online-Videothek.
⁷²³ Kom., M.7801 – Wabtec/Faiveley Transport.
⁷²⁴ Kom., M.7801 – Wabtec/Faiveley Transport.
⁷²⁵ Kom., M.7801, Rn. 173–176 – Wabtec/Faiveley Transport.

7. Verhältnismäßigkeitsprinzip. Das Verhältnismäßigkeitsprinzip oder Übermaßverbot ist **228** ein **integraler Bestandteil der Unionsrechtsordnung.** Art. 5 Abs. 4 EUV bestimmt, dass die Maßnahmen der Europäischen Union „nicht über das für die Erreichung der Ziele dieses Vertrages erforderliche Maß hinaus" gehen.[726] Aus dem Verhältnismäßigkeitsgrundsatz folgt die **Pflicht** der Unionsorgane, **auf die am wenigsten belastende Maßnahme zurückzugreifen,** wenn mehrere geeignete Maßnahmen zur Auswahl stehen, sowie sicherzustellen, dass die verursachten Nachteile nicht außer Verhältnis zu den angestrebten Zielen stehen.[727] Maßnahmen der Europäischen Union auf dem Gebiet der Fusionskontrolle werden von diesem Gebot erfasst; sie dürfen nicht über das Ziel hinausgehen, ein System zu schaffen, das den Wettbewerb innerhalb des Binnenmarkts vor Verfälschungen schützt.[728] Verstöße der Europäischen Union gegen das Verhältnismäßigkeitsprinzip sind justiziabel.[729]

In der **Fusionskontrolle** hat die Kommission nach Art. 2 Abs. 2 und 3 gebundene Entscheidungen zu treffen. Auf der Tatbestandsseite, dh bei der Beurteilung des Vorliegens der Untersagungsvoraussetzungen, kommt der Kommission ein **weiter Beurteilungsspielraum** zu;[730] diesen muss sie in Übereinstimmung mit den Anforderungen des Verhältnismäßigkeitsprinzips ausüben. Seine Verletzung stellt einen Beurteilungsfehler dar. **229**

Das Verhältnismäßigkeitsprinzip verlangt zum einen, dass die Maßnahmen der Kommission **230** in der Fusionskontrolle zur Erreichung des angestrebten Zwecks, des Schutzes des unverfälschten Wettbewerbs, **geeignet** und, zum anderen, dass sie dafür auch **erforderlich** sind. Dies bedeutet, dass die Kommission unter mehreren geeigneten Mitteln dasjenige auswählen muss, dass die fusionierenden Unternehmen als Träger unionsrechtlich geschützter Rechtsgüter am wenigsten belastet. Schließlich müssen die auferlegten Belastungen ihrerseits wiederum in **angemessenem Verhältnis** zu den angestrebten Zielen stehen.[731]

Auf die Fusionskontrolle angewendet, verlangt danach das Verhältnismäßigkeitsprinzip von der **231** Kommission eine bestimmte **Auswahl der Sanktionsinstrumente.** Gleiche Geeignetheit vorausgesetzt, wird aus Sicht der betroffenen Unternehmen immer die Freigabe (ggf. unter Auflagen und Bedingungen) das gegenüber der Untersagung weniger belastende Mittel darstellen. Zur Kontrolle der Verhältnismäßigkeit der den an einem Unternehmenszusammenschluss Beteiligten auferlegten Bedingungen und Auflagen, verlangt der EuGH sicherzustellen, dass **die Bedingungen und Auflagen in angemessenem Verhältnis zum festgestellten Wettbewerbsproblem** stehen und dessen vollständige Beseitigung ermöglichen.[732] Nicht zu beanstanden ist insofern, wenn Auflagen und Bedingungen auf die vom Zusammenschluss betroffenen Märkte beschränkt werden, ohne darüber hinaus alle Marktzutrittsschranken auch auf nicht betroffenen Märkten zu beseitigen.[733]

Besondere Bedeutung erhält die Frage der Verhältnismäßigkeit regelmäßig für den **Umfang von 232 Veräußerungszusagen.** Mehrfach hielt die Kommission (zunächst angebotene) Verpflichtungen zur Veräußerung ganzer Produktionsstätten für nicht erforderlich und damit unverhältnismäßig; stattdessen akzeptierte sie in diesen Fällen Verpflichtungen zur Veräußerung **einzelner Produktionsanlagen.**[734] Auch die Veräußerung von Warenzeichen oder Marken kann unverhältnismäßig sein, soweit die wettbewerblichen Bedenken bereits durch eine (ggf. regional beschränkte) **Lizenzvergabe** ausgeräumt werden können.[735] Wettbewerbliche Bedenken können grundsätzlich auch

---

[726] Vgl. Hirsch, Das Verhältnismäßigkeitsprinzip im Gemeinschaftsrecht, 1997.
[727] StRspr, vgl. EuGH, C-117/20, ECLI:EU:C:2022:202, Rn. 48 – bpost/Autorité belge de la concurrence; C-611/17, ECLI:EU:C:2019:332, Rn. 55 – Italien/Rat; C-157/96, ECLI:EU:C:1998:191, Rn. 60 – National Farmers' Union u.a.; EuG, T-425/18, ECLI:EU:T:2021:607, Rn. 332 – Altice Europe/Kommission; T-704/14, ECLI:EU:T:2017:753, Rn. 580 – Marine Harvest/Kommission.
[728] Vgl. Protokoll (Nr. 27) über den Binnenmarkt und den Wettbewerb, ABl. 2008 C 115, 309; FKVO Erwgr. 6.
[729] StStRspr, vgl. EuGH Slg. 1969, 419 – Stauder; EuGH Slg. 1989, 2237, Rn. 41; C-466/19 P, ECLI:EU:C:2021:76, Rn. 16, 36, 101, 109, 113 f., 118–124 – Qualcomm/Kommission; C-265/87, ECLI:EU:C:1989:303, Rn. 20 f. – Schräder/Hauptzollamt Gronau; EuG, T-661/19, ECLI:EU:T:2021:779, Rn. 147 – Sasol Germany u.a./Kommission.
[730] EuGH, C-12/03 P, ECLI:EU:C:2005:87, Rn. 38 – Kommission/Tetra Laval; C-68/94, ECLI:EU:C:1998:148, Rn. 223 – Frankreich u.a./Kommission ((„Kali& und Salz"); EuG, T-342/99, ECLI:EU:T:2002, II-2585:146, Rn. 64 – Airtours/Kommission; T-102/96, ECLI:EU:T:1999:65 – Gencor/Kommission/Tetra Laval.
[731] Calliess/Ruffert/Calliess EUV Art. 5 Rn. 4446.
[732] EuGH, C-202/06 P, ECLI:EU:C:2007:814, Rn. 54 – Cementbouw Handel & Industrie v Commission; EuG, T-158/00, ECLI:EU:T:2003:246, Rn. 201 – ARD/Kommission.
[733] EuG, T-177/04, ECLI:EU:T:2006:187, Rn. 132–135 – EasyJet/Kommission.
[734] Kom., M.8523, Rn. 152 – BD/Bard; M.6682, insbes. Rn. 222–225 – Kinnevik/Billerud/Korsnäs.
[735] EuG, T-114/02, ECLI:EU:T:2003:100, Rn. 173 – Babyliss SA/Kommission; Kom., M.7292, Rn. 696–714 – DEMB/Mondelez/Charger OpCo; M.7276, Rn. 364–427 – GlaxoSmithKline/Novartis Vaccines Business (excl. influenza)/Novartis Consumer Health Business.

dadurch ausgeräumt werden, dass statt eines alleinstehenden Unternehmensteils einer Zusammenschlusspartei einzelne Unternehmensteile von beiden Zusammenschlussparteien gemeinsam veräußert werden (sog. **mix-and-match Zusage**). Dies sah die Kommission etwa in Cargotec/Konecranes als ausreichend und entsprechende Veräußerungszusagen damit als verhältnismäßig an.[736] Darüberhinausgehende Veräußerungszusagen zu fordern, wäre somit aus Sicht der Kommission unverhältnismäßig gewesen. Die CMA hingegen hat in demselben Fall ein solches mix-and-match aufgrund ihrer Ansicht nach höherer Wettbewerbsrisiken, insbesondere durch die notwendige Integration der verschiedenen Unternehmensteile, abgelehnt und stattdessen gefordert, dass alle zu veräußernden Unternehmensteile von einer Zusammenschlusspartei kommen.[737] Schließlich muss die Kommission bei der Beurteilung der Verhältnismäßigkeit verschiedener möglicher Abhilfemaßnahmen stets auch deren **Auswirkungen auf fusionsspezifische Effizienzgewinne** berücksichtigen. Aus diesem Grund lehnte die Kommission etwa in Lufthansa/Swiss den Antrag Dritter ab, die Flugfrequenzen des fusionierten Unternehmens auf bestimmten Überschneidungsstrecken auf das von Lufthansa vor dem Zusammenschluss betriebene Niveau zu senken, um Überkapazitäten zu vermeiden und den Markteintritt attraktiver zu machen.[738]

233 Betreffen die Wettbewerbsbedenken das Verhalten des fusionierten Unternehmens nach dem Zusammenschluss, so kann zur Sicherung des unverfälschten Wettbewerbs auch eine Freigabe mit nachfolgender Anwendung der Wettbewerbsregeln zur Verhaltenskontrolle (Art. 101, 102 AEUV) eine gleich geeignete, weniger belastende Maßnahme darstellen. Ist nur eine Freigabe unter Auflagen und Bedingungen zur Zweckerreichung geeignet, so ist davon auszugehen, dass im Regelfall durchsetzbare **Verhaltensauflagen** weniger belastend sind als Veräußerungszusagen; besonders in hochspeziellen, kleinen Märkten hat die Kommission Verhaltenszusagen auch dann akzeptiert, wenn sie die kritische Überschneidung der Marktpositionen der Beteiligten nicht vollends beseitigen konnte, eine vollständige Trennung aber unverhältnismäßig gewesen wäre.[739] Dies ändert nichts daran, dass die Kommission generell strukturellen Zusagen den Vorzug geben wird (→ Art. 6 Rn. 1 ff.; → Art. 8 Rn. 1 ff.).[740]

234 Soweit sich Zusammenschlüsse nur oder auch auf **Märkten von vernachlässigbarer Größe** auswirken, nimmt sich etwa im deutschen Recht die Fusionskontrolle aus Gründen der Verhältnismäßigkeit zurück (Bagatellmarktklausel des § 36 Abs. 1 S. 2 Nr. 2 GWB). Eine solche Entscheidung hat der Unionsgesetzgeber in der FKVO nicht getroffen. Auch auf Anwendungsebene hat das materielle Erfordernis der erheblichen Wettbewerbsbehinderung im Binnenmarkt oder einem wesentlichen Teil desselben (→ Rn. 77 ff.) bisher nicht verhindert, dass die Kommission bei der Prüfung von Zusammenschlüssen auch kleinste Märkte (Umsatzvolumen von ca. 125.000 Euro) untersucht und ggf. diesbezüglich Zusagen verlangt hat.[741] Hier stellt sich die Frage, ob die Untersagung eines Zusammenschlusses wegen erheblicher Wettbewerbsbehinderung auf einem Bagatellmarkt nicht außer Verhältnis zu den angestrebten Zielen des Wettbewerbsschutzes steht.

IV. Schadenstheorien im Kontext horizontaler Zusammenschlüsse

235 Bei horizontalen Zusammenschlüssen kommt es zu einer Unternehmensverbindung zwischen aktuellen oder potenziellen Wettbewerbern auf demselben Markt, wodurch die Anzahl der Wettbewerber reduziert wird.[742] Jeder horizontale Zusammenschluss mit einem aktuellen Wettbewerber führt zu einer **Addition der Marktstellung** des erwerbenden und des erworbenen Unternehmens im relevanten Markt und damit zu einem **Anstieg des Konzentrationsgrads** auf dem relevanten Markt. Ausgangspunkt der Analyse ist regelmäßig die Marktstruktur vor und nach dem (potenziellen) Zusammenschluss, die in den vorbestehenden Marktanteilen der relevanten Wettbewerber, dem Konzentrationsgrad des relevanten Marktes und – je nach Einzelfall – anderen Faktoren zum Ausdruck kommt (→ Rn. 84 ff; → Rn. 106 ff.).[743]

236 Die Auswirkungen horizontaler Zusammenschlüsse auf den Wettbewerb sind im Einzelfall unterschiedlich. In der weit überwiegenden Mehrzahl der bei der Kommission angemeldeten Fälle blieben sie ohne spürbare Folgen für den Wettbewerb.[744] Andere horizontale Zusammenschlüsse

---

[736] Kom., M.10078, Rn. 2694, 2751 ff. – Cargotec/Konecranes.
[737] CMA, Entscheidung vom 31.3.2022, Rn. 13.412 ff. – Cargotec/Konecranes.
[738] Kom., M.3770, Rn. 202 – Lufthansa/Swiss.
[739] Kom., M.2547, Rn. 1071 – Bayer/AventisCropScienceAventis Crop Science.
[740] Mitteilung „Abhilfemaßnahmen" Rn. 17.
[741] Kom., M.2547 – Bayer/Aventis Crop Science.
[742] Leitlinien „horizontale Zusammenschlüsse" Rn. 5.
[743] Leitlinien „horizontale Zusammenschlüsse" Rn. 9.
[744] Vgl. Kommission, Statistics on Merger cases, abrufbar unter https://competition-policy.ec.europa.eu/mergers/statistics_en, zuletzt aufgerufen am 17.3.2023.

können hingegen Ursache für erhebliche Behinderungen wirksamen Wettbewerbs sein, insbesondere bei Begründung oder Verstärkung einer marktbeherrschenden Stellung. Nach den Leitlinien für horizontale Zusammenschlüsse bestehen bei horizontalen Zusammenschlüssen regelmäßig keine Wettbewerbsbedenken, wenn die gemeinsamen **Marktanteile** unter 25 % liegen; liegen sie über 50 %, ist von einer Marktbeherrschung auszugehen. Ferner bestehen dann mit Blick auf den Konzentrationsgrad keine Bedenken, wenn der **HHI** nach dem Zusammenschluss unter 1.000 liegt. Dies gilt auch bei einem HHI-Wert nach dem Zusammenschluss zwischen 1.000 und 2.000 und einem zusammenschlussbedingten Delta von unter 250 sowie bei einem HHI-Wert oberhalb von 2.000 und einem Delta unter 150.[745] Diese **Vermutungen** können allerdings durch besondere Umstände des Einzelfalls widerlegt werden (→ Rn. 254 ff.).

Die Ermittlung der Wirkungen des Zusammenschlusses auf den Wettbewerb erfordert die Analyse möglicher **nicht koordinierter und koordinierter Wirkungen;** beide Formen wettbewerbswidriger Wirkungen können bei der Bewertung eines Vorhabens von Bedeutung sein (zu nicht koordinierten Wirkungen → Rn. 238 ff.; zu koordinierten Wirkungen → Rn. 344 ff.).[746] Daneben sind **Ausgleichsfaktoren** zu berücksichtigen: Ihr Vorhandensein kann dazu führen, dass trotz des möglichen Eintritts koordinierter oder nicht koordinierter Wirkungen der Zusammenschluss nicht zu einer erheblichen Behinderung wirksamen Wettbewerbs führt und folglich freizugeben ist. Mögliche Ausgleichsfaktoren sind insbesondere gegenläufige Marktmacht der Nachfrager (→ Rn. 151 ff.), niedrige Marktzutrittsschranken und potenzieller Wettbewerb (→ Rn. 178 ff.) sowie mögliche Effizienzvorteile.(→ Rn. 182). Sofern die Voraussetzungen der Sanierungsfusion erfüllt sind, ist ebenfalls von einer Vereinbarkeit des Zusammenschlusses mit dem Binnenmarkt auszugehen (→ Rn. 208 ff.).

1. Nicht koordinierte Wirkungen. Horizontale Zusammenschlüsse können wirksamen Wettbewerb erheblich behindern, indem sie wichtigen Wettbewerbsdruck für ein oder mehrere Unternehmen beseitigen und dadurch deren Marktmacht erhöhen, ohne dass diese auf ein koordiniertes Verhalten zurückgreifen müssen (zum Begriff der so definierten einseitigen oder nicht koordinierten Wirkungen bzw. unilateral effects oder non-coordinated effects → Rn. 122 und allgemein → Kapitel 1 Rn. 405 ff.).[747] Denn mit jedem horizontalen Zusammenschluss kommt es unweigerlich zum **Verlust des Wettbewerbs** zwischen den fusionierenden Unternehmen. Hätte einer der Fusionspartner vor dem Zusammenschluss seine Preise erhöht, so hätte er einen Teil seines Absatzes an andere Marktteilnehmer und somit auch an den anderen Fusionspartner verloren. Eine Preiserhöhung wäre für ihn ggf. gerade durch die Absatzverluste an den Fusionspartner unprofitabel geworden, so dass sie unterblieben wäre. Durch den Zusammenschluss wird dieser Wettbewerbsdruck zwischen den Zusammenschlussparteien beseitigt, so dass eine Preiserhöhung zusammenschlussbedingt profitabel wird. Darüber hinaus kann eine Fusion auch den Wettbewerbsdruck auf andere im Markt aktive Unternehmen verringern. Können die fusionierenden Unternehmen nach dem Zusammenschluss ihre Preise erhöhen, so ist eine Nachfrageverlagerung zu den anderen Wettbewerbern zu erwarten, denen nun ihrerseits Preiserhöhungsspielräume eröffnet werden können.[748] Insgesamt kann daher der zusammenschlussbedingte **Rückgang des Wettbewerbsdrucks** zu spürbaren Preiserhöhungen im relevanten Markt führen.

Eine wettbewerbswidrige Erhöhung der Marktmacht kann eine marktbeherrschende Stellung begründen oder verstärken. Nicht koordinierte Wirkungen können sich aber auch unterhalb der Schwelle der Marktbeherrschung in der Fähigkeit des fusionierten Unternehmens zeigen, in profitabler Weise seine Preise zu erhöhen oder die Absatzmenge zu verringern. Beide Fälle sind vom materiellen Test des Art. 2 Abs. 3 erfasst und können zu einer Untersagung des angemeldeten Zusammenschlusses führen. Dabei bleibt aber festzuhalten, dass der SIEC-Test die Eingriffsschwelle im Vergleich zum Marktbeherrschungstest nicht (wesentlich) herabsetzt, sondern zusätzlich nur sog. gap cases erfasst werden sollen (→ Rn. 129, → Rn. 142 f.).[749] In Rn. 25 der Leitlinien für horizontale Zusammenschlüsse präzisiert die Kommission die sonstigen nicht koordinierten Wirkungen eines Zusammenschlusses wie folgt: „Darüber hinaus können Zusammenschlüsse in **oligopolistischen Märkten,** die zur Beseitigung wichtiger Wettbewerbszwänge, die von den fusionierenden Parteien vorher gegeneinander ausgeübt wurden, sowie zu einer Verringerung des Wettbewerbsdrucks auf die verbleibenden Wettbewerber führen, selbst bei geringer Wahrscheinlichkeit einer Abstimmung zwischen den Mitgliedern des Oligopols eine erhebliche Behinderung des Wettbewerbs darstellen."

---

[745] Leitlinien „horizontale Zusammenschlüsse" Rn. 19 f.
[746] Leitlinien „horizontale Zusammenschlüsse" Rn. 23.
[747] Leitlinien „horizontale Zusammenschlüsse" Rn. 22 lit. a.
[748] Leitlinien „horizontale Zusammenschlüsse" Rn. 24; diesen folgend EuG, T-399/16, ECLI:EU:T:2020:217, Rn. 101–103 – CK Telecoms/Kommission.
[749] Wessely FS Wiedemann, 2020, 577 (586).

Sonstige nicht koordinierte Wirkungen unterhalb der Einzelmarktbeherrschung sind danach zunächst ein Phänomen oligopolistischer Märkte.[750] Sie können vor allem dann eintreten, wenn der im Zuge des Zusammenschlusses wegfallende Binnenwettbewerb zwischen den Zusammenschlussparteien in Kombination mit dem daraus folgenden Abfall des Wettbewerbsdrucks auf die verbleibenden Wettbewerber zu einer Situation führt, in der das fusionierte Unternehmen erhebliche einseitige Preiserhöhungsspielräume hat.

240   Sowohl die Frage nach der Begründung oder Verstärkung von marktbeherrschenden Stellungen als auch die Frage nach dem Entstehen von Preiserhöhungsspielräumen müssen (auch) ökonomisch beantwortet werden. Hierbei findet ein stärker wirtschaftswissenschaftlich ausgerichteter Ansatz seinen Eingang in die europäische Fusionskontrolle. Darüber hinaus wird darin auch eine Akzentverschiebung der Aufgaben der europäischen Fusionskontrolle gesehen. Statt reiner Marktstrukturkontrolle, die der Aufrechterhaltung von funktionierendem Wettbewerb als solchem dient, tritt mit dem Abstellen auf fusionsbedingte Preiserhöhungsspielräume der **Verbraucherschutz** (konkret: Schutz der Verbraucher vor Preissteigerungen) stärker in den Vordergrund (→ Rn. 4, → Rn. 6, → Kapitel 1 Rn. 146 ff.).

241   Ob Anhaltspunkte für den Eintritt nicht koordinierter Wirkungen nach dem Zusammenschluss bestehen, prüft die Kommission gemäß den Leitlinien für horizontale Zusammenschlüsse insbesondere anhand von sechs **Kriterien**.[751] Zu untersuchen ist,
a) ob die fusionierenden Unternehmen hohe Marktanteile erreichen,
b) ob sie nahe Wettbewerber sind,
c) welche Möglichkeiten der Kunden bestehen, nach dem Zusammenschluss zu einem anderen Anbieter überzuwechseln,
d) ob im Falle von Preiserhöhungen die Erhöhung des Angebots durch die verbleibenden Wettbewerber wahrscheinlich oder unwahrscheinlich ist,
e) ob das fusionierte Unternehmen fähig ist, die verbleibenden Wettbewerber am Wachstum zu hindern,
f) ob durch den Zusammenschluss eine wichtige Wettbewerbskraft beseitigt wird.

242 Besonders häufig stützt sich die Kommission in ihrer Beschlusspraxis auf die wettbewerbliche Nähe der Parteien und die (mögliche) Beseitigung einer wichtigen Wettbewerbskraft durch den Zusammenschluss.[752] Diese Aufzählung in den Leitlinien ist aber nicht erschöpfend, zumal die Leitlinien auch an anderer Stelle entsprechende Hinweise auf Schadenstheorien enthalten.[753] Daneben untersucht die Kommission weiterhin auch **neuartige Schadenstheorien** (novel theories of harm) und passt ihre Beschlusspraxis entsprechend an.

243   Für die faktischen Grundlagen dieser Prüfung obliegt der Kommission die **Begründungs- und Darlegungslast,** die die Unionsgerichte ihr auferlegt haben (→ Rn. 510 f.).[754] Die in den Leitlinien für horizontale Zusammenschlüsse aufgeführten Einzelfaktoren sind alleine nicht unbedingt ausschlaggebend und müssen auch nicht alle gegeben sein, um das Vorhandensein nicht koordinierter Wirkungen anzunehmen. Das EuG stellte in CK Telecoms klar, dass eine Prüfung dieser Faktoren für sich genommen nicht ausreicht, um automatisch eine erhebliche Behinderung wirksamen Wettbewerbs anzunehmen.[755] Der Inhalt der Leitlinien könne zwar ein nützlicher Bezugspunkt sein, jedoch nicht für sich genommen die Würdigung des Gerichts leiten.[756] Im Ergebnis muss die Kommission somit eine über diese Einzelfaktoren hinausgehende, umfassende Beurteilung des Vorliegens nicht koordinierter Wirkungen und deren Erheblichkeit für den wirksamen Wettbewerb vornehmen. Hierbei hat sie auch Ausgleichsfaktoren zu berücksichtigen (→ Rn. 150 ff.).

244   **a) Hohe Marktanteile der fusionierenden Unternehmen.** Die **Struktur der relevanten Märkte** wird durch die Marktanteile der Zusammenschlussparteien und der weiteren im Markt tätigen Unternehmen geprägt; diese wiederum bestimmen den Konzentrationsgrad des Marktes

---

[750] Vgl. auch EuG, T-399/16, ECLI:EU:T:2020:217, Rn. 87, 90 – CK Telecoms/Kommission.
[751] Leitlinien „horizontale Zusammenschlüsse" Rn. 26 ff.
[752] Wessely FS Wiedemann, 2020, 577 (580); Kuhn ZWeR 2020, 1 (9).
[753] Leitlinien „horizontale Zusammenschlüsse" Rn. 26.
[754] Vgl. zuletzt EuG, T-399/16, ECLI:EU:T:2020:217, Rn. 106–119 – CK Telecoms/Kommission; T-210/01, ECLI:EU:T:2005:456, Rn. 57 ff. – General Electric/Kommission; T-5/02, ECLI:EU:T:2002:264 – Tetra Laval/Kommission, letztere im Wesentlichen bestätigt durch EuGH, C-12/03 P, ECLI:EU:C:2005:87 – Kommission/Tetra Laval; zum Umfang der Begründungspflicht vgl. auch EuGH, C-413/06 P, ECLI:EU:C:2008:392 – Bertelsmann und Sony/Impala.
[755] EuG, T-399/16, ECLI:EU:T:2020:217, Rn. 172 f., 287–290 – CK Telecoms/Kommission; widersprechend GAin Kokott, Schlussanträge v. 20.10.2022, Rs. C-376/20 P, Rn. 159 ff. – CK Telecoms/Kommission.
[756] EuG, T-399/16, ECLI:EU:T:2020:217, Rn. 100 – CK Telecoms/Kommission.

und geben Aufschluss darüber, wie dieser sich durch den Zusammenschluss verändern würde (→ Rn. 84 ff.).

aa) Marktanteile als Ausgangspunkt der Untersuchung auf nicht koordinierte Wirkungen. Hohe Marktanteile sowie hohe Marktanteilsadditionen sind für die Kommission wichtige **Anhaltspunkte**, um Marktmacht und einen Zugewinn an Marktmacht festzustellen (zur Berechnung der Marktanteile → Rn. 86 ff.).[757] Anbieter mit hohem Marktanteil verfügen erfahrungsgemäß über eine relativ größere Hebelwirkung zur Beeinflussung des Wettbewerbs als Anbieter mit kleinen Marktanteilen.[758] Erhöht ein Anbieter mit hohem Marktanteil seine Preise, so muss er mit relativ geringeren Absatzeinbußen rechnen als ein kleiner Anbieter bei gleichem Verhalten. Ungerechtfertigte Preiserhöhungsstrategien sind deshalb umso wahrscheinlicher, je höher der Marktanteil des Anbieters ist.[759] Daneben berücksichtigt die Kommission in ihrer **Marktstrukturanalyse** auch die mittels HHI errechnete Marktkonzentration. Zur Marktstruktur → Rn. 105 ff.; zum HHI → Rn. 105 ff.

Ausdrückliche Grenzen, ab denen der gemeinsame Marktanteil des fusionierten Unternehmens regelmäßig Anlass für die Befürchtung nicht koordinierter Wirkungen gibt, bestehen genauso wenig wie eine mindestens erforderliche Marktanteilsaddition (→ Rn. 103, → Rn. 256). Die Kommission hat in ihren Leitlinien für horizontale Zusammenschlüsse aber **Vermutungen** aufgestellt (→ Rn. 106 ff. und 254 ff.). Zudem bildete die Kommission aus Praktikabilitätsgründen in Verfahren, in denen wie etwa häufig im Pharmabereich eine Vielzahl von Märkten betroffen ist, folgende **Kategorien:** Gruppe 1 Märkte (gemeinsamer Marktanteil von über 35 % und Marktanteilszuwachs von über einem Prozentpunkt), Gruppe 2 Märkte (gemeinsamer Marktanteil von über 35 % aber Marktanteilszuwachs von unter einem Prozentpunkt) und Gruppe 3 Märkte (gemeinsamer Marktanteil von zwischen 15 % und 35 %). In diesen Fällen konzentriert sie ihre Analyse regelmäßig auf Gruppe 1 Märkte.[760]

Die Beschlusspraxis der Kommission zur **Einzelmarktbeherrschung** zeigt, dass in zahlreichen Fällen bereits das Vorhandensein überragender gemeinsamer Marktanteile bei gleichzeitiger Abwesenheit beachtlicher Ausgleichsfaktoren de facto ausreicht, die Untersagung des angemeldeten Zusammenschlusses zu rechtfertigen. So stellte die Kommission in der Entscheidung Energizer/Spectrum in den jeweils national abgegrenzten Märkten für unterschiedliche Batterietypen unterschiedlich hohe gemeinsame Marktanteile der Parteien – von 0–5 % bis 90–100 % – fest und stützte ihre wettbewerbsrechtliche Analyse maßgeblich darauf. Die Kommission äußerte insbesondere für alle Märkte, in denen die gemeinsamen Marktanteile bei oder über 40–50 % lagen, ernsthafte Zweifel im Hinblick auf die Vereinbarkeit des Zusammenschlusses mit dem Binnenmarkt.[761] Nur aufgrund entsprechender Zusagen hat die Kommission diesen Zusammenschluss letztlich genehmigt.[762]

In Cargotec/Konecranes stützte die Kommission ihre Entscheidung insbesondere in den Märkten, in denen die Parteien über hohe gemeinsame Marktanteile verfügten, ihre wettbewerbliche Beurteilung ebenfalls maßgeblich darauf. So sah sie etwa gemeinsame Marktanteile von 60–70 % im Markt für Brückenkräne mit Gummireifen (rubber tired gantry cranes), von 90–100 % im Markt für Portalhubwagen (straddle carrier und shuttle carrier) und von 70–80 % für Greifstapler (reach stacker) als besonders kritisch, da ein Zusammenschluss ohne Zusagen zu einer Marktbeherrschung bzw. einem de facto **Monopol** geführt hätte.[763] Dahingegen führte insbesondere der vergleichsweise geringere gemeinsame Marktanteil der Parteien von 20–30 % im Markt für automatisierte Stapelkräne (automated stacking cranes) dazu, dass die Kommission hier trotz einer allgemein und maßgeblich auf die Stärke der Wettbewerber zurückzuführenden hohen **Marktkonzentration** keine erheblichen wettbewerblichen Bedenken äußerte.[764]

In Tronox/Cristal hielt die Kommission eine erhebliche Behinderung des wirksamen Wettbewerbs auf dem Markt für Leukoxen, einem der drei wichtigsten natürlich vorkommenden Titanrohstoffe, für unwahrscheinlich, obwohl die Parteien einen gemeinsamen Marktanteil von 50–60 % erreichten. Sie verwies insoweit insbesondere darauf, dass die Marktanteile aufgrund der geringen Marktgröße **stark schwanken** und die Parteien auch **keine nahen Wettbewerber** waren.[765] Auch

---

[757] S. auch EuG, T-399/16, ECLI:EU:T:2020:217, Rn. 151 ff. – CK Telecoms/Kommission.
[758] Leitlinien „horizontale Zusammenschlüsse" Rn. 27.
[759] Kom., M.9076, Rn. 370 – Novelis/Aleris.
[760] Kom., M.7276, Rn. 153, Fn. 110 – GlaxoSmithKline/Novartis Vaccines Business (excl. influenza)/Novartis Consumer Health Business; M.6266, Rn. 139 f. – J&J/Synthes.
[761] Kom., M.8988, Rn. 168 ff., 264 ff., 353 ff., 406 ff., 575 ff. – Energizer/Spectrum Brands.
[762] Kom., M.8988, Rn. 623 ff. – Energizer/Spectrum Brands.
[763] Kom., M.10078, Rn. 529 ff., 926 ff., 1189 ff. – Cargotec/Konecranes.
[764] Kom., M.10078, Rn. 881 ff. – Cargotec/Konecranes.
[765] Kom., M.8451, Rn. 396, 407, 416 – Tronox/Cristal; M. 6214, Rn. 516 ff. – Seagate/Samsung.

die Tatsache, dass ein Produkt von verschiedenen Anbietern für den Eigenbedarf hergestellt wird und nur geringe Volumina des Produkts frei auf dem Markt gehandelt werden, kann dazu führen, dass Marktanteile von 70–80 % letztlich unbedenklich sind. Denn andere Anbieter müssten in diesem Falle ihre **(Eigen-) Produktion** nur geringfügig erhöhen, um Preiserhöhungen hinsichtlich der geringen auf dem Handelsmarkt verfügbaren Volumina zu begegnen.[766] Zur Entwicklung der Marktanteile → Rn. 259 ff.; zum Zusammenschluss naher Wettbewerber → Rn. 271 ff.

250 Bei der Bewertung der Marktanteile und ihrer Entwicklung überprüft die Kommission auch, inwiefern diese ein **realistisches Bild des Wettbewerbs** darstellen. So stellte sie für den Telekommunikationsbereich fest, dass Kunden häufig durch längerfristige Verträge gebunden sind und der Wettbewerb sich nur auf **contestable customers**, also Neukunden bzw. Kunden am Ende ihrer Vertragslaufzeit mit Wechselmöglichkeit, bezieht. Insoweit zeichnen historische und aktuelle Marktanteile nur ein unvollständiges Bild. Die Kommission berücksichtigte daher auch Marktdaten zu Neukunden; sie gestand aber zugleich ein, dass auch diese nur ein unvollständiges Bild geben. Denn für ein umfassendes Bild fehlten Daten zu solchen Kunden, die sich (aktiv) für eine Vertragsverlängerung oder -änderung bei ihrem bisherigen Anbieter entschieden.[767]

251 Zudem können **ökonomische Studien** (merger simulation) eine wichtige Rolle in der Entscheidungsfindung der Kommission spielen (→ Rn. 44 ff.). So trugen zB in Kraft Foods/Cadbury die Ergebnisse ökonomischer Studien dazu bei, wettbewerbliche Bedenken gegen den Zusammenschluss auszuräumen.[768] Auch in Ryanair/Aer Lingus,[769] beließ die Kommission es bei der Untersuchung der nicht koordinierten Auswirkungen des Zusammenschlusses ebenfalls nicht bei einer Ermittlung der Marktanteile – auf einigen Flugstrecken wäre es infolge des Zusammenschlusses zu einer Monopolstellung gekommen –, sondern stützte sich zusätzlich auf ökonometrische Analysen und Verbraucherbefragungen. Ziel war die Überprüfung, inwieweit Ryanair und Aer Lingus vor dem Zusammenschluss gegenseitigen Wettbewerbsdruck ausübten.[770] Dies geschah auch vor dem Hintergrund, dass Ryanair geltend machte, aufgrund seines Geschäftsmodells in einem anderen Markt zu operieren als Aer Lingus und andere Fluggesellschaften.[771] Die Kommission kam zu dem Ergebnis, dass die Präsenz von Ryanair wettbewerblichen Druck auf Aer Lingus' Preise ausübte. Aufgrund unzureichenden Datenmaterials konnten dagegen keine Ergebnisse hinsichtlich der Frage erzielt werden, inwieweit die Präsenz von Aer Lingus im Markt Auswirkungen auf die von Ryanair erhobenen Preise für Flugtickets hatte.[772] Die Kommission schloss insgesamt, dass beide Airlines nahe Wettbewerber seien und dass der Wegfall des Wettbewerbs zwischen ihnen sich zum Nachteil der Verbraucher auswirken würde.[773] Nachdem Ryanair gegen die Untersagungsentscheidung der Kommission Klage erhoben hatte, billigte das EuG das Vorgehen der Kommission, die Ergebnisse der Marktanalyse mittels ökonometrischer Untersuchungen zu untermauern.[774]

252 Solche ökonomischen Analysen sind aber nicht zwingend. In etlichen Entscheidungen identifiziert die Kommission Marktbeherrschung nahezu ausschließlich unter **Anwendung des klassischen fusionskontrollrechtlichen Analyseinstrumentariums** (hohe gemeinsame Marktanteile, mangelnder Wettbewerbsdruck der verbleibenden Wettbewerber und nicht ausreichende Nachfragemacht der Marktgegenseite).[775] In Novartis/Alcon erhob die Kommission wettbewerbliche Bedenken für den Markt für bestimmte pharmazeutische Produkte in einer Reihe von Mitgliedstaaten und begründete dies mit dem hohen gemeinsamen Marktanteil der Zusammenschlussbeteiligten, bestehenden Marktzutrittsschranken[776] und teilweise der im Übrigen zersplitterten Marktstruktur.[777] Letztlich wurden die von der Kommission erhobenen Bedenken durch Zusagen ausgeräumt. In BASF/CIBA machte die Kommission wettbewerbliche Bedenken geltend, da nach ihrer Ansicht der Zusammenschluss auf verschiedenen Märkten zu einer Reduzierung der Marktteilnehmer von drei auf zwei führte, und der verbleibende Wettbewerber nach Durchführung des Zusammenschlusses keinen ausreichenden Wettbewerbsdruck ausüben könnte.[778] Auch in diesem Fall wurde der Zusam-

---

[766] Kom., M.6471, Rn. 287, 290 – Outokumpu/Inoxum.
[767] Kom., M.7758, Rn. 366 ff. – Hutchison 3G Italy/Wind/JV.
[768] Kom., M.5644, Rn. 64–69 – Kraft Foods/Cadbury.
[769] Kom., M.4439, – Ryanair/Aer Lingus.
[770] De la Mano/Pesaresi/Stehman CPN 3/2007, 73.
[771] Kom., M.4439, Rn. 52 ff. – Ryanair/Aer Lingus.
[772] De la Mano/Pesaresi/Stehman CPN 3/2007, 73 (78).
[773] Kom., M.4439, Rn. 497 – Ryanair/Aer Lingus.
[774] EuG, T-342/07, ECLI:EU:T:2010:280, Rn. 163 – Ryanair/Kommission.
[775] Kom., M.6101, Rn. 96 – UPM/Myllykoski und Rhein Papier.
[776] Kom., M.5778, zB Rn. 42, 44 – Novartis/Alcon.
[777] Kom., M.5778, zB Rn. 45 – Novartis/Alcon.
[778] Kom., M.5355, Rn. 19 – BASF/CIBA.

menschluss nach Zusagen der Parteien freigegeben, die den Aufbau eines dritten Wettbewerbers am Markt ermöglichten.[779]

Auf der Basis der Marktanteile berechnet die Kommission zudem die Marktkonzentration mittels **HHI** (→ Rn. 105). Auch der so bestimmten Marktkonzentration und ihrer durch den Zusammenschluss verursachten Veränderungen misst sie, neben den Marktanteilen, großes Gewicht bei. So ging die Kommission etwa in Cargotec/Konecranes auf die die HHI-Werte ein, die etwa in dem Markt für Portalhubwagen (straddle carrier und shuttle carrier), je nach betrachtetem Zeitraum, durch einen Zusammenschluss ohne entsprechende Zusagen um 4.400–4.500 auf bis 9.500–10.000 gestiegen wären. Für andere Märkte verwies sie zur Begründung ihrer erheblichen wettbewerblichen Bedenken ebenfalls auf die durch den Zusammenschluss signifikant steigenden HHI-Höhen.[780] Auch in Hutchison 3G Italy/WIND/JV stellte die Kommission fest, dass die sich aus den hohen Marktanteilen der Parteien und ihrer Hauptwettbewerber ergebende HHI-Höhen von 2.000–3.000 bzw. 3.000–4.000 ebenso wie die durch den Zusammenschluss hervorgerufenen Veränderungen „erheblich" sind und begründete auch damit ihre wettbewerblichen Bedenken.[781]

bb) Vermutungen. Die **FKVO** selbst enthält keine Vermutung, dass ein bestimmter Marktanteil zu einer erheblichen Behinderung wirksamen Wettbewerbs im Binnenmarkt, insbesondere durch Begründung oder Verstärkung einer marktbeherrschenden Stellung, führt (zu den Vermutungen nach den Leitlinien → Rn. 106 ff.). Anders ist dies etwa nach § 18 Abs. 4 GWB, wonach eine Vermutung für eine marktbeherrschende Stellung besteht, wenn ein Unternehmen einen Marktanteil von mindestens 40 % hat. Allerdings enthält die FKVO in ihren Erwägungsgründen eine Vermutung bezüglich der Unbedenklichkeit eines Marktanteils eines Zusammenschlusses: „Bei Zusammenschlüssen, die wegen des begrenzten Marktanteils der beteiligten Unternehmen nicht geeignet sind, wirksamen Wettbewerb zu behindern, kann davon ausgegangen werden, dass sie mit dem Binnenmarkt vereinbar sind. Unbeschadet der Art. [101 und 102 AEUV] besteht ein solches Indiz insbesondere dann, wenn der Marktanteil der beteiligten Unternehmen im Binnenmarkt oder in einem wesentlichen Teil desselben 25 % nicht überschreitet".[782]

Die Leitlinien für horizontale Zusammenschlüsse enthalten ebenfalls diese Vermutung:[783] Erreichen die Zusammenschlussparteien gemeinsame **Marktanteile von über 25 %,** so nimmt die Wahrscheinlichkeit, dass ein Unternehmen Marktmacht ausübt, mit seinem Marktanteil zu. Mit dem Umfang der Marktanteilsadditionen wächst auch die Wahrscheinlichkeit, dass ein Zusammenschluss den Unternehmen Preiserhöhungsspielräume eröffnet. Mit der zunehmenden Größe der Absatzbasis, auf der höhere Gewinnspannen nach einer Preiserhöhung erzielt werden können, wird es auch wahrscheinlicher, dass die fusionierenden Unternehmen eine Preiserhöhung trotz der damit einhergehenden Verringerung des Absatzes als gewinnbringend ansehen. Die Marktanteile und addierten Marktanteile sind zwar nur erste Anhaltspunkte für Marktmacht und hinzugewonnene Marktmacht, bleiben jedoch in der Praxis wichtige Bewertungsfaktoren.[784]

Nach den Leitlinien für horizontale Zusammenschlüsse können bei Fusionen, die zu einem gemeinsamen **Marktanteil unterhalb von 50 %** führen, „Wettbewerbsbedenken hinsichtlich anderer Faktoren bestehen wie zB die Stärke und Anzahl der Wettbewerber, das Vorhandensein von Kapazitätsengpässen oder das Ausmaß, in dem die Produkte der fusionierenden Unternehmen nahe Substitute sind". Die Leitlinien für horizontale Zusammenschlüsse verweisen weiterhin darauf, dass „die Kommission [...] deshalb in einigen Fällen, bei denen die Fusion der beteiligten Unternehmen zu Marktanteilen von zwischen 40 und 50 % und sogar von unter 40 % führt, die Begründung oder Verstärkung einer beherrschenden Stellung festgestellt" hat.[785]

Die Leitlinien für horizontale Zusammenschlüsse halten ausdrücklich an der Rechtsprechung der Unionsgerichte fest, wonach **sehr hohe Marktanteile von 50 % oder mehr** für sich allein ein Nachweis für das Vorhandensein von Marktmacht (in Gestalt einer beherrschenden Marktstellung) sein können.[786] Die Unionsgerichte haben dies damit begründet, dass ein Unternehmen, das längere Zeit einen besonders hohen Marktanteil besitzt, sich aufgrund seines Produktions- und Angebotsvolumens in einer Machtposition befinde, die aus ihm einen Zwangspartner mache und

---

[779] Kom., M.5355, Rn. 23, 25 – BASF/CIBA.
[780] Kom., M.10078, Rn. 542, 938, 1213 – Cargotec/Konecranes.
[781] Kom., M.7758, Rn. 378 ff. – Hutchison 3G Italy/Wind/JV.
[782] FKVO Erwgr. 32.
[783] Leitlinien „horizontale Zusammenschlüsse" Rn. 18.
[784] Leitlinien „horizontale Zusammenschlüsse" Rn. 27.
[785] Leitlinien „horizontale Zusammenschlüsse" Rn. 17; Kom., M.2337, Rn. 44–50 – Nestlé/Ralston Purina.
[786] Leitlinien „horizontale Zusammenschlüsse" Rn. 25; EuGH, C-62/86, ECLI:EU:C:1991:286, Rn. 60 – Akzo/Kommission; EuG, T-336/07, ECLI:EU:T:2012:172, Rn. 150 – Telefónica/Kommission; EuG, T-342/07, ECLI:EU:T:2010:280, Rn. 41 – Ryanair/Kommission.

ihm bereits deswegen die Unabhängigkeit des Verhaltens sichere, die für eine beherrschende Stellung kennzeichnend sei.[787] Ein Zusammenschluss wird allerdings auch im Falle besonders hoher Marktanteile nicht untersagt, wenn eine ausreichend aktive Marktpräsenz von Wettbewerbern das Unternehmen mit dem hohen Marktanteil daran hindert, sich in nennenswertem Umfang unabhängig von dem für einen Wettbewerbsmarkt typischen Druck zu verhalten.[788]

258 Derartigen Vermutungen ist jedoch mit Vorsicht zu begegnen. Mag es möglich gewesen sein, unter einem Marktbeherrschungstest bei statischer Betrachtung der Marktverhältnisse generelle Anhaltspunkte für ein voraussichtliches Vorliegen von Marktbeherrschung zu benennen, so begegnet dies im Rahmen einer **dynamischen Betrachtung,** die den Zusammenschluss auf eine erhebliche Behinderung wirksamen Wettbewerbs zu untersuchen hat, Zweifeln. Für die gebotene Marktmachtanalyse auf nicht koordinierte Wirkungen sind vorgefundene Marktanteile für sich betrachtet nicht indikativ für das Entstehen von Preiserhöhungsspielräumen. So kann es auch im Falle niedriger gemeinsamer Marktanteile zu einer Eliminierung des wahrscheinlichsten Markteintritts kommen.[789] Andererseits kann auch ein fusioniertes Unternehmen mit hohen Marktanteilen auf dem relevanten Markt ohne Preiserhöhungsspielräume bleiben, wenn es fürchten muss, in diesem Falle eine so große Zahl seiner Kunden an die konkurrierenden Anbieter besonders naher Substitutprodukte zu verlieren, dass die Preiserhöhung unprofitabel bliebe (zu möglichen Ausgleichsfaktoren → Rn. 150 ff.). Daher muss die Kommission eine umfassende Bewertung vornehmen, um die geforderte erhebliche Behinderung wirksamen Wettbewerbs festzustellen. Zur Erheblichkeit → Rn. 140 ff., zur Marktbeherrschung und sonstigen nicht koordinierten Wirkungen s. auch → Rn. 115 ff.

259 cc) **Entwicklung der Marktanteile.** Bilden die gegenwärtigen Marktanteile einen ersten Anhaltspunkt bei der Beurteilung nicht koordinierter Wirkungen, so sind sie jedoch anzupassen, um **zukünftige Entwicklungen** zum Beispiel hinsichtlich Markteintritt oder -austritt sowie Marktwachstum zu berücksichtigen. Bei schwankenden Marktanteilen können weiter zurückliegende Daten herangezogen werden, zum Beispiel wenn der Markt durch wenige Großaufträge gekennzeichnet ist. Änderungen bei den historischen Marktanteilen können nützliche Hinweise über den Wettbewerbsprozess und die zu erwartende zukünftige Bedeutung der verschiedenen Wettbewerber dadurch liefern, dass sie aufzeigen, ob die Unternehmen Marktanteile hinzugewonnen oder verloren haben. Auf jeden Fall beurteilt die Kommission die Marktanteile im Hinblick auf die voraussichtlichen Marktbedingungen, zB ob es sich um einen dynamischen Markt handelt oder aufgrund von Innovation oder Wachstum eine instabile Marktstruktur vorliegt.[790] Ähnliches gilt für Märkte, in denen es nur seltene, regelmäßig per Ausschreibung vergebene Großaufträge gibt wie zB bei Hochgeschwindigkeitszügen. Hierdurch können Unternehmen, die eine Ausschreibung gewinnen, für einen gewissen Zeitraum sehr hohe Marktanteile von bis zu 100 % haben; in diesen Fällen konkurrieren die Unternehmen also um den Markt und nicht auf dem Markt. Eine **dynamische Betrachtungsweise** kann dazu führen, dass trotz eines momentan hohen Marktanteils der Zusammenschlussbeteiligten aufgrund vergangener oder zukünftiger Entwicklungen kein Eintritt nicht koordinierter Wirkungen angenommen werden kann. Einige Unternehmen haben auf den Wettbewerbsprozess einen größeren Einfluss, als anhand ihrer Marktanteile oder ähnlicher Messgrößen zu vermuten wäre.[791]

260 In **reifen Märkten** sind Marktanteile stabiler als in Innovationsmärkten.[792] Folglich ist in reifen Märkten auch die Entwicklung der Marktanteile in der Vergangenheit von Aussagekraft.[793] In **Innovationsmärkten** und Märkten mit großem Entwicklungspotential berücksichtigt die Kommission hingegen voraussehbare zukünftige Entwicklungen, um die Stärke der Unternehmen nach dem Zusammenschluss einschätzen zu können.[794] Denn Marktpositionen können aufgrund von Innovationen der Wettbewerber verloren gehen.[795] Nicht nur etablierte Hersteller entwickeln in Innovationsmärkten ihre Produkte weiter und bringen neue Produkte auf den Markt. Auch ein Unternehmen mit einem relativ kleinen Marktanteil kann eine wichtige Wettbewerbskraft werden,

---

[787] EuGH, C-85/76, ECLI:EU:C:1979:36, Rn. 41 – Hoffmann-La Roche/Kommission; EuG, T-221/95, ECLI:EU:T:1999:85, Rn. 132–134 – Endemol/Kommission.
[788] Kom., M.4533, Rn. 119, 126 – SCA/P&G (European tissue business).
[789] Kom., M.5549, Rn. 65, 206 – EDF/Segebel.
[790] Leitlinien „horizontale Zusammenschlüsse" Rn. 15.
[791] Leitlinien „horizontale Zusammenschlüsse" Rn. 37; Kom., M.6497, Rn. 265 – Hutchison 3G Austria/Orange Austria.
[792] FK-KartellR/Könen Rn. 141.
[793] Kom., M.6471, Rn. 315, 359 f. – Outokumpu/Inoxum.
[794] Kom., M.7932 – Dow/DuPont.
[795] Kom., M.2256, Rn. 31 f. – Philips/Agilent Health Care Solutions.

wenn Erfolg versprechende Produkte kurz vor der Einführung stehen.[796] Hohe Marktanteile in **Wachstumsmärkten im Technologiebereich** sind nichts Ungewöhnliches und selten von Dauer. Daher sind sie in der Regel hier kein Indiz für Marktmacht (→ Rn. 100. In Microsoft/ Skype hatte die Kommission keine Bedenken hinsichtlich nicht koordinierter Wirkungen, obwohl durch den Zusammenschluss ein Marktführer geschaffen wurde. Die Kommission begründete dies, in der Rückschau zurecht, damit, dass in dem hoch innovativen Markt für internetbasierte Kommunikation Marktanteilen nur eine eingeschränkte Aussagekraft zukäme.[797] Daneben sei der durch den Zusammenschluss entstehende Marktführer erheblichem Wettbewerb ausgesetzt: Internetbasierte Kommunikationsdienstleistungen werden vielfach kostenlos angeboten; die Erhebung von Gebühren würde zu einer Abwanderung von Kunden führen. Ferner legen Kunden großen Wert auf innovative Produkte und würden den Anbieter wechseln, sollten Innovationen verlangsamt oder eingestellt werden.[798] Zudem hatten neu in den Markt eingetretene Unternehmen in der Vergangenheit schnell hohe Nutzerzahlen erreicht. Auch sei der Marktanteil von Microsoft in der Vergangenheit rückläufig gewesen.[799] Zu demselben Ergebnis kam die Kommission in dem Verfahren Facebook/Whatsapp.[800]

In Tronox/Cristal berücksichtigte die Kommission, dass es sich bei Leukoxen um einen kleinen **261** Markt handelt und dass die **Marktanteile** etwa durch das Auslaufen von Verträgen und die Eröffnung neuer Minen signifikant von Jahr zu Jahr **schwanken**. Zudem war der gemeinsame Marktanteil der Parteien in den letzten Jahren auf 50–60 % gesunken, weshalb die Kommission – unter Berücksichtigung des Umstands, dass es sich nicht um nahe Wettbewerber handelte (→ Rn. 271 ff.) – hinsichtlich dieses Markts keine erhebliche Behinderung wirksamen Wettbewerbs feststellte.[801] Bei Arzneimitteln berücksichtigt die Kommission bei der Marktanteilsbetrachtung auch Produkte, die noch nicht auf dem Markt sind, sich aber in einer fortgeschrittenen Phase der Entwicklung befinden (**Pipeline-Produkte**) (zu Pipeline-Produkten und Zusammenschlüssen mit potenziellen Wettbewerbern → Rn. 321). In Seagate/Samsung analysierte die Kommission in einem worst case Szenario die Marktanteile der Zusammenschlussbeteiligten und der vermutlich im Markt verbleibenden vertikal integrierten Wettbewerber unter Vorwegnahme des wahrscheinlichen Ausscheidens nichtintegrierter Wettbewerber aus dem Markt.[802] Andererseits scheint die Kommission marktexterne Trends bei der Analyse außer Acht zu lassen; so fand zB das von den Parteien im Zusammenschlussverfahren UPM/Myllykoski vorgebrachte Argument, dass die Papiernachfrage aufgrund einer Verlagerung von Werbung von Printmedien hin zu elektronischen Medien insgesamt rückläufig ist, keinen Eingang in die Bewertung der Kommission.[803]

dd) Vergleich relativer Marktanteile. Nach der Rechtsprechung der Unionsgerichte stellt **262** neben den Marktanteilen der am Zusammenschluss beteiligten Unternehmen das **Verhältnis zu den Marktanteilen ihrer Konkurrenten,** insbesondere der nächstkleineren, ein Indiz ihrer Marktmacht dar. Denn dieser Faktor gestattet die Bewertung der Wettbewerbsfähigkeit der Wettbewerber.[804] Die Kommission untersucht deshalb neben dem absoluten Marktanteil der am Zusammenschluss beteiligten Unternehmen stets den relativen Marktanteil, der den Abstand zu den nächsten Wettbewerbern beschreibt.[805] Hohe Marktanteile in Verbindung mit einem großen Abstand zu lediglich einem oder zwei Wettbewerbern bzw. vielen kleineren Wettbewerbern begünstigen die Annahme nicht koordinierter Wirkungen.[806] Wie die folgenden Entscheidungen der Kommission zeigen, lassen sich jedoch keine bestimmten Marktanteilsabstände festlegen, bei deren Überschreitung eine erhebliche Behinderung wirksamen Wettbewerbs in Form der Einzelmarktbeherrschung anzunehmen ist. Vielmehr nimmt die Kommission insbesondere bei niedrigeren Marktanteilsabständen eine **Gesamtbetrachtung** vor, bei der mehrere Faktoren berücksichtigt werden, und bei der sie über einen Ermessensspielraum verfügt.

---

[796] Leitlinien „horizontale Zusammenschlüsse" Rn. 38.
[797] Kom., M.6281, Rn. 70–72, 78 – Microsoft/Skype.
[798] Kom., M.6281, Rn. 77 – Microsoft/Skype; bestätigt durch EuG, T-79/12, ECLI:EU:T:2013:635, Rn. 73, 88 – Cisco Systems und Messagenet/Kommission.
[799] Kom., M.6281, Rn. 120–131 – Microsoft/Skype.
[800] Kom., M.7217, Rn. 99 – Facebook/WhatsApp.
[801] Kom., M.8451, Rn. 516 ff. – Tronox/Cristal.
[802] Kom., M.6214, Rn. 525 f. – Seagate/Samsung.
[803] Kom., M.6101, Rn. 123, 127 – UPM/Myllykoski und Rhein Papier.
[804] EuGH, C-85/76, ECLI:EU:C:1979:36, Rn. 48 – Hoffmann-La Roche/Kommission; EuG, T-102/96, ECLI:EU:T:1999:65, Rn. 202 – Gencor/Kommission.
[805] Kom., M.6471, Rn. 347 – Outokumpu/Inoxum.
[806] Immenga/Mestmäcker/Körber, Rn. 244.

263 So stellte die Kommission in Cargotec/Konecranes fest, dass die Parteien im Markt für Leercontainerstapler (empty container handler) zwar über einen gemeinsamen Marktanteil von „nur" 40–50 % verfügten. Jedoch sah sie – unter Verweis auf Rn. 17 der Leitlinien für horizontale Zusammenschlüsse – erhebliche wettbewerbliche Bedenken u.a. deshalb, weil der nächstgrößte Wettbewerber über einen Marktanteil von 30–40 % verfügte. Wegen der deutlich geringeren **Marktpräsenz** aller anderen Wettbewerber hätte das Vorhaben nach Ansicht der Kommission zu einer **duopolitischen Marktstruktur** geführt.[807] Andererseits nahm die Kommission in Uniqa/Axa keine wettbewerblichen Bedenken an, obwohl auch hier die Parteien über einen gemeinsamen Marktanteil von 40–50 % und die beiden anderen Wettbewerber über einen Marktanteil von 30–40 % und 10–20 % verfügten. Sie begründete dies u.a. damit, dass der relevante Markt – Altersvorsorge – stark reguliert sei, die Parteien keine besonders nahen Wettbewerber und deshalb Behinderungen des Wettbewerbs unwahrscheinlich seien.[808] (zum Zusammenschluss naher Wettbewerber → Rn. 271 ff.)

264 Auch in Continental/Siemens VDO nahm die Kommission keine wettbewerblichen Bedenken an, obwohl die Zusammenschlussbeteiligten gemeinsam einen Marktanteil von 60–70 % und die nächstgrößeren Wettbewerber Marktanteile von 20–30 % bzw. 10–20 % erreichten. Sie begründete dies damit, dass die Wettbewerber der Zusammenschlussbeteiligten sehr an einer Ausweitung ihres Geschäfts interessiert waren und ein weiterer potenzieller Wettbewerber bereits mit der **Produktentwicklung** begonnen hatte.[809] Auch in Seagate/Samsung war einer der maßgeblichen Faktoren, der dazu führte, dass trotz eines Marktanteils der Zusammenschlussbeteiligten von 50–60 % (nach Produktwert) bzw. 40–50 % (nach Absatzvolumen) keine wettbewerblichen Bedenken erhoben wurden, die Tatsache, dass ein Wettbewerber im Markt aktiv war, der zwar nominell nur über einen Marktanteil von 10–20 % verfügte, aber als Marktführer hinsichtlich der Qualität angesehen wurde, und letztere für einen Teil der Kunden ein wichtiges Kriterium bei ihrer Kaufentscheidung darstellte.[810]

265 **ee) Marktanteilszuwachs.** Sofern ein Marktanteilszuwachs (increment) festzustellen ist, muss dieser spürbar sein. Denn nach Art. 2 Abs. 3 erfordert die Untersagung eines Zusammenschlusses die erhebliche Behinderung wirksamen Wettbewerbs (zur Erheblichkeit → Rn. 140 ff.). Ist gar kein Marktanteilszuwachs festzustellen, fehlt es an der notwendigen Kausalität des Zusammenschlusses für die Wettbewerbsbehinderung (zur Kausalität → Rn. 148 f.).

266 Die Kommission sah geringe Zuwächse von 1–2 % bisher generell als wettbewerbsrechtlich unbedenklich an.[811] Ebenso war eine Zunahme von unter 1 % bei einem gemeinsamen Marktanteil von 50–60 % unbedenklich.[812] Auch Zuwächse von 0–5 % wurden bei einem Marktanteil von 20–30 % bzw. 30–40 % als wettbewerbsrechtlich unproblematisch angesehen.[813] Etwas anderes gilt nur dann, wenn bereits eine sehr starke Marktposition vorliegt. So soll angesichts eines Marktanteils von 90 % selbst ein sehr geringer Zuwachs an Marktmacht unverhältnismäßig große nachteilige Auswirkungen auf die Wettbewerbsbedingungen auf dem Markt haben.[814] Eine Ausnahme kann aber in Einzelfällen etwa dann gelten, wenn die Parteien keine besonders nahen Wettbewerber sind und Kunden auf Alternativen zurückgreifen können.[815] Zum Zusammenschluss naher Wettbewerber → Rn. 271 ff.

267 **ff) Überkapazitäten, potenzieller Wettbewerb und andere Ausgleichsfaktoren.** Die Kommission berücksichtigt bei ihrer Prüfung der Marktposition der zusammengeschlossenen Unternehmen ferner, ob Überkapazitäten auf dem betreffenden Markt bestehen. Überkapazitäten können dazu führen, dass das zusammengeschlossene Unternehmen sich trotz einer starken Marktstellung nicht unabhängig vom Markt verhalten kann.[816] So erteilte die Kommission in Glatfelter/Crompton Assets trotz eines Marktanteils der fusionierten Einheit von 60–70 % für einzelne Produktmärkte eine Freigabe, da durch **verfügbare Produktionskapazitäten** der Wettbewerber infolge eines Nachfragerückgangs ausreichender Wettbewerbsdruck erhalten bleiben würde.[817] In UPM/Myllykoski und Rhein Papier nahm die Kommission an, dass vorhandene Überkapazitäten anderer Herstel-

---

[807] Kom., M.10078, Rn. 1787 f. – Cargotec/Konecranes.
[808] Kom., M.9796, Rn. 70 – Uniqa/Axa.
[809] Kom., M.4878, Rn. 67–77 – Continental/Siemens VDO.
[810] Kom., M.6214, Rn. 401 – Seagate/Samsung.
[811] Kom., M.4137 – Mittal/Arcelor; M.4110, Rn. 48 – E.ON/Endesa.
[812] Kom., M.2569, Rn. 18, 21 – Interbrew/Beck's.
[813] Kom., M.10164, Rn. 45 f., 52 f. 90 – CVC/Stark Group.
[814] Kom., M.5855, Rn. 166–170, 187–191 – DB/Arriva.
[815] Kom., M.10164, Rn. 65 f. – CVC/Stark Group.
[816] Leitlinien „horizontale Zusammenschlüsse" Rn. 33.
[817] Kom., M.4215, Rn. 103, 114 – Glatfelter/Crompton Assets.

ler dazu beitragen würden, jegliche Bestrebungen der Parteien, nach dem Zusammenschluss ihre Preise zu erhöhen, zu verhindern, selbst wenn die Parteien nach dem Zusammenschluss ihrerseits Kapazitäten vom Markt nehmen würden.[818]

Überkapazitäten der Wettbewerber sind allerdings nicht in jedem Fall geeignet, die Marktmacht **268** des zusammengeschlossenen Unternehmens zu beschränken. Werden in einem Markt trotz Überkapazität bereits vor dem Zusammenschluss **erhebliche Margen** erzielt, erscheint es unwahrscheinlich, dass Wettbewerber im Falle einer Preiserhöhung durch das zusammengeschlossene Unternehmen ihrerseits die Produktionsmenge erhöhen oder Preise senken – die Situation vor dem Zusammenschluss deutet vielmehr darauf hin, dass es für die Wettbewerber (maximal) profitabel ist, unterhalb voller Auslastung ihrer Produktionskapazitäten zu operieren.[819] Zudem müssen Überkapazitäten auch unmittelbar von Wettbewerbern genutzt werden können. In der Entscheidung Cargotec/Konecranes verwies die Kommission auf andere entscheidende Faktoren: Hierzu zählte sie etwa den Zugang zu Kunden (über Vertriebs- und Kundendienstnetze) sowie die Möglichkeit, bestimmte Kundenwünsche (etwa in Bezug auf Qualität, Reputation und Produktpalette) zu erfüllen.[820] Überkapazitäten konnten in diesem Falle nach Ansicht der Kommission nicht genügend Wettbewerbsdruck entfalten.

Daneben können in Fällen, in denen die Parteien einer **Regulierung** unterliegen und aufgrund **269** dieser keine signifikanten Preiserhöhungsspielräume haben, auch bei hohen gemeinsamen Marktanteilen erhebliche wettbewerbliche Bedenken ausgeschlossen werden. So verfügten die Parteien im Fall Desfa/Copelouzou/Depa/Gaslog/BTG/Gastrade etwa über hohe gemeinsame Marktanteile von, je nach Berechnungsmethode, 60–70 % bzw. 80–90 % im Bereich Gasimportinfrastruktur. Trotzdem erkannte die Kommission keine erheblichen wettbewerblichen Bedenken, da die Parteien insbesondere durch die regulatorischen Rahmenbedingungen effektiv keine Marktmacht ausüben können und insbesondere auch keine durch den Zusammenschluss bedingten Auswirkungen auf Preise zu erwarten waren.[821] In UPL/Arysta Lifescience verwies die Kommission auf neue Regulierungsbestrebungen, die auch Produkte der Parteien betrafen. Sie folgerte daraus, dass die wettbewerbliche Position der Parteien geringer sei als durch die derzeitigen Marktanteile suggeriert.[822]

Auch **potenzieller Wettbewerb** durch den zu erwartenden Markteintritt neuer, starker Wett- **270** bewerber ist ein wichtiger Faktor, der den Marktanteil der zusammengeschlossenen Unternehmen relativiert, da deren Marktanteile dadurch zurückgehen können.[823] Die Kommission prüft in diesem Zusammenhang, ob der Markteintritt wahrscheinlich ist oder ob Markzutrittsschranken bestehen. Daneben kann potenzieller Wettbewerb auch von aktuellen Wettbewerbern ausgehen, soweit sie ihre Kapazitäten erheblich erweitern können (zum potenziellen Wettbewerb als Ausgleichsfaktor → Rn. 160 ff.). Die Leitlinien für horizontale Zusammenschlüsse nehmen darauf Bezug, indem sie die Bedeutung kleinerer Wettbewerber als wirksame Gegenkraft herausstellen, wenn sie etwa die Fähigkeit und den Anreiz besitzen, ihre Lieferungen zu steigern.[824] Wenn der Zusammenschluss den Beteiligten die Möglichkeit verschaffen würde, Wettbewerber an der geplanten Ausweitung ihrer Aktivitäten zu hindern, kann eine Beseitigung der dafür verantwortlichen Faktoren wettbewerbliche Bedenken ausräumen.[825] Daneben können auch andere Ausgleichsfaktoren, wie etwa gegenläufige Nachfragemacht, etwa im Rahmen von Ausschreibungsmärkten zu berücksichtigen sein. (zu den Ausgleichsfaktoren → Rn. 150 ff.)

b) Zusammenschluss naher Wettbewerber. Die Art des bestehenden Wettbewerbs zwischen **271** den Zusammenschlussparteien ist ein wichtiges Element der wettbewerblichen Beurteilung von Zusammenschlüssen durch die Kommission. Dabei geht es um die Frage, zu welchem Grade die Zusammenschlussparteien nahe Wettbewerber sind bzw. Produkte auf dem Markt anbieten, die von den Kunden als besonders nahe **Substitutionsprodukte** angesehen werden.[826] Ohne sich vom Marktanteilskriterium zu lösen, verdeutlicht die Kommission mit diesem Ansatz die gestiegene Bedeutung der **wettbewerblichen Dynamik** zwischen den Zusammenschlussparteien und die Bedeutung ihrer Eliminierung durch den Zusammenschluss,[827] wobei insbesondere für **differen-**

---

[818] Kom., M.6101, Rn. 149, 163 ff. – UPM/Myllykoski und Rhein Papier.
[819] Kom., M.6471, Rn. 788 – Outokumpu/Inoxum.
[820] Kom., M.10078, Rn. 1473, 1913, 2334 f. – Cargotec/Konecranes.
[821] Kom., M.10139, Rn. 69 ff., 88 ff. – Desfa/Copelouzou/Depa/Gaslog/BTG/Gastrade.
[822] Kom., M.9095, Rn. 59 ff. – UPL/Arysta Lifescience.
[823] Immenga/Mestmäcker/Körber Rn. 245.
[824] Leitlinien „horizontale Zusammenschlüsse" Rn. 17.
[825] Kom., M.5978, Rn. 96, 141 – GDF Suez/International Power.
[826] Leitlinien „horizontale Zusammenschlüsse" Rn. 28 ff.; Kom., M.7932 – Dow/DuPont; M.6924 – Refresco Group/Pride Foods; M.6851 – Baxter International/Gambro.
[827] Kom., M.6106, Rn. 99–113 – Caterpillar/MWM; M.5046, insbes. Rn. 242 ff. – Friesland/Campina.

zierte **Produkte** die Nähe der Wettbewerber zueinander eine Rolle spielt,[828] wohingegen es in Märkten für homogene Produkte eher auf die Kapazitäten der verbleibenden Wettbewerber ankommt.[829] Hier zeigt sich auch der gestiegene Einfluss der US-amerikanischen Fusionskontrolle auf die Tätigkeit der Kommission. In den U.S. Horizontal Merger Guidelines ist der Gedanke der wettbewerblichen Nähe zwischen den Zusammenschlussparteien und ihren Produkten bereits länger als in Europa ein wichtiger Gesichtspunkt der wettbewerblichen Analyse von Zusammenschlüssen, die differenzierte Produktmärkte betreffen.[830]

272   Auch das EuG hat festgestellt, dass ein Produktmarkt mehr oder wenige nahe Substitute umfassen kann und deshalb „das Wettbewerbsverhältnis zwischen den zu diesem Markt gehörenden Produkten unabhängig von den Marktanteilen in seiner Intensität variieren kann. Folglich können die nicht koordinierten Auswirkungen eines Zusammenschlusses eher von der Nähe der Produkte der Beteiligten des Zusammenschlusses als von ihren jeweiligen Marktanteilen abhängen".[831] Das Gericht legt die Anforderungen für einen solchen **Nachweis** im CK Telecoms Urteil aber höher, als dies die Kommission in ihrer Ausgangsentscheidung tat: Nach dem Urteil müssen die Wettbewerber nicht nur „nah", sondern **„besonders nah"** sein. Das Gericht verweist insofern auch darauf, dass der Begriff der „nahen Wettbewerber" nur in den Leitlinien und nicht in der FKVO enthalten sei, und dass es entscheidend darauf ankommt, ob ein **beträchtlicher Wettbewerbsdruck** durch den Zusammenschluss beseitigt würde.[832] (→ Rn. 111). Dieser Auffassung widerspricht jedoch Generalanwältin Kokott in ihren Schlussanträgen vor dem EuGH zu demselben Verfahren.[833]

273   Für die Bewertung, ob die Angebote der Zusammenschlussparteien aus Kundensicht nähere Substitute sind als die Produkte verbleibender Wettbewerber, spielen wiederum verschiedene Faktoren eine Rolle. Die wichtigsten sind (je nach betroffenem Markt) die räumliche Nähe der Zusammenschlussparteien, die Vergleichbarkeit ihrer Produkte hinsichtlich ihrer **Eigenschaften** sowie die **Kundenpräferenzen**. Daneben hat die Kommission auch untersucht, inwieweit sich eine Symmetrie der Zusammenschlussparteien daraus ergibt, dass sie ähnliche Strategien und Stärken (zB vertikale Integration) aufweisen.[834] In praktischer Hinsicht hat die Kommission dabei neben anderen Faktoren immer wieder Rankings von Kunden und Ausschreibungsergebnisse herangezogen, um die wettbewerbliche Nähe der Zusammenschlussbeteiligten zueinander zu untersuchen.[835] Hinweise kann auch eine Untersuchung von Kundenwechseln in der Vergangenheit als Reaktion auf eine Preiserhöhung oder einen externen Schock (zB dem Ausfall einer wichtigen Produktionsanlage eines Herstellers) geben.

274   aa) **Räumliche Nähe der Zusammenschlussparteien.** In Märkten, in denen die Kunden ihre Auswahlentscheidung nach der Erreichbarkeit des Anbieters treffen, kann die räumliche Nähe der Zusammenschlussparteien für die zu erwartenden wettbewerblichen Wirkungen auf dem relevanten Markt entscheidend sein, ohne dass die Parteien von ihren Eigenschaften her verschiedene Produkte anbieten müssen. Fusionieren zB zwei Supermarktketten, deren Filialen innerhalb der relevanten räumlichen Märkte relativ weit voneinander entfernt liegen, so bliebe eine nach dem Zusammenschluss unternommene Preiserhöhung in einem Filialnetz für das fusionierte Unternehmen voraussichtlich unprofitabel, da Kunden auf die jeweils näher liegenden Supermärkte anderer Wettbewerber ausweichen würden, und folglich die durch die Preiserhöhung verursachten Absatzverluste auch nicht zum Teil dadurch wieder aufgefangen werden könnten, dass ein Teil der wechselnden Kunden zu Filialen des Fusionspartners wechselt. Umgekehrt sind damit solche Unternehmen nahe Wettbewerber, die für einen räumlichen Bereich, bspw. aufgrund von **Transportkosten**[836] oder **vertikaler Integration**,[837] ausschließliche Lieferanten für ein bestimmtes Segment von Abnehmern darstellen. Dies gilt im Falle nationaler Märkte auch dann, wenn es unwahrscheinlich ist, dass Kunden im Ausland einkaufen bzw. entsprechende Waren importieren würden.[838]

---

[828] Kom., M.6214, Rn. 319, 407 – Seagate/Samsung; Kuhn ZWeR 2020, 1 (10 ff.).
[829] Kom., M.6101, Rn. 98 – UPM/Myllykoski und Rhein Papier.
[830] Vgl. U.S. Horizontal Merger Guidelines, Abschnitt 6.1.
[831] EuG, T-399/16, ECLI:EU:T:2020:217, Rn. 239 – CK Telecoms/Kommission.
[832] EuG, T-399/16, ECLI:EU:T:2020:217, Rn. 233 ff., 242, 247, 249 – CK Telecoms/Kommission; hierzu Zimmer, WuW 2020, 354 (355 f.).
[833] GAin Kokott, Schlussanträge v. 20.10.2022, Rs. C-376/20 P, Rn. 119 ff. – CK Telecoms/Kommission.
[834] Kom., M.6214, Rn. 337 – Seagate/Samsung.
[835] Kom., M.10078, Rn. 578 ff., 951 ff., 1244 ff., 1800 ff., 2131 ff. – Cargotec/Konecranes; Langen/Bunte/Käseberg Rn. 110.
[836] Kom., M.7878, Rn. 304 ff. – HeidelbergCement/Schwenk/Cemex Hungary/Cemex Croatia.
[837] Kom., M.7408, Rn. 133 ff. – Cargill/ADM Chocolate Business.
[838] Kom., M.9163, Rn. 79 – Agravis Machinery/Konekesko.

bb) Vergleichbarkeit der Produkte der Zusammenschlussparteien hinsichtlich ihrer **275**
Eigenschaften. In heterogenen Produktmärkten stellen bestimmte Produkte aufgrund ihrer **individuellen Eigenschaften** aus Kundensicht bessere Ausweichmöglichkeiten dar als andere. Fusionieren zwei Anbieter der Produkte A und B, die in ihren Eigenschaften sehr verwandt sind, so liegt die Annahme nahe, dass die Käufer des Produktes A im Falle einer Preiserhöhung eher auf Produkt B ausweichen als auf ein Wettbewerbsprodukt C. Ist dies der Fall, so liegt es dann auch nahe, dass das fusionierte Unternehmen nach dem Zusammenschluss die Preise entweder für Produkt A oder für Produkt B profitabel erhöhen kann, da Abschmelzverluste durch das jeweils andere eigene Produkt aufgefangen werden.[839] Per saldo hat das fusionierte Unternehmen also keine oder nur geringe Absatzeinbußen zu befürchten. Umgekehrt sind Preiserhöhungen nach dem Zusammenschluss kaum zu erwarten, wenn Kunden in diesem Fall eher auf ein Wettbewerbsprodukt ausweichen würden, da die Preiserhöhung aufgrund der zu erwartenden Absatzverluste unprofitabel wäre. In Grenzfällen wird die Kommission allerdings auch mögliche Preiserhöhungsreaktionen der Wettbewerber in die Bewertung einbeziehen. Sind die **Ausweichmöglichkeiten der Kunden** ohnehin beschränkt, so kann eine Preiserhöhung auch dann profitabel sein, wenn sie von einem Wettbewerber nachvollzogen wird und sich dadurch die Absatzverluste reduzieren.[840] In solchen Situationen wird die Kommission ebenfalls untersuchen, ob der Zusammenschluss Anlass zur Befürchtung koordinierter Wirkungen gibt, die eintreten können, wenn auf einem Markt Möglichkeiten stillschweigender Koordinierung zwischen Wettbewerbern entstehen (→ Rn. 112 ff.).

Die Analyse der Produktnähe kann in verschiedenen Fallkonstellationen eine besondere Rolle **276** spielen. Dazu gehören insbesondere Situationen, in denen die Dynamik des Binnenwettbewerbs zwischen den Zusammenschlussparteien ein wesentlicher Wettbewerbsfaktor in dem betroffenen Markt war. In solchen Situationen wird die Kommission untersuchen, ob die Beseitigung dieses Drucks zu einer erheblichen Beeinträchtigung wirksamen Wettbewerbs führen kann. Der für diese Fälle in den Leitlinien vorgesehene **analytische Rahmen** folgt dem more economic approach der Kommission. Während die Kommission es in früheren Fällen häufig bei der Feststellung bewenden ließ, durch den angemeldeten Zusammenschluss falle mit dem Wettbewerb zwischen den Fusionsparteien auch ein wesentliches Wettbewerbselement des Marktes insgesamt weg,[841] stellt sie seit einiger Zeit ausführliche Untersuchungen über den wettbewerblichen Einfluss des Wegfalls von Wettbewerb zwischen den Fusionsparteien an.[842]

In Cargotec/Konecranes hatten die Parteien auf dem Markt für Leercontainerstapler (empty **277** container handler) zwar jeweils „nur" einen Marktanteil von 20–30 %; zudem gab es einen weiteren wichtigen Wettbewerber sowie zusätzlich kleinere Wettbewerber. Trotzdem stellte die Kommission fest, dass die Parteien besonders nahe Wettbewerber waren und dass durch den Zusammenschluss bedeutender Wettbewerb entfallen würde. Sie stützte sich insoweit u.a. auf **Marktbefragungen** und stellte anhand von **Ausschreibungsergebnissen** fest, dass die Parteien in einigen Ausschreibungen von Kunden jeweils als die einzige glaubwürdige Alternative angesehen wurden. Daneben verwies die Kommission auch auf die im Vergleich zu Wettbewerbern besonders starken Vertriebs- und Kundendienstnetzwerke, die im Vergleich zu Wettbewerbern breite Produktpallette und den besonders starken Wettbewerb der Parteien in der Entwicklung neuer Produkte.[843] Für die Feststellung der wettbewerblichen Nähe verwies die Kommission in Agravis Machinery/Konekesko darauf, dass die Parteien Produkte mit ähnlicher Qualität zu ähnlichen Preisen anboten und ein ähnlich aufgestelltes Netzwerk hatten.[844]

In UPS/TNT Express führte die Kommission den Gedanken, dass der Zusammenschluss naher **278** Wettbewerber insbesondere in einem bereits konzentrierten Markt zu einem verringerten Wettbewerbsdruck auch auf die verbleibenden Wettbewerber führt, näher aus und erläuterte die relevanten **ökonomischen Modelle.** Diese sagten vorher, dass es zu einem Gleichgewicht im Markt bei höheren Preisen und geringerem Output kommt, wobei die Stärke des Effekts wiederum von der Natur des Wettbewerbs abhängen soll.[845] In Dow/Dupont übertrug die Kommission die nachteiligen Wirkungen im Fall von nahen Wettbewerbern auf Konstellationen, in denen die Zusammenschlussparteien im Innovationswettbewerb miteinander standen, wobei sie unter Verweis auf die ökonomi-

---

[839] Kom., M.4439, Rn. 491 ff. – Ryanair/Aer Lingus.
[840] Leitlinien „horizontale Zusammenschlüsse" Rn. 24 aE; s. hierzu auch Kom., M.6570, Rn. 722 – UPS/TNT Express; M.6471, Rn. 309, 386 ff. – Outokumpu/Inoxum.
[841] Kom., M.3136, Rn. 35–42 – GE/Agfa NDT; M.3287, Rn. 33 – AGCO/Valtra.
[842] Für Zusammenschlüsse im Telekommunikationsbereich vgl. Bühler/Büttner/Ocello/Piergiovanni CLPD 3,4 (2017) 18 (20 ff.).
[843] Kom., M.10078, Rn. 1789 ff. – Cargotec/Konecranes.
[844] Kom., M.9163, Rn. 79, 89 – Agravis Machinery/Konekesko.
[845] Kom., M.6570, Rn. 722 – UPS/TNT Express.

sche Literatur davon ausging, dass es zu einer Reduktion der Innovationstätigkeit kommen würde (→ Kapitel 1 Rn. 457 ff.).[846]

279 Ist der vor dem Zusammenschluss ausgeübte Wettbewerbsdruck zB aufgrund **unterschiedlicher Geschäftsmodelle** der teilweise im gleichen Markt tätigen Parteien bereits ohnehin gering, lässt dies die Auswirkungen des Zusammenschlusses weniger problematisch erscheinen.[847] So stellte die Kommission in der Entscheidung Tronox/Cristal fest, dass die Parteien im Markt für Leukoxen keine besonders nahen Wettbewerber waren. Sie stütze dies insbesondere darauf, dass das von der jeweiligen Partei vertriebene Leukoxen unterschiedliche Qualitätsgrade aufwies. Aufgrund der unterschiedlichen Titandioxidgehalte war das von den Parteien vertriebene Leukoxen nur teilweise für dieselben Zwecke nutzbar. Zudem verwies die Kommission darauf, dass für bestimmte Zwecke auch alternative Mineralien bzw. Stoffe eingesetzt werden können und dadurch ebenfalls Wettbewerbsdruck auf die Parteien im Markt für Leukoxen ausgeübt wird.[848]

280 In Mondelez/Chipita hatten die Parteien in einigen der nationalen Märkte für Kuchen und gesüßte Kekse gemeinsame Marktanteile von 70–80 % oder sogar von 80–90 %. Trotzdem sah die Kommission keine wettbewerblichen Bedenken, da sie die Parteien nicht als besonders nahe Wettbewerber ansah. Insoweit stützte sie sich auf Kundenbefragungen und interne Dokumente, nach denen die Produkte der Parteien **keine engen Substitute** waren. So unterschieden sie sich etwa in ihrer Aufmachung (zB verpackte Croissants), dem Alter der avisierten Kundengruppe und wann diese Produkte typischerweise verzehrt werden (zB Frühstück). Zudem verwies die Kommission in ihrer Freigabeentscheidung in Phase I auf die zahlreichen anderen, generell starken internationalen Wettbewerber.[849] In Uniqa/Axa sah die Kommission die Parteien u.a. deshalb als nicht besonders nahe Wettbewerber an, da sie sich in einem **regulierten Marktumfeld** – Altersvorsorge – bewegten und damit ihre Produkte nicht stark ausdifferenzieren können; zudem konnte nicht festgestellt werden, dass Kunden häufig zwischen den Parteien wechseln.[850]

281 cc) **Kundenpräferenzen.** Eine besondere Produktnähe kann auch dann gegeben sein, wenn die Produkte der Zusammenschlussparteien nicht in erster Linie wegen vergleichbarer Produkteigenschaften, sondern wegen anderer Faktoren vom Kunden als besonders nahe Alternativen angesehen werden. Die Kommission führt in diesen Fällen eine **dynamische Analyse der Kundenpräferenzen** durch, die insbesondere auch die Möglichkeit der Neupositionierung der Produkte am Markt durch das fusionierte Unternehmen und die Wettbewerber einbezieht.[851] Hieraus können Einflüsse entstehen, die das Auftreten von Preiserhöhungsspielräumen wahrscheinlicher oder unwahrscheinlicher erscheinen lassen.

282 Dies kommt besonders in Märkten für **differenzierte Endkundenprodukte** in Betracht, bei denen vor allem Marken- und Imagefaktoren eine Rolle spielen.[852] So wird sich etwa im Markt für Parfüms kaum eine Produktnäheanalyse anhand der objektiven Eigenschaften der untereinander konkurrierenden Angebote durchführen lassen. Das Markenimage des Anbieters, der Grad an Werbung für einzelne Produkte und Modeerwägungen entscheiden hier darüber, zu welchen Alternativangeboten die Kunden bei Preiserhöhungen am ehesten ausweichen. Auch in anderen Märkten, etwa für den Bereich automatische Türen, hat die Kommission die besondere Bedeutung des Markenimages von Herstellern festgestellt und u.a. damit wettbewerbliche Nähe begründet.[853]

283 Umgekehrt können spezifische **Kundenpräferenzen** etwa in nationalen Märkten dazu führen, dass in ein und demselben sachlich relevanten Markt befindliche Produkte nicht als enge Wettbewerber anzusehen sind und deshalb auch hohe Marktanteile nach dem Zusammenschluss nicht zu wettbewerblichen Bedenken führen. Durch den Zusammenschluss Kraft/Cadbury hätten die Parteien auf dem Markt für Tafelschokolade einen gemeinsamen Marktanteil von 60–70 % in Großbritannien bzw. 50–60 % in Irland erreicht. Allerdings stehen die von Kraft und Cadbury vertriebenen Schokoladenmarken miteinander nicht in engem Wettbewerb; Verbraucher würden nach Ansicht der Kommission eher auf die Produkte anderer Anbieter als Alternative zu den jeweiligen Marken der Zusammenschlussbeteiligten ausweichen.[854]

284 dd) **Produktnähe und Marktabgrenzung.** Das Entstehen von fusionsbedingten Preiserhöhungsspielräumen ist von vornherein vor allem in bereits konzentrierten, oligopolistischen Märkten

---

[846] Kom., M.7932, Rn. 2117 f. und Annex 4 – Dow/DuPont.
[847] Kom., M.10164, Rn. 46, 54 – CVC/Stark Group.
[848] Kom., M.8451, Rn. 520 ff. – Tronox/Cristal; hierzu Kuhn ZWeR 2020, 1 (17 f.).
[849] Kom., M.10350, Rn. 65 ff. – Mondelez/Chipita.
[850] Kom., M.9796, Rn. 71 f. – Uniqa/Axa.
[851] Leitlinien „horizontale Zusammenschlüsse" Rn. 30.
[852] Kom., M.3935, Rn. 30 – Jefferson Smurfit/Kappa; Völcker ECLR 25,7 (2004) 395.
[853] Kom., M.9408, Rn. 278 – Assa Abloy/Agta Record.
[854] Kom., M.5644, Rn. 50, 79 – Kraft Foods/Cadbury.

zu befürchten, in denen die Zahl der Anbieter und damit die Zahl der Wettbewerbsprodukte eingeschränkt ist. Damit wird der Zusammenhang der Analyse der Produktnähe mit der Marktabgrenzung deutlich: Eng definierte Produktmärkte haben eher einen höheren **Konzentrationsgrad** als weite Märkte. Ob zwei Produkte weiter entfernte Substitute innerhalb desselben Marktes sind oder bereits nach den Grundsätzen der Produktmarktabgrenzung nicht mehr zum selben Markt zu zählen sind, wird sich häufig nicht mit letzter Sicherheit klären lassen (zur Marktabgrenzung → Rn. 36 ff.).

Aus diesem Grund hat die Kommission auch den Wettbewerbsdruck, der von **Produkten auf benachbarten Märkten** ausgeübt wird, in ihre Analyse mit einbezogen.[855] Aus ökonomischer Sicht ist die Produktmarktabgrenzung analytisch ein überflüssiger Zwischenschritt. Denn für die Fähigkeit des fusionierten Unternehmens zu einer profitablen Preiserhöhung ist allein entscheidend, welcher Anteil der Kunden des einen Produkts danach gruppenintern und nicht zu Wettbewerbern abwandert, nicht aber, auf welchen Produktmärkten die potenziellen Ausweichprodukte gehandelt werden.[856] So wird zur Bestimmung nicht koordinierter Zusammenschlusseffekte auf Märkten mit differenzierten Gütern auf das Upward-Pricing-Pressure-Konzept zurückgegriffen um zu ermitteln, ob ein Anreiz auf Seiten der beteiligten Unternehmen besteht, in Folge des Zusammenschlusses die Preise zu erhöhen (→ Kapitel 1 Rn. 423 ff.).[857] Fusionskontrollrechtlich bleibt die Marktabgrenzung dagegen als Grundlage für die Berechnung der Marktanteile als Aufgreifkriterium entscheidend. So tritt die Kommission erst dann in eine vertiefte Beurteilung möglicher nicht koordinierter Wirkungen ein, wenn sich nennenswerte Marktanteilsadditionen und hohe Marktanteile nach der Fusion auf bestimmten Märkten zeigen. Hinsichtlich der Feststellung materiell wettbewerbskritischer Auswirkungen eines Zusammenschlusses hat die Marktabgrenzung lediglich noch eine Hilfsfunktion (→ Rn. 44 f.).

ee) Quantitative Analyse nach den Leitlinien für horizontale Zusammenschlüsse. Der Grad an Substituierbarkeit zwischen verschiedenen Produkten auf einem relevanten Markt wird durch die Kommission anhand einer quantitativen Analyse ökonomischer Daten festgestellt. Diese umfassen Erhebungen der **Kundenpräferenzen,** Analysen des **Kaufverhaltens** und Schätzungen der **Kreuzpreiselastizitäten** der betreffenden Produkte. Mit der Kreuzpreiselastizität der Nachfrage wird gemessen, in welchem Maße sich die nachgefragte Menge eines Produktes in Erwiderung auf eine Änderung des Preises eines anderen Produktes verändert, wenn alle übrigen Bedingungen gleichbleiben. Mit der Eigenpreiselastizität wird gemessen, in welchem Maße sich die Nachfrage nach einem Produkt in Erwiderung auf die Änderung des Preises dieses Produkts ändert.[858]

Wichtig sind für die Kommission auch die **Umlenkungskennziffern** (diversion ratios) zwischen verschiedenen Produkten. Diese geben Aufschluss darüber, welcher Anteil des Absatzes des Produkts A auf Grund einer Preiserhöhung von A auf Produkt B übergeht.[859] Bei Produktmärkten, die die Charakteristika von Bieter- bzw. Ausschreibungsmärkten haben, wird die Kommission ermitteln, ob in der Vergangenheit die von einer der bietenden Parteien abgegebenen Gebote durch das Vorhandensein der anderen fusionierenden Parteien beeinflusst wurden. Eine Ausprägung dieses Einflusses kann zB sein, dass Anbieter dann systematisch höhere Rabatte eingeräumt haben, wenn in einem Bieterverfahren die andere Fusionspartei ebenfalls präsent war, als wenn lediglich gegen dritte Wettbewerber geboten wurde.[860] Ist dies der Fall, so kann es durch den Zusammenschluss zum Wegfall wesentlichen Wettbewerbs durchaus auch dann kommen, wenn die Produkte der zweiten Fusionspartei bei derartigen Ausschreibungen niemals siegreich gewesen sind. Umgekehrt kann aber eine regelmäßige hohe Platzierung von Wettbewerbsprodukten bei Ausschreibungen und Benchmarking-Verfahren oder das systematische Angebot hoher Rabatte durch eine oder beide Fusionspartei(en) in diesem Fall gerade auch den verbleibenden Wettbewerbsdruck nach der Fusion selbst dann belegen, wenn die Wettbewerbsprodukte in der Vergangenheit nur wenige Aufträge gewinnen konnten und die Produkte der fusionierenden Unternehmen hohe Anteile dieser Ausschreibungen gewinnen. Zur Feststellung nicht koordinierter Wirkungen setzt die Kommission auch Simulationsmodelle ein. Diese erlauben eine Bewertung der voraussichtlichen Konsequenzen eines Zusammenschlusses unter Berücksichtigung verschiedener ökonomischer Parameter (zu Simulationsmodellen → Kapitel 1 Rn. 431 ff.).[861]

---

[855] S. zB Kom., M.6101, Rn. 116, 119 – UPM/Myllykoski und Rhein Papier.
[856] Hierzu Zimmer WuW 2013, 928 (932 ff.).
[857] Zimmer WuW 2013, 928 (932); vgl. Kom., M.6992, Rn. 583 ff. – Hutchison 3G UK/Telefonica Ireland; M.6497, Rn. 310 ff. – Hutchison 3G Austria/Orange Austria; zu Letzterem Monopolkommission, XX. Hauptgutachten – Eine Wettbewerbsordnung für die Finanzmärkte, 2014, Rn. 697 ff.
[858] Leitlinien „horizontale Zusammenschlüsse" Rn. 29, Fn. 38.
[859] Leitlinien „horizontale Zusammenschlüsse" Rn. 29, Fn. 39.
[860] Leitlinien „horizontale Zusammenschlüsse" Rn. 29; Kom., M.3216 – Oracle/Peoplesoft.
[861] Vgl. etwa Epstein/Rubinfeld, Technical Report. Effects of Mergers Involving Differentiated Products, abrufbar unter http://ec.europa.eu/competition/mergers/studies_reports/effects_mergers_involving_differentiated_products.pdf, zuletzt abgerufen am 17.3.2023.

288 **c) Begrenzte Möglichkeiten der Kunden, zu einem anderen Anbieter überzuwechseln.** Nicht koordinierte Wirkungen nach einem Unternehmenszusammenschluss können begünstigt werden, wenn die **Ausweichmöglichkeiten** der Kunden nach der Fusion so begrenzt sind, dass sie auch bei grundsätzlicher Bereitschaft, auf weiter entfernte Substitutionsprodukte zurückzugreifen, keine entsprechenden Anbieter am Markt finden würden. Diese Kunden wären dann möglichen Preiserhöhungen des fusionierten Unternehmens besonders ausgeliefert.[862] Eine solche Situation kann sich in **konzentrierten Märkten** dann ergeben, wenn nur wenige Wettbewerber vorhanden sind, so dass die Ausweichmöglichkeiten der Nachfrage quantitativ eingeschränkt[863] oder besonders kostenintensiv[864] sind. In Zimmer/Biomet stellte die Kommission anhand mehrerer Faktoren die Unwahrscheinlichkeit eines Lieferantenwechsels bei orthopädischen Implantaten fest, namentlich der erhöhten Anzahl von Revisionsoperationen bei einem Produktwechsel, Präferenzen auf Seiten der behandelnden Ärzte sowie der Bedeutung von Qualitätsstandards und der Produktbetreuung.[865] In Novelis/Aleris verwies die Kommission darauf, dass die Parteien einen großen Anteil der Kapazitäten gemeinsam kontrollierten und Wettbewerber entsprechende Kapazitäten nicht zügig aufbauen konnten.[866] Unkontrollierte Preiserhöhungsspielräume können sich in derartigen Fällen auch auftun, wenn die Kunden vor dem Zusammenschluss in der Lage oder sogar darauf angewiesen waren, durch Warenbezug bei verschiedenen Wettbewerbern **(multi-sourcing)** günstigere Preise zu erhalten und diese Möglichkeit nach dem Zusammenschluss wegfällt (zur Bedeutung von multi-sourcing bei der Untersuchung von Nachfragemacht → Rn. 152 ff.).[867] Daneben können dann, wenn der Zusammenschluss etwa zu einer duopolitischen Marktstruktur führt, auch mögliche koordinierte Wirkungen durch eine kollektive Marktbeherrschung zu untersuchen sein (zu koordinierten Wirkungen → Rn. 344 ff.).

289 Lässt sich hingegen eine Wechselbereitschaft feststellen, spricht dies in der Tendenz gegen wettbewerbliche Bedenken: So verwies die Kommission in Imabari Shipbuilding/JFE/IHI/Japan Marine United Corporation darauf, dass die Mehrheit der Kunden angab, im Falle einer Preiserhöhung von 5–10 % auf einen anderen Anbieter zu wechseln und dass andere Anbieter auch in der Lage waren die entsprechende Nachfrage zu decken.[868] Auch in anderen Fällen hatte die Kommission mit Blick auf **freie Kapazitäten** bei Wettbewerbern sowie eine hohe Wechselbereitschaft und Nachfragemacht der Kunden keine wettbewerblichen Bedenken.[869]

290 Die verbleibenden **Ausweichmöglichkeiten** müssen für die Kunden auch **qualitativ realistisch** sein. Ein wesentliches Kriterium dafür war in der bisherigen Beschlusspraxis, ob zwischen dem gemeinsamen Marktanteil der Zusammenschlussparteien und den Marktanteilen ihrer nächsten Wettbewerber große Abstände liegen. Wo dieser Abstand 20 % übersteigt, erhöht sich die Wahrscheinlichkeit wettbewerblicher Bedenken, da ein solcher Marktanteilsabstand ein Indiz dafür bildet, dass die Wettbewerber des Zusammenschlussunternehmens hinsichtlich ihres Produktangebots oder anderer qualitativer Faktoren keine gleichwertigen Ausweichmöglichkeiten darstellen. Es lassen sich aber keine bestimmten Marktanteilsabstände festlegen, die Kommission nimmt vielmehr eine Gesamtbetrachtung vor.[870] Zum Vergleich relativer Marktanteile → Rn. 262 ff.

291 Mögliche Bedenken können gegebenenfalls durch **Zusagen** behoben werden. So haben sich die Parteien in dem Verfahren Huntsman Corporation/Equity interests held by Rockwood Holdings dazu verpflichtet, bezüglich eines ihrer erfolgreichsten Produkte einen Transfer der Technologie, der Marke sowie entsprechend geschulten Personals vorzunehmen, damit ein neuer Marktteilnehmer in kürzester Zeit in den Markt eintreten und Wettbewerbsdruck ausüben kann.[871] Auch in anderen Fällen hat die Kommission die Abgabe von Zusagen verlangt, die den Aufbau oder wenigstens die temporäre Aufrechterhaltung alternativer Angebote am Markt ermöglichen sollten.[872] Ist dies nicht möglich, wird die Kommission den geplanten Zusammenschluss untersagen – so gab es in dem ersten Zusammenschlussverfahren 2010/2011 zwischen den beiden griechischen Fluglinien Olympic und Aegean Airlines keine andere Fluglinie, von der zu erwarten gewesen wäre, dass sie in den

---

[862] Leitlinien „horizontale Zusammenschlüsse" Rn. 31.
[863] Kom., M.7555, Rn. 349 ff. – Staples/Office Depot; M.7567, Rn. 464 ff. – Ball/Rexam.
[864] Kom., M.7265, Rn. 358 ff. – Zimmer/Biomet.
[865] Kom., M.7265, Rn. 360 ff. – Zimmer/Biomet.
[866] Kom., M.9076, Rn. 439 – Novelis/Aleris.
[867] Kom., M.7567, Rn. 475 ff. – Ball/Rexam; M.7408, Rn. 148 ff. – Cargill/ADM Chocolate Business.
[868] Kom., M.9936, Rn. 113 ff., 135 ff., 144 f. – Imabari Shipbuilding/JFE/IHI/Japan Marine United Corporation.
[869] Kom., M.9771, Rn. 197 f. – Hitachi/Honda/Hiams/Keihin/Showa/Nissin Kogyo.
[870] Levy/Cook, European Merger Control Law, § 11.06 [2].
[871] Kom., M.7061, Rn. 574 ff. – Huntsman Corporation/Equity interests held by Rockwood Holdings.
[872] Kom., M.6497, Rn. 539 ff. – Hutchison 3G Austria/Orange Austria.

Markt auf mehreren Inlandsverbindungen in Griechenland eingetreten wäre und dem zusammengeschlossenen Unternehmen auf diesen Strecken Konkurrenz gemacht hätte.[873]

Je nach Charakteristik des betroffenen Marktes und nach den Besonderheiten der Transaktion kann aber sogar die Fusion zu einem **faktischen Monopol** freigabefähig sein, neben dem den Kunden überhaupt keine gleichwertigen Ausweichmöglichkeiten mehr zur Verfügung stehen. In ihrer Entscheidung Newscorp/Telepiù hat die Kommission den Erwerb alleiniger Kontrolle über die beiden einzigen Anbieter von Satelliten-Pay-TV in Italien, Stream und Telepiù, durch Newscorp für mit dem Binnenmarkt vereinbar erklärt, obwohl keine Sanierungsfusion vorlag.[874] Die Ausschaltung des Wettbewerbs verschiedener Plattformen auf dem relevanten Markt für Pay-TV (über Satellit) sollte durch die von den Parteien im Zusagenwege angebotene Öffnung der kombinierten Plattform Stream/Telepiù für dritte Inhalteanbieter kompensiert werden. Ferner musste das fusionierte Unternehmen die Exklusivität beim Rechteerwerb auf seinen Verbreitungsweg Satellit beschränken und von ihm über Satellit angebotene Inhalte anderen Betreibern zur Verbreitung über andere Infrastrukturen zur Verfügung stellen. Dadurch sollten die bisher nicht als gleichwertige Substitute angesehenen alternativen Verbreitungswege (DTT, Kabel, Internet) die Chance erhalten, sich den Kunden gegenüber attraktiver zu positionieren. Lässt sich folglich aus ökonomischen Gründen ein gleichwertiges Angebot im Markt nicht „retten", so kann ein Zusammenschluss trotzdem genehmigt werden, wenn jedenfalls durch entsprechende Zusagen Wettbewerber mit (noch) weiter entfernten, unattraktiveren Produktangeboten gefördert und gestärkt werden.

Auch die Existenz **struktureller Verbindungen** (wie zB Überkreuzbeteiligungen) zwischen dem zusammengeschlossenen Unternehmen und weiteren Wettbewerbern im gleichen Markt (cross ownership bzw. cross shareholding) oder Beteiligungen durch dieselben Investoren an mehreren Wettbewerbern im gleichen Markt (common ownership bzw. common shareholding) können nach der Beschlusspraxis der Kommission dazu führen, dass der nach dem Zusammenschluss verbleibende Wettbewerb qualitativ schlechtere Ausweichmöglichkeiten für die Kunden des zusammengeschlossenen Unternehmens eröffnet. Der wettbewerbliche Einfluss von strukturellen Verbindungen wird vor allem in der wirtschaftswissenschaftlichen Literatur in den Vereinigten Staaten rege diskutiert (zunächst für die hochkonzentrierten Sektoren Banken, Luftverkehr und Telekommunikation, zuletzt auch für Pharma, Saatgut und Arbeitsmärkte).[875] Auch die Kommission und mitgliedstaatliche Wettbewerbsbehörden halten eine wettbewerbsdämpfende Wirkung industrieweiter paralleler Minderheitsbeteiligungen zumindest für möglich.[876] Anknüpfend an die wirtschaftswissenschaftliche Debatte gelangte die Kommission in Dow/DuPont zu der Ansicht, dass strukturelle Verbindungen die wettbewerbliche Dynamik verändern können, da die so verbundenen Unternehmen weniger Interesse an gegenseitigem Wettbewerb als an der Verfolgung einer für beide vorteilhaften kommerziellen Strategie haben.[877] In ihrem Beschluss ging die Kommission ausführlich auf bestehende Minderheitsbeteiligungen institutioneller Investoren in der agrochemischen Industrie ein. Sie setzte sich im Detail mit der wirtschaftswissenschaftlichen Literatur auseinander[878] und führte als Beleg für den wettbewerblichen Einfluss struktureller Beteiligungen in der agrochemischen Industrie u.a. diverse Aussagen der Investoren an, wonach diese aktiv Einfluss auf die strategische Entwicklung der Beteiligungen nehmen würden.[879] Zu koordinierten Wirkungen struktureller Verbindungen → Rn. 365.

Häufig verlangt die Kommission daher im Wege von **Zusagen,** dass die Zusammenschlussparteien Beteiligungen an Wettbewerbern beenden. So musste im Zuge des Zusammenschlusses DSM/Roche Vitamins[880] DSM seine Beteiligung an einem Gemeinschaftsunternehmen mit dem Wettbe-

---

[873] Kom., M.5830 – Olympic/Aegean Airlines; s. hierzu Pressemitteilung der Kommission IP/11/68; zur späteren Freigabe des Zusammenschlusses in einem zweiten Verfahren 2012/2013 s. Pressemitteilung der Kommission IP/13/927.
[874] Kom., M.2876, Rn. 205 ff. – Newscorp/Telepiù.
[875] Vgl. zuletzt etwa Azar/Schmalz/Tecu Antitrust Bull. 66,1 (2021), 113; Elhauge/Majumdar/Schmalz Antitrust Bull. 66,1 (2021), 3; Posner Antitrust Bull. 66,1 (2021), 140; Schmalz Antitrust Bull. 66,1 (2021), 12; zur älteren Literatur vgl. Kom., M.7932, Annex 5, Rn. 28–31, 40–42, 49 f., 53, 55 – Dow/DuPont mwN.
[876] Vgl. etwa Kom., JRC Technical Report, Common Shareholding in Europe, 2020, abrufbar unter https://publications.jrc.ec.europa.eu/repository/handle/JRC121476, zuletzt abgerufen am 17.3.2023; Hellenic Competition Commission, Market Investigation in the Construction Sector, Second Interim Report and Launch oft he Second Public Consultation, abrufbar unter https://www.epant.gr/en/enimerosi/press-releases/item/2301-press-release-market-investigation-in-the-construction-sector.html, zuletzt abgerufen am 17.3.2023.
[877] Kom., M.7932, Rn. 2348–2351, 3254 f. sowie Annex 5 – Dow/DuPont; ähnlich zuvor bereits Kom., M.1383, Rn. 452 – Exxon/Mobil.
[878] Kom., M.7932, Annex 5, Rn. 28–31, 40–45, 52–55 – Dow/DuPont.
[879] Kom., M.7932, Annex 5, Rn. 23–27 – Dow/DuPont.
[880] Kom., M.2972, Rn. 80, 90 ff. – DSM/Roche Vitamins.

werber BASF beenden. Im den LKW-Markt betreffenden Fall Volvo/Renault[881] musste Volvo seine 45 %ige nicht kontrollierende Beteiligung an Scania aufgeben, um Renault im Austausch mit einer 15 %igen Beteiligung von Renault an Volvo erwerben zu können. Zudem musste Renault seine Verbindungen zu einem Gemeinschaftsunternehmen mit dem Wettbewerber Iveco im Busbereich aufgeben. Durch eine **Trennung von Querbeteiligungen** an Wettbewerbern können die Ausweichmöglichkeiten der Kunden allerdings nur dann vergrößert werden, wenn die Beteiligung nicht an einen aktuellen Wettbewerber geht, sondern zu neuem Markteintritt führt. Daneben sind auch andere Verbindungen mit Wettbewerbern zu berücksichtigen. So sagten die Parteien in Hapag-Lloyd/United Arab Shipping Company zu, dass sie sich aus einem Vessel Sharing Agreement mit Wettbewerbern zurückziehen.[882]

295 Zudem kann **potenzieller Wettbewerb** zu berücksichtigen sein: In Toshiba/Westinghouse hielt einer der Zusammenschlussbeteiligten eine Minderheitsbeteiligung an einem potenziellen Wettbewerber. Die dem Minderheitsgesellschafter in der Satzung zugestandenen Mitbestimmungsrechte bezüglich der Unternehmensstrategie hätten es ihm ermöglicht, den Zutritt des potenziellen Wettbewerbers zum Markt zu verhindern. Die wettbewerblichen Bedenken wurden im Wege von Zusagen durch eine Modifikation der Satzung des potenziellen Wettbewerbers beseitigt.[883] Zum potenziellen Wettbewerb als Ausgleichsfaktor → Rn. 160 ff.

296 **d) Erhöhung des Angebots der Wettbewerber bei Preiserhöhungen unwahrscheinlich.** Der Eintritt nicht koordinierter Wirkungen ist wahrscheinlicher, wenn die nach dem Zusammenschluss verbliebenen Wettbewerber nicht in der Lage sind, eine aufgrund von Preiserhöhungen des zusammengeschlossenen Unternehmens auf sie verlagerte Nachfrage zu bedienen. Diese Situation kann dann eintreten, wenn die Wettbewerber der Parteien ihr Angebot bei Preiserhöhungen nicht spürbar steigern können. Eine solche **Unfähigkeit zur Produktionsausweitung** kann vor allem in homogenen Produktmärkten ein Indiz für nicht koordinierte Wirkungen sein. In diesem Fall besteht ein Anreiz des fusionierten Unternehmens, seinen Absatz auf ein Niveau unterhalb des gemeinsamen Produktionsumfangs der fusionierenden Unternehmen vor dem Zusammenschluss zu verringern, um dadurch die Marktpreise zu erhöhen.[884] Ob dem fusionierten Unternehmen derartige Spielräume zukommen, entscheidet sich im Wesentlichen danach, ob Wettbewerber entweder freie Kapazitäten haben, durch deren Nutzung sie eine Absatzverringerung der Fusionsparteien so ausgleichen können, dass es nicht zu einer profitablen Preiserhöhung kommen kann, oder ob die Wettbewerber jedenfalls in der Lage sind, weitere Kapazität ohne größeren Kostenaufwand bzw. innerhalb eines ausreichend kurzen Zeitraums von zwei bis drei Jahren zu schaffen.[885] Zum relevanten Prognosezeitraum → Rn. 217 ff.

297 Nach den Leitlinien für horizontale Zusammenschlüsse[886] wird die Kommission kaum zu dem Ergebnis gelangen, dass der Zusammenschluss eine beherrschende Stellung begründet oder verstärkt, bzw. in anderer Weise wirksamen Wettbewerb erheblich behindert, „wenn Marktbedingungen vorherrschen, bei denen Wettbewerber über ausreichende Kapazitäten verfügen und eine entsprechende Absatzsteigerung für sie gewinnbringend ist". Letzteres hängt auch von der **Kostenstruktur** der Wettbewerber ab. Diese kann dadurch beeinflusst werden, ob die Wettbewerber Vorprodukte zu ihrer Produktion selbst herstellen oder, ggf. zu schwankenden Preisen, am Markt beziehen müssen. Hat eine Produktion hohe Fixkosten, aber niedrige variable Kosten, so spricht dies eher dafür, dass Kapazitäten selbst unter Inkaufnahme geringerer Margen ausgelastet und nicht zurückgefahren werden.

298 So stellte die Kommission CVC/Lenzing[887] fest, dass aufgrund der besonderen Kostenstrukturen der Produktion des Zielunternehmens dieses besser als seine Wettbewerber in der Lage war, seine Kapazitäten flexibel einzusetzen. An Standorten mit **hohen Fix- und variablen Kosten** konnte das fusionierte Unternehmen Mengen profitabel erhöhen oder relativ kostengünstig verringern, wohingegen andere Produktionsstätten (mit niedrigeren Fixkosten) als Auffangkapazitäten genutzt werden konnten. Diese Möglichkeit der flexiblen Kapazitätsauslastung hätte das fusionierte Unternehmen in die Lage versetzt, auch bei wechselnder Nachfrage die Preise hochhalten zu können, ohne dass die Wettbewerber dem etwas hätten entgegensetzen können.[888] In der Entscheidung

---

[881] Kom., M.1980 – Volvo/Renault.
[882] Kom., M.8120, Rn. 158 ff. – Hapag-Lloyd/United Arab Shipping Company.
[883] Kom., M.4153, Rn. 90 – Toshiba/Westinghouse.
[884] Leitlinien „horizontale Zusammenschlüsse" Rn. 32; Kom., M.7408, Rn. 199 ff. – Cargill/ADM Chocolate Business.
[885] Kom., M.9076, Rn. 549 ff. – Novelis/Aleris.
[886] Leitlinien „horizontale Zusammenschlüsse" Rn. 33.
[887] Kom., M.2187, Rn. 164 – CVC/Lenzing.
[888] Kom., M.2187, Rn. 168 ff. – CVC/Lenzing.

UCB/Solutia stellte die Kommission dagegen auf Grund einer von den Parteien durchgeführten sog. critical loss analysis fest, dass bereits eine 5 %ige Preiserhöhung dann als unprofitabel unterlassen wird, wenn sie zu Absatzverlusten in Höhe von 10–20 % führte.[889] Da die Wettbewerber über freie Kapazitäten verfügten und aufgrund des hohen Fixkostenanteils (ca. 20–40 % der Verkaufspreise) hohe Anreize zu voller Kapazitätsauslastung hatten, gelangte die Kommission in diesem Fall zu dem Ergebnis, dass jedweder Versuch des fusionierten Unternehmens, Preise zu erhöhen oder den Absatz zu verringern, für die Wettbewerber eine Gelegenheit darstellen würde, ihre Gewinne zu erhöhen.

In Lactalis/Nuova Castelli verwies die Kommission darauf, dass eine Reihe von Wettbewerbern freie Kapazitäten für die Herstellung von Kuhmilchmozzarella-Produkten hatten bzw. in eine Erweiterung ihrer Kapazität investierten. Die hierfür **notwendigen Investitionen** waren nach Angaben der Marktteilnehmer vergleichsweise gering und die Erweiterungen leicht umzusetzen, was auch durch konkrete Beispiele belegt wurde. Zudem konnten Wettbewerber auf bestehende Logistik- und Vertriebsnetze zurückgreifen, so dass die Kommission trotz gemeinsamer Marktanteile der Parteien von 40–50 % letztlich keine erhebliche Beeinträchtigung des Wettbewerbs annahm.[890]

In Outokumpu/Inoxum nahm die Kommission hingegen an, dass trotz Überkapazitäten im Markt auf eine Preiserhöhung des zusammengeschlossenen Unternehmens (mit einem Marktanteil von 50–60 %)[891] hin keine Ausweitung des Angebots der Wettbewerber zu erwarten sei. Zwar hätten die Wettbewerber die **Möglichkeit** zur Erhöhung der Produktion gehabt, es bestand für sie insoweit aber kein **Anreiz**. Die Wettbewerber konnten nämlich schon vor dem Zusammenschluss auch ohne volle Auslastung ihrer Kapazitäten profitabel operieren und hatten trotz Überkapazitäten weder ihre Produktion erhöht, noch ihre Preise gesenkt.[892] Die Kommission stellte heraus, dass die Reaktionen der Wettbewerber nach dem Zusammenschluss von denselben Anreizen bestimmt würden, die auch vor dem Zusammenschluss bestanden.[893] Der Kommission erschien es eher wahrscheinlich, dass Wettbewerber eine mögliche Preiserhöhung seitens des zusammengeschlossenen Unternehmens nachvollziehen.[894] Eine Besonderheit des Falles lag zudem darin, dass die Kunden sog. multi-sourcing-Strategien verfolgten, also auf den Bezug von Waren von mehr als einem Anbieter angewiesen waren. Mithin konnten die Wettbewerber davon ausgehen, dass ihnen ein Teil der Kunden des zusammengeschlossenen Unternehmens nach dem Zusammenschluss ohnehin zufallen würde, wodurch sie noch weniger Anreiz hatten, mit diesem in verstärkten Wettbewerb zu treten. (zur Auswirkung von multi-sourcing Strategien auf die Nachfragemacht → Rn. 152 ff.) Vielmehr sah die Kommission die Gefahr, dass die Wettbewerber einen Anreiz haben könnten, sogar unabhängig von dem zusammengeschlossenen Unternehmen ihrerseits die Preise zu erhöhen.[895]

Die Bedeutung von Kapazitätsengpässen für die Bewertung möglicher nicht koordinierter Wirkungen ist nach Auffassung der Kommission nicht auf Märkte mit relativ homogenen Produkten beschränkt, sondern kann auch bei **differenzierten Produktmärkten** gegeben sein.[896] Insbesondere bei Zusammenschlüssen im Telekommunikationssektor hat die Kommission, auch unabhängig von etwaigen Kapazitätsengpässen, auf einen möglicherweise fehlenden **Anreiz** zur Erhöhung des Angebots wie auch der Preissenkung hingewiesen.[897]

e) Fähigkeit des fusionierten Unternehmens, die Wettbewerber am Wachstum zu hindern. Die Gefahr des Eintritts nicht koordinierter Wirkungen kann auch von einem Zusammenschluss ausgehen, der das fusionierte Unternehmen in eine Lage versetzt, in der es die **Fähigkeit** und den **Anreiz** hat, das Wachstum kleinerer Unternehmen und potenzieller Wettbewerber zu erschweren oder die Wettbewerbsfähigkeit anderer Unternehmen auf sonstige Weise einzuschränken.[898] Auch hinsichtlich dieses Faktors ist entscheidend, dass das fusionierte Unternehmen erst durch den Zusammenschluss die Fähigkeit zu einem solchen Verhalten gewinnt; denn das Bestreben, die Konkurrenten am Wachstum zu hindern, ist an sich Bestandteil der normalen wettbewerblichen Auseinandersetzung.

Die Leitlinien für horizontale Zusammenschlüsse nennen für dieses wettbewerbsschädigende Verhalten verschiedene Konstellationen, die auf der bisherigen Beschlusspraxis der Kommission und

---

[889] Kom., M.3060, Rn. 42 – UCB/Solutia.
[890] Kom., M.9413, Rn. 167 ff. – Lactalis/Nuova Castelli.
[891] Kom., M.6471, Rn. 341 – Outokumpu/Inoxum.
[892] Kom., M.6471, Rn. 702, 788 – Outokumpu/Inoxum.
[893] Kom., M.6471, Rn. 740 – Outokumpu/Inoxum.
[894] Kom., M.6471, Rn. 702, 788 – Outokumpu/Inoxum.
[895] Kom., M.6471, Rn. 755 ff. – Outokumpu/Inoxum.
[896] Leitlinien „horizontale Zusammenschlüsse" Rn. 35.
[897] Kom., M.7612, Rn. 941 ff. – Hutchison 3G UK/Telefonica UK; M.7018, Rn. 528 ff. – Telefonica Deutschland/E-Plus; M.7421, Rn. 377 ff. – Orange/Jazztel.
[898] Leitlinien „horizontale Zusammenschlüsse" Rn. 36.

der Rechtsprechung der Unionsgerichte beruhen. Dazu gehören die **vertikale Integration** der Zusammenschlussparteien, ihre Kontrolle über gewerbliche **Schutzrechte** und **Know-how,** die Besonderheiten bei Infrastrukturmärkten und die **Finanzkraft** der beteiligten Unternehmen. Der Beschlusspraxis lassen sich noch weitere Faktoren entnehmen, die in den Leitlinien nicht ausdrücklich genannt werden. Die schärfste Form, Wettbewerber am Wachstum zu hindern, bilden missbräuchliche Verhaltensweisen nach Art. 102 AEUV (zur Diskussion des Verhältnisses von präventiver Fusionskontrolle und nachträglicher Verhaltenskontrolle → Rn. 21 ff.).

304   **aa) Vertikale Integration.** Die Kontrolle des zusammengeschlossenen Unternehmens über **Vormaterialien und Vertriebswege,** also dessen vertikale Integration, kann einen **Risikofaktor** für das Entstehen nicht koordinierter Wirkungen darstellen.[899] Entsprechende wettbewerbliche Bedenken hat die Kommission in zahlreichen Entscheidungen geäußert;[900] diese können aber häufig im Wege von Zusagen ausgeräumt werden. (zu Schadenstheorien im Kontext vertikaler Zusammenschlüsse → Rn. 379 ff.)

305   Der Fall Thomson Corporation/Reuters Group[901] betraf den Zusammenschluss zweier Anbieter von Finanzinformationen. Das Angebot von Thomson und Reuters war sowohl an Endkunden gerichtet (in Verbindung mit weiteren sog. „Desktop"-Produkten, die der weiteren Analyse dienen) wie auch an andere Informationsdienstleister (Weitergabe der Daten zur Integration in deren eigene Desktop- und Analyseangebote gegenüber Endkunden). Die Kommission nahm an, dass nicht nur in horizontaler Hinsicht der Wettbewerb zwischen Thomson / Reuters und ihren verbliebenen Wettbewerbern eingeschränkt würde, sondern auch in vertikaler Hinsicht bezüglich des nachgelagerten Marktes für die Bereitstellung von Desktop-Lösungen Bedenken bestünden: Nach dem Zusammenschluss könnte für die neu entstehende Einheit ein **Anreiz** bestehen, anderen Informationsanbietern den Zugang zu den von Thomson/Reuters gesammelten Informationen zur Integration in andere Endkundenangebote wie Finanzanalysen zu verwehren, und ihre Informationen bzw. Rohdaten stattdessen nur über die eigenen Desktoplösungen an die Endkunden zu verkaufen.[902] Die Kommission nahm ferner an, dass dies wiederum die negativen horizontalen Wirkungen verstärken und zu **Preiserhöhungsspielräumen** gegenüber den Kunden von Thomson und Reuters führen könnte.[903] In Chiquita Brands International/Fyffes[904] befürchtete die Kommission, dass die neue Verhandlungsmacht zum Abschluss von Ausschließlichkeitsvereinbarungen mit Reedereien eingesetzt wird und dies den Seetransport für konkurrierende Anbieter kostenintensiver machen könnte.

306   Im Rahmen der Untersagung des Zusammenschlusses Deutsche Börse/NYSE Euronext stellte die Kommission nicht nur fest, dass den Parteien eine **monopolartige Stellung** im Hinblick auf den Börsenhandel mit europäischen Finanzderivaten zukäme, sondern wies zudem darauf hin, dass die Tatsache, dass Deutsche Börse und NYSE Euronext jeweils vertikal integriert sind und Handel, Clearing und Abwicklung „**aus einer Hand**" anbieten, den Markteintritt für neue Wettbewerber erschwert hätte. Kunden wären aufgrund des Vorteils, den die Durchführung aller Schritte für alle Transaktionen mittels eines einzigen Partners bietet, wohl nicht zum Handel mit Derivaten an einer anderen, konkurrierenden Börse bereit. Die von den Parteien angebotenen Zusagen, Wettbewerbern für bestimmte Kategorien von Kontrakten Zugang zum Clearinghaus zu gewähren, wurden als ungenügend zurückgewiesen.[905]

307   **bb) Kontrolle über Patente und andere Formen geistigen Eigentums.** Auch ein besonderer Vorsprung bei gewerblichen **Schutzrechten** und Know-how kann dem fusionierten Unternehmen die Fähigkeit vermitteln, Wettbewerber am Wachstum zu hindern. Deshalb ist nach den Leitlinien für horizontale Zusammenschlüsse zu prüfen, ob geistige Schutzrechte den Fusionsparteien wettbewerbliche Vorsprünge gegenüber ihren bereits im Markt tätigen Wettbewerbern verschaffen können.[906] Rechte an wichtigen Marken können im Konsumgüterbereich dem fusionierten Unternehmen eine erhebliche Absatzbasis im Einzelhandel sichern, wenn Kunden erwarten, dass Einzelhändler diese Marken führen und diese damit **must have- bzw. must stock-Status** erlangen (zur Auswirkung von must have-Produkten auf die Struktur des Nachfragemarkts → Rn. 153).[907] Fällt durch den Zusammenschluss der Wettbewerb zwischen solchen wichtigen

---

[899] Leitlinien „horizontale Zusammenschlüsse" Rn. 36.
[900] Kom., M.2978, Rn. 448 ff. – Lagardère/Natexis/VUP; M.2947, Rn. 114 ff. – Verbund/Energie Allianz.
[901] Kom., M.4726 – Thomson Corporation/Reuters Group.
[902] Kom., M.4726, Rn. 223 – Thomson Corporation/Reuters Group.
[903] Kom., M.4726, Rn. 227 – Thomson Corporation/Reuters Group.
[904] Kom., M.7220 – Chiquita Brands International/Fyffes; s. hierzu Hirsbrunner EuZW 2015, 535 (538).
[905] Kom., M.6166 – Deutsche Börse/NYSE Euronext; s. Pressemitteilung der Kommission IP/12/94.
[906] Leitlinien „horizontale Zusammenschlüsse" Rn. 36.
[907] Kom., M.9274, Rn. 77, 92, 103, 120, 147, 158, 203, 285 – GlaxoSmithKline/Pfizer Consumer Healthcare.

Marken bzw. unabdingbaren Sortimentsprodukten weg, so besteht die Gefahr, dass das fusionierte Unternehmen einseitig Preise erhöhen kann, ohne dass die Wettbewerber von Abschmelzverlusten profitieren können.[908]

Daneben ist eine Kontrolle über Patente und andere Formen des geistigen Eigentums auch im Rahmen der Ausgleichsfaktoren zu prüfen. Denn sie können technische und/oder wirtschaftliche **Marktzutrittsschranken** darstellen und damit potenziellen Wettbewerb verhindern (→ Rn. 169 ff.). Zum Teil werden auch beide Aspekte verbunden, indem die Kommission die Fähigkeit der Zusammenschlussparteien, durch ihre Patente den Markteintritt potenzieller Wettbewerber in Zukunft zu verhindern oder zu verzögern, als Ausdruck einer besonderen Vorrangstellung im Markt wertet.[909] **308**

cc) **Besonderheiten bei Infrastrukturmärkten.** Auf Märkten, wo das Zusammenwirken verschiedener Infrastrukturen oder Plattformen von Bedeutung ist, kann ein Zusammenschluss nach Auffassung der Kommission der fusionierten Einheit die Möglichkeit verschaffen und ihr den Anreiz geben, die Kosten der Mitbewerber zu erhöhen oder die Qualität ihrer Dienstleistungen zu mindern.[910] Damit sind Verhaltensweisen angesprochen, die etwa aus den **Netzindustrien** bekannt sind: Wo Wettbewerber auf Zusammenschaltung oder die Erbringung von Netz-Vorleistungen eines marktstarken Unternehmens angewiesen sind, stehen sie in der Gefahr, nur zu hohen Kosten oder mit schlechter Qualität beliefert zu werden. Denn für den Leistungserbringer kann es attraktiv sein, seine Position auf dem Vorleistungsmarkt zur Verbesserung seiner Position auf dem nachgelagerten Markt, in dem er in stärkerem Wettbewerb steht, zu nutzen. Zudem können sich mit zunehmender Größe des fusionierenden Unternehmens **Netzwerkeffekte** ergeben, da die Netzleistung des Marktführers für Endkunden (direkte Netzwerkeffekte) und für die Anbieter von Zusatzprodukten oder -dienstleistungen (indirekte Netzwerkeffekte) regelmäßig attraktiver ist als die Leistung kleinerer Konkurrenten.[911] **309**

Im Verfahren RWE/Essent stellte die Kommission fest, dass sich wettbewerbliche Bedenken ergeben können, wenn ein Gasversorger in erheblichem Umfang vertikal integriert ist und (Mehrheits-)Beteiligungen an seinen Abnehmern hält, welche wiederum bevorzugt bei ihrem Mehrheitseigentümer kaufen. Die **Kapazität** des Versorgers war bereits weitgehend ausgelastet, so dass Wettbewerber, die Gas über dessen Netzwerk transportieren wollen, dies nur in geringen Mengen tun können. Sind aber die Abnahmemengen vom Gaslieferanten geringer, steigen die Preise, was wiederum das Angebot des Wettbewerbers weniger attraktiv für Kunden macht.[912] Keine Bedenken hat die Kommission in Fällen identifiziert, in denen der Netzbetreiber zB aufgrund **regulatorischer Verpflichtungen** Wettbewerbern auf dem nachgelagerten Markt Zugang zum Netze gewähren muss.[913] **310**

Die Untersagung im Telekommunikationssektor in dem Fall Hutchison 3G UK/Telefonica UK betraf einen Zusammenschluss zwischen dem größten sowie dem viertgrößten Anbieter auf dem Endkundenmarkt für Mobilfunkdienste im Vereinigten Königreich. Während in der Vergangenheit zwischen den Wettbewerbern funktionierende Vereinbarungen über die gemeinsame Nutzung der Netzinfrastruktur im Mobilfunkmarkt bestanden, nahm die Kommission an, dass nach der Transaktion die **Möglichkeit** und der **Anreiz** seitens des Zusammenschlussunternehmens bestehe, die existierenden Nutzungsvereinbarungen erheblich zu stören und so die Wettbewerbsfähigkeit der übrigen Anbieter zu beeinträchtigen.[914] Zusätzlich ermittelte die Kommission eine Verringerung der Wettbewerbsfähigkeit auf Seiten der Mobilfunkanbieter ohne eigenes Netz, die in erheblichem Maße von den Mobilfunknetzbetreibern abhängig sind.[915] **311**

dd) **Finanzkraft des fusionierten Unternehmens.** Bei der Untersuchung, ob das fusionierte Unternehmen in der Lage sein wird, seine Wettbewerber am Wachstum zu hindern, berücksichtigt die Kommission auch die Finanzkraft des zusammengeschlossenen Unternehmens.[916] Auswirkungen auf die wettbewerbliche Beurteilung kann aber nur eine im Vergleich zu Wettbewerbern **überragende Finanzkraft** des fusionierten Unternehmens haben (zur Erheblichkeit der Wettbewerbsbehinderung → Rn. 140 ff.). Diese ist nur indikativ anhand des Umsatzes der beteiligten Unternehmen zu bemessen, da es für die Einsatzfähigkeit der Finanzmittel im Wettbewerbsgeschehen darauf ankommt, dass es sich um kurzfristig und frei verfügbare finanzielle **312**

---

[908] Kom., M.3197, Rn. 30 ff. – Candover/Cinven/Bertelsmann-Springer.
[909] Kom., M.2187, Rn. 247 ff. – CVC/Lenzing.
[910] Leitlinien „horizontale Zusammenschlüsse" Rn. 36.
[911] Levy/Cook, European Merger Control Law, § 11.03 [3].
[912] Kom., M.5467, Rn. 351, 354–356 – RWE/Essent.
[913] Kom., M.5224, Rn. 149 – EDF/British Energy.
[914] Kom., M.7612, Rn. 885 – Hutchison 3G UK/Telefonica UK.
[915] Kom., M.7612, Rn. 885 – Hutchison 3G UK/Telefonica UK.
[916] Leitlinien „horizontale Zusammenschlüsse" Rn. 36.

Ressourcen handelt. Für die Bestimmung der Finanzkraft ist daher der freie **Cash Flow** ausschlaggebender.[917] Daneben können etwa auch staatliche Subventionen die Finanzkraft beeinflussen.[918] In der Regel sind Fragen der überragenden Finanzkraft auch von der Kommission vornehmlich im Zusammenhang mit der möglichen Verstärkung einer vorbestehenden marktbeherrschenden Stellung bei konglomeraten Zusammenschlüssen relevant geworden (zu Schadenstheorien im Kontext konglomerater Zusammenschlüsse → Rn. 466 ff.).

313 In seinem Urteil General Electric hat das EuG aber darauf hingewiesen, dass weder die Finanzkraft noch das Kredit-Rating eines Unternehmens per se für eine marktbeherrschende Stellung sprechen.[919] Nötig ist vielmehr eine **Gesamtbetrachtung:** Neben der hohen Finanzkraft muss das Unternehmen auch die **Möglichkeit** und der **Anreiz** haben, die finanziellen Mittel entsprechend einzusetzen.[920]

314 **ee) Sonstige Faktoren.** Die Fähigkeit, Wettbewerber am Wachstum zu hindern und damit die Gefahr nicht koordinierter Wirkungen eines Zusammenschlusses kann auch aus weiteren Faktoren entstehen, die in den Leitlinien für horizontale Zusammenschlüsse nicht gesondert Erwähnung finden, aber in der bisherigen **Beschlusspraxis** der Kommission eine Rolle gespielt haben.

315 Zum einen können durch den Zusammenschluss erreichbare Größenvorteile bzw. **Skaleneffekte** (economies of scale) dem fusionierten Unternehmen Preiserhöhungsspielräume verschaffen. In den Entscheidungen Alcoa/Reynolds[921] und Mitsui/CVRD/Caemi[922] betonte die Kommission das zusammenschlussbedingte Entstehen von Produktionskostenvorteilen als erheblichen Wettbewerbsvorsprung des zusammengeschlossenen Unternehmens. In Amcor/Bemis äußerte die Kommission u.a. deshalb wettbewerbliche Bedenken, da in den betroffenen Märkten nur die Zusammenschlussparteien, nicht aber Wettbewerber, ein vollständige **Produktportfolio** für alle Segmente im Angebot hatten.[923] Zur damit zusammenhängenden Frage der efficiency offence → Rn. 184.

316 Auch das Vorhandensein vorteilhafter **Vertriebs- und Zulieferverträge** kann einem Unternehmen Vorteile vermitteln, die es in die Lage versetzen können, Wettbewerber am Wachstum zu hindern. Vor allem das Vorhandensein exklusiver[924] oder langfristiger[925] Verträge mit wesentlichen Kunden und Lieferanten kann Anhaltspunkt dafür sein. Umgekehrt hat die Kommission in Fällen, in denen das zusammengeschlossene Unternehmen nicht-exklusive Vertriebsverträge mit den Händlern seiner Produkte hatte, darin eher die Bestätigung gesehen, dass es nicht zu wettbewerbsschädigendem Verhalten nach dem Zusammenschluss kommen würde.[926]

317 In HeidelbergCement/Schwenk/Cemex Hungary/Cemex Croatia kam die Kommission zu dem Ergebnis, dass die **Transparenz auf dem Markt** für Grauzement in Verbindung mit zu erwartenden aggressiven Gegenmaßnahmen durch das Zusammenschlussunternehmen Wettbewerber entweder am Markteintritt oder am Wachstum hindern würde.[927] Dabei stützte sie sich auf Aussagen von Kunden sowie interne Dokumente, die nahelegten, dass die Preissetzung pro Kundensegment unter den Marktteilnehmern bekannt ist und vergangenes Verhalten auf ein aggressives Vorgehen schließen lässt.[928] In eine ähnliche Richtung gehen die Erwägungen der Kommission in dem Verfahren Lufthansa/Certain Air Berlin Assets. Hierbei äußerten Marktteilnehmer die Sorge, dass eine Vermehrung der verfügbaren **Slots** der Lufthansa zu einem Machtzuwachs gegenüber den Flughafenbetreibern führen und dadurch die Wachstumschancen der Wettbewerber an entsprechenden Flughäfen beseitigen könnte.[929] In Folge untersuchte die Kommission im Rahmen eines Airport-to-Airport-Ansatzes die Menge der Slots der Lufthansa vor und nach der Transaktion im Zusammenhang mit der jeweiligen Aus- und Überlastung an entsprechenden Flughäfen und kam hinsichtlich des Flughafens Düsseldorf zu dem Ergebnis, dass die Lufthansa nach dem Zusammenschluss die Möglichkeit und auch den Anreiz haben würde, Wettbewerber am Eintritt sowie am Wachstum zu hindern.[930]

---

[917] Immenga/Mestmäcker/Körber, Rn. 264 ff.; für das deutsche Recht vgl. BGH WuW/E BGH 2150, 2157 – Edelstahlbestecke.
[918] Kom., M.4956, Rn. 75 ff. – STX/Aker Yards.
[919] EuG, T-210/01, ECLI:EU:T:2005:456, Rn. 185 – General Electric/Kommission; Levy/Cook, European Merger Control Law, § 11.03 [7].
[920] Kom., M.7881, Rn. 337 – AB InBev/SABMiller.
[921] Kom., M.1693, Rn. 29 – Alcoa/Reynolds.
[922] Kom., M.2420, Rn. 175 ff. – Mitsui/CVRD/Caemi.
[923] Kom., M.9094, Rn. 115, 143 – Amcor/Bemis.
[924] Kom., M.1630, Rn. 60 ff. – Air Liquide/BOC.
[925] Kom., M.3436, Rn. 196 – Continental/Phoenix.
[926] Kom., M.2609, Rn. 32 – HP/Compaq.
[927] Kom., M.7878, Rn. 436 ff. – HeidelbergCement/Schwenk/Cemex Hungary/Cemex Croatia.
[928] Kom., M.7878, Rn. 441 ff – HeidelbergCement/Schwenk/Cemex Hungary/Cemex Croatia.
[929] Kom., M.8633, Rn. 165 ff. – Lufthansa/Certain Air Berlin Assets.
[930] Kom., M.8633, Rn. 187 ff. – Lufthansa/Certain Air Berlin Assets.

f) **Beseitigung einer wichtigen Wettbewerbskraft und Innovationswettbewerb.** Sind die **318** Fusionsparteien Wettbewerber in bereits konzentrierten Märkten, so kann der Zusammenschluss aus Sicht der Kommission auch dann zu wettbewerblichen Bedenken führen, wenn der Marktanteilszuwachs für den Erwerber geringfügig ist, das Zielunternehmen jedoch eine **besondere wettbewerbliche Rolle** spielt. Diese Konstellation wird in den horizontalen Leitlinien angesprochen[931] und ist auch in der Beschlusspraxis der Kommission dokumentiert.[932] Sie betrifft in der Regel Situationen, in denen das Zielunternehmen erst jüngst in Konkurrenz zum Erwerber in den Markt eingetreten ist und von ihm erwartet werden kann, dass es in Zukunft spürbaren Wettbewerbsdruck auf die übrigen im Markt tätigen Unternehmen ausübt.[933] Ähnliches gilt, wenn etablierte Marktteilnehmer einen kleineren Konkurrenten, einen sog. **Maverick**, übernehmen, der durch seine besondere **Innovationskraft** im Markt bisher für Unruhe gesorgt und die wettbewerbliche Dynamik stärker befruchtet hat, als es ausweislich seiner Marktanteile zu erwarten gewesen wäre.[934]

In der den österreichischen Mobilfunkmarkt betreffenden Entscheidung Hutchison 3G Austria/ **319** Orange Austria nahm die Kommission an, dass Hutchison 3G eine weit bedeutendere Rolle im Wettbewerb zukäme, als der Marktanteil des Unternehmens von 10–20 % vermuten ließ, zB durch die gegenüber Wettbewerbern frühzeitige Adaption **neuer Technologien**.[935] Außerdem wies die Kommission darauf hin, dass Hutchison 3G binnen weniger Jahre deutliche **Marktanteilszuwächse** zu verzeichnen hatte.[936] Auch dieser Zusammenschluss wurde schließlich unter Auflagen freigegeben, die den Eintritt weiterer Wettbewerber in den Markt ermöglichen sollten.[937] Auch in der Untersagungsentscheidung der Kommission im Verfahren Hutchison 3G UK/Telefonica UK wurde befürchtet, dass durch den Zusammenschluss mit Three eine wichtige Wettbewerbskraft beseitigt wird.[938] Three war als letztes in den Markt eingetreten und repräsentierte nach Ansicht der Kommission eine wichtige Wettbewerbskraft. Eine Besonderheit bei dieser Entscheidung war die Tatsache, dass alle vier britischen Mobilfunknetzbetreiber hinsichtlich der Nutzung von Netzwerken untereinander kooperieren, woraus die Kommission auf eine besondere Gefährdung für die weitere Entwicklung im Mobilfunksektor schloss.[939]

In seinem Urteil in CK Telecoms stellte der EuG klar, dass nur solche Unternehmen als **320** „wichtige Wettbewerbskraft" eingestuft werden dürfen, die eine im Vergleich zu übrigen Marktteilnehmern **besondere wettbewerbliche Bedeutung** haben.[940] Zudem sei erforderlich, dass dieses Unternehmen besonders **aggressiv** im Wettbewerb auftrete und übrige Marktteilnehmer dadurch unter Druck setze. Das betreffe insbesondere die **Preispolitik**, die entweder die übrigen Anbieter zu Preisanpassungen zwingen oder zumindest die wettbewerbliche Dynamik am Markt erheblich beeinflussen könne.[941] Ferner könne eine erhebliche Behinderung des wirksamen Wettbewerbs durch einen Zusammenschluss nicht allein daraus gefolgert werden, dass ein Unternehmen aufgrund seines über den Marktanteil hinausgehenden Wettbewerbseinflusses eine wichtige Wettbewerbskraft sei. Diese Prüfungsschritte sind somit voneinander zu trennen.[942] Eine andere Auffassung vertritt Generalanwältin Kokott. Ihren Schlussanträgen vor dem EuGH zufolge reicht es aus, wenn ein Unternehmen einen größeren Einfluss auf den Wettbewerbsprozess hat, als anhand seiner Marktanteile oder ähnlicher Messgrößen zu vermuten wäre, und zwar unabhängig von den anderen Wettbewerbern auf dem Markt. Das Adjektiv „wichtig" könne nicht dahin ausgelegt werden, dass es die Ausübung eines „besonders aggressiven Wettbewerbs im Hinblick auf die Preise" erfordert.[943] Weiterführend zum Urteil CK Telecoms → Rn. 81 f., 129 ff.

In durch **Innovation** geprägten Märkten prüft die Kommission, inwieweit sich der Zusammen- **321** schluss in negativer Weise auf das Innovationsniveau innerhalb eines bestimmten Marktes auswirkt.

---

[931] Leitlinien „horizontale Zusammenschlüsse" Rn. 37.
[932] Kom., M.6992, Rn. 279 ff. – Hutchison 3G UK/Telefonica Ireland; M. 2568, Rn. 126 – Haniel/Ytong.
[933] Kom., M.4141, Rn. 161–167 – Linde/BOC.
[934] Kom., M.7758, Rn. 430 ff., 972 ff. – Hutchison 3G Italy/Wind/JV.
[935] Kom., M.6497, Rn. 263, 265 – Hutchison 3G Austria/Orange Austria.
[936] Kom., M.6497, Rn. 264 – Hutchison 3G Austria/Orange Austria.
[937] Kom., M.6497, Rn. 539 – Hutchison 3G Austria/Orange Austria.
[938] Kom., M.7612, Rn. 1175 ff., 1920, 1935 ff. – Hutchison 3G UK/Telefonica UK. Hinsichtlich der Bedeutung einzelner Informationsquellen der Kommission vgl. Powell/Czapracka, CLPD 3, 4 (2017) 41 (49 f.).
[939] Kom., M.7612, Rn. 1228 ff. – Hutchison 3G UK/Telefonica UK.
[940] EuG, T-399/16, ECLI:EU:T:2020:217, Rn. 158, 172 ff. – CK Telecoms/Kommission; hierzu Wessely FS Wiedemann, 2020, 577 (587).
[941] EuG, T-399/16, ECLI:EU:T:2020:217, Rn. 170 ff., 209 ff. – CK Telecoms/Kommission; hierzu Wessely FS Wiedemann, 2020, 577 (587 f.).
[942] EuG, T-399/16, ECLI:EU:T:2020:217, Rn. 172 ff. – CK Telecoms/Kommission; hierzu Wessely FS Wiedemann, 2020, 577 (588).
[943] GAin Kokott, Schlussanträge v. 20.10.2022, Rs. C-376/20 P, Rn. 110 – CK Telecoms/Kommission.

Im besonderen Maße erstreckte sich diese Prüfung bisher auf den Pharma- und den Pflanzenschutzsektor.[944] In BMS/Celegene hat die Kommission exemplarisch dargelegt, dass sie in innovationsgetriebenen Märkten die Wettbewerbsbedingungen auf **vier Ebenen** untersucht: (i) bestehender Wettbewerb für bestehende Produkte, (ii) potenzieller Wettbewerb hinsichtlich bestehender und weit entwickelter Pipeline-Produkte sowie potenzieller Wettbewerb zwischen weit entwickelten Pipeline-Produkten, (iii) Innovationswettbewerb hinsichtlich Pipeline-Produkten und die Gefahr des Verlusts von Wettbewerb aufgrund von weniger Innovationen und (iv) Innovationswettbewerb im Hinblick auf Fähigkeiten in bestimmten Innovationsbereichen.[945]

322 In Novartis/GlaxoSmithKline Oncology Business[946] prüfte die Kommission die wettbewerblichen Auswirkungen von Phase-III-Produkten auf den Wettbewerb. Darüber hinaus bezog sie jedoch die spezifischen Auswirkungen auf den Innovationswettbewerb in ihre Prüfung mit ein, wobei sie auch solche **Pipeline-Produkte** berücksichtigte, die sich in einer früheren Entwicklungsphase (Phase-I und Phase-II) befanden.[947] Sie wies darauf hin, dass vor dem Hintergrund von Rn. 8 und 38 der Leitlinien für horizontale Zusammenschlüsse ein solcher Zusammenschluss nicht nur den Wettbewerb auf bestehenden, sondern auch auf Innovations- und auf zukünftigen Märkten beeinträchtigen könne.[948] Dies sei bspw. in Situationen anzunehmen, in denen durch den Zusammenschluss Unternehmen zusammen kommen, die neue Produkte entwickeln, welche entweder eines Tages bestehende Produkte am Markt ersetzen oder eine ganz neue Nachfrage schaffen sollen.[949] Vor diesem Hintergrund kam die Kommission zu dem Schluss, dass in Folge der geplanten Transaktion die Gefahr einer Einstellung der klinischen Forschung und Weiterentwicklung im Bereich der Krebs-Therapie bestand. Um eine Freigabe zu ermöglichen, verpflichtete sich Novartis einerseits, Rechte, die das Unternehmen vom Eigentümer und Lizenzgeber Array erworben hatte, zurückzugeben und daneben weitere Rechte an Array zu veräußern.[950] Da Array selbst nicht über hinreichende Mittel zur Weiterführung der klinischen Forschungsprogramme verfügte, war die Erfüllung der Abhilfemaßnahme an eine Vereinbarung zwischen Array und einem geeigneten Pharmaunternehmen gekoppelt. Weiterhin verpflichtete sich Novartis zur zeitlich befristeten Unterstützung von Array hinsichtlich der Durchführung des Forschungsprogramms.

323 In Pfizer/Hospira[951] hatte die Kommission Bedenken, dass Pfizer die Entwicklung eines Konkurrenzprodukts zu einem von Hospira bereits vertriebenen, äquivalenten biotechnologischen Arzneimittel einstellen oder Hospira umgekehrt das bereits vertriebene Produkt vom Markt nehmen könnte.[952] Wie auch in Novartis/GlaxoSmithKline Oncology Business wurde der Zusammenschluss unter der **Zusage der Aufrechterhaltung bestehender Entwicklungsprojekte** genehmigt. Im Zusammenhang mit der Entscheidung in Pfizer/Hospira verwies die Kommission auch ausdrücklich darauf, dass sie neben der Verhinderung von Preiserhöhungen auch einer Beeinträchtigung von Forschung und Entwicklung entgegenwirken möchte.[953]

324 Auch außerhalb des Pharmabereiches hat die Kommission die Auswirkungen von Zusammenschlüssen auf die Forschung und Entwicklung und damit – aus ihrer Sicht – bezüglich des Wettbewerbs auf zukünftigen Produktmärkten geprüft.[954] In Dow/DuPont befürchtete die Kommission eine Beschränkung des **Innovationswettbewerbs** in der Pflanzenschutzindustrie und erweiterte zugleich ihre Prüfung auf von der Marktreife (noch) weit entfernte Forschungs- und Entwicklungsaktivitäten der Zusammenschlussparteien.[955] Hinsichtlich einiger Pipeline-Produkte, bei denen zudem eine hohe Wahrscheinlichkeit eines zukünftigen Markteintritts bestand, stellte die Kommission Überschneidungen fest und folgerte auf Grundlage dessen, dass der Zusammenschluss eine erhebliche Beeinträchtigung des Innovationswettbewerbs nach sich ziehen würde.[956] Auch in diesem Fall wurde der Zusammenschluss freigegeben, nachdem sich die Parteien bereit erklärt hatten, im Wesentlichen die gesamte Forschungskapazität von DuPont zu veräußern.[957] Ähnlich argumentierte die Kommission in Bayer/Monsanto, wo sie ebenfalls den Wettbewerb in **Innovationsräumen**

---

[944] Kom., M.9294 – BMS/Celegene; M.8401 – J&J/Actelion; M.7746 – Teva/Allergan Generics.
[945] Kom., M.9294, Rn. 22 – BMS/Celegene.
[946] Kom., M.7275 – Novartis/GlaxoSmithKline Oncology Business.
[947] Kom., M.7275, Rn. 89 ff. – Novartis/GlaxoSmithKline Oncology Business.
[948] Kom., M.7275, Rn. 89 – Novartis/GlaxoSmithKline Oncology Business.
[949] Kom., M.7275, Rn. 89 – Novartis/GlaxoSmithKline Oncology Business.
[950] Kom., M.7275, Rn. 279 ff. – Novartis/GlaxoSmithKline Oncology Business.
[951] Kom., M.7559 – Pfizer/Hospira.
[952] Kom., M.7559, Rn. 57 – Pfizer/Hospira.
[953] Pressemitteilung der Kommission IP/15/5470.
[954] Kom., M.8087 – Smiths Group/Morpho Detection.
[955] Kom., M.7932, Rn. 272 ff. – Dow/DuPont; hierzu Kuhn ZWeR 2020, 1 (30 ff.).
[956] Kom., M.7932, Rn. 1955 ff. – Dow/DuPont.
[957] Pressemitteilung der Kommission IP/17/772.

(innovation space), die etwa Forschungslinien und frühe Pipeline-Produkte umfassen können, untersuchte.[958] Die Identifizierung und Abgrenzung der relevanten Innovationsräume – als Pendant zum relevanten Markt – sowie der Innovatoren und ihrer Innovationskraft – als Pendant zu Wettbewerbern auf dem Markt – begegnet im Einzelfall aber Schwierigkeiten. Dies gilt auch für die darauf aufbauende Beurteilung, ob durch den möglichen Wegfall von Wettbewerb im Forschungs- und Entwicklungsbereich auch tatsächlich innerhalb des Prognosezeitraums erhebliche Beeinträchtigungen für das Wettbewerbsgeschehen zu erwarten sind.[959]

Umgekehrt können Zusammenschlüsse in Märkten, in denen **Innovation** einen wichtigen Wettbewerbsfaktor darstellt, auch den Innovationsdruck auf die verbleibenden Wettbewerber erhöhen und dadurch **wettbewerbsfördernd** wirken.[960] Es ist anhand des Einzelfalls zu ermitteln, ob die Übernahme eines innovativen Unternehmens durch einen – weniger innovativen, aber stärkeren – Wettbewerber eher erwarten lässt, dass kurz vor der Einführung stehende Produkte schneller, in größerem Umfang und damit wettbewerbswirksamer platziert werden und die anderen Marktteilnehmer ihrerseits zu verstärkter Aktivität animiert werden, oder ob wahrscheinlicher ist, dass das neue Produkt nach dem Zusammenschluss nicht oder nur mit geringer Wirkung im Markt platziert wird, um den Absatz der Produkte des Erwerbers nicht zu gefährden. Auch in dem Fall, in dem das übernommene Unternehmen lediglich ein potenzieller Wettbewerber ist, kann von ihm bereits wesentlicher Wettbewerbsdruck ausgehen. Die Kommission wird dies in ihre Untersuchung der Frage einbeziehen, ob wegen der besonderen wettbewerblichen Nähe der Fusionspartner mit dem Wegfall erheblichen Binnenwettbewerbs gerechnet werden muss (→ Rn. 77 ff.). 325

g) Zusammenschluss mit einem potenziellen Wettbewerber. Zusammenschlüsse zwischen einem Unternehmen, das auf dem relevanten Markt bereits tätig ist, und einem potenziellen Wettbewerber in diesem Markt können ähnliche wettbewerbswidrige Wirkungen entfalten wie Fusionen zwischen zwei Unternehmen, die auf demselben relevanten Markt bereits tätig sind.[961] Für die Untersagung eines Zusammenschlussvorhabens ist es stets erforderlich, dass dieses wirksamen Wettbewerb auf dem betroffenen Markt, insbesondere durch die Begründung oder Verstärkung einer beherrschenden Stellung, erheblich behindert. (zum SIEC-Test → Rn. 77) Soweit horizontale wettbewerbsbeschränkende Auswirkungen des Zusammenschlusses mit einem potenziellen Wettbewerber geltend gemacht werden sollen, muss die Kommission zeigen, dass der potenzielle Wettbewerber die **Wettbewerbsbedingungen** auf dem fraglichen Markt bereits **mitbestimmt** hat, ohne dort bisher aktiv tätig gewesen zu sein. 326

Die Prüfung ist **zweistufig**: Zunächst muss festgestellt werden, ob zwischen den Zusammenschlussparteien potenzieller Wettbewerb besteht, der durch den Zusammenschluss wegfallen würde. Nur wenn dies der Fall ist, wird in einem zweiten Schritt wie auch im Rahmen der Prüfung von Zusammenschlüssen aktueller Wettbewerber untersucht, ob der wirksame Wettbewerb auf dem betroffenen Markt durch diesen Wegfall erheblich behindert würde.[962] Dabei bleibt festzuhalten, dass der Genehmigungs- bzw. Untersagungsmaßstab bei der Fusion mit einem potenziellen Wettbewerber identisch ist mit dem bei anderen horizontalen Zusammenschlüssen. Der Zusammenschluss muss zu einer wettbewerbswidrigen Erhöhung der Marktmacht der Unternehmen durch entweder nicht koordinierte oder koordinierte Wirkungen führen. Ähnlich verhält es sich mit **killer acquisitions**, bei denen in der Regel größere etablierte Wettbewerber kleinere neue oder potenzielle Wettbewerber aufkaufen, bevor diese tatsächlich einen erheblichen Einfluss auf das Wettbewerbsgeschehen nehmen und die Stellung des etablierten Wettbewerbers angreifen (können).[963] Auch hier müsste (potenzieller) Wettbewerb und eine erhebliche Behinderung desselben nachgewiesen werden. Häufig sind diese Transaktionen mangels ausreichend hoher Umsätze aber jedenfalls nicht auf europäischer Ebene anmeldepflichtig; einige Mitgliedstaaten haben aber mittlerweile Transaktionswertschwellen eingeführt, um derartige Transaktionen überprüfen zu können.[964] Auch die Kommission hat auf diese Situation reagiert. In Abkehr von ihrer langjährigen Verwaltungspraxis unterstützt sie in bestimmten Fällen Verweisungsanträge nach Art. 22 von nationalen Wettbewerbsbehörden auch dann, wenn 327

---

[958] Kom., M.8084, Rn. 1017 ff. – Bayer/Monsanto.
[959] Kern, W. Comp. 37,2 (2014), 173; Petit, Antitrust L.J. 82 (2019), 873 (875 ff.); Wirtz/Schulz NZKart 2019, 20 (22 ff.); ferner Esteva Mosso, Innovation in EU Merger Control. Remarks prepared for the 66th ABA Section of Antitrust Law Spring Meeting, S. 7, abrufbar unter https://ec.europa.eu/competition/speeches/text/sp2018_05_en.pdf, zuletzt abgerufen am 17.3.2023.
[960] Leitlinien „horizontale Zusammenschlüsse" Rn. 38.
[961] Leitlinien „horizontale Zusammenschlüsse" Rn. 58.
[962] Schubert FS Wiedemann, 2020, 539 (540).
[963] Kuhn ZWeR 2020, 1 (33 ff.).
[964] Für Deutschland: § 35 Abs. 1a GWB; für Österreich: § 9 Abs. 4 KartellG.

328 Nach den Leitlinien für horizontale Zusammenschlüsse muss im Rahmen der Zusammenschlusskontrolle bei potenziellen Wettbewerbern insbesondere untersucht werden, ob „von dem potenziellen Wettbewerber bereits spürbare, den Verhaltensspielraum begrenzende Wirkungen ausgehen" oder ob „Anhaltspunkte dafür vorliegen, dass dieser sich zu einer wirksamen Wettbewerbskraft entwickelt". Bei dieser Prüfung stützt sich die Kommission auch darauf, ob „**Nachweise für Pläne** eines potenziellen Wettbewerbers, in den Markt in großem Umfang einzutreten", vorliegen.[967] Dies ist insbesondere für die Frage, ob überhaupt potenzieller Wettbewerb besteht, relevant. Zudem dürften nach den Leitlinien für horizontale Zusammenschlüsse „keine **anderen potenziellen Wettbewerber** vorhanden sein, die einen hinreichenden Wettbewerbsdruck nach dem Zusammenschluss aufrechterhalten können".[968] Dies ist bei der Frage, ob der Wegfall des potenziellen Wettbewerbs auch erheblich ist, zu berücksichtigen.

329 **aa) Ausgehen spürbaren Wettbewerbsdrucks von potenziellen Wettbewerbern.** Je näher die Produkte des übernehmenden oder zu übernehmenden potenziellen Wettbewerbers und des bereits auf dem Markt tätigen Unternehmens wettbewerblich zueinanderstehen, desto höher ist der bereits durch den potenziellen Wettbewerber ausgeübte Wettbewerbsdruck zu werten. Das bereits in dem relevanten Markt tätige Unternehmen bezieht in diesem Fall in seine **Preisüberlegungen** ein, ob und bei welchem Preisniveau der potenzielle Wettbewerber in den Markt eintreten würde und ist daher in seinem Verhaltensspielraum eingeengt, ohne dass es bereits aktuellem Wettbewerb ausgesetzt wäre. Potenzieller Wettbewerb kann insbesondere von Anbietern, die das relevante Produkt bereits auf einem anderen geografischen Markt anbieten oder bereits in einem benachbarten Produktmarkt tätig sind, ausgehen. Daneben kommen aber auch Anbieter, die zu einer Produktumstellung fähig sind oder deren Entwicklung kurz vor der Marktreife stehen, als potenzielle Wettbewerber in Betracht. Generell ist erforderlich, dass ein solcher Markteintritt zumindest überwiegend wahrscheinlich ist und typischerweise innerhalb von 2–3 Jahren, in Ausnahmefällen auch innerhalb eines längeren Zeitraums, erfolgt.[969] (zum Prognosezeitraum → Rn. 223 ff.) Daneben kann potenzieller Wettbewerb, sofern der Marktzutritt wahrscheinlich, rechtzeitig und ausreichend ist, auch als Ausgleichsfaktor zu werten sein. (→ Rn. 160 ff.)

330 Anbieter in **benachbarten Produktmärkten** sind von der Kommission häufig als potenzielle Wettbewerber angesehen worden. Der Eintritt des potenziellen Wettbewerbers in den benachbarten Produktmarkt muss wahrscheinlich und glaubwürdig sein, um ausreichenden Wettbewerbsdruck auf die aktuellen Wettbewerber im Markt ausüben zu können (→ Rn. 162 ff.). In E.ON/Endesa hat die Kommission erörtert, ob der Zusammenschluss in mehreren Mitgliedstaaten einen potenziellen Wettbewerber auf den Strom- und Gasmärkten eliminieren würde, auf denen E.ON und Endesa jeweils noch nicht aktiv waren.[970] Die Markterhebung der Kommission führte allerdings zu dem Ergebnis, dass dies nach den bisherigen Marktgegebenheiten nicht der Fall war.

331 In Tetra Laval/Sidel kam die Kommission zu dem Ergebnis, dass durch den Zusammenschluss potenzieller Wettbewerb zwischen den Parteien, die jeweils auf dem Markt für PET-Verpackungen bzw. für Karton-Verpackungen tätig waren, eliminiert würde. Sie stützte sich dabei u.a. darauf, dass aufgrund der technischen Entwicklung und Preisentwicklung mit einem starken Wachstum der PET-Verpackungsmärkte zulasten der Kartonverpackungen zu rechnen sei.[971] Das angerufene EuG stellte klar, dass die Kommission „die Gesichtspunkte, aus denen sich die Verstärkung einer beherrschenden Stellung ergeben soll, auf **eindeutige Beweise** stützen muss. Die bloße Tatsache, dass das erwerbende Unternehmen bereits eine klar beherrschende Stellung auf dem betreffenden Markt einnimmt, stellt zwar […] einen wichtigen Gesichtspunkt dar, reicht aber als solche nicht aus, um den Schluss zu rechtfertigen, dass eine Verringerung des potenziellen Wettbewerbs, dem dieses Unternehmen ausgesetzt ist, zu einer Verstärkung seiner Stellung führt".[972] In der Sache ist das Gericht auf Grund eigener Würdigung der vorgelegten Daten der Auffassung, dass das zu erwartende Wachstum der PET-Märkte insgesamt deutlich geringer anzusetzen war als von der Kommission angenommen.[973]

---

[965] Mitteilung „Anwendung Art. 22" Rn. 9 ff.
[966] EuG, T-227/21, ECLI:EU:T:2022:447 – Illumina und Grail/Kommission u.a.
[967] Leitlinien „horizontale Zusammenschlüsse" Rn. 60.
[968] Leitlinien „horizontale Zusammenschlüsse" Rn. 60.
[969] Hierzu und zur Beweiswürdigung Schubert FS Wiedemann, 2020, 539 (541 ff.).
[970] Kom., M.4110, Rn. 37, 44, 48, 50, 52 – E.ON/Endesa.
[971] Kom., M.2416, Rn. 103 ff., 393 – Tetra Laval/Sidel.
[972] EuG, T-5/02, ECLI:EU:T:2002:264, Rn. 312 – Tetra Laval/Kommission.
[973] EuG, T-5/02, ECLI:EU:T:2002:264 Rn. 202 – Tetra Laval/Kommission.

Zudem seien die Kartonkunden in deutlich geringerem Maße als von der Kommission angenommen bereit, einen Wechsel von Karton zu PET bei moderaten Preissteigerungen im Kartonbereich in Erwägung zu ziehen. Innovationen im Kartonverpackungsmarkt, die das wesentliche Wettbewerbselement dieses Marktes darstellten, waren zudem nicht auf den Druck der Märkte für PET zurückzuführen, sondern auf die Nachfrage der Verbraucher von Produkten in Kartonverpackungen. Es sei daher nicht einsichtig, warum nicht auch in Zukunft die Nachfrage von Kunden, die an Kartonverpackungen festhalten möchten, die Innovation auf den Kartonverpackungsmärkten weiter vorantreiben sollte. Aus diesen Gründen gelangte das EuG zu dem Ergebnis, dass die Beseitigung von Sidel als potenziellem Wettbewerber für solche Kunden, die derzeit Kartonverpackungen benutzten, die bestehende marktbeherrschende Stellung von Tetra im Kartonbereich nicht verstärkte.[974] Das erstinstanzliche Urteil wurde durch den EuGH im Revisionsverfahren in diesem Punkt vollumfänglich bestätigt.[975]

Daneben können auch solche Unternehmen, die das relevante Produkt bereits in **geografisch benachbarten Märkten** anbieten, als potenzielle Wettbewerber anzusehen sein (zur geographischen Marktabgrenzung → Rn. 57 ff.). Dies untersuchte die Kommission etwa in der Entscheidung Air Liquide/BOC.[976] Während die Erwerberin Air Liquide ausschließlich in den kontinental-europäischen, nationalen Märkten für Gasprodukte tätig war, beschränkten sich die Aktivitäten des Zielunternehmens BOC auf das Vereinigte Königreich und Irland. Die Kommission stellte fest, dass Air Liquide sich bisher lediglich aus strategischen Gründen, nicht aber auf Grund des Vorhandenseins objektiver Marktzutrittsschranken, auf die kontinental-europäischen Märkte beschränkt habe und auf Grund seiner Größe hinsichtlich eines Eintritts in den britischen und irischen Markt am glaubwürdigsten war. Umgekehrt ging die Kommission davon aus, dass BOC ein potenzieller Wettbewerber von Air Liquide in Kontinentaleuropa war, obwohl BOC vor dem angemeldeten Zusammenschluss seine kontinental-europäischen Aktivitäten bereits an Air Liquide veräußert hatte. 332

Allerdings hat die Kommission nicht in jedem Fall, in dem ein Zusammenschlussbeteiligter bereits außerhalb des räumlich relevanten Marktes entsprechende Aktivitäten unterhält, diesen als potenziellen Wettbewerber angesehen. In der Sache BSkyB/Kirch Pay-TV[977] wies die Kommission die Behauptung von Drittbeteiligten im Fusionskontrollverfahren zurück, nach denen BSkyB ein potenzieller Wettbewerber im deutschen Pay-TV-Markt sei. Sie begründete dies mit den **Besonderheiten** des deutschen Bezahlfernsehmarktes, insbesondere der Stärke der frei empfangbaren Fernsehprogramme in Deutschland, der Kontrolle der Kirch-Gruppe über die Dekodier-Infrastruktur und die Verschlüsselungstechnologie, der Kontrolle der Kirch-Gruppe über die Senderechte für Film- und Sportveranstaltungen, die potenziellen Wettbewerbern den Zugang zu den fraglichen Inhalten erschwerten und den erforderlichen hohen Investitionen. Das EuG bestätigte die Bewertung der Kommission und wies darauf hin, dass auch die finanzielle Schwäche von Kirch Pay-TV für sich genommen kein Anhaltspunkt dafür sei, dass die **Eintrittsbarrieren** in den deutschen Pay-TV-Markt sinken und sich daher die Wahrscheinlichkeit des Markteintritts von BSkyB erhöhen könnte.[978] Auch in anderen Fällen vergleichbarer Art hat die Kommission verlangt, dass der Eintritt eines potenziellen Wettbewerbers in einen benachbarten Markt wahrscheinlich, innerhalb einer relativ kurzen Frist erfolgen und auf Grund starker wirtschaftlicher Anreize erwartbar sein müsse.[979] 333

Insgesamt erscheint ein Markteintritt besonders wahrscheinlich, wenn der potenzielle Wettbewerber bereits über die **nötigen Einsatzmittel** verfügt, um ohne spürbare verlorene Kosten (**sunk costs**) in dem in Rede stehenden Markt aktiv zu werden.[980] So verfügte zB die Fluggesellschaft Aer Lingus bereits über eine Flugzeugflotte, war bereits an den relevanten irischen Flughäfen präsent und übte deshalb starken Wettbewerbsdruck auf Ryanair aus.[981] Letzteres minimierte zudem das Risiko eines vergeblichen Markteintritts – soweit sich einzelne Routen als nicht rentabel erweisen sollten, könnte Aer Lingus entsprechende Kapazitäten wieder anderen Routen zuweisen (zu sunk costs → Rn. 161 ff.).[982] Daneben sind auch andere mögliche Marktzutrittsschranken zu untersuchen (→ Rn. 165 ff.). 334

Potenzieller Wettbewerb von Anbietern, die derzeit **Produkte für den relevanten Markt entwickeln**, auf dem eine der Zusammenschlussparteien bereits tätig ist,[983] ist vorrangig im Bereich 335

---

[974] EuG, T-5/02, ECLI:EU:T:2002:264 Rn. 327 ff. – Tetra Laval/Kommission.
[975] EuGH, C-12/03 P, ECLI:EU:C:2005:87 – Kommission/Tetra Laval.
[976] Kom., M.1630, Rn. 203, 221 – Air Liquide/BOC.
[977] COMP/JV.37, Rn. 56–70 – BSkyB/KirchPayTV.
[978] EuG, T-158/00, ECLI:EU:T:2003:246, Rn. 122 ff. – ARD/Kommission.
[979] Kom., M.2530 – Südzucker/Saint Louis.
[980] Leitlinien „horizontale Zusammenschlüsse" Rn. 60.
[981] Kom., M.7801, Rn. 106 ff., 154 ff. – Wabtec/Faiveley Transport; M.4439, Rn. 502 f. – Ryanair/Aer Lingus.
[982] Kom., M.4439, Rn. 503 – Ryanair/Aer Lingus.
[983] Leitlinien „horizontale Zusammenschlüsse" Rn. 58.

der Zusammenschlüsse von Pharma-Anbietern diskutiert worden. Hier kann zum Zusammenschlusszeitpunkt bereits potenzieller Wettbewerb von einem Anbieter ausgehen, dessen Wettbewerbsprodukt noch in der „**Pipeline**", dh noch in der Produktentwicklung oder Produkterprobungsphase, ist. Insoweit besteht eine gewisse Überschneidung mit der Beseitigung einer wichtigen Wettbewerbs- bzw. Innovationskraft (→ Rn. 321 ff.). Eine klare Trennung zwischen dem Konzept des potenziellen Wettbewerbs und dem Innovationswettbewerb erscheint schwierig.[984] Die Kommission selbst scheint die Konzepte kumulativ zu verwenden.[985]

336 In der Entscheidung Johnson & Johnson/Guidant wäre nach Ansicht der Kommission Guidant ohne die Fusion der **Neueinsteiger mit den besten Erfolgsaussichten** auf einem bestimmten Produktmarkt geworden, dh zu einem Anbieter, der nach dem Markteintritt vermutlich innerhalb von zwei oder drei Jahren einen bedeutenden Marktanteil erzielt hätte.[986] Der Zusammenschluss wurde auf diesem Markt nur deshalb von der Kommission freigegeben, weil andere neue Anbieter nach Ansicht der Kommission vermutlich in der Lage sein würden, den aus dem fusionsbedingten Abgang Guidants vom Markt resultierenden Wettbewerbsverlust zu kompensieren und eine ausreichend starke Gegenmacht zu bilden. In Johnson & Johnson/Synthes nahm die Kommission hingegen an, dass, obwohl Johnson & Johnson ein potenzieller Wettbewerber von Synthes auf dem Markt für Kyphoplatie war, keine wettbewerblichen Bedenken bestünden, da weitere Wettbewerber vorhanden waren und Innovationen eher von diesen Wettbewerbern zu erwarten seien.[987] Eine andere, dem Zusammenschluss mit potenziellen Wettbewerbern ähnliche, Konstellation fand sich im Fall EDF/Segebel: Die Kommission sah eine Gefahr gerade darin, dass der Zusammenschluss dazu führen könnte, dass EDF nach dem Zusammenschluss seine bisherige Wachstumsstrategie nicht mehr weiterverfolgen könnte.[988]

337 In Medtronic/Covidien hatte die Kommission Bedenken hinsichtlich des Marktes für medikamentenbeschichtete Ballonkatheter, auf dem Covidien zum Zeitpunkt des Zusammenschlusses zwar noch nicht tätig, diesbezüglich jedoch bei der Entwicklung eines neuen Produktes bereits weit fortgeschritten war.[989] Die Kommission lehnte hierbei die Einordnung von Covidien als potenziellen Wettbewerber vor dem Hintergrund ab, dass im konkreten Fall ein Marktzutritt erst nach Abschluss eines **behördlichen Genehmigungsprozesses** möglich war und daher, anders als von den Leitlinien vorgesehen, ein Wettbewerbsdruck erst im Anschluss an die Genehmigung, dh dem tatsächlichen Markteintritt, ausgeübt werde.[990] In Folge sei der konkrete Zusammenschluss auf seine Auswirkungen auf den zukünftigen Wettbewerb hin zu untersuchen, wobei diejenigen Kriterien der Leitlinien für horizontale Zusammenschlüsse heranzuziehen seien, die für die Beurteilung einer Wettbewerbsbeeinträchtigung zwischen aktuellen Wettbewerbern anzuwenden sind.[991] Zu rechtlichen Marktzutrittsschranken → Rn. 167 f.

338 **bb) Keine anderen potenziellen Wettbewerber.** Nach den Leitlinien für horizontale Zusammenschlüsse muss der am Zusammenschluss beteiligte potenzielle Wettbewerber der einzige sein, der einen hinreichenden Wettbewerbsdruck auf den Zusammenschlusspartner ausüben kann.[992] In der Entscheidung EDP/ENI/GDP stellte die Kommission fest, dass der Erwerb gemeinsamer Kontrolle über GDP durch EDP die bereits bestehende marktbeherrschende Stellung von EDP auf den portugiesischen Großhandels- und Einzelhandelsmärkten für Elektrizität weiter verstärken würde, da GDP der **wesentliche potenzielle Wettbewerber** im portugiesischen Elektrizitätsmarkt war. Insbesondere im Vergleich zu ausländischen potenziellen Wettbewerbern hatte GDP durch seine Verfügung über wesentliche und räumlich nahe Gasinfrastruktureinrichtungen, die den Unternehmen einen „direkten, flexiblen und wirtschaftlichen Zugang zu Gas" böten, wesentliche Vorteile. Auch die starken Anreize für GDP, ohne den angemeldeten Zusammenschluss erfolgreich in den portugiesischen Einzelhandelsmarkt für Elektrizität einzutreten, trugen zur Stellung von GDP als einzigem ernst zu nehmenden potenziellen Wettbewerber auf dem Gasmarkt bei.[993]

339 In EDF/Segebel war EDF der **ehrgeizigste potenzielle Wettbewerber** auf dem Markt für Stromerzeugung in Belgien. Wettbewerbliche Bedenken ob des Zusammenschlusses mit dem belgi-

---

[984] Vgl. De Coninck, CLPD 2,3 (2016) 41 (44 ff.).
[985] Kom., M.7559, Rn. 284 ff. – Dow/DuPont.
[986] Kom., M.3687, Rn. 104 ff. – Johnson & Johnson/Guidant.
[987] Kom., M.6266, Rn. 581 – J&J/Synthes.
[988] Kom., M.5549, Rn. 65 – EDF/Segebel.
[989] Kom., M.7326, Rn. 194 – Medtronic/Covidien.
[990] Kom., M.7326, Rn. 179 – Medtronic/Covidien.
[991] Kom., M.7326, Rn. 180 – Medtronic/Covidien.
[992] Leitlinien „horizontale Zusammenschlüsse" Rn. 60; Schubert FS Wiedemann, 2020, 539 (548 f.).
[993] Kom., M.3440, Rn. 362, 473 – ENI/EDP/GDP; EuG, T-87/05, ECLI:EU:T:2005:333, Rn. 180 ff. – EDP/Kommission.

schen Stromerzeuger Segebel wurden im Wege von **Zusagen** ausgeräumt, die dazu dienten, einen anderen starken potenziellen Wettbewerber zu schaffen.[994] In Ryanair/Aer Lingus stellte die Kommission fest, dass die Zusammenschlussbeteiligten in der Vergangenheit jeweils in von der anderen Partei bedienten Routen eingetreten waren.[995] Andere Anbieter hatten hingegen keine Flugdienste in Konkurrenz zu den Zusammenschlussbeteiligten aufgenommen oder sich angesichts des Eintritts von Ryanair sogar von der Route zurückgezogen.[996] Entsprechende Erwägungen stehen hinter dem Verweis der Kommission in Dow/DuPont darauf, dass die Zusammenschlussparteien zu den ganz wenigen Unternehmen gehören, die eine entsprechende FuE-Tätigkeit in der Pflanzenschutzindustrie verfolgen können.[997]

In RWE/Essent hingegen hatte RWE (Deutschland) zum Zeitpunkt des Zusammenschlusses **340** mit Essent (Niederlande) konkrete Pläne, in den Stromerzeugungsmarkt in den Niederlanden einzutreten und war mithin ein potenzieller Wettbewerber. Die Kommission ging dennoch davon aus, dass wettbewerbliche Bedenken insoweit nicht bestanden, da mehrere Wettbewerber konkrete Pläne für **Kapazitätserweiterungen** im Bereich der Stromerzeugung hatten und zwei weitere potenzielle Wettbewerber **konkrete Markteintrittspläne** im Bereich des Stromgroßhandels in den Niederlanden hatten.[998] Auch in Google/Doubleclick nahm die Kommission seinerzeit an, dass die Eliminierung von Doubleclick als Wettbewerber keine nachteiligen Auswirkungen haben würde, da genügend andere Wettbewerber im Markt vorhanden waren.[999]

h) Begründung oder Verstärkung von Nachfragemacht in vorgelagerten Märkten. 341
Wettbewerbsschädigende horizontale Wirkungen können durch einen Zusammenschluss auch dann eintreten, wenn dieser die Marktmacht des fusionierten Unternehmens als Käufer auf den seiner eigenen Produktion vorgelagerten Märkten begründet oder verstärkt (zur Marktabgrenzung auf Beschaffungsmärkten → Rn. 69). In den Leitlinien für horizontale Zusammenschlüsse führt die Kommission dazu aus: „Das fusionierte Unternehmen könnte nämlich in der Lage sein, durch die Kürzung [seiner] Bezüge von Einsatzmitteln niedrigere Preise zu erzielen. [Es] könnte sich dann veranlasst sehen, [seine] Produktion im Markt der Endprodukte [seiner]seits zu senken und dadurch dem Wohlergehen der Verbraucher zu schaden. Derartige Wirkungen können insbesondere entstehen, wenn die vorgelagerten Anbieter relativ fragmentiert sind. Es könnte auch der Wettbewerb in den nachgeordneten Märkten beeinträchtigt werden, wenn die fusionierte Einheit ihre **Nachfragemacht** gegenüber ihrem Lieferanten ausübt, um Mitbewerber abzuschotten".[1000] In diesem Zusammenhang ist darauf hinzuweisen, dass eine beherrschende Stellung auf einem Beschaffungsmarkt nicht unbedingt immer Nachfragemacht nach sich ziehen muss, sondern dass dies eine **Einzelfallentscheidung** ist.[1001]

Während die Bezugsminderung durch das fusionierte Unternehmen direkter Ausdruck der **342** durch den Zusammenschluss entstandenen Nachfragemacht ist, stellt die Abschottung der Wettbewerber vom Bezug von Vormaterialien eine indirekte Wirkung der Nachfragemacht der Fusionsparteien auf dem vorgelagerten Markt dar (zur Abschottung von Einsatzmitteln als Schadenstheorie im Kontext vertikaler Zusammenschlüsse → Rn. 122 ff.). Generell kann in Fällen der Abschottung die wettbewerbsschädliche Wirkung erst durch ein spezielles Verhalten des zusammengeschlossenen Unternehmens eintreten, dessen Möglichkeit und Wahrscheinlichkeit die Kommission zu beweisen hat.[1002] Die wettbewerblichen Wirkungen einer Verstärkung von Nachfragemacht der fusionierenden Unternehmen sind in jedem **Einzelfall sehr sorgfältig zu prüfen**. Einen möglichen Mechanismus beschreibt die Kommission in REWE/ADEG: „Würde die fusionierte Einheit Druck auf ihre Lieferanten ausüben, um Einkaufspreise zu verringern [wären diese] Lieferanten [...] nicht in der Lage, dies abzuwenden und würden stattdessen geringere Mengen an die fusionierte Einheit liefern. Diese würde daraufhin geringere Mengen auf dem nachgelagerten Markt anbieten, was dort zu einer Preiserhöhung führen könnte. Dies würde grundsätzlich einer nicht koordinierten Auswirkung entsprechen. Diese nicht koordinierte Auswirkung würde jedoch nicht direkt aus der Tatsache resultieren, dass die fusionierte Einheit eine niedrigere Anzahl von Kunden bei einer Preiserhöhung verlieren würde, da einige von ihnen zur fusionierten Einheit wechseln würden. Sie würde aus den niedrigeren Kosten resultieren, die die Gewinnmarge erhöhen und einen neuen Punkt der

---

[994] Kom., M.5549, Rn. 64 f., 209, 219 – EDF/Segebel.
[995] Kom., M.4439, Rn. 506–513 – Ryanair/Aer Lingus.
[996] Kom., M.4439, Rn. 514, 515 f. – Ryanair/Aer Lingus.
[997] Kom., M.7932, Rn. 2050 ff., 2192 ff., 2227 ff. – Dow/DuPont.
[998] Kom., M.5467, Rn. 44 f. – RWE/Essent.
[999] Kom., M.4731, Rn. 278 – Google/Doubleclick.
[1000] Leitlinien „horizontale Zusammenschlüsse" Rn. 61.
[1001] Kom., M.5046, Rn. 103 – Friesland/Campina.
[1002] Entspr. EuG, T-210/01, ECLI:EU:T:2005:456 – General Electric/Kommission.

343 Gewinnmaximierung bei geringerer Menge und gestiegenen Preisen auf dem nachgelagerten Markt ermöglichen".[1003]

343 Je nach der Struktur der Marktgegenseite können mit einer Konzentration der Nachfrage aber auch **wettbewerbsfördernde Wirkungen** verbunden sein (zur Nachfragemacht als Ausgleichsfaktor → Rn. 152 ff.). So kann eine erhöhte Nachfragemacht etwa zu einer Verstärkung der **Innovation** auf Herstellerseite führen.[1004] Ebenso können **Kostensenkungen** für die Einsatzmittel die Folge gestiegener Nachfragemacht sein, ohne dass dadurch der Wettbewerb auf den nachgelagerten Märkten beeinträchtigt oder der Gesamtabsatz eingeschränkt würde. In diesem Fall wirkt die stärkere Nachfragemacht eher wettbewerbsfördernd, da eine hohe Wahrscheinlichkeit besteht, dass die auf der Einkaufsseite erzielten Skaleneffekte an die Kunden weitergegeben werden.[1005] Gleichzeitig besteht die Möglichkeit, dass bei einem Wechsel der Nachfrageseite – etwa der Kunden von Supermärkten – zu anderen Supermärkten die Lieferanten größere Mengen an andere Supermärkte absetzen können, so dass insgesamt die Menge der im Markt verfügbaren Waren gleich bleibt.[1006]

344 **2. Koordinierte Wirkungen.** Horizontale Zusammenschlüsse können wirksamen Wettbewerb auch dadurch erheblich behindern, dass sie den auf dem relevanten Markt tätigen Unternehmen ermöglichen, **durch ein koordiniertes Zusammenwirken** Preise zu erhöhen bzw. über dem Wettbewerbspreis zu halten oder anderweitig den Wettbewerb negativ zu beeinträchtigen (allgemein zu koordinierten Wirkungen → Kapitel 1 Rn. 441 ff.). Die Voraussetzungen der Anwendung der FKVO auf den Eintritt koordinierter Wirkungen hat das EuG in Airtours[1007] geklärt.

345 In **Airtours/First Choice** hatte die Kommission einen Zusammenschluss zweier britischer Pauschalreiseveranstalter für unvereinbar mit dem Binnenmarkt erklärt und dies mit dem Entstehen einer **kollektiven marktbeherrschenden Stellung** begründet (einem Unterfall koordinierter Wirkungen → Rn. 131 ff.).[1008] Der Zusammenschluss hätte zu einem Rückgang der großen britischen Reiseveranstalter von vier auf drei geführt, die zusammen 79 % des von der Kommission als relevant festgestellten Marktes für Kurzstrecken-Pauschalreisen im Vereinigten Königreich auf sich vereint hätten. Der Marktanteil der Zusammenschlussbeteiligten betrug dabei 32 %. Die Kommission stellte in ihrem Beschluss fest, dass der Markt bereits vor dem Zusammenschluss eine Tendenz zur stillschweigenden Koordinierung aufgewiesen habe. Die dem Oligopol angehörenden großen Reiseveranstalter seien alle vertikal integriert, ihre Marktanteile seien über eine lange Zeit im Wesentlichen unverändert und es herrschte Transparenz bei der jährlichen Planung von Flugzeug- und Hotelkapazitäten. Nach dem Zusammenschluss, so die Auffassung der Kommission, werde die beträchtliche Konzentration in der Branche, die noch größere Durchschaubarkeit des Marktes und die verminderte Wettbewerbsfähigkeit der kleinen Reiseveranstalter und möglicher neuer Anbieter den nach Vollzug des Zusammenschlusses verbleibenden drei großen Veranstaltern zwingenden Anlass bieten, den Wettbewerb untereinander abzuschalten oder einzuschränken, insbesondere durch eine Begrenzung des Gesamtangebots.[1009] Die Kommission ging davon aus, dass „straffe [...] Sanktionsmöglichkeiten oder Gegenmaßnahmen" keine notwendige Voraussetzung für die Existenz eines Oligopols seien, weil so starke Anreize für die Einschränkung des Wettbewerbs gäbe, welche die Ausübung von Zwang überflüssig machten.[1010]

346 Durch diese Annahme ging die Kommission mit ihrem Verständnis eines wettbewerbsbeschränkenden Oligopols über die **wirtschaftswissenschaftliche Erkenntnis** hinaus, dass stillschweigende Koordinierung mehrerer Anbieter im Markt nur dann profitabel und ökonomisch sinnvoll sein kann, wenn alle Anbieter sich darüber im Klaren sind, dass den jeweils anderen wirkungsvolle Sanktionsmechanismen zur Verfügung stehen, durch deren Anwendung sie jede Maßnahme vorstoßenden Wettbewerbs eines Oligopolmitglieds unprofitabel machen können. Wenngleich die Kommission im weiteren Verlauf des Beschlusses mögliche Sanktionsmaßnahmen der Oligopolmitglieder anführt, die diese wirksam von Maßnahmen vorstoßenden Wettbewerbs abhalten könnten,[1011] muss der Airtours-Beschluss als Versuch der Kommission gelten, über eine weite Auslegung des Begriffs der kollektiven Marktbeherrschung ihre Kompetenz zur Untersagung von Unternehmenszusammenschlüssen in Oligopolmärkten auszuweiten.

[1003] Kom., M.5047, Rn. 100 – REWE/ADEG.
[1004] Vgl. Inderst/Wey, Discussion Paper SP II 2003–05, Wissenschaftszentrum Berlin, 2003.
[1005] Leitlinien „horizontale Zusammenschlüsse" Rn. 62 f.; vgl. auch Kom., M.5047, Rn. 96 – REWE/ADEG.
[1006] Kom., M.5047, Rn. 101 – REWE/ADEG.
[1007] EuG, T-342/99, ECLI:EU:T:2002:146, Rn. 64 – Airtours/Kommission.
[1008] Kom., M.1524, Rn. 16 f. – Airtours/First Choice.
[1009] Kom., M.1524, Rn. 56 – Airtours/First Choice.
[1010] Kom., M.1524, Rn. 55 – Airtours/First Choice.
[1011] Kom., M.1524, Rn. 151 f. – Airtours/First Choice.

Das **EuG** hob den Untersagungsbeschluss der Kommission auf. Es stellte zum einen **drei** 347
Kriterien auf, deren Vorliegen die Kommission beweisen muss, wenn sie einen Zusammenschluss mit der Begründung untersagen will, er führe zu koordinierten Wirkungen. Zum anderen sah es die von der Kommission angeführten Belege als nicht ausreichend an, diese Kriterien im konkreten Fall nachzuweisen. Nach Auffassung des Gerichts setzt die Begründung einer kollektiven beherrschenden Stellung (dh von koordinierten Wirkungen) dreierlei voraus:
- „Zum einen muss jedes Mitglied des beherrschenden Oligopols das Verhalten der anderen Mitglieder in Erfahrung bringen können, um festzustellen, ob sie einheitlich vorgehen oder nicht. [Es genügt nicht], dass jedes Mitglied des beherrschenden Oligopols sich dessen bewusst ist, dass alle von einem interdependenten Verhalten auf dem Markt profitieren können, sondern es muss auch über Mittel verfügen, zu erfahren, ob die anderen Marktbeteiligten dieselbe Strategie wählen und beibehalten. Der **Markt** müsste daher so **transparent** sein, dass jedes Mitglied des beherrschenden Oligopols mit hinreichender Genauigkeit und Schnelligkeit die Entwicklung des Verhaltens aller anderen Mitglieder auf dem Markt in Erfahrung bringen kann;
- zum anderen muss die stillschweigende Koordinierung auf Dauer erfolgen können, dh, es muss einen Anreiz geben, nicht vom gemeinsamen Vorgehen auf dem Markt abzuweichen. [Die Mitglieder des beherrschenden Oligopols können nur dann], wenn sie alle ein Parallelverhalten beibehalten, davon profitieren. Diese Voraussetzung schließt daher Gegenmaßnahmen im Fall eines Abweichens vom gemeinsamen Vorgehen ein. [Eine kollektive beherrschende Stellung kann nur dann Bestand haben], wenn genügend **Abschreckungsmittel** langfristig für einen Anreiz sorgen, nicht vom gemeinsamen Vorgehen abzuweichen, was voraussetzt, dass jedes Mitglied des beherrschenden Oligopols weiß, dass jede auf Vergrößerung seines Marktanteils gerichtete, stark wettbewerbsorientierte Maßnahme seinerseits die gleiche Maßnahme seitens der anderen auslösen würde, sodass es keinerlei Vorteil aus seiner Initiative ziehen könnte [...];
- zum dritten kann die Kommission das Vorliegen einer kollektiven beherrschenden Stellung rechtlich hinreichend nur dartun, wenn sie nachweist, dass die **voraussichtliche Reaktion der tatsächlichen und potenziellen Konkurrenten sowie der Verbraucher** die erwarteten Ergebnisse des gemeinsamen Vorgehens nicht in Frage stellt."[1012]

In der **Zusammenschau** verlangt das Gericht für die Untersagung eines Zusammenschlusses wegen 348 koordinierter Wirkungen, dass dadurch der Binnenwettbewerb zwischen den Oligopolisten aufgrund der Gegebenheiten des Marktes, der Anbieter und der auf dem Markt gehandelten Produkte und Dienstleistungen zum Erliegen kommt und das Oligopol insgesamt von wirksamem Wettbewerb von außen ausgesetzt ist. Diese Kriterien greift die Kommission in ihren **Leitlinien für horizontale Zusammenschlüsse** auf.[1013] Für die Annahme koordinierter Wirkungen muss es den Oligopolisten danach möglich sein, Übereinstimmung über ihre Koordinierungsmodalitäten zu erzielen[1014] und mögliche Abweichungen vom stillschweigend koordinierten Verhalten überwachen zu können.[1015] Ihnen müssen wirksame Abschreckungsmechanismen zur Verfügung stehen, um auf vorstoßenden Wettbewerb anderer Oligopolisten so nachhaltig reagieren zu können, dass solcher von vornherein unterbleibt.[1016] Schließlich dürfen die außerhalb des Oligopols stehenden Wettbewerber und die Kunden nicht in der Lage sein, das Gleichgewicht der stillschweigenden Koordinierung glaubhaft gefährden zu können.[1017] Diese Kriterien finden mittlerweile auch in Fällen Anwendung, in denen das Vorliegen gemeinsamer Marktbeherrschung im Rahmen des Art. 102 AEUV festzustellen ist (→ Art. 102 AEUV Rn. 222 ff.).[1018]

Ob ein Zusammenschluss dadurch zu koordinierten Wirkungen führt, dass durch ihn eine 349 kollektive marktbeherrschende Stellung entsteht oder verstärkt wird, lässt sich **nicht anhand eines schematischen Prüfprogramms** feststellen. Aus diesem Grund lehnt es die Kommission seit dem Zusammenschlussvorhaben UPM-Kymmene/Haindl[1019] ab, „mechanisch" eine Checkliste vordefinierter Kriterien abzuarbeiten.[1020] Wenig später, im Anhang II zur sog. Rahmenrichtlinie zur Regelung des EU-Telekommunikationsmarktes,[1021] hatte die Kommission zwar erstmals im Zusammen-

---
[1012] EuG, T-342/99, ECLI:EU:T:2002:146, Rn. 62 – Airtours/Kommission.
[1013] Leitlinien „horizontale Zusammenschlüsse" Rn. 39–47.
[1014] Vgl. Leitlinien „horizontale Zusammenschlüsse" Rn. 44–48.
[1015] Vgl. Leitlinien „horizontale Zusammenschlüsse" Rn. 49–51.
[1016] Vgl. Leitlinien „horizontale Zusammenschlüsse" Rn. 52–55.
[1017] Vgl. Leitlinien „horizontale Zusammenschlüsse" Rn. 56 f.
[1018] EuG, T-296/09, ECLI:EU:T:2011:693, Rn. 71 – EFIM/Kommission; T-193/02, ECLI:EU:T:2005:22, Rn. 68 ff. – Piau/Kommission.
[1019] Kom., M.2498, Rn. 77 – UPM-Kymmene/Haindl.
[1020] Monti, The main challenges for a new decade of EC Merger Control, Rede vom 15.9.2000, Pressemitteilung der Kommission SPEECH/00/311, S. 5.
[1021] RL 2002/21/EG des Parlamentes und des Rates vom 7.3.2002 über einen gemeinsamen Rechtsrahmen für elektronische Kommunikationsnetze und -dienste, ABl. 2002 L 108, 33.

350 In **Impala** hat das **EuG** in einem obiter dictum festgestellt, dass die drei Airtours-Kriterien in gewissen Fällen auch indirekt auf der Basis von verschiedenen **Indizien** nachgewiesen werden können.[1023] Ein solches Indiz seien zB übereinstimmende und über einen längeren Zeitraum über dem Wettbewerbsniveau liegende Preise, verbunden mit anderen typischen Indizien für koordinierte Wirkungen. In einem solchen Fall sei der **direkte Beweis der Markttransparenz nicht erforderlich**. Diese könne vielmehr vermutet werden.

351 Der **EuGH** hatte in **Impala** erstmals Gelegenheit, zu den in Airtours entwickelten Kriterien Stellung zu nehmen. Zwar hob er die Entscheidung des EuG in Impala auf.[1024] Zugleich **bestätigte** er aber die Anwendbarkeit der **Airtours-Kriterien** für die Feststellung, ob ein Fall kollektiver Marktbeherrschung vorliege. Diese stünden mit den vom EuGH entwickelten Kriterien zur Feststellung einer kollektiven marktbeherrschenden Stellung in Einklang.[1025] Der EuGH wies zugleich darauf hin, dass bei der Anwendung der Airtours-Kriterien „**nicht mechanisch** in einer Weise vorgegangen werden [darf], bei der jedes Kriterium einzeln für sich allein geprüft wird, ohne den wirtschaftlichen Gesamtmechanismus einer unterstellten stillschweigenden Koordinierung zu beachten". Auch der Nachweis der Airtours-Kriterien **mittels Indizien** ist demnach grundsätzlich nicht zu beanstanden.[1026] Zur Aufhebung des Urteils des EuG in Impala kam es vielmehr aufgrund der fehlerhaften Annahme vermeintlicher Beurteilungsfehler der Kommission. Das war u.a. der Fall, da das EuG nicht in ausreichendem Umfang analysiert hatte, wie der vom Gericht im Gegensatz zur Kommission angenommene Überwachungsmechanismus, eingebettet in eine plausible Schadenstheorie der stillschweigenden Koordinierung, funktionieren sollte. Vielmehr hatte das EuG auf nicht näher belegte Feststellungen zu einem „hypothetischen Fachmann" im betroffenen Sektor Bezug genommen.[1027]

352 Die **Kommission** hat koordinierte Wirkungen zwar auch nach der Airtours-Entscheidung häufig in Betracht gezogen, aber nur selten vertieft verfolgt.[1028] Dabei griff sie ausdrücklich auf die Airtours- und Impala-Rechtsprechung der Unionsgerichte zurück, um einen Prüfungsmaßstab für den konkreten Fall zu entwickeln.[1029] Gleichwohl lässt sich sagen, dass in den letzten zwanzig Jahren **Schadenstheorien zu koordinierten Wirkungen nur selten angewandt** wurden. Dies liegt zum einen daran, dass der von den Unionsgerichten vorgeschriebene und in den Leitlinien für horizontale Zusammenschlüsse festgelegte Test nur schwer mit dem erforderlichen Beweismaß zu erfüllen ist. Zum anderen liegt es daran, dass der durch die geltende FKVO eingeführte SIEC-Test mehr Spielraum für die Untersagung von Zusammenschlüssen schafft, die zwar keine marktbeherrschende Stellung eines einzelnen Unternehmens begründen oder verstärken, aber dennoch aufgrund des Verlusts an Wettbewerb zwischen den fusionierenden Unternehmen Anlass zu wettbewerbsrechtlichen Bedenken geben. In den meisten Beschlüssen wurden koordinierte Wirkungen ganz ausgelassen oder nur in einer Fußnote erwähnt.[1030] Ob sich dieser Trend auch in Zukunft fortsetzt, bleibt abzuwarten. Es ist zumindest denkbar, dass sich der Fokus der Kommission wieder auf koordinierte Wirkungen verlagern könnte, nachdem das EuG in CK Telecoms[1031] die Anforderungen an den Nachweis nicht koordinierter Wirkungen erhöht hat (→ Rn. 500, → Rn. 514 ff.).[1032]

[1022] Leitlinien „horizontale Zusammenschlüsse" Rn. 42.
[1023] EuG, T-464/04, ECLI:EU:T:2006:216, Rn. 251 ff. – Impala/Kommission.
[1024] EuGH, C-413/06 P, ECLI:EU:C:2008:392 – Bertelsmann und Sony/Impala.
[1025] EuGH, C-413/06 P, ECLI:EU:C:2008:392, Rn. 120, 124–126 – Bertelsmann und Sony/Impala.
[1026] EuGH, C-413/06 P, ECLI:EU:C:2008:392, Rn. 127 – Bertelsmann und Sony/Impala.
[1027] EuGH, C-413/06 P, ECLI:EU:C:2008:392, Rn. 130 f. – Bertelsmann und Sony/Impala.
[1028] Vgl. etwa Kom., M.10059 – SK hynix/Intel's NAND and SSD business; M.8948 – Spirit/Asco; M.8792 – T-Mobile NL/Tele2 NL; M.8451 – Tronox/Cristal; M.8444 – ArcelorMittal/Ilva; M.7881 – AB InBev/SABMiller; M.7758 – Hutchison 3G Italy/WIND/JV; M.7252, Rn. 42–44, 110 – Holcim/Lafarge; M.4980 – ABF/GBI Business; M.3333 – Sony/BMG.
[1029] Kom., M.8948, Rn. 123 f. – Spirit/Asco; M.8792, Rn. 838 – T-Mobile NL/Tele2 NL; M.8451, Rn. 333 ff. – Tronox/Cristal; M.8444, Rn. 1098 ff. – ArcelorMittal/Ilva; M.7881, Rn. 52 ff. – AB InBev/SABMiller.
[1030] Vgl. zuletzt etwa Kom., M.8988, Rn. 178 – Energizer/Spectrum Brands (Battery and Portable Lighting Business); M.9370, Rn. 60 – Telenor/DNA; M.9353, Rn. 109 – Advent International Corporation/Evonik Methacrylates Business Division.
[1031] EuG, T-399/16, ECLI:EU:T:2020:217 – CK Telecoms/Kommission, widersprechend GAin Kokott, Schlussanträge v. 20.10.2022, Rs. C-376/20 P, Rn. 106 ff. – CK Telecoms/Kommission.
[1032] So auch Levy/Cook, European Merger Control Law, § 14.03 [1].

IV. Schadenstheorien im Kontext horizontaler Zusammenschlüsse

a) Fehlen wirksamen Wettbewerbs zwischen den Oligopolbeteiligten. Die ersten beiden in Airtours etablierten Kriterien betreffen den fehlenden Binnenwettbewerb im Oligopol. Die **Leitlinien für horizontale Zusammenschlüsse** unterteilen diese Prüfungspunkte wiederum in drei Abschnitte. Von den Abschnitten betreffen die ersten beiden die Wahrscheinlichkeit der Übereinstimmung über Koordinationsmöglichkeiten zwischen den Oligopolisten und ihrer Fähigkeit, etwaige Abweichungen von der stillschweigenden Koordinierung zu überwachen. Daneben muss ein wirksamer Abschreckungsmechanismus festzustellen sein.

aa) Entstehen von Übereinstimmung über Koordinationsmöglichkeiten und Möglichkeit der Überwachung von Abweichungen. In der Regel ist es für die Unternehmen umso einfacher, zu einer gemeinsamen Vorstellung über die Modalitäten ihrer Koordinierung zu gelangen, je weniger komplex und je stabiler das wirtschaftliche Umfeld ist, in dem sie tätig sind.[1033] Zudem müssen die relevanten Märkte hinreichend transparent sein, damit die koordinierenden Unternehmen wirksam überwachen können, ob andere Unternehmen von den Modalitäten abweichen, und sie damit wissen, wann Vergeltungsmaßnahmen eingeleitet werden müssen.[1034] Ob Märkte transparent sind, bestimmt sich an einer Vielzahl von Einzelfaktoren. Erforderlich ist danach der Nachweis **allgemeiner Marktcharakteristika**, die **erhebliche Konzentration** und **Transparenz** des relevanten Marktes zeigen.

Ein Kriterium für die Neigung eines Marktes, stillschweigende Koordinierung zu erlauben, ist die Zahl der gemeinsam marktmächtigen Anbieter und damit der **Konzentrationsgrad** des relevanten Marktes. Den Konzentrationsgrad bestimmt die Kommission unter Rückgriff auf die gemeinsamen Marktanteile der drei oder vier stärksten Unternehmen sowie mittels des HHI (→ Rn. 105 ff.).[1035] Bei mäßigem Konzentrationsgrad des Marktes ist der Nachweis kollektiver Marktbeherrschung unwahrscheinlich;[1036] eine stillschweigende Koordinierung ist umso schwieriger, je größer die Anzahl der beteiligten Unternehmen ist.[1037] Je weniger Unternehmen zum Oligopol gehören, umso wahrscheinlicher ist es, dass sie in der Lage sein werden, über die Modalitäten ihrer Koordinierung Übereinstimmung zu erzielen, und Abweichungen von dieser Übereinstimmung zu identifizieren.[1038] Bereits die **Verringerung der Anzahl der in einem Markt tätigen Unternehmen** kann nach Auffassung der Kommission ein Faktor sein, der eine Koordinierung erleichtert.[1039] Je geringer die Anzahl der Marktteilnehmer, desto einfacher die Koordinierung, die Überwachung des koordinierten Verhaltens und desto eher ist dieses Verhalten profitabel.[1040] Kollektive Marktbeherrschung wurde am häufigsten in **Duopolsituationen** festgestellt (→ Einl. Bd. 1 Rn. 468). In einer Reihe von Zusammenschlussfällen ist die Kommission zu der Auffassung gelangt, das Vorhaben führe zur Entstehung oder Verstärkung eines marktbeherrschenden Duopols. In einigen Fällen nahm sie an, dass der Zusammenschluss zur Entstehung einer marktbeherrschenden Stellung mit **drei Oligopolisten** führen würde.[1041] In Exxon/Mobil nahm die Kommission sogar eine stillschweigende Koordinierung im Sinne einer kollektiven Marktbeherrschung von, je nach geografischem Markt, bis zu sieben Oligopolisten an.[1042] Generell ist sie aber der Auffassung, dass eine stillschweigende Koordinierung unter **mehr als drei oder vier Anbietern** zu komplex und zu instabil ist, um dauerhaft bestehen zu können.[1043] In Sony/BMG verringerte sich die Zahl der großen Tonträgerkonzerne von **fünf auf vier**. Hier hat die Kommission zwar festgestellt, dass eine solche Abnahme der Zahl der Marktteilnehmer auf bestimmten oligopolistischen Märkten zur Schaffung einer kollektiven beherrschenden Stellung der verbleibenden Unternehmen führen kann. Jedoch seien die spezifischen Merkmale des Marktes ausschlaggebend dafür, ob eine solche Konstellation tatsächlich zu kollektiver Beherrschung führt.[1044] Letztere sprachen in Sony/BMG nach Ansicht der Kommission gegen die Annahme der Begründung oder Verstärkung einer kollektiven marktbeherr-

---

[1033] Leitlinien „horizontale Zusammenschlüsse" Rn. 44.
[1034] Leitlinien „horizontale Zusammenschlüsse" Rn. 49 unter Verweis auf EuG, T-114/02, ECLI:EU:T:2003:100, Rn. 343 ff. – Babyliss SA/Kommission und Kom., M.623 – Kimberly-Clark/Scott Paper.
[1035] Kom., M.7758, Rn. 967 f. – Hutchison 3G Italy/WIND/JV; M.3248, Rn. 37 – BAT/Tabacchi Italiani; M.2498, Rn. 115 – UPM-Kymmene/Haindl.
[1036] Kom., M.460, Rn. 28 – Holdercim/Cedest.
[1037] Kom., M.4980, Rn. 149 – ABF/GBI Business.
[1038] Leitlinien „horizontale Zusammenschlüsse" Rn. 45.
[1039] Leitlinien „horizontale Zusammenschlüsse" Rn. 42; Kom., M.7881, Rn. 98 – AB InBev/SABMiller.
[1040] Kom., M.7758, Rn. 970 – Hutchison 3G Italy/Wind/JV.
[1041] Vgl. Kom., M.7881, Rn. 98 – AB InBev/SABMiller; M.7758, Rn. 967, 971 – Hutchison 3G Italy/Wind/JV; M.1681, Rn. 34 – Akzo Nobel/Hoechst Roussel VET; M.1524 – Airtours/First Choice.
[1042] Kom., M.1383 – Exxon/Mobil.
[1043] Vgl. Kom., M.1016, Rn. 102 f. – Price Waterhouse/Coopers & Lybrand.
[1044] Kom., M.3333, Rn. 156 – Sony/BMG.

schenden Stellung.[1045] Diesen Freigabebeschluss hob das EuG allerdings in Impala auf.[1046] Die Kommission habe u.a. nicht ausreichend begründet, warum die besondere Marktsituation nicht zur Entstehung oder Verstärkung einer marktbeherrschenden Stellung geführt hätte. Das EuG hielt insbesondere die Ausführungen der Kommission zur angeblich nicht ausreichenden **Markttransparenz** für wenig überzeugend. Diese Entscheidung wurde wiederum vom EuGH aufgehoben, der feststellte, dass die Markttransparenz „nicht isoliert und abstrakt, sondern in Bezug auf einen Mechanismus einer unterstellten stillschweigenden Koordinierung" betrachtet werden müsse.[1047] Er beanstandete, dass sich das EuG hinsichtlich der aus der Transparenz resultierenden angenommenen Überwachungsmöglichkeit auf unbelegte Angaben zu einem „hypothetischen" Fachmann verlassen habe.[1048] Auch der Zusammenschluss Time Warner/EMI,[1049] der ebenfalls die Anzahl der Wettbewerber auf dem Markt für Tonträger von fünf auf vier verringert hätte, löste seitens der Kommission ernsthafte Bedenken hinsichtlich der Begründung einer marktbeherrschenden Stellung aus.[1050] Da die Zusammenschlussparteien die Anmeldung zurückgezogen haben, wurde das von der Kommission eingeleitete Phase II-Prüfverfahren jedoch nicht durch einen förmlichen Beschluss abgeschlossen. Vergleichbare Überlegungen der Kommission finden sich in UPM-Kymmene/Haindl, einem Zusammenschluss, der zu einem Rückgang von fünf auf vier Spitzenanbieter im Zeitungspapiermarkt führte, aber letztlich ohne Auflagen freigegeben wurde.[1051]

356 Ein **stabiles, wenig komplexes Marktumfeld** fördert hingegen die Oligopolgeneigtheit eines Marktes.[1052] Eine stabile Nachfrage- und Angebotsstruktur ohne großes Marktwachstum kann ein Indikator für die stillschweigende Koordinierung sein.[1053] Wo diese Stabilität fehlt oder der relevante Markt wächst oder sich noch entwickelt, sind koordinierte Wirkungen unwahrscheinlich.[1054] Fehlende Preisstabilität im Markt spricht ebenfalls gegen die Möglichkeit stillschweigender Koordinierung, da es in diesem Fall regelmäßig an nachhaltiger Markttransparenz fehlen dürfte.[1055] In einem instabilen Umfeld ist es zB für ein Unternehmen häufig schwer zu erkennen, ob sein Absatzrückgang auf eine allgemein schwache Nachfrage oder einen Wettbewerber zurückzuführen ist, der besonders niedrige Preise verlangt.[1056] Transparente, stabile Kundenbeziehungen etwa aufgrund von räumlichen Gegebenheiten, Kundentypen oder der Üblichkeit von Alleinbezugsverhältnissen erleichtern die Koordination in Form der Marktaufteilung.[1057] In TUI/CP Ships[1058] begründete die Kommission die Wahrscheinlichkeit des Eintritts koordinierter Wirkungen nach dem Zusammenschluss damit, dass die meisten Marktteilnehmer Mitglied einer durch die Kommission von dem Verbot des Art. 101 AEUV (damals Art. 81 EGV) freigestellten Vereinigung waren, deren Aufgabe die Preis- und Kapazitätsregulierung auf bestimmten Schiffsrouten war. Damit seien die Oligopolteilnehmer über Preise und Kapazitäten ihrer Konkurrenten stets informiert gewesen. Daher sei nicht davon auszugehen, dass das fusionierte Unternehmen nach dem Zusammenschluss einem aktiven Wettbewerbsdruck ausgesetzt sei. Das galt insbesondere, da der nächstgrößere – nicht an der Vereinigung teilnehmende – Marktteilnehmer nur einen Marktanteil von 10–20 % hatte. Nach den Leitlinien für horizontale Zusammenschlüsse beachtet die Kommission auch, ob die Unternehmen **in der Vergangenheit** ihr **Verhalten koordiniert** haben.[1059] Wenn sich die Merkmale des relevanten Marktes nicht spürbar verändert haben und sich in naher Zukunft auch voraussichtlich nicht ändern werden, dann kann die Kommission für die Wahrscheinlichkeit von koordinierten Wirkungen nach dem Zusammenschluss die Kartellvergangenheit von Unternehmen anführen.[1060] In AB InBev/SABMiller bestärkten Hinweise auf vergangene Koordinierung in den relevanten Märkten die wett-

---

[1045] Kom., M.3333, Rn. 154, 158 – Sony/BMG.
[1046] EuG, T-464/04, ECLI:EU:T:2006:216, Rn. 325, 459, 475 ff. – Impala/Kommission.
[1047] EuGH, C-413/06 P, ECLI:EU:C:2008:392, Rn. 126 – Bertelsmann und Sony/Impala.
[1048] EuGH, C-413/06 P, ECLI:EU:C:2008:392, Rn. 130 f. – Bertelsmann und Sony/Impala.
[1049] Kom., M.1852 – Time Warner/EMI.
[1050] Pressemitteilung der Kommission IP/00/617.
[1051] Kom., M.2498, Rn. 123 ff. – UPM-Kymmene/Haindl.
[1052] Vgl. Leitlinien „horizontale Zusammenschlüsse" Rn. 45.
[1053] Kom., M.4980, Rn. 149 – ABF/GBI Business; M.2097, Rn. 47, 85, 153 – SCA/Metsä Tissue; M.1663, Rn. 96 – Alcan/Alusuisse.
[1054] Kom., M.6458, Rn. 755, 761 – Universal Music Group/EMI Music; M.3333, Rn. 179 – Sony/BMG, M.3439, Rn. 110 – Agfa-Gevaert/Lastra; M.2886, Rn. 17 – DSM/Roche Vitamins; M.3130, Rn. 47 f. – Arla Foods/Express Dairies; M.2886 – Bunge/Cereol; M.1684, Rn. 99 – Carrefour/Promodes.
[1055] Kom., M.2537, Rn. 45 – Philips/Marconi Medical Systems; M.165, Rn. 21 – Alcatel/AEG Kabel.
[1056] Leitlinien „horizontale Zusammenschlüsse" Rn. 50.
[1057] Leitlinien „horizontale Zusammenschlüsse" Rn. 46.
[1058] Kom., M.3863, Rn. 29 – TUI/CP Ships.
[1059] Leitlinien „horizontale Zusammenschlüsse" Rn. 43.
[1060] Kom., M.7881, Rn. 62 – AB InBev/SABMiller.

bewerblichen Bedenken hinsichtlich koordinierter Wirkungen.[1061] Auch in Tronox/Cristal hatte die Kommission zunächst Bedenken hinsichtlich paralleler Verhaltensweisen in der Vergangenheit (insbesondere die Ankündigung von Preiserhöhungen); allerdings zeigte eine nähere Untersuchung letztlich deutliche Unterschiede zwischen den angekündigten und den einzelnen Kunden tatsächlich in Rechnung gestellten Preisen.[1062]

Zu den relevanten Marktcharakteristika gehört auch die **Art der Auftragsvergabe und der Preisfindung.**[1063] Trotz relativer Komplexität der Marktverhältnisse kann es zu koordinierten Wirkungen hinsichtlich der Preisgestaltung kommen, wenn Teilnehmer im Markt einfache Preisfindungsregeln anwenden. Als Beispiel für ein solches Vorgehen nennen die Leitlinien die Anwendung einiger weniger Preisfestsetzungsparameter und die Einführung einer festen Beziehung zwischen „bestimmten Basispreisen und einer Reihe anderer Preise, so dass sich die Preise grundsätzlich parallel bewegen." Hilfreich können dabei öffentlich zugängliche Schlüsselinformationen oder der Informationsaustausch durch Branchenverbände sein.[1064] Die Frage der Preisfindung stand im Zentrum der Untersuchung in Sony/BMG. Hier stellte die Kommission fest, dass die veröffentlichten Listenpreise für Händler (PPDs) der Topkonzerne in hohem Maße übereinstimmten. Nach Auffassung der Kommission hätten die PPDs daher im Prinzip als Grundlage für eine Abstimmung der Preise unter den Top-Labels in den untersuchten Ländern verwendet werden können.[1065] 357

Offene Ausschreibungen erhöhen die Koordinierungsmöglichkeiten der Anbieter, da mit ihnen die Transparenz im Markt erhöht wird.[1066] Schon die fehlende Regelmäßigkeit von Ausschreibungen kann aber gegen Koordinierungsmöglichkeiten unter den Oligopolisten sprechen.[1067] Werden Preise und Rabatte vorrangig individuell und geheim ausgehandelt, so fehlt es in der Regel an der erforderlichen Markttransparenz,[1068] **Standardpreise** können dagegen die Koordinierung der Anbieter erleichtern.[1069] In Sony/BMG stellte die Kommission nach umfangreichen Untersuchungen fest, dass es im Tonträgermarkt viele unterschiedliche Formen von Rabatten gab. Der Umstand, dass die Rabattvergabe somit nicht einheitlich gestaltet war und **Rabatte** auch nicht öffentlich bekannt gegeben wurden, führte zu einer Verringerung der Transparenz auf dem relevanten Markt. Dies mache die Überwachung der Nettopreise schwerer, die Wettbewerber den Kunden berechnen. Angesichts der Bedeutung von Rabatten und ihrer erheblichen Divergenz konnte die Kommission keine ausreichenden Beweise dafür finden, dass die Einheitlichkeit der durchschnittlichen Nettopreise auf stillschweigende Koordinierung der Musikkonzerne zurückzuführen war, obgleich die PPDs in hohem Maße übereinstimmten. Nach Auffassung der Kommission gab es auch keine ausreichenden Beweise dafür, dass diese Transparenzdefizite in der Vergangenheit durch die Überwachung der Einzelhandelspreise überwunden wurden.[1070] Der Beschluss wurde vom EuG in Impala allerdings u.a. mit dem Argument aufgehoben, die Ausführungen der Kommission in Bezug auf die Rabatte stimmten nicht mit ihrer eigenen Marktuntersuchung überein. Während in dieser Marktuntersuchung etwa in Italien alle Großhändler angaben, dass die Top-Konzerne die PPDs und die Rabatte ihrer Konkurrenten kennen würden, habe die Kommission in dem Beschluss ohne weitere Erläuterung ausgeführt, dass die „Mehrheit" der befragten Kunden angegeben habe, dass die Top-Konzerne „mehr oder weniger" wüssten, welche Rabatte ihre Wettbewerber gewähren.[1071] Der EuGH hielt wiederum die Analyse des EuG für unzureichend, da das in Bezug genommene Vorbringen von Impala als Klägerin vor dem EuG nicht genau dargelegt habe, worin die von der Klägerin behauptete „[bekannte] Reihe von Regeln" zur Festlegung einer Art von Rabatten bestanden habe, die einem hypothetischen Fachmann in dem Sektor bekannt seien. Das EuG habe außer Acht gelassen, dass die Beweislast für die behauptete Qualifikation des hypothetischen Fachmanns der Klägerin oblegen habe.[1072] Zu einer erneuten Entscheidung des EuG in der Sache kam es nicht mehr; die Klage war gegenstandslos geworden, da das verfahrensgegenständliche 358

[1061] Kom., M.7881, Rn. 104 f., 112, 132, 147, 296–317 – AB InBev/SABMiller.
[1062] Kom., M.8451, Rn. 347–358 – Tronox/Cristal.
[1063] Kom., M.4662, Rn. 108 – Syniverse/BSG (wireless business); zu sonstigen Konditionen s. Kom., M.6458, Rn. 758 – Universal Music Group/EMI Music.
[1064] Leitlinien „horizontale Zusammenschlüsse" Rn. 47.
[1065] Kom., M.3333, Rn. 149 – Sony/BMG.
[1066] Leitlinien „horizontale Zusammenschlüsse" Rn. 50; Kom., M.1313 – Danish Crown/Vestjyske Slagterier.
[1067] Kom., M.3512, Rn. 30 – VNU/WPP/JV.
[1068] Kom., M.3333, Rn. 151 – Sony/BMG; M.3276, Rn. 21, 24 – Anglo American/Kumba Resources; M.3439, Rn. 108 – Agfa-Gevaert/Lastra; M.3268, Rn. 39 – Sydkraft/Graninge; M.3060, Rn. 45 – UCB/Solutia; M.2640, Rn. 37 – Pirelli/BICC; M.3027 – State Street/Deutsche Bank Global Securities; M.264015 – Nestlé/Schöller; M.1225 – Enso/Stora.
[1069] Kom., M.1939, Rn. 26 – Rexam/American National Can.
[1070] Kom., M.3333, Rn. 150 – Sony/BMG.
[1071] EuG, T-464/04, ECLI:EU:T:2006:216, Rn. 312 – Impala/Kommission.
[1072] EuGH, C-413/06 P, ECLI:EU:C:2008:392, Rn. 131–133 – Bertelsmann und Sony/Impala.

Gemeinschaftsunternehmen zwischen Sony und BMG zwischenzeitlich vollständig von Sony übernommen worden war.[1073]

359 Nicht nur Transparenz in Hinblick auf Preise,[1074] sondern auch **Transparenz in Hinblick auf sonstige Wettbewerbsparameter** kann die Möglichkeit zur stillschweigenden Koordinierung erhöhen. Die Kenntnis von der **Kapazität** der Wettbewerber kann zB auf Ergebnissen eigener Marktforschung oder der Bewertung von Anlagen eines Wettbewerbers im Rahmen einer Unternehmensveräußerung beruhen.[1075] Auch die Existenz von **Alleinvertriebssystemen** der verschiedenen Hersteller im Markt mit de facto-Gebietsschutz wurde als transparenzerhöhend angesehen.[1076]

360 Bestehende **Überkapazitäten im Markt** können ein Anzeichen dafür sein, dass die Oligopolisten glaubwürdige Mittel haben, vorstoßendem Wettbewerb einzelner Anbieter durch wirksame Gegenmaßnahmen zu begegnen.[1077] Andererseits kann daraus je nach Lage des Einzelfalls auch auf den Willen der Anbieter geschlossen werden, ihr Angebot im Wettbewerb auszuweiten.[1078] Sind Überkapazitäten ungleich auf die Oligopolisten verteilt[1079] oder in der Hand außerhalb des Oligopols stehender Wettbewerber,[1080] so spricht dies gegen die Möglichkeit stillschweigender Koordinierung.

361 Bei der Prüfung, ob ein Zusammenschluss das Entstehen koordinierter Wirkungen befürchten lässt, spielen auch Faktoren eine Rolle, die sich auf die **Oligopolmitglieder und ihre Marktpositionen** beziehen.

362 **Stabile, hohe** individuelle und gemeinsame **Marktanteile der Oligopolmitglieder** sind ein Indiz für fehlenden Binnenwettbewerb. In einer Reihe von Fällen, die erst gegen das Angebot umfangreicher Zusagen oder überhaupt nicht freigegeben wurden, erreichten zwei kollektiv marktbeherrschende Unternehmen gemeinsame Marktanteile von (weit) über 60 %. Diese stabilen individuellen und gemeinsamen Marktanteile wurden dabei als Indiz für koordinierte Wirkungen angesehen, da sie „normalerweise" Anreize zu wettbewerbswidrigem Parallelverhalten bieten würden.[1081] Auch in Fällen, in denen die Kommission mögliche koordinierte Wirkungen zwischen mehr als zwei Oligopolisten geprüft hat, erreichten die gemeinsamen Marktanteile durchweg deutlich über 60 %.[1082] Fehlt es dagegen – trotz hoher Marktanteile – an deren **Stabilität über einen längeren Zeitraum**, so kann dies ein Indiz für vorhandenen Binnenwettbewerb sein; es spricht gegen die Möglichkeit, zu einer Übereinstimmung über Koordinationsmöglichkeiten und deren gegenseitige Überwachung zu gelangen.[1083] So hatte die Kommission etwa in TUI/First Choice keine wettbewerblichen Bedenken, obwohl durch den Zusammenschluss zwei relativ symmetrische Marktteilnehmer mit einem gemeinsamen Marktanteil von 70–80 % entstanden. Die Kommission ging davon aus, dass der Markt durch vielfältige Angebote gekennzeichnet sei, zudem sei die Planung der Kapazitäten der Reiseanbieter ein komplexer, interner Vorgang, in den der jeweils andere Reiseveranstalter keinen Einblick habe. Dies, zusammen mit Schwankungen der Nachfrage, erschwere es, eine Übereinstimmung hinsichtlich der Koordinationsmöglichkeiten zu erreichen.[1084]

363 Unter **Anbietern mit ähnlichen Marktpositionen** fallen eine stillschweigende Koordinierung und deren Überwachung leichter[1085] als unter Anbietern mit asymmetrischen Marktanteilen. Denn die Anreize zur Koordinierung steigen, wenn jeder Wettbewerber ähnlich viel „zu gewinnen" hat.[1086] Gleichwohl können asymmetrische Marktanteile ausgeglichen werden, wenn sich Unterneh-

---

[1073] EuG, T-464/04, ECLI:EU:T:2009:225, Rn. 15, 18, 27–31 – Impala/Kommission.
[1074] S. hierzu auch Kom., M.4753, Rn. 66 – Antalis/MAP.
[1075] Kom., M.4980, Rn. 194 f. – ABF/GBI Business.
[1076] Kom., M.4980, Rn. 221 – ABF/GBI Business.
[1077] Kom., M.4980, Rn. 242 – ABF/GBI Business; M.1681, Rn. 37 – Akzo Nobel/Hoechst Roussel VET.
[1078] Kom., M.2838, Rn. 24, 30 – P & O Stena Line (Holding).
[1079] Kom., M.2542, Rn. 18 – Schmalbach-Lubeca/Rexam.
[1080] Kom., M.2498, Rn. 141 – UPM-Kymmene/Haindl.
[1081] Vgl. etwa Kom., M.3314, Rn. 37 – Air Liquide/Messer Targets; M.2547, Rn. 220 – Bayer/Aventis Crop Science; M.1517, Rn. 61 – Rhodia/Donau Chemie/Albright & Wilson; M.580, Rn. 63 – ABB/Daimler Benz.
[1082] Kom., M.3333 – Sony/BMG; M.2420, Rn. 211 – Mitsui/CVRD/Caemi; M.2314, Rn. 84 – BASF/Pantochim/Eurodiol; M.2498, Rn. 112 – UPM-Kymmene/Haindl; M.2180, Rn. 25 – Outokumpu/Avesta Sheffield; M.1891, Rn. 26 – BP Amoco/Castrol; M.202, Rn. 23 – Thorn EMI/Virgin; M.258, Rn. 23 – CCIE/GTE.
[1083] Kom., M.3287, Rn. 28 – AGCO/Valtra; M.3007, Rn. 36 – E.ON/TXU Europe Group; M.2702, Rn. 22 – Norsk Hydro/VAW; M.2498, Rn. 80 – UPM-Kymmene/Haindl; M.2537, Rn. 43 – Philips/Marconi.
[1084] Kom., M.4600, Rn. 104, 107, 109 – TUI/First Choice.
[1085] Leitlinien „horizontale Zusammenschlüsse" Rn. 48; Kom., M.3314, Rn. 98 – Air Liquide/Messer Targets; M.2389, Rn. 105 ff. – Shell/Dea; M.2533, Rn. 95 ff. – BP/E.ON; M.619, Rn. 10 – Gencor/Lonrho; M.190, Rn. 121 – Nestlé/Perrier.
[1086] Kom., M.7758, Rn. 972 ff., 982 ff. – Hutchison 3G Italy/Wind/JV; M.3216, Rn. 187 – Oracle/Peoplesoft; M.2972, Rn. 75 – DSM/Roche Vitamins; M.2420, Rn. 169 – Mitsui/CVRD/Caemi; M.3149 – Procter &

men auf mehreren Märkten als Wettbewerber gegenüberstehen.[1087] Die Symmetrie der in einem Markt tätigen Unternehmen und damit die Möglichkeit koordinierter Wirkungen kann durch mit dem Zusammenschluss verbundene **Effizienzgewinne** steigen (→ Kapitel 1 Rn. 485).[1088] Je nach Einzelfall können Effizienzgewinne entweder die Kostenstruktur des fusionierten Unternehmens an die der übrigen Oligopolmitglieder annähern oder aber zu Kostenvorteilen führen. Fehlt es aber an einer **Vergleichbarkeit der Kostenstruktur**,[1089] entsteht häufig keine ausreichende Reaktionsverbundenheit unter den Oligopolisten.[1090] Denn in diesem Fall kann es schwer sein zu erkennen, ob ein Wettbewerber seine Preise senkt, weil er erwartet, dass die koordinierten Preise fallen oder weil er von den Koordinationsmodalitäten abweicht.[1091] Effizienzen können daher in Fällen koordinierter Wirkungen seit jeher sowohl für als auch gegen zukünftiges wettbewerbswidriges Parallelverhalten im Oligopol gewertet werden.[1092]

Deutlich wird dieser Zusammenhang in Gencor/Lonrho, dem ersten auf koordinierte Wirkungen gestützten Untersagungsbeschluss der Kommission.[1093] Der Zusammenschluss hätte zu einem marktbeherrschenden Duopol zwischen dem fusionierten Unternehmen und einem Wettbewerber geführt. Die fusionierenden Unternehmen hatten geltend gemacht, dass der Zusammenschluss ihnen erlauben würde, erhebliche Synergien zu erzielen. Die Kommission bezweifelte dies zunächst. Sie stellte dann aber fest, dass die einzige Auswirkung des Zusammenschlusses auf die Kostenstruktur darin läge, ein Unternehmen zu schaffen, dessen Kostenstruktur der des anderen Duopolisten ähnele, diesem gegenüber aber keine Kostenvorteile verschaffe. Dies bedeute, dass beide Duopolisten in größerem Umfang auf gleiche Weise von Marktentwicklungen beeinflusst werden und auf diese reagieren dürften. Die Duopolisten hätten daher ein höheres gemeinsames Interesse an Entwicklungstendenzen des Markts, was die Wahrscheinlichkeit eines wettbewerbswidrigen Parallelverhaltens nach dem Zusammenschluss erhöhe.[1094] In dem Fall Airtours/First Choice[1095] wiesen alle vier Oligopolisten vor dem Zusammenschluss **gleiche Kostenstrukturen** auf.[1096] Die Kommission erwartete Synergieeffekte für die fusionierenden Oligopolisten von weniger als 1 % ihrer Gesamtkosten. Sie folgerte hieraus, dass das Vorhaben die Gesamtkostenstruktur der fusionierenden Unternehmen unverändert lasse und damit keine Wettbewerbsanreize für das fusionierte Unternehmen gegenüber den anderen Oligopolisten schaffe.[1097] Umgekehrt war es in T-Mobile NL/Tele2 NL gerade die **asymmetrische Kostenstruktur** der Oligopolisten, die den Eintritt koordinierter Wirkungen durch den Zusammenschluss ungeachtet des hohen Konzentrationsgrades und der hohen Markttransparenz unwahrscheinlich machte und letztlich eine Freigabe des Zusammenschlusses ohne Zusagen erlaubte.[1098] **364**

Vor allem in älteren Beschlüssen wurde häufiger das Vorhandensein von **strukturellen Verbindungen** zwischen den Oligopolisten, etwa in Form von Überkreuzbeteiligungen oder Beteiligungen an einem Gemeinschaftsunternehmen, als Indiz für ein stillschweigendes Zusammenwirken betont.[1099] Dieser Aspekt wird auch in den Leitlinien für horizontale Zusammenschlüsse der Kommission genannt,[1100] wobei auch Überkreuzmandate in Leitungsorganen als Erleichterung für die Überwachung angeführt werden.[1101] In Dow/DuPont zitierte die Kommission die entspre- **365**

Gamble/Wella; M.2268 – Pernod Ricard/Diageo/Seagram Spirits; M.2824, Rn. 58 – Ernst & Young/Andersen Germany; M.2838, Rn. 17 – P & O Stena Line (Holding); M.2640, Rn. 36 – Nestlé/Schöller; M.2542 – Schmalbach-Lubeca/Rexam.
[1087] Kom., M.4980, Rn. 202 – ABF/GBI Business.
[1088] Leitlinien „horizontale Zusammenschlüsse" Fn. 62, Rn. 82.
[1089] Kom., M.2690, Rn. 48 – Solvay/Montedison-Ausimont; M.1663, Rn. 78, 81 – Alcan/Alusuisse; M.1630, Rn. 275 – Air Liquide/BOC.
[1090] Kom., M.3056 – Celanese/Degussa/European Oxo Chemicals; M.2965, Rn. 20 – Staples/Guilbert; M.2201, Rn. 56 – MAN/Auwärter; M.2498, Rn. 41 – UPM-Kymmene/Haindl; M.2180 – Outokumpu/Avesta Sheffield; M.2348, Rn. 124 – Outokumpu/Norzink.
[1091] Leitlinien „horizontale Zusammenschlüsse" Rn. 50.
[1092] Vgl. Montag, Effizienz und Wettbewerb in der rechtlichen Praxis am Beispiel der Europäischen Fusionskontrolle in Oberender, Effizienz und Wettbewerb, 2004.
[1093] Kom., M.619, Rn. 182 – Gencor/Lonrho.
[1094] Kom., M.619, Rn. 183 f. – Gencor/Lonrho.
[1095] Kom., M.1524 – Airtours/First Choice.
[1096] Kom., M.1524, Rn. 99–101 – Airtours/First Choice.
[1097] Kom., M.1524, Rn. 146 – Airtours/First Choice.
[1098] Kom., M.8792, Rn. 855–867 – T-Mobile NL/Tele2 NL.
[1099] Kom., M.2567, Rn. 55 – Nordbanken/Postgirot; M.2176, Rn. 39 – K+S/Solvay/JV; M.1673, Rn. 48 ff. – VEBA/VIAG; M.1383, Rn. 452 – Exxon/Mobil; M.1313, Rn. 30 – Danish Crown/Vestjyske Slagterier.
[1100] Leitlinien „horizontale Zusammenschlüsse" Rn. 47 f.
[1101] Leitlinien „horizontale Zusammenschlüsse" Rn. 51.

chende Passage aus den Leitlinien,[1102] setzte sich im Übrigen aber ausschließlich mit nicht koordinierten Wirkungen auseinander. In AB InBev/SABMiller wies die Kommission zudem darauf hin, dass strukturelle Verbindungen zwischen Oligopolmitgliedern nicht nur zu einer **Angleichung der kommerziellen Interessen** führen, sondern zugleich einen Anreiz zum **Austausch wettbewerblich sensibler Informationen** (einschließlich der Preisstrategien) darstellen könnten. Konkret hätte der Zusammenschluss eine zuvor zwischen einem der fusionierenden Unternehmen und einem Wettbewerber bestehende **vertikale** Lizenz- und Vertriebsverbindung in eine **horizontale Verbindung** zwischen dem fusionierten Unternehmen und dem Wettbewerber verwandelt, was den Wettbewerber einerseits von aggressivem Wettbewerb hätte abhalten können und dem fusionierten Unternehmen andererseits erlaubt hätte, ein Abweichen des Wettbewerbers von den Koordinierungsmodalitäten durch Vergeltungsmaßnahmen im Rahmen des Lizenz- und Vertriebsverhältnisses zu sanktionieren.[1103] Besonders anschaulich differenzierte die Kommission in Exxon/Mobil – noch vor der Airtours-Entscheidung des EuG – den wettbewerblichen Einfluss struktureller Verbindungen. Neben möglichen nicht koordinierten Wirkungen (→ Rn. 293) unterschied sie vier im Rahmen von koordinierten Wirkungen relevante Aspekte: Erstens kann eine solche Verbindung den Zugang zu wettbewerblich sensiblen Informationen erleichtern. Zweitens erhöht sie die Transparenz des wettbewerblichen Verhaltens beider Unternehmen füreinander. Drittens eröffnet eine Beteiligung dem Beteiligungsinhaber ggf. den Einfluss auf das strategische Verhalten seines Wettbewerbers. Viertens kann eine Beteiligung an einem Wettbewerber auf diesen eine disziplinierende Wirkung ausüben, da sie dem beteiligten Unternehmen die Möglichkeit zu wettbewerblichen Vergeltungsmaßnahmen geben kann.[1104]

366 Ein **vergleichbarer Grad an vertikaler Integration** oder an **Präsenz auf verschiedenen geographischen Märkten** erhöht die Wahrscheinlichkeit für das Entstehen koordinierter Wirkungen.[1105] Treffen die Oligopolisten in mehreren Märkten wettbewerblich aufeinander („multi market contacts"), so erleichtert dies die Möglichkeit zu Vergeltungsmaßnahmen und stärkt den Koordinationsdruck.[1106] Indes erkennt die Kommission in ihrer Beschlusspraxis aber mittlerweile an, dass das **Zusammentreffen auf mehreren Märkten** nicht nur die Möglichkeit für Gegenmaßnahmen erhöht, sondern auch den möglichen, aus einer Abweichung resultierenden Gewinn. Die Kommission schließt daraus, dass etwa die Erhöhung des Grades der Symmetrie zwischen den Marktbeteiligten allein nicht zu koordinierten Wirkungen führt; vielmehr sei eine Veränderung dahingehend nötig, dass ein **Umstand wegfällt,** der **bisher** eine **Koordination** zwischen den Marktteilnehmern **erschwert hat.**[1107]

367 Ein weiteres Element bei der Feststellung, ob der Binnenwettbewerb zwischen den Oligopolisten durch das Entstehen von Übereinstimmung über Koordinationsmöglichkeiten und die Möglichkeit der Überwachung von Abweichungen ausgeschlossen wird, betrifft die **Charakteristika der auf dem relevanten Markt gehandelten Produkte oder Dienstleistungen.**

368 In Märkten für **homogene Produkte** fällt es den Oligopolisten leichter, ihr Verhalten stillschweigend zu koordinieren[1108] als in heterogenen Produktmärkten,[1109] auf denen sie über eine große Vielzahl von Preisen Übereinstimmung erzielen und diese überwachen müssten.[1110] Trotz relativ einheitlicher Preisbildungsmechanismen stellte die Kommission etwa in Sony/BMG fest, dass der heterogene Inhalt von Musiktonträgern zur Differenzierung bei der Bepreisung der Alben insgesamt führt. Aus diesem Grund sei die Transparenz auf den relevanten Tonträgermärkten so verringert, dass stillschweigende Kollusion wegen der Vielzahl der zu überwachenden Preise erschwert werde.[1111]

369 In Märkten, bei denen die **Innovation** von Produkten eine wichtige Rolle spielt, kann eine Koordinierung nach Ansicht der Kommission schwieriger sein, da wichtige Innovationen einem

---

[1102] Kom., M.7932, Annex 5, Rn. 2 – Dow/DuPont.
[1103] Kom., M.7881, Rn. 99 – AB InBev/SAB Miller.
[1104] Kom., M.1383, Rn. 452 – Exxon/Mobil.
[1105] Kom., M.2389, Rn. 81 – Shell/Dea; M.2886, Rn. 12 – Bunge/Cereol; M.2533, Rn. 88 – BP/E.ON.
[1106] EuG, T-102/96, ECLI:EU:T:1999:65, Rn. 281 – Gencor/Kommission; Kom., M.7881, Rn. 89 f., 100–105 – AB InBev/SABMiller; M.4980, Rn. 202 – ABF/GBI Business; M.3314 – Air Liquide/Messer Targets; M.2002 – Preussag/Thomson.
[1107] Kom., M.5549, Rn. 106 f. – EDF/Segebel.
[1108] Kom., M.4980, Rn. 188 – ABF/GBI Business; M.1630, Rn. 29 – Air Liquide/BOC; M.2389, Rn. 52 – Shell/Dea; M.2533, Rn. 42 – BP/E.ON.
[1109] Kom., M.3333, Rn. 110 – Sony/BMG; M.3197, Rn. 46 – Candover/Cinven/Bertelsmann-Springer; M.3216, Rn. 213 – Oracle/Peoplesoft; M.1684 – Carrefour/Promodes.
[1110] Leitlinien „horizontale Zusammenschlüsse" Rn. 47; Kom., M.3060 – UCB/Solutia.
[1111] Kom., M.3333, Rn. 110 – Sony/BMG.

Unternehmen erhebliche Vorteile gegenüber seinen Wettbewerbern verschaffen können.[1112] Die Aufteilung der wesentlichen Forschungsaktivitäten zwischen den Oligopolisten kann dagegen ein Indiz für den Eintritt koordinierter Wirkungen sein.[1113] Bei ausgereiften Commodity-Produkten ist eine Koordination tendenziell einfacher.[1114]

bb) Glaubhafte Abschreckungsmechanismen. Nach der Airtours-Entscheidung des EuG 370 setzen koordinierte Wirkungen voraus, dass ausreichend Abschreckungsmittel langfristig für einen Anreiz sorgen, nicht vom gemeinsamen Vorgehen abzuweichen.[1115] Für die Kommission sind **drohende Vergeltungsmaßnahmen** die Voraussetzung für den dauerhaften Charakter der Koordinierung.[1116] Sie müssen glaubwürdig sein, dh im Falle eines entdeckten Abweichens **mit hinreichender Sicherheit ergriffen werden.**[1117] Dies setzt eine Situation voraus, in der die Rückkehr aller Oligopolisten zum koordinierten Verhalten für die Anwender von Vergeltungsmaßnahmen ökonomisch so attraktiv ist, dass sie dafür vorübergehende Verluste in Kauf nehmen.[1118] **Denkbare Formen** wirksamer Abschreckungsmaßnahmen sind etwa temporäre Preissenkungen[1119] einschließlich eines vorübergehenden Preiskriegs, die spürbare Erhöhung der eigenen Produktion,[1120] die Aufkündigung von Gemeinschaftsunternehmen oder anderer Formen der Zusammenarbeit[1121] oder der Verkauf von Kapitalanteilen an Unternehmen im gemeinsamen Besitz.[1122] Stehen den Oligopolisten keine freien Kapazitäten zur Verfügung, kann dies gegen die Möglichkeit zur Anwendung von Gegenmaßnahmen gegenüber Abweichlern und damit gegen die Wahrscheinlichkeit des Eintritts koordinierter Wirkungen sprechen.[1123]

Vergeltungsmaßnahmen müssen zudem **zeitnah** angewendet werden können, um die ande- 371 ren Oligopolisten von einem nur kurzfristigen Ausscheren aus der stillschweigenden Koordinierung abzuhalten.[1124] Dies setzt wiederum eine erhebliche Markttransparenz voraus. Fehlt es daran und können die Oligopolisten nur mit großer zeitlicher Verzögerung auf Abweichungen anderer Anbieter reagieren, spricht dies gegen den möglichen Eintritt koordinierter Wirkungen. Denn derartige Abschreckungsmaßnahmen dürften überwiegend nicht als ausreichend empfunden werden, um die mit einem Abweichen verbundenen Vorteile zu negieren.[1125]

Abschreckungsmechanismen müssen nach Auffassung der Kommission **nicht zwangsläufig** 372 **auf demselben Markt** zur Verfügung stehen, auf dem die Abweichung von der Koordinierung eintritt.[1126] Treffen die Oligopolisten auf verschiedenen Märkten aufeinander, so kann ein Anbieter auch durch die Gefahr der Bestrafung auf einem zweiten Markt davon abgehalten werden, auf dem ersten Markt die Koordinierung zu beenden und vorstoßenden Wettbewerb zu betreiben.[1127]

b) Schwäche des Wettbewerbsdrucks von außen auf das Oligopol. Entscheidende 373 Voraussetzung für koordinierte Wirkungen eines Zusammenschlusses ist, dass das Oligopol **keinem wesentlichen Außenwettbewerb** durch dritte Wettbewerber und wesentlichem Wettbewerbsdruck von der Nachfrageseite **ausgesetzt** ist.[1128] Damit eine Koordinierung erfolgreich ist, darf das mit

---

[1112] Leitlinien „horizontale Zusammenschlüsse" Rn. 45; Kom., M.2537 – Philips/Marconi Medical Systems; M.1629 – Knorr Bremse/Mannesmann; M.1342 – Knorr-Bremse/Bosch.
[1113] Kom., M.2547 – Bayer/Aventis Crop Science.
[1114] Kom., M.4980, Rn. 199 – ABF/GBI Business; M.2690, Rn. 58 – Solvay/Montedison-Ausimont; M.2097 – SCA/Metsä Tissue; M.1517, Rn. 52 – Rhodia/Donau Chemie/Albright & Wilson.
[1115] EuG, T-342/99, ECLI:EU:T:2002:146, Rn. 62 – Airtours/Kommission; vgl. demgegenüber Kom., M.4600, Rn. 119 – TUI/First Choice.
[1116] Leitlinien „horizontale Zusammenschlüsse" Rn. 40, 52; vgl. etwa Kom., M.2547 – Bayer/Aventis Crop Science; M.2389, Rn. 116 ff. – Shell/Dea; M.2533, Rn. 106 ff. – BP/E.ON; M.2690, Rn. 60 f. – Solvay/Montedison-Ausimont.
[1117] Leitlinien „horizontale Zusammenschlüsse" Rn. 52.
[1118] Leitlinien „horizontale Zusammenschlüsse" Rn. 53.
[1119] Kom., M.3314, Rn. 97, 104 – Air Liquide/Messer Targets.
[1120] Leitlinien „horizontale Zusammenschlüsse" Rn. 54; Kom., M.1681 – Akzo Nobel/Hoechst Roussel VET.
[1121] Leitlinien „horizontale Zusammenschlüsse" Rn. 55; Kom., M.3333, Rn. 114 ff. – Sony/BMG.
[1122] Leitlinien „horizontale Zusammenschlüsse" Rn. 55.
[1123] Kom., M.2348, Rn. 15 – Outokumpu/Norzink; M.2180 – Outokumpu/Avesta Sheffield.
[1124] Leitlinien „horizontale Zusammenschlüsse" Fn. 70.
[1125] Leitlinien „horizontale Zusammenschlüsse" Rn. 53; Kom., M.2498 – UPM-Kymmene/Haindl.
[1126] Leitlinien „horizontale Zusammenschlüsse" Rn. 55.
[1127] EuG, T-102/96, ECLI:EU:T:1999:65, Rn. 281 – Gencor/Kommission; Kom., M.7881, Rn. 89 f., 100–105 – AB InBev/SABMiller; M.4980, Rn. 202 – ABF/GBI Business; M.3314 – Air Liquide/Messer Targets; M.2002 – Preussag/Thomson.
[1128] EuGH, C-413/06 P, ECLI:EU:C:2008:392, Rn. 123 – Bertelsmann und Sony/Impala; EuG, T-342/99, ECLI:EU:T:2002:146, Rn. 62 – Airtours/Kommission.

der Abstimmung erwartete Ergebnis durch das Vorgehen der nicht koordinierenden Unternehmen, der potenziellen Wettbewerber oder der Kunden nicht gefährdet werden.[1129]

374 Die **Prüfung der wettbewerblichen Stärke koordinierender Anbieter und der Marktgegenseite** folgt denselben Grundsätzen wie im Falle nicht koordinierter Wirkungen (→ Rn. 296 ff.).[1130] In zahlreichen Fällen ist die Kommission zu dem Ergebnis gekommen, dass sich wegen des auch nach dem Zusammenschluss verbleibenden Wettbewerbsdrucks der übrigen Anbieter und Kunden eine kollektive Marktbeherrschung nicht annehmen lässt.[1131] Besondere Marktmacht wurde der Nachfrageseite regelmäßig in Zusammenschlussfällen im Bereich der Industriezulieferung zugesprochen.[1132] Wenn Kunden zum Ausdruck gebracht haben, dass sie keine Anzeichen für eine stillschweigende wettbewerbswidrige Koordinierung ihrer Lieferanten beobachten oder fürchten, bezieht die Kommission dies in ihre Überlegungen mit ein.[1133] Ausdrücklich betont hat die Kommission die schwache Stellung dritter Wettbewerber oder Kunden etwa in Nestlé/Perrier, Danish Crown/Vestjyske Slagterier, Rexam/American National Can und ABF/GBI Business.[1134]

375 Erwartbare **Marktzutritte** oder wenigstens das Vorhandensein **potenzieller Wettbewerber** kann die Nachhaltigkeit möglicher koordinierter Wirkungen in Frage stellen, da neue Wettbewerber die Koordinierung innerhalb des Oligopols stören könnten.[1135] Handelt es sich um einen geschlossenen Markt, in den ein Eintritt neuer Wettbewerber länger nicht erfolgt ist und aufgrund von Eintrittsbarrieren oder Marktsättigung auch in Zukunft kaum zu erwarten ist, so fällt den Oligopolmitgliedern eine Koordinierung ihrer Aktivitäten entsprechend leichter.[1136]

376 Betrifft ein Zusammenschluss gerade den **Erwerb eines „Außenseiters"** („Maverick"), **der in der Vergangenheit die Koordinierung verhindert oder gestört hat,** in dem er etwa Preiserhöhungen seiner Wettbewerber nicht nachvollzogen hat[1137] und ist zu erwarten, dass das fusionierte Unternehmen sich nach dem Zusammenschluss weiterhin an die stillschweigende Koordinierung halten wird, so beseitigt der Zusammenschluss gerade einen wesentlichen Teil des Wettbewerbsdrucks, dem das Oligopol vorher ausgesetzt war.[1138] Dies kann zur Entstehung einer kollektiven Marktbeherrschung führen, wenn die Präsenz des Außenseiters die nachhaltige Koordinierung zuvor verhindert hat. Es kann aber auch zur Verstärkung bereits vorhandener koordinierter Wirkungen führen, wenn die Stabilität des Oligopols erhöht wird.

377 **c) Eintritt von Marktstrukturveränderungen durch den Zusammenschluss.** Wie in allen Zusammenschlussfällen muss die Kommission auch bei der Prüfung einer stillschweigenden Koordinierung nachweisen, dass deren wettbewerbswidrige Wirkungen gerade infolge des Zusammenschlusses eintreten (Kausalität) (→ Rn. 148 f.). Nur in seltenen Fällen hat die Kommission die Kausalität eines Zusammenschlusses für die Verstärkung einer gemeinsamen Marktbeherrschung bejaht.[1139]

378 Vielfach hat sie dagegen angenommen, dass der Zusammenschluss gerade nicht zur Entstehung kollektiver Marktbeherrschung führt, weil die durch den Zusammenschluss bewirkten Marktstrukturveränderungen nicht ausreichten, um den Markt von einem wettbewerblichen in ein stillschweigend koordinierendes Oligopol „kippen" zu lassen.[1140] Einen besonderen Fall in dieser Hinsicht

---

[1129] Leitlinien „horizontale Zusammenschlüsse" Rn. 56 f.
[1130] Leitlinien „horizontale Zusammenschlüsse" Fn. 73.
[1131] Vgl. etwa Kom., M.5867, Rn. 35 f. – Thomas Cook/Öger Tours; M.3216, Rn. 42 – Oracle/Peoplesoft; M.3276 – Anglo American/Kumba Resources; M.3149, Rn. 44 – Procter & Gamble/Wella.
[1132] Kom., M.1882, Rn. 48 – Pirelli/BICC; M.1629, Rn. 35 – Knorr Bremse/Mannesmann; M.1539, Rn. 35 – CVC/Danone/Gerresheimer; M.726 – Bosch/Allied Signal; M.165, Rn. 17 – Alcatel/AEG Kabel.
[1133] Kom., M.2502, Rn. 19 – Cargill/Cerestar; M.1491, Rn. 29 – Robert Bosch/Magneti Marelli.
[1134] Kom., M.4980, Rn. 337, 352, 364 – ABF/GBI Business; M.1939, Rn. 21 ff. – Rexam/American National Can; M.1313, Rn. 174 f. – Danish Crown/Vestjyske Slagterier; M.190, Rn. 131 – Nestlé/Perrier.
[1135] Leitlinien „horizontale Zusammenschlüsse" Rn. 57; Kom., M.2838, Rn. 25 – P & O Stena Line (Holding); M.1298, Rn. 55 – Kodak/Imation; M.1230, Rn. 22 – Glaverbel/PPG.
[1136] Kom., M.2434, Rn. 41 – Grupo Villar Mir/EnBW/Hidroeléctrica del Cantabrico; M.2389 – Shell/Dea; M.2690, Rn. 31 – Solvay/Montedison-Ausimont; M.2533, Rn. 122 – BP/E.ON; M.1673, Rn. 80 – VEBA/VIAG; M.580 – ABB/Daimler-Benz; M.190, Rn. 29 – Nestlé/Perrier.
[1137] Leitlinien „horizontale Zusammenschlüsse" Rn. 42.
[1138] Kom., M.7758, Rn. 972 ff. – Hutchison 3G Italy/Wind/JV; M.3916 – T-Mobile Austria/tele.ring; M.1630, Rn. 198 – Air Liquide/BOC; M.2690 – Solvay/Montedison-Ausimont; M.2016 – France Telecom/Orange.
[1139] Vgl. etwa Kom., M.2684, Rn. 60 – EnBW/EDP/Cajastur/Hidrocantábrico; M.2016, Rn. 41 – France Telecom/Orange.
[1140] Kom., M.6266, Rn. 581 – J&J/Synthes; M.6214, Rn. 548 – Seagate/Samsung; M.3268, Rn. 37 – Sydkraft/Graninge; M.2824, Rn. 68 – Ernst & Young/Andersen Germany; M.2816, Rn. 83 – Ernst & Young France/Andersen France; M.2810, Rn. 54 – Deloitte & Touche/Andersen UK; M.1651, Rn. 24 – Maersk/Sea-Land; M.284, Rn. 17 – Hoechst/Wacker; M.202, Rn. 61 – Thorn EMI/Virgin.

stellt dabei Holcim/Cemex West dar.[1141] Bei der Analyse der Wettbewerbsbedingungen auf dem Grauzement-Markt in Westdeutschland stieß die Kommission auf einige Hinweise hinsichtlich koordinierter Verhaltensweisen der Marktteilnehmer, jedoch ließ sie eine entsprechende Feststellung offen, da der Zusammenschluss die Bedingungen für eine Koordinierung zumindest nicht einfacher, stabiler oder effektiver machen würde.[1142] Auch in AB InBev/SABMiller bestanden Hinweise über koordinierte Verhaltensweisen unabhängig von der Transaktion.[1143]

V. Schadenstheorien im Kontext vertikaler Zusammenschlüsse

Als vertikale Zusammenschlüsse werden Zusammenschlüsse zwischen Unternehmen auf zwei **verschiedenen Stufen der Lieferkette** bezeichnet, etwa zwischen Hersteller und Händler.[1144] Mithin werden bei vertikalen Zusammenschlüssen – anders als bei horizontalen Zusammenschlüssen – grundsätzlich mehrere Märkte berührt. Bei einem rein vertikalen Zusammenschluss kommt es nicht zu horizontalen Überschneidungen und folglich nicht zu Marktanteilsadditionen. Bei der Beurteilung vertikaler Zusammenschlüsse ist zur Ermittlung eines etwaigen Marktmachtzuwachses der Fusionsbeteiligten die einfache Addition der Marktanteile nicht möglich, da die betroffenen Unternehmen auf verschiedenen, durch Lieferbeziehungen verbundenen Marktstufen und damit sachlich unterschiedlichen Märkten tätig sind. Gleichwohl kann die Marktstellung der beteiligten Unternehmen durch den Zusammenschluss deutlich verändert werden. Die wettbewerbliche Analyse muss sich hier auf mögliche **Wechselwirkungen zwischen diesen Marktstufen** konzentrieren. Ein ausschließlich auf Marktanteilszuwächse abstellendes Untersagungskriterium griffe somit zu kurz. 379

Die Vereinbarkeit vertikaler Zusammenschlüsse mit dem Binnenmarkt richtet sich nach dem **gleichen materiellen Test,** der auch für horizontale Fusionen gilt. Nach Art. 2 Abs. 2 und 3 kommt es darauf an, ob der vertikale Zusammenschluss zu einer erheblichen Behinderung wirksamen Wettbewerbs, insbesondere durch Begründung oder Verstärkung einer marktbeherrschenden Stellung, führen wird (zum SIEC-Test → Rn. 77). Art. 2 Abs. 1 lit. b bestimmt, dass die Kommission bei ihrer Prüfung „die Marktstellung sowie die wirtschaftliche Macht und die Finanzkraft der beteiligten Unternehmen, die Wahlmöglichkeiten der Lieferanten und Abnehmer [und] ihren Zugang zu den Beschaffungs- und Absatzmärkten" berücksichtigt. 380

Die Leitlinien für nichthorizontale Zusammenschlüsse umfassen vertikale Fusionen, dh Sachverhalte, in denen die Unternehmen auf unterschiedlichen Stufen einer Lieferkette tätig sind, wie auch konglomerate Fusionen, dh Sachverhalte, in denen die Beziehung der Unternehmen weder rein horizontal noch rein vertikal ist (zu konglomeraten Zusammenschlüssen → Rn. 466 ff.). Vor dem Hintergrund des more economic approach messen die Leitlinien der Struktur des Marktes weniger Bedeutung bei als dem zu erwartenden **Verhalten des zusammengeschlossenen Unternehmens am Markt.**[1145] Letztlich kommt es darauf an, ob wirksamer Wettbewerb zum Nachteil der (End-)Verbraucher beeinträchtigt wird.[1146] Zu den Zielen der Fusionskontrolle → Rn. 3. 381

Da es infolge eines vertikalen Zusammenschlusses nicht zu einem Verlust direkten Wettbewerbs kommt, rufen vertikale Zusammenschlüsse grundsätzlich weniger wettbewerbliche Bedenken hervor als horizontale Zusammenschlüsse.[1147] Im Kern geht es immer um potenzielle Abschottungswirkungen (foreclosure) nach dem Zusammenschluss – entweder der Abschottung der Abnehmer auf der nachgelagerten Marktstufe von den Produkten des zusammengeschlossenen Unternehmens oder der Wettbewerber auf der vorgelagerten Marktstufe vom zusammengeschlossenen Unternehmen als einem wesentlichen Abnehmer ihrer Produkte. Diese vertikalen Auswirkungen von Zusammenschlüssen mit unionsweiter Bedeutung werden von der Kommission dann vertieft geprüft, wenn die Parteien auf einem der vertikal betroffenen Märkte einen **gemeinsamen Marktanteil von 30 %** oder mehr erreichen und der **HHI bei 2.000** oder darüber liegt (zu den Vermutungen → Rn. 106 ff.).[1148] Bei Zusammenschlüssen, die diese Schwellen nicht erreichen, werden sich nach den Leitlinien für nichthorizontale Zusammenschlüsse Wettbewerbsbedenken „kaum" stellen, da eine Marktabschottung unwahrscheinlich ist (safe harbour).[1149] 382

[1141] Kom., M.7009 – Holcim/Cemex West.
[1142] Kom., M.7009, Rn. 126 ff., 253, 283 – Holcim/Cemex West.
[1143] Kom., M.7881, Rn. 61 ff., 95 ff. – AB InBev/SABMiller.
[1144] Leitlinien „nichthorizontale Zusammenschlüsse" Rn. 4; Formblatt CO, Abschnitt 6.3b). Eine umfassende Darstellung vertikaler Zusammenschlüsse findet sich in Levy/Cook, European Merger Control Law, § 13; NK-EuWettbR/Hacker Rn. 391 ff.; Immenga/Mestmäcker/Körber, Rn. 525 ff.
[1145] Körber WuW 2008, 522 (526).
[1146] Leitlinien „nichthorizontale Zusammenschlüsse" Rn. 15 f.
[1147] Leitlinien „nichthorizontale Zusammenschlüsse" Rn. 11 f.
[1148] Leitlinien „nichthorizontale Zusammenschlüsse" Rn. 25; Formblatt CO, Abschnitt 6.3b).
[1149] Leitlinien „nichthorizontale Zusammenschlüsse" Rn. 25.

383 In den Fällen, die in den **safe harbour** fallen, ist eine intensive Untersuchung des Zusammenschlusses nur angezeigt, sofern weitere besondere Umstände hinzutreten, zB:[1150]
1. Beteiligung eines Unternehmens an dem Zusammenschluss, von dem in naher Zukunft erhebliches Wachstum zu erwarten ist,
2. beträchtliche zwischen den Marktteilnehmern bestehende Verbindungen in Form von Überkreuz-Beteiligung oder der wechselseitigen Besetzung von Führungsposten,
3. Beteiligung eines Unternehmens an dem Zusammenschluss, von dem ansonsten zu erwarten ist, dass es koordiniertes Marktverhalten stören würde,
4. Anzeichen für vergangene oder andauernde Koordinierung oder Praktiken, die eine solche erleichtern.

384 Ebenso wie bei horizontalen Zusammenschlüssen unterscheiden die Leitlinien für nichthorizontale Zusammenschlüsse nach nicht koordinierten und koordinierten Wirkungen (zu Schadenstheorien im Kontext horizontaler Zusammenschlüsse → Rn. 235 ff.). In Fällen vertikaler Integration können wettbewerbswidrige Auswirkungen aus nicht koordinierten Wirkungen als Folge einseitigen Verhaltens des zusammengeschlossenen Unternehmens am Markt in Form der Abschottung von Wettbewerbern von Absatz- und Beschaffungsmärkten entstehen, sog. **Marktverschließungs- bzw. Abschottungswirkungen** (foreclosure).[1151] Dabei hat die Kommission in Fällen, in denen eine nahezu unüberschaubare Anzahl von vertikalen Beziehungen zwischen Zusammenschlussbeteiligten bestand, durch Anlegen von „**Filtern**" diejenigen Märkte bestimmt, auf denen Abschottungswirkungen nicht zu erwarten waren, etwa, weil die Zusammenschlussparteien auf diesem Markt nur in geringem Umfang tätig waren, weil die Quantität von Angebot und Nachfrage sich nicht deckten (dh eine Partei fragt wesentlich mehr oder wesentlich weniger nach als die andere Partei herstellt), weil eine große Anzahl weiterer Anbieter im Markt tätig ist oder weil das Produkt des vorgelagerten Marktes nur einen geringfügigen wertmäßigen Anteil an den Herstellungskosten des nachgelagerten Produkts hat. Diese Märkte wurden dann bei der wettbewerblichen Beurteilung des Zusammenschlusses nicht näher untersucht.[1152]

385 Weitere nicht koordinierte Wirkungen können aus dem aus der vertikalen Integration resultierenden Zugang eines Unternehmens zu **vertraulichen Unternehmensdaten** hinsichtlich der vor- oder nachgelagerten Wettbewerber entstehen.[1153] Koordinierte Wirkungen sind möglich in Form einer **Erleichterung von Koordinierung** (facilitating collusion).[1154] Diese kann sich aus einer stillschweigenden Reaktionsverbundenheit des wettbewerblichen Handelns des zusammengeschlossenen Unternehmens mit demjenigen seiner Wettbewerber in einem oligopolistischen Markt ergeben. Für beide Formen denkbarer Wettbewerbsbeschränkungen durch vertikale Integration gilt, dass sie nur dann zu erwarten sind, wenn das vertikal integrierte Unternehmen auf mindestens einer Ebene der Produktion und des Vertriebs ein deutliches Maß an Marktmacht entweder durch den Zusammenschluss erlangen wird oder bereits besitzt und diese durch den Zusammenschluss erhöht wird.[1155]

386 Im Rahmen ihrer Prüfung nimmt die Kommission auch eine Gesamtbetrachtung des Zusammenschlusses vor. Hierbei berücksichtigt sie neben weiteren **Ausgleichsfaktoren** auch mögliche durch den Zusammenschluss generierte **Effizienzen,** die die negativen Auswirkungen für die (End-)Verbraucher ausgleichen oder übersteigen können.[1156] (zu Ausgleichsfaktoren → Rn. 150 ff.)

387 **1. Nicht koordinierte Wirkungen: Ausschluss von Wettbewerbern von Beschaffungs- und Absatzmärkten (Abschottung).** Vertikale Beziehungen können zu Abschottungswirkungen zum Nachteil aktueller Konkurrenten des zusammengeschlossenen Unternehmens führen, wenn deren Zugang zu Märkten oder Produktionsmitteln fusionsbedingt behindert oder vollends verhindert wird und dadurch die Wettbewerbsfähigkeit dieser Unternehmen eingeschränkt wird (allgemein zu nicht koordinierten Wirkungen → Kapitel 1 Rn. 405 ff.).[1157] Dabei ist zwischen verschiedenen Konstellationen nicht koordinierter Wirkungen zu differenzieren. Von besonderer Bedeutung bei der Bewertung der Wahrscheinlichkeit, mit der ein vertikaler Zusammenschluss zu wettbewerbswidrigen

---

[1150] Leitlinien „nichthorizontale Zusammenschlüsse" Rn. 26.
[1151] Leitlinien „nichthorizontale Zusammenschlüsse" Rn. 18.
[1152] Kom., M.8677, Rn. 1216 – Siemens/Alstom; M.5355, Rn. 295 – BASF/CIBA.
[1153] Leitlinien „nichthorizontale Zusammenschlüsse" Rn. 78; Kom., M.7724, Rn. 197 ff. – ASL/Arianespace.
[1154] Vgl. Leitlinien „nichthorizontale Zusammenschlüsse" Rn. 19 ff.
[1155] Leitlinien „nichthorizontale Zusammenschlüsse" Rn. 23; Bundeskartellamt, Leitfaden zur Marktbeherrschung in der Fusionskontrolle, Rn. 136 f.; NK-EuWettbR/Hacker Rn. 396, 418; Levy/Cook, European Merger Control Law, § 13.03 [2]; Kom., M.8480, Rn. 1192 – Praxair/Linde.
[1156] Leitlinien „nichthorizontale Zusammenschlüsse" Rn. 52 ff.; 76 f.
[1157] Leitlinien „nichthorizontale Zusammenschlüsse" Rn. 29.

Wirkungen führt, ist die **Untersuchung der ökonomischen Situation** des vertikal integrierten Unternehmens und seiner Wettbewerber.

Zum einen können Spielräume des zusammengeschlossenen Unternehmens gegenüber seinen Wettbewerbern auf dem nachgelagerten Markt entstehen, wenn deren Zugang zu Vorleistungen erschwert oder völlig abgeschnitten wird **(Abschottung von den Einsatzmitteln / input foreclosure)** (→ Kapitel 1 Rn. 494 ff.).[1158] Eine solche Strategie ist grundsätzlich dann möglich, wenn Wettbewerber auf dem nachgelagerten Markt auf diese Vorleistungen des fusionierten Unternehmens angewiesen sind. Zum zweiten können dem zusammengeschlossenen Unternehmen Preiserhöhungsspielräume auf der vorgelagerten Marktebene zuwachsen, wenn den dortigen Wettbewerbern durch die vertikale Integration potenziell eine wesentliche Absatzmöglichkeit verschlossen wird und sie dadurch weniger Wettbewerbsdruck ausüben können **(Abschottung von den Kunden / customer foreclosure)**. Hierfür ist es also grundsätzlich erforderlich, dass die Wettbewerber auf dem vorgelagerten Markt auf das fusionierte Unternehmen als Kunden für ihre Vorprodukte angewiesen sind und dass das fusionierte Unternehmen seinen Bedarf aber (zumindest in erheblichem Umfang) nach dem Zusammenschluss durch interne Produktion sicherstellen kann. Letztlich kann auch dies, etwa durch verringerte Skaleneffekte, zu einer Erhöhung der Einsatzmittelkosten der Wettbewerber im nachgelagerten Markt führen.[1159]

Maßgeblich für das Auftreten erheblicher Abschottungswirkungen durch vertikale Integration ist generell, dass der freie Zugang zu einem bestimmten Beschaffungs- oder Absatzmarkt **wesentlich für die Wettbewerbsfähigkeit** der Unternehmen auf dem betroffenen Markt ist.[1160] Weiterhin ist es regelmäßig erforderlich, dass die Wettbewerber beim Bezug der notwendigen Vorprodukte oder beim Absatz ihrer Erzeugnisse **von dem integrierten Unternehmen abhängig** sind und es die Bezugs- oder Absatzbedingungen seiner Konkurrenten maßgeblich beeinflussen kann. Letztlich muss die durch vertikale Integration erlangte Stellung auf dem Beschaffungs- oder Absatzmarkt dem Unternehmen einen **überragenden Verhaltensspielraum** auf dem betroffenen Markt verschaffen[1161] oder einen bestehenden Verhaltensspielraum spürbar vergrößern.

Entscheidungserheblich sind dabei die **Höhe des Marktanteils** des fusionierten Unternehmens auf dem vor- bzw. nachgelagerten Markt sowie das Vorhandensein von alternativen Bezugs- bzw. Absatzmöglichkeiten. Generell werden vertikale Zusammenschlüsse nur dann beanstandet, wenn das integrierte Unternehmen auf dem Beschaffungs- oder Absatzmarkt bereits Marktmacht besitzt oder durch den Zusammenschluss erlangen wird. Eine Beeinträchtigung des Wettbewerbs ist nicht zu erwarten, wenn den Wettbewerbern **Bezugs- oder Absatzmöglichkeiten** in ausreichendem Maße zur Verfügung stehen. Nachteilige Wettbewerbswirkungen sind auch dann nicht anzunehmen, wenn Wettbewerber Zugang zu relevanten Technologien oder anderen Schlüsselelementen des Wettbewerbs – wie zB im Medienbereich der Zugang zu entsprechenden Inhalten – haben.

In jedem Fall reichen aber rein marktstrukturelle Gesichtspunkte für die Untersagung eines vertikalen Zusammenschlusses wegen befürchteter Marktverschließungswirkungen nicht aus. Denn die bloße Marktstrukturveränderung führt noch nicht zur Wettbewerbsschädigung. Hinzukommen muss, dass das zusammengeschlossene Unternehmen den **ökonomischen Anreiz** hat, sich so zu verhalten, dass es mit hinreichender Wahrscheinlichkeit tatsächlich zur Marktverschließung kommt.[1162] Hierfür muss die Kommission **aussagekräftige Beweise** vorlegen.[1163] Soweit neben vertikalen Beziehungen der Zusammenschlussbeteiligten auch horizontale Überschneidungen bestehen, werden beide Aspekte anhand der jeweils einschlägigen Leitlinien bewertet.[1164] Bei der Beurteilung der vertikalen Beziehungen können dabei die Marktanteile beider Zusammenschlussparteien insgesamt betrachtet werden.[1165] Soweit eine horizontale Überschneidung nur besteht, weil eine der Zusammenschlussparteien ein Produkt für den Eigenbedarf produziert, während die andere Partei das Produkt auch gegenüber Dritten anbietet, bleibt die reine Eigenbedarfsproduktion für die Beurteilung nicht nur der horizontalen, sondern auch der vertikalen Beziehungen außer Betracht (→ Rn. 90 ff.).[1166]

[1158] Vgl. Leitlinien „nichthorizontale Zusammenschlüsse" Rn. 31 ff.
[1159] Leitlinien „nichthorizontale Zusammenschlüsse" Rn. 58.
[1160] Leitlinien „nichthorizontale Zusammenschlüsse" Rn. 34, 61.
[1161] Vgl. NK-EuWettbR/Hacker Rn. 397 ff.
[1162] S. hierzu auch von Bonin WuW 2006, 466 (468 f.).
[1163] S. hierzu auch von Bonin WuW 2006, 466 (468 f.). Vgl. EuG, T-210/01, ECLI:EU:T:2005:456, Rn. 295 – General Electric/Kommission.
[1164] S. Leitlinien „nichthorizontale Zusammenschlüsse" Rn. 7; vgl. auch zB Kom. M.6093 – BASF/Ineos/Styrene/JV.
[1165] Kom., M.5712, Rn. 21 – Mitsubishi Chemical Holdings/Mitsubishi Rayon Co.
[1166] Kom., M.5865, Rn. 397–405 – Teva/Ratiopharm.

392 Als wettbewerbswidrig ist eine Abschottung jedoch nur anzusehen, wenn die fusionierte Einheit, und möglicherweise einige ihrer Wettbewerber, in die Lage versetzt werden, gegenüber den **Verbrauchern** die Preise zu erhöhen.[1167] Damit stellt die Kommission klar, dass nicht jede Form der Abschottung zum Nachteil von Wettbewerbern auch den Verbrauchern schadet, und dass sie nur als wettbewerbswidrig anzusehen ist, wenn letzteres der Fall ist (zum Schutz der Verbraucherinteressen durch die FKVO → Rn. 6).[1168] Diese Grundsätze finden auch Anwendung, wenn zwar zwischen den Zusammenschlussbeteiligten selbst keine vertikale Beziehung besteht, aber zu prüfen ist, ob nach dem Zusammenschluss Wettbewerber, die in einer Lieferbeziehung zu einer der Parteien standen, zB aufgrund einer Änderung der Geschäftspolitik nach dem Zusammenschluss vom Zugang zu Einsatzmitteln abgeschottet werden könnten.[1169]

393 **a) Abschottung von den Einsatzmitteln: input foreclosure.** Nach ihren Leitlinien für nichthorizontale Zusammenschlüsse untersucht die Kommission in einem **dreistufigen Test** (1) die Fähigkeit und (2) den Anreiz zur Abschottung und darüber hinaus (3) die anzunehmenden Gesamtauswirkungen des Zusammenschlusses auf einen wirksamen Wettbewerb. Hierbei werden auch mögliche Effizienzgewinne und weitere Ausgleichsfaktoren berücksichtigt (zu Effizienzgewinnen und weiteren Ausgleichsfaktoren → Rn. 150 ff., 182 ff.). Diese Kriterien können allerdings nicht im Sinne einer „Checkliste" verstanden werden, deren Vorliegen oder Nicht-Vorliegen isoliert bereits die Frage beantwortet, ob das Untersagungskriterium im Einzelfall erfüllt ist oder nicht. Vielmehr sind die og drei Elemente voneinander abhängig und bedingen sich gegenseitig.[1170]

394 **aa) Fähigkeit zur Abschottung des Zugangs zu den Einsatzmitteln.** Ein Unternehmen kann durch vertikale Integration in die Lage versetzt werden, den Zugang seiner Wettbewerber zu Produkten oder Dienstleistungen zu beschränken (input foreclosure), die der auf der vorgelagerten Marktstufe tätige Unternehmensteil ohne den Zusammenschluss geliefert hätte. Insbesondere ein Stopp oder eine Reduktion der Lieferungen sowie Preis- oder Konditionenverschlechterung können relevantes Abschottungsverhalten darstellen. Denn beides kann die **Kosten der nachgelagerten Wettbewerber erhöhen,** indem es ihnen erschwert wird, Einsatzmittel zu den gleichen Preisen oder Bedingungen zu erwerben wie vor dem Zusammenschluss. Daneben sind aber auch andere Abschottungsstrategien denkbar, etwa die Verwendung besonderer und nicht kompatibler Technologien oder eine Verschlechterung der Qualität der gelieferten Einsatzmittel.[1171] Bei ihrer Prüfung untersucht die Kommission, ob es sich bei dem Produkt, dessen Verfügbarkeit beschränkt zu werden droht, um ein wichtiges Einsatzmittel handelt und ob der fusionierten Einheit auf dem vorgelagerten Markt ein deutliches Maß an Marktmacht zukommt.

395 **(1) Wichtige Einsatzmittel.** Damit ein Unternehmen die Fähigkeit zu einem input foreclosure hat, muss es sich um ein für das nachgeordnete Produkt „wichtiges Einsatzmittel" handeln. Dies kann etwa der Fall sein, wenn es einen für den Preis des nachgeordneten Produkts erheblicher Kostenfaktor, ein unerlässliches Bauteil, wichtiges Differenzierungsmerkmal oder aus anderen Gründen von erheblicher Bedeutung ist oder wenn die Kosten für die Umstellung auf alternative Einsatzmittel vergleichsweise hoch sind.[1172] Dies ist im Einzelfall zu entscheiden. So nahm die Kommission in Liberty Global/Ziggo an, dass das zusammengeschlossene Unternehmen die beiden einzigen linearen Premium-Pay-TV-Sender in den Niederlanden in sich vereint hätte, die aus Sicht der Pay-TV-Anbieter als sog. must have angesehen werden müssen und daher eine marktstarke Position begründet hätten.[1173] Aus dieser Position heraus hätte das Unternehmen die Möglichkeit gehabt, zum eigenen Vorteil im Wettbewerb mit anderen Pay-TV-Anbietern auf dem nachgelagerten Markt entweder einen vollständigen Lieferstopp oder eine Preiserhöhung vorzunehmen.[1174] Auch in der Entscheidung Liberty Global/Corelio/W&W/De Vijver Media ging die Kommission trotz eines Marktanteils von unter 20 % bei den vom Zielunternehmen bereit gestellten TV-Kanälen davon aus, dass diese TV-Kanäle ein wichtiges Einsatzmittel darstellten.[1175] In dem Verfahren Essilor/Luxotica/GrandVision, das den Zusammenschluss eines Brillenherstellers und eines Brillenhändlers betraf, kam die Kommission zu dem Ergebnis, dass Brillenhändler besonders beliebte Brillenmarken

---

[1167] Leitlinien „nichthorizontale Zusammenschlüsse" Rn. 29.
[1168] S. auch Majumdar/Mullan ECLR 30,10 (2009) 487 (491).
[1169] Kom., M.6106, Rn. 216 – Caterpillar/MWM.
[1170] De Coninck Antitrust Bull. 55,4 (2010) 929 (947); Kom., M.7637, Rn. 288 – Liberty Global/BASE Belgium.
[1171] Leitlinien „nichthorizontale Zusammenschlüsse" Rn. 33.
[1172] Leitlinien „nichthorizontale Zusammenschlüsse" Rn. 34.
[1173] Kom., M.7000, Rn. 219 ff. – Liberty Global/Ziggo.
[1174] Kom., M.7000, Rn. 219 ff. – Liberty Global/Ziggo.
[1175] Kom., M.7194, Rn. 261 ff., 280 ff. – Liberty Global/Corelio/W&W/De Vijver Media.

V. Schadenstheorien im Kontext vertikaler Zusammenschlüsse

regelmäßig führen müssen, um ihren Kunden ein attraktives Produktportfolio bieten und damit im Wettbewerb bestehen zu können. Bei diesen Brillenmarken, insbesondere RayBan, handelte es sich somit um **must-have-Produkte,** die eine entsprechende Abschottungsstrategie ermöglichen würden.[1176]

Im Fall Syngenta/Monsanto's Sunflower Seed Business untersuchte die Kommission den Erwerb von Monsantos Sonnenblumen-Saatgut-Geschäft durch Syngenta. Neben Bedenken auf horizontaler Ebene, untersuchte sie auch vertikale Effekte, weil Syngenta auf dem vorgelagerten Markt für Fungizide tätig war, auf dem Monsanto nicht tätig war, und dort in einigen Mitgliedsstaaten fast eine **Monopolstellung** innehatte. Fungizide seien Must have-Produkte, um Sonnenblumen-Saatgut herzustellen.[1177] Die vertikalen Bedenken führten aber weder zu Auflagen noch zur Untersagung, weil Syngenta als schon zuvor vertikal integriertes Unternehmen nicht versucht habe, Wettbewerber vom Markt abzuschotten.[1178]

In Bezug auf digitale Märkte kommt insbesondere eine Abschottung vom **Zugang zu relevanten Daten** in Betracht.[1179] So untersuchte die Kommission in der Entscheidung Google/Fitbit eine mögliche input foreclosure mit Blick auf die von Fitbit gesammelten Nutzerdaten, die für die Entwicklung digitaler Gesundheitsanwendungen relevant sind. Zur Begründung ihrer entsprechenden wettbewerblichen Bedenken verwies sie u.a. darauf, dass Fitbit über im Vergleich zu anderen Unternehmen besonders umfangreiche Daten verfügte, die wiederum für zahlreiche dritte Unternehmen besonders wichtig waren.[1180] Daneben untersuchte sich auch eine mögliche input foreclosure Strategie mit Blick auf das von Google angebotene Betriebssystem Android sowie auf Apps, den Google Appstore und das Google Search Suchsystem. Im Ergebnis verwarf sie entsprechende Bedenken aber u.a. unter Hinweis auf die starke Stellung alternativer Betriebssysteme sowie mangelnde Anreize für eine solche Strategie.[1181] In ähnlicher Weise wurde zB in dem Verfahren Facebook/Whatsapp von der Kommission geprüft, ob Facebook WhatsApp als Quelle für Daten zur weiteren Verstärkung seiner Position auf dem Werbemarkt oder als Werbeplattform nutzen könnte.[1182] Gleichzeitig hat die Kommission jedoch bereits mehrfach darauf hingewiesen, dass Datenbestände keine **essential facility** sind, da sie grundsätzlich von vielen Unternehmen erhoben werden können und damit ihrer Natur nach nicht exklusiv sind (zur essential facility → AEUV Art. 102 Rn. 478 ff.).[1183]

(2) Marktmacht und Marktstruktur. Daneben kommt es entscheidend darauf an, ob der fusionierten Einheit ein erhebliches Maß an Marktmacht auf dem vorgelagerten Markt zukommt. Nach den Leitlinien ist nur dann davon auszugehen, dass die fusionierte Einheit **spürbaren Einfluss auf die Wettbewerbsbedingungen** im vorgelagerten Markt und damit auch auf Preise und Lieferbedingungen im nachgeordneten Markt ausübt.[1184] Bei ihrer Untersuchung der Marktstruktur berücksichtigt die Kommission auch, ob den Wettbewerbern auf dem nachgelagerten Markt wirksame und rechtzeitige Gegenstrategien zur Verfügung stehen. Hierunter fallen etwa Möglichkeiten zur Produktionsumstellung, zur Verringerung der Abhängigkeit von dem betroffenen Einsatzmittel und zur Förderung des Markteintritts neuer Anbieter im vorgelagerten Markt.[1185]

Die Kommission hat Marktmacht auf dem vorgelagerten Markt etwa dann abgelehnt, wenn die fusionierte Einheit auf dem vorgelagerten Markt nur eine begrenzte **Präsenz** hat und verschiedene Wettbewerber **alternative Bezugsquellen** anbieten. So stellte die Kommission in der Entscheidung CVC/Ethniki fest, dass das integrierte Unternehmen auf dem vorgelagerten Markt – private Krankenhausdienstleistungen – in bestimmten Regionen zwar einen **Marktanteil** von (je nach Berechnungsmethode) 40–50 % oder 30–40 % hatte und dass diese privaten Krankenhausdienstleistungen aufgrund der Kosten ein wichtiges Einsatzmittel für den nachgelagerten Markt – Krankenversicherungen – darstellten. Allerdings gab es neben dem integrierten Unternehmen noch einen anderen ebenso wettbewerbsfähigen Anbieter sowie weitere andere Anbieter solcher Krankenhausdienstleis-

---

[1176] Kom., M.9569 – EssilorLuxoticca/Grandvision; s. Competition Merger Brief 2021 Edition, S. 9 ff.
[1177] Kom., M.5675, Rn. 347, Syngenta/Monsanto's Sunflower Seed Business.
[1178] Kom., M.5675, Rn. 347, Syngenta/Monsanto's Sunflower Seed Business.
[1179] So zB Bundeskartellamt, Big Data und Wettbewerb in Wettbewerb und Verbraucherschutz in der digitalen Wirtschaft, 2017, 10, abrufbar unter https://www.bundeskartellamt.de/SharedDocs/Publikation/DE/Schriftenreihe_Digitales/Schriftenreihe_Digitales_1.pdf?__blob=publicationFile&v=3, zuletzt abgerufen am 17.3.2023.
[1180] Kom., M.9660, Rn. 503 ff. – Google/Fitbit.
[1181] Kom., M.9660, Rn. 532 ff., 570 ff., 611 ff., 649 ff., 680 ff. – Google/Fitbit.
[1182] Kom., M.7217, Rn. 164 ff. – Facebook/WhatsApp.
[1183] Hierzu bspw. Körber ZUM 2017, 93 (99).
[1184] Leitlinien „nichthorizontale Zusammenschlüsse" Rn. 35.
[1185] Leitlinien „nichthorizontale Zusammenschlüsse" Rn. 39.

tungen. Zudem verwies sie auch auf mögliche **Gegenstrategien** der Wettbewerber, so dass sie insoweit eine Fähigkeit zur Abschottung der Einsatzmittel ablehnte.[1186] Zur Ablehnung der Marktmacht in einem anderen Fall verwies die Kommission auch darauf, dass der Zusammenschluss nur zu einem kleinen **Marktanteilszuwachs** (increment) führte.[1187] (zur Bedeutung des increment im Rahmen nicht koordinierter Wirkungen → Rn. 265 f.) Dahingegen nahm die Kommission in EssilorLuxottica/GrandVision trotz moderater Marktanteile eine besondere Marktstellung der Parteien im vorgelagerten Markt an, da ihre Brillenprodukte ein **must-have** für Brillenhändler waren. Ohne diese konnten Händler kein ausreichend attraktives Produktportfolio zusammenstellen.[1188]

400 Ferner berücksichtigt die Kommission die **Marktstruktur insgesamt** und ob etwa Wettbewerber im vorgelagerten Markt ähnlich **effizient** sind, Alternativprodukte anbieten und in der Lage sind ihren Ausstoß bei möglichen Lieferbeschränkungen durch das fusionierte Unternehmen zu erhöhen (zur Marktstruktur → Rn. 429 ff.). Hierbei sind mögliche Kapazitätsengpässe, Skalenerträge und die Auswirkungen möglicher Alleinbezugsverpflichtungen zu untersuchen.[1189] Dabei ist auch zu berücksichtigen, ob die mögliche Entscheidung, nur innerhalb des vertikalen Unternehmens Produkte zu beziehen, Kapazitäten bei Wettbewerbern freisetzt.[1190]

401 Im Rahmen der Marktstrukturanalyse muss die Kommission ferner untersuchen, wie sich eine Änderung des Zusammenschlusses durch **Zusagen** auf den Wettbewerb auswirkt. Sofern das fusionierte Unternehmen infolge der Zusagen, etwa durch Verkauf bestimmter Betriebsteile, keine signifikante Fähigkeit zur Marktabschottung hat, können entsprechende wettbewerbliche Bedenken nicht aufrechterhalten werden.[1191] In Google/Fitbit kam die Kommission zu dem Ergebnis, dass die Zusagen der Parteien, Wettbewerbern Zugang zu den relevanten Daten zu gewähren, ausreichten, um ihre diesbezüglichen wettbewerblichen Bedenken auszuräumen.[1192] Zu Daten als wichtigem Einsatzmittel → Rn. 397.

402 **(3) Vollständiger oder teilweiser Lieferstopp.** Die Fähigkeit zur input foreclosure besteht insbesondere dann, wenn die fusionierte Einheit einen vollständigen oder teilweisen Lieferstopp gegen Wettbewerber auf dem nachgelagerten Markt verhängen könnte.[1193] Dies untersuchte die Kommission etwa in der Entscheidung Telefónica UK/Vodafone UK/Everything Everywhere/JV, wobei sie insbesondere auf die von den Parteien angebotenen sog. Mobile Wallet-Applikationen (Ermöglichung von Zahlungen, Einsatz von Rabattkarten etc mittels Mobilfunkgeräten) einging. Letztlich ging sie aber nicht davon aus, dass die Parteien als Anbieter dieser Mobile Wallet-Applikationen in der Lage wären, durch **technische Mittel** die Installation anderer, von Wettbewerbern angebotenen Mobile Wallet-Applikationen auf den von Endkunden erworbenen Mobilfunkgeräten zu verhindern.[1194] Dabei wurde auch in die Bewertung einbezogen, dass das Blockieren nur bestimmter Anwendungen (zB von der Bank des Verbrauchers angebotener Mobile Wallet-Anwendungen) technisch nicht möglich sei, und Verbraucher wohl unzufrieden wären, wenn sie sämtliche Anwendungen dieses Anbieters (zB sämtliche andere via Mobilfunk genutzte Dienstleistungen der Bank des Verbrauchers) nicht nutzen könnten.[1195] Darüber hinaus untersuchte die Kommission auch, ob kommerzielle (statt technischer) Möglichkeiten für die Zusammenschlussbeteiligten bestünden, um die Installation konkurrierender Mobile Wallet-Applikationen auf den Endgeräten von Verbrauchern zu verhindern (etwa durch Verhandlungen mit den Geräteherstellern, um diese dazu zu bewegen, die Installation der von Wettbewerbern angebotenen Anwendungen zu verhindern oder zu erschweren).[1196] Dabei wurde nicht nur auf die Möglichkeiten einzelner Zusammenschlussbeteiligter, sondern auch auf die Möglichkeiten abgestellt, die den Zusammenschlussbeteiligten bei gemeinsamem Vorgehen offen standen.[1197] Letztlich wurde eine solche Möglichkeit der „**kommerziellen Abschottung**" aber abgelehnt.

403 Im Fall Sony/BMG hat die Kommission auch die Auswirkungen des Zusammenschlusses auf den entstehenden Markt für Online-Musiklizenzen sowie auf den Markt für den Online-Musikvertrieb

---

[1186] Kom., M.10301, Rn. 69 ff. – CVC/Ethniki.
[1187] Kom., M.10164, Rn. 83 – CVC/Stark Group.
[1188] Kom., M.9569 – EssilorLuxotticca/Grandvision; s. Competition Merger Brief 2021 Edition, S. 9 ff.
[1189] Leitlinien „nichthorizontale Zusammenschlüsse" Rn. 36.
[1190] Leitlinien „nichthorizontale Zusammenschlüsse" Rn. 37.
[1191] EuG, T-5/02, ECLI:EU:T:2002:264, Rn. 136 ff. – Tetra Laval/Kommission.
[1192] Kom., M.9860, Rn. 974 ff. – Google/Fitbit.
[1193] Leitlinien „nichthorizontale Zusammenschlüsse" Rn. 33.
[1194] Kom., M.6314, Rn. 253 ff. – Telefónica UK/Vodafone UK/Everything Everywhere/JV.
[1195] Kom., M.6314, Rn. 307 – Telefónica UK/Vodafone UK/Everything Everywhere/JV; zu technischen Abschottungsmöglichkeiten vgl. auch Kom., M.6564, Rn. 158 – ARM/Giesecke & Devrient/Gemalto/JV.
[1196] Kom., M.6314, Rn. 383 ff. – Telefónica UK/Vodafone UK/Everything Everywhere/JV.
[1197] Kom., M.6314, Rn. 392 – Telefónica UK/Vodafone UK/Everything Everywhere/JV.

untersucht. Die Wettbewerber äußerten Bedenken, dass Sony die Beteiligung an dem Gemeinschaftsunternehmen zur Abschottung des nachgelagerten Marktes für den Vertrieb von Online-Musik benutzen könnte, insbesondere indem Sony konkurrierenden Online-Plattformen den Zugang zur SonyBMG-Bibliothek verweigert oder dass es seine Wettbewerber durch Benutzungsregeln, den Zeitpunkt der Veröffentlichung neuer Lieder, das Format, in dem die Musikstücke heruntergeladen sind, usw, diskriminiert. Ein Beweggrund für eine solche Abschottung sollte sich insbesondere aus der Tätigkeit von Sony im Geschäft der digitalen (tragbaren) Musikabspielgeräte ergeben. Man befürchtete, dass Sony seine geistigen Schutzrechte bei der Musik-Kopiertechnologie dazu nutzen könnte, Konkurrenten auf den Märkten der Musikkopier-Dienste und der tragbaren Abspielgeräte den Zugang zum Musikbestand von SonyBMG zu erschweren und damit den Absatz seiner eigenen (tragbaren) Musikabspielgeräte zu erhöhen. Die Kommission kam jedoch zu dem Ergebnis, dass eine Abschottung der Wettbewerber wegen der schwachen Stellung von Sony auf dem nachgelagerten Markt nicht zu befürchten war.[1198]

(4) Preiserhöhung, Konditionenverschlechterung und weitere Konstellationen. Statt eines Belieferungsstopps könnte die fusionierte Einheit auch die Preise für die Lieferung von Vorprodukten an konkurrierende Weiterverarbeiter oder Vertriebshändler erhöhen oder – der in der Praxis vermutlich häufigere Fall – konkurrierende Weiterverarbeiter bei **sonstigen Konditionen** benachteiligen, etwa bei der Schnelligkeit der Belieferung, der Weitergabe von Modellwechseln oder Produktverbesserungen etc.[1199] Je nach Ausgestaltung der Preise oder Konditionen sind die Grenzen zum Belieferungsstopp fließend. Preiserhöhungsspielräume, hier und im Folgenden als pars pro toto auch für sonstige wettbewerbliche Spielräume verstanden, können sich auf diesem Markt dann ergeben, wenn etwa andere Weiterverarbeiter gezwungen sind, für die Produkte des fusionierten Unternehmens nach dem Zusammenschluss mehr zu bezahlen. Dazu ist jedenfalls eine gewisse **Marktstärke** des neuen Unternehmens im Vorproduktemarkt erforderlich, da andernfalls andere Weiterverarbeiter oder Vertriebshändler problemlos auf Konkurrenten ausweichen und eine Preiserhöhung damit unprofitabel wird (zur Bedeutung der Einsatzmittel und der Marktstruktur → Rn. 393 ff., 429 ff.). **404**

Dabei ist auch zu untersuchen, aus welchem **Grund** das integrierte Unternehmen im konkreten Fall profitabel die Preise erhöhen kann. Ist der Spielraum auf die (schon vorher bestehende) Marktstärke des Vorgängerunternehmens auf dem Vorproduktemarkt zurückzuführen, so liegt ein bereits **vorbestehender Preiserhöhungsspielraum** vor, von dem zu untersuchen ist, ob er durch die zusammenschlussbedingte Möglichkeit des unternehmensinternen Absatzes vergrößert wird. Ist dies nicht der Fall (etwa, weil das eigene Geschäft auf dem nachgelagerten Markt klein ist und einen Bruchteil der Vorprodukteproduktion nachfragt), so fehlt es an der Kausalität des Zusammenschlusses für diese Ausprägung von Marktmacht (zur Kausalität → Rn. 148 f.). **405**

In Wieland/Aurubis hatten die Parteien vor dem Zusammenschlussvorhaben ein Joint Venture Schwermetall gegründet, das Vorwalzstahlband (pre-rolled strip) herstellte und als unabhängiges Unternehmen zur Weiterverarbeitung auch an Wettbewerber verkaufte. Die Kommission hatte wettbewerbliche Bedenken, dass die fusionierte Einheit die durch den geplanten Zusammenschluss entstehende **alleinige Kontrolle** dazu nützen könnte, solche Verkäufe an Wettbewerber der fusionierten Einheit auf dem nachgelagerten Markt zu verteuern oder zu erschweren.[1200] Dieses Zusammenschlussvorhaben wurde letztlich untersagt. In der Entscheidung GE/Avio bestanden Bedenken dahingehend, dass GE infolge der Übernahme der relevanten Sparte von Avio Informationen über und **Einfluss auf ein Konsortium** erhalten würde, in dem Avio, gemeinsam mit anderen Partnern, Produkte herstellte, die mit denen von GE in Wettbewerb standen. Durch den Erwerb der relevanten Sparte von Avio durch GE, könnte GE dafür sorgen, dass Beiträge dieser Sparte zum Produkt des Konsortiums künftig verspätet und in schlechterer Qualität geliefert werden und somit die Wettbewerbsfähigkeit des Konkurrenzproduktes auf dem nachgelagerten Markt sinkt.[1201] Letztlich konnten die Bedenken durch Zusagen ausgeräumt werden. **406**

Die Kommission berücksichtigt ebenfalls, ob der Zusammenschluss zur Zunahme der **Marktmacht von Dritten** führt. Dies kann vor allem im Falle eines **oligopolistisch strukturierten Einsatzmittelmarktes** bewirkt werden, wenn die Verringerung des Zugangs zu den Einsatzmitteln der fusionierten Einheit gleichzeitig dazu führt, dass sich der Druck auf die verbleibenden Anbieter von Einsatzmitteln verringert. Die nachgeordneten Wettbewerber können dann Anbietern von **407**

[1198] Kom., M.3333, Rn. 171–175 – Sony/BMG.
[1199] Vgl. für weitere Beispiele Leitlinien „nichthorizontale Zusammenschlüsse," Rn. 33; vgl. auch Kom., M.9569 – EssilorLuxottica/Grandvision; hierzu Competition Merger Brief 2021 Edition, 9 ff.; Kom., M.7353, Rn. 298 – Airbus/Safran/JV.
[1200] Kom., M.8900, Rn. 598 ff. – Wieland/Aurubis Rolled Products/Schwermetall.
[1201] Kom., M.6844, Rn. 217, 224, 238 – GE/Avio.

Einsatzmitteln mit erhöhter Marktmacht ausgesetzt sein.[1202] Dies untersuchte die Kommission etwa in den Entscheidungen TomTom/Tele Atlas und Nokia/Navteq, da Tele Atlas und Navteq die einzigen relevanten Anbieter digitaler navigationsfähiger Kartendatenbanken waren.[1203]

408 Eine weitere Konstellation, die in den Leitlinien der Kommission allerdings keine Berücksichtigung findet, ist, dass sich in einigen Fällen Preiserhöhungsspielräume auf dem Vorproduktemarkt auch dann ergeben können, wenn das zusammengeschlossene Unternehmen nicht auf der unmittelbar nachgelagerten Weiterverarbeitungsstufe, sondern auf einer übernächsten Marktebene tätig ist. In dieser Konstellation ist nicht auszuschließen, dass die fusionierte Einheit in ihrer **Doppelfunktion als Vorproduktlieferant und Kunde** eines nicht verbundenen Herstellers das Einkaufsverhalten dieser Zwischenverarbeiter zu ihren Gunsten beeinflussen kann. Derartig „in die Zange genommen" werden Hersteller etwa, wenn das zusammengeschlossene Unternehmen als Kunde der Hersteller nur Produkte abnimmt, in denen Vorprodukte des eigenen Konzerns verbaut worden sind. Erforderlich ist eine genaue Untersuchung der ökonomischen Wahrscheinlichkeit, ein solches Verhalten profitabel am Markt durchsetzen zu können. Ohne eine erhebliche Marktstellung als Nachfrager der weiterverarbeiteten Produkte erscheint eine derartige „Zangenstrategie" kaum erfolgversprechend, da Wettbewerber bei Preiserhöhungen für die Vorprodukte des fusionierten Unternehmens als gleichwertige Alternativlieferanten zur Verfügung stehen, wenn die Hersteller nicht fürchten müssen, ihre Produkte nicht absetzen zu können.

409 bb) **Anreiz zur Abschottung des Zugangs zu den Einsatzmitteln.** Marktverschließungswirkungen, die ein bestimmtes Verhalten des zusammengeschlossenen Unternehmens voraussetzen, können nur dann zur Untersagung des Zusammenschlusses führen, wenn dieses Verhalten in der konkreten Situation nicht nur möglich, sondern auch **wahrscheinlich** ist.[1204] Die Kommission untersucht daher neben der Fähigkeit des zusammengeschlossenen Unternehmens zur Abschottung auch, inwieweit überhaupt ein Anreiz zur Abschottung besteht. Denn erst, wenn das zusammengeschlossene Unternehmen tatsächlich die Belieferung von Konkurrenten einstellt oder die Konditionen verschlechtert, kann es zu einer wettbewerbsschädlichen Wirkung des Zusammenschlusses kommen. Der **wirkungsbasierte Ansatz der FKVO,** wie vom EuG im Urteil General Electric bestätigt,[1205] verlangt von der Kommission eine vollständige Prüfung und Bewertung der wirtschaftlichen und rechtlichen Faktoren, die das zusammengeschlossene Unternehmen zu einem solchen Verhalten anreizen oder es davon abhalten können.

410 (1) **Kriterien für einen Anreiz.** Die Kommission listet in ihren Leitlinien eine Reihe von Kriterien auf, anhand derer untersucht wird, ob ein Anreiz zur Abschottung der Wettbewerber von den Einsatzmitteln besteht. Grundlegend kommt es darauf an, dass eine **Abschottungsstrategie für das fusionierte Unternehmen gewinnbringend** ist. Maßgeblich ist hierfür eine Abwägung zwischen dem Gewinnrückgang im vorgelagerten Markt, der auf den geringeren Absatz von Einsatzmitteln an Wettbewerber zurückzuführen ist, und dem Gewinnzuwachs aufgrund des Absatzzuwachses auf dem nachgelagerten Markt bzw. der Möglichkeit, die Preise gegenüber den Endverbrauchern zu erhöhen.[1206] Es kommt mithin zum einen auf die **Gewinne** an, die die fusionierte Einheit auf dem vor- und nachgelagerten Markt erzielt, sowie auf die **Gewinnspanne,** die im jeweiligen Markt besteht: Je größer die Gewinnspanne im nachgelagerten Markt, desto höher sind die Gewinne, die durch eine Erhöhung des Marktanteils erzielt werden können. Gleichzeitig ist der Verlust durch geringere Absätze auf dem vorgelagerten Markt umso geringer, je geringer die Gewinnspanne in diesem Markt ist.[1207]

411 Allerdings kann aus dem Vorliegen höherer Gewinnspannen auf dem nachgelagerten Markt gegenüber dem vorgelagerten Markt nicht zwingend geschlossen werden, dass ein Anreiz zur Abschottung besteht. So verwies die Kommission in CVC/Ethniki u.a. darauf, dass die Margen des integrierten Unternehmens im vorgelagerten Markt (private Krankenhausdienstleistungen) erheblich höher waren als im nachgelagerten Markt (Krankenversicherungen). Eine input foreclosure Strategie wäre für das integrierte Unternehmen deshalb nur dann gewinnbringend, wenn erheblich mehr Kunden im nachgelagerten Markt zum integrierten Unternehmen wechseln würden als dem Unternehmen auf dem vorgelagerten Markt verloren gingen.[1208] Aufgrund des untersuchten **Wechselverhaltens** hielt die Kommission dies für unwahrscheinlich: Nach ihrer Untersuchung wechseln Kun-

---

[1202] Leitlinien „nichthorizontale Zusammenschlüsse" Rn. 38.
[1203] Kom., M.4854, Rn. 203 f., 222 – TomTom/Tele Atlas; M.4942, Rn. 343 – Nokia/Navteq.
[1204] EuG, T-210/01, ECLI:EU:T:2005:456, Rn. 295 – General Electric/Kommission; dazu von Bonin WuW 2006, 466 (468 f.).
[1205] EuG, T-210/01, ECLI:EU:T:2005:456, Rn. 293–295 – General Electric/Kommission.
[1206] Leitlinien „nichthorizontale Zusammenschlüsse" Rn. 40.
[1207] Leitlinien „nichthorizontale Zusammenschlüsse" Rn. 41.
[1208] Kom., M.10301, Rn. 76 f. – CVC/Ethniki.

V. Schadenstheorien im Kontext vertikaler Zusammenschlüsse

den auf dem nachgelagerten Markt – Krankenversicherungsnehmer – ihren Anbieter nicht oft; gleichzeitig konnte sie eine hohe Wechselbereitschaft im vorgelagerten Markt – Kunden von privaten Krankenhausdienstleistungen – feststellen. Zudem verwies die Kommission darauf, dass auch die Ärzte, die für die privaten Krankenhausdienstleister wichtig sind, zu Wettbewerbern wechseln könnten.[1209] Auch in TomTom/Tele Atlas verneinte die Kommission einen solchen Anreiz zur Preiserhöhung. Sie verwies insoweit auf die Wechselmöglichkeiten der Kunden sowie darauf, dass die **Preise des Einsatzmittels** aus dem vorgelagerten Markt (navigationsfähige Kartedatenbanken) nur einen geringfügigen Teil der Kosten des Produkts auf dem nachgelagerten Markt (tragbare Navigationsgeräte) ausmachten.[1210] Auch eine von der Kommission zur Bestimmung des Trade-offs zwischen dem vor- und dem nachgelagerten Markt durchgeführte ökonometrische **Analyse der Preiselastizität** stützte die Ergebnisse der Kommission.[1211]

In dem Verfahren Statoil Fuel and Retail/Dansk Fuels ging es um einen Zusammenschluss des größten und zweitgrößten Brennstoffanbieters auf dem Großhandelsmarkt in Dänemark bzw. dem größten und drittgrößten Tankstellenbetreiber. Die Kommission äußerte hierbei Bedenken aufgrund des **hohen Marktanteils** auf den vorgelagerten Märkten in Verbindung mit höheren Gewinnaussichten auf den nachgelagerten Märkten, die aus Sicht der Kommission zu einem klaren Anreiz geführt hätten, konkurrierende Wiederverkäufer oder Einzelhändler vom Produktzugang auszuschließen.[1212] Zum einen wurde dabei die Möglichkeit, auf **alternative Bezugsquellen** zurückzugreifen als gering eingeschätzt, und zum anderen nahm die Kommission zumindest in Bezug auf einige Brennstoffe an, dass die beteiligten Unternehmen einen deutlich höheren Gewinn durch den Verkauf an Endkunden erzielen können.[1213]

Für den Anreiz zur input foreclosure kommt es zudem darauf an, ob das fusionierte Unternehmen die Nachfrage im nachgelagerten Markt von den abgeschotteten Wettbewerbern wegleiten kann, hin zu der eigenen nachgeordneten Unternehmenseinheit. Der Anteil an der Nachfrage, den sich das fusionierte Unternehmen sichern kann, wird in der Regel umso größer sein, desto weniger **Kapazitätsbeschränkungen** die fusionierte Einheit im Vergleich zu ihren Wettbewerbern unterliegt. Allerdings ist auch in diesem Fall genau zu untersuchen, ob es für das fusionierte Unternehmen profitabel und damit wahrscheinlich wäre, seine eigenen Vorprodukte ausschließlich oder vorrangig im eigenen Unternehmen weiterverarbeiten oder vertreiben zu lassen und für externe Vorproduktekunden die Preise zu erhöhen. Dies wird von der Stärke des fusionierten Unternehmens auf dem nachgelagerten Markt und von der Zahl und Position der dort vorhandenen Wettbewerber abhängen. Auch erhöht sich die Wahrscheinlichkeit der **Umleitung der Nachfrage** hin zu der fusionierten Einheit, wenn die Produkte der fusionierten Einheit und die ihrer Wettbewerber nahe Substitute sind. Die Kommission nimmt entsprechende Auswirkungen u.a. auch dann an, wenn „das betroffene Einsatzmittel einen bedeutenden Anteil der Kosten für die nachgeordneten Wettbewerber ausmacht oder ein unerlässlicher Bestandteil des nachgeordneten Produkts ist".[1214] Sie untersuchte entsprechende Möglichkeiten und Anreize zur Umleitung der Nachfrage etwa im Fall EssilorLuxoticca/GrandVision und stellte fest, dass nur vergleichsweise wenige Kunden zu den Brillenhändlern der Zusammenschlussparteien auf dem nachgelagerten Markt wechseln müssten, um eine Preiserhöhung um 10% auf dem vorgelagerten Markt für Brillen, die mit einem entsprechenden Absatzrückgang einherginge, profitabel werden zu lassen. In dieser Entscheidung ging sie zudem auf die Wirkung von **must-have-Produkten** ein. Insoweit berücksichtigte sie, dass die Zusammenschlussparteien auch ohne Umleitung der Nachfrage auf dem nachgelagerten Markt weiterhin Gewinne auf dem vorgelagerten Markt dadurch erwirtschaften, dass Kunden diese Produkte bei Wettbewerbern auf der nachgelagerten Marktstufe auch zu höheren Preisen kaufen (diagonal link). Der Zusammenschluss wurde daher nur unter entsprechenden Zusagen freigegeben.[1215]

Im Fall Deutsche Börse/London Stock Exchange Group wäre nach Ansicht der Kommission im Bereich des Clearings festverzinslicher Finanzinstrumente ein **de-facto Monopol** entstanden mit negativen wettbewerblichen Auswirkungen auf den nachgelagerten Märkten für Abwicklung, Verwahrung und Sicherheitenabwicklung.[1216] Auf diesen sind die Anbieter auf die Transaktionsdaten angewiesen. In Folge des Zusammenschlusses hätten nach Ansicht der Kommission sowohl die Möglichkeit als auch ein starker Anreiz auf Seiten des aus dem Zusammenschluss hervorgehenden

---

[1209] Kom., M.10301, Rn. 78f. – CVC/Ethniki.
[1210] Kom., M.4854, Rn. 215ff. – TomTom/Tele Atlas.
[1211] Kom., M.4854, Rn. 223ff. – TomTom/Tele Atlas.
[1212] Kom., M.7603, Rn. 167ff. – Statoil Fuel and Retail/Dansk Fuels.
[1213] Kom., M.7603, Rn. 167ff. – Statoil Fuel and Retail/Dansk Fuels.
[1214] Leitlinien „nichthorizontale Zusammenschlüsse" Rn. 42.
[1215] Kom., M.9569 – EssilorLuxoticca/Grandvision; s. Competition Merger Brief 2021 Edition, S. 9ff.
[1216] Kom., M.7995, Rn. 658ff. – Deutsche Börse/London Stock Exchange Group.

Unternehmens bestanden, Transaktionsdaten zu einem im Eigentum der Deutsche Börse AG stehenden Wettbewerber umzuleiten.[1217] Der Anreiz wäre nach Ansicht der Kommission dadurch verstärkt worden, dass Kunden dazu tendieren, ihre Anteile an einer Stelle zu bündeln, um eine effektive Abwicklung zu erreichen.[1218]

415 Dahingegen verneinte die Kommission in Vivendi/Telecom Italia einen Anreiz u.a. damit, dass dadurch wichtige **Geschäftsbeziehungen zu Kunden** gefährdet würden, die auch außerhalb von Italien auf weltweiter Basis tätig sind.[1219] Ein solcher Anreiz ist auch dann zu verneinen, wenn die anderen Kunden für Produkte auf dem vorgelagerten Markt keine **nahen Wettbewerber** der fusionierten Einheit auf dem nachgelagerten Markt sind. Denn dann ist es unwahrscheinlich, dass die Kunden dieser nahen Wettbewerber zur fusionierten Einheit wechseln.[1220]

416 Der Anreiz für das fusionierte Unternehmen, Wettbewerber von den Einsatzmitteln abzuschotten, hängt auch davon ab, ob der Marktanteil des fusionierten Unternehmens und damit die **Absatzbasis,** auf der erhöhte Gewinnspannen erzielt werden können, durch den Zusammenschluss erweitert wird.[1221] Hat der integrierte Anbieter dagegen keine starke **Stellung auf der nachgeordneten Marktstufe,** so ist zu vermuten, dass konkurrierende Vorproduktelieferanten eher auf andere Weiterverarbeiter oder Vertriebshändler ausweichen, als die Einkaufsbedingungen des zusammengeschlossenen Unternehmens zu akzeptieren; dadurch wird ein diskriminierendes Vorgehen für das fusionierte Unternehmen ökonomisch unattraktiv. Die Kommission weist in diesem Zusammenhang darauf hin, dass es für einen Monopolisten auf dem vorgelagerten Markt durchaus unattraktiv sein kann, nachgelagerte Wettbewerber von der Belieferung mit dem Einsatzmittel abzuschotten. Es kommt insoweit darauf an, ob die fusionierte Einheit in der Lage ist, maximale Gewinne bei den Verbrauchern zu erzielen. Andernfalls kann für die fusionierte Einheit ein Anreiz bestehen, lediglich die Preise für Lieferungen an die nachgelagerten Wettbewerber zu erhöhen und so die Kosten für die Wettbewerber im nachgeordneten Markt zu erhöhen und den von diesen Wettbewerbern auf den nachgeordneten Teil des fusionierten Unternehmens ausgeübten Wettbewerbsdruck zu verringern.[1222]

417 Bei der Bewertung, ob ein Anreiz zur Abschottung besteht, berücksichtigt die Kommission des Weiteren Faktoren wie die **Eigentümerstruktur** der fusionierten Einheit, in der Vergangenheit auf dem Markt verfolgte **Strategien** und bezieht auch den Inhalt unternehmensinterner strategischer Dokumente wie zB Geschäftspläne in ihre Überlegungen mit ein.[1223] Sind genügend Informationen vorhanden, bedient sich die Kommission ökonometrischer Analysemethoden.[1224]

418 **(2) Gegen Anreiz sprechende Faktoren.** Zur Untersuchung der Faktoren, die gegen einen Anreiz zur Abschottung sprechen können, gehört auch eine jedenfalls kursorische Bewertung der abschreckenden Wirkung des **Art. 102 AEUV** sowie eines möglichen Verstoßes gegen sonstige Wettbewerbsregeln oder sektorspezifische Regeln auf nationaler oder EU-Ebene für ein marktverschließendes Verhalten der Fusionspartner.[1225] Ist mindestens eine der auf den vertikal betroffenen Märkten tätigen Zusammenschlussparteien dort bereits marktbeherrschend oder begründet der Zusammenschluss eine marktbeherrschende Stellung auf einem vertikal betroffenen Markt, so wird die Handlungsfreiheit dieses Unternehmen bereits durch die **allgemeinen Regeln des Wettbewerbsrechts** über den Missbrauch marktbeherrschender Stellungen eingeschränkt. Gemäß Art. 102 AEUV ist etwa ein marktbeherrschender Vorleistungsanbieter daran gehindert, gegenüber Kunden auf dem nachgelagerten Markt diskriminierende Preise zu verlangen. Denn nach stRspr der Unionsgerichte hat ein Unternehmen, das über eine beherrschende Stellung verfügt, sein Verhalten gegebenenfalls so einzurichten, dass ein wirksamer Wettbewerb auf dem Markt nicht beeinträchtigt wird, und zwar unabhängig davon, ob die Kommission zu diesem Zweck eine Entscheidung erlassen hat.[1226] Für die Zusammenschlussprü-

---

[1217] Kom., M.7995, Rn. 587 ff. – Deutsche Börse/London Stock Exchange Group.
[1218] Kom., M.7995, Rn. 615 ff. – Deutsche Börse/London Stock Exchange Group.
[1219] Kom., M.8465, Rn. 110 – Vivendi/Telecom Italia.
[1220] Kom., M.10164, Rn. 84 – CVC/Stark Group.
[1221] Leitlinien „nichthorizontale Zusammenschlüsse" Rn. 43; vgl. auch Kom., M.8394, Rn. 357 f. – Essilor/Luxottica; M.6722, Rn. 234 – Frieslandcampina/Zijerveld & Veldhuyzen und Den Hollander.
[1222] Leitlinien „nichthorizontale Zusammenschlüsse" Rn. 44.
[1223] Leitlinien „nichthorizontale Zusammenschlüsse" Rn. 45.
[1224] Ausf. De Coninck Antitrust Bull. 55,4 (2010) 929 (943–946).
[1225] EuG, T-210/01, ECLI:EU:T:2005:456, Rn. 303 – General Electric/Kommission; dazu Montag FS Bechtold, 2006, 327 (332); von Bonin WuW 2006, 466 (468, 473 f.); Leitlinien „nichthorizontale Zusammenschlüsse" Rn. 46; Kom., M.6314, Rn. 310 – Telefónica UK/Vodafone UK/Everything Everywhere/JV.
[1226] EuGH, C-322/81, ECLI:EU:C:1983:313, Rn. 57 – Michelin/Kommission; EuG, T-125/97, ECLI:EU:T:2000:84, Rn. 80 – Coca-Cola/Kommission; T-51/89, ECLI:EU:T:1990:41, Rn. 23 – Tetra Pak/Kommission.

fung ist ebenfalls von Bedeutung, ob das erwartbare Verhalten des fusionierten Unternehmens wettbewerbswidrig wäre (s. auch Kommentierung → Art. 102 AEUV).

Gemäß der Entscheidung des EuGH in Tetra Laval muss die Kommission überprüfen, wie wahrscheinlich ein nach Art. 102 AEUV rechtswidriges Verhalten des zusammengeschlossenen Unternehmens ist und hierbei die verschiedenen Anreize berücksichtigen.[1227] Der EuGH hat aber auch klargestellt, dass an diese Prüfung **keine überzogenen Anforderungen** gestellt werden dürfen; sie muss also nicht „bei jedem geplanten Zusammenschluss [...] prüfen, in welchem Umfang die Anreize für wettbewerbswidrige Verhaltensweisen aufgrund der Rechtswidrigkeit der fraglichen Verhaltensweisen, der Wahrscheinlichkeit ihrer Entdeckung, ihrer Verfolgung durch die zuständigen Behörden sowohl auf Unionsebene als auch auf nationaler Ebene und möglicher finanzieller Sanktionen verringert oder sogar beseitigt würden."[1228] In seiner Entscheidung General Electric hat das EuG ausgeführt, welche **Prüfungspflichten** die Kommission im Hinblick auf die abschreckende Wirkung des Art. 102 AEUV treffen. Es geht damit – wenn auch mit guten Gründen – über das EuGH-Urteil in Tetra Laval hinaus.[1229] Vereinzelt wird kritisiert, dass bei der Bestimmung des Anreizes zu einer Verhaltensweise gerade die Berücksichtigung der Tatsache, dass diese gegen Art. 102 AEUV verstoßen würde, dazu führen könnte, dass ausgerechnet besonders schädliche Verhaltensweisen keine Beachtung finden. Dann würden nur die weniger schädlichen möglichen Verhaltensweisen in die Bewertung mit einbezogen, obwohl sie weniger gewinnbringend und mithin auch weniger wahrscheinlich seien.[1230] 419

Die Konstellation derartiger Fälle legt nahe, die entstehenden Wettbewerbsprobleme durch **Verhaltenszusagen** zu lösen, die materiell gegen Art. 102 AEUV verstoßende Wettbewerbspraktiken des fusionierten Unternehmens nach dem Zusammenschluss ausschließen sollen. Im Fall Newscorp/Telepiù untersuchte die Kommission den Zusammenschluss zwischen den beiden italienischen Bezahlfernsehplattformen Telepiù und Stream. Sie gelangte zu dem Ergebnis, dass der Zusammenschluss zu einem Beinahemonopol auf dem italienischen Bezahlfernsehmarkt führen und in Bezug auf den Erwerb bestimmter Premiumprogramminhalte in Italien eine **Monopolstellung** begründen würde. Damit hätten Dritte keinen Zugang zu Premiuminhalten gehabt, die der Schlüssel für den Erfolg des Bezahlfernsehens sind. Die Abschottung des italienischen Pay-TV-Marktes wäre die Folge gewesen.[1231] Eine Genehmigung des Zusammenschlusses konnte nur aufgrund von **Verpflichtungszusagen** erteilt werden, die einen langfristigen Zugang Dritter zu Premiuminhalten und der technischen Plattform sichern sollten.[1232] Auch in den Entscheidungen E.ON/MOL[1233] und Vivendi/Canal+/Seagram[1234] verlangte die Kommission von den Parteien Zusagen, die ein für möglich und wahrscheinlich gehaltenes missbräuchliches Verhalten des vertikal integrierten Unternehmens verhindern sollten. 420

cc) Gesamtauswirkungen auf den Wettbewerb. Schließlich untersucht die Kommission anhand einer Reihe von Kriterien die von dem Zusammenschluss ausgehenden anzunehmenden Gesamtauswirkungen auf den Markt, insbesondere die Möglichkeit von Preissteigerungen im nachgeordneten Markt.[1235] Soweit die fusionierte Einheit in der Lage ist, die Kosten der Wettbewerber im nachgelagerten Markt für das Einsatzmittel zu erhöhen, könnte das die Verkaufspreise der nachgelagerten Wettbewerber erhöhen. Eine erhebliche Schädigung wirksamen Wettbewerbs setzt allerdings voraus, dass „die abgeschotteten Unternehmen eine wichtige Rolle im **Wettbewerb auf dem nachgeordneten Markt** spielen".[1236] Nicht ausreichend ist es grundsätzlich, wenn die Fähigkeit und der Anreiz zur Abschottung schon vor dem Zusammenschluss bestanden.[1237] Insoweit fehlt es an der notwendigen Kausalität (→ Rn. 148 f.). 421

Wirksamer Wettbewerb kann auch spürbar behindert werden, wenn die **Marktzutrittsschranken** für potenzielle Wettbewerber erheblich erhöht werden (→ Rn. 165 ff.).[1238] So kann ein vertikaler Zusammenschluss nicht koordinierte Wirkungen durch die Entwertung vorbestehenden 422

[1227] EuGH, C-12/03 P, ECLI:EU:C:2005:87, Rn. 74 – Kommission/Tetra Laval; EuG, T-5/02, ECLI:EU:T:2002:264, Rn. 159 – Tetra Laval/Kommission.
[1228] EuGH, C-12/03 P, ECLI:EU:C:2005:87, Rn. 75 – Kommission/Tetra Laval.
[1229] Vgl. EuG, T-210/01, ECLI:EU:T:2005:456, Rn. 295 – General Electric/Kommission; von Bonin WuW 2006, 466 (473 f.); Wessely ZWeR 2003, 317 (342).
[1230] Körber WuW 2008, 522 (533).
[1231] Kom., M.2876, Rn. 114, 184 ff. – Newscorp/Telepiù; vgl. auch Kom. Wettbewerbsbericht 33 (2003) Rn. 254 ff.
[1232] Kom., M.2876, Rn. 222 ff. – Newscorp/Telepiù.
[1233] Vgl. Kom., M.3696, Rn. 737, 764, 776 – E.ON/MOL.
[1234] Kom., M.2050, Rn. 50, 68 ff. – Vivendi/Canal+/Seagram.
[1235] Leitlinien „nichthorizontale Zusammenschlüsse" Rn. 47.
[1236] Leitlinien „nichthorizontale Zusammenschlüsse" Rn. 48.
[1237] Vgl. Kom., M.7637, Rn. 334 – Liberty Global/BASE Belgium.
[1238] Vgl. Leitlinien „nichthorizontale Zusammenschlüsse" Rn. 49.

potenziellen Wettbewerbs entfalten. Die vertikale Integration kann dazu führen, dass potenzielle Wettbewerber wegen der Abschottung keine Chance auf einen erfolgreichen Markteintritt mehr sehen.[1239] Dadurch würde sich der Kreis potenzieller Wettbewerber auf integrierte Anbieter reduzieren, und das Preisverhalten des zusammengeschlossenen Unternehmens wegen der vertikalen Integration durch (nicht integrierte) potenzielle Wettbewerber nicht mehr so wie vor dem Zusammenschluss kontrolliert werden, etwa weil diese nunmehr in zwei Märkte zugleich eintreten oder sich ihrerseits vertikal integrieren müssten, um **gleichwertigen Wettbewerbsdruck** aufrecht erhalten zu können. Dies kann u.a. dann der Fall sein, wenn der Zusammenschluss zur Integration einer **wesentlichen Schnittstelle** zwischen dem Vorleistungs- und dem nachgelagerten Markt führt.[1240] Andererseits ist zu berücksichtigen, wenn Unternehmen am Markt tätig sind, für die sich die Einsatzmittelkosten etwa aufgrund eigener vertikaler Integration oder der Möglichkeit, auf Alternativprodukte auszuweichen, nicht erhöhen werden. Bilden diese Unternehmen ein „Gegengewicht" zu der fusionierten Einheit, können sie möglicherweise verhindern, dass die Produktpreise auf dem nachgeordneten Markt nach der Fusion steigen.[1241]

423   Auch bei vertikalen Zusammenschlüssen berücksichtigt die Kommission **Ausgleichsfaktoren**, die gegen eine wettbewerbsschädliche Wirkung eines Zusammenschlusses sprechen (zu den Ausgleichsfaktoren → Rn. 150 ff.). Dazu zählt u.a. das Vorhandensein glaubwürdiger Wettbewerber im nachgelagerten Markt. Die wesentlichen Ausgleichsfaktoren wettbewerbswidriger Folgen von vertikalen Zusammenschlüssen sind ebenso wie die bei horizontalen Zusammenschlüssen die gegengewichtige **Nachfragemacht** der Abnehmerseite, ein einfacher **Marktzutritt** auf dem vorgelagerten[1242] und nachgelagerten[1243] Markt und mögliche **Effizienzgewinne**. Im Hinblick auf eine vor dem vertikalen Zusammenschluss vorhandene Nachfragemacht ist jedoch zu berücksichtigen, dass durch die Integration eines vorherigen Abnehmers, der über eine signifikante Nachfragemacht verfügte, das vormals bestehende Gegengewicht zu dem auf dem vorgelagerten Absatzmarkt tätigen fusionsbeteiligten Unternehmen und seinen Wettbewerbern mit Vollzug des Zusammenschlusses wegfällt.

424   Daneben ergeben sich auch im Zusammenhang mit Effizienzen Besonderheiten. Um Berücksichtigung zu finden, müssen **Effizienzgewinne** wie auch in Hinblick auf horizontale Zusammenschlüsse den Verbrauchern zugutekommen, fusionsspezifisch und nachprüfbar sein (→ Rn. 187 ff.).[1244] Die Kommission stellt in ihren Leitlinien für nichthorizontale Zusammenschlüsse darüber hinaus klar, dass „die Tatsache, dass Wettbewerber geschädigt werden, weil ein Zusammenschluss Effizienzgewinne mit sich bringt, [...] an sich keinen Anlass zu Wettbewerbsbedenken geben [kann]".[1245] Zur Diskussion um die efficiency offence → Rn. 184.

425   Vertikale Zusammenschlüsse führen nicht selten zu einer Vielzahl positiv zu beurteilender Effekte für die Verbraucher, insbesondere auch zur Vermeidung einer vom Endkunden zu tragenden **doppelten Marge** (double margin).[1246] Wird durch die vertikale Integration die Zahl der Teilnehmer an der Wertschöpfungskette verringert, dürften geringere Händler- oder Produzentenmargen auf den Preis aufgeschlagen werden. Niedrigere Endkundenpreise und ersparte Transaktionskosten können die Folge sein.[1247] Beides kommt dem Verbraucher zugute. Weitere positive Folgen sind die verbesserte Koordination der Leistungen innerhalb der vertikalen **Wertschöpfungskette** mit der Folge, dass den Verbrauchern bessere Gesamtleistungen angeboten oder diese kostengünstiger produziert werden können.[1248] Letztlich können vertikale Zusammenschlüsse auch zur Erleichterung von **Innovationen** führen.[1249] (Für eine ausführliche Erörterung der Effizienzen vertikaler Unternehmenszusammenschlüsse → Kapitel 1 Rn. 467 ff.) Trotz der ausdrücklichen Berücksichtigung von Effizienzgewinnen in den Leitlinien für nichthorizontale Zusammenschlüsse, werden Effizienzgewinne in der Beschlusspraxis zwar berücksichtigt,[1250] haben jedoch noch in keinem Fall als entscheidendes Argument für eine Freigabe eines Zusammenschlusses gedient. Stattdessen kann die Abwesenheit von Effizienzgewinnen dazu führen, dass die Kommission ein Phase-II-Verfahren eröffnet oder Abhilfemaßnahmen verlangt.[1251]

[1239] Vgl. Kom., M.5406, Rn. 47 – IPIC/MAN Ferrostaal; vgl. auch Leitlinien „nichthorizontale Zusammenschlüsse" Rn. 49.
[1240] Kom., M.469, Rn. 74 ff. – MSG Media Service.
[1241] Leitlinien „nichthorizontale Zusammenschlüsse" Rn. 50.
[1242] S. zB Kom., M.4874, Rn. 70 – Itema Holding/Barcovision Division.
[1243] Kom., M.10301, Rn. 91 – CVC/Ethniki.
[1244] Leitlinien „nichthorizontale Zusammenschlüsse" Rn. 53.
[1245] Leitlinien „nichthorizontale Zusammenschlüsse" Rn. 16.
[1246] Leitlinien „nichthorizontale Zusammenschlüsse" Rn. 13; Schwalbe/Zimmer 680–684.
[1247] Leitlinien „nichthorizontale Zusammenschlüsse" Rn. 55.
[1248] Leitlinien „nichthorizontale Zusammenschlüsse" Rn. 56.
[1249] Leitlinien „nichthorizontale Zusammenschlüsse" Rn. 57.
[1250] Kom., M.5152, Rn. 164, Posten AB/Post Danmark A/S.
[1251] De Coninck Antitrust Bull. 55,4 (2010) 929 (940).

b) Abschottung von den Kunden: customer foreclosure. Parallele Überlegungen sind 426 für die Konstellation anzustellen, dass die fusionierte Einheit mit Hilfe ihrer Präsenz im nachgeordneten Bereich den Zugang zu einer **ausreichenden Anzahl von Kunden** für ihre tatsächlichen oder potenziellen Wettbewerber im vorgelagerten Markt (dem Einsatzmittelmarkt) abschotten kann und damit deren Fähigkeit oder Anreiz verringern kann, in Wettbewerb mit der fusionierten Einheit zu treten. Dadurch können sich letztlich die Kosten für Wettbewerber auch im nachgeordneten Markt erhöhen, da sie das Einsatzmittel etwa nur von weniger Anbietern beziehen oder aufgrund ausbleibender Skaleneffekte auf Anbieterseite nur zu höheren Kosten erwerben können.[1252] Die Frage ist auch insoweit, ob durch einen vertikalen Zusammenschluss dem integrierten Unternehmen letztlich **Preiserhöhungsspielräume auf dem nachgelagerten Markt** für die Weiterverarbeitung oder die Distribution der nun auch selbst produzierten Waren entstehen. Denn letztlich kommt es auch bei der Beurteilung, ob eine customer foreclosure wettbewerbswidrig ist, darauf an, ob die Abschottung zu höheren Verbraucherpreisen auf dem nachgeordneten Markt führt.[1253] Generell spielt die Abschottung von den Kunden in der Beschlusspraxis aber eine im Vergleich zu der Abschottung von den Einsatzmitteln weniger prominente Rolle.[1254]

Die Kommission prüft die mögliche Abschottung der Wettbewerber von den Kunden auf 427 den nachgelagerten Märkten in einem **dreistufigen Test:** (i) die Fähigkeit des fusionierten Unternehmens, Wettbewerber abzuschotten, (ii) den Anreiz zu einer solchen Strategie und (iii) die anzunehmenden Gesamtauswirkungen auf einen wirksamen Wettbewerb. Dies entspricht der Teststruktur bei der Prüfung einer möglichen Abschottung der Wettbewerber von den Einsatzmitteln (→ Rn. 393 ff.).

aa) Fähigkeit zur Abschottung des Zugangs zu den nachgeordneten Märkten. Auch 428 im Rahmen der Untersuchung einer customer foreclosure kommt es maßgeblich auf eine mögliche Marktmacht der fusionierten Einheit sowie die Marktstruktur an. Insbesondere bei vernetzten Produkten kann die fusionierte Einheit die Fähigkeit haben, ihre Wettbewerber auf dem vorgelagerten Markt von Kunden abzuschotten.

(1) Marktmacht und Marktstruktur. In den Leitlinien wird eine Reihe von **Kriterien** 429 aufgeführt, anhand derer die Kommission die Fähigkeit des fusionierten Unternehmens bewertet, Wettbewerber vom Zugang zu den nachgeordneten Märkten abzuschotten. Ist das eine am Zusammenschluss beteiligte Unternehmen bereits ein starker Weiterverarbeiter oder Vertriebshändler, so kann nach der Verbindung mit dem Vorprodukthersteller das fusionierte Unternehmen Einkäufe bei anderen Vorproduktherstellern reduzieren oder die gezahlten Einkaufspreise senken, wenn es in der Lage ist, seine Position im nachgelagerten Markt auch ausschließlich durch Nutzung eigener Vorprodukte zu halten oder auszubauen, und daher nicht auf den Zukauf von Dritten angewiesen ist.[1255] Ob fusionierte Einheit die Preise auf der Einkaufsebene drücken und somit Wettbewerbern Absatzmöglichkeiten entziehen kann, entscheidet sich in dieser Konstellation mithin auch nach ihrer Stärke auf dem Vorleistungsmarkt.

So kam die Kommission im Fall Cargotec/Konecranes zu dem Ergebnis, dass Cargotec auf dem 430 vorgelagerten Markt für mobile equipment spreader (an Greifstapler montierte Containergreifgeräte) eine **starke Stellung** hatte und in der Lage wäre, auch den Bedarf von Konecranes an diesem Einsatzmittel zu decken. Vor dem Zusammenschluss deckte Konecranes ihren Bedarf zu großen Teilen bei dem wichtigsten Konkurrenten; durch die vertikale Integration würde diesem daher mit Konecranes ein wichtiger Kunde verloren gehen. Auch mit Blick auf den Marktanteil von 60–70 % der Zusammenschlussparteien in Europa auf dem nachgelagerten Markt begründete die Kommission daher ihre wettbewerblichen Bedenken.[1256] Im Zuge der Untersuchung des Falls Daimler/BMW/Car Sharing JV, der die Gründung eines Gemeinschaftsunternehmens für Car Sharing betraf, hatte die Kommission wettbewerbliche Bedenken mit Blick auf die von den Parteien genutzte **multimodale App** bzw. **Buchungsplattform** (moovel).[1257] Die Kommission sah solche multimodalen Apps als entscheidenden Zugangspunkt (gateway) zu Car Sharing Angeboten auch von Drittanbietern. Durch eine Kontrolle dieser App könnte das Gemeinschaftsunternehmen den Zugang dieser Drittanbieter zu Kunden erschweren und die eigenen Angebote bevorzugen. Diese Bedenken der Kommission konnten die Parteien aber durch eine Zusage ausräumen.

[1252] Leitlinien „nichthorizontale Zusammenschlüsse" Rn. 58.
[1253] Leitlinien „nichthorizontale Zusammenschlüsse" Rn. 58.
[1254] Petrasincu ECLR 29,4 (2008) 221 (224).
[1255] Leitlinien „nichthorizontale Zusammenschlüsse" Rn. 60 f.
[1256] Kom., M.10078, Rn. 2631 ff. – Cargotec/Konecranes.
[1257] Kom., M.8744, Rn. 314 ff. – Daimler/BMW/Car Sharing JV.

431 Zum anderen könnten die Beteiligten bei hinreichender Stärke auf dem nachgelagerten Markt erreichen, dass dritte Vorprodukthersteller ihnen ihre Produkte auch zu niedrigeren Preisen zur Verfügung stellen, da **andere Absatzmöglichkeiten** in ausreichender Menge fehlen.[1258] Darin würde sich zeigen, dass konkurrierende Weiterverarbeiter nicht in der Lage sind, den Spielraum der fusionierten Einheit durch eigenen Wettbewerb zu begrenzen. Durch die Integration mit einem eigenen Vorleistungslieferanten wird dieser vorbestehende Spielraum ggf. verstärkt. Wo aber etwa der eigene Vorleistungslieferant zu schwach ist, den gesamten Bedarf des integrierten marktmächtigen Vertriebshändlers zu befriedigen, dürfte es schon an der Möglichkeit zur Kundenabschottung fehlen (da der Vertriebshändler auch andere Lieferanten braucht) und jedenfalls wäre der Zusammenschluss für etwaige gleichwohl festgestellte Preiserhöhungs- oder Konditionenspielräume nicht kausal (zur Kausalität → Rn. 148 f.).

432 Mögliche Preiserhöhungsspielräume auf dem Angebotsmarkt für die weiterverarbeiteten Produkte bzw. dem Handelsmarkt können entstehen, wenn die dortigen Wettbewerber die fusionierte Einheit nicht mehr **wirkungsvoll wettbewerblich kontrollieren** können. Dies kann zum einen durch die vorbestehende starke Stellung des Vorgängerunternehmens auf diesem Markt verursacht sein, infolge derer das neue Unternehmen in der Lage ist (unabhängig von seiner Verbindung mit dem Vorproduktgeschäft), die günstigsten Vorprodukte auch dritter Lieferanten zu erhalten und anzubieten. Die gleiche Wirkung kann aber auch gerade dadurch eintreten, dass die Beteiligten durch ihre vertikale Verbindung ein Angebot machen können, dem die Wettbewerber, ggf. aufgrund der erhöhten Preise auf dem Vorleistungsmarkt, nichts entgegenzusetzen haben.

433 Während die erste Alternative im wesentlichen Ausdruck der vorbestehenden Marktstärke auf dem Endkundenmarkt ist, kann in der zweiten Alternative von einer nicht koordinierten Wirkung des vertikalen Zusammenschlusses gesprochen werden. Auch diese wird aber nur dann zu einer erheblichen Behinderung wirksamen Wettbewerbs führen, wenn die Vertikalintegration nicht durch Effizienzgewinne, die an die Kunden weitergegeben werden, zu **prokompetitiven Effekten** führt, die als Ausgleichsfaktoren die Wettbewerbsbedenken entfallen lassen (zur Berücksichtigung der Effizienzgewinne → Rn. 182 ff.).

434 Die Leitlinien der Kommission erläutern im Zusammenhang mit der Fähigkeit der fusionierten Einheit, den Zugang zu den Kunden abzuschotten, eine Reihe weiterer Möglichkeiten, aufgrund derer die Abschottung von den Kunden letztlich zu einer Erhöhung der Preise für die Verbraucher führen kann. Die Abschottung von den Kunden kann zu höheren Einsatzmittelpreisen führen, wenn Wettbewerber im vorgelagerten Markt bereits vor der Fusion an oder nahe ihrer **wettbewerbsfähigen Mindestgröße** operieren. Werden diese Wettbewerber von den Absatzmöglichkeiten abgeschottet, geht ihre Produktion zurück; damit erhöhen sich die variablen Produktionskosten der betroffenen Wettbewerber im vorgelagerten Markt. Werden die erhöhten Kosten an die Kunden weitergegeben, erhöhen sich die Preise für die Einsatzmittel im nachgeordneten Markt.[1259] Gehen die Einnahmen der vorgelagerten Wettbewerber aufgrund der Abschottung von den Kunden zurück, kann dies ferner den Anreiz der vorgelagerten Wettbewerber verringern, **Investitionen** zB in Forschung und Entwicklung zu tätigen. Dies kann **langfristig** ihre Wettbewerbsfähigkeit beeinträchtigen und schließlich zu ihrer Verdrängung vom Markt führen.[1260]

435 Höhere Einsatzmittelpreise als Folge von Kundenabschottung drohen laut den Leitlinien der Kommission insbesondere, wenn auf dem vorgelagerten Markt **Skalen- oder Verbundvorteile** bestehen, oder wenn die Nachfrage durch **Netzwerkeffekte** (dh Vorteile, die dadurch entstehen, dass eine große Anzahl anderer Kunden das Produkt ebenfalls nutzt, zB eine bestimmte Kommunikationstechnologie) gekennzeichnet ist.[1261] Skalen- oder Verbundvorteile können ebenfalls dazu führen, dass der Eintritt potenzieller Wettbewerber in den vorgelagerten Markt weniger attraktiv erscheint, da die Gewinnaussichten geringer sind. (→ Rn. 166). Ohne diesen **Marktzutritt** können wegen des geringeren Wettbewerbsdrucks höhere Preise auf dem Einsatzmittelmarkt bestehen, was zu höheren Bezugskosten der Wettbewerber der fusionierten Einheit auf dem nachgeordneten Markt führt.[1262] Unkontrollierte Spielräume des zusammengeschlossenen Unternehmens im nachgelagerten Markt können auch dann entstehen, wenn ein Zusammenschluss zur Abschottung eines erst im Entstehen begriffenen Vorleistungsmarktes zu führen droht.

436 In General Electric/Honeywell[1263] prüfte die Kommission neben konglomeraten (→ Rn. 486 f.) auch vertikale Wirkungen des angemeldeten Zusammenschlusses.[1264] Honeywell

---

[1258] Vgl. Leitlinien „nichthorizontale Zusammenschlüsse" Rn. 60.
[1259] Leitlinien „nichthorizontale Zusammenschlüsse" Rn. 63.
[1260] Leitlinien „nichthorizontale Zusammenschlüsse" Rn. 65.
[1261] Leitlinien „nichthorizontale Zusammenschlüsse" Rn. 62.
[1262] Leitlinien „nichthorizontale Zusammenschlüsse" Rn. 64.
[1263] Kom., M.2220 – General Electric/Honeywell.
[1264] S. hierzu von Bonin WuW 2006, 466 (468).

V. Schadenstheorien im Kontext vertikaler Zusammenschlüsse

war der führende Anbieter von Avionik- und anderen Produkten sowie von Triebwerken für Firmen- und Regionaljets und Anlassern für Verkehrsflugzeuge. Nach Auffassung der Kommission nahm General Electric auf den Märkten für Strahltriebwerke für große Verkehrsflugzeuge und große Regionalflugzeuge schon für sich genommen eine beherrschende Stellung ein. Darüber hinaus war General Electric über seine Tochtergesellschaft GECAS, der weltweit größten Flugzeugleasinggesellschaft, auf dem Markt für Flugzeugleasing aktiv. GECAS war mit etwa 10 % aller Flugzeugkäufe mit großem Abstand vor allen Fluggesellschaften der größte Erwerber von Neuflugzeugen. Die Marktposition von General Electric, verbunden mit der **Finanzkraft** des Unternehmens und seiner vertikalen Integration in den Markt für Flugzeugleasing hätte nach Auffassung der Kommission zur Begründung einer marktbeherrschenden Stellung in verschiedenen Märkten für Flugzeugbauteile, in denen Honeywell bereits eine marktstarke Stellung innehatte, geführt.[1265] Die Kommission begründete ihre Entscheidung u.a. damit, dass GECAS' bisherige **Geschäftspraktik,** ausschließlich mit General Electric-Triebwerken ausgestatte Flugzeuge zu erwerben („GE-only"), nach dem Zusammenschluss auch auf Honeywell-Produkte für andere Flugzeugkomponenten ausgeweitet werden würde. Die u.a. von Honeywell hergestellten Komponenten wären (unabhängig vom Bestellerwunsch) nur in einer Ausführung und von einem Hersteller in die gesamte Produktion eines Flugzeugtyps eingebaut („sole-sourced"). Durch den Einsatz seiner Finanzkraft und vertikalen Integration (zB durch Finanzierungen und/oder Bestellungen durch GECAS) wäre das aus der Fusion hervorgehende neue Unternehmen so über den Nachfrageanteil von GECAS hinaus in der Lage gewesen, die Flugzeughersteller stärker zur Erstausrüstung ihrer Flugzeuge mit Honeywells Produkten zu bewegen und so Mitbewerber daran zu hindern, ihre Produkte bei neuen Flugzeugen zu platzieren. Wenn die Wettbewerber infolge der Einbindung von Honeywell in General Electric immer mehr abgedrängt werden, verlieren sie wichtige Einnahmen und letztlich ihr **Potential für Investitionen** in die Zukunft und die Entwicklung der nächsten Generation von Flugzeugsystemen.[1266] Dementsprechend wäre durch die Verbindung mit General Electric Honeywell zum dominierenden Anbieter auf den Märkten für Hersteller-Ausrüstungen bei Avionik-Produkten und sonstigen Erzeugnissen geworden, auf denen es bereits vor dem Zusammenschluss marktstark war.

Hervorzuheben ist, dass die Kommission im Fall General Electric/Honeywell davon ausging, dass GECAS mit einem Marktanteil von lediglich **10 % der Nachfrage** auf dem nachgelagerten Markt die Einkaufsentscheidungen der Flugzeughersteller in einer Weise beeinflussen konnte, die zur Verstärkung der marktbeherrschenden Stellung der zusammengeschlossenen Einheit auf dem vertikal betroffenen Markt geführt hätte. Ob diese Nachfrageposition ausgereicht hätte, dem fusionierten Unternehmen Preiserhöhungsspielräume auf der Vorproduktstufe zu vermitteln, erscheint zumindest zweifelhaft. Aus ökonomischer Sicht werden gegen die Entscheidung der Kommission Bedenken erhoben.[1267] Das EuG hat die Doppelstellung von General Electric als Vorproduktelieferant und Nachfrager der Flugzeughersteller als Element der vorbestehenden Marktbeherrschung von General Electric angenommen. Aus dieser Konstellation potenziell entstehende vertikale Wirkungen hat es dagegen nicht geprüft.[1268] Eine vergleichbare Konstellation kann sich etwa im Energiebereich ergeben, wenn Aktivitäten der Gasversorgung an Kraftwerke mit Stromhandelsaktivitäten integriert werden.[1269]

Die Kommission untersucht zudem auch, ob die Abschottung der Wettbewerber der fusionierten Einheit im vorgelagerten Markt von den Kunden **Auswirkungen auf weitere Märkte** hat: Wird der Wettbewerber aufgrund der Abschottung daran gehindert, die wettbewerbsfähige Mindestgröße zu erreichen, kann dies dazu führen, dass er auch in anderen Märkten zu höheren Kosten operiert. Andererseits kann die Betätigung in anderen Märkten den abgeschotteten Wettbewerber in die Lage versetzen, die negativen Auswirkungen der Abschottung durch Verkäufe in anderen Märkten auszugleichen.[1270]

Eine Fähigkeit zum customer foreclosure besteht aber dann nicht, wenn die Wettbewerber ihre Produkte einer **ausreichenden Anzahl von anderen Kunden** anbieten können.[1271] So stellte die Kommission in CVC/Ethniki fest, dass auf dem nachgelagerten Markt – Krankenversicherungen – viele starke Wettbewerber waren und zudem nur geringe **Marktzutrittsschranken** bestanden. Sie ging deshalb davon aus, dass das integrierte Unternehmen trotz eines Marktanteils von 20–30 % auf

---

[1265] Kom., M.2220, Rn. 121–145, 343 ff. – General Electric/Honeywell.
[1266] Kom., M.2220, Rn. 121–145, 343 ff. – General Electric/Honeywell; vgl. auch Kom. Wettbewerbsbericht 31 (2001) 266; Giotakos/Petit/Garnier/De Luyck CPN 3/2001, 5 (9).
[1267] Vgl. Pflanz/Caffarra ECLR 23,3 (2002) 115.
[1268] EuG, T-209/01, ECLI:EU:T:2005:455 – Honeywell/Kommission; T-210/01, ECLI:EU:T:2005:456 – General Electric/Kommission.
[1269] Vgl. Kom., M.3696, Rn. 554 – E.ON/MOL.
[1270] Leitlinien „nichthorizontale Zusammenschlüsse" Rn. 66.
[1271] Kom., M.10164, Rn. 85 – CVC/Stark Group.

dem nachgelagerten Markt auch nach dem Zusammenschluss erheblichem Wettbewerb ausgesetzt sein würde und dass die Wettbewerber auf dem vorgelagerten Markt weiterhin ausreichend Zugang zu Kunden haben würden.[1272] Sie verwies darauf, dass Wettbewerber auch **Gegenstrategien** ergreifen könnten, etwa durch ähnliche vertikale Integration.[1273] Ferner berücksichtigte sie, dass viele Krankenversicherungsnehmer (als Kunden auf dem nachgelagerten Markt) eine Einschränkung ihrer Entscheidungsfreiheit zur Krankenhauswahl – und damit eine entsprechende Abschottungsstrategie – ablehnen und den Anbieter wechseln würden.[1274] Auch andere Möglichkeiten, wie das integrierte Unternehmen Kundenentscheidungen für private Krankenhausdienstleistungen (auf dem vorgelagerten Markt) beeinflussen könnten, etwa durch die Nutzung von Call Centern oder besondere Angebote, untersuchte die Kommission.[1275] Eine solche Fähigkeit zur customer foreclosure lehnte die Kommission letztlich ab, auch wenn sie einen entsprechenden Anreiz annahm (→ Rn. 399).

440 Auch in Vivendi/Telecom Italia wurde eine Fähigkeit zur customer foreclosure abgelehnt, obwohl die fusionierte Einheit auf dem nachgelagerten Markt, Bereitstellung von TV-Diensten, einen erheblichen Marktanteil hatte, da dies auch über feste Internetanschlüsse erfolgte. Die Kommission begründete dies u.a. damit, dass Wettbewerber ihre Position im Bereich der festen Internetanschlüsse mit neuen Technologien weiter ausbauten und verwies insoweit auf **konkrete Ausbaupläne von Wettbewerbern.**[1276] Hierüber hatten Wettbewerber auf dem vorgelagerten Markt (Lizensierung und Bereitstellung von TV-Diensten) auch in Zukunft ausreichenden Zugang zu Endkunden.

441 **(2) Sonderfall: vernetzte Produkte.** Vertikalbeziehungen können sich auch zwischen Märkten ergeben, auf denen an sich komplementäre Produkte gehandelt werden, wenn aus Kundensicht eine **Verbindung oder Vernetzung dieser Produkte** gewünscht wird, die eine Abstimmung von Schnittstellen oder Baueigenschaften unter den Produkten verlangt. Ist ein Anbieter auf einem der betroffenen Produktmärkte marktstark und auf den benachbarten Produktmärkten sowie bei der Technologie zur Vernetzung dieser Produkte präsent, so kann er seine Produkte als System vermarkten. Können einzelne Systembestandteile dann nicht oder nur bei Kooperationsbereitschaft der marktstarken Hersteller mit Wettbewerbsprodukten kommunizieren, weil proprietäre Schnittstellen oder Vernetzungstechniken eingesetzt werden, so kann es zu Ausschlusswirkungen gegenüber Wettbewerbern und zum Entstehen von Preiserhöhungsspielräumen in den einzelnen Märkten kommen.

442 Im Fall GE/Instrumentarium[1277] untersuchte die Kommission mit dem Erwerb von Instrumentarium durch GE Medical Systems den Zusammenschluss zweier Vermarkter medizintechnischer Geräte. Neben den horizontalen Bedenken der Kommission, dass die Marktmacht von GE/Instrumentarium bei perioperativen Patientenmonitoren gegenüber seinen Kunden, den Krankenhäusern, durch den Zusammenschluss erheblich zunehmen würde, war auch zu befürchten, dass GE künftig eigene Monitore besser mit anderen Produkten der Intensiv- und perioperativen Patientenversorgung sowie mit dem eigenen klinischen Informationssystem (CIS) integrieren und Wettbewerbern gegenüber **Schnittstellendaten** zurückhalten könnte, die diese benötigen, um die **Kompatibilität eigener Systeme** mit den Anästhesie- und sonstigen Geräten zu gewährleisten, die von dem fusionierten Unternehmen angeboten werden.[1278] Um diesen Bedenken einer möglichen Marktabschottung zu begegnen, verpflichtete sich GE, die Kompatibilität seiner Anästhesiegeräte, Patientenmonitore und klinischen Informationssysteme mit den Geräten anderer Anbieter zu gewährleisten.[1279] Aufgrund dieser (und weiterer) **Zusagen** genehmigte die Kommission letztendlich den Zusammenschluss. In Google/Doubleclick untersuchte die Kommission ebenfalls, ob Netzeffekte bestehen, die den Markt zum Kippen bringen können, und ob diese, zusammen mit weiteren Faktoren wie **Wechselkosten** der Kunden, den Zusammenschlussbeteiligten eine Abschottung ihrer Wettbewerber ermöglichen könnte; letztlich wurde dies aber abgelehnt.[1280]

443 **bb) Anreiz zur Abschottung des Zugangs zu den nachgeordneten Märkten.** Wie bei einer input foreclosure Strategie (→ Rn. 393 ff.) muss auch für eine customer foreclosure Strategie ein entsprechender ökonomischer Anreiz bestehen, das Verhalten also für die fusionierte Einheit **gewinnbringend** sein: Entscheidend ist hierfür die **Abwägung** zwischen den Kosten, die daraus resultieren, dass Einsatzmittel nicht mehr von den Wettbewerbern im vorgelagerten Markt bezogen

---

[1272] Kom., M.10301, Rn. 99 ff., 103 – CVC/Ethniki.
[1273] Kom., M.10301, Rn. 102 – CVC/Ethniki.
[1274] Kom., M.10301, Rn. 106 ff. – CVC/Ethniki.
[1275] Kom., M.10301, Rn. 113 ff. – CVC/Ethniki.
[1276] Kom., M.8465, Rn. 99 – Vivendi/Telecom Italia.
[1277] Kom., M.3083 – GE/Instrumentarium.
[1278] Kom., M.3083, Rn. 287 ff., 312 ff. – GE/Instrumentarium.
[1279] Kom., M.3083, Rn. 287 ff., 347 ff. – GE/Instrumentarium.
[1280] Kom., M.4731, Rn. 297, 302, 329 – Google/Doubleclick.

werden, und den Gewinnen aus einer solchen Strategie.[1281] Höhere Kosten können insbesondere dann entstehen, wenn der vorgelagerte Unternehmensbereich der fusionierten Einheit weniger effizient ist als seine Wettbewerber auf dem vorgelagerten Markt, wenn unzureichende Kapazitäten bestehen oder wenn die Produkte der Wettbewerber auf dem vorgelagerten Markt aufgrund höherer Differenzierung attraktiver sind.[1282]

Daneben hängt der Anreiz zur customer foreclosure auch davon ab, inwiefern das fusionierte **444** Unternehmen von höheren **Margen** sowohl auf dem Einsatzmittelmarkt als auch auf dem nachgelagerten Markt profitiert.[1283] So nahm die Kommission in CVC/Ethniki einen Anreiz zur customer foreclosure u.a. deshalb an, da das integrierte Unternehmen auf dem vorgelagerten Markt (private Krankenhausdienstleistungen) erheblich höhere Margen erzielte und die Kunden dort eine größere **Wechselbereitschaft** hatten, während Kunden auf dem nachgelagerten Markt (Krankenversicherungen) nur eine geringe Wechselbereitschaft hatten und damit eine geringere Gefahr bestand, diese zu verlieren.[1284] Aufgrund der fehlenden Fähigkeit, eine customer foreclosure Strategie umzusetzen, lehnte die Kommission eine entsprechende Schadenstheorie aber letztlich ab.[1285] (→ Rn. 399) In Cargotec/Konecranes stellte die Kommission einen entsprechenden Anreiz zur customer foreclosure hingegen fest. Sie verwies dabei insbesondere darauf, dass die Einsatzmittel in Bezug auf Preis und Qualität **vergleichbar** waren, das integrierte Unternehmen den gesamten Bedarf beider Zusammenschlussparteien ohne erhebliche zusätzliche Investitionen bzw. **Kapazitätserweiterungen** decken und das integrierte Unternehmen dadurch auch seine **Gewinnmarge** steigern konnte.[1286]

Zudem untersucht die Kommission, ebenso wie bei Anreizen im Rahmen der input foreclosure, **445** welche Faktoren solchen Anreizen entgegenstehen könnten. Dies betrifft auch die Frage, ob ein solches Verhalten infolge eines **Verstoßes gegen Art. 102 AEUV** oder andere Wettbewerbs- oder sektorspezifische Regeln des nationalen oder EU-Rechts unrechtmäßig sein könnte (→ Rn. 24).[1287]

cc) **Auswirkungen auf den Wettbewerb.** Die Kommission bezieht eine Reihe von Aspekten **446** ein, um die Gesamtauswirkungen der Abschottung von den Kunden auf einen wirksamen Wettbewerb zu bewerten. Auch hier kommt es darauf an, ob die Abschottung **nachteilige Auswirkungen auf dem nachgeordneten Markt** entfaltet und zu einer Schädigung der Verbraucher führt.[1288] Es ist möglich, dass eine Schädigung der Verbraucher erst mit einer gewissen Zeitverzögerung eintritt; insbesondere, wenn sich die Abschottung auf die Einnahmeströme der Wettbewerber im Einsatzmittelmarkt auswirkt und deren Anreiz zu Investitionen verringert und so im Laufe der Zeit ihre Wettbewerbsfähigkeit verringert.[1289]

Um eine **spürbare Wettbewerbsbeschränkung** zu verursachen, muss ein „hinreichend großer **447** Teil" des Ausstoßes auf dem Einsatzmittelmarkt von den Einnahmerückgängen auf dem vorgelagerten Markt infolge des Zusammenschlusses betroffen sein. Ansonsten können die nichtbetroffenen Unternehmen möglicherweise hinreichenden Wettbewerbsdruck auf die fusionierte Einheit aufrechterhalten, um diese an Preiserhöhungen zu hindern.[1290]

Auch wenn **Zutrittsschranken** für potenzielle Wettbewerber im vorgelagerten Markt erhöht **448** werden, kann dies zu einer spürbaren Behinderung des Wettbewerbs führen. Eine solche Erhöhung kann zB daraus resultieren, dass potenzielle Wettbewerber gezwungen wären, sowohl in den vor- als auch in den nachgelagerten Markt einzutreten. Besondere Bedenken sieht die Kommission in Märkten, die sich dem Wettbewerb aktuell öffnen oder in absehbarer Zeit öffnen werden (zu den Marktzutrittsschranken → Rn. 165 ff.).[1291]

Daneben berücksichtigt die Kommission auch, welche **Gegenkräfte** möglicherweise einer **449** Abschottungsstrategie entgegenstehen, einschließlich Nachfragemacht der Abnehmer, und der Wahrscheinlichkeit, dass durch den Zutritt neuer Wettbewerber zum Markt wirksamer Wettbewerb auf den vor- oder nachgelagerten Märkten bestehen bleibt (zu den Ausgleichsfaktoren → Rn. 150 ff.).[1292] Auch mögliche **Effizienzen** sind in die Gesamtbetrachtung mit einzubeziehen (zu den Effizienzen → Rn. 182 ff.).

[1281] Leitlinien „nichthorizontale Zusammenschlüsse" Rn. 68.
[1282] Leitlinien „nichthorizontale Zusammenschlüsse" Rn. 69.
[1283] Leitlinien „nichthorizontale Zusammenschlüsse" Rn. 70.
[1284] Kom., M.10301, Rn. 129 ff. – CVC/Ethniki.
[1285] Kom., M.10301, Rn. 133 ff. – CVC/Ethniki.
[1286] Kom., M.10078, Rn. 2631 ff. – Cargotec/Konecranes.
[1287] Leitlinien „nichthorizontale Zusammenschlüsse" Rn. 71.
[1288] Leitlinien „nichthorizontale Zusammenschlüsse" Rn. 72; Kom., M.10078, Rn. 2666 – Cargotec/Konecranes.
[1289] Leitlinien „nichthorizontale Zusammenschlüsse" Rn. 73.
[1290] Leitlinien „nichthorizontale Zusammenschlüsse" Rn. 74.
[1291] Leitlinien „nichthorizontale Zusammenschlüsse" Rn. 74.
[1292] Leitlinien „nichthorizontale Zusammenschlüsse" Rn. 76.

450 Die Entscheidung EDF/British Energy betraf den Zusammenschluss von British Energy, einem Stromerzeuger mit überschüssigen Strommengen, mit EDF, einem Energieversorger, der nicht alle an ihn gerichtete Nachfrage bedienen konnte und regelmäßig Strom auf dem Markt zukaufte. Die Kommission untersuchte, ob es durch die Nutzung der von British Energy produzierten überschüssigen Strommenge durch EDF, die sich auch als Abschottung der Wettbewerber von dem von British Energy produzierten Strom bzw. als Abschottung der konkurrierenden Stromproduzenten von EDF als Kunden beschreiben lassen, zu wettbewerbsschädlichen Auswirkungen kommen kann.[1293] Grundsätzlich führt die vertikale Integration zu **Effizienzgewinnen,** da verfügbare Strommengen direkt zwischen Erzeuger und Abnehmer intern verrechnet werden konnten. Die Verringerung der Strommenge am Markt hätte allerdings zu einer höheren Volatilität der Strompreise und damit zu einem höheren Preisniveau führen können.[1294] Zudem hätte auch die Betätigung der Wettbewerber, einschließlich neuer Marktteilnehmer, beeinträchtigt werden können, wobei Letzteres die **Marktzutrittsschranken** erhöht hätte.[1295] Da die Parteien Abhilfemaßnahmen anboten, wurde der Zusammenschluss schließlich freigegeben.

451 c) **Andere nicht koordinierte Wirkungen: Zugang zu Daten.** Weitere nicht koordinierte Wirkungen können daraus resultieren, dass die vertikal integrierte Einheit durch die Fusion Zugang zu **vertraulichen Unternehmensdaten** über die vorgelagerten und nachgeordneten Tätigkeiten der Wettbewerber erlangen könnte. Hierdurch könnte die fusionierte Einheit etwa in die Lage versetzt werden, im nachgeordneten Markt zum Nachteil der Verbraucher eine weniger aggressive Preispolitik zu verfolgen.[1296] Dieser Aspekt hat früher vor allem in der fusionskontrollrechtlichen Praxis in den USA eine Rolle gespielt.[1297]

452 In dem Verfahren Brocade/Broadcom befürchtete die Kommission, dass das Zusammenschlussunternehmen vertrauliche Informationen von Wettbewerbern zur Begünstigung seiner eigenen Produkte verwenden könnte.[1298] Die diesbezüglich bereits **vorgesehenen Vereinbarungen** sah die Kommission als nicht zureichend an und hatte deshalb wettbewerbliche Bedenken.[1299] Ähnlich argumentierte die Kommission in der Entscheidung Wieland/Aurubis: Hier hatte die Kommission (neben einer input foreclosure → Rn. 406 ff.) Bedenken, dass die fusionierte Einheit Zugang zu sensiblen Informationen ihrer Wettbewerber, insbesondere zur Kostenstruktur, Maße des Einsatzmittels sowie deren Planungen erhalten könnte.[1300] Dieser Zusammenschluss wurde mangels ausreichender Zusagen letztlich untersagt.

453 In der Entscheidung Google/Fitbit stellte die Kommission zunächst fest, dass Fitbit auch Daten über die Nutzung von Apps dritter Anbieter durch seine Kunden sammelt. Diese Daten stellten nach Ansicht der Kommission **wirtschaftlich sensible Informationen** dar; insoweit verwies sie auch auf konkurrierende Apps von Google. Allerdings lehnte die Kommission wettbewerbliche Bedenken insoweit u.a. deshalb ab, weil diese Daten im **Vergleich** zu den Daten, auf die Google bereits Zugriff hat, vernachlässigbar waren.[1301] In der Entscheidung TomTom/Tele Atlas untersuchte die Kommission, welche Informationen zwischen den Wettbewerbern und dem fusionierten Unternehmen ausgetauscht wurden, ob dieser Austausch ohne Nachteile für die Kunden eingeschränkt werden könnte, und ob das fusionierte Unternehmen einen Anreiz hätte, die vertraulichen Daten der Wettbewerber zu schützen.[1302] Die Kommission kam zu dem Ergebnis, dass keine Vertraulichkeitsbedenken entstünden und die fusionierte Einheit durchaus ein Interesse am Schutz der Daten seiner Abnehmer auf dem vorgelagerten Markt hat. So müsste die fusionierte Einheit im Fall von **Vertraulichkeitsbedenken** fürchten, seine Kunden an den einzigen Wettbewerber, Navteq, zu verlieren. Da aber schon eine Abschottung der Wettbewerber von dem Einsatzmittel ökonomisch unattraktiv sei, bestehe insoweit auch ein Anreiz, die Kunden durch Zusicherung der Vertraulichkeit und attraktiven Konditionen von einem Anbieterwechsel abzuhalten.[1303]

454 In der Entscheidung CVC/Ethniki hat die Kommission untersucht, ob das integrierte Unternehmen dadurch, dass es Zugriff auf die Patientendaten im vorgelagerten Markt (private Krankenhausdienstleistungen) hat, Wettbewerber im nachgelagerten Markt (Krankenversicherungen) benach-

---

[1293] Kom., M.5224, Rn. 55 – EDF/British Energy.
[1294] Federico JCLE 2011, 603 (612 f.).
[1295] Driessen Reilly/Panayides/De Coninck CPN 2009, 77 (80).
[1296] Leitlinien „nichthorizontale Zusammenschlüsse" Rn. 78.
[1297] S. Nachweise bei Denzel/Herman WuW 2007, 566 (571, Fn. 33).
[1298] Kom., M.8314, Rn. 104 ff. – Broadcom/Brocade.
[1299] Kom., M.8314, Rn. 111 – Broadcom/Brocade.
[1300] Kom., M.8900, Rn. 640 ff. – Wieland/Aurubis Rolled Products/Schwermetall.
[1301] Kom., M.9660, Rn. 831 ff. – Google/Fitbit.
[1302] Kom., M.4854, Rn. 252, 255 – TomTom/Tele Atlas.
[1303] Kom., M.4854, Rn. 276 – TomTom/Tele Atlas.

teiligen könnte. Sie verwies aber darauf, dass die Nutzung der Patientendaten durch das integrierte Unternehmen aufgrund von **Datenschutzbestimmungen** auch nach dem Zusammenschluss erheblich eingeschränkt ist.[1304] Ferner stellte die Kommission auch fest, dass das integrierte Unternehmen auch keinen Anreiz zur Nutzung dieser Patientendaten habe. Sie führte dies darauf zurück, dass Wettbewerber auf dem Markt für Krankenversicherungen grundsätzlich alle gesunden Patienten, unabhängig vom Alter oder möglichen vormaligen Krankenhausaufenthalten, als Kunden gewinnen möchten. Auch zum Marketing würden solche Patientendaten regelmäßig nicht eingesetzt.[1305] Auch eine Benachteiligung der Wettbewerber des integrierten Unternehmens auf dem vorgelagerten Markt durch eine Nutzung der Daten zu den angestellten Ärzten lehnte die Kommission letztlich ab: Zwar speicherte Ethniki als Krankenversicherung grundsätzlich auch Daten zu Ärzten, die grundsätzlich wettbewerbsrelevante Informationen für den vorgelagerten Markt (private Krankenhausdienstleistungen) darstellen können. Allerdings seien die Daten, die Krankenversicherungen über Ärzte speichern, nicht entscheidend für Einstellungsentscheidungen von Krankenhäusern. Ferner sei die Nutzung dieser Daten durch das integrierte Unternehmen aufgrund von Datenschutzbestimmungen auch eingeschränkt.[1306] Ferner lehnte die Kommission wegen der Auswirkungen auf die bestehende Belegschaft auch einen Anreiz des integrierten Unternehmens zur Nutzung dieser Daten zur erheblichen Abwerbung von Ärzten ab.[1307]

2. Koordinierte Wirkungen. Seit dem Inkrafttreten der VO 4064/89 hat sich die europäische Fusionskontrolle im Kontext vertikaler Integration überwiegend auf solche wettbewerbsschädlichen Aspekte konzentriert, die aufgrund von Abschottungswirkungen entstehen. Bei der Formulierung der wettbewerbspolitischen Grundlinien im Rahmen der Einführung der europäischen Fusionskontrolle fanden koordinierte Wirkungen vertikaler Zusammenschlüsse keine Erwähnung.[1308] Wenige Jahre später hat die Kommission das Konzept koordinierter Wirkungen im Rahmen des Art. 102 AEUV (damals Art. 82 EGV) mit Billigung des EuG aber auch auf vertikale Beziehungen übertragen (damals noch unter der Bezeichnung „kollektive Marktbeherrschung").[1309] Unter Geltung der FKVO haben koordinierte Wirkungen vertikaler Integration Eingang in die **Leitlinien für nichthorizontale Zusammenschlüsse** gefunden.[1310] In der **Beschlusspraxis** der Kommission haben sie aber nur vergleichsweise **selten** eine Rolle gespielt. Ihre Relevanz im Falle nichthorizontaler Zusammenschlüsse wird auch insoweit in Frage gestellt, als dass die Zusammenschlussbeteiligten zumeist nicht im gleichen Markt tätig sind, und es nicht zu einer höheren Marktkonzentration kommt (allgemein zu koordinierten Wirkungen → Kapitel 1 Rn. 441 ff.).[1311]

a) Erleichterung stillschweigender Koordinierung im Oligopol. Vertikale Integration kann gleichwohl auch zu einer **Erleichterung der Koordinierung** beitragen, indem den **Absatzmarkt** kontrollierenden Herstellern breitere Möglichkeiten zu stillschweigender Kollusion im Oligopol eröffnet werden. Dies kann zB dadurch erfolgen, dass es den Herstellern aufgrund des Zusammenschlusses erleichtert wird, Preissetzungsmechanismen zu überwachen oder ein stillschweigendes kollusives Gleichgewicht im Markt zu erhalten oder herzustellen.[1312] Auch ohne eine Vereinbarung oder abgestimmte Verhaltensweise, die einen Verstoß gegen Art. 101 AEUV mit sich bringen würde, können Wettbewerber in der Lage sein, durch die stillschweigende Festlegung von gemeinsamen Zielen und „unausgesprochenen Androhungen" den normalerweise in einem Markt bestehenden gegenseitigen Wettbewerbsdruck zu umgehen. Die Kommission hält in ihren Leitlinien ferner fest: „Damit koordinierte Wirkungen entstehen können, muss der Gewinn, den die Unternehmen durch einen aggressiven Wettbewerb kurzfristig erzielen können („abweichen") geringer sein als der erwartete Einnahmerückgang, den ein solches Verhalten langfristig bewirken könnte, da zu erwarten wäre, dass es eine aggressive Erwiderung der Wettbewerber („eine Bestrafung") herausfordern würde."[1313]

Je einfacher es in einem Markt ist, ein Einverständnis über die Bedingungen einer Koordinierung zu erzielen, desto wahrscheinlicher ist die Koordinierung.[1314] Die **Leitlinien für nichthorizontale**

[1304] Kom., M.10301, Rn. 149 ff. – CVC/Ethniki.
[1305] Kom., M.10301, Rn. 155 ff. – CVC/Ethniki.
[1306] Kom., M.10301, Rn. 163 ff. – CVC/Ethniki.
[1307] Kom., M.10301, Rn. 168 ff. – CVC/Ethniki.
[1308] Kom. Wettbewerbsbericht 21 (1991) 414 f.
[1309] EuG, T-228/97, ECLI:EU:T:1999:246, Rn. 63 – Irish Sugar/Kommission; Kom., AT.34621 – Irish Sugar.
[1310] Leitlinien „nichthorizontale Zusammenschlüsse" Rn. 79–90.
[1311] Weck/Scheidtmann ECLR 29,8 (2008) 480 (485).
[1312] Vgl. Leitlinien „nichthorizontale Zusammenschlüsse" Rn. 79.
[1313] Leitlinien „nichthorizontale Zusammenschlüsse" Rn. 80.
[1314] Leitlinien „nichthorizontale Zusammenschlüsse" Rn. 82.

Zusammenschlüsse führen mehrere **Möglichkeiten** auf, **durch die** die **Bedingungen für eine Koordinierung verbessert** werden können:
- Sind aufgrund einer Abschottungsstrategie der fusionierten Einheit weniger Unternehmen in einem Markt tätig, erleichtert die geringere Anzahl der Unternehmen allgemein die Koordinierung.[1315]
- Zudem kann durch die vertikale Integration die Symmetrie der am Markt tätigen Unternehmen erhöht werden; Letzteres erleichtert ein Einvernehmen über die Bedingungen der Koordinierung. Auch kann allgemein die Markttransparenz erhöht werden.[1316]
- Der Zusammenschluss kann auch dazu führen, dass ein Einzelgänger am Markt verschwindet, der sich zuvor nicht an der Koordinierung beteiligte und als aggressiver Wettbewerber auftrat.[1317]

458 Ob die Koordinierung dauerhaft ist, ist wie auch bei horizontalen Zusammenschlüssen (→ Rn. 347) anhand der im „**Airtours**"-Urteil des EuG[1318] aufgestellten **Kriterien** zu überprüfen:

459 (a) Die an der Koordinierung beteiligten Unternehmen müssen in der Lage sein, ausreichend zu überwachen, ob die Bedingungen der Koordinierung eingehalten werden. Die vertikale Integration kann die **Markttransparenz erhöhen,** indem sie der fusionierten Einheit Zugang zu sensiblen Informationen ihrer Wettbewerber verschafft. Auch insgesamt kann sich die Markttransparenz erhöhen, wenn zB die Preistransparenz im nachgeordneten Markt höher ist als im Einsatzmittelmarkt und die vertikale Integration den vorgelagerten Wettbewerbern Informationen über die Preise im nachgelagerten Markt verschafft und damit die Möglichkeit, Abweichungen wirksamer zu überwachen.[1319] Der Ansatz der Kommission liegt insoweit auf einer Linie mit den U.S. Vertical Merger Guidelines.[1320] Auch der Rückgang der Anzahl der Wettbewerber im Markt infolge einer Abschottungsstrategie der fusionierten Einheit kann die Überwachung der Koordinierung erleichtern.[1321]

460 (b) Daneben bedarf es eines **wirksamen Abschreckungsmechanismus,** der im Falle von Abweichungen von dem koordinierten Verhalten greift. Ein vertikal integriertes Unternehmen kann in der Lage sein, zB abweichende Wettbewerber auf der nachgeordneten Marktstufe, die von Lieferungen des vorgelagerten Unternehmenseinheit abhängig sind, etwa durch Belieferungen zu ungünstigeren Konditionen, wirksamer zu bestrafen.[1322]

461 (c) Zudem dürfen die **Reaktionen Außenstehender den Erfolg der Koordinierung nicht gefährden.** Erhöhen sich die Marktzutrittsschranken infolge der vertikalen Fusion (→ Rn. 422), kann dies die Möglichkeiten Außenstehender beschränken, die Koordinierung durch Marktzutritt zu destabilisieren.[1323] Ferner kann die vertikale Integration auch zum Wegfall eines störenden Käufers am Markt führen – so kann zB die Übernahme eines wichtigen Abnehmers dazu führen, dass andere Wettbewerber auf dem Einsatzmittelmarkt nicht mehr versucht sind, von der Koordinierung abzuweichen, um Verkäufe an diesen wichtigen Kunden zu tätigen.[1324] Dieses Kriterium kennen auch die amerikanischen U.S. Vertical Merger Guidelines.[1325]

462 In der Beschlusspraxis der Kommission wurden koordinierte Wirkungen vertikaler Zusammenschlüsse bisher nur in wenigen Fällen näher untersucht. Anhand der vorstehend genannten Kriterien prüfte die Kommission etwa in TomTom/Tele Atlas und in Nokia/NAVTEQ, ob eine **Koordinierung auf dem vorgelagerten Markt** für navigationsfähige Kartendatenbanken zu erwarten war. Dies war im Ergebnis nicht der Fall, da die Preise intransparent waren, wirksame Überwachungs- und Abschreckungsmechanismen nicht bestanden und Kunden durch das Eingehen langfristiger Verträge einen Anreiz zur Abweichung hätten schaffen können.[1326] In IPIC/Man Ferrostaal prüfte die Kommission, ob der Erwerb eines Lizenzanbieters für eine Produktionstechnologie durch einen

---

[1315] Leitlinien „nichthorizontale Zusammenschlüsse" Rn. 83.
[1316] Leitlinien „nichthorizontale Zusammenschlüsse" Rn. 84.
[1317] Leitlinien „nichthorizontale Zusammenschlüsse" Rn. 85.
[1318] EuG, T-342/99, ECLI:EU:T:2002:146, Rn. 62 – Airtours/Kommission.
[1319] Leitlinien „nichthorizontale Zusammenschlüsse" Rn. 86.
[1320] Vgl. U.S. Vertical Merger Guidelines vom 30.6.2020, Abschnitt 5; zuvor bereits U.S. Non-Horizontal Merger Guidelines vom 14.6.1984, Abschnitt 4.221; ferner U.S. Department of Justice, Antitrust Division, Competitive Impact Statement in Case United States v. Premdor u.a. vom 3.8.2001, abrufbar unter http://www.usdoj.gov/atr/cases/indx327.htm, zuletzt abgerufen am 17.3.2023; vgl. auch United States v. Eli Lilly & Co., 5 Trade Reg. Rep. (CCH), para 23, 873 (28.7.1995).
[1321] Leitlinien „nichthorizontale Zusammenschlüsse" Rn. 87.
[1322] Leitlinien „nichthorizontale Zusammenschlüsse" Rn. 88.
[1323] Leitlinien „nichthorizontale Zusammenschlüsse" Rn. 89.
[1324] Leitlinien „nichthorizontale Zusammenschlüsse" Rn. 90.
[1325] Vgl. U.S. Vertical Merger Guidelines vom 30.6.2020, Abschnitt 5; zuvor bereits U.S. Non-Horizontal Merger Guidelines vom 14.6.1984, Abschnitt 4.222; ferner Concord Boat Corp. vs. Brunswick Corp, 207 F. 3d 1039 (8th Cir.), cert. denie, 121 S.Ct. 428 (2000); Nocke/White AER 97,4 (2007).
[1326] Kom., M.4942, Rn. 398–401 – Nokia/NAVTEQ; M.4854, Rn. 280 f. – TomTom/Tele Atlas.

Chemikalienhersteller eine **Koordinierung auf dem nachgelagerten Markt** wahrscheinlicher mache. Die Kommission ging davon aus, dass der nunmehr vertikal integrierte Oligopolist aktuelle aber insbesondere auch potenzielle Wettbewerber auf dem nachgelagerten Chemikalienmarkt abschotten könnte, sodass die Marktzutrittsschranken erhöht und die Störung einer hypothetischen Koordinierung durch Außenstehende unwahrscheinlich würde.[1327]

Bei der **Gründung von Gemeinschaftsunternehmen** durch Oligopolisten sind zwei Konstellationen zu unterscheiden: In Vodafone Italia/TIM/INWIT JV brachten zwei vertikal integrierte Oligopolisten ihre Aktivitäten auf dem vorgelagerten Markt in ein Gemeinschaftsunternehmen ein. Die Kommission prüfte u.a., ob der Zusammenschluss auf dem vorgelagerten Markt eine **Koordinierung zwischen dem Gemeinschaftsunternehmen und** einem ebenfalls vertikal integrierten **Wettbewerber** der Muttergesellschaften wahrscheinlicher mache, um andere Wettbewerber auf dem nachgelagerten Markt abzuschotten.[1328] Dagegen sprachen neben fehlender Markttransparenz auch die durch den Zusammenschluss abnehmende Symmetrie der Wettbewerber und die Tatsache, dass bestehende Lieferbeziehungen auf Zusagen im Rahmen anderer fusionskontrollrechtlicher Freigaben beruhten.[1329] Demgegenüber hätte eine Abschottungsstrategie in Telefónica UK/Vodafone UK/Everything Everywhere/JV nicht von dem Gemeinschaftsunternehmen, sondern nur von den Muttergesellschaften durchgesetzt werden können, sodass deren Anreiz zur Abschottung untersucht wurde.[1330] Da aber den einzelnen Muttergesellschaften nur moderate Marktanteile zukamen, untersuchte die Kommission, ob Anreize für ein **gemeinsames Vorgehen der Muttergesellschaften** bestanden.[1331] Dabei prüfte die Kommission jeweils separat, ob „einseitige Anreize" oder „koordinierte Anreize" für eine gemeinsame Abschottungsstrategie bestanden. Unter „einseitigen Anreizen" verstand die Kommission insoweit eine Situation, in der es für jede Muttergesellschaft unabhängig von dem Verhalten der übrigen Muttergesellschaften optimal gewesen wäre, sonstige Wettbewerber abzuschotten, dh insbesondere ohne dass es einer Überwachung und möglicher Disziplinierungsmaßnahmen bedurft hätte.[1332] Die Prüfung **„koordinierter Anreize"** nahm hingegen ausdrücklich Bezug auf die für horizontale Zusammenschlüsse entwickelten Kriterien zur Feststellung koordinierter Wirkungen. (→ Rn. 345 ff.).[1333]

b) Weitere Möglichkeiten der Erleichterung wettbewerbswidriger Verhaltenskoordination durch einen vertikalen Zusammenschluss. Unter dem Aspekt der Erleichterung von Kollusion als Folge eines vertikalen Zusammenschlusses werden im EU-wettbewerbsrechtlichen Schrifttum[1334] auch solche Fälle erörtert, in denen durch die spezielle Struktur des Zusammenschlusses der Erwerber **wettbewerblich sensible Informationen** hat oder **erhält,** die er zum Vorteil des zu integrierenden Unternehmens oder eines bereits von ihm kontrollierten, auf einem anderen Markt tätigen, Unternehmens einsetzen kann. Diese Wirkungen vertikaler Zusammenschlüsse betreffen Koordinierungswirkungen von Gemeinschaftsunternehmen nach Art. 2 Abs. 4 (→ Rn. 523 ff.) iVm Art. 101 AEUV oder allgemein die **Problematik des Gruppeneffektes von Zusammenschlüssen.** Sie sind terminologisch und sachlich von „koordinierten Wirkungen" zu unterscheiden, mit denen ein Verhältnis stillschweigender Kollusion zwischen Wettbewerbern beschrieben wird, das zur Begründung oder Verstärkung einer kollektiven marktbeherrschenden Stellung führen kann (→ Rn. 377 f.).

Dahingehende Bedenken wurden u.a. in Apple/Shazam untersucht. Durch den Erwerb des Musikerkennungsdienstes Shazam erhielt Apple zwar Zugang zu wettbewerblich sensiblen Informationen (über Kunden und Wettbewerber), doch verschaffte dies Apple's Musik-Streaming-Dienst im Ergebnis keinen relevanten Wettbewerbsvorteil.[1335] In Liberty Global/Corelio/W&W/De Vijver Media schlossen sich die größte flämische Vertriebsgesellschaft für TV-Rechte und ein Anbieter von niederländischen Fernsehsendern zusammen. Die Kommission untersuchte insofern, ob das fusionierte Unternehmen die eigenen Fernsehsender bevorzugt und darüber hinaus im Rahmen von Vertriebsverhandlungen mit anderen Fernsehsendern erhaltene wettbewerblich sensible Informationen zum Vorteil der eigenen Fernsehsender nutzen könnte.[1336]

[1327] Kom., M.5406, Rn. 54, 58, 62 – IPIC/Man Ferrostaal.
[1328] Kom., M.9674, Rn. 405 – Vodafone Italia/TIM/INWIT JV.
[1329] Kom., M.9674, Rn. 400–402, 407 f., 410 – Vodafone Italia/TIM/INWIT JV.
[1330] Kom., M.6314, Rn. 391 – Telefónica UK/Vodafone UK/Everything Everywhere/JV.
[1331] Kom., M.6314, Rn. 389 – Telefónica UK/Vodafone UK/Everything Everywhere/JV.
[1332] Kom., M.6314, Rn. 393 – Telefónica UK/Vodafone UK/Everything Everywhere/JV.
[1333] Kom., M.6314, Rn. 394 – Telefónica UK/Vodafone UK/Everything Everywhere/JV.
[1334] Vgl. Levy/Cook, European Merger Control Law, § 13.05; Cook/Kerse, E. C. Merger Control, 4. Aufl., 166; Navarro/Font/Folguera/Briones, Merger Control in the EU, 262.
[1335] Kom., M.8788, Rn. 196–200, 210–259 – Apple/Shazam.
[1336] Kom., M.7194, Rn. 164–562, 565–584 – Liberty Global/Corelio/W&W/De Vijver Media; zuvor bereits ähnlich Kom., M.1327, Rn. 31–43 – NC/Canal +/CDPQ/Bank America.

VI. Schadenstheorien im Kontext konglomerater Zusammenschlüsse

466 Konglomerate Zusammenschlüsse bringen Unternehmen zusammen, die auf unterschiedlichen Märkten tätig sind und zwischen denen weder horizontale noch vertikale Beziehungen bestehen.[1337] Die fusionierenden Unternehmen sind also weder Wettbewerber noch stehen sie in einem direkten Bezugs- oder Lieferverhältnis. Nach Auffassung des EuG sind die Auswirkungen konglomerater Zusammenschlüsse „häufig als neutral oder sogar positiv" einzustufen.[1338] Auch die Kommission erkennt in ihren Leitlinien ausdrücklich an, dass konglomerate Zusammenschlüsse **„in der Mehrzahl der Fälle keine Wettbewerbsprobleme"** aufwerfen[1339] und generell weniger Anlass zu Bedenken geben als horizontale Zusammenschlüsse, da es infolge eines konglomeraten Zusammenschlusses nicht zu einem Verlust direkten Wettbewerbs zwischen den fusionierenden Unternehmen auf demselben relevanten Markt kommt.[1340]

467 Es lassen sich grundsätzlich drei Unterformen konglomerater Zusammenschlüsse unterscheiden, die je nach Fallgestaltung Gemeinsamkeiten mit horizontalen oder vertikalen Zusammenschlüssen haben können: Erstens kann ein konglomerater Zusammenschluss Unternehmen betreffen, die auf sachlich oder räumlich eng verwandten Märkten derselben Marktstufe tätig sind **(sog. Portfolio- oder Markterweiterungsfusionen)**, zB zwischen Lieferanten von Produkten, die sich gegenseitig ergänzen oder die von der gleichen Kundengruppe für dieselbe Endverwendung gekauft werden. In der Praxis gilt das **Interesse der Kommission** hauptsächlich dieser Art konglomerater Zusammenschlüsse.[1341] Zwar haben diese Zusammenschlüsse eher eine horizontale Struktur, doch können reine Marktanteilsbetrachtungen insofern nicht zu sinnvollen Ergebnissen führen, da die fusionierenden Unternehmen auf sachlich bzw. räumlich getrennten Märkten tätig sind.[1342] Zweitens kann ein konglomerater Zusammenschluss Unternehmen betreffen, die auf verwandten Märkten auf unterschiedlichen Marktstufen tätig sind **(sog. Marktverkettungsfusionen)**. Zwar haben diese Zusammenschlüsse eher eine vertikale Struktur, doch fehlt es insofern anders als bei einem vertikalen Zusammenschluss an einem aktuellen oder potenziellen Bezugs- bzw. Lieferverhältnis zwischen den fusionierenden Unternehmen. Drittens kann ein konglomerater Zusammenschluss Unternehmen betreffen, deren zusammenkommende Aktivitäten weder horizontale noch vertikale Bezüge aufweisen **(sog. reine Konglomeratfusionen)**. Den beiden letzten Gruppen ist gemein, dass wettbewerbsschädliche Wirkungen – wenn überhaupt – bei ihnen nicht sofort, sondern erst durch das Hinzutreten eines bestimmten Verhaltens des fusionierten Unternehmens auftreten, zB durch Kopplung oder Bindung (→ Rn. 471 f.).[1343]

468 Auch konglomerate Zusammenschlüsse sind darauf zu untersuchen, ob durch sie wirksamer Wettbewerb im Binnenmarkt oder in einem wesentlichen Teil desselben erheblich behindert würde. In der Praxis richtet sich dies nach der Prüfung von speziellen **Schadenstheorien** (→ Rn. 109 ff.) für diese Art von Zusammenschlüssen durch die Kommission. Bei Inkrafttreten der ursprünglichen FKVO galt das Interesse der Kommission im Rahmen konglomerater Zusammenschlüsse, neben Kopplungsgeschäften, vor allem der **Verstärkung der Finanzkraft** des fusionierten Unternehmens (→ Rn. 491).[1344] Daneben spielten **Portfoliowirkungen** immer wieder eine bedeutende Rolle in der (frühen) Beschlusspraxis (→ Rn. 492 ff.).[1345] Beides wurde in den Leitlinien für nicht horizontale Zusammenschlüsse nicht ausdrücklich aufgegriffen. Diese unterscheiden vielmehr zwischen **nicht koordinierten Wirkungen durch Abschottung** von Marktteilnehmern[1346] (→ Rn. 470 ff.) und **koordinierten Wirkungen** (→ Rn. 498 ff.).[1347]

469 Den Ausgangspunkt der wettbewerblichen Beurteilung bildet auch bei konglomeraten Zusammenschlüssen regelmäßig die **Marktstruktur** (→ Rn. 84 ff.; zu den Vermutungen

---

[1337] Leitlinien „nichthorizontale Zusammenschlüsse" Rn. 5.
[1338] EuG, T-5/02, ECLI:EU:T:2002:264, Rn. 155 – Tetra Laval/Kommission.
[1339] Leitlinien „nichthorizontale Zusammenschlüsse" Rn. 92.
[1340] Leitlinien „nichthorizontale Zusammenschlüsse" Rn. 11 f.
[1341] Leitlinien „nichthorizontale Zusammenschlüsse" Rn. 91.
[1342] Levy/Cook, European Merger Control Law, § 12.02; Church, The Impact of Vertical and Conglomerate Mergers on Competition, Report for DG Competition, 2004, abrufbar unter https://appliedantitrust.com/12_nonhorizontal_mergers/7_europe/church_impact_vertical9_2004.pdf, zuletzt abgerufen am 17.3.2023.
[1343] Leitlinien „nichthorizontale Zusammenschlüsse" Rn. 96 f.; EuG, T-210/01, ECLI:EU:T:2005:456 – General Electric/Kommission; Kom., M.2416 – Tetra Laval/Sidel; M.2220 – General Electric/Honeywell.
[1344] Vgl. Kom. Wettbewerbsbericht 21 (1991) 416; Wettbewerbsbericht 19 (1989) 234, Rn. 257; Burnley W. Comp. 28,1 (2005) 43.
[1345] Vgl. auch Burnley W. Comp. 28,1 (2005) 43.
[1346] Leitlinien „nichthorizontale Zusammenschlüsse" Rn. 93 ff.
[1347] Leitlinien „nichthorizontale Zusammenschlüsse" Rn. 119 ff.

→ Rn. 106 ff.). So geht die Kommission grundsätzlich davon aus, dass ein konglomerater Zusammenschluss keine Wettbewerbsbedenken auf Märkten hervorruft, auf denen der Marktanteil des fusionierten Unternehmens unterhalb von 30 % und der HHI-Wert unterhalb von 2.000 liegt (safe harbour).[1348] Gleiches gilt, wenn bei einem HHI-Wert unterhalb von 2.000 der Marktanteil des fusionierten Unternehmens auf einem Markt zwar knapp über 30 % liegt, der Marktanteil auf dem anderen, verwandten Markt aber deutlich geringer ausfällt.[1349] Bei derart schwach konzentrierten Märkten ist es unwahrscheinlich, dass ein Unternehmen mit einem Marktanteil in dieser Größenordnung in der Lage sein könnte, den Markt abzuschotten. Zwar handelt es sich bei den Schwellenwerten nicht um eine Vermutung im Rechtssinne, doch untersucht die Kommission konglomerate Zusammenschlüsse unterhalb dieser Schwellenwerte in der Praxis eingehend nur bei Vorliegen besonderer Umstände (→ Rn. 108).[1350]

1. Nicht koordinierte Wirkungen. a) Abschottung. Die Hauptbedenken bei konglomeraten Zusammenschlüssen sieht die Kommission im Bereich der Abschottung, die dadurch entstehen kann, dass das fusionierte Unternehmen aufgrund einer starken Stellung in einem Markt in die Lage versetzt wird, **durch Kopplung, Bindung oder sonstige ausschließende Praktiken** eine **Hebelwirkung** (leverage) in einem anderen, eng verwandten Markt auszuüben und so seine Marktmacht in diesen zu übertragen (zu den ökonomischen Hintergründen → Kapitel 1 Rn. 576, → Kapitel 1 Rn. 641 ff.).[1351] Allerdings ist zu berücksichtigen, dass sich Kopplungs- oder Bindungspraktiken vielfach nicht negativ auf den Wettbewerb auswirken. Kunden können profitieren, indem ihnen bessere Produkte oder Angebote in kostengünstiger Weise unterbreitet werden.[1352] Nachteilige Wirkungen ergeben sich allerdings dann, wenn Kopplungs- oder Bindungspraktiken dazu führen, dass **Wettbewerbsfähigkeit und Wettbewerbsanreiz bestehender oder potenzieller Wettbewerber geschwächt** werden und in der Folge der Wettbewerbsdruck auf das fusionierte Unternehmen abnimmt und ihm Preiserhöhungen ermöglicht werden.[1353]

Das Problem von Kopplungs- oder Bindungspraktiken stellt sich in der Regel bei Zusammenschlüssen, in denen Unternehmen ihre **komplementären Geschäftsbereiche** kombinieren.[1354] Zudem hat das EuG schon früh anerkannt, dass Kopplungs- oder Bindungspraktiken daneben auch auf Produkte angewendet werden können, die nicht komplementär aber **technisch substituierbar** sind. Eine Hebelwirkung sei dann möglich, wenn der Kunde der Ansicht ist, dass sich beide Produkte der fusionierenden Unternehmen für den gleichen Verwendungszweck eignen.[1355]

Derartige Zusammenschlüsse bergen die Gefahr, dass das fusionierte Unternehmen durch Paketangebote für Produkte und Dienstleistungen Wettbewerber vom Markt abschottet. Solche Paketangebote können unterschiedliche Formen haben: Bei der gemischten oder kommerziellen Kopplung (mixed bundling oder commercial bundling) werden einander ergänzende Produkte gemeinsam zu einem Preis verkauft, der durch Nachlässe auf das gesamte Sortiment niedriger ist als die Summe der Einzelpreise.[1356] Bei der reinen Kopplung (pure bundling oder forced bundling) verkauft das Unternehmen die Komponenten nur in dieser Form in einem festgelegten Verhältnis zueinander und nicht einzeln.[1357] Durch beide Formen der Kopplungsgeschäfte können zusammengeschlossene Unternehmen ihre Marktmacht erhöhen. Daneben kann eine **Bindung** (tying) dergestalt hergestellt werden, dass ein Produkt (das „bindende Produkt") nur unter der Bedingung geliefert wird, dass auch ein zweites Produkt (das „gebundene Produkt") beim gleichen Anbieter bezogen wird. Eine solche Bindung kann auf vertraglichem Wege erfolgen (contractual tying) oder auf technischem Wege, wenn das bindende Produkt nur zusammen mit

---

[1348] Leitlinien „nichthorizontale Zusammenschlüsse" Rn. 25.
[1349] Leitlinien „nichthorizontale Zusammenschlüsse" Rn. 25 Fn. 19.
[1350] Leitlinien „nichthorizontale Zusammenschlüsse" Rn. 26 f.
[1351] Leitlinien „nichthorizontale Zusammenschlüsse" Rn. 91, 93.
[1352] Leitlinien „nichthorizontale Zusammenschlüsse" Rn. 93; vgl. auch Kom., M.7978, Rn. 626 f. – Vodafone/Liberty Global/Dutch JV.
[1353] Leitlinien „nichthorizontale Zusammenschlüsse" Rn. 93, 111 f.; Kom., M.7637, Rn. 380 – Liberty Global/BASE Belgium.
[1354] Noch immer richtungsweisend etwa Kom., M.2220 – General Electric/Honeywell.
[1355] EuG, T-5/02, ECLI:EU:T:2002:264, Rn. 196 – Tetra Laval/Kommission; ferner Kom., M.2416, Rn. 45, 359 – Tetra Laval/Sidel.
[1356] Vgl. Kom., M.8306, Rn. 513 ff. – Qualcomm/NXP Semiconductors; M.3304, Rn. 33–42 – GE/Amersham.
[1357] Vgl. Church, The Impact of Vertical and Conglomerate Mergers on Competition, Report for DG Competition, Ch. 4.3, abrufbar unter https://appliedantitrust.com/12_nonhorizontal_mergers/7_europe/church_impact_vertical9_2004.pdf, zuletzt abgerufen am 17.3.2023; Leitlinien „nichthorizontale Zusammenschlüsse" Rn. 96.

473 Auch andere ausschließende Praktiken sind denkbar. Dies gilt vor allem für den Technologiesektor. Das Zusammenschlussverfahren Intel/McAfee[1360] betraf die Übernahme von McAfee, einem Anbieter von IT-Sicherheitslösungen (Software), durch Intel, einen Hersteller u.a. von Prozessoren (den zentralen Recheneinheiten von Computern), Computerchips und Chipsets (Hardware). Zudem entwickelt Intel Plattformen für digitale Computertechnik, die verschiedene Arten von Hard- und Software miteinander verbinden. Die Kommission untersuchte, ob sich Wettbewerbsbeschränkungen daraus ergeben konnten, dass die **Interoperabilität** der Produkte des zusammengeschlossenen Unternehmens mit den Produkten von Wettbewerbern **eingeschränkt** würde.[1361] In Microsoft/LinkedIn untersuchte die Kommission, ob die starke Marktstellung von Microsoft auf dem Markt für Betriebssysteme nach Zusammenschluss die Stellung von LinkedIn auf dem Markt für Karrierenetzwerkdienste verstärken könnte durch **Vorinstallation** von LinkedIn auf Windows-PCs sowie die **Einbindung** in Microsoft Office.[1362] In Apple/Shazam und Microsoft/Skype untersuchte die Kommission die Auswirkungen einer Vorinstallation von Shazam auf Apple-Geräten bzw. von Skype auf Windows-PCs.[1363] Auch außerhalb des Technologiesektors können andere ausschließende Praktiken in Betracht kommen. So betraf das Zusammenschlussverfahren Posten AB/Post Danmark[1364] die jeweils etablierten Postdienstleister in Schweden und Dänemark. Posten AB bot über eine Tochterfirma Postvorbereitungsdienste (Druck und Kuvertierung) an, Post Danmark AS bot hauptsächlich Postzustelldienste für Briefe und Pakete in Dänemark an. Die Kommission ging insofern Befürchtungen nach, dass Post Danmark AS konkurrierende Anbieter von Postvorbereitungsdiensten diskriminieren könnte, zB durch **spezielle Anforderungen hinsichtlich des Formats** der Sendungen.

474 Ferner können **verschiedene Abschottungsstrategien** auch **miteinander verbunden** werden. So untersuchte die Kommission in Intel/McAfee, ob wettbewerbsschädliche Wirkungen daraus resultieren konnten oder dadurch verstärkt würden, dass die allein wenig erfolgversprechende gemischte Kopplung von Prozessoren und Sicherheitssoftware in Kombination mit anderen – wettbewerbsschädlichen – Abschottungsstrategien deren schädliche Wirkung noch verstärken würde.[1365] Ebenso nahm die Kommission in dem Verfahren Qualcomm/NXP Semiconductors eine wettbewerbsschädliche Wirkung durch eine für sich genommen – wettbewerblich – unproblematische gemischte Kopplung in Verbindung mit dem Anheben von Lizenzgebühren an.[1366]

475 Um festzustellen, ob ein konglomerater Zusammenschluss eine wettbewerbsschädliche Abschottung zur Folge haben kann, untersucht die Kommission erstens, ob dem fusionierten Unternehmen die **Fähigkeit zur Abschottung** zukommt (→ Rn. 476 ff.), zweitens, ob ein **Anreiz zur Abschottung** besteht (→ Rn. 481 ff.), und drittens, ob eine Abschottung zu schädlichen **Auswirkungen auf den Wettbewerb**, insbesondere auf die Preise und die Auswahl, führen würde. (→ Rn. 485 ff.) Da sich diese Kriterien gegenseitig bedingen, werden sie **in der Praxis häufig gemeinsam untersucht**.[1367]

476 **aa) Fähigkeit zur Abschottung.** Die Kommission benennt in ihren Leitlinien für nichthorizontale Zusammenschlüsse eine Reihe von **Kriterien**, anhand derer zu untersuchen ist, ob dem fusionierten Unternehmen die Fähigkeit zur Abschottung zukommt.

477 Zunächst müssen es die **besonderen Merkmale** der fraglichen, auf getrennten Märkten angebotenen **Produkte** überhaupt **zulassen**, diese durch Kopplungs- oder Bindungspraktiken miteinander **zu verknüpfen**. Beispielsweise geht die Kommission davon aus, dass eine reine Kopplung (pure bundling; die deutsche Sprachfassung der Leitlinien spricht insofern missverständlich davon, dass „reine[s] Binden") nicht möglich ist, wenn die fraglichen Produkte nicht von den gleichen Kunden

---

[1358] Leitlinien „nichthorizontale Zusammenschlüsse" Rn. 97; vgl. auch Kom., M.3304, Rn. 44–60 – GE/Amersham.
[1359] Vgl. etwa Kom., M.9064 – Telia/Bonnier Broadcasting; M.8394 – Essilor/Luxottica; M.8306 – Qualcomm/NXP Semiconductors; M.8314 – Braodcom/Brocade; M.8084 – Bayer/Monsanto.
[1360] Kom., M.5984 – Intel/McAfee.
[1361] Vgl. auch Kom., M.8314, Rn. 167 ff. – Broadcom/Brocade; M.8306, Rn. 776 ff. – Qualcomm/NXP Semiconductors.
[1362] Kom., M.8124, Rn. 302 – Microsoft/LinkedIn.
[1363] Kom., M.8788, Rn. 347 – Apple/Shazam; M.6281, Rn. 171 f. – Microsoft/Skype.
[1364] Kom., M.5152 – Posten AB/Post Danmark.
[1365] Kom., M.5984, Rn. 292–296 – Intel/McAfee.
[1366] Kom., M.8306, Rn. 668 ff. – Qualcomm/NXP Semiconductors.
[1367] Leitlinien „nichthorizontale Zusammenschlüsse" Rn. 94.

oder nicht gleichzeitig bezogen werden. Auch technisches Binden (technical tying) ist nicht in allen Wirtschaftszweigen eine „realistische Option".[1368]

478 Das fusionierte Unternehmen ist außerdem nur dann in der Lage, Wettbewerber abzuschotten, wenn ihm in einem der betroffenen Märkte ein **deutliches Maß an Marktmacht** zukommt, etwa, weil eines der verknüpften Produkte von Kunden als besonders wichtig angesehen wird und nur wenige Alternativen bestehen.[1369] In Essilor/Luxottica untersuchte die Kommission, ob das fusionierte Unternehmen seine starke Stellung auf dem Markt für Sonnenbrillen durch abschottende Praktiken auf den Markt für Brillengläser übertragen könnte. Ungeachtet der hohen Marktanteile für Sonnenbrillen und einer besonders starken Marke zeigte die Marktuntersuchung, dass die Produkte der fusionierenden Unternehmen keine „must have" Produkte für Abnehmer waren und das fusionierte Unternehmen letztlich kein ausreichendes Maß an Marktmacht für eine Abschottung hätte.[1370] Gleiches galt für den Markt für Brillengestelle.[1371] In Dentsply/Sirona nahm die Kommission an, dass Sirona als führender Hersteller von am Behandlungsplatz eingesetzten CAD/CAM-Systemen einerseits seine bestehenden Verträge mit Wettbewerbern von Dentsply, einem Konkurrenten von Implantaten, zum Zwecke einer Abschottung kündigen sowie andererseits den Wettbewerbern Informationen über technische Entwicklungen vorenthalten könnte.[1372] Weitere mögliche Faktoren zur Bestimmung, ob Marktmacht besteht, sind Marktanteile (→ Rn. 84 ff.) und Marktzutrittsschranken.[1373] Bedenken bestehen überdies nur dann, wenn für die verschiedenen Produkte ein **gemeinsamer Kundenstamm** vorhanden ist – eine Wettbewerbsbeeinträchtigung ist umso wahrscheinlicher, je mehr Kunden beide Produkte erwerben.[1374] Einschränkend können bspw. getrennte Beschaffungsverfahren wirken.[1375]

479 Die Kommission weist in ihren Leitlinien zudem darauf hin, dass Abschottungswirkungen ausgeprägter sind, wenn **Skalenvorteile** oder **Netzwerkexternalitäten** bestehen, dh Vorteile, die daraus entstehen, dass eine Vielzahl von Kunden das gleiche Produkt oder die gleiche Technologie nutzen. In derartigen Fällen können zB Kopplungspraktiken dazu führen, dass potenzielle Wettbewerber in nur einem der betroffenen Produktmärkte vom Markteintritt abgehalten werden.[1376] Auch die **Dauerhaftigkeit der Verknüpfung** der Produkte ist in die Bewertung mit einzubeziehen.[1377]

480 Die Kommission untersucht ferner, ob den Wettbewerbern des fusionierten Unternehmens **wirksame Gegenstrategien** zur Verfügung stehen. So können zB Wettbewerber ihrerseits mit Kopplungs- oder Bindungsstrategien reagieren,[1378] Einproduktunternehmen ihre Produkte zusammenlegen, um ein gleichfalls attraktives Angebot zu ermöglichen,[1379] auch können Käufer die erworbenen Produkte unter Umständen getrennt weiterverkaufen.[1380]

481 **bb) Anreiz zur Abschottung.** Bei der Beurteilung, ob infolge eines konglomeraten Zusammenschlusses ein Anreiz zur Abschottung besteht, untersucht die Kommission, ob eine solche **Strategie profitabel** wäre. Das fusionierte Unternehmen muss eine Abwägung treffen zwischen den Kosten, die aus der Kopplung oder Bindung entstehen, und den Gewinnen, die sich aus einer Erweiterung des Marktanteils oder der Möglichkeit zu Preiserhöhungen ergeben.[1381] Ob ein Anreiz zur Abschottung besteht, kann dabei für einzelne denkbare Abschottungsstrategien durchaus unter-

---

[1368] Leitlinien „nichthorizontale Zusammenschlüsse" Rn. 98.
[1369] Leitlinien „nichthorizontale Zusammenschlüsse" Rn. 99, Kom., M.8124 – Microsoft/LinkedIn; M.7822, Rn. 63 ff. – Dentsply/Sirona; M.7637, Rn. 376 – Liberty Global/BASE Belgium; M.5904, Rn. 63–68 – SAP/Sybase; M.5114, Rn. 114 – Pernod Ricard/V & S.
[1370] Kom., 8394, Rn. 419–433 – Essilor/Luxottica; vgl. zu den Hintergründen auch Kuhn ZWeR 2020, 153 (177).
[1371] Kom., 8394, Rn. 435–447 – Essilor/Luxottica.
[1372] Kom., M.7822, Rn. 83 ff. – Dentsply/Sirona.
[1373] Kom., M.5152, Rn. 135–143 – Posten AB/Post Danmark.
[1374] Leitlinien „nichthorizontale Zusammenschlüsse" Rn. 100; abgelehnt zB in Kom., M.5152, Rn. 169 – Posten AB/Post Danmark; M.5547, Rn. 112 – Koninklijke Philips Electronics/Saeco International Group; bejaht in Kom., M.8306, Rn. 544 ff., 645 – Qualcomm/NXP Semiconductors.
[1375] Kom., M.8060, Rn. 141 – Abbot Laboratories/St Jude Medical.
[1376] Leitlinien „nichthorizontale Zusammenschlüsse" Rn. 101.
[1377] Leitlinien „nichthorizontale Zusammenschlüsse" Rn. 102.
[1378] Vgl. etwa Kom., M.7637, Rn. 393 – Liberty Global/BASE Belgium.
[1379] Vgl. etwa Kom., M.9779, Rn. 1179 – Alstom/Bombardier; M.9559, Rn. 198 – Telefónica/Prosegur/Prosegur Alarmas España; M.8394, Rn. 434, 448 – Essilor/Luxottica; M.5152, Rn. 150 – Posten AB/Post Danmark.
[1380] Leitlinien „nichthorizontale Zusammenschlüsse" Rn. 103.
[1381] Leitlinien „nichthorizontale Zusammenschlüsse" Rn. 105; Profitabilität abgelehnt in Kom., M.5547, Rn. 115 – Koninklijke Philips Electronics/Saeco International Group; M.5114, Rn. 115 – Pernod Ricard/V & S; bejaht in Kom., M.5984, Rn. 159 f., 206 – Intel/McAfee.

schiedlich zu beurteilen sein[1382] (zu den Darlegungs- und Beweisanforderungen an die Kommission → Rn. 510 ff.).

482 Verluste aus Kopplungs- oder Bindungspraktiken entstehen vor allem dann, wenn hierdurch **Kunden abwandern,** die nur daran interessiert sind, eines der Produkte zu erwerben.[1383] Hier spielt der **relative Wert der Erzeugnisse** eine Rolle: Es ist unwahrscheinlich, dass das fusionierte Unternehmen Einbußen auf einem hoch profitablen Markt hinnehmen würde, um Marktanteile auf einem weniger profitablen Markt zu gewinnen.[1384] Ungeachtet dessen untersuchte die Kommission in Essilor/Luxottica detailliert die Fähigkeit und den Anreiz des fusionierten Unternehmens, seine starke Marktposition in Märkten mit hohen Margen (Sonnenbrillen und Brillengestelle) durch Kopplung oder Bündelung in einen Markt mit deutlich niedrigeren Margen (Brillengläser) zu übertragen.[1385] Im Hinblick auf die Kundenseite, stellte die Kommission in dem Verfahren Qualcomm/NXP Semiconductors klar, dass es sich hierbei um die direkten Kunden handelt und nicht um die Endkunden.[1386] Eine gewisse Besonderheit besteht hier im Bereich der Internetökonomie in Situationen, in denen bei einem von vielen Kunden als sehr wichtig eingestuften Produkt eine **Anwendung vorinstalliert** wird. Es ist hierbei unwahrscheinlich, dass die Nutzer von dem erfolgreichen Produkt Abstand nehmen würden, selbst wenn sie die Vorinstallation verärgern würde, dh dass die möglichen Einbußen nicht sehr hoch sind.[1387] **Weitere berücksichtigungsfähige Faktoren** sind zB die Eigentümerstruktur des neuen Unternehmens, zuvor am Markt verfolgte Strategien oder der Inhalt interner strategischer Dokumente.[1388]

483 Auch bei der Bewertung konglomerater Fusionen muss die Kommission berücksichtigen und in eine umfassende Abwägung einstellen, ob es **Faktoren** gibt, die dem **Anreiz** zur Abschottung **entgegenstehen,**[1389] einschließlich der Möglichkeit, dass das Verhalten unrechtmäßig wäre.[1390]

484 Im Übrigen gelten die Ausführungen zum Anreiz zur Abschottung bei vertikalen Zusammenschlüssen entsprechend (→ Rn. 408 ff., → Rn. 443 ff.).

485 **cc) Gesamtauswirkungen auf den Wettbewerb.** Schließlich untersucht die Kommission, ob eine Abschottungsstrategie **spürbare schädigende Auswirkungen auf den Wettbewerb** hätte.[1391] In die Prüfung einbezogen werden dabei jedoch nur die durch den Zusammenschluss ausgelösten Effekte.[1392] Letztlich stellt die Kommission auch in dieser Konstellation darauf ab, ob der Zusammenschluss schädigende Auswirkungen für die Verbraucher haben würde.[1393] Schädliche Wirkungen ergeben sich etwa dann, wenn Abschottungspraktiken dazu führen, dass Wettbewerbsfähigkeit und Wettbewerbsanreiz bestehender oder potenzieller Wettbewerber geschwächt werden und in der Folge der Wettbewerbsdruck auf das fusionierte Unternehmen abnimmt und ihm **Preiserhöhungen** ermöglicht werden.[1394] Schädliche Wirkungen können aber nicht nur in Form erhöhter Preise eintreten, sondern auch in Form **verringerter Innovationen** und **verringerter Auswahl.**[1395] In Microsoft/LinkedIn sah die Kommission zudem eine schädliche Wirkung für den **Schutz privater Daten** der Verbraucher.[1396]

486 Insofern begründet nicht jeder erwartete **Absatzrückgang bei Wettbewerbern** wettbewerbliche Bedenken. So hält die Kommission es etwa für an sich unproblematisch, wenn Bindungs- oder Kopplungspraktiken zu einem Absatzrückgang bei Wettbewerbern führen, die nur eines der Produkte

---

[1382] Vgl. etwa Kom., M.8394, Rn. 454–471 – Essilor/Luxottica.
[1383] Leitlinien „nichthorizontale Zusammenschlüsse" Rn. 106; vgl. auch Kom., M.8394, Rn. 470, 484 – Essilor/Luxottica; M.3304, Rn. 59 – GE/Amersham.
[1384] Leitlinien „nichthorizontale Zusammenschlüsse" Rn. 107; vgl. auch Kom., M.8394, Rn. 460 – Essilor/Luxottica; M.7297, Rn. 117 – Dolby/Doremi/Highlands.
[1385] Kom., M.8394, Rn. 407–660 – Essilor/Luxottica.
[1386] Vgl. Kom., M.8306, Rn. 590 – Qualcomm/NXP Semiconductors.
[1387] Vgl. Kom., M.8124, Rn. 334 f. – Microsoft/LinkedIn.
[1388] Leitlinien „nichthorizontale Zusammenschlüsse" Rn. 109; vgl. auch Kom., M.8674, Rn. 1128–1130 – BASF/Solvay; M.8394, Rn. 456–458, 466 – Essilor/Luxottica.
[1389] EuG, T-5/02, ECLI:EU:T:2002:264 – Tetra Laval/Kommission; bestätigt durch EuGH, C-12/03 P, ECLI:EU:C:2005:87 – Kommission/Tetra Laval; Leitlinien „nichthorizontale Zusammenschlüsse" Rn. 110; Kom., M.5547, Rn. 152 – Koninklijke Philips Electronics/Saeco International Group.
[1390] Leitlinien „nichthorizontale Zusammenschlüsse" Rn. 110; EuG, T-5/02, ECLI:EU:T:2002:264, Rn. 218, 224, 251, 254, 283, 306 – Tetra Laval/Kommission; Kom., M.5984, Rn. 262 f. – Intel/McAfee; M.5152, Rn. 155 f. – Posten AB/Post Danmark.
[1391] Leitlinien „nichthorizontale Zusammenschlüsse" Rn. 94.
[1392] Kom., M.8087, Rn. 216 – Smiths Group/Morpho Detection.
[1393] Leitlinien „nichthorizontale Zusammenschlüsse" Rn. 94.
[1394] Leitlinien „nichthorizontale Zusammenschlüsse" Rn. 93, 111 f.
[1395] Kom., M.5984, Rn. 172 – Intel/McAfee.
[1396] Kom., M.8124, Rn. 350 – Microsoft/LinkedIn.

VI. Schadenstheorien im Kontext konglomerater Zusammenschlüsse

anbieten.[1397] Hierin wird zT eine Distanzierung der Kommission von ihrer früheren Beschlusspraxis, zB in General Electric/Honeywell,[1398] gesehen.[1399] Möglicherweise problematisch sind Bindungs-, Kopplungs- und andere ausschließende Praktiken dann, wenn der in ihrer Folge zu erwartende Absatzrückgang der Wettbewerber einen Umfang erreicht, in dem er, zB aufgrund verringerter Skaleneffekte,[1400] zu einer **Verringerung des Wettbewerbsanreizes für die Wettbewerber** des fusionierten Unternehmens führt. Dies kann die Marktmacht des fusionierten Unternehmens in dem Markt, in dem bereits Marktmacht besteht, sichern[1401] und im Markt der gekoppelten oder gebundenen Ware zur Entstehung von Marktmacht führen.[1402] Auch können Abschottungspraktiken potenziellen Wettbewerb entwerten, in dem Marktzutrittsschranken erhöht werden, etwa, weil ein Markteintritt in beide von der Kopplung oder Bindung betroffenen Produktmärkte gleichzeitig nötig wäre.[1403] Allerdings sollen wettbewerbswidrige Wirkungen nur dann zu befürchten sein, wenn ein **ausreichend großer Teil des Ausstoßes auf dem Markt** von der Kopplung oder Bindung **betroffen** ist.[1404]

Auch bei der Bewertung der Gesamtauswirkungen konglomerater Zusammenschlüsse untersucht die Kommission welche **Ausgleichsfaktoren**, wie etwa Nachfragemacht und Wahrscheinlichkeit des Marktzutritts, möglichen wettbewerbswidrigen Wirkungen entgegenstehen.[1405] Beispielsweise könnten sich Wettbewerber des fusionierten Unternehmens dazu veranlasst sehen, ihren Marktanteil durch aggressives Preisgebaren aufrechtzuerhalten und Abschottungswirkungen auf diese Weise abmildern.[1406] Allgemein wird insoweit auf die Ausführungen zu vertikalen Zusammenschlüssen verwiesen (→ Rn. 423 ff., → Rn. 449 ff.). Ergänzend bieten konglomerate Zusammenschlüsse Raum für **Effizienzgewinne** auch insoweit, als dass das fusionierte Unternehmen anders als unabhängige Hersteller sich ergänzender Produkte berücksichtigen kann, inwieweit sich der Rückgang des Preises für ein Produkt positiv auf den Absatz des anderen Produkts auswirkt. Das fusionierte Unternehmen kann möglicherweise von diesen Auswirkungen profitieren und einen Anreiz zur Senkung der Gewinnspanne in einem Markt haben, wenn dies insgesamt wiederum zu höheren Gewinnen führt. (sog. **Cournot-Effekt**, zu den ökonomischen Hintergründen → Kapitel 1 Rn. 576).[1407] Weitere mögliche Effizienzgewinne können zB aus **Kosteneinsparungen** bei gemeinsamer Warenlieferung oder, auf Kundenseite, aus Wertsteigerung durch **verbesserte Kompatibilität** und Qualität ergeben. Die Kommission betont, dass derartige Vorteile notwendige, aber nicht hinreichende Bedingung sind, um Kopplungs- oder Bindungsstrategien mit Effizienzgewinnen zu rechtfertigen, insbesondere da **Verbundvorteile oft auch ohne derartige Praktiken erreicht** werden können.[1408]

Das Vorliegen und die Auswirkungen der ausschließenden Praktiken und die Verdrängung der Wettbewerber des fusionierten Unternehmens sind von der Kommission hinreichend darzulegen und zu beweisen. In den richtungsweisenden Urteilen Tetra Laval und General Electric kritisierten die Unionsgerichte die Begründung der Kommission jeweils als nicht ausreichend präzise, um die gezogenen Schlüsse zu stützen. Es genügt nicht, dass die Kommission eine Hebelwirkung lediglich für möglich hält,[1409] bzw. eine Reihe logischer, aber hypothetischer Entwicklungen beschreibt.[1410] Es bedarf einer **genauen, durch eindeutige Beweise untermauerten Prüfung** der Umstände,

---

[1397] Leitlinien „nichthorizontale Zusammenschlüsse" Rn. 111; vgl. auch Kom., M.8306, Rn. 642 – Qualcomm/NXP Semiconductors.
[1398] Kom., M.2220 – General Electric/Honeywell.
[1399] LMRKM/Riesenkampff/Steinbarth Rn. 134.
[1400] Vgl. Kom., M.8394, Rn. 476, 478, 485–490 – Essilor/Luxottica (dort aber iE abgelehnt).
[1401] Kom., M.5984, Rn. 221, 255 – Intel/McAfee.
[1402] Leitlinien „nichthorizontale Zusammenschlüsse" Rn. 111.
[1403] Leitlinien „nichthorizontale Zusammenschlüsse" Rn. 112.
[1404] Leitlinien „nichthorizontale Zusammenschlüsse" Rn. 113.
[1405] Leitlinien „nichthorizontale Zusammenschlüsse" Rn. 114; Nachfragemacht der Marktgegenseite bejaht in Kom., M.5114, Rn. 115 – Pernod Ricard/V&S; abgelehnt in Kom., M.5984, Rn. 160 – Intel/McAfee (bezogen auf technische Bindung); (uneindeutig hinsichtlich gemischter Kopplung; ebd., Rn. 257); vgl. Kom., M.8306, Rn. 651 ff. – Qualcomm/NXP Semiconductors.
[1406] Leitlinien „nichthorizontale Zusammenschlüsse" Rn. 103; vgl. Kom., M.3340, Rn. 35 – General Electric/Amersham.
[1407] Leitlinien „nichthorizontale Zusammenschlüsse" Rn. 117.
[1408] Leitlinien „nichthorizontale Zusammenschlüsse" Rn. 118 vgl. auch Kom., M.3732, Rn. 131 – Procter & Gamble/Gillette.
[1409] Vgl. EuG, T-5/02, ECLI:EU:T:2002:264, Rn. 148 – Tetra Laval/Kommission; bestätigt durch EuGH, C-12/03 P, ECLI:EU:C:2005:87, Rn. 17 – Kommission/Tetra Laval.
[1410] Vgl. EuG, T-210/01, ECLI:EU:T:2005:456, Rn. 399, 420, 449 – General Electric/Kommission; dazu Montag FS Bechtold, 2006, 327 (332 ff.); von Bonin WuW 2006, 466.

aus denen sich schädliche Auswirkungen auf den Wettbewerb ergeben sollen.[1411] Erforderlich sind konkrete Beweise und wohl regelmäßig auch wirtschaftliche Analysen, dass nach dem Zusammenschluss Anreize für das unterstellte Verhalten vorhanden sein könnten (ausf. zu den Beweisanforderungen → Rn. 510 ff.).[1412]

489 Eine **Darstellung der Beweisanforderungen** an die Kommission findet sich in den Leitlinien für nichthorizontale Zusammenschlüsse allerdings nicht. Es wurde die Frage aufgeworfen, ob dies Unternehmen aufgrund eines falschen Eindrucks über „Eingriffswillen und Eingriffsmöglichkeit der Kommission […] von wettbewerblich unbedenklichen oder sogar vorteilhaften Zusammenschlüssen abschrecken" könne.[1413] Letztlich scheint dies aber aufgrund der anwaltlichen Betreuung und der damit einhergehenden Beratung von Zusammenschlussverfahren vor der Kommission doch eher unwahrscheinlich. Zudem dürfen sich die Beweisanforderungen bei den Schadenstheorien bzgl. konglomerater Zusammenschlüsse nicht materiell von denjenigen bei anderen Zusammenschlussformen unterscheiden, da in beiden Fällen das Vorliegen des gleichen Tatbestands in Art. 2 Abs. 3 nachgewiesen werden muss.

490 **Zusammenfassend** verdeutlicht die Beschlusspraxis der Kommission, dass diese die Möglichkeiten für Kopplungsgeschäfte zusammengeschlossener Unternehmen (insbesondere) dann als negativ bewertet, wenn die fusionierenden Unternehmen vor der Transaktion über sehr hohe Marktanteile in einem der betroffenen Märkte verfügen; keine weiteren Wettbewerber mit hohen Marktanteilen vorhanden sind; die kleineren Wettbewerber nicht in der Lage sind, die gesamte Produktpalette des zusammengeschlossenen Unternehmens anzubieten und diese somit durch mögliche Kopplungsgeschäfte der zusammengeschlossenen Unternehmen vom Markt verdrängt werden würden.

491 **b) Verstärkung der Finanzkraft.** Nur in wenigen, älteren Fällen hat die Kommission die finanziellen Ressourcen eines Zusammenschlussbeteiligten als eigenständige Ursache für die Begründung oder Verstärkung einer marktbeherrschenden Stellung angesehen (zu den ökonomischen Hintergründen → Kapitel 1 Rn. 581).[1414] In der Regel diente das Argument der Verstärkung der Finanzkraft jedoch nur zur Unterstützung von bereits festgestellter horizontaler oder vertikaler Marktmacht.[1415] In den Leitlinien für nichthorizontale Zusammenschlüsse geht die Kommission nicht auf die Verstärkung der Finanzmacht des fusionierten Unternehmens als mögliche wettbewerbswidrige Auswirkung eines Zusammenschlusses ein. Dies hat Zustimmung im Schrifttum gefunden,[1416] zumal die Verstärkung der Finanzkraft alleine keine marktverschließende Praxis darstellt oder zur Folge hat.[1417]

492 **c) Portfoliowirkungen.** Vor allem in **älteren Beschlüssen** ging die Kommission verschiedentlich auf sog. Portfoliowirkungen eines konglomeraten Zusammenschlusses ein (zu den ökonomischen Hintergründen → Kapitel 1 Rn. 578 ff.). Derartige Wirkungen können dann auftreten, wenn ein Unternehmen seiner bisherigen Produktpalette durch den Erwerb eines anderen Unternehmens neue Produkte oder eine neue Produktpalette hinzufügt. Die Kommission nahm an, dass sich in diesen Fällen die eigentlichen wettbewerbsbeschränkenden Auswirkungen des Zusammenschlusses – unabhängig von der Frage horizontaler Überschneidungen – vor allem aus der Summe der Produkt- und Markensortimente ergeben können. Dies sollte demnach insbesondere der Fall sein, wenn durch einen solchen Zusammenschluss Märkte verbunden werden, auf denen die Parteien einander ergänzende Marken oder Produkte anbieten. Die besondere Gefahr derartiger Zusammenschlüsse wurde darin gesehen, dass diese (verstärkt) zu Abschottungswirkungen zu Lasten von Wettbewerbern führen können.[1418] Bereits in dem ersten Kommissionsbeschluss, der sich mit konglomeraten Wirkungen beschäftigte, prüfte die Kommission den Zusammenschluss darauf, ob das zusammenge-

---

[1411] EuG, T-5/02, ECLI:EU:T:2002:264, Rn. 155 – Tetra Laval/Kommission.
[1412] EuG, T-210/01, ECLI:EU:T:2005:456, Rn. 399, 420, 449 – General Electric/Kommission; dazu Montag FS Bechtold, 2006, 327 (332 ff.); von Bonin WuW 2006, 466.
[1413] Körber WuW 2008, 522 (532 mwN).
[1414] Kom., M.938, Rn. 39 f. – Guinness/Grand Metropolitan; M.235, Rn. 12 – Elf Aquitaine Thyssen/Minol; M.164, Rn. 28 – Mannesmann/VDO; M.139, Rn. 20 – VIAG/Brühl; M.102, Rn. 49 f. – TNT/GD Net; M.37, Rn. 6 – Matsushita/MCA.
[1415] So auch Kühn Journal of Industry, Competition and Trade 2002, 311 (323), abrufbar unter https://deepblue.lib.umich.edu/handle/2027.42/46442, zuletzt abgerufen am 17.3.2023.
[1416] Denzel/Herman WuW 2007, 566 (575).
[1417] Petrasincu ECLR 29,4 (2008) 221 (227).
[1418] So auch NK-EuWettbR/Hacker Rn. 412; Church, The Impact of Vertical and Conglomerate Mergers on Competition, S. xli, abrufbar unter https://appliedantitrust.com/12_nonhorizontal_mergers/7_europe/church_impact_vertical9_2004.pdf, zuletzt abgerufen am 17.3.2023; Kühn Journal of Industry, Competition and Trade 2002, 311 (321 f.), abrufbar unter https://deepblue.lib.umich.edu/handle/2027.42/46442, zuletzt abgerufen am 17.3.2023.

schlossene Unternehmen einen „wirklich signifikanten Vorteil erhält, der den Marktzutritt oder den Ausbau der Marktstellung tatsächlicher oder potenzieller Wettbewerber künftig schwieriger machen würde".[1419]

Der Frage der potenziellen Auswirkung der Portfoliowirkungen auf den Wettbewerb wurde vor allem im Bereich der **Verbrauchsgüter des täglichen Bedarfs** – wie Getränken – besondere Bedeutung zugemessen. So hat die Kommission in den Fällen Coca-Cola/Carlsberg[1420] und Guinness/Grand Metropolitan[1421] jeweils die Auswirkungen eines Zusammenschlusses untersucht, infolgedessen in ein Getränkesortiment weitere starke Marken aufgenommen wurden, die gesonderten Produktmärkten zuzuordnen waren. Dabei zeigte sich nach Auffassung der Kommission, dass bei einer derartigen Beschaffenheit des Sortiments die Marktmacht jeder einzelnen Marke eher wachsen kann, als wenn die Marke einzeln verkauft wird, und dass der Inhaber des Markenportfolios seine Wettbewerbsstärke auf mehreren Märkten festigen kann.[1422] Im Fall Guinness/Grand Metropolitan hat die Kommission ebenfalls untersucht, wie sich der Besitz einer bestimmten Anzahl von sog. „must stock"-Marken auf den potenziellen Wettbewerb auswirkt. Durch die mit dem Besitz beherrschender Marken verbundenen größeren Verhandlungsmöglichkeiten – die sich zB in dem erzwungenen Abschluss von Ausschließlichkeitsverträgen niederschlagen – können demnach die Marktzutrittsschranken für neue Produkte wachsen. Guinness/Grand Metropolitan war der erste Beschluss, in dem die Kommission aufgrund angenommener Portfolio-Macht Zusagen verlangt hat,[1423] die auch solche räumlichen Märkte betrafen, auf denen keine Überschneidung des Angebots beider Spirituosenhersteller bestand. Die Kommission begründete diese Maßnahme mit der Entstehung von Portfolio-Macht, die der neuen Einheit eine größere Flexibilität bei der Preisgestaltung, Größen- und Diversifikationsvorteile bei Absatz und Marketing sowie insbesondere verbesserte Möglichkeiten zur Kopplung von sog. „must stock"-Produkten und weniger attraktiven Marken verschaffe. Letztlich werde auf diese Weise das Drohpotential einer Lieferverweigerung gegenüber dem Handel und damit die Wahrscheinlichkeit einer Verdrängung von Wettbewerbern erhöht. Dies könnte zB auch durch eine Verpflichtung des Abnehmers zur Führung des vollständigen Sortiments des fusionierten Unternehmens (sog. „full line forcing") geschehen, was die Kommission allerdings bisher soweit ersichtlich nur im Rahmen horizontaler Zusammenschlüsse vertieft geprüft hat.[1424]

Auch **außerhalb der Verbrauchsgüterindustrie** waren Portfoliowirkungen Gegenstand von Kommissionsbeschlüssen. In dem Fall Boeing/McDonnell Douglas[1425] hätte der Zusammenschluss, abgesehen von dem bereits bestehenden Monopol im Segment der größten Großraumflugzeuge (Boeing 747), zu einem weiteren Monopol im Bereich der kleinsten Schmalrumpfflugzeuge geführt, mit der Folge, dass Boeing als einziger Flugzeughersteller ein komplettes Sortiment großer Verkehrsflugzeuge hätte anbieten können. Diese Position hätte von etwaigen neuen Marktteilnehmern nicht angegriffen werden können, da die Zutrittsschranken zu diesem äußerst kapitalintensiven Markt extrem hoch sind.[1426] In Akzo Nobel/Hoechst Roussel VET, nahm die Kommission ebenfalls das Entstehen von Portfoliowirkungen an.[1427] Die starke Marktposition der fusionierenden Unternehmen in verschiedenen endokrinologischen Tierarzneipräparaten hätte es dem fusionierten Unternehmen erlaubt, das Angebot seiner „must stock"-Produkte mit sonstigen Präparaten zur Behandlung bestimmter Krankheiten zu verknüpfen.[1428] Diese Gefahr sah die Kommission in den Märkten nicht als gegeben an, wo Wettbewerber der fusionierenden Unternehmen über ein ähnlich umfassendes Produkt-Portfolio verfügten.[1429]

Teilweise wurden die vorstehend genannten Beschlüsse dahingehend interpretiert, dass Portfoliowirkungen eigenständige wettbewerbswidrige Wirkungen zukommen.[1430] In Nestlé/Gerber stellte die Kommission allerdings klar, dass zwischen reinen Portfoliowirkungen und der strategischen Nutzung des Portfolios für Kopplungs- oder Bindungsstrategien zu unterscheiden ist.[1431] **Reine Portfoliowirkungen** (die einen Anreiz für Käufer bieten können, aus Effizienzgründen eine Reihe von Produkten aus einer einzigen Quelle zu beziehen) verschaffen einem Marktteilnehmer zwar

---

[1419] Kom., M.68 – Tetra Pak/Alfa-Laval.
[1420] Kom., M.833 – Coca-Cola/Carlsberg.
[1421] Kom., M.938 – Guinness/Grand Metropolitan.
[1422] Kom., M.938, Rn. 38 – Guinness/Grand Metropolitan.
[1423] Zu den Zusagen s. Kom., M.938, Rn. 183 ff. – Guinness/Grand Metropolitan.
[1424] Kom., M.7881, Rn. 330-333 – AB InBev/SABMiller; M.3746, Rn. 73 f. – Tetra Laval/SIG.
[1425] Kom., M.877 – Boeing/McDonnell Douglas.
[1426] Kom., M.877, Rn. 53 ff. – Boeing/McDonnell Douglas.
[1427] Kom., M.1681 – Akzo Nobel/Hoechst Roussel VET.
[1428] Kom., M.1681, Rn. 41 – Akzo Nobel/Hoechst Roussel VET.
[1429] Kom., M.1681, Rn. 103 – Akzo Nobel/Hoechst Roussel VET.
[1430] Vgl. hierzu LMRKM/Riesenkampff/Steinbarth Rn. 129.
[1431] Kom., M.4688, Rn. 35 – Nestlé/Gerber.

einen wettbewerblichen Vorteil, sind aber **nicht generell als wettbewerbsschädlich** anzusehen. Demgegenüber kann eine **strategische Nutzung des Portfolios** eine **spürbare Beeinträchtigung wirksamen Wettbewerbs** mit sich bringen, wenn das fusionierte Unternehmen Lieferungen in einer Art und Weise Bedingungen unterwirft, um aktuelle oder potenzielle Wettbewerber zu benachteiligen.[1432]

496 Die **Leitlinien für nichthorizontale Zusammenschlüsse** gehen nicht mehr gesondert auf mögliche wettbewerbsschädliche Auswirkungen durch Portfoliowirkungen ein. Vielmehr verweisen sie auf die Vorteile einer breiten Produktpalette und die daraus resultierende mögliche Senkung von Transaktionskosten.[1433] Ungeachtet dessen setzt sich die Kommission **vereinzelt weiterhin** mit **Portfoliowirkungen** auseinander. In Philips/Saeco ging sie bereits kurze Zeit nach Erlass der Leitlinien entsprechenden, von Dritten geäußerten Bedenken nach.[1434] In Johnson & Johnson/Synthes[1435] untersuchte die Kommission zudem, ob der Zusammenschluss zu wettbewerblichen Bedenken aufgrund von Portfoliowirkungen im Bereich von orthopädischen Medizinprodukten für die Wirbelsäulenbehandlung führen könnte. Letztlich wurde dies abgelehnt, da den fusionierenden Unternehmen auf keinem der betroffenen Märkte Marktmacht zukam und die Märkte im Übrigen dynamisch waren, mit neuen Marktzutritten und erheblichem Innovationsgrad. Zudem war es für die Kunden weniger von Bedeutung, alle Produkte von einem Anbieter mit einem umfassenden Sortiment zu beziehen (und dadurch möglicherweise Kosten zu sparen). Vielmehr kam es für Krankenhäuser darauf an, welche Produkte die im jeweiligen Krankenhaus tätigen Ärzte bevorzugen. Zudem verfügten beide Parteien schon vor dem Zusammenschluss über ein breites Produktportfolio, so dass etwaige Bündelungspraktiken bereits vor dem Zusammenschluss möglich gewesen wären und nicht erst durch diesen ermöglicht wurden. Schließlich nahm die Kommission an, dass die Parteien nach dem Zusammenschluss und dem Verlassen des Marktes durch andere Unternehmen keinen Preiserhöhungsspielraum hätten, da keine erheblichen Marktzutrittsschranken bestanden.[1436]

497 Zusammenfassend wird hieraus deutlich, dass die Tatsache, dass ein Unternehmen nach einem Zusammenschluss eine breite Produktpalette oder ein breites Produktportfolio anbieten kann, **allein noch keine Wettbewerbsbedenken aufwirft**.[1437] Gleichzeitig ist nicht ausgeschlossen, dass wettbewerbswidrige Auswirkungen angenommen werden in Fällen, in denen das erweiterte Produktportfolio des fusionierten Unternehmens Praktiken ermöglicht, die zu einer Abschottung der Wettbewerber führen.[1438]

498 **2. Koordinierte Wirkungen.** Die Kommission geht ferner davon aus, dass auch konglomerate Zusammenschlüsse koordinierte Wirkungen nach sich ziehen können (zu den ökonomischen Hintergründen → Kapitel 1 Rn. 583 ff.). In den **Leitlinien für nichthorizontale Zusammenschlüsse** werden diese gemeinsam mit koordinierten Wirkungen vertikaler Zusammenschlüsse erörtert (→ Rn. 455 ff.). Eine stillschweigende Koordinierung soll u.a. erleichtert werden, wenn die Anzahl der Wettbewerber im Markt verringert wird und wenn Wettbewerber so geschwächt werden, dass eine Abweichung von der Koordinierung für sie keine Vorteile bringt.[1439] Die Anzahl der Wettbewerber im Markt kann durch einen konglomeraten Zusammenschluss (dh zwischen Unternehmen, die nicht auf demselben Markt tätig sind) nur dadurch verringert werden, dass ein am Zusammenschluss nicht beteiligter Wettbewerber des fusionierten Unternehmens durch nicht koordinierte Wirkungen des Zusammenschlusses vollständig abgeschottet wird. Allerdings kann schon eine teilweise Abschottung ausreichen, um den Koordinationsdruck auf Wettbewerber zu erhöhen.[1440] Dies zeigt sich auch daran, dass andere Sprachfassungen der Leitlinien – insoweit präziser als die deutsche Fassung – von einer Verringerung der Anzahl „wirksamer" Wettbewerber sprechen. Unabhängig davon kann ein konglomerater Zusammenschluss die Anzahl der Märkte erhöhen, auf denen das fusionierte Unternehmen auf andere Oligopolisten trifft („multi market contacts"), was den Spielraum für Disziplinierungsmaßnahmen und damit den Koordinationsdruck erhöhen kann.[1441]

[1432] Kom., M.4688, Rn. 35 – Nestlé/Gerber.
[1433] Leitlinien „nichthorizontale Zusammenschlüsse" Rn. 104.
[1434] Kom., M.5547, Rn. 23 – Koninklijke Philips Electronics/Saeco International Group; Portfoliowirkungen wurde daneben abgelehnt in Kom., M.7292, Rn. 616 ff. – DEMB/Mondelez/Charger OpCo; M.6455, Rn. 155–161 – SCA/Georgia-Pacific Europe.
[1435] Kom., M.6266 – J&J/Synthes.
[1436] Kom., M.6266, Rn. 591–596 – J&J/Synthes.
[1437] Leitlinien „nichthorizontale Zusammenschlüsse" Rn. 104.
[1438] Vgl. hierzu LMRKM/Riesenkampff/Steinbarth Rn. 129.
[1439] Leitlinien „nichthorizontale Zusammenschlüsse" Rn. 120.
[1440] Leitlinien „nichthorizontale Zusammenschlüsse" Rn. 120.
[1441] Vgl. Leitlinien „nichthorizontale Zusammenschlüsse" Rn. 121.

In der **Beschlusspraxis der Kommission** haben koordinierte Wirkungen konglomerater 499
Zusammenschlüsse, soweit ersichtlich, bisher allerdings keine Rolle gespielt. Auch für jene Zusammenschlussvorhaben, bei denen dies vergleichsweise nahegelegen hätte, hat die Kommission ihre Prüfung auf nicht koordinierte Wirkungen fokussiert.[1442]

VII. Verfahrensrechtliche Aspekte

1. Umfang der gerichtlichen Kontrolle, Beweislast und erforderliches Beweismaß.

Nicht nur in Airtours,[1443] sondern auch in den beiden anderen Entscheidungen, die häufig im 500
Zusammenhang mit Airtours als schmerzliche juristische Niederlagen der Kommission im Bereich der Fusionskontrolle zitiert werden, Schneider Electric[1444] und Tetra Laval,[1445] sowie in General Electric[1446] und Impala[1447] hatten sich die Unionsgerichte mit den Fragen des Umfangs der gerichtlichen Kontrolle und der Beweislast auseinander zu setzen. Zuletzt hat das EuG diese Fragen noch einmal in CK Telecoms vertieft;[1448] gegen diese Entscheidung hat die Kommission Rechtsmittel zum EuGH eingelegt.[1449] Allgemein bilden Fragen der Beweislast und des erforderlichen Beweismaßes aktuell in allen Bereichen des europäischen Wettbewerbsrechts Gegenstand gerichtlicher Auseinandersetzung – in der Fusionskontrolle,[1450] der Kartell- und Missbrauchsaufsicht[1451] sowie dem Beihilferecht.[1452] Für die Zukunft des Wettbewerbsrechts ist es von grundsätzlicher Bedeutung, ob der EuGH quer durch die einzelnen Bereiche des Wettbewerbsrechts dem Vortrag der Kommission folgt, dass Beweisanforderungen nicht zu hoch angesetzt werden sollten, da andernfalls die Durchsetzung des Wettbewerbsrechts nicht gewährleistet werden könne. Dem ist entgegenzuhalten, dass die Erleichterung der Arbeit der Kommission keine ausreichende Rechtfertigung für eine Aufgabe der Verfahrensrechte der Unternehmen darstellt. Wettbewerbsrechtliche Aufsicht, einschließlich der Fusionskontrolle, stellt einen Eingriff in grundrechtlich geschützte Freiheiten dar und kann nur bei Erfüllung hoher Anforderungen an den Nachweis einer Gefahr für den Wettbewerb gerechtfertigt werden. Ähnlich äußerten sich bereits Richter des EuG, die die Kommission weiterhin an strenge Anforderungen binden wollen.[1453]

Unternehmen als Trägern subjektiver Rechte die Ausübung ihrer wirtschaftlichen Freiheit zu 501
verbieten, sich mit anderen Unternehmen zusammenzuschließen, erfordert schon aus grundsätzlichen Erwägungen **strikte Sicherungen,** dass die weitreichenden **Eingriffsbefugnisse** auch europäischer Behörden in Gestalt der Untersagung von Unternehmensfusionen nur in Fällen angewandt werden, in denen dies überzeugend zu rechtfertigen ist. Dem entspricht auch Art. 10 Abs. 6, der bei Ablauf der Prüffrist eine Freigabe fingiert (→ Art. 10 Rn. 30 f.). Die teilweise in den Wirtschaftswissenschaften diskutierte Frage, ob es unter ökonomischen Gesichtspunkten schwerer wiegt, einen an sich unschädlichen Zusammenschluss zu verbieten („Type 1-Error") oder einen eigentlich wettbewerbsschädlichen Zusammenschluss freizugeben („Type 2-Error"), ist im Bereich rechtsstaatlicher Bindung hoheitlicher Gewalt nicht ausschlaggebend. Hier geht es um die Frage, in welchem Umfang Beschlüsse der Kommission über Zusammenschlüsse gerichtlich kontrollierbar sind und welcher Beweislast die Kommission unterliegt, wenn sie einen Zusammenschluss untersagen will.

Die Kommission muss dem in Art. 6 Abs. 1 EUV i.V.m. Art. 41 GRCh festgelegten Grundsatz 502
der ordnungsgemäßen Verwaltung genügen. Daraus folgt ihre Verpflichtung, u.a. alle notwendigen Informationen zu sammeln und diese in einer Gesamtschau sorgfältig und unabhängig zu bewerten.[1454]

[1442] Kuhn ZWeR 2020, 153 (174) mit Verweis auf Kom., M.8788 – Apple/Shazam; M.3440 – EDP/ENI/GP.
[1443] EuG, T-342/99, ECLI:EU:T:2002:146 – Airtours/Kommission.
[1444] EuG, T-203/01, ECLI:EU:T:2003:250 – Schneider/Kommission.
[1445] Vgl. EuG, T-5/02, ECLI:EU:T:2002:264 – Tetra Laval/Kommission; bestätigt durch EuGH, C-12/03 P, ECLI:EU:C:2005:87 – Kommission/Tetra Laval.
[1446] EuG, T-210/01, ECLI:EU:T:2005:456, Rn. 63 – General Electric/Kommission.
[1447] EuGH, C-413/06 P, ECLI:EU:C:2008:392 – Bertelsmann und Sony/Impala; zuvor: EuG, T-464/04, ECLI:EU:T:2006:216 – Impala/Kommission.
[1448] EuG, T-399/16, ECLI:EU:T:2020:217, Rn. 106–119 – CK Telecoms/Kommission.
[1449] Die Kommission unterstützend GAin Kokott, Schlussanträge v. 20.10.2022, Rs. C-376/20 P, CK Telecoms/Kommission.
[1450] EuGH, C-376/20 P – Kommission/CK Telecoms.
[1451] EuGH, C-240/22 P – Kommission/Intel; C-466/19 P, ECLI:EU:C:2021:76, Rn. 125–132 – Qualcomm/Kommission.
[1452] EuGH, C-465/20 P – Kommission/Irland u.a.; C-885/19 P – Fiat Chrysler Finance Europe/Kommission.
[1453] Vgl. etwa Paul Nihoul, Beitrag im Rahmen der Podiumsdiskussion „Proof and Evidence: Does the Diversity of Regimes create Inequality?" auf der jährlichen Konferenz der Zeitschrift Concurrences unter dem Titel „New Frontiers of Antitrust" am 21.6.2022, eine Zusammenfassung ist abrufbar unter https://content.mlex.com/#/content/1387286, zuletzt abgerufen am 17.3.2023.
[1454] EuG, T-251/19, ECLI:EU:T:2022:296, Rn. 501 ff., 630 ff. – Wieland-Werke/Kommission.

In ihrer Einzelfalluntersuchung stützt sich die Kommission regelmäßig auf Feedback von Marktteilnehmern, das sie allerdings nicht bindet, und interne Dokumente, denen häufig besondere Bedeutung zugemessen wird.[1455] Zudem orientiert sich die Kommission häufig an ihrer Fallpraxis, ist durch diese aber nicht gebunden.[1456] Im Rahmen ihrer Untersuchung muss die Kommission den Parteien ferner die Möglichkeit zur Stellungnahme bieten (→ Art. 18 Rn. 9 ff.).[1457] Gleichzeitig muss sie aber auch das der FKVO inhärente Beschleunigungsgebot berücksichtigen.[1458]

503 Die gerichtliche Überprüfung ist nicht auf Untersagungsbeschlüsse beschränkt. Drittbetroffene haben auch die Möglichkeit, **Freigabebeschlüsse** der Kommission gerichtlich anzufechten (ausf. → Art. 6 Rn. 65, → Art. 8 Rn. 172 f.).[1459] Die Kommission muss daher sowohl dann, wenn sie einen Zusammenschluss untersagen will, als auch, wenn sie ein stark unter der Kritik von Wettbewerbern und Kunden stehendes Vorhaben freigibt, mit der Möglichkeit rechnen, dass ihre Begründung Gegenstand strikter gerichtlicher Überprüfung wird.

504 **a) Umfang der gerichtlichen Kontrolle.** Die gerichtliche Kontrolle von Kommissionsbeschlüssen erstreckt sich nach Art. 263 Abs. 2, 4 AEUV grundsätzlich auf Fragen der Zuständigkeit, die Verletzung wesentlicher Formvorschriften, die Verletzung materiellen Rechts sowie Ermessensfehler. Art. 2 Abs. 2 und Abs. 3 sehen jeweils eine gebundene Entscheidung vor, sodass insoweit keine Ermessensfehler in Betracht kommen. Allerdings räumen die Unionsgerichte der Kommission bei der Beurteilung wirtschaftlicher Zusammenhänge in stRspr einen **weiten Beurteilungsspielraum** ein (der begrifflich nicht immer von einem Ermessensspielraum unterschieden wird).[1460] Dies gilt auch im Rahmen der Fusionskontrolle.[1461] Die gerichtliche Kontrolle ist daher im Kontext des Art. 2 auf „offensichtliche Beurteilungsfehler" begrenzt, die allerdings nach dem grundlegenden Urteil des EuGH in Tetra Laval auch Fehler bei der Zusammenstellung und Würdigung des Tatsachenmaterials umfassen können, soweit von der Kommission eine Prognose über zukünftige Marktentwicklungen oder zukünftiges Unternehmensverhalten erwartet wird (→ Art. 8 Rn. 173 ff.).[1462]

505 Kommt die Kommission der ihr auferlegten Beweislast (→ Rn. 510 ff.) nicht nach, weil sie zur Darstellung dieser Begründungselemente erforderliches Tatsachenmaterial nicht oder nicht vollständig in ihre Bewertung einfließen lassen hat oder weil das von ihr zutreffend zusammengestellte Tatsachenmaterial die daraus gezogenen Schlüsse nicht trägt, so kann der auf diesem **Beurteilungsfehler** beruhende Beschluss vom Gericht aufgehoben werden. Davon zu unterscheiden ist die Situation, in der ein Beschluss der Kommission lediglich an einem **Begründungsfehler** leidet. Ein Beurteilungsfehler betrifft die materielle Rechtmäßigkeit, ein Begründungsfehler die formelle

---

[1455] EuG, T-251/19, ECLI:EU:T:2022:296, Rn. 47 f., 116 f., 120, 143, 612 ff. – Wieland-Werke/Kommission.
[1456] EuG, T-251/19, ECLI:EU:T:2022:296, Rn. 78 f. – Wieland-Werke/Kommission.
[1457] EuG, T-251/19, ECLI:EU:T:2022:296, Rn. 685 ff. – Wieland-Werke/Kommission.
[1458] EuG, T-251/19, ECLI:EU:T:2022:296, Rn. 516, 632 – Wieland-Werke/Kommission.
[1459] Vgl. etwa EuG, T-224/10, ECLI:EU:T:2011:588 – Association belge des consommateurs test-achats/Kommission; T-279/04, ECLI:EU:T:2010:384 – Odile Jacob u.a./Kommission; T-464/04, ECLI:EU:T:2006:216 – Impala/Kommission; T-177/04, ECLI:EU:T:2006:187 – easyJet/Kommission; ausf. zu verschiedenen Drittbetroffenen-Konstellationen auch Levy/Cook, European Merger Control Law, § 20.04; Schulte/Koch, G. Rechtsmittel, Rn. 2367–2832.
[1460] EuGH, C-160/19 P, ECLI:EU:C:2020:1012, Rn. 100 f., 115 – Comune di Milano/Kommission; C-199/11, ECLI:EU:C:2012:684, Rn. 59 – Otis u.a.; C-386/10 P, ECLI:EU:C:2011:815, Rn. 54 – Chalkor/Kommission; C-501/06 P, ECLI:EU:C:2009:610, Rn. 85 – GlaxoSmithKline Services u.a./Kommission; C-204/00 P, ECLI:EU:C:2004:6, Rn. 279 – Aalborg Portland u.a./Kommission; C-142/84, ECLI:EU:C:1987:490, Rn. 62 – BAT und Reynolds/Kommission; C-42/84, ECLI:EU:C:1985:327, Rn. 34 – Remia u.a./Kommission.
[1461] EuGH, C-413/06 P, ECLI:EU:C:2008:392, Rn. 130 f. – Bertelsmann und Sony/Impala; C-12/03 P, ECLI:EU:C:2005:87, Rn. 38 – Kommission/Tetra Laval; C-68/94, ECLI:EU:C:1998:148, Rn. 223 f. – Frankreich u.a./Kommission („Kali und Salz"); EuG, T-251/19, ECLI:EU:T:2022:296, Rn. 461, 503 – Wieland-Werke/Kommission; T-370/17, ECLI:EU:T:2019:354, Rn. 59 f., 106–108 – KPN/Kommission; T-162/10, ECLI:EU:T:2015:283, Rn. 85 f. – Niki Luftfahrt/Kommission; T-175/12, ECLI:EU:T:2015:148, Rn. 65 – Deutsche Börse/Kommission; T-405/08, ECLI:EU:T:2013:306, Rn. 51 ff., 274, 277 – Spar/Kommission; T-342/07, ECLI:EU:T:2010:280, Rn. 29 f. – Ryanair/Kommission; T-342/99, ECLI:EU:T:2002:146, Rn. 64 – Airtours/Kommission; T-102/96, ECLI:EU:T:1999:65, Rn. 164 f. – Gencor/Kommission.
[1462] EuGH, C-12/03 P, ECLI:EU:C:2005:87, Rn. 39 – Kommission/Tetra Laval; zuletzt auch EuGH, C-413/06 P, ECLI:EU:C:2008:392, Rn. 145 – Bertelsmann und Sony/Impala; EuG T-370/17, ECLI:EU:T:2019:354, Rn. 60, 108 – KPN/Kommission; T-175/12, ECLI:EU:T:2015:148, Rn. 66 – Deutsche Börse/Kommission; T-79/12, ECLI:EU:T:2013:635, Rn. 50 – Cisco Systems und Messagenet/Kommission; T-342/07, ECLI:EU:T:2010:280, Rn. 30 – Ryanair/Kommission; T-48/04, ECLI:EU:T:2009:212, Rn. 92 – Qualcomm Wireless/Kommission; T-151/05, ECLI:EU:T:2009:144, Rn. 53 f. – NVV/Kommission.

VII. Verfahrensrechtliche Aspekte

Rechtmäßigkeit.[1463] In beiden Fällen wird das EuG den rechtswidrigen Beschluss aufheben, womit aber keine Aussage über die Vereinbarkeit des Zusammenschlusses mit dem Binnenmarkt verbunden ist.[1464] Diese Entscheidung bleibt vielmehr der Kommission vorbehalten. Im Falle eines Begründungsfehlers kann die Kommission ohne erneute Prüfung in der Sache einen gleichlautenden Beschluss mit einer verbesserten Begründung erlassen. Im Falle eines Beurteilungsfehlers muss die Kommission nach erneuter Prüfung in der Sache erneut entscheiden. Der Detailgrad, mit dem sich das Gericht etwa in den Entscheidungen Airtours, Tetra Laval, General Electric und zuletzt CK Telecoms mit der Argumentation der Kommission in den angegriffenen Untersagungsbeschlüssen auseinandergesetzt hat, zeigt, dass das Gericht zum einen vor der Aufarbeitung auch komplexer Sachverhalte nicht zurückschreckt und zum anderen dem Schutz der grundfreiheitlichen Rechte von Unternehmen, sich zusammenzuschließen, große Bedeutung beimisst.

In Tetra Laval unterzog das EuG die Beurteilung der Kommission einer **kritischen Überprüfung**. Insoweit gestand es der Kommission zunächst zu, dass deren Analyse einer durch den Zusammenschluss ermöglichten Hebelwirkung „auf weitgehend objektiven und stichhaltigen Belegen" beruhe.[1465] Allerdings seien die Schlussfolgerungen der Kommission hinsichtlich der Anreize zur Ausübung dieser Hebelwirkung fehlerhaft. In seiner Urteilsbegründung befasste sich das Gericht im Detail mit dem ökonomischen Datenmaterial, auf das die Kommission ihre Schlussfolgerungen gestützt hatte. Es nahm eine eigene Bewertung etwa der vorgelegten Industriestudien vor und gelangte zu dem Ergebnis, die Kommission habe ihre Schlussfolgerungen „nicht angemessen erläutert", diese seien „wenig[er] überzeugend" und weitere Analysen seien „unerlässlich gewesen".[1466] Dabei werden auch Beweismängel gerügt, die unterhalb der Schwelle von Beurteilungsfehlern liegen: „Im Übrigen kann der [...] hinsichtlich der von Sidel in der Vergangenheit praktizierten Ungleichbehandlung bei den Preisen gezogene Schluss, auch wenn er [...] nicht mit einem offensichtlichen Beurteilungsfehler behaftet ist, keinen hinreichend eindeutigen Beweis für die Fortsetzung eines ähnlichen Verhaltens der durch den Zusammenschluss entstehenden Einheit darstellen."[1467] Diese gesteigerten Beweisanforderungen beschränken sich nach Auffassung des Gerichts nicht auf Fälle, in denen die Kommission Voraussagen über den Eintritt konglomerater Wirkungen eines Zusammenschlusses belegen muss, sondern sind – weiter – auch bei Konstellationen von horizontalen und vertikalen Zusammenschlüssen anzulegen, in denen sich wettbewerbswidrige nicht koordinierte oder koordinierte Wirkungen nicht schon strukturell als Folge des Zusammenschlusses ergeben, sondern ein bestimmtes Unternehmensverhalten voraussetzen.[1468]

Der EuGH bestätigte den vom EuG in Tetra Laval vorgegebenen Umfang der gerichtlichen Kontrolle.[1469] Die Wahrscheinlichkeit der von der Kommission befürchteten Verhaltensweisen (Kampfpreise, Treuerabatte, Kopplungsgeschäfte), die von dieser als wesentlicher Schritt zur Ausübung einer Hebelwirkung angesehen werden, müsse umfassend geprüft werden. Diese Prüfung müsse, so wie vom EuG vorgenommen, unter Berücksichtigung sowohl der Anreize für solche Verhaltensweisen erfolgen als auch der Faktoren – einschließlich der etwaigen Rechtswidrigkeit der Verhaltensweisen –, die diese Anreize verringern oder sogar beseitigen könnten.[1470] Der EuGH schränkte allerdings ein, dass es „dem mit der Verordnung verfolgten Präventionszweck zuwiderlaufen würde", wenn von der Kommission verlangt würde, „bei jedem geplanten Zusammenschluss zu prüfen, in welchem Umfang die Anreize für wettbewerbswidrige Verhaltensweisen aufgrund der Rechtswidrigkeit der fraglichen Verhaltensweisen, der Wahrscheinlichkeit ihrer Entdeckung, ihrer Verfolgung durch die zuständigen Behörden [...] und möglicher finanzieller Sanktionen verringert oder sogar beseitigt würden".[1471] Der insoweit festgestellte Rechtsfehler des EuG führte dennoch nicht zur Aufhebung des angefochtenen Urteils, da sich dieses insbesondere auch auf die Nichtberücksichtigung der von Tetra angebotenen Zusagen stützte.

In diesem Kontext prägte der EuGH in Tetra Laval die **noch heute gebräuchliche Formulierung** für den Umfang gerichtlicher Kontrolle: „Auch wenn der Gerichtshof anerkennt, dass der Kommission in Wirtschaftsfragen ein Beurteilungsspielraum zusteht, bedeutet dies nicht, dass

---

[1463] Vgl. EuGH, C-413/06 P, ECLI:EU:C:2008:392, Rn. 181 – Bertelsmann und Sony/Impala.
[1464] Vgl. hierzu Hirsbrunner/v. Köckritz EuZW 2008, 591 (594).
[1465] EuG, T-5/02, ECLI:EU:T:2002:264, Rn. 192, 195 – Tetra Laval/Kommission.
[1466] EuG, T-5/02, ECLI:EU:T:2002:264, Rn. 210–216 – Tetra Laval/Kommission.
[1467] EuG, T-5/02, ECLI:EU:T:2002:264, Rn. 223 – Tetra Laval/Kommission.
[1468] Vgl. EuG, T-210/01, ECLI:EU:T:2005:456, Rn. 295 – General Electric/Kommission; T-342/99, ECLI:EU:T:2002:146 – Airtours/Kommission.
[1469] EuGH, C-12/03 P, ECLI:EU:C:2005:87 – Kommission/Tetra Laval.
[1470] EuGH, C-12/03 P, ECLI:EU:C:2005:87, Rn. 74 – Kommission/Tetra Laval.
[1471] EuGH, C-12/03 P, ECLI:EU:C:2005:87, Rn. 75 – Kommission/Tetra Laval; vgl. aber EuG, T-210/01, ECLI:EU:T:2005:456, Rn. 295 – General Electric/Kommission.

der [Unionsrichter] eine Kontrolle der Auslegung von Wirtschaftsdaten durch die Kommission unterlassen muss. Er muss nämlich nicht nur die sachliche Richtigkeit der angeführten Beweise, ihre Zuverlässigkeit und ihre Kohärenz prüfen, sondern auch kontrollieren, ob diese Beweise alle relevanten Daten darstellen, die bei der Beurteilung einer komplexen Situation heranzuziehen waren, und ob sie die aus ihnen gezogenen Schlüsse zu stützen vermögen."[1472] In Impala bestätigte der EuGH, dass dieser Maßstab gleichermaßen auch für die Anfechtung von Freigabebeschlüssen gilt.[1473]

509 Dieser seither vom EuG in stRspr[1474] angewendete **Umfang der Kontrolle,** unter die die Unionsgerichtsbarkeit die Beschlüsse der Kommission in Fusionskontrollsachen stellt, ist **erheblich.** Die gerichtliche Kontrolle von Untersagungsbeschlüssen gibt den betroffenen Unternehmen damit eine realistische Chance, erfolgreich die Unvollständigkeit der von der Kommission herangezogenen Daten, die sachliche Unrichtigkeit der angeführten Beweise, ihre fehlende Zuverlässigkeit und Kohärenz überprüfen und durch ein unabhängiges Gericht klären zu lassen, ob sie die aus ihnen gezogenen Schlüsse zu stützen vermögen. Die Rüge der Kommission, mit diesem Ansatz gehe das Gericht unzulässig über die Prüfung „offensichtlicher Beurteilungsfehler" hinaus, wies der EuGH in Tetra Laval zurück.[1475] Die genannten Gründe beziehen sich zwar auch auf die besondere Situation prospektiver Analyse bei Zusammenschlüssen mit konglomeraten und koordinierten Wirkungen,[1476] tragen aber ebenso bei der Analyse komplexer Zusammenschlüsse mit anderer Struktur. Gravierendste Hürde für die Zusammenschlussparteien bei der Anfechtung eines Untersagungsbeschlusses der Kommission dürfte damit die lange **Verfahrensdauer** sein. Die durchschnittliche Dauer wettbewerbsrechtlicher Verfahren vor den Unionsgerichten betrug von 2017 bis 2021 zwischen 34 und 40 Monate.[1477] Das Gericht hat mit der Anwendung des beschleunigten Verfahrens auf verschiedene Fusionskontrollfälle bereits zur Abhilfe beigetragen. Allerdings wurden in dem Zeitraum von 2017 bis 2021 nur 4 der 12 gestellten Anträge auf beschleunigtes Verfahren bewilligt. Eine wesentliche Verkürzung des Verfahrens auf einen für die Parteien einer laufenden Transaktion akzeptablen Zeitraum dürfte sich jedoch auch durch das beschleunigte Verfahren kaum erreichen lassen. Die Durchführung des schriftlichen Verfahrens, Vorbereitung und Durchführung der mündlichen Verhandlung und das anschließende Verfassen des Urteils dürfte in der Praxis kaum unter etwa neun Monaten möglich sein.

510 **b) Beweislast und erforderliches Beweismaß.** In den Entscheidungen Airtours, Tetra Laval und General Electric etablierte das EuG hohe Beweisanforderungen für die Kommission. Danach muss diese **„eindeutige Beweise"** liefern, wenn sie der Auffassung ist, dass ein Zusammenschluss in absehbarer Zeit eine beherrschende Stellung begründen oder verstärken werde und daher zu untersagen sei.[1478]

511 Der EuGH milderte diese Beweisanforderungen in Impala tendenziell ab. Nach Ansicht des EuG war die Kommission bei der Untersuchung einer möglichen Koordinierung der Marktteilnehmer ohne ausreichende Beweise von einer hierfür unzureichenden Markttransparenz und einem daher fehlenden Überwachungsmechanismus ausgegangen. Das EuG nahm demgegenüber eine ausreichende Markttransparenz an, da nicht auszuschließen sei, dass die als Ursache der Intransparenz in Frage stehenden Werberabatte einer „bekannten Reihe von Regeln" folgten,[1479] von der nicht bewiesen sei, dass sie sich für einen „Fachmann in diesem Sektor" nicht ohne Weiteres klären ließen.[1480] Der EuGH hob diese Entscheidung auf und rügte u.a. die fehlenden Ausführungen des EuG zu einem auf der Transparenz beruhenden, die Koordinierung ermöglichenden Überwa-

---

[1472] EuGH Slg., C-12/03 P, ECLI:EU:C:2005:87, Rn. 39 – Kommission/Tetra Laval; vgl. auch EuGH Slg., C-413/06 P, ECLI:EU:C:2008:392, Rn. 145, – Bertelsmann und Sony/Impala.
[1473] EuGH, C-413/06 P, ECLI:EU:C:2008:392, Rn. 144 f. – Bertelsmann und Sony/Impala; vgl. auch Hirsbrunner/v. Köckritz EuZW 2008, 591 (594).
[1474] EuG, T-399/16, ECLI:EU:T:2020:217, Rn. 76 – CK Telecoms/Kommission; T-370/17, ECLI:EU:T:2019:354, Rn. 60, 108 – KPN/Kommission; T-712/16, ECLI:EU:T:2018:269, Rn. 39 – Deutsche Lufthansa/Kommission; T-175/12, ECLI:EU:T:2015:148, Rn. 66 – Deutsche Börse/Kommission; T-79/12, ECLI:EU:T:2013:635, Rn. 50 – Cisco Systems und Messagenet/Kommission; T-342/07, ECLI:EU:T:2010:280, Rn. 30 – Ryanair/Kommission; T-48/04, ECLI:EU:T:2009:212, Rn. 92 – Qualcomm Wireless/Kommission; T-151/05, ECLI:EU:T:2009:144, Rn. 53 f. – NVV/Kommission.
[1475] EuGH, C-12/03 P, ECLI:EU:C:2005:87, Rn. 19–51 – Kommission/Tetra Laval.
[1476] EuGH, C-12/03 P, ECLI:EU:C:2005:87, Rn. 40 – Kommission/Tetra Laval.
[1477] EuGH, Annual Report 2021. Judicial Activity, S. 387, abrufbar unter https://curia.europa.eu/jcms/upload/docs/application/pdf/2022-07/qd-ap-22-001-en-n.pdf, zuletzt abgerufen am 17.3.2023.
[1478] EuG, T-210/01, ECLI:EU:T:2005:456, Rn. 69 – General Electric/Kommission; T-5/02, ECLI:EU:T:2002:264, Rn. 155 – Tetra Laval/Kommission; T-342/99, ECLI:EU:T:2002:146, Rn. 63 – Airtours/Kommission.
[1479] EuG, T-464/04, ECLI:EU:T:2006:216, Rn. 420 – Impala/Kommission.
[1480] EuG, T-464/04, ECLI:EU:T:2006:216, Rn. 428 – Impala/Kommission.

chungsmechanismus. Das EuG war den – nach seiner Ansicht nicht hinreichend belegten – Behauptungen der Kommission nur seinerseits mit einer nicht belegten Behauptung entgegengetreten.[1481]

Die zukunftsgerichtete Beurteilung in Fusionskontrollverfahren macht es in stRspr erforderlich, **512** „sich die verschiedenen Ursache-Wirkungs-Ketten vor Augen zu führen und von denjenigen mit der **größten Wahrscheinlichkeit** auszugehen".[1482] In Cisco Systems bekräftigte das EuG, dass es sich – unabhängig davon, ob der angegriffene Beschluss in Phase I oder Phase II erging – um eine Bewertung von Wahrscheinlichkeiten („balance of probabilities") handele und die Kommission nicht verpflichtet sei, einen Nachweis mit einer über begründete Zweifel erhabenen Sicherheit zu führen.[1483] Darüber hinaus äußerten sich die Unionsrichter zunächst nicht weiter zur näheren Bestimmung der „größten Wahrscheinlichkeit", dh insbesondere nicht zum erforderlichen Mindestmaß an Wahrscheinlichkeit der zugrunde gelegten Zukunftsprognose.

In Impala setzte Generalanwältin Kokott das in stRspr etablierte Kriterium der „größten Wahr- **513** scheinlichkeit" („most likely") mit „wahrscheinlicher" („more likely than not") gleich: „Ist also die Begründung oder Verstärkung einer marktbeherrschenden Stellung wahrscheinlicher als deren Ausbleiben, so ist der Zusammenschluss zu untersagen; hingegen ist die Begründung oder Verstärkung einer solchen Stellung weniger wahrscheinlich als deren Ausbleiben, so ist der Zusammenschluss zu genehmigen".[1484] Dieses Verständnis wurde in der Folge von der Kommission aufgegriffen.

In CK Telecoms hat das EuG dieses Verständnis des erforderlichen Beweismaßstabs der „größten **514** Wahrscheinlichkeit" ausdrücklich abgelehnt. Es stellte klar, dass die Kommission für eine Untersagung „hinreichende Beweise beibringen [muss], um mit ernsthafter Wahrscheinlichkeit nachzuweisen, dass infolge des Zusammenschlusses erhebliche Behinderungen vorliegen. Daher ist das […] Beweiserfordernis folglich strenger als das, wonach eine erhebliche Behinderung eines wirksamen Wettbewerbs […] **„eher wahrscheinlich als unwahrscheinlich"** ist […]. Hingegen ist es weniger streng als dasjenige des **„Fehlens eines begründeten Zweifels"**[1485]; dh das erforderliche Beweismaß in Fusionskontrollsachen ist strenger als im Zivilprozess, aber weniger streng als im Strafprozess. Vor allem diese Aussage des Urteils des Gerichts ficht die Kommission mit ihrem Rechtsmittel an. Sie ist der Auffassung, dass der vom Gericht geforderte Beweismaßstab die Durchsetzung des Fusionskontrollrechts unzulässig erschwere.[1486] Generalanwältin Kokott kritisierte diese Auffassung in ihren Schlussanträgen vor dem EuGH zu CK Telecoms erneut und forderte eine Eingrenzung der Überprüfung von Kommissionsentscheidungen. Den Schlussanträgen zufolge sollte das Kriterium der „größten Wahrscheinlichkeit" oder der „Plausibilität" der Analyse der Kommission entscheidend sein.[1487]

Zudem bekräftigte das EuG, dass die Unionsgerichte bei der konkreten Prüfung der vorgelegten **515** Beweise umso anspruchsvoller sein müssten, „je komplexer und ungewisser eine Schadenstheorie ist, die zur Stützung einer erheblichen Behinderung wirksamen Wettbewerbs im Hinblick auf einen Zusammenschluss geltend gemacht wird, oder je mehr sie auf einem schwer nachweisbaren Ursache-Wirkungs-Zusammenhang beruht".[1488] Allerdings beeinflusse die Komplexität der geltend gemachten Schadenstheorien für sich allein nicht die Höhe der Beweisanforderungen.[1489]

Ebenfalls in CK Telecoms stellte das EuG zudem klar, dass sich das Beweismaß für die Feststel- **516** lung nicht koordinierter Wirkungen nicht wesentlich von dem für die Feststellung koordinierter Wirkungen unterscheide.[1490] Dabei ist ferner zu berücksichtigen, dass sich die Beweislast der Kommission auch auf mögliche Auswirkungen von **Zusagen** der Parteien erstreckt; die Kommission muss das Zusammenschlussvorhaben insoweit also in seiner Gesamtheit, dh unter Berücksichtigung

---

[1481] EuGH, C-413/06 P, ECLI:EU:C:2008:392, Rn. 130 f. – Bertelsmann und Sony/Impala.
[1482] EuGH, C-265/17 P, ECLI:EU:C:2019:23, Rn. 32 – Kommission/United Parcel Service; C-12/03 P, ECLI:EU:C:2005:87, Rn. 43 – Kommission/Tetra Laval; EuG, T-370/17, ECLI:EU:T:2019:354, Rn. 109 – KPN/Kommission; T-175/12, ECLI:EU:T:2015:148, Rn. 62 – Deutsche Börse/Kommission; T-79/12, ECLI:EU:T:2013:635, Rn. 47 – Cisco Systems und Messagenet/Kommission; T-342/07, ECLI:EU:T:2010:280, Rn. 27 – Ryanair/Kommission; T-48/04, ECLI:EU:T:2009:212, Rn. 88 – Qualcomm Wireless/Kommission; T-210/01, ECLI:EU:T:2005:456, Rn. 64 – General Electric/Kommission.
[1483] EuG, T-79/12, ECLI:EU:T:2013:635, Rn. 47 – Cisco Systems und Messagenet/Kommission.
[1484] GAin Kokott, Schlussanträge v. 13.12.2007, Rs. C-413/06 P, Rn. 209 – Bertelsmann und Sony/Impala.
[1485] EuG, T-399/16, ECLI:EU:T:2020:217, Rn. 118 – CK Telecoms/Kommission.
[1486] Kommission, Rechtsmittel im Verfahren C-376/20 P, ABl. 2020 C 390, 20.
[1487] GAin Kokott, Schlussanträge v. 20.10.2022, Rs. C-376/20 P, Rn. 56 – CK Telecoms/Kommission.
[1488] EuG, T-399/16, ECLI:EU:T:2020:217, Rn. 111 – CK Telecoms/Kommission.
[1489] EuGH, C-413/06 P, ECLI:EU:C:2008:392, Rn. 51 – Bertelsmann und Sony/Impala; T-399/16, ECLI:EU:T:2020:217, Rn. 110 – CK Telecoms/Kommission.
[1490] EuG, T-399/16, ECLI:EU:T:2020:217, Rn. 109 – CK Telecoms/Kommission.

der Zusagen, bewerten.[1491] Bei der Beurteilung von Abhilfemaßnahmen jedoch gestand das EuG der Kommission in ThyssenKrupp einen weiten Beurteilungsspielraum zu.[1492]

517 Anderes gilt für zusammenschlussbedingte **Effizienzgewinne**. Diese sind nach den Leitlinien für horizontale Zusammenschlüsse von den Parteien zu substantiieren (→ Rn. 195 ff.).[1493] Die Beweislast für geltend gemachte Effizienzgewinne trifft insoweit die Parteien.[1494] Dies hielt das EuG in Deutsche Börse für sachgerecht, da die Parteien am ehesten über diese Informationen verfügen und mit etwaigen Effizienzgewinnen den Schlussfolgerungen der Kommission hinsichtlich einer erheblichen Behinderung wirksamen Wettbewerbs entgegengewirkt werden solle.[1495] Der EuGH hat sich zur Beweislast für Effizienzgewinne bisher lediglich im Anwendungsbereich des Art. 102 AEUV geäußert. Inhaltlich entspricht dies aber der Position des EuG in Deutsche Börse. In Post Denmark führte der EuGH für die Missbrauchskontrolle aus, das marktbeherrschende Unternehmen habe nachzuweisen, „dass die durch das betreffende Verhalten möglicherweise eintretenden Effizienzvorteile wahrscheinlich die negative Auswirkungen auf den Wettbewerb und die Interessen der Verbraucher auf den betroffenen Märkten ausgleichen, dass diese Effizienzvorteile durch das genannte Verhalten erzielt worden sind oder erzielt werden können und dass dieses Verhalten für das Erreichen der Effizienzvorteile notwendig ist und einen wirksamen Wettbewerb nicht ausschaltet, indem es alle oder die meisten bestehenden Quellen tatsächlichen oder potenziellen Wettbewerbs zum Versiegen bringt".[1496]

518 Für die **Sanierungsfusion** gelten ähnliche Maßstäbe: Auch hier müssen die Parteien nach den Leitlinien für horizontale Zusammenschlüsse die Umstände substantiieren[1497] (→ Rn. 208 ff.). Ist dies geschehen, wird die Kommission allerdings auch eigene Untersuchungen anstellen und etwa weiter von ihr als erforderlich erachtete Unterlagen anfordern oder Marktteilnehmer befragen.[1498]

519 Bei der **Anfechtung von Freigabebeschlüssen** der Kommission kann kein anderer Maßstab gelten.[1499] Zwar greifen diese in die Rechte der Zusammenschlussparteien nicht ein, ggf. aber in die der betroffenen Wettbewerber, Lieferanten oder Kunden. An der Verpflichtung der Kommission, die Freigabevoraussetzungen in gleicher Weise mit eindeutigen Beweisen zu unterlegen wie Untersagungsvoraussetzungen, besteht nach den einschlägigen Entscheidungen aber kein Zweifel. Sofern diese sich überhaupt zur Beweislast der Kommission bei der Vereinbarkeitserklärung äußern, werden „schlüssige Beweise"[1500] und eine stringente, die gefundenen Ergebnisse stützende Begründung[1501] verlangt. Soweit gegen einen Freigabebeschluss allerdings angeführt wird, die Kommission habe es versäumt, bestimmte Begebenheiten des Marktes zu berücksichtigen, ist allerdings derjenige darlegungs- und beweispflichtig, der die Aufhebung des Beschlusses begehrt.[1502] Gleiches gilt, wenn wettbewerbsrechtliche Bedenken auf gänzlich anderen, als den von der Kommission untersuchten Märkten geltend gemacht werden.[1503] In diesen Fällen muss der Kläger „die betreffenden Märkte bezeichnen, die Wettbewerbslage ohne Zusammenschluss beschreiben und angeben, welche Auswirkungen ein Zusammenschluss vermutlich im Hinblick auf die Wettbewerbslage auf diesen Märkten hätte".[1504]

520 **2. Einbeziehung anderer Stellen in die Entscheidungsfindung.** Für Beschlüsse in Fusionskontrollverfahren ist nach Art. 21 Abs. 2 allein die Kommission zuständig. Aufgrund der zahlreichen **Abstimmungs- und Konsultationsanforderungen** an die federführende Generaldirektion Wettbewerb ist es jedoch keine Selbstverständlichkeit, dass in der bisherigen Beschlusspraxis Freigabe- und Untersagungsbeschlüsse durchgehend nur nach wettbewerbsrechtlichen Kriterien gefallen sind (→ Rn. 8 f.). Das fallbearbeitende Case Team hat seine materiellen Entscheidungsvorschläge nicht

---

[1491] EuG, T-251/19, ECLI:EU:T:2022:296, Rn. 461 ff. – Wieland-Werke/Kommission.
[1492] EuG – T-584/19, ECLI:EU:T:2022:386, Rn. 793 – ThyssenKrupp/Kommission.
[1493] Leitlinien „horizontale Zusammenschlüsse" Rn. 86 ff.
[1494] EuG, T-175/12, ECLI:EU:T:2015:148, Rn. 275, 361 f. – Deutsche Börse/Kommission.
[1495] EuG, T-175/12, ECLI:EU:T:2015:148, Rn. 362 – Deutsche Börse/Kommission.
[1496] EuGH, C-23/14, ECLI:EU:C:2015:651, Rn. 49 – Post Denmark.
[1497] Leitlinien „horizontale Zusammenschlüsse" Rn. 91.
[1498] Kom., M.6796, Rn. 810 ff. – Aegean/Olympic II; vgl. Immenga/Mestmäcker/Körber, Rn. 395.
[1499] EuGH, C-413/06 P, ECLI:EU:C:2008:392, Rn. 46, 51 f. – Bertelsmann und Sony/Impala.
[1500] EuGH, C-68/94, ECLI:EU:C:1998:148, Rn. 119 – Frankreich u.a./Kommission („Kali und Salz").
[1501] EuG, T-79/12, ECLI:EU:T:2013:635, Rn. 47 – Cisco Systems und Messagenet/Kommission; T-464/04, ECLI:EU:T:2006:216, Rn. 245 – Impala/Kommission.
[1502] EuGH, C-68/94 ECLI:EU:C:1998:148, Rn. 119 – Frankreich u.a./Kommission („Kali und Salz").
[1503] EuG, T-162/10, ECLI:EU:T:2015:283, Rn. 174 – Niki Luftfahrt/Kommission; T-177/04, ECLI:EU:T:2006:187, Rn. 65 – easyjet/Kommission.
[1504] EuG, T-162/10, ECLI:EU:T:2015:283, Rn. 175 – Niki Luftfahrt/Kommission; T-177/04, ECLI:EU:T:2006:187, Rn. 66 – easyjet/Kommission.

VII. Verfahrensrechtliche Aspekte

nur intern mit der Hierarchie, den in schwierigen Fällen gelegentlich eingesetzten sog. Review Panels und mit dem Chefökonomen der GD Wettbewerb abzustimmen, dessen Team auf Veranlassung des Generaldirektors an der Bearbeitung ausgewählter Fälle direkt beteiligt wird (→ FKVO Grdl. Rn. 172).[1505] Auch **andere Generaldirektionen** sind – je nach Branchenbezug des Falles etwa die GD Mobilität und Verkehr, die GD Binnenmarkt, Industrie, Unternehmertum und KMU oder die GD Kommunikationsnetze, Inhalte und Technologien – mehr oder weniger stark in die Fallbearbeitung der Wettbewerbsbehörde einbezogen (→ FKVO Grdl. Rn. 181). Die Generaldirektionen einschließlich der GD Wettbewerb stehen zudem unter der **rechtlichen Kontrolle des juristischen Dienstes der Kommission** (→ FKVO Grdl. Rn. 96, → FKVO Grdl. Rn. 154, → FKVO Grdl. Rn. 163). Ferner findet eine regelmäßige Abstimmung der Generaldirektion Wettbewerb mit der Wettbewerbskommissarin und ihrem Kabinett statt. Die Wettbewerbskommissarin muss letztlich in den meisten Fällen den Beschluss selbst treffen oder Beschlussvorlagen am Ende der zweiten Phase in das Kommissarskollegium einbringen und dort vertreten.

Mit der Revision des FKVO hat die Abstimmung zwischen der Kommission und den **nationalen Wettbewerbsbehörden der Mitgliedstaaten** stark zugenommen. Auch ohne dass es zu formalen Verweisungsverfahren nach Art. 4 Abs. 4 und Abs. 5, Art. 9 oder Art. 22 kommen muss, nehmen die nationalen Behörden auf die Bearbeitung von Fällen, die für sie von besonderem Interesse sind, mitunter erheblichen Einfluss. Durch die stark intensivierten, informellen Kontakte innerhalb der Merger Working Group des Netzwerks europäischer Wettbewerbsbehörden (European Competition Network, ECN) sowie durch häufig stattfindende, Einzelfall bezogene bilaterale Kontakte haben die mitgliedstaatlichen Behörden auf der Arbeitsebene vielfältige Möglichkeiten, der Kommission materielle Hinweise zur Fallbearbeitung zu geben, lange vor der offiziellen Konsultation der Mitgliedstaaten im Beratenden Ausschuss (→ Kapitel 8 Rn. 108 f., → Art. 19 Rn. 11 ff.).

Auch die internationale Verflechtung der Fusionskontrolle nimmt zu. Die **globale Zusammenarbeit der Wettbewerbsbehörden** findet vor allem im Rahmen der OECD und des internationalen Netzwerks der Wettbewerbsbehörden (International Competition Network, ICN, → Kapitel 1 Rn. 1754 ff.) statt, das auch im Bereich der Fusionskontrolle Leitfäden zur internationalen Harmonisierung erarbeitet, zB den „Practical Guide to International Enforcement Cooperation in Mergers"[1506] (2015) und den „Merger Remedies Guide"[1507] (2016). Daneben existieren auf bilateraler Ebene mittlerweile eine Vielzahl sog. „Positive Comity"-Abkommen, die insbes. die grenzüberschreitende Vollstreckung von Entscheidungen betreffen.[1508] Dabei hat sich vor allem die transatlantische Zusammenarbeit zwischen der Kommission und der FTC bzw. dem DoJ in den USA intensiviert. Zwar bildet es noch die Ausnahme, dass die Kommission mit ihrer Bearbeitung eines Zusammenschlussfalles „wartet", bis das gerichtliche Untersagungsverfahren in den USA abgeschlossen ist und dann der dort eingebrachte Daten und Informationen für die hiesige Entscheidungsfindung nutzt.[1509] Die Abstimmung zwischen den US-Behörden und der Kommission über die materielle Beurteilung von bedeutenden Zusammenschlüssen und insbesondere über die ggf. erforderlichen Zusagen ist jedoch mittlerweile zur Regel geworden.[1510] Die verstärkte **transatlantische Zusammenarbeit** der Wettbewerbsbehörden zeigte sich zuletzt im Jahr 2021 in der Gründung einer gemeinsamen Arbeitsgruppe zu Best Practices für Fusionskontrollverfahren im Pharmasektor unter Beteiligung der Kommission, der FTC, des DoJ, der britischen CMA und des kanadischen Competition Bureau.[1511] Seit dem Brexit ist zudem die **CMA** darum

---

[1505] Vgl. Röller/Buigues, The Office of the Chief Competition Economist at the European Commission, 2005, S. 4, abrufbar unter http://ec.europa.eu/dgs/competition/economist/officechiefecon_ec.pdf, zuletzt abgerufen am 17.3.2023.

[1506] ICN Merger Working Group, Practical Guide to International Enforcement Cooperation in Mergers, abrufbar unter https://www.internationalcompetitionnetwork.org/wp-content/uploads/2018/05/MWG_GuidetoInternationalEnforcementCooperation.pdf, zuletzt abgerufen am 17.3.2023; vgl auch Kom. Wettbewerbsbericht (2015) 21.

[1507] ICN Merger Working Group, Merger Remedies Guide, abrufbar unter https://www.internationalcompetitionnetwork.org/wp-content/uploads/2018/05/MWG_RemediesGuide.pdf, zuletzt abgerufen am 17.3.2023; vgl. auch Kom. Wettbewerbsbericht (2016) 20.

[1508] Vgl. die Übersicht in OECD, Competition Co-operation and Enforcement, Inventory of Co-operation Agreements (2021), abrufbar unter https://www.oecd.org/daf/competition/competition-inventory-provisions-positive-comity.pdf, zuletzt abgerufen am 17.3.2023.

[1509] Vgl. Kom., M.3216, Rn. 9 – Oracle/Peoplesoft.

[1510] Vgl. US-EU Merger Working Group, Best Practices on Cooperation in Merger Investigations (2011), abrufbar unter http://ec.europa.eu/competition/mergers/legislation/best_practices_2011_en.pdf, zuletzt abgerufen am 17.3.2023; exemplarisch etwa Kom., M.8087 – Smiths Group/Morpho Detection; dazu Dumont/Serrano/Walle/Lőrincz, Competition Merger Brief 2/2017, 18; ferner zur Abstimmung etwa im Rahmen einer Verweisung nach Art. 22 auch Kom. SWD/2021/67 final, Rn. 76; weiterführend Levy/Cook, European Merger Control Law, § 22.02.

[1511] Vgl. Pressemitteilung der Kommission IP/21/1203.

bemüht, sich als „dritte Säule" der internationalen Fusionskontrolle neben der Europäischen Kommission und den US-Behörden zu etablieren. Die ersten parallelen Prüfverfahren haben gezeigt, dass die Behörden durchaus zu unterschiedlichen materiellen Beurteilungen gelangen. In Cargotec/Konecranes gab die Kommission den Zusammenschluss mit Nebenbestimmungen frei, während das DoJ Bedenken an den zugesagten Abhilfemaßnahmen äußerte und die CMA den Zusammenschluss – unter Berücksichtigung desselben EWR-weiten Marktes wie die Kommission – untersagte.[1512] In Veolia/Suez gab die Kommission den Zusammenschluss in Phase I frei, während die CMA ein Phase II-Verfahren einleitete.[1513] Umgekehrt gab die CMA das Zusammenschlussverfahren Facebook/Kustomer ohne Nebenbestimmungen in Phase I frei, während die Kommission ein Phase II-Verfahren einleitete und das Zusammenschlussvorhaben schließlich nur mit Nebenbestimmungen freigab.[1514]

VIII. Beurteilung von Koordinierungswirkungen bei der Gründung von Gemeinschaftsunternehmen

523 Die ursprüngliche Fassung der FKVO von 1989 unterschied zwei Arten von Gemeinschaftsunternehmen. Einen anmeldepflichtigen Zusammenschluss stellte nur die Gründung eines **konzentrativen Gemeinschaftsunternehmens** dar, das „auf Dauer alle Funktionen einer selbständigen wirtschaftlichen Einheit erfüllt und keine Koordinierung des Wettbewerbsverhaltens der Gründerunternehmen im Verhältnis zueinander oder im Verhältnis zu dem Gemeinschaftsunternehmen mit sich bringt".[1515] Keinen anmeldepflichtigen Zusammenschluss stellte hingegen die Gründung eines **kooperativen Gemeinschaftsunternehmens** dar, das „eine Koordinierung des Wettbewerbsverhaltens voneinander unabhängig bleibender Unternehmen bezweckt oder bewirkt".[1516]

524 Mit der Reform der FKVO im Jahre 1997 ist die Unterscheidung zwischen konzentrativen und kooperativen Gemeinschaftsunternehmen insofern bedeutungslos geworden, als seitdem sämtliche **Vollfunktionsgemeinschaftsunternehmen,** einschließlich solcher, die eine Koordinierung des Wettbewerbsverhaltens zwischen den voneinander unabhängigen Gründungsunternehmen bewirken oder bezwecken, anmeldepflichtige Zusammenschlüsse iSd Art. 3 Abs. 4 sind. Sämtliche dieser Vollfunktionsgemeinschaftsunternehmen, die auf Dauer alle Funktionen einer selbstständigen wirtschaftlichen Einheit erfüllen, werden der Fusionskontrolle des Art. 2 Abs. 1–3 unterzogen (zu Vollfunktionsgemeinschaftsunternehmen → ausf. Art. 3 Rn. 136 ff.).

525 Fälle, in denen darüber hinaus noch eine mögliche **Koordinierung** der unabhängigen Mütter des Gemeinschaftsunternehmens in Frage steht (sog. spill-over effect), werden gemäß Art. 2 Abs. 4 zusätzlich nach den Kriterien des Artikels 101 Abs. 1 und 3 AEUV beurteilt, um festzustellen, ob das Vorhaben mit dem Binnenmarkt vereinbar ist.[1517] Gemäß Art. 2 Abs. 5 berücksichtigt die Kommission bei dieser Beurteilung insbesondere, ob (1) es auf dem Markt des Gemeinschaftsunternehmens oder auf einem diesem vor- oder nachgelagerten Markt oder auf einem benachbarten oder eng mit ihm verknüpften Markt eine nennenswerte und gleichzeitige Präsenz von zwei oder mehr Gründerunternehmen gibt; und (2) die unmittelbar aus der Gründung des Gemeinschaftsunternehmens erwachsende Koordinierung den beteiligten Unternehmen die Möglichkeit eröffnet, für einen wesentlichen Teil der betreffenden Waren und Dienstleistungen den Wettbewerb auszuschalten (zu Koordinierungswirkungen von Gemeinschaftsunternehmen → ausf. AEUV Art. 101 Rn. 623 ff.).

Art. 3 Definition des Zusammenschlusses

(1) Ein Zusammenschluss wird dadurch bewirkt, dass eine dauerhafte Veränderung der Kontrolle in der Weise stattfindet, dass
a) zwei oder mehr bisher voneinander unabhängige Unternehmen oder Unternehmensteile fusionieren oder dass

---

[1512] Kom., M.10078 – Cargotec/Konecranes; CMA, Pressemitteilung vom 29.3.2022, abrufbar unter https://www.gov.uk/government/news/cma-blocks-planned-cargotec-konecranes-merger, zuletzt abgerufen am 17.3.2023; DoJ, Pressemitteilung vom 29.3.2022, abrufbar unter https://www.justice.gov/opa/pr/shipping-equipment-giants-cargotec-and-konecranes-abandon-merger-after-justice-department, zuletzt abgerufen am 17.3.2023.
[1513] Kom., M.9969 – Veolia/Suez; CMA, ME/6908-20, Entscheidung vom 21.12.2021.
[1514] Kom., M.10262 – Meta/Kustomer; CMA, ME/6920/20, Entscheidung vom 9.11.2021.
[1515] Art. 3 Abs. 2 UAbs. 2 VO 4064/89.
[1516] Art. 3 Abs. 2 UAbs. 1 VO 4064/89.
[1517] Vgl. etwa Kom., M.6800, Rn. 297–303 – PRSfM/STIM/GEMA/JV; M.6150, Rn. 63 – Veolia Transport/Trenitalia/JV; M.5974, Rn. 27–33 – Finavias/Abertis/Autopista Trados M-45; M.4760, Rn. 22–26 – Amadeus/Sabre/JV; M.3817, Rn. 54–63 – Wegener/PCM/JV; M.3333, Rn. 176–182 – Sony/BMG; M.3099 – Areva/Urenco/ETC JV.

b) eine oder mehrere Personen, die bereits mindestens ein Unternehmen kontrollieren, oder ein oder mehrere Unternehmen durch den Erwerb von Anteilsrechten oder Vermögenswerten, durch Vertrag oder in sonstiger Weise die unmittelbare oder mittelbare Kontrolle über die Gesamtheit oder über Teile eines oder mehrerer anderer Unternehmen erwerben.

(2) Die Kontrolle wird durch Rechte, Verträge oder andere Mittel begründet, die einzeln oder zusammen unter Berücksichtigung aller tatsächlichen oder rechtlichen Umstände die Möglichkeit gewähren, einen bestimmenden Einfluss auf die Tätigkeit eines Unternehmens auszuüben, insbesondere durch:
a) Eigentums- oder Nutzungsrechte an der Gesamtheit oder an Teilen des Vermögens des Unternehmens;
b) Rechte oder Verträge, die einen bestimmenden Einfluss auf die Zusammensetzung, die Beratungen oder Beschlüsse der Organe des Unternehmens gewähren.

(3) Die Kontrolle wird für die Personen oder Unternehmen begründet,
a) die aus diesen Rechten oder Verträgen selbst berechtigt sind, oder
b) die, obwohl sie aus diesen Rechten oder Verträgen nicht selbst berechtigt sind, die Befugnis haben, die sich daraus ergebenden Rechte auszuüben.

(4) Die Gründung eines Gemeinschaftsunternehmens, das auf Dauer alle Funktionen einer selbstständigen wirtschaftlichen Einheit erfüllt, stellt einen Zusammenschluss im Sinne von Absatz 1 Buchstabe b) dar.

(5) Ein Zusammenschluss wird nicht bewirkt,
a) wenn Kreditinstitute, sonstige Finanzinstitute oder Versicherungsgesellschaften, deren normale Tätigkeit Geschäfte und den Handel mit Wertpapieren für eigene oder fremde Rechnung einschließt, vorübergehend Anteile an einem Unternehmen zum Zweck der Veräußerung erwerben, sofern sie die mit den Anteilen verbundenen Stimmrechte nicht ausüben, um das Wettbewerbsverhalten des Unternehmens zu bestimmen, oder sofern sie die Stimmrechte nur ausüben, um die Veräußerung der Gesamtheit oder von Teilen des Unternehmens oder seiner Vermögenswerte oder die Veräußerung der Anteile vorzubereiten, und sofern die Veräußerung innerhalb eines Jahres nach dem Zeitpunkt des Erwerbs erfolgt; diese Frist kann von der Kommission auf Antrag verlängert werden, wenn die genannten Institute oder Gesellschaften nachweisen, dass die Veräußerung innerhalb der vorgeschriebenen Frist unzumutbar war;
b) wenn der Träger eines öffentlichen Mandats aufgrund der Gesetzgebung eines Mitgliedstaats über die Auflösung von Unternehmen, die Insolvenz, die Zahlungseinstellung, den Vergleich oder ähnliche Verfahren die Kontrolle erwirbt;
c) wenn die in Absatz 1 Buchstabe b) bezeichneten Handlungen von Beteiligungsgesellschaften im Sinne von Artikel 5 Absatz 3 der Vierten Richtlinie 78/660/EWG des Rates vom 25. Juli 1978 aufgrund von Artikel 54 Absatz 3 Buchstabe g) des Vertrages über den Jahresabschluss von Gesellschaften bestimmter Rechtsformen[1] vorgenommen werden, jedoch mit der Einschränkung, dass die mit den erworbenen Anteilen verbundenen Stimmrechte, insbesondere wenn sie zur Ernennung der Mitglieder der geschäftsführenden oder aufsichtsführenden Organe der Unternehmen ausgeübt werden, an denen die Beteiligungsgesellschaften Anteile halten, nur zur Erhaltung des vollen Wertes der Investitionen und nicht dazu benutzt werden, unmittelbar oder mittelbar das Wettbewerbsverhalten dieser Unternehmen zu bestimmen.

Schrifttum: Anttilainen-Mochnacz, Two-step Transaction Structures in the Context of the EC Merger Regulation: To Have or to Hold?, ECLRev. 2008, 238 ff.; Banks, Mergers and partial mergers under EEC law, Fordham Corp. L. Inst. 1987, 373; Bischke, Die Unterscheidung zwischen kooperativen und konzentrativen Unternehmensverbindungen im europäischen Recht gegen Wettbewerbsbeschränkungen: zum Verhältnis der EG-Fusionskontrollverordnung zu den Artikeln 85 und 86 des EG-Vertrags, 1997; Bischke/Brack, Neuere Entwicklungen im Kartellrecht: EuGH stellt klar – keine Anwendbarkeit europäischer Fusionskontrolle auf Gemeinschaftsunternehmen ohne Vollfunktion, NZG 2017, 1303; Bos/Stuyck/Wytinck, Concentration control in the European Economic Community, 1992; Bosch, Die Entwicklung des deutschen und europäischen Kartellrechts, NJW 2018, 1731; Broberg, The Concept of Control in the Merger Control Regulation, ECLRev. 2004, 741; Brown, Distinguishing between concentrative and co-operative joint ventures: is it getting any easier?, ECLRev. 1996,

---

[1] Amtl. Anm. v. 14.8.1978, ABl. 1978 L 222, 11; Richtlinie zuletzt geändert durch die Richtlinie 2003/51/EG des Europäischen Parlaments und des Rates v. 17.7.2003, ABl. 2003 L 178, 16.

240; Canenbley, Der Zusammenschlussbegriff in der deutschen und europäischen Fusionskontrolle am Beispiel des Anteilserwerbs, FS Lieberknecht, 1997, 277; Deringer, Fragen zur „Gemeinsamen Beherrschung", FS von Gamm, 1989, 559; Dirksen/Barber, Kontrollpflichtige Zusammenschlüsse durch Anteilserwerb, EWS 1992, 98 ff.; Ebenroth/Rösler, Die Anwendbarkeit des Zusammenschlussbegriffes nach Art. 3 Fusionskontrollverordnung auf Lean Production Strukturen, RIW 1994, 533; Fiebig, Outsourcing under the EC Merger Control Regulation, ECLRev. 1996, 123; Fischer, Wettbewerbliche Einheit und Fusionskontrolle, 1986; Frisch, Die Behandlung von Betriebsführungsverträgen in der Fusionskontrolle, AG 1995, 362; Gerwing, Kooperative Gemeinschaftsunternehmen im EWG-Kartellrecht unter besonderer Berücksichtigung der Abgrenzungsfrage – Eine Analyse der Praxis der EG-Kommission, 1994; Götz, Strategische Allianzen: Die Beurteilung einer modernen Form der Unternehmenskooperation nach deutschem und europäischem Kartellrecht, 1996; Gräfer, Die Erfassung von Minderheitsbeteiligungen durch das Europäische Wettbewerbsrecht unter besonderer Berücksichtigung des Zusammenschlussbegriffs in der Fusionskontrollverordnung, 2004; Hatton/Cardwell, Treatment of minority acquisitions under EU and international merger control, ECLRev. 2010, 436 ff.; Hawk/Huser, „Controlling" the shifting sands: minority shareholdings under EEC competition law, Fordham Corp. L. Inst. 1993, 373; Hess, Kreditauflagen (Covenants) und Fusionskontrolle, ZIP 2010, 461 ff.; Hirsbrunner, Neue Entwicklungen in der europäischen Fusionskontrolle 2008 und 2009, EuZW 2009, 239 ff. und 2011, 450 ff.; Horstkotte/Wingerter, Neueste Entwicklungen im europäischen Kartellrecht, IWRZ 2018, 3; Horstkotte/Wingerter, Neueste Entwicklungen im europäischen Kartellrecht, IWRZ 2020, 243; Huber, Die Ein-Mutter-Konstellation beim Gemeinschaftsunternehmen im Recht der europäischen Fusionskontrolle, FS Rowedder, 1994, 191; Huerkamp, Änderung der Tätigkeit des Gemeinschaftsunternehmens, WuW 2010, 1118 ff.; Imgrund, Optionen in der Fusionskontrolle, WuW 2010, 753 ff.; Jäger, Mitregierungsvarianten an Gemeinschaftsunternehmen, EuZW 1995, 203; Immenga, Neues aus Brüssel zum Outsourcing: Ein praktischer Leitfaden für die Fusionskontrolle, BB 2007, 2353 ff.; Karl, Der Zusammenschlussbegriff in der Europäischen Fusionskontrollverordnung: Eine Untersuchung unter Berücksichtigung der Entscheidungspraxis der Kommission der Europäischen Gemeinschaften, 1996; Kirkbridge/Xiong, The European Control of Joint Ventures: A Historic Opportunity or a Mere Continuation of Existing Practice, ELR 1998, 37; Klauß/dos Santos-Goncalves, Kartellrecht: Gründung eines Gemeinschaftsunternehmens zum Zwecke der Kontrolle des Zielunternehmens, EuZW 2017, 816; Kleinmann, Die Anwendbarkeit der EG-FusionskontrollVO auf Gemeinschaftsunternehmen, RIW 1990, 605; Koch, Die neuen Befugnisse der EG zur Kontrolle von Unternehmenszusammenschlüssen, EWS 1990, 65; Köhler, „Gemeinsame Kontrolle" von Unternehmen aufgrund von Minderheitsbeteiligungen im Europäischen Kartellrecht, EuZW 1992, 634; Korfmacher, Konzernrecht und Fusionskontrolle: kartellrechtliche Verweisungen auf den aktienrechtlichen Abhängigkeitstatbestand, 1989; Krimphove, Europäische Fusionskontrolle, 1992; Kuhlmann, Drittstaatsbezogene Unternehmenszusammenschlüsse im EWG-Kartellrecht, 1990; Lettl, Der Anwendungsbereich des Fusionskontrollrechts auf den Anteilserwerb durch Finanzinstitute und Versicherungen, WM 2006, 253; Lohrberg/Huhtamäki, Outsourcing Transactions and Merger Control, ECLRev. 2008, 349 ff.; Lohse, Kartellfreie Gemeinschaftsunternehmen im europäischen Wettbewerbsrecht – Zum Spannungsverhältnis des Artikel 3 Absatz 2 der Europäischen FusionskontrollVO zu Artikel 85 EWG-Vertrag, 1992; Mälzer, Die Stellung von Gemeinschaftsunternehmen im europäischen Wettbewerbsrecht, WuW 1992, 705; McClellan, Mergers and joint ventures with a community dimension and other acquisitions, The journal of business law 1992, 136; Miersch, Die Europäische Fusionskontrolle, 1991; Miersch, Kommentar zur EG-Verordnung Nr. 4064/89 über die Kontrolle von Unternehmenszusammenschlüssen, 1991; Montag, Grundlagen der EG-FusionskontrollVO, Internationale Wirtschaftsbriefe 1990, 681; Montag, Strukturelle kooperative Gemeinschaftsunternehmen, RIW 1994, 918; Montag, Die Anwendung des Zusammenschlussbegriffes der FKVO bei mehreren miteinander verknüpften Transaktionen, in Economic Law and Justice in Times of Globalisation, Essays in Honour of Carl Baudenbacher, 2007, 503 ff.; Montag/Dohms, Minderheitsbeteiligungen im deutschen und EG-Kartellrecht, WuW 1993, 5 ff.; Niemeyer, Die europäische Fusionskontrolle, 1991; Opgenhoff, Behandlung von Gemeinschaftsunternehmen nach der EG-Fusionskontrollverordnung, EWS 1999, 372; Paschke/Reuter, Der Gleichordnungskonzern als Zurechnungsgrund im Kartellrecht, ZHR 158 (1994), 390; Pichler, EuGH: Fusionskontrolle bei Änderung der Kontrollart über ein bestehendes Unternehmen?, BB 2017, 2321; Polley/Grave, Die Erweiterung eines bestehenden Gemeinschaftsunternehmens als Zusammenschluss, WuW 2003, 1010; Portwood, Mergers under EEC Competition Law, 1994; Quack, Vermögenserwerb als Zusammenschlusstatbestand in der Fusionskontrollverordnung des Rates der Europäischen Gemeinschaften v. 21.12.1989, FS Traub, 1994, 321; Ratliff/Garner, EC merger control for the banking and insurance sector, Journal of International Banking Law 1991, 229; Reiser, Joint Ventures in der europäischen Fusionskontrolle, 2002; Röhling, Offene Fragen der europäischen Fusionskontrolle, ZIP 1990, 1179; Rudo, Die Behandlung mehrerer Erwerbsvorgänge als einheitlicher Zusammenschluss im Rahmen der Umsatzberechnung nach Art. 5 Abs. 2 FusionskontrollVO, RIW 1997, 641; Schäfer-Kunz, Strategische Allianzen im deutschen und europäischen Kartellrecht, 1995; Scherf, Kooperative Gemeinschaftsunternehmen im europäischen Kartellrecht, RIW 1994, 297; Schmidt-Ott, Zur Anwendbarkeit der europäischen Wettbewerbsregeln (Art. 85, 86 EGV) und der Europäischen Fusionskontrolle (FKVO) auf strategische Allianzen, FS Raisch, 1995, 501; Schnipper, Die Doppelrolle von Gemeinschaftsunternehmen im europäischen Fusionskontrollrecht: Entwicklung und Auswirkungen, 2002; Schütz, Fusionskontrolle über Beherrschungs- und Gewinnabführungsverträge bei bestehender Mehrheitsbeteiligung, WuW 1988, 1015; Sedemund, Zwei Jahre europäische Fusionskontrolle: Ausgewählte Zentralfragen und Ausblick in Europarecht, Kartellrecht, Wirtschaftsrecht, FS Arved Deringer, 1993, 379; Sorensen/Kennedy, Hollow Ring to Merger Control Regulation Exception, ECLRev. 1995, 267; Staudenmayer, Der Zusammenschlussbegriff in Artikel 3 der EG-FusionskontrollVO, FIW-Schriftenreihe Heft 189, 2002; Stockenhuber, Die Europäische Fusionskontrolle, 1995; Tessin/Röhling, Die Beurteilung von Optionen nach deutschem und europäischem Kartellrecht, FS Quack,

1991, 681; Thurnher, Zur Zurechnung des Treugutes im Fusionskontrollrecht, WuW 1994, 303; Traugott, Zusammenschlusstatbestand bei Erwerb gemeinsamer Kontrolle, IWRZ 2017, 272; Ulshöfer, Kontrollerwerb in der Fusionskontrolle: eine Untersuchung im europäischen, deutschen und US-amerikanischen Fusionskontrollrecht, 2003; von Brevern, Die „Gründung eines Gemeinschaftsunternehmens" nach Art. 3 Abs. 4 der Fusionskontrollverordnung, WuW 2012, 225; von Brevern, Vollfunktion muss sein – Das Urteil des EuGH in Sachen Austria Asphalt, NZKart 2017, 522; von Brevern, Erwerb gemeinsamer Kontrolle und Vollfunktion: Als hätte es Austria Asphalt nie gegeben, NZKart 2022, 270; von Graevenitz, Erweiterte Gemeinschaftsunternehmen in der fusionskontrollrechtlichen Unwirksamkeitsfalle?, BB 2010, 1172 ff.; Weber, „Bankenklauseln" bei der Fusionskontrolle – Gemeinschaftsrecht und Rechte der Mitgliedstaaten, FS Heinsius, 1991, 895; Wiedemann, Zur Anwendbarkeit der EG-Fusionskontroll-VO auf die Gründung von Gemeinschaftsunternehmen – Anmerkungen zum Austria Asphalt-Urteil des EuGH vom 7.9.2017, FS Schröder, 2018, 943.

Übersicht

		Rn.			Rn.
A.	Einführung	1		b) Outsourcing-Verträge	71
B.	Zwei oder mehr voneinander unabhängige Unternehmen als Beteiligte	7		c) Übernahme von Franchisestandorten	72
			5.	Inhaber der Kontrolle	73
I.	Unternehmensbegriff	7	6.	„Erwerb" der Kontrolle	78
II.	Nicht unternehmerisch begründeter Kontrollerwerb	9		a) Passive Erwerbsvorgänge	78
				b) Grad des Einflusses	79
III.	Unternehmenserwerb durch natürliche Personen	10		c) Veränderung von Anzahl/Identität der kontrollierenden Unternehmen	80
IV.	Konzerninterne Restrukturierung	11		d) Sonderfall: Herabsetzung der Anzahl der mitkontrollierenden Unternehmen	82
V.	Zusammenschlüsse zwischen staatlichen Unternehmen	12		e) Wechsel zwischen positiver und negativer Kontrolle	83
VI.	Erwerb eines Unternehmensteils	13	7.	Einheit oder Mehrheit von Zusammenschlussvorgängen	84
C.	Zusammenschluss durch Fusion	14		a) Kontrollerwerb über ein Unternehmen/eine wirtschaftliche Einheit in mehreren sukzessiven Schritten	85
I.	Allgemeines	14			
II.	Rechtliche Fusion	16		b) Sukzessiver Erwerb von Wertpapieren	86
III.	Faktische Fusion	18		c) Gegenseitig bedingte/verknüpfte Transaktionen	87
D.	Zusammenschluss durch Kontrollerwerb	22		d) Verknüpfung de facto	90
				e) Einbezug von Teilerwerbsvorgängen, die keinen Zusammenschluss darstellen	95
I.	Grundsätzliches	22		f) Einheitliche Transaktion iSd Art. 5 Abs. 2	99
1.	Begriff der Kontrolle	22			
	a) Eigenständiger und materieller Kontrollbegriff	22	II.	Erwerb alleiniger Kontrolle	101
	b) Kontrolle als bestimmender Einfluss auf die strategischen Entscheidungen der Geschäftspolitik	25	1.	Stimmrechtsmehrheit	102
			2.	Qualifizierte Minderheitsrechte	103
				a) Kontrolle auf rechtlicher Grundlage	104
	c) Formen der Kontrolle: alleinige oder gemeinsame, positive oder negative Kontrolle	43		b) Kontrolle auf faktischer Grundlage	105
				c) Kontrolle aufgrund von Vetorechten	110
				d) In sonstiger Weise	112
2.	Dauerhaftigkeit der Kontrolle	45	III.	Gründung von Gemeinschaftsunternehmen	113
	a) Kontrolle auf begrenzte Zeit	46			
	b) Gestaffelte Transaktionen – Aufteilung des Zielunternehmens	48	1.	Gemeinsame Kontrolle	115
				a) Gemeinsame Kontrolle de jure	116
	c) Warehousing	51		b) Gemeinsame Kontrolle de facto	124
	d) Arbeitsgemeinschaften	53		c) Änderungen in Struktur oder Tätigkeitsbereich des GU	132
	e) Gemeinschaftsunternehmen	54			
3.	Grundlage der Kontrolle und Formen des Kontrollerwerbs	56	2.	Vollfunktionscharakter (Abs. 4)	138
	a) Anteilserwerb	57		a) Grundsätzliches	138
	b) Optionen	58		b) Dauerhaftigkeit	142
	c) Vermögenserwerb	60		c) Selbstständigkeit	143
	d) Kontrolle auf vertraglicher Grundlage	61		d) Aktives Auftreten am Markt	157
	e) Kontrolle „in sonstiger Weise"	66		e) Keine reine Hilfsfunktion für die Mütter	158
4.	Gegenstand der Kontrolle	70		f) Anlaufphase	166
	a) Unternehmen/Unternehmensteil	70	E.	Ausnahmen, Art. 5	169

	Rn.		Rn.
I. Grundsätzliches	169	5. Beispiele	180
II. Bankenklausel, Abs. 5 lit. a	173	6. Veräußerung binnen Jahresfrist	183
1. Privilegierte Erwerber	174	7. Verstoß gegen die Voraussetzungen nach Vollzug	186
2. Anteilserwerb	175	III. Insolvenzklausel, Abs. 5 lit. b	187
3. Erwerb zum Zwecke der Veräußerung	177	IV. Erwerb durch Beteiligungsgesellschaften, Abs. 5 lit. c	190
4. Unterlassen der Stimmrechtsausübung	178		

A. Einführung

1 Der europäischen Fusionskontrolle unterliegen nach Art. 1 Abs. 1 „gemeinschaftsweite Zusammenschlüsse". Art. 3 **definiert den Begriff des Zusammenschlusses**. Er umschreibt damit den Kreis derjenigen Transaktionen, die – vorbehaltlich der Umsatzschwellen des Art. 1 Abs. 2 und 3 – dem Anwendungsbereich der FKVO unterfallen und dementsprechend einer fusionskontrollrechtlichen Genehmigung vor ihrem Vollzug bedürfen. Der Begriff des Zusammenschlusses stellt gleichzeitig die Weichen für die Abgrenzung zwischen der Fusionskontrolle einerseits und der Verhaltenskontrolle nach Art. 101 AEUV andererseits. Vereinbarungen, die den Zusammenschlusstatbestand des Art. 3 erfüllen, unterliegen nach dem EU-Recht ausschließlich der Fusionskontrolle (Art. 21 Abs. 1),[2] während sich alle übrigen Vereinbarungen zwischen Unternehmen an Art. 101 AEUV messen lassen müssen.

2 Die Fusionskontrolle erfasst ausschließlich **dauerhafte Veränderungen in der Struktur eines Marktes**.[3] Zeitlich eng begrenzte Vorhaben und rein kooperative Transaktionen zwischen weiterhin unabhängig bleibenden Unternehmen unterliegen demgegenüber allein den Art. 101 und 102 AEUV.[4] Der Zusammenschlussbegriff des Art. 3 bildet damit gleichsam eine Trennlinie zwischen den beiden Teilgebieten des europäischen Wettbewerbsrechts.[5] Es sollen nur tatsächliche Veränderungen der Marktstruktur der Fusionskontrolle unterworfen werden, während das bloße Marktverhalten den Art. 101 und 102 AEUV unterfällt.[6] Entsprechend dieser Zielsetzung definiert Abs. 1 als Zusammenschlüsse solche Vorhaben, die zu einer **dauerhaften Veränderung der Kontrolle** über ein Unternehmen oder Teile eines Unternehmens führen. Ein derartiger Kontrollerwerb kann über eine Fusion, über Anteilserwerb, über Vermögenserwerb oder durch Vertrag auf sonstige Weise erfolgen (Abs. 1 lit. b). Im Gegensatz zur rein repressiven und im Ermessen der Wettbewerbsbehörden liegenden ex-post-Kontrolle nach den Art. 101 und 102 AEUV, wurde im Anwendungsbereich der EG-Fusionskontrollverordnung für dauerhafte Veränderungen in der Struktur eines Marktes ein System der präventiven und obligatorischen ex-ante-Kontrolle eingerichtet.[7] An der Grenze zwischen strukturverändernden und verhaltenskoordinierenden Vereinbarungen liegt die Gründung von Gemeinschaftsunternehmen. Insoweit bestimmt Abs. 4, dass nur solche Gemeinschaftsunternehmen der Fusionskontrolle unterliegen, die „auf Dauer alle Funktionen einer selbständigen wirtschaftlichen Einheit erfüllen" (**sog. Vollfunktions-Gemeinschaftsunternehmen**). Teilfunktions-Gemeinschaftsunternehmen, die lediglich Hilfsfunktionen für ihre Muttergesellschaften wahrnehmen, unterfallen hingegen nicht der FKVO. Ihre Zulässigkeit bestimmt sich allein nach Art. 101 AEUV und ggf. der nationalen Fusionskontrolle.

3 Indem er den Kontrollerwerb als ausschlaggebend erklärt, ist der **Zusammenschlussbegriff** der FKVO **materieller Natur**. Er steht damit im Gegensatz zum (ursprünglich rein) formalen Ansatz des GWB mit seiner enumerativen Aufzählung verschiedener Zusammenschlussformen und dem Anknüpfen an die Überschreitung bestimmter Beteiligungshöhen am Kapital der Zielgesell-

---

[2] Abgesehen von Gemeinschaftsunternehmen, die keine gemeinschaftsweite Bedeutung haben und die Koordinierung zwischen unabhängig bleibenden Unternehmen bezwecken oder bewirken (Art. 21 Abs. 1); Art. 21 Abs. 1 schließt iÜ nicht die Anwendung des Art. 101 AEUV auf Zusammenschlüsse aus (was er als niederrangige Norm nicht kann), sondern – praktisch bedeutsam – lediglich die Anwendung der Durchführungsverordnung 1/2003.
[3] Vgl. die 3., 4. und 8. Begründungserwägung der FKVO sowie Art. 3 Abs. 1.
[4] Vgl. Schlussanträge der Generalanwältin Kokott v. 27.4.2017 zu EuGH 7.9.2017 – C-248/16 Rn. 38; Erwgr. 23 FKVO aF.
[5] Schlussanträge der Generalanwältin Kokott v. 27.4.2017 zu EuGH 7.9.2017 – C-248/16 Rn. 37.
[6] Schlussanträge der Generalanwältin Kokott v. 27.4.2017 zu EuGH 7.9.2017 – C-248/16 Rn. 37.
[7] Schlussanträge der Generalanwältin Kokott v. 27.4.2017 zu EuGH 7.9.2017 – C-248/16 Rn. 36.

schaft. ZT wurde vertreten, die FKVO habe diesen materiellen Ansatz wählen müssen, da es zwischen den verschiedenen Mitgliedstaaten signifikante Unterschiede in den Gesellschaftsformen und den Typen möglicher Unternehmensverbindungen gebe.[8] Diese Erklärung erscheint allerdings kaum überzeugend, da auch der deutschen Fusionskontrolle nicht nur Zusammenschlüsse von Gesellschaften deutschen Rechts unterliegen, sondern – bei entsprechender Inlandswirkung – jegliche Zusammenschlüsse internationaler Unternehmen unabhängig von ihrer Rechtsform.

Der Begriff des Zusammenschlusses ist ein **eigenständiger Rechtsbegriff,** der iRd Art. 3 autonom auszulegen ist. Er ist **abzugrenzen** insbes.: 4

– von der **Verbundklausel des Art. 5 Abs. 4**[9] – diese bestimmt für die Zwecke der Umsatzberechnung, unter welchen Voraussetzungen Unternehmen dergestalt miteinander verbunden sind, dass sie als Konzern anzusehen sind; hierbei stellt Art. 5 Abs. 4 auf formale und quantitative[10] Kriterien wie die Innehabung der Mehrheit der Anteils- oder Stimmrechte ab, während Art. 3 in einer umfassenden qualitativen Wertung alle tatsächlichen und rechtlichen Umstände berücksichtigt, die eine Kontrolle begründen können,
– von den **Konzernbegriffen des nationalen** (Gesellschafts-, Steuer- oder Bilanz-) **Rechts** – wobei mit diesen in den meisten Fällen im Ergebnis eine Übereinstimmung bestehen wird, es aber im Einzelfall zu Abweichungen bei Konstellationen „faktischer" Kontrollverhältnisse kommen kann.

Unternehmensverflechtungen sind auf einer gedachten stufenlosen Skala in unterschiedlicher Intensität möglich. Mit dem Begriff des „Kontrollerwerbs" definiert Art. 3 denjenigen Punkt, ab dem eine Verflechtung als fusionskontrollpflichtiger Zusammenschlusstatbestand anzusehen ist. 5

Art. 3 ist wie folgt **gegliedert:** Abs. 1 nennt als die zwei grundsätzlichen Typen von Zusammenschlüssen die Fusion und den Kontrollerwerb. Abs. 2 definiert den Begriff der Kontrolle, während Abs. 3 festlegt, wer als Kontrollberechtigter anzusehen ist. Abs. 4 bestimmt, unter welchen Voraussetzungen die Gründung von Gemeinschaftsunternehmen als Zusammenschluss anzusehen ist. Abs. 5 schließlich trifft für Kredit-, Finanz- und Versicherungsunternehmen sowie für Insolvenzverwalter und Beteiligungsgesellschaften Ausnahmeregelungen vom Zusammenschlussbegriff. Die Kommission hat ihre Auslegung des Art. 3 in der konsolidierten **Mitteilung zu Zuständigkeitsfragen** festgehalten, welche die früheren Mitteilungen betreffend Zusammenschlussbegriff und Vollfunktions-GU (sowie Begriff der beteiligten Unternehmen und Berechnung des Umsatzes) ersetzt hat.[11] Das EuG hat die Mitteilungen – obwohl sie das EuG nicht binden – als maßgeblich für die Frage angesehen, ob die Kommission berechtigt war, ein Bußgeld wegen Verstoßes gegen das Vollzugsverbot zu verhängen.[12] 6

B. Zwei oder mehr voneinander unabhängige Unternehmen als Beteiligte

I. Unternehmensbegriff

Ein Zusammenschluss liegt nur vor, wenn mindestens zwei voneinander unabhängige Unternehmen (oder Teile von Unternehmen) an dem Vorhaben beteiligt sind. Der **Begriff des Unternehmens** iRv Art. 3 entspricht hierbei demjenigen nach Art. 101 und 102 AEUV. Insofern kann auf die dort erfolgte Kommentierung verwiesen werden (→ AEUV Art. 101 Rn. 1 ff.; → AEUV Art. 102 Rn. 70–80).[13] Hieraus folgt auch, dass die Differenzierung in Art. 3 Abs. 1 lit. b zwischen Unternehmen und Personen, die bereits mindestens ein Unternehmen kontrollieren, redundant ist. Denn natürliche Personen gelten bereits nach allgemeinen Grundsätzen dann als Unternehmen, wenn sie über eigenständige unternehmerische Aktivitäten verfügen. 7

Nach ständiger Rspr. ist Unternehmen iSd EG-Wettbewerbsrechts „jede eine wirtschaftliche Tätigkeit ausübende Einheit unabhängig von ihrer Rechtsform und Finanzierung".[14] „Wirtschaftli- 8

---

[8] Immenga/Mestmäcker WettbR/Immenga, 4. Aufl. 2007, Rn. 5.
[9] Vgl. hierzu Kom., Grünbuch zur Reform der Fusionskontrolle, KOM(2001) 745/6 endg. v. 11.12.2001, Rn. 148 („Unterschiede zwischen den beiden Vorschriften, die bisweilen eine gewisse Unsicherheit hervorrufen können"); hierzu → Art. 5 Rn. 53 ff.
[10] Kom. (Fn. 9) Rn. 148.
[11] Im Folgenden Mitteilung „Zuständigkeit", berichtigte Version: ABl. 2009 C 43, 10.
[12] EuG 12.12.2012 – T-332/09 Rn. 40 f. – Electrabel.
[13] S. auch FK-KartellR/Wessely Art. 102 AEUV Rn. 77–77g.
[14] EuGH Slg. 1991, I-1979 Rn. 21 – Höfner; EuGH Slg. 1993, I-637 Rn. 17 – Poucet und Pistre; EuGH Slg. 1994, I-43 Rn. 18 – Eurocontrol; EuGH Slg. 1995, I-4013 Rn. 14 – Fédération Française des sociétés d'assurance; EuGH Slg. 1997, I-7119 Rn. 21 – Job Centre; EuGH Slg. 2001, I-8089 Rn. 19 – Glöckner; EuGH Slg. 2002, I-691 Rn. 22 – Cisal; EuGH Slg. 2004, I-2493 Rn. 46 – AOK Bundesverband.

che Tätigkeit" iSd Definition des EuGH umfasst jedes auf ein Angebot bzw. auf Nachfrage von Waren oder Dienstleistungen bezogene, also marktbezogene, Verhalten, welches zumindest im Grundsatz von einem Privaten mit der Absicht der Gewinnerzielung ausgeübt werden könnte.[15] Nicht Unternehmen sind insbesondere:
- der private Nachfrager als Endverbraucher,
- der in Gesetzgebung oder Eingriffs- bzw. Leistungsverwaltung hoheitlich handelnde Staat[16] und
- (nach herrschender Auffassung) der Arbeitnehmer.

II. Nicht unternehmerisch begründeter Kontrollerwerb

9   Der **nicht unternehmerisch begründete Kontrollerwerb** fällt daher nicht unter die EU-Fusionskontrolle. Hoheitlich-staatliche Einflussnahmen oder eine Übernahme der Kontrolle im Wege hoheitlicher Enteignung stellen daher – im Gegensatz zu einer unternehmerisch motivierten Staatsbeteiligung – keinen Zusammenschlusstatbestand dar. Dasselbe gilt für Kontrollbefugnisse, die der Staat Dritten wie etwa der Belegschaft überträgt (auch → AEUV Art. 102 Rn. 70–80).

III. Unternehmenserwerb durch natürliche Personen

10   Der Erwerb eines Unternehmens durch eine **natürliche Person** fällt nur dann unter die Fusionskontrolle, wenn der Erwerber bereits anderweitige unternehmerische Aktivitäten verfolgt.[17] Hierzu reicht es aus, dass sie mindestens ein weiteres Unternehmen kontrolliert.[18] Anderenfalls ist sie kein „Unternehmen", so dass kein Zusammenschluss zwischen zwei unabhängigen Unternehmen vorliegt. Im Verfahren EDFI/Graninge wurden die Familien-Gesellschafter mangels sonstiger unternehmerischer Aktivitäten nicht als Unternehmen angesehen; dennoch lag ein Zusammenschluss vor, da neben den Familien-Gesellschaftern mit EDFI als mitkontrollierendem und Graninge als Zielunternehmen zwei Unternehmen am Zusammenschluss beteiligt waren.[19]

IV. Konzerninterne Restrukturierung

11   Die sich zusammenschließenden Unternehmen müssen **„voneinander unabhängig"** sein. Rein **konzerninterne Restrukturierungen** stellen daher keine Zusammenschlüsse iSd FKVO dar.[20] Anderes gilt nur, wenn die Transaktion zu Änderungen in der Art der Kontrolle führt, wenn also bspw. ein mit einem dritten Anteilseigner gemeinsam kontrolliertes Unternehmen in alleinige Kontrolle überführt wird (→ Rn. 80–82).

V. Zusammenschlüsse zwischen staatlichen Unternehmen

12   Bei einem **Zusammenschluss zwischen staatlichen Unternehmen** ist zu differenzieren: Der Staat wird nicht generell als „Konzernholding" sämtlicher Staatsunternehmen angesehen. Entscheidend ist vielmehr, ob die beiden Unternehmen vor der Transaktion Teil derselben „mit einer autonomen Entscheidungsbefugnis ausgestatteten wirtschaftlichen Einheit" waren.[21] Staatliche Unternehmen, die getrennt geführt werden, sind daher als voneinander unabhängige Unternehmen anzusehen, deren Zusammenschluss der EU-Fusionskontrolle unterliegt. Bleiben die autonomen Entscheidungsbefugnisse der als voneinander unabhängig anzusehenden staatlichen Unternehmen nach der Transaktion allerdings erhalten, ist dies als bloße interne Reorganisation zu qualifizieren, die nicht der EU-Fusionskontrolle unterliegt.[22] Einen Zusammenschluss getrennter Unternehmen nahm die Kommission etwa für den Zusammenschluss von Neste und IVO, zwei finnischen Staatsunternehmen, mit der Begründung an, es lägen keine Anzeichen dafür vor, dass das Geschäftsverhalten der beiden Unternehmen in der Vergangenheit aufeinander abgestimmt worden sei; vielmehr agier-

---

[15] EuGH Slg. 1987, 2599 Rn. 7 – Kommission/Italien; EuGH Slg. 1998, I-3851 Rn. 36 – Kommission/Italien; EuGH Slg. 2001, I-8089 Rn. 19 – Glöckner (ohne Bezug auf die Nachfrage von Gütern).
[16] S. hierzu mit Nachweisen der Rechtsprechung → AEUV Art. 102 Rn. 70 ff.; FK-KartellR/Wessely Art. 102 AEUV Rn. 77–77g.
[17] Abs. 1 lit. b; Kom., M.082 – Asko/Jacobs/Adia (wo der Unternehmer Jacobs als „Unternehmen" angesehen wurde).
[18] Mitteilung „Zuständigkeit" Rn. 12.
[19] Kom., M.1169, Rn. 12–14 – EDFI/Graninge; vgl. auch Kom., M.6411 – Advent/Maxam; Kom., M. 5734, Rn. 3 f. – Liberty Global Europe/Unitymedia, COMP/M.5734.
[20] Mitteilung „Zuständigkeit" Rn. 9, 51 sowie Fn. 9; Kom., M.397, Rn. 5–9 – Ford/Hertz (Anteilserhöhung von 49 % auf 54 % kein Zusammenschluss, da Ford Hertz bereits aufgrund der vorherigen Minderheitsbeteiligung faktisch beherrschte).
[21] Vgl. Erwgr. 22; Mitteilung „Zuständigkeit" Rn. 52.
[22] Mitteilung „Zuständigkeit" Rn. 52.

ten die beiden Unternehmen am Markt unabhängig voneinander.²³ Der Staat habe sich rein auf die Verwaltung seiner Anteile an den Unternehmen beschränkt. Anderes kann hingegen für Staatsunternehmen gelten, die über ein und dieselbe Staatsholding gesteuert werden.²⁴ Die Bündelung verschiedener staatlicher Beteiligungen in einer Staatsholding führt für sich allein genommen allerdings noch nicht notwendigerweise zur Annahme eines einheitlichen Unternehmens.²⁵ Auch hier kommt es im Einzelfall auf die einheitliche Führung an.

VI. Erwerb eines Unternehmensteils

Zu beachten ist, dass zwar zumindest zwei voneinander unabhängige Unternehmen am Zusammenschluss beteiligt sein müssen, es hierbei aber ausreicht, wenn es sich nur um einen **Unternehmensteil** handelt. Danach kann etwa auch der Erwerb von Markenrechten oder eines Kundenstamms einen Zusammenschluss darstellen.²⁶ **13**

C. Zusammenschluss durch Fusion

I. Allgemeines

Art. 3 unterscheidet grds. zwischen zwei Formen von Zusammenschlüssen, nämlich der Fusion **14** (Abs. 1 lit. a) und dem Kontrollerwerb (Abs. 1 lit. b). In der Praxis ist der Kontrollerwerb die bei weitem häufigste Art des Zusammenschlusses. Mit dem zusätzlichen – in der FKVO nicht näher definierten – Tatbestand der Fusion sollten wohl Zusammenschlüsse erfasst werden, die ohne die den Kontrollerwerb kennzeichnende Über-/Unterordnung erfolgen. Trotz dieses konzeptionell klaren Ausgangspunktes kann es in Einzelfällen zu Abgrenzungsschwierigkeiten zwischen den beiden Tatbeständen kommen,²⁷ deren praktische Auswirkungen sich allerdings zumeist darauf beschränken, ob beide Unternehmen der Anmeldepflicht unterliegen (so bei der Fusion) oder nur eines (so beim Erwerb alleiniger Kontrolle).

Nach der Mitteilung „Zuständigkeit" und der Fallpraxis der Kommission sind von Abs. 1 lit. a **15** sowohl die rechtliche als auch die wirtschaftliche Fusion zweier oder mehrerer Unternehmen erfasst.

II. Rechtliche Fusion

Eine rechtliche Fusion ist die in Form einer Verschmelzung vollzogene Übertragung des Vermögens eines Unternehmens als Ganzes auf das Vermögen eines anderen Unternehmens.²⁸ Kennzeichnend für die rechtliche Fusion ist es, dass eines der beteiligten Unternehmen seine Rechtspersönlichkeit verliert. Im Anschluss an das europarechtlich vereinheitlichte Umwandlungsrecht²⁹ unterscheidet die Kommission zwischen zwei Formen der rechtlichen Fusion.³⁰ Eine Fusion kann zum einen in der Weise erfolgen, dass ein Unternehmen in dem anderen aufgeht (entspr. § 2 Abs. 1 Nr. 1 UmwG).³¹ **16**

---

[23] Kom., M.931, Rn. 8 – Neste/IVO; s. auch Kom., M.216 – CEA Industrie/France Telecom/Finmeccanica/SGS-Thomson (CEA und France Telecom als getrennte staatliche Unternehmen behandelt); Kom., M.097 – Péchiney/Usinor-Sacilor (Gemeinschaftsunternehmen zweier staatlicher Muttergesellschaften als Zusammenschluss qualifiziert); s. auch Kom., M.9410, Rn. 7ff – Saudi Aramco / SABIC.
[24] S. etwa Kom. ABl. 1992 C 227, 00 Rn. 5 – Koipe-Tabacalera/Elosua (wo die Kommission die spanische Generaldirektion des Nationalvermögens als einheitliche Führung der öffentlichen Unternehmen Spaniens im Sektor der Speiseöle angesehen hat); Kom. ABl. 1994 L 186, 38 Rn. 4f., 7 u. 9 – Kali + Salz/MdK/Treuhand (wo die Kommission erwog, das zuständige Direktorat „Bergbau, Steine, Erden" der Treuhand als „Konzernspitze" der von diesem Direktorat verwalteten Unternehmen anzusehen).
[25] Vgl. Umkehrschluss aus Mitteilung „Zuständigkeit" Rn. 52; s. Kom., M.496, Rn. 5 – Marconi/Finmeccanica (wo Finmeccanica als selbstständiges Unternehmen angesehen wurde, obwohl die Staatsholding IRI 86 % an Finmeccanica hielt); Kom., M.468, Rn. 13 – Siemens/Italtel (STET und Finmeccanica als selbstständige Unternehmen, obwohl beide von der Staatsholding IRI kontrolliert werden).
[26] Vgl. Kom., M.4214 – Alcatel/Lucent, Rn. 6, 7; Kom., M.5721, Rn. 8ff. – Otto/Primondo Assets; Kom., M.5840, Rn. 7 – Otto/Quelle Schweiz Assets; Kom., M.5859, Rn. 7 – Whirlpool/Privileg Rights.
[27] Vgl. hierzu auch Immenga/Mestmäcker/Körber Rn. 22f.
[28] FK-KartellR/Kuhn Rn. 36; Mitteilung „Zuständigkeit" Rn. 8.
[29] S. die Dritte Richtlinie des Rates v. 9.10.1978 gem. Art. 54 Abs. 3 lit. g des Vertrages betreffend die Verschmelzung von Aktiengesellschaften, ABl. 1978 L 395, 36.
[30] Mitteilung „Zuständigkeit" Rn. 9.
[31] S. bspw. Kom. M.1293, Rn. 3 – BP/Amoco; Kom., M.1673, Rn. 6 – VEBA/VIAG; Kom., M.2208, Rn. 4 – Chevron/Texaco.

Alternativ können die beteiligten Unternehmen auch unter beiderseitiger Aufgabe ihrer Rechtspersönlichkeit zu einem neuen Rechtssubjekt verschmelzen (gemäß § 2 Abs. 1 Nr. 2 UmwG).[32]

17 Die Fusion über die Aufnahme des Vermögens durch eine bestehende Rechtsperson dürfte zugleich die Voraussetzungen des Erwerbs alleiniger Kontrolle erfüllen.[33] Die Verschmelzung zu einem neuen Rechtssubjekt kann im Einzelfall dann den Tatbestand der gemeinsamen Kontrolle erfüllen, wenn an dem neuen Rechtssubjekt zwei Holdinggesellschaften paritätisch beteiligt sind. Es können sich auf diese Weise **Abgrenzungsschwierigkeiten** zwischen den beiden Zusammenschlusstatbeständen ergeben. Da der Tatbestand der Fusion mit dem Abstellen auf eine bestimmte gesellschaftsrechtliche Strukturierung des Zusammenschlusses spezieller ist, erscheint die Praxis der Kommission sachgerecht, ihm in Überschneidungsfällen den Anwendungsvorrang vor dem allgemeineren Tatbestand des Kontrollerwerbs beizumessen.

III. Faktische Fusion

18 Nach der Fallpraxis der Kommission umfasst der Zusammenschlusstatbestand der „Fusion" nicht nur Fusionen im rechtlichen Sinne, sondern auch Fälle einer faktischen Fusion zweier Unternehmen. Eine solche faktische Fusion ergibt sich, wenn zwei Unternehmen durch die Zusammenlegung ihrer Aktivitäten eine **wirtschaftliche Einheit** schaffen, **ohne dass rechtlich von einer Fusion gesprochen werden kann**.[34] Die Bildung einer solchen integrierten wirtschaftlichen Einheit ist dadurch gekennzeichnet, dass sich die beteiligten Unternehmen dauerhaft einer einheitlichen Leitung unterstellen.[35] Als Beispiele nennt die Kommission den Gleichordnungskonzern deutschen Rechts, den französischen „groupement d'intérêt économique" oder die Verschmelzung von „partnerships" unter Verweis auf PriceWaterhouse/Coopers&Lybrand (→ Rn. 20).[36] Indizien und zugleich Instrumente einer faktischen Fusion können der interne Gewinn- und Verlustausgleich, die gesamtschuldnerische Haftung nach außen oder eine Kapitalverflechtung zwischen den beteiligten Unternehmen sein.[37]

19 Der erste Fall, in dem eine solche faktische Fusion angenommen wurde, war die Entscheidung RTZ/CRA.[38] Die beiden Unternehmen hatten vereinbart, zu einem gemeinsam und einheitlich geführten **Unternehmen mit doppelter Börsennotierung („dual listing")** zu fusionieren. Sowohl RTZ als auch CRA blieben als getrennte Rechtspersönlichkeiten bestehen und behielten ihre jeweilige Börsennotierung bei. Auch die Eigentumsverhältnisse an den beiden Unternehmen blieben unberührt. Stattdessen vereinbarten die Unternehmen, ihre Aktivitäten auf rein vertraglicher Basis zu integrieren. Hierzu bildeten sie eine einheitliche Geschäftsführung und Managementstruktur mit Sitz in London, sahen den internen Ausgleich von Dividenden und sonstigen Kapitalausschüttungen in der Weise vor, dass die Aktionäre beider Unternehmen im Ergebnis so behandelt wurden, als wenn sie Anteile an einer einzigen Gesellschaft hielten, und einigten sich auf einheitliche Entscheidungsverfahren, in denen die Aktionäre beider Gesellschaften jeweils über gleichwertige Stimmrechte verfügten. Die Unternehmen sprachen auch gegenseitig Garantien für die Verbindlichkeiten der jeweils anderen Gesellschaft aus.[39]

20 In Price Waterhouse/Coopers & Lybrand[40] waren beide Parteien als internationale Netze getrennter und autonomer nationaler Unternehmen organisiert, die unter einem gemeinsamen Namen tätig waren und sich einheitliche berufsethische Normen und Dienstleistungsstandards gesetzt hatten. Während es sich bei dem Zusammenschluss der nationalen Geschäftsstellen unzweifelhaft um eine rechtliche Fusion handelte, sah die Kommission den Zusammenschluss der internationalen Netze als faktische Fusion an. Denn die Vereinbarungen zwischen den Parteien führten zur Entstehung einer neuen integrierten Struktur in Form der Gründung einer **einzigen Wirtschaftseinheit**. Als maßgeblich hierfür erachtete die Kommission u.a. die Zentralisierung des Managements sowie die Einführung eines „Fusionsrats", der die nationalen Unternehmen in fast allen Fragen der Geschäftsführung überwachen und beraten sollte, um die Tätigkeiten der einzelnen Unternehmen aufeinander abzustimmen und die gemeinsamen Interessen zu fördern. Weitere Anhaltspunkte für das

---

[32] S. bspw. Kom., M.1108, Rn. 4 – SBG/SBV; Kom., M.1621, Rn. 3 – Pakhoed/Van Ommeren; Kom., M.2382, Rn. 1, 6 – Usinor/Arbed/Aceralia.
[33] Vgl. etwa Kom., M.2208, Rn. 4 – Chevron/Texaco.
[34] Mitteilung „Zuständigkeit" Rn. 10.
[35] Mitteilung „Zuständigkeit" Rn. 10.
[36] Mitteilung „Zuständigkeit" Rn. 10 Fn. 10; Kom., IV/M.1016, Rn. 7–17 – PriceWaterhouse/Coopers & Lybrand.
[37] Mitteilung „Zuständigkeit" Rn. 10.
[38] Kom., M.660, Rn. 7–10 – RTZ/CRA.
[39] Kom., Rn. 7–10 – RTZ/CRA.
[40] Kom., M.1016, Rn. 7–17 – Price Waterhouse/Coopers & Lybrand.

Bestehen einer integrierten Wirtschaftseinheit waren der Abschluss von bilateralen Vereinbarungen betreffend die Zusammenlegung von Ressourcen, die Koordinierung der Geschäftsstrategien sowie die Angewiesenheit der internationalen Wirtschaftsprüfergesellschaften auf ein einheitliches Netzwerk und Auftreten, die Wahrung eines durchgängig hohen Standards und ein einwandfreier Ruf, um von ihren internationalen Mandanten akzeptiert zu werden. Entspr. entschied die Kommission auch in Ernst&Young France/Andersen France.[41]

Die faktische Fusion ist im Einzelfall von **institutionalisierten Formen der Unternehmens-** 21 **kooperation** zu unterscheiden, die allein Art. 101 AEUV unterfallen. Wie für andere Zusammenschlusstatbestände ist es auch für das Vorliegen einer faktischen Fusion erforderlich, dass diese zu einer dauerhaften Strukturveränderung führt. Immenga ist vor diesem Hintergrund entgegen der Kommission der Auffassung, dass Gleichordnungskonzerne grds. als kooperativer Tatbestand anzusehen sind, da der Gleichordnungsvertrag jederzeit aus wichtigem Grund analog § 723 BGB gekündigt werden könne.[42] Ob allein die Kündigungsmöglichkeit das Vorliegen einer dauerhaften Strukturveränderung ausschließt, erscheint allerdings zweifelhaft. Art. 3 stuft auch (Vollfunktions-) Gemeinschaftsunternehmen als Zusammenschluss ein, obwohl auch diese regelmäßig kündbar sind und die Fallpraxis der Kommission zeigt, dass sie in vielen Fällen nach wenigen Jahren wieder aufgelöst werden.[43] Körber differenziert danach, ob die Bildung des Gleichordnungskonzerns jedenfalls faktisch zu einer Verschmelzung der beteiligten Unternehmen iSe echten dauerhaften wirtschaftlichen Einheit führe – dann sei der Zusammenschlusstatbestand anzunehmen. Eine lediglich punktuelle und kurzfristige Unterordnung der einzelnen Konzernunternehmen unter eine gemeinsame Strategie reiche dafür jedoch nicht aus. Vielmehr müssten die Beteiligten ihre selbständige Unternehmensplanung und die Verfolgung eigener Sonderinteressen vollständig und dauerhaft aufgeben.[44]

D. Zusammenschluss durch Kontrollerwerb

I. Grundsätzliches

1. Begriff der Kontrolle. a) Eigenständiger und materieller Kontrollbegriff. Zweiter 22 und praktisch bedeutenderer Zusammenschlusstatbestand neben der Fusion ist der Kontrollerwerb. Abs. 2 **definiert** „Kontrolle" als die Möglichkeit, aufgrund rechtlicher oder tatsächlicher Umstände einen bestimmenden Einfluss auf die Tätigkeit eines Unternehmens auszuüben, und zwar insbes. durch Eigentums- oder Nutzungsrechte an dem Vermögen des Unternehmens (lit. a) oder durch die Möglichkeit, Einfluss auf die Beschlussfassung der Organe des Unternehmens zu nehmen (lit. b). Mit dieser gesetzlichen Definition schafft Abs. 2 einen **eigenständigen Kontrollbegriff,** der dem Zusammenschlusstatbestand der früheren EGKS-Fusionskontrolle nach Art. 66 EGKSV nachgebildet wurde.[45] Der Zusammenschlussbegriff des Abs. 2 ist damit unabhängig von den Begriffen der Kontrolle in anderen Teilen der nationalen oder europäischen Rechtsordnung (etwa im Gesellschafts-, Steuer-, Bilanz- oder Aufsichtsrecht) zu bestimmen. Er ist mit anderen Kontrollbegriffen daher nicht notwendigerweise identisch,[46] kommt ihnen aber teilweise sehr nahe (wie etwa dem des § 17 AktG).

Der **Kontrollbegriff** des Art. 3 ist **materieller Natur.** Er unterscheidet sich darin von dem 23 an formale Beteiligungsschwellen anknüpfenden Zusammenschlussbegriff mancher nationaler Fusionskontrollgesetze, wie etwa des deutschen GWB (welches allerdings seit 1999 den Zusammenschlusstatbestand des Kontrollerwerbs zusätzlich übernommen hat). Dies hat vor allem drei Konsequenzen. Zum einen ist die Anzahl der Sachverhalte, die einen Zusammenschluss iSd Art. 3 darstellen, offen. Jeglicher Vertrag, jegliches Verhalten und jegliche Geschehnisse, die zur Begründung bestimmenden Einflusses durch ein Unternehmen über ein anderes führen, können grds. einen Zusammenschluss gemäß Art. 3 darstellen. Zweitens entfällt[47] die (etwa im deutschen Recht bestehende) Möglichkeit sukzessiver Fusionskontrollanmeldungen bei stufenweiser Erhöhung einer Unternehmensbeteiligung – Kontrolle iSv Art. 3 liegt entweder vor oder nicht. Drittens können Vorhaben, die nicht die Schwelle des Kontrollerwerbs gemäß Art. 3 erreichen, der nationalen Fusi-

---

[41] Kom., M.2816, Rn. 11–25 – Ernst&Young France/Andersen France.
[42] Immenga/Mestmäcker/Immenga, 4. Aufl. 2007, Rn. 22–24.
[43] Kom., M.966 – Philipps/Lucent Technologies (Gründung mit Entscheidung vom 20.8.1997 genehmigt, die Auflösung mit Entscheidung vom 6.1.1999 – M.1358 – freigegeben).
[44] Immenga/Mestmäcker/Körber Rn. 21.
[45] S. hierzu Röhling ZIP 1990, 1179 (1180); Wiedemann KartellR-HdB/Wiedemann § 15 Rn. 34; sowie die Nachweise bei FK-KartellR/Kuhn Rn. 44 Fn. 1.
[46] S. Mitteilung „Zuständigkeit" Rn. 23; Kom., M.342, Rn. 12 – Fortis/CGER.
[47] Abgesehen vom Wechsel von gemeinsamer zu alleiniger Kontrolle.

onskontrolle unterliegen, da die ausschließliche Kompetenz der Kommission und die Sperrwirkung des Art. 21 Abs. 3 nur für gemeinschaftsweite „Zusammenschlüsse" gelten.

24 Ausreichend für den Erwerb der Kontrolle ist bereits die reine **Möglichkeit** der Ausübung bestimmenden Einflusses. Die Annahme einer kontrollbegründenden Position ist nicht dadurch auszuschließen, dass der Anteilseigner seine Kontrollrechte bisher nicht ausübte[48] oder zukünftig nicht wahrzunehmen beabsichtigt.[49]

25 **b) Kontrolle als bestimmender Einfluss auf die strategischen Entscheidungen der Geschäftspolitik. aa) Strategische Entscheidungen.** Abs. 2 definiert Kontrolle als die Möglichkeit, **bestimmenden Einfluss** auf ein anderes Unternehmen ausüben zu können. Ein solcher Einfluss liegt dann vor, wenn ein Unternehmen die Möglichkeit hat, die Geschäftspolitik und die **strategischen Entscheidungen** eines anderen Unternehmens **bestimmen zu können**.[50] Wie die Kommission im Hinblick auf Situationen gemeinsamer Kontrolle verdeutlicht hat,[51] zählen zu den strategischen geschäftspolitischen Entscheidungen insbes. diejenigen betreffend
– die Besetzung der Unternehmensleitung,
– den Finanzplan („budget"),
– den Geschäftsplan („business plan"),
– größere Investitionen und
– (soweit vorhanden) sog marktspezifische Rechte.
Liegen Einfluss- bzw. Vetorechte nur hinsichtlich einzelner dieser Entscheidungen vor, so ist eine Bewertung in der **Gesamtschau aller rechtlichen und tatsächlichen Umstände** vorzunehmen (zur Gesamtschau aller Umstände → Rn. 39 ff.). Die iRd gemeinsamen Kontrolle entwickelten Kriterien sowohl für die Frage der strategischen Entscheidung als auch für die Frage der Gesamtschau sind ohne Weiteres auf die alleinige Kontrolle übertragbar.[52]

26 Abzugrenzen sind die Rechte, die Einfluss auf strategische Entscheidungen vermitteln, von den sog **typischen Rechten des Minderheitsgesellschafters**, die grds. keine Kontrolle iSd Art. 3 vermitteln (→ Rn. 37 f.).

27 Kein bestimmender Einfluss besteht auch im Falle **bloßer Beratungs- oder auch Überwachungsbefugnisse**. Erforderlich ist vielmehr die Fähigkeit, die eigenen Interessen im Hinblick auf die Geschäftsführung gegenüber den Interessen der übrigen Anteilseigner wahren zu können. Andererseits ist es für die Annahme bestimmenden Einflusses nicht erforderlich, dass die Kontrolle auch die Möglichkeit des **Einflusses auf das Alltagsgeschäft** des Zielunternehmens umfasst. Bei einem Gemeinschaftsunternehmen ist dies im Hinblick auf die Vollfunktionsfähigkeit sogar schädlich. Kontrolle setzt auch nicht das Bestehen unmittelbarer Weisungsrechte an die Organe des Unternehmens hinsichtlich konkreter Geschäftshandlungen voraus. Fehlenden bestimmenden Einfluss hat das EuG allerdings in Sachen Aer Lingus/Kommission angenommen. Auch wenn das nicht allein ausschlaggebend für die Entscheidung gewesen sein wird, ist in diesem Zusammenhang die einleitende Bemerkung des EuG aufschlussreich, die Klägerin habe nicht einmal behauptet, dass Ryanair Kontrolle erworben habe. Vielmehr habe Aer Lingus lediglich geltend gemacht, Ryanair habe die „bedeutende Möglichkeit, in die Geschäftsführung und -strategie von Aer Lingus einzugreifen". Selbst wenn Ryanair in der Lage gewesen sein sollte, das Management von Aer Lingus über mehrere Wochen zu beeinträchtigen, sei das kein Nachweis für das Vorliegen bestimmenden Einflusses.[53]

28 **bb) Einfluss auf die Organe des Unternehmens.** Der Erwerb bestimmenden Einflusses auf „die **Zusammensetzung, die Beratungen oder Beschlüsse der Organe** des Unternehmens" stellt bereits nach Abs. 2 lit. b einen Zusammenschluss dar. Die Mitteilung „Zuständigkeit" stellt insoweit auf die Unternehmensleitung („senior management") ab.[54] Daneben kann auch eine Einflussnahme auf Entscheidungen von Organen durch Zustimmungsvorbehalte (etwa des Erwerbers in der Phase zwischen Signing und Closing) kontrollbegründend sein.[55]

29 In Bezug auf Rechte zur **Besetzung der Führungsgremien** muss allerdings danach differenziert werden, in welchem Umfang diese Rechte verliehen werden. Für die Annahme von Kontrolle

---

[48] EuG Slg. 2006, II-319 Rn. 58 – Cementbouw.
[49] Mitteilung „Zuständigkeit" Rn. 16; Kom., M.157, Rn. 7–11 – Air France/Sabena.
[50] Vgl. Mitteilung „Zuständigkeit" Rn. 54, 57, 62.
[51] S. Mitteilung „Zuständigkeit" Rn. 66–73; vgl. EuG 12.12.2012 – T-332/09 Rn. 97 – Electrabel („Entscheidung über Betriebsmittel, den Unternehmensplan und die Ernennung der Geschäftsleitung").
[52] Vgl. EuG 12.7.2018 – T-419/14 Rn. 79 ff.; vgl. aus der Entscheidungspraxis der Europäischen Kommission: Kom., M.8124, Rn. 4 f. – Siemens/Gamesa.
[53] EuG Slg. 2010, II-3691 Rn. 67 – Aer Lingus/Kommission.
[54] Mitteilung „Zuständigkeit" Rn. 69.
[55] S. die Ausführungen zum Altice-Urteil des EuGH bei Art. 7 Rn. 55.

vermittelnden Rechten reicht es nicht aus, dass Mitglieder dieser Gremien benannt werden dürfen.[56] Vielmehr kommt es darauf an, ob im Kontext der Stimmregelungen dieser Gremien der betreffende Anteilseigner die relevanten Entscheidungen treffen oder blockieren kann.[57] Darf zB eines von mehreren Vorstandsmitgliedern ohne besondere Stimmrechte benannt werden, so begründet das – jedenfalls für sich alleine genommen – kaum Kontrolle.[58] Hat dieses eine Mitglied allerdings ein Vetorecht über alle strategischen Entscheidungen, ist Kontrolle alleine aufgrund dieses Umstandes regelmäßig gegeben (zur Bewertung in der Gesamtschau → Rn. 39 ff.).

cc) Geschäftsplan/Finanzplan/Investitionsentscheidungen.

Der **Geschäftsplan** bestimmt typischerweise die Unternehmensziele und die Mittel, mit denen sie erreicht werden sollen.[59] Für die Bedeutung eines Vetorechts hinsichtlich des **Geschäftsplans** ist danach zu differenzieren, wie detailliert dieser ist.[60] Enthält dieser nur allgemeine Grundsatzerklärungen zu den Geschäftszielen des Gemeinschaftsunternehmens, so ist ein Mitspracherecht nur ein Gesichtspunkt iRd Gesamtschau, reicht aber für sich alleine nicht aus, um Kontrolle zu begründen. Im Grundsatz haben der Geschäftsplan und das Budget aber eine hohe Wertigkeit.[61]

Der **Finanzplan** legt den Rahmen der wirtschaftlichen Tätigkeit des Unternehmens fest.[62] Ähnlich wie über den Finanzplan[63] lassen sich auch über Zustimmungsvorbehalte hinsichtlich der **Investitionen** maßgebliche Einflussrechte auf die Geschäftspolitik eines Unternehmens gewinnen. Insoweit ist entscheidend, ab welcher Höhe Investitionen der Zustimmung des Anteilsinhabers bedürfen und welche Bedeutung diese Investitionen für die Geschäftstätigkeit des Beteiligungsunternehmens haben. Sind nur ganz **erhebliche Investitionen** zustimmungspflichtig, so liegt es nahe, dass das Zustimmungsrecht lediglich auf einen üblichen Schutz des Minderheitsgesellschafters (→ Rn. 37 f.) hinausläuft und daher nicht als Einflussmöglichkeit auf die strategischen Unternehmensentscheidungen anzusehen ist.[64]

Es gibt nur wenige Fälle, in denen man der veröffentlichten Version einen Anhaltspunkt für die **tatsächliche Höhe der Investitionen** entnehmen kann,[65] die unterhalb der Schwelle von Kontrolle bleiben, dh keine Kontrolle vermitteln, wenn die Investition unter Zustimmungsvorbehalt steht. Unbedenklich sind derartige Vetorechte in Bezug auf Investitionen in jedem Fall, wenn sie sich bei Investitionen auf die Höhe des gesamten Anlagevermögens beziehen.[66]

Im Falle OBS! Danmark waren Investitionen ab einer nicht spezifizierten Höhe dänischer Kronen vorgesehen, die die Kommission als im Vergleich zum Umsatz von OBS als „sehr gering" bezeichnete. Jedoch war absehbar, dass erheblicher Investitionsbedarf für die elf erworbenen Ladenlokale bestand. Das Vetorecht für die Investitionen wäre für die Investition in einer Vielzahl der Ladengeschäfte relevant geworden. Die Kommission kam daher zu dem Ergebnis, dass gemeinsame Kontrolle vorlag.[67] Daraus lässt sich folgern, dass der Schwellenwert – will man Kontrolle vermeiden – jedenfalls so hoch angesetzt werden muss, dass er **im laufenden Tagesgeschäft nicht ständig überschritten** wird. In EPH/Stredolovenska Energetika prüfte die Kommission, wie oft die das Veto auslösenden Entscheidungen in den letzten Jahren anstanden (Anzahl und Schwellenwert geschwärzt).[68]

---

[56] Vgl. Wiedemann KartellR-HdB/Wiedemann § 15 Rn. 51; s. auch Kom., M.620, Rn. 6 f. – Thomson/Teneo/Indra.
[57] Vgl. Kom., M.745, Rn. 8 – Bayernwerk/Gaz de France, wonach das Recht, einen einfachen Geschäftsführer ohne Sonderrechte zu bestellen, nicht Kontrolle begründet; vgl. EuG 12.12.2012 – T-332/09 Rn. 97 – Electrabel; vgl. Kom., M. 10232, Rn. 7 – Brose/Sitech.
[58] Kom., M.2694, Rn. 15 – Metronet/Infraco; Kom., M.897, Rn. 14 – Stinnes/Hanielreederei; vgl. auch die Formulierung in Mitteilung „Zuständigkeit" Rn. 65 aE: „Möglicherweise müssen strategische Entscheidungen auch in einem Gremium […] genehmigt werden, in dem ohne die Stimmen der darin vertretenen Minderheitsaktionäre keine Entscheidung getroffen werden kann".
[59] Mitteilung „Zuständigkeit" Rn. 70, zur Bedeutung von typischen Schutzrechten eines Minderheitsaktionärs → Rn. 33.
[60] Kom., M.178, Rn. 3 – Saab Ericsson Space (mit Beschreibung des Inhalts des Geschäftsplans).
[61] Vgl., M.6739, Rn. 6 – Allianz/VW Financial Services/JV, wo dies allein ausgereicht haben könnte (Anzahl der von der Allianz zu bestimmenden Vorstandsmitglieder geschwärzt).
[62] Vgl. Mitteilung „Zuständigkeit" Rn. 69.
[63] Vgl. Schulte/Henschen Rn. 975.
[64] Vgl. Mitteilung „Zuständigkeit" Rn. 71, zu den typischen Schutzrechten eines Minderheitsgesellschafter → Rn. 37.
[65] In Kom., M.6751 – Baywa/Bonhorst werden Investitionen von > 500.000 EUR mitzitiert, wobei gleichzeitig Einfluss auf Geschäftsführung und -plan vorlag.
[66] Kom., M.1898, Rn. 6 – TUI/GTT.
[67] Kom., M.998, Rn. 9 – OBS! Danmark.
[68] Kom., M.6984 – EPH/Stredoslovenska Energetika.

34 Dass derartige Investitionen gelegentlich anstehen und das Vetorecht daher auch ausgeübt werden kann, steht der Annahme, dass es sich um ein für die Feststellung von Kontrolle nicht ausreichendes Minderheitsrecht handelt, allerdings auch nicht entgegen. Im Fall Stinnes/Hanielreederei war das betreffende GU in zwei Geschäftsfeldern tätig. Zwar war die Schwelle, für die eine strategische Investition anzunehmen war, überschritten, soweit es das Geschäftsfeld betraf, welches 30 % der Tätigkeit ausmachte. Weil die Schwelle der Erheblichkeit für den Schwerpunkt der Tätigkeit (70 %) jedoch nicht überschritten war, bezweifelte die Kommission, dass die Vetorechte in Bezug auf die Investitionen Kontrolle vermitteln würden.[69] Hiernach sind Sonderrechte nicht schon dann kritisch, wenn derartige (strategische) Entscheidungen gelegentlich anstehen.

35 Im Fall SHV Energy/Thyssen Klöckner Recycling[70] waren Thyssen (40 % Anteil) erst sehr weitgehende Vetorechte, u.a. auf das Budget als solches, sowie in Bezug auf die Kreditaufnahme eingeräumt worden. Diese wurden dann im Nachhinein durch verschiedene **Verzichtserklärungen** wieder so weit reduziert, dass die Kommission gemeinsame Kontrolle verneinte. Thyssen hatte insbes. in Bezug auf einzelne Investitionen auf ihr Veto verzichtet, soweit es sich um laufende, schon budgetierte Ausgaben oder Ersatzinvestitionen handelte, und soweit die Investition 10 Mio. DM im Einzelfall nicht überschritten. Des Weiteren hatte Thyssen erklärt, auf die Ausübung des Vetorechts über den Jahresplan zu verzichten, wenn und soweit SHV Energy sie von etwaigen aus dem Jahresplan resultierenden Wertminderungen ihres Anteils freistelle. Obwohl der Verzicht auf das Vetorecht letztendlich erkauft war (denn SHV Energy hätte dem 40 %-Minderheitseigentümer das wirtschaftliche Risiko der Budgetplanung in Gänze abnehmen müssen, um deren Verzicht auf das Vetorecht zu erwirken), scheint dies ausgereicht zu haben, um das Vetorecht über den Jahresplan so weit zu entwerten, dass gemeinsame Kontrolle nicht vorlag.

36 **dd) Marktspezifische Rechte.** Als „marktspezifische Rechte" werden von der Kommission Zustimmungsvorbehalte hinsichtlich spezifischer marktbezogener Entscheidungen angesehen, die eine wesentliche Bedeutung für die Geschäftspolitik der fraglichen Unternehmens haben.[71] Beispiele sind etwa die Entscheidung für eine bestimmte Technologie, die Entwicklung eines neuen Produktes[72] oder die Kontrolle über die Vertriebswege des Beteiligungsunternehmens.[73] Gewinnverwendungs- und Gewinnabführungsverträge vermitteln allein keine Kontrolle, da sie lediglich die Verwendung des Gewinns als das Resultat der unternehmerischen Tätigkeit betreffen, während die strategischen Entscheidungen betreffend die unternehmerische Tätigkeit selbst unberührt bleiben.[74] In der Praxis sind Gewinnverwendungsverträge überwiegend mit einem kontrollbegründenden Beherrschungsvertrag verbunden.

37 **ee) Rechte zum Schutz von Minderheitsaktionären.** Ebenfalls nicht kontrollbegründend sind diejenige Rechte, welche Minderheitsgesellschaftern typischerweise zur Absicherung ihrer finanziellen Beteiligung eingeräumt werden.[75] Solche allein dem Schutz der finanziellen Interessen des Kapitalgebers dienenden Rechte sind keine hinreichende Basis für die Annahme einer kontrollierenden Position.[76] Ausweislich der Mitteilung „Zuständigkeit" bezieht sich der übliche Rechtsschutz der Minderheitsgesellschafter auf „solche Entscheidungen, die das Wesen des Gemeinschaftsunternehmens" berühren. Sie nennt (in → Rn. 66) ausdrücklich nur noch Vetorechte in Bezug auf

---

[69] Kom., M.897, Rn. 17 – Stinnes/Hanielreederei („ernsthafte Zweifel"); Letztendlich hat die Kommission diesen Punkt offengelassen, weil sie ihre Jurisdiktion auch aus anderen Gründen (kooperatives GU) ablehnen konnte.
[70] Kom., M.1146, Rn. 12 f. – SHV Energy/Thyssen Klöckner Recycling.
[71] Vgl. Mitteilung „Zuständigkeit" Rn. 72.
[72] Mitteilung „Zuständigkeit" Rn. 72; zB Kom., M.256, Rn. 5 – Linde/Fiat (Einstellung und Aufnahme neuer Modellreihen als ein Kriterium unter mehreren); Kom., M.3556, Rn. 7–13 – Fortis/BCP (Vetorechte bezüglich des Vertriebs, vgl. auch NK-EuWettbR/Bruhn Rn. 46.
[73] Kom., M.3556, Rn. 10–14 – Fortis/BCP.
[74] FK-KartellR/Kuhn Rn. 85; aA Krimphove, Europäische Fusionskontrolle, 1992, 258 (darauf abstellend, dass Investitionsmöglichkeiten, Diversifizierungsprogramme etc erheblich von der Gewinnverwendung abhingen); differenzierend LMRKM/Riesenkampff/Steinbarth Rn. 27; und Stockenhuber, Die Europäische Fusionskontrolle, 1995, 129 (der durch die Gewinnabführung erzielte erhebliche Einfluss des profitierenden Unternehmens auf Investitionsentscheidungen kann für einen Kontrollerwerb ausreichend sein).
[75] Mitteilung „Zuständigkeit" Rn. 66; aus der jüngeren Entscheidungspraxis: Kom., M.3556, Rn. 7 – Fortis/BCP; Kom., M.3609, Rn. 7 – CINVEN/FTC-NCN; vgl. auch Kom. 10.12.2001 – M.2638, Rn. 6 – 3 i/Consors/100World (allerdings nicht nur Nebenaspekt), Kom. 12.2.2015 – M.7457, Rn. 5 f. – CVC/Paroc (Nebenaspekt); Kom. 14.9.2015 – M.7709, Rn. 5 – Bright Food Group/Invermik (Nebenaspekt).
[76] Vgl. Kom. 18.10.2000 – M.2061, Rn. 6 – Airbus; Kom. 10.6.1996 – M.911, Rn. 6, 9 – Clariant/Hoechst; Kom. 13.9.1993 – M.353, Rn. 15 – British Telecom/MCI.

D. Zusammenschluss durch Kontrollerwerb 38 Art. 3 FKVO

Satzungsänderungen, Kapitalerhöhungen,[77] Kapitalherabsetzungen[78] oder Liquidation/Abwicklung.[79] Diese Aufzählung ist allerdings schon dem Wortlaut nach nicht abschließend. Weitere Beispiele aus der Fallpraxis der Kommission für solche regelmäßig nicht kontrollbegründenden Schutzrechte von Minderheitsaktionären sind idR auch Zustimmungsvorbehalte im Hinblick auf die Änderungen des Geschäftszwecks der Gesellschaft,[80] eine von der Satzung abweichende Gewinnverteilung,[81] Unternehmenskäufe[82] oder die Veräußerung wesentlicher Vermögensteile,[83] die Errichtung oder Schließung von Zweigniederlassungen[84] oder die Fusion mit anderen Unternehmen.[85] Auch das Recht eines Minderheitsaktionärs, den Erwerb der Kontrolle durch ein Drittes Unternehmen zu verhindern, ist von der Kommission nicht als strategischer Einfluss auf die Unternehmensentscheidungen eingeordnet worden.[86] All diese Rechte berühren idR die Substanz der Gesellschaft und/oder dienen normalerweise dem Schutz der finanziellen Interessen des Minderheitsgesellschafters, auch wenn sie strategische Belange des Unternehmens berühren können. Dass die Berührung von strategischen Belangen allein nicht der einzig relevante Gesichtspunkt für die Einstufung als nicht kontrollbegründendes Minderheitsrecht ist, zeigt der Vergleich mit der Kapitalerhöhung, die unstreitig ein typisches Minderheitsrecht betrifft. Auch eine Kapitalerhöhung wird aber in aller Regel dazu dienen, ein wichtiges strategisches Ziel dieses Unternehmens umzusetzen. Die Kapitalerhöhung ist für den Bestand der Gesellschaft und die finanziellen Interessen des Minderheitsgesellschafters aber so erheblich, dass ein hierauf bezogenes Recht – unabhängig von der Berührung strategischer Belange – als Schutzrecht des Minderheitsgesellschafters gilt, welches eben keine Kontrolle iSd Art. 3 vermittelt.

Dieser Auslegung des Begriffs „Schutzrechte für Minderheitsgesellschafter" steht es nicht entgegen, dass die Kommission derlei Rechte gelegentlich mitzitiert, wenn sie aufgrund der Gesamtschau aller Umstände (→ Rn. 39) zu dem Ergebnis eines bestimmenden Einflusses kommt. Denn in den meisten dieser Entscheidungen liegt gleichzeitig auch ein Einflussrecht vor, welches auch für sich genommen schon bestimmenden Einfluss vermittelt, so dass diese Entscheidungen wenig darüber aussagen, ob derartige Rechte selbst Kontrolle vermitteln können, wenn sie nicht mit einem solchen schon für sich alleine Kontrolle begründenden Recht verbunden sind.[87] Aufschlussreich sind hingegen die Entscheidungen, in denen die Kommission letztendlich Kontrolle ablehnt.[88] In der Entscheidung SITA/RC/Scorci[89] hat die Kommission zB die Annahme gemeinsamer Kontrolle abgelehnt, weil die Vetorechte sich nur auf typische Minderheitsrechte bezogen. Dort bestanden Vetorechte in Bezug auf Entscheidungen über Investitionen, Vertragsabschlüsse, Veräußerungen des Unternehmensvermögens, die Stellung von Sicherheiten, die gewisse Summen überschreiten,[90] sowie für

38

---

[77] Im Falle Aer Lingus/Kommission reichte der Umstand, dass Ryanair mit einer Minderheitsbeteiligung von unter 30 % in der Lage gewesen war, einen Kapitalerhöhungsbeschluss zu blockieren, nicht aus, um Kontrolle anzunehmen, wobei das EuG betont, dass der Fehlschlag dieses Beschlusses unstreitig keine wesentlichen Auswirkungen auf die Gesellschaft gehabt hatte, T-411/07, Aer Lingus Rn. 71.
[78] Vgl. Kom., M.897, Rn. 12 – Stinnes/Hanielreederei.
[79] Vgl. Kom., M.897, Rn. 12 – Stinnes/Hanielreederei.
[80] Vgl. Kom., M.897, Rn. 13 – Stinnes/Hanielreederei; Kom., M.207, Rn. 19 – Eureko (list of core business).
[81] Vgl. Kom., M.2694, Rn. 15 – Metronet/Infraco (wenn auch nicht ausdrücklich als typisches Minderheitsrecht bezeichnet); vgl. → Rn. 37; Kom., M.1146, Rn. 8 – SHV Energy/Thyssen Klöckner Recycling.
[82] Kom., M.4701, Rn. 9 – Generali/PPF Insurance Business; s. aber die Ausnahme für auf Unternehmenskäufe spezialisierte Unternehmen in → Rn. 38.
[83] Vgl. Kom., M.897, Rn. 13 – Stinnes/Hanielreederei; Kom., M.4701, Rn. 9 – Generali/PPF Insurance Business; Kom., M.232, Rn. 7 – Pepsi/General Mills (dort setzte das Veto Recht erst bei einem Schwellenwert von 5 % des Nettoanlagevermögens ein und wurde nicht als kontrollbegründend angesehen).
[84] Vgl. Kom., M.897, Rn. 13 – Stinnes/Hanielreederei.
[85] Kom., M.397, Rn. 5 f. – Ford/Hertz.
[86] Kom., M.353, Rn. 16 – Britisch Telecom/MCI.
[87] Kom., M.5450, Rn. 10 – Kühne/HGV/TUI/Hapag-Lloyd (Finanzplanung); Kom., M.4701, Rn. 9 – Generali/PPF Insurance Business (Business Plan und Budget, sowie Benennung/Entlassung CEO); Kom., M.256, Rn. 8 – Linde/Fiat (Budget, Geschäftsprogramm sowie die unmittelbar das operative Geschäft beeinflussenden Faktoren Modellpolitik und Markenpolitik); Kom., M.236, Rn. 4 – Ericsson/Ascom („any capital or operating budget", „appointment of general manager"); Kom., M.229 Rn. 8 – Thomas Cook/LUT/West LB („detailed annual business plan" and „rolling five year corporate plan"); Kom., M.925, Rn. 7 – Krupp/Hoesch/Thyssen (Jährlicher Investitionsrahmen – was mit Finanzplan gleichzusetzen sein dürfte); Kom., M.1079, Rn. 6 – Dentag/Ilbau/Sächsische Asphaltmischwerke (Paritätisches Gemeinschaftsunternehmen, in dem sämtliche Entscheidung dem Vetorecht unterlagen).
[88] Kom., M.1146, Rn. 17 – SHV Energy/Thyssen Klöckner; Kom., M.295, Rn. 10 – SITA/RC/Scorci; Kom., M.897, Rn. 13 – Stinnes/Hanielreederei.
[89] Kom., M.295, Rn. 10 – SITA/RC/Scorci.
[90] In der veröffentlichten Version nicht spezifiziert.

Entscheidungen über die Umstrukturierung der Gesellschaft, Abspaltung von Unternehmensteilen, die Gründung von Filialen und Fusionen. Diese Mitspracherechte ermöglichten nach Ansicht der Kommission jedoch keinen Einfluss auf die strategischen Unternehmensentscheidungen.

Eine Rückausnahme gilt iÜ für Vetorechte in Bezug auf den Erwerb und die Veräußerung von Unternehmensbeteiligungen, wenn der Geschäftszweck des Unternehmens der Erwerb, das Halten und Veräußern von Unternehmensbeteiligungen ist.[91] In diesem Fall berühren derartige Vetorechte, wenn sie nicht auf außergewöhnliche Fallkonstellationen begrenzt sind, sowohl das Alltagsgeschäft als auch die Strategie des Unternehmens und vermitteln daher bestimmenden Einfluss.

39 **ff) Gesamtschau aller rechtlichen und tatsächlichen Umstände.** Unterliegen die Entscheidungen hinsichtlich aller fünf vorgenannten Punkte dem Vetorecht oder dem ausschließlichen Bestimmungsrecht eines Gesellschafters, so hat dieser unzweifelhaft bestimmenden Einfluss über das Beteiligungsunternehmen.[92] Liegen hingegen Einfluss- bzw. Vetorechte nur hinsichtlich einzelner dieser Entscheidungen vor, so ist eine Bewertung in der **Gesamtschau aller rechtlichen und tatsächlichen Umstände** vorzunehmen.[93] Die Mitteilung „Zuständigkeit" formuliert hierzu, dass ein Vetorecht, das sich weder auf die strategische Geschäftspolitik noch auf die Unternehmensleitung noch auf Finanz- oder Geschäftsplan bezieht, für die Ausübung von Kontrolle nicht ausreiche.[94] Im Umkehrschluss daraus und aus der Kommissionspraxis ergibt sich, dass Vetorechte hinsichtlich des Geschäftsplans[95] oder der Besetzung der Führungsgremien[96] eines Unternehmens zumeist bereits für sich genommen bestimmenden Einfluss vermitteln.[97] Das gilt erst recht für eine Kombination von Veto-/Bestimmungsrechten in Bezug auf die Besetzung der Geschäftsführung, den Geschäftsplan und den Finanzplan.[98]

40 Die Wichtigkeit der Entscheidungen über den Geschäftsplan und den Finanzplan[99] für die Frage des bestimmenden Einflusses zeigt sich zB in der Entscheidung Unisource Telefónica.[100] Dort waren alle Entscheidungen des Vorstands mit Ausnahme von Finanzplan und Geschäftsplan einstimmig zu treffen, weswegen die Kommission die gemeinsame Kontrolle verneinte.

41 Ein weiteres Beispiel für die in jedem Einzelfall vorzunehmende Gesamtwürdigung aller rechtlichen und tatsächlichen Fakten ist die Entscheidung Fortis/BCP. Fortis hielt die Mehrheit der Anteile

---

[91] Kom., M.897, Rn. 13 – Stinnes/Hanielreederei; vgl. auch Kom., M.1289, Rn. 4 – Harbert Management/DB/Bankers Trust/SPP/Öhmann, dort werden die Vetorechte zu Unternehmensakquisitionen oder Verkäufen („any form of business combination") neben dem Geschäftsplan und wesentlichen Investitionsentscheidungen als strategische Unternehmensentscheidungen aufgezählt.

[92] So zB bei einem 100 %igen, oder einem Mehrheitseigner, der Minderheitseignern ohne Sonderrechte gegenübersteht (zB Kom., M.2586, Rn. 6 – CE Electric/Yorkshire Electricity); auch im Falle des Investmentmanagers eines Fonds im Verhältnis zu den von dem Fonds gehaltenen Portfolio-Unternehmen – zB Kom., M.2396, Rn. 6 – Industrie Kapital/Perstorp (II); vgl. Kom., M.4234, Rn. 7 f. – Carlson/One Equity Partner.

[93] Mitteilung „Zuständigkeit" Rn. 68, 73; Kom., M.3556, Rn. 7 – Fortis/BCP; Kom., M.2374, Rn. 5 – Telenor/ErgoGroup/DNB/Accenture/JV (Benennungsrechte hinsichtlich des Vorstands und Einstimmigkeitserfordernis bezüglich Entscheidungen über Business Plan, Wahl des Vorstandsvorsitzenden und Wahl der Vertriebskanäle; abgelehnt in Kom., M.2665, Rn. 6 – Johnson Professional Holdings/DiverseyLever (33 % Anteil mit einigen Vetorechten und dem Recht Vorstandmitglieder zu benennen, die Begründung für den mangelnden Einfluss auf die strategischen Entscheidungen ist allerdings als Geschäftsgeheimnis geschwärzt).

[94] Mitteilung „Zuständigkeit" Rn. 73; vgl. aber Kom., M.3556 – Fortis/BCP, auch → Rn. 41.

[95] Vgl. Kom., M.259, Rn. 7 f. – Britisch Airways/TAT (hier lagen gleichzeitig Einstimmigkeitserfordernisse hinsichtlich des Kapitals und der Gesellschaftsstatuten vor, bei diesen handelte es sich aber offensichtlich um typische „Schutzrechte eines Minderheitsaktionärs", die keinen strategischen Einfluss ermöglichen); Kom., M.2186, Rn. 5 – Preussag/Nouvelles Frontières; ähnlich Kom., M.3178, Rn. 10 – Bertelsmann/Springer (Geschäftsplan, Finanzplan und wesentliche Investitionsentscheidungen); Kom., M.4087, Rn. 6 – Eiffage/Macquarie/APRR („business plan and significant capital investments").

[96] Vgl. Kom., M.745, Rn. 8 – Bayernwerk/Gaz de France (Benennung von einem von drei Geschäftsführern, der ein Mitspracherecht bei Maßnahmen und Geschäften hatte, die von wesentlicher Bedeutung für die Gesellschaft waren).

[97] Vgl. Abs. 2 lit. b; Mitteilung „Zuständigkeit" Rn. 70; Kom., M.178, Rn. 3 – Saab Ericsson Space; vgl. EuG 12.12.2012 – T-332/09, Electrabel – Rn. 9, die diese drei Kriterien als die „typischen Indikatoren" für Kontrolle betrachtet. Vgl. Kom., M.6956, Rn. 7 – Telefonica/Caixabank/Santander.

[98] Vgl. Kom., M.620, Rn. 7 – Thomson/Teneo/Indra; Kom., M.598, Rn. 5 – DaimlerBenz/Carl Zeiss; Kom., M.2550, Rn. 9–12 – Mezzo/Muzik (Einfluss auf die strategischen Entscheidungen durch Einstimmigkeitserfordernis im Vorstand, der aus Vertretern aller Anteilseigner bestand); Kom., M.3609, Rn. 7 – Cinven/FTC-NCN; Kom., M.3722, Rn. 6 – Nutreco/Stolt-Nielsen/Marine Harvest JV.

[99] Vgl. auch Kom., M.295, Rn. 10 – SITA-RPC/Scorci (kein Einfluss auf das strategische Geschäftsverhalten bei Fehlen von Mitspracherechten hinsichtlich Budgets und Geschäftsplan).

[100] Kom., M.544, Rn. 9 f. – Unisource Telefónica.

und hatte das Recht, allein über die Besetzung des Managements, die Führung des Tagesgeschäfts, den Geschäftsplan und die Finanzplanung eines im Versicherungssektor tätigen Gemeinschaftsunternehmens zu entscheiden. Die Mitgesellschafterin BCP, eine portugiesische Bank, verfügte allerdings über ein Vetorecht hinsichtlich der Organisation des Vertriebs der Versicherungen über Banken. Das Gemeinschaftsunternehmen erzielte im Zeitpunkt des Zusammenschlusses 94 % seines Umsatzes durch den Vertrieb seiner Produkte über BCP. Zudem wurden in Portugal (dem Land, in dem das Gemeinschaftsunternehmen tätig war) 81 % aller Lebensversicherungen über Banken vertrieben. Die Kommission kam vor diesem Hintergrund zu dem Schluss, dass BCP aufgrund ihres Einflusses auf den Vertrieb des Gemeinschaftsunternehmens eine mitkontrollierende Position einnehme, obwohl sie über keines der „klassischen" Vetorechte hinsichtlich Finanzplan, Geschäftsplan, Investitionen oder die Besetzung des Leitungspersonals verfügte.[101] Bestimmenden Einfluss verneinte die Kommission hingegen im Fall Metronet/Infraco.[102] Dort hatte der Anteilseigner ein Recht zur Benennung eines Vorstandsmitglieds (ohne Vetorecht) sowie ein verbindliches Mitspracherecht sowohl hinsichtlich der Aufnahme „bestimmter Geschäftstätigkeiten" (von der Kommission nicht spezifiziert) als auch bezüglich der Gewinnverteilung, wenn diese von der in der Satzung vorgesehenen Gewinnverteilung abweichen sollte. Dies reichte nach Ansicht der Kommission für die Annahme von Kontrolle nicht aus.

Die wie vorstehend definierte Kontrolle der strategischen unternehmerischen Entscheidungen 42 lässt sich in zwei Richtungen abgrenzen. So ist einerseits ein Mindestmaß an Einfluss erforderlich, andererseits dieses Mindestmaß aber auch ausreichend.

c) Formen der Kontrolle: alleinige oder gemeinsame, positive oder negative Kon- 43 **trolle.** Abs. 1 lit. b unterscheidet verschiedene Formen der Kontrolle. Ein Unternehmen kann entweder von einem einzigen anderen Unternehmen kontrolliert werden (alleinige Kontrolle) oder von zwei oder mehr anderen Unternehmen (gemeinsame Kontrolle). Im Falle **alleiniger Kontrolle** ist das kontrollierende Unternehmen regelmäßig in der Lage, seine Vorstellungen über die strategischen Unternehmensentscheidungen gegen die Interessen jeglicher übrigen Anteilseigner durchzusetzen (zu den Ausnahmen → Rn. 44, 110 f.). **Gemeinsame Kontrolle** liegt hingegen dort vor, wo zwei oder mehr Anteilseigner gemeinsam bestimmenden Einfluss haben.[103] Dies ist typischerweise dann der Fall, wenn jeder von ihnen jeweils einzeln eine Sperrposition innehat, so dass Entscheidungen über die Geschäftspolitik des Beteiligungsunternehmens nur auf der Grundlage einer Einigung der betreffenden Anteilseigner getroffen werden können. Keine gemeinsame Kontrolle liegt demgegenüber vor, wenn die Möglichkeit von **wechselnden Mehrheiten** besteht.

Kontrolle iSv Abs. 2 kann in positiver oder in negativer Form vorliegen. Ersteres ist der Fall, 44 wenn der Anteilseigner seine Interessen kraft eigener Stimmrechtsmehrheit oder sonstiger Rechte bzw. tatsächlicher Umstände einseitig durchsetzen kann. **Negative Kontrolle** liegt dort vor, wo ein oder mehrere Gesellschafter hinsichtlich strategischer Unternehmensentscheidungen über Vetorechte verfügen, die ihnen zwar keine einseitige Entscheidung ermöglichen, ihnen jedoch eine Sperrposition gewähren, kraft derer sie verhindern können, überstimmt zu werden.[104] Gemeinsame Kontrolle ist für den einzelnen Anteilseigner stets negative Kontrolle, da gemeinsame Kontrolle gerade durch das Erfordernis der Einigung mit dem/den übrigen mitkontrollierenden Gesellschafter(n) gekennzeichnet ist.[105] Auch alleinige Kontrolle kann jedoch – wenn auch praktisch eher selten – in Form einer negativen Kontrolle vorliegen.[106]

2. Dauerhaftigkeit der Kontrolle. Der Begriff des Zusammenschlusses erfasst nur Vorgänge, 45 die zu einer „dauerhaften Veränderung der Kontrolle an den beteiligten Unternehmen und damit an der Marktstruktur führen".[107] Dies entspricht der Zielsetzung der Fusionskontrolle, (nur) Ände-

---

[101] Kom., M.3556, Rn. 10–14 – Fortis/BCP.
[102] Kom., M.2694, Rn. 15 – Metronet/Infraco.
[103] Mitteilung „Zuständigkeit" Rn. 62; vgl. ausf. zu dieser und weiteren Situationen gemeinsamer Kontrolle → Rn. 114–135.
[104] Kom., M.8408, Rn. 8 f. – Cinven/CPPIB/Travel Holdings Parent Corporation; Kom., M.5584, Rn. 11 – Belgacom/BICS/MTN; Kom., M.7075 – Cintra/Abertis/Itinere BiP Drive JV.
[105] Es ist nicht erforderlich, dass die an der gemeinsamen Kontrolle teilhabenden Anteilseigner gemeinsam in der Lage sind, eine positive Entscheidung zu treffen, → Rn. 122.
[106] Mitteilung „Zuständigkeit" Rn. 54; Kom., M.5949, Rn. 9 – Deutsche Bank/Actavis (alleinige Kontrolle aufgrund eines Rechts zur Ernennung dreier von sieben Leitungspersonen und eines zusätzlichen Vetorechts im Hinblick auf Ernennung des Vorsitzenden); Kom., M.1920, Rn. 5 – Nabisco/United Biscuits (alleinige Kontrolle aufgrund eines Vetorechts im Hinblick auf Finanzplan, Geschäftsplan und Ernennung des Leitungspersonals); Levy/Cook, 5–4; vgl. auch → Rn. 110 f.
[107] Erwgr. 20; vgl. Mitteilung „Zuständigkeit" Rn. 28–35; zur Gründung von Gemeinschaftsunternehmen EuGH 7.9.2017 – C-248/16, BeckRS 2017, 123563 Rn. 25, vgl. auch → Rn. 113.

rungen in der Struktur der Märkte (im Gegensatz zur allein den Art. 101, 102 AEUV unterliegenden Koordinierung des Wettbewerbsverhaltens unabhängig bleibender Unternehmen)[108] einer vorherigen Genehmigungspflicht zu unterwerfen.[109] In Abs. 1 ist dies mit der Novellierung der FKVO im Jahr 2004 nunmehr auch ausdrückliches Tatbestandsmerkmal geworden. Der „Dauerhaftigkeit" einer Kontrolländerung steht die zeitliche Begrenzung von Verträgen nicht entgegen, solange der zugrundeliegende Kontrollerwerb hinreichend langfristig ist.[110]

46 **a) Kontrolle auf begrenzte Zeit.** Die Kommission hat auf dieser Grundlage in einer Reihe von Fällen, in denen ein Minderheitsaktionär nur **für eine begrenzte Zeit (mit)bestimmenden Einfluss** auf die Zielgesellschaft hatte, das Vorliegen gemeinsamer Kontrolle verneint.[111] So wurden etwa in BS/BT dem vorherigen Alleineigentümer des zukünftigen Gemeinschaftsunternehmens für eine Übergangszeit noch bestimmte „Schutzrechte" eingeräumt, die für sich betrachtet eine Position gemeinsamer Kontrolle begründet hätten. Da diese Rechte jedoch von vornherein auf drei Jahre begrenzt waren, während das Gemeinschaftsunternehmen langfristig angelegt war (Geschäftsplan über zehn Jahre), ging die Kommission von alleiniger Kontrolle des erwerbenden Anteilseigners aus.[112] Ähnlich ist die Kommission in RAG/Degussa vorgegangen, wo sie die nur für eine Übergangszeit von drei Jahren vereinbarte gemeinsame Kontrolle durch E.ON und RAG nicht als eigenständigen Zusammenschlusstatbestand angesehen hat, sondern stattdessen von der von Anfang an rechtsverbindlich vorgesehenen Übernahme alleiniger Kontrolle durch RAG ausgegangen ist.[113] Nicht nur in diesen Entscheidungen, sondern auch in der früheren Mitteilung „Zusammenschlussbegriff" ging die Kommission noch davon aus, dass drei Jahre normalerweise die zeitliche Grenze sind, bis zu der noch von einer für die Kontrollsituation unbeachtlichen Übergangszeit ausgegangen werden könne.[114] Seit der Mitteilung „Zuständigkeit" von 2008 ist indessen ein solcher Übergangszeitraum nur noch dann unbeachtlich, wenn er **nicht länger als ein Jahr** andauert.[115]

47 In **Blokker/Toys"R"Us** hatte Blokker neun Einzelhandelsgeschäfte von Toys"R"Us übernommen. Drei der Geschäfte sollten nach der Übernahme geschlossen werden, sobald sich hierfür ein Nachmieter bzw. eine andere Lösung mit dem Vermieter finden würde. Mangels Dauerhaftigkeit des Erwerbs sah die Kommission die Übernahme dieser Geschäfte nicht als fusionskontrollpflichtig an. Die sechs übrigen Geschäfte sollte Blokker als Franchisenehmer von Toys"R"Us weiterführen. Da der Franchisevertrag eine Dauer von zwölf Jahren mit einer Verlängerungsmöglichkeit um weitere zehn Jahre hatte und Toys"R"Us seinen definitiven Rückzug aus dem niederländischen Markt erklärt hatte, ging die Kommission von einer (für die Annahme eines Zusammenschlusses) hinreichend dauerhaften Strukturveränderung aus.[116]

48 **b) Gestaffelte Transaktionen – Aufteilung des Zielunternehmens.** Aus den gleichen Gründen liegt kein Erwerb gemeinschaftlicher Kontrolle vor, wenn mehrere Unternehmen das Zielunternehmen gemeinschaftlich mit der Absicht erwerben, dessen Vermögenswerte entspr. einem vorher gefassten Plan untereinander aufzuteilen[117] (zu gestaffelten Transaktionen → Rn. 84–99). Da die erworbenen Vermögenswerte lediglich für kurze Zeit – uU nur für eine „logische Sekunde" – gemeinsam gehalten werden, liegen hier stattdessen mehrere getrennte Zusammenschlüsse, allerdings bezogen auf den Endzustand, vor: Jedes Unternehmen erwirbt die alleinige Kontrolle über den von ihm dauerhaft übernommenen Teil des Zielunternehmens.[118] Dies wird allerdings nur dann gelten,

---

[108] Vgl. Erwgr. 24 FKVO aF.
[109] S. auch Immenga/Mestmäcker/Körber Rn. 63; Levy/Cook, 5–50; vgl. Mitteilung „Zuständigkeit" Rn. 28.
[110] S. Kom., M. 2632 Rn. 9 – Deutsche Bahn/ECT International/United Depots/JV (Dauer von drei Jahren, die um weitere fünf Jahre verlängerbar war, ist ausreichend); Kom., M. 2903 Rn. 12 – DaimlerChrysler/Deutsche Telekom/JV (Dauer von 12 Jahren ausreichend); Kom., M.3858, Rn. 9 (Dauer von 10–15 Jahren ausreichend, aber nicht von drei Jahren); Kom., M. 5727, Rn. 20 f. – Microsoft/Yahoo! Search Business (10-jähriger Lizenzvertrag; Kom., M.9674, Rn. 10 – Vodafone/TIM/INWIT JV (dreijähriges Veräußerungsverbot der Anteile am Gemeinschaftsunternehmen ausreichend für Kontrollerwerb auf dauerhafter Basis).
[111] S. etwa Kom., M.258, Rn. 10 ff. – CCIE/GTE; Kom., M.440, Rn. 6–9 – GE/ENI/Nuovo Pignone (II); Kom., M.604, Rn. 19 – ALBACOM; s. auch Mitteilung „Zuständigkeit" Rn. 28.
[112] Kom., M.425, Rn. 16–21 – BS/BT.
[113] Kom., M.2854, Rn. 9–13 – RAG/Degussa.
[114] Mitteilung „Zusammenschlussbegriff" Rn. 38, ABl. 1998 C 66, 5–13; Kom., M.1208, Rn. 12 – Jefferson Smurfit/Stone Container; vgl. Mitteilung „Zuständigkeit" Rn. 34.
[115] Mitteilung „Zuständigkeit" Rn. 34.
[116] S. Kom., M.890, Rn. 12–16 – Blokker/Toys"R"Us.
[117] Vgl. Mitteilung „Zuständigkeit" Rn. 30.
[118] Mitteilung „Zuständigkeit" Rn. 31, 32; Kom., M.4952, Rn. 7 f. – Carlsberg/S&N Assets; Kom., M.4999, Rn. 7 f. – Heineken/S&N Assets; Kom., M.2498 – UPM Kymmene/Haindl, Kom., M.2499 – Norske Skog/Parenco/Walsum.

wenn die einzelnen Teilschritte rechtlich miteinander verknüpft sind sowie in engem zeitlichen Zusammenhang zueinander stehen. Voraussetzung dafür, dass der erste Schritt mangels dauerhafter Strukturveränderung unbeachtlich ist, ist a) dass die Aufteilung rechtlich verbindlich vereinbart ist und b) dass diese innerhalb eines überschaubaren Zeitrahmens abgewickelt werden kann, der im Regelfall nicht länger als ein Jahr sein darf.[119] In Fällen, in denen die Parteien eine Weiterveräußerung eines Teils des Zielunternehmens oder Änderungen in der Kontrollstruktur innerhalb von 12 Monaten nach Closing vorzunehmen beabsichtigen, die Umsetzung indessen nicht garantiert ist, war die Kommission bereit, durch die Übergangsfrist „hindurchzusehen", hat sich aber vorbehalten, von den Parteien die Neuanmeldung der gesamten Transaktion zu verlangen, sollte die Dauer von 12 Monaten überschritten werden.[120] Besteht hingegen keine bindende rechtliche Verpflichtung für den zweiten Schritt eines gestuften Vorhabens oder ist der für die Umsetzung des zweiten Schritts erforderliche Zeitraum länger als ein Jahr oder aber offen, so wird die Kommission den ersten Schritt als eigenständigen Zusammenschluss behandeln.[121] Die vorgenannten Grundsätze gelten entsprechend, wenn der ursprüngliche Erwerb nicht von zwei oder mehr Unternehmen zwecks Aufteilung des Zielunternehmens erfolgt, sondern ein Unternehmen eine Akquisition allein tätigt und sodann Teile des Zielunternehmens an Dritte weiterveräußert.[122]

49 Die Dauerhaftigkeit der Kontrolle wird nicht dadurch ausgeschlossen, dass die beteiligten Unternehmen beabsichtigen, das Zielunternehmen kurzfristig an die Börse zu bringen, wenn hierzu kein verbindlicher Zeitplan besteht. Die ungewisse Zeit bis zum Börsengang kann hier nicht als Übergangszeitraum angesehen werden.[123]

50 Dasselbe gilt generell für **Vorhaben, die in mehreren unselbstständigen rechtlichen Teilschritten** nach einem einheitlichen Plan **vollzogen werden:** Hier ist für die Zwecke der Fusionskontrolle nur die endgültig angestrebte Kontrollstruktur relevant, nicht hingegen vorübergehende Kontrollerwerbssituationen, die sich aufgrund der einzelnen Zwischenschritte der Transaktion ergeben (→ Rn. 84–99).[124]

51 c) **Warehousing.** Ebenfalls als Thema fehlender Dauerhaftigkeit der Kontrolle behandelt die Mitteilung „Zuständigkeit" das sog. Warehousing. Dies betrifft Situationen, in denen der Letzterwerber das Zielunternehmen nicht direkt erwirbt, sondern ein Zwischenerwerb durch einen Dritten (zB eine Bank) stattfindet, wobei das wirtschaftliche Risiko des Zwischenerwerbs und möglicher regulatorischer Hürden des Letzterwerbs typischerweise beim Letzterwerber liegt. Derartige Konstruktionen wurden in der Vergangenheit gewählt, um es bei absehbar langwierigen Fusionskontrollverfahren zu ermöglichen, dass der Zwischenerwerb kurzfristig stattfinden und der Verkäufer den Verkaufserlös kurzfristig nach Vertragsschluss erhalten kann.[125] Anders als in ihrer anfänglichen Praxis[126] sieht die Kommission eine solche Transaktionsstruktur als einheitlichen Zusammenschluss an, der in zwei unselbstständigen Schritten verwirklicht wird und als Gegenstand den Erwerb des Zielunternehmens durch den Letzterwerber hat.[127] Dies hat zur Folge, dass der Zwischenerwerb bereits als Teilvollzug des gesamten Zusammenschlusses angesehen wird und somit ohne Freigabe der Akquisition durch den Letzterwerber nicht möglich ist. Damit indessen kann das Warehousing seinen ursprünglichen Zweck nicht mehr erfüllen, da der zügige fusionskontrollfreie Zwischenerwerb verbaut ist.

52 Auf Basis der vorgenannten Grundsätze hat die Kommission in Canon/Toshiba Medical System Corporation (TSMC) ein Bußgeld von 28 Mio. EUR gegen Canon verhängt.[128] Die Parteien hatten

---

[119] S. etwa Kom., M.3779 Rn. 5–8 – Pernod Ricard/Allied Domecq; Kom., M.3813, Rn. 5–8 – Fortune Brands/Allied Domecq/Pernod Ricard; Kom., M.4685, Rn. 6–9 – ENEL/Acciona/Endesa; Kom., M.4843, Rn. 5–9 – RBS/ABN Amro Assets; Kom., M.4952, Rn. 5–8 – Carlsberg/Scottish & Newcastle Assets; Kom., M.4999, Rn. 9–10 – Heineken/Scottish & Newcastle Assets.
[120] Levy/Cook, 5-03.
[121] Mitteilung „Zuständigkeit" Rn. 33; Kom., M.2498 – UPM-Kymmene/Haindl; Kom., M.3779, Rn. 5–8 – Pernod Ricard/Allied Domecq; Kom., M.4941, Rn. 5 – Henkel/Adhesives & Electronic Business.
[122] Kom., M.6497, Rn. 5 – Hutchison 3G Austria/Orange Austria; Kom., M.4949, Rn. 4–8 – Sonepar/Hagemeyer; Kom., M. 5029 – Sonepar/Rexel Germany.
[123] Kom., M. 4450, Rn. 6–11 – Umicore/Zinifex/Neptune; Case COMP/M.4450, Commission decision of February 26, 2007, paras. 6–11; Kom., M.4518, Rn. 5 – Alcoa/Orkla/Soft Alloy Extrusion JV.
[124] S. Kom., M.891, Rn. 5 – Deutsche Bank/Commerzbank/J. M. Voith (alleinige Kontrolle der Commerzbank über Voith für einen Zeitraum von drei bis vier Wochen, bevor es zur gemeinsamen Kontrolle durch die Deutsche Bank kommt); Kom., M.4160 Thyssen Krupp/EADS/ATLAS.
[125] Vgl. Economic Law and Justice in Times of Globalisation, Essays in Honour of Carl Baudenbacher/Montag, 2007, 515.
[126] Vgl. Vorauflagebitte konkrete Angabe Rn. 49–51.
[127] S. dazu unten Rn. [85] zu mehrschrittigen Zusammenschlüssen.
[128] Kom., M.8179 – Canon/Toshiba Medical Systems Corporation.

den Verkauf von TSMC durch Toshiba unmittelbar vollzogen, indem TMSC an einen speziell für diese Zwecke gegründeten Zwischenerwerber übertragen wurde und erst danach die von Anfang an beabsichtigte Weiterübertragung von TMSC an Canon fusionskontrollrechtlich angemeldet wurde. Die Kommission wertete die sofortige Übertragung von TMSC an den Zwischenerwerber als gegen Art. 7 verstoßenden Teilvollzug und wurde insoweit durch das EuG bestätigt.[129]

53 **d) Arbeitsgemeinschaften.** Wegen fehlender Dauerhaftigkeit unterliegen auch **Arbeitsgemeinschaften** oder lediglich für die Abwicklung eines einzelnen Kundenauftrags oder Projekts gebildete Gemeinschaftsunternehmen nicht der EU-Fusionskontrolle.[130] Dasselbe gilt für Bietergemeinschaften, die für die Zwecke des Erwerbs eines Unternehmens gebildet werden. Sowohl bei den Arbeits- als auch bei den Bietergemeinschaften wird daneben in den meisten Fällen schon kein Gemeinschaftsunternehmen mit Vollfunktionscharakter (→ Rn. 138–168) vorliegen.

54 **e) Gemeinschaftsunternehmen.** Abs. 4 wiederholt das Merkmal der Dauerhaftigkeit für **Gemeinschaftsunternehmen,** indem er bestimmt, dass die Gründung eines Gemeinschaftsunternehmens einen Zusammenschluss darstellt, wenn es „auf Dauer alle Funktionen einer selbstständigen wirtschaftlichen Einheit erfüllt". Ist das Gemeinschaftsunternehmen mit ausreichenden Ressourcen wie finanziellen Mitteln, Personal, materiellen und immateriellen Vermögenswerten sowie einem eigenständigen Management ausgestattet, so sieht die Kommission dies normalerweise als Beleg seiner Dauerhaftigkeit an.[131] **Kündigungsmöglichkeiten** oder Vereinbarungen über die Auflösung im Falle grundlegender Meinungsverschiedenheiten zwischen den Muttergesellschaften stehen dem grds. nicht entgegen.[132] Dasselbe gilt für **zeitliche Befristungen** des Gemeinschaftsunternehmens, die in der bisherigen Fallpraxis allerdings regelmäßig bei mehreren Jahren gelegen haben.[133]

55 **Keinen Zusammenschluss mangels Dauerhaftigkeit** hat die Kommission hingegen in einer Transaktion gesehen, in der ein neu gegründetes Gemeinschaftsunternehmen Teile der südamerikanischen Geschäftsaktivitäten der spanischen Fluglinie Iberia übernommen hatte und aufgrund einer beihilferechtlichen Entscheidung der EU-Kommission verpflichtet war, die betreffenden Beteiligungen innerhalb eines Zeitraums von drei Jahren weiterzuveräußern.[134] Im Fall RWE/Mannesmann[135] war Gegenstand des Gemeinschaftsunternehmens zunächst die Teilnahme an einer Ausschreibung. Wenn die entsprechende Lizenz nicht erteilt werde, so werde das Gemeinschaftsunternehmen aufgelöst. Obwohl der dauerhafte Bestand nicht – auch nicht für eine Mindestdauer – gesichert war, hat die Kommission keinen Anlass gesehen, die Frage der Dauerhaftigkeit in Frage zu stellen. In der Mitteilung „Zuständigkeit" legt die Kommission nahe, dass sie derartige Fallgestaltungen so lange nicht als Zusammenschluss ansehen will, als entsprechende Bedingungen wesentlich für die Arbeit des Gemeinschaftsunternehmens sind und diese (noch) nicht eingetreten sind.[136] Auch im Fall Rast- und Tankstätten AG hat die Kommission es als unschädlich angesehen, dass bereits bei Erwerb der Anteile die Absicht bestand, die Anteile an dem Gemeinschaftsunternehmen „kurz- bis mittelfristig" zu veräußern.[137]

56 **3. Grundlage der Kontrolle und Formen des Kontrollerwerbs.** Nach Abs. 2 wird Kontrolle „durch Rechte, Verträge oder andere Mittel begründet, die einzeln oder zusammen unter Berücksichtigung aller tatsächlichen oder rechtlichen Umstände" die Möglichkeit gewähren, bestimmenden Einfluss auszuüben. Abs. 1 lit. b bestimmt, dass der Erwerb der Kontrolle „durch den Erwerb

---

[129] EuG 18.5.2022 – T-609/19 – Canon.
[130] So auch Levy/Cook, 5–52.
[131] Mitteilung „Zuständigkeit" Rn. 103; Kom., M.10181, Rn. 16–20 – ENTEGA/VIESSMANN/EMS/EPS.
[132] Vgl. etwa Kom., M.823, Rn. 9 f. – John Deere Capital Corp/Lombard North Central plc (Kündigungsmöglichkeit frühestens vier Jahre nach Gründung des Gemeinschaftsunternehmens); s. generell auch die Mitteilung „Zuständigkeit" Rn. 103.
[133] Vgl. auch Mitteilung „Zuständigkeit" Rn. 103; s. etwa Kom., M.090, Rn. 10 – BSN-Nestlé/Cokoladovny (Befristung auf sieben Jahre); Kom., M.259, Rn. 10 – British Airways/TAT (Befristung auf sechseinhalb Jahre); Kom., M.791, Rn. 10 – British Gas Trading Ltd./Group 4 Utility Services Ltd.; Kom., M.901, Rn. 9–10 – Go-Ahead/VIA/Thameslink (Dauer von sieben Jahren); Kom., M.2982, Rn. 5 ff.– Lazard/Intesabci/JV (anfängliche Dauer von vier bis fünf Jahren mit automatischer Verlängerung um weitere fünf Jahre, soweit nicht von einer Partei gekündigt); Kom., M.2903, Rn. 12 – DaimlerChrysler/Deutsche Telekom/JV (Frist von zwölf Jahren ausreichend lang für dauerhafte Strukturveränderung); Kom., M.3273, Rn. 6 – First/Keolis/TPE JV (Gemeinschaftsunternehmen für Nutzung einer auf acht Jahre befristeten Konzession zum Betrieb einer Eisenbahn, mit Option der Verlängerung um fünf Jahre); Kom., Compl JV.54, Rn. 10 – Smith&Nephew + Beiersdorf/JV (Dauer von mehr als sieben Jahren).
[134] S. Kom., M.722, Rn. 15 – Teneo/Merill Lynch/Bankers Trust.
[135] Kom., M.408, Rn. 6 – RWE/Mannesmann.
[136] Mitteilung „Zuständigkeit" Rn. 105.
[137] Kom., M.1361, Rn. 6 – Rast- und Tankstätten AG.

D. Zusammenschluss durch Kontrollerwerb

von Anteilsrechten oder Vermögenswerten, durch Vertrag oder in sonstiger Weise" erfolgen kann. In ihrer Mitteilung „Zuständigkeit" stellt die Kommission heraus, dass insofern auch rein wirtschaftliche Beziehungen ausschlaggebend sein können.[138] Hierbei könne Kontrolle auch entstehen, wenn dies nicht die Absicht der Parteien gewesen sei.[139] Die **Grundlage oder das Mittel der Kontrolle** sind daher **letztlich unerheblich** für die Frage, ob Kontrolle besteht (was sich auch aus der Formulierung „oder in sonstiger Weise" ergibt). Entscheidend ist allein die rein materiellrechtliche Frage, ob der fragliche Einfluss auf das Zielunternehmen in Anbetracht aller rechtlichen und tatsächlichen Umstände ein solches Ausmaß erreicht, dass von bestimmendem Einfluss iSv Abs. 2 auszugehen ist.

a) Anteilserwerb. Die praktisch häufigste Form des Kontrollerwerbs ist der **Anteilserwerb**.[140] 57 Wer die Mehrheit der stimmberechtigten Anteile an einer Gesellschaft hält, wird hiermit regelmäßig bestimmenden Einfluss auf die Willensbildung in dieser Gesellschaft ausüben. Anderes kann allerdings gelten, wenn die Satzung bzw. der Gesellschaftsvertrag besondere Mehrheiten für die Beschlussfassung vorsieht oder ansonsten besondere Gesellschaftervereinbarungen bestehen. Entscheidend für den Zusammenschlusstatbestand des Art. 3 ist damit nicht die Überschreitung bestimmter Anteilsschwellen, sondern allein die Frage, ob der Erwerb der Anteile materiell einen bestimmenden Einfluss auf die Beteiligungsgesellschaft ermöglicht. Auch bei Beteiligungen über 50 % kann daher ein alleiniger Kontrollerwerb zu verneinen sein (→ Rn. 102). Umgekehrt kann der Erwerb von Minderheitsbeteiligungen einen kontrollpflichtigen Zusammenschluss darstellen, wenn hiermit aufgrund geringer Hauptversammlungspräsenz,[141] aufgrund von Absprachen mit anderen Anteilseignern oder aufgrund sonstiger Umstände bestimmender Einfluss erworben wird.

b) Optionen. Die **Option** auf den Erwerb (oder die Andienung) von Anteilen begründet als 58 solche grds. noch keine Kontrolle.[142] Sie führt auch noch nicht dazu, dass die entsprechenden Anteile dem Inhaber der Option (oder – bei einer Verkaufsoption – der anderen Seite) zugerechnet werden. Denn selbst wenn die Bedingungen des Anteilserwerbs im Optionsvertrag bereits bestimmt sind, ist der Übergang der Anteile noch abhängig von der Ausübung der Option und der dann noch erforderlichen Übertragung der Anteile auf den neuen Inhaber. Erst in diesem Zeitpunkt kann der Erwerber über die mit den Anteilen verbundenen Rechte verfügen und auch erst dann gewinnt er den entsprechenden Einfluss auf die Zielgesellschaft. Nicht die Einräumung, sondern erst die Ausübung der Option begründet daher den Zusammenschlusstatbestand.[143] Dies gilt insbes., wenn die Option lediglich ein vertragliches Instrument zur möglichen Auflösung eines eingegangenen Gemeinschaftsunternehmens darstellt.[144]

Im Einzelfall kann das Bestehen einer Option allerdings **ausnahmsweise** zum **Kontrollerwerb** 59 führen. Dies ist zunächst dann der Fall, wenn das Optionsrecht aufgrund einer rechtlich verbindlichen Vereinbarung in naher Zukunft ausgeübt werden wird (und es sich somit um keine „Option" im eigentlichen Sinne handelt).[145] Des Weiteren kann das **jederzeit ausübbare Optionsrecht** eines Minderheitsaktionärs, weitere Anteile zu erwerben, diesem faktisch bereits den mitkontrollierenden Einfluss auf die Zielgesellschaft vermitteln, den er rechtsförmlich erst nach der Ausübung der Option erlangen würde.[146] Denn die übrigen Aktionäre werden die Entscheidungen betreffend die Zielgesellschaft mit dem Minderheitsaktionär abstimmen, wenn dieser jederzeit durch Ausübung der Option unmittelbar Kontrolle erlangen kann.[147] Dies gilt jedenfalls dann, wenn die Option jederzeit

---

[138] Mitteilung „Zuständigkeit" Rn. 20.
[139] Mitteilung „Zuständigkeit" Rn. 21, vgl. ausf. zur Thematik Imgrund WuW 2010, 753 ff.
[140] Mitteilung „Zuständigkeit" Rn. 17.
[141] Vgl. zB Kom., M.4994, Rn. 44 ff. – Electrabel CNR. Die Entscheidung wurde in beiden Instanzen bestätigt, EuG 12.12.2012 – T-332/09, Electrabel und EuGH 3.7.2014 – C-84/13 P (der sich inhaltlich nicht mehr mit materiellen Fragen befasste).
[142] EuG Slg. 1994, II-323 Rn. 70–72 – Air France/Kommission; Kom., M.010, Rn. 10 – Conagra/Idea; Kom., M.442, Rn. 8 – Elf Atochem/Rütgers; Kom., M.1037, Rn. 7 – Normura/Blueslate; Kom., M.591, Rn. 3 – Dow/Buna; Kom., M.2176, Rn. 8 – Kali&Salz/Solvay/JV; Kom., M.3068, Rn. 7 – Ascott Group/Goldman Sachs/Oriville; Mitteilung „Zuständigkeit" Rn. 60; Kom., M.3696, Rn. 12 – E.ON/Mol (allerdings mit dem Hinweis, dass diese Option bei der wettbewerblichen Beurteilung in Betracht zu ziehen wäre); Kom., M.4005, Rn. 7 – Ineos/Innovene; Kom., M.6751, Rn. 14 ff. – BayWa/Bonhorst Agrarhandel.
[143] Kom., M.493, Rn. 18 – Tractebel/Distrigaz II; Tessin/Röhling FS Quack, 1991, 691; Immenga/Mestmäcker/Körber Rn. 47; FK-KartellR/Kuhn Rn. 74.
[144] Vgl. etwa Kom., M.479, Rn. 10 – MAN/Ingersoll Rand.
[145] Mitteilung „Zuständigkeit" Rn. 60; Kom., M.3068, Rn. 7 – Ascott Group/Goldman Sachs/Oriville (unter Verneinung der Erfüllung dieser Voraussetzung im konkreten Fall).
[146] Vgl. Kom., M.4323, Rn. 8 – Arla/Ingmann Foods (Call-Option als zusätzl. Indiz).
[147] Vgl. Kom., M.967, Rn. 8–17 – KLM/Air UK; Kom., M.3101, Rn. 5 – Accor/Hilton/Six Continents/JV (wo die Kommission den Grund, aus dem sie die Option als Grundlage gemeinsamer Kontrolle ansieht,

kurzfristig ausgeübt werden kann.[148] So hatte im Fall Ford/Hertz Ford zwar nur 49 % der stimmberechtigten Anteile, konnte aber aufgrund einer Option jederzeit seine C-Aktien in B-Aktien wandeln und hierdurch seine Vertretung im Vorstand von Hertz auf eine absolute Mehrheit erhöhen. Ford konnte dieses Recht innerhalb weniger Stunden und ohne das Aufbringen zusätzlicher Finanzmittel ausüben. Die Kommission ging vor diesem Hintergrund vom Bestehen alleiniger Kontrolle durch Ford aus.[149] Eine dritte Kategorie von Fällen zeichnet sich dadurch aus, dass Optionsrechte ein Element unter mehreren sein können, um die Kontrollstruktur einer Gesellschaft zu bestimmen, auf diese Weise also in Zusammenschau mit anderen Merkmalen dazu führen können, dass der Kontrollerwerb durch einen Gesellschafter zu bejahen oder zu verneinen ist.[150]

60   c) **Vermögenserwerb.** Die nach dem Anteilserwerb häufigste Form des Kontrollerwerbs ist der in Abs. 1 lit. b ausdrücklich in Bezug genommene Erwerb des Vermögens eines anderen Unternehmens. Als Zusammenschluss kommt nicht nur der Erwerb des gesamten Vermögens des Zielunternehmens, sondern auch der Erwerb einzelner Vermögensgegenstände in Frage. Im letzteren Fall liegt ein Zusammenschluss allerdings nur vor, wenn die betreffenden Vermögensgegenstände von wettbewerblicher Relevanz sind (→ Rn. 69 ff.).

61   d) **Kontrolle auf vertraglicher Grundlage.** Kontrolle kann des Weiteren **auf vertraglicher Grundlage** erworben werden,[151] vorausgesetzt, diese vermitteln einen ähnlichen und dauerhaften Einfluss auf Management und Ressourcenverwendung wie ein Anteilserwerb.[152] Beispiele hierfür sind Beherrschungsverträge, Betriebsüberlassungsverträge, Unternehmenspachtverträge oder Betriebsführungsverträge.[153] Derartige Verträge gewähren entweder unmittelbare Kontrollbefugnisse (Beherrschungsvertrag) oder das Recht zur eigenverantwortlichen Nutzung des Unternehmens (Betriebspacht) mit der Folge der Übertragung bestimmenden Einflusses. **Beherrschungsverträge** werden zumeist in Situationen abgeschlossen, in denen ohnehin schon ein Kontrollverhältnis besteht; die im Eingehen des Beherrschungsvertrags möglicherweise liegende Verstärkung der Kontrolle führt dann zu keinem neuen Zusammenschlusstatbestand. Praktisch bedeutsamer sind daher **Betriebspacht- und Geschäftsführungsverträge.**[154] Auch insoweit kann jedoch nicht automatisch vom Vorliegen eines Zusammenschlusstatbestandes ausgegangen werden. Vielmehr ist in jedem Einzelfall zu prüfen, ob der Pächter bzw. Geschäftsführer bestimmenden Einfluss iSv Abs. 2 erwirbt. Kriterien zur Beurteilung sind etwa die Dauer des Vertrages,[155] die Unabhängigkeit des Pächters/Geschäftsführers bei der Führung des Unternehmens, das Ausmaß seiner Befugnisse bzw. umgekehrt die Zustimmungsvorbehalte des Eigentümers, die Regelungen betreffend die Veräußerung des Unternehmens durch den Eigentümer und die Regelungen über die Finanzierung der Geschäftstätigkeit und die Verwendung des Gewinns des betreffenden Unternehmens.[156]

62   Nimmt ein Unternehmen einen größeren Kredit auf, so ist das üblicherweise mit **Kreditauflagen**[157] verbunden.[158] Diese führen nicht per se zu einem Kontrollerwerb, sondern sind im Einzelfall daraufhin zu prüfen, ob sie den Kreditnehmer so weit in der wirtschaftlichen Bewegungsfreiheit

---

allerdings nicht erläutert und auch die jederzeitige Ausübbarkeit der Option offen ist); FK-KartellR/Kuhn Rn. 74.
[148] Imgrund WuW 2010, 158.
[149] Kom., M.397, Rn. 7 ff. – Ford/Hertz.
[150] S. etwa Kom., M.425, Rn. 19 – BS/BT; Kom., M.1037, Rn. 7 – Normura/Blueslate; Kom., M.1925, Rn. 6 – Scottish&Newcastle/Groupe Danone; Kom., M.2224, Rn. 8 f. – Siemens/Demag Krauss-Maffei; Levy/Cook, 5–12; s. auch Kom., M.625, Rn. 17 – Nordic Capital/Transpool.
[151] Vgl. Mitteilung „Zuständigkeit" Rn. 18.
[152] Vgl. Kom., M.4225, Rn. 6 – Celsa/Fundia (unwiderrufliche Übertragung der Geschäftsführung einschließlich aller strategischen Entscheidungen auf Celsa); vgl. Mitteilung „Zuständigkeit" Rn. 18.
[153] S. hierzu (und zum Streitstand betr. Gewinnabführungsverträgen) näher Immenga/Mestmäcker/Körber Rn. 51–53; FK-KartellR/Kuhn Rn. 84–86; aufgrund der Besonderheiten des Falls abgelehnt in Kom., M.544, Rn. 12 – Unisource/Telefónica.
[154] Kom., M. 6360 Rn. 14 – Nynas/Shell/Harburg Refinery (Pachtvertrag über eine Raffinerie). Zeitlich begrenzte englische „Rail Franchises" wurden als Kontrollmittel über ein Geschäft angesehen in Kom., M. 9356 Rn. 10 ff. – Abellio/East Midlands Passenger Rail Franchise; Kom., M. 9407 Rn. 15 f. – First Trenitalia West Coast Rail/West Coast Partnership Rail Franchise.
[155] Vgl. Mitteilung „Zuständigkeit" Rn. 18 iVm Fn. 19, wonach acht bzw. 10–15 Jahre ausreichen können.
[156] Kom., M.126, Rn. 6 – Accor/Wagons Lits (wo die Kommission im Rahmen der Umsatzberechnung Accor die Umsätze auch derjenigen Hotels zurechnete, die Accor lediglich iRv Geschäftsführungsverträgen führte).
[157] Insbes. zweckgerichtete Verwendung der Kreditmittel, Verfügungsbeschränkungen, Verpflichtung, keine weiteren Kredite aufzunehmen, Einschränkungen bei Investitionen und M&A, Einhaltung bestimmter Finanzkennzahlen.
[158] Ausf. zu diesem Themenkreis Hess ZIP 2010, 461.

beschränken, dass bestimmender Einfluss des Kreditgebers iSd Art. 3 vorliegt. Dabei ist zu berücksichtigen, dass die Bank mit der Vereinbarung von Kreditauflagen, die ihr eine laufende Überwachung des Kreditengagements ermöglichen, lediglich ihren kaufmännischen und regulatorischen Pflichten nachkommt. Wenn nicht die Zustimmungsvorbehalte oder Verbote insbes. in Bezug auf die weiteren Investitionen zu eng gestrickt sind (→ Rn. 31), sollten diese daher regelmäßig nicht zu einem Kontrollerwerb führen.[159] Hält der Kreditnehmer sich nicht an die Kreditauflagen, kann es dazu kommen, dass die Banken konkrete Gesellschafter- oder Geschäftsführungsbefugnisse übernehmen und das Marktverhalten des Schuldners konkret steuern.[160] In diesem Fall wird idR die Schwelle zum Kontrollerwerb überschritten sein, und zwar unabhängig davon, ob die Bank diese Rechte nur de facto durchsetzt[161] oder ob sie ihr vertraglich eingeräumt sind.[162] Die Kündigung des Kredits durch die Bank ist hingegen für die Fusionskontrolle irrelevant.[163]

Einer der eher seltenen Anwendungsfälle des **Kontrollerwerbs auf vertraglicher Grundlage** 63 ist der **Fall Bosch/Rexroth.**[164] Bei diesem Vorhaben erlangte Bosch die Kontrolle über Rexroth auf der Grundlage des Abschlusses eines Betriebspacht- und eines Beherrschungsvertrages. Danach oblag die Ausführung des Geschäftsbetriebs von Rexroth allein Bosch. Zu diesem Zweck überließ Rexroth Bosch alle Vermögensgegenstände seines Unternehmens zur Nutzung. Im Gegenzug zahlte Bosch an Rexroth einen festen monatlichen Pachtzins, dessen Höhe unabhängig vom wirtschaftlichen Erfolg des gepachteten Unternehmens war. Kraft des Beherrschungsvertrags wurde Bosch die Leitung von Rexroth und die Befugnis, dem Vorstand von Rexroth Weisungen zu erteilen, übertragen. Gleichzeitig vereinbarten Bosch und die Muttergesellschaft von Rexroth, dass die alleinige unternehmerische Verantwortung für Rexroth bei Bosch liegen sollte und die Rexroth-Muttergesellschaft ihre Stimmrechte in der Hauptversammlung von Rexroth ausschließlich nach Weisung von Bosch ausüben würde. Auf Grundlage dieser Regelungen waren somit die wirtschaftlichen Interessen der Eigentümer von Rexroth auf die Pachteinkünfte sowie einen im Beherrschungsvertrag vereinbarten pauschalisierten Gewinnanteil begrenzt. Mit der alleinigen unternehmerischen Verantwortung für Rexroth war somit auch die Kontrolle über Rexroth auf Bosch übergegangen, obwohl Bosch keine Anteile an Rexroth hielt und keine Eigentumsrechte an den Vermögensgegenständen von Rexroth hatte.

Die in der deutschen Fusionskontrolle diskutierte Frage, ob Verträge über die Gründung von 64 **Gleichordnungskonzernen** einen Zusammenschlusstatbestand darstellen,[165] hat iRv Art. 3 bislang noch keine praktische Bedeutung erlangt (→ Rn. 21).

Kontrolle auf vertraglicher Grundlage kann sich schließlich auch aus **Gesellschafterverein-** 65 **barungen** wie etwa Stimmbindungsverträgen ergeben.[166] Die Kommission hat Kontrolle auf vertraglicher Grundlage auch im Falle der Bildung einer Limited Partnership zwischen dem **Investmentmanager eines Fonds** als dessen „General Partner" und den Investoren des Fonds als dessen „Limited Partner" angenommen.[167] Da alleine der Investmentmanager die Entscheidungen für den Fonds hinsichtlich der Stimmrechte in den Portfolio-Gesellschaften treffe, seien die vom Investmentfonds erworbenen Anteile/Unternehmen alleine von diesem kontrolliert, nicht aber von den Limited Partnern.[168] Selbiges gilt nach deutschem Recht für den Komplementär einer KG, wenn den Kommanditisten keine Sonderrechte eingeräumt sind, welche diesen die Mitkontrolle ermöglichen. Kein Kontrollerwerb liegt regelmäßig im Abschluss eines Franchise-Vertrags[169] oder in der Durchführung reiner Finanzierungsmodelle – wie zB Sale-and-Lease-back Geschäften vor.[170]

e) Kontrolle „in sonstiger Weise". Da der Kontrollbegriff des Art. 3 materieller Natur ist 66 und es daher nicht auf die Form des Kontrollerwerbs ankommt, stellt Abs. 1 lit. b fest, dass Kontrolle auch **„in sonstiger Weise"** erworben werden kann. Praktisch relevante Fallgruppen können insoweit insbes. der Kontrollerwerb aufgrund wirtschaftlicher Abhängigkeit, aufgrund nicht-vertraglicher Erwerbsvorgänge oder aufgrund personeller Verflechtungen sein.

---

[159] Vgl. Hess ZIP 2010, 461 (463).
[160] Weiterführend dazu Hess ZIP 2010, 461 (465).
[161] Zur de facto Kontrolle Rn. 104 ff.
[162] Hess ZIP 2010, 461 (465).
[163] Hess ZIP 2010, 461 (463).
[164] Kom., M.2060, Rn. 9–17 – Bosch/Rexroth.
[165] S. hierzu FK-KartellR/Kuhn Rn. 87 mwN; bejahend Bechtold/Bosch/Brinker Rn. 10.
[166] Zur gemeinsamen Kontrolle → Rn. 114–135.
[167] Hierzu ausf. Mitteilung „Zuständigkeit" Rn. 15.
[168] Kom., M.2396, Rn. 6 – Industrie Kapital/Perstorp (II).
[169] Bechtold/Bosch/Brinker Rn. 17.
[170] Mitteilung „Zuständigkeit" Rn. 19.

67 **Wirtschaftliche Abhängigkeiten** iR unternehmerischer Geschäftsbeziehungen haben normalerweise eine andere Qualität als die für die Annahme eines Zusammenschlusses erforderliche Abhängigkeit vom bestimmenden Einfluss eines anderen Unternehmens auf das strategische Geschäftsverhalten. In Ausnahmefällen kann aber auch eine über das „übliche Maß" hinausgehende wirtschaftliche Abhängigkeit, bspw. aufgrund langfristiger Lieferverträge und Lieferantenkredite iVm strukturellen Verflechtungen, zur Begründung von Kontrolle im fusionskontrollrechtlichen Sinne führen.[171] Im Fall RVI/VBC/Heuliez führte dementsprechend das Vorliegen struktureller Verflechtungen iVm einem langjährigen exklusiven Bezugsvertrag zur Annahme (mit)kontrollierenden Einflusses von Renault über Heuliez.[172] In CCIE/GTE führte die Unterstützung eines Management Buy-Out durch Siemens dazu, dass das betreffende Unternehmen von Siemens aufgrund weitreichender Kredite, Lizenz- und Know-how-Vereinbarungen, technischer Unterstützungsleistungen und sonstige Liefer- und Leistungszusagen noch für eine gewisse Zeit in erheblichem Maße wirtschaftlich abhängig war. Die Kommission ging allerdings davon aus, dass die betreffenden Verflechtungen nur von zeitlich begrenzter Natur sein würden und die Vereinbarungen wirtschaftliche Anreize vorsähen, dass die Buy-out-Gesellschaft so zügig wie möglich ihre wirtschaftliche Unabhängigkeit von Siemens entwickeln würde. Vor diesem Hintergrund verneinte die Kommission das Vorliegen bestimmenden Einflusses.[173] Im Fall Lockhead Martin Corporation/Loral Corporation hielt die Kommission das Bestehen einer Reihe von strukturellen, personellen und wirtschaftlichen Verflechtungen zwischen zwei Unternehmen ebenfalls nicht für ausreichend für die Annahme eines Kontrollverhältnisses.[174] Einen Kontrollerwerb aufgrund von wirtschaftlicher Abhängigkeit hat die Kommission auch im Fall News Corp/BSKyB abgelehnt. News Corp war mit 5 % kein wesentlicher Abnehmer von BSKyB und die Belieferung von BSKyB durch News Corp erfolgte auf „arms length's"-Basis.[175] Auch die wirtschaftliche Abhängigkeit des Franchisenehmers vom Franchisegeber begründet normalerweise keine Kontrollbeziehung im fusionskontrollrechtlichen Sinne.[176]

68 **Nichtvertragliche Erwerbsvorgänge** wie etwa Erbschaft, Vermächtnis oder Anwachsung von Anteilen ausgeschiedener Gesellschafter können ebenfalls zum Kontrollerwerb führen.[177] Der Umstand, dass der Kontrollerwerb hier aufgrund eines unternehmensexternen Ereignisses und **ohne aktives Zutun des Erwerbenden** oder sogar **ohne dessen Willen** erfolgt, ist für die Annahme des Zusammenschlusstatbestands und die Anmeldepflichtigkeit des Vorgangs unerheblich.[178] Denn die Kontrollausübung ist anhand rein objektiver Kriterien zu bestimmen, wobei auch die bloße Möglichkeit der Kontrollausübung für die Annahme von Kontrolle ausreicht.[179] Im Fall Avesta (II) führte das Ausscheiden eines Gesellschafters aus einem Gemeinschaftsunternehmen dazu, dass aufgrund der Arithmetik der Gesellschaftervereinbarungen ein bisher nicht mitkontrollierender Gesellschafter nunmehr eine Position gemeinsamer Kontrolle einnahm und daher eine Anmeldung des Zusammenschlusses erforderlich wurde.[180]

69 **Personelle Verflechtungen** haben in der bisherigen Entscheidungspraxis der Kommission bisher noch nicht zur Annahme eines Zusammenschlusses geführt. Sie können jedoch einen solchen Tatbestand darstellen, wenn sie es ermöglichen, bestimmenden Einfluss über ein anderes Unternehmen zu erlangen. Hierzu sind die Umstände des Einzelfalls jeweils sorgfältig zu prüfen; pauschale Faustregeln, wie etwa das Abstellen auf die Identität von mehr als 50 % der Mitglieder der Leitungsgremien,[181] führen nicht in jedem Fall notwendigerweise zu einem zutreffenden Ergebnis.[182] Besonderes Augenmerk wird hier auf die Dauerhaftigkeit der Verflechtung zu legen sein.[183]

70 **4. Gegenstand der Kontrolle. a) Unternehmen/Unternehmensteil.** Der Zusammenschlusstatbestand setzt voraus, dass Kontrolle erworben wird über „die Gesamtheit oder über Teile eines oder mehrerer Unternehmen", Abs. 1 lit. b. Der Begriff des Unternehmens entspricht hierbei

---

[171] Mitteilung „Zuständigkeit" Rn. 20.
[172] Kom., M.092, Rn. 4 – RVI/VBC/Heuliez.
[173] Kom., M.258, Rn. 10 ff. – CCIE/GTE.
[174] S. Kom., M.697, Rn. 6 – Lockheed Martin Corporation/Loral Corporation; vgl. auch Kom., M.5932, Rn. 18 f. – News Corp/BSKyB (keine faktische wirtschaftliche Abhängigkeit, da nicht abhängig von Belieferung der betreffenden Unternehmensgruppe und Vertragsschlüsse mit dieser „on arm's length basis").
[175] Kom., M.5932, Rn. 19 ff. – News Corp/BSKyB (Anteil der Belieferung geschwärzt).
[176] So – iRd Umsatzberechnung – Kom., M.940, Rn. 9 – UBS/Mister Minit; Bechtold/Bosch/Brinker Rn. 17.
[177] Vgl. Mitteilung „Zuständigkeit" Rn. 21.
[178] Vgl. Mitteilung „Zuständigkeit" Rn. 21; s. auch FK-KartellR/Kuhn Rn. 97 mwN.
[179] FK-KartellR/Kuhn Rn. 97.
[180] Kom., M.452, Rn. 8 – Avesta (II).
[181] Ebenroth/Rösler RIW 1994, 533 (541).
[182] FK-KartellR/Kuhn Rn. 95.
[183] Bechtold/Bosch/Brinker Rn. 17.

dem der Art. 101, 102 AEUV und ist dementsprechend im Einklang mit der stRspr zu verstehen als „jede eine wirtschaftliche Tätigkeit ausübende Einheit unabhängig von ihrer Rechtsform und Finanzierung".[184] Als Zusammenschluss ist daher nicht nur der Erwerb einer rechtsfähigen Gesellschaft anzusehen, sondern auch der Erwerb einzelner Vermögensgegenstände eines anderen Unternehmens. Die Erlangung der Kontrolle über einzelne Vermögenswerte kann allerdings nur dann als Zusammenschluss angesehen werden, wenn diese die Gesamtheit oder einen Teil eines Unternehmens bilden, dh einen Geschäftsbereich mit eigener Marktpräsenz, **dem eindeutig ein Marktumsatz zugeordnet werden kann.**[185] Die Übertragung des Kundenstamms eines Geschäftsbereichs kann diese Kriterien erfüllen, wenn dadurch ein Geschäftsbereich mit Marktumsatz übertragen wird. Bei dem Erwerb immateriellen Vermögens wie Marken, Patenten oder Urheberrechten nimmt die Kommission einen Zusammenschluss ebenfalls nur dann an, wenn dieses Vermögen einen Geschäftsbereich mit Marktumsatz bildet. Die Übertragung von Lizenzen für Marken, Patente oder Urheberrechte ohne zusätzliche Vermögenswerte kann diese Kriterien allerdings nur erfüllen, wenn es sich um Exklusivlizenzen zumindest für ein bestimmtes Gebiet handelt und mit der Übertragung der Lizenzen eine Übertragung Umsatz generierender Tätigkeiten einhergeht.[186] Dementsprechend sind in der Fallpraxis der Kommission als Zusammenschluss bewertet worden: Der Erwerb einzelner Kraftwerke[187], der Erwerb von Produktionsanlagen[188]; der Erwerb eines Kundenstamms[189], der Erwerb immaterieller Rechte[190], der Erwerb von Streckenrechten und Start- und Landeslots durch eine Fluggesellschaft[191], der Erwerb der Mitarbeiter und Vermögenswerte für das Hypothekengeschäft einer Bank[192] oder auch der Erwerb isolierter Vermögensgegenstände wie etwa von Produktionsanlagen, Marken oder Lizenzen.[193] Teilweise hat die Kommission auch dort einen Zusammenschluss angenommen, wo die erworbenen Vermögenswerte zwar aktuell noch keinen Umsatz erzielen, aber ein solcher Umsatz „innerhalb eines vernünftigen Zeitrahmens" zu erwarten ist.[194] Generell stellt allerdings der Erwerb von Vermögenswerten, an die kein Umsatz geknüpft ist, keinen Zusammenschluss dar.[195]

b) Outsourcing-Verträge. Outsourcing-Verträge sind als Zusammenschluss anzusehen, wenn **71** (i) dem externen Dienstleister die hierfür relevanten Vermögensgegenstände nebst Personal übertragen (und nicht nur zur Verwendung zur Verfügung gestellt) werden und (ii) diese Übertragung den Dienstleister entweder sofort oder binnen Kürze in die Lage versetzten wird, Dritte zu beliefern.[196] Werden hingegen entweder keine Vermögenswerte übertragen oder diese (nach den Geschäftsplänen des Erwerbers) ausschließlich zur Leistungserbringung gegenüber dem Veräußerer verwandt, liegt ein reiner Dienstleistungsvertrag vor, der nicht der FKVO unterfällt.[197] Der Annahme eines Zusammenschlusses steht es nicht entgegen, wenn der Erwerber den geplanten Marktzugang mit eigenen Ressourcen unterstützen muss. Im Fall Flextronics/Motorola war es dementsprechend unschädlich, dass der erworbene Unternehmensteil weder eine Marktreputation noch sofort verfügbares Kapital hatte und wohl auch Schwächen im Bereich der Beschaffung.[198] Der Zeitraum, binnen dessen die

---

[184] EuGH Slg. 1991, I-1979 Rn. 21 – Höfner; EuGH Slg. 1993, I-637 Rn. 17 – Poucet und Pistre; EuGH Slg. 1994, I-43 Rn. 18 – Eurocontrol; EuGH Slg. 1995, I-4013 Rn. 14 – Fédération Française des sociétés d'assurance; EuGH Slg. 1997, I-7119 Rn. 21 – Job Centre; EuGH Slg. 2001, I-8089 Rn. 19 – Glöckner; EuGH Slg. 2002, I-691 Rn. 22 – Cisal; EuGH Slg. 2004, I-2493 Rn. 46 – AOK Bundesverband; s. hierzu bereits → Rn. 7, 8.
[185] Mitteilung „Zuständigkeit" Rn. 24.
[186] Mitteilung „Zuständigkeit" Rn. 24.
[187] Kom., M. 3867, Rn. 8 – Vattenfall/Elsam.
[188] Kom., M.4957, Rn. f. – Perstorp Holding/Solvay Interox (Caprolactones business); Kom., M. 6360, Rn. 14 – Nynas/Shell/Harburg Refinery (Pachtvertrag über eine Raffinerie).
[189] Kom., M.2857, Rn. 9 – ECS/IEH (Übertragung der Belieferung bestimmter Stromkunden); Kom., M. 5091, Rn. 4 f. – Tech Data/Scribona; Kom., M. 6143, Rn. 8 – Princes/Premier Foods Canned Grocery Operations; Kom., M. 9968, Rn. 3–6 – Total/Ørsted UK.
[190] Kom., M. 5195, Rn. 6 – Pfizer/SP Assets (Erwerb von Rechten an bestimmten Pharmazeutika); Kom., M. 5727, Rn. 4–19 – Microsoft/Yahoo! Search Business (Erwerb einer zehnjährigen ausschließlichen Lizenz); Kom., M. 5859, Rn. 5–8 – Whirlpool/Privileg Rights (Erwerb der Marke Privileg).
[191] Kom., M.130, Rn. 3 – Delta Air Lines/Pan Am.
[192] Kom., M. 5363, Rn. 10 ff. – Santander/Bradford & Bingley Assets.
[193] Kom., M.5721, Rn. 10 – Otto/Primondo Assets.
[194] Kom., M. 7872, Rn. 8–12 – Novartis/GSK.
[195] Kom., M. 7940, Rn. 7–16 – Netto/Grocery Store at Armitage Avenue Little Hulton.
[196] Mitteilung „Zuständigkeit" Rn. 25–27; Kom., M. 5765, Rn. 5 f. – Foxconn/Dell (Products) Poland; Kom., M. 1841, Rn. 5 – Celestica/IBM; Kom., M. 1849 – Solectron/Ericsson; Kom., M. 6853, Rn. 9–13 – Flextronics International/Certain Assets belonging to Motorola Mobility.
[197] Mitteilung „Zuständigkeit" Rn. 25, 27.
[198] Kom., M.6853, Rn. 13 – Flextronics/Motorola.

Marktpräsenz zu erreichen ist, ist analog zur „Start-up-Phase" eines vollfunktionsfähigen Gemeinschaftsunternehmens anzusehen, darf also drei Jahre nicht überschreiten (→ Rn. 166–168).[199]

72 **c) Übernahme von Franchisestandorten.** Streitig war die Fusionskontrollpflichtigkeit des Vorhabens im (auf eine Verweisung nach Art. 22 zurückgehenden) Fall Blokker/Toys"R"Us. Blokker hatte hier sechs niederländische Spielwarengeschäfte von Toys"R"Us als Franchisenehmer übernommen und vertrat die Auffassung, dass dieser Vorgang lediglich Art. 101 AEUV unterliegen könne. Die Kommission wies diese Ansicht mit der Begründung zurück, entscheidend sei allein, dass Blokker als Franchisenehmer die Kontrolle über die betreffenden Geschäfte erlange.[200] Blokker übernehme sämtliche Vermögenswerte, die das Geschäft von Toys"R"Us in den Niederlanden ausmachten (Mietverträge, Einrichtungsgegenstände, Warenbestand, Personal, Verwendung des Warenzeichens). Die Vereinbarungen seien auf zwölf Jahre mit der Möglichkeit der Verlängerung um weitere zehn Jahre angelegt, so dass die Transaktion die Struktur der betreffenden Unternehmen dauerhaft verändere. Toys"R"Us habe erklärt, sich dauerhaft aus den Niederlanden zurückziehen zu wollen. Als Franchisegeber habe Toys"R"Us zudem keine Rechte, die einer Beibehaltung der Kontrolle über das niederländische Geschäft gleichkämen. Das Produktsortiment, das Verkaufskonzept und die Verkaufspreise würden vielmehr durch Blokker als Franchisenehmer bestimmt werden. So konnte Blokker in den betreffenden Läden auch Produkte anbieten, die ansonsten nicht zum Sortiment von Toys"R"Us gehörten.[201] Diese Entscheidung der Kommission verdeutlicht, dass es für den Zusammenschlussbegriff nicht auf die rechtliche Ausgestaltung eines Vorhabens ankommt, sondern allein entscheidend ist, ob aufgrund der fraglichen Vereinbarung dauerhaft die (rechtliche oder faktische) Kontrolle über die Geschäftsaktivität eines anderen Unternehmens erworben wird. Allerdings ist es für Franchise-Verträge nicht typisch, dass der Franchisegeber weder das Verkaufskonzept noch das Produktsortiment (mit-)bestimmt. Dennoch vermittelt ein Franchise-Vertrag idR auch laut Mitteilung „Zuständigkeit" keine Kontrolle über das Geschäft des Franchisenehmers.[202] Dieser bleibt zum einen jedenfalls in der Preispolitik frei und bleibt zum anderen ein unabhängiger Unternehmer, der den Einsatz der Ressourcen seines Unternehmens selbst bestimmt.

73 **5. Inhaber der Kontrolle.** Inhaber der Kontrolle ist grds. das Unternehmen oder die Person, welche(s) Berechtigte(r) aus den kontrollbegründenden Einflussrechten ist, also etwa der Anteilseigner oder der Eigentümer der fraglichen Vermögenswerte. Kontrolle kann **unmittelbar** oder **mittelbar** (also etwa über Tochtergesellschaften) ausgeübt werden, Abs. 1 lit. b. Nach Abs. 3 lit. b kann ausnahmsweise die Kontrolle auch für Personen oder Unternehmen begründet werden, die, obwohl sie aus den kontrollbegründenden Rechten oder Verträgen **nicht selbst berechtigt** sind, „die Befugnis haben, die sich daraus ergebenden Rechte auszuüben". Nach der Mitteilung „Zuständigkeit" ist dies dann der Fall, wenn ein Unternehmen eine andere Person „vorschiebt", um eine Beteiligung zu erwerben, die ihm die Kontrolle über das andere Unternehmen sichert, und die Kontrolle über diese „vorgeschobene Person" ausübt, auch wenn formal diese Person der Rechtsinhaber sei. Hier liege die Kontrolle in Wirklichkeit bei dem Unternehmen „im Hintergrund", das faktisch das Zielunternehmen kontrolliere.[203] Eine solche Situation könne etwa auf der Finanzierung des Erwerbs durch das im Hintergrund bleibende Unternehmen oder auf Verwandtschaftsbeziehungen beruhen, wobei es auch hier wieder auf eine Gesamtschau aller Faktoren, die einen solchen Einfluss verschaffen könnten, ankommt.[204] Diese Passage zielt offensichtlich auf **Treuhandverhältnisse,** bei denen eine Person ein Unternehmen für eine andere Person erwirbt.[205]

74 Die Kommission unterstreicht hierzu, dass nur solche Einflussrechte eine Rolle spielen, welche üblicherweise einem Anteilseigner zustehen. Die aufgrund der Arbeitnehmermitbestimmung in die Aufsichtsräte entsendeten **Arbeitnehmervertreter** nehmen daher nicht an der Ausübung von Kontrolle iSd Art. 3 teil.[206] Fraglich ist aber, ob die Mitteilung „Zuständigkeit" (→ Rn. 22) auch so zu lesen ist, dass die Stimmen der Arbeitnehmervertreter zu ignorieren sind, wenn geprüft wird, wer die betreffenden Unternehmen tatsächlich kontrolliert. Nach der Entscheidung der Kommission Porsche/Volkswagen, soll es auf die Stimmen der Arbeitnehmervertreter wohl gar nicht ankommen. Allerdings weist die Kommission im selben Atemzug darauf hin, dass die

---

[199] Mitteilung „Zuständigkeit" Rn. 25 ff.
[200] Kom., M.890, Rn. 14 – Blokker/Toys"R"Us.
[201] Kom., M.890, Rn. 15 – Blokker/Toys"R"Us.
[202] Mitteilung „Zuständigkeit" Rn. 19.
[203] Vgl. auch EuG Slg. 2006, II-319 Rn. 72 – Cementbouw.
[204] Vgl. Mitteilung „Zuständigkeit" Rn. 13.
[205] So auch Immenga/Mestmäcker/Körber Rn. 40; Wiedemann KartellR-HdB/Wiedemann § 15 Rn. 46.
[206] Mitteilung „Zuständigkeit" Rn. 22.

Arbeitnehmer in diesem Fall ohnehin nicht über strategische Entscheidungen mitzubestimmen hätten.[207] Dieser Hinweis wäre überflüssig, wenn die Arbeitnehmerstimmen per se irrelevant wären. Nach hiesiger Ansicht müssten diese Stimmen konsequenterweise mitgezählt werden, wenn festgestellt werden soll, wer in den relevanten Gremien in der Lage ist, strategische Entscheidungen zu treffen oder zu blockieren. Auch wenn in der Praxis häufig die Anteilseigner de facto eine geschlossene Reihe bilden werden, ist das eben nicht zwingend so. Daher müsste an sich im Einzelfall festgestellt werden, ob in Bezug auf die strategischen Entscheidungen nach der konkreten Besetzung relevanter Gremien wechselnde Mehrheiten oder Blockaden möglich sind. Die Erläuterung in der Mitteilung „Zuständigkeit", dass es auf die „letztlich ausschlaggebende Einflussnahme auf der Grundlage von Rechten, Vermögenswerten oder vertraglichen Vereinbarungen oder faktisch gleich wirkenden Mitteln" ankomme, ist ein Zirkelschluss und liefert keine überzeugende Begründung dafür, die Stimmen der Arbeitnehmervertreter bei dieser Prüfung zu ignorieren. Wenn die gesetzlich zugewiesenen Stimmrechte der Arbeitnehmervertreter dazu führen, dass der Mehrheitseigner rechtlich oder tatsächlich nicht (mehr) in der Lage ist, strategische Entscheidungen zu treffen oder zu blockieren, dann erscheint es zweifelhaft, ob dieser Mehrheitseigner dann trotzdem „Kontrolle" iSd FKVO haben kann. In der Entscheidung SDNV/GL hat die Kommission die alleinige Kontrolle vom SDNV ohne die Arbeitnehmervertreter sowie unter Berücksichtigung derselben geprüft. Da beide Szenarien zum Ergebnis alleiniger Kontrolle führten, blieb die Frage letztendlich offen.[208]

Auch eine Beschränkung der in die Organe wählbaren Personen (sei es per Satzung oder Gesetz) **75** schließt die Kontrolle der Anteilseigner nicht aus, solange den Anteilseignern die Entscheidung zwischen den wählbaren Kandidaten zusteht.[209]

Ist ein **Investmentfonds** als KG organisiert, wird der Komplementär regelmäßig durch die **76** Investmentgesellschaft kontrolliert, so dass die Portfolio-Unternehmen idR unter der Kontrolle der Investmentgesellschaft stehen.[210] Eine Bank, die per Vollmacht Stimmrechte der Kunden wahrnimmt **(Depotstimmrechte),** kann hierüber hingegen idR keine Kontrolle iSd Abs. 1 lit. b ausüben, denn es wird meist schon an der Dauerhaftigkeit der Wahrnehmung dieser Rechte fehlen.[211]

Der Inhaber der Kontrolle kann ein Unternehmen allein kontrollieren **(alleinige Kontrolle) 77** oder nur gemeinsam mit anderen Unternehmen **(gemeinsame Kontrolle).** Gemeinsame Kontrolle liegt dann vor, wenn zwei oder mehr Anteilseigner bei allen wichtigen Entscheidungen, die das beherrschte Unternehmen betreffen, Übereinstimmung erzielen müssen, also jedes der mitbeherrschenden Unternehmen über ein Vetorecht hinsichtlich der betreffenden Entscheidungen verfügt oder – bei gemeinsamer Stimmrechtsausübung – mehrere Unternehmen gemeinsam ein solches Vetorecht haben.[212]

6. „Erwerb" der Kontrolle. a) Passive Erwerbsvorgänge. Nach Abs. 1 lit. b wird ein **78** Zusammenschluss dadurch bewirkt, dass eine „dauerhafte Veränderung der Kontrolle" in der Weise stattfindet, dass ein Unternehmen die Kontrolle über ein anderes Unternehmen „erwirbt". Auch wenn dies in der Praxis zumeist der Fall ist, setzt der Kontrollerwerb **kein aktives Handeln** voraus. Er kann sich etwa auch aus Erbschaft, Zuwachs an Stimmrechten, Kapitalherabsetzungen oder dem Ausscheiden anderer Gesellschafter ergeben (→ Rn. 68)[213] oder aus dem Auslaufen einer Vereinbarung über die Nichtausübung von Stimmrechten, die anderweitige Kontrollverhältnisse begründet hatte.[214]

b) Grad des Einflusses. „Kontrolle" iSv Abs. 1 liegt entweder vor oder nicht. Ist eine kontrol- **79** lierende Position in diesem Sinne (als ein bestimmtes Maß an Einfluss über das Zielunternehmen) einmal erreicht, unterliegen weitere Verstärkungen dieses Einflusses (etwa aufgrund des Erwerbs weiterer Kapitalanteile oder Stimmrechte oder aufgrund erweiterter vertraglicher Einflussrechte) nicht mehr der Fusionskontrolle.[215] Die **Verstärkung der Kontrolle** ist daher **kein** Zusammenschlusstatbestand.[216]

---

[207] Vgl. Kom., M.5250, Fn. 9 – Porsche/Volkswagen; s. auch Kom., M.6885, Rn. 5 – SDNV/Germanischer Lloyd, die auch ein Szenario prüft, in dem die Arbeitnehmervertreter Berücksichtigung finden.
[208] Kom., M.6885, Rn. 5 – SDNV/Germanischer Lloyd.
[209] EuG Slg. 2006, II-319 Rn. 70–73 – Cementbouw; Mitteilung „Zuständigkeit" Rn. 22.
[210] Immenga/Mestmäcker/Körber Rn. 42; vgl. → Rn. 50.
[211] Vgl. ausf. Immenga/Mestmäcker/Körber Rn. 42.
[212] Mitteilung „Zuständigkeit", Rn. 62; vgl. → Rn. 114–135.
[213] FK-KartellR/Kuhn Rn. 73; vgl. Mitteilung „Zuständigkeit" Rn. 21.
[214] Kom., M.5469, Rn. 4 – Renova Industries/Sulzer.
[215] Vgl. Mitteilung „Zuständigkeit" Rn. 83.
[216] Immenga/Mestmäcker/Körber Rn. 113.

80 **c) Veränderung von Anzahl/Identität der kontrollierenden Unternehmen.** Anderes gilt allerdings, wenn sich die **Anzahl oder Identität der kontrollierenden Unternehmen verändert**, also etwa ein bisher gemeinsam beherrschtes Unternehmen zukünftig von einem Anteilseigner allein kontrolliert werden wird oder umgekehrt alleinige in gemeinsame Kontrolle überführt wird.[217] Hier spricht die Kommission von einer Änderung in der „Art der Kontrolle", was einen Zusammenschlusstatbestand darstellte.[218] Hiernach sind insbes. die folgenden Vorgänge fusionskontrollpflichtig:
– der Wechsel von alleiniger zu gemeinsamer Kontrolle oder umgekehrt,[219]
– die Veränderung der Struktur gemeinsamer Kontrolle durch das Hinzutreten weiterer Unternehmen zum Kreis der mitkontrollierenden Anteilseigner[220] und
– der Wechsel einzelner oder mehrerer mitkontrollierender Unternehmen.[221]

81 Kein anmeldepflichtiger Zusammenschluss liegt hingegen vor, wenn das Hinzutreten eines weiteren (Minderheits-)Aktionärs zum Verlust der Kontrolle sämtlicher zukünftiger Anteilseigner über das Zielunternehmen führt, etwa weil wechselnde Mehrheiten möglich werden.[222]

82 **d) Sonderfall: Herabsetzung der Anzahl der mitkontrollierenden Unternehmen.** In der **Herabsetzung der Anzahl der mitkontrollierenden Unternehmen** (etwa von fünf auf vier) sieht die Kommission idR keinen Zusammenschluss mehr, es sei denn, das Ausscheiden von mitkontrollierenden Gesellschaftern führt zu einem Wechsel von gemeinsamer zu alleiniger Kontrolle.[223] Letzteres nahm die Kommission in Avesta (II) an: Durch das Ausscheiden eines mitkontrollierenden Gesellschafters konnte ein bereits zuvor mitkontrollierender Anteilseigner bestimmte Vetorechte nunmehr allein ausüben, die er zuvor lediglich gemeinsam mit dem ausscheidenden Aktionär wahrnehmen konnte.[224] Die noch im Entwurf der Mitteilung „Zuständigkeit" von der Kommission vertretene Ansicht, dass auch die Reduktion von mehreren mitkontrollierenden Anteilseignern auf zwei mitkontrollierende Anteilseigner – unter Hinzutreten weiterer Voraussetzungen – einen Zusammenschlusstatbestand begründen könnte,[225] ist damit überholt.

83 **e) Wechsel zwischen positiver und negativer Kontrolle.** Ein Wechsel zwischen positiver und negativer Kontrolle stellt keine Änderung in der Art der Kontrolle und damit keinen Zusammenschlusstatbestand dar.[226] In dem Entwurf der Mitteilung „Zuständigkeit" war die Kommission insbes. unter Verweis auf die Entscheidung VW/VW-Audi Vertriebszentren noch von einer fusionskontrollpflichtigen Änderung der Art der Kontrolle ausgegangen, wenn eine Transaktion einem Gesellschafter, der bisher eine negative Kontrolle durch Vetorechte ausübte, zukünftig eine positive Kontrolle ermöglichte. Denn in diesem Falle könne der Anteilseigner nicht mehr nur strategische Entscheidungen verhindern, sondern solche positiv und in seinem Sinne herbeiführen.[227] An dieser These hat die Kommission jedoch zu Recht letztendlich nicht festgehalten. Denn ein Wechsel wirke „sich weder auf die Interessenlage des die negative Kontrolle ausübenden Gesellschafters noch auf die Art der Kontrollstruktur aus, da der kontrollierende Gesellschafter auch zuvor, als er die negative Kontrolle besaß, nicht unbedingt mit anderen Gesellschaftern zusammenarbeiten musste".[228]

84 **7. Einheit oder Mehrheit von Zusammenschlussvorgängen.** Zusammenschlussvorhaben können aus mehreren Teilakten bestehen bzw. eine Reihe verschiedener Transaktionen zwischen unterschiedlichen Parteien umfassen (zur Einheit oder Mehrheit von Zusammenschlussvorgängen → Rn. 48–51). In diesen Fällen stellt sich die Frage, ob **ein einziger Zusammenschluss oder aber mehrere** vorliegen.[229] Dies wiederum kann für den **Zeitpunkt der Anmeldepflicht** sowie die **Bestimmung der berücksichtigungspflichtigen Umsätze** iRd Aufgreifschwellen von Bedeutung sein. Die Frage der Behandlung verschiedener Erwerbsvorgänge war Gegenstand des

---

[217] Kom., M.3985, Rn. 4 – EADS/BAES/FNM/NLFK.
[218] Mitteilung „Zuständigkeit" Rn. 83.
[219] Mitteilung „Zuständigkeit" Rn. 83, 86, 89; Kom., M.8083, Rn. 11 – Merck/Sanofi Pasteur MSD (Wechsel von gemeinsamer zu alleiniger Kontrolle); Kom., M.6794, Rn. 14 – CDC/Vedia.
[220] Mitteilung „Zuständigkeit" Rn. 83, 87.
[221] Mitteilung „Zuständigkeit" Rn. 83, 87.
[222] Mitteilung „Zuständigkeit" Rn. 88.
[223] Mitteilung „Zuständigkeit" Rn. 89 f.; vgl. Kom., M.8083, Rn. 11 – Merck/Sanofi Pasteur MSD (Wechsel von gemeinsamer zu alleiniger Kontrolle).
[224] Kom., M.452, Rn. 8 – Avesta (II).
[225] Vgl. Entwurf Mitteilung „Zuständigkeit" Rn. 87, abzurufen unter http://ec.europa.eu/competition/mergers/legislation/jn.pdf (zuletzt abgerufen am 21.11.2019).
[226] Mitteilung „Zuständigkeit" Rn. 83 (anders noch der Entwurf dieser Mitteilung).
[227] Entwurf Mitteilung „Zuständigkeit" Rn. 81.
[228] Mitteilung „Zuständigkeit" Rn. 83.
[229] Dazu grundlegend Economic Law and Justice in Times of Globalisation, Essays in Honour of Carl Baudenbacher/Montag, 2007, 516.

Reformprozesses der FKVO. Die Kommission hatte vorgeschlagen, einen neuen Absatz in Abs. 4 aufzunehmen, wonach mehrere Erwerbsvorgänge als ein einziger Zusammenschluss behandelt werden sollten, wenn diese voneinander abhängen oder wirtschaftlich so eng miteinander verknüpft sind, dass sie als ein Erwerbsvorgang betrachtet werden können. Der Zusammenschluss sollte dann zum Zeitpunkt des letzten Geschäfts stattfinden.[230] Dies entsprach der bisherigen Fallpraxis mit einer Reihe von Einzelfallentscheidungen, welche eine durchgängig klare Linie zur Frage, in welchen Fällen verschiedene Transaktionen als ein einheitlicher Zusammenschluss zu behandeln sind, nicht immer erkennen ließ. Der vorgeschlagene neue Absatz fand jedoch keinen Eingang in die Verordnung. Stattdessen findet sich im Erwägungsgrund 20 aE der FKVO ein Hinweis darauf, dass solche Erwerbsvorgänge, welche eng miteinander verknüpft sind, weil sie durch eine Bedingung miteinander verbunden sind oder in Form einer Reihe von innerhalb eines gebührend kurzen Zeitraums getätigten Rechtsgeschäften mit Wertpapieren stattfinden, als ein einziger Zusammenschluss zu behandeln sind. Es muss sich in der Zukunft zeigen, ob die bisherige – teilweise uneinheitliche – Fallpraxis der Kommission, zukünftig weiterhin Geltung beanspruchen kann. Die Mitteilung „Zuständigkeit" widmet diesem Thema mehrere Seiten[231] und lehnt sich dabei eng an das Urteil des EuG in Sachen Cementbouw an, welches einen Fall der Zusammenfassung von de facto eng miteinander verknüpften Transaktionen betrifft, andere Fallgruppen jedoch nicht ausschließt.[232] Es erscheint daher wahrscheinlich, dass die Kommission in Zukunft ausschließlich an die beiden im Erwägungsgrund 20 genannten Gesichtspunkten anknüpfen will. Hierbei will sie verstärkt eher das Ziel, welches die Parteien wirtschaftlich erreichen wollen, als die rechtliche Form der verschiedenen Erwerbsvorgänge in den Mittelpunkt ihrer Beurteilung stellen.[233]

a) Kontrollerwerb über ein Unternehmen/eine wirtschaftliche Einheit in mehreren sukzessiven Schritten. Besteht ein Übernahmevorhaben aus mehreren sukzessiven Schritten, die zeitlich kurz aufeinander folgen und in ihrer Gesamtheit von vornherein Gegenstand des Vorhabens sind, so ist **von einem einzigen und einheitlichen Zusammenschlussvorhaben auszugehen.** Dies gilt naturgemäß in Fällen, in denen erst die Gesamtheit aller Teilakte zur Begründung der Kontrolle über ein Unternehmen führt,[234] aber auch dann, wenn eine größere wirtschaftliche Einheit übernommen wird und hierfür mehrere rechtliche Schritte erforderlich sind, die von vornherein verbindlich vereinbart (und damit gegenseitig bedingt) sind.[235] Hierbei ist es unbeachtlich, wenn es iRd Vollzugs der einzelnen Teilakte zu einem (Zwischen-)Kontrollerwerb kommt. Falls der Zwischenerwerb nur vorübergehender Natur ist, mangelt es hinsichtlich des Zwischenerwerbs bereits an der Dauerhaftigkeit der Strukturveränderung, so dass dieser selbst bereits aus diesem Grunde keinen Zusammenschlusstatbestand darstellen kann (→ Rn. 48). Fusionskontrollrechtlich ist insoweit von einem einzigen Zusammenschlussvorhaben auszugehen, das sämtliche Zwischenschritte umfasst. Da es sich um eine einheitliche Transaktion handelt, darf bereits der erste Schritt nicht vollzogen werden, bis die Freigabe für die Schaffung des endgültigen Zustands vorliegt und zwar unabhängig davon, ob der erste Schritt – abgesehen von der Dauerhaftigkeit – seinerseits einen Zusammenschluss darstellt.[236]

85

b) Sukzessiver Erwerb von Wertpapieren. Auch die Fälle der **schleichenden Übernahme,** dh des Erwerbs von Wertpapieren in mehreren sukzessiven Schritten – wie in Erwägungsgrund 20 erwähnt – dürfte in diese Fallgruppe einzuordnen sein.[237] Voraussetzung ist allerdings auch hierfür, dass diese innerhalb eines überschaubaren Zeitraums erworben werden („gebührend kurzer Zeitraum"). Der Zusammenschluss soll dann den Erwerb sämtlicher Wertpapiere, welche in diesem Zeitraum erworben wurden, umfassen, und nicht erst ab dem Erwerb derjenigen Tranche, bei der

86

---

[230] Vgl. Vorschlag für eine Verordnung des Rates über die Kontrolle von Unternehmenszusammenschlüssen, ABl. 2003 C 20, 04.
[231] Vgl. Mitteilung „Zuständigkeit" Rn. 36–50.
[232] EuG Slg. 2006, II-319 – Cementbouw.
[233] Mitteilung „Zuständigkeit" Rn. 38.
[234] Kom., M.3648, Rn. 6 – Gruner+Jahr/Motorpresse; Kom., M.3770, Rn. 6 – Lufthansa/Swiss.
[235] Mitteilung „Zuständigkeit" Rn. 45, 47 – dies ist ein Ergebnis ein Fall der iSe. Bedingung miteinander verknüpften Transaktionen; vgl. Kom., M.5943, Rn. 14 f. – Abu Dhabi Mar/Thyssen Krupp Marine Systems; Kom., M.6151, Rn. 10 ff. – Petrochina/Ineos/JV (hier allerdings ohne den Begriff „wirtschaftliche Einheit" ausdrücklich zu nennen); vgl. aber Kom., M.6801 – Rosneft/TNK-BP, Rn. 5 – dort wurde wegen des Fehlens der rechtl. Bedingtheit auf den sukzessiven Erwerb von Wertpapieren innerhalb kurzer Zeit abgestellt.
[236] Kom., M.3728, Rn. 6 – Autogrill/Altadis/Aldeasa; hierzu ausf. → Rn. 46–48 mit Nachweis der Entscheidungspraxis.
[237] Vgl. Mitteilung „Zuständigkeit" Rn. 48; vgl. Kom., M.6801 – Rosneft/TNK-BP, Rn. 5 (Erwerb in zwei Tranchen von unterschiedlichen Verkäufern).

die Schwelle zur Kontrolle erworben wird, einsetzen. Die Kommission weist insoweit darauf hin, dass dieses dann relevant werden kann, wenn die Kommission die Entflechtung einer derartigen Transaktion (die gem. Art. 7 vom Vollzugsverbot ausgenommen sein kann (→ Art. 7 Rn. 52)) anordnet. Letzteres erscheint zweifelhaft, da der Erwerb bis zu dieser Schwelle nach der FKVO kontrollfrei ist. In der Entscheidung Aer Lingus hat das EuG jedenfalls in Bezug auf die Entflechtung entschieden, dass fusionskontrollfrei vollzogene Teilerwerbe so lange nicht Teil eines einheitlichen Zusammenschlusses im Sinne des Art. 8 Abs. 4 lit. a sind, bis durch die sukzessive erfolgten Teilerwerbsvorgänge der Schwellenwert zur Kontrolle tatsächlich (durch Vollzug) überschritten wurde.[238] Die Kommission hatte im Fusionskontrollverfahren den geplanten schrittweisen Erwerb durch Ryanair von 100 % der Anteile an Aer Lingus als einen einheitlichen Zusammenschluss im Sinne des Art. 3 gewertet[239] (Ausgangspunkt war ein Anteilsbesitz von 0 %) und unter Berufung auf eine Unvereinbarkeit mit dem Gemeinsamen Markt untersagt. Ryanair hatte allerdings fusionskontrollfrei vor der Anmeldung bereits ca. 29 % der Anteile erworben. Die von Aer Lingus infolge der Untersagung des Zusammenschlussvorhabens geforderte Entflechtung nach Art. 8 Abs. 4 bezüglich der bereits durch Ryanair erworbenen Anteile an Aer Lingus lehnte die Kommission ab, weil die Teilerwerbsschritte bis zu einem Anteil von 29 % mangels eines Kontrollerwerbs durch Ryanair keinen (vollzogenen) kontrollpflichtigen Zusammenschluss darstellten.[240] Das hiergegen von Aer Lingus angerufene EuG bestätigte die Position der Kommission. Aus der Entscheidung wird man aber wohl im Wesentlichen Rückschlüsse auf die Entflechtungsbefugnisse und ggf. das Vollzugsverbot ziehen dürfen. Einer einheitlichen Anmeldung derartiger sukzessiver Zusammenschlüsse steht sie nicht entgegen.

87   c) **Gegenseitig bedingte/verknüpfte Transaktionen.** Sind verschiedene Erwerbsvorgänge – auch betreffend unterschiedlicher Zielunternehmen – de iure oder de facto **voneinander abhängig/miteinander verknüpft,** so war schon bisher regelmäßig von einem einzigen Zusammenschluss auszugehen.[241] So hat die Kommission unter der VO 4064/89 im Falle Kingfisher/Wegert/Promarkt[242] einen einheitlichen Zusammenschluss bei mehreren Kontrollerwerben angenommen. Dieser Zusammenschluss umfasste sowohl den Erwerb von Promarkt durch Wegert, als auch den anschließenden Erwerb von Wegert durch Kingfisher, weil der erste Erwerbsvorgang Voraussetzung für den zweiten war. Darüber hinaus wurde auch der unmittelbare Kontrollerwerb über zwei Tochtergesellschaften von Wegert, welche dessen Service- Geschäft betrieben, durch Kingfisher als Teil dieses Zusammenschlusses angesehen. Denn diese Erwerbsvorgänge würden allein deswegen durchgeführt, weil das in Wegert verkörperte Hauptgeschäft an Kingfisher übertragen werde. Der Erwerb dieser beiden Gesellschaften sei daher ein mit dem Hauptvorgang verbundener, diesem untergeordneter Nebenerwerb („ancillary"). Die Zusammenfassung von gegenseitig bedingten/miteinander verknüpften Erwerbsvorgängen zu einem einzigen Zusammenschluss gilt erst recht nach der Einfügung des entsprechenden Satzes in den **Erwägungsgrund 20** (→ Rn. 84).[243] Hierauf stellt auch die Mitteilung „Zuständigkeit" maßgeblich ab. Demnach liegt eine Abhängigkeit der verschiedenen Transaktionen im genannten Sinne vor, wenn diese „angesichts des von den Beteiligten verfolgten wirtschaftlichen Zwecks zusammengehören",[244] dh die eine ohne die andere nicht durchgeführt werden würde.[245] Die Kommission hat diesen Grundsatz nach Inkrafttreten der FKVO (VO 139/2004) u.a. in der Entscheidung Flaga/Progas[246] angewendet. Sie behandelte dort die Gründung eines Gemeinschaftsunternehmens zwischen Flaga und Progas einerseits und den Erwerb der alleinigen Kontrolle der Flaga an einem Tochterunternehmen der Progas andererseits als ein und denselben

---

[238] EuG 6.7.2010 – T-411/07, Rn. 64–66, 77 – Aer Lingus./.Kommission.
[239] Kom., M.4439, Rn. 12 – Ryanair/Aer Lingus.
[240] Kom., M.4439, Rn. 12 f.
[241] Kom., M.1188, Rn. 6 – Kingfisher/Wegert/Promarkt; vgl. Kom., M.861, Rn. 1, 4 – Textron/Kautex; Kom., M.1825, Rn. 1, 5 – Suzuki Motor/Suzuki KG/Fafin (beide betreffend den Erwerb einer Reihe von Tochtergesellschaften von demselben Verkäufer); vgl. Kom., M.5533, Rn. 19 – Bertelsmann/KKR/JV; Kom., M.5584, Rn. 13 – Belgacom/BICS/MTN.
[242] Kom., M.1188, Rn. 6 – Kingfisher/Wegert/Promarkt.
[243] Aus der neueren Fallpraxis Kom., M.7849, Rn. 7 – MOL Hungarian Oil and Gas/ENI Hungaria/ENI Slovenija; Kom., M 7850, Rn. 14–23 – EDF/CGN/NNB Group of Companies; Kom., M.7930, Rn. 7 – ABP Group/Fane Valley Group/Slaney Foods; Kom., M.4146, Rn. 8 – GE/Bayer/OSi Europe Business; Kom., M.4216 – VC/Bocchi/De Weide Blik, Rn. 7; Kom., M.4257 – Smithfield/Oaktree/Sara Lee Foods Europe, Rn. 11 ff.; Kom., M.4348, Rn. 3– PKN/Mazeikiu.
[244] Mitteilung „Zuständigkeit" Rn. 40.
[245] EuG Slg. 2006, II-319 Rn. 107, 109 – Cementbouw; vgl. Kom., M.4420 – Credit Agricole/Fiat auto/FAFS, Rn. 7, 8.; vgl. Kom., M.5332, Rn. 4, 11 – Ericsson/STM/JV (hier geht die Kommission, obwohl es sich um die Gründung zweier Gesellschaften handelt, von einem Gemeinschaftsunternehmen aus).
[246] Kom., M.4028, Rn. 6 – Flaga/Progas.

Zusammenschluss. Sie führt hierzu aus, dass beide Transaktionen durch eine Bedingung rechtlich miteinander verbunden seien und nur gemeinsam durchgeführt werden könnten.

Die Entscheidung Flaga/Progas – welche auf den neuen Erwägungsgrund 20 zurückzuführen **88** sein mag – ist auch deswegen bemerkenswert, weil sie von dem bisher anerkannten Grundsatz abweicht, dass der gleichzeitige Erwerb gemeinsamer Kontrolle und alleiniger Kontrolle über zwei Unternehmen(steile) prinzipiell getrennte Zusammenschlüsse sind.[247] Diese Praxis, beim Erwerb von **unterschiedlichen Kontrollarten** zwingend getrennte Zusammenschlüsse anzunehmen, dürfte damit im Falle von gegenseitig bedingten Erwerbsvorgängen **überholt** sein.[248] In der Mitteilung „Zuständigkeit" wird diese Entwicklung ausdrücklich bestätigt, allerdings unter der Voraussetzung, dass dasjenige Unternehmen, welches die Alleinkontrolle erwirbt, gleichzeitig auch eines der Unternehmen ist bzw. zu der Unternehmensgruppe gehört, welche(s) die gemeinsame Kontrolle erwirbt.[249]

Sind – wie im Falle Kingfischer/Wegert/Promarkt – **bestimmte Teile der Transaktion noch** **89** **nicht rechtsverbindlich vereinbart**, so sind sie von der Kommission ebenfalls nicht als Teil desselben Zusammenschlusses angesehen worden, weil noch nicht hinreichend sicher war, dass diese Erwerbsvorgänge auch tatsächlich durchgeführt würden.[250] Dies wird auch in Zukunft gelten – wenn dies im konkreten Fall auch dem Umstand geschuldet gewesen sein mag, dass derartige Vorgänge nach Art. 4 Abs. 1 aF nicht anmeldefähig waren. Im Falle Fortum/Elektrizitätswerk Wesertal[251] hat die Kommission – auch unter der FKVO aF – hingegen den Erwerb der MHV als Teil eines weitergehenden Zusammenschlusses angesehen, obwohl der zugrundeliegende Vertrag noch nicht abgeschlossen war. Für den Erwerb der MHV lag jedoch ein verbindliches Angebot vor, welches nach seinem Wortlaut erst nach Eintritt der Bedingung des ersten Erwerbsvorgangs (Erwerb von Wesertal) angenommen werden konnte. Die zu erfüllende Bedingung war die Gutschrift des gesamten Kaufpreises, dh des Kaufpreises für Wesertal und MHV, bei den Veräußerern. Unter diesen Voraussetzungen sei davon auszugehen, dass auch das Angebot für den Erwerb der MHV alsbald nach Erfüllung dieser Bedingung angenommen werde.

d) Verknüpfung de facto. Wie die Kommission in → Rn. 43 der Mitteilung „Zuständigkeit" **90** betont, kann auch zukünftig die **de facto Verknüpfung/Abhängigkeit** für die Annahme eines einheitlichen Zusammenschlusses ausreichen.[252] Sie stützt sich insoweit im Wesentlichen auf das Urteil des EuG in Sachen Cementbouw,[253] bleibt iÜ jedoch vage und führt lediglich ein einziges Beispiel aus ihrer bisherigen Entscheidungspraxis an.[254] Das EuG hatte im Urteil Cementbouw dem Gesichtspunkt, dass beide Transaktionen **gleichzeitig durchgeführt/vereinbart** wurden und jedenfalls **eine Partei die Abhängigkeit der beiden Transaktionen voneinander behauptet** hatte,[255] entscheidende Bedeutung zugemessen. Auch wenn die Gleichzeitigkeit für sich gesehen nicht zwingend eine einheitliche Transaktion indiziere, lägen vorliegend schlicht keine anderen Anhaltspunkte dafür vor, warum mit der Beurkundung der ersten (von der nationalen Behörde bereits freigegebenen) Transaktion bis zur Beurkundung der zweiten über neun Monate zugewartet worden war, wenn die Transaktionen nicht miteinander verknüpft gewesen seien.[256] Die Mitteilung „Zuständigkeit" beschränkt sich diesbezüglich darauf, festzustellen, dass de facto Abhängigkeit schwer vorstellbar sei, wenn die Transaktionen nicht zeitgleich abgewickelt würden. Dies könne sogar in Fällen der de jure Verknüpfung die echte Abhängigkeit iSd Art. 3 in Frage stellen.[257]

---

[247] Vgl. auch Kom., M.409, Rn. 3 f. – ABB/Renault Automation (Erwerb von gemeinsamer Kontrolle an Newco und Erwerb alleiniger Kontrolle im Wege des Vermögenserwerbs durch ABB an bestimmten Assets der RA); NK-EuWettbR/Friess Art. 5 Rn. 43; zustimmend Montag FS Baudenbacher, 2007, 511.
[248] Vgl. aber NK-EuWettbR/Thiele Art. 5 Rn. 36.
[249] Vgl. Mitteilung „Zuständigkeit" Rn. 42; vgl. Kom., M.5943, Rn. 7, 16 f. – Abu Dhabi Mar/Thyssen Krupp Marine Systems.
[250] Kom., M.1188, Rn. 6 – Kingfisher/Wegert/Promarkt. (Nicht Teil dieses Zusammenschlusses war der mittelbare Erwerb der TKE durch Wegert. Ein verbindlicher Anteilskaufvertrag war noch nicht abgeschlossen, Promarkt hatte sich lediglich vertraglich verpflichtet, einen Vertragsschluss über den Anteilskauf herbeizuführen. Diese Transaktion konnte offenbar nicht unmittelbar durchgeführt werden, weil Promarkt nicht selbst Anteilseigner von TKE war, sondern die Anteile an TKE vom Sohn des Promarkt- Eigentümers gehalten wurden).
[251] Kom., M.1720, Rn. 6 f. – Fortum/Elektrizitätswerke Wesertal.
[252] Vgl. aus der jüngeren Praxis Kom., M.5533 Rn. 19 – Bertelsmann/KKR/JV.
[253] EuG Slg. 2006, II-319 – Cementbouw; zur Kritik an dieser Entscheidung vgl. Montag FS Baudenbacher, 2007, 513.
[254] Vgl. Mitteilung „Zuständigkeit" Rn. 43.
[255] EuG Slg. 2006, II-319 Rn. 145 – Cementbouw.
[256] EuG Slg. 2006, II-319 Rn. 133, 138, 145 – Cementbouw.
[257] Mitteilung „Zuständigkeit" Rn. 43.

91 Letzteres erscheint jedenfalls dann zweifelhaft, wenn zwischen den Erwerbsvorgängen keine längeren Zeiträume liegen. Generell scheint es in der jüngeren Kommissionspraxis eine erhebliche Rolle zu spielen, ob die Transaktionen von den Entscheidungsgremien der beteiligten Parteien gleichzeitig/ einheitlich behandelt wurden.[258]

91 In der nachfolgenden Entscheidung LGI/Telenet[259] hat die Kommission entgegen dem Vortrag beider Parteien eine de facto Verknüpfung und einen einheitlichen Zusammenschluss angenommen. Sie stützte die Annahme der gegenseitigen Abhängigkeit des Erwerbs einer LGI-Tochter durch Telenet einerseits und des Kontrollerwerbs an Telenet durch LGI andererseits, maßgeblich darauf, dass die Transaktionen in zwei den Kontrollgremien der LGI vorgelegten Präsentationen sowie in der Beratung darüber **zusammen behandelt** und **beschlossen** wurden. Auch hätten die wirtschaftlichen Ziele der Beteiligten ergeben, dass der Verkauf der LGI-Tochter an Telenet ohne den Kontrollerwerb durch LGI an Telenet nicht durchgeführt worden wäre.[260] Die Tatsache, dass der Erwerb der LGI-Tochter dem Kontrollerwerb an Telenet – formell betrachtet – vorausging und bereits vollzogen wurde, änderte nichts an der Annahme der Gleichzeitigkeit. Die Kommission betont allerdings, dass es sich um eine auf den speziellen Umständen des Falles beruhende Einzelfallentscheidung handelt.[261] Es mag hier des Weiteren eine Rolle gespielt haben, dass vorliegend nur die gemeinsame Behandlung beider Zusammenschlüsse die materielle Bewertung der horizontalen Aspekte dieser Transaktion ermöglichte.

92 Eine weitere Entscheidung der Kommission zur Frage de facto abhängiger Transaktionen ist die Sache Volkswagen/KPI Polska u.a., die sich ausschließlich an Rn. 43 und 44 der Mitteilung „Zuständigkeit" orientiert.[262] Hier stellte die Kommission zur Bejahung abhängiger Transaktionen maßgeblich darauf ab, dass Volkswagen sämtliche Transaktionen zur Erreichung eines einheitlichen wirtschaftlichen Ziels benötigte, die verschiedenen Erwerbsakte während des gesamten Ablaufs in den Entscheidungsgremien gleichzeitig und als einheitliche Transaktion behandelte und die entsprechenden Vertragsdokumente am gleichen Tag unterzeichnet wurden.[263]

93 In der bisherigen Fallpraxis hatte die Kommission ihre These, dass zwischen mehreren Transaktionen ein hinreichend **enger wirtschaftlicher Zusammenhang** bestehe, häufig damit untermauert, dass die verschiedenen Erwerbsvorgänge **dieselben Märkte** betrafen.[264] Im Falle Flaga/Progas, wird dieser Gesichtspunkt hingegen nicht mehr erwähnt. Auch in der Entscheidung Volkswagen/KPI Polska kam es auf diesen Gesichtspunkt offenbar nicht maßgeblich an. Gleiches gilt – trotz iÜ sehr ausführlicher Darstellung – für die Mitteilung „Zuständigkeit". Hieraus wird man schließen müssen, dass die Kommission diesem Kriterium – neben der Abhängigkeit/Verknüpfung – wohl **keine eigenständige Bedeutung** mehr zumessen wird.[265] In Sachen LGI/Telenet scheint der Gesichtspunkt allenfalls zwischen den Zeilen eine Rolle gespielt zu haben,[266] Teil der rechtlichen Begründung war dieser Aspekt aber nicht.

94 Von einer faktischen Verknüpfung zweier als getrennt beabsichtigten Transaktionen ist die Kommission auch hinsichtlich der „Warehousing"-Struktur ausgegangen, die die Parteien im Fall Canon/Toshiba Medical Systems Corporation verfolgt hatten.[267] Das Zielunternehmen TMSC war

---

[258] Kom., M.6403, Rn. 12, Volkswagen/KPI Polska; Kom., M.4521 – LGI/Telenet, Rn. 10, s. unter → Rn. 92; Kom., M.5903, Rn. 12 – Tech Data Europe/Brightstar Europe/Triade Holding (dasselbe SPA).
[259] Kom., M.4521 – LGI/Telenet.
[260] Kom., M.4521, Rn. 9–20 – LGI/Telenet.
[261] Kom., M.4521, Rn. 20.
[262] Kom., M.6403 – Volkswagen/KPI Polska u.a.
[263] Kom., M.6403, Rn. 12 – Volkswagen/KPI Polska u.a.
[264] Vgl. Kom., M.1720, Rn. 7 – Fortum/Elektrizitätswerke Wesertal (enger Zusammenhang zwischen den Geschäftstätigkeiten der beiden erworbenen Unternehmen, die nach dem Erwerb in einer Tochtergesellschaft zusammengeführt werden sollten); Kom., M.1188, Rn. 8 – Kingfisher/Wegert/Promarkt (der Erwerb der TKE war u.a. deswegen nicht Teil desselben Zusammenschlusses, weil die wirtschaftliche Verbindung deutlich schwächer sei – allerdings nur als Hilfsargument, vgl. → Rn. 99); Kom., M.957, Rn. 1, 4 – L'Oréal/ Procasa/Cosmetique Iberica/Albesa; Kom., M.861, Rn. 1, 4 – Textron/Kautex (bei gleichzeitigem Hinweis auf die gegenseitige Bedingtheit der verschiedenen Erwerbsvorgänge und die Tätigkeit aller Zielgesellschaften auf demselben Markt); im Zusammenhang mit der simultanen Gründung von Gemeinschaftsunternehmen: Kom., M.565, Rn. 1, 5–8 – Solvay/Wienerberger; Kom., M.310, Rn. 1, 6 – Harrison&Crosfield/AKZO; vgl. auch Schulte/Henschen, 1. Aufl. 2005, Rn. 1036.
[265] Vgl. aber Kom., M.4338 – Cinven/Warburg Puncus/Casema/Multikabel, Rn. 6–9 (dort wird neben der Tatsache, dass die verschiedenen Vorgänge „contractually linked" seien, u.a. aufgeführt, dass es um dieselben Märkte gehe, sowie die Art der Kontrolle dieselbe sei).
[266] Kom., M.4521, Rn. 19 – LGI/Telenet.
[267] Kom., M.8179 – Canon/Toshiba Medical Systems Corporation; s. dazu näher oben Rn. 50. Auf die Klage von Canon hat das EuG die Entscheidung der Kommission bestätigt, EuG 18.5.2022 – T-609/19 – Canon.

hier zunächst – ohne fusionskontrollrechtliche Anmeldungen – auf einen speziell dafür gegründeten Zwischenerwerber übertragen worden, um nach fusionskontrollrechtlicher Freigabe dann von diesem auf den Letzterwerber Canon veräußert zu werden. Die Kommission begründete die Annahme eines einheitlichen Zusammenschlusses insb. mit folgenden Argumenten: (i) der Zwischenerwerb erfolgte ausschließlich zum Zwecke des Letzterwerbs, (ii) die Transaktionsstruktur wurde durch den Letzterwerber Canon aufgesetzt und initiiert, (iii) der Zwischenerwerber hatte außer einen festen Vergütung für seine Rolle kein wirtschaftliches Interesse an dem Zwischenerwerb, (iv) aufgrund von Kaufoptionen hatte Canon bereits nach dem Zwischenerwerb die alleinige Möglichkeit, den Letzterwerber zu bestimmen, (v) der Letzterwerber Canon trug das alleinige wirtschaftliche Risiko der gesamten Transaktion. Da somit ein einheitlicher Zusammenschluss in zwei unselbständigen Schritten vorlag und die Parteien den ersten Schritt vor Fusionskontrollfreigabe vollzogen hatten, stellte die Kommission einen Verstoß gegen das Vollzugsverbot fest und verhängte ein Bußgeld.

e) Einbezug von Teilerwerbsvorgängen, die keinen Zusammenschluss darstellen. Liegen mehrere Erwerbsvorgänge vor, von denen **nur ein Teil einen Zusammenschluss iSd Art. 3** darstellt, so hatte die Kommission in der Vergangenheit weitere Transaktionen, welche keinen Zusammenschluss darstellen, auch bei engem zeitlichem und wirtschaftlichem Zusammenhang nicht als Teil des anmeldepflichtigen Zusammenhanges angesehen.[268] Das gilt jedenfalls dann, wenn diese Erwerbsvorgänge durch verschiedene Parteien durchgeführt wurden. Beispiel für diese Fallpraxis ist insbes. der Fall Clariant/Höchst,[269] in dem allein der Verkauf des Spezialchemikaliengeschäfts von Höchst an Clariant Teil des geprüften Zusammenschlusses war. Die im Gegenzug erworbene Beteiligung von 45 % an Clariant durch Hoechst war hingegen mangels Vorliegens eines Zusammenschlusses nicht Gegenstand des Verfahrens. Ähnliches galt im Falle British Telecom/MCI,[270] in welchem drei verschiedene Erwerbsvorgänge vorlagen, von denen nur einer einen Zusammenschluss iSd Art. 3 darstellte, dieser allein aber die Schwellenwerte des Art. 1 nicht erfüllte. Die Kommission hat vor diesem Hintergrund die Frage eines einheitlichen Zusammenschlusses (bei dem die Aufgreifschwellen wohl überschritten worden wären), nicht geprüft, sondern lediglich festgestellt, dass es sich um „gesonderte Transaktionen" handele. 95

Ein Erwerbsvorgang, der selbst keinen Fusionskontrolltatbestand darstellt, kann jedoch dann als Teil eines einheitlichen Zusammenschlusses nach der FKVO angesehen werden, wenn dasselbe Unternehmen sowohl Kontrolle über ein Unternehmen als auch eine Minderheitsbeteiligung ohne Kontrollrechte über ein anders Unternehmen erwirbt. In der Entscheidung ArcelorMittal Bremen/Kokerei Prosper/Arsol Aromatics, hat die Kommission den Erwerb der Minderheitenbeteiligung an Arsol Aromatics als Teil eines einheitlichen Zusammenschlusses mit dem Erwerb der Kokerei Prosper angesehen, obwohl der Erwerb der Minderheitsbeteiligung an Arsol Aromatics keinen Zusammenschlusstatbestand darstellte.[271] Denn die beiden Vorgänge waren nicht nur gleichzeitig vereinbart worden, sondern waren auch juristisch und wirtschaftlich eng miteinander verknüpft. 96

In ihrer Mitteilung „Zuständigkeit" stellt die Kommission allerdings darauf ab, dass nur derartige Transaktionen Teil des Zusammenschlusses sein könnten, die – jedenfalls bezogen auf den Endzustand – einen Kontrollerwerb darstellen, nicht aber zB der damit verbundene Erwerb einer Minderheitsbeteiligung oder eines einzelnen Vermögensgegenstandes.[272] Diese Formulierung dürfte jedoch insoweit zu kurz gegriffen sein, als auch mehrere Fusionsvorgänge oder eine Fusion iSd Abs. 1 lit. a und ein hiervon abhängiger Kontrollerwerb durchaus eine einheitliche Transaktion im Rechtssinne darstellen können. In der Sache ArcelorMittal/Kokerei Presper/Arsol Aromatics, die zeitlich nach dem Inkrafttreten der Mitteilung „Zuständigkeit" erging, ist die Kommission von diesem Grundsatz bei der de jure Verknüpfung ohnehin abgewichen.[273] Denn die von der Kommission zutreffend angestellten Erwägungen, dass über die Konstruktion des einheitlichen Zusammenschlusses die Kompetenz der Kommission nicht dahingehend erweitert werden darf, dass sie über Vorgänge entscheidet, die keinen Zusammenschluss darstellen, greifen in diesen Fällen nicht. Darüber hinaus hat die Kommission im Fall VW-Audi/VW-Audi Vertriebszentren[274] einen einheitlichen Zusammenschluss angenommen. Dort fusionierten mehrere bisher separate VW-Audi-Vertriebszentren, an denen VW-Audi bisher zT gemeinsame Kontrolle, zT alleinige Kontrolle hatte, zu einem neuen Unternehmen, 97

---

[268] Kom., M.3696, Rn. 10 ff.– E.ON/Mol (allerdings mit dem Hinweis, dass diese Umstände bei der wettbewerblichen Beurteilung zu berücksichtigen seien).
[269] Kom., M.911, Rn. 7 f. – Clariant/Hoechst, vgl. zur insoweit uneinheitlichen Entscheidungspraxis Montag FS Baudenbacher, 2007, 514.
[270] Kom., M.353, Rn. 3, 14, 17, 18 – British Telecom/MCI.
[271] Kom., M.6123, Rn. 7 ff. – Arcelormittal Bremen/Kokerei Prosper/Arsol Aromatics.
[272] Mitteilung „Zuständigkeit" Rn. 44 aE.
[273] Kom., M.6123, Rn. 7 ff. – Arcelormittal Bremen/Kokerei Prosper/Arsol Aromatics, vgl. Rn. 9.
[274] Kom., M.3198, Rn. 7 ff. – VW-Audi/VW-Audi Vertriebszentren.

an dem VW 51 % hielt. Da es sich um einen einheitlichen Fusionsvorgang aufgrund eines einheitlichen Vertrages handelte, der zur Entstehung einer einzigen Einheit führte, nahm die Kommission auch hier einen einheitlichen Zusammenschluss an.

98 Nach der Mitteilung „Zuständigkeit" können mehrere Transaktionen nur dann zu einem einheitlichen Zusammenschluss zusammengefasst werden, wenn die **Kontrolle letztendlich von demselben Unternehmen** bzw. derselben Unternehmensgruppe (oder im Falle der gemeinsamen Kontrolle denselben Unternehmensgruppen) erworben wird.[275] Dementsprechend wird die Kommission die Auflösung eines Gemeinschaftsunternehmens (**„de-merger"**), **Asset Swaps** sowie sonstige **Erwerbsvorgänge über Kreuz** – wenn sie nicht zu gemeinsamer Kontrolle der gleichen Unternehmensgruppen an den Zielunternehmen führen – zukünftig nicht als einheitlichen Zusammenschluss behandeln. Dies gilt entgegen dem Wortlaut des Erwägungsgrundes 20 auch dann, wenn sie rechtlich bedingt sind. Führen mehrere Zusammenschlussvorgänge gleichzeitig zu alleiniger und gemeinsamer Kontrolle, so liegt folglich nur dann ein einheitlicher Zusammenschluss vor, wenn der mitkontrollierende Anteilseigner gleichzeitig Verkäufer des Unternehmens ist, an dem der weitere Partner des Gemeinschaftsunternehmens alleinige Kontrolle erwirbt.[276]

99 f) **Einheitliche Transaktion iSd Art. 5 Abs. 2.** Die FKVO enthält in Art. 5 Abs. 2 UAbs. 2 eine Regelung darüber, wann für die Umsatzberechnung zwei Zusammenschlüsse als eine Transaktion zu betrachten sind. Gestützt auf das Urteil des EuG in Sachen Cementbouw betont die Kommission, dass der Regelungsbereich des Art. 5 Abs. 2 von der (vorgelagerten) Frage zu unterscheiden sei, ob es sich um einen oder mehrere Zusammenschlüsse iSd Art. 3 handele.[277] Allerdings scheint die Kommission davon auszugehen, dass sie auch bei verschiedenen Erwerbsvorgängen, die nur über Art. 5 Abs. 2 zur einheitlichen Transaktion zusammengefasst werden, die Transaktion nicht nur hinsichtlich der Umsatzberechnung als einheitlichen Zusammenschluss betrachten darf, sondern diesen insgesamt als einheitlichen Zusammenschluss behandeln kann, der zum Zeitpunkt des letzten Erwerbsakts stattfindet.[278] Sie wird dementsprechend davon ausgehen, dass sie den gesamten Zusammenschluss untersuchen,[279] diesen ggf. untersagen und – soweit der erste Teil bereits vollzogen ist – die Entflechtung anordnen darf. In der Praxis wirkt sich die Unterscheidung folglich nur dahingehend aus, dass bei einem einheitlichen Zusammenschluss nach Art. 3 bereits der erste Teil der Transaktion, von seinem ersten Teilakt an, Gegenstand des anmeldepflichtigen Zusammenschlusses ist und damit bei Anmeldepflicht des Zusammenschlusses (in seiner Gesamtheit) unter das Vollzugsverbot nach Art. 7 fällt. Dies mag zweifelhaft sein, wenn die ersten Schritte für sich gesehen fusionskontrollfrei wären, folgt aber wohl aus der Aussage der Kommission in der Mitteilung „Zuständigkeit" zu den schleichenden Erwerbsvorgängen beim Erwerb von Wertpapieren. Dort soll ebenfalls schon die erste Tranche Teil des anmeldepflichtigen und bei Untersagung rückabzuwickelnden Zusammenschlusses sein.[280] Ist die Transaktion jedoch nur über die Anwendung des Art. 5 Abs. 2 als einheitlich zu betrachten, so fallen die ersten Teilakte, soweit die Voraussetzungen des Art. 5 Abs. 2 noch nicht eingetreten sind, mangels einheitlichen Zusammenschlusses zunächst nicht unter das Vollzugsverbot und dürfen damit zunächst durchgeführt werden (→ Art. 5 Rn. 32–39).

100 In der Sache ist Art. 5 Abs. 2 dann anwendbar, **wenn zwei oder mehr Erwerbsvorgänge innerhalb von zwei Jahren zwischen denselben Personen oder Unternehmen durchgeführt** werden.[281] Diese Vorschrift dient zur Verhinderung der Umgehung der Umsatzschwellen durch Stückelung einer an sich einheitlichen Transaktion, ist aber auch außerhalb solcher Umgehungssachverhalte anwendbar, die in keinem wirtschaftlichen Zusammenhang zueinander stehen.[282] Art. 5 Abs. 2 ist jedoch nur dann einschlägig, wenn es sich um denselben Verkäufer und denselben Käufer – jeweils bezogen auf die jeweilige Unternehmensgruppe – handelt.[283] Erwerbsvorgänge über Kreuz fallen ebenso wenig darunter, wie die Beteiligung weiterer Unternehmen, die nur einen Teil der betroffenen Erwerbsvorgänge betreffen oder die Abwicklung eines Gemeinschafts-

---

[275] Vgl. Kom., M.5533, Rn. 19 – Bertelsmann/KKR/JV (Erwerb gemeinsamer Kontrolle in mehreren Schritten durch Bertelsmann und KKR gemeinsam).
[276] Mitteilung „Zuständigkeit" Rn. 41, 50.
[277] Mitteilung „Zuständigkeit" Rn. 37; EuG Slg. 2006, II-319 Rn. 119 – Cementbouw.
[278] Mitteilung „Zuständigkeit" Rn. 36 aE, 50; vgl. Kom., M.5721, Rn. 13 – Otto/Primondo Assets.
[279] Vgl. Mitteilung „Zuständigkeit" Rn. 36 aE, 50; zustimmend GA Kokott in Schlussanträgen v. 26.4.2007, Rn. 57 zu EuGH 18.12.2007 – C-202/06 P, – Cementbouw.
[280] Vgl. → Rn. 86; s. aber EuG 6.7.2010 – T-411/07, Aer Lingus; → Rn. 86.
[281] Vgl. zB Kom., M.261, Rn. 1 – Volvo/Lex; Kom., M.3969, Rn. 7 – Société Générale/Ford Lease-Business Partner; Kom., M.4094, Rn. 11– Ineos/BP; Kom., M.7007, Rn. 9 – RZB/RBJPK/RWBB.
[282] EuG Slg. 2006, II-319 Rn. 118 – Cementbouw.
[283] Mitteilung „Zuständigkeit" Rn. 50.

unternehmens („de-merger"). ²⁸⁴ Die Kommission hat in der Vergangenheit Art. 5 Abs. 2 auch dann angewendet, wenn derartige **Erwerbsvorgänge zwischen denselben Parteien** nicht versetzt, sondern **gleichzeitig** stattfanden (→ Art. 5 Rn. 36).²⁸⁵ Sie bestätigt nunmehr in ihrer Mitteilung „Zuständigkeit" ausdrücklich, dass in diesen Fällen für die Annahme eines einheitlichen Zusammenschlusses keine Abhängigkeit der verschiedenen Erwerbsakte untereinander erforderlich ist.²⁸⁶ Selbiges soll nach der Mitteilung „Zuständigkeit" insgesamt dann gelten, „wann immer [die Erwerbsakte] im Ergebnis dazu führen, dass dasselbe Unternehmen [bzw. dieselbe Unternehmensgruppe] Kontrolle erwirbt" (→ Rn. 93).²⁸⁷ In der Vergangenheit hatte die Kommission zumindest in Bezug auf die simultane Gründung von Gemeinschaftsunternehmen hingegen meist auch darauf abgestellt, ob die derart gegründeten Gemeinschaftsunternehmen auf denselben Märkten tätig sein werden.²⁸⁸ Letzteres scheint nunmehr überholt zu sein (→ Rn. 93).

II. Erwerb alleiniger Kontrolle

Alleinige Kontrolle liegt vor, wenn ein Unternehmen allein in der Lage ist, bestimmenden Einfluss über ein anderes Unternehmen auszuüben. Diese geht idR mit der Möglichkeit einher, die im Unternehmen getroffenen Entscheidungen positiv zu beeinflussen, kann aber auch durch Vetorechte etabliert werden. Es ist daher erforderlich, in jedem Einzelfall zu analysieren, welche Stimm- oder sonstigen Rechte mit dem Anteil der Stimmrechte verbunden sind und welche Einflussmöglichkeiten einem Anteilseigner aufgrund des Gesellschaftsvertrages oder anderer Regelungen zustehen. **101**

1. Stimmrechtsmehrheit. Alleinige Kontrolle entsteht regelmäßig durch den **Erwerb der Mehrheit der Stimmrechte** an einem Unternehmen,²⁸⁹ soweit die relevanten Entscheidungen mit einfacher Mehrheit getroffen werden. Hierbei ist es unerheblich, welche Höhe diese Mehrheit erreicht.²⁹⁰ Erforderlich ist aber, dass die jeweilige Beteiligung tatsächlich die Anzahl an Stimmen vermittelt, die nach den Gesellschaftsstatuten für die Annahme von Beschlüssen erforderlich ist.²⁹¹ Daher kann zB selbst eine Beteiligung von 65,72 % noch nicht zu einer die Kontrolle begründenden Mehrheit führen, wenn nach der Satzung des Unternehmens die Beschlüsse der Hauptversammlung und bestimmte weitere Beschlüsse mit einer Mehrheit von zwei Dritteln gefasst werden.²⁹² Darüber hinaus dürfen keine Sonderrechte bestehen, welche es dem Minderheitseigner gestatten, in der Weise Einfluss auf die strategischen Unternehmensentscheidungen auszuüben, dass dieser an der Kontrolle teilnimmt.²⁹³ **102**

2. Qualifizierte Minderheitsrechte. Alleinige Kontrolle kann auch durch den Erwerb einer „qualifizierten Minderheitsbeteiligung" etabliert werden, dh einer Minderheitsbeteiligung, die ihrem Inhaber de jure oder de facto eine über das bloße Gewicht seiner Beteiligung hinausgehende Rechtsstellung zuweist.²⁹⁴ **103**

a) Kontrolle auf rechtlicher Grundlage. Kontrolle auf rechtlicher Grundlage vermittelt eine Minderheitsbeteiligung zB dann, wenn sie mit zusätzlichen Rechten verbunden ist, welche dem Anteilseigner ermöglichen, einen bestimmenden Einfluss auf das Unternehmen auszuüben. Als Beispiele für solche Sonderrechte nennt die Mitteilung „Zuständigkeit" (→ Rn. 57) Vorzugsaktien, die eine Stimmrechtsmehrheit vermitteln²⁹⁵ oder das Recht, die Mehrheit der Mitglieder von Auf- **104**

---

²⁸⁴ Mitteilung „Zuständigkeit" Rn. 50.
²⁸⁵ Vgl. Kom., M.3148, Rn. 1 und 6 – Siemens/Alstom Gas and Steam Turbines; Kom., M.289, Rn. 1 und 3.2 – PepsiCo/KAS; Kom., M.1283, Rn. 1 und 4 – Volkswagen/Rolls-Royce/Cosworth; NK-EuWettbR/Thiele Art. 5 Rn. 35.
²⁸⁶ Mitteilung „Zuständigkeit" Rn. 50.
²⁸⁷ Mitteilung „Zuständigkeit" Rn. 50; auch hier scheint es auf die Frage, ob diese auf denselben Märkten tätig sind, nicht mehr anzukommen.
²⁸⁸ Vgl. Kom., M.565, Rn. 1, 5–8 – Solvay/Wienerberger; Kom. – M.310, Rn. 1, 6 – Harrison&Crossfield/AKZO; vgl. auch Schulte/Henschen, 1. Aufl. 2005, Rn. 1037.
²⁸⁹ Mitteilung „Zuständigkeit" Rn. 56; vgl. für Erwägungen zum Kontrollerwerb im Rahmen von Geldbußen gem. Art. 101 AEUV EuG 12.7.2018 – T-419/14 Rn. 48–52– Goldmann Sachs; der Erwerb einer Mehrheitsbeteiligung ohne Stimmrechte genügt hingegen für sich nicht.
²⁹⁰ Kom., M.299, Rn. 5 f. – Sara Lee/BP Food Division (100 % des Aktienkapitals); Kom., M.3609, Rn. 7 – Cinven/FTC-NCN (50 % plus eine Aktie).
²⁹¹ So auch Mitteilung „Zuständigkeit" Rn. 56.
²⁹² Kom., M.2638, Rn. 7 – 3 i/Consors/100World.
²⁹³ In diesem Fall läge gemeinsame Kontrolle vor, → Rn. 96–99; vgl. Kom., M.4066, Rn. 8 – CVC/SLEC: die Kommission prüft ausdrücklich die Abwesenheit von Sonderrechten der Mitanteilseigner.
²⁹⁴ Mitteilung „Zuständigkeit" Rn. 57, 59.
²⁹⁵ Kom. ABl. 1996 L 75, 38 Rn. 3 und 6 – Crown Cork & Seal/CarnaudMetalbox (Aktienpaket mit doppelten Stimmrechten, welches eine de facto – nicht de jure – Mehrheit verschaffte).

sichtsrat oder Vorstand zu bestimmen.[296] Ein Fall der Alleinkontrolle liegt idR insbes. dann vor, wenn zwar an sich gemeinsam entschieden werden soll, jedoch einer der Gesellschafter das Recht hat, die entscheidende Stimme (**„CastingVote"**) abzugeben, für den Fall, dass eine Einigung nicht zustande kommt.[297] In Mahle/Behr/Behr Industry ist die Kommission von dieser Regel abgewichen, weil aufgrund verschiedener Abhängigkeiten sowie eines langwierigen Verfahrens zur Ausübung der Casting Vote es „sehr unwahrscheinlich" sei, dass hiervon Gebrauch gemacht werde.[298] Die Kommission hat die Alleinkontrolle des Weiteren erwogen, wenn ein Anteilseigner das Recht hat, die Geschäftspolitik zu bestimmen.[299] Die Mitteilung „Zuständigkeit" nennt als Beispiel den Komplementär einer KG.[300] Die Frage, ob die Sonderrechte im konkreten Fall ausreichen, um bestimmenden Einfluss auf das Unternehmen auszuüben, ist zwar im Wesentlichen im Zusammenhang mit den Sonderrechten von Minderheitsgesellschaftern in gemeinsam kontrollierten Gemeinschaftsunternehmen entschieden worden. Die Grundsätze sind aber ohne Weiteres auf die Fälle der Alleinkontrolle übertragbar. Es ist daher auch bei der Alleinkontrolle anhand einer Gesamtschau aller Umstände zu ermitteln, ob die Sonderrechte hinreichenden Einfluss auf die strategischen Unternehmensentscheidungen erlauben (→ Rn. 25–42).

105 **b) Kontrolle auf faktischer Grundlage.** Der typische Fall der Kontrolle auf faktischer Grundlage liegt vor, wenn der Minderheitsaktionär aufgrund der Verteilung der übrigen Aktien damit rechnen kann, **tatsächlich** eine **Mehrheit in der Hauptversammlung** zu erreichen.[301] In ihrer Mitteilung „Zuständigkeit" betont die Kommission, dass sie hierbei eine vorausschauende Analyse des wahrscheinlichen Abstimmungsverhaltens im Einzelfall vornehmen will.[302] Die hierzu in → Rn. 59 der Mitteilung „Zuständigkeit" aufgezählten Faktoren entsprechen im Wesentlichen der bisherigen Entscheidungspraxis der Kommission. Anzeichen für eine solche Wahrscheinlichkeit, als Minderheitsaktionär die Mehrheit der Stimmen zu erzielen, liegen insbes. dann vor, wenn der nächstgroße Aktionär einen deutlich geringeren Stimmenanteil hat und/oder die übrigen Aktien im Streubesitz sind.[303] Denn Kleinaktionäre nehmen ihre Stimmrechte häufig aus verschiedenen Gründen nicht wahr.[304] So hat die Kommission zB Kontrolle im Falle UniChem/Alliance Santé bei einem Anteil von 36 % der Stimmrechte und einer durchschnittlichen Hauptversammlungspräsenz von 40 % angenommen, wobei die größten der weiteren Aktionäre 10 %, 5 %, 3 % und 3 % hielten.[305]

106 Die Kommission verlangt für eine Annahme von Kontrolle über eine de facto Mehrheit in der Hauptversammlung regelmäßig, dass eine solche Mehrheit in den **letzten drei Jahren** vor dem relevanten Erwerb mit dem erworbenen Anteil tatsächlich durchgehend erreicht worden wäre.[306]

---

[296] Mitteilung „Zuständigkeit" Rn. 57; Kom., M.650, Rn. 7–10 – SBG/Rentenanstalt (Recht, drei von fünf Mitgliedern des Verwaltungsrats zu ernennen, der das strategische Wirtschaftsverhalten des Unternehmens festlegt); Kom., M.187 – IFINT/EXOR (Recht, die Mehrheit der Vorstandsmitglieder zu bestimmen).

[297] Kom., M.342, Rn. 11 – Fortis/CGER; Umkehrschluss aus Mitteilung „Zuständigkeit" Rn. 64; vgl. aber auch Kom., M.5862, Rn. 5–8 – Mahle/Behr/Behr Industry (Anteilsverhältnis 60:40; Annahme gemeinsamer Kontrolle trotz ausschlaggebender Stimme eines Gesellschafters, da „sehr unwahrscheinlich", dass von ausschlaggebender Stimme Gebrauch gemacht wird).

[298] Kom., M.5862, Rn. 5–8 – Mahle/Behr/Behr Industry.

[299] Mitteilung „Zuständigkeit" Rn. 57; vgl. Kom., M.258, Rn. 7 – CCIE/GTE (CCIE hielt nur einen Anteil von 19 %, hatte aber das Recht, den Vorstand und den Geschäftsführer zu benennen. Des Weiteren hatte CCIE ein Vetorecht über alle wesentlichen Unternehmensentscheidungen); Kom., M.159, Rn. 8 f. – Mediobanca/Generali (Absprachen des Hauptanteilseigners mit anderen Aktionären, die es ihm ermöglichen, die Einfluss auf die Beschlüsse der Gesellschaftsorgane zu nehmen. In dem Fall abgelehnt.).

[300] Mitteilung „Zuständigkeit" Rn. 57.

[301] Mitteilung „Zuständigkeit" Rn. 59; Kom., M.4994, Rn. 41–45 – Electrabel/CNR, bestätigt durch EuG 12.12.2012, Electrabel Rn. 45 ff.; Kom., M.7538, Rn. 8–16 – Knorr Bremse/Vossloh.

[302] Mitteilung „Zuständigkeit" Rn. 59.

[303] Kom., M.1046, Rn. 4–5 – Ametitech/Tele Danmark; Kom., M.1208, Rn. 9 – Jefferson Smurfit/Stone Container; Kom., M.4994, Rn. 41, 44 – Electrabel/CNR; Kom., M.8287, Rn. 5 – Nordic Capital/Intrum Justitia; vgl. auch Kom., M.917, Rn. 8–10 – Valinox/Timet (alleinige Kontrolle von Tremont über Timet bei Kontrolle von 34,5 % der Aktien, wobei der nächstgrößte Anteilseigner lediglich 11,5 %, sowie ein Finanzinvestor 5,7 % der Stimmrechte kontrollierten und die verbleibenden Aktien sich im Streubesitz befanden. Zusätzlich hatte Tremont 4 der 6 Direktoren von Timet entsendet, von denen drei gleichzeitig Direktoren von Tremont waren); s. auch Kom., M.6957, Rn. 10 – IF P&C/Topdanmark.

[304] Vgl. zB Kom., M.343, Rn. 9 – Société générale de Belgique/Générale de banque; Kom., M.25, Rn. 4 – Arjomari/Wiggins Teape (Erwerb von 39 % der Aktien, während sich die übrigen Aktien in Streubesitz befanden – 107.000 Aktionäre, von denen nur mehr als 3 % der Aktien besaßen).

[305] Kom., M.1058, Rn. 6 – UniChem/Alliance Santé.

[306] Vgl. Kom., M.343, Rn. 9 – Société Générale de Belgique/Générale de Banque; Kom., M.1046, Rn. 4 f. – Ametitech/Tele Danmark; Kom., M.1058, Rn. 6 – UniChem/Alliance Santé; Kom., M.2404, Rn. 3 –

Diese Vorgehensweise hat das EuG ausdrücklich bestätigt.[307] In der Entscheidung Anglo American Corporation/Lonrho[308] hatte die Hauptversammlungspräsenz zwar in den letzten vier Jahren für eine Stimmenmehrheit ausgereicht, allerdings mit einer einzigen Ausnahme. Die Kommission war der Ansicht, dass es sich bei dieser einen Hauptversammlung um ein außergewöhnliches Ereignis gehandelt habe und sich daher nicht auf das Ergebnis einer de facto Mehrheit auswirke.[309] Die Tatsache, dass dieser Zeitraum in der Mitteilung „Zuständigkeit" nicht ausdrücklich genannt wird, deutet an, dass die Kommission sich bei der Beurteilung dieser Frage zukünftig mehr Flexibilität erhalten möchte. Das Kriterium der de facto Mehrheit soll offenbar nur noch eines von vielen möglichen Indizien für die in die Zukunft gerichtete Analyse sein. Darüber hinaus will sie auch absehbare Veränderungen hinsichtlich der Präsenz der Anteilseigner in ihre prospektive Analyse einbeziehen.[310] In der Entscheidung Electrabel/CNR (die eine Entscheidung nach Art. 14 Abs. 2 der alten Fusionskontrollverordnung betraf) stellt die Kommission auf die Beteiligung an Hauptverhandlungen der letzten drei Jahre vor dem Erwerb ab.[311] Nach ihrer Auffassung hätte Electrabel im Zeitpunkt der Erhöhung des eigenen Anteils unter Zugrundelegung der damit zusammenhängenden Stimmrechte und des Teilnahmeverhaltens an Hauptversammlungen der letzten drei Jahre sicher sein können, zukünftig über eine Mehrheit in der Hauptversammlung und die Mehrheit im Vorstand zu verfügen.[312] Die Kommission hat ihre Schlussfolgerung in dieser Sache nicht alleine auf die de facto-Mehrheit, sondern auf ein Bündel von weiteren Indizien gestützt, wobei der faktischen HV-Mehrheit eine herausgehobene Stellung zukam.[313]

Insgesamt soll es nach der Mitteilung „Zuständigkeit" zukünftig darauf ankommen, ob die übrigen Anteilseigner in der Lage und geneigt sein werden, den **größten Minderheitsaktionär zu stützen oder diesen zu destabilisieren.** Hierbei sollen strukturelle, wirtschaftliche und familiäre Beziehungen eine Rolle spielen.

Ist zB der größte Aktionär der einzige **industrielle Anteilseigner,** während es sich bei der Vielzahl der weiteren Minderheitsaktionäre mit geringfügigen Anteilen um Finanzinvestoren oder Streubesitz handelt, so kann dies ein zusätzliches Indiz dafür sein, dass der industrielle Anteilseigner auch in Zukunft nicht damit rechnen muss, überstimmt zu werden.[314] Die Kommission führt zur Begründung an, dass die Minderheitsaktionäre regelmäßig keine eigenen unternehmerischen Interessen verfolgen und dazu geneigt seien, sich am Abstimmungsverhalten des industriellen Anteilseigners zu orientieren.[315] In derartigen Situationen hat die Kommission für erheblich gehalten, dass der Vorstand des kontrollierten Unternehmens dem mit Abstand größten Anteilseigner kaum etwas entgegenzusetzen hatte. Denn es sei ihm faktisch nicht möglich, sich langfristig die Unterstützung

---

Elkem/Sapa (Kontrolle verneint, weil der größte Anteilseigner auf der Jahresversammlung keine Mehrheit gefunden hatte); In Kom., M.917, Rn. 8–10 – Valinox/Timet unterblieb die historische Analyse, weil der Anteil erst kürzlich von 75 % auf nur 34,5 % gefallen war; Kom., M.3998 – Axalto/Gemplus, Rn. 5.; vgl. Kom., M.5932, Rn. 13 – News Corp/BKSyB (Prüfung von vier Jahren); Kom., M.5250, Rn. 9 – Porsche/Volkswagen (Prüfung von drei Jahren); In Kom., M.6957 – IF P&C/Topdanmark prüft sie die letzten 3 HV, alternativ stellt sie es für die letzten 7 HV fest; Kom., M.8190, Rn. 9 – Weichai/Kion (Prüfung von drei Jahren); Kom., M.8354, Rn. 15 – Fox/Sky (vorherige Kontrolle de facto verneint, da in HV der letzten 5 Jahre keine Mehrheit zustandegekommen wäre); Kom., M.8415, Rn. 5–8 – Ennocon/S&T (Kommission nahm Kontrolle de facto bei 28.98 % der Anteile an, da in HV der letzten sechs Jahre eine Mehrheit zustandegekommen wäre).

[307] EuG 12.12.2012, Electrabel, Rn. 47; EuGH ECLI:EU:C:2020:149 = NZKart 2020, 192 Rn. 50 – Marine Harvest; EuG ECLI:EU:T:2017:753 = NZKart 2017, 649 (650) – Marine Harvest; Bosch NJW 2020, 1713 (1719).
[308] Kom., M.754 – Anglo American Corporation/Lonrho.
[309] Allerdings hat sie hilfsweise noch ein Bündel weiterer Indizien für die faktische Alleinkontrolle der AAC angeführt.
[310] Mitteilung „Zuständigkeit" Rn. 59; vgl. zur Situation gem. GWB OLG Düsseldorf 12.11.2008 – VI-Kart 5/08 (v), – A-Tec/Norddeutsche Affinerie.
[311] Kom., M.4994, Rn. 45 – Electrabel/CNR.
[312] Kom., M.4994, Rn. 45 – Electrabel/CNR.
[313] Kom., M.4994 – Electrabel/CNR; EuG 12.12.2012, Electrabel, Rn. 99, 174, 175.
[314] Kom., M.1208, Rn. 11 – Jefferson Smurfit/Stone Container (zweitgrößter Anteilseigner war eine Investmentbank, 57 % der Anteile waren im Streubesitz); Kom., M.754 – Anglo American Corporation/Lonrho (dort handelte es sich allerdings um Hilfserwägungen); vgl. auch Kom., M.794, Rn. 7 ff. – Coca-Cola/Amalgamated Beverages GB (in dem Coca Cola ebenfalls der einzige industrielle Anteilseigner war); Kom., M.4994, Electrabel/CNR Rn. 94 ff.; EuG 12.12.2012 – T-332/09, Electrabel, Rn. 12; vgl. OLG Düsseldorf 12.11.2008 – VI-Kart 5/08 (V), – A-Tec/Nordeutsche Affinerie.
[315] Anders aber in Kom., M.2404, Rn. 3 – Elkem/Sapa (hier verneinte die Kommission das Vorliegen alleiniger Kontrolle u.a. aufgrund der Tatsache, dass zwei der Fonds sich ausdrücklich gegen die Interessen des Mehrheitsbeteiligten ausgesprochen hatten).

einer Mehrheit der Hauptversammlung unter Ausschluss des größten Anteilseigners zu sichern, insbes. weil die Zusammensetzung der Anteilseigner einem ständigen Wandel unterlag.[316] Mit ähnlicher Begründung hat die Kommission in einem Einzelfall eine Alleinkontrolle angenommen, in dem der mit Abstand größte Anteilseigner (Coca Cola Company) auch im Lichte der Hauptverhandlungspräsenz – wenn auch knapp – **keine eigene Stimmenmehrheit** hatte, tatsächlich aber nie von den Minderheitsaktionären überstimmt worden war.[317] Neben den Schwierigkeiten der Vielzahl von Minderheitskoalitionären mit kleinsten Anteilen, eine Koalition gegen den größten Anteilseigner zu bilden, mussten die Minderheitsaktionäre dort nach Ansicht der Kommission mit finanziellen Schäden rechnen, wenn sie gegen den größten Anteilseigner stimmten. Denn das kontrollierte Unternehmen war der größte Abfüllbetrieb von Coca Cola Erzeugnissen, so dass von einer engen wirtschaftlichen Abhängigkeit auszugehen sei. Darüber hinaus könne Coca Cola Company problemlos an der Börse eine weitere Beteiligung erwerben, um sich auf diese Weise die Aktienmehrheit zu sichern.

109 Auch die im Einzelfall anwendbaren **Rechtsvorschriften über die Einberufung der Hauptversammlung und das Abstimmungsverfahren** zur Wahl des Vorstandes können die alleinige Kontrolle durch einen Minderheitsaktionär weiter verstärken. Dies ist etwa dann der Fall, wenn der größte Anteilseigner aufgrund seines Stimmengewichts die Abstimmung nach einem speziellen Auszählungsverfahren erzwingen kann, welches es ihm ermöglicht, die Mehrheit der Vorstandsmitglieder zu bestimmen, selbst wenn alle übrigen Anteilseigner in einer konzertierten Aktion gegen ihn zusammenwirken.[318] Gleiches gilt, wenn der Minderheitsaktionär das Recht hat, die Mehrheit des geschäftsführenden Gremiums zu besetzen.[319] Eine Option zum Erwerb zusätzlicher Aktien kann ein weiteres Indiz für die de facto Kontrolle sein, wenn sie ohne Weiteres kurzfristig ausgeübt werden kann und dem Inhaber der Option zukünftig die de iure Kontrolle einräumen würde.[320]

110 **c) Kontrolle aufgrund von Vetorechten.** Alleinige Kontrolle besteht auch dann, wenn die rechtlichen oder tatsächlichen Sonderrechte dem Minderheitsbeteiligten zwar nicht die Möglichkeit verschaffen, die relevanten Entscheidungen im Unternehmen selbst zu treffen, er aber aufgrund dieser Sonderrechte die Möglichkeit hat, **wichtige strategische Entscheidungen des Unternehmens zu blockieren**.[321] Eine solche Situation ergibt sich zB, wenn einem 50 %-Anteilseigner zwei 25 %-Anteilseigner ohne Sonderrechte gegenüberstehen oder wenn nur einer von mehreren Minderheitseignern aufgrund bestimmter Quoren für die Entscheidung ein Sperrrecht hat.[322] In diesem Fall ist der 50 %-Anteilseigner bzw. der Anteilseigner mit Sperrrecht zwar nicht in der Lage, eine positive Entscheidung herbeizuführen. Es kann aber auch keine Entscheidung ohne seine Zustimmung getroffen werden. Diese Möglichkeit der negativen Kontrolle ist an sich typisches Merkmal der gemeinsamen Kontrolle durch mehrere Minderheitsaktionäre. Der Anteilseigner hat damit aber dieselbe – negative – Einflussmöglichkeit, wie mehrere Minderheitsgesellschafter, die auch jeder für sich ein Vetorecht haben. Er wird diesen daher gleichgestellt.[323]

111 Bei der Frage, ob ein einzelner Aktionär in der Lage ist, über Vetorechte bestimmenden Einfluss auf das Unternehmen auszuüben, kommt es ebenfalls darauf an, dass sich dessen Sperrrechte auf die strategischen Unternehmensentscheidungen beziehen, was anhand einer Gesamtschau aller Parameter zu ermitteln ist (→ Rn. 33–42). Die überwiegenden Entscheidungen zur Kontrolle durch Vetorechte beziehen sich auf Situationen der gemeinsamen Kontrolle. Die entsprechenden Anforderungen an das Ausmaß und den Gegenstand des Einflusses, bei denen Kontrolle angenom-

---

[316] Kom., M.754, Rn. 37 – Anglo American Corporation/Lonrho (dort handelte es sich allerdings um Hilfserwägungen).
[317] Kom., ABl. 1997 L 218, 15 Rn. 7 – Coca-Cola/Amalgamated Beverages GB (tatsächlicher Stimmenanteil zwischen 48,09 und 49,79 %).
[318] Kom., M.504, Rn. 11 – Avesta III (Aufsplittung der Stimmen bei der Wahl mehrerer Vorstandsmitglieder).
[319] EuG 12.12.2012 – T-332/09, Electrabel, Rn. 86 ff.
[320] Mitteilung „Zuständigkeit" Rn. 60; → Rn. 45, vgl. EuG 12.12.2012 – T-332/09 – Electrabel Rn. 173–175.
[321] Vgl. Mitteilung „Zuständigkeit" Rn. 54, 58.
[322] ZB Kom., M.1920, Rn. 5 – Nabisco/United Biscuits (Vetorechte in Bezug auf die Besetzung der Unternehmensleitung, die Annahme des Geschäftsplans und des Budgets); Kom., M.2777, Rn. 8 – Cinven Limited/Angel Street Holdings (Cinven durfte aufgrund eines Stimmenanteils von 52,6 % zwei von drei Vorstandsmitgliedern des Gemeinschaftsunternehmen benennen und konnte aufgrund seiner Vetorechte („by virtue of its sole veto right over a range of strategic decisions") als einziger Anteilseigner eine Reihe von strategischen Entscheidungen – alle größeren finanziellen Verpflichtungen, Annahme von Geschäftsplan und Budget – blockieren); Kom., M.3935, Rn. 7 – Jefferson Smurfit/Kappa; Kom., M.7478, Rn. 5 – Aviva/Friends Life/Tenet.
[323] Mitteilung „Zuständigkeit" Rn. 54; vgl. NK-EuWettbR/Bruhn Rn. 58 („mitbeherrschender Alleinherrscher").

men wird, sind jedoch ohne Weiteres auf die Situation einer alleinigen Kontrolle übertragbar[324] (→ Rn. 25–42).

d) In sonstiger Weise. Darüber hinaus kann die Alleinkontrolle auch auf der Basis von vertraglichen Rechten oder anderweitig erworben werden[325] (zu den verschiedenen Arten des Erwerbs → Rn. 78–83). 112

III. Gründung von Gemeinschaftsunternehmen

Die Gründung eines Gemeinschaftsunternehmens stellt nach Abs. 4 einen Zusammenschlusstatbestand dar, wenn dieses von den Müttern **gemeinsam kontrolliert** wird und **Vollfunktionscharakter** hat. Die Vorschrift entspricht dem bisherigen Art. 3 Abs. 2 der VO 4064/89, der lediglich hinter die bisherigen Absätze 3 und 4 (jetzt 2 und 3) verschoben wurde. Die **Bedeutung** des durch die VO 1310/97 geänderten Absatzes liegt darin, dass für die Anwendbarkeit der FKVO auf ein Gemeinschaftsunternehmen nicht mehr die Frage erheblich ist, ob das Gemeinschaftsunternehmen konzentrativer oder kooperativer Natur ist,[326] sondern nur noch, ob es die Voraussetzungen des Abs. 4 erfüllt.[327] Etwaige kooperative Aspekte bzw. die mögliche Koordinierung zwischen den Muttergesellschaften, die aufgrund des Gemeinschaftsunternehmens entstehen, stehen der Anwendbarkeit der FKVO damit nicht mehr entgegen. Diese werden vielmehr gem. Art. 2 Abs. 4 und 5 iRd Fusionskontrollverfahrens auf ihre Vereinbarkeit mit Art. 101 AEUV geprüft. Sie können Grundlage der Untersagungsentscheidung sein und werden im umgekehrten Fall von der Wirkung einer Freigabeentscheidung erfasst, so dass insoweit eine laufende Verhaltenskontrolle nicht stattfindet. Mit der Reform der Verfahrensordnung für Vereinbarungen iSd Art. 101 AEUV[328] dürfte die Bedeutung des Vollfunktionsunternehmens als Form der Zusammenarbeit noch weiter gestiegen sein. Denn mit der Abschaffung der Anmeldemöglichkeit für teils funktionsfähige Gemeinschaftsunternehmen auf dem Formblatt A/B können die Unternehmen nur noch über die Anmeldung nach der FKVO Rechtssicherheit über die Zulässigkeit der Zusammenarbeit erlangen, während sie bei allen anderen Formen der Zusammenarbeit auf die Selbsteinschätzung angewiesen sind. Darüber hinaus sind die Nebenbestimmungen eines solchen Vollfunktionsunternehmens von der Wirkung der Freigabeentscheidung erfasst[329] – wenngleich die Kommission diese nicht ausdrücklich prüft, sondern die Prüfung den Parteien selbst überlassen bleibt. 113

Ein Gemeinschaftsunternehmen liegt immer dann vor, wenn ein Unternehmen von mehr als einem anderen Unternehmen kontrolliert wird. Abs. 4 erfasst dabei nicht nur den originären Gründungsakt eines Gemeinschaftsunternehmens, sondern auch den „Erwerb der gemeinsamen Kontrolle" nach Abs. 1 lit. b an einem **schon bestehenden Unternehmen** oder den Wechsel in der Kontrolle.[330] Diese weite Auslegung des Begriffs der Gründung im Sinne des Abs. 4 entspricht der Rechtsprechung des EuGH im Fall Austria Asphalt.[331] Der EuGH entschied, dass auch bei einem Wechsel von alleiniger zu gemeinsamer Kontrolle die Voraussetzungen des Abs. 4 erfüllt sein müssen.[332] Demgegenüber hatte die Kommission im Verfahren vor dem EuGH die Auffassung vertreten, dass bei einem Wechsel von alleiniger zu gemeinsamer Kontrolle bereits nach Abs. 1 lit. b ein Zusammenschluss gegeben sei und es daher nicht mehr auf den Vollfunktionscharakter des 114

---

[324] Vgl. Mitteilung „Zuständigkeit" Rn. 54.
[325] Mitteilung „Zuständigkeit" Rn. 61.
[326] Vgl. hierzu noch die Mitteilung der Kommission über die Unterscheidung zwischen kooperativen und konzentrativen GU, Rn. 17–20; diese Mitteilung wurde durch die Mitteilung „Beurteilung von Vollfunktions-GU" ersetzt, die wiederum durch die Mitteilung „Zuständigkeit" ersetzt worden ist.
[327] Zur Historie vgl. Schulte/Henschen Rn. 1633–1643; s. auch Cook/Kerse Rn. 2–036.
[328] Seinerzeit VO 17/62, jetzt VO 1/2003.
[329] Art. 6 Abs. 1, lit. b und Art. 8 Abs. 1, Bekanntmachung der Kommission über Einschränkungen des Wettbewerbs, die mit der Durchführung von Unternehmenszusammenschlüssen unmittelbar verbunden und für diese notwendig sind, ABl. 2005 C 56, 24, Rn. 1; vgl. Kom., M.3178, Rn. 13 – Bertelsmann/Springer.
[330] Dies ergibt sich aus der Zusammenschau von Rn. 91 und 92 der Mitteilung „Zuständigkeit"; vgl. auch Schulte/Henschen Rn. 945, 952; vgl. auch Kom., M.9990, Rn. 12–15 – Vattenfall/Engie/Gasag; Kom., M.9609, Rn. 5 ff. – Mann Mobilia/Tessner Holding/Tejo/Roller; Kom., M.7850, Rn. 24 ff. – EDF/CGN/NNB (Umwandlung Alleinkontrolle in gemeinsame Kontrolle); Kom., M.593 – Volvo/Henlys (Erwerb gemeinsamer Kontrolle an bestehendem Unternehmen); Kom., M.4042, Rn. 7 ff. – Toepfer/Invivo/Soulès; Kom. – M.222, Rn. IX – Mannesmann/Hoesch (Umwandlung Alleinkontrolle in gemeinsame Kontrolle); s. aber Kom., M.3798, Rn. 10 – NYK/Lauritzen Cool/LauCool JV.
[331] EuGH 7.9.2017 – C-248/16, BeckRS 2017, 123563; lesenswert auch die Schlussanträge der Generalanwältin Kokott v. 27.4.2017 zu EuGH, C-248/16.
[332] EuGH 7.9.2017 – C-248/16, BeckRS 2017, 123563, Rn. 35.

Unternehmens ankomme.[333] Nach der Auffassung des EuGH ist eine solche Unterscheidung zwischen neu gegründeten und bereits bestehenden Unternehmen in den Erwägungsgründen der FKVO nicht angelegt.[334] Art. 3 erfasse Gemeinschaftsunternehmen nur, soweit sich ihre Gründung dauerhaft auf die Marktstruktur auswirke.[335] Ein Zusammenschluss ist daher nach der Rechtsprechung des EuGH nur anzunehmen, wenn das aus dem Wechsel von alleiniger zu gemeinsamer Kontrolle hervorgegangene Gemeinschaftsunternehmen vollfunktionsfähig im Sinne des Abs. 4 ist.[336] Neben der vom EuGH entschiedenen Fallgestaltung (das Unternehmen, das vorher alleinige Kontrolle ausgeübt hatte, blieb weiterhin mitkontrollierend beteiligt) sind auch andere Konstellationen des Wechsels von alleiniger zu gemeinsamer Kontrolle denkbar.[337] Da der EuGH in seinem Urteil aber nicht zwischen den unterschiedlichen Fallgestaltungen differenziert, ist das Erfordernis der Vollfunktionalität zukünftig bei jedem Vorhaben zu prüfen, bei dem im Ergebnis ein Gemeinschaftsunternehmen entsteht.[338] Damit dürfte die auf der Mitteilung „Zuständigkeit" beruhende Fallpraxis[339] der Kommission, dass in Fällen des Erwerbs der gemeinsamen Kontrolle an einem bereits bestehenden Unternehmen mit Marktpräsenz immer eine strukturelle Veränderung vorliegt, und damit bereits immer ein Zusammenschluss nach Abs. 1 gegeben ist,[340] überholt sein.[341] Selbst wenn man das Urteil des EuGH nicht in allen Fallgestaltungen des Wechsels von alleiniger zu gemeinsamer Kontrolle für anwendbar erachtet, bleibt die Frage der Vollfunktionsfähigkeit aber jedenfalls in den Fällen des Erwerbs der gemeinsamen Kontrolle eines Unternehmens(-teils) von einem Dritten nicht ohne Relevanz. Denn bleibt das Gemeinschaftsunternehmen auch zukünftig vollfunktionsfähig, so sollte der Erwerb der gemeinsamen Kontrolle als Sonderfall des Abs. 4, dh der Gründung eines vollfunktionsfähigen Gemeinschaftsunternehmens, anzusehen sein. Dies hat zur Folge, dass Art. 2 Abs. 4 und 5 auf derartige Vorgänge anwendbar sind. Zwar wird die Frage, ob das Gemeinschaftsunternehmen auch zukünftig vollfunktionsfähig ist, in derartigen Fällen regelmäßig zu bejahen sein. Die Frage der Vollfunktionsfähigkeit kann sich aber auch in diesen Fällen uU stellen, wenn der/die neuen Anteilseigner schon bisher Hauptkunde/-lieferant des Gemeinschaftsunternehmens waren oder dies zukünftig werden sollen.[342]

115   **1. Gemeinsame Kontrolle.** Gemeinsame Kontrolle liegt vor, wenn **zwei oder mehr Personen oder Unternehmen** die Möglichkeit haben, einen entscheidenden Einfluss auf ein anderes Unternehmen auszuüben.[343] Gegenstand des gemeinsamen bestimmenden Einflusses müssen dabei die bereits dargelegten „strategischen Unternehmensentscheidungen" (→ Rn. 25–42) sein. Die Situation einer gemeinsamen Kontrolle kann de jure oder de facto begründet sein.[344] Auch hierbei kommt es auf die Gesamtschau aller Parameter (→ Rn. 39–42) an.

116   **a) Gemeinsame Kontrolle de jure. Gemeinsame Kontrolle de jure** liegt vor, wenn die Anteilsinhaber bei den strategisch wichtigen Entscheidungen in Bezug auf das beherrschte Unternehmen **Übereinstimmung erzielen müssen,** um überhaupt eine Entscheidung innerhalb des Gemeinschaftsunternehmens fassen zu können.[345] Für die Annahme der gemeinsamen Kontrolle reicht es daher aus, wenn mehrere Personen oder Unternehmen in der Lage sind, Maßnahmen zur Bestimmung des strategischen Wirtschaftsverhaltens eines Unternehmens zu **blockieren,** so dass diese nicht nur im Einzelfall, sondern dauerhaft gezwungen sind, hinsichtlich solcher Maßnahmen Einvernehmen untereinander herzustellen.[346]

---

[333] Zitiert nach den Schlussanträgen der GA Kokott v. 27.4.2017 zu EuGH 7.9.2017 – C-248/16, Rn. 21 f.
[334] EuGH 7.9.2017 – C-248/16, BeckRS 2017, 123563 Rn. 23.
[335] EuGH 7.9.2017 – C-248/16, BeckRS 2017, 123563 Rn. 25.
[336] EuGH 7.9.2017 – C-248/16, BeckRS 2017, 123563 Rn. 35.
[337] Ausf. zu den möglichen Konstellationen von Brevern WuW 2012, 225–237.
[338] Pichler BB 2017, 2321.
[339] Aus der jüngeren Entscheidungspraxis Kom., M.7851, Rn. 22 – USS Nero/OPTrust/PGGM/Global Vía; zur vorherigen Entscheidungspraxis s. mwN von Brevern WuW 2012, 225 (229).
[340] Mitteilung „Zuständigkeit", Rn. 91.
[341] Vgl. von Brevern NZKart 2017, 522 (524); etwas vorsichtiger Klauß/dos Santos-Goncalves EuZW 2017, 816 (818).
[342] Vgl. Kom., M.3798, Rn. 10 – NYK/Lauritzen Cool/LauCool JV (mit ausf. Prüfung der Vollfunktionsfähigkeit trotz Erwerbs der gemeinsamen Kontrolle eines schon bestehenden und auf dem Markt aktiven Unternehmens – dieses war in der Übergangszeit von der Bereitstellung von Kühlschiffen durch die Mütter abhängig).
[343] Mitteilung „Zuständigkeit" Rn. 62.
[344] Mitteilung „Zuständigkeit" Rn. 62.
[345] Mitteilung „Zuständigkeit" Rn. 62, 63.
[346] Kom., M.3178, Rn. 6, 10 – Bertelsmann/Springer; Kom., M.8520, Rn. 9–11 – Cinven/CPPIB/GTA; Mitteilung „Zuständigkeit" Rn. 62.

aa) Paritätische Beteiligung zweier Unternehmen (50 : 50). Daher ist bei **paritätischer** 117
Beteiligung zweier Unternehmen (50 : 50) an einem dritten Unternehmen, die beiden
Gesellschaftern **gleiche Rechte** verleiht, eine gemeinsame Kontrolle idR anzunehmen.[347] Die
Kommission weist in → Rn. 64 der Mitteilung „Zuständigkeit" darauf hin, dass dies der deutlichste Fall gemeinsamer Kontrolle sei, bei dem es keiner besonderen Vereinbarung zwischen den
Anteilseignern bedürfe.[348] Denn – soweit nicht Sonderrechte oder -mechanismen vereinbart
sind – kann keines der beiden Unternehmen die relevanten Entscheidungen alleine treffen.[349] Es
steht der gemeinsamen Kontrolle der Anteilseigner dabei nicht entgegen, wenn im Falle einer
gegenseitigen Blockade die Entscheidung einem unabhängigen Schiedsrichter/Mediator überlassen wird.[350] Auch bei paritätischen Anteilen der beiden größten Aktionäre, welche jeweils nur
geringfügig unterhalb von 50 % liegen, ist regelmäßig gemeinsame Kontrolle gegeben, soweit
die Minderheitsbeteiligten nicht ausnahmsweise eine Möglichkeit haben, unternehmensrelevante
Entscheidungen zu beeinflussen oder wechselnde Koalitionen mit den beiden Großaktionären zu
bilden.[351]

bb) Paritätische Beteiligung mit Sonderrechten. Keine gemeinsame Kontrolle liegt in 118
diesen Fällen nur bei Bestehen einer entgegenstehenden Vereinbarung vor, aufgrund derer eine
Muttergesellschaft alleine einen bestimmenden Einfluss auf das Gemeinschaftsunternehmen ausüben
kann,[352] dh in der Lage ist, alleine die betreffenden strategischen Entscheidungen durchzusetzen.[353]
Gemeinsame Kontrolle und alleinige Kontrolle schließen sich aus. **Unschädlich** für die Annahme
gemeinsamer Kontrolle sind hingegen die folgenden Konstellationen: Die **alleinige Führung der
Alltagsgeschäfte** durch eines der beiden Unternehmen,[354] da es nur auf die Möglichkeit der
Ausübung bestimmenden Einflusses auf die strategischen Entscheidungen ankommt (→ Rn. 25–
42);[355] **besonderes Wissen und Erfahrung** einer der Mütter in dem Geschäftszweig des Gemeinschaftsunternehmens, sofern das andere Mutterunternehmen die Möglichkeit behält, die Entscheidungen des Gemeinschaftsunternehmens zu beeinflussen;[356] die **volle Konsolidierung** durch eines
der beiden Mutterunternehmen, denn dies hat lediglich Auswirkungen auf die bilanz- und rechnungstechnische Führung des Gemeinschaftsunternehmens, indiziert jedoch keine Alleinbeherrschung durch die jeweilige Konzernmutter.[357]

---

[347] Mitteilung „Zuständigkeit" Rn. 64; vgl. zB Kom., Comp/JV.51, Rn. 7 – BertelsmannMondadori/BOL ITALIA S. p. A. (gleichmäßige Vertretung im vierköpfigen Vorstand, dessen Entscheidungen eine absolute Mehrheit erforderten); Kom., M.2334, Rn. 6 – Dmdata/Kommunedata/e-Boks JV; Kom., M.3097, Rn. 5 – Maersk Data/Eurogate IT/Global Transport Solutions (50 %:50 %); Kom., M.662, Rn. II – Leisure Plan (jeweils 1/3 der Anteile und der Vertreter in der Geschäftsführung); Kom., M.3819, Rn. 6–7 – Daimler-Chrysler/MAV; Kom., M.3781, Rn. 5 – Crédit Agricole/Caisse d'Epargne/JV; Kom., M.3884, Rn. 7 – ADM Poland/Cetra/BTZ; Kom., M.3944, Rn. 8 – Behr/Hella/JV; Kom., M.7602, Rn. 6 – Deutsche Telekom/MET Holding/JV (50 %:50 %; Kom., M.7610, Rn. 7–9 – Danish Crown/Westfleisch/Westcrown/JV (50 %:50 %); Kom., M.7813, Rn. 7 f. – Sanofi/Google/DMI JV (50 %:50 %); Kom., M.7877, Rn. 12,16 – Warburg Pincus/General Atlantic/Unicredit/Santander/SAM/Pioneer (jeweils 1/3 der Anteile); Kom., M.7941, Rn. 16–20 – Saint-Gobain Glass France/Corning/JV (50 %:50 %); Kom., M.7946, Rn. 6 – PAI/Nestlé/Froneri (50 %:50 %); Kom., M.8059, Rn. 7–9 – Investindustrial/Black Diamond/Polynt/Reichhold (jeweils 1/3 der Anteile; gleichmäßige Vertretung im Vorstand; bezüglich CEO Übereinstimmung erforderlich); Kom., M.8251, Rn. 6 – Bite/Tele2/Telia Lietuva/JV; Kom., M.8356, Rn. 8–11 – Wietersdorfer/Amiantit/Hobas JV (50%:50%, zudem gleiche Anzahl Vertreter im Aufsichtsrat, dessen Entscheidungen in strategischen Fragen Einstimmigkeit erforderten); Kom., M.8459, Rn. 6 – TIL/PSA/PSA DGD (50 %:50 %); Kom., M.8460, Rn. 8 – Peugeot/BNP Paribas/Opel Vauxhall Fincos; Kom., M.8468, Rn. 5 f. – Norgesgruppen/Axfood/Eurocash (51 %:49 %, gleichmäßige Vertretung im vierköpfigen Vorstand, dessen Entscheidungen Einstimmigkeit hinsichtlich strategischer Entscheidungen erforderten).
[348] Mitteilung „Zuständigkeit" Rn. 64.
[349] Mitteilung „Zuständigkeit" Rn. 64.
[350] Kom., M.662, Rn. 2 – Leisure Plan (konnte die erforderliche einstimmige Entscheidung der drei Anteilseigner (jeweils 1/3) im Vorstand nicht erzielt werden, wurde die streitige Entscheidung an einen unabhängigen Mediator weitergereicht, der nach Anhörung der Muttergesellschaften eine Entscheidung im Interesse der Gesellschaft traf).
[351] Kom., M.086, Rn. 5 f., 8 ff. (jeweils 49,9 %) – Thomson/Wilkinson; Kom., M.342, Rn. 1, 8, 12 (jeweils 49,9 %) – Fortis/CGER.
[352] Mitteilung „Zuständigkeit" Rn. 64.
[353] Vgl. Mitteilung „Zuständigkeit", Rn. 66.
[354] Mitteilung „Zuständigkeit" Rn. 67; Kom., M.605, Rn. 9 – Hoechst/Klöckner-Werke/Hartfolien.
[355] Mitteilung „Zuständigkeit" Rn. 67.
[356] Mitteilung „Zuständigkeit" Rn. 81; Kom., M.259, Rn. 12–13 – British Airways/TAT; Kom., M.62, Rn. 4 – Eridania/ISI (keine alleinige Kontrolle wegen des Umfangs der Rechte der anderen Muttergesellschafter).
[357] Kom., M.363, Rn. 9 – Continental/Kalicko/DG Bank/Benecke.

119   **cc) Casting Vote/Schlichtungsverfahren.** Hat hingegen ein Mutterunternehmen eine **ausschlaggebende Stimme (Casting Vote)** in dem Gemeinschaftsunternehmen, ist gemeinsame Kontrolle idR **ausgeschlossen**.[358] Anderes gilt ausnahmsweise dann, wenn ein Unternehmen zwar mit seiner Stimme den Ausschlag geben kann, dieser Casting Vote tatsächlich aber nur eine untergeordnete Bedeutung/Wirksamkeit hat.[359] Dies kann dann der Fall sein, wenn vor Abgabe dieser entscheidenden Stimme ein **Schlichtungsverfahren** und Einigungsversuche stattfinden müssen.[360] So stand im Fall Wacker/Air Products das Letztentscheidungsrecht eines Anteilseigners, dessen Ausübung an ein dreistufiges Schiedsverfahren von 90 Tagen gebunden war, der Annahme gemeinsamer Kontrolle nicht entgegen.[361] Im Fall Krupp-Hoesch/Thyssen[362] wurde ebenfalls trotz Casting Vote von Thyssen gemeinsame Kontrolle angenommen. Denn Thyssen durfte diese Casting Vote erst nach dreimaliger Beratung des betreffenden Gremiums und nach Befassung eines aus den Vorstandsvorsitzenden von Thyssen und Krupp bestehenden Schlichtungskomitees ausüben. Für den Fall der mehrfachen Überstimmung in bestimmten Zeiträumen stand Krupp ein Schadensersatzrecht bzw. eine Put-Option zu. Allerdings dürfte es sich hierbei streng genommen um einen Fall der de facto gemeinsamen Kontrolle (→ Rn. 124–130) handeln. Im Fall Mahle/Behr/Behr Industry stand die Mahle zustehende Casting Vote der Annahme gemeinsamer Kontrolle ebenfalls nicht entgegen. Denn aufgrund der Langwierigkeit des Deadlock-Verfahrens seien Relevanz und Wirkung der Casting Vote begrenzt,[363] weil in der Praxis viele strategische Fragen kurzfristig zu entscheiden seien. Außerdem werde Mahle sich bei Ausübung der Casting Vote zurückhalten, um nicht die Auflösung des GU und einen damit verbundenen Abfluss von Know-how zu riskieren.[364] Dementsprechend nimmt die Kommission in ihrer Mitteilung „Zuständigkeit" an, dass eine Casting Vote auch dann eine untergeordnete Rolle spielen kann, wenn ihre Ausübung eine solche Put-Option auslöst, die erhebliche finanzielle Auswirkungen für den Inhaber der Casting Vote hat. Gegenseitige Abhängigkeiten, welche die Ausübung der Casting Vote unwahrscheinlich machen, stehen der alleinigen Kontrolle hiernach ebenfalls entgegen (→ Rn. 130).[365] Einzelne Vetorechte, welche nur auf begrenztem Gebiet[366] oder nur für eine begrenzte Zeit[367] (→ Rn. 46) bestehen, hindern die gemeinsame Kontrolle hingegen nicht. In letzterem Fall scheitert der Kontrollerwerb allerdings bereits daran, dass es an einer dauerhaften Strukturveränderung fehlt (→ Rn. 45–51).

120   **dd) Blockaderechte einzelner Minderheitsgesellschafter.** Im Falle der **unterschiedlichen Beteiligungshöhen/Stimmrechte** in einem Gemeinschaftsunternehmen mit zwei Anteilseignern oder **Gemeinschaftsunternehmen mit mehr als zwei Anteilseignern**[368] ist genau zu untersuchen, mit welchen Rechten die jeweiligen Gesellschafter ausgestattet sind. Es gilt hierfür ebenfalls der allgemeine, in → Rn. 62 der Mitteilung „Zuständigkeit" formulierte Grundsatz:[369] Gemeinsame Kontrolle liegt auch bei derartigen Beteiligungsverhältnissen dann vor, wenn die strategischen Unternehmensentscheidungen nicht getroffen werden können, ohne dass die jeweiligen Unternehmen an

---

[358] Mitteilung „Zuständigkeit" Rn. 82. Im Fall Kom., M.6885 – SDNV/Germanischer Lloyd hat die Kommission zusätzlich zur Casting Vote auf andere Umstände abgestellt.
[359] Mitteilung „Zuständigkeit" Rn. 82.
[360] Mitteilung „Zuständigkeit" Rn. 82; Kom., M.925, Rn. 8 – Krupp-Hoesch/Thyssen.
[361] Kom., M.1097 – Wacker/Air Products (allerdings hielten beide Parteien jeweils Minderheitsbeteiligungen in Gemeinschaftsunternehmen, in denen das jeweils andere Unternehmen Mehrheitsaktionär war. Die Kommission nahm daher an, dass von der Möglichkeit des jeweiligen Minderheitsaktionärs im jeweils anderen Gemeinschaftsunternehmen in Zukunft ohne Rücksicht auf die Interessen des anderen Gesellschafters zu entscheiden, disziplinierende Wirkung im Hinblick auf die Ausübung der Casting Vote zu erwarten seien.).
[362] Kom. – M.925 – Krupp-Hoesch/Thyssen.
[363] Vgl. auch Kom., M.5332, Rn. 14 – Ericsson/STM/JV, bei der trotz Casting Vote wegen langwierigen Verfahrens und gegenseitiger Abhängigkeit von gemeinsamer Kontrolle ausgegangen wurde.
[364] Kom., M.5862, Rn. 8 – Mahle/Behr/Behr Industry.
[365] Mitteilung „Zuständigkeit" Rn. 82; Kom., M.6828, Rn. 13 Delta Airlines/Virgin Group.
[366] Kom., M.605, Rn. 7 ff. – Hoechst/Klöckner-Werke/Hartfolien (bei Investitionsentscheidungen konnte sich der eine Gesellschafter nur hinsichtlich von Investitionen durchsetzen, die in den nächsten fünf Jahren als unwahrscheinlich angesehen wurden).
[367] Kom., M.1025, Rn. 13 – Mannesmann/Olivetti/Infostrada (die Casting Vote von Olivetti entfiel nach 2,5 Jahren. Die Kommission nahm gemeinsame Kontrolle an, weil die Phase der Alleinkontrolle nur Übergangscharakter hatte).
[368] Kom., M.1289, Rn. 4 – Harbert Management/DB/Bankers Trust/SPP/Öhmann (vier Anteilseigner mit Anteilen zwischen 5 % und 30 %); Kom., M.2374, Rn. 5 – Telenor/ErgoGroup/DNB/Accenture/JV (vier Anteilseigner mit Anteilen von 14,6–28,6 %).
[369] Mitteilung „Zuständigkeit" Rn. 62.

D. Zusammenschluss durch Kontrollerwerb   121, 122   **Art. 3 FKVO**

der Entscheidung mitwirken.[370] Dies ist zB der Fall, wenn durch besondere Vereinbarung gleiche Stimm- und/oder Entsenderechte in den Entscheidungsgremien geschaffen werden,[371] bzw. für die relevanten Entscheidungen in der Hauptversammlung oder den Gremien des Gemeinschaftsunternehmens eine qualifizierte Mehrheit[372] oder Einstimmigkeit[373] erforderlich ist, was dem oder den Minderheitsgesellschafter(n) eine Blockade der Entscheidung ermöglicht.[374] Diese Grundregel ist gleichermaßen anwendbar auf die Situation **eines Mehrheits- und eines Minderheitsgesellschafters** sowie auf die Situation einer **Mehrzahl von Minderheitsgesellschaftern,**[375] die jeweils mit solchen Rechten ausgestattet sind. Es nehmen in diesen Fällen alle diejenigen Unternehmen an der Kontrolle teil – und nur diese – welche im Ergebnis ein solches Vetorecht über die strategischen Unternehmensentscheidungen haben.

Die **Anteilshöhe** ist je nach Ausgestaltung der Vetorechte für die Frage der gemeinsamen **121** Kontrolle nicht entscheidend, insbes. gibt es keinen „safe harbour" einer bestimmten Anteilsschwelle, unterhalb derer die gemeinsame Kontrolle als ausgeschlossen gilt.[376] In der Entscheidung der Kommission Sappi/DLJMB/UBS/Warren[377] reichten zB Anteile von 2,2 % und 10,8 %, verbunden mit wesentlichen Vetorechten, für eine Teilnahme an der gemeinsamen Kontrolle aus. Im Fall Volkswagen/VAG[378] nahm die Kommission gemeinsame Kontrolle zwischen dem einzigen Anteilseigner Lonrho und der am Gemeinschaftsunternehmen nicht beteiligten Volkswagen AG an, weil die wesentlichen strategischen Entscheidungen in einem mit Lonrho und Volkswagen besetzten Gremium einstimmig zu entscheiden waren.

ee) Gemeinsame Mehrheit/gemeinsames Vetorecht. Haben mehrere **Minderheitsge- 122 sellschafter** für sich jeweils keine Veto Rechte, so kann eine gemeinsame Kontrolle verschiedener Minderheitsgesellschafter auch dann vorliegen, wenn diese **gemeinsam eine Stimmrechtsmehrheit** haben und bei der Ausübung der Stimmrechte auch **gemeinsam handeln**.[379] Beruht diese gemeinsame Ausübung auf einer verbindlichen Vereinbarung (zB einer Poolvereinbarung[380]

---

[370] Vgl. Kom., M.7461, Rn. 8 – AMDS Italia/CLN/JV (bei strategischen Entscheidungen Zustimmung mindestens eines von jeder Partei ernannten Vorstandsmitglieds notwendig); Kom., M.7711, Rn. 9 – Advent International/Bain Capital/ICBPI; Kom., M.7850, Rn. 10–13 – EDF/CGN/NNB Group of Companies (gemeinsame Kontrolle bei Stimmrechtsanteilen von 66.5 %:33.5 % aufgrund von Vetorechten der CGN bzgl. strategischer Entscheidungen); Kom., M.7851, Rn. 13–25 – USS Nero/Optrust/PCGM/Global View; Kom., M.7854, Rn. 9 f. – AGRAVIS/Wilmar International/H Bögel; Kom., M.7904, Rn. 8–10 – Bekaert/OTPP/Bridon Bekaert Ropes/JV; Kom., M.8146, Rn. 5 f. – Carlyle/Schön Family/Schön Klinik (nicht bezifferte Minderheitsbeteiligung mit Vetorechten bzgl. strategischer Unternehmensentscheidungen vermittelte gemeinsame Kontrolle).
[371] zB Kom., M.315, Rn. 5 – Mannesmann/Valourec/Ilva (drei Muttergesellschaften hielten jeweils 1/3 der Anteile, dessen Gremien waren entspr. alle wichtigen Entscheidungen waren einstimmig zu treffen); Kom., M.4050 – Goldman Sachs/Cinven/Aufsell (Anteile 51 % : 49 % aber 50 % : 50 % Stimmrechtsverteilung); Kom., M.8470, Rn. 9 – DAAM/InfraVia/FIH/AI (jeweilige Vetorechte hinsichtlich der Vorstandsentscheidungen und Hauptversammlungsbeschlüsse; gleiche Entsenderechte).
[372] zB Kom., M.469, Rn. 9 – MSG Media Services (paritätische Beteiligung dreier Anteilseigner, bei einer Entscheidung mit 75 % der Stimmen in allen Gremien); Kom., M.3511, Rn. 11 – Wiener Börse et al./Budapest Stock Exchange/Budapest Commodity Exchange/Keller/JV (Quorum 60 % bei Anteilsverteilung 46,67/und 53,33 %).
[373] zB Kom., M.2374, Rn. 5 – Telenor/ErgoGroup/DNB/Accenture JV (vier Anteilseigner mit Anteilen von 14,6–28,6 %, bei Benennungsrechen hinsichtlich des Vorstands und Einstimmigkeitserfordernis bezüglich Business Plan, Wahl des Vorstandsvorsitzenden, Wahl der Vertriebskanäle); Kom., M.7963, Rn. 9 – ADM/Wilmar/Olenex JV.
[374] Mitteilung „Zuständigkeit" Rn. 65; vgl. Kom., M.4087, Rn. 6 – Eifflage/Macquarie/APRR; Kom., M.7669, Rn. 9 – Lion Capital/Aryzta/Picard Groupe.
[375] zB Kom., M.1289, Rn. 4 – Harbert Management/DB/Bankers Trust/SPP/Öhmann; Kom., M.3178, Rn. 6, 10 – Bertelsmann/Springer (je 37,5 % bei Mehrheitserfordernis von 75 %).
[376] Kom., M.3205, Rn. 6 – SNPE/Patria/Saab/Eurenco JV (19,9 %); Kom., M.1289, Rn. 4 – Harbert Management/DB/Bankers Trust/SPP/Öhman (Anteile zwischen 5 % und 30 %); Kom., M.2374, Rn. 5 – Telenor/ErgoGroup/DNB/Accenture/JV (Anteil von 14,2 %).
[377] Kom., M.526, Rn. 7 – Sappi/DLJMB/UBS/Warren.
[378] Kom., M.304, Rn. 4 – Volkswagen/VAG (VAG war die in England tätige Vertriebsgesellschaft für VW).
[379] Mitteilung „Zuständigkeit" Rn. 74; Kom., M.2791, Rn. 7 – Gaz de France/Ruhrgas/Slovensky (bindende Vereinbarung zwischen zwei Minderheitsaktionären mit je 24,49 %, die gemeinsam die Mehrheit der Sitze im Vorstand hatten); Kom., M.1853, Rn. 10 – EDF/EnBW; Kom., M.1745, Rn. 8 ff. – EADS; Kom., M.2315, Rn. 7 – The Airline Group/NATS (46 %-Anteil).
[380] Mitteilung „Zuständigkeit" Rn. 75; Kom., M.1853, Rn. 10 – EDF/EnBW; Kom., M.2791, Rn. 7 – Gaz de France/Ruhrgas/Slovensky; Kom., M.3511, Rn. 9 – Wiener Börse et al./Budapest Stock Exchange/Budapest Commodity Exchange/Keller/JV.

oder der Übertragung der Entscheidung auf eine gemeinsam kontrollierte Holdinggesellschaft),[381] handelt es sich um einen Fall der de jure gemeinsamen Kontrolle. Ergibt sie sich aus den sonstigen Umständen, so handelt es sich hingegen um einen – seltenen – Fall der de facto gemeinsamen Kontrolle.[382]

123 Für eine gemeinsame Kontrolle ist es hierbei **nicht erforderlich,** dass die an der Kontrolle teilhabenden Unternehmen in der Lage sind, **gemeinsam eine positive Entscheidung** zu treffen.[383] Eine solche Situation liegt zB dann vor, wenn zwei gemeinsam stimmende Minderheitengesellschafter zusammen nur eine Sperrminorität haben, aber nicht in der Lage sind – auch nicht gemeinsam –, positive Entscheidungen zu treffen. Für ein einzelnes Unternehmen, welches ein Vetorecht über strategische Unternehmensentscheidungen hat, ergibt sich diese Möglichkeit der ausschließlich negativen Kontrolle ausdrücklich aus Rn. 54 ff. der Mitteilung „Zuständigkeit". Selbiges gilt jedoch auch für diejenigen Fälle, in denen mehrere Unternehmen – welche jeweils für sich oder gemeinsam – in der Lage sind, die strategischen Unternehmensentscheidungen des Gemeinschaftsunternehmens zu blockieren. Denn es macht keinen Unterschied, ob ein Unternehmen allein ein solches Vetorecht ohne positive Entscheidungsbefugnis hat oder ob mehrere Unternehmen in derselben Situation sind. Es reicht daher aus, wenn verschiedene Minderheitsgesellschafter, die gemeinsam abstimmen, ein **gemeinsames Vetorecht** (de facto oder de jure) über die strategischen Unternehmensentscheidungen innehaben. Nicht ausreichend für die Begründung gemeinsamer Kontrolle ist dagegen das bloße Recht, von anderen Anteilseignern vor der Ausübung ihrer Vetorechte bezüglich strategischer Unternehmensentscheidungen konsultiert zu werden.[384]

124 **b) Gemeinsame Kontrolle de facto. aa) Gleiches Abstimmungsverhalten aufgrund starker gemeinsamer Interessen.** Auch ohne eine verbindliche Vereinbarung über die gemeinsame Ausübung der Stimmrechte kann eine gemeinsame Kontrolle sich auch aus de facto gemeinsamem Handeln ergeben.[385] Dies ist dort der Fall, wo **starke gemeinsame Interessen der Gesellschafter** bewirken, dass diese bei der Ausübung ihrer Stimmrechte nicht gegeneinander handeln.[386] Auch diese Frage ist nach den individuellen Gesamtumständen des Einzelfalls zu beurteilen. Die Annahme von de facto gemeinsamem Handeln ist insgesamt die Ausnahme.[387] Je höher die Zahl der Gesellschafter, die eine gemeinsame Interessenlage haben könnten, desto unwahrscheinlicher ist es, dass tatsächlich gemeinsames Handeln de facto vorliegt.[388] Diese Konstellation kommt regelmäßig nur dann vor, wenn mehrere Minderheitsgesellschafter nur gemeinsam gegenüber einem oder mehreren weiteren Anteilseignern eine Entscheidung durchsetzen oder blockieren können.[389] Sie ist von der Kommission jedoch auch auf Gemeinschaftsunternehmen angewendet worden, in denen ein Mehrheitsgesellschafter sein an sich bestehendes Entscheidungsrecht aufgrund der starken gemeinsamen Interessen oder anderer Umstände nicht gegenüber dem oder den anderen Gesellschaftern durchsetzen würde.[390] Je höher die Anzahl der beteiligten Unternehmen ist, desto weniger wahrscheinlich ist die Situation einer de facto gemeinsamen Kontrolle.[391]

125 **bb) Indizien für starke gemeinsame Interessen.** Starke gemeinsame Interessen können sich zB aus **schon bisher bestehenden Verbindungen** unter den Gesellschaftern ergeben.[392] Ein starkes

---

[381] Kom., M.1745, Rn. 8 ff. – EADS; Kom., M.2315, Rn. 7 – The Airline Group/NATS; Mitteilung „Zuständigkeit" Rn. 75.
[382] Mitteilung „Zuständigkeit" Rn. 74; zur de facto gemeinsamen Kontrolle → Rn. 123–129.
[383] Zur Frage der negativen Kontrolle auch → Rn. 44, 109–110; missverständlich insoweit Kom., M.2638, Rn. 7 – 3i/Consors/100World (die Kommission weist darauf hin, dass diese gemeinsam nicht die ⅔-Mehrheit erreichten, spricht ein gemeinsames Vetorecht – welches bestanden hätte – aber nicht an. Das war dort allerdings auch nicht erforderlich, weil keine Anhaltspunkte für die gemeinsame Ausübung desselben vorlagen).
[384] Kom., M.7537, Rn. 6 – ARDIAN France/F2i SGR/F2i Aeroporti.
[385] Bejaht zB in Kom., M.8472, Rn. 8–16 – Nippon Yusen Kabushiki Kaisha/Mitsui Osk Lines/Kawasaki Kisen Kaisha/JV; Kom., M.1026, Rn. 7 – Nordic Capital/APAX Industri.
[386] Mitteilung „Zuständigkeit" Rn. 76.
[387] Vgl. EuG Slg. 2006, II-319 Rn. 54 – Cementbouw.
[388] Mitteilung „Zuständigkeit" Rn. 76.
[389] Kom., M.3067, Rn. 21 – Intesa/Capitalia/IMI Investimenti/Unicredit/Fidis Retail; Kom., Comp/JV.55, Rn. 14–21 – Hutchison/RCPM/ECT; Kom., M.382, Rn. IV – Philips/Grundig.
[390] Kom., M.616, Rn. 7–12 – Sabena/Swissair; Kom., M.553, Rn. 11 – RTL/Veronica/Endemol; vgl. auch → Rn. 129; Kom., M.4085, Rn. 10–14 – Arcelor/Oyak/Erdemir; s. auch Mitteilung „Zuständigkeit" Rn. 78.
[391] Mitteilung „Zuständigkeit" Rn. 76.
[392] Kom., M.3067, Rn. 21 – Intesa/Capitalia/IMI Investimenti/Unicredit/Fidis Retail; so ausdrücklich noch Mitteilung „Zusammenschlussbegriff" Rn. 33; die aktuelle Mitteilung „Zuständigkeit" erwähnt diesen Umstand allerdings nicht mehr.

Indiz für derartige gemeinsame Interessen ist insbes. ein hoher Grad an gegenseitiger Abhängigkeit in Bezug auf das Erreichen der strategischen Ziele des Gemeinschaftsunternehmens.[393] Dies allein soll für eine derartige gemeinsame Interessenlage, welche zur de facto gemeinsamen Kontrolle führt, aber nicht ausreichen.[394] Nach der Mitteilung „Zuständigkeit" sollen derartige starke gemeinsame Interessen dann wahrscheinlicher sein, wenn die betreffenden Unternehmen die Beteiligung(en) aufgrund einer aufeinander **abgestimmten Vorgehensweise**, zB durch ein gemeinsames Akquisitionsvehikel, erworben haben.[395] Im Falle Intesa/Capitalia/IMI Investimenti/Unicredito/Fidis Retail[396] nahm die Kommission noch gemeinsames Handeln de facto aufgrund folgender Faktoren an: Vier Banken hielten jeweils eine Minderheitsbeteiligung in Höhe von 25 % der Anteile an einer Holding, welche ihrerseits 51 % an einem Gemeinschaftsunternehmen erwarb. Die Banken hatten ein starkes gemeinsames finanzielles Interesse an ihrer Investition, insbes. waren sie Gläubiger erheblicher Geldforderungen gegen den verbleibenden 49 %-Aktionär des Gemeinschaftsunternehmens, der sich in finanziellen Schwierigkeiten befand. Die Investition in das Gemeinschaftsunternehmen diente dessen Liquiditätsbeschaffung. Gegen den verbleibenden 49 %-Aktionär konnten die vier Banken ihre gemeinsamen finanziellen Interessen nur dann durchsetzen, wenn sie ihre Stimmen bündelten. Vor diesem Hintergrund ging die Kommission von gemeinsamem Handeln de facto der vier Banken aus. Ähnlich nahm die Kommission im Fall Philips/Grundig[397] mit knapper Begründung an, dass die drei mit Anteilen von 22 %, 19 % und 19 % beteiligten **externen Finanzinvestoren** de facto über ein gemeinsames Vetorecht verfügten. Dies schloss sie u.a. daraus, dass diese ein gleichgelagertes Interesse am Werterhalt des Unternehmensvermögens hätten und gemeinsam einen von zwei Geschäftsführern benennen konnten, dessen branchenkundige Vorschläge sie bei einer Abstimmung berücksichtigen würden. Für die Zukunft hat sich die Kommission laut Rn. 79 der Mitteilung „Zuständigkeit" jedoch darauf festgelegt, dass das gemeinsame Interesse von Finanzinvestoren an der Rendite ihres (gemeinsamen) Investments regelmäßig keine für die Annahme der gemeinsamen Kontrolle de facto ausreichend starkes gemeinsames Interesse darstellt.

In anderen Fällen der Beteiligung mehrerer externer Investoren an einem Gemeinschaftsunternehmen, bei denen es sich nicht um Finanzinvestoren, sondern um strategische Beteiligungen handelte,[398] hat die Kommission ein etwaiges gleichgerichtetes Interesse der externen Investoren allein allerdings ohnehin nicht für gemeinsame Kontrolle de facto ausreichen lassen. Mangels „starker rechtlicher oder tatsächlicher Anhaltspunkte" sei das von den Parteien behauptete gemeinsame Abstimmungsverhalten reine Spekulation.[399] Auch eine **„best efforts"-Klausel** hinsichtlich des gemeinsamen Abstimmungsverhaltens hat die Kommission in dieser Situation nicht zur Annahme gemeinsamer Kontrolle veranlasst.[400]

cc) Lebenswichtige Beiträge der Gründer bei Neugründung. Die Kommission nimmt des Weiteren – ohne dies näher zu begründen – an, dass die Wahrscheinlichkeit für die Verfolgung gemeinsamer Interessen bei einem **neu gegründeten Gemeinschaftsunternehmen** höher sei, als beim Erwerb einer Minderheitsbeteiligung an einem bereits bestehenden Unternehmen. Es ist fraglich, ob dieser Umstand über den Gesichtspunkt des „Erwerbs durch konzertierte Aktion" hinaus tatsächlich eine besondere Bedeutung haben kann. Die Kommission geht hiervon jedenfalls dann aus, wenn jeder der Gründer einen **lebenswichtigen Beitrag zu dem Gemeinschaftsunternehmen** leistet und die Muttergesellschaften das Gemeinschaftsunternehmen daher nur betreiben können, wenn sie uneingeschränkt zusammenarbeiten.[401] Dieser Gesichtspunkt dürfte allerdings nicht nur im Falle der Neugründung gelten, mag aber uU bei der Neugründung häufiger vorzufinden sein. In der Entscheidung Industri Kapital/Telia Enterprises[402] nahm die Kommission zB faktische gemeinsame Kontrolle an, da das erhebliche **sektorspezifische Wissen** des Minderheitsaktionärs

---

[393] Mitteilung „Zuständigkeit" Rn. 77; vgl. Kom., M.5332, Rn. 14 – Ericsson/STM/JV.
[394] Mitteilung „Zuständigkeit" Rn. 79.
[395] Mitteilung „Zuständigkeit" Rn. 79.
[396] Kom., M.3067, Rn. 20 f. – Intesa/Capitalia/IMI Investimenti/Unicredit/Fidis Retail.
[397] Kom., M.382, Rn. IV. A – Philips/Grundig; vgl. auch Cook/Kerse Rn. 2–035, Fn. 110, welche die geringen Anforderungen an das gemeinsame Interesse als „ungewöhnlich" bezeichnen.
[398] Auf diesen Unterschied weist die Kommission in Kom., M.548, Rn. 9 f. – Nokia/SP Tyres hin.
[399] Kom., M.1095, Rn. 5 – NEC/Bull/PBN; ähnlich Kom., M.2425, Rn. 9 – Coop Norden; abgelehnt auch im Falle Kom 10.12.2001 – M.2638 Rn. 7–3 i/Consors/100World.
[400] Kom., M.548, Rn. 8 – Nokia/SP Tyres.
[401] Mitteilung „Zuständigkeit" Rn. 77; zB Kom., M.553, Rn. 11 – RTL/Veronica/Endemol (Annahme gemeinsamer Kontrolle trotz vorhandener Casting Vote von RTL. Aufgrund des lebenswichtigen Beitrags aller Gründer für das Gemeinschaftsunternehmen werde RTL in der Praxis von seiner ausschlaggebenden Stimme nur in außergewöhnlichen Situationen Gebrauch machen).
[402] Kom., M.2401, Rn. 7 – Industri Kapital/Telia Enterprises.

Telia einen essentiellen Beitrag zum Erfolg des Unternehmens und zu dem gemeinsamen Ziel der Transaktion leiste, den Marktwert des Unternehmens zu steigern, um es dann zu veräußern. In der Entscheidung Arcelor/Oyak wurde das sektorspezifische Wissen des Minderheitsaktionärs Arcelor als erheblicher Faktor für die de facto gemeinsame Kontrolle angesehen. Zusätzlich hatten die Parteien dort einen Geschäftsplan vereinbart, der Arcelor einen erheblichen Einfluss („strong influence") auf die Geschäftspolitik vermittelte und zudem war für Arcelor eine wichtige Rolle in der Geschäftsführung vorgesehen.[403] Die Elemente der de jure und de facto Kontrolle werden in der Praxis nicht scharf voneinander getrennt, was im Ergebnis allerdings auch nicht erforderlich ist. Vielmehr können gleichgerichtete Interessen ein zusätzliches Element zu tatsächlich bestehenden – aber begrenzten – Vetorechten sein, die für sich allein uU eine gemeinsame Kontrolle nicht begründet hätten: So hat die Kommission in der Entscheidung Toray/Murata/Teijin,[404] obwohl Entscheidungen auf Vorstandsebene mit einfacher Mehrheit getroffen werden konnten, bei Beteiligungshöhen von 33 %, 33 % und 34 % gemeinsame Kontrolle angenommen. Denn zum einen bestand ein Erfordernis der Einstimmigkeit in der Hauptversammlung sowie in einem weiteren Entscheidungsgremium, welches wichtige strategische Entscheidungen traf. Zum anderen sah die Kommission es als wesentlich an, dass die Gründungsunternehmen jeweils vitale Beiträge zu dem Gemeinschaftsunternehmen geleistet hatten.

128   **dd) Möglichkeit wechselnder Koalitionen.** Die **Möglichkeit wechselnder Koalitionen** unter den Minderheitsgesellschaftern in Ermangelung einer hinreichend starken gemeinsamen Interessenlage schließt die gemeinsame Kontrolle hingegen aus.[405] Dies ist etwa dann der Fall, wenn drei Gesellschafter mit paritätischen Stimmrechten die strategischen unternehmerischen Entscheidungen mit einfacher Mehrheit treffen; hier verfügt keiner der drei Anteilseigner über die für das Vorliegen gemeinsamer Kontrolle erforderliche Sperrposition über die strategischen Entscheidungen. In der Entscheidung Ericsson Nokia/Psion/Motorola[406] hat die Kommission die Möglichkeit wechselnder Mehrheiten angenommen, obwohl die Parteien ein starkes gemeinsames Interesse daran hatten, im Gemeinschaftsunternehmen ein Betriebssystem für kabellose Informationssysteme herzustellen, das sich zu einem neuen Industriestandard entwickeln sollte. Gegen ein gemeinsames Handeln de facto sprach aus Sicht der Kommission, dass die Parteien die vor dem Kontrollerwerb bestehende de jure Kontrolle mit Hinzutreten des vierten Gesellschafters aufgegeben hatten. Auch sei einer der vier Gesellschafter in einer anderen Branche tätig als die übrigen drei; zudem bestünden keine vorherigen Verbindungen zwischen den Anteilseignern und deren jeweilige Beiträge seien für das Gemeinschaftsunternehmen nicht von vitaler Bedeutung. Die drei in derselben Branche tätigen Unternehmen seien auf dem nachgelagerten Markt Wettbewerber und könnten durchaus unterschiedliche strategische Interessen haben.

129   **ee) Einheitliches Stimmverhalten in der Vergangenheit.** Im Falle TPS[407] hat die Kommission u.a. aus **einheitlichem Stimmverhalten** zweier 25 %-Beteiligter in der Vergangenheit geschlossen, dass diese auch in der Zukunft gemeinsam abstimmen würden.

130   Auch in den Fällen de facto gemeinsamen Handelns ist eine gemeinsame Kontrolle idR ausgeschlossen, wenn einer der Anteilseigner in der Lage ist, das Gemeinschaftsunternehmen allein zu beherrschen (→ Rn. 119).

131   **ff) De facto gemeinsame Kontrolle trotz rechtlicher Möglichkeit der Alleinkontrolle.** In Einzelfällen kann, trotz der rechtlich bestehenden Möglichkeit der Alleinkontrolle, de facto gemeinsame Kontrolle der Muttergesellschaften bestehen. Die Kommission ist bei entspr. starken gemeinsamen Interessen im Ausnahmefall davon ausgegangen, dass ein Anteilseigner, welcher rechtlich in der Lage wäre, die Entscheidung gegen den Willen des anderen Anteilseigners durchzusetzen (rechtlich bestehende Alleinkontrolle), hiervon unter **Rücksichtnahme auf die Interessen des anderen Anteilseigners** absehen wird, so dass nicht alleinige Kontrolle, sondern de facto

---

[403]   Kom., M.4085, Rn. 10–14 – Arcelor/Oyak/Erdemir.
[404]   Kom., M.2763, Rn. 12 – Toray/Murata/Teijin.
[405]   EuG Slg. 2006, II-319 Rn. 55 – Cementbouw; Mitteilung „Zuständigkeit" Rn. 80; zB Kom., M.1366, Rn. 8–11 – Paribas/CDC/Beaufour; Kom., M.1095, Rn. 5 – NEC/Bull/PBN; ähnlich Kom., M.2425, Rn. 9 – Coop Norden; Kom., M.548 – Rn. 8, 10 – Nokia/SP Tyres; vgl. auch Cook/Kerse Rn. 2-016 mwN.
[406]   Kom., IV/JV. 12, Rn. 9–18 – Ericsson/Nokia/Psion/Motorola (Symbian II).
[407]   Kom., M.795, Rn. 10 – TPS (historischem Abstimmungsverhalten in einem Gemeinschaftsunternehmen mit nur zwei Anteilseignern dürfte jedoch kein ähnlicher Indizwert zukommen. Denn in diesem Fall wird es nahe liegen, dass der vom Mehrheitsaktionär oder Inhaber der Casting Vote jederzeit zu überstimmende Minderheitsaktionär sein Stimmverhalten an dasjenige des Mehrheitsaktionärs anpasst und nicht umgekehrt).

gemeinsame Kontrolle anzunehmen sei.[408] In der Mitteilung „Zuständigkeit" verleiht sie dieser Variante ein stärkeres Gewicht, indem sie feststellt, dass die wirtschaftliche Beurteilung Vorrang vor einer „strikt rechtlichen" Betrachtungsweise habe.[409] Dies kann im Ausnahmefall bei **wirtschaftlichen Abhängigkeiten** der Fall sein.[410] Während die Kommission hierfür in der Vergangenheit davon ausging, dass das idR mit einer strukturellen Verflechtung einhergehen müsse,[411] um die de facto Kontrolle zu begründen, findet sich diese Einschränkung in der Mitteilung „Zuständigkeit" nicht mehr. Im Fall Mahle/Behr/Behr Industry hat der Umstand, dass die Casting Vote nur nach einem langwierigen Verfahren ausgeübt werden konnte, dazu geführt, dass die Kommission derselben kein entscheidendes Gewicht beimaß. Zudem sei damit zu rechnen, dass Mahle mit der Ausübung der Casting Vote zurückhaltend sein werde, da Behrs Know-how einen wichtigen Beitrag zum GU liefere, das bei Auflösung des GU verloren gehe.[412] Die Kommission hat es im Falle der **wechselseitigen Minderheitsbeteiligung** jeweils zweier Anteilseigner des Weiteren als einen Anreiz für gemeinsames Abstimmungsverhalten bewertet, dass der jeweilige Mehrheitsgesellschafter – sollte er seine Interessen gegenüber dem Minderheitsgesellschafter rücksichtslos durchsetzen – damit rechnen musste, dass im jeweils anderen Gemeinschaftsunternehmen in Zukunft seinerseits überstimmt zu werden.[413] Dieser Gesichtspunkt hat jedoch nur in Kombination mit weiteren Anhaltspunkten zur Annahme gemeinsamer Kontrolle geführt,[414] wechselseitige Minderheitsbeteiligungen alleine haben für die Annahme gemeinsamer starker Interessen hingegen nicht ausgereicht.[415] Auch **Optionsrechte** eines Minderheitsaktionärs, die ohne Weiteres und mit sofortiger Wirkung in eine Mehrheitsbeteiligung umgewandelt werden können, können dem optionsberechtigten Minderheitsgesellschafter schon bei Erwerb der Option de facto gemeinsame – oder sogar alleinige – Kontrolle vermitteln.[416]

c) Änderungen in Struktur oder Tätigkeitsbereich des GU. In Bezug auf die **Erweiterung des Tätigkeitsbereichs** eines bestehenden vollfunktionsfähigen Gemeinschaftsunternehmens oder die **Zuführung weiterer Ressourcen** durch die Mütter war bisher unklar, wann sie den Tatbestand des Kontrollerwerbs erfüllen. Die Mitteilung „Zuständigkeit" greift diesen Gesichtspunkt nun in → Rn. 106–109 auf und legt den Anwendungsbereich der Fusionskontrolle dabei weit aus.[417] Da sich solche Vorgänge auch schleichend verwirklichen können, ist die Gefahr nunmehr größer, dass sich die beteiligten Unternehmen ihrer Anmeldepflicht nicht bewusst sind.[418]

Hiernach ist der Tatbestand des Kontrollerwerbs erfüllt, wenn es sich bei den übertragenen Ressourcen um ein **Unternehmen oder einen Unternehmensteil** iSd Abs. 1 lit. b handelt.[419] Es ist hierbei unerheblich, wenn die Ressourcen von einer der Mütter übertragen werden, denn es handelt sich in diesem Falle nicht um einen (rein) konzerninternen Übertragungsvorgang von dem Mutterunternehmen auf das Gemeinschaftsunternehmen, weil dieses von dem anderen Mutterunternehmen mitkontrolliert wird.

IÜ fällt aber nicht schon jede Erweiterung oder Änderung des Tätigkeitsbereichs des GU unter Art. 3. Zunächst stellt die Kommission in → Rn. 108 klar, dass das **rein organische Wachstum** eines GU der Fusionskontrolle grds. nicht unterliegt.[420] Darüber hinaus muss der Zuwachs an

---

[408] Mitteilung „Zuständigkeit" Rn. 78, 82; Kom., M.616, Rn. 7–12 – Sabena/Swissair (wobei dieses auch ein echtes Vetorecht für wichtige Personalentscheidungen, also ein Element der de jure gem. Kontrolle enthielt); Kom., M.553, Rn. 11 – RTL/Veronica/Endemol (gemeinsame Kontrolle bei drei Aktionären mit 51 % (RTL) und 49 % (Veronica und Endemol gemeinsam) trotz förmlichen Vetorechts).
[409] Mitteilung „Zuständigkeit" Rn. 78.
[410] Immenga/Mestmäcker/Körber Rn. 111.
[411] So noch Mitteilung „Zusammenschlussbegriff", Rn. 9; Kom., M.092, Rn. 4 – RVI/VCB/Heuliez, → Rn. 52; vgl. auch Mitteilung „Zuständigkeit" Rn. 78.
[412] Kom., M.5862, Rn. 8 – Mahle/Behr/Behr Industry.
[413] zB Kom., M.1097 – Wacker/Air Products (dort war zudem ein umfangreiches Schlichtungsverfahren Voraussetzung für die Ausübung der Casting Vote), ähnlich Kom., M.5862, Rn. 8 Mahle/Behr/Behr Industry (bei Auflösung des GU gehe das wesentliche Know-how verloren).
[414] Kom., M.4, Rn. 5 – Renault/Volvo (für den Bereich LKW – dort waren die gegenseitigen Minderheitsbeteiligungen hoch (45 %) und die Parteien hatten – anders als im Bereich Kfz (s. Rn. 11.4, Rn. 2) – alle ihre Aktivitäten im Bereich LKW in dem Gemeinschaftsunternehmen zusammengeführt).
[415] Kom., M.4, Rn. I.2 – Renault/Volvo (Für den Bereich Kfz bei gegenseitigen Minderheitsbeteiligungen von jeweils 25 %).
[416] Kom., M.397, Rn. ff,– Ford/Hertz (dort war die Fallgestaltung allerdings so, dass die Kommission alleinige Kontrolle von Ford annahm); im Einzelnen → Rn. 58 f.
[417] Vgl. Huerkamp WuW 2010, 1118 („wesentlich verschärft").
[418] Vgl. Huerkamp WuW 2010, 1118.
[419] Mitteilung „Zuständigkeit" Rn. 106.
[420] S. auch FK-KartellR/Kuhn Rn. 158; v. Graevenitz BB 2010, 1172, Huerkamp WuW 2010, 1125.

externen Ressourcen (Vermögenswerte, Verträge, zusätzliches Know-how oder weitere Rechte) **erheblich** sein und diese Vermögenswerte und Rechte die Grundlage oder den Kern für eine Ausdehnung der Geschäftstätigkeit auf **andere sachliche oder räumliche Märkte** bilden, die mit Ziel des ursprünglichen Gemeinschaftsunternehmens waren. Die Übertragung der Vermögenswerte oder Rechte zeige, dass die **Akteure hinter der Erweiterung** die Mütter seien, so dass es gerechtfertigt erscheine, dies wie die Neugründung eines Vollfunktions-GU gem. Abs. 4 zu behandeln, vorausgesetzt, das GU führt die erweiterten Tätigkeiten als Vollfunktionsunternehmen durch.[421] Ein **rein finanzieller Zuschuss** der Mütter, der die Grundlage der Erweiterung der Tätigkeit bildet, erfüllt den Tatbestand des Abs. 4 daher nicht. Die Kommission hat damit den noch im Entwurf der Mitteilung „Zuständigkeit" verfolgten Ansatz aufgegeben, wonach schon die bloße Erweiterung des Tätigkeitsbereichs eines Gemeinschaftsunternehmens auch ohne die Übertragung von Vermögenswerten an das Gemeinschaftsunternehmen einen Zusammenschlusstatbestand darstellen konnte. Die Präzisierung der Kriterien ist zu begrüßen, wenngleich die Frage, ob die erweiterte Tätigkeit sich auf „andere Märkte" bezieht, als dies bei der Anmeldung zugrunde gelegt wird, in der Praxis erhebliche Schwierigkeiten bereiten dürfte (→ Rn. 135).[422]

135 Das LG Köln hat Abs. 4 hingegen umfassender dahingehend ausgelegt, dass die Erweiterung des Geschäftsbetriebs eines schon angemeldeten und genehmigten GU immer dann anmeldepflichtig sei, wenn die erweiterte Geschäftstätigkeit **einen anderen als den sachlichen Markt** betreffe, der Gegenstand der seinerzeitigen Anmeldung war.[423] Die Genehmigung der Kommission könne hierüber nämlich nicht hinausgehen.[424] Die weitere Voraussetzung der Mitteilung „Zuständigkeit", Rn. 107 – nämlich die Übertragung erheblicher zusätzlicher Ressourcen –[425] wird in der Entscheidung nicht thematisiert, obwohl die Mitteilung „Zuständigkeit", Rn. 107 als Prüfungsmaßstab zitiert wird. Ungeachtet dieses Mankos erscheint es nicht richtig, die Frage des neuen sachlichen Marktes daran festzumachen, ob die Kommission diesen konkret geprüft oder überhaupt definiert hat. Denn die materielle Prüfung der Kommission beschränkt sich auf die betroffenen/anzeigepflichtigen Märkte gem. Abschnitt 6 der Form CO,[426] während die Freigabeentscheidung sich auf das GU als Ganzes bezieht. Soweit es auf die Tätigkeit auf einem neuen Markt ankommt, kann daher nur relevant sein, ob diese Tätigkeit schon zum Zeitpunkt der Gründung (und ggf. Anmeldung) zum abstrakten Aufgabenbereich des GU gehörte.[427] In der Praxis bedeutet das, dass die Unternehmen bei der Anmeldung des GU gut beraten sind, die Tätigkeit des GU möglichst breit zu umschreiben.[428] In der deutschen Fusionskontrolle kommt ein neuer Fusionskontrolltatbestand ohne Änderungen der Gesellschafter- oder Organisationsstruktur nur dann in Betracht, wenn Vermögenswerte iSd § 37 Abs. 1 Nr. 1 (ggf. auch Nr. 2) GWB übertragen werden.[429] Dementsprechend hat das OLG Düsseldorf die Erweiterung der Tätigkeit eines GU – ohne dauerhafte Übertragung zusätzlicher Ressourcen – für fusionskontrollfrei gehalten.[430]

136 Unabhängig von der Zuführung zusätzlicher Ressourcen liegt ein Zusammenschluss nach Rn. 109 der Mitteilung „Zuständigkeit" immer dann vor, wenn sich durch die **Veränderungen in der Organisationsstruktur des GU** ein nur teilfunktionsfähiges GU in ein vollfunktionsfähiges GU wandelt.[431] Auch die **Änderung des Tätigkeitsbereiches eines bisher nur teilfunktionsfä-**

---

[421] Mitteilung „Zuständigkeit" Rn. 107.
[422] Vgl. Hirsbrunner EuZW 2009, 240.
[423] LG Köln 23.12.2009 – 28 O (Kart) 479/08, (in zweiter Instanz aufgehoben, weil die Klage bereits unzulässig war); vgl. zur selben Fallkonstellation OLG Dresden 15.12.2009 – 15 U 818/09, (Rn. 40 ff. – zitiert nach Juris), welches allerdings zum Ergebnis kam, dass die konkrete Tätigkeit von der ursprünglichen Freigabe gedeckt war und sich daher nicht mehr mit den Folgefragen beschäftigen musste; zu beiden Entscheidungen und deren Relevanz ausf. v. Graevenitz BB 2010, 1172 ff.
[424] LG Köln 23.12.2009 – 28 O (Kart) 479/08, Rn. 138, 14, 151.
[425] Da es sich um die treuhänderische Wahrnehmung von Rechten handelte, liegt es auch nicht auf der Hand, dass diese Erweiterung des Aufgabenbereichs zwingend einen solchen Ressourcenzuwachs bedingt hätte.
[426] V. Graevenitz BB 2010, 1172 weist zutreffend darauf hin, dass sich weitere Schwierigkeiten ergeben, wenn die Kommission – wie häufig – die Marktabgrenzung offenlässt.
[427] Hirsbrunner EuZW 2009, 240, schlägt vor, auf Dokumente zurückzugreifen, die anlässlich der ursprünglichen Gründung und Anmeldung des GUs erstellt wurden, wie insbesondere die Satzung, den ersten Business Plan und die Beschreibung des Vorhabens in der damaligen Anmeldung bei den Kartellbehörden.
[428] Vgl. v. Graevenitz BB 2010, 1174; Huerkamp WuW 2010, 1123 (herangezogen werden könne auch die Satzung, wenngleich eine sehr breit formulierte Satzung keine „Blanko-Ermächtigung" zu jedweder Tätigkeitserweiterung sein könne.
[429] Vgl. v. Graevenitz BB 2010, 1175.
[430] OLG Düsseldorf 28.6.2006 – VI-Kart. 18/05; vgl. dazu instruktiv v. Graevenitz BB 2010, 1175.
[431] Mitteilung „Zuständigkeit" Rn. 109; Immenga/Mestmäcker/Körber Rn. 125; Kom., M.3039 – Soprol/Cereal-Lesieur; Kom., M.2276, The Coca-Cola Company/Nestlé/JV; Kom., M.5241, Rn. 15 – American Express/Fortis/Alpha Card.

higen GU, welches dadurch erstmals zu einem vollfunktionsfähigen GU werde, solle einen Zusammenschluss darstellen.[432] Voraussetzung für eine solche Änderung der Tätigkeit des GU sei meist ein entsprechender Beschluss seiner Gesellschafter oder der Unternehmensleitung. Sobald der Beschluss, der dazu führe, dass das GU das Vollfunktionskriterium erfülle, gefasst sei, liege ein Zusammenschluss iSv Art. 3 vor. Aus dem Text der Mitteilung ergibt sich allerdings nicht zweifelsfrei, in welchem Verhältnis Rn. 109 S. 4 zu Rn. 108 steht.[433] Daher ist fraglich, ob die Kommission den Wandel von der Teilfunktionsfähigkeit zur Vollfunktionsfähigkeit ohne strukturelle Änderungen allein aufgrund der Änderung des Tätigkeitsbereiches auch ohne externen Ressourcenzuwachs als einen Zusammenschlusstatbestand ansehen würde. Dafür ließe sich anführen, dass in diesem Fall für ein bisher nicht anmeldepflichtiges und nicht angemeldetes GU erstmals der Tatbestand des Abs. 4 verwirklicht wird. Das kann allerdings nur gelten, soweit die Änderung/Erweiterung des Tätigkeitsbereichs, die die Vollfunktionsfähigkeit herbeiführt, tatsächlich durch die Mütter veranlasst ist. Ein bloßer Beschluss der Unternehmensleitung des GU iR ihrer Verantwortlichkeit sollte hingegen nicht dazu führen, dass eine Anmeldepflicht für die Mütter – ggf. ohne deren Kenntnis – entsteht.

Die Entscheidung der Kommission in Sachen Shell/Carbones des Zulia/RIG, über die in **137** diesem Zusammenhang viel diskutiert wurde, gibt hierzu keine weiteren Hinweise. Dort hatte die Kommission angenommen, dass die Erweiterung des Tätigkeitsgebiets eines bisher nur teilfunktionsfähigen Gemeinschaftsunternehmens, welches mit der Erweiterung zum Vollfunktionsunternehmen wurde, bereits einen anmeldepflichtigen Zusammenschluss darstellte. Allerdings geht aus der Entscheidung nicht hervor, ob es sich um eine Zuführung externer Ressourcen oder organisches Wachstum handelte. Des Weiteren hat die Kommission diesen Vorgang als „Gründung einer Verkaufsgesellschaft" eingestuft und wesentlich darauf abgestellt, dass die bisherige Tätigkeit des Gemeinschaftsunternehmens sich nicht auf die Gemeinschaft erstreckt habe und somit auch nicht in den Anwendungsbereich des EGKS-Vertrages gefallen sei. Daher löse die Aufnahme der Tätigkeit in der Gemeinschaft die Anmeldepflicht aus. Eine allgemeine Aussage über die einfache Erweiterung des Tätigkeitsbereichs eines teil- oder vollfunktionsfähigen Gemeinschaftsunternehmens, welches auch zuvor bereits in der EU tätig war, ist aus dieser Entscheidung daher nicht abzuleiten.

2. Vollfunktionscharakter (Abs. 4). a) Grundsätzliches. Die Gründung eines Gemein- **138** schaftsunternehmens ist gem. Abs. 4 dann ein Zusammenschluss, wenn das Gemeinschaftsunternehmen gemeinsam kontrolliert wird und „auf Dauer alle Funktionen einer selbstständigen wirtschaftlichen Einheit erfüllt".[434] Diese Definition des Vollfunktionsgemeinschaftsunternehmens[435] galt schon vor der Reform der FKVO[436] durch die VO 1310/97. Durch diese Reform wurde lediglich der bisherige Zusatz in Abs. 2 aF gestrichen, wonach die Gründung eines Gemeinschaftsunternehmens nur dann in den Anwendungsbereich der FKVO fiel, wenn es „keine Koordinierung des Wettbewerbsverhaltens der Gründerunternehmen im Verhältnis zueinander oder im Verhältnis zu dem Gemeinschaftsunternehmen mit sich bringt". Die Frage, ob das Gemeinschaftsunternehmen kooperativer oder konzentrativer Natur war, ist damit für die Anwendbarkeit der FKVO nicht mehr entscheidend. Gleichzeitig hat die VO 1310/97 für die Prüfung kooperativer Gemeinschaftsunternehmen iRd Zusammenschlusskontrolle materielle Kriterien – nämlich den Art. 2 Abs. 4[437] – eingeführt und entspr. die bisher auf vollfunktionsfähige kooperative Gemeinschaftsunternehmen anwendbaren Verordnungen, insbes. die Verfahrensverordnung VO 17/62, für nicht mehr anwendbar erklärt.[438] Darüber hinaus hatte die Kommission die Mitteilung „Begriff des Vollfunktions-GU" erlassen, welche die bisher geltende Mitteilung über die „Unterscheidung zwischen konzentrativen und kooperativen Gemeinschaftsunternehmen" ersetzte und den Begriff des vollfunktionsfähigen Gemeinschaftsunternehmens anhand der bisherigen Entscheidungspraxis der Kommission erläuterte. Diese wurde wiederum durch die Mitteilung „Zuständigkeit" ersetzt.

Das Kriterium des Vollfunktionsunternehmens ist Ausdruck des allgemeinen Charakters der **139** Fusionskontrolle, die nur solche Transaktionen erfassen soll, welche eine **dauerhafte Veränderung in der Struktur der beteiligten Unternehmen** bewirken. Dieses Kriterium ist bei der Gründung

---

[432] Kom., M.5740, Rn. 6–9 – Gazprom/A2A/JV (durch Beschluss eines neuen Businessplans, allerdings unter Ausstattung des GU mit zusätzlichen Ressourcen, die aber nicht beziffert werden).
[433] V. Graevenitz BB 2010, 1172 geht davon aus, dass es in diesem Falle auf zusätzliche Kriterien nicht mehr ankommt.
[434] Vgl. auch Erwgr. 20.
[435] Vgl. Mitteilung „Zuständigkeit" Rn. 92.
[436] Seinerzeit der VO 4064/89, die Änderung wurde in die VO 129/2004 unverändert übernommen.
[437] Mittlerweile erweitert um den Abs. 2 Abs. 5.
[438] Vgl. für eine Liste der nicht mehr anwendbaren Rechtsvorschriften die Mitteilung „Beurteilung von Vollfunktions-GU".

eines Gemeinschaftsunternehmens[439] gemäß der Mitteilung „Zuständigkeit" (nur) beim Vollfunktionsunternehmen erfüllt. Das Vollfunktions-Gemeinschaftsunternehmen hat dabei vier wesentliche Merkmale, welche sich aus diesem Grundgedanken der dauerhaften Strukturveränderung herleiten.[440] Das Gemeinschaftsunternehmen muss erstens **auf Dauer angelegt** sein.[441] Des Weiteren muss es auf einem Markt alle wesentlichen Funktionen ausüben, die auch von anderen Unternehmen auf diesem Markt wahrgenommen werden.[442] Dh es muss zweitens im Verhältnis zu den Müttern über eine gewisse wirtschaftliche **Selbstständigkeit verfügen,**[443] es muss drittens **aktiv am Markt auftreten**[444] und darf viertens **nicht lediglich Hilfsfunktionen** für die Mütter ausüben.[445] Die Prüfung dieser Kriterien kann im Einzelfall nur schwer voneinander zu trennen sein, da sich diese zT überschneiden. So kann zB die aktive Teilnahme am Markt sowohl ein Indiz für die Selbstständigkeit sein als auch ein Indiz gegen das Ausfüllen einer bloßen „Hilfsfunktion".[446] Nur wenn alle vier Merkmale erfüllt sind, ist das Gemeinschaftsunternehmen vollfunktionsfähig, wobei die Kommission dem Gemeinschaftsunternehmen während der **Anlaufphase** (→ Rn. 166–168) gewisse Defizite zugesteht.

140   Alle vier Merkmale sind jeweils in einer **Gesamtschau aller Umstände** des jeweiligen Einzelfalls zu bewerten.[447] Vergleichsmaßstab ist dabei immer ein unabhängiges drittes Unternehmen, welches **auf demselben Markt** tätig ist wie das Gemeinschaftsunternehmen. Die von der Kommission im Einzelfall angelegten Maßstäbe gelten daher in Bezug auf den jeweiligen Markt. Sie sind folglich nur mit Vorsicht auf Gemeinschaftsunternehmen übertragbar, welche auf anderen Märkten aktiv sind.

141   Das Merkmal der Vollfunktionsfähigkeit ist nach neuerer Rechtsprechung des EuGH, trotz des entgegenstehenden Wortlauts der Mitteilung „Zuständigkeit", auch **konstitutiv** für einen Zusammenschluss, bei dem zwei Unternehmen die gemeinsame Kontrolle an einem Unternehmen, das **bereits bisher Marktpräsenz** hat, von einem Dritten erwerben.[448]

142   **b) Dauerhaftigkeit.** Die Dauerhaftigkeit des Gemeinschaftsunternehmens ist Ausdruck des allgemeinen Gedankens, dass die Zusammenschlusskontrolle nur dann eingreifen soll, wenn eine nachhaltige – und nicht nur vorübergehende – Strukturveränderung eintritt.[449] Zur Auslegung des Kriteriums im Einzelnen → Rn. 45–51.

143   **c) Selbstständigkeit.** Bei der Prüfung des Merkmals der „Selbstständigkeit im Verhältnis zu den Müttern" ist zu beachten, dass Abs. 4 nur dann von einem Zusammenschluss ausgeht, wenn das Gemeinschaftsunternehmen von den Müttern gemeinsam kontrolliert wird, worin ein gewisses Spannungsverhältnis liegt. Dieses muss dahingehend aufgelöst werden, dass das Erfordernis der

---

[439] Mitteilung „Zuständigkeit" Rn. 92.
[440] Vgl. Kom., M.7476, Rn. 10–14 – Holtzbrinck/Springer/JV; Kom., M.7512, Rn. 6–11 – Ardian/Abertis/Tunels; Kom., M.7579, Rn. 8 – Royal Dutch Shell/Keele OY/Aviation Fuel Services Norway; Kom., M.7813, Rn. 9–13 – Sanofi/Google/DMI JV; Kom., M.7850, Rn. 24 f. – EDF/CGN/NNB; Kom., M.7904, Rn. 11–14 – Bekaert/OTPP/Bridon Bekaert Ropes JV; Kom., M.7930, Rn. 11 – ABP Group/Fane Valley Group/Slaney Foods; Kom., M.7941, Rn. 6–15 – Saint-Gobain Glass France/Corning/JV; Kom., M.8251, Rn. 8–12 – Bite/Tele2/Telia Lietuva/JV; Kom., M.8284, Rn. 7–12 – Deutsche Telekom/Orange/BuyIn.
[441] Mitteilung „Zuständigkeit" Rn. 103 ff.; Kom., M. 9609, Rn. 7 – MANN MOBILIA/TESSNER HOLDING/TEJO/ROLLER; Kom., M.8431, Rn. 14 f. – Omers/Aimco/Vue/Dalian Wanda Group/JV; Kom., M.8414, Rn. 7 – DNB/Nordea/Luminor Group; Kom., M.8481, Rn. 7 – ABP Food Group/Fane Valley/Linden Foods.
[442] Vgl. Mitteilung „Zuständigkeit" Rn. 94; Kom., M.3056, Rn. 10 – Celanese/Degussa/JV.
[443] Vgl. Mitteilung „Zuständigkeit" Rn. 94, 97 ff.; Kom., M.8431, Rn. 14 f. – Omers/Aimco/Vue/Dalian Wanda Group/JV; Kom. 14.9.2017 – M.8414, Rn. 7 – DNB/Nordea/Luminor Group; Kom., M.8481, Rn. 7 – ABP Food Group/Fane Valley/Linden Foods.
[444] Kom., M. 9609, Rn. 7 – MANN MOBILIA/TESSNER HOLDING/TEJO/ROLLER; Kom., M.8431, Rn. 14 f. – Omers/Aimco/Vue/Dalian Wanda Group/JV; Kom., M.8481, Rn. 7 – ABP Food Group/Fane Valley/Linden Foods.
[445] Vgl. Mitteilung „Zuständigkeit" Rn. 95 ff.; Kom., M. 9609, Rn. 7 – MANN MOBILIA/TESSNER HOLDING/TEJO / ROLLER.
[446] Vgl. Schulte/Henschen Rn. 1654 f. Die Hauptkategorien und Subkategorien der Prüfung der Vollfunktionsfähigkeit werden mitunter in der Literatur anders untergliedert, ohne dass dies aber eine Auswirkung auf das Prüfungsergebnis haben dürfte; vgl. auch Bechtold/Bosch/Brinker, 2. Aufl. 2009, Rn. 21–24, der die Prüfung der Vollfunktionsfähigkeit anhand der Kategorien „aktive Marktteilnahme", „Wahrnehmung aller wesentlichen Funktionen auf dem Markt" und „Ausstattung mit Ressourcen" gliedert.
[447] Vgl. auch Bechtold/Bosch/Brinker Rn. 27.
[448] Mitteilung „Zuständigkeit", Rn. 91; auch → Rn. 114.
[449] Vgl. Mitteilung „Zuständigkeit" Rn. 103.

„Selbstständigkeit" des Gemeinschaftsunternehmens sich nicht auf die langfristigen, „strategischen" Unternehmensentscheidungen (→ Rn. 25–36) beziehen kann, auf welche die Mütter – die das Gemeinschaftsunternehmen per definitionem gemeinsam kontrollieren – bestimmenden Einfluss ausüben müssen.[450] Die Kommission verlangt dementsprechend in der Mitteilung „Zuständigkeit" als ein wesentliches Merkmal der Selbstständigkeit, dass das Gemeinschaftsunternehmen über ein sich **dem Tagesgeschäft widmendes Management** verfügt.[451] Dementsprechend muss die Geschäftsleitung im Tagesgeschäft weitgehend unabhängig von den Müttern agieren können. Es ist hingegen nicht erforderlich, dass es in der Lage ist, unabhängig von den Müttern seine langfristige unternehmerische Ausrichtung zu bestimmen. Unschädlich muss vor diesem Hintergrund auch die Benennung des Managements durch die Mütter sein oder Zustimmungsvorbehalte der Mütter zum Geschäftsplan/Finanzplan sowie zu Investitionen erheblichen Umfangs.[452]

aa) Ausstattung mit Ressourcen. Wichtiges Kriterium der Selbstständigkeit ist vor diesem **144** Hintergrund insbes. die Ausstattung des Gemeinschaftsunternehmens mit ausreichenden Ressourcen, welche ihm langfristig eine von den Müttern unabhängige Tätigkeit erlaubt.[453] Maßstab ist, ob das Gemeinschaftsunternehmen sich zu einem aus sich selbst heraus lebensfähigen Anbieter und Nachfrager auf dem Markt entwickeln kann.[454] Die Kommission zählt in → Rn. 94 ihrer Mitteilung „Zuständigkeit" als notwendige Ressourcen insbes. die Ausstattung mit Kapital, Personal und Betriebsvermögen auf. Maßstab für die ausreichende Ausstattung ist auch insoweit die **Branchenüblichkeit**.[455]

Hinsichtlich der **Personalausstattung**[456] ist es unschädlich, wenn das Gemeinschaftsunternehmen einen Teil oder das gesamte Personal von den Müttern übernimmt.[457] Nach der Mitteilung **145** „Zuständigkeit" soll die **Sicherstellung des Personals** über eine **Dienstleistungsvereinbarung mit einer Zeitarbeitsagentur** nur dann ausreichen, wenn dies branchenüblich ist.[458] Letzteres scheint eine nicht gerechtfertigte Einschränkung bei der Annahme der Vollfunktionsfähigkeit zu sein, solange die ausreichende Personalausstattung über derartige Agenturen hinreichend sichergestellt ist und das Gemeinschaftsunternehmen insoweit nicht von den Müttern abhängig ist. Bei der **Abordnung von Mitarbeitern durch die Mütter** galt bereits bisher, dass die Abordnung einiger Mitarbeiter durch die Mütter unschädlich war.[459] Unzureichend war es jedoch, wenn das Personal überwiegend von den Müttern abgeordnet war.[460] Nach der Mitteilung „Zuständigkeit" gilt nunmehr, dass die Abordnung des Personals durch die Mütter in der Start-up-Phase der Vollfunktionalität nicht entgegensteht. Auch die länger andauernde Ausleihe der Mitarbeiter von den Müttern soll insoweit unschädlich sein, wenn das Gemeinschaftsunternehmen mit den Müttern ähnliche Bedingungen vereinbart hat, wie mit einer unabhängigen Personalagentur.[461] Auch insoweit sollte es darauf ankommen, ob das Gemeinschaftsunternehmen im Falle von Differenzen mit den Müttern derartiges Personal jederzeit zu ähnlichen Konditionen von einer Personalagentur zu Verfügung gestellt bekommen könnte.

Die überwiegende Anzahl der Entscheidungen enthält keine Ausführungen zur ausreichenden **146** **Kapitalausstattung,** weil diese idR als Geschäftsgeheimnis gekennzeichnet ist.[462] Auch die Mitteilung „Zuständigkeit" schweigt sich hierzu aus. Die Ausstattung mit ausreichenden Mitteln für die

---

[450] Vgl. auch Mitteilung „Zuständigkeit" Rn. 93; vgl. Kom., M.7610, Rn. 12 – Danish Crown/Westfleisch/Westcrown/JV.
[451] Mitteilung „Zuständigkeit" Rn. 94; zB Kom., M.8431, Rn. 15 – Omers/Aimco/Vue/Dalian Wanda Group/JV; Kom., M.1786, Rn. 7 – General Electric Company/Thomson – CSF (6–7 Mitarbeiter des höheren Managements („senior managers"), welche sich gänzlich der Administration der Tagesgeschäfts widmeten); Kom., M.2938, Rn. 7 – SNPE/MBDA/JV; Kom., M.3884, Rn. 8 – ADM Poland/Cetra/BTZ; Kom., M.4042, Rn. 7 ff. – Toepfer/Invivo/Soulès.
[452] Vgl. Kom., M.3056, Rn. 8 ff. – Celanese/Degussa/JV.
[453] Mitteilung „Zuständigkeit" Rn. 94; vgl. zB Kom., M.3884, Rn. 8 – ADM Poland/Cetra/BTZ.
[454] Vgl. Kom., M.168, Rn. 18 – Flachglas/Vegla.
[455] Mitteilung „Zuständigkeit" Rn. 94.; Vgl. Kom., M.2138, Rn. 7 – SAP/Siemens/JV.
[456] Vgl. zB Kom., M.2096, Rn. 8 – Bayer/Deutsche Telekom/Infraserv/JV (eigene Abteilung für Vertrieb, Marketing und Einkauf mit insgesamt 20 Mitarbeitern); Kom., M.585, Rn. 8 – Voest Alpine Industrieanlagenbau GmbH/Davy International Ltd.
[457] Vgl. Kom., M.2992, Rn. 7 – Brenntag/Biesterfeld/JV (Übernahme von 348 Mitarbeitern).
[458] Mitteilung „Zuständigkeit" Rn. 94.
[459] Vgl. Kom., M.527, Rn. 10 – Thomson CSF/Deutsche Aerospace („[…] although some of the personnel may be seconded by the parties").
[460] Vgl. Kom., M.1315, Rn. 9 – ENW/Eastern.
[461] Mitteilung „Zuständigkeit" Rn. 94.
[462] ZB Kom., M.585, Rn. 8 – Voest Alpine Industrieanlagenbau/Davy International Ltd.; eine Ausnahme bildet Kom., M.2027, Rn. 7 – Deutsche Bank/SAP/JV (dort: 9 Mio. EUR).

erforderlichen Investitionen ist insbes. bei gerade erst **entstehenden Märkten** als wichtiger Anhaltspunkt dafür angesehen worden, dass das Gemeinschaftsunternehmen in der Lage sein würde, auf diesem Wachstumsmarkt eine eigenständige Rolle zu spielen.[463]

147 Zur finanziellen Selbstständigkeit gehört nicht nur eine anfängliche Ausstattung mit Kapital, sondern auch eine gewisse finanzielle Autonomie während der Laufzeit des Gemeinschaftsunternehmens.[464] Daher müssen die Parteien regelmäßig nachweisen, dass das Gemeinschaftsunternehmen – nach der Anlaufphase – ausreichende Umsätze generieren wird, um dauerhaft selbstständig am Markt auftreten zu können.[465] Im Falle ENW/Eastern[466] war vorgesehen, dass die Kunden des Gemeinschaftsunternehmens von den Müttern direkte Garantien für ihre entsprechenden Forderungen gegen das Gemeinschaftsunternehmen erhalten konnten. Die Kommission sah darin ein Anzeichen für die mangelnde finanzielle Autonomie des Gemeinschaftsunternehmens und lehnte u.a. deshalb die Vollfunktionsfähigkeit ab. Insofern erscheint es fraglich, ob – wie von der Literatur vielfach angenommen[467] – eine Nachschusspflicht der Mütter als verlässlicher Indikator für eine hinreichende finanzielle Autonomie anzusehen ist.

148 Zum **Betriebsvermögen** gehören alle diejenigen **Produktionsmittel, Technologien und ggf. Lizenzen,** welche ein Unternehmen auf diesem Markt für eine eigenständige Tätigkeit benötigt.[468] In der Entscheidung Brenntag/Biesterfeld/JV[469] wurden bspw. Software, Fuhrpark, Abfüllanlagen und Kundenlisten einer der Mütter als ausreichende Ressourcen für eine Tätigkeit als Vertriebs- und Logistikdienstleister in der Chemikalienbranche angesehen. Im Fall Behr/Hella/JV[470] wurde dem Gemeinschaftsunternehmen der gesamte Geschäftsbereich des Vertriebs des betreffenden Produkts einschließlich aller Verträge, Vertragsangebote und der Kundenstamm übertragen sowie die gewerblichen Schutzrechte (einschließlich der Marken Hella/Behr) und Know-how zur Verfügung gestellt. Auch hier bejahte die Kommission die Vollfunktionsfähigkeit.

149 Die **hinreichende Ausstattung** mit der notwendigen Betriebsausrüstung **verneinte** die Kommission hingegen in der Entscheidung **RSB/Tenex/Fuel Logistics.**[471] Das Gemeinschaftsunternehmen verfüge insbes. nicht über die für die Erbringung von Transportleistungen für nukleares Material erforderliche Ausrüstung, wie Spezialcontainer, Verpackungsmaterial und -anlagen, Transportmaterial sowie das erforderliche technische Know-how für die Ausbildung des Personals. Ohne diese könne die Dienstleistung des Gemeinschaftsunternehmens aber nicht professionell und sicher ausgeführt werden.

150 Es ist allerdings nicht zwingend erforderlich, dass die Betriebsausstattung im Eigentum des Gemeinschaftsunternehmens steht. Insbes. ist es ausreichend, wenn das Betriebsgrundstück und -vermögen **dauerhaft geleast** werden.[472] Etwas anderes würde nur dann gelten, wenn das Gemeinschaftsunternehmen absehbar nicht über die notwendigen finanziellen Mittel verfügen würde, um den Leasingvertrag **langfristig fortzuführen.** Erheblich ist hiernach, dass das Gemeinschaftsunternehmen einen **gesicherten Zugriff auf die Vermögensgegenstände** erhält. Dies gilt auch in den Fällen, in denen das Gemeinschaftsunternehmen für seine Tätigkeit Produktionsanlagen benötigt, welche Teil einer größeren Anlage der Mütter sind, aus der sie nicht ohne Weiteres herausgelöst werden können.[473] In derartigen Fällen hat die Kommission die Vollfunktionsfähigkeit anerkannt, wenn das Gemeinschaftsunternehmen die betreffenden Anlagen auf dem Betriebsgelände der Mutter eigenständig betreibt[474] (Betriebsführungsvertrag) oder aber die Mutter die entsprechende Anlage iRe langfristigen Fertigungsvertrags unter der Kontrolle des Gemeinschaftsunternehmens führt.[475]

---

[463] Vgl. Kom., M.469, Rn. 10–11 – MSG Media Service; vgl. auch NK-EuWettbR/Hirsbrunner/Rating Rn. 61.
[464] Vgl. Kom., M.168, Rn. 18 – Flachglas/Vegla.
[465] Vgl. Kom., Comp/JV.48, Rn. 21 – Vodafone/Vivendi/Canal Plus; Kom., M.1183, Rn. 9 – Telia/Telenor/Schibsted; Kom., M.469, Rn. 11 – MSG Media Service.
[466] Vgl. Kom., M.1315, Rn. 9 – ENW/Eastern.
[467] Vgl. NK-EuWettbR/Kleemann Rn. 108; Schulte/Henschen Rn. 1663.
[468] Vgl. zB Kom., M.1786, Rn. 7 – General Electric Company/Thomson – CSF (Übertragung der Flugsimulatoren und aller Betriebsgegenstände, welche für Flugsimulationstraining notwendig sind).
[469] Kom., M.2992, Rn. 5 ff. – Brenntag/Biesterfeld/JV.
[470] Kom., M.3944, Rn. 12 – Hella/Behr/JV.
[471] Kom., M.904, Rn. 8 f. – RSB/Tenex/Fuel Logistics.
[472] Vgl. Kom., M.791, Rn. 9 – Britisch Gas Trading Ltd./Group 4 Utility Services Ltd.
[473] Vgl. Schulte/Henschen Rn. 1667; Kom., M.994, Rn. 9 f. – Dupont/Hitachi (allerdings nur für eine Übergangszeit von fünf Jahren (Restlaufzeit der Betriebsanlagen), während der eigene Betriebsanlagen aufgebaut werden sollten).
[474] Vgl. Kom., M.1041, Rn. 19 – BASF/Shell II.
[475] Vgl. Kom., M.310, Rn. 10 – Harrisons & Crossfield/AKZO (dort oblagen dem Gemeinschaftsunternehmen Entscheidungen über die Produktionsplanung und Investitionen; die Produktionsmenge durfte nur aufgrund valider wirtschaftlicher Gründe in Bezug auf das Gemeinschaftsunternehmen geändert werden).

Sind für die Tätigkeit eine **Technologie-Lizenz** oder sonstige **gewerbliche Schutzrechte** 151
erforderlich, so ist es nicht zwingend (aber selbstverständlich ausreichend), dass diese dem Gemeinschaftsunternehmen übertragen werden und diesem exklusiv zur Verfügung stehen.[476] Es reicht
vielmehr aus, wenn diese für die Dauer des Gemeinschaftsunternehmens auf nicht exklusiver Basis
lizensiert werden.[477] Hierbei kommt es nicht darauf an, ob die Lizenz unentgeltlich[478] oder zu
marktüblichen Konditionen[479] erteilt wird, solange das Gemeinschaftsunternehmen während seiner
Lebensdauer – jedenfalls über einen Zeitraum der als minimale Dauer für ein vollfunktionsfähiges
Unternehmen angesehen wird – über die Lizenzen verfügen wird.

bb) Bezug von Dienstleistungen/Waren von den Müttern. Nach der Mitteilung „Zustän- 152
digkeit" ist eine **starke Präsenz einer Muttergesellschaft in vorgelagerten Märkten,** welche
zu umfangreichen Käufen von dem Mutterunternehmen führt, bei der Prüfung der Vollfunktionsfähigkeit zu beachten.[480] Bezieht das Gemeinschaftsunternehmen einen erheblichen Teil seiner Waren
von den Mutterunternehmen, so kann es an der erforderlichen **funktionellen Selbstständigkeit**
des Gemeinschaftsunternehmens fehlen,[481] welche einen freien, ungehinderten Zugang zum
Beschaffungsmarkt voraussetzt.[482]

Ein Bezug von Dienstleistungen und Waren während der **Anlaufphase** von idR nicht länger 153
als drei Jahren wird von der Kommission als unschädlich erachtet.[483]

Der Bezug von den Müttern steht der Annahme der Vollfunktionsfähigkeit ebenfalls nicht 154
entgegen, wenn und soweit die Muttergesellschaft über ein **Monopol** verfügt. Da in diesem Fall
alle auf dem relevanten Markt tätigen Unternehmen von einer der Mütter des Gemeinschaftsunternehmens beziehen, kann derselbe Umstand nicht dazu führen, dass dem Gemeinschaftsunternehmen
im Vergleich zu anderen Unternehmen der Branche die funktionelle Selbstständigkeit fehlt.[484] Gleiches gilt, wenn die Lieferbeziehung sich auf Nebenprodukte bezieht, welche für das Gemeinschaftsunternehmen von untergeordneter Bedeutung sind.[485]

Darüber hinaus ist ein Bezug der Waren von den Müttern unschädlich, wenn das Gemeinschafts- 155
unternehmen in der **Beschaffungsentscheidung frei** ist[486] – dh grds. auch zu anderen Anbietern
wechseln kann – und der Bezug zu marktüblichen Bedingungen erfolgt.[487] Im Fall Bayer/Deutsche
Telekom/Infraserv/JV[488] hat die Kommission es für unproblematisch gehalten, dass das Gemeinschaftsunternehmen die Deutsche Telekom mit dem technischen Betrieb der Plattform betraute, da
dies **zu marktüblichen Bedingungen** geschehe, wobei aus der Entscheidung nicht ersichtlich ist,
ob das Gemeinschaftsunternehmen darüber hinaus auch den Anbieter hätte wechseln können. Im
Falle Preussag/Voest Alpine[489] hat die Kommission hingegen die Vollfunktionsfähigkeit mit der
Begründung abgelehnt, dass das Gemeinschaftsunternehmen – welches iÜ alle Merkmale der Vollfunktionsfähigkeit erfüllte – seinen Bedarf an Vorprodukten bei den Gründerunternehmen decken
musste. Dort war vertraglich festgelegt, dass eine Belieferung durch Dritte erst zulässig war, wenn

---

[476] Vgl. Kom., M.527, Rn. 10 – Thomson CSF/Deutsche Aerospace.
[477] Kom., M.2138, Rn. 7 – SAP/Siemens/JV (langfristige, nicht exklusive Lizenz von Internetsoftware zu marktüblichen Konditionen für Betrieb eines elektronischen Marktplatzes); Kom., M.2027, Rn. 7 – Deutsche Bank/SAP/JV.
[478] Vgl. Kom., M.585, Rn. 8 – Voest Alpine Industrieanlagenbau GmbH/Davy International Ltd.; Kom., M.3944, Rn. 12 – Behr/Hella/JV („zur Nutzung überlassen").
[479] Vgl. Kom., M.2138, Rn. 7 – SAP/Siemens/JV.
[480] Mitteilung „Zuständigkeit" Rn. 97.
[481] Kom., M.2138, Rn. 8 – SAP/SIEMENS/JV; Kom., M.2027, Rn. 8 – Deutsche Bank/SAP/JV.
[482] Kom., M.979, Rn. 9 – Preussag/Voest Alpine.
[483] Mitteilung „Zuständigkeit" Rn. 97; vgl. zB Kom., M.791, Rn. 9 – British Gas Trading Ltd./Group 4 Utility Services Ltd.; Kom., M.585, Rn. 8 – Voest Alpine Industrieanlagenbau GmbH/Davy International Ltd.
[484] Kom., M.885, Rn. 16 – Merck/Rhône-Poulenc/Merial (darüber hinaus hatte das Gemeinschaftsunternehmen nach einer gewissen Dauer (und wohl für den Fall des Ablaufs des Patents der Mutter) ein jährliches Kündigungsrecht); für den umgekehrten Fall des Verkaufs an die Mütter, vgl. Kom., M.468, Rn. 12 – Siemens/Italtel; Mitteilung „Zuständigkeit" Fn. 89.
[485] Vgl. Kom., M.550, Rn. 16 – Union/Carbide/Enichem.
[486] Kom., M.686, Rn. 7 – Nokia/Autoliv (Möglichkeit des Gemeinschaftsunternehmens, Dienstleistungsvereinbarungen mit der Muttergesellschaft aufzulösen und deren Betriebsstätte zu verlassen); Kom., M.2138, Rn. 8 – SAP/SIEMENS/JV; Kom., M.2027, Rn. 8 – Deutsche Bank/SAP/JV.
[487] Vgl. zB Kom., M.1183, Rn. 9 – Telia/Telenor/Schibsted; Kom., M.791, Rn. 9 – British Gas Trading Ltd./ Group 4 Utility Services Ltd. (Kündigungsmöglichkeit nach Anlaufphase von zwei Jahren, danach Belieferung „on an arm's length basis and on terms which are commercially fair and reasonable"); Kom., M.3884, Rn. 8 – ADM Poland/Cetra/BTZ.
[488] Kom., M.2096, Rn. 8 – Bayer/Deutsche Telekom/Infraserv/JV.
[489] Kom., M.979 – Preussag/Voest Alpine.

beide Muttergesellschaften die Lieferung abgelehnt hätten. Zudem war der Preisverhandlungsspielraum erheblich eingeschränkt und es bestand keine Möglichkeit des Gemeinschaftsunternehmens, die Belieferung durch die Mütter zu kündigen. Die Kommission hat in dieser Entscheidung allerdings betont, dass die Bezugsfrage für die Wettbewerbsfähigkeit des Gemeinschaftsunternehmens von besonderer Bedeutung sei, da das Vorprodukt ca. 40 % der Produktionskosten des Gemeinschaftsunternehmens ausmache.[490]

156   Im Falle des **ausschließlichen oder überwiegenden Bezugs** von Waren von den Mütterunternehmen kann sich außerdem die Frage stellen, ob das Gemeinschaftsunternehmen nur als Hilfsorgan für die Mütter – nämlich lediglich als gemeinsame **Verkaufsagentur** – tätig ist[491] (→ Rn. 158–165). In der Mitteilung „Zuständigkeit" problematisiert die Kommission sehr knapp im Wesentlichen ausschließlich diesen Gesichtspunkt. Die Kommission geht davon aus, dass eine solche gemeinsame Verkaufsagentur jedenfalls dann unwahrscheinlich sei, wenn das Gemeinschaftsunternehmen eine erhebliche Wertschöpfung erbringt, bevor das Produkt weiterverkauft wird.[492] In diesen Fällen scheint – insoweit erscheint die Praxis der Kommission im Hinblick auf die Selbstständigkeit des Gemeinschaftsunternehmens nicht völlig konsequent – auch ein erheblicher Bezug der Vorprodukte von den Müttern der Vollfunktionsfähigkeit nicht entgegenzustehen,[493] jedenfalls solange keine Ausschließlichkeit vereinbart ist und das Gemeinschaftsunternehmen die Bezugsvereinbarung kündigen kann.[494]

157   **d) Aktives Auftreten am Markt.** Ein aktives Auftreten des Gemeinschaftsunternehmens am Markt setzt voraus, dass ein **gesonderter Markt** für die Produkte/Dienstleistungen des Gemeinschaftsunternehmens **besteht** oder sich **demnächst entwickelt**. Dieser Gesichtspunkt wird in der Mitteilung „Zuständigkeit" nicht thematisiert, er dürfte jedoch trotzdem fortgelten. Die Kommission hat zB für externe IT-Dienstleistungen im Flugverkehrsbereich[495] befunden, dass dies ein Wachstumsmarkt sei; für Pay-TV/entgeltfinanzierte Fernsehdienstleistungen[496] hat sie sogar einen erst zukünftig entstehenden Markt, auf dem das Gemeinschaftsunternehmen tätig werden sollte, ausreichen lassen. In einem solchen Fall muss zu erwarten sein, dass sich das Gemeinschaftsunternehmen langfristig auf diesem entstehenden Markt als eigenständiger Teilnehmer etabliert, der dort mit Dritten Geschäftsbeziehungen abwickelt.[497] Auch in anderen Fällen kommt es auf den Branchenvergleich an, ob ein eigener Markt für die Tätigkeit des Gemeinschaftsunternehmens besteht oder nicht. Nimmt das Gemeinschaftsunternehmen zB überwiegend FuE-Tätigkeiten wahr, so kann es dennoch ein Vollfunktionsunternehmen sein, wenn für derartige FuE-Tätigkeiten ein eigenständiger Markt existiert, und es frei ist, Leistungen auch an Dritte zu erbringen.

158   **e) Keine reine Hilfsfunktion für die Mütter.** Das Gemeinschaftsunternehmen muss nicht nur am Markt auftreten, sondern auch **alle wesentlichen Funktionen** eines auf dem betreffenden Markt tätigen Unternehmens ausüben.[498] Es darf mit anderen Worten **nicht nur Hilfsfunktionen** für die Mütter ausüben. Letzterenfalls wäre es nur teilfunktionsfähig. Diese Gefahr besteht insbes. dann, wenn das Gemeinschaftsunternehmen einen wesentlichen Teil seiner Leistungen ausschließlich für die Mütter erbringt bzw. einen überwiegenden Anteil seiner Waren an die Mütter verkauft.[499]

159   **aa) Verkäufe an die Muttergesellschaften.** Der Absatz eines geringen Teils der Produktion an die Mütter steht der Annahme der Vollfunktionsfähigkeit grds. nicht entgegen, und zwar auch dann

---

[490] Kom., M.979, Rn. 9 – Preussag/Voest Alpine; und obwohl das Gemeinschaftsunternehmen im Übrigen über eigene Fertigungsstätten, ausreichende finanzielle Mittel, eigenes Management, Personal, Betriebsgegenstände und über eine eigene Vertriebsorganisation verfügte.
[491] Mitteilung „Zuständigkeit" Rn. 101.
[492] Vgl. Mitteilung „Zuständigkeit" Rn. 101. Vgl. Kom., M.475, Rn. 12 – Shell Chemie/Elf Atochem; Kom., M.574, Rn. 9 – Saudi Aramco/MOH; Kom., M.550, Rn. 15 – Union Carbide/Enichem.
[493] So in Kom., M.475, Rn. 12 – Shell Chemie/Elf Atochem; Kom., M.574, Rn. 9 – Saudi Aramco/MOH; vgl. hierzu auch ausf. Levy/Cook, 5–45 ff., s. Sonderfall der Vertriebs-GU → Rn. 164.
[494] Genau dies war im Verfahren Kom., M.979, Rn. 9–12 – Preussag/Voest Alpine, in dem die Vollfunktionsfähigkeit abgelehnt wurde, nicht der Fall, → Rn. 153; vgl. aber Kom., M.3578, Rn. 9 – BP/Nova, in dem die Kommission trotz fünfjähriger Dauer einen Bezug von 70–80 % von den Müttern wegen der Branchenüblichkeit akzeptiert hat.
[495] Vgl. Kom., M.560, Rn. 11 – EDS/Lufthansa (Existenz eines Wachstumsmarkts für externe IT-Dienstleistungen).
[496] Vgl. Kom., M.469, Rn. 10 – MSG Media Services.
[497] Vgl. FK-KartellR/Kuhn Rn. 174.
[498] Mitteilung „Zuständigkeit" Rn. 95.
[499] Kom., M.5740, Rn. 6 – Gazprom/A2A/JV.

nicht, wenn diese Lieferbeziehung auf Dauer angelegt ist.[500] Ebenso ist es unschädlich, wenn das GU lediglich in der Anlaufphase einen wesentlichen Teil seiner Produkte/Dienstleistungen an die Mütterunternehmen absetzt/erbringt.[501] Im Sonderfall eines rechtlich abgesicherten Monopols des Mutterunternehmens auf dem nachgelagerten Markt ist auch der auf lange Sicht 100 %ige Verkauf nur an die Mütter kein Hindernis für die Annahme der Vollfunktionsfähigkeit.[502] Außerhalb dieses Sonderfalls und nach der Anlaufphase kommt es iRe auf den Einzelfall bezogenen Gesamtschau darauf an, welchen Anteil die Verkäufe an die Muttergesellschaften ausmachen und ob diese Verkäufe zu Marktbedingungen oder zu Vorzugsbedingungen erfolgen. Ein Verkauf von bis zu 50 % an die Muttergesellschaften schadet der Vollfunktionsfähigkeit hiernach – unabhängig von den Bedingungen zu denen diese Verkäufe stattfinden – idR nicht.[503] Für die Berechnung der Umsatzanteile, die auf die Muttergesellschaften und auf Dritte entfallen, stütze sich die Kommission auf die Jahresabschlüsse der Vergangenheit und die Geschäftspläne für die Zukunft sowie die allgemeine Marktstruktur.[504]

Unterhalb dieser Schwelle muss im Einzelfall untersucht werden, zu welchen Bedingungen die Verkäufe erfolgen, insbes., ob die Produkte **zu handelsüblichen Bedingungen** an die Mütterunternehmen verkauft werden[505] – was ein Anzeichen für die Eigenständigkeit ist – oder ob zu Vorzugskonditionen an die Mütter geliefert wird. Auch ist erheblich, ob das GU die Entscheidung über die Belieferung danach trifft, wer ihm den besten Preis dafür anbietet. Wenn das GU seine Mütter genauso behandelt, wie seine sonstigen Kunden, so dürften auch höhere Anteile von Lieferungen an die Mütter nach der Anlaufphase zulässig sein. Nach der Mitteilung „Zuständigkeit" sollen dann 20 % Drittlieferungen unter Umständen schon für die Vollfunktionalität ausreichen können. Je geringer der an Dritte gelieferte Anteil der Produkte des Gemeinschaftsunternehmens, desto deutlicher müssten die Anhaltspunkte dafür sein, dass es sich tatsächlich um Verkäufe zu Marktbedingungen handele.[506] Ein Beispielsfall hierfür ist der Fall SNPE/MBDA/JV, in dem die Kommission die Lieferung eines wesentlichen Teils der Produkte des Gemeinschaftsunternehmens an die Mütter nicht als Indiz der Abhängigkeit angesehen hat. Dies sei lediglich Ausdruck der bereits abgeschlossenen (langfristigen) Verträge, welche jedoch nicht exklusiv seien. Zukünftige Verträge würden zu marktüblichen Konditionen abgeschlossen.[507] Wesentlich für die Annahme eines Verkaufs zu Marktbedingungen ist insoweit auch, dass das Gemeinschaftsunternehmen grds. berechtigt ist, an Dritte zu liefern und davon ausgegangen werden kann, dass es die Produkte an denjenigen verkaufen wird, der ihm am meisten für seine Leistungen bietet.[508] **160**

Insbes. in Fällen des Outsourcing wird sich die Frage der überwiegenden Belieferung der Mütterunternehmen häufig stellen. Die Kommission geht davon aus, dass bei typischen Outsourcing-Strukturen idR kein vollfunktionsfähiges Gemeinschaftsunternehmen vorliegen wird, weil typischerweise Geschäfte mit Dritten – auch wenn der Geschäftsplan sie nicht ausschließt – von untergeordneter Bedeutung seien. Nur wenn realistisch erwartet werden darf, dass das Gemeinschaftsunternehmen zukünftig in einem erheblichen Umfang auch für Dritte tätig werden wird (und die Dienstleistungen gegenüber dem Mutterunternehmen zu handelsüblichen Konditionen erbracht werden),[509] liegt ein vollfunktionsfähiges GU vor. **161**

In ihrer Mitteilung „Zuständigkeit" nennt die Kommission als weiteres Beispiel eines typischerweise nicht vollfunktionsfähigen Gemeinschaftsunternehmens eine Holding, deren Geschäftstätigkeit sich auf den Erwerb und die Verwaltung von Immobilien für Rechnung/auf Risiko der Mütter beschränkt. Anders verhalte es sich jedoch, wenn ein Gemeinschaftsunternehmen für eigene Rechnung aktiv ein Immobilien-Portfolio verwalte.[510] **162**

bb) Nutzung der Vertriebsstrukturen der Mütter. Ein weiteres Indiz für die Vollfunktionsfähigkeit ist hingegen das Verfügen über eigenständige Vertriebs- und Marketingstrukturen.[511] Eine **163**

---

[500] ZB Kom., M.1183, Rn. 8 – Telia/Telenor/Schibsted (10 %); Kom., M.1487, Rn. 9 – Johnson& Son/ Melitta/Cofresco (4–5 %); Kom., M.556, Rn. 8 – Zeneca/Vanderhave (4 % – unter gleichzeitigem Verweis auf die Belieferung zu marktüblichen Bedingungen).
[501] Mitteilung „Zuständigkeit" Rn. 97; vgl. zB Kom., M.560, Rn. 11 – EDS/Lufthansa (IT-Outsourcing); Kom., M.686, Rn. 6 – Nokia/Autoliv.
[502] Vgl. Kom., M.468, Rn. 12 – Siemens/Italtel; Mitteilung „Zuständigkeit" Rn. 98.
[503] Mitteilung „Zuständigkeit" Rn. 98.
[504] Mitteilung „Zuständigkeit" Rn. 99.
[505] Mitteilung „Zuständigkeit" Rn. 98; vgl. auch NK-EuWettbR/Hirsbrunner/Rating Rn. 70.
[506] Mitteilung „Zuständigkeit" Rn. 98.
[507] Vgl. Kom., M.2938, Rn. 7 – SNPE/MBDA/JV.
[508] Mitteilung „Zuständigkeit" Rn. 98.
[509] Mitteilung „Zuständigkeit" Rn. 100.
[510] Mitteilung „Zuständigkeit" Rn. 96.
[511] Vgl. Kom., M.527, Rn. 10 – Thomson CSF/Deutsche Aerospace; Kom., M.1786, Rn. 7 – General Electric Company/Thomson-CSF; Kom., M.686, Rn. 6 – Nokia/Autoliv.

Nutzung der Vertriebsstrukturen der Mütter über die Anlaufphase hinaus ist jedoch unschädlich, wenn die unternehmerische Verantwortung für den Vertrieb/das wirtschaftliche Risiko beim Gemeinschaftsunternehmen liegt, dh wenn die Mütter als weisungsgebundene **Verkaufsagenten/Kommissionäre für das Gemeinschaftsunternehmen** tätig werden.[512] Anhaltspunkte hierfür kann die Rspr. zu Art. 101 AEUV in der Frage bieten, wann ein Agent als Hilfsorgan in die Organisation der Mutter eingegliedert ist.[513] Darüber hinaus kann es ein Anzeichen für die Vollfunktionsfähigkeit sein, wenn die Beauftragung der Mütter objektiv nachvollziehbar ist – insbes., wenn der Aufbau einer eigenen Vertriebsorganisation wirtschaftlich nicht rentabel wäre oder sonst auf dem Markt nicht üblich ist.[514]

164 cc) **Vertriebs-Gemeinschaftsunternehmen/Handelsmärkte.** Im umgekehrten Fall des **Bezugs von Produkten über die Mütter** wird das Unternehmen regelmäßig dann als reines Hilfsorgan für die Mütter angesehen, wenn das Gemeinschaftsunternehmen lediglich die verkaufsfertigen Waren der Mütter bezieht, also vor dem Weiterverkauf keine oder nur geringfügige **eigene Wertschöpfung** erbringt.[515] In diesem Fall wird das Gemeinschaftsunternehmen regelmäßig als reine **Verkaufsagentur** angesehen, während eine erhebliche Wertschöpfung der Annahme einer reinen Verkaufsagentur entgegensteht.[516]

165 Bei einer geringen Wertschöpfung ist das Gemeinschaftsunternehmen nur dann vollfunktionsfähig, wenn es auf einem **Handelsmarkt** operiert[517] und dort alle wesentlichen Unternehmensfunktionen erfüllt.[518] Ein Handelsmarkt existiert, wenn eine Mehrzahl von Unternehmen auf Verkauf und Vertrieb der betreffenden Produkte spezialisiert ist und diesen Unternehmen eine Mehrzahl von Lieferquellen zur Verfügung steht. Es steht der Annahme eines eigenständigen Handelsmarkts dabei nicht entgegen, wenn eine gewisse Anzahl von Unternehmen die Leistung nicht externalisiert, sondern über integrierte Vertriebsstrukturen verfügt.[519] Ein Handels-Gemeinschaftsunternehmen muss über die auf diesen Handelsmärkten erforderlichen Ressourcen verfügen, wie zB Verkaufsräume, Lagerbestände, Depots, Fuhrpark und Verkaufspersonal.[520] Es muss des Weiteren ebenfalls in seiner Beschaffungsentscheidung frei sein und einen wesentlichen Teil seiner Lieferungen von Dritten beziehen können.[521] In der Entscheidung DaimlerChrysler/MAV[522] scheint die Kommission allerdings mit letzterem Grundsatz gebrochen zu haben. Sie hat dort das Gemeinschaftsunternehmen als vollfunktionsfähiges Unternehmen, welches auf einem Handelsmarkt tätig ist, angesehen, obwohl das Gemeinschaftsunternehmen nach der Planung der Mütter ausschließlich die Produkte von DaimlerChrysler vertreiben sollte. Die Bezeichnung des Gemeinschaftsunternehmens als „nichtexklusiven Generalvertreter" für DaimlerChrysler in der Beschreibung der Parteien[523] deutet allerdings an, dass uU keine rechtliche Exklusivität bestand. Damit wäre allerdings die Voraussetzung des englischen Textes für ein Handels-Gemeinschaftsunternehmen weiterhin nicht erfüllt. Denn dort heißt es „… must be likely to obtain a substantial proportion of its supplies not only from its parent companies but also from competing sources".

166 f) **Anlaufphase.** Die meisten neu gegründeten Gemeinschaftsunternehmen sind in der Anlaufphase in der einen oder anderen Weise mit den Müttern verbunden und greifen entweder beim Absatz oder beim Bezug auf diese zurück. Derlei Lieferbeziehungen/Dienstleistungen – aber auch die zunächst mangelnde Ausstattung mit Ressourcen – stehen der Vollfunktionsfähigkeit nicht entgegen, wenn diese tatsächlich auf eine Übergangsperiode beschränkt sind. Sind die Defizite hingegen auf Dauer angelegt und kann das Gemeinschaftsunternehmen sich nicht selbstständig aus der Abhängigkeit gegenüber den Müttern befreien, so liegt kein Vollfunktionsgemeinschaftsunternehmen vor.[524]

---

[512] Mitteilung „Zuständigkeit" Rn. 95; vgl. Kom., M.102, Rn. 14 – TNT/Canada Post; vgl. Kom., M.6848, Rn. 13 ff. – Aegon/Santander – die Kommission stellt darauf ab, als dass es kein Verkauf, sondern Geschäfte als Handelsvertreter zu marktüblichen Konditionen sei.
[513] Vgl. EuG Slg. 2005, II-3319 Rn. 81–120 – DaimlerChrysler; Wegner/Pfeffer EWS 2006, 296 ff. u. EuGH EuZW 2007, 150 mAnm Wegner/Pfeffer
[514] Vgl. Bechtold/Bosch/Brinker Rn. 26.
[515] Mitteilung „Zuständigkeit" Rn. 101.
[516] Im umgekehrten Fall einer erheblichen Wertschöpfung (40 %) durch das Gemeinschaftsunternehmen hat die Kommission angenommen, dass das Gemeinschaftsunternehmen keine reine Verkaufsagentur sei – vgl. Kom., M.475, Rn. 12 – Shell Chemie/Elf Atochem; zur Abhängigkeit von den Vorprodukten → Rn. 124.
[517] Mitteilung „Zuständigkeit" Rn. 102; zB Kom., M.788, Rn. 9 f. – AgrEVO/Marubeni.
[518] Mitteilung „Zuständigkeit" Rn. 102; zB Kom., M.511, Rn. 6 ff. – Texaco/Norsk Hydro.
[519] Mitteilung „Zuständigkeit" Rn. 102.
[520] Mitteilung „Zuständigkeit" Rn. 102.
[521] Vgl. Kom., M.885, Rn. 17 – Merck/Rhône-Poulenc/Merial.
[522] Kom., M.3819, Rn. 8 – DaimlerChrysler/MAV.
[523] Kom., M.3819, Rn. 5 – DaimlerChrysler/MAV.
[524] Vgl. Kom., M.979, Rn. 9–12 – Preussag/Voest-Alpine.

Nach der Mitteilung „Zuständigkeit" soll die **maximale Dauer** der Anlaufphase idR – abhängig von den Bedingungen des relevanten Marktes – drei Jahre nicht überschreiten.[525] Die Dauer der Anlaufphase wird in einer Vielzahl von Entscheidungen nicht näher präzisiert. Vielmehr wird häufig lediglich auf eine Anfangsphase oder eine „nur vorübergehende Abhängigkeit" abgestellt. Eine Anlaufphase von zwei bis drei Jahren ist hiernach regelmäßig als unbedenklich anzusehen,[526] darüber hinausgehende Anlaufphasen werden wohl nur im Einzelfall zulässig sein, insbes. bei Zukunftsmärkten. Auch hier wird eine Dauer über fünf Jahre hinaus jedoch idR der Annahme der Vollfunktionsfähigkeit entgegenstehen.[527] Die Kommission hat im Falle BP/Nova[528] eine Anlaufphase von fünf Jahren – in der das Gemeinschaftsunternehmen 70–80 % eines Vorprodukts von den Müttern bezog – für unbedenklich gehalten. Dieser Umstand stehe der Vollfunktionsfähigkeit nicht entgegen, weil einerseits die vertikale Integration in der Branche – ebenso wie die lange Vertragsdauer – üblich sei, und zudem das Gemeinschaftsunternehmen dem Produkt eine erhebliche Wertschöpfung von ca. 30 % oder mehr hinzufüge. Es könne daher keinesfalls als einfache Verkaufsagentur angesehen werden. Im Ergebnis hat die Kommission daher mit dieser Entscheidung weniger eine besonders lange Anlaufphase erlaubt, als die Vollfunktionsfähigkeit im Vergleich zu anderen Unternehmen der Branche beurteilt.

167

Bestehen Defizite in der Anlaufphase, ist es darüber hinaus erforderlich, dass die Parteien **nachweisen,** dass die Defizite tatsächlich nur vorübergehender Natur sind. Hierzu muss konkret und plausibel dargelegt werden, wann und mit welchen Mitteln das Gemeinschaftsunternehmen diese Defizite beheben wird.[529] In RSB/Tenex/Fuel Logistics[530] hat die Kommission es abgelehnt, die mangelnde Ausstattung des Gemeinschaftsunternehmens als Teil der Anlaufphase anzusehen. Die Parteien hätten zwar angegeben, dass das Gemeinschaftsunternehmen mit weiteren Ressourcen ausgestattet werde, sobald es wirtschaftlich arbeite. Es seien aber keinerlei konkrete Pläne für den Zeitplan und den Umfang einer solchen weiteren Ausstattung dargelegt. Für die Behauptung der Parteien, dass das Gemeinschaftsunternehmen zukünftig einen relevanten Teil seiner Dienstleistungen gegenüber Dritten erbringen werde, hätten die Parteien keinerlei Belege erbracht.[531]

168

E. Ausnahmen, Art. 5

I. Grundsätzliches

Abs. 5 nennt drei Ausnahmen, in denen der Erwerb einer Beteiligung, obwohl sie eine Kontrolle ermöglicht, keinen Zusammenschluss iSd FKVO darstellt.[532] Die Ausnahmen werden nach der Art des Erwerbers bezeichnet, wobei für das Eingreifen des Ausnahmetatbestands weitere Kriterien zu erfüllen sind. Sie betreffen erstens bestimmte Arten des befristeten Erwerbs von Anteilen durch Kreditinstitute, Finanzinstitute und Versicherungen (**„Bankenklausel"** – Abs. 5 lit. a), den Erwerb der Kontrolle durch staatlich eingesetzte Mandatsträger, insbes. iRe Insolvenzverfahrens (**„Insolvenzklausel"** – Abs. 5 lit. b), sowie den Erwerb durch reine **Beteiligungsgesellschaften** (Abs. 5 lit. c).

169

Die **Ratio** dieser Ausnahmen wird idR darin gesehen, dass derartige Transaktionen aufgrund ihrer jeweiligen Besonderheiten unter den eng definierten Voraussetzungen des Abs. 5 als wettbewerbsneutral angesehen werden.[533] Für die Fallgruppen lit. a und lit. c mag diese wettbewerbliche Neutralität daraus folgen, dass die Ausnahme im Ergebnis voraussetzt, dass die tatsächlich eingeräumte Kontrolle nicht oder nur beschränkt ausgeübt wird, wobei im Falle der Bankenklausel der Zeitraum der Kontrolle ohnehin nur ein Jahr umfasst. Für den Kontrollerwerb durch Insolvenzverwalter oder vergleichbare öffentliche Mandatsträger besteht die Möglichkeit der Beeinflussung des strategischen Unternehmensverhaltens allerdings durchaus. Ratio der Ausnahme dürfte in diesem Fall jedoch

170

---

[525] Mitteilung „Zuständigkeit" Rn. 97.
[526] Kom., M.686, Rn. 6 – Nokia/Autoliv; Kom., M.2096, Rn. 23–24 – Bayer/Deutsche Telekom/Infraserv/JV.
[527] Vgl. Bechtold/Bosch/Brinker Rn. 24; Bechtold/Bosch/Brinker Rn. 28 nennt unter Berufung auf die Mitteilung „Zuständigkeit" eine Frist von 3 Jahren.
[528] Kom., M.3578, Rn. 9 – BP/Nova.
[529] zB Kom., M.686, Rn. 6 – Nokia/Autoliv; Kom., M.5676, Rn. 16 ff. – SevenOne Media/G+J Electronic Media Service u.a.
[530] Kom., M.904 – RSB/Tenex/Fuel Logistic.
[531] Kom., M.904, Rn. 9 – RSB/Tenex/Fuel Logistic.
[532] Vgl. Mitteilung „Zuständigkeit" Rn. 110 ff.
[533] FK-KartellR/Kuhn Rn. 204; Blank, Europäische Fusionskontrolle, 1. Aufl. 1991, 216.

sein, dass im Falle einer eingetretenen oder drohenden Unternehmensinsolvenz rasches Handeln im Interesse der Gläubiger und der Allgemeinheit geboten ist.[534] Darüber hinaus wird ein Insolvenzverwalter die Kontrolle regelmäßig nur zeitlich begrenzt und im Hinblick auf die Abwicklung des Unternehmens ausüben, jedoch keine eigenen wirtschaftlichen Interessen verfolgen.[535]

171 Zu den Ausnahmetatbeständen des Abs. 5 existiert kaum Fallpraxis der Kommission. Dies dürfte zum einen daran liegen, dass die Parteien umfangreicher Zusammenschlussvorhaben sich bisweilen lieber dem Fusionskontrollverfahren bei der Kommission unterziehen, anstatt in verschiedenen Mitgliedstaaten – deren Rechtsordnung nicht notwendig dieselben Ausnahmen vorsehen – die Anmeldepflicht zu prüfen und das Vorhaben ggf. doch noch dort anmelden zu müssen. Zum anderen werden Fälle, die ohne Zweifel unter die Ausnahmetatbestände fallen, regelmäßig eben nicht angemeldet.[536]

172 Abs. 5 ist als Ausnahmetatbestand grds. **restriktiv** anzuwenden.[537] Er gilt daher nur für den Kontrollerwerb nicht aber für den Tatbestand der Fusion.[538]

II. Bankenklausel, Abs. 5 lit. a

173 Nach Abs. 5 lit. a ist der befristete Erwerb von Anteilen an einem Unternehmen durch bestimmte Kreditinstitute, Finanzinstitute und Versicherungen fusionskontrollfrei, wenn diese Anteile zum Zwecke der Veräußerung erworben werden, der Erwerber seine Stimmrechte nicht bzw. nur in begrenztem Umfang ausübt und die Anteile innerhalb eines Jahres veräußert werden.[539]

174 **1. Privilegierte Erwerber.** Unter die Bankenklausel fallen bereits ausweislich des Wortlauts von Abs. 5 lit. a nur solche Kreditinstitute, Finanzinstitute und Versicherungen, zu deren regelmäßiger Geschäftstätigkeit der Handel mit Wertpapieren für eigene oder fremde Rechnung gehört. Eine ausschließliche Tätigkeit in diesem Geschäftsbereich ist daher nicht erforderlich.[540] Für die Definition von Kreditinstituten und Finanzinstituten wird man in Zweifelsfällen auf die entsprechenden Definitionen der Mitteilung „Zuständigkeit"[541] zurückgreifen können, welche auf die entsprechende Richtlinie über die Aufnahme und Ausübung der Tätigkeit der Kreditinstitute verweist.[542]

175 **2. Anteilserwerb.** Die Bankenklausel ist eng auszulegen, so dass sie nur den Kontrollerwerb im Wege des Anteilserwerbs erfasst, nicht aber andere Formen des Kontrollerwerbs betrifft.[543] Darüber hinaus muss der kontrollbegründende Erwerb der Anteile iR dieser Geschäftstätigkeit erfolgen. Daraus folgt, dass hierunter lediglich der Erwerb von Wertpapieren fällt, nicht aber der Erwerb „sonstiger Anteile", die nicht in Wertpapieren verbrieft sind. Dieses ist einerseits der Mitteilung „Zuständigkeit" (→ Rn. 111) zu entnehmen, die durchgehend vom Erwerb von „Wertpapieren" spricht. Dies zeigt iÜ auch der Vergleich mit dem englischen Text, der durchgehend auf "securities" abstellt. Des Weiteren kann aus der Voraussetzung, dass der Verkauf „im Rahmen dieser Geschäftstätigkeit" zu erfolgen hat, geschlossen werden, dass hiervon nur tatsächlich gehandelte Wertpapiere umfasst werden, dh Aktien einer AG oder KGaA, nicht aber GmbH-Geschäftsanteile oder Anteile an Personengesellschaften. Denn Schutzzweck der Norm ist es, die in den Anwendungsbereich des Abs. 5 lit. a fallenden Unternehmen nicht im freien Handel mit Wertpapieren zu behindern.[544] Mit GmbH-Anteilen oder Anteilen an einer Personengesellschaft findet aber kein derartiger Handel statt, der in diesem Sinne schutzbedürftig wäre.[545]

---

[534] Vgl. Cook/Kerse Rn. 2–044.
[535] FK-KartellR/Kuhn Rn. 216; Bos/Stuyck/Wytinck, Concentration control in the European Economic Community, 1992, 201.
[536] Sorensen/Kennedy ECLRev. 1995, 267.
[537] Cook/Kerse Rn. 2–043; Bos/Stuyck/Wytinck, Concentration control in the European Economic Community, 1992, 200.
[538] Cook/Kerse Rn. 2–043; Bos/Stuyck/Wytinck, Concentration control in the European Economic Community, 1992, 200.
[539] Vgl. Mitteilung „Zuständigkeit" Rn. 111.
[540] Vgl. Lettl WM 2006, 256.
[541] Mitteilung „Zuständigkeit" Rn. 207 – auch wenn die Mitteilung ihre Aussage ausdrücklich auf den Art. 5 Abs. 3 lit. a beschränkt, dürfte die Aussage, dass die Kommission in ihrer Praxis „bislang durchgängig die im einschlägigen Gemeinschaftsrecht aufgeführten Begriffsbestimmungen im Bankensektor angewendet" hat so auszulegen sein, dass diese Definitionen den Begriff auch im Rahmen des Art. 3 ausfüllen; vgl. zum Begriff → Art. 5 Rn. 41 ff.; so im Ergebnis auch Lettl WM 2006, 256.
[542] Artikel 1 Abs. 1 und 5 der RL 2000/12/EG des Europäischen Parlaments und des Rates vom 20.3.2000, ABl. 2000 L 126, 1.
[543] Immenga/Mestmäcker/Körber Rn. 173; Bechtold/Bosch/Brinker Rn. 32.
[544] Vgl. Lettl WM 2006, 255.
[545] Vgl. FK-KartellR/Kuhn Rn. 208; aA wohl Cook/Kerse Rn. 2–044 (hiernach können von der Bankenklausel auch die Verkäufer privater Unternehmen durch Banken profitieren) und Lettl WM 2006, 256.

Erwerben mehrere Unternehmen gemeinsame Kontrolle über ein drittes Unternehmen, so ist **176** das Vorhaben als ganzes nur dann nach der Bankenklausel von der Anwendung der FKVO befreit, wenn all deren Voraussetzungen bei jedem Erwerber vorliegen, ansonsten liegt ein Zusammenschluss vor, wenn die Umsatzschwellen erfüllt sind. Erfüllt ein an dem Vorhaben beteiligtes Unternehmen jedoch alle Voraussetzungen der Bankenklausel, so sind dessen Umsätze bei der Prüfung der gemeinschaftsweiten Bedeutung des Zusammenschlusses gem. Art. 1 nicht zu berücksichtigen. Da die Teilnahme des von der Bankenklausel erfassten Unternehmens einen Zusammenschluss nicht begründet, dieser Vorgang also als fusionskontrollneutral anzusehen ist, können auch dessen Umsätze nicht für die Begründung der gemeinschaftsweiten Bedeutung des Zusammenschlussvorhabens herangezogen werden.[546]

3. Erwerb zum Zwecke der Veräußerung. Die Aktien müssen zum Zwecke der Veräuße- **177** rung erworben werden. Die Absicht zum Verkauf wird bei Aktienkäufen iRd geschäftsmäßigen Wertpapierhandels für die Dauer eines Jahres regelmäßig unterstellt werden können.[547] Erforderlich ist allerdings, dass bereits zum Zeitpunkt des Erwerbs die **feste Absicht** besteht, die Anteile innerhalb eines Jahres zu veräußern.[548] Darüber hinaus muss eine solche Veräußerung innerhalb des Einjahreszeitraums auch plausibel dargelegt sein.[549] Andernfalls unterfällt das Vorhaben von Anfang an der Anmeldepflicht.[550]

4. Unterlassen der Stimmrechtsausübung. Das Vorhaben ist dem Anwendungsbereich der **178** FKVO nur dann entzogen, wenn die Erwerber die mit den Anteilen verbundenen Stimmrechte nicht ausüben, um das Wettbewerbsverhalten des Unternehmens zu bestimmen. Die Abgrenzung, wann die Ausübung der Stimmrechte dazu dient, das Wettbewerbsverhalten des Unternehmens zu bestimmen, ist in der Praxis schwierig.[551] Dies sollte sich an der Einflussnahme auf diejenigen Entscheidungen orientieren, die einen bestimmenden Einfluss vermitteln können (→ Rn. 25–36). Unproblematisch dürfte jedenfalls die Teilnahme an denjenigen Entscheidungen sein, welche für den Erwerb der Kontrolle unerheblich sind, zB die Entscheidung über Kapitalmaßnahmen,[552] die Feststellung des Jahresergebnisses, sowie die Entlastung der Organe.[553] Unzulässig dürften hingegen die Teilnahme an Abstimmungen über den Geschäftsplan, den Finanzplan und die personelle Besetzung der Geschäftsleitung sein.

Zulässig ist die Ausübung der Stimmrechte, um die Veräußerung des kontrollierten Unterneh- **179** mens, eines Teils desselben, dessen Vermögenswerte oder der Anteile am Unternehmen selbst vorzubereiten.[554] Auch dieses Tatbestandsmerkmal ist im Interesse einer wirksamen Fusionskontrolle eng auszulegen. Die Vorbereitung umfasst daher lediglich solche Handlungen, die unmittelbar die Veräußerung zum Gegenstand haben.[555]

5. Beispiele. In ihrer Mitteilung „Zuständigkeit" weist die Kommission ausdrücklich darauf **180** hin, dass diese beiden Kriterien – Veräußerung binnen Jahresfrist und Unterlassen der Stimmrechtsausübung – bei sog **„Rettungsaktionen"** regelmäßig nicht erfüllt werden.[556] Eine Rettungsaktion besteht hiernach gewöhnlich darin, Altschulden eines Unternehmens in finanziellen Schwierigkeiten in ein neues Unternehmen umzuwandeln, über das ein Konsortium die Kontrolle erhält. Die Kommission lehnt die Anwendung der Bankenklausel mit der Begründung ab, dass die Durchführung der erforderlichen Umstrukturierungen und der anschließende Verkauf innerhalb eines Jahres unrealistisch seien.[557] Außerdem müssten die Investoren für eine derartige Umstrukturierung regelmäßig gerade das strategische Unternehmensverhalten des zu rettenden Unternehmens bestimmen, so dass die Banken auch nicht von der Ausübung der Stimmrechte (→ Rn. 178 f.) absehen könnten.[558]

---

[546] Vgl. FK-KartellR/Kuhn Rn. 207; Lettl WM 2006, 257.
[547] Immenga/Mestmäcker/Körber Rn. 176; Cook/Kerse Rn. 2–044; Levy/Cook, 5–66.
[548] Vgl. Bechtold/Bosch/Brinker Rn. 33.
[549] Vgl. Kom., M.116, Rn. 6 – Kelt/American Express; Kom., M.891, Rn. 7 – Deutsche Bank/Commerzbank/ J. M. Voith.
[550] Krit. Lettl WM 2006, 259, der im Hinblick auf den Schutzzweck der Norm nur geringfügige Anforderungen stellen will.
[551] Bos/Stuyck/Wytinck, Concentration control in the European Economic Community, 1992, 200–201; vgl. ausf. FK-KartellR/Kuhn Rn. 212; sowie Lettl WM 2006, 259.
[552] Vgl. Lettl WM 2006, 260.
[553] Vgl. FK-KartellR/Kuhn Rn. 212.
[554] Mitteilung „Zuständigkeit" Rn. 111.
[555] Vgl. Lettl WM 2006, 259.
[556] Mitteilung „Zuständigkeit" Rn. 116; krit. Lettl WM 2006, 259.
[557] Vgl. auch Hess ZIP 2010, 463.
[558] Vgl. Kom., M.116, Rn. 6 – Kelt/American Express.

181 Ähnliches gilt idR beim Erwerb durch **Private Equity Fonds.** Der Erwerb der Kontrolle durch diese unterliegt regelmäßig der Anmeldepflicht, auch wenn ein Private Equity Fond von einem Finanzinstitut kontrolliert wird. Denn auch hier ist die rechtzeitige Weiterveräußerung meist nicht hinreichend wahrscheinlich. Zudem nehmen auch Private Equity Fonds bei einer entsprechenden Anzahl von Anteilen regelmäßig entscheidenden Einfluss auf geschäftspolitische Entscheidungen.[559]

182 Auch im Fall Deutsche Bank/Commerzbank/J. M. Voith[560] lehnte die Kommission die Anwendung der Bankenklausel ab. Dort war die Veräußerung innerhalb eines Jahres zwar vertraglich vorgesehen, hing aber von der erfolgreichen Privatplatzierung von 75 % der Anteile des Gemeinschaftsunternehmens ab. Sollte diese scheitern, hatten sich die Unternehmen vorbehalten, die Aktien an der Börse zu platzieren, wofür kein konkreter Zeitplan vorgesehen war. Die Kommission deutet in ihrer Entscheidung allerdings nur an, dass dieses Szenario für eine nur vorübergehende, auf die Dauer eines Jahres beschränkte Kontrolle nicht ausreicht. Sie lässt die Anwendung der Bankenklausel letztendlich ausdrücklich (nur) daran scheitern, dass die Banken sich vorbehalten hatten, ihre Stimmrechte auch im Hinblick auf das Wettbewerbsverhalten von Voith auszuüben.

183 **6. Veräußerung binnen Jahresfrist.** Für die Veräußerung der Anteile innerhalb der Jahresfrist reicht es aus, wenn eine Anzahl von Anteilen veräußert wird, welche die Beteiligungshöhe auf eine nichtkontrollierende Beteiligung herabsenken.[561]

184 Werden die Anteile nicht innerhalb eines Jahres weiterveräußert, so kann die Kommission auf Antrag die Veräußerungsfrist verlängern, wenn der Erwerber darlegt, dass die Veräußerung innerhalb der Frist unzumutbar war.[562] Aus der Formulierung des Abs. 5 lit. a „unzumutbar war", darf wohl gefolgert werden, dass ein solcher Antrag auch noch nach Ablauf der Einjahresfrist erfolgen kann.[563] Dies steht allerdings im Widerspruch zu der iÜ restriktiven Auslegung der Kommission im Hinblick auf die nur vorübergehende Dauer des Erwerbs.

185 In einem solchen Antrag hat der Erwerber darzulegen, inwieweit der Verkauf tatsächlich unzumutbar war. Eine Entscheidungspraxis der Kommission, wann dies der Fall ist, besteht – soweit ersichtlich – nicht. Grds. werden wirtschaftliche Gründe für die Annahme der Unzumutbarkeit ausreichen können.[564] Allerdings kann nicht schon jeder geringfügige Kursverlust eine Unzumutbarkeit begründen, vielmehr müssen – um eine Umgehung zu verhindern[565] – zusätzliche Gründe vorliegen, die eine Fristverlängerung rechtfertigen.[566] Für eine restriktive Auslegung der Ausnahme spricht auch, dass die Unternehmen nach Ablauf der Jahresfrist keinesfalls gezwungen sind, die Anteile verlustbringend weiterzuverkaufen. Sie können ohne Weiteres stattdessen auch den Weg der Anmeldung wählen, sobald die Schwierigkeiten beim Verkauf absehbar werden. Nach Ablauf der (ggf. verlängerten) Jahresfrist sind sie zu einer Anmeldung verpflichtet. Bis zur Freigabe dürfen sie die Stimmrechte nicht ausüben.[567]

186 **7. Verstoß gegen die Voraussetzungen nach Vollzug.** Verstößt der Erwerber nach Vollzug des Zusammenschlusses gegen eine der Voraussetzungen – sei es die Jahresfrist zur Veräußerung, sei es die Ausübung der Stimmrechte –, so entfällt die Ausnahmeregelung ex nunc und der Vorgang wird anmeldepflichtig.[568] Da der Zusammenschluss bei Vollzug nicht dem Vollzugsverbot unterlag, sind der zu Grunde liegende Vertrag und der Anteilserwerb wirksam. Es lebt folglich nur die Anmeldepflicht, nicht aber das Vollzugsverbot wieder auf.[569]

III. Insolvenzklausel, Abs. 5 lit. b

187 Gem. Abs. 5 lit. b wird ein Zusammenschluss nicht bewirkt, wenn der Träger eines öffentlichen Mandats auf Grund der Gesetzgebung eines Mitgliedstaats über die Auflösung von Unternehmen,

---

[559] Mitteilung „Zuständigkeit" Rn. 115; FK-KartellR/Kuhn Rn. 214.
[560] Kom., M.891, Rn. 7 – Deutsche Bank/Commerzbank/J. M. Voith.
[561] Mitteilung „Zuständigkeit" Rn. 111.
[562] Mitteilung „Zuständigkeit" Rn. 111.
[563] So Bechtold/Bosch/Brinker Rn. 35.
[564] Wiedemann KartellR-HdB/Richter, 2. Aufl. 2008, § 19 Rn. 140 zum dt. Recht, demzufolge eine Disrelation zwischen Kauf- und Verkaufspreis zB wegen einer nachteiligen Konjunkturentwicklung genügt.
[565] Vgl. Miersch, Die europäische Fusionskontrolle, 1. Aufl. 1991, 118, der wirtschaftliche Gründe alleine nicht ausreichen lassen will.
[566] FK-KartellR/Kuhn Rn. 210 (zB eine absehbare Erholung des Kurses, angesichts dessen ein kurzfristig erzwungener Verkauf einer Wertvernichtung gleichkomme); Krimphove, Europäische Fusionskontrolle, 1992, 267; zustimmend Lettl WM 2006, 261.
[567] Bechtold/Bosch/Brinker Rn. 35.
[568] Immenga/Mestmäcker/Körber Rn. 181; Bechtold/Bosch/Brinker Rn. 34; s. auch Krimphove, 1992, 267.
[569] FK-KartellR/Kuhn Rn. 215; Lettl WM 2006, 262.

die Insolvenz, die Zahlungseinstellung, den Vergleich oder ähnliche Verfahren die Kontrolle erwirbt.[570] Nach dem Wortlaut der Vorschrift ist folglich davon auszugehen, dass nur solche Mandatsträger durch die Vorschrift privilegiert sind, deren Funktion gesetzlich bestimmt ist und die ihre Funktion im gesetzlich vorgeschriebenen Verfahren erhalten haben.[571] In Deutschland dürfte dies insbes. auf den gerichtlich eingesetzten Insolvenzverwalter sowie den vorläufigen Insolvenzverwalter zutreffen. Für den vorläufigen Insolvenzverwalter gilt dies allerdings nur dann, wenn dieser als starker Insolvenzverwalter eingesetzt wird.[572] Nach dem Wortlaut greift Abs. 5 lit. a nicht für einen Mandatsträger, der **außerhalb** der EU von einem Staat als Insolvenzverwalter eingesetzt wird.[573]

Angesichts des klaren Wortlauts der Vorschrift und deren Ausnahmecharakter ist die Anwendung auf solche Personen, denen **durch Vertrag** oder andere **privatrechtliche Instrumente** ein Amt verliehen wird,[574] abzulehnen. Dementsprechend betrifft die Ausnahme nur den Kontrollerwerb durch den Mandatsträger, nicht dagegen den Verkauf durch denselben.[575] Derjenige, welcher ein Unternehmen oder Unternehmensteile aus dem Insolvenzverfahren durch Handlungen des Mandatsträgers erwirbt, unterliegt daher der FKVO, wenn die weiteren Voraussetzungen vorliegen. 188

Insgesamt dürfte der Vorschrift jedoch wenig praktische Bedeutung zukommen.[576] Denn sie wird nur dann relevant, wenn die Umsatzschwellen der FKVO auch in der Person des Insolvenzverwalters erfüllt sind. 189

IV. Erwerb durch Beteiligungsgesellschaften, Abs. 5 lit. c

Die FKVO findet ferner keine Anwendung auf den Kontrollerwerb durch Beteiligungsgesellschaften, wenn diese die mit den Anteilen verbundenen Stimmrechte nur zur Erhaltung des vollen Werts der Investitionen, nicht aber dazu benutzen, das Wettbewerbsverhalten des kontrollierten Unternehmens zu bestimmen. 190

Die Definition der Beteiligungsgesellschaft richtet sich nach Art. 5 Abs. 3 der Vierten Richtlinie des Rates[577] über den Jahresabschluss von Gesellschaften bestimmter Rechtsformen. Hiernach ist eine Beteiligungsgesellschaft eine „Gesellschaft, deren einziger Zweck darin besteht, Beteiligungen an anderen Unternehmen zu erwerben sowie die Verwaltung und Verwertung dieser Beteiligungen wahrzunehmen, ohne dass diese Gesellschaft unmittelbar oder mittelbar in die Verwaltung dieser Unternehmen eingreift, unbeschadet der Rechte, die der Beteiligungsgesellschaft in ihrer Eigenschaft als Gesellschafterin zustehen". Auch diese Definition ist eng auszulegen. Insbes. ist es erforderlich, dass das Halten von Finanzbeteiligungen der einzige Zweck der Gesellschaft ist. Sieht der Gesellschaftsvertrag des Beteiligungsunternehmens hingegen weitergehende Aufgaben als ein reines Halten von Finanzbeteiligungen vor, so scheidet die Anwendung des Abs. 5 lit. c aus.[578] 191

Art. 5 Abs. 3 lit. c verlangt des Weiteren, ebenso wie Abs. 5 lit. a, dass die **Stimmrechte nicht ausgeübt** werden dürfen, um das Wettbewerbsverhalten des Unternehmens zu bestimmen. Es gilt insoweit das zu Abs. 5 lit. a Gesagte entspr. (→ Rn. 178 ff.). Art. 5 Abs. 3 lit. c hebt indes hervor, dass die Stimmrechte insbes. nicht eingesetzt werden dürfen, um die Zusammensetzung der geschäftsführenden oder aufsichtsführenden Organe der Unternehmen zu beeinflussen. Dementsprechend hat die Kommission in der einzigen Entscheidung zu dieser Regelung, Charterhouse/Porterbook,[579] die Anwendung dieser Voraussetzung verneint. Es sei eher wahrscheinlich, dass Charterhouse sein Recht, bestimmte Vorstandsmitglieder mit gewissen Vetorechten zu ernennen, dazu benutzen werde, unmittelbar oder mittelbar Einfluss auf die Alltagsgeschäfte von Porterbook zu nehmen.[580] 192

Verstößt die Beteiligungsgesellschaft gegen diese Voraussetzung, so dürfte ebenso wie bei Abs. 5 lit. a gelten, dass die Anmeldepflicht ex nunc wieder auflebt (→ Rn. 186). 193

Art. 4 Vorherige Anmeldung von Zusammenschlüssen und Verweisung vor der Anmeldung auf Antrag der Anmelder

(1) Zusammenschlüsse von gemeinschaftsweiter Bedeutung im Sinne dieser Verordnung sind nach Vertragsabschluss, Veröffentlichung des Übernahmeangebots oder Erwerb einer

---

[570] Mitteilung „Zuständigkeit" Rn. 112.
[571] Bos/Stuyck/Wytinck, Concentration control in the European Economic Community, 1. Aufl. 1992, 201; Sorensen/Kennedy ECLRev. 1995, 267.
[572] § 21 Abs. 2 Ziffer 2 InsO – der schwache Insolvenzverwalter dürfte bereits keine Kontrolle erwerben.
[573] Vgl. Bellamy/Child Rn. 8–050.
[574] So Cook/Kerse Rn. 2–045 (zB für die Gläubigerversammlung).
[575] Kom., M.573, Rn. 8 – ING/Barings.
[576] Vgl. Sorensen/Kennedy ECLRev. 1995, 267 (269).
[577] RL 78/660/EWG, ABl. 1978 L 222, 11; s. Mitteilung „Zuständigkeit" Rn. 113.
[578] Kom., M.669, Rn. 8 – Charterhouse/Porterbrook.
[579] Kom., M.669 – Charterhouse/Porterbrook.
[580] Kom., M.669, Rn. 12 – Charterhouse/Porterbrook.

die Kontrolle begründenden Beteiligung und vor ihrem Vollzug bei der Kommission anzumelden.

Eine Anmeldung ist auch dann möglich, wenn die beteiligten Unternehmen der Kommission gegenüber glaubhaft machen, dass sie gewillt sind, einen Vertrag zu schließen, oder im Fall eines Übernahmeangebots öffentlich ihre Absicht zur Abgabe eines solchen Angebots bekundet haben, sofern der beabsichtigte Vertrag oder das beabsichtigte Angebot zu einem Zusammenschluss von gemeinschaftsweiter Bedeutung führen würde.

[1]Im Sinne dieser Verordnung bezeichnet der Ausdruck „angemeldeter Zusammenschluss" auch beabsichtigte Zusammenschlüsse, die nach Unterabsatz 2 angemeldet werden. [2]Für die Zwecke der Absätze 4 und 5 bezeichnet der Ausdruck „Zusammenschluss" auch beabsichtigte Zusammenschlüsse im Sinne von Unterabsatz 2.

(2) [1]Zusammenschlüsse in Form einer Fusion im Sinne des Artikels 3 Absatz 1 Buchstabe a) oder in Form der Begründung einer gemeinsamen Kontrolle im Sinne des Artikels 3 Absatz 1 Buchstabe b) sind von den an der Fusion oder der Begründung der gemeinsamen Kontrolle Beteiligten gemeinsam anzumelden. [2]In allen anderen Fällen ist die Anmeldung von der Person oder dem Unternehmen vorzunehmen, die oder das die Kontrolle über die Gesamtheit oder über Teile eines oder mehrerer Unternehmen erwirbt.

(3) [1]Stellt die Kommission fest, dass ein Zusammenschluss unter diese Verordnung fällt, so veröffentlicht sie die Tatsache der Anmeldung unter Angabe der Namen der beteiligten Unternehmen, ihres Herkunftslands, der Art des Zusammenschlusses sowie der betroffenen Wirtschaftszweige. [2]Die Kommission trägt den berechtigten Interessen der Unternehmen an der Wahrung ihrer Geschäftsgeheimnisse Rechnung.

(4) Vor der Anmeldung eines Zusammenschlusses gemäß Absatz 1 können die Personen oder Unternehmen im Sinne des Absatzes 2 der Kommission in einem begründeten Antrag mitteilen, dass der Zusammenschluss den Wettbewerb in einem Markt innerhalb eines Mitgliedstaats, der alle Merkmale eines gesonderten Marktes aufweist, erheblich beeinträchtigen könnte und deshalb ganz oder teilweise von diesem Mitgliedstaat geprüft werden sollte.

[1]Die Kommission leitet diesen Antrag unverzüglich an alle Mitgliedstaaten weiter. [2]Der in dem begründeten Antrag genannte Mitgliedstaat teilt innerhalb von 15 Arbeitstagen nach Erhalt dieses Antrags mit, ob er der Verweisung des Falles zustimmt oder nicht. [3]Trifft der betreffende Mitgliedstaat eine Entscheidung nicht innerhalb dieser Frist, so gilt dies als Zustimmung.

Soweit dieser Mitgliedstaat der Verweisung nicht widerspricht, kann die Kommission, wenn sie der Auffassung ist, dass ein gesonderter Markt besteht und der Wettbewerb in diesem Markt durch den Zusammenschluss erheblich beeinträchtigt werden könnte, den gesamten Fall oder einen Teil des Falles an die zuständigen Behörden des betreffenden Mitgliedstaats verweisen, damit das Wettbewerbsrecht dieses Mitgliedstaats angewandt wird.

[1]Die Entscheidung über die Verweisung oder Nichtverweisung des Falls gemäß Unterabsatz 3 ergeht innerhalb von 25 Arbeitstagen nach Eingang des begründeten Antrags bei der Kommission. [2]Die Kommission teilt ihre Entscheidung den übrigen Mitgliedstaaten und den beteiligten Personen oder Unternehmen mit. [3]Trifft die Kommission innerhalb dieser Frist keine Entscheidung, so gilt der Fall entsprechend dem von den beteiligten Personen oder Unternehmen gestellten Antrag als verwiesen.

[1]Beschließt die Kommission die Verweisung des gesamten Falles oder gilt der Fall gemäß den Unterabsätzen 3 und 4 als verwiesen, erfolgt keine Anmeldung gemäß Absatz 1, und das Wettbewerbsrecht des betreffenden Mitgliedstaats findet Anwendung. [2]Artikel 9 Absätze 6 bis 9 finden entsprechend Anwendung.

(5) Im Fall eines Zusammenschlusses im Sinne des Artikels 3, der keine gemeinschaftsweite Bedeutung im Sinne von Artikel 1 hat und nach dem Wettbewerbsrecht mindestens dreier Mitgliedstaaten geprüft werden könnte, können die in Absatz 2 genannten Personen oder Unternehmen vor einer Anmeldung bei den zuständigen Behörden der Kommission in einem begründeten Antrag mitteilen, dass der Zusammenschluss von der Kommission geprüft werden sollte.

Die Kommission leitet diesen Antrag unverzüglich an alle Mitgliedstaaten weiter.

Jeder Mitgliedstaat, der nach seinem Wettbewerbsrecht für die Prüfung des Zusammenschlusses zuständig ist, kann innerhalb von 15 Arbeitstagen nach Erhalt dieses Antrags die beantragte Verweisung ablehnen.

¹Lehnt mindestens ein Mitgliedstaat gemäß Unterabsatz 3 innerhalb der Frist von 15 Arbeitstagen die beantragte Verweisung ab, so wird der Fall nicht verwiesen. ²Die Kommission unterrichtet unverzüglich alle Mitgliedstaaten und die beteiligten Personen oder Unternehmen von einer solchen Ablehnung.

¹Hat kein Mitgliedstaat gemäß Unterabsatz 3 innerhalb von 15 Arbeitstagen die beantragte Verweisung abgelehnt, so wird die gemeinschaftsweite Bedeutung des Zusammenschlusses vermutet und er ist bei der Kommission gemäß den Absätzen 1 und 2 anzumelden. ²In diesem Fall wendet kein Mitgliedstaat sein innerstaatliches Wettbewerbsrecht auf den Zusammenschluss an.

(6) ¹Die Kommission erstattet dem Rat spätestens bis 1. Juli 2009 Bericht über das Funktionieren der Absätze 4 und 5. ²Der Rat kann im Anschluss an diesen Bericht auf Vorschlag der Kommission die Absätze 4 und 5 mit qualifizierter Mehrheit ändern.

Schrifttum: Balitzki, Ein echter Europäischer Raum der Fusionskontrolle, ZWeR 2015, 55; Berg, The New EC Merger Regulation – A First Assessment of its Practical Impact, Northwestern Journal of International Law & Business 2004, 683; Berg/Mäsch, Deutsches und Europäisches Kartellrecht, 4. Aufl. 2022; Böge, Reform der Europäischen Fusionskontrolle, WuW 2004, 138; Brinker, Don't mess around with the Commission – Sanktionierung von Fehlverhalten in der Fusionskontrolle, BB 2017, 1417; Connolly/Rab/McElwee, Pre-Notification Referral Under the EC Merger Regulation: Simplifying the Route to the One-Stop Shop, ECLR 2007, 167; Cook, Real review timetables under the EU Merger Regulation, Concurrences N° 2-2017; Dethmers, EU merger control: out of control?, ECLR 2016, 435; Dittert, Die Reform des Verfahrens in der neuen EG-Fusionskontrollverordnung, WuW 2004, 148; Drauz/Schroeder, Praxis der europäischen Fusionskontrolle, 3. Aufl. 1995; Fountoukakos/Anttilainen-Mochnacz, Abandoned concentrations: Issues surrounding resurrected concentrations, minority shareholdings and the administrative procedure under the ECMR, ECLR 2010, 387; Heinen, Mehrfachanmeldungen in der Praxis, EWS 2010, 8; Hellmann, Das neue Verweisungsregime in Art. 4 FKVO aus Sicht der Praxis, EWS 2004, 289; Hellmann, Die neuen Anmeldevorschriften der Fusionskontrollverordnung und ihre Bedeutung für Unternehmenszusammenschlüsse, ZIP 2004, 1387; Körber, Verweisungen nach Art. 4 Abs. 4 und Abs. 5 FKVO 139/2004, WuW 2007, 330; Krajewska, Referrals under the new EC merger regulation regime: a UK perspective, ECLR 2008, 279; v. Landenberg-Roberg, Die Bedeutung rechtsunverbindlicher Vereinbarungen für den Kontrollerwerb in der europäischen Fusionskontrolle, WuW 2010, 877; Lingos/Loughran/Pitkane/Todino, An amended merger implementing regulation for a new merger regime, CPN 2004, Heft 2, 79; Maziarz, The provision of misleading and incorrect information by merging parties in EU merger investigations, Competition Law Journal 2022, 67; Overbury, The EEC Merger Regulation, 1992; Polley/Schulz, Merger control: when to refer to Brussels, International Financial Law Review 2005, Heft 3, 1; Rakovsky/Godhino de Matos/Kopke/Ohrlander/Shiels, CPN 2009, Heft 2, 19; Ryan, The revised system of case referral under the Merger Regulation: experiences to date, CPN 2005, Heft 3, 38; Soames/Maudhuit, Changes in EU Merger Control: Part 1, ECLR 2005, 57; Soyez, Die Verweisung an die Kommission nach Art. 4 Abs. 5 FKVO – eine sinnvolle Option?, ZWeR 2005, 416; Staebe/Denzel, Die neue Europäische Fusionskontrollverordnung (VO 139/2004), EWS 2004, 194; Thomas, Die Auswirkungen des SIEC-Tests auf den Anwendungsbereich der Ministererlaubnis, ZWeR 2018, 246; Ylinen, Die Wahrheitspflicht in der Fusionskontrolle, NZKart 2017, 421.

Übersicht

		Rn.			Rn.
I.	Normzweck	1		a) Formular CO	31
1.	Regelung der Anmeldung	2		b) Vereinfachtes Formular CO und vereinfachtes Verfahren	55
2.	Verweisungen vor Anmeldung	3		c) Vorlage des Formulars CO	70
II.	Rechtstatsachen	4		d) Sachdienliche Unterlagen	71
III.	Entstehungsgeschichte	5		e) Zeitpunkt des Eingangs	73
				f) Sprache	74
IV.	Anmeldung von Zusammenschlüssen	10		g) Geschäftsgeheimnisse	75
1.	Anmeldepflicht (Abs. 1)	10		h) Befreiungen	76
2.	Anmeldefähigkeit	14		i) Bestätigung der Anmeldung	77
3.	Anmelder (Abs. 2)	19	6.	Richtigkeit und Vollständigkeit der Anmeldung	78
	a) Erwerb von Alleinkontrolle	19		a) Grundsatz	78
	b) Erwerb von Mitkontrolle	20		b) Wirksamwerden der Anmeldung bei unvollständigen Angaben	80
	c) Fusion	21			
	d) Nachweis der Vertretungsbefugnis	22		c) Unrichtige und irreführende Angaben	81
	e) Gemeinsamer Vertreter	23		d) Änderungen nach Anmeldung	82
4.	Vorbereitung der Anmeldung	24	7.	Wirkung der Anmeldung	84
5.	Form der Anmeldung	30	8.	Veröffentlichung der Anmeldung (Abs. 3)	86

	Rn.		Rn.
a) Grundsatz	86	c) Ministererlaubnis	140
b) Erneute Veröffentlichung bei Vervollständigung einer Anmeldung	87	8. Ablehnung der Verweisung durch die Kommission	141
9. Neuanmeldung nach Rücknahme	88	9. Rechtsmittel	142
10. Kostenfreiheit	91	10. EWR-Abkommen	146
V. Verweisung an einen Mitgliedstaat (Abs. 4)	92	**VI. Verweisung an die Kommission (Abs. 5)**	147
1. Übersicht über Verweisungen vor und nach Anmeldung	92	1. Begründeter Antrag auf Prüfung durch die Kommission	148
2. Begründeter Antrag auf Verweisung an Mitgliedstaat	95	2. Voraussetzungen	149
3. Voraussetzungen	98	3. Der begründete Antrag	154
a) Gesonderter Markt innerhalb eines Mitgliedstaats	99	a) Formular RS	154
		b) Sprache	155
b) Erhebliche Beeinträchtigung des Wettbewerbs	100	c) Gründe für eine Verweisung	156
		d) Richtigkeit und Vollständigkeit des begründeten Antrags	158
4. Der begründete Antrag	102		
a) Struktur des Formulars RS	103	4. Ablehnungsrecht der zuständigen Mitgliedstaaten	160
b) Gründe für eine Verweisung	106		
c) Richtigkeit und Vollständigkeit des begründeten Antrags	112	5. Vermutung der unionsweiten Bedeutung	165
d) Befreiungen	116	6. Anmeldung auf Formular CO	167
e) Sprache	117	7. Grds. keine Rückverweisung an Mitgliedstaat	168
f) Übrige Anforderungen	118		
g) Keine Veröffentlichung des Antrags	120	8. Ablehnung der Verweisung	169
5. Zustimmung des betreffenden Mitgliedstaats	121	9. Rechtsmittel	173
6. Verweisung an die zuständigen Behörden des betreffenden Mitgliedstaats	126	10. EWR-Abkommen	176
		VII. Überprüfung der Vorschrift (Abs. 6)	178
7. Anwendung des Wettbewerbsrechts des betreffenden Mitgliedstaats	135	1. Bericht der Kommission	178
a) Anmeldung nach nationalem Recht	136	2. Änderung der Abs. 4 und 5 mit qualifizierter Mehrheit	179
b) Fristen	138		

I. Normzweck

1 Art. 4 regelt, wie schon seine Überschrift zeigt, zwei Komplexe, die auch in getrennten Artikeln hätten geregelt werden können, nämlich zum einen die vorherige Anmeldung von Zusammenschlüssen und zum anderen die Verweisung von Zusammenschlüssen vor der Anmeldung auf Antrag der Anmelder.

2 **1. Regelung der Anmeldung.** Abs. 1–3 regeln die vorherige Anmeldung von Zusammenschlüssen und dabei insbes. die Anmeldepflicht, die Anmeldefähigkeit, wer anzumelden hat und die Veröffentlichung der Anmeldung durch die Kommission. Sie werden ergänzt durch Art. 2–5 DVO FKVO. Zweck der Anmeldepflicht ist, eine **wirksame Überwachung zu gewährleisten** (Erwgr. 34). Zusammen mit dem Vollzugsverbot des Art. 7 Abs. 1 reflektiert die Anmeldepflicht das Prinzip der **präventiven Fusionskontrolle**.[1]

3 **2. Verweisungen vor Anmeldung.** Die Verweisung von Zusammenschlüssen vor der Anmeldung auf Antrag der Anmelder ist in Abs. 4 und 5 geregelt. Diese Absätze sind durch die VO 139/2004 hinzugefügt worden. Art. 6 DVO FKVO ergänzt Art. 4 Abs. 4 und 5. Die Möglichkeit der Verweisung von der Kommission an die Mitgliedstaaten und von den Mitgliedstaaten an die Kommission soll als **Korrektiv der starren Zuständigkeitsverteilung** nach der unionsweiten Bedeutung von Zusammenschlüssen gemäß Art. 1 wirken (Erwgr. 11). Die Verweisung von der Kommission an die Mitgliedstaaten nach Abs. 4 kann dabei als Verwirklichung des **Subsidiaritätsprinzips** (Art. 5 EUV) gesehen werden. Die Verweisung von den Mitgliedstaaten an die Kommission trägt dagegen dem Grundsatz einer einzigen Anlaufstelle Rechnung (**one stop shop-Prinzip**), vermeidet die bei

---

[1] Bechtold/Bosch/Brinker Rn. 1; Berg/Mäsch/Kellerbauer/Zedler Rn. 1; Immenga/Mestmäcker/Körber Rn. 1.

mehrfacher Anmeldung desselben Vorhabens entstehende Rechtsunsicherheit, reduziert die Kosten der beteiligten Unternehmen und vermeidet widersprüchliche Beurteilungen (vgl. Erwgr. 12). Bei beiden sollen in angemessener Weise die Wettbewerbsinteressen der Mitgliedstaaten gewahrt und dem Bedürfnis nach Rechtssicherheit Rechnung getragen werden (Erwgr. 11). Erwägungsgrund 14 der FKVO legt deshalb der Kommission nahe, gemeinsam mit den zuständigen Behörden der Mitgliedstaaten ein **Netz von Behörden** zu bilden, die ihre jeweiligen Zuständigkeiten in enger Zusammenarbeit durch effiziente Regelungen für Informationsaustausch und Konsultation wahrnehmen, um sicherzustellen, dass jeder Fall unter Beachtung des Subsidiaritätsprinzips von der für ihn am besten geeigneten Behörde behandelt wird, und um Mehrfachanmeldungen weitestgehend auszuschließen.[2] Dieses Netz ist das sog. **European Competition Network (ECN).**

II. Rechtstatsachen

Seit Inkrafttreten der FKVO sind ca. 8.800 Zusammenschlussvorhaben nach Art. 4 bei der Kommission angemeldet worden, im Durchschnitt circa 270 pro Jahr (Stand 28.2.2023). Höhepunkte der Merger-Welle wurden im Jahr 2007 mit 402 Anmeldungen, im Jahr 2018 mit 414 Anmeldungen und im Jahr 2021 mit 405 Anmeldungen erreicht.[3] Von der erst seit dem 1.5.2004 bestehenden Möglichkeit, nach Abs. 4 vor der Anmeldung die Verweisung von der Kommission an einen Mitgliedstaat zu beantragen, wurde in 214 Fällen Gebrauch gemacht,[4] wogegen sich die Verweisung von den Mitgliedstaaten an die Kommission nach Abs. 5 noch größerer Beliebtheit erfreut. Bis Februar 2023 waren es 426 Anträge, von denen nur sieben von Mitgliedstaaten abgelehnt wurden. Die Fälle, in denen Mitgliedstaaten schon vor der Antragstellung signalisieren, dass sie nicht zustimmen würden, werden allerdings von der Statistik nicht erfasst, so dass die Zahl gescheiterter Verweisungsvorhaben tatsächlich höher liegen dürfte.[5] Gleichwohl sprechen die Zahlen dafür, dass die Kommission und die Wettbewerbsbehörden der Mitgliedstaaten bemüht sind, den Verweisungsmöglichkeiten auch praktische Bedeutung zu verleihen.[6] Befürchtungen, dass das Verweisungssystem keine größere praktische Bedeutung erlangen würde,[7] haben sich jedenfalls nicht bewahrheitet.

III. Entstehungsgeschichte

Art. 4, der ursprünglich nur aus drei Absätzen bestand, blieb iRd Reform von 1997 unverändert. Die VO 139/2004 fügte die Abs. 4 und 5 und damit das **System der Verweisungen vor Anmeldung auf Antrag der Anmelder** hinzu. Daneben wurde in Abs. 1 die – weitgehend nur auf dem Papier bestehende – Pflicht gestrichen, Zusammenschlüsse „innerhalb einer Woche" nach dem Vertragsabschluss anzumelden. Diese **Wochenfrist** hatte sich in der Praxis als unrealistisch und überflüssig erwiesen. Die Kommission nahm die Überschreitung der Frist hin, solange kein unmittelbarer Vollzug drohte, die Kommission rechtzeitig unterrichtet wurde und die Anmeldung innerhalb eines vernünftigen Zeitraums erfolgte.[8] Es setzte sich dann die Erkenntnis durch, dass die Interessen der Kommission und der Öffentlichkeit schon durch das Vollzugsverbot des Art. 7 Abs. 1 gewahrt waren. Dieses bekräftigend schreibt Abs. 1 UAbs. 1 inzwischen vor, dass Zusammenschlüsse „vor ihrem Vollzug" bei der Kommission anzumelden sind. Schließlich wird durch den geänderten Abs. 1 UAbs. 2 die **Anmeldefähigkeit von Zusammenschlüssen vorverlagert.** Bedurfte es vorher eines Vertragsschlusses oder zumindest einer relativen Verbindlichkeit unter den am Zusammenschluss Beteiligten,[9] ist inzwischen eine Anmeldung auch dann möglich, wenn die beteiligten Unternehmen der Kommission gegenüber glaubhaft machen, dass sie gewillt sind, einen Vertrag zu schließen, oder im Fall eines Übernahmeangebots öffentlich ihre Absicht zur Abgabe eines solchen Angebots bekundet haben.

Im Grünbuch von 2001 hatte die Kommission ursprünglich vorgeschlagen, Art. 1 Abs. 3 dahin zu ändern, dass Zusammenschlüsse, die in drei oder mehr Ländern angemeldet werden müssen, eine gemeinschaftsweite Bedeutung haben und mithin in die Zuständigkeit der Kommis-

---

[2] Vgl. hierzu die Bekanntmachung „Zusammenarbeit Wettbewerbsbehörden", ABl. 2004 C 101, 43.
[3] Vgl. https://ec.europa.eu/competition-policy/mergers/statistics_en, zuletzt abgerufen am 10.3.2023.
[4] Vgl. u.a. Kom., M.3684 – 2.2.2005 – BC Partners/Ish.
[5] Vgl. Kom. 2.2.2005 – Commission Staff Working Paper accompanying the Communication from the Commission to the Council, Report on the functioning of Regulation No 139/2004, COM(2009) 281 final, Rn. 106, erhältlich unter https://eur-lex.europa.eu/legal-content/EN/TXT/PDF/?uri=CELEX:52009SC0808R(01)&from=EN, zuletzt abgerufen am 10.3.2023.
[6] Polley/Schulz International Financial Law Review 2005, Heft 3, 1 (2).
[7] Vgl. etwa Berg Northwestern Journal of International Law & Business 2004, 683 (695).
[8] Drauz/Schroeder, Praxis der europäischen Fusionskontrolle, 3. Aufl. 1995, 192.
[9] Vgl. Drauz/Schroeder, Praxis der europäischen Fusionskontrolle, 3. Aufl. 1995, 189 f.

sion fallen.[10] Nachdem absehbar wurde, dass sich dieser Vorschlag nicht verwirklichen ließ,[11] schwenkte die Kommission um und schlug das heute in Abs. 4 und 5 niedergelegte Verweisungssystem vor,[12] das den Anmeldern die Möglichkeit gibt, vor Anmeldung die Verweisung von Zusammenschlüssen von der Kommission an Mitgliedstaaten und von Mitgliedstaaten an die Kommission zu beantragen.

7 Mit der Durchführungsverordnung VO (EU) Nr. 1269/2013 der Kommission vom 5.12.2013[13] wurde die Verordnung (EG) Nr. 802/2004 zur Durchführung der FKVO geändert, um die Informationsanforderungen bei Anmeldungen zu aktualisieren, straffen und verringern. Gleichzeitig wurde jedoch der Umfang der vorzulegenden internen Unterlagen erweitert. Schließlich wurde der Anwendungsbereich des vereinfachten Formulars ausgeweitet, was auch eine Änderung der Bekanntmachung der Kommission über das vereinfachte Verfahren[14] mit sich brachte.

8 Im Anschluss an eine erste Konsultation in 2013[15] legte die Kommission 2014 im Rahmen einer weiteren Konsultation ein Weißbuch zu einer wirksameren Fusionskontrolle vor. Neben einer möglichen Ausdehnung der FKVO auf nicht-kontrollierende Minderheitsbeteiligungen enthält das Weißbuch auch Überlegungen zum Verweisungssystem der FKVO. Die Kommission schlug vor, bei Abs. 5 das bisherige zweistufige Verfahren (begründeter Antrag mit anschließender Anmeldung) durch ein Verfahren zu ersetzen, bei dem die Parteien ihren Zusammenschluss sofort bei der Kommission anmelden. Die an sich zur Prüfung des Zusammenschlusses berechtigten Mitgliedstaaten hätten weiterhin Gelegenheit, innerhalb von 15 Arbeitstagen der Verweisung zu widersprechen. Diese Frist würde aber nunmehr parallel zur Phase I der Kommission laufen. Im Falle eines Widerspruchs würde die Kommission durch Beschluss feststellen, dass sie nicht länger zuständig ist. Für Abs. 4 schlug die Kommission vor, auf den Nachweis zu verzichten, dass der Zusammenschluss den Wettbewerb in einem Markt erheblich beeinträchtigen könne. Stattdessen sollten die Parteien nur darlegen, dass sich der Zusammenschluss wahrscheinlich in erster Linie auf einen gesonderten Markt in dem betreffenden Mitgliedstaat auswirkt.[16] Zu einem Verordnungsvorschlag ist es noch nicht gekommen,[17] aber die Kommission hat das Thema auch noch nicht aufgegeben.[18]

9 2016 leitete die Kommission eine Bewertung von Verfahrens- und Zuständigkeitsaspekten der EU-Fusionskontrolle ein, deren Ergebnisse 2021 in einer Arbeitsunterlage der Kommission zusammengefasst wurden.[19] Das Vereinfachungspaket von 2013 sei erfolgreich gewesen, aber es gebe noch weitere Fälle, die in der Regel unproblematisch seien, jedoch nicht vom vereinfachten Verfahren erfasst würden. Zudem seien die Informationsanforderungen bei Anmeldungen für bestimmte Zusammenschlüsse möglicherweise zu umfassend.[20] Die sich anschließende Folgenab-

---

[10] Kom. Grünbuch über die Revision der Verordnung (EWG) Nr. 4064/89 des Rates v. 11.12.2001, KOM(2001) 745 endgültig, Rn. 57, abrufbar unter https://eur-lex.europa.eu/legal-content/DE/TXT/PDF/?uri=CELEX:52001DC0745&from=DE, zuletzt abgerufen am 10.3.2023.

[11] Vgl. hierzu Böge WuW 2004, 138 (141).

[12] Vgl. den Vorschlag der Kommission für eine Verordnung des Rates über die Kontrolle von Unternehmenszusammenschlüssen, ABl. 2003 C 20, 4 Rn. 8–19.

[13] ABl. 2013 L 336, 1.

[14] Damals ABl. 2013 C 366, 5.

[15] Kom. Commission Staff Working Document SWD(2013) 239 final, Towards more effective EU merger control, 13–16.

[16] Kom. Weißbuch COM(2014) 449 final, Eine wirksamere Fusionskontrolle, Rn. 59–75, abrufbar unter https://eur-lex.europa.eu/legal-content/dE/TXT/PDF/?uri=CELEX:52014DC0449&rid=2, zuletzt abgerufen am 10.3.2023; vgl. dazu Balitzki ZWeR 2015, 55 und das Summary of replies to the public consultation on the White Paper „Towards more effective EU merger control", Rn. 37–43, das bei der Kommission unter COMP-WEB@ec.europa.eu angefordert werden kann.

[17] Berg/Mäsch/Kellerbauer/Zedler Rn. 4 (Stand 2022).

[18] Rede von Kommissarin Vestager Refining the EU merger control system vor der Studienvereinigung Kartellrecht v. 10.3.2016, abrufbar unter https://www.studienvereinigung.de/sites/default/files/2022-05/mv_speech_merger_policy_studienvereinigung_final_0.pdf, zuletzt abgerufen am 10.3.2023; Summary of replies to the public consultation on evaluation of procedural and jurisdictional aspects of EU merger control (durchgeführt Ende 2016/Anfang 2017), abrufbar unter http://ec.europa.eu/competition/consultations/2016_merger_control/summary_of_replies_en.pdf, zuletzt abgerufen am 10.3.2023.

[19] Commission Staff Working Document SWD(2021) 66 final, abrufbar unter https://competition-policy.ec.europa.eu/system/files/2021-04/SWD_findings_of_evaluation.pdf, zuletzt abgerufen am 10.3.2023.

[20] Hintergrundnotiz (background note) Überprüfung der Durchführungsverordnung zur Fusionskontrollverordnung und Überprüfung der Bekanntmachung der Kommission über ein vereinfachtes Verfahren, S. 2, abrufbar unter https://ec.europa.eu/commission/presscorner/detail/en/IP_22_2806, zuletzt abgerufen am 10.3.2023.

schätzungsphase mündete in Entwürfen[21] und schließlich in einer überarbeiteten Durchführungsverordnung samt Anhängen (Formularen) und einer überarbeiteten Bekanntmachung „Vereinfachtes Verfahren".[22]

IV. Anmeldung von Zusammenschlüssen

1. Anmeldepflicht (Abs. 1). Abs. 1 statuiert die Anmeldepflicht. Zusammenschlüsse sind **vor ihrem Vollzug** anzumelden. Der Vollzug setzt daneben auch noch die Freigabe voraus. Wer einen Zusammenschluss vollzieht, ohne ihn vorher anzumelden, verstößt gegen die Anmeldepflicht und kann gemäß Art. 14 Abs. 2 lit. a bebußt werden, wobei der Verstoß gegen die Anmeldepflicht (lit. a) und der Verstoß gegen das Vollzugsverbot (lit. b) jeweils gesondert sanktioniert werden.[23] Der Wortlaut von Abs. 1 könnte zur Annahme verleiten, dass die Anmeldepflicht mit dem Vertragsschluss, der Veröffentlichung des Übernahmeangebots oder (beim sukzessiven Erwerb von Wertpapieren) dem Erwerb einer die Kontrolle begründenden Beteiligung entstehe. Dem ist jedoch nicht so, wie die Streichung der Wochenfrist zeigt, die die Anmeldepflicht nach hinten verschoben hat.[24] Wenn ein Zusammenschluss nicht innerhalb einer Woche nach Vertragsschluss angemeldet werden muss, muss er auch noch nicht am Tag nach dem Vertragsschluss angemeldet werden. Die Anmeldepflicht konkretisiert sich vielmehr (mit Rückwirkung) erst dann, wenn ohne Anmeldung vollzogen wird, denn ohne den Vollzug hätte noch gar nicht angemeldet werden müssen.[25] Deshalb ist auch die Nichtanmeldung für sich allein gar nicht sanktionsfähig, sondern immer nur zusammen mit einem Verstoß gegen das Vollzugsverbot.[26] Dem entspricht die Praxis der Kommission (→ die Nachweise in Rn. 13). Der EuGH hat entschieden, dass der Grundsatz ne bis in idem bei der Verhängung zweier Bußgelder nach Art. 14 Abs. 2 lit. a und b keine Anwendung findet, weil die Sanktionen von ein und derselben Behörde in ein und demselben Beschluss verhängt werden.[27]

In den Fällen des Art. 7 Abs. 2, also beim Kontrollerwerb im Wege eines öffentlichen Übernahmeangebots und beim Kontrollerwerb im Wege einer Reihe von Rechtsgeschäften mit Wertpapieren, gibt es entgegen dem Wortlaut von Art. 4 Abs. 1 vor dem Vollzug des Zusammenschlusses keine Anmeldepflicht.[28] Art. 7 Abs. 2 erlaubt in solchen Fällen den Vollzug unter der doppelten Voraussetzung, dass der Zusammenschluss gemäß Art. 4 unverzüglich bei der Kommission angemeldet wird und der Erwerber die mit den Anteilen verbundenen Stimmrechte grds. nicht ausübt. Aus Art. 7 Abs. 2 lit. a ergibt sich, dass in solchen Fällen auch die Anmeldung **unverzüglich nach dem Vollzug** des Zusammenschlusses zulässig ist und bei Einhaltung dieser Frist kein Verstoß gegen die Anmeldepflicht vorliegt.

Eine grds. gegebene Anmeldepflicht wird überlagert, wenn ein Mitgliedstaat bei einem Zusammenschluss im **Verteidigungsbereich** zur Wahrung seiner Sicherheitsinteressen die beteiligten Unternehmen unter Berufung auf Art. 346 AEUV auffordert, den Zusammenschluss nicht anzumelden. Soweit Produkte betroffen sind, die eine zivile Anwendung haben, muss hinsichtlich dieser Produkte jedoch angemeldet werden. IÜ wird die Kommission, die in jedem Fall unterrichtet werden sollte, die Auskünfte verlangen, die sie benötigt, um zu prüfen, ob die Voraussetzungen des Art. 346 Abs. 1 lit. b AEUV vorliegen.[29] Eine Anmeldung muss jedenfalls dort erfolgen, wo auch Produkte für die zivile Anwendung oder sog. „Dual-use"-Güter betroffen sind.[30]

Verstöße gegen die Anmeldepflicht sind **bußgeldbewehrt**, Art. 14 Abs. 1 lit. a. Die Kommission hat in sechs Fällen entsprechende Bußgelder verhängt.[31] Wettbewerber, die glauben, dass ein Zusammenschluss zu Unrecht nicht angemeldet und vollzogen wurde, können sich bei der Kommis-

---

[21] Abrufbar unter https://competition-policy.ec.europa.eu/public-consultations/2022-merger-simplification_en, zuletzt abgerufen am 10.3.2023.
[22] ABl. 2023 L 119, 22 und C 160, 1.
[23] Vgl. hierzu auch Hellmann ZIP 2004, 1387 (1388 f.).
[24] Vgl. Dittert WuW 2004, 148 (151); Staebe/Denzel EWS 2004, 194 (197).
[25] Zu weitgehend deshalb Bunte/Maass Rn. 6, der meint, eine Rechtspflicht im eigentlichen Sinn zur Anmeldung bestehe nicht.
[26] Zustimmend Berg/Mäsch/Kellerbauer/Zedler Rn. 9 Fn. 14; FK-KartellR/Birmanns Rn. 31; LMRKM/York von Wartenburg Rn. 2; vgl. auch Klees § 13 Rn. 32.
[27] EuGH 4.3.2020 – C-10/18 P, ECLI:EU:C:2020:149 Rn. 78 und 80 – Mowi; EuG 26.10.2017 – T-704/14, ECLI:EU:T:2017:753 Rn. 344 – Marine Harvest.
[28] AA wohl Wiedemann KartellR-HdB/Wagemann § 17 Rn. 8.
[29] Vgl. NK-EuWettbR/König Rn. 4; von der Groeben/Schwarze/Hatje/König Rn. 4.
[30] NK-EuWettbR/König Rn. 5; von der Groeben/Schwarze/Hatje/König Rn. 5; Kom. 24.11.1994 – M.528 Rn. 1, 9 – British Aerospace/VSEL; Kom. 7.12.1994 – M.529 Rn. 1, 9 – GEC/VSEL.
[31] Stand 28.2.2023; Kom. 18.2.1998 – M.920 – Samsung/AST; 10.2.1999 – M.969 – A. P. Møller; 10.6.2009 – M.4994 – Electrabel/Compagnie Nationale du Rhône; 23.7.2014 – M.7184 – Marine Harvest/Morpol,

sion beschweren. Die Kommission geht solchen Beschwerden nach und ist gehalten, sie zu bescheiden.[32]

14 **2. Anmeldefähigkeit.** Abs. 1 UAbs. 2 legt die Anmeldefähigkeit fest, dh den Zeitpunkt, zu dem Zusammenschlussvorhaben frühestens angemeldet werden können. Wer ein anmeldefähiges Zusammenschlussvorhaben anmeldet, entledigt sich dabei auch der Anmeldepflicht, auch wenn noch gar nicht hätte angemeldet werden müssen. Im Falle eines öffentlichen Übernahmeangebots genügt die öffentliche Bekundung der Absicht zur Abgabe eines solchen Angebots, um die Anmeldefähigkeit zu etablieren. Beim Zusammenschluss qua Vertrag müssen die beteiligten Unternehmen gegenüber der Kommission glaubhaft machen, dass sie gewillt sind, einen Vertrag zu schließen. Erwgr. 34 der FKVO enthält hierzu konkretisierende Beispiele. Die beteiligten Unternehmen können anhand einer von allen beteiligten Unternehmen unterzeichneten Grundsatzvereinbarung, Übereinkunft oder Absichtserklärung darlegen, dass der Plan für den beabsichtigten Zusammenschluss ausreichend konkret ist. Die im Englischen verwendeten Begriffe mögen insoweit anschaulicher sein als die deutschen (agreement in principle, memorandum of understanding, letter of intent).

15 In ihrer Praxis besteht die Kommission nicht immer darauf, dass alle beteiligten Unternehmen schon gewillt sind, einen Vertrag zu schließen.[33] Bei einem Bieterverfahren, in dem zwei sog. industrielle Bieter, also Bieter, die schon über Beteiligungen in der betreffenden Industrie verfügten, gegen eine Reihe von Finanzinvestoren antraten, erlaubte die Kommission den industriellen Bietern die Anmeldung nach Abs. 1 bzw. einen Antrag nach Abs. 4 zu einem Zeitpunkt, zu dem noch nicht feststand, für wen sich der Veräußerer entscheiden würde, damit die industriellen Bieter, denen jeweils ein längeres Fusionskontrollverfahren bevorstand, nicht gegenüber den anderen benachteiligt würden.[34]

16 Es ist allerdings nach wie vor erforderlich, dass das Zusammenschlussvorhaben **hinreichend konkretisiert** ist.[35] Hierzu gehören insbes. die Umstände, die für die Beurteilung erforderlich sind, ob ein Gemeinschaftsunternehmen Vollfunktionscharakter besitzt.[36] So hält die Kommission Gemeinschaftsunternehmen, die sich um eine Lizenz oder Konzession bewerben, inzwischen erst ab Erhalt des Zuschlags für anmeldefähig.[37] Weiter ist erforderlich, dass das Vorhaben innerhalb absehbarer Zeit rechtsverbindlich wird, denn bei zu großem Abstand zwischen Anmeldung und Durchführung des Fusionsvorhabens besteht die Gefahr, dass die wettbewerbliche Entscheidung nicht mehr den möglicherweise geänderten Marktverhältnissen entspricht.[38]

17 Anders als das GWB bezeichnet die FKVO nicht alle Zusammenschlussvorhaben bis zu ihrem Vollzug als Vorhaben. Mit Vertragsschluss handelt es sich schon um einen (noch nicht vollzogenen) Zusammenschluss. Nur das Vorhaben, das noch nicht bis zum Vertragsschluss gediehen ist, ist noch kein Zusammenschluss, sondern nur ein beabsichtigter Zusammenschluss. Diese Differenzierung macht es erforderlich, in Abs. 1 UAbs. 3 klarzustellen, dass im weiteren Wortlaut der Verordnung der Ausdruck „angemeldeter Zusammenschluss" auch beabsichtigte Zusammenschlüsse erfasst, die nach UAbs. 2 angemeldet werden, und dass für die Zwecke der Abs. 4 und 5 der Ausdruck „Zusammenschluss" auch beabsichtigte Zusammenschlüsse iSv UAbs. 2 bezeichnet.

18 Zwischen dem Entstehen der Anmeldefähigkeit und dem letztmöglichen Anmeldezeitpunkt vor einem geplanten Vollzug haben es die Anmelder in der Hand zu bestimmen, wann sie anmelden. Der **zweckmäßige Zeitpunkt der Anmeldung** kann sich bei Mehrfachanmeldungen, also bei gleichzeitiger Anmeldepflicht des Vorhabens in mehreren Drittstaaten, auch nach der Koordinierung der verschiedenen Verfahren richten.[39] In der Praxis besteht allerdings oft ein Druck, Anmeldungen

---

Klage abgewiesen durch EuG 26.10.2017 – T-704/14, ECLI:EU:T:2017:753 und EuGH 4.3.2020 – C-10/18 P, ECLI:EU:C:2020:149 – Mowi; Kom. 24.4.2018 – M.7993 – Altice/PT Portugal, Klage nach Reduzierung des Bußgeldes iÜ abgewiesen durch EuG 22.9.2021 – T-425/18, ECLI:EU:T:2021:607 – Altice Europe, Rechtsmittel anhängig als Rs. C-746/21 P; Kom. 29.6.2019 – M.8179 – Canon/Toshiba, Klage abgewiesen durch EuG 18.5.2022 – T-609/19, ECLI:EU:T:2022:299 – Canon.

[32] Vgl. EuGH 25.9.2003 – C-170/02 P, Slg. 2003, I-9889 Rn. 28 – Schlüsselverlag J. S. Moser.
[33] S. bspw. Kom. 21.2.2008 – M.4687 – Sacyr Vallehermoso/Eiffage.
[34] Kom. 14.2.2005 – M.3674 – Iesy Repository/Ish und 2.3.2005 – M.3684 – BC Partners/Ish; dazu auch Bunte/Maass Rn. 10.
[35] Vgl. hierzu Drauz/Schroeder, Praxis der europäischen Fusionskontrolle, 3. Aufl. 1995, 190; GK/Schütz Rn. 17.
[36] Drauz/Schroeder, Praxis der europäischen Fusionskontrolle, 3. Aufl. 1995, 190; GK/Schütz Rn. 17.
[37] Kom., Mitteilung „Zuständigkeit" Rn. 105; Wiedemann KartellR-HdB/Wagemann § 17 Rn. 5.
[38] Drauz/Schroeder, Praxis der europäischen Fusionskontrolle, 3. Aufl. 1995, 189 f.; Schröter/Jakob/Mederer, Kommentar zum Europäischen Wettbewerbsrecht/Stoffregen, 2003, Rn. 13; Wiedemann KartellR-HdB/Wagemann § 17 Rn. 6.
[39] Vgl. Dittert WuW 2004, 148 (151 f.).

IV. Anmeldung von Zusammenschlüssen 19–23 **Art. 4 FKVO**

möglichst frühzeitig einzureichen, damit möglichst rasch vollzogen werden kann, dem entgegensteht, dass eine Anmeldung erst dann eingereicht werden sollte, wenn sie hinreichend vorbereitet ist.

3. Anmelder (Abs. 2). a) Erwerb von Alleinkontrolle. Abs. 2 regelt, wer anzumelden hat, 19 und differenziert dabei nach der Art des Zusammenschlusses. Beim Erwerb von Alleinkontrolle ist die Anmeldung von der Person oder dem Unternehmen vorzunehmen, die oder das die Kontrolle über die Gesamtheit oder über Teile eines oder mehrerer Unternehmen erwirbt. Das Zielunternehmen ist nicht zur Anmeldung verpflichtet. Dies gilt – anders als im deutschen Recht – erst recht für den Veräußerer. Auch er ist zur Anmeldung nicht verpflichtet. Das Zielunternehmen und der Veräußerer sind auch nicht zur Anmeldung berechtigt. Auch wenn die Kommission in der Vergangenheit gelegentlich Anmeldungen entgegengenommen hat, die vom Veräußerer oder dem Zielunternehmen mitunterzeichnet waren, muss damit gerechnet werden, dass solche Anmeldungen, so wie im Fall Vivendi/Canal+/Seagram, für unvollständig erklärt werden.[40] Ob solche Anmeldungen, die mehr enthalten, als sie sollten, wirklich unvollständig sind bzw. unrichtige oder irreführende Angaben enthalten (Art. 5 Abs. 4 DVO FKVO), ist eine andere Frage,[41] kommt aber im Ergebnis auf das Gleiche hinaus.

b) Erwerb von Mitkontrolle. Bei der Begründung einer gemeinsamen Kontrolle iSd Art. 3 20 Abs. 1 lit. b sind die an der Begründung der gemeinsamen Kontrolle Beteiligten verpflichtet, gemeinsam anzumelden. Würde man hier auf den Wortlaut und die Mitteilung „Zuständigkeit" abstellen, würde hierzu im Fall des Erwerbs der gemeinsamen Kontrolle über ein bereits bestehendes Unternehmen auch das zu übernehmende, bereits bestehende Unternehmen gehören.[42] Gemeint ist jedoch – entspr. der Regelung des Erwerbs von Alleinkontrolle –, dass die die gemeinsame Kontrolle erwerbenden Unternehmen gemeinsam anzumelden haben.[43] Die materielle Beteiligteneigenschaft und die Anmeldepflicht fallen damit in den beiden Fallgruppen des Kontrollerwerbs auseinander.[44] Beim Erwerb der gemeinsamen Kontrolle über ein neugegründetes Unternehmen oder über ein bestehendes Unternehmen sind also die Unternehmen anmeldeverpflichtet, die nach Vollzug der Transaktion gemeinsame Kontrolle ausüben werden. Hierzu kann auch ein Unternehmen gehören, das vorher schon Allein- oder Mitkontrolle über ein bestehendes Unternehmen hatte. Beim Erwerb der gemeinsamen Kontrolle durch ein Gemeinschaftsunternehmen lassen sich jedoch die Grundsätze der Mitteilung „Zuständigkeit" auf Erwerberseite heranziehen. Die Anmeldepflicht trifft entweder das Kontrolle erwerbende Gemeinschaftsunternehmen oder dessen Muttergesellschaften, je nachdem, ob es sich um ein Vollfunktionsgemeinschaftsunternehmen handelt oder nicht.[45]

c) Fusion. Bei der Fusion **(Verschmelzung)** iSd Art. 3 Abs. 1 lit. a, bei der zwei oder mehr 21 bisher voneinander unabhängige Unternehmen oder Unternehmensteile fusionieren, ist der Zusammenschluss von den an der Fusion beteiligten Unternehmen gemeinsam anzumelden. Die fusionierenden Unternehmen sind auch die beteiligten Unternehmen iSd Mitteilung „Zuständigkeit".[46]

d) Nachweis der Vertretungsbefugnis. Gemäß Art. 2 Abs. 2 DVO FKVO haben externe 22 Vertreter von Personen oder Unternehmen, die die Anmeldung unterzeichnen, ihre Vertretungsbefugnis schriftlich nachzuweisen, also durch Vorlage einer schriftlichen Vollmacht, die sich an einer auf der Webseite des GD Wettbewerb erhältlichen Mustervollmacht orientieren kann.[47] Mit Vertreter ist hier nur der **externe Vertreter** gemeint, regelmäßig ein Anwaltsbüro, was seit der insoweit klarstellenden Änderung der Vorgängervorschrift im Jahr 2013 unstreitig sein sollte.[48] Unternehmensinterne Personen, die eine Anmeldung unterzeichnen wollen, müssen gesetzlich befugt sein, im Namen des Unternehmens zu handeln.[49]

e) Gemeinsamer Vertreter. Die noch in Art. 2 Abs. 3 der VO (EG) 802/2004 enthaltene 23 Regelung, dass gemeinsame Anmeldungen (also Anmeldungen beim Erwerb gemeinsamer Kontrolle

---

[40] Kom. 13.10.2000 – M.2050 – Vivendi/Canal+/Seagram, Rn. 1 f., vgl. auch Wiedemann KartellR-HdB/Wagemann § 17 Rn. 16.
[41] So inzwischen auch Bunte/Maass Rn. 21.
[42] Kom., Mitteilung „Zuständigkeit", ABl. 2009 C 43, 10 Rn. 140.
[43] Vgl. Kom., Formblatt CO, Einl. Abschn. 1.3, Anhang I der VO (EG) 802/2004, ABl. 2004 L 133, 1 idF der VO 1269/2013, ABl. 2013 L 336, 1; ein entsprechender Hinweis fehlt im Formular CO von 2023, findet sich aber im Vereinfachten Formular CO, Einf. Rn. 7.
[44] GK/Schütz Rn. 19.
[45] Vgl. die Mitteilung „Zuständigkeit", Rn. 145–147.
[46] Kom., Mitteilung „Zuständigkeit", Rn. 132.
[47] Kom., Formular CO, Einf. Rn. 16.
[48] Gleichwohl noch aA NK-EuWettbR/König Rn. 22; von der Groeben/Schwarze/Hatje/König Rn. 22.
[49] Kom., Formular CO, Einf. Rn. 16.

24 **4. Vorbereitung der Anmeldung.** Einer der gravierendsten Fehler, die man bei nicht völlig unproblematischen Fällen (→ Rn. 29) im EU-Fusionskontrollverfahren machen kann, ist, eine Anmeldung ohne vorherige Kontaktaufnahme mit der Kommission einzureichen (sog. cold filing). Die Kommission legt normalerweise Wert auf vorbereitende Kontakte, die sich häufig und häufiger über viele Monate hinziehen können.[50] Das Gericht der Europäischen Union hat in einem obiter dictum anerkannt, dass das Verfahren informeller Gespräche unter dem Gesichtspunkt des Grundsatzes der ordnungsgemäßen Verwaltung von wesentlichem Interesse ist.[51] Das empfohlene Prozedere ist in Abschnitt 3 der nur auf Englisch erhältlichen **Best Practices on the conduct of EC merger control proceedings**[52] beschrieben, die bei Art. 6 insgesamt näher kommentiert werden.

25 Entspr. der Vorgabe in Erwgr. 9 DVO FKVO gibt die Kommission den Anmeldern und anderen an dem Zusammenschlussvorhaben Beteiligten auf deren Wunsch bereits vor der Anmeldung Gelegenheit zu **informellen und vertraulichen Gesprächen.** Solche Gespräche liegen nicht nur im Interesse der Anmelder, sondern auch in dem der Kommission. Die frühzeitige Befassung mit einem Fall erleichtert die Einhaltung der kurzen Fristen des eigentlichen Fusionskontrollverfahrens. Bei noch nicht bekannt gewordenen Transaktionen lassen sich die beteiligten Unternehmen nur dann auf vorbereitende Gespräche ein, wenn sie sich darauf verlassen können, dass die **Vertraulichkeit** gewahrt ist. Dessen ist sich die Kommission bewusst, und es sind in der bisherigen, inzwischen über dreißigjährigen Praxis auch keine Vertraulichkeitsbrüche bekannt geworden.[53] Es ist im Interesse beider Seiten, die Gespräche in einer möglichst offenen und konstruktiven Atmosphäre zu führen. Die Mitteilung „Merger Best Practices" empfiehlt die Teilnahme nicht nur der rechtlichen Berater, sondern auch von Geschäftsleuten, die mit den betroffenen Märkten vertraut sind.

26 **Inhaltlich** geben die vorbereitenden Gespräche die Gelegenheit, folgende Themen vorzubereiten oder gar schon abzuklären: die Zuständigkeit der Kommission (einschließlich der Frage, ob bei einem Gemeinschaftsunternehmen ein Zusammenschluss iSd FKVO vorliegt) und anderer Wettbewerbsbehörden, eventuelle Verweisungsanträge, materiellrechtliche Fragen, die sich im Verfahren stellen werden (Marktdefinition, Bewertung bestimmter Marktfaktoren), die Bestimmung betroffener Märkte und von Märkten mit potenziell erheblichen Auswirkungen iSd Formulars CO, die Befreiung von dem Erfordernis, bestimmte im Formular CO verlangte Angaben in der Anmeldung beizubringen (→ Rn. 76), und den weiteren zeitlichen Ablauf des Verfahrens. Die GD Wettbewerb empfiehlt, in geeigneten Fällen auch schon frühzeitig auf bei der Bewertung des Zusammenschlusses einzubeziehende Effizienzvorteile einzugehen und auch schon interne Dokumente, wie für die Gesellschaftsorgane erstellte Analysen, Berichte, Studien oder Erhebungen vorzulegen, die den Zusammenschluss, seinen wirtschaftlichen Hintergrund sowie die wettbewerbliche Bedeutung oder den Marktzusammenhang darstellen, in dem er stattfindet.

27 **Zeitlich** sollte spätestens zwei Wochen[54] vor der geplanten Anmeldung Kontakt mit der Kommission aufgenommen werden, in komplexen Fällen deutlich früher. Üblicherweise bitten die Anmelder die Kommission in einem **case team allocation request** (Antrag auf Zuweisung zu einem Sachbearbeiterteam),[55] ein case team für ihren Fall zusammenzustellen. Da die Organisationsbesprechungen der GD Wettbewerb einmal wöchentlich stattfinden (derzeit montags), empfiehlt es sich, den case team allocation request rechtzeitig vor einer solchen Besprechung einzureichen. Dieser ersten Kontaktaufnahme folgt in komplexeren Fällen üblicherweise ein briefing paper. Dieses enthält eine kurze Beschreibung des Zusammenschlusses und seines Hintergrunds, eine kurze Beschreibung der betroffenen Sektoren und Märkte und eine allgemeine Einschätzung der Auswirkung des Zusammenschlusses auf den Wettbewerb.

---

[50] Dethmers ECLR 2016, 435 (448): „which can easily take six months or even more in cases that pose substantive issues"; vgl. auch die Statistiken bei Cook Concurrences N° 2-2017, 1 ff.
[51] EuG 24.3.1994 – T-3/93, Slg. 1994, II-121 Rn. 67 – Air France.
[52] Kom., Best Practices on the conduct of EC merger control proceedings (Mitteilung „Merger Best Practices"), Rn. 5–25, abrufbar unter http://ec.europa.eu/competition/mergers/legislation/proceedings.pdf, zuletzt abgerufen am 10.3.2023.
[53] Vgl. auch Berg/Mäsch/Kellerbauer/Zedler Rn. 7 Fn. 7.
[54] Kom., Vereinfachtes Formular CO, Einf. Rn. 9 aE; Berg/Mäsch/Mudrony Art. 1 FK-DVO Rn. 5: drei Wochen.
[55] Abrufbar unter http://ec.europa.eu/competition/mergers/case_allocation_request.rtf, zuletzt abgerufen am 10.3.2023.

28 Danach finden die Kontakte mit dem case team statt. Der Vorbereitung der ersten Besprechung mit dem case team dient das oben genannte briefing paper oder auch schon ein Entwurf der Anmeldung.[56] Das Dokument sollte dem case team drei Arbeitstage vor der Besprechung zur Verfügung stehen. In einfach gelagerten Fällen mag die Besprechung auch entbehrlich sein, und fernmündliche oder schriftliche Kommentare des case teams mögen genügen. Falls die erste Besprechung auf der Grundlage eines briefing papers stattfand, folgt üblicherweise als nächstes ein Entwurf der Anmeldung. Die GD Wettbewerb sollte fünf Arbeitstage haben, um den Entwurf auf seine Vollständigkeit durchzusehen. Kommentare erfolgen fernmündlich oder in einer weiteren Besprechung. Ggf. wird dann auch die Vollständigkeit des Entwurfs bestätigt. Inzwischen sind in komplexeren Fällen **Auskunftsersuchen** der Kommission nach Art. 11 auch schon vor Anmeldung üblich geworden.[57] An Dritte kann die Kommission Auskunftsersuchen in dieser Phase des Verfahrens aber nur richten, wenn die Transaktion nicht mehr vertraulich ist und die Beteiligten mit dem Vorgehen einverstanden sind.[58]

29 Inzwischen gibt es eine Ausnahme, in der die Kommission **Vorgespräche als entbehrlich** ansieht. Anmelder können den Zusammenschluss (nahezu) ohne Vorabkontakte anmelden, wenn er in eine von zwei bestimmten Kategorien des vereinfachten Verfahrens fällt (→ dazu Rn. 58). Dies betrifft zum einen Gemeinschaftsunternehmen, die keinen gegenwärtigen oder geplanten Umsatz oder Vermögenswerte im EWR aufweisen, zum anderen Zusammenschlüsse, die weder zu horizontalen Überschneidungen noch zu vertikalen Beziehungen führen.[59] Letzteres setzt natürlich voraus, dass sich die Anmelder in der Abgrenzung der relevanten sachlichen und geographischen Märkte sicher sind. Fehler können sich hier insbesondere dann auswirken, wenn Märkte von den Anmeldern zu eng definiert werden und sie deshalb meinen, dass es nicht zu einer Überschneidung kommt. Allerdings muss auch in diesen Fällen, die die Kommission in einem weiter gestrafften, **„stark vereinfachten" Verfahren** prüfen will,[60] ein Antrag auf Zuweisung zu einem Sachbearbeiterteam (case team allocation request) gestellt werden, in dem die Art des Zusammenschlusses, die Randnummer der Bekanntmachung „Vereinfachtes Verfahren", unter die er fällt (also Rn. 5 lit. a oder c der Bekanntmachung) und der voraussichtliche Tag der Anmeldung angegeben werden. Dieser Antrag ist mindestens eine Woche vor der geplanten Anmeldung zu stellen.[61]

30 **5. Form der Anmeldung.** Anders als bei einer Anmeldung nach § 39 Abs. 3 GWB verlangt die Anmeldung nach dem Formular CO den Anmeldern **umfangreiche Informationen** ab. Entsprechend ist die Vorbereitung einer Anmeldung oft aufwändiger als im nationalen deutschen Verfahren und die Anmeldungen nach dem Formular CO sind durchweg länger als die deutschen. Anders als im deutschen oder US-amerikanischen Fusionskontrollverfahren, sollen der Kommission von Anfang an möglichst sämtliche Informationen vorliegen, die sie möglicherweise benötigt, um – nach Anhörung der Wettbewerber und Nachfrager – eine Entscheidung nach Art. 6 treffen zu können. Dieser Ansatz kann zu unsachgemäßen Belastungen der Anmelder führen, denen nur durch großzügigen Gebrauch von den Befreiungsmöglichkeiten beizukommen ist. Zu einer Entlastung ist es auch durch die Einführung und Ausweitung des vereinfachten Verfahrens gekommen.

31 **a) Formular CO.** Für die Anmeldung ist das im Anhang I zur DVO FKVO abgedruckte, 2023 neu gefasste Formular CO zu verwenden, wenn nicht die Voraussetzungen für eine Anmeldung mit dem Vereinfachten Formular CO (Anhang II) vorliegen. Auch bei **mehreren Anmeldern** ist für einen Zusammenschluss nur ein **einziges Formular** zu verwenden (Art. 3 Abs. 1 DVO FKVO). Dem Interesse mehrerer Anmelder, ihre Geschäftsgeheimnisse auch gegenüber den anderen Anmeldern zu wahren, trägt die Möglichkeit Rechnung, Unterlagen, die solche Geschäftsgeheimnisse enthalten, gesondert als Anlage mit einem entsprechenden Vermerk in der Anmeldung einzureichen.[62]

32 Das Formular CO ist über weite Teile kein echtes Formular in dem Sinne, dass Kästchen auszufüllen wären.[63] Es ist vielmehr in erster Linie eine Fragenliste, deren Fragen sämtlich in einem Dokument beantwortet werden müssen. Es vereinfacht die Übersicht für alle Beteiligten und hat sich in der Praxis eingebürgert, in der Anmeldung die Fragen des Formulars der jeweiligen Antwort

---

[56] Die Kom. erwähnt in Rn. 8 der Einf. des Formulars CO nur den Entwurf des ausgefüllten Formulars CO.
[57] Dethmers ECLR 2016, 435 (445).
[58] Berg/Mäsch/Mudrony Art. 1 FK-DVO Rn. 6.
[59] Kom., Bekanntmachung „Vereinfachtes Verfahren", Rn. 26.
[60] Kom., Bekanntmachung „Vereinfachtes Verfahren", Rn. 26.
[61] Kom., Bekanntmachung „Vereinfachtes Verfahren", Rn. 29; Vereinfachtes Formular CO, Einf. Rn. 9.
[62] Kom., Formular CO, Einf. Rn. 23.
[63] Vgl. schon Drauz/Schroeder, Praxis der europäischen Fusionskontrolle, 3. Aufl. 1995, 194.

33 Die in den Abschnitten 1–10 des Formulars CO verlangten Angaben müssen grundsätzlich in allen Fällen gemacht werden und sind Voraussetzung für die **Vollständigkeit der Anmeldung**.[65] Letzteres gilt auch für Abschnitt 12, der bei Gemeinschaftsunternehmen erforderlich ist, um deren mögliche kooperative Wirkungen beurteilen zu können.[66] Die Angaben zu Effizienzvorteilen in Abschnitt 11 sind dagegen freiwillig und spielen bei der Beurteilung der Vollständigkeit der Anmeldung keine Rolle.[67]

34 Zur Vollständigkeit der Anmeldung gehört insbesondere auch, dass die 2023 neu eingefügten Teilabschnitte 5.5. und 5.6 des Formulars CO ausgefüllt werden.[68] Anmelder müssen in der Anmeldung die **Daten** beschreiben, **die jeder an dem Zusammenschluss Beteiligte im Rahmen seiner normalen Geschäftstätigkeit erhebt und speichert** und die für eine quantitative ökonomische Analyse nützlich sein könnten. Zu den hier beizubringenden Informationen gehören die Art der Daten, ihre Disaggregationsebene, der Zeitraum, für den die Daten verfügbar sind und ihr Format sowie die Datenquelle.[69] Erläutert werden soll auch die Verwendung der Daten im normalen Geschäftsverlauf.[70]

35 Für welche (sachlichen und geographischen) Märkte die Abschnitte 6–10 des Formulars CO (und welche von diesen) auszufüllen sind, hängt davon ab, ob es sich bei den Märkten um sog. betroffene Märkte iSd Formulars CO handelt und ob sie in eine bestimmte Kategorie der Bekanntmachung „Vereinfachtes Verfahren" fallen. **Betroffene Märkte** sind jetzt in der Einführung zum Formular CO definiert als alle sachlich und räumlich relevanten Märkte (sowie plausible alternative sachlich und räumlich relevante Märkte), auf denen sich die Tätigkeiten der Beteiligten horizontal überschneiden oder vertikal miteinander verbunden sind und die weder für eine Prüfung nach Rn. 5 der Bekanntmachung „Vereinfachtes Verfahren" noch für die Anwendung der Flexibilitätsklauseln der Rn. 8 dieser Bekanntmachung in Betracht kommen.[71] Die Definition der betroffenen Märkte enthält damit ein positives und ein negatives Tatbestandsmerkmal. Das positive ist das Vorliegen einer **horizontalen oder vertikalen Beziehung**[72] zwischen den Zusammenschlussbeteiligten auf dem geprüften Markt. Das negative Tatbestandsmerkmal ist, dass der Markt **nicht die Voraussetzungen bestimmter Fallgruppen** (→ Rn. 58 ff.) der Bekanntmachung „Vereinfachtes Verfahren" erfüllt.[73] Ob Letzteres der Fall ist, ist zunächst einmal eine technische Prüfung, die sich an den Marktanteilen der Beteiligten oder auch an Umsatz und Vermögenswerten eines Gemeinschaftsunternehmens im EWR orientiert. Die Liste von Schutzklauseln und Ausschlussbestimmungen[74] in der Bekanntmachung „Vereinfachtes Verfahren" sollte insoweit keine Rolle spielen, denn sie schließt nicht aus, dass ein Zusammenschluss für Rn. 5 oder 8 dieser Bekanntmachung in Betracht kommt.

36 Für nach dieser Definition betroffene Märkte sind die Abschnitte 6, 8, 9 und 10 des Formulars CO auszufüllen. Abschnitt 7 ist dagegen auszufüllen, wenn ein Markt unter die Flexibilitätsklausel der Rn. 8 der Bekanntmachung „Vereinfachtes Verfahren" fällt (gemeinsamer horizontaler Marktanteil im Bereich 20–25 %, vertikale Marktanteile im Bereich 30–35 % oder von unter 50 %, wenn die Anteile auf den anderen vertikal verbundenen Märkten unter 10 % liegen) und damit kein betroffener Markt ist. Liegt bei einen solchen Markt jedoch ein Umstand aus der Schutzklausel- und Ausschlussbestimmungsliste vor, müssen die in den Abschnitten 6, 8, 9 und 10 geforderten Angaben gemacht werden, es sei denn, die Kommission akzeptiert nach Erläuterung in Teilabschnitt 7.4, dass der Markt gleichwohl keinen Anlass zu Wettbewerbsbedenken gibt. Die Anwender werden

---

[64] Schröter/Jakob/Mederer, Kommentar zum Europäischen Wettbewerbsrecht/Stoffregen, 2003, Rn. 21 Fn. 45.
[65] Kom., Formular CO, Einf. Rn. 3.
[66] Kom., Formular CO, Einf. Rn. 3.
[67] Kom., Formular CO, Einf. Rn. 3.
[68] Kom., Formular CO, Einf. Rn. 27.
[69] Kom., Formular CO, Abschn. 5.5.
[70] Kom., Formular CO, Abschn. 5.6.
[71] Kom., Formular CO, Einf. Rn. 25 lit. g.
[72] Bei der Frage, ob eine horizontale Überschneidung oder eine vertikale Beziehung besteht, wird jetzt auch die Entwicklung von Pipeline-Produkten berücksichtigt. Horizontale Überschneidungen und vertikale Beziehungen können zwischen verschiedenen Pipeline-Produkten oder zwischen einem oder mehreren auf dem Markt befindlichen Produkten und einem oder mehreren Pipeline-Produkten bestehen, Kom., Formular CO, Einf. Rn. 25 lit. d und f.
[73] Dies wirft das dogmatisch interessante Frage auf, ob es zulässig ist, in der Anlage zu einer Verordnung, die damit selbst Verordnungsrang hat, inhaltlich auf eine Bekanntmachung der Kommission zu verweisen, die ihrerseits sehr viel einfacher geändert werden kann als die Verordnung.
[74] Kom., Bekanntmachung-E „Vereinfachtes Verfahren", Rn. 11 ff.

IV. Anmeldung von Zusammenschlüssen 37–42 **Art. 4 FKVO**

außerdem gebeten,[75] die Abschnitte 6, 8, 9 und 10 auch für Märkte mit potenziell erheblichen Auswirkungen iSd Abschnitts 6.3 des Formulars CO auszufüllen (→ Rn. 45). Die Abschnitte 6, 8, 9 und 10 können damit für eine ganze Reihe von Märkten auszufüllen sein. Insoweit können Anmelder erwägen, ob sie die nummerische Reihenfolge strikt einhalten wollen oder ob es sich anbietet, für jeden einzelnen Markt (oder jede Gruppe von Märkten) diese Abschnitte separat darzustellen.[76]

aa) Beschreibung des Zusammenschlusses (Abschnitt 1). In Abschnitt 1 geht es um eine Kurzübersicht über den geplanten Zusammenschluss und eine nicht-vertrauliche Zusammenfassung, die auf der Website der Kommission veröffentlicht wird. Die Frage in Teilabschnitt 1.1 nach den strategischen und wirtschaftlichen Beweggründen für den Zusammenschluss gibt erste Gelegenheit, zu den durch den Zusammenschluss entstehenden Effizienzvorteilen vorzutragen. 37

bb) Angaben zu den Beteiligten (Abschnitt 2). Hier werden die Kontaktdaten der an dem Zusammenschluss Beteiligten und der Vertreter abgefragt. Beteiligte sind die erwerbenden, die zu erwerbenden oder die sich zusammenschließenden Unternehmen.[77] Der Veräußerer ist nicht Beteiligter, es sei denn, es werden rechtlich nicht sämtlich selbstständige Teile eines Unternehmens erworben, dann muss hier das veräußernde Unternehmen angegeben werden. Zum Nachweis der Vertretungsbefugnis von Vertretern → Rn. 22. 38

cc) Nähere Angaben zum Zusammenschluss, zu den Eigentumsverhältnissen und zur Kontrolle (Abschnitt 3). In Abschnitt 3 erfolgt dann eine eingehendere Darstellung des Zusammenschlusses. In den Teilabschnitten 3.1.1 und 3.1.6 geht es um die Konzernunternehmen vor und nach dem Zusammenschluss. Anders als in Art. 5 Abs. 4 zur Umsatzzurechnung wird hier nicht an Formaltatbestände angeknüpft, sondern an die effektive Kontrolle (auch Mitkontrolle). Die Frage nach den wirtschaftlichen Beweggründen für den Zusammenschluss in Teilabschnitt 3.2 ist eine weitere Gelegenheit, Effizienzvorteile dazulegen. Gemäß Teilabschnitt 3.4.1 sind staatliche Beihilfen darzulegen und ob diese Gegenstand eines Beihilfeverfahrens der Union sind oder waren. Der neue Teilabschnitt 3.4.2 erkundigt sich nach erfolgten oder beabsichtigten Anmeldungen nach Art. 20 der VO (EU) 2022/2560 (drittstaatliche Subventionen). Staaten außerhalb des EWR, in denen der Zusammenschluss angemeldet oder geprüft wurde oder wird, sind aufzulisten (Teilabschnitt 3.5). Teilabschnitte 3.6 und 3.7 fragen nach Minderheitsbeteiligungen von 10 % und mehr an und von Wettbewerbern auf betroffenen Märkten. Auf diese Märkte bezieht sich auch die Frage nach in den letzten drei Jahren erworbenen Unternehmen. 39

dd) Umsatz (Abschnitt 4). Die Umsatzangaben in Abschnitt 4 dienen der Zuständigkeitsprüfung. Sie sind zum durchschnittlichen Wechselkurs in den betreffenden Jahren oder dem betreffenden Zeitraum anzugeben.[78] Die Umsatzdaten sind unter Verwendung einer Mustertabelle der Kommission zu übermitteln, die auf der Webseite der GD Wettbewerb verfügbar ist. Ein häufiger Fehler ist, die Schweiz als EFTA-Staat aufzuführen. EFTA-Staaten im Sinne des EWR-Abkommens und damit auch der FKVO sind derzeit nur Island, Liechtenstein und Norwegen. 40

ee) Sachdienliche Unterlagen und Daten (Abschnitt 5). Unter Teilabschnitt 5.1 sind die den Zusammenschluss herbeiführenden Verträge vollständig vorzulegen, soweit es sie noch nicht gibt, deren jüngste Fassung, also auch Entwürfe. Da öffentliche Übernahmeangebote nicht nur in Teilabschnitt 5.2, sondern auch in 5.1 aufgeführt sind, muss wohl neben dem jüngsten Schriftstück, das die Absicht eines öffentlichen Übernahmeangebots belegt, auch insoweit der aktuellste Entwurf vorgelegt werden. Die endgültige Fassung ist in jedem Fall nach Teilabschnitt 5.2 nachzureichen. Wenn Geschäftsberichte und Jahresabschlüsse iSv Teilabschnitt 5.3 im Internet verfügbar sind, genügt die Angabe der Webseite, von der sie abgerufen werden können. Ansonsten müssen Kopien mit der Anmeldung eingereicht werden. 41

Nach Teilabschnitt 5.4 sind bestimmte Kopien von Unterlagen vorzulegen, die von Mitgliedern der Leitungs- oder der Aufsichtsorgane oder anderen Personen, die eine ähnliche Funktionen ausüben (oder denen eine solche Funktion übertragen oder die damit betraut wurden), oder von der Anteilseignerversammlung bzw. für die Vorgenannten erstellt worden sind oder bei ihnen eingegangen sind. Teilabschnitt 5.4 lit. a fragt insoweit nach Protokollen der Sitzungen der Leitungs- und Aufsichtsorgane und der Anteilseignerversammlung, in denen die Transaktion erörtert wurde oder Auszüge aus diesen Protokollen, die die Erörterung der Transaktion betreffen. Nach Teilab- 42

---

[75] Das ist wenigstens keine Frage der Vollständigkeit der Anmeldung.
[76] Kom., Formular CO, Einf. Rn. 17.
[77] Kom., Formular CO, Einf. Rn. 25 lit. a.
[78] Kom., Formular CO, Abschn. 4 verweist insoweit auf die Konsolidierte Mitteilung der Kommission zu Zuständigkeitsfragen.

schnitt 5.4 lit. b sind Analysen, Berichte, Studien, Erhebungen, Präsentationen und vergleichbare Unterlagen zur Bewertung oder Analyse des Zusammenschlusses mit Blick auf die Beweggründe vorzulegen (einschließlich Unterlagen, in denen die Transaktion unter dem Gesichtspunkt möglicher alternativer Übernahmen erörtert wird), weiter auch Unterlagen, in denen die Marktanteile, die Wettbewerbsbedingungen, die (vorhandenen und potenziellen) Wettbewerber, die Möglichkeiten für Umsatzwachstum oder Expansion in andere sachlich oder räumlich relevante Märkte und/ oder die allgemeinen Marktbedingungen bewertet oder analysiert werden. Teilabschnitt 5.4 lit. c verlangt Analysen, Berichte, Studien, Erhebungen und vergleichbare Unterlagen der letzten zwei Jahre, die dazu dienen, betroffene Märkte iSd Formulars CO mit Blick auf die Marktanteile, Wettbewerbsbedingungen, (vorhandene und potenzielle) Wettbewerber und/oder Möglichkeiten für Umsatzwachstum oder Expansion in andere sachlich oder räumlich relevante Märkte zu bewerten (Marktstudien). Damit steht Teilabschnitt 5.4 dem Item 4(c) der Premerger Notification and Report Form des US-amerikanischen Hart-Scott-Rodino Antitrust Improvements Act nicht nach. Heute geht die Kommission in schwierigen Fällen auch noch weit über die nach Teilabschnitt 5.4 vorzulegenden Unterlagen hinaus. Insbesondere lässt sie inzwischen auch gerne die Parteien ihre im Unternehmen bei bestimmten custodians vorhandenen elektronischen Dokumente (einschließlich E-Mails) nach Schlagworten durchsuchen und vorlegen. Zum Schutz von Dokumenten, die dem europäischen **Anwaltsprivileg** unterliegen → VO 1/2003 Art. 20 Rn. 1 ff. Es kann sich im Einzelfall auch empfehlen, Dokumente, die dem erheblich weiteren US-amerikanischen Anwaltsprivileg unterfallen, entsprechend zu kennzeichnen und in einem US privilege log aufzuführen, so dass sie die Kommission mit den US-amerikanischen Kartellbehörden nicht austauscht.

43 In den neuen Teilabschnitten 5.5 und 5.6 geht es um die schon in → Rn. 34 erwähnten **Daten**. Die Daten selbst müssen hier noch nicht vorgelegt werden, aber es muss (im Interesse des Teams des Chief Competition Economist) beschrieben werden, welche Daten jeder an dem Zusammenschluss Beteiligte im Rahmen seiner normalen Geschäftstätigkeit erhebt und speichert und die für eine quantitative ökonomische Analyse nützlich sein könnten. Dazu muss die Art der Daten beschrieben werden, die Disaggregationsebene, der Zeitraum, für den die Daten verfügbar sind, ihr Format und schließlich die Datenquelle. Darüber hinaus ist darzulegen, wie diese Daten im normalen Geschäftsverlauf verwendet werden.

44 **ff) Marktabgrenzung (Abschnitt 6).** Teilabschnitt 6.1 fragt nach allen plausiblen Abgrenzungen der relevanten Märkte, bei denen der geplante Zusammenschluss zu **betroffenen Märkten** führen könnte. Die Anmelder müssen dabei auch erläutern, wie der sachlich und der räumlich relevante Markt ihrer Auffassung nach abgegrenzt werden sollten. Zu der in Rn. 25 lit. g der Einführung des Formulars CO enthaltenen Definition der betroffenen Märkte → Rn. 35. Betroffene Märkte in diesem Sinne sind „betroffene Märkte" ausschließlich für die Zwecke der in dem Formular verlangten Angaben. Eine darüber hinausgehende Bedeutung hat die Definition nicht. Insbes. indiziert das Vorliegen eines betroffenen Marktes nicht, dass der Zusammenschluss in einem solchen Markt zu Problemen führt. Nach Teilabschnitt 6.2 haben die Anmelder sodann (unter Berücksichtigung aller erörterten plausiblen Abgrenzungen der relevanten Märkte) einem bestimmten Format entsprechende Listen der betroffenen Märkte mit horizontalen Überschneidungen und derer mit vertikalen Beziehungen vorzulegen. Die Listen enthalten Spalten zur Abgrenzung des sachlich relevanten Marktes, zur Abgrenzung des räumlich relevanten Marktes und zu den gemeinsamen Marktanteilen (mit Angabe des Jahres und der Messgröße). Obwohl die Anmelder in diesem Zusammenhang auch aufgefordert werden, jeweils eine kurze Beschreibung der Tätigkeiten der an dem Zusammenschluss Beteiligten in jedem plausiblen relevanten Markt zu übermitteln, ist hierfür in den Tabellen kein Platz vorgesehen.

45 Teilabschnitt 6.3 kreiert eine weitere Kategorie von Märkten, die zwar keine betroffenen Märkte iSd Formulars sind, auf denen der angemeldete Zusammenschluss jedoch **erhebliche Auswirkungen** haben könnte. Für diese Märkte müssen die Abschnitte 8–10 des Formulars CO nicht ausgefüllt werden (und sie sind insoweit auch nicht für die Vollständigkeit der Anmeldung erforderlich), dies wird jedoch den Anmeldern nahe gelegt („werden die Anmelder gebeten, die in den Abschnitten 8 bis 10 dieses Formulars CO verlangten Angaben auch für diese Märkte zu übermitteln"). Teilabschnitt 6.3 gibt zwei Beispiele für Märkte mit möglicherweise erheblichen Auswirkungen. Das erste Beispiel sind Märkte, auf denen ein Beteiligter einen Marktanteil von über 25 % hat und ein weiterer Beteiligter **potenzieller Wettbewerber** ist, insbes. einen Markteintritt plant oder in den letzten drei Jahren solche Pläne entwickelt oder verfolgt hat. Das zweite Beispiel betrifft **konglomerate Märkte:** Beteiligte sind auf benachbarten eng verbundenen Märkten tätig (die Produkte ergänzen einander oder gehören zu einer Produktpalette) und erreichen auf einem dieser Märkte einen Anteil von 30 %. Unabhängig davon, ob sie für solche Märkte die Abschnitte 8–10 beantworten, müssen die Anmelder jedenfalls solche Märkte identifizieren, wenn es sie gibt.

gg) Angaben zu Märkten, die unter Rn. 8 der Bekanntmachung „Vereinfachtes Verfahren" fallen (Abschnitt 7). Für betroffene Märkte sind grundsätzlich die Abschnitte 6, 8, 9 und 10 des Formulars CO auszufüllen. Erfüllen Märkte die Voraussetzungen für eine Prüfung nach Rn. 5 der Bekanntmachung „Vereinfachtes Verfahren", sind sie keine betroffenen Märkte und die Abschnitte 6–10 müssen nicht beantwortet werden. Erfüllt ein Markt zwar nicht die Voraussetzungen für eine Prüfung nach Rn. 5, aber ist auf ihn eine der Flexibilitätsklauseln der Rn. 8 der Bekanntmachung anwendbar, ist er ebenfalls kein betroffener Markt und die Abschnitte 8–10 müssen ebenfalls nicht ausgefüllt werden, aber dafür der im Vergleich zu ihnen einfachere Abschnitt 7. Rn. 8 der Bekanntmachung erfasst gemeinsame horizontale Marktanteile im Bereich 20–25 %, vertikale Marktanteile im Bereich 30–35 % oder von unter 50 %, wenn die Anteile auf den anderen vertikal verbundenen Märkten unter 10 % liegen. Greift jedoch ein Umstand aus der Schutzklausel- und Ausschlussbestimmungsliste ein (→ Rn. 59 f.), sind auch die Abschnitte 6, 8, 9 und 10 für diesen Markt auszufüllen.

Im Teilabschnitt 7.1 sind Kästchen anzukreuzen, die zum einen die einschlägige Variante der Rn. 8 der Bekanntmachung „Vereinfachtes Verfahren" identifizieren und zum anderen die Frage beantworten, ob keine Umstände der Schutzklausel- und Ausschlussbestimmungsliste eingreifen oder ob dies der Fall ist, es insoweit jedoch keinen Anlass zu Wettbewerbsbedenken gibt. Teilabschnitte 7.2 und 7.3 enthalten Tabellen, die bei horizontalen Überschneidungen bzw. vertikalen Beziehungen auszufüllen sind. In diese Tabellen sind einzutragen: Präzedenzfälle zur Marktabgrenzung, die Definitionen des plausiblen sachlich relevanten und des plausiblen räumlich relevanten Marktes, die Marktanteile der Beteiligten für die letzten drei Jahre nach Wert und Volumen, die Marktanteile der Wettbewerber für das letzte Jahr nach Wert und Volumen und die Marktgröße über die letzten drei Jahre. Weiter sind eine Beschreibung der Tätigkeiten der Beteiligten auf dem Markt, nähere Angaben zur Marktabgrenzung, Messgrößen, Quellen und Methodik für die Berechnung der Marktanteile und die Kontaktdaten der drei größten Wettbewerber vorgesehen. Teilabschnitt 7.4 ist schließlich eine Checkliste zu den Schutzklauseln und Ausschlussbestimmungen. Soweit mindestens eine der Fragen bejaht wird, muss erläutert werden, warum es nach Ansicht der Anmelder keinen Anlass zu Wettbewerbsbedenken gibt. Die Liste deckt einen erheblichen Teil der Schutzklauseln und Ausschlussbestimmungen ab, die in Rn. 11 ff. der Bekanntmachung „Vereinfachtes Verfahren" aufgeführt sind, aber bei weitem nicht alle. So sind zwischen dem Entwurf des Formulars CO von 2022 und der endgültigen Fassung von 2023 Fragen nach wettbewerbsrelevanten Vermögenswerten, nach einer bedeutenden Nutzerbasis oder kommerziell wertvollen Datenbeständen, nach dem Zugang zu sensiblen Geschäftsinformationen, nach Überschneidungen bei stark differenzierten Produkten und nach einem Tätigkeitsschwerpunkt in Forschung und Entwicklung gestrichen worden, obwohl diese Themen nach wie vor in Rn. 11 ff. der Bekanntmachung „Vereinfachtes Verfahren" unter dem Titel Schutzklauseln und Ausschlussbestimmungen angesprochen werden. Weil Abschnitt 7 des Formulars insoweit auf die Bekanntmachung (und nicht auf seinen Teilabschnitt 7.4) verweist, bedeutet dies für Anmelder, dass sie es nicht dabei belassen dürfen, die Checkliste in Teilabschnitt 7.4 des Formulars CO abzuarbeiten; sie müssen vielmehr an sämtliche Umstände denken, die in Abschnitt II.C (also in Rn. 11 ff.) der Bekanntmachung „Vereinfachtes Verfahren" aufgeführt sind, wenn sie bestimmen wollen, ob es für einen bestimmten Markt genügt, Abschnitt 7 des Formulars CO auszufüllen.

hh) Marktinformationen (Abschnitt 8). Die Angaben in Abschnitt 8 müssen für jeden betroffen Markt sowie für Rn. 8 f. Märkte mit Ausschlussfaktor (und sollen für jeden Markt, auf dem der Zusammenschluss erhebliche Auswirkungen haben könnte) gemacht werden und zwar für jedes der letzten drei Jahre. Es sind für jeden Markt die Art der Geschäftstätigkeit der Beteiligten, die auf diesem Markt tätigen Tochtergesellschaften und die wichtigsten dort verwendeten Marken bzw. Produktnamen anzugeben (Teilabschnitt 8.1.1), die geschätzte Gesamtgröße des Marktes nach Absatzwert und Absatzvolumen samt Berechnungsgrundlagen (Teilabschnitt 8.1.2), der Absatzwert, das Absatzvolumen und der geschätzte Marktanteil jedes an dem Zusammenschluss beteiligten Unternehmens (Teilabschnitt 8.1.3), die geschätzten Marktanteile nach Wert und gegebenenfalls Volumen aller Wettbewerber mit einem Anteil von mindestens 5 % (Teilabschnitt 8.1.4) sowie die geschätzten Gesamtkapazitäten in der EU und im EWR, welcher Anteil daran auf die beteiligten Unternehmen entfiel und deren Kapazitätsauslastung (Teilabschnitt 8.1.5). Neu ist, dass Informationen über Pipeline-Produkte der Beteiligten und ihrer Wettbewerber abgefragt werden (Teilabschnitt 8.1.6). Gibt es horizontale Überschneidungen oder vertikale Beziehungen bei Pipeline-Produkten, sind die im Teilabschnitt 8.2 vorgesehenen Tabellen auszufüllen. Diese Tabellen ähneln denen in den Abschnitten 7.2 und 7.3, nur dass die Marktanteile der Wettbewerber für die letzten drei Jahre anzugeben sind und nicht nur für das letzte Jahr. Bei den Beteiligten und den Wettbewerbern sind die Namen der Pipeline-Produkte zu identifizieren. Insoweit wird auch nach dem Entwicklungsstadium, dem voraussichtlichen Absatz und den voraussichtlichen Marktanteilen der Zusammenschlussbeteiligten in den nächsten drei bis fünf Jahren gefragt.

49 ii) **Angebotsstruktur und Nachfragestruktur (Abschnitt 9).** Teilabschnitt 9.1 fragt Informationen zur **Angebotsstruktur** auf den betroffenen Märkten ab. Hierzu gehört, wie die beteiligten Unternehmen produzieren, bepreisen und verkaufen, und die vertikale Integration. Spiegelbildlich geht es in Teilabschnitt 9.2 um die **Nachfragestruktur** auf den betroffenen Märkten. Hier sind Angaben zu der Entwicklungsphase der Märkte zu machen, zu der Bedeutung von Kundenpräferenzen, zu den Wechselmöglichkeiten der Kunden, zum Konzentrationsgrad der Nachfrager und dazu, ob Bieterverfahren eine Rolle spielen.

50 **jj) Produktdifferenzierung und wettbewerbliche Nähe u.a. (Abschnitt 10).** Teilabschnitt 10.1 beschäftigt sich mit **Produktdifferenzierung,** Teilabschnitt 10.2 mit **Vertriebssystemen** und **Kundendienststrukturen,** Teilabschnitte 10.3–10.7 mit **Markteintritt** und **Marktaustritt,** wozu insbesondere die Marktzutrittsschranken gehören. Es folgt ein Teilabschnitt zu **Forschung und Entwicklung** (10.8). Teilabschnitt 10.9 schließt Abschnitt 10 mit den **Kontaktdaten** der in Abschnitt 8.1.4 genannten Wettbewerber, der zehn größten Kunden jedes Beteiligten auf jedem betroffenen Markt sowie neuer und potenzieller Marktteilnehmer. Die Kommission behält sich in einer Fußnote vor, bei Bedarf auch nach Lieferanten zu fragen. Bei den Kontaktdaten wird spezifisch nach denen des jeweiligen Leiters der Rechtsabteilung gefragt. Das hat gegenüber einer früheren Praxis zwei Vorteile. Zum einen entfällt innerhalb des befragten Unternehmens der – gelegentlich zeitaufwändige – Weg von dem betroffenen Geschäftszweig zur Rechtsabteilung. Zum anderen wird die Angabe der Kontaktdaten der entsprechenden Geschäftsleiter bei den Wettbewerbern vermieden, bei der man sich fragen konnte, ob die Unternehmen solche Informationen wirklich parat haben sollten. Bei den Kontaktdaten legt die Kommission größten Wert darauf, dass diese stimmen. Fehler bei der Identifizierung der Ansprechpartner sowie deren Telefon- und Faxnummern und E-Mail-Adressen können die Marktuntersuchung der Kommission in den engen Fristen einer Phase I erheblich behindern. Anmelder sollten in geeigneten Fällen darüber nachdenken, der Kommission schon vor Anmeldung die Kontaktaufnahme mit Wettbewerbern und Kunden zu erlauben.

51 **kk) Effizienzvorteile (Abschnitt 11).** Neben den Teilabschnitten 1.1 und 3.2 beschäftigt sich insbes. Abschnitt 11 mit Effizienzvorteilen.[79] Dabei ist wichtig, dass Effizienzvorteile nicht nur pauschal behauptet, sondern ausführlich beschrieben und nach Möglichkeit konkret mit Zahlen versehen werden. Die Geltendmachung und nähere Substantiierung von Effizienzvorteilen ist allerdings auch noch im Laufe des weiteren Verfahrens möglich.[80] Daraus ergibt sich aber auch, dass Angaben zu Effizienzvorteilen nicht für die Vollständigkeit einer Anmeldung relevant sind.[81] Nicht vergessen werden sollte eine Begründung, warum die Effizienzvorteile kausal auf den Zusammenschluss zurückzuführen und nicht auch auf andere Weise zu realisieren sind.

52 **ll) Kooperative Wirkungen eines Gemeinschaftsunternehmens (Abschnitt 12).** In Abschnitt 12 werden Angaben abgefragt, die der Beurteilung der möglichen kooperativen Wirkungen eines Gemeinschaftsunternehmens nach Art. 2 Abs. 4 und 5 dienen (Kandidatenmärkte, Wahrscheinlichkeit einer Koordinierung auf Kandidatenmärkten und – sicherheitshalber – das Vorliegen von Freistellungsvoraussetzungen nach Art. 101 Abs. 3 AEUV).

53 **mm) Erklärung (Abschnitt 13).** Das Formular CO schließt mit einer Erklärung der Anmelder ua zur Richtigkeit und Vollständigkeit der Angaben und der Vollständigkeit der Kopien der vorzulegenden Unterlagen. In frühen Fassungen des Formulars CO war dies nur eine Erklärung des jeweiligen Unterzeichners.[82] Inzwischen erklärt der Unterzeichner für den Anmelder, was möglicherweise leichter macht, diesem unrichtige oder irreführende Angaben zuzurechnen und ihn nach Art. 14 Abs. 1 lit. a zu bebußen.

54 **nn) Nebenabreden.** Einen Abschnitt zu Nebenabreden sieht das Formular CO seit 2004 nicht mehr vor.[83] Im Einklang mit Erwgr. 21 der FKVO können die Anmelder jedoch im Fall neuer oder ungelöster Fragen beantragen, dass die Kommission gesondert prüft, ob eine Einschränkung mit der Durchführung des Zusammenschlusses unmittelbar verbunden und dafür notwendig ist, also eine Nebenabrede iSv Art. 6 Abs. 1 lit. b UAbs. 2 und Art. 8 Abs. 2 UAbs. 3 darstellt. Ein solcher Antrag kann gesondert neben (aber gleichzeitig mit) der Anmeldung oder auch im Formular CO gestellt

---

[79] Vgl. hierzu Rn. 76–88 der Leitlinien „horizontale Zusammenschlüsse".
[80] Lingos/Loughran/Pitkanen/Todino CPN 2004, Heft 2, 79 (81).
[81] FK-KartellR/Birmanns Rn. 53, vgl. auch Kom., Formular CO, Einl. Rn. 3.
[82] Vgl. Lingos/Loughran/Pitkanen/Todino CPN 2004, Heft 2, 79 (81).
[83] Vgl. hierzu Dittert WuW 2004, 148 (160).

IV. Anmeldung von Zusammenschlüssen

b) Vereinfachtes Formular CO und vereinfachtes Verfahren. Nachdem das 2000 eingeführte vereinfachte Verfahren zunächst nur eine Arbeitserleichterung für die Kommission darstellte (die Begründung der Entscheidungen nach Art. 6 Abs. 1 lit. a wurde auf ein formelhaftes Minimum verkürzt) und bei den Anmeldern sogar teilweise zu Mehraufwand führte, weil die Kommission besonders sicher sein wollte, dass es keine Probleme gab und sogar noch mehr Angaben als bei normalen Anmeldungen forderte, bringt das 2004 eingeführte und 2013 sowie 2023 geänderte Vereinfachte Formular CO auch substanzielle Erleichterungen für die Anmelder. Bei bestimmten Vorhaben, die ihrer Art nach voraussichtlich wettbewerbsrechtlich unbedenklich sind, kann gemäß Art. 3 Abs. 1 S. 2 DVO FKVO statt des Formulars CO das als Anhang II zur DVO FKVO abgedruckte Vereinfachte Formular CO benutzt werden, das eine wesentlich einfacher zu beantwortende Kurzfassung des Formulars CO mit Multiple-Choice-Fragen und Tabellen darstellt. 55

Das Vereinfachte Formular CO und das vereinfachte Verfahren sind nicht das Gleiche. Die Voraussetzungen der Anwendung des vereinfachten Formulars CO sind in der Einleitung zu diesem Formular beschrieben, die des vereinfachten Verfahrens in der 2023 erneuerten Bekanntmachung „Vereinfachtes Verfahren"[84] dargestellt. Allein dadurch, dass die Aufzählung der Tatbestände im Vereinfachten Formular CO auf Rn. 5, 8 und 9 der Bekanntmachung verweist,[85] decken sich beide allerdings weitgehend und in der Praxis folgt das vereinfachte Verfahren regelmäßig einer Anmeldung nach Vereinfachten Formular CO. Letzteres ist allerdings nicht zwingend. Bei unter Rn. 5 der Bekanntmachung „Vereinfachtes Verfahren" fallenden Zusammenschlüssen kann, wenn die Kommission es nicht im Einzelfall ausschließt,[86] das Vereinfachte Formular CO genutzt werden, auch wenn die Liste der Schutzklauseln und Ausschlussbestimmungen in Rn. 11 ff. der Bekanntmachung in einem oder mehreren Punkten einschlägig ist. Letzteres spricht allerdings gegen die Anwendung des vereinfachten Verfahrens.[87] Auch wenn ein Mitgliedstaat einen Verweisungsantrag nach Art. 9 stellt, wendet die Kommission das vereinfachte Verfahren nicht an,[88] selbst wenn die Anmeldung vorher nach dem Vereinfachten Formular CO erfolgt ist. Anmelder, die das Risiko ausschließen wollen, dass die Kommission noch nach der Anmeldung eine Anmeldung mittels Formular CO verlangt, womit sie etwa rechnen müssen, wenn ein Mitgliedstaat oder ein Dritter begründete Wettbewerbsbedenken geltend macht, werden sich zur Vermeidung von Zeitverlusten von vornherein des Formulars CO bedienen, auch wenn die Voraussetzungen des Vereinfachten Formulars CO vorliegen. Durch die Verwendung des Formulars CO kann man die Kommission jedoch nicht zwingen, eine ausführlicher begründete Entscheidung zu erlassen. Wenn sich die Kommission davon überzeugt, dass die Voraussetzungen für das vereinfachte Verfahren vorliegen, wird sie normalerweise eine Entscheidung in Kurzform erlassen, auch wenn der Zusammenschluss nach Formular CO angemeldet worden ist. Das vereinfachte Verfahren besteht darin, dass die Kommission ihre Untersuchung begrenzt und eine Entscheidung in Kurzform erlässt. Für Fälle, in denen die beteiligten Unternehmen ausdrücklich eine Würdigung von Nebenabreden wünschen, eignet sich das vereinfachte Verfahren nicht.[89] 56

aa) Voraussetzungen der Verwendung des Vereinfachten Formulars CO. Für das Vereinfachte Formular CO gibt es in Anlehnung an die Regelung in der Bekanntmachung „Vereinfachtes Verfahren" **fünf Fallgruppen**.[90] Diese Fallgruppen sind gegenüber der ersten Bekanntmachung von 2000[91] und der zweiten Bekanntmachung von 2013[92] ausgeweitet worden. In die erste Fallgruppe (Rn. 3 lit. a der Einführung des Vereinfachten Formulars CO) gehören Gemeinschaftsunternehmen, die keinen gegenwärtigen Umsatz oder geplante Vermögenswerte im EWR aufweisen. Die zweite Fallgruppe (Rn. 3 lit. b) bezieht sich auf Gemeinschaftsunternehmen, die zwar EWR-Bezüge haben, aber keine nennenswerten Tätigkeiten im EWR ausüben. Maßstab ist insoweit, dass der gegenwärtige oder erwartete EWR-Umsatz des Gemeinschaftsunternehmens bzw. der in es eingebrachten Geschäftsbereiche weniger als 100 Mio. Euro beträgt und dass der Gesamtwert der Vermögenswerte, die in das Gemeinschaftsunternehmen eingebracht werden sollen, im EWR- 57

---

[84] Bekanntmachung „Vereinfachtes Verfahren".
[85] Kom., Vereinfachtes Formular CO, Einf. Rn. 3–5 mit Fn.
[86] Kom., Vereinfachtes Formular CO, Einf. Rn. 6.
[87] Kom., Bekanntmachung „Vereinfachtes Verfahren", Rn. 2 und Rn. 5 Fn. 9.
[88] Kom., Bekanntmachung „Vereinfachtes Verfahren", Rn. 23.
[89] Kom., Bekanntmachung „Vereinfachtes Verfahren", Rn. 34.
[90] Kom., Vereinfachtes Formular CO, Einf. Rn. 3; Bekanntmachung „Vereinfachtes Verfahren", Rn. 5.
[91] ABl. 2000 C 217, 32.
[92] ABl. 2013 C 366, 5.

Gebiet weniger als 100 Mio. Euro beträgt. Die dritte Fallgruppe (Rn. 3 lit. c) betrifft Zusammenschlüsse, die weder zu horizontalen Überschneidungen noch zu vertikalen Beziehungen führen. In die Beurteilung, ob dies der Fall ist, werden jetzt auch Pipeline-Produkte der Beteiligten einbezogen. Die Kommission hat klargestellt, dass sie Beziehungen zwischen den Gesellschaftern eines Gemeinschaftsunternehmens, die nach Art. 2 Abs. 4 und 5 geprüft werden können, nicht als horizontale oder vertikale Beziehungen in diesem Sinne ansieht.[93] Die vierte Fallgruppe (Rn. 3 lit. d) bezieht sich auf Zusammenschlüsse, bei denen es zwar zu solchen Überschneidungen kommt, jedoch bestimmte Marktanteilsschwellen und HHI-Deltas (dh der Zuwachs des Herfindahl-Hirschman-Indexes durch den Zusammenschluss) nicht überschritten werden. Für horizontale Überschneidungen genügt es insoweit, dass der gemeinsame Marktanteil unter 20 % bleibt oder dass der kumulierte Marktanteil weniger als 50 % beträgt, das HHI-Delta jedoch unter 150 liegt. Da es insoweit beim HHI nur auf das Delta, also den Zuwachs, ankommt, genügen die Marktanteile der Beteiligten vor und nach dem Zusammenschluss für die Berechnung. Die für die Berechnung der Marktkonzentration erforderlichen Marktanteile der Wettbewerber können hier vernachlässigt werden. Vertikale Beziehungen sind in dieser vierten Gruppe in drei Fällen unproblematisch, nämlich erstens, wenn die Anteile auf den vor- und auf den nachgelagerten Märkten unter 30 % bleiben, zweitens, wenn Angebots- und Nachfrageanteil auf dem vorgelagerten Markt unter 30 % liegen, und drittens, wenn die Angebotsanteile auf dem vor- und auf dem nachgelagerten Markt 50 % nicht erreichen, das HHI-Delta auf den vor- und auf den nachgelagerten Märkten jedoch unter 150 bleibt, und wenn das gemessen am Marktanteil kleinere Unternehmen auf beiden Märkten dasselbe ist. Letzteres soll Zusammenschlüsse ausschließen, bei denen sich der Großteil der vertikalen Beziehungen erst aus dem Zusammenschluss ergibt. Die fünfte Fallgruppe (Rn. 3 lit. e) erfasst schließlich Fälle, in denen ein am Zusammenschluss Beteiligter die alleinige Kontrolle über ein Unternehmen erlangt, über das er bereits eine Mitkontrolle ausübt, also die Auflösung eines Gemeinschaftsunternehmens durch Ganz- oder Teilübertragung auf einen der bisherigen Gesellschafter.

58 Unter dem Stichwort **„Flexibilitätsklausel"** gibt es noch zwei Fallgruppen, in denen auf Antrag der Anmelder (und mit dem Einverständnis der Kommission) das Vereinfachte Formular CO benutzt und das vereinfachte Verfahren angewendet werden kann.[94] Die erste dieser beiden Fallgruppen betrifft Zusammenschlüsse mit horizontalen Überschneidungen oder vertikalen Beziehungen (Rn. 4 des Vereinfachten Formulars CO). Bei horizontalen Überschneidungen darf der gemeinsame Marktanteil hier nicht 25 % überschreiten, bei vertikalen Beziehungen müssen die Marktanteile auf den vor- und nachgelagerten Märkten unter 35 % bleiben. Es genügt insoweit auch, wenn der Marktanteil auf einem der Vertikalmärkte unter 50 % bleibt, auf allen anderen vertikal verbundenen Märkten jedoch weniger als 10 % beträgt. Die zweite Fallgruppe der Flexibilitätsklausel (Rn. 5 des Vereinfachten Formulars CO) sind Gemeinschaftsunternehmen, bei denen der EWR-Umsatz und die Vermögenswerte im EWR zwar 100 Mio. Euro übersteigen, aber unter 150 Mio. Euro bleiben. Ob in solchen Fällen das Vereinfachte Formular CO verwendet werden darf, ist eine Ermessensentscheidung der Kommission.

59 Wie schon erwähnt (→ Rn. 56), steht die Liste von **Schutzklauseln und Ausschlussbestimmungen** in Rn. 11 ff. der Bekanntmachung „Vereinfachtes Verfahren" der Verwendung des Vereinfachten Formulars CO in den in Rn. 3 der Einführung dieses Formulars aufgezählten Fällen nicht im Wege. Die DVO FKVO legt in ihrem Art. 3 Abs. 1 Satz 2 fest, dass das Vereinfachte Formular CO unter den in Anhang II der Verordnung festgelegten Voraussetzungen (also unter den im Vereinfachten Formular CO festgelegten Voraussetzungen) verwendet werden kann. Rn. 3 des Vereinfachten Formulars CO wiederum statuiert, dass das Formular für die Anmeldung von Zusammenschlüssen in der Regel verwendet werden kann, wenn eine seiner fünf Voraussetzungen erfüllt ist. Eine Ausnahme für Fälle aus der Liste von Schutzklauseln und Ausschlussbestimmungen in der Bekanntmachung „Vereinfachtes Verfahren" enthält Rn. 3 des Vereinfachten Formulars CO nicht. Der allgemeine Hinweis in Fußnoten 5 ff. zu Rn. 3 des Formulars auf die verschiedenen Buchstaben der Rn. 5 der Bekanntmachung „Vereinfachtes Verfahren" ist insoweit zu unbestimmt. Es ist allerdings möglich, dass die Kommission auf der Basis von Rn. 6 (bzw. nach schon erfolgter Anmeldung Rn. 15) der Einführung des Vereinfachten Formulars CO ein reguläres Formular CO verlangt, weil sie der Auffassung ist, dass eine Anmeldung auf der Grundlage dieses Formulars erforderlich ist, um möglichen wettbewerbsrechtlichen Bedenken angemessen nachzugehen. Dabei kann sich die Kommission auch an der Liste von Schutzklauseln und Ausschlussbestimmungen orientieren. Dies kann sie erst recht in Fällen der Flexibilitätsklausel in Rn. 4 und 5 der Einführung des Vereinfachten Formulars CO, bei denen es in ihrem Ermessen steht, ob sie einem Antrag der Anmelder stattgibt,

---

[93] Kom., Bekanntmachung „Vereinfachtes Verfahren", Rn. 7.
[94] Kom., Vereinfachtes Formular CO, Einf. Rn. 4 f.; Bekanntmachung „Vereinfachtes Verfahren", Rn. 8 und 9.

IV. Anmeldung von Zusammenschlüssen 60–62 Art. 4 FKVO

deren Zusammenschluss auf der Grundlage des Vereinfachten Formulars CO zu prüfen. Deshalb sei im Folgenden kurz auf die Liste der Schutzklauseln und Ausschlussbestimmungen eingegangen.

Mit der Liste der Schutzklauseln und Ausschlussbestimmungen sichert sich die Kommission **60** dagegen ab, dass das vereinfachte Verfahren in Fällen zur Anwendung kommt, die Probleme aufweisen. Dazu gehören beispielsweise Gemeinschaftsunternehmen, die keine nennenswerten Tätigkeiten im EWR ausüben, aber bei denen zwischen den Beteiligten horizontale Überschneidungen oder vertikale Bezüge bestehen, sodass nicht ausgeschlossen werden kann, dass der Zusammenschluss Anlass zu ernsthaften Bedenken geben wird. In diese Kategorie gehören auch Gemeinschaftsunternehmen, bei denen zu erwarten ist, dass der EWR-Umsatz in den nächsten drei Jahren 100 bzw. 150 Mio. Euro übersteigt.[95] Gleiches gilt für Zusammenschlüsse, bei denen die Abgrenzung der relevanten Märkte schwierig ist (wozu insbes. Märkte im Entwicklungsstadium oder Märkte, für die es noch keine Entscheidungspraxis gibt, gehören) oder die neue rechtliche Fragen von allgemeinem Interesse aufwerfen.[96] Neu ist in diesem Zusammenhang der Hinweis der Kommission auf **nicht-kontrollierende Minderheitsbeteiligungen.** Diese unterliegen als solche nicht der EU-Fusionskontrolle, werden aber bei der Beurteilung anmeldepflichtiger Zusammenschlüsse berücksichtigt, wenn Zusammenschlussbeteiligte Minderheitsbeteiligungen an Wettbewerbern, Lieferanten oder Kunden halten.[97] Einschlägig sind auch Fälle, in denen es nicht zu Marktanteilsadditionen kommt, aber beispielsweise technologische Ressourcen, Finanzkraft, Rechte des geistigen Eigentums oder kommerziell wertvolle Datenbestände die Marktmacht der Beteiligten stärken.[98] Wenn Beteiligte auf eng verbundenen benachbarten Märkten tätig sind, kommt es ebenfalls nicht zu einer Marktanteilsaddition, aber es kann zu Sortimentseffekten kommen. Insofern ist entscheidend, ob die Beteiligten auf einem dieser Märkte über einen Anteil von 30 % oder mehr verfügen.[99]

Ein Punkt auf der Liste widmet sich den besonderen Umständen, die in den Leitlinien „horizon- **61** tale Zusammenschlüsse" und „nichthorizontale Zusammenschlüsse" der Kommission[100] aufgeführt werden. Hierunter fällt naturgemäß ein ganzes Bündel von Umständen. Die Kommission bezieht sich hier insbesondere auf bereits konzentrierte Märkte (neben den Zusammenschlussbeteiligten verbleiben nur noch ein oder zwei nennenswerte Wettbewerber), Kapazitäts- oder Produktionsanteile der Zusammenschlussbeteiligten, die über den Marktanteilsschwellenwerten liegen, die Beteiligung eines jüngst in den Markt eingetretenen Unternehmens am Zusammenschluss, Überschneidungen auf Märkten mit stark differenzierten Produkten, den Wegfall einer wichtigen tatsächlichen oder potenziellen Wettbewerbskraft, den Zusammenschluss wichtiger Innovatoren, die Relevanz von Pipeline-Produkten, die Verhinderung potenziellen Wettbewerbs sowie die Fähigkeit der Parteien, das Wachstum ihrer Wettbewerber oder deren Zugang zu Produktionsmitteln oder Märkten zu behindern oder die Marktzutrittsschranken zu erhöhen. Erwähnt werden auch der zusammenschlussbedingte Zugang zu vertraulichen Unternehmensdaten über die vorgelagerten und nachgeordneten Tätigkeiten der Wettbewerber sowie eine Marktposition auf unterschiedlichen Stufen einer Wertschöpfungskala mit einem Anteil von 30% auf mindestens einem dieser Märkte, auch ohne dass vertikale Beziehungen bestehen.[101]

Bei der Gefahr einer Verhaltenskoordinierung iSv Art. 2 Abs. 4 behält sich die Kommission **62** vor, zu einer vollständigen Prüfung nach dem Standardverfahren zurückzukehren.[102] Gleiches gilt für bestimmte Fälle, in denen ein Unternehmen die alleinige Kontrolle über ein bisher gemeinsam kontrolliertes Gemeinschaftsunternehmen erwirbt, sodass die Zwänge die sich aus den potenziell divergierenden Verhaltensanreizen der anderen Anteilseigner mit einer Kontrollbeteiligung ergeben, wegfallen und das frühere Gemeinschaftsunternehmen seine frühere Unabhängigkeit verliert, was problematisch sein kann, wenn der Erwerber und das frühere Gemeinschaftsunternehmen zusammen eine starke Marktposition innehaben.[103] Die Kommission möchte auch dann zum Standardverfahren zurückkehren können, wenn der Erwerb der gemeinsamen Kontrolle über das Gemeinschaftsunternehmen zuvor weder von der Kommission noch von den zuständigen Wettbewerbsbehörden der Mitgliedstaaten überprüft worden ist.[104] Mit der Beendigung des vereinfach-

---

95 Kom., Bekanntmachung „Vereinfachtes Verfahren", Rn. 13.
96 Kom., Bekanntmachung „Vereinfachtes Verfahren", Rn. 14.
97 Kom., Bekanntmachung „Vereinfachtes Verfahren", Rn. 15.
98 Kom., Bekanntmachung „Vereinfachtes Verfahren", Rn. 16.
99 Kom., Bekanntmachung „Vereinfachtes Verfahren", Rn. 17.
100 ABl. 2004 C 31, 3 und ABl. 2008 C 265, 7.
101 Kom., Bekanntmachung „Vereinfachtes Verfahren", Rn. 18.
102 Kom., Bekanntmachung „Vereinfachtes Verfahren", Rn. 19.
103 Kom., Bekanntmachung „Vereinfachtes Verfahren", Rn. 20.
104 Kom., Bekanntmachung „Vereinfachtes Verfahren", Rn. 21.

ten Verfahrens ist auch dann zu rechnen, wenn ein Mitgliedstaat, ein EWR-Staat oder ein Dritter mit Gründen versehene wettbewerbsrechtliche Bedenken gegen den Zusammenschluss geltend macht.[105]

63 Das vereinfachte Verfahren wird nicht angewendet, wenn ein Mitgliedstaat nach Art. 9 einen **Verweisungsantrag** stellt oder wenn die Kommission dem Antrag eines oder mehrerer Mitgliedstaaten nach Art. 22 auf Verweisung eines Zusammenschlusses an sie stattgibt.[106] Verweisungsanträge nach Abs. 4 und 5 stehen der Anwendung des vereinfachten Verfahrens dagegen nicht entgegen.[107]

64 Die Kommission behält sich vor, **auch nach einer Anmeldung** mittels des Vereinfachten Formulars CO noch eine vollständige oder teilweise Anmeldung mittels des Formulars CO zu verlangen.[108] Sie denkt dabei insbes. daran, dass die Voraussetzungen für die Verwendung des Vereinfachten Formulars CO nicht erfüllt waren, dass trotz Vorliegen der Voraussetzungen das Formular CO für eine angemessene Untersuchung möglicher Wettbewerbsprobleme erforderlich ist, dass die vereinfachte Anmeldung unrichtige oder irreführende Angaben enthält sowie dass ein Mitgliedstaat binnen 15 Arbeitstagen nach Erhalt eines Exemplars der Anmeldung oder ein Dritter binnen der ihm von der Kommission gesetzten Äußerungsfrist Wettbewerbsbedenken geltend macht und diese begründet.[109] Ob die ursprüngliche Anmeldung in all diesen Fällen wirklich für unvollständig erklärt werden kann,[110] sodass die Frist des Art. 10 Abs. 1 erst mit Eingang des Formulars CO läuft, wird eine Frage des Einzelfalls sein, zeigt aber, dass Anmelder mit der Verwendung des Vereinfachten Formulars CO auch ein Risiko eingehen können.

65 **bb) Struktur des Vereinfachten Formulars CO.** Das Vereinfachte Formular CO ist insofern neu konzipiert worden, als es jetzt tatsächlich ein **Formular** ist, in dem Kästchen angekreuzt und ausgefüllt werden müssen. Entsprechend hat die Seitenzahl zugenommen, ohne dass deshalb inhaltlich sehr viel mehr verlangt würde. Das Formular besteht aus 16 Abschnitten, von denen die Abschnitte 1–7 und 13–16 immer ausgefüllt werden müssen. Darüber hinaus ist Abschnitt 8 bei horizontalen Überschneidungen einschlägig, die Abschnitte 9 und 10 bei vertikalen Beziehungen. Abschnitt 11 muss immer ausgefüllt werden außer in den Fällen der Rn. 5 lit. a oder c der Bekanntmachung „Vereinfachtes Verfahren" (Gemeinschaftsunternehmen ohne Umsatz oder Vermögenswerte im EWR; Zusammenschlüsse ohne horizontale Überschneidungen oder vertikale Beziehungen). Abschnitt 12 ist schließlich bei Gemeinschaftsunternehmen noch auszufüllen.[111]

66 Abschnitt 1 des Vereinfachten Formulars CO (Allgemeine Informationen zur Sache) enthält Kästchen für die Normen, aus denen sich die Zuständigkeit der Kommission ableitet, und für die Grundlage der Anmeldung. Außerdem werden durch Ankreuzen die Art des Zusammenschlussbestands und die Fallkategorie nach der Bekanntmachung „Vereinfachtes Verfahren" markiert. Neben der Art und Weise der Durchführung des Zusammenschlusses ist auch dessen Wert anzugeben. Abschnitt 2 fragt nach den am Zusammenschluss Beteiligten (kontrollierende Unternehmen, Geschäftstätigkeit, Herkunftsland, Rolle im Zusammenschluss) und ihrem Umsatz (weltweit und EU-weit). Bei Anmeldungen auf der Grundlage des Art. 1 Abs. 3 müssen auch Angaben zu den Umsätzen in den relevanten Mitgliedstaaten gemacht werden. In Abschnitt 3 sind die NACE-Codes der betroffenen Produkte anzugeben. NACE ist eine statistische Systematik der Wirtschaftszweige in der Europäischen Union; die Abkürzung leitet sich aus dem ursprünglichen französischen Titel ab (Nomenclature statistique des activités économiques dans la Communauté européenne). Diese Codes erleichtern es der Kommission, Präzedenzfälle zu finden (können aber auch von den Parteien zu diesem Zweck genutzt werden). In Abschnitt 4 ist eine Kurzbeschreibung des Zusammenschlusses vorgesehen, die Abschnitt 1.2 des Formulars CO entspricht und der Veröffentlichung dient. Abschnitt 5 enthält zwei Felder für Freitext, eines für die Beweggründe des Zusammenschlusses und eines für dessen Zeitplan.

67 Abschnitt 6 des vereinfachten Formulars CO (Zuständigkeit) beginnt mit einer (weiteren) kurzen Beschreibung des Zusammenschlusses und der Änderung der Kontrolle, die nicht mehr als 250 Wörter betragen soll (Teilabschnitt 6.1). Der Zweck ist hier, den Zusammenschlusstatbestand identifizieren zu können. Dieser wird im Multiple-Choice-Verfahren auch in Teilabschnitt 6.2 abgefragt. Bei Gemeinschaftsunternehmen müssen in Teilabschnitt 6.3 auch noch Fragen zur Vollfunktion angekreuzt werden. In Abschnitt 7 ist die Kategorie des vereinfachten Verfahrens (genauer der einschlägigen Randnummer der Bekanntmachung „Vereinfachtes Verfahren") anzukreuzen. Bei Rn. 8 (gemeinsamer horizontaler

---

[105] Kom., Bekanntmachung „Vereinfachtes Verfahren", Rn. 22.
[106] Kom., Bekanntmachung „Vereinfachtes Verfahren", Rn. 23.
[107] Kom., Bekanntmachung „Vereinfachtes Verfahren", Rn. 24.
[108] Kom., Vereinfachtes Formular CO, Einl. Rn. 15; vgl. auch Rn. 6.
[109] Kom., Vereinfachtes Formular CO, Einl. Rn. 15.
[110] So Kom., Vereinfachtes Formular CO, Einl. Rn. 16.
[111] Kom., Vereinfachtes Formular CO, Einl. Rn. 8.

Marktanteil von 20–25 %; vertikale Marktanteile von 30–35 % oder von unter 50 %, wenn die auf allen anderen vertikal verbundenen Märkte unter 10 % bleiben) kann angekreuzt werden, ob keine Umstände aus den Schutzklauseln und Ausschlussbestimmungen vorliegen oder ob es aus den in Abschnitt 11 dargelegten Gründen keinen Anlass zu Wettbewerbsbedenken gibt.

In Abschnitt 8 muss für jede horizontale Überschneidung (wozu auch Überschneidungen mit Pipeline-Produkten gehören) eine Tabelle ausgefüllt werden, die eine Kombination der Tabellen in den Teilabschnitten 7.2 und 8.2 des Formulars CO ist (Präzedenzfälle, plausibler sachlich und räumlich relevanter Markt, Marktanteile der Beteiligten für die letzten drei Jahre, Marktanteile der Wettbewerber im letzten Jahr, Marktgröße der letzten drei Jahre, Bezeichnung der Pipeline-Produkte). Abschnitte 9 und 10 beinhalten Tabellen für vertikale Beziehungen. In Abschnitt 9 gibt es eine Tabelle des Formats von Abschnitt 8 für den vorgelagerten Markt und eine für den nachgelagerten. Abschnitt 10 hat eine eigene Tabelle für vertikale Beziehungen, die der Rn. 5 lit. d Ziff. ii lit. bb der Bekanntmachung „Vereinfachtes Verfahren" unterfallen, weil dort für den vorgelagerten Markt neben den Angebots- auch die Nachfragemarktanteile angegeben werden müssen. Die Nachfrageanteile der Wettbewerber sind nicht anzugeben. Abschnitt 11 ist die Checkliste für Schutzklauseln und Ausschlussbestimmungen, die auch in Teilabschnitt 7.4 des Formulars CO verwendet wird. Wie im Formular CO deckt die Tabelle nur einen Teil der Schutzklauseln und Ausschlussbestimmungen aus Rn. 11 ff. der Bekanntmachung „Vereinfachtes Verfahren" ab. Im letzten Feld der Tabelle kann mit freiem Text erläutert werden, warum, obwohl eine oder mehrere der vorstehenden Fragen mit „Ja" beantwortet wurden, der Fall nach Meinung der Anmelder auf der Grundlage der Bekanntmachung „Vereinfachtes Verfahren" behandelt werden sollte.

Abschnitt 12 des Vereinfachten Formulars CO beschäftigt sich (mit weniger Vorgaben als in Abschnitt 12 des Formulars CO) mit den kooperativen Wirkungen eines Gemeinschaftsunternehmens. Abschnitt 13 ist für die Kontaktdaten der Beteiligten. In Abschnitt 14 muss angekreuzt werden, welche Anlagen beigefügt werden. Zwingend sind dabei die Unterlagen, mit denen der Zusammenschluss herbeigeführt wird, bei Vertretung die Originalvollmacht(en) und die Methodik zur Berechnung der Marktanteile. Von den Unterlagen, die nach Teilabschnitt 5.4 des Formulars CO beizubringen sind, sind für das Vereinfachte Formular CO nur die Präsentationen relevant. In Abschnitt 15 sind die Fragen zu beantworten, ob der Zusammenschluss in anderen Hoheitsgebieten anmeldepflichtig ist und ob eine Anmeldung nach Art. 20 der VO (EU) 2022/2560 (drittstaatliche Subventionen) einschlägig ist. Abschnitt 16 schließt mit derselben Erklärung, mit der auch das Formular CO (dort in Abschnitt 13) endet.

c) Vorlage des Formulars CO. Das Formular CO und seine Anlagen (die sachdienlichen Unterlagen) sind der Kommission im Einklang mit Art. 22 DVO FKVO und unter Berücksichtigung der von der Kommission im Amtsblatt veröffentlichten Hinweise zu übermitteln (Art. 3 Abs. 2 DVO FKVO). Das bedeutet, dass die Unterlagen grundsätzlich auf elektronischem Wege mit einer qualifizierten elektronischen Signatur übermittelt werden müssen (Art. 22 Abs. 1 und 2 DVO FKVO). Die Methode der Übermittlung (derzeit grundsätzlich EU Send Web, auch eTrustEx genannt) und die elektronische Unterzeichnung sind in einer Mitteilung der Kommission geregelt, der Mitteilung „Übermittlung".[112]

d) Sachdienliche Unterlagen. Als Anlagen beigefügte Schriftstücke (sachdienliche Unterlagen genannt) sind auf dem gleichen Wege zu übermitteln. Mit der elektronischen Übermittlung entfällt die bislang übliche Bestätigung der Vollständigkeit der Abschrift und deren Übereinstimmung mit dem Original.[113]

Der Versuchung, bestimmte Angaben des Formulars CO in Anlagen auszugliedern, etwa weil sich Tabellen so leichter bearbeiten lassen, ist zu widerstehen. Die wesentlichen Informationen, darunter vor allem die Angabe der Marktanteile der beteiligten Unternehmen und ihrer Hauptwettbewerber sollten sich (zumindest auch) im Hauptteil des Formulars CO befinden. Anlagen sind nur als Ergänzung zu den im Formular selbst gelieferten Angaben zu verwenden.[114]

e) Zeitpunkt des Eingangs. Elektronisch übermittelte Unterlagen gelten als an dem Tag eingegangen, an dem sie abgeschickt wurden, sofern aus dem Zeitstempel einer automatischen Empfangsbestätigung hervorgeht, dass sie an diesem Tag eingegangen sind (Art. 22 Abs. 4 S. 1 DVO FKVO). Für das Formular CO, das Vereinfachte Formular CO und das Formular RS gilt dies aber nur, sofern sie an diesem Tag vor oder während der auf der Webseite der GD Wettbewerb angegebe-

---

[112] Kom., Mitteilung gem. Art. 3 Abs. 2, Art. 13 Abs. 3, Art. 20 und Art. 22 der DVO FKVO, ABl. 2023 C 160, 11.
[113] Dazu noch Art. 3 Abs. 3 der VO (EG) 802/2004.
[114] Kom., Formular CO, Einl. Rn. 18.

nen Öffnungszeiten eingegangen sind. Nach Ende der Öffnungszeit übermittelte Formulare gelten als am folgenden Arbeitstag eingegangen (Art. 22 Abs. 4 S. 2 und 3 DVO FKVO). Die Anmeldungen werden nach Art. 5 Abs. 1 DVO FKVO grundsätzlich am Tag ihres Eingangs bei der Kommission wirksam. Die Öffnungszeiten haben auch noch Bedeutung für mit Zustimmung der Kommission ausnahmsweise per Einschreiben übermittelte oder eigenhändig abgegebene Unterlagen (Art. 22 Abs. 6 und 7 DVO FKVO).

74 **f) Sprache.** Die Anmeldung ist in einer der Amtssprachen der Union abzufassen, die für die Anmelder zugleich die Verfahrenssprache ist. Sachdienliche Unterlagen sind in der Originalsprache einzureichen. Ist die Originalsprache keine der Amtssprachen der Union, ist eine Übersetzung in die Verfahrenssprache (also nicht in eine beliebige Unionssprache) beizufügen (Art. 3 Abs. 3 DVO FKVO). Anmeldungen gemäß Art. 57 EWR-Abkommen können in einer der Amtssprachen der EFTA-Staaten oder der Arbeitssprache der EFTA-Überwachungsbehörde (Englisch) vorgelegt werden. Handelt es sich hierbei nicht um eine Amtssprache der Union (zB um Norwegisch), haben die Anmelder sämtlichen Unterlagen eine Übersetzung in eine (frei wählbare) Amtssprache der Union beizufügen. Die für die Übersetzung gewählte Sprache wird von der Kommission als Verfahrenssprache gegenüber den Anmeldern verwendet (Art. 3 Abs. 4 DVO FKVO). Die Verfahrenssprache ist dann auch die Verfahrenssprache für spätere Verfahren im Zusammenhang mit demselben Zusammenschluss (Art. 3 Abs. 3 S. 2 DVO FKVO). Gedacht ist hier etwa an die erneute Prüfung eines Zusammenschlusses nach Nichtigerklärung einer Kommissionsentscheidung durch den Gerichtshof (vgl. Art. 10 Abs. 5) oder ein Bußgeldverfahren nach Art. 14.[115]

75 **g) Geschäftsgeheimnisse.** Nach dem Art. 339 AEUV entsprechenden Art. 17 Abs. 2 FKVO sind die Kommission und die zuständigen Behörden der Mitgliedstaaten sowie ihre Beamten und sonstigen Bediensteten, alle sonstigen, unter Aufsicht dieser Behörden handelnden Personen und die Beamten und Bediensteten anderer Behörden der Mitgliedstaaten verpflichtet, Kenntnisse nicht preiszugeben, die sie bei Anwendung dieser Verordnung erlangt haben und die ihrem Wesen nach unter das Berufsgeheimnis fallen. Soweit Anmelder der Auffassung sind, dass Angaben, die sie machen, Geschäftsgeheimnisse sind, sollten sie diese Angaben entspr. kennzeichnen und begründen, warum es sich um Geschäftsgeheimnisse handelt. Die Einführung zum Formular CO empfiehlt, solche Angaben in getrennten Anlagen zu machen,[116] das verträgt sich aber nur beschränkt mit der Vorgabe, dass alle wesentlichen Informationen im Formular CO selbst enthalten sein sollen.[117] Zur Wahrung der Vertraulichkeit unter den Anmeldern → Rn. 31.

76 **h) Befreiungen.** Grds. müssen die in den Formblättern verlangten Angaben und Unterlagen vollständig gemacht bzw. vorgelegt werden (Art. 4 Abs. 1 DVO FKVO). Die Kommission kann jedoch von der Pflicht zur Vorlage einzelner verlangter Angaben einschließlich aller Unterlagen oder von anderen in den Anhängen I und II zur DVO FKVO festgelegten Anforderungen befreien, wenn sie der Ansicht ist, dass die Einhaltung dieser Pflichten oder Anforderungen für die Prüfung des Falles nicht erforderlich ist (Art. 4 Abs. 2 DVO FKVO). Hierzu gehört auch das **Unvermögen der Anmelder, bestimmte Informationen zu beschaffen.** Deshalb unterscheidet das Formular CO insoweit zwei Kategorien.[118] Wenn Angaben für die Anmelder nicht in zumutbarer Weise zugänglich sind, etwa Angaben über das zu übernehmende Unternehmen bei einer feindlichen Übernahme, wird die Kommission die Anmeldung gleichwohl als vollständig betrachten, wenn die fehlenden Angaben durch bestmögliche Schätzungen unter Angabe der Quellen ersetzt werden und nach Möglichkeit angegeben wird, wo die Kommission die fehlenden Angaben einholen kann. Darüber hinausgehend kann die Kommission auch von der Beibringung von Angaben befreien und eine Anmeldung als vollständig anerkennen, wenn bestimmte Angaben für die Prüfung der Sache **nicht erforderlich sind.** Für Letzteres hält die Kommission insbes. die Teilabschnitte 3.4 (finanzielle Unterstützung), 3.5 (Anmeldungen außerhalb des EWR), 3.6 (nicht-kontrollierende Minderheitsbeteiligungen der Beteiligten an Wettbewerbern), 3.7 (nicht-kontrollierende Minderheitsbeteiligungen von Wettbewerbern an den Zusammenschlussbeteiligten), 5.5 (erhobene und gespeicherte Daten), 5.6 (Verwendung der Daten im Geschäftsverlauf) und 10 des Formulars CO (Produktdifferenzierung, Vertriebssysteme etc) für einschlägig.[119] In beiden Fällen müssen die Parteien einen **schriftlichen Antrag** stellen und angemessen begründen. Die Gründe sind darüber hinaus vor der Anmeldung in Gesprächen mit der Kommission anzuführen und zu erörtern. Die schriftlichen Anträge sollen im Formular CO selbst (am Anfang des betreffenden Abschnitts oder Unterabschnitts) gestellt wer-

---

[115] Vgl. Lingos/Loughran/Pitkanen/Todino CPN 2004, Heft 2, 79 (80).
[116] Kom., Formular CO, Einf. Rn. 23.
[117] Dazu Kom., Formular CO, Einf. Rn. 18; zustimmend FK-KartellR/Birmanns Rn. 70.
[118] Kom., Formular CO, Einf. Rn. 9.
[119] Kom., Formular CO, Einf. Rn. 6.

IV. Anmeldung von Zusammenschlüssen

den.[120] Im Falle des Vereinfachten Formulars CO sollen Befreiungsanträge in einer separaten E-Mail an das zuständige Sachbearbeiterteam gerichtet werden.[121] Innerhalb der Kommission ist die Entscheidungsbefugnis über solche Anträge auf das case team delegiert. Wirksam kann über sie – auch bei entsprechenden Vorgesprächen – aber erst nach der Anmeldung entschieden werden.[122]

i) Bestätigung der Anmeldung. Die Kommission bestätigt den Anmeldern oder ihren Vertretern unverzüglich schriftlich den Eingang der Anmeldung (Art. 4 Abs. 3 DVO FKVO). In dieser Bestätigung wird auch das vorläufig berechnete Datum für das Ende der ersten Phase genannt. 77

6. Richtigkeit und Vollständigkeit der Anmeldung. a) Grundsatz. Die Angaben in der Anmeldung müssen richtig und, soweit keine Befreiung erteilt worden ist, vollständig sein (Art. 4 Abs. 1 S. 2 DVO FKVO), woraus man eine Wahrheitspflicht ableiten kann.[123] Zur Richtigkeit und Vollständigkeit der Angaben in der Anmeldung gehört insbes., dass **Namen, Faxnummern und E-Mail-Adressen** richtig, einschlägig und auf dem neuesten Stand sind.[124] Die Wichtigkeit der korrekten Angabe der Kontaktdaten der Wettbewerber und Kunden in Teilabschnitt 10.9 des Formulars CO kann gar nicht überschätzt werden. Die Kommission ist nicht in der Lage, einen Fall innerhalb der ihr für die erste Phase nur zur Verfügung stehenden kurzen Fristen sorgfältig zu bearbeiten, wenn die Wettbewerber und Kunden nicht richtig identifiziert sind oder diese wegen unrichtiger Kontaktdaten nicht erreicht werden können. Der Kontakt mit diesen Personengruppen ist für die Kommission oft der einzige Weg, die Marktangaben der Anmelder auf ihre Richtigkeit zu überprüfen. Die Angaben zu den Kontaktpersonen sind iÜ nicht nur im Formular CO, sondern daneben auch in einem bestimmten, von der GD Wettbewerb vorgegebenen elektronischen Format zu machen. Dies erleichtert der GD Wettbewerb die Erstellung der Auskunftsersuchen. 78

Unvollständigkeit bedeutet, dass in der Anmeldung Angaben fehlen, die nach dem Formular CO oder dem Vereinfachten Formular CO erforderlich sind und von denen die Beibringung die Kommission die Anmelder nicht befreit hat. Verlangt die Kommission – etwa iRd informellen Vorgespräche – darüber hinausgehende Angaben, kann deren Fehlen nicht die Unvollständigkeit der Anmeldung begründen.[125] Die Abgrenzung ist aber schwierig, wenn die Kommission die Fragen aus dem Formular nur konkretisiert hat oder zwischen Kommission und Anmeldern Meinungsunterschiede etwa über die Abgrenzung der relevanten Märkte bestehen. Im Zweifel werden die Anmelder die von der Kommission verlangten Angaben beibringen müssen, es sei denn, sie sind bereit, sich nach Ablauf der (aus ihrer Sicht nicht unterbrochenen) Frist des Art. 10 Abs. 1 auf den Standpunkt zu stellen, der Zusammenschluss sei freigegeben, und dies auszufechten. Die Kommission hat schon Anmeldungen gegen Ende der ersten Phase für unvollständig erklärt, um Zeit zu gewinnen und Fälle noch in der ersten Phase abschließen zu können.[126] In jüngerer Zeit tendiert sie allerdings eher dahin, die Pränotifikationsphase auszudehnen, um solche Situationen zu vermeiden.[127] 79

b) Wirksamwerden der Anmeldung bei unvollständigen Angaben. Anmeldungen werden grds. am Tag ihres Eingangs bei der Kommission wirksam (Art. 5 Abs. 1 DVO FKVO), was die Frist des Art. 10 Abs. 1 FKVO in Gang setzt. Dies gilt allerdings nicht, wenn die Anmeldung in einem wesentlichen Punkt unvollständig ist. In einem solchen Fall wird die Anmeldung erst mit Eingang der vollständigen Informationen wirksam (Art. 5 Abs. 2 DVO FKVO). 80

c) Unrichtige und irreführende Angaben. Unrichtige oder irreführende Angaben werden für die Frage des Wirksamwerdens der Anmeldung als unvollständige Angaben angesehen (Art. 5 Abs. 4 DVO FKVO). Bei vorsätzlich oder fahrlässig unrichtigen oder irreführenden Angaben kann – anders als bei rein unvollständigen Angaben – auch ein **Bußgeld** verhängt werden (Art. 14 Abs. 1 lit. a), was die Kommission bislang in acht Fällen getan hat.[128] Nach Art. 6 Abs. 3 lit. a und Art. 8 81

---

[120] Kom., Formular CO, Einf. Rn. 10.
[121] Kom., Vereinfachtes Formular CO, Einf. Rn. 13 lit. g.
[122] NK-EuWettbR/König Rn. 37; von der Groeben/Schwarze/Hatje/König Rn. 37.
[123] Ylinen NZKart 2017, 421 (422); Brinker BB 2017, 1417 (1418) sieht die Pflicht, richtige und vollständige Angaben zu machen, sogar als Teil einer allgemeineren Kooperationspflicht der Unternehmen mit der Kommission; es ist insoweit richtig, dass es zB in Kronzeugenprogrammen Kooperationsobliegenheiten gibt, aber eine allgemeine Kooperationspflicht ist wohl eher abzulehnen.
[124] Kom., Formular CO, Einf. Rn. 14 lit. b.
[125] So richtig Hellmann ZIP 2004, 1387 (1389); FK-KartellR/Birmanns Rn. 27; Immenga/Mestmäcker/Körber Rn. 40.
[126] Levy/Cook, § 17.03[8] Abs. 3.
[127] Levy/Cook, § 17.03[8] Abs. 3.
[128] Stand 28.2.2023; Kom. 28.7.1999 – M.1543 – Sanofi/Synthélabo; 14.12.1999 – M.1608 – KLM/Martinair (III); 14.12.1999 – M.1610 – Deutsche Post/Trans-o-flex; 19.6.2002 – M.2624 – BP/Erdölchemie; 7.7.2004 – M.3255 – Tetra Laval/Sidel; 17.5.2017 – M.8228 – Facebook/WhatsApp; 8.4.2019 – M.8436 – General Electric/LM Wind; 3.5.2021 – M.8181 – Merck/Sigma Aldrich.

Abs. 6 lit. a kann die Kommission außerdem die **Freigabe widerrufen,** wenn diese auf unrichtigen Angaben beruht, die von einem der beteiligten Unternehmen zu vertreten sind, oder arglistig herbeigeführt wurde.

82   d) **Änderungen nach Anmeldung.** Ergeben sich nach der Anmeldung wesentliche Änderungen an dem in der Anmeldung beschriebenen Sachverhalt, die den Anmeldern bekannt sind oder bekannt sein müssten, oder werden neue Informationen bekannt, welche die Anmelder kennen oder kennen müssen und die anmeldepflichtig gewesen wären, wenn sie zum Anmeldezeitpunkt bekannt gewesen wären, sind diese Änderungen und neuen Informationen der Kommission unverzüglich mitzuteilen (Art. 5 Abs. 3 S. 1 DVO FKVO).

83   Wenn diese Änderungen oder neuen Informationen **erhebliche Auswirkungen** auf die Beurteilung des Zusammenschlusses haben könnten, kann die Kommission die Anmeldung als am Tage des Eingangs der entsprechenden Mitteilung wirksam geworden ansehen; die Kommission setzt die Anmelder oder ihre Vertreter hiervon umgehend schriftlich in Kenntnis (Art. 5 Abs. 3 S. 2 und 3 DVO FKVO).[129] Dies betrifft insbes. strukturelle Veränderungen im Markt, die von den Parteien oder Dritten herbeigeführt werden.[130] Eine solche Verschiebung des Wirksamwerdens der Anmeldung kann sich auf die Prioritätsreihenfolge mehrerer Zusammenschlüsse in derselben Industrie auswirken (→ Rn. 84).

84   **7. Wirkung der Anmeldung.** Die (vollständige) Anmeldung setzt die Frist des Art. 10 Abs. 1 in Gang. Darüber hinaus haben die Anmelder mit der Anmeldung ihrer Pflicht nach Abs. 1 UAbs. 1 genügt. Nach der heutigen Praxis der Kommission verschafft die Anmeldung einem Zusammenschluss auch **Priorität** gegenüber noch nicht angemeldeten anderen Zusammenschlüssen, die dieselben Märkte betreffen. Während die Kommission früher sämtliche anstehenden Vorhaben in ihre Prüfung einbezog,[131] behandelt sie inzwischen den zuerst angemeldeten Zusammenschluss so, als ob der zweite (oder weitere) nicht stattfinden würden. Umgekehrt wird der später angemeldete Zusammenschluss so behandelt, als sei der erste schon vollzogen worden.[132] Begründet wird das Prioritätsprinzip mit Erwägungen der Rechtssicherheit, Transparenz und Objektivität[133] sowie damit, dass der spätere Zusammenschluss im Zeitpunkt der ersten Anmeldung ein hypothetisches Ereignis darstelle, das gegen die Zulässigkeit des erstangemeldeten Zusammenschlusses nicht ins Feld geführt werden dürfe.[134] Diese Logik müsste allerdings dazu führen, dass auch der zuerst angemeldete Zusammenschluss bei der Beurteilung des zweiten nicht berücksichtigt wird, denn auch er kann von den Parteien noch aufgegeben werden. Diese Konsequenz zieht die Kommission aber nicht. Damit haben die Parteien „konkurrierender" Zusammenschlüsse ein Interesse, möglichst schnell anzumelden, auch wenn weitere informelle Vorgespräche mit der Kommission der Sache dienlich wären.[135] Wer im Hinblick auf das Prioritätsprinzip allerdings zu schnell anmeldet, riskiert, dass seine Anmeldung für unvollständig erklärt wird und erst der Zeitpunkt ihrer Vervollständigung seinen Platz in der Prioritätsreihe sichert. Die Kommission hatte sich im Gerichtsverfahren T-312/20 auch auf das Prioritätsprinzip berufen, obwohl sie es dort gar nicht gebraucht hätte, weil die verschiedenen Transaktionen, um die es ging, ohnehin miteinander verbunden waren und die Kom-

---

[129] Vgl. Kom. 25.11.2008 – M.5096 Rn. 10 f. – RCA/MAV Cargo.
[130] Vgl. NK-EuWettbR/König Rn. 40; von der Groeben/Schwarze/Hatje/König Rn. 40.
[131] Vgl. Kom. 20.12.2001 – M.2389 Rn. 21 – Shell/DEA; 20.12.2001 – M.2533 Rn. 18 – BP/E.ON; auch das Bundeskartellamt behandelte die parallelen, an es verwiesenen, die Mineralölmärkte betreffenden Teile der Transaktionen zusammen, ohne einem der beiden Priorität einzuräumen, BKartA 19.12.2001 – B8-120/01 – Deutsche Shell/RWE und 19.12.2001 – B8-130/01 – BP/E.ON; seinerzeit zustimmend J. Schmidt ECLR 2003, 183; ablehnend Stadler ECLR 2003, 321.
[132] Kom. 4.5.2007 – M.4601 Rn. 48 ff. – KarstadtQuelle/MyTravel; 4.6.2007 – M.4600 Rn. 66 ff. – TUI/First Choice; 14.5.2008 – M.4854 Rn. 187 f. – TomTom/Tele Atlas; 2.7.2008 – M.4942 Rn. 260 f. – Nokia/NAVTEQ; 19.10.2011 – M.6214 Rn. 10 ff. – Seagate/HDD Business of Samsung; 23.11.2011 – M.6203 Rn. 31 ff. – Western Digital Ireland/Viviti Technologies; 27.3.2017 – M.7932 Rn. 134 ff. – Dow/DuPont; 5.4.2017 – M.7962 Rn. 13 ff. – ChemChina/Syngenta; 21.3.2018 – M.8084 Rn. 9 – Bayer/Monsanto.
[133] Kom. 19.10.2011 – M.6214 Rn. 15 – Seagate/HDD Business of Samsung; 23.11.2011 – M.6203 Rn. 35 – Western Digital Ireland/Viviti Technologies.
[134] Berg/Mäsch/Kellerbauer/Zedler Art. 2 Rn. 6; krit. zum Prioritätsprinzip Hirsbrunner EuZW 2012, 646 (647); Weitbrecht ECLR 2014, 282 (284 f.); Monopolkommission, Hauptgutachten XIX (2010/2011), BT-Drs. 17/10365, Rn. 776 ff.
[135] Berg/Mäsch/Kellerbauer/Zedler Rn. 7 räumen ein, dass die Nachteile einer Anmeldung „an zweiter Stelle" auch dann eintreten, wenn die Verzögerung auf sachdienlichen informellen Abstimmungen mit der Kommission beruht.

mission allein deshalb schon bei der einen Transaktion die andere berücksichtigen musste.[136] Das Gericht wies in einem obiter dictum jedenfalls darauf hin, dass der Prioritätsgrundsatz ausschließlich auf der Entscheidungspraxis der Kommission beruhe, und bestätigte ihn nicht.[137] Die Kommission habe jedenfalls ihrer Beurteilung tatsächliche und rechtliche Umstände zugrunde zu legen, die im Zeitpunkt der Anmeldung gegeben seien und deren wirtschaftliche Bedeutung zum Zeitpunkt der Entscheidung abgeschätzt werden könne.[138]

Das Prioritätsprinzip beantwortet in seiner jetzigen Ausprägung auch noch nicht die Frage, wie parallele Zusammenschlüsse zu behandeln sind, die nicht sämtlich bei der Kommission angemeldet werden. Konsequenterweise müsste hier das Datum der ersten Anmeldung zählen, auch wenn diese eine nationale Anmeldung und wegen geringerer Informationserfordernisse sehr viel schneller zu bewerkstelligen ist. Über das ECN hat die Kommission jedenfalls unmittelbar Kenntnis von ihr. Geht der nationalen Anmeldung ein Verweisungsantrag nach Abs. 5 voraus (→ Rn. 151), sollte schon dessen Zeitpunkt maßgeblich sein.

8. Veröffentlichung der Anmeldung (Abs. 3). a) Grundsatz. Stellt die Kommission fest, dass ein Zusammenschluss unter die FKVO fällt, veröffentlicht sie die Tatsache der Anmeldung unter Angabe der Namen der beteiligten Unternehmen, ihres Herkunftslands, der Art des Zusammenschlusses sowie der betroffenen Wirtschaftszweige. Die Kommission trägt den berechtigten Interessen der Unternehmen an der Wahrung ihrer Geschäftsgeheimnisse Rechnung (Abs. 3). Über den Wortlaut des Abs. 3 hinaus veröffentlicht die Kommission allerdings in der Praxis die Daten jeder bei ihr eingegangenen Anmeldung, ohne vorher festgestellt zu haben, dass das Vorhaben tatsächlich in den Anwendungsbereich der FKVO fällt.[139] Auch nach der Veröffentlichung hat die Kommission noch die Möglichkeit, in einer Entscheidung nach Art. 6 Abs. 1 lit. a ihre Unzuständigkeit festzustellen, weil es sich gar nicht um einen Zusammenschluss handelt oder weil dieser keine unionsweite Bedeutung hat.

b) Erneute Veröffentlichung bei Vervollständigung einer Anmeldung. Ist die Anmeldung gemäß Art. 5 Abs. 2, 3 und 4 DVO FKVO später als zu dem in der (ersten) Veröffentlichung genannten Zeitpunkt wirksam erfolgt, so gibt die Kommission den Zeitpunkt der wirksam erfolgten Anmeldung in einer weiteren Veröffentlichung bekannt (Art. 5 Abs. 5 S. 2 DVO FKVO).

9. Neuanmeldung nach Rücknahme. Eine Anmeldung kann jederzeit zurückgenommen werden. Die Rücknahme beendet jedoch nicht unbedingt das Verfahren. Nach Art. 6 Abs. 1 lit. c S. 2 werden **Verfahren der zweiten Phase** durch eine Entscheidung nach Art. 8 Abs. 1–4 abgeschlossen, es sei denn, die beteiligten Unternehmen haben der Kommission gegenüber glaubhaft gemacht, dass sie den Zusammenschluss aufgegeben haben. Damit soll verhindert werden, dass Anmelder eine Untersagungsentscheidung durch Rücknahme in letzter Minute verhindern, wie es bspw. im Fall MCI WorldCom/Sprint versuchten, in dem die Kommission aber gleichwohl noch eine Entscheidung erließ, weil die Parteien ihren Verschmelzungsvertrag bestehen ließen und sich vorbehielten, den Zusammenschluss in einer anderen als der angemeldeten Form durchzuführen.[140] Ist das Vorhaben dagegen glaubhaft aufgegeben,[141] ist mit der Rücknahme auch das Verfahren beendet. Eine bloße **Teilrücknahme** genügt allerdings nicht, auch dann nicht, wenn der verbleibende Teil für sich genommen nicht mehr in die Zuständigkeit der Kommission fiele.[142] Das gilt auch, wenn nur ein beteiligtes Unternehmen sich von dem Zusammenschluss lösen, ein anderes aber an ihm festhalten will (unabhängig davon, ob letzteres Anmelder war).[143]

Eine **Rücknahme in der ersten Phase** beendet das Verfahren in jedem Fall,[144] denn Art. 6 Abs. 1 lit. c. S. 2 beschränkt sich auf Fälle, in denen ein Verfahren nach Art. 6 Abs. 1 lit. c S. 1 eingeleitet worden ist. Die Einleitung und Durchführung einer zweiten Phase wäre in solchen Fällen ein völlig sinnloser Aufwand. So geht auch die Begründung des Entwurfs zur VO 139/2004 davon

---

[136] EuG 17.5.2023 – T-312/20, ECLI:EU:T:2023:252 Rn. 106, 116 – EVH.
[137] EuG 17.5.2023 – T-312/20, ECLI:EU:T:2023:252 Rn. 107, 109 – EVH.
[138] EuG 17.5.2023 – T-312/20, ECLI:EU:T:2023:252 Rn. 110 – EVH mwN aus der Rspr. des EuG.
[139] Vgl. Wiedemann KartellR-HdB/Wagemann § 17 Rn. 35; NK-EuWettbR/König Rn. 45; von der Groeben/Schwarze/Hatje/König Rn. 45.
[140] Kom. 28.6.2000 – M.1741 Rn. 12 – MCI WorldCom/Sprint, aufgehoben durch EuG 28.9.2004 – T-310/00, Slg. 2004, II-3253 – MCI.
[141] Vgl. hierzu die Mitteilung (information note) der Generaldirektion Wettbewerb zur Aufgabe von Zusammenschlüssen, abrufbar unter http://ec.europa.eu/competition/mergers/legislation/abandonment.pdf, zuletzt abgerufen am 10.3.2023.
[142] Vgl. EuGH 18.12.2007 – C-202/06 P, Slg. 2007, I-12129 Rn. 40 ff. – Cementbouw.
[143] Vgl. Kom. 10.5.2007 – M.4381 Rn. 5 ff., 15 f. – JCI/Fiamm.
[144] So auch FK-KartellR/Birmanns Rn. 43; Fountoukakos/Anttilainen-Mochnacz ECLR 2010, 387 (388); Immenga/Mestmäcker/Körber Rn. 62; aA Dittert WuW 2004, 148 (152 f.).

90 aus, dass eine Anmeldung in Phase I solange zurückgenommen werden kann, wie keine Entscheidung nach Art. 6 Abs. 1 lit. c ergangen ist.[145]
Eine **Neuanmeldung** nach Rücknahme ist stets dann möglich, wenn das ursprüngliche Vorhaben in einem wesentlichen Punkt geändert wurde.[146] Dies ist auch in der Form möglich, dass das ursprüngliche Vorhaben zusammen mit einer Verpflichtungserklärung neu angemeldet wird.[147] Die Kommission hat aber auch schon Anmeldungen unbeanstandet entgegengenommen, mit denen ein völlig unverändertes Zusammenschlussvorhaben erneut angemeldet wurde.[148] Vor diesem Hintergrund wird die Kommission Neuanmeldungen unveränderter Vorhaben nur dann zurückweisen können, wenn Rücknahme und Neuanmeldung wegen der besonderen Umstände des Falles missbräuchlich sind.

91 **10. Kostenfreiheit.** Anders als das deutsche Fusionskontrollverfahren ist das Anmeldeverfahren nach der FKVO kostenfrei. Überlegungen der Kommission im Grünbuch vom 11.12.2001 über die Revision der VO 4064/89 zu einer Ermächtigungsklausel, die sie befähigt hätte, Anmeldegebühren einzuführen,[149] wurden in der VO 139/2004 nicht aufgegriffen.

V. Verweisung an einen Mitgliedstaat (Abs. 4)

92 **1. Übersicht über Verweisungen vor und nach Anmeldung.** Seit der VO 139/2004 enthält die FKVO ein **umfassendes System von Verweisungsmöglichkeiten** zwischen der Kommission und den Wettbewerbsbehörden der Mitgliedstaaten. Den bestehenden Verweisungsmöglichkeiten **nach Anmeldung** in Art. 9 und 22 sind Verweisungsmöglichkeiten **vor der Anmeldung** in Abs. 4 und 5 hinzugefügt worden. Die Möglichkeit der Verweisung von der Kommission an die Mitgliedstaaten und von den Mitgliedstaaten an die Kommission soll als **Korrektiv der starren Zuständigkeitsverteilung** nach der unionsweiten Bedeutung von Zusammenschlüssen gemäß Art. 1 wirken.[150] Verweisungsanträge vor der Anmeldung können ausschließlich von den zur Anmeldung Berechtigten gestellt werden, nicht von den Behörden. Mit der Anmeldung eines Zusammenschlusses geht dieses Initiativrecht auf die Mitgliedstaaten über, die dann nach Art. 9 und 22 die Verweisung eines Falles beantragen können. Das Interesse der Anmeldeberechtigten, selbst nach Abs. 4 oder 5 tätig zu werden, liegt zunächst darin, dass sie dann nicht auf die aktive Mitwirkung der Mitgliedstaaten angewiesen sind (deren Schweigen gilt als Zustimmung). Das Interesse einer Verweisung von der Kommission an einen Mitgliedstaat nach Abs. 4 kann insbes. auch in einer möglichen **Verfahrensbeschleunigung** liegen. Wenn absehbar ist, dass ein Mitgliedstaat einen Verweisungsantrag nach Art. 9 stellen wird, dem die Kommission wahrscheinlich stattgibt, können die Anmelder das Verfahren verkürzen (und sich eine Anmeldung mittels Formular CO ersparen), wenn sie selbst aktiv die Verweisung vor Anmeldung betreiben. Das Interesse einer Verweisung von den Mitgliedstaaten an die Kommission nach Abs. 5[151] wird dagegen eher in der **Verfahrensvereinfachung und -zentralisierung** liegen. In beiden Fällen kann aber auch nicht ausgeschlossen werden, dass Anmelder eine Verweisung beantragen, weil sie – ob zu Recht oder zu Unrecht sei dahingestellt – meinen, dass die Chancen einer Freigabe bei der originär nicht zuständigen Behörde besser stehen. Letzteres bewertet die Kommission negativ und betont deshalb in ihrer Mitteilung über die Verweisung in Fusionssachen (im Folgenden Mitteilung „Verweisung Fusionssachen"),[152] dass Verweisungen auch weiterhin eine **Ausnahme** darstellen werden und dass die Kompetenzzuweisung mittels objektiver Umsatzschwellen die Regel bleibt.[153]

93 Drei der vier Verweisungsmöglichkeiten ist ein materiellrechtliches Kriterium gemeinsam, nämlich dass ein Zusammenschluss den Wettbewerb in einem Markt **„erheblich beeinträchtigen"**

---

[145] Kom., Vorschlag für eine Verordnung des Rates über die Kontrolle von Unternehmenszusammenschlüssen, ABl. 2003 C 20, 4, Rn. 100.
[146] Wiedemann KartellR-HdB/Wagemann § 17 Rn. 36 meint, es sei vertretbar, in der ohne Gebühr erfolgenden EU-Fusionskontrolle für eine Neuanmeldung eine wesentliche Änderung des Vorhabens zu verlangen; dagegen Immenga/Mestmäcker/Körber Rn. 63 mit dem Hinweis darauf, dass eine Verzögerung durch Rücknahme und Neuanmeldung grundsätzlich nicht im Interesse der Unternehmen liegen könne, die ohnehin dem Vollzugsverbot des Art. 7 unterlägen.
[147] Vgl. etwa Kom. 11.5.2001 – M.2396 Rn. 2 – Industri Kapital/Perstorp (II).
[148] Vgl. etwa Kom. 15.10.1997 – M.852 – BASF/Shell und 23.12.1997 – M.1041 – BASF/Shell (II); 24.6.1998 – M.1145 – Paekhoed/Van Ommeren und 10.9.1999 – M.1621 – Paekhoed/Van Ommeren (II); Kom. 18.1.2010 – M.5746 – Robert Bosch/Deutz/Eberspächer/JV und 7.4.2010 – M.5792 – Bosch/Deutz/Eberspächer.
[149] Kom., Grünbuch v. 11.12.2001 über die Revision der VO 4064/89 Rn. 227–231.
[150] Vgl. Erwgr. 11 der FKVO.
[151] Vgl. Soyez ZWeR 2005, 416 (423 ff.).
[152] ABl. 2005 C 56, 2.
[153] Kom., Mitteilung „Verweisung Fusionssachen", Rn. 7; vgl. auch Böge WuW 2004, 138 (141).

V. Verweisung an einen Mitgliedstaat (Abs. 4) 94–99 **Art. 4 FKVO**

kann (vgl. Abs. 4 UAbs. 1, Art. 9 Abs. 1 lit. a und Art. 22 Abs. 1). Art. 9 Abs. 1 lit. b begnügt sich mit einer einfachen Beeinträchtigung. Abs. 5 setzt keinerlei Beeinträchtigung voraus, woraus sich schließen lässt, dass für die Verweisung von Mitgliedstaaten an die Kommission vor Anmeldung insbes. auch Fälle in Frage kommen, die materiell nicht problematisch sind.

Die deutsche Fassung der FKVO stimmt übrigens im Hinblick auf das Kriterium der erheblichen 94 Beeinträchtigung nicht mit anderen Sprachfassungen überein. Das „may significantly affect competition" im Englischen und das „risque d'affecter de manière significative la concurrence" im Französischen bedeuten nur, dass sich ein Zusammenschluss erheblich auf den Wettbewerb **auswirken** kann, was auch positive Auswirkungen einschließt. Bei der Auslegung von Abs. 4 sollte dem Rechnung getragen werden. Bei Art. 9 und 22 ist dies weniger zwingend, weil dort durch die Verbindung mit „droht" tatsächlich eine negative Konnotation entsteht.

2. Begründeter Antrag auf Verweisung an Mitgliedstaat. Der Verweisungsantrag nach 95 Abs. 4 UAbs. 1 kann von Personen oder Unternehmen iSd Abs. 2 gestellt werden, also von den zur Anmeldung Berechtigten und Verpflichteten (→ Rn. 19–21). Der Antrag nimmt die Form eines begründeten Antrags mit der Mitteilung, dass der Zusammenschluss den Wettbewerb in einem Markt innerhalb eines Mitgliedstaats, der alle Merkmale eines gesonderten Marktes aufweist, erheblich beeinträchtigen könnte und deshalb ganz oder teilweise von diesem Mitgliedstaat geprüft werden sollte.

Über deren Art. 6 Abs. 2 gelten die Vorschriften der DVO FKVO über Anmeldungen entspr. 96 für begründete Anträge iSv Abs. 4 und 5. Diese Verweisung umfasst seit 2013 auch die Regelung, wonach bei unvollständigen Anmeldungen die Anmeldung am Tag des Eingangs der vollständigen Angaben oder Unterlagen bei der Kommission wirksam wird. Damit hat sich der in Vorauflagen an dieser Stelle erörterte Streit, ob ein unvollständiger Antrag ergänzt werden könne oder völlig neu einzureichen sei, erledigt.[154] Ausgenommen von der Bezugnahme ist aber weiterhin Art. 5 Abs. 5 DVO FKVO, der sich auf die Veröffentlichung von Anmeldungen bezieht. Anträge nach Abs. 4 und 5 **werden nicht veröffentlicht.**

Wenn sich die Wirkungen eines Zusammenschlusses nicht auf Märkte innerhalb eines Mitglied- 97 staats beschränken, kommt auch – wie bei Art. 9 – die **Verweisung an mehrere Mitgliedstaaten** in Betracht.[155] Wie sich aus Teilabschnitt 5.1.1 des Formulars RS ergibt, kann in solchen Fällen ein einheitlicher Antrag gestellt werden. Denkbar – jedoch unzweckmäßig – ist die Stellung mehrerer Anträge, getrennt je nach Mitgliedstaat. Unabhängig davon, ob die Verweisung an mehrere Mitgliedstaaten in einem Antrag begehrt wird oder nicht, ist das Ergebnis nicht zwingend gleichförmig. Bspw. ist es denkbar, dass ein Teil eines Zusammenschlusses an einen Mitgliedstaat verwiesen wird, ein anderer Teil des Zusammenschlusses dagegen bei der Kommission verbleibt, weil der zweite betroffene Mitgliedstaat nicht zustimmt oder die Kommission der Auffassung ist, dass die Voraussetzungen einer Verweisung insoweit nicht vorliegen. Die Verweisung an mehrere Mitgliedstaaten wird jedoch angesichts des Grundsatzes der einzigen Anlaufstelle (one stop shop-Prinzip), im Hinblick auf den das Gericht erster Instanz eine Fragmentierung durch Teilverweisung als nicht wünschenswert bezeichnet hat,[156] **nur ausnahmsweise sachlich gerechtfertigt** sein.[157]

3. Voraussetzungen. Voraussetzung ist zunächst, dass es sich um einen Zusammenschluss von 98 unionsweiter Bedeutung handelt, der ohne Verweisung bei der Kommission anzumelden wäre. Dieser Zusammenschluss muss (zumindest auch) einen Markt betreffen, der innerhalb eines Mitgliedstaats belegen ist und alle Merkmale eines gesonderten Marktes aufweist. Den Wettbewerb in diesem Markt muss der Zusammenschluss erheblich beeinträchtigen können. Zudem muss der Zusammenschluss in dem betroffenen Mitgliedstaat unter das nationale Fusionskontrollrecht fallen, also dort auch geprüft werden können.[158] Dies bedeutet zweierlei. Zum einen muss der Mitgliedstaat überhaupt eine Fusionskontrolle haben, so dass eine Verweisung nach Luxemburg von vornherein ausscheidet.[159] Zum anderen muss der Zusammenschluss aber auch die Aufgreifschwellen erfüllen, die in dem Mitgliedstaat gelten, denn sonst könnte er dort auch nicht geprüft werden.

a) Gesonderter Markt innerhalb eines Mitgliedstaats. Für die Definition des räumlichen 99 Referenzmarktes ist der über Abs. 4 UAbs. 5 S. 2 entspr. anwendbare Art. 9 Abs. 7 maßgeblich. Der gesonderte Markt muss nicht kleiner sein als der betreffende Mitgliedstaat, sondern kann sich mit

---

[154] So richtig Immenga/Mestmäcker/Körber Rn. 81 Fn. 203.
[155] Vgl. Kom. 10.11.2018 – M.5316 Rn. 20 – STRABAG/CEMEX; 8.7.2019 – M.9142 Rn. 1, 50 – Rewe/Lekkerland; NK-EuWettbR/König Rn. 53; von der Groeben/Schwarze/Hatje/König Rn. 53.
[156] EuG 3.4.2003 – T-119/02, Slg. 2003, II-1433 Rn. 350 – Philips.
[157] Vgl. Kom., Mitteilung „Verweisung Fusionssachen", Rn. 12.
[158] Kom., Mitteilung „Verweisung Fusionssachen", Rn. 65; vgl. hierzu Bunte/Pape Rn. 41.
[159] Bunte/Pape Rn. 41; Immenga/Mestmäcker/Körber Rn. 83; Luxemburg denkt aber darüber nach, eine nationale Fusionskontrolle einzuführen.

dessen Gebiet decken.[160] Größer als das Gebiet des betreffenden Mitgliedstaats darf der räumliche Referenzmarkt allerdings nicht sein.[161] Art. 9 (bzw. Abs. 4) iSe Schwerpunktbildung auch dann anzuwenden, wenn ein regionaler Markt untergeordnete Randbereiche benachbarter Mitgliedstaaten erfasst,[162] ist mit dem Wortlaut der Vorschrift kaum vereinbar.[163]

100 **b) Erhebliche Beeinträchtigung des Wettbewerbs.** Zur mit anderen Sprachfassungen konformen Auslegung dieses Tatbestandsmerkmals schon → Rn. 94. Gemeint ist, dass der Zusammenschluss sich auf den Wettbewerb in dem betreffenden Markt **erheblich auswirken** kann. Dies schließt positive Effekte auf den Wettbewerb mit ein (Effizienzvorteile, Verbesserungen der Wettbewerbsbedingungen iSd Abwägungsklausel des § 36 Abs. 1 GWB), wie auch Änderungen der Marktstruktur, die den Wettbewerb beeinflussen, ohne dass dies negativ oder positiv einzustufen sein müsste. Die Bewertung solcher Auswirkungen auf den Wettbewerb muss nicht iRd Verweisungsverfahrens geklärt werden, sondern kann dem mitgliedstaatlichen Fusionskontrollverfahren nach Verweisung überlassen werden. Die Parteien müssen jedenfalls nicht nachweisen, dass sich ihr Zusammenschluss negativ auf den Wettbewerb auswirken wird.[164]

101 Eine Begründung, die die Kommission verwendet hat, um die Möglichkeit einer erheblichen Auswirkung darzulegen, sind Marktanteile von mehr als 25 %, also oberhalb der Schwelle, die, wenn sie nicht überschritten wird, einen Anhaltspunkt dafür gibt, dass der Zusammenschluss nicht geeignet ist, wirksamen Wettbewerb erheblich zu beschränken.[165] Die Kommission hat es aber auch schon genügen lassen, wenn die Parteien horizontal über gemeinsame Marktanteile von mehr als 20 % verfügten[166] oder über einen Marktanteil von mehr als 30 % auf einem vor- oder nachgelagerten Markt.[167]

102 **4. Der begründete Antrag.** Nach Art. 6 Abs. 1 DVO FKVO müssen begründete Anträge iSv Abs. 4 und 5 die in Anhang III der Verordnung aufgeführten Angaben und Unterlagen enthalten. Anhang III besteht aus dem Formular RS und seiner Einführung. RS steht für „reasoned submission".

103 **a) Struktur des Formulars RS.** Anders als das Vereinfachte Formular CO ist das Formular RS nach wie vor kein echtes Formular, in dem Kästchen angekreuzt und Felder ausgefüllt werden, sondern weitgehend eine Liste von Fragen, die mit Freitext beantwortet werden. Weite Teile des Formulars RS entsprechen Teilen des Formulars CO. So entspricht Abschnitt 1 des Formulars RS weitgehend Abschnitt 1 und 2 des Formulars CO. Abschnitt 2 des Formulars RS lehnt sich an Abschnitte 3 und 4 des Formulars CO an. Abschnitt 3 des Formulars RS entspricht den Teilabschnitten 6.1–6.2 des Formulars CO. Abschnitt 4 des Formulars RS ist eine abgespeckte Version von Teilabschnitten 7.2–7.3 des Formulars CO, wobei die Angaben aber auf das letzte Geschäftsjahr begrenzt sind und keine Tabellen verwendet werden. Teilabschnitt 4.5 des Formulars RS fragt nach Kandidatenmärkten iSv Art. 2 Abs. 5. Die Erklärung im Abschnitt 6 des Formulars RS entspricht der im Abschnitt 13 des Formulars CO. Anders als im Formular CO werden die Kontaktdaten der Wettbewerber und Kunden nicht abgefragt.

104 Dem speziellen Zweck des Formulars RS dient dessen Abschnitt 5, der im Formular CO keine Entsprechung hat und von dem je nach Antragsart nur ein Teil ausgefüllt werden muss. In dem sich auf Anträge nach Abs. 4 beziehenden Teilabschnitt 5.1 wird insbes. der Mitgliedstaat identifiziert, an den verwiesen werden soll, präzisiert, ob die Sache ganz oder nur teilweise verwiesen werden soll, erläutert, inwiefern die betroffenen Märkte eigenständige Märkte innerhalb des Mitgliedstaats sind und inwiefern der Wettbewerb auf diesen Märkten erheblich beeinträchtigt werden kann. Letzteres ist aber nur noch erforderlich, wenn es bei dem Zusammenschlussvorhaben keine betroffenen Märkte iSd Formulars RS gibt. Die Definition der betroffenen Märkte in Rn. 23 lit. g der Einf. des Formulars RS entspricht der in Rn. 25 lit. g der Einf. des Formulars CO (Märkte mit horizontaler Überschneidung oder vertikaler Beziehung, die die Voraussetzungen für eine Prüfung nach Rn. 5 der Bekanntmachung „Vereinfachtes Verfahren" nicht erfüllen und auf die auch die Flexibilitätsklau-

---

[160] Wiedemann KartellR-HdB/Wagemann § 17 Rn. 159 mwN.
[161] Vgl. etwa Kom. 18.12.1991 – M.165 Rn. 10 – Alcatel/AEG Kabel.
[162] So Janicki in Schwerpunkte des Kartellrechts 1992/93, 63 (73).
[163] So richtig Overbury, The EEC Merger Regulation/Jones/Gonzales-Díaz, 1992, 32; vgl. auch NK-EuWettbR/Hirsbrunner Art. 9 Rn. 20; von der Groeben/Schwarze/Hatje/Hirsbrunner Art. 9 Rn. 20.
[164] Kom., Mitteilung „Verweisung Fusionssachen", Rn. 17 Fn. 20 mit Hinweis auf Erwgr. 16 FKVO.
[165] Kom. 14.9.2021 – M.10339 Rn. 30 – KKR/Landal, unter Hinweis auf die Leitlinien „horizontale Zusammenschlüsse", Rn. 18, vgl. insoweit auch → Erwgr. 32 FKVO.
[166] Kom. 7.9.2015 – M.7651 Rn. 19 – Bain Capital/Davigel Group; 30.3.2016 – M.7910 Rn. 22 – Kesko/Onninen; 23.1.2020 – M.9609 Rn. 38 – Mann Mobilia/Tessner Holding; 28.10.2021 – M.10435 Rn. 22 – Refresco Group/Hansa-Heemann; 10.6.2022 – M.10774 Rn. 27 – Kaufland/SCP Real Assets.
[167] Kom. 14.9.2021 – M.10339 Rn. 30 – KKR/Landal.

seln der Rn. 8 dieser Bekanntmachung nicht anwendbar sind). Naturgemäß ist es für die Antragsteller schwer, zu begründen, warum ihr Zusammenschluss den Wettbewerb erheblich beeinträchtigen könnte, denn sie wollen die Verweisung, sich aber auch nicht um Kopf und Kragen reden. Die FKVO hat dieses Dilemma gesehen und weist in ihrem Erwägungsgrund 16 darauf hin, dass von den beteiligten Unternehmen nicht der Nachweis verlangt werden sollte, dass die Auswirkungen des Zusammenschlusses wettbewerbsschädlich sein würden. Für die Antragsteller genügt es insoweit, sich auf Indikatoren zu beziehen, die allgemein darauf schließen lassen, dass **Auswirkungen auf den Wettbewerb** zu erwarten sind.[168] In der Praxis wird ohnehin der Mitgliedstaat, an den verwiesen werden soll, wenn er denn mit der Verweisung einverstanden ist, sich in seiner Stellungnahme dahin äußern, dass der Zusammenschluss zu einer wesentlichen Beeinträchtigung des Wettbewerbs führen könne.[169] Auch wenn Teilabschnitt 5.1 des Formulars RS nicht danach fragt, ist es im Interesse der Antragsteller, die sachlichen Gründe darzulegen, die für die von ihnen beantragte Verweisung sprechen.[170]

In dem sich auf Anträge nach Abs. 5 beziehenden Teilabschnitt 5.2 werden die Mitgliedstaaten **105** identifiziert, die den Zusammenschluss nach ihrem innerstaatlichen Recht prüfen können, wobei die Zuständigkeit für jeden insoweit zuständigen Mitgliedstaat zu belegen ist. Schließlich ist in zwei Fällen auszuführen, warum das Vorhaben von der Kommission geprüft werden sollte. Das ist zum einen notwendig, wenn es bei dem Zusammenschussvorhaben in weniger als drei Mitgliedstaaten betroffene Märkte iSd Formulars RS gibt, deren Umfang national ist, zum anderen auch, wenn es bei dem Zusammenschlussvorhaben keine betroffenen Märkte iSd Formulars RS gibt. Ein Beispiel für eine solche Begründung wäre der für die Anmelder erheblich niedrigere Aufwand, wenn sie sonst in einer größeren Zahl von Mitgliedstaaten anmelden müssten.

b) Gründe für eine Verweisung. Für eine Verweisung genügt es nicht, dass deren rechtliche **106** Voraussetzungen vorliegen, die beteiligten Behörden müssen auch davon überzeugt werden, dass die Verweisung **sachlich gerechtfertigt** ist, denn die Entscheidungen der Mitgliedstaaten und – im Falle des Abs. 4, nicht des Abs. 5 – der Kommission sind **Ermessensentscheidungen.**[171]

Die Kommission hat ihr Ermessen durch die Veröffentlichung in ihrer Mitteilung „Verweisung" **107** enthaltener Leitsätze[172] gebunden. Diese Leitsätze orientieren sich an drei Prinzipien: dem Grundsatz der geeigneteren Behörde, dem der einzigen Anlaufstelle und dem der Rechtssicherheit. Der **Grundsatz der geeigneteren Behörde** bedeutet, dass ein Zusammenschluss nur dann an eine andere Wettbewerbsbehörde verwiesen werden sollte, wenn diese angesichts der Besonderheiten des Falles und mit Rücksicht auf die ihr zur Verfügung stehenden Mittel und ihre Erfahrung[173] besser geeignet ist. Dabei kommt es ua darauf an, wo etwaige Wettbewerbsfolgen eines Zusammenschlusses auftreten werden.[174] Die Verweisung ist nach Auffassung der Kommission insbes. dann zweckmäßig, wenn ein Zusammenschluss erhebliche Wettbewerbsfolgen nach sich zu ziehen droht und deswegen besonders sorgfältig untersucht werden sollte.[175] Das ist in Fällen nach Abs. 4 sicher richtig, denn es ist unzweckmäßig, einen einfach gelagerten Fall an einen Mitgliedstaat zu verweisen. Der Verweisungsaufwand ist in solchen Fällen nicht gerechtfertigt. Bei Abs. 5 kann sich dies jedoch anders darstellen. Der immense Aufwand von Anmeldungen bei einer großen Zahl von Mitgliedstaaten kann durchaus auch die Verweisung eines nicht besonders schwierig gelagerten Falles rechtfertigen.

Letzterem entspricht der **Grundsatz der einzigen Anlaufstelle**[176] (one stop shop-Prinzip). **108** Nicht nur die Unternehmen profitieren davon, wenn nur eine einzige Behörde mit ihrem Fall befasst ist, weil sie Kosten sparen, auch die Wettbewerbsbehörden haben davon Vorteile, denn die Bearbeitung ist effizienter; Doppelarbeit und möglicherweise widersprüchliche Entscheidungen werden vermieden. Letzteres kommt wiederum auch den Unternehmen zugute. Im Hinblick auf den Grundsatz der einzigen Anlaufstelle sollen auch soweit wie möglich Verweisungen vermieden werden, die zu einer Aufspaltung einer Sache auf mehrere Behörden führen.[177]

---

[168] Kom., Mitteilung „Verweisung Fusionssachen", Rn. 17.
[169] So geschehen etwa im Fall Kom. 2.3.2005 – M.3684 – BC Partners/Ish.
[170] Vgl. Kom., Mitteilung „Verweisung Fusionssachen", Rn. 19.
[171] Kom., Mitteilung „Verweisung Fusionssachen", Rn. 8.
[172] Kom., Mitteilung „Verweisung Fusionssachen", Rn. 8–14.
[173] Vgl. etwa Kom. 20.12.2006 – M.4457 Rn. 22 – Veronis Suhler Stevenson/Landesbank Berlin/Berlinonline Stadtportal.
[174] Kom., Mitteilung „Verweisung Fusionssachen", Rn. 9; vgl. etwa Kom. 26.1.2007 – M.4534, Rn. 15 – Inchcape/European Motor Holdings.
[175] Kom., Mitteilung „Verweisung Fusionssachen", Rn. 10.
[176] Kom., Mitteilung „Verweisung Fusionssachen", Rn. 11.
[177] Kom., Mitteilung „Verweisung Fusionssachen", Rn. 12; vgl. auch EuG 3.4.2003 – T-119/02, Slg. 2003, II-1433 Rn. 350 – Philips.

109 Aus dem **Grundsatz der Rechtssicherheit** leitet die Kommission ab, dass nur dann verwiesen werden sollte, wenn es einen zwingenden Grund für die Abweichung von der ursprünglichen Zuständigkeit gebe, was besonders für Verweisungen nach der Anmeldung gelte. Aus dem gleichen Grunde sollte eine spätere erneute Verweisung unbedingt vermieden werden (außer in den Fällen unvollständiger oder unrichtiger Angaben im Antrag).[178] Im Hinblick auf die Rechtssicherheit solle auch nur verwiesen werden, wenn relativ eindeutig absehbar sei, welchen Umfang die betroffenen räumlichen Märkte aufweisen und ob sich das Vorhaben auf den Wettbewerb auswirkt.[179]

110 Konkret auf Abs. 4 bezogen spricht für die Verweisung an einen Mitgliedstaat, der dann auch die „einzige Anlaufstelle" darstellt, dass sich der Zusammenschluss in seinen wirtschaftlichen und sonstigen Konsequenzen im Wesentlichen auf den Mitgliedstaat beschränkt, an den Verweisung beantragt wird.[180] Schwieriger ist es, wenn ein Zusammenschluss sowohl beträchtliche Folgen in einem nationalen Markt als auch erhebliche grenzüberschreitende Wirkungen hat. Die Kommission plädiert in diesen Fällen für einen erheblichen Ermessensspielraum der Behörden.[181] Wenn mehrere nationale oder noch kleinere Märkte in mehreren Mitgliedstaaten betroffen sind, sollte der Fall bei der Kommission bleiben, wenn koordinierte Untersuchungen und Abhilfemaßnahmen erforderlich sind. Eine Verweisung kommt in Betracht, wenn sich Untersuchungen und Abhilfemaßnahmen auf einen Mitgliedstaat konzentrieren lassen. Eine Verweisung ist auch möglich, wenn sich die Wettbewerbsbedingungen auf den jeweiligen betroffenen Märkten signifikant unterscheiden.[182] Letzteres würde allerdings dem Grundsatz widersprechen, dass Verweisungen vermieden werden sollen, die zu einer Aufspaltung einer Sache auf mehrere Behörden führen. Schließlich kann die besondere Erfahrung einer nationalen Wettbewerbsbehörde mit lokalen Märkten[183] oder die Tatsache, dass sie gerade ein anderes Vorhaben in der Branche prüft, ein Grund für eine Verweisung an sie sein.[184]

111 Auch die Mitgliedstaaten haben ihr Ermessen – wenn auch weniger weitgehend – in ähnlicher Weise wie die Kommission gebunden. Einschlägig sind die Grundsätze für die Anwendung von Art. 4 Abs. 5 und Art. 22 der Europäischen Fusionskontrollverordnung durch die nationalen Wettbewerbsbehörden der ECA vom Januar 2005,[185] die von der European Competition Authorities Association (ECA) verabschiedet wurden (im Folgenden **„ECA-Prinzipien"**). Da sich diese Prinzipien nur mit Abs. 5, und nicht mit Abs. 4 beschäftigen, werden sie unten im Zusammenhang mit Abs. 5 behandelt.

112 **c) Richtigkeit und Vollständigkeit des begründeten Antrags.** Die Richtigkeit und Vollständigkeit der Angaben ist bei einem begründeten Antrag möglicherweise noch wichtiger als bei einer Anmeldung. Dies liegt daran, dass die Behörden der Mitgliedstaaten (und auch die Kommission) idR ohne weitere Nachforschungen entscheiden.[186] Anders als das Formular CO, verlangt das Formular RS nicht die Kontaktdaten der Wettbewerber und Kunden. Zu einer Überprüfung der Angaben der Antragsteller kommt es erst in dem der Verweisung folgenden Verfahren. Das ist aber auf die materiellrechtliche Prüfung des Zusammenschlusses nach dem dann anwendbaren Recht beschränkt und bezieht sich nicht etwa darauf, welche Behörden ohne Verweisung zuständig gewesen wären oder ob die Verweisung zweckmäßig war.

113 Bei unrichtigen und unvollständigen Angaben, die die Verweisung beeinflussen, meint die Kommission, sie könne eine **Anmeldung nach Abs. 1 verlangen,** wenn eine Verweisung nach Abs. 4 auf unrichtigen oder unvollständigen Angaben beruhe.[187] Das kann die Kommission jedoch nicht, solange die Verweisung wirksam ist. Es bliebe allenfalls der Widerruf der Entscheidung der nationalen Wettbewerbsbehörde, mit der diese den Zusammenschluss nach ihrem Recht freigegeben hat. Dieser Widerruf richtet sich dann allerdings auch nach diesem nationalen Recht, und ein solcher Widerruf beseitigt auch nicht die Verweisung nach Abs. 4, die ihrerseits nicht widerrufen werden kann, weil die FKVO dies nicht vorsieht.[188]

---

[178] Kom., Mitteilung „Verweisung Fusionssachen", Rn. 13.
[179] Kom., Mitteilung „Verweisung Fusionssachen", Rn. 14.
[180] Kom., Mitteilung „Verweisung Fusionssachen", Rn. 20; vgl. Kom. 2.3.2005 – M.3684, Rn. 17 – BC Partners/Ish.
[181] Kom., Mitteilung „Verweisung Fusionssachen", Rn. 21.
[182] Kom., Mitteilung „Verweisung Fusionssachen", Rn. 22.
[183] Vgl. Kom. 2.3.2005 – M.3684, Rn. 17 – BC Partners/Ish.
[184] Kom., Mitteilung „Verweisung Fusionssachen", Rn. 23.
[185] Abrufbar unter https://www.bundeskartellamt.de/SharedDocs/Publikation/EN/Others/ECA_Principles_application_Articles_EC_MergerRegulation.html?nn=3590338, zuletzt abgerufen am 10.3.2023; vgl. auch die Zusammenfassung in Competition Law Insight 2005, Heft 2, 7.
[186] Vgl. Kom., Formular RS, Einf. Rn. 11 lit. b; ECA-Prinzipien, Rn. 13.
[187] Kom., Mitteilung „Verweisung Fusionssachen", Rn. 60.
[188] Für eine analoge Anwendung von Art. 6 Abs. 3 lit. a bzw. Art. 8 Abs. 6 lit. a Körber WuW 2007, 330 (337); Immenga/Mestmäcker/Körber Rn. 95; NK-EuWettbR/König Rn. 56; von der Groeben/Schwarze/Hatje/König Rn. 56; Bunte/Pape Rn. 54; wie hier Hirsbrunner EuZW 2005, 519 (521).

V. Verweisung an einen Mitgliedstaat (Abs. 4) 114–120 **Art. 4 FKVO**

Die Kommission meint weiter, der Mitgliedstaat könnte, wenn eine Verweisung aufgrund 114
unrichtiger, irreführender oder unvollständiger Angaben einschließlich jener im Formular RS vorgenommen wurde, die Sache nach der Anmeldung **erneut verweisen,** um die vor der Anmeldung erfolgte Verweisung zu korrigieren.[189] Eine solche erneute Verweisung nach der Anmeldung nach Art. 22 wäre aber nur innerhalb kurzer Fristen möglich. Der Mitgliedstaat muss den Antrag nach Art. 22 Abs. 1 innerhalb von 15 Arbeitstagen stellen, nachdem der Zusammenschluss bei dem Mitgliedstaat angemeldet worden ist.

Damit erweist sich die Drohung mit Anmeldezwang und erneuter Verweisung weitgehend als 115
zahnlos und ist seit 2013 im Formular RS auch nicht mehr enthalten. Die Verhängung eines **Bußgelds** nach Art. 14 Abs. 1 lit. a dürfte die effektivere Abschreckung sein.

d) Befreiungen. Auch iRd Formulars RS gibt es die Möglichkeit der Befreiung von dem 116
Erfordernis, Angaben beizubringen, wenn diese nicht in zumutbarer Weise zugänglich oder für die Prüfung der Sache verzichtbar sind.[190] Art. 4 Abs. 2 DVO FKVO gilt über Art. 6 Abs. 2 der Verordnung entsprechend.[191] Das Problem ist eher ein praktisches oder politisches. Wenn sich ein Mitgliedstaat nicht hinreichend unterrichtet fühlt, besteht die Gefahr, dass er allein aus diesem Grund eine Verweisung ablehnt, auch wenn der Antrag formal vollständig ist und wenn die Ablehnung aus dem genannten Motiv deshalb missbräuchlich sein könnte. Aus diesem Grund verweist die Kommission in der Einleitung zum Formular RS auf die Notwendigkeit von Gesprächen mit ihr und darauf, dass sie sich mit den Behörden der betreffenden Mitgliedstaaten abstimmen kann, bevor sie über einen (schriftlich im Formular RS zu stellenden) Befreiungsantrag befindet.[192]

e) Sprache. Der Antrag ist in einer der Amtssprachen der Union vorzunehmen. Es wird den 117
beteiligten Unternehmen nachdrücklich empfohlen, dem begründeten Antrag eine Übersetzung in eine oder mehrere Sprachen beizufügen, die von allen Adressaten der Informationen verstanden werden. Anträge auf Verweisung an einen oder mehrere Mitgliedstaaten sollten auch in den Sprachen dieser Staaten eingereicht werden.[193]

f) Übrige Anforderungen. IÜ gelten für den begründeten Antrag die gleichen Regeln wie 118
für die Anmeldung. Dies gilt insbes. für die Antrags-/Anmeldefähigkeit eines Zusammenschlussvorhabens[194] und für Geschäftsgeheimnisse. Informelle Kontakte zwischen den Antragstellern einerseits und der Kommission und den Behörden der Mitgliedstaaten andererseits sind ausdrücklich erwünscht.[195] Es liegt auf der Hand, dass ein Antrag nach Abs. 4 nicht mehr gestellt werden kann, wenn der Zusammenschluss schon bei der Kommission angemeldet worden ist, denn er ist nur vor der Anmeldung nach Abs. 1 zulässig.[196]

Wie Anmeldungen nach Abs. 1 und 2 sind auch Verweisungsanträge nach Abs. 4 und 5 grund- 119
sätzlich auf elektronischem Wege mit einer qualifizierten elektronischen Signatur zu übermitteln (Art. 22 Abs. 1 und 2 DVO FKVO). In Ergänzung zum Formular RS fordert die Kommission die Antragsteller noch auf, eine Liste der Hoheitsgebiete außerhalb des EWR (Drittstaaten) vorzulegen, in denen der Zusammenschluss vor oder nach seiner Vollendung einer fusionskontrollrechtlichen Genehmigung bedarf.[197] Da es sich insoweit jedoch nicht um eine Frage des Formulars RS handelt, wirkt sich die Nichtbeantwortung oder unrichtige Beantwortung dieser Frage nicht auf die Richtigkeit und Vollständigkeit des begründeten Antrags aus.

g) Keine Veröffentlichung des Antrags. Anders als bei Anmeldungen nach Abs. 1, ist eine 120
Veröffentlichung der Information, dass ein Antrag mittels Formular RS gestellt wurde, in der FKVO nicht vorgeschrieben und auch von der Kommission nicht beabsichtigt. Ein nicht öffentlich bekanntes Vorhaben kann somit durchaus Gegenstand eines Verweisungsantrags sein.[198] Dass ein Vorhaben aber wirklich geheim bleibt, von dem Behörden in 27 Ländern Kenntnis haben, ist aber vermutlich weniger sicher als bei vertraulichen Vorgesprächen, in die nur die GD Wettbewerb einbezogen ist.[199]

---

[189] Kom., Mitteilung „Verweisung Fusionssachen", Rn. 60.
[190] Vgl. Kom., Formular RS, Einf. Rn. 6 f.
[191] Kritisch dazu Wiedemann KartellR-HdB/Wagemann § 17 Rn. 175.
[192] Kom., Formular RS, Einf. Rn. 5 und 7; vgl. hierzu auch Polley/Schulz International Financial Law Review 2005, Heft 3, 1 (2).
[193] Kom., Formular RS, Einf. Rn. 13; Kom., Mitteilung „Verweisung Fusionssachen", Rn. 62.
[194] Vgl. Kom., Mitteilung „Verweisung Fusionssachen", Rn. 66.
[195] Kom., Mitteilung „Verweisung Fusionssachen", Rn. 64.
[196] Vgl. Kom., Mitteilung „Verweisung Fusionssachen", Rn. 68.
[197] Kom., Formular RS, Einf. Rn. 25.
[198] Kom., Mitteilung „Verweisung Fusionssachen", Rn. 61.
[199] Vgl. hierzu auch Hellmann EWS 2004, 289 (290).

121   **5. Zustimmung des betreffenden Mitgliedstaats.** Die Kommission leitet den Antrag nach Abs. 4 UAbs. 2 unverzüglich (elektronisch möglicherweise sogar schon am Tage des Eingangs bei ihr) an alle Mitgliedstaaten weiter, nicht nur an den Mitgliedstaat, an den verwiesen werden soll. Die anderen Mitgliedstaaten erhalten den Antrag jedoch nur informationshalber. Die Kommission darf die Weiterleitung des Antrags nicht davon abhängig machen, dass ihrer Auffassung nach die Verweisungsvoraussetzungen vorliegen. Dies schließt nicht aus, dass die Kommission die Vollständigkeit des Antrags und dessen Erfolgsaussichten vor dessen Stellung mit den Antragstellern in Vorgesprächen erörtert. Im Gegenteil, solche Vorgespräche werden empfohlen. Üblich ist auch, dass die Kommission ein Votum abgibt, das sie den Mitgliedstaaten zur Verfügung stellt.[200]

122   Ist der Antrag **unvollständig,** ist er nicht wirksam und die Kommission teilt dem Antragsteller schriftlich mit, dass der Antrag unvollständig ist (Art. 5 Abs. 2 S. 1 iVm Art. 6 Abs. 2 DVO FKVO). Der Antrag wird dann am Tag des Eingangs der vollständigen Informationen bei der Kommission wirksam (Art. 5 Abs. 2 S. 2 DVO FKVO).

123   Der in dem begründeten Antrag genannte Mitgliedstaat hat sodann **15 Arbeitstage,** um zu entscheiden, ob er der Verweisung des Falles zustimmt oder nicht, und dies der Kommission mitzuteilen. Erfolgt keine Mitteilung innerhalb der Frist, wird die Zustimmung des Mitgliedstaats fingiert.[201] Die Entscheidungsbefugnis, der Verweisung zuzustimmen oder sie abzulehnen, wird dem Mitgliedstaat durch die FKVO eingeräumt, sie steht ihm nicht originär zu. Damit wird ein Mitgliedstaat, der entscheidet, ob er einer Verweisung zustimmt, EU-rechtlich tätig und hat dabei sein Ermessen ordnungsgemäß auszuüben und nicht zu missbrauchen. Die Entscheidung des Mitgliedstaats ist nämlich eine Ermessensentscheidung.[202] Die Entscheidung ist zweckmäßigerweise auch entspr. dem Rechtsgedanken des Art. 296 AEUV iVm Art. 4 Abs. 3 EUV zu begründen. Die Begründung ist schon deshalb geboten, damit die Kommission nachprüfen kann, ob der Mitgliedstaat sein Ermessen ordnungsgemäß ausgeübt hat.

124   Teilt der Mitgliedstaat innerhalb der Frist mit, dass er **nicht zustimmt,**[203] darf die Kommission den Fall nicht mehr verweisen. Die Kommission bleibt dann zuständig und muss dies in einer Entscheidung feststellen (→ Rn. 141). Ein Mitgliedstaat, der seine Zustimmung zu einer Verweisung nach Abs. 4 verweigert hat, kann nach Anmeldung des Zusammenschlusses bei der Kommission insbes. wegen des unionsrechtlichen Rechtssatzes des Vertrauensschutzes[204] keinen Verweisungsantrag nach Art. 9 mehr stellen. Ein solches widersprüchliches Verhalten wäre auch mit den Grundgedanken des Verweisungssystems inkompatibel.[205]

125   In Deutschland erfolgt die Mitteilung der Zustimmung oder Nichtzustimmung über das Bundeskartellamt. Einer solchen Mitteilung sind bis zu drei erläuternde Dokumente beigefügt (Votum der zuständigen Beschlussabteilung, Votum der Grundsatzabteilung, Stellungnahme des Bundeswirtschaftsministeriums).

126   **6. Verweisung an die zuständigen Behörden des betreffenden Mitgliedstaats.** Soweit der Mitgliedstaat der Verweisung nicht widerspricht (also zustimmt oder sich nicht fristgerecht erklärt), kann die Kommission den gesamten Fall oder einen Teil des Falles gemäß Abs. 4 UAbs. 3 an die zuständigen Behörden des betreffenden Mitgliedstaats verweisen. Die Verweisung setzt voraus, dass die Kommission der Auffassung ist, dass ein gesonderter Markt besteht und der Wettbewerb in diesem Markt durch den Zusammenschluss erheblich beeinträchtigt werden könnte.

127   Bei der Frage, ob diese Voraussetzungen vorliegen, hat die Kommission kein Ermessen und keinen Beurteilungsspielraum. Die Bezugnahme auf die „Auffassung" der Kommission bedeutet nur, dass sie diese Fragen nach ihrem aktuellen Kenntnisstand beantworten muss, denn die Kommission hatte nicht die Gelegenheit, eine Untersuchung durchzuführen.[206] Soweit die Voraussetzungen vorliegen, hat die Kommission jedoch ein **Ermessen** bei der Entscheidung, **ob sie den Fall verweist.**

128   Die Frage, inwieweit sie den Fall verweist, steht allerdings nicht im uneingeschränkten Ermessen der Kommission.[207] Die Kommission kann den **Verweisungsantrag nur annehmen oder ableh-**

---

[200] Vgl. Ryan CPN 2005, Heft 3, 38 (39).
[201] So geschehen in Kom. 30.5.2016 – M.7997 Rn. 4 – Steinhoff International/Darty und 8.7.2019 – M.9142 Rn. 4 – Rewe/Lekkerland, als die französische Autorité de la concurrence bzw. die österreichische Bundeswettbewerbsbehörde nicht innerhalb der Frist reagierten.
[202] Vgl. Kom., Mitteilung „Verweisung Fusionssachen", Rn. 8.
[203] So geschehen in Fall Kom. 1.8.2007 – M.4611 Rn. 12 – Bonnier/Egmont/Company und 15.10.2007 – M.4611 Rn. 8 – Egmont/Bonnier (Books).
[204] Vgl. dazu Grabitz/Hilf/Nettesheim/Mayer EUV Anh. Art. 6 Rn. 395.
[205] Vgl. FK-KartellR/Birmanns Rn. 82.
[206] AA Immenga/Mestmäcker/Körber Rn. 90, der meint, die Kommission verfüge über einen Beurteilungsspielraum auf der Tatbestandsseite.
[207] Insofern zumindest missverständlich Hellmann EWS 2004, 289 (290).

V. Verweisung an einen Mitgliedstaat (Abs. 4)

nen wie er ist.[208] Sie darf ihn nicht abändern, ihm nur teilweise stattgeben oder über ihn hinausgehen (ne ultra petita). So darf sie bspw., wenn die vollständige Verweisung eines Zusammenschlusses an einen Mitgliedstaat beantragt ist, diesen nicht nur teilweise an den Mitgliedstaat verweisen.[209] Letzteres würde nämlich zu einer vom Verweisungssystem nicht bezweckten Zersplitterung der Verfahren führen. Eine teilweise Verweisung an nur einen Mitgliedstaat ist allerdings dann möglich, wenn die Antragsteller die Verweisung des Zusammenschlusses an zwei oder mehr Mitgliedstaaten beantragt haben und nicht alle betroffenen Mitgliedstaaten mit der Verweisung einverstanden sind,[210] die Voraussetzungen nicht für alle betreffenden Märkte[211] oder Mitgliedstaaten vorliegen oder die Verweisung nicht in allen Fällen sachgerecht ist. Die hinter dem Gesamtantrag zurückbleibende Teilverweisung ist in solchen Fällen zulässig, weil es sich in Wirklichkeit um ein Bündel von Teilverweisungsanträgen handelt. Ein Teilverweisungsantrag kann auch hilfsweise für den Fall gestellt werden, dass die Kommission dem Vollverweisungsantrag nicht stattgibt.[212]

Die Entscheidung der Kommission ergeht nach Abs. 4 UAbs. 4 innerhalb von **25 Arbeitstagen** 129 nach Eingang des begründeten Antrags bei der Kommission. Der Kommission verbleiben nach der Mitteilung des betreffenden Mitgliedstaats, ob er zustimmt, damit mindestens zehn Arbeitstage abzüglich der Zeit, die sie für die Übermittlung des Antrags an den Mitgliedstaat gebraucht hat, für ihre eigene Entscheidung. Sie kann ihre Entscheidung allerdings schon während der Erklärungsfrist des Mitgliedstaats vorbereiten, entscheiden kann sie allerdings erst, nachdem sich der Mitgliedstaat erklärt hat oder dessen Erklärungsfrist abgelaufen ist.

Nach Abs. 4 UAbs. 4 S. 2 teilt die Kommission ihre Entscheidung den übrigen Mitgliedstaaten 130 und den beteiligten Personen oder Unternehmen mit. Dass die Entscheidung dem betroffenen Mitgliedstaat mitgeteilt wird, ist möglicherweise deshalb nicht geregelt, weil die Entscheidung an ihn adressiert ist. Die Entscheidung ist aber auch an die Antragsteller adressiert. Konsequenterweise wären dann hier mit den beteiligten Personen oder Unternehmen nur die anderen Beteiligten iSv Teilabschnitt 1.2 des Formulars RS gemeint.

Trifft die Kommission innerhalb der Frist von 25 Arbeitstagen keine Entscheidung, so gilt der 131 Fall gemäß Abs. 4 UAbs. 4 S. 3 entspr. dem von den beteiligten Personen oder Unternehmen gestellten Antrag als verwiesen. Wie bei allen gesetzlichen Fiktionen in den Verweisungsregelungen der FKVO, führt auch hier die Untätigkeit der Behörde zu einem den Antragstellern/Anmeldern günstigen Ergebnis **(Prinzip des „zustimmenden Schweigens")**.[213]

Kommt es zu einer Verweisung des gesamten Falles, erfolgt keine Anmeldung bei der Kommis- 132 sion mehr. Der Fall wird dann nach dem Wettbewerbsrecht des Staates, an den verwiesen wurde, entschieden. Entspr. Art. 21 Abs. 3 UAbs. 1 dürfen andere Mitgliedstaaten ihr innerstaatliches Wettbewerbsrecht auf diesen Zusammenschluss nicht anwenden.[214] Wird nur ein Teil des Falls verwiesen, verbleibt der nicht verwiesene Teil bei der Kommission und muss bei der Kommission mittels Formulars CO oder des Vereinfachten Formulars CO angemeldet werden. Auch im Fall einer Teilverweisung nimmt die Kommission für sich das Recht in Anspruch, den gesamten Zusammenschluss zu untersagen, wenn auf bei in ihrer Zuständigkeit verbliebenen Märkten die Untersagungsvoraussetzungen erfüllt sind.[215]

Über Abs. 4 UAbs. 5 S. 2 findet Art. 9 Abs. 6–9 entsprechende Anwendung. Dies bedeutet 133 zunächst, dass die zuständigen Behörden des betreffenden Mitgliedstaats ohne unangemessene Verzögerung über den verwiesenen Fall entscheiden müssen und innerhalb von 45 Arbeitstagen nach der Verweisung von der Kommission den beteiligten Unternehmen das Ergebnis einer vorläufigen wettbewerbsrechtlichen Prüfung sowie die ggf. beabsichtigten Maßnahmen mitteilen müssen (Art. 9 Abs. 6 UAbs. 1 und 2). Hierzu gehören auch der wahrscheinliche Umfang und die Dauer der weiteren Untersuchung.[216] Schreibt das nationale Recht eine Anmeldung vor, beginnt die Frist von 45 Arbeitstagen erst nach Eingang der Anmeldung (Art. 9 Abs. 6 UAbs. 3). Der Mitgliedstaat kann darüber hinaus nur die Maßnahmen ergreifen, die zur Aufrechterhaltung oder Wiederherstellung wirksamen Wettbewerbs auf dem betreffenden Markt unbedingt erforderlich sind (Art. 9 Abs. 8).

---

[208] Vgl. Soames/Maudhuit ECLR 2005, 57.
[209] Kom., Mitteilung „Verweisung Fusionssachen", Rn. 49 Fn. 40.
[210] Kom. 1.8.2007 – M.4611 Rn. 12 – Bonnier/Egmont/Company und 15.10.2007 – M.4611 Rn. 8 – Egmont/Bonnier (Books).
[211] Kom. 23.1.2020 – M.9609 Rn. 30 ff., 43 – Mann Mobilia/Tessner Holding.
[212] Kom. 23.1.2020 – M.9609 Rn. 1, 43 f. – Mann Mobilia/Tessner Holding.
[213] Vgl. Kom., Mitteilung „Verweisung Fusionssachen", Rn. 49 Fn. 39.
[214] Vgl. Kom., Mitteilung „Verweisung Fusionssachen", Rn. 49 Fn. 40 aE.
[215] So geschehen in Kom. 5.4.2017 – M.7878 Rn. 117, 612 – HeidelbergCement/Schwenk/Cemex Hungary/Cemex Croatia, nachdem die Kommission die Prüfung der Märkte in Ungarn verwiesen hatte (Kom. 22.6.2016 – M.7878 – HeidelbergCement/Schwenk/Cemex Hungary/Cemex Croatia).
[216] Kom., Mitteilung „Verweisung Fusionssachen", Rn. 82.

134   Auch wenn sie theoretisch denkbar wäre, ist eine **Rückverweisung** eines einmal verwiesenen Falles an die Kommission gemäß Art. 22 nicht gewollt.[217] Nach Zustimmung des Mitgliedstaats zu einer Verweisung an ihn gemäß Abs. 4 UAbs. 2 wäre ein Antrag dieses Mitgliedstaats nach Art. 22 mit dem unionsrechtlichen Rechtssatz des Vertrauensschutzes[218] nicht vereinbar (zum umgekehrten Fall eines Antrags nach Art. 9 nach der Ablehnung einer Verweisung nach Abs. 4 → Rn. 124).

135   **7. Anwendung des Wettbewerbsrechts des betreffenden Mitgliedstaats.** Nach Abs. 4 UAbs. 5 findet das Wettbewerbsrecht des betreffenden Mitgliedstaats Anwendung, wenn die Kommission die Verweisung des gesamten Falles beschließt oder der Fall gemäß den UAbs. 3 und 4 als verwiesen gilt. Diese Regelung ist insoweit unvollständig, als das Recht des betreffenden Mitgliedstaats auch dann Anwendung findet, wenn die Kommission nur einen Teil des Falles verweist. Allerdings findet das mitgliedstaatliche Recht dann nur auf den Teil des Falles Anwendung, der verwiesen ist. Dies entspricht auch dem bei Teilverweisungen nach Art. 9 Üblichen.

136   **a) Anmeldung nach nationalem Recht.** Aus Art. 9 Abs. 6 UAbs. 3 iVm Art. 4 Abs. 4 UAbs. 5 S. 2 ergibt sich, dass, soweit das einzelstaatliche Recht eine Anmeldung vorschreibt, diese auch in Verweisungsfällen erfolgen muss. In Deutschland ist die Anmeldung in Verweisungsfällen in § 39 Abs. 4 GWB geregelt. Eine Anmeldung ist nicht erforderlich, wenn die nach § 39 Abs. 3 GWB erforderlichen Angaben dem Bundeskartellamt in deutscher Sprache vorliegen. Dies wird regelmäßig der Fall sein, wenn der Verweisungsantrag nach Art. 4 Abs. 4 schon in deutscher Sprache gestellt oder eine deutsche Übersetzung des Antrags vorgelegt wurde. Das Formular RS ist umfassender als die nach § 39 Abs. 3 GWB erforderlichen Angaben. Einzig die Art des Geschäftsbetriebs verbundener Unternehmen mag noch fehlen. Zur Zeit der 6. GWB-Novelle, mit der § 39 Abs. 4 GWB eingeführt wurde, gab es zwar noch keine Verweisungen vor Anmeldung gemäß Art. 4 Abs. 4, sondern nur Verweisungen nach Anmeldung gemäß Art. 9. Es gibt jedoch keinen Grund, die Vorschrift, die von ihrem Wortlaut wie auch von Sinn und Zweck auch insoweit passt, nicht auch auf Verweisungen vor Anmeldung anzuwenden. Aus der Ergänzung des § 39 Abs. 4 S. 2 GWB durch die 7. GWB-Novelle 2005 lässt sich auch rückschließen, dass die Vorschrift für beide Typen von Verweisungsentscheidungen gilt.

137   In der Praxis kann es sich gleichwohl empfehlen, unter Bezugnahme auf das Formular RS eine kurze Anmeldung einzureichen, weil damit klargestellt wird, wer anmeldet. Dies erlaubt bspw., den Veräußerer einzubeziehen, der nach deutschem Recht anmeldeberechtigt und -verpflichtet ist, nach EU-Recht jedoch nicht.

138   **b) Fristen.** Das einzelstaatliche Recht ist auch für die Fristen des Verfahrens nach Verweisung an den Mitgliedstaat maßgeblich, wird jedoch durch Art. 9 Abs. 6 UAbs. 1 und 2 iVm Art. 4 Abs. 4 UAbs. 5 S. 2 überlagert. Hierzu gehört nach Art. 9 Abs. 6 UAbs. 1, dass die zuständigen Behörden des betreffenden Mitgliedstaats **ohne unangemessene Verzögerung** über den Fall entscheiden. Dabei dürfte die Durchführung eines Hauptprüfverfahrens innerhalb der Viermonatsfrist des § 40 Abs. 2 S. 2 GWB regelmäßig keine unangemessene Verzögerung beinhalten, da ein EU-Fusionskontrollverfahren mit zweiter Phase meist länger dauert. Zu einer unangemessenen Verzögerung könnte es im deutschen Fusionskontrollverfahren wohl nur dann kommen, wenn die Viermonatsfrist erheblich verlängert wird, was aber nach § 40 Abs. 2 S. 4 Nr. 1 GWB grds. nur mit Zustimmung der anmeldenden Unternehmen zulässig ist.

139   Gemäß Art. 9 Abs. 6 UAbs. 2 S. 1 iVm Art. 4 Abs. 4 UAbs. 5 S. 2 teilt die zuständige Behörde des betreffenden Mitgliedstaats den beteiligten Unternehmen innerhalb von 45 Arbeitstagen nach der Verweisung von der Kommission das **Ergebnis einer vorläufigen wettbewerbsrechtlichen Prüfung** sowie die ggf. von ihr beabsichtigten Maßnahmen mit. Im deutschen Hauptprüfverfahren dürfte dieser Zeitpunkt regelmäßig vor dem der Gewährung rechtlichen Gehörs in Form einer Abmahnung oder der Mitteilung der beabsichtigten Freigabe liegen.

140   **c) Ministererlaubnis.** Fraglich ist, ob in Verweisungsfällen eine Ministererlaubnis nach § 42 GWB beantragt und bewilligt werden kann. Dagegen spricht, dass nach Abs. 4 UAbs. 5 das „Wettbewerbsrecht" des betreffenden Mitgliedstaats Anwendung findet, mithin nationale Normen, die in ihrem Regelungsgehalt denen des EU-Wettbewerbsrechts entsprechen. Die Möglichkeit, normalerweise zu untersagende Zusammenschlüsse wegen gesamtwirtschaftlicher Vorteile oder überragender Interessen der Allgemeinheit zuzulassen, gibt es im EU-Recht nicht und sie dient primär auch nicht der Sicherung des Wettbewerbs, verfolgt vielmehr andere Zwecke.[219] Die Frage, inwieweit sich in

---

[217] Vgl. Erwgr. 14 aE der FKVO.
[218] Vgl. dazu Grabitz/Hilf/Nettesheim/Mayer EUV Anh. Art. 6 Rn. 395.
[219] Ebenso Immenga/Mestmäcker/Körber Rn. 93.

V. Verweisung an einen Mitgliedstaat (Abs. 4)

der Fusionskontrolle zu berücksichtigende Effizienzvorteile und entsprechende im Ministererlaubnisverfahren beachtliche Vorteile überschneiden, wird allerdings zu Recht aufgeworfen.[220]

8. Ablehnung der Verweisung durch die Kommission. Wenn der Mitgliedstaat, an den 141 verwiesen werden soll, der Verweisung widerspricht, muss die Kommission eine Entscheidung über die Nichtverweisung treffen.[221] Wenn die Kommission nicht der Auffassung ist, dass ein gesonderter Markt besteht und der Wettbewerb in diesem Markt durch den Zusammenschluss erheblich beeinträchtigt werden könnte, muss sie entscheiden, dass den Fall nicht verweist. Wenn die Verweisungsvoraussetzungen vorliegen, kann sie gleichwohl entscheiden, nicht zu verweisen, wenn sie in ihrer Ermessensausübung zu dem Ergebnis kommt, dass die beantragte Verweisung nicht sachgerecht ist. Diese Entscheidung muss innerhalb der Frist von 25 Arbeitstagen nach Eingang des begründeten Antrags bei der Kommission ergehen (→ Rn. 129). Die Kommission teilt ihre Entscheidung den Mitgliedstaaten und den beteiligten Personen oder Unternehmen mit.

9. Rechtsmittel. Der **Mitgliedstaat,** an den verwiesen werden sollte, hat bei einer Ablehnung 142 der Verweisung über Art. 263 Abs. 2 AEUV ein Klagerecht, auch wenn er die Verweisung gar nicht beantragt, sondern ihr nur zugestimmt hat. Dem über Abs. 4 UAbs. 5 S. 2 entspr. anwendbaren Art. 9 Abs. 9 zufolge kann jeder Mitgliedstaat zwecks Anwendung seines innerstaatlichen Wettbewerbsrechts nach Maßgabe der einschlägigen Vorschriften des Vertrags beim Gerichtshof Klage erheben und insbes. die Anwendung des Art. 279 AEUV, also den Erlass einstweiliger Anordnungen durch den Gerichtshof beantragen. Die Regelung in der FKVO hat allerdings nur deklaratorische Bedeutung.[222]

Auch der **Antragsteller,** dessen Antrag abgelehnt wurde, hat ein Klagerecht über Art. 263 143 Abs. 4 AEUV,[223] denn die Ablehnung der Verweisung ist eine Entscheidung, die ihn unmittelbar und individuell betrifft. Bei erfolgter Verweisung wäre der Zusammenschluss, an dem der Antragsteller beteiligt ist, von den Behörden des betreffenden Mitgliedstaats nach dessen Recht geprüft worden und nicht von der Kommission nach der FKVO, was die Rechtsstellung des Antragstellers berührt. Da die Verweisung im positiven Falle keiner weiteren Umsetzung mehr bedurft hätte, hat auch ihre Ablehnung für den Antragsteller unmittelbare Wirkung. Es können insoweit entspr. die Ausführungen des EuG im Philips-Urteil[224] herangezogen werden. Da der Antragsteller nicht die Prüfung des Zusammenschlusses durch die Kommission begehrt, kann er auch nicht auf eine Anfechtung einer späteren Entscheidung der Kommission nach Art. 6 oder 8 verwiesen werden. Die Verweisung nach Abs. 4 ist kein prozessualer Zwischenschritt auf dem Weg zu einer Freigabe des Zusammenschlusses nach der FKVO. Sie ist vielmehr ein die Zuständigkeit der Kommission beendendes aliud.[225]

Schließlich können auch sich gegen einen Zusammenschluss wendende **Dritte** nach den 144 Grundsätzen des Philips-Urteils des EuG von einer Verweisungsentscheidung unmittelbar und individuell betroffen sein und damit ein Klagerecht nach Art. 263 Abs. 4 AEUV haben.[226] Dies gilt auch, wenn die Kommission keine Verweisungsentscheidung trifft und einfach die Frist von 25 Arbeitstagen auslaufen lässt, was nach Abs. 4 UAbs. 4 S. 3 zu einer gesetzlichen Fiktion der Verweisung führt, denn dies ist die Fiktion einer Verweisungsentscheidung.[227] Anderenfalls würde der Rechtsschutz Dritter unangemessen verkürzt. Die Lage ist hier nicht anders als bei Art. 10 Abs. 6 (→ Art. 10 Rn. 30). Die Kommission beabsichtigt allerdings, im Normalfall eine Verweisungsentscheidung zu treffen,[228] und hat bislang die Frist von 25 Arbeitstagen auch noch nicht versäumt. Mehr noch als Dritte wird ein **Zielunternehmen** bei einer feindlichen Übernahme unmittelbar und individuell von einer Verweisungsentscheidung betroffen und hat deshalb auch ein Klagerecht.[229]

Eine Klage kann auf jeden der Klagegründe des Art. 263 Abs. 2 AEUV gestützt werden, auch 145 auf Ermessensmissbrauch.[230] Die Entscheidung der Kommission ist, wie die ihr vorgreifliche Entscheidung des Mitgliedstaats, der Verweisung an ihn zuzustimmen oder nicht, eine Ermessensentscheidung.[231]

---

[220] So Thomas ZWeR 2018, 246 ff.
[221] Vgl. Kom. 28.10.2021 – M.10438 – MOL/OMV Slovenija.
[222] Tilmann FS v. Gamm, 1990, 663 (671); Wiedemann KartellR-HdB/Wagemann § 17 Rn. 162.
[223] So auch Immenga/Mestmäcker/Körber Rn. 112; LMRKM/York von Wartenburg Rn. 57.
[224] EuG 3.4.2003 – T-119/02, Slg. 2003, II-1433 Rn. 280 f., 287 – Philips.
[225] Dies übersieht Bunte/Pape Rn. 56.
[226] EuG 3.4.2003 – T-119/02, Slg. 2003, II-1433 Rn. 272 ff. – Philips; zustimmend LMRKM/York von Wartenburg Rn. 57.
[227] So richtig Immenga/Mestmäcker/Körber Rn. 112; anders noch → 2. Aufl. 2015, Rn. 128a.
[228] Vgl. Ryan CPN 2005, Heft 3, 38 (39).
[229] So richtig Bunte/Pape Rn. 56.
[230] Zum Ermessensmissbrauch vgl. Rengeling/Middeke/Gellermann, Handbuch des Rechtsschutzes in der Europäischen Union/Dervisopoulos, 3. Aufl. 2014, § 7 Rn. 117 ff.
[231] Kom., Mitteilung „Verweisung Fusionssachen", Rn. 8.

146 **10. EWR-Abkommen.** Art. 6 Abs. 4 des Protokolls Nr. 24 (über die Zusammenarbeit im Bereich der Kontrolle von Unternehmenszusammenschlüssen) zum Anhang XIV (Wettbewerb) des EWR-Abkommens in der Fassung des Beschlusses des gemeinsamen EWR-Ausschusses Nr. 78/2004[232] enthält eine Abs. 4 entsprechende Regelung. Danach können Personen oder Unternehmen iSv Abs. 2 vor der Anmeldung eines Zusammenschlusses gemäß Abs. 1 der Kommission in einem begründeten Antrag mitteilen, dass der Zusammenschluss den Wettbewerb auf einem Markt innerhalb eines EFTA-Staats, der alle Merkmale eines gesonderten Marktes aufweist, erheblich beeinträchtigen könnte und deshalb ganz oder teilweise von diesem EFTA-Staat geprüft werden sollte. In der Praxis dürfte hier allenfalls eine **Teilverweisung an einen EFTA-Staat** in Betracht kommen, denn angesichts der Schwellen des Art. 1 Abs. 2 lit. b und Abs. 3 lit. b–d müssen auch Märkte in der Union betroffen sein. So waren auch die bisherigen Verweisungen an die norwegische Wettbewerbsbehörde Teilverweisungen.[233] Eine Verweisung an Liechtenstein kommt nicht in Betracht, denn es gibt dort keine nationale Fusionskontrolle.[234]

VI. Verweisung an die Kommission (Abs. 5)

147 Abs. 5 ist das Art. 22 entsprechende Pendant vor der Anmeldung. Ein Zusammenschluss, der keine unionsweite Bedeutung hat, kann auf Antrag von den Mitgliedstaaten, die nach ihrem Wettbewerbsrecht für die Prüfung des Zusammenschlusses zuständig sind, an die Kommission verwiesen werden.

148 **1. Begründeter Antrag auf Prüfung durch die Kommission.** Gestellt werden kann der Antrag von Personen oder Unternehmen, die, wenn der Zusammenschluss unionsweite Bedeutung hätte, berechtigt und verpflichtet wären, ihn bei der Kommission anzumelden. Wie bei Abs. 4 nimmt der Antrag die Form eines begründeten Antrags mit der Mitteilung, dass der Zusammenschluss von der Kommission geprüft werden sollte.

149 **2. Voraussetzungen.** Voraussetzung ist zunächst, dass der Zusammenschluss keine unionsweite Bedeutung hat und daher, soweit er die nationalen Anmeldevoraussetzungen erfüllt, national anzumelden wäre. Voraussetzung ist nach Abs. 5 UAbs. 1 weiter, dass der Zusammenschluss – wenn er denn nicht verwiesen würde – nach dem Wettbewerbsrecht **mindestens dreier Mitgliedstaaten** geprüft werden könnte. Dies bedeutet, dass er in mindestens drei Mitgliedstaaten **anmeldefähig** sein muss. Auf die Anmeldepflicht kommt es nicht an.[235] Entscheidend ist vielmehr, dass die beteiligten Unternehmen den Zusammenschluss in drei oder mehr Mitgliedstaaten anmelden könnten, wenn keine Verweisung zustande kommt.

150 Es genügt insoweit nicht, dass die Wettbewerbsbehörden eines Mitgliedstaats einen Zusammenschluss nachträglich ex officio nach Vorschriften des nationalen Rechts untersuchen könnten, die Art. 101 f. AEUV entsprechen.[236] Es muss sich schon um eine fusionskontrollrechtliche Prüfung handeln.

151 Die Kommission hält Zusammenschlüsse erst dann für verweisungsfähig, wenn sie das Stadium der Anmeldefähigkeit erreicht haben, also auch bei der Kommission schon angemeldet werden könnten.[237] Man mag dies bedauern,[238] es ist aber aus der Sicht der Kommission konsequent, wenn sie hier einen einheitlichen Ansatz wählt und sich vorher nicht förmlich mit einem Fall beschäftigen möchte. Das spräche aber auch dafür, im Rahmen des Prioritätsprinzips (→ Rn. 84 f.) auf den Verweisungsantrag und nicht auf eine ihm folgende nationale Anmeldung abzustellen.

152 Der Verweisungsantrag wird dann **vor einer Anmeldung bei den zuständigen Behörden der Mitgliedstaaten** bei der Kommission gestellt. Aus dem entsprechenden Wortlaut des Abs. 5 UAbs. 1 ergibt sich, dass selbst eine einzige Anmeldung innerhalb der EU den Beteiligten die Möglichkeit

---

[232] ABl. 2004 L 219, 13.
[233] Kom. 25.1.2013 – M.6753 – Orkla/Rieber & Søn; 23.10.2013 – M.6982 – Elixia Holding/Tryghedsgruppen/HFN Group; vgl. auch Kom. 1.8.2007 – M.4611 Rn. 12 – Bonnier/Egmont/Company und 15.10.2007 – M.4611 Rn. 8 – Egmont/Bonnier (Books).
[234] Immenga/Mestmäcker/Körber Rn. 73.
[235] Kom., Mitteilung „Verweisung Fusionssachen", Rn. 71; LMRKM/York von Wartenburg Rn. 63; unrichtig Staebe/Denzel EWS 2004, 194 (196); Bunte/Pape Rn. 60 möchte in Fällen der Anmeldefähigkeit einen gewissen Nexus zu dem Mitgliedstaat und mehr als eine bloß theoretische Möglichkeit einer Prüfung verlangen.
[236] So aber wohl Soyez ZWeR 2005, 416 (418); wie hier NK-EuWettbR/König Rn. 57; von der Groeben/Schwarze/Hatje/König Rn. 57; grundsätzlich für die Berücksichtigung auch von Mitgliedstaaten, die kein Fusionskontrollrecht haben: Immenga/Mestmäcker/Körber Rn. 97.
[237] Bunte/Pape Rn. 48.
[238] So Bunte/Pape Rn. 48.

VI. Verweisung an die Kommission (Abs. 5)

nimmt, einen Verweisungsantrag zu stellen.[239] Für die Zusammenschlussbeteiligten kann dies insofern zu einem Dilemma führen, als die Fusionskontrollrechte mancher Mitgliedstaaten die Anmeldung von Zusammenschlüssen innerhalb bestimmter Fristen vorschreibt und diese Fristen nicht eingehalten werden können, wenn erst ein Verweisungsverfahren nach Abs. 5 durchgeführt wird. Die Kommission ist deshalb der Auffassung, dass für die Nichtanmeldung eines Zusammenschlusses auf nationaler Ebene während der Bearbeitung eines Verweisungsantrags nach Abs. 5 keine Geldbuße erhoben werden sollte.[240] De lege ferenda wäre anzustreben, dass mitgliedstaatliche Anmeldefristen abgeschafft werden, nachdem sie sich auch auf Unionsebene als überflüssig erwiesen haben (→ Rn. 5). Noch einfacher wäre es allerdings gewesen, in der FKVO für solche Fälle eine Art. 22 Abs. 2 UAbs. 3 entsprechende Hemmung einzelstaatlicher Fristen vorzusehen. Das ist leider versäumt worden.[241]

Obwohl eine einzige nationale Anmeldung einen Verweisungsantrag nach Abs. 5 ausschließt, **153** spricht nichts dagegen, einen solchen Verweisungsantrag wieder zuzulassen, nachdem die hindernde nationale Anmeldung wieder zurückgenommen worden ist.[242] Eine nationale Anmeldung hindert den Verweisungsantrag aber auch dann, wenn sie von einer dazu nach nationalem Recht berechtigten Partei vorgenommen wurde, obwohl diese nach Art. 4 gar nicht anmeldebefugt gewesen wäre.[243]

3. Der begründete Antrag. a) Formular RS. Auch der Antrag nach Abs. 5 muss mittels **154** Formulars RS erfolgen. Es wird auf die Ausführungen → Rn. 103 und 105 verwiesen. Für Anträge nach Abs. 5 besonders bedeutsam ist Teilabschnitt 5.2 des Formulars, in dem die Mitgliedstaaten identifiziert werden, die den Zusammenschluss nach ihrem innerstaatlichen Recht prüfen können, wobei die Zuständigkeit für jeden insoweit zuständigen Mitgliedstaat zu belegen ist. Ab 2023 ist insoweit nicht mehr zu belegen, dass die übrigen Mitgliedstaaten den Zusammenschluss nicht nach ihrem einzelstaatlichen Wettbewerbsrecht prüfen könnten, was eine willkommene Erleichterung ist. Fraglich ist, inwieweit sich dabei eine unrichtige Angabe in der Tabelle nach Teilabschnitt 5.2.1 des Formulars RS, dass ein bestimmter Mitgliedstaat den Zusammenschluss nicht prüfen könnte, auswirken kann, denn der betroffene Mitgliedstaat hätte der Verweisung vielleicht widersprochen, wenn er um seine Zuständigkeit gewusst hätte (hierzu → Rn. 158 f.).

b) Sprache. Der Antrag ist in einer der Amtssprachen der Union vorzunehmen. Es wird den **155** Beteiligten nahe gelegt, dem begründeten Antrag eine Übersetzung in eine oder mehrere Sprachen beizufügen, die von allen Empfängern des Antrags (also von den Behörden der Mitgliedstaaten) verstanden wird.[244] In der Praxis wird dies heißen, dass, wenn der Antrag nicht schon von vornherein auf Englisch[245] gestellt wird, sich dringend eine englische Übersetzung empfiehlt.

c) Gründe für eine Verweisung. Auch iRe Verweisung nach Abs. 5 gelten die Grundsätze **156** der geeigneteren Behörde, der einzigen Anlaufstelle und der Rechtssicherheit (→ Rn. 107–109). Eine Verweisung an die Kommission ist angebracht, wenn der Zusammenschluss den Wettbewerb über das Hoheitsgebiet eines Mitgliedstaats hinaus beeinträchtigen würde.[246] Die entsprechenden Anhaltspunkte können durchaus vorläufiger Natur sein und greifen nicht dem Ergebnis der Untersuchung vor. Im Einklang mit Erwgr. 16 der FKVO brauchen die Antragsteller insbes. nicht nachzuweisen, dass die Auswirkungen des Zusammenschlusses auf den Wettbewerb nachteilig sein werden. Es genügt insoweit stets, wenn es betroffene Märkte iSd Formulars RS gibt.[247] Nur wenn es keine solchen betroffenen Märkte gibt oder es in weniger als drei Mitgliedstaaten betroffene Märkte gibt, deren Umfang national ist, muss in Teilabschnitt 5.2.3 des Formulars RS ausgeführt werden, warum das Vorhaben von der Kommission geprüft werden sollte. Für eine Verweisung besonders geeignet sind Vorhaben, bei denen die von etwaigen Wettbewerbsfolgen betroffenen räumlichen Märkte über die Staatsgrenzen hinausreichen.[248] Ebenso bietet sich eine Verweisung an, wenn eine ganze Reihe von Märkten in mehreren Mitgliedstaaten betroffen ist und es einer durchgehenden Untersuchung

---

[239] Vgl. Kom., Mitteilung „Verweisung Fusionssachen", Rn. 69.
[240] Kom., Mitteilung „Verweisung Fusionssachen", Rn. 69; vgl. hierzu auch Soyez ZWeR 2005, 416 (436).
[241] Körber WuW 2007, 330 (332) und Immenga/Mestmäcker/Körber Rn. 98 plädiert für eine analoge Anwendung des Art. 22 Abs. 2 UAbs. 3.
[242] So Körber WuW 2007, 330 (332); Immenga/Mestmäcker/Körber Rn. 79.
[243] So geschehen im Fall Akzo Nobel/Metlac, in dem das Zielunternehmen das aus seiner Sicht unerwünschte Zusammenschlussvorhaben beim Bundeskartellamt anmeldete (B3-187/11), um einem Verweisungsantrag zuvorzukommen, dazu auch Langen/Bunte/Bardong/Maass, 13. Aufl. 2018, Rn. 70.
[244] Kom., Formular RS, Einl. Rn. 13; Kom., Mitteilung „Verweisung Fusionssachen", Rn. 62; vgl. auch ECA-Prinzipien, Rn. 14.
[245] Vgl. Soames/Maudhuit ECLRev. 2005, 57 (62); Soyez ZWeR 2005, 416 (420).
[246] Kom., Mitteilung „Verweisung Fusionssachen", Rn. 26.
[247] Kom., Mitteilung „Verweisung Fusionssachen", Rn. 27 mit Fn. 29.
[248] Kom., Mitteilung „Verweisung Fusionssachen", Rn. 28.

in allen Ländern bedarf.[249] In Bezug auf Fälle, die sowohl beträchtliche Folgen in einem nationalen Markt als auch erhebliche grenzüberschreitende Wirkungen entfalten können, plädiert die Kommission erneut für einen weiten Ermessensspielraum.[250] Weitere Gesichtspunkte sind besondere branchenspezifische Erfahrungen der Kommission, ihre grenzüberschreitenden Ermittlungs- und Durchsetzungskompetenzen und der bei zentraler Bearbeitung geringere Kosten- und Zeitaufwand.[251]

157 Die ECA-Prinzipien,[252] die das Ermessen der Mitgliedstaaten binden, orientieren sich daran, ob die betroffenen Märkte größer als nationale sind, ob die nationalen Wettbewerbsbehörden bei der Untersuchung des Falls Schwierigkeiten bei der Informationsbeschaffung erwarten, weil die Parteien oder die führenden Wettbewerber in anderen Ländern ansässig sind, und ob die wettbewerblichen Wirkungen des Zusammenschlusses eine ganze Reihe nationaler oder kleinerer Märkte in verschiedenen Ländern betreffen, bei denen es schwierig werden könnte, geeignete Abhilfemaßnahmen zu identifizieren und durchzusetzen, selbst im Wege der Kooperation der nationalen Behörden.[253] Beispiele für Fälle, bei denen nationale Behörden zu einer Ablehnung des Verweisungsantrags neigen könnten, beziehen sich auf Fälle, in denen eine nationale Behörde schon einen Zusammenschluss mit denselben Parteien oder in derselben Branche untersucht, in denen der Zusammenschluss seine wesentlichen wettbewerblichen Auswirkungen in nationalen oder engeren Märkten einer nationalen Behörde hat oder in denen (bei Zuständigkeit der Kommission) eine Verweisung nach Art. 9 nahe läge.[254]

158 **d) Richtigkeit und Vollständigkeit des begründeten Antrags.** Bei Verweisungen nach Abs. 5 meint die Kommission, sie könne gemäß Art. 6 Abs. 3 lit. a oder Art. 8 Abs. 6 lit. a die Entscheidung **widerrufen,** die ihr Verfahren abgeschlossen hat, wenn die unrichtigen Angaben zur Verweisung geführt haben, auf der wiederum die Zuständigkeit der Kommission beruhte.[255] Die Kommission kann die Entscheidung nach Art. 6 Abs. 1 lit. b jedoch nur wegen unrichtiger Angaben widerrufen, wenn diese zur Freigabe geführt haben und nicht nur zur Verweisung. Es mag sein, dass unrichtige Angaben im Verweisungsantrag dann auch dazu führen, dass die Freigabe nach Art. 6 Abs. 1 lit. b arglistig herbeigeführt worden ist. Nach Widerruf der Freigabeentscheidung ist die Kommission aber nach wie vor zuständig, denn die Verweisungsentscheidung nach Abs. 5 ist immer noch in der Welt[256] und einen Widerruf dieser Entscheidung sieht die FKVO nicht vor. Die Kommission kann, wenn der Fall entspr. gelagert ist, ein Verfahren einleiten und den Zusammenschluss untersagen, sie bleibt aber zuständig. Daran würde auch ein nach dem Widerruf der Freigabeentscheidung gestellter Verweisungsantrag eines (ursprünglich zuständigen) Mitgliedstaats nach Art. 9 nichts ändern, denn ein solcher Antrag wäre verfristet. Der Mitgliedstaat muss den Antrag nach Art. 9 Abs. 2 binnen 15 Arbeitstagen nach Erhalt der Anmeldung stellen. Art. 6 Abs. 4 befreit lediglich die Kommission im Falle eines Widerrufs von den Fristen des Art. 10 Abs. 1. Den Mitgliedstaaten wird keine erneute Antragsfrist eingeräumt.

159 Entspr. irrt die Kommission auch, wenn sie meint, in Fällen, in denen sie die Unrichtigkeit oder Unvollständigkeit der Angaben und damit das Fehlen der Voraussetzungen von Abs. 5 schon in der ersten Phase des Prüfverfahrens entdecke, eine **Unzuständigkeitsentscheidung** nach Art. 6 Abs. 1 lit. a erlassen zu können.[257] Zu diesem Zeitpunkt ist die Verweisungsentscheidung nach Abs. 5 ergangen und kann nicht widerrufen werden, also ist die Kommission zuständig. Die Voraussetzungen einer Entscheidung nach Art. 6 Abs. 1 lit. a liegen nicht vor.

160 **4. Ablehnungsrecht der zuständigen Mitgliedstaaten.** Die Kommission leitet den Antrag gemäß Abs. 5 UAbs. 2 unverzüglich (elektronisch möglicherweise sogar schon am Tage des Eingangs bei ihr) an alle Mitgliedstaaten weiter, nicht nur an die, bei denen der Zusammenschluss national

---

[249] Kom., Mitteilung „Verweisung Fusionssachen", Rn. 29.
[250] Kom., Mitteilung „Verweisung Fusionssachen", Rn. 30.
[251] Kom., Mitteilung „Verweisung Fusionssachen", Rn. 31–32.
[252] Grundsätze für die Anwendung von Art. 4 Abs. 5 und Art. 22 der Europäischen Fusionskontrollverordnung durch die nationalen Wettbewerbsbehörden der ECA vom Januar 2005, abrufbar unter https://www.bundeskartellamt.de/SharedDocs/Publikation/EN/Others/ECA_Principles_application_Articles_EC_MergerRegulation.html?nn=3590338, zuletzt abgerufen am 10.3.2023; vgl. auch die Zusammenfassung in Competition Law Insight 2005, Heft 2, 7.
[253] ECA-Prinzipien, Rn. 8.
[254] ECA-Prinzipien, Rn. 9.
[255] Kom., Mitteilung „Verweisung Fusionssachen", Rn. 60.
[256] AA Körber WuW 2007, 330 (338), Immenga/Mestmäcker/Körber Rn. 108 und NK-EuWettbR/König Rn. 61; von der Groeben/Schwarze/Hatje/König Rn. 61, die meinen, die Verweisungsentscheidung erfolge aufgrund gesetzlicher Vermutung und, wenn deren Voraussetzungen nicht vorlägen, greife die Vermutung nicht.
[257] Mitteilung „Verweisung Fusionssachen", Rn. 60; Bunte/Pape Rn. 75 meint sogar, die Kommission könne sich auch noch in der zweiten Phase für unzuständig erklären, obwohl eine solche Entscheidung in Art. 8 nicht vorgesehen ist.

VI. Verweisung an die Kommission (Abs. 5)

angemeldet werden könnte, denn das soll jeder Mitgliedstaat selbst nachprüfen können. Die Kommission prüft den Antrag nicht, bevor sie ihn weiterleitet, und darf die Weiterleitung auch nicht davon abhängig machen, dass ihrer Auffassung nach die Verweisungsvoraussetzungen vorliegen. Dies schließt nicht aus, dass die Kommission die Vollständigkeit des Antrags und dessen Erfolgsaussichten vor dessen Stellung mit den Antragstellern in Vorgesprächen erörtert. Im Gegenteil, solche Vorgespräche werden empfohlen. Die Kommission schickt den Mitgliedstaaten auch einen Vermerk, in dem sie sich mit der Frage auseinandersetzt, ob der Fall für eine Verweisung geeignet ist, und bietet den Mitgliedstaaten an, diese Frage in einer Telefonkonferenz zu erörtern, die üblicherweise zehn Tage nach der Versendung des Antrags stattfindet.[258]

Gemäß Abs. 5 UAbs. 3 kann jeder Mitgliedstaat, der nach seinem Wettbewerbsrecht für die Prüfung des Zusammenschlusses zuständig ist, innerhalb von 15 Arbeitstagen nach Erhalt des Antrags die beantragte Verweisung **ablehnen**. Zuständig für die Prüfung des Zusammenschlusses in diesem Sinne sind alle Mitgliedstaaten, nach deren Wettbewerbsrecht der Zusammenschluss iSv Abs. 5 UAbs. 1 geprüft werden könnte. Es sind also wiederum die Mitgliedstaaten, bei denen der Zusammenschluss **anmeldefähig** wäre, wenn er nicht verwiesen würde. Wenn Mitgliedstaaten, bei denen ein Zusammenschluss nur anmeldefähig, aber nicht anmeldepflichtig ist, für die Zwecke des UAbs. 1 mitzählen, gibt es trotz der leicht unterschiedlichen Formulierung keinen Grund, ihnen das Vetorecht des UAbs. 3 zu verweigern, insbes. weil die Möglichkeit einer freiwilligen Anmeldung auf mitgliedstaatlicher Ebene regelmäßig mit der Befugnis der nationalen Behörden einhergeht, Zusammenschlüsse ex officio aufzugreifen. 161

Da es hier auf die Ablehnung – und nicht auf eine Zustimmung – ankommt, bedarf es keiner Legalfiktion, wonach eine Verweisung als nicht abgelehnt gelten solle, wenn ein Mitgliedstaat sich nicht fristgerecht äußert. Ein Mitgliedstaat, der nicht innerhalb der Frist antwortet, hat die Verweisung nicht abgelehnt. 162

Das Recht, eine Verweisung abzulehnen, wird den Mitgliedstaaten durch die FKVO eingeräumt, es steht ihnen nicht originär zu. Damit wird ein Mitgliedstaat, der entscheidet, ob er eine Verweisung ablehnt, EU-rechtlich tätig und hat dabei das ihm durch die FKVO eingeräumte **Ermessen** ordnungsgemäß auszuüben. Die Entscheidung eines Mitgliedstaats, eine Verweisung abzulehnen, ist nämlich eine Ermessensentscheidung.[259] Die Entscheidung ist zweckmäßigerweise auch entspr. dem Rechtsgedanken des Art. 296 AEUV iVm Art. 4 Abs. 3 EUV **zu begründen.** Die Begründung ist schon deshalb erforderlich, damit die Kommission nachprüfen kann, ob der Mitgliedstaat sein Ermessen ordnungsgemäß ausgeübt hat. 163

In Deutschland erfolgt die Mitteilung der Zustimmung oder Ablehnung über das Bundeskartellamt. Einer solchen Mitteilung sind bis zu drei erläuternde Dokumente beigefügt (Votum der zuständigen Beschlussabteilung, Votum der Grundsatzabteilung, Stellungnahme des Bundeswirtschaftsministeriums). 164

5. Vermutung der unionsweiten Bedeutung. Hat kein Mitgliedstaat gemäß UAbs. 3 innerhalb von 15 Arbeitstagen die beantragte Verweisung abgelehnt, wird die unionsweite Bedeutung des Zusammenschlusses nach Abs. 5 UAbs. 5 vermutet (gesetzliche Fiktion). Die Kommission verfügt insoweit über keinen Ermessensspielraum.[260] Entspr. Art. 21 Abs. 3 UAbs. 1 wenden die Mitgliedstaaten ihr innerstaatliches Wettbewerbsrecht auf diesen Zusammenschluss nicht mehr an (Abs. 5 UAbs. 5 S. 2). 165

Die Kommission prüft den Zusammenschluss dann nach der FKVO, wobei sie die Prüfung – anders als etwa iRv Art. 22 – nicht auf die Auswirkungen des Zusammenschlusses im Hoheitsgebiet einzelner Mitgliedstaaten beschränkt.[261] 166

6. Anmeldung auf Formular CO. Der Zusammenschluss ist nach Verweisung bei der Kommission mittels Formular CO oder des Vereinfachten Formulars CO anzumelden. Die Anmelder müssen bei erfolgreichem Verweisungsantrag gemäß Abs. 5 also zwei Formblätter ausfüllen bzw. benutzen, zunächst das Formular RS, sodann in einem zweiten Schritt das Formular CO (oder das Vereinfachte Formular CO). Die 15-Arbeitstage-Frist des Abs. 5 UAbs. 3 kann dafür genutzt werden, die Teile des Formulars CO vorzubereiten und mit der Kommission zu besprechen, die noch nicht durch das Formular RS abgedeckt sind. 167

7. Grds. keine Rückverweisung an Mitgliedstaat. Auch wenn sie theoretisch denkbar wäre,[262] ist eine Rückverweisung eines einmal verwiesenen Falles durch die Kommission an einen 168

---

[258] Vgl. Ryan CPN 2005, Heft 3, 38 (39 f.).
[259] Vgl. Kom., Mitteilung „Verweisung Fusionssachen", Rn. 8.
[260] Kom., Mitteilung „Verweisung Fusionssachen", Rn. 7 Fn. 10; FK-KartellR/Birmanns Rn. 97.
[261] Vgl. Berg Northwestern Journal of International Law & Business 2004, 683 (695).
[262] Vgl. Soyez ZWeR 2005, 416 (432).

Mitgliedstaat gemäß Art. 9 nicht gewollt.²⁶³ Nachdem der Mitgliedstaat die Verweisung an die Kommission nicht abgelehnt hat, obwohl er dies nach Abs. 5 UAbs. 3 gekonnt hätte, wäre ein Antrag dieses Mitgliedstaats nach Art. 9 insbes. mit dem Rechtsgedanken des Vertrauensschutzes unvereinbar (→ Rn. 124, 134).²⁶⁴ Das gilt auch in Fällen, in denen ein Mitgliedstaat meint, es gäbe durch die Verweisung nach Abs. 5 eine vereinfachte Prüfung durch die Kommission für den Rest des EWR, bei ihm sei aber eine nähere Prüfung notwendig.²⁶⁵ Eine Ausnahme gilt nur dann, wenn die Verweisung nach Abs. 5 auf unrichtigen Angaben des Antragstellers beruht.

169   **8. Ablehnung der Verweisung.** Lehnt mindestens ein Mitgliedstaat innerhalb der Frist die beantragte Verweisung ab, so bestimmt Abs. 5 UAbs. 4, dass der Fall nicht verwiesen wird. Die Kommission verfügt auch insoweit über keinen Ermessensspielraum,²⁶⁶ muss jedoch die Rechtmäßigkeit der Ablehnungsentscheidung des Mitgliedstaats überprüfen, insbes. ob der Mitgliedstaat das ihm durch die FKVO eingeräumte Ermessen ordnungsgemäß ausgeübt hat.

170   Der Fall bleibt, wenn die Verweisung abgelehnt wird, der eines Zusammenschlusses ohne unionsweite Bedeutung, und die Mitgliedstaaten behalten ihre Zuständigkeit. Der Zusammenschluss muss dann, wo nach nationalem Recht erforderlich, bei den mitgliedstaatlichen Behörden angemeldet werden, die ihn nach ihrem jeweiligen Recht behandeln.

171   Die Kommission unterrichtet gemäß Abs. 5 UAbs. 4 S. 2 unverzüglich alle Mitgliedstaaten und die beteiligten Personen oder Unternehmen von einer solchen Ablehnung.

172   Die betroffenen Mitgliedstaaten, die die Verweisung nicht abgelehnt hatten, werden insofern durch die Ablehnung der Verweisung nach Abs. 5 nicht gebunden, als sie immer noch die Möglichkeit haben, nach Anmeldung gemäß Art. 22 eine Verweisung an die Kommission zu beantragen. Dies geschah 2012 im Fall London Stock Exchange/LCH.Clearnet, in dem Portugal einen Antrag nach Art. 22 stellte, nachdem das Vereinigte Königreich die Verweisung nach Abs. 5 abgelehnt hatte. Die Kommission kam dem Antrag Portugals allerdings nicht nach.

173   **9. Rechtsmittel.** Die Ablehnung durch den Mitgliedstaat ist keine an den Antragsteller gerichtete Entscheidung iSd Art. 263 Abs. 4 AEUV,²⁶⁷ wohl aber die **Unterrichtung des Antragstellers** durch die Kommission nach Abs. 5 UAbs. 4 S. 2, dass der Fall nicht verwiesen wird.²⁶⁸ Diese Entscheidung betrifft ihn unmittelbar und individuell, denn bei erfolgter Verweisung wäre der Zusammenschluss, an dem der Antragsteller beteiligt ist, von der Kommission nach der FKVO und nicht von den Behörden mindestens dreier Mitgliedstaaten nach deren jeweiligem Recht geprüft worden, was die Rechtsstellung des Antragstellers berührt. Da die Verweisung im positiven Falle keiner weiteren Umsetzung mehr bedurft hätte, hat auch ihre Ablehnung für den Antragsteller unmittelbare Wirkung. Es können insoweit entspr. die Ausführungen des EuG im Philips-Urteil²⁶⁹ herangezogen werden.

174   Eine Klage gegen die Mitteilung der Kommission, dass der Fall nicht verwiesen wird, ist begründet, wenn der Mitgliedstaat, der die Verweisung abgelehnt hat, das ihm EU-rechtlich eingeräumte Entscheidungsermessen missbräuchlich ausgeübt hat,²⁷⁰ die Kommission sich jedoch darüber hinweggesetzt und dem Antragsteller gleichwohl mitgeteilt hat, dass der Fall nicht verwiesen werde.

175   **Dritte** haben im Falle einer Verweisung kein Klagerecht, denn es fehlt an einer Entscheidung, die sie angreifen könnten. Wenn kein Mitgliedstaat innerhalb von 15 Arbeitstagen die beantragte Verweisung abgelehnt hat, wird die unionsweite Bedeutung des Zusammenschlusses nach Abs. 5 UAbs. 5 im Wege der gesetzlichen Fiktion vermutet.

176   **10. EWR-Abkommen.** Art. 6 Abs. 5 des Protokolls Nr. 24 (über die Zusammenarbeit im Bereich der Kontrolle von Unternehmenszusammenschlüssen) zum Anhang XIV (Wettbewerb) des EWR-Abkommens in der Fassung des Beschlusses des gemeinsamen EWR-Ausschusses Nr. 78/ 2004²⁷¹ enthält eine Abs. 5 entsprechende Regelung. Danach können im Falle eines Zusammenschlusses iSv Art. 3, der keine unionsweite Bedeutung iSv Art. 1 hat und nach dem Wettbewerbsrecht mindestens dreier EU-Mitgliedstaaten und mindestens eines EFTA-Staates geprüft werden könnte,

---

²⁶³ Vgl. Erwgr. 14 aE der FKVO; vgl. hierzu auch Soames/Maudhuit ECLRev. 2005, 57 (62).
²⁶⁴ Vgl. auch Soyez ZWeR 2005, 416 (433).
²⁶⁵ Für die Möglichkeit einer Verweisung nach Art. 9 in solchen Fällen Bunte/Pape Rn. 76.
²⁶⁶ Kom., Mitteilung „Verweisung Fusionssachen", Rn. 7 Fn. 10.
²⁶⁷ Zur möglichen Anfechtbarkeit nach deutschem Recht vgl. Soyez ZWeR 2005, 416 (437).
²⁶⁸ Zustimmend LMRKM/York von Wartenburg Rn. 73; aA wohl Bunte/Pape Rn. 78; Körber WuW 2007, 330 (336).
²⁶⁹ EuG 3.4.2003 – T-119/02, Slg. 2003, II-1433 Rn. 280–281, 287 – Philips.
²⁷⁰ Zum Ermessensmissbrauch vgl. Rengeling/Middeke/Gellermann, Handbuch des Rechtsschutzes in der Europäischen Union/Dervisopoulos, 3. Aufl. 2014, § 7 Rn. 117 ff.
²⁷¹ ABl. 2004 L 219, 13.

die in Abs. 2 genannten Personen oder Unternehmen vor einer Anmeldung bei den zuständigen Behörden der Kommission in einem begründeten Antrag mitteilen, dass der Zusammenschluss von der Kommission geprüft werden sollte. Wenn mindestens einer dieser EFTA-Staaten sich gegen die beantragte Verweisung ausspricht, behalten die zuständigen EFTA-Staaten ihre Zuständigkeit, und die Sache wird nicht von den EFTA-Staaten verwiesen.

Es kann sinnvoll sein, einen solchen Antrag zusammen mit einem Antrag nach Abs. 5 zu stellen, wenn ein Zusammenschluss sonst in Norwegen und/oder Island anmeldepflichtig wäre. Liechtenstein hat keine nationale Fusionskontrolle. In einem solchen Fall muss das Formular RS entspr. Angaben enthalten (insbes. in Teilabschnitt 1.1.2 die Erklärung, ob der begründete Antrag auch nach den Bestimmungen des EWR-Abkommens gestellt wird). **177**

VII. Überprüfung der Vorschrift (Abs. 6)

1. Bericht der Kommission. Gemäß Abs. 6 S. 1 hatte die Kommission dem Rat bis zum 1.7.2009 Bericht über das Funktionieren der Abs. 4 und 5 zu erstatten. Dies hat sie am 18.7.2009 getan.[272] Die Regelung in Abs. 6 S. 1 entspricht der in Art. 1 Abs. 4. Daher ist der Bericht über das Funktionieren der Abs. 4 und 5 von Art. 4 nicht separat verfasst worden, sondern im Bericht der Kommission über das Funktionieren der Verordnung Nr. 139/2004 des Rates enthalten. **178**

2. Änderung der Abs. 4 und 5 mit qualifizierter Mehrheit. Der Rat hatte sodann im Anschluss an diesen Bericht der Kommission die Möglichkeit, gemäß Abs. 6 S. 2 die Abs. 4 und 5 mit qualifizierter Mehrheit zu ändern. Dieses Änderungsrecht mit qualifizierter Mehrheit entspricht dem in Art. 1 Abs. 5. Die Kommission, die insoweit das Initiativrecht hat, schlug aber, obwohl ihr Bericht verschiedene Kritikpunkte beteiligter Parteien erwähnte,[273] zunächst einmal keine Änderung vor. Zu entsprechenden Überlegungen der Kommission kam es erst 2013 und 2014 (→ Rn. 8), die aber immer noch nicht in einen Legislativvorschlag gemündet sind.[274] Selbst wenn die Kommission jetzt noch ohne weitere Verzögerung initiativ würde, müsste man das „im Anschluss" in Abs. 6 S. 2 schon sehr großzügig auslegen, um eine qualifizierte Mehrheit genügen zu lassen.[275] Ansonsten wäre wegen Art. 16 Abs. 3 EUV und Art. 352 Abs. 1 AEUV, auf den die FKVO neben Art. 103 AEUV gestützt ist, Einstimmigkeit im Rat erforderlich. **179**

Art. 5 Berechnung des Umsatzes

(1) ¹Für die Berechnung des Gesamtumsatzes im Sinne dieser Verordnung sind die Umsätze zusammenzuzählen, welche die beteiligten Unternehmen im letzten Geschäftsjahr mit Waren und Dienstleistungen erzielt haben und die dem normalen geschäftlichen Tätigkeitsbereich der Unternehmen zuzuordnen sind, unter Abzug von Erlösschmälerungen, der Mehrwertsteuer, und anderer unmittelbar auf den Umsatz bezogener Steuern. ²Bei der Berechnung des Gesamtumsatzes eines beteiligten Unternehmens werden Umsätze zwischen den in Absatz 4 genannten Unternehmen nicht berücksichtigt.

Der in der Gemeinschaft oder in einem Mitgliedstaat erzielte Umsatz umfasst den Umsatz, der mit Waren und Dienstleistungen für Unternehmen oder Verbraucher in der Gemeinschaft oder in diesem Mitgliedstaat erzielt wird.

(2) Wird der Zusammenschluss durch den Erwerb von Teilen eines oder mehrerer Unternehmen bewirkt, so ist unabhängig davon, ob diese Teile eigene Rechtspersönlichkeit besitzen, abweichend von Absatz 1 aufseiten des Veräußerers nur der Umsatz zu berücksichtigen, der auf die veräußerten Teile entfällt.

Zwei oder mehr Erwerbsvorgänge im Sinne von Unterabsatz 1, die innerhalb von zwei Jahren zwischen denselben Personen oder Unternehmen getätigt werden, werden

---

[272] Mitteilung der Kommission an den Rat – Bericht über das Funktionieren der Verordnung Nr. 139/2004 des Rates, abrufbar unter https://eur-lex.europa.eu/legal-content/DE/TXT/PDF/?uri=CELEX:52009DC0281&from=EN, zuletzt abgerufen am 10.3.2023.

[273] Vgl. Kom., Commission Staff Working Paper accompanying the Communication from the Commission to the Council, Report on the functioning of Regulation No 139/2004, COM(2009) 281 final, Rn. 122 ff., abrufbar unter https://eur-lex.europa.eu/legal-content/EN/TXT/PDF/?uri=CELEX:52009SC0808R(01)&from=EN, zuletzt abgerufen am 10.3.2023; dazu auch Rakovsky/Godhino de Matos/Kopke/Ohrlander/Shiels CPN 2009, Heft 2, 19 (21).

[274] Stand 28.2.2023.

[275] Dagegen jetzt (2022) Berg/Mäsch/Kellerbauer Rn. 28; von der Anwendbarkeit des qualifizierten Mehrheitserfordernisses ging NK-EuWettbR/König Rn. 62; von der Groeben/Schwarze/Hatje/König Rn. 62 jedenfalls 2014 noch aus; desgleichen Berg/Mäsch/Kellerbauer Rn. 28 (3. Aufl.) noch im Jahre 2018.

hingegen als ein einziger Zusammenschluss behandelt, der zum Zeitpunkt des letzten Erwerbsvorgangs stattfindet.

(3) An die Stelle des Umsatzes tritt
a) bei Kredit- und sonstigen Finanzinstituten die Summe der folgenden in der Richtlinie 86/635/EWG des Rates[1] definierten Ertragsposten gegebenenfalls nach Abzug der Mehrwertsteuer und sonstiger direkt auf diese Erträge erhobener Steuern:
  i) Zinserträge und ähnliche Erträge,
  ii) Erträge aus Wertpapieren:
    – Erträge aus Aktien, anderen Anteilsrechten und nicht festverzinslichen Wertpapieren,
    – Erträge aus Beteiligungen,
    – Erträge aus Anteilen an verbundenen Unternehmen,
  iii) Provisionserträge,
  iv) Nettoerträge aus Finanzgeschäften,
  v) sonstige betriebliche Erträge.
  Der Umsatz eines Kredit- oder Finanzinstituts in der Gemeinschaft oder in einem Mitgliedstaat besteht aus den vorerwähnten Ertragsposten, die die in der Gemeinschaft oder dem betreffenden Mitgliedstaat errichtete Zweig- oder Geschäftsstelle des Instituts verbucht;
b) bei Versicherungsunternehmen die Summe der Bruttoprämien; diese Summe umfasst alle vereinnahmten sowie alle noch zu vereinnahmenden Prämien aufgrund von Versicherungsverträgen, die von diesen Unternehmen oder für ihre Rechnung abgeschlossen worden sind, einschließlich etwaiger Rückversicherungsprämien und abzüglich der aufgrund des Betrags der Prämie oder des gesamten Prämienvolumens berechneten Steuern und sonstigen Abgaben. Bei der Anwendung von Artikel 1 Absatz 2 Buchstabe b) und Absatz 3 Buchstaben b), c) und d) sowie den letzten Satzteilen der genannten beiden Absätze ist auf die Bruttoprämien abzustellen, die von in der Gemeinschaft bzw. in einem Mitgliedstaat ansässigen Personen gezahlt werden.

(4) Der Umsatz eines beteiligten Unternehmens im Sinne dieser Verordnung setzt sich unbeschadet des Absatzes 2 zusammen aus den Umsätzen
a) des beteiligten Unternehmens;
b) der Unternehmen, in denen das beteiligte Unternehmen unmittelbar oder mittelbar entweder
  i) mehr als die Hälfte des Kapitals oder des Betriebsvermögens besitzt oder
  ii) über mehr als die Hälfte der Stimmrechte verfügt oder
  iii) mehr als die Hälfte der Mitglieder des Aufsichtsrats, des Verwaltungsrats oder der zur gesetzlichen Vertretung berufenen Organe bestellen kann oder
  iv) das Recht hat, die Geschäfte des Unternehmens zu führen;
c) der Unternehmen, die in dem beteiligten Unternehmen die unter Buchstabe b) bezeichneten Rechte oder Einflussmöglichkeiten haben;
d) der Unternehmen, in denen ein unter Buchstabe c) genanntes Unternehmen die unter b) bezeichneten Rechte oder Einflussmöglichkeiten hat;
e) der Unternehmen, in denen mehrere der unter den Buchstaben a) bis d) genannten Unternehmen jeweils gemeinsam die in Buchstabe b) bezeichneten Rechte oder Einflussmöglichkeiten haben.

(5) Haben an dem Zusammenschluss beteiligte Unternehmen gemeinsam die in Absatz 4 Buchstabe b) bezeichneten Rechte oder Einflussmöglichkeiten, so gilt für die Berechnung des Umsatzes der beteiligten Unternehmen im Sinne dieser Verordnung folgende Regelung:
a) Nicht zu berücksichtigen sind die Umsätze mit Waren und Dienstleistungen zwischen dem Gemeinschaftsunternehmen und jedem der beteiligten Unternehmen oder mit einem Unternehmen, das mit diesen im Sinne von Absatz 4 Buchstaben b) bis e) verbunden ist.
b) Zu berücksichtigen sind die Umsätze mit Waren und Dienstleistungen zwischen dem Gemeinschaftsunternehmen und jedem dritten Unternehmen. Diese Umsätze sind den beteiligten Unternehmen zu gleichen Teilen zuzurechnen.

---

[1] Amtl. Anm.: ABl. L 372 von 31.12.1986, S. 1, Richtlinie zuletzt geändert durch die Richtlinie 2003/51/EG des Europäischen Parlaments und des Rates.

I. Allgemeines   1   **Art. 5 FKVO**

Schrifttum: Broberg, The European Commission's Jurisdiction to Scrutinise Mergers, 1998; Broberg, The Geographic Allocation of Turnover under the Merger Regulation, ECLR 1997, 103; Cook/Kerse, E. C. Merger Control, 5. Aufl. 2009; Drauz/Schröder, Praxis der Europäischen Fusionskontrolle, 3. Aufl. 1995; Hawk/Huser, European Community Merger control – A Practitioners's Guide, 1996; Immenga, Zur Umsatzberechnung öffentlicher Unternehmen im Rahmen der europäischen Fusionskontrolle, FS Everling, 1995, 541; Levy, European Merger Control Law: A Guide to the Merger Regulation, 2011; O'Keefe, Merger Regulation Thresholds: An Analysis of the Community-dimension Thresholds in Regulation 4064/89, ECLR 1994, 21. Pouncey/Fountoukakos/Anttilainen-Mochnacz/Geary, Private Equity and EU Merger Control: When Simple Turns Complex – The European Antitrust Review 2012, GCR, 2012, 28; Rudo, Die Behandlung mehrerer Erwerbsvorgänge als einheitlicher Zusammenschluss im Rahmen der Umsatzberechnung nach Art. 5 Abs. 2 Fusionskontrollverordnung, RIW 1997, 641; Von Brevern, Die Gründung eines Gemeinschaftsunternehmens nach Art. 3 Abs. 4 der Fusionskontrollverordnung, WuW 2012, 225 ff.; Wiedemann, Die Umgehungsklausel des Art. 5 Abs. 2 UA. 2 EG-FKVO – Ausdruck gesunden Misstrauens oder verfehlte Regulierung?, FS Möschel 2011, 721.

Übersicht

	Rn.			Rn.
I. Allgemeines	1	IV. Branchenspezifische Besonderheiten (Abs. 3)		41
II. Grundsätze der Umsatzberechnung (Abs. 1)	5	1. Kredit- und Finanzinstitute		42
1. Erfasste Umsätze	5	2. Versicherungsgesellschaften		49
a) Umsatz mit Waren und Dienstleistungen	5	V. Verbundklausel (Abs. 4)		54
b) Normaler geschäftlicher Tätigkeitsbereich	7	1. Das beteiligte Unternehmen		54
c) Der Netto-Umsatz	9	a) Gemeinschaftsunternehmen als Zielunternehmen		56
d) Währungsumrechnung	13	b) Gemeinschaftsunternehmen als Erwerber		62
e) Geografische Zurechnung von Umsätzen	14	c) Sonderfälle		64
2. Relevanter Zeitraum	22	2. Die verbundenen Unternehmen		68
a) Stichtag für die Berechnung des Umsatzes	22	a) Grundsätzliches		68
b) Umsatzzahlen des letzten Geschäftsjahrs	23	b) Kapitalmehrheit oder Besitz der Mehrheit des Betriebsvermögens		73
c) Zwischenzeitliche Änderungen in der Unternehmensstruktur	26	c) Stimmrechtsmehrheit		74
d) Vertragliche Verpflichtungen zu Änderungen in der Unternehmensstruktur	30	d) Möglichkeit zur Bestellung der Mehrheit der Mitglieder der Leitungsorgane		75
III. Teilerwerb und gestaffelte Transaktionen (Abs. 2)	33	e) Geschäftsführungsrechte		76
1. Erwerb von Unternehmensteilen	33	f) Kombination verschiedener Tatbestände		79
2. Gestaffelte Transaktionen	36	g) Verbundklausel und Staatsunternehmen		81
		VI. Umsatzzurechnung bei Gemeinschaftsunternehmen (Abs. 5)		83

I. Allgemeines

Art. 5 enthält ergänzende Vorschriften zu Art. 1. Nach Art. 1 Abs. 2 und 3 hängt die Anwendbarkeit der FKVO und die Zuständigkeit der Kommission davon ab, ob die Parteien mit dem Zusammenschluss-Vorhaben bestimmte Umsatzschwellenwerte überschreiten und der Zusammenschluss daher „gemeinschaftsweite Bedeutung" erreicht. Art. 5 legt die Grundsätze für die Berechnung der Umsätze der Parteien fest[2] und bestimmt, welche Unternehmen bzw. Unternehmensteile in die Umsatzberechnung einzubeziehen sind. Die Vorschrift verfolgt ein doppeltes **Regelungsziel:** Zum einen soll über die Umsätze die Wirtschaftskraft der beteiligten Unternehmen so genau wie möglich widergespiegelt werden, wobei die sich ergebenden Zahlen „ein getreues Abbild der wirtschaftlichen Realität" abgeben sollen.[3] Zum anderen soll im Interesse der Rechtssicherheit ein einfacher und objektiver Mechanismus geschaffen werden, der von den Unternehmen leicht zu handhaben ist und ihnen die schnelle Umsatzermittlung und damit Prüfung der Anwendbarkeit der FKVO ermöglicht.[4] Art. 5 hat darüber hinaus Bedeutung auch für die Bemessungsgrenze von Geldbußen nach Art. 14 Abs. 2. 1

---

[2] Konsolidierte Mitteilung Zuständigkeit, Rn. 128.
[3] Konsolidierte Mitteilung Zuständigkeit, Rn. 128.
[4] Konsolidierte Mitteilung Zuständigkeit, Rn. 127; Immenga/Mestmäcker/Immenga/Körber Rn. 1.

2 Art. 5 ist wie folgt **gegliedert:** Abs. 1 benennt die allgemeinen Prinzipien, nach denen der Umsatz zu berechnen ist (u.a. Bezug auf letztes Geschäftsjahr, Abzug von Steuern und Innenumsätzen). Abs. 2 stellt klar, dass beim Verkauf eines Unternehmensteils der Umsatz des Veräußerers nicht zu berücksichtigen ist. Der Abs. enthält zudem die auf Umgehungstatbestände ausgerichtete Regel, dass sukzessive Erwerbsvorgänge unter bestimmten Umständen als ein einziger Zusammenschluss anzusehen sind. Abs. 3 regelt die Besonderheiten der Umsatzberechnung bei Finanzinstituten und Versicherungsunternehmen. Die Verbundklausel des Abs. 4 definiert, welche Umsätze bei verbundenen Unternehmen einzubeziehen sind. Abs. 5 schließlich befasst sich mit bestimmten Fragen der Umsatzzuordnung bei Gemeinschaftsunternehmen.

3 IRd beiden **Novellierungen** der FKVO hat Art. 5 eine Änderung lediglich im Hinblick auf Abs. 3 erfahren, indem die Verordnung (EG) Nr. 1310/97 des Rates vom 30.6.1997[5] die Grundsätze für die Umsatzberechnung bei Kredit- und Finanzinstituten angepasst hat (näher → Rn. 40 ff.). IÜ blieb Art. 5 von den Neufassungen der FKVO unberührt.

4 Als **ergänzende Rechtsquellen** zur Umsatzberechnung heranzuziehen sind die Konsolidierte Mitteilung der Kommission zu Zuständigkeitsfragen („Konsolidierte Mitteilung Zuständigkeit"),[6] und das Formblatt CO im Anhang zur Verordnung (EG) Nr. 802/2004 der Kommission vom 21.4.2004 zur Durchführung der Verordnung (EG) Nr. 139/2004 des Rates über die Kontrolle von Unternehmenszusammenschlüssen[7] („Durchführungsverordnung", DVO FKVO).

II. Grundsätze der Umsatzberechnung (Abs. 1)

5 **1. Erfasste Umsätze. a) Umsatz mit Waren und Dienstleistungen.** Für die Berechnung des Umsatzes ist sowohl bei Waren als auch bei Dienstleistungen der jeweils erzielte Verkaufserlös maßgeblich, in dem sich die Geschäftstätigkeit des Unternehmens widerspiegelt.[8] Bei mit Waren erwirtschaftetem Umsatz ist dies der Verkaufserlös aus allen Handelsgeschäften, die eine Eigentumsübertragung implizieren.[9] Bei Dienstleistungen dagegen kann danach zu differenzieren sein, ob sie direkt vom Dienstleistenden für seine Kunden erbracht werden oder über Dritte. Im ersten Fall wirft die Umsatzberechnung keine Probleme auf: Der Umsatz besteht aus dem Gesamtbetrag der Erlöse aus den Dienstleistungsverkäufen.[10] Dagegen muss bei der Erbringung von Dienstleistungen über Dritte iRe wirtschaftlichen Betrachtungsweise im Einzelfall darauf abgestellt werden, ob ein Unternehmen auf eigene Rechnung tätig wird oder reine Vermittlungsdienstleistungen erbringt. Tritt der Dienstleistungsunternehmer als **Vermittler** auf, so kann sich der relevante Umsatz auf die von ihm bezogenen Provisionen beschränken.[11] Allerdings ist nach der Rspr. der Begriff des Vermittlers eng auszulegen, da es sich um eine Ausnahme von der allgemeinen Regel handelt, nach der der Umsatz auf der Grundlage der Gesamtheit der Verkäufe zu bestimmen ist.[12] Dementsprechend liegt eine Vermittlertätigkeit insbes. dann nicht vor, wenn ein Unternehmen Waren im Wege von Handelsgeschäften verkauft, die eine Eigentumsübertragung umfassen.[13] In Bezug auf Speditionsleistungen im Bahnfrachtgeschäft hat die Kommission offenbar entschieden, dass Speditionsunternehmen bei der Weiterverrechnung von Leistungen anderer Spediteure nicht als Vermittler anzusehen sind, so dass der gesamte Umsatz, einschließlich der weiterverrechneten Speditionsleistungen anderer Spediteure, als eigener Umsatz des die Gesamtleistung fakturierenden Spediteurs zu berücksichtigen ist.[14] Ähnlich ist im Bereich des Handels mit Waren zu differenzieren. Beim Erwerb des Nichteisen-

---

[5] VO 1310/97, ABl. 1997 L 180, 1.
[6] Die am 10.7.2007 in Kraft getretene Konsolidierte Mitteilung Zuständigkeit (die deutsche Fassung wurde am 21.2.2009 berichtigt, ABl. 2009 C 43, 09) ersetzt vier Mitteilungen der Kommission aus dem Jahre 1998, darunter zwei zu Art. 5 erlassene Mitteilungen: die Mitteilung der Kommission über die Berechnung des Umsatzes („Mitteilung Umsatzberechnung") und die Mitteilung der Kommission über den Begriff der beteiligten Unternehmen in der Verordnung (EWG) Nr. 4064/98 des Rates über die Kontrolle von Unternehmenszusammenschlüssen („Mitteilung beteiligte Unternehmen"), vgl. Konsolidierte Mitteilung Zuständigkeit, Rn. 2.
[7] DVO FKVO, ABl. 2004 L 133, 1, berichtigt durch VO 1792/2006, ABl. 2006 L 362, 1, und VO 1033/2008, ABl. 2008 L 279, 3.
[8] Konsolidierte Mitteilung Zuständigkeit Rn. 161.
[9] Konsolidierte Mitteilung Zuständigkeit Rn. 157.
[10] Konsolidierte Mitteilung Zuständigkeit Rn. 158.
[11] Konsolidierte Mitteilung Zuständigkeit Rn. 159, Fn. 116.
[12] EuG Slg. 2006, II-2533 Rn. 211 – Endesa/Kommission.
[13] EuG Slg. 2006, II-2533 Rn. 213 – Endesa/Kommission; vgl. Konsolidierte Mitteilung Zuständigkeit, Rn. 159 Fn. 116.
[14] LMRKM/Ablasser-Neuhuber Rn. 4, unter Hinweis auf Kom., M.5069 – Cargo Austria/MÁV Cargo; diese Entscheidung enthält in Rn. 9 keine Details zu der Umsatzberechnung, sondern lediglich den Hinweis in Fn. 3, dass die Parteien das Zusammenschlussvorhaben ursprünglich bei der österreichischen und der ungarischen Wettbewerbsbehörden aufgrund einer irrtümlichen Umsatzberechnung angemeldet haben.

II. Grundsätze der Umsatzberechnung (Abs. 1)

metall-Händlers Minemet durch Pechiney hat die Kommission entspr. hinsichtlich des Eigenhandelsgeschäfts von Minemet den gesamten getätigten Umsatz zugrunde gelegt, hinsichtlich des **Handelsvertreter-** (bzw. Agentur-)Aktivitäten hingegen nur die von Minemet realisierten Kommissionszahlungen.[15] Umsätze, die mit dem Betrieb eines auf fremdem Namen und in fremder Rechnung geführten Geschäftes erzielt werden, können je nach Ausgestaltung entweder dem Geschäftsherrn oder dem Betreiber des Betriebs zugerechnet werden (näher → Rn. 64–66).

Die Gleichbehandlung von Handelsumsätzen und denen produzierender Unternehmen führt zu einer gewissen Verzerrung. Dies nimmt die FKVO in Kauf, indem sie anders als manche nationalen Fusionskontrollordnungen einen **einheitlichen Umsatzbegriff** hat, also auf Sonderregeln wie die des § 38 Abs. 2 GWB für Handelsunternehmen oder die des § 38 Abs. 3 GWB für Presse- und Rundfunkunternehmen verzichtet. **6**

b) Normaler geschäftlicher Tätigkeitsbereich. Nach Abs. 1 UAbs. 1 S. 1 finden bei der Umsatzberechnung nur die Umsätze aus dem „normalen geschäftlichen Tätigkeitsbereich" Berücksichtigung. Gemäß der Vierten Richtlinie 78/660/EWG des Rates vom 25.7.1978 über den Jahresabschluss von Gesellschaften bestimmter Rechtsformen ist darunter der Verkauf von Erzeugnissen bzw. die Erbringung von Dienstleistungen zu verstehen, der für die Geschäftstätigkeit der Gesellschaft typisch ist.[16] Der bisherigen Fallpraxis der Kommission ist zu entnehmen, dass diese den Begriff des normalen geschäftlichen Tätigkeitsbereichs eher weit auslegt. So hat die Kommission für einen Autovermieter den Verkauf von Gebrauchtwagen als Teil seiner üblichen Geschäftstätigkeit angesehen und die entsprechenden Verkaufserlöse in den relevanten Umsatz einberechnet.[17] Denn der Umsatz entstehe aus der Bereitstellung der für die Erbringung der Dienstleistung erforderlichen Mittel.[18] Nicht der normalen Geschäftstätigkeit zuzurechnen sind außergewöhnliche Einnahmen wie etwa Erlöse aus dem Verkauf von Unternehmensteilen oder Vermögensgegenständen.[19] Dasselbe dürfte gelten für den Verkauf von Roh-, Hilfs- und Betriebsstoffen, für Miet- und Pachteinnahmen (außer bei Wohnungs- und Grundstücksgesellschaften) und Erträgen aus Beteiligungen.[20] **7**

Von öffentlichen Stellen erhaltene **Beihilfen** gelten dann als Umsatz, wenn sich die Beihilfe auf die normale geschäftliche Tätigkeit des Unternehmens bezieht, das Unternehmen selbst der Empfänger ist und die Beihilfe sich auf den Preis auswirkt, weil sie an den Verkauf von Waren oder Erbringung von Dienstleistungen geknüpft ist.[21] Als Beispiel nennt die Kommission eine Verbrauchsbeihilfe: Diese gestattet dem Hersteller, das Produkt zu einem höheren Preis zu verkaufen als der Verbraucher tatsächlich bezahlt.[22] Dabei ist entscheidend, ob das beteiligte Unternehmen wirtschaftlich Begünstigter der Beihilfe ist. In Cereol/Continentale[23] hat das Unternehmen Continentale seinen landwirtschaftlichen Erzeugern Preise bezahlt, die über dem Weltmarktniveau lagen und erhielt die Differenz über landwirtschaftliche Beihilfen erstattet. Die Kommission erkannte diese Beihilfen nicht als Teil des Umsatzes von Continentale an, da die wirklichen Adressaten der Beihilfen die Erzeuger und damit die Lieferanten von Continentale seien. **8**

c) Der Netto-Umsatz. In Abs. 1 UAbs. 1 S. 1 sind verschiedene Abzugsposten genannt, die bei der Umsatzberechnung berücksichtigt werden müssen. Der auf diese Weise bereinigte Umsatz soll es der Kommission ermöglichen, auf der Grundlage des realen wirtschaftlichen Gewichts des Unternehmens zu entscheiden.[24] **9**

aa) Abzug von Rabatten, Steuern und Abgaben. Als absatzbezogenen Abzugsposten nennt Abs. 1 UAbs. 1 S. 1 zunächst Erlösschmälerungen. Darunter ist die Gesamtheit aller Abschläge, Rabatte und Vergütungen zu verstehen, welche die Unternehmen bei den Verkaufsverhandlungen ihren Kunden zugestehen und die den Verkaufserlös direkt beeinflussen.[25] Des Weiteren ist die Mehrwertsteuer in Abzug zu bringen. Die in der Verordnung weiter aufgeführten „anderen unmittelbar auf den Umsatz bezogenen Steuern" sind sonstige indirekte Steuern wie zB die Steuern auf alkoholische Getränke oder Zigaretten.[26] **10**

---

15 Kom., M.473, Rn. 10 – Pechiney World Trade/Minemet; Kom. Wettbewerbsbericht Nr. 24 (1994) Rn. 268.
16 RL 78/660, ABl. 1978 L 222, 11, Art. 28.
17 Kom., M.126, Rn. G Fn. 7 – ACCOR/Wagons-Lits.
18 Konsolidierte Mitteilung Zuständigkeit, Rn. 161, Fn. 117.
19 So auch Levy/Cook, 6–21; Konsolidierte Mitteilung Zuständigkeit, Rn. 161.
20 Immenga/Mestmäcker/Immenga/Körber Rn. 11.
21 Konsolidierte Mitteilung Zuständigkeit, Rn. 162.
22 So ausdrücklich noch die Mitteilung „Umsatzberechnung", Rn. 16; vgl. auch Konsolidierte Mitteilung Zuständigkeit, Rn. 162.
23 Kom., M.156, Rn. 7 ff. – Cereol/Continentale.
24 Konsolidierte Mitteilung Zuständigkeit, Rn. 164.
25 Konsolidierte Mitteilung Zuständigkeit, Rn. 165.
26 Konsolidierte Mitteilung Zuständigkeit, Rn. 166.

11 **bb) Abzug des konzerninternen Umsatzes.** Gemäß Abs. 1 UAbs. 1 S. 2 werden bei der Berechnung des Gesamtumsatzes eines beteiligten Unternehmens die Umsätze zwischen verbundenen Unternehmen, also bspw. zwischen Mutter- und Tochtergesellschaften nicht berücksichtigt (Zum Begriff des verbundenen Unternehmens bzw. zu Abs. 4 im Einzelnen → Rn. 67 ff.). Durch die Herausrechnung des konzerninternen Umsatzes wird eine Doppelerfassung des Umsatzes der beteiligten Unternehmen vermieden, welche die tatsächliche wirtschaftliche Bedeutung des Zusammenschlusses verzerren würde. Allein maßgeblich ist daher der Außenumsatz in Form der Gesamtheit der Geschäftsvorgänge zwischen den Konzernunternehmen einerseits und Dritten andererseits.[27]

12 Abzuweichen ist von diesem Grundsatz in Fällen, in denen verbundene Unternehmen für die Zwecke der Umsatzberechnung ausnahmsweise als selbstständige Unternehmen angesehen werden. Dies ist etwa der Fall beim Erwerb der alleinigen Kontrolle über ein zuvor bereits gemeinsam kontrolliertes Unternehmen. In einer solchen Konstellation sind die beiden am Zusammenschluss beteiligten Unternehmen (s. näher zum Begriff des beteiligten Unternehmens → Rn. 53 ff.) der Erwerber und die Tochtergesellschaft. Die Anwendbarkeit der FKVO hängt damit von den Umsätzen dieser beiden Unternehmen ab. Folgte man nun den allgemeinen Umsatzberechnungsregeln, so würde gemäß Abs. 3 lit. c der Umsatz der gemeinsamen Tochter der Muttergesellschaft zugerechnet werden. Auf diese Weise würde der Umsatz der gemeinsamen Tochter doppelt berücksichtigt, nämlich einmal bei der Umsatzberechnung der Mutter und zum anderen bei der Bestimmung des Umsatzes der Tochtergesellschaft selbst. Um eine solche Doppelzählung zu vermeiden, behandelt die Kommission die beiden schon vor dem Zusammenschluss verbundenen Unternehmen für die Zwecke der Umsatzberechnung als getrennte beteiligte Unternehmen und berücksichtigt konsequenterweise dann die Innenumsätze zwischen den Unternehmen als „fingierte Außenumsätze" mit.[28]

13 **d) Währungsumrechnung.** In Art. 1 Abs. 2 und 3 ist die Bemessung der Umsätze in Euro vorgesehen. Ist demnach eine Umrechnung erforderlich, sind gemäß der Mitteilung „Umsatzberechnung" zwei Dinge zu beachten: Zum einen soll der Jahresumsatz eines Unternehmens zum Durchschnittskurs der betroffenen zwölf Monate umgerechnet werden, also nicht etwa in einer Aufspaltung der Jahresumsatzzahlen in ihre Quartals-, Monats- oder Wochenkomponenten mit anschließender Addierung der jeweils umgerechneten Werte.[29] Zum anderen sind, wenn bei einem Unternehmen Umsätze in verschiedenen Währungen vorliegen, diese Umsätze nicht in den einzelnen Währungen in Euro umzurechnen. Stattdessen ist auf den Gesamtumsatz zurückzugreifen, der im geprüften konsolidierten Abschluss in der Währung des Abschlusses des Unternehmens angegeben ist. Dieser ist dann zum Durchschnittskurs der betroffenen zwölf Monate in Euro umzurechnen.[30] Die Europäische Zentralbank veröffentlicht seit dem 1.1.1999 in ihrem monatlichen Bulletin[31] die Umrechnungskurse für verschiedene nicht der Euro-Zone angehörige Länder. Auf der Website der Kommission[32] findet sich außerdem ein Berechnungsbeispiel für die vereinfachte Ermittlung des Durchschnittskurses.

14 **e) Geografische Zurechnung von Umsätzen.** Die Umsatzschwellenwerte des Art. 1 Abs. 2 und 3 erfordern teilweise eine geografische Zuordnung des Umsatzes der Parteien. So haben die Parteien nach Art. 1 Abs. 2 einen Umsatz in der EU von jeweils 250 Mio. EUR und nach dem alternativen Schwellenwert des Art. 1 Abs. 3 einen Umsatz in der EU von jeweils 100 Mio. EUR zu erreichen. Art. 1 Abs. 3 setzt weiterhin die Überschreitung bestimmter Umsatzwerte in zumindest drei EU-Mitgliedstaaten voraus. Die Grundregel für die räumliche Allokation des Umsatzes findet sich in Abs. 1 UAbs. 2, wonach für die Bestimmung des Ortes der Umsatz maßgeblich ist, der mit Waren und Dienstleistungen für Unternehmen oder Verbraucher in dem betreffenden Land erzielt wird. Die Bekanntmachung interpretiert dies so, dass der Umsatz dem Land zuzuordnen ist, in welchem sich der Kunde im Zeitpunkt der Transaktion befindet.[33]

15 Die einfache Grundregel lautet demnach, dass der **Sitz des Käufers** und nicht der des Verkäufers für die räumliche Zuordnung des Umsatzes maßgeblich ist.[34] Denn dort kommt idR der Vertrag zustande und findet der Wettbewerb mit anderen Anbietern statt.[35] Bei Internetgeschäften, bei

---

[27] Konsolidierte Mitteilung Zuständigkeit, Rn. 167.
[28] S. für einen Anwendungsfall Kom., M.806, Rn. 7–14 – British Airways/TAT; Kom. Wettbewerbsbericht Nr. 26 (1996), 185.
[29] Konsolidierte Mitteilung Zuständigkeit, Rn. 204.
[30] Konsolidierte Mitteilung Zuständigkeit, Rn. 205.
[31] https://www.ecb.europa.eu/pub/economic-bulletin/mb/html/index.en.html (zuletzt abgerufen am 29.11.2019).
[32] http://ec.europa.eu/competition/mergers/exchange_rates.html (zuletzt abgerufen am 29.11.2019).
[33] Konsolidierte Mitteilung Zuständigkeit, Rn. 195.
[34] Vgl. Kom., M.213, Rn. 8 – Hong Kong and Shanghai Bank/Midland.
[35] Konsolidierte Mitteilung Zuständigkeit, Rn. 196.

denen sich der Ort des Kunden nicht immer bestimmen lässt, soll der Ort, an dem die charakteristische Handlung iRd fraglichen Vertrages durchgeführt wird, maßgeblich sein.[36] Irrelevant ist, an welchem Ort die Rechnung ausgestellt wird.[37] **Nicht ausschlaggebend** ist auch der **Verwendungsort**, also das Land, in dem die Ware verbraucht oder die Dienstleistung in Anspruch genommen wird. Kauft ein multinationales Unternehmen seinen gesamten europäischen Bedarf für ein bestimmtes Produkt zentral aus der Schweiz ein, so handelt es sich aus Liefersicht um der Schweiz zuzuordnende Umsätze, selbst wenn der Käufer die Produkte anschließend an verschiedene europäische Produktionsstandorte weiterverteilt.[38] Hieran ändert sich nichts dadurch, dass der Käufer die Lieferanten anweist, die Waren im Wege der Streckenlieferung direkt an die verschiedenen europäischen Endbestimmungsorte zu liefern. Verkauft ein außereuropäisches Unternehmen seine Produkte in der EU über einen bspw. in Antwerpen ansässigen Händler, der die Waren in der gesamten EU vertreibt, so fallen die gesamten europäischen Umsätze des Herstellers in Belgien an. Anderes gilt, wenn der belgische Vertriebsmittler als Handelsvertreter oder Kommissionär auftritt und für Rechnung des Herstellers handelt.

Zu **Dienstleistungen mit grenzüberschreitenden Elementen** enthält die Konsolidierte Mitteilung „Zuständigkeit" in → Rn. 199–202 einige Sonderregeln. Solche Dienstleistungen lassen sich in drei Hauptkategorien einteilen, die von dem Subjekt der Ortsveränderung abhängen: (i) der Dienstleister verändert seinen Ort und fährt über die Grenze zum Kunden, (ii) der Kunde verändert seinen Ort und fährt über die Grenze zum Dienstleister, und (iii) die Dienstleistung verändert ihren Ort, ohne dass sich der Dienstleiter oder der Kunde über die Grenze bewegen müssen. In der ersten Kategorie ist für die Umsatzberechnung der Ort des Kunden entscheidend, an dem die Dienstleistung an den Kunden erbracht wird. Als Beispiel dafür nennt die Kommission ein nichteuropäisches Unternehmen, das Wartungsleistungen an Fluggesellschaften in der Gemeinschaft erbringt.[39] Der Umsatz des Wartungsunternehmens fällt damit in dem EU-Staat an, in dem die fragliche Dienstleistung an die Fluggesellschaft erbracht wird und an dem der Wettbewerb stattfindet. In der zweiten Kategorie wird der Umsatz dagegen am Ort des Dienstleisters erbracht, zu dem der Kunde wandert, um die Dienstleistung zu erhalten, da an diesem Ort – und nicht am Sitz des Kunden – der Wettbewerb stattfindet. In diese Kategorie fällt etwa die direkte Hotelbuchung oder Autoanmietung eines europäischen Touristen in den USA, wobei der Umsatz in den USA anfällt.[40] Als weiteres Beispiel ist die Inanspruchnahme von Containerdienstleistungen in den Containerterminals des Hamburger Hafens durch chinesische Frachtunternehmen zu nennen, wobei der Umsatz Deutschland und nicht China zuzurechnen ist; der Sitz des Kunden ist bei dieser Kategorie also völlig irrelevant. In der dritten Kategorie ist der Umsatz grds. dem Ort des Kunden zuzurechnen. So fällt der Umsatz aus dem Verkauf einer Pauschalreise nach Kuba nicht in Kuba an, sondern in dem Land, in dem der Kunde seinen Wohnsitz hat und die Reise gekauft hat.[41] Als weiteres wichtiges Beispiel hierfür ist die Beförderung von Waren und den Kunden über die Grenze zu nennen, bei der weder der Dienstleister noch der Kunde ihren Ort verändern; die charakteristische Beförderungsleistung wird daher am Standort des Kunden erbracht.[42]

Die Anknüpfung an den Kundensitz verdeutlicht die Entscheidung Alcatel/STC.[43] STC erwirtschaftete seine Umsätze mit dem Verkauf von Ausrüstung für (zumeist interkontinentale) Untersee-Telekommunikationskabel. Die Parteien hatten bei der Berechnung der gemeinschaftsweiten Umsätze darauf abgestellt, ob der betreffende Auftrag zur Verlegung eines Kabels führte, welches zumindest an einem Ende eine direkte physische Verbindung mit dem Gebiet der Gemeinschaft hatte. Denn in diesem Fall würde das Kabel von in der Gemeinschaft ansässigen Unternehmen für den Telekommunikationsverkehr genutzt. Die Kommission wies diesen Ansatz zurück und verneinte mangels hinreichender gemeinschaftsweiter Umsätze die Anwendbarkeit der FKVO. Sie stellte klar, dass es nach Abs. 1 UAbs. 2 weder auf die physische Verbindung mit dem EU-Territorium noch auf den nachgelagerten Telekommunikationsmarkt ankomme, sondern auf den Geschäftssitz der Investoren, die die Mehrheit in den jeweiligen Kunden-Konsortien stellten.[44]

Im Einzelfall können diese scheinbar einfachen Grundsätze Probleme aufwerfen. So kann es bei Unternehmen, die Tochtergesellschaften oder Niederlassungen in verschiedenen Ländern der

---

[36] Konsolidierte Mitteilung Zuständigkeit, Rn. 196.
[37] Konsolidierte Mitteilung Zuständigkeit, Rn. 197 für Waren.
[38] Konsolidierte Mitteilung Zuständigkeit, Rn. 198, vgl. aber die Ausnahme dort aE; s. auch den Fall Kom., M.5322, Rn. 8 Fn. 4 – Mafrig/OSI Group companies.
[39] Konsolidierte Mitteilung Zuständigkeit, Rn. 200.
[40] Konsolidierte Mitteilung Zuständigkeit, Rn. 200.
[41] Konsolidierte Mitteilung Zuständigkeit, Rn. 200.
[42] Konsolidierte Mitteilung Zuständigkeit, Rn. 201.
[43] Kom., M.366 – Alcatel/STC.
[44] Kom., M.366, Rn. 14 – Alcatel/STC.

Welt haben, teilweise eine Frage der Beliebigkeit sein, von welchem Standort aus eine Bestellung aufgegeben wird. In diesen Fällen ist unter Umständen der **„formale" Standort des Kunden nicht sein „tatsächlicher" Standort.** Die Praxis der Kommission verlangt insoweit ein Abstellen auf die wirtschaftliche Realität der zugrundeliegenden Situation.[45] In dem Zusammenschlussverfahren Boeing/Hughes[46] behaupteten die Parteien, dass das Vorhaben nicht von gemeinschaftsweiter Bedeutung sei. Das beteiligte Unternehmen Hughes Space and Communications Company („HSC") hatte die mit dem Unternehmen ICO Global Communications („ICO") erzielten Umsätze bei der Umsatzberechnung mit der Begründung unberücksichtigt gelassen, dass sich der Sitz von ICO auf den Cayman Islands befinde und es sich daher nicht um ein Gemeinschaftsunternehmen und konsequenterweise auch nicht um Gemeinschaftsumsatz handele. Die Kommission dagegen wies darauf hin, dass das Unternehmen ICO 1994 in England und Wales gegründet und die Sitzverlegung lediglich aus steuerlichen Gründen vorgenommen worden war. Tatsächlich wurde die Geschäftstätigkeit von ICO hauptsächlich in London ausgeführt, wo auch 73 % des Personals untergebracht war. Die Kommission hat unter Berücksichtigung dieser wirtschaftlichen Gegebenheiten das Vereinigte Königreich als tatsächlichen Sitz von ICO angesehen und dementsprechend die von Hughes mit ICO erzielten Umsätze als innerhalb der Gemeinschaft erfolgte Umsätze qualifiziert.

19 Besondere Probleme wirft die geografische Zuordnung der Umsätze in der **Luftfahrt** auf. Die Kommission hat hier mehrere Methoden in Betrachtung gezogen, ohne sich zunächst auf eine klare Linie festzulegen. In Delta Air Lines/Pan Am (1991)[47] wurden drei verschiedene Möglichkeiten in Erwägung gezogen: Erstens die Umsatzzurechnung im Land des Zielorts, zweitens eine je hälftige Zurechnung zu den Ländern des Ursprungs und des Zielortes oder drittens die Zurechnung des Umsatzes zu dem Land, in welchem das Ticket verkauft wurde („„point-of-sale"-Methode). Da im konkreten Fall die Umsatzschwellenwerte bei allen Betrachtungsweisen erreicht wurden, bestand für die Kommission keine Notwendigkeit, sich für eine der drei Methoden zu entscheiden. Ebenso ging die Kommission in der Entscheidung Air France/Sabena (1992)[48] vor, obwohl sie dort eine gewisse Präferenz für die zweite Zurechnungsmethode erkennen ließ, da diese dem grenzüberschreitenden Charakter der Dienstleistung am ehesten gerecht werde. Bei der späteren Übernahme von 49,5 % der Sabena durch Swissair (1995) fand die geografische Zurechnung des Umsatzes dagegen auf der Grundlage des Verkaufsstandortes statt. Die Kommission wies aber dennoch darauf hin, dass eine Berechnung nach der 50/50-Methode zu demselben Ergebnis geführt hätte.[49] In British Airways/Air Liberté (1997)[50] wiederum wurde die Umsatzzurechnung sowohl nach dem Verkaufsstandort als auch nach der 50/50-Methode vorgenommen. In SAir Group/SAA (1999)[51] wandte die Kommission dann ohne nähere Erklärung nur noch die „point-of-sale"-Methode an. Im Verfahren United Airlines/US Airways (2001)[52] ging die Kommission nicht mehr näher auf die verschiedenen geografischen Zurechnungsmethoden ein. In Ryanair/Aer Lingus (2007)[53] führte die Kommission eine vierte Methode ein, wonach der Abflugort des Kunden maßgeblich sein soll. Nach den Ausführungen der Kommission würden die meisten Flüge – zumindest bei den sog Billigfliegern – über das Internet gebucht, so dass Fluggesellschaften gar nicht in der Lage seien, den Kundensitz bzw. den Verkaufsort der Tickets festzustellen.[54] Der Abflugort sei dagegen ein einfach handhabbares Kriterium, das den Anforderungen des Abs. 1 UAbs. 2 ausreichend Rechnung trage: Da der Wettbewerb der Fluglinien um ihre Kunden am Abflugort stattfinde, spiegele dieses Kriterium die wirtschaftliche Stärke der Fluggesellschaft in einem bestimmten Mitgliedstaat wider. Allerdings traf die Kommission in diesem Verfahren keine endgültige Entscheidung zwischen der Anknüpfung an den Abflugort und der 50/50-Methode, da die Schwellenwerte in beiden Fällen erfüllt wurden. In den nachfolgenden Verfahren im Luftfahrt-Sektor[55] verwies die Kommission zumeist auf die in Ryanair/Aer Lingus aufgestellten Grundsätze der Umsatzberechnung und stellte fest, dass die Umsatzschwellen nach jeder der „point-of-sale", der 50/50- und der Abflugort-Methoden erfüllt wurden, so dass

---

[45] Vgl. das Beispiel Konsolidierte Mitteilung Zuständigkeit, Rn. 198.
[46] Kom., M.1879, Rn. 9, 11 ff. – Boeing/Hughes.
[47] Kom., M.130, Rn. 9 – Delta Air Lines/Pan Am; vgl. auch Kom. M.259, Rn. 14 – British Airways/TAT.
[48] Kom., M.157, Rn. 19 f. – Air France/Sabena.
[49] Kom., M.616, Rn. 15, Fn. 7 – Swissair/Sabena.
[50] Kom., M.857, Rn. 8 Fn. 1 – British Airways/Air Liberté.
[51] Kom., M.1626, Rn. 7 Fn. 2 – SAir Group/SAA.
[52] Kom., M.2041, Rn. 6 – United Airlines/US Airways.
[53] Kom.. M.4439, Rn. 15 ff. – Ryanair/Aer Lingus.
[54] Kom., M.4439, Rn. 22.
[55] Kom., M.5335, Rn. 10 – Lufthansa/SN Airholding; Kom., M.5403, Rn. 6 – Lufthansa/BMI; Kom., M.5440, Rn. 8 – Lufthansa/Austrian Airlines; Kom., M.5747, Rn. 7 – Iberia/British Airways; in Kom., M.5141, Rn. 8 Fn. 3 – KLM/Martinair, erwähnte die Kommission allerdings den „point-of sale"-Ansatz nicht und ließ die Entscheidung zwischen der Abflugort-Methode und der 50/50-Methode offen.

eine Entscheidung zwischen diesen Methoden offen bleiben konnte. Mit Blick auf Abs. 1 UAbs. 2 ist die Tendenz der Kommission für das Abstellen auf den Abflugort der Kunden die überzeugendste Lösung.[56] Nicht überzeugend ist hingegen die Annahme der Kommission, dass der Abflugort des Kunden bei einem Rückflug getrennt von dem Hinflug festzustellen sei, wenn es sich um einen Billigfluganbieter mit einzeln buchbaren Hin- und Rückflügen handele. Im Gegensatz dazu soll bei Linienfluganbietern, die kombinierte Hin- und Rückflüge zu einem günstigeren Preis als ein Einzelflug verkaufen, allein der Abflugort des Hinfluges relevant sein.[57] Obwohl die Kunden ihre Flüge bei Billigfluganbietern in der Tat beliebig kombinieren und sogar zwischen verschiedenen Fluglinien für den Hin- und für den Rückflug ohne Auswirkung auf den Preis eines Einzelfluges wählen können, erscheint es sachgerecht, den Abflugort bei einem Billigflug genau so zu beurteilen wie bei einem Linienflug: Bei der Buchung ihres Hin- und Rückfluges – ob über das Internet oder am Schalter – wählen die Kunden das günstigste Angebot aus, ohne Unterschied, ob es sich um einen Billigflug oder einen Linienflug (der für eine Rundreise deutlich günstiger sein kann) handelt.[58] Dementsprechend stehen Billigfluganbieter und Linienfluganbieter am Abflugort des Kunden für den gesamten Hin- und Rückflug miteinander im Wettbewerb.

Auch im Bereich der **Telekommunikation** ließ die Kommission in mehreren Entscheidungen 20 die Frage offen, wie die Einnahmen von Telefongesellschaften aus der Vermittlung von Auslandsgesprächen geografisch zuzuordnen sind. In BT/MCI (II)[59] stellte die Kommission fest, dass es hierzu mehrere Wege gäbe, alle aber zu demselben Ergebnis führten und somit eine Entscheidung nicht erforderlich sei. In Nomura/Blueslate[60] dagegen spricht sich die Kommission dafür aus, auf den Standort des Kunden abzustellen.[61] In späteren Entscheidungen kehrte die Kommission dann wieder zu ihrer ursprünglichen Position zurück, dass es verschiedene Verfahren gebe, um die von Telefongesellschaften mit Diensten außerhalb ihres Stammlandes erzielten Einnahmen räumlich zuzuordnen, ohne dass die Kommission diese Verfahren indessen konkret beschrieb oder sich für eines von ihnen entschied.[62] In der Konsolidierten Mitteilung „Zuständigkeit" sprach sich die Kommission bei der Einordnung der Anrufzustelldienste dafür aus, dass der Wettbewerb an dem Ort stattfindet, an dem der Anruf zugestellt wird.[63] So werde in den Fällen, in denen ein vom europäischen Betreiber stammender Anruf in den USA zugestellt werde, die Dienstleistung vom Betreiber des US-Netzes an den europäischen Betreiber in den USA erbracht. Daher sei dieser Umsatz als nicht in der Gemeinschaft erzielter Umsatz zu betrachten. Dies gelte nicht für den Umsatz, den der europäische Betreiber durch diesen Anruf mit seinem eigenen Kunden erziele.[64]

Nach dem Beitritt eines neuen Mitgliedstaats stellt sich die Frage, ob der in der Vergangenheit 21 liegende Umsatz der Parteien in dem betreffenden Land auch dann als gemeinschaftsweiter Umsatz zu bewerten ist, wenn er in einem Zeitraum realisiert wurde, der noch vor dem Beitritt lag. Die Kommission hat dies nach der deutschen Wiedervereinigung im Hinblick auf in Ostdeutschland erzielte Umsätze bejaht.[65] Derselbe Grundsatz ist für den Beitritt neuer Mitgliedstaaten anzuwenden, da für die räumlichen Grenzen der EU maßgeblich allein der Zeitpunkt des Zusammenschlusses sein kann.

2. Relevanter Zeitraum. a) Stichtag für die Berechnung des Umsatzes. Der maßgebli- 22 che Stichtag für die Berechnung der Umsätze der beteiligten Unternehmen (und damit die Bestimmung der Anwendbarkeit der FKVO) ist das Datum des zuerst eintretenden der folgenden Ereignisse: Abschluss des rechtsverbindlichen Vertrags, Veröffentlichung des Übernahmeangebots, Erwerb einer Kontrollbeteiligung oder erste Anmeldung.[66]

b) Umsatzzahlen des letzten Geschäftsjahrs. Maßgeblich sind die Umsätze, welche die 23 beteiligten Unternehmen im letzten Geschäftsjahr erzielt haben.[67] Das **letzte Geschäftsjahr** ist im

---

[56] In der Konsolidierten Mitteilung Zuständigkeit sind keine speziellen Ausführungen zur geografischen Zuordnung der Umsätze in der Luftfahrt mehr enthalten im Gegensatz zum Entwurf dieser Mitteilung in Rn. 170, der ausdrücklich auf den Abflugort abstellte.
[57] Kom., M.4439, Rn. 27 ff. – Ryanair/Aer Lingus.
[58] So auch Bunte/Baron Rn. 40.
[59] Kom., M.856, Rn. 8 – BT/MCI (II).
[60] Kom., M.1037, Rn. 15 – Nomura/Blueslate.
[61] Die Kommission verwies dabei auf Rn. 46 der Mitteilung „Umsatzberechnung", die der Rn. 196 der Konsolidierten Mitteilung Zuständigkeit entspricht.
[62] Kom., M.1046, Rn. 6 – Ameritech/Tele Danmark; Kom., JV.15, Rn. 16 – BT/AT&T; Kom., M.1069, Rn. 10 – WorldCom/MCI; vgl. auch Konsolidierte Mitteilung Zuständigkeit, Rn. 202.
[63] Konsolidierte Mitteilung Zuständigkeit, Rn. 202.
[64] Konsolidierte Mitteilung Zuständigkeit, Rn. 202 Fn. 130.
[65] Kom., M.122, Rn. 9 – Paribas/MTH/MBH.
[66] Konsolidierte Mitteilung Zuständigkeit, Rn. 156.
[67] S. Abs. 1 UAbs. 1 S. 1.

Verhältnis zu dem Tag zu bestimmen, auf den das die Anmeldepflicht auslösende Ereignis fällt,[68] also der Vertrag über den Anteilserwerb oder die Gründung des Gemeinschaftsunternehmens unterzeichnet wird, das Übernahmeangebot veröffentlicht wird oder – bei schleichenden Übernahmen – der Anteilserwerb erfolgt, mit dem die Kontrolle erworben wird.[69] Über die Bestimmung des Zeitpunkts der Vertragsunterzeichnung können die Parteien somit einen gewissen Einfluss auf die Anwendbarkeit der FKVO nehmen, falls unterschiedliche Geschäftsjahre zu abweichenden Ergebnissen im Hinblick auf die Schwellenwerte der FKVO führen.

24 Um die Zuverlässigkeit der Umsatzzahlen zu gewährleisten, stellt die Kommission grds. auf die im **letzten geprüften Jahresabschluss** der beteiligten Unternehmen genannten Umsätze ab.[70] Liegt – etwa zu Beginn des Kalenderjahres – der endgültige Jahresabschluss noch nicht vor, so zieht die Kommission grds., abgesehen von außergewöhnlichen Umständen, die geprüften Zahlen des Vorjahres heran, nicht hingegen vorläufig erstellte und noch ungeprüfte interne Berechnungen der Parteien zum zurückliegenden Jahr.[71] Diese Aussage und die ihr folgende Praxis[72] erscheint allerdings mit Blick auf die klare Bezugnahme des Abs. 1 auf das letzte Geschäftsjahr rechtlich zweifelhaft. Die Kommission ist denn auch im Falle größerer Abweichungen zwischen den Umsatzzahlen des letzten und des davorigen Geschäftsjahrs bereit, ausnahmsweise die vorläufigen Zahlen für das vorangegangene Jahr zu berücksichtigen.[73] Nach der Konsolidierten Mitteilung „Zuständigkeit" sollen die Jahresabschlüsse grds. nach dem Standard geprüft werden, der auf das jeweilige Unternehmen anwendbar und für das jeweilige Steuerjahr vorgeschrieben ist.[74] So stellte die Kommission in Gas Natural/Endesa[75] auf die in Spanien geltenden Grundsätze ordnungsgemäßer Buchführung im (für die Umsatzberechnung relevanten) Jahr 2004 ab und sprach sich gegen die Berücksichtigung der im darauffolgenden Jahr eingeführten IFRS-Standards aus. Das EuG bestätigte die Argumentation der Kommission und führte aus, dass die Kommission zwischen verschiedenen Möglichkeiten der Rechnungslegung nicht frei wählen und die Rechnungslegung nicht neu überprüfen könne; vielmehr soll die Kommission die Umsatzzahlen gemäß der geprüften Abschlüsse der beteiligten Unternehmens für das letzte Geschäftsjahr heranziehen.[76] Die Kommission behält sich iÜ ausnahmsweise vor, von den Parteien die Neufeststellung ihrer Umsätze nach den Grundsätzen der Rechnungslegung der Gemeinschaft zu verlangen, wenn die Rechnungslegungsprinzipien eines Drittlandes hiervon in größerem Umfang abweichen.[77]

25 Um ihren Charakter als transparente und leicht handhabbare Maßstäbe zu bewahren, sind die Umsatzschwellen und die Grundsätze zur Umsatzberechnung weitestgehend formal zu handhaben. Dies bedeutet etwa, dass der Umsatz des letzten Geschäftsjahres auch dann maßgeblich ist, wenn deutlich absehbar ist, dass die Zahlen des laufenden Jahres zu einem abweichenden Ergebnis führen werden. Es erfolgt danach also **keine Anpassung der Umsatzzahlen aufgrund zwischenzeitlicher wirtschaftlicher Veränderungen** (abgesehen von strukturellen Veränderungen, → Rn. 25). Unberücksichtigt bleiben dennoch Umsatzsteigerungen oder -einbrüche aufgrund nachlassender/steigender Auftragseingänge, der Stilllegung eines Werkes oder der Inbetriebnahme einer neuen Anlage, der Einstellung einer Produktlinie oder des Inverkehrbringens eines neuen Produktes oder aufgrund allgemeiner Marktentwicklungen.[78]

26 **c) Zwischenzeitliche Änderungen in der Unternehmensstruktur.** Das grundsätzliche formale Abstellen auf den Jahresabschluss des Vorjahres wird durchbrochen in Fällen, in denen es zwischenzeitlich zu Veränderungen in der Unternehmensstruktur gekommen ist.[79] In diesen Fällen gewinnt das Ziel des Abs. 2, „die wirkliche Bedeutung des Zusammenschlusses zu dem Zweck zu erfassen, zu prüfen, ob der beabsichtigte Zusammenschluss angesichts der tatsächlich erworbenen Unternehmensteile gemeinschaftsweite Bedeutung hat",[80] Vorrang vor dem Prinzip, dass Verände-

---

[68] Vgl. ähnlich NK-EuWettbR/Thiele Rn. 20.
[69] Konsolidierte Mitteilung Zuständigkeit, Rn. 154 ff.
[70] Konsolidierte Mitteilung Zuständigkeit, Rn. 169, 170.
[71] Konsolidierte Mitteilung Zuständigkeit, Rn. 170.
[72] Kom., M.714, Rn. 7 – Preussag/ELCO Looser; Kom., M.3986 – Gas Natural/Endesa, bestätigt durch das Urteil des EuG Slg. 2006, II-2533 Rn. 176, 179 – Endesa/Kommission.
[73] Konsolidierte Mitteilung Zuständigkeit, Rn. 170; Kom., M.705, Rn. 9 – Deutsche Telekom/SAP-S.
[74] Konsolidierte Mitteilung Zuständigkeit, Rn. 169.
[75] Kom., M.3986, Rn. 22 ff. – Gas Natural/Endesa, bestätigt durch das Urteil des EuG Slg. 2006, II-2533 Rn. 129 ff. – Endesa/Kommission.
[76] EuG Slg. 2006, II-2533 Rn. 131, 132, 144 – Endesa/Kommission.
[77] Konsolidierte Mitteilung Zuständigkeit, Rn. 171.
[78] Vgl. Konsolidierte Mitteilung Zuständigkeit, Rn. 174.
[79] Konsolidierte Mitteilung Zuständigkeit, Rn. 172.
[80] EuG Slg. 1994, II-121 Rn. 102 – Air France/Kommission.

II. Grundsätze der Umsatzberechnung (Abs. 1) 27, 28 Art. 5 FKVO

rungen nach dem letzten Jahresabschluss nicht erfasst werden. Anpassungen des Umsatzes sind danach erforderlich bei zwischenzeitlichem externen, nicht aber bei internem Wachstum. Entsprechendes gilt für den Rückgang von Umsätzen. Berichtigungen sind daher vorzunehmen bei seit dem letzten Jahresabschluss erfolgten **Akquisitionen** anderer Unternehmen oder Unternehmensteile oder bei **Veräußerungen** eigener Geschäftsaktivitäten der Parteien.[81] Dementsprechend ist die Kommission in VIAG/EB Brühl verfahren: Das der Transaktion vorausgehende und damit für die Umsatzberechnung maßgebliche Geschäftsjahr war das Jahr 1990. Im Laufe des Jahres 1991 hatte VIAG das Unternehmen Continental Can[82] erworben. Die Kommission rechnete daher die von Continental Can 1990 erzielten Erlöse bei der Berechnung des Umsatzes von VIAG für das Jahr 1990 mit ein.[83] Hat das am Zusammenschluss beteiligte Unternehmen dagegen zwischen Jahresabschluss und Transaktion einen Teil seiner Geschäftsbereiche veräußert, so ist der entsprechende Umsatzanteil vom Gesamtumsatz abzuziehen. In Ingersoll-Rand/Clark Equipment[84] war das für die Umsatzberechnung maßgebliche Geschäftsjahr das Jahr 1994. Am 5.3.1995 hatte Clark Equipment seinen 50 %igen Anteil an dem Unternehmen VME an Volvo verkauft. Der Verkaufsvorgang[85] war nach Abschluss des Genehmigungsverfahrens vor der Kommission am 13.4.1995 abgeschlossen, und die von VME im Jahr 1994 erzielten Umsätze fanden bei der Umsatzberechnung für Clark Equipment keine Berücksichtigung mehr.

Fraglich ist, ob zur Berücksichtigung etwa einer Akquisition deren **Vollzug erforderlich** ist, 27 die Unterzeichnung des Kaufvertrages ausreicht oder aber zumindest die Erfüllung aller vertraglichen Bedingungen Voraussetzung ist. In Rhône-Poulenc/Fisons[86] vertrat Fisons die Auffassung, die von ihren Geschäftsbereichen „Wissenschaftliche Instrumente" und „Laborartikel" erzielten Umsätze dürften keine Berücksichtigung finden, da bereits Verträge zu deren Verkauf unterzeichnet seien. Beide Transaktionen waren jedoch noch nicht vollzogen. Die Kommission wies die Ansicht von Fisons mit der Begründung zurück, dass der Verkauf des Geschäftsbereichs Laborartikel aufschiebend bedingt sei durch die Zustimmung der Hauptversammlung von Fisons und daher der Umsatz dieses Geschäftsbereichs nach wie vor einzubeziehen sei. Die Kommission hat damit verdeutlicht, dass jedenfalls alle gesellschaftsinternen Maßnahmen und Zustimmungen für den Verkauf vorliegen müssen, bevor der Umsatz einer zum Verkauf stehenden Unternehmenseinheit nicht mehr dem Veräußerer zuzurechnen ist. Die Entscheidung erwähnt des Weiteren, dass die Veräußerung beider Geschäftseinheiten von Fisons noch unter dem Vorbehalt aufsichtsbehördlicher (dh wohl fusionskontrollrechtlicher) Genehmigungen stehe. Die Kommission weist auf diesen Umstand hin, ohne ihn allerdings als (zusätzlichen) Grund für die Einbeziehung des Umsatzes der beiden Geschäftseinheiten zu nennen. Hieraus wird man wohl entnehmen müssen, dass die Kommission diese Frage mangels Relevanz für die Entscheidung offen lassen wollte. Richtigerweise wird man generell verlangen müssen, dass die betreffende Veräußerung bzw. Akquisition vollzogen sein muss.[87] Solange der tatsächliche Vollzug noch nicht erfolgt ist, ist der betreffende Unternehmensteil noch zweifelsfrei Teil des Veräußerers und kann nicht in Vorwegnahme des Vollzugs einem anderen Unternehmen zugerechnet werden. Die Umsatzberechnung des Abs. 1 ist grds. vergangenheits- und nicht zukunftsbezogen. Dies gilt umso mehr, wenn der Vollzug noch von Bedingungen abhängt. Selbst wenn mit der Erfüllung dieser Bedingungen mit hoher Wahrscheinlichkeit zu rechnen sein sollte, verbietet es sich für die Zwecke der Umsatzberechnung, die auf klare und einfach zu handhabende Regeln angewiesen ist, in Spekulationen über die Wahrscheinlichkeit des Bedingungseintritts zu verfallen. Anderenfalls würde die Zuständigkeit der Kommission von Spekulationen über die Genehmigungsaussichten in anderen Fusionskontrollverfahren abhängig werden.

Zu fragen ist weiter, **bis zu welchem Zeitpunkt** der Vollzug der betreffenden Strukturverände- 28 rung spätestens erfolgt sein muss. In Frage kommen insoweit die Unterzeichnung des Vertrages über das Zusammenschlussvorhaben, der Zeitpunkt der Anmeldung oder der Zeitpunkt der Entscheidung über die Vereinbarkeit mit dem Gemeinsamen Markt. Auch diesen Punkt hat die Kommission bisher in ihrer (veröffentlichten) Entscheidungspraxis offen gelassen. Eine Klärung hätte sich in Ingersoll-Rand/Clark Equipment angeboten, wo die Zuständigkeit der Kommission davon abhing, ob eine Unternehmensbeteiligung von Clark in die Umsatzberechnung einzubeziehen war. Clark hatte die Beteiligung am 5.3. verkauft; am 28.3. hatte Ingersoll sein Übernahmeangebot für Clark veröffent-

---

[81] Vgl. Kom., M.936, Rn. 5 – Siebe/APV; Konsolidierte Mitteilung Zuständigkeit, Rn. 172.
[82] Kom., M.81 – VIAG/Continental Can.
[83] Kom., M.139, Rn. 6 – VIAG/EB Brühl.
[84] Kom., M.588, Rn. 8 – Ingersoll-Rand/Clark Equipment.
[85] Kom., M.575 – Volvo/VME.
[86] Kom., M.632, Rn. 9 und 10 – Rhône-Poulenc/Fisons.
[87] So auch Konsolidierte Mitteilung Zuständigkeit, Rn. 172.

licht; am 5.4. war der Zusammenschluss angemeldet worden und am 13.4. wurde die Veräußerung der Beteiligung von Clark vollzogen. Die Veräußerung erfolgte damit vor Entstehen der Anmeldepflicht in der Zweittransaktion und der Vollzug geschah danach sowie während des laufenden Fusionskontrollverfahrens. Die Kommission vermied allerdings eine Stellungnahme, indem sie als maßgeblich ansah, dass Ingersoll sein Übernahmeangebot unter die Bedingung des Verkaufs der Beteiligung durch Clark gestellt hatte und schon aus diesem Grunde der betreffende Umsatz nicht berücksichtigungsfähig war (→ Rn. 30). In MCI WorldCom/Sprint stellte die Kommission schon etwas einschränkender fest, dass die Umsatzberechnung für die Zwecke der gemeinschaftsweiten Bedeutung eines Zusammenschlusses vorzunehmen sei „zum Zeitpunkt und auf Grundlage der tatsächlichen Umstände der Unterzeichnung des Fusionsvertrages oder spätestens zum Zeitpunkt der Verpflichtung zur Anmeldung".[88] Dann fügte sie – enger als im Vorzitat – hinzu, eine Herausrechnung von Umsätzen käme nur in Frage, wenn die fraglichen Aktivitäten „vor Unterzeichnung" der Verträge über den Folgezusammenschluss veräußert worden seien. In die gleiche Richtung geht das Urteil des EuGH in Sachen Cementbouw Handel & Industrie BV/Kommission,[89] wonach Änderungen, die als Zusage im laufenden Fusionskontrollverfahren angeboten werden und die im Falle ihrer Durchführung zur Aufhebung der Zuständigkeit der Kommission führen würden, nicht zu berücksichtigen sind. Nach den Ausführungen des EuGH kann eine einmal begründete Zuständigkeit der Kommission im laufenden Verfahren nicht mehr in Frage gestellt oder geändert werden. Die Kommission verliert ihre Zuständigkeit für die Prüfung eines Zusammenschlusses nur dann, wenn die beteiligten Unternehmen das Zusammenschlussvorhaben vollständig aufgeben. Dies ist jedoch nicht der Fall, wenn die Beteiligten im laufenden Fusionskontrollverfahren nur für einen Teil des Vorhabens Änderungen iRv Verpflichtungszusagen vorschlagen. Der EuGH lässt dabei offen, ob für die endgültige Feststellung der Zuständigkeit der Kommission der Zeitpunkt, zu dem die Anmeldeverpflichtung entstand, derjenige, zu dem die Anmeldung hätte vorgenommen werden müssen, oder derjenige, zu dem sie tatsächlich vorgenommen wurde, maßgeblich sein soll.[90]

29 Überzeugend scheint es allein zu sein, den maßgeblichen Zeitpunkt im Tag der Anmeldung zu sehen: Wenn ein Unternehmensbereich vor Anmeldung an ein drittes Unternehmen übertragen wurde, ist es definitiv nicht mehr Teil der wirtschaftlichen Ressourcen, auf die sich das zweite Vorhaben bezieht. Darauf, ob die Veräußerung vor oder nach Unterzeichnung des Kaufvertrages über das Zweitvorhaben erfolgt, ist daher unerheblich.[91] Wenn hingegen der Vollzug einer Veräußerung am Tag der Anmeldung des Zweitvorhabens noch aussteht, so kann ein späterer Vollzug keinen Einfluss auf das noch laufende Verfahren mehr haben. Die einmal begründete Zuständigkeit der Kommission kann nicht retroaktiv entfallen aufgrund späterer Transaktionen der Parteien; anderenfalls würde das Verfahren noch bis zum letzten Tag eines Phase-2-Verfahrens unter dem Vorbehalt späterer Akquisitionen oder Veräußerungen stehen.

30 **d) Vertragliche Verpflichtungen zu Änderungen in der Unternehmensstruktur.** Eine „Korrektur" des sich nach Geschäftsabschluss ergebenden Umsatzes für das letzte Geschäftsjahr ist weiterhin erforderlich, wenn das angemeldete Zusammenschluss-Vorhaben die Veräußerung oder Stilllegung eines Geschäftsbereichs zur Bedingung hat.[92] So stand der Erwerb von Dan Air durch British Airways unter der **aufschiebenden Bedingung,** dass Dan Air sein Chartergeschäft entweder an einen dritten Erwerber abgeben oder aber stilllegen sollte. Die Kommission ließ daraufhin in entsprechender Anwendung von Abs. 2 UAbs. 1 den Charter-Umsatz von Dan Air bei der Umsatzberechnung außen vor. Hiergegen klagte Air France ohne Erfolg. Das EuG stellte fest, dass in einem solchen Fall die Parteien den Bereich der Chartertätigkeit unzweifelhaft vom Kaufvertrag ausnehmen wollten.[93] Die Kommission braucht im Falle einer solchen vertraglichen Verpflichtung auch nicht deren Vollzug abzuwarten, sondern kann ihn für die Zwecke ihrer Beurteilung unterstellen.[94] In Rhône-Poulenc/Fisons hebt die Kommission insoweit den Unterschied hervor zwischen einer Veräußerung, die von einer der Parteien unabhängig von dem konkreten Zusammenschluss verfolgt wird, und der Situation, in der der Zusammenschluss selbst durch die betreffende Veräußerung bedingt ist.[95]

31 Sehr weitgehend erscheint allerdings die Entscheidung Ingersoll-Rand/Clark Equipment. Hier hatte Ingersoll ein öffentliche Übernahmeangebot für Clark ausgesprochen und sich darin das **Recht**

---

[88] Kom., M.1741, Rn. 6 – MCI WordCom/Sprint.
[89] EuGH Slg. 2007, I-12154 – Cementbouw Handel & Industrie BV/Kommission.
[90] EuGH Slg. 2007, I-12154 Rn. 39 ff. – Cementbouw Handel & Industrie BV/Kommission.
[91] Wohl anders aber der Wortlaut der Konsolidierten Mitteilung Zuständigkeit, Rn. 172.
[92] Konsolidierte Mitteilung Zuständigkeit, Rn. 172.
[93] EuG Slg. 1994, II-121 Rn. 100 – Air France/Kommission.
[94] EuG Slg. 1994, II-121 Rn. 106 – Air France/Kommission.
[95] Kom., M.632, Rn. 11 – Rhône-Poulenc/Fisons; so iE auch Kom., M.5152, Rn. 10 – Posten AB/Post Danmark AS.

vorbehalten, das **Angebot zurückzuziehen** oder inhaltlich zu ändern, wenn Clark nicht zuvor eine bestimmte Beteiligung an einem dritten Unternehmen veräußert haben würde. Nach Auffassung der Kommission zeigte dieser Vorbehalt, dass sich das Übernahmeangebot von Ingersoll von vornherein nicht auf den zu veräußernden Unternehmensteil erstreckte, dessen Umsätze somit nicht zu berücksichtigen seien.[96] Diese Begründung erscheint fragwürdig, da das Übernahmeangebot offenbar nicht unter einer automatisch eingreifenden Bedingung stand, sondern sich Ingersoll nur bestimmte Rechte vorbehielt, deren Ausübung oder Nichtausübung offen war. Im konkreten Fall vollzog Clark allerdings die Veräußerung der betreffenden Beteiligung eine Woche nach Anmeldung des Übernahmeangebots von Ingersoll bei der Kommission, so dass unwiderruflich feststand, dass die betreffenden Umsätze nicht miterworben werden würden.

Anders entschied die Kommission in MCI WorldCom/Sprint.[97] Dort hatte sich Sprint gegenüber MCI WorldCom **vertraglich verpflichtet,** sich noch vor dem Vollzug der Fusion von ihrer Beteiligung am Gemeinschaftsunternehmen Global One zu trennen. Sprint war daher der Auffassung, dass sein Anteil am Umsatz von Global One bei der Berechnung des Gesamtumsatzes nicht einbezogen werden dürfe, womit die Umsatzschwellen der FKVO nicht erreicht wären. Die Kommission akzeptierte dies nicht und führte aus, dass der Rückzug von Sprint aus Global One weder zum Zeitpunkt der Unterzeichnung des Fusionsvertrags vollzogen noch eine unwiderrufliche Vorbedingung („irrevocable condition precedent") des Zusammenschlusses war. Dieses Kriterium der „unwiderruflichen Vorbedingung" scheint im Widerspruch zu der deutlich großzügigeren Haltung zu stehen, die die Kommission im Fall Ingersoll-Rand/Clark Equipment einnahm (→ Rn. 30). MCI WorldCom griff die Untersagungsentscheidung der Kommission erfolgreich an, wobei die Rüge betreffend die Umsatzberechnung vom EuG ungeprüft blieb, da das Gericht bereits einem anderen Klagegrund stattgab.[98] 32

III. Teilerwerb und gestaffelte Transaktionen (Abs. 2)

1. Erwerb von Unternehmensteilen. Wird der Zusammenschluss lediglich durch den Erwerb von Teilen eines oder mehrerer Unternehmen bewirkt, so wird gemäß Abs. 2 UAbs. 1 aufseiten des Veräußerers nur der Umsatz berücksichtigt, der auf die veräußerten Teile entfällt. Dies gilt auch dann, wenn die betreffenden Unternehmensteile keine eigene Rechtspersönlichkeit besitzen. Maßgeblich ist in solchen Fällen aufseiten des Zielunternehmens allein der Umsatz, der den erworbenen Vermögenswerten zuzuordnen ist, der also mittels dieser Vermögenswerte erzielt wurde. **Nicht** in die Umsatzberechnung **einbezogen** wird hingegen der **Umsatz des Veräußerers.** Grund hierfür ist, dass der Veräußerer zwar Vertragspartner ist, seine unternehmerischen Aktivitäten aber nicht Teil des Zusammenschlusses sind und daher für die Bestimmung der wirtschaftlichen Bedeutung des Vorhabens irrelevant sind.[99] 33

Abs. 2 UAbs. 1 bleibt auch dann anwendbar, wenn der **Veräußerer** sich eine nicht-kontrollierende **Minderheitsbeteiligung** an dem veräußerten Unternehmensteil **erhält**.[100] Darüber hinaus hat die Kommission den Umsatz des Veräußerer selbst dann unberücksichtigt gelassen, wenn diese für eine vorübergehende Übergangszeit noch gemeinsam mit dem Erwerber die Kontrolle über den veräußerten Unternehmensteil ausübt. Dies war der Fall in BS/BT,[101] wo die Kommission die Übergangszeit von drei Jahren im Verhältnis zum zehnjährigen Geschäftsplan des Gemeinschaftsunternehmens als vergleichsweise kurz ansah. Behält der Veräußerer hingegen dauerhaft eine kontrollierende Position im Gemeinschaftsunternehmen, so ist er ein „beteiligtes Unternehmen" mit der Folge, dass seine Umsätze für die Zwecke der Umsatzberechnung einzubeziehen sind.[102] 34

Die Kommission hat in British Airways/Dan Air[103] die **teilweise Aufgabe von Geschäftsbereichen** der Teilveräußerung gleichgestellt. Das Unternehmen Dan Air hatte kurz vor der Übernahme durch British Airways seine Geschäfte im Charterbereich eingestellt, so dass bei der Umsatzberechnung nur die Umsätze aus den weitergeführten Aktivitäten Berücksichtigung fanden. Das EuG bestätigte die Rechtsauffassung der Kommission.[104] 35

---

[96] Kom., M.588, Rn. 10 – Ingersoll-Rand/Clark Equipment.
[97] Kom., M.1741, Rn. 5–7 – MCI WorldCom/Sprint.
[98] EuG Slg. 2004, II-3253 – MCI, Inc./Kommission.
[99] Vgl. Konsolidierte Mitteilung Zuständigkeit, Rn. 136.
[100] Kom., M.57, Rn. 1 und 4 – Digital/Kienzle; vgl. auch Kom., M.9, Rn. 2 und 5 – Fiat Geotech/Ford New Holland; Kom., M.42, Rn. 1 und 28 – Alcatel/Telettra.
[101] Kom., M.425, Rn. 21 – BS/BT; vgl. auch Kom., M.604, Rn. 19 – ALBACOM.
[102] Konsolidierte Mitteilung Zuständigkeit, Rn. 139; Kom., M.17, Rn. 1 und 4 – Aérospitale/MBB; Kom., M.101, Rn. 1 und 3 – Dräger/IBM/HPM.
[103] Kom., M.278, Rn. 6 – British Airways/Dan Air.
[104] EuG Slg. 1994, II-121 Rn. 7.

36 **2. Gestaffelte Transaktionen.** Finden innerhalb von zwei Jahren zwischen denselben Personen oder Unternehmen zwei oder mehr Erwerbsvorgänge statt, so werden sie gemäß Abs. 2 UAbs. 2 als ein einziger Zusammenschluss behandelt, der zum Zeitpunkt des letzten Erwerbsvorgangs stattfindet. Mit dieser Regelung soll verhindert werden, dass die Vorschriften der FKVO im Wege der Durchführung eines Zusammenschlusses in mehreren Einzelschritten umgangen werden.[105] Auf eine solche Umgehungsabsicht der beteiligten Unternehmen kommt es allerdings für die Anwendung des Abs. 2 UAbs. 2 nicht an; die Vorschrift greift auch dann ein, wenn die Staffelung der Transaktionen allein aus wirtschaftlichen Gründen gewählt wurde, wenn das zweite Vorhaben erst nach Abschluss des ersten Zusammenschlusses aus völlig unabhängigen Gründen initiiert wurde und auch sonst kein anderer sachlicher oder wirtschaftlicher Zusammenhang zwischen den Transaktionen besteht.[106] Nach Auffassung der Kommission würde auch in diesen Fällen eine isolierte Betrachtung der einzelnen Erwerbsvorgänge der wirtschaftlichen Realität nicht gerecht werden.[107] Naheliegender ist allerdings die Annahme, dass eine Differenzierung nach den Motiven der Parteien in der Praxis nicht durchführbar ist. Abs. 2 UAbs. 2 setzt ebenso wenig voraus, dass zwischen den betroffenen Transaktionen ein irgendwie gearteter wirtschaftlicher Zusammenhang besteht.

37 Abs. 2 UAbs. 2 stellt demnach eine **unwiderlegliche Rechtsvermutung** auf.[108] Sie greift unabhängig davon ein, inwieweit die erfassten Transaktionen jeweils für sich genommen der FKVO unterliegen. Sie erstreckt sich damit nicht nur auf Fälle, in denen erst die „Addition" der Umsätze beider Zusammenschlüsse zum Erreichen der Schwellenwerte des Art. 1 Abs. 2 oder 3 führt, sondern auch auf Situationen, in denen entweder der erste[109] oder aber der zweite Zusammenschluss[110] schon für sich allein der Anwendbarkeit der FKVO unterliegt. Lediglich in Fällen, in denen beide Zusammenschlüsse schon getrennt der Anmeldung nach Art. 4 Abs. 1 bedürfen, wird man die Anwendbarkeit des Abs. 2 UAbs. 2 in teleologischer Reduktion seines Geltungsbereichs ausschließen müssen. Die Kommission wendet Abs. 2 UAbs. 2 ferner an auf zwei oder mehr Erwerbsvorgänge, die zwischen demselben Veräußerer und Erwerber gleichzeitig stattfinden.[111] Da das Kartellrecht Konzerne als ein einziges Unternehmen ansieht, entfällt die Anwendbarkeit der Regelung nicht dadurch, dass zwei Akquisitionen jeweils von unterschiedlichen Tochtergesellschaften des Erwerbers vorgenommen werden;[112] anderenfalls ließe sich zudem die Vorschrift von den Parteien ohne Weiteres umgehen.[113] Ferner ist Abs. 2 UAbs. 2 in Fällen anwendbar, in denen die alleinige Kontrolle erworben wird, wenn das erwerbende Unternehmen zuvor nur die gemeinsame Kontrolle über Teile des Unternehmens hatte.[114] Anderes gilt indessen, wenn eine Transaktion von einem Gemeinschaftsunternehmen und die andere von einer seiner Mütter vollzogen wird – insoweit handelt es sich nicht mehr um „dasselbe Unternehmen" iSv Abs. 2 UAbs. 2, wie sich bereits daraus ergibt, dass auf Vereinbarungen zwischen der Mutter und dem Gemeinschaftsunternehmen Art. 101 AEUV Anwendung findet (was die Existenz zweier verschiedener Unternehmen voraussetzt). Klarzustellen ist, dass die Vorschrift sämtliche Transaktionen innerhalb des Zweijahreszeitraums zwischen den betreffenden Personen oder Unternehmen erfasst, so dass auch Fälle möglich sind, in denen erst drei, vier oder mehr Transaktionen zur Überschreitung der Umsatzschwelle führen.

38 Für die **praktische Durchführung der Umsatzaddition** der verschiedenen Transaktionen gilt, dass diese als ein einziger Zusammenschluss behandelt werden, der zum Zeitpunkt des letzten

---

[105] Konsolidierte Mitteilung Zuständigkeit, Rn. 49; EuG Slg. 2006, II-00319 Rn. 118 f. – Cementbouw Handel & Industrie BV/Kommission; s. bereits Grünbuch der Kommission, KOM(2001) 745/6 endg., Rn. 127.
[106] So auch NK-EuWettbR/Thiele Rn. 33; anders GK/Schütz Rn. 15, der einen solchen Zusammenhang voraussetzen will.
[107] So ausdrücklich die Mitteilung „Umsatzberechnung", Rn. 32; vgl. auch Konsolidierte Mitteilung Zuständigkeit, Rn. 49.
[108] So auch Immenga/Mestmäcker/Immenga/Körber Rn. 43.
[109] Vgl. Kom., M.224, Rn. 6 – Volvo/Lex (I); Kom., M.261, Rn. 1 und 6 – Volvo/Lex (II); Kom., M.1775, Rn. 4 und 7 – Ingersoll-Rand/Dresser-Rand/Ingersoll-Dresser Pump; Kom., M.861, Rn. 4 – Textron/Kautex; Kom., M.4688, Rn. 7 – Nestle/Gerber; Kom., M.4965, Rn. 8 – Arques/Skandinavische Actebis-Landesgesellschaften; Kom., M.5977, Rn. 6 – Faurecia/Plastal; Kom., M. 5605 Rn. 6–7 – Crédit Mutuel/Monabanq; Kom., M.6537 Rn. 8 – Faurecia/Plastal.
[110] S. etwa Kom., M.3004, Rn. 5 – Bravida/Semco/Prenad/Totalinstallatören/Backlunds; Kom., M.390, Rn. 6 und 8 – AKZO/Nobel Industrier; Kom., M.1630, Rn. 9–11 – Air Liquide/BOC; Kom., M.2639, Rn. 11 – Compass/Restorama/Rail Gourmet/Gourmet Nova.
[111] Kom., M.3148, Rn. 1 und 6 – Siemens/Alstom Gas and Steam Turbines; vgl. auch Kom., M.832, Rn. 5 und 8 – Norsk Hydro/Enichem Agricoltura-Terni (II); Kom. 21.12.1992 – M.289, Rn. 1 und 3 – PepsiCo/KAS; Kom., M.1283, Rn. 1 und 4 – Volkswagen/Rolls-Royce/Cosworth.
[112] Vgl. Kom., M.1482, Rn. 13 – Kingfisher/Großlabor; Kom., M.1188, Rn. 1 – Kingfisher/Wegert/ProMarkt.
[113] Röhling ZIP 1990, 1179 (1180).
[114] Konsolidierte Mitteilung Zuständigkeit, Rn. 50; Kom., M.2679 – EdF/TXU/Europe/24 Seven.

Erwerbsvorgangs stattfindet (Abs. 2 UAbs. 2). Es sind also nicht etwa die Umsätze beider Parteien jeweils zu addieren (was zu einer unzulässigen Doppelzählung der Umsätze des Erwerbers führen würde), sondern es ist zu fingieren, dass sämtliche Erwerbsvorgänge im selben Zeitpunkt stattgefunden hätten. Zu berücksichtigen ist also der einfache Umsatz des Erwerbers einerseits und die Gesamtumsätze aller übernommenen Geschäftsaktivitäten andererseits.[115] Hierbei ist auch hinsichtlich der schon früher akquirierten Tätigkeiten der Umsatz des letzten Geschäftsjahres vor der zuletzt stattgefundenen Transaktion anzusetzen.

Auf ihrer Grundlage sind die vorausgegangenen Transaktionen der letzten zwei Jahre mit der letzten Transaktion anzumelden, wenn insgesamt die Schwellenwerte überschritten sind.[116] Die Kommission untersucht dann sämtliche Transaktionen als einen einheitlichen Zusammenschluss. Dies führte zu Besonderheiten hinsichtlich der zeitlich zurückliegenden Zusammenschlüsse, die normalerweise schon vollzogen sein werden. Im Verhältnis zu ihnen scheidet die Anwendung des **Vollzugsverbots** nach Art. 7 aus, da letzteres ausschließlich zugeschnitten ist auf Situationen, in denen im Zeitpunkt der Anwendbarkeit der FKVO die Parteien noch getrennt operieren. Es folgt daher also aus Art. 7 etwa keine Verpflichtung, die integrierten Geschäftsaktivitäten wieder zu trennen oder auf dem Stand der erreichten Integration „einzufrieren". Das Risiko einer Untersagung des schon vor bis zu zwei Jahren vollzogenen Zusammenschlusses ist damit nicht ausgeschlossen. Die Kommission hat in diesem Fall, wenn sich die Bedenken nicht durch geeignete Zusagen der Parteien beseitigen lassen, die Befugnisse nach Art. 8 Abs. 2, kann also die **Entflechtung** oder jede andere Maßnahme anordnen, um den Zustand vor dem Vollzug des Zusammenschlusses wiederherzustellen. Die Situation unterscheidet sich insoweit nicht von derjenigen, in welcher sich Unternehmen befinden, die einen Zusammenschluss fusionskontrollfrei vollzogen haben, der anschließend aufgrund von Art. 22 Abs. 1 an die Kommission verwiesen wird.[117] Eine weitere Konsequenz der Regelung des Abs. 2 UAbs. 2 liegt darin, dass sie häufig zur **wiederholten Prüfung eines zuvor schon freigegebenen Zusammenschlusses** führen wird. Dies ist dann der Fall, wenn der erste Zusammenschluss schon für sich genommen die Schwellenwerte der FKVO erreichte oder aber auf nationaler Ebene anzumelden war und von den zuständigen Kartellbehörden freigegeben wurde. Zur Untersagung eines ursprünglich ausdrücklich genehmigten Zusammenschlusses wird dies zumindest aus praktischen Gründen dennoch nicht führen. Denn die Parteien können jederzeit durch Rücknahme ihrer Anmeldung betreffend den zweiten Zusammenschluss der Kommission die Kompetenz zur Prüfung des zurückliegenden Zusammenschlusses entziehen. Ist für die Parteien bereits erkennbar, dass ein weiterer Zusammenschluss die gegenwärtig betriebene Transaktion unter die Zuständigkeit der Kommission bringen wird, so können die Parteien prüfen, inwieweit ausnahmsweise eine **vorgreifende Anwendung** der Vorschrift möglich ist, zu der sich die Kommission grds. bereiterklärt hat.[118]

Wie sich aus den (letztlich gescheiterten) Vorschlägen der Kommission zur Änderung des Wortlauts des Abs. 2 UAbs. 2 ergibt, sind die folgenden Fallkonstellationen **nicht als Stufenerwerb zu qualifizieren:**[119] der Erwerb gemeinschaftlicher Kontrolle an einem Teil eines Unternehmens und alleiniger Kontrolle an einem anderen Teil (hier handelt es sich um zwei getrennte Zusammenschlüsse),[120] der Austausch von Unternehmensteilen zwischen zwei Unternehmen (sog Swapgeschäfte – ebenfalls als getrennte Zusammenschlüsse anzusehen)[121] und die schrittweise Unternehmensübernahme durch den sukzessiven Aktienerwerb von verschiedenen Veräußerern („schleichende Übernahmen" – hier erfolgt der Kontrollerwerb ausschließlich in der Transaktion, mit der der Erwerber die Kontrollschwelle überschreitet).[122] Im Falle von zwei Transaktionen, von denen eine zu alleiniger und die andere zu gemeinsamer Kontrolle führt, ist Abs. 2 UAbs. 2 grds. nicht anzuwenden, es sei denn, dass die andere gemeinschaftlich kontrollierte Muttergesellschaft, die an der zweiten Transaktion beteiligt ist, die Verkäuferin der alleinigen Kontrollbeteiligung aus der ersten Transaktion ist.[123]

IV. Branchenspezifische Besonderheiten (Abs. 3)

Abs. 3 enthält besondere Regeln für die Berechnung des Umsatzes von Kredit- und Finanzinstituten sowie von Versicherungen. Die Vorschrift wurde durch die Verordnung (EG) Nr. 1310/97

---

[115] Kom., M. 7473 Rn. 11 – Zentraleuropa Lpg Holding/Total Hungaria.
[116] Konsolidierte Mitteilung Zuständigkeit, Rn. 137.
[117] Vgl. die Fälle Kom. 19.2.1997 – M.784 – Kesko/Tuko; Kom., M.801 – Blokker/Toys"R"Us.
[118] Vgl. Kom. 24. Wettbewerbsbericht (1994) Rn. 269; NK-EuWettbR/Thiele Rn. 33.
[119] Vgl. Grünbuch der Kommission, KOM(2001) 745/6 endg., Rn. 125–136; s. auch NK-EuWettbR/Thiele Rn. 36.
[120] Kom., M.1587, Rn. 6 – Dana/GKN.
[121] Konsolidierte Mitteilung Zuständigkeit, Rn. 150; Kom. 4.11.1999 – M.1587 – Dana/GKN, Rn. 6; Kom., M.390, Rn. 8 – AKZO/Nobel Industries.
[122] Kom., M.429, Rn. 3 – Winterthur/DBV.
[123] Konsolidierte Mitteilung Zuständigkeit, Rn. 50; Kom., M.5201, Rn. 11 Fn. 4 – Total Produce/Haluco/JV.

des Rates vom 30.6.1997[124] geändert (vgl. → Rn. 3). Ursprünglich war für die Berechnung des weltweiten Gesamtumsatzes bei Kredit- und Finanzinstituten ein Zehntel der Bilanzsumme maßgeblich. Für die Ermittlung des gemeinschaftsweiten Gesamtumsatzes und der Anwendung der Zwei-Drittel-Klausel waren gemäß Abs. 3 lit. a S. 2 und 3 aF ein Zehntel der Bilanzsumme anteilig nach dem Verhältnis der Geschäftsbeziehungen zu Kunden in der Gemeinschaft bzw. dem Mitgliedstaat gegenüber dem Gesamtumsatz zu gewichten. Diese komplizierte Vorgehensweise wurde jedoch zunehmend als wenig sachgerecht angesehen. Mit der Revision der FKVO zum 1.3.1998 wurden daher stattdessen bei Kredit- und sonstigen Finanzinstituten die Bankerträge zur Grundlage der Umsatzberechnung erklärt, da diese die wirtschaftliche Realität des Banksektors insgesamt besser wiedergäben.[125] Auch die geografische Umsatzzurechnung gemäß Abs. 3 lit. a UAbs. 2 ist Ergebnis dieser Änderungen und wurde aus Vereinfachungsgründen eingeführt.[126]

42 **1. Kredit- und Finanzinstitute.** Die Begriffe „Kredit- und sonstige Finanzinstitute" sind in dem Sinne zu verstehen, wie sie in der Richtlinie über die Aufnahme und Ausübung der Tätigkeit der Kreditinstitute verwendet werden.[127] Danach ist unter einem **Kreditinstitut** ein Unternehmen zu verstehen, dessen Tätigkeit darin besteht, Einlagen oder andere rückzahlbare Gelder des Publikums entgegenzunehmen und Kredite für eigene Rechnung zu gewähren.[128] Ein **Finanzinstitut** dagegen wird als Unternehmen definiert, das kein Kreditinstitut ist und dessen Haupttätigkeit darin besteht, Beteiligungen zu erwerben oder eines oder mehrere der Geschäfte zu betreiben, die unter den Ziffern 2–12 der im Anhang enthaltenen Liste aufgeführt sind.[129] Diese Ziffern umfassen die folgenden Aktivitäten:
- Ausleihungen (unter anderem Konsumentenkredite, Hypothekendarlehen, Factoring);
- Finanzierungsleasing;
- Dienstleistungen zur Durchführung des Zahlungsverkehrs;
- Ausgabe und Verwaltung von Zahlungsmitteln (Kreditkarten, Reiseschecks und Bankschecks);
- Bürgschaften und Eingehung von Verpflichtungen;
- Handel für eigene Rechnung oder im Auftrag der Kundschaft in folgenden Bereichen: Geldmarktinstrumente, Geldwechsel, Termin- und Optionsgeschäfte, Wechselkurs- und Zinssatzinstrumente und Wertpapiergeschäfte;
- Teilnahme an der Wertpapieremission und den diesbezüglichen Dienstleistungen;
- Beratung von Unternehmen über Kapitalstruktur, industrielle Strategie und damit verbundene Fragen sowie Beratung und Dienstleistungen auf dem Gebiet des Zusammenschlusses und der Übernahme von Unternehmen;
- Geldmarktgeschäfte im Interbankenmarkt;
- Portfolioverwaltung und -beratung;
- Wertpapieraufbewahrung und -verwaltung.[130]

43 Bei der Einordnung von **Leasing-Unternehmen** nimmt die Kommission eine grundsätzliche Unterscheidung zwischen Finanzierungsleasing und Operating-Leasing vor.[131] Dieser Einteilung liegt die Entscheidung GECC/Avis Lease zugrunde, in der die Kommission die Übernahme von Avis Lease, einem hauptsächlich im Bereich Operating-Leasing tätigen Unternehmen, durch das US-amerikanische Industrieunternehmen General Electric Capital Corporation (GECC) zu beurteilen hatte.[132] Die Kommission führt hier aus, dass beim Operating-Leasing das Eigentümerrisiko beim Leasinggeber verbleibe und es sich damit wesentlich vom Finanzierungsleasing unterscheide. Beim Operating-Leasing sei die Leasingzeit nicht auf die Lebensdauer des Leasinggegenstandes ausgerichtet, am Ende der Leasingzeit gehe das Eigentum nicht auf den Leasingnehmer über und der Leasingvertrag enthalte keine Kaufoption für den Leasingnehmer. Der Zeitwert der Leasingraten bliebe hinter dem Marktwert des Leasinggegenstandes zurück, Wartungs-, Reparatur- und Versicherungskosten für die gemietete Anlage seien in ihnen enthalten. Weil iÜ die Geschäftstätigkeit von Avis Lease in keinem Mitgliedstaat als Finanzierungsleasing beurteilt wurde und weder in den Anwendungsbereich von nationalem Bankrecht noch in den der Bankrechtskoordinierungsrichtlinien fiel, hat die Kommission zur Umsatzberechnung von Avis Lease nicht Abs. 3 lit. a, sondern die allgemei-

---

[124] VO 1310/97, ABl. 1997 L 180, 1.
[125] Mitteilung der Kommission, KOM(96) 313 endg., Rn. 7; VO 1310/97, ABl. 1997 L 180, 1 Rn. 6.
[126] Grünbuch der Kommission, KOM(96) 19 endg., Rn. 141.
[127] Konsolidierte Mitteilung Zuständigkeit, Rn. 207.
[128] RL (EG) 2000/12, ABl. 2000 L 126, 1, Art. 1 Abs. 1.
[129] RL (EG) 2000/12, ABl. 2000 L 126, 1, Art. 1 Abs. 5.
[130] Konsolidierte Mitteilung Zuständigkeit, Rn. 208; RL (EG) 2000/12, ABl. 2000 L 126, 1, 1 Nr. 2–12.
[131] S. auch Konsolidierte Mitteilung Zuständigkeit, Rn. 211.
[132] Kom., M.234, Rn. 1, 3 und 4 – GECC/Avis Lease.

IV. Branchenspezifische Besonderheiten (Abs. 3)   44–48 Art. 5 FKVO

nen Umsatzberechnungsregeln herangezogen.[133] Dieser Entscheidung folgend stuft die Kommission daher Finanzierungsleasinggeber als Finanzinstitute ein, Anbieter von Operating-Leasing hingegen nicht.[134]

Abs. 3 lit. a UAbs. 1 bestimmt, dass die **Umsatzberechnung** bei Kredit- und Finanzinstituten 44 auf der Grundlage der folgenden in der Richtlinie 86/635 EWG des Rates[135] definierten Ertragsposten erfolgt:
– Zinserträge und ähnliche Erträge,
– Erträge aus Wertpapieren:
  – Erträge aus Aktien, anderen Anteilsrechten und nicht festverzinslichen Wertpapieren,
  – Erträge aus Beteiligungen,
  – Erträge aus Anteilen an verbundenen Unternehmen,
– Provisionserträge,
– Nettoerträge aus Finanzgeschäften,
– sonstige betriebliche Erträge.

Betreibt ein Unternehmen neben Bankgeschäften noch **sonstige Geschäftsaktivitäten**, so ist sein 45 Umsatz für die verschiedenen Geschäftsbereiche nach jeweils unterschiedlichen Methoden zu bestimmen, nämlich nach Abs. 3 für die Finanzgeschäfte und nach Abs. 1 für die sonstigen Geschäfte.[136] Die sich so ergebenden Beträge ergeben in der Summe den Gesamtumsatz des Unternehmens.

Eine Kombination unterschiedlicher Methoden der Umsatzberechnung ist ebenfalls erforderlich 46 bei **Finanzholdings.** Diese sind einerseits als Finanzinstitute einzustufen, da ihre Haupttätigkeit darin besteht, Unternehmensbeteiligungen zu erwerben und zu verwalten. Insoweit hat die Berechnung ihrer Umsätze grds. nach Abs. 3 lit. a zu erfolgen. Diese Umsätze bestehen aus den Dividenden und sonstigen Erträgen, die sich aus den von der Finanzholding gehaltenen Beteiligungen ergeben. Andererseits gilt für Finanzholdings – wie für alle Unternehmen – indessen die Verbundklausel des Abs. 4, nach der u.a. die Umsätze kontrollierter Tochtergesellschaften dem Umsatz der Mutter hinzuzurechnen sind. Die Umsatzerlöse der (allein oder gemeinsam) kontrollierten Beteiligungsgesellschaften sind daher – soweit es sich nicht ihrerseits um Kredit- oder Finanzinstitute handelt – nach den regulären Maßstäben des Abs. 1 zu bestimmen. Sie sind zu den Beteiligungserlösen der Finanzholding zu addieren, wobei allerdings zur Vermeidung von Doppelzählungen an die Finanzholding ausgeschüttete Dividenden und sonstige Erträge abzuziehen sind.[137] In ihrer Bekanntmachung führt die Kommission hierzu folgendes Rechenbeispiel an:[138]

	Millionen Euro
1. Umsatz aus Finanztätigkeiten (aus der unkonsolidierten Gewinn- und Verlustrechnung)	3.000
2. Umsatz von Art. 5-Abs. 4-Versicherungsgesellschaften (gezeichnete Bruttoprämien)	300
3. Umsatz von Art. 5-Abs. 4-Industrieunternehmen	2.000
4. Abzüglich Dividenden und andere Einnahmen, die von Art. 5-Abs. 4-Unternehmen nach 1 und 2 stammen	(200)
Gesamtumsatz der Finanzholding und ihres Konzerns	5.100

Da insbes. die Konzern-Rechnungslegungsregeln innerhalb der Gemeinschaft zwar in gewissem 47 Maße harmonisiert, aber nicht völlig identisch sind, kann in Grenzfällen eine eingehende Prüfung der Prinzipien der Umsatzberechnung erforderlich werden. Der für Zwecke der FKVO maßgeblich Umsatz kann unter diesen Umständen von dem der anwendbaren nationalen Rechnungslegungsvorschriften abweichen. Eine solche aufwendige Neuberechnung des Konzernumsatzes ist allerdings allenfalls in Fällen erforderlich, in denen hiervon die Anwendbarkeit der FKVO abhängt. IÜ wird die Kommission sich auf die veröffentlichten Jahresabschlüsse der Parteien stützen.[139]

Für die **geografische Zurechnung** der Umsätze von Kredit- und Finanzinstituten sieht Abs. 3 48 lit. a UAbs. 2 eine Sonderregelung vor. Danach werden die oben aufgeführten Erträge der Finanzinstitute der Gemeinschaft oder einem bestimmten Mitgliedstaat zugerechnet, wenn sie von einer dort errichteten Zweig- oder Geschäftsstelle des Instituts verbucht worden sind.[140] Diese Regelung weicht

---

[133] Kom., M.234, Rn. 6–9 – GECC/Avis Lease.
[134] Konsolidierte Mitteilung Zuständigkeit, Rn. 212 f.
[135] RL 86/635, ABl. 1986 L 372, 1, zuletzt geändert durch die RL 2006/46/EG, ABl. 2006 L 224, 1.
[136] Vgl. etwa Kom., M.213, Rn. 7, 9 und 11 – Hong Kong & Shanghai Bank/Midland.
[137] Konsolidierte Mitteilung Zuständigkeit, Rn. 218.
[138] Ebenso Konsolidierte Mitteilung Zuständigkeit, Rn. 218.
[139] Konsolidierte Mitteilung Zuständigkeit, Rn. 219 f.
[140] Nach dem Entwurf Mitteilung Zuständigkeit sollte für Umsätze aus Geschäften mit Endkunden aber die Grundregel des Abs. 1 gelten, vgl. → Rn. 179 des Entwurfs; diese Aussage ist nicht in die Konsolidierte Mitteilung Zuständigkeit übernommen worden, vgl. → Rn. 210.

somit aus Vereinfachungsgründen von dem außerhalb des Finanzsektors anwendbaren Grundsatz ab, dass Anknüpfungspunkt für die räumliche Zuordnung von Umsätzen der Sitz des Kunden ist.

49 **2. Versicherungsgesellschaften.** Nach Abs. 3 lit. b S. 1 tritt bei Versicherungsgesellschaften an die Stelle des Umsatzes die Summe der **Bruttoprämien.** Diese Summe umfasst alle vereinnahmten sowie alle noch zu vereinnahmenden Prämien aufgrund von Versicherungsverträgen, die von diesen Unternehmen oder für ihre Rechnung abgeschlossen worden sind, einschließlich etwaiger Rückversicherungsprämien. Dabei sind aufgrund des Betrags der Prämie oder des gesamten Prämienvolumens berechnete Steuern und sonstige Abgaben abzuziehen. Die zu berücksichtigenden Prämien umfassen nicht nur Prämien, die aufgrund von im betreffenden Geschäftsjahr abgeschlossenen Versicherungsverträgen gezahlt werden, sondern auch diejenigen aufgrund von Verträgen, die in den zurückliegenden Jahren abgeschlossen wurden und in dem betreffenden Zeitraum noch laufen.[141]

50 Wie schon in → Rn. 44 erläutert, bezieht sich Abs. 3 nicht notwendigerweise auf das ganze Unternehmen, sondern nur auf spezifische Geschäftsbereiche. Auch bei Versicherungsunternehmen ist somit die **Kombination von verschiedenen Umsatzberechnungsregeln** möglich. Wie die Entscheidung AG/AMEV[142] zeigt, beinhaltet Abs. 3 lit. b nicht einen speziellen Schwellenwert für Versicherungsunternehmen, sondern lediglich eine besondere Berechnungsmethode für die Umsatzermittlung. Die Kommission hat daher den fusionierenden Versicherungsunternehmen AG und AMEV auch die Umsätze zugerechnet, die diese durch Immobiliengeschäfte erzielt hatten.

51 Nach der Entscheidungspraxis der Kommission wird der Umsatz von Versicherungsunternehmen um die Beiträge aus der Rückstellung für Rückerstattung in der Lebensversicherung bereinigt. In Allianz/DKV[143] führt die Kommission aus, dass es sich hierbei um Überschüsse aus der Lebensversicherung handelt, die den Versicherungsnehmern jährlich gutgeschrieben werden. Das beteiligte Unternehmen Allianz AG Holding hatte diese Gutschriften in ihrer Bilanz den Beitragseinnahmen hinzugerechnet. Dieser Vorgang ist zwar nach deutschem Recht zulässig; es handelt sich bei den Gutschriften jedoch um keine vereinnahmten Bruttoprämien iSv Abs. 3 lit. b. Vielmehr stellen die Beiträge aus der Rückstellung für Rückerstattung eine Leistung dar, die bereits im Versicherungsvertrag enthalten ist. Obwohl sie als „Beitrag" bezeichnet sind, berühren sie die Prämienzahlungspflicht nicht und bewirken auch nicht den Abschluss eines zusätzlichen Versicherungsvertrags. Bei der späteren Übernahme der Hermes Kredit Versicherungs-AG durch die Allianz AG Holding hat die Kommission die Bruttoprämien der Allianz unter Hinweis auf die Entscheidung Allianz/DKV wiederum um die Beiträge aus der Rückstellung für Beitragsrückerstattungen bereinigt und so ihre Entscheidungspraxis bestätigt.[144]

52 Versicherungsunternehmen sind gesetzlich verpflichtet, die eingenommenen Prämien anzulegen, um geeignete Rücklagen für Entschädigungsleistungen zu bilden. Als institutionelle Anleger besitzen Versicherungsunternehmen im Allgemeinen ein umfangreiches Portfolio an Aktien und verzinslichen Wertpapieren, Immobilien und anderen Vermögenswerten. Die so **aus der Anlage der Prämien erwirtschafteten Erträge** gelten nicht als Umsatz von Versicherungsunternehmen.[145] Hat ein Versicherungsunternehmen hingegen einen bestimmenden Einfluss auf eine Beteiligungsgesellschaft, so ist diese ein verbundenes Unternehmen iSv Abs. 4 mit der Folge, dass dessen Umsätze nach den allgemeinen Regeln zu bestimmen und dem Versicherer zuzurechnen sind.[146]

53 Hinsichtlich der **geografischen Zurechnung** des in der Gemeinschaft bzw. in einzelnen Mitgliedstaaten erzielten Umsatzes ist gemäß Abs. 3 lit. b S. 2 auf die Bruttoprämien abzustellen, die von in der Gemeinschaft bzw. in dem betreffenden Mitgliedstaat ansässigen Personen gezahlt werden.

V. Verbundklausel (Abs. 4)

54 **1. Das beteiligte Unternehmen.** Der Umsatz eines Unternehmens iSd FKVO setzt sich zusammen aus dem Umsatz des am Zusammenschluss beteiligten Unternehmens (Abs. 4 lit. a) zuzüglich des Umsatzes der mit ihm verbundenen Unternehmen (Abs. 4 lit. b–e).[147] Der Begriff des beteiligten Unternehmens ist in der FKVO nicht definiert. Die Kommission hat ihn jedoch in ihrer Mitteilung über den Begriff der beteiligten Unternehmen in der Verordnung (EWG) Nr. 4064/89 des Rates über die Kontrolle von Unternehmenszusammenschlüssen („Mitteilung beteiligte Unter-

---

[141] Konsolidierte Mitteilung Zuständigkeit, Rn. 215.
[142] Kom., M.18, Rn. 3 und 5 – AG/AMEV.
[143] Kom., M.251, Rn. 5 – Allianz/DKV.
[144] Kom., 11.813, Rn. 7 – Allianz/Hermes.
[145] Konsolidierte Mitteilung Zuständigkeit, Rn. 216.
[146] Konsolidierte Mitteilung Zuständigkeit, Rn. 216; vgl. auch Kom., M.18, Rn. 5 – AG/AMEV.
[147] Vgl. auch Konsolidierte Mitteilung Zuständigkeit, Rn. 129 f.

nehmen")[148] erstmals näher erläutert. Diese Definition hat sie im Wesentlichen in ihrer Konsolidierten Mitteilung Zuständigkeit übernommen. Danach sind die am Zusammenschluss beteiligten Unternehmen die Teilnehmer „an einer Fusion oder einem Kontrollerwerb nach Artikel 3 Absatz 1".[149] Bei einer Fusion sind dies die einzelnen fusionierenden Unternehmen.[150] Beim Kontrollerwerb sind „beteiligt" der Erwerber und das übernommene Unternehmen. Werden nur Unternehmensteile (wie etwa Geschäftsbereiche, Produktionsanlagen, Kundenbeziehungen, Patente oder andere Vermögenswerte) übernommen, so gilt die Gesamtheit dieser im Einzelfall übertragenen Vermögenswerte als beteiligtes Unternehmen, auch wenn sie keine rechtliche Persönlichkeit hat.[151] **Nicht** beteiligtes Unternehmen ist der **Veräußerer,** dessen wirtschaftliche Ressourcen nicht Gegenstand des Zusammenschlusses sind. Anderes gilt lediglich, wenn der Veräußerer eine mitkontrollierendeBeteiligung[152] oder eine Mehrheitsbeteiligung[153] an dem übernommenen Unternehmen behält.

Besondere Fragen wirft die Bestimmung des beteiligten Unternehmens auf, wenn Gemeinschaftsunternehmen auf der Erwerberseite auftreten oder das Zielunternehmen ein Gemeinschaftsunternehmen ist oder wird. Hier ist wie folgt zu differenzieren: 55

a) Gemeinschaftsunternehmen als Zielunternehmen.
– Bei der Neugründung eines Gemeinschaftsunternehmens sind sämtliche mitkontrollierenden 56 Muttergesellschaften jeweils getrennt als beteiligte Unternehmen anzusehen.[154] Beabsichtigen die Mütter, bestimmte Geschäftsaktivitäten in ein neu zu gründendes Gemeinschaftsunternehmen einzubringen, so sind dennoch nur die Mütter mit ihren bisherigen Umsätzen die beteiligten Unternehmen, nicht etwa das Gemeinschaftsunternehmen mit den Umsätzen der einzubringenden Aktivitäten.[155]
– Beim Erwerb der gemeinsamen Kontrolle über ein **existierendes Unternehmen** ist zusätzlich 57 noch das Gemeinschaftsunternehmen selbst als beteiligtes Unternehmen anzusehen.[156]
– Die Entscheidungspraxis der Kommission ist uneinheitlich, wenn im vorstehenden Fall das 58 **Gemeinschaftsunternehmen zuvor bereits der Kontrolle einer der Mütter** unterstand.[157] In den meisten Fällen hat die Kommission dahingehend entschieden, dass ausschließlich die (mitkontrollierenden) Muttergesellschaften die beteiligten Unternehmen sind; der Umsatz des Gemeinschaftsunternehmens ist als unselbstständiger Teil des Konzernumsatzes der Mutter einzubeziehen, die das Gemeinschaftsunternehmen bereits vor dem Zusammenschluss kontrollierte.[158] Allerdings sind in der Kommissionspraxis – gerade in politisch brisanten Fällen wie Investitionen aus dem EU-Ausland (zB China), in denen der ausländische Investor die Umsatzschwellen nicht erreicht – auch gegenteilige Entscheidungen zu finden, wonach das Gemeinschaftsunternehmen ebenfalls als beteiligtes Unternehmen angesehen wurde.[159] In der Praxis ist es daher empfehlenswert, mit der Kommission vorab zu besprechen, ob sie das Gemeinschaftsunternehmen als beteiligtes Unternehmen betrachten wird, sollte es bei der Prüfung der Anmeldepflichten zur Begründung der Zuständigkeit der Kommission auf die Umsätze des Gemeinschaftsunternehmens ankommen.

---

[148] Mitteilung „Beteiligte Unternehmen", Rn. 5 ff.
[149] Konsolidierte Mitteilung Zuständigkeit, Rn. 129.
[150] Konsolidierte Mitteilung Zuständigkeit, Rn. 132.
[151] Konsolidierte Mitteilung Zuständigkeit, Rn. 136.
[152] Konsolidierte Mitteilung Zuständigkeit, Rn. 136, 139 ff.; s. etwa einerseits Kom. 29.5.1991 – M.43 – Magneti Marelli/CEAc (Veräußerer hielt weiterhin 48,3 % der Anteile, aber keine gemeinsame Kontrolle) und andererseits Kom., M.256 – Linde/Fiat (Veräußerer behielt 49 % der Anteile und hatte gemeinsame Kontrolle inne).
[153] Kom., M. 4323 Rn. 9 – Arla/Ingman Foods (wo der Erwerber eine allein kontrollierende 30%-Beteiligung erwarb und die nicht-kontrollierende 70%ige Beteiligung des Veräußerers am Zielunternehmen zur Einbeziehung von dessen Umsätzen führte).
[154] Konsolidierte Mitteilung Zuständigkeit, Rn. 139.
[155] S. Kom., M.180, Rn. 6 – Steetley/Tarmac; Konsolidierte Mitteilung Zuständigkeit, Rn. 139.
[156] Konsolidierte Mitteilung Zuständigkeit, Rn. 140.
[157] Die Konsolidierte Mitteilung Zuständigkeit regelt diesen Fall nicht, anders als die vorangehende Mitteilung „Beteiligte Unternehmen". Nach der alten Regelung in der Mitteilung „Beteiligte Unternehmen", Rn. 32, waren die „beteiligten Unternehmen jedes der gemeinsam kontrollierenden Unternehmen (einschließlich dieses ursprünglichen Anteilseigners). Das zu übernehmende Unternehmen [war] in diesem Fall kein beteiligtes Unternehmen und sein Umsatz [war] ein Bestandteil des Umsatzes der ursprünglichen Muttergesellschaft."
[158] Vgl. zB Kom., M.6113, Rn. 8 ff. – DSM/Sinochem/JV. Eine umfassende Übersicht der Entscheidungspraxis der Kommission zu dieser Frage findet sich bei v. Brevern WuW 2012, 225 (228 ff.) Fn. 14. In all diesen Fällen kam es auf die Umsätze des Gemeinschaftsunternehmens zur Begründung der Zuständigkeit der Kommission nicht an, da die Umsatzschwellen der FKVO bereits durch die Gesellschafter des Gemeinschaftsunternehmens erfüllt wurden.
[159] Vgl. zB Kom., M.6151, Rn. 20 – Petrochina/Ineos/JV; zu weiteren Fällen s. v. Brevern, ibid.

59 – Erwerben zwei oder mehr Unternehmen ein anderes Unternehmen zu dem Zweck, dessen Vermögenswerte unmittelbar nach dem Zusammenschluss unter sich **aufzuteilen,** so sieht die Kommission dies nicht als den Erwerb gemeinsamer Kontrolle an. Der gemeinsame Erwerb ist hier vielmehr nur ein unselbstständiger Zwischenschritt. Tatsächlich liegen zwei getrennte Zusammenschlüsse vor, bei denen jeweils jeder der Erwerber einen Teil des Vermögens des Zielunternehmens erwirbt.[160]

60 – Bei der **Auflösung** eines Gemeinschaftsunternehmens durch Übergang von gemeinsamer zu alleiniger Kontrolle (also einer Übernahme der von der ersten Mutter gehaltenen Anteile durch die zweite Mutter) sind der Erwerber und das Gemeinschaftsunternehmen die beteiligten Unternehmen, nicht hingegen die ausscheidende Muttergesellschaft.[161] Teilen die Mütter hingegen die Vermögenswerte des Gemeinschaftsunternehmens unter sich auf, so liegen zwei Zusammenschlüsse vor, bei denen jeweils der Erwerber und die übernommenen Vermögenswerte die beteiligten Unternehmen sind.[162]

61 – Bei einer **Änderung der Kontrollstruktur** des Gemeinschaftsunternehmens gelten folgende Grundsätze: Bei Reduzierung der Zahl der (mitkontrollierenden) Anteilseigner, sind die verbleibenden kontrollausübenden Mütter sowie das Gemeinschaftsunternehmen selbst die beteiligten Unternehmen,[163] soweit überhaupt ein Zusammenschluss iSv Art. 3 vorliegt. Im Falle der Ersetzung einer kontrollierenden Gesellschaft durch eine andere sieht die Kommission die verbleibende Muttergesellschaft, die neue Muttergesellschaft und das Gemeinschaftsunternehmen selbst als die beteiligten Unternehmen an.[164] Entsprechendes gilt beim Hinzutritt eines neuen mitkontrollierenden Anteilseigners ohne Ausscheiden einer der schon vorhandenen Mütter.[165]

b) Gemeinschaftsunternehmen als Erwerber.

62 – Erwirbt ein Gemeinschaftsunternehmen die Kontrolle über ein anderes Unternehmen, so ist grds. das Gemeinschaftsunternehmen das beteiligte Unternehmen.[166] Die Umsätze seiner (mitkontrollierenden) Muttergesellschaften werden ihm dann über die Verbundklausel zugerechnet.[167]

63 – Anderes gilt aber, wenn das Gemeinschaftsunternehmen lediglich als ein **reines Instrument für die Erwerbszwecke der Muttergesellschaften** anzusehen ist, also die „tatsächlichen Erwerber" die dahinter stehenden Muttergesellschaften sind. In diesem Fall sind letztere als die beteiligten Unternehmen zu betrachten.[168] Die Kommission geht hiervon in den folgenden Fällen aus: (i) das Gemeinschaftsunternehmen wurde lediglich für den Erwerb des Zielunternehmens gegründet,[169] (ii) das Gemeinschaftsunternehmen hat keine anderweitigen Geschäftsaktivitäten (ist also lediglich eine reine Zwischenholding, (iii) das Gemeinschaftsunternehmen hat keine Rechtspersönlichkeit oder ist kein Vollfunktionsunternehmen[170] oder (iv) die Mütter des Gemeinschaftsunternehmens müssen als die „eigentlichen Akteure" der Akquisition aufgrund ihrer erheblichen Beteiligung an der Einleitung, Organisation und Finanzierung der Transaktion angesehen werden.[171] Die letztere Konstellation kann zu erheblichen Abgrenzungsschwierigkeiten führen, da es nur begrenzt objektivierbar ist, welches Maß an Beteiligung seitens der Mütter ausreichend ist, um diese als die eigentlichen Betreiber der Akquisition anzusehen: Im Fall HeidelbergCement/Schwenk/Cemex Hungary/Cemex Croatia sollte der Erwerb des Zielunternehmens von dem seit lange bestehenden Vollfunktions-Gemeinschaftsunternehmen Duna-Dráva Cement vorgenommen werden, womit der Zusammenschluss nicht unter die FKVO gefallen wäre. Die Kommission stellte sich jedoch auf den Standpunkt, dass die Mütter von Duna-Dráva Cement die eigentlich

---

[160] Konsolidierte Mitteilung Zuständigkeit, Rn. 148.
[161] Konsolidierte Mitteilung Zuständigkeit, Rn. 138; Kom., M.23, Rn. 1, 5 – ICI/Tioxide; Kom., M.221, Rn. 3 und 4 – ABB/BREL.
[162] Konsolidierte Mitteilung Zuständigkeit, Rn. 148 f.
[163] Konsolidierte Mitteilung Zuständigkeit, Rn. 143.
[164] Konsolidierte Mitteilung Zuständigkeit, Rn. 143, unter Verweis auf Kom., M.376 – Synthomer/Yule Catto.
[165] Konsolidierte Mitteilung Zuständigkeit, Rn. 143.
[166] Konsolidierte Mitteilung Zuständigkeit, Rn. 145 f.
[167] Dazu → Rn. 67 ff.
[168] Konsolidierte Mitteilung Zuständigkeit, Rn. 147; Kom., M.102, Rn. 10 – TNT/Canada Post, DBP Postdienst, La Poste, PTT Post & Sweden Post; Kom., M.82, Rn. 3 – ASKO/Jacobs/ADIA; Kom., M.116, Rn. 5 – Kelt/American Express; Kom., M.110, Rn. 1 und 4 – ABC/Générale des Eaux/Canal+/W. H. Smith TV; Kom., M.320, Rn. 1, 3 und 11 – AHOLD/Jerónimo Marins/Inovação; Kom., M.141, Rn. 8 – UAP/Transatlantic/Sun Life; Kom., M.90, Rn. 6 – BSN/Nestlé/Cokoladovny; Kom., M.218, Rn. 12 – EUCOM/Digital.
[169] S. etwa Kom., M. 5450 Rn. 6 – Kühne/HGV/TUI/Hapag-Lloyd.
[170] S. hierzu Konsolidierte Mitteilung Zuständigkeit, Rn. 91 ff.; s. näher auch Immenga/Mestmäcker/Immenga/Körber Art. 1 Rn. 40 ff.
[171] S. etwa Kom., M. 7877 Rn. 17 – Warburg Pincus/General Atlantic/Unicredit/Santander/SAM/Pioneer.

treibenden Kräfte hinter der Transaktion gewesen seien, und untersagte den Zusammenschluss. Die Klage hiergegen wies das EuG ab. Es bejahte die Befugnis der Kommission zu einer Einzelfallbetrachtung: Um der wirtschaftlichen Realität Rechnung zu tragen, seien sämtliche relevanten Gesichtspunkte zu berücksichtigen, die es ermöglichen, festzustellen, wer die eigentlichen Akteure bei dem Vorhaben seien. Somit könne die erhebliche Beteiligung der Muttergesellschaften an dem Vorhaben aus einem Gesamtbündel übereinstimmender Beweise abgeleitet werden, auch wenn keiner dieser Beweise für sich genommen ausreiche, um zu enthüllen, ob tatsächlich ein Zusammenschluss vorliege.[172]

c) Sonderfälle. In **anderen Sonderfällen** gelten die nachstehenden Grundsätze: 64
– Bei einem Tausch (**„Swap"**) von Vermögenswerten zwischen Unternehmen liegen zwei Zusammenschlüsse vor, bei denen jeweils der Erwerber und die erworbenen Vermögenswerte als beteiligte Unternehmen angesehen werden.[173]
– Ist der Erwerber eine **natürliche Person,** so ist diese (nur dann) als beteiligtes Unternehmen 65 anzusehen, wenn sie Umsätze aus anderweitigen wirtschaftlichen Tätigkeiten erzielt.[174] Auf diese Person finden dann die allgemeinen Regeln wie auch im Falle einer Gesellschaft als Erwerber Anwendung. So sind ihr iRd Verbundklausel die Umsätze derjenigen sonstigen Unternehmen oder Geschäftsaktivitäten zuzurechnen, die sie kontrolliert.[175]
– Bei einem **Management Buy-Out** sind die beteiligten Unternehmen das zu übernehmende 66 Unternehmen und die die Kontrolle erwerbenden natürlichen Personen. Soweit die den Buy-Out finanzierenden Banken sich Einflussrechte sichern, die den Kontrolltatbestand des Art. 3 Abs. 2 erfüllen, gelten ihre Umsätze auch sie – oder, je nach Sachverhalt, sogar sie allein[176] – als beteiligte Unternehmen.[177]
– Ein **Netzwerk rechtlich selbstständiger Unternehmen** ohne Obergesellschaft hatte die Kom- 67 mission in Price Waterhouse/Coopers&Lybrand zu bewerten. Die beiden Wirtschaftsprüfungsgesellschaften bestanden aus internationalen Netzen getrennter und autonomer nationaler Unternehmen, die unter einem gemeinsamen Namen und nach gemeinsamen berufsethischen Normen und Dienstleistungsstandards tätig waren. Die rechtliche Umsetzung der Fusion erfolgte durch eine Vielzahl von Transaktionen auf nationaler Ebene, bei denen die nationalen Gesellschaften der beiden Wirtschaftsprüfer jeweils fusionierte, die eine die andere erwarb oder sich beide auflösten und eine gemeinsame neue nationale Gesellschaft gegründet wurde. Mit Blick auf das einheitliche internationale Management der Wirtschaftsprüfer, den Auftritt nach außen unter einer einheitlichen Marke und die starken wirtschaftlichen Verbindungen zwischen den Gesellschaften ging die Kommission vom Bestehen eines einheitlichen beteiligten Unternehmens aus.[178]

2. Die verbundenen Unternehmen. a) Grundsätzliches. Die Verbundklausel des Abs. 4 68 bestimmt, dass bei der Berechnung der Umsätze der am Zusammenschluss beteiligten Unternehmen deren jeweiliger **Konzernumsatz** zu berücksichtigen ist. Hiermit soll der Gesamtumfang der durch die Transaktion zusammengelegten wirtschaftlichen Ressourcen erfasst werden, aber auch Umgehungen vorgebeugt werden, die anderenfalls leicht möglich wären.[179]

Zum Konzern gehören nach der Definition des Abs. 4 das beteiligte Unternehmen selbst (lit. a), 69 seine Mutter bzw. Mütter (lit. b), seine Schwestergesellschaften (lit. c) und konzerninterne Gemeinschaftsunternehmen (lit. d). Obwohl im Wortlaut des Abs. 4 nicht erwähnt, sind zudem nach ständiger Fallpraxis der Kommission in den Konzernumsatz einzuberechnen die Umsätze von Gemeinschaftsunternehmen der beteiligten Unternehmen mit nicht am Zusammenschluss beteiligten dritten Unternehmen (→ Rn. 83). Die Verbundklausel erfasst auch die Umsätze der von den Tochterunternehmen, Schwestergesellschaften und konzerninternen Gemeinschaftsunternehmen abhängigen Unternehmen (vgl. Abs. 4 lit. b: „unmittelbar oder mittelbar"). In Fällen, in denen auch ohne Zurechnung aller verbunden Unternehmen die Umsatzschwellenwerte erfüllt waren, hat die Kommission teilweise davon abgesehen, die Verbundklausel konsequent anzuwenden.[180]

---

[172] EuG 5.10.2020 – T-380/17 Rn. 122 – HeidelbergCement AG.
[173] Konsolidierte Mitteilung Zuständigkeit, Rn. 150.
[174] S. Kom., M. 3762 Rn. 5–6 – Apax/Travelex; Kom., M. 6411 Rn. 6 – Advent/Maxam.
[175] Konsolidierte Mitteilung Zuständigkeit, Rn. 151; vgl. hierzu Kom., M.82 – ASKO/Jacobs/ADIA. Zur Behandlung von Unternehmen, die unter der Kontrolle einer Familie stehen, → Rn. 67.
[176] Vgl. Kom., M.395, Rn. 9 – CWB/Goldman Sachs/Tarkett.
[177] Konsolidierte Mitteilung Zuständigkeit, Rn. 152.
[178] Kom., M.1016, Rn. 6–17 – Price Waterhouse/Coopers&Lybrand; sowie Kom., M.2810, Rn. 9–19 – Deloitte&Touche/Andersen (UK); Kom., M.2824, Rn. 12–23 – Ernst&Young/Andersen Germany; Kom., M.2816, Rn. 12–29 – Ernst&Young/Andersen France.
[179] Konsolidierte Mitteilung Zuständigkeit, Rn. 175.
[180] S. die bei Cook/Kerse 102 f. aufgeführten Fälle.

70 Abs. 4 lit. b benennt die Kriterien der Einflussnahme, nach denen sich für die Zwecke der Umsatzberechnung die Konzernzugehörigkeit bestimmt:
- Kapitalmehrheit oder Besitz der Mehrheit des Betriebsvermögens,
- Stimmrechtsmehrheit,
- Möglichkeit zur Bestimmung der Mehrheit der Mitglieder der Leitungsgremien und/oder
- Geschäftsführungsrechte.

71 Sämtliche dieser Einflussmittel, die aus den Gruppenfreistellungen zu Art. 101 AEUV übernommen wurden,[181] sind nach Auffassung der Kommission rein quantitative Kriterien, die sich direkt feststellen lassen, damit die Zuständigkeit leicht geprüft werden kann.[182] Die Kommission hat eine zusätzliche qualitative Bewertung ausdrücklich fallen gelassen und stellt nicht mehr darauf ab, ob die Gesellschaften das „Recht haben, die Geschäfte des Unternehmens zu leiten".[183]

72 Bis 2007 verwendete die Kommission bei der Erläuterung der Grundsätze der Konzernzurechnung noch synonym den Begriff der Kontrolle.[184] Die Kritik dieses Ansatzes im Schrifttum[185] nahm die Kommission zum Anlass, auf den Kontrollbegriff iR ihrer Auslegung von Abs. 4 zu verzichten und zum **Verhältnis** von **Abs. 4 zum Zusammenschlussbegriff des Art. 3** in der Konsolidierten Mitteilung Zuständigkeit ausführlich Stellung zu nehmen.[186] Die Kommission weist auf bedeutende Unterschiede zwischen Art. 3 und Art. 5 hin, da diese Vorschriften verschiedene Funktionen erfüllten. Die Konzernzurechnung gemäß Abs. 4 soll aufgrund des Bedarfs an Präzisierung und Sicherheit leicht zu prüfen sein, während der Zusammenschlussbegriff in viel umfassenderer Weise untersucht werden soll.[187] Nach Art. 3 Abs. 2 wird Kontrolle „durch Rechte, Verträge oder andere Mittel begründet, die einzeln oder zusammen unter Berücksichtigung aller tatsächlichen oder rechtlichen Umstände die Möglichkeit gewähren, einen bestimmenden Einfluss auf die Tätigkeit eines Unternehmens auszuüben". Die Formulierung des Art. 3 Abs. 2 ist erkennbar weiter und offener formuliert als die enumerativ begrenzte Definition des Abs. 4 lit. b, die zudem auf mehr formelle und „quantitative"[188] Kriterien abstellt als das auch faktische Zusammenhänge berücksichtigende „qualitative"[189] Konzept des Zusammenschluss-Begriffs. Die Kommission gibt hierzu in ihrer Konsolidierten Mitteilung Zuständigkeit mehrere Beispiele, in denen die Kriterien zur Umsatzberechnung mit dem Kontrollbegriff auseinander fallen: Im Bereich der faktischen Kontrolle könne eine rein wirtschaftliche Abhängigkeit der Tochtergesellschaft zur Erlangung der Kontrolle iSv Art. 3 führen, ohne dass die Kriterien des Abs. 4 lit. b erfüllt wären. Allerdings soll der Umsatz des kontrollierenden Unternehmens dem der kontrollierten Tochtergesellschaft nach Art. Abs. 4 lit. b zugerechnet werden, wenn eindeutig nachgewiesen sei, dass dieses Unternehmen eine faktische Hauptversammlungsmehrheit hat oder faktisch mehr als die Hälfte der gesetzlichen Vertretungsorgane bestimmen kann.[190] Weitere Abweichungen ergeben sich etwa bei einer negativen Kontrolle aufgrund von Vetorechten oder bei einer Kontrolle aufgrund starker gemeinsamer Interessen zweier oder mehrerer Minderheitsgesellschafter – beides Tatbestände, die eine Kontrolle nach Art. 3, nicht hingegen hinreichenden Einfluss nach Abs. 4 begründen.[191] Umgekehrt kann eines der Kriterien des Abs. 4 lit. b zu bejahen sein (etwa das der Anteilsmehrheit), ohne dass eine Kontrolle iSv Art. 3 vorliegt (etwa wegen der Stimmrechtsmehrheit eines Minderheitsaktionärs).[192] Der nachvollziehbare Ansatz der FKVO, bei der Umsatzberechnung auf formale, möglichst einfach bestimmbare Kriterien abzustellen, wird von der Kommission auch in ihrer Fallpraxis teilweise durchbrochen, indem sie etwa auch Minderheitsbeteiligungen umsatzmäßig einbezieht, soweit diese eine Hauptversammlungsmehrheit begründen, oder indem sie auch Stimmbindungsverträge mit anderen Gesellschaftern berücksichtigt (dazu → Rn. 73, 78). Die damit verbundene Annäherung des Kontrollbegriffs in

---

[181] Wiedemann KartellR-HdB/Wagemann § 15 Rn. 95 mwN.
[182] Konsolidierte Mitteilung Zuständigkeit, Rn. 179, 184.
[183] So noch die Mitteilung „Umsatzberechnung", Rn. 37. Das Hineinlesen eines solchen qualitativen gemeinsamen Nenners in die auf formelle Aspekte abstellenden Kriterien war allerdings von Anfang an Zweifeln ausgesetzt und ist in die Konsolidierte Mitteilung Zuständigkeit, Rn. 179 ff., zu Recht nicht übernommen worden.
[184] S. etwa Mitteilung „Umsatzberechnung", Rn. 38–40.
[185] S. Vorauflage Rn. 70; Cook/Kerse 110; nunmehr auch Bunte/Löffler Rn. 54 f.
[186] Konsolidierte Mitteilung Zuständigkeit, Rn. 184.
[187] Konsolidierte Mitteilung Zuständigkeit, Rn. 184.
[188] Konsolidierte Mitteilung Zuständigkeit, Rn. 179; s. bereits Grünbuch der Kommission, KOM(2001) 745/6 endg. Rn. 148.
[189] Kom., ibid., Rn. 148.
[190] Konsolidierte Mitteilung Zuständigkeit, Rn. 184; krit. auch Cook/Kerse 110.
[191] Konsolidierte Mitteilung Zuständigkeit, Rn. 184.
[192] Konsolidierte Mitteilung Zuständigkeit, Rn. 184; vgl. auch Kom., M.4323, Rn. 9 – Arla/Ingman Foods; so bereits Grünbuch der Kommission, KOM(2001) 745/6 endg. Rn. 149.

Art. 3 und der Kriterien der Umsatzberechnung gem. Art. 5[193] kann in der Praxis zu den Unsicherheiten führen, die der Gesetzgeber vermeiden wollte. Im Schrifttum wird vereinzelt noch vertreten, generell die zu Art. 3 entwickelten Kriterien der Kontrolle iRv Abs. 4 anzuwenden.[194] Dies erscheint mit dem klaren entgegenstehenden Wortlaut der Verordnung unvereinbar. Als Zuständigkeitsregel ist die Vorschrift möglichst wortgetreu auszulegen.[195]

b) Kapitalmehrheit oder Besitz der Mehrheit des Betriebsvermögens. Nach Abs. 4 lit. b 73 Ziff. i übt ein Unternehmen auf ein anderes einen konzernbegründenden Einfluss aus, wenn es mehr als die Hälfte des Kapitals oder des Betriebsvermögens des anderen Unternehmens besitzt.[196] Als selbstständiger Zurechnungstatbestand führt die Kapitalmehrheit auch dann zur Umsatzeinbeziehung, wenn keine parallele Stimmrechtsmehrheit vorliegt. Das Kriterium des Besitzes des Betriebsvermögens hat in UBS/Mister Minit[197] eine nähere Auslegung erfahren. Mister Minit als Franchisegeber gehörte das seinen Franchisenehmern zur Verfügung gestellte Betriebsvermögen. Dies hätte an sich zu einer Umsatzzurechnung gemäß Abs. 4 lit. b Ziff. i führen müssen. Nach Auffassung der Kommission erfasst diese Vorschrift aber nicht eine Situation, in welcher wie vorliegend der Franchisenehmer dem Franchisegeber ein Entgelt für die Benutzung des Betriebsvermögens bezahlt. Denn in einem solchen Fall übe der Franchisegeber keine Kontrolle über das Betriebsvermögen aus. Dementsprechend sei er auch nicht als „Besitzer" des Betriebsvermögens iSv Abs. 4 lit. b Ziff. i anzusehen.

c) Stimmrechtsmehrheit. Gemäß Abs. 4 lit. b Ziff. ii führt die Stimmrechtsmehrheit zur 74 Konzernverbundenheit. Auch dieses Kriterium ist rein formal auszulegen. Es greift somit auch dann ein, wenn keine entsprechende Kapitalmehrheit vorliegt oder wenn die betreffenden Stimmrecht (ganz oder teilweise) nicht wahrgenommen werden. Obwohl es angesichts des formalen Ansatzes des Abs. 4 lit. b nahegelegen hätte, die Stimmrechtsmehrheit nur bei absoluter Mehrheit aller Stimmen als gegeben anzusehen, hat die Kommission es in ihrer Entscheidungspraxis ausreichen lassen, wenn ein Unternehmen in der Hauptversammlung einer Gesellschaft über eine **relative und faktische Mehrheit** der Stimmen verfügt.[198] In Eurocom/RSCG[199] kam es zur Anwendung von Abs. 4 lit. b Ziff. ii, obwohl die Gruppe Havas nur 44,25 % der Stimmrechte von Eurocom hielt. Jedoch waren die übrigen Anteile auf finanzielle Investoren verteilt, die ihre Stimmrechte nicht regelmäßig ausübten, so dass auf Havas in den letzten drei Hauptversammlungen vor dem Zusammenschluss effektiv jeweils 69,5 %, 68 % und 77,5 % der ausgeübten Stimmrechte entfielen. Auch in Elektrowatt/Landis & Gyr[200] wurde Elektrowatt der Umsatz der CS Holding zugerechnet, die lediglich 44,2 % der Stimmrechte an Elektrowatt hielt. Da aber das restliche Aktienkapital weit gestreut war, kam die Kommission zu dem Schluss, dass die Holding effektiv dennoch über mehr als die Hälfte der Stimmrechte in der Generalversammlung von Elektrowatt verfügte. Diese Praxis kann noch als vom Wortlaut des Abs. 4 lit. b Ziff. ii gedeckt angesehen werden, da letzterer nicht ausdrücklich verlangt, dass eine absolute Stimmrechtsmehrheit vorliegen muss. Die Auffassung, die Kommission habe sich hiermit entschieden, Umsätze generell auch dann zuzurechnen, wenn keine Mehrheitsbeteiligungen bestehen, sondern ein beherrschender Einfluss vorliegt,[201] muss demgegenüber als zu weitgehende Generalisierung dieser Fälle angesehen werden und wäre auch der Sache nach mit dem klaren Wortlaut des Abs. 4 – gerade auch im Vergleich zu Art. 3 Abs. 2 – nicht vereinbar (dazu bereits → Rn. 71).

d) Möglichkeit zur Bestellung der Mehrheit der Mitglieder der Leitungsorgane. Kann 75 ein Unternehmen mehr als die Hälfte der Mitglieder des Aufsichtsrats oder der zur gesetzlichen Vertretung berufenen Organe in einem anderen Unternehmen bestellen, so übt es iSv Abs. 4 lit. b Ziff. iii einen beherrschenden Einfluss auf dieses aus. Auch dieses Kriterium ist unabhängig vom Vorliegen einer Kapital- oder Stimmrechtsmehrheit. In IFINT/EXOR hatte IFINT weder das eine noch (offenbar) das andere, hatte aber nach den Feststellungen der Kommission die gesamten Mitglie-

---
[193] So auch Bunte/Käseberg Rn. 62; FK-KartellR/Völcker Rn. 41.
[194] Immenga/Mestmäcker/Immenga/Körber Rn. 54 – diese Ansicht beruht jedoch auf dem Stand der Diskussion vor dem Erlass der Konsolidierten Mitteilung Zuständigkeit.
[195] So zu Recht Wiedemann FS Möschel, 2011, 721 (730); sowie iErg NK-EuWettbR/Thiele Rn. 34 zu Abs. 2 UAbs. 2; dasselbe muss aus den nämlichen Gründen für Abs. 4 gelten.
[196] Hierbei kommt es nicht auf die Anzahl der Anteile, sondern den von ihnen repräsentierten Kapitalanteil oder Nennwert an; s. Kom., M.6447, Rn. 10 – IAG/BMI.
[197] Kom., M.940, Rn. 10 und 14 – UBS/Mister Minit.
[198] Krit. Cook/Kerse 109 f.
[199] Kom.. M.147, Rn. 3 und 5 – EUROCOM/RSCG.
[200] Kom., M.692, Rn. 6 – Elektrowatt/Landis & Gyr.
[201] So Bunte/Löffler Rn. 54.

der des Verwaltungsrats von IFINT benannt, was die Kommission für die Feststellung der Konzernverbundenheit ausreichen ließ.[202] Faktische Hauptversammlungsmehrheiten führen regelmäßig auch zur Möglichkeit, die Mehrheit der Mitglieder der Leitungsgremien zu bestellen,[203] so dass sich der vorliegende Tatbestand mit dem der Stimmrechtsmehrheit häufig überschneidet.

76   e) **Geschäftsführungsrechte.** Nach Abs. 4 lit. b Ziff. iv ist ein Unternehmen mit einem anderen auch dann konzernverbunden, wenn es das Recht hat, dessen Geschäfte zu führen. Diese Regelung kam zur Anwendung im Verfahren ACCOR/Wagons-Lits.[204] ACCOR wurden hier Umsätze von Hotelgesellschaften zugerechnet, an denen ACCOR zwar nur Minderheitsbeteiligungen hielt, aber durch Geschäftsführungsverträge mit einer Laufzeit von zehn Jahren über weitreichende Einflussmöglichkeiten auf alle operativen Bereiche verfügte. In einem weiteren Fall, CCIE/GTE,[205] verfügte CCIEL, ein Buy-out-Vehikel, lediglich über 19 % der Stimmrechte des Unternehmens EDIL. Die restlichen Stimmrechte hielt eine den Buy-out finanzierende Investmentbank. Diese hatte jedoch ihre Geschäftsführungsrechte für EDIL zwei Angestellten (den „Vertretern") einer Schwestergesellschaft von CCIEL übertragen. Aufgrund des Vetorechts von CCIEL hinsichtlich aller Beschlüsse der Vertreter und der Zusage der Investmentbank, dem Vorhaben nicht im Wege zu stehen, hat die Kommission entschieden, dass CCIEL trotz der nur geringen Beteiligung an den Stimmrechten faktisch über die Geschäftsführungsrechte für EDIL verfügte.

77   Im Hinblick auf Franchiseverhältnisse hat die Kommission entschieden, dass sich allein aus der wirtschaftlichen Abhängigkeit des Franchisenehmers vom Franchisegeber noch nicht auf die Geschäftsführungsbefugnis des Franchisegebers iSv Abs. 4 lit. b Ziff. iv schließen lässt.[206]

78   Verfügt ein Unternehmen über Vetorechte im Hinblick auf bestimmte Entscheidungen in den Leitungsorganen eines anderen Unternehmens (etwa hinsichtlich des Geschäftsplans oder des Budgets), so können diese Rechte eine Kontrolle iSv Art. 3 Abs. 2 begründen. Für die Annahme der Voraussetzungen des Abs. 4 lit. b Ziff. iv reichen hingegen solche Vetorechte nicht aus.[207] Dies ergibt sich bereits aus dem unterschiedlichen Wortlaut des Art. 3 Abs. 2 einerseits („bestimmenden Einfluss auf die Tätigkeit eines Unternehmens") und des Abs. 4 lit. b Ziff. iv andererseits („Recht hat, die Geschäfte zu führen"). Abs. 4 lit. b Ziff. iv soll Fälle wie den der Betriebspacht oder den der formalen Übertragung der Geschäftsführung an ein anderes Unternehmen erfassen, nicht hingegen den Kontrolltatbestand des Art. 3 Abs. 2 in Abs. 4 übernehmen.

79   f) **Kombination verschiedener Tatbestände.** In dem Zusammenschlussverfahren IFINT/EXOR[208] hat sich ungeachtet des formalen Ansatzes des Abs. 4 lit. b die Kommission gewillt gezeigt, im Falle fehlender Eindeutigkeit bei einzelnen Kriterien auch auf eine Kombination der verschiedenen Tatbestände abzustellen. Fraglich war in diesem Fall, ob EXOR die Umsätze von Perrier zuzurechnen waren. EXOR hielt lediglich 28,69 % des Kapitals und 33,29 % der Stimmrechte an Perrier. Darüber hinaus war EXOR aber zu 49 % an einer Zwischenholding Ominko beteiligt, die wiederum 6,32 % des Kapitals von Perrier hielt. Die übrigen 51 % von Ominko gehörten dem Unternehmen Geneval, seinerseits zu 0,48 % Kapitaleigner von Perrier. Die Kommission rechnete die Anteile der drei Unternehmen zusammen, da zwischen ihnen ein Stimmbindungsvertrag abgeschlossen worden war, welcher die Verpflichtung zur vorherigen Abstimmung über die Stimmausübung zwischen den Parteien stipulierte (was normalerweise zu dem entgegengesetzten Schluss hätte führen müssen, dass EXOR die Stimmrechte nicht allein kontrollierte). Die Kommission berücksichtigte weiter, dass Perrier 13,82 % der eigenen Anteile selbst hielt. Rechnete man EXOR all diese Anteile zu, ergab sich eine Summe von 49,31 %. Die Kommission wies daher zusätzlich („en outre") darauf hin, dass EXOR auf der letzten Hauptversammlung effektiv 52,1 % der Stimmrechte ausgeübt hatte. Als drittes vermerkte die Kommission, dass der Generaldirektor von EXOR zugleich der Generaldirektor von Perrier war. Die Kommission fasste zusammen, dass all diese Umstände es ermöglichten, EXOR den Umsatz von Perrier zuzurechnen.[209]

---

[202] Kom., M.187, Rn. 8 – IFINT/EXOR.
[203] Kom., M.25, Rn. 6 – Arjomari-Prioux SA/Wiggins Teape Appleton; vgl. auch Kom., M.62, Rn. 6 – Eridania/ISI; Kom., M.113, Rn. 2 und 4 – Courtaulds/SNIA; Kom., M.661, Rn. 5 – STRABAG/Bank Austria/STUAG.
[204] Kom., M.126, Rn. F – ACCOR/Wagons-Lits.
[205] Kom., M.258, Rn. 7 – CCIE/GTE.
[206] Kom., M.940, Rn. 17 – UBS/Mister Minit.
[207] So auch Wiedemann KartellR-HdB/Wagemann § 15 Rn. 96; s. auch Konsolidierte Mitteilung Zuständigkeit, Rn. 184.
[208] Kom., M.187, Rn. 10 – IFINT/EXOR.
[209] Kom., M.187, Rn. 10 aE – IFINT/EXOR.

V. Verbundklausel (Abs. 4)

80 Auch in der Entscheidung Rheinmetall/STN Atlas[210] stützte sich die Kommission auf mehr als einen Einflusstatbestand. Rheinmetall wurde über die Röchling Industrie Verwaltung GmbH (RIV) von der Familie Röchling kontrolliert, die mehr als die Hälfte der Mitglieder des Aufsichtsrates und der zur gesetzlichen Vertretung berufenen Organe der RIV bestellen konnte. Die Familie Röchling hatte dieselben rechtlichen Möglichkeiten im Hinblick auf die mit Rheinmetall ansonsten nicht verbundene Gebr. Röchling KG. Die Kommission verglich die Familie mit einer Holding, welche beide Gesellschaften kontrolliere, so dass deren Umsätze zu addieren seien. Die Kommission sah aber dennoch Anlass, zusätzlich festzustellen, dass der Familienrat der Familie Röchling Empfehlungen sowohl an die Gesellschafter als auch an die Organe der Röchling KG (Beirat und Geschäftsführung) und der RIV GmbH (Gesellschafterausschuss und Geschäftsführung) geben konnte. Diese Empfehlungen würden in aller Regel befolgt, andernfalls gäbe es auch die Möglichkeit, die Befolgung durchzusetzen. Als Drittes beständen auch weitgehende personelle Übereinstimmungen zwischen den Geschäftsführungen von Gebr. Röchling KG und RIV GmbH und zwischen dem Beirat der Gebr. Röchling KG, dem Gesellschafterausschuss der RIV GmbH und dem Familienrat. Im Ergebnis seien so der Rheinmetall AG die Umsätze der Gebr. Röchling KG zuzurechnen.

81 **g) Verbundklausel und Staatsunternehmen.** Bei wörtlicher Anwendung der Verbundklausel wäre in Fällen, in denen ein beteiligtes Unternehmen im Staatsbesitz steht, diesem der Umsatz sämtlicher staatlicher Unternehmen des betreffenden Mitgliedstaates zuzurechnen. Einem solchen Verständnis wirkt Erwägungsgrund 22 der FKVO entgegen, der aus dem Grundsatz der Nichtdiskriminierung zwischen öffentlichen und privaten Unternehmen eine Sonderregel für die Umsatzberechnung von Staatsunternehmen ableitet. Danach „sind im öffentlichen Sektor bei der Berechnung des Umsatzes eines am Zusammenschluss beteiligten Unternehmens unabhängig von den Eigentumsverhältnissen oder von den für sie geltenden Regeln der verwaltungsmäßigen Zuordnung die Unternehmen zu berücksichtigen, die eine mit einer autonomen Entscheidungsbefugnis ausgestattete wirtschaftliche Einheit bilden." Als konzernmäßig verbunden gelten Staatsunternehmen daher nur dann, wenn sie einer gemeinsamen Holding (wie etwa in Italien der Finmeccanica)[211] und/oder gemeinsamen Geschäftsführung unterstehen.[212]

82 In der Praxis führt dies selten zu Schwierigkeiten. So sind etwa die Deutsche Bahn[213] oder Electricité de France[214] als jeweils eigenständige Unternehmen angesehen worden; Gleiches gilt für eine große Zahl anderer Staatsunternehmen. Näher auseinandergesetzt hat sich die Kommission mit der Frage, wann von einer „wirtschaftlichen Einheit" gesprochen werden kann, im Fall Kali + Salz/ MdK/Treuhand.[215] Inhalt dieses Verfahrens war die Umwandlung der MdK, in welcher die Kali- und Steinsalzaktivitäten der ehemaligen DDR zusammengefasst waren, in eine GmbH. Alleinige Aktionärin der MdK war die als Anstalt des öffentlichen Rechts organisierte Treuhand. Zusammen mit dem Unternehmen Kali + Salz sollte die Treuhand gemeinsame Kontrolle über das zukünftige Gemeinschaftsunternehmen MdK GmbH erlangen. In diesem Fall war die Treuhand selbst unmittelbar beteiligtes Unternehmen, so dass dahingestellt bleiben konnte, wie weit bei von der Treuhand kontrollierten Unternehmen der Kreis der Konzernverbundenheit zu ziehen gewesen wäre. Die Kommission ging hierauf dennoch kurz ein und führte aus, dass die Treuhand in mehrere mit autonomer Entscheidungsbefugnis ausgestattete wirtschaftliche Einheiten gegliedert war. Danach läge die niedrigste vorstellbare Organisationsstufe, die eine solche wirtschaftliche Einheit darstellen könnte, auf der Ebene der Direktorate, so dass für den betroffenen Fall das zuständige Direktorat „Bergbau, Steine, Erden" als „Konzernspitze" anzusehen gewesen wäre.[216] In einem weiteren Verfahren hat die Kommission die spanische Generaldirektion des Nationalvermögens als einheitliche Führung der öffentlichen Unternehmen Spaniens im Sektor der Speiseöle angesehen.[217] Im Verfahren SoFFin/Hypo Real Estate[218] prüfte die Kommission nach einem zweistufigen Ansatz, ob der Erwerb der Kontrolle über Hypo Real Estate (HRE) durch den Bund mittels SoFFin anmeldepflichtig ist. Dieser Ansatz bestand darin, (i) zu bestimmen, ob HRE auch nach dem Zusammenschluss

---

[210] Kom., M.3159, Rn. 3, 7 und 8 – Rheinmetall/STN Atlas.
[211] S. Kom., M.216, Rn. 5, 14 – CEA Industrie/France Telecom/Finmeccanica/SGS-Thomson.
[212] Konsolidierte Mitteilung Zuständigkeit, Rn. 193 f.
[213] S. bspw. Kom., M.2905, Rn. 7 – Deutsche Bahn/Stinnes.
[214] S. bspw. Kom., M.3210, Rn. 6 – EDF/EDFT.
[215] Kom., M.308, Rn. 4, 5, 7 und 9 – Kali + Salz/MdK/Treuhand.
[216] IRd erfolgreichen Anfechtung der Entscheidung vor dem EuGH (EuGH Slg. 1998, I-1375) und der erneuten Prüfung und Genehmigung des Zusammenschlusses (ABl. 1998 C 275, 3 Rn. 9 – Kali + Salz/MdK/ Treuhand) spielten diese Fragen keine Rolle mehr.
[217] Kom., M.117, Rn. 5 – Koipe-Tabacalera/Elosua.
[218] Kom., M.5508, Rn. 5 ff. – SoFFin/Hypo Real Estate; vgl. auch das nachfolgende Pendant zu Österreich im Verfahren Kom., M.5861, Rn. 5 ff. – Republic of Austria/Hydro Group Alpe Adria.

eine wirtschaftliche Einheit mit autonomer Entscheidungsbefugnis bilden würde (dies wurde von der Kommission mangels eines Beteiligungsvertrages, besonderer Regelungen oder sonstiger Schutzmechanismen, die sicherstellen würden, dass HRE auch im Staatsbesitz autonom und unabhängig von SoFFin bzw. der SoFFin kontrollierenden staatlichen Einheit über Strategie, Geschäftsplan und Budget entscheiden und keiner Koordinierung ihres Geschäftsverhaltens unterliegen wird, eindeutig verneint), (ii) falls dies nicht der Fall ist, zu klären, welche die letztlich erwerbende staatliche Einheit ist und welche anderen Unternehmen unter der Kontrolle der letztlich erwerbenden Einheit bei der Berechnung des relevanten Umsatzes zu berücksichtigen sind. Als eine solche Einheit wurde SoFFin selbst, aber auch die – die Leitung SoFFins ausübende – Finanzmarktstabilisierungsanstalt (Anstalt) sowie deren Leistungsausschuss und Lenkungsausschuss in Betracht gezogen. Die Kommission urteilte, dass diese Einheiten nicht als „Konzernspitze" anzusehen sind, da sie jeweils keine autonome Entscheidungsbefugnis hatten, sondern unter einem bestimmenden Einfluss des BMF als Teil der Bundesregierung standen. Da das BMF neben SoFFin auch die KfW verwaltete und ihr Geschäftsverhalten bestimmte (und die KfW die Umsatzschwellenwerte erfüllte), ließ die Kommission letztlich offen, ob das BMF, die Bundesregierung insgesamt oder der Bund die einschlägige wirtschaftliche Einheit darstellen.[219] Im Jahre 2011 hatte sich die Kommission intensiv mit der Frage auseinandergesetzt, ob das staatlich kontrollierte chinesische Unternehmen Sinochem als Konzernspitze anzusehen ist.[220] Sie führte aus, dass eine autonome Entscheidungsbefugnis eines Unternehmens unter anderem dann nicht vorliegen würde, wenn der Staat die kommerzielle Strategie des Unternehmens beeinflussen und sein Geschäftsverhalten koordinieren könne. Um die Koordinierungsbefugnis des Staates zu bewerten, seien weitere Faktoren wie die Überkreuzverflechtung in den Gremien der staatlich kontrollierten Unternehmen oder das Vorliegen ausreichender Schutzvorrichtungen gegen den Austausch kommerziell sensitiver Informationen zwischen solchen Unternehmen mit einzubeziehen. Im Sinochem-Verfahren ließ die Kommission aber letztlich offen, inwieweit die Einflussnahme des chinesischen Staates greifen würde, da die Umsatzschwellen für die Zuständigkeit der Kommission in jedem Fall erfüllt wurden.[221] Hinsichtlich des russischen Mineralölkonzerns Rosneft ging die Kommission davon aus, dass keine Unabhängigkeit vom russischen Staat bestehe; auch hier kam es aber letztlich auf diese Frage nicht an.[222] In EDF/CGN/NNB Group of Companies wurde hingegen die Zuständigkeit der Kommission auf der Basis der Annahme begründet, dass CGN nicht unabhängig vom chinesischen Staat sei, so dass der Umsatz anderer chinesischer Staatsunternehmen mit einzuberechnen war.[223]

VI. Umsatzzurechnung bei Gemeinschaftsunternehmen (Abs. 5)

83 Abs. 5 ergänzt die Verbundklausel des Abs. 4 mit Regeln zur Umsatzzurechnung für den Fall, dass **zwischen den beteiligten Unternehmen** ein **Gemeinschaftsunternehmen** besteht. In diesem Fall sind nach Abs. 5 lit. a – zur Vermeidung von Doppelzählungen[224] – die zwischen dem Gemeinschaftsunternehmen und jedem der beteiligten Unternehmen (sowie ihren verbundenen Unternehmen) erzielten Innenumsätze unberücksichtigt zu lassen. Die danach verbleibenden Umsätze mit Dritten sind gemäß Abs. 5 lit. b sodann den kontrollierenden Müttern des Gemeinschaftsunternehmens zu gleichen Teilen zuzurechnen. Auch wenn das gesellschaftsrechtliche Beteiligungsverhältnis am Gemeinschaftsunternehmen somit 60/40 lautet, erfolgt somit eine Umsatzzurechnung im Verhältnis 50/50.[225] Abs. 5 modifiziert damit für Gemeinschaftsunternehmen zwischen den beteiligten Unternehmen die Regelung des Abs. 4 lit. b Ziff. i, nach der bei Vorliegen einer Kapitalmehrheit grds. eine 100 %ige Umsatzrechnung erfolgt. Abs. 5 wird man entspr. anwenden müssen, wenn das Gemeinschaftsunternehmen nicht unmittelbar zwischen den beteiligten Unternehmen, sondern zwischen mit ihnen verbundenen Unternehmen besteht. Die Vorschrift trifft

---

[219] Kom., M.5508, Rn. 25 – SoFFin/Hypo Real Estate; ebenso ließ die Kommission in Kom., M.5861, Rn. 5 ff. – Republic of Austria/Hydro Group Alpe Adria, offen, ob das österreichische BMF, die österreichische Bundesregierung oder die Republik Österreich die einschlägige, letztlich erwerbende Einheit ist, da die Umsatzschwellen bereits durch die vom BMF kontrollierte Kommunalkredit Austria AG erfüllt wurden.
[220] Kom., M.6113, Rn. 8 ff. – DSM/Sinochem/JV.
[221] Kom., M.6113, Rn. 16 – DSM/Sinochem/JV; vgl. auch die Fälle Kom., M.6082, Rn. 6 – China National Bluestar/Elkem, Kom., M.6461, Rn. 6 Fn. 7 – TPV/Philips TV Business; Kom., M. 6141 Rn. 5, 48 – China National Agrochemical Corporation/Koor Industries/Makhteshim Agan Industries; Kom., M. 7643 Rn. 12 – CNRC/Pirelli; s. dazu auch Riley ECLR 2016, 1; Lallemand-Kirche/Tixier/Piffaut JCLP 2017, 295; Fountoukakos/Puech-Baron International—Concurences 4/2017, 1.
[222] Kom., M.6801 Rn. 7 – Rosneft/TNK-BP.
[223] Kom., M. 7850 Rn. 29 – EDF/CGN/NNB Group of Companies.
[224] Konsolidierte Mitteilung Zuständigkeit, Rn. 168.
[225] Konsolidierte Mitteilung Zuständigkeit, Rn. 186.

keine Feststellung zur Behandlung des Umsatzes der vom Gemeinschaftsunternehmen abhängigen Unternehmen. Mit Blick auf Sinn und Zweck der Regelung erscheint es überzeugend, diese Umsätze einzubeziehen.

Weder in Abs. 5 noch an anderer Stelle geregelt ist die praktisch häufigere Situation, dass ein **84** **Gemeinschaftsunternehmen** zwischen einem am Zusammenschluss **beteiligten Unternehmen** und einem **dritten Unternehmen** besteht. Bei Zugrundelegung der allgemeinen Kriterien des Abs. 4 hätte der Umsatz eines solchen Gemeinschaftsunternehmens zumeist unberücksichtigt zu bleiben, da jedenfalls bei der häufigen paritätischen Struktur keine der Voraussetzungen des Abs. 4 erfüllt ist. Die Kommission wendet insoweit jedoch den Zurechnungsgrundsatz des Abs. 5 analog an, indem sie den Umsatz des Gemeinschaftsunternehmens dem beteiligten Unternehmen anteilig zurechnet (also hälftig bei von zwei Müttern kontrollierten Unternehmen, zu einem Drittel im Falle dreier kontrollierender Mütter, etc).[226] So wurde etwa in Ameritech/Tele Danmark dem Erwerber Ameritech 25 % des Umsatzes von Belgacom zugerechnet, da die belgische Telefongesellschaft gemeinsam von Ameritech, Tele Danmark, Singapore Telecom und dem belgischen Staat kontrolliert wurde.[227] Diese ständige Praxis der Kommission ist nicht völlig frei von Zweifeln.[228] Zum einen ist die Analogie zu Abs. 5 nicht zwingend, da dieser lediglich eine Regelung für die Verteilung von Umsätzen enthält, die in jedem Fall den Zusammenschluss-Parteien zuzurechnen sind, während es als eine andere Frage angesehen werden kann, ob Umsätze eines Beteiligungsunternehmens überhaupt zu berücksichtigen sind. Die Tatsache, dass der Gesetzgeber zwar eine spezifische Regelung für Gemeinschaftsunternehmen zwischen den beteiligten Unternehmen geschaffen hat, es aber für Gemeinschaftsunternehmen mit dritten Unternehmen bei den allgemeinen Regeln des Abs. 4 belassen hat, hätte man zudem als bewusste Entscheidung interpretieren können, dass die Umsätze solcher Gemeinschaftsunternehmen nicht zu berücksichtigen sind. Schließlich setzt sich bei nicht-paritätischen, aber gemeinsam kontrollierten Unternehmen die analoge Anwendung von Abs. 5 in Widerspruch zur Bestimmung des Abs. 4 lit. b Ziff. i (wonach bei Kapitalmehrheit eine volle Zurechnung erfolgt)[229] und des Abs. 4 lit. b Ziff. iv (Zurechnung bei einem Recht des beteiligten Unternehmens, die Geschäfte des Unternehmens zu führen), was die Kommission allerdings als logische Konsequenz der Analogie zu Abs. 5 darstellen kann, welcher eben eine Ausnahmeregelung zum Grundsatz der Kapitalmehrheit enthält.

Ebenfalls nicht ausdrücklich in der FKVO geregelt ist die Umsatzberechnung im Falle des **85** **Erwerbs durch ein** (Vollfunktions-)[230]**Gemeinschaftsunternehmen** bzw. durch ein von einem Gemeinschaftsunternehmen kontrolliertes Unternehmen. Hier stellt sich die Frage, ob die Umsätze der Muttergesellschaften einzubeziehen sind oder nicht. Wendet man die Kriterien des Abs. 4 lit. b wortgetreu an, so liegt bei paritätischen Gemeinschaftsunternehmen keiner der Konzerntatbestände vor, da diese durchgängig die Mehrheit (des Kapitals, der Stimmrechte, der Mitglieder in den Leitungsorganen) voraussetzen.[231] Die Kommission hat sich in der Konsolidierten Mitteilung Zuständigkeit und ihrer ständigen Praxis allerdings auf den Standpunkt gestellt, dass stets die Umsätze aller mitkontrollierenden Mütter hinzuzurechnen sind.[232] Diese Auffassung begründet die Kommission damit, dass Abs. 4 lit. c bei der Bezeichnung der das beteiligte Unternehmen kontrollierenden Unternehmen die Pluralform verwendet, also sprachlich die Möglichkeit voraussetzt, dass mehr als ein einzelnes Unternehmen die Voraussetzungen des Abs. 4 lit. b Ziff. iv durch die gemeinsame Ausübung der Rechte, die Geschäfte auf der Grundlage individueller Vetorechte zu führen, erfüllen kann.

Stellungnahme: Die Erklärung der Kommission ist nicht sehr überzeugend, denn die Plural- **86** form[233] bezieht sich offensichtlich auf Situationen, in denen mehrere Unternehmen jeweils unterschiedliche Kriterien des Abs. 4 lit. b erfüllen,[234] also etwa ein Unternehmen mehr als die Hälfte

---

[226] Konsolidierte Mitteilung Zuständigkeit, Rn. 187.
[227] Kom., M.1046, Rn. 6 – Ameritech/Tele Danmark; vgl. auch Kom., M.1154, Rn. 18 – McDermott/ETPM; Kom., M.782, Rn. 7 – Swissair/Allders International.
[228] S. die Kritik bei Broberg, The European Commission & Jurisdiction to Scrutinise Mergers, 1. Aufl. 1998, 92 f.; Hawk/Huser, European Community Merger Control – A Practitioner's Guide, 1. Aufl. 1996, 103.
[229] S. hierzu auch FK-KartellR/Völcker Rn. 48.
[230] Bei reinen Akquisitionsvehikeln und ähnlichen Konstellationen sind die Mütter und nicht das Gemeinschaftsunternehmen als beteiligte Unternehmen anzusehen; dazu → Rn. 62.
[231] So auch Levy/Cook, 6–34.
[232] Konsolidierte Mitteilung Zuständigkeit, Rn. 184; vgl. zuletzt Kom., M.4504, Rn. 11 – SFR/Télé 2 France; Kom., M.6547, Rn. 9 – Antena 3/La Sexta; zustimmend Immenga/Mestmäcker/Immenga/Körber Art. 1 Rn. 43 f.; Montag/Heinemann ZIP 1992, 1372.
[233] Auf sie stützen sich auch die gegenteiligen Auffassungen von Montag/Heinemann ZIP 1992, 1372; Jones/Gonzalez Diaz, The EEC Merger Regulation, 1. Aufl. 1992, 21; Immenga/Mestmäcker/Immenga/Körber Rn. 42.
[234] Zu dieser Möglichkeit s. auch Cook/Kerse 110.

der Stimmrechte innehat, ein anderes aber die Kapitalmehrheit, oder eine Mutter die Kapitalmehrheit hält, eine andere aber das Recht hat, die Geschäfte des Unternehmens zu führen. Auch ein Vergleich mit dem Wortlaut von lit. e spricht gegen die Rechtsauffassung der Kommission, denn anders als lit. e spricht lit. c gerade nicht von der „gemeinsamen" Innehabung der Einflussrechte.[235] Drittens scheinen sämtliche Kriterien des Abs. 4 lit. b auf alleinige Kontrolle und nicht auf gemeinsame Kontrolle ausgerichtet zu sein.[236] Schließlich kann sich die Kommission anders als für Gemeinschaftsunternehmen mit Dritten hier nicht auf eine Analogie zu Abs. 5 berufen, was zu einer Abweichung von der ausdrücklichen Regelung des Abs. 4 lit. b Ziff. i (volle Zurechnung bei Kapitalmehrheit) oder des Abs. 4 lit. b Ziff. iv (volle Zurechnung bei einem Recht des beteiligten Unternehmens, die Geschäfte des Unternehmens zu führen) im Falle von nichtparitätischen Gemeinschaftsunternehmen führt, ohne dass sich hierfür irgendeine Stütze im Wortlaut der FKVO finden ließe. Insgesamt steht diese Praxis der Kommission daher juristisch auf sehr unsicherem Grund,[237] so dass durchaus offen ist, ob sie einer Überprüfung durch die europäischen Gerichte standhielte.

Art. 6 Prüfung der Anmeldung und Einleitung des Verfahrens

(1) Die Kommission beginnt unmittelbar nach dem Eingang der Anmeldung mit deren Prüfung.

a) Gelangt sie zu dem Schluss, dass der angemeldete Zusammenschluss nicht unter diese Verordnung fällt, so stellt sie dies durch Entscheidung fest.

b) Stellt sie fest, dass der angemeldete Zusammenschluss zwar unter diese Verordnung fällt, jedoch keinen Anlass zu ernsthaften Bedenken hinsichtlich seiner Vereinbarkeit mit dem Gemeinsamen Markt gibt, so trifft sie die Entscheidung, keine Einwände zu erheben und erklärt den Zusammenschluss für vereinbar mit dem Gemeinsamen Markt.

Durch eine Entscheidung, mit der ein Zusammenschluss für vereinbar erklärt wird, gelten auch die mit seiner Durchführung unmittelbar verbundenen und für sie notwendigen Einschränkungen als genehmigt.

c) Stellt die Kommission unbeschadet des Absatzes 2 fest, dass der angemeldete Zusammenschluss unter diese Verordnung fällt und Anlass zu ernsthaften Bedenken hinsichtlich seiner Vereinbarkeit mit dem Gemeinsamen Markt gibt, so trifft sie die Entscheidung, das Verfahren einzuleiten. Diese Verfahren werden unbeschadet des Artikels 9 durch eine Entscheidung nach Artikel 8 Absätze 1 bis 4 abgeschlossen, es sei denn, die beteiligten Unternehmen haben der Kommission gegenüber glaubhaft gemacht, dass sie den Zusammenschluss aufgegeben haben.

(2) Stellt die Kommission fest, dass der angemeldete Zusammenschluss nach Änderungen durch die beteiligten Unternehmen keinen Anlass mehr zu ernsthaften Bedenken im Sinne des Absatzes 1 Buchstabe c) gibt, so erklärt sie gemäß Absatz 1 Buchstabe b) den Zusammenschluss für vereinbar mit dem Gemeinsamen Markt.

Die Kommission kann ihre Entscheidung gemäß Absatz 1 Buchstabe b) mit Bedingungen und Auflagen verbinden, um sicherzustellen, dass die beteiligten Unternehmen den Verpflichtungen nachkommen, die sie gegenüber der Kommission hinsichtlich einer mit dem Gemeinsamen Markt zu vereinbarenden Gestaltung des Zusammenschlusses eingegangen sind.

(3) Die Kommission kann eine Entscheidung gemäß Absatz 1 Buchstabe a) oder b) widerrufen, wenn

a) die Entscheidung auf unrichtigen Angaben, die von einem beteiligten Unternehmen zu vertreten sind, beruht oder arglistig herbeigeführt worden ist
oder

b) die beteiligten Unternehmen einer in der Entscheidung vorgesehenen Auflage zuwiderhandeln.

(4) In den in Absatz 3 genannten Fällen kann die Kommission eine Entscheidung gemäß Absatz 1 treffen, ohne an die in Artikel 10 Absatz 1 genannten Fristen gebunden zu sein.

---

[235] So zu Recht Cook/Kerse 110 Fn. 88; Drauz/Schröder, Praxis der Europäischen Fusionskontrolle, 2. Aufl. 1995, 21.

[236] Dies räumt die Kommission selbst ein in ihrem Grünbuch, KOM(2001) 745/6 endg., Rn. 150; anders jedoch die Konsolidierte Mitteilung Zuständigkeit, Rn. 184.

[237] Krit. auch Broberg, The European Commission's Jurisdiction to Scrutinise Mergers, 1. Aufl. 1998, 88 f.; Hawk/Huser, European Community Merger control – A Practitioner's Guide, 1. Aufl. 1996, 104 f.

(5) Die Kommission teilt ihre Entscheidung den beteiligten Unternehmen und den zuständigen Behörden der Mitgliedstaaten unverzüglich mit.

Schrifttum: Berg/RealMontani, Internal documents and new theories of harm – EU merger control 2018, ECLR 2019, 358; Dittert, Die Reform des Verfahrens in der neuen EG-Fusionskontrollverordnung, WuW 2004, 148; Glazener, Strengthening External Checks and Balances in the EU Merger Control System, in: Drauz/Reynolds, EC Merger Control: A Major Reform in Progress, 2003, 95; Lübking/v. Koppenfels, Effektive Durchsetzung des EU-Wettbewerbsrechts und Verfahrensgarantien, in: Immenga/Körber, Die Kommission zwischen Gestaltungsmacht und Rechtsbindung, 2012, 60; Montag/Leibenrath, Die Rechtsschutzmöglichkeiten Dritter in der europäischen Fusionskontrolle, ZHR 2000, 176; Navarro Varano/Font Galarza/Folguero Crespo/Briones Alonso, Merger Control in the European Union: law, economics and practice, 2. Aufl. 2009; Rosenfeld/Wolfsgruber, Die Entscheidungen BaByliss und Philips des EuG zur Europäischen Fusionskontrolle, EuZW 2003, 743; Vesterdorf, Recent CFI Rulings on Merger Cases, Interim Measures and Accelerated Procedures and Some Reflections on Reform Measures Regarding Judicial Control, in: Drauz/Reynolds, EC Merger Control: A Major Reform in Progress, 2003, 79 ff., 84; Winckler, Some Comments on Procedure and Remedies under EC Merger Control Rules: Something Rotten in the Kingdom of the EC Merger Control?, W. Comp. 2003, 219.

Übersicht

		Rn.				Rn.
I.	**Allgemeines**	1		a) Unbedingte Freigabe		29
1.	Überblick	1		b) Freigabe nach Abänderung des Zusammenschlussvorhabens (Abs. 2)		30
2.	Entstehungsgeschichte	5		c) Nebenabreden (Abs. 1 lit. b S. 2)		42
II.	**Ablauf des Prüfungsverfahrens in Phase 1**	6	3.	Abs. 1 lit. c: Einleitung des Verfahrens		43
1.	Überblick	6	**IV.**	**Aufgabe des Zusammenschlusses (Abs. 1 lit. c S. 2)**		49
2.	Entscheidung im Wege der Ermächtigung	11	**V.**	**Widerruf der Feststellung der Nichtanwendbarkeit der FKVO oder der Freigabe (Abs. 3 und 4)**		55
	a) Das Kollegialprinzip	11				
	b) Übertragung der Entscheidungsbefugnis nach Abs. 1	13	**VI.**	**Mitteilung und Veröffentlichung der Beschlüsse (Abs. 5)**		58
3.	Prüfungskompetenz ohne Anmeldung	16	**VII.**	**Rechtsschutz**		61
4.	Das Kriterium der „ernsthaften Bedenken"	18	1.	Anfechtbare Rechtsakte		61
III.	**Die Beschlüsse nach Abs. 1**	23	2.	Klagebefugnis		64
1.	Abs. 1 lit. a: Nichtanwendbarkeit der FKVO	23	3.	Umfang der gerichtlichen Kontrolle		66
2.	Abs. 1 lit. b: Keine ernsthaften Bedenken	27	4.	Rechtsfolge der Nichtigerklärung eines Beschlusses		67

I. Allgemeines

1. Überblick. Das Verfahren der Prüfung angemeldeter Zusammenschlüsse gliedert sich in **1** **zwei Phasen.** In einer ersten Phase, der sog. Vorprüfungsphase, prüft die Kommission, ob das Vorhaben Anlass zu **ernsthaften Bedenken** hinsichtlich seiner Vereinbarkeit mit dem Binnenmarkt gibt. Diese Phase wird grds. innerhalb einer Frist von 25 Arbeitstagen mit einem **förmlichen Beschluss** gem. Abs. 1 abgeschlossen. Hierin unterscheidet sich das Verfahren nach der FKVO von vielen nationalen Fusionskontrollregimen, u.a. dem deutschen des GWB (wo die Freigabe in der Vorprüfungsphase durch einfaches Schreiben erfolgt) oder dem US-amerikanischen (wo die zuständige Wettbewerbsbehörde durch den schlichten Verzicht auf das sog „second request" die Prüfung des Zusammenschlusses beenden kann).

Der **Beschluss der Kommission am Ende der ersten Phase** kann darin bestehen, die **2** FKVO für nicht anwendbar zu erklären (Abs. 1 lit. a), oder, wenn die Kommission die FKVO für anwendbar hält, den Zusammenschluss mangels ernsthafter Bedenken für mit dem Binnenmarkt vereinbar zu erklären (Abs. 1 lit. b). Die Freigabe in Phase 1 nach Beschluss gem. Abs. 1 lit. b kann auch erfolgen, wenn die beteiligten Unternehmen im Wege der Vorlage von Verpflichtungszusagen den Zusammenschluss abändern, und in diesem Fall mit Auflagen und Bedingungen verbunden werden (Abs. 2). Nur in den Fällen, in denen der Zusammenschluss Anlass zu ernsthaften Bedenken gibt, leitet die Kommission durch Beschluss gem. Abs. 1 lit. c das eigentliche Verfahren, die sog zweite Phase (eingehende Prüfung oder Hauptprüfungsphase), ein, die durch eine Entscheidung gem. Art. 8 Abs. 1–3 (Freigabe mit oder ohne Verpflichtungszusagen oder Untersagung) abgeschlossen wird.

3 Außer durch einen Beschluss gem. Abs. 1 kann ein Verfahren in Phase 1 abgeschlossen werden durch eine **Verweisung** des Falles an einen Mitgliedstaat gem. Art. 9, durch **Ablauf der Entscheidungsfrist** gem. Art. 10 Abs. 6 oder wenn die beteiligten Unternehmen die Anmeldung zurücknehmen (→ Rn. 52).

4 Abs. 3 erlaubt der Kommission, in bestimmten Fällen einen Freigabebeschluss oder einen die Nichtanwendbarkeit der FKVO feststellenden Beschluss gem. Abs. 1 lit. b zu **widerrufen**. In diesem Fall trifft sie einen neuen Beschluss gem. Abs. 1, ohne dabei an Fristen gebunden zu sein (Abs. 4).

5 **2. Entstehungsgeschichte.** Art. 6 geht in seiner Grundstruktur auf die ursprüngliche VO 4064/89 zurück. Abs. 2, der die Möglichkeit von Verpflichtungszusagen in Phase 1 ausdrücklich regelt, sowie die Regelung über den Widerruf von Beschlüssen gem. Abs. 1 lit. a und b in Abs. 3 und 4 wurden bei der ersten Revision der FKVO durch die VO 1310/97 eingefügt. Die VO 139/2004 hat die Regelung der Nebenabreden in Abs. 1 lit. b S. 2 neu gefasst und die ausdrückliche Bestimmung in Abs. 1 lit. c aufgenommen, dass ein Verfahren in Phase 2 ohne Entscheidung beendet wird, wenn die Unternehmen glaubhaft machen, dass sie den Zusammenschluss aufgegeben haben.

II. Ablauf des Prüfungsverfahrens in Phase 1

6 **1. Überblick.** Abs. 1 S. 1 verpflichtet die Kommission, unmittelbar nach Eingang der Anmeldung mit deren Prüfung zu beginnen (zur informellen Pränotifizierungsphase → Art. 4 Rn. 24). In der Praxis wird – sofern nicht das Vorhaben von vornherein unproblematisch erscheint und im vereinfachten Verfahren (→ Art. 4 Rn. 55 ff.) behandelt wird – im Wege von **Auskunftsverlangen** gem. Art. 11 an Wettbewerber, Abnehmer und ggf. Lieferanten der beteiligten Unternehmen ermittelt, ob nach den Marktverhältnissen ernsthafte Bedenken hinsichtlich einer erheblichen Behinderung wesentlichen Wettbewerbs durch den Zusammenschluss bestehen. Soweit erforderlich, werden auch an die Zusammenschlussbeteiligten selbst Auskunftsverlangen gerichtet. Die Ermittlung hat insbes. auch den Zweck, die Richtigkeit der von den beteiligten Unternehmen in der Anmeldung gemachten Angaben zu überprüfen. Die richtige Formulierung der gestellten Fragen ist für die Ermittlungen in der ersten Phase von entscheidender Bedeutung, denn wegen der kurzen Frist sind spätere Nachfragen oder gar eine zweite Runde von Auskunftsersuchen nur in sehr begrenztem Umfang möglich. In einigen Fällen beginnt die Kommission auch schon vor der Anmeldung mit den Ermittlungen. Dies geschieht jedoch nur im Einvernehmen mit den Anmeldern und idR in Fällen, in denen das Zusammenschlussvorhaben als solches bereits öffentlich bekannt ist.[1]

7 Parallel zu den Ermittlungen informiert die GD Wettbewerb das für Wettbewerb zuständige Kommissionsmitglied über den Fall und steht gewöhnlich im Kontakt mit den beteiligten Unternehmen über Telefon, E-Mail und Besprechungen. Ergibt die vorläufige Einschätzung des Ermittlungsergebnisses, dass ernsthafte Bedenken hinsichtlich der Vereinbarkeit des Zusammenschlusses mit dem Binnenmarkt nicht ausgeschlossen werden können, teilt die GD Wettbewerb dies den beteiligten Unternehmen – meist iRe **State of Play meeting**[2] oder einer Telefonkonferenz – so rechtzeitig mit, dass diese innerhalb der Frist von 20 Arbeitstagen (Art. 19 Abs. 1 DVO FKVO) die Möglichkeit haben, Verpflichtungszusagen anzubieten.

8 Bieten die Beteiligten rechtzeitig **Zusagen** an, muss die GD Wettbewerb diese einer vorläufigen Einschätzung unterziehen und ggf. ihre Eignung und Wirksamkeit durch Befragung ausgewählter Marktteilnehmer überprüfen (sog „Markttest"). Das Ergebnis dieser Prüfung teilt sie den beteiligten Unternehmen mit, um ihnen ggf. Gelegenheit zur Verbesserung der Zusagen zu geben.

9 Zum Ende des Verfahrens bereitet die GD Wettbewerb einen **Entscheidungsentwurf** vor und stimmt ihn mit dem Juristischen Dienst und ggf. anderen Dienststellen der Kommission ab bzw. gibt diesen Gelegenheit zur Stellungnahme. Der Beschluss muss innerhalb der Frist des Art. 10 Abs. 1 vom für Wettbewerb zuständigen Kommissionsmitglied (Beschlüsse im vereinfachten Verfahren vom Generaldirektor der GD Wettbewerb) getroffen werden. Ergeht innerhalb der Frist keine Entscheidung, so gilt der Zusammenschluss als für mit dem Binnenmarkt vereinbar erklärt (Art. 10 Abs. 6).

10 Die **Frist** für die Entscheidung in Phase 1 beträgt 25 Arbeitstage; sie verlängert sich auf 35 Arbeitstage, wenn entweder die beteiligten Unternehmen Verpflichtungszusagen gem. Abs. 2 anbieten oder ein Mitgliedstaat einen Verweisungsantrag gem. Art. 9 stellt (Art. 10 Abs. 1). Darüber hinaus kann die Frist gem. Art. 10 Abs. 4 FKVO, 9 Abs. 1 und 2 DVO FKVO gehemmt werden, wenn die Kommission gezwungen ist, Informationen von den Beteiligten durch eine förmliche Entscheidung gem. Art. 11 Abs. 3 anzufordern. Ein frühestmöglicher Zeitpunkt für den Erlass der

---

[1] Mitteilung „Merger Best Practices", Rn. 26.
[2] Mitteilung „Merger Best Practices", Rn. 33.

Entscheidung gem. Art. 6 ist in der FKVO nicht geregelt, ergibt sich aber für Genehmigungsentscheidungen gem. Abs. 1 lit. b mittelbar aus der Möglichkeit für Mitgliedstaaten, einen Verweisungsantrag gem. Art. 9 zu stellen. Solange die Frist hierfür gem. Art. 9 Abs. 2 (15 Arbeitstage nach Erhalt der Kopie der Anmeldung) nicht abgelaufen ist, kann die Kommission nicht selbst dadurch in der Sache abschließend entscheiden, dass sie den Zusammenschluss für mit dem Binnenmarkt vereinbar erklärt.

2. Entscheidung im Wege der Ermächtigung. a) Das Kollegialprinzip. Die Kommission **11** ist ein Kollegialorgan (vgl. Art. 17 Abs. 6 lit. b EUV).[3] In der Tradition des französischen Verwaltungsrechts wird aus dem Kollegialprinzip hergeleitet, dass alle Entscheidungen der Kommission **im Regelfall vom Kollegium selbst** getroffen werden müssen (anders als etwa im deutschen Verwaltungsrecht, wo Bedienstete einer Behörde regelmäßig ermächtigt sind, den Behördenleiter nach außen rechtswirksam zu vertreten, dessen Leitungsbefugnis im Innenverhältnis durch Weisungsbefugnis und Selbsteintrittsrecht gewährleistet werden). Eine **Übertragung von Entscheidungsbefugnissen** auf ein einzelnes Mitglied oder einen Beamten der Kommission ist **nur in begrenztem Umfang und auf der Grundlage eines ausdrücklichen Aktes möglich,** in dem die Art der übertragenen Entscheidung genau bestimmt ist; Ausnahmen gelten nur für schlichte Geschäftsführungsmaßnahmen („actes de pure gestion"), wobei die Abgrenzung zu Entscheidungen fließend ist. Insbes. Entscheidungen mit Grundsatzcharakter müssen in jedem Fall dem Kommissionskollegium vorbehalten bleiben.[4] Demgemäß bestimmt Art. 13 Abs. 1 GeschOK, dass die Kommission unter der Voraussetzung, dass der Grundsatz der kollegialen Verantwortlichkeit gewahrt bleibt, eines oder mehrere ihrer Mitglieder **ermächtigen** kann, in ihrem Namen **Maßnahmen der Geschäftsführung und Verwaltung** zu treffen. Diese Befugnis kann auf einen Generaldirektor weiter delegiert werden („Subdelegation" gem. Art. 13 Abs. 3 GeschOK).

Im Bereich der Anwendung der FKVO wird davon ausgegangen, dass grds. alle die abschließende Entscheidung der Kommission **vorbereitenden Akte** im Wege der Ermächtigung auf das **12** für Wettbewerb zuständige Kommissionsmitglied übertragen werden können. Wegen des besonderen Charakters des **Beschlusses gem. Abs. 1 lit. b** – es handelt sich um einen sehr häufig vorkommenden Entscheidungstyp, die sachliche Würdigung des Falles beschränkt sich auf die Feststellung des Fehlens ernsthafter Bedenken – hat die Kommission ferner in diesem Fall auch für eine das Verfahren abschließende Entscheidung eine Ermächtigung des Wettbewerbskommissars für zulässig erachtet.

b) Übertragung der Entscheidungsbefugnis nach Abs. 1. Der Beschluss gem. Abs. 1 wird **13** im Namen der Kommission von dem **für Wettbewerb zuständigen Kommissionsmitglied** getroffen, das hierzu von der Kommission gem. Art. 13 Abs. 1 GeschOK ermächtigt worden ist.[5] Soweit die Entscheidung im vereinfachten Verfahren getroffen wird, hat der Wettbewerbskommissar diese Ermächtigung gem. Art. 13 Abs. 3 GeschOK im Wege der **Subdelegation** auf den Generaldirektor der GD Wettbewerb übertragen.[6]

Die Ermächtigungsentscheidung der Kommission sieht u.a. vor, dass die GD Wettbewerb stets **14** die vorherige **Zustimmung des Juristischen Dienstes** einholen und anderen Dienststellen der Kommission, die hauptsächlich für die betroffenen Erzeugnisse, Dienstleistungen oder Politikbereiche verantwortlich sind, Gelegenheit zur Stellungnahme geben muss. Sofern ein Freigabebeschluss gem. Abs. 1 lit. b vorgeschlagen wird und die beteiligten Unternehmen einen Marktanteil von mehr als 25 % im Binnenmarkt oder einen wesentlichen Teil desselben erreichen, müssen die nach der Art des Falles in erster Linie betroffenen Dienststellen ihre Zustimmung erteilen. Den Beschluss zur Einleitung des Verfahrens gem. Abs. 1 lit. c schließlich kann der Wettbewerbskommissar nur im Einvernehmen mit dem Präsidenten der Kommission treffen.

Zum Zweck der **Beteiligung der anderen Dienststellen** wird der von der GD Wettbewerb **15** erstellte Beschlussentwurf gewöhnlich einige Tage im Voraus an den Juristischen Dienst und an die anderen betroffenen Dienststellen (zB GD Binnenmarkt, Unternehmertum, Industrie und KMU [GROW], GD Finanzstabilität, Finanzdienstleistungen und Union der Kapitalmärkte [FISMA], GD Mobilität und Verkehr [MOVE], GD Energie [ENER] oder GD Kommunikationsnetze, Inhalte und Technologien [CNCT]) übersandt und – soweit diese es wünschen – eine Besprechung der Dienststellen (inter-service meeting) durchgeführt (in der Praxis jetzt äußerst selten). Die GD Wettbewerb bemüht sich idR, den Anregungen der anderen Dienststellen Rechnung zu tragen; ein Einspruchsrecht besitzen aber nur der Juristische Dienst, die hauptsächlich betroffenen Dienste im

---

[3] Vgl. zum Kollegialprinzip und der Übertragung von Entscheidungsbefugnissen auch → FKVO Grdl. Rn. 175 ff.
[4] EuGH Slg. 1986, 2585 – AKZO/Kommission.
[5] Kom., SEK(2004)518, PV (2004)1655.
[6] Beschl. des für Wettbewerb zuständigen Mitglieds der Kommission v. 27.5.2004, PH/785/2004.

Falle einer Entscheidung gem. Abs. 1 lit. b bei Marktanteilen über 25 % sowie der Präsident im Falle einer Entscheidung gem. Abs. 1 lit. c.

16 **3. Prüfungskompetenz ohne Anmeldung.** Die Zuständigkeit der Kommission zur Prüfung von Zusammenschlüssen mit unionsweiter Bedeutung und zum Erlass einer Entscheidung gem. Abs. 1 – und ggf. gem. Art. 8 Abs. 1–3 – hängt entgegen dem Wortlaut von Abs. 1 lit. a–c nicht von einer Anmeldung ab. Dies folgt aus Art. 2 Abs. 1, wonach Zusammenschlüsse iS dieser Verordnung – zwingend – auf ihre Vereinbarkeit mit dem Binnenmarkt zu prüfen sind. Die Kommission hat nach der FKVO keine Möglichkeit, die Anmeldung – etwa durch Zwangsgelder (Art. 15) – zu erzwingen; sie kann lediglich eine Geldbuße verhängen, wenn ein Zusammenschluss nicht vor seinem Vollzug angemeldet wurde (Art. 14 Abs. 2 lit. a). Dann muss es aber der Kommission jedenfalls für den Fall, dass ein nicht angemeldeter Zusammenschluss schon vollzogen wurde, möglich sein, neben der Verhängung von Geldbußen auch die materielle Prüfung des Zusammenschlusses gem. Art. 6 und 8 vorzunehmen. Für diese Auslegung spricht auch der **Wortlaut des Art. 8 Abs. 3;** diese Vorschrift spricht für Verbotsentscheidungen – anders als Abs. 1 lit. a–c sowie Art. 8 Abs. 1 und 2 für unbedingte und bedingte Genehmigungsentscheidungen – nur von einer Entscheidung über einen Zusammenschluss, nicht über den „angemeldeten" Zusammenschluss. Allerdings wird die Kommission ein **Prüfungsverfahren von Amts wegen** ohne Anmeldung erst einleiten dürfen, wenn die beteiligten Unternehmen gem. Art. 4 Abs. 1 UAbs. 1 zur Anmeldung verpflichtet sind, also **nach Abschluss eines bindenden Vertrages oder Veröffentlichung eines bindenden Übernahmeangebotes** (und erst recht natürlich bei einem bereits vollzogenen Zusammenschluss), nicht schon dann, wenn lediglich eine Befugnis zur Anmeldung gem. Art. 4 Abs. 1 UAbs. 2 aufgrund einer glaubhaft gemachten Absicht zur Verwirklichung des Vorhabens besteht; in diesem Fall liegt es nämlich nach Sinn und Zweck der letztgenannten Vorschrift im Ermessen der beteiligten Unternehmen, den Zeitpunkt der Anmeldung und damit der Einleitung des Fusionskontrollverfahrens zu bestimmen. In der Praxis ist es in Fällen, wo die Zuständigkeit der Kommission von den beteiligten Unternehmen bestritten wurde, bisher stets zu einer Anmeldung des Zusammenschlusses – ggf. unter Vorbehalt der abweichenden Rechtsauffassung – gekommen.[7]

17 In diesem Zusammenhang sei auch darauf hingewiesen, dass im Fall einer Verweisung eines Zusammenschlusses durch einen oder mehrere Mitgliedstaaten gem. Art. 22 die Kommission den Zusammenschluss auch ohne eine Anmeldung seitens der beteiligten Unternehmen prüfen kann. In der Praxis besteht die Kommission allerdings regelmäßig gem. Art. 22 Abs. 3 UAbs. 2 S. 2 auf einer Anmeldung (→ Art. 22 Rn. 96).

18 **4. Das Kriterium der „ernsthaften Bedenken".** Prüfungsmaßstab für die Entscheidung nach Abs. 1 ist – soweit die Kommission nicht gem. Abs. 1 lit. a ihre Zuständigkeit verneint –, ob der Zusammenschluss „Anlass zu ernsthaften Bedenken hinsichtlich seiner Vereinbarkeit mit dem [Binnenmarkt]" gibt (Abs. 1 lit. b und c). Eine Definition des Begriffs „ernsthafte Bedenken" enthält die FKVO nicht. Bezugsmaßstab der ernsthaften Bedenken ist die **Vereinbarkeit des Zusammenschlusses mit dem Binnenmarkt** iSv Art. 2 Abs. 2–4. Dh, es müssen **Tatsachen oder Anhaltspunkte** vorliegen, die die Schlussfolgerung erlauben, dass der Zusammenschluss iSv Art. 2 Abs. 3 **wirksamen Wettbewerb im Binnenmarkt oder einem wesentlichen Teil desselben erheblich behindern oder eine wettbewerbsbeschränkende Koordinierung iSv Art. 2 Abs. 4 und 5 bewirken könnte.**[8]

19 Das Kriterium der ernsthaften Bedenken stellt den Maßstab dar, anhand dessen am Ende einer kurzen und notwendigerweise summarischen Ermittlung festgestellt werden kann, ob ein angemeldeter Zusammenschluss offensichtlich wettbewerblich unproblematisch und daher freizugeben ist oder ob die Entscheidung über seine Zulässigkeit eine vertiefte Prüfung erfordert. Daraus folgt nach der Rspr. jedoch nicht, dass die **Anforderungen an den Nachweis ernsthafter Bedenken** geringer wären als die für die Feststellung der Unvereinbarkeit eines Zusammenschlusses mit dem Binnenmarkt gem. Art. 8 Abs. 2 (Freigabe mit Bedingungen und Auflagen, ohne die der Zusammenschluss nach der Entscheidung mit dem Binnenmarkt unvereinbar wäre) bzw. Art. 8 Abs. 3 (Untersagung). Das EuG ist vielmehr der Auffassung, eine Freigabe gem. Abs. 1 lit. b ebenso wie gem. Art. 8 Abs. 1 setze gleichermaßen voraus, dass nach der Prognose der Kommission auf der Basis der verfügbaren Beweise die **größere Wahrscheinlichkeit** dafür spreche, dass der Zusammenschluss nicht zu einer

---

[7] Vgl. etwa den Fall M.709 – Telefónica/Sogecable/Cablevisión (das Vorhaben wurde nach Eröffnung der zweiten Phase aufgegeben) oder Kom. ABl. 2003 L 282, 1 – Haniel/Cementbouw/JV (CVK) (bestätigt durch EuG Slg. 2006, II-319 – Cementbouw/Kommission und EuGH Slg. 2007, I-12129 – Cementbouw/Kommission).

[8] Navarro Varona/Font Galarza/Folguera Crespo/Briones Alonso, Merger control in the European Union: law, economics and practice, 2. Aufl. 2009, Rn. 13.30.

wesentlichen Wettbewerbsbehinderung führe; ob die Freigabe gem. Abs. 1 lit. b oder gem. Art. 8 Abs. 1 erfolgen könne, hänge lediglich von der **zeitlichen Verfügbarkeit der Beweise** ab, nicht von unterschiedlichen Anforderungen an deren Qualität.[9] Praktisch bedeutet dies wohl: Ist die Kommission in der ersten Verfahrensphase in der Lage, alle für die Prognoseentscheidung über die wettbewerblichen Auswirkungen des Vorhabens maßgeblichen Tatsachen zu ermitteln, kann sie den Zusammenschluss gem. Abs. 1 lit. b freigeben, wenn nach dieser Beweislage eine höhere Wahrscheinlichkeit für die Unbedenklichkeit der Fusion spricht. Verbleiben jedoch ernsthafte Zweifel (auch unterhalb der Schwelle der größeren Wahrscheinlichkeit) an der Unbedenklichkeit des Zusammenschlusses und ist zugleich anzunehmen, dass diese Zweifel durch weitere Ermittlungen erhärtet oder widerlegt werden können, ist ein 2. Phase-Verfahren einzuleiten (es sei denn, die beteiligten Unternehmen bieten ausreichende Verpflichtungszusagen an).

Die **Kriterien,** anhand derer die Kommission das Vorliegen ernsthafter Bedenken beurteilt, sind grds. dieselben, nach denen auch in Phase 2 über die Prognose, ob der Zusammenschluss zu einer erheblichen Behinderung wesentlichen Wettbewerbs führt oder nicht, entschieden wird. Erste Anhaltspunkte geben somit bei horizontalen Zusammenschlüssen zunächst die grundlegenden **Strukturmerkmale:** der gemeinsame Marktanteil des zusammengeschlossenen Unternehmens, der Umfang des Marktanteilszuwachses infolge des Zusammenschlusses, die Marktanteile der Wettbewerber, der Konzentrationsgrad (HHI) und seine Zunahme infolge des Zusammenschlusses (HHI-Delta). Für die hierzu erforderlichen Daten stützt sich die Kommission in diesem Stadium normalerweise auf die **Angaben in der Anmeldung,** es sei denn, dass die Marktbefragung ernsthafte Zweifel an deren Richtigkeit ergibt; ausnahmsweise hat die Kommission aber auch schon in Phase 1 eine sog. „market reconstruction" auf Grundlage der von den Marktteilnehmern übermittelten Umsatzangaben durchgeführt.[10] Auch für die Feststellung ernsthafter Bedenken kann sich die wettbewerbliche Prüfung jedoch nicht auf die Analyse dieser Strukturmerkmale beschränken. Vielmehr kann aus ihnen nach der Rspr. und den Leitlinien „horizontale Zusammenschlüsse" und „vertikale Zusammenschlüsse" nur eine **erste Einschätzung** gewonnen werden; diese muss anhand der **weiteren Funktionsmerkmale** der betroffenen Märkte, etwa der Existenz von Marktzutrittsschranken oder Überkapazitäten, der Nachfragestruktur, der Bedeutung von Forschung und Entwicklung, des potenziellen Wettbewerbs usw überprüft werden, um festzustellen, welche **Auswirkungen** des Zusammenschlusses zu erwarten sind (→ Art. 2 Rn. 34 ff.). Wegen der **Filterfunktion**[11] des Kriteriums der ernsthaften Bedenken und des begrenzten Umfangs der in Phase 1 möglichen Ermittlungen kommt es jedoch hinsichtlich jedes der genannten Gesichtspunkte darauf an, ob nach dem Stand der Ermittlungen ein bestimmtes Merkmal, das im konkreten Fall für das Vorhandensein von Wettbewerbsbedenken spricht, vernünftigerweise vorliegen kann oder nicht; die Überprüfung, ob das Merkmal tatsächlich erfüllt ist, muss ggf. dem Verfahren der zweiten Phase vorbehalten bleiben. Erst recht ist dies der Fall hinsichtlich von Analysen der zu erwartenden Auswirkungen des Zusammenschlusses und ökonomischer oder ökonometrischer Modelle.

Die ernsthaften Bedenken müssen auf eine erhebliche Behinderung wesentlichen Wettbewerbs durch den Zusammenschluss gerichtet sein. An dieser **Kausalität** fehlt es etwa dann, wenn das zusammengeschlossene Unternehmen zwar einen hohen Marktanteil hat bzw. der Markt stark konzentriert ist, der Zusammenschluss jedoch keine signifikante Änderung des zuvor bestehenden Zustandes bewirkt, etwa weil bei horizontalen Überschneidungen der Marktanteilszuwachs gering ist oder sich die Konzentration des Marktes nur geringfügig erhöht. Ernsthafte Bedenken sind auch dann ausgeschlossen, wenn nach dem Ergebnis der Ermittlungen feststeht, dass mögliche Wettbewerbsbedenken sich auf räumliche Märkte beschränken, die keinen wesentlichen Teil des Binnenmarktes bilden.[12]

Das Kriterium der ernsthaften Bedenken ist auch für die Entgegennahme von **Verpflichtungszusagen** der beteiligten Unternehmen **in der ersten Phase** gem. Abs. 2 maßgeblich. Während Verpflichtungszusagen in Phase 2 (nur) so weit gehen müssen, wie die von der Kommission nach Durchführung der vertieften Prüfung geltend gemachten Wettbewerbsbedenken reichen, müssen Zusagen in der ersten Phase so beschaffen sein, dass sie alle nach dem Ermittlungsergebnis bestehenden ernsthaften Bedenken zweifelsfrei ausräumen; dies gilt ungeachtet des Umstandes, dass diese ernsthaften Bedenken für den Fall, dass keine Zusagen in der ersten Phase angeboten werden, in einer vertieften Prüfung in Phase 2 noch erhärtet werden müssten.

---

[9] EuG 11.12.2013 – T-79/12 – Cisco Systems u.a./Kommission, Rn. 45 ff.
[10] Vgl. etwa Kom., M.10078 – Cargotec/Konecranes.
[11] FK-KartellR/Schröer Rn. 11.
[12] Etwa Kom., M.3572 – CEMEX/RMC, Rn. 30. In derartigen Fällen muss die Kommission jedoch die Prüfung des Zusammenschlusses gem. Art. 9 Abs. 3 UAbs. 2 an den betroffenen Mitgliedstaat verweisen, wenn dieser es fristgerecht beantragt.

III. Die Beschlüsse nach Abs. 1

1. Abs. 1 lit. a: Nichtanwendbarkeit der FKVO. Kommt die Kommission zu dem Ergebnis, dass das angemeldete Vorhaben nicht unter die FKVO fällt – entweder weil es nach den Kriterien des Art. 3 keinen Zusammenschluss darstellt oder keine unionsweite Bedeutung iSv Art. 1 hat – so **stellt sie dies durch Beschluss gem. Abs. 1 lit. a fest.** Der Beschluss hat zur **Konsequenz,** dass die Mitgliedstaaten ihr nationales Wettbewerbsrecht auf das Vorhaben anwenden können. Ggf. kann auch die VO (EG) 1/2003 anwendbar sein, soweit das Vorhaben (zB im Fall der Gründung eines GU) in den Anwendungsbereich der Art. 101 und 102 AEUV fällt. Soweit wegen der Nichtanwendbarkeit der FKVO das Vorhaben nach einem mitgliedstaatlichen Fusionskontrollrecht anzumelden ist und die im nationalen Recht dafür vorgesehene Frist infolge des Verfahrens nach der FKVO nicht gewahrt wurde, kann dies nicht nach nationalem Recht etwa mit Bußgeld geahndet werden, denn bis zum Zeitpunkt der Entscheidung gem. Abs. 1 lit. a war die Kommission zur Prüfung des Falles ausschließlich zuständig (Art. 21 Abs. 2).

Beschlüsse gem. Abs. 1 lit. a, die in den allerersten Jahren nach Inkrafttreten der VO 4064/89 noch relativ häufig waren, sind in den letzten zwei Jahrzehnten nur noch sporadisch ergangen.[13] In der Praxis werden **Fragen der Zuständigkeit bereits vor der Anmeldung informell mit der GD Wettbewerb geklärt.** Diese sog Konsultationen werden ggf. durch ein Schreiben des zuständigen Direktors abgeschlossen, das die beteiligten Unternehmen darüber informiert, dass das Vorhaben nach Auffassung der für Fusionskontrolle zuständigen Dienststellen der GD Wettbewerb nicht unter die FKVO fällt. Derartige Schreiben stellen – worauf sie in einem „disclaimer" ausdrücklich hinweisen – keine Entscheidung der Kommission dar, denn sie sind nicht in dem nach Abs. 1 lit. a vorgesehenen Verfahren ergangen, und der unterzeichnende Beamte verfügt auch nicht über eine Delegation zum Erlass einer derartigen Entscheidung. Sie können jedoch aufseiten der beteiligten Unternehmen einen Vertrauensschutztatbestand schaffen und werden normalerweise auch von den nationalen Wettbewerbsbehörden als ausreichend angesehen, um eine Zuständigkeit der Kommission nach der FKVO zu verneinen.

Diese Vorgehensweise ist in der Vergangenheit kritisiert worden.[14] Sie ist in der Tat wenig transparent und lässt insbes. keine Mitwirkung Dritter zu. Die abschließenden Schreiben der GD Wettbewerb enthalten zumeist wenig bis gar keine Begründung, der die Verwaltungspraxis der Kommission zu einer bestimmten Frage entnommen werden könnte, sie werden nicht veröffentlicht und sie sind schließlich – da sie ausweislich des „disclaimer" erklärtermaßen keine Entscheidung der Kommission darstellen – nicht anfechtbar.[15]

Jedoch entspricht die Übung, Fragen der Anwendbarkeit der FKVO im Vorfeld informell mit der GD Wettbewerb zu klären, einem **Bedürfnis der Praxis.** Die beteiligten Unternehmen haben jederzeit die Möglichkeit, durch eine Anmeldung gem. Art. 4 eine förmliche, anfechtbare Entscheidung gem. Abs. 1 lit. a zu erhalten. Eine **Anmeldepflicht** gem. Art. 4 Abs. 1 besteht aber nur für Zusammenschlüsse, die unter die FKVO fallen, nicht für Vorhaben, auf die diese nicht anwendbar ist; die Parteien einer nicht unter die FKVO fallenden Transaktion können also in keinem Fall verpflichtet sein, die Frage der Anwendbarkeit der FKVO in einem förmlichen, in einen Beschluss gem. Abs. 1 lit. a mündenden Verfahren prüfen zu lassen. Was die Anfechtungsmöglichkeiten Dritter betrifft, haben die Unionsgerichte die in dem informellen Verfahren liegende mögliche **Rechtsschutzlücke** inzwischen **weitgehend geschlossen,** indem sie einen Anspruch Dritter anerkannt haben, auf eine begründete Beschwerde hinsichtlich der Anwendbarkeit der FKVO auf ein bestimmtes Vorhaben eine rechtsbehelfsfähige Antwort zu erhalten (→ Rn. 62).[16] Sofern die Kommission auf eine Beschwerde Dritter ohne Anmeldung seitens der beteiligten Unternehmen ihre Zuständigkeit prüft und ablehnt, stellt sie dies durch einen Beschluss sui generis fest.[17]

2. Abs. 1 lit. b: Keine ernsthaften Bedenken. Stellt die Kommission fest, dass der angemeldete Zusammenschluss zwar unter die FKVO fällt, jedoch keinen Anlass zu ernsthaften Bedenken hinsichtlich seiner Vereinbarkeit mit dem Binnenmarkt gibt, so **erklärt sie diesen durch Entscheidung gem. Abs. 1 lit. b für vereinbar mit dem Binnenmarkt.** Die Entscheidung beendet das Vollzugsverbot gem. Art. 7 Abs. 1 und beseitigt damit das im Interesse der Erhaltung eines wirksamen Wettbewerbs bestehende rechtliche Hindernis für die Ausübung der grds. bestehenden Freiheit der

---

[13] Zuletzt Kom., M.9741 – Ines Kaindl/Peter Kaindl/M. Kaindl. Insgesamt sind zwischen 1990 und März 2023 56 Beschlüsse gem. Abs. 1 lit. a ergangen, vgl. statistische Übersicht auf der Website der GD Wettbewerb.
[14] Immenga/Mestmäcker/Immenga/Körber, 4. Aufl., Rn. 8.
[15] EuG Slg. 1994, II-121 Rn. 49 – Air France/Kommission; EuG Slg. 2002, II-1473 – Schlüsselverlag J. S. Moser u.a./Kommission.
[16] EuG Slg. 2002, II-1473 – Schlüsselverlag J. S. Moser u.a./Kommission.
[17] Kom., M.3986 – Gas Natural/Endesa, bestätigt durch EuG Slg. 2006, II-2533 – Endesa/Kommission.

III. Die Beschlüsse nach Abs. 1

Unternehmen, den Zusammenschluss zu verwirklichen. Wegen der Ausschlusswirkung der FKVO (Art. 21) ist eine Prüfung des freigegebenen Zusammenschlusses sowohl nach der VO (EG) 1/2003 am Maßstab der Art. 101 oder 102 AEUV als auch nach nationalem Wettbewerbsrecht nicht zulässig.

Die Freigabe in Phase 1 gem. Abs. 1 lit. b ist der **am häufigsten vorkommende Entscheidungstyp** nach der FKVO.[18] Dies entspricht dem Zweck der FKVO, eine wirksame präventive Wettbewerbskontrolle von Zusammenschlüssen zu schaffen, gleichzeitig aber für die Masse der wettbewerblich nicht problematischen Zusammenschlüsse in einem schnellen und vergleichsweise unbürokratischen Verfahren Rechtssicherheit zu schaffen. 28

a) Unbedingte Freigabe. In der Mehrzahl der Fälle von Beschlüssen gem. Abs. 1 lit. b wird der Zusammenschluss in der Form, wie er ursprünglich angemeldet wurde, für mit dem Binnenmarkt vereinbar erklärt. Diese Entscheidung kann bei Zusammenschlüssen, die nach den Kriterien in Anhang II DVO FKVO (Kurzfassung Formblatt CO) und in der Bekanntmachung „Vereinfachtes Verfahren" der Kommission von vornherein wettbewerbsrechtlich unbedenklich sind, in einem vereinfachten Verfahren in Form eines **Kurzformbeschlusses** mit lediglich summarischer Begründung ergehen. (→ Art. 4 Rn. 55 ff.) 29

b) Freigabe nach Abänderung des Zusammenschlussvorhabens (Abs. 2). Bald nach Inkrafttreten der FKVO hat sich gezeigt, dass auch in Fällen, in denen sich im Verlauf der Prüfung des Zusammenschlussvorhabens in Phase 1 ernsthafte Wettbewerbsbedenken ergeben, die beteiligten Unternehmen aber bereit sind, Verpflichtungszusagen einzugehen, und diese Zusagen die festgestellten Bedenken klar ausräumen, **eine vertiefte Prüfung** des Zusammenschlusses in Phase 2 **nicht angemessen** wäre. Nachdem die Kommission Verpflichtungszusagen in Phase 1 zunächst entgegengenommen hatte, ohne dass hierfür eine ausdrückliche gesetzliche Regelung bestand, wurde bei der ersten Änderung der FKVO durch die VO 1310/97 mit Abs. 2 eine Rechtsgrundlage für diese Praxis geschaffen. 30

Statistisch spielen Entscheidungen gem. Abs. 1 lit. b iVm Abs. 2 eine **beträchtliche Rolle**. Insgesamt sind seit 1991 349 Entscheidungen dieser Art ergangen (Stand: 31.3.2023).[19] 31

Grds. unterscheiden sich Verpflichtungszusagen in Phase 1 hinsichtlich ihrer Rechtsnatur, der Art möglicher Verpflichtungen, der Absicherung ihrer Verbindlichkeit durch Bedingungen und Auflagen (Abs. 2 UAbs. 2) und ihrer Umsetzung nicht von Verpflichtungszusagen in Phase 2. Alle allgemein die rechtlichen Aspekte von Zusagen betreffenden Fragen werden daher bei Art. 8 Abs. 2 erörtert (→ Art. 8 Rn. 26 ff.). Jedoch bestehen in bestimmter Hinsicht **für Zusagen in Phase 1 Besonderheiten verfahrensmäßiger und inhaltlicher Art,** die im Folgenden näher erläutert werden. Ausgangspunkt dafür ist, dass im Grundsatz Verpflichtungszusagen in Phase 1 nur in Betracht kommen, wenn das Wettbewerbsproblem klar umrissen ist und leicht gelöst werden kann (Erwgr. 30). 32

aa) Sachliche Aspekte. Zusagen in Phase 1 müssen geeignet sein, ernsthafte Bedenken im Hinblick auf die Vereinbarkeit des Zusammenschlusses mit dem Binnenmarkt iSv Abs. 1 lit. b auszuschließen.[20] Dies kann im Einzelfall einen **höheren Maßstab der Gewissheit, dass ein mögliches Wettbewerbsproblem durch die Zusage beseitigt wird,** erfordern als bei Zusagen, die in einem Phase 2-Verfahren angeboten werden, in dem die Kommission sowohl die wettbewerblichen Bedenken als auch die Eignung der Zusagen zu deren Beseitigung umfassend ermittelt.[21] Nach der Rspr. des EuG müssen die in der ersten Phase eingegangenen Verpflichtungen eine unmittelbare und ausreichende Erwiderung darstellen, die geeignet ist, die zum Ausdruck gebrachten ernsthaften Bedenken in klarer Weise auszuräumen.[22] 33

Im Normalfall sollten Zusagen in Phase 1 **struktureller Art** sein. Wenn zB das Wettbewerbsproblem in horizontalen Überschneidungen der Tätigkeiten der beteiligten Unternehmen oder in vertikalen Abschottungseffekten besteht, wird eine einfache Lösung des derart klar umrissenen Wettbewerbsproblems iSv Erwgr. 30 FKVO idR darin bestehen, dass die wettbewerblichen Überschneidungen oder die vertikale Integration der beteiligten Unternehmen durch die Veräußerung des in dem jeweils betroffenen Markt tätigen Geschäftsbereichs eines der Beteiligten beseitigt wird.[23] Im Fall Deutsche Bahn/Arriva zB war eine Genehmigung des Zusammenschlusses in der ersten Phase trotz sehr hoher 34

---

18 Stand 31.3.2023 7863 Beschlüsse; vgl. statistische Übersicht auf der Website der GD Wettbewerb.
19 Vgl. statistische Übersicht auf der Website der GD Wettbewerb.
20 EuG Slg. II-1433 Rn. 79 – Royal Philips Electronics/Kommission.
21 Jones/Weinert/De Souza/Vande Walle EU Competition Law, Mergers and Acquisitions, 3. Aufl. 2021, Rn. 7.37; Winckler W. Comp. 2003, 219 (222).
22 EuG Slg. II-1433 Rn. 79 – Royal Philips Electronics/Kommission; vgl. auch Mitteilung „Abhilfemaßnahmen", Rn. 81.
23 Lübking WuW 2011, 1223 (1230).

Marktanteilsadditionen auf den deutschen Märkten für Bus- und Schienenpersonenverkehr möglich, weil die Deutsche Bahn mit der Zusage der Veräußerung von Arriva Deutschland GmbH bereit war die Überschneidung der Tätigkeitsbereiche beider beteiligter Unternehmen auf diesen Märkten vollständig zu beseitigen und die Kommission sich von der Lebens- und Wettbewerbsfähigkeit des zu veräußernden Geschäfts (einer rechtlich und wirtschaftlich selbständigen Tochtergesellschaft mit eigenem Management) als „going concern" überzeugen konnte.[24] **Verhaltenszusagen** sind zwar nach der Praxis der Kommission und der Rspr. nicht ausgeschlossen (→ Art. 8 Rn. 45 ff.). An ihre Akzeptanz in der ersten Verfahrensphase sind jedoch **besonders strenge Anforderungen** zu stellen, weil die generelle Problematik verhaltensbezogener Abhilfemaßnahmen durch die in Phase 1 notwendigerweise summarische Prüfung der Eignung der Zusagen zur Lösung des Wettbewerbsproblems noch verstärkt wird. Wo zur Beseitigung ernsthafter Bedenken nur komplexe und schwierig umzusetzende Verhaltenszusagen möglich erscheinen, sollte die Kommission gem. Abs. 1 lit. c das Verfahren einleiten und ggf. die Wirksamkeit der Zusagen iRe gründlichen Markttests in Phase 2 umfassend ermitteln.[25] In der Praxis kommt es allerdings gelegentlich vor, dass die Kommission auch in der ersten Phase Zusammenschlüsse mit relativ komplexen (Verhaltens-)Zusagen freigibt. Meist handelt es sich dabei um Fälle, in denen das Wettbewerbsproblem vergleichsweise beschränkt ist, eine strukturelle Lösung durch Veräußerung von Betriebsteilen jedoch nicht möglich erscheint.[26]

35 bb) **Verfahrensmäßige Aspekte.** Zusagen in Phase 1 müssen der Kommission **innerhalb von 20 Arbeitstagen** nach Eingang der Anmeldung übermittelt werden (Art. 19 Abs. 1 DVO FKVO). Es kommt vor, dass die beteiligten Unternehmen bereits in informellen Vorgesprächen mit der Kommission mögliche Zusagen für in diesem Stadium bereits als potenziell wettbewerblich problematisch erkannten Bereiche erörtern und die Zusagen mit der Anmeldung formell unterbreiten.[27] Die fristgemäße Vorlage von Zusagen **verlängert die Prüfungsfrist** der Kommission auf insgesamt 35 Arbeitstage (Art. 10 Abs. 1 UAbs. 2). Anders als bei Zusagen in Phase 2 sind die beteiligten Unternehmen in Phase 1 nicht zuvor durch eine förmliche Mitteilung der Beschwerdepunkte von den Wettbewerbsbedenken der Kommission in Kenntnis gesetzt worden. Jedoch verlangt der Anspruch auf rechtliches Gehör, dass die Kommission den Unternehmen so rechtzeitig vor Ablauf der 20-Arbeitstage-Frist und hinreichend konkret die ihr in diesem Stand des Verfahrens erkennbaren Wettbewerbsbedenken mitteilt, dass diese in der Lage sind, geeignete Verpflichtungszusagen fristgerecht einzureichen. Dies geschieht nach der heutigen Praxis der Kommission, wie sie in der Mitteilung „Merger Best Practices" niedergelegt ist, gewöhnlich um den 15. Arbeitstag nach Anmeldung iRe State of Play meeting.[28]

36 Die Verpflichtungszusagen müssen in dem von der GD Wettbewerb festgelegten Format und mit der von ihr bestimmten Zahl von Kopien bei der GD Wettbewerb eingereicht werden; dabei sind vertrauliche Angaben zu kennzeichnen und eine **nicht vertrauliche Fassung** des Dokuments beizufügen (Art. 20 Abs. 1 S. 1 und 2, Abs. 3 DVO FKVO). Zusammen mit den Zusagen müssen die in der Anlage IV DVO FKVO (Formblatt RM) verlangten Informationen vorgelegt werden, die im Wesentlichen dazu dienen darzulegen, in welcher Weise die Wettbewerbsbedenken durch die vorgeschlagenen Verpflichtungen ausgeräumt werden (Art. 20 Abs. 2 DVO FKVO). Die Kommission leitet Kopien der Zusagen unverzüglich den zuständigen Behörden der Mitgliedstaaten zu (Art. 20 Abs. 1 S. 3 DVO FKVO).

37 Die Kommission **konsultiert** zu den von den beteiligten Unternehmen vorgelegten Verpflichtungsvorschlägen **die Wettbewerbsbehörden der Mitgliedstaaten** und normalerweise auch **Dritte (Wettbewerber und Nachfrager,** insbes. soweit sie unmittelbar von den vorgeschlagenen Zusagen betroffen sind, sowie ggf. die anerkannten Vertreter der unmittelbar von den Zusageangeboten betroffenen Beschäftigten) iRe **Markttests.** In regulierten Sektoren (etwa der Energiewirtschaft, der Telekommunikation oder dem Eisenbahn- oder Luftverkehrssektor) konsultiert die Kommission ggf. auch **nationale Regulierungsbehörden,** in Fällen mit Auswirkungen außerhalb des EWR **Wettbewerbsbehörden interessierter Drittstaaten.**[29] Die Durchführung eines Markttests ist nicht verpflichtend; allerdings muss die Kommission auch in der ersten Phase interessierten Dritten die Gelegenheit geben, zu Art und Tragweite der von diesen als notwendig angesehenen Zusagen Stellung zu nehmen.[30] Da die Kommission aber in aller Regel aufgrund der notwendigerweise

---

[24] Kom., M.5855 – Deutsche Bahn/Arriva; vgl. Mitteilung „Abhilfemaßnahmen", Rn. 23.
[25] Kom., M.3423 – RWA/AMI/Inter-Fert/JV (unveröffentlicht; vgl. Pressemitteilung IP/04/1157); das Vorhaben wurde kurz nach Eröffnung der zweiten Phase aufgegeben.
[26] Vgl. etwa Kom., M.3593 – Apollo/Bakelite.
[27] Mitteilung „Abhilfemaßnahmen" Rn. 78.
[28] Mitteilung „Merger Best Practices", Rn. 33.
[29] Mitteilung „Abhilfemaßnahmen" Rn. 80.
[30] EuG Slg. 2003, II-3825 Rn. 382 ff. – ARD/Kommission.

begrenzten Ermittlungen in Phase 1 kaum ohne Befragung anderer Marktteilnehmer in der Lage ist, zu beurteilen, ob die vorgeschlagenen Abhilfemaßnahmen die Wettbewerbsbedenken sicher ausräumen, ist es in Phase 1 ebenso wie in Phase 2 nur ausnahmsweise denkbar, dass die Kommission ohne einen Markttest zu dem Ergebnis gelangt, dass die angebotenen Zusagen die ernsthaften Bedenken beseitigen. Umgekehrt kommt es hingegen durchaus vor, dass Zusagen nach den bisherigen Ermittlungen derart klar ungeeignet oder unzureichend erscheinen, dass die Kommission es ablehnt, sie einem Markttest zu unterziehen.

Ergibt die Prüfung, dass die vorgeschlagenen Zusagen die ernsthaften Bedenken ausräumen, so gibt die Kommission den Zusammenschluss durch Beschluss gem. Abs. 1 lit. b iVm Abs. 2 frei. Sie kann – und wird idR – die Entscheidung gem. Abs. 2 UAbs. 2 mit **Bedingungen und Auflagen** verbinden, um die Einhaltung der Verpflichtungszusagen durch die beteiligten Unternehmen sicherzustellen. **38**

Kommt die Kommission nach Konsultation der Mitgliedstaaten und Dritten zu dem Ergebnis, dass die vorgeschlagenen Zusagen zur Ausräumung der Wettbewerbsbedenken nicht ausreichen, setzt sie die beteiligten Unternehmen hiervon in Kenntnis. Diese können daraufhin nach den von der Kommission in der Mitteilung „Abhilfemaßnahmen" aufgestellten Grundsätzen **geänderte Zusagen** vorlegen mit dem Ziel, die Bedenken der Kommission doch noch auszuräumen. Die Kommission will aber nach diesen Grundsätzen derartige abgeänderte Zusagen nach Ablauf der 20-Arbeitstage-Frist nur dann akzeptieren, wenn es sich dabei um Änderungen der ursprünglich vorgelegten Zusagen handelt, die als sofortige Antwort auf die Ergebnisse der Konsultationen vorgelegt werden und „in einer Klarstellung, einer Verfeinerung bzw. sonstigen Verbesserung bestehen, mit der gewährleistet wird, dass die Verpflichtungen durchführbar und wirksam sind".[31] **39**

In ihrer Praxis legt die Kommission diese Selbstbindung häufig **eher großzügig** aus. So hatte zB im Fall Degussa/Laporte die Kommission in drei Märkten Wettbewerbsbedenken festgestellt. Daraufhin hatten die beteiligten Unternehmen zunächst innerhalb der Frist für die Vorlage von Zusagen in den Bereichen Persulfate und kationische Reagenzien Veräußerungszusagen unterbreitet, für den Markt der Hydroxymonomere jedoch nur eine Zusage für Lohnfertigung (toll manufacturing) des fraglichen Produktes zugunsten eines Wettbewerbers angeboten. Nachdem der Markttest ergab, dass die Lohnfertigungszusage durchweg als unzureichend abgelehnt wurde, haben die beteiligten Unternehmen nachträglich die Veräußerung eines dritten Unternehmensteils vorgeschlagen, was von der Kommission akzeptiert wurde.[32] Auch das **EuG** hat der Kommission bei der Frage, in welchem Umfang in der ersten Verfahrensphase verspätete Zusagen entgegengenommen werden können, einen **weiten Ermessensspielraum** eingeräumt. Zwar könnten die Beteiligten eines Zusammenschlusses die Kommission nicht zwingen, Zusagen oder Änderungen von Zusagen, die nach der Frist des Art. 19 Abs. 1 DVO FKVO eingereicht wurden und nicht den zuvor beschriebenen, von der Kommission in der Mitteilung „Abhilfemaßnahmen" iR ihrer Selbstbindung aufgestellten Kriterien entsprechen, zu berücksichtigen; doch sei umgekehrt der Kommission nicht daran gehindert, den Zusammenschluss aufgrund nach Fristablauf geänderter Zusagen zu genehmigen, sofern sie meint, über die für die Prüfung erforderliche Zeit zu verfügen.[33] **40**

Sofern die Kommission nach Konsultation der Mitgliedstaaten und Dritten zu dem Ergebnis gelangt, dass die vorgeschlagenen **Verpflichtungszusagen nicht geeignet sind, die Wettbewerbsbedenken auszuräumen,** und entweder verbesserte Zusagen nicht vorgelegt werden oder ebenfalls nicht ausreichend sind oder die Kommission in der verbleibenden Zeit nach den Kriterien der Mitteilung „Abhilfemaßnahmen" und der Rspr. nicht in der Lage ist, ihre Wirksamkeit zu prüfen, leitet sie mit Entscheidung gem. Abs. 1 lit. c das Verfahren ein. **41**

c) Nebenabreden (Abs. 1 lit. b S. 2). Durch eine Entscheidung nach Abs. 1 lit. b gelten gem. Abs. 1 lit. b S. 2 kraft Gesetzes auch die **mit der Durchführung des Zusammenschlusses unmittelbar verbundenen und für sie notwendigen Einschränkungen,** die sog Nebenabreden (ancillary restraints), als genehmigt. Die Vorschrift ist wortgleich mit Art. 8 Abs. 1 UAbs. 2 und Abs. 2 UAbs. 2 und wird im Zusammenhang mit diesen Vorschriften kommentiert (→ Art. 8 Rn. 113 ff.). **42**

3. Abs. 1 lit. c: Einleitung des Verfahrens. Stellt die Kommission fest, dass der angemeldete Zusammenschluss unter die FKVO fällt und **Anlass zu ernsthaften Bedenken** hinsichtlich seiner Vereinbarkeit mit dem Binnenmarkt gibt, die nicht durch Verpflichtungszusagen der beteiligten Unternehmen ausgeräumt werden, so beschließt sie gem. Abs. 1 lit. c, das Verfahren einzuleiten. **43**

---

[31] Mitteilung „Abhilfemaßnahmen" Rn. 83.
[32] Kom., M.2277, Rn. 49 – Degussa/Laporte.
[33] EuG Slg. 2002, II-1433 Rn. 235 ff. – Royal Philips Electronics/Kommission; EuG Slg. 2002, II-3825 Rn. 386 – ARD/Kommission.

44 Die Entscheidung gem. Abs. 1 lit. c eröffnet mithin die sog **zweite Phase** oder vertiefte Prüfung des Zusammenschlusses. Diese wird – soweit nicht die Beteiligten das Zusammenschlussvorhaben aufgeben oder die Kommission noch nach Einleitung der Phase 2 den Fall gem. Art. 9 an einen Mitgliedstaat verweist – durch einen **Beschluss gem. Art. 8 Abs. 1–3** abgeschlossen. Die **Frist** hierfür beträgt im Normalfall 90 Arbeitstage nach Einleitung des Verfahrens der Phase 2 (Art. 10 Abs. 3).

45 Neben der Verlängerung der Frist für eine abschließende Sachentscheidung der Kommission hat die Einleitung des Phase 2-Verfahrens auch wichtige Auswirkungen auf die **verfahrensrechtliche Stellung** der verschiedenen Beteiligten. Die wesentlichen aus dem Anspruch auf rechtliches Gehör fließenden Rechte wie Anhörung oder Akteneinsicht der beteiligten Unternehmen und ggf. Dritter kommen erst in der zweiten Phase zum Tragen, sofern die Kommission eine Mitteilung der Beschwerdepunkte an die Beteiligten richtet (vgl. Art. 18; Art. 13–16 DVO FKVO). Ebenso sind die Beteiligungsrechte der Mitgliedstaaten in Phase 2 wesentlich ausgeprägter, insbes. durch Einschaltung des Beratenden Ausschusses (Art. 19 Abs. 3). Schließlich wird die abschließende Entscheidung gem. Art. 8 Abs. 1–4 – anders als Entscheidungen gem. Art. 6 Abs. 1 – nicht vom Wettbewerbskommissar im Wege der Ermächtigung getroffen, sondern ist dem Kommissionskollegium vorbehalten.

46 Nach dem Wortlaut von Abs. 1 lit. c setzt die Einleitung des Verfahrens die Feststellung der Kommission voraus, „dass der angemeldete Zusammenschluss unter diese Verordnung fällt". Während hinsichtlich der Vereinbarkeit des Zusammenschlusses mit dem Binnenmarkt nur „ernsthafte Bedenken" gefordert werden, muss die Kommission sich somit hinsichtlich der Anwendbarkeit der FKVO und ihrer Zuständigkeit ein vollständiges Urteil gebildet haben, wenn sie das Verfahren einleiten will. Es stellt sich mithin die Frage, ob die Entscheidung gem. Abs. 1 lit. c in diesem Punkt bereits abschließend ist oder ob die Kommission, wenn sie im weiteren Lauf des Verfahrens zu dem Urteil kommt, dass ihre Zuständigkeit nicht gegeben ist, noch nach Eröffnung der Phase 2 ihre Unzuständigkeit feststellen kann. Gem. Abs. 1 lit. c S. 2 kann ein einmal eingeleitetes Phase 2-Verfahren nur durch eine Entscheidung gem. Art. 8 Abs. 1–4 abgeschlossen werden; eine Entscheidung, noch nach Einleitung der Phase 2 die Nichtanwendbarkeit des FKVO festzustellen, ist nicht vorgesehen. Ein praktisches Bedürfnis für eine analoge Anwendung von Abs. 1 lit. a nach Verfahrenseinleitung dürfte sich auch kaum stellen. Alle für die Beurteilung der Anwendbarkeit der FKVO relevanten Umstände sollten innerhalb der Frist für eine Phase 1-Entscheidung ermittelt werden können, während die deutlich längere Frist der Phase 2 dem Zweck dient, eine vertiefte Ermittlung der wettbewerblichen Auswirkungen des Zusammenschlusses zu ermöglichen. Es ist mithin davon auszugehen, dass die **Feststellung der Anwendbarkeit der FKVO in dem Beschluss gem. Abs. 1 lit. c abschließend** und für die Kommission im weiteren Verfahren bindend ist (zur Frage der Anfechtbarkeit des Beschlusses gem. Abs. 1 lit. c in diesem Punkt vgl. → Rn. 61).

47 Der Beschluss gem. Abs. 1 lit. c eröffnet die **vertiefte Prüfung des Zusammenschlusses insgesamt**. Die Kommission ist also im Verlauf des Phase 2-Verfahrens nicht darauf beschränkt, Ermittlungen zu denjenigen Märkten durchzuführen, hinsichtlich derer sie in der verfahrenseinleitenden Entscheidung ernsthafte Bedenken geltend gemacht hatte; sie kann auch ihre späteren Einwände gegen den Zusammenschluss auf Gesichtspunkte stützen, die in diesem Beschluss nicht angesprochen wurden. In diesem Punkt unterscheidet sich der Beschluss gem. Abs. 1 lit. c wesentlich von einer Mitteilung der Beschwerdepunkte.[34]

48 Da das für die Einleitung des Verfahrens maßgebliche Kriterium lediglich das der ernsthaften Bedenken ist, bedeutet der Beschluss gem. Abs. 1 lit. c keine Vorentscheidung hinsichtlich des Ausgangs des Verfahrens. Statistisch kann allerdings festgestellt werden, dass die überwiegende Zahl der Phase 2-Verfahren jedenfalls zur Vorlage von Verpflichtungszusagen führt, dh die ernsthaften Bedenken sich zumindest teilweise im Verlauf der weiteren Ermittlungen erhärten.[35] Seit Inkrafttreten der FKVO hat die Kommission in **298 Fällen** mit Entscheidung gem. Abs. 1 lit. c Phase 2-Verfahren eingeleitet (Stand 31.3.2023).[36]

IV. Aufgabe des Zusammenschlusses (Abs. 1 lit. c S. 2)

49 Gem. Abs. 1 lit. c S. 2 wird ein einmal eröffnetes Phase 2-Verfahren nicht durch eine Entscheidung gem. Art. 8 Abs. 1–4 abgeschlossen, wenn die beteiligten Unternehmen gegenüber der Kommission **glaubhaft machen,** dass sie das Zusammenschlussvorhaben aufgegeben haben. Diese Regelung ist durch die **Neufassung der VO 139/2004** in die FKVO aufgenommen worden. In der VO 4064/89 waren Aufgabe des Zusammenschlussvorhabens und Rücknahme der Anmeldung nicht geregelt. Die

---

[34] NK-EuWettbR/König Rn. 18.
[35] Vgl. statistische Übersicht auf der Website der GD Wettbewerb.
[36] Übersicht auf der Website der GD Wettbewerb.

IV. Aufgabe des Zusammenschlusses (Abs. 1 lit. c S. 2)   50–52   **Art. 6 FKVO**

Kommission hat jedoch auch unter der Geltung der VO 4064/89 Verfahren sowohl in Phase 1 wie in Phase 2 ohne Entscheidung abgeschlossen, wenn die beteiligten Unternehmen die Anmeldung zurückgenommen und das Zusammenschlussvorhaben aufgegeben haben.[37] Im Fall **MCI WorldCom/Sprint** hat allerdings die Kommission in Anbetracht der Umstände des Falles die Mitteilung der Verfahrensbevollmächtigten der beteiligten Unternehmen nicht als ausreichende Darlegung der Aufgabe des Zusammenschlusses angesehen, dass diese „nicht mehr [beabsichtigen], den geplanten Zusammenschluss in der in der Anmeldung geschilderten Form durchzuführen", jedoch, „[s]oweit die Parteien beschließen sollten, sich in der Zukunft in einer anderen Form zusammenzuschließen, [...] den für Zusammenschlüsse geltenden Gesetzen entsprechende Anmeldungen vorlegen" würden. Die Unternehmen hatten in diesem Fall öffentlich erklärt, sich weiter um eine Einigung über die Genehmigung des Zusammenschlusses mit dem US DoJ zu bemühen. Die Kommission hat daher den Zusammenschluss trotz der Mitteilung über die Aufgabe des Vorhabens mit Beschluss gem. Art. 8 Abs. 3 für unvereinbar mit dem Binnenmarkt erklärt.[38] Das EuG hat diesen Beschluss mit der Begründung aufgehoben, nach der Mitteilung der Verfahrensbevollmächtigten sei der Vertrag, mit dem das Zusammenschlussvorhaben in der konkret angemeldeten Form vereinbart worden war, aufgehoben und dieses Vorhaben damit hinfällig; die Kommission könne aber nur über die Vereinbarkeit tatsächlich geplanter Zusammenschlüsse mit dem Binnenmarkt entscheiden und nicht über vage Absichten der Beteiligten, sich in Zukunft in anderer Form zusammenzuschließen.[39]

Mit der Neuregelung in Abs. 1 lit. c S. 2 wird klargestellt, dass – anders als etwa nach dem **50** GWB – die beteiligten Unternehmen nach der förmlichen Verfahrenseröffnung (dh in Phase 2) das Fusionskontrollverfahren nicht dadurch nach Belieben beenden können, dass sie die Anmeldung zurücknehmen, wenn das dieser zu Grunde liegende Vorhaben weiterverfolgt wird. Aus der (erst nach der Neufassung der FKVO, jedoch noch zur VO 4064/89 ergangenen) MCI-Rspr. des EuG folgt insoweit auch für die heute geltende FKVO, dass mit **„Aufgabe des Zusammenschlussvorhabens"** dessen Aufgabe **in der konkret geplanten Form** gemeint ist, dh die Aufgabe nicht schon durch irgendeine vage Absicht der Beteiligten, das Vorhaben in einer ähnlichen Form doch noch zustande zu bringen, ausgeschlossen wird. Allerdings ist zu berücksichtigen, dass nach der neu gefassten FKVO die Anmeldung eines Zusammenschlussvorhabens nicht mehr einen bindenden Vertrag voraussetzt, sondern die Glaubhaftmachung der Absicht, einen solchen Vertrag zu schließen, ausreicht (Art. 4 Abs. 1 UAbs. 2). Daher kann die **bloße Aufhebung des einmal geschlossenen Vertrages** für die Aufgabe des Vorhabens **nicht ausreichen, wenn die Beteiligten** zugleich zu erkennen geben, dass sie **dasselbe Vorhaben** – ggf. in geringfügig abgewandelter Form – **weiter aufrechterhalten,** dh das Vorhaben so konkret fortbesteht, dass es auch ohne bindenden Vertrag weiter anmeldefähig ist.

Ferner verlangt Abs. 1 Buchst. c S. 2 die **Glaubhaftmachung** der Aufgabe des Zusammenschlus- **51** ses. Nach Auffassung der Kommission sind an die Glaubhaftmachung der Aufgabe des Zusammenschlusses die gleichen Anforderungen in Bezug auf ihre rechtliche Form, Bindungswirkung usw zu stellen wie an den ursprünglichen Akt, der das Vorhaben anmeldefähig machte. So muss im Fall einer bindenden Vereinbarung diese rechtswirksam aufgehoben werden. Im Fall einer Glaubhaftmachung der Absicht den Zusammenschluss zu verwirklichen durch „letter of intent" oder „memorandum of understanding" müssen Schriftstücke vorgelegt werden, aus denen sich ergibt, dass diese keine Grundlagen für die Fusionsabsicht mehr darstellen. Im Fall eines öffentlichen Übernahmeangebots muss dieses zurückgezogen werden. Ist der Zusammenschluss bereits vollzogen, muss der zuvor bestehende Zustand wiederhergestellt werden.[40] Im Fall JCI/VB/Fiamm sah die Kommission die Aufgabe des Zusammenschlusses nicht als glaubhaft gemacht an, weil zwischen den Beteiligten streitig war, ob die Fusionsvereinbarung durch einen einseitigen Akt eines der beteiligten Unternehmen wirksam aufgelöst worden war, und eine gerichtliche Klärung nicht erfolgt war. Das Zusammenschlussvorhaben wurde gem. Art. 8 Abs. 2 in zweiter Phase mit Bedingungen und Auflagen freigegeben.[41]

Nach seinem Wortlaut bezieht sich Abs. 1 lit. c S. 2 nur auf die Aufgabe von Zusammenschluss- **52** vorhaben nach Einleitung des Phase 2-Verfahrens. Nach ihrem Sinn und Zweck könnte diese Regelung an sich **analog** auch für die **Aufgabe von Zusammenschlussvorhaben in Phase 1,** für die es auch in der neu gefassten FKVO an einer ausdrücklichen Regelung fehlt, gelten. Können nämlich die Anmelder die Anmeldung eines Zusammenschlusses in Phase 1 beliebig zurücknehmen und denselben Zusammenschluss in unveränderter oder modifizierter Form neu anmelden, bedeutet dies, dass die beteiligten Unternehmen durch eine Rücknahme der Anmeldung und Neuanmeldung entweder zusätzliche Zeit gewinnen können (etwa mit dem Ziel, die Eröffnung eines Phase 2-

---

[37] 95 Fälle unter der Geltung der VO 4064/89; vgl. Übersicht auf der Website der GD Wettbewerb.
[38] Kom. ABl. 2003 L 300, 1 – MCI WorldCom/Sprint.
[39] EuG Slg. 2004, II-3253 Rn. 78 ff. – MCI/Kommission.
[40] Mitteilung „Zuständigkeit", Rn. 119 ff.; vgl. auch Dittert WuW 2004, 148 (152).
[41] Kom., M.4381 – JCI/VB/Fiamm.

Verfahrens zu vermeiden) oder in der Lage sind, nach Rücknahme der Anmeldung mit der Kommission ausgiebig über Zusagen zu verhandeln und anschließend das geänderte Zusammenschlussvorhaben neu anzumelden. Dadurch wird sowohl das fein austarierte Fristregime des Art. 10 mit seinen begrenzten Verlängerungsmöglichkeiten unterlaufen als auch der Grundsatz, dass Verpflichtungszusagen und bedingte Freigabeentscheidungen in Phase 1 nur bei klar umrissenen und leicht zu lösenden Wettbewerbsproblemen möglich sind (Erwgr. 30).[42] Die **Kommission** hat allerdings die gegenteilige Position bezogen und in der Mitteilung „Zuständigkeit" klargestellt, dass **die Anforderungen des Abs. 1 lit. c S. 2 vor Eröffnung der Phase 2 nicht gelten.**[43] Dementsprechend lässt sie in Phase 1 die schlichte Rücknahme der Anmeldung für die Beendigung des Verfahrens genügen. In der Praxis kommt es neuerdings häufiger vor, dass die beteiligten Unternehmen die Eröffnung der Phase 2 dadurch vermeiden, dass sie die Anmeldung zurücknehmen und bald darauf eine neue Anmeldung einreichen, begleitet von mit der Kommission bereits informell erörterten Zusagenangeboten, mit dem Ziel, eine bedingte Freigabe in Phase 1 zu erreichen („pull and refile").[44]

53 Wo die beteiligten Unternehmen den Zusammenschluss tatsächlich aufgegeben haben, ohne die Anmeldung förmlich zurückzunehmen, kann die Kommission von sich aus das nunmehr gegenstandslos gewordene Verfahren einstellen.[45]

54 Seit Inkrafttreten der FKVO sind 241 **angemeldete Zusammenschlussvorhaben aufgegeben** worden (Stand 31.3.2023), davon 188 in Phase 1.[46]

V. Widerruf der Feststellung der Nichtanwendbarkeit der FKVO oder der Freigabe (Abs. 3 und 4)

55 Gem. Abs. 3 kann die Kommission einen Beschluss gem. Abs. 1 lit. a oder b (Feststellung der Nichtanwendbarkeit der FKVO oder Freigabe) in **zwei Fällen** widerrufen:
– der Beschluss beruht auf **unrichtigen Angaben,** die von einem beteiligten Unternehmen zu vertreten sind, oder wurde **arglistig herbeigeführt** (lit. a) oder
– die beteiligten Unternehmen haben einer in dem Beschluss gem. Abs. 1 lit. b, Abs. 2 vorgesehenen **Auflage zuwidergehandelt** (lit. b).

56 Beide Fälle sind dadurch gekennzeichnet, dass sich nach der Entscheidung herausstellt, dass diese – ohne dass sie automatisch unwirksam würde – **sachlich unrichtig** ist und dies **auf Umständen beruht, die in der Sphäre der beteiligten Unternehmen** liegen. Die Tatbestandsvoraussetzungen im Einzelnen entsprechen denen des Art. 8 Abs. 6, so dass auf die Kommentierung dazu verwiesen werden kann (→ Art. 8 Rn. 162 ff.). **Rechtsfolge** des Widerrufs ist, dass das Verfahren in Phase 1 wieder eröffnet wird; gem. Abs. 4 kann die Kommission eine **neue Entscheidung** gem. Abs. 1 treffen, **ohne an die Frist des Art. 10 Abs. 1 gebunden zu sein.**

57 Bisher hat die Kommission erst in **einem Fall** eine Entscheidung gem. Abs. 3 widerrufen.[47] Die Beteiligten hatten in diesem Fall in der Anmeldung keine Angaben zu einem Markt gemacht, in dem die Kommission nach ihrer Freigabeentscheidung aufgrund von Beschwerden Dritter Wettbewerbsbedenken feststellte; nach dem Widerruf der ursprünglichen Freigabeentscheidung hat die Kommission den Zusammenschluss auf der Grundlage einer Veräußerungszusage der beteiligten Unternehmen durch eine neue Entscheidung gem. Abs. 1 lit. b iVm Abs. 2 unter Bedingungen und Auflagen genehmigt.[48]

VI. Mitteilung und Veröffentlichung der Beschlüsse (Abs. 5)

58 Gem. Abs. 5 teilt die Kommission ihren Beschluss den **beteiligten Unternehmen** und den zuständigen **Behörden der Mitgliedstaaten** unverzüglich mit. Von der Mitteilung iS dieser Vorschrift zu unterscheiden ist die **Bekanntgabe an den oder die Adressaten,** durch die der Beschluss

---

[42] Dittert WuW 2004, 148 (152 f.).
[43] Mitteilung „Zuständigkeit", Rn. 118.
[44] Vgl. etwa Berg/Real/Lontani ECLR 2019, 358, 359.
[45] EuG Slg. 2006, II-111 Rn. 96 ff. – Schneider Electric/Kommission, bestätigt durch EuGH Slg. 2007, I-35 – Schneider Electric/Kommission. Die Entscheidung betrifft die endgültige Einstellung des Fusionskontrollverfahrens durch die Kommission im Fall COMP/M.2283 – Schneider/Legrand, nachdem die Untersagung des Zusammenschlusses durch EuG Slg. 2002, II-4071 – Schneider Electric/Kommission für nichtig erklärt worden war. Die Kommission prüfte das Vorhaben erneut in Phase 1. Nachdem sie ein weiteres Mal gem. Abs. 1 lit. c das Phase 2-Verfahren eröffnet hatte, verzichtete Schneider darauf, von seinem Recht auf Rücktritt vom Verkauf seiner Legrand-Beteiligung an das Konsortium Wendel/KKR Gebrauch zu machen, so dass der Zusammenschluss damit endgültig aufgelöst wurde.
[46] Übersicht auf der Website der GD Wettbewerb.
[47] Kom., M.1397 – Sanofi/Synthélabo.
[48] Kom., M.1542 – Sanofi/Synthélabo.

VII. Rechtsschutz

gem. Art. 297 Abs. 2 UAbs. 3 AEUV wirksam wird. Adressaten der Entscheidung, für die diese gem. Art. 288 Abs. 4 S. 2 AEUV verbindlich ist, sind nach der Praxis der Kommission (nur) die Anmelder iSv Art. 2 Abs. 1 DVO FKVO, nicht jedoch beteiligte Unternehmen, die nicht Anmelder sind, und die Mitgliedstaaten. So kann das Zielunternehmen („target"), an dem Kontrolle erworben wird, gem. Art. 4 Abs. 2 FKVO, 2 Abs. 1 DVO FKVO nicht Anmelder sein; es ist nicht Adressat der Entscheidung und wird somit durch diese nicht gebunden, ihm muss sie aber gem. Abs. 5 – ggf. in einer nicht vertraulichen Fassung – mitgeteilt werden.

Die **förmliche Bekanntgabe** des Beschlusses an den oder die Anmelder iSv Art. 297 Abs. 2 UAbs. 3 AEUV erfolgt durch Kurier unmittelbar an das oder die Unternehmen, nicht an deren Verfahrensbevollmächtigte; diese erhalten allerdings üblicherweise am Tage des Erlasses der Entscheidung und vor der förmlichen Bekanntgabe an das Unternehmen eine Kopie des Volltextes zur Information durch E-Mail. Für die **Wahrung der Entscheidungsfrist** gem. Art. 10 Abs. 1 ist – anders als nach deutschem Recht – nicht die Bekanntgabe des Beschlusses an den Adressaten maßgeblich, obgleich dieser erst damit wirksam wird, sondern der Erlass des Beschlusses durch die Kommission, dh durch das hierzu ermächtigte Kommissionsmitglied (Art. 10 Abs. 1 DVO FKVO). **59**

Eine förmliche **Veröffentlichung** von Beschlüssen nach Abs. 1 im ABl. ist nicht vorgeschrieben. Die Kommission veröffentlicht jedoch im Falle von Beschlüssen gem. Abs. 1 lit. a und b im ABl. C eine Mitteilung darüber, dass die Entscheidung ergangen ist; der Volltext des Beschlusses in der ursprünglichen Verfahrenssprache ist in einer um Geschäftsgeheimnisse bereinigten öffentlichen Fassung auf der Website der GD Wettbewerb der Kommission[49] verfügbar. Entscheidungen nach Abs. 1 lit. c werden nicht veröffentlicht, da sie das Verfahren nicht abschließen und nur eine vorläufige Bewertung des Zusammenschlusses enthalten; die Kommission macht im ABl. C die Tatsache der Verfahrenseinleitung bekannt und veröffentlicht idR auch eine Pressemitteilung (→ Art. 20 Rn. 10 ff.). **60**

VII. Rechtsschutz

1. Anfechtbare Rechtsakte. Die **Beschlüsse gem. Abs. 1 lit. a und b** können mit der **Nichtigkeitsklage** gem. Art. 263 AEUV angefochten werden, denn es handelt sich um das Verfahren abschließende Entscheidungen, die die Rechtsstellung der Beteiligten in qualifizierter Weise ändern. Auf Nichtzuständigkeitsbeschlüsse gem. Abs. 1 lit. a trifft dies insoweit zu, als sie den beteiligten Unternehmen die Möglichkeit nehmen, für ihr Vorhaben innerhalb der kurzen Fristen der FKVO eine jede weitere wettbewerbsrechtliche Prüfung ausschließende Genehmigung durch die Kommission zu erhalten.[50] Das Gleiche gilt für den **Widerrufsbeschluss gem. Abs. 3;** er schließt das Widerrufsverfahren ab, auch wenn er die Wiedereröffnung des eigentlichen Fusionskontrollverfahrens zur Folge hat, und stellt insoweit, als er den ursprünglichen Freigabebeschluss aufhebt, eine selbstständige Beschwer der beteiligten Unternehmen dar. Dagegen stellt der **Beschluss zur Einleitung des Verfahrens gem. Abs. 1 lit. c** lediglich eine verfahrensleitende Entscheidung dar und ist aus diesem Grund **nicht selbstständig anfechtbar.** Auch dann, wenn die beteiligten Unternehmen wegen der Eröffnung der zweiten Phase den Zusammenschluss aufgeben, stellt die Verfahrenseröffnung keine selbstständige Beschwer dar.[51] Soweit durch die Entscheidung gem. Abs. 1 lit. c abschließend festgestellt wird, dass der Zusammenschluss unter die FKVO fällt (vgl. → Rn. 46), kann diese Feststellung nach allgemeinen verfahrensrechtlichen Grundsätzen nur iRe Klage gegen die das Verfahren abschließende Entscheidung gem. Art. 8 Abs. 1–3 angegriffen werden.[52] **61**

Formlose Auskünfte wie zB Schreiben der Dienststellen zur Anwendbarkeit der FKVO auf ein bestimmtes Vorhaben stellen idR keine anfechtbaren Beschlüsse der Kommission dar. Allerdings hat das EuG im Fall DanAir eine **öffentliche Erklärung des Pressesprechers** des für Wettbewerb zuständigen Kommissionsmitglieds, ein Vorhaben stelle keinen nach der FKVO anmeldepflichtigen Zusammenschluss dar, als eine dem Wettbewerbskommissar – und damit der Kommission als Kollegialorgan – zurechenbare Entscheidung angesehen, die im Gegensatz zu dem an die Beteiligten gerichteten Schreiben der Dienststellen von Dritten mit der Nichtigkeitsklage angefochten werden könne.[53] Ferner hat es im Fall Moser/Kommission klargestellt, dass auch nach der FKVO, die – **62**

---

[49] Abrufbar unter competition-policy-ec.europa.eu/mergers_en, zuletzt abgerufen am 20.4.2023.
[50] EuG Slg. 1999, II-203 Rn. 37 ff. – Generali/Kommission.
[51] EuG Slg. 2006, II-111 Rn. 59 ff. – Schneider Electric/Kommission, bestätigt durch EuGH, Slg. 2007, I-35– Schneider Electric/Kommission; ebenso Schulte/Koch Rn. 2361 ff.; zum Streitstand vgl. Montag/Leibenrath ZHR 2000, 176 ff. (178) Fn. 7 mwN.
[52] Differenziert Schulte/Koch Rn. 2362: Der Beschluss gem. Abs. 1 lit. c. sei hinsichtlich der Feststellung der Zuständigkeit selbstständig anfechtbar, doch die fehlende Zuständigkeit könne auch noch in einer Klage gegen die abschließende Sachentscheidung gem. Art. 8 geltend gemacht werden.
[53] EuG Slg. 1994, II-121 Rn. 43 ff. – Air France/Kommission.

anders als die VO (EG) 1/2003 – kein förmliches Beschwerdeverfahren kennt, **die Kommission auf Antrag Dritter verpflichtet ist,** diesen gegenüber in einem sie bindenden und anfechtbaren Beschluss **zur Frage ihrer Zuständigkeit Stellung zu nehmen.** In dem betreffenden Fall war der Kläger der Auffassung, dass die Kommission ein Vorhaben nach der FKVO hätte prüfen müssen. Auf seine Eingabe hatte ihm zunächst die GD Wettbewerb in einem informellen Schreiben mit dem Hinweis, dass dieses keinen Beschluss der Kommission darstelle („disclaimer"), mitgeteilt, dass nach deren Auffassung die FKVO nicht anwendbar war. Daraufhin forderte er die Kommission gem. Art. 232 EG zum Tätigwerden auf. Nachdem die Kommission nunmehr an ihn ein erneutes Schreiben des zuständigen Direktors, jedoch ohne „disclaimer", gerichtet hatte, erhob er Untätigkeitsklage gem. Art. 232 Abs. 3 EG. Das zweite Schreiben hat das EuG als Beschluss der Kommission eingestuft, der gem. Art. 230 EG mit der Nichtigkeitsklage hätte angefochten werden können.[54] Dementsprechend hat im Fall Gas Natural/Endesa die Kommission auf Antrag von Endesa ihre Zuständigkeit geprüft, ohne dass eine Anmeldung vorlag, und mit Beschluss sui generis verneint; das EuG ist dem gefolgt.[55]

63 Anfechtbar sind ferner auch **Beschlüsse** mit Rechtswirkung nach außen, die die Kommission **iRd Durchführung von Bedingungen und Auflagen** trifft, die die Kommission mit Entscheidungen gem. Abs. 1 lit. b iVm Abs. 2 verbunden hat, etwa die Entscheidung über die Zustimmung zu dem Käufer eines zu veräußernden Geschäfts.[56]

64 **2. Klagebefugnis.** Klagebefugt sind zunächst die **Adressaten** des Beschlusses, soweit sie durch diesen beschwert sind. Dies ist bei Beschlüssen gem. Art. 6 idR nur beim Widerruf einer Genehmigung (Abs. 3) der Fall. Für die Adressaten **negative Aussagen in der Entscheidungsbegründung** (etwa die Feststellung, ein Unternehmen habe eine marktbeherrschende Stellung) haben eine diese beschwerende rechtlich bindende Wirkung nur, wenn sie sich auf den Tenor auswirken, was im Falle einer Genehmigung ohne Bedingungen oder Auflagen normalerweise nicht der Fall ist.[57] **Genehmigungsentscheidungen unter Bedingungen und Auflagen gem. Abs. 1 lit. b, Abs. 2** dürften – anders als solche gem. Art. 8 Abs. 2 – nicht durch die Adressaten anfechtbar sein. Die Bedingungen und Auflagen stellen nämlich normalerweise keine selbstständige Beschwer dar, weil sie lediglich sicherstellen, dass die beteiligten Unternehmen den von ihnen zur Vermeidung einer Verfahrenseröffnung gem. Abs. 1 lit. c angebotenen Verpflichtungszusagen nachkommen (vgl. Abs. 2 UAbs. 2). Da die Eröffnung der zweiten Phase als rein verfahrensleitende Entscheidung die Adressaten nicht beschwert (vgl. → Rn. 61), kann auch in dem Umstand, dass die Beteiligten zur Abwendung der Verfahrenseröffnung Zusagen anbieten, keine Beschwer gesehen werden.[58]

65 Ebenfalls klagebefugt sind **Dritte,** die von einem Beschluss iSv Art. 263 Abs. 4 AEUV **unmittelbar und individuell betroffen** sind. Hierzu zählen zum einen die beteiligten Unternehmen, die nicht Anmelder und damit nicht Adressat des Beschlusses sind (etwa das Zielunternehmen bei einer Übernahme), ferner regelmäßig Wettbewerber und Kunden der am Zusammenschluss beteiligten Unternehmen, sofern der Beschluss der Kommission geeignet ist, ihre Stellung am Markt spürbar zu beeinträchtigen, und sie sich aktiv am Verfahren beteiligt haben, etwa durch die Beantwortung von Auskunftsverlangen der Kommission, durch Teilnahme an Besprechungen oder durch schriftliche Stellungnahmen.[59] An der individuellen Betroffenheit fehlt es bei einem öffentlich-rechtlichen Wirt-

---

[54] EuG Slg. 2002, II-1473 – Schlüsselverlag J. S. Moser u.a./Kommission; der EuGH Slg. 2003, I-9889 – Schlüsselverlag J. S. Moser u.a./Kommission, ist in seiner Rechtsmittelentscheidung auf die hier diskutierte Frage nicht eingegangen. Zur Rechtmäßigkeit dieses Beschlusses hat sich das EuG nicht geäußert, weil es die statt der – nach Auffassung des Gerichts gebotenen – Nichtigkeitsklage gegen das zweite Schreiben erhobene Untätigkeitsklage als unzulässig abwies. Die Entscheidung dürfte formell rechtswidrig gewesen sein, weil der das Schreiben unterzeichnende Direktor zu ihrem Erlass über keine Delegation verfügte; richtigerweise hätte die Kommission eine Entscheidung sui generis treffen müssen.
[55] Kom. 15.11.2005 – M.3986 – Gas Natural/Endesa, bestätigt durch EuG Slg. 2006, II-2533 – Endesa/Kommission.
[56] EuG Slg. 2003, II-1161 – Pétrolessence/Kommission; EuGH 6.11.2012 – C-553/10 P u.a.,– Kommission u.a./Editions Odile Jacob.
[57] EuG Slg. 2000, II-1733 Rn. 77 ff. – The Coca-Cola Company/Kommission.
[58] Schulte/Koch Rn. 2356; aA Drauz/Reynolds, EC Merger Control: A Major Reform in Progress/Glazener, 2003, 95 ff., 101; NK-EuWettbR/König Rn. 23; NK-EuWettbR/Dittert Art. 21 Rn. 31; implizit Drauz/Reynolds, EC Merger Control: A Major Reform in Progress/Vesterdorf, 2003, 79 ff., 84. Die Entscheidungen EuG Slg. 2006, II-319 – Cementbouw/Kommission und EuGH Slg. 2007, I-12129 – Cementbouw/Kommission, die erstmals eine Klage eines am Zusammenschluss beteiligten Unternehmens gegen einen bedingten Freigabebeschluss gem. Art. 8 Abs. 2 als zulässig behandeln, enthalten zu dieser Frage keine Aussage (die Kommission hatte keine Rüge gegen die Zulässigkeit der Klage erhoben).
[59] ZB EuG Slg. 2002, II-1279 Rn. 87 ff. – BaByliss/Kommission; Slg. 2003, II-3825 Rn. 58 ff. – ARD/Kommission; vgl. auch Rosenfeld/Wolfsgruber EuZW 2003, 743 ff. (744).

schaftsverband, dem alle Unternehmen einer bestimmten Region angehören.[60] Beteiligung am Verfahren bedeutet Beteiligung am Verfahren zur Prüfung des angemeldeten Zusammenschlusses. Das EuG hat auch einen von den am Zusammenschluss beteiligten Unternehmen vorgeschlagenen Käufer für ein zu veräußerndes Geschäft als zur Klage gegen den Beschluss der Kommission, ihm nicht als Käufer zuzustimmen, befugt angesehen.[61] Ebenso hat der EuGH die Klage eines Unternehmens, dass am Erwerb eines zu veräußernden Geschäfts interessiert war, aber nicht als Käufer vorgeschlagen worden war, gegen die Genehmigung des von dem Anmelder ausgewählten Käufers durch die Kommission zugelassen.[62] Dagegen verfügen Dritte über kein individuelles Recht, die Kommission zu verpflichten, einen Verstoß gegen einen den Dritten begünstigende Verhaltenszusage festzustellen. Deshalb ist eine formlose Mitteilung der Kommission, ein solcher Verstoß liege nicht vor, durch den Dritten nicht anfechtbar.[63] Ebenfalls sind die Vertreter der **Arbeitnehmer** eines der am Zusammenschluss beteiligten Unternehmen nicht deshalb von der Freigabeentscheidung unmittelbar und individuell betroffen, weil sie nach Vollzug des Zusammenschlusses den Abbau von Arbeitsplätzen befürchten; diese negative Auswirkung auf die betroffenen Arbeitnehmer ist nicht unmittelbar auf die Entscheidung der Kommission zurückzuführen.[64] Verbraucherverbände können gegen verfahrensbeendigende Beschlüsse in Fusionskontrollverfahren vorgehen, soweit sie die Verletzung ihres Anhörungsrechts gem. Art. 11 lit. c Ziff. ii DVO FKVO geltend machen; dies setzt jedoch voraus, dass sie während des anhängigen Verfahrens ihre Anhörung beantragt haben.[65]

3. Umfang der gerichtlichen Kontrolle. Der von den Gemeinschaftsgerichten angewandte 66 Standard für die Überprüfung von Freigabebeschlüssen gem. Abs. 1 lit. b unterscheidet sich grds. nicht von dem für abschließende Beschlüsse gem. Art. 8 Abs. 1–3 geltenden Standard des offensichtlichen Beurteilungsfehlers (erreur manifeste/manifest error) (→ Art. 8 Rn. 178). Dies hat das EuG ausdrücklich klargestellt. Zwar hat die Kommission bei der Anwendung von Abs. 1 lit. c kein Ermessen, sondern muss das Verfahren einleiten, wenn sie ernsthafte Bedenken feststellt. Die Feststellung, ob ernsthafte Bedenken vorliegen, erfordert jedoch komplexe ökonomische Bewertungen, bei denen der Kommission ein gewisser Beurteilungsspielraum zusteht.[66] Jedoch ist auch im Bereich von Entscheidungen gem. Abs. 1 lit. b eine **Tendenz des EuG** festzustellen, insbes. die Tatsachenfeststellungen der Kommission und die Schlüssigkeit ihrer Begründung im Einzelnen zu überprüfen.[67]

4. Rechtsfolge der Nichtigerklärung eines Beschlusses. Wird ein Beschluss der Kommission durch Urteil des EuG für nichtig erklärt, obliegt es gem. Art. 266 Abs. 1 AEUV der Kommission, unter Beachtung der Entscheidung des Gerichts einen **neuen Beschluss** zu treffen; der Beginn des Laufs der hierfür geltenden neuen Frist ist in Art. 10 Abs. 5 geregelt. 67

Art. 7 Aufschub des Vollzugs von Zusammenschlüssen

(1) Ein Zusammenschluss von gemeinschaftsweiter Bedeutung im Sinne des Artikels 1 oder ein Zusammenschluss, der von der Kommission gemäß Artikel 4 Absatz 5 geprüft werden soll, darf weder vor der Anmeldung noch so lange vollzogen werden, bis er aufgrund einer Entscheidung gemäß Artikel 6 Absatz 1 Buchstabe b) oder Artikel 8 Absätze 1 oder 2 oder einer Vermutung gemäß Artikel 10 Absatz 6 für vereinbar mit dem Gemeinsamen Markt erklärt worden ist.

(2) Absatz 1 steht der Verwirklichung von Vorgängen nicht entgegen, bei denen die Kontrolle im Sinne von Artikel 3 von mehreren Veräußerern entweder im Wege eines öffentlichen Übernahmeangebots oder im Wege einer Reihe von Rechtsgeschäften mit Wertpapieren, einschließlich solchen, die in andere zum Handel an einer Börse oder an einem ähnlichen Markt zugelassene Wertpapiere konvertierbar sind, erworben wird, sofern
a) der Zusammenschluss gemäß Artikel 4 unverzüglich bei der Kommission angemeldet wird und

---

[60] EuG 18.9.2006 – T-350/03 Rn. 29 ff. – Wirtschaftskammer Kärnten u.a./Kommission.
[61] EuG Slg. 2003, II-1161 – Pétrolessence/Kommission.
[62] EuGH 6.11.2012 – C-553/10 P u.a. – Kommission u.a./Editions Odile Jacob.
[63] EuG 9.10.2018 – T-884/16 – Multiconnect.
[64] EuG Slg. 1995, II-1213 Rn. 42 ff. – Comité central SGGS/Kommission.
[65] EuG 12.10.2011 – T-224/10 Rn. 36 ff. – Association belge des consommateurs test-achats ASBL/Kommission.
[66] EuG 11.12.2013 – T-79/12 – Cisco Systems u.a./Kommission, Rn. 49 f.
[67] EuG Slg. 2003, II-1279 – BaByliss/Kommission; Slg. 2003, II-1433; Slg. 2003, II-3825 – ARD/Kommission; vgl. hierzu Immenga/Körber, Die Kommission zwischen Gestaltungsmacht und Rechtsbindung/Lübking/v. Koppenfels, 2012, 60, 82 ff.

b) der Erwerber die mit den Anteilen verbundenen Stimmrechte nicht ausübt oder nur zur Erhaltung des vollen Wertes seiner Investition aufgrund einer von der Kommission nach Absatz 3 erteilten Freistellung ausübt.

(3) ¹Die Kommission kann auf Antrag eine Freistellung von den in Absatz 1 oder Absatz 2 bezeichneten Pflichten erteilen. ²Der Antrag auf Freistellung muss mit Gründen versehen sein. ³Die Kommission beschließt über den Antrag unter besonderer Berücksichtigung der möglichen Auswirkungen des Aufschubs des Vollzugs auf ein oder mehrere an dem Zusammenschluss beteiligte Unternehmen oder auf Dritte sowie der möglichen Gefährdung des Wettbewerbs durch den Zusammenschluss. ⁴Die Freistellung kann mit Bedingungen und Auflagen verbunden werden, um die Voraussetzungen für einen wirksamen Wettbewerb zu sichern. ⁵Sie kann jederzeit, auch vor der Anmeldung oder nach Abschluss des Rechtsgeschäfts, beantragt und erteilt werden.

(4) Die Wirksamkeit eines unter Missachtung des Absatzes 1 abgeschlossenen Rechtsgeschäfts ist von einer nach Artikel 6 Absatz 1 Buchstabe b) oder nach Artikel 8 Absätze 1, 2 oder 3 erlassenen Entscheidung oder von dem Eintritt der in Artikel 10 Absatz 6 vorgesehenen Vermutung abhängig.

Dieser Artikel berührt jedoch nicht die Wirksamkeit von Rechtsgeschäften mit Wertpapieren, einschließlich solcher, die in andere Wertpapiere konvertierbar sind, wenn diese Wertpapiere zum Handel an einer Börse oder an einem ähnlichen Markt zugelassen sind, es sei denn, dass die Käufer und die Verkäufer wussten oder hätten wissen müssen, dass das betreffende Rechtsgeschäft unter Missachtung des Absatzes 1 geschlossen wurde.

Schrifttum: ABA, Premerger Coordination – The Emerging Law of Gun-Jumping and Information Exchange, 2006; Blumenthal, The Scope of Permissible Coordination Between Merging Entities Prior to Consummation, Antitrust L. J. 63 (1994), 43; Bosch/Marquier, Neuere Entwicklungen zum Vollzugsverbot und Gun Jumping, EWS 2010, 113; Carloni, Electrabel Veröffentlichung der Honorartafeln in der Schriftreihe Commission & COMP M.7184 Marine Harvest/Morpol: Gun-Jumping and Violation of teh Merger Standstill Obligation in Europe, JECLAP 2014, 693; Caspary/Flandrin, Ernst&Young: First Guidance on Gun-jumping at EU Level, JECLAP 2018, 516; Depoortere/Lelart, Teh Standstill Obligation in the ECMR, W. Comp. 2010, 103; Grüner, Das Vollzugsverbot in der EU-Fusionskontrolle, 2021; Honoré/Vatin, The French Competition Authroity's Altice Decision: Record Fine for the First Genuine Gun Jumping Case in Euorpe, JECLAP 2017, 314; Jones/Gonzalez-Diaz, The EEC Merger Regulation, 1992; Kiehl, Mowi v Commission: Gun Jumping – Don't Wag hte Merger Control Dog, JECLAP 2020, 257; Krenn, „Gun Jumping" im österreichischen und europäischen Kartellrecht, 2011; Modrall/Ciullo, Gun-Jumping and EU Merger Control, ECLR 2003, 424; Morse, Mergers and Acquisitions: Antitrust Limitations on Conduct Before Closing, The Bus. Law. 57 (2002), 1463; Purps/Beaumunier, „Gun Jumping" nach Altice: Im Westen was Neues?, NZKart 2017, 224; Rudowicz, Gun-Jumping – Verstöße gegen Art. 7 FKVO und Art. 101 AEUV durch den vorzeitigen Vollzug anmeldepflichtiger Zusammenschlüsse, 2016; Schubert, Informationsaustausch im Rahmen von Zusammenschlussvorhaben, ZWeR 2013, 54; Sideri, EU Merger Control: the Novelties in Gun-Jumping, ECLR 2020, 571.

Übersicht

	Rn.
I. Allgemeines	1
1. Übersicht über die Vorschrift	1
2. Zweck des Vollzugsverbots	3
3. Entstehungsgeschichte	9
II. Das Vollzugsverbot nach Abs. 1	12
1. Der materielle Geltungsbereich des Vollzugsverbots	12
a) Zusammenschlüsse iSv Art. 1	13
b) Zusammenschlüsse iSv Art. 4 Abs. 5	14
c) Zusammenschlüsse iSv Art. 4 Abs. 4	19
d) Zusammenschlüsse iSv Art. 22	20
e) Besondere Formen von Zusammenschlüssen	24
2. Der personelle Geltungsbereich	27
3. Zeitlicher Geltungsbereich	31

	Rn.
4. Der Inhalt des Vollzugsverbots	37
a) Grundsätzliches	37
b) Verhältnis zu Art. 101 AEUV	47
c) Zulässige und unzulässige Handlungen im Einzelnen	49
III. Eingeschränktes Vollzugsverbot für öffentliche Übernahmen und Kontrollerwerb über die Börse (Abs. 2)	88
1. Öffentliche Übernahmeangebote	89
2. Kontrollerwerb durch „schleichende Übernahme"	95
IV. Freistellung vom Vollzugsverbot (Abs. 3)	99
1. Grundsätzliches	99
2. Verfahren	102

	Rn.		Rn.
3. Materielle Voraussetzungen	105	1. Zivilrechtliche Folgen	121
4. Fallpraxis	112	2. Befugnisse der Kommission	124
V. Rechtsfolgen von Verstößen gegen das Vollzugsverbot	121	3. Verstoß gegen Auflagen	127

I. Allgemeines

1. Übersicht über die Vorschrift. Nach Art. 7 dürfen Zusammenschlüsse, die der europäischen Fusionskontrolle unterliegen, vor ihrer Genehmigung durch die Kommission nicht vollzogen werden (Abs. 1). Die Kommission kann allerdings auf Antrag die Parteien ganz oder teilweise vom Vollzugsverbot befreien (Abs. 3). Verstöße gegen das Vollzugsverbot führen grds. zur schwebenden Unwirksamkeit der zugrundeliegenden Rechtsgeschäfte (Abs. 4 UAbs. 1). Anderes gilt – vorbehaltlich von Kenntnis oder Kennenmüssen des Geschäftspartners – nur für den Kauf bzw. Verkauf von börsennotierten Wertpapieren (Abs. 4 UAbs. 2).

Besondere Regeln gelten für **öffentliche Übernahmeangebote** und den Anteilserwerb von mehreren Veräußerern (Abs. 2). Hier ist der Erwerb der Anteile vom Vollzugsverbot ausgenommen, soweit der Zusammenschluss unverzüglich bei der Kommission angemeldet wird. Die Ausübung der mit den Anteilen verbundenen Stimmrechte bleibt allerdings vorbehaltlich einer Ausnahmegenehmigung durch die Kommission untersagt.

2. Zweck des Vollzugsverbots. Das Vollzugsverbot soll die **Wirksamkeit der Fusionskontrolle** sichern.[1] Es verhindert zum einen, dass ein zu untersagender Zusammenschluss vor Abschluss der fusionskontrollrechtlichen Prüfung den Wettbewerb beeinträchtigt. Diese Zielsetzung spiegelt sich in der Regelung wider, nach der die Kommission bei der Entscheidung über eine beantragte Befreiung vom Vollzugsverbot die „mögliche Gefährdung des Wettbewerbs durch den Zusammenschluss" zu berücksichtigen hat und die Befreiung mit Bedingungen und Auflagen versehen kann, „um die Voraussetzungen für einen wirksamen Wettbewerb zu sichern" (Abs. 3 S. 3).

Das Vollzugsverbot sichert zum anderen die volle **Wirksamkeit** sowie die unmittelbare und leichte Durchsetzbarkeit **der Untersagungsentscheidung**.[2] Das Vollzugsverbot schließt so die mit einer nachträglichen Entflechtung verbundenen Schwierigkeiten aus.[3] Unmittelbaren Ausdruck fand diese Zielsetzung in der ursprünglichen Fassung von Abs. 2, wonach die Kommission die fortdauernde Aussetzung des Vollzugs anordnen konnte, „um die volle Wirksamkeit jeder späteren [Untersagungsentscheidung bzw. Erlaubnis unter Auflagen oder Bedingungen] zu gewährleisten".[4]

Die Ausgestaltung des Vollzugsverbots in Art. 7 berücksichtigt indessen, dass der **Aufschub der Durchführung des Zusammenschlusses** für die Parteien regelmäßig **mit wirtschaftlichen Nachteilen verbunden** ist. Verzögerungen können den Zusammenschluss zum Scheitern bringen und so wirtschaftlich sinnvolle Restrukturierungen verhindern. Zusammenschlüsse können auch zur Verunsicherung von Kunden, Lieferanten und Mitarbeitern führen; ein längerer Schwebezustand kann unter diesen Umständen zur Abwanderung von Kunden oder Mitarbeitern führen und so das Geschäft der Parteien schädigen. Das Vollzugsverbot verzögert ferner die Realisierung der Effizienzen, die der Zusammenschluss erwarten lässt und deren Verwirklichung auch im Sinne eines auf Verbraucherwohl und allokative Effizienz gerichteten Wettbewerbsrechts[5] liegt.

Diesen Gesichtspunkten trägt Art. 7 Rechnung, indem er einerseits ein grundsätzliches Vollzugsverbot vorsieht, den Parteien andererseits jedoch die Möglichkeit gewährt, im Einzelfall eine Freistellung vom Vollzugsverbot zu beantragen. Zudem gilt das Vollzugsverbot nur eingeschränkt bei öffentlichen Übernahmeangeboten und beim Kontrollerwerb über den Kauf von Wertpapieren von mehreren Veräußerern. Ohne diese Einschränkung würden viele der besonders zeitsensitiven öffentlichen Übernahmeangebote am Vollzugsverbot scheitern.

Die **Interessenabwägung** zwischen der **Effizienz der Wettbewerbskontrolle** auf der einen und der **Minimierung wirtschaftlicher Nachteile der Parteien** auf der anderen Seite könnte grds. auch deutlicher zugunsten des letzteren Gesichtspunktes ausfallen, insbes. wenn man berücksichtigt, dass letztlich nur ein verschwindend geringer Prozentsatz aller angemeldeten Zusammen-

---

[1] Vgl. die VO 4064/89 (FKVO aF), Erwgr. 17; VO 1310/97, ABl. 1997 L 180, 1 (1. FKVO-Novelle), Erwgr. 9; EuG 12.12.2012 – T-332/09 Rn. 246 – Electrabel.
[2] Jones/Gonzalez-Diaz, The EEC Merger Regulation, 1992, 200.
[3] Vgl. für das deutsche Recht Immenga/Mestmäcker/Mestmäcker/Veelken GWB § 39 Rn. 1; LMRKM/Riesenkampff/Lehr GWB § 39 Rn. 1.
[4] VO (EWG) Nr. 4064/89 des Rates v. 21.12.1989, ABl. 1989 L 395, 1, berichtigt in ABl. 1990 L 257, 13.
[5] Vgl. Leitlinien „horizontale Zusammenschlüsse", Rn. 76.

schlüsse untersagt wird (aber gleichzeitig sämtliche Zusammenschlüsse dem Vollzugsverbot unterworfen sind). So hatte die Kommission anlässlich der Novellierung der EG-FusionskontrollVO zum Jahr 2004 vorgeschlagen, dass ihr die Ermächtigung erteilt wird, bestimmte Kategorien von Zusammenschlüssen (wie insbes. die im vereinfachten Verfahren angemeldeten) vom Vollzugsverbot völlig freizustellen.[6] Dieser Vorschlag wurde vom Rat nicht übernommen. Das deutsche Recht kannte bis zur 6. GWB-Novelle (dh bis zum 1.1.1999) ein Vollzugsverbot nur für die anmeldepflichtigen Großfusionen, während für die lediglich anzeigepflichtigen Zusammenschlüsse unterhalb des gesetzlich bestimmten Umsatzschwellenwerts kein Vollzugsverbot galt.[7] Auch etwa das aktuelle englische und italienische Fusionskontrollrecht sehen kein Vollzugsverbot vor (im Fall Großbritanniens besteht gleichzeitig aber auch keine Anmeldepflicht).

8   Obwohl eine grundsätzliche Freistellung der zahlreichen offensichtlich unproblematischen Zusammenschlüsse eine sinnvolle Lösung wäre, **kommt die Praxis mit dem gegenwärtigen Rechtszustand leidlich zurecht.** Gerade in den einfachen Fällen ist die Prüfung nach 25 Werktagen abgeschlossen und damit das Vollzugsverbot aufgehoben. Wo auch immer überschaubare Zeitspanne Vermögenswerte gefährdet, kann auf den Antrag auf Befreiung zurückgegriffen werden. Auch über eine frühzeitige Anmeldung noch vor der Unterzeichnung der Verträge (was häufig aus Gründen der Vertraulichkeit allerdings nicht möglich ist) können Verzögerungen bei der Durchführung des Vorhabens ggf. reduziert werden. Nicht zu verkennen ist jedoch, dass das Vollzugsverbot in Fällen ungerechtfertigter Untersagungen in den meisten Fällen zum Scheitern der betreffenden Zusammenschlüsse führt, unabhängig davon, ob die Untersagung später vom EuG oder EuGH aufgehoben wird oder die Parteien den Rechtsmittelweg erst gar nicht beschreiten.[8]

9   **3. Entstehungsgeschichte.** Die Einführung einer präventiven Fusionskontrolle mit Anmeldepflicht und bis zur Freigabe des Zusammenschlusses geltendem Vollzugsverbot folgte historisch dem **deutschen Modell.**[9] Art. 7 wurde in der Folge anlässlich beider Novellierungen der FKVO in den Jahren 1997 und 2004 jeweils leicht überarbeitet.

10   IRd **ersten Neufassung**[10] wurde die Begrenzung des Vollzugsverbots auf einen Zeitraum von drei Wochen nach Anmeldung (bei Möglichkeit der Kommission, den Vollzug per Entscheidung für einen längeren Zeitraum auszusetzen) ersetzt durch die grundsätzliche Geltung bis zur Freigabe des Zusammenschlusses. Die Voraussetzungen der Befreiung vom Vollzugsverbot wurden erleichtert. War zuvor die Abwendung eines „schweren Schadens" für die Parteien oder Dritte erforderlich, verlangt die ab 1997 geltende Fassung nur noch eine Abwägung zwischen den Auswirkungen der Aussetzung des Vollzugs mit der möglichen Gefährdung des Wettbewerbs bei einer Befreiung vom Vollzugsverbot.

11   Anlässlich der **zweiten Novelle** der FKVO schlug die Kommission vor, dass sie ermächtigt werden sollte, bestimmte Kategorien von Zusammenschlüssen grds. vom Vollzugsverbot freizustellen.[11] Die Kommission überlegte insbes., Zusammenschlüsse, die nach dem vereinfachten Verfahren anzumelden und somit offensichtlich wettbewerblich unproblematisch sind, generell vom Vollzugsverbot auszunehmen. Der Rat ist diesem Vorschlag nicht gefolgt. Erweitert wurde jedoch die für öffentliche Übernahmeangebote geltende Ausnahme vom Vollzugsverbot. Sie wurde auf sämtliche Erwerbsvorgänge ausgedehnt, die über die Börse unter Beteiligung einer Vielzahl von Veräußerern erfolgen. Hiermit sollte die Rechtsunsicherheit betreffend die Behandlung sog „creeping takeovers" beseitigt werden.

II. Das Vollzugsverbot nach Abs. 1

12   **1. Der materielle Geltungsbereich des Vollzugsverbots.** Im Ausgangspunkt ist der Geltungsbereich des Vollzugsverbots klar bestimmt: Es gilt grds. für sämtliche der FKVO unterfallenden Zusammenschlüsse. Bei näherer Betrachtung ergeben sich allerdings Differenzierungen und auch Zweifelsfragen.

13   **a) Zusammenschlüsse iSv Art. 1.** Vertraglich vereinbarte gemeinschaftsweite Zusammenschlüsse iSv Art. 1 unterliegen ausnahmslos dem Vollzugsverbot. Insoweit ergeben sich hinsichtlich des Anwendungsbereichs des Vollzugsverbots keine Probleme.

---

[6] S. Kommission, Vorschlag für eine Verordnung des Rates über die Kontrolle von Zusammenschlüssen, ABl. 2003 C 20, 4 Rn. 67–68.

[7] S. hierzu Immenga/Mestmäcker/Mestmäcker/Veelken GWB § 39 Rn. 1.

[8] Vgl. etwa die Untersagungsentscheidungen Kom., M.2283 – Schneider/Legrand und Kom., M.1524 – Airtours/First Choice.

[9] Vgl. FK-KartellR/Hellmann Rn. 1; Immenga/Mestmäcker/Immenga/Körber Rn. 1; Cook/Kerse 144.

[10] ABl. 1997 L 180, 1 FKVO berichtigt in ABl. 1998 L 40, 17.

[11] S. Kommission, Vorschlag für eine Verordnung des Rates über die Kontrolle von Zusammenschlüssen, ABl. 2003 C 20, 4 Rn. 67–68.

b) Zusammenschlüsse iSv Art. 4 Abs. 5. Abs. 1 unterwirft ausdrücklich auch solche 14 Zusammenschlüsse dem Vollzugsverbot, „die von der Kommission gemäß Art. 4 Abs. 5 geprüft werden sollen". Hierbei handelt es sich um **Vorhaben, die keine gemeinschaftsweite Bedeutung iSv Art. 1 haben,** die aber in mindestens drei Mitgliedstaaten geprüft werden könnten und für die die Parteien nach Art. 4 Abs. 5 eine **Verweisung an die Kommission beantragt** haben. Die gesetzgeberische Intention dieser 2004 eingeführten Regelung ist klar: Das gemeinschaftsrechtliche Vollzugsverbot gilt auch für nicht der FKVO unterliegende Zusammenschlüsse, wenn die Parteien eine Verweisung an die Kommission beabsichtigen. Die Praxis wird hieraus den Schluss zu ziehen haben, dass ein Zusammenschluss solange nicht vollzogen werden sollte, wie seine Verweisung an die Kommission von den Parteien beabsichtigt oder auch nur erwogen wird. Denn aus dem Wortlaut des Abs. 1 wird deutlich, dass das Vollzugsverbot in diesen Fällen nicht etwa ex nunc ab dem Zeitpunkt des Verweisungsantrags oder der endgültigen Verweisung gilt, sondern vielmehr ex tunc in der Form, dass der Zusammenschluss von Anfang an nicht vollzogen werden darf. Dies ergibt sich aus der sprachlichen Gleichstellung mit den Zusammenschlüssen von gemeinschaftsweiter Bedeutung iSv Art. 1.

Bei genauerer Betrachtung und insbes. in atypischen Fällen wirft die Regelung allerdings eine 15 Reihe von Fragen auf. Zwar ist der Zeitraum, für den das Vollzugsverbot gelten soll, recht eindeutig (→ Rn. 14). Weniger klar ist indessen der **Zeitpunkt, ab welchem das Vollzugsverbot ausgelöst wird.** Abs. 1 spricht von einem Zusammenschluss, „der von der Kommission gemäß Art. 4 Abs. 5 geprüft werden soll" (Englisch: „which is to be examined by the Commission"; Französisch: „qui doit être examinée par la Commission"). Fraglich ist, ab welchem Zeitpunkt diese Voraussetzung vorliegt. Insoweit könnte einerseits auf den Zeitpunkt abzustellen sein, zu dem die 15-Tage-Frist nach Art. 4 Abs. 5 UAbs. 3 abgelaufen ist und mangels Einsprüchen seitens der Mitgliedstaaten feststeht, dass der Zusammenschluss von der Kommission zu prüfen ist. Eine alternative Auslegung besteht darin, dass der Zeitpunkt der Einreichung eines Verweisungsantrags durch die Parteien oder sogar – noch früher – der Zeitpunkt, zu dem die Parteien erstmals einen Verweisungsantrag beabsichtigen, maßgeblich ist.

Der Wortlaut – gerade auch der englischen und französischen Sprachfassungen – scheint eher 16 für die erste Auslegung zu sprechen. Denn der Antrag der Parteien allein (und noch weniger ihre reine Absicht, einen solchen Antrag zu stellen) führt nicht dazu, dass der Zusammenschluss „is to be examined by the Commission". Dies ist erst dann der Fall, wenn die erwähnte Frist einspruchslos abgelaufen ist. Auch ist in Abs. 1 gerade nicht von Zusammenschlüssen die Rede, „für die die Parteien eine Verweisung nach Art. 4 Abs. 5 beantragt haben". Eine solche oder ähnliche Formulierung wäre aber zu erwarten gewesen, wenn bereits der Verweisungsantrag der Parteien das Vollzugsverbot hätte auslösen sollen. Anderseits ließe sich die gesetzgeberische Intention (→ Rn. 3 f.) dafür ins Feld führen, dass die Parteien das Vollzugsverbot solange zu respektieren haben, wie sie eine Verweisung an die Kommission für noch nicht ausgeschlossen halten. Denn anderenfalls könnte die Geltung ex tunc praktisch vereitelt werden. Bei diesem Verständnis hinge allerdings die Auslösung des Vollzugsverbots von inneren Tatsachen ab, was schwerlich praxisgerecht ist und mit Blick auf die Bußgeldbewehrung des Verbots rechtsstaatlich zweifelhaft erscheint.

Am überzeugendsten erscheint es wohl noch, trotz der Bedenken im Hinblick auf den Wortlaut 17 das **Vollzugsverbot mit der Einreichung des Antrags auf Verweisung** eingreifen zu lassen. Hiermit liegt nicht nur ein klar bestimmter Zeitpunkt vor. Ab diesem Moment erscheint es auch gerechtfertigt, dass die Parteien, die ihren Zusammenschluss der Geltung des Gemeinschaftsrechts unterstellen wollen, auch ein vorläufiges gemeinschaftsrechtliches Vollzugsverbot zu respektieren haben. Dieses Verständnis wird auch durch eine Parallelwertung mit der Regelung des Art. 22 Abs. 4 UAbs. 1 gestützt, wonach im Falle des Antrags eines Mitgliedstaates, den Zusammenschluss an die Kommission zu verweisen, das Vollzugsverbot des Art. 7 ab dem Zeitpunkt eingreift, zu dem die Kommission den beteiligten Unternehmen mitteilt, dass der Verweisungsantrag eingegangen ist – so dass das Vollzugsverbot also bereits vor der Entscheidung über den Verweisungsantrag eingreift.

In den meisten Fällen werden sich in der **Praxis** aus diesen Unsicherheiten keine Probleme 18 ergeben, da die Parteien ohnehin an die Vollzugsverbote der Länder gebunden sind, in denen der Zusammenschluss anzumelden ist, wenn es zu keiner Verweisung kommt. In einzelnen Mitgliedstaaten (so etwa in Großbritannien und Italien) besteht allerdings kein Vollzugsverbot; zudem sind Zusammenschlüsse regelmäßig nur in einer begrenzten Zahl von Mitgliedstaaten anzumelden. Nach hier vertretener Auffassung wird man daher etwa den Teilvollzug eines Zusammenschlusses im Vereinigten Königreich oder in Italien für zulässig halten müssen, solange die Parteien keinen Verweisungsantrag an die Kommission gestellt haben. Dasselbe muss gelten für den Vollzug des Vorhabens in Ländern, in denen es aufgrund des einschlägigen nationalen Rechts nicht anzumelden ist. Letztendlich könnten die Parteien hierdurch dem Vollzugsverbot des Art. 7 teilweise (nämlich in einem bestimmten räumlichen Maße) ausweichen, indem sie den Zusammenschluss in Mitgliedstaaten ohne Anmeldepflicht oder ohne Vollzugsverbot vollziehen und erst dann mit Blick auf die Mitgliedstaaten, in denen sie einer Anmeldepflicht unterliegen, einen Verweisungsantrag gemäß Art. 4 Abs. 5 stellen. Eine unzulässige Umgehung des Vollzugsverbots oder unberechtigte Privilegierung gegenüber „geborenen" gemeinschaftsweiten Zusammenschlüssen wird man hierin nicht sehen können, da es sich lediglich um die Konsequenz der zunächst räumlich begrenzten nationalen Anmeldeerfordernisse handelt, von denen letztlich auch die Zuständigkeit der Kommission im Falle einer Verweisung abgeleitet ist. Die Parteien müssen im Falle einer Verweisung ohnehin mit dem Nachteil leben müssen, dass die ursprünglich materiell auf die Auswirkungen in wenigen Mitgliedstaaten beschränkte Prüfung sich aufgrund der Verweisung erweitert zu einer Untersuchung der wettbewerblichen Wirkungen des Zusammenschlusses in der gesamten Gemeinschaft. Zwei Punkte sind allerdings zweifelsfrei: Erstens wird ein Vollzug vor Verweisungsantrag in nicht anmeldepflichtigen Mitgliedstaaten nur in Frage kommen, wenn ausgeschlossen werden kann, dass sich der Vollzug nicht indirekt auf den Wettbewerb in den anmeldepflichtigen Ländern auswirkt. Zweitens wird man ab dem Zeitpunkt der Einreichung des Verweisungsantrags jegliche weiteren Vollzugshandlungen in sämtlichen Mitgliedstaaten für unzulässig erachten müssen.

19 c) **Zusammenschlüsse iSv Art. 4 Abs. 4.** Bei gemeinschaftsweiten Zusammenschlüssen iSv Art. 1, für die die Parteien eine **Verweisung an eine (oder mehrere) nationale Kartellbehörde(n)** beantragen, gilt das Vollzugsverbot jedenfalls solange, bis der Zusammenschluss vollständig an den jeweiligen Mitgliedstaat verwiesen ist. Nach diesem Zeitpunkt gilt aufgrund von Art. 4 Abs. 4 UAbs. 5, dass das Wettbewerbsrecht des jeweiligen Mitgliedstaats Anwendung findet, das Vollzugsverbot des Art. 7 also keine Geltung mehr beansprucht. Erfolgt also etwa die Verweisung eines Zusammenschlusses an die britischen Kartellbehörden, so unterliegen die Parteien mit dem Ergehen der Verweisungsentscheidung keinem Vollzugsverbot mehr (Art. 7 findet keine Anwendung mehr und das britische Kartellrecht kennt kein automatisches Vollzugsverbot).

20 d) **Zusammenschlüsse iSv Art. 22.** Nach Art. 22 Abs. 1 UAbs. 1 können die Kartellbehörden der Mitgliedstaaten die **Verweisung eines nicht gemeinschaftsweiten Zusammenschlusses an die Kommission** beantragen. Gemäß Art. 22 Abs. 4 UAbs. 1 findet das Vollzugsverbot des Art. 7 bei solchen Zusammenschlüssen Anwendung, „soweit der Zusammenschluss zu dem Zeitpunkt, zu dem die Kommission den beteiligten Unternehmen mitteilt, dass ein Antrag eingegangen ist, noch nicht vollzogen worden ist". In den weitaus meisten Fällen wird der nach Art. 22 verwiesene Zusammenschluss aufgrund der Geltung des nationalen Vollzugsverbots noch nicht vollzogen sein, so dass in diesen Fällen Art. 7 den Vollzug weiter aufschiebt.

21 Ist der **Zusammenschluss rechtstechnisch bereits vollständig vollzogen,** dh die Gesellschaftsanteile oder die Vermögenswerte wurden auf den Erwerber übertragen, verstoßen die Parteien nach hier vertretener Auffassung nicht gegen das Vollzugsverbot, wenn sie die Integration weiter vorantreiben. Zwar ordnet Art. 22 Abs. 4 UAbs. 1 die Geltung des Art. 7 an, „soweit" der Zusammenschluss noch nicht vollzogen ist. Es ist allerdings abzulehnen, rein tatsächliche interne Integrationsmaßnahmen als „weiteren Vollzug" anzusehen, nachdem der Zusammenschluss rechtstechnisch vollständig durchgeführt worden ist. Anderenfalls drohte praktisch eine vollständige Lähmung jeglicher Unternehmenstätigkeit, da nahezu sämtliche unternehmensinternen Maßnahmen als Schritte weiterer Integration anzusehen wären. Art. 22 ordnet zudem gerade keine Pflicht zur Separierung bereits integrierter Unternehmensteile an. Die Übertragung der Anteile bzw. der Vermögenswerte ist daher als Abschluss des Vollzugs anzusehen, nach dem für ein weiteres Vollzugsverbot kein Raum mehr verbleibt. Aus diesen Gründen gilt auch im Falle der Verweisung nach Art. 22 keine „standstill"-Verpflichtung für die weitere Integration bereits vollzogener Übernahmen oder Fusionen.

22 Ist ein **Zusammenschluss** hingegen **nur teilweise vollzogen,** greift mit Blick auf den noch nicht erfolgten Vollzug das Verbot des Art. 7.[12] Dies ergibt sich eindeutig aus dem Wortlaut des Art. 22 Abs. 4 UAbs. 1, wonach Art. 7 gilt, „soweit" („to the extent that"; „pour autant que"; „nella misura in cui") der Zusammenschluss noch nicht vollzogen ist. Sollen also etwa drei Gesellschaften erworben werden und hat der Erwerber im Zeitpunkt der Mitteilung der Verweisung die Anteile an nur einer dieser Gesellschaften übernommen, so hemmt das Vollzugsverbot bis zur Erteilung der Genehmigung des Zusammenschlusses durch die Kommission die Übertragung der Anteile an den übrigen zwei Gesellschaften.

23 In Fällen von Verweisungen nach Art. 22 ist die **räumliche Reichweite des Vollzugsverbots** auf den oder die antragstellenden Mitgliedstaaten **begrenzt.** Die geographische Prüfungskompetenz der Kommission ist iRv Art. 22 auf denjenigen Mitgliedstaat bzw. diejenigen Mitgliedstaaten

---

[12] Anders wohl NK-EuWettbR/König Rn. 4, der den Gesetzeswortlaut „soweit" iSe „falls" zu verstehen scheint.

beschränkt, der oder die den Verweisungsantrag gestellt haben (Art. 22 Abs. 1) bzw. sich ihm angeschlossen haben (Art. 22 Abs. 2). Hat also bspw. allein Finnland einen Verweisungsantrag gestellt, so ist die materielle Prüfungskompetenz der Kommission auf die wettbewerblichen Auswirkungen des Vorhabens im finnischen Staatsgebiet begrenzt. Etwaige Wirkungen des Zusammenschlusses auf den Wettbewerb in anderen Ländern verbleiben außerhalb der Zuständigkeit der Kommission und unterliegen allein dem nationalen Kartellrecht dieser Länder. Hieraus wird man folgern müssen, dass auch der Anwendungsbereich des Art. 7 räumlich beschränkt ist auf den Vollzug des Zusammenschlusses in Finnland. Umfasst also das Zusammenschlussvorhaben etwa die Übernahme einer finnischen und einer italienischen Gesellschaft, so steht das Vollzugsverbot des Art. 7 einer Übertragung der Anteile an der italienischen Zielgesellschaft nicht entgegen, wenn der Zusammenschluss in Italien von vornherein nicht anmeldepflichtig war oder Italien keine Verweisung gemäß Art. 22 beantragt hat. Zu beachten ist allerdings, dass sich die Übertragung von Anteilen an Gesellschaften oder von Vermögenswerten, die außerhalb des den Verweisungsantrag stellenden Mitgliedstaates belegen sind, auf den Wettbewerb in diesem Mitgliedstaat auswirken kann (etwa wenn der finnische Markt aus der in Italien belegenen Produktionsstätte der Zielgesellschaft beliefert wird). In diesen Fällen wird das Vollzugsverbot trotz seiner räumlichen Begrenzung auch Vollzugshandlungen außerhalb des antragstellenden Mitgliedstaates erfassen.

e) Besondere Formen von Zusammenschlüssen. Ein **Zusammenschluss** kann sich unter 24 Umständen auf andere Weise als über Vertrag oder öffentliches Übernahmeangebot ergeben. Der praktisch wichtigste Fall ist der **sukzessive Aufkauf von Aktien des Zielunternehmens an der Börse** bis zur Schwelle des Kontrollerwerbs. Insoweit wurden in der Vergangenheit unterschiedliche Auffassungen vertreten: Nach einer Meinung sollte das Vollzugsverbot in diesem Fall keine Anwendung finden (Verdrängung des Art. 7 durch die Regelung des Art. 4 Abs. 1),[13] während nach anderer Ansicht die für öffentliche Übernahmen geltende Regelung analog anzuwenden war[14] und nach dritter Auffassung das Vollzugsverbot uneingeschränkt galt.[15] Die rechtliche Unsicherheit ist nun dadurch beseitigt worden, dass der Gesetzgeber mit der Novelle von 2004 diese Fälle mit öffentlichen Übernahmeangeboten gleichgestellt hat (s. Abs. 2). Danach dürfen die Anteile am Zielunternehmen ohne Verstoß gegen das Vollzugsverbot erworben werden. Der Käufer hat den Kontrollerwerb allerdings „unverzüglich" bei der Kommission anzumelden und darf ohne gesonderte Genehmigung der Kommission die mit den Anteilen verbundenen Stimmrechte nicht ausüben (dazu → Rn. 71 ff.).

Ein **Zusammenschluss** kann weiterhin auch völlig **ohne Beteiligung der kontrollerwer-** 25 **benden Partei(en)** zustande kommen. Ein Kontrollerwerb kann sich etwa daraus ergeben, dass ein Anteilsinhaber seine Anteile an der Börse verkauft und der verbleibende Großaktionär hierdurch – mit Blick etwa auf die geringe Hauptversammlungspräsenz – die Kontrolle erlangt. Auch eine stark gesunkene Hauptversammlungspräsenz oder Kapitalerhöhung, an der nicht alle Aktionäre teilnehmen, können einem Minderheitsaktionär bestimmenden Einfluss iSv Art. 3 Abs. 2 gewähren. Ein solcher „passiver" Kontrollerwerb kann sich ferner aus dem Verzicht auf bestimmte Einflussrechte seitens eines anderen Aktionärs ergeben. Auch die Kündigung einer Gesellschaftervereinbarung durch einen Minderheitsaktionär kann den Wechsel von gemeinsamer zu alleiniger Kontrolle auslösen. Im Fall Avesta II änderte sich die Natur der Kontrollrechte eines der drei verbleibenden Hauptaktionäre durch das Ausscheiden des bisherigen vierten Großaktionärs.[16] Schließlich könnte auch der Wegfall der Voraussetzungen der Bankenklausel des Art. 3 Abs. 5 einen Zusammenschluss bewirken.[17]

Die **Anwendung des Vollzugsverbots in solchen Situationen** ist noch **ungeklärt.** Soweit 26 das die Kontrolle erwerbende Unternehmen in diesen Fällen den Aufschub des Kontrollerwerbs nicht zu bewirken vermag, ist die Anwendung des Abs. 1 auf dieses Unternehmen ausgeschlossen. Das Recht kann der Person A nicht die Verpflichtung auferlegen, dass sich die Person B in einer bestimmten Weise verhält, obwohl A keine Möglichkeiten hat, das Verhalten von B zu bestimmen. Stattdessen scheint die angemessene Lösung in einer **analogen Anwendung von Abs. 2** zu liegen. Dies bedeutet zunächst, dass das die Kontrolle erwerbende Unternehmen zur unverzüglichen Anmeldung verpflichtet ist (Abs. 2 lit. a). Der weiteren Verpflichtung, seine Stimmrechte vorläufig nicht auszuüben, scheint entgegenzustehen, dass das betreffende Unternehmen anders als bei öffentlichen Übernahmen oder dem Kauf von Wertpapieren an der Börse keine zusätzlichen Anteile hinzuerwirbt, auf die sich das Stimmverbot erstrecken könnte. Das Unternehmen wird aber eine Einschränkung in der Ausübung

---

[13] Cook/Kerse 150; Jones/González-Díaz, The EEC Merger Regulation, 1992, 200.
[14] So noch Schröter/Jakob/Mederer/Stoffregen, 1. Aufl. 2003, Rn. 7.
[15] FK-KartellR/Hellmann Rn. 5 aF.
[16] Kom., M.542, Rn. 8 – Avesta II.
[17] Cook/Kerse, 5. Aufl. 2009, E.C. Merger Control, 150.

(eines Teils) seiner überkommenen Stimmrechte hinnehmen müssen, da es im Falle einer Untersagungsentscheidung auch zur Veräußerung der zugrundeliegenden Anteile verpflichtet werden kann.

27 **2. Der personelle Geltungsbereich.** Abs. 1 benennt die Adressaten des Vollzugsverbots nicht ausdrücklich, sondern spricht lediglich davon, dass ein Zusammenschluss von gemeinschaftsweiter Bedeutung nicht vor seiner Genehmigung durch die Kommission vollzogen werden darf. Auch aus Abs. 2 und 3 lässt sich der Adressatenkreis nicht näher bestimmen; so wird insbes. nicht spezifiziert, wer einen Antrag auf Freistellung vom Vollzugsverbot stellen kann („Die Kommission kann auf Antrag eine Freistellung [...] erteilen."). Nach Art. 14 Abs. 2 kann die Kommission Geldbußen verhängen „gegen die in Artikel 3 Absatz 1 Buchstabe b) bezeichneten Personen oder die beteiligten Unternehmen [...], wenn sie vorsätzlich oder fahrlässig [...] b) einen Zusammenschluss unter Verstoß gegen Artikel 7 vollziehen". In der Fassung des Art. 14 Abs. 2 vor dem 1.5.2004 war generell von „Personen und Unternehmen", die einen Zusammenschluss vollziehen, die Rede.

28 Hieraus folgt zunächst, dass jedenfalls **die am Zusammenschluss „beteiligten Unternehmen" Adressaten des Vollzugsverbots** sind. Wer dies ist, hängt von der Form des Zusammenschlusses ab. Die Kommission hat den Begriff des beteiligten Unternehmens in einer Mitteilung für die verschiedenen Zusammenschluss-Konstellationen erläutert.[18] Diese Mitteilung bezieht sich nach ihrer Einleitung zwar auf den Begriff des „beteiligten Unternehmens" in Art. 1 und 5;[19] es ist indessen kein Grund erkennbar, warum dieser Begriff iRd Art. 14 eine abweichende Bedeutung haben soll. Im Falle einer Fusion sind es die fusionierenden Unternehmen. Beim Erwerb eines Unternehmensteils sind es der Erwerber und die Zielgesellschaft. Nicht beteiligtes Unternehmen ist indessen der Veräußerer.[20] Er wird auch durch die Alternative der „in Artikel 3 Absatz 1 Buchstabe b) bezeichneten Personen" nicht erfasst, denn dieser Bezug soll offenbar nur dazu dienen, natürliche Personen in den Adressatenkreis einzubeziehen, soweit sie „bereits mindestens ein Unternehmen kontrollieren" (Art. 3 Abs. 1 lit. b).

29 Hieraus folgt, dass bei einem vorzeitigen Vollzug des Zusammenschlusses gegen den Veräußerer kein Bußgeld verhängt werden kann. Da in Ermangelung entgegenstehender Anzeichen von einer Identität des Adressatenkreises der Art. 7 und 14 Abs. 2 auszugehen ist, spricht somit viel dafür, den **Veräußerer nicht** als **Adressat des Vollzugsverbots** anzusehen. Der Veräußerer bleibt naturgemäß von den „objektiven" Wirkungen des Vollzugsverbots betroffen, also insbes. der schwebenden Unwirksamkeit von gegen Abs. 1 verstoßenden Rechtsgeschäften.[21]

30 Ist schon der Veräußerer kein Adressat des Vollzugsverbots, so ist es de maiore ad minus erst Recht nicht ein am Zusammenschluss unbeteiligter Dritter, der mit seinen Handlungen einen Zusammenschluss herbeiführt (siehe zu den Fällen, in denen dies möglich ist, → Rn. 25).

31 **3. Zeitlicher Geltungsbereich.** Der Zeitpunkt des **Beginns des Vollzugsverbots** kann im Einzelfall zweifelhaft sein. GA Wahl hat in seinen Schlussanträgen zur Sache Ernst & Young (in der diese Frage nicht entscheidungserheblich war) eine sehr restriktive Auffassung vertreten.[22] Er geht zunächst davon aus, dass es zum Vollzug eines Zusammenschlusses nur dann kommen kann, wenn ein „Zusammenschluss" existiert. Sodann verweist er darauf, dass Art. 4 Abs. 1 Unterabs. 3 zwischen „Zusammenschlüssen" und „beabsichtigten Zusammenschlüssen" unterscheidet und festlegt, dass der Begriff des „Zusammenschlusses" in der FKVO (und damit auch in Abs. 1) nicht die beabsichtigten Zusammenschlüsse umfasst. Dementsprechend finde auch das Vollzugsverbot auf beabsichtigte Zusammenschlüsse keine Anwendung.[23] Danach würde das Vollzugsverbot nicht gelten für Zusammenschluss-Vorhaben, die erst das Stadium eines „Letter of Intent", „Memorandum of Understanding" oder „Heads of Terms" erreicht haben. Vielmehr würde das Vollzugsverbot erst dann eingreifen, wenn der endgültige Vertrag über den Kontrollerwerb unterzeichnet ist. Bei öffentlichen Übernahmen würde das Vollzugsverbot erst mit dem förmlichen öffentlichen Übernahmeangebot Geltung beanspruchen.

32 Diese Auffassung erscheint zu eng und zu isoliert dem Wortlaut des Art. 4 Abs. 1 verhaftet. Richtigerweise ist der **Beginn des Vollzugsverbots** im Zeitpunkt der **Anmeldefähigkeit des Vorhabens** zu sehen. Aus der Anmeldefähigkeit folgt, dass ein hinreichend konkretisiertes Zusammenschluss-Vorhaben vorliegt. Es wäre widersprüchlich, gleichzeitig die Existenz eines Zusammenschluss-Vorhabens für die Zwecke des Vollzugsverbots zu verneinen. Das Vollzugsverbot würde leerlaufen, wenn die Parteien es dadurch umgehen könnten, indem sie die Unterzeichnung der

---

[18] Mitteilung „Zuständigkeit", Rn. 129 ff.
[19] Mitteilung „Zuständigkeit", Rn. 3.
[20] Mitteilung „Zuständigkeit", Rn. 136.
[21] AA Immenga/Mestmäcker/Körber Rn. 6.
[22] SchlA GA Wahl 18.1.2018 – C-633/16, Rn. 70 f. – Ernst & Young.
[23] SchlA GA Wahl 18.1.2018 – C-633/16, Rn. 71 – Ernst & Young.

II. Das Vollzugsverbot nach Abs. 1

endgültigen Verträge hinausschieben. Ziel des Vollzugsverbots ist es ja gerade, zu verhindern, dass die Parteien schon während des laufenden Fusionskontrollverfahrens irreversible Fakten schaffen. In dem Zeitraum vor Erreichen der Anmeldefähigkeit (also idR der Unterzeichnung eines vorläufigen Vertragsdokuments) besteht indessen keine Grundlage für die Anwendung des Vollzugsverbots. Bei reinen Überlegungen, Plänen oder vorläufigen Gesprächen, die sich noch nicht in einem anmeldefähigen Vorhaben kristallisiert haben, liegt kein hinreichend konkretisierter „Zusammenschluss" vor, der im Sinne von Art. 7 „vollzogen" werden könnte.

In der Entscheidung „Altice", die nach den Schlussanträgen von GA Wahl erging, hat die Kommission den Beginn des Verstoßes gegen das Vollzugsverbot auf den Tag der Unterzeichnung des Kaufvertrags gelegt.[24] Dieses Vorgehen der Kommission kann indessen verfahrenstaktische Gründe haben und sollte nicht als Freibrief dafür verstanden werden, dass Parteien das Vollzugsverbot vor förmlicher Unterzeichnung des endgültigen Kaufvertrags ignorieren können. **33**

Schwierigkeiten bei der Bestimmung der Anmeldefähigkeit und dem Beginn des Vollzugsverbot können sich in Fällen ergeben, bei denen der Anteilserwerb am Zielunternehmen durch „einseitiges" Handeln der Erwerbers erfolgt, also bspw. durch den **schrittweisen Kauf von Anteilspaketen** über die Börse. Hier gibt es in aller Regel keinen Vertrag mit einem Veräußerer über den Kontrollerwerb, auf den für die Anmeldefähigkeit abgestellt werden kann. Wenn unter diesen Umständen ein Erwerber ein Zielunternehmen ins Auge fasst und schrittweise Anteilspakete an der Börse (oder von verschiedenen Veräußerern) erwirbt, stellt sich die Frage, ob man den Erwerb des ersten Pakets als für sich selbst zu beurteilende und nicht anmeldepflichtige Minderheitsbeteiligung betrachtet oder ob es sich vielmehr um einen unselbständigen Teil eines mehrschrittigen, die Kontrollübernahme anstrebenden Vorhabens handelt. Richtigerweise wird man Letzteres nur dann annehmen können, wenn erstens ein konkreter und durch die Leitungsorgane des Erwerbers beschlossener Plan für den Kontrollerwerb vorliegt und zweitens dieser Plan innerhalb eines konkreten Zeitplans zeitnah umgesetzt werden soll. (Nur) In diesem Fall unterliegt bereits der Kauf der ersten Minderheitsbeteiligung dem Vollzugsverbot. **34**

Im Falle der **Verweisung eines Zusammenschlusses** an die Kommission durch eine mitgliedstaatliche Kartellbehörde findet Art. 7 ab dem Zeitpunkt Anwendung, zu dem die Kommission den beteiligten Unternehmen mitteilt, dass ein Antrag eingegangen ist (Art. 22 Abs. 4 UAbs. 1). Nicht eindeutig geregelt ist der Beginn des Vollzugsverbots in Fällen einer Verweisung an die Kommission auf der Grundlage von Art. 4 Abs. 5. Nach hier vertretener Auffassung ist insoweit der Eingang des Verweisungsantrags bei der Kommission der relevante Zeitpunkt (→ Rn. 17). **35**

Das Vollzugsverbot **endet,** wenn der Zusammenschluss „aufgrund einer Entscheidung gemäß Artikel 6 Absatz 1 Buchstabe b) oder Artikel 8 Absätze 1 und 2 oder einer Vermutung gemäß Artikel 10 Absatz 6 für vereinbar mit dem Gemeinsamen Markt erklärt worden ist" (Abs. 1). Ab diesem Zeitpunkt sind sämtliche Vollzugsmaßnahmen zulässig. Solange der Zusammenschluss juristisch noch nicht vollzogen ist (dh bspw. die Anteile an der Zielgesellschaft noch nicht formgerecht auf den Erwerber übertragen wurden), wird man allerdings davon ausgehen müssen, dass jedenfalls formal der Erwerber und das Zielunternehmen auch nach Erteilung der Fusionskontrollgenehmigung noch Wettbewerber sind und daher auf ihr Verhältnis zueinander das Kartellverbot des Art. 101 Abs. 1 AEUV weiterhin Anwendung findet. Soweit man in dieser Zwischenperiode zwischen Fusionskontrollgenehmigung und Vollzug des Zusammenschlusses das Verbot des Art. 101 Abs. 1 AEUV indessen nicht schon über den Immanenzgedanken reduzieren will, sollte zur Vermeidung überflüssiger „Förmelei" die Kartellbehörde insoweit regelmäßig iR ihres Aufgreifermessens das öffentliche Interesse an einem Einschreiten gegen die Verhaltensabstimmung zwischen den Zusammenschluss-Parteien verneinen. Anderes wird allerdings in den Fällen gelten, in denen das Zustandekommen des Zusammenschlusses noch nicht endgültig geklärt ist, etwa weil die Erfüllung gewisser vertraglicher Bedingungen noch aussteht oder es gar in einem Bietergefecht noch offen ist, welcher Bieter zum Zuge kommen wird. **36**

4. Der Inhalt des Vollzugsverbots. a) Grundsätzliches. Nach Abs. 1 dürfen anmeldepflichtige Zusammenschlüsse vor ihrer Genehmigung nicht „vollzogen" werden. Der **Begriff des „Vollzugs"** (engl.: „implementation", frz.: „réalisation") eines Zusammenschlusses ist in der FKVO nicht näher definiert. Er hat auch außerhalb der FKVO oder nach allgemeinem Sprachgebrauch keine eindeutige Bedeutung. Allein anhand des Wortlauts von Art. 7 lässt sich die Reichweite des darin aufgestellten Verbots nicht näher bestimmen.[25] **37**

Da es um den Vollzug eines Zusammenschlusses geht, und da nach Art. 3 der Zusammenschluss als Kontrollerwerb definiert ist, ist der Vollzug in der **Übertragung der tatsächlichen Kontrolle** **38**

---

[24] Kom., M.7993, Rn. 595 – Altice.
[25] EuGH 31.5.2018 – C-633/16 Rn. 39 – Ernst & Young.

auf den Erwerber bzw. – allgemeiner – in der **effektiven Veränderung der ursprünglich bestehenden Kontrollverhältnisse** zu sehen. Es ist unstreitig, dass dies der Kernbereich des Vollzugsverbots ist. Die Kommission ist indessen seit jeher von einem weiteren Geltungsbereich des Vollzugsverbots ausgegangen. Im Verfahren Bertelsmann/Kirch/Premiere sah die Kommission in der Vermarktung von Kirchs d-box (einem Decoder für digitale Fernsehsignale) eine „teilweise Vorwegnahme" des Zusammenschlusses bzw. einen „Teilvollzug", der gegen das Vollzugsverbot verstoße. Die Verwendung und Vermarktung der d-box habe in einem „untrennbaren Zusammenhang mit dem beabsichtigten Zusammenschluss" gestanden. Premieres Entscheidung für die d-box sei „das unmittelbare Ergebnis der Einigung von Bertelsmann und Kirch über die Zusammenlegung ihrer digitalen Aktivitäten".[26] Auch aus der Vielzahl der (überwiegend nicht veröffentlichten) Entscheidungen zur Freistellung vom Vollzugsverbot nach Abs. 3 ergibt sich, dass die Kommission Einzelmaßnahmen weit unterhalb der Übertragung der vollständigen Kontrolle auf den Erwerber vom Vollzugsverbot erfasst ansieht.

39 Die Praxis der Kommission lässt sich wohl dahingehend zusammenfassen, dass der **Erwerb der Kontrolle über das Zielunternehmen weder in rechtlicher noch in faktischer Hinsicht und weder teilweise noch vollständig realisiert werden darf.** Dieses weite Verständnis des Vollzugsverbots erscheint mit Blick auf die Ziele des Vollzugsverbots zutreffend. Wie weiter oben ausgeführt (dazu → Rn. 3 ff.), soll das Vollzugsverbot insbes. den Wettbewerb vor Beeinträchtigungen während des laufenden fusionskontrollrechtlichen Verfahrens schützen und zum anderen die Effektivität einer etwaigen Untersagungsentscheidung dadurch gewährleisten, dass nicht bereits unumkehrbare Fakten geschaffen werden. Diese Ziele rechtfertigen es, auch teilweise Vollzugshandlungen sowie Maßnahmen rein tatsächlicher Natur unter das Vollzugsverbot zu fassen, da auch sie den Wettbewerb gefährden bzw. unumstößliche Fakten herbeiführen können. Den Parteien ist es dementsprechend untersagt, den Zusammenschluss dadurch faktisch vorwegzunehmen, dass sie sich am Markt so gerieren, als sei der Zusammenschluss schon erfolgt. Der Schutz des Wettbewerbs erfordert es vielmehr, dass die Parteien weiterhin so getrennt und unabhängig voneinander agieren wie vor der Vereinbarung des Zusammenschlusses. Das Vollzugsverbot erfasst daher sämtliche Rechtsgeschäfte und tatsächlichen Handlungen, die den Kontrollerwerb praktisch herbeiführen oder faktisch vorwegnehmen.[27]

40 Im Urteil „Ernst & Young" hat der EuGH (wie kurz zuvor schon der BGH[28]) diese Formel praktisch übernommen. Er hat aus der Systematik der FKVO und insbes. aus dem Zusammenspiel von Art. 3 und 7 den Begriff des „Vollzugs" des Zusammenschlusses dahingehend ausgelegt, dass **ein Zusammenschluss nur durch einen Vorgang vollzogen werde, der ganz oder teilweise, tatsächlich oder rechtlich zu einer Veränderung der Kontrolle über das Zielunternehmen beitrage.**[29] Art. 7 nehme auf den Begriff des Zusammenschlusses in Art. 3 Bezug, der damit bei der Bestimmung der Reichweite des Art. 7 heranzuziehen sei. Danach werde ein Zusammenschluss dadurch bewirkt, dass eine dauerhafte Veränderung der Kontrolle über ein oder mehrere Unternehmen stattfinde. Der Vollzug eines Zusammenschlusses iSv Art. 7 trete somit ein, sobald die an einem Zusammenschluss Beteiligten Handlungen vornehmen, die zu einer dauerhaften Veränderung der Kontrolle über das Zielunternehmen beitragen.[30]

41 Trotz des Bezugs der Vorschrift auf die Veränderung der Kontrolle unterfällt nicht nur die vollständige Herbeiführung des Kontrollwechsels unter das Vollzugsverbot, sondern auch der **teilweise Vollzug** des Zusammenschlusses. Dies hat die Kommission bereits sehr früh im Verfahren Bertelsmann/Kirch/Premiere vertreten, in dem sie in der Vermarktung von Kirchs d-box (einem Decoder für digitale Fernsehsignale) eine „teilweise Vorwegnahme" des Zusammenschlusses bzw. einen „Teilvollzug" sah, der gegen das Vollzugsverbot verstoße. Die Verwendung und Vermarktung der d-box habe in einem „untrennbaren Zusammenhang mit dem beabsichtigten Zusammenschluss" gestanden. Premieres Entscheidung für die d-box sei „das unmittelbare Ergebnis der Einigung von Bertelsmann und Kirch über die Zusammenlegung ihrer digitalen Aktivitäten".[31] Auch aus der Vielzahl der (überwiegend nicht veröffentlichten) Entscheidungen zur Freistellung vom Vollzugsverbot nach Abs. 3 ergibt sich, dass die Kommission Einzelmaßnahmen weit unterhalb der Übertragung der vollständigen Kontrolle auf den Erwerber als vom Vollzugsverbot erfasst ansieht. Im Urteil Ernst & Young hat dann im Jahr 2018 auch der EuGH bestätigt, dass der Teilvollzug vom Verbot

---

[26] S. für alles die Presseerklärung IP/97/1062 der Kommission v. 1.12.1997.
[27] FK-KartellR/Hellmann Rn. 10; Immenga/Mestmäcker/Immenga/Körber Rn. 6.
[28] BGH 14.11.2017 – KVR 57/16 Rn. 54, 55, 63 – EDEKA/Kaiser's Tengelmann.
[29] EuGH 31.5.2018 – C-633/16 Rn. 59 – Ernst & Young.
[30] EuGH 31.5.2018 – C-633/16 Rn. 44–46, 59 – Ernst & Young; s. auch EuGH 4.3.2020 – C-10/18 P Rn. 50.
[31] S. für alles die Presseerklärung IP/97/1062 der Kommission v. 1.12.1997.

des Abs. 1 erfasst wird. Ein Verstoß liegt demnach vor, wenn die Parteien einen Vorgang vollziehen, der „ganz oder teilweise" zu einer Veränderung der Kontrolle über das Zielunternehmen „beiträgt".[32] Für einen nach Abs. 1 unzulässigen „Vollzug" des Zusammenschlusses reicht damit ein „Beitrag" einer Handlung zum Kontrollerwerb aus; hingegen ist es nicht erforderlich, dass die fragliche Handlung auch zum Kontrollerwerb führt.[33] Erst recht liegt ein Vollzug vor, wenn eine Transaktion aus mehreren Schritten besteht (zB dem Kauf eines Aktienpakets an einem Unternehmen von einem einzelnen Veräußerer und einem anschließenden öffentlichen Übernahmeangebot) und hierbei schon der erste Schritt zum Kontrollerwerb führt; der zweite Schritt ist dann fusionskontrollrechtlich unbeachtlich und nicht Teil des „Zusammenschlusses" iSv Art. 3.[34]

Aus der Praxis der Kommission ergibt sich zudem, dass der (vollständige oder teilweise) Erwerb 42 der Kontrolle über das Zielunternehmen **durch rechtliche und durch tatsächliche Handlungen** realisiert werden kann. Dies hat nun auch der EuGH ausdrücklich festgestellt.[35] Dieses weite Verständnis des Vollzugsverbots erscheint mit Blick auf die Ziele des Vollzugsverbots zutreffend. Wie weiter oben ausgeführt (dazu → Rn. 3 ff.), soll das Vollzugsverbot insbes. den Wettbewerb vor Beeinträchtigungen während des laufenden fusionskontrollrechtlichen Verfahrens schützen und zum anderen die Effektivität einer etwaigen Untersagungsentscheidung dadurch gewährleisten, dass nicht bereits unumkehrbare Fakten geschaffen werden. Diese Ziele rechtfertigen es, auch teilweise Vollzugshandlungen sowie Maßnahmen rein tatsächlicher Natur unter das Vollzugsverbot zu fassen, da auch sie den Wettbewerb gefährden bzw. unumstößliche Fakten herbeiführen können. Den Parteien ist es dementsprechend untersagt, den Zusammenschluss dadurch faktisch vorwegzunehmen, dass sie sich am Markt so gerieren, als sei der Zusammenschluss schon erfolgt. Der Schutz des Wettbewerbs erfordert es vielmehr, dass die Parteien weiterhin so getrennt und unabhängig voneinander agieren wie vor der Vereinbarung des Zusammenschlusses. Das Vollzugsverbot erfasst daher sämtliche Rechtsgeschäfte und tatsächlichen Handlungen, die den Kontrollerwerb praktisch herbeiführen oder faktisch vorwegnehmen.[36]

Noch nicht vollständig geklärt ist allerdings, wo der so begründete Geltungsbereich des Vollzugs- 43 verbots im Einzelfall endet. Fraglich ist etwa, ob damit sämtliche Maßnahmen, die die Parteien im Hinblick auf den bevorstehenden Zusammenschluss in Abstimmung miteinander treffen, unzulässig sind. Zu überlegen ist, ob die teleologische Auslegung des Vollzugsverbots nicht auch eine begrenzende Funktion dergestalt hat, dass Maßnahmen, die weder zu einer Wettbewerbsgefährdung führen noch unumstößliche Fakten schaffen, nicht vom Vollzugsverbot ausgenommen werden müssten. Aus der Haltung der Kommission in informellen Gesprächen und ihrer Praxis zu Freistellungsanträgen nach Art. 7 lässt sich ableiten, dass diese eine solche materiellrechtliche Einschränkung des Vollzugsverbots nicht teilt. Für die Auffassung der Kommission spricht, dass das Vollzugsverbot als **abstrakter Gefährdungstatbestand** anzusehen ist, dessen Anwendung nicht davon abhängt, ob es in jedem Einzelfall tatsächlich zu einer Gefährdung der Schutzgüter kommt. Vielmehr untersagt das Vollzugsverbot den Parteien generell, ihre Geschäftsaktivitäten bereits vor der fusionskontrollrechtlichen Genehmigung zu integrieren oder Maßnahmen zu ergreifen, die als Vorwegnahme dieser Integration anzusehen sind. Auch der EuGH hat nunmehr festgestellt, dass ein Verstoß gegen das Vollzugsverbot keine **Auswirkungen auf das Marktgeschehen** voraussetzt.[37]

Nicht unter Art. 7 fallen hingegen Handlungen, welche zwar im Rahmen eines Zusammen- 44 schlusses erfolgen, aber nicht erforderlich sind, um eine Veränderung der Kontrolle über eines der am Zusammenschluss beteiligten Unternehmen herbeizuführen. Dies gilt für solche **Handlungen, die zwar den Zusammenschluss vorbereiten oder begleiten mögen, aber keinen unmittelbaren funktionellen Zusammenhang mit dem Vollzug des Zusammenschlusses aufweisen,** so dass sie grundsätzlich nicht die Wirksamkeit der Fusionskontrolle beeinträchtigen können.[38] Auch der Umstand, dass solche Handlungen Auswirkungen auf den Markt haben können, führt nicht zur Anwendung von Art. 7.[39] Anders als die dänische Kartellbehörde hat der EuGH dementsprechend

---

[32] EuGH 31.5.2018 – C-633/16 Rn. 59 – Ernst & Young; so auch ausdrücklich SchlA GA Wahl 18.1.2018 – C-633/16 Rn. 63 – Ernst & Young; s. auch EuG 22.9.2021 – T-425/18 Rn. 83 – Altice; EuGH 18.5.2022 – T-609/19 Rn. 62, 69–70 – Canon; Kom., M.8179 Rn. 91–92 – Canon/Toshiba Medical Systems Corporation.
[33] EuG 18.5.2022 – T-609/19 Rn. 70, 73 – Canon; EuGH 22.9.2021 – T-425/18 Rn. 88 – Altice.
[34] S. EuGH 4.3.2020 – C-10/18 P Rn. 54.
[35] EuGH 31.5.2018 – C-633/16 Rn. 59 – Ernst & Young.
[36] FK-KartellR/Hellmann Rn. 10; Immenga/Mestmäcker/Immenga/Körber Rn. 6.
[37] EuGH 31.5.2018 – C-633/16 Rn. 51 – Ernst & Young; so auch SchlA GA Wahl 18.1.2018 – C-633/16, Rn. 53 ff. – Ernst & Young.
[38] EuGH 31.5.2018 – C-633/16 Rn. 49 – Ernst & Young; EuG 22.9.2021 – T-425/18 Rn. 99 – Altice stellt indessen fest, dass der Gerichtshof „nicht alle begleitenden und vorbereitenden Maßnahmen als solche vom Anwendungsbereich von Art. 7 Abs. 1 [...] ausgenommen [hat]".
[39] EuGH 31.5.2018 – C-633/16 Rn. 50 – Ernst & Young.

keinen Verstoß gegen das Vollzugsverbot darin gesehen, dass die dänische KPMG-Gesellschaft ihre Mitgliedschaft im KPMG-Netzwerk gekündigt hat, bevor ihr Zusammenschluss mit Ernst & Young fusionskontrollrechtlich genehmigt worden war. GA Wahl hat hierfür die Formel geprägt, dass nur solche Maßnahmen unter das Vollzugsverbot fallen, die „untrennbar mit dem Kontrollerwerb verbunden" sind.[40]

45   Der Begriff des Vollzugs ist in Abs. 1 auf den Zusammenschluss, dh den Kontrollerwerb (vgl. Art. 3 Abs. 1) bezogen, nicht hingegen auf den zugrundeliegenden Vertrag. Nicht jede Maßnahme zum Vollzug des betreffenden Vertrages bedeutet daher gleichzeitig eine Vollzugsmaßnahme iSv Abs. 1. Die Aussage von König,[41] wonach das Vollzugsverbot den Status quo, so wie er sich vor dem Zusammenschluss darstelle, aufrechterhalten wolle und aufgrund von Art. 7 die Ausführung der sich aus dem Vertrag ergebenden Rechte und Pflichten auszusetzen sei, ist daher zu weitgehend. So wird insbes. mit der **vorzeitigen Zahlung des Kaufpreises** für das Zielunternehmen eine vertragliche Hauptpflicht vollzogen; ein – auch nur teilweiser – Vollzug des Zusammenschlusses liegt hiermit indessen normalerweise nicht vor, da die Kaufpreiszahlung (in Ermangelung zusätzlicher Maßnahmen wie etwa der Begründung von Treuhandverhältnissen) die Kontrollverhältnisse in rechtlicher und tatsächlicher Hinsicht regelmäßig unberührt lässt. Die Kommission behandelt daher in ständiger (nicht publizierter) Fallpraxis die vor Freigabe des Zusammenschlusses erfolgte Zahlung des Kaufpreises an den Veräußerer als mit dem Vollzugsverbot vereinbar. Die vorgezogene Zahlung des Kaufpreises führt insbes. auch nicht zu einer Veränderung der Anreize des Veräußerers bei der unabhängigen Führung der Geschäfte des Zielunternehmens bis zum Closing, da es insoweit keinen wesentlichen Unterschied macht, ob der Veräußerer den Kaufpreis vor oder beim Closing erhält.

46   Nicht unter das Vollzugsverbot fällt der **Abschluss des Kaufvertrags.** Dies ergibt sich schon aus Art. 4 Abs. 1, wonach Zusammenschlüsse von gemeinschaftsweiter Bedeutung „nach Vertragsabschluss" anzumelden sind. Hinzu kommt, dass der Kaufvertrag selbst noch keinen Kontrollwechsel begründet. Grds. zulässig sind ferner der Einblick in die Unternehmensdaten des Zielunternehmens iRd Due Diligence, die Beschränkung des Zielunternehmens auf die Fortführung seines Geschäfts iR normalen Geschäftsverhaltens sowie Maßnahmen der Planung und Vorbereitung des Vollzugs des zukünftigen Zusammenschlusses.

47   **b) Verhältnis zu Art. 101 AEUV.** Solange der Zusammenschluss noch nicht vollzogen ist, sind die Zusammenschluss-Parteien selbstständige und voneinander unabhängige Unternehmen. Auf ihr Verhältnis zueinander findet daher das Kartellverbot des Art. 101 AEUV uneingeschränkt Anwendung. Auch wenn der Zusammenschluss der Parteien bereits vertraglich besiegelt ist und zeitlich unmittelbar bevorsteht, ist den Parteien daher jedenfalls bis zur Freigabe des Zusammenschlusses sämtliche Abstimmung und Koordinierung untersagt, die zwischen Wettbewerbern generell unzulässig ist. Nach verbreiteter Auffassung wirkt Art. 101 Abs. 1 AEUV damit in paralleler Anwendung praktisch als zusätzliches Vollzugsverbot neben Abs. 1. Eine vor Freigabe vorgenommene Koordinierung des Verhaltens der Parteien am Markt oder eine vorzeitige Einflussnahme des Erwerbers auf das Marktverhalten des Zielunternehmens würde danach sowohl gegen das Vollzugsverbot als auch gegen Art. 101 Abs. 1 AEUV verstoßen.

48   Der EuGH ist in einem obiter dictum im Urteil Ernst & Young nunmehr davon ausgegangen, es ergebe sich aus Art. 21 Abs. 1 (nach dem die FKVO allein für Zusammenschlüsse gilt und die VO 1/2003 insoweit keine Anwendung findet), dass **im Geltungsbereich des Art. 7 kein Raum für die Durchsetzung des Art. 101 auf Basis der VO 1/2003 ist.**[42] Art. 7 wäre demnach lex specialis gegenüber Art. 101 AEUV. Dem ist (in Abweichung zur Vorauflage) zuzustimmen. Wenn nach Art. 21 Abs. 1 die FKVO allein für „Zusammenschlüsse" iSv Art. 3 gilt, erscheint es folgerichtig, diese ausschließliche Anwendung auch auf die Regelungen in Art. 7 über den vorzeitigen Vollzug von Zusammenschlüssen iSv Art. 3 zu erstrecken. Im Einklang hiermit haben die Kommission und auch nationale Behörden in ihrer Entscheidungspraxis den Informationsaustausch zwischen Zusammenschlussparteien vor Closing ausschließlich als Verstoß gegen das Vollzugsverbot sanktioniert (und einen parallelen Verstoß gegen Art. 101 nicht geprüft).[43]

49   **c) Zulässige und unzulässige Handlungen im Einzelnen.** Welche Handlungen im Einzelnen unter das Vollzugsverbot fallen und wo die Grenze zu den kartellrechtlich neutralen vorbereitenden Maßnahmen verläuft, war bisher Gegenstand nur sehr weniger – zumeist US-amerikanischer –

---

[40] SchlA GA Wahl 18.1.2018 – C-633/16 Rn. 68, 69, 86 – Ernst & Young.
[41] NK-EuWettbR/König Rn. 5.
[42] EuGH 31.5.2018 – C-633/16 Rn. 58 – Ernst & Young.
[43] Autorité de la Concurrence, Décision no 16-D-24 du 8 Novembre 2016 relative à la situation du groupe Altice au regard du II de l'article L. 430-8 du code de commerce.

kartellbehördlicher Entscheidungen.⁴⁴ In ihrer Entscheidung „Altice" vom 24.4.2018 hat sich die Kommission jetzt erstmals detailliert mit dieser Frage auseinandergesetzt.⁴⁵ Zuvor hatte bereits am 8.11.2016 die französische Autorité de Concurrence in ihrer (ebenfalls das Unternehmen Altice betreffenden) Entscheidung vielfache Verstöße gegen das Vollzugsverbot festgestellt und hierbei die einzelnen Fallgruppen unzulässigen Verhaltens bewertet.⁴⁶ In der Praxis lassen sich folgende Fallgruppen unterscheiden:
– der Vollzug im juristischen Sinne,
– die Einwirkung auf die Zusammensetzung des Leitungspersonals und die Unternehmensführung der Zielgesellschaft,
– Beschränkungen des Zielunternehmens auf „normales Geschäftsverhalten" und Zustimmungsvorbehalte,
– faktische Vollzugsmaßnahmen und
– Informationsaustausch und Koordinierung des Marktverhaltens.

Diese Fallgruppen ergeben sich indirekt auch aus der (bei → Rn. 82 ff., 95 ff. wiedergegebenen) **50** Entscheidungspraxis der Kommission zur Freistellung vom Vollzugsverbot. Besondere praktische Relevanz kommt dem Vollzugsverbot bei der Übertragung des kartellrechtlichen Risikos auf den Erwerber zu.

aa) Vollzug im juristischen Sinne. Der Vollzug im rechtlichen Sinne besteht in der Herbei- **51** führung des Kontrollerwerbs. Beim Vermögenserwerb („Asset Deal") liegt der Vollzug daher regelmäßig in der Übertragung des Eigentums der fraglichen Vermögensgegenstände auf den Erwerber. Beim Anteilskauf geht die Kontrolle normalerweise mit der Übertragung der Gesellschaftsanteile einschließlich der damit verbundenen Gesellschafterrechte über.

Der Kontrollerwerb kann im Einzelfall mehrere juristische Teilschritte erfordern, wie etwa die **52** Übertragung der Anteile, die Genehmigung durch Gesellschaftsgremien und/oder die Eintragung in ein öffentliches Register. Hier wird nun die Rechtsprechung des EuGH zu berücksichtigen sein, nach der auch Vorgänge, die „teilweise" zur Veränderung der Kontrolle „beitragen", gegen das Vollzugsverbot verstoßen können.⁴⁷ Eine Übertragung der Anteile vor Fusionskontrollgenehmigung wird daher mit Art. 7 unvereinbar sein, selbst wenn noch die Eintragung ins Register aussteht. Rein interne Maßnahmen wie die Genehmigung des Kaufvertrags durch Gesellschaftergremien verstoßen indessen genauso wenig gegen das Vollzugsverbot wie der Abschluss des Kaufvertrags zwischen den Parteien. Bei mehrschrittigen Zusammenschlüssen oder miteinander verbundenen Transaktionen, die als ein einheitlicher Zusammenschluss iSv Art. 3 zu bewerten sind, führt regelmäßig bereits der Vollzug eines einzelnen dieser Schritte bzw. einer einzelnen dieser verbundenen Transaktionen gegen das Vollzugsverbot. Das gilt insbes. für sog. Warehousing-Konstruktionen, bei denen das Zielunternehmen zwecks Sicherstellung eines schnellen Vollzugs bei einem Zwischenerwerber „geparkt" wird, um in einem zweiten Schritt an den endgültigen Erwerber übertragen zu werden.⁴⁸ Relevant wird dies aber auch in Situationen, in denen der Erwerber Anteilspakete von verschiedenen Veräußerern erwirbt – hier kann nach der Formel des EuGH im Urteil „Ernst & Young" („zum Kontrollerwerb beiträgt", → Rn. 41) ein unzulässiger (Teil-) Vollzug schon dann vorliegen, wenn nur einer dieser Erwerbsvorgänge vor Freigabe vollzogen wird, selbst wenn die erworbene Beteiligung gering wäre und weit unter der Kontrollschwelle läge.

bb) Einwirkung auf die Zusammensetzung des Leitungspersonals und die Unterneh- 53 mensführung der Zielgesellschaft. Wesentliches Element des Kontrollerwerbs ist die Befugnis zur Bestimmung des Geschäftsverhaltens der Zielgesellschaft. Sämtliche Maßnahmen, mit denen der prospektive Erwerber bereits vor Genehmigung des Zusammenschlusses einen Einfluss auf die Geschäftsführung der Zielgesellschaft nimmt, den er als außenstehendes Unternehmen normalerweise nicht hätte und ausschließlich aufgrund des vereinbarten Zusammenschlusses wahrnehmen kann, verstoßen daher gegen das Vollzugsverbot.

Dies gilt insbes. für die **Einflussnahme auf die Ernennung oder Absetzung des Führungs- 54 personals** oder auch sonstiger Mitarbeiter des Zielunternehmens. Der prospektive Erwerber darf daher nicht bereits vor Genehmigung des Zusammenschlusses auf die Einsetzung neuer Geschäftsführer, Vorstandsmitglieder oder Aufsichtsratsmitglieder hinwirken. Auch die Herbeiführung sonstiger perso-

---

⁴⁴ S. aber – für das amerikanische Recht – Morse The Bus. Law. 57 (2002), 1463–1486.
⁴⁵ Kom., M.7993 – Altice. Altice hat die Entscheidung vor dem EuG angefochten; das Urteil des EuG steht noch aus.
⁴⁶ Autorité de la Concurrence, Décision no 16-D-24 du 8 Novembre 2016 – Altice.
⁴⁷ EuGH 31.5.2018 – C-633/16 Rn. 59 – Ernst & Young.
⁴⁸ S. zu dieser Konstellation das Urteil EuG 18.5.2022 – T-609/19 – Canon, sowie die zugrundeliegende Entscheidung Kommission 27.6.2019 – M.8179 Rn. 94 – Canon/Toshiba Medical Systems Corporation.

neller Veränderungen sind als vorweggenommener Vollzug anzusehen, da der Erwerber nur kraft seiner zukünftigen Position als Eigentümer (bzw. Inhaber der Kontrolle) solche Befugnisse hat und diese kraft des Vollzugsverbots gerade noch nicht ausüben darf. Grenzfälle sind die Mitsprache des Erwerbers im Falle des freiwilligen Ausscheidens eines Mitglieds des Führungspersonals des Zielunternehmens. Hier ist es häufig sinnvoll, dass der zukünftige Eigentümer des Unternehmens bereits seine Zustimmung zur Ernennung des Nachfolgers gibt. Auch will sich teilweise das Zielunternehmen bei der Festlegung der Vergütungskonditionen (für den Nachfolger oder die ausscheidende Person) des Einverständnisses des zukünftigen Eigentümers versichern. Soweit es sich insoweit um Einzelfälle und nicht den Austausch einer größeren Zahl der Mitglieder der Führungsgremien handelt, erscheint es sinnvoll und praxisgerecht, derartige Abstimmungen mit dem prospektiven Erwerber vom Vollzugsverbot auszunehmen. Die Kommission – mit der solche Maßnahmen abgestimmt werden sollten – hat sich insoweit in der Vergangenheit allerdings sehr zurückhaltend gezeigt.[49]

55   Im Fall „Altice" war das Zielunternehmen im Zeitraum vor Closing auf der Grundlage der vereinbarten **Pre-Closing Covenants** einem **Zustimmungsvorbehalt** unterworfen worden hinsichtlich (i) der Ernennung und (ii) der Entlassung von Geschäftsführern oder leitenden Angestellten sowie (iii) der Änderung der Verträge mit ihnen. Die Kommission wertete dies als klaren **Verstoß gegen das Vollzugsverbot,** da Altice hiermit vorzeitig Kontrolle über PT Portugal erworben habe. Die Kommission wies hierzu darauf hin, dass nach Rn. 67 der Konsolidierten Bekanntmachung über die Zuständigkeit Vetorechte hinsichtlich der Benennung von Mitgliedern der Geschäftsführung typischerweise Kontrolle begründen.[50] Als zulässig erachtet die Kommission hingegen Verpflichtungen des Zielunternehmens bzw. des Veräußerers, die darauf abzielen, entweder das gegenwärtige Leitungspersonal des Zielunternehmens zu erhalten (zB durch finanzielle Anreize) oder die Personalkosten nicht signifikant zu erhöhen.[51]

56   Unzulässig ist auch der **vorzeitige Transfer der Managementverantwortung auf den Erwerber.**[52] Das Zielunternehmen hat die Führung seines Geschäftes weiterhin selbst zu verantworten. Die auch nur teilweise Übertragung dieser Verantwortung auf den Erwerber etwa in Form ins Zielunternehmen entsandter Mitarbeiter des Erwerbers oder die Einführung von Berichts- oder Abstimmungspflichten verstößt gegen das Vollzugsverbot.

57   Dem Erwerber ist ebenso untersagt, **auf Managemententscheidungen des Zielunternehmens im Einzelfall Einfluss zu nehmen.** Jegliche Einwirkung des prospektiven Erwerbers auf Entscheidungen etwa über die Schließung einer Anlage, die Einstellung von FuE-Arbeiten, die Rückstellung von Investitionen oder den Rückzug eines Produktes vom Markt stellte einen gravierenden Verstoß gegen das Vollzugsverbot dar, zumal solche Maßnahmen zu unmittelbaren Marktwirkungen führen und teilweise schwer rückgängig zu machen wären.

58   Illustrativ ist insofern der amerikanische **Fall Computer Associates.**[53] Das DoJ verhängte in diesem Fall ein Bußgeld wegen Verstoßes gegen das Vollzugsverbot, da Computer Associates noch während der laufenden „waiting period" nach US-Fusionskontrollrecht an den Firmensitz des Zielunternehmens Platinum mehrere seiner eigenen leitenden Angestellten versetzte, damit diese das Geschäftsverhalten von Platinum verfolgen und beeinflussen konnten. Computer Associates hatte Platinum zudem untersagt, Rabatte von mehr als 20 % auf die Listenpreise zu gewähren (in der Praxis waren Rabatte dieser Größenordnung durchaus üblich). Nach dem Settlement mit dem DoJ musste Computer Associates sich künftig jeglicher Einflussnahme auf die Preise einer Zielgesellschaft und auf die Entscheidung über den Abschluss spezifischer Geschäfte oder Kundenverträge enthalten. Computer Associates musste sich auch verpflichten, sich künftig von Zielgesellschaften keine Bieterinformationen mehr geben zu lassen.

59   Im Fall „Altice" verhängte die Kommission ein hohes Bußgeld ua aufgrund der vorzeitigen **Einflussnahme** von Altice **auf die Preispolitik des Zielunternehmens** PT Portugal. Die Parteien hatten in ihren Pre-Closing Covenants vereinbart, dass in dem Zeitraum vor Vollzug des Zusammenschlusses PT Portugal seine „pricing policies or standard offer prices" nicht ohne die Zustimmung

---

[49] Kom., M.1517 – Rhodia/Donauchemie/Albright&Wilson (Entsch. zur Freistellung vom Vollzugsverbot unveröffentlicht).
[50] Kom., M.7993 Rn. 76 – Altice.
[51] Kom., M.7993 Rn. 75 – Altice.
[52] In Kom., M.235 – Elf Aquitaine-Thyssen/Minol (insoweit unveröffentlicht) hat die Kommission dementsprechend die Unterstützung der Geschäftsführung des Zielunternehmens durch den Vorstand des Erwerbers erst nach ausdrücklicher diesbezüglicher Freistellung vom Vollzugsverbot für zulässig angesehen.
[53] US v. Computer Associates International, Inc., No. 01-02 062, Proposed Final Judgment and Competitive Impact Statement, 67 Fed. Reg. 41, 472 (June 18, 2002), sowie Complaint for Equitable Relief and Civil Penalties (D. D. C. filed September 28, 2001), verfügbar unter www.justice.gov./art/cases/f11000/11083.htm, zuletzt abgerufen am 23.4.2023.

von Altice ändern konnte. Nach Auffassung der Kommission hatte damit Altice vorzeitig die Macht erlangt, die Preispolitik des Zielunternehmens bestimmen zu können; auf dieser Basis hatte Altice bereits vor Genehmigung Kontrolle über PT Portugal erworben.[54] Nach Auffassung der Kommission lassen sich Eingriffe in die Preispolitik des Zielunternehmens grundsätzlich nicht mit dem Interesse an einer Wahrung des Werts des Zielunternehmens in der Zeit zwischen Signing und Closing rechtfertigen.[55] Die Kommission hat es dementsprechend auch sanktioniert, dass Altice an den Entscheidungen von PT Portugal über bestimmte Preiskampagnen beteiligt war.[56] Einflussnahmen auf die Geschäftspolitik des Zielunternehmens verstoßen gegen das Vollzugsverbot unabhängig davon, ob der Erwerber und das Zielunternehmen in einem Wettbewerbsverhältnis zueinander stehen.[57] Maßgeblich für den Verstoß ist nicht, ob der Wettbewerb beschränkt wird, sondern ob vorzeitig bestimmender Einfluss auf das Zielunternehmen ausgeübt wird.

cc) Beschränkungen des Zielunternehmens auf „normales Geschäftsverhalten" und Zustimmungsvorbehalte. Zum Schutze des Erwerbers, zur Erhaltung des vollen Wertes des Zielunternehmens und zur Aufrechterhaltung des vertraglichen Äquivalenzverhältnisses beschränken Unternehmenskaufverträge den Erwerber typischerweise in der Führung des Zielunternehmens für die Zeit zwischen der Unterzeichnung des Kaufvertrages und seinem Vollzug (sog. **Pre-Closing Covenants**). Der Veräußerer ist nach den entsprechenden vertraglichen Bestimmungen regelmäßig gehalten, das Zielunternehmen im „ordinary course of business" weiterzuführen, dh sich auf Maßnahmen der normalen Geschäftsführung zu beschränken. Zudem ist es Standard, den Veräußerer bestimmten Zustimmungsvorbehalten des Erwerbers zu unterwerfen, soweit es um kaufmännische Entscheidungen hinsichtlich des Zielunternehmens geht, die außerhalb des „ordinary course" liegen und den Wert des Zielunternehmens beeinflussen können. 60

Soweit hiermit eine vorübergehende Beeinträchtigung der Wettbewerbsfreiheit der Zielgesellschaft verbunden sein sollte, ist diese Beschränkung grds. als **zulässige Nebenabrede** zu qualifizieren und als solche vom Kartellverbot ausgenommen.[58] Auch das Vollzugsverbot ist insoweit teleologisch einschränkend dahingehend auszulegen, dass strikt **auf den Werterhalt des Zielunternehmens beschränkte Pre-Closing Covenants** nicht als (auch nur teilweiser) Vollzug iSv Art. 7 anzusehen sind. Dies ist mittlerweile auch durch die Rechtsprechung bestätigt.[59] Hierbei wird allerdings das Verhältnismäßigkeitsprinzip gelten. Zu weitgehende Covenants können gegen das Vollzugsverbot verstoßen, insbes. wenn der Erwerber aufgrund der Einräumung und Ausübung von Zustimmungsvorbehalten bereits vor Freigabe die Kontrolle über Managemententscheidungen des Zielunternehmens übernimmt. 61

Das amerikanische DOJ hat insoweit bereits im Jahr 2002 im Fall Computer Associates klare Grenzen gezogen. Folgende Beschränkungen des Zielunternehmens gingen nach Auffassung des DoJ über eine angemessene und marktübliche Regelung deutlich hinaus und stellten daher einen Verstoß gegen das Vollzugsverbot dar: 62
– das Verbot von Rabatten von mehr als 20% auf die Listenpreise, obwohl solche Rabatte zuvor häufiger erfolgten,
– das Verbot, von einem vereinbarten Standard-Vertrag mit Kunden abzuweichen,
– das Verbot, Serviceverträge mit einer Laufzeit von mehr als 30 Tagen zu einem Festpreis einzugehen und
– das Verbot, Verträge betreffend die Jahr-2000-Umstellung abzuschließen.

Das DoJ bestätigte im Consent Order und im Competitive Impact Statement demgegenüber das Recht von Computer Associates, 63
– die Zielgesellschaft zu beschränken auf Maßnahmen der normalen Geschäftsführung im Einklang mit den bisherigen Geschäftsgrundsätzen,
– der Zielgesellschaft zu untersagen, Maßnahmen zu ergreifen, die zu wesentlichen Nachteilen für die Zielgesellschaft führen („material adverse change in the business") und
– der Zielgesellschaft zu untersagen, den Kunden erweiterte Rechte oder Zahlungen für den Fall der Übernahme durch den Erwerber zu gewähren.

Darüber hinaus erklärte das DoJ folgende weiteren, in Unternehmenskaufverträgen häufig anzutreffenden Beschränkungen für zulässig: 64
– die Beschränkung des Veräußerers, Dividendenzahlungen zu beschließen oder auszuschütten oder Aktien auszugeben,

---

[54] Kom., M.7993 Rn. 78 ff. – Altice.
[55] Kom., M.7993 Rn. 149 – Altice.
[56] Kom., M.7993 Rn. 181 ff. – Altice.
[57] Kom., M.7993 Rn. 219 – Altice.
[58] So auch ausdrücklich Kom., M.1694 Rn. 28 – EMC/Data General.
[59] EuG 22.9.2021 – T-425/18 Rn. 117, 144 – Altice.

– die Veräußerung, Verpfändung oder sonstige Belastung der Gesellschaftsanteile
– die Änderung der Satzung der Zielgesellschaft,
– die Veräußerung von Geschäftsbereichen oder der Kauf neuer Geschäftsaktivitäten,
– die Verpfändung oder sonstige Belastung der geistigen Eigentumsrechte oder sonstiger wesentlichen Vermögenswerte der Gesellschaft außerhalb des normalen Geschäftsbetriebs,
– die Tätigung oder Verpflichtung zur Tätigung bedeutender neuer Sachinvestitionen,
– wesentliche Änderungen in der steuerlichen Struktur des Zielunternehmens,
– die Befriedigung von Forderungen Dritter außerhalb des normalen Geschäftsbetriebs und
– die Einleitung von Gerichtsverfahren außerhalb des normalen Geschäftsbetriebs.

65 Mittlerweile hat nun auch die Kommission in der **Entscheidung „Altice"** (bestätigt durch das EuG)[60] zur zulässigen Reichweite von Pre-Closing Covenants umfassend Stellung genommen. Die Kommission hat ausdrücklich anerkannt, dass Vertragsklauseln, die den Wert des Zielunternehmens im Zeitraum zwischen Signing und Closing sichern sollen, grundsätzlich üblich und angemessen seien.[61] Solche Klauseln hinderten den Veräußerer, während der Suspensivperiode wesentliche Änderungen im Geschäft des Zielunternehmens vorzunehmen, welche im Widerspruch zur vereinbarten Übernahme stünden oder die den Wert des Geschäfts des Zielunternehmens beeinträchtigten. Die Kommission führte weiter aus, dass solche legitimen Vertragsklauseln unterschiedlich ausgestaltet sein können und auch das Verbot bestimmter Handlungen einschließlich eines Veto-Rechts des Erwerbers umfassen können.[62] Ein solcher Einfluss auf das Geschäftsverhalten des Zielunternehmens sei aber nur dann gerechtfertigt und zulässig, wenn es streng darauf begrenzt ist, was notwendig ist, um den Wert des Zielunternehmens zu erhalten und wenn es dem Erwerber nicht die Möglichkeit einräumt, bestimmenden Einfluss über das Zielunternehmen auszuüben, zB indem in Entscheidungen im Rahmen des üblichen Geschäftsverhaltens eingegriffen wird.[63]

66 Pre-Closing Covenants, welche dem Erwerber bereits vor Closing Einfluss auf Geschäftsentscheidungen des Zielunternehmens einräumen, sind indessen nur zulässig, soweit sie strikt auf das notwendige Maß begrenzt sind, welches zum Schutz des Wertes des Zielunternehmens erforderlich ist.[64] Im Fall „Altice" hat die Kommission einen **Verstoß der Pre-Closing Covenants gegen das Vollzugsverbot** festgestellt, da die Zustimmungsvorbehalte Altice einen so weitreichenden Einfluss auf das Zielunternehmen gaben, wie es zur Bewahrung des Werts des Zielunternehmens nicht mehr gerechtfertigt war. Altice habe hierdurch „bestimmenden Einfluss" über das Zielunternehmen erworben und damit vorzeitig Kontrolle erlangt.

67 Die Kommission ist hierbei zur Auffassung gelangt, dass bereits die **vertraglichen Regelungen als solche** (dh unabhängig davon, wie sie später von den Parteien angewandt wurden) **einen Verstoß gegen Art. 7 darstellten.**[65] Die Kommission wies darauf hin, dass nach Art. 3 Abs. 2 lit. b Kontrolle auch aufgrund von „Rechte[n] oder Verträge[n], die einen bestimmenden Einfluss auf die Zusammensetzung, die Beratungen oder Beschlüsse der Organe des Unternehmens gewähren", erlangt werden kann. Art. 3 Abs. 2 stelle zudem klar, dass bereits die **„Möglichkeit"**, einen bestimmenden Einfluss auszuüben, zum Kontrollerwerb ausreiche. Für das Vorliegen eines Verstoßes gegen Abs. 1 sei es daher unerheblich, ob dieser Einfluss auch tatsächlich geltend gemacht wird.[66] Der Annahme eines Kontrollerwerbs aufgrund der Zustimmungsvorbehalte stehe auch nicht entgegen, dass Altice noch kein Anteilseigner am Zielunternehmen sei und zudem die vertraglichen Rechte nur zeitlich begrenzt seien.[67] Allein schon die vertragliche Vereinbarung von das Zielunternehmen übermäßig beschränkenden Pre-Closing Covenants kann daher einen Verstoß gegen das Vollzugsverbot begründen. Hierbei legt die Kommission Unklarheiten in der Auslegung der Pre-Closing Covenants zuungunsten des Erwerbers aus – denn solche Unklarheiten können dazu führen, dass das Zielunternehmen zur eigenen Absicherung die Klauseln weit auslegt.[68]

68 Eine der schwierigsten Fragen des Vollzugsverbots ist es, welchen **Vetorechten bzw. Zustimmungsvorbehalten** das Zielunternehmen **hinsichtlich strategischer Geschäftsentscheidungen** wie etwa dem **Eingehen wichtiger Verträge** unterworfen werden darf. Nach Auffassung der Kommission können solche Vetorechte bzw. Zustimmungsvorbehalte zwar grundsätzlich zulässig sein, um den Wert des Zielunternehmens zu bewahren und Umfang und Art seiner Geschäftstätigkeit

---

[60] EuG 22.9.2021 – T-425/18 – Altice.
[61] Kom., M.7993 Rn. 164 – Altice.
[62] Kom., M.7993 Rn. 70, 112 – Altice.
[63] Kom., M.7993 Rn. 112 – Altice.
[64] Kom., M.7993 Rn. 71 – Altice.
[65] Kom., M.7993 Rn. 67–69 – Altice.
[66] Kom., M.7993 Rn. 143, 161, 173 – Altice.
[67] Kom., M.7993 Rn. 127 f. – Altice.
[68] Kom., M.7993 Rn. 151 – Altice.

bei Vertragsunterzeichnung zu sichern.⁶⁹ Ein Verstoß gegen das Vollzugsverbot liege aber dann vor, wenn der Kreis der betroffenen Geschäftsentscheidungen zu weit gezogen sei, wenn auch Entscheidungen betroffen seien, die im Rahmen des üblichen Geschäftsverkehrs („ordinary course of business") lägen, und wenn Entscheidungen beschränkt werden, die sich nicht nennenswert auf den Wert des Zielunternehmens auswirken könnten.

Anders als vielfach angenommen ist ein Zustimmungsvorbehalt nicht schon deshalb zulässig, weil er eine Entscheidung außerhalb des normalen Geschäftsverkehrs betrifft – ausschlaggebend ist für die Kommission vielmehr, dass die fragliche Entscheidung nachhaltig den **Wert des Zielunternehmens** beeinflussen kann.⁷⁰ **69**

Ein Verstoß gegen das Vollzugsverbot kann sich hierbei insbes. dadurch ergeben, dass die **monetären Schwellenwerte,** von deren Überschreiten Zustimmungsvorbehalte in Pre-Closing Covenants typischerweise abhängig gemacht werden, zu niedrig angesetzt werden.⁷¹ Dies war im Fall „Altice" nach Ansicht der Kommission der Fall,⁷² was mit einem hohen Bußgeld sanktioniert wurde. Als Gründe für das Übermaß der Beschränkung des Zielunternehmens hat die Kommission insbes. angeführt:⁷³ (i) die Wertschwellen waren sehr niedrig, (ii) es war eine hohe Anzahl von Verträgen erfasst, (iii) es waren vielfach Entscheidungen betroffen, die als Teil des üblichen Geschäftsverkehrs anzusehen seien. Zur Höhe der monetären Schwellenwerte kritisierte die Kommission, dass diese ein reines Verhandlungsergebnis gewesen seien und nicht anhand objektiver Maßstäbe versuchten, eine Schwelle für die Gefährdung des Werts des Zielunternehmens festzulegen. Als mögliche objektive Anhaltspunkte nannte die Kommission:⁷⁴ (i) den Kaufpreis für das Zielunternehmen, (ii) den Umsatz des Zielunternehmens, (iii) den Wert der Verträge, die Gegenstand der Due Diligence gewesen und in den Datenraum eingestellt worden seien, (iv) die Wertschwellen, die vor der Transaktion für das Einholen konzerninterner Zustimmungen galten. Ob diese Kriterien wirklich weiterhelfen und zu einem angemessenen Ergebnis führen, ist zweifelhaft; es wird den Parteien aber offenstehen, die aus ihrer Sicht relevanten Faktoren einzubeziehen. Kernpunkt der Forderung der Kommission ist, dass sich anhand objektiver Gesichtspunkte nachweisen lässt, dass der Kreis der vereinbarten Vetorechte oder Zustimmungsvorbehalte strikt am Erfordernis des Werterhalts des Zielunternehmens orientiert ist. Pre-Closing Covenants dürfen kein Vorwand zur frühzeitigen Ausübung von Einfluss auf das Management des Zielunternehmens sein. **70**

Zu weitgehend und unvereinbar mit Art. 7 sind ferner solche Vetorechte bzw. Zustimmungsvorbehalte des Erwerbers, die in ihrer Gesamtheit dazu führen, dass das Zielunternehmen sein Tagesgeschäft nicht mehr ohne ständige Interferenz des Erwerbers betreiben kann.⁷⁵ **71**

Die strikte Orientierung der Kommission an der Bewahrung des Werts des Zielunternehmens ist zu eng, wenn es um **langfristige strategische Entscheidungen** des Zielunternehmens geht, die zwar nicht unmittelbar dessen Wert beeinträchtigen, aber langfristige Auswirkungen auf das Geschäft des Zielunternehmens haben. Wenn es um Entscheidungen geht, deren kommerzielle Konsequenzen dann praktisch allein der Erwerber zu tragen hat, sollte die Vereinbarung eines Mitspracherechts des Erwerbers zulässig sein. Es ist daher kritisch zu sehen, wenn die Kommission es als Verstoß gegen Art. 7 angesehen hat, dass ein Erwerber und das Zielunternehmen sich hinsichtlich der vom Zielunternehmen geplanten Neuorientierung bei der Auswahl des Netzwerk-Lieferanten ausgetauscht haben. Hier ist die Kommission so weit gegangen, es als unerheblich darzustellen, dass es sich um eine strategische Entscheidung handele, da es keine unmittelbare Auswirkung auf den Wert des Zielunternehmens vor Closing gebe.⁷⁶ Dies ist zu realitätsfern und mechanistisch gedacht. Nicht überzeugend ist daher auch die Entscheidung „Altice" der französischen Kartellbehörde, welche Verstöße gegen das Vollzugsverbot darin sah, dass (i) Altice das Zielunternehmen 17 Tage (!) vor der Freigabe des Zusammenschlusses aufforderte, die Entscheidung über eine IT-Investition bis nach der Freigabe zurückzustellen und (ii) das Zielunternehmen – ebenfalls kurz vor der Freigabe des Zusammenschlusses – die Zustimmung von Altice einholte, bevor es im Rahmen einer öffentlichen Ausschreibung ein Angebot abgab, welches das Zielunternehmen zu Investitionen von 150 Mio. Euro verpflichtet hätte.⁷⁷ Da die erheblichen wirtschaftlichen Konsequenzen einer solchen Investition ausschließlich der Erwerber würde tragen müssen, erscheint es lebensfremd und unange- **72**

---

69 Kom., M.7993 Rn. 70, 89 – Altice.
70 Kom., M.7993 Rn. 99, 215 – Altice; s. auch EuG 22.9.2021 – T-425/18 Rn. 121 – Altice.
71 S. EuG 22.9.2021 – T-425/18 Rn. 117 – Altice.
72 Kom., M.7993 Rn. 90 – Altice.
73 Kom., M.7993 Rn. 89 ff., 103 ff. – Altice.
74 Kom., M.7993 Rn. 94 ff., 166, 235 – Altice.
75 Vgl. Kom., M.7993 Rn. 91 f. – Altice.
76 Kom., M.7993 Rn. 278 – Altice.
77 Autorité de la Concurrence, Décision no 16-D-24 du 8 Novembre 2016, Rn. 39 ff., 57 – Altice.

messen, in der Einholung der Zustimmung durch den Veräußerer ein Verstoß gegen das Vollzugsverbot zu sehen.

73 **dd) Faktische Vollzugsmaßnahmen.** Dem Vollzugsverbot unterliegt auch die **faktische Vorwegnahme** der Kontrollübernahme bzw. **der Integration** der sich zusammenschließenden Unternehmen. Die Unternehmen haben sich bis zur Freigabe am Markt wie Wettbewerber zu verhalten. Unzulässig sind danach etwa die Aufnahme gemeinsamer Marketingmaßnahmen (gemeinsame Kundenbesuche oder gemeinsame Telefonate oder Korrespondenz mit Kunden, gemeinsamer Messeauftritt), die Zusammenlegung oder Abstimmung der Produktion, die Integration der EDV-Systeme sowie der Austausch oder die Zusammenlegung personeller Ressourcen.

74 Als faktischen (Teil-)Vollzug sah es die Kommission im **Fall Bertelsmann/Premiere/Kirch** an, dass Premiere die Vermarktung von Kirchs d-box (eines Decoders für digitale Fernsehsignale) noch vor Anmeldung des Zusammenschlusses in Brüssel aufgenommen hatte. Nach Auffassung der Kommission stand die Verwendung und Vermarktung der d-box durch Premiere in einem untrennbaren Zusammenhang mit dem beabsichtigten Zusammenschluss. Aus den der Kommission vorliegenden Unterlagen ergab sich, dass Premieres Entscheidung für die d-box das unmittelbare Ergebnis der Einigung von Bertelsmann und Kirch über die Zusammenlegung ihrer digitalen Aktivitäten war.[78]

75 Die Reichweite des Vollzugsverbots im Hinblick auf faktische Maßnahmen kann Zweifelsfragen aufwerfen. So ist etwa unklar, **inwieweit die Parteien vor Freigabe auf vertraglicher Basis kooperieren dürfen,** also zB bereits eine Einkaufsgemeinschaft begründen können[79] oder sich im Rahmen eines Bieterkonsortiums gemeinsam an einer Ausschreibung beteiligen dürfen. Hier ist einerseits sicherzustellen, dass es nicht zum vorweggenommenen Teilvollzug des Zusammenschlusses kommt; andererseits dürfen aber ansonsten rechtlich zulässige Kooperationen nicht dadurch unzulässig werden, dass die Parteien parallel einen vollständigen Zusammenschluss vereinbaren. Richtigerweise wird man hier danach differenzieren müssen, ob die fragliche Kooperation nur vor dem Hintergrund des Zusammenschlusses zustandegekommen ist und Sinn macht, oder ob es sich um ein getrenntes Vorhaben handelt, welches die Parteien auch bei Wegfall des Zusammenschluss-Vorhabens umsetzen würden. Im letzteren Falle sollte das Vollzugsverbot dem Eingehen der Kooperation nicht im Wege stehen.

76 Ein konzentratives Gemeinschaftsunternehmen kann im Rahmen einer darüber hinausgehenden Kooperation gegründet werden. So können zwei Parteien zunächst gemeinsame Forschung und Entwicklung betrieben haben, um sodann die Ergebnisse im Rahmen eines Vollfunktions-GU verwerten zu wollen. Bei einer solchen Entwicklung einer Kooperation hin zu einem konzentrativem Vorgang erschiene es sachwidrig, die laufende Kooperation zwischen den Parteien dem Vollzugsverbot zu unterwerfen.

77 Noch nicht abschließend geklärt sind auch die **Grenzen der Vorbereitung des Vollzugs.** Unstreitig ist die reine Planung der Integration der fusionierenden Parteien mit Art. 7 vereinbar. Dies gilt nicht nur für die interne Planung auf Seiten des Erwerbers, sondern auch für die (im Clean Team verfolgte) gemeinsame Planung der Parteien. Nach hier vertretener Auffassung zu kritisch sehen die Kartellbehörden indessen die Vornahme vorbereitender Maßnahmen, die über die reine Planung hinausgehen. So hat dies französische Kartellbehörde es als Verstoß gegen das Vollzugsverbot angesehen, dass die Zusammenschluss-Parteien in der Suspensivperiode bereits einen Wholesale-Vertrag miteinander verhandelten und operativ vorbereiteten, den sie (erst) unmittelbar nach Freigabe des Zusammenschlusses unterschrieben und umsetzten.[80] Richtigerweise sollten Maßnahmen, die sich ausschließlich auf die Vorbereitung der gemeinsamen Geschäftspolitik nach Freigabe beziehen, nicht vom Vollzugsverbot erfasst sein, da sie weder ganz noch teilweise und weder rechtlich noch faktisch zum Kontrollerwerb beitragen (s. die Formel des EuGH in „Ernst & Young").

78 **ee) Informationsaustausch und Koordinierung des Marktverhaltens.** Eine faktische Vorwegnahme des Vollzugs und damit einen Verstoß gegen Art. 7 stellt auch die Abstimmung des Marktverhaltens der Zusammenschlussparteien und der Austausch wettbewerbsrelevanter vertraulicher Informationen dar.[81] Auch insoweit gilt der Grundsatz, dass die Parteien bis zur Genehmigung des Zusammenschlusses ihre Marktaktivitäten selbstständig und getrennt voneinander zu betreiben haben.

79 Der **Austausch vertraulicher Unternehmens- oder Marktdaten** vor Freigabe kann auch nach dem Urteil Ernst & Young vom Vollzugsverbot erfasst werden. Zwar hat der EuGH in „Ernst &

---

[78] Kom. Presseerklärung IP/97/1062 vom 1.12.1997.
[79] Vgl. BGH 14.11.2017 – KVR 57/16 – EDEKA/Kaiser's Tengelmann.
[80] Autorité de la Concurrence, Décision no 16-D-24 du 8 Novembre 2016, Rn. 78 ff. – Altice.
[81] Ausf. zu Informationsaustausch und Vollzug Schubert ZWeR 2013, 54.

Young" festgestellt, dass der Begriff des „Vollzugs" auf den „Kontrollerwerb" zu beziehen ist. Dies wirft die Frage auf, inwieweit ein Austausch vertraulicher Informationen „zur Veränderung der Kontrolle über das Zielunternehmen beiträgt".[82] In der (zeitlich kurz vor dem EuGH-Urteil ergangenen) Entscheidung „Altice" hat die Kommission (bestätigt durch das EuG) diese Frage wie folgt beantwortet: Indem Altice vom Zielunternehmen vertrauliche und detaillierte Daten verlangte, agierte Altice, als ob es das Zielunternehmen schon kontrollierte und daher berechtigt war, die fraglichen Daten zu verlangen und zu erhalten.[83] Indem Altice nach den Daten fragte und sie erhielt, übte Altice bestimmenden Einfluss über das Zielunternehmen aus, und Altice erhielt so Informationen, welche es normalerweise nur als Eigentümer des Zielunternehmens erhalten würde.[84] Jedenfalls unter den Umständen, die der Entscheidung „Altice" zugrunde lagen (wo Altice die Informationen zur weiteren Einflussnahme auf das Zielunternehmen nutzte), ist dieser Bewertung zuzustimmen. Auch die französische Kartellbehörde hat – für das französische Recht – diese Auffassung vertreten.[85]

Falls sich – anders als im Verfahren „Altice" – ein Informationsaustausch unter den Parteien **80** vor Freigabe des Vorhabens nicht als „Beitrag" zum Vollzug oder gar als teilweiser Kontrollerwerb darstellt, greift **Art. 101 AEUV** ein, der jedenfalls unter Wettbewerbern die Offenlegung vertraulicher und wettbewerbssensibler Daten verbietet.

Stets zulässig und kein Problem nach Abs. 1 ist die Durchführung der **Due Diligence** und der **81** damit verbundenen Offenlegung vertraulicher Unternehmensdaten. Dies hat die Kommission in ihrer Entscheidung „Altice" nun auch explizit bestätigt.[86] Die Durchführung einer Due Diligence im marktüblichen und erforderlichen Umfang ist mit dem Kartellverbot des Art. 101 AEUV und – soweit überhaupt anwendbar – dem Vollzugsverbot vereinbar. Eine eingehende Prüfung des Zielunternehmens ist für die Kaufentscheidung des Erwerbers und für die Bestimmung des Kaufpreises unabdingbar. Soweit es hierbei zum Einblick in wettbewerbssensible Daten kommt, besteht eine **Immanenzausnahme vom Kartellverbot** (entspr. der Rspr. des EuGH zu nachvertraglichen Wettbewerbsverboten).

Die Immanenzausnahme ist allerdings eingeschränkt durch das **Verhältnismäßigkeitsprinzip**. **82** Dieses findet in dreifacher Weise Anwendung. Erstens ist die Einsichtnahme nur in solche Unternehmensdaten zulässig, die für die Kaufentscheidung des Erwerbers von wesentlicher Bedeutung sind, etwa weil sie notwendig sind, um die künftige Ertragskraft des Zielunternehmens zu bestimmen. Die Angabe individueller Kundennamen und kundenspezifischer Preise sind etwa hierzu normalerweise nicht erforderlich. Zweitens hat der Verhältnismäßigkeitsgrundsatz eine zeitliche Dimension: Je fortgeschrittener der Prozess zur Veräußerung des Zielunternehmens und je geringer die Zahl der noch im Verfahren befindlichen Bieter, desto eher ist ein Einblick in detaillierte Unternehmensdaten gerechtfertigt. Besonders sensible Daten sind daher nicht bereits eingangs eines Bieterverfahrens einer Vielzahl von Interessenten offenzulegen, sondern erst dem Bieter mitzuteilen, auf den die Vertragsverhandlungen am Ende zulaufen. Drittens hat das Verhältnismäßigkeitsprinzip eine verfahrensrechtliche Komponente: Die Parteien sind gehalten, wettbewerblich relevante Daten nur in einem Verfahren offenzulegen, welches die möglichst vertrauliche Behandlung dieser Daten gewährleistet. Hierzu gehört der Abschluss einer Vertraulichkeitsvereinbarung, welche den Kreis der Personen (etwa durch Bildung eines Clean Teams) beschränkt, die Zugang zu den Informationen erhalten, sowie die Verwendung der Daten auf die Unternehmensprüfung beschränkt.[87] Im oben (→ Rn. 52) erwähnten US-amerikanischen **Fall Computer Associates** hat das DoJ das Recht der Parteien, „to conduct a reasonable and customary due diligence prior to closing the transaction" ausdrücklich bestätigt, gleichzeitig aber die soeben genannten Einschränkungen hervorgehoben.

Die **Koordinierung des Marktverhaltens** unter den Zusammenschluss-Parteien vor Freigabe **83** des Zusammenschlusses wird ähnlich zu behandeln sein wie der Informationsaustausch. Unzulässig sind danach etwa der Austausch von Kundendaten, die Offenlegung technischen Know-hows, die Aufteilung von Kunden oder Märkten sowie die Abstimmung oder der Austausch von Preisen. Auch hier werden sich solche Verhaltensweisen regelmäßig so darstellen, dass die Parteien in einer Art und Weise agieren, als wäre der Zusammenschluss schon vollzogen. Da die Koordinierung hier typischerweise unter der Führung des Erwerbers erfolgen wird, wird man feststellen können, dass dieser damit jedenfalls schon teilweise bestimmenden Einfluss (also Kontrolle) auf das Zielunterneh-

---

[82] EuGH 31.5.2018 – C-633/16 Rn. 59 – Ernst & Young.
[83] Kom., M.7993 Rn. 423 – Altice.
[84] Kom., M.7993 Rn. 440 – Altice.
[85] Autorité de la Concurrence, Décision no 16-D-24 du 8 Novembre 2016, Rn. 103 ff. – Altice.
[86] Kom., M.7993 Rn. 437 – Altice.
[87] Vgl. Kom., M.7993 Rn. 423, 437 f. – Altice. Die Kommission wirft hier wie auch anderen Stellen der Entscheidung Altice vor, dass Daten außerhalb jeglicher Clean Teams offengelegt wurden.

men ausübt. In allen sonstigen Fällen wird Art. 101 AEUV zur Anwendung kommen (dessen Voraussetzungen dann allerdings zu prüfen sind).

84 Auch das US-Kartellrecht stuft einen vor Freigabe erfolgenden Informationsaustausch oder eine Koordinierung des Marktverhaltens als Verstoß gegen das Vollzugsverbot ein. In einem **amerikanischen Präzedenzfall** verhängte das DoJ gegen das Unternehmen **Gemstar** im Jahr 2003 das bisher höchste Bußgeld von USD 5,67 Mio. wegen Verstoßes gegen das Vollzugsverbot.[88] Gemstar hatte im Juni 1999 mit TV Guide Fusionsverhandlungen begonnen, im Oktober 1999 die Verträge über den Zusammenschluss unterzeichnet und die Fusion im Juli 2000 vollzogen. Noch vor der Vertragsunterzeichnung hatten die Parteien begonnen, Kunden untereinander aufzuteilen, Preise abzusprechen, räumliche Märkte aufzuteilen und ihr Geschäft mit interaktiven Programmführern gemeinsam zu führen. Unter anderem wendeten die Parteien bereits vor Vollzug die für das künftige Gemeinschaftsunternehmen geplanten gemeinsamen Preise an. Die Parteien hatten zudem eine sog „slow roll"-Vereinbarung geschlossen, wonach sie Verhandlungen mit Kunden, bei denen sie im Wettbewerb standen, so lange hinziehen würden, bis ihr Gemeinschaftsunternehmen gegründet sein und die Geschäftsaktivitäten aufgenommen haben würde. Das DoJ wertete dies als faktischen vorzeitigen Kontrollerwerb durch Gemstar über das Geschäft von TV Guide. Im bereits oben (→ Rn. 52) erwähnten Fall Computer Associates verschaffte sich Computer Associates bereits vor Vollzug des Zusammenschlusses praktisch unbegrenzten Zugang zu hochvertraulichen und wettbewerblich sensiblen internen Daten von Platinum, darunter die Namen der Kunden von Platinum, Listen von Kundenausschreibungen und den von Platinum jeweils angebotenen Preis. Auch hier verhängte das DoJ ein Bußgeld.

85 **ff) Übertragung des kartellrechtlichen Risikos und Vollzugsverbot.** Noch keine europäische Entscheidungspraxis gibt es zu der Frage, inwieweit der Veräußerer eines Unternehmens das kartellrechtliche Risiko auf den Erwerber abwälzen kann. Eine solche Übertragung des Risikos einer fusionskontrollrechtlichen Untersagung des Vorhabens könnte vertragsrechtlich dergestalt erfolgen, dass der Erwerber verpflichtet wird, den vereinbarten Kaufpreis unabhängig vom Ausgang des Fusionskontrollverfahrens zu zahlen. Würde der Zusammenschluss untersagt, bliebe der Käufer darauf verwiesen, einen alternativen Erwerber zu finden, an den der Veräußerer das Zielunternehmen anschließend übertragen würde. In der Übergangszeit wird das Zielunternehmen entweder durch den Veräußerer oder durch einen Treuhänder weitergeführt.

86 Eine solche Regelung führt grds. weder rechtlich noch faktisch zu einem vorzeitigen Übergang der Kontrolle über das Zielunternehmen auf den Erwerber. Auch kommt es zu keiner vorzeitigen Integration oder Koordination der unternehmerischen Aktivitäten von Zielunternehmen und Erwerber. Zu berücksichtigen ist allerdings, dass das **wirtschaftliche Risiko** der Unternehmenstätigkeit des Kaufobjekts am Stichtag vom Veräußerer **auf den Erwerber übergeht**. Ein Kontrollübergang iSv Art. 3 Abs. 2 liegt hierin indessen nicht, denn dem verhinderten Erwerber bleibt es trotz Tragen des wirtschaftlichen Risikos verwehrt, „bestimmenden Einfluss" auf das Zielunternehmen auszuüben. Es ist aber weiter zu fragen, ob sich ein unzulässiger Kontrollübergang daraus ergibt, dass der verhinderte Erwerber den Veräußerer (bzw. den als Treuhänder benannten Dritten) verpflichten wird, in der Übergangszeit das Zielunternehmen „für ihn" und „in seinem Interesse" zu führen. Ein solches Treuhandverhältnis in Kombination mit der Übertragung des wirtschaftlichen Risikos kann grds. zu einem Kontrollwechsel führen. Nach hier vertretener Auffassung ist dies indessen nicht der Fall, wenn vertraglich klargestellt wird, dass der Veräußerer oder dritte Treuhänder (bspw. eine Bank) das Zielunternehmen orientiert an dessen autonomem Interesse zu führen hat und für Gewinnausschüttungen sowie die erforderliche werdende Zuführung von Finanzmitteln Regeln gefunden werden, die den Werterhalt des Zielunternehmens gewährleisten und einen Zugriff des verhinderten Erwerbers auf das Zielunternehmen sowie eine Beeinträchtigung desselben durch den Erwerber ausschließen. Das Zielunternehmen bleibt in diesem Fall als selbstständiger und unabhängiger Marktteilnehmer erhalten. Unter diesen Umständen ist nach hier vertretener Auffassung die **Übertragung des kartellrechtlichen Untersagungsrisikos auf den prospektiven Erwerber mit dem Vollzugsverbot vereinbar.**

87 Die amerikanische FTC ist im **Fall Atlantic Richfield** aus dem Jahr 1991 zu dem Ergebnis gekommen, dass die vollständige Übertragung des Kartellrechtsrisikos auf den Erwerber **mit dem Vollzugsverbot des Hart-Scott-Rodino Act nicht vereinbar** ist.[89] Der Erwerber ARCO hatte an den Veräußerer Union Carbide am Tag der Unterzeichnung des Kaufvertrages „unwiderruflich"

---

[88] US v. Gemstar-TV Guide International, Inc., No. 03-00 198, Proposed Final Judgment, 68 Fed.Reg. 14, 996 (March 27, 2003) (D. D. C. filed February 6, 2003), verfügbar unter www.usdoj.gov/atr/cases/f200700/200731.htm (zuletzt abgerufen am 21.11.2019).

[89] United States v. Atlantic Richfield Co, 1991-1 Trade Cas. (CCH) para 69, 318 (D. D. C. 1991).

den vollen Kaufpreis gezahlt. Union Carbide wurde vertraglich verpflichtet, in der Übergangszeit den zu veräußernden Geschäftsbereich im Einklang mit dessen Geschäftsplan und objektiven kaufmännischen Grundsätzen („in the ordinary course") weiterzuführen. Etwaige Gewinne sollten ARCO zustehen, etwaige Verluste waren von ARCO zu tragen. Im Untersagungsfall würde ein Treuhänder das Geschäft veräußern und den Veräußerungsgewinn an ARCO auskehren. Die FTC urteilte, dass damit ARCO „beneficial ownership" erworben habe (was nach HSR Act einen ausdrücklichen Zusammenschluss-Tatbestand darstellt) und Union Carbide auf die Rolle eines reinen Verwalters für ARCO reduziert worden sei. Die Parteien hätten so den Zusammenschluss effektiv vollzogen und dadurch Union Carbide als unabhängigen Wettbewerber am Markt beseitigt. Bei Kommentatoren ist diese Rechtsauffassung der FTC auf Widerspruch gestoßen.[90] Zudem ist fraglich, ob sie wegen der besonderen Rolle des Tatbestandsmerkmals der „beneficial ownership" im US-Fusionskontrollrecht auf das europäische Recht übertragbar ist.

III. Eingeschränktes Vollzugsverbot für öffentliche Übernahmen und Kontrollerwerb über die Börse (Abs. 2)

Absatz 2 enthält eine „Legalausnahme"[91] vom Vollzugsverbot bzw. der Sache nach ein besonderes, inhaltlich eingeschränktes Vollzugsverbot für öffentliche Übernahmen und den Kontrollerwerb über Börsengeschäfte. Die Ausnahme greift allerdings nur ein, wenn die öffentliche Übernahme einen Beitrag zum Kontrollerwerb leistet. Eine Berufung auf die Ausnahme vom Vollzugsverbot ist hingegen nicht möglich, wenn ein Erwerber im Vorfeld der öffentlichen Übernahme bereits die Kontrolle über das Zielunternehmen aufgrund des Kaufs eines Aktienpakets von einem Veräußerer erwirbt, etwa weil das fragliche Aktienpaket bereits die Mehrheit der Anteile am Zielunternehmen umfasst oder aber eine De-facto-Mehrheit in der Hauptversammlung des Zielunternehmens gewährt. Dies gilt selbst dann, wenn der Anteilserwerb und das Übernahmeangebot eine einheitliche Transaktion darstellen. Denn in einer solchen Situation erfolgt der Kontrollerwerb nicht durch das öffentliche Übernahmeangebot; vielmehr ist der Kontrollerwerb (und damit der Zusammenschluss) bereits mit dem Anteilserwerb im Vorfeld des Übernahmeangebots abgeschlossen. Das Übernahmeangebot ist dann fusionskontrollrechtlich irrelevant.[92] **88**

1. Öffentliche Übernahmeangebote. Absatz 2 gestattet bei öffentlichen Übernahmen den Erwerb der Anteile des Zielunternehmens auch schon vor Genehmigung des Zusammenschlusses und damit noch während der Geltungsdauer des Vollzugsverbotes. Mit dieser Regelung sollen die **Erfordernisse der Fusionskontrolle** zumindest ansatzweise **abgestimmt** werden **auf die besondere wirtschaftliche Dynamik öffentlicher Übernahmen und die für diese geltenden gesetzlichen Anforderungen.** Öffentliche Übernahmeangebote sind nach dem Recht der meisten Länder bedingungs- und vorbehaltsfrei abzugeben (vgl. für Deutschland § 18 WpÜG). Im Falle einer fusionskontrollrechtlichen Untersagung würden daher die wertpapiergesetzlichen mit den fusionskontrollrechtlichen Pflichten des Bieters kollidieren. Soweit die Bedingung der fusionskontrollrechtlichen Genehmigung zulässig wäre, würde sie die Erfolgsaussichten des Übernahmeangebots stark beeinträchtigen, insbes. im Falle feindlicher oder streitiger Übernahmeangebote. Schließlich führen die Verfahrensregeln (und insbes. die Fristen) der Wertpapiergesetze einerseits und der Fusionskontrolle andererseits dazu, dass die vorherige Erlangung einer Freigabe des Zusammenschlusses nach der FKVO zeitlich nicht immer möglich ist (nach Art. 4 Abs. 1 kann die fusionskontrollrechtliche Anmeldung nicht eingereicht werden, bevor der Bieter öffentlich die Absicht zur Abgabe eines Angebots bekundet hat; zu den ab diesem Zeitpunkt parallel eingreifenden wertpapiergesetzlichen Pflichten vgl. für das deutsche Recht die §§ 14, 16 WpÜG). **89**

Indem Abs. 2 das Vollzugsverbot des Absatzes 1 inhaltlich einschränkt, soll erreicht werden, dass das Fusionskontrollverfahren die **Möglichkeit und die Erfolgsaussichten von öffentlichen Übernahmeangeboten** (welche für die Funktion von Kapitalmärkten eine wesentliche Rolle spielen) **so wenig wie möglich beeinträchtigt.** Keine validen Regelungsgründe für Abs. 2 sind der Schutz Dritter bei Massengeschäften über die Börse,[93] denn Dritte sind bereits über Abs. 4 UAbs. 2 umfassend geschützt. Auch die These, wonach Übernahmeangebote nicht die Gefahr einer unumkehrbaren Wettbewerbsschädigung beinhalteten, da eine Entflechtung von Börsengeschäften „nicht **90**

---

[90] Morse The Bus. Law. 57 (2002) 1463, 1470 mwN.
[91] Kom., Grünbuch über die Revision der Verordnung (EWG) Nr. 4064/89 des Rates, KOM(2001) 745 endg., Rn. 187.
[92] EuGH 4.3.2020 – C-10/18 P Rn. 33-65.
[93] So aber NK-EuWettbR/König Rn. 2; Immenga/Mestmäcker/Immenga/Körber Rn. 13; FK-KartellR/Hellmann Rn. 14 f.

mit größeren Schwierigkeiten verbunden" sei,[94] ist nicht überzeugend, da im Erfolgsfall der Bieter normalerweise mehr als 75 % der Anteile am Zielunternehmen halten wird und sich ein solches Aktienpaket nicht ohne Weiteres (dh nicht ohne gravierende Verluste) an der Börse verkaufen lässt. Im Untersagungsfall Schneider/Legrand erfolgte dementsprechend die „Rückabwicklung" des Zusammenschlusses über den Verkauf von Legrand an einen Finanzinvestor.[95] Im Verfahren Aer Lingus Group plc/Kommission stellte der EuGH fest, dass Ryanair die vor, während und nach einem – infolge der Prüfung und Untersagung durch die Kommission unwirksamen – Übernahmeangebot auf dem Markt erworbenen Stimmrechte von 29,3 % weiterhin ausüben darf; in der Minderheitsbeteiligung von Ryanair kann mangels eines Kontrollerwerbs kein Vollzug gesehen werden, so ein Verstoß gegen Art. 7 nicht vorliegt.[96]

91 Inhaltlich ist die **Reichweite** der Ausnahmeregelung des Abs. 2 unscharf. Das Vollzugsverbot wird so weit eingeschränkt, dass es „der Verwirklichung von Vorgängen nicht entgegen[steht], bei denen die Kontrolle [...] im Wege eines öffentlichen Übernahmeangebotes [...] erworben wird". Im Kern bedeutet dies vor allem, dass der Erwerb der dem Bieter angedienten Anteile des Zielunternehmens auch über die Kontrollschwelle hinaus möglich ist. Die offene Formulierung, die gerade nicht speziell auf den Anteilserwerb begrenzt ist, bietet aber auch die Grundlage für die Rechtfertigung weiterer normalerweise unter das Vollzugsverbot fallender Handlungen, soweit diese für die Verwirklichung des Übernahmeangebots erforderlich sind. Das Fusionskontrollrecht wird insoweit hinter das Übernahmerecht zurückgenommen.

92 Die Einschränkung des Vollzugsverbots steht unter zwei Bedingungen, nämlich der **unverzüglichen Anmeldung des Vorhabens** bei der Kommission und der **Nichtausübung der mit den angedienten Anteilen verbundenen Stimmrechte**. Mit einer Verzögerung der Anmeldung oder der Wahrnehmung der Stimmrechte verstößt der Erwerber daher gegen das Vollzugsverbot. Die Anmeldung ist als „unverzüglich" anzusehen, wenn sie ohne schuldhaftes Verzögern erfolgt. Es kann insoweit keine feste Zeitgrenze gelten, sondern ist auf die Umstände des Einzelfalls abzustellen. In der Praxis wird der Bieter in einem Gespräch mit der Kommission unmittelbar nach Veröffentlichung der Entscheidung zur Abgabe eines Angebots den Zeitplan für die Anmeldung des Vorhabens besprechen. Im Hinblick auf die Stimmrechtswahrnehmung kann sich die Situation ergeben, dass der Bieter angesichts der ihm übertragenen Anteile die Zielgesellschaft mit bereits vor dem Übernahmeangebot erworbenen Anteilen kontrollieren kann (Beispiel: der Bieter hielt vor dem Übernahmeangebot bereits 20 % der Anteile an der Zielgesellschaft, iRd Übernahmeangebots erwirbt er weitere 70 %; er kann nun mit den „Altanteilen" von 20 % die Kontrolle über die Gesellschaft ausüben). Jones/Gonzalez-Diaz[97] wollen insoweit zur Wahrung der praktischen Wirksamkeit der Vorschrift den Suspensiveffekt auch auf die „Altanteile" ausdehnen. Nach hier vertretener Auffassung ist dies durch den Wortlaut der Vorschrift allerdings in keiner Weise gedeckt; ein solcher Eingriff in bereits bestehende rechtmäßige Rechtspositionen des Bieters erscheint unzulässig und systemwidrig und lässt sich in Ermangelung jeglicher Anknüpfungspunkte im Wortlaut auch schwer rechtfertigen.

93 Nach Abs. 2 lit. b kann der Bieter „zur Erhaltung des vollen Wertes seiner Investition aufgrund einer von der Kommission nach Absatz 3 erteilten **Freistellung**" im Einzelfall die mit den erworbenen Anteilen verbundenen Stimmrechte ausüben. Das Verhältnis dieses Freistellungstatbestands zu dem allgemeinen Freistellungstatbestand des Abs. 3 S. 1 ist unklar. In Nestlé/Perrier ist die Kommission von einer Rechtsgrundverweisung ausgegangen und hat eine Freistellung gewährt für die Billigung des Jahresabschlusses, die Ausschüttung der Dividende und die Entlastung des Vorstands, nicht hingegen aber für die Neubesetzung des Vorstands für das kommende Geschäftsjahr.[98] Andererseits spricht der eigene materielle Tatbestand des Abs. 2 lit. b (die Erhaltung des vollen Wertes der Investition) für eine reine Rechtsfolgenverweisung.[99] Eine sinnvolle Konkordanz der beiden Vorschriften scheint am ehesten dadurch herstellbar, dass die Kommission in die Entscheidung über eine Freistellung nach Abs. 2 lit. b auch die allgemeinen Abwägungsgesichtspunkte des Abs. 3 (Auswirkungen auf die Parteien und Dritte sowie Gefährdung des Wettbewerbs) einfließen lässt. Abs. 2 lit. b beschreibt insoweit den möglichen Spielraum für eine Freistellung, während Abs. 3 die Maßstäbe für die Ermessensentscheidung über die Freistellung im Einzelfall liefert.

94 Dem Bieter steht es offen, auch unmittelbar die Freistellungsmöglichkeit des Abs. 3 zu nutzen. Jenseits der Stimmrechtsausübung, die an den besonderen Maßstab der vollen Erhaltung der Investi-

---

[94] So FK-KartellR/Hellmann Rn. 16.
[95] Kom., M.2283 – Schneider/Legrand.
[96] EuG Slg. 2010, II-3691 Rn. 77 ff., 84 – Aer Lingus Group plc/Kommission.
[97] Jones/Gonzalez-Diaz, The EEC Merger Regulation, 1992, 202.
[98] Kom., M.190, Rn. 2 – Nestlé/Perrier; hierzu Drauz/Schröder, Praxis der Europäischen Fusionskontrolle, 3. Aufl. 1995, 201; der Auffassung der Kommission zustimmend NK-EuWettbR/König Rn. 13.
[99] Jones/Gonzalez-Diaz, The EEC Merger Regulation, 1992, 206 Fn. 19.

tion geknüpft ist, kann auch der Bieter iRe öffentlichen Übernahmeangebots sonstige allgemeine Befreiungen vom Vollzugsverbot beantragen, die allein an Abs. 3 zu messen sind.

2. Kontrollerwerb durch „schleichende Übernahme". Die Novellierung der FKVO von 2004 hat die Einschränkung des Vollzugsverbots über öffentliche Übernahmeangebote hinaus ausgedehnt auf sämtliche Erwerbsvorgänge, die über die Börse unter Beteiligung einer Vielzahl von Veräußerern erfolgen („creeping takeovers").[100] Auf diese Weise soll die Rechtsunsicherheit in Abs. 1 in Bezug auf solche Erwerbsvorgänge beseitigt werden.[101] Im Grünbuch werden die hier avisierten Fälle **schleichender Übernahmen** wie folgt beschrieben: „‚Schleichende Übernahme' über die Börse sind ein weiteres Beispiel für Zusammenschlüsse, die durch mehrere Erwerbsvorgänge vollzogen werden. Die Transaktionen können auf mehr oder weniger komplizierte Art und Weise vonstatten gehen; sie reichen vom relativ offen und direkten Erwerb von Aktien von verschiedenen Aktionären bis hin zur Einschaltung von Finanzmittlern, die sich unterschiedlicher Finanzinstrumente bedienen. Diese Art des Erwerbs ist häufig bei sog. ‚feindlichen Übernahmen' [...]."[102] Mit der Erweiterung des Anwendungsbereichs des Abs. 2 soll ähnlich wie für öffentliche Übernahmeangebote erreicht werden, dass Abs. 1 aus praktischen Gründen dem Vollzug eines Zusammenschlusses nicht entgegenstehen sollte, solange die Voraussetzungen in Abs. 2 erfüllt sind.[103]

Der Unterschied zu den öffentlichen Übernahmeangeboten besteht darin, dass die sonstigen „Rechtsgeschäfte mit Wertpapieren" keinen verbindlichen Vorschriften unterliegen, die den Bieter bspw. verpflichten können, das Rechtsgeschäft zu einem bestimmten Zeitpunkt zu vollziehen.

Die Erweiterung des Anwendungsbereichs des Abs. 2 durch die Novelle von 2004 erleichtert nunmehr auch den Umgang mit Fällen, in denen ein Bieter parallel zum öffentlichen Übernahmeangebot Aktien des Zielunternehmens an der Börse aufkauft. Nach altem Recht war zweifelhaft, ob ein solches Vorgehen gegen das fusionskontrollrechtliche Vollzugsverbot verstieß oder eine analoge Anwendung der Ausnahme für öffentliche Übernahmen in Frage kam.[104] Nach neuem Recht wird man einen solchen Erwerb von Aktienpaketen der Regel des Abs. 2 unterstellen können. Diese zielte zwar in erster Linie auf „creeping takeovers" ab; es spricht indessen nichts dagegen, sie auch auf Sachverhalte anzuwenden, in denen sowohl über ein öffentliches Übernahmeangebot als auch über parallele Aktienpaketkäufe die Kontrolle über das Zielunternehmen erworben wird.

Bei „schleichenden Übernahmen" durch sukzessive Wertpapiergeschäfte stellt sich die Frage, **ab welchem Zeitpunkt der Suspensiveffekt eingreift.** Die Kommission stellte – unter dem Rubrum des Zusammenschlussbegriffs – in ihrem Grünbuch fest: „In solchen Fällen wäre es idR nicht nur unpraktisch, sondern widernatürlich, davon auszugehen, dass der Zusammenschluss mit dem Erwerb der Aktie oder des Aktienpakets erfolgt, mit dem der Erwerber die (de facto-)Kontrolle über das anvisierte Unternehmen erhält. Für alle Beteiligten ist idR klar, dass die in mehreren rechtlich voneinander unabhängig erworbenen Rechte aus wirtschaftlicher Sicht eine Einheit bilden, deren Zweck darin besteht, die Kontrolle über das anvisierte Unternehmen zu erwerben."[105] Konsequenz dieser Auffassung wäre es, dass bereits der Erwerb der ersten Anteile – soweit er mit dem letztendlichen Ziel der Kontrollübernahme erfolgt – dem Vollzugsverbot des Abs. 2 unterliegt, der Erwerber also nicht die mit den Aktien verbundenen Stimmrechte ausüben darf und zudem „unverzüglich" das Zusammenschlussvorhaben bei der Kommission anzumelden hat. Die jüngste Rechtsprechung des EuGH und EuG, wonach ein „Vollzug" eines Zusammenschlusses iSv Abs. 1 bereits dann vorliegt, wenn eine Handlung zum Kontrollerwerb „beiträgt" (→ Rn. 41), geht in dieselbe Richtung. Für die Ausdehnung des Vollzugsverbots auf ein solches „Stake Building" wird man aber richtigerweise verlangen müssen, dass die Anteilserwerbe Teil eines übergeordneten Plans zum Kontrollerwerb sind. Ansonsten sollte die Anwendbarkeit der FKVO ausgeschlossen sein.

IV. Freistellung vom Vollzugsverbot (Abs. 3)

1. Grundsätzliches. Nach Abs. 3 kann die Kommission auf Antrag eine Freistellung vom Vollzugsverbot erteilen. Diese Möglichkeit besteht sowohl für das „reguläre" Vollzugsverbot des Abs. 1 als auch für das eingeschränkte Vollzugsverbot des Abs. 2 hinsichtlich öffentlicher Übernah-

---

[100] S. hierzu näher Grüner, Das Vollzugsverbot in der EU-Fusionskontrolle, 2021, 136 ff.
[101] Vgl. Kom., Vorschlag für eine Verordnung des Rates über die Kontrolle von Unternehmenszusammenschlüssen, KOM(2002) 711 endg., ABl. 2003 C 20, 4 Rn. 66 der Begründung.
[102] Kom., Grünbuch über die Revision der Verordnung (EWG) Nr. 4064/89 des Rates, KOM(2001) 745 endg., Rn. 134.
[103] KOM(2001) 745 endg., Rn. 188.
[104] Vgl. Jones/Gonzalez-Diaz, The EEC Merger Regulation, 1992, 201.
[105] Kom., Grünbuch über die Revision der Verordnung (EWG) Nr. 4064/89 des Rates, KOM(2001) 745 endg., Rn. 134.

men und Aktienaufkäufen an der Börse. Die Kommission kann die Freistellung mit Bedingungen und/oder Auflagen verbinden. Die Parteien können einen Antrag auf Befreiung vom Vollzugsverbot zu jedem Zeitpunkt, also auch bereits vor Anmeldung des Zusammenschlussvorhabens stellen.

100 Lange war die **Handhabung der Kommission** zur Freistellung vom Vollzugsverbot relativ intransparent, da die Freistellungsentscheidungen nicht veröffentlicht wurden. Von dieser Praxis wurde jedoch im August 2013, mutmaßlich in dem Bestreben nach mehr Transparenz, Abstand genommen und ein Teil der Abs. 3-Entscheidungen seit 2004 veröffentlicht. Aus diesen Entscheidungen lassen sich einige systematische Rückschlüsse auf die Umstände, in denen die Kommission eine Freistellung gewährt, ziehen. Statistisch lässt sich jedoch aus der Gesamtzahl der Freistellungen ablesen, dass die Kommission die Ausnahme von Art. 7 weiterhin sehr restriktiv handhabt, um den ex ante Charakter der europäischen Fusionskontrolle nicht zu unterlaufen.[106] Im Zeitraum 1990–1997 wurden durchschnittlich weniger als drei Freistellungen pro Jahr gewährt; nach Lockerung des materiellen Tests wurden 1998–2001 durchschnittlich jährlich acht Freistellungen ausgesprochen, in der Zeit von 2002 bis Juni 2005 stieg die Zahl auf jährlich durchschnittlich elf positive Entscheidungen. In der jüngsten Zeit von 2006 bis Juni 2012 ist die Zahl der Freistellungen wieder deutlich gesunken und auf durchschnittlich etwas weniger als drei pro Jahr zurückgegangen.[107] Damit wird in weniger als 5 % der bei der Kommission angemeldeten Vorhaben eine Freistellung vom Vollzugsverbot gewährt. Die geringe Anzahl von ablehnenden Entscheidungen zu Freistellungsgesuchen[108] erklärt sich unter anderem durch die Praxis der anmeldenden Unternehmen die Kommission, zunächst informell zu konsultieren, bevor die Freistellung beantragt wird.[109] Ein Gros der Anträge wird spätestens nach diesen Konsultationen gar nicht erst gestellt.

101 Die Freistellungsentscheidung nimmt die Parteien lediglich vom Vollzugsverbot des Art. 7 aus; **Art. 101 AEUV** bleibt hingegen weiterhin anwendbar. Insofern wird man aber regelmäßig davon ausgehen können, dass in den Konstellationen, in denen die Kommission eine Freistellung vom Vollzugsverbot gewährt, das autorisierte Verhalten der Parteien keine spürbare Beschränkung des Wettbewerbs bewirkt bzw. insoweit der Immanenzgedanke eingreift.

102 **2. Verfahren.** Nach Abs. 3 wird die Freistellung „auf Antrag" erteilt. In der Praxis erwartet die Kommission von den Parteien, dass dieser Antrag in schriftlicher Form eingereicht wird. Aus dem **Antrag** muss sich ergeben, dass die materiellen Voraussetzungen für die Freistellung vorliegen. Die Parteien müssen also neben der Beschreibung des Vorhabens und Ausführungen zur Zuständigkeit der Kommission darlegen, inwieweit das Vollzugsverbot im konkreten Fall zu nachteiligen Auswirkungen auf die Parteien und/oder dritte Personen führt, welche Handlungen die Parteien im einzelnen vom Vollzugsverbot freigestellt sehen wollen und aus welchen Gründen unabhängig von der Marktabgrenzung eine Gefährdung des Wettbewerbs mit dem Zusammenschluss im Allgemeinen und der beantragten Freistellung im Besonderen nicht verbunden ist.

103 Die Freistellung erfolgt über eine förmliche und damit schriftlich begründete **Entscheidung** der Kommission. Die FKVO bindet die Kommission insoweit an keine Verfahrensfristen. Nach den Grundsätzen ordnungsgemäßer Verwaltung ist die Kommission indessen gehalten, den Antrag der Parteien in angemessener Zeit zu bescheiden. Nach Art. 18 Abs. 1 gibt die Kommission den betroffenen Unternehmen vor Erlass der Entscheidung Gelegenheit, sich zu den ihnen gegenüber geltend gemachten Einwänden zu äußern. Gemäß Art. 18 Abs. 2 kann die Kommission allerdings (und hiervon macht sie wohl idR Gebrauch) ohne vorherige Anhörung eine vorläufige Entscheidung erlassen, wenn sie die Anhörung unverzüglich nach Erlass der Entscheidung nachholt.

104 In der Praxis erfolgt bei Maßnahmen, die sich im Graubereich zwischen einem Teilvollzug und fehlender wettbewerblicher Relevanz bewegen, häufig eine **informelle Abstimmung** mit der Kommission, die bei berechtigten Anliegen in einem gewissen Umfang zur unförmlichen Duldung gewisser Maßnahmen bzw. zu einer extensiven Auslegung des Vollzugsverbots bereit ist.

105 **3. Materielle Voraussetzungen.** Die Kommission beschließt über den Antrag „unter besonderer Berücksichtigung" der möglichen Auswirkungen des Aufschubs des Vollzugs auf die Parteien oder auf Dritte sowie der möglichen Gefährdung des Wettbewerbs durch den Zusammenschluss. Hieraus wird deutlich, dass die Kommission über ein **Ermessen** verfügt und in der Ausübung dieses Ermessens insbes. die beiden vorgenannten Gesichtspunkte zu berücksichtigen hat.

106 Die Auswirkungen des Vollzugsverbots auf die Parteien oder Dritte müssen nachteiliger Art sein, brauchen aber nicht das Ausmaß eines „schweren Schadens" erreichen. Diese Anforderung

---

[106] Kom., M.5969, Rn. 58 – Johnson/Sara Lee.
[107] Statistik der Generaldirektion Wettbewerb zur Fusionskontrolle (Stand Juni 2014).
[108] So ausdrücklich Kom. M.5969, Rn. 59 – SC Johnson/Sara Lee.
[109] So auch die Kommission selbst in Kom., M.5969 Rn. 59 – SC Johnson/Sara Lee, welche eine gewisse Irritation bei Abweichungen von diesem Usus erkennen lässt.

IV. Freistellung vom Vollzugsverbot (Abs. 3) 107–109 **Art. 7 FKVO**

wurde mit der ersten Novellierung der FKVO im Jahr 1997 bewusst aufgegeben, um die Anwendung des Vollzugsverbots zu erleichtern (→ Rn. 10).

Da das Vollzugsverbot nach der gesetzlichen Systematik allerdings die Regel und die Freistellung **107** die Ausnahme ist, verlangt die Kommission, dass der von den Parteien geltend gemachte **Schaden qualitativ über die Nachteile hinausgeht, die typischerweise mit dem Vollzugsverbot** für jedes an einem Zusammenschluss beteiligte Unternehmen **verbunden sind.** Im Fall France Télécom/Global One, dem die Übernahme der Deutschen-Telekom-Anteile am bisherigen GU durch France Télécom zugrunde lag, hatte letztere eine Befreiung vom Vollzugsverbot mit der Begründung beantragt, dass dringende Entscheidungen über die Restrukturierung von Global One zu treffen seien (im Hinblick auf ua die Neubesetzung von Führungspersonen und neue Geschäftsinitiativen), denen die noch fortwährende Präsenz der Deutschen Telekom entgegenstände. Die Kommission wies den Antrag mit der Begründung zurück, France Télécom habe nicht dargelegt, inwieweit sich ihre Situation von der jeder anderen Zusammenschlusspartei unterscheide, die schnellstmöglich die Kontrolle über das Zielunternehmen ergreifen wolle. Es sei auch nicht dargelegt, aus welchen Gründen ein Aufschub von drei bis vier Wochen für die Restrukturierung von Global One einen spürbaren Unterschied bedeuten würde.[110] In dem Fall Johnson/Sara Lee.[111] wies die Kommission in ähnlicher Weise das Ansinnen der Parteien zurück, den Zusammenschluss in seinen Teilen außerhalb von Europa frühzeitig vollziehen zu dürfen. Dies bedeutet allerdings nicht, dass typische Folgen des Vollzugsverbots wie etwa die Abwanderung von Kunden und der Verlust von Mitarbeitern im Einzelfall nicht ein Ausmaß erreichen, dass eine Freistellung vom Vollzugsverbot gerechtfertigt ist. Dieser Nachweis war offensichtlich den Parteien im Fall Kimberly Clark/Scott gelungen.[112]

Der **Kreis der potentiell vom Vollzugsverbot betroffenen Dritten** ist nicht abschließend **108** eingeschränkt. Im Fall Strabag/Dywidag[113] stellte die Kommission fest, dass angesichts der Insolvenz des Zielunternehmens die Fortgeltung des Vollzugsverbots sich ua nachteilig auf die Kunden der Parteien ausgewirkt hätte (Unterbrechung der Arbeit auf den Baustellen) und den Arbeitnehmern der Verlust ihres Arbeitsplatzes gedroht hätte. Auch in IPM/ERG Nuove Centrali/ISAB Energy Services[114] hat die Kommission auf die Arbeitnehmer abgestellt; deren Unfallversicherung wäre im Falle eines Vollzugsverbotes faktisch bis zur Freigabe des Zusammenschlusses aufgehoben gewesen.[115] In Citigroup/Maltby[116] erkannte die Kommission eine mögliche Kettenreaktion für die assoziierten Unternehmen der Konzerngruppe als ausschlaggebendes Argument an. Seit der Finanzkrise hat die Kommission teilweise die Auswirkungen der negativen Folgen auf die gesamte (zumeist Finanz-)Branche in ihre Abwägung einbezogen, um die Übertragung von notleidenden Krediten auf sog Abwicklungsbanken (bad banks) und damit die Verschiebung von Ausfallrisiken zu ermöglichen. Im Fall Santander/Bradford[117] hatte Santander einen (bzw. den weiterhin umsatzgenerierenden) Teil der Vermögenswerte von Bradford & Bingley Assets (B&B) übernommen. B&B war im Rahmen der Ereignisse auf den Finanzmärkten in Schwierigkeiten geraten. Durch staatlich unterstützte Teilung und Verkauf der Vermögenswerte sollte das Vertrauen der Kunden in die Bank erhalten werden. Hier argumentierte die Kommission, dass das finanzielle Scheitern des Zielunternehmens negative Konsequenzen nicht allein für das Unternehmen, sondern die Stabilität der Finanzmärkte und hieraus resultierend für Dritte habe.[118] Ähnlich argumentiert die Kommission mit ausführlicher Analyse in dem Fall SFPI/Dexia.[119] Ein Ausfall der Dexia-Gruppe würde sich auf die Stabilität des gesamten europäischen Finanzmarktes auswirken und insbesondere den Markt der Staatsanleihen erheblich destabilisieren,[120] sodass die Freistellung sogar positive Effekte für Kunden, Kreditgeber und die Mitgliedstaaten habe.[121]

Eine Freistellung vom Vollzugsverbot kommt am ehesten in Betracht in Fällen, die keine **109** **Wettbewerbsprobleme** aufwerfen und insbes. nicht zu horizontalen Überschneidungen führen. Sind die Parteien Wettbewerber, hat die Kommission in der Vergangenheit dennoch eine Freistellung

---

[110] Kom., M.1865 Rn. 7 – France Télécom/Global One.
[111] Kom., M.5969 Rn. 58 – SC Johnson/Sara Lee.
[112] Kom., M.623 – Kimberly Clark/Scott; ebenso unter anderem: Kom., M.6137 – Citigroup/MaCtby Aquisitions Limited; Kom., M.5760 – Lotte Group/Artenius UK; hierzu Hirsbrunner EuZW 1997, 748 (754).
[113] Kom., M.3754 – Strabag/Dywidag.
[114] Kom., M.4712 – IPM/ERG Nuove Centrali/ISAB Energy Services.
[115] Kom., M.4712 Rn. 19 – IPM/ERG Nuove Centrali/ISAB Energy Services.
[116] Kom., M.6137 – Citigroup/Maltby Aquisitions Limited.
[117] Kom., M.5363 – Santander/Bradford & Bingley Assets.
[118] Kom. M.5363 Rn. 18 – Santander/Bradford & Bingley Assets. Ähnlich argumentierte die Kommission bei Kom. M.5384 – BNP Parisbas/Fortis.
[119] Kom., M.6812 – SFPI/Dexia.
[120] Kom., M.6812 Rn. 24 f. – SFPI/Dexia.
[121] Kom., M.6812 Rn. 28 – SFPI/Dexia.

vom Suspensiveffekt ausgesprochen, wenn die gemeinsamen Marktanteile im unbedenklichen Bereich blieben (dh deutlich unter 25 %).[122] Bei signifikanteren Marktanteilsadditionen scheidet eine Befreiung vom Vollzugsverbot häufig aus,[123] lässt sich im Einzelfall aber möglicherweise über geeignete Zusagen der Parteien bzw. Bedingungen und Auflagen sicherstellen[124] oder aber durch Beschränkung der Freistellung auf regional außerhalb der EU angesiedelte Geschäftsteile.[125]

110 Das Ermessen der Kommission ist in einer **Gesamtabwägung** der einschlägigen Umstände auszuüben. Hier fließen neben den in Abs. 3 genannten materiellen Beurteilungskriterien auch die inhaltliche Reichweite der beantragten Befreiung, die noch verbleibende Geltungsdauer des Vollzugsverbots und die Zumutbarkeit der Einhaltung des Vollzugsverbots durch die Parteien ein. Auch der **Verschuldensgrad der Parteien für die negativen Auswirkungen** – zB durch die Strukturierung der Übernahme – scheint in die Entscheidung der Kommission eizufließen.[126] Die Kommission wird in Verfahren, bei denen Wettbewerbsprobleme nicht völlig auszuschließen sind, auch prüfen, ob die teilweise Integration der Parteien im Untersagungsfall wieder revisibel ist. Im Verfahren Strabag/Dywidag kam die Kommission etwa zu dem folgenden Abwägungsergebnis: „Während der Aufschub des Vollzugs zu ernsthaften wirtschaftlichen Nachteilen für die am Zusammenschluss beteiligten Unternehmen und Dritte führen kann, dürfte eine Freistellung vom Vollzugsverbot nicht zu einer Gefährdung des Wettbewerbs führen. Die Abwägung spricht daher für die Erteilung der Freistellung. Dabei ist zu berücksichtigen, dass die Freistellung sich nur auf die beantragten Vollzugsmaßnahmen bezieht und insbesondere nicht die dingliche Übertragung der Anteile […] umfasst. Da Anhaltspunkte für eine mögliche Gefährdung des Wettbewerbs nicht vorliegen und die mit der beantragten Freistellung zulässigen Vollzugsmaßnahmen erforderlichenfalls rückgängig gemacht werden können, braucht die Freistellung nicht nach Abs. 3 Satz 3 mit Bedingungen oder Auflagen verbunden zu werden."[127]

111 ISd Verhältnismäßigkeitsprinzips ist die Befreiung vom Vollzugsverbot beschränkt auf diejenigen Maßnahmen, die zur Abwehr des drohenden Schadens vernünftigerweise erforderlich bzw. angemessen sind. Die Kommission hat daher ein der Vergangenheit Anträgen der Parteien in manchen Fällen nur teilweise stattgegeben und bestimmte darüber hinausgehende Maßnahmen nicht gestattet.[128] So erwartete die Kommission in einem der veröffentlichten Fälle nach Prüfung der vorhandenen Informationen schwerwiegende Auswirkungen auf den Wettbewerb. In dem Fall Orica/Dyno[129] war durch exzeptionelle Umstände eine Situation entstanden, in der das Zielunternehmen durch das Vollzugsverbot einerseits weitestgehend paralysiert war, andererseits der das Tagesgeschäft des Zielunternehmens leitende Akteur, selber ein starkes, ausdrückliches Interesse daran hatte, in den von dem Zielunternehmen „besetzten" Märkten aktiv zu werden. Obwohl die Kommission den Zusammenschluss grundsätzlich als für den europäischen Markt als wettbewerbsrechtlich problematisch einschätzte, gewährte sie eine Befreiung vom Vollzugsverbot für die außerhalb ihres Zuständigkeitsbereiches liegenden Geschäftsbereiche.[130]

112 **4. Fallpraxis.** In der bisherigen Entscheidungspraxis der Kommission haben sich mittlerweile typische Konstellationen herausgebildet, in denen die Kommission die Erteilung einer Befreiung als gerechtfertigt ansieht:

113 **Insolvenz oder ernsthafte finanzielle Schwierigkeiten des Zielunternehmens:** Bei der Übernahme der im Insolvenzverfahren befindlichen Dywidag hat es die Kommission Strabag ermöglicht, bei der Geschäftsführung von Dywidag mitzuwirken und hierbei insbes. an Verhandlungen mit den Bauherren der Projekte von Dywidag teilzunehmen, sich mit dem vorläufigen Insolvenzverwalter abzustimmen, über Neugeschäft zu verhandeln und der Dywidag Finanzmittel zur Verfügung zu stellen.[131] Zuvor hatte die Kommission bereits in einer Reihe weiterer Fälle dem Erwerber von

---

[122] So etwa in der Freistellungsentscheidung im Verfahren 23.5.2005 – M.3754 – Strabag/Dywidag.
[123] S. etwa die Ablehnung einer Befreiung im Fall 13.7.1999 – M.1517 – Rhodia/Donau-Chemie/Albright & Wilson.
[124] S. etwa Kom., M.623 – Kimberly Clark/Scott; hierzu Hirsbrunner EuZW 1997, 748 (754).
[125] Kom., M.4151 Rn. 53 – Orica/Dyno.
[126] Kom., M.4151 Rn. 26 – Orica/Dyno.
[127] Kom., M.3754 – Strabag/Dywidag.
[128] So Kom., M.190 – Nestlé/Perrier; 28.5.2004 – M.3450 – Macquarie Bank Limited/Crown Castle UK Holdings Limited; 23.11.2004 – M.3275 – Shell España/CEPSA/SIS JV; 16.2.2005 – M.3682 – Intek/Gim; 4.7.2005 – M.3832 – MatlinPatterson/Matussière & Forest; 23.5.2006 – M.4151 – Orica/Dyno; 31.7.2007 – M.4763 – Cerberus/Torex; 28.11.2006 – M.4472, Rn. 15 – William Hill/Codere/JV; 8.8.2008 – M.5267 – Sun Capital/SCS Group; 25.7.2012 – M.6696 – Sofiproteol/Actifs Doux.
[129] Kom., M.4151 – Orica/Dyno.
[130] Kom., M.4151, Rn. 53 – Orica/Dyno.
[131] Kom., M.3754 – Strabag/Dywidag.

IV. Freistellung vom Vollzugsverbot (Abs. 3)   114–116   Art. 7 FKVO

in ernsthaften finanziellen Schwierigkeiten befindlichen Unternehmen gestattet, noch vor fusionskontrollrechtlicher Genehmigung Maßnahmen zur Stabilisierung und Restrukturierung des Zielunternehmens zu ergreifen.[132] Die bereits erfolgte oder auch nur unmittelbar bevorstehende Einleitung des Insolvenzverfahrens ist hierbei keine Voraussetzung.

Mit dem Aufschub verbundene gravierende finanzielle Schäden: In Fällen, in denen 114 das Vollzugsverbot für die Parteien zu signifikanten finanziellen Nachteilen geführt hätte, ist die Kommission normalerweise zur Erteilung einer Befreiung bereit. Dies hat sie bereits in ihrer historisch ersten Fusionskontrollentscheidung Renault/Volvo[133] gezeigt: Aufgrund des kurz bevorstehenden Wegfalls einer Ausnahmeregelung im schwedischen Steuerrecht hätten die Parteien bei einem Vollzug des Zusammenschlusses erst nach Abschluss des Fusionskontrollverfahrens hohe steuerliche Nachteile hinnehmen müssen. Die Kommission hat vor diesem Hintergrund die Übertragung der Anteile sowie die Zahlung des Kaufpreises vom Vollzugsverbot freigestellt. Sie erlegte den Parteien allerdings die Bedingung auf, die mit den Anteilen verbundenen Stimmrechte bis zum Ablauf des Vollzugsverbots nicht auszuüben. Eine Befreiung wurde auch im Fall „Toll Collect" gewährt.[134] Die Parteien unterlagen gegenüber der Bundesrepublik Deutschland engen vertragsstrafebewährten Fristen zur Errichtung des Autobahn-Mautsystems. Weiterhin hätten sie aufgrund von Änderungen in der deutschen Steuergesetzgebung bei einem Aufschub des Vollzugs erhebliche steuerliche Nachteile in Höhe von mehreren Millionen Euro erlitten. Schließlich hingen die Kreditlinien der finanzierenden Banken von einer Übernahme der Anteile durch alle GU-Partner ab. Die Kommission genehmigte vor diesem Hintergrund die Übernahme der GU-Anteile durch die Deutsche Telekom und Cofiroute, die Übertragung der Schlüssellizenz auf das GU und die Aufnahme der Errichtung der Kontrollbrücken über den Autobahnen. Im Fall Orkla/Elkem[135] wäre Orkla bei Ablehnung der Freistellung aufgrund von norwegischen Wertpapier-Regelungen ein erhebliches Risiko eingegangen, für die ausstehenden, zu erstehenden Anteile ein Angebot zu einem erheblich höheren Preis abgeben zu müssen.[136] Eine ähnliche Situation bestand in dem Fall AXA Private Equity/Camaïeu.[137] Auch hier hatte der Vollzugsaufschub neben steuerlichen Nachteilen über das normale Maß hinaus, erhebliche Konsequenzen für den Kaufpreis und damit die Finanzierbarkeit des Kaufs.[138] Neben unmittelbaren finanziellen Schäden spielen auch **mittelbare finanzielle Schäden** eine Rolle. So unter anderem in dem Verfahren Sun Capital/SCS Group,[139] in welchem der Vollzug eine Lieferungsunterbrechung wahrscheinlich gemacht hätte.

Konfligierende rechtliche Fristen: Neben dem Toll-Collect-Fall, in dem es um vertragliche 115 Fristen ging, haben rechtliche Fristen in weiteren Fällen zur Befreiung vom Vollzugsverbot geführt. Im Fall Omnitel[140] ermöglichte die Kommission dem GU die vorzeitige Aufnahme der Geschäftstätigkeit (ua Vergabe von Verträgen für die Errichtung des Netzwerks, Eingehen von Finanzierungsverträgen, Errichtung von Mobilfunkmasten), damit es auf diese Weise die in der italienischen Mobilfunklizenz festgesetzten Fristen einhalten konnte.[141]

Markteintritt eines neuen Wettbewerbers: Die vorgenannten Fälle verdeutlichen zudem, 116 dass die Kommission zur Befreiung vom Vollzugsverbot bereit ist, wenn der betreffende Zusammenschluss zum Markteintritt eines neuen Wettbewerbers führt (ausdrücklich betont in Omnitel), insbes. wenn es sich um einen zuvor regulierten Markt handelt.[142] Bei der Gründung eines neuen belgischen Internet Service Providers erlaubte die Kommission den Parteien eine vorzeitige Vermarktung, da Belgacom als der frühere Staatsmonopolist im Begriff war, bestimmte neue Internetprodukte auf

---

[132] Kom., M.116 – KELT/American Express; 28.5.1993 – M.341 – Deutsche Bank/Banco de Madrid; 14.10.1994 – M.497 – Matra Marconi Space/Satcomms; 11.4.1995 – M.573 – ING/Barings; 18.12.2002 – M.3007 – E.ON/TXU Europe; 20.5.2011 – M.6215 – Sun Capital/Polestar UK Print Limited; 17.11.2004 – M.3590 – Fiat/Magneti Marelli; 16.2.2005 – M.3682 – Intek/Gim; 31.7.2007 – M.4763 – Cerberus/Torex; 19.6.2008 – M.5170 – Eon/Endesa Europa/Viesgo; 28.9.2007 – M.4840 – Fiat/Teksid; 23.11.2004 – M.3275 – Shell España/CEPSA/SIS JV; 19.3.2010 – M.5760 – Lotte Group/Artenius UK; 23.5.2014 – M.7120 – Ecom Agroindustrial Corporation/Armajaro Trading; ausdr. in Kom., M.5267 Rn. 20 – Sun Capital/SCS Group.
[133] Kom., M.4 – Renault/Volvo.
[134] Kom., M.2903 – Daimler Chrysler/Deutsche Telekom/JV.
[135] Kom., M.3709 – Orkla/Elkem.
[136] Kom., M.3709 Rn. 12 – Orkla/Elkem.
[137] Kom., M.3707 – AXA Private Equity/Camaïeu.
[138] Kom., M.3707 Rn. 11 ff. – AXA Private Equity/Camaïeu.
[139] Kom., M.5267 – Sun Capital/SCS Group.
[140] Kom., M.535 – Omnitel.
[141] S. ähnlich Kom., M.538 – JV 2 – ENEL/FT/DT.
[142] Kom., M.535 – Omnitel; Kom., JV. 2 – ENEL/FT/DT; Kom., M.1025 – Mannesmann/Olivetti/Infostrada.

den Markt zu bringen und hiermit bei verspätetem Markteintritt des neuen Anbieters möglicherweise einen uneinholbaren Wettbewerbsvorsprung erlangt hätte.

117 **Chancengleichheit im Bieterverfahren:** In einigen Fällen hatten die Erwerber geltend gemacht, das Vollzugsverbot benachteilige sie in einem Bieterverfahren, in dem die übrigen Bieter keinem Vollzugsverbot unterlägen. Indem das Vollzugsverbot die Abgabe eines bedingungsfreien Angebots („unconditional bid") verhindere, resultiere es für den Erwerber in einen wesentlichen Wettbewerbsnachteil. Diese Situation ergibt sich insbes. bei Bieterverfahren um britische Unternehmen, bei denen die übrigen Bieter nur der britischen Fusionskontrolle unterliegen, die kein Vollzugsverbot vorsieht. Die Kommission hat dies in den Fällen EDF/London Electricity[143] und Cofinoga/BNP[144] – wohl aber auch in weiteren Verfahren[145] – zum Anlass einer Befreiung vom Vollzugsverbot genommen. Ähnlich liegt es im französischen Recht.[146] In dem Fall Sofiprotéol/Actifs Doux[147] wurde die Erwerberin nur unter Vorlage eines bedingungsfreien Angebotes zum strengen französischen, insolvenzrechtlichen Bietverfahren zugelassen.[148] Aber auch in italienischen Konstellationen, wie im Verfahren William Hill/Codere/JV.[149] Dort lag es so, dass nach den anwendbaren Regeln für schon bestehende juristische Personen bieten konnten. Die anmeldenden Parteien wollten durch das anzumeldende GU Konzessionen für Wettannahmebüros erwerben. Der strenge Zeitplan des feststehenden Verfahrens hätte sie damit faktisch vom Bietverfahren ausgeschlossen.[150]

118 **„Corporate housekeeping measures":** In einigen Verfahren hat die Kommission Freistellungen zur Durchführung bestimmter gesellschaftsrechtlicher Maßnahmen bzw. Beschlüsse erteilt. In der Sache Eurostar[151] betraf das die Vorbereitung und Genehmigung des Budgets und des Geschäftsplans, in FCC/Vivendi[152] die Vornahme einer Reihe gesellschaftsrechtlicher Beschlüsse rein finanzieller Natur, in Nestlé/Perrier[153] die Entlastung des Vorstands und die Feststellung des Jahresabschlusses und in BT/AirTouch[154] die Reduzierung der Anzahl der Mitglieder des Executive Committee, die Festlegung der Aufgaben des Managing Director und die Einrichtung eines Ausschusses zur Prüfung bestimmter technischer Fragen. Diese Fälle dürften sich allerdings nur begrenzt verallgemeinern lassen und sind geprägt durch ihre jeweiligen spezifischen Hintergründe.

119 **Dekonzentrative Zusammenschlüsse,** in denen die Parteien ein zuvor gegründetes GU wieder auflösten, hat die Kommission wiederholt vom Vollzugsverbot befreit.[155]

120 **Sonstige Fälle** umfassen die Entscheidung Elf Aquitaine-Thyssen/Minol (ein Fall aus der unmittelbaren Nachwendezeit in Deutschland – die gemeinsamen Erwerber von Minol durften der Geschäftsführung von Minol bereits vor Genehmigung des Vorhabens unterstützend beistehen),[156] das Verfahren Sanofi/Synthelabo (Neuanmeldung eines bereits genehmigten Zusammenschlusses, nachdem sich herausgestellt hatte, dass die Parteien eine bestimmte Überschneidung ihrer Tätigkeiten in der Anmeldung nicht erwähnt hatten);[157] der Fall Carlyle/Otor (in dem bereits Entscheidungen der französischen Instanzen, ua dem Cour d'Appel de Paris, vorlagen),[158] sowie in Enel/Acciona/Endesa (hier hätte das Vollzugsverbot eine Lähmung des operativen Geschäfts bedeutet); und den Fall Orica/Dyno (teilweise Befreiung vom Vollzugsverbot für den Erwerb des Geschäfts der Zielunternehmen außerhalb der EU).[159]

---

[143] Kom., M.1346 – EDF/London Electricity.
[144] Kom., M.2395, Rn. 2 – Cofinoga/BNP, zur Freistellung s. auch Comp. Pol. Newsl. 1999/2, 28.
[145] Kom., M.2973 – Morgan Grenfell/Whitbread; Kom., M.2621 – SEB/Moulinex; Kom., M.2777 – Cinven Ltd./Angel Street Holding; Kom., M.3471 – Apax/Candover/The Telegraph Group; Kom., M.3450 – Macquarie Bank Limited/Crown Castle UK Holdings Limited; Kom., M.3488 – 3i/The Telegraph Group; Kom., M.7273 – Gerdau Europe/Ascometal.
[146] Kom., M.6696 – Sofiproteol/Actifs Doux; Kom., M.3832 – MatlinPatterson/Matussiére & Forest.
[147] Kom., M.6696 – Sofiproteol/ACtifs Doux.
[148] Kom., M.6696 Rn. 35 – Sofiproteol/Actifs Doux.
[149] Kom., M.4472 – William Hill/Codere/JV.
[150] Kom., M.4472 Rn. 15 – William Hill/Codere/JV.
[151] Kom., M.1305 Rn. 5 – Eurostar.
[152] Kom., M.1365 Rn. 2 – FCC/Vivendi.
[153] Kom., M.190 Rn. 2 – Nestlé/Perrier.
[154] Kom., JV.3 Rn. 6 – BT/AirTouch/Grupo Acciona/Airtel.
[155] Kom., M.1154 – McDermott/ETPM (Deconcentration); Kom., M.1358 Rn. 7 – Philips/Lucent Technologies (Deconcentration); Kom., M.1820 – BP/JV Dissolution (unveröffentlicht); Kom., M.1822 – Mobil/JV Dissolution; zur Befreiungsentscheidung in den letzteren beiden Fällen s. Comp. Pol. Newsl. 2000/1, 26.
[156] Kom., M.235 – Elf Aquitaine-Thyssen/Minol.
[157] Kom., M.1397 – Sanofi/Synthelabo; dazu Presseerklärung IP/99/255. Ähnlich gelegen waren die Fälle Kom., M.1440 – E.On/Endessa Europe/Viesgo und Kom., M.5171 – Enel/Acciona/Endesa.
[158] Kom., M.3870 – Carlyle/Otor.
[159] Kom., M.4151, Rn. 3 – Orica/Dyno.

V. Rechtsfolgen von Verstößen gegen das Vollzugsverbot

1. Zivilrechtliche Folgen. Rechtsgeschäfte, die unter Verstoß gegen das Vollzugsverbot abge- 121
schlossen werden, sind nach Abs. 4 **schwebend unwirksam**. Im Zeitpunkt der Genehmigung des
Zusammenschlusses gelten sie als ex tunc[160] wirksam abgeschlossen; im Falle der Untersagung des
Vorhabens sind sie als von Anfang unwirksam zu behandeln.

Mit Blick auf die Gewährleistung der Rechtssicherheit im Börsenverkehr sieht Abs. 4 UAbs. 2 122
eine **Ausnahme für Rechtsgeschäfte mit Wertpapieren** vor, die zum Handel an einer Börse
oder einem ähnlichen Markt zugelassen sind. Ihre Wirksamkeit bleibt vom Vollzugsverbot unberührt,
es sei denn, sowohl Verkäufer als auch Käufer wussten oder hätten wissen müssen, dass das Rechtsgeschäft gegen den Suspensiveffekt verstieß.

Die **zivilrechtlichen Konsequenzen** der schwebenden wie der endgültigen Unwirksamkeit (wie 123
etwa Rückabwicklungs- und Schadensersatzansprüche) ergeben sich aus dem nationalen Recht.[161]

2. Befugnisse der Kommission. Die Kommission kann im Falle eines Verstoßes gegen das 124
Vollzugsverbot gegen die beteiligten Unternehmen **Bußgelder** bis zur Höhe von 10 % des Konzernumsatzes des betroffenen Unternehmens im letzten Geschäftsjahr verhängen, Art. 14 Abs. 2 lit. b.
Keine Sanktionsbefugnisse hat die Kommission indessen gegen die nicht am Zusammenschluss beteiligten Personen und Unternehmen, die am Verstoß mitwirken. Die Kommission hat in einigen
Fällen Bußgelder verhängt, in denen die beteiligten Unternehmen den Zusammenschluss vollständig
vollzogen hatten, ohne ihn bei der Kommission anzumelden, so dass Bußgelder sowohl wegen
Verstoßes gegen das Vollzugsverbot als auch wegen Verstoßes gegen die Anmeldepflicht gemäß Art. 4
festgesetzt wurden.[162] Wegen mehrfacher Verstöße gegen das Vollzugsverbot während des laufenden
Fusionskontrollverfahrens hat die Kommission zuletzt gegen Altice ein Bußgeld in Höhe von 62,5
Mio. Euro festgesetzt (zuzüglich eines Bußgelds in derselben Höhe wegen gleichzeitigen Verstoßes
gegen Art. 4 Abs. 1).

Nach Art. 8 Abs. 5 lit. a kann die Kommission zudem **einstweilige Maßnahmen** anordnen, um 125
wirksamen Wettbewerb wiederherzustellen oder aufrecht zu erhalten, wenn ein Zusammenschluss unter
Verstoß gegen Art. 7 vollzogen wurde und noch keine Entscheidung über seine Vereinbarkeit mit dem
Gemeinsamen Markt ergangen ist. Diese Bestimmung wird man entspr. der Auslegung des Abs. 1 auch
auf den teilweisen oder rein faktischen Vollzug anwenden müssen, so dass die Kommission also etwa ein
vorzeitiges koordiniertes Auftreten der Parteien am Markt durch einstweilige Anordnung untersagen
kann. Bei Verstößen gegen das Vollzugsverbot nach Untersagung des Zusammenschlusses kann die
Kommission die **Entflechtung** anordnen, Art. 8 Abs. 4. Die Kommission darf zudem bei Verdacht eines
Verstoßes gegen Art. 7 **Nachprüfungen gemäß Art. 13** vornehmen.[163]

Die Einhaltung der Anordnung einstweiliger Maßnahmen oder der Entflechtungsentscheidung 126
kann die Kommission mit **Zwangsgeldern** gemäß Art. 15 Abs. 1 lit. d erzwingen. Mit der Novelle
der FKVO von 2004 wurde die Obergrenze solcher Zwangsgelder erhöht auf 5 % des durchschnittlichen täglichen Gesamtumsatzes des betroffenen Unternehmens für jeden Arbeitstag, den der Verstoß
andauert. In der Praxis wurden solche Zwangsgelder bisher noch nicht festgesetzt.

3. Verstoß gegen Auflagen. Der Verstoß gegen mit der Befreiung vom Vollzugsverbot ver- 127
bundene Auflagen nach Abs. 3 kann nach Art. 14 Abs. 2 lit. d in derselben Weise mit Bußgeldern
sanktioniert werden wie der direkte Verstoß gegen den Suspensiveffekt (→ Rn. 127). Zusätzlich
kann die Kommission Zwangsgelder festsetzen, um die betroffenen Unternehmen zu zwingen, der
auferlegten Auflage nachzukommen, Art. 15 Abs. 1 lit. c.

---

[160] Nicht ex nunc, wie von Schröter/Jakob/Mederer/Stoffregen, 1. Aufl. 2003, Rn. 16 dargestellt; so wie hier auch Cook/Kerse 148 f.
[161] Immenga/Mestmäcker/Immenga/Körber Rn. 41; FK-KartellR/Hellmann Rn. 25.
[162] S. Kom., M.920 – Samsung/AST (Geldbuße von ECU 28.000); Kom., M.969 – A. P. Møller (Geldbuße von ECU 174.000); Kom., M.4994 – Electrabel/Compagnie Nationale du Rhone (Geldbuße von 20 Millionen EUR) – in diesem Fall hatte Electrabel den Zusammenschluss erst verspätet angemeldet, so dass sich die Bußgeldentscheidung allein auf Art. 7 der Verordnung (EWG) Nr. 4064/89 des Rates (Vorgängervorschrift des Art. 7) stützt. Diese Entscheidung wurde inzwischen von dem EuG der Höhe nach bestätigt – 12.12.2012 – T-332/09, Rn. 304.
[163] Bisher wurden sog dawn raids nur in zwei EG-Fusionskontrollfällen vorgenommen: s. Kom., M.1157 – Skanska/Scancem sowie Kom., M.4734 – INEOS/Kerling. Im letzteren Fall nahm die Kommission während der zweiten Verfahrensphase irrtümlicherweise an, dass INEOS als der Erwerber bereits Einfluss auf die Geschäftsführung von Kerling durch die Bestellung des Führungspersonals und Erteilung von Weisungen genommen und dass diese Parteien vertrauliche Geschäftsinformationen ausgetauscht hatten. Die in Großbritannien stattfindende Nachprüfung hat den Verdacht der Kommission widerlegt; vgl. Bonova/Corriveau/Kloc-Evison/Sepúlveda García, Competition Policy Newsletter 1/2008, 64.

Art. 8 Entscheidungsbefugnisse der Kommission

(1) Stellt die Kommission fest, dass ein angemeldeter Zusammenschluss dem in Artikel 2 Absatz 2 festgelegten Kriterium und – in den in Artikel 2 Absatz 4 genannten Fällen – den Kriterien des Artikels 81 Absatz 3 des Vertrags[1] entspricht, so erlässt sie eine Entscheidung, mit der der Zusammenschluss für vereinbar mit dem Gemeinsamen Markt erklärt wird.

Durch eine Entscheidung, mit der ein Zusammenschluss für vereinbar erklärt wird, gelten auch die mit seiner Durchführung unmittelbar verbundenen und für sie notwendigen Einschränkungen als genehmigt.

(2) Stellt die Kommission fest, dass ein angemeldeter Zusammenschluss nach entsprechenden Änderungen durch die beteiligten Unternehmen dem in Artikel 2 Absatz 2 festgelegten Kriterium und – in den in Artikel 2 Absatz 4 genannten Fällen – den Kriterien des Artikels 81 Absatz 3 des Vertrags entspricht, so erlässt sie eine Entscheidung, mit der der Zusammenschluss für vereinbar mit dem Gemeinsamen Markt erklärt wird.

Die Kommission kann ihre Entscheidung mit Bedingungen und Auflagen verbinden, um sicherzustellen, dass die beteiligten Unternehmen den Verpflichtungen nachkommen, die sie gegenüber der Kommission hinsichtlich einer mit dem Gemeinsamen Markt zu vereinbarenden Gestaltung des Zusammenschlusses eingegangen sind.

Durch eine Entscheidung, mit der ein Zusammenschluss für vereinbar erklärt wird, gelten auch die mit seiner Durchführung unmittelbar verbundenen und für sie notwendigen Einschränkungen als genehmigt.

(3) Stellt die Kommission fest, dass ein Zusammenschluss dem in Artikel 2 Absatz 3 festgelegten Kriterium entspricht oder – in den in Artikel 2 Absatz 4 genannten Fällen – den Kriterien des Artikels 81 Absatz 3 des Vertrags nicht entspricht, so erlässt sie eine Entscheidung, mit der der Zusammenschluss für unvereinbar mit dem Gemeinsamen Markt erklärt wird.

(4) Stellt die Kommission fest, dass ein Zusammenschluss
a) bereits vollzogen wurde und dieser Zusammenschluss für unvereinbar mit dem Gemeinsamen Markt erklärt worden ist oder
b) unter Verstoß gegen eine Bedingung vollzogen wurde, unter der eine Entscheidung gemäß Absatz 2 ergangen ist, in der festgestellt wird, dass der Zusammenschluss bei Nichteinhaltung der Bedingung das Kriterium des Artikels 2 Absatz 3 erfüllen würde oder – in den in Artikel 2 Absatz 4 genannten Fällen – die Kriterien des Artikels 81 Absatz 3 des Vertrags nicht erfüllen würde, kann sie die folgenden Maßnahmen ergreifen:

– Sie kann den beteiligten Unternehmen aufgeben, den Zusammenschluss rückgängig zu machen, insbesondere durch die Auflösung der Fusion oder die Veräußerung aller erworbenen Anteile oder Vermögensgegenstände, um den Zustand vor dem Vollzug des Zusammenschlusses wiederherzustellen. Ist es nicht möglich, den Zustand vor dem Vollzug des Zusammenschlusses dadurch wiederherzustellen, dass der Zusammenschluss rückgängig gemacht wird, so kann die Kommission jede andere geeignete Maßnahme treffen, um diesen Zustand soweit wie möglich wiederherzustellen.
– Sie kann jede andere geeignete Maßnahme anordnen, um sicherzustellen, dass die beteiligten Unternehmen den Zusammenschluss rückgängig machen oder andere Maßnahmen zur Wiederherstellung des früheren Zustands nach Maßgabe ihrer Entscheidung ergreifen.

In den in Unterabsatz 1 Buchstabe a) genannten Fällen können die dort genannten Maßnahmen entweder durch eine Entscheidung nach Absatz 3 oder durch eine gesonderte Entscheidung auferlegt werden.

(5) Die Kommission kann geeignete einstweilige Maßnahmen anordnen, um wirksamen Wettbewerb wiederherzustellen oder aufrecht zu erhalten, wenn ein Zusammenschluss
a) unter Verstoß gegen Artikel 7 vollzogen wurde und noch keine Entscheidung über die Vereinbarkeit des Zusammenschlusses mit dem Gemeinsamen Markt ergangen ist;
b) unter Verstoß gegen eine Bedingung vollzogen wurde, unter der eine Entscheidung gemäß Artikel 6 Absatz 1 Buchstabe b) oder Absatz 2 des vorliegenden Artikels ergangen ist;

---

[1] Der Verweis auf Art. 81 EG im Normtext gilt gem. Art. 5 des Vertrages von Lissabon als Verweis auf Art. 101 AEUV.

c) bereits vollzogen wurde und für mit dem Gemeinsamen Markt unvereinbar erklärt wird.

(6) Die Kommission kann eine Entscheidung gemäß Absatz 1 oder Absatz 2 widerrufen, wenn
a) die Vereinbarkeitserklärung auf unrichtigen Angaben beruht, die von einem der beteiligten Unternehmen zu vertreten sind, oder arglistig herbeigeführt worden ist oder
b) die beteiligten Unternehmen einer in der Entscheidung vorgesehenen Auflage zuwiderhandeln.

(7) Die Kommission kann eine Entscheidung gemäß den Absätzen 1 bis 3 treffen, ohne an die in Artikel 10 Absatz 3 genannten Fristen gebunden zu sein, wenn
a) sie feststellt, dass ein Zusammenschluss vollzogen wurde
   i) unter Verstoß gegen eine Bedingung, unter der eine Entscheidung gemäß Artikel 6 Absatz 1 Buchstabe b) ergangen ist oder
   ii) unter Verstoß gegen eine Bedingung, unter der eine Entscheidung gemäß Absatz 2 ergangen ist, mit der in Einklang mit Artikel 10 Absatz 2 festgestellt wird, dass der Zusammenschluss bei Nichterfüllung der Bedingung Anlass zu ernsthaften Bedenken hinsichtlich seiner Vereinbarkeit mit dem Gemeinsamen Markt geben würde oder
b) eine Entscheidung gemäß Absatz 6 widerrufen wurde.

(8) Die Kommission teilt ihre Entscheidung den beteiligten Unternehmen und den zuständigen Behörden der Mitgliedstaaten unverzüglich mit.

Schrifttum: Bailey, Standard of Proof in EC Merger Proceedings: A Common Law Perspective, CMLRev. 2003, 845; Berg, Zusagen in der Europäischen Fusionskontrolle, EuZW 2003, 362; Berg/RealMontani, Internal documents and new theories of harm – EU merger control 2018, ECLR 2019, 358; Bien, Post-Merger Arbitration: 25 Jahre Private Enforcement in der Europäischen Fusionskontrolle NZKart 2017, 549; Blessing, Arbitrating Antitrust and Merger Control Issues, 2003; de Crozals/Hartog, Die neue Nebenabreden-Bekanntmachung der Europäischen Kommission, EWS 2004, 533; Dittert, Die Reform des Verfahrens in der neuen EG-Fusionskontrollverordnung, WuW 2004, 148; Europäische Kommission, Generaldirektion Wettbewerb, Merger Remedies Study, 2005; Glazener, Strengthening External Checks and Balances in the EU Merger Control System in Drauz/Reynolds, EC Merger Control: A Major Reform in Progress, 2003, 95; Gonzales Díaz, The Reform of European Merger Control: Quid Novi Sub Sole? W. Comp. 2004, 177; Jaeger, The Standard of Review in Competition Cases Involving Complex Economic Assessments: Towards the Marginalisation of the Marginal Review? JECLAP 2011, 295; Kalintiri, What's in a name? The marginal standard of review of „complex economic assessments" in EU competition enforcement, CMLRev. 2016, 1283; Langeheine, Was bedeutet der more economic approach im Wettbewerb für den Unionsrichter? in EuGH, 6. Luxemburger Expertenforum zur Entwicklung des Unionsrechts, Tagungsband, 2013, 104; Langeheine/v. Koppenfels, Aktuelle Probleme der EU-Fusionskontrolle, ZWeR 2013, 299; Levy/Frisch/Waksman, A comparative assessment of the EU's reforms to merger control and antitrust enforcement, Eur. Competition J. 2015, 426; Lindsay, The EC Merger Regulation: Substantive Issues, 2003; Mische, Nicht-wettbewerbliche Faktoren in der europäischen Fusionskontrolle 2002; Lübking, Konvergenz und ihre Grenzen bei Zusagen in der EU-Fusionskontrolle und nach Artikel 9 VO (EG) 1/2003, WuW 2011, 1223 ff.; Lübking/v. Koppenfels, Effektive Durchsetzung des EU-Wettbewerbsrechts und Verfahrensgarantien in Immenga/Körber, Die Kommission zwischen Gestaltungsmacht und Rechtsbindung, 2012, 60; Maier-Rigand/Parplies, EU Merger Control Five Years After The Introduction Of The SIEC Test: What Explains the Drop in Enforcement Activity? ECLRev. 2009, 565; Maudhuit/Soames, Changes in EU Merger Control: Part 3, ECLRev. 2005, 144; Nehl, Rechtsschutz im Bereich grenzüberschreitender Medienzusammenschlüsse in Bundesministerium für Justiz, Internationale Medienenquete: Medienkonzentration und Kontrollmechanismen in Europa: Rechtstatsachen, Rechtsinstrumente, Rechtsberufe, 2004, 173; Nicholson/Cardell/McKenna, The Scope of Review of Merger Decisions under Community Law, ECJ 2005, 123; Nothdurft, Die Entscheidung des EuGH im Fall TetraLaval, ZWeR 2006, 306; Parker, Air France/KLM: an Assessment of the Commission's Approach to Consolidation in the Air Transport Sector, ECLRev. 2005, 128; Rakovsky, Remedies: A Few Lessons from Recent Experience in European Commission/International Bar Association, EC Merger Control: Ten Years On, 2002, 135; Rosenfeld/Wolfsgruber, Die Entscheidungen BaByliss und Philips des EuG zur Europäischen Fusionskontrolle, EuZW 2004, 743; Rosenthal, Neuordnung der Zuständigkeiten und des Verfahrens in der Europäischen Fusionskontrolle, EuZW 2004, 327; Schwarze, Die Bedeutung des Grundsatzes der Verhältnismäßigkeit bei der Behandlung von Verpflichtungszusagen nach der europäischen Fusionskontrollverordnung in Schwarze, Instrumente zur Durchsetzung des europäischen Wettbewerbsrechts, 2002, 75; Vesterdorf, Recent CFI Rulings on Merger Cases, Interim Measures and Accelerated Procedures and Some Reflections on Reform Measures Regarding Judicial Control in Drauz/Reynolds, EC Merger Control: A Major Reform in Progress, 2003, 79; Vesterdorf, Standard of Proof in Merger Cases: Reflections in the Light of Recent Case Law of the Community Courts, ECJ 2005, 3; Vesterdorf, Judicial Review in EC Competition Law: Reflections on the Role of the Community Courts in the EC System of Competition Law Enforcement, CPI Journal 2005, Bd. 1, 1; Völcker, Effektiver Rechtsschutz in der Fusionskontrolle, WuW 2003, 6; Völcker, Allmacht der Kommission? in

Immenga/Körber, Die Kommission zwischen Gestaltungsmacht und Rechtsbindung, 2012; Voet van Vormizeele, Zusagen im europäischen Fusionskontrollverfahren – Praktische Überlegungen aus Unternehmenssicht, NZKart 2016, 459; v. Koppenfels, Les arrêts Odile Jacob de le Cour de justice du 6 novembre 2012, Revue Lamy de la concurrence, 2013/35, 8; v. Koppenfels/Paulus, Eine neue Reform der EU-Fusionskontrollverordnung? ÖZK 2016, 31; Winckler, Some Comments on Procedure and Remedies under EC Merger Control Rules: Something Rotten in the Kingdom of the EC Merger Control?, W. Comp. 2003, 219; Wirtz/Möller, Fusionskontrolle: Das TetraLaval-Urteil des EuGH, EWS 2005, 145.

Übersicht

	Rn.		Rn.
I. Allgemeines	1	a) Bedeutung und Rechtswirkung	91
1. Überblick	1	b) Von der Kommission nur zur Kenntnis genommene Zusagen	97
2. Entstehungsgeschichte	3	6. Die Durchsetzung und Überwachung von Abhilfemaßnahmen	98
3. Beweismaß und Beweislast	4	a) Veräußerungszusagen	98
II. Ablauf des Prüfungsverfahrens in Phase 2	17	b) Andere Zusagen	112
1. Überblick	17	**V. Nebenabreden (Abs. 1 UAbs. 2 und Abs. 2 UAbs. 3)**	113
2. Durchführung der Ermittlungen	19	1. Überblick	113
3. Kontakte mit den beteiligten Unternehmen und Dritten	20	2. Begriff der Nebenabrede	119
4. Die Entscheidung des Kommissionskollegiums und ihre Vorbereitung	21	3. Verfahrensmäßige Aspekte	120
		4. Inhaltliche Beurteilung	125
III. Beschluss gem. Abs. 1: Vereinbarkeit des angemeldeten Zusammenschlusses mit dem Binnenmarkt	24	a) Grundsätze	126
		b) Einzelne häufig vorkommende Arten von Nebenabreden	133
IV. Beschluss gem. Abs. 2: Vereinbarkeit des Zusammenschlusses mit dem Binnenmarkt nach Abänderung	26	**VI. Beschluss gem. Abs. 3: Unvereinbarkeit des Zusammenschlusses mit dem Binnenmarkt**	143
1. Überblick	26	**VII. Entscheidungsbefugnisse der Kommission bei ohne wirksame Genehmigung vollzogenen Zusammenschlüssen oder Wegfall der Voraussetzungen für die Genehmigung des Zusammenschlusses**	145
2. Allgemeine Grundsätze für Abhilfemaßnahmen	32		
a) Angebot von Verpflichtungszusagen durch die beteiligten Unternehmen	32		
b) Erforderlichkeit und Geeignetheit von Verpflichtungszusagen	34	1. Entflechtungsmaßnahmen (Abs. 4)	146
c) Auswirkungen von Verpflichtungszusagen auf Dritte	44	2. Einstweilige Maßnahmen (Abs. 5)	156
3. Arten von Verpflichtungszusagen	45	3. Widerruf der Freigabe (Abs. 6)	162
a) Überblick	45	4. Verfahrenseinleitung nach Wegfall eines Freigabebeschlusses (Abs. 7)	167
b) Übertragung einer Marktposition durch Veräußerung	50	**VIII. Mitteilung und Veröffentlichung der Beschlüsse (Abs. 8)**	169
c) Auflösung oder Abschwächung struktureller Bindungen	65	**IX. Rechtsschutz**	173
d) Marktöffnungszusagen	68	1. Überblick	173
e) Reine Verhaltenszusagen	78	2. Umfang der gerichtlichen Überprüfung	178
4. Verfahren bei Vorlage von Verpflichtungszusagen	85	3. Rechtsfolge der Nichtigerklärung eines Beschlusses	182
5. Bedingungen und Auflagen	91		

I. Allgemeines

1. Überblick. In allen Fällen, in denen die Kommission gem. Art. 6 Abs. 1 lit. c das Verfahren eingeleitet hat, schließt sie dieses mit einem **förmlichen Beschluss** gem. Abs. 1–3 ab, soweit nicht das Zusammenschlussvorhaben aufgegeben wurde (vgl. Art. 6 Abs. 1 lit. c S. 2) oder gem. Art. 9 an einen Mitgliedstaat verwiesen wurde. **Kriterium** für die Entscheidung ist die **Vereinbarkeit mit dem Binnenmarkt** iSv Art. 2, dh ob der Zusammenschluss zu einer erheblichen Behinderung wirksamen Wettbewerbs im Binnenmarkt oder in einem wesentlichen Teil desselben führt (Art. 2

Abs. 2 und 3), und im Falle der Gründung eines GU, ob dieses eine Verhaltenskoordinierung unabhängig bleibender Unternehmen bezweckt oder bewirkt und nicht die Freistellungsvoraussetzungen des Art. 101 Abs. 3 AEUV erfüllt (Art. 2 Abs. 4). Erfüllt danach das Zusammenschlussvorhaben in der Form, wie es angemeldet wurde, nicht die Untersagungskriterien, genehmigt die Kommission den Zusammenschluss, dh erklärt ihn für vereinbar mit dem Binnenmarkt (Abs. 1). Das Gleiche gilt, wenn die Voraussetzungen für eine Genehmigung durch nachträgliche Abänderung des Zusammenschlussvorhabens im Wege von **Verpflichtungszusagen** erreicht werden (Abs. 2); hierunter fällt auch der Fall, dass die beteiligten Unternehmen schon vor Abschluss der vertieften Prüfung die ursprünglichen ernsthaften Bedenken der Kommission durch Abänderung des Zusammenschlusses ausräumen (vgl. Art. 10 Abs. 2). Ist hingegen eines der beiden Untersagungskriterien erfüllt und nicht durch Verpflichtungszusagen ausgeräumt (entweder weil die Beteiligten keine solchen angeboten haben oder weil die angebotenen Zusagen nicht ausreichen, um die vorhandenen Wettbewerbsprobleme zu beseitigen), untersagt die Kommission den Zusammenschluss, dh erklärt ihn für unvereinbar mit dem Binnenmarkt (Abs. 3).

Wo ein Zusammenschluss in einer Form vollzogen wurde, die nach einer Entscheidung der Kommission mit dem Binnenmarkt unvereinbar ist (Vollzug eines gem. Abs. 3 untersagten Zusammenschluss oder Vollzug eines Zusammenschlusses unter Verstoß gegen eine mit der Genehmigung gem. Abs. 2 verbundene Bedingung, ohne deren Erfüllung der Zusammenschluss nach dem Beschluss mit dem Gemeinsamen Markt unvereinbar wäre), kann die Kommission **Entflechtungsmaßnahmen** oder andere geeignete Maßnahmen zur Wiederherstellung des früheren Zustands ergreifen (Abs. 4). In diesen Fällen, aber auch, soweit die Unvereinbarkeit eines bereits vollzogenen Zusammenschlusses mit dem Gemeinsamen Markt noch nicht durch abschließenden Beschluss der Kommission feststeht (Verstoß gegen das Vollzugsverbot des Art. 7 vor Entscheidung der Kommission oder Verstoß gegen eine mit einer Genehmigung gem. Art. 6 Abs. 1 lit. b, Abs. 2 verbundene Bedingung), kann die Kommission **einstweilige Maßnahmen** anordnen (Abs. 5). Abs. 6 regelt die Voraussetzungen, unter denen die Kommission eine **Genehmigungsentscheidung** gem. Abs. 1 oder 2 **widerrufen** kann, Abs. 7 die Fälle, in denen sie einen **Beschluss** gem. Abs. 1–3 treffen kann, **ohne an eine Frist gebunden zu sein**.

2. Entstehungsgeschichte. Art. 8 ist seit Inkrafttreten der VO 4064/89 **zweimal geändert** worden. IRd ersten Revision der FKVO durch die **VO 1319/97** wurde für Vollfunktions-GU der mit jener Revision neu eingeführte Art. 2 Abs. 4 (Prüfung der Vereinbarkeit der kooperativen Wirkungen des GU gem. Art. 81 EG) als zusätzliches Kriterium für die Genehmigung oder Untersagung des Zusammenschlusses aufgenommen. Bei der Neufassung der FKVO durch die **VO 139/2004** wurde die frühere Generalklausel in Abs. 4 für Maßnahmen zur Wiederherstellung wirksamen Wettbewerbs bei bereits vollzogenen Zusammenschlüssen durch die heutige differenzierte Regelung ersetzt, mit dem jetzigen Abs. 5 eine ausdrückliche Rechtsgrundlage für vorläufige Maßnahmen geschaffen und der Anwendungsbereich der Regelung im jetzigen Abs. 7, wonach die Kommission eine Entscheidung gem. Abs. 1–3 ohne Bindung an eine Frist treffen kann, auf Fälle des Verstoßes gegen eine mit einer Freigabeentscheidung verbundene Bedingung ausgedehnt.

3. Beweismaß und Beweislast. Mit Beschlüssen gem. Abs. 1–3 **greift die Kommission in die grundrechtlich geschützte Freiheit unternehmerischer Transaktionen ein,** indem sie darüber bestimmt, ob ein geplanter Zusammenschluss unverändert oder aber nur in geänderter Form oder überhaupt nicht verwirklicht werden darf. Der Wortlaut der VO legt nahe, dass hinsichtlich der jeweils hierfür maßgeblichen Kriterien „vollständige Symmetrie" besteht: Liegen die Freigabevoraussetzungen des Art. 2 Abs. 2 und 4 vor, ist der Zusammenschluss für vereinbar mit dem Binnenmarkt zu erklären; liegen die Untersagungsvoraussetzungen des Art. 2 Abs. 3 und 4 vor, darf er entweder – sofern ausreichende Verpflichtungszusagen angeboten werden – nur in abgeänderter Form genehmigt werden oder ist für unvereinbar mit dem Binnenmarkt zu erklären. Die tatsächlichen Voraussetzungen für das Vorliegen der Genehmigungs- oder der Verbotsvoraussetzungen muss die Kommission nachweisen.[2] Es stellt sich jedoch die Frage, welche Anforderungen an diesen Nachweis zu stellen sind („**Beweismaß**" oder „standard of proof") insbes., ob auch die Beweisanforderungen für positive und negative Entscheidungen „symmetrisch" sind, oder ob für eine negative Entscheidung (und entspr. für die Forderung nach Verpflichtungszusagen) höhere Beweisanforderungen zu stellen sind als für eine Freigabe.[3]

---

[2] StRspr, vgl. EuGH Slg. 2005, I-987 – Kommission/TetraLaval; EuGH Slg. 2008, I-4951 – Bertelsmann und Sony/Independent Music Publishers und Labels Association (Impala).

[3] Nach Nothdurft ZWeR 2006, 306 (314 f.), sollen sogar für eine Freigabe höhere Anforderungen als für eine Untersagung gelten, weil das Interesse an der Aufrechterhaltung des Wettbewerbs wegen der Dauerhaftigkeit

5   Ein 100 %iger Nachweis in die eine oder in die andere Richtung wird bei einer **zukunftsgerichteten Prognoseentscheidung,** wie sie in der Fusionskontrolle getroffen werden muss, in den seltensten Fällen möglich sein. Welche Antwort auf die Frage nach dem richtigen Beweisstandard gegeben wird, insbes. wie im Fall einer offenen Prognose („non liquet") zu entscheiden ist, hat deshalb erhebliche Auswirkungen auf die Anwendung der FKVO in der Praxis. Aus der Perspektive der beteiligten Unternehmen formuliert, geht es darum, ob es eine **Vermutung für die Legalität von Zusammenschlüssen** gibt oder nicht. Aus der Perspektive des **Schutzzwecks der FKVO** gesehen stellt sich die Frage, ob es eher hinnehmbar ist, einen sich im Nachhinein als wettbewerbsschädlich erweisenden Zusammenschluss zuzulassen (sog type II error) als einen in Wirklichkeit wettbewerblich neutralen oder gar positiven Zusammenschluss zu verhindern (sog type I error), oder umgekehrt.

6   Eine **vollständige Symmetrie** des Tests ist gedanklich nur vorstellbar, wenn das anwendbare Beweismaß jenes der **„größeren Wahrscheinlichkeit" (balance of probabilities)** ist. Wenn mehr Gründe für die Vereinbarkeit des Zusammenschlusses mit dem Binnenmarkt sprechen als dagegen, muss die Kommission eine positive Entscheidung treffen, im umgekehrten Fall eine negative.[4] Ein non liquet gibt es nach diesem Maßstab nicht. Ein solches Beweismaß, das vom Wortlaut der VO nahegelegt wird, stellt allerdings einen erheblichen Eingriff in die unternehmerische Freiheit dar, hat jedoch zur Konsequenz, dass type II errors im Durchschnitt nicht häufiger vorkommen dürften als type I errors.

7   Wird hingegen für eine ganz oder teilweise **negative Entscheidung** (Abs. 2 oder 3) ein **höheres Beweismaß** gefordert als jenes der höheren Wahrscheinlichkeit, bedeutet dies, dass im Falle eines non liquet (dh wenn weder für das Vorliegen der Freigabevoraussetzungen noch für das Vorliegen der Untersagungsvoraussetzungen der erforderliche Nachweis erbracht werden kann) der Zusammenschluss genehmigt werden muss.[5] Es besteht dann eine Vermutung der Legalität von Zusammenschlüssen, und type II errors werden eher hingenommen als type I errors.[6]

8   Der EuGH hat zu dieser Frage im Zusammenhang mit den Zusammenschlussfällen **TetraLaval/Sidel**[7] und **Sony/BMG**[8] Stellung genommen; im ersten Fall ging es um die Rechtmäßigkeit der Untersagung eines Zusammenschlusses, im zweiten Fall um die Rechtmäßigkeit einer unbedingten Freigabe. Sowohl in seinem Rechtsmittelurteil vom 15.2.2005 in der Rs. TetraLaval/Kommission[9] als auch – noch deutlicher – in seinem Urteil vom 10.7.2008 in der Rs. Bertelsmann und Sony/Impala[10] hat der Gerichtshof – entgegen der Auffassung seines GA Tizzano in TetraLaval – ausgeführt, die bei der Fusionskontrolle gebotene Untersuchung der voraussichtlichen Entwicklung erfordere es, „sich die verschiedenen Ursache-Wirkungs-Ketten vor Augen zu führen und von derjenigen mit der größten Wahrscheinlichkeit auszugehen". Aus der FKVO könne daher keine allgemeine Vermutung der Vereinbarkeit oder Unvereinbarkeit eines angemeldeten Zusammenschlusses mit dem Binnenmarkt abgeleitet werden.

9   Allerdings hat der EuGH in TetraLaval zugleich die Auffassung des EuG bestätigt, wonach „es zum Nachweis der wettbewerbswidrigen Konglomeratswirkungen eines Zusammenschlusses der angemeldeten Art einer genauen, durch eindeutige Beweise („convincing evidence") untermauerten

---

möglicher Wettbewerbsschäden das Interesse der beteiligten Unternehmen an der Verwirklichung des Zusammenschlusses überwiege.

[4] Diese Auffassung hat die Kommission im Rechtsmittelverfahren Kommission/TetraLaval vertreten: vgl. EuGH Slg. 2005, I-987, Schlussanträge Rn. 67 – Kommission/TetraLaval; ebenso Drauz/Jones EU Competition Law II/Bengtsson/Loriot/Whelan Rn. 4.80.

[5] So GA Tizzano im Fall Kommission/TetraLaval: EuGH Slg. 2005, I-987, Schlussanträge Rn. 74 ff. – Kommission/TetraLaval.

[6] Nach Bailey CMLRev. 2003, 845 ff. (851 ff.) soll ein gegenüber dem Standard der größeren Wahrscheinlichkeit noch weiter herabgesetzter Standard jener des „manifest error/unreasonableness" sein. Dies ist denklogisch nicht möglich. Aus der Sicht der die Entscheidung treffenden Instanz (etwa: die Kommission) kann nämlich niemals eine Entscheidung rechtmäßig damit begründet werden, dass für ihre Richtigkeit eine geringere Wahrscheinlichkeit spricht als für die entgegengesetzte Entscheidung. Richtigerweise beschreiben der Begriffe „manifest error/unreasonableness" nicht einen möglichen Beweisstandard, sondern einen denkbaren Standard der gerichtlichen Überprüfung (standard of review). Die hierfür maßgebliche Frage lautet, ob die Kontrollinstanz (etwa: das EuG) ihre Überprüfung der getroffenen Entscheidung darauf beschränkt, ob die entscheidende Instanz einen offensichtlichen Beurteilungsfehler begangen bzw. „unvernünftig" (unreasonable) gehandelt hat; vgl. hierzu im Einzelnen → Rn. 178 ff.

[7] Kom. ABl. 2004 L 43, 13 – TetraLaval/Sidel.

[8] Kom., M.3333 – Sony/BMG.

[9] EuGH Slg. 2005, I-987 Rn. 41 ff. – Kommission/TetraLaval.

[10] EuGH Slg. 2008, I-4951 Rn. 47 ff. – Bertelsmann und Sony/Independent Music Publishers and Labels Association (Impala).

Prüfung der Umstände bedarf, aus denen sich diese Wirkungen ergeben sollen". Der EuGH betont, diese Aussage stehe nicht im Widerspruch zu dem von ihm zugrunde gelegten Standard der größeren Wahrscheinlichkeit, sondern trage lediglich der erhöhten Unsicherheit einer Prognoseentscheidung im Falle von konglomeraten Zusammenschlüssen Rechnung. Ebenso wenig spreche die vom GA angeführte Regelung des Art. 10 Abs. 6, wonach ein angemeldeter Zusammenschluss bei Fristablauf ohne förmlichen Beschluss der Kommission als genehmigt gilt, für das Bestehen einer Vermutung der Rechtmäßigkeit von Zusammenschlüssen, da diese nur ein Ausdruck des der FKVO zugrunde liegenden Beschleunigungsprinzips sei.

Nicht ganz auf der Linie des EuGH einer „vollständigen Symmetrie" der Kriterien des Art. 2 Abs. 2 und 3 scheint hingegen die (kurz nach dem Urteil Tetralaval/Kommission ergangene) Entscheidung des EuG über die Untersagung des Zusammenschlusses **GE/Honeywell** – des einzigen anderen Falles eines konglomeraten Zusammenschlusses, der von der Kommission untersagt wurde – zu liegen: Zwar stellt nach Auffassung des EuG die FKVO keine Vermutung für die Vereinbarkeit oder Unvereinbarkeit von Zusammenschlüssen mit dem Binnenmarkt auf. Daher müsse die Kommission in jedem Einzelfall eine Entscheidung in dem einen oder in dem anderen Sinne treffen und könne nicht im Zweifel für den Zusammenschluss entscheiden.[11] Zugleich führt das EuG jedoch aus, dass der Kommission bei der Beurteilung der vertikalen und konglomeraten Wirkungen des Zusammenschlusses dadurch offensichtliche Beurteilungsfehler unterlaufen seien, dass sie die von ihr festgestellten Auswirkungen nicht „auf der Grundlage überzeugender Beweise und mit einem hinreichenden Grad der Wahrscheinlichkeit" nachgewiesen habe.[12] Da die Kommission – wie das Gericht zu Recht hervorhebt – in jedem Fall eine Entscheidung im einen oder anderen Sinne treffen muss, scheint daraus zu folgen, dass sie in Ermangelung der vom EuG geforderten Beweise den Zusammenschluss freigeben muss.[13]

In seinem Urteil, mit dem das EuG die Untersagung des Zusammenschlusses Hutchison 3G UK/Telefónica UK durch die Kommission[14] aufhob, hat das Gericht jetzt erneut grundsätzlich zur Frage der Beweislast und des Beweismaßes für Entscheidungen nach der FKVO Stellung genommen. Zwar hebt das EuG hervor, dass die Komplexität der für Wettbewerbsbedenken gegen einen Zusammenschluss maßgeblichen Schadenstheorien („theories of harm") für sich nicht die Höhe der Beweisanforderungen beeinflusst. Je komplexer oder ungewisser jedoch eine solche Schadenstheorie sei oder je mehr sie auf einem schwer nachweisbaren Ursache-Wirkungs-Zusammenhang beruht, umso anspruchsvoller hätten die Unionsgerichte bei der konkreten Prüfung der von der Kommission hierfür vorgelegten Beweise zu sein. Die von der Kommission angeführten Szenarien und Schadenstheorien müssten hinreichend realistisch und plausibel erscheinen und dürften nicht nur theoretisch denkbar sein. Das EuG folgert hieraus ausdrücklich, dass für komplexe Schadenstheorien anwendbare Beweiserfordernis sei folglich strenger als das, wonach eine erhebliche Wettbewerbsbehinderung „eher wahrscheinlich als unwahrscheinlich" sein müsse[15] – eine Aussage, die im direkten Widerspruch zu der vom EuG sogar nochmals zitierten Formulierung des EuGH steht, wonach von der Ursache-Wirkungs-Kette mit der größeren Wahrscheinlichkeit auszugehen ist.[16]

Dieses Ergebnis dürfte auch eher im Einklang mit **Systematik und Sinn und Zweck der FKVO** stehen. Zwar fordert die FKVO sowohl für die Freigabe als auch für die Untersagung eines Zusammenschlusses in Phase 2 einen begründeten Beschluss der Kommission, der positiv feststellt, dass die jeweiligen Voraussetzungen nach Art. 2 Abs. 2–4 vorliegen. Überzogene Beweisanforderungen an eine Verbotsentscheidung, etwa vergleichbar den Anforderungen an den Nachweis der Schuld des Angeklagten, die im Strafprozess für eine Verurteilung gelten,[17] würden der Komplexität, dem zukunftsgerichteten Prognosecharakter sowie der verwaltungsrechtlichen Natur von Fusionskontrollentscheidungen (im Gegensatz zu Entscheidungen mit Sanktionscharakter wie etwa Bußgeldentscheidungen in Kartellfällen) nicht hinreichend Rechnung tragen. Sie könnten deshalb zur Folge haben, dass die Fusionskontrolle de facto leerliefe.[18]

Doch spricht die Freigabefiktion des **Art. 10 Abs. 6** über den in ihr zum Ausdruck kommenden Beschleunigungsgrundsatz hinaus auch für eine Wertung des Verordnungsgebers, dass im Zweifel

---

[11] EuG Slg. 2005, II-5575 Rn. 61 – General Electric/Kommission.
[12] EuG Slg. 2005, II-5575 Rn. 340, 364, 426, 430, 443, 462, 469 ff. – General Electric/Kommission.
[13] AA Nothdurft ZWeR 2006, 306 (313): Der Begriff der „eindeutigen Beweise" betreffe nicht das Beweismaß, sondern lediglich die Vollständigkeit der Beweiswürdigung.
[14] Kom., M.7612 – Hutchison 3G UK/Telefónica.
[15] EuG Urt. v. 28.5.2020 – T-399/16 Rn. 110 ff. – CK Telecoms/Kommission.
[16] EuGH Slg. 2005, I-987 Rn. 41 ff. – Kommission/TetraLaval; wiederholt in EuGH Urt. v. 16.1.2019 – C-265/17P Rn. 31 – Kommission/United Parcel Service.
[17] In den vom Common Law geprägten Rechtsordnungen: „beyond reasonable doubt"; vgl. Bailey CMLRev. 2003, 845 ff. (851 ff.).
[18] Bailey CMLRev. 2003, 845 ff. (858); Vesterdorf ECJ 2005, 3 ff. (26 ff.).

das – grundrechtlich geschützte – **Interesse der beteiligten Unternehmen an der Durchführung ihres Vorhabens Vorrang** verdient.[19] Hierfür spricht auch, dass nach dem von der FKVO geschaffenen System zwar alle Zusammenschlüsse mit unionsweiter Bedeutung vor ihrer Verwirklichung auf ihre Wettbewerbsverträglichkeit zu prüfen sind, dies jedoch für die große Mehrzahl aller Transaktionen in der ersten Phase iRe summarischen Verfahrens und innerhalb einer sehr kurzen Frist geschieht. Schließlich entspricht dieses Ergebnis der ökonomischen Erkenntnis, dass unternehmerische Restrukturierungen normalerweise für den Wettbewerb positiv oder jedenfalls neutral sind, wenn nicht die neu geschaffene Unternehmenseinheit über Marktmacht verfügt (vgl. auch Erwgr. 4 und 5).

14 Auch die **Kommission** ist in ihrer Entscheidungspraxis in einer Reihe von non liquet-Fällen von einer Vermutung der Legalität des Zusammenschlusses ausgegangen. So hat sie in mehreren Beschlüssen ausdrücklich festgestellt, dass der erforderliche Nachweis für die Unvereinbarkeit des Zusammenschlusses mit dem Binnenmarkt nicht erbracht werden konnte und das Vorhaben deshalb freigegeben werden muss.[20]

15 In der Praxis ist die Frage des anwendbaren Beweismaßes kaum zu trennen (und wird in der Diskussion vielfach auch nicht getrennt)[21] von der des Entscheidungsspielraums der Kommission und der **gerichtlichen Kontrolldichte**.[22] Welcher Grad der Wahrscheinlichkeit für den Nachweis der Feststellungen der Kommission normativ auch immer gefordert sein mag, im Falle einer Anfechtung der Entscheidung der Kommission – und wegen der Präventivwirkung der gerichtlichen Kontrolle auch für die Praxis der Kommission in künftigen Fällen – kommt es letztlich darauf an, bis zu welchem Grad das EuG die von der Kommission getroffenen Feststellungen hinsichtlich des Nachweises der wettbewerblichen Prognose als gegeben hinnimmt und nach welchen Kriterien es bereit ist, diese Feststellungen einer eigenen Prüfung zu unterziehen. Insoweit hat die neuere Rspr. bei verbaler Beibehaltung des herkömmlichen Standards des offensichtlichen Beurteilungsfehlers den Spielraum der Kommission erheblich eingeengt (näher → Rn. 178 ff.). Als Folge der erhöhten Anforderungen der Rspr. ist in den letzten Jahren der Ermittlungs- und Begründungsumfang nicht nur bei Untersagungen, sondern auch bei Freigabebeschlüssen erheblich gestiegen.[23]

16 Praktisch gesehen wird es allerdings für die Kommission immer erheblich schwieriger sein zu begründen, warum ein geplanter Zusammenschluss verboten werden muss, als warum er – ggf. mit Bedingungen und Auflagen – freigegeben werden kann. Dies zeigt allein schon die Seltenheit von Verbotsentscheidungen (32 seit 1990, dh im Durchschnitt eine pro Jahr seit Inkrafttreten der FKVO). Aber auch die Interventionsrate insgesamt (dh die Zahl der Fälle von untersagten oder mit Bedingungen/Auflagen freigegebenen Zusammenschlüsse im Verhältnis zur Gesamtzahl aller angemeldeten Fusionen) ist in den letzten Jahren auf dem vergleichsweise niedrigen Stand von 6–8 % geblieben.[24] Die – jedenfalls verbale – Betonung des Prinzips der vollständigen Symmetrie der Beweisanforderungen von Art. 2 Abs. 2 und 3 durch den EuGH könnte auch vor diesem Hintergrund zu verstehen sein: Trotz der verschärften Anforderungen der Rspr. an die Tragfähigkeit, Plausibilität und Begründung der Wettbewerbsanalyse der Kommission in Fusionsfällen im Interesse einer verstärkten Rechenschaftspflicht (accountability) und gerichtlichen Kontrolle wird damit für die Kommission die realistische Möglichkeit aufrecht erhalten, iRd engen Fristen der FKVO, der notwendiger Weise begrenzten Fähigkeiten zur Sachverhaltsaufklärung und der erhöhten Kontrolldichte durch EU und EuGH einen Zusammenschluss, wo erforderlich, zu untersagen oder auf wirksame Zusagen hinzuwirken.[25]

---

[19] Nicholson/Cardell/McKenna, 3. Aufl. 2021, ECJ 2005, 123 ff. (137); aA Bailey CMLRev. 2003, 845 ff. (875 ff.) unter Hinweis auf die Schranken der Vertragsfreiheit und des Eigentumsgrundrechts und Nothdurft ZWeR 2006, 306 (314 f.), unter Verweis auf die Dauerhaftigkeit möglicher Wettbewerbsschäden.

[20] Kom. ABl. 2002 L 116, Rn. 37 – MAN/Auwärter; Kom., M.3333, Rn. 154 f. – Sony/BMG (nach Nichtigerklärung durch das EuG – dessen Urteil seinerseits durch EuGH Slg. 2008, I-4951 – Bertelsmann und Sony/Independent Music Publishers and Labels Association (Impala) aufgehoben wurde – ersetzt durch 3.10.2007); Kom., M.3216, Rn. 190, 297 – Oracle/PeopleSoft.

[21] Vgl. Bailey CMLRev. 2003, 845 ff. (851 ff.).

[22] Jones/Weinert EU Competition Law – Mergers & Acquisitions/Bengtsson/Loriot/Whelan, 3. Aufl. 2021 Rn. 4.75, 4.82.

[23] Immenga/Körber, Die Kommission zwischen Gestaltungsmacht und Rechtsbindung/Lübking/v. Koppenfels, 2012, 60, 83.

[24] Vgl. Immenga/Körber, Die Kommission zwischen Gestaltungsmacht und Rechtsbindung/Lübking/v. Koppenfels, 2012, 60, 69; krit. Maier-Rigaud/Parplies ECLRev 2005, 565.

[25] Vgl. Nothdruft ZWeR 2006, 306 (320), wonach „die Gerichte erst noch ein Gefühl für das Maß dessen entwickeln müssen, was bei der Prognose wirtschaftlicher Entwicklungen und der Kontrolle des Verhaltens von Unternehmen realistischerweise zu leisten ist und welche Belange des Gemeinwohls den Individualinteressen der Unternehmen gegenüberstehen".

II. Ablauf des Prüfungsverfahrens in Phase 2

1. Überblick. Die Dauer eines vertieften Prüfungsverfahrens in Phase 2 beträgt gem. Art. 10 Abs. 3 UAbs. 1 S. 1 normalerweise 90 Arbeitstage. Die **Prüfungsfrist** verlängert sich automatisch durch die fristgemäße Vorlage von Verpflichtungszusagen, außer wenn diese schon innerhalb der ersten 54 Arbeitstage des Phase 2-Verfahrens eingereicht werden (Art. 10 Abs. 3 UAbs. 1 S. 2). Sie kann unter den in Art. 10 Abs. 3 UAbs. 2 geregelten Voraussetzungen auf Antrag oder mit Zustimmung der beteiligten Unternehmen um maximal weitere 20 Arbeitstage verlängert werden. Außerdem verlängern sich Fusionskontrollverfahren in der Praxis gelegentlich dadurch, dass die Frist gem. Art. 10 Abs. 4 FKVO, 9 DVO FKVO gehemmt wird, wenn die Kommission durch Umstände, die von einem am Zusammenschluss beteiligten Unternehmen zu vertreten sind, eine Auskunft im Wege eines Beschlusses gem. Art. 11 Abs. 3 anfordern muss.

Unmittelbar nach Einleitung des Verfahrens gem. Art. 6 Abs. 1 lit. c beginnt die Kommission ihre Ermittlungen mit dem Ziel, die in der verfahrenseinleitenden Entscheidung festgestellten ernsthaften Bedenken zu substantiieren oder zu entkräften. Gelangt die Kommission aufgrund ihrer Ermittlungen oder aufgrund von durch die Beteiligten frühzeitig unterbreiteten Verpflichtungszusagen zu dem Ergebnis, dass die ernsthaften Bedenken entkräftet werden, ist sie gem. Art. 10 Abs. 2 gehalten, eine Genehmigungsentscheidung zu erlassen, ohne die Frist gem. Art. 10 Abs. 3 auszuschöpfen.[26] Führt die Ermittlung zu einer Substantiierung der ernsthaften Bedenken, muss die Kommission ihre Einwände gegen den Zusammenschluss den beteiligten Unternehmen gem. Art. 18 Abs. 1, 3 S. 1 in einer **Mitteilung der Beschwerdepunkte** darlegen und ihnen eine Frist zur Stellungnahme setzen (Art. 13 Abs. 2 DVO FKVO). Die Mitteilung der Beschwerdepunkte kann ggf. durch Sachverhaltsschreiben ergänzt werden (Art. 13 Abs. 4 DVO FKVO). Sobald die beteiligten Unternehmen die Mitteilung der Beschwerdepunkte erhalten haben, steht ihnen ein Recht auf **Akteneinsicht** zu (Art. 18 Abs. 3 S. 2 FKVO, 17 Abs. 1 DVO FKVO). Wenn die Beteiligten es beantragen (ausnahmsweise auch auf Antrag Dritter oder von Amts wegen), findet eine **förmliche mündliche Anhörung** statt, in der sowohl die beteiligten Unternehmen als auch betroffene Dritte (Wettbewerber oder Abnehmer) die Gelegenheit haben, ihren Standpunkt darzulegen (Art. 18 Abs. 1 FKVO, 14, 15 DVO FKVO). Legen die beteiligten Unternehmen – gewöhnlich im Anschluss an die Mitteilung der Beschwerdepunkte, die Stellungnahme zu dieser und die mündliche Anhörung – innerhalb der Frist des Art. 19 Abs. 2 DVO FKVO **Verpflichtungszusagen** vor, konsultiert die Kommission zu diesen die Mitgliedstaaten und (iRd sog Markttests) betroffene dritte Marktteilnehmer. Der vorläufige Entscheidungsentwurf der Kommission ist dem **Beratenden Ausschuss** zur Stellungnahme vorzulegen (Art. 19 Abs. 3, 6). Schließlich muss der Beschluss gem. Abs. 1–3 innerhalb der jeweils geltenden Verfahrensfrist vom **Kommissionskollegium** getroffen werden. Damit kommt das eigentliche Fusionskontrollverfahren zum Abschluss; soweit allerdings eine Freigabe mit Bedingungen und Auflagen gem. Abs. 2 erfolgt, schließt sich daran das Verfahren zur Umsetzung der von den Beteiligten eingegangenen Verpflichtungszusagen an (→ Rn. 98 ff.).

2. Durchführung der Ermittlungen. Für die eigentlichen Ermittlungen steht der Kommission idR nur ein Zeitraum von wenigen Wochen zur Verfügung, weil ein großer Teil der Verfahrensfrist durch die gesetzlich geregelten Verfahrensschritte (Mitteilung der Beschwerdepunkte, Anhörung, Konsultation des Beratenden Ausschusses) sowie durch die Vorbereitung der Entscheidung des Kommissionskollegiums in Anspruch genommen wird. Für ihre Ermittlungen stützt sich die Kommission im Wesentlichen auf ihre **Auskunftsbefugnisse** gem. Art. 11. Gewöhnlich werden formlose Auskunftsverlangen gem. Art. 11 Abs. 2 an die beteiligten Unternehmen sowie an Wettbewerber, Abnehmer und Lieferanten gerichtet; Auskunftsverlangen an bis zu mehreren hundert Adressaten sind in Phase 2-Verfahren keine Seltenheit. Angesichts der zunehmenden Bedeutung der ökonomischen Analyse und der Prognose mittels ökonomischer und ökonometrischer Modelle („more economic approach") (→ Einl. FKVO Rn. 81 ff.; → Art. 2 Rn. 4) sieht sich die Kommission in Phase-2-Verfahren und komplexen Phase-1-Verfahren auch regelmäßig veranlasst, in großem Umfang betriebswirtschaftliche Daten von Wettbewerbern und ggf. Kunden der beteiligten Unternehmen als Grundlage für quantitative/ökonometrische Modellberechnungen im Wege von Auskunftsverlangen abzufragen. Die Kommission hat hierzu 2011 praktische Hinweise in Form der Mitteilung „Economic Evidence" veröffentlicht.[27] Dazu treten in den letzten Jahren zunehmend

---

[26] ZB Kom. ABl. 2002 L 69, 50 – Bombardier/ADtranz; Kom. ABl. 2003 L 248, 51 – EnBW/ENI/GVS und Abschlussbericht des Anhörungsbeauftragten, ABl. 2003 C 233; Kom. ABl. 2003 L 291, 1 Rn. 4 – Siemens/Drägerwerk/JV; Kom., M.4187 – Metso/AkerKvaerner; Kom., M.5440 – Lufthansa/Austrian Airlines; Kom., M.5625 – Syngenta/Monsanto Sunflower Seeds Business; Kom., M.6410 – UTC/Goodrich.

[27] Verfügbar auf der Website der GD Wettbewerb.

Auskunftsverlangen auf Vorlage interner Unterlagen der Zusammenschlussbeteiligten.[28] Die neu gefasste FKVO sieht in Art. 11 Abs. 7 auch ausdrücklich die Möglichkeit vor, natürliche und juristische Personen mit deren Zustimmung mündlich oder telefonisch zu befragen. Von dieser Möglichkeit wird jedoch in der Praxis praktisch nicht Gebrauch gemacht. Gespräche mit Marktteilnehmern werden durchweg informell geführt und – soweit darin für die Entscheidung relevante Tatsachen zur Sprache kommen – ihr Inhalt durch ein mit dem Gesprächspartner abgestimmtes Protokoll oder durch anschließende schriftliche Auskünfte in das Verfahren eingeführt. Dies entspricht mehr als eine förmliche Befragung natürlicher Personen dem Leitbild eines vorwiegend schriftlichen Verwaltungsverfahrens, wie es der FKVO zugrunde liegt.[29] Weitere Erkenntnisquellen der Kommission sind Ortstermine (zB Betriebsbesichtigungen) sowie interne und externe Gutachten und Studien. Insbes. ökonomischen und ökonometrischen Studien, die von der Kommission sowie von den beteiligten Unternehmen (uU auch von Dritten) in Auftrag gegeben oder auch von der Kommission (unter Mitwirkung des Teams des Chefökonomen) selbst durchgeführt werden, kommt – wie schon angedeutet – iRv Phase 2-Verfahren eine zunehmende Bedeutung zu.[30]

20 **3. Kontakte mit den beteiligten Unternehmen und Dritten.** Während des Verfahrens steht die Kommission im laufenden Kontakt und Austausch mit den Vertretern der beteiligten Unternehmen (vgl. Erwgr. 11 DVO FKVO) und ggf. betroffenen Dritten. Die „Best Practices" sehen insbes. vor, dass mit den Anmeldern, sofern sie dies wünschen, an bestimmten entscheidenden Verfahrensabschnitten **State of Play meetings** stattfinden: unmittelbar nach Einleitung der Phase 2, vor Erlass einer Mitteilung der Beschwerdepunkte, im Anschluss an die mündliche Anhörung und vor der Sitzung des Beratenden Ausschusses.[31] Betroffene Dritte können – abgesehen von ihren Antworten auf Auskunftsverlangen der Kommission – aus eigener Initiative zu dem Zusammenschluss Stellung nehmen und ggf. in Besprechungen mit der GD Wettbewerb ihren Standpunkt mit dieser erörtern.[32] Mit Zustimmung aller Betroffenen können auch **„dreiseitige" Besprechungen** („triangular meetings") der GD Wettbewerb gemeinsam mit den beteiligten Unternehmen und Dritten stattfinden.[33] Im Interesse eines offenen Meinungsaustausches sehen die „Best Practices" ferner vor, dass die GD Wettbewerb sich bemüht zu ermöglichen, dass die Anmelder – unabhängig von ihrem Recht auf förmliche Akteneinsicht – **„Schlüsseldokumente"** („key documents") des Verfahrens einsehen und hierzu Stellung beziehen können, insbes. wichtige schriftliche Äußerungen Dritter und Marktstudien.[34] Es handelt sich hierbei nicht um eine vorgezogene Akteneinsicht, sondern um eine verfahrensleitende Maßnahme zur Verbesserung der Transparenz und Effizienz des Verfahrens, die grds. im Ermessen der Kommission steht.[35] Allerdings ist der Zugang zu Schlüsseldokumenten mittlerweile ein routinemäßiger Verfahrensschritt in Phase-2-Verfahren geworden und wird von der Kommission daher wohl nur bei Vorliegen besonderer Umstände ausnahmsweise verweigert werden können. Wegen der Verpflichtung der Kommission zum Schutz vertraulicher Informationen wird eine derartige Einsichtnahme der Anmelder in Äußerungen Dritter vor dem gesetzlich geregelten Zeitpunkt der Akteneinsicht jedoch oft nur mit Zustimmung der betroffenen Dritten möglich sein. Zwar sind grds. von Dritten eingereichte Stellungnahmen gem. Art. 18 Abs. 1 DVO FKVO nur insoweit vor Weiterverbreitung durch die Kommission geschützt, als sie Geschäftsgeheimnisse beinhalten oder sonst vertraulichen Charakter haben; dies gilt unabhängig vom Stadium des Verfahrens. Jedoch ist nicht auszuschließen, dass in einem frühen Verfahrensstadium schon die Tatsache, dass ein Dritter zu dem Zusammenschluss kritisch Stellung genommen hat, vertraulich behandelt werden muss. Der Hinweis in den „Best Practices", wonach die GD Wettbewerb berechtigten Bitten Dritter um Nicht-Offenlegung ihrer Äußerungen vor dem Erlass der Mitteilung der Beschwerdepunkte

---

[28] In Kom., M.8084 – Bayer/Monsanto allein mehr als 2,7 Mio. Dokumente; vgl. Berg/Real/Montani ECLR 2019, 358.
[29] Anders als im US-Antitrustverfahren, das – als kontradiktorisches gerichtliches Verfahren – vorwiegend auf den Zeugenbeweis zurückgreift. Nicht überzeugend ist daher die Auffassung des Europäischen Bürgerbeauftragten in seinem Beschl. 1935/2008/FOR v. 14.7.2009 Rn. 82 ff., betreffend das Verfahren der Kommission gem. Art. 102 AEUV gegen Intel, die Kommission müsse Gespräche mit Marktteilnehmern in Verfahren nach der VO (EG) 1/2003, in denen entscheidungsrelevante Sachverhalte zur Sprache kämen, stets in der Form der förmlichen Befragung gem. Art. 19 VO (EG) 1/2003 (der im Wesentlichen Art. 11 Abs. 7 entspricht) führen.
[30] Vgl. etwa Kom., M.4439 – Ryanair/Aer Lingus; und M.6166 – Deutsche Börse/NYSE Euronext; hierzu ausf. Langeheine, in EuGH, 6. Luxemburger Expertenforum, Tagungsband, 2013, 104.
[31] Mitteilung „Merger Best Practices", Rn. 33.
[32] Mitteilung „Merger Best Practices", Rn. 35.
[33] Mitteilung „Merger Best Practices", Rn. 39.
[34] Mitteilung „Merger Best Practices", Rn. 45 f.
[35] Gonzáles Díaz W. Comp. 2004, 177 ff. (198); Rosenthal EuZW 2004, 327 ff. (330).

aufgrund tatsächlicher Vertraulichkeitsbedenken einschließlich der Besorgnis von Vergeltungsmaßnahmen und des Schutzes von Geschäftsgeheimnissen Rechnung tragen wird,[36] dürfte insoweit weiter auszulegen sein; die Kommission wird sehr zurückhaltend sein, vor der förmlichen Akteneinsicht Dokumente Dritter gegen deren ausdrücklichen Willen den Anmeldern zugänglich zu machen. Keinesfalls darf der Zugang zu Schlüsseldokumenten dahin missverstanden werden, dass den Anmeldern in diesem Verfahrensstadium bereits Einsicht in den wesentlichen Teil der Ermittlungsakte gewährt wird.

4. Die Entscheidung des Kommissionskollegiums und ihre Vorbereitung.

Beschlüsse gem. Abs. 1–3 müssen vom **Kollegium der Kommission** getroffen werden. Eine Ermächtigung des für Wettbewerb zuständigen Kommissionsmitglieds zum Erlass dieser Beschlüsse ist nicht erteilt worden und wäre auch nicht zulässig, weil es sich hierbei um abschließende Grundsatzentscheidungen in der Sache handelt, die nicht mehr iSd Art. 13 Abs. 1 GeschOK und der einschlägigen Rspr.[37] als Maßnahmen der Geschäftsführung und Verwaltung vom Kollegium auf eines seiner Mitglieder übertragen werden können. Eine **Ermächtigung des Wettbewerbskommissars** besteht jedoch für wichtige vorbereitende Verfahrensschritte, insbes. den Erlass der Mitteilung der Beschwerdepunkte und die Zuleitung des vorläufigen Entscheidungsentwurfs an den Beratenden Ausschuss.[38] Diese Vorbereitungsschritte erfordern eine vorherige **Abstimmung verschiedener Dienststellen** innerhalb der Kommission **(inter-service consultation)**. So ist für den Erlass der Mitteilung der Beschwerdepunkte und die Zuleitung des vorläufigen Entscheidungsentwurfs an den Beratenden Ausschuss die Zustimmung des Juristischen Dienstes einzuholen und denjenigen Dienststellen der Kommission, die hauptsächlich für die betroffenen Erzeugnisse, Dienstleistungen oder Politikfelder verantwortlich sind, Gelegenheit zur Stellungnahme zu geben; für den Erlass der Mitteilung der Beschwerdepunkte ist außerdem das Einvernehmen des Präsidenten der Kommission erforderlich.

Nach der Anhörung des Beratenden Ausschusses wird der Entscheidungsentwurf dem Kommissionskollegium auf einer seiner wöchentlichen Sitzungen (meist die vorletzte Sitzung vor Ablauf der Entscheidungsfrist) unterbreitet. Die Entscheidung des Kollegiums wird erneut durch Abstimmung der betroffenen Dienststellen sowie der **Kabinette** (persönliche Beraterstäbe) der einzelnen Kommissionsmitglieder vorbereitet. Diese kommissionsinterne Verfahrensphase wird von Verfahrensbeteiligten gelegentlich für **Lobbying** zu nutzen versucht mit dem Ziel, die Entscheidung der Kommission in ihrem Sinne zu beeinflussen. Wenn bereits auf der Kabinettsebene Einvernehmen zwischen den Mitgliedern der Kommission erzielt wird, kann der Beschlussentwurf vom Kollegium auch im schriftlichen Umlaufverfahren oder in der Sitzung als sog „A-Punkt" ohne Diskussion und Abstimmung förmlich angenommen werden. Die Entscheidung der Kommission bedarf der **Zustimmung der Mehrheit der anwesenden Mitglieder** (Art. 8 Abs. 3 GeschOK). Vor allem in den ersten Jahren nach Inkrafttreten der FKVO soll es nach Presseberichten in einigen Fällen zu kontroversen Abstimmungen über Fusionskontrollentscheidungen gekommen sein,[39] die Fragen zu der Problematik politischer Einflussnahme aufwarfen.[40] Seither sind jedoch soweit bekannt praktisch alle Entscheidungen der Kommission in Phase 2-Fusionskontrollverfahren, selbst in kontroversen Fällen wie General Electric/Honeywell[41], Schneider/Legrand[42] oder Siemens/Alstom[43] einstimmig entspr. dem Vorschlag des Wettbewerbskommissars getroffen worden.[44]

Im Zuge der von dem früheren Wettbewerbskommissar Mario Monti durchgeführten Reform der GD Wettbewerb wurden auch die internen „checks and balances" in Phase 2-Fusionskontrollverfahren weiter verstärkt, um die Qualität der Kommissionsentscheidungen zu verbessern und mögliche Fehler rechtzeitig aufzudecken. In diesem Zusammenhang ist insbes. die Beteiligung des

---

[36] Mitteilung „Merger Best Practices", Rn. 46.
[37] EuGH Slg. 1986, 2585 – Akzo/Kommission.
[38] Kom., SEC(2004) 518, PV(2004) 1655.
[39] ZB Kom., M.53 – Aérospatiale/Alenia/De Havilland (Entscheidung mit 1 Stimme Mehrheit bei Enthaltung des Kommissionspräsidenten Delors); Kom., M.315 – Mannesmann/Valourec/Ilva (unbedingte Freigabe, nachdem die von Wettbewerbskommissar Van Miert zunächst vorgeschlagene Untersagung im Kollegium bei Enthaltung des Kommissionspräsidenten Delors keine Mehrheit gefunden haben soll).
[40] Vgl. zu diesem Thema ausf. Mische, Nicht-wettbewerbliche Faktoren in der europäischen Fusionskontrolle, 2002.
[41] Kom. ABl. 2004 L 48, 1 – General Electric/Honeywell.
[42] Kom. ABl. 2004 L 101, 1 – Schneider/Legrand.
[43] Kom., M.8677 – Siemens/Alstom.
[44] Allerdings hat sich im Fall M.6166 – Deutsche Börse/NYSE Binnenmarktkommissar Barnier wenige Tage vor dem Kommissionsbeschluss v. 1.2.2012 nach Presseberichten krit. zu der Analyse der GD Wettbewerb geäußert; vgl. Nelson, Comment: Barnier's Deutsche Börse, NYSE ‚reserve' may force debate, delay, but decision unlikely to change, MLex market intelligence, 30.1.2012.

Chefökonomen der GD Wettbewerb und seines Mitarbeiterteams sowie die Überprüfung der Entwürfe von Mitteilungen der Beschwerdepunkte und Entscheidungen durch nicht direkt mit dem Fall befasste Mitarbeiter der GD Wettbewerb („fresh pair of eyes") iR sog **„scrutiny panels"** hervorzuheben.[45]

III. Beschluss gem. Abs. 1: Vereinbarkeit des angemeldeten Zusammenschlusses mit dem Binnenmarkt

24   Stellt die Kommission fest, dass der Zusammenschluss in der angemeldeten Form trotz der zunächst bestehenden ernsthaften Bedenken die Kriterien erfüllt, nach denen er gem. Art. 2 Abs. 2 und ggf. 2 Abs. 4 mit dem Binnenmarkt vereinbar ist, so erklärt sie ihn durch Beschluss gem. Abs. 1 ohne Einschränkung für vereinbar mit dem Binnenmarkt. Der Beschluss beendet – ebenso wie die Freigabe in Phase 1 gem. Art. 6 Abs. 1 lit. b – das Vollzugsverbot gem. Art. 7 Abs. 1 und beseitigt damit das im Interesse der Erhaltung eines wirksamen Wettbewerbs bestehende rechtliche Hindernis für die Ausübung der grds. bestehenden Freiheit der Unternehmen, den Zusammenschluss zu verwirklichen. Wegen der Ausschlusswirkung der FKVO (Art. 21) ist eine Prüfung des freigegebenen Zusammenschlusses sowohl nach der VO (EG) 1/2003 am Maßstab der Art. 101 und 102 AEUV als auch nach nationalem Wettbewerbsrecht nicht zulässig.

25   Die **uneingeschränkte Genehmigung** des Zusammenschlusses in Phase 2 wird in der Praxis entweder darauf beruhen, dass die Ermittlungen der Kommission die in der verfahrenseinleitenden Entscheidung gem. Art. 6 Abs. 1 lit. c geltend gemachten ernsthaften Bedenken nicht erhärtet haben; in diesem Fall ist die Kommission gem. Art. 10 Abs. 2 gehalten, die Freigabeentscheidung zu erlassen, ohne die Frist des Art. 10 Abs. 3 voll auszuschöpfen. Oder die Kommission macht aufgrund ihrer Ermittlungen zunächst Einwände gegen den Zusammenschluss geltend, gelangt danach aber aufgrund der Stellungnahme der Beteiligten zur Mitteilung der Beschwerdepunkte und ggf. dem Ergebnis der mündlichen Anhörung zu dem Ergebnis, dass diese Einwände nicht gerechtfertigt sind.

Seit Inkrafttreten der FKVO hat die Kommission in **63 Fällen** einen Zusammenschluss ohne Zusagen in Phase 2 genehmigt.[46]

IV. Beschluss gem. Abs. 2: Vereinbarkeit des Zusammenschlusses mit dem Binnenmarkt nach Abänderung

26   **1. Überblick.** Stellt die Kommission fest, dass der Zusammenschluss (erst) nach entsprechenden Änderungen durch die beteiligten Unternehmen die Kriterien des Art. 2 Abs. 2 und ggf. 2 Abs. 4 erfüllt, nach denen er mit dem Binnenmarkt vereinbar ist, so erklärt sie ihn gem. Abs. 2 UAbs. 1 für vereinbar mit dem Binnenmarkt. Diesen Beschluss kann die Kommission gem. Abs. 2 UAbs. 2 mit **Bedingungen und Auflagen** verbinden, um sicherzustellen, dass die beteiligten Unternehmen den **Verpflichtungszusagen** nachkommen, die sie ihr gegenüber zum Zweck einer mit dem Binnenmarkt vereinbaren Gestaltung des Zusammenschlusses eingegangen sind.

27   Die Regelung des Abs. 2 ermöglicht es, bei der Prüfung eines Zusammenschlusses festgestellte Wettbewerbsbedenken iRd Genehmigungsverfahrens durch die Vorlage von Verpflichtungszusagen (commitments) der beteiligten Unternehmen zu beseitigen; man spricht deshalb auch von „Abhilfemaßnahmen" (remedies).[47] Durch die Zusagen wird der ursprünglich angemeldete Zusammenschluss abgeändert. **Gegenstand der Genehmigungsentscheidung** der Kommission ist somit der gegenüber dem ursprünglich angemeldeten Vorhaben **modifizierte Zusammenschluss.** Allerdings sind die Änderungen des Vorhabens, etwa die Veräußerung eines Geschäfts oder die Erteilung einer Lizenz, normalerweise erst nach der Genehmigung und dem Vollzug des Zusammenschlusses umzusetzen.[48] Deshalb wird die Erfüllung der auf die Änderung des Zusammenschlussvorhabens gerichteten Verpflichtungszusagen durch mit dem Beschluss verbundene Bedingungen und Auflagen sichergestellt. Dies ermöglicht es zugleich, die Rechtsfolgen der Nichterfüllung von Zusagen differenziert und im Einklang mit dem Verhältnismäßigkeitsgrundsatz zu regeln (vgl. Art. 6 Abs. 3 und 4, 8 Abs. 4–7).

28   Die **praktische Bedeutung** von Beschlüssen mit Bedingungen und Auflagen in Phase 2 ist **erheblich.** Seit Inkrafttreten der FKVO hat die Kommission in **144 Fällen** einen Zusammenschluss aufgrund von Zusagen in Phase 2 unter Bedingungen und Auflagen genehmigt.[49] Die vergleichs-

---

[45] Näheres vgl. Maudhuit/Soames ECLRev. 2005, 144 ff. (149).
[46] Stand 31.3.2023; vgl. Übersicht auf der Website der GD Wettbewerb.
[47] Ausführlich zur Terminologie Jones/Weinert, EU Competition Law – Mergers & Acquisitions/Vande Walle, 3. Aufl. 2021, Rn. 7.26 ff.
[48] Vgl. Mitteilung „Abhilfemaßnahmen", Rn. 5.
[49] Stand 31.3.2023; vgl. Übersicht auf der Website der GD Wettbewerb.

weise hohe Zahl bedingter im Verhältnis zu unbedingten Freigaben deutet darauf hin, dass in der Mehrzahl der Fälle, in denen die Kommission am Ende der Phase 1 ernsthafte Bedenken geltend macht und das Phase 2-Verfahren einleitet, diese Bedenken sich im Verlauf des weiteren Verfahrens erhärten und eine Lösung des festgestellten Wettbewerbsproblems durch Zusagen erforderlich machen. Andererseits zeigt die Tatsache, dass bedingte Freigaben weitaus häufiger vorkommen als Untersagungen gem. Abs. 3,[50] dass in Phase 2-Fusionskontrollverfahren festgestellte Wettbewerbsprobleme in der Mehrzahl der Fälle begrenzt sind und somit durch Verpflichtungszusagen gelöst werden können, ohne das Zusammenschlussvorhaben als solches in Frage zu stellen. Betrachtet man die Bedeutung von Zusagen sowohl in Phase 1 (→ Art. 6 Rn. 30 ff.) als auch in Phase 2, trifft die Aussage sicherlich zu, dass Beschlüsse aufgrund von Verpflichtungszusagen das **hauptsächliche Instrument** der Kommission **für Interventionen** in Fusionskontrollfällen darstellen.[51] Dies entspricht auch Sinn und Zweck der Fusionskontrolle, denn wo die durch einen Zusammenschluss bewirkten Wettbewerbsprobleme auf bestimmte Bereiche (Produkte, Märkte) begrenzt sind, ist die Freigabe mit Zusagen eine effektive und verhältnismäßige Lösung; nur wo in seltenen Fällen der Zusammenschluss insgesamt wettbewerblich bedenklich ist, kann eine Untersagung der einzige Weg zur Aufrechterhaltung wirksamen Wettbewerbs sein.[52] Abhilfemaßnahmen können **erhebliche wirtschaftliche Auswirkungen** haben und ihre Ausgestaltung und Umsetzung bindet signifikante Ressourcen auf Seiten der beteiligten Unternehmen wie der Kommission.[53] Ihre **Wirksamkeit** wird immer wieder diskutiert; die bisher durchgeführten ex-post-Studien lassen aber jedenfalls nicht den Schluss zu, dass Abhilfemaßnahmen insgesamt betrachtet ihr Ziel des wirksamen Wettbewerbsschutzes verfehlen.[54]

Die **nachfolgenden Ausführungen** behandeln allgemein die im Zusammenhang mit Verpflichtungszusagen relevanten rechtlichen Gesichtspunkte unabhängig davon, ob es sich um Zusagen in der ersten Phase gem. Art. 6 Abs. 2 oder um Zusagen in der zweiten Phase gem. Abs. 2 handelt; lediglich solche Aspekte, die für Zusagen in Phase 1 spezifisch sind, werden im Zusammenhang mit Art. 6 Abs. 2 diskutiert (→ Art. 6 Rn. 30 ff.). 29

Die Kommission veröffentlichte erstmals im Jahre 2001 Grundsätze ihrer Verwaltungspraxis bei der Behandlung von Verpflichtungszusagen in einer **Mitteilung „Abhilfemaßnahmen"**.[55] Diese Mitteilung wurde 2008 unter Berücksichtigung der zwischenzeitlich ergangenen Rspr. und Entscheidungspraxis überarbeitet.[56] Speziell zu Veräußerungszusagen hat die GD Wettbewerb im Jahre 2003 Leitlinien („Best Practice Guidelines") in Form von **Mustertexten für Verpflichtungszusagen und ein Treuhändermandat** mit einem dazu gehörenden Erläuterungsvermerk bekanntgemacht; eine aktualisierte Fassung dieser Mustertexte wurde im Dezember 2013 veröffentlicht.[57] Damit wird der Zweck verfolgt, die Aushandlung geeigneter Zusagen zu erleichtern, den Unternehmen zu ermöglichen, sich statt auf Details der Formulierung des Textes der Zusagen auf deren Substanz und Umsetzung zu konzentrieren, eine größere Konsistenz der Zusagenpolitik der Kommission zu erreichen und deren Transparenz und Rechtssicherheit zu verbessern.[58] Insgesamt hat die Veröffentlichung der Mitteilung „Abhilfemaßnahmen" und der Mustertexte bewirkt, dass die Fallpraxis der Kommission zu Verpflichtungszusagen kohärenter, nach Ansicht einiger Kommentatoren auch strikter und stärker am Vorbild der Praxis der US-Antitrustbehörden orientiert, geworden ist.[59] Einem Vorbild der US FTC[60] folgend hat die Kommission im Oktober 2005 eine **Studie** veröffentlicht, in deren Rahmen insgesamt 96 ausgewählte Zusagen iRv 40 bedingten Genehmigungsentscheidungen aus den Jahren 1996–2000 im Nachhinein im Hinblick auf die Umsetzung und Wirksamkeit der Zusagen analysiert wurden.[61] Als Konsequenz der gerade auch aus der Studie 30

---

[50] 32 Fälle bis 31.3.2023, vgl. Übersicht auf der Website der GD Wettbewerb.
[51] Jones/Weinert, EU Competition Law – Mergers & Acquisitions/Vande Walle, 3. Aufl. 2021, Rn. 7.1.
[52] Lübking WuW 2011, 1223 (1224 f.).
[53] Jones/Weinert, EU Competition Law – Mergers & Acquisitions/Vande Walle, 3. Aufl. 2021, Rn. 7.4 ff.
[54] Jones/Weinert, EU Competition Law – Mergers & Acquisitions/Vande Walle, 3. Aufl. 2021, Rn. 7.8 ff.
[55] Mitteilung der Kommission über im Rahmen der Verordnung (EWG) Nr. 4064/89 des Rates und der Verordnung (EG) Nr. 447/98 der Kommission zulässige Abhilfemaßnahmen, ABl. 2001 C 68, 3; vgl. dazu Berg EuZW 2003, 362 ff.
[56] Mitteilung „Abhilfemaßnahmen".
[57] Verfügbar auf der Website der GD Wettbewerb; vgl. dazu Berg EuZW 2003, 362 ff.
[58] Best Practice Guidelines: The Commission's Model Texts for Divestiture Commitments and the Trustee Mandate under the EC Merger Regulation, 5.12.2013, Explanatory Note Rn. 5 f.
[59] Levy/Frisch/Waksman Eur. Competition J. 2015, 426 (445); Winckler W. Comp. 2003, 219 ff.
[60] Federal Trade Commission Bureau of Competition and Bureau of Economics, Study of the Commission's Divestiture Process, 1999; vgl. jetzt auch Federal Trade Commission, The FTC's Merger Remedies 2006-2012, A Report of the Bureaus of Competition and Economics, 2017.
[61] Europäische Kommission, GD Wettbewerb, Merger Remedies Study, 2005.

zu Abhilfemaßnahmen gewonnenen Erkenntnisse legt die Mitteilung „Abhilfemaßnahmen" von 2008 noch deutlicher Nachdruck auf das Erfordernis, dass die angebotenen Zusagen durchführbar und wirksam sind; außerdem gibt sie für Veräußerungszusagen eine klarere Orientierung hinsichtlich der Notwendigkeit für die getrennte Führung und Bewahrung der Wettbewerbsfähigkeit des zu veräußernden Geschäfts sowie die Kriterien für akzeptable Erwerber.[62]

31   Gem. **Art. 9 VO (EG) 1/2003** kann die Kommission auch Verfahren gem. Art. 101 und 102 AEUV auf der Grundlage von Verpflichtungszusagen der beteiligten Unternehmen abschließen, mit denen die von der Kommission in ihrer vorläufigen Beurteilung geltend gemachten Wettbewerbsbedenken ausgeräumt werden; der Beschluss der Kommission erklärt die abgegebenen Zusagen für verbindlich und stellt fest, dass auf dieser Grundlage für die Kommission kein Anlass für weitere Maßnahmen besteht (→ Kommentierung zu Art. 9 VO (EG) 1/2003). Zwar gibt es grundsätzliche Unterschiede zwischen Verpflichtungszusagen gem. Art. 9 VO (EG) 1/2003, die idR verhaltensbedingte Wettbewerbsbeschränkungen beenden sollen, und Verpflichtungszusagen nach der FKVO, mit denen Wettbewerbsbedenken ausgeräumt werden, die in der durch den Zusammenschluss geschaffenen Unternehmensstruktur begründet sind. Gleichwohl bestehen auch **zahlreiche Parallelen zwischen beiden Instrumenten,** insbes. im Hinblick auf deren jeweilige (erhebliche) praktische Bedeutung, die verschiedenen Kategorien von Abhilfemaßnahmen, die Beurteilung ihrer Effektivität sowie die Art und Weise ihrer Umsetzung. Eine Reihe von Grundsätzen, die die Kommission in ihrer Verwaltungspraxis für Abhilfemaßnahmen nach der FKVO formuliert hat, wendet sie nunmehr auch für Verpflichtungszusagen gem. Art. 9 VO (EG) 1/2003 an.[63]

32   **2. Allgemeine Grundsätze für Abhilfemaßnahmen. a) Angebot von Verpflichtungszusagen durch die beteiligten Unternehmen.** Wenn die Kommission Wettbewerbsbedenken gegen den angemeldeten Zusammenschluss geltend macht, ist es **Sache der beteiligten Unternehmen, diese Bedenken durch das Angebot geeigneter Verpflichtungszusagen auszuräumen** und damit dem Zusammenschluss eine mit dem Binnenmarkt vereinbare Gestaltung zu geben. Ebenso wie gem. Art. 9 VO (EG) 1/2003 steht es den Parteien frei, ob sie Zusagen anbieten wollen oder nicht.[64] Vielfach werden sie auch dann Zusagen anbieten, wenn sie die von der Kommission vorgebrachten Wettbewerbsbedenken für unbegründet halten, um das Ziel der Freigabe des Zusammenschluss schneller zu erreichen.[65] Die Kommission ist deshalb verpflichtet, in der Mitteilung der Beschwerdepunkte ihre **Wettbewerbsbedenken** so **deutlich zum Ausdruck zu bringen,** dass die Parteien in der Lage sind, rechtzeitig sachgerechte Verpflichtungszusagen vorzulegen.[66] Im Fall Schneider/Legrand hatte die Kommission nach Auffassung des EuG in der Mitteilung der Beschwerdepunkte nicht hinreichend zum Ausdruck gebracht, dass nach ihrer Prognose die Entstehung einer marktbeherrschenden Stellung des fusionierten Unternehmens auf den Märkten für Komponenten von Niederspannungs-Stromverteilungsanlagen nur infolge der Addition der Marktanteile von Schneider und Legrand auf diesem Markt drohte, sondern in Anbetracht der überragenden Stellung von Legrand auf dem benachbarten Markt für Schalter und Steckdosen auch infolge der die einzelnen relevanten Märkte übergreifenden Stärkung der Position des fusionierten Unternehmens gegenüber den Elektrogroßhändlern. In ihrer Entscheidung lehnte die Kommission dann die von Schneider angebotenen Verpflichtungszusagen u.a. mit dem Argument ab, sie ließen diese überragende Stellung des fusionierten Unternehmens gegenüber den Elektrogroßhändler unverändert bestehen. Dadurch hat die Kommission nach Ansicht des EuG Schneiders Verteidigungsrechte verletzt.[67]

33   Die Kommission kann nicht aus eigener Initiative Bedingungen und Auflagen festlegen, die ihrer Ansicht nach die Vereinbarkeit des Zusammenschlusses mit dem Binnenmarkt herbeiführen. Dies folgt aus dem Wortlaut von Abs. 2 UAbs. 1 – für Zusagen in der ersten Phase entspr. aus dem Wortlaut von Art. 6 Abs. 2 UAbs. 1 –, wo jeweils von Abänderungen des angemeldeten Zusammenschlusses durch die beteiligten Unternehmen die Rede ist.[68] Dies schließt allerdings nicht aus, dass die Kommission im Verlauf des Verfahrens den Beteiligten **Hinweise** dazu gibt, **welche Art von Zusagen ihre Bedenken ausräumen könnten,** und Entwürfe von Verpflichtungszusagen mit ihnen im Einzelnen erörtert.[69] Ebenso kommt es vor, dass die Kommission in ihren Kontakten mit Dritten im Verlauf ihrer Ermittlungen nicht nur die Auswirkungen des angemeldeten Zusammen-

---

[62] Lübking WuW 2011, 1223 (1227).
[63] Vgl. näher Lübking WuW 2011, 1223 ff.
[64] Lübking WuW 2011, 1223 (1226).
[65] Krit. Voet van Vormizeele NZKart 2016, 459 (460).
[66] Mitteilung „Abhilfemaßnahmen", Rn. 5 f.
[67] EuG Slg. 2002, II-4071 Rn. 437 ff. – Schneider Electric/Kommission.
[68] EuG Slg. 2006, II-319 Rn. 311 – Cementbouw/Kommission; Mitteilung „Abhilfemaßnahmen", Rn. 6.
[69] Mitteilung „Abhilfemaßnahmen", Rn. 78, 90; Mitteilung „Merger Best Practices", Rn. 41; Jones/Weinert, EU Competition Law – Mergers & Acquisitions/Vande Walle, 3. Aufl. 2021, Rn. 7.60 f.

schlusses auf den Wettbewerb, sondern auch denkbare Lösungen für etwaige Wettbewerbsprobleme erörtert, bevor die beteiligten Unternehmen förmliche Verpflichtungszusagen abgegeben haben. Hierdurch nimmt die Kommission – mit ausdrücklicher Billigung des EuG – in der Praxis vielfach erheblichen Einfluss auf die Ausgestaltung der Verpflichtungszusagen.[70]

b) Erforderlichkeit und Geeignetheit von Verpflichtungszusagen. Voraussetzung dafür, 34 dass die Kommission die Genehmigung des Zusammenschlusses in Phase 2 von Verpflichtungszusagen der beteiligten Unternehmen abhängig machen kann, ist an sich, dass ohne diese Zusagen der Zusammenschluss mit dem Binnenmarkt unvereinbar wäre; es gelten somit die gleichen **Anforderungen an den Nachweis der geltend gemachten Wettbewerbsbedenken** wie für eine Verbotsentscheidung gem. Abs. 3.[71] Allerdings sieht Art. 10 Abs. 2 dann eine Ausnahme vor, wenn die beteiligten Unternehmen Zusagen abgeben, bevor die Kommission ihre Ermittlungen abgeschlossen und ihre Einwände durch die Mitteilung der Beschwerdepunkte geltend gemacht hat. Nach dieser Vorschrift sind Entscheidungen gem. Abs. 2 zu erlassen, sobald offenkundig ist, dass die von der Kommission in ihrer Entscheidung gem. Art. 6 Abs. 1 lit. c festgestellten ernsthaften Bedenken durch von den beteiligten Unternehmen vorgenommene Abänderungen ausgeräumt sind. Dies bedeutet, dass die Kommission in diesem Fall ihre Prüfung des Falles nicht zu Ende führen, sondern den Zusammenschluss auf der Grundlage der abgegebenen Zusagen – unverzüglich – genehmigen soll. Die FKVO geht somit davon aus, dass auch in der zweiten Phase im Interesse einer beschleunigten Verfahrensbeendigung der volle Nachweis der geltend gemachten Wettbewerbsbedenken nicht verlangt wird, wenn die beteiligten Unternehmen auch ohne einen solchen Nachweis bereit sind, die Bedenken durch Verpflichtungszusagen auszuräumen.[72]

Nach der Mitteilung „Abhilfemaßnahmen" ist es Sache der Kommission „festzustellen, ob der 35 Zusammenschluss in der Form, die er durch die angebotenen Verpflichtungen erhalten hat, für mit dem Gemeinsamen Markt unvereinbar erklärt werden muss, da er trotz der Verpflichtungen zu einer erheblichen Beeinträchtigung wirksamen Wettbewerbs führt".[73] Der Kommission obliegt also die **Beweislast dafür, dass die Zusagen das Wettbewerbsproblem nicht beseitigen,** wenn sie den Zusammenschluss trotz eines Zusagenangebots der beteiligten Unternehmen untersagen will. Dies entspricht dem allgemeinen Grundsatz, dass die Kommission als in die Grundrechte der beteiligten Unternehmen eingreifende Behörde die tatsächlichen Voraussetzungen dafür nachweisen muss, dass der Zusammenschluss auch unter Berücksichtigung der angebotenen Zusagen mit dem Binnenmarkt unvereinbar ist.[74] Anders als gem. Art. 9 VO (EG) 1/2003 hat die Kommission also, wenn die beteiligten Unternehmen geeignete und ausreichende Zusagen anbieten, **kein Ermessen,** ob sie den Zusammenschluss mit Bedingungen und Auflagen genehmigt oder diesen untersagt.[75]

In der ersten Mitteilung „Abhilfemaßnahmen" von 2001 hatte die Kommission noch den 36 beteiligten Unternehmen den Nachweis auferlegen wollen, dass die angebotenen Zusagen geeignet sind, eine wesentliche Behinderung wirksamen Wettbewerbs auszuschließen, indem sie auf Dauer die Bedingungen für einen wirksamen Wettbewerb im Binnenmarkt wiederherstellen.[76] Das EuG hat eine solche Beweislastumkehr nicht akzeptiert: Aus der Verpflichtung der Kommission gem. Abs. 2, einen Zusammenschluss so zu prüfen, wie er durch die von den Beteiligten ordnungsgemäß unterbreiteten Verpflichtungszusagen geändert worden ist, folge, dass es **Sache der Kommission** sei, **nachzuweisen, dass diese Zusagen den Zusammenschluss in der geänderten Form nicht mit dem Binnenmarkt vereinbar machen;** die Ausführungen der Kommission in der (alten) Mitteilung „Abhilfemaßnahmen" könnten an dieser Rechtslage nichts ändern.[77]

Allerdings trägt die Rspr. hinsichtlich der Ausgestaltung der der Kommission obliegenden 37 Beweislast den Besonderheiten von Verpflichtungszusagen Rechnung. Zum einen erkennt das EuG an, dass die Kommission ihre Prüfung des durch Zusagen modifizierten Zusammenschlusses darauf beschränken kann, die Eignung der Zusagen zur Beseitigung der zuvor identifizierten Wettbewerbsprobleme zu prüfen; sie muss also nicht eine vollständig neue wettbewerbliche Beurteilung des

---

[70] EuG Slg. 2006, II-319 Rn. 314 – Cementbouw/Kommission.
[71] Mitteilung „Abhilfemaßnahmen", Rn. 6.
[72] Mitteilung „Abhilfemaßnahmen" Rn. 18; vgl. etwa Kom. ABl. 2002 L 69, 50 – Bombardier/ADtranz; Kom. ABl. 2003 L 248, 51 – EnBW/ENI/GVS und Abschlussbericht des Anhörungsbeauftragten, ABl. 2003 C 233; Kom. ABl. 2003 L 291, 1 – Siemens/Drägerwerk/JV; Kom., M.4187 – Metso/Aker Kvaerner; Kom., M.5440 – Lufthansa/Austrian Airlines; Kom., M.5675 – Syngenta/Monsanto Sunflower Seeds Business; Kom., M.6410 – UTC/Goodrich.
[73] Mitteilung „Abhilfemaßnahmen", Rn. 8.
[74] Schwarze, Instrumente zur Durchsetzung des europäischen Wettbewerbsrechts/Schwarze, 2002, 75 ff., 90.
[75] Vgl. Lübking WuW 2011, 1223 (1226).
[76] Mitteilung „Abhilfemaßnahmen", ABl. 2001 C 68, 1 Rn. 6.
[77] EuG Slg. 2005, II-3745 Rn. 61 ff. – EDP/Kommission.

Zusammenschlusses in der durch die Zusagen geänderten Form vornehmen.[78] Auch steht es im Ermessen der Kommission, nach Fristablauf eingereichte modifizierte Zusagen zurückzuweisen oder sich auf eine summarische Prüfung zu beschränken, ohne den vollen Nachweis ihrer Ungeeignetheit zu führen.[79] Schließlich ist für die **Anforderungen an den Nachweis, dass die Wettbewerbsbedenken durch die angebotenen Zusagen ausgeräumt werden,** dem Prognosecharakter der wettbewerblichen Würdigung der Zusagen Rechnung zu tragen. Die Kommission kann nach der Rspr. des EuG eine strukturelle Zusage nur akzeptieren, „wenn sie in der Lage ist, mit Gewissheit festzustellen, dass die Zusagen durchgeführt werden können und die durch sie geschaffene neue Unternehmenseinheit ausreichend funktionsfähig und dauerhaft ist, um zu gewährleisten, dass die Wettbewerbsbeeinträchtigung, der die Zusagen vorbeugen sollen, nicht wahrscheinlich in naher Zukunft eintritt".[80] Damit wird ein **zweifacher Beweisstandard für die Akzeptanz von Zusagen** aufgestellt: Die Durchführbarkeit der Zusage muss mit Gewissheit festgestellt werden können, ihre Eignung zur Beseitigung des Wettbewerbsproblems muss zumindest wahrscheinlich sein. Dafür, dass die jeweiligen Voraussetzungen dieses Tests vorliegen, trifft allerdings die Kommission die volle Beweislast.

38 Außerdem steht die der Kommission obliegende Beweislast in einem Spannungsverhältnis zu der klaren **Asymmetrie der jeweils der Kommission und den beteiligten Unternehmen zur Verfügung stehenden Information,** um die Wirksamkeit der angebotenen Zusagen beurteilen zu können. Um dem Rechnung zu tragen, hat die Kommission in der neuen Mitteilung „Abhilfemaßnahmen" von 2008 den die Zusagen anbietenden Unternehmen auferlegt alle verfügbaren Informationen zu übermitteln, die die Kommission für die Prüfung der vorgeschlagenen Abhilfemaßnahmen benötigt.[81] Zu diesem Zweck wurde im Wege einer Änderung der DVO FKVO ein besonderes **„Formblatt RM"** eingeführt, in dem die Anmelder zusammen mit den Verpflichtungsangeboten umfassende Informationen über den Inhalt der angebotenen Verpflichtungen (etwa eine detaillierte Beschreibung der derzeitigen Tätigkeit des zu veräußernden Geschäfts), die Bedingungen für ihre Umsetzung und ihre Geeignetheit zur Beseitigung der Wettbewerbsbedenken übermitteln müssen (Anhang IV DVO FKVO).

39 Die Möglichkeit – und Verpflichtung – der Kommission, bei Vorliegen geeigneter und ausreichender Verpflichtungszusagen der beteiligten Unternehmen den Zusammenschluss mit Bedingungen und Auflagen freizugeben, stellt eine Ausprägung des allgemeinen unionsrechtlichen **Grundsatzes der Verhältnismäßigkeit** dar; die bedingte Freigabe ist gegenüber einer Verbotsentscheidung oder – im Fall von Zusagen in Phase 1 – einer Verfahrenseröffnung gem. Art. 6 Abs. 1 lit. c das mildere Mittel.[82] Zugleich stellt aber die Genehmigung aufgrund von Zusagen ihrerseits eine die beteiligten Unternehmen belastende Entscheidung dar und unterliegt daher dem Verhältnismäßigkeitsgrundsatz. Die Kommission darf daher nur die Abgabe solcher Zusagen zur Voraussetzung der Freigabe machen, die geeignet und erforderlich sind, um die festgestellten Wettbewerbsbedenken auszuräumen, und nicht außer Verhältnis zu diesen stehen (zu sog take note commitments → Rn. 97).[83]

40 Allerdings sind in diesem Zusammenhang zwei Gesichtspunkte zu berücksichtigen. Zum einen führt die bedingte Freigabe dazu, dass der Zusammenschluss sofort vollzogen werden kann, die Beseitigung des durch diesen bewirkten Wettbewerbsproblems jedoch (außer im Fall von „upfront buyer"- oder „fix-it-first"-Zusagen, hierzu → Rn. 62 f.) erst in der Zukunft stattfindet und dementsprechend mit **Unsicherheiten und Risiken** behaftet ist, denen bei der Beurteilung der Eignung und Erforderlichkeit der Zusagen Rechnung getragen werden muss.[84] Zum anderen ist es grds. **Sache der Zusammenschlussparteien,** zu entscheiden, **in welcher Weise sie die von der Kommission geltend gemachten Bedenken ausräumen wollen;** sie können am besten beurteilen, welche von mehreren denkbaren und gleich wirksamen Zusagen am ehesten ihren wirtschaftlichen Interessen entspricht.[85] Es ist denkbar, dass sich die Beteiligten in Kenntnis des Umfangs der von der Kommission erforderlich erachteten Abhilfemaßnahmen aus eigenem Antrieb – etwa um einen höheren Kaufpreis zu erzielen oder mit Rücksicht auf Mitarbeiter oder Kunden – dazu

---

[78] EuG Slg. 2005, II-3745 Rn. 75 ff. – EDP/Kommission.
[79] EuG Slg. 2005, II-3745 Rn. 161 – EDP/Kommission.
[80] EuG Slg. 2005, II-3745 Rn. 555 – EDP/Kommission.
[81] Mitteilung „Abhilfemaßnahmen", Rn. 7.
[82] Lübking WuW 2011, 1223 (1226).
[83] EuGH Slg. 2007, I-12129 Rn. 52 – Cementbouw/Kommission und Schlussanträge Kokott, Rn. 65; Mitteilung „Abhilfemaßnahmen", Rn. 84 f.; Schwarze, Instrumente zur Durchsetzung des europäischen Wettbewerbsrechts/Schwarze, 2002, 75 ff., 90.
[84] Mitteilung „Abhilfemaßnahmen", Rn. 11 ff., 86.
[85] Lübking WuW 2011, 1223 (1229).

entschließen, mehr als das zur Beseitigung der Wettbewerbsbedenken unbedingt Erforderliche zu veräußern (etwa die umfangreichere der beiden sich überschneidenden Tätigkeiten in dem betroffenen Markt). In einem solchen Fall kann und muss die Kommission diese von den Beteiligten eingegangene Verpflichtung zur Bedingung ihrer Freigabeentscheidung machen und kann sie nicht etwa aufspalten in einen „erforderlichen" Teil und einen Teil, der nur „zur Kenntnis genommen" wird.[86]

Im Fall **Haniel/Cementbouw/CVK** hatten die Beteiligten sich zur Vermeidung einer Untersagung und Entflechtungsanordnung verpflichtet, das GU CVK (eine ehemalige Vertriebsorganisation der niederländischen Kalksandsteinwerke, an der Haniel und Cementbouw zuvor – unter gleichzeitiger Umwandlung des Vertriebskartells in ein Vollfunktions-GU – die gemeinsame Kontrolle erworben hatten, ohne diesen Zusammenschluss bei der Kommission anzumelden) innerhalb einer festgelegten Frist aufzulösen. Die Kommission genehmigte daraufhin den Zusammenschluss.[87] Auf die Klage von Cementbouw entschied das EuG, die Zusage gehe zwar über die Wiederherstellung der Lage vor dem Zusammenschluss hinaus, da CVK nach ihrer Erfüllung nicht einmal mehr in seiner vor dem Zusammenschluss existierenden Form als Verkaufsstelle fortbestünde. Jedoch seien die Anmelder nicht gezwungen, nur Zusagen vorzuschlagen, die strikt auf die Wiederherstellung der Wettbewerbslage vor dem Zusammenschluss gerichtet seien; nach Abs. 2 dürfe die Kommission alle Verpflichtungen der Beteiligten akzeptieren, die es ihr erlaubten, den Zusammenschluss für mit dem Binnenmarkt vereinbar zu erklären. Die Kommission dürfe in einem solchen Fall nämlich weder den Zusammenschluss trotz der angebotenen Zusagen untersagen noch unabhängig von den Zusagen der Beteiligten von (weniger weit reichenden) Bedingungen abhängig machen, die sie einseitig stelle.[88] Der EuGH hat in seinem Rechtsmittelurteil diese (für die Kommission) großzügige Auslegung des Verhältnismäßigkeitsgrundsatzes zwar nicht ausdrücklich bestätigt, aber die Verhältnismäßigkeit der Zusagen in dem gegebenen Fall unter Berufung auf den Beurteilungsspielraum der Kommission anerkannt.[89] Der Gerichtshof folgte damit den Schlussanträgen der GA Kokott, die zusätzlich darauf hinweist, dass das freiwillige Angebot der Zusagen durch die beteiligten Unternehmen ein starkes Indiz dafür darstellt, dass diese aus deren Sicht erforderlich und verhältnismäßig waren.[90] Bemerkenswert ist, dass der EuGH selbst der Kommission bei der Prüfung der Verhältnismäßigkeit von Verpflichtungszusagen gem. Art. 9 VO (EG) 1/2003 einen größeren Freiraum einräumt: die Kommission muss nur prüfen, ob die Zusagen zur Beseitigung der Wettbewerbsbedenken geeignet sind und ob die Parteien selber keine gleich wirksamen weniger belastende Verpflichtungszusagen angeboten haben.[91] 41

In ihrer Mitteilung „Abhilfemaßnahmen" von 2008 hebt die Kommission „mit Nachdruck" hervor, dass alle **Elemente, die Grundvoraussetzungen für akzeptable Abhilfemaßnahmen sind,** iSd Verhältnismäßigkeitsgrundsatzes als erforderlich anzusehen sind.[92] Überhaupt ist die Verbesserung der **Effektivität von Zusagen** in der Fusionskontrolle das „Leitmotiv" der Revision der Mitteilung gewesen, und zwar sowohl im Hinblick auf die Eignung verschiedener Arten von Abhilfemaßnahmen als auch im Hinblick auf deren Ausgestaltung im Einzelnen (Fokus auf Lebens- und Wettbewerbsfähigkeit des zu veräußernden Geschäfts bei Veräußerungszusagen, Fokus auf die Wahrscheinlichkeit, dass eine Marktöffnungszusage tatsächlich zu Marktzutritten führt).[93] 42

Abhilfemaßnahmen müssen die festgestellten **Wettbewerbsbedenken vollständig beseitigen und innerhalb einer relativ kurzen Zeitspanne umgesetzt werden können,** weil sonst die Wettbewerbsbedingungen im Markt nicht bis zur Umsetzung der Zusagen bestehen bleiben. Bei **Veräußerungszusagen** bedeutet dies – wie vom EuG in EDP hervorgehoben[94] –, dass die Kommission hinreichende **Gewissheit** haben muss, **dass die angebotene Veräußerung umgesetzt werden kann und die dadurch geschaffene neue Unternehmenseinheit ausreichend funktionsfähig und dauerhaft ist,** um einer Beeinträchtigung des Wettbewerbs vorzubeugen.[95] Es ist daher Sache der beteiligten Unternehmen, insoweit ggf. bestehende **Risiken** auszuräumen, insbs. in Bezug auf die von ihnen selbst an die Veräußerung geknüpften Bedingungen, Rechte Dritter am Veräußerungsgegenstand, die Existenz 43

---

[86] Kom. ABl. 2004 L 125, 54 Rn. 1004 ff. – Lagardère/Natexis/VUP.
[87] Kom. ABl. 2002 L 282, 1; Berichtigung ABl. 2003 L 285, 52 – Haniel/Cementbouw/JV (CVK).
[88] EuG Slg. 2006, II-319 Rn. 308 ff. – Cementbouw/Kommission.
[89] EuGH Slg. 2007, I-12129 Rn. 52 ff. – Cementbouw/Kommission.
[90] Schlussanträge EuGH Slg. 2007, I-12129 Rn. 65 ff. – Cementbouw/Kommission.
[91] EuGH Slg. 2010, I-5949 Rn. 41 – Kommission/Alrosa; vgl. Lübking WuW 2011, 1223 (1229).
[92] Mitteilung „Abhilfemaßnahmen", Rn. 9 ff., 85.
[93] Lübking WuW 2011, 1223 (1227 f.).
[94] EuG Slg. 2005, II-3745 Rn. 555 – EDP/Kommission.
[95] Mitteilung „Abhilfemaßnahmen", Rn. 9 f.; ähnlich für Verpflichtungszusagen gem. Art. 9 VO (EG) 1/2003 EuGH Slg. 2010, I-5949 Rn. 41 – Kommission/Alrosa; vgl. Lübking WuW 2011, 1223 ff.

eines geeigneten Erwerbers sowie eine mögliche Verschlechterung der zu veräußernden Vermögenswerte während der Interimperiode bis zur Veräußerung. Im Fall Siemens/Alstom lehnte die Kommission einen Zusagenvorschlag ab, zur Ausräumung von Wettbewerbsbedenken im Markt für Eisenbahn-Signalanlagen eine Softwarelizenz zu erteilen. Der Erwerber hätte während der vierjährigen Lizenzdauer die Software zu seiner eigenen Softwareplattform migrieren müssen und wäre während dieser Zeit weiter von dem fusionierten Unternehmen abhängig gewesen. Damit war die Anforderung, dass Abhilfemaßnahmen innerhalb einer relativ kurzen Zeitspanne umgesetzt werden müssen, nicht erfüllt.[96] Die Kommission untersagte den Zusammenschluss. Ferner muss die Umsetzung der Zusagen wirksam kontrolliert werden können, insbes. bei Zusagen, die nicht in einer Veräußerung bestehen. Wenn die vorgeschlagenen Abhilfemaßnahmen derart komplex sind, dass eine wirksame Überwachung ihrer Umsetzung nicht möglich erscheint, sind die Zusagen bereits aus diesem Grund zur Beseitigung des festgestellten Wettbewerbsproblems ungeeignet.[97] Erst recht akzeptiert die Kommission keine Zusagen, die lediglich dahingehen, dass die Parteien sich bemühen werden, ein bestimmtes Ergebnis zu erreichen. So hat sie im Fall Saint-Gobain/Wacker-Chemie/NOM die Zusage der Beteiligten zurückgewiesen, ihre Unterstützung einer Beschwerde bei der Kommission in einem Antidumpingverfahren zurückzunehmen, um einem außerhalb des EWR angesiedelten Wettbewerber zu ermöglichen, seine Produkte in den EWR zu importieren und damit zu dem fusionierten Unternehmen in Wettbewerb zu treten; die Kommission hob hervor, dass die Entscheidung über die Notwendigkeit von Antidumpingmaßnahmen Sache des Rates ist und dass die Rücknahme der Unterstützung der Beschwerde durch die Parteien keine Gewähr bietet, dass die Maßnahmen aufgehoben werden.[98]

44   c) **Auswirkungen von Verpflichtungszusagen auf Dritte.** Es kommt vor, dass Zusammenschlussparteien **Verpflichtungszusagen** eingehen, **die sie nur unter Mitwirkung von am Fusionskontrollverfahren nicht beteiligten Dritten erfüllen können,** etwa wenn die Auflösung eines GU mit einem Wettbewerber nur mit Zustimmung des Partnerunternehmens möglich ist.[99] Das Risiko, die Zusage nicht erfüllen zu können, liegt dann bei den beteiligten Unternehmen, die die Verpflichtung eingegangen sind; die Rechtsposition der ggf. durch die Erfüllung der Zusage betroffenen Dritten wird durch die Entscheidung der Kommission nicht beeinträchtigt. Allerdings muss die Kommission bei ihrer Prüfung, ob die betreffende Zusage geeignet ist, die Wettbewerbsbedenken auszuräumen, beurteilen, ob mit hinreichender Sicherheit zu erwarten ist, dass die Beteiligten die Zusage auch erfüllen werden. Insoweit hat sie in der Mitteilung „Abhilfemaßnahmen" von 2008 eine strikte Position bezogen: Es obliege den beteiligten Unternehmen Unsicherheiten in Bezug auf Rechte Dritter an dem Veräußerungsgeschäft zu beseitigen, wenn sie die Abhilfemaßnahmen der Kommission vorschlagen, oder ggf. ein alternatives Veräußerungsobjekt (→ Rn. 58) vorzuschlagen.[100] Soweit sich eine Zusage auf Dritte auswirkt, die die Zusage abgebenden Zusammenschlussparteien sie aber zivilrechtlich ohne Zustimmung der Dritten umsetzen können, werden diese durch die Kommissionsentscheidung nicht in ihren Rechten beeinträchtigt.[101]

45   3. **Arten von Verpflichtungszusagen. a) Überblick.** Legen die beteiligten Unternehmen Verpflichtungszusagen vor, muss die Kommission prüfen, ob durch diese eine mit dem Binnenmarkt vereinbare Gestaltung des Zusammenschlusses herbeigeführt wird, dh im Regelfall, dass ausgeschlossen wird, dass durch den Zusammenschluss wirksamer Wettbewerb im Binnenmarkt oder einem wesentlichen Teil desselben erheblich behindert wird. Nach der **Rspr.** kann dies grds. sowohl durch strukturelle Zusagen als auch durch verhaltensbedingte Zusagen geschehen. Wie das EuG in stRspr seit Gencor/Kommission und sodann der EuGH in Kommission/TetraLaval ausgeführt haben, **verdienen strukturorientierte Verpflichtungen zwar grds. den Vorzug,** weil sie eine Wettbewerbsbehinderung endgültig oder zumindest auf längere Zeit verhindern, ohne dass mittel- oder langfristig Überwachungsmaßnahmen notwendig wären; es lässt sich indessen **nicht a priori ausschließen, dass auf den ersten Blick verhaltensbestimmende Verpflichtungen** wie die Nicht-

---

[96] Kom., M.8677, Rn. 1661 ff. – Siemens/Alstom.
[97] Mitteilung „Abhilfemaßnahmen", Rn. 11 ff. unter Hinweis auf EuG Slg. 2006, II-1931 Rn. 186 ff. – easyJet/Kommission und EuG Slg. 2005, II-3745 Rn. 72 – EDP/Kommission.
[98] Kom. ABl. 1997 L 247, 1 Rn. 260 ff. – Saint-Gobain/Wacker-Chemie/NOM; vgl. allerdings Kom. ABl. 1999 L 254, 9 – Enso/Stora, in der die Kommission u.a. eine Zusage der Beteiligten „zur Kenntnis nahm", ggf. Anträge auf Eröffnung zollfreier Einfuhrkontingente für konkurrierende Erzeugnisse zu unterstützen.
[99] Vgl. etwa Kom., M.3436 – Continental/Phoenix.
[100] Mitteilung „Abhilfemaßnahmen", Rn. 11 und Fn. 1.
[101] EuG Slg. 1995, II-1247 – CCE Vittel/Kommission (Abweisung der Klage von Arbeitnehmervertretern gegen eine Freigabeentscheidung der Kommission unter der Bedingung einer Betriebsveräußerung als unbegründet); ebenso für Verpflichtungszusagen gem. Art. 9 VO (EG) 1/2003 im Ergebnis EuGH Slg. 2010, I-5949 – Kommission/Alrosa, allerdings mit dem Hinweis, die Kommission müsse bei der Prüfung der Verhältnismäßigkeit der Zusagen die Interessen Dritter berücksichtigen.

verwendung einer Marke für eine bestimmte Zeit oder die Zurverfügungstellung eines Teils der Produktionskapazität der aufgrund des Zusammenschlusses entstehenden Einheit an Konkurrenten oder allgemein der Zugang zu einer wesentlichen Infrastruktur unter nicht diskriminierenden Bedingungen **ebenfalls geeignet sein können, die Entstehung oder Verstärkung einer beherrschenden Stellung zu verhindern.**[102] Die Kommission betont, dass die Frage, welche Art von Abhilfemaßnahmen zur Beseitigung wettbewerblicher Bedenken geeignet ist, stets nur von Fall zu Fall entschieden werden kann.[103] Allerdings will sie Zusagen, die keine Veräußerung beinhalten, nur entgegennehmen, wenn diese in ihrer Wirkung im Markt einer Veräußerung gleichkommen; die **Veräußerungszusage** stellt gleichsam die **Messlatte („benchmark")** dar, an der die Effektivität aller anderen Abhilfemaßnahmen gemessen wird.[104] In der Praxis geht die Kommission vielfach pragmatisch vor: Obwohl die große Mehrzahl der Zusagen struktureller Art sind, können Verhaltenszusagen akzeptabel sein, wenn eine Veräußerung praktisch nicht durchführbar oder angesichts von Art und Schwere der Wettbewerbsbedenken unverhältnismäßig wäre (zB in Technologiemärkten die künftige Marktentwicklung besonders schwer prognostizierbar ist).[105] Auch lässt sich eine Korrelation zwischen der Natur der Wettbewerbsbedenken und der Art der von der Kommission akzeptierten Zusagen beobachten: zur Ausräumung vertikaler oder konglomerater Wettbewerbsbedenken scheint die Kommission eher bereit, verhaltensorientierte Zusagen zu akzeptieren als bei horizontalen Überschneidungen.[106]

Strukturelle Zusagen sind darauf gerichtet, die Bedingungen für ausreichenden Wettbewerb **46** in einem bestimmten Markt dadurch zu erhalten bzw. wiederherzustellen, dass bestimmte unternehmerische Vermögenswerte, mit denen eine Marktstellung verbunden ist, zusammen mit dieser Marktstellung auf einen unabhängigen Dritten übertragen werden; es wird also eine **wettbewerbliche Marktstruktur erhalten bzw. wiederhergestellt** und damit die Marktmacht des zusammengeschlossenen Unternehmens reduziert.[107] Der wichtigste Fall struktureller Zusagen ist die **Veräußerung einer Tochtergesellschaft oder eines rechtlich unselbstständigen Unternehmensteils;** je nach Fallgestaltung kann aber auch die Veräußerung anderer Vermögenswerte wie zB gewerblicher Schutzrechte oder Marken unmittelbar eine bestimmte Marktstellung übertragen und damit als strukturelle Zusage zu qualifizieren sein. Die Mitteilung „Abhilfemaßnahmen" geht davon aus, dass eine Veräußerungszusage oder eine andere strukturelle Zusage, die einer Veräußerung gleichwertig ist, die beste Lösung sowohl für Wettbewerbsprobleme darstellt, die auf horizontalen Überschneidungen beruhen, als auch für solche, die vertikale oder konglomerate Bedenken zurückgehen.[108]

Verhaltenszusagen können ebenfalls darauf gerichtet sein, die Voraussetzungen für wirksamen **47** Wettbewerb zu erhalten oder wiederherzustellen, indem sie etwa den Zugang zu einem Markt oder zu einer wesentlichen Infrastruktur oder Ressource ermöglichen oder erleichtern; in diesem Fall kann man auch iSd Gencor-Rspr. von strukturorientierten Verhaltenszusagen sprechen. In der Praxis ist der **Übergang zwischen rein strukturellen und strukturorientierten Verhaltenszusagen fließend.**[109] Die Erteilung einer Lizenz über geistige Eigentumsrechte kann strukturell sein, insbes. wenn es sich um eine exklusive Lizenz handelt, die unbefristet oder auf eine längere Dauer gewährt wird; werden dagegen nicht exklusive Lizenzen zeitlich befristet erteilt, handelt es sich um eine auf die Gewährung von Marktzugang gerichtete Verhaltenszusage. Die Übertragung einer Marktposition, die idR durch eine Veräußerung erreicht werden soll, kann ausnahmsweise auch durch vertraglichen Zugang zu Produktionskapazitäten (Lohnfertigung oder toll manufacturing) erfolgen.

Rein verhaltensbedingt und ohne strukturelle Wirkung sind hingegen **Zusagen, die aus- 48 schließlich ein bestimmtes Wettbewerbsverhalten oder den Verzicht darauf zum Gegenstand haben** mit dem Ziel, die nachteiligen Folgen der durch den Zusammenschluss bewirkten erheblichen Wettbewerbsbehinderung zu vermeiden oder zu reduzieren, ohne dieser Wettbewerbsbehinderung selbst entgegen zu wirken. Solche Zusagen will die Kommission nur in besonders gelagerten Ausnahmefällen akzeptieren.[110]

---

[102] EuGH Slg. 2005, I-987 Rn. 85 ff. – Kommission/TetraLaval; EuG Slg. 1999, II-753 Rn. 318 f. – Gencor/Kommission; EuG Slg. 2003, II-3825 Rn. 192 ff. – ARD/Kommission; EuG Slg. 2002, II-4381 Rn. 161 – TetraLaval/Kommission; EuG Slg. 2005, II-3745 Rn. 100 – EDP/Kommission; vgl. auch Mitteilung „Abhilfemaßnahmen", Rn. 15 ff.
[103] Mitteilung „Abhilfemaßnahmen", Rn. 16.
[104] Mitteilung „Abhilfemaßnahmen", Rn. 17; Lübking WuW 2011, 1223 (1228).
[105] Jones/Weinert, EU Competition Law – Mergers & Acquisitions/Vande Walle, 3. Aufl. 2021, Rn. 7.73 ff.
[106] Jones/Weinert, EU Competition Law – Mergers & Acquisitions/Vande Walle, 3. Aufl. 2021, Rn. 7.92.
[107] Jones/Weinert, EU Competition Law – Mergers & Acquisitions/Vande Walle, 3. Aufl. 2021, Rn. 7.74 f.
[108] Mitteilung „Abhilfemaßnahmen", Rn. 17.
[109] AA Jones/Weinert, EU Competition Law – Mergers & Acquisitions/Vande Walle, 3. Aufl. 2021, Rn. 7.79 ff., wonach insbes. Marktöffnungszusagen klar verhaltensorientiert seien, auch wenn sie je nach Ausgestaltung mehr oder weniger strukturelle Wirkungen haben könnten.
[110] Mitteilung „Abhilfemaßnahmen", Rn. 17.

49 Nachfolgend sollen Zusagen danach **eingeteilt** werden, in welcher Weise sie darauf gerichtet sind, das Wettbewerbsproblem zu lösen. Es wird unterschieden zwischen Zusagen zur Übertragung einer Marktposition durch Veräußerung, Zusagen zur Auflösung oder Abschwächung struktureller Verbindungen mit Wettbewerbern, Zusagen auf Marktöffnung oder Zugang zu Infrastruktur sowie schließlich Zusagen, die ausschließlich (den Verzicht auf) ein bestimmtes Wettbewerbsverhalten zum Gegenstand haben.[111]

50 **b) Übertragung einer Marktposition durch Veräußerung.** Nach der Mitteilung „Abhilfemaßnahmen" besteht im Falle einer drohenden erheblichen Behinderung wirksamen Wettbewerbs durch einen Zusammenschluss die beste Lösung für die Aufrechterhaltung des Wettbewerbs – abgesehen von einem Verbot – darin, im Wege der Veräußerung eines Geschäfts durch die an dem Zusammenschluss beteiligten Unternehmen die Voraussetzungen für die Schaffung einer neuen wettbewerbsfähigen Einheit oder für die Stärkung bestehender Wettbewerber zu schaffen.[112]

51 Auch eine Veräußerung ist jedoch mit Risiken verbunden – insbes. aufgrund der gegenläufigen Interessen der Zusammenschlussbeteiligten einerseits und der Kommission (und ggf. des Erwerbers des zu veräußernden Geschäfts) andererseits –,[113] denen die Kommission bei der konkreten Ausgestaltung der Zusage Rechnung zu tragen versucht. Nach der Mitteilung „Abhilfemaßnahmen" muss Gegenstand einer Veräußerungszusage ein **lebensfähiges Geschäft (viable business)** sein, das in den Händen eines geeigneten Käufers wirksam und auf Dauer mit dem durch die Fusion entstandenen Unternehmen konkurrieren kann und das als laufender Betrieb **(going concern)** veräußert wird; dabei ist den mit der Übertragung des Geschäfts an einen neuen Inhaber verbundenen Unsicherheiten und Risiken Rechnung zu tragen.[114] Normalerweise setzt dies voraus, dass es sich um ein **bereits bestehendes Unternehmen oder Geschäft** handelt, das selbstständig tätig sein kann **(stand alone)**; eine Abhängigkeit von dem aus dem Zusammenschluss hervorgegangenen Unternehmen kann daher nur für eine Übergangszeit hingenommen werden. Die Kommission zieht deshalb soweit möglich die Veräußerung eines bestehenden selbständigen Geschäfts (sei es einer rechtlich selbständigen Tochtergesellschaft oder eines rechtlich unselbständigen Geschäftsbereichs) der Veräußerung von Aktivitäten, die mit dem fusionierenden Unternehmen wesentliche Funktionen wie Beschaffung, Logistik oder Vertrieb teilen, vor.[115] ZB konnte die Übernahme des Bahnunternehmens Arriva durch Deutsche Bahn (DB) unter der Bedingung des Verkaufs der Tochtergesellschaft Arriva Deutschland GmbH in der ersten Phase genehmigt werden. Arriva Deutschland, ein Hauptwettbewerber von DB auf den deutschen Märkten für Schienen- und Buspersonenverkehr, war ein in jeder Hinsicht selbständig operierendes Unternehmen mit eigenem Management, das von dem späteren Erwerber (Trenitalia) ohne Weiteres im Wettbewerb zu DB auf den betreffenden Märkten fortgeführt werden konnte.[116]

52 Die Beurteilung der voraussichtlichen Lebensfähigkeit des zu veräußernden Geschäfts stellt eine der **schwierigsten Prognosen** dar, die der Kommission bei der Entgegennahme von Veräußerungszusagen obliegt, weil sie von einer Vielzahl von Faktoren wie zB der Abhängigkeit von Vorprodukten, Markenrechten, Know-how, dem Kundenstamm uÄ abhängt, deren Analyse eine genaue Kenntnis des fraglichen Geschäfts und des betreffenden Wirtschaftszweiges erfordern. Die Kommission ist für diese Beurteilung deshalb ganz besonders auf die von den Anmeldern mit dem Formblatt RM vorgelegten Auskünfte sowie auf die Erkenntnisse aus dem Markttest der angebotenen Verpflichtungszusagen angewiesen.

53 Das Erfordernis eines lebensfähigen Geschäftes kann es notwendig machen, dass das zu veräußernde Geschäft **über den Bereich hinausgeht, in dem sich die Tätigkeiten der am Zusammenschluss beteiligten Unternehmen** auf dem jeweils relevanten Markt **überschneiden,** und auch Tätigkeiten mit einschließt, deren Verbleib im fusionierten Unternehmen für sich genommen kein Wettbewerbsproblem schaffen würde.[117] So konnte die Übernahme des größten französischen Buchverlagshauses Vivendi Universal Publishing/Editis durch den Lagardère-Konzern, dem bereits das zweitgrößte Verlagshaus Hachette Livre gehörte, nur unter der Voraussetzung genehmigt werden, dass Lagardère den größeren Teil (etwa 60 %) der Aktivitäten von Editis weiterveräußerte. Wegen der engen Verflechtungen zwischen den verschiedenen Stufen der Verlagstätigkeit von Editis (Akqui-

---

[111] Zur Fallpraxis der Kommission bei Verpflichtungszusagen ausf. vgl. Jones/Weinert, EU Competition Law – Mergers & Acquisitions/Vande Walle, 3. Aufl. 2021, Rn. 7.88 ff.; Lindsay, The EC Merger Regulation: Substantive Issues, 2003, §§ 9–05 ff.
[112] Mitteilung „Abhilfemaßnahmen", Rn. 22.
[113] Jones/Weinert, EU Competition Law – Mergers & Acquisitions/Vande Walle, 3. Aufl. 2021, Rn. 7.102 ff.
[114] Mitteilung „Abhilfemaßnahmen", Rn. 22 f.
[115] Mitteilung „Abhilfemaßnahmen", Rn. 33.
[116] Kom., M.5855 – Deutsche Bahn/Arriva.
[117] Mitteilung „Abhilfemaßnahmen", Rn. 23.

sition von Autorenrechten, Buchverlage, Buchvertrieb und Logistik) hätte eine Veräußerung der wettbewerblich kritischen Aktivitäten (vor allem Taschenbücher, Schulbücher, Vertrieb und Logistik) ohne eine ausreichende „kritische Masse" an Verlagsaktivitäten in an sich nicht kritischen Bereichen (zB allgemeine Literatur) nicht zur Schaffung einer lebensfähigen Wettbewerbseinheit geführt.[118]

Die Kommission betont in der Mitteilung „Abhilfemaßnahmen" sehr deutlich, dass die Veräußerung einer Kombination von Vermögenswerten, die in der Vergangenheit kein einheitliches und lebensfähiges Geschäft gebildet haben, Risiken für die Lebens- und Wettbewerbsfähigkeit des neuen Unternehmens mit sich bringt, vor allem im Fall der Kombination von Vermögenswerten von mehr als einem beteiligten Unternehmen. Die Kommission will deshalb ein solches Vorgehen nur zulassen, wenn die Lebensfähigkeit des Geschäfts ungeachtet der Tatsache gewährleistet ist, dass die Vermögenswerte zuvor kein einheitliches Geschäft gebildet haben, etwa weil die einzelnen Vermögenswerte bereits jeweils für sich ein lebens- und wettbewerbsfähiges Geschäft darstellten.[119] In ihrer neueren Praxis ist die Kommission auch bereit, **komplexe Veräußerungspakete** anzunehmen, insbesondere in der Form von **„carve-outs"**, bei denen ein zur Lösung des Wettbewerbsproblems geeignetes Veräußerungsgeschäft aus verschiedenen Unternehmensbereichen maßgeschneidert wird. In diesen Fällen fordert sie jedoch, dass die Durchführbarkeit und Wirksamkeit der Zusage durch **zusätzliche Sicherungen** gewährleistet wird. Dies kann insbesondere durch spezifische Kriterien für die Eignung des Erwerbers und/oder durch eine „up-front-buyer" oder „fix-it-first"-Lösung (→ Rn. 62 f.) erreicht werden.[120] Eine andere Lösung wurde im Fall Munksjö/Ahlstrom gewählt, wo zur Ausräumung des Wettbewerbsproblems die Veräußerung einer von zwei, in denselben Produktionsbetrieb integrierten Papiermaschinen erforderlich war: Die beteiligten Unternehmen verpflichteten sich, den Betrieb als Ganzes (dh als „stand-alone business") zu veräußern, jedoch unter Ausschluss der für die wettbewerblich unproblematischen Erzeugnisse verwendeten Maschine, die im Eigentum des fusionierten Unternehmens verbleiben konnte („reverse carve-out").[121] Ein ähnliches Beispiel einer komplexen Veräußerung in der Form eines „reverse carve out" ist der Fall Ball/Rexam: Hier verpflichtete sich Ball zur Veräußerung seines gesamten Getränkedosengeschäftes in Europa, allerdings unter Ausschluss einiger Produktionsstätten, die bei Ball verblieben, dafür aber unter Einschluss einzelner Werke von Rexam. Mit diesem komplexen Veräußerungspaket sollte erreicht werden, dass in allen betroffenen räumlichen „Clustern" von Einzugsbereichen der Werke der Zusammenschlussparteien nach der Veräußerung ausreichend Wettbewerb bestehen blieb, gleichzeitig aber eine neue lebens- und wettbewerbsfähige Unternehmenseinheit geschaffen wurde.[122] Entscheidend ist jedoch stets, ob das Zusagenpaket geeignet ist, die wesentliche Wettbewerbsbehinderung mit hinreichender Sicherheit auszuräumen. So war im Fall UPS/TNT Express kein geeigneter Käufer ersichtlich, der in der Lage gewesen wäre, die von UPS zum Verkauf angebotenen Geschäftsbereiche in der Weise mit seinem bestehenden Geschäft zu verbinden, dass er erfolgreich mit den beiden einzigen verbliebenen „Integratoren" UPS/TNT und DHL in den betroffenen nationalen Märkten für Expresspaketdienste hätte konkurrieren können.[123] Ebenso hatten im Fall Ryanair/Aer Lingus III die von Ryanair im Rahmen einer „fix-it-first"-Zusage vorgeschlagenen Erwerber nach Einschätzung der Kommission keine hinreichende Fähigkeit und Anreize, die wettbewerblich kritischen Flugrouten auch nach Ablauf der mit Ryanair vertraglich vereinbarten Mindestzeit im Wettbewerb zu Ryanair zu bedienen.[124]

Ausnahmsweise kann – insbes. in Konsumentenproduktmärkten, in denen Marken eine besondere Rolle spielen – die **Veräußerung von Markenrechten verbunden mit Produktionskapazitäten** ausreichend sein, soweit sich die Kommission davon überzeugen kann, dass dieses Paket in den Händen eines geeigneten Erwerbers ohne Weiteres lebensfähig ist; die Veräußerung von Marken kann sogar ohne Produktionskapazitäten möglich sein, wenn die Marktstellung einer Marke im Wesentlichen auf dem Markennamen selbst beruht und der Erwerber mit seinen vorhandenen Kapazitäten ohne Weiteres die Produktion aufnehmen kann.[125] Soweit in derartigen Fällen das Wettbe-

---

[118] Kom. ABl. 2004 L 125, 54 – Lagardère/Natexis/VUP. Das EuG und der EuGH haben die Klage eines Wettbewerbers gegen den Beschluss abgewiesen (EuG Slg. 2010, II-185 – Odile Jacob/Kommission); EuGH Urt. v. 6.11.2012 – C-551/10P – Odile Jacob/Kommission.
[119] Mitteilung „Abhilfemaßnahmen", Rn. 37.
[120] ZB Kom., M.6690 – Syniverse/Mach; M.6857 – Crane/MEI Group; M.7567 – Ball/Rexam.
[121] Kom., M.6576 – Munksjö/Ahlstrom.
[122] Kom., M.7567 – Ball/Rexam.
[123] Kom., M.6570 – UPS/TNT Express; hierzu Langeheine/v. Koppenfels ZWeR 2013, 299 (303 f.). Der Beschluss wurde aus Verfahrensgründen aufgehoben durch EuG Urt. v. 7.3.2017 – T-194/13 – United Parcel Service/Kommission; bestätigt durch EuGH Urt. v. 16.1.2019 – C-265/17P – Kommission/United Parcel Service.
[124] Kom., M.6663, Rn. 1783 ff. – Ryanair/Aer Lingus III.
[125] Mitteilung „Abhilfemaßnahmen", Rn. 37; Kom., M.3779 – Pernod Ricard/Allied Domecq: Veräußerung eines Pakets von Spirituosenmarken; Kom., M.5644 – Kraft/Cadbury: Veräußerung des Schokoladenerzeug-

werbsproblem auf ein begrenztes geografisches Gebiet (zB einen oder wenige Mitgliedstaaten) begrenzt ist, eine dauerhafte Abtretung der betroffenen Marke für das gesamte Gebiet der EU unverhältnismäßig wäre und eine dauerhafte geografische Aufspaltung der Marke zwischen dem fusionierten Unternehmen und einem dritten Erwerber nicht praktikabel oder aus Wettbewerbsgründen unerwünscht ist, akzeptiert die Kommission auch die Erteilung einer zeitlich begrenzten Lizenz zur Nutzung der Marke, verbunden mit der Abtretung von Produktionskapazitäten. Der Erwerber der Lizenz kann dann in dem betreffenden Gebiet sofort die mit der Marke verbundene Marktposition des bisherigen Markeninhabers übernehmen, muss aber vor Ablauf der Lizenzdauer eine andere Marke für das betreffende Produkt im Markt einführen („re-branding"); der ursprüngliche Markeninhaber darf normalerweise die Marke erst nach Ablauf einer gewissen Frist („black-out phase") nach Ende der Lizenzdauer in diesem Gebiet wieder nutzen.[126] Die Kommission hat allerdings in der Mitteilung „Abhilfemaßnahmen" von 2008 die Anforderungen an derartige **Re-branding-Zusagen** verschärft: Nur bekannte starke Marken kommen in Frage; die zeitlich begrenzte Lizenz für die Marke muss soweit erforderlich mit der dauerhaften Abtretung von Produktions- und/oder Vertriebskapazitäten sowie Know-how kombiniert werden; die Lizenz muss ausschließlich und – für das betreffende Lizenzgebiet – umfassend (dh nicht auf bestimmte Produktlinien beschränkt) sein und alle mit der Marke verbundenen gewerblichen Schutzrechte einschließen; schließlich müssen sowohl die Lizenzdauer als auch die anschließende Black-out-Phase ausreichend lang sein, damit die Lizenz einer Veräußerung gleich kommt.[127]

56 Ein anderes Beispiel, wo die Veräußerung nicht eines eigenständigen Geschäfts, sondern bestimmter Vermögenswerte eine wirksame Lösung der festgestellten Wettbewerbsprobleme darstellte, ist der Fall Cisco/Tandberg. Hier hatte die Kommission Wettbewerbsbedenken im Hinblick auf horizontale Überschneidungen zwischen den Zusammenschlussparteien auf dem Markt für Ausstattungen für Videokonferenzen, insbes. weil es an einem Industriestandard für Interoperabilität fehlte. Die Kommission gab den Zusammenschluss frei, nachdem Cisco sich verpflichtete, die geistigen Eigentumsrechte an seinem Interoperabilitätsprotokoll auf eine unabhängige Industrievereinigung zu übertragen, die auf dieser Grundlage Lizenzen unter einer „open source"-Struktur gewährt. Da diese Lösung es Wettbewerbern ermöglichte, ähnlich wie bei einem Standardisierungsprozess an der Weiterentwicklung des Protokolls mitzuwirken, ging sie deutlich über die bloße Gewährung einer Lizenz hinaus.[128]

57 Das veräußerte Geschäft kann sowohl dem erwerbenden Unternehmen als auch dem Zielunternehmen gehören. Entscheidend ist die Fähigkeit zur Selbständigkeit. Wo diese für das erwerbende Unternehmen hinsichtlich von Geschäftsbereichen des Zielunternehmens schwierig zu beurteilen ist, etwa im Fall einer feindlichen Übernahme, will die Kommission der Mitteilung „Abhilfemaßnahmen" zufolge der Veräußerung der Aktivität des erwerbenden Unternehmens den Vorzug geben.[129]

58 In Fällen, wo Zweifel bestehen, ob eine von den Beteiligten angebotene Veräußerung realisierbar ist (etwa weil die Übertragung der Beteiligung an einem GU, von wichtigen Kundenbeziehungen, geistigen Eigentumsrechten oder Mitarbeitern des zu veräußernden Geschäfts von der Zustimmung oder Mitwirkung der betroffenen Dritten abhängt), können diese **alternative Zusagen** anbieten; danach verpflichten sie sich für den Fall, dass innerhalb einer bestimmten Frist die Veräußerung des primär angebotenen Geschäfts nicht zustande kommt, ein anderes Geschäft zu veräußern, hinsichtlich dessen diese Zweifel nicht bestehen, oder das ursprünglich zum Verkauf angebotene Geschäft um zusätzliche Aktiva zu erweitern, die seine Attraktivität für einen Käufer erhöhen (sog **„crown jewel"**).[130] Auch hier hat die Mitteilung „Abhilfemaßnahmen" von 2008 strikte Voraussetzungen für die Akzeptanz derartiger alternativer oder „Kronjuwelen"-Zusagen formuliert: Das primär vorgesehene Veräußerungsobjekt muss – abgesehen von der Unsicherheit, wegen der eine alternative Veräußerungszusage gewählt wurde – alle Voraussetzungen eines lebensfähigen Geschäfts erfüllen; die alternative Veräußerung muss das Wettbewerbsproblem ebenso wirksam beseitigen und ihre Realisierbarkeit innerhalb einer kurzen Frist (damit die Umsetzung der Zusage insgesamt nicht

---

nissegeschäfts von Cadbury in Polen und Rumänien, jeweils bestehend aus Marken und verbundenen Produktionsstätten.

[126] Mitteilung „Abhilfemaßnahmen", Rn. 39 ff.; zB Kom., M.2337 – Nestlé/Ralston Purina: zeitlich begrenzte Lizenz für die Haustierfuttermarken „Friskies" in Spanien und „Chow" in Italien und Griechenland; Kom., M.2621 – SEB/Moulinex: fünfjährige Lizenz für die Haushaltsgerätemarke „Moulinex" in neun Staaten, insoweit bestätigt durch EuG Slg. 2003, II-1279 Rn. 191 ff. – BaByliss/Kommission.

[127] Mitteilung „Abhilfemaßnahmen", Rn. 41.

[128] Kom., M.5669 – Cisco/Tandberg; Lübking WuW 2011, 1223 (1330).

[129] Mitteilung „Abhilfemaßnahmen", Rn. 34.

[130] Mitteilung „Abhilfemaßnahmen", Rn. 44 ff.; Kom., M.1182 – Akzo Nobel/Courtaulds; Kom. ABl. 2000 C 170, 6 – Glaxo Wellcome/SmithKline Beecham; Kom., M.2337 – Nestlé/Ralston Purina.

in die Länge gezogen wird) muss außer Zweifel stehen; die erforderlichen Vorkehrungen für die getrennte Verwaltung und die Erhaltung der Wettbewerbsfähigkeit des Veräußerungsgeschäfts (→ Rn. 100) müssen für alle alternativ vorgesehenen Verkaufsobjekte gelten; schließlich müssen die Zusagen eine klare Regelung mit einem strikten Zeitplan dafür treffen, unter welchen Voraussetzungen die alternative Zusage umzusetzen ist. Die neue Mitteilung stellt auch klar, dass in Fällen, wo der Grund der Unsicherheit in Bezug auf die Verwirklichung der primär vorgesehenen Veräußerung in Rechten Dritter oder Zweifeln am Vorhandensein eines geeigneten Erwerbers besteht, die Anmelder statt einer alternativen Zusage auch einen „up-front buyer" vorschlagen können.[131] Kritisch sind „crown-jewel"-Zusagen jedoch zu bewerten, wenn sie dazu dienen Zweifel an der Attraktivität des primären Verkaufsobjekts für potenzielle Erwerber auszuräumen.[132] In der Praxis sind alternative Zusagen in den letzten Jahren weniger häufig vorgekommen.[133]

59 Wo das Wettbewerbsproblem durch die Zusammenfassung der Marktstellungen der am Zusammenschluss beteiligten Unternehmen begründet wird, muss idR einer der beiden in dem betreffenden Markt tätigen Geschäftsbereiche der Beteiligten veräußert werden, so dass die durch den Zusammenschluss bewirkte **Marktanteilsaddition rückgängig** gemacht wird. Ausnahmsweise kann allerdings auch eine Veräußerung ausreichen, die die Marktanteilsaddition nicht vollständig beseitigt. Dies kann etwa der Fall sein, wenn der Zusammenschluss eine Koordinierung des Wettbewerbsverhaltens[134] zu schaffen oder zu verstärken droht und die Veräußerungszusage den Zweck verfolgt, einen neuen Wettbewerber zu schaffen oder einen vorhandenen Wettbewerber zu stärken, der in der Lage ist, auf die Mitglieder des Oligopols ausreichenden Wettbewerbsdruck auszuüben, um eine Koordinierung des Wettbewerbsverhaltens zwischen diesen zu verhindern. So verpflichteten sich im Fall VEBA/VIAG die Beteiligten, ihre Beteiligungen an HEW, Bewag und VEAG zu veräußern mit dem Ziel, einen oder mehrere neue Wettbewerber auf dem deutschen Strommarkt auf der Verbundebene im Wettbewerb zu den fusionierten Unternehmen VEBA/VIAG und RWE/VEW zu schaffen und dadurch die Entstehung eines marktbeherrschenden Duopols zu verhindern. Die Zusagen wurden in enger Abstimmung zwischen der Kommission und dem BKartA ausgehandelt, das für die nahezu zeitgleiche Prüfung des Zusammenschlusses RWE/VEW zuständig war.[135]

60 Das zu veräußernde Geschäft muss in den Verpflichtungszusagen **genau und umfassend beschrieben** werden. Es muss **alle Vermögenswerte und Mitarbeiter** umfassen, **die zum derzeitigen Betrieb gehören bzw. dort beschäftigt sind oder die erforderlich sind, um seine Lebens- und Wettbewerbsfähigkeit sicherzustellen.**[136] Hierzu gehören idR alle materiellen und immateriellen Vermögenswerte einschl. geistiger Eigentumsrechte und Kundenbeziehungen, öffentlich-rechtlicher Genehmigungen sowie das erforderliche Personal in allen wesentlichen Bereichen wie zB Forschung und Entwicklung, Produktion, Vertrieb und Vermarktung. Wo Mitarbeiter und/oder Vermögenswerte vor der Veräußerung sowohl für das Veräußerungsgeschäft als auch für andere Geschäftsbereiche eines beteiligten Unternehmens tätig sind, müssen diese ganz oder teilweise einbezogen werden, wenn dies für die Lebens- und Wettbewerbsfähigkeit des Veräußerungsgeschäfts erforderlich ist. Die Mitteilung sowie der Mustertext der Kommission für Veräußerungszusagen[137] sieht vor, dass die Verpflichtungszusagen anbietenden Beteiligten diesen als Anhang eine detaillierte Beschreibung des zu veräußernden Geschäfts beifügen; der Zusagentext enthält aber zugleich eine umfassende **Generalklausel** („catch-all clause"), die sicherstellen soll, dass alle für die Lebensfähigkeit des Geschäfts erforderlichen Vermögensgegenstände von der Definition erfasst sind. Soweit für eine Übergangszeit das zu veräußernde Geschäft auf bestimmte Serviceleistungen eines beteiligten Unternehmens angewiesen ist (was die Kommission nur akzeptiert, wenn dies die Unabhängigkeit des Geschäfts nicht beeinträchtigt), sind hierfür ausdrückliche Vorkehrungen zu treffen. Soweit bestimmte Aktiva oder Mitarbeiter, die derzeit zu dem Veräußerungsgeschäft gehören, nicht übertragen werden sollen (und dies die Lebens- und Wettbewerbsfähigkeit des Geschäfts nicht beeinträchtigt), muss dies im Text der Zusagen ausdrücklich vorgesehen werden. Für die Beurteilung, ob bestimmte Vermögenswerte oder Mitarbeiter für das veräußernde Geschäft benötigt werden, kann es nicht auf die eigenen Kapazitäten des künftigen Erwerbers ankommen, dessen Identität ja im Zeitpunkt der Unterbreitung der Zusagen noch nicht feststeht; dies schließt selbstverständlich nicht aus, dass die Kommission in Anwendung der Sprechklausel im Zusammenhang mit der Genehmigung des Käufers eine Veräußerung ohne bestimmte Vermögenswerte oder Mitarbeiter genehmigt,

---

[131] Mitteilung „Abhilfemaßnahmen", Rn. 45 f.
[132] Drauz/Jones EU Competition Law II/De Souza/Brockhoff, 2. Aufl. 2012, Rn. 7.215.
[133] Jones/Weinert, EU Competition Law – Mergers & Acquisitions/Vande Walle, 3. Aufl. 2021, Rn. 7.129.
[134] Leitlinien „Horizontale Zusammenschlüsse", Rn. 39 ff.
[135] Kom. ABl. 2001 L 188, 1 – VEBA/VIAG; BKartA WuW/E DE-V 301 – RWE/VEW.
[136] Mitteilung „Abhilfemaßnahmen", Rn. 25 ff.
[137] Mustertext für Veräußerungszusagen, verfügbar auf der Website der GD Wettbewerb, Rn. 4.

die der Erwerber erklärtermaßen nicht übernehmen möchte und die zur Lebens- und Wettbewerbsfähigkeit des veräußerten Geschäfts in der Hand dieses Erwerbers nicht erforderlich sind.

61 Die Veräußerung muss innerhalb einer festgelegten **Frist** an einen von der Kommission zu genehmigenden, bestimmten Kriterien genügenden **Käufer** erfolgen; erst dann hat die Zusage ihren Zweck erfüllt (→ Rn. 103).[138]

62 Grundsätzlich findet die Veräußerung **nach Vollzug des Zusammenschlusses** statt. In bestimmten Fällen verpflichten sich allerdings die beteiligten Unternehmen, den Zusammenschluss erst zu vollziehen, wenn sie eine verbindliche Vereinbarung über die Veräußerung des zu veräußernden Geschäfts mit einem von der Kommission genehmigten Käufer geschlossen haben (sog **upfront buyer-Zusage**). Diese Lösung wird vor allem in Fällen gewählt, wo die Durchführbarkeit der Veräußerung oder die Erhaltung der Lebens- und Wettbewerbsfähigkeit des zu veräußernden Geschäfts in der Zwischenzeit mit Risiken behaftet ist (zB Rechten Dritter am Veräußerungsobjekt, Ungewissheit, ob ein geeigneter Käufer gefunden werden kann, Gefahr der Abwanderung wichtiger Mitarbeiter). Die up-front-buyer-Lösung schafft hier für die Zusammenschlussparteien einen zusätzlichen Anreiz, sich um eine schnelle Veräußerung zu bemühen, weil sie erst danach ihre beabsichtigte Fusion durchführen können.[139] Nach Angaben des Generaldirektors der GD Wettbewerb enthielten etwa 45% der in den Jahren 2016/17 von der Kommission angenommenen Veräußerungszusagen eine up-front buyer-Klausel.[140]

63 Noch weiter gehende Garantien hinsichtlich einer schnellen Umsetzung der Veräußerung bietet eine sog **„fix-it-first"-Zusage,** wo die beteiligten Unternehmen sich bereits während des laufenden Fusionskontrollverfahrens – oder sogar schon vor der Anmeldung[141] – mit einem interessierten Erwerber auf die Veräußerung einigen und die Identität des gewählten Käufers in den Verpflichtungszusagen selbst festgelegt wird. Macht die Kommission die Zusagen in dieser Form zur Bedingung der Freigabe des Zusammenschlusses, bedarf es anschließend keiner Genehmigung des Käufers, und die Veräußerung kann sofort stattfinden. Der Mitteilung „Abhilfemaßnahmen" zu Folge begrüßt die Kommission derartige fix-it-first-Lösungen vor allem dann, wenn die Lebensfähigkeit des zu veräußernden Geschäfts, die Durchführbarkeit der Zusage oder ihre Eignung zur Lösung des festgestellten Wettbewerbsproblems in besonderem Maße von der Identität des Erwerbers abhängen. ZB können an den Erwerber besondere Anforderungen gestellt werden, das zu veräußernde Geschäft könnte ohne vorhandene eigene Kapazitäten oder Kompetenzen des Erwerbers nicht lebensfähig sein oder es erscheint von vornherein nur eine eng begrenzte Zahl von Erwerbern als geeignet.[142] So stellten in T-Mobil Austria/tele.ring die veräußerten Vermögenswerte (Mobilfunkanlagen und -frequenzen) als solche kein selbständiges Geschäft dar, konnten aber in der Hand eines Wettbewerbers mit der Ambition, ähnlich wie tele.ring mit aggressivem Preiswettbewerb die Rolle eines „maverick" im Markt zu spielen, erheblichen Wettbewerbsdruck auf das fusionierte Unternehmen ausüben. Die Ermittlungen der Kommission ergaben, dass ein vor Kurzem neu in den Markt eingetretener Wettbewerber (Hutchison) bereit und fähig war, diese Rolle zu übernehmen; unter der Bedingung der Veräußerung der betreffenden Aktiva an diesen Erwerber konnte der Zusammenschluss genehmigt werden.[143] Im Fall Metso/Aker Kvaerner war das Ziel der Zusage, den Eintritt eines dritten Wettbewerbers (neben dem fusionierten Unternehmen und dessen verbliebenen Hauptwettbewerber Andritz) in die hochkonzentrierten und durch hohe Marktzutrittsschranken gekennzeichneten Märkte für Technologie und Anlagen für Zellstoffherstellung zu ermöglichen. Das zu veräußernde Geschäft bestand aus einer Kombination von Produktionsanlagen und Personal beider fusionierender Unternehmen in verschiedenen Stadien des Zellstoffproduktionsprozesses. Unter diesen Umständen erschien nur das bereits in Teilbereichen des Zellstoffanlagengeschäfts tätige Unternehmen GL&V in der Lage, mit Hilfe der veräußerten Vermögenswerte zu einem glaubwürdigen,

---

[138] Mitteilung „Abhilfemaßnahmen", Rn. 47.
[139] Mitteilung „Abhilfemaßnahmen", Rn. 53 ff.; zB Kom. ABl. 2004 L 82, 1 – The Post Office/TPG/SPPL (Zusage der Veräußerung des niederländischen Geschäfts von The Post Office); Kom. ABl. 2004 L 43, 1 – Bosch/Rexroth (Zusage der Veräußerung des Radial-Kolbenpumpengeschäfts von Bosch); Kom., M.2947 – Verbund/EnergieAllianz (Zusage der Veräußerung der Stromvertriebsgesellschaft APC durch Verbund); Kom., M.7567 – Ball/Rexam (Zusage der Veräußerung von verschiedenen Produktionsstätten für Getränkedosen beider Zusammenschlussparteien einschließlich zentraler Funktionen von Balls Getränkedosengeschäft in Europa); ausführlich Jones/Weinert, EU Competition Law – Mergers & Acquisitions/Vande Walle, 3. Aufl. 2021, Rn. 7.137 ff.
[140] Laitenberger, Abhilfemaßnahmen in der Fusionskontrolle, Vortragsmanuskript, Brüssel, 19.3.2018 (verfügbar auf der Website der GD Wettbewerb).
[141] Kom. ABl. 2002 L 233, 38 – UPM-Kymmene/Haindl.
[142] Mitteilung „Abhilfemaßnahmen", Rn. 57; ausführlich Jones/Weinert, EU Competition Law – Mergers & Acquisitions/Vande Walle, 3. Aufl. 2021, Rn. 7.137 ff.
[143] Kom., M.3916 – T-Mobile Austria/tele.ring.

in allen Teilmärkten wettbewerbsfähigen Anbieter zu werden.[144] Die Kommission hebt zwar hervor, dass sie in Fällen, die sich für eine fix-it-first-Lösung eignen, auch eine up-front-buyer-Zusage als gleichwertig akzeptiert.[145] In den letzten Jahren ist jedoch ein gewisser Trend zu beobachten häufiger fix-it-first-Zusagen einzugehen, zB in General Electric/Alstom (Veräußerung von Kernelementen der Hochleistungs-Gasturbinen-Sparte von Alstom an das bereits in dem betreffenden Markt tätige Unternehmen Ansaldo),[146] Boehringer Ingelheim/Sanofi (Veräußerung von Tierimpfstoffen und -arzneimitteln an Ceva),[147] im Mobilfunkbereich – Liberty Global/Base (Verkauf von Mobile Viking und einem Teil des Kundenstammes von Base an Medialaan)[148] und Hutchison/Wind (Verkauf von Funkfrequenzen und Mobilfunkantennenstandorten an Iliad zwecks Markteintritt eines neuen vollwertigen Mobilfunknetzbetreibers)[149] sowie zuletzt – im Bereich Versicherungsmakler – Aon/Willis Tower Watson[150] (umfassendes Zusagenpaket mit sog. „hybrider" fix-it-first-Lösung, dh Nominierung des Käufers bereits in den Zusagen mit gleichwohl anschließender Käufergenehmigung durch die Kommission – der Zusammenschluss wurde letztendlich nicht vollzogen).

64 Verpflichtungszusagen gem. Art. 9 VO (EG) 1/2003 sind in der Mehrzahl der Fälle nicht struktureller Art, weil verhaltensbedingte Wettbewerbsbeschränkungen idR durch verhaltensbedingte Abhilfemaßnahmen ausgeräumt werden können (→ Art. 9 VO 1/2003 Rn. 37 ff.). Dies schließt nicht aus, dass im Einzelfall auch eine Veräußerungszusage als Voraussetzung der Beendigung eines Verfahrens gem. Art. 101 oder 102 AEUV in Betracht kommt, insbes. in Fällen, wo das möglicherweise wettbewerbsbeschränkende Verhalten in der Unternehmensstruktur bedingt war (Erwgr. 12 VO (EG) 1/2003). Dementsprechend hat die Kommission bisher in drei Fällen im Energiesektor Zusagen zur Veräußerung von Strom- oder Gasnetzen akzeptiert, um die in der vertikalen Integration der Energieunternehmen liegenden Anreize und Möglichkeiten des Missbrauchs der Monopolstellung des Netzes auszuschließen.[151]

65 **c) Auflösung oder Abschwächung struktureller Bindungen.** Zusagen zur Auflösung oder Abschwächung struktureller Bindungen mit Wettbewerbern sind darauf gerichtet, den betreffenden Wettbewerber zu stärken bzw. sein unabhängiges Auftreten im Markt zu ermöglichen.[152] Sie kommen insbes. vor in Fällen, wo durch die Auflösung von strukturellen Bindungen zwischen Wettbewerbern eine **wettbewerbliche Koordination** zwischen diesen verringert oder ausgeschlossen werden soll. So haben die Beteiligten im Fall VEBA/VIAG zugesagt, Minderheitsbeteiligungen der VIAG an VEW sowie der VEBA an der Rhenag Rheinische Energie AG zu veräußern, um bestehende Verflechtungen zwischen dem fusionierten Unternehmen VEBA/VIAG und seinem nach paralleler Prüfung durch das BKartA ebenfalls fusionierenden Wettbewerber RWE/VEW aufzulösen; hierdurch sollte die Gefahr beseitigt werden, dass VEBA/VIAG und RWE/VEW ihr Wettbewerbsverhalten auf dem deutschen Strommarkt koordinieren und ein marktbeherrschendes Duopol bilden könnten.[153] Im Fall Allianz/Dresdner Bank verpflichtete sich Allianz, den von ihr und der Dresdner Bank-Gruppe an dem Wettbewerber Münchener Rück gehaltenen stimmberechtigten Aktienbesitz auf 20,5 % zu reduzieren.[154] Im Fall Nordbanken/Postgirot, wo die Kommission die Entstehung eines beherrschenden Duopols auf dem Markt für Girozahlungsdienste und damit zusammenhängende technische Dienste in Schweden befürchtete, verpflichtete sich Postgirot, seine Beteiligung an dem Wettbewerber Bankgirot auf 10 % zu reduzieren und auf alle Aktionärsrechte zu verzichten, die über die gesetzlichen Mindestrechte eines 10 %igen Aktionärs hinausgehen, während sich Nordbanken verpflichtete, alle seine Vertreter aus den Leitungsgremien von Bankgirot zurückzuziehen. Eine vergleichbare Verpflichtung ging Postgirot ferner hinsichtlich Privatgirot, einem weiteren Wettbewerber, ein.[155] Im Fall Siemens/VA Tech erachtete die Kommission es als erforderlich, die Unabhängigkeit des mit VA Tech konkurrierenden Metallurgieanlangenbauers SMS Demag sicherzustellen, an dem Siemens eine 28 %ige Minderheitsbeteiligung hielt. Da Siemens bereits eine Put-Option zur Veräußerung der SMS Demag-Anteile ausgeübt hatte, der Vollzug dieser Transaktion sich jedoch

---

[144] Kom., M.4187 – Metso/Aker Kvaerner.
[145] Mitteilung „Abhilfemaßnahmen", Rn. 56 f.
[146] Kom., M.7278 – General Electric/Alstom (Thermal Power, Renewable Power and Grid Business).
[147] Kom., M.7917 – Boehringer Ingelheim/Sanofi Animal Health.
[148] Kom., M.7637 – Liberty Global/Base Belgium.
[149] Kom., M.7758 Hutchison 3G Italy/WIND/JV.
[150] Kom., M.9829 Aon/Willis Tower Watson.
[151] Kom., 39388 u. 39389 – Deutscher Stromgroßhandelsmarkt und deutscher Regelenergiemarkt (E.ON); 39402 – RWE; 39315 – ENI; vgl. hierzu Lübking WuW 2011, 1223 (1229 ff.).
[152] Mitteilung „Abhilfemaßnahmen", Rn. 58 ff.
[153] Kom. ABl. 2001 L 188, 1 – VEBA/VIAG; vgl. auch BKartA WuW/E DE-V 301 – RWE/VEW.
[154] Kom., M.2431 – Allianz/Dresdner Bank.
[155] Kom., M.2567 – Nordbanken/Postgirot.

wegen gerichtlicher Auseinandersetzungen verzögert hatte, konnte sich die Zusage darauf beschränken, die Ausübung der Gesellschafterrechte von Siemens in SMS Demag bis zum Vollzug des Verkaufs auf einen Treuhänder zu übertragen.[156]

66 Eine andere Fallkonstellation liegt vor, wenn **aufgrund von Minderheitsbeteiligungen vertikale Abschottungseffekte entstehen** können. Im Fusionsfall Toshiba/Westinghouse, zwei in der zivilen Nukleartechnik tätigen Unternehmen, verpflichtete sich Toshiba, auf bestimmte Gesellschafterrechte in dem GU GNF, einem Lieferanten von Kernbrennstoffen, zu verzichten, um Bedenken auszuräumen, die Verbindung der Beteiligung von Toshiba an GNF und ihrer Kontrolle von Westinghouse könnte den potenziellen Wettbewerb bei Brennstoffanlagen einschränken; die Kommission sah in diesem Fall in der fortbestehenden finanziellen Beteiligung des fusionierten Unternehmens an GNF kein wettbewerbliches Problem.[157] In IPIC/MAN Ferrostaal verpflichteten sich die beteiligten Unternehmen, die 30 %-ige Minderheitsbeteiligung von MAN Ferrostaal an Eurotecnica, dem weltweit einzigen unabhängigen Anbieter der Technologie für Hochdruckmelaminproduktion, zu verkaufen. Damit konnten die Bedenken ausgeräumt werden, dass aufgrund der vertikalen Beziehung zwischen Eurotecnica und IPICs Tochtergesellschaft AMI, einem führenden Melaminhersteller, das fusionierte Unternehmen die Fähigkeit und den Anreiz haben könnte, konkurrierende Melaminanbieter vom Markt zu verdrängen.[158]

67 Es ist bemerkenswert, dass – wie in den vorstehend beschriebenen Beispielen – die Kommission in Fällen der Auflösung struktureller Bindungen mit Wettbewerbern oder auf einem vor- oder nachgelagerten Markt tätigen Unternehmen häufig die Veräußerung von Minderheitsbeteiligungen zur Bedingung der Freigabe des Zusammenschlusses macht, obwohl der Erwerb einer solchen Minderheitsbeteiligung an sich keinen gem. Art. 3 Abs. 1 unter die FKVO fallenden Zusammenschluss darstellen würde. Der hierin liegende Wertungswiderspruch hat die Kommission u.a. veranlasst in ihrem Weißbuch „Eine wirksamere EU-Fusionskontrolle" vom 9.7.2014 vorzuschlagen, bestimmte Fälle des Erwerbs nicht-kontrollierender Minderheitsbeteiligung in den Anwendungsbereich der FKVO einzubeziehen.[159] Das Reformvorhaben wurde jedoch – auch auf Grund der Reaktion der betroffenen Kreise – nicht weiterverfolgt (→ Kapitel 8 Rn. 64).

68 **d) Marktöffnungszusagen.** Wo der Zugang zu einem Markt aufgrund besonderer Faktoren wie zB Ausschließlichkeitsvereinbarungen, geistiger Eigentumsrechte oder Netzwerkeffekte erschwert ist und diese Umstände dazu führen, dass nach dem Zusammenschluss die Marktposition des fusionierten Unternehmens nicht oder nur erschwert angreifbar (contestable) wird, kann die Kommission Verpflichtungszusagen entgegennehmen, die darauf abzielen, Abschottungseffekten entgegenzuwirken und den Markt wieder zugänglich zu machen. Dies kann durch die Verpflichtung zur **Beendigung bestehender Ausschließlichkeitsvereinbarungen,**[160] zur Gewährung von **Zugang zu wesentlichen Infrastruktureinrichtungen (essential facilities)** oder zur Gewährung von (nicht ausschließlichen) **Lizenzen zur Nutzung von Schlüsseltechnologien** geschehen; derartige Verpflichtungen können auch mit Veräußerungszusagen verbunden werden.

69 Verpflichtungszusagen auf Zugang zu Infrastruktureinrichtungen und Schlüsseltechnologien hat die Kommission, bestätigt durch das EuG, im Fall **BSkyB/Kirch Pay-TV** als ausreichend zur Ausräumung ihrer ernsthaften Bedenken angesehen.[161] Nach Auffassung der Kommission hätte die Gründung des GU des deutschen Pay-TV-Betreibers Kirch Pay-TV und des britischen Pay-TV-Anbieters BSkyB beherrschende Stellungen auf den Märkten für Bezahlfernsehen, für digitale interaktive Fernsehdienste und für den Erwerb von Senderechten in Deutschland durch den Zufluss von Finanzmitteln und Know-how sowie dem Wegfall des von BSkyB ausgehenden potenziellen Wettbewerbs begründet oder verstärkt. Die Beteiligten hatten sich zur Ausräumung dieser Bedenken u.a. verpflichtet, dritten Pay-TV-Anbietern Zugang zur Plattform von Kirch zu gewähren, den Zugang zu Kirchs d-Box-System für Applikationen Dritter zu öffnen, die Interoperabilität miteinan-

---

[156] Kom., M.3653 – Siemens/VA Tech.
[157] Kom., M.4153 – Toshiba/Westinghouse.
[158] Kom., M.5406 – IPIC/MAN Ferrostaal.
[159] Weißbuch „Eine wirksamere EU-Fusionskontrolle" v. 9.7.2014, COM(2014) 449 final; vgl. hierzu v. Koppenfels/Paulus ÖZK 2016, 21.
[160] ZB Kom. ABl. 1997 L 336, 16 – Boeing/McDonnel Douglas (Verzicht auf die Durchsetzung bestehender und die Vereinbarung neuer Exklusivitätsklauseln in Verträgen über Flugzeuglieferungen mit Fluggesellschaften); Kom. ABl. 1998 L 288, 24 – Guinness/Grand Metropolitan (Beendigung exklusiver Distributionsverträge für bestimmte Spirituosen in mehreren Mitgliedstaaten); Kom. ABl. 2000 L 20, 1 – Danish Crown/Vestjyske Slagterier (Änderung der Satzung des fusionierten Schlachthausunternehmens, die es den diesem als Genossenschafter angehörenden Schweinezüchtern erlaubte, bis zu 15 % ihres wöchentlichen Angebots an Schlachtvieh an dessen Wettbewerber zu liefern).
[161] Kom., JV.37 – BSkyB/Kirch Pay-TV; EuG Slg. 2003, II-3825 – ARD/Kommission.

IV. Beschluss gem. Abs. 2   70–72   Art. 8 FKVO

der im Wettbewerb stehender Plattformen zu ermöglichen, anderen technischen Plattformen Zugang zu Kirchs Bezahlfernsehdiensten zu gewähren und konkurrierenden Plattformen die Benutzung der d-Box-Technologie zu ermöglichen. Das EuG hat hierzu ausgeführt, diese Zusagen, obgleich eher verhaltensbezogener Natur, wiesen einen strukturierten Charakter auf, weil sie das strukturelle Problem des Marktzutritts Dritter lösen sollten; sie gingen daher weit über ein einfaches Versprechen, eine marktbeherrschende Stellung nicht zu missbrauchen, hinaus. Da sie für die beteiligten Unternehmen unmittelbar wirkende Verpflichtungen schafften, ohne dass der vorherige Nachweis eines Missbrauchs einer marktbeherrschenden Stellung erforderlich sei, enthielten sie auch einen Mehrwert gegenüber möglichen Maßnahmen gem. Art. 82 EG (jetzt: Art. 102 AUEV). Auch die Notwendigkeit einer gewissen Überwachung der Durchführung der Zusagen durch die Kommission stehe ihrer Eignung zur Beseitigung der Wettbewerbsbedenken nicht entgegen.[162]

Technologielizenzzusagen wurden von der Kommission relativ häufig bei Zusammenschlüssen in der chemischen und pharmazeutischen Industrie akzeptiert, weil in diesen Branchen vielfach wegen der engen Verknüpfung der Produktion verschiedener Erzeugnisse auf die jeweils wettbewerblich kritischen Märkte zugeschnittene Veräußerungszusagen nicht in Betracht kommen.[163] Sie können aber auch in Fällen geeignet sein, in denen es um die Herstellung von **Interoperabilität** (insbes. im Informationstechnologiesektor) geht. So hat die Kommission den Zusammenschluss Intel/McAfee aufgrund der Zusage von Intel freigegeben, mit McAfee konkurrierenden Herstellern von Sicherheitssoftware Zugang zu allen notwendigen technischen Informationen in gleichem Umfang und zum gleichen Zeitpunkt vor der Vermarktung der jeweiligen Intel-Chips wie vor der Fusion zu gewähren.[164] Anders als im Fall Cisco/Tandberg (→ Rn. 56) hat die Kommission hier nicht auf einer Veräußerung der für die Interoperabilität maßgeblichen Technologie bestanden, vermutlich, weil die zugrunde liegenden Wettbewerbsbedenken nicht horizontaler, sondern konglomerater Natur waren. Bemerkenswert ist, dass die Zusage im Fusionsfall Intel/McAfee in ihrer Natur der von der Kommission im Jahre 2004 Microsoft wegen Zuwiderhandlung gegen Art. 102 AEUV durch Beschluss gem. Art. 7 VO (EG) 1/2003 auferlegten Abhilfemaßnahme ähnelt, konkurrierenden Herstellern von Arbeitsgruppenservern die Schnittstellen zu Microsofts marktbeherrschendem Betriebssystem „Windows" offenzulegen, damit deren Produkte mit „Windows" kommunizieren können.[165] 70

Eine Marktzugangszusage kann auch **mit einer Veräußerung kombiniert** werden; so verpflichtete sich Liberty Global bei der Übernahme des belgischen Mobilfunkanbieters Base zum Verkauf des Base-Anteils an dem „virtuellen" Mobilfunkanbieter Mobile Vikings und eines Teiles des Base-Kundenstammes an Medialaan, verbunden mit dem Abschluss einer Netzzugangsvereinbarung, die es Mobile Vikings ermöglicht, gegen eine jährliche Pauschale einen festen Anteil der Netzkapazität von Base zu nutzen.[166] 71

Bei Zusammenschlüssen zwischen **Fluggesellschaften** hat die Kommission in einer Reihe von Fällen die Verpflichtung der Parteien akzeptiert, **Zeitnischen** für Start und Landung an Flughäfen („**slots**") abzugeben, um Wettbewerbern zu ermöglichen, auf von den beteiligten Unternehmen beherrschten Verbindungen Flüge im Wettbewerb zu diesen anzubieten.[167] Dies entspricht der Natur der Wettbewerbsprobleme in derartigen Fällen, die ihren Grund idR nicht im Fehlen physischer Kapazität (etwa Flugzeuge) haben, der durch eine Veräußerung begegnet werden könnte, sondern im Fehlen von Marktzugang aufgrund der Knappheit von Slots.[168] Um die Wirksamkeit derartiger „slot remedies" sicherzustellen, besteht die Kommission darauf, dass genaue Regelungen für eine 72

---

[162] EuG Slg. 2003, II-3825 Rn. 199 ff. – ARD/Kommission; krit. Jones/Weinert, EU Competition Law – Mergers & Acquisitions/Vande Walle, 3. Aufl. 2021, Rn. 7.85: Marktöffnungszusagen seien besser als verhaltensorientiert einzustufen, auch wenn sie je nach Ausgestaltung mehr oder weniger strukturelle Wirkungen haben könnten.
[163] ZB Kom. ABl. 1998 L 234, 14 – Hoffmann LaRoche/Boehringer Mannheim; Kom. ABl. 2000 C 170, 6 – Glaxo Wellcome/SmithKline Beecham; Kom. ABl. 2004 L 107, 1 – Bayer/Aventis; Kom., M.7917 – Boehringer Ingelheim/Sanofi Animal Health; Jones/Weinert, EU Competition Law – Mergers & Acquisitions/Vande Walle, 3. Aufl. 2021, Rn. 7.176 ff.
[164] Kom., M.5984 – Intel/McAfee; ähnlich jetzt auch Kom., M.9660 – Google/Fitbit (Verpflichtung Android-Originalgeräteherstellern weiterhin kostenlose Lizenzen für öffentliche Programmierschnittstellen zu erteilen, die alle seinerzeitigen Kernfunktionen umfassen, welche am Handgelenk getragene Geräte mit Blick auf ihre Interoperabilität mit einem Android-Smartphone benötigen).
[165] Kom., 37792 – Microsoft; vgl. allgemein zu Abhilfemaßnahmen zur Herstellung von Interoperabilität Lübking WuW 2011, 1223 (1233 f.).
[166] Kom., M.7637 – Liberty Global/Base Belgium.
[167] ZB Kom., M.3280 – Air France/KLM; bestätigt durch EuG Slg., II-1931 Rn. 197 ff. – easyJet/Kommission; Kom., M.3770 – Lufthansa/Swiss; krit. hierzu Parker ECLRev. 2005, 128 ff.
[168] Jones/Weinert, EU Competition Law – Mergers & Acquisitions/Bailly, 3. Aufl. 2021, Rn. 8.1227.

effiziente und zügige Zuteilung der abgegebenen Zeitnischen getroffen werden und die Abgabe der Slots zunächst an die Bedingung geknüpft wird, diese auch für neue Flugangebote auf den wettbewerblich problematischen Routen zu nutzen; nach einer bestimmten Dauer der Nutzung der abgetretenen Slots sollen auch die angestammten Rechte an den Zeitnischen („grandfather rights") auf den neuen Nutzer übergehen. Damit soll nicht nur das Problem der Knappheit von Start- und Landrechten („slot congestion") angegangen werden, sondern auch der Marktzutritts auf den kritischen Routen generell attraktiver gemacht werden.[169] Nur wo aufgrund des Markttests der Zusagen mit hinreichender Wahrscheinlichkeit ein Marktzutritt tatsächlich zu erwarten ist (etwa weil aktuelle oder potenzielle Wettbewerber in überzeugender Weise ihre Absicht erklären, die angebotenen Slots für neue Angebote auf den kritischen Strecken zu nutzen), akzeptiert die Kommission diese als Grundlage für die Freigabe des Zusammenschlusses; ist diese Voraussetzung nicht gegeben – zB weil die Abgabe von Slots auf einzelnen Strecken keinen ausreichenden Ausgleich für den Wegfall des von den fusionierenden Unternehmen bisher aufeinander ausgeübten Wettbewerbsdrucks schaffen kann –, kann ggf. nur eine Untersagung des Zusammenschlusses in Betracht kommen.[170] Ähnlich wie in den zuvor beschriebenen Fusionskontrollfällen hat die Kommission auch in ihrem Verfahren gem. Art. 101 AEUV zur „One World"-Allianz der Fluggesellschaften British Airways, American Airlines und Iberia Zusagen zur Freigabe von Flughafen-Slots für verbindlich erklärt, allerdings – in Anbetracht der im Vergleich zu einem Zusammenschluss weniger dauerhaften vertraglichen Zusammenarbeit der Allianzpartner – ein Leasing (statt dauerhafter Abtretung) der Zeitnischen für ausreichend erachtet.[171]

73 In die Kategorie der Marktöffnungszusagen gehören, obwohl in der Mitteilung „Abhilfemaßnahmen" nicht besonders erwähnt, Zusagen zum **vertraglichen Zugang zu Produktionskapazitäten**. Derartige Zusagen werden von der Kommission vor allem dann akzeptiert, wenn eine an sich in Betracht kommende Veräußerung der betreffenden Kapazitäten aus rechtlichen oder tatsächlichen Gründen nicht möglich ist. So wurde im Fall EDF/EnBW die durch den Zusammenschluss zu erwartende Absicherung der marktbeherrschenden Stellung von EDF auf dem französischen Strommarkt infolge des Wegfalls von EnBW als potenziellem Wettbewerber dadurch ausgeräumt, dass sich EDF zur Bereitstellung bestimmter Mengen von Stromerzeugungskapazität für alternative Anbieter im Wege jährlicher Auktionen („virtuelle Kraftwerke") verpflichtete; die an sich denkbare Veräußerung von Kraftwerkskapazitäten wäre rechtlich und tatsächlich nicht durchführbar gewesen.[172] Ebenso war im Fall Südzucker/St. Louis Sucre nach dem Vortrag der Beteiligten die Veräußerung von Zuckererzeugungskapazitäten auf dem süddeutschen Markt als Ausgleich für den Wegfall von St. Louis Sucre als potenziellem Wettbewerber aufgrund der rechtlichen Rahmenbedingungen der Gemeinsamen Marktorganisation für Zucker und ihrer Anwendung durch die zuständigen deutschen Behörden nicht möglich; stattdessen verpflichtete sich Südzucker, jährlich eine bestimmte Menge Zucker zum EU-Interventionspreis an einen Wettbewerber abzugeben („virtuelle Zuckerfabrik").[173] Eine Auktion bestimmter Strom- oder Gaskapazitäten kann auch iVm einer Veräußerung eine wirksame Abhilfemaßnahme darstellen, zB wenn dadurch dem veräußerten Vertriebsunternehmen Zugang zu Strom- bzw. Gasmengen verschafft wird.[174] Bei Wettbewerbsproblemen in Mobilfunkmärkten werden häufig Mobilfunkfrequenzen an Wettbewerber abgetreten.[175] In zwei Fällen von Zusammenschlüssen von Mobilfunkanbietern in Irland und Deutschland haben sich die Beteiligten darüber hinaus verpflichtet, vor dem Vollzug der Fusion Netzkapazität an Mobilfunkanbieter ohne eigenes Netz („mobile virtual network operators") abzutreten.[176] Wegen der zum Aufbau eines Mobilfunknetzes erforderlichen erheblichen Investitionen war zweifelhaft, ob die Abtretung von Frequenzen für den Marktzutritt eines neuen vollgültigen Netzbetreibers ausreichen würde. Dies hat allerdings zur Konsequenz, dass der Wegfall eines vollgültigen Netzbetreibers infolge des Zusammenschlusses „nur" durch den Neuzutritt bzw. die Stärkung eines oder mehrerer „virtueller" Anbieter ohne eigenes Netz ausgeglichen wird. In einem späteren Zusammenschlussfall im italienischen Mobilfunkmarkt hat die Kommission auf einer vollständigen Veräußerung von Aktiva (Frequenzen

---

[169] Kom., M.5335 – Lufthansa/SN Airholding; M.5440 – Lufthansa/Austrian Airlines.
[170] Kom., M.4439 – Ryanair/Aer Lingus; bestätigt durch EuG Slg. 2010, II-3457; Kom., M.5830 – Olympic/Aegean; Kom., M.6663 – Ryanair/Aer Lingus III.
[171] Kom., 39596 – BA/AA/IB; vgl. Lübking WuW 2011, 1223 (1232).
[172] Kom. ABl. 2002 L 59, 1 – EdF/EnBW.
[173] Kom. ABl. 2003 L 103, 1 – Südzucker/St. Louis Sucre.
[174] Kom. ABl. 2004 L 92, 91 – Verbund/EnergieAllianz; Kom., M.3696 – E.ON/MOL; Kom., M.3868 – DONG/Elsam/Energi E2.
[175] Kom., M.3916 – T-Mobile Austria/tele.ring; M.6497 – Hutchison/Orange Austria.
[176] Kom., M.6992 – Hutchison 3G UK/Telefónica Ireland und Pressemitteilung IP/14/607; Kom., M.7018 – Telefónica Deutschland/E-Plus und Pressemitteilung IP/14/771.

und Standorte von Funkmasten) zwecks Markteintritt eines neuen vollwertigen Netzbetreibers bestanden.[177]

Eine besondere Form des vertraglichen Zugangs zu Produktionskapazitäten sind Zusagen zur **74** **Lohnfertigung (toll manufacturing)** bestimmter Erzeugnisse zugunsten von Wettbewerbern.[178] Derartige Zusagen können auch in Ergänzung einer Zusage zur Erteilung einer Lizenz über geistige Eigentumsrechte eingegangen werden.[179] Lohnfertigungszusagen sind jedoch nur akzeptabel, wenn sie tatsächlich den Marktzutritt eines neuen Wettbewerbers ermöglichen; dies ist insbes. dann zweifelhaft, wenn die Lohnfertigungsvereinbarung dem fusionierten Unternehmen Einblick in die Strategie oder das Preisverhalten des Abnehmers der Erzeugnisse, die Gegenstand der Vereinbarung sind, geben kann.[180]

In Betracht kommen auch Zusagen, die auf andere Weise den Marktzutritt neuer Wettbewer- **75** ber erleichtern oder **Defizite im Funktionieren des Marktes verringern.**[181] Derartige Marktöffnungszusagen, die vielfach Verhaltenscharakter haben, kommen besonders häufig in **staatlich regulierten Infrastrukturmärkten** (zB Energie, Verkehr) vor, wenn die vorhandenen Regulierungsinstrumente nicht ausreichen, um einen Marktzutritt wirksam zu ermöglichen. So verpflichteten sich im Fall VEBA/VIAG die beteiligten Unternehmen, bei der Berechnung von Stromdurchleitungsentgelten auf eine bestimmte in der Verbändevereinbarung Strom vorgesehene Preiskomponente („T-Komponente") zu verzichten, die in besonderem Maße Stromimporte nach Deutschland erschwerte.[182] Im Fall EnBW/EDP/Cajastur/Hidrocantábrico sagte EDF zu, bestimmte Maßnahmen zum Ausbau der vorhandenen Interkonnektorkapazitäten zwischen Frankreich und Spanien durchzuführen, um Stromanbietern von außerhalb Spaniens einen Zutritt zum spanischen Strommarkt zu ermöglichen.[183] Im Fall Gaz de France/Suez verpflichteten sich die beteiligten Unternehmen als Teil eines umfassenden, auch die Veräußerung von Tochtergesellschaften einschließenden Zusagenpakets u.a. auf Maßnahmen zur Gewährleistung der Unabhängigkeit des belgischen Gasfernleitungsnetzbetreibers Fluxys sowie zum Zugang zu Gasspeicherkapazitäten.[184] Ähnlich hat die Kommission auch in mehreren Zusagenbeschlüssen gem. Art. 9 VO (EG) 1/2003 Verfahren gegen Energieunternehmen wegen Missbrauchs einer marktbeherrschenden Stellung aufgrund von Verpflichtungen zur Freigabe von Transportkapazität an Wettbewerber beendet.[185] Die Verfestigung der bis dahin vertraglich geregelten Zusammenarbeit der französischen SNCF und der britischen LCR beim Betrieb von Hochgeschwindigkeitszügen durch den Ärmelkanaltunnel zwischen Paris/Brüssel und London zu einem Vollfunktions-GU genehmigte die Kommission, nachdem sich die beteiligten Unternehmen zu verschiedenen Maßnahmen verpflichteten, mit denen die sehr hohen Eintrittsbarrieren für potenzielle Wettbewerber auf diesen Strecken reduziert werden sollten (Zugang zu Bahnhofsinfrastruktur, Wartungsdepots und Zugtrassen).[186] Im Fall des Zusammenschlusses der Dentalprodukthersteller Dentsply und Sirona verpflichtete sich Dentsply zu verschiedenen Maßnahmen – einschl. der Verlängerung bestehender Lizenzvereinbarungen –, um sicher zu stellen, dass Systeme für rechnergestützte Entwurfs- und Fertigungstechnologie (computer-aided design and computer-aided manufacturing systems, CAD/CAM-Systeme) von Sirona auch künftig mit CAD/CAM-Blöcken ihrer Wettbewerber kompatibel sind.[187]

---

[177] Kom., M.7758 Hutchison 3G Italy/WIND/JV.
[178] ZB Kom., M.1517 – Rhodia/Donau Chemie/Albright & Wilson.
[179] ZB Kom. ABl. 2004 L 107, 1 Rn. 1105 f. – Bayer/Aventis Crop Science.
[180] Vgl. Kom. ABl. 2004 L 82, 20 Rn. 264 ff. – CVC/Lenzing; Ablehnung einer Zusage der Lohnfertigung, verbunden mit einer nicht ausschließlichen Patentlizenz; der Zusammenschluss wurde untersagt; Kom., M.2277, Rn. 49 – Degussa/Laporte; Ablehnung der Zusage einer Lohnfertigung von Hydroxymonomeren durch die Kommission nach negativem Markttest; die Anmelder haben daraufhin die Veräußerung der entsprechenden Produktionskapazitäten an Laporte zugesagt.
[181] Lindsay, The EC Merger Regulation: Substantive Issues, 2003, §§ 9–43.
[182] Kom. ABl. 2001 L 188, 1 – VEBA/VIAG.
[183] Kom. ABl. 2002 L 114, 23 – EnBW/EDP/Cajastur/Hidrocantabrico.
[184] Kom., M.4180 – Gaz de France/Suez.
[185] Kom., 39316 – Gasmarktabschottung durch GDF; 39317 – Gasmarktabschottung durch E.ON. Bemerkenswert ist, dass die Kommission zugleich in mehreren Verfahren gegen vertikal integrierte Energieunternehmen wegen Missbrauchs einer marktbeherrschenden Stellung gem. Art. 102 AEUV das Verfahren gem. Art. 9 VO (EG) 1/2003 aufgrund von Zusagen zur Veräußerung des Netzes beendet hat, wodurch ebenfalls die eigentumsrechtliche Entflechtung zwischen Produktion/Beschaffung/Vertrieb von Strom und Gas einerseits und dem Betrieb des Übertragungs- bzw. Fernleitungsnetzes andererseits sichergestellt werden sollte: Kom., 39388 u. 39389 – Deutscher Stromgroßhandelsmarkt und deutscher Regelenergiemarkt (E.ON); 39402 – RWE; 39315 – ENI; vgl. hierzu Lübking WuW 2011, 1223 (1230 f., 1233).
[186] Kom., M.5655 – SNCF/LCR/Eurostar.
[187] Kom., M.7822 – Dentsply/Sirona.

76 Auch Marktöffnungszusagen, die auf Erleichterung des Zugangs von Wettbewerbern zu Lieferanten oder Kunden durch **Änderung langfristiger Vertragsbeziehungen** gerichtet sind (zB durch Einräumung vorzeitiger Kündigungsrechte), hat die Kommission unter bestimmten Voraussetzungen akzeptiert, insbes. wenn dadurch durch einen Zusammenschluss verstärkte vertikale Abschottungseffekte beseitigt oder verringert werden.[188] Auch hier bestehen Parallelen zu Verpflichtungszusagen, die die Kommission gem. Art. 9 VO (EG) 1/2003 entgegengenommen hat.[189]

77 Marktöffnungszusagen sind in jedem Fall nur dann geeignet, eine sonst als Folge des Zusammenschlusses zu erwartende erhebliche Wettbewerbsbehinderung zu verhindern, wenn mit ausreichender Wahrscheinlichkeit die **Prognose** aufgestellt werden kann, dass aufgrund der Zusage neue Anbieter in den Markt eintreten oder vorhandene Wettbewerber so gestärkt werden, **dass die Marktmacht des zusammengeschlossenen Unternehmens hinreichend begrenzt wird.** So hat die Kommission im Fall Volvo/Scania die von den Beteiligten abgegebene Zusage der Öffnung ihres Händler- und Servicenetzes als nicht ausreichend zurückgewiesen, weil nicht gewährleistet erschien, dass es Wettbewerbern aufgrund dieser Zusage auch tatsächlich möglich sein werde, Händler zum Vertrieb ihrer Produkte zu gewinnen und sich damit im Markt zu etablieren.[190] In der Mitteilung „Abhilfemaßnahmen" stellt die Kommission klar, dass Marktöffnungszusagen nur dann zur Grundlage für die Freigabe des Zusammenschlusses gemacht werden können, wenn sie einen zeitnahen Marktzutritt ausreichend wahrscheinlich machen, um als **in ihren Wirkungen einer Veräußerung vergleichbar** angesehen werden zu können. Erforderlichenfalls müssen sie mit einer up-front- oder fix-it-first-Regelung verbunden werden.[191] So verpflichteten sich die beteiligten Unternehmen im Fall DaimlerChrysler/Deutsche Telekom/JV, dass das geplante GU TollCollect bestimmte Dienstleistungen erst anbietet, wenn die Beteiligten bestimmte der von ihnen eingegangenen Marktöffnungszusagen erfüllt haben („qualitatives Moratorium").[192]

78 e) **Reine Verhaltenszusagen.** Die **Kommission** hat es in ihrer bisherigen Praxis nach der FKVO im Allgemeinen **abgelehnt, reine Verhaltenszusagen zu akzeptieren,** deren Wirkung sich auf das Versprechen beschränkt, sich in einer bestimmten Weise zu verhalten oder von bestimmten Handlungen im Wettbewerb Abstand zu nehmen. Hier liegt ein wesentlicher Unterschied zu Verfahren gem. Art. 101 oder 102 AEUV, wo auf das künftige Marktverhalten der betroffenen Unternehmen gerichtete Abhilfemaßnahmen – von der Kommission gem. Art. 7 VO (EG) 1/2003 einseitig auferlegt oder von den Unternehmen als Verpflichtungszusagen gem. Art. 9 VO (EG) 1/2003 freiwillig angeboten – im Normalfall geeignet sind, die in vergangenem Verhalten dieser Unternehmen begründeten Wettbewerbsbedenken auszuräumen.[193]

79 So hat die Kommission im Fall **General Electric/Honeywell** Zusagenangebote der Parteien zurückgewiesen, die ihre Bedenken hinsichtlich der durch den Zusammenschluss bewirkten vertikalen Integration und Konglomeratswirkungen ausräumen sollten. Zum einen sollte nach dem Vorschlag der Parteien die im Flugzeugleasinggeschäft tätige General Electric-Tochtergesellschaft GECAS sich verpflichten, Flugzeugkäufe nicht davon abhängig zu machen, dass der Flugzeughersteller Avionik- und andere Systeme von Honeywell verwendet, und auch Flugzeuge zu kaufen, die von Wettbewerbern von Honeywell stammende derartige Systeme enthalten. Zum anderen haben die Parteien angeboten, bei Angeboten an Kunden keine Systeme von General Electric und Honeywell zu bündeln, außer auf ausdrücklichen Wunsch des Kunden sowie als Reaktion auf entsprechende gebündelte Angebote von Wettbewerbern. Die Kommission stellte in ihrem Beschluss fest, derartige Versprechen stünden im Widerspruch zu ihrer erklärten Politik bei Abhilfemaßnahmen und zum eigentlichen Ziel der FKVO. Die festgestellten Wettbewerbsprobleme würden mit den vorgeschlagenen Verpflichtungen nicht gelöst. Ihre Wirkung würde darin bestehen, dass die Parteien eine beherrschende Stellung erlangten oder ihre beherrschende Stellung verstärkten, aber versprächen, sie nicht missbräuchlich zu nutzen. Abgesehen davon, dass diese Verpflichtungen kompliziert zu verwirklichen und zu überwachen seien, können sie nicht als geeignet angesehen werden, um die festgestellten

---

[188] Kom., M.2822 – ENI/EnBW/GVS; Kom., M.2876 – Newscorp/Telepiù; Mitteilung „Abhilfemaßnahmen", Rn. 67 f.
[189] Kom., 37966 – Distrigaz; sowie Lübking WuW 2011, 1223 (1232).
[190] Kom. ABl. 2001 L 143, 74 Rn. 341 ff. – Volvo/Scania.
[191] Mitteilung „Abhilfemaßnahmen", Rn. 62 ff.
[192] Kom., M.2903, Rn. 76 – DaimlerChrysler/Deutsche Telekom/JV; vgl. auch Kom., M.6992 – Hutchison 3G UK/Telefónica Ireland; und Kom., M.7018 – Telefónica Deutschland/E-Plus (Vollzug des Zusammenschlusses erst nach bindendem Vertrag über den Verkauf von Mobilfunkkapazität).
[193] Vgl. etwa Kom., 37792 – Microsoft (gem. Art. 7 VO (EG) 1/2003 auferlegte Verpflichtung, den Microsoft „MediaPlayer" nicht mit dem Betriebssystem „Windows" zu bündeln); Kom., 39398 – Visa/multilaterale Interbankenentgelte (gem. Art. 9 VO (EG) 1/2003 für verbindlich erklärte Zusage von Visa zur Senkung der multilateralen Interbankenentgelte); Lübking WuW 2011, 1223 (1234).

Wettbewerbsprobleme zu lösen.[194] Das EuG hat zu der Frage, ob die Kommission die Zusagen zu Recht zurückgewiesen hat, nicht Stellung genommen, da es bereits die Feststellung der Entstehung bzw. Verstärkung marktbeherrschender Stellungen durch Vertikal- und Konglomeratswirkungen als beurteilungsfehlerhaft ansah, die Entscheidung jedoch wegen der beurteilungsfehlerfreien Feststellung der Entstehung bzw. Verstärkung marktbeherrschender Stellungen auf anderen Märkten im Ergebnis bestätigte.[195]

Wo die Kommission derartige „reine" Verhaltenszusagen gleichwohl akzeptiert hat, handelte es sich in aller Regel[196] um sehr **speziell gelagerte Ausnahmefälle** und war die betreffende Zusage Teil eines umfassenderen Zusagenpakets. Ein Beispiel aus der „Frühzeit" der FKVO hierfür ist der Fall **Boeing/McDonnel Douglas**, in dem die Kommission – neben der Zusage der Beendigung von Boeing abgeschlossener exklusiver Lieferverträge mit mehreren Fluggesellschaften – die Zusage von Boeing akzeptierte, das zivile Verkehrsflugzeuggeschäft des erworbenen Unternehmens McDonnel Douglas zehn Jahre lang als juristisch selbstständige Unternehmenseinheit zu führen und nicht mit Subventionen der US-Regierung aus dem militärischen Flugzeuggeschäft quer zu subventionieren.[197] Hintergrund dieses der Kommission „in letzter Minute" unterbreiteten Zusagenpakets war, dass eine an sich gebotene Zusage zur Veräußerung des Zivilflugzeuggeschäfts von McDonnel Douglas wegen der erwarteten Unverkäuflichkeit dieses Unternehmensteils nicht realisierbar erschien, andererseits eine Untersagung des Zusammenschlusses wegen fehlender Durchsetzungsmöglichkeiten (beide beteiligten Unternehmen hatten keinerlei Niederlassungen oder Tochtergesellschaften in der EU) und aus völkerrechtlichen bzw. politischen Gründen (das Zusammenschlussvorhaben wurde von der US-Regierung unterstützt und war von der FTC bereits freigegeben worden) als unangebracht angesehen wurde. In jüngerer Zeit hat die Kommission bei Zusammenschlüssen in digitalen Märkten, in denen die Verfügung über Kundendaten Marktmacht verschafft oder verstärkt, Zusagen angenommen, die den Zugriff auf solche Daten innerhalb des fusionierten Unternehmens beschränken. In Google/Fitbit hätte nach Auffassung der Kommission Google durch den Erwerb von Fitbit die von Fitbit geführte Datenbank über die Gesundheit und Fitness seiner Nutzer erworben. Aufgrund der Zunahme der bereits sehr umfangreichen Datenmengen, die Google für die Personalisierung von Werbung verwenden kann, wäre es für Wettbewerber schwieriger geworden, mit den Diensten von Google auf den Märkten für Online-Suchmaschinenwerbung, Online-Display-Werbung und dem gesamten „Ad-Tech-Ökosystem" zu konkurrieren. Um diese Bedenken auszuräumen, verpflichtete sich Google, die Gesundheits- und Wellness-Daten der Nutzer, die über am Handgelenk getragene Geräte und andere Geräte von Fitbit erfasst werden, im EWR nicht für Google-Werbung einschl. Suchmaschinenwerbung zu verwenden und die relevanten Nutzerdaten von Fitbit auf technischem Wege von den anderen Daten in einem sog. „Datensilo" getrennt zu halten.[198]

Das **EuG** hat im Fall **Gencor/Lonrho** ebenfalls anerkannt, dass die Kommission, wenn sie zu dem Schluss gelangt, dass der Zusammenschluss geeignet ist, eine beherrschende Stellung zu begründen oder zu verstärken, ihn verbieten muss, auch wenn sich die an dem geplanten Vorhaben beteiligten Unternehmen gegenüber der Kommission verpflichten, diese Stellung nicht zu missbrauchen; die FKVO habe nämlich den Zweck, die Begründung oder Verstärkung von Marktstrukturen zu verhindern, die einen wirksamen Wettbewerb spürbar beeinträchtigen können.[199] Später haben die Unionsgerichte jedoch im Fall **TetraLaval/Sidel** eine eher ambivalente Position zu reinen Verhaltenszusagen eingenommen. In diesem Fall hatte die Kommission Bedenken, TetraLaval könne nach der Übernahme von Sidel seine bestehende beherrschende Stellung auf dem Markt für Kartongetränkeverpackungen durch „leveraging"-Praktiken („Hebelwirkung") auf den benachbarten Markt für SBM-Maschinen, die zur Herstellung von PET-Kunststoffgetränkeverpackungen verwendet werden, ausdehnen. Um diese Bedenken auszuräumen, war TetraLaval u.a. die Verpflichtungen eingegangen, Sidel zehn Jahre lang getrennt von TetraLaval zu führen sowie keine gebündelten Angebote für sowohl Kartongetränkeverpackungen als auch von Sidel hergestellte SBM-Maschinen abzugeben. Die Kommission hat diese Zusagen mit der Begründung zurückgewiesen, diese seien als solche nicht zur dauerhaften Wiederherstellung wirksamen Wettbewerbs geeignet, da sie das die Bedenken auslösende Problem der durch das Zusammenschlussvorhaben bewirkten dauerhaften Änderung der Marktstruktur nicht beheben würden; ferner stünden derartige Versprechen im Widerspruch zu der

---

[194] Kom. ABl. 2004 L 48, 1 Rn. 530, 550 – General Electric/Honeywell.
[195] EuG Slg. 2005, II-5575 Rn. 472 – General Electric/Kommission.
[196] Vgl. allerdings Kom. ABl. 1999 L 254, 9 – Enso/Stora, in der die Kommission eine Zusage der Beteiligten „zur Kenntnis nahm", einen Preisschutzmechanismus für kleinere Kunden vorzusehen und ggf. Anträge auf Eröffnung zollfreier Einfuhrkontingente für konkurrierende Erzeugnisse zu unterstützen.
[197] Kom. ABl. 1997 L 336, 16 Rn. 123 – Boeing/McDonnel Douglas.
[198] Kom., M.9660 – Google/Fitbit.
[199] EuG Slg. 1999, II-753 Rn. 316 f. – Gencor/Kommission.

erklärten Politik der Kommission in Bezug auf Abhilfemaßnahmen und zum eigentlichen Zweck der FKVO und ließen sich nur schwer oder gar nicht wirksam überwachen.²⁰⁰ Das EuG – insoweit bestätigt durch den EuGH – hat gerügt, die Kommission habe somit nicht die Auswirkungen der von TetraLaval eingegangenen Verpflichtungen bei ihrer Prüfung, ob durch das voraussichtliche „leveraging" künftig eine beherrschende Stellung auf dem Markt für SBM-Maschinen entstehen würde, berücksichtigt; die Kommission hätte im Einzelnen prüfen müssen, ob die konkret angebotenen Zusagen geeignet waren, die Übertragung einer auf einem bestimmten Markt bestehenden marktbeherrschenden Stellung auf einen benachbarten Markt durch „Hebelwirkung" (leveraging) auszuschließen.²⁰¹

82 Vergleicht man diese Aussagen von EuG und EuGH im Fall TetraLaval mit denen des EuG in Gencor/Kommission und in ARD/Kommission,²⁰² scheinen die Unionsgerichte offenbar **zu unterscheiden zwischen solchen Zusammenschlüssen, die eine unmittelbare strukturelle Änderung im Markt bewirken** (insbes. horizontale Zusammenschlüsse), **und solchen, bei denen eine beherrschende Stellung erst nach einer gewissen Zeit durch „leveraging" erzielt wird** (zumeist: konglomerate Zusammenschlüsse). In den letzteren Fällen sollen Zusagen hinsichtlich künftigen Verhaltens in Betracht gezogen werden müssen, wenn die Wahrscheinlichkeit, dass das fusionierte Unternehmen derartige Verhaltensweisen praktizieren könnte, geprüft wird.

83 Diese Unterscheidung – und überhaupt die Zulassung reiner Verhaltenszusagen – ist **problematisch**. Erstens stellt jede Analyse der wettbewerblichen Wirkungen eines Zusammenschlusses eine Prognose künftiger Marktentwicklungen dar, auch im Fall eines klassischen horizontalen Zusammenschlusses (→ Art. 2 Rn. 217 ff.). Zweitens können in Fällen unterschiedlicher Produkte, die jedoch in gewissen Austauschbeziehungen zueinander stehen (wie im konkreten Fall Karton- und PET-Kunststoffverpackungen für Getränke),²⁰³ je nach der konkreten sachlichen Marktabgrenzung die wettbewerblichen Wirkungen des Zusammenschlusses als horizontal oder konglomerat eingestuft werden. Es hieße jedoch, die Funktion der Marktabgrenzung als Hilfsmittel zur Rekonstruktion der tatsächlichen Wettbewerbsbeziehungen im Markt (→ Art. 2 Rn. 39 ff.) überzubewerten, würde man von ihr derart grundsätzliche Wertungsunterschiede wie die Angemessenheit oder Unangemessenheit reiner Verhaltenszusagen zur Lösung von Wettbewerbsproblemen abhängig machen, ganz abgesehen von den damit verbundenen praktischen Unsicherheiten. Drittens ist es Zweck der Fusionskontrolle gem. Art. 2, nicht etwa – wie Art. 102 AEUV – Schädigungen der Abnehmer durch den Missbrauch einer marktbeherrschenden Stellung zu verhindern, sondern bereits im Vorfeld eines möglichen Missbrauchs jeder erheblichen Behinderung wirksamen Wettbewerbs, insbes. durch Entstehung oder Verstärkung einer marktbeherrschenden Stellung, vorzubeugen. Damit lässt es sich nicht vereinbaren, bei der Prüfung, ob ein Unternehmen in der Lage ist, eine vorhandene beherrschende Stellung auf einem Markt dazu auszunutzen, auf einem anderen Markt eine beherrschende Stellung zu erlangen, ein Versprechen zu berücksichtigen, bestimmte Verhaltensweisen zu unterlassen, zu denen das Unternehmen nur aufgrund seiner Marktbeherrschung in der Lage ist. Schließlich – und dies ist entscheidend – hängt die Wirksamkeit jeder Zusage von der Möglichkeit der effektiven Überwachung ab, und auf diese Frage geht der EuGH in keiner Weise ein; stattdessen diskutiert er die wettbewerbliche Würdigung der Kommission unter der hypothetischen Prämisse, als ob die Zusagen von TetraLaval vollständig umgesetzt worden wären.²⁰⁴

84 Die Kommission bleibt deshalb zu Recht **gegenüber Zusagen hinsichtlich künftigen Verhaltens skeptisch**. In der Mitteilung „Abhilfemaßnahmen" von 2008 betont sie, Zusagen, Preise nicht zu erhöhen, Produktpaletten einzuschränken oder Marken vom Markt zu nehmen eigneten sich generell nicht dazu, auf horizontalen Überschneidungen beruhende Wettbewerbsbedenken auszuräumen. Derartige Zusagen könnten nur ausnahmsweise unter besonderen Umständen akzeptiert werden, insbes. – wie vom EuG im Urteil TetraLaval angenommen – bei konglomeraten Wettbewerbsproblemen, sofern ihre Wirksamkeit gewährleistet werden kann und ihre Umsetzung durch geeignete Überwachungsmaßnahmen überprüft werden kann.²⁰⁵ Die Kommission wird sich

---

²⁰⁰ Kom. ABl. 2004 L 43, 13 Rn. 429 ff. – TetraLaval/Sidel.
²⁰¹ EuG Slg. 2002, II-4381 Rn. 161 – TetraLaval/Kommission; EuGH Slg. 2005, I-987 Rn. 87 f. – Kommission/TetraLaval.
²⁰² EuG Slg. 1999, II-753 Rn. 318 f. – Gencor/Kommission; EuG Slg. 2003, II-3825 Rn. 192 ff. – ARD/Kommission.
²⁰³ Nach Ansicht der Kommission handelte es sich um eng benachbarte Produktmärkte, die in Zukunft konvergieren können: Kom. ABl. 2004 L 43, 13 Rn. 163 – TetraLaval/Sidel; die US-Wettbewerbsbehörden haben im gleichen Fall aufgrund der Verhältnisse des amerikanischen Marktes beide Produkte ein- und demselben sachlichen Markt zugerechnet.
²⁰⁴ Nothdurft ZWeR 2006, 306 (317 f.).
²⁰⁵ Mitteilung „Abhilfemaßnahmen", Rn. 17, 69.

allerdings in solchen Fällen nicht auf den Hinweis beschränken können, dass reine Verhaltenszusagen nicht geeignet seien strukturelle Probleme zu lösen und nur schwer überwacht werden könnten,[206] sondern im Einzelnen zu prüfen haben, wie sich die konkret abgegebene Zusage nach den Umständen des Falles auf die Fähigkeit und den Anreiz für ein marktbeherrschendes Unternehmen zu „leveraging"-Praktiken auswirkt. Die Kommission wird dabei aber auch berücksichtigen müssen, dass es nach Sinn und Zweck der FKVO **nicht Aufgabe der Kommission iRv Fusionskontrollverfahren ist, marktbeherrschende Unternehmen einer laufenden Verhaltenskontrolle vergleichbar Art. 102 AEUV zu unterwerfen.** Diesem Ansatz ist die Kommission – mit Billigung des EuG – für die Untersagung des Zusammenschlusses EDP/ENI/GDP gefolgt, indem sie die von den Beteiligten angebotenen Verhaltenszusagen nicht schon wegen ihres verhaltensbezogenen Charakters abgelehnt, sondern im Einzelnen begründet hat, warum die Zusagen wegen ihrer Komplexität und der Schwierigkeit ihrer Überwachung mit erheblicher Unsicherheit behaftet seien.[207]

4. Verfahren bei Vorlage von Verpflichtungszusagen. Verpflichtungszusagen müssen der Kommission gem. Art. 19 Abs. 2 UAbs. 1 DVO FKVO **spätestens 65 Arbeitstage nach Einleitung des Phase 2-Verfahrens** unterbreitet werden. Wenn die Frist für die Entscheidung nach Abs. 1–3 gem. Art. 10 Abs. 3 UAbs. 2 auf Antrag der Anmelder verlängert wird, so verlängert sich auch die Frist zur Unterbreitung von Zusagen um die gleiche Anzahl von Arbeitstagen (Art. 19 Abs. 2 UAbs. 3 DVO FKVO). Die Kommission hat allerdings deutlich gemacht, dass sie normalerweise einem nach Ablauf der 65-Arbeitstage-Frist für die Vorlage von Zusagen eingereichten Antrag auf Fristverlängerung gem. Art. 19 Abs. 2 UAbs. 3 DVO FKVO nicht zustimmen wird; diese Vorschrift dient dem Zweck mehr zeitliche Flexibilität für die eigentliche Marktuntersuchung zu schaffen, nicht aber den Parteien mehr Zeit für das Angebot von Zusagen zu geben.[208] Bei Vorliegen außergewöhnlicher Umstände kann die Kommission auch nach Ablauf der Frist Zusagen akzeptieren, vorausgesetzt, der Beratende Ausschuss hatte Gelegenheit, zu diesen Stellung zu nehmen (Art. 19 Abs. 2 UAbs. 4 DVO FKVO); diese Ausnahmeregelung wird äußerst selten in Anspruch genommen[209] und darf nicht verwechselt werden mit der Möglichkeit der Kommission, auch nach Ablauf der Frist für die Vorlage von Zusagen Änderungen bereits unterbreiteter Zusagen entgegenzunehmen.[210]

Nach der Mitteilung „Abhilfemaßnahmen" ist die Kommission bereit, angemessene **Zusagen auch vor Ablauf der Frist** zu ihrer Unterbreitung mit den Beteiligten **zu diskutieren**; dies folgt auch bereits aus Art. 10 Abs. 2, wonach ein Zusammenschluss in Phase 2 zu genehmigen ist, soweit die ernsthaften Bedenken durch Verpflichtungen der beteiligten Unternehmen ausgeräumt werden. In vielen Fällen warten die Zusammenschlussparteien jedoch, bis die Kommission ihre Wettbewerbsbedenken in einer Mitteilung der Beschwerdepunkte konkretisiert hat, bevor sie Zusagen anbieten. Ferner werden die Parteien aufgefordert, vor förmlicher Unterbreitung der Zusagen deren Entwurf – einschließlich der Regelungen zu ihrer Umsetzung – mit der Kommission zu erörtern.[211]

Die Verpflichtungszusagen müssen in elektronischer Form (Art. 22 DVO FKVO) unter Beachtung der von der Kommission in ABl. EU veröffentlichten Hinweise bei der GD Wettbewerb eingereicht werden; dabei sind vertrauliche Angaben zu kennzeichnen und eine **nicht vertrauliche Fassung** des Dokuments beizufügen (Art. 20 Abs. 1, Abs. 2 DVO FKVO); diese dient dem Markttest der Zusagen mit Dritten und muss daher so vollständig sein, dass diese die Durchführbarkeit und Wirksamkeit der vorgeschlagenen Zusagen beurteilen können.[212] Seit 2008 müssen die Anmelder ferner zugleich die im „Formblatt RM" angeforderten Informationen vorlegen, die der Kommission die Beurteilung der Umsetzbarkeit und Wirksamkeit der angebotenen Zusagen erleichtern sollen (Art. 20 Abs. 2 DVO FKVO). Dieses neue Erfordernis – mit dem die Informationsasymmetrie zulasten der Kommission[213] (→ Rn. 38) ausgeglichen werden soll – ist kritisiert worden: Es bürde den beteiligten Unternehmen zusätzliche bürokratische Lasten auf und schaffe zusätzlichen Zeit-

---

[206] AA Wirtz/Möller EWS 2005, 145 ff. (148): Die Microsoft-Entscheidung der Kommission habe gezeigt, dass auch verhaltensbezogene Verpflichtungen wirksam überwacht werden könnten, etwa durch einen Treuhänder.
[207] Kom., M.3440, Rn. 663 ff. – EDP/ENI/GDP, Rn. 663 ff., bestätigt durch EuG Slg. 2005, II-3745 Rn. 99 ff. – EDP/Kommission.
[208] Mitteilung „Abhilfemaßnahmen", Rn. 90.
[209] ZB Kom. ABl. 2001 L 40, 1 Rn. 378 f. – Telia/Telenor (Notwendigkeit parlamentarischer Zustimmung für Änderungen am Zusammenschlussvorhaben als außergewöhnlicher Umstand); vgl. Mitteilung „Abhilfemaßnahmen", Rn. 88.
[210] Mitteilung „Abhilfemaßnahmen", Rn. 83, 94.
[211] Mitteilung „Abhilfemaßnahmen", Rn. 90.
[212] Mitteilung „Abhilfemaßnahmen", Rn. 91(d), 79(d).
[213] Mitteilung „Abhilfemaßnahmen", Rn. 7.

druck. Doch werden durch das neue Formblatt in der Sache keine neuen Auskunftserfordernisse geschaffen, denn die darin angeforderten Informationen hat die Kommission vorher idR im Wege von Auskunftsverlangen gem. Art. 11 ohnehin erbeten. Durch das Formblatt „RM" werden also diese Informationen lediglich systematisch aufbereitet, was letztlich im Interesse eines effizienten Verfahrens ist. Ebenso wie beim Formblatt „CO" für die Anmeldung ist die Kommission auch beim Formblatt „RM" bereit, den Umfang der benötigten Informationen vorab mit den Anmeldern zu erörtern, so dass auch die erforderliche Flexibilität gewährleistet ist.[214] Die Kommission leitet Kopien der Zusagen unverzüglich den Behörden der Mitgliedstaaten zu (Art. 20 Abs. 1 S. 2 DVO FKVO).

88 Werden Verpflichtungszusagen fristgerecht, jedoch frühestens 55 Arbeitstage nach Eröffnung der zweiten Phase angeboten, verlängert sich die **Frist für die Entscheidung der Kommission** nach Abs. 1–3 um 15 auf insgesamt 105 Arbeitstage (Art. 10 Abs. 3, 2). Dies gilt auch, wenn vor dem 55. Arbeitstag nach Verfahrenseinleitung eingereichte Zusagen danach in geänderter Fassung werden (Art. 19 Abs. 2 UAbs. 2 DVO FKVO).

89 In aller Regel führt die Kommission nach Erhalt der Zusagen einen sog. **Markttest** durch, bei dem dritte Marktteilnehmer (Wettbewerber und Abnehmer, ggf. Lieferanten) durch Auskunftsverlangen gem. Art. 11 zu den Auswirkungen der Zusagen und ihrer Eignung zur Ausräumung der Wettbewerbsbedenken befragt werden.[215] Ebenso wenig wie beim Angebot von Zusagen in der ersten Phase (→ Art. 6 Rn. 37) ist die Kommission grds. zur Durchführung eines Markttests verpflichtet; sie muss jedoch interessierten Dritten die Gelegenheit geben, zur Tragweite und zur Art der Zusagen, die nach deren Auffassung als Bedingungen oder Auflagen für eine Freigabe des Zusammenschlusses erforderlich sind, Stellung zu nehmen.[216] Es wird der Kommission allerdings nur in seltenen Fällen möglich sein, ohne zusätzliche Ermittlungen in Form des Markttests zu beurteilen, ob die vorgelegten Zusagen durchführbar, wirksam und zur Ausräumung der Wettbewerbsbedenken geeignet sind. Neben der vorgeschriebenen **Konsultation der Mitgliedstaaten,** die auch im Beratenden Ausschuss zu den vorgelegten Zusagen Stellung nehmen können, erörtert die Kommission in einigen Fällen Zusagen auch mit **Wettbewerbsbehörden von Drittstaaten;** dies ist vor allem bei Zusammenschlüssen der Fall, die sich über die EU hinaus, ggf. weltweit, auswirken und bei denen die Umsetzung der angebotenen Zusagen (auch) außerhalb der EU erfolgt.[217] Insbes. die Abstimmung mit den **US-Antitrustbehörden** (DoJ, FTC), aber auch mit den Wettbewerbsbehörden anderer wichtiger Industrieländer (zB Japan, Kanada, seit dem Austritt des Vereinigten Königreiches aus der EU auch dieses) spielt bei der Prüfung von Zusagen in größeren Fällen mit weltweiten Märkten eine wichtige Rolle.[218]

90 Ergibt die Prüfung der vorgelegten Zusagen durch die Kommission unter Berücksichtigung der Ergebnisse des Markttests und der Stellungnahme der Mitgliedstaaten, dass diese die Wettbewerbsbedenken ausräumen, erlässt die Kommission einen Beschluss zur bedingten Freigabe des Zusammenschlusses gem. Abs. 2.[219] Erscheinen die vorgelegten Zusagen jedoch nicht ausreichend, die Bedenken auszuräumen, sieht die Mitteilung „Abhilfemaßnahmen" vor, dass die Anmelder hiervon in Kenntnis gesetzt werden. Legen diese daraufhin **abgeänderte Verpflichtungszusagen** vor, will die Kommission diese nur akzeptieren, wenn sie auf der Grundlage der bisherigen Ermittlungen einschließlich der Ergebnisse des Markttests und ohne, dass ein erneuter Markttest erforderlich wäre, eindeutig feststellen kann, dass die geänderten Zusagen die Wettbewerbsprobleme vollständig und zweifelsfrei ausräumen, und ausreichend Zeit verbleibt, die Mitgliedstaaten hierzu zu konsultieren.[220] Die Rspr. des EuG räumt der Kommission zwar ein vergleichsweise weites Ermessen ein, abgeänderte Zusagen auch nach Ablauf der Frist für die Unterbreitung von Zusagen zu akzeptieren, wenn sie sich in der Lage sieht, mit hinreichender Sicherheit festzustellen, dass sie geeignet sind, die Wettbewerbsbedenken auszuräumen, und eine ausreichende Konsultation der Mitgliedstaaten bzw.

---

[214] Einl. Formblatt „RM".
[215] Mitteilung „Abhilfemaßnahmen", Rn. 80.
[216] EuG Slg. 2003, II-3825 Rn. 382 ff. – ARD/Kommission.
[217] Mitteilung „Abhilfemaßnahmen", Rn. 80.
[218] Vgl. US-EU Merger Working Group, Best Practices on cooperation in merger investigations, 14.10.2011, verfügbar auf der Website der GD Wettbewerb, Rn. 16 ff.; s. etwa Kom. ABl. 1999 L 116, 1 – WorldCom/MCI und Pressemitteilung IP/98/639 (Kommission/US DoJ); Kom., M.5421 – Panasonic/Sanyo (Kommission/US FTC/japanische Fair Trade Commission); Kom., M.6203 – Western Digital Ireland/Viviti Technologies (Kommission/US DoJ; das chinesische Handelsministerium [MOFCOM] verlangte von den beteiligten Unternehmen noch weitergehende Zusagen, nachdem der Zusammenschluss in der EU und den USA bereits genehmigt war); Kom., M.6410 – UTC/Goodrich und Pressemitteilung IP/12/858 (Kommission/US DoJ/kanadisches Competition Bureau); Kom., M.10078 – Cargotec/Konecranes (Kommission/USA/Vereinigtes Königreich/Australien/Neuseeland/Singapur/Israel).
[219] Mitteilung „Abhilfemaßnahmen", Rn. 92.
[220] Mitteilung „Abhilfemaßnahmen", Rn. 93 f.

des Beratenden Ausschusses noch möglich ist.[221] Das EuG betont jedoch zugleich, dass die Kommission sich durch die Mitteilung „Abhilfemaßnahmen" selbst gebunden hat und sie deshalb dann, wenn sie der Auffassung ist, noch ausreichend Zeit zur Würdigung verspätet eingereichter modifizierter Zusagen zu haben, diese Würdigung (mit der sich aus der Mitteilung „Abhilfemaßnahmen" ergebenden Einschränkungen) auch vornehmen muss.[222] Die Kommission kann somit nicht die Zusagen zugleich als verspätet zurückweisen und aufgrund einer summarischen Prüfung als inhaltlich unzureichend bezeichnen.[223] Auch wenn die Kommission in einigen Phase-II-Fällen – wie zB UPS/TNT Express oder Ryanair/Aer Lingus III – über das von der Rspr. und der Mitteilung „Abhilfemaßnahmen" Geforderte hinaus gegangen ist und mehrfache Änderungen von Zusagen deutlich nach Ablauf der 65-Arbeitstage-Frist geprüft und im Markt getestet hat,[224] sollten die beteiligten Unternehmen Verpflichtungsangebote stets frühzeitig vorlegen und mit der Kommission erörtern. Letztlich tragen nämlich die Zusammenschlussparteien das Risiko, dass – wie in den beiden genannten Fällen, die jeweils in einer Untersagung endeten – ungenügende oder verspätete Zusagen eine Lösung der festgestellten Wettbewerbsprobleme unmöglich machen.[225]

5. Bedingungen und Auflagen. a) Bedeutung und Rechtswirkung. Die Verbindung der Entscheidung mit Bedingungen und Auflagen dient gem. Abs. 2 UAbs. 2 bzw. Art. 6 Abs. 2 UAbs. 2 dem **Zweck, sicherzustellen, dass die beteiligten Unternehmen den von ihnen eingegangenen Verpflichtungszusagen nachkommen;** hierdurch wird die Genehmigung von der Erfüllung der eingegangenen Zusagen abhängig gemacht. Obwohl nach der Formulierung von Abs. 2 UAbs. 1 und Art. 6 Abs. 2 UAbs. 1 durch das Angebot von Verpflichtungszusagen der ursprünglich angemeldete Zusammenschluss abgeändert wird, kann die Kommission nicht ohne Weiteres das geänderte Vorhaben an Stelle des zunächst angemeldeten Vorhabens ihrer Prüfung zugrunde legen.[226] Sie muss sich vielmehr des Instruments der Bedingungen und Auflagen bedienen, um die von den Beteiligten eingegangenen Zusagen für diese verbindlich zu gestalten, und je nachdem, ob eine konkrete Zusage als Bedingung oder als Auflage ausgestaltet ist, sind die Rechtsfolgen ihrer Nichterfüllung unterschiedlich. 91

Erfüllen die Beteiligten eine Bedingung nicht, bedeutet dies, dass die Situation, die nach der Entscheidung der Kommission den Zusammenschluss mit dem Binnenmarkt vereinbar macht, nicht eintritt und die **Genehmigungsentscheidung damit hinfällig** wird (vgl. Erwgr. 31 FKVO).[227] Die Kommission kann dann je nach Lage des Falles entweder Entflechtungsmaßnahmen gem. Abs. 4 lit. b ergreifen (bei Verstoß gegen eine Bedingung in einer Freigabeentscheidung gem. Abs. 2, sofern nach dieser Entscheidung die Erfüllung der Bedingung der Zusammenschluss mit dem Binnenmarkt unvereinbar wäre) oder eine neue Entscheidung über die Vereinbarkeit des Zusammenschlusses mit dem Binnenmarkt gem. Abs. 1–3 ohne Bindung an eine Frist treffen (bei Verstoß gegen eine Bedingung in einer Freigabeentscheidung gem. Art. 6 Abs. 1 lit. b oder Art. 8 Abs. 2 iVm Art. 10 Abs. 2, wenn nach der Entscheidung ohne die Bedingung lediglich ernsthafte Bedenken hinsichtlich der Vereinbarkeit des Zusammenschlusses mit dem Binnenmarkt bestehen). Die Möglichkeit, Bußgelder gem. Art. 14 Abs. 2 lit. d oder Zwangsgelder gem. Art. 15 Abs. 1 lit. c zu verhängen, stellt bei Nichterfüllung einer Bedingung lediglich zusätzliche Sanktionsmöglichkeiten zur Verfügung. 92

Der **Verstoß gegen eine Auflage** kann von der Kommission gem. Art. 14 Abs. 2 lit. d mit Bußgeldern geahndet, ihre Erfüllung gem. Art. 15 Abs. 1 lit. c durch Zwangsgelder erzwungen werden. Die Genehmigung des Zusammenschlusses fällt aber bei Nichterfüllung einer Auflage nicht automatisch weg, sondern nur, wenn die Kommission die Entscheidung gem. Abs. 6 lit. b bzw. gem. Art. 6 Abs. 3 lit. b widerruft.[228] 93

---

[221] EuG Slg. 2003, II-1433 Rn. 235 ff. – Royal Philips Electronics/Kommission; EuG Slg. 2003, II-3825 Rn. 386 – ARD/Kommission.
[222] EuG Slg. 2005, II-3745 Rn. 161 ff. – EDP/Kommission.
[223] So aber noch Kom. ABl. 2004 L 101, 1, COMP/M.2283 – Schneider/Legrand; die Ausführungen der Entscheidung zu diesem Punkt sind von EuG Slg. 2002, II-4071 – Schneider Electric/Kommission nicht beanstandet worden.
[224] Etwa Kom., M.6570 – UPS/TNT Express (drei aufeinander folgende Zusagenpakete, von denen zwei im Markt getestet wurden); M.6663 – Ryanair/Aer Lingus III (vier aufeinander folgende Zusagenpakete, von denen drei im Markt getestet wurden).
[225] Langeheine/v. Koppenfels ZWeR 2013, 299 (304).
[226] Mitteilung „Abhilfemaßnahmen", Tz. 20; insoweit zumindest missverständlich EuG Slg. 2002, II-4381 Rn. 81 – TetraLaval/Kommission; krit. Nothdurft ZWeR 2006, 306 (318).
[227] Da im Regelfall die Genehmigung des Zusammenschlusses sofort wirksam wird, die Bedingung (etwa Veräußerung eines Geschäfts) aber erst in der Zukunft zu erfüllen ist, handelt es sich iSd Begrifflichkeit des deutschen Verwaltungsrechts zumeist um auflösende Bedingungen. Eine aufschiebende Bedingung liegt hauptsächlich in den Fällen der sog up-front buyer-Zusagen vor (vgl. → Rn. 62).
[228] Mitteilung „Abhilfemaßnahmen", Rn. 20.

94 Trotz der Formulierung von Abs. 2 UAbs. 2 bzw. Art. 6 Abs. 2 UAbs. 2, die der Kommission ein Ermessen einräumt („kann"), ist die Kommission in aller Regel gehalten, Bedingungen und Auflagen vorzusehen, wenn ohne die Umsetzung der Zusagen der Zusammenschluss nicht mit dem Binnenmarkt vereinbar wäre (andernfalls handelte es sich nur um sog „take note commitments").[229] Dies entspricht auch der gewöhnlichen Praxis der Kommission.[230] Nach der Mitteilung Abhilfemaßnahmen ist bei Veräußerungszusagen die Erfüllung aller **Maßnahmen, durch die die erstrebte strukturelle Änderung im Markt bewirkt wird** – insbes. eine zugesagte Veräußerung innerhalb der festgelegten Frist – als **Bedingung** auszugestalten. Als **Auflagen** sind hingegen diejenigen Elemente der Verpflichtungszusagen auszugestalten, die lediglich **die für die Erreichung der strukturellen Änderung notwendigen Schritte** darstellen, zB die Einsetzung eines Treuhänders, die Maßnahmen zur getrennten Verwaltung des zu veräußernden Geschäfts usw.[231] Die Mitteilung „Abhilfemaßnahmen" enthält keinen Hinweis über die Ausgestaltung von **Verhaltenszusagen** als Bedingungen oder Auflagen. Die Praxis der Kommission war insoweit anfangs nicht einheitlich, doch in den letzten Jahren hat die Kommission Verhaltenszusagen durchgehend als Auflagen ausgestaltet.[232] Dies entspricht der Systematik und Sinn und Zweck der Unterscheidung zwischen beiden Instrumenten. Die Erfüllung einer Verhaltenszusage schafft zwar ebenso wie die Veräußerung eines Geschäfts erst die Voraussetzungen für die Genehmigungsfähigkeit des Zusammenschlusses; sie stellt aber kein einmaliges Ereignis dar, mit dessen Eintritt die Genehmigung steht oder fällt, sondern eine laufende Verpflichtung, deren Verletzung im Einklang mit dem Grundsatz der Verhältnismäßigkeit je nach Schwere und Dauer unterschiedliche Sanktionen nach sich ziehen sollte.

95 Im Fall **Novelis/Aleris** hat die Kommission 2021 erstmals eine **Genehmigungsentscheidung gem. Abs. 2 wegen Nichterfüllung einer Bedingung als hinfällig behandelt**, weil das fusionierte Unternehmen den Verkauf des gem. den Verpflichtungszusagen zu veräußernden Geschäfts innerhalb der vorgeschriebenen – von der Kommission bereits verlängerten – Frist nicht vollzogen hatten. Die Kommission verhängte zunächst einstweilige Maßnahmen gem. Abs. 5. Von der Anordnung einer vollständigen Rückabwicklung des Zusammenschlusses sah die Kommission ab, weil sie diese als undurchführbar erachtete. Nachdem dann der Verkauf des zu veräußernden Geschäfts doch noch vollzogen wurde, erließ die Kommission im Wege einer Entflechtungsanordnung gem. Abs. 4 Maßnahmen zur dauerhaften Sicherstellung dieser Veräußerung (u.a. ein Wiedererwerbsverbot), da diese nicht mehr auf die Bedingungen und Auflagen der inzwischen hinfälligen Genehmigungsentscheidung gestützt werden konnten.[233] Bisher hat die Kommission noch in keinem Fall eine Freigabeentscheidung gem. Abs. 2 oder Art. 6 Abs. 2 wegen Nichterfüllung von Bedingungen oder Auflagen widerrufen oder deswegen Geldbußen oder Zwangsgelder verhängt. Im Fall Telefónica Deutschland/E-Plus richtete die Kommission eine Mitteilung der Beschwerdepunkte an Telefónica, in der sie geltend machte, Telefónica habe gegen die Verpflichtung in den Zusagen verstoßen allen interessierten Marktteilnehmern 4G-Vorleistungen zu „den günstigsten Preisen unter Benchmark-Bedingungen" anzubieten. Nachdem Telefónica daraufhin sein Angebot für 4G-Vorleistungen änderte, stellte die Kommission das Verfahren ein.[234]

96 Fraglich ist, ob die Kommission im Wege der Verbindung der Genehmigungsentscheidung mit Bedingungen und Auflagen den Beteiligten auch **Verpflichtungen** auferlegen kann, **die als solche nicht Gegenstand der von diesen eingegangenen Verpflichtungszusagen sind**. Nach allgemeinen verwaltungsrechtlichen Grundsätzen wäre dies nicht ausgeschlossen; die FKVO selbst sieht an anderer Stelle (in Art. 7 Abs. 3 S. 3) vor, dass die Kommission eine begünstigende Entscheidung an Bedingungen und Auflagen knüpfen kann, ohne dass die Beteiligten entsprechende Verpflichtungen eingehen. Jedoch ergibt sich aus dem Wortlaut von Abs. 2 UAbs. 2 und Art. 6 Abs. 2 UAbs. 2, aus dem systematischen Vergleich dieser Vorschriften mit der des Art. 7 Abs. 3 S. 3, vor allem aber aus dem allgemeinen Grundsatz, dass die Initiative zur Abänderung des Zusammenschlussvorhabens im Wege von Zusagen von den beteiligten Unternehmen und nicht von der Kommission ausgeht,[235]

---

[229] Mitteilung „Abhilfemaßnahmen", Rn. 19; aA Schwarze, Instrumente zur Durchsetzung des europäischen Wettbewerbsrechts/Schwarze, 2002, 75 ff., 84.
[230] Problematisch Kom. ABl. 1999 L 254, 9 – Enso/Stora, in der die Kommission verschiedene Zusagen der Beteiligten, darunter eine Veräußerungszusage, lediglich „zur Kenntnis nahm" und im Entscheidungstenor eine unbedingte Genehmigung des Zusammenschlusses erteilte. Derartige „take note commitments" werden allerdings von der Kommission seit der ersten Mitteilung „Abhilfemaßnahmen" von 2001 grds. abgelehnt.
[231] Mitteilung „Abhilfemaßnahmen", Rn. 20.
[232] Vgl. etwa einerseits Kom. ABl. 2002 L 69, 50 – Bombardier/ADtranz (Verpflichtung Bombardiers zur befristeten Kooperation mit Stadler, ELIN und Kiepe als Bedingung); andererseits Kom., M.3593, Rn. 171 – Apollo/Bakelite (Paket von Verhaltenszusagen insgesamt als Auflage).
[233] Kom., M.9076 – Novelis/Aleris.
[234] Kom., M.9003 – Telefónica Deutschland/E-Plus, Pressemitteilung IP/19/1371.
[235] EuG Slg. 2005, II-5575 Rn. 52 – General Electric/Kommission; EuG Slg. 2005, II-3745 Rn. 105 – EDP/Kommission; Mitteilung „Abhilfemaßnahmen", ABl. 2008 C 267, 1 Rn. 6.

dass solche „selbstständigen" Bedingungen und Auflagen – wenn überhaupt – nur in Betracht kommen, wenn sie letztendlich der Durchsetzung der von den beteiligten Unternehmen selbst eingegangenen Zusagen dienen; es kann sich nur um Maßnahmen zu deren Überwachung handeln, nicht – wie nach Art. 7 Abs. 3 S. 3 zulässig – um die Auferlegung einer selbstständigen zusätzlichen Verpflichtung. Die Kommission bedient sich jedenfalls nicht dieses Instruments, sondern besteht darauf, dass die Verpflichtungszusagen anbietenden Unternehmen alle erforderlichen Durchführungsregelungen in den Text der Zusagen selbst aufnehmen.[236]

b) Von der Kommission nur zur Kenntnis genommene Zusagen. Gelegentlich bieten 97 Zusammenschlussbeteiligte im Verlauf eines Fusionskontrollverfahrens Zusagen an (zB um Bedenken, die von Dritten im Verfahren geäußert wurden, auszuräumen), die von der Kommission im Ergebnis **nicht für erforderlich** erachtet werden, um den Zusammenschluss mit dem Binnenmarkt vereinbar zu machen. Die Mitteilung „Abhilfemaßnahmen" sieht in diesen Fällen vor, dass die Kommission die beteiligten Unternehmen von ihrer Bewertung in Kenntnis setzt und ihnen die Gelegenheit gibt, die Zusage zurückziehen.[237] Halten diese gleichwohl an der Zusage fest, ignoriert die Kommission normalerweise die Zusage. Im Fall Mitsui/CVRD/Caemi etwa hat die Kommission ein Element der angebotenen Zusagen ausdrücklich als nicht erforderlich zurückgewiesen.[238] Sofern sie – wie früher gelegentlich praktiziert – die nicht erforderliche Zusage gleichwohl in ihrem Beschluss „zur Kenntnis nimmt" **(take note commitment),** stellt die Mitteilung jetzt ausdrücklich klar, dass die Zusage keine Bedingung der Freigabe des Zusammenschlusses darstellt.[239] Nach der Rspr. kommt es für die Frage, ob eine von den Zusammenschlussparteien im Fusionskontrollverfahren abgegebene Zusage rechtsverbindlich ist oder nicht, nicht auf deren äußere Form an, sondern darauf, ob die Kommission die Genehmigung des Zusammenschlusses tatsächlich von ihrer Einhaltung abhängig machen wollte oder nicht.[240] In ihrer neueren Praxis vermeidet die Kommission zu Recht derartige take note commitments, weil sie bei anderen Marktteilnehmern den unzutreffenden Eindruck einer tatsächlich bestehenden Verpflichtung der beteiligten Unternehmen erwecken können. Umgekehrt hat die Kommission allerdings im Fall **Oracle/Sun Microsystems** öffentlich gemachte Versprechungen von Oracle gegenüber Nutzern der „open-source"-Software MySQL als Oracle vertraglich bindende, für die wettbewerbliche Würdigung des Zusammenschlusses relevante Tatsachen „zur Kenntnis genommen", ohne auf der Abgabe einer Verpflichtungszusage gem. Abs. 2 zu bestehen.[241]

6. Die Durchsetzung und Überwachung von Abhilfemaßnahmen. a) Veräußerungs- 98 **zusagen. aa) Überblick.** Wird ein Zusammenschluss aufgrund des Angebots von Zusagen der beteiligten Unternehmen mit Bedingungen und Auflagen genehmigt, so bedeutet dies im Regelfall,[242] dass der Zusammenschluss in der angemeldeten Form sofort vollzogen werden kann, während die Erfüllung der Zusagen, durch die erst der Zusammenschluss mit dem Binnenmarkt vereinbar wird, in der Zukunft stattfindet. Die Kommission verlangt deshalb von den Beteiligten, als Bestandteil der von ihnen eingegangenen Verpflichtungszusagen **Regelungen** vorzusehen, **die die spätere Erfüllung der abgegebenen Zusagen sicherstellen.** Diese typischen Regelungen sind in der neuen Mitteilung „Abhilfemaßnahmen" auf der Grundlage der bis dahin gemachten Erfahrungen sehr viel eingehender als noch in der vorigen Mitteilung von 2001 erläutert[243] und im Einzelnen auch in den Best Practice Guidelines und den dazu gehörenden Mustertexten näher ausgeführt. Die Regelungen zur Sicherstellung der Durchführung der Zusagen werden in der Entscheidung der Kommission im Gegensatz zu der eigentlichen Veräußerungsverpflichtung, die eine Bedingung darstellt, als Auflagen ausgestaltet.[244]

bb) Veräußerungsfrist. Die Zusagen müssen eine bestimmte Frist für die Veräußerung festle- 99 gen. Dabei unterscheidet die Praxis der Kommission für Veräußerungszusagen zwischen einer **ersten**

---

[236] Vgl. etwa Mitteilung „Abhilfemaßnahmen", Rn. 90.
[237] Vgl. etwa Kom., M.3968, Rn. 9 – Sovion/Südfleisch.
[238] Kom., M.2420, Rn. 253 ff. – Mitsui/CVRD/Caemi.
[239] Mitteilung „Abhilfemaßnahmen", Rn. 84; weniger deutlich noch die frühere Mitteilung „Abhilfemaßnahmen", Fn. 13.
[240] EuG Slg. 2000, II-1733 Rn. 97 ff. – The Coca-Cola Company/Kommission; EuG Slg. 2003, II-2275 Rn. 150 – Verband der freien Rohrwerke/Kommission.
[241] Kom., M.5529, Rn. 627 ff. – Oracle/Sun Microsystems; krit. NK-EuWettbR/Siegert Rn. 29.
[242] Eine Ausnahme stellen die sog „up-front buyer"-Zusagen dar, wo die beteiligten Unternehmen sich verpflichten, den Zusammenschluss erst zu vollziehen, wenn eine bindende Vereinbarung zur Veräußerung des zu veräußernden Geschäfts abgeschlossen worden ist; vgl. → Rn. 62.
[243] Mitteilung „Abhilfemaßnahmen", Rn. 95 ff.
[244] Mitteilung „Abhilfemaßnahmen", Rn. 19.

Veräußerungsfrist (first divestiture period), in der es Sache der **beteiligten Unternehmen** ist, einen geeigneten Käufer zu suchen und eine bindende Vereinbarung über die Veräußerung abzuschließen, und einer **zweiten Frist** (trustee divestiture period), in der diese Aufgabe auf einen von den beteiligten Unternehmen mit Zustimmung der Kommission bestellten unabhängigen **Veräußerungstreuhänder** übergeht, der zu diesem Zweck eine unwiderrufliche Veräußerungsvollmacht erhalten muss. Der Ablauf der ersten Frist stellt dabei keine Nichterfüllung der Veräußerungszusage dar, sondern hat nur zur Folge, dass die Verfügungsbefugnis über das zu veräußernde Geschäft auf den Treuhänder übergeht. Die Veräußerungsverpflichtung und damit die Bedingung der Genehmigungsentscheidung der Kommission ist erfüllt, wenn innerhalb der dem Treuhänder eingeräumten zweiten Frist ein bindender Vertrag über die Veräußerung mit einem Käufer, dem die Kommission zustimmt, zustande kommt und innerhalb von weiteren drei Monaten nach Abschluss des Kaufvertrags die dingliche Übertragung des Geschäfts (closing) stattfindet.[245] Die Dauer der Veräußerungsfrist ist in jedem Einzelfall in den Zusagen zu bestimmen und wird von der Kommission nicht bekannt gemacht; normalerweise hält die Kommission aber eine erste Frist von sechs Monaten und eine zweite Frist für die Veräußerung durch den Treuhänder von weiteren drei Monaten für angemessen. Bei erhöhtem Risiko für die Lebensfähigkeit des zu veräußernden Geschäfts kann es aber notwendig sein kürzere Fristen vorzusehen. Die Frist beginnt normalerweise mit dem Beschluss der Kommission zur bedingten Freigabe des Zusammenschlusses; wo ausnahmsweise ein späterer Fristbeginn gerechtfertigt ist (etwa weil im Fall eines öffentlichen Übernahmeangebots der Erwerber erst ab dem Vollzug des Zusammenschlusses die Veräußerung eines dem Zielunternehmen gehörenden Geschäfts in die Wege leiten kann), ist ggf. eine kürzere Veräußerungsfrist angemessen.[246] In begründeten Fällen kann die Kommission auf Antrag in Anwendung der sog „Sprechklausel" die Veräußerungsfristen verlängern. Sie wird dies tun, wenn eine solche Fristverlängerung gegenüber einem sonst erforderlichen Notverkauf („fire sale") des zu veräußernden Geschäfts durch den Treuhänder vorzugswürdig ist.[247]

100 cc) **Getrennte Verwaltung des zu veräußernden Geschäfts.** Während der Übergangsphase von der Entscheidung der Kommission bis zur Veräußerung ist das zu veräußernde Geschäft von den übrigen Unternehmensteilen der Zusammenschlussparteien getrennt zu halten.[248] Als unter der Aufsicht des Überwachungstreuhänders verantwortlicher Leiter des Geschäfts ist ein sog **hold separate manager** zu bestellen; soweit das zu veräußernde Geschäft eine rechtlich selbstständige Gesellschaft darstellt, werden die den beteiligten Unternehmen zustehenden Gesellschafterrechte vom Treuhänder ausgeübt, der dementsprechend auch befugt ist, Mitglieder der Gesellschaftsorgane auszuwechseln. Vertrauliche geschäftliche Informationen des zu veräußernden Geschäfts dürfen den Zusammenschlussparteien nicht zugänglich gemacht werden, soweit dies nicht zur Erfüllung zwingender gesetzlicher Vorschriften (zB für die Feststellung des Jahresabschlusses) erforderlich ist; soweit erforderlich müssen hierzu bestehende Berichts- und Weisungsketten unterbrochen und EDV-Netze uÄ ausgegliedert werden (**„ring-fencing"**). Wenn das zu veräußernde Geschäft bisher keine rechtliche Selbständigkeit hatte und/oder weitgehend in die sonstigen Geschäftsbereiche einer Zusammenschlusspartei integriert war (zB in Verwaltung, EDV, Einkauf oder Vertrieb), ist vor der Veräußerung zunächst eine Aufteilung und Trennung der Funktionsbereiche, Aktiva und Passiva des zu veräußernden Geschäfts und der im fusionierten Unternehmen verbleibenden Geschäftsbereiche erforderlich; dieses sog **carving out** wirft oft besondere Schwierigkeiten auf und ist für die spätere **Lebens- und Wettbewerbsfähigkeit des zu veräußernden Geschäfts** von entscheidender Bedeutung.[249] Zugleich sind die beteiligten Unternehmen verpflichtet, bis zur Veräußerung die Lebensfähigkeit und Wettbewerbsfähigkeit des zu veräußernden Geschäfts zu gewährleisten. Insbes. müssen sie – wenn nötig durch angemessene Anreizprogramme – sicherstellen, dass die Kompetenzträger bei dem zu veräußernden Geschäft verbleiben.[250] In der Praxis ist die Ausbalancierung der Pflicht zum „hold separate" und „ring-fencing" einerseits und der Sicherstellung der Lebensfähigkeit des Verkaufsob-

---

[245] Mitteilung „Abhilfemaßnahmen", Rn. 97, 121 f.; Mustertext für Veräußerungszusagen, verfügbar auf der Website der GD Wettbewerb, Rn. 1 f.
[246] Mitteilung „Abhilfemaßnahmen", Rn. 98 ff.
[247] Mitteilung „Abhilfemaßnahmen", Rn. 71 f.; Mustertext für Veräußerungszusagen, verfügbar auf der Website der GD Wettbewerb, Rn. 43; vgl. zu den bei der Entscheidung über eine beantragte Fristverlängerung herangezogenen Gesichtspunkten Rakovsky, Remedies: A Few Lessons from Recent Experience, in European Commission/International Bar Association, EC Merger Control: Ten Years On, 2002, 135 ff., 141.
[248] Mitteilung „Abhilfemaßnahmen", Rn. 109 ff.; Mustertext für Veräußerungszusagen, verfügbar auf der Website der GD Wettbewerb, Rn. 8 ff.
[249] Mitteilung „Abhilfemaßnahmen", Rn. 35 f., 113 ff.
[250] Mitteilung „Abhilfemaßnahmen", Rn. 108; Mustertext für Veräußerungszusagen, verfügbar auf der Website der GD Wettbewerb, Rn. 8.

jekts anderseits oft nicht ganz einfach; hier kommt dem hold separate manager eine Schlüsselrolle zu.[251]

dd) Überwachungstreuhänder. Da die Kommission in aller Regel zur **laufenden Überwachung** der Verpflichtung zur Getrennthaltung und zur Erhaltung der Lebensfähigkeit und Wettbewerbsfähigkeit des zu veräußernden Geschäfts nicht in der Lage ist, wird mit dieser Aufgabe ein von den beteiligten Unternehmen mit Zustimmung der Kommission zu bestellender unabhängiger Überwachungstreuhänder (monitoring trustee) betraut (Art. 21 Abs. 1 DVO FKVO); dies kann auch durch Bedingungen und Auflagen abgesichert werden (Art. 21 Abs. 2 DVO FKVO).[252] Diesem obliegt ferner die Überwachung der Trennung des zu veräußernden Geschäfts von den übrigen Geschäftsbereichen der Zusammenschlussparteien („carving-out") sowie die Begleitung des Veräußerungsprozesses und ggf. die Begutachtung vorgeschlagener Käufer. Er ist zur Wahrnehmung seiner Aufgaben insbes. berechtigt, den beteiligten Unternehmen nötigenfalls Weisungen zu erteilen, und erstattet der Kommission in regelmäßigen Abständen Bericht. Zu Überwachungstreuhändern werden häufig Wirtschaftsprüfungsgesellschaften, Unternehmensberatungen oder Investmentbanken bestellt; der Überwachungstreuhänder kann, muss aber nicht zugleich als Veräußerungstreuhänder für den Fall eingesetzt werden, dass die beteiligten Unternehmen innerhalb der ersten Veräußerungsfrist keinen geeigneten Käufer finden. Die Rechte und Pflichten des Treuhänders und der Zusammenschlussparteien sind in einem Vertrag, dem sog **Treuhändermandat** (trustee mandate), festgelegt, das wie die Person des Treuhänders der Zustimmung der Kommission bedarf. Ebenso wie für den Zusagentext hat die Kommission in ihren Best Practice Guidelines for Divestiture Commitments auch für das Treuhändermandat einen **Mustertext** veröffentlicht.[253]

Der Überwachungstreuhänder wird zwar von den beteiligten Unternehmen bestellt und vergütet; dies ist iRv freiwillige eingegangenen Verpflichtungszusagen – anders als etwa bei von der Kommission einseitig auferlegten Abhilfemaßnahmen gem. Art. 7 VO (EG) 1/2003[254] – auch rechtlich nicht zu beanstanden und nunmehr in Art. 21 Abs. 1 DVO FKVO auch ausdrücklich klargestellt. Er wird im öffentlichen Interesse für die Kommission (als deren „Auge und Ohr"[255]) tätig, hat aber **kein öffentliches Amt** inne und übt erst recht keine von der Kommission etwa auf ihn delegierten Befugnisse aus.[256] Die Zielkonflikte, die sich aus dieser doppelten Rechtsnatur der Treuhänderfunktion ergeben können, erfordern eine sorgfältige Formulierung des Treuhändermandats (auf der Basis des Mustertexts der Kommission). Entscheidend für die korrekter Erfüllung der Aufgabe des Treuhänders ist – neben der Abwesenheit von sonstigen Interessenkonflikten – dessen **Unabhängigkeit** von dem oder den Unternehmen, die durch die Zusagen verpflichtet werden; eine Unabhängigkeit auch von dem zu veräußernden Geschäft ist demgegenüber nicht erforderlich, weil der Treuhänder ja gerade auch die Aufgabe hat, dessen Interessen zu wahren.[257] Deshalb kann der Begründung nicht gefolgt werden, mit der das EuG und der EuGH in Editions Odile Jacob/Kommission die Genehmigung von Wendel als Käufer von Editis, gem. des Beschlusses der Kommission im Fall Lagardère/Natexis/VUP[258] zu veräußernden Geschäfts, aufgehoben haben. Nach Auffassung des EuG war der Genehmigungsbeschluss formfehlerhaft, weil ihm u.a. ein Gutachten einer von Lagardère mit Zustimmung der Kommission als Überwachungstreuhänder eingesetzten Beratungsgesellschaft zugrunde lag, die nicht die erforderliche Unabhängigkeit besessen habe. Dies begründet das Gericht damit, dass der Geschäftsführer der Treuhändergesellschaft während der Periode, in der bis zur Genehmigung des Erwerbs von Editis durch Lagardère durch die Kommission das Kapital von Editis im Auftrag und für Rechnung von Lagardère von der Bank Natexis gehalten wurde, von Natexis als Vorstandsmitglied von Editis mit der spezifischen Funktion eingesetzt war, jede Einflussnahme von Lagardère auf Editis auszuschließen.[259] Der Logik des EuG zu Folge war also die von

---

[251] Voet van Vormizeele NZKart 2016, 459 (464 f.).
[252] Mitteilung „Abhilfemaßnahmen", Rn. 117 ff.; Mustertext für Veräußerungszusagen, verfügbar auf der Website der GD Wettbewerb, Rn. 19 ff.; vgl. auch Berg EuZW 2003, 362 (363 f.).
[253] Mustertext für Treuhandmandat, verfügbar auf der Website der GD Wettbewerb.
[254] Vgl. EuG Slg. 2007, II-3601 Rn. 1251 ff. – Microsoft/Kommission.
[255] Mitteilung „Abhilfemaßnahmen", Rn. 118.
[256] So zu Recht Generalanwalt Mazák, Schlussanträge, C-553/10 P u.a., Rn. 63 – Kommission u.a./Editions Odile Jacob.
[257] Mitteilung „Abhilfemaßnahmen", Rn. 124; Mustertext für Treuhandmandat, verfügbar auf der Website der GD Wettbewerb, Rn. 17.
[258] Kom., M.2978 – Lagardère/Natexis/VUP.
[259] EuG Slg. 2010, II-4713 Rn. 83 ff. – Editions Odile Jacob/Kommission. Zu der hier nicht relevanten Frage, ob diese quasi treuhänderische Übertragung des Zielunternehmens eines Zusammenschlusses auf eine Bank während des laufenden Fusionskontrollverfahrens mit der FKVO, insbes. Art. 7, vereinbar ist, vgl. → Art. 3 Rn. 49 ff. und EuGH 6.11.2012 – C-551/10 Rn. 33 ff. – Editions Odile Jacob/Kommission.

Lagardère beantragte Zustimmung zu Wendel als Käufer rechtswidrig, weil der Treuhänder, der zu dieser Veräußerung ein positives Votum abgegeben hatte, möglicherweise einem Interessenkonflikt zugunsten von Editis – und damit zulasten von Lagardère – unterlag! GA Mazák hat sich zu Recht dieser Auslegung entgegengestellt.[260] Allerdings hat der EuGH das Urteil des EuG mit der Begründung bestätigt, das Erfordernis der Unabhängigkeit des Treuhänders auch vom Zielunternehmen sei in den Zusagen festgelegt und deshalb für Lagardère verbindlich, ohne sich damit auseinanderzusetzen, inwieweit diese Tatsache sich auf die Rechtmäßigkeit der Entscheidung der Kommission auswirkt.[261] Im Hinblick auf diese auf die konkrete Formulierung der fraglichen Zusage abstellenden Begründung dürfte dem Urteil wohl keine über den Einzelfall hinausgehende Bedeutung zukommen.[262]

103   ee) Genehmigung des Käufers. Die **Wahl des Käufers** ist **Sache der beteiligten Unternehmen** (nach Ablauf der ersten Veräußerungsfrist des Veräußerungstreuhänders), unterliegt aber – ebenso wie der mit dem ausgewählten Käufer abgeschlossene Kaufvertrag – der **Zustimmung der Kommission.** Dieser obliegt es zu prüfen, ob der ausgewählte Käufer die in den Zusagen festgelegten Kriterien erfüllt und ob nach dem vorgelegten Kaufvertrag die Veräußerung iÜ in einer den Zusagen entsprechenden Weise erfolgt. Nach der Mitteilung „Abhilfemaßnahmen" und dem Mustertext für Veräußerungszusagen muss der Käufer ein **aktueller oder potenzieller Wettbewerber** sein, der von den Zusammenschlussparteien **unabhängig** und mit diesen in keiner Beziehung steht und der über die notwendigen **finanziellen Mittel** und **erwiesene Sachkenntnis** verfügt sowie den Anreiz besitzt, das zu veräußernde Geschäft als aktiver Marktteilnehmer im Wettbewerb mit dem fusionierten Unternehmen und anderen Wettbewerbern aufrechtzuerhalten und weiterzuentwickeln. Die Person des Käufers darf ferner prima facie keine neuen Wettbewerbsprobleme schaffen und nicht das Risiko in sich bergen, dass sich die Erfüllung der Zusage verzögert, zB weil Zweifel daran bestehen, ob der vorgeschlagene Käufer andere für die Durchführung der Veräußerung erforderliche behördliche Genehmigungen erlangen kann.[263] Alternativ kann auch vorgesehen werden, dass das Veräußerungsgeschäft unter Beachtung der in den Zusagen festgelegten Anforderungen durch ein IPO an die Börse gebracht wird.[264]

104   Die Kommission kann bei der Formulierung der Zusagen je nach den Erfordernissen des Falles auf **zusätzliche Auswahlkriterien** für den Käufer hinwirken und damit faktisch einen erheblichen Einfluss auf die Wahl des Käufers ausüben. So können bspw. bestimmte Kategorien von Käufern ausgeschlossen oder der Kreis der möglichen Käufer auf eine bestimmte Gruppe (etwa: bereits in dem betreffenden Markt tätige Wettbewerber) eingeschränkt werden.[265] Im Fall Degussa/Laporte hat die Kommission etwa in ihrer Freigabeentscheidung ausdrücklich solche Käufer für die zu veräußernden Geschäfte ausgeschlossen, die die dort hergestellten Produkte überwiegend für ihre eigene Produktion benötigen („captive use"), weil dies die auf dem freien Markt verfügbaren Mengen und damit die Wettbewerbskraft des Käufers verringern würde.[266]

105   Die Kommission hat es bisher **vermieden, eine allgemeine Präferenz für bestimmte Arten von Käufern festzulegen,** etwa industrielle Investoren gegenüber Finanzinvestoren vorzuziehen. Allerdings achtet sie bei Finanzinvestoren darauf, dass diese ein eigenes finanzielles Risiko eingehen, ein mittel- bis langfristiges Engagement glaubhaft machen (etwa durch Vorlage eines Geschäftsplans) und auf die zur Führung des übernommenen Geschäfts erforderliche Sachkenntnis zurückgreifen können (etwa durch Beteiligung des bisherigen Managements).[267] Wo es besonders auf die Sachkenntnis des Erwerbers in den betroffenen Märkten ankommt (zB bei Veräußerungsgeschäften, die für sich kein „stand-alone business" darstellen), können allerdings Finanzinvestoren ausgeschlossen werden.[268] Eine Finanzierung des Kaufpreises durch den Verkäufer oder eine länger andauernde

---

[260] GA Mazák, Schlussanträge zu EuGH 6.11.2012 – C-553/10 P Rn. 25 f. – Kommission u.a./Odile Jacob.
[261] EuGH 6.11.2012 – C-553/10 P u.a., – Kommission u.a./Odile Jacob; krit. v. Koppenfels Revue Lamy de la Concurrence 2013/35, 1 (10 ff.).
[262] v. Koppenfels Revue Lamy de la Concurrence 2013/35, 1 (12).
[263] Mitteilung „Abhilfemaßnahmen", Rn. 48 f., 101 ff.; Mustertext für Veräußerungszusagen, verfügbar auf der Website der GD Wettbewerb, Rn. 17.
[264] Z.B. Kom., M.7252 – Holcim/Lafarge, wo alternativ entweder die Veräußerung sämtlicher Anteile an einen einzelnen Käufer oder die Veräußerung eines kontrollierenden Mehrheitsanteils an einen Investor verbunden mit einem IPO für die restlichen Anteile vorgesehen war.
[265] Mitteilung „Abhilfemaßnahmen", Rn. 49.
[266] Kom., M.2277 Rn. 57 – Degussa/Laporte.
[267] Best Practice Guidelines for Divestiture Commitments, Explanatory Note, verfügbar auf der Website der GD Wettbewerb, Rn. 27; vgl. auch Mitteilung „Abhilfemaßnahmen", Rn. 49; Lindsay, The EC Merger Regulation, Substantive Issues, 2003, §§ 9–24.
[268] ZB Kom., M.6690 – Syniverse/Mach.

Beteiligung des Verkäufers am Risiko des veräußerten Geschäfts (sog „structured sales") werden von der Kommission normalerweise nicht akzeptiert.²⁶⁹

In dem bisher einzigen Fall der formellen **Ablehnung eines vorgeschlagenen Käufers** durch die Kommission fehlte es dem Erwerbskandidaten nach Auffassung der Kommission an der für eine erfolgreiche Weiterführung der zu veräußernden Autobahntankstellen im Wettbewerb zu dem fusionierten Unternehmen erforderlichen Verankerung und Erfahrung in dem betreffenden Markt; das EuG hat in dieser Beurteilung keinen offensichtlichen Ermessensfehler festgestellt.²⁷⁰ **106**

Die Genehmigung des vorgeschlagenen Käufers stellt einen an das oder die die Verpflichtungszusagen eingegangene(n) Unternehmen gerichteten Beschluss der Kommission dar, der seine Rechtsgrundlage in dem Beschluss zur Genehmigung des Zusammenschlusses und den diesem beigefügten Bedingungen und Auflagen hat. Die Kommission stützt sich darin idR auf die Informationen, die sie von den beteiligten Unternehmen, dem vorgeschlagenen Erwerber (insbes. dessen Geschäftsplan) und ggf. Dritten (zB Vertretern der Belegschaft des zu veräußernden Geschäfts) erhalten hat, sowie auf ein Gutachten des Überwachungstreuhänders. Selbstverständlich gilt auch insoweit der **Amtsermittlungsgrundsatz:** Die Kommission muss sich aufgrund der ihr vorliegenden Informationen und ggf. erforderlicher zusätzlicher Ermittlungen von der Eignung des vorgeschlagenen Käufers überzeugen und darf nicht etwa lediglich die Beurteilung des Treuhänders übernehmen. Hat die Kommission dies getan, so kann ihre Entscheidung nicht bloß deswegen als rechtswidrig angesehen werden, weil ihr u.a. ein Gutachten eines Treuhänders zugrunde lag, bei dessen Einsetzung ein Formfehler unterlaufen ist. Auch aus diesem Grund ist die Begründung des EuG für die Nichtigerklärung der Käufergenehmigung im Fall Lagardère/Natexis/VUP irrig, wie GA Mazák in seinen Schlussanträgen in dieser Sache überzeugend dargelegt hat.²⁷¹ **107**

Eine über die Genehmigung des von den Zusammenschlussparteien ausgewählten Käufers hinausgehende stärker **„proaktive" Rolle** der Kommission bei der Bestimmung des Erwerbers des zu veräußernden Geschäfts, wie sie vereinzelt gefordert wird, würde einen **unverhältnismäßigen Eingriff in die Privatautonomie** darstellen und die Kommission dem Verdacht aussetzen, mit dem Instrument der Veräußerungszusage **aktive Industriepolitik** zu betreiben. Die Zustimmung der Kommission zu der Person des Käufers gem. den Zusagen präjudiziert selbstverständlich nicht eine ggf. noch erforderliche Genehmigung des Erwerbs des zu veräußernden Geschäfts durch den Käufer nach den jeweils anwendbaren europäischen oder nationalen Fusionskontrollvorschriften.²⁷² **108**

ff) Rückerwerbsverbot. Damit die strukturelle Wirkung der Veräußerung gesichert ist, sollen nach der Mitteilung „Abhilfemaßnahmen" die Verpflichtungszusagen es den Zusammenschlussparteien untersagen, innerhalb einer bestimmten Zeit nach der Veräußerung – im Allgemeinen zehn Jahre – Einfluss auf das veräußerte Geschäft ganz oder teilweise zurück zu erwerben, wenn nicht die Kommission feststellt, dass sich die Marktstruktur derart verändert hat, dass dies für die Vereinbarkeit des Zusammenschlusses mit dem Binnenmarkt nicht mehr erforderlich ist.²⁷³ Das Rückerwerbsverbot bietet allerdings keine Lösung für das in der Praxis vereinzelt aufgetretene Problem, dass das veräußerte Geschäft von dem Erwerber anschließend an einen Dritten weiterveräußert wird, der seinerseits nicht die Kriterien für einen geeigneten Käufer erfüllt. Die Kommission hat es bisher vermieden, von Käufern veräußerter Geschäfte bindende Zusagen hinsichtlich des Verzichts auf eine **Weiterveräußerung** zu verlangen; ein solches Verlangen wäre in der Praxis nur sehr schwierig rechtsverbindlich abzusichern und würde einen problematischen Eingriff in die Freiheit privater Transaktionen darstellen. Letztlich obliegt es der Kommission, bei der Entscheidung über die Käufergenehmigung eine Einschätzung, ob der vorgeschlagene Käufer das Geschäft auf längere Dauer selbst weiterführen wird, in ihre Beurteilung einzubeziehen und von den beteiligten Unternehmen die diese Prognose stützenden Belege (etwa einen Geschäftsplan) anzufordern. **109**

gg) Sprechklausel. Nach der Mitteilung „Abhilfemaßnahmen" und dem Modelltext für Veräußerungszusagen sollen Verpflichtungszusagen eine sog Sprechklausel (review clause) vorsehen, **110**

---

²⁶⁹ Mitteilung „Abhilfemaßnahmen", Rn. 103; Jones/Weinert, EU Competition Law – Mergers & Acquisitions/Vande Walle, 3. Aufl. 2021, Rn. 7.223.
²⁷⁰ Kom., M.1628 – TotalFina/Elf; EuG Slg. 2001, II-67 – Pétrolessence/Kommission.
²⁷¹ EuG Slg. 2010, II-4713 – Odile Jacob/Kommission; und GA Mazák, Schlussanträge, C-553/10 P u.a. – Kommission u.a./Odile Jacob; anders jedoch EuGH 6.11.2012 – C-553/10 P u.a. – Kommission u.a./Odile Jacob.
²⁷² Mitteilung „Abhilfemaßnahmen", Rn. 104.
²⁷³ Mitteilung „Abhilfemaßnahmen", Rn. 43; Mustertext für Veräußerungszusagen, verfügbar auf der Website der GD Wettbewerb, Rn. 5; in Kom., M.8947 – Nidec/Whirlpool (Embraco Business) hat die Kommission in Anwendung der in den Zusagen enthaltenen Sprechklausel wegen veränderter Marktverhältnisse das fusionierte Unternehmen von dem Wiedererwerbsverbot befreit. Gegen den Beschluss ist eine Nichtigkeitsklage beim EuG anhängig (T-583/20 – Italia Wanbao/Kommission).

wonach die Kommission in begründeten Fällen auf Antrag einzelne **Zusagen abändern,** insbes. die Veräußerungsfrist verlängern, oder die Beteiligten hiervon befreien kann; bei Bedarf kann die Klausel auch im Hinblick auf spezifische Situationen formuliert werden.[274] Auch wenn von einer derartigen Revisionsklausel nur zurückhaltend Gebrauch gemacht werden sollte, hat sich ihre Aufnahme in den Zusagentext doch als erforderlich erwiesen. Ohne eine solche Klausel wäre in unvorhergesehenen Situationen eine sich als notwendig erweisende Abweichung von einer ursprünglich gegebenen Zusage nur im Wege einer Abänderung der Freigabeentscheidung der Kommission in dem dafür geltenden – schwerfälligen – Verfahren (dh bei Entscheidungen gem. Abs. 2 unter Befassung des Kommissionskollegiums) möglich.[275] Eine wesentliche Abänderung oder gar ein Verzicht auf eine Zusage setzt in der Regel eine dauerhafte Veränderung der Marktverhältnisse sowie einen gewissen Zeitablauf voraus; wirtschaftliche Unzumutbarkeit für das durch die Zusage verpflichtete Unternehmen allein reicht nicht aus.[276] ZB hat die Kommission 2011 eine im Jahre 1997 eingegangene zeitlich unbegrenzte Verhaltenszusage wegen dauerhaft veränderter Marktverhältnisse aufgehoben[277] und 2018 auf die Erfüllung einer Veräußerungszusage als Bedingung für die Freigabe eines durch Erwerb einer de facto-Kontrolle bewirkten Zusammenschlusses verzichtet, nachdem kurz nach Vollzug der Transaktion auf Grund unvorhergesehener Umstände der Erwerber die de facto-Kontrolle wieder verlor.[278] Andererseits lehnte die Kommission 2016 einen Antrag von Lufthansa ab, von einigen der von ihr 2005 im Zusammenhang mit der Genehmigung des Zusammenschlusses Lufthansa/Swiss eingegangenen Verpflichtungszusagen bezüglich der Angleichung von Flugtarifen auf bestimmten Strecken an die von Lufthansa auf wettbewerblichen Vergleichsstrecken praktizierten Tarife und der Freigabe von „slots" für bestimmte Flugverbindungen befreit zu werden, weil Lufthansa keine wesentliche Veränderung der Wettbewerbsbedingungen dargetan habe.[279] Auf Klage von Lufthansa hat das EuG den Beschluss im Hinblick auf die Tarifzusage zT aufgehoben mit der Begründung, die Kommission habe bestimmte Vorbringen von Lufthansa nicht sorgfältig geprüft. Das Gericht stellt hierzu fest, dass es zwar den durch die Verpflichtungszusagen gebundenen Parteien obliegt, hinreichende Beweise dafür vorzulegen, dass die Voraussetzungen für eine Aufhebung der Zusagen erfüllt sind; es ist dann jedoch Sache der Kommission, darzulegen, inwiefern dies Beweise nicht ausreichend oder nicht tragfähig sind, und hierfür ggf. selbst Ermittlungen durchzuführen.[280]

111   **hh) Verfahren.** Alle bei der Umsetzung von Verpflichtungszusagen erforderlich werdenden **Entscheidungen** der Kommission können von dem hierzu vom Kollegium ermächtigten **Kommissar für Wettbewerb** getroffen werden, der diese Befugnis auf den Generaldirektor der GD Wettbewerb subdelegiert hat.[281] Diese Ermächtigung erstreckt sich außer auf routinemäßige Vollzugsakte wie zB die Genehmigung des Käufers oder die Verlängerung der Veräußerungsfrist insbes. auch auf sonstige Anwendungsfälle der Sprechklausel, soweit sie nicht die wesentlichen Parameter der Zusagen ändern wie etwa der Verzicht auf eine nicht mehr als erforderlich erscheinende Verpflichtung oder die Ersetzung einer sich als undurchführbar erweisenden Zusage durch eine andere, ebenso wirksame Zusage.[282]

112   **b) Andere Zusagen.** Verhaltensbedingte Zusagen, etwa auf Gewährung des Zugangs zu bestimmten Infrastruktureinrichtungen oder geistigen Eigentumsrechten, bedürfen während der Dauer ihrer Geltung einer **laufenden Überwachung.** In ihrer Praxis bedient sich die Kommission hierzu ebenfalls häufig eines **Treuhänders,** der die Aufgabe hat, die Einhaltung der Zusage durch die beteiligten Unternehmen zu überwachen und der Kommission hierüber zu berichten.[283] Soweit derartige Zusagen Veräußerungszusagen ähnlich sind – etwa wenn der Begünstigte einer Lizenz der Genehmigung der Kommission bedarf –, sind die Grundsätze über Veräußerungen entspr. anwendbar.[284] In einigen Fällen sehen Zusagen auch ein **Schiedsverfahren** vor, um Streitigkeiten zwischen

---

[274] Mitteilung „Abhilfemaßnahmen", Rn. 71 ff.; Mustertext für Veräußerungszusagen, verfügbar auf der Website der GD Wettbewerb, Rn. 43 f.; vgl. auch Berg EuZW 2003, 362 ff. (365).
[275] ZB Kom., M.269 – Shell/Montecatini.
[276] Mitteilung „Abhilfemaßnahmen", Rn. 74; aA Voet van Vormizeele NZKart 2016, 459 (465).
[277] Kom., M.950 – Hoffmann-La Roche/Boehringer Mannheim.
[278] Kom., M.8465 – Vivendi/Telecom Italia.
[279] Kom., M.3770 – Lufthansa/Swiss.
[280] EuG 16.5.2018 – T-712/16 Rn. 40, 136 ff. – Deutsche Lufthansa/Kommission.
[281] Beschl. der Kommission v. 24.4.2013 – C(2013) 2349 final; Beschl. des für Wettbewerb zuständigen Kommissionsmitglieds v. 16.7.2013 – C(2013) 4589.
[282] Etwa Kom., M.2876 – NewsCorp/Telepiù (nicht veröffentlicht; vgl. Pressemitteilung IP/10/983): teilweise Entbindung von NewsCorp von der bei der Freigabe des Zusammenschlusses im Jahre 2003 eingegangenen Verpflichtung, kein terrestrisches Pay-TV anzubieten, im Wege der Abänderung des Beschlusses gem. Abs. 2.
[283] Mitteilung „Abhilfemaßnahmen", Rn. 130; Kom. ABl. 1998 L 234, 14 – HoffmannLaRoche/Boehringer Mannheim.
[284] Mitteilung „Abhilfemaßnahmen", Rn. 129.

den Zusammenschlussparteien und Dritten über die Erfüllung der Zusagen zu schlichten.[285] Solche Schiedsverfahren können insbes. dann nützlich sein, wenn die Wirksamkeit der Zusage davon abhängt, dass den betroffenen Dritten effektive rechtliche Verfahren zur Durchsetzung ihrer Erfüllung zur Verfügung stehen, und wenn zur Entscheidung über Ansprüche Dritter im Zusammenhang mit der Erfüllung der Zusage schwierige Ermittlungen tatsächlicher, insbes. technischer Art erforderlich sind. Jedoch muss die Kommission in der Lage sein, notfalls auch selbst die Erfüllung der Zusage erzwingen zu können;[286] private Schiedsgerichte sehen ihre Aufgabe verständlicher Weise in erster Linie in der Schlichtung des konkreten Streitfalls zweier privater Parteien und haben bei ihrer Tätigkeit weniger die Wirksamkeit der abgegebenen Zusage zur Beseitigung der von der Kommission festgestellten Wettbewerbsbedenken im Blick. Deshalb werden häufig sowohl ein Treuhänder als auch ein beschleunigtes Schiedsverfahren vorgesehen[287] oder dem Treuhänder eine spezifische Rolle bei der Schlichtung von Streitigkeiten zwischen den Zusammenschlussparteien und Dritten zugewiesen.[288] In der Praxis wurde offenbar bisher von Schiedsgerichten eher selten Gebrauch gemacht;[289] dies mag an den mit Schiedsverfahren verbundenen Kosten und daran liegen, dass betroffene Dritte ihr Anliegen mit einer Befassung des Treuhänders oder der Kommission schneller und kostengünstiger durchsetzen können.[290] Selbstverständlich können Dritte Rechte aus von der Kommission als Bedingungen und Auflagen verbindlich erklärten Zusagen auch vor den nationalen Gerichten geltend machen; wie das EuG kürzlich bestätigt hat, haben derartige Zusagen Rechtswirkungen erga omnes, auf die sich Dritte vor den nationalen Gerichten berufen können.[291]

V. Nebenabreden (Abs. 1 UAbs. 2 und Abs. 2 UAbs. 3)

1. Überblick. Gem. Abs. 1 UAbs. 2 und Abs. 2 UAbs. 3 gelten jeweils durch einen Beschluss, mit dem ein Zusammenschluss für vereinbar mit dem Binnenmarkt erklärt wird, auch die **mit seiner Durchführung unmittelbar verbundenen und für sie notwendigen Einschränkungen,** die sog Nebenabreden (ancillary restraints), als genehmigt. Eine wortgleiche Regelung enthält Art. 6 Abs. 1 lit. b UAbs. 2 für Freigabeentscheidungen in Phase 1. 113

Die Vorschriften sind **durch die VO 139/2004 neu gefasst** worden. Zuvor bestimmten Art. 6 Abs. 1 lit. b UAbs. 2 und Art. 8 Abs. 2 S. 3 aF, dass die Genehmigungsentscheidung „sich auch auf die mit [der] Durchführung [des Zusammenschlusses] unmittelbar verbundenen und für sie notwendigen Einschränkungen erstreckt". Bis 2001 hatte die Kommission unter der Geltung dieser Vorschriften Nebenabreden im Einzelnen geprüft und dazu in dem Freigabebeschluss Stellung genommen. In der **Bekanntmachung „Nebenabreden" von 2001**[292] hat sie jedoch die Auffassung vertreten, dass bereits nach dem seinerzeit geltenden Wortlaut von Art. 6 Abs. 1 lit. b UAbs. 2 und Art. 8 Abs. 2 S. 3 aF die Genehmigungswirkung ipso facto kraft Gesetzes eintrete und eine ausdrückliche Entscheidung der Kommission zur Beurteilung von Nebenabreden daher nur deklaratorische Wirkung habe; eine individuelle Prüfung und Beurteilung von Nebenabreden in dem Beschluss sei daher nicht erforderlich.[293] Dieser neuen Auslegung der Kommission ist jedoch kurz danach das EuG im **Lagardère-Urteil**[294] entgegengetreten: Der Freigabebeschluss der Kommission habe nach dem seinerzeit geltenden Wortlaut der FKVO auch hinsichtlich der Beurteilung wettbewerbsbeschränkender Nebenabreden rechtsgestaltende Wirkung und die Kommission sei daher auf Antrag verpflichtet, diese in ihrer Entscheidung zu prüfen. 114

Die Neufassung in den heutigen Vorschriften der Art. 6 Abs. 1 lit. b UAbs. 2, 8 Abs. 1 UAbs. 2 und 8 Abs. 2 UAbs. 3 soll laut Erwgr. 21 klarstellen, dass nach der heute geltenden FKVO im Falle 115

---

[285] ZB Kom. ABl. 2001 L 245, 1 – Dow Chemical/Union Carbide; zu Schiedsverfahren im Zusammenhang mit der Durchführung von Zusagen vgl. ausf. Jones/Weinert, EU Competition Law – Mergers & Acquisitions/Vande Walle, 3. Aufl. 2021, Rn. 7.279 ff. und Blessing, Arbitrating Antitrust and Merger Control Issues, 2003.
[286] Bien NZKart 2017, 549.
[287] Mitteilung „Abhilfemaßnahmen", Rn. 130; Kom., M.3083 – GE/Instrumentarium.
[288] ZB Kom., M.5655 – SNCF/LCR/Eurostar.
[289] Bekannte Beispiele von Schiedsverfahren im Zusammenhang mit Zusagen in der Fusionskontrolle sind vor allem die Fälle M.2876 – NewsCorp/Telepiù und neuerdings M.7018 – Telefónica Deutschland/E-Plus; hierzu vgl. Jones/Weinert, EU Competition Law – Mergers & Acquisitions/Vande Walle, 3. Aufl. 2021, Rn. 7.306 f.
[290] Bien NZKart 2017, 549 (550); Jones/Weinert, EU Competition Law – Mergers & Acquisitions/Vande Walle, 3. Aufl. 2021, Rn. 7.305 ff.
[291] EuG 9.10.2018 – T-884/16 Rn. 56 f. - Multiconnect.
[292] Bekanntmachung „Nebenabreden", ABl. 2001 C 188, 5. Die Bekanntmachung „Nebenabreden" von 2001 löste die Bekanntmachung „Nebenabreden" von 1990, ABl. 1990 C 203, 5, ab.
[293] Bekanntmachung „Nebenabreden" von 2001, ABl. 2001 C 188, 5 Rn. 2.
[294] EuG Slg. 2002, II-4825 – Lagardère und Canal+/Kommission.

der Freigabe eines Zusammenschlusses durch Entscheidung der Kommission **Nebenabreden kraft Gesetzes als genehmigt gelten** und die Kommission daher **keine Einzelfallprüfung** von Nebenabreden durchführt.[295] Allerdings sieht als Teil eines im Rat gefundenen Kompromisses die FKVO im Erwgr. 21 zugleich vor, dass die Kommission auf Antrag der beteiligten Unternehmen im Fall neuer und ungelöster Fragen, die zu ernsthafter Rechtsunsicherheit führen können, ausnahmsweise eine gesonderte Prüfung durchführt.[296]

116 Die Kommission hat ihre Auslegung der Art. 6 Abs. 1 lit. b UAbs. 2, 8 Abs. 1 UAbs. 2 und 8 Abs. 2 UAbs. 3 nF sowie ihre Grundsätze für die inhaltliche Beurteilung von Nebenabreden nach der Neufassung der FKVO in einer neuen **Bekanntmachung „Nebenabreden" von 2004** niedergelegt.

117 Mit der faktischen Beendigung der Einzelfallprüfung von Nebenabreden iRd Fusionskontrolle durch die Bekanntmachungen von 2001 bzw. 2004 ist dieses Thema weitgehend zu einem **Schattendasein in der Anwendungspraxis der Kommission** verbannt worden. Von gelegentlichen Ausnahmen abgesehen[297] hat diese sich erst 2012 in einem Verfahren gem. Art. 101 AEUV in der Sache Siemens/Areva[298] wieder ausführlich zu den Voraussetzungen für die Anerkennung einer vertraglichen Beschränkung als Nebenabrede geäußert.

118 Das Konzept der Nebenabrede kann auch auf vertragliche Beschränkungen im Zusammenhang mit **GUs, die** mangels Vollfunktionscharakter **keinen in den Anwendungsbereich der FKVO fallenden Zusammenschluss darstellen,** Anwendung finden. Die von der Rspr. aufgestellten Grundsätze für die Beurteilung, ob vertragliche Beschränkungen im Zusammenhang mit einer anderen Transaktion als Nebenabreden gemeinsam mit dieser wettbewerblich zu würdigen sind, gelten im Wesentlichen gleichermaßen für unter die FKVO und für nicht unter die FKVO fallende Transaktionen;[299] Gleiches dürfte deshalb wohl auch für die in der Bekanntmachung „Nebenabreden" niedergelegten Grundsätze gelten. Die Verfahrensregelungen der FKVO und der Bekanntmachung finden aber selbstverständlich nur auf Nebenabreden zu Zusammenschlüssen iSd FKVO Anwendung.

119 **2. Begriff der Nebenabrede.** Mit dem (von der FKVO selbst nicht verwendeten) Begriff der Nebenabrede sind alle **Vereinbarungen** gemeint, die die Vertragsparteien **im Zusammenhang mit einer Transaktion,** die einen Zusammenschluss darstellt, eingehen, ohne dass diese selbst integraler Teil der Transaktion sind,[300] wie zB Wettbewerbsverbote, Lizenzvereinbarungen, Bezugs- oder Lieferverpflichtungen. Derartige Vereinbarungen stellen **nicht zwangsläufig „Einschränkungen"** iSv Art. 6 Abs. 1 lit. b UAbs. 2, 8 Abs. 1 UAbs. 2 und 8 Abs. 2 UAbs. 2 dar, sondern nur dann, wenn sie eine Beschränkung des Wettbewerbs bewirken, die den **Tatbestand des Art. 101 Abs. 1 AEUV** (ggf. auch den Tatbestand einer wettbewerbsbeschränkenden Vereinbarung nach dem jeweils anwendbaren nationalen Kartellrecht) erfüllt. Nur in diesem Fall bedürfen sie zu ihrer Wirksamkeit der Genehmigungsfiktion des Art. 6 Abs. 1 lit. b UAbs. 2, 8 Abs. 1 UAbs. 2 und 8 Abs. 2 UAbs. 3.[301] Allerdings kann die Prüfung, ob eine derartige Abrede tatsächlich wettbewerbsbeschränkenden Charakter hat, entbehrlich sein, wenn sich bestimmen lässt, dass sie jedenfalls iSv Art. 6 Abs. 1 lit. b UAbs. 2, 8 Abs. 1 UAbs. 2 und 8 Abs. 2 UAbs. 3 mit der Durchführung des Zusammenschlusses unmittelbar verbunden und für sie notwendig ist.[302] Umgekehrt können Vereinbarungen, die diese Voraussetzungen nicht erfüllen, gleichwohl wirksam sein, wenn sie keine Wettbewerbsbeschränkungen iSv Art. 101 Abs. 1 AEUV (bzw. entsprechender nationaler Vorschriften) darstellen oder die Kriterien für die Legalisierung gem. Art. 101 Abs. 3 AEUV (bzw. entsprechender nationaler Tatbestände) erfüllen.[303]

120 **3. Verfahrensmäßige Aspekte.** Wie der geänderte Wortlaut von Art. 6 Abs. 1 lit. b UAbs. 2, 8 Abs. 1 UAbs. 2 und 8 Abs. 2 UAbs. 3 nunmehr klarstellt, „gelten" durch die Entscheidung, mit der ein Zusammenschluss für mit dem Binnenmarkt vereinbar erklärt wird, die mit seiner Durchführung unmittelbar verbundenen und für diese erforderlichen Nebenabreden „als genehmigt"; die **Freiga-**

---

[295] Begründung des Entwurfs zur Neufassung der FKVO, ABl. 2001 C 20, 4 Rn. 103.
[296] Vgl. zur Entstehungsgeschichte Dittert WuW 2004, 148 ff. (160).
[297] ZB Kom., M.5728, Rn. 16 ff. – Crédit Agricole/Société Générale Asset Management; M.5793, Rn. 70 ff. – Dalkia CZ/NWR Energy.
[298] Kom., 39736 – Siemens/Areva.
[299] Grundlegend insbes. EuG Slg. 2001, II-2459 – Métropole Télévision; vgl. auch EuG 29.6.2012 – T-360/09 Rn. 62 ff. – E.ON Ruhrgas u.a./Kommission.
[300] Bekanntmachung „Nebenabreden", Rn. 10.
[301] JonesL/Weinert, EU Competition Law, Mergers and Acquisitions/Conte/Sjödin, 3. Aufl. 2021, Rn. 5.5.
[302] Jones/Weinert, EU Competition Law, Mergers and Acquisitions/Conte/Sjödin, 3. Aufl. 2021, Rn. 5.6.
[303] Bekanntmachung „Nebenabreden", Rn. 7.

bewirkung des Beschlusses erstreckt sich also kraft Gesetzes **automatisch auch auf derartige Nebenabreden,** ohne dass dies in dem Beschluss ausdrücklich angeordnet sein muss.[304] Der Umfang dieser gesetzlich angeordneten Nebenfolge des Beschlusses geht so weit, wie die betreffenden Nebenabreden mit der Durchführung des Zusammenschlusses unmittelbar verbunden und für diese erforderlich sind; in dem Umfang, wie sie darüber hinausgehen, sind sie am Maßstab des sonst anwendbaren Wettbewerbsrechts (etwa Art. 101 AEUV) zu prüfen.[305] Auch eine Abrede, die keine Nebenabrede zu einem Zusammenschluss darstellt (zB eine Vertriebsvereinbarung, die nach Reichweite und Dauer über das zur Verwirklichung des Zusammenschlusses Notwendige hinausgeht), kann allerdings einen bei der wettbewerblichen Prüfung des Zusammenschlusses nach der FKVO zu berücksichtigenden Faktor darstellen.[306] Nebenabreden iSv Art. 6 Abs. 1 lit. b UAbs. 2, 8 Abs. 1 UAbs. 2 und 8 Abs. 2 UAbs. 3 fallen in dem Umfang, wie sie von diesen Vorschriften erfasst werden, **ausschließlich unter die FKVO** und sind gem. Art. 21 Abs. 1 von der Anwendung der VO (EG) 1/2003 bzw. der übrigen Durchführungsverordnungen zu Art. 101 und 102 AEUV sowie gem. Art. 21 Abs. 3 von der Anwendung des nationalen Wettbewerbsrechts ausgenommen.[307]

Da die Freigabewirkung bezüglich von Nebenabreden kraft Gesetzes eintritt, braucht die Kommission weder im Beschlusstenor die Freigabe anzuordnen noch – wie auch Erwgr. 21 klarstellt – in der Begründung im Einzelnen zu prüfen, ob die Voraussetzungen für die Genehmigungswirkung hinsichtlich bestimmter Abreden vorliegen. Somit ist es **Sache der Parteien einer Transaktion, zu prüfen, ob die von ihnen bei Gelegenheit dieser Transaktion geschlossenen Vereinbarungen** nach den für Nebenabreden geltenden Grundsätzen **von der Genehmigung des Zusammenschlusses mit erfasst werden** oder ob sie aus anderen Gründen (etwa weil sie schon den Tatbestand einer Wettbewerbsbeschränkung nicht erfüllen oder gem. Art. 101 Abs. 3 AEUV oder vergleichbaren Vorschriften des nationalen Rechts legalisiert sind) zulässig sind. Im Streitfall liegt die Entscheidung hierüber bei den nationalen Gerichten.[308]

Diese Neuregelung **gleicht die Behandlung von Nebenabreden nach der FKVO der Prüfung der Zulässigkeit wettbewerbsbeschränkender Vereinbarungen nach Art. 101 AEUV an,** die unter der Geltung der VO (EG) 1/2003 ebenfalls in erster Linie in der Verantwortung der Vertragsparteien liegt, ohne dass diese im Normalfall die Möglichkeit haben, eine Entscheidung der Kommission hinsichtlich der Vereinbarkeit einer bestimmten Vereinbarung mit dem Wettbewerbsrecht zu erlangen (Art. 1 Abs. 1 und 2, 10 VO (EG) 1/2003). Dies ist deshalb gerechtfertigt, weil es sich bei Nebenabreden – anders als bei dem eigentlichen Zusammenschluss – nicht um eine dauerhafte Strukturveränderung von Unternehmen handelt, die nur unter großen Schwierigkeiten wieder rückgängig gemacht werden könnte.[309]

Allerdings soll nach Erwgr. 21 im Fall **neuer oder ungelöster Fragen, die zu ernsthafter Rechtsunsicherheit führen können,** die Kommission auf Antrag der beteiligten Unternehmen gesondert prüfen, ob eine Nebenabrede mit der Durchführung des Zusammenschlusses unmittelbar verbunden und dafür notwendig ist. Maßgebliches Kriterium hierfür ist danach, ob die Frage durch eine entsprechende Bekanntmachung (dh die Bekanntmachung „Nebenabreden") oder eine veröffentlichte Entscheidung der Kommission geregelt ist. Die Prüfung, ob dies der Fall ist, obliegt den Anmeldern; es kann nicht Aufgabe der Kommission sein, diesen auf Antrag durch entsprechende Zitate der Entscheidungspraxis darzulegen, aus welchen Gründen die von einem angemeldeten Zusammenschluss aufgeworfene Frage keine neue oder ungelöste Frage darstellt.[310] Weder in der FKVO noch in der Bekanntmachung „Nebenabreden" ist bestimmt, in welcher **Form** diese **gesonderte Prüfung auf Antrag** erfolgt; die Kommission verspricht lediglich, die Ergebnisse dieser Prüfung, mit der die in der Bekanntmachung „Nebenabreden" enthaltenen Grundsätze weiterentwickelt werden sollen, unter Beachtung der Vertraulichkeitsvorschriften in angemessener Form bekannt zu geben.[311]

In der Praxis hat die Kommission seit Inkrafttreten der neugefassten FKVO 2004 vereinzelt entweder von Amts wegen oder auf ausdrücklichen Antrag der Anmelder in Beschlüssen nach der

---

[304] Bekanntmachung „Nebenabreden", Rn. 10.
[305] EuG Slg. 2001, II-2459 Rn. 113 – Métropole Télévision.
[306] Kom., M.5728, Rn. 25 – Crédit Agricole/Société Générale Asset Management; vgl. Jones/Weinert, EU Competition Law, Mergers and Acquisitions/Conte/Sjödin, 3. Aufl. 2021, Rn. 5.31.
[307] Jones/Weinert, EU Competition Law, Mergers and Acquisitions/Conte/Sjödin, 3. Aufl. 2021, Rn. 5.33.
[308] Bekanntmachung „Nebenabreden", Rn. 2.
[309] Dittert WuW 2004, 148 ff. (159).
[310] AA Jones/Weinert, EU Competition Law, Mergers and Acquisitions/Conte/Sjödin, 3. Aufl. 2021, Rn. 5.66, dem zufolge die Kommission auf die einschlägigen Entscheidungen oder Rn. der Bekanntmachung verweisen muss.
[311] Bekanntmachung „Nebenabreden", Rn. 6.

FKVO Ausführungen dazu gemacht, ob und in welchem Umfang bestimmte Abreden in den mit der Anmeldung vorgelegten Verträgen Nebenabreden darstellen.[312] Bei derartigen Ausführungen dürfte es sich – entspr. dem vorstehend Gesagten – um obiter dicta handeln. Einen Sonderfall stellt der Beschluss der Kommission im Fall Siemens/Areva dar; hier hat die Kommission ein gesondertes Verfahren gem. VO (EG) 1/2003 zur Prüfung der Vereinbarkeit eines von Siemens und Framatome (jetzt Areva) im Zusammenhang mit der Gründung ihres GU Areva NP vereinbarten Wettbewerbsverbots, das auch nach Auflösung des GU fortgelten sollte, mit Art. 101 AEUV geführt und mit einem Zusagenbeschluss gem. Art. 9 VO (EG) 1/2003 beendet.[313]

125 **4. Inhaltliche Beurteilung.** In ihrer Bekanntmachung „Nebenabreden" hat die Kommission unter Rückgriff auf die Rspr., ihre Entscheidungspraxis bis 2001 sowie auf die vorherige Bekanntmachung „Nebenabreden" von 2001 **Grundsätze zur Auslegung** des Tatbestandsmerkmals der mit der Durchführung des Zusammenschlusses unmittelbar verbundenen und für diese notwendigen Einschränkungen formuliert.[314]

126 **a) Grundsätze.** Nebenabreden müssen, um unter Art. 6 Abs. 1 lit. b UAbs. 2, 8 Abs. 1 UAbs. 2 und 8 Abs. 2 UAbs. 3 zu fallen, **mit der Durchführung des Zusammenschlusses unmittelbar verbunden und für diese notwendig** sein. Beide Kriterien sind objektiv zu beurteilen; es kommt also nicht allein darauf an, ob sie nach Auffassung der beteiligten Unternehmen erfüllt sind.[315]

127 Mit der Durchführung des Zusammenschlusses **„unmittelbar verbunden"** ist eine Nebenabrede, wenn sie in **engem zeitlichen Zusammenhang** mit diesem zustande kommt und **in wirtschaftlicher Hinsicht mit der Unternehmensgründung verbunden** ist und einen reibungslosen Übergang zu der neuen Unternehmensstruktur nach dem Zusammenschluss gewährleisten soll.[316] Die geltende Bekanntmachung „Nebenabreden" verlangt nicht ausdrücklich, dass die Vereinbarung gegenüber dem eigentlichen Gegenstand des Zusammenschlusses von untergeordneter Bedeutung sein muss.[317] Die Frage ist jedoch ohne praktische Relevanz, weil für die Durchführung des Zusammenschlusses notwendige Vereinbarungen, die nicht von untergeordneter Bedeutung sind (etwa wenn der Gesellschafterbeitrag eines Gründers zu einem GU in der Bereitstellung einer Lizenz besteht), idR wesentliche Bestandteile des Zusammenschlusses selbst sein dürften und damit von vornherein unter die Genehmigungswirkung des Freigabebeschlusses fallen.[318]

128 „Notwendig" ist die Nebenabrede für die Durchführung des Zusammenschlusses, **wenn dieser ohne sie entweder gar nicht oder nur unter deutlich ungewisseren Voraussetzungen, zu wesentlich höheren Kosten, über einen spürbar längeren Zeitraum oder mit erheblich geringeren Erfolgsaussichten durchgeführt werden könnte;** dies ist idR der Fall bei Nebenabreden, die darauf abzielen, den übertragenen Vermögenswert zu erhalten, die Versorgungssicherheit nach Auflösung einer bestehenden wirtschaftlichen Einheit zu gewährleisten oder den Start des neuen Unternehmens zu ermöglichen. Dabei darf die Beschränkung der Handlungsfreiheit der Vertragsparteien nach dem **Grundsatz der Verhältnismäßigkeit** nicht über das für die Durchführung des Zusammenschlusses Erforderliche hinausgehen, und von mehreren gleich wirksamen Alternativen muss die den Wettbewerb nach objektiven Maßstäben am wenigsten beschränkende gewählt werden.[319]

129 Die frühere Rspr. betonte, dass die **Prüfung der objektiven Notwendigkeit** einer Nebenabrede „verhältnismäßig abstrakt" erfolgen muss und keine Abwägung der wettbewerbsfördernden und wettbewerbswidrigen Auswirkungen einer Vereinbarung voraussetzt; eine solche Abwägung ist mangels einer „rule of reason" im EU-Wettbewerbsrecht nämlich Art. 101 Abs. 3 AEUV vorbehalten, wohingegen die Einstufung als Nebenabrede schon den Tatbestand des Art. 101 Abs. 1 AEUV ausschließt. „Es geht nicht darum, zu prüfen, ob diese Abrede angesichts der Wettbewerbssituation auf dem relevanten Markt für den geschäftlichen Erfolg der Hauptmaßnahme unerlässlich ist, sondern

---

[312] ZB Kom., M.5728, Rn. 16 ff. – Crédit Agricole/Société Générale Asset Management; M.5793, Rn. 70 ff. – Dalkia CZ/NWR Energy; ausführlich in Kom., M.7850, Rn. 82 ff. – EDF/CNG/NNB Group of companies.
[313] Kom., 39736 – Siemens/Areva.
[314] Soweit auf die frühere Entscheidungspraxis der Kommission in der Bekanntmachung Bezug genommen wird, wird nachfolgend auf eine Zitierung dieser Praxis im Einzelnen verzichtet.
[315] Bekanntmachung „Nebenabreden", Rn. 11.
[316] Bekanntmachung „Nebenabreden", Rn. 12, mwN.
[317] So jedoch EuG Slg. 2001, II-2459 Rn. 105 – Métropole Télévision.
[318] Bekanntmachung „Nebenabreden", Rn. 28; Jones/Weinert, EU Competition Law, Mergers and Acquisitions/Conte/Sjödin, 3. Aufl. 2021, Rn. 5.12.
[319] EuG Slg. 2001, II-2459 Rn. 113 – Métropole Télévision; EuG 29.6.2012 – T-360/09 Rn. 68 – E.ON Ruhrgas u.a./Kommission; Bekanntmachung „Nebenabreden", Rn. 13, mwN; Jones/Weinert, EU Competition Law, Mergers and Acquisitions/Conte/Sjödin, 3. Aufl. 2021, Rn. 5.18 ff.

vielmehr darum, ob sie im besonderen Rahmen der Hauptmaßnahme für die Verwirklichung dieser Maßnahme notwendig ist."[320] In einem neueren Urteil hat jedoch der EuGH einen offenbar strikteren Maßstab angelegt. Danach muss ermittelt werden, **ob die Durchführung dieser Maßnahme ohne die fragliche Beschränkung unmöglich wäre,** und verleiht der Umstand, dass die Maßnahme ohne die Beschränkung nur schwerer durchführbar oder weniger rentabel wäre, der in Frage stehenden Beschränkung nicht den für ihre Qualifizierung als Nebenabrede erforderlichen Charakter als „objektiv notwendig"; andernfalls würde die praktische Wirksamkeit des Verbots des Art. 101 Abs. 1 AEUV beeinträchtigt.[321] Auch die Kommission folgt in ihrer neueren Entscheidungspraxis überwiegend diesem strikteren Standard. Im Fall Siemens/Areva zB hat sie iRd Prüfung, ob ein bei Gründung eines GU vereinbartes vertragliches Wettbewerbsverbot auch über die Lebensdauer des GU hinaus eine zulässige Nebenabrede darstellt, die besonderen Umstände des betreffenden Sektors (Nuklearindustrie) und die Anreizstruktur der Beteiligten gewürdigt.[322]

Auch **Vereinbarungen zwischen einem GU und seinen Muttergesellschaften** können, **130** wenn die Voraussetzungen von Art. 6 Abs. 1 lit. b UAbs. 2, 8 Abs. 1 UAbs. 2 und 8 Abs. 2 UAbs. 3 erfüllt sind, als Nebenabreden zu behandeln sein, da sie nicht als konzernintern anzusehen sind und daher grds. den Tatbestand des Art. 101 Abs. 1 AEUV erfüllen können.

Vereinbarungen, die sich auf **Vorgänge vor Begründung der Kontrolle** iSv Art. 3 Abs. 1 **131** beziehen, können nach der geltenden Bekanntmachung „Nebenabreden" nicht als mit der Durchführung des Zusammenschlusses unmittelbar verbunden und für diese notwendig angesehen werden, weil es sich insoweit um wesentliche Bestandteile der Transaktion und nicht um Nebenabreden handelt. Eine Ausnahme von diesem Grundsatz macht die Bekanntmachung für die Vereinbarung, bis zum Vollzug des Zusammenschlusses keine wesentlichen Veränderungen an dem veräußerten Geschäft vorzunehmen, sowie für Vereinbarungen zwischen Parteien, die die gemeinsame Kontrolle über ein Unternehmen erlangen wollen, auf Versuche zum Erwerb der Kontrolle auf andere Weise zu verzichten.[323] Ebenso bezeichnet die Bekanntmachung Vereinbarungen mit dem Zweck, den Erwerb der gemeinsamen Kontrolle zu erleichtern, als mit der Durchführung des Zusammenschlusses unmittelbar verbunden und für sie notwendig, und erwähnt in diesem Zusammenhang ausdrücklich Abmachungen über die Aufteilung der Vermögenswerte des Zielunternehmens zwischen den Beteiligten nach dem Erwerb der gemeinsamen Kontrolle.[324]

Nach Auffassung der Kommission sind bei der Übernahme eines Unternehmens **Nebenabre-** **132** **den, die den Erwerber begünstigen,** um diesem die Sicherheit zu geben, den vollen Wert des veräußerten Geschäfts zu übernehmen, eher als mit der Durchführung des Zusammenschlusses unmittelbar verbunden und für diese notwendig anzusehen als solche, die den Veräußerer begünstigen.[325]

b) Einzelne häufig vorkommende Arten von Nebenabreden. aa) Überblick. Die **133** Bekanntmachung „Nebenabreden" behandelt im Einzelnen drei Arten häufig vorkommender Nebenabreden: Wettbewerbsverbote, Lizenzvereinbarungen sowie Bezugs- und Lieferverpflichtungen, jeweils im Zusammenhang mit Übernahmen und der Gründung von GU. Aus der Sicht der Praxis von entscheidender Bedeutung ist hierbei sicherlich die nach Ansicht der Kommission zulässige Dauer vertraglicher Beschränkungen. Insoweit kann zusammenfassend gesagt werden, dass die Kommission grds. für zulässig hält:
– Wettbewerbsverbote bei Unternehmenskäufen für die Dauer von zwei bzw. drei Jahren, bei GU für die Dauer des Bestehens des GU;
– Lizenzvereinbarungen sowohl bei Unternehmenskäufen als auch bei GU unbegrenzt;
– Bezugs- oder Lieferpflichten sowohl bei Unternehmenskäufen als auch bei GU für die Dauer von fünf Jahren.

bb) Wettbewerbsverbote. Wettbewerbsverbote werden bei Gelegenheit der meisten Unter- **134** nehmensverkäufe und häufig anlässlich der Gründung von GU vereinbart.[326]

Dem Veräußerer eines Unternehmens auferlegte zeitlich begrenzte Wettbewerbsverbote sind **135** erforderlich, um zu gewährleisten, dass **der Erwerber den vollständigen Wert der übertragenen materiellen und immateriellen Vermögenswerte erhält.** Sie werden daher von der Kommission

---

[320] EuG Slg. 2001, II-2459 Rn. 107 ff. – Métropole Télévision; EuG 29.6.2012 – T-360/09 Rn. 65 ff. – E.ON Ruhrgas u.a./Kommission.
[321] EuGH 11.9.2014 – C-382/12 P Rn. 91 – MasterCard u.a./Kommission.
[322] Kom., 39736 – Siemens/Areva; vgl. auch Kom., M.9674, Rn. 31 – Vodafone Italia/TIM/INWIT JV.
[323] Bekanntmachung „Nebenabreden", Rn. 14, mwN.
[324] Bekanntmachung „Nebenabreden", Rn. 15.
[325] Bekanntmachung „Nebenabreden", Rn. 17, mwN.
[326] de Crozals/Hartog EWS 2004, 533 ff.

als mit der Durchführung des Zusammenschlusses unmittelbar verbunden und für sie notwendig angesehen, soweit sie im Hinblick auf Geltungsdauer, räumlichen und sachlichen Geltungsbereich und die betroffenen Personen nicht über das zur Erreichung dieses Zieles erforderliche Maß hinausgehen. Dabei differenziert die Bekanntmachung hinsichtlich der **zulässigen Dauer** derartiger Wettbewerbsverbote zwischen Transaktionen, bei denen lediglich der **Geschäftswert („goodwill")** des Unternehmens übertragen wird, und solchen, bei denen außerdem auch das **Know-how** übertragen wird: Bei der Veräußerung nur des Geschäftswertes sind Wettbewerbsverbote idR nur für eine Dauer von zwei Jahren zulässig, bei Veräußerung von Geschäftswert und Know-how kann auch eine Dauer von drei Jahren gerechtfertigt sein.[327] Wo hingegen ausschließlich materielle Vermögenswerte (Grundstücke, Gebäude oder Maschinen) und/oder gewerbliche Schutzrechte veräußert werden, kann ein Wettbewerbsverbot sogar ganz unzulässig sein.[328]

136   Anlässlich der Gründung von GU können **Wettbewerbsverbote zwischen den Gründungsunternehmen und dem GU für die gesamte Dauer des Bestehens des GU** als mit der Durchführung des Zusammenschlusses unmittelbar verbunden und für sie notwendig angesehen werden.[329] Mit dieser Auslegung ist die Kommission in der geltenden Bekanntmachung „Nebenabreden" wieder zu ihrem ursprünglichen Standpunkt in der Bekanntmachung von 1990[330] zurückgekehrt, nachdem sie in der Bekanntmachung von 2001 Wettbewerbsverbote bei der Gründung von GU nur bis zu einer Dauer von maximal fünf Jahren für zulässig gehalten hatte.[331] Wettbewerbsverbote, die bei der Gründung eines GUs vereinbart werden, ermöglichen es dem GU, die ihm übertragenen Vermögenswerte einschließlich Know-how und Geschäftswert in vollem Umfang zu nutzen, und schützen damit mittelbar auch die an dem GU beteiligten Gründer.

137   Hinsichtlich des **räumlichen und sachlichen Geltungsbereichs** müssen Wettbewerbsverbote auf das Gebiet beschränkt sein, in dem der Veräußerer – bzw. die Gründer des GU – die betreffenden Waren oder Dienstleistungen bereits vor der Veräußerung angeboten oder dies geplant und hierfür bereits entsprechende Investitionen getätigt hat, sowie auf die Waren und Dienstleistungen, die Geschäftsgegenstand des veräußerten Unternehmens oder des GU sind (einschließlich noch nicht auf den Markt gebrachter fertig entwickelter oder in einem fortgeschrittenen Entwicklungsstadium befindlicher Erzeugnisse).[332] Das Wettbewerbsverbot kann dem Veräußerer selbst, seinen Tochtergesellschaften und Handelsvertretern auferlegt werden, nicht jedoch Dritten.[333] Bei GU dürfen im Verhältnis zwischen Gründern ohne Beherrschungsmacht und dem GU keine Wettbewerbsverbote auferlegt werden.[334] Die für Wettbewerbsverbote geltenden Regeln werden entspr. auf Verbote angewendet, Beteiligungen an mit dem veräußerten Unternehmen konkurrierenden Unternehmen zu erwerben; solche Verbote dürfen sich allerdings nicht auf reine Finanzinvestitionen ohne Leitungsbefugnisse oder sonstige Einflussrechte erstrecken.[335]

138   Im Fall **Siemens/Areva** hatten die Parteien bei Gründung ihres GU Areva NP auf dem Gebiet der zivilen Kerntechnologie im Jahre 2001 ein umfassendes Wettbewerbsverbot vereinbart, dass während der Dauer des GU sowie elf Jahre nach dessen Auflösung gelten sollte. Siemens schied 2009 aus dem GU aus und Areva erwarb dessen alleinige Kontrolle. Sowohl die Gründung des GU als auch der Erwerb der alleinigen Kontrolle an Areva NP durch Areva wurden von der Kommission nach der FKVO genehmigt.[336] Auf Beschwerde von Siemens leitete die Kommission 2010 ein Verfahren gem. Art. 101 AEUV ein. Nachdem beide beteiligten Unternehmen sich verpflichteten, die Dauer des Wettbewerbsverbots auf drei Jahre nach Beendigung des GU und seinen Anwendungsbereich auf die Kerntätigkeit des GU – das sog „nuclear island", Kernbrennelemente und kerntechnische Dienstleistungen – zu begrenzen, beendete die Kommission das Verfahren mit einem Zusagenbeschluss gem. Art. 9 VO (EG) 1/2003. Nach Auffassung der Kommission stellt das so eingeschränkte Wettbewerbsverbot eine zulässige Nebenabrede zum Erwerb der alleinigen Kontrolle an Areva NP durch Areva dar. Da Siemens als zuvor mit kontrollierende Muttergesellschaft des GU über vertrauliche geschäftliche Informationen über dieses verfügte, die ihre Relevanz auch für eine begrenzte

---

[327] Zu der Frage, inwieweit aufgrund der von der Bekanntmachung zitierten Entscheidungspraxis längere Wettbewerbsverbote ausnahmsweise auch künftig zulässig sein können, vgl. de Crozals/Hartog EWS 2004, 533 ff.
[328] Bekanntmachung „Nebenabreden", Rn. 18 ff., mwN.
[329] Bekanntmachung „Nebenabreden", Rn. 36, mwN.
[330] Bekanntmachung „ Nebenabreden" von 1990, ABl. 1990 C 203, 5.
[331] Bekanntmachung „ Nebenabreden" von 2001, ABl. 2001 C 188, 5 Rn. 36; vgl. de Crozals/Hartog EWS 2004, 533 ff. (535).
[332] Bekanntmachung „Nebenabreden", Rn. 22 f., 37 ff., mwN.
[333] Bekanntmachung „Nebenabreden", Rn. 24.
[334] Bekanntmachung „Nebenabreden", Rn. 40.
[335] Bekanntmachung „Nebenabreden", Rn. 25, mwN.
[336] Kom., M.1940 – Framatome/Siemens/Cogéma/JV; M.5481 – Areva SA/Areva NP.

Zeit nach dessen Beendigung behielt, hätte sich Areva ohne ein solches Wettbewerbsverbot nicht auf die Gründung des GU eingelassen.[337] Im Ergebnis hat die Kommission damit unter den besonderen Umständen dieses Falles – abweichend von der Mitteilung „Nebenabreden" – ein bei Gründung eines GU vereinbartes Wettbewerbsverbot auch über die Lebensdauer des GU hinaus zugelassen.

In gleicher Weise wie Wettbewerbsverbote werden **Abwerbeverbote** und **Vertraulichkeitsklauseln** behandelt; letztere können ausnahmsweise zum Schutz von technischem Know-how auch für länger als drei Jahre vereinbart werden.[338]

cc) Lizenzvereinbarungen. Lizenzvereinbarungen über geistige Eigentumsrechte oder Know-how können im Zusammenhang mit Unternehmensveräußerungen abgeschlossen werden, **wenn nach der Veräußerung sowohl der Erwerber als auch der Veräußerer das Recht oder Know-how nutzen wollen**. In diesen Fällen überträgt entweder der Veräußerer das Recht oder Know-how zusammen mit dem veräußerten Geschäft auf den Erwerber, der ihm eine Lizenz zur Nutzung dieses Rechts oder Know-hows für andere als die übertragenen Geschäftstätigkeiten erteilt, oder der Veräußerer behält das Recht oder Know-how und erteilt dem Erwerber eine entsprechende Lizenz zu dessen Nutzung im Zusammenhang mit dem übertragenen Geschäft. In beiden Konstellationen ist die Lizenzvereinbarung, soweit sie nicht schon einen integralen Bestandteil des Zusammenschlusses darstellt, für dessen Durchführung notwendig. Dies gilt **unabhängig davon, ob die Lizenz befristet oder unbefristet ist und ob es sich um eine einfache oder ausschließliche Lizenz handelt**, ggf. auch um eine auf bestimmte mit den Tätigkeiten des übertragenen Unternehmens übereinstimmende Anwendungsbereiche, beschränkte Lizenz. Eine räumliche Beschränkung der erteilten Lizenz ist dagegen für die Durchführung des Zusammenschlusses nicht notwendig; allerdings kann im Fall einer vom Erwerber dem Veräußerer erteilten Lizenz dem Veräußerer unter denselben Voraussetzungen wie bei einem Wettbewerbsverbot eine Gebietsbeschränkung auferlegt werden.[339] Weiter gehende Beschränkungen, insbes. solche, die eher den Lizenzgeber als den Lizenznehmer schützen, sind nach Art. 101 AEUV zu prüfen und können ggf. nach der TT-GVO freigestellt sein.[340]

Entsprechende Regeln gelten für Lizenzen, die bei **Gründung eines GUs** die Gründer dem GU oder dieses einem der Gründer gewährt; Lizenzen der Gründer untereinander können hingegen nicht als Nebenabreden anerkannt werden.[341]

dd) Bezugs- und Lieferverainbarungen. Befristete Bezugs- und Lieferpflichten, die bei einer Unternehmensveräußerung entweder dem Erwerber oder dem Veräußerer auferlegt werden, sind mit der Durchführung des Zusammenschlusses unmittelbar verbunden und für diese notwendig, wenn durch sie erreicht wird, dass bisher bestehende **Bezugs- und Lieferverbindungen für eine Übergangszeit aufrechterhalten werden, bis es den Beteiligten möglich ist, ihren Bezug oder Absatz über den Markt sicherzustellen.** Derartige Vereinbarungen müssen auf den zur Sicherung einer Versorgung über den Markt erforderlichen Zeitraum, idR **höchstens fünf Jahre**, beschränkt sein. Nicht als Nebenabreden anerkannt werden Verpflichtungen über die Lieferung oder den Bezug unbegrenzter Mengen sowie Ausschließlichkeitsbindungen.[342] Bei der Gründung von GU gelten die gleichen Grundsätze für Bezugs- und Liefervereinbarungen zwischen dem GU und den Gründern, wenn letztere auf einem dem Markt des GUs vor- oder nachgelagerten Markt tätig bleiben.[343]

VI. Beschluss gem. Abs. 3: Unvereinbarkeit des Zusammenschlusses mit dem Binnenmarkt

Stellt die Kommission fest, dass der Zusammenschluss die Kriterien erfüllt, nach denen er gem. Art. 2 Abs. 3 und ggf. Abs. 4 mit dem Binnenmarkt nicht vereinbar ist, so erklärt sie ihn durch Beschluss gem. Abs. 3 für unvereinbar mit dem Binnenmarkt. Eine Untersagung setzt, worauf schon der Wortlaut des Abs. 3 deutet, nicht voraus, dass der untersagte Zusammenschluss angemeldet wurde (→ Art. 6 Rn. 16), wohl aber, dass die Kommission gem. Art. 6 Abs. 1 lit. c das Verfahren eingeleitet hat. Der Beschluss hat konstitutive Wirkung und führt zum **Verbot des Zusammenschlusses.** Unter Verstoß gegen das Vollzugsverbot nach Art. 7 Abs. 1 durchgeführte **Vollzugsmaßnahmen** werden

---

[337] Kom., 39736, Rn. 39 ff. – Siemens/Areva.
[338] Bekanntmachung „Nebenabreden", Rn. 26, 41; Kom., 39736, Rn. 84 ff. – Siemens/Areva; vgl. de Crozals/Hartog EWS 2004, 533 ff. (535).
[339] Bekanntmachung „Nebenabreden", Rn. 27 ff., mwN.
[340] Bekanntmachung „Nebenabreden", Rn. 30.
[341] Bekanntmachung „Nebenabreden", Rn. 42 f.
[342] Bekanntmachung „Nebenabreden", Rn. 32 ff., mwN; Kom., M.5728, Rn. 16 ff. – Crédit Agricole/Société Générale Asset Management; M.5793, Rn. 70 ff. – Dalkia CZ/NWR Energy.
[343] Bekanntmachung „Nebenabreden", Rn. 44.

gem. Art. 7 Abs. 4 zivilrechtlich endgültig nichtig. Daraus folgt zugleich, dass nach der Untersagung durchgeführte Vollzugsmaßnahmen von Anfang an nichtig sind. Umgekehrt werden allerdings Vollzugshandlungen, die vor der Entscheidung etwa aufgrund der Ausnahme des Art. 7 Abs. 2 oder einer Freistellung gem. Art. 7 Abs. 3 wirksam durchgeführt wurden, durch die Untersagung nicht nachträglich unwirksam; ihre Rückgängigmachung muss nötigenfalls von der Kommission im Wege einer Entflechtungsanordnung gem. Abs. 4 angeordnet werden.[344] Die Kommission kann gegenüber den Beteiligten eines vollzogenen Zusammenschlusses, der durch Entscheidung für mit dem Binnenmarkt unvereinbar erklärt worden ist, **Entflechtungsmaßnahmen** oder andere Maßnahmen zur Wiederherstellung des früheren Zustandes ergreifen (Abs. 4). Außerdem kann der Vollzug eines untersagten Zusammenschlusses gem. Art. 14 Abs. 2 lit. a mit **Geldbuße** geahndet werden.

144 Seit Inkrafttreten der FKVO hat die Kommission bis 31.3.2023 insgesamt **32 Zusammenschlüsse für unvereinbar mit dem Binnenmarkt erklärt**.[345] In sechs Fällen hat das EuG die Untersagungsentscheidung der Kommission aufgehoben;[346] vier Untersagungen wurden bislang vom EuG bestätigt.[347]

VII. Entscheidungsbefugnisse der Kommission bei ohne wirksame Genehmigung vollzogenen Zusammenschlüssen oder Wegfall der Voraussetzungen für die Genehmigung des Zusammenschlusses

145 Die Abs. 4–7, die im Wesentlichen durch die VO 139/2004 neu gefasst wurden, enthalten Regelungen für eine Vielzahl unterschiedlicher Situationen, die dadurch gekennzeichnet sind, dass entweder ein Zusammenschluss ohne Genehmigung vollzogen wurde oder die Voraussetzungen für eine zunächst erteilte Genehmigung eines Zusammenschlusses nachträglich wegfallen.

146 **1. Entflechtungsmaßnahmen (Abs. 4).** Abs. 4 regelt Maßnahmen zur Entflechtung, dh der **Rückgängigmachung eines vollzogenen Zusammenschlusses** oder der **Wiederherstellung des früheren Zustandes** auf andere Weise. Die Kommission kann derartige Maßnahmen treffen, wenn
– entweder ein bereits vollzogener Zusammenschluss durch Beschluss gem. Abs. 3 für unvereinbar mit dem Binnenmarkt erklärt worden ist (lit. a) oder
– ein Zusammenschluss unter Verstoß gegen eine Bedingung vollzogen wurde, unter der ein Beschluss gem. Abs. 2 ergangen ist, sofern sich aus diesem Beschluss ergibt, dass der Zusammenschluss ohne Einhaltung der Bedingung mit dem Binnenmarkt unvereinbar ist (lit. b).

147 Beiden Anwendungsfällen des Abs. 4 ist gemeinsam, dass aufgrund eines verfahrensabschließenden Beschlusses die Kommission feststeht, dass der **Zusammenschluss in der Form, in der er vollzogen wurde, materiell unvereinbar mit dem Binnenmarkt** ist. Für die Alternative der lit. a (Untersagung eines bereits vollzogenen Zusammenschlusses) ist unerheblich, ob der Zusammenschluss unter Verstoß gegen das Vollzugsverbot des Art. 7 Abs. 1 vollzogen wurde oder der Vollzug aufgrund der Ausnahmeregelung des Art. 7 Abs. 2 oder einer Freistellung nach Art. 7 Abs. 3 ausnahmsweise erlaubt war. Die durch die neugefasste VO 139/2004 neu eingeführte Alternative der lit. b (Verstoß gegen eine Bedingung in einem Freigabebeschluss nach Abs. 2, aus der sich ergibt, dass der Zusammenschluss ohne die Bedingung zu untersagen wäre) erfasst diejenigen Fälle bedingter Freigaben, in denen die Kommission das Verfahren in der zweiten Phase bis zur Feststellung der Unvereinbarkeit des ursprünglichen Zusammenschlusses mit dem Binnenmarkt betrieben hat, dh eine Mitteilung der Beschwerdepunkte an die Anmelder gerichtet hat.[348]

---

[344] So bei Kom. ABl. 2004 L 101, 1 – Schneider/Legrand; und Kom. ABl. 2004 L 38, 1 – TetraLaval/Sidel.
[345] Vgl. Übersicht auf der Website der GD Wettbewerb.
[346] Kom. ABl. 2000 L 93, 1 – Airtours/FirstChoice durch EuG Slg. 2002, II-2585 – Airtours/Kommission; Kom. ABl. 2004 L 101, 1 – Schneider/Legrand durch EuG Slg. 2002, II-4071 – Schneider Electric/Kommission; Kom. ABl. 2004 L 43, 13 – TetraLaval/Sidel durch EuG Slg. 2002, II-4381 – TetraLaval/Kommission, bestätigt durch EuGH Slg. 2005, I-987 – Kommission/TetraLaval; Kom. ABl. 2003 L 300, 1 – MCI WorldCom/Sprint durch EuG Slg. 2004, II-3253 – MCI/Kommission; Kom., M.6570 – UPS/TNT durch EuG 7.3.2017 – T-194/13 – United Parcel Service/Kommission, bestätigt durch EuGH 16.1.2019 – C-265/17 P – Kommission/United Parcel Service; Kom., M.7612 — Hutchison 3G UK/Telefónica UK durch EuG 28.5.2020 – T-399/16 – CK Telecoms UK Investments/Kommission.
[347] Kom. ABl. 2004 L 48, 1 – General Electric/Honeywell durch EuG Slg. 2005, II-5575 – General Electric/Kommission und EuG Slg. 2005, II-5527 – Honeywell/Kommission; Kom., M.3440 – ENI/EDP/GDP durch EuG Slg. 2005, II-3745 – EDP/Kommission; Kom., M.4439 – Ryanair/Aer Lingus durch EuG Slg. 2010, II-3457; Kom., M.7878 – HeidelbergCement/Schwenk/Cemex Hungary/Cemex Croatia durch EuG 5.10.2020 – T-380/17 – HeidelbergCement u.a./Kommission.
[348] Gonzáles Díaz W. Comp. 2004, 177 ff. (195).

VII. Ohne wirksame Genehmigung vollzogene Zusammenschlüsse   148–151   Art. 8 FKVO

In allen anderen Fällen, in denen ein **Zusammenschluss formell rechtswidrig vollzogen** 148
wurde, kann die Kommission zwar gem. Abs. 5 einstweilige Maßnahmen anordnen, muss iÜ aber
zunächst das Fusionskontrollverfahren zu Ende führen, um festzustellen, ob der Zusammenschluss
in der Form, wie er vollzogen wurde, letztlich auch materiell mit dem Binnenmarkt unvereinbar
ist. Darunter fällt auch der Fall des Verstoßes gegen eine Bedingung in einem Freigabebeschluss
gem. Abs. 2, soweit sich aus der Entscheidungsbegründung ergibt, dass mit den von den Beteiligten
angebotenen Verpflichtungszusagen lediglich die ernsthaften Bedenken iSv Art. 6 Abs. 1 lit. c ausgeräumt wurden, ohne dass die Kommission abschließend über die Vereinbarkeit des ursprünglich
angemeldeten Zusammenschlusses mit dem Binnenmarkt entschieden hat (vgl. Abs. 7 lit. a ii).[349]

Sofern die Voraussetzungen für eine Entflechtung vorliegen, kann gem. Abs. 4 SpStr. 1 die 149
Kommission den beteiligten Unternehmen aufgeben, **den Zusammenschluss in der Weise rückgängig zu machen, dass der Zustand vor dem Vollzug des Zusammenschlusses wiederhergestellt** wird, oder – wenn der Zusammenschluss nicht rückgängig gemacht werden kann – **jede andere Maßnahme** treffen, um **diesen Zustand soweit wie möglich wiederherzustellen.**
Diese Formulierung der zulässigen Entflechtungsmaßnahmen im neugefassten Abs. 4 ist vor dem
Hintergrund der **Erfahrungen mit Art. 8 Abs. 4 VO 4064/89** zu verstehen. Nach jener Vorschrift
konnte die Kommission bei bereits vollzogenen verbotenen Zusammenschlüssen „die Trennung
der zusammengefassten Unternehmen oder Vermögenswerte, die Beendigung der gemeinsamen
Kontrolle oder andere Maßnahmen anordnen, die geeignet sind, wirksamen Wettbewerb wiederherzustellen". Diese Formulierung konnte so ausgelegt werden, dass eine vollständige Entflechtung iSd
Wiederherstellung des vor dem Zusammenschluss bestehenden Zustandes nur als ultima ratio zulässig
gewesen wäre, die Kommission also in Anwendung des Verhältnismäßigkeitsgrundsatzes stets das
mildeste Mittel zur Wiederherstellung wirksamen Wettbewerbs hätte ergreifen müssen.[350] Damit
wäre die Phase der Verhandlung über geeignete Abhilfemaßnahmen der Sache nach über den Zeitpunkt der Verbotsentscheidung hinaus in das Entflechtungsverfahren hinein verlängert worden, was
nicht dem Sinn und Zweck der Verfahrensregeln der FKVO entsprochen hätte. Der Verordnungsgeber der VO 139/2004 hat deshalb mit dem heute geltenden Abs. 4 klargestellt, dass der Normalfall
(das „gesetzliche Leitbild") der Entflechtung die Wiederherstellung des vor dem Zusammenschluss
bestehenden Zustandes im Wege der vollständigen Auflösung des Zusammenschlusses ist; nur wo
dies nicht möglich ist, kommen andere Maßnahmen in Betracht, die den früheren Zustand soweit
wie möglich wiederherstellen. Insbes. die Beibehaltung einer Minderheitsbeteiligung an dem übernommenen Unternehmen[351] kann somit nicht mehr zugelassen werden, selbst wenn der Erwerb
einer solchen Beteiligung als solcher keinen Zusammenschluss iSv Art. 3 darstellen würde.[352]

Gem. Abs. 4 SpStr. 2 kann die Kommission ferner „jede andere geeignete Maßnahme anordnen, 150
um sicherzustellen, dass die beteiligten Unternehmen den Zusammenschluss rückgängig machen
oder andere Maßnahmen zur Wiederherstellung des früheren Zustands nach Maßgabe ihrer Entscheidung ergreifen". Es handelt sich hierbei um **flankierende Anordnungen** wie die sofortige Trennung verbundener Unternehmensteile, die Benennung eines Überwachungstreuhänders oder
Berichtspflichten.[353]

Die Kommission hat nach dem Wortlaut des Abs. 4 ein **Entschließungsermessen,** ob sie 151
Entflechtungsmaßnahmen anordnet, und ein **Auswahlermessen** hinsichtlich der zur Rückgängigmachung des Zusammenschlusses bzw. zur Wiederherstellung des ursprünglichen Zustandes geeigneten Maßnahmen. Dieses Ermessen der Kommission wird begrenzt durch den Grundsatz der Verhält-

---

[349] Dittert WuW 2004, 148 ff. (158); Gonzáles Díaz W.Comp. 2004, 177 ff. (195).
[350] Im Zusammenschlussfall Schneider/Legrand hatte die Kommission den bereits vollzogenen Zusammenschluss gem. Abs. 3 untersagt und gem. Abs. 4 aF die Auflösung des Zusammenschlusses angeordnet: Kom. ABl. 2004 L 101, 134 – Schneider/Legrand. In ihrer Klage gegen diese Entscheidung machte Schneider u.a. geltend, die Kommission hätte in Anwendung des Verhältnismäßigkeitsgrundsatzes Schneider erlauben müssen, eine Minderheitsbeteiligung an Legrand über die von der Entflechtungsentscheidung zugestandenen 5 % hinaus sowie bestimmte Tochtergesellschaften von Legrand, deren Übernahme durch Schneider als solche wettbewerblich unbedenklich erschien, zu behalten. Das EuG ist in seinem Urteil auf diese Frage nicht eingegangen, weil die Entflechtungsanordnung der Kommission bereits wegen der Nichtigerklärung der zugrunde liegenden Untersagung im Parallelverfahren T-310/01 aufhob: EuG Slg. 2002, II-4201 – Schneider/Kommission.
[351] Die Kommission hatte mit Beschl. Kom., M.2283, ABl. 2004 L 101, 134 – Schneider/Legrand, Schneider die Beibehaltung einer Minderheitsbeteiligung von bis zu 5 % an Legrand zugestanden; im Parallelfall Kom. ABl. 2004 L 43, 13 – TetraLaval/Sidel wurde eine Minderheitsbeteiligung von TetraLaval an Sidel nicht zugelassen.
[352] Dittert WuW 2004, 148 ff. (157); krit. unter Hinweis auf den allgemeinen Grundsatz der Verhältnismäßigkeit Rosenthal EuZW 2004, 327 ff. (331).
[353] Dittert WuW 2004, 148 ff. (157 f.).

nismäßigkeit, jedoch – wie ausgeführt – seit der Neufassung der FKVO durch die VO 139/2004 mit der Maßgabe, dass grds. der vor dem Zusammenschluss bestehende Zustand wiederherzustellen ist und eine darauf gerichtete Anordnung nicht unverhältnismäßig ist. So wird auch nach heutiger Rechtslage eine Entflechtungsanordnung nicht mehr erforderlich sein, wenn die Beteiligten den Zusammenschluss bereits rückgängig gemacht haben. Hierfür kann es nach heutiger Rechtslage aber nicht mehr ausreichen, dass die beteiligten Unternehmen den Zusammenschluss nachträglich in einer Weise abändern, die ihn mit dem Binnenmarkt vereinbar macht.[354] Allerdings hat die Kommission im Fall Haniel/Cementbouw/JV (CVK) anstelle einer Untersagung und Entflechtung des bereits vollzogenen Zusammenschlusses gem. Abs. 3 und 4 aF diesen mit Bedingungen und Auflagen gem. Abs. 2 aF genehmigt, nachdem die beteiligten Unternehmen sich verpflichtet hatten, das GU CVK innerhalb einer bestimmten Frist aufzulösen.[355] Im Fall Novelis/Aleris hat die Kommission gem. Abs. 4 lediglich Maßnahmen zur Absicherung der vom zusammengeschlossenen Unternehmen durchgeführten Veräußerung eines Unternehmensteils angeordnet, obwohl mangels fristgemäßem Vollzug ebenjener von den beteiligten Unternehmen zuvor gem. Abs. 2 zugesagten Veräußerung die bedingte Genehmigung des Zusammenschlusses bereits hinfällig geworden war; die Kommission sah allerdings eine gem. Abs. 4 an sich vorrangige vollständige Entflechtung des Zusammenschlusses als nicht mehr durchführbar an[356] (→ Rn. 92).

152 Entflechtungsmaßnahmen können **entweder unmittelbar in dem Verbotsbeschluss gem. Abs. 3 oder durch einen gesonderten Beschluss** angeordnet werden (Abs. 4 UAbs. 2). Die Anordnung der Entflechtung unmittelbar in der Verbotsentscheidung dürfte zwar iSd Aufrechterhaltung wirksamen Wettbewerbs den Vorzug verdienen, wird aber in den meisten Fällen angesichts der knappen in einem Phase 2-Verfahren zur Verfügung stehenden Zeit aus praktischen Gründen nicht möglich sein. Verfahrensmäßig setzt der Erlass einer Entflechtungsanordnung wie der eines Beschlusses gem. Abs. 2 und 3 voraus, dass den beteiligten Unternehmen die Einwände der Kommission in einer **Mitteilung der Beschwerdepunkte** mitgeteilt wurden, sie auf Antrag **Akteneinsicht** nehmen und ihren Standpunkt in einer **förmlichen mündlichen Anhörung** darlegen konnten (Art. 18 Abs. 1 und 3; 13 Abs. 1 und 2, 14 Abs. 1, 17 Abs. 1 DVO FKVO) und der **Beratende Ausschuss** angehört wurde (Art. 19 Abs. 1). Der Beschluss wird vom **Kommissionskollegium** getroffen.

153 Die Durchführung einer Entflechtungsanordnung kann von der Kommission notfalls gem. Art. 14 Abs. 2 lit. c durch **Geldbußen** und gem. Art. 15 Abs. 1 lit. d durch **Zwangsgeld** erzwungen werden.

154 Seit Inkrafttreten der FKVO hat die Kommission in **fünf Fällen** eine Entflechtung angeordnet, in vier davon gem. Abs. 4 aF,[357] in einem Fall gleichzeitig mit der Untersagung, in den anderen Fällen durch gesonderten Beschluss. In den vier Fällen unter der Geltung der VO 4064/89 war der Zusammenschluss bereits vor der Entscheidung der Kommission formell rechtmäßig vollzogen worden, in zwei Fällen (Kesko/Tuko und Blokker/Toys"R"Us) weil die Kommission erst infolge einer Verweisung durch einen Mitgliedstaat gem. Art. 22 für die Fusionskontrollprüfung zuständig geworden war, in den beiden anderen Fällen (Schneider/Legrand und TetraLaval/Sidel), weil der Zusammenschluss durch ein öffentliches Übernahmeangebot iSv Art. 7 Abs. 2 verwirklicht wurde. Die Entflechtungsentscheidungen nach Abs. 4 in den Fällen Schneider/Legrand und TetraLaval/Sidel wurden zugleich mit der ihnen zugrunde liegenden Untersagungsentscheidung gem. Abs. 3 vom EuG für nichtig erklärt, weil in beiden Fällen mit der Nichtigkeit der Untersagung die Rechtsgrundlage für die angeordnete Entflechtung entfiel; eine materielle Prüfung der Rechtmäßigkeit der angeordneten Entflechtungsmaßnahmen als solcher hat das EuG nicht vorgenommen.[358] Im Fall Novelis/Aleris hat die Kommission 2021 erstmals eine Entflechtungsanordnung gem. Abs. 4 getroffen, nachdem eine Genehmigungsentscheidung gem. Abs. 2 wegen Nichterfüllung einer Bedingung hinfällig geworden war[359] (→ Rn. 95).

155 Im Fall des – von der Kommission untersagten – Zusammenschlusses Ryanair/Aer Lingus[360] hat die Kommission es mit Billigung des EuG abgelehnt, wie von Aer Lingus beantragt auf der

---

[354] Vgl. Kom., M.553 – RTL/Veronica/Endemol. Dort hatten die Parteien des von der Kommission untersagten, aber bereits vollzogenen Zusammenschlusses diesen nachträglich durch Verpflichtungszusagen abgeändert und die Kommission daraufhin den ursprünglichen Verbotsbeschluss durch eine bedingte Genehmigung nach Art. 8 Abs. 2 UAbs. 2 VO 4064/89 ersetzt.

[355] Kom. ABl. 2003 L 282, 1 – Haniel/Cementbouw/JV (CVK), bestätigt durch EuG Slg. 2006, II-319 – Cementbouw/Kommission und EuGH Slg. 2007, I-12129 – Cementbouw/Kommission.

[356] Kom., M.9076 – Novelis/Aleris.

[357] Kom. ABl. 1997 L 174, 47 – Kesko/Tuko; Kom. ABl. 1998 L 316, 1 – Blokker/Toys"R"Us; Kom. ABl. 2004 L 101, 134 – Schneider/Legrand; Kom. ABl. 2004 L 38, 1 – TetraLaval/Sidel.

[358] Kom. ABl. 2004 L 101, 134 – Schneider/Legrand durch EuG Slg. 2002, II-4201; Kom. ABl. 2004 L 38, 1 – TetraLaval/Sidel durch EuG Slg. 2002, II-4581.

[359] Kom., M.9076 – Novelis/Aleris.

[360] Kom., M.4439 – Ryanair/Aer Lingus.

VII. Ohne wirksame Genehmigung vollzogene Zusammenschlüsse

Grundlage von Abs. 4 gegen die zuletzt 29,3 %ige Minderheitsbeteiligung einzuschreiten, die Ryanair vor und während des Fusionskontrollverfahrens an Aer Lingus erworben hatte. Da Ryanair mit dieser Minderheitsbeteiligung keine Kontrollrechte ausüben konnte, stellte nach Auffassung der Kommission und des EuG der Erwerb der Beteiligung keinen teilweisen Vollzug des Zusammenschlusses dar.[361]

2. Einstweilige Maßnahmen (Abs. 5). Mit dem durch die VO 139/2004 neu in die FKVO eingefügten Abs. 5 ist erstmals eine **ausdrückliche Rechtsgrundlage** für einstweilige Maßnahmen bei ohne Genehmigung vollzogenen Zusammenschlüssen geschaffen worden. Danach kann die Kommission geeignete einstweilige Maßnahmen anordnen, wenn
– ein Verstoß gegen das Vollzugsverbot des Art. 7 vorliegt und noch keine Entscheidung über die Vereinbarkeit des Zusammenschlusses mit dem Binnenmarkt vorliegt (lit. a),
– der Zusammenschluss unter Verstoß gegen eine Bedingung vollzogen wurde, unter der er durch Beschluss gem. Art. 6 Abs. 1 lit. b, Abs. 2 oder gem. Art. 8 Abs. 2 genehmigt worden ist,
– ein vollzogener Zusammenschluss für mit dem Binnenmarkt unvereinbar erklärt wurde.

Allen drei Fällen ist gemeinsam, dass der **Vollzug formell rechtswidrig** ist, weil entweder noch keine Genehmigung vorliegt (und auch keine Befreiung vom Vollzugsverbot gem. Art. 7 Abs. 3 erteilt wurde) oder die Genehmigung hinfällig geworden ist oder der Zusammenschluss untersagt wurde. Anders als für (endgültige) Entflechtungsmaßnahmen muss nicht bereits feststehen, dass der Zusammenschluss auch materiell mit dem Binnenmarkt unvereinbar ist.

Abs. 5 präzisiert die zulässigen „geeigneten" einstweiligen Maßnahmen nicht näher. Ohne Weiteres zulässig sein dürften **konservatorische Maßnahmen,** die die Aufrechterhaltung des Status quo sichern, zB das Verbot, die Stimmrechte aus den unter Verstoß gegen das Vollzugsverbot erworbenen Anteilsrechten auszuüben oder die Zusammensetzung der Organe des übernommenen Unternehmens zu verändern, die Anordnung der getrennten Verwaltung zusammengelegter Unternehmensteile, die Einsetzung eines Überwachungstreuhänders, Berichtspflichten uÄ.[362] Weitergehende **Maßnahmen, die den rechtswidrigen Vollzug ganz oder teilweise rückgängig machen,** dürften eine **Interessenabwägung** zwischen der möglichen Gefährdung des Wettbewerbs und den Auswirkungen der einstweiligen Maßnahmen auf die beteiligten Unternehmen analog Art. 7 Abs. 3 S. 2 erfordern.

Verfahrensmäßig gelten für die Anordnung einstweiliger Maßnahmen grds. die gleichen Anforderungen wie für Entflechtungsanordnungen (Mitteilung der Beschwerdepunkte, Akteneinsicht, Recht auf Anhörung, Beteiligung des Beratenden Ausschusses). Allerdings sehen Art. 18 Abs. 2 und Art. 19 Abs. 3 vor, dass einstweilige Maßnahmen zunächst vorläufig angeordnet werden können, ohne zuvor den beteiligten Unternehmen Gelegenheit zur Äußerung zu geben und den Beratenden Ausschuss anzuhören (sog **interlokutorische Maßnahmen**), sofern die Kommission dies unverzüglich nach Erlass der Entscheidung nachholt. Zu diesem Zweck muss sie den Beteiligten unverzüglich den vollen Wortlaut des vorläufigen Beschlusses mitteilen – diese Mitteilung ersetzt die Mitteilung der Beschwerdepunkte – und ihnen eine Frist zur schriftlichen Äußerung setzen (Art. 13 Abs. 1 UAbs. 2 iVm 12 Abs. 1 DVO FKVO). Zur Anordnung interlokutorischer einstweiliger Maßnahmen ist der Wettbewerbskommissar ermächtigt; die endgültige Entscheidung über die Anordnung einstweiliger Maßnahmen ist jedoch dem Kommissionskollegium vorbehalten.[363]

Auch die Durchführung einstweiliger Maßnahmen nach Abs. 5 kann gem. Art. 14 Abs. 2 lit. c durch Geldbußen und gem. Art. 15 Abs. 1 lit. d durch Zwangsgeld erzwungen werden.

Erstmals hat die Kommission 2021 in der Sache Novalis/Avelis einen Beschluss zur Anordnung einstweiliger Maßnahmen gem. Abs. 5 getroffen (→ Rn. 95).[364]

3. Widerruf der Freigabe (Abs. 6). Gem. Abs. 6, der im Wesentlichen Art. 8 Abs. 5 VO 4064/89 entspricht, kann die Kommission eine Entscheidung, mit der ein Zusammenschluss nach Abs. 1 oder 2 für mit dem Binnenmarkt vereinbar erklärt wurde, widerrufen, wenn
– der Freigabebeschluss entweder auf unrichtigen Angaben beruht, die von einem der beteiligten Unternehmen zu vertreten sind oder arglistig herbeigeführt wurde oder
– die beteiligten Unternehmen einer in dem Beschluss nach Abs. 2 vorgesehenen Auflage zuwiderhandeln.

---

[361] Kom., M.4439 – Ryanair/Aer Lingus; EuG Slg. 2010, II-3691 – Aer Lingus/Kommission. In ihrem Weißbuch „Eine wirksamere EU-Fusionskontrolle" v. 9.7.2014 (COM (2014) 449 final) schlägt die Kommission allerdings de lege ferenda vor, dass auch in einem solchen Fall die Kommission eine Veräußerung der Minderheitsbeteiligung anordnen können soll.
[362] Dittert WuW 2004, 148 (158).
[363] Kom. 28.4.2004, SEK(2004) 518, PV (2004) 1655.
[364] Kom., M.9076 – Novelis/Aleris.

163 Beide Fälle sind dadurch gekennzeichnet, dass sich nachträglich herausstellt, dass die **Voraussetzungen für die Genehmigung des Zusammenschlusses nicht vorgelegen haben oder nicht mehr vorliegen, ohne dass dies** (wie bei der Nichterfüllung einer mit der Entscheidung verbundenen Bedingung) **automatisch zum Wegfall der Genehmigung führen würde**. In diesen Fällen ist zunächst der Widerruf des formal noch wirksamen Genehmigungsbeschlusses erforderlich, damit die Kommission im Anschluss daran in einem neuen Verfahren gem. Abs. 7 die sachlich richtige Entscheidung treffen kann. Für verfahrensbeendende Beschlüsse in Phase 1 gem. Art. 6 Abs. 2 lit. a und b sieht Art. 6 Abs. 3 unter den gleichen Voraussetzungen eine Widerrufsmöglichkeit vor.

164 Der Widerruf gem. Abs. 6 lit. a Alt. 1 setzt voraus, dass **unzutreffende Tatsachenmitteilungen, die im Verantwortungsbereich eines der beteiligten Unternehmen liegen, für den Beschluss zumindest mit ursächlich** sind; ein Verschulden im zivilrechtlichen Sinn ist nach Sinn und Zweck der Vorschrift und entspr. dem Wortlaut anderer Sprachfassungen (etwa engl.: „incorrect information for which one of the undertakings is responsible") nicht erforderlich. Der 2. Tatbestandsalternative der **arglistigen Herbeiführung** kommt daneben **kaum eine eigenständige Bedeutung** zu. Der Widerruf gem. Abs. 6 lit. b wegen **Zuwiderhandlung gegen eine Auflage** setzt keine aktive Zuwiderhandlung gegen die Auflage voraus; es genügt, dass die Beteiligten diese nicht erfüllen. Er dürfte regelmäßig nur als **letztes Mittel** in Betracht kommen, wenn auf andere Weise (etwa durch Maßnahmen des Treuhänders, durch Zwangsgelder oder Bußgelder) die Erfüllung der Auflage nicht erreicht werden kann und diese für die Vereinbarkeit des Zusammenschlusses mit dem Binnenmarkt von entscheidender Bedeutung ist. Die Entscheidung über den Widerruf steht im **Ermessen** der Kommission.

165 **Verfahrensmäßig** gilt für Widerrufsbeschlüsse das zu Entflechtungsanordnungen gem. Abs. 4 Gesagte. **Rechtsfolge** des Widerrufs ist gem. Abs. 7 lit. b, dass die Kommission einen **neuen Beschluss in der Sache** gem. Abs. 1–3 treffen kann, ohne an eine Frist gebunden zu sein. Die neue Entscheidung wird damit **inhaltlich nicht präjudiziert**. Auch ein Zusammenschluss, dessen ursprüngliche Genehmigung wegen unrichtiger Tatsachenangaben oder Nichterfüllung einer Auflage widerrufen wurde, kann erneut genehmigt werden, wenn die erneute Prüfung ergibt, dass er – etwa nach Abgabe zusätzlicher Verpflichtungszusagen – mit dem Binnenmarkt vereinbar ist.

166 Bisher ist noch kein in Phase 2 ergangener Freigabebeschluss gem. Abs. 6 bzw. Art. 8 Abs. 5 aF widerrufen worden.[365]

167 **4. Verfahrenseinleitung nach Wegfall eines Freigabebeschlusses (Abs. 7).** Abs. 7 bestimmt, dass in bestimmten Fällen die Kommission einen Beschluss über die Vereinbarkeit eines Zusammenschlusses mit dem Binnenmarkt gem. Abs. 1–3 ohne Bindung an die Fristen des Art. 10 Abs. 3 treffen kann. Es handelt sich dabei jeweils um Fälle, wo **eine zunächst erteilte Genehmigung des Zusammenschlusse nachträglich** – entweder automatisch durch Nichterfüllung einer Bedingung oder infolge des Widerrufs des Beschlusses seitens der Kommission – **wegfällt, ohne dass dadurch bereits feststeht, dass die materiellen Genehmigungsvoraussetzungen endgültig nicht vorliegen** (wo letzteres der Fall ist, braucht die Kommission keinen neuen Beschluss über die Vereinbarkeit des Zusammenschlusses mit dem Binnenmarkt zu treffen, sondern kann unmittelbar Entflechtungsmaßnahmen gem. Abs. 4 anordnen).

Ein neues Phase 2-Verfahren ohne Bindung an eine Frist ist gem. Abs. 7 durchzuführen, wenn
– ein Zusammenschluss unter Verstoß gegen eine Bedingung, unter der ein Freigabebeschluss in Phase 1 gem. Art. 6 Abs. 1 lit. b ergangen ist, vollzogen wurde (lit. a i);
– ein Zusammenschluss unter Verstoß gegen eine Bedingung, unter der ein Freigabebeschluss in Phase 2 gem. Abs. 2 ergangen ist, vollzogen wurde, sofern aus dem ursprünglichen Beschluss nicht hervorgeht, dass der Zusammenschluss ohne Einhaltung der Bedingung mit dem Binnenmarkt unvereinbar wäre (andernfalls könnte eine Entflechtung gem. Abs. 4 lit. b angeordnet werden), sondern für diesen Fall lediglich ernsthafte Bedenken festgestellt werden (lit. a ii);
– ein Freigabebeschluss nach Abs. 1 oder 2 gem. Abs. 6 widerrufen wurde (lit. b).

168 Die Bestimmung in Abs. 7, dass die Kommission einen Beschluss treffen kann, „ohne an die in Art. 10 Abs. 3 genannten Fristen gebunden zu sein", bedeutet, dass **die Entscheidung keinerlei Fristbindung unterliegt**. Das Verfahren ist in den Fällen des Abs. 7, von der fehlenden Entscheidungsfrist abgesehen, das gleiche wie in allen anderen Phase 2-Fällen.

VIII. Mitteilung und Veröffentlichung der Beschlüsse (Abs. 8)

169 Gem. Abs. 8 teilt die Kommission ihren Beschluss den beteiligten Unternehmen und den zuständigen Behörden der Mitgliedstaaten unverzüglich mit.

---

[365] Der bisher einzige Fall eines Widerrufs betraf einen Beschluss gem. Art. 6 Abs. 1 lit. b; vgl. die statistische Übersicht auf der Website der GD Wettbewerb und Kom., M.1542 – Sanofi/Synthélabo.

Wie bei Beschlüssen gem. Art. 6 Abs. 1 (→ Art. 6 Rn. 58) gilt, dass **von der Mitteilung iS** 170
dieser Vorschrift die Bekanntgabe an den oder die Adressaten, durch die der Beschluss gem.
Art. 297 Abs. 2 UAbs. 3 AEUV wirksam wird, **zu unterscheiden** ist. Die Kommission richtet in
ihrer Verwaltungspraxis Beschlüsse gem. Abs. 1–3 nur an die Anmelder iSv Art. 2 Abs. 1 DVO
FKVO, dh insbes. bei Zusammenschlüssen durch Kontrollerwerb nicht an das Zielunternehmen
(„target"); damit ist der Beschluss gem. Art. 297 Abs. 2 UAbs. 3 AEUV auch nur für die Anmelder
verbindlich.[366] Die Mitteilung des Beschlusses an das Zielunternehmen gem. Abs. 8 erfolgt dann
ggf. in einer um Geschäftsgeheimnisse der Anmelder bereinigten Fassung.

Die förmliche Bekanntgabe des Beschlusses an den oder die Anmelder iSv Art. 297 Abs. 2 171
UAbs. 3 AEUV erfolgt wie bei Beschlüssen gem. Art. 6 Abs. 1 durch Kurier unmittelbar an das
oder die Unternehmen, nicht an deren Verfahrensbevollmächtigte; diese erhalten allerdings üblicherweise am Tage des Erlasses des Beschlusses und vor der förmlichen Bekanntgabe an das Unternehmen
eine Kopie des Beschlusses zur Information über E-Mail. Für die **Wahrung der Entscheidungsfrist**
gem. Art. 10 Abs. 3 ist – anders als nach deutschem Recht – nicht der Zeitpunkt der Bekanntgabe
des Beschlusses an den Adressaten maßgeblich, obgleich erst mit Bekanntgabe der Beschluss wirksam
wird, sondern dessen Erlass durch das Kommissionskollegium (Art. 10 Abs. 1 DVO FKVO).

Die Beschlüsse gem. Art. 8 werden gem. Art. 20 Abs. 1 im ABl. (seit 2004 nur noch in Form 172
einer Zusammenfassung) sowie auf der Website der Kommission (Volltext in der ursprünglichen
Verfahrenssprache sowie den anderen Arbeitssprachen der Kommission [Deutsch, Englisch, Französisch] in nicht vertraulicher Fassung) **veröffentlicht**.

Beschlüsse iRd Umsetzung von Verpflichtungszusagen werden den Adressaten, dem Treuhänder
und den Mitgliedstaaten bekannt gegeben. Lediglich Beschlüsse zur Genehmigung des Käufers eines
veräußerten Geschäfts werden seit einigen Jahren von der Kommission veröffentlicht.

IX. Rechtsschutz

1. Überblick. Alle Beschlüsse gem. Abs. 1–6 können mit der **Nichtigkeitsklage** gem. Art. 263 173
AEUV angefochten werden. Anfechtbar sind ferner auch Beschlüsse mit Rechtswirkung nach außen,
die die Kommission iRd Durchführung von Bedingungen und Auflagen trifft, die mit Beschlüssen
gem. Abs. 2 verbunden sind, etwa über die Zustimmung zu dem vorgeschlagenen Käufer eines zu
veräußernden Geschäfts.[367] Das Gleiche gilt für Beschlüsse eigener Art, mit denen die Kommission
es auf Antrag eines Dritten ablehnt, eine Maßnahme gem. Abs. 4–6 zu treffen, etwa gem. Abs. 4
eine Entflechtung anzuordnen.[368]

Klagebefugt sind zunächst die **Adressaten** des Beschlusses, soweit sie durch diesen beschwert 174
sind. Eine **Beschwer** ist ohne Weiteres gegeben bei Beschlüssen mit negativem Tenor wie zB
Untersagungen (Abs. 3), Entflechtungsanordnungen (Abs. 4) oder Beschlüssen zum Widerruf einer
Genehmigung (Abs. 6). Für die Adressaten negative **Aussagen in der Beschlussbegründung** (etwa
die Feststellung, ein Unternehmen habe eine marktbeherrschende Stellung) haben jedoch diese
beschwerende rechtlich bindende Wirkung nur, wenn sie sich auf den Tenor auswirken. Dies ist im
Falle einer Genehmigung ohne Bedingungen oder Auflagen normalerweise nicht der Fall.[369]

Genehmigungsbeschlüsse unter Bedingungen und Auflagen sind dagegen durch die 175
Adressaten anfechtbar, denn sie stellen gegenüber der von den Anmeldern eigentlich begehrten
unbedingten Freigabe eine Beschwer dar. Zwar kann die Kommission Bedingungen und Auflagen
gem. Abs. 2 UAbs. 2 nur festsetzen, wenn die beteiligten Unternehmen Verpflichtungszusagen eingehen und dadurch den ursprünglich angemeldeten Zusammenschluss (vgl. Abs. 2 UAbs. 1) abändern.
Dies bedeutet jedoch nicht, dass damit nur noch der geänderte Zusammenschluss Gegenstand des
Genehmigungsbegehrens der Anmelder wäre. Die Zusammenschlussbeteiligten werden nämlich in
aller Regel zur Abwendung einer Untersagung Zusagen auch dann anbieten, wenn sie eigentlich
der Auffassung sind, dass die Kommission den Zusammenschluss ohne Zusagen freigeben müsste.

---

[366] Ausnahmsweise hat die Kommission im Fall M.2650 – Haniel/Cementbouw/JV (CVK) ihren Beschluss v. 26.6.2002 (ABl. 2003 L 282, 1) nach Art. 8 Abs. 2 VO 4064/89 (Genehmigung mit Bedingungen und Auflagen) nicht nur an die anmeldenden Mutterunternehmen des Gemeinschaftsunternehmens CVK, sondern auch an dieses selbst gerichtet. Der – bereits vollzogene – Zusammenschluss bestand in diesem Fall im Erwerb der gemeinsamen Kontrolle an CVK. Da die von den Anmeldern eingegangenen Verpflichtungszusagen die Beendigung der gemeinsamen Kontrolle an CVK (und damit faktisch auf die Auflösung dieses Gemeinschaftsunternehmens) zum Gegenstand hatten, war die Mitwirkung von CVK selbst zur Erfüllung dieser Zusagen erforderlich, so dass der Beschluss die rechtlichen Interessen von CVK unmittelbar berührte.

[367] EuG Slg. 2003, II-1161 – Pétrolessence/Kommission; EuG Slg. 2010, II-4713 – Editions Odile Jacob/Kommission.

[368] EuG Slg. 2010, II-3691 – Aer Lingus/Kommission.

[369] EuG Slg. 2000, II-1733 Rn. 77 ff. – The Coca-Cola Company/Kommission.

Diese verfahrensökonomisch sinnvolle Vorgehensweise darf ihnen nicht dadurch zum Schaden gereichen, dass sie hierdurch ihre Klagebefugnis verlieren.[370] Ausgeschlossen ist allerdings eine isolierte Anfechtung der Bedingungen und Auflagen, denn diese bilden eine untrennbare Einheit mit der Freigabeentscheidung. Der Adressat einer bedingten Freigabeentscheidung gem. Abs. 2 kann deshalb gegen die ihn beschwerenden Bedingungen und Auflagen nur dadurch vorgehen, dass er die Entscheidung insgesamt anficht mit der Konsequenz, dass im Falle des Erfolgs der Klage die Kommission gem. Art. 266 Abs. 1 AEUV den Zusammenschluss insgesamt (dh nicht nur hinsichtlich der Bedingungen und Auflagen) erneut zu prüfen hat.[371] Die bislang einzige Klage eines am Zusammenschluss beteiligten Unternehmens gegen eine Genehmigung unter Bedingungen und Auflagen ist vom EuG – bestätigt vom EuGH – als unbegründet abgewiesen worden, ohne dass die Klagebefugnis bestritten oder vom Gericht erörtert worden wäre.[372]

176 Ebenfalls klagebefugt sind **Dritte**, die von einem Beschluss iSv Art. 263 Abs. 4 AEUV **unmittelbar und individuell betroffen** sind. Hierzu zählen zum einen die beteiligten Unternehmen, die nicht Anmelder und damit nicht Adressat des Beschlusses sind (etwa das Zielunternehmen bei einer Übernahme), ferner regelmäßig Wettbewerber und Kunden der am Zusammenschluss beteiligten Unternehmen, sofern der Beschluss der Kommission geeignet ist, ihre Stellung am Markt spürbar zu beeinträchtigen, und sie sich aktiv am Verfahren beteiligt haben, etwa durch die Beantwortung von Auskunftsverlangen der Kommission, durch Teilnahme an Besprechungen oder durch schriftliche Stellungnahmen.[373] An der individuellen Betroffenheit fehlt es bei einem öffentlich-rechtlichen Wirtschaftsverband, dem alle Unternehmen einer bestimmten Region angehören.[374] Beteiligung am Verfahren bedeutet Beteiligung am Verfahren zur Prüfung des angemeldeten Zusammenschlusses. Das EuG hat auch einen von den am Zusammenschluss beteiligten Unternehmen vorgeschlagenen Käufer für ein zu veräußerndes Geschäft als zur Klage gegen den Beschluss der Kommission, ihm nicht als Käufer zuzustimmen, befugt angesehen.[375] Ebenso haben das EuG und der EuGH die Klage eines Unternehmens, dass am Erwerb eines zu veräußernden Geschäfts interessiert war, aber nicht als Käufer vorgeschlagen worden war, gegen die Genehmigung des von dem Anmelder ausgewählten Käufers durch die Kommission zugelassen.[376] Dagegen verfügen Dritte über kein individuelles Recht, die Kommission zu verpflichten, einen Verstoß gegen eine den Dritten begünstigende Verhaltenszusage durch Beschluss festzustellen. Deshalb ist eine formlose Mitteilung der Kommission, ein solcher Verstoß liege nicht vor, durch den Dritten nicht anfechtbar.[377] Ebenfalls sind die Vertreter der **Arbeitnehmer** eines der am Zusammenschluss beteiligten Unternehmen nicht deshalb von der Freigabeentscheidung unmittelbar und individuell betroffen, weil sie nach Vollzug des Zusammenschlusses den Abbau von Arbeitsplätzen befürchten; diese negative Auswirkung auf die betroffenen Arbeitnehmer ist nicht unmittelbar auf die Entscheidung der Kommission zurückzuführen.[378] Verbraucherverbände können gegen verfahrensbeendigende Beschlüsse in Fusionskontrollverfahren vorgehen, soweit sie die Verletzung ihres Anhörungsrechts gem. Art. 11 lit. c SpStr. 2 geltend machen; dies setzt jedoch voraus, dass sie während des anhängigen Verfahrens ihre Anhörung beantragt haben.[379]

177 Lehnt die Kommission es durch Beschluss auf Antrag eines Dritten ab eine bestimmte Maßnahme zu treffen (etwa gem. Abs. 4 eine Entflechtung anzuordnen), so kann der Antragsteller diesen Beschluss anfechten.[380]

---

[370] Drauz/Reynolds, EC Merger Control: A Major Reform in Progress/Glazener, 2003, 95 ff.; implizit ebenso Drauz/Reynolds, EC Merger Control: A Major Reform in Progress/Vesterdorf, 2003, 79 ff., 84, der diskutiert, unter welchen Voraussetzungen im Fall einer Klage gegen eine bedingte Freigabeentscheidung einstweiliger Rechtsschutz gewährt werden kann.

[371] EuG Slg. 1998, I-1375 Rn. 257 f. – Kali & Salz/Kommission; Schulte, Handbuch Fusionskontrolle/Koch, 3. Aufl. 2020, Rn. 2355 ff; aA Völcker WuW 2003, 6; Immenga/Körber, Die Kommission zwischen Gestaltungsmacht und Rechtsbindung/Völcker, 2012, 153, 176; de lege ferenda spricht sich Voet van Vormizeele NZKart 2016, 459 (466) für eine isolierte Anfechtbarkeit von Auflagen aus.

[372] EuG Slg. 2006, II-319 – Cementbouw/Kommission und EuGH Slg. 2007, I-12129 – Cementbouw/Kommission.

[373] ZB EuG Slg. 2002, II-1279 Rn. 87 ff. – BaByliss/Kommission; EuG Slg. 2003, II-3825 Rn. 58 ff. – ARD/Kommission; vgl. auch Rosenfeld/Wolfsgruber EuZW 2003, 743 ff. (744).

[374] EuG Slg. 2006 II-68 – T-350/03 Rn. 29 ff. – Wirtschaftskammer Kärnten u.a./Kommission.

[375] EuG Slg. 2003, II-1161 – Pétrolessence/Kommission.

[376] EuG Slg. 2010, II-4713 – Odile Jacob/Kommission und EuGH 6.11.2012 – C-553/10 u.a., Kommission/Odile Jacob.

[377] EuG 9.10.2018 – T-884/16 – Multiconnect.

[378] EuG Slg. 1995, II-1213 Rn. 42 ff. – Comité central SGGS/Kommission.

[379] EuG 12.10.2011 – T-224/10 Rn. 36 ff., – Association belge des consommateurs test-achats ASBL/Kommission.

[380] EuG Slg. 2010, II-3691 – Aer Lingus/Kommission.

2. Umfang der gerichtlichen Überprüfung. Nach dem Wortlaut von Abs. 1–3 – wie auch **178** von Art. 2 Abs. 2, 3 – handelt es sich sowohl bei Genehmigungs- als auch bei Untersagungsbeschlüssen um **gebundene Entscheidungen**, dh wenn die jeweiligen Voraussetzungen vorliegen, muss die Kommission den Zusammenschluss genehmigen oder untersagen. Jedoch haben die Unionsgerichte in stRspr einen **Ermessens- bzw. Beurteilungsspielraum**[381] der Kommission bei der Bewertung der für die Anwendung des materiellen Tests des Art. 2 maßgeblichen komplexen ökonomischen Zusammenhänge anerkannt. Nach der Formulierung, die der EuGH zunächst im Fall „Kali & Salz"[382] und sodann das EuG im Fall Gencor[383] gebraucht haben, räumen die Grundregeln der FKVO und insbes. Art. 2 der Kommission vor allem bei wirtschaftlichen Beurteilungen ein gewisses Ermessen ein. Daher muss die vom Unionsrichter vorzunehmende Kontrolle der Ausübung eines solchen – für die Aufstellung der Regeln für Zusammenschlüsse wesentlichen – Ermessens unter Berücksichtigung des Beurteilungsspielraums erfolgen, der den Bestimmungen wirtschaftlicher Art, die Teil der Regelung für Zusammenschlüsse sind, zugrunde liegt. Die Beurteilung der Kommission könne daher nur im Fall eines **offensichtlichen Beurteilungsfehlers** (erreur manifeste/manifest error) vom Gericht aufgehoben werden.

In der **frühen Rspr.** zur FKVO wurde dieser Ermessensspielraum der Kommission in der prakti- **179** schen Anwendung recht weit ausgelegt. Charakteristisch sind in dieser Hinsicht die zitierten Fälle Kali & Salz und Gencor, in denen die Unionsgerichte die von der Kommission angewandten Kriterien für das Vorliegen kollektiver Marktbeherrschung im Wesentlichen übernommen und die Analyse der von der Kommission in Anwendung dieser Kriterien festgestellten Tatsachen unter Verweis auf das Ermessen bzw. den Beurteilungsspielraum der Kommission nicht im Einzelnen einer Überprüfung unterzogen haben. Vor diesem Hintergrund wurden die **drei Urteile des EuG des Jahres 2002**, mit denen die Untersagungsentscheidungen der Kommission gem. Abs. 3 in den Fällen Airtours/FirstChoice,[384] Schneider/Legrand[385] und TetraLaval/Sidel[386] für nichtig erklärt wurden, vielfach als **Trendwende**, gelegentlich selbst als de facto-Aufgabe des Standards des offensichtlichen Beurteilungsfehlers interpretiert.[387] In diesen drei Urteilen hat sich das EuG zT bis ins Detail mit den Tatsachenfeststellungen, der Beweiswürdigung und der Plausibilität der von der Kommission aufgestellten Prognose hinsichtlich künftiger Marktentwicklungen auseinandergesetzt.[388] Auf das Rechtsmittel der Kommission hat der **EuGH** im Fall TetraLaval/Sidel eine zumindest **teilweise Klärung** herbeigeführt.[389] Der EuGH bestätigt zwar zunächst die herkömmliche Formel der Rspr. zum Ermessensspielraum der Kommission, ergänzt hierzu jedoch, der Unionsrichter müsse nicht nur die sachliche Richtigkeit der angeführten Beweise, ihre Zuverlässigkeit und Kohärenz prüfen, sondern auch kontrollieren, ob diese Beweise alle für die Beurteilung einer komplexen Situation heranzuziehenden relevanten Daten darstellten und ob sie die aus ihnen gezogenen Schlüsse zu stützen vermöchten.

Im Ergebnis räumen demnach die Unionsgerichte zwar verbal – anders als die deutschen Kartellge- **180** richte nach dem GWB – der Kommission einen gewissen **Beurteilungsspielraum** ein, **grenzen** diesen aber in einer Weise ein, dass nur schwer zu erkennen ist, welche Erwägungen der Kommission noch der gerichtlichen Nachprüfung entzogen wären.[390] Dies gilt jedenfalls dann, wenn nicht die FKVO selbst der Kommission ausdrücklich ein Ermessen einräumt (wie zB in den „kann"-Formulierungen in Abs. 4–7 zum Ausdruck gebracht wird), sondern sich der Entscheidungsspielraum der Kommission aus der komplexen Natur des zugrunde liegenden Sachverhalts ergibt.[391] Viel hängt dabei

---

[381] Die Unionsgerichte differenzieren in ihrem Sprachgebrauch nicht strikt zwischen Ermessen (frz. „discrétion", engl. „discretion") und Beurteilungsspielraum („pouvoir d'appréciation", „margin of appreciation"). Nach der Dogmatik des deutschen Verwaltungsrechts wird man hier wohl eher von einem Beurteilungsspielraum sprechen müssen.
[382] EuGH Slg. 1998, I-1375 Rn. 223 f. – Frankreich u.a./Kommission („Kali & Salz").
[383] EuG Slg. 1999, II-753 Rn. 154 f. – Gencor/Kommission.
[384] Kom. ABl. 2000 L 93, 1– Airtours/FirstChoice.
[385] Kom. ABl. 2004 L 101, 1 – Schneider/Legrand.
[386] Kom. ABl. 2004 L 43, 13 – TetraLaval/Sidel.
[387] Bailey CMLRev. 2003, 845 ff. (865); Drauz/Reynolds, EC Merger Control: A Major Reform in Progress/Glazener, 2003, 95 ff., 103; Schulte, Handbuch Fusionskontrolle/Koch, 3. Aufl. 2020, Rn. 2394.; Kolasky, Global Competition: Prospects for Convergence and Cooperation, Vortrag beim American Bar Association Fall Forum, Washington D. C., 7.11.2002, abrufbar unter: http://www.usdoj.gov/atr/public/speeches/200 446.pdf; Winckler W. Comp. 2003, 219 (232); aA Vesterdorf ECJ 2005, 3 ff. (21 ff.).
[388] EuG Slg. 2002, II-2585 – Airtours/Kommission; EuG Slg. 2002, II-4071 – Schneider Electric/Kommission; EuG Slg. 2002, II-4381 – TetraLaval/Kommission.
[389] EuGH Slg. 2005, I-987 Rn. 37–41 – Kommission/TetraLaval.
[390] Nothdurft ZWeR 2006, 306 (312 f.); Wirtz/Möller EWS 2005, 145 ff. (148); Jaeger JECLAP 2011, 295 (300) spricht von einer „marginalisation of the marginal review", die der zuvor zitierte „forgotten paragraph" des Tetra-Urteils bewirkt habe; Kalintiri CMLRev 2016, 1283 (1315): „cloud of elusiveness".
[391] Vesterdorf ECJ 2005, 3 ff. (26 ff.).

in der Praxis von der **Haltung des EuG** ab, hat doch das Urteil TetraLaval/Kommission auch deutlich gemacht, dass der EuGH sehr zurückhaltend ist, wenn es darum geht, anhand der tatsächlichen Umstände des Falles zu überprüfen, ob das EuG den in abstracto vom EuGH gesetzten Überprüfungsmaßstab eingehalten hat oder darüber hinaus gegangen ist.[392] Die neuere Rspr. des EuG zeigt, dass dieses seinen Kontrollauftrag auch bei der Überprüfung der Plausibilität komplexer ökonomischer Beurteilungen sehr ernst nimmt, und zwar gerade auch bei der Überprüfung der Rechtmäßigkeit positiver Entscheidungen.[393] Es bedient sich dabei oft des Rückgriffs auf Erkenntnisse der Ökonomie, die bei der Anwendung des Wettbewerbsrechts oft eine ähnliche Rolle spielt wie allgemeine Billigkeitserwägungen („common sense") in anderen Rechtsgebieten.[394] Eine wichtige Rolle spielen dabei die von der Kommission veröffentlichten **Mitteilungen und Leitlinien:** Das EuG analysiert im Einzelnen, ob die Kommission sich in ihrer Entscheidungspraxis an die von ihr selbst etwa in den Leitlinien für horizontale oder nicht-horizontale Zusammenschlüsse[395] aufgestellten ökonomischen Kriterien hält.[396] Außerdem nimmt das EuG – im Einklang mit der „Tetra-Formel" – für sich in Anspruch, die Richtigkeit und Vollständigkeit der von der Kommission herangezogenen Beweismittel zu überprüfen (was die Bewertung einschließt, welche Tatsachen und Beweise im konkreten Fall relevant sind und welche nicht).[397] Dies gilt, wie das Gericht ausdrücklich festgestellt hat, auch für die Überprüfung eines Beschlusses der Kommission, mit dem ein Antrag der beteiligten Unternehmen, von bestimmten Verpflichtungszusagen befreit zu werden, abgelehnt wird.[398] Der wesentliche praktische Unterschied zur deutschen Gerichtspraxis besteht wohl darin, dass das EuG seine Würdigung strikt auf die vorgebrachten Klagegründe und den diese untermauernden Sachvortrag beschränkt; wo eine Feststellung der Kommission nicht (substantiiert) in Zweifel gezogen wird, nimmt das Gericht sie (auch für die Würdigung anderer Argumente der Kläger) als gegeben hin.[399]

181 Wie von der Rspr. des EuG anerkannt, besteht der Beurteilungsspielraum der Kommission nicht nur für die Beurteilung der Vereinbarkeit des Zusammenschlusses in der ursprünglich angemeldeten Form mit dem Binnenmarkt, sondern auch für die Beurteilung der Eignung von Verpflichtungszusagen zur Beseitigung festgestellter Wettbewerbsbedenken. Im Falle einer Anfechtung obliegt es somit dem Kläger, darzutun, dass ein offensichtlicher Beurteilungsfehler der Kommission vorliegt, weil entweder die Verpflichtungen nicht ausreichen, um die Wettbewerbsbedenken auszuräumen, oder umgekehrt die Kommission Abhilfemaßnahmen verlangt habe, die über das zur Ausräumung der festgestellten Wettbewerbsbedenken Erforderliche hinausgingen.[400]

182 **3. Rechtsfolge der Nichtigerklärung eines Beschlusses.** Wird ein Beschluss der Kommission durch Urteil des EuG für nichtig erklärt, obliegt es gem. Art. 266 Abs. 1 AEUV der Kommission, einen **neuen Beschluss** zu treffen. Für die fristgebundenen Entscheidungen nach Abs. 1–3 stellte Art. 10 Abs. 4 der neu gefassten FKVO – im Einklang mit der vorherigen Praxis der Kommission[401] – insoweit klar, dass das **Verfahren in Phase 1 wieder aufgenommen** wird (→ Art. 10 Rn. 14 ff.). Die Kommission ist bei ihrer neuen Prüfung zwar an die rechtliche Beurteilung des EuG gebunden, muss aber den Zusammenschluss insgesamt einer neuen Prüfung unterziehen. Dies folgt aus dem Grundsatz, dass die Kontrolle der Gemeinschaftsgerichte eine reine **Legalitätskontrolle** ist, das Gericht somit nicht den angefochtenen Beschluss der Kommission durch eine eigene Entscheidung ersetzt.[402] Zumindest fragwürdig ist deshalb die Aussage des EuG im Urteil Schneider, die Kommission habe ihre erneute Prüfung des Zusammenschlusses auf die betroffenen französischen Märkte zu beschränken.[403]

---

[392] EuGH Slg. 2005, I-987 Rn. 102–105 – Kommission/TetraLaval.
[393] Etwa EuG Slg. 2006, II-1931 – easyJet/Kommission; EuGH Slg. 2008, I-4951 – Bertelsmann und Sony/Independent Music Publishers and Labels Association (Impala).
[394] Kalintiri CMLRev 2016, 1283 (1306 ff.).
[395] Leitlinien „horizontale Zusammenschlüsse", Leitlinien „vertikale Zusammenschlüsse".
[396] Etwa in EuG Slg. 2007, II-2149 Rn. 56 f. – Sun Chemical u.a./Kommission; EuG Slg. 2010, II-3457 – Ryanair/Kommission; vgl. Immenga/Körber, Die Kommission zwischen Gestaltungsmacht und Rechtsbindung/Lübking/v. Koppenfels, 2012, 60, 84.
[397] Schlussanträge Kokott, EuGH Slg. 2008, 4951 Rn. 179 – Bertelsmann und Sony/Impala; Kalintiri CMLRev 2016, 1283 (1309 ff.).
[398] EuG 16.5.2018 – T-712/16 Rn. 40 – Deutsche Lufthansa/Kommission.
[399] Vgl. etwa EuG 11.12.2013 – T-79/12 – Cisco u.a./Kommission.
[400] EuG Slg. 2003, II-1433 Rn. 77 f. – Royal Philips Electronics/Kommission; EuG Slg. 2005, II-3745 Rn. 63 – EDP/Kommission.
[401] Vgl. etwa Kom., Mitteilung über die Wiedereröffnung des Verfahrens, ABl. 2003 C 279, 22, COMP/M.2283 – Schneider/Legrand (II); Kom., COMP/M.2416 – TetraLaval/Sidel (II).
[402] Vesterdorf CPI Journal 2005, Bd. 1, 1.
[403] EuG Slg. 2002, II-4071 Rn. 465 – Schneider Electric/Kommission; vgl. hierzu Drauz/Reynolds, EC Merger Control: A Major Reform in Progress/Glazener, 2003, 95 ff., 98 f.

Art. 9 Verweisung an die zuständigen Behörden der Mitgliedstaaten

(1) Die Kommission kann einen angemeldeten Zusammenschluss durch Entscheidung unter den folgenden Voraussetzungen an die zuständigen Behörden des betreffenden Mitgliedstaats verweisen; sie unterrichtet die beteiligten Unternehmen und die zuständigen Behörden der übrigen Mitgliedstaaten unverzüglich von dieser Entscheidung.

(2) Ein Mitgliedstaat kann der Kommission, die die beteiligten Unternehmen entsprechend unterrichtet, von Amts wegen oder auf Aufforderung durch die Kommission binnen 15 Arbeitstagen nach Erhalt der Kopie der Anmeldung mitteilen, dass
a) ein Zusammenschluss den Wettbewerb auf einem Markt in diesem Mitgliedstaat, der alle Merkmale eines gesonderten Marktes aufweist, erheblich zu beeinträchtigen droht oder
b) ein Zusammenschluss den Wettbewerb auf einem Markt in diesem Mitgliedstaat beeinträchtigen würde, der alle Merkmale eines gesonderten Marktes aufweist und keinen wesentlichen Teil des Gemeinsamen Marktes darstellt.

(3) Ist die Kommission der Auffassung, dass unter Berücksichtigung des Marktes der betreffenden Waren oder Dienstleistungen und des räumlichen Referenzmarktes im Sinne des Absatzes 7 ein solcher gesonderter Markt und eine solche Gefahr bestehen,
a) so behandelt sie entweder den Fall nach Maßgabe dieser Verordnung selbst oder
b) verweist die Gesamtheit oder einen Teil des Falls an die zuständigen Behörden des betreffenden Mitgliedstaats, damit das Wettbewerbsrecht dieses Mitgliedstaats angewandt wird.

Ist die Kommission dagegen der Auffassung, dass ein solcher gesonderter Markt oder eine solche Gefahr nicht besteht, so stellt sie dies durch Entscheidung fest, die sie an den betreffenden Mitgliedstaat richtet, und behandelt den Fall nach Maßgabe dieser Verordnung selbst.

In Fällen, in denen ein Mitgliedstaat der Kommission gemäß Absatz 2 Buchstabe b) mitteilt, dass ein Zusammenschluss in seinem Gebiet einen gesonderten Markt beeinträchtigt, der keinen wesentlichen Teil des Gemeinsamen Marktes darstellt, verweist die Kommission den gesamten Fall oder den Teil des Falls, der den gesonderten Markt betrifft, an die zuständigen Behörden des betreffenden Mitgliedstaats, wenn sie der Auffassung ist, dass ein gesonderter Markt betroffen ist.

(4) Die Entscheidung über die Verweisung oder Nichtverweisung nach Absatz 3 ergeht
a) in der Regel innerhalb der in Artikel 10 Absatz 1 Unterabsatz 2 genannten Frist, falls die Kommission das Verfahren nach Artikel 6 Absatz 1 Buchstabe b) nicht eingeleitet hat; oder
b) spätestens 65 Arbeitstage nach der Anmeldung des Zusammenschlusses, wenn die Kommission das Verfahren nach Artikel 6 Absatz 1 Buchstabe c) eingeleitet, aber keine vorbereitenden Schritte zum Erlass der nach Artikel 8 Absätze 2, 3 oder 4 erforderlichen Maßnahmen unternommen hat, um wirksamen Wettbewerb auf dem betroffenen Markt aufrechtzuerhalten oder wiederherzustellen.

(5) Hat die Kommission trotz Erinnerung durch den betreffenden Mitgliedstaat innerhalb der in Absatz 4 Buchstabe b) bezeichneten Frist von 65 Arbeitstagen weder eine Entscheidung gemäß Absatz 3 über die Verweisung oder Nichtverweisung erlassen noch die in Absatz 4 Buchstabe b) bezeichneten vorbereitenden Schritte unternommen, so gilt die unwiderlegbare Vermutung, dass sie den Fall nach Absatz 3 Buchstabe b) an den betreffenden Mitgliedstaat verwiesen hat.

(6) Die zuständigen Behörden des betreffenden Mitgliedstaats entscheiden ohne unangemessene Verzögerung über den Fall.
[1]Innerhalb von 45 Arbeitstagen nach der Verweisung von der Kommission teilt die zuständige Behörde des betreffenden Mitgliedstaats den beteiligten Unternehmen das Ergebnis einer vorläufigen wettbewerbsrechtlichen Prüfung sowie die gegebenenfalls von ihr beabsichtigten Maßnahmen mit. [2]Der betreffende Mitgliedstaat kann diese Frist ausnahmsweise hemmen, wenn die beteiligten Unternehmen die nach seinem innerstaatlichen Wettbewerbsrecht zu übermittelnden erforderlichen Angaben nicht gemacht haben.

Schreibt das einzelstaatliche Recht eine Anmeldung vor, so beginnt die Frist von 45 Arbeitstagen an dem Arbeitstag, der auf den Eingang der vollständigen Anmeldung bei der zuständigen Behörde des betreffenden Mitgliedstaats folgt.

(7) ¹Der räumliche Referenzmarkt besteht aus einem Gebiet, auf dem die beteiligten Unternehmen als Anbieter oder Nachfrager von Waren oder Dienstleistungen auftreten, in dem die Wettbewerbsbedingungen hinreichend homogen sind und das sich von den benachbarten Gebieten unterscheidet; dies trifft insbesondere dann zu, wenn die in ihm herrschenden Wettbewerbsbedingungen sich von denen in den letztgenannten Gebieten deutlich unterscheiden. ²Bei dieser Beurteilung ist insbesondere auf die Art und die Eigenschaften der betreffenden Waren oder Dienstleistungen abzustellen, ferner auf das Vorhandensein von Zutrittsschranken, auf Verbrauchergewohnheiten sowie auf das Bestehen erheblicher Unterschiede bei den Marktanteilen der Unternehmen oder auf nennenswerte Preisunterschiede zwischen dem betreffenden Gebiet und den benachbarten Gebieten.

(8) In Anwendung dieses Artikels kann der betreffende Mitgliedstaat nur die Maßnahmen ergreifen, die zur Aufrechterhaltung oder Wiederherstellung wirksamen Wettbewerbs auf dem betreffenden Markt unbedingt erforderlich sind.

(9) Zwecks Anwendung seines innerstaatlichen Wettbewerbsrechts kann jeder Mitgliedstaat nach Maßgabe der einschlägigen Vorschriften des Vertrags beim Gerichtshof Klage erheben und insbesondere die Anwendung des Artikels 243 des Vertrags[1] beantragen.

Schrifttum: Arhold, Grünbuch der Kommission über die Revision der europäischen Fusionskontrolle oder: Das Bundeskartellamt schlägt zurück, EWS 2002, 449; Bach, Materielle Veränderungen der deutschen Fusionskontrolle durch die EWG-Fusionskontrolle, WuW 1992, 571; Bartosch, Weiterentwicklungen im Recht der europäischen Zusammenschlusskontrolle, BB 2003, Beilage 3; Bartosch/Nollau, Die zweite Generalüberholung der europäischen Fusionskontrolle – das Grünbuch der Kommission vom 11.12.2001, EuZW 2002, 197; Bechtold, Die Grundzüge der neuen EWG-Fusionskontrolle, RIW 1990, 253; Bellamy/Child, European Union Law of Competition, 8. Aufl. 2018; Bischke/Brack, Neuere Entwicklungen im Kartellrecht, NZG 2021, 638; Bischke/Mäger, Der Kommissionsentwurf einer geänderten EU-Fusionskontrollverordnung, EWS 2003, 97; Braun, Der Systemwechsel im europäischen (und deutschen) Kartellrecht (VO (EG) 1/2003) – Vorschläge für die Unternehmenspraxis in Behrens/Braun/Nowak, Europäisches Wettbewerbsrecht im Umbruch, 2004, 167; Brittan, The Law and Policy of Merger Control in the EEC, ELRev. 1990, 355; Böge, Reform der Europäischen Fusionskontrolle, WuW 2004, 138; Burnley, An Appropriate Jurisdictional Trigger for the EC Merger Regulation and the Question of Decentralisation, World Competition 2002, 263; Burnley, The EC Merger Regulation and the Meaning of „Community Dimension", E. Bus.L.Rev. 2003, 815; Canivet/Idot/Simon, Lamy procédures communautaires – Pratique et stratégie, Moyens et voies d'action, Contentieux national et communautaire, 2005-2008; Cot, Procédure de renvoi à la demande d'un état membre – Renvoi fondé sur l'existence d'un marché distinct qui ne constitue pas une partie substantielle du marché commun, RDLC 2004, 65; Davison, EC Merger Control: From Separate Jurisdictional Zones to a Cooperation based Architecture? LRev. 2004, 49; Davison, Reviewing the EC Merger Control Regulation – examining competing ways forward, E. Bus.Rev. 2003, 297; Davison/Johnson, A review of the revised EC Merger Control Regulation: a case of the curate's egg, E. Bus.Rev. 2000, 76; Díaz, The Reform of European Merger Control: Quid Novi Sub Sole?, World Competition 2004, 177; Domínguez Pérez/Burnley, The Article 9 Referral Back Procedure: A Solution to the Jurisdictional Dilemma of the European Merger Regulation?, ECLRev. 2003, 364; Drauz, Reform der Fusionskontrollverordnung, WuW 2002, 444; Grave/Seeliger, Die neue europäische Fusionskontrollverordnung, Der Konzern 2004, 646; Hellmann, Das neue Verweisungsregime in Art. 4 FKVO aus Sicht der Praxis, EWS 2004, 289; Hirsbrunner, Neue Durchführungsbestimmungen und Mitteilungen zur EG-Fusionskontrolle, EuZW 1998, 613; Hirsbrunner, Verweisung von Unternehmenszusammenschlüssen nach Art. 9 der EG-Fusionskontrollverordnung, EWS 1998, 233; Hoffmann/Terhechte, Der Vorschlag der Europäischen Kommission für eine neue Fusionskontrollverordnung, AG 2003, 415; Janicki, Schwerpunkte des Kartellrechts 1992/93, 63; Jones/González-Díaz, Overbury – The EEC Merger Regulation 1992; Jones/van der Woude, European Competition Law Handbook, 2022 Edition; Kamburoglou, EWG-Wettbewerbspolitik und Subsidiarität, WuW 1993, 273; Kenntner, Das Subsidiaritätsprinzip des Amsterdamer Vertrages – Anmerkungen zum Begrenzungscharakter des gemeinschaftsrechtlichen Subsidiaritätsprinzips, NJW 1998, 2871; Kirchhoff, Europäische Fusionskontrolle, BB 1990, Beilage 14; Klees, Der Vorschlag für eine neue EG-Fusionskontrollverordnung, EuZW 2003, 197; Koch, Die neuen Befugnisse der EG zur Kontrolle von Unternehmenszusammenschlüssen, EWS 1990, 65; Kunig, Völkerrecht und Fusionskontrolle, WuW 1984, 700; Levy, European Merger Control Law, 2015; Meessen, Extraterritorial Jurisdiction in Theory and Practice, 1996; Meng, Extraterritoriale Jurisdiktion im öffentlichen Wirtschaftsrecht, 1994; Montag/Leibenath, Die Rechtsschutzmöglichkeiten Dritter in der europäischen Fusionskontrolle, ZHR 2000, 176; Navarro/Font/Folguera/Briones, Merger Control in the EU, 2. Edition 2005; Niederleithinger, Das Verhältnis nationaler und europäischer Kontrolle von Zusammenschlüssen, WuW 1990, 721; Hossenfelder/Töllner/Ost, Kartellrechtspraxis und Kartellrechtsprechung 2005/06, 21. Aufl. 2006; Peyre/Simic, Contrôle des concentrations. Les modifications et innovations du „paquet réforme" de la Commission, RDAI 2004, 519; Röder, Das neue französische Fusionskontrollverfahren nach der Loi sur les Nouvelles Régulations Économiques, RIW 2002, 736; Schmidt, The New ECMR: „Significant Impediment" or „Significant Improvement", CMLRev. 2004, 1555; von der Groeben/

---

[1] Art. 263 und Art. 279 AEUV.

I. Normzweck   1   **Art. 9 FKVO**

Schwarze/Hatje, Europäisches Unionsrecht, 7. Aufl. 2015; Soames/Maudhuit, Changes in EU Merger Control – Part 1, ECLRev. 2005, 57; Staebe/Denzel, Die neue Europäische Fusionskontrollverordnung (VO 139/2004), EWS 2004, 194; Wagemann, Verweisung an die nationale Wettbewerbsbehörde, WuW 1997, 598.

Übersicht

	Rn.		Rn.
I. Normzweck	1	2. Entscheidungsvarianten der Kommission gem. Abs. 3	67
1. Entstehungsgeschichte	3	a) Entscheidungsvarianten der Kommission bei Vorliegen einer Mitteilung nach Abs. 2 lit. a	69
2. Verhältnis zu anderen Verweisungstatbeständen	6	b) Entscheidungsvarianten der Kommission bei Vorliegen einer Mitteilung nach Abs. 2 lit. b	78
a) Art. 4 Abs. 4	9	3. Teilverweisungen	81
b) Art. 4 Abs. 5	12	4. Entscheidungsfristen	92
c) Art. 22	14	a) Grundsatz	92
II. Formelle Verweisungsvoraussetzungen	15	b) Ausnahme	93
1. „Mitteilung" eines Mitgliedstaates	15	c) Verweisungsfiktion nach Abs. 5	94
2. Antragsfrist	19	d) Sonderfälle	97
3. Zuständigkeit	20	e) Fristhemmung	106
4. Ermessen der Mitgliedstaaten	23	5. Kommissionsentscheidung	108
5. Unterrichtungspflicht der Kommission	27	a) Form	108
6. Einbeziehung der anmeldenden Parteien und der Mitgliedstaaten	28	b) Begründung	113
		c) Unterrichtungspflicht	115
III. Materielle Verweisungsvoraussetzungen	30	**V. Verfahrensfortgang in dem Mitgliedstaat nach Verweisung**	117
1. Abs. 2 lit. a	31	1. Anwendbares Recht	117
a) Zusammenschluss mit gemeinschaftsweiter Bedeutung	32	2. Neuanmeldung des Zusammenschlusses auf nationaler Ebene	119
b) Drohende erhebliche Beeinträchtigung des Wettbewerbs	34	3. Informationspflichten der nationalen Behörde	122
c) Gesonderter Markt iSd Abs. 2 und 7	40	4. Entscheidung der nationalen Behörde	126
d) Wesentlicher Teil des Gemeinsamen Marktes	47	a) Entscheidungsfrist	126
e) Sonstige Faktoren	50	b) Entscheidungsumfang	127
2. Abs. 2 lit. b	58	**VI. Rechtsschutz**	130
a) Zusammenschluss mit gemeinschaftsweiter Bedeutung	59	1. Klagerecht der Mitgliedstaaten	130
b) Wettbewerbsbeeinträchtigung	60	2. Klagerecht beteiligter Unternehmen und Dritter	132
c) Kein wesentlicher Teil des Gemeinsamen Marktes	61	a) Tauglicher Klagegegenstand	133
IV. Entscheidungen der Kommission	66	b) Dritte	134
1. Allgemeiner Grundsatz	66	c) Beteiligte Unternehmen	140

I. Normzweck

Art. 9 regelt die Möglichkeit der Verweisung eines bei der Kommission angemeldeten Zusam- **1** menschlusses mit gemeinschaftsweiter Bedeutung an nationale Behörden. Der Kommission obliegt grundsätzlich die ausschließliche Kompetenz zur Kontrolle von Unternehmenszusammenschlüssen mit gemeinschaftsweiter Bedeutung,[2] sog Ausschließlichkeitsprinzip gem. Art. 21 Abs. 2.[3] Ihre Zuständigkeit führt zur Bündelung mehrerer sonst unter nationalen Rechten zu durchlaufenden mitgliedstaatlichen Verfahren zu einem einheitlichen Verfahren auf Gemeinschaftsebene, sog One-Stop-Shop-Prinzip.[4] Zusammenschlüsse, die keine gemeinschaftsweite Bedeutung haben, fallen demgegenüber prinzipiell in die Kompetenz der Mitgliedstaaten. Dies ergibt sich aus einem Umkehr-

---

[2] Art. 1, 3 FKVO, Mitteilung „Zusammenschlussbegriff", ABl. 1998 C 66, 5; Mitteilung „Beurteilung von Vollfunktions-GU", ABl. 1998 C 66, 1.
[3] Art. 21 FKVO; Seitz, One-stop-shop und Subsidiarität, 2002, 92; → Art. 21 Rn. 18.
[4] Art. 21 FKVO; Burnley E. Bus.L.Rev. 2003, 815 (817); Böge WuW 2004, 138 (139); Drauz WuW 2002, 444 (445); Hellmann ZIP 2004, 1387 (1390); Grave/Seeliger Der Konzern 2004, 646.

schluss zu Art. 21 Abs. 2.[5] Art. 9 ermöglicht der Kommission eine Übertragung ihrer Kompetenzen für die Kontrolle von Zusammenschlüssen mit gemeinschaftsweiter Bedeutung an die nationalen Behörden. Die Verweisungsnorm stellt damit eine Ausnahme vom One-Stop-Shop-Prinzip sowie von der generellen Zuständigkeitsverteilung zwischen der Kommission und den nationalen Behörden dar.[6]

2   Die generelle Zuständigkeitsverteilung ist Ausdruck des Subsidiaritätsprinzips, das primärrechtlich in Art. 5 EUV verankert ist. Nach dem Subsidiaritätsprinzip wird die Union in den Bereichen, die nicht in ihre ausschließliche Zuständigkeit fallen, nur tätig, sofern und soweit die Ziele der in Betracht gezogenen Maßnahmen auf Ebene der Mitgliedstaaten nicht ausreichend verwirklicht werden können, sondern aufgrund ihres Umfangs oder ihrer Wirkungen auf Unionsebene besser erreicht werden können (Art. 5 Abs. 3 EUV). Die Unionszuständigkeit soll insbesondere dann begründet sein, wenn eine Maßnahme das Gebiet eines Mitgliedstaates überschreitet und in die Kompetenzen eines anderen Mitgliedstaates eingegriffen würde. Ein Übergriff eines Staates in den Regelungsbereich eines anderen Staates ist aufgrund des völkerrechtlich anerkannten Interventionsverbots prinzipiell ausgeschlossen.[7] Folglich sind die Unionsorgane in solchen Fällen aufgerufen, umfassende Maßnahmen zu ergreifen. Die gemeinschaftsweite Bedeutung eines Zusammenschlusses, für den die Kommission zuständig sein soll, wird durch das Überschreiten von Schwellenwerten (Art. 1) konkretisiert. Aufgrund der Höhe der gesetzlichen Schwellenwerte wird unterstellt, dass sich das beabsichtigte Vorhaben in mehreren Mitgliedstaaten auswirkt und daher am geeignetsten von der Kommission einheitlich bewertet werden kann.[8] Art. 9 stellt vor dem Hintergrund des Subsidiaritätsprinzips ein Feinsteuerungsinstrument für diejenigen Fälle dar, die nach der generellen Zuständigkeitsverteilung der Kommissionskompetenz unterfallen, jedoch ebenso gut bzw. besser durch die nationalen Behörden behandelt werden können.[9] Über die Stellung eines Verweisungsantrages an die nationalen Behörden wird gewährleistet, dass sich grundsätzlich diejenige Behörde mit dem Fall befassen kann, die die größere Sach- und Marktkenntnis besitzt. Somit trägt Art. 9 zugleich dem Ziel eines effektiven Wettbewerbsschutzes Rechnung.[10]

3   **1. Entstehungsgeschichte.** Die Verweisungsvorschrift des Art. 9 wurde insbesondere aufgrund des nachhaltigen Drucks von Deutschland eingeführt. Deshalb nennt man sie auch die **deutsche Klausel**. Im Hinblick auf Fusionsfälle mit materiellem Schwerpunkt in Deutschland jedoch formell gemeinschaftsweiter Dimension wurde befürchtet, dass die Kommission diese aus eher wettbewerbspolitischer Motivation entscheiden würde und damit wesentliche Grundsätze der nationalen Ordnungspolitik unter dem Deckmantel der europäischen Integration vernachlässigen könnte.[11]

4   Darüber hinaus sollte Art. 9 eine **Kontrolllücke**, die sich aus einer Unstimmigkeit der Fusionskontrollvorschriften ergibt, schließen. Die FKVO geht grundsätzlich von der originären Zuständigkeit der Kommission im Falle von Zusammenschlüssen mit gemeinschaftsweiter Bedeutung aus (Art. 21 Abs. 1, 2, Art. 1, Art. 3). Eine etwaige Untersagungsentscheidung kann demgegenüber nur für solche Vorhaben erlassen werden, die den Untersagungstatbestand im Gemeinsamen Markt oder in einem wesentlichen Teil desselben erfüllen (Art. 2 Abs. 3). Die Kommission kann daher grundsätzlich keine Fälle untersagen, die zwar gemeinschaftsweite Dimensionen haben, aber wirksamen Wettbewerb in einem nur **unwesentlichen Teil des Gemeinsamen Marktes** erheblich behindern würden.[12] Diese sind nach Art. 2 Abs. 2 für mit dem Gemeinsamen Markt vereinbar zu erklären. Für solche Vorhaben entfällt jedoch wegen ihrer gemeinschaftsweiten Bedeutung zugleich die Zuständigkeit der nationalen Wettbewerbsbehörden (Art. 21 Abs. 3). Da der Zusammenschluss aber einen negativen Einfluss auf die Wettbewerbssituation in einem Mitgliedstaat haben kann, kann dieser ein wesentliches Interesse daran besitzen, den Fall einer eigenen Kontrolle zu unterziehen.

---

[5] Davison E. Bus. Rev. 2003, 297 (298); FKVO Erwgr. 8.
[6] Seitz, One-stop shop und Subsidiarität, 2002, 113; Canivet/Idot/Simon, 430 (115).
[7] Art. 21 FKVO; Kenntner NJW 1998, 2871; Turner WuW 1982, 5; Kunig WuW 1984, 700 (701); Georgieff GRUR 1989, 671 (672) (Fn. 4); Meessen/Ohara, Chapter VIII: New US Policy on the Extraterritorial Application of Antitrust Law and Foreign Responses, 166/Meessen, Chapter XI: Drafting Rules on Extraterritorial Jurisdiction, 225.
[8] Mitteilung „Verweisung Fusionssachen Rn. 2, 3.
[9] FKVO, Erwgr. 11; Mitteilung „Verweisung Fusionssachen" Rn. 8; Díaz World Competition 2004, 177 (179); Burnley World Competition 2002, 263 (265); Davison LRev. 2004, 49 (50); Soames/Maudhuit ECLRev. 2005, 57 (58).
[10] Staebe/Denzel EWS 2004, 194 (196); Bischke/Mäger EWS 2003, 97 (100); Davison/Johnson E. Bus. Rev. 2000, 76 (81); Navarro/Font/Folguera/Briones Rn. 4.16.
[11] Hellmann EWS 2004, 289; Klees EuZW 2003, 197 (198); NK-EuWettbR/Hirsbrunner Rn. 1; Arhold EWS 2002, 449 (453); Janicki Schwerpunkte des Kartellrechts 1992/93, 63.
[12] Davison LRev. 2004, 65.

I. Normzweck

An dieser Stelle besteht folglich eine Kontrolllücke, die Art. 9 im Wege einer Verweisung des Zusammenschlusses von der Kommission an die nationalen Behörden zu schließen vermag.[13]

Eine Einigung hinsichtlich der Möglichkeit einer Verweisung von der Kommission an die **5** Mitgliedstaaten und damit der Einführung des Art. 9 aF in die VO 4064/89 fand erst in der Schlussphase der Ratsberatungen statt.[14] Dieser Umstand erklärt, dass in den Erwägungsgründen der VO 4064/89 die Vorschrift und die damit verbundene Kompetenzabgrenzung zwischen Kommission und einzelstaatlichen Behörden nicht kommentiert wurden. Meinungsbekundungen anderer Gemeinschaftsorgane waren ebenfalls nicht vorhanden. Allein in der damaligen Protokollerklärung von Rat und Kommission[15] wurde der **Ausnahmecharakter** der Rückverweisungsmöglichkeit an die nationalen Behörden betont. Da nach der Präambel des AEUV ein einverständliches Vorgehen erforderlich ist, um einen redlichen Wettbewerb zu gewährleisten, Art. 3 Abs. 1 lit. b der Union die ausschließliche Zuständigkeit für die Festlegung der für das Funktionieren des Binnenmarktes erforderlichen Wettbewerbsregeln zuweist und nach Protokoll Nr. 27 zum EUV und zum AEUV die Union tätig wird, um den Wettbewerb innerhalb des Binnenmarktes vor Verfälschungen zu schützen, obliegt es auch genuin den Gemeinschaftsorganen in solchen Fällen regulierend einzugreifen und im Interesse der Mitgliedstaaten tätig zu werden, selbst wenn der Zusammenschluss seinen Schwerpunkt innerhalb eines Staates hat.[16] Bei mitgliedstaatlicher Zuständigkeit könnten demgegenüber möglichen „nationalen" industriepolitischen Interessen Vorrang vor den gemeinschaftlichen Gesichtspunkten eingeräumt und dadurch das Ziel iSd Funktionieren des Binnenmarkts vernachlässigt werden. Im Falle Deutschlands besteht die Gefahr nicht zuletzt aufgrund der Möglichkeit politischer Letztentscheidungen gemäß § 42 GWB.[17] Am Ausnahmecharakter von Art. 9 hielt die FKVO (VO 139/2004) fest.[18] Letztlich kann nur die Kommission gem. Art. 2 Abs. 3 Zusammenschlüsse **für mit dem Gemeinsamen Markt unvereinbar** erklären.[19] Da es sich im Falle des Art. 9 um bei der Kommission angemeldete Vorhaben mit gemeinschaftsweiten Dimensionen handelt, denen Auswirkungen auf den Gemeinsamen Markt im Grundsatz unterstellt werden,[20] sollte eine Verweisung an die nationalen Behörden auf Fälle beschränkt werden, in denen die Wettbewerbsinteressen der betroffenen Mitgliedstaates nicht auf andere Weise hinreichend geschützt werden können.[21] In der Praxis führte der Ausnahmecharakter des Art. 9 zu einem relativ beschränkten Anwendungsbereich, was durch die überschaubare Anzahl der von der Kommission ausdrücklich bestätigten Antragseingänge auf Verweisung belegt wird. Seit Einführung der FKVO 1990, also seit fast 33 Jahren, sind lediglich 131 Anträge zu zählen.[22] Die Kommission hat in 53 Fällen eine Vollverweisungsentscheidung getroffen, in 47 Fällen nur eine Teilverweisung an die zuständigen Behörden der Mitgliedstaaten vorgenommen.[23] In mehreren Fällen hat die Kommission von der Möglichkeit Gebrauch gemacht, den Fall an mehr als einen Mitgliedstaat zu verweisen (→ Rn. 87 und → Rn. 91). Ausdrücklich abgelehnt hat die Kommission den Verweisungsantrag lediglich in 15 Fällen.[24] In zwei Fällen erachtete die Kommission den Anwendungsbereich der FKVO für nicht eröffnet und traf folgerichtig trotz des Vorliegens eines mitgliedstaatlichen Antrages keine Verweisungsentscheidung. Denn die Frage, ob die nationalen Behörden zuständig waren, beurteilte sich ausschließlich nach den nationalen Rechtsvorschriften (→ Rn. 67).[25] Die meisten Verweisungsanträge stellten die zuständigen Behörden in Deutschland, Großbritannien, Frankreich, Belgien, den Niederlanden, Italien, Spanien und Polen.

2. Verhältnis zu anderen Verweisungstatbeständen. Nach Einführung der Möglichkeit von **6** Verweisungsanträgen der beteiligten Unternehmen vor Anmeldung nach Art. 4 Abs. 4 und 5 im

---

[13] Abs. 3 UAbs. 3 iVm Abs. 2 lit. b; Erwgr. 15 FKVO; Levy § 7.03 Abs. 2; Böge WuW 2004, 138 (142); Navarro/Font/Folguera/Briones Rn. 4.16; Kamburoglou WuW 1993, 273 (277); Niederleithinger WuW 1990, 721 (725); Hirsbrunner EWS 1998, 233 (234).
[14] Brittan ELRev. 1990, 355; Janicki Schwerpunkte des Kartellrechts 1992/93, 63; Immenga/Mestmäcker/Körber Rn. 5.
[15] Ratsprotokoll WuW 1990, 240 (241).
[16] Präambel und Art. 3 Abs. 1 lit. g AEUV, ABl. 2010 C 83, 47; Protokoll Nr. 27 über den Binnenmarkt und den Wettbewerb, ABl. 2010 C 83, 309; Bartosch/Nollau EuZW 2002, 197 (199).
[17] Arhold EWS 2002, 449 (451); Röder RIW 2002, 736 (739 f.).
[18] Mitteilung „Verweisung Fusionssachen" Rn. 7, 12.
[19] Art. 21 Abs. 2.
[20] FKVO Erwgr. 8–10.
[21] Mitteilung „Verweisung Fusionssachen" Rn. 4.
[22] Stand am 28.2.2023; https://ec.europa.eu/competition-policy/mergers/statistics_en, zuletzt abgerufen am 16.3.2023.
[23] https://ec.europa.eu/competition-policy/mergers/statistics_en, zuletzt abgerufen am 7.2.2022.
[24] https://ec.europa.eu/competition-policy/mergers/statistics_en, zuletzt abgerufen am 7.2.2022.
[25] Kom., M.661 – STRABAG/Bank Austria/Stuag; Kom., M.711 – Generali/Unicredito.

Jahr 2004 stellte sich die Frage, ob mit den neuen Verweisungsmöglichkeiten Art. 9 obsolet würde. Das hat sich nicht bewahrheitet. Nach wie vor kommt es regelmäßig zu Verweisungsanträgen gem. Art. 9. Die Kommission kam bereits 2009 in ihrem Bericht über das Funktionieren der FKVO (VO 139/2004) zu dem Schluss, dass die Mechanismen zur Verweisung nach der Anmeldung gem. Art. 9 und Art. 22 auch nach der Einführung der Verweisungsmöglichkeiten gem. Art. 4 Abs. 4 und 5 noch sinnvolle Korrekturinstrumente sind, weil die Vorschriften jeweils unterschiedliche Funktionen erfüllen.[26] Dies bestätigte die Kommission auch im Jahr 2014, im Rahmen ihrer Untersuchungen zu einer möglichen Steigerung der Effizienz des Systems der Fusionskontrolle in Europa.[27] Insgesamt hält die Kommission das Zusammenspiel von Art. 9 und Art. 4 Abs. 4 nach wie vor für effektiv und sieht keinen nennenswerten Änderungsbedarf.[28]

7 In der Praxis wird es immer wieder Fälle geben, in denen die nationale Behörde die geeignetere ist, die Parteien es aber vorziehen, dass das Verfahren vor der Kommission bleibt, etwa weil diese als „neutraler" empfunden wird als die nationale Behörde, deren möglicherweise kritische Einstellung bestimmten Märkten gegenüber aus vorherigen Fällen bekannt ist. In solchen Fällen hilft Art. 9. Ein interessanter Fall in diesem Zusammenhang ist der Fall Thomas Cook/Travel Business of co-operative Group/Travel Business of Midlands co-operative society wo die Kommission die Parteien bereits in der Phase vor der Anmeldung ermutigt hatte, einen Antrag nach Art. 4 Abs. 4 zu stellen, diese aber nicht dazu bereit waren, obgleich der Zusammenschluss ausschließlich im Vereinigten Königreich Auswirkungen haben sollte. Einem entsprechenden Antrag des Vereinigten Königreiches gem. Art. 9 wurde dann stattgegeben.[29]

8 Mangels einer ausdrücklichen Regelung ungeklärt ist allerdings das Verhältnis des Verweisungsverfahrens gem. Art. 4 Abs. 4 und 5 bzw. Art. 22 zu dem Verweisungsverfahren gem. Art. 9. Der Wortlaut lässt eine Durchführung der Verfahren nebeneinander bzw. nacheinander im Prinzip zu.[30] In den Erwägungsgründen der Fusionskontrollverordnung heißt es jedoch: „Verweisungen von Zusammenschlüssen von der Kommission an die Mitgliedstaaten und von den Mitgliedstaaten an die Kommission sollten in einer effizienten Weise erfolgen, die weitestgehend ausschließt, dass ein Zusammenschluss sowohl vor als auch nach seiner Anmeldung von einer Stelle an eine andere verwiesen wird." Auch nach der Mitteilung der Kommission über die Verweisung von Fusionssachen sollten schon aus Gründen der Rechtssicherheit, „wenn die Sache bereits vor ihrer Anmeldung einmal verwiesen wurde, eine spätere erneute Verweisung unbedingt vermieden werden."[31] In der Praxis scheint es bislang (noch) nicht zu solchen Fällen gekommen zu sein.

9 a) **Art. 4 Abs. 4.** Art. 4 Abs. 4 betrifft die Verweisung von Zusammenschlüssen von gemeinschaftsweiter Bedeutung auf Antrag der beteiligten Unternehmen vor Anmeldung von der Kommission an die Mitgliedstaaten. Die Vorschrift hat damit eine ähnliche Stoßrichtung wie Art. 9. Eine Durchführung beider Verweisungsverfahren erscheint jedenfalls dann denkbar und sachgerecht, wenn ein **zusätzlicher Mitgliedstaat,** der von dem Antrag nach Art. 4 Abs. 4 nicht erfasst war, einen Antrag nach Art. 9 stellt. Die Wettbewerbslage dieses Staates war bisher nicht Gegenstand der Verweisungsprüfung, so dass die Verfahren nicht inhaltsgleich sind und dasselbe Verfahren nicht „doppelt" durchgeführt wird. Beide Verfahren sind auch sachgerecht, wenn zwar der gem. Art. 4 Abs. 4 betroffene Mitgliedstaat einen erneuten Antrag nach Art. 9 stellt, sich die wettbewerbliche Beurteilungsgrundlage in der Zeit zwischen den Anträgen jedoch wesentlich gewandelt hat. Die Verweisungsprüfung wird dann auf unterschiedlichen Grundlagen vorgenommen und wird ebenfalls nicht „doppelt" durchgeführt.

10 Fragwürdig erscheint die Vornahme beider Verfahren jedoch in Situationen, in denen sich die **wettbewerbliche Situation nicht verändert** hat. Dies gilt insbesondere für den Fall, dass ein Mitgliedstaat, hinsichtlich dessen die Kommission die Verweisung nach Art. 4 Abs. 4 abgelehnt hat, ohne dass der betroffene Mitgliedstaat der Verweisung widersprochen hätte, einen Antrag nach Art. 9 stellt. Die Kommission müsste dann eine erneute Verweisungsprüfung bezüglich derselben Kompetenzproblematik durchführen. Für die beteiligten Unternehmen hätte dies eine erhebliche Rechtsunsicherheit bezüglich der Prüfungszuständigkeiten zur Folge. Darüber hinaus ist ein erneutes Verfahren mit einem zusätzlichen finanziellen und personellen Aufwand sowohl für die beteiligten Unternehmen als auch

---

[26] Mitteilung der Kommission an den Rat – Bericht über das Funktionieren der Verordnung Nr. 139/2004 des Rates, KOM(2009) 281 endgültig Rn. 21.
[27] Commission Staff Working Document Accompanying the document White Paper Towards more effective EU merger control, SWD(2014) 217 final Rn. 169 ff.
[28] Commission Staff Working Document Evaluation of procedural and jurisdictional aspects of EU merger control SEC(2021) 156 final Rn. 217 ff.
[29] Kom., M.5996 – Thomas Cook/Travel Business of Midland Co-operative Society.
[30] Immenga/Mestmäcker/Körber Rn. 55.
[31] Mitteilung „Verweisung Fusionssachen", Rn. 13.

für die Behörden verbunden. Eine doppelte Verweisungsprüfung auf unveränderter Tatsachengrundlage widerspricht dem Reformziel, das Verweisungsverfahren effizienter zu gestalten. Daher erscheint es nicht sachgerecht, in einer solchen Konstellation den Antrag eines Mitgliedstaates gem. Art. 9 nach einer Anmeldung zuzulassen.[32] Ohnehin wird die Kommission an ihre nach pflichtgemäßem Ermessen getroffene Entscheidung aus dem Verfahren nach Art. 4 Abs. 4 gebunden sein.[33]

Fraglich ist, ob dieselbe Problematik auch besteht, wenn der betroffene Mitgliedstaat dem Verweisungsantrag der beteiligten Unternehmen vor Anmeldung des Zusammenschlusses gemäß Art. 4 Abs. 4 ausdrücklich widersprochen hat. Zwar musste in dieser Konstellation die Kommission vor Anmeldung des Vorhabens keine abschließende Entscheidung über den Verweisungsantrag treffen, so dass es nicht zu einer Verdoppelung der Prüfung käme. Auch deutet der Antrag gemäß Art. 4 Abs. 4 darauf hin, dass die Unternehmen grundsätzlich eine Verweisung befürworten.[34] Andererseits würde dieses widersprüchliche Verhalten des Mitgliedstaates bei unveränderter Wettbewerbssituation den Zielen und Zwecken der FKVO iSd Gewährleistung eines effizienten Verweisungsverfahrens sowie der Rechtssicherheit und Transparenz im Hinblick auf die Kontrollzuständigkeiten widersprechen.[35] Eine solche Konstellation ist daher zu vermeiden – und in der Praxis auch bislang vermieden worden.[36]

b) Art. 4 Abs. 5. Keine Regelung besteht auch für das Verhältnis zwischen Art. 4 Abs. 5 und Art. 9, somit für den Fall, dass auf Betreiben der beteiligten Unternehmen vor der Anmeldung des Zusammenschlusses eine Verweisung an die Kommission erfolgt ist und ein Mitgliedstaat nach der Anmeldung einen Antrag auf Rückverweisung nach Art. 9 stellt. Auch wenn dieser Fall eher theoretisch sein dürfte, sollte sich eine Rückverweisung dann unproblematisch gestalten, wenn sich die Wettbewerbssituation kurzfristig wesentlich gewandelt hat und die Voraussetzungen für eine Verweisung nach Art. 9 erfüllt sind.

Ist die **Wettbewerbssituation** hingegen **identisch** geblieben, kann es zu widersprüchlichem Verhalten der Mitgliedstaaten sowie zu einer „doppelten Verweisungsprüfung" durch die Kommission kommen. Kommt es nach Art. 4 Abs. 5 auf Initiative der beteiligten Unternehmen und mangels Widerspruchs eines Mitgliedstaates zur Verweisung an die Kommission, so wird die gemeinschaftsweite Bedeutung des Zusammenschlusses vermutet und ist bei der Kommission anzumelden (Art. 4 Abs. 5 UAbs. 4 und UAbs. 5). Nach der Anmeldung besteht für einen Mitgliedstaat nun theoretisch die Möglichkeit einen Antrag auf Rückverweisung eines Zusammenschlusses mit gemeinschaftsweiter Bedeutung nach Art. 9 zu stellen. Für die beteiligten Unternehmen hätte dies jedoch eine erhebliche Rechtsunsicherheit sowie eine wesentliche Verfahrensverzögerung zur Folge. Letztlich ist das widersprüchliche Verhalten der Mitgliedstaaten, die einem Antrag nach Art. 4 Abs. 5 zunächst nicht widersprochen haben, anschließend aber einen Antrag auf Rückverweisung gem. Art. 9 stellen, auch mit den Zielen der FKVO, einen effektiven Rechtsschutz, Rechtsicherheit bezüglich der Zuständigkeiten sowie ein effizientes Verweisungsverfahren zu gewährleisten, nicht zu vereinbaren. Daher ist ein Antrag auf Verweisung unter Abs. 2 in der geschilderten Situation abzulehnen.[37]

c) Art. 22. Da Art. 9 lediglich auf einen bei der Kommission „angemeldeten Zusammenschluss" abstellt, könnte angenommen werden, dass ein Mitgliedstaat auch hinsichtlich eines nach Art. 22 verwiesenen und bei der Kommission angemeldeten Zusammenschlusses einen Antrag nach Abs. 2 stellen kann. Dies ist jedoch abzulehnen. Zunächst einmal würde sich der betreffende Mitgliedstaat in Widerspruch zu seinem früheren Verhalten setzen, da nach Art. 22 die Verweisung lediglich beschränkt auf den Wettbewerbsschutz im Gebiet des antragstellenden Mitgliedstaats erfolgt (→ Art. 22 Rn. 93). Zudem bestünde im Lichte der neuen Kommissionspraxis, Verweisungen nach Art. 22 auch von solchen Mitgliedstaaten zu akzeptieren, deren innerstaatliche Aufgreifkriterien nicht erfüllt sind (→ Art. 22 Rn. 38 ff.), andernfalls die Möglichkeit, für einen nach nationalen Fusionskontrollregeln unzuständigen Mitgliedstaat über konsekutive Verweisungen nach Art. 22 und Art. 9 eine eigene Zuständigkeit zu begründen. Dies wäre jedoch mit der Systematik des Verweisungsregimes der FKVO nicht zu vereinbaren.

II. Formelle Verweisungsvoraussetzungen

1. „Mitteilung" eines Mitgliedstaates. Nach der deutschen Fassung wird eine „Mitteilung" eines Mitgliedstaates („kann ... mitteilen", Art. 9 Abs. 2) verlangt, um die Kommission in Kenntnis zu setzen, dass der Mitgliedstaat eine Verweisung für sachgerecht hält. Durchgesetzt hatte sich bisher im

---

[32] Ähnlich FK-KartellR/Hellmann/Malz Rn. 14 f.
[33] Immenga/Mestmäcker/Körber Rn. 56.
[34] Immenga/Mestmäcker/Körber Rn. 57.
[35] Hellmann EWS 2004, 289 (291).
[36] Anders wohl Immenga/Mestmäcker/Körber Rn. 57.
[37] So auch Immenga/Mestmäcker/Körber Rn. 58.

allgemeinen Sprachgebrauch bereits die Bezeichnung als „Antrag", ohne dass eine inhaltliche Differenzierung beabsichtigt war. Die Begriffe „Mitteilung" und „Antrag" werden vielmehr synonym verwendet.[38] Der Begriff des „Antrages" findet sich auch in Art. 10 Abs. 1 UAbs. 2 wieder, der die Frist für die Einleitung eines Verfahrens nach Art. 6 Abs. 1 bei Eingang eines Verweisungsantrages regelt.[39] Praktisch kommt es auch vor, dass mehrere Mitgliedstaaten parallele Verweisungsanträge stellen.[40]

16 Die Mitteilung muss zum Ausdruck bringen, dass nach Ansicht eines Mitgliedstaates (oder auch eines der EFTA-Staaten Island, Liechtenstein oder Norwegen)[41]
– ein Zusammenschluss den Wettbewerb auf einem Markt in diesem Mitgliedstaat, der alle Merkmale eines gesonderten Marktes aufweist, erheblich zu beeinträchtigen droht (Abs. 2 lit. a) oder
– ein Zusammenschluss den Wettbewerb auf einem Markt in diesem Mitgliedstaat beeinträchtigen würde, der alle Merkmale eines gesonderten Marktes aufweist und keinen wesentlichen Teil des Gemeinsamen Marktes darstellt (Abs. 2 lit. b).

17 Die Mitgliedstaaten müssen vor der Antragstellung untersuchen, ob ihrer Ansicht nach die materiellen Voraussetzungen des Abs. 2 erfüllt sind. Erforderlich ist hierfür eine Untersuchung der wettbewerbsrechtlichen Situation. Fraglich ist, auf welcher Rechtsgrundlage die Mitgliedstaaten die Prüfung durchführen. Die Anwendung der FKVO ist ihnen wegen des Ausschließlichkeitsgrundsatzes gem. Art. 21 Abs. 2, der eine alleinige Kommissionszuständigkeit bei der Anwendung der FKVO begründet, untersagt. Da es sich im Bereich des Art. 9 um Zusammenschlüsse mit gemeinschaftsweiter Bedeutung handelt, wären sie nach Art. 21 Abs. 3 UAbs. 1 auch nicht berechtigt, auf der Grundlage ihres innerstaatlichen Wettbewerbsrechts zu handeln (Art. 21 Abs. 1–3 UAbs. 1). Die Stellung eines Verweisungsantrages würde sich für die Länder folglich schwierig gestalten, sähe Art. 21 Abs. 3 UAbs. 2 für den Fall des Art. 9 nicht eine Ausnahme vor, die es den Mitgliedstaaten ermöglicht, die erforderlichen Ermittlungen für die Vorbereitung eines Verweisungsantrages nach ihren nationalen Rechtsordnungen vorzunehmen.

18 Eine besondere **Form** wird für den Antrag nicht ausdrücklich verlangt. Prinzipiell soll er jedoch schriftlich gestellt werden.[42] Eine zusätzliche **Begründungspflicht** iS einer nachweisbaren Darlegung, dass der Zusammenschluss alle Voraussetzungen des Abs. 2 erfüllt und daher in effizienterer Weise durch die nationalen Behörden behandelt werden kann, fordert der Gesetzeswortlaut nicht explizit. Eine solche wird vom BKartA[43] und der hM[44] jedoch befürwortet. Die Antragsbegründung ist insoweit schwierig, weil die Sachverhaltsaufklärung noch nicht abgeschlossen ist. Es soll deshalb ausreichen, wenn aufgrund von Anscheinsbeweisen glaubhaft dargelegt werden kann, dass eine Wahrscheinlichkeit besteht, dass der Zusammenschluss den Wettbewerb auf einem nationalen oder regionalen Markt beeinträchtigen wird. Die Mitgliedstaaten sollen der Kommission lediglich ihre Ergebnisse vortragen, die sie aus den erforderlichen Ermittlungen für die Stellung eines Verweisungsantrages (iSv Art. 21 Abs. 3 UAbs. 2) gewonnen haben.[45]

19 **2. Antragsfrist.** Nach Abs. 2 muss die Mitteilung binnen einer Frist von **15 Arbeitstagen nach Erhalt der Kopie der Anmeldung** an die Kommission gerichtet werden.[46] Die Kommission übermittelt dabei die Kopie der Anmeldung den zuständigen Behörden der Mitgliedstaaten binnen dreier Arbeitstage gem. Art. 19 Abs. 1 S. 1.[47] Die Frist für die Mitteilung beginnt gem. Art. 7 DVO FKVO am ersten Arbeitstag, der auf den Eingang der Anmeldungskopie folgt, und endet gemäß Art. 8 DVO FKVO mit Ablauf des letzten Arbeitstages.[48]

---

[38] NK-EuWettbR/Hirsbrunner Rn. 8.
[39] Parallel hierzu spricht die französische Fassung seit jeher in Art. 10 Abs. 1 UAbs. 2 aF von einer „demande", die englische von einem „request" (während in Abs. 2 von „may inform" bzw. von „faire savoir" ausgegangen wird).
[40] Kom., M.9421 – Triton/Corendon ; Kom., M.5741 – CDC/Veolia Environnement/Transdev/Veolia Transport.
[41] Art. 6 Abs. 1 des Protokolls 24 zum EWR-Vertrag über die Zusammenarbeit im Bereich der Kontrolle von Unternehmenszusammenschlüssen; im Fall Kom., M.2683 – Aker Maritime/Kvaerner (II) hatte Norwegen die Teilverweisung des Falles beantragt und die Kommission gab diesem Antrag wegen der besseren Eignung der norwegischen Behörde, umfangreiche Untersuchungen anzustellen auch statt.
[42] NK-EuWettbR/Hirsbrunner Rn. 10.
[43] BKartA, Stellungnahme zum Grünbuch der Kommission E/G4–3001/93 Bd. 3, 41.
[44] Bartosch/Nollau EuZW 2002, 197 (201); Bechtold RIW 1990, 253 (262); Immenga/Mestmäcker/Körber Rn. 25; NK-EuWettbR/Hirsbrunner Rn. 10.
[45] Mitteilung „Verweisung Fusionssachen" Rn. 35, 39; Schmidt CMLRev. 2004, 1555 (1559); Arhold EWS 2002, 449 (453).
[46] Peyre/Simic RDAI 2004, 519 (522).
[47] Art. 19; Soames/Maudhuit ECLRev. 2005, 57 (63); Navarro/Font/Folguera/Briones Rn. 14.07.
[48] Art. 10 Abs. 2 VO 802/2004, ABl. 2004 L 133, 1; Grünbuch der Kommission (2001) 745 endg. Rn. 81c: Weil die Begründung oder Verstärkung einer marktbeherrschenden Stellung nicht mehr nachgewiesen

II. Formelle Verweisungsvoraussetzungen 20–25 **Art. 9 FKVO**

3. Zuständigkeit. Antragsberechtigt gemäß Abs. 2 ist ausschließlich der Mitgliedstaat als sol- 20
cher, nicht dagegen unmittelbar dessen nationale Wettbewerbsbehörden. Damit hebt der Gesetzgeber
die Bedeutung der Vorschrift hervor, denn die FKVO differenziert an verschiedenen Stellen zwischen
den Mitgliedstaaten und den zuständigen Behörden der Mitgliedstaaten (vgl. Art. 19 Abs. 1). Welche
Behörde auf nationaler Ebene die Befugnis ausübt, unterfällt innerstaatlicher Regelung.
   Im deutschen Kartellrecht weist **§ 50 Abs. 4 GWB** die Zuständigkeit hinsichtlich der **vom** 21
EG-Kartellrecht an Behörden der Mitgliedstaaten überwiesenen Aufgaben dem BKartA zu.
Im Rahmen des Fusionskontrollverfahrens bedeutete dies bereits unter der VO 4064/89, dass das
BKartA diejenige deutsche Behörde ist, welche die Kommission nach Art. 6 Abs. 2, 11 Abs. 6, 13
Abs. 4 aF informiert und mit der sie nach Art. 19 aF Verbindung zu halten hat.[49] Folglich wird
nach § 50 Abs. 4 GWB explizit die Zuständigkeit des BKartA begründet, wenn die Kommission
eine positive Entscheidung über die Verweisung eines Zusammenschlusses an die nationalen Behörden gemäß Abs. 3 lit. b erlässt.[50]
   Damit ist jedoch nichts über die **Antragskompetenz nach Abs. 2** ausgesagt, da diese Vor- 22
schrift die Antragsberechtigung den **Mitgliedstaaten** zuweist, nicht hingegen den nationalen Behörden. Die Befugnis zur Stellung eines Verweisungsantrages wurde jedoch bereits für die VO 4064/
89 auf das BKartA, eingeschränkt durch einen Zustimmungsvorbehalt des BMWK, delegiert was
der Kommission mittels Schreiben vom 8.3.1991 bekannt gegeben wurde.[51] In der Praxis sind die
Anträge nach Art. 9 fachlich vom BKartA vorzubereiten, jedoch unter politisch-inhaltlichen Aspekten **nur im Einvernehmen mit dem BMWK** bei der Kommission einzureichen.[52] Das BKartA
wird also nicht in eigener Zuständigkeit tätig, sondern als verlängerter Arm des BMWK und damit
des Mitgliedstaates. Erteilt das BMWK demnach sein Einvernehmen nicht – in der Regel aus
politischer Rücksichtnahme, wie etwa im Fall „Kali+Salz/MDK/Treuhand"[53] –, so darf das BKartA
nicht selbständig eine Mitteilung nach Abs. 2 an die Kommission richten. Lediglich eine Stellungnahme kann es unabhängig vom Willen des BMWK gem. Art. 19 Abs. 2 abgeben. Eine solche ist
jedoch nicht imstande, eine Verweisung auszulösen.

4. Ermessen der Mitgliedstaaten. Der Gesetzeswortlaut geht davon aus, dass ein Mitglied- 23
staat der Kommission **mitteilen kann,** dass das Vorhaben die Kriterien des Abs. 2 erfüllt. Es handelt
sich somit um eine Ermessensentscheidung der Mitgliedstaaten, einen solchen Antrag einzureichen[54]
oder auch ihn zurückzunehmen.[55]
   Neu war in der FKVO (VO 139/2004) die Regelung, dass die Kommission einen Mitgliedstaat 24
zu einem solchen Antrag auffordern kann, wenn sie die Erfüllung der Anforderungen durch das in
Rede stehende Vorhaben als gegeben ansieht.[56] Dennoch stellte die Bestimmung 2004 keine wirkli-
che Neuheit dar, sondern bestätigte lediglich die bisherige Praxis der Kommission. Eine Pflicht zur
Stellung eines Verweisungsantrages resultiert hierdurch für die Mitgliedstaaten jedoch ebenfalls nicht.
   Darüber hinaus kam es in der Praxis früher immer wieder dazu, dass die an einem Zusammen- 25
schluss beteiligten Unternehmen sich an die Kommission wandten, um im Sinne einer effizienten
Verfahrensgestaltung eine Verweisung an die mitgliedstaatlichen Behörden anzuregen. Sofern die
Kommission eine Verweisung ebenfalls für angebracht hielt, nahm sie zu diesem Zwecke mit den
zuständigen Behörden Kontakt auf, um sie zu einem Antrag nach Art. 9 zu bewegen. Angesichts
der 2004 eröffneten Möglichkeit der Antragsstellung nach Art. 4 Abs. 4 dürfte der Anstoß für Verweisungsanträge nach Art. 9 mittlerweile nur noch sehr selten von den beteiligten Unternehmen ausgehen.

---

   werden muss und um eine zügige Durchführung des Verfahrens zu gewährleisten, wurde eine Verkürzung
   der ursprünglichen Drei-Wochen-Frist auf zwei Wochen im Grünbuch in Erwägung gezogen. Aufgrund
   des Widerstandes der Mitgliedstaaten fand dieser Vorschlag jedoch keinen Eingang in die Verordnung.
[49] FK-KartellR/Bracher GWB § 50 Rn. 19.
[50] FK-KartellR/Bracher GWB § 50 Rn. 26.
[51] Bunte/Pape Rn. 20.
[52] LMRKM/Westermann Rn. 5.
[53] WuW 1994, 118 (119) – Kali+Salz/MDK/Treuhand.
[54] Domínguez Pérez/Burnley ECLRev. 2003, 364 (365); Hoffmann/Terhechte AG 2003, 415 (421); Böge
   WuW 2004, 138 (141); Grave/Seeliger Der Konzern 2004, 646 (648); Bunte/Pape Rn. 23.
[55] So geschehen zB in Kom., M.5978, Rn. 7 ff. – GDF Suez/International Power; Kom., M.5875, Rn. 2 –
   Lactalis/Puleva Dairy; Kom., M.5364 – Iberia/Vueling/Clickair; Kom., M.5650, Rn. 18 – T-Mobile/
   Orange; Kom., M.4318, Rn. 3 – Veolia/Cleanaway; Kom., M.4141, Rn. 2 – Linde/BOC; Kom., M.4122,
   Rn. 1 – Burda/Hachette/JV; Kom., M.3995, Rn. 3 – Belgacom/Telindus; auch Immenga/Mestmäcker/
   Körber Rn. 15 und FK-KartellR/Hellmann/Malz Rn. 20.
[56] Mitteilung „Verweisung Fusionssachen" Rn. 50; Verordnungsvorschlag der Kommission, KOM(2002)711
   endg. – 2002/0296 (CNS) Rn. 19; Soames/Maudhuit ECLRev. 2005, 57 (63); Staebe/Denzel EWS 2004,
   194 (196); Domínguez Pérez/Burnley ECLRev. 2003, 364 (365).

26 Im Grünbuch diskutiert wurde ebenfalls die Möglichkeit einer Verweisung von Amts wegen durch die Kommission, dh ohne einen Antrag und ohne eine entsprechende Absprache mit dem Mitgliedstaat.[57] Wegen des Widerstandes der nationalen Behörden kam es hierzu nicht.[58] In späteren Auseinandersetzungen mit möglichem Optimierungspotential des Verweisungsregimes wurde diese Frage nicht einmal mehr diskutiert.[59]

27 **5. Unterrichtungspflicht der Kommission.** Ist ein Antrag eines Mitgliedstaates auf Verweisung bei der Kommission eingegangen, so obliegt der Kommission die Pflicht, alle beteiligten Unternehmen von dem Verweisungsantrag zu unterrichten. Wie die Unterrichtung konkret zu erfolgen hat, schreibt die FKVO nicht ausdrücklich vor. In der Praxis übersendet die Kommission der anmeldenden Partei in der Regel eine Kopie der nicht-vertraulichen Fassung des Verweisungsantrages.[60] Die Unterrichtung ermöglicht es den beteiligten Unternehmen, die Antragsentscheidung des Mitgliedstaates nachzuvollziehen und entsprechend Stellung zu nehmen.

28 **6. Einbeziehung der anmeldenden Parteien und der Mitgliedstaaten.** Die Mitgliedstaaten haben während der gesamten Dauer des Verfahrens bis zum Erlass einer Entscheidung gem. Abs. 3 die Gelegenheit zur Stellungnahme (Art. 19 Abs. 2 S. 2). Hierzu gewährt die Kommission auch Akteneinsicht.[61]

29 Andererseits sieht Art. 9 nicht vor, dass die anmeldenden Parteien zu einer geplanten Verweisung Stellung nehmen. Dennoch konsultiert die Kommission die Beteiligten regelmäßig und setzt sich sogar in ihren Entscheidungen gemäß Abs. 3 mit dem Vorbringen der beteiligten Unternehmen auseinander.[62] Die Begründung hierfür wird darin gesehen, dass dies zur Wahrung des rechtlichen Gehörs der Zusammenschlussbeteiligten notwendig sei.[63] Wichtig zu wissen ist für die Parteien auch, dass dann, wenn ein Mitgliedstaat nach Art. 9 der Fusionskontrollverordnung die Verweisung eines angemeldeten Zusammenschlusses beantragt, nicht das vereinfachte Verfahren angewandt werden darf.[64]

III. Materielle Verweisungsvoraussetzungen

30 Abs. 2 differenziert seit seiner Änderung durch die VO 1310/97 zwischen zwei Antragsgründen. Diese unterscheiden sich sowohl nach ihren Voraussetzungen als auch nach ihren Rechtsfolgen. Eine alternative Geltendmachung erfordert daher die Darlegung separater Begründungen.[65]

31 **1. Abs. 2 lit. a.** Eine Verweisung nach Abs. 2 lit. a setzt voraus, dass ein Zusammenschluss den Wettbewerb auf einem Markt in dem betreffenden Mitgliedstaat, der alle Merkmale eines gesonderten Marktes aufweist, erheblich zu beeinträchtigen droht.

32 **a) Zusammenschluss mit gemeinschaftsweiter Bedeutung.** Da nach Art. 9 lediglich bei der Kommission angemeldete Zusammenschlüsse erfasst sind, muss es sich zunächst überhaupt um einen **Zusammenschluss**[66] iSd FKVO handeln. Zugleich muss das Vorhaben die Voraussetzungen eines Zusammenschlusses nach innerstaatlichem Recht erfüllen, da nur dann ein nationales Fusionskontrollverfahren und letztlich auch eine Verweisung in Betracht kommt.[67]

33 Der Zusammenschluss muss zudem ein solcher mit **gemeinschaftsweiter Bedeutung** gemäß den Umsatzschwellenwerten des Art. 1 Abs. 2 oder 3 sein.

34 **b) Drohende erhebliche Beeinträchtigung des Wettbewerbs.** Der Zusammenschluss muss den Wettbewerb auf einem Markt in diesem Mitgliedstaat erheblich zu beeinträchtigen drohen.[68] Die Formulierung wurde durch die VO 139/2004 eingeführt und glich den Prüfungsmaßstab des

---

[57] Grünbuch der Kommission – KOM(2001) 745 endg., Rn. 81b; Domínguez Pérez/Burnley ECLRev. 2003, 364 (365).
[58] Arhold EWS 2002, 449 (453); Staebe/Denzel EuZW 2004, 194 (197); Klees EuZW 2003, 197 (199); Böge WuW 2004, 138 (142); Hoffmann/Terhechte AG 2003, 415 (421).
[59] Weissbuch Eine wirksamere EU-Fusionskontrolle COM(2014) 449 final; Commission Staff Working Document Evaluation of procedural and jurisdictional aspects of EU merger control SEC(2021) 156 final.
[60] S. etwa Kom., M.10134, Rn. 3 – EG Group/OMV Germany Business.
[61] S. Art. 19 Abs. 2; Bunte/Pape Art. 19 Rn. 18.
[62] S. zB Kom., M.10235, Rn. 54 ff. – CVC/Mega Grundbesitz; M.8611, Rn. 137 ff. – Smithfield/Pini Polonia; Kom., M.8665, Rn. 20, 26, 65 – Discovery/Scripps.
[63] FK-KartellR/Hellmann/Malz Rn. 22.
[64] Bekanntmachung „Vereinfachtes Verfahren", ABl. 2013 C 366, 5 Rn. 20.
[65] Kom., M.7499, Rn. 11 f. – Altice/PT Portugal; Kom., M.1346, Rn. 22, 43, 50 – EdF/London Electricity.
[66] Art. 3; Mitteilung „Zusammenschlussbegriff".
[67] Mitteilung „Verweisung Fusionssachen" Rn. 65.
[68] Im Englischen: „threatens to affect significantly competition".

Abs. 2 lit. a (sowie des Art. 4 Abs. 4 und des Art. 22) unter Verzicht auf die zwingende Voraussetzung der Marktbeherrschung an den des Art. 2 an.

Die **erhebliche Wettbewerbsbeeinträchtigung** entspricht im Kern dem Untersagungskriterium der erheblichen Behinderung des Wettbewerbs im Sinne des Art. 2 Abs. 3, allerdings sind an erstere geringere Anforderungen zu stellen.[69] Für die Auslegung im Rahmen des Abs. 2 lit. a kann indes auf die Entscheidungspraxis zu Art. 2 Abs. 3 – einschließlich des Regelbeispiels der Marktbeherrschung – zurückgegriffen werden.[70] 35

Eine **drohende** Wettbewerbsbeeinträchtigung setzt nicht voraus, dass sie bereits feststeht. Es reicht vielmehr aus, wenn nach den bisherigen Ermittlungen ein konkretes Risiko einer erheblichen Wettbewerbsbeeinträchtigung besteht. Die diesbezüglichen Anforderungen dürften den für die Einleitung des Verfahrens nach iSd Art. 6 Abs. 1 lit. c erforderlichen „ernsthaften Bedenken" entsprechen.[71] 36

Gemäß der Mitteilung „Verweisung Fusionssachen" muss der antragstellende Mitgliedstaat daher nur nachweisen, dass nach einer vorläufigen Analyse ein wirkliches Risiko besteht, dass das Vorhaben erhebliche nachteilige Auswirkungen auf den Wettbewerb hat und daher genau geprüft werden sollte. Bei den vorläufigen Anhaltspunkten kann es sich dabei durchaus um Anscheinsbeweise für mögliche erhebliche nachteilige Auswirkungen handeln, die jedenfalls nicht dem Ergebnis der eigentlichen Untersuchung vorgreifen.[72] 37

Dies ist auch sinnvoll, wenn Verweisungen an die bestqualifizierte Behörde vereinfacht und Verwaltungsaufwand reduziert werden sollen. Den nationalen Behörden obliegt im Rahmen der Verweisungen nicht weiter die Pflicht, eine exakte wettbewerbsrechtliche Beurteilung vorzunehmen, dass der Wettbewerb in dem Mitgliedstaat durch den Zusammenschluss tatsächlich nachteilig betroffen ist, was ohnehin in der Praxis sehr schwierig war.[73] Somit wird für die Mitgliedstaaten die Darlegungs- und Beweislast erleichtert und eine Vorwegnahme der Hauptsacheentscheidung vermieden.[74] 38

Hinweise darauf, unter welchen Voraussetzungen die Kommission davon ausgeht, dass eine „drohende erhebliche Beeinträchtigung des Wettbewerbs" **nicht ausreichend nachgewiesen** wurde, ergeben sich aus einer Analyse einiger, eine Verweisung nach Abs. 2 lit. a ausdrücklich ablehnender Entscheidungen. Im Fall „AIG Capital Partners/Bulgarian Telecommunications Company"[75] hatte die bulgarische Behörde zwar behauptet, dass der Zusammenschluss drohe, den Wettbewerb in Bulgarien erheblich zu beeinträchtigen, doch blieb diese Behauptung weitgehend unsubstantiiert. Das Argument der Behörde, der Kauf eines marktbeherrschenden Unternehmens durch ein Unternehmen, das in Bulgarien sowie weltweit erhebliche Umsätze erzielt, müsse zu einer erheblichen Beeinträchtigung des Wettbewerbs führen, wurde durch keine weiteren Fakten oder Theorien untermauert. Die Kommission stellte fest, dass es zwischen den Zusammenschlussbeteiligten weder zu Überschneidungen komme, noch Vertikalbeziehungen bestünden. Zudem lieferte die bulgarische Behörde keinerlei Informationen über Marktanteile der angeblich marktbeherrschenden Unternehmen und erläuterte auch nicht, wie es zu einer Wettbewerbsbeeinträchtigung kommen könnte. Daher sah die Kommission die Voraussetzungen des Abs. 2 lit. a. als nicht erfüllt an. Der Fall „Crédit Agricole/Cassa Di Risparmio della Spezia/Agences Intesa SanPaolo" liegt ähnlich. Hier hatte die italienische Behörde während der Antragsfrist weder klargestellt, ob es sich um einen Antrag nach Abs. 2 lit. a oder b handeln sollte, noch ob eine vollständige oder eine Teilverweisung angestrebt wurde. Insbesondere aber hatte sie nicht dargelegt, auf welchen Märkten der Zusammenschluss möglicherweise zu Wettbewerbsbeeinträchtigungen führen könnte. Zwar hatte sie nach Fristablauf präzisiert, dass es sich um einen Antrag nach Abs. 2 lit. b. handeln solle, jedoch wurde auch dies nicht weiter präzisiert. Die Kommission prüfte dennoch ob die Voraussetzungen der Abs. 2 lit. a oder b vorlagen, kam aber zu dem Schluss, dass das Zusammenschlussvorhaben keine – und schon gar keine negativen – Auswirkungen auf irgendeinen relevanten Markt haben könnte und gab es frei.[76] Im Fall NN „Group/Delta Lloyd" schließlich hatten die Niederlande via die Autoriteit Consument & Markt einen Verweisungsantrag gem. Abs. 2 lit. a gestellt. Diesen begründete die ACM damit, dass der geplante Zusammenschluss drohe, den Wettbewerb auf dem nationalen Markt 39

---

[69] Bunte/Pape Rn. 28; LMRKM/Westermann Rn. 9; FK-KartellR/Hellmann/Malz Rn. 33.
[70] Immenga/Mestmäcker/Körber Rn. 27; LMRKM/Westermann Rn. 9.
[71] Kom., M.8665 Rn. 49 – Discovery/Scripps; Wiedemann KartellR-HdB/Wagemann § 17 Rn. 160.
[72] Mitteilung „Verweisung Fusionssachen" Rn. 35.
[73] Schmidt CMLRev. 2004, 1555 (1559).
[74] Mitteilung „Verweisung Fusionssachen", Rn. 35; Soames/Maudhuit ECLRev. 2005, 57 (63); s. auch Kom. M.8665, Rn. 24 – Discovery/Scripps.
[75] Kom., M.4721 – AIG Capital Partners/Bulgarian Telecommunications Company.
[76] Kom., M.5960, Rn. 17, 66 – Crédit Agricole/Cassa Di Risparmio della Spezia/Agences Intesa SanPaolo.

für Lebensversicherungen oder potenziell engeren nationalen Märkten erheblich zu beeinträchtigen. Die Kommission bestätigte zunächst, dass es sich bei den erwähnten Märkten tatsächlich um nationale Märkte handelte. Obwohl das aus dem Zusammenschluss hervorgehende Unternehmen Marktführer in diversen Märken werden sollte, ging die Kommission jedoch nicht davon aus, dass der Zusammenschluss zu erheblichen Wettbewerbsbeeinträchtigungen führen würde. Dies schloss sie daraus, dass es genügend Wettbewerb in allen Marktsegmenten geben würde und dass Kunden größtenteils keine negativen Auswirkungen erwarteten. Obwohl die Voraussetzungen für eine Verweisung nicht vorlagen, erklärte die Kommission auch noch ausführlich, warum die ACM ohnehin nicht die geeignetere Behörde gewesen wäre.[77]

40 **c) Gesonderter Markt iSd Abs. 2 und 7.** Der Verweisungsantrag setzt des Weiteren voraus, dass der Zusammenschluss sich auf einem Markt auswirkt, der **alle Merkmale eines gesonderten Marktes** aufweist. Als „gesonderter Markt" wird derjenige Markt verstanden, der sich von anderen Märkten sachlich und räumlich abgrenzt und mithin einen eigenständigen Markt darstellt.[78] Teils wurde diskutiert, ob aus dem Adjektiv „gesondert" unmittelbar der Schluss gezogen werden muss, dass der Markt durch ungewöhnlich hohe Marktzutrittsbarrieren eingegrenzt ist.[79] Die Rechtsprechung[80] sowie eine Analyse von Verweisungsentscheidungen der Kommission legt jedoch nahe, dass es ausreichend ist wenn die nationale Behörde darlegt, dass ein relevanter Markt höchstens nationale Ausmaße hat.[81] Bei der Feststellung des gesonderten Marktes sind daher zunächst der sachlich relevante Markt und dann der räumlich relevante Markt zu bestimmen (→ Art. 2).

41 **aa) Sachliche Marktabgrenzung.** Mangels Legaldefinition ist auf die Bekanntmachung der Kommission[82] zur „Marktabgrenzung" zurückzugreifen. Diese beinhaltet vorrangig das **Bedarfsmarktkonzept,** wonach ein einheitlicher Markt all diejenigen Produkte und Dienstleistungen erfasst, die von den Nachfragern im Wesentlichen hinsichtlich ihrer Eigenschaften, Preise und ihres vorgesehenen Verwendungszwecks als hinreichend austauschbar oder substituierbar bewertet werden.[83] Mehr zur sachlichen Marktabgrenzung bei → Art. 2.

42 **bb) Räumliche Marktabgrenzung.** Der räumlich relevante Markt ist in Abs. 7 legaldefiniert. Dies ist die einzige Stelle, an der sich die FKVO mit der Problematik der räumlichen Marktabgrenzung ausdrücklich befasst. Sie knüpft damit an die räumliche Marktabgrenzung in Art. 2 an.[84] Die Definition des räumlichen Referenzmarktes stimmt mit den Kriterien überein, die der EuGH der Ermittlung einer beherrschenden Stellung iSv Art. 102 AEUV zugrunde legt[85] und an welchen sich die Kommission in ständiger Praxis orientiert.

43 Wie die Bestimmung des sachlich relevanten Marktes erfolgt auch die Konkretisierung des räumlich relevanten Marktes in erster Linie nach der Nachfragesubstituierbarkeit, ob also die Verbraucher bei einer hypothetisch geringen, aber dauerhaften Preiserhöhung auf einen anderen Anbieter mit einem entfernteren Unternehmenssitz ausweichen würden. Ist dies der Fall, so gehören die Produkte bzw. die Dienstleistungen beider Anbieter zu demselben räumlichen Markt.[86]

---

[77] Kom., M.8257, Rn. 68 ff. – NN Group/Delta Lloyd.
[78] Domínguez Pérez/Burnley ECLRev. 2003, 364 (365); Davison/Johnson E. Bus. Rev. 2000, 76 (81); Jones/Gonzáles-Díaz, 39.
[79] NK-EuWettbR/Hirsbrunner Rn. 19; Navarro/Font/Folguera/Briones Rn. 14.23.
[80] EuG Urt. v. 30.9.2003 – verbundene Rechtssachen T-346/02 und T-347/02 Rn. 105 ff., 117 = BeckRS 2003, 70494 – Cableuropa u.a./Kommission.
[81] Kom., M.10311, Rn. 56, 99 ff. – Enel X/VWFL/JV; Kom., M.10134, Rn. 53 ff. – EG Group/OMV Germany Business; 19.11.2020, Kom., M.9871, Rn. 124 – Telefonica/Liberty Global/JV; Kom., M.9545, Rn. 92 ff. – NS Groep/Pon Netherlands/JV; Kom., M.8944, Rn. 21, 90, 95 f. – Liberty Global/De Vijver Media and Liberty Global (SBS)/Mediahuis/JV; Kom., M.8966, Rn. 31, 42 ff. – PGA Motors/Fiber/Bernard Participations; Kom., M.7565, Rn. 22, 32, 40, 56, 69 – Danish Crown/Tican; Kom., M.5996, Rn. 35 – Thomas Cook/Travel business of Co-operative Group/Travel business of midlands Co-operative Society; Kom., M.5881, Rn. 33 – ProSiebenSat.1/RTL interactive/JV; Kom., M.5741, Rn. 17 – CDC/Veolia/Environment/Transdev/Veolia Transport; Kom., M.5814, Rn. 14, 20 – CVC/Univar Europe/Eurochem; Kom., M.5637, Rn. 37 – Motor Oil (Hellas) Corinth Refineries/Shell Overseas Holdings; Kom., M.10235, Rn. 50 ff. – CVC/Mega Grundbesitz oder Kom., M.7018, Rn. 51 ff. – Telefónica Deutschland/E-Plus.
[82] Bekanntmachung „Marktabgrenzung".
[83] S. bereits Kom., M.053, Rn. 10 – Aerospatiale-Alenia/de Havilland; Bekanntmachung „Marktabgrenzung"; Levy § 8.02 (2) (a).
[84] Art. 2 FKVO; Bekanntmachung „Marktabgrenzung"; Definition in der VO 802/2004/EG, ABl. 2004 L 133, 1, Anhang I Formblatt CO, Abschnitt 6 Marktdefinition, II. räumlich relevante Märkte.
[85] EuGH Urt. v. 14.2.1978 – 27/76, Slg. 1978, 207 Rn. 10 f. = NJW 1978, 2439 – United Brands.
[86] Bekanntmachung „Marktabgrenzung".

Sofern erforderlich erfolgt eine weitere Prüfung, ob Unternehmen ohne größere Hindernisse **44** in der Lage wären, ihren Absatz zu wettbewerbsgemäßen Bedingungen auf ein weiteres Gebiet auszudehnen. Auch hierzu siehe näher bei → Art. 2.

cc) In diesem Mitgliedstaat. Nach dem Gesetzeswortlaut muss der gesonderte Markt „ein **45** Markt in diesem Mitgliedstaat" sein. Rein sprachlich muss der Markt kleiner oder höchstens so groß wie das Gebiet eines Mitgliedstaates sein.[87] Dies wird auch in der Mitteilung „Verweisung Fusionssachen" bestätigt.[88] Es würde sicher auch dem Ausnahmecharakter des Art. 9 nicht gerecht, wenn regelmäßig Verweisungen an Mitgliedstaaten in Fällen stattfänden, in denen der „gesonderte Markt" über das Gebiet eines Mitgliedstaats hinausgreift. In diesem Sinne hat die Kommission bisher auch überwiegend diejenigen Zusammenschlussfälle an Mitgliedstaaten verwiesen, deren räumlicher Referenzmarkt eine **lokale oder regionale Prägung** aufwies.[89] Es werden jedoch zunehmend auch solche Fusionen an die nationalen Behörden verwiesen, deren Auswirkungen auf dem gesamten mitgliedstaatlichen Markt zu spüren waren. Relevant wurde dies insbesondere bei Telekommunikations-, Fernseh- und Fernsehwerbemärkten[90] sowie bei Märkten der Energiewirtschaft oder der Verteidigungstechnik.[91]

Teilweise wird die Auffassung vertreten, dass eine Verweisung auch dann zulässig ist, wenn ein **46** Markt mit Schwerpunkt in einem Mitgliedstaat untergeordnete Randregionen anderer Mitgliedstaaten mit einschließt.[92] Im Fall „Smithfield/Pini Polonia" nimmt auch die Kommission hierzu Stellung. Ihrer Meinung nach ist eine vollständige Verweisung im Hinblick auf **Märkte, die über das Gebiet eines Mitgliedstaats hinausgehen** nicht grundsätzlich ausgeschlossen. Dies ist Ihrer Meinung nach auch zumindest dann nicht schädlich, wenn mögliche nachteilige Auswirkungen des Zusammenschlusses sich auf das Gebiet des die Verweisung beantragenden Mitgliedstaats beschränken.[93] Diese Auffassung ist sicherlich pragmatisch und ermöglicht eine Vollverweisung von „Smithfield/Pini Polonia" ohne allzu große Verrenkungen bei der Definition des relevanten geografischen Markts. Andererseits scheint sie im Widerspruch zu den Ausführungen der Kommission im Fall „Holcim/Cemex West" zu stehen. Dort lehnte die Kommission eine Verweisung an die Bundesrepublik unter anderem mit der Begründung ab, dass die betroffenen Märkte für Grauzemet auch grenznahe Gebiete in Belgien, den Niederlanden und Nordost-Frankreich umfassten und somit keine gesonderten Märkte innerhalb Deutschlands darstellten.[94] Gegen die Annahme einer Verweisung in solchen Fällen wird eingewendet, dass die Kommission gerade für Zusammenschlüsse mit grenzüberschreitenden Wirkungen originär zuständig ist.[95] Eine Verweisung des Falles an die Mitgliedstaaten soll lediglich in Ausnahmen stattfinden. Eine erweiternde Auslegung des Tatbestandsmerkmals des „gesonderten Marktes" würde diesem Ausnahmecharakter zuwiderlaufen.[96] Andererseits kann es sicher immer wieder zu Fällen wie „Smith-

---

[87] Kom., M.9299, Rn. 91 – Discovery/Polsat/JV; Kom., M.2662, Rn. 22, 31, 41, 50, 65, 84, 88 – Danish Crown/Steff Houlberg; Kom., M.2502, Rn. 11 – Cargill/Cerestar; Kom., M.180, Rn. 13, 29, 37 – Steetley/Tarmac; Domínguez Pérez/Burnley ECLRev. 2003, 364 (365).

[88] Mitteilung „Verweisung Fusionssachen" Rn. 36.

[89] Kom., M.10235, Rn. 62. – CVC/Mega Grundbesitz; 9.7.2021, M.10134, Rn. 113 – EG Group/OMV Germany Business; Kom., M.7565, Rn. 139 – Danish Crown/Tican; Kom., M.5790 – Lidl/Plus Romania/Plus Bulgaria; Kom., M.5803 – Eurovia/Tarmac; Kom., M.5677 – Schuitema/Super de Boer Assets; Kom., M.5200 – STRABAG/Kirchner; Kom., M.5112 – Rewe Plus/Discount; Kom., M.4522 – Carrefour/Ahold Polska; Kom., M.4495 – Alfa Acciai/Cronimet/Remondis/TSR Group; Kom., M.3823, Rn. 16 ff. – MAG/Ferrovial Aeropuertos/Exeter Airport; Kom., M.1684, Rn. 19 – Carrefour/Promodès; Kom., M.1779, Rn. 20 – Anglo American/Tarmac; Kom., M.1522, Rn. 20 – CSME/MSCA/ROCK; Cot RDLC 2004, 65; Niederleithinger EWS 1990, 73 (78); Grünbuch der Kommission KOM(2001) 745, 69 ff. endg.

[90] Kom., M.9299, Rn. 118 f. – Discovery/Polsat/JV; Kom., M.9871, Rn. 227 – Telefonica/Liberty Global/JV; Kom., M.8944, Rn. 96, 143 – Liberty Global/De Vijver Media and Liberty Global (SBS)/Mediahuis; Kom., M.5881, Rn. 34, 56 – ProSiebenSat.1/RTL interactive/JV; Kom., M.3271, Rn. 28 – Kabel Deutschland/Ish; anders Kom., M.7000 – Liberty Global/Ziggo.

[91] Kom., M.10311, Rn. 96, 103 – Enel X/VWFL/JV; Kom., M.3318, Rn. 68 – ECS/Sibelga; 13.2.2003, M.3075 – ECS/Intercommunale IVEKA; Kom., M.3076 – ECS/Intercommunale IGAO; Kom., M.3077 – ECS/Intercommunale INTERGEM; Kom., M.3078 – ECS/Intercommunale GASELWEST; Kom., M.3079 – ECS/Intercommunale IMEWO; Kom., M.3080 – ECS/Intercommunale IVERLEK; Kom., M.2044, Rn. 35 – Interbrew/Bass; Kom., M.1153, Rn. 10 – Krauss-Maffei/Wegmann; Kom., M.894, Rn. 23 – Rheinmetall/British Aerospace/STN Atlas.

[92] Bunte/Pape Rn. 27; FK-KartellR/Hellmann/Malz Rn. 26; aA LMRKM/Westermann Rn. 7; NK-EuWettbR/Hirsbrunner Rn. 20.

[93] Kom., M.8611, Rn. 138 – Smithfield/Pini Polonia.

[94] Kom., M.7009, Rn. 37 ff. – Holcim/Cemex West.

[95] In diesem Sinn auch Kom., M.7009 – Holcim/Cemex West.

[96] Hirsbrunner EWS 1998, 233 (236).

field/Pini Polonia" kommen, in denen die Behörde, welche die Verweisung beantragt eindeutig besser qualifiziert ist und keinerlei negative Auswirkungen auf sonstige Mitgliedstaaten zu befürchten sind. Hier sprechen Gründe der Prozessökonomie für eine Verweisung.[97]

47 **d) Wesentlicher Teil des Gemeinsamen Marktes. aa) Stillschweigendes Tatbestandsmerkmal?** Nicht ausdrücklich erwähnt ist in Abs. 2 lit. a das Erfordernis, dass der betroffene Markt einen wesentlichen Teil des Gemeinsamen Marktes darstellen muss. Aus diesem Umstand könnte sich ergeben, dass die Prüfung des Merkmals für eine Verweisung nach der ersten Alternative nicht vorgenommen werden muss. Für die Notwendigkeit, dass ein wesentlicher Teil des Gemeinsamen Marktes berührt sein muss, sprechen jedoch mehrere Argumente. Zum einen dürfte sich dies schon aus einem **Umkehrschluss zu Abs. 2 lit. b** ergeben, der gerade explizit verlangt, dass der fragliche Markt **keinen wesentlichen Teil des Gemeinsamen Marktes** erfasst.[98] Ein weiteres Argument dafür, dass in Abs. 2 lit. a Bezug auf einen „wesentlichen Teils des Gemeinsamen Marktes" genommen wird, ergibt sich aus der Beschränkung der Kommissionskompetenz für Unvereinbarkeitsentscheidungen. Schließlich ist die Kommission gem. Art. 2 Abs. 3 nur befugt, diejenigen Zusammenschlüsse zu untersagen, die wirksamen Wettbewerb zumindest in einem wesentlichen Teil des Gemeinsamen Marktes beeinträchtigen. Zusammenschlüsse, die lediglich Auswirkungen auf einen unwesentlichen Teil des Gemeinsamen Marktes zeigen, sind nach Art. 2 Abs. 2 für mit dem Gemeinsamen Markt vereinbar zu erklären. Besitzt die Kommission demnach nicht die Berechtigung, eine Untersagungsentscheidung auch gegen solche Zusammenschlüsse zu erlassen, so wäre die Durchführung eines eigenen Verfahrens für solche Vorhaben wenig sinnvoll und es wäre nicht zu erklären, warum die Kommission im Falle des Abs. 2 lit. a Ermessen haben sollt, ob sie verweist oder nicht.

48 In der Praxis prüft die Kommission normalerweise im Zusammenhang mit Abs. 2 lit. a nicht, ob der relevante Markt einen wesentlichen Teil des Gemeinsamen Marktes ausmacht. Diese Frage kommt häufiger im Zusammenhang mit Abs. 2 lit. b auf. In Fällen, in denen die Kommission sich nicht sicher ist, ob dessen Voraussetzungen (**kein** wesentlicher Teil des Gemeinsamen Marktes) erfüllt sind, erwähnt sie regelmäßig, dass die Frage dahin stehen könne, da ja jedenfalls die Voraussetzungen des Abs. 2 lit. a erfüllt seien.[99]

49 **bb) Definition des „wesentlichen Teils des Gemeinsamen Marktes".** Das Tatbestandsmerkmal der Betroffenheit „eines wesentlichen Teils des Gemeinsamen Marktes" entspricht dem Kriterium aus Art. 2 Abs. 3 und nimmt insbesondere Bezug auf Art. 102 AEUV; es kann daher auf die Interpretation des Begriffs nach Art. 102 AEUV zurückgegriffen werden.[100] Der „Gemeinsame Markt" erstreckt sich auf die Gebiete aller Mitgliedstaaten. Ein „wesentlicher Teil" des Gemeinsamen Marktes ist dann tangiert, wenn ein Teilmarkt im Verhältnis zum Gesamtmarkt von wesentlicher wirtschaftlicher Bedeutung ist.[101] Ob dies der Fall ist, wird nach ständiger Rechtsprechung insbesondere anhand der Struktur und des Umfanges der Produktion und des Verbrauchs des relevanten Erzeugnisses auf dem Markt beurteilt. Daneben fließen in die Bewertung Gewohnheiten und wirtschaftliche Möglichkeiten der Verkäufer und Konsumenten ein. Die räumliche Größe des Marktes spielt dagegen keine entscheidende Rolle.[102] Vor dem Hintergrund des EU-Ziels, einen gemeinsamen europäischen Markt durch Überwindung der mitgliedstaatlichen Grenzen zu schaffen, wird ein wesentlicher Teil des Gemeinsamen Marktes jedenfalls bei Betroffenheit des gesamten Territoriums eines Mitgliedstaates angenommen.[103] Bei größeren Mitgliedstaaten ist auch ein Teilgebiet als wesentlicher Teil des Gemeinsamen Marktes denkbar.[104] So wurde zB Baden-Württemberg, um dessen

---

[97] So wohl auch LMRKM/Westermann Rn. 7.
[98] Immenga/Mestmäcker/Körber Rn. 26.
[99] Kom., M.10134 Rn. 113 – EG Group/OMV Germany Business; Kom., M.5996, Rn. 99 – Thomas Cook/Travel business of Co-operative Group/Travel business of Midlands Co-operative Society; Kom., M.5677, Rn. 40 – Schuitema/Super de Boer Assets; Kom., M.5637, Rn. 98 – Motor Oil (Hellas) Corinth Refineries/Shell Overseas Holdings; Kom., M.5112, Rn. 38 – Rewe Plus/Discount.
[100] FKVO Erwgr. 2; EuGH Urt. v. 16.12.1975 – 40-48/73, Slg. 1975, 1663 Rn. 371 f. = BeckRS 2004, 71110 – Suiker Unie; Kom., M.2389, Rn. 92 – Shell/DEA; Schmidt CMLRev. 2004, 1555 (1560); Immenga/Mestmäcker/Körber Rn. 38.
[101] Bunte/Bulst AEUV Art. 102 Rn. 80.
[102] EuGH Urt. v. 16.12.1975 – 40/73, Slg. 1975, 1663 Rn. 371 = BeckRS 2004, 71110 – Suiker Unie/Kommission.
[103] EuGH Urt. v. 9.11.1983 – 322/81, Slg. 1983, 3461 Rn. 23 ff., 100 ff. = BeckRS 70794 – Michelin/Kommission; EuGH Urt. v. 18.6.1991 – C-260/89, Slg. 1991, I-2925 Rn. 31 = BeckRS 2004, 75777 – ERT/DEP; dies gilt auch bei kleineren Mitgliedstaaten, s. zB Kom., M.1453 Rn. 11 – AXA/GRE, wobei die Luxemburgische Behörde mangels nationaler Fusionskontrolle jedoch keine Anträge gemäß Art. 9 stellen kann.
[104] EuGH Urt. v. 16.12.1975 – 40/73, Slg. 1975, 1663 = BeckRS 2004, 71110 – Suiker Unie/Kommission.

III. Materielle Verweisungsvoraussetzungen　　　　　　50, 51　**Art. 9 FKVO**

Gasversorgung es im Fall EnBW/ENI/GVS ging, als wesentlicher Teil des Binnenmarktes angesehen.[105] Auch die Einwohnerzahl soll eine Rolle spielen und ein wesentlicher Teil des Gemeinsamen Marktes vorliegen, wenn diese größer oder vergleichbar mit der Bevölkerung kleinerer Mitgliedstaaten ist.[106] Lediglich regionale Märkte sind demgegenüber zumindest dann nicht als „wesentlicher Teil" zu qualifizieren wenn es sich um relativ kleine Regionen handelt.[107] Eine Ausnahme ist allerdings dann zu machen, wenn der jeweilige regionale Markt gleichzeitig für den zwischenstaatlichen Handel bedeutsam ist. Auf dieser Grundlage wurde im Fall „Corsica Ferries" ein regionaler Markt, der des Hafens von Genua, aufgrund der großen Bedeutung für die Ein- und Ausfuhr nach Italien auf dem Seeweg, als wesentlicher Teil des Gemeinsamen Marktes anerkannt.[108]

e) Sonstige Faktoren. Wie in → Rn. 74 näher ausgeführt, steht der Kommission in Fällen 50 des Abs. 2 lit. a, wo ja jeweils ein wesentlicher Teil des Gemeinsamen Marktes betroffen ist, Ermessen bei der Verweisungsentscheidung zu. Es ist daher interessant, welche Gesichtspunkte die Kommission als relevant bei der Ausübung ihres Interesses ansieht. Um dem Ausnahmecharakter des Art. 9 und gleichzeitig dessen Regelungszweck der **Effektivität des Wettbewerbsschutzes** gerecht zu werden, „sollte eine Fusionssache nur an eine andere Wettbewerbsbehörde [als die ursprünglich zuständige] verwiesen werden, wenn diese besser geeignet ist."[109] Bei ihrer Ermessensentscheidung hat die Kommission daher stets im Blick, welche Behörde den konkreten Fall aufgrund ihrer **Sach- und Standortnähe** und ihrer **Marktkenntnis** sowie der ihr **zur Verfügung stehenden Prüfungsmöglichkeiten** am besten beurteilen und die **effizientesten Maßnahmen** zugunsten eines wirksamen Wettbewerbs ergreifen kann.[110] Auf dieser Grundlage gilt die **Kommission** als sachnähere Behörde, wenn ein Vorhaben hinsichtlich seiner gemeinschaftsrelevanten Auswirkungen untersucht werden soll. Besteht ein Gemeinschaftsinteresse, wird es prinzipiell zu keiner Verweisung an die nationalen Behörden kommen, sondern die Kommission wird sich selbst der Kontrolle des Zusammenschlusses annehmen.

Klassische Beispiele für **Märkte von besonderem Interesse für die Weiterentwicklung des** 51 **Binnenmarkts** und Auswirkungen, die weit über den national definierten Markt hinausgehen können, sind etwa die Märkte sowohl für nicht entgeltfinanzierte Fernsehprogramme als auch für Pay-TV und damit zusammenhängende Dienstleistungen.[111] In diesen Fällen gab die Kommission mehreren Verweisungsanträgen der Mitgliedstaaten trotz ausschließlicher Betroffenheit der nationalen Märkte nicht statt, sondern leitete eigene Verfahren ein. In vier dieser Fälle erließ die Kommission Untersagungsentscheidungen.[112] In ihrer Entscheidung „Newscorp/Telepiu"[113] kam sie dagegen zu dem Ergebnis, dass der Zusammenschluss mit dem Gemeinsamen Markt vereinbar war. Dies gilt auch im Fall „Discovery Scripps", wo die Kommission eine Verweisung unter anderem mit der Begründung ablehnte, dass sie selbst besonders interessiert am Erhalt von Wettbewerb in Industrien wie den Medien sei, die von besonderer Bedeutung für die Entwicklung der Europäischen Union sind.[114] Zusätzlich verwies sie auch auf die Notwendigkeit, die kohärente Behandlung vergleichbarer Fälle in der EU sicherzustellen und auf ihre Industrieexpertise.[115] Letztlich genehmigte die Kommission den Zusammenschluss mit Auflagen. Würde die Kommission in solchen Fällen eine Verweisung anordnen, so bestünde die Gefahr, dass die nationalen Behörden den Einfluss nationaler Politik bei der Frage berücksichtigen würden, ob Wettbewerb von ausländischen Unternehmen in Zukunft auf

---

[105] Kom., M.2822, Rn. 32 – ENBW/ENI/GVS.
[106] EuG Urt. v. 5.10.2020 – T-380/17 Rn. 352 = NZKart 2020, 598 – HeidelbergCement und Schwenk Zement/Kommission.
[107] NK-EuWettbR/Schröter/Bartl AEUV Art. 102 Rn. 160.
[108] EuGH Urt. v. 17.5.1994 – C-18/93, Slg. 1994, I-1812 Rn. 41 = BeckRS 2004, 74727– Corsica Ferries; S. auch Kom., M.2822, Rn. 32 – ENBW/ENI GVS; Kom., M.5467, Rn. 292 – RWE/Essent.; Kom., M.5496, Rn. 42 – Vattenfall/Nuon Energy; Kom., M.1383, Rn. 813 – Exxon/Mobil im Hinblick auf den Markt für Flugtreibstoffe im Flughafen London Gatwick.
[109] Mitteilung „Verweisung Fusionssachen" Rn. 9.
[110] Mitteilung „Verweisung Fusionssachen" Rn. 37, 19 ff.; Kom., M.10144 – K+S Minerals and Agriculture/Remex/JV, s. auch Pressemitteilung MEX/21/5387; Kom., M.10235, Rn. 71 f. – CVC/Mega Grundbesitz; Kom., M.3271, Rn. 4, 30 – Kabel Deutschland/Ish; Kom., M.2495, Rn. 26 – Haniel/Fels Entscheidung; Kom., M.2639, Rn. 27, 30 – Compass/Restorama/Rail Gourmet/Gourmet Nova; Immenga/Mestmäcker/Körber Rn. 43 f.
[111] Kom., M.7000 – Liberty Global/Ziggo.
[112] Kom., M.469, Rn. 45, 73, 102 – MSG Media Service; Kom., M.553, Rn. 25, 115 – RTL/Veronica/Endemol; Kom., M.993, Rn. 22, 122, 156 – Bertelsmann/Kirch/Premiere; Kom., M.1027, Rn. 23, 80 – Deutsche Telekom/BetaResearch.
[113] Kom., M.2876, insbes. Rn. 62, 67, 72, 77, 325 – Newscorp/Telepiu.
[114] Kom., M.8665, Rn. 67 – Discovery/Scripps.
[115] Kom., M.8665, Rn. 11 – Discovery/Scripps.

den nationalen Märkten zugelassen werden soll (vgl. im deutschen Recht § 42 GWB Ministererlaubnis). Trotzdem erließ die Kommission eine positive Verweisungsentscheidung etwa in den Fällen „Discovery/Polsat/JV" und „Sogecable/Canalsatèlite Digital/Via Digital", in der sie die Märkte ebenfalls national definierte.[116]

52 Weitere Märkte, in denen die Kommission sich aufgerufen fühlt, selbst aktiv zu werden, sind die der **Telekommunikationsbranche.** In verschiedenen Fällen hat die Kommission darauf hingewiesen, wie wichtig es ist, den Wettbewerb bei Festnetz- oder Mobilfunkdienstleistungen zu erhalten, welche für die wirtschaftliche Entwicklung der Union von entscheidender Bedeutung sind.[117] Vor diesem Hintergrund und unter Berücksichtigung der Tatsache, dass einige Unternehmen der Telekommunikationsbranche in mehreren EU-Mitgliedstaaten tätig sind, sieht sie es als äußerst wichtig an, Zusammenschlüsse, die in die Zuständigkeit der Kommission fallen, mithilfe einer kohärenten und einheitlichen Vorgehensweise zu bewerten.[118] Unter anderem aus diesem Grund, aber auch weil sie in diesem Bereich erhebliche Fachkompetenz entwickelt hat und aus auf die jeweiligen Verfahren bezogenen verfahrenstechnischen Gründen hat die Kommission mehrere Verweisungsanträge in diesem Sektor abgelehnt obwohl jeweils die Voraussetzungen für eine Verweisung gem. Abs. 2 lit. a erfüllt gewesen wären.[119] Diese Linie wurde zuletzt in „Telefónica/Liberty Global" bekräftigt, auch wenn der konkrete Fall aufgrund der außergewöhnlichen Umstände des Brexits an die britische Wettbewerbsbehörde verwiesen wurde.[120]

53 Die Kommissionszuständigkeit soll auch dann sachgerecht sein, wenn eine **einheitliche Beurteilung** eines Falles geboten ist. In dem kontrovers diskutierten Fall „Lagardère/Natexis/VUP"[121] kam es aus diesem Grunde zu einer ablehnenden Verweisungsentscheidung der Kommission. Bei Lagardère ging es um die Abgrenzung der Märkte von Büchern. Zwar erkannte die Kommission an, dass Schulbücher wegen der nationalen Erziehungsprogramme einen gesonderten nationalen Markt darstellen, was eine Verweisungsentscheidung ermöglicht hätte.[122] Aufgrund der engen Verknüpfung mit dem Markt der „Buchkette" (Erwerb von Urheberrechten, Verlagswesen, Vertrieb und Verteilung von Büchern), der sich auch auf die übrigen französischsprachigen Länder erstreckt, sowie dem Markt der schulvorbereitenden Bücher, der nationale und supranationale Elemente aufweist,[123] lehnte sie zugunsten einer einheitlichen Bewertung die Verweisung jedoch ab. Zudem handelte die Kommission mit dieser Entscheidung im Interesse von Lagardère, die Vereinbarkeit des Zusammenschlusses nur von einer Behörde prüfen zu lassen.[124]

54 Auch wenn ein wirksamer Wettbewerb auf dem relevanten Markt nicht (effizient) durch eine mitgliedstaatliche Behörde sichergestellt werden kann, sollte die Kommission den Fall nicht verweisen. Dies wird auch in der ausführlichen Entscheidung der Kommission unter Abs. 3 zur Ablehnung des belgischen Verweisungsantrages im Fall EDF/Segebel klargestellt.[125] Es handelte sich um einen Fall, bei dem die betroffenen Märkte höchstens nationale Ausmaße hatten und bei dem das Zusammenschlussvorhaben drohte, den Wettbewerb in Belgien erheblich zu beeinträchtigen. Obwohl somit die Voraussetzungen des Abs. 2 lit. a vorlagen, verwies die Kommission den Fall nicht an die belgische Behörde. Dies begründete sie einerseits damit, dass sie erhebliche Sachkenntnis bzgl. der betroffenen belgischen Elektrizitätsmärkte habe. Andererseits wies sie darauf hin, dass die wettbewerblichen Bedenken über die betroffenen belgischen Märkte hinausgingen und dass daher eine grenzüberschreitende Analyse benötigt werde, für die der belgischen Behörde die Untersuchungsmöglichkeiten fehlten. Zudem sei nicht sicher, ob die belgische Behörde in der Lage wäre, die nötigen Abhilfemaßnahmen einzufordern. Die Kommission schloss, dass unter diesen Umständen eine Verweisung an Belgien nicht gerechtfertigt sei und sie selbst daher nicht verweisen „solle."[126]

---

[116] Kom., M.9299, Rn. 258 ff. – Discovery/Polsat/JV; Kom., M.2845, insbes. Rn. 17, 26, 39, 42, 63, 80, 82, 118 – Sogecable/Canalsatèlite/Via Digital.
[117] Kom., M.7978, Rn. 81 – Vodafone/Liberty Global/Dutch JV; Kom., M.7612, Rn. 59 – Hutchison 3G UK/Telefónica UKKom., M.7499, Rn. 97 – Altice/PT Portugal; Kom., M.7421, Rn. 87 – Orange/Jazztel; Kom., M.7018, Rn. 111 – Telefónica Deutschland/E-Plus.
[118] Kom., M.7018, Rn. 111 – Telefónica Deutschland/E-Plus.
[119] Kom., M.7978 – Vodafone/Liberty Global/Dutch JV; Kom., M.7612 – Hutchison 3G UK/Telefónica UK; Kom., M.7499 – Altice/PT Portugal; Kom., M.7421– Orange/Jazztel; Kom., M.7018– Telefónica Deutschland/E-Plus; in all diesen Fällen genehmigte die Kommission nur unter Auflagen.
[120] Kom., M.9871, Rn. 247 – Telefónica/Liberty Global/JV.
[121] Kom., M.2978 – Lagardère/Natexis/VUP.
[122] Kom., M.2978, Rn. 194 – Lagardère/Natexis/VUP.
[123] Kom., M.2978, Rn. 203 ff., 207 ff. – Lagardère/Natexis/VUP.
[124] Kom., M.2978, Rn. 241, 261 ff. – Lagardère/Natexis/VUP; IP/03/1078.
[125] Kom., M.5549, Rn. 258 ff. – EDF/Segebel.
[126] Kom., M.5549, Rn. 264 f. – EDF/Segebel.

III. Materielle Verweisungsvoraussetzungen   55   Art. 9 FKVO

Die **größere Sachnähe nationaler Kartellbehörden** sieht die Kommission dagegen prinzipi- 55
ell als gegeben an, wenn ein Zusammenschluss mit gemeinschaftsweiter Bedeutung einen eindeutigen wirtschaftlich und wettbewerblich nationalen Schwerpunkt aufweist oder wenn die nationale Behörde besondere Sachkenntnisse hat und der Fall daher effizienter durch diese behandelt werden kann.[127] Schon früh wurde mit „GEHE/Lloyds" ein bei der Kommission angemeldeter Fall auf der Grundlage verwiesen, dass er in einem sachlichen Zusammenhang mit einem anderen Zusammenschluss steht, der von der nationalen Behörde untersucht wird, die die Verweisung beantragte.[128] In den Fällen „PGA Motors/Fiber/Bernard Participations" und „Liberty Global" wurde die Verweisung jeweils mit einem Hinweis auf die große Erfahrung der nationalen Behörde in den relevanten Märkten begründet.[129] Die „erhebliche Fachkenntnis" des Bundeskartellamts in den deutschen Fernseh- und Fernsehwerbemärkten wurde auch in der Verweisungsentscheidung im Fall ProSiebenSat.1/RTL interactive/JV von der Kommission hervorgehoben.[130] Ähnlich war es im Fall SESA/DISA/SAE/JV, wo die Kommission betonte, dass die antragstellende spanische Behörde bereits mehrere Fälle im relevanten Markt für Flugzeugkraftstoffe untersucht habe.[131] Die Fälle „Discovery/Polsat" und „NS Groep/Pon Netherlands" zeigen, dass eine Verweisung auch bei guter Marktkenntnis der Kommission in Betracht kommt; zumindest wenn die nationale Behörde ebenfalls Erfahrung mit den relevanten Märkten hat und die Befragung lokaler Marktteilnehmer voraussichtlich eine Rolle spielen wird.[132] Auch andere Verfahren wurden an die nationale Behörde verwiesen, weil diese besondere Erfahrungen in den relevanten Märkten hatte und weil sie besser geeignet war, möglicherweise notwendige Untersuchungen auf lokaler Ebene vorzunehmen.[133] Im Fall „CDC/Veolia Environnement/Transdev/Veolia Transport" wurde die besondere Geeignetheit der französischen Behörde unter anderem damit begründet, dass sie bereits mehrere Zusammenschlüsse sowie Bußgeldverfahren in den betroffenen Märkten durchgeführt hatte.[134] Die Tatsache, dass die nationale Behörde besonders geeignet ist, die Auswirkungen eines Zusammenschlusses zu untersuchen, in dem auch „nationale" Kundenpräferenzen eine Rolle spielen, wurde im Fall BUITENFOOD/AD VAN GELOVEN HOLDING/JV besonders betont.[135] Auch die Tatsache, dass eine nationale Behörde zuvor eine „ex officio Untersuchung in einer bestimmten Industrie vorgenommen hat, ist von der Kommission im Fall „SNCF-P/CDPQ/KEOLIS/EFFIA" als Begründung besonderer Sachnähe der nationalen Behörde hervorgehoben worden.[136] Kenntnis aus einer Sektoruntersuchung wurde im Fall „Lidl/Plus Romania/Plus Bulgaria" als Argument für eine Verweisung angeführt, wobei aber auch die Sprachkenntnisse der Behörde betont wurden.[137] Ein weiterer Grund warum eine Verweisung angebracht sein kann, ist schließlich die Tatsache, dass es einer nationalen Behörde einfacher fallen kann, etwaige Bedingungen oder Auflagen effektiv zu überwachen.[138]

---

[127] Grünbuch der Kommission, KOM(2001) 745 endg. Rn. 16, 69, 74; Bartosch/Nollau EuZW 2002, 197 (201); Staebe/Denzel EWS 2004, 194 (196); Drauz WuW 2002, 444 (445).
[128] Kom., M.716, Rn. 79 – GEHE/Lloyds; vgl. auch Kom., M.3271, Rn. 31– Kabel Deutschland/Ish; Kom. M.1001– Preussag/Hapag-Lloyd und; Kom., M.1019 – Preussag/TUI; andererseits wurde Kom., M.1673 – VEBA/VIAG nicht an das antragstellende Bundeskartellamt verwiesen, obwohl dieses gleichzeitig den Zusammenschluss von RWE und VEW untersuchte und daher in den vom Zusammenschlussvorhaben VEBA/VIAG primär betroffenen Märkten besondere Sachkenntnis hatte. Die Kommission ging damals davon aus, dass der Zusammenschluss Konsequenzen auf Elektrizitätsmärkte innerhalb der gesamten EU haben könne.
[129] Kom., M.8966, Rn. 50 – PGA Motors/Fiber/Bernard Participations; Kom., M.5900, Rn. 194 – LGI/KBW, s. auch Pressemitteilung IP/11/749.
[130] Kom., M.5881, Rn. 82 – ProSiebenSat.1/RTL interactive/JV; vgl. auch Kom., M.8944, Rn. 160 – Liberty Global/De Vijver Media and Liberty Global (SBS)/Mediahuis/JV.
[131] Kom., M.6525, Rn. 99 – SESA/DISA/SAE/JV.
[132] Kom., M.9299, Rn. 261 ff. – Discovery/Polsat/JV; Kom., M.9545, Rn. 107 ff. – NS Groep/Pon Netherlands/JV; vgl. auch Kom., M.10311, Rn. 120 ff. – Enel X/VWFL/JV; Kom., M.9421, Rn. 110 f. – Triton/Corendon (Belgien) und Kom., M.9421, Rn. 111 f. – Triton/Corendon (Niederlande).
[133] Kom., M.10235, Rn. 70 ff. – CVC/Mega Grundbesitz; Kom., M.10134, Rn. 120 ff. – EG Group/OMV Germany Business; Kom., M.8611, Rn. 141 – Smithfield/Pini Polonia; ähnlich Kom., M.7565, Rn. 140 – Danish Crown/Tican.
[134] Kom., M.5741, Rn. 60 f. – CDC/Veolia Environnement/Transdev/Veolia Transport; ähnlich lagen Kom., M.5814, Rn. 40 – CVC/Univar Europe/Eurochem; Kom., M.5637, Rn. 95 – Motor Oil (Hellas) Corinth Refineries/Shell Overseas Holding; Kom., M.4495, Rn. 45 – Alfa Acciai/Cronimet/Remondis/TSR Group.
[135] Kom., M.6321, Rn. 77 – Buitenfood/Ad Van Geloven Holding/JV.
[136] Kom., M.5557, Rn. 14, 66 – SNCF-P/CDPQ/KEOLIS/EFFIA.
[137] Kom., M.5790, Rn. 34 – Lidl/Plus Romania/Plus Bulgaria; vgl. auch Kom., M.10134, Rn. 122– EG Group/OMV Germany Business.
[138] Kom., M.3271, Rn. 30 – Kabel Deutschland/Ish.

56 Ansonsten werden in der Praxis häufig Fälle verwiesen, in denen **regionale oder lokale Märkte** betroffen waren und in denen die Kommission schon aus diesem Grund höhere Sachkenntnis der nationalen Behörden annimmt.[139]

57 Andererseits gibt es auch Beispiele für eine Verweisung in Fällen, in denen ein Zusammenschluss eine marktbeherrschende Stellung (auf einem nationalen Markt) hervorrief, der für den gemeinschaftsrechtlichen Wettbewerb aber nur geringe Bedeutung hatte.[140] Unter diese Ausnahmefälle ist auch die Entscheidung „McCormick/CPC/Rabobank/Ostmann"[141] zu fassen, bei der die Kommission den Fall der einzelstaatlichen Behörde aufgrund der irrtümlichen Annahme der eigenen Fristversäumung für die Einleitung eines Verfahrens nach Art. 6 Abs. 1 lit. c zuwies, um den ihrer Ansicht nach bedenklichen Fall überhaupt einer Kontrolle zuzuführen (→ Rn. 102).

58 **2. Abs. 2 lit. b.** Nach Abs. 2 lit. b erfolgt eine Verweisung an einen Mitgliedstaat, wenn ein Zusammenschluss (Art. 3, Art. 1 Abs. 2, 3) den Wettbewerb auf einem Markt in diesem Mitgliedstaat beeinträchtigen würde, der alle Merkmale eines gesonderten Marktes aufweist und keinen wesentlichen Teil des Gemeinsamen Marktes darstellt.

59 a) **Zusammenschluss mit gemeinschaftsweiter Bedeutung.** Mit der ersten Verweisungsalternative nach Abs. 2 lit. a identisch wird zunächst ein angemeldeter **Zusammenschluss mit gemeinschaftsweiter Bedeutung** gefordert. Dieser muss die Voraussetzungen nach Art. 3 und Art. 1 Abs. 2 bzw. 3 sowie nach innerstaatlichem Recht verwirklichen.[142]

60 b) **Wettbewerbsbeeinträchtigung.** Weitere Anforderung ist, dass der Wettbewerb auf einem Markt in diesem Mitgliedstaat durch den Zusammenschluss **beeinträchtigt würde**. Dabei soll genügen, wenn ein tatsächliches Risiko einer Wettbewerbsbeeinträchtigung glaubhaft vorgetragen wird.[143] Im Übrigen kann auf die Ausführung zu dem Tatbestandsmerkmal in Abs. 2 lit. a verwiesen werden.

61 c) **Kein wesentlicher Teil des Gemeinsamen Marktes.** Abs. 2 lit. b fordert im Gegensatz zur Verweisungsalternative des Abs. 2 lit. a ausdrücklich, dass **kein wesentlicher Teil des Gemeinsamen Marktes** betroffen ist. Der Tatbestand greift damit, wie bereits nach der VO 1310/97, die Kontrolllücke auf, die aus der Unstimmigkeit der FKVO-Vorschriften resultiert. Droht ein Zusammenschluss mit gemeinschaftsweiter Bedeutung auf einem gesonderten Markt den Wettbewerb zu behindern, der seinerseits aber **keinen wesentlichen Teil** des Gemeinsamen Marktes darstellt, so muss die Kommission nach Art. 2 Abs. 2 den Zusammenschluss grundsätzlich für mit dem Gemeinsamen Markt vereinbar erklären. Eine Untersagung des Vorhabens durch die nationalen Behörden scheidet gem. Art. 21 Abs. 3 ebenfalls aus, da dieses aufgrund seiner gemeinschaftsweiten Bedeutung in die ausschließliche Kommissionszuständigkeit fällt. Hier besteht demnach eine Kontrolllücke. Um diese zu schließen, musste eine Verweisungsmöglichkeit an die nationalen Kartellbehörden geschaffen werden.[144]

62 Die Beurteilung, ob ein wesentlicher Teil des Gemeinsamen Marktes betroffen ist oder nicht, erfolgt wegen der Identität des Tatbestandsmerkmals zu Art. 102 AEUV (ex Art. 82, vorher 86 EG) anhand der dieses Merkmal konkretisierenden Rechtsprechung (vgl. Abs. 2 lit. a).[145] Keinen wesentlichen Teil des Gemeinsamen Marktes stellen grundsätzlich **Märkte von begrenzter räumlicher Ausdehnung** innerhalb eines Mitgliedstaates („narrow geographic scope") dar, dh lokale oder auch regionale Märkte ohne grenzüberschreitende Bedeutung.[146] Nicht unberücksichtigt bleiben darf jedoch, dass primär die wirtschaftliche Bedeutung Aufschluss darüber gibt, ob ein wesentlicher Teil des Gemeinsamen Marktes berührt ist, nicht hingegen dessen geographisches Gebiet (vgl. Abs. 2

---

[139] Kom., M.8766 – LKQ/Stahlgruber; Kom., M.5803 – EUROVIA/TARMAC; Kom., M.5254 – ACEA/ONDEO Italia/Acque Blu JV; Kom., M.5112 – REWE/PLUS Discount; Kom., M.3674 – Iesy Repository/Ish; Kom., M.3275 – Shell España/Cepsa/SIS JV; Kom., M.3271 – Kabel Deutschland/Ish; Kom., M.3075 ff. – ECS/Intercommunale/VEKA u.a.; Kom., M.2857 – ECS/IEH; Kom., M.2845, insbes. Rn. 9, 17 – Sogecable/Canal Satelite Digital/Vias Digital; Kom., M.2760 – Nehlsen/Rethmann/SWB/Bremerhavener Entsorgungswirtschaft; Kom., M.2154 – C3D/Rhone/Go-ahead; Kom., M.1628, Rn. 11 ff. – Totalfina/Elf Aquitaine; Kom., M.1464, Rn. 15 ff. – Total/Petrofina; Kom., M.1021- Compagnie Nationale de Navigation/SOGELFA-CIM.

[140] Wagemann WuW 1997, 598; Kom., M.894 – Rheinmetall/British Aerospace/STN Atlas.

[141] Kom., M.330, Rn. 79 – McCormick/CPC/Rabobank/Ostmann.

[142] Art. 3, 1 Abs. 2 und 3 FKVO; Mitteilung „Verweisung Fusionssachen", Rn. 65.

[143] Bunte/Pape Rn. 29; Immenga/Mestmäcker/Körber Rn. 34.

[144] Immenga/Mestmäcker/Körber Rn. 2.

[145] Vgl. Abs. 2 lit. a; Art. 102 AEUV; Art. 2 Abs. 2 FKVO.

[146] Vgl. Kom., 26.8.2020, M.9886, Rn. 46 – Salling Group/Tesco Polska; Mitteilung „Verweisung Fusionssachen" Rn. 40, insbes. auch Fn. 34.

III. Materielle Verweisungsvoraussetzungen   63, 64   **Art. 9 FKVO**

lit. a). Tangiert der Zusammenschluss daher eine Region oder einen lokalen Markt, bedarf es einer eingehenden Prüfung, ob nicht doch eine wesentliche Bedeutung für den Gemeinsamen Markt besteht.

Kasuistik: In einem frühen Fall „CSME/MSCA/ROCK", in dem es um Streusalz ging, betonte 63 die Kommission zunächst, dass sich schon wegen der hohen Transportkosten für das Produkt der Markt auf Nord-Ost-Frankreich begrenze, ließ dann in ihrer Verweisungsentscheidung offen, ob dies ein wesentlicher Teil des Gemeinsamen Marktes war.[147] In „Govia/Connex South Central" ging es um verschiedene Bahnrouten, die jeweils sowohl auf Passagiere als auch auf den Umsatz bezogen nur einen sehr kleinen Teil des Marktes im Vereinigten Königreich repräsentierten. Die Kommission stimmte der antragstellenden Behörde zu, dass es sich nicht um einen wesentlichen Teil des Gemeinsamen Marktes handle und verwies.[148] Der Fall „Connex/DNVBG" betraf hauptsächlich den regionalen Markt für Personenverkehrsdienstleistungen im Großraum Hannover.[149] Im Teilverweisungsfall „Asla Foods/Express Dairy" wurden zumindest die Märkte für die Haustürbelieferung mit frischer Milch in verschiedenen Großräumen im Vereinigten Königreich als unwesentlicher Teil des Gemeinsamen Marktes angesehen.[150] Bei der Verweisung an die Behörden in Bulgarien und Rumänien im Fall „Lidl/Plus Romania/Plus Bulgaria" betonte die Kommission, dass die 12 bzw. 13 lokalen Märkte in den beiden Mitgliedstaaten sehr klein seien und nur wenige Kunden in den jeweiligen Gebieten anzögen. Handel über die Marktgrenzen hinaus sei extrem beschränkt wenn nicht gar inexistent.[151] Im Fall „Tesco/Carrefour" nahm die Kommission aufgrund einer eingehenden Prüfung eine Teilverweisung an die slowakischen Wettbewerbsbehörden vor, da sie der Auffassung war, der Detailhandelsmarkt für tägliche Gebrauchsgegenstände in den Städten Bratislava, Kosice und Zilina weise alle Merkmale eines gesonderten Marktes auf. Da keiner dieser drei gesonderten Märkte den Anteil von 0,1 % der gesamten Lebensmittelverkäufe des Gemeinsamen Marktes überschreite, stellten diese gesonderten Märkte auch keinen wesentlichen Teil des Gemeinsamen Marktes dar.[152] Auch in den Entscheidungen „Carrefour Nederland/Ahold Polska" und „Salling Group/Tesco Polska" ging es hauptsächlich um lokale Märkte für Konsumgüter, die keinen wesentlichen Teil des Gemeinsamen Marktes ausmachten.[153]

Bei „STRABAG/Kirchner" war der betroffene Markt der Regionalmarkt Erfurt für Asphalt- 64 mischgut und somit sehr beschränkt.[154] Im Fall „Schuitema/Super de Boer Assets" untersuchte die Kommission, ob es denn Handel über die Schranken des Marktes hinaus gebe und betonte, angesichts der begrenzten Einwohnerzahlen der betroffenen Ortschaften (von ca. 2.000–60.000), dass die Voraussetzungen des Abs. 2 lit. b wohl gegeben seien. Dennoch ließ die Kommission dies dahingestellt, da ansonsten die Voraussetzungen des Abs. 2 lit. a vorlägen.[155] Im Falle „STRABAG/Dywidag", erachtete die Kommission den Markt für Asphaltmischgut in Hamburg als gesonderten Markt, der keinen wesentlichen Teil des Gemeinsamen Marktes darstellt, weil sein Volumen weniger als 2 % der gesamten Asphaltmischgutproduktion in Deutschland ausmache.[156] Auch im Falle „FIMAG/Züblin" ging die Kommission davon aus, dass die fünf Regionalmärkte für Asphaltmischgut Berlin, Chemnitz, Leipzig/Halle, Rostock und München zusammengenommen nicht als wesentlicher Bestandteil des Gemeinsamen Marktes zu betrachten seien und verwies den Fall an das Bundeskartellamt.[157] Im Falle „Blackstone (TBG CareCo)/NHP" wurde insbesondere die Stellung der am Zusammenschluss Beteiligten auf drei Regionalmärkten für Haus- und Heimpflege als problematisch erachtet, deren Volumen jeweils zwischen 6 und 10 Millionen englischen Pfund lag, wohingegen die UK-weite Nachfrage auf 10 Milliarden englische Pfund geschätzt wurde, so dass die betroffenen Märkte aus Sicht der Kommission keinen wesentlichen Bestandteil des Gemeinsamen Marktes darstellten.[158] Als wesentlicher Teil des Gemeinsamen Marktes wurde von der Kommission jedoch die Region London angesehen, weil deren Verbrauch an Elektrizität höher war als etwa der von Irland oder Luxemburg.[159] Auch leitungsgebundene Telekommunikationsmärkte in Portugal wurden trotz

---

[147] Kom., M.1522, Rn. 30 – CSME/MSCA/ROCK.
[148] Kom., M.2446, Rn. 18 – Govia/Connex South Central.
[149] Kom., M.2730, Rn. 18 – Connex/DNVBVG/JV.
[150] Kom., M.3130, Rn. 115 – Arla Foods/Express Dairies.
[151] Kom., M.5790, Rn. 26 – Lidl/Plus Romania/Plus Bulgaria.
[152] Kom., M.3905 – Tesco/Carrefour; vgl. Pressemitteilung vom 22.12.2005, IP/05/1701.
[153] Kom., M.4522 – Carrefour Nederland/Ahold Polska, Pressemitteilung vom 10.4.2007, IP/07/482; Kom., M.9886, Rn. 51 ff. – Salling Group/Tesco Polska.
[154] Kom., M.5200, Rn. 21 – STRABAG/Kirchner.
[155] Kom., M.5677, Rn. 38 ff. – Schuitema/Super de Boer Assets.
[156] Kom., M.3754, Rn. 17, 20 – STRABAG/Dywidag.
[157] Kom., M.3864, Rn. 21 – FIMAG/Züblin.
[158] Kom., M.3669, Rn. 26, 34 – Blackstone (TBG CareCo)/NHP.
[159] Kom., M.1346, Rn. 47 – EdF/London Electricity.

ihrer höchstens nationalen Ausmaße in der Vergangenheit als wesentlicher Teil des Gemeinsamen Marktes angesehen.[160]

65 Aufgrund der vergleichsweise extensiven Auslegung des Tatbestandsmerkmals des „wesentlichen Teils des Gemeinsamen Marktes" bot Abs. 2 lit. b erst in relativ wenigen Fällen die Grundlage für einen Verweisungsantrag.[161]

IV. Entscheidungen der Kommission

66 **1. Allgemeiner Grundsatz.** Der weitere Verfahrensverlauf, der auf eine Verweisungsentscheidung abzielt, ist durch den allgemeinen Verfahrensgrundsatz nach Art. 19 Abs. 2 S. 1 geprägt, nach dem die in dieser Verordnung vorgesehenen Verfahren in enger und stetiger Verbindung mit den zuständigen Behörden der Mitgliedstaaten durchzuführen sind.[162] Die Mitgliedstaaten sind insbesondere berechtigt, zu dem anhängigen Verfahren Stellung zu beziehen. Gemäß Art. 19 Abs. 2 S. 2 Hs. 2 gibt die Kommission hierfür den einzelstaatlichen Behörden Gelegenheit, sich in allen Abschnitten des Verfahrens bis zum Erlass einer Entscheidung nach Abs. 3 zu äußern und gewährt ihnen zu diesem Zweck Akteneinsicht.[163] Dadurch soll nicht nur die Anwendungspraxis harmonisiert werden, sondern auch der bürokratische Aufwand minimiert sowie der Einfluss der Mitgliedstaaten gesichert werden. Gleichzeitig stellt diese enge Zusammenarbeit die Effektivität des Wettbewerbsschutzes sicher, indem leichter erkenntlich wird, welche Behörde die sachnähere ist und daher den Fall behandeln sollte. Die konkrete Umsetzung erfolgt im Rahmen des ECA-Netzwerks („European Competition Authorities"), durch welches ein möglichst frühzeitiger, intensiverer Informationsaustausch unter den Behörden garantiert werden soll.[164]

67 **2. Entscheidungsvarianten der Kommission gem. Abs. 3.** Zunächst ist festzustellen, dass die Kommission selbstverständlich auch nach Eingang eines Verweisungsantrages zu dem Ergebnis kommen kann, dass das Vorhaben **nicht unter die FKVO** fällt. Dies stellt sie gem. Art. 6 Abs. 1 lit. a durch Entscheidung fest. An den Verweisungsantrag des jeweiligen Mitgliedstaates ist sie inhaltlich insoweit nicht gebunden. Mangels Anwendbarkeit der FKVO fällt das Vorhaben unmittelbar in die Zuständigkeit der nationalen Behörden. Diese sind befugt, ihr innerstaatliches Wettbewerbsrecht zur Geltung zu bringen, sofern die entsprechenden Voraussetzungen erfüllt sind.[165]

68 Besteht eine Kommissionskompetenz, stehen der Kommission je nach Mitteilungstatbestand (Abs. 2 lit. a oder Abs. 2 lit. b) unterschiedliche Entscheidungsvarianten zu.

69 **a) Entscheidungsvarianten der Kommission bei Vorliegen einer Mitteilung nach Abs. 2 lit. a.** Liegt das Vorhaben prinzipiell im Anwendungsbereich der FKVO und liegt ein Antrag eines Mitgliedstaates nach Abs. 2 lit. a vor, so kommen drei Entscheidungsvarianten der Kommission in Betracht.

70 **aa) Abs. 3 UAbs. 1.** Ist die Kommission der Auffassung, dass unter Berücksichtigung des Marktes der betreffenden Waren oder Dienstleistungen und des räumlichen Referenzmarktes im Sinne des Abs. 7 ein gesonderter Markt und die Gefahr einer erheblichen Wettbewerbsbeeinträchtigung bestehen, so kann sie sich für oder gegen eine Verweisung entscheiden.

71 Zum einen kann sie den Fall nach Maßgabe der FKVO **selbst behandeln** (Abs. 3 UAbs. 1 lit. a). Wenn die Kommission den Zusammenschluss selbst behandelt, ist die FKVO anwendbar (Art. 6 Abs. 1 lit. b und lit. c). Die nationalen Behörden sind im Sinne des „One-Stop-Shop-Prinzips" daneben nicht befugt, das Vorhaben nach nationalen Vorschriften zu prüfen. Ihr Verfahren ist in diesem Falle endgültig ausgeschlossen. Der Fall unterliegt von diesem Zeitpunkt an dem normalen Verfahren unter der FKVO (Art. 21 Abs. 1–3).

---

[160] Kom., M.7499, Rn. 113 ff. – Altice/PT Portugal.
[161] Kom., M.2730, Rn. 14, 16, 18 – Connex/Deutsche Nahverkehrsgesellschaft/JV; Kom., M.1684, Rn. 3, 30 – Carrefour/Promodès; Kom., M.2446, Rn. 14, 18, 19 – Govia/Connex South Central; Kom., M.2730, Rn. 18 – Connex/DNVBVG/JV; Kom., M.3130, Rn. 114 – Arla Foods/Express Dairies; Kom., M.337, Rn. 12, 35, 40 – Accor/Colony/Desseigne-Barrière/JV; Kom., M.3669, Rn. 36 – Blackstone (TBG CareCo)/NHP; Kom., M.3754, Rn. 20 – STRABAG/Dywidag; Kom., M.3864, Rn. 18 – FIMAG/Züblin; Kom., M.3905, Rn. 41 – Tesco/Carrefour; Kom., M.4298, Rn. 7 – Aggregate Industries/Foster Yeoman; Kom., M.4522, Rn. 44 – Carrefour Nederland/Ahold Polska; Kom., M.5200, Rn. 21 – STRABAG/Kirchner; Kom., M.5790, Rn. 26 f. – Lidl/Plus Romania/Plus Bulgaria; Kom., M.9886, Rn. 63 – Salling Group/Tesco Polska.
[162] Art. 19 FKVO; Erwgr. 14 zur FKVO.
[163] Art. 19 Abs. 2 UAbs. 2; Kom., M.165 – Alcatel/AEG Kabel; Immenga/Mestmäcker/Körber Rn. 11.
[164] Mitteilung „Verweisung Fusionssachen" Rn. 54 f.
[165] So geschehen etwa in Kom., M.661 – STRABAG/Bank Austria/STUAG; Kom., M.711 – Generali/Unicredito.

IV. Entscheidungen der Kommission 72–79 Art. 9 FKVO

Die Kommission kann auch entscheiden, den Fall an die zuständigen Behörden des betreffenden 72
Mitgliedstaates (oder der betreffenden Mitgliedstaaten) zu verweisen (Abs. 3 UAbs. 1 lit. b). Von der
Verweisung an unterliegt die Untersuchung dem nationalen Wettbewerbsrecht des/der betreffenden
Mitgliedstaates/Mitgliedstaaten (Abs. 3 UAbs. 1 lit. b).

Schließlich wurde mit der Novelle 1997 explizit die Möglichkeit geschaffen, Fusionsfälle ledig- 73
lich zu einem Teil an nationale Wettbewerbsbehörden zu verweisen (→ Rn. 81).

Ob die Kommission eine eigene Prüfung des Zusammenschlusses vornimmt oder den Fall in 74
seiner Gesamtheit bzw. zum Teil an die zuständigen Behörden der Mitgliedstaaten verweist, steht
somit in ihrem **Ermessen**. Entsprechend heißt es in Abs. 3 UAbs. 1, dass sie entweder (Abs. 3
UAbs. 1 lit. a) den Fall selbst behandelt oder eine Verweisung (Abs. 3 UAbs. 1 lit. b) ausspricht.
Bestätigung findet die Ermessensentscheidung im Wortlaut von Abs. 1, der davon ausgeht, dass
die Kommission unter den nachfolgenden Voraussetzungen einen angemeldeten Zusammenschluss
„verweisen kann". Eine Verweisungspflicht obliegt ihr mithin auch bei Vorliegen der Tatbestandsmerkmale des Abs. 2 lit. a nicht.[166]

Die Tatsache, dass der Kommission ein Ermessen zustehen soll, ist seinerzeit auf erhebliche 75
Kritik gestoßen.[167] Obwohl die materiell-rechtlichen Voraussetzungen für einen Verweisungsantrag
mit der VO 139/2004 („drohende Beeinträchtigung des Wettbewerbs") erleichtert wurden und
daher eine Verweisung prinzipiell schneller zu erreichen ist, wurde teilweise vorgetragen, dass das
Ermessen der Kommission nur in seltenen Ausnahmefällen zu einer Verweisung an die nationalen
Behörden führen würde. Bedenken bestanden insbesondere, dass sich die Kommission bei der Bewertung der Fusionsfälle und Entscheidungen über eine Verweisung zu stark von industriepolitischen
Aspekten leiten und damit wesentliche Grundsätze der nationalen Ordnungspolitik zugunsten der
europäischen Integration unberücksichtigt lassen würde.[168] In der Praxis hat die Kommission, wie
oben erläutert, jedoch relativ wenige Verweisungsanträge unter Art. 9 abgelehnt.

Unter der **VO 4064/89** war das Ermessen der Kommission eingeschränkt. Nach Abs. 3 UAbs. 1 76
lit. a aF konnte die Kommission den Fall selbst behandeln, um auf dem betreffenden Markt wirksamen Wettbewerb aufrechtzuerhalten oder wiederherzustellen. Der betreffende Mitgliedstaat konnte
nach Art. 9 Abs. 8 aF nur diejenigen Maßnahmen ergreifen, die zur Aufrechterhaltung oder Wiederherstellung wirksamen Wettbewerbs auf dem betreffenden Markt unbedingt erforderlich sind. Deshalb hatte das Europäische Gericht auch entschieden, dass eine Verweisung an die nationalen Behörden unterbleiben musste, wenn die Prüfung des Verweisungsantrages eines Mitgliedstaates ergab, dass
bei einer Verweisung das gesetzlich auferlegte Ziel nicht erreicht werden konnte.[169] Die **Textpassage**
in Abs. 3 UAbs. 1 lit. a ist in der **VO 139/2004 ersatzlos gestrichen** worden.

bb) Abs. 3 UAbs. 2. Ist die Kommission der Auffassung, dass ein gesonderter Markt oder eine 77
Gefahr iSd Abs. 2 lit. a nicht besteht, so stellt sie dies durch Entscheidung fest, die sie an den
betreffenden Mitgliedstaat richtet, und behandelt den Fall selbst (Abs. 3 UAbs. 2).[170] Sie besitzt nach
Art. 21 Abs. 1–3 die ausschließliche Zuständigkeit. Der Fall unterliegt dem üblichen Verfahren nach
der FKVO (Art. 6 Abs. 1 lit. b und lit. c). Eine andere Entscheidungsmöglichkeit besitzt sie nach
dem Gesetz nicht; es handelt sich um eine **zwingende Ablehnungsentscheidung** des Verweisungsantrages („... so stellt sie ... fest ... und behandelt den Fall nach Maßgabe der FKVO selbst").

b) Entscheidungsvarianten der Kommission bei Vorliegen einer Mitteilung nach 78
Abs. 2 lit. b. Erfolgt eine Mitteilung seitens des Mitgliedstaates nach Abs. 2 lit. b, dass ein Zusam-
menschluss den Wettbewerb auf einem Markt in diesem Mitgliedstaat beeinträchtigen würde, der alle
Merkmale eines gesonderten Marktes aufweist, jedoch **keinen wesentlichen Teil** des Gemeinsamen
Marktes darstellt, so ergeben sich für die Kommission je nach Faktenlage zwei Entscheidungsalterna-
tiven. Ein Ermessen hat sie nicht.

aa) Abs. 3 UAbs. 3 – Verweisungspflicht. Wenn die Kommission in diesem Fall, dem Antrag 79
des Mitgliedstaates entsprechend, zu dem Ergebnis gelangt, dass ein „gesonderter Markt" betroffen
ist und auch die sonstigen Voraussetzungen vorliegen, so verweist sie nach Abs. 3 UAbs. 3 den

---

[166] Mitteilung „Verweisung Fusionssachen" Rn. 50; zB Kom., M.9421, Rn. 104 – Triton/Corendon (Belgien); Kom., M.7018, Rn. 107 – Telefónica Deutschland/E-Plus; Wiedemann KartellR-HdB/Wagemann § 17 Rn. 153; LMRKM/Westermann Rn. 15 ff.
[167] BKartA, Stellungnahme zum Grünbuch der Kommission E/G4–3001 Bd. 3, 41; Bartosch BB 2003 (Beilage 3), 4; Schmidt CMLRev. 2004, 1555 (1560); Burnley E. Bus.L.Rev. 2003, 815 (818); Drauz WuW 2004, 444 (446).
[168] Bartosch/Nollau EuZW 2002, 197 (200, 201).
[169] EuG Urt. v. 3.4.2003 – T-119/02, Slg. 2003, II-1433 Rn. 342 = BeckRS 2003, 155798 – Royal Philips Electronics NV/Kommission; Domínguez Pérez/Burnley ECLRev. 2003, 364 (367).
[170] Vgl. Kom., M.7009, Rn. 45 ff. – Holcim/CemexWest.

gesamten Fall oder den Teil des Falles, der den gesonderten Markt tangiert, an die zuständige(n) nationale(n) Behörde(n) des betreffenden Mitgliedstaats. Der Wortlaut „... **verweist die Kommission**" ist klar; eine Alternative ist der Kommission im Gegensatz zu Abs. 3 UAbs. 1 nicht an die Hand gegeben.[171] Nur so lässt sich die bereits erwähnte Kontrolllücke (→ Rn. 4) schließen. Eine Pflicht zur Verweisung stellt sicher, dass Zusammenschlüsse, die wegen der Betroffenheit eines lediglich unwesentlichen Teils des Gemeinsamen Marktes von der Kommission nicht untersagt werden können (Art. 2 Abs. 2 und 3), jedenfalls einer nationalen Vereinbarkeitsprüfung unterzogen werden.

80   bb) **Behandlung durch die Kommission selbst.** Ist die Kommission demgegenüber der Auffassung, dass **kein gesonderter Markt im antragstellenden** Mitgliedstaat betroffen ist, so ist mangels Vorliegens der Voraussetzungen eine Verweisung an die mitgliedstaatlichen Behörden nach Abs. 3 UAbs. 3 ausgeschlossen. Aus einem Umkehrschluss zu Abs. 3 UAbs. 3 ergibt sich zwingend die Behandlung des Falles durch die Kommission selbst.

81   **3. Teilverweisungen.** Wie oben ausgeführt (→ Rn. 73), kann die Kommission gemäß Abs. 3 lit. b Fälle auch zum Teil verweisen, wobei sie den Fall geographisch oder auch nach einzelnen Märkten aufteilen kann. Dies führt zur Aufteilung eines einheitlichen Zusammenschlussvorhabens und damit der Zuständigkeitsbegründung von verschiedenen Behörden, die unterschiedlichen Gesetzesgrundlagen unterliegen. Damit wird nicht nur das „One-Stop-Shop-Prinzip" durchbrochen, sondern es wird auch möglich, dass unterschiedliche Entscheidungen hinsichtlich der Rechtmäßigkeit eines Zusammenschlusses getroffen werden.[172] Die verschiedenen Verfahrensformen und Fristenregime stellen die betroffenen Unternehmen vor erhebliche Rechtsunsicherheiten und formelle Schwierigkeiten bezüglich einer gemeinsamen Zeitplanung sowie bezüglich der mehrfach aufkommenden Verfahrenskosten. Aus diesen Gründen ist die Einführung der Teilverweisungsvariante auf vehemente Kritik gestoßen.[173]

82   Die Kommission ist sich der Problematik einer Aufspaltung der Untersuchung eines Zusammenschlussvorhabens auf verschiedene Behörden nach der Anmeldung bewusst. In der Mitteilung „Verweisung Fusionssachen" hat sie deshalb ausgeführt, dass „...Verweisungen, die zu einer Aufspaltung einer Sache auf mehrere Behörden führen, so weit wie möglich vermieden werden [sollen], es sei denn der Schutz des Wettbewerbs auf sämtlichen durch das Vorhaben betroffenen Märkten kann durch mehrere Behörden offensichtlich besser geschützt werden. Teilverweisungen sind zwar nach Artikel 4 Absatz 4 und Artikel 9 möglich, aber in der Regel sollte das gesamte Vorhaben (oder zumindest alle miteinander zusammengehörenden Teile) von einer einzigen Behörde untersucht werden."[174]

83   Sofern eine Teilverweisung die Ausnahme bleibt, erscheint es letztlich auch sinnvoll, eine solche zu ermöglichen. Schließlich kann es sehr wohl vorkommen, dass der Wettbewerb in zwei oder mehr Mitgliedstaaten betroffen ist, ohne dass ein Zusammenschluss eine **materiell** gemeinschaftsweite Bedeutung hat. Zudem werden sich die Mitgliedstaaten im Rahmen ihrer Kooperation in der „EU Merger Working Group" bemühen, nicht sachlich gerechtfertigte Divergenzen zu vermeiden.[175]

84   Kasuistik: Genau betrachtet bestätigt die aktuelle Gesetzeslage lediglich die im Grunde seit den ersten Tagen der FKVO ohnehin durchgeführte Praxis der Kommission. So hat sie bereits in den Fällen „Steetley/Tarmac"[176] und „Holdercim/Cedest"[177] Teilverweisungen angeordnet. Seit jedoch explizit die Möglichkeit geschaffen wurde, Fusionsfälle auch lediglich zu einem Teil an nationale Wettbewerbsbehörden zu verweisen, ist es häufiger zu Teilverweisungen gekommen. Die Kommission verwies entweder einen Teil des Falles an einen Mitgliedstaat und untersuchte den restlichen Teil selbst, verwies mehrere Teile des Falles jeweils an unterschiedliche Mitgliedstaaten und untersuchte wiederum den restlichen Teil selbst, oder sie gab den Fall vollständig ab, verwies dabei aber Teile jeweils an unterschiedliche Mitgliedstaaten.

85   Gerade im Hinblick auf die gestiegene Anzahl von Teilverweisungen stellt sich die Frage, warum die Kommission bestimmte Fälle nur zum Teil an eine nationale Behörde verwies, anstatt eine vollständige Verweisung vorzunehmen.

---

[171] Immenga/Mestmäcker/Körber Rn. 60; LMRKM/Westermann Rn. 19; FK-KartellR/Hellmann/Malz Rn. 38.
[172] NK-EuWettbR/Hirsbrunner Rn. 32; Immenga/Mestmäcker/Körber Rn. 46.
[173] Soames/Maudhuit ECLRev. 2005, 57 (59); Arhold EWS 2002, 449 (453–454); Grünbuch der Kommission, KOM(2001) 745 endg. Rn. 72.
[174] Mitteilung „Verweisung Fusionssachen", Rn. 12.
[175] Best Practices on Cooperation between EU National Competition Authorities in Merger Review; http://ec.europa.eu/competition/ecn/nca_best_practices_merger_review_en.pdf, zuletzt abgerufen am 22.4.2022.
[176] Kom., M.180 – Steetley/Tarmac.
[177] Kom., M.460 – Holderim/Cedest.

IV. Entscheidungen der Kommission **86, 87** Art. 9 FKVO

Sofern die Kommission einen Teil an **eine nationale Behörde** verwies und den restlichen Teil **86** selbst untersuchte, war die ganz überwiegende Zahl der Fälle so gelagert, dass nur in Bezug auf bestimmte sachliche bzw. geographische Märkte in dem betreffenden Mitgliedstaat Wettbewerbsbedenken bestanden. Soweit der angemeldete Zusammenschluss Auswirkungen auf andere sachliche oder geographische Märkte hatte, bestanden keine Wettbewerbsbedenken. Insofern wären die Voraussetzungen für eine Verweisung dieses Teils – selbst wenn ein entsprechender Antrag gestellt worden wäre – nicht erfüllt gewesen und die Kommission hätte diesen Teil nicht verweisen dürfen. Daher verwies die Kommission den Teil, für den Wettbewerbsbedenken bestanden, an den betroffenen Mitgliedstaat und genehmigte den nicht verwiesenen Teil gemäß Art. 6 Abs. 1 lit. b.[178] So verwies die Kommission beispielsweise in „Heineken/Scottish & Newcastle Assets" den Fall an die irische Wettbewerbsbehörde, soweit die irischen Biermärkte betroffen waren. Auf diesen Märkten bestand die Möglichkeit, dass die geplante Transaktion eine erhebliche Beeinträchtigung des Wettbewerbs nach sich ziehen könnte. Die Übernahme der Aktivitäten der britischen Gesellschaft Scottish & Newcastle in Belgien, Finnland, Portugal und im Vereinigten Königreich durch Heineken genehmigte die Kommission hingegen, da sie der Ansicht war, die geplante Transaktion werde den wirksamen Wettbewerb im Europäischen Wirtschaftsraum in einem wesentlichen Teil desselben nicht erheblich beeinträchtigen.[179] Die Kommission untersuchte die Auswirkungen der geplanten Zusammenschlüsse in den vorgenannten Fällen nicht vollständig selbst, weil entweder für den verwiesenen Teil des Falles die Voraussetzungen des Abs. 2 lit. b vorlagen und die Kommission insofern gezwungen war, diesen Teil zu verweisen,[180] oder weil Ermessenserwägungen wie etwa die bessere Sachkenntnis der nationalen Behörde in Bezug auf den verwiesenen Teil für eine Teilverweisung sprachen.[181]

Sofern die Kommission Teile des Falles an **mehrere Mitgliedsstaaten** verwies und einen Teil **87** selbst untersuchte, bestanden Wettbewerbsbedenken ebenfalls jeweils nur in Bezug auf bestimmte, abgrenzbare geographische Märkte in unterschiedlichen Mitgliedstaaten bzw. nur in Bezug auf bestimmte Produkte. Die Kommission verwies die „problematischen" Teile des Falles an die Behörden der betroffenen Mitgliedstaaten, während sie den Zusammenschluss in Bezug auf die Märkte, auf denen es keine Wettbewerbsbedenken gab, gem. Art. 6 Abs. 1 lit. b für mit dem Gemeinsamen Markt vereinbar erklärte.[182] In „Leroy Merlin/Brico" verwies die Kommission den Fall an die Behörden von Frankreich, Spanien und Portugal, soweit in dem jeweiligen Mitgliedstaat lokale Märkte für den Einzelhandel mit Heimwerker-, Verschönerungs- und Gartenbauartikeln betroffen waren. In Bezug auf die Beschaffungsmärkte hingegen genehmigte die Kommission den Zusammenschluss.[183] „CDC/Veolia Environnement/Transdev/Veolia Transport" ist ein Fall, in dem die Kom-

---

[178] So geschehen in Kom., M.10404 – Phoenix/McKesson, Pressemitteilung IP/22/2186; Kom., M.7818, Rn. 11 f. – McKesson/UDG Healthcare (Pharmaceutical Wholesale and Associated Businesses); Kom., M.7565, Rn. 10 – Danish Crown/Tican; Kom., M.6321 – Buitenfood/Ad Van Geloven Holding/JV; Kom., M.5814 – CVC/Univar Europe/Eurochem; Kom., M.5803 – Eurovia/Tarmac; Kom., M.5200 – STRABAG/Kirchner; Kom., M.4999 – Heineken/Scottish & Newcastle Assets; Kom., M.4495 – Alfa Acciai/Cronimet/Remondis/TSR Group; Kom., M.3905 – Tesco/Carrefour; Kom., M.3864 – Fimag/Züblin; Kom., M.3754 – STRABAG/Dywidag; Kom., M.3373 – Accor/Colony/Desseigne-Barriere/JV; Kom., M.3130 – Arla Foods/Express Dairies; Kom.; M.2568 – Haniel/Ytong; Kom., M.2639 – Compass/Restorama/Rail/Gourmet/Gourmet Nova; Kom., M.2662 – Danish Crown/Steff-Houlberg; Kom., M.2683 – Aker Maritime/Kvaerner (II); Kom., M.2502 – Cargill/Ceresta; Kom., M.2234 – Metsäliitto Osuuskunta/Vapo Oy/JV; Kom., M.2216 – Enel/Wind/Infostrada; Kom., M.2154 – C3D/Rhone/Go-Ahead; Kom., M.2044 – Interbrew/Bass; Kom., M.1153 – Krauss-Maffei/Wegmann; Kom., M.1060 – Vendex/KBB; Kom., M.1086 – Promodes/S21/Gruppo GS; Kom., M.1021 – Compagnie Nationale de Navigation/Sogelfa-CIM; Kom., M.1001 – Preussag/Hapag-Lloyd; Kom., M.1019 – Preussag/TUI; Kom., M.991 – Promodes/Casino und Kom., M.894 – Rheinmetall/British Aerospace/STN Atlas.

[179] Kom., M.4999, Rn. 2 – Heineken/Scottish & Newcastle assets.

[180] Kom., M.5200 – STRABAG/Kirchner; Kom., M.4298 – Aggregate Industries/Foster Yeoman; Kom., M.3864 – Fimag/Züblin; Kom., M.3754 – STRABAG/Dywidag und Kom., M.3130 – Arla Foods/Express Dairies (in Bezug auf den Markt für die Lieferung von Flaschenmilch an den Einzelhandel in einigen Teilen Englands).

[181] Kom., M.5741 – CDC/Veolia Environment/Transdev/Veolia Transport; Kom., M.5814 – CVC/Univar Europe/Eurochem; Kom., M.5803 – Eurovia/Tarmac; Kom., M.4999 – Heineken/Scottish & Newcastle Assets; Kom., M.4495 – Alfa Acciai/Cronimet/Remondis/TSR Group; Kom., M.2881 – Koninklijke BAM NBM/HBG; Kom., M.2234 – Metsäliitto Osuuskunta/Vapo Oy/JV; Kom., M.2154 – C3D/Rhone/Go-Ahead; Kom., M.2044 – Interbrew/Bass; Kom., M.1001 – Preussag/Hapag-Lloyd; Kom., M.1019 – Preussag/TUI.

[182] Kom., M.5741 – CDC/Veolia Environment/Transdev/Veolia Transport; Kom., M.2898 – Leroy Merlin/Brico; Kom., M.1684 – Carrefour/Promodes; Kom., M.1030 – Lafarge/Redland.

[183] Kom., M.2898 – Leroy Merlin/Brico.

mission die Frankreich und die Niederlande betreffenden Teile des Falls an die Behörden dieser Länder abgab und die Auswirkungen des Zusammenschlusses in der restlichen EU selbst untersuchte.[184]

88 In einigen wenigen Fällen genehmigte die Kommission den **nicht verwiesenen Teil** nach Art. 6 Abs. 1 lit. b nur mit **Auflagen.** In „Total/Petrofina (II)" zB verwies die Kommission den Teil der Transaktion, der die Erdöllagerstruktur in Südfrankreich betraf, an die französische Wettbewerbsbehörde und genehmigte die Transaktion hinsichtlich ihrer Auswirkungen auf den Markt für Direktgeschäfte in fünf nordfranzösischen Gebieten, nachdem sich die Parteien verpflichtet hatten, einige ihrer Beteiligungen an Erdöllagern in dieser Region abzustoßen.[185] Eine vollständige Verweisung an die französischen Behörden scheiterte in diesem Fall nicht an fehlenden Wettbewerbsbedenken in Bezug auf den übrigen Teil. Auch erscheint es durchaus möglich, dass die fünf nordfranzösischen Gebiete alle Merkmale eines gesonderten Marktes aufgewiesen hätten. Insofern scheint allein der fehlende Antrag der französischen Behörden hinsichtlich der nordfranzösischen Gebiete Grund für die Teilverweisung gewesen zu sein. In „Carrefour/Promodes" wurden jeweils Teile des Falles an Frankreich und die Niederlande verwiesen und die restlichen Teile mit Auflagen in der ersten Phase genehmigt.[186] In „SEB/Moulinex" verwies die Kommission die Prüfung der Auswirkungen der Fusion auf den französischen Markt an die französische Behörde; für insgesamt 9 weitere EU-Länder genehmigte sie die Fusion unter der Auflage der Gewährung von Lizenzen der Marke Moulinex.[187] Eine Teilverweisung des restlichen Falles an 9 verschiedene Mitgliedstaaten hätte die Kommission selbst bei Vorliegen der Voraussetzungen sicherlich kaum für sinnvoll erachtet. Das Verfahren „Eurovia/Tarmac", in dem es unter anderem um Asphaltmix und hiermit im Zusammenhang stehende Produkte und Dienstleistungen ging, wurde an Frankreich und die Tschechische Republik verwiesen, aber der Deutschland betreffende Teil wurde von der Kommission untersucht, obwohl es dort lediglich um gebrochene Hartsteine in der Region um Dresden ging. Deutschland hatte keinen Verweisungsantrag gestellt.[188]

89 Schließlich genehmigte die Kommission in einigen Verfahren den nicht verwiesenen Teil des Zusammenschlusses nur nach umfassender Untersuchung gemäß Art. 8 Abs. 2.[189] In einigen dieser Fälle wäre eine Verweisung auch der restlichen Teils – wiederum abgesehen von einem fehlenden Antrag – daran gescheitert, dass der nicht verwiesene Teil keinen gesonderten Markt iSd Abs. 2 betraf. In „BP/E.ON" und „Shell/Dea" verwies die Kommission an das Bundeskartellamt, soweit Mineralölprodukte in Deutschland betroffen waren. In Bezug auf die Auswirkungen auf den Petrochemiesektor, wo der räumlich relevante Markt grenzüberschreitend war, führte sie die Untersuchung selbst.[190] In anderen Fällen spielte es möglicherweise eine Rolle, dass die ein oder andere nationale Behörde eines betroffenen Mitgliedstaates im Gegensatz zu der Behörde, an die der andere Teil des Falles verwiesen worden war, keine besondere Sachkenntnis auf dem relevanten Sektor vorweisen konnte. In „Haniel/Ytong" und „Haniel/Fels" verwies die Kommission den Fall jeweils an das Bundeskartellamt, soweit der deutsche Markt für Wandbaustoffe betroffen war. Hinsichtlich der Auswirkungen auf den Markt für Wandbaustoffe in den Niederlanden untersuchte die Kommission den Fall hingegen selbst. In ihren Teilverweisungsentscheidungen betonte die Kommission ausdrücklich die besonderen Sachkenntnisse des Bundeskartellamts in dem betroffenen Sektor.[191]

90 Im Übrigen betrafen in den Fällen, in denen auch in Bezug auf den nicht verwiesenen Teil Wettbewerbsbedenken bestanden, diese Wettbewerbsbedenken überwiegend Märkte in anderen Mitgliedstaaten, so dass bei einer Verweisung des restlichen Teils an deren Behörden das „One-Stop-Shop-Prinzip" ohnehin durchbrochen worden wäre.

91 In den Teilverweisungsentscheidungen „Triton/Corendon",[192] „Lidl/Plus Romania/Plus Bulgaria"[193] und „ProSiebenSat.1/RTL interactive/JV"[194] **gab die Kommission das Verfahren vollständig ab, verwies es aber jeweils an zwei Mitgliedstaaten.** In diesen Fällen beschränkten sich die Auswirkungen des geplanten Zusammenschlusses auf bestimmte, klar abgrenzbare Märkte

---

[184] Kom., M.5741 – CDC/Veolia Environnement/Transdev/Veolia Transport; s. auch Kom., M.5803 – Eurovia/Tarmac.
[185] Kom., M.1464, Rn. 64 – Total/Petrofina (II).
[186] Kom., M.1684 – Carrefour/Promodes.
[187] Kom., M.2621 – SEB/Moulinex.
[188] Kom., M.5803, Rn. 8 ff. – Eurovia/Tarmac.
[189] Kom., M.2621 – SEB/Moulinex; Kom., M.2568 – Haniel/Ytong; Kom., M.2495 – Haniel/Fels; Kom., M.2533 – BP/E.ON; Kom., M.2389 – Shell/DEA; Kom., M.1628 – Totalfina/Elf Aquitaine.
[190] Kom., M.2533 – BP/E.ON; Kom., M.2389 – Shell/DEA.
[191] Kom., M.2495, Rn. 25 f. – Haniel/Fels; Kom., M.2568 – Haniel/Ytong; Pressemitteilung IP/01/1709.
[192] Kom., M.9421 – Triton/Corendon.
[193] Kom., M.5790 – Lidl/Plus Romania/Plus Bulgaria.
[194] Kom., M.5881 – ProSiebenSat.1 Media/RTL Interactive/JV.

in unterschiedlichen Mitgliedsstaaten. So ging es in „Triton/Corendon" um nationale Märkte für Pauschalreisen, für deren Untersuchung nach Ansicht der Kommission die nationalen Wettbewerbsbehörden in Belgien und den Niederlanden am besten geeignet waren. In „Lidl/Plus Romania/Plus Bulgaria" verwies die Kommission den Fall an die Wettbewerbsbehörden von Rumänien und Bulgarien, weil mehrere lokale Märkte für den Einzelhandel mit Waren des täglichen Bedarfs innerhalb des bulgarischen und des rumänischen Territoriums von dem angemeldeten Zusammenschluss betroffen waren. In „ProSiebenSat.1/RTL interactive/JV" verwies die Kommission den Fall an die Wettbewerbsbehörden von Österreich und Deutschland, weil sowohl die österreichischen als auch die deutschen Märkte für Zuschaueranteile, Werbung und die Bereitstellung technischer Dienstleistungen betroffen waren. Die Kommission führte hier explizit aus, dass es sinnvoll sei, die Transaktion an zwei Mitgliedstaaten zu verweisen, da die Auswirkungen der geplanten Transaktion in Österreich und Deutschland klar trennbar seien.[195]

4. Entscheidungsfristen. a) Grundsatz. Die Fristen, die sich aus der FKVO ergeben, werden in Arbeitstagen der Kommission berechnet. Gem. Abs. 4 lit. a ergeht die Entscheidung der Kommission über die Verweisung oder Nichtverweisung nach Abs. 3 in der Regel innerhalb der in Art. 10 Abs. 1 UAbs. 2 genannten Frist von 35 Arbeitstagen, falls die Kommission das Verfahren nicht eingeleitet hat (Art. 6 Abs. 1 lit. b). Die Frist beginnt nach Art. 10 Abs. 1 UAbs. 2 iVm UAbs. 1 S. 2 mit dem Arbeitstag, der auf den Tag des Eingangs der Anmeldung folgt, oder, wenn die bei der Anmeldung zu erteilenden Auskünfte unvollständig sind, mit dem Arbeitstag, der auf den Tag der vollständigen Auskünfte folgt.[196] **92**

b) Ausnahme. Die Frist beträgt gem. Abs. 4 lit. b maximal 65 Arbeitstage nach der Anmeldung des Zusammenschlusses, wenn die Kommission das Verfahren nach Art. 6 Abs. 1 lit. c eingeleitet hat, aber keine vorbereitenden Schritte zum Erlass der nach Art. 8 Abs. 2, 3 und 4 erforderlichen Maßnahmen, die für eine Untersagung, Genehmigung unter Auflagen oder Entflechtung notwendig sind, unternommen hat. Die Frist beginnt am ersten Arbeitstag, der auf den Tag der **Wirksamkeit** der Anmeldung folgt[197] und endet mit Ablauf des letzten Arbeitstages dieser Frist.[198] Unter den **„vorbereitenden Schritten"** im Sinne dieses Artikels sind seit der Protokollerklärung der Kommission erste Maßnahmen zu verstehen, die binnen der verbleibenden Zeit des Hauptprüfungsverfahrens zu einer endgültigen Entscheidung führen sollen und die gewöhnlich die Form einer Mitteilung der Beschwerdepunkte gem. Art. 18 Abs. 1 annehmen.[199] Auch die Anhörung des Beratenden Ausschusses gem. Art. 19 Abs. 3 soll ausreichen.[200] Eine Verweisung zu einem so späten Zeitpunkt resultiert in erheblichen Verzögerungen und großen Ineffizienzen für alle Beteiligten; dementsprechend kam es auch erst in einem Fall zu einer (Teil-)Verweisung nach Einleitung des Hauptverfahrens.[201] **93**

c) Verweisungsfiktion nach Abs. 5. Gemäß Abs. 5 gilt die unwiderlegbare Vermutung, dass die Kommission den Fall nach Abs. 3 lit. b an den betreffenden Mitgliedstaat verwiesen hat, wenn sie unter den folgenden kumulativ verwirklichten Voraussetzungen untätig geblieben ist: **94**
– Die Kommission muss zunächst ein Verfahren gem. Art. 6 Abs. 1 lit. c eingeleitet haben.
– Sie hat allerdings weder eine Entscheidung über die Verweisung oder Nichtverweisung des Falles gem. Abs. 3 getroffen noch die in Abs. 4 lit. b vorgesehenen vorbereitenden Schritte unternommen.
– Der antragstellende Mitgliedstaat muss die Kommission an den Verweisungsantrag **erinnert** haben. Die Erinnerung ist eine an keine speziellen formellen Anforderungen geknüpfte Information an die Kommission, dass der Staat einen Antrag auf Verweisung gestellt hat. Sie kann jederzeit innerhalb der genannten Frist vorgenommen werden.[202]
– Schließlich muss die Frist von 65 Arbeitstagen fruchtlos verstrichen sein.

Hat ein Mitgliedstaat alles seinerseits Erforderliche für eine positive Verweisungsentscheidung getan und bleibt die Kommission dennoch untätig, so wird die Situation so behandelt, als hätte die **95**

---

[195] Kom., M.5881, Rn. 85 – ProSiebenSat.1 Media/RTL Interactive/JV.
[196] Abs. 4 lit. a iVm Art. 10 Abs. 1 UAbs. 2; Art. 7 DVO FKVO.
[197] Art. 7 iVm Art. 5 DVO FKVO.
[198] Art. 8 DVO FKVO.
[199] Ratsprotokoll WuW 1990, 240 (241).
[200] So Berg/Mäsch/Kellerbauer Rn. 14.
[201] Kom., M.1628, Rn. 7 – Totalfinal/Elf Aquitaine, s. hierzu Bunte/Pape Rn. 36.
[202] Am Versäumen der Erinnerung durch Österreich scheiterte die Verweisung im Fall Hutchison 3G Austria/Orange Austria; Kom., M.6497, Rn. 27 – Hutchinson 3G Austria/Orange Austria; Wiedemann KartellR-HdB/Wagemann § 17 Rn. 157.

Kommission dem Antrag entsprochen. Es handelt sich um eine **Verweisungsfiktion**.[203] Diese Verweisung kraft Gesetzes hat eine Schutzfunktion zugunsten der Mitgliedstaaten, denen keine Nachteile aus der Untätigkeit der Kommission erwachsen sollen. Schließlich hat die Kommission durch Einleitung eines eigenen Verfahrens gezeigt, dass sie das Vorhaben für wettbewerblich bedenklich hält. Bislang hat diese Regelung jedoch keine praktische Bedeutung erfahren, da die Kommission jeweils eine entsprechende Entscheidung bzw. vorbereitende Schritte (regelmäßig in Form der Mitteilung der Beschwerdepunkte) getroffen hat.

96 Abzugrenzen ist die Verweisungsfiktion nach Abs. 5 von der Regelung des **Art. 10 Abs. 6**. Hiernach gilt der Zusammenschluss unbeschadet des Art. 9 als für mit dem Gemeinsamen Markt vereinbar erklärt, wenn die Kommission innerhalb der in Abs. 1 bzw. Abs. 3 genannten Fristen keine Entscheidung nach Art. 6 Abs. 1 lit. b oder c oder nach Art. 8 Abs. 1, 2 oder 3 erlassen hat. Hierbei handelt sich um eine **Genehmigungsfiktion** (Art. 10 Abs. 6). Die Kommission verliert ihre Zuständigkeit zur Prüfung des Zusammenschlusses; unter Missachtung des Vollzugsverbots vollzogene Zusammenschlüsse werden gem. Art. 7 Abs. 4 ex tunc rechtswirksam. Die Fiktion gilt ausdrücklich **unbeschadet des Art. 9**, womit Art. 9 kraft Gesetzes der Vorrang eingeräumt wird. Die Zusammenschlüsse, die der Verweisung an die nationalen Behörden unterliegen und folglich anhand des nationalen Rechts bewertet werden, sollen nicht über die Fiktion aus Art. 10 Abs. 6 als mit dem Gemeinsamen Markt vereinbar gelten und mithin zu einer nationalen Entscheidung im Widerspruch stehen und diese überlagern. Die durch Verweisung begründete nationale Zuständigkeit soll gewährleistet werden. Der Geltungsvorrang des Art. 9 bezieht sich auf dessen Gesamtheit, umfasst also auch die Verweisungsfiktion des Abs. 5. Treffen also die unwiderlegliche Verweisungsvermutung nach Abs. 5 und die Fiktion der Vereinbarkeit mit dem Gemeinsamen Markt nach Art. 10 Abs. 6 aufeinander, so erlangt alleine Abs. 5 Geltung und der Zusammenschluss gilt als verwiesen.

97 **d) Sonderfälle. aa) Voraussetzungen des Abs. 5 ohne Verfahrenseinleitung nach Art. 6 Abs. 1 lit. c.** Problematisch ist die Behandlung des Falles, wenn die Voraussetzungen des Abs. 5 gegeben sind, ohne dass aber das Verfahren nach Art. 6 Abs. 1 lit. c durch die Kommission eingeleitet wurde, dh:
- Es liegt eine Erinnerung durch einen Mitgliedstaat vor.
- Die Kommission hat (innerhalb der Frist von 65 Arbeitstagen) keine Entscheidung gem. Abs. 3 über die Verweisung oder Nichtverweisung getroffen.
- Sie hat darüber hinaus (innerhalb der Frist von 65 Arbeitstagen) keine vorbereitenden Schritte nach Abs. 4 lit. b unternommen.

Aufgrund der Bezugnahme auf Abs. 4 lit. b muss an sich hinzukommen, dass das Verfahren nach Art. 6 Abs. 1 lit. c eingeleitet worden ist. Dieses hat die Kommission in dem gesetzlich nicht geregelten Fall jedoch unterlassen. In der Vergangenheit wurde diskutiert, ob in einem solchen Fall die Verweisungsfiktion nach Abs. 5 oder die Genehmigungsfiktion nach Art. 10 Abs. 6 anzuwenden ist.[204]

98 Gegen eine Anwendung des Abs. 5 in analoger Weise spricht jedoch, dass der Fall von der Vorschrift des Art. 10 Abs. 6 explizit erfasst wird. Mangels Regelungslücke scheint eine analoge Anwendung des Abs. 5 daher ausgeschlossen. Ist innerhalb der genannten Fristen keine Entscheidung nach Art. 6 Abs. 1 lit. b oder c bzw. nach Art. 8 Abs. 1–3 erlassen worden, so gilt der Zusammenschluss als mit dem Gemeinsamen Markt vereinbar. Im Sinne des „One-Stop-Shop-Prinzips" ist eine Beurteilung des Falles durch die nationalen Behörden ausgeschlossen. Der Geltungsvorrang gem. Art. 10 Abs. 6 umfasst zwar den gesamten Art. 9, erstreckt sich also grundsätzlich auch auf die Verweisungsfiktion. Er soll jedoch lediglich verhindern, dass **nach** einer erfolgten Verweisung die Genehmigungsfiktion Geltung erhält und den nationalen Behörden nachträglich die erlangten Rechte entzogen werden.[205]

99 **bb) Geltung des Abs. 5 trotz Genehmigungsentscheidung.** Darüber hinaus wird teilweise eine „automatische Verweisung" nach Abs. 5 befürwortet, wenn das Zusammenschlussvorhaben für mit dem Gemeinsamen Markt gem. Art. 6 Abs. 1 lit. b vereinbar erklärt wurde, die Kommission hingegen nicht über die Verweisung selbst entschieden hat, obwohl der betroffene Mitgliedstaat sein besonderes Interesse an einer Verweisung mittels einer Erinnerung bekundet hat.[206]

100 Die Voraussetzungen des Art. 6 und die des Art. 9 schließen sich nicht gegenseitig aus. Ein Zusammenschluss kann mit dem Gemeinsamen Markt vereinbar sein, aber den Wettbewerb auf einem mitgliedstaatlichen Markt beeinträchtigen. Das Interesse eines Mitgliedstaates geht in diesem

---

[203] NK-EuWettbR/Hirsbrunner Rn. 37.
[204] Kirchhoff BB-Beil. Heft 14/1990, 10; Koch EWS 1990, 65 (71).
[205] NK-EuWettbR/Hirsbrunner Rn. 38; Immenga/Mestmäcker/Körber Rn. 77.
[206] Kirchhoff BB-Beil. Heft 14/1990, 10; Koch EWS 1990, 65 (71).

Fall dahin, das Vorhaben anhand des nationalen Rechts zu prüfen. Es wird argumentiert, dass dem Mitgliedstaat, der eine Verweisung beantragt hat, aus der Untätigkeit der Kommission in Bezug auf die angeforderte Verweisungsentscheidung keine Nachteile entstehen sollen. Deshalb solle eine Verweisung durch analoge Anwendung des Abs. 5 fingiert werden.[207]

Diese Ansicht ist hingegen nicht mit dem expliziten Wortlaut des Abs. 5 iVm Abs. 4 lit. b zu vereinbaren. Dieser nimmt ausschließlich Bezug auf eine Verfahrenseinleitung gem. Art. 6 Abs. 1 lit. c. Der Fall einer positiven Genehmigungsentscheidung ist dagegen in Abs. 4 lit. a geregelt, der seinerseits nicht von der Verweisungsfiktion erfasst wird. Diese Unterscheidung basiert darauf, dass im letzteren Fall eine vollumfängliche Kontrolle des Zusammenschlusses, dh unter Berücksichtigung gemeinschaftlicher und auch mitgliedstaatlicher Interessen, samt einer abschließenden Vereinbarkeitsentscheidung durch die Kommission erfolgt ist. Würde man dagegen eine Verweisungsfiktion annehmen, käme es entgegen des „One-Stop-Shop-Prinzips" zu einer erneuten Beurteilung des Zusammenschlusses in den Mitgliedstaaten. In einer **stillschweigende Ablehnungsentscheidung** des Verweisungsantrages zu sehen.[208] Eine konkludente Zurückweisung des Antrages kann die Mitgliedstaaten jedoch bezüglich ihrer Rechtsschutzmöglichkeiten gem. Abs. 8 vor Probleme stellen. Sofern sie an der Entscheidungsfindung nicht ausreichend beteiligt wurden, sind ihnen die Ablehnungsgründe nicht bekannt, so dass sie auch keine Kenntnis im Hinblick auf die eventuell angreifbaren Gesichtspunkte der Entscheidung haben. Ob die Kommission das Recht besitzt, einen Verweisungsantrag konkludent abzulehnen, ist somit mit eine Frage der Entscheidungsform und wird dort näher erläutert (→ Rn. 110 f.).

cc) Verweisungsentscheidung nach Fristablauf gem. Abs. 4 lit. a. Ein Ausnahmefall war der Fall **McCormick/CPC/Rabobank/Ostmann**.[209] Aufgrund einer fehlerhaften Fristberechnung ging die Kommission davon aus, kein eigenes Hauptprüfungsverfahren nach Art. 6 Abs. 1 lit. c iVm Art. 10 Abs. 1 einleiten zu können. Sie befürchtete wegen des vermeintlichen Fristablaufs den Eintritt der Genehmigungsfiktion des Art. 10 Abs. 6. Da sie den Zusammenschluss als wettbewerbsgefährdend bewertete, entschloss sie sich, den Fall unter Berufung auf **Art. 10 Abs. 6 iVm Art. 9 Abs. 4 lit. a.** an die zuständige nationale Behörde (das deutsche BKartA) zu verweisen, um diese Folge zu verhindern und ihn zumindest einem nationalen Verfahren zuzuführen. Die Verweisung sollte wegen des ausdrücklichen Geltungsvorrangs gem. Art. 10 Abs. 6 („... unbeschadet des Art. 9 ...") der Genehmigungsfiktion vorgehen.

Unterstellt man mit der Kommission, dass die Fristen zur Einleitung eines Verfahrens nach Art. 6 Abs. 1 lit. c iVm Art. 10 Abs. 1 UAbs. 2 (bei Vorliegen eines Verweisungsantrages) abgelaufen waren, so wäre zugleich die Frist für eine Verweisung nach Abs. 4 lit. a verstrichen, die ebenfalls an die Art. 10 Abs. 1 UAbs. 2 ausgewiesene Frist anknüpft. Die Kommission hätte daher keine explizite Verweisung anordnen dürfen. Ihre Entscheidung stützte sie jedoch auf Abs. 4 lit. a, der davon spricht, dass **in der Regel** die Entscheidung über die Verweisung oder Nichtverweisung innerhalb der in Art. 10 Abs. 1 UAbs. 2 genannten Frist ergeht. Die Kommission ging davon aus, sie könne in Ausnahmefällen auch nach Fristablauf noch eine Verweisung erlassen. Als einen solchen Sonderfall sah sie den vorgenannten Fall an.

Eine solche Interpretation des Abs. 4 lit. a lässt sich mit dem Sinn und Zweck der Vorschrift nicht in Einklang bringen. Heißt es in Abs. 4 lit. a, **„in der Regel"** werde innerhalb der in Art. 10 Abs. 1 UAbs. 2 genannten Frist über die Verweisung entschieden, soll der Kommission hiermit kein Ermessen bezüglich der Entscheidungsfrist eingeräumt werden. Die Formulierung „in der Regel" nimmt nur Bezug auf Ausnahmen, die die Frist bzw. das Verfahren **kraft Gesetzes verlängern** können. Eine solche Abweichung ist in Abs. 4 lit. b geregelt, kann aber auch durch eine Hemmung der Fristen gem. Art. 10 Abs. 4 eintreten. Schließlich erfasst auch die Verweisungsfiktion nach Abs. 5 ausschließlich die Frist nach Abs. 4 lit. b, nicht aber auch diejenige nach Abs. 4 lit. a. Hätte es der Vorstellung des Gesetzgebers entsprochen, eine Verweisung auch nach Fristablauf iSd Abs. 4 lit. a zu ermöglichen, so hätte er die Fiktion nach Abs. 5 auf diesen Tatbestand erweitern können. Nach Ablauf der Frist gem. Abs. 4 lit. a iVm Art. 10 Abs. 1 UAbs. 2 tritt deshalb die Vereinbarkeitsfiktion des Art. 10 Abs. 6 ein. Die Kommission verliert ihre Zuständigkeit und kann die (ihr nicht mehr zustehenden) Kompetenzen nicht übertragen.[210]

Letztlich ist auch die Begründung der Kommission, der Geltungsvorrang der Verweisung nach Art. 10 Abs. 6 setze sich durch, fehlerhaft. Eine ausdrückliche Verweisung in Analogie zu Abs. 4 lit. a sollte eine Delegation der Kontrollrechte im vorliegenden Fall erst ermöglichen. Für die Kom-

---

[207] Seitz, One-stop shop und Subsidiarität, 2002, 125 Fn. 106.
[208] Immenga/Mestmäcker/Körber Rn. 77.
[209] Kom., M.330, insbes. Rn. 79 – McCormick/CPC/Rabobank/Ostmann.
[210] S. auch Hirsbrunner EWS 1998, 233 (238); Immenga/Mestmäcker/Körber Rn. 78 f.

mission würde dies lediglich die „Sanktion" nach sich ziehen, aufgrund eigens verschuldeter Fristverletzung kein eigenes Verfahren durchführen zu können. Zusätzliche Verweisungsrechte als die ausdrücklich geregelten will der Geltungsvorrang der Kommission aber nicht gewähren. Art. 10 Abs. 6 beschränkt sich vielmehr auf die Sicherung der übertragenen Rechte und beabsichtigt im Übrigen, die Unantastbarkeit des Zusammenschlusses im Interesse der Rechtssicherheit sicherzustellen.

106   **e) Fristhemmung.** Die Entscheidungsfristen von 35 bzw. 65 Arbeitstagen über die Verweisung bzw. Nichtverweisung nach Abs. 4 lit. a bzw. lit. b werden gem. Art. 10 Abs. 4 UAbs. 1 und UAbs. 2 gehemmt, wenn die Kommission durch Umstände, die von einem an dem Zusammenschluss beteiligten Unternehmen zu vertreten sind, eine Auskunft im Wege einer Entscheidung nach Art. 11 anfordern oder im Wege einer Entscheidung nach Art. 13 eine Nachprüfung anordnen musste.

107   Nach dem Wortlaut des Art. 9 Abs. 1 DVO FKVO („Die Fristen ... werden gehemmt ...") tritt die Fristhemmung automatisch ein, ohne dass eine weitere rechtsgestaltende Entscheidung der Kommission zu ergehen hat, in der sie rechtsverbindlich anordnet oder feststellt, dass die Voraussetzungen der Fristaussetzung gegeben sind. Bereits unter der „Vorgänger-DVO FKVO"[211] wurde in diesem Zusammenhang aber eine Information seitens der Kommission an die beteiligten Unternehmen angeraten, in der sie diese unterrichtet, dass sie eine Auskunfts- oder Nachprüfungsentscheidung erlassen hat und dementsprechend die Frist nicht nur für die Genehmigungsentscheidung, sondern auch im Hinblick auf eine Verweisung an einen Mitgliedstaat ausgesetzt ist.[212] Insbesondere im Falle des Art. 9 Abs. 1 lit. b DVO FKVO, bei dem die Auskunftsentscheidung an einen Dritten gerichtet und die Fristhemmung aufgrund einer entsprechenden Entscheidung angeordnet wird, scheint dies ratsam, damit auch die beteiligten Unternehmen hierüber Kenntnis erlangen.

108   **5. Kommissionsentscheidung. a) Form.** Bereits in ihrem Ratsprotokoll vom 19.12.1989[213] wies die Kommission darauf hin, dass sie in allen Fällen, in denen ein Zusammenschlussvorhaben ordnungsgemäß angemeldet worden ist, die in Abs. 3 vorgesehene **Entscheidung** über die Verweisung bzw. Nichtverweisung einer Fusion treffen wolle. Jeder betroffene Mitgliedstaat bzw. jedes betroffene Unternehmen kann die Kommission ersuchen, ihren Standpunkt zu dem Zusammenschluss im Hinblick auf eine Verweisung zu bestätigen.[214] Hierzu kann eine nicht vertrauliche Fassung der Verweisungsentscheidung bei der Kommission angefordert werden.[215]

109   Gem. **Abs. 1** kann die Kommission einen angemeldeten Zusammenschluss durch eine **ausdrückliche förmliche Entscheidung** verweisen. Von dieser Regelung ist nach dem Wortlaut zunächst lediglich die Stattgabe eines mitgliedstaatlichen Verweisungsantrages erfasst.[216] Im Falle der Fiktion nach Abs. 5 folgt die Verweisung aus der unwiderlegbaren gesetzlichen Vermutung. Eine Entscheidung über die (Nicht-)Verweisung erlässt die Kommission dann gerade nicht. Unterlässt der die Verweisung beantragende Mitgliedstaat die nach Abs. 5 erforderliche Erinnerung, ging die Kommission in der Vergangenheit von einer Rücknahme des Verweisungsantrags aus und erachtete eine Entscheidung über die Verweisung als entbehrlich.[217]

110   **Abs. 3 UAbs. 2** sieht eine **Entscheidung** auch für den Fall vor, dass nach Ansicht der Kommission ein „gesonderter Markt" bzw. eine „Gefahr iSd Art. 9" nicht gegeben ist und die Kommission den Fall daher selbst behandelt. Eine stillschweigende Abweisung des Antrages ist nach dem Wortlaut nicht vorgesehen, wurde jedoch unter Hinweis auf Abs. 4 lit. b und 5 als zulässig anerkannt.[218] Unter Beachtung der Anzahl der nunmehr 27 Mitgliedstaaten würde es einen erheblichen Arbeitsaufwand für die Kommission mit sich bringen, wenn sie jeden Verweisungsantrag förmlich ablehnen müsste, insbesondere wenn hinsichtlich eines einzigen Falles gleich mehrere (Teil-)Verweisungsanträge eingehen. Eine konkludente Abweisung ist daher sachgerecht.[219]

111   In der Praxis ist es in der Vergangenheit insbesondere in den ersten Jahren der Geltung der Fusionskontrollverordnung mehrfach zu **stillschweigenden Ablehnungen** gekommen.[220] In der

---

[211] DVO FKVO 447/98, ABl. 1998 L 61, 1.
[212] Hirsbrunner EuZW 1998, 613 (614).
[213] Ratsprotokoll WuW 1990, 240.
[214] Ratsprotokoll WuW 1990, 240 (242).
[215] EuG Urt. v. 3.4.2003 – T-119/02, Slg. 2003, II-1433 Rn. 391 = BeckRS 2003, 155798 – Royal Philips Electronics NV/Kommission.
[216] Kom., M.2389 – Shell/DEA; Kom., M.2533 – BP/E.ON; Seitz, One-stop shop und Subsidiarität, 2002, 129.
[217] Kom., M.8864, Rn. 12 – Vodafone/Liberty Global.
[218] NK-EuWettbR/Hirsbrunner Rn. 28, 31; Immenga/Mestmäcker/Körber Rn. 67.
[219] Kom., M.12, Rn. 9 – Varta/Bosch; Hirsbrunner EWS 1998, 233 (238).
[220] Kom., M.6497, Rn. 23 ff. – Hutchison 3G Austria/Orange Austria; Kom., M.2706, Rn. 8 f. – Carnival Corporation/P&O Princess; Kom., M.1920, Rn. 3 – Nabisco/United Biscuits; Kom., M.2434, Rn. 4 – Grupo Villar Mir/ENBW/Hidroelectrica del Cantabrico; Kom., M.1383, Rn. 2 – Exxon/Mobil; Kom.,

überwiegenden Zahl der Fälle lehnte die Kommission dagegen den Verweisungsantrag durch **ausdrückliche Entscheidung** ab.[221] Insbesondere in jüngerer Zeit ist es häufiger zu ausdrücklich begründeten ablehnenden Entscheidungen gekommen, was daran liegen mag, dass es viele Anträge auf Verweisung im Telekommunikationssektor gab, den die Kommission als besonders wichtig für die Weiterentwicklung des europäischen Binnenmarkts ansieht, obwohl die Märkte meist nicht mehr als das Territorium eines Mitgliedstaats umfassten. In einigen dieser Fälle waren die Ablehnungsentscheidungen länger als die Entscheidungen in der Hauptsache.

Aus dem Umkehrschluss aus Art. 20, der die erforderlichen **Veröffentlichungen** explizit regelt, ergibt sich mangels Nennung des Art. 9 nicht die Notwendigkeit bzw. die Pflicht für die Kommission, auch die Verweisungsentscheidungen im Amtsblatt der Europäischen Union zu veröffentlichen. In der Praxis ist entgegen den gesetzlichen Erfordernissen jedoch die Tendenz zur Veröffentlichung der ausdrücklich getroffenen Entscheidungen nach Abs. 3 auf der **Website der GD Wettbewerb** zu verzeichnen.[222] **112**

b) Begründung. Fraglich ist, ob Verweisungsentscheidungen der Kommission begründet werden müssen. Eine **Begründungspflicht** ergibt sich jedenfalls nicht explizit aus Art. 9. Allerdings könnte auf Art. 253 EG zurückgegriffen werden, welcher der Kommission hinsichtlich ihrer angenommenen Entscheidungen eine Begründungspflicht auferlegt. Die Pflicht zur Begründung von Einzelfallentscheidungen dient neben der Selbstkontrolle des handelnden Organs hauptsächlich dem Zweck, die gerichtliche Kontrolle zu erleichtern.[223] Der Betroffene soll so ausreichend unterrichtet werden, um erkennen zu können, ob die Entscheidung rechtmäßig ergangen oder eventuell mit einem Mangel behaftet ist, der ihre Anfechtung ermöglicht. Der Umfang der Begründung richtet sich dabei nach der Art des Rechtsaktes und den Umständen, unter denen er erlassen wird. Wurde beispielsweise der Betroffene in den Entscheidungsprozess einbezogen, so wird er bereits über die wesentlichen Aspekte unterrichtet sein; demzufolge bedarf es keiner umfänglichen Begründung mehr. Keine hohen Anforderungen sind ebenso zu stellen, wenn eine Entscheidung kurzfristig zu erlassen war.[224] Um der Begründungspflicht zu genügen, bedarf es einer hinreichenden und stichhaltigen Darlegung der rechtlichen und tatsächlichen Aspekte, die für die Feststellung berücksichtigt wurden.[225] Für die Verweisungsentscheidung nach Art. 9 ist es ausreichend, wenn die Kommission ihre vorgenommene Prüfung mitteilt.[226] **113**

Problematisch kann sich in diesem Zusammenhang die Praxis der Kommission darstellen, abzuweisende Verweisungsanträge durch stillschweigende Entscheidungen zu erledigen. Es sind zwei Konstellationen zu unterscheiden. Teils hat die Kommission die Tatsache der Antragstellung lediglich im formellen Teil der Entscheidung zur Hauptsache erwähnt, ohne deren Ablehnung jedoch zu begründen.[227] Sie kommt der Begründungspflicht gem. Art. 296 AEUV grundsätzlich damit nicht **114**

---

[221] M.993, Rn. 3 ff. – Bertelsmann/Kirch/Premiere; Kom., M.1027, Rn. 3 ff. – Deutsche Telekom/BetaResearch; Kom., M.580, Rn. 4 – ABB/Daimler-Benz; Kom., M.469, Rn. 4 – MSG Media Service; Kom., M.222 – Mannesmann/Hoesch; Kom., M.12 – Varta/Bosch. Kom., M.8665 – Discovery/Scripps; Kom., M.8257 – NN Group/Delta Lloyd; Kom., M.7978 – Vodafone/Liberty Global/Dutch JV; Kom., M.7612 – Hutchison 3G UK/Telefónica UK; Kom., M.7499 – Altice/PT Portugal; Kom., M.7421 – Orange/Jazztel; Kom., M.7000 – Liberty Global/Ziggo; Kom., M.7018 – Telefónica Deutschland/E-Plus; Kom., M.7009, Rn. 37 ff. – Holcim/Cemex West; Kom., M.5960, Rn. 17, 66 – Crédit Agricole/Cassa Di Risparmio della Spezia/Agences Intesa SanPaolo; Kom., M.5549, Rn. 258 ff. – EDF/Segebel; Kom., M.4721 – AIG Capital Partners/Bulgarian Telecommunications Company; Kom., M.2978 – Lagardère/Natexis/VUP; Kom., M.3178, Rn. 3 – Bertelsmann/Springer; Kom., M.1346, Rn. 7 – EDF/London Electricity; Kom., M.165, insbes. Rn. 19 – Alcatel/AEG Cable.

[222] Und so sind bislang auch die meisten Entscheidungen auf der Website zu finden. In letzter Zeit hat die Kommission ihre Entscheidung einen Verweisungsantrag abzulehnen meist auch in Form von Pressemitteilungen veröffentlicht.

[223] EuG Urt. v. 3.4.2003 – T-119/02, Slg. 2003, II-1433 Rn. 389 = BeckRS 2003, 155798 – Royal Philips Electronics NV/Kommission; EuG Urt. v. 30.9.2003 – T-346/02 Slg. 2003, II-4251 Rn. 225 = BeckRS 2003, 70494 – Cableuropa sa u.a./Kommission; s. hierzu auch FK-KartellR/Hellmann/Malz Rn. 36.

[224] EuGH Urt. v. 14.1.1981 – 819/79, Slg. 1981, 21 Rn. 15–21 = BeckRS 2004, 73778 – Deutschland/Kommission; EuGH Urt. v. 14.2.1990 – C-301/87, Slg. 1990, I-307 Rn. 32–36 = BeckRS 2004, 73079 – France/Kommission; EuG Urt. v. 11.12.1996 – T-49/95, Slg. 1996, II-1799 Rn. 51 f. – Van Megen Sports/Kommission.

[225] Lenz/Hetmeier, EU-Verträge Kommentar, AEUV Art. 296 Rn. 4, 6.

[226] EuG Urt. v. 3.4.2003 – T-119/02, Slg. 2003, II-1433 Rn. 395 f. = BeckRS 2003, 155798 – Royal Philips Electronics NV/Kommission; Kom., M.2389, Rn. 93 ff. – Shell/DEA Entscheidung gem. Art. 9; 20.12.2001, M.2533 – BP/E.ON.

[227] Kom., M.12 Präambel – Varta/Bosch; Kom., M.993, Rn. 3 – Bertelsmann/Kirch/Premiere; Kom., M.1027, Rn. 3 – Deutsche Telekom/Beta Research; Kom., M.469, Rn. 4 – MSG Media Service.

nach. Ein solcher Verstoß führt jedoch nicht ipso jure zur Nichtigkeit,[228] sondern lediglich zur Angreifbarkeit der ablehnenden Verweisungsentscheidung im Rahmen einer Nichtigkeitsklage nach Art. 263 AEUV.[229] In anderen Fällen hat die Kommission ihre stillschweigende Ablehnung des Verweisungsantrages im Rahmen der Entscheidung nach Art. 8 Abs. 1–3, Art. 6 Abs. 1 lit. b[230] bzw. in ihrer Pressemitteilung kurz begründet.[231]

115   c) **Unterrichtungspflicht.** Die Kommission hat gemäß Abs. 1 die beteiligten Unternehmen sowie die übrigen Mitgliedstaaten unverzüglich von ihrer Verweisungsentscheidung zu unterrichten. Die Information an die beteiligten Unternehmen geschieht dabei in der Regel in der Form eines Schreibens und die Information an die übrigen Mitgliedstaaten in der Form der Übersendung einer Kopie dieses Schreibens.[232] Diese Unterrichtungspflicht ist von derjenigen nach Abs. 2 zu unterscheiden, die sich lediglich mit der Information an die beteiligten Unternehmen befasst, dass ein Verweisungsantrag gestellt wurde. Es handelt sich somit um eine abgestufte Unterrichtungspflicht.

116   Die Unterrichtung durch die Kommission muss **unverzüglich** („without delay") nach ihrer Entscheidung erfolgen. In anderem Zusammenhang wird von „ohne unangemessene Verzögerung" („without undue delay") gesprochen, was „so zügig wie möglich" („as expeditiously as possible") bedeuten soll.[233] Diese Begriffe sind letztlich jedoch alle wenig konkret. Allgemein dürfte „unverzüglich" aber eine Zeitdimension von nicht mehr als drei Tagen umschreiben.

V. Verfahrensfortgang in dem Mitgliedstaat nach Verweisung

117   **1. Anwendbares Recht.** Kommt es zu einer (Teil-)Verweisung an die nationalen Behörden gem. Abs. 3 lit. b bzw. gem. Abs. 3 UAbs. 3, so findet das Wettbewerbsrecht der antragstellenden Mitgliedstaaten Anwendung.

118   Nach dem Gesetzeswortlaut unterliegt das weitere Verfahren vorbehaltlich der in Abs. 6 und Abs. 8 angeordneten Pflichten und Einschränkungen ausschließlich nationalem Wettbewerbsrecht. Das Gemeinschaftsrecht tritt zurück. Es wird von einer echten Subsidiarität des europäischen Rechts gesprochen.[234] Zudem hat die Kommission zu diesem Zeitpunkt keinerlei Weisungsbefugnis gegenüber den Mitgliedstaaten.[235]

119   **2. Neuanmeldung des Zusammenschlusses auf nationaler Ebene.** Ob im Falle einer Verweisung der Zusammenschluss auf nationaler Ebene erneut angemeldet werden muss, bestimmt sich letztlich nach nationalem Recht.

120   Mit der VO 139/2004 wurde in Abs. 6 UAbs. 3 eine explizite Regelung angesichts einer etwaigen Neuanmeldung des Vorhabens in den Mitgliedstaaten aufgenommen. Nach dieser Vorschrift beginnt die Frist von 45 Arbeitstagen für die Mitteilung der vorläufigen Ergebnisse der wettbewerbsrechtlichen Prüfung für die nationale Behörde (vgl. Abs. 6 UAbs. 2) an dem Arbeitstag, der auf den Eingang der vollständigen Anmeldung bei der zuständigen Behörde des betreffenden Mitgliedstaates folgt, sofern das einzelstaatliche Recht eine Anmeldung vorschreibt. Die FKVO erkennt damit ausdrücklich an, dass es eine Pflicht zur Neuanmeldung auf mitgliedstaatlicher Ebene geben kann. Ist eine solche jedoch nicht vorgesehen, ist die Anmeldung nach Art. 4 Abs. 1 auf Gemeinschaftsebene ausreichend.

121   Im deutschen Wettbewerbsrecht wurde hinsichtlich dieser Problematik beispielsweise (mit der GWB-Novelle vom 26.8.1998, BGBl. I 2546) die Sonderregelung des § 39 Abs. 4 GWB eingeführt. Diese Bestimmung sieht eine erneute Anmeldung dann als nicht erforderlich an, wenn die Kommission einen Zusammenschluss an das BKartA verwiesen hat und dem BKartA die nach § 39 Abs. 3 GWB erforderlichen Angaben in deutscher Sprache vorliegen, also insbesondere ein Formblatt CO in deutscher Sprache an das BKartA übermittelt wurde.[236] Ist dies nicht der Fall, hat das BKartA als zuständige Behörde gem. § 50 GWB die Befugnis, ergänzende Angaben oder Dokumente selbständig einzufordern.[237] Im Übrigen muss uU eine erneute Anmeldung erfolgen.

---

[228] EuGH Urt. v. 15.6.1994 – C-137/92 P, Slg. 1994, I-2555 Rn. 56–78 = BeckRS 2004, 74359 – BASF AG u.a./Kommission.
[229] von der Groeben/Schwarze/Hatje/Geismann AEUV Art. 296 Rn. 21.
[230] Kom., M.1153, Rn. 10 – Krauss-Maffei/Wegmann.
[231] Kom., M.2706 – Carnival Corporation/P & O Princess.
[232] Mitteilung „Verweisung Fusionssachen" Rn. 79; Kom., M.7009 – Holcim/Cemex West und Kom., M.7018 – Telefónica Deutschland/E-Plus.
[233] Mitteilung „Verweisung Fusionssachen" Rn. 81.
[234] Schmidhuber/Hitzler EuZW 1993, 8 ff.
[235] Immenga/Mestmäcker/Körber Rn. 80; Bunte/Pape Rn. 39.
[236] Bunte/Pape Rn. 40.
[237] Ausf. zu dieser Problematik s. Immenga/Mestmäcker/Thomas GWB § 39 Rn. 84 ff.

3. Informationspflichten der nationalen Behörde.
Nach Abs. 6 UAbs. 2 S. 1 hat die zuständige nationale Behörde des betreffenden Mitgliedstaates den beteiligten Unternehmen das Ergebnis einer vorläufigen wettbewerbsrechtlichen Prüfung sowie die gegebenenfalls von ihr beabsichtigten Maßnahmen innerhalb von 45 Arbeitstagen mitzuteilen. Die Frist beginnt grundsätzlich am ersten Arbeitstag, der auf den Eingang der Verweisungsentscheidung bei der Behörde folgt.[238] Sie kann in Ausnahmefällen seitens der Behörden gehemmt werden, wenn die beteiligten Unternehmen die nach dem jeweiligen anwendbaren Wettbewerbsrecht zu übermittelnden erforderlichen Angaben nicht gemacht haben (Abs. 6 UAbs. 2 S. 2). Schreibt das einzelstaatliche Recht hingegen eine Anmeldung vor, so beginnt die Frist mit dem Eingang der **vollständigen Anmeldung** bei der zuständigen Behörde (Abs. 6 UAbs. 3). Wie sich aus dem Wortlaut der FKVO ergibt, handelt es sich bei der Frist von 45 Arbeitstagen nicht um eine endgültige Entscheidungsfrist, da lediglich die ersten Erkenntnisse und Ergebnisse der Untersuchungen den beteiligten Unternehmen übermittelt werden sollen.[239]

Die Auferlegung einer Frist für die „Vorbeurteilung" eines Zusammenschlusses ist dennoch positiv zu bewerten, insbesondere unter Beachtung der Tatsache, dass verschiedene Mitgliedstaaten überhaupt kein Zeitlimit für das weitere Verfahren vorsehen. Die Frist ist gewahrt, sobald die zuständige Behörde die betroffenen Unternehmen vor Fristablauf unterrichtet.[240] Erklärtes Ziel dieser Unterrichtung liegt in der Versorgung der Unternehmen mit hinreichenden Informationen, die sie in die Lage versetzen, die wettbewerblichen Bedenken gegen das anhängige Zusammenschlussvorhaben nachzuvollziehen, ihr rechtliches Gehör wahrzunehmen, Zusagen und Bedingungen vorzuschlagen sowie den Umfang und die Dauer der Untersuchung abzuschätzen.[241] Die Nichteinhaltung der Frist zieht allerdings keine Rechtsfolgen nach sich.[242]

Andererseits kann der gesteckte Zeitrahmen von 45 Arbeitstagen in Diskrepanz zu den einzelstaatlichen Fristen auch Probleme aufwerfen. Zu keinen Unstimmigkeiten führen die Konstellationen, in denen die nationalen Behörden vor Ablauf der 45 Arbeitstage-Frist eine endgültige Entscheidung erlassen haben. Abs. 6 besagt lediglich, dass innerhalb der angegebenen Zeit eine Mitteilung vorläufiger Natur erfolgen muss. Kürzere nationale Fristen stehen dem nicht entgegen, sondern sind sogar begrüßenswert. Probleme schafft die Vorschrift aber in Situationen, in denen nationale Rechtsordnungen eine **Entscheidungsfiktion** bei Überschreitung der angegebenen Frist vorsehen, die kürzer bemessen ist als die Frist von 45 Arbeitstagen gem. Abs. 6 UAbs. 2.

Zwei Lösungsalternativen kommen an dieser Stelle in Betracht. Zum einen könnte die FKVO mittels der Regelung des Abs. 6 das innerstaatliche Recht derogieren. Das Resultat wäre in diesem Falle, dass die nationale Frist einschließlich der Entscheidungsfiktion nicht gilt, sondern die nationalen Behörden der Vorschrift des Abs. 6 zu entsprechen haben. Es würde sich dann jedoch die nächste Frage stellen, in welcher Form, insbesondere mit welchen Fristenregelungen, das weitere Legitimationsverfahren zu durchlaufen wäre. Zum anderen könnte vor dem Hintergrund des Verweisungszwecks, gerade das nationale Recht zur Anwendung zu bringen, ausschließlich dieses Beachtung finden. Die Folge wäre dann die Außerachtlassung der Frist von 45 Arbeitstagen, so dass die nationale Entscheidungsfiktion ausschließliche Geltung beansprucht. Angesichts der Tatsache, dass die Frist von 45 Arbeitstagen gerade eingeführt wurde, um eine Verzögerung der nationalen Verfahren zu vermeiden, nicht aber um diese künstlich zu verlängern, erscheint diese Lösung die einzig sinnvolle.

4. Entscheidung der nationalen Behörde. a) Entscheidungsfrist.
Eine endgültige Entscheidung fällt die zuständige Behörde des betreffenden Mitgliedstaates **ohne unangemessene Verzögerung** gem. Abs. 6 UAbs. 1. Die englische Fassung spricht von „without undue delay". Bei diesem Terminus handelt es sich um einen unbestimmten Rechtsbegriff, der einer inhaltlichen Ausgestaltung bedarf. Die Kommission interpretiert den Begriff in der Weise, dass eine Entscheidungsfindung der einzelstaatlichen Behörden „as expeditiously as possible" bzw. so schnell wie möglich zu treffen ist.[243] Eine Konkretisierung des Begriffs hat die Kommission hierdurch jedoch nicht erreicht; stattdessen hat sie einen unbestimmten Rechtsbegriff durch einen anderen ersetzt. Hintergrund dieser unbestimmten Regelung ist, dass die FKVO mit Rücksicht auf die innerstaatlichen Rechtsunterschiede keine einheitliche Frist für den Erlass endgültiger Entscheidungen der mitgliedstaatlichen Behörden vorschreiben kann.[244] Diese beurteilt sich nach nationalem Recht.

---

[238] Art. 7 DVO FKVO.
[239] FKVO Erwgr. 18; Immenga/Mestmäcker/Körber Rn. 83; NK-EuWettbR/Hirsbrunner Rn. 39.
[240] Art. 10 Abs. 3 DVO FKVO.
[241] Mitteilung „Verweisung Fusionssachen" Rn. 82.
[242] NK-EuWettbR/Hirsbrunner Rn. 39.
[243] Mitteilung „Verweisung Fusionssachen" Rn. 81.
[244] FKVO Erwgr. 18.

127 **b) Entscheidungsumfang.** Die Anwendung des nationalen Rechts steht weiterhin unter dem Vorbehalt des Abs. 8, nach dem der Mitgliedstaat im Falle der Verweisung nur solche Maßnahmen ergreifen darf, die zur Aufrechterhaltung oder Wiederherstellung wirksamen Wettbewerbs auf dem betreffenden (sachlichen und räumlichen) Markt unbedingt erforderlich sind. Die Maßnahmen dürfen ausschließlich auf dem gesonderten Markt angeordnet werden; für eine Verbesserung der Wettbewerbsbedingungen auf anderen Märkten ist wegen fehlender Kompetenz des aufgrund der Verweisung zuständig gewordenen Mitgliedstaates dagegen kein Raum.

128 Der Begriff **„unbedingt erforderlich"** ist nicht eindeutig bestimmbar. Teilweise wird er als Konkretisierung des Verhältnismäßigkeitsgrundsatzes verstanden.[245] Die Befugnisse der Mitgliedstaaten sollen sich auf das jeweils Notwendige beschränken. Sie sollen unter mehreren ihnen zustehenden Maßnahmen die jeweils mildesten Mittel wählen, die geeignet sind, das angestrebte Ziel zu erreichen. Bedeutsam ist auch, dass, wie vom EuG bestätigt, nationale Behörden nach einer Verweisung „... ihr nationales Recht nach Maßgabe des Gemeinschaftsrechts anzuwenden [haben...]".[246] Das bedeutet zB, dass nationale Behörden nach einer Verweisung ausschließlich wettbewerbsorientierte Gesichtspunkte berücksichtigen dürfen und sonstige Interessen auch dann außer Acht lassen müssen, wenn diese unter nationalem Recht einfließen müssten.

129 Im Hinblick auf das deutsche Wettbewerbsrecht wird Abs. 8 in Verweisungsfällen an das BKartA deshalb regelmäßig auch als **Ausschluss der Ministererlaubnis nach § 42 Abs. 1 GWB** verstanden.[247] Die Entscheidungskompetenz des BKartA im Falle der Verweisung soll allein auf die **Sicherung des Wettbewerbs auf dem betroffenen gesonderten Markt** beschränkt sein.[248] Bei einer Ministererlaubnis nach § 42 Abs. 1 GWB beurteilt der Minister das Vorhaben dagegen nicht nur bezüglich einer daraus resultierenden Wettbewerbsbeeinträchtigung auf dem konkret betroffenen sachlichen und räumlichen Markt, sondern berücksichtigt daneben auch, ob gesamtwirtschaftliche Vorteile des Zusammenschlusses mögliche Wettbewerbsbeschränkungen aufwiegen oder der Zusammenschluss durch ein überragendes Interesse der Allgemeinheit gerechtfertigt ist. Die Ministererlaubnis soll daher wegen der unterschiedlichen Beurteilungsbereiche normalerweise keine Maßnahme darstellen, die zur Aufrechterhaltung oder Wiederherstellung wirksamen Wettbewerbs iSd Abs. 8 unbedingt erforderlich ist.[249] Ebenso ausgeschlossen dürfte in den meisten Fällen auch die Anwendung der **Abwägungsklausel** gem. § 36 Abs. 1 S. 2 Nr. 1 GWB sein. Wettbewerbsaspekte, die sich auf anderen (sachlichen und räumlichen/benachbarten) Märkten als den „gesonderten Märkten" auswirken, sollen ja gerade nicht in die Beurteilung einfließen.[250] Eine Abwägung iSd § 36 Abs. 1 GWB kommt lediglich in Betracht, wenn eine Verbesserung der Wettbewerbsbedingungen auf dem Referenzmarkt selbst das Ziel ist.[251]

VI. Rechtsschutz

130 **1. Klagerecht der Mitgliedstaaten.** Zwecks Anwendung des innerstaatlichen Wettbewerbsrechts hat jeder Mitgliedstaat, dessen Verweisungsantrag abgewiesen wurde, gem. Abs. 9 nach Maßgabe der einschlägigen Vorschriften des Vertrages das Recht, beim Gerichtshof Klage zu erheben und insbesondere die Anwendung des Art. 279 AEUV (ex Art. 243 EG) zu beantragen. Der Verweis auf die einschlägigen Vorschriften des Vertrages bestätigt den lediglich deklaratorischen Charakter der Vorschrift, da nach Art. 263 AEUV (ex Art. 230 EG) dieses Recht ohnehin besteht und kein selbstständiges Klagerecht aufgrund der FKVO begründet wird. Entsprechendes gilt für die Beantragung einstweiliger Anordnungen nach Art. 279 AEUV (ex Art. 243 EG). Deshalb ist neben dem Mitgliedstaat, dessen Verweisungsantrag verworfen wurde, auch jeder weitere betroffene Staat sowie der Rat unter den entsprechenden Voraussetzungen zur Klage legitimiert. Bisher hat jedoch kein „dritter" Mitgliedstaat sein Klagerecht in Anspruch genommen.

131 Eine **Klagebefugnis** hinsichtlich der Verweisungsentscheidung wird den **Mitgliedstaaten** zugesprochen, nicht hingegen den zuständigen Wettbewerbsbehörden. Sie resultiert aus der Adressatenstellung der Staaten bezüglich des Antrages und damit auch der Entscheidung. Welche Behörde konkret auf nationaler Ebene tätig wird, unterfällt dagegen nationaler Regelung. Die Behörde nimmt lediglich als verlängerter Arm des Mitgliedstaates die Aufgaben wahr. Im Fall

---

[245] Kirchhoff BB-Beil. Heft 14/1990, 10.
[246] EuG Urt. v. 25.5.2005 – T-443/03, Slg. 2005, II-1803 Rn. 40 – Retecel u.a./Kommission.
[247] Bechtold/Bosch § 35 Rn. 18; LMRKM/Westermann Rn. 26; Immenga/Mestmäcker/Körber Rn. 86; Bunte/Pape Rn. 45.
[248] Bechtold/Bosch § 35 Rn. 18; Immenga/Mestmäcker/Körber Rn. 86; Bach WuW 1992, 571 (577).
[249] Immenga/Mestmäcker/Körber Rn. 86; Bach WuW 1992, 571 (577).
[250] Bechtold/Bosch § 35 Rn. 18; LMRKM/Westermann Rn. 26; aA Immenga/Mestmäcker/Thomas GWB § 39, 86.
[251] Immenga/Mestmäcker/Körber Rn. 86.

„Alcatel/AEG Kabel"[252] führte dies dazu, dass das BKartA die Klageschrift entworfen hatte, die Entscheidung zur Einreichung beim EuGH aber bei der Bundesregierung lag. Diese verzichtete aus politischen Gründen nach Interventionen durch die französische Regierung letztlich auf die Einleitung eines Verfahrens und hielt die Klageschrift zurück. Klagegegner ist die EU-Kommission als die für die Ausgangsentscheidung verantwortliche Verwaltungsbehörde. Sie ist bei einer Nichtigerklärung der angefochtenen Entscheidung verpflichtet, die sich aus dem Urteil ergebenden Maßnahmen zu ergreifen, dh über das Verweisungsbegehren nach Abs. 3 lit. a oder lit. b erneut zu entscheiden.

2. Klagerecht beteiligter Unternehmen und Dritter. Eine Klagebefugnis der **beteiligten** **132** **Unternehmen** oder **Dritter** gegen Entscheidungen der Kommission über die (Nicht-)Verweisung nach der FKVO ist in Abs. 9 nicht ausdrücklich vorgesehen. Das Gericht, welches im ersten Rechtszug nach Art. 256 AEUV (ex Art. 225 Abs. 2 EG) für die Klagen natürlicher und juristischer Personen zuständig ist,[253] bestätigte jedoch das Klagerecht unmittelbar und individuell Betroffener gegen eine Verweisungsentscheidung der Kommission im Fall „Royal Philips Electronics NV".[254] In der Entscheidung wandte sich ein Wettbewerber der am Zusammenschluss beteiligten Unternehmen gegen die Verweisungsentscheidung der Kommission an die nationalen Behörden Frankreichs. Die Klagebefugnis richtet sich **unmittelbar nach Art. 263 Abs. 4 AEUV (ex Art. 230 Abs. 4 EG)**.[255]

a) Tauglicher Klagegegenstand. Tauglicher Klagegegenstand sind nach Art. 263 Abs. 4 **133** AEUV nur **Entscheidungen** der Kommission. Erfasst werden alle Maßnahmen, die verbindliche und unmittelbare Rechtswirkungen erzeugen und die Interessen des Klägers durch einen Eingriff in seine Rechtsstellung beeinträchtigen. Es muss sich um eine das Verfahren abschließende, endgültige Maßnahme handeln.[256] Als solche Entscheidungen sind die (Nicht-)Verweisungsentscheidungen nach Abs. 3 anerkannt. Sie gehen über rein vorbereitende Maßnahmen in einem Verwaltungsverfahren hinaus, indem sie endgültig die Kontrollbefugnis einer Behörde begründen und zugleich die Rechtsordnung festlegen, anhand derer der fragliche Zusammenschluss kontrolliert wird.[257] Unerheblich ist dabei die Form, in der die Entscheidung ergeht.[258] Das Gericht erkannte auch die Erklärung des Pressesprechers der Kommission in der Rechtssache „Air France I"[259] als mit der Nichtigkeitsklage anfechtbar an, dass der Zusammenschluss zwischen British Airways und Dan Air keine gemeinschaftsweite Bedeutung habe und daher nicht der Anmeldepflicht nach Art. 4 Abs. 1 unterliege. Folglich ist es ohne Bedeutung, wenn eine Verweisung kraft Fiktion gem. Abs. 5 eintritt bzw. die Kommission die Ablehnung des Verweisungsantrages lediglich stillschweigend erlässt. Da auch dieses Verhalten Rechtsfolgen nach sich zieht, bleibt eine Anfechtung grundsätzlich möglich.[260]

b) Dritte. Die Verweisungsentscheidung ergeht nur gegenüber den Mitgliedstaaten. Dritte **134** können daher jedenfalls nicht aufgrund der Adressatenstellung Klage erheben. Die Klagebefugnis Dritter ist jedoch begründet, wenn sie gem. **Art. 263 AEUV** individuell und unmittelbar von der Entscheidung der Kommission betroffen werden.[261]

aa) Unmittelbare Betroffenheit. Unmittelbar betroffen sind Dritte, wenn sich die Entscheidung der Gemeinschaft direkt negativ auf ihre Rechts- und Interessenstellung auswirkt und **135** die Entscheidung unmittelbare Wirkung hat, die Durchsetzung sich also allein aus der Gemeinschaftsregelung ergibt, ohne dass weitere Vorschriften angewandt werden. Ein mitgliedstaatlicher Vollzug der Entscheidung bzw. ein Umsetzungsakt darf nicht mehr erforderlich sein. Ausreichend

---

[252] WuW 1992, 227; 1992, 292; Wagemann WuW 1992, 730.
[253] von der Groeben/Schwarze/Hatje/Dittert AEUV Art. 256 Rn. 8 ff.
[254] EuG Urt. v. 3.4.2003 – T-119/02, Slg. 2003, II-1433 Rn. 267–290 = BeckRS 2003, 155798 – Royal Philips Electronics NV.
[255] von der Groeben/Schwarze/Hatje/Gaitanides AEUV Art. 263 Rn. 73 ff.
[256] EuGH Urt. v. 11.11.1981 – 60/81, Slg. 1981, 2639 Rn. 9 = BeckRS 2004, 73415 – IBM/Kommission; EuGH Urt. v. 27.9.1988 – 114/86, Slg. 1988, 5289 Rn. 12 = BeckRS 2004, 71293 – Vereinigtes Königreich/Kommission; EuG Urt. v. 10.7.1990 – T-64/89, Slg. 1990, II-367 = LSK 1991, 480153 – Automec/Kommission.
[257] EuG Urt. v. 3.4.2003 – T-119/02, Slg. 2003, II-1433 Rn. 256, 282 = BeckRS 2003, 155798 – Royal Philips Electronics NV/Kommission.
[258] von der Groeben/Schwarze/Hatje/Gaitanides AEUV Art. 263 Rn. 19.
[259] EuG Urt. v. 24.3.1994 – T-3/93, Slg. 1994, II-121 Rn. 8, 33, 43, insbes. 51, 55–59 = BeckRS 1994, 123021 – Air France v. Commission.
[260] S. oben zu der Form der Verweisungsentscheidung → Rn. 108 ff.; Montag/Leibenath ZHR 164 (2000), 176 (177).
[261] von der Groeben/Schwarze/Hatje/Gaitanides AEUV Art. 263 Rn. 78.

ist auch, wenn das Ermessen des Mitgliedstaates derart reduziert ist, dass der Vollzug rein technisch erfolgt.[262]

136 Im Fall „Royal Philips Electronics NV/Kommission"[263] bezweifelte die Kommission die unmittelbare Betroffenheit dritter Personen bezüglich der Entscheidung nach Abs. 3. Es gehe allein um die Zuständigkeitsfrage und die anzuwendende Rechtsordnung. Eine Vorwegnahme der Legitimationsentscheidung fände dagegen nicht statt. Die Verweisung spiele sich daher nur im Verhältnis zwischen der Kommission und dem Mitgliedstaat ab. Da keine Stellungnahme von konkurrierenden Wettbewerbern für erforderlich gehalten werde, werde auch nach dem gesetzgeberischen Willen die Rechtsstellung Dritter nicht berührt. Diese werde ausschließlich durch die (Nicht-)Untersagungsentscheidung der nationalen Behörden tangiert. Gegen das Urteil stehe dem Dritten dann die Anfechtungsklage zu. Zwar berücksichtige die Kommission die Stellung eines Wettbewerbers als solche, wodurch der Dritte unmittelbar in die Prüfung einbezogen werde, seine Rechte würden aber lediglich durch die Genehmigungsentscheidung selbst berührt.

137 Das Gericht bestätigte, dass die **Wettbewerbsposition** dritter Personen allein durch die Legitimationsentscheidung, nicht aber durch die Verweisungsentscheidung unmittelbar berührt werde. Die unmittelbare Betroffenheit hänge jedoch vom Zweck der Maßnahme ab. Zweck der Verweisung sei die Zuständigkeitsbegründung der nationalen Behörden sowie die Anwendung des nationalen Rechts. Die Rechtsstellung Dritter ist daher nach Ansicht des Gerichts bei **positiven Verweisungsentscheidungen** in dreierlei Hinsicht eingeschränkt:[264]

– Ihnen wird die Möglichkeit genommen, die Rechtmäßigkeit des Zusammenschlusses abschließend **durch die Kommission** anhand der **FKVO** überprüfen zu lassen, dh im Hinblick auf den **Gemeinsamen Markt**.
– Ihnen werden zugleich nach der FKVO zustehende Verfahrensrechte in einem Hauptprüfungsverfahren (Art. 6 Abs. 1 lit. c) iSv Art. 18 Abs. 4 vorenthalten.
– Letztlich werden ihnen die Rechtsschutzmöglichkeiten, die ihnen nach dem AEUV (Art. 263, 279 AEUV) gegen Gemeinschaftsakte zustehen, nicht gewährt.[265]

Auch im Fall „Cableuropa SA ua/Kommission" hat das Gericht bestätigt, dass „jede Entscheidung, die die für die Prüfung eines Zusammenschlusses geltende Rechtsordnung ändert, nicht nur die Rechtsstellung der an dem Zusammenschluss Beteiligten berühren [kann]... sondern auch die von Dritten."[266]

Für Klagen gegen die Ablehnung eines Verweisungsantrags fehlt es Dritten jedoch regelmäßig an der erforderlichen Klagebefugnis, da die Entscheidung gerade keine Änderung der ursprünglichen Zuständigkeitsverteilung herbeiführt.[267]

138 Die Verweisungsentscheidung hat unmittelbare Wirkung, da keine weiteren Vollzugsmaßnahmen ergriffen werden müssen. Der Mitgliedstaat muss den Fall unmittelbar nach innerstaatlichem Recht prüfen. Der Dritte kann die Entscheidung der nationalen Behörde zwar angreifen, ihm muss jedoch auch die Alternative bleiben, die Entscheidung eines Gemeinschaftsorgans nach Art. 263 AEUV direkt vor dem Gemeinschaftsrichter klären zu lassen. Ein bestehender Rechtsschutz auf nationaler Ebene ersetzt nicht den Rechtsschutz auf Gemeinschaftsebene.[268]

139 **bb) Individuelle Betroffenheit.** Nicht-Adressaten einer Entscheidung sind nach Art. 263 AEUV **individuell betroffen,** wenn die Entscheidung sie wegen bestimmter persönlicher Eigenschaften oder wegen besonderer, sie aus dem Kreis aller übrigen Personen heraushebender, Umstände berührt und sie dadurch in ähnlicher Weise individualisiert wie den Adressaten.[269] Die Tatsache,

---

[262] Art. 230 EG; EuGH Urt. v. 5.5.1998 – C-386/96 P, Slg. 1998, I-2309 Rn. 43 = BeckRS 2004, 76933 – Dreyfus/Kommission; EuG Urt. v. 22.11.2001 – T-9/98, Slg. 2001, II-3367 Rn. 47 = BeckRS 2001, 70530 – Mitteldeutsche Erdöl-Raffinerie GmbH/Kommission.
[263] EuG Urt. v. 3.4.2003 – T-119/02, Slg. 2003, II-1433 Rn. 257–260 = BeckRS 2003, 155798 – Royal Philips Electronics NV/Kommission.
[264] Sa FK-KartellR/Hellmann/Malz Rn. 60.
[265] EuG Urt. v. 12.10.2011 – T-224/10, Slg. 2011, II-7183 Rn. 74–85 = BeckRS 2011, 81487 – Association belge des Consommateurs test-achats ASBL/Kommission; EuG Urt. v. 3.4.2003 – T-119/02, Slg. 2003, II-1433 Rn. 281–286 = BeckRS 2003, 155798 – Royal Philips Electronics NV/Kommission; EuG Urt. v. 24.3.1994 – T-3/93, Slg. 1994, II-121 Rn. 69 = BeckRS 1994, 123021 – Air France/Kommission; Hirsbrunner EWS 1998, 233 (238).
[266] EuG Urt. v. 30.9.2003 – verbundene Rechtssachen T-346/02 und T-347/02 Rn. 61 = BeckRS 2003, 70494 – Cableuropa u.a./Kommission.
[267] EuG Urt. v. 12.10.2011 – T-224/10 Rn. 74–85 = BeckRS 2011, 81487 – Association belge des Consommateurs test-achats ASBL/Kommission; Immenga/Mestmäcker/Körber Rn. 88.
[268] Domínguez Pérez/Burnley ECLRev. 2003, 364 (372).
[269] Art. 230 EG; EuGH Urt. v. 15.7.1963 – 25/62, Slg. 1963, 213 (238) = NJW 1963, 2246 – Plaumann; EuGH Urt. v. 25.7.2002 – C-50/00 P, Slg. 2002, I-6677 Rn. 36 = EuZW 2002, 529 – Union de Pequenos

Wettbewerber des Adressaten zu sein, ist nicht ausreichend. Erforderlich sind zusätzliche besondere Umstände.[270] Die individuelle Betroffenheit wird zB dann nicht bestritten, wenn es sich bei dem Dritten um den stärksten Wettbewerber der am Zusammenschluss beteiligten Unternehmen handelt und dessen Marktstellung unmittelbar in die Bewertung der Zulässigkeit eingeflossen ist, dieser also materiell beschwert ist.[271]

c) Beteiligte Unternehmen. Die Klagebefugnis der **beteiligten Unternehmen** richtet sich mangels Adressatenstellung hinsichtlich der Verweisungsentscheidung ebenfalls unmittelbar nach Art. 263 AEUV. Erforderlich ist also die unmittelbare und individuelle Betroffenheit (→ Rn. 135 ff.). Als „beteiligte Unternehmen" werden die direkten Teilnehmer an einer Fusion oder einem Kontrollerwerb verstanden, also die Unternehmen, welche Teil der wirtschaftlichen Struktur der neuen wirtschaftlichen Einheit werden sollen.[272] **140**

Eine Verweisung ist – theoretisch – nicht geeignet, die Entscheidung der nationalen Behörde zur Hauptsache zu präjudizieren, da sie primär organisatorischen Charakter hat. Die Klagebefugnis der **beteiligten Unternehmen** wird nach einer **positiven Verweisungsentscheidung** aber damit begründet, dass sie bezüglich ihrer Rechtswirkungen vergleichbar mit einer nach Art. 6 Abs. 1 lit. a ergangenen und an sich durch die Unternehmen anfechtbaren Entscheidung über die Nichtanwendbarkeit der FKVO ist.[273] Nachteilige Auswirkungen können dahingehend zu verzeichnen sein, dass eine erneute Anmeldung auf nationaler Ebene verlangt wird.[274] Die **Ablehnung des Antrages** nach Abs. 2 scheint dagegen keine Nachteile für die beteiligten Unternehmen nach sich zu ziehen. In solchen Fällen wird eine Klagebefugnis der beteiligten Unternehmen daher regelmäßig abgelehnt.[275] **141**

Art. 10 Fristen für die Einleitung des Verfahrens und für Entscheidungen

(1) [1]Unbeschadet von Artikel 6 Absatz 4 ergehen die Entscheidungen nach Artikel 6 Absatz 1 innerhalb von höchstens 25 Arbeitstagen. [2]Die Frist beginnt mit dem Arbeitstag, der auf den Tag des Eingangs der Anmeldung folgt, oder, wenn die bei der Anmeldung zu erteilenden Auskünfte unvollständig sind, mit dem Arbeitstag, der auf den Tag des Eingangs der vollständigen Auskünfte folgt.

Diese Frist beträgt 35 Arbeitstage, wenn der Kommission ein Antrag eines Mitgliedstaats gemäß Artikel 9 Absatz 2 zugeht oder wenn die beteiligten Unternehmen gemäß Artikel 6 Absatz 2 anbieten, Verpflichtungen einzugehen, um den Zusammenschluss in einer mit dem Gemeinsamen Markt zu vereinbarenden Weise zu gestalten.

(2) Entscheidungen nach Artikel 8 Absatz 1 oder 2 über angemeldete Zusammenschlüsse sind zu erlassen, sobald offenkundig ist, dass die ernsthaften Bedenken im Sinne des Artikels 6 Absatz 1 Buchstabe c) – insbesondere durch von den beteiligten Unternehmen vorgenommene Änderungen – ausgeräumt sind, spätestens jedoch vor Ablauf der nach Absatz 3 festgesetzten Frist.

(3) [1]Unbeschadet des Artikels 8 Absatz 7 müssen die in Artikel 8 Absätze 1 bis 3 bezeichneten Entscheidungen über angemeldete Zusammenschlüsse innerhalb einer Frist von höchstens 90 Arbeitstagen nach der Einleitung des Verfahrens erlassen werden. [2]Diese Frist erhöht sich auf 105 Arbeitstage, wenn die beteiligten Unternehmen gemäß Artikel 8 Absatz 2 Unterabsatz 2 anbieten, Verpflichtungen einzugehen, um den Zusammenschluss in einer mit dem Gemeinsamen Markt zu vereinbarenden Weise zu gestalten, es sei denn, dieses Angebot wurde weniger als 55 Arbeitstage nach Einleitung des Verfahrens unterbreitet.

[1]Die Fristen gemäß Unterabsatz 1 werden ebenfalls verlängert, wenn die Anmelder dies spätestens 15 Arbeitstage nach Einleitung des Verfahrens gemäß Artikel 6 Absatz 1

Agricultores/Rat; EuG Urt. v. 3.4.2003 – T-119/02, Slg. 2003, II-1433 Rn. 291 = BeckRS 2003, 155798 – Royal Philips Electronics NV/Kommission.
[270] EuGH Urt. v. 10.12.1969 – 10/68, 18/68, Slg. 1969, 459 Rn. 7 = BeckRS 2004, 70585 – Eridania; Domínguez Pérez/Burnley ECLRev. 2003, 364 (372).
[271] Montag/Leibenath ZHR 164 (2000), 176 (182).
[272] Mitteilung „Beteiligte Unternehmen", ABl. 1998 C 66, 14; Wiedemann KartellR-HdB/Wiedemann § 15 Rn. 70.
[273] González Díaz World Competition 2004, 177 (184); NK-EuWettbR/Hirsbrunner Rn. 46.
[274] LMRKM/Westermann Rn. 29.
[275] Hirsbrunner EWS 1998, 233 (238); anders dürfte es jedoch sein wenn die beteiligten Unternehmen einen eigenen Verweisungsantrag nach Art. 4 Abs. 4 gestellt haben und dieser nicht zum Erfolg führt; sie sind dann unmittelbar Adressaten der Entscheidung und daher auch zur Klage legitimiert.

Buchstabe c) beantragen. ²Die Anmelder dürfen eine solche Fristverlängerung nur einmal beantragen. ³Ebenso kann die Kommission die Fristen gemäß Unterabsatz 1 jederzeit nach Einleitung des Verfahrens mit Zustimmung der Anmelder verlängern. ⁴Die Gesamtdauer aller etwaigen Fristverlängerungen nach diesem Unterabsatz darf 20 Arbeitstage nicht übersteigen.

(4) Die in den Absätzen 1 und 3 genannten Fristen werden ausnahmsweise gehemmt, wenn die Kommission durch Umstände, die von einem an dem Zusammenschluss beteiligten Unternehmen zu vertreten sind, eine Auskunft im Wege einer Entscheidung nach Artikel 11 anfordern oder im Wege einer Entscheidung nach Artikel 13 eine Nachprüfung anordnen musste.

Unterabsatz 1 findet auch auf die Frist gemäß Artikel 9 Absatz 4 Buchstabe b) Anwendung.

(5) Wird eine Entscheidung der Kommission, die einer in diesem Artikel festgesetzten Frist unterliegt, durch Urteil des Gerichtshofs ganz oder teilweise für nichtig erklärt, so wird der Zusammenschluss erneut von der Kommission geprüft; die Prüfung wird mit einer Entscheidung nach Artikel 6 Absatz 1 abgeschlossen.

Der Zusammenschluss wird unter Berücksichtigung der aktuellen Marktverhältnisse erneut geprüft.

¹Ist die ursprüngliche Anmeldung nicht mehr vollständig, weil sich die Marktverhältnisse oder die in der Anmeldung enthaltenen Angaben geändert haben, so legen die Anmelder unverzüglich eine neue Anmeldung vor oder ergänzen ihre ursprüngliche Anmeldung. ²Sind keine Änderungen eingetreten, so bestätigen die Anmelder dies unverzüglich.

Die in Absatz 1 festgelegten Fristen beginnen mit dem Arbeitstag, der auf den Tag des Eingangs der vollständigen neuen Anmeldung, der Anmeldungsergänzung oder der Bestätigung im Sinne von Unterabsatz 3 folgt.

Die Unterabsätze 2 und 3 finden auch in den in Artikel 6 Absatz 4 und Artikel 8 Absatz 7 bezeichneten Fällen Anwendung.

(6) Hat die Kommission innerhalb der in Absatz 1 beziehungsweise Absatz 3 genannten Fristen keine Entscheidung nach Artikel 6 Absatz 1 Buchstabe b) oder c) oder nach Artikel 8 Absätze 1, 2 oder 3 erlassen, so gilt der Zusammenschluss unbeschadet des Artikels 9 als für mit dem Gemeinsamen Markt vereinbar erklärt.

Übersicht

		Rn.			Rn.
I.	**Allgemeines**	1	1.	Überblick	14
1.	Überblick	1	2.	Tatsachengrundlage für Neubescheidung	15
2.	Grundprinzipien und Zielsetzungen des Fristenregimes	6	3.	Verfahrensbeginn	16
II.	**Vorprüfung (Abs. 1)**	7	V.	**Verfahren bei Wiederaufnahme**	17
III.	**Hauptprüfung (Abs. 2 und 3)**	9	VI.	**Fristberechnung**	18
1.	Regelfrist und Beschleunigungsgrundsatz	9	1.	Fristbeginn	19
2.	Fristverlängerung	11	2.	Fristende und Fristwahrung	21
	a) Angebot von Verpflichtungszusagen	11	3.	Fristhemmung und „Anhalten der Uhr"	24
	b) Fristverlängerung in komplexen Fällen	12		a) Voraussetzungen	25
IV.	**Verfahren bei Nichtigkeitsurteil (Abs. 5)**	14		b) Beginn und Dauer der Hemmung	29
			VII.	**Genehmigungsfiktion (Abs. 6)**	30

I. Allgemeines

1. Überblick. Die Prüfung von Zusammenschlüssen erfolgt in **zwei Phasen**, der sog. ersten oder Vorprüf(ungs)phase und der zweiten oder Hauptprüf(ungs)phase. Die erste Phase, in der die meisten Fälle entschieden werden, ist als Vorverfahren ausgestaltet, in dem keine Untersagung erfolgen kann. Die zweite Phase wird in der FKVO zumeist (etwas missverständlich) schlicht als „das Verfahren" bezeichnet. Dies gilt etwa für Art. 6 Abs. 1, aber auch für Art. 10. Wenn dort von „Einleitung des Verfahrens" die Rede ist, ist die Entscheidung zur Einleitung der zweiten Phase nach Art. 6 Abs. 1 lit. c gemeint. Nicht in der FKVO geregelt ist die sog. Pränotifizierungsphase, dh die informellen Gespräche zwischen den beteiligten Unternehmen und der Kommission vor der förmlichen Anmeldung des Zusammenschlusses und dem damit erfolgenden Beginn der ersten Phase. Dementsprechend enthalten auch weder die DVO FKVO noch die DVO FKVO Regelungen zu Verfahren und Fristen der Pränotifizierungsphase. Soweit in der Mitteilung „Merger Best Practices" geregelt ist, dass Pränotifizierungsgespräche mindestens zwei Wochen vor der Anmeldung beginnen sollten,[1] entspricht dies nicht der tatsächlichen Praxis. Danach erfordern die Pränotifizierung und die darin erfolgende Abstimmung der Anmeldung zwischen Anmelder und Kommission regelmäßig einige Wochen, in komplexen Fällen regelmäßig mehrere Monate.[2] Im Hinblick auf die Einzelheiten des Pränotifizierungsverfahrens wird auf die ausführlichen Kommentierungen in der Einleitung zur FKVO (→ Kapitel 8 Rn. 162 ff.) verwiesen.

Die **Entscheidungen nach Art. 6 Abs. 1,** mit denen die erste Phase abgeschlossen wird, haben eine wichtige **Zäsurwirkung** bei der Prüfung von Zusammenschlüssen. Die Kommission muss am Ende der ersten Phase entscheiden, ob sie ernsthafte Bedenken hinsichtlich der Vereinbarkeit des angemeldeten Zusammenschlussvorhabens mit dem Gemeinsamen Markt hat. Ist dies nicht der Fall, schließt sie das Verfahren bereits in der ersten Phase – gegebenenfalls unter Bedingungen und Auflagen – mit einer Freigabeentscheidung ab (Art. 6 Abs. 1 lit. b und 6 Abs. 2). Hält die Kommission die FKVO nicht für anwendbar, stellt sie dies ebenfalls in der ersten Phase fest und beendet das Verfahren mit einer entsprechenden Feststellungsentscheidung (Art. 6 Abs. 1 lit. a). Art. 10 Abs. 1 regelt die Fristen für diese erste Phase. Die Vorprüfungsphase beginnt mit der Anmeldung nach Art. 4 und dauert grundsätzlich 25 Arbeitstage. Sie verlängert sich um weitere zehn Arbeitstage, wenn ein Mitgliedstaat einen Verweisungsantrag nach Art. 9 Abs. 2 stellt oder wenn die beteiligten Unternehmen Verpflichtungszusagen nach Art. 6 Abs. 2 anbieten. Verstreichen diese Fristen, gilt das Zusammenschlussvorhaben nach der in Art. 10 Abs. 6 enthaltenen Genehmigungsfiktion als freigegeben. 2

Die **Fristen für die zweite Phase** sind in Art. 10 Abs. 2 und 3 geregelt. Die Kommission muss die zweite Phase möglichst bald (Art. 10 Abs. 2), in der Regel aber jedenfalls spätestens innerhalb von 90 Arbeitstagen nach ihrer Einleitung – also nach der Entscheidung nach Art. 6 Abs. 1 lit. c – mit einer Entscheidung über die Freigabe oder Untersagung des Vorhabens nach Art. 8 Abs. 1–3 abschließen (Art. 10 Abs. 3). Die zweite Phase verlängert sich automatisch um 15 Arbeitstage, wenn die beteiligten Unternehmen in diesem Verfahrensabschnitt (gegebenenfalls erneut) Verpflichtungszusagen anbieten. In komplexen Fällen kann die zweite Phase darüber hinaus um maximal 20 weitere Arbeitstage verlängert werden. Damit kann die zweite Phase insgesamt bis zu 125 Arbeitstage dauern; die Gesamtverfahrensdauer von dem Zeitpunkt der Anmeldung bis zum Abschluss der zweiten Phase kann demnach bis zu 160 Arbeitstage (dh rund acht bis neun Monate) betragen. Auch für diese Fristen gilt die Genehmigungsfiktion in Art. 10 Abs. 6. Verstreichen sie, ohne dass die Kommission das Vorhaben untersagt oder freigibt, gilt es nach Art. 10 Abs. 6 als freigegeben. Tatsächlich kommt es in komplexen Verfahren oft zu einer wesentlich längeren Verfahrensdauer, als dies nach den regulären Fristen für die zweite Phase der Fall wäre. Hierzu nutzt die Kommission im Einvernehmen mit den Unternehmen das sogenannte „Anhalten der Uhr" im Wege von förmlichen Auskunftsentscheidungen (→ Rn. 24 ff.). Zusammen mit der in komplexen Fällen häufig ebenfalls bereits sehr langen Pränotifizierungsphase kann sich so eine Verfahrenslaufzeit von bis zu zwei Jahren ergeben. Die durchschnittliche Verfahrensdauer von Phase 2-Verfahren betrug im Jahr 2021 16 Monate (einschließlich Pränotifizierung).[3] 3

Art. 10 Abs. 5 regelt ferner Grundzüge des Verfahrens für die **wiederholte Prüfung eines Zusammenschlusses,** wenn der Gerichtshof eine auf der Grundlage der FKVO ergangene Entscheidung der Kommission ganz oder teilweise für nichtig erklärt hat, wenn die Kommission eine Entscheidung widerrufen hat, oder wenn die Kommission in die Prüfung erneut eintritt, weil ein Zusammenschluss unter Verstoß gegen eine Bedingung vollzogen wurde. 4

Die **Einzelheiten der Fristberechnung** sind in Art. 7–10 und Art. 21–24 DVO FKVO geregelt. Ergänzend gilt zudem die VO (EWG) 1182/71 des Rates vom 3.6.1971 zur Festlegung der Regeln für die Fristen, Daten und Termine.[4] 5

2. Grundprinzipien und Zielsetzungen des Fristregimes. Die Bindung der Kommission an verhältnismäßig kurze Fristen soll dazu beitragen, dass eine Entscheidung über einen angemeldeten Zusammenschluss schnellstmöglich herbeigeführt wird. In Art. 10 kommt damit der das 6

---

[1] Mitteilung „Merger Best Practices" Rn. 10.
[2] Zur Dauer liegen keine aktuellen Statistiken der Kommission vor. Für das Jahr 2021 wird in einer Studie von einer durchschnittlichen Dauer der Pränotifizierungsphase von 7 Monaten für Phase 1-Fälle und 8 Monaten für Phase 2-Entscheidungen ausgegangen, vgl. Linklaters LLP, Three trends impacting deal review in the EU, Deal reviews take longer.
[3] Vgl. Linklaters LLP, dort im Internet abrufbar.
[4] VO 1182/71, ABl. 1971 L 124, 1.

gesamte Verfahrensrecht der FKVO durchziehende – und für die zweite Phase in Art. 10 Abs. 2 auch ausdrücklich normierte – **Beschleunigungsgrundsatz**[5] zum Ausdruck, der Voraussetzung einer funktionierenden und zumutbaren Präventivkontrolle von Zusammenschlüssen ist. Die gesetzlichen, auch durch Vereinbarung zwischen den beteiligten Unternehmen und der Kommission nicht abdingbaren Ausschlussfristen[6] (zur Fristhemmung → Rn. 24), gewährleisten, dass die beteiligten Unternehmen in überschaubarer Zeit Rechtssicherheit erlangen und stellen damit sicher, dass die wirtschaftlichen Nachteile aus der Verzögerung des Vollzugs des angemeldeten Vorhabens begrenzt bleiben.[7] Der Beschleunigungsgrundsatz kann allerdings im **Widerspruch zu anderen Verfahrensgrundsätzen** der FKVO stehen. Insbesondere kann es erforderlich sein, den Umfang der Gewährung des rechtlichen Gehörs und der Akteneinsicht – vor allem gegenüber Dritten, aber auch gegenüber den beteiligten Unternehmen – mit dem Beschleunigungsgebot und den aus ihm entwickelten Fristen des Art. 10 in Einklang zu bringen.[8] Das Beschleunigungsgebot rechtfertigt insbesondere keine Einschränkung der Verteidigungsrechte der betroffenen Unternehmen.[9] Auch bei der Sachverhaltsaufklärung – etwa durch Auskunftsverlangen nach Art. 11 – kann das Beschleunigungsgebot mit dem Ziel einer wirksamen Kontrolle der Vereinbarkeit von Zusammenschlüssen mit dem Gemeinsamen Markt in einem Spannungsverhältnis stehen.[10] Die kurzen Fristen stellen zudem sicher, dass die Anmeldungen grundsätzlich in der Reihenfolge ihres Eingangs bearbeitet werden; dies trägt zur **Gleichbehandlung** der Unternehmen in der Fusionskontrolle bei und verhindert, dass die Kommission (in erheblichem Umfang) Prioritäten bei der Bearbeitung von Zusammenschlüssen setzen kann.[11] Schließlich sind das Beschleunigungsgebot und die kurzen Verfahrensfristen bei der Bestimmung der Anforderungen an die Begründungspflicht nach Art. 296 AEUV zu berücksichtigen. Ein Verstoß der Kommission hiergegen liegt insbesondere dann nicht vor, wenn die Kommission in ihrer Entscheidung hinsichtlich eines Zusammenschlusses von der Darlegung offenkundig neben der Sache liegender Gründe oder solcher von untergeordneter Bedeutung absieht.[12]

II. Vorprüfung (Abs. 1)

7   Entscheidungen nach Art. 6 Abs. 1 müssen nach Art. 10 Abs. 1 UAbs. 1 innerhalb einer **Regelfrist** von 25 Arbeitstagen ergehen. Die Frist beginnt mit dem Arbeitstag, der auf den Tag des Eingangs der Anmeldung folgt. Ist die Anmeldung unvollständig, kommt es auf den Arbeitstag an, der auf den Tag folgt, an dem die Auskünfte eingehen, die die Anmeldung vervollständigen (zur Fristberechnung → Rn. 18). Die Frist von 25 Arbeitstagen ist eine Höchstfrist (Art. 10 Abs. 1 S. 1: „höchstens 25 Arbeitstage"). Unter Beachtung des Beschleunigungsgrundsatzes (→ Rn. 6 und Nachweise in Fn. 4) darf die Kommission diese Frist daher nicht ausschöpfen, wenn der Fall bereits vor Ablauf der Frist entscheidungsreif ist. Vielmehr ist die Kommission verpflichtet, das Verfahren abzuschließen, sobald ersichtlich ist, dass keine ernsthaften Bedenken gegen die Vereinbarkeit des Vorhabens mit dem Gemeinsamen Markt bestehen.[13] Insoweit ist Art. 10 Abs. 2, der das Beschleunigungsgebot für die zweite Phase normiert, entsprechend auch in der ersten Phase anzuwenden.[14] Allerdings dürfen hierdurch die Rechte anderer, insbesondere auch das Recht der Mitgliedstaaten, innerhalb von 15 Arbeitstagen nach Erhalt einer Kopie die Verweisung des Falles nach Art. 9 Abs. 2 zu beantragen, nicht beeinträchtigt werden. In der Praxis ist daher nur ausnahmsweise zu erwarten, dass eine Entscheidung in der ersten Phase wesentlich vor Ablauf der Regelfrist ergeht. Für Zusam-

---

[5] Vgl. EuG Slg. 2002, II-4381 Rn. 105 = BeckRS 2003, 70153 – Tetra Laval; EuG Slg. 1999, II-1299 Rn. 84 = EuZW 1999, 600 – Endemol; EuG Slg. 1997, II-2137 Rn. 113 = LSK 1998, 320498 – Kaysersberg; FK-KartellR/Kuhn Rn. 4; Immenga/Mestmäcker/Körber Rn. 1; Löffler Rn. 1; Bunte/Maass Rn. 1; Wiedemann KartellR-HdB/Wagemann § 17 Rn. 51; Schulte/Zeise Rn. 2005; vgl. allg. auch EuG Slg. 1997, II-1739 Rn. 56 mwN = EuZW 1998, 410 – SCK u. FNK.
[6] EuG Slg. 1997, II-2137 Rn. 113 = LSK 1998, 320498 – Kaysersberg; EuG Slg. 2003, II-3825 Rn. 417 = GRUR Int 2004, 245 – ARD; Schulte/Zeise Rn. 2005; vgl. allg. Bulst EuZW 2002, 524 (526–528).
[7] NK-EuWettbR/Hirsbrunner/König Rn. 1; Immenga/Mestmäcker/Körber Rn. 1; FK-KartellR/Kuhn Rn. 4; Bechtold/Bosch/Brinker Rn. 3.
[8] Vgl. EuG Slg. 2002, II-4381 Rn. 105 = BeckRS 2003, 70153 – Tetra Laval; EuG Slg. 1997, II-2137 Rn. 109 u. 113 = LSK 1998, 320498 – Kaysersberg; EuG Slg. 2003, II-3825 Rn. 417 = GRUR Int 2004, 245 – ARD.
[9] EuG NZKart 2017, 196 – UPS; vgl. auch Tsakanakis NZKart 2017, 235 (237).
[10] EuG Slg. 2009, II-145 Rn. 33 = BeckEuRS 2009, 491574 – Omega AG.
[11] Happe EuZW 1995, 303; GK/Schütz Rn. 2; NK-EuWettbR/Hirsbrunner/König Rn. 2; Bechtold/Bosch/Brinker Rn. 3; Schulte/Just/Steinbarth Rn. 1.
[12] EuGH Slg. 2008, I-4951 Rn. 167 f. = BeckRS 2008, 70755 – Impala; EuG NZKart 2014, 26 Rn. 108 f. – Cisco Systems.
[13] Vgl. auch Happe EuZW 1995, 303.
[14] Vgl. NK-EuWettbR/Hirsbrunner/König Rn. 14.

menschlüsse, die im vereinfachten Verfahren geprüft werden und bei denen die Kommission nur einen Beschluss in Kurzform erlässt, strebt die Kommission allerdings an, die Freigabe „sobald wie möglich nach Ablauf [...] von 15 Arbeitstagen" zu erlassen.[15] Entsprechende Entscheidungen der Kommission ergehen daher in der Praxis regelmäßig einige Tage früher als Entscheidungen im regulären Verfahren.

Art. 10 Abs. 1 UAbs. 2 sieht zwei **Fristverlängerungstatbestände** vor. Danach beträgt die **8** Frist 35 Arbeitstage, wenn ein Mitgliedstaat die Verweisung eines Falles nach Art. 9 Abs. 2 beantragt oder wenn die beteiligten Unternehmen Verpflichtungszusagen im Sinne von Art. 6 Abs. 2 anbieten, um eine Freigabe in der ersten Phase zu erreichen und so die Einleitung der zweiten Phase abzuwenden. Auch wenn beide Tatbestände zusammenfallen – also, wenn sowohl eine Verweisung beantragt wird, als auch Zusagen angeboten werden – erfolgt nur eine einheitliche Fristverlängerung. Unklar ist, ob sich die Frist auch verlängert, wenn die Verpflichtungszusagen erst angeboten werden, nachdem die in Art. 19 Abs. 1 DVO FKVO festgelegte Frist von 20 Arbeitstagen nach Eingang der Anmeldung bereits verstrichen ist. Anders als für die zweite Phase (→ Rn. 11), verneint die Kommission die Möglichkeit der Verlängerung der Frist bei verspäteten Angeboten in der ersten Phase wohl.[16] Gegen die Auffassung der Kommission spricht, dass Art. 10 Abs. 1 UAbs. 2 seinem Wortlaut nach nicht auf den fristgemäßen Eingang der Verpflichtungszusagen abstellt. Da Art. 23 Abs. 1 lit. c die Kommission ermächtigt, Fristen für Zusagenangebote gemäß Art. 6 Abs. 2 festzulegen, hätte es nahegelegen, die Fristverlängerung nach Art. 10 Abs. 1 ausdrücklich an den fristgemäßen Eingang der Angebote zu knüpfen, wenn der Verordnungsgeber dies gewollt hätte. Ferner – und vor allem – spricht für eine Fristverlängerung, dass die Kommission nach der Rechtsprechung des EuG verspätete Verpflichtungsangebote berücksichtigen kann.[17] Für die hierfür nötige Prüfung ist die Fristverlängerung auch in der ersten Phase in gleichem Maße erforderlich wie für rechtzeitig eingereichte Angebote. Die Fristverlängerung dient insoweit nicht nur den beteiligten Unternehmen, sondern soll auch eine ordnungsgemäße Durchführung des Verfahrens ermöglichen. Dem steht auch der Beschleunigungsgrundsatz nicht entgegen. Im Gegenteil: Eine solche Fristverlängerung kann im Ergebnis sogar zur Beschleunigung des Verfahrens beitragen, weil so gegebenenfalls ein Abschluss des Verfahrens noch in der ersten Phase ermöglicht wird. Dem Missbrauchsrisiko und der Gefahr der Verfahrensverzögerung durch verspätete Zusagenangebote kann dadurch begegnet werden, dass die verlängerten Fristen für die erste Phase nicht ausgeschöpft werden, wenn sich abzeichnet, dass der Kommission eine Prüfung der verspäteten Verpflichtungsangebote auch in der verlängerten Frist nicht mehr möglich ist oder die Verfahrensrechte von Dritten oder Mitgliedstaaten unzulässig beschränkt werden. Die Kommission kann (und muss) dann die zweite Phase umgehend einleiten und darf die verlängerte Frist nicht abwarten. Sie muss gegebenenfalls eine frühzeitige Entscheidung in der zweiten Phase herbeiführen (Art. 10 Abs. 2).

III. Hauptprüfung (Abs. 2 und 3)

1. Regelfrist und Beschleunigungsgrundsatz. Die zweite Phase muss gemäß Art. 10 Abs. 3 **9** UAbs. 1 S. 1 in der **Regel** innerhalb von höchstens 90 Arbeitstagen nach ihrer Einleitung, dh nach Erlass einer Entscheidung gem. Art. 6 Abs. 1 lit. c, mit einer Freigabe- oder Untersagungsentscheidung nach Art. 8 Abs. 1–3 abgeschlossen werden. Bereits aus dem Wortlaut von Art. 10 Abs. 3 UAbs. 1 S. 1 ergibt sich, dass diese Frist nicht ausgeschöpft werden darf, wenn der Fall bereits vorher entscheidungsreif ist.

Dies folgt auch aus dem **Beschleunigungsgrundsatz,** der für Freigabeentscheidungen in der **10** zweiten Phase in Art. 10 Abs. 2 ausdrücklich normiert ist. Sobald offenkundig wird, dass die Bedenken gegen das Zusammenschlussvorhaben, die zur Einleitung der zweiten Phase geführt haben, ausgeräumt sind, muss das Vorhaben – gegebenenfalls unter Bedingungen und Auflagen – nach Art. 8 Abs. 1 oder 2 freigegeben werden. Nach Auffassung der Kommission beschränkt sich der Umfang der Hauptprüfung in diesen Fällen auf den Maßstab des Art. 6 Abs. 1, also darauf, ob die

---

[15] Mitteilung „Vereinfachtes Verfahren" Rn. 26; Bunte/Maass Rn. 8.
[16] Vgl. Mitteilung „Abhilfemaßnahmen" Rn. 78 (Phase I) einerseits und Rn. 89 (Phase II) andererseits; vgl. auch Immenga/Mestmäcker/Körber Rn. 27, der allerdings meint, dass sich die Kommission in ihrer Mitteilung „Abhilfemaßnahmen" diese Interpretation offengelassen hat.
[17] EuG Slg. 2003, II-1279 Rn. 127–141 = BeckRS 2003, 70444 – BaByliss; EuG Slg. 2003, II-1433 Rn. 226–240 = BeckRS 2003, 155798 – Philips; EuG Slg. 2003, II-3825 Rn. 386 = GRUR Int 2004, 245 – ARD; wegen der durch die Mitteilung „Abhilfemaßnahmen" erreichten Selbstbindung ist die Kommission sogar unter bestimmten Voraussetzungen zur Prüfung verspätet eingegangener Änderungen von rechtzeitigen Zusagenangeboten verpflichtet, vgl. EuG Slg. 2005, II-3745 Rn. 162 = BeckRS 2006, 70006 – Energias de Portugal.

ernsthaften Bedenken ausgeräumt sind. Hierfür spricht der Wortlaut des Art. 10 Abs. 2 mit dem Verweis auf Art. 6 Abs. 1 lit. c (→ Art. 8 Rn. 28 mwN in Fn. 50).[18] Die Voraussetzungen für eine schnelle Freigabe nach Art. 10 Abs. 2 können daher insbesondere durch das frühzeitige Angebot von Verpflichtungszusagen geschaffen werden. Zusagen sind indes keine Voraussetzung für die Anwendung des Beschleunigungsgebots, wie sich zum einen aus dem Wortlaut der Vorschrift („insbesondere durch […] Änderungen"), zum anderen aber auch daraus ergibt, dass das Beschleunigungsgebot als allgemeiner Rechtsgrundsatz gilt und nicht an Änderungen des Vorhabens anknüpft.[19] Die Verpflichtung zur frühzeitigen Freigabe ändert freilich an den Mitwirkungsrechten der Mitgliedstaaten im Beratenden Ausschuss und an dem Anspruch von Dritten auf rechtliches Gehör nichts. Daher kann selbst in offenkundigen Fällen der Zeitraum bis zur Freigabe nur in begrenztem Umfang verkürzt werden.[20] Nicht ausdrücklich von Art. 10 Abs. 2 erfasst ist der Fall der frühzeitigen Untersagung bei offenkundiger Unvereinbarkeit des Zusammenschlusses mit dem Gemeinsamen Markt: Auch in diesem Fall ist ein Abwarten mit dem Erlass einer Entscheidung unter Beachtung des Beschleunigungsgebots aber grundsätzlich nicht zu rechtfertigen. Allerdings ist eine Verkürzung der Prüfungs- und Entscheidungsfrist im Untersagungsfall in der Praxis nahezu ausgeschlossen. Die Kommission muss in diesem Fall ein anspruchsvolles Programm zur Gewährleistung des rechtlichen Gehörs durchlaufen und in der Regel Verpflichtungszusagen prüfen und mit den beteiligten Unternehmen und Dritten besprechen.

11   **2. Fristverlängerung. a) Angebot von Verpflichtungszusagen.** Die Frist verlängert sich nach Art. 10 Abs. 3 UAbs. 1 S. 2 automatisch um 15 auf 105 Arbeitstage, wenn die beteiligten Unternehmen Verpflichtungszusagen nach Art. 8 Abs. 2 UAbs. 2 unterbreiten. Die Fristverlängerung tritt nicht ein, wenn Zusagen frühzeitig, nämlich binnen von 55 Arbeitstagen nach Einleitung der zweiten Phase angeboten werden.[21] Hierdurch wird für die Anmelder ein Anreiz geschaffen, nicht die volle Frist von 65 Arbeitstagen nach Einleitung der zweiten Phase auszuschöpfen.[22] Dies gilt allerdings nicht, wenn die angebotenen Zusagen nach Ablauf der Frist von 55 Arbeitstagen wieder geändert werden (was in der Praxis häufig der Fall ist); solche geänderten Zusagenangebote gelten als neue Angebote (Art. 19 Abs. 2 UAbs. 2 DVO FKVO). Art. 19 Abs. 2 UAbs. 4 DVO FKVO erlaubt es der Kommission ausdrücklich, auch verspätet angebotene Verpflichtungsvorschläge zu akzeptieren, wenn hierdurch nicht die Mitwirkung der Mitgliedstaaten im Beratenden Ausschuss gefährdet wird. Einer Verlängerung der Frist für die Abgabe des Angebots von Verpflichtungszusagen bedarf es hierfür nicht. Wie auch in der ersten Phase (→ Rn. 8) verlängert sich die Frist für die Entscheidung in der zweiten Phase nach Art. 10 Abs. 3 UAbs. 1 S. 2 auch bei solchen verspäteten Angeboten. Für die zweite Phase sieht dies offenbar auch die Kommission so, die dies aber auf den Fall beschränkt, in dem sie verspätet angebotene Abhilfemaßnahmen ausnahmsweise für zulässig erachtet.[23]

12   **b) Fristverlängerung in komplexen Fällen.** Art. 10 Abs. 3 UAbs. 2 sieht darüber hinaus die Möglichkeit der Fristverlängerung auf Antrag der Anmelder oder auf Initiative der Kommission mit Zustimmung der Anmelder vor. Hierdurch soll in komplexen Fällen eine angemessene Bearbeitungszeit sichergestellt werden, etwa wenn aufwändige Marktuntersuchungen mit ökonometrischen Gutachten vorzunehmen sind.[24] Diese Möglichkeit der Fristverlängerung wurde sowohl im Interesse der Kommission als auch der Anmelder geschaffen,[25] gegen deren Willen eine Fristverlängerung nicht möglich ist.

13   Nach Art. 10 Abs. 3 UAbs. 2 S. 1 werden die Fristen auf **Antrag der Anmelder** verlängert, wenn ein solcher Antrag innerhalb von 15 Arbeitstagen nach Einleitung der zweiten Phase gestellt wird. Die Kommission muss dem Antrag stattgeben; sie hat kein Ermessen. Ein Antrag auf Fristverlängerung kann jedoch nur einmal (Art. 10 Abs. 3 UAbs. 2 S. 2) gestellt werden. Zudem kann die Frist auf **Initiative der Kommission** verlängert werden, wenn die Anmelder zustimmen (Art. 10 Abs. 3 UAbs. 2 S. 3). Das Einverständnis der anderen beteiligten Unternehmen ist weder erforderlich

---

[18] Vgl. Schulte/Just/Steinbarth Rn. 5.
[19] Vgl. NK-EuWettbR/Hirsbrunner/König Rn. 15.
[20] Vgl. KölnKommKartellR/Schütz Rn. 6; LMRKM/Ablasser-Neuhuber Rn. 6; Schulte/Zeise Rn. 2010.
[21] Ggf. verlängert um die Zahl der Arbeitstage, um die die Frist für eine Entscheidung auf Antrag der Anmelder oder von Amts wegen durch die Kommission nach Abs. 3 UAbs. 2 verlängert wurde (Art. 19 Abs. 2 UAbs. 3 DVO FKVO).
[22] Vorbereitender Rechtsakt 2003/C 20/06 der Kom. Rn. 75; vgl. auch Voet van Vormizeele NZKart 2016, 459 (462f.).
[23] Vgl. Mitteilung „Abhilfemaßnahmen" Rn. 89; vgl. auch Immenga/Mestmäcker/Körber Rn. 34.
[24] Vorbereitender Rechtsakt 2003/C 20/06 der Kom. Rn. 76. Vgl. auch Schulte/Zeise Rn. 2023f.
[25] Vorbereitender Rechtsakt 2003/C 20/06 der Kom. Rn. 76.

noch ausreichend. Die einvernehmliche Fristenverlängerung ist mehrfach und zu jedem Verfahrenszeitpunkt möglich.[26] Auch wenn die Fristverlängerung nach Abs. 3 UAbs. 2 S. 3 mehrfach erfolgen kann, darf die Gesamtdauer der nach Art. 10 Abs. 3 UAbs. 2 insgesamt gewährten Fristverlängerungen 20 Arbeitstage nicht übersteigen.

IV. Verfahren bei Nichtigkeitsurteil (Abs. 5)

1. Überblick. Art. 10 Abs. 5 erfasst alle Kommissionsentscheidungen, die den in Art. 10 festgesetzten Fristen unterliegen, also die Entscheidungen nach Art. 6 Abs. 1 lit. a und b und Art. 8 Abs. 1–3, nicht aber Entscheidungen über die Verweisung nach Art. 9 oder die Einleitung der zweiten Phase nach Art. 6 Abs. 1 lit. c.[27] Wird eine solche Entscheidung der Kommission über die Nichtanwendbarkeit der FKVO, die Freigabe oder die Untersagung eines Zusammenschlusses durch das EuG oder den EuGH ganz oder teilweise für nichtig erklärt, muss der gesamte Entscheidungsprozess noch einmal durchlaufen werden.[28] Das Verfahren beginnt dementsprechend erneut in der ersten Phase. Insoweit unterscheidet sich die europäische Fusionskontrolle von der deutschen Zusammenschlusskontrolle, bei der gem. § 40 Abs. 6 GWB das Prüfverfahren in der zweiten Phase wiederaufgenommen wird, wenn eine Freigabe des Bundeskartellamts durch gerichtlichen Beschluss rechtskräftig ganz oder teilweise aufgehoben wird. Das erneute Prüfverfahren muss entsprechend der allgemeinen Systematik der FKVO grundsätzlich mit einer förmlichen Entscheidung der Kommission nach Art. 6 oder Art. 8 abgeschlossen werden.[29]

2. Tatsachengrundlage für Neubescheidung. Die Kommission hat bei der Neubescheidung die Feststellungen des Gerichts zu berücksichtigen (Art. 266 AEUV), wobei sie von den **aktuellen Marktverhältnissen** auszugehen hat (vgl. Art. 10 Abs. 5 UAbs. 2).[30] Die Anmelder haben daher unverzüglich nach Abschluss des Gerichtsverfahrens die ursprüngliche Anmeldung zu ergänzen oder eine neue Anmeldung vorzulegen, wenn die ursprüngliche Anmeldung und die in ihr enthaltenen Angaben nicht mehr zutreffen oder wenn sich die Marktverhältnisse geändert haben. Andernfalls genügt eine Bestätigung der ursprünglichen Anmeldung (Art. 10 Abs. 5 UAbs. 3). Eine Überprüfung der **Zuständigkeit** der Kommission erfolgt allerdings nicht; insoweit wird das ursprüngliche Verfahren fortgesetzt. Dies ergibt sich im Umkehrschluss aus dem Hinweis auf „aktuelle Marktverhältnisse" in UAbs. 2, was sich nur auf die materielle, nicht aber die formelle Fusionskontrolle bezieht. Dieser „gespaltene Beurteilungszeitpunkt" entspricht der bisherigen Praxis der Kommission.[31]

3. Verfahrensbeginn. Die Fristen für die erneute Prüfung nach UAbs. 4 beginnen wie bei einer erstmaligen Anmeldung mit dem Arbeitstag, der auf den Eingang einer neuen vollständigen und richtigen Anmeldung, den Eingang der Bestätigung der alten (nach wie vor vollständigen und richtigen) Anmeldung oder ihrer vollständigen und zutreffenden Ergänzung folgt (wegen der Anforderungen an die Vollständigkeit der Anmeldung → Art. 4 Rn. 78). Da Rechtsmittel gegen Entscheidungen des EuG keine aufschiebende Wirkung haben und der Wortlaut von Art. 10 Abs. 5 UAbs. 1 nicht auf die Rechtskraft der aufhebenden Entscheidung abstellt, müssen die Anmelder die Rechtskraft nicht abwarten, um das Verfahren wieder in Gang setzen zu können.

V. Verfahren bei Wiederaufnahme

Die Kommission kann ihre Entscheidungen in der ersten oder zweiten Phase unter den Voraussetzungen der Art. 6 Abs. 3 und Art. 8 Abs. 6 widerrufen. In diesen Fällen bestimmen Art. 6 Abs. 4 bzw. Art. 8 Abs. 7, dass die Kommission keiner Fristenbindung unterliegt. Art. 10 Abs. 5 UAbs. 5 bestimmt ergänzend zu den Regelungen in Art. 6 und 8, dass auch im Fall der Wiederaufnahme des Verfahrens eine Prüfung anhand der aktuellen Marktverhältnisse zu erfolgen hat. Gegebenenfalls ist eine neue Anmeldung oder die Ergänzung der ursprünglichen Anmeldung erforderlich. Im Übrigen wird auf die Kommentierung bei Art. 6 (→ Rn. 55 ff.) und 8 (→ Rn. 162 ff.) verwiesen.

---

[26] Vgl. etwa Kom., M.7932, Rn. 27 und 33 – Dow/DuPont.
[27] NK-EuWettbR/Hirsbrunner/König Rn. 27; GK/Schütz Rn. 12.
[28] Vgl. EuG NZKart 2017, 662 – KPN/Kommission und Kom., M.7000 – Liberty Global/Ziggo; zuvor bereits Kom., M.2621 – SEB/Moulinex; EuG Slg. 2003, II-1279 = BeckRS 2003, 70444 – Babyliss; Slg. 2003, II-1433 = BeckRS 2003, 155798 – Royal Philips Electronic.
[29] EuGH Slg. 2008, I-4951 Rn. 49 = BeckRS 2008, 70755 – Impala.
[30] Kom., M.7000 – Liberty Global/Ziggo: Nach der Aufhebung eines ersten Kommissionsbeschlusses durch das Gericht ging eine Anmeldeergänzung für den Zusammenschluss ein, welchen die Kommission im Einklang mit Abs. 5 unter Beachtung des Urteils des Gerichts (EuG NZKart 2017, 662 – KPN/Kommission) und unter Berücksichtigung der aktuellen Marktverhältnisse prüfte und schließlich genehmigte.
[31] Vgl. Kom., M.308, Rn. 10 – Kali+Salz/MdK/Treuhand II; Kom., M.2416, zB Rn. 13 und 57 – Tetra Laval/Sidel; Kom., M.3333, zB Rn. 11 und 408 ff. – Sony/BMG; vgl. Löffler Rn. 6; Bunte/Maass Rn. 12.

VI. Fristberechnung

18 Art. 10 enthält – mit Ausnahme der Regelungen zum Fristbeginn in den Absätzen 1 und 3 sowie von Absatz 4, der die Fristhemmung im Falle des förmlichen Auskunftsersuchens oder der Nachprüfung regelt – keine weiteren Bestimmungen über die Berechnung der Fristen für die erste und die zweite Phase und ihre Wahrung. Vielmehr sind die Einzelheiten der Fristberechnung in der DVO FKVO geregelt, die überdies auch Regeln für die weiteren Fristen der FKVO enthält. Die Bestimmungen der DVO FKVO gehen den allgemeinen Fristregeln der Ratsverordnung (EWG, Euratom) 1182/71 v. 3.6.1971 über Fristen, Daten und Termine vor, welche jedoch bei Regelungslücken herangezogen werden können.[32]

19 1. **Fristbeginn.** Fristen beginnen nach der allgemeinen Regel in Art. 7 DVO FKVO am **ersten Arbeitstag, der auf das Ereignis folgt,** das die Frist auslöst. Für den Beginn der Frist, innerhalb derer die Kommission eine Entscheidung in der ersten Phase erlassen muss, legt Art. 10 Abs. 1 dies auch noch einmal ausdrücklich fest. Die Frist beginnt mit dem Arbeitstag, der auf den Tag des Eingangs der Anmeldung folgt. Wenn die Anmeldung unvollständig ist (→ Art. 4 Rn. 79), beginnt die Frist mit dem Arbeitstag, der dem Tag des Eingangs der vollständigen Auskünfte folgt. Von dem Arbeitstag, an dem die Frist beginnt, ist der Tag zu unterscheiden, an dem die Anmeldung wirksam wird. Dies ist grundsätzlich der Tag des Eingangs bei der Kommission. Dieser Tag, nicht der Fristbeginn, wird im Amtsblatt veröffentlicht (vgl. Art. 5 DVO FKVO). Auch Art. 10 Abs. 3 folgt für die zweite Phase dem allgemeinen Prinzip des Art. 7 DVO FKVO, obwohl die Regelung weniger klar ist. Der Kommission stehen 90 Arbeitstage „nach Einleitung des Verfahrens" zur Verfügung; die Frist von 90 Arbeitstagen beginnt damit am ersten Arbeitstag, der auf das fristauslösende Ereignis (dh die Entscheidung nach Art. 6 Abs. 1 lit. c) folgt.

20 Die DVO definiert **„Arbeitstage"** als alle Tage mit Ausnahme von Samstagen, Sonntagen und Feiertagen. Als Feiertage gelten nur die Feiertage der Kommission, die vor Beginn jedes Jahres im Amtsblatt veröffentlicht werden (Art. 24 DVO FKVO). Mit der Novellierung der DVO FKVO 2023 sind die Regelungen zur Übermittlung von Unterlagen an die Kommission und ihrem Eingang umfassend neugestaltet worden. Die **Übermittlung von Unterlagen** an die Kommission erfolgt nunmehr grundsätzlich auf elektronischem Wege (Art. 22 Abs. 1 DVO FKVO). Soweit, wie etwa insbesondere bei Anmeldungen, Verweisungsanträgen nach Art. 4 Abs. 4 und 5 und dem Angebot von Zusagen, eine Unterschrift erforderlich ist, müssen auf elektronischem Wege übermittelte Unterlagen mindestens eine qualifizierte elektronische Signatur tragen, die den Anforderungen der Verordnung (EU) Nr. 910/20143 in der jeweils aktuellen Fassung entspricht (Art. 22 Abs. 2 DVO FKVO). Darüber hinaus gehende technische Spezifikationen zu den Übermittlungsarten und Unterzeichnungsmöglichkeiten sind von der Kommission gemäß Art. 22 Abs. 3 DVO FKVO in einer gesonderten, im Amtsblatt und auf der Webseite der GD Wettbewerb veröffentlichten Mitteilung festgelegt. Hinsichtlich des **Eingangs** von Unterlagen enthält Art. 22 Abs. 4 DVO FKVO eine differenzierte Regelung: Grundsätzlich gelten alle der Kommission an einem Arbeitstag elektronisch übermittelten Unterlagen als an dem Tag eingegangen, an dem sie abgeschickt wurden, sofern aus dem Zeitstempel einer automatischen Empfangsbestätigung hervorgeht, dass sie an diesem Tag eingegangen sind (Art. 22 Abs. 4 S. 1 DVO FKVO). Anmeldungen und Verweisungsanträge nach Art. 4 Abs. 4 und 5 gelten nach Art. 22 Abs. 4 S. 2 DVO FKVO hingegen nur dann als an dem Tag eingegangen, an dem sie abgeschickt wurden, wenn aus dem Zeitstempel hervorgeht, dass sie an diesem Tag vor oder während der auf der Webseite der GD Wettbewerb angegebenen **Öffnungszeiten** eingegangen sind. Gehen diese Dokumente erst nach dem Ende der Öffnungszeiten ein, gelten sie als erst am folgenden Arbeitstag eingegangen (Art. 22 Abs. 4 S. 3 DVO FKVO). Art. 22 Abs. 5 DVO FKVO regelt schließlich, in welchen besonderen Fällen elektronisch übermittelte Unterlagen als nicht eingegangen gelten (Beschädigung, Virenbefall, nicht überprüfbare Signatur).

21 2. **Fristende und Fristwahrung.** Fristen, die nach Arbeitstagen bemessen sind, insbesondere also auch die in Art. 10 genannten Fristen, enden mit Ablauf des letzten Arbeitstages der Frist (Art. 8 Abs. 1 DVO FKVO). Für die Wahrung der Fristen für **Entscheidungen der Kommission** über ein Zusammenschlussvorhaben sowie über die Verweisung eines Vorhabens genügt es, wenn die Kommission die Entscheidung vor Fristablauf erlassen hat; ihre Übermittlung an die Anmelder, Antragsteller und andere Verfahrensbeteiligte ist zur Fristwahrung nicht erforderlich (Art. 10 Abs. 1 DVO FKVO).[33] Für **Anträge und Mitteilungen von Mitgliedstaaten** im Zusammenhang mit Verweisungsverfahren bedarf es des Eingangs bei der Kommission vor Ablauf der Frist; die Übermittlung hat schriftlich zu erfolgen (Art. 10 Abs. 2 DVO FKVO).

---

[32] KölnKommKartellR/Schütz Rn. 8; vgl. auch Hirsbrunner EuZW 98, 613.
[33] Vgl. auch FK-KartellR/Kuhn Rn. 43.

VI. Fristberechnung

In allen Fällen, in denen die Frist nicht durch die FKVO festgelegt ist, erfolgt die **Fristsetzung** 22 **durch die Kommission**. Dies gilt etwa für die Fristen, innerhalb derer Auskunftsersuchen zu beantworten sind oder innerhalb derer zu den Beschwerdepunkten der Kommission Stellung genommen werden kann. Für die Äußerung zu den Einwänden gegen eine Befreiung vom Vollzugsverbot und zu den Beschwerdepunkten sowie für die schriftliche Äußerung von Dritten bestimmt Art. 22 DVO FKVO ausdrücklich, dass der Ablauf dieser Fristen auf einen bestimmten Kalendertag festzusetzen ist; unzulässig wäre daher etwa eine Frist, die nach Tagen oder Wochen nach Zugang eines Schriftstücks bemessen ist. Bei der Bemessung der in Art. 22 DVO FKVO genannten Frist sind der für die Bearbeitung erforderliche Zeitaufwand, die Dringlichkeit des Falles, sowie die Arbeitstage und gesetzlichen Feiertage in dem Land zu berücksichtigen, in dem das Schriftstück empfangen wird. Obgleich die DVO FKVO diesen Fall nicht ausdrücklich regelt, ergibt sich bereits aus dem Grundsatz des fairen Verfahrens, dass Ähnliches auch für andere Fälle gilt, in denen die Kommission Fristen festlegt. Zudem ist aber bei der Festsetzung der für die einzelnen Verfahrensabschnitte geltenden Zwischenfristen der Zeitplan für das gesamte Fusionskontrollverfahren und der Beschleunigungsgrundsatz zu berücksichtigen. Zwar erschweren kurze Fristen die Arbeitsbedingungen der Betroffenen. Gleichwohl sind nach Auffassung des EuG auch sehr kurze Fristen nur dann unzulässig, wenn sie außer Verhältnis zur Dauer des gesamten Verfahrens stehen.[34] Für die Fristwahrung kommt es auf den fristgerechten Eingang des Schriftstücks bei der Kommission an, wobei die DVO FKVO ausdrücklich festlegt, dass für Äußerungen zu Einwänden gegen eine Befreiung vom Vollzugsverbot und zu Beschwerdepunkten sowie für Äußerungen Dritter der Eingang bei der von der Kommission im Amtsblatt veröffentlichten Anschrift der GD Wettbewerb maßgeblich ist (vgl. Art. 23 Abs. 3 DVO FKVO). Nichts anderes gilt für andere Äußerungen.

Für die **Übermittlung von Schriftstücken** der Kommission und, soweit nichts anderes aus- 23 drücklich bestimmt ist, der Anmelder, anderer Beteiligter oder Dritter, bedarf es der Übergabe gegen Empfangsbekenntnis oder der Übersendung als Einschreiben mit Rückschein. Alternativ genügen ein Telefax oder eine E-Mail sofern diese mit der Aufforderung zur Bestätigung des Eingangs verbunden sind (Art. 21 Abs. 1 und 2 DVO FKVO). In der Praxis hat sich für Schriftstücke der Kommission die Übermittlung per E-Mail durchgesetzt; dies nicht zuletzt, weil hier vermutet wird, dass sie am Tag ihrer Absendung eingegangen sind (Art. 21 Abs. 3 DVO FKVO). Für die Übermittlung von Antworten auf Marktuntersuchungen durch Unternehmen ist grundsätzlich die webbasierte Plattform „eQuestionnaire" zu nutzen.[35] Sonstige Dokumente, insbesondere auch Antworten auf Auskunftsersuchen in der Pränotifizierung und im förmlichen Prüfverfahren, sollen seit 2019 grundsätzlich über die ebenfalls webbasierte Plattform „eTrustEx" (Trusted Document Exchange) übermittelt werden, die Nachrichten verschlüsselt, Prüfsummenalgorithmen nutzt und über einen integrierten Authentifikationsmechanismus verfügt.[36]

3. Fristhemmung und „Anhalten der Uhr". Der Lauf der Entscheidungsfristen in der 24 ersten und zweiten Phase sowie der Frist für die Verweisung an Mitgliedstaaten in der zweiten Phase (Fristen nach Art. 10 Abs. 1 und 3 sowie Art. 9 Abs. 4 lit. b) wird nach Art. 10 Abs. 4 gehemmt, wenn die Kommission aufgrund von Umständen, die ein am Zusammenschluss beteiligtes Unternehmen zu vertreten hat, im Wege einer förmlichen Entscheidung eine Auskunft nach Art. 11 Abs. 3 anfordern oder eine Nachprüfung nach Art. 13 Abs. 4 anordnen musste. Durch die Hemmung der Fristen sollen die beteiligten Unternehmen zur Kooperation mit der Kommission bei der Sachverhaltsaufklärung angehalten werden. Diese Regeln ermöglichen aber zudem auch, unter Umgehung der Fristenbestimmungen der FKVO die „Uhr anzuhalten". Die DVO FKVO regelt die Einzelheiten der Fristhemmung.

a) Voraussetzungen. aa) Erforderlichkeit einer förmlichen Auskunfts- oder Nachprüf- 25 **entscheidung.** Der Ablauf der Fristen nach Art. 10 Abs. 1 und 3 sowie Art. 9 Abs. 4 lit. b ist gehemmt, wenn die Kommission in förmlichen Auskunftsverlangen oder eine Nachprüfung durch Entscheidung erlassen „muss", weil sie die für eine Entscheidung in der Sache erforderlichen Informationen anders nicht erlangen kann.[37] Die Kommission hat in Art. 9 DVO FKVO mehrere Fallgruppen konkretisiert, in denen danach eine Fristhemmung eintritt: die verspätete oder unvollständige Beantwortung eines einfachen Auskunftsersuchens durch einen der Anmelder oder einen der anderen Beteiligten (Art. 9 Abs. 1 lit. a DVO FKVO); die verspätete oder unvollständige Beantwortung eines einfachen Auskunftsersuchens durch Dritte, wenn hierfür der Anmelder oder andere Beteiligte verantwortlich sind (Art. 9 Abs. 1 lit. b DVO FKVO); der Erlass einer Nachprüfungsent-

---

[34] EuG Slg. 2005, II-5575 Rn. 701–703 = BeckRS 2007, 70282 – GE.
[35] S. https://ec.europa.eu/competition-policy/mergers/procedures/equestionnaire_en.
[36] S. https://ec.europa.eu/competition-policy/index/etrustex_en.
[37] Zu diesem Erfordernis vgl. EuG Slg. 1997, II-2137 Rn. 145 = LSK 1998, 320498 – Kaysersberg.

scheidung durch die Kommission, weil der Anmelder oder ein anderer Beteiligter sich weigert, eine Nachprüfung zu dulden oder an ihr mitzuwirken (Art. 9 Abs. 1 lit. c DVO FKVO); und das Unterlassen der Mitteilung von Tatsachenänderungen oder neuen Informationen (Art. 9 Abs. 1 lit. d DVO FKVO). Darüber hinaus ist der Lauf der Entscheidungsfrist nach Art. 9 Abs. 2 DVO FKVO gehemmt, wenn Umstände, die ein an dem Zusammenschluss beteiligtes Unternehmen zu vertreten hat, Anlass zu einem förmlichen Auskunftsverlangen geben, selbst wenn ihm kein einfaches Auskunftersuchen voranging. Dieser Fristhemmungstatbestand wurde vor allem in der Vergangenheit und wird noch immer von der Kommission und den Zusammenschlussbeteiligten für das so genannte **„Anhalten der Uhr"** genutzt: Mit ihm können die beteiligten Unternehmen und die Kommission den Fristablauf flexibel steuern, wobei dies in der Praxis zumeist einvernehmlich geschieht, weil es in der Regel an dem für die Fristhemmung erforderlichen Vertretenmüssen der beteiligten Unternehmen fehlt (s. auch → Art. 11 Rn. 27).[38] Das „Anhalten der Uhr" kann auch in der ersten Phase von Bedeutung sein, wenn durch eine kurze „Verlängerung" der Prüfungszeit die Einleitung der zweiten Phase vermieden werden kann. Zudem kann das „Anhalten der Uhr" in Fällen, in denen parallele Fusionskontrollverfahren in Staaten außerhalb der Union, insbesondere in den USA oder im Vereinigten Königreich durchgeführt werden, die Koordinierung dieser Verfahren und die Abstimmung von Bedingungen und Auflagen durch die Kommission, die ausländischen Behörden und die beteiligten Unternehmen erleichtern.[39]

26 **bb) Vertretenmüssen eines beteiligten Unternehmens.** Nach Art. 10 Abs. 4 wird die Frist nur gehemmt, wenn die Kommission ein förmliches Auskunftsverlangen oder eine Nachprüfentscheidung aus Gründen erlassen musste, die ein an dem Zusammenschluss beteiligtes Unternehmen zu vertreten hat. Dadurch soll einerseits vermieden werden, dass die Kommission eine Fristverlängerung willkürlich herbeiführen kann. Andererseits wird mit der Fristverlängerung ein Mechanismus geschaffen, der verhindert, dass Unternehmen, die an dem Zusammenschluss ein besonderes Interesse haben, die Genehmigungsfiktion herbeiführen können, ohne die Kommission im Rahmen ihrer Mitwirkungspflichten bei der Sachaufklärung unterstützt zu haben.[40]

27 Die Regelung, die das Vertretenmüssen in der DVO FKVO gefunden hat, ist in zweierlei Hinsicht problematisch. Die Kommission greift erstens das Erfordernis des Vertretenmüssens in der DVO FKVO nur im Zusammenhang mit verspäteten oder unvollständigen Auskünften Dritter in Art. 9 Abs. 1 lit. b DVO FKVO und dem allgemeinen Tatbestand in Art. 9 Abs. 2 DVO FKVO (Auskunftsverlangen ohne vorangegangenes einfaches Auskunftsersuchen) auf. In den anderen Fällen stützt sie sich auf eine **Fiktion des Vertretenmüssens** und unterstellt offenbar, dass die am Zusammenschluss beteiligten Unternehmen in diesen Fällen die Umstände, die zum Erlass von Auskunftsverlangen oder Nachprüfungsentscheidung führten, prinzipiell zu vertreten haben.[41] Dies ist keinesfalls zwingend, auch wenn es in den meisten Fällen zutreffen wird. Daher wird es in jedem Einzelfall erforderlich sein, das Vertretenmüssen im Einklang mit dem höherrangigen Art. 10 Abs. 4 zu prüfen.

28 Ein weiteres Problem entsteht dadurch, dass die DVO FKVO das **Zielunternehmen** und den **Veräußerer** ausdrücklich in den Verantwortungsbereich der „an dem Zusammenschluss beteiligten Unternehmen" (so Art. 10 Abs. 4) einbezieht.[42] Das Interesse des Veräußerers und des Zielunternehmens an dem Zusammenschlussvorhaben ist aber nicht notwendigerweise mit dem des Erwerbers identisch. Dies gilt vor allem bei der feindlichen Übernahme, kann aber auch generell bei öffentlichen Übernahmeangeboten der Fall sein. Hier wird daher eine teleologische Reduktion geboten sein. Art. 9 Abs. 1 und 2 DVO FKVO sind einschränkend so auszulegen, dass nur solche Umstände als fristhemmend berücksichtigt werden dürfen, die tatsächlich in den Verantwortungsbereich derer fallen, die den Zusammenschluss anstreben. Anderenfalls hätten es Zielunternehmen und Veräußerer insbesondere im Fall feindlicher Übernahmen in der Hand, das Fusionskontrollverfahren endlos zu verzögern und die Übernahme hierdurch zu verhindern.[43]

29 **b) Beginn und Dauer der Hemmung.** Die Hemmung der Frist tritt automatisch ein; es bedarf keiner Entscheidung der Kommission. Anders als in dem Parallelfall der „verzögerten"

---

[38] Vgl. auch FK-KartellR/Völcker Art. 11 Rn. 25; Schulte/Zeise Rn. 2028. Zudem wäre ein förmliches Auskunftsverlangen nur zum Zweck der Fristverlängerung ohne Einverständnis der Betroffenen rechtsmissbräuchlich, EuG Slg. 2009, II-145 Rn. 99 ff. = BeckEuRS 2009, 491574 – Omya AG.

[39] Vgl. das Fusionskontrollverfahren Oracle/Peoplesoft; Weitbrecht ECLR 2005, 67 (69 u. 72).

[40] FK-KartellR/Kuhn Rn. 49.

[41] So auch Happe EuZW 1995, 303 (307) zur DVO FKVO aF.

[42] Vgl. Art. 9 Abs. 1 lit. a, b und c DVO FKVO iVm Art. 11 lit. b DVO FKVO; vgl. demgegenüber aber Art. 9 Abs. 2 DVO FKVO.

[43] Happe EuZW 1995, 307; FK-KartellR/Kuhn Rn. 57; vgl. Hirsbrunner EuZW 1998, 613 (614) für Art. 9 Abs. 1 lit. b DVO FKVO.

VII. Genehmigungsfiktion (Abs. 6) 30, 31 **Art. 10 FKVO**

Wirksamkeit einer unvollständigen Anmeldung nach Art. 5 Abs. 3 DVO FKVO ist auch keine Mitteilung durch die Kommission erforderlich, doch findet sie in der Praxis regelmäßig statt.[44] Die **Fristhemmung beginnt** gemäß Art. 9 Abs. 4 DVO FKVO mit dem Arbeitstag, der dem Tag folgt, an dem das hemmende Ereignis eingetreten ist. Dies ist im Fall des erfolglosen einfachen Auskunftsersuchens nach Art. 9 Abs. 3 lit. a DVO FKVO das Ende der nach Art. 11 Abs. 2 für die Erteilung der Auskunft gesetzten Frist und im Fall der erfolglosen Nachprüfung der Zeitpunkt, an dem der Nachprüfversuch gescheitert ist (Art. 9 Abs. 3 lit. b DVO FKVO). Unterlässt es der Anmelder, Tatsachenänderungen mitzuteilen, beginnt die Hemmung mit dem Zeitpunkt, an dem die Tatsachenänderung eingetreten ist (Art. 9 Abs. 3 lit. c DVO FKVO). Auf den Zeitpunkt der Kenntnis oder des Kennenmüssens kommt es nicht an.[45] Die DVO FKVO regelt den Beginn der Hemmung im Falle des Unterlassens der Mitteilung neuer Informationen (also von Tatsachen, die zum Zeitpunkt der Anmeldung bereits vorlagen, aber nicht bekannt waren) nicht; richtigerweise wird auf den Zeitpunkt abzustellen sein, an dem die neuen Informationen bekannt werden. Für eine weiter reichende Regelung besteht kein Anlass, weil Art. 5 Abs. 3 S. 2 DVO FKVO vorsieht, dass die Kommission bei Angaben von erheblicher Bedeutung die Wirksamkeit der Anmeldung auf den Tag des Eingangs der Angaben verschieben kann. Schließlich bestimmt Art. 9 Abs. 3 lit. d DVO FKVO, dass die Hemmung im Falle des förmlichen Auskunftsverlangens gem. Art. 9 Abs. 2 mit dem Ende der Frist zur Beantwortung beginnt. Die **Fristhemmung endet** mit dem Ablauf des Tages der Beseitigung des hemmenden Ereignisses; ist dies kein Arbeitstag, endet sie mit dem Ablauf des ersten nachfolgenden Arbeitstages (Art. 9 Abs. 4 DVO FKVO). Dabei kommt es in den Fällen des förmlichen Auskunftsersuchens auf den Eingang der vollständigen und richtigen Auskunft an (Art. 9 Abs. 3 lit. a und d DVO FKVO). Auch bei der Fristhemmung wegen unterlassener Mitteilung von Tatsachenänderungen oder neuen Informationen kommt es auf den Eingang der vollständigen und richtigen Auskunft an (Art. 9 Abs. 3 lit. c DVO FKVO). Im Fall der Nachprüfungsentscheidung beseitigt die Beendigung der durch die Entscheidung angeordneten Nachprüfung die Fristhemmung (Art. 9 Abs. 3 lit. b DVO FKVO).

VII. Genehmigungsfiktion (Abs. 6)

Verstreichen die Fristen des Art. 10 ohne Entscheidung der Kommission, ordnet Art. 10 Abs. 6 30 die **unwiderlegliche Vermutung** der Vereinbarkeit des Vorhabens mit dem Gemeinsamen Markt an. Die Genehmigungsfiktion ist besonderer Ausdruck des Beschleunigungsgrundsatzes.[46] Nachfolgende widersprechende Entscheidungen sind nicht mehr möglich.[47] Selbst für eine nachfolgende Feststellung der Nichtanwendbarkeit der FKVO nach Art. 6 Abs. 1 lit. a soll der Kommission bereits die Zuständigkeit fehlen.[48] Aus Art. 10 Abs. 6 lässt sich „keine allgemeine Vermutung für die Vereinbarkeit von Unternehmenszusammenschlüssen mit dem Gemeinsamen Markt" ableiten. Abs. 6 ist lediglich eine Ausnahme von dem Grundsatz, dass ein Verfahren nach Art. 6 und 8 immer durch einen förmlichen Beschluss der Kommission abzuschließen ist.[49] Die Fiktion der Vereinbarkeit ist als eine anfechtbare Entscheidung im Sinne des Art. 263 Abs. 4 AEUV anzusehen,[50] damit der Rechtsschutz für betroffene Dritte nicht unzulässig verkürzt wird.

Die Fiktion wirkt **unbeschadet des Art. 9.** Dies bedeutet zunächst, dass die Genehmi- 31 gungsfiktion des Art. 10 Abs. 6 nicht für einen Zusammenschluss gilt, wenn und soweit dieser ganz oder zum Teil an einen Mitgliedstaat verwiesen worden ist. Dies betrifft zum einen den Fall, dass ein Vorhaben durch eine Entscheidung verwiesen worden ist. Zum anderen wird damit aber auch der Verweisungsfiktion des Art. 9 Abs. 5 der Vorrang gegenüber der Genehmigungsfiktion des Art. 10 Abs. 6 eingeräumt:[51] Wenn die Kommission über ein Verweisungsantrag eines Mitgliedstaates nicht innerhalb der 65-Tage-Frist des Art. 9 Abs. 5 entscheidet, so gilt ein Vorhaben unwiderlegbar als verwiesen. Eine Entscheidung der Kommission über das Zusammenschlussvorhaben ist danach auch nicht mehr über die Genehmigungsfiktion des Art. 10 Abs. 6 möglich.[52] In umgekehrter Richtung hat die Kommission jedoch unter Verweis auf Art. 10 Abs. 6 die Ver-

---

44 NK-EuWettbR/Hirsbrunner/König Rn. 19.
45 NK-EuWettbR/Hirsbrunner/König Rn. 24; FK-KartellR/Kuhn Rn. 58 aE.
46 Wiedemann KartellR-HdB/Wagemann § 17 Rn. 58; Löffler Rn. 7; LMRKM/Ablasser-Neuhuber Rn. 20.
47 Kölner Komm KartellR/Schütz Rn. 17; vgl. von der Groeben/Schwarze/Hatje/Hirsbrunner/König Rn. 29.
48 NK-EuWettbR/Hirsbrunner/König Rn. 29; aA GTE/Schröter EWG-Vertrag Art. 87 Rn. 281, der argumentiert, dass mangels ausdrücklicher Erwähnung von Art. 6 Abs. 1 lit. a in Art. 10 Abs. 6 eine Feststellung der Nichtanwendbarkeit FKVO nach Fristablauf noch möglich sei.
49 EuGH Slg. 2008, I-4951–5069 Rn. 175 = BeckRS 2008, 70755 – Impala.
50 LMRKM/Ablasser-Neuhuber Rn. 21; Immenga/Mestmäcker/Körber Rn. 43; Bunte/Maass Rn. 14.
51 Immenga/Mestmäcker/Körber Art. 9 Rn. 75; Löffler Rn. 8.
52 KölnKommKartellR/Schütz Rn. 18.

weisung eines Vorhabens an einen Mitgliedstaat auch dann noch für zulässig gehalten, wenn die Genehmigungsfristen des Art. 10 bereits abgelaufen waren.[53] Diese Auffassung dürfte nicht zutreffen, weil hierdurch die Rechtssicherheit für die beteiligten Unternehmen erheblich reduziert und damit der Hauptzweck der Regelung jedenfalls in einem Teilbereich verfehlt würde.[54] Hierzu wird ergänzend auf die ausführliche Kommentierung von Art. 9 verwiesen (→ Art. 9 Rn. 96 ff.).

Art. 11 Auskunftsverlangen

(1) Die Kommission kann zur Erfüllung der ihr durch diese Verordnung übertragenen Aufgaben von den in Artikel 3 Absatz 1 Buchstabe b) bezeichneten Personen sowie von Unternehmen und Unternehmensvereinigungen durch einfaches Auskunftsverlangen oder durch Entscheidung verlangen, dass sie alle erforderlichen Auskünfte erteilen.

(2) Richtet die Kommission ein einfaches Auskunftsverlangen an eine Person, ein Unternehmen oder eine Unternehmensvereinigung, so gibt sie darin die Rechtsgrundlagen und den Zweck des Auskunftsverlangens, die Art der benötigten Auskünfte und die Frist für die Erteilung der Auskünfte an und weist auf die in Artikel 14 für den Fall der Erteilung einer unrichtigen oder irreführenden Auskunft vorgesehenen Sanktionen hin.

(3) [1]Verpflichtet die Kommission eine Person, ein Unternehmen oder eine Unternehmensvereinigung durch Entscheidung zur Erteilung von Auskünften, so gibt sie darin die Rechtsgrundlage, den Zweck des Auskunftsverlangens, die Art der benötigten Auskünfte und die Frist für die Erteilung der Auskünfte an. [2]In der Entscheidung ist ferner auf die in Artikel 14 beziehungsweise Artikel 15 vorgesehenen Sanktionen hinzuweisen; gegebenenfalls kann auch ein Zwangsgeld gemäß Artikel 15 festgesetzt werden. [3]Außerdem enthält die Entscheidung einen Hinweis auf das Recht, vor dem Gerichtshof gegen die Entscheidung Klage zu erheben.

(4) [1]Zur Erteilung der Auskünfte sind die Inhaber der Unternehmen oder deren Vertreter, bei juristischen Personen, Gesellschaften und nicht rechtsfähigen Vereinen die nach Gesetz oder Satzung zur Vertretung berufenen Personen verpflichtet. [2]Ordnungsgemäß bevollmächtigte Personen können die Auskünfte im Namen ihrer Mandanten erteilen. [3]Letztere bleiben in vollem Umfang dafür verantwortlich, dass die erteilten Auskünfte vollständig, sachlich richtig und nicht irreführend sind.

(5) [1]Die Kommission übermittelt den zuständigen Behörden des Mitgliedstaats, in dessen Hoheitsgebiet sich der Wohnsitz der Person oder der Sitz des Unternehmens oder der Unternehmensvereinigung befindet, sowie der zuständigen Behörde des Mitgliedstaats, dessen Hoheitsgebiet betroffen ist, unverzüglich eine Kopie der nach Absatz 3 erlassenen Entscheidung. [2]Die Kommission übermittelt der zuständigen Behörde eines Mitgliedstaats auch die Kopien einfacher Auskunftsverlangen in Bezug auf einen angemeldeten Zusammenschluss, wenn die betreffende Behörde diese ausdrücklich anfordert.

(6) Die Regierungen und zuständigen Behörden der Mitgliedstaaten erteilen der Kommission auf Verlangen alle Auskünfte, die sie zur Erfüllung der ihr durch diese Verordnung übertragenen Aufgaben benötigt.

(7) [1]Zur Erfüllung der ihr durch diese Verordnung übertragenen Aufgaben kann die Kommission alle natürlichen und juristischen Personen befragen, die dieser Befragung zum Zweck der Einholung von Informationen über einen Untersuchungsgegenstand zustimmen. [2]Zu Beginn der Befragung, die telefonisch oder mit anderen elektronischen Mitteln erfolgen kann, gibt die Kommission die Rechtsgrundlage und den Zweck der Befragung an.

[1]Findet eine Befragung weder in den Räumen der Kommission noch telefonisch oder mit anderen elektronischen Mitteln statt, so informiert die Kommission zuvor die zuständige Behörde des Mitgliedstaats, in dessen Hoheitsgebiet die Befragung erfolgt. [2]Auf Verlangen der zuständigen Behörde dieses Mitgliedstaats können deren Bedienstete die Bediensteten der Kommission und die anderen von der Kommission zur Durchführung der Befragung ermächtigten Personen unterstützen.

---

[53] Kom., M.330, Rn. 79 – McCormick/CPC/Rabobank/Ostmann.
[54] Krit. auch NK-EuWettbR/Hirsbrunner/König Rn. 30; KölnKommKartellR/Schütz Rn. 18; Immenga/Mestmäcker/Körber Art. 9 Rn. 78 f.

I. Allgemeines

Übersicht

	Rn.		Rn.
I. Allgemeines	1	**IV. Auskunftsverlangen durch Entscheidung (Abs. 3)**	20
1. Verfahrensarten	3	1. Verfahren	20
2. Wahlrecht	4	2. Auskunfts- und Wahrheitspflicht des Adressaten	23
3. Verhältnis zu anderen Ermittlungsbefugnissen	5	**V. Auskunftsverlangen gegenüber Regierungen und Behörden der Mitgliedstaaten (Abs. 6)**	24
II. Auskunftspflichtige	6		
1. Adressaten von Auskunftsverlangen	6	**VI. Inhalt der Auskunftspflicht**	25
a) Unternehmen	6	1. Gegenstand	25
b) Unternehmensvereinigungen	7	2. Umfang	27
c) Natürliche Personen	8	3. Beschränkungen der Auskunftspflicht ...	29
d) Regierungen und nationale Wettbewerbsbehörden der Mitgliedstaaten	9	a) Geschäftsgeheimnisse	29
e) Adressaten in Drittstaaten	10	b) Auskunftsverweigerungsrechte	30
2. Erteilung der Auskünfte durch Inhaber, Vertreter oder Bevollmächtigte	14	c) Weitere Einschränkungen bei Auskunftsverlangen zu (internen) Unterlagen	1
III. Einfaches Auskunftsverlangen nach Abs. 2	15	**VII. Schlichte Befragung (Abs. 7)**	31
1. Verfahren	15	**VIII. Besonderheiten bei Ermittlungen in EFTA/EWR**	33
2. Wahrheitspflicht des Adressaten	19		

I. Allgemeines

Art. 11–13 regeln die Ermittlungsbefugnisse der Kommission in Verfahren nach der FKVO, die **1** weitgehend den in der VO 1/2003 für die Anwendung von Art. 101 und 102 AEUV geregelten Ermittlungsbefugnissen entsprechen[1] und die ihre primärrechtliche Grundlage in Art. 337 AEUV finden.[2] Wie die VO 1/2003 sieht auch die FKVO sowohl Auskunftsverlangen als auch Nachprüfungen als Hauptinstrumente der Informationsbeschaffung vor. Die in Art. 12 und 13 geregelten Befugnis zur Durchführung von Nachprüfungen ist aber wegen des kooperativen Charakters von Verfahren nach der FKVO bislang anders als im Anwendungsbereich der Art. 101 und 102 AEUV weitestgehend ohne Bedeutung geblieben. In der Praxis sind vielmehr die in Art. 11 geregelten Ausprägungen von Auskunftsverlangen neben Anmeldungen nach Art. 4 und Verweisungsanträgen mit Abstand die **bedeutendste Erkenntnisquelle der Kommission** in Fusionskontrollverfahren. Mit ihnen wendet sich die Kommission – außer an die Zusammenschlussbeteiligten selbst – an Nachfrager, Wettbewerber, Lieferanten, Unternehmensvereinigungen und Verbände sowie an andere Unternehmen und Organisationen, von denen sie sich Informationen über die Marktverhältnisse erhofft, die eine verlässliche Beurteilung von bei ihr angemeldeten Zusammenschlüssen zulassen. Wegen des Beschleunigungsgebots und der kurzen Fristen in Fusionskontrollverfahren[3] kommen auch der Befugnis zur mündlichen Befragung nach Art. 11 Abs. 7, in der FKVO nicht ausdrücklich geregelten informellen Nachfragen, welche vor allem per E-Mail durchgeführt werden[4] und so genannten „Vorabkontakten"[5] in der Pränotifizierungsphase vor der formellen Anmeldung Bedeutung zu. Marktuntersuchungen werden mit Hilfe des webbasierten Fragebogens der Kommission („eQuestionnaire") durchgeführt.[6]

Verstöße gegen Auskunfts- und Mitwirkungspflichten im Zusammenhang mit Ermittlungen **2** der Kommission in Fusionskontrollverfahren und anderen Verfahren nach der FKVO können Zwangsgelder und Geldbußen nach Art. 14 und 15 nach sich ziehen. Zudem kann die mangelnde Kooperation der Anmelder und anderer Beteiligter zur Hemmung der Fristen nach Art. 10 führen

---

[1] Vorbereitender Rechtsakt 2003/C 20/06 der Kom. Rn. 81; vgl. Klees EuZW 2003, 202 mwN.
[2] S. zu den Ermittlungsbefugnissen im Rahmen der VO 1/2003 Kamann/Ohlhoff/Völcker Kartellverfahren-HdB/Miersch/Israel § 8.
[3] S. Kommentierung zu Art. 10.
[4] Vgl. Immenga/Mestmäcker/Körber Rn. 1; LMRKM/York v. Wartenburg Fn. 2 aE.
[5] LMRKM/York v. Wartenburg Fn. 2 aE; näheres zur Kontaktaufnahme, s. Mitteilung „Merger Best Practices" Rn. 5 ff. und 26 ff.
[6] S. https://ec.europa.eu/competition-policy/mergers/procedures/equestionnaire_de, zuletzt abgerufen am 7.10.2022.

und damit das Verfahren verzögern. Wegen der hohen Anforderungen an die Tatsachenermittlungen der Kommission darf Art. 11 im Zusammenspiel mit den in Art. 14 und 15 geregelten Durchsetzungsmechanismen als eine der Kernvorschriften des Fusionskontrollverfahrensrechts bezeichnet werden. Wegen der weitgehenden inhaltlichen Übereinstimmung kann ergänzend zu den nachstehenden Ausführungen auf die Kommentierung von Art. 18 und 19 VO 1/2003 verwiesen werden.

3 **1. Verfahrensarten.** Art. 11 erlaubt es der Kommission, Auskünfte auf drei Wegen zu erlangen. Das am wenigsten formalisierte Verfahren ist das in Art. 11 Abs. 7 geregelte **Befragungsrecht,** nach dem die Kommission Auskünfte von natürlichen und juristischen Personen im Wege der informellen mündlichen, gegebenenfalls telefonischen oder mit anderen elektronischen Mitteln durchgeführten Befragung ermitteln kann, wenn der Befragte dem zustimmt. Nach Art. 11 Abs. 2 kann die Kommission Informationen außerdem durch ein sog. „**einfaches**" Auskunftsverlangen einholen. Die Adressaten eines einfachen Auskunftsverlangens sind nicht verpflichtet, die verlangten Auskünfte zu erteilen; wenn sie dies tun, unterliegen sie aber der Wahrheitspflicht. Schließlich kann die Kommission nach Art. 11 Abs. 3 alternativ ein **förmliches Auskunftsverlangen** im Wege einer Kommissionsentscheidung erlassen. Bei förmlichen Auskunftsverlangen besteht eine Verpflichtung sowohl zur Beantwortung selbst als auch zur wahrheitsgemäßen Auskunft.

4 **2. Wahlrecht.** Die Kommission kann zwischen der Befragung sowie dem einfachen und förmlichen Auskunftsverlangen wählen (wobei nur die in Art. 11 Abs. 1 genannten Personen Adressaten eines Auskunftsverlangens sein können). Einschränkungen ergeben sich allerdings aus dem **Verhältnismäßigkeitsgrundsatz,**[7] der die Kommission zur Wahl des mildesten Mittels verpflichtet. Dabei hat sie insbesondere zu berücksichtigen, dass in dem förmlichen Auskunftsverlangen nach Art. 11 Abs. 3 ein weitergehender Eingriff zu sehen ist als in einem einfachen Auskunftsverlangen nach Art. 11 Abs. 2 oder gar einer bloßen Befragung nach Art. 11 Abs. 7. Die Kommission greift daher in der Regel nur dann zu einem förmlichen Auskunftsverlangen, wenn sie befürchten muss, dass der Adressat ein einfaches Auskunftsverlangen innerhalb der Frist nicht oder nicht vollständig beantworten würde oder wenn ein solches bereits erfolglos war.[8]

5 **3. Verhältnis zu anderen Ermittlungsbefugnissen.** Alternativ zu Auskunftsverlangen nach Art. 11 kann die Kommission auch im Wege einer **Nachprüfung nach Art. 12 und 13** vorgehen. Zwischen den beiden Verfahren besteht aus rechtlicher Sicht keine Hierarchie, die es erforderlich machen würde, zunächst den einen oder den anderen Weg einzuschlagen.[9] Wie bei der Wahl des Auskunftsverfahrens ist aber auch hier der Grundsatz der Verhältnismäßigkeit zu wahren, wobei der Gerichtshof der Kommission bei der Wahl der Maßnahmen und der Beurteilung, welche Ermittlungen für die Wahrnehmung ihrer Aufgaben erforderlich sind, einen weiten Spielraum lässt.[10] Weil Auskunftsverlangen weniger belastend als Nachprüfungen sind, legt der Verhältnismäßigkeitsgrundsatz jedoch regelmäßig die Wahrnehmung der Befugnisse nach Art. 11 nahe.[11] Bestätigt wird dies durch die weitgehende Bedeutungslosigkeit von Nachprüfungen in der Praxis der Kommission bei der Anwendung der FKVO.

II. Auskunftspflichtige

6 **1. Adressaten von Auskunftsverlangen. a) Unternehmen.** In der Praxis sind Unternehmen die wichtigste Gruppe von Adressaten von Auskunftsverlangen nach der FKVO. Dabei kommen nicht nur die **beteiligten Unternehmen** in Betracht. Vielmehr können Auskunftsverlangen auch an jedes andere Unternehmen gerichtet werden, welches nach Ansicht der Kommission über die für das Verfahren erforderlichen Informationen verfügen könnte. Dies sind in der Praxis vor allem die **Nachfrager** und **Wettbewerber** auf den betroffenen Märkten, können aber auch etwa **Lieferanten** der beteiligten Unternehmen sein.[12] Hierbei greift die Kommission vor allem auf die Informationen der Anmelder in dem in der DVO FKVO vorgesehenen Formblatt CO zurück. Darin sind unter anderem genaue Angaben (einschließlich von Adressangaben) zu aktuellen und potentiellen

---

[7] Vgl. EuGH Slg. 1980, 2033 Rn. 28 ff. = NJW 1981, 513 – National Panasonic; EuG Slg. 1991, II-1497 Rn. 51 – SEP; EuG Slg. 1994, 1039 Rn. 13 = FHOeffR 45 Nr. 4784 – Scottish Football.

[8] S. etwa Kom., M.8306, Rn. 13 ff. – Qualcomm/NXP Semiconductors, und Kom., M.7932, Rn. 108 ff. – Dow/DuPont; vgl. Klees § 9 Rn. 19–21; Immenga/Mestmäcker/Körber Rn. 14 aE; s. auch Art. 9 Abs. 1 und 2 DVO FKVO sowie Abs. 5 aF; aA Bechtold/Bosch/Brinker Rn. 12.

[9] EuGH Slg. 1989, 3283 Rn. 14 = BeckRS 2004, 71022 – Orkem zur VO 17/62, ABl. 1962 L 204, 62; KölnKommKartellR/Schütz Rn. 6; Blanco, EC Competition Procedure, 3. Aufl. 2013, Rn. 7.19.

[10] EuGH Slg. 1989, 3283 Rn. 15 = BeckRS 2004, 71022 – Orkem zur VO 17/62, ABl. 1962 L 204, 62.

[11] KölnKommKartellR/Schütz Rn. 6; Immenga/Mestmäcker/Körber Rn. 1; Wiedemann KartellR-HdB/Wagemann § 17 Rn. 77 unter Hinweis auf die Protokollerklärung zur FKVO aF.

[12] FK-KartellR/Völcker Rn. 3; Schulte/Zeise Rn. 2163.

II. Auskunftspflichtige

Wettbewerbern, Zulieferern und Abnehmern zu machen, die in dem von der Kommission verwendeten elektronischen Format eingereicht werden müssen, damit die Kommission sie direkt in ihre Adressverwaltung übernehmen kann.[13] Umstritten ist, ob die Kommission bei der **Auswahl des Adressaten** Beschränkungen unterliegt; vor allem die Kommission selbst geht davon aus, dass sie bei der Entscheidung über die Adressaten von Auskunftsverlangen frei ist.[14] Wie hinsichtlich der Entscheidung über Form und Inhalt von Auskunftsverlangen muss sich die Kommission aber bei Entscheidungen über die Adressaten von dem für alles (belastende) Verwaltungshandeln geltenden Verhältnismäßigkeitsgrundsatz leiten lassen. Daher wird die Kommission in der Regel den Adressaten auswählen müssen, für den die Beantwortung der gestellten Fragen weniger aufwändig ist oder der an dem Verfahren bereits beteiligt ist.[15]

b) Unternehmensvereinigungen. Auch Unternehmensvereinigungen sind mögliche Adressaten eines Auskunftsersuchens. Hierzu zählen insbesondere die Verbände, in denen die beteiligten Unternehmen sowie ihre Kunden und Zulieferer vertreten sind. Auch Dachverbände dürften vom Begriff der Unternehmensvereinigung erfasst und dementsprechend Adressaten von Auskunftsverlangen sein.

c) Natürliche Personen. Im Unterschied zur Regelung in Art. 18 VO 1/2003 sind mögliche Adressaten von Auskunftsverlangen nach der FKVO auch natürliche Personen, die selbst keine Unternehmen sind. Allerdings werden auch von Art. 11 Abs. 1–3 nur diejenigen natürlichen Personen erfasst, die mindestens ein Unternehmen kontrollieren (Art. 3 Abs. 1 lit. b). Damit wird dem unterschiedlichen Anwendungsbereich von Art. 101 und 102 AEUV einerseits (Unternehmen und Unternehmensvereinigungen) und der FKVO andererseits Rechnung getragen. Auf das Wissen anderer natürlicher oder juristischer Personen kann auch im Rahmen der FKVO nur im Wege der Befragung nach Art. 11 Abs. 7 und demnach auch nur mit Zustimmung des Befragten zugegriffen werden.

d) Regierungen und nationale Wettbewerbsbehörden der Mitgliedstaaten. Nach Art. 11 Abs. 6 haben die Regierungen der Mitgliedstaaten und ihre Wettbewerbsbehörden der Kommission auf Verlangen alle Auskünfte zu erteilen, die diese zur Erledigung ihrer Aufgaben benötigt. Art. 11 Abs. 6 erstreckt nicht den Anwendungsbereich der Art. 11 Abs. 1–3 auf die Mitgliedstaaten, sondern konkretisiert lediglich Pflichten, die sich aus dem in Art. 4 Abs. 3 EUV festgelegten Gebot der Unionstreue ergeben.[16] Daher kommt für den Fall, dass sich ein Mitgliedstaat weigert, den Verpflichtungen aus Art. 11 Abs. 6 nachzukommen, lediglich ein Vertragsverletzungsverfahren nach Art. 258 AEUV, nicht aber eine Durchsetzung der Auskunftspflicht mit den Mitteln des Art. 15 oder eine Sanktionierung mit einer Geldbuße nach Art. 14 in Betracht.[17] Staatsunternehmen sind allerdings nicht von Art. 11 Abs. 1–3 ausgenommen, sondern können – wie jedes andere Unternehmen auch – Adressaten von Auskunftsverlangen nach diesen Vorschriften sein und unterliegen dann auch den Zwangs- und Sanktionsmaßnahmen nach Art. 14 und 15.[18] Nach dem Wortlaut von Art. 11 Abs. 1 iVm Art. 3 Abs. 1 lit. b sowie dem Sinn und Zweck der Auskunftsverlangen nach Art. 11 Abs. 1–3 dürften sich die Vorschriften in Art. 11 Abs. 1–3 zudem insoweit auch an Mitgliedstaaten selbst richten, als sie (Staats-)Unternehmen kontrollieren und in dieser Funktion Personen im Sinne von Art. 3 Abs. 1 lit. b sind. Die Anwendung von Art. 14 und 15 auf die Mitgliedstaaten scheidet allerdings auch in diesem Fall aus.

e) Adressaten in Drittstaaten. Problematisch ist die Anwendung der Art. 11 Abs. 1–3 auf Personen, Unternehmen und Unternehmensvereinigungen mit Sitz außerhalb des Territoriums der Union (zum EWR → Rn. 33). Die Kommission verfährt in solchen Fällen regelmäßig so, dass sie das Auskunftsverlangen an eine **in der Union ansässige Niederlassung oder sonstige Vertretung** der Person oder des Unternehmens bzw. der Unternehmensvereinigung richtet, wenn zu erwarten ist, dass diese über die erforderlichen Auskünfte verfügt.[19] Unter denselben Voraussetzungen kann das Auskunftsverlangen auch an eine **Tochtergesellschaft** gerichtet werden. Im Übrigen ist die

---

[13] Vgl. Abschnitte 7.2, 7.3, 8.2. 10.9 u. 10.10 des Formblatts CO, Anh. I DVO FKVO.
[14] Zum Meinungsstand Immenga/Mestmäcker/Hennig VO 1/2003 Art. 18 Rn. 17.
[15] So zu Recht Immenga/Mestmäcker/Hennig VO 1/2003 Art. 18 Rn. 17.
[16] Zudem kooperieren die Kommission und die nationalen Wettbewerbsbehörden im Rahmen der EU Merger Working Group, vgl. EU Merger Working Group, Best Practices on Cooperation between EU National Competition Authorities in Merger Review, im Internet abrufbar.
[17] Immenga/Mestmäcker/Körber Rn. 12; Immenga/Mestmäcker/Hennig VO 1/2003 Art. 18 Rn. 80; Klees § 9 Rn. 28.
[18] FK-KartellR/Völcker Rn. 7.
[19] Vgl. auch FK-KartellR/Rudolf Räumlicher Anwendungsbereich der EU-Wettbewerbsregeln Rn. 43; FK-KartellR?/Völcker Rn. 8; Berg/Mäsch/Kellerbauer/Zedler Rn. 6.

Übermittlung eines Auskunftsverlangens an eine in der Union ansässige Tochtergesellschaft zum Zwecke der Einholung von Auskünften von ihrer Muttergesellschaft in einem Drittstaat allenfalls dann zulässig, wenn die Tochtergesellschaft selbst an dem Verfahren beteiligt ist (oder an dem Verstoß mitwirkte) und der Leitungsmacht der Muttergesellschaft unterstellt ist.[20] Oft übersendet die Kommission das **Auskunftsverlangen per Post, Telefax oder E-Mail aber auch an die Anschrift des Adressaten in dem Drittstaat.** In diesen Fällen beschränkt sie sich aber in der Regel auf einfache (informelle) Auskunftsverlangen und sieht auch von einem Hinweis auf die Buß- und Zwangsgelder nach Art. 14 und 15 ab;[21] aus völkerrechtlichen Gründen wäre (jedenfalls) ein sanktionsbewehrtes Auskunftsverlangen an Adressaten in Drittstaaten problematisch, sodass diese Normen in diesen Fällen keine Anwendung finden.[22] **Förmliche Auskunftsverlangen** werden in der Regel nur an solche Unternehmen in Drittstaaten gerichtet, die eine für sie günstige Entscheidung anstreben (also etwa an die Anmelder in einem Fusionskontrollverfahren).[23] In der Literatur wird diese Praxis insgesamt weitgehend gebilligt.[24]

11 Aus völkerrechtlicher Sicht stößt diese Praxis zumindest auf **erhebliche Bedenken.** Soweit in der Literatur vertreten wird, das Recht zur Versendung von Auskunftsverlangen in Drittstaaten ergebe sich aus der Entsprechung von materiellem und Verfahrensrecht,[25] mag dies unionsrechtlich zutreffen, könnte aber eine Überschreitung der völkerrechtlichen Kompetenzen nicht rechtfertigen. Bei der Anwendung des materiellen Fusionskontrollrechts auch auf Auslandszusammenschlüsse, die sich innerhalb der Gemeinschaft auswirken (→ Art. 1 Rn. 50)[26] wird die Hoheitsgewalt der EU nur und ausschließlich in der EU – nämlich durch Beamte der Kommission mit Sitz in der Gemeinschaft – ausgeübt. Die Hoheitsgewalt anderer Staaten und ihre territoriale Integrität bleiben unberührt. Anders ist dies aber, wenn die Kommission Auskunftsverlangen an Personen, Unternehmen und Unternehmensvereinigungen in Drittstaaten versendet. Weil das Auskunftsverlangen in solchen Fällen in dem Gebiet des Drittstaats zugeht und dort wirksam wird, wird auch der damit sowohl im Hinblick auf die Zustellung als auch auf das Verlangen selbst verbundene Hoheitsakt – jedenfalls zum Teil – außerhalb der Gemeinschaft vorgenommen und wirksam (und damit die räumliche Hoheitsgewalt der Gemeinschaft überschritten). Ohne eine völkervertragliche Grundlage sind daher das Verlangen, bestimmte Auskünfte zu erteilen oder Unterlagen vorzulegen, ebenso wie Ladungen zu Anhörungen nur mit Einwilligung des betreffenden Staates zulässig, selbst wenn sie nur durch „einfachen Brief" erfolgen.[27]

---

[20] FK-KartellR/Rudolf Räumlicher Anwendungsbereich der EU-Wettbewerbsregeln Rn. 39, 40 u. 42; Immenga/Mestmäcker/Rehbinder IntWettbR Rn. 84 u. 85 mit Verweis auf Rn. 81; für generelle Zulässigkeit dagegen offenbar Bunte/Käseberg FKVO Art. 1 Rn. 49; vgl. ähnl. auch Berg/Mäsch/Kellerbauer/Zedler Rn. 6; Immenga/Mestmäcker/Körber Rn. 9; LMRKM/York von Wartenburg Rn. 13.

[21] Immenga/Mestmäcker/Rehbinder IntWettbR Rn. 84 u. 85; Wiedemann KartellR-HdB/Wiedemann § 5 Rn. 18 Fn. 103; Berg/Mäsch/Kellerbauer/Zedler Rn. 6; FK;-KartellR/Völcker, Rn. 8; vgl. zur VO 1/2003 auch Groeben, von der/Schwarze/Simon Hirsbrunner Vor EG) 1/2003 Art. 18 Rn. 3.

[22] Immenga/Mestmäcker/Rehbinder IntWettbR Rn. 84; BeckOK KartellR/Ecker/Zandler Rn. 18; FK-KartellR/Rudolf Räumlicher Anwendungsbereich der EU-Wettbewerbsregeln Rn. 39 u. 42; vgl. zur VO 1/2003 LMRKM/Barthelmeß/Rudolf VerfVO Art. 18 Rn. 20; Immenga/Mestmäcker/Henning VO 1/2003 Vor Art. 17–22 Rn. 17 und Art. 18 Rn. 15.

[23] FK-KartellR/Völcker, Rn. 8.

[24] Berg/Mäsch/Kellerbauer/Zedler Rn. 6; Immenga/Mestmäcker/Körber Rn. 9; LMRKM/York von Wartenburg Rn. 13; Immenga/Mestmäcker/Rehbinder IntWettbR Rn. 85; Wiedemann KartellR-HdB/Wiedemann § 5 Rn. 18; vgl. auch Grabitz/Hilf/Nettesheim/Miersch VO 1/2003 Vor Art. 17 Rn. 9; Immenga/Mestmäcker/Henning VO 1/2003 Vor Art. 17–22 Rn. 17; Mestmäcker/Schweitzer EuWettbR § 7 Rn. 102; Blanco/Lamadrid de Pablo/Kellerbauer, EC Competition Procedure, 3. Aufl. 2013, 7.11 f.

[25] Mestmäcker/Schweitzer EuWettbR § 7 Rn. 101.

[26] Vgl. nur EuG Slg. 1999, II-753 Rn. 76–111 – Gencor.

[27] So auch bereits Schwarze/Weitbrecht 190; Gleiss/Hirsch/Burkert Einl. B Rn. 47 ff.; vgl. zum deutschen Kartellrecht zB Bien/Käseberg/Klumpe/Körber/Ost/Schuster Rn. 83; Wiedemann KartellR-HdB/Wiedemann § 5 Rn. 60–65; Immenga/Mestmäcker/Rehbinder/von Kalben GWB § 185 Rn. 383 (Ausn.: mit einer Partei verbundener Dritter im Ausland); vgl. auch MüKoEuWettbR/Sabir GWB Vor § 50a Rn. 4 u. § 50b Rn. 2; aA zum deutschen Kartellrecht etwa FK-KartellR/Lindemann § 130 Abs. 2 GWB Rn. 279; vgl. wie hier auch BT-Drs. 16/11339, 14 f. (Zustellung per Post nur mit Billigung des Empfängerstaates). Deutschland hat bspw. im Anwendungsbereich des Haager Zustellungsübereinkommens der Zustellung auf dem Postweg ins Inland widersprochen. Wie hier auch die deutschen Justizbehörden, vgl. Nr. 121 Abs. 2 u. 4 lit. c RiVASt u. § 50 ZRHO; vgl. auch BVerfGE 63, 343 (372–373); BVerwG NVwZ-RR 2015, 921 Rn. 7; BGHZ 58, 177 = NJW 1972, 1004; Geiger, Staatsrecht III, 7. Aufl. 2010, 310 f.; vgl. zum deutschen Verwaltungsprozessrecht Stelkens/Bonk/Sachs/Stelkens VwVfG § 41 Rn. 220; Jenssen/Schiebel NVwZ 2022, 1416, 1417; Engelhardt NVwZ 2018, 1521 f.; vgl zum deutschen Zivilprozessrecht etwa Linke/Hau, Internationales Zivilverfahrensrecht, 8. Aufl. 2021, Rn. 8.19 u. 8.31 ff.; *Schack*, Internationales Zivilverfahrensrecht, 8. Aufl. 2021, Rn. 716–721 (selbst aA). Auch die schriftliche Befragung in Zivilprozessen für

Aus den in diesem Zusammenhang vielfach zitierten **Entscheidungen des EuGH** aus den 12 Jahren 1972[28] und 1973[29] folgt nicht, dass der Gerichtshof die Versendung von Auskunftsverlangen an Empfänger in Drittstaaten uneingeschränkt für zulässig erachtet. In den vom EuGH entschiedenen Fällen ging es um die Zustellung von Mitteilungen von Beschwerdepunkten und die Zustellung von Entscheidungen. Dadurch wird dem Betroffenen die Wahrnehmung des – auch völkerrechtlich erforderlichen – rechtlichen Gehörs oder die Inanspruchnahme von Rechtsschutz ermöglicht[30] – was auch der EuGH in seiner Entscheidung über die Zustellung der Mitteilung der Beschwerdepunkte an das Schweizer Unternehmen Geigy für maßgeblich gehalten hat. Mit einem Auskunftsverlangen ist aber selbst dann, wenn seine Beantwortung nicht mit Zwangsgeldern durchgesetzt werden kann und Verstöße gegen Pflichten im Zusammenhang mit der Beantwortung nicht mit Bußgeldern bewehrt sind und solche Maßnahmen auch nicht angedroht werden (was unstreitig mindestens erforderlich ist (→ Rn. 11)), nicht nur eine die Wahrnehmung rechtlichen Gehörs oder gerichtlichen Rechtsschutzes ermöglichende Mitteilung, sondern eine (wenn auch unverbindliche) Aufforderung zu einem aktiven Handeln verbunden.[31]

In der Praxis werden sich hieraus für Auskunftsverlangen an die an einem Zusammenschluss 13 beteiligten Unternehmen in Drittstaaten in aller Regel **keine wesentlichen praktischen Einschränkungen** ergeben. Nur in den (seltenen) Fällen, in denen ein Drittstaatsunternehmen in der Union weder anwaltlich vertreten ist noch hier eine Niederlassung hat und eine Zustimmung des Empfängerstaates zur direkten postalischen Übersendung nicht erlangt werden kann, kann sich bei Beachtung der völkerrechtlichen Schranken eine Einschränkung der Ermittlungsbefugnisse der Kommission aus Art. 11 ergeben. Wenn das der Fall ist, dürfen die völkerrechtlichen Kompetenzgrenzen aber auch nicht durch eine Ersatzzustellung an Anwälte oder Niederlassungen im Inland umgangen werden; insbesondere eine Zustellung förmlicher Auskunftsverlangen oder die Durchsetzung der Wahrheitspflicht ist problematisch, wenn die verlangten Auskünfte ersichtlich nur von dem Drittstaatsunternehmen selbst erteilt werden können.

2. Erteilung der Auskünfte durch Inhaber, Vertreter oder Bevollmächtigte. Von den 14 Adressaten des Auskunftsverlangens im Sinne von Art. 11 Abs. 1 sind die Personen zu unterscheiden, die nach Art. 11 Abs. 4 für die Erteilung der Auskünfte im Namen des Adressaten verantwortlich sind. Dies ist zunächst der **Inhaber** eines Unternehmens oder sein **Vertreter;** in der Literatur wird bisweilen unter Hinweis auf die Bedeutung der Auskünfte und die in Art. 14 vorgesehenen Sanktionen vertreten, dass dies nur der gesetzliche Vertreter des Unternehmensinhabers (beispielsweise im Falle der Betreuung gem. §§ 1896 ff. BGB) oder ein rechtsgeschäftlicher Vertreter mit einer dem Inhaber entsprechenden Vertretungsmacht sein darf.[32] Bei juristischen Personen, Gesellschaften und nicht rechtsfähigen Vereinen treten an die Stelle des Inhabers oder seines Vertreters die **nach Gesetz oder Satzung zur Vertretung berufenen Personen.** Die FKVO sieht nicht vor, dass die gesetz- oder satzungsmäßigen Vertreter innerhalb des Unternehmens oder der Vereinigung einen Vertreter bestellen können,[33] auch wenn Auskunftsersuchen in der Praxis oft von Unternehmensmitarbeitern erstellt und unterzeichnet werden, die keine gesetz- oder satzungsmäßigen Vertreter sind. Schließlich können die Auskunftspflichten durch **ordnungsgemäß bevollmächtigte Personen** erfüllt werden, wobei sich aus der Formulierung „im Namen ihrer Mandanten" ergibt, dass damit eigentlich Personen gemeint sind, die nicht dem Unternehmen angehören, in aller Regel handelt es sich dabei um die Anwälte der Unternehmen. Auch bei der Beantwortung von Auskunftsersuchen durch Bevollmächtigte bleibt aber der Adressat des Auskunftsverlangens nach Art. 11 Abs. 4 S. 3 dafür verantwortlich, dass die Auskünfte vollständig, richtig und nicht irreführend sind. Auch wenn die natürlichen Personen, die im Namen des Adressaten eines Auskunftsverlangens handeln, der Kommission gegenüber aus Art. 11 Abs. 4 zur Erteilung der Auskünfte verpflichtet (und autorisiert) sind,

---

völkerrechtlich unzulässig halten Musielak/Voit/Stadler ZPO, 16. Aufl. 2019, § 363 Rn. 10, sowie BGH NJW 1984, 2039; OLG Hamm NJW-RR 1988, 703.
[28] EuGH Slg. 1972, 787 Rn. 11 – Geigy.
[29] EuGH Slg. 1973, 215 Rn. 9–10 – Continental Can.
[30] Vgl. Immenga/Mestmäcker/Rehbinder/von Kalben GWB § 185 Rn. 365.
[31] Vgl. zur Aufforderung zu einem Tun oder Unterlassen als Abgrenzungskriterium ausdr. Nr. 121 Abs. 4 lit. c RiVASt; vgl. auch Stein/Jonas/Berger, ZPO, 23. Aufl. 2015, § 377 Rn. 21 u. 35, mwN zu den ähnl. gelagerten Fällen der Zeugenladung im Ausland bzw. der Stellung von Beweisfragen zur schriftlichen Beantwortung an im Ausland befindliche Zeugen.
[32] Immenga/Mestmäcker/Hennig VO 1/2003 Art. 18 Rn. 52; wohl aA Blanco, EC Competition Procedure, 3. Aufl. 2013, Rn. 7.38.
[33] De Bronett VO 1/2003 Art. 18 Rn. 3; Immenga/Mestmäcker/Hennig VO 1/2003 Art. 18 Rn. 52; wohl aA Blanco, EC Competition Procedure, 3. Aufl. 2013, Rn. 7.38.

können **Geldbußen** oder **Zwangsgelder** nach Art. 14 und 15 allein gegen den Adressaten, nicht aber gegen die auf der Grundlage von Art. 11 Abs. 4 handelnden Personen verhängt werden.

III. Einfaches Auskunftsverlangen nach Abs. 2

15 **1. Verfahren.** Die Kommission entscheidet über den **Zeitpunkt,** zu dem sie Auskunftsverlangen verschicken will. Dabei hat sie allerdings zu beachten, dass die Fristen im Rahmen von Fusionskontrollverfahren in der Praxis nur wenig Spielraum belassen. In der Regel werden daher bereits kurz nach dem Eingang der Anmeldung, zumeist noch während der ersten Woche, erste Auskunftsersuchen an Kunden und Wettbewerber verschickt. Die Auskunftsersuchen werden oft schon im Vorfeld der Anmeldung vorbereitet, weil die Kommission aufgrund der in der Mitteilung „Merger Best Practices" vorgesehenen (und in Wirklichkeit auch praktisch immer geführten) Vorgespräche mit den beteiligten Unternehmen und des Entwurfs der Anmeldung (→ Art. 4 Rn. 28) bereits umfangreiche Kenntnisse über den Zusammenschluss, die betroffenen Märkte und etwaige wettbewerbliche Bedenken erworben hat. Wenn keine Bedenken hinsichtlich der Vertraulichkeit des Vorhabens bestehen, kann die Kommission sogar bereits während der Pränotifizierung, allerdings nur informell, Auskünfte von Marktbeteiligten einholen. Mittlerweile ist es üblich geworden, dass die Kommission in komplexen Fusionskontrollverfahren eine Vielzahl von Auskunftsverlangen an die beteiligten Unternehmen, darüber hinaus aber auch an unterschiedlichste andere Marktakteure schickt.[34] Bei der Festsetzung der **Frist** für die Beantwortung muss einerseits dem für die Beantwortung erforderlichen Zeitaufwand Rechnung getragen werden; andererseits sind die Verfahrensfristen der FKVO und der Beschleunigungsgrundsatz zu beachten (→ Art. 10 Rn. 22).[35] In der Praxis führt dies zu entsprechend kurzen Fristen von einer bis anderthalb Wochen, vor allem bei Folgefragen oft aber auch darunter; in Einzelfällen betragen die Fristen sogar nur wenige Tage oder gar Stunden.

16 Hinsichtlich von Inhalt und Form von Auskunftsersuchen legt Art. 11 Abs. 2 **Pflichtangaben** fest, die in aller Regel in einem Anschreiben enthalten sind, dem der eigentliche Fragebogen beigefügt ist. Hierzu gehören: die Rechtsgrundlagen für das Auskunftsverlangen und sein Zweck,[36] die Frist für die Erteilung der Auskünfte und der Hinweis darauf, dass die Erteilung von unrichtigen oder irreführenden Auskünften mit einer Geldbuße nach Art. 14 geahndet werden kann. Die Kommission weist ferner in der Praxis darauf hin, dass Art. 18 Abs. 2 DVO FKVO die Adressaten eines Auskunftsverlangens verpflichtet, die vertraulichen Informationen in der Auskunft zu kennzeichnen und eine nichtvertrauliche Fassung vorzulegen. Auch eine Kontaktadresse des Bearbeiters bei der Kommission wird üblicherweise für Rückfragen angegeben. Zudem muss das Auskunftsverlangen nach Art. 11 Abs. 2 auch Angaben über „die Art der benötigten Auskünfte" enthalten; damit sind die eigentlichen Auskünfte gemeint (vgl. Art. 18 Abs. 2 und 3 VO 1/2003). Wie sich aus der in Art. 11 Abs. 5 S. 2 vorgesehenen Pflicht zur Übermittlung von Kopien an die nationalen Wettbewerbsbehörden und der gesondert vorgesehenen Möglichkeit der mündlichen Befragung in Art. 11 Abs. 7 ergibt, müssen auch einfache Auskunftsverlangen von der Kommission **schriftlich** abgefasst werden.[37] Nach der Novellierung der DVO FKVO 2023 ist nunmehr verbindlich geregelt, dass die Übermittlung von Unterlagen an die und **von der Kommission** grundsätzlich auf elektronischem Wege erfolgt (Art. 22 Abs. 1 DVO FKVO). Auch vorher war die Übermittlung von Auskunftsersuchen per E-Mail bereits der Regelfall. Die von der Kommission gemäß Art. 22 Abs. 3 DVO FKVO erlassene und im Amtsblatt und auf der Webseite der GD Wettbewerb veröffentlichte Mitteilung legt darüber hinaus fest, dass die Übermittlung von Unterlagen an die Kommission, wozu auch die Übermittlung von Antworten auf Auskunftsersuchen gehört, in Einklang mit der bisherigen Praxis grundsätzlich über die Onlineplattform der Kommission zur sicheren Übermittlung von Unterlagen **EU Send Web** (auch eTrustEx genannt) erfolgen soll. In besonderen Fällen kann die Kommission ohne Verstoß gegen Art. 11 die Antworten auf ein schriftliches Auskunftsverlangen unter Berücksichtigung des Beschleunigungsgrundsatzes auch telefonisch einholen; dies gilt insbesondere, wenn eine schriftliche Auskunft innerhalb der gesetzten Frist ausblieb.[38] Von der (fern)mündlichen Beantwortung eines Auskunftsverlangens nach Art. 11 Abs. 1 zu unterscheiden ist die mündliche Befragung zum Zweck der Einholung von Informationen nach Art. 11 Abs. 7. Insbesondere die mündli-

---

[34] S. etwa Kom., M.7932, Rn. 15 f. u. 25 f. – Dow/DuPont (In der zweiten Phase verschickte die Kommission mehr als 40 Auskunftsverlangen an die beteiligten Unternehmen).

[35] Vgl. die ähnl. Regelung in Art. 22 DVO FKVO.

[36] Zu den Anforderungen an die Begründung von Auskunftsverlangen nach der VO 1/2003, vgl. EuGH NZKart 2016, 176 – HeidelbergCement; EuG BeckRS 2020, 28669 – Facebook.

[37] Immenga/Mestmäcker/Hennig VO 1/2003 Art. 18 Rn. 25; vgl. auch Immenga/Mestmäcker/Körber Rn. 18.

[38] EuG Slg. 1999, II-1299 Rn. 84 – EuZW 1999, 600 – Endemol.

che Befragung von Marktteilnehmern gehört in komplexen Verfahren zur gängigen Praxis der Kommission (→ siehe hierzu nachfolgend Rn. 31 ff.).

Obwohl Art. 3 VO (EWG) 1/58 bestimmt, dass Schriftstücke in der **Sprache** des Mitgliedstaates abzufassen sind, dessen Hoheitsgewalt der Adressat untersteht,[39] wählt die Kommission für den eigentlichen Fragebogen zumeist die in Anmeldung gewählte Amtssprache. Nach Art. 3 Abs. 3 DVO FKVO bestimmte Verfahrenssprache (dh die in der Anmeldung gewählte Amtssprache der Union), für das Anschreiben die Amtssprache des Mitgliedstaates, in dem der Empfänger des Schreibens seinen Sitz hat.[40] Wenn die Verfahrenssprache nicht Englisch ist, fügt die Kommission dem Schreiben in der Regel eine englische Übersetzung des Fragebogens bei.[41] Zudem übermittelt die Kommission auf Nachfrage auch Übersetzungen in der jeweiligen Sprache des Adressaten.[42] Die Adressaten können die Beantwortung in ihrer Sprache vornehmen; sie sind an die von der Kommission verwendete Verfahrenssprache nicht gebunden.[43] Rechtliche Wirkungen erzeugt das Auskunftsverlangen nur, wenn es dem Empfänger in der für ihn relevanten Amtssprache zugegangen ist; daher ist auch die Verhängung von Zwangs- und Bußgeldern nach Art. 14 und 15 nur in diesem Fall möglich.[44]

Der **nationalen Wettbewerbsbehörde** eines Mitgliedstaates, in dessen Hoheitsgebiet der Wohnsitz oder Sitz des Adressaten liegt oder dessen Hoheitsgebiet von dem Zusammenschluss betroffen ist, stellt die Kommission auf ausdrückliches Verlangen nach Art. 11 Abs. 5 S. 2 eine Kopie des Auskunftsverlangens zur Verfügung; eine Verpflichtung zur Übersendung sämtlicher einfacher Auskunftsverlangen besteht ebenso wenig wie eine Verpflichtung, die Mitgliedstaaten von allen einfachen Auskunftsverlangen zu informieren. An Dritte gerichtete Auskunftsersuchen werden den **beteiligten Unternehmen** regelmäßig erst gemeinsam mit den Antworten im Rahmen der Akteneinsicht zugänglich gemacht; ebenso wenig übermittelt die Kommission den beteiligten Unternehmen in der Regel vorab einen Entwurf solcher Auskunftsersuchen mit der Bitte um Stellungnahme.

2. Wahrheitspflicht des Adressaten. Der Adressat eines einfachen Auskunftsverlangens nach Art. 11 Abs. 2 ist nicht dazu verpflichtet, die erbetenen Auskünfte zu erteilen. Wenn er sich jedoch zur Erteilung der Auskünfte entschließt, darf er keine unrichtigen oder irreführenden Angaben machen („Wahrheitspflicht"). Dies ergibt sich aus Art. 11 Abs. 2 iVm Art. 14 Abs. 1 lit. b, auf dessen Grundlage Verstöße gegen die Wahrheitspflicht mit einer **Geldbuße** geahndet werden können. Obwohl es dem Adressaten eines einfachen Auskunftsverlangens freigestellt ist, ein solches Verlangen auch nur teilweise zu beantworten, kann die **Erteilung unvollständiger Angaben** gleichwohl – je nach Sachlage – einen Verstoß gegen die Wahrheitspflicht begründen. Dies ist der Fall, wenn eine Auskunft derart unvollständig ist, dass die Antwort in ihrer Gesamtheit geeignet ist, die Kommission über den wahren Sachverhalt zu täuschen.[45] Bei Verstößen gegen die Wahrheitspflicht und das Vollständigkeitsgebot werden bereits aufgrund fahrlässigen Verhaltens – etwa beim Einreichen unbewusst lückenhafter oder widersprüchlicher Angaben im Rahmen umfangreicher Auskunftsersuchen – Geldbußen verhängt.[46] Dies kann die beteiligten Unternehmen im fusionskontrollrechtlichen Verfahren angesichts weitreichender Auskunftsersuchen mit kurzen Fristen vor erhebliche Herausforderungen stellen und zu großem Aufwand in Bezug auf die damit verbundene Vollständigkeits- und Konsistenzprüfung führen.

IV. Auskunftsverlangen durch Entscheidung (Abs. 3)

1. Verfahren. Das förmliche Auskunftsverlangen unterscheidet sich von dem einfachen Auskunftsverlangen vor allem dadurch, dass es für den Adressaten **verbindlich** ist und einer **förmlichen Entscheidung der Kommission** bedarf. Eine vorherige Anhörung der Adressaten und eine Befassung des Beratenden Ausschusses ist jedoch nicht erforderlich. Die Kommission muss ebenso nicht abwarten, bis sich ein einfaches Auskunftsverlangen als aussichtslos erwiesen hat. Allerdings versucht sie in der Regel zunächst, die begehrten Auskünfte jedenfalls von den beteiligten Unternehmen mittels eines einfachen Auskunftsersuchens zu erlangen, weil andernfalls die in Art. 10 Abs. 4 FKVO iVm Art. 9 Abs. 1 lit. a und b DVO FKVO vorgesehenen Fristhemmungstatbestände nicht erfüllt

---

[39] Vgl. zu Adressaten in Drittstaaten EuGH Slg. 1973, 215 Rn. 12 = NJW 1973, 966 – Continental Can.
[40] Krit. Löffler Rn. 3.
[41] Vgl. NK-EuWettbR/Hacker Rn. 5; FK-KartellR/Völcker Rn. 18; KölnKommKartellR/Schütz Rn. 17.
[42] S. Blanco, EC Competition Procedure, 3. Aufl. 2013, Rn. 7.28; Löffler Rn. 3; KölnKommKartellR/Schütz Rn. 17; FK-KartellR/Völcker Rn. 18.
[43] KölnKommKartellR/Schütz Rn. 17; Schulte/Zeise Rn. 2175.
[44] So zu Recht Löffler Rn. 3; Bunte/Maass Rn. 5 aE.
[45] Vgl. Kom. ABl. 1982 L 58, 19 Rn. 20–21 – Telos.
[46] S. hierzu Kom., M.8228 – Facebook/WhatsApp.

sind (→ Art. 10 Rn. 24 ff.) und der Nachweis der Voraussetzungen des Art. 9 Abs. 2 DVO FKVO in den meisten Fällen schwerfallen dürfte (s. zum Verhältnismäßigkeitsgrundsatz → Rn. 4). Auch gegenüber Dritten bedient sich die Kommission in aller Regel zunächst einfacher Auskunftsersuchen, weil sich bereits die Drohung mit einem förmlichen Auskunftsverlangen als wirksames Mittel erwiesen hat.[47] Förmliche Auskunftsverlangen haben daher in der Fusionskontrolle bislang vor allem im Zusammenspiel mit den Bestimmungen über die Fristhemmung als Mittel zum „**Anhalten der Uhr**" (→ Art. 10 Rn. 24 ff.) eine nennenswerte praktische Bedeutung erlangt, wenn die Fristen zur Prüfung eines Zusammenschlusses in komplexen Fällen nicht genügten.

21 Ein förmliches Auskunftsverlangen muss zunächst die für ein einfaches Auskunftsverlangen erforderlichen **Angaben** einschließlich eines Hinweises auf die in Art. 14 vorgesehenen Sanktionen für den Fall der unrichtigen, unvollständigen, irreführenden oder nicht fristgemäßen Beantwortung enthalten. Darüber hinaus verlangt Art. 11 Abs. 3 im Hinblick auf die Verpflichtung des Adressaten zur Erteilung der Auskünfte, dass die Kommission auf die Möglichkeit der Festsetzung von Zwangsgeldern zur Durchsetzung der Entscheidung, aber auch auf die Möglichkeit der gerichtlichen Anfechtung des förmlichen Auskunftsverlangens hinweist. Die **nationalen Wettbewerbsbehörden** der Mitgliedstaaten, in deren Hoheitsgebiet der Wohnsitz des Adressaten liegt oder deren Hoheitsgebiet sonst betroffen ist, erhalten gemäß Art. 11 Abs. 5 S. 1 unverzüglich eine Kopie des förmlichen Auskunftsverlangens. Anders als bei einfachen Auskunftsersuchen bedarf es hierfür keines Ersuchens durch die nationale Behörde. Im Übrigen kann für die Anforderungen auf die Darstellungen zum einfachen Auskunftsverlangen verwiesen werden.

22 Art. 11 Abs. 3 S. 2 letzter Hs. sieht vor, dass bereits mit dem förmlichen Auskunftsverlangen ein **Zwangsgeld** festgesetzt werden darf.[48] Bei Art. 11 Abs. 3 S. 2 letzter Hs. handelt es sich um eine **Rechtsgrundverweisung auf Art. 15,** dessen Voraussetzungen vorliegen müssen, damit die Verhängung von Zwangsgeldern zulässig ist. In der Praxis werden Zwangsgelder zusammen mit einem förmlichen Auskunftsverlangen regelmäßig nur dann festgesetzt, wenn ein nach einem fruchtlosen einfachen Auskunftsersuchen erteiltes förmliches Auskunftsverlangen ebenfalls nicht fristgerecht beantwortet wird.[49]

23 **2. Auskunfts- und Wahrheitspflicht des Adressaten.** Bedient sich die Kommission eines förmlichen Auskunftsverlangens nach Art. 11 Abs. 3, ist der Adressat verpflichtet, die erbetenen Auskünfte vollständig zu erteilen. Die Angaben müssen richtig sein und dürfen nicht geeignet sein, die Kommission irrezuführen (→ Rn. 20). Verstöße gegen die Auskunfts- und Wahrheitspflicht können mit Geldbußen nach Art. 14 geahndet werden; die Pflicht zur vollständigen und richtigen Beantwortung von förmlichen Auskunftsverlangen kann mit Zwangsgeldern nach Art. 15 durchgesetzt werden.

V. Auskunftsverlangen gegenüber Regierungen und Behörden der Mitgliedstaaten (Abs. 6)

24 Nach Art. 11 Abs. 6 erteilen auch die Regierungen der Mitgliedstaaten und die nationalen Wettbewerbsbehörden der Kommission auf Verlangen alle Auskünfte, die sie zur ordnungsgemäßen Beurteilung eines angemeldeten Vorhabens benötigt. Die eigenständige Regelung verdeutlicht, dass die auch Art. 4 Abs. 3 EUV (Gebot der **Unionsstreue**) ohnehin gebotene Zusammenarbeit zwischen Mitgliedstaaten und der Kommission nicht den Art. 11 Abs. 1–5 unterfällt. Die Verweigerung der Zusammenarbeit kann nicht mit Geldbußen nach Art. 14 geahndet oder mit Zwangsgeldern nach Art. 15 durchgesetzt werden. Eine Auskunftsverweigerung kann allerdings ein Vertragsverletzungsverfahren nach sich ziehen (Art. 258 AEUV).[50]

VI. Inhalt der Auskunftspflicht

25 **1. Gegenstand.** Nach Art. 11 Abs. 1 kann die Kommission alle zur Erfüllung der ihr durch die FKVO übertragenen Aufgaben erforderlichen Auskünfte verlangen. Hierzu gehören vor allem Angaben über **Tatsachen,** die den Adressaten des Auskunftsersuchens betreffen und ihm bekannt sind. Dies sind insbesondere Angaben über die eigene Marktstellung, die Konzernstruktur, die eigenen Umsätze, die Art und Menge der von dem Adressaten hergestellten, vertriebenen oder bezogenen Waren oder Dienstleistungen, die Absatzwege, Produktionsmengen und -kapazitäten und

---

[47] FK-KartellR/Völcker Rn. 26; dazu auch Schulte/Zeise Rn. 2178.
[48] Anders dagegen Art. 18 Abs. 3 VO 1/2003.
[49] S. etwa Kom., M.8306, Rn. 16 – Qualcomm/NXP Semiconductors und Kom., M.7993, Rn. 532– Altice/PT Portugal.
[50] Immenga/Mestmäcker/Körber Rn. 12; Klees § 9 Rn. 28.

ähnliche Angaben.[51] Nach überwiegender Auffassung darf die Kommission auch **Schätzungen** verlangen, die die eigene wirtschaftliche Situation des Unternehmens betreffen, wenn die tatsächlichen Zahlen (wie oft bei Marktanteilen) nicht vorliegen, die Schätzung dieser Angaben aber typischerweise von dem Adressaten im Rahmen seines Geschäftsbetriebs ohnedies vorgenommen wird.[52] Die Kommission geht in ihren Auskunftsverlangen hierüber allerdings oft hinaus und verlangt von den Adressaten auch **Werturteile und Prognosen** etwa zu der Definition des Marktes, den erwarteten Marktentwicklungen (einschließlich von möglichen Markteintritten Dritter und Reaktionen auf hypothetische Ereignisse wie dem Vollzug des beabsichtigen Zusammenschlusses oder Preisanhebungen in dem betroffenen Markt) sowie der Marktstellung von Wettbewerbern.[53] Die Literatur geht überwiegend davon aus, dass die Kommission hiermit ihre Befugnisse nach Art. 11 Abs. 1–3 überschreitet[54] und daher die Beantwortung solcher Fragen jedenfalls nicht mit Zwangsmitteln durchsetzen darf. In der Praxis wird dies nur ausnahmsweise zu Problemen führen, weil die meisten Adressaten die von der Kommission erbetenen Werturteile und Prognosen freiwillig abgeben werden.

Die Kommission meint zudem, dass sie über den Wortlaut von Art. 11 Abs. 1 hinaus in geeigneten Fällen auch die Herausgabe von **Unterlagen** verlangen kann, in denen sie Angaben zu dem Untersuchungsgegenstand zu finden erhofft. Der Gerichtshof hat diese Praxis gebilligt,[55] während sie in der Literatur unter Hinweis auf den Wortlaut von Art. 11 Abs. 1, die Unterscheidung zwischen Auskunftsverlangen nach Art. 11 einerseits und Nachprüfungen nach Art. 12 und 13 andererseits sowie die Gefahr einer über den eigentlichen Untersuchungsgegenstand hinausgehenden Ausforschung zu Recht kritisiert wird.[56] Mittlerweile ist die Anforderung einer Vielzahl von internen Dokumenten durch die Kommission jedenfalls in komplexen Verfahren die Regel geworden.[57] Die Kommission geht hierbei regelmäßig so vor, dass sie in Auskunftsverlangen die Vorlage sämtlicher E-Mails, sonstiger elektronischer Kommunikation oder elektronischer Dokumente fordert, die (i) von bestimmten Unternehmensmitarbeitern (sog. „custodians") bzw. ihren Vorgängern in derselben Funktion (ii) in einem bestimmten Zeitraum empfangen, versendet oder erstellt wurden und (iii) bestimmte Suchbegriffe (sog. „search terms") enthalten. Da alle drei Parameter häufig sehr weit gefasst werden, sind von den betroffenen Unternehmen oft sehr große Mengen an Dateien/Dokumenten herauszugeben, deren Zahl in sehr komplexen Verfahren weit über eine Million liegen kann.[58] Die praktische Bewältigung solcher Auskunftsverlangen ist dementsprechend mit erheblichem Aufwand verbunden und ohne die Hinzuziehung externer spezialisierter IT-Dienstleister zumeist nicht zu bewältigen. Die Zusammenschlussbeteiligten sollten sich in Verfahren, in denen von der Einleitung einer zweiten Phase auszugehen ist, rechtzeitig auf entsprechende Auskunftsverlangen vorbereiten, um (erheblichen) Verfahrensverzögerungen vorzubeugen.[59] Die bereits 2018 von Kommissarin Vestager angekündigte Veröffentlichung einer Best Practice der Kommission zu Auskunftsverlangen in Bezug auf interne Dokumente[60] ist bis heute nicht erfolgt, was angesichts der erheblichen Bedeutung entsprechender Auskunftsverlangen in komplexen Verfahren zu bedauern ist.

2. Umfang. Der Umfang der Auskunftspflicht ist insbesondere durch das Kriterium der **Erforderlichkeit** beschränkt, das seine Wurzel im allgemeinen Verhältnismäßigkeitsgebot hat,[61] in Art. 11 Abs. 1 aber auch ausdrücklich normiert ist. Was im Einzelnen als erforderlich anzusehen ist, bestimmt sich insbesondere nach dem gemäß Art. 11 Abs. 2 und 3 anzugebenden Zweck des Auskunftsverlangens und seiner Rechtsgrundlage. Die Kommission kann nur solche Auskünfte verlangen, die ihr die Prüfung des angemeldeten Zusammenschlusses oder der Zuwiderhandlung ermöglichen, die also mit dem Zusammenschluss oder der Zuwiderhandlung im Zusammenhang stehen.[62] Nach der Rechtsprechung

---

[51] FK-KartellR/Völcker Rn. 9; Immenga/Mestmäcker/Hennig VO 1/2003 Art. 18 Rn. 55; KölnKommKartellR/Schütz Rn. 14.
[52] Immenga/Mestmäcker/Körber Rn. 4; KölnKommKartellR/Schütz Rn. 14; Grabitz/Hilf/Nettesheim/Miersch VO 1/2003 Art. 18 Rn. 1.
[53] Vgl. FK-KartellR/Völcker Rn. 9.
[54] Immenga/Mestmäcker/Hennig VO 1/2003 Art. 18 Rn. 56; Immenga/Mestmäcker/Körber Rn. 4; KölnKommKartellR/Schütz Rn. 14.
[55] Vgl. EuGH Slg. 1989, 3283 Rn. 34 = BeckRS 2004, 71022 – Orkem; EuGH Slg. 1989, 3355, Ls. 2 = BeckRS 2004, 72823 – Solvay; vgl. auch Grabitz/Hilf/Nettesheim/Miersch VO 1/2003 Art. 18 Rn. 11.
[56] Immenga/Mestmäcker/Hennig VO 1/2003 Art. 18 Rn. 60 f.; KölnKommKartellR/Schütz Rn. 14; FK-KartellR/Völcker Rn. 9.
[57] Zu dieser Problematik umfassend Levy/Karadakova ECLR 2018, 12.
[58] S. hierzu die Nachweise in BeckOK KartellR/Ecker/Zandler Rn. 35.
[59] S. auch BeckOK KartellR/Ecker/Zandler Rn. 58.
[60] Vestager, Fairness and Competition, Rede vom 25.1.2018, GCLC Annual Conference, Brüssel.
[61] Immenga/Mestmäcker/Körber Rn. 5; vgl. Art. 5 Abs. 1 S. 2 und Abs. 4 EUV.
[62] EuG Slg. 1991, II-1497 Rn. 25 – SEP; EuG Slg. 1995, II-545 Rn. 40 = BeckRS 2013, 80491 – Société Générale.

der Unionsgerichte ist es allerdings Sache der Kommission (und nicht der Adressaten) die Auskünfte zu bestimmen, die für ihre Ermittlungen erforderlich sind.[63] Hierbei hat die Kommission einen weiten Beurteilungsspielraum.[64] Die verlangten Auskünfte können nur dann nicht mehr als erforderlich angesehen werden, wenn – unter Berücksichtigung des Verfahrensstadiums zum Zeitpunkt des Auskunftsverlangens[65] – keine hinreichenden Gründe für die Annahme einer Beziehung zwischen der verlangten Auskunft und dem Zusammenschluss oder der angeblichen Zuwiderhandlung bestehen. So ist es etwa rechtsmissbräuchlich, wenn die Kommission ein förmliches Auskunftsersuchen nur erlässt, um eine Fristhemmung nach Art. 10 Abs. 4 FKVO iVm Art. 9 Abs. 2 DVO FKVO herbeizuführen (zum einvernehmlichen „Anhalten der Uhr" → Rn. 21 und → Art. 10 Rn. 24 ff.).[66] Kann die Kommission dagegen vernünftigerweise davon ausgehen, dass eine Verbindung zwischen der Auskunft und dem zu beurteilenden Sachverhalt besteht, ist die Auskunft als erforderlich anzusehen.[67] Eine wertende Prüfung des zu erwartenden Beweiswerts der verlangten Auskunft im Rahmen der Ermittlungen der Kommission ist den Unionsgerichten grundsätzlich verwehrt; selbst wenn bereits genügend Indizien oder Beweise für den Nachweis einer Zuwiderhandlung oder die Vereinbarkeit oder Unvereinbarkeit eines Zusammenschlusses mit dem Gemeinsamen Markt vorliegen, kann die Kommission noch weitere Auskünfte verlangen, wenn sie dies für erforderlich hält.[68] Die gerichtliche Kontrolle von Auskunftsverlangen beschränkt sich somit im Ergebnis auf die Einhaltung von Verfahrensvorschriften, die Ordnungsmäßigkeit der Begründung, die inhaltliche Richtigkeit des Sachverhalts und das Nichtvorliegen offensichtlicher Begründungsfehler oder eines Ermessensmissbrauchs.[69]

28 Der Erlass sowohl von einfachen als auch von förmlichen Auskunftsverlangen steht im Ermessen der Kommission, die solche Ermittlungsmaßnahmen nach Art. 11 Abs. 1 durchführen „kann", aber nicht muss. Erlässt sie allerdings ein Auskunftsverlangen, muss dieses – vor allem wenn es „förmlich" erlassen wurde und damit verbindlich ist – in Inhalt und Umfang im Einklang mit dem **Verhältnismäßigkeitsgrundsatz** stehen. Die Verpflichtung zur Erteilung der Auskünfte darf daher nicht zu einer Belastung führen, die zu den Erfordernissen der Untersuchung außer Verhältnis steht.[70] Während es zulässig ist, dass einem Unternehmen auferlegt wird, alle in seiner Sphäre verfügbaren Informationen zu ermitteln, zusammenzustellen und in einem von der Kommission vorgegebenen Format bereitzustellen, dürfte es daher in aller Regel unverhältnismäßig sein, Auskünfte zu verlangen, die das Unternehmen erst selbst ermitteln muss.[71] Einschränkungen können sich insoweit auch ergeben, wenn die Kommission von einer Tochtergesellschaft Informationen verlangt, die die Muttergesellschaft betreffen und über die nur die Muttergesellschaft verfügt.[72] In der Praxis sind Auskunftsersuchen zum Teil allerdings äußerst weitgehend und verlangen von den Adressaten erhebliche Anstrengungen innerhalb oft sehr kurzer Fristen; die Unionsgerichte sind dabei – gewissermaßen als Kehrseite der gesteigerten Nachweisanforderungen an Untersagungen von Zusammenschlüssen – gegenüber der Kommission eher großzügig.[73] Infolgedessen erlässt die Kommission sowohl in der ersten als auch in der zweiten Phase vermehrt eine Vielzahl an Auskunftsverlangen und stützt ihre Beschlüsse in Fusionskontrollverfahren zunehmend auf interne Dokumente der beteiligten Unternehmen, die sie auf der Basis von Art. 11 herausverlangt (→ Rn. 27).[74]

---

[63] EuGH Slg. 1989, 3283 Rn. 15 = BeckRS 2004, 71022 – Orkem; vgl. auch bereits EuGH Slg. 1982, 1575 Rn. 17 = NJW 1983, 503 – AM&S Europe Limited.
[64] EuG Slg. 2009, II-145 Rn. 32 f. = BeckEuRS 2009, 491574 – Omya AG; Blanco, EC Competition Procedure, 3. Aufl. 2013, Rn. 7.24; KölnKommKartellR/Schütz Rn. 14; FK-KartellR/Völcker Rn. 10; Bunte/Sura VO 1/2003 Art. 18 Rn. 12; Grabitz/Hilf/Nettesheim/Miersch VO 1/2003 Art. 18 Rn. 7; Schulte/Zeise Rn. 2181.
[65] EuG Slg. 2009, II-145 Rn. 30 = BeckEuRS 2009, 491574 – Omya AG; dazu Hirsbrunner EuZW 2010, 727 (730): Auch wenn die Kommission die begehrten Auskünfte später zur Begründung der Entscheidung nicht verwendet, erlaubt dies nicht den Schluss, es sei von vornherein nicht erforderlich gewesen, sie einzuholen.
[66] EuG Slg. 2009, II-145 Rn. 99 ff. = BeckEuRS 2009, 491574 – Omya AG.
[67] Vgl. insbes. EuG Slg. 1991, II-1497 Rn. 29–31 – SEP (bestätigt durch EuGH Slg. 1994, I-1911 Rn. 30–38 = BeckRS 2004, 76525); Immenga/Mestmäcker/Hennig VO 1/2003 Art. 18 Rn. 11.
[68] EuGH Slg. 1989, 3283 Rn. 15 = BeckRS 2004, 71022 – Orkem.
[69] EuG Slg. 2009, II-145 Rn. 32 mwN = BeckEuRS 2009, 491574 – Omya AG.
[70] EuGH Slg. 1980, 2033 Rn. 30 = NJW 1981, 513 – National Panasonic; EuG Slg. 2009, II-145 Rn. 34 = BeckEuRS 2009, 491574 – Omya AG; EuG Slg. 1991, II-1497 Rn. 51 f. – SEP; hierzu auch FK-KartellR/Völcker Rn. 11; Immenga/Mestmäcker/Körber Rn. 5; Schulte/Just/Maass Rn. 4.
[71] Immenga/Mestmäcker/Körber Rn. 4.
[72] Immenga/Mestmäcker/Hennig VO 1/2003 Art. 18 Rn. 57.
[73] S. für ein Beispiel EuG Slg. 2002, II-4071 Rn. 94–113 = BeckRS 2003, 70059 – Schneider Electric und die krit. Anm. bei FK-KartellR/Völcker Rn. 11.
[74] Vgl. Kom., M.7932 – Dow/DuPont; zu weiteren Verfahren Levy/Karadakova ECLR 2018, 12 (17); Wilson ZWeR 2017, 146.

VI. Inhalt der Auskunftspflicht

3. Beschränkungen der Auskunftspflicht. a) Geschäftsgeheimnisse. Das Interesse an der 29 Geheimhaltung von Geschäftsgeheimnissen führt grundsätzlich nicht zu einer Beschränkung der Auskunftspflicht.[75] Zur Wahrung der legitimen Interessen der zur Auskunft Verpflichteten an dem Schutz von Geschäftsgeheimnissen sehen die FKVO und die DVO FKVO Regeln für den Schutz von Geschäftsgeheimnissen und anderen vertraulichen Angaben vor (ausf. s. → Art. 17 Rn. 14 ff. und → Art. 18 Rn. 51 ff.). Im Einzelfall darf die Kommission selbst den Mitgliedstaaten besonders vertrauliche Dokumente nicht zugänglich machen (→ Art. 17 Rn. 22).[76]

b) Auskunftsverweigerungsrechte. Die FKVO regelt Auskunftsverweigerungsrechte ebenso 30 wenig ausdrücklich wie die VO 1/2003. Nach der Rechtsprechung der Unionsgerichte ergibt sich aber aus den Verteidigungsrechten der Betroffenen (und damit einem fundamentalen Grundsatz des Unionsrechts) in allen Verfahrensstadien ein Recht zur Verweigerung von Antworten, durch der Adressat das Vorliegen einer Zuwiderhandlung eingestehen müsste, für die die Kommission beweispflichtig ist.[77] Dieses Auskunftsverweigerungsrecht ist aber in seiner praktischen Wirkung sehr beschränkt und blieb bislang hinter den nationalen Auskunfts(verweigerungs)rechten in den meisten Mitgliedstaaten zurück. Denn die Kommission ist – so die bisherige Rechtsprechung der Unionsgerichte – „um der Erhaltung der praktischen Wirksamkeit [der Auskunftspflichten] willen berechtigt, das Unternehmen zu verpflichten, ihr alle erforderlichen Auskünfte zu erteilen, selbst wenn diese dazu verwendet werden können, den Beweis für ein wettbewerbswidriges Verhalten des betreffenden oder eines anderen Unternehmens zu erbringen."[78] Die Grenzziehung zwischen dem Verlangen von Auskünften, die einem Eingeständnis gleichkommen, und solchen, die der „rein tatsächlicher"[79] Natur sind, ist schwierig; die Rechtsprechung tendiert dazu, Fragen nach Tatsachen und Unterlagen in aller Regel zuzulassen und lediglich Wertungen, Interpretationen oder Auskünfte über innere Tatsachen, etwa die verfolgten Zwecke und Ziele, auszuklammern.[80] Der Gerichtshof hatte zwischenzeitlich allerdings angedeutet, dass er von seiner bisherigen Rechtsprechung abrücken und auch die Verweigerung rein tatsächlicher Auskünfte zulassen könnte,[81] um seine Rechtsprechung in Einklang mit der Rechtsprechung des Europäischen Gerichtshofs für Menschenrechte zu bringen.[82] In einer späteren Entscheidung kam der Gerichtshof allerdings gleichwohl wieder zu dem Schluss, dass ein beschuldigtes Unternehmen „der Kommission auf deren Verlangen die genannten, den Gegenstand der Untersuchung betreffenden Dokumente vorlegen [muss], auch wenn diese Schriftstücke von der Kommission als Beweis für das Vorliegen einer Zuwiderhandlung verwendet werden könnten".[83] Dies widerspricht der insoweit eindeutigen Rechtsprechung des Europäischen Gerichtshofs für Menschenrechte, der die Verpflichtung zur Vorlage von Beweismitteln unter dem Gesichtspunkt von Art. 6 EMRK untersucht und – anders als der EuGH – für eine unzulässige Verpflichtung zur Selbstbezichtigung erachtet hat.[84] Im Anwendungsbereich der FKVO war die praktische Bedeutung der Auskunftsverweigerungsrechte bislang gering. Soweit es um Auskünfte geht, die in Fusionskontrollverfahren verlangt werden, ist zudem zu berücksichtigen, dass Art. 17 Abs. 1 vorsieht, dass die erlangten Kenntnisse nur zu dem mit dem Auskunftsverlangen verfolgten Zweck (also nur im Rahmen des konkreten Fusionskontrollverfahrens) verwendet werden dürfen. In vielen (aber keineswegs allen) Fällen dürfte dies die Problematik entschärfen (→ Art. 17 Rn. 10 f.). Für die weiteren Einzelheiten im Zusammenhang mit Auskunftsverweigerungsrechten – auch im Zusam-

---

[75] Vgl. EuG Slg. 1991, II-1497 Rn. 53–60 – SEP; Immenga/Mestmäcker/Körber Rn. 6.
[76] So EuGH Slg. 1994, I-1911 Rn. 30–38 = BeckRS 2004, 76725 – SEP.
[77] EuGH Slg. 1989, 3283 Rn. 33–35 = BeckRS 2004, 71022 – Orkem; EuG Slg. 1995, II-545 Rn. 73 f. = BeckRS 2013, 80491 – Société Générale; EuG Slg. 2001, II-729 Rn. 67 = EuZW 2001, 345 – Mannesmannröhren-Werke.
[78] EuGH Slg. 1989, 3283 Rn. 34 = BeckRS 2004, 71022 – Orkem; EuG Slg. 1995, II-545 Rn. 74 = BeckRS 2013, 80491 – Société Générale; EuG Slg. 2001, II-729 Rn. 65 = EuZW 2001, 345 – Mannesmannröhren-Werke.
[79] Vgl. EuG Slg. 2001, II-729 Rn. 78 = EuZW 2001, 345 – Mannesmannröhren-Werke.
[80] EuGH Slg. 1989, 3283 Rn. 38 = BeckRS 2004, 71022 – Orkem; ganz ausdrücklich in diese Richtung EuG Slg. 2001, II-729 Rn. 69–74 u. 78 = EuZW 2001, 345 – Mannesmannröhren-Werke.
[81] EuGH Slg. 2002, I-8375 Rn. 272–275 = BeckRS 2004, 75338 – LVM.
[82] EGMR Reports 2001-III Rn. 63–71 = NJW 2002, 499 – J. B./Schweiz; EGMR Reports 1996-VI Rn. 67–76, 71 f. – Saunders/UK.
[83] EuGH Slg. 2006, I-5915 Rn. 41–49 = BeckRS 2006, 137934 – Kommission/SGL Carbon, zur VO 17/62, ABl. 1962 L 204, 62; vgl. umfassend zur Entwicklung Immenga/Mestmäcker/Hennig VO 1/2003 Vor Art. 17–22 Rn. 25 ff.
[84] EGMR Reports 2001-III Rn. 64–66, 71 = NJW 2002, 499 – J. B./Schweiz; wie hier krit. zur Rechtsprechung des EuGH auch Bechtold/Bosch/Brinker VO 1/2003 Art. 18 Rn. 12 und Bechtold/Bosch/Brinker Rn. 15–18; nicht übertragbar hält die Rechtsprechung des EGMR dagegen Immenga/Mestmäcker/Hennig VO 1/2003 Vor Art. 17–22 Rn. 43 ff. (Beschränkung auf natürliche Personen).

menhang mit dem sog. „Legal Privilege" – wird auf die Kommentierung der VO 1/2003 verwiesen (→ VO 1/2003 Vor Art. 17 Rn. 17 ff.).[85]

c) Weitere Einschränkungen bei Auskunftsverlangen zu (internen) Unterlagen. Weitere Einschränkungen der Pflicht zur Beantwortung von Auskunftsersuchen, die insbesondere auf die Vorlage (interner) Unterlagen bezogenen sind, können sich aus dem unionsrechtlich anerkannten Schutz des Anwaltsprivilegs[86] sowie ggf. aus dem Persönlichkeitsrecht von Individualpersonen ergeben.[87]

aa) Anwaltsprivileg. Die Vertraulichkeit der Kommunikation zwischen Unternehmen und externen Rechtsanwälten ist im Unionsrecht weitgehend durch den Grundsatz des Anwaltsprivilegs (Legal Professional Privilege) geschützt. Voraussetzung für einen Schutz ist nach der Rechtsprechung des Gerichtshofs, dass der Schriftwechsel mit dem Rechtsanwalt zum einen mit der Ausübung des „Rechts des Mandanten auf Verteidigung" in Zusammenhang steht und es sich zum anderen um einen Schriftwechsel handeln muss, der von „unabhängigen Rechtsanwälten" ausgeht, d.h. von „Anwälten […], die nicht durch einen Dienstvertrag an den Mandanten gebunden sind".[88] Dokumente, die nach diesen Maßstäben dem Schutz des Anwaltsprivilegs unterliegen, müssen von Unternehmen auf ein Auskunftsverlangen der Kommission hin nicht herausgegeben werden.[89]

Aus den beiden vom Gerichtshof aufgestellten Voraussetzungen des Anwaltsprivilegs ergeben sich jedoch nicht unerhebliche Einschränkungen des Schutzes. Zum einen ist nach der Rechtsprechung des Gerichtshofs nur die Kommunikation mit externen Rechtsanwälten, nicht hingegen die Kommunikation mit unternehmensinternen Anwälten geschützt.[90] Vom Anwaltsprivileg von vornherein nicht erfasst ist die Kommunikation zwischen dem Unternehmen und anderen Beratern, insbesondere ökonomischen Beratern.[91] Zum anderen ergeben sich Einschränkungen aus dem erforderlichen Zusammenhang der Kommunikation mit dem Recht des Unternehmens auf Verteidigung. Der Schutz des Anwaltsprivilegs umfasst daher zwar auch unternehmensinterne Dokumente, wenn diese den Schriftverkehr zwischen Rechtsanwalt und Mandant bzw. den Rechtsrat des Rechtsanwalts wiedergeben[92] oder dem ausschließlichen Zweck dienen, Rechtsrat von einem externen Rechtsanwalt einzuholen.[93] Dabei ist der Ansicht zuzustimmen, dass es für den Schutz durch das Anwaltsprivileg nicht darauf ankommt, ob sich die Kommunikation mit dem Rechtsanwalt auf das spezifische Fusionskontrollverfahren bezieht, sondern der Schutz auch dann greift, wenn die Kommunikation auf die Einholung von externem Rechtsrat in anderer Sache bezogen ist.[94] Gleichzeitig genügt allerdings der bloße Umstand, dass ein Dokument auch an einen externen Rechtsanwalt versendet oder dieser in sonstiger Weise in die Kommunikation einbezogen wurde, nicht für einen Schutz durch das Anwaltsprivileg.

In praktischer Hinsicht ist es bei der Beantwortung eines auf die Vorlage (interner) Unterlagen gerichteten Auskunftsverlangens erforderlich, der Kommission auch eine Auflistung der Dokumente zu überlassen, deren Herausgabe unter Berufung auf das Anwaltsprivileg verweigert wird, und für diese Dokumente spezifisch zu begründen, warum diese vom Anwaltsprivileg erfasst werden (sog. „Privilege Log").[95] Besteht bei einer Vielzahl von Dokumenten zwischen den betroffenen Unternehmen und der Kommission Streit darüber, ob diese vom Anwaltsprivileg geschützt sind, wurde zum Teil so verfahren, dass die betroffenen Unternehmen der Kommission die Dokumente ohne Verzicht auf das Anwaltsprivileg in einem separaten Datenraum offengelegt haben, sodass die Kom-

---

[85] Dazu auch Wilson NZKart 2017, 352; zum Nichtbestehen eines Verweigerungsrechts unter Berufung auf die Datenschutz-Grundverordnung, VO (EU) 2016/679, vgl. Schreiben des Europäischen Datenschutzbeauftragten, 22.10.2018, im Internet abrufbar unter: https://edps.europa.eu/sites/edp/files/publication/18-10-30_letter_investigative_activities_eui_gdpr_en.pdf.

[86] Hierzu ausf. BeckOK KartellR/Ecker/Zandler Rn. 57 ff.; Bunte/Maas Rn. 7; Wilson NZKart 2017, 352.

[87] Hierzu ausf. BeckOK KartellR/Ecker/Zandler Rn. 65 ff.

[88] EuGH Slg. 1982, 1575 Rn. 21 = NJW 1983, 503 – AM&S Europe Limited; EuGH Slg. 2010, I-8301 Rn. 41 = NJW 2010, 3557 – Akzo Nobel.

[89] EuGH Slg. 1982, 1575 Rn. 25–28 = NJW 1983, 503 – AM&S Europe Limited; EuG Slg. 1990, II-163 Rn. 13–18 = BeckEuRS 1990, 165415 – Hilti; EuGH Slg. 2010, I-8301 Rn. 40–50 = NJW 2010, 3557 – Akzo Nobel.

[90] EuGH Slg. 1982, 1575 Rn. 24–26 = NJW 1983, 503 – AM&S Europe Limited; EuGH Slg. 2010, I-8301 Rn. 40–50 = NJW 2010, 3557 – Akzo Nobel.

[91] Zum praktischen Umgang hiermit, s. BeckOK KartellR/Ecker/Zandler Rn. 60; Wilson NZKart 2017, 352 (356).

[92] EuG Slg. 1990, II-163 Rn. 18 = BeckEuRS 1990, 165415 – Hilti.

[93] EuG Slg. 2007, II-3523 Rn. 123 = BeckRS 2007, 144627 – Akzo Nobel.

[94] Bunte/Maas Rn. 7.

[95] Ausf. hierzu Wilson NZKart 2017, 352 (357).

mission auf dies Weise ermitteln konnte, welche Dokumente aus ihrer Sicht überhaupt für die Entscheidung relevant sind. Anschließend konnte die genaue rechtliche Prüfung der Voraussetzungen des Anwaltsprivilegs auf diese Dokumente beschränkt bzw. eine einvernehmliche Lösung herbeigeführt werden.[96] Im Verfahren Merck/Sigma-Aldrich konnte der Streitstoff so von 7.980 auf 15 Dokumente reduziert werden.[97]

bb) Schutz der Privatsphäre von Unternehmensmitarbeitern. Besondere Probleme ergeben sich, wenn auf interne Unterlagen gerichtete Auskunftsverlangen auch private Korrespondenz von Mitarbeitern der Unternehmen erfassen, wie das vor allem im Rahmen der e-Discovery regelmäßig der Fall ist. Dann steht die Pflicht zur Beantwortung des Auskunftsverlangens in einem Spannungsverhältnis mit dem in der Vorlage der privaten Korrespondenz verbundenen Eingriff in das Persönlichkeitsrecht der Mitarbeiter. Praktisch wird dieses Problem regelmäßig dadurch adressiert, dass sich das Unternehmen und die Kommission auf bestimmte Kriterien zur Identifikation solcher Informationen verständigen und die so identifizierten, vom Auskunftsverlangen möglicherweise erfassten, aber potenziell privaten Unterlagen besonders geschützt an einzelne Mitglieder des Case Teams der Kommission übermittelt und von der Kommission einer kursorischen Plausibilitätsprüfung unterzogen werden.[98]

VII. Schlichte Befragung (Abs. 7)

Nach Art. 11 Abs. 7 kann die Kommission im Rahmen der Erfüllung der ihr durch die FKVO übertragenen Aufgaben alle natürlichen und juristischen Personen zum Zweck der Einholung von Informationen über einen Untersuchungsgegenstand befragen. Die Befragung ergänzt das einfache und förmliche Auskunftsverlangen nach Art. 11 Abs. 1–5 durch eine sehr flexible Regelung, die zum einen den **Kreis der Informationsquellen** auf jede beliebige natürliche oder juristische Person erweitert (und damit etwa auch die von Art. 11 Abs. 1–5 nicht erfassten Verbraucherverbände oder Sachverständige mit besonderer Marktkenntnis einbeziehen). Zum anderen ermöglicht die in Art. 11 Abs. 7 vorgesehene schlichte Befragung der Kommission, die erforderlichen Informationen sehr **schnell und unkompliziert** zu erlangen, was angesichts der kurzen Verfahrensfristen der FKVO ein unschätzbarer Vorteil ist. Die mündliche Befragung von Marktteilnehmern ist zudem gerade in komplexen Verfahren ein von der Kommission häufig genutztes Mittel. Verstöße gegen die **Wahrheitspflicht,** die im Grunde auch bei Befragungen besteht, dürfen allerdings nicht mit Geldbußen geahndet werden.

Das **Verfahren** ist einfach und informell. Voraussetzung für eine Befragung ist vor allem die **Zustimmung** des Befragten, die jederzeit widerrufen werden kann.[99] Zu Beginn der Befragung sind ihre Rechtsgrundlage und ihr Zweck anzugeben; inhaltlich ist sie beschränkt auf den konkreten Untersuchungsgegenstand. Die Befragung kann mündlich in Anwesenheit aller Beteiligten, aber insbesondere auch **telefonisch** und durch **andere elektronische Mittel** (einschließlich von Video- und Webkonferenzen) durchgeführt werden. Obwohl Art. 11 Abs. 7 vornehmlich auf mündliche Befragungen ausgerichtet ist,[100] dürften auch Befragungen per E-Mail als Befragungen mit „anderen elektronischen Mitteln" zulässig sein, wobei insoweit – auch zur Abgrenzung von Auskunftsersuchen nach Art. 11 Abs. 2 – der Hinweis auf die Rechtsgrundlage von besonderer Bedeutung ist. Praktisch wird eine solche Befragung per E-Mail sich vor allem bei Personen anbieten, die nicht Adressaten eines Auskunftsersuchens nach Art. 11 Abs. 1–5 sein können. Aber auch bei kurzfristigen Nachfragen – etwa zu Angaben, die zuvor in Beantwortung eines Auskunftsersuchens gemacht wurden – bietet sich die Befragung per E-Mail an. Die Kommission darf über die mündlichen Aussagen, die in einer Befragung gemacht werden, ein **Protokoll** erstellen und im Rahmen ihrer Untersuchung als Beweismittel verwenden.[101] Praktisch wird über jedes Telefonat ein Gesprächsvermerk erstellt, den die Kommission anschließend dem Befragten zur Überprüfung, Bestätigung und ggf. Klarstellung übersende. Eine ggf. um Geschäftsgeheimnisse bereinigte Fassung des Vermerks wird der Anmelderin im Hauptprüfverfahren im Wege der Akteneinsicht zugänglich gemacht. Findet die Befragung weder in den Räumen der Kommission noch telefonisch oder mit anderen elektronischen Mitteln statt, muss die Kommission vor der Durchführung der Befragung die nationale Wettbewerbsbehörde des Mitgliedstaates informieren, in dessen Hoheitsgebiet die Befragung erfolgen soll. Verlangt die nationale Wettbewerbsbehörde dies, muss die Kommission sie zu der Befragung hinzuziehen (Art. 11 Abs. 7 UAbs. 2).

---

[96] Kom., M.8181, Rn. 165 – Merck/Sigma-Aldrich; s. auch Bunte/Maas Rn. 7.
[97] Kom., M.8181, Rn. 166 – Merck/Sigma-Aldrich.
[98] BeckOK KartellR/Ecker/Zandler Rn. 66.
[99] Immenga/Mestmäcker/Körber Rn. 28.
[100] Vgl. ausdr. Vorbereitender Rechtsakt 2003/C 20/06 der Kom. Rn. 84.
[101] Erwgr. 38 FKVO; vgl. auch Vorbereitender Rechtsakt 2003/C 20/06 der Kom. Rn. 84.

VIII. Besonderheiten bei Ermittlungen in EFTA/EWR

33 Ist die Kommission nach den Regelungen in Art. 57 Abs. 2 lit. a EWR-Abkommen für die Prüfung eines Zusammenschlusses zuständig und hat sie dabei das Kooperationsverfahren des Protokolls Nr. 24 nach dessen Art. 2 anzuwenden, gelten für die Anwendung des Art. 11 gegenüber den Mitgliedstaaten des EWR, der EFTA-Überwachungsbehörde und Personen, Unternehmen und Unternehmensvereinigungen im Hoheitsgebiet der Mitgliedstaaten des EWR einige zusätzliche Regelungen. Nach Art. 8 Abs. 1 Protokoll Nr. 24 sind der EFTA-Überwachungsbehörde (nicht aber den einzelnen Mitgliedstaaten des EWR) Kopien aller förmlichen Auskunftsverlangen an Personen, Unternehmen und Unternehmensvereinigungen in ihrem Gebiet zu übermitteln; einfache Auskunftsersuchen in Fusionskontrollverfahren müssen der EFTA-Überwachungsbehörde auf ihr Verlangen hin übermittelt werden. Nach Art. 8 Abs. 2 Protokoll Nr. 24 haben die EFTA-Überwachungsbehörde und die Mitgliedstaaten des EWR der Kommission alle Auskünfte zu erteilen, die für die Erfüllung der Aufgaben der Kommission nach Art. 57 EWR-Abkommen (also der Fusionskontrolle) erforderlich sind. Dies entspricht Art. 11 Abs. 6. Schließlich kann die Kommission aufgrund von Art. 8 Abs. 3 Protokoll Nr. 24 in dem Gebiet des EWR Befragungen von natürlichen und juristischen Personen durchführen, wenn die Befragten dem zustimmen und nachdem die EFTA-Überwachungsbehörde informiert worden ist. Auf Verlangen ist der EFTA-Überwachungsbehörde und dem betreffenden Mitgliedstaat des EWR die Teilnahme an den Befragungen zu gestatten. Anders als Art. 11 Abs. 7 sieht das Protokoll Nr. 24 nicht ausdrücklich vor, dass die Befragung auch telefonisch oder mit elektronischen Mitteln erfolgen kann. Dies dürfte allerdings gleichwohl zulässig sein; Art. 11 Abs. 7 genügt insoweit als Rechtsgrundlage. Auch innerhalb der Union bedürfte es insoweit nicht der Einbeziehung der Mitgliedstaaten, weil deren Hoheitsgebiet von solchen Maßnahmen unberührt bleibt.

Art. 12 Nachprüfungen durch Behörden der Mitgliedstaaten

(1) ¹**Auf Ersuchen der Kommission nehmen die zuständigen Behörden der Mitgliedstaaten diejenigen Nachprüfungen vor, die die Kommission gemäß Artikel 13 Absatz 1 für angezeigt hält oder die sie in einer Entscheidung gemäß Artikel 13 Absatz 4 angeordnet hat.** ²**Die mit der Durchführung der Nachprüfungen beauftragten Bediensteten der zuständigen Behörden der Mitgliedstaaten sowie die von ihnen ermächtigten oder benannten Personen üben ihre Befugnisse nach Maßgabe ihres innerstaatlichen Rechts aus.**

(2) **Die Bediensteten der Kommission und andere von ihr ermächtigte Begleitpersonen können auf Anweisung der Kommission oder auf Ersuchen der zuständigen Behörde des Mitgliedstaats, in dessen Hoheitsgebiet die Nachprüfung vorgenommen werden soll, die Bediensteten dieser Behörde unterstützen.**

I. Allgemeines

1 Art. 12 und 13 regeln die Durchführung von Nachprüfungen im Zusammenhang mit Verfahren nach der FKVO. Während Art. 13 die Kommission dazu ermächtigt, selbst im Hoheitsgebiet der Mitgliedstaaten Nachprüfungen durchzuführen, kann sie nach Art. 12 die Hilfe der nationalen Wettbewerbsbehörden in Anspruch nehmen und sie dazu verpflichten, Nachprüfungen an ihrer Stelle vorzunehmen. Bei Art. 12 handelt es sich um einen Fall der **Amtshilfe** der nationalen Wettbewerbsbehörden. Die Amtshilfe nach Art. 12 unterscheidet sich von der in Art. 13 Abs. 5–8 vorgesehenen Amtshilfe dadurch, dass die Kommission bei Art. 12 zwar den Auftrag zur Nachprüfung erteilt, die Federführung für die Durchführung des Nachprüfverfahrens aber bei den nationalen Wettbewerbsbehörden liegt; leisten Mitarbeiter von nationalen Wettbewerbsbehörden oder anderen Behörden der Mitgliedstaaten im Rahmen von Verfahren nach Art. 13 Amtshilfe, sind sie dagegen Hilfspersonen der Kommission.

2 Nachprüfungen durch die nationalen Wettbewerbsbehörden wurden in Verfahren nach der FKVO soweit ersichtlich bislang nicht durchgeführt. Die in Art. 12 vorgesehenen Befugnisse haben daher in der Praxis noch **keine Bedeutung** erlangt.[1] Art. 12 entspricht Art. 22 Abs. 2 **VO 1/2003**; weil Nachprüfungen im Allgemeinen im Rahmen der Durchsetzung von Art. 101 und 102 AEUV von größerer Bedeutung als im Rahmen der Fusionskontrolle sind, wird ergänzend auf die Kommentierung dieser Vorschriften verwiesen.

---

[1] Vgl. NK-EuWettbR/Hacker Rn. 2; FK-KartellR/Völcker Rn. 1; Löffler Erläuterungen; s. auch Schulte/Just/Steinbarth Rn. 1; Bunte/Maass Rn. 2.

II. Voraussetzungen und Verfahren

Auch wenn die Systematik der Regelung anderes nahelegt, ist nicht Art. 12, sondern Art. 13 **3** die Grundnorm für Nachprüfungen im Rahmen der FKVO.[2] Nachprüfungen durch die nationalen Wettbewerbsbehörden setzen daher zunächst voraus, dass die **materiellen Voraussetzungen** für eine Nachprüfung nach Art. 13 Abs. 1 vorliegen – also insbesondere die Erforderlichkeit der Nachprüfung zur Erfüllung der der Kommission durch die FKVO übertragenen Aufgaben (→ Art. 13 Rn. 4).[3] Hält die Kommission Nachprüfungen für erforderlich, entscheidet sie nach Zweckmäßigkeitsgesichtspunkten, ob sie nach Art. 12 oder Art. 13 vorgeht. Es besteht keine Pflicht zur Delegation der Ermittlungen an die Behörden der Mitgliedstaaten.[4]

In **formeller Hinsicht** bedarf es eines an die zuständige nationale Wettbewerbsbehörde gerichte- **4** ten Ersuchens der Kommission; Art. 12 ermächtigt die Mitgliedstaaten nicht, von sich aus tätig zu werden. Ein solches Ersuchen kann die Kommission zunächst im Zusammenhang mit der Durchsetzung einer formellen Nachprüfungsentscheidung nach Art. 13 Abs. 4 stellen; sie kann die nationalen Wettbewerbsbehörden aber auch dann ersuchen, eine Nachprüfung nach Art. 12 durchzuführen, wenn sie dies nach Art. 13 Abs. 1 für „angezeigt" hält, ohne dass sie zuvor eine formelle Entscheidung gefällt hat. Ob es in einem solchen Fall zumindest eines schriftlichen Prüfungsauftrages der Kommission nach Art. 13 Abs. 3 bedarf, ist unklar. Dem Wortlaut von Art. 12 Abs. 1 („die die Kommission nach Art. 13 Abs. 1 für angezeigt hält oder die sie in einer Entscheidung gemäß Art. 13 Abs. 4 angeordnet hat") ist insoweit nichts zu entnehmen. Die in Art. 12 Abs. 1 in Bezug genommenen Voraussetzungen des Art. 13 Abs. 1 muss die Kommission in jedem Fall, also bei einem informellen Ersuchen, einem Prüfauftrag nach Art. 13 Abs. 3 und bei einer Entscheidung nach Art. 13 Abs. 4 beachten.[5] Gleichwohl spricht aber vor allem der Vergleich der Neufassung der FKVO mit Art. 12 aF dafür, dass es genügt, wenn die Kommission ein informelles Ersuchen an die betreffende nationale Wettbewerbsbehörde richtet, ohne dass die formellen und inhaltlichen Maßnahmen von Art. 13 Abs. 3 erfüllt sein müssen. Es ist dem innerstaatlichen Recht des betreffenden Mitgliedstaates überlassen, die Einzelheiten des Verfahrens festzulegen (Art. 12 Abs. 1 S. 2). Dies gilt auch für die Frage, ob und unter welchen Voraussetzungen über das Ersuchen durch die Kommission hinaus ein Prüfungsauftrag erforderlich ist und welchen inhaltlichen und formellen Anforderungen ein solcher Auftrag genügen muss.[6] Unabhängig davon, auf welcher Grundlage die Nachprüfung nach Art. 12 angeordnet wird, erübrigt sich jedenfalls ein Hinweis auf die Sanktionsmöglichkeiten nach Art. 14, weil Verstöße gegen die Pflicht zur vollständigen Vorlage von Büchern und sonstigen Geschäftsunterlagen bei solchen Nachprüfungen nicht mehr mit einer Geldbuße geahndet werden können.[7]

Werden die nationalen Wettbewerbsbehörden von der Kommission ersucht, Nachprüfungen **5** nach Art. 12 durchzuführen, haben sie **keinen Ermessensspielraum**. Sie dürfen die Entscheidung der Kommission darüber, ob eine Nachprüfung im Sinne von Art. 13 Abs. 1 erforderlich ist, selbst nicht überprüfen, sondern müssen Nachprüfungen im Rahmen ihrer nach dem innerstaatlichen Recht zu bestimmenden Befugnisse durchführen, wenn sie hierum von der Kommission ersucht werden.[8] Sie müssen sich dabei auf den Gegenstand des Ersuchens beschränken, das nicht nur den aus Sicht der Kommission (mindestens) erforderlichen Inhalt der Nachprüfung und damit den Auftrag der nationalen Behörde festlegt, sondern zugleich auch die äußeren Grenzen der Ermächtigung der nationalen Wettbewerbsbehörden durch die Kommission im Einzelfall absteckt.[9]

Die Kommission kann entweder von sich aus oder auf Ersuchen der nationalen Wettbewerbsbe- **6** hörde des Mitgliedstaates, in dessen Hoheitsgebiet die Nachprüfung erfolgt, ihre Bediensteten oder andere von ihr ermächtigte Personen entsenden, um die Bediensteten der nationalen Behörden bei der Nachprüfung zu **begleiten** und zu **unterstützen**. Die nationalen Wettbewerbsbehörden müssen die Anwesenheit der von der Kommission entsandten Personen dulden, bleiben aber im Verfahren

---

[2] Vgl. Art. 20 u. 22 VO 1/2003.
[3] Vgl. Immenga/Mestmäcker/Körber Rn. 3.
[4] Immenga/Mestmäcker/Körber Rn. 3; Schulte/Zeise Rn. 2186; vgl. zu Art. 22 Abs. 2 VO 1/2003 auch EuG Slg. 2007, II-521 Rn. 87 = BeckRS 2008, 70206 – France Télécom.
[5] Zur Parallelnorm in der VO 1/2003, vgl. de Bronett VO 1/2003 Art. 22 Rn. 3.
[6] AA Immenga/Mestmäcker/Körber Rn. 8: schriftlicher Auftrag europarechtlich geboten; vgl. auch FK-KartellR/Völcker Rn. 6: Nationale Behörden müssen nachweisen, dass sie im Auftrag der Kommission tätig werden.
[7] Vgl. den Hinweis auf Art. 12 in Art. 14 Abs. 1 lit. d aF sowie Vorbereitender Rechtsakt 2003/C 20/06 der Kom. Art. 14 Abs. 1 lit. d, einerseits, und Art. 14 Abs. 1 lit. d nF andererseits.
[8] KölnKommKartellR/Schütz Erläuterungen; ebenso Immenga/Mestmäcker/Körber Rn. 6; Schulte/Just/Steinbarth Rn. 1.
[9] Vgl. Immenga/Mestmäcker/Hennig VO 1/2003 Art. 22 Rn. 40.

nach Art. 12 selbst für die Durchführung der Nachprüfung zuständig, auch wenn Kommissionsbeamte anwesend sind.

7 In Deutschland ist für Nachprüfungen nach Art. 12 das **Bundeskartellamt** zuständig. Dies ergibt sich aus § 50 Abs. 4 S. 1 GWB, weil es sich bei den Maßnahmen nach Art. 12 um solche handelt, die den Behörden der Mitgliedstaaten in einer Verordnung nach Art. 103 AEUV (in Verbindung mit Art. 352 AEUV) übertragen wurden.[10] Nach § 50 Abs. 4 S. 3 iVm § 50 Abs. 2 S. 2 GWB gelten für Nachprüfungen nach Art. 12 die für die Anwendung des GWB maßgeblichen Verfahrensvorschriften.

Art. 13 Nachprüfungsbefugnisse der Kommission

(1) Die Kommission kann zur Erfüllung der ihr durch diese Verordnung übertragenen Aufgaben bei Unternehmen und Unternehmensvereinigungen alle erforderlichen Nachprüfungen vornehmen.

(2) Die mit den Nachprüfungen beauftragten Bediensteten der Kommission und die anderen von ihr ermächtigten Begleitpersonen sind befugt,
a) alle Räumlichkeiten, Grundstücke und Transportmittel der Unternehmen und Unternehmensvereinigungen zu betreten,
b) die Bücher und sonstigen Geschäftsunterlagen, unabhängig davon, in welcher Form sie vorliegen, zu prüfen,
c) Kopien oder Auszüge gleich in welcher Form aus diesen Büchern und Geschäftsunterlagen anzufertigen oder zu verlangen,
d) alle Geschäftsräume und Bücher oder Unterlagen für die Dauer der Nachprüfung in dem hierfür erforderlichen Ausmaß zu versiegeln,
e) von allen Vertretern oder Beschäftigten des Unternehmens oder der Unternehmensvereinigung Erläuterungen zu Sachverhalten oder Unterlagen zu verlangen, die mit Gegenstand und Zweck der Nachprüfung in Zusammenhang stehen, und ihre Antworten aufzuzeichnen.

(3) ¹Die mit der Nachprüfung beauftragten Bediensteten der Kommission und die anderen von ihr ermächtigten Begleitpersonen üben ihre Befugnisse unter Vorlage eines schriftlichen Auftrags aus, in dem der Gegenstand und der Zweck der Nachprüfung bezeichnet sind und in dem auf die in Artikel 14 vorgesehenen Sanktionen für den Fall hingewiesen wird, dass die angeforderten Bücher oder sonstigen Geschäftsunterlagen nicht vollständig vorgelegt werden oder die Antworten auf die nach Absatz 2 gestellten Fragen unrichtig oder irreführend sind. ²Die Kommission unterrichtet die zuständige Behörde des Mitgliedstaats, in dessen Hoheitsgebiet die Nachprüfung vorgenommen werden soll, rechtzeitig vor deren Beginn über den Prüfungsauftrag.

(4) ¹Unternehmen und Unternehmensvereinigungen sind verpflichtet, die Nachprüfungen zu dulden, die die Kommission durch Entscheidung angeordnet hat. ²Die Entscheidung bezeichnet den Gegenstand und den Zweck der Nachprüfung, bestimmt den Zeitpunkt des Beginns der Nachprüfung und weist auf die in Artikel 14 und Artikel 15 vorgesehenen Sanktionen sowie auf das Recht hin, vor dem Gerichtshof Klage gegen die Entscheidung zu erheben. ³Die Kommission erlässt diese Entscheidung nach Anhörung der zuständigen Behörde des Mitgliedstaats, in dessen Hoheitsgebiet die Nachprüfung vorgenommen werden soll.

(5) ¹Die Bediensteten der zuständigen Behörde des Mitgliedstaats, in dessen Hoheitsgebiet die Nachprüfung vorgenommen werden soll, sowie die von dieser Behörde ermächtigten oder benannten Personen unterstützen auf Anweisung dieser Behörde oder auf Ersuchen der Kommission die Bediensteten der Kommission und die anderen von ihr ermächtigten Begleitpersonen aktiv. ²Sie verfügen hierzu über die in Absatz 2 genannten Befugnisse.

(6) Stellen die Bediensteten der Kommission oder die anderen von ihr ermächtigten Begleitpersonen fest, dass sich ein Unternehmen einer aufgrund dieses Artikels angeordneten Nachprüfung, einschließlich der Versiegelung der Geschäftsräume, Bücher oder Geschäftsunterlagen, widersetzt, so leistet der betreffende Mitgliedstaat die erforderliche Amtshilfe, gegebenenfalls unter Einsatz der Polizei oder anderer gleichwertiger Vollzugs-

---
[10] Vgl. BeckOK KartellR/Stempel GWB § 50 Rn. 5; FK-KartellR/Bracher GWB § 50 Rn. 32; Bechtold/Bosch/Bechtold/Bosch GWB § 50 Rn. 7; Immenga/Mestmäcker/Rehbinder GWB § 50 Rn. 13.

organe, damit die Bediensteten der Kommission und die anderen von ihr ermächtigten Begleitpersonen ihren Nachprüfungsauftrag erfüllen können.

(7) ¹Setzt die Amtshilfe nach Absatz 6 nach einzelstaatlichem Recht eine gerichtliche Genehmigung voraus, so ist diese zu beantragen. ²Die Genehmigung kann auch vorsorglich beantragt werden.

(8) ¹Wurde eine gerichtliche Genehmigung gemäß Absatz 7 beantragt, prüft das einzelstaatliche Gericht die Echtheit der Kommissionsentscheidung und vergewissert sich, dass die beabsichtigten Zwangsmaßnahmen weder willkürlich noch – gemessen am Gegenstand der Nachprüfung – unverhältnismäßig sind. ²Bei der Prüfung der Verhältnismäßigkeit der Zwangsmaßnahmen kann das einzelstaatliche Gericht die Kommission unmittelbar oder über die zuständige Behörde des betreffenden Mitgliedstaats um ausführliche Erläuterungen zum Gegenstand der Nachprüfung ersuchen. ³Das einzelstaatliche Gericht darf jedoch weder die Notwendigkeit der Nachprüfung in Frage stellen noch Auskünfte aus den Akten der Kommission verlangen. ⁴Die Prüfung der Rechtmäßigkeit der Kommissionsentscheidung ist dem Gerichtshof vorbehalten.

Übersicht

		Rn.			Rn.
I.	Allgemeines	1	1.	Allgemeine Amtshilfe	11
II.	Voraussetzungen (Abs. 1)	4	2.	Durchsetzung der Nachprüfung mit unmittelbarem Zwang	12
III.	Verfahren (Abs. 3 und 4)	5			
IV.	Nachprüfungsbefugnisse (Abs. 2)	8	3.	Zuständigkeit des Bundeskartellamts	13
V.	Amtshilfe durch Mitgliedstaaten (Abs. 5–8)	11	4.	Erforderlichkeit einer richterlichen Anordnung in Deutschland	14

I. Allgemeines

Art. 13 ermächtigt die Kommission, bei der Anwendung der FKVO Nachprüfungen bei Unternehmen und Unternehmensvereinigungen durchzuführen. Diese Befugnis ergänzt die mit Art. 11 geschaffene Möglichkeit, die für die Durchführung von Fusionskontrollverfahren und anderen Verfahren nach der FKVO erforderlichen Informationen durch Auskunftsverlangen einzuholen. Art. 13 steht im **Kanon der Ermittlungsbefugnisse** der Kommission gleichberechtigt neben Art. 11; die FKVO legt keine Hierarchie der verschiedenen Ermittlungsmethoden fest.[1] Allerdings hatte die Kommission bereits zur FKVO aF erklärt, dass sie die Befugnis zur Durchführung von Nachprüfungen unter Berücksichtigung des Verhältnismäßigkeitsgrundsatzes nur bei Vorliegen von besonderen Umständen wahrnehmen wolle (→ Art. 11 Rn. 5).[2] 1

In der Praxis haben Nachprüfungen im Rahmen der FKVO anders als bei der Durchsetzung von Art. 101 und 102 AEUV[3] **keine nennenswerte Bedeutung** erlangt. Bislang ist es nur in sehr wenigen Verfahren zu einer Nachprüfung gekommen.[4] Die Zurückhaltung der Kommission ist kaum überraschend, weil die beteiligten Unternehmen in Fusionskontrollverfahren in aller Regel bereitwillig an der Aufklärung des Sachverhalts mitwirken, um Verzögerungen zu vermeiden, die sich andernfalls vor allem wegen der Hemmung des Laufs der Verfahrensfristen ergeben können (hierzu ausf. → Art. 10 Rn. 24 ff.).[5] In der Praxis dürften sich Nachprüfungen daher lediglich in Verfahren zur Prüfung von Verstößen gegen die FKVO – insbesondere gegen das Vollzugsverbot oder gegen Bedingungen und Auflagen, aber auch gegen die Wahrheitspflichten im Zusammenhang mit der Anmeldung eines Vorhabens oder der Beantwortung von Auskunftsersuchen – als erforderlich erweisen. 2

---

[1] EuGH Slg. 1989, 3283 Rn. 14 = BeckRS 2004, 71022 – Orkem zur VO 17/62, ABl. 1962 L 204, 62; Immenga/Mestmäcker/Körber Rn. 4; KölnKommKartellR/Schütz Art. 11 Rn. 6; Blanco, EC Competition Procedure, 3. Aufl. 2013, Rn. 7.19.
[2] Vgl. Kom., Notes on Council Regulation (EEC) 4064/89.
[3] Vgl. hierzu die Kommentierungen von Art. 20 und 21 der VO 1/2003.
[4] Vgl. Kom. ABl. 1999 L 183, 1 Rn. 6–11 – Skanska/Scancem; Kom., Competition Policy Newsletter 2008 Nr. 1, 61, 64 zur Entscheidung Kom., M.4734 – Ineos/Kerling; Kom., M.6106, Rn. 14 – Caterpillar/MWN; Schulte/Zeise Rn. 2185; Immenga/Mestmäcker/Körber Rn. 1 Fn. 1 und Rn. 5 Fn. 9; FK-KartellR/Völcker Rn. 2.
[5] S. FK-KartellR/Völcker Rn. 2.

3 Art. 13 entspricht weitestgehend der Parallelvorschrift in Art. 20 **VO 1/2003**.[6] Anders als Art. 21 VO 1/2003 sieht die FKVO allerdings nicht vor, dass Nachprüfungen auch außerhalb der Geschäftsräume, Grundstücke und Transportmittel der betreffenden Unternehmen und Unternehmensvereinigungen durchgeführt werden dürfen. Insbesondere dürfen keine Nachprüfungen in Privatwohnungen von Mitarbeitern dieser Unternehmen vorgenommen werden. Die Kommission trägt damit dem Umstand Rechnung, dass solche „sehr weitreichenden Befugnisse" im Rahmen der Fusionskontrolle nicht gerechtfertigt sind, weil es dort (anders als im Anwendungsbereich der VO 1/2003) nicht um die Aufdeckung und Verfolgung von Zuwiderhandlungen gegen die primärrechtlichen Verbote in Art. 101 und 102 AEUV geht.[7] Wegen der Übereinstimmung zwischen Art. 13 FKVO und Art. 20 VO 1/2003 beschränkt sich die Kommentierung an dieser Stelle auf einen Überblick über den wesentlichen Inhalt der Norm; für die Einzelheiten wird auf die Kommentierung der VO 1/2003 verwiesen.

II. Voraussetzungen (Abs. 1)

4 Die **materiellen Voraussetzungen** einer Nachprüfung durch die Kommission ergeben sich aus Art. 13 Abs. 1 FKVO. Ziel der Nachprüfung durch die Kommission muss die Ermittlung eines Sachverhalts „in Erfüllung der ihr durch [die FKVO] übertragenen Aufgaben" sein; die Kommission kann Nachprüfungen daher insbesondere im Rahmen von Fusionskontrollverfahren und zur Aufklärung des Verdachts eines Verstoßes gegen die FKVO durchführen. Sie darf mit einer Nachprüfung nach Art. 13 keinen außerhalb des Anwendungsbereichs der FKVO liegenden Zweck verfolgen. Eine rein ausforschende Nachprüfung wäre unzulässig.[8] Die Nachprüfung muss zudem für die Erfüllung dieser Aufgaben „erforderlich" sein und auch im Übrigen mit dem Verhältnismäßigkeitsgrundsatz im Einklang stehen.[9] Die Befugnis der Kommission zur Durchführung von Nachprüfungen im Rahmen der FKVO ist (anders als nach der VO 1/2003) auf Unternehmen und Unternehmensvereinigungen beschränkt; allein in deren Geschäftsräumen sind Nachprüfungen auf der Grundlage von Art. 13 zulässig (→ Rn. 3).

III. Verfahren (Abs. 3 und 4)

5 Formell bedarf es eines **schriftlichen Nachprüfungsauftrags** nach Art. 13 Abs. 3 oder einer förmlichen **Nachprüfungsentscheidung** nach Art. 13 Abs. 4. Die Kommission kann zwischen diesen beiden Vorgehensweisen nach pflichtgemäßem Ermessen wählen und muss dabei – wie auch bei Art. 11 – den Verhältnismäßigkeitsgrundsatz wahren.[10] Ähnlich wie bei einfachen und förmlichen Auskunftsverlangen nach Art. 11 liegt der entscheidende Unterschied zwischen den beiden Alternativen darin, dass Unternehmen oder Unternehmensvereinigungen Nachprüfungen, die durch eine förmliche Entscheidung angeordnet worden sind, dulden müssen. Soll eine Nachprüfung auf der Grundlage eines einfachen Nachprüfauftrags durchgeführt werden, ist es dem Betroffenen dagegen freigestellt, ob er der Durchführung der Nachprüfung zustimmen oder nicht.[11] Stimmt er einer Nachprüfung zu, ist er allerdings in gleicher Weise zur Mitwirkung bei der Nachprüfung verpflichtet wie bei einer durch Entscheidung angeordneten Nachprüfung.[12] In der Praxis sind Nachprüfungen auf der Grundlage eines einfachen Auftrags in aller Regel unpraktikabel, weil sie es dem Adressaten ermöglichen, der Nachprüfung zu widersprechen und etwaige Beweismittel vor einer durch Entscheidung angeordneten Nachprüfung zu beseitigen. Die erste Nachprüfung im Rahmen der FKVO, die Nachprüfung in dem Verfahren Skanska/Scancem, erfolgte daher auf der Grundlage einer förmlichen Entscheidung.[13]

6 Sowohl in einem schriftlichen Nachprüfungsauftrag als auch in einer förmlichen Nachprüfungsentscheidung sind der **Gegenstand und Zweck der Nachprüfung** in einer Weise anzuge-

---

[6] Vorbereitender Rechtsakt 2003/C 20/06 der Kom. Rn. 81.
[7] Vorbereitender Rechtsakt 2003/C 20/06 der Kom. Rn. 85.
[8] Vgl. Immenga/Mestmäcker/Körber Rn. 4 und 7.
[9] Vgl. EuGH Slg. 1980, 2033 Rn. 29 f. = NJW 1981, 513 – National Panasonic; EuGH Slg. 1989, 2859 Rn. 19 = NJW 1989, 3080 – Hoechst; EuG Slg. 2007, II-521 Rn. 117 ff. = BeckRS 2008, 70206 – France Télécom; de Bronett VO 1/2003 Art. 20 Rn. 2; Immenga/Mestmäcker/Hennig VO 1/2003 Art. 20 Rn. 8 f., alle zur VO 17/62, ABl. 1962 L 204, 62, bzw. zur VO 1/2003.
[10] FK-KartellR/Völcker Rn. 9; Immenga/Mestmäcker/Körber Rn. 4. Vgl. EuGH Slg. 1980, 2033 Rn. 9–15, 29 f. = NJW 1981, 513 – National Panasonic; EuGH Slg. 1989, 2859 Rn. 19 = NJW 1989, 3080 – Hoechst; de Bronett VO 1/2003 Art. 20 Rn. 2, alle zur VO 17/62, ABl. 1962 L 204, 62, bzw. zur VO 1/2003.
[11] FK-KartellR/Völcker Rn. 10, 12; Immenga/Mestmäcker/Körber Rn. 6; vgl. EuGH Slg. 1989, 2859 Rn. 31 = NJW 1989, 3080 – Hoechst zur VO 17/62, ABl. 1962 L 204, 62.
[12] FK-KartellR/Völcker Rn. 10.
[13] Kom. ABl. 1999 L 183, 1 Rn. 11 – Skanska/Scancem.

ben, die das betroffene Unternehmen bzw. die betroffene Unternehmensvereinigung in die Lage versetzt, den Umfang der Mitwirkungspflicht (bzw. die Folgen einer Zustimmung zur Durchführung der Nachprüfung) zu erkennen und seine oder ihre Verteidigungsrechte wahrzunehmen.[14] Insbesondere muss die Kommission klar angeben, welchen Vermutungen sie nachzugehen beabsichtigt.[15] Die Anforderungen an den Präzisierungsgrad der Begründung auch einer förmlichen Nachprüfentscheidung sind allerdings nicht hoch; vielmehr können selbst „sehr allgemeine Wendungen" genügen, solange der Umfang der Nachprüfung gleichwohl hinreichend genau abgegrenzt ist.[16] Die Angabe des Zwecks der Nachprüfung ist zudem für die Bestimmung der Schranken der Verwertbarkeit von bei der Nachprüfung erlangten Informationen und Beweismitteln von großer Bedeutung; auf diesem Weg erlangte Kenntnisse darf die Kommission nach Art. 17 Abs. 1 nämlich nur zu dem mit der Nachprüfung verfolgten Zweck verwerten (vgl. ausf. → Art. 17 Rn. 3 ff.).[17]

Nachprüfaufträge und -entscheidungen müssen zudem einen Hinweis darauf enthalten, dass **7** ein Verstoß gegen die Pflicht zur vollständigen Vorlage der angeforderten Bücher oder sonstigen Geschäftsunterlagen oder gegen die Wahrheitspflicht im Zusammenhang mit der Beantwortung von auf Grund von Art. 13 Abs. 2 lit. e gestellten Fragen der Kommission mit einer **Geldbuße** nach Art. 14 geahndet werden kann. Bei einer förmlichen Nachprüfentscheidung ist zudem darauf hinzuweisen, dass die Nachprüfung mit **Zwangsgeldern** nach Art. 15 durchgesetzt werden kann und dass ein Verstoß gegen die Duldungspflicht und der Bruch von Siegeln nach Art. 13 Abs. 2 lit. d eine Geldbuße nach sich ziehen kann. Zudem ist auf den **Zeitpunkt des Beginns** der Nachprüfung hinzuweisen, damit das betroffene Unternehmen oder die betroffene Unternehmensvereinigung klar erkennen kann, wann die Duldungspflichten einsetzen. Weil eine förmliche Nachprüfentscheidung anders als ein bloßer Nachprüfauftrag von dem Adressaten selbstständig gerichtlich angefochten werden kann, verlangt Art. 13 Abs. 4 S. 2 zudem bei Nachprüfentscheidungen auch eine **Rechtsbehelfsbelehrung.** Während eine Nachprüfentscheidung erst nach **Anhörung des Mitgliedstaates**, in dessen Hoheitsgebiet die Nachprüfung erfolgen soll, erlassen werden darf, bedarf es bei einem einfachen Nachprüfauftrag lediglich der **Unterrichtung** des betreffenden Mitgliedstaates vor der Durchführung der Nachprüfung. Der Adressat muss dagegen auch vor dem Erlass einer förmlichen Nachprüfentscheidung nicht unterrichtet oder gar angehört werden,[18] weil es sich bei der Nachprüfentscheidung nur um eine verfahrensleitende Maßnahme handelt[19] und weil andernfalls der Zweck der Nachprüfung in vielen Fällen vereitelt würde (→ Art. 18 Rn. 7).[20] Bei einem bloßen schriftlichen Nachprüfantrag ist demgegenüber eine kurzfristige Vorankündigung durch die Kommission nicht unüblich.[21] Eine förmliche Entscheidung muss dem betroffenen Unternehmen oder der betroffenen Unternehmensvereinigung zudem nach Art. 297 Abs. 2 UAbs. 3 AEUV zugestellt werden, damit sie wirksam wird. Diese **Zustellung** erfolgt in der Regel durch Übergabe unmittelbar vor Beginn der Nachprüfung;[22] weigert sich der Adressat, die Nachprüfentscheidung entgegenzunehmen, gilt sie als zugestellt. Der Adressat kann der Kommission nicht entgegenhalten, dass die Zustellung missglückt ist, wenn dies auf sein eigenes Verhalten zurückzuführen ist.[23]

IV. Nachprüfungsbefugnisse (Abs. 2)

Die Nachprüfungsbefugnisse der Kommission sind in Art. 13 Abs. 2 festgelegt. Die Kommis- **8** sion kann bei einer Nachprüfung die **Bücher und sämtliche sonstigen Geschäftsunterlagen** des betroffenen Unternehmens oder der betroffenen Unternehmensvereinigung unabhängig von

---

[14] Vgl. EuGH Slg. 1989, 2859 Rn. 29 = NJW 1989, 3080 – Hoechst; EuGH Slg. 2002, I-9011 Rn. 47 = NJW 2003, 35 – Roquette Frères; EuG Slg. 2007, II-521 Rn. 57 f. = BeckRS 2008, 70206 – France Télécom.
[15] FK-KartellR/Völcker Rn. 11. Vgl. EuGH Slg. 1989, 2859 Rn. 41 = NJW 1989, 3080 – Hoechst; EuGH Slg. 1980, 2033 Rn. 26 f. = NJW 1981, 513 – National Panasonic; EuG Slg. 2003, II-5257 Rn. 125 = BeckRS 2003, 153140 – Ventouris Group; alle zur VO 17/62, ABl. 1962 L 204, 62, bzw. VO 4056/86, ABl. 1986 L 378, 4.
[16] EuGH Slg. 1989, 2859 Rn. 42 = NJW 1989, 3080 – Hoechst.
[17] Vgl. Immenga/Mestmäcker/Körber Rn. 9; vgl. auch EuGH Slg. 2002, I-9011 Rn. 48 = NJW 2003, 35 – Roquette Frères; EuG Slg. 2003, II-5257 Rn. 125 = BeckRS 2003, 153140 – Ventouris Group.
[18] Vgl. EuGH Slg. 1980, 2033 Rn. 21 f. = NJW 1981, 513 – National Panasonic.
[19] Vgl. EuGH Slg. 1980, 2033 Rn. 21 = NJW 1981, 513 – National Panasonic.
[20] KölnKommKartellR/Schütz Rn. 8; Immenga/Mestmäcker/Körber Rn. 9.
[21] FK-KartellR/Völcker Rn. 10; Immenga/Mestmäcker/Körber Rn. 9 aE.
[22] Vgl. de Bronett VO 1/2003 Art. 20 Rn. 10.
[23] EuGH Slg. 1973, 215 Rn. 10 = NJW 1973, 966 – ContinentalCan.

der Art ihrer Aufbewahrung oder Speicherung prüfen und Kopien oder Auszüge von ihnen anfertigen oder verlangen (lit. b und c). Anders als das Bundeskartellamt nach deutschem Recht darf die Kommission jedoch keine Beweismittel beschlagnahmen und daher auch keine Originalunterlagen herausverlangen.[24] Auch wenn die Kommission nur von solchen Unterlagen Kopien anfertigen oder verlangen darf, die Geschäftsunterlagen sind und mit dem Untersuchungsgegenstand im Zusammenhang stehen, ergeben sich hieraus in der Praxis kaum wirksame Schranken für die Ausübung der Nachprüfungsbefugnisse durch die Kommission.[25] Nach der Rechtsprechung des Gerichtshofs ist es nämlich Sache der Kommission, zu beurteilen, ob ihr bestimmte Unterlagen im Rahmen einer Nachprüfung vorzulegen sind oder nicht;[26] die Kommission entscheidet auch darüber, ob sie Kopien oder Auszüge von diesen Unterlagen anfertigt oder verlangt.[27] Die Kommission geht – im Einklang mit der Rechtsprechung zu ihrem Beurteilungsspielraum hinsichtlich der Relevanz von Fragen, denen sie mit Auskunftsverlangen nachgeht (→ Art. 11 Rn. 27) – davon aus, dass sie während einer Nachprüfung lediglich von solchen Unterlagen keine Kopien anfertigen oder verlangen darf, die offensichtlich in keinem Zusammenhang mit dem Verfahrensgegenstand stehen.[28] Der Schutz der betroffenen Unternehmen oder Unternehmensvereinigungen ist damit in der Praxis auf die nachträgliche gerichtliche Überprüfung der Nachprüfung oder der Art ihrer Ausführung und das Verlangen gegenüber der Kommission beschränkt, ihnen die Unterlagen zurückzugeben, die ersichtlich mit dem Verfahrensgegenstand nichts zu tun haben oder keine Geschäftsunterlagen sind.[29] Zudem unterliegen Unterlagen, die nicht hätten kopiert werden dürfen, einem Verwertungsverbot.[30] Einschränkungen der Nachprüfungsbefugnisse können sich auch im Zusammenhang mit dem Schutz vor Selbstbezichtigung und dem sog. „Legal Privilege" ergeben, wobei insoweit der unionsrechtliche Schutz der betroffenen Unternehmen keineswegs vollkommen ist. Für die Einzelheiten wird auf die Kommentierung von Art. 20 der VO 1/2003 verwiesen.[31] Während der Nachprüfung hat der Adressat der Maßnahme ein Recht auf Hinzuziehung juristischen Beistands.[32]

9 Die Kommission darf zudem von allen Vertretern oder Beschäftigten des betroffenen Unternehmens oder der betroffenen Unternehmensvereinigung **Erläuterungen** zu den vorgelegten Unterlagen, aber auch darüber hinaus allgemein zu Sachverhalten verlangen, die mit dem Zweck der Nachprüfung im Zusammenhang stehen.[33] Die Neuregelung geht damit über Art. 13 Abs. 2 FKVO aF hinaus, der eine allgemeine Zeugenvernehmung im Zusammenhang mit Nachprüfungen nach überwiegender Auffassung nicht zuließ.[34] Die Erläuterungen können protokolliert werden und stehen damit als Beweismittel für das Verfahren zur Verfügung. Die Erläuterungspflicht nach Art. 13 Abs. 2 lit. e verbindet Elemente der Befragung nach Art. 11 Abs. 7 (insbesondere in persönlicher Hinsicht sowie im Hinblick auf die Protokollierung mündlicher Aussagen) mit Elementen des Auskunftsverlangens nach Art. 11 Abs. 1–5 (einschließlich der Reichweite der Auskunftsverweigerungsrechte). Ihr Inhalt und Umfang entspricht weitgehend dem Inhalt und Umfang der Auskunftspflicht nach Art. 11 (→ Art. 11 Rn. 26–30); allerdings wird die inhaltliche Reichweite des Befragungsrechts der Kommission im Zusammenhang mit Nachprüfungen (und damit der Auskunftspflicht) durch den Gegenstand und Zweck der Nachprüfung (und nicht, wie bei Art. 11, durch den Gegenstand der zu Grunde liegenden Untersuchung) begrenzt. Insoweit bleibt eine Restakzessorietät von Auskunftspflicht und Nachprüfung erhalten.[35]

---

[24] GK/Schütz Rn. 3; Schulte/Just/Steinbarth Rn. 4; Immenga/Mestmäcker/Körber Rn. 11; zur VO 1/2003, vgl. auch de Bronett VO 1/2003 Art. 20 Rn. 14.

[25] Vgl. Immenga/Mestmäcker/Hemming VO 1/2003 Art. 20 Rn. 52.

[26] EuGH Slg. 1982, 1575 Rn. 17 = NJW 1983, 503 – AM&S Europe Limited, zur VO 17/62, ABl. 1962 L 204, 62.

[27] Kom. ABl. 1992 L 305, 16 – CSM NV/Zucker zur VO 17/62, ABl. 1962 L 204, 62; vgl. Blanco, EC Competition Procedure, 3. Aufl. 2013, Rn. 8.47 f.

[28] Kom. ABl. 1992 L 305, 16 – CSM NV/Zucker; vgl. auch Immenga/Mestmäcker/Hennig VO 1/2003 Art. 20 Rn. 50.

[29] Kom. ABl. 1992 L 305, 16 – CSM NV/Zucker zur VO 17/62, ABl. 1962 L 204, 62.

[30] Kom. ABl. 1992 L 305, 16 – CSM NV/Zucker zur VO 17/62, ABl. 1962 L 204, 62; vgl. Immenga/Mestmäcker/Hennig VO 1/2003 Art. 20 Rn. 52 und 103.

[31] Vgl. FK-KartellR/Völcker Rn. 5; ausf. hierzu und allg. zu Einschränkungen der Nachprüfungsbefugnisse die Kommentierung, vgl. VO 1/2003 Art. 20 Rn. 41 f.

[32] Allg. hierzu EuGH NZKart 2015, 337 Rn. 31 – Deutsche Bahn, wobei zu beachten ist, dass hierdurch Nachprüfungen nicht unverhältnismäßig lange verzögert werden dürfen, vgl. EuGH BeckRS 2012, 82124 Rn. 233 – KWS.

[33] Immenga/Mestmäcker/Körber Rn. 11.

[34] Zur alten Rechtslage vgl. FK-KartellR/Völcker Rn. 8 mwN; vgl. auch EuGH Slg. 1980, 2033 Rn. 15 = NJW 1981, 513 – National Panasonic.

[35] Vgl. zu der Erläuterungspflicht ausf. → VO 1/2003 Art. 20 Rn. 18–22.

Die Kommission darf zum Zwecke von Nachprüfungen die Räumlichkeiten, Grundstücke und **10** Transportmittel der betroffenen Unternehmen und Unternehmensvereinigungen **betreten**[36] und die Geschäftsräume und Unterlagen für die Dauer der Nachprüfung **versiegeln**. Nach der Rechtsprechung des Gerichtshofs ist die Kommission nicht darauf beschränkt, nach bestimmten, ihr bereits bekannten Unterlagen zu fragen und die Vorlage dieser Unterlagen etwa in einem Konferenzraum zu verlangen; vielmehr darf sie nach freier Wahl die Geschäftsräume bezeichnen, die sie betreten will, und etwa auch verlangen, dass ihr der vollständige Inhalt von Möbeln offenbart wird, die sie in diesen Räumen bezeichnet. Wäre die Kommission auf die Vorlage von Unterlagen beschränkt, deren Existenz ihr bereits bekannt ist, würde die Befugnis zur Nachprüfung, so der Gerichtshof, praktisch leerlaufen (zum Umfang und den Schranken des Betretensrechts auch → VO 1/2003 Art. 20 Rn. 6 und 13).[37] Das Betretensrecht ist in der Praxis daher einer Durchsuchung nach deutschem Recht in wesentlichen Teilen vergleichbar, weil die Kommission aber nicht befugt ist, die Durchsuchung selbst mit unmittelbarem Zwang durchzusetzen und die Suche nach Beweismitteln eigenhändig durchzuführen, mit ihr jedoch nicht identisch.

V. Amtshilfe durch Mitgliedstaaten (Abs. 5–8)

1. Allgemeine Amtshilfe. Die Kommission kann bei Nachprüfungen auf die Bediensteten der **11** **nationalen Wettbewerbsbehörden** des Mitgliedstaats, in dessen Hoheitsgebiet die Nachprüfung vorgenommen wird, oder auf andere von dieser Behörde ermächtigte oder benannte Personen im Wege der Amtshilfe nach Art. 13 Abs. 5 zugreifen. Die nationalen Wettbewerbsbehörden können aber auch von sich aus ihre Bediensteten oder von ihnen ermächtigte oder benannte Personen zu Nachprüfungen entsenden, damit diese die Kommission bei der Durchführung der Nachprüfung unterstützen. Die von den nationalen Wettbewerbsbehörden entsandten Personen leiten ihre Befugnisse nicht nur von den Befugnissen der Kommission ab, sondern haben auf Grund des Verweises in Abs. 5 auf Abs. 2 originär dieselben Nachprüfungsbefugnisse wie die Kommission (allerdings nur, wenn, soweit und solange die Kommission eine Nachprüfung auf der Grundlage von Art. 13 als Herrin des Verfahrens durchführt).

2. Durchsetzung der Nachprüfung mit unmittelbarem Zwang. Art. 13 Abs. 6–8 regeln **12** die Amtshilfe der Mitgliedstaaten für den Fall, dass sich ein Unternehmen (dem Wortlaut nach allerdings nicht Unternehmensvereinigungen)[38] **weigert, eine durch Entscheidung angeordnete Nachprüfung zu dulden.** Die Kommission selbst darf ihre Nachprüfungsbefugnisse zwar mit Zwangsgeldern, nicht aber mit unmittelbarem Zwang durchsetzen. Sie ist daher in einem solchen Fall darauf angewiesen, die Hilfe der Mitgliedstaaten in Anspruch zu nehmen.[39] Diese sind verpflichtet,[40] auf Ersuchen der Kommission die erforderliche Amtshilfe, ggf. unter Einsatz der Polizei oder gleichwertiger Vollzugsorgane, zu leisten und die Durchführung der Nachprüfung sicherzustellen (Abs. 6). Der Gerichtshof hatte jedoch bereits in einem Urteil aus dem Jahre 1989 zu Nachprüfungen auf der Grundlage der VO (EWG) 17/62 anerkannt[41] und in einer Entscheidung aus dem Jahr 2002 bestätigt,[42] dass die Kommission bei der Anforderung von Amtshilfe zur zwangsweisen Durchsetzung einer Nachprüfung die nationalen Verfahrensgarantien beachten muss. Insbesondere dürfen die Mitgliedstaaten die Amtshilfe von der Genehmigung durch ein nationales Gericht abhängig machen, das die Echtheit der Kommissionsentscheidung, die Einhaltung des Willkürverbots und die Verhältnismäßigkeit der beabsichtigten Zwangsmaßnahmen – gemessen am Gegenstand der Nachprüfung – prüfen darf. Das nationale Gericht darf auch dafür sorgen, dass die nationalen Verfahrensvorschriften eingehalten werden. Demgegenüber obliegt die Prüfung der Rechtmäßigkeit der Nachprüfentscheidung (einschließlich der Prüfung der Erforderlichkeit der Nachprüfung) ausschließlich dem Gerichtshof.[43] Durch die Abs. 7

---

[36] Vgl. für den Fall der irrtümlichen Nachprüfung bei der Agentur einer Fährgesellschaft, die nach außen wie die Fährgesellschaft selbst auftrat EuG Slg. 2003, II-5257 Rn. 128 ff. = BeckRS 2003, 153140 – Ventouris Group.
[37] Vgl. EuGH Slg. 1989, 2859 Rn. 27 u. 31 = NJW 1989, 3080 – Hoechst; KölnKommKartellR/Schütz Rn. 7; ausf. Immenga/Mestmäcker/Hennig VO 1/2003 Art. 20 Rn. 46, mwN zur vergleichbaren Rechtslage nach der VO 17/62, ABl. 1962 L 204, 62.
[38] Vgl. aber de Bronett VO 1/2003 Art. 20 Rn. 22 zum gleichlautenden Art. 20 Abs. 5 VO 1/2003.
[39] So ausdr. EuGH Slg. 1989, 2859 Rn. 31 f. = NJW 1989, 3080 – Hoechst; vgl. FK-KartellR/Völcker Rn. 12; KölnKommKartellR/Schütz Rn. 10; Immenga/Mestmäcker/Körber Rn. 16.
[40] Vgl. KölnKommKartellR/Schütz Rn. 10.
[41] EuGH Slg. 1989, 2859 = NJW 1989, 3080 – Hoechst.
[42] EuGH Slg. 2002, I-9011 = NJW 2003, 35 – Roquette Frères.
[43] EuGH Slg. 1989, 2859 Rn. 32–35 = NJW 1989, 3080 – Hoechst; EuGH Slg. 2002, I-9011 Rn. 39 = NJW 2003, 35 – Roquette Frères. Die Unionsgerichte dürfen allerdings die Entscheidungen der nationalen Gerichte nach Abs. 7 nicht überprüfen, vgl. EuG Slg. 2007, II-107 Rn. 122–124 = BeckRS 2008, 70206 – France Télécom; vgl. Immenga/Mestmäcker/Körber Rn. 18 aE.

und 8 von Art. 13 FKVO wurde diese Rechtsprechung kodifiziert; zudem wurden einzelne verfahrensrechtliche Aspekte präzisiert. Die Vorschrift stellt zunächst klar, dass die Genehmigung auch vorsorglich eingeholt werden kann (Art. 13 Abs. 7 S. 2).[44] Zudem dürfen die nationalen Gerichte im Zusammenhang mit der Prüfung der Verhältnismäßigkeit der Zwangsmaßnahmen die Kommission entweder unmittelbar selbst oder mittelbar über die nationale Wettbewerbsbehörde auffordern, den Gegenstand der Nachprüfung im Einzelnen zu erläutern (Art. 13 Abs. 8 S. 2), um sich hierdurch die Kenntnisse zu verschaffen, die für die Abwägung im Rahmen der Verhältnismäßigkeitsprüfung erforderlich sind.[45] Die nationalen Gerichte dürfen allerdings keine Auskünfte aus den Akten der Kommission verlangen (Art. 13 Abs. 8 S. 3).[46] Vergleiche ausführlich zu den Zwangsmitteln → VO 1/2003 Art. 20 Rn. 33–37. Die Kommission hat präzisiert, dass die Pflicht zur Duldung einer Nachprüfung schon mit Zustellung der Nachprüfungsentscheidung gemäß Art. 297 AEUV entsteht und eine gleichzeitige Vorlage eines nationalen gerichtlichen Durchsuchungsbefehls nur notwendig ist, wenn sich das Unternehmen der Nachprüfung widersetzt und Amtshilfe durch die nationalen Behörden eingeholt wird.[47]

13 **3. Zuständigkeit des Bundeskartellamts.** In Deutschland ist für die Amtshilfe für Nachprüfungen nach Art. 13 Abs. 5 und 6 das **Bundeskartellamt** zuständig. Dies ergibt sich aus § 50 Abs. 4 S. 1 GWB, weil es sich bei den Maßnahmen nach Art. 13 um solche handelt, die den Behörden der EU-Mitgliedstaaten in einer Verordnung nach Art. 103 AEUV (in Verbindung mit Art. 352 AEUV) übertragen wurden. Zwar bezieht sich die Amtshilfe nach Art. 13 Abs. 6 (anders als die Unterstützung der Kommission nach Abs. 5) nicht auf die „zuständigen Behörden der Mitgliedstaaten," sondern allgemeiner auf die Mitgliedstaaten insgesamt, sodass sich die Frage stellt, ob die Aufgaben nach Art. 13 Abs. 6 im Sinne von § 50 Abs. 4 S. 1 GWB „den Behörden der Mitgliedstaaten übertragen" sind. Die Gesetzesbegründung geht aber davon aus, dass § 50 Abs. 4 S. 1 GWB die „ausschließliche Zuständigkeit zum Vollzug des europäischen Rechts außerhalb der VO (EG) 1/2003" insgesamt regelt und nennt ausdrücklich und uneingeschränkt den Vollzug der FKVO durch nationale Behörden als eine der Aufgaben, die § 50 Abs. 4 GWB unterfallen.[48] Ungeachtet seines insoweit etwas unpräzise gefassten Wortlauts wird § 50 Abs. 4 GWB daher allgemein als Ermächtigungsgrundlage auch für die Amtshilfe bei der Durchsetzung von Nachprüfungsentscheidungen mit Zwangsmitteln nach Art. 13 Abs. 6 angesehen.[49]

14 **4. Erforderlichkeit einer richterlichen Anordnung in Deutschland.** Nach § 50 Abs. 4 S. 3 iVm § 50 Abs. 2 S. 2 GWB gelten für die Amtshilfe nach Art. 13 Abs. 5 und 6 die für die Anwendung des GWB maßgeblichen Verfahrensvorschriften. Insbesondere bedarf es für die Durchsetzung der Nachprüfung nach Art. 13 Abs. 6 mit Zwangsmitteln gemäß Art. 13 Abs. 2 GG einer **richterlichen Anordnung.** Nach der Rechtsprechung des BVerfG gehören zu den dem Schutz von Art. 13 GG unterfallenden „Wohnungen" auch Geschäftsräume.[50] Die mit Zwang durchgesetzte Nachprüfung ist eine Durchsuchung im verfassungsrechtlichen Sinne.[51] Für eine Durchsuchung ist kennzeichnend „das ziel- und zweckgerichtete Suchen staatlicher Organe in einer Wohnung, um dort planmäßig etwas aufzuspüren, was der Inhaber der Wohnung von sich aus nicht offen legt oder herausgeben will, etwas nicht klar zutage Liegendes, vielleicht Verborgenes aufzudecken oder ein Geheimnis zu lüften."[52] Genau hierum geht es aber bei der Nachprüfung mit Unterstützung durch die nationalen Behörden nach Art. 13 Abs. 6, wie der Gerichtshof bereits in seinem Hoechst-Urteil festgestellt hat: „In diesem Fall [der Amtshilfe der nationalen Behörden zur Anwendung unmittelbaren Zwangs zur Durchsetzung einer Nachprüfung] können die Bediensteten der Kommission [...] ohne Mitwirkung der Unternehmen unter Einschaltung der nationalen Behörden [...] nach allen für die Nachprüfung notwendigen Infor-

---

[44] Vgl. auch EuGH Slg. 1989, 2859 Rn. 32 = NJW 1989, 3080 – Hoechst; KölnKommKartellR/Schütz Rn. 10.
[45] Vgl. bereits EuGH Slg. 1989, 2859 Rn. 35 = NJW 1989, 3080 – Hoechst. Daher müssen sich die erforderlichen Angaben auch nicht notwendig aus der Nachprüfentscheidung selbst ergeben, vgl. EuG Slg. 2007, II-107 Rn. 110 = BeckRS 2008, 70206 – France Télécom.
[46] Schulte/Just/Steinbarth Rn. 6.
[47] Kom., ABl. 2009 L 295, 13 Rn. 77 – Kerzenwachse; vgl. auch Bunte/Sura VO 1/2003 Art. 20 Rn. 13.
[48] Regierungsbegründung zum Entwurf des GWB, BT-Drs. 15/3640, 62; vgl. auch die Bezugnahme auf die FKVO in § 50 Abs. 4 S. 2 GWB; vgl. hierzu BeckOK KartellR/Stempel § 50 GWB Rn. 5.
[49] Vgl. nur Immenga/Mestmäcker/Rehbinder GWB § 50 Rn. 13; FK-KartellR/Bracher § 50 GWB Rn. 32; vgl. auch KölnKommKartellR/Schütz Rn. 12; BeckOK KartellR/Stempel § 50 GWB Rn. 5.
[50] Allg., vgl. grundlegend BVerfGE 32, 54 (70 ff.); 76, 83 (88); BVerwG JZ 2005, 458.
[51] Vgl. zur Offenbarung des Inhalts von Behältnissen durch Angestellte des durchsuchten Unternehmens auch BFH NJW 1989, 855.
[52] BVerfGE 51, 97 (106); 76, 83 (89); BVerwGE 47, 31 (36); BVerwG JZ 2005, 458; BFH NJW 1989, 855.

mationsquellen suchen."⁵³ Trotz der insoweit missverständlichen Terminologie ist die mit Zwang durchgesetzte Nachprüfung daher auch nicht als ein bloßes Betreten, Besichtigen und Prüfen anzusehen, was zwar eine Einschränkung von Art. 13 GG darstellen, nicht aber eine richterliche Genehmigung erforderlich machen würde.⁵⁴ Die Zulässigkeit der Amtshilfe nach Art. 13 Abs. 6 iVm § 50 Abs. 4 S. 1 und 3 iVm § 50 Abs. 2 S. 2 GWB richtet sich deswegen nicht nach § 59a Abs. 3 GWB (Betretensrecht des Bundeskartellamtes), sondern nach den Bestimmungen über die Durchsuchung in § 59b GWB und setzt eine richterliche Anordnung nach § 59b Abs. 2 GWB voraus.⁵⁵

Art. 14 Geldbußen

(1) Die Kommission kann gegen die in Artikel 3 Absatz 1 Buchstabe b) bezeichneten Personen, gegen Unternehmen und Unternehmensvereinigungen durch Entscheidung Geldbußen bis zu einem Höchstbetrag von 1 % des von dem beteiligten Unternehmen oder der beteiligten Unternehmensvereinigung erzielten Gesamtumsatzes im Sinne von Artikel 5 festsetzen, wenn sie vorsätzlich oder fahrlässig
a) in einem Antrag, einer Bestätigung, einer Anmeldung oder Anmeldungsergänzung nach Artikel 4, Artikel 10 Absatz 5 oder Artikel 22 Absatz 3 unrichtige oder irreführende Angaben machen,
b) bei der Erteilung einer nach Artikel 11 Absatz 2 verlangten Auskunft unrichtige oder irreführende Angaben machen,
c) bei der Erteilung einer durch Entscheidung gemäß Artikel 11 Absatz 3 verlangten Auskunft unrichtige, unvollständige oder irreführende Angaben machen oder die Auskunft nicht innerhalb der gesetzten Frist erteilen,
d) bei Nachprüfungen nach Artikel 13 die angeforderten Bücher oder sonstigen Geschäftsunterlagen nicht vollständig vorlegen oder die in einer Entscheidung nach Artikel 13 Absatz 4 angeordneten Nachprüfungen nicht dulden,
e) in Beantwortung einer nach Artikel 13 Absatz 2 Buchstabe e) gestellten Frage
– eine unrichtige oder irreführende Antwort erteilen,
– eine von einem Beschäftigten erteilte unrichtige, unvollständige oder irreführende Antwort nicht innerhalb einer von der Kommission gesetzten Frist berichtigen oder
– in Bezug auf Fakten im Zusammenhang mit dem Gegenstand und dem Zweck einer durch Entscheidung nach Artikel 13 Absatz 4 angeordneten Nachprüfung keine vollständige Antwort erteilen oder eine vollständige Antwort verweigern,
f) die von den Bediensteten der Kommission oder den anderen von ihr ermächtigten Begleitpersonen nach Artikel 13 Absatz 2 Buchstabe d) angebrachten Siegel gebrochen haben.

(2) Die Kommission kann gegen die in Artikel 3 Absatz 1 Buchstabe b) bezeichneten Personen oder die beteiligten Unternehmen durch Entscheidung Geldbußen in Höhe von bis zu 10 % des von den beteiligten Unternehmen erzielten Gesamtumsatzes im Sinne von Artikel 5 festsetzen, wenn sie vorsätzlich oder fahrlässig
a) einen Zusammenschluss vor seinem Vollzug nicht gemäß Artikel 4 oder gemäß Artikel 22 Absatz 3 anmelden, es sei denn, dies ist ausdrücklich gemäß Artikel 7 Absatz 2 oder aufgrund einer Entscheidung gemäß Artikel 7 Absatz 3 zulässig,
b) einen Zusammenschluss unter Verstoß gegen Artikel 7 vollziehen,
c) einen durch Entscheidung nach Artikel 8 Absatz 3 für unvereinbar mit dem Gemeinsamen Markt erklärten Zusammenschluss vollziehen oder den in einer Entscheidung nach Artikel 8 Absatz 4 oder 5 angeordneten Maßnahmen nicht nachkommen,
d) einer durch Entscheidung nach Artikel 6 Absatz 1 Buchstabe b), Artikel 7 Absatz 3 oder Artikel 8 Absatz 2 Unterabsatz 2 auferlegten Bedingung oder Auflage zuwiderhandeln.

(3) Bei der Festsetzung der Höhe der Geldbuße ist die Art, die Schwere und die Dauer der Zuwiderhandlung zu berücksichtigen.

(4) Die Entscheidungen aufgrund der Absätze 1, 2 und 3 sind nicht strafrechtlicher Art.

---

[53] EuGH Slg. 1989, 2859 Rn. 32 = NJW 1989, 3080 – Hoechst.
[54] Vgl. BVerfG NZA 1987, 107; BFH NJW 1989, 855; BVerwG JZ 2005, 458.
[55] So iErg Immenga/Mestmäcker/Körber Rn. 17; FK-KartellR/Bracher § 50 GWB Rn. 33; KölnKommKartellR/Schütz Rn. 12.

Übersicht

	Rn.		Rn.
I. Allgemeines	1	c) Verstöße im Rahmen von Nachprüfungsverfahren (lit. d–f)	16
II. Normadressaten	6	3. Schwere Verstöße (Abs. 2)	19
III. Objektiver Tatbestand	7	IV. Subjektiver Tatbestand	23
1. Verstoß	7	V. Entscheidung über die Geldbuße	27
2. Minder schwere Verstöße (Abs. 1)	8	1. Bußgeldfestsetzung	28
a) Verstöße gegen Informationspflichten in Anmeldungen und ähnlichen Dokumenten (lit. a)	8	2. Bußgeldrahmen und -bemessung	30
		a) Höchstbeträge	30
		b) Bemessungskriterien	31
b) Verstöße gegen Informationspflichten bei Auskunftsverlangen (lit. b und c)	12	c) Betrag der Geldbuße	36
		VI. Verfahren	38

I. Allgemeines

1 Art. 14 und 15 regeln die **Zwangsmittel,** die der Kommission im Rahmen des Fusionskontrollverfahrens zur Verfügung stehen. Während mit der Festsetzung von Zwangsgeldern (Art. 15) die Befolgung einer Pflicht erzwungen werden soll, dient die Verhängung einer Geldbuße (Art. 14) der Sanktionierung schuldhaft begangener Zuwiderhandlungen und der Verhinderung künftiger Verstöße. Wegen ihrer unterschiedlichen Zielsetzung können beide Zwangsmittel grundsätzlich auch nebeneinander stehen.[1]

2 In der Praxis der Kommission ist es seit 1990 in insgesamt **15 Fällen** zur Verhängung von Geldbußen nach Art. 14 gekommen.[2] Fünf der Geldbußen wurden wegen Nichtanmeldung eines Zusammenschlusses bzw. dessen rechtswidrigen Vollzugs,[3] die übrigen wegen unrichtiger Angaben in Anmeldungen oder in Antworten auf Auskunftsverlangen der Kommission verhängt. Nachdem die Verfolgung von Verstößen gegen die FKVO in der Praxis nach einer Hochphase Ende der 1990er Jahre keine wesentliche Rolle gespielt hatte, ist seit 2014 ein deutlicher Anstieg der Verfolgungstätigkeit der Kommission zu beobachten. So sind allein in diesem Zeitraum sechs Bußgeldentscheidungen der Kommission ergangen. Darüber hinaus haben die Unionsgerichte seit Ende 2012 in sechs Urteilen fusionskontrollrechtliche Bußgeldentscheidungen der Kommission bestätigt.[4]

3 Art. 14 unterscheidet zwischen minder schweren (Art. 14 Abs. 1) und schweren (Art. 14 Abs. 2) Verstößen, zu denen insbesondere Verstöße gegen die Anmeldepflicht und das Vollzugsverbot zählen. Art. 14 sieht für beide Arten von Verstößen unterschiedliche Bußgeldrahmen vor. Für die genaue Bemessung der Höhe der Geldbuße, die im Ermessen der Kommission liegt, enthält Art. 14 Abs. 2 lediglich allgemeine Grundsätze. Die im Rahmen der FKVO verhängten Geldbußen sind in ihrer **Höhe** anfangs deutlich hinter den im Rahmen der Kartellverordnung verhängten Geldbußen zurückgeblieben. Zuletzt ist jedoch auch die Höhe der wegen Verstößen gegen die FKVO verhängten Geldbußen erheblich angestiegen. So wurden in den Verfahren Facebook/WhatsApp sowie Altice/PT Portugal in den Jahren 2017 und 2018 erstmals Geldbußen in Höhe von über 100 Millionen Euro verhängt.[5]

---

[1] NK-EuWettbR/Hacker Art. 15 Rn. 3; FK-KartellR/Meyer Rn. 46; Bechtold/Bosch/Brinker Art. 15 Rn. 3 aE; FK-KartellR/Heithecker/Schneider Art. 15 Rn. 4; vgl. auch Kom., M.1634 – Mitsubishi Heavy Industries.

[2] Hierbei handelt es sich um die folgenden Entscheidungen: Kom., M.920 – Samsung/AST; Kom., M.969 – A. P. Møller; Kom., M.1543 – Sanofi/Synthélabo; Kom., M.1608 – KLM/Martinair II; Kom., M.1610 – Deutsche Post/Trans-o-flex; Kom., M.1634 – Mitsubishi Heavy Industries; Kom., M.2624 – BP/Erdölchemie; Kom., M.3255 – Tetra Laval/Sidel; Kom., M.4994 – Electrabel/Compagnie Nationale du Rhône; Kom., M.7184 – Marine Harvest/Morpol.; Kom., M.8228 – Facebook/WhatsApp; Kom., M.7993 – Altice/PT Portugal; Kom., M.8436 – General Electric/LM Wind Power; Kom., M.8179 – Canon/Toshiba Medical Systems; Kom., M. 8181 – Merck/Sigma-Aldrich.

[3] Hierbei handelt es sich um die folgenden Entscheidungen: Kom., M.920 – Samsung/AST; Kom., M.969 – A. P. Møller; Kom., M.7184 – Marine Harvest/Morpol; Kom., M.7993 – Altice/PT Portugal; Kom., M.8179 – Canon/Toshiba Medical Systems.

[4] In zeitlicher Reihenfolge EuG BeckRS 2012, 82623 – Electrabel; EuGH BeckRS 2014, 81569 – Electrabel; EuG NZKart 2017, 649 – Marine Harvest; EuGH NZKart 2020, 192 – Marine Harvest; EuG NZKart 2021, 560 – Altice; EuG NZKart 2022, 333 – Canon/Toshiba Medical Systems.

[5] Kom., M.8228 – Facebook/WhatsApp (Bußgeld von 110 Mio. EUR); Kom., M.7993 – Altice/PT Portugal (Bußgeld von 124,5 Mio. EUR).

III. Objektiver Tatbestand 4–9 **Art. 14 FKVO**

Die Bußgeldentscheidung besitzt nach dem Wortlaut der FKVO **keinen strafrechtlichen** 4
Charakter (Art. 14 Abs. 4). Es handelt sich vielmehr um eine verwaltungsrechtliche Sanktion, die etwa einer Ordnungswidrigkeit iSd OWiG entspricht.[6] In Literatur und Rechtsprechung zur VO 1/2003 ist wegen der strafähnlichen Wirkung eines Bußgeldes mittlerweile weitgehend anerkannt, dass auch in Bußgeldverfahren grundlegende Prinzipien des Straf- bzw. des Strafverfahrensrechts (insbesondere Art. 47 und Art. 49 GRCh sowie Art. 6 und Art. 7[7] EMRK) zumindest entsprechend anzuwenden sind.[8] Auch die Unionsgerichte gehen von einer jedenfalls entsprechenden Geltung dieser Grundsätze bei der Verhängung von Geldbußen nach der FKVO aus.[9]

Art. 14 entspricht im Wesentlichen der im Kartellverfahren geltenden Vorschrift des **Art. 23** 5
VO 1/2003.

II. Normadressaten

Nach Art. 14 Abs. 1 sind mögliche Adressaten eines Bußgeldes Personen im Sinne von Art. 3 6
Abs. 1 lit. b sowie Unternehmen und Unternehmensvereinigungen. Anders als in Art. 23 Abs. 1 VO 1/2003 können Geldbußen damit nicht nur gegen Unternehmen und Unternehmensvereinigungen, sondern auch gegen natürliche Personen verhängt werden, sofern diese von Art. 3 Abs. 1 lit. b erfasst sind. Die Begriffe des Unternehmens und der Unternehmensvereinigung sind einheitlich zu Art. 101 und 102 AEUV auszulegen. Der tatsächliche Kreis möglicher Adressaten einer Geldbuße wird in Art. 14 nicht unmittelbar festgelegt. Dieser bestimmt sich vielmehr indirekt über den Adressatenkreis der Vorschriften, auf die in den Bußgeldtatbeständen der Art. 14 Abs. 1 und 2 Bezug genommen wird.

III. Objektiver Tatbestand

1. Verstoß. Die Bußgeldtatbestände sind in Art. 14 Abs. 1 und 2 abschließend geregelt und knüp- 7
fen alle objektiv an den **Verstoß gegen bestimmte Pflichten** aus der FKVO an. Sie differenzieren nicht zwischen unterschiedlichen Beteiligungsformen, sondern gehen vom Einheitstatbegriff aus, der auch Teilnahmehandlungen erfassen kann.[10] Das Gewicht des konkreten Beitrages zu einem Verstoß ist jedoch in jedem Fall gem. Art. 14 Abs. 3 im Rahmen der Bußgeldbemessung zu berücksichtigen. Der Versuch eines Verstoßes gegen die aufgezählten Pflichten ist nicht mit Geldbuße bewehrt.[11] Anders als im Falle der Zwangsgeldverhängung ist es für die Festsetzung einer Geldbuße nicht erforderlich, dass die Anmeldung des Zusammenschlusses noch anhängig ist und zu einer Entscheidung führen kann oder dass ein Verstoß noch andauert; eine einmalige Pflichtverletzung genügt.[12]

2. Minder schwere Verstöße (Abs. 1). a) Verstöße gegen Informationspflichten in 8
Anmeldungen und ähnlichen Dokumenten (lit. a). Nach Art. 14 Abs. 1 lit. a können Verstöße gegen die **Wahrheitspflicht** durch unrichtige oder irreführende Angaben in Anmeldungen, Anmeldungsergänzungen nach Art. 4, 10 Abs. 5, 22 Abs. 3, in Anträgen und in Bestätigungen sanktioniert werden. Der Großteil der bisher in Fusionskontrollverfahren verhängten Geldbußen wurde wegen unrichtiger oder irreführender Angaben in der Anmeldung auf diese Vorschrift gestützt.[13]

Die Anforderungen an eine vollständige, richtige und nicht irreführende Anmeldung bestimmen 9
sich nach **Art. 4, Art. 3 DVO FKVO** und dem **Formblatt CO**.[14] Ziel und Zweck der dort bestimmten Informationspflichten sind es, der Kommission alle Informationen zur Verfügung zu

---

[6] S. auch Immenga/Mestmäcker/Körber Rn. 1.
[7] Nach der durch den Gerichtshof (EuGH NZKart 2020, 192 – Marine Harvest) bestätigten Auffassung des Gerichts (EuG NZKart 2017, 649 Rn. 307 ff. – Marine Harvest) stellt die gleichzeitige Verhängung einer Geldbuße wegen Verstoßes gegen die Anmeldepflicht und das Vollzugsverbot in einer Kommissionsentscheidung keinen Verstoß gegen das Verbot einer Doppelbestrafung („ne bis in idem") dar.
[8] Vgl. Mestmäcker/Schweitzer EuWettbR § 22 Rn. 10 ff.; Lorenzmeier ZIS 2008, 23; Schwarze EuR 2009, 188; Möschel DB 2010, 2378; Schwarze EuZW 2003, 261; Soltész/Steinle/Bielesz EuZW 2003, 202 (206).
[9] EuG NZKart 2017, 649 Rn. 312 – Marine Harvest, wonach der „Grundsatz ne bis in idem in den auf die Verhängung von Geldbußen gerichteten wettbewerbsrechtlichen Verfahren unabhängig davon [gilt], ob diese Geldbußen als solche strafrechtlicher Art qualifiziert werden"; bestätigt durch EuGH NZKart 2020, 192 Rn. 76 ff. – Marine Harvest; siehe auch EuG NZKart 2021, 560 Rn. 238 ff., 260 ff. – Altice.
[10] GK/Schütz Rn. 16.
[11] FK-KartellR/Meyer Rn. 35; GK/Schütz Rn. 17; Immenga/Mestmäcker/Körber Rn. 6.
[12] Kom., M.1610, Rn. 103 – Deutsche Post/Trans-o-flex.
[13] Kom., M.1543 – Sanofi/Synthélabo; Kom., M.1608 – KLM/Martinair II; Kom., M.1634 – Mitsubishi Heavy Industries; Kom., M.2624 – BP/Erdölchemie; Kom., M.1610 – Deutsche Post/Trans-o-flex; Kom., M.3255 – Tetra Laval/Sidel; Kom., M.8228 – Facebook/WhatsApp; Kom., M.8436 – General Electric/LM Wind Power; Kom., M.8181 – Merck/Sigma-Aldrich (im Hinblick auf Angaben in dem Formblatt RM,).
[14] Vgl. im Einzelnen die Kommentierung zu Art. 4.

stellen, derer sie bedarf, um innerhalb der durch die FKVO gesetzten Fristen eine Entscheidung über den angemeldeten Zusammenschluss zu treffen. Dazu gehört nicht nur die wettbewerbliche Beurteilung des angemeldeten Zusammenschlusses, sondern auch die Beurteilung der Zuständigkeit der Kommission.[15] Dementsprechend ist es für die Verhängung einer Geldbuße unerheblich, ob die Verletzung der Informationspflichten eine falsche materielle Beurteilung des Zusammenschlusses durch die Kommission zur Folge haben kann.[16]

10 Die erforderlichen wesentlichen Informationen müssen grundsätzlich **im Text der Anmeldung** selbst enthalten sein. Ein Anmelder kann sich zur Erfüllung seiner Informationspflicht nicht darauf berufen, dass Tatsachen, die er in der Anmeldung völlig unerwähnt lässt, in den Anlagen zu finden sind, da die Anmeldung aus sich heraus verständlich sein muss und die Anlagen nur zur Illustration oder Bestätigung der Angaben in der Anmeldung dienen.[17]

11 Tatsachenangaben sind dann **unrichtig,** wenn sie den realen Sachverhalt in einem von der Wirklichkeit in wesentlichen Punkten erheblich abweichendem Licht erscheinen lassen.[18] Eine **Irreführung** liegt vor, wenn durch die Art der Darstellung der Information ein unrichtiger Eindruck hervorgerufen wird.[19] Die Kommission geht dabei davon aus, dass das Auslassen einzelner Informationen grundsätzlich ein unrichtiges oder zumindest irreführendes Gesamtbild des Zusammenschlusses erzeugt und den Tatbestand des Art. 14 Abs. 1 lit. a erfüllen kann.[20] Im Zweifelsfall hat ein Unternehmen in der Anmeldung auf bestimmte bedeutsame Sachverhalte zumindest hinzuweisen oder darzulegen, warum sie nicht für wichtig gehalten werden, damit die Kommission in die Lage versetzt werden kann, gegebenenfalls weitere Fragen zu stellen.[21] Der Umstand, dass bestimmte Tatsachen der Kommission in einem anderen Verfahren bereits mitgeteilt wurden, entbindet die anmeldenden Parteien nicht von der Pflicht zur erneuten Angabe dieser Tatsachen. Zumindest dann, wenn es an einem ausdrücklichen Hinweis auf das vorherige Verfahren fehlt, kann ein Bußgeld verhängt werden.[22]

12 **b) Verstöße gegen Informationspflichten bei Auskunftsverlangen (lit. b und c).** Die Tatbestände in Art. 14 Abs. 1 lit. b und c knüpfen an eine Verletzung der Informationspflichten im Rahmen eines **Auskunftsverlangens nach Art. 11** an. In der Praxis der Kommission ist die Verhängung eines Bußgeldes teilweise gleichzeitig auf einen Verstoß gegen die Informationspflichten bei der Anmeldung und bei einem späteren Auskunftsverlangen gestützt worden.[23] Eine isolierte Bußgeldverhängung nach Art. 14 Abs. 1 lit. b oder c ist jedoch ebenso möglich und praktisch relevant.[24]

13 Adressaten der Bußgeldentscheidung können sowohl die am Zusammenschluss beteiligten Unternehmen als auch **Dritte** sein, an die ein Auskunftsverlangen gerichtet wird.[25] Auch die Erteilung von Informationen durch solche dritten Unternehmen kann für die Beurteilung eines Zusammenschlussvorhabens von erheblicher Bedeutung sein, da diese eine „wichtige Informationsquelle für die Funktionsweise des Marktes" darstellen, ohne deren Mitwirkung die Kommission den Marktumfang und die Marktanteile der Marktteilnehmer regelmäßig nur schätzen könnte.[26]

14 Art. 14 Abs. 1 lit. b sanktioniert Verstöße gegen Informationspflichten bei einem **einfachen Auskunftsersuchen** nach Art. 11 Abs. 2. Bei solchen Auskunftsersuchen besteht keine Pflicht zur Auskunftserteilung. Wird allerdings freiwillig Auskunft erteilt, so muss diese richtig sein und darf nicht irreführen. Da keine Pflicht zur Auskunftserteilung besteht, ist umstritten, ob eine unvollständige Auskunftserteilung als Unterfall der unrichtigen oder irreführenden Auskunftserteilung von Art. 14 Abs. 1 lit. b erfasst wird.[27] Dagegen spricht, dass Art. 14 Abs. 1 lit. b im Gegensatz zu lit. c die unvollständige Auskunftserteilung nicht ausdrücklich erwähnt und bei einem einfachen Auskunftsersuchen keine Auskunftspflicht besteht. Allerdings kann aber gerade auch eine teilweise

---

[15] Kom., M.1610, Rn. 93 – Deutsche Post/Trans-o-flex.
[16] Kom., M.1610, Rn. 93 – Deutsche Post/Trans-o-flex.
[17] Kom., M.1610, Rn. 115 – Deutsche Post/Trans-o-flex.
[18] FK-KartellR/Meyer Rn. 7; Kom., M.8228, Rn. 78 – Facebook/WhatsApp („information that deviates from what is, to the best of the knowledge and belief of the undertakings supplying the information to the Commission, true, correct and complete").
[19] FK-KartellR/Meyer Rn. 7.
[20] Kom., M.1608, Rn. 35 und 38 – KLM/Martinair II.
[21] Kom., M.3255, Rn. 74 – Tetra Laval/Sidel.
[22] Kom., M.2624, Rn. 36 – BP/Erdölchemie.
[23] Kom., M.1610 – Deutsche Post/Trans-o-flex; Kom., M.3255 – Tetra Laval/Sidel; ebenso Kom., M.8228, Rn. 84 und 92– Facebook/WhatsApp; Kom., M.8181 – Merck/Sigma-Aldrich.
[24] Vgl. Kom., M.1634 – Mitsubishi Heavy Industries.
[25] Kom., M.1634 – Mitsubishi Heavy Industries.
[26] Kom., M.1634, Rn. 15 – Mitsubishi Heavy Industries.
[27] Vgl. zu Art. 14 aF GK/Schütz Rn. 12.

III. Objektiver Tatbestand

unvollständige Auskunft die wettbewerbliche Beurteilung eines Zusammenschlussvorhabens erheblich beeinflussen. Im Ergebnis sollte die unvollständige Auskunftserteilung daher dann als irreführende Auskunftserteilung mit einem Bußgeld belegt werden können, wenn (1) die Auskunft zu einem bestimmten Themenkomplex – sei es durch ausdrückliche Erklärung oder konkludent – den Eindruck der Vollständigkeit erweckt, und (2) die unterlassene Information zu einer geänderten Beurteilung der mitgeteilten Information führt. Dies dürfte auch dem Ansatz der Kommission entsprechen. Diese hat in einem Verfahren, in dem allerdings ein förmliches Auskunftsverlangen vorlag, das Vorliegen einer Irreführung durch unvollständige Auskunftserteilung zumindest bei Vorliegen einer Täuschungsabsicht seitens des Unternehmens bejaht.[28]

Art. 14 Abs. 1 lit. c erfasst Verletzungen der Informationspflichten bei Anordnung eines **Auskunftsverlangens durch förmliche Entscheidung** der Kommission nach Art. 11 Abs. 3. Hier besteht eine Pflicht des Adressaten zur Erteilung der ersuchten Auskunft. Diese hat darüber hinaus vollständig, richtig und nicht irreführend zu sein. Unvollständige Auskünfte erfüllen damit im Falle eines förmlichen Auskunftsersuchens stets einen Bußgeldtatbestand. Der nicht erteilten Auskunft steht eine Auskunft gleich, die nicht innerhalb der von der Kommission gesetzten Frist erfolgt. 15

c) Verstöße im Rahmen von Nachprüfungsverfahren (lit. d–f). Die Bußgeldtatbestände in Art. 14 Abs. 1 lit. d–f knüpfen an Pflichtverstöße bei **Nachprüfungen nach Art. 13** an. Anders als in Kartellverfahren[29] haben Nachprüfungen in der Praxis des Fusionskontrollverfahrens bisher keine Bedeutung erlangt, so dass auch die Bußgeldtatbestände bisher ohne Relevanz geblieben sind. 16

Art. 14 Abs. 1 lit. d sanktioniert die Nichtduldung einer nach Art. 13 Abs. 4 förmlich angeordneten Nachprüfung sowie die nicht vollständige Vorlage von angeforderten Büchern oder sonstigen Geschäftsunterlagen bei einem einfachen Nachprüfungsersuchen nach Art. 13 Abs. 1 oder bei einer förmlichen Nachprüfungsentscheidung nach Art. 13 Abs. 4. 17

Verschiedene Verstöße gegen Informationspflichten bei Nachprüfungen werden von **Art. 14 Abs. 1 lit. e** erfasst. Sowohl bei einem einfachen Nachprüfungsersuchen als auch bei einer förmlichen Nachprüfungsentscheidung werden die unrichtige oder irreführende Beantwortung einer nach Art. 13 Abs. 2 lit. e gestellten Frage und die unterlassene oder nicht rechtzeitig vorgenommene Berichtigung einer von einem Beschäftigten erteilten unrichtigen, unvollständigen oder irreführenden Antwort sanktioniert. Bei Vorliegen einer förmlichen Nachprüfungsentscheidung wird zusätzlich die unterlassene oder nur unvollständige Beantwortung von Fragen zum Nachprüfungsgegenstand mit einem Bußgeld bewehrt. **Art. 14 Abs. 1 lit. f** sieht schließlich die Verhängung eines Bußgeldes für den Fall vor, dass ein nach Art. 13 Abs. 2 lit. d angebrachtes Siegel gebrochen wird. 18

3. Schwere Verstöße (Abs. 2). Art. 14 Abs. 2 eröffnet einen erhöhten Bußgeldrahmen für besonders schwere Verstöße, durch die die Funktionsfähigkeit des Fusionskontrollverfahrens in besonderer Weise beeinträchtigt wird und die eine **besondere Gefahr für den Wettbewerb** im Gemeinsamen Markt begründen. Dies gilt insbesondere für Verstöße gegen die Anmeldepflicht und das Vollzugsverbot. 19

Neben dem Vollzug des Zusammenschlusses unter **Verstoß gegen das Vollzugsverbot** (Art. 14 Abs. 2 lit. a) stellt auch der **Verstoß gegen die Anmeldepflicht** eines Zusammenschlusses einen besonders schweren Verstoß dar (Art. 14 Abs. 2 lit. a). Während kein Fall denkbar ist, in dem bei einem Verstoß gegen die Anmeldepflicht nicht auch gleichzeitig ein Verstoß gegen das Vollzugsverbot vorliegt, ist umgekehrt ein Verstoß gegen das Vollzugsverbot ohne Verstoß gegen die Anmeldepflicht denkbar, wenn ein Unternehmen einen Zusammenschluss zwar vor dessen Vollzug anmeldet, ihn jedoch vollzieht, bevor er für mit dem Binnenmarkt vereinbar erklärt wurde.[30] Nach Ansicht der Unionsgerichte verstößt die gleichzeitige Verhängung einer Geldbuße wegen Verstoßes gegen die Anmeldepflicht und das Vollzugsverbot nicht gegen das Verbot der Doppelbestrafung und ist auch ansonsten rechtlich nicht zu beanstanden.[31] 20

Nach Art. 14 Abs. 2 lit. b ist weiterhin der **Verstoß gegen das vorläufige Vollzugsverbot** des Art. 7 bußgeldbewehrt. Wann ein Verstoß gegen das vorläufige Vollzugsverbot vorliegt, ergibt sich im Einzelnen aus Art. 7, auf dessen Kommentierung insoweit verwiesen wird. 21

Von Art. 14 Abs. 2 lit. c und d werden schließlich **Verstöße gegen Entscheidungen** der Kommission erfasst, in denen eine Untersagung, eine Entflechtung oder Bedingungen und Auflagen 22

---

[28] Kom., M.1610, Rn. 155 – Deutsche Post/Trans-o-flex.
[29] Vgl. die Kommentierung zu Art. 13 und Art. 20 VO 1/2003.
[30] EuG NZKart 2017, 649 Rn. 294 – Marine Harvest und EuGH NZKart 2020, 192 Rn. 102, 106 – Marine Harvest.
[31] Vgl. EuGH NZKart 2020, 192 Rn. 75 ff. – Marine Harvest; EuG NZKart 2017, 649 – Marine Harvest; EuG NZKart 2021, 560 Rn. 262 ff. – Altice.

für den Zusammenschluss festgesetzt werden. Zu den Voraussetzungen und Wirkungen der einzelnen Maßnahmen kann auf die Kommentierung zu Art. 6, 7 und 8 verwiesen werden.

IV. Subjektiver Tatbestand

23 Die Verhängung einer Geldbuße setzt sowohl nach Art. 14 Abs. 1 als auch nach Art. 14 Abs. 2 eine vorsätzliche oder fahrlässige Tatbestandsverwirklichung, dh **schuldhaftes Handeln** voraus. Der Maßstab für Vorsatz und Fahrlässigkeit ist dabei derselbe wie in Art. 23 VO 1/2003, auf dessen Kommentierung verwiesen wird. Nach der Rechtsprechung des EuGH liegt Vorsatz dann vor, wenn sich die handelnden Personen „bewusst sind", dass ihr Verhalten geeignet ist, gegen Wettbewerbsvorschriften zu verstoßen.[32] Fahrlässigkeit ist bereits dann gegeben, wenn die handelnden Personen hätten wissen müssen, dass sie einen Verstoß begehen.[33] Eine genaue Abgrenzung zwischen Vorsatz und Fahrlässigkeit ist jedoch nach Ansicht des Gerichtshofs nicht erforderlich, so dass die Feststellung eines „zumindest fahrlässigen" Verstoßes durch die Kommission ausreichend ist.[34] Die Kommission unterscheidet darüber hinaus häufig auch nicht zwischen der Behandlung des Verschuldens im Rahmen des subjektiven Tatbestands und im Rahmen der Beurteilung der „Schwere des Verstoßes" bei der Bemessung der Geldbuße.

24 Zur Begründung schuldhaften Verhaltens ist, soweit Unternehmen betroffen sind, keine Handlung und nicht einmal Kenntnis der Inhaber oder Geschäftsführer erforderlich. Vielmehr wird dem Unternehmen das Verschulden aller natürlichen Personen **zugerechnet**, welche im Rahmen ihres Beschäftigungsverhältnisses für das Unternehmen handeln und berechtigt sind, für dieses tätig zu werden.[35] Zum Nachweis der Schuld ist es nicht erforderlich, dass die Kommission diejenige Person bezeichnet, die sich schuldhaft verhalten hat oder die für ein Organisationsverschulden verantwortlich ist.[36]

25 Soweit Geldbußen wegen Verstößen gegen die Anmeldepflicht und das Vollzugsverbot verhängt wurden, hat die Kommission **fahrlässiges Handeln** etwa mit dem Argument bejaht, dass es sich bei den betroffenen Unternehmen um internationale Unternehmen mit sehr umfangreichen Tätigkeiten in Europa handelt, denen die europäischen Fusionskontrollvorschriften bekannt sein müssen[37] und die über die Mittel verfügen, sich Rechtsbeistand für die Klärung oder zumindest Prüfung der Frage der Anmeldepflicht zu verschaffen.[38] Selbst wenn die Feststellung, ob im konkreten Fall ein anmeldepflichtiger Zusammenschluss vorliegt, äußerst komplex sein sollte, ist es nach Ansicht der Kommission angemessen und üblich, dass ein Unternehmen, das mit der Anwendung der FKVO konfrontiert ist, die Kommission zumindest konsultiert und bei einem Vollzug des Zusammenschlusses ohne eine solche Konsultation fahrlässig handelt.[39] Auch der Umstand, dass sich die Unionsgerichte zum Zeitpunkt einer Zuwiderhandlung noch nicht konkret zu einem bestimmten Verhalten geäußert haben, schließt als solcher nicht aus, dass ein Unternehmen gegebenenfalls damit rechnen muss, dass sein Verhalten für mit den unionsrechtlichen Wettbewerbsregeln unvereinbar erklärt werden kann.[40] Die Annahme eines das Verschulden ausschließenden Verbotsirrtums scheidet mithin in aller Regel aus.[41] Bei unrichtigen Angaben in Anmeldungen oder auf Auskunftsersuchen nimmt die Kommission regelmäßig „äußerst fahrlässiges" Verhalten der Unternehmen an.[42] Sie geht hier davon aus, dass von multinationalen Konzernen mit Erfahrung in Fusionskontrollverfahren und Unternehmen, die von auf dem Gebiet der Fusionskontrolle bewanderten Anwaltskanzleien vertre-

---

[32] Vgl. ua EuGH Slg. 1983, 1825 Rn. 112 = BeckRS 2004, 70610 – Pioneer; EuGH Slg. 1983, 3369 Rn. 45 = BeckRS 2004, 73971 – IAZ.

[33] Vgl. EuGH Slg. 1978, 207 Rn. 299, 301 = NJW 1978, 2439 – United Brands.

[34] EuGH Slg. 1996, I-1611 Rn. 56 f. = BeckRS 2004, 74361 – Niederländische Bauwirtschaft; EuG Slg. 2008, II-477 Rn. 295 = MMR 2008, 385 – Deutsche Telekom.

[35] GK/Schütz Rn. 15; zu Art. 15 VO 17/62, ABl. 1962 P 2013, 204, vgl. EuGH Slg. 1983, 1825 Rn. 97 = BeckRS 2004, 70610 – Musique Diffusion Française.

[36] EuGH Slg. 2003, I-9189 Rn. 95 f. = BeckRS 2003, 154494 – Volkswagen; Kom., M.8228, Rn. 86 – Facebook/WhatsApp.

[37] Kom., M.920, Rn. 12 – Samsung/AST; Kom., M.7993, Rn. 581 – Altice/PT Portugal; s. auch EuG BeckRS 2012, 82623 Rn. 250 – Electrabel.

[38] Kom., M.969, Rn. 14 – A. P. Møller; Kom., M.4994, Rn. 196 – Electrabel/Compagnie Nationale du Rhône.

[39] Kom., M.4994, Rn. 204 – Electrabel/Compagnie Nationale du Rhône.

[40] EuG NZKart 2017, 649 Rn. 389 – Marine Harvest; EuG NZKart 2021, 560 Rn. 292 – Altice ; EuG NZKart 2022, 333 Rn. 366 ff. – Canon/Toshiba Medical Systems.

[41] Ausf. hierzu EuG NZKart 2017, 649 Rn. 243 ff. und 484 – Marine Harvest; EuG NZKart 2021, 560 Rn. 283 – Altice.

[42] Vgl. Kom., M.1543, Rn. 16 – Sanofi/Synthélabo; Kom., M.1608, Rn. 43 – KLM/Martinair II; Kom., M.3255, Rn. 100 – Tetra Laval/Sidel.

ten werden, ein hoher Grad an Sorgfalt bei der Erteilung richtiger und vollständiger Informationen erwartet werden kann.[43] Gleichzeitig erkennt die Kommission jedoch an, dass kleinere Fehler angesichts der Komplexität großer multinationaler Unternehmen unvermeidbar sein können und hierin kein Fahrlässigkeitsvorwurf begründet werden kann.[44] Ein solcher Entschuldigungsgrund ist allerdings nur in Ausnahmefällen anzunehmen.[45]

In zwei Verfahren hat die Kommission sogar einen **vorsätzlichen Verstoß** gegen die FKVO **26** bejaht.[46] Dabei ging es in einem Fall um die Übermittlung unrichtiger und unvollständiger Informationen in der Anmeldung und einer späteren Antwort auf ein Auskunftsverlangen, wobei die Kommission aufgrund des weiteren Verfahrensverlaufs annahm, dass dem Unternehmen die relevanten Tatsachen bekannt waren und es sich nicht nur um vereinzelte unrichtige und entstellende Angaben handelte.[47] In einem weiteren Verfahren nahm die Kommission vorsätzliches Handeln bei der Unterlassung einer Antwort auf ein förmliches Auskunftsersuchen mit der Begründung an, dass das Unternehmen nicht einmal versucht habe, auch nur schätzungsweise Angaben zu den ersuchten Informationen zu machen.[48]

V. Entscheidung über die Geldbuße

Die Kommission verfügt über **Ermessen** sowohl bei der Entscheidung, ob sie ein Bußgeld **27** verhängt, als auch bei der konkreten Bemessung der Geldbuße.

1. Bußgeldfestsetzung. Wird einer der Tatbestände des Art. 14 vorsätzlich oder fahrlässig **28** verwirklicht, steht es im Ermessen der Kommission, ob sie ein Bußgeld verhängt. In den ersten Jahren **nach Inkrafttreten der FKVO** hat die Kommission trotz Erfüllung der Tatbestandsvoraussetzungen von der Verhängung von Geldbußen abgesehen und dies mit Problemen bei der Anwendung der neuen Vorschriften begründet.[49] Erst 1998 verhängte die Kommission im Verfahren Samsung/AST erstmals eine Geldbuße wegen Verstoßes gegen die Anmeldepflicht und das Vollzugsverbot.[50]

Seit dieser Entscheidung übt die Kommission ihr Ermessen dahingehend aus, bei einem Verstoß **29** auch eine Geldbuße festzusetzen. Bei einer Missachtung der Anmeldepflicht und des Vollzugsverbots wird dies von der Kommission damit begründet, dass sie Unternehmen daran hindern müsse, unter die FKVO fallende Zusammenschlüsse ohne ordnungsgemäße Anmeldung zu vollziehen.[51] Die Verhängung von Bußgeldern wegen unrichtiger oder unvollständiger Angaben wird von der Kommission zum Teil gar nicht näher oder etwa damit begründet, dass die Kommission „den für die Ausübung ihrer Kontrolltätigkeit im Bereich der Unternehmenszusammenschlüsse […] wesentlichen Grundsatz verteidigen [muss], der den Anmeldern eines Zusammenschlussvorhabens auferlegt, vollständige und richtige Angaben zu übermitteln."[52]

2. Bußgeldrahmen und -bemessung. a) Höchstbeträge. Art. 14 gibt **nur die Höchstbe- 30 träge** für die festzusetzende Geldbuße vor. Bei Verstößen nach Art. 14 Abs. 1 kann ein Bußgeld in Höhe von maximal 1 % des von dem beteiligten Unternehmen erzielten Gesamtumsatzes verhängt werden. Für schwere Verstöße nach Art. 14 Abs. 2 wird der Rahmen auf maximal 10 % des Gesamtumsatzes erweitert. Für die Bestimmung des Gesamtumsatzes verweist Art. 14 auf Art. 5. Die Mitteilung „Umsatzberechnung" ist entsprechend anwendbar. Eine absolute Obergrenze für die Höhe von Geldbußen besteht nicht.

b) Bemessungskriterien. Bei der konkreten Bemessung verfügt die Kommission über einen **31** weiten **Ermessensspielraum**. Art. 14 Abs. 3 gibt lediglich in nicht abschließender Aufzählung Bemessungskriterien vor und bestimmt, dass die Kommission bei der Festsetzung der Höhe der Geldbuße **Art, Schwere und Dauer** der Zuwiderhandlung zu berücksichtigen hat. Insoweit gelten grundsätzlich die gleichen Grundsätze wie bei Art. 23 VO 1/2003, auf dessen Kommentierung vorliegend ausdrücklich verwiesen wird. Im Rahmen von Art. 14 FKVO finden jedoch weder die Leitlinien „Festsetzung von Geldbußen" noch die Mitteilung „Erlass und die Ermäßigung von Geldbußen" nach ihrem jeweiligen Wortlaut Anwendung. Auch eine entsprechende Geltung dieser Leitlinien als „allgemeine Methoden der Kommission zur Festsetzung von Geldbußen in Wettbewerbssachen" scheidet nach Ansicht des

---

[43] Kom., M.3255, Rn. 103 – Tetra Laval/Sidel; Kom., M.8228, Rn. 89 f. – Facebook/WhatsApp.
[44] Kom., M.2624, Rn. 40 – BP/Erdölchemie.
[45] EuG NZKart 2017, 649 Rn. 484 – Marine Harvest.
[46] Kom., M.1610, Rn. 149 und 171 – Deutsche Post/Trans-o-flex; Kom., M.1634, Rn. 18 – Mitsubishi Heavy Industries.
[47] Kom., M.1610, Rn. 149 ff. und 171 – Deutsche Post/Trans-o-flex.
[48] Kom., M.1634, Rn. 17 – Mitsubishi Heavy Industries.
[49] Kom., M.166, Rn. 3 – Torras/Sarrio; Kom., M.157, Rn. 21 – Air France/Sabena.
[50] Kom., M.920 – Samsung/AST.
[51] Kom., M.920, Rn. 21 – Samsung/AST; Kom., M.969, Rn. 22 – A. P. Møller.
[52] Kom., M.1543, Rn. 31 – Sanofi/Synthélabo.

Gerichts aus.⁵³ In Ermangelung solcher Leitlinien ist die Kommission auch nicht verpflichtet, in einer Bußgeldentscheidung den Grundbetrag der Geldbuße oder die etwaigen erschwerenden bzw. mildernden Umstände weder in absoluten Zahlen noch prozentual zu beziffern.⁵⁴ Das Fehlen entsprechender Leitlinien für die Festsetzung von Geldbußen im Rahmen der FKVO ist nach Ansicht der Kommission schließlich auch kein Umstand, der die Verhängung einer Geldbuße ausschließt oder als mildernder Umstand bei der Bestimmung ihrer Höhe zu berücksichtigen ist.⁵⁵

32 In der **Entscheidungspraxis der Kommission** finden sich regelmäßig ausführliche Erwägungen zu Art und Schwere des Verstoßes, seiner Dauer sowie zu mildernden und erschwerenden Umständen. Insoweit hat sich aber keine rechtlich bindende und abschließende Liste von Beurteilungskriterien aus der Kommissionspraxis herausgebildet; die Kommission beurteilt vielmehr jeden Einzelfall anhand der Umstände des konkreten Sachverhalts.⁵⁶ Eine genaue Trennung zwischen den verschiedenen Beurteilungskriterien erfolgt zudem nicht immer, insbesondere ist nach der Rechtsprechung der Europäischen Gerichte keine konkrete Gewichtung der einzelnen Bemessungskriterien untereinander erforderlich.⁵⁷ Im Hinblick auf unrichtige oder unvollständige Angaben in der Anmeldung oder in Antworten aus Auskunftsersuchen hat die Kommission zuletzt betont, dass diese besonders schwer wiegen, wenn sie sich auf Informationen zu F&E-Projekten oder Pipeline-Produkten beziehen, bei denen die Kommission die relevanten Informationen im Normalfall nur von den Parteien selbst erhalten kann.⁵⁸

33 Der **Grad des Verschuldens** wird von der Kommission regelmäßig bei der Schwere des Verstoßes, teilweise aber auch bereits bei der Art des Verstoßes berücksichtigt. Unabhängig von der Einordnung werden absichtliche oder vorsätzliche Verstöße mit einer höheren Sanktion belegt als fahrlässige Verhaltensweisen. Gleichzeitig kann aber auch ein fahrlässiger Verstoß als schwerer Verstoß gewertet werden⁵⁹ und muss der Feststellung der Notwendigkeit einer Abschreckungswirkung des Bußgelds nicht entgegenstehen.⁶⁰

34 Als **mildernde Umstände** bei der Bußgeldbemessung im Rahmen von Art. 14 berücksichtigt die Kommission vor allem die freiwillige Mitteilung des Verstoßes durch das Unternehmen und seine aktive Zusammenarbeit bei folgenden Nachprüfungen.⁶¹ Auch eine Nichtausübung von Stimmrechten nach dem Vollzug der Übernahme kann im Sinne einer Schadensbegrenzung mildernd gewertet werden.⁶² Nicht mildernd wirkt sich dagegen das Angebot von Zusagen in nachfolgenden Fusionskontrollverfahren aus, um etwaigen wettbewerblichen Bedenken zu begegnen, da diese nur im eigenen wirtschaftlichen Interesse der Unternehmen stehen.⁶³ Der Umstand, dass ein Unternehmen aus einem Verstoß gegen das Vollzugsverbot keinen Gewinn gezogen hat, ist ebenfalls nicht als mildernder Umstand zu berücksichtigen.⁶⁴ Gleiches gilt für die Hinzuziehung von externen Anwälten und die Befolgung von deren Rat sowie die allgemeine Kooperation mit der Kommission im Rahmen des Fusionskontrollverfahrens.⁶⁵ Als **erschwerend** berücksichtigt wurden hingegen etwa die Größe und starke europäische Präsenz eines Unternehmens, da solche Unternehmen die europäischen Vorschriften kennen und anwenden müssten,⁶⁶ sowie vorherige Erfahrungen mit

---

⁵³ EuG BeckRS 2012, 82623 Rn. 227 – Electrabel.
⁵⁴ EuG NZKart 2017, 649 Rn. 455 – Marine Harvest; EuG NZKart 2021, 560 Rn. 317 – Altice.
⁵⁵ Kom., M.7993, Rn. 614 f. – Altice/PT Portugal.
⁵⁶ EuG NZKart 2017, 649 Rn. 469 – Marine Harvest; Kom., M. 8181, Rn. 486 – Merck/Sigma-Aldrich.
⁵⁷ EuG NZKart 2017, 649 Rn. 455 – Marine Harvest, wonach die Kommission „den Grundbetrag der Geldbuße oder die etwaigen erschwerenden bzw. mildernden Umstände weder in absoluten Zahlen noch prozentual zu beziffern braucht."
⁵⁸ Kom., M.8436, Rn. 184 – General Electric/LM Wind Power; Kom., M. 8181, Rn. 481 – Merck/Sigma-Aldrich.
⁵⁹ EuG BeckRS 2012, 82623 Rn. 238 – Electrabel.
⁶⁰ EuG NZKart 2017, 649 Rn. 585 – Marine Harvest.
⁶¹ Kom., M.920, Rn. 28 – Samsung/AST; Kom., M.969, Rn. 21 – A. P. Møller; Kom., M.4994, Rn. 218 f. – Electrabel/Compagnie Nationale du Rhône; Kom., M.8228, Rn. 102 – Facebook/WhatsApp; die bloße Beantwortung von Auskunftsersuchen der Kommission ohne aktive eigene Mitwirkung bei der Aufklärung des Verstoßes genügt jedoch nicht für eine Berücksichtigung als mildernder Umstand, s. hierzu Kom., M.7993, Rn. 604 – Altice/PT Portugal.
⁶² Kom., M.7184, Rn. 196 ff. – Marine Harvest/Morpol.
⁶³ Kom., M.7993, Rn. 594 – Altice/PT Portugal; EuG NZKart 2017, 649 Rn. 602– Marine Harvest.
⁶⁴ EuG NZKart 2017, 649 Rn. 472 – Marine Harvest. Insoweit besteht auch keine Pflicht der Kommission zur Prüfung, ob ein Gewinn entstanden ist.
⁶⁵ Kom., M.8436, Rn. 198 ff. – General Electric/LM Wind Power.
⁶⁶ Kom., M.920, Rn. 29 – Samsung/AST; Kom., M.1543, Rn. 21 – Sanofi/Synthélabo; in Kom., M.8179, Rn. 172, 220 – Canon/Toshiba Medical Systems wurde dies bereits im Rahmen der Schwere des Verstoßes und nicht als erschwerender Umstand berücksichtigt.

Zusammenschlusskontrollverfahren.[67] Ebenfalls erschwerend wirkt die Erstreckung des Verstoßes über einen erheblichen Zeitraum.[68]

Die **tatsächlichen wettbewerblichen Folgen** des Verstoßes werden unterschiedlich berücksichtigt, je nachdem, ob ein Verstoß gegen die Vorschriften über die Anmeldepflicht und das Vollzugsverbot oder die Pflicht zur Wahrheit und Vollständigkeit der Anmeldung und ähnlichen Dokumenten vorliegt. Bei Verstößen gegen die Anmeldepflicht und das Vollzugsverbot hat es die Kommission ausdrücklich als mildernde Umstände anerkannt, dass der Vollzug des Zusammenschlusses keine Auswirkungen auf dem Markt gehabt hat und keine Wettbewerbsschädigung eingetreten ist[69] bzw. das Nichtbestehen wettbewerblicher Bedenken bei der Bestimmung der Schwere des Verstoßes berücksichtigt.[70] Dass ein unter Verstoß gegen das Vollzugsverbot vollzogener Zusammenschluss keine Wettbewerbsprobleme aufgeworfen hat, ändert nach der vom Gericht bestätigten Ansicht der Kommission jedoch nichts daran, dass jeder Verstoß gegen das Vollzugsverbot seinem Wesen nach eine schwere Zuwiderhandlung darstellt.[71] Umgekehrt kann es von der Kommission als erschwerender Faktor berücksichtigt werden, dass das unter Missachtung des Vollzugsverbots umgesetzte Zusammenschlussvorhaben ernsthaften wettbewerblichen Bedenken begegnet.[72] Nach der Rechtsprechung des Gerichts ist es für die letztere Feststellung auch nicht erforderlich, dass die Kommission im Einzelnen nachzuweisen hat, dass es durch den Verstoß gegen das Vollzugsverbot mit hinreichender Wahrscheinlichkeit zu einem wettbewerblichen Schaden gekommen ist.[73] Bei Geldbußen wegen der Übermittlung unrichtiger oder unvollständiger Informationen ist es aus Sicht der Kommission hingegen unerheblich, ob das Vorhaben insgesamt wettbewerblich unbedenklich ist, da allein entscheidend sei, ob die unvollständige Information für die ordnungsgemäße Ermittlung und Beurteilung der Marktposition der Zusammenschlussparteien wichtig sei.[74] Die Schwere des Verstoßes hänge insoweit von der Bedeutung der Information für die wettbewerbliche Analyse, nicht jedoch vom endgültigen Ergebnis dieser Analyse ab.[75] Gleichzeitig hat es die Kommission aber in einem anderen Verfahren als erschwerenden Umstand berücksichtigt, dass die Informationspflichten bei einem Zusammenschlussvorhaben verletzt wurden, das wegen der Zusammenlegung zweier Monopole „a priori eine wettbewerbswidrige Situation herbeiführen" könne.[76]

c) Betrag der Geldbuße. Werden mehrere Tatbestände des Art. 14 durch eine oder mehrere Handlungen verletzt oder wird derselbe Tatbestand durch mehrere Handlungen mehrfach verwirklicht, so wird eine **einheitliche Gesamtgeldbuße** für alle Verstöße verhängt. Hinsichtlich der Bildung der Gesamtgeldbuße gelten die gleichen Regeln wie im Kartellbußgeldverfahren.[77]

Die **absolute Höhe** der von der Kommission im Rahmen der FKVO verhängten Geldbußen ist ursprünglich deutlich hinter den in Kartellverfahren verhängten Bußgeldhöhen zurückgeblieben.[78] Erstmals im Jahr 2009 verhängte die Kommission wegen eines Verstoßes gegen das Vollzugsverbot eine erhebliche Geldbuße in Höhe von 20 Mio. Euro gegen das Unternehmen Electrabel.[79] Zuletzt wurden in den Verfahren Facebook/WhatsApp 2017 sowie Altice/PT Portugal 2018 erstmals Geld-

---

[67] Kom., M.1608, Rn. 59 – KLM/Martinair II.
[68] Kom., M.969, Rn. 17 – A. P. Møller; EuG NZKart 2017, 649 Rn. 556 – Marine Harvest, wobei neun Monate und 12 Tage jedenfalls bei einem Zusammenschluss „mit potenziell wettbewerbsschädigenden Wirkungen" als „besonders langer" Zeitraum eingestuft wurden.
[69] Kom., M.920, Rn. 28 – Samsung/AST; Kom., M.969, Rn. 21 – A. P. Møller. Bestätigend EuG BeckRS 2012, 82623 Rn. 247 – Electrabel.
[70] Kom., M.8179, Rn. 202, 218 – Canon/Toshiba Medical Systems.
[71] Kom., M.4994, Rn. 194, 191 – Electrabel/Compagnie Nationale du Rhône; EuG NZKart 2017, 649 Rn. 491 – Marine Harvest.
[72] EuG BeckRS 2012, 82623 Rn. 247 – Electrabel; EuG NZKart 2017, 649 Rn. 494 – Marine Harvest; EuG NZKart 2021, 560 Rn. 300 f. – Altice.
[73] EuG NZKart 2017, 649 Rn. 523 – Marine Harvest.
[74] Kom., M.2624, Rn. 51 – BP/Erdölchemie.
[75] Kom., M.2624, Rn. 51 – BP/Erdölchemie.
[76] Kom., M.1543, Rn. 23 – Sanofi/Synthélabo.
[77] FK-KartellR/Meyer Rn. 44; vgl. im Übrigen die Kommentierung zu Art. 23 VO 1/2003.
[78] Kom., M.969, Rn. 23 – A. P. Møller: Die Gesamthöhe der Geldbuße wegen Verstoßes gegen Abs. 2 lit. b aF betrug 174.000 EUR. Hinzu kamen 45.000 EUR wegen Verstößen gegen Abs. 1 aF; Kom., M.920, Rn. 30 – Samsung/AST: Die Gesamthöhe der Geldbuße wegen Verstoßes gegen Abs. 2 lit. b aF betrug 28.000 EUR. Hinzu kamen 5.000 EUR wegen Verstößen gegen Abs. 1 aF; bei Verstößen gegen Art. 14 Abs. 1 aF hingegen hat die Kommission häufig den nach der FKVO aF zulässigen Höchstbetrag ausgeschöpft und Geldbußen von 50.000 EUR verhängt, vgl. Kom., M.1610 – Deutsche Post/Trans-o-flex; Kom., M.1634 – Mitsubishi Heavy Industries; Kom., M.1543 – Sanofi/Synthélabo.
[79] Kom., M.4994, Rn. 226 f. – Electrabel/Compagnie Nationale du Rhône; die Geldbuße wurde als Gesamtbetrag verhängt.

bußen in dreistelliger Millionenhöhe wegen Falschangaben bzw. Verstoßes gegen das Vollzugsverbot verhängt.[80] Das Gericht hat im Zusammenhang mit der Überprüfung der 2009 gegen Electrabel verhängten Geldbuße im Übrigen ausdrücklich betont, dass die Kommission dadurch, dass sie in der Vergangenheit für bestimmte Arten von Zuwiderhandlungen Geldbußen in bestimmter Höhe verhängt hat, nicht daran gehindert ist, dieses Niveau innerhalb der durch die FKVO gezogenen Grenzen anzuheben, wenn dies erforderlich ist, um die Durchführung der Wettbewerbspolitik der Union sicherzustellen.[81]

VI. Verfahren

38 Die Geldbuße wird nach Feststellung eines Verstoßes durch eine das Verfahren abschließende Entscheidung festgesetzt. Der Verhängung der Geldbuße muss gem. Art. 18 Abs. 1 eine **Anhörung** des Betroffenen und nach Art. 19 Abs. 3 eine Anhörung des Beratenden Ausschusses vorausgehen. Für die **Vollstreckung** der Geldbuße gelten die allgemeinen Vorschriften (Art. 299 AEUV). Danach erfolgt die Zwangsvollstreckung nach den Vorschriften des Zivilprozessrechts des Mitgliedsstaates, in dessen Hoheitsgebiet sie stattfindet.

39 Anders als in Kartellverfahren bestimmt sich die **Verfolgungs- und Vollstreckungsverjährung** in Ermangelung einer gesonderten Regelung in FKVO und DVO FKVO nach der allgemeinen VO (EWG) 2988/74 über die Verfolgungs- und Vollstreckungsverjährung im Verkehrs- und Wettbewerbsrecht der Europäischen Wirtschaftsgemeinschaft.[82] Nach deren Art. 1 Abs. 1 beträgt die Verfolgungsverjährungsfrist drei Jahre bei Verstößen gegen Vorschriften über Anträge oder Anmeldungen, über die Einholung von Auskünften oder die Vornahme von Nachprüfungen sowie fünf Jahre bei allen übrigen Zuwiderhandlungen. Die Vollstreckungsverjährung beträgt fünf Jahre (Art. 4 VO (EWG) 2988/74).

40 Verstöße gegen die Pflichten zu wahrheitsgemäßen (und vollständigen) Angaben unterliegen mithin der dreijährigen Verfolgungsverjährung. **Verstöße gegen das Vollzugsverbot** unterliegen hingegen nach Auffassung der Kommission und des Gerichts der fünfjährigen Verjährung, da sich ein solcher Verstoß nicht allein auf die Unterlassung der Anmeldung beziehe, sondern eine Vorgehensweise betreffe, aus der sich eine strukturelle Veränderung der Wettbewerbsbedingungen ergibt.[83] Praktisch unterliegen Verstöße gegen das Vollzugsverbot damit gar keiner Verjährung. Denn gemäß Art. 1 Abs. 2 S. 2 VO (EWG) 2988/74 beginnt die Verjährung bei dauernden oder fortgesetzten Zuwiderhandlungen erst mit dem Tag zu laufen, an dem die Zuwiderhandlung beendet ist. Verstöße gegen das Vollzugsverbot stellen nach Ansicht der Kommission[84] und der Europäischen Gerichte[85] jedoch andauernde Verstöße dar, die erst dann beendet werden, wenn die Kommission den Zusammenschluss genehmigt oder gegebenenfalls eine Befreiung vom Vollzugsverbot erteilt. Diese Sichtweise erscheint rechtsstaatlich bedenklich; entsprechende Kritik an einer „ewig" laufenden Verjährung hat das Gericht jedoch pauschal unter Hinweis auf den „Standpunkt der Strafverfolgung" zurückgewiesen.[86]

Art. 15 Zwangsgelder

(1) Die Kommission kann gegen die in Artikel 3 Absatz 1 Buchstabe b) bezeichneten Personen, gegen Unternehmen oder Unternehmensvereinigungen durch Entscheidung ein Zwangsgeld bis zu einem Höchstbetrag von 5 % des durchschnittlichen täglichen Gesamtumsatzes des beteiligten Unternehmens oder der beteiligten Unternehmensvereinigung im Sinne von Artikel 5 für jeden Arbeitstag des Verzugs von dem in ihrer Entscheidung bestimmten Zeitpunkt an festsetzen, um sie zu zwingen,
a) eine Auskunft, die sie in einer Entscheidung nach Artikel 11 Absatz 3 angefordert hat, vollständig und sachlich richtig zu erteilen,

---

[80] Kom., M.7993 – Altice/PT Portugal; Kom., M.8228 – Facebook/WhatsApp.
[81] EuG BeckRS 2012, 82623 Rn. 286, 299 – Electrabel.
[82] VO 2988/74, ABl. 1974 L 319, 1, zuletzt geändert durch die VO 1/2003.
[83] Kom., M.4994, Rn. 182 – Electrabel/Compagnie Nationale du Rhône; Kom., M.7184, Rn. 130 – Marine Harvest/Morpol; Kom., M.7993, Rn. 567 – Altice/PT Portugal; Kom., M.8179, Rn. 186 – Canon/Toshiba Medical Systems. Bestätigt durch EuG BeckRS 2012, 82623 Rn. 204 ff. – Electrabel und EuG NZKart 2017, 649 Rn. 353 – Marine Harvest.
[84] Kom., M.4994, Rn. 211 – Electrabel/Compagnie Nationale du Rhône; Kom., M.7184, Rn. 128 – Marine Harvest/Morpol; Kom., M.7993, Rn. 565 – Altice/PT Portugal; Kom., M.8179, Rn. 184 – Canon/Toshiba Medical Systems.
[85] EuG BeckRS 2012, 82623 Rn. 190 – Electrabel; EuG NZKart 2017, 649 Rn. 559 – Marine Harvest.
[86] EuG BeckRS 2012, 82623 Rn. 213 – Electrabel.

b) eine Nachprüfung zu dulden, die sie in einer Entscheidung nach Artikel 13 Absatz 4 angeordnet hat,
c) einer durch Entscheidung nach Artikel 6 Absatz 1 Buchstabe b), Artikel 7 Absatz 3 oder Artikel 8 Absatz 2 Unterabsatz 2 auferlegten Auflage nachzukommen oder
d) den in einer Entscheidung nach Artikel 8 Absatz 4 oder 5 angeordneten Maßnahmen nachzukommen.

(2) Sind die in Artikel 3 Absatz 1 Buchstabe b) bezeichneten Personen, Unternehmen oder Unternehmensvereinigungen der Verpflichtung nachgekommen, zu deren Erfüllung das Zwangsgeld festgesetzt worden war, so kann die Kommission die endgültige Höhe des Zwangsgeldes auf einen Betrag festsetzen, der unter dem Betrag liegt, der sich aus der ursprünglichen Entscheidung ergeben würde.

Übersicht

		Rn.			Rn.
I.	Allgemeines	1	III.	Verfahren	8
II.	Tatbestand	3	1.	Zweistufigkeit des Verfahrens	8
1.	Allgemeine Voraussetzungen	3	2.	Erste Stufe (Festsetzung des Tagessatzes)	11
2.	Durchsetzbare Pflichten (Abs. 1 lit. a–d)	5	3.	Zweite Stufe (Festsetzung des Gesamtbetrages)	13

I. Allgemeines

Die Verhängung eines Zwangsgeldes nach Art. 15 ist neben der Geldbuße das zweite Zwangsmittel, das der Kommission im Rahmen des Fusionskontrollverfahrens zur Verfügung steht. Während die Verhängung einer Geldbuße der Sanktionierung schuldhaft begangener Zuwiderhandlungen und der Verhinderung künftiger Verstöße dient, soll mit der Festsetzung von Zwangsgeldern die Befolgung einer unmittelbar aus der FKVO folgenden oder durch Kommissionsentscheidung begründeten **Pflicht erzwungen** werden. Aufgrund der unterschiedlichen Zielsetzung ist auch die gleichzeitige Festsetzung eines Zwangsgeldes und einer Geldbuße zulässig.[1] So kann etwa bei Nichterteilung einer durch Entscheidung nach Art. 11 Abs. 3 verlangten Auskunft nach Art. 14 Abs. 1 lit. c eine Geldbuße und nach Art. 15 Abs. 1 lit. a ein Zwangsgeld festgesetzt werden.[2] Art. 15 entspricht im Wesentlichen der im Kartellverfahren geltenden Vorschrift des Art. 24 VO 1/2003,[3] auf dessen Kommentierung ergänzend verwiesen wird. 1

In der Praxis des Fusionskontrollverfahrens ist **Art. 15 weiterhin ohne Bedeutung** geblieben. Die Kommission hat bis heute lediglich in einem Fall ein Zwangsgeld gegen ein nicht am Zusammenschluss beteiligtes Unternehmen (Mitsubishi Heavy Industries) verhängt, um die vollständige Beantwortung eines förmlichen Auskunftsersuchens zu erzwingen.[4] 2

II. Tatbestand

1. Allgemeine Voraussetzungen. Der potentielle **Adressatenkreis** eines Zwangsgeldes ist identisch mit dem Adressatenkreis in Art. 14. Das Zwangsmittel kann sich danach sowohl gegen die am Zusammenschluss beteiligten Unternehmen als auch gegen Dritte richten. In der einzigen bisher zu Art. 15 ergangenen Entscheidung der Kommission war dies der Fall, um die vollständige Beantwortung eines förmlichen Auskunftsersuchens durch ein nicht am Zusammenschluss beteiligtes Unternehmen zu erzwingen.[5] 3

Die Festsetzung eines Zwangsgeldes setzt anders als die Verhängung einer Geldbuße **kein Verschulden** voraus.[6] Ein etwaiges Verschulden kann aber bei der Bemessung der Höhe des Zwangsgeldes berücksichtigt werden. Ist es dem betroffenen Unternehmen objektiv unmöglich, die durchzusetzende Verpflichtung zu erfüllen, scheidet wegen der **Akzessorietät des Zwangsgeldes** jedoch bereits die Festsetzung eines Zwangsgeldes als objektiv ungeeignetes Mittel aus.[7] 4

---

[1] NK-EuWettbR/Hacker Rn. 3; GK/Schütz Rn. 2 aE; Bechtold/Bosch/Brinker Rn. 3 aE; FK-KartellR/Heithecker/Schneider Rn. 4.
[2] So im Verfahren Kom., M.1634 – Mitsubishi Heavy Industries.
[3] S. auch Art. 16 VO 17/62, ABl. 1962 L 204, 6S.
[4] Kom., M.1634 – Mitsubishi Heavy Industries.
[5] Kom., M.1634 – Mitsubishi Heavy Industries.
[6] Vgl. ua GK/Schütz Rn. 6; Bechtold/Bosch/Brinker Rn. 3; Schulte/Just/Steinbarth Rn. 1.
[7] GK/Schütz Rn. 6.

5 **2. Durchsetzbare Pflichten (Abs. 1 lit. a–d).** Die Verhängung eines Zwangsgeldes ist nur zur Durchsetzung der in Art. 15 Abs. 1 lit. a–d **abschließend aufgezählten Pflichten** zulässig. Die Befolgung sonstiger sich aus der FKVO ergebender Pflichten, etwa der Pflicht zur Anmeldung eines Zusammenschlusses aus Art. 4 Abs. 1, kann von der Kommission nicht mit den Mitteln des Zwangsgeldes durchgesetzt, sondern bei Nichtbefolgung ggf. nur durch die Verhängung einer Geldbuße geahndet werden.

6 Nach Art. 15 Abs. 1 lit. a kann ein Zwangsgeld festgesetzt werden, um ein nach Art. 11 Abs. 3 durch förmliche Entscheidung angeordnetes **Auskunftsverlangen** durchzusetzen. Eine Zwangsgeldfestsetzung kann auch dann erfolgen, wenn eine erteilte Auskunft unvollständig oder sachlich unrichtig war. Ebenso kann nach Art. 15 Abs. 1 lit. b die Duldung einer nach Art. 13 Abs. 4 förmlich angeordneten **Nachprüfung** erzwungen werden. Welches Verhalten dabei im Einzelnen zu dulden ist und dementsprechend durch ein Zwangsgeld durchgesetzt werden kann, ergibt sich aus Art. 13 Abs. 2 lit. a–e und den konkretisierenden Anordnungen der Bediensteten der Kommission. Einfache Auskunftsersuchen (Art. 11 Abs. 2) und bloße Prüfaufträge (Art. 13 Abs. 2) können nicht mit Hilfe von Zwangsgeld durchgesetzt werden.[8]

7 Gemäß Art. 15 Abs. 1 lit. c kann ein Zwangsgeld zur Durchsetzung von **Auflagen** festgesetzt werden, die die Kommission mit einer Befreiung vom Vollzugsverbot (Art. 7 Abs. 3) oder der Freigabe eines Zusammenschlusses in der ersten Phase (Art. 6 Abs. 1 lit. b) oder in der Hauptprüfphase (Art. 8 Abs. 2 UAbs. 2) verbunden hat. Schließlich kann die Kommission nach Art. 15 Abs. 1 lit. d **Entflechtungsmaßnahmen** nach Art. 8 Abs. 4 sowie einstweilige Anordnungen nach Art. 8 Abs. 5 mittels Zwangsgeld durchsetzen.

III. Verfahren

8 **1. Zweistufigkeit des Verfahrens.** Das Zwangsgeldverfahren ist **zweistufig ausgestaltet.** Es ist zwischen der Festsetzung der Höhe des Zwangsgeldes für jeden Tag des Verzugs von dem mit der Entscheidung bestimmten Zeitpunkt an (Festsetzung des Tagessatzes) und der endgültigen Festsetzung des Gesamtbetrages des Zwangsgeldes zu unterscheiden.

9 Die Entscheidung über die **Festsetzung des Tagessatzes** ist noch nicht vollstreckbar, da in ihr nicht der Gesamtbetrag des Zwangsgeldes angegeben ist und noch nicht feststeht, ob das Unternehmen seiner Verpflichtung nachkommen wird.[9] Nach der Rechtsprechung des EuGH ist es aus diesem Grund ausreichend, wenn der Betroffene und der Beratende Ausschuss erst vor der endgültigen Festsetzung (des Gesamtbetrages) des Zwangsgeldes angehört werden und sie sich dann zu allen Gesichtspunkten, die die Kommission bei der Festsetzung des Zwangsgeldes und seiner endgültigen Höhe berücksichtigt hat, in zweckdienlicher Weise äußern können.[10] Eine Anhörung bereits vor einer Entscheidung zur Festsetzung des Tagessatzes ist hingegen nicht erforderlich. Ansonsten bestünde nach Auffassung des Gerichtshofs die Gefahr, dass der Erlass dieser Entscheidung hinausgezögert und damit die Wirksamkeit der durchzusetzenden Entscheidung (zB Auskunftsersuchen, Nachprüfung) in Frage gestellt würde.[11] Auch gerichtlicher Rechtsschutz nach Art. 263 AEUV ist erst gegen die das Verfahren abschließende Entscheidung über die Festsetzung der Gesamthöhe des Zwangsgeldes möglich, wobei die Überprüfung im Rahmen des gerichtlichen Verfahrens aber auch alle vorhergehenden Entscheidungen inklusive der Festsetzung des Tagessatzes einschließt.[12]

10 Die **Vollstreckung** des endgültig festgesetzten Zwangsgeldes richtet sich wie die Vollstreckung einer Geldbuße nach den allgemeinen Vorschriften (Art. 299 AEUV). Danach erfolgt die Zwangsvollstreckung nach den Vorschriften des Zivilprozessrechts des Mitgliedsstaates, in dessen Hoheitsgebiet sie stattfindet.

11 **2. Erste Stufe (Festsetzung des Tagessatzes).** In der Entscheidung wird ein konkreter Euro-Betrag festgesetzt, der **für jeden Arbeitstag des Verzugs** von dem in der Entscheidung bestimmten Zeitpunkt an zu zahlen ist. Der Betrag darf 5 % des durchschnittlichen täglichen Gesamtumsatzes des beteiligten Unternehmens oder der beteiligten Unternehmensvereinigung nicht überschreiten. Diese Festsetzung des Tagessatzes erfolgt üblicherweise – zumindest soweit Art. 15 Abs. 1 lit. a und b betroffen sind – zusammen mit der (erstmaligen) Anordnung der durchzusetzenden Maßnahme. Sie steht im Ermessen der Kommission, die bei der Festsetzung jedoch die allgemeinen Grundsätze, insbesondere den Verhältnismäßigkeits- und den Gleichbehandlungs-

---

[8] FK-KartellR/Heithecker/Schneider Rn. 9 und 11.
[9] EuGH Slg. 1989, 2859 Rn. 55 = NJW 1989, 3080 – Höchst.
[10] EuGH Slg. 1989, 2859 Rn. 56 = NJW 1989, 3080 – Höchst.
[11] EuGH Slg. 1989, 2859 Rn. 57 = NJW 1989, 3080 – Höchst.
[12] GK/Schütz Rn. 9; FK-KartellR/Heithecker/Schneider Rn. 34; Immenga/Mestmäcker/Körber Rn. 8.

grundsatz beachten muss.[13] Im bisher einzigen Fall einer endgültigen Zwangsgeldfestsetzung im Fusionskontrollverfahren hatte die Kommission nach einem erfolglosen einfachen Auskunftsverlangen eine förmliche Auskunftsentscheidung nach Art. 11 Abs. 5 aF getroffen und diese mit der Festsetzung eines Zwangsgeldes für den Fall verbunden, dass das Unternehmen die Auskünfte nicht innerhalb der gesetzten Frist von einer Woche erteilt.[14] Regelmäßig weist die Kommission bereits in einem einfachen Auskunftsverlangen auf die Möglichkeit der späteren Verhängung eines Zwangsgeldes hin.

Die Kommission verfügt auch bei der Festsetzung der Höhe des Tagessatzes im Rahmen des in Art. 15 Abs. 1 bestimmten Höchstbetrages über **Ermessen**. Bei der Ermessensausübung hat die Kommission den Verhältnismäßigkeitsgrundsatz zu beachten. Als Bemessungskriterien können etwa die Größe und Leistungsfähigkeit des Adressaten, die Bedeutung der konkret durchzusetzenden Maßnahme für das Hauptverfahren, sowie das Maß eines etwaigen Verschuldens berücksichtigt werden. 12

3. Zweite Stufe (Festsetzung des Gesamtbetrages). Erst mit dieser zweiten Entscheidung wird das vom Unternehmen zu zahlende Zwangsgeld endgültig in einem **vollstreckbaren Titel** festgesetzt. Die Höhe des Zwangsgeldes ergibt sich grundsätzlich aus einer Multiplikation des festgesetzten Tagessatzes mit der Zahl der Arbeitstage des Verzugs von dem in der Entscheidung nach Art. 11 Abs. 3, 13 Abs. 4, 7 Abs. 3, 8 Abs. 2, 8 Abs. 3 oder 8 Abs. 5 bestimmten Zeitpunkt an. Der Verzug beginnt mit dem ersten Arbeitstag nach Ende der gesetzten Frist und endet grundsätzlich mit Vornahme der geschuldeten Handlung (Zweckerreichung). Er endet bereits vorher, wenn die durchzusetzende Verpflichtung hinfällig geworden ist. Dies ist spätestens dann der Fall, wenn das gegenständliche Fusionskontrollverfahren abgeschlossen wird.[15] Dies gilt allerdings nicht bei der Durchsetzung von Auflagen und Entflechtungsmaßnahmen. 13

Die in der ersten Stufe bestimmte Tagessatzhöhe bildet die Grundlage für die endgültige Festsetzung des **Gesamtbetrages**. Nach Art. 15 Abs. 2 kann die Kommission die endgültige Höhe des Zwangsgeldes jedoch auf einen geringeren Betrag als denjenigen festsetzen, der sich bei Zugrundelegung der ursprünglich festgesetzten Tagessatzhöhe ergeben würde, sofern der Adressat der durchzusetzenden Verpflichtung nachgekommen ist. Hierdurch soll ein weiterer Anreiz für die Befolgung der Verpflichtung geschaffen werden. Die Gewährung einer Ermäßigung liegt im Ermessen der Kommission. Eine nachträgliche Erhöhung des Zwangsgeldes durch die endgültige Festsetzung ist dagegen unzulässig.[16] Im Verfahren „Mitsubishi Heavy Industries" sah die Kommission von einer Ermäßigung ab, da das Unternehmen seiner Verpflichtung zur Auskunftserteilung bis zur Beendigung des Fusionskontrollverfahrens nicht nachgekommen war.[17] 14

Art. 16 Kontrolle durch den Gerichtshof

Bei Klagen gegen Entscheidungen der Kommission, in denen eine Geldbuße oder ein Zwangsgeld festgesetzt ist, hat der Gerichtshof die Befugnis zu unbeschränkter Ermessensnachprüfung der Entscheidung im Sinne von Artikel 229 des Vertrags;[1] er kann die Geldbuße oder das Zwangsgeld aufheben, herabsetzen oder erhöhen.

Übersicht

		Rn.			Rn.
I.	Allgemeines	1	a)	Begriff	8
			b)	Anwendungsbereich	9
II.	Überprüfung von Entscheidungen nach Art. 14 und Art. 5	5	c)	Inhaltliche Ermessensüberprüfung	10
			3.	Inhalt der Entscheidung	12
1.	Zulässigkeitsvoraussetzungen und Verfahren	5	a)	Aufhebung, Bestätigung oder Neufestsetzung von Geldbuße/Zwangsgeld	12
			b)	Kein Verbot der reformatio in peius	13
2.	Unbeschränkte Ermessensüberprüfung	8	c)	Akzessorische Anordnungen	14

---

[13] FK-KartellR/Heithecker/Schneider Rn. 17.
[14] Kom., M.1634, Rn. 2 ff. – Mitsubishi Heavy Industries.
[15] Kom., M.1634, Rn. 21 – Mitsubishi Heavy Industries.
[16] Mestmäcker/Schweitzer EuWettbR § 22 Rn. 4 aE; FK-KartellR/Heithecker/Schneider Rn. 31.
[17] Kom., M.1634, Rn. 20 – Mitsubishi Heavy Industries.
[1] Der Verweis auf Art. 229 EG im Normtext gilt gemäß Art. 5 des Vertrages von Lissabon als Verweis auf Art. 261 AEUV.

I. Allgemeines

1 Art. 16 regelt die gemeinschaftsgerichtliche Nachprüfung von Entscheidungen der Kommission, mit denen nach Art. 14 eine Geldbuße oder nach Art. 15 ein Zwangsgeld festgesetzt wird. Die Vorschrift beschränkt sich damit auf die **Regelung des Rechtsschutzes gegen Zwangsmaßnahmen**. Über Rechtsschutzmöglichkeiten gegen sonstige Maßnahmen der Kommission im Rahmen der Fusionskontrolle trifft Art. 16 hingegen keine Aussage. Die Zulässigkeit solcher Klagen und der von den Europäischen Gerichten anzuwendende Prüfungsmaßstab beurteilen sich daher allein nach den allgemeinen Voraussetzungen. Für einen detaillierten Überblick über den Rechtsschutz im Fusionskontrollverfahren wird auf die Kommentierung zu Art. 6 und Art. 8 verwiesen.

2 Art. 16 beruht auf der **Ermächtigung in Art. 261 AEUV**, wonach vom Europäischen Parlament und vom Rat gemeinsam sowie vom Rat alleine erlassene Verordnungen hinsichtlich der darin vorgesehenen Zwangsmaßnahmen dem Gerichtshof die Befugnis übertragen können, bei der Kontrolle von Maßnahmen der Kommission auch die Ausübung des Ermessens durch die Kommission in vollem Umfang und ohne jede Beschränkung zu prüfen. Hiermit werden typischerweise der Exekutive vorbehaltene Entscheidungsspielräume auf den Gerichtshof erstreckt, um so – wegen der besonderen Eingriffsqualität von Buß- und Zwangsgeldentscheidungen – ein erhöhtes Maß an gerichtlicher Kontrolle zu verwirklichen.

3 Bei Art. 16 iVm Art. 261 AEUV handelt es sich nach weit überwiegender Meinung um keine eigenständige Verfahrensart, sondern lediglich um eine Erweiterung von Prüfungsumfang und Entscheidungsbefugnissen im Rahmen der Nichtigkeitsklage nach Art. 263 AEUV.[2] Dies entspricht auch der Entscheidungspraxis des Gerichtshofs, der im Rahmen von Nichtigkeitsklagen nach Art. 263 AEUV von der Befugnis zur unbeschränkten Ermessensüberprüfung Gebrauch macht.[3]

4 Art. 16 entspricht im Wesentlichen **Art. 31 VO 1/2003**, auf dessen Kommentierung ergänzend verwiesen wird. Während zu der entsprechenden Regelung in der Kartellverordnung bereits eine Vielzahl von Entscheidungen ergangen sind, hat Art. 16 in der Praxis der europäischen Fusionskontrolle bisher nur geringe Bedeutung erlangt.[4]

II. Überprüfung von Entscheidungen nach Art. 14 und Art. 5

5 **1. Zulässigkeitsvoraussetzungen und Verfahren.** Zuständig zur Überprüfung der Zwangsmaßnahmen ist das **Gericht**. Dies ergibt sich aus Art. 256 Abs. 1 AEUV und Art. 51 der Satzung des Gerichtshofs, weil es sich insoweit um Klagen von natürlichen oder juristischen Personen gegen ein Organ der EU handelt. Art. 16 gilt auch für das Gericht, weil der Gerichtshof gem. Art. 19 EUV den Gerichtshof und das Gericht „umfasst" (nachfolgend daher einheitlich „Gerichtshof"). Gegen die Entscheidung des Gerichts kann beim EuGH ein auf Rechtsfragen beschränktes Rechtsmittel eingelegt werden.[5]

6 Weder Art. 16 noch Art. 261 AEUV regeln die formalen Zulässigkeitsvoraussetzungen für die Einleitung eines Verfahrens der unbeschränkten Ermessensüberprüfung. Unabhängig davon, ob die Klage nach Art. 16 iVm Art. 261 AEUV als eigene Verfahrensart oder als modifizierte Nichtigkeitsklage angesehen wird, werden hinsichtlich der **Fristen und des Rechtsschutzbedürfnisses Art. 263 Abs. 4 und 5 AEUV** (zumindest entsprechend) angewendet, weil das Verfahren selbst nach der Auffassung, die es als eigenständigen Typus ansieht, letztlich auf die Beseitigung eines bestehenden Rechtsaktes gerichtet ist.[6]

7 Für die Durchführung des Verfahrens gelten die **allgemeinen Verfahrensvorschriften**. Dies betrifft sowohl das Ausgangsverfahren vor dem Gericht als auch das Rechtsmittelverfahren beim EuGH. Dementsprechend haben auch Klagen gegen Entscheidungen über die Verhängung von Bußgeldern und Zwangsgeldern nach Art. 16 grundsätzlich keine aufschiebende Wirkung. Die Kommission akzeptiert allerdings in der Praxis bei Geldbußen wegen Verstößen gegen Art. 101 oder Art. 102 AEUV regelmäßig eine Sicherheitsleistung und verlangt dann keine Zahlung der Geldbuße

---

[2] Grabitz/Hilf/Nettesheim/Booß AEUV Art. 261 Rn. 1 aE; von der Groeben/Schwarze/Hatje/Gaitanides AEUV Art. 261 Rn. 5; Schwarze/Schwarze/Voet van Vormizeele AEUV Art. 261 Rn. 4; Geiger/Khan/Kotzur/Kotzur AEUV Art. 261 Rn. 2 f.; Streinz/Ehricke AEUV Art. 261 Rn. 3; aA Immenga/Mestmäcker/Biermann VO 1/2003 Art. 31 Rn. 30.

[3] Vgl. von der Groeben/Schwarze/Hatje/Gaitanides AEUV Art. 261 Rn. 5, Fn. 8 mwN; s. zur Entscheidungspraxis des Gerichtshofs auch v. Alemann EuZW 2006, 487 ff.

[4] Vgl. nur Immenga/Mestmäcker/Körber Rn. 8; Bunte/Käseberg Rn. 1; aus jüngerer Zeit vgl. jedoch die Entscheidungen EuG BeckRS 2012, 82623 – Electrabel und EuG NZKart 2017, 649 – Marine Harvest.

[5] Art. 56 der Satzung des Gerichtshofs, zuletzt etwa EuGH EuZW 2020, 622 – Mowi ASA; EuG NZKart 2017, 649 – Marine Harvest.

[6] Grabitz/Hilf/Nettesheim/Booß AEUV Art. 261 Rn. 17 mwN; Immenga/Mestmäcker/Biermann VO 1/2003 Art. 31 Rn. 30.

vor Abschluss des Gerichtsverfahrens.[7] Gleiches dürfte für Geldbußen nach der Fusionskontrollverordnung gelten.

2. Unbeschränkte Ermessensüberprüfung. a) Begriff. Art. 16 verleiht dem Gerichtshof die Befugnis zu unbeschränkter Ermessensnachprüfung der Kommissionsentscheidung im Sinne von Art. 261 AEUV. Der Gerichtshof kann die Geldbuße oder das Zwangsgeld nicht nur bestätigen oder aufheben, sondern auch herabsetzen oder sogar erhöhen. Der Prüfungsumfang des Gerichtshofs ist damit bei der Kontrolle von Maßnahmen der Kommission nach Art. 14 oder 15 **weiter als bei der Nichtigkeitsklage** gem. Art. 263 und Art. 264 AEUV. Dort ist die Prüfung der Ermessensausübung der Kommission durch den Gerichtshof auf den Nichtigkeitsgrund des „Ermessensmissbrauchs" beschränkt, der sehr restriktiv interpretiert und nur selten als erfüllt angesehen wird. Der Gerichtshof definiert den Ermessensmissbrauch in ständiger Rechtsprechung „als Vornahme einer Rechtshandlung durch ein Gemeinschaftsorgan ausschließlich oder zumindest überwiegend zu anderen als den angegebenen Zwecken oder mit dem Ziel, das Verfahren zu umgehen, das der Vertrag speziell vorsieht, um die konkrete Sachlage zu bewältigen."[8] Demgegenüber erfolgt im Rahmen von Art. 16 über die vollständige inhaltliche Überprüfung der Entscheidung in tatsächlicher und rechtlicher Hinsicht hinaus auch eine **Kontrolle ihrer Zweckmäßigkeit und Billigkeit**.[9]

b) Anwendungsbereich. Die unbeschränkte Ermessensnachprüfung gilt **nur für die in Art. 16 ausdrücklich benannten Entscheidungen** der Kommission zur Festsetzung einer Geldbuße oder eines Zwangsgeldes. Sie erstreckt sich nicht auf den zu Grunde liegenden Verwaltungsvorgang insgesamt.[10] Der Gerichtshof hat insbesondere keine Kompetenz, die Sachentscheidung, die die Grundlage für das Bußgeld oder das Zwangsgeld bildet (also die Entscheidung der Kommission über die Frage, ob die Tatbestandsvoraussetzungen für eine Geldbuße oder ein Zwangsgeld erfüllt sind), aufgrund einer neuen Gesamtwürdigung der Beweislage inhaltlich abzuändern. Der Gerichtshof darf beispielsweise nicht feststellen, dass zwar die FKVO nicht verletzt ist, das von der Kommission beanstandete Verhalten aber gegen Art. 102 AEUV verstößt und aus diesem Grund eine Geldbuße verhängen. Insoweit ist der Gerichtshof auf die Nichtigkeitsfeststellung beschränkt. Andernfalls würde aus Sicht des Gerichts das im Vertrag vorgesehene Gleichgewicht zwischen den Organen gestört und die Verteidigungsrechte der betroffenen Unternehmen gefährdet werden.[11]

c) Inhaltliche Ermessensüberprüfung. Das Gericht überprüft die Erwägungen der Kommission in der **ersten Instanz** umfassend und kommt zu einer eigenen Bewertung der Tatsachen, auf denen die Buß- oder Zwangsgeldentscheidung beruht. Es hat insoweit alle Gesichtspunkte zu würdigen, die auch die Kommission bei der Verhängung und Bemessung der Zwangsmaßnahme zu berücksichtigen hat. Dabei sind insbesondere die Schwere des Verstoßes, die Dauer des Verstoßes, seine wirtschaftlichen Auswirkungen sowie die wirtschaftliche Leistungsfähigkeit und das Verschulden des Unternehmens zu berücksichtigen. Dabei obliegt es dem Gericht im Rahmen seiner Begründungspflicht ausführlich darzulegen, welche Faktoren es bei seiner Entscheidung über die Festsetzung der Geldbuße berücksichtigt hat.[12]

Der EuGH lehnt es hingegen in ständiger Rechtsprechung ab, bei der Entscheidung über Rechtsfragen in einem **Rechtsmittelverfahren** aus Billigkeitsgründen seine Bewertung an die Stelle der Bewertung des Gerichts zu setzen.[13] Die Kontrolle des EuGH im Rechtsmittelverfahren beschränkt sich zum einen darauf zu überprüfen, ob das Gericht in rechtlich zutreffender Weise alle Faktoren berücksichtigt hat, die für die Beurteilung der Schwere eines bestimmten Verhaltens von Bedeutung sind. Zum anderen prüft der EuGH, ob das Gericht auf alle von dem Rechtsmittelführer vorgebrachten Argumente für eine Aufhebung oder Herabsetzung der Zwangsmaßnahme aus rechtlicher Sicht hinreichend eingegangen ist.[14]

3. Inhalt der Entscheidung. a) Aufhebung, Bestätigung oder Neufestsetzung von Geldbuße/Zwangsgeld. Der Gerichtshof kann die Geldbuße oder das Zwangsgeld bestätigen, aufheben, herabsetzen oder erhöhen. Diese Befugnis zur vollumfänglichen Ermessensprüfung hat

---

[7] Vgl. Immenga/Mestmäcker/Körber Rn. 98.
[8] Vgl. EuGH Slg. 1995, I-2019 Rn. 31 = DVBl 1995, 1285 – Parlament. Ausf. mwN Immenga/Mestmäcker/Dittert VO 1/2003 Anh. 1 Rn. 64.
[9] Grabitz/Hilf/Nettesheim/Booß AEUV Art. 261 Rn. 7; Streinz/Ehricke AEUV Art. 261 Rn. 5.
[10] EuG Slg. 1992, II-1403 Rn. 318 – SIV.
[11] EuG Slg. 1992, II-1403 Rn. 319 f. – SIV.
[12] EuG NZKart 2021, 560 Rn. 356 – Altice.
[13] Vgl. nur EuGH Slg. 1998, I-8417 Rn. 129 = EuZW 1999, 115 – Baustahlgewebe; Slg. 1994, I-5697 Rn. 46 = FHOeffR 45 Nr. 5567 – Finsider; Slg. 1995, I-865 Rn. 34 = FHOeffR 46 Nr. 3390 – BPB/British Gypsum.
[14] EuGH Slg. 1998, I-8417 Rn. 128 = EuZW 1999, 115 – Baustahlgewebe.

der Gerichtshof im Hinblick auf Bußgeldentscheidungen nach Art. 14 mehrfach ausdrücklich bestätigt und von ihr Gebrauch gemacht.[15] Die Entscheidungsmöglichkeiten des Gerichtshofs gehen damit deutlich über die in Art. 263 AEUV für die Nichtigkeitsklage vorgesehenen Möglichkeiten hinaus. Nach Art. 264 Abs. 1 AEUV kann der Gerichtshof die angefochtene Handlung nur bestätigen oder ganz – oder bei Abtrennbarkeit des nichtigen Teils teilweise – für nichtig erklären. Im Rahmen von Art. 16 hingegen kann der Gerichtshof die Beurteilung der Kommission durch eine eigene ersetzen.[16] Die vom Gerichtshof nach Art. 16 festgesetzte Geldbuße ist jedoch **keine neue Geldbuße,** die sich rechtlich von derjenigen unterscheiden ließe, die die Kommission verhängt hat.[17] Aus rechtlicher Sicht bleibt die Kommission Trägerin der Bußgeld-/Zwangsgeldentscheidung. Der Gerichtshof besitzt daher im Rahmen der FKVO auch keine Kompetenz, von sich aus Zwangsmaßnahmen zu verhängen. Seine Entscheidung setzt nach Art. 16 ausdrücklich das Bestehen von Zwangsmaßnahmen der Kommission voraus, auf deren Kontrolle und ggf. Änderung der Gerichtshof beschränkt ist.[18]

13 **b) Kein Verbot der reformatio in peius.** Nach dem ausdrücklichen Wortlaut von Art. 16 kann der Gerichtshof die Geldbußen oder Zwangsgelder, die von der Kommission festgesetzt wurden, auch erhöhen. Es besteht insoweit kein Verbot der *reformatio in peius*. In der Literatur ist vereinzelt vorgebracht worden, dass die Einführung der Befugnis zur Verböserung der Entscheidung der Kommission wegen Verstoßes gegen die allgemeinen Verfahrensmaximen des Gemeinschaftsrechts unzulässig sei. Die weit überwiegende Meinung sieht die *reformatio in peius* jedoch unter Verweis auf den Wortlaut von Art. 261 AEUV sowie Sinn und Zweck der Vorschrift als zulässig an.[19] Der Gerichtshof hat in seiner Entscheidungspraxis zu Kartell- und Missbrauchsverfahren von der Möglichkeit der Verschärfung der Gesamthöhe der verhängten Geldbuße bisher nur in einem Fall Gebrauch gemacht und die gegen ein Unternehmen verhängte Geldbuße (geringfügig) erhöht, ohne in der Entscheidung ausdrücklich zur Frage der Zulässigkeit der *reformatio in peius* Stellung zu nehmen.[20] Im Bereich des Fusionskontrollrechts hat das Gericht bisher in keinem Fall eine Erhöhung der Geldbuße vorgenommen, sondern diese in einem Fall (um 10 %) abgesenkt[21] und ansonsten bestätigt.[22]

14 **c) Akzessorische Anordnungen.** Nicht ausdrücklich geregelt ist, ob und wenn ja, in welchem Umfang der Gerichtshof noch weitere Entscheidungen treffen kann, die mit der angegriffenen Geldbuße oder dem angegriffenen Zwangsgeld im Zusammenhang stehen. Es spricht jedoch vieles dafür, dass der Gerichtshof unmittelbar mit seiner Entscheidung verbundene Annexentscheidungen treffen kann. Hierzu gehört es etwa, dass der Gerichtshof anordnen kann, dass die Kommission bereits erhaltene Zahlungen an den Betroffenen einschließlich von Zinsen zurückzahlen muss.[23] Auch ein Antrag auf Ersatz von Schäden kann mit der Klage gegen die Buß- oder Zwangsgeldentscheidung grundsätzlich verbunden und dann vom Gerichtshof beschieden werden.[24] Der Gerichtshof kann der Kommission jedoch auch im Verfahren nach Art. 16 FKVO und nach Art. 261 AEUV

---

[15] S. zuletzt EuG BeckRS 2012, 82623 Rn. 221 – Electrabel; EuG BeckRS 2017, 133696 Rn. 581 – Marine Harvest; EuG NZKart 2021, 560 Rn. 350 ff. – Altice.
[16] EuG NZKart 2021, 560 Rn. 353 – Altice.
[17] EuG Slg. 1995, II-2169 Rn. 60 = NVwZ 1996, 991 – CB.
[18] von der Groeben/Schwarze/Hatje/Gaitanides AEUV Art. 261 Rn. 14; Grabitz/Hilf/Nettesheim/Booß AEUV Art. 261 Rn. 8; Calliess/Ruffert/Cremer AEUV Art. 261 Rn. 5; Schwarze/Schwarze/Voet van Vormizeele AEUV Art. 261 Rn. 9.; für Art. 17 VO 17/62, ABl. 1962 P 13, 204, vgl. Immenga/Mestmäcker/Biermann VO 1/2003 Art. 31 Rn. 29.
[19] Vgl. nur von der Groeben/Schwarze/Hatje/Gaitanides AEUV Art. 261 Rn. 16; Streinz/Ehricke AEUV Art. 261 Rn. 8; Grabitz/Hilf/Nettesheim/Booß AEUV Art. 261 Rn. 15; Calliess/Ruffert/Cremer AEUV Art. 261 Rn. 6; Schwarze/Schwarze/Voet van Vormizeele AEUV Art. 261 Rn. 9; Bechtold/Bosch/Brinker Art. 1; Immenga/Mestmäcker/Körber Rn. 11.
[20] EuG Slg. 2007, II-4949 = BeckRS 2007, 148956 – BASF; die gegen BASF von der Kommission verhängte Geldbuße in Höhe von 34,97 Millionen EUR wurde vom Gericht im Ergebnis auf 35,024 Millionen EUR erhöht; die Möglichkeit der Kommission, eine Erhöhung der Geldbuße zu beantragen, hat das EuG bestätigt, vgl. EuG BeckRS 2019, 15213 Rn. 274; ausf. zur Entscheidungspraxis der Gemeinschaftsgerichte bis 2006 v. Alemann EuZW 2006, 487 ff.
[21] EuG NZKart 2021, 560 Rn. 350 ff. – Altice.
[22] EuG BeckRS 2012, 82623 Rn. 221 – Electrabel; EuG BeckRS 2017, 133696 Rn. 581 – Marine Harvest.
[23] Vgl. für eine Beamtensache EuGH Slg. 1984, 1509 Rn. 19 = BeckRS 2004, 73641 – Razzouk/Beydoum; zur Übertragung auf Art. 261 AEUV von der Groeben/Schwarze/Hatje/Gaitanides AEUV Art. 261 Rn. 15; Schwarze/Schwarze/Voet van Vormizeele AEUV Art. 261 Rn. 11; Streinz/Ehricke AEUV Art. 261 Rn. 10; Grabitz/Hilf/Nettesheim/Booß AEUV Art. 261 Rn. 16; Calliess/Ruffert/Cremer AEUV Art. 261 Rn. 7. Vgl. auch Immenga/Mestmäcker/Körber Rn. 11 aE.
[24] Vgl. EuGH Slg. 1978, 207 = NJW 1978, 2439 Rn. 6 f. – United Brands; vgl. auch Grabitz/Hilf/Nettesheim/Booß AEUV Art. 261 Rn. 16.

keine konkreten Anweisungen für ihr weiteres Verwaltungshandeln erteilen, die über den bloßen Vollzug des Urteils hinausgehen.[25]

Art. 17 Berufsgeheimnis

(1) Die bei Anwendung dieser Verordnung erlangten Kenntnisse dürfen nur zu dem mit der Auskunft, Ermittlung oder Anhörung verfolgten Zweck verwertet werden.

(2) Unbeschadet des Artikels 4 Absatz 3 sowie der Artikel 18 und 20 sind die Kommission und die zuständigen Behörden der Mitgliedstaaten sowie ihre Beamten und sonstigen Bediensteten, alle sonstigen, unter Aufsicht dieser Behörden handelnden Personen und die Beamten und Bediensteten anderer Behörden der Mitgliedstaaten verpflichtet, Kenntnisse nicht preiszugeben, die sie bei Anwendung dieser Verordnung erlangt haben und die ihrem Wesen nach unter das Berufsgeheimnis fallen.

(3) Die Absätze 1 und 2 stehen der Veröffentlichung von Übersichten oder Zusammenfassungen, die keine Angaben über einzelne Unternehmen oder Unternehmensvereinigungen enthalten, nicht entgegen.

Übersicht

		Rn.			Rn.
I.	Allgemeines	1	2.	Adressatenkreis	19
II.	Verwertungsverbot (Abs. 1)	3	3.	Umfang des Schutzes	21
1.	Anwendungsbereich („Kenntnisse")	3		a) Zusammenarbeit mit Mitgliedstaaten	22
2.	Adressaten	6		b) Zusammenarbeit mit Drittstaaten	24
3.	Umfang des Verwertungsverbots	8		c) Akteneinsichtsrecht von Unternehmen und anderen Personen	25
	a) Bestimmung des mit der Informationserhebung verfolgten Zwecks	8		d) Veröffentlichungspflichten	26
	b) Begriff der Verwertung	10	4.	Mitwirkungspflichten der Unternehmen	27
4.	Akteneinsicht und Verwertungsverbot	13	5.	Erforderlichkeit einer formellen Entscheidung	28
III.	Wahrung von Berufsgeheimnissen (Abs. 2)	14	IV.	Veröffentlichung von Übersichten oder Zusammenfassungen (Abs. 3)	29
1.	Anwendungsbereich („Berufsgeheimnis")	14	V.	Regelungen im Abkommen über den EWR	30
	a) Geschäftsgeheimnisse	15			
	b) Sonstige vertrauliche Angaben	18			

I. Allgemeines

Art. 17 ist die zentrale Bestimmung der FKVO für den Schutz von Geschäftsgeheimnissen und anderen – vertraulichen und nichtvertraulichen – Informationen, von denen die Kommission und die Mitgliedstaaten im Rahmen des Fusionskontrollverfahrens Kenntnis erlangen. Die Norm soll die **Rechte der beteiligten Unternehmen und Dritter schützen**.[1] Zum einen verbietet sie die Verwertung von gesammelten Informationen zu einem anderen als dem Zweck, zu dem sie angefordert worden sind (Abs. 1). Zum anderen werden die Kommission und die zuständigen Behörden der Mitgliedstaaten sowie ihre Beamten und sonstigen Bediensteten zur Beachtung des Berufsgeheimnisses verpflichtet (Abs. 2). 1

Art. 17 spiegelt **primärrechtliche Vorgaben** wider und konkretisiert diese für die Fusionskontrolle. Art. 17 Abs. 1 soll vor allem sicherstellen, dass niemand, der Angaben in Fusionskontroll- oder anderen Verfahren nach der FKVO macht, sich hierdurch selbst belastet (und ist damit Ausdruck eines fundamentalen Grundsatzes des Unionsrechts[2]). Art. 17 Abs. 2 knüpft an Art. 339 AEUV an, der ein im Wesentlichen übereinstimmendes primärrechtliches Gebot zur Wahrung von Berufsgeheimnissen enthält, allerdings in seinem persönlichen Anwendungsbereich etwas enger ist.[3] Entspre- 2

---

[25] Grabitz/Hilf/Nettesheim/Booß AEUV Art. 261 Rn. 16 aE mwN.
[1] Für die Parallelvorschrift des Art. 20 VO 17/62, ABl. 1962 P 13, 204, vgl. EuGH Slg. 1992, I-4785 Rn. 35 = NJW 1993, 251 – Direccion General de la Defensa de la Competencia/Asociacion Espanola de Banca Privada.
[2] Vgl. EuGH Slg. 1993, I-5683 Rn. 12 = EuZW 1993, 766 – Otto BV/Postbank NV.
[3] Vgl. EuGH Slg. 1986, 1965 Rn. 26 = NJW 1987, 3070 – Akzo, und EuG Slg. 2006, II-1429 Rn. 29 = BeckRS 2006, 70407 – Bank Austria, zur Parallelvorschrift in Art. 20 VO 17/62, ABl. 1962 P 13, 204.

chend ihrer Zielrichtung als Schutzvorschriften gelten sowohl das Verwertungsverbot des Art. 17 Abs. 1 als auch das Verbot der Weitergabe von Berufsgeheimnissen in Art. 17 Abs. 2 dann nicht, wenn derjenige, der durch diese Vorschriften geschützt werden soll, der Verwertung oder der Weitergabe ausdrücklich zustimmt.[4] Eine Zustimmung ist gerade auch dann erforderlich, wenn die Kommission mit anderen Behörden kooperieren möchte (→ Rn. 24).[5] Art. 17 entspricht zwar nicht seinem Wortlaut nach, aber inhaltlich weitgehend Art. 28 VO 1/2003. Auf dessen Kommentierung kann daher ergänzend verwiesen werden.

II. Verwertungsverbot (Abs. 1)

3 **1. Anwendungsbereich („Kenntnisse").** Das Verwertungsverbot des Art. 17 Abs. 1 erfasst alle „bei Anwendung dieser Verordnung erlangten Kenntnisse". Hierbei muss es sich **nicht notwendig um Geschäftsgeheimnisse** oder sonstige vertrauliche Informationen handeln, die unter das Berufsgeheimnis fallen. Dies ergibt sich aus dem Vergleich des Wortlauts von Art. 17 Abs. 1 mit dem Wortlaut von Art. 17 Abs. 2 und aus dem Zweck des Verwertungsverbots. Der Schutz der Verteidigungsrechte der betroffenen Unternehmen in anderen Verfahren kann gleichermaßen durch vertrauliche und nichtvertrauliche Informationen gefährdet werden. Vom Verwertungsverbot ausgenommen sind lediglich Kenntnisse, die aus öffentlich verfügbaren Quellen stammen, auch wenn sie im Rahmen der Anwendung der FKVO erlangt werden.[6]

4 Für die Anwendung des Verwertungsverbots ist **unerheblich, wie die Kommission die geschützten Kenntnisse erlangt hat.** Art. 17 Abs. 1 ist seinem Wortlaut nach zwar auf das Verbot der zweckfremden Verwertung von Informationen beschränkt, die der Kommission oder den Behörden der Mitgliedstaaten in Ausübung ihrer Ermittlungsbefugnisse (Auskunftsersuchen nach Art. 11 sowie Nachprüfungen nach Art. 12 und 13) oder im Rahmen der Anhörung nach Art. 18 bekannt werden („nur zu dem mit der Auskunft, Ermittlung oder Anhörung verfolgten Zweck"). Hieraus folgt aber nach dem Sinn und Zweck des Verwertungsverbots nicht, dass andere Angaben von seinem Schutz ausgenommen sein sollen. Das Verwertungsverbot geht auf den Grundsatz zurück, dass niemand verpflichtet werden darf, sich selbst zu belasten, ein fundamentaler Grundsatz des Unionsrechts.[7] Daher umfasst das Verwertungsverbot in analoger Anwendung von Art. 17 Abs. 1 auch Angaben in der Anmeldung nach Art. 4 Abs. 1 und 2, in Anträgen von Unternehmen nach Art. 7 Abs. 3 (Aufhebung des Vollzugsverbots) und Art. 4 Abs. 4 und 5 (Verweisung an Behörden der Mitgliedstaaten bzw. an die Kommission) sowie in Dokumenten, die die beteiligten Unternehmen im Zusammenhang mit anderen Verfahrenshandlungen im Rahmen der FKVO vorgelegt haben (wie zum Beispiel der Ergänzung von Angaben nach Art. 10 Abs. 5 nach Durchführung eines Gerichtsverfahrens).[8] Zudem erstreckt sich das Verwertungsverbot auf Angaben im Zusammenhang mit Anträgen und anderen Verfahrenshandlungen, die in der DVO FKVO oder den Best Practices vorgesehen sind (etwa Gespräche mit der Kommission vor der Anmeldung des Vorhabens).[9] Insbesondere die mit den Best Practices verfolgten Ziele (Beschleunigung, Erhöhung der Rechtssicherheit und Verbesserung der Kooperation) würden verfehlt, wenn das Vertrauen zwischen Kommission und Unternehmen durch das Risiko zweckfremder Verwendung von in Pränotifizierungskontakten erlangten Informationen gestört würde.

5 Während Angaben, die Unternehmen, Verbände und natürliche Personen im Zusammenhang mit Fusionskontrollverfahren machen, umfassend vor zweckfremder Verwendung geschützt sind, ist unklar, inwieweit dies auch für **Angaben der Mitgliedstaaten** gilt.[10] Solche können etwa in Anträgen nach Art. 22 (Verweisung an die Kommission), in Mitteilungen nach Art. 9 Abs. 2 (Verweisung an Mitgliedstaaten), in Stellungnahmen zu Anträgen der beteiligten Unternehmen oder in Stellungnahmen im Rahmen der Zusammenarbeit zwischen den Mitgliedstaaten und der Kommission nach Art. 19 enthalten sein. Art. 17 Abs. 1 selbst unterscheidet nicht nach der Herkunft der Angaben. Insgesamt sprechen die besseren Gründe für die Erstreckung des Verwertungsverbots auch auf Angaben der Mitgliedstaaten.[11] Von den drei ausdrücklich in Art. 17 genannten Methoden der

---

[4] NK-EuWettbR/Dittert Rn. 3.
[5] Das International Competition Network stellt zu diesem Zweck eine Mustererklärung für den Verzicht auf Wahrung der Vertraulichkeit („Confidentiality Waiver") bereit.
[6] NK-EuWettbR/Dittert Rn. 8.
[7] Vgl. EuGH Slg. 1993, I-5683 Rn. 12 = EuZW 1993, 766 – Otto BV/Postbank NV.
[8] Vgl. NK-EuWettbR/Dittert Rn. 6; LMRKM/York v. Wartenburg Rn. 2; Schulte/Just/v. Rosenberg Rn. 6; Immenga/Mestmäcker/Körber Rn. 5. Vgl. EuGH Slg. 1992, I-4785 Rn. 47–55 = NJW 1993, 251 – Direccion General de la Defensa de la Competencia/Asociacion Espanola de Banca Privada zur Anmeldung nach der VO 17/62, ABl. 1962 P 13, 204.
[9] Immenga/Mestmäcker/Körber Rn. 5.
[10] Vgl. NK-EuWettbR/Dittert Rn. 7.
[11] Immenga/Mestmäcker/Körber Rn. 6 aE; NK-EuWettbR/Dittert Rn. 7 für Anträge der Mitgliedstaaten.

II. Verwertungsverbot (Abs. 1) 6–9 **Art. 17 FKVO**

Sachverhaltsermittlung kann sich zumindest eine – Auskunftsverlangen nach Art. 11 Abs. 6 – auch an Mitgliedstaaten richten. Zudem gibt es für den Informationsaustausch zwischen Kommission und Mitgliedstaaten zur Verfolgung wettbewerbsrechtlicher Verstöße andere Mechanismen (wie etwa Art. 12 VO 1/2003). Die besonderen Anforderungen, die an die Übermittlung von Informationen auf dieser Grundlage gestellt werden, dürfen nicht dadurch ausgehöhlt werden, dass die Kommission Angaben, die Mitgliedstaaten im Rahmen von Fusionskontrollverfahren machen, zweckfremd verwertet.

2. Adressaten. Art. 17 Abs. 1 enthält im Gegensatz zu Art. 17 Abs. 2 keine ausdrückliche **6** Regelung des Adressatenkreises. Das Verwertungsverbot gilt primär für die Kommission, die als Unionsorgan für die Durchführung des Fusionskontrollverfahrens zuständig ist. Aber auch die **Behörden und Regierungen der Mitgliedstaaten** dürfen die Kenntnisse, die sie im Zusammenhang mit Verfahren nach der FKVO erlangen, lediglich in dem nach Art. 17 Abs. 1 zulässigen Umfang nutzen, nämlich zur Geltendmachung ihrer Interessen im Fusionskontrollverfahren. Die nationalen Behörden können auf dieser Grundlage etwa Anträge auf Verweisung der Sache nach Art. 9 FKVO stellen oder ihre Haltung zu einem Zusammenschluss begründen (vgl. zum Akteneinsichtsrecht nach Art. 19 Abs. 2 → Art. 19 Rn. 20). Auf keinen Fall dürfen die Kenntnisse in anderen Verfahren nach nationalem Wettbewerbsrecht verwertet werden.[12]

Für die **Gerichte der Mitgliedstaaten** gilt das Verwertungsverbot demgegenüber nach Auffas- **7** sung des EuG nicht. Aus Art. 106 AEUV ergebe sich, dass die auf der Grundlage von Art. 105 AEUV erlassenen Vorschriften nur das Verhältnis zwischen den Behörden der Mitgliedstaaten und der Kommission regeln. Die nationalen Gerichte seien aber nicht zu den Behörden der Mitgliedstaaten zu zählen.[13] Jedenfalls für den Bereich der Fusionskontrolle ist diese (enge) Auslegung des Anwendungsbereichs des Verwertungsverbots fragwürdig. Sie schränkt die Verteidigungsrechte der betroffenen Unternehmen und Personen insbesondere in Strafverfahren vor nationalen Gerichten erheblich ein und zwingt die Unternehmen zur Wahl zwischen einem (bußgeldbewehrten) Verstoß gegen die Wahrheits- und Auskunftspflichten der FKVO und der Selbstbezichtigung in Strafverfahren: ein offenkundig untragbares Ergebnis.[14]

3. Umfang des Verwertungsverbots. a) Bestimmung des mit der Informationserhe- 8 bung verfolgten Zwecks. Art. 17 Abs. 1 verbietet die zweckfremde Verwertung von Kenntnissen. Bei der Bestimmung des verfolgten Zweckes ist zu differenzieren: Soweit sich die betreffenden Kenntnisse aus der Beantwortung von **Auskunftsverlangen** nach Art. 11 oder im Zusammenhang mit **Nachprüfungen** nach Art. 12 und 13 ergeben, richtet sich der Umfang des Verwertungsverbots nach dem in dem Auskunftsverlangen (Art. 11 Abs. 2 und 3), dem Nachprüfungsantrag (Art. 13 Abs. 3) oder der Nachprüfungsentscheidung (Art. 13 Abs. 4) **anzugebenden Zweck**.[15] Eine ausdrückliche Zweckbestimmung enthält auch Art. 19 Abs. 2 S. 2, der ein Akteneinsichtsrecht der Mitgliedstaaten nur für die Zwecke des Verweisungsverfahrens nach Art. 9 vorsieht (vgl. → Rn. 6).

Im Übrigen ist der Zweck der Angaben, die Unternehmen, Unternehmensvereinigungen, **9** natürliche Personen und Mitgliedstaaten in Verfahren nach der FKVO machen, die **Durchführung dieser Verfahren**. Dies schließt neben dem eigentlichen Fusionskontrollverfahren und der Prüfung, ob ein Zusammenschlussvorhaben mit dem Gemeinsamen Markt vereinbar ist, auch alle anderen Verfahren und Entscheidungen nach der FKVO mit ein – wie etwa Verweisungs-, Geldbußen- oder Zwangsgeldentscheidungen in derselben Angelegenheit. Ausgeschlossen ist demgegenüber etwa die Verwertung von Angaben, die in Verfahren nach der FKVO gemacht wurden, in strafrechtlichen oder steuerrechtlichen Verfahren[16] sowie bei Ermittlungen des Europäischen Amtes für Betrugsbekämpfung.[17] Die Behörden der Mitgliedstaaten und die Kommission dürfen die erlangten Kenntnisse auch nicht in anderen Wettbewerbssachen, insbesondere nicht in Verfahren nach der VO 1/2003 zur Untersuchung von Verstößen gegen Art. 101 oder 102 AEUV, verwerten.[18] Auch Beihilfe- und Vertragsverletzungsverfahren dürfen nicht auf Angaben gestützt werden, die in Verfahren nach der

---

[12] EuGH Slg. 1992, I-4785 Rn. 31–42 = NJW 1993, 251 – Direccion General de la Defensa de la Competencia/Asociacion Espanola de Banca Privada; EuGH Slg. 1994, I-1911 Rn. 28 = BeckRS 2004, 76725 – SEP; EuG Slg. 1996, II-921 Rn. 62 = LSK 1997, 320219 – Postbank.
[13] EuG Slg. 1996, II-921 Rn. 66–70 = LSK 1997, 320219 – Postbank, zur VO 17/62, ABl. 1962 P 13, 204.
[14] Vgl. aber EuG Slg. 1996, II-921 Rn. 71–73 = LSK 1997, 320219 – Postbank, zur VO 17/62, ABl. 1962 P 13, 204.
[15] Vgl. EuGH Slg. 2002, I-8375 Rn. 298 = BeckRS 2004, 75338 – LVM, zur VO 17/62, ABl. 1962 P 13, 204.
[16] Vgl. KölnKommKartellR/Schütz Rn. 4; Bunte/Maass Rn. 4 aE.
[17] NK-EuWettbR/Dittert Rn. 11; Schulte/Just/v. Rosenberg Rn. 7.
[18] EuG BeckRS 2016, 80432 Rn. 82 – Secop; vgl. auch NK-EuWettbR/Dittert Rn. 10 f.; Schulte/Just/v. Rosenberg Rn. 8.

FKVO gemacht wurden.[19] Die enge, auf den Einzelfall bezogene Zweckbindung von Art. 17 Abs. 1 schließt es auch aus, dass Kenntnisse, die im Rahmen eines Fusionskontrollverfahrens erlangt werden, in einem anderen Fusionskontrollverfahren nach der FKVO verwertet werden (s. auch Art. 9 Abs. 1 Protokoll Nr. 24 zum EWR-Abkommen → Rn. 31).[20] Dementsprechend muss die Kommission, wenn sie in einem Beihilfeverfahren die Folgen eines bei ihr zur Fusionskontrolle angemeldeten Zusammenschlusses[21] oder umgekehrt im Rahmen eines Zusammenschlussverfahrens die Folgen einer staatlichen Beihilfe prüfen muss,[22] die erforderlichen Informationen jeweils noch einmal neu bei dem betreffenden Mitgliedstaat oder den Unternehmen anfordern und so in das Verfahren einführen.[23]

10 **b) Begriff der Verwertung.** Das in Art. 17 postulierte Verwertungsverbot verbietet nur die unmittelbare, direkte Verwertung der im Rahmen des Fusionskontrollverfahrens erlangten Kenntnisse. Unterlagen und Informationen, die in Anwendung der FKVO gesammelt wurden, dürfen daher in nationalen Verfahren und in Kommissionsverfahren **nicht als Beweis** verwertet werden.

11 Die **Verwertung als Indiz,** das die Einleitung eines neuen Verfahrens durch die Kommission oder nationale Behörden rechtfertigen kann, ist hingegen nach ständiger Rechtsprechung der Unionsgerichte zulässig: „Die Mitgliedstaaten [und die Kommission] sind nämlich nicht verpflichtet, die ihnen übermittelten Informationen zu ignorieren und damit […] unter ‚akuter Amnesie' zu leiden. Diese Informationen stellen Indizien dar, die gegebenenfalls berücksichtigt werden können, um die Einleitung eines nationalen Verfahrens [oder von Ermittlungen durch die Kommission] zu begründen."[24] Eine im Rahmen der FKVO ermittelte Information kann daher Anstoß zu Ermittlungen in einem anderen Verfahren geben.[25] Die Tatsache, die sie belegen soll, darf aber nicht durch diese Information nachgewiesen werden. Vielmehr muss der Nachweis für ihr Vorliegen unter Beachtung der im nationalen Recht oder in den Verfahrensregeln der Union (insbesondere der VO 1/2003) vorgesehenen Garantien und mit den dort vorgesehenen Beweismitteln erbracht werden.[26]

12 Der Gerichtshof geht zudem davon aus, dass das Verwertungsverbot auch nicht wirksam davor schützt, dass Kenntnisse, die ein Mitgliedstaat im Rahmen von Fusionskontrollverfahren erlangt, bei der Gestaltung der **Geschäftspolitik eines (konkurrierenden) staatseigenen Unternehmens** verwendet werden. Die zuständigen Behörden und Beamten könnten das so erlangte Wissen nicht einfach ausblenden, wenn sie als Aufsichtsbehörde oder Anteilseigner aktiv würden. Daher hat die Kommission auch bei der Übermittlung von Schriftstücken an die Mitgliedstaaten zu prüfen, ob hierdurch Geschäftsgeheimnisse gefährdet werden können. Sie hat gegebenenfalls gerade wegen des Risikos der Verwendung bei Staatsunternehmen auch für die Überlassung von Informationen an einen Mitgliedstaat eine gerichtlich anfechtbare Entscheidung zu erlassen, wenn das betroffene Unternehmen der Offenlegung widerspricht (allg. s. → Rn. 28).[27]

13 **4. Akteneinsicht und Verwertungsverbot.** In Ergänzung des in Art. 17 Abs. 1 enthaltenen allgemeinen Verwertungsverbots erlegt die DVO FKVO zudem denjenigen, die Akteneinsicht nach Maßgabe der DVO FKVO genommen haben, ein Verwertungsverbot auf. Art. 17 Abs. 4 DVO FKVO verbietet es, Unterlagen, die aus der Akteneinsicht nach der DVO FKVO stammen, zu anderen Zwecken als den Verfahren der FKVO zu verwenden. Der inhaltliche Umfang des Verwertungsverbots bestimmt sich nach denselben Grundsätzen wie bei Art. 17 FKVO (→ Rn. 23).[28] Auch

---

[19] Missverständlich Immenga/Mestmäcker/Körber Rn. 7; nunmehr klar in EuG BeckRS 2016, 80432 Rn. 82 – Secop: Kenntnisse, die bei Anwendung der FKVO erlangt wurden, dürfen nicht unmittelbar als Beweise in einem anderweitig geregelten Verfahren, etwa in einem Beihilfeverfahren, verwertet werden; sie können aber Indizien darstellen, um die Eröffnung anderer Verfahren zu rechtfertigen.

[20] Wiedemann KartellR-HdB/Wagemann § 17 Rn. 80; NK-EuWettbR/Dittert Rn. 7; Bechtold/Bosch/Brinker Rn. 4.

[21] EuG BeckRS 2016, 80432 Rn. 86 – Secop.

[22] EuG Slg. 2001, II-340 = EuR 2001, 746 Rn. 114 – RJB Mining.

[23] EuG BeckRS 2016, 80432 Rn. 86 – Secop; vgl. auch Berg/Mäsch/Kellerbauer Rn. 8.

[24] EuGH Slg. 1989, 3137 Rn. 18 f. = BeckRS 2004, 73822 – Dow Benelux; EuGH Slg. 1993, I-5683 Rn. 20 = BeckRS 2004, 77616 – Otto BV/Postbank NV; EuG Slg. 2001, II-729 Rn. 85–88 = EuZW 2001, 345 – Mannesmannröhrenwerke; EuGH Slg. 1992, I-4785 Rn. 39 = NJW 1993, 251 – Direccion General de la Defensa de la Competencia/Asociacion Espanola de Banca Privada; EuG BeckRS 2016, 80432 – Secop; EuGH NZKart 2015, 337 Rn. 59 ff. – Deutsche Bahn (zu Art. 28 Abs. 1 der VO1/2003).

[25] Krit. dazu Immenga/Mestmäcker/Körber Rn. 7; FK-KartellR/Heithecker/Schneider Rn. 4 ff.

[26] EuGH Slg. 2002, I-8375 Rn. 301–306 = BeckRS 2004, 75338 – LVM; EuGH Slg. 1992, I-4785 Rn. 43 = NJW 1993, 251 – Direccion General de la Defensa de la Competencia/Asociacion Espanola de Banca Privada.

[27] EuGH Slg. 1994, I-1911 Rn. 30–38 = BeckRS 2004, 76725 – SEP.

[28] Vgl. aber EuG Slg. 1996, II-921 Rn. 66 = LSK 1997, 320219 – Postbank, zur VO 17/62, ABl. 1962 P 13, 204 (jetzt Art. 28 Abs. 1 der VO 1/2003) und der Verwendung in einem nationalen Gerichtsverfahren.

die Mitteilung der Beschwerdepunkte darf von Dritten (also anderen als den am Zusammenschluss beteiligten Unternehmen), denen sie im Rahmen der Anhörung nach Art. 18 Abs. 4 und Art. 16 Abs. 1 DVO FKVO zugänglich gemacht wurde, nur für die Zwecke der Anhörung verwendet werden und muss vertraulich behandelt werden. Dies ergibt sich allerdings nicht unmittelbar aus der FKVO oder der DVO FKVO selbst, weil es sich hierbei nicht um Unterlagen handelt, die im Rahmen der Akteneinsicht bekannt werden. Daher verlangt die Kommission in der Regel von Dritten, denen sie die Mitteilung der Beschwerdepunkte zur Verfügung stellen will, eine entsprechende vorherige schriftliche Zusicherung.[29]

III. Wahrung von Berufsgeheimnissen (Abs. 2)

1. Anwendungsbereich („Berufsgeheimnis"). Die Bezeichnung „Berufsgeheimnis" ist Art. 339 AEUV entlehnt und umfasst „insbesondere [...] Auskünfte über Unternehmen sowie deren Geschäftsbeziehungen oder Kostenelemente", also vor allem unternehmensbezogene Angaben, die Geschäftsgeheimnisse sind oder aus anderen Gründen besonderen Schutzes bedürfen. Hier endet der Anwendungsbereich von Art. 17 Abs. 2 aber nicht. Vielmehr dürfen die Kommission und die weiteren Adressaten von Art. 17 Abs. 2 auch andere, nicht unternehmensbezogene vertrauliche Angaben nicht preisgeben, die sie bei ihrer Tätigkeit erlangt haben.[30]

a) Geschäftsgeheimnisse. Als Geschäftsgeheimnisse gelten alle Informationen, durch deren Preisgabe die Interessen des Auskunftsgebers schwer beeinträchtigt werden können. Eine solche Beeinträchtigung kann bereits bei der Weitergabe an einen einzelnen Dritten vorliegen; es ist nicht erforderlich, dass die Preisgabe der Information an die Öffentlichkeit erfolgt.[31] Dabei ist zu berücksichtigen, dass jedes Unternehmen ein berechtigtes Interesse daran hat, dass „bestimmte strategische Informationen über seine wesentlichen Interessen und den Stand oder die Entwicklung seiner Geschäfte Dritten nicht bekannt werden."[32] Deshalb ist der Begriff „Geschäftsgeheimnis" nach zutreffender Auffassung der Kommission **weit auszulegen**.[33]

Die Kommission sieht beispielsweise **die folgenden Angaben** grundsätzlich als Geschäftsgeheimnisse an, die dem Schutz von Art. 17 Abs. 2 unterfallen: technische und/oder finanzielle Angaben in Bezug auf das Know-how eines Unternehmens, Kostenrechnungsmethoden, Produktionsgeheimnisse und -verfahren, Bezugsquellen, produzierte und verkaufte Mengen, Marktanteile, Kunden- und Händlerlisten, Vermarktungspläne, Kosten- und Preisstruktur oder Absatzstrategie.[34] Ebenfalls als Geschäftsgeheimnis müssen Fristen gelten, innerhalb derer Veräußerungsauflagen nach Art. 6 Abs. 2 oder Art. 8 Abs. 2 zu erfüllen sind.[35] Die Tatsache, dass ein Zusammenschluss beabsichtigt ist, kann dagegen für sich genommen ab dem Zeitpunkt der Anmeldung nicht mehr als Geschäftsgeheimnis gelten, obwohl es hierfür in Einzelfällen durchaus Anlass geben kann. Die Kommission ist nach Art. 4 Abs. 3 zur Veröffentlichung der Tatsache der Anmeldung verpflichtet (auch wenn sie bei der Veröffentlichung die Geschäftsgeheimnisse zu wahren hat). Während der Pränotifizierungsphase ist jedoch auch die Absicht eines Zusammenschlusses in aller Regel ein Geschäftsgeheimnis.[36]

Eine Information **verliert ihren Geheimnischarakter**, sobald sie außerhalb des betreffenden Unternehmens bekannt wird.[37] Ausnahmsweise können allerdings auch Angaben, die Dritten bereits

---

[29] Mitteilung „Merger Best Practices" Rn. 36.
[30] EuG Slg. 1996, II-921 Rn. 86 = LSK 1997, 320219 – Postbank; vgl. Art. 18 Abs. 1 DVO FKVO; Wiedemann KartellR-HdB/Wagemann § 17 Rn. 80: Dokumente müssen „eine Wettbewerbsrelevanz besitzen und nicht öffentlich bekannt" sein; NK-EuWettbR/Dittert Rn. 19. Vgl. Mitteilung „Regeln für die Einsicht in Kommissionsakten"; vgl. auch die frühere Mitteilung 1997/C 23 /3 der Kom. („Mitteilung Akteneinsicht Alt"). Die Kommission hat im Jahr 2012 eine „Guidance on Confidentiality Claims During Commission Antitrust Procedures" zu den Kriterien für das Vorliegen von vertraulichen Informationen veröffentlicht, die seit Ende 2018 nicht einmal aktualisiert wurde, abrufbar unter http://ec.europa.eu/competition/antitrust/business_secrets_en.pdf, zuletzt abgerufen am 25.4.2022.
[31] EuG Slg. 1996, II-921 Rn. 87 = LSK 1997, 320219 – Postbank; Mitteilung „Regeln für die Einsicht in Kommissionsakten" Rn. 17.
[32] Mitteilung Akteneinsicht Alt.
[33] Mitteilung Akteneinsicht Alt.
[34] Vgl. Mitteilung „Regeln für die Einsicht in Kommissionsakten" Rn. 17; vgl. zu Kosten, Geschäftsstrategien, Marktanteilen, Kundenverhalten, Kundenstruktur und anderen Daten EuG Slg. 2006, II-1747 Rn. 27 ff. = BeckRS 2006, 140066 – Deutsche Telekom.
[35] So die Kommissionspraxis, vgl. beispielsweise Kom. ABl. 1993 L 7, 13 Rn. 48 – DuPont/ICI.
[36] Dementsprechend hat die Kommission alle informellen Gespräche im Vorfeld einer Anmeldung streng vertraulich zu behandeln, vgl. Mitteilung „Merger Best Practices", Rn. 5, 8; DVO FKVO ABl. 2004 L 133, 1, Erwägungsgrund 11.
[37] Mitteilung „Regeln für die Einsicht in Kommissionsakten" Rn. 22.

bekannt gegeben wurden, weiterhin als Geschäftsgeheimnis gelten. Dies ist bspw. der Fall, wenn ein Unternehmen einer Berufsvereinigung Angaben überlassen hat, die diese ihrerseits nicht – oder nur aggregiert und anonymisiert – weitergegeben hat.[38] Zudem kann eine Angabe ihren geschäftlichen Wert – und damit die Schutzbedürftigkeit – verlieren, wenn sie mittlerweile veraltet ist. Der EuGH und die Kommission sehen daher regelmäßig Umsatzangaben, Marktanteile und ähnliche Informationen nicht mehr als Geschäftsgeheimnis an, wenn sie älter als fünf Jahre sind.[39] Es handelt sich dabei allerdings nur um eine widerlegliche Vermutung.[40] Der Geheimnischarakter kann auch bei älteren Daten unvermindert fortbestehen. Dies ist etwa bei einmaligen (Fix-)Kosten – wie zum Beispiel den Kosten für die Errichtung von Infrastruktur – der Fall, die sich weder in ihrer Höhe noch in ihrer Zusammensetzung kurzfristig ändern.[41] Bei geistigen Eigentumsrechten, deren Inhalt nicht oder nicht vollständig bekannt ist, wird generell von der gesetzlichen Schutzdauer des Rechts auszugehen sein, weil ihr geschäftlicher Wert grundsätzlich so lange fortbesteht, wie andere von der Nutzung des Rechts und der Kenntnis seines Inhalts ausgeschlossen werden dürfen.

18 **b) Sonstige vertrauliche Angaben.** Sonstige vertrauliche Angaben können Angaben der Unternehmen, aber auch interne Vorgänge oder Unterlagen der Kommission oder der Mitgliedstaaten sein. Damit solche Informationen unter das Berufsgeheimnis fallen, müssen nach der Rechtsprechung der Unionsgerichte drei Voraussetzungen kumulativ erfüllt sein: Die Informationen dürfen erstens nur einer beschränkten Personenanzahl bekannt sein; ihre Offenlegung führt zweitens zu ernsthaften Nachteilen für den Auskunftgeber oder einen Dritten; die Interessen, die durch die Offenlegung der Information verletzt würden, sind drittens objektiv schutzwürdig.[42] Bei der Entscheidung, ob Angaben, bei denen es sich nicht um Geschäftsgeheimnisse handelt, unter das Berufsgeheimnis fallen, sind die Interessen der Öffentlichkeit an der Transparenz des Unionshandelns und die betroffenen Individualinteressen abzuwägen.[43] Insbesondere wenn die Öffentlichkeit Anspruch auf Zugang zu Dokumenten hat, die bestimmte Informationen enthalten, seien diese Informationen ihrem Wesen nach keine Berufsgeheimnisse.[44] Daher seien – im Umkehrschluss – vor allem solche Angaben als Berufsgeheimnis geschützt, die auch nach der Transparenzverordnung VO (EG) 1049/2001 und der nunmehrigen VO (EU) 2018/1725 nicht zugänglich gemacht werden dürfen.[45] Dabei kommt es nicht darauf an, ob es sich um Angaben über Unternehmen, Verbände oder natürliche Personen handelt.[46] Der Umstand, dass und gegen wen ein Ermittlungsverfahren wegen Verstoßes gegen die FKVO eingeleitet wurde, kann dabei genauso schutzbedürftig sein, wie die Tatsache, dass mit einem Unternehmen Vorgespräche über die Anmeldung eines Zusammenschlusses geführt werden. Vertraulich kann auch die Identität von Unternehmen sein, die ein Auskunftsverlangen beantwortet oder andere Stellungnahmen im Rahmen eines Verfahrens nach der FKVO eingereicht haben, wenn diese Unternehmen Vergeltungsmaßnahmen, insbesondere eines marktbeherrschenden Unternehmens, befürchten müssen, wenn ihre Identität preisgegeben wird (→ Art. 18 Rn. 53). Auch Angaben von Unternehmen, die keine Geschäftsgeheimnisse darstellen, können vertraulich zu behandeln sein. Hierzu können etwa Marktstudien gehören, die ein Unternehmen in Auftrag gegeben hat,[47] soweit es sich hierbei nicht ohnehin um Geschäftsgeheimnisse handelt.[48] Zudem können Angaben vertraulich sein, die Militärgeheimnisse oder auch andere Informationen enthalten,

---

[38] EuGH Slg. 1980, 3125 Rn. 46 = BeckRS 2004, 72290 – Van Landewyk.
[39] EuGH NZKart 2016, 172 Rn. 64 ff. – Evonik Degussa; Mitteilung „Regeln für die Einsicht in Kommissionsakten" Rn. 23; vgl. auch EuG Slg. 2006, II-1747 Rn. 42, 45 und 52 = BeckRS 2006, 140066 – Deutsche Telekom.
[40] EuGH NZKart 2016, 172 Rn. 64 – Evonik Degussa; EuG BeckRS 2015, 81203 Rn. 70 – Pilkington; EuG BeckRS 2013, 81848 Rn. 73 – Pilkington.
[41] EuG Slg. 2006, II-1747 Rn. 35, 45 f. und 59 = BeckRS 2006, 140066 – Deutsche Telekom.
[42] EuG Slg. 2006, II-1429 Rn. 71 = BeckRS 2006, 70407 – Bank Austria; EuG Slg. 2007, II-4225 Rn. 65 = BeckRS 2007, 70803 – Pergan; EuG NZKart 2016, 172 Rn. 94 – Evonik Degussa; EuG NZKart 2016, 172 Rn. 107 – Evonik Degussa, alle zur VO 17/62, ABl. 1962 P 13, bzw. VO 1/2003.
[43] EuG Slg. 2006, II-1429 Rn. 71 f. = BeckRS 2006, 70407 – Bank Austria (die in Bezug genommene Datenschutzverordnung VO 45/2001, ABl. 2011 C 377, wurde durch die VO 2018/1725, ABl. 2018 L 295, 39, ersetzt); EuG Slg. 2007, II-4225 Rn. 65, 72 = BeckRS 2007, 70803 – Pergan; EuG NZKart 2016, 172 Rn. 106 f. – Evonik Degussa.
[44] So ausdrücklich EuG, Slg. 2010 II-2253 = BeckRS 2011, 81415 Rn. 90 – Éditions Odile Jacob SAS.
[45] Vgl. EuG Slg. 2006, II-1429 Rn. 72–75 = BeckRS 2006, 70407 – Bank Austria, zur VO 17/62, ABl. 1962 P 13; EuG Slg. 2007, II-4225 Rn. 64 = BeckRS 2007, 70803 – Pergan; EuG Slg. 2010, II-128 Rn. 60 ff. = BeckEuRS 2010, 521349 – Agrofert; EuGH NZKart 2016, 172 Rn. 77 ff. – Evonik Degussa.
[46] EuGH Slg. 1985, 3539 Rn. 34 = BeckRS 2004, 71675 – Adams.
[47] Mitteilung Akteneinsicht Alt.
[48] So EuG Slg. 2006, II-1747 Rn. 32 = BeckRS 2006, 140066 – Deutsche Telekom.

III. Wahrung von Berufsgeheimnissen (Abs. 2)   19–21   **Art. 17 FKVO**

die die nationale Sicherheit eines Mitgliedstaats betreffen[49] – und zwar unabhängig davon, ob sie von Mitgliedstaaten oder von Unternehmen (insbesondere aus der Rüstungsindustrie) gemacht wurden. Des Weiteren können interne Unterlagen der Kommission des Schutzes vor Preisgabe bedürfen (zur Beschränkung des Akteneinsichtsrechts → Art. 18 Rn. 54 ff.). So kann es etwa erforderlich sein, den Entscheidungsentwurf, der dem Beratenden Ausschuss und dem Kollegium der Kommissionsmitglieder zur Abstimmung vorgelegt wird, vertraulich zu behandeln – vor allem, aber nicht nur, wenn die beabsichtigte, aber noch nicht getroffene Entscheidung nachteilige Folgen für das betroffene Unternehmen haben würde.[50]

2. Adressatenkreis. Art. 17 Abs. 2 hat einen **weiten Adressatenkreis**. Er wendet sich insbesondere an die Kommission und ihre Beamten und sonstigen Bediensteten sowie die Wettbewerbsbehörden der Mitgliedstaaten und deren Beamte und Bedienstete. Zudem gilt die Vorschrift auch für alle sonstigen Personen, die unter Aufsicht der Kommission oder der nationalen Wettbewerbsbehörden handeln. Hierbei kann es sich zum Beispiel um Gutachter handeln, die die Kommission zur Prüfung der Auswirkungen eines Zusammenschlusses eingeschaltet hat.[51] Darüber hinaus sind auch die Beamten und Bediensteten aller anderen Behörden der Mitgliedstaaten – nicht aber die unter ihrer Aufsicht handelnden Personen, die nicht selbst Bedienstete sind – zur Wahrung des Berufsgeheimnisses verpflichtet. Dass die Vorschrift die anderen Behörden selbst (anders als die Wettbewerbsbehörden) nicht ausdrücklich als Adressaten nennt, dürfte praktisch keine Bedeutung haben. Das Gleiche gilt für die Vertreter und Experten der Mitgliedstaaten, die an Sitzungen des Beratenden Ausschusses teilnehmen. Auch wenn sie Art. 17 Abs. 2 anders als Art. 28 Abs. 2 VO 1/2003 nicht ausdrücklich nennt, gehören auch sie zum Kreis derer, auf die das Berufsgeheimnis Anwendung findet, weil sie – in aller Regel – Beamte und Bedienstete der Mitgliedstaaten sind, jedenfalls aber „unter Aufsicht" der zuständigen Behörden oder anderer Behörden der Mitgliedstaaten handeln.[52] Diese Auffassung ist nunmehr auch in der Arbeitsregelung des Beratenden Ausschusses niedergelegt.[53] Nicht von Art. 17 Abs. 2 erfasst werden die Gerichte der Mitgliedstaaten.[54] Diese sind allerdings zumeist nach den Vorschriften des jeweiligen nationalen Rechts zur Wahrung von Berufsgeheimnissen verpflichtet, wobei der Schutzstandard von dem des Unionsrechts durchaus auch nach unten abweichen kann, so dass der Schutz von Berufsgeheimnissen insoweit nicht lückenlos ist. Dies wird sogleich noch etwas näher erörtert (→ Rn. 23). Richter des EuG und des EuGH unterliegen ebenfalls nicht Art. 17 Abs. 2, jedoch den Verpflichtungen des Art. 339 AEUV.[55] 19

Die FKVO schließt es nicht aus, dass unmittelbar oder als Dritte **beteiligte Unternehmen** **oder Personen** Kenntnisse preisgeben, die sie im Rahmen eines Fusionskontrollverfahrens erlangen. Allerdings unterwirft die DVO FKVO die Empfänger von Unterlagen im Rahmen der Akteneinsicht einer Zweckbindung: Diese Unterlagen dürfen nur für die Zwecke des Fusionskontrollverfahrens verwendet werden (Art. 17 Abs. 4 DVO FKVO). Das gleiche gilt für den Fall, dass Dritten die Mitteilung der Beschwerdepunkte im Rahmen ihrer Anhörung überlassen wurde (s. dazu auch → Rn. 13). Die Rechtsberater der beteiligten Unternehmen sind zum Geheimnisschutz nach den Regeln ihres nationalen Straf-, Berufs- und Standesrechts verpflichtet. 20

3. Umfang des Schutzes. Der Schutz vor Preisgabe von Berufsgeheimnissen ist **nicht uneingeschränkt.**[56] Zwar ist der Begriff der Preisgabe weit auszulegen. Er umfasst nicht nur die Veröffentlichung gegenüber einer breiteren Öffentlichkeit, sondern erfasst auch den Fall, dass Angaben nur an einzelne, nicht berechtigte Personen gezielt weitergegeben werden.[57] Auch Drittstaaten gegenüber dürfen Berufsgeheimnisse nicht offenbart werden. Der Schutz vor Preisgabe ist aber insoweit eingeschränkt, als die Beteiligungs- und Veröffentlichungsvorschriften, die in einem Spannungsver- 21

---

[49] Vgl. Mitteilung „Regeln für die Einsicht in Kommissionsakten" Rn. 19.
[50] EuG Slg. 2000, II-2707 Rn. 279–281 = BeckRS 2000, 70265 – Volkswagen, unmittelbar auf Art. 287 EG gestützt; vgl. auch EuG Slg. 2006, II-497 Rn. 604 = BeckRS 2006, 16125 – BASF; EuG NZKart 2016, 172 – Evonik Degussa; vgl. aber umgekehrt zur Offenlegung dieser Angaben in Beschwerdepunkten gegenüber einem Dritten EuG Slg. 2006, II-1601 Rn. 195 u. 204 = BeckRS 2006, 70422 – Österreichische Postsparkasse/Bawag.
[51] Immenga/Mestmäcker/Körber Rn. 4.
[52] Vgl. auch Art. 287 EG als primärrechtliche Vorgabe: „Mitglieder der Ausschüsse".
[53] GD Wettbewerb/Nationale Wettbewerbsbehörden, Working Arrangements for the functioning of the Advisory Committee on concentrations Rn. 36.
[54] EuG Slg. 1996, 921 Rn. 66–70 = LSK 1997, 320219 – Postbank mwN.
[55] FK-KartellR/Heithecker/Schneider Rn. 28 f.
[56] Vgl. grundsätzlich EuGH Slg. 1986, 1965 Rn. 27 = NJW 1987, 3070 – Akzo.
[57] KölnKommKartellR/Schütz Rn. 3.

hältnis zu Art. 17 Abs. 2 stehen, gewahrt bleiben müssen (→ Art. 18 Rn. 50–56).[58] Die Veröffentlichungspflichten sowie die entsprechenden Rechte der beteiligten Unternehmen und der nationalen Behörden und Gerichte müssen daher mit dem Schutz von Berufsgeheimnissen wechselseitig in Einklang gebracht werden.

22 a) **Zusammenarbeit mit Mitgliedstaaten.** Grundsätzlich haben die **nationalen Wettbewerbsbehörden** nach Art. 19 Abs. 1 Anspruch auf Erhalt einer Kopie der Anmeldung und der wichtigsten Schriftstücke im Verfahren. Insoweit ist auch der Schutz vor „Preisgabe" von Geschäftsgeheimnissen oder vertraulichen Angaben durch die Kommission gegenüber den Mitgliedstaaten reduziert. Dieser Anspruch der Mitgliedstaaten auf Preisgabe von Informationen kann allerdings seinerseits durch legitime Schutzinteressen der betroffenen Unternehmen oder anderer Beteiligter im Einzelfall eingeschränkt sein, wenn dies nach dem Wesen der betroffenen Angabe im konkreten Fall unter Berücksichtigung von Art. 17 Abs. 2 erforderlich ist.[59] So hat es der Gerichtshof etwa für unzulässig gehalten, dass die Kommission einem Mitgliedstaat gegenüber Geschäftsgeheimnisse eines Unternehmens offenbart, das im Wettbewerb mit einem staatseigenen Unternehmen oder einem Unternehmen steht, das unter staatlicher Aufsicht geführt wird. Weder das Verbot der zweckfremden Verwertung noch das Gebot zur Wahrung von Berufsgeheimnissen gewähre in einem solchen Fall ausreichend Schutz, obwohl beide auch für die Mitgliedstaaten gelten.[60] Ferner werden den Mitgliedstaaten zwar Zusagenangebote (Art. 19 Abs. 1 S. 2), nicht aber die Veräußerungsfristen mitgeteilt, weil es sich hierbei um besonders vertrauliche Angaben handelt.[61] Ebenso kann es nach dem Grundgedanken des Art. 17 Abs. 2 unzulässig sein, Angaben, die Mitgliedstaaten in Verfahren nach der FKVO gemacht haben, anderen Mitgliedstaaten im Rahmen der Zusammenarbeit nach Art. 19 zugänglich zu machen, so zB bei Militärgeheimnissen. Es ist der Kommission grundsätzlich verwehrt, den Mitgliederstaaten außerhalb des Verfahrens nach Art. 19 ohne das Einverständnis der Betroffenen Informationen aus Verfahren nach der FKVO mitzuteilen.[62]

23 Weitere Einschränkungen des Schutzes nach Art. 17 Abs. 2 ergeben sich in dem Verhältnis zu den **Gerichten der Mitgliedstaaten.** Obwohl diese selbst an Art. 17 Abs. 1 und 2 nicht gebunden sind (→ Rn. 7 und 19), muss die Kommission ihnen nach Auffassung des EuG Schriftstücke und andere Informationen uneingeschränkt übermitteln, auch wenn sie Geschäftsgeheimnisse oder andere vertrauliche Angaben enthalten. Dies ergebe sich aus dem Grundsatz der loyalen Zusammenarbeit, der die Kommission verpflichtet, ein nationales Gericht bei der Verfolgung der Verletzung von Unionsrecht aktiv zu unterstützen. Die Kommission muss in diesem Zusammenhang insbesondere Auskünfte über den Stand eines Verfahrens und die wirtschaftlichen und rechtlichen Aspekte des Verfahrens erteilen. Diese Zusammenarbeit zwischen Kommission und nationalen Gerichten falle weder in den Anwendungsbereich der VO 1/2003 noch der FKVO, sodass sich die Kommission auf die in diesen Verordnungen enthaltenen Geheimhaltungsverpflichtungen nicht berufen könne. Es sei vielmehr Sache der nationalen Gerichte, den Schutz von Angaben sicherzustellen, die die Kommission ihnen übermittelt und die Geschäftsgeheimnisse und vertrauliche Angaben enthalten. Die Kommission müsse lediglich alle Vorkehrungen treffen, damit der Schutz der betreffenden Angaben durch die und während der Übermittlung an das Gericht nicht beeinträchtigt wird (etwa durch einen Hinweis darauf, dass bestimmte Angaben Geschäftsgeheimnisse sind).[63] Diese Auffassung des EuG ist angesichts des Fehlens einheitlicher Mindeststandards zum Schutz von Geschäftsgeheimnissen in der Union bedenklich und kann zu erheblichen Lücken im Schutz von Geschäftsgeheimnissen und vertraulichen Angaben führen. Auch das EuG hat daher anerkannt, dass die Überlassung von Informationen an nationale Gerichte dann ausnahmsweise unzulässig ist, wenn der Anspruch des betroffenen Unternehmens auf Schutz seiner Geschäftsgeheimnisse anders nicht erfüllt werden kann.[64] Die Kommission fragt zu diesem Zweck bei den nationalen Gerichten nach den jeweiligen Schutzstandards, bevor sie vertrauliche Informationen übermittelt.[65] Die Übermittlung von Informationen ist außerdem unzulässig, wenn durch das Bekanntwerden von vertraulichen Informationen

---

[58] Vgl. Art. 17 und 18 Abs. 1 DVO FKVO.
[59] EuGH Slg. 1994, I-1911 Rn. 37 = BeckRS 2004, 76725 – SEP.
[60] EuGH Slg. 1994, I-1911 Rn. 30–37 = BeckRS 2004, 76725 – SEP.
[61] NK-EuWettbR/Dittert Rn. 26.
[62] Immenga/Mestmäcker/Körber Rn. 15 aE.
[63] EuG Slg. 1996, II-921 Rn. 63–72 und 90–92 = LSK 1997, 320219 – Postbank; vgl. EuGH Slg. 1995, I-4471 Rn. 36 = BeckRS 2004, 76321 – Dijkstra/Friesland; vgl. Bekanntmachung „Zusammenarbeit Kommission/nationale Gerichte" Rn. 23 ff.
[64] EuG Slg. 1996, II-921 Rn. 93 = LSK 1997, 320219 – Postbank; vgl. auch Bekanntmachung „Zusammenarbeit Kommission/nationale Gerichte" Rn. 25 f.
[65] Bekanntmachung „Zusammenarbeit Kommission/nationale Gerichte" Rn. 25; vgl. hierzu FK-KartellR/Heithecker/Schneider Rn. 30.

III. Wahrung von Berufsgeheimnissen (Abs. 2)

die Funktionsfähigkeit und die Unabhängigkeit der Unionsorgane beeinträchtigt werden könnten. Ob dies der Fall ist, obliegt ausschließlich der Beurteilung durch die betroffenen Unionsorgane.[66] Mutatis mutandis gilt dies auch für vertrauliche Angaben der Mitgliedstaaten.

b) Zusammenarbeit mit Drittstaaten. Im Verhältnis zu Drittstaaten gilt die Verpflichtung 24 zur Wahrung von Berufsgeheimnissen demgegenüber grundsätzlich uneingeschränkt. Bilaterale oder multilaterale völkerrechtliche Verträge zwischen der EU und Drittstaaten sehen zwar regelmäßig die Übermittlung von Informationen im Zusammenhang mit Zusammenschlussvorhaben vor, Geschäftsgeheimnisse sind hiervon jedoch grundsätzlich ausgenommen.[67] Ein Beispiel hierfür ist das Abkommen der EU mit den USA über die Anwendung der Wettbewerbsregeln,[68] das zwar in Art. II Mitteilungspflichten und in Art. III Informationspflichten der Behörden der Vertragsstaaten im Zusammenhang mit Zusammenschlussvorhaben vorsieht. Art. VIII stellt jedoch klar, dass keine Informationen weitergegeben werden dürfen, deren Weitergabe nach dem Recht der betreffenden Partei untersagt ist. Die Weitergabe von Geschäftsgeheimnissen oder anderen vertraulichen Angaben ist damit unzulässig, wenn die Betroffenen ihr nicht zuvor zugestimmt haben.[69] Die US-amerikanische Regierung und die Kommission haben sich deshalb darauf verständigt, die an einem Zusammenschlussvorhaben Beteiligten und Dritte aufzufordern, einer Weitergabe sämtlicher Informationen (und der Durchführung gemeinsamer Befragungen und Besprechungen) zuzustimmen.[70]

c) Akteneinsichtsrecht von Unternehmen und anderen Personen. Der Schutz von 25 Berufsgeheimnissen ist mit den Akteneinsichtsrechten von Unternehmen und anderen Personen in Einklang zu bringen. Dies ergibt sich zum einen aus dem in Art. 17 Abs. 2 enthaltenen Hinweis auf Art. 18. Umgekehrt sind nach Art. 18 Abs. 3 bei der Gewährung der Akteneinsicht die „berechtigten Interessen der Unternehmen an der Wahrung ihrer Geschäftsgeheimnisse zu berücksichtigen." Insoweit kann es sowohl zu einem Konflikt zwischen Akteneinsichtsrechten Dritter und Berufsgeheimnissen der am Zusammenschluss beteiligten Unternehmen, als auch umgekehrt zu Konflikten zwischen deren Akteneinsichtsrechten und Berufsgeheimnissen Dritter kommen, die diese etwa im Rahmen von Auskunftsverlangen gegenüber der Kommission offenbart haben. Ein unbedingter Vorrang des Schutzes sämtlicher Berufsgeheimnisse jedenfalls gegenüber den „unmittelbar Betroffenen" ist Art. 17 Abs. 2 und Art. 18 dabei nicht zu entnehmen; insbesondere Berufsgeheimnisse, die keine Geschäftsgeheimnisse sind, sind im Rahmen der Akteneinsicht nicht umfassend geschützt und ggf. mitzuteilen. Die Offenlegung jedenfalls von Geschäftsgeheimnissen kommt jedoch grundsätzlich auch gegenüber den Anmeldern nicht in Betracht. Selbst die Erstellung von nichtvertraulichen Fassungen von sämtlichen Dokumenten, die Geschäftsgeheimnisse enthalten, ist nicht in jedem Fall zwingend erforderlich, weil insoweit bei Fusionskontrollverfahren das Beschleunigungsgebot der FKVO zu beachten ist (→ Art. 18 Rn. 53). Teilweise greift die Kommission zum Schutz von vertraulichen Informationen bei der Akteneinsicht auf die Bereitstellung von Unterlagen in Datenräumen zurück, zu denen nur externen Beratern der betroffenen Unternehmen auf der Basis einer Vertraulichkeitsvereinbarung Zugang gewährt wird.[71] Auch der Anhörungsbeauftragte kann diese Datenräume einrichten.[72] Bei komplexen Fusionskontrollen entwickelt sich dieses Verfahren zum Standard.[73] Eine weitere Möglichkeit, die Gewährung von Akteneinsicht mit der Wahrung des Schutzes von Geschäftsgeheimnissen in Einklang zu bringen, bietet die in Kartellverfahren entwickelte Offenlegung von Informationen im Rahmen eines sog. Confidentiality-Rings.[74] Dabei werden die Informationen zum Schutz ihrer Vertraulichkeit nur einer bestimmten Personengruppe zugänglich gemacht, etwa externen Ökonomen oder Rechtsanwälten. Die Informationsoffenlegung innerhalb eines Confidentiality-Rings erfolgt auf der Grundlage einer Vertraulichkeitsvereinbarung zwischen den Parteien, die die Information offenlegen bzw. empfangen. Die Kommission ist selbst nicht

---

66 EuG Slg. 1996, II-921 Rn. 93 = LSK 1997, 320219 – Postbank.
67 NK-EuWettbR/Dittert Rn. 24; vgl. KölnKommKartellR/Schütz Rn. 2.
68 Abkommen zwischen den Europäischen Gemeinschaften und der Regierung der Vereinigten Staaten von Amerika über die Anwendung ihrer Wettbewerbsregeln, ABl. 1995 L 95, 47.
69 Vgl. US-EU Merger Working Group, Best Practices on Cooperation in Merger Investigations, Rn. 3 und 15, im Internet abrufbar unter https://ec.europa.eu/competition/international/bilateral/eu_us.pdf, zuletzt abgerufen am 25.4.2022.
70 Vgl. US-EU Merger Working Group, Best Practices on Cooperation in Merger Investigations, Rn. 7 und 8.
71 Vgl. Mitteilung der Kom., Best Practices on the Disclosure of Information in Data Rooms in Proceedings under Articles 101 and 102 TFEU and under the EU Merger Regulation.
72 Art. 8 Abs. 4 Mandat des Anhörungsbeauftragten.
73 Bunte/Maass Rn. 26.
74 S. hierzu Mitteilung der Kom., The use of confidentiality rings in antitrust access to file proceedings, grundlegend hierzu, vgl. Hornkohl EuZW 2020, 957 (960 f.).

26 **d) Veröffentlichungspflichten.** Gemäß Art. 17 Abs. 2 S. 1 Hs. 1 bleiben die Vorschriften über die Veröffentlichung der Tatsache der Anmeldung nach Art. 4 Abs. 3 und der Entscheidung nach Art. 20 von dem Schutz des Berufsgeheimnisses unberührt. Allerdings ergibt sich aus Art. 4 Abs. 3 S. 2 und Art. 20 Abs. 2 Hs. 2 selbst, dass bei der Vornahme der entsprechenden Veröffentlichungen in keinem Fall Geschäftsgeheimnisse offengelegt werden dürfen.[76] Nach Auffassung des Gerichts erster Instanz gilt dasselbe – wohl wegen der primärrechtlichen Natur von Art. 339 AEUV, der die Grundlage von Art. 17 FKVO ist – auch für alle anderen Berufsgeheimnisse.[77] Dementsprechend wird durch die Verpflichtung zur Wahrung von Berufsgeheimnissen zwar nicht das „ob", wohl aber das „wie" der Veröffentlichung der Tatsache der Anmeldung und der Entscheidung beschränkt.[78]

27 **4. Mitwirkungspflichten der Unternehmen.** Weil die Betroffenen selbst am besten einschätzen können, welche Angaben Geschäftsgeheimnisse enthalten oder aus anderen Gründen vertraulich sind, haben sie gewisse Mitwirkungspflichten.[79] Im Zusammenhang mit den Regelungen zum **Akteneinsichtsrecht** bestimmt Art. 18 Abs. 2 DVO FKVO deshalb, dass die Anmelder, andere Beteiligte und Dritte, die sich im Verfahren schriftlich zur Aufhebung des Vollzugsverbots oder zur Hauptsache äußern, Auskunftsersuchen beantworten oder der Kommission gegenüber in sonstiger Weise Angaben machen, die Angaben, die sie für vertraulich halten, klar zu kennzeichnen haben. Die Kennzeichnung als vertraulich ist zu begründen (wobei in der Praxis von der Begründung in der Regel abgesehen wird, soweit die gekennzeichneten Angaben typischerweise Geschäftsgeheimnisse sind). Innerhalb einer von der Kommission festgesetzten Frist ist zudem eine gesonderte nichtvertrauliche Fassung vorzulegen, die jedoch weiterhin hinreichend aussagekräftig sein muss.[80] Die Kommission kann Verfahrensbeteiligte gem. Art. 18 Abs. 3 DVO FKVO auch im Hinblick auf andere Dokumente (etwa die Anmeldung, die Mitteilung der Beschwerdepunkte oder Entwürfe für Veröffentlichungen der Kommission im Amtsblatt) auffordern, die darin enthaltenen Geschäftsgeheimnisse oder sonstigen vertraulichen Angaben zu kennzeichnen und nichtvertrauliche Fassungen dieser Dokumente zu erstellen.[81] Zudem können die Betroffenen aufgefordert werden, die Unternehmen zu benennen, denen gegenüber sie die Vertraulichkeit dieser Informationen gewahrt sehen möchten. Wie bei Art. 18 Abs. 2 DVO FKVO ist auch bei Art. 18 Abs. 3 DVO FKVO die Kennzeichnung als Geschäftsgeheimnis oder vertrauliche Angabe zu begründen. Nach Art. 18 Abs. 4 DVO FKVO darf die Kommission davon ausgehen, dass solche Unterlagen bzw. Erklärungen keine vertraulichen Angaben enthalten, bei denen die betroffenen Personen, Unternehmen oder Unternehmensvereinigungen die Vorgaben nach Art. 18 Abs. 2 und 3 DVO FKVO nicht eingehalten haben.

28 **5. Erforderlichkeit einer formellen Entscheidung.** Der EuGH hatte bereits in seinem Akzo-Urteil im Jahre 1986 entschieden, dass die Kommission es den Betroffenen ermöglichen muss, eine Entscheidung über die Preisgabe von Angaben, die sie nicht als Geschäftsgeheimnisse ansieht und die sie auch nicht aus anderen Gründen als vertraulich einstuft, gerichtlich anzugreifen. Daher muss die Kommission vor der Weitergabe eine hinreichend begründete Entscheidung erlassen, die dem betroffenen Unternehmen mitzuteilen ist. Zudem muss zwischen der Mitteilung der Entscheidung und ihrem Vollzug (also der Weiterleitung der betreffenden Unterlagen) genügend Zeit liegen,

---

[75] Mitteilung der Kom., The use of confidentiality rings in antitrust access to file proceedings, Rn. 14.
[76] Für die Veröffentlichung nichtvertraulicher Fassungen der Entscheidungen über Zusammenschlüsse hat die Kommission Leitlinien erstellt; s. Kom., Guidance on the preparation of public versions of Commission Decisions adopted under the Merger Regulation.
[77] EuG Slg. 2006, II-1429 Rn. 29 aE – BeckRS 2006, 70407 – Bank Austria; EuG Slg. 2007, II-4225 Rn. 65 f. = BeckRS 2007, 70803 – Pergan.
[78] Vgl. die Kommentierungen zu Art. 20 und zu Art. 4.
[79] Vgl. zu den Anforderungen im Einzelnen Kom., Guidance on Confidentiality Claims During Commission Antitrust Procedures, Rn. 18 ff.
[80] Löffler Art. 18 Rn. 7; vgl. auch Mitteilung „Merger Best Practices" Rn. 37, 47.
[81] Vgl. zur Veröffentlichung von Entscheidungen die Mitteilung der Kom., Market Share Ranges in Non-Confidential Versions of Merger Decisions, im Internet abrufbar unter https://ec.europa.eu/competition/mergers/legislation/market_share_ranges.pdf, zuletzt abgerufen am 25.4.2022.

damit es dem Betroffenen auch tatsächlich möglich ist Rechtsschutzmöglichkeiten zu ergreifen.[82] Dieses Verfahren wurde in Art. 8 des Mandats des Anhörungsbeauftragten[83] kodifiziert: Danach muss das betroffene Unternehmen schriftlich über die Offenlegungsabsicht informiert werden, so dass es Einwände erheben kann. Tut es dies, entscheidet der Anhörungsbeauftragte für die Kommission[84] in einer begründeten Entscheidung über die Offenlegung. Die Entscheidung muss dem betroffenen Unternehmen zugestellt werden. Zugleich wird der Tag benannt, an dem die Offenlegung erfolgen soll. Dem betroffenen Unternehmen muss mindestens eine Woche verbleiben, um nach Mitteilung der Entscheidung Nichtigkeitsklage vor dem EuG gegen die Offenlegung erheben zu können.[85] Das EuG darf in einem solchen Verfahren gegen die Offenlegung ausschließlich über die Wahrung des Berufsgeheimnisses entscheiden; es darf sich selbst bei schweren Fehlern weder mit der formellen, noch der materiellen Rechtmäßigkeit von Maßnahmen oder Entscheidungen befassen, in denen die betreffenden Informationen enthalten sind und deren Offenlegung beabsichtigt ist.[86]

IV. Veröffentlichung von Übersichten oder Zusammenfassungen (Abs. 3)

Gemäß Art. 17 Abs. 3 stehen die Regelungen in Art. 17 Abs. 1 und 2 der Veröffentlichung von Übersichten oder Zusammenfassungen, die keine Angaben über einzelne Unternehmen oder Unternehmensvereinigungen enthalten, nicht entgegen. Art. 17 Abs. 3 gestattet damit die Veröffentlichung von Berichten und Statistiken, in denen Unternehmen nicht identifizierbar sind.[87] Die Kommission darf auch Pressemitteilungen, Bulletins und periodische Berichte, wie etwa die Wettbewerbsberichte, verfassen, soweit die dort enthaltenen Angaben entweder von Art. 17 Abs. 3 erfasst sind oder ohnedies im Amtsblatt oder in sonstiger Weise veröffentlicht werden oder bereits wurden, weil sie keine Geschäftsgeheimnisse oder andere vertrauliche Angaben enthalten. Auch Vorträge und wissenschaftliche Publikationen von Kommissionsmitgliedern und -mitarbeitern sind zulässig. 29

V. Regelungen im Abkommen über den EWR

Eine mit Art. 17 vergleichbare Regelung über das Bestehen eines Verwertungsverbots und die Verpflichtung zur Wahrung von Berufsgeheimnissen enthält Art. 9 Protokoll Nr. 24 zum **EWR-Abkommen** über die Zusammenarbeit zwischen der EG und der EFTA im Bereich der Kontrolle von Unternehmenszusammenschlüssen. 30

Das **Verwertungsverbot** ist in Art. 9 Abs. 1 Protokoll Nr. 24 geregelt. Danach dürfen die in Anwendung des Protokolls erlangten Kenntnisse nur für die Zwecke der Verfahren nach Art. 57 EWR-Abkommen verwendet werden. Untersagt wird damit insbesondere die Verwertung in anderen Wettbewerbsverfahren der Kommission, der EFTA-Überwachungsbehörde sowie der Wettbewerbsbehörden der EFTA-Mitgliedstaaten. Aufgrund der Formulierung „für die Zwecke *der* Verfahren" nach Art. 57 EWR-Abkommen dürfte aber die Verwendung von in einem Fusionskontrollverfahren erlangten Informationen in einem anderen Fusionskontrollverfahren (anders als wohl nach der FKVO) zulässig sein. Praktisch ist dieser Unterschied allerdings irrelevant, weil in fast allen Fällen (auch) die FKVO Anwendung findet und der Zusammenschluss durch die Kommission geprüft wird, so dass Art. 17 greift. 31

Vorschriften über die **Wahrung von Berufsgeheimnissen** sind in Art. 9 Abs. 2 Protokoll Nr. 24 enthalten.[88] Nach Art. 9 Abs. 2 Protokoll Nr. 24 sind die EG-Kommission, die EFTA-Überwachungsbehörde, die zuständigen Behörden der EG-Mitgliedstaaten und der EFTA-Staaten sowie ihre Beamten und sonstigen Bediensteten und alle sonstigen, unter Aufsicht dieser Behörden handelnden Personen, und die Beamten und Bediensteten anderer Behörden der EG-Mitgliedstaaten und der EFTA-Staaten verpflichtet, Kenntnisse nicht preiszugeben, die sie bei der Anwendung dieses Protokolls erlangt haben und die ihrem Wesen nach unter das Berufsgeheimnis fallen. 32

---

[82] EuGH Slg. 1986, 1965 Rn. 27–30 = NJW 1987, 3070 – Akzo; EuGH Slg. 1994, 1911 Rn. 38 = BeckRS 2004, 76725 – SEP; EuG Slg. 1996, 921 Rn. 94–95 = LSK 1997, 320219 – Postbank.
[83] Beschl. des Präsidenten der Kom. 2011/695/EU, ABl. 2011 L 275, 29.
[84] Wiedemann KartellR-HdB/Dieckmann § 44 Rn. 5.
[85] Vgl. NK-EuWettbR/Dittert Rn. 31, zur Weitergabe von Angaben an Mitgliedstaaten.
[86] EuG Slg. 2007, II-4225 Rn. 66 = BeckRS 2007, 70803 – Pergan.
[87] KölnKommKartellR/Schütz Rn. 7.
[88] Vgl. für den Zugang zu Dokumenten für ein Schadensersatzverfahren nach dem Missbrauch einer marktbeherrschenden Stellung EFTA-Gerichtshof Urt. v. 21.12.2012 – E-14/11 – DB Schenker/EFTA-Überwachungsbehörde; der EFTA-Gerichtshof verweist auf die unionsrechtlichen Maßstäbe im Rahmen von Verfahren zur Kontrolle von Unternehmenszusammenschlüssen (Rn. 130, 224).

Art. 18 Anhörung Beteiligter und Dritter

(1) Vor Entscheidungen nach Artikel 6 Absatz 3, Artikel 7 Absatz 3, Artikel 8 Absätze 2 bis 6, Artikel 14 und Artikel 15 gibt die Kommission den betroffenen Personen, Unternehmen und Unternehmensvereinigungen Gelegenheit, sich zu den ihnen gegenüber geltend gemachten Einwänden in allen Abschnitten des Verfahrens bis zur Anhörung des Beratenden Ausschusses zu äußern.

(2) Abweichend von Absatz 1 können Entscheidungen nach Artikel 7 Absatz 3 und Artikel 8 Absatz 5 vorläufig erlassen werden, ohne den betroffenen Personen, Unternehmen oder Unternehmensvereinigungen zuvor Gelegenheit zur Äußerung zu geben, sofern die Kommission dies unverzüglich nach dem Erlass ihrer Entscheidung nachholt.

(3) ¹Die Kommission stützt ihre Entscheidungen nur auf die Einwände, zu denen die Betroffenen Stellung nehmen konnten. ²Das Recht der Betroffenen auf Verteidigung während des Verfahrens wird in vollem Umfang gewährleistet. ³Zumindest die unmittelbar Betroffenen haben das Recht der Akteneinsicht, wobei die berechtigten Interessen der Unternehmen an der Wahrung ihrer Geschäftsgeheimnisse zu berücksichtigen sind.

(4) ¹Sofern die Kommission oder die zuständigen Behörden der Mitgliedstaaten es für erforderlich halten, können sie auch andere natürliche oder juristische Personen anhören. ²Wenn natürliche oder juristische Personen, die ein hinreichendes Interesse darlegen, und insbesondere Mitglieder der Leitungsorgane der beteiligten Unternehmen oder rechtlich anerkannte Vertreter der Arbeitnehmer dieser Unternehmen einen Antrag auf Anhörung stellen, so ist ihrem Antrag stattzugeben.

Schrifttum: Albers, Aktuelle Entwicklungen in der Praxis des Anhörungsbeauftragten in Wettbewerbsverfahren vor der Kommission in Schwerpunkte des Kartellrechts 2011, Referate des 39. FIW-Seminars, FIW-Schriftenreihe 2012, 35; Bueren, Reform des Mandats der Anhörungsbeauftragten in Wettbewerbsverfahren – kleiner Schnitt oder großer Wurf, WuW 2012, 684; Kellerbauer, Das neue Mandat des Anhörungsbeauftragten für EU-Wettbewerbsverfahren, EuZW 2013, 10; Rosenthal, Neuordnung der Zuständigkeiten und des Verfahrens in der Europäischen Fusionskontrolle, EuZW 2004, 327; Wils, The Oral Hearing in Competition Proceedings before the European Commission, W.Comp. 35 (2012), 397; Wils, The Role of the Hearing Officer in Competition Proceedings before the European Commission, W.Comp. 35 (2012), 431; Wilson, Legal Professional Privilege in der EU-Fusionskontrolle, NZKart 2017, 352.

Übersicht

	Rn.		Rn.
I. Allgemeines	1	IV. Anhörung von Dritten	32
1. Überblick und Bedeutung der Norm	1	1. Anhörung von Dritten mit hinreichendem Interesse	33
2. Rechtsgrundlagen	2		
3. Anhörungsbeauftragter	3	2. Anhörung von sonstigen Dritten	36
a) Institutionelle Stellung	3	V. Best Practices: State-of-Play-Meetings	37
b) Zwischen- und Abschlussbericht	4		
4. Beteiligung von EFTA-Überwachungsbehörde, EFTA/EWR-Mitgliedstaaten und Drittstaaten	5	VI. Akteneinsicht	41
II. Anhörungspflicht	6	1. Berechtigte	41
1. Sachlicher Umfang	6	a) Unmittelbar Betroffene	41
2. Recht auf Anhörung	9	b) Andere Beteiligte	42
a) Betroffene	10	c) Dritte	43
b) Dritte mit hinreichendem Interesse	11	d) Zugang zu Dokumenten nach der VO (EG) 1049/2001 (Transparenzverordnung)	45
c) Dritte ohne hinreichendes Interesse	14		
III. Anhörung der Betroffenen	15	2. Zeitpunkt	47
1. Anhörung vor Entscheidungen in der Hauptsache	15	3. Umfang	50
a) Mitteilung der Beschwerdepunkte	16	a) Grundsatz: Gesamte Verfahrensakte	50
b) Schriftliche Anhörung	21	b) Einschränkungen des Akteneinsichtsrechts	51
c) Förmliche mündliche Anhörung	24	c) Zweckbindung nach Art. 17 Abs. 4 DVO FKVO	57
2. Nachträgliche Anhörung bei vorläufigen Entscheidungen	30	4. Verfahrensfragen	58

	Rn.			Rn.
VII. Rechtsfolgen der Verletzung des rechtlichen Gehörs	61	1. Verstöße gegen Anhörungsrechte		62
		2. Verstöße gegen das Akteneinsichtsrecht		63

I. Allgemeines

1. Überblick und Bedeutung der Norm. Art. 18 enthält die grundlegenden Vorschriften **1** für die Gewährung rechtlichen Gehörs in Verfahren nach der FKVO.[1] Der Anspruch auf rechtliches Gehör stellt einen fundamentalen Grundsatz des Unionsrechts dar,[2] der auch in Art. 41 Abs. 2 GRCh festgeschrieben ist.[3] Danach hat jede Person ein Recht darauf, mit ihren rechtlichen und tatsächlichen Argumenten gehört zu werden, bevor ihr gegenüber eine für sie nachteilige individuelle Maßnahme getroffen wird. Bestandteil dieses Anspruchs ist unter anderem das Recht auf Zugang zu den sie betreffenden Akten unter Berücksichtigung des Interesses der Union und anderer Personen an der Wahrung der Vertraulichkeit von Berufs- und Geschäftsgeheimnissen. Im Rahmen der Fusionskontrolle wird das rechtliche Gehör vor allem durch das Recht zur schriftlichen Stellungnahme zu den beabsichtigten Entscheidungen und den Anspruch auf Durchführung einer förmlichen mündlichen Anhörung gewährleistet. Die Mitteilung der Beschwerdepunkte durch die Kommission und die Gewährung von Akteneinsicht ermöglichen die effektive Wahrnehmung dieser Verteidigungsrechte.[4] Die Regelung in Art. 18 erstreckt die Gewährung rechtlichen Gehörs auf alle vom Zusammenschlussvorhaben betroffenen Personen, Unternehmen und Unternehmensvereinigungen und gilt daher nicht nur für den oder die Anmelder. Dritte, die kein hinreichendes Interesse darzulegen vermögen, können, müssen dagegen nicht gehört werden. Die Anhörungs- und Akteneinsichtsrechte von Mitgliedstaaten werden von Art. 18 nicht erfasst, sondern sind in Art. 19 gesondert geregelt.[5]

2. Rechtsgrundlagen. Art. 18 normiert lediglich die Grundsätze der Anhörung und des **2** Akteneinsichtsrechts. Die Durchführung des rechtlichen Gehörs wird vor allem in den Art. 11–16 DVO FKVO näher konkretisiert. Darüber hinaus enthalten das Mandat des Anhörungsbeauftragten in Wettbewerbsverfahren, die Mitteilung der Kommission über die Gewährung von Akteneinsicht[6] sowie die von der GD Wettbewerb erstellte und nur auf Englisch verfügbare Mitteilung „Merger Best Practices" für Fusionskontrollverfahren weitere Vorgaben und Leitlinien für die Ausgestaltung des Anhörungsrechts. Eine Art. 18 der Sache nach entsprechende Regelung über die Gewährung rechtlichen Gehörs im Kartellverfahren enthält Art. 27 VO 1/2003; daher wird ergänzend auf die Kommentierung dieser Vorschrift verwiesen.

3. Anhörungsbeauftragter. a) Institutionelle Stellung. Mit dem Ziel, die Durchführung **3** des Anhörungsverfahrens einer in Wettbewerbsfragen erfahrenen, unabhängigen Person zu übertragen, die über die nötige Integrität verfügt, um ein möglichst objektives, transparentes und effizientes Verfahren zu gewährleisten, hat die Kommission 1982 den Posten des Anhörungsbeauftragten geschaffen.[7] Seine institutionelle Stellung ist in drei Beschlüssen 1994,[8] 2001[9] und 2011[10] im Einzelnen definiert worden. Der Anhörungsbeauftragte wird von der Kommission ernannt[11] und ist verwaltungstechnisch dem für Wettbewerb zuständigen Kommissionsmitglied unterstellt

---

[1] Vgl. hierzu auch: Immenga/Mestmäcker/Körber Rn. 1 f.
[2] EuGH Slg. 1979, 461 Rn. 9 = NJW 1979, 2460 – Hoffmann-La Roche.
[3] Vgl. Immenga/Mestmäcker/Körber Rn. 2; EuG NZKart 2017, 196 Rn. 199 – UPS; GA Kokott, Schlussanträge in C-265/17 P Rn. 33 – UPS; bestätigt durch EuGH EuZW 2019, 342 Rn. 39 – UPS.
[4] Vgl. etwa EuGH Slg. 2009, I-7462 Rn. 26 mwN = BeckRS 2009, 70912 – Prym und Prym Consumer; EuGH Slg. 2004, I-123 Rn. 68 = BeckRS 2004, 74942 – Aalborg Portland; EuGH Slg. 1999, I-4235 Rn. 77 = BeckRS 2004, 77517 – Hercules; EuG Slg. 2002, II-1705 Rn. 169 = BeckRS 2002, 70183 – LR AF 1998; zur Anwendung der allg. Grundsätze in der Fusionskontrolle vgl. EuG BeckRS 2016, 80904 Rn. 247 f. – Deutsche Börse; EuG Slg. 2002, II-4381 Rn. 89–91 = BeckRS 2003, 70150 – Tetra Laval; EuG Slg. 1999, II-1299 Rn. 66–68 = EuZW 1999, 600 – Endemol.
[5] Vgl. die Kommentierung zu Art. 19.
[6] Mitteilung „Regeln für die Einsicht in Kommissionsakten"; 1997/C 23/3 der Kom. („Mitteilung Akteneinsicht Alt").
[7] Vgl. zum Mandat des Anhörungsbeauftragten: Wils W.Comp. 35 (2012), 431; Albers, Schwerpunkte des Kartellrechts 2011 (FIW 238), 2012; Kellerbauer EuZW 2013, 10; Bueren WuW 2012, 684.
[8] Kom., Beschluss 94/810/EGKS.
[9] Kom., Beschluss 2002/462/EG, EGKS.
[10] Vgl. zu den Neuerungen im Mandat von 2011 Albers, Schwerpunkte des Kartellrechts 2011 (FIW 238), 2012, 35, 59 ff. und Bueren WuW 2012, 684 (688 ff.).
[11] Art. 2 Abs. 1 Mandat des Anhörungsbeauftragten; gem. Art. 1 Mandat des Anhörungsbeauftragten werden ein oder mehrere Anhörungsbeauftragte ernannt.

(und damit außerhalb der GD Wettbewerb angesiedelt);[12] derzeit gibt es zwei Anhörungsbeauftragte. Der Anhörungsbeauftragte hat die Aufgabe, für die effektive Wahrung der Verfahrensrechte während des gesamten Verfahrens der Kommission nach der FKVO (sowie Verfahren zur Durchsetzung von Art. 101 und 102 AEUV) zu sorgen und zur Objektivität sowohl der Anhörung als auch der späteren Entscheidung beizutragen.[13] Er hat im Rahmen seiner Aufgaben sicherzustellen, dass die Akteneinsicht in dem erforderlichen Maß umfassend gewährt wird,[14] vertrauliche Informationen und Geschäftsgeheimnisse während des gesamten Verfahrens geschützt bleiben,[15] die Rechte auf Schutz der Anwaltskorrespondenz („Legal Privilege") und auf Auskunftsverweigerung im Rahmen von Bußgeldverfahren[16] gewahrt werden[17] und die Anhörung ordnungsgemäß vorbereitet und durchgeführt wird.[18] Zudem kann der Anhörungsbeauftragte Fristen zur Stellungnahme auf die Mitteilung von Beschwerdepunkten und für sonstige Äußerungen verlängern.[19] Weil der Anhörungsbeauftragte der Kommission unterstellt ist, kann er sich über Entscheidungen der Kommission nicht hinwegsetzen (wie zB eine Entscheidung, nach der eine Information vertraulich zu behandeln ist).[20]

4 **b) Zwischen- und Abschlussbericht.** Der Anhörungsbeauftragte muss über den Ablauf der Anhörung in einem Zwischen- und einem Abschlussbericht berichten. Mit dem **Zwischenbericht** werden das zuständige Kommissionsmitglied, der Generaldirektor für Wettbewerbsfragen, der zuständige Direktor, der juristische Dienst und gegebenenfalls andere Dienststellen der Kommission über den Ablauf der Anhörung und die Ausübung des Anhörungsrechts unterrichtet. Zudem kann sich der Anhörungsbeauftragte zum weiteren Verfahren äußern und etwa den Verzicht auf bestimmte Beschwerdepunkte anregen oder auf die Erforderlichkeit zusätzlicher Beschwerdepunkte hinweisen.[21] Der **Abschlussbericht** wird anhand des Entscheidungsentwurfs erstellt und befasst sich ebenfalls mit der Ausübung des Anhörungsrechts einschließlich der Frage, ob der Entscheidungsentwurf nur Beschwerdepunkte behandelt, zu denen sich die Beteiligten oder Betroffenen äußern konnten. Der Bericht wird dem zuständigen Kommissionsmitglied, dem Generaldirektor für Wettbewerbsfragen, dem zuständigen Direktor, anderen zuständigen Dienststellen der Kommission, den Wettbewerbsbehörden der Mitgliedstaaten und ggf. der EFTA-Überwachungsbehörde vorgelegt. Er wird der gesamten Kommission mit dem Entscheidungsentwurf unterbreitet und kann jederzeit im Lichte von Änderungen des Entscheidungsentwurfs geändert werden. Der Abschlussbericht wird an die Adressaten der Entscheidung übermittelt und im Amtsblatt veröffentlicht.[22] Führt die Kommission Markttests oder andere Untersuchungen durch, um die wettbewerblichen **Auswirkungen von Verpflichtungszusagen** zu ermitteln, können die Verfahrensbeteiligten den Anhörungsbeauftragten bitten, die wirksame Ausübung ihrer Verfahrensrechte sicherzustellen.[23]

5 **4. Beteiligung von EFTA-Überwachungsbehörde, EFTA/EWR-Mitgliedstaaten und Drittstaaten.** Nach Art. 4 Protokoll Nr. 24 lädt die Kommission die EFTA-Überwachungsbehörde in Fällen, die dem Kooperationsverfahren unterfallen,[24] zu den Anhörungen der betreffenden Unternehmen. Sie übermittelt ihr nach Art. 3.1 Protokoll Nr. 24 neben der Anmeldung auch die wichtigsten anderen Dokumente, insbesondere auch die Stellungnahmen der Betroffenen. Die EFTA-Mitgliedstaaten können ebenfalls bei den förmlichen mündlichen Anhörungen vertreten sein; sie haben

---

[12] Art. 2 Abs. 2 Mandat des Anhörungsbeauftragten.
[13] Art. 10 Mandat des Anhörungsbeauftragten.
[14] Art. 7 Mandat des Anhörungsbeauftragten.
[15] Art. 8 und 13 Mandat des Anhörungsbeauftragten; in Kartellverfahren hat der Anhörungsbeauftragte sämtliche Einwände gegen die Einsichtnahme in die Akten zu prüfen, die zum Schutz der Vertraulichkeit von Informationen vorgebracht werden (EuGH NZKart 2016, 172 Rn. 39–56 – Evonik Degussa); Gleiches gilt für Fusionskontrollverfahren; vgl. dazu auch FK-KartellR/Völcker Rn. 12.
[16] Art. 4 Abs. 1 Mandat des Anhörungsbeauftragten; vgl. Albers, Schwerpunkte des Kartellrechts 2011 (FIW 238), 2012, 35, 61; Albers weist darauf hin, dass die ausdrückliche Nennung nur von Bußgeldverfahren den Anhörungsbeauftragten nicht daran hindere, Vertraulichkeit von Anwaltskorrespondenz und das Verbot der Selbstbezichtigung auch in Fusionskontrollverfahren zu thematisieren; vgl. dazu auch Wilson NZKart 2017, 352.
[17] Art. 4 Abs. 2 lit. a und b Mandat des Anhörungsbeauftragten.
[18] Art. 5, 6 und Art. 10–12 Mandat des Anhörungsbeauftragten.
[19] Art. 9 Mandat des Anhörungsbeauftragten; Art. 4 Abs. 2 lit. c Mandat des Anhörungsbeauftragten zur Verlängerung von Fristen für förmliche Auskunftsverlangen ist nicht im Rahmen der FKVO anwendbar.
[20] EuG BeckRS 2015, 81203 Rn. 30 ff. – Pilkington.
[21] Art. 14 Mandat des Anhörungsbeauftragten.
[22] Art. 16, 17 Mandat des Anhörungsbeauftragten.
[23] Art. 14 Mandat des Anhörungsbeauftragten.
[24] S. hierzu Art. 2 Protokoll Nr. 24 zum EWR-Abkommen.

zudem ein Akteneinsichtsrecht.²⁵ Ihnen kommt damit die gleiche Stellung wie den Wettbewerbsbehörden der nationalen Mitgliedsstaaten der EU zu.²⁶ Darüber hinaus sehen auch einige bilaterale Vereinbarungen zwischen der Europäischen Union und Drittstaaten vor, dass Vertreter der Drittstaaten bei der Anhörung anwesend sein können.²⁷

II. Anhörungspflicht

1. Sachlicher Umfang. Art. 18 Abs. 1 beschreibt den sachlichen Umfang der Anhörungspflicht. Mit Ausnahme des Falls der unbedingten Freigabe nach Art. 8 Abs. 1 sind die Betroffenen vor allen abschließenden **Entscheidungen in der zweiten Phase anzuhören,** dh sowohl vor der Freigabe nach Änderungen des Vorhabens oder unter Bedingungen und Auflagen nach Art. 8 Abs. 2 als auch vor einem Verbot nach Art. 8 Abs. 3. Die Anhörung vor der Freigabe unter Auflagen und Bedingungen ist insbesondere erforderlich, um den beteiligten Unternehmen Gelegenheit zu geben, zu der Frage Stellung zu nehmen, ob der Zusammenschluss nicht ohne Auflagen und Bedingungen freigegeben werden müsste. Eine Anhörung zu den Auflagen und Bedingungen selbst ist in der Regel nicht erforderlich, weil sie formell von den Betroffenen vorgeschlagen werden (Art. 19 DVO FKVO); der Diskussion von Auflagen und Bedingungen dienen vielmehr vor allem die letzten beiden der fünf in der Mitteilung „Merger Best Practices" vorgesehenen State-of-Play-Meetings (→ Rn. 37 ff.).²⁸ Ferner muss den Betroffenen vor Erlass von **Entflechtungsanordnungen** sowie vor der Anordnung von einstweiligen Maßnahmen zur **Wiederherstellung von wirksamem Wettbewerb** (Art. 8 Abs. 4 und 5) sowie vor dem **Widerruf** einer Freigabeentscheidung in der zweiten Phase (Art. 8 Abs. 6) Gelegenheit zur Stellungnahme gegeben werden (s. zur Möglichkeit der nachträglichen Anhörung bei vorläufigen Entscheidungen nach Art. 8 Abs. 5 → Rn. 30 f.). Die Betroffenen müssen von der Kommission auch angehört werden, wenn eine Entscheidung widerrufen werden soll, mit der in der ersten Phase festgestellt wurde, dass ein Zusammenschluss nicht der FKVO unterliegt, oder mit der ein Zusammenschluss in der ersten Phase freigegeben wurde (Art. 6 Abs. 3).²⁹ Eine Anhörung ist auch vor einer Entscheidung über die **Befreiung vom Vollzugsverbot** erforderlich (Art. 7 Abs. 3; s. zu diesem Zusammenhang → Rn. 30 f.), wenn ein Befreiungsantrag ganz oder teilweise abgelehnt werden soll.³⁰ Wird die Befreiung erteilt, sind die Betroffenen nicht belastet. Schließlich ist eine Anhörung vor der Festsetzung von Geldbußen (Art. 14) und Zwangsgeldern (Art. 15) erforderlich.

Keiner vorherigen formellen Anhörung der Betroffenen in dem in der FKVO und der DVO FKVO geregelten Verfahren bedarf es bei der unbedingten Freigabe nach Art. 6 Abs. 1 lit. b oder Art. 8 Abs. 1 und der Feststellung der Unanwendbarkeit der FKVO nach Art. 6 Abs. 1 lit. a.³¹ Auch bei Entscheidungen, mit denen keine abschließende Entscheidung über das Vorhaben getroffen wird, sind grundsätzlich weder Betroffene noch Dritte in dem formellen Anhörungsverfahren der FKVO zu beteiligen. Obwohl solche Entscheidungen – etwa förmliche Auskunftsverlangen nach Art. 11 Abs. 3, Nachprüfungsentscheidungen nach Art. 13, Verweisungen an nationale Behörden nach Art. 9³² und Entscheidungen über die Einleitung der zweiten Phase nach Art. 6 Abs. 1 lit. c – durchaus belastend wirken können, ist eine Anhörung in der Regel nicht erforderlich, weil mit diesen Maßnahmen die endgültige Entscheidung nur vorbereitet oder das weitere Verfahren gestaltet wird; die Beteiligungsrechte werden durch die Anhörung vor der endgültigen Maßnahme hinreichend gewahrt (die ohnedies erfolgen muss, wenn diese Maßnahme belastend wirkt).³³

Auch in den Fällen, in denen Art. 18 Abs. 1 keine ausdrückliche Regelung trifft, kann eine **informelle Anhörung im Ausnahmefall** wegen der aus dem Grundsatz des rechtlichen Gehörs folgenden allgemeinen Verpflichtung der Kommission, die betroffenen Personen oder Unternehmen

---

[25] Art. 4, 3 Abs. 2 Protokoll Nr. 24 zum EWR-Abkommen.
[26] Vgl. im Einzelnen die Kommentierung zu Art. 19.
[27] Vgl. US-EU Merger Working Group, Best Practices on Cooperation in Merger Investigations, Rn. 13, im Internet abrufbar unter https://ec.europa.eu/competition/international/bilateral/eu_us.pdf, zuletzt abgerufen am 25.4.2022, sowie die Administrative arrangements with the United States, Bull. EU 3-1999, 45 f.
[28] Vgl. Mitteilung „Merger Best Practices" Rn. 33 unter d) und e); NK-EuWettbR/Dittert Rn. 8.
[29] Vgl. zur Praxis nach der FKVO aF Kom., M.1397, Rn. 3 f. – Sanofi/Synthélabo; FK-Kartell R/Völcker Rn. 3.
[30] NK-EuWettbR/Dittert Rn. 9; Bechtold/Bosch/Brinker Rn. 6. Dies ergibt sich auch aus Art. 12 DVO FKVO.
[31] Vgl. EuG NZKart 2013, 371 Rn. 259–261 – Spar.
[32] AA Immenga/Mestmäcker/Körber Rn. 24.
[33] EuGH Slg. 1980, 2033 Rn. 21–22 = BeckRS 2004, 71568 – National Panasonic; aA wohl Bunte/Maass Rn. 4.

vor einer sie belastenden Entscheidung zu hören, geboten sein.[34] Die Aufzählung in Art. 18 Abs. 1 ist lediglich im Hinblick auf das förmliche, in der DVO FKVO näher ausgestaltete Anhörungsverfahren abschließend, nicht aber im Hinblick auf das Recht auf rechtliches Gehör im Rahmen der FKVO im Allgemeinen.[35] Daher kann es etwa erforderlich sein, den betroffenen Unternehmen vor einer Entscheidung über die Unanwendbarkeit der FKVO nach Art. 6 Abs. 1 lit. a Gelegenheit zu geben, sich zu der beabsichtigen Entscheidung zu äußern.[36] Dasselbe gilt für die Freigabe unter Auflagen und Bedingungen in der ersten Phase nach Art. 6 Abs. 1 lit. b und Abs. 2, wobei die Anhörung hier in der Regel faktisch im Zusammenhang mit dem Angebot von Zusagen durch die Betroffenen in einem State-of-Play-Meeting erfolgt. Auch vor der Einleitung der zweiten Phase kann es geboten sein, den betroffenen Unternehmen rechtliches Gehör zu gewähren, damit sie Gelegenheit haben, die ernsthaften Bedenken der Kommission – unter Umständen durch Bedingungen und Auflagen – auszuräumen.[37] Schließlich ist auch die Anhörung von Dritten (→ Rn. 7, 32–36), die ein hinreichendes Interesse am Ausgang des Verfahrens haben, nicht an die Tatbestände des Art. 18 Abs. 1 geknüpft, sondern ergibt sich unmittelbar aus dem Gebot der Gewährung rechtlichen Gehörs. Daher kann ihre Anhörung – anders als die förmliche Anhörung der Betroffenen – etwa auch vor Freigabeentscheidungen in der ersten oder zweiten Phase erforderlich sein, obwohl solche Entscheidungen in Art. 18 Abs. 1 nicht erwähnt sind.

9   **2. Recht auf Anhörung.** Ein Recht auf Anhörung haben nach Art. 18 Abs. 1 die „betroffenen Personen, Unternehmen und Unternehmensvereinigungen." Die Betroffenen sind von Amts wegen – also ohne gesonderten Antrag – anzuhören.[38] Daneben müssen auch andere natürliche und juristische Personen, die ein hinreichendes Interesse darlegen, auf ihren Antrag von der Kommission gehört werden (Art. 18 Abs. 4 S. 2). Allen anderen Dritten kann von der Kommission oder den zuständigen Behörden der Mitgliedstaaten Gelegenheit zur Stellungnahme gegeben werden, wenn die Kommission oder die nationalen Wettbewerbsbehörden dies für erforderlich halten (Art. 18 Abs. 4 S. 1).

10   **a) Betroffene.** Der Anspruch der Betroffenen auf Anhörung ergibt sich unmittelbar aus dem Grundsatz des rechtlichen Gehörs. Art. 11 DVO FKVO unterscheiden im Zusammenhang mit der Anhörung zwischen drei Arten von Betroffenen: den **„Anmeldern"** in Fusionskontrollverfahren (dh Personen oder Unternehmen, die ein Zusammenschlussvorhaben nach Art. 4 Abs. 2 angemeldet haben), den **„Beteiligten"** in Buß- oder Zwangsgeldverfahren nach Art. 14 oder 15 (dh Unternehmen oder Unternehmensvereinigungen, gegen die ein Buß- oder Zwangsgeld verhängt werden soll) und den **„anderen Beteiligten"** in Fusionskontrollverfahren (dh die an einem Zusammenschlussvorhaben beteiligten Unternehmen, die keine Anmelder sind).[39] Der Begriff der „anderen Beteiligten" im Sinne von Art. 11 DVO FKVO ist nicht identisch mit dem Begriff der „beteiligten Unternehmen" im Sinne von Art. 1 und der Mitteilung „Beteiligte Unternehmen". Für die Feststellung, ob ein Zusammenschluss unionsweite Bedeutung hat, kommt es auf die durch die Verwirklichung des Zusammenschlussvorhabens entstehende Einheit an. Deren Umsätze sind für die Prüfung heranzuziehen, ob das Vorhaben die in Art. 1 festgelegten Schwellenwerte übersteigt und das Vorhaben unionsweite Bedeutung hat. Beteiligte Unternehmen im Sinne des Art. 1 sind daher Unternehmen, die durch das Vorhaben zusammengeführt werden. Der Veräußerer ist demgegenüber kein beteiligtes Unternehmen im Sinne des Art. 1; seine Umsätze werden bei der Umsatzberechnung für die Prüfung der Schwellenwerte nicht berücksichtigt.[40] Demgegenüber gehört zu den „anderen Beteiligten" im Sinne von Art. 11 und 13 DVO FKVO für die Zwecke der Anhörung ausdrücklich auch der **Veräußerer**. Andere Beteiligte können ggf. auch die Muttergesellschaften der Anmelder sein; dasselbe soll auch für Unternehmen gelten, die Gegenstand einer Veräußerungszusage sind[41] (wobei eine selbständige Stellung als anderer Beteiligter allenfalls in den Fällen in Betracht kommt,

---

[34] EuG Slg. 1999, II-203 Rn. 87–88 = BeckEuRS 1999, 234542 – Assicurazioni Generali; NK-EuWettbR/Dittert Rn. 6; Schulte/Just/v. Rosenberg Rn. 4; FK-KartellR/Völcker Rn. 4.
[35] EuGH Slg. 1998, I-1375 Rn. 173–175 = EuZW 1998, 299 – Kali + Salz; EuG Slg. 2002, II-4825 Rn. 94 = BeckRS 2002, 165470 – Lagardère SCA/Canal+.
[36] Vgl. EuG Slg. 1999, II-203 Rn. 87–88 = BeckEuRS 1999, 234542 – Assicurazioni Generali, wegen des Verlusts der Vorteile aus dem „One-Stop-Shop-Prinzip" der FKVO; vgl. hierzu Immenga/Mestmäcker/Körber Rn. 22.
[37] Vgl. Mitteilung „Merger Best Practices" Rn. 33 lit. a für die State-of-Play-Meetings; so auch LMRKM/Ablasser-Neuhuber Rn. 9 f.; aA Immenga/Mestmäcker/Körber Rn. 23 aE.
[38] Immenga/Mestmäcker/Körber Rn. 9 mwN.
[39] Art. 11 lit. a, b und d DVO FKVO.
[40] Vgl. Mitteilung „Beteiligte Unternehmen" Rn. 8; vgl. zu Unterschieden hinsichtlich der Verwendung des Begriffs „Beteiligte" auch Bunte/Maass Rn. 15.
[41] So Immenga/Mestmäcker/Körber Rn. 14.

in denen es um die Veräußerung einer Beteiligung an einem Unternehmen geht, an dem auch Dritte beteiligt sind[42]). Die Beteiligung an einem Parallelverfahren als Betroffener genügt nicht, um den anderen Beteiligten gleichgestellt zu werden, selbst wenn die Verfahren eng miteinander verbunden sind und der anderweitig Betroffene von dem Ausgang des Verfahrens berührt wird, an dem er nicht unmittelbar beteiligt ist.[43] Die Beteiligungsrechte der Betroffenen entsprechen sich im Wesentlichen; lediglich hinsichtlich der Akteneinsicht wird zwischen den „Anmeldern" und den „Beteiligten" in Buß- und Zwangsgeldverfahren auf der einen und „anderen Beteiligten" auf der anderen Seite unterschieden. Erstere haben einen Anspruch auf Akteneinsicht, ohne dass weitere Voraussetzungen erfüllt sein müssen (Art. 17 Abs. 1 DVO FKVO). Letztere haben nur in dem Umfang ein Akteneinsichtsrecht, in dem dies zur Vorbereitung ihrer Stellungnahmen erforderlich ist (Art. 17 Abs. 2 DVO FKVO).

b) Dritte mit hinreichendem Interesse. Dritte werden nach Art. 18 Abs. 4 S. 2 auf Antrag **11** angehört, wenn sie ein hinreichendes Interesse darlegen können. Der Antrag ist nach Art. 16 Abs. 1 DVO FKVO schriftlich zu stellen. Liegen die Voraussetzungen von Art. 18 Abs. 4 S. 2 vor, hat die Kommission kein Ermessen bei der Entscheidung darüber, ob sie den Dritten anhören soll; sie muss dann Gelegenheit zur Stellungnahme gewähren. Sowohl die Ausgestaltung als **gebundener Anspruch** als auch das Erfordernis eines hinreichenden Interesses verdeutlichen, dass es sich auch bei Art. 18 Abs. 4 S. 2 um eine Ausformung des rechtlichen Gehörs handelt.[44] Die Kommission muss allerdings Drittbetroffene nicht von Amts wegen auf die Möglichkeit der Beteiligung aufmerksam machen.[45]

Das Vorliegen eines hinreichenden Interesses wird unwiderleglich vermutet, wenn Mitglieder **12** der **Aufsichts- und Leitungsorgane** oder rechtlich anerkannte **Vertreter der Arbeitnehmer** der beteiligten Unternehmen (also etwa Mitglieder eines Betriebsrates nach deutschem Betriebsverfassungsrecht, unter Umständen, aber nur nach deutschem Recht, auch Gewerkschaften)[46] eine Anhörung verlangen (Art. 18 Abs. 4 S. 2; Art. 11 lit. c, erster Gedankenstrich DVO FKVO). Die Kommission vermutet zudem über Art. 18 hinaus unwiderleglich, dass **Verbraucherverbände** ein hinreichendes Interesse haben, wenn das Zusammenschlussvorhaben von Endverbrauchern genutzte Waren oder Dienstleistungen betrifft (Art. 11 lit. c Gedankenstrich 2 DVO FKVO). Dies gilt auch für Zusammenschlussvorhaben auf Märkten, die den eigentlichen Endverbrauchermärkten vorgelagert sind, wenn eine weitere Verarbeitung der Waren oder Dienstleistungen nicht erfolgt (wie etwa bei Zusammenschlüssen auf Großhandelsmärkten). Auch Verbraucherverbände müssen jedoch, wie alle anderen Dritten mit hinreichendem Interesse, einen schriftlichen Antrag auf Anhörung stellen.[47]

Alle anderen Dritten müssen im Einzelfall geltend machen, ein hinreichendes Interesse zu **13** haben. Dieses muss sich auf den Ausgang des konkreten Verfahrens beziehen.[48] Ein Interesse an einer im Verfahren aufgeworfenen Sach- oder Rechtsfrage genügt nicht, es sei denn, der Dritte wird durch die Entscheidung über diese Frage ausnahmsweise individuell beschwert.[49] Typischerweise haben **Kunden, Lieferanten** und **Wettbewerber** der beteiligten Unternehmen ein hinreichendes Interesse am Ausgang eines Fusionskontrollverfahrens. Allerdings genügt, wie sich aus dem Wortlaut von Art. 11 lit. c DVO FKVO ergibt, die Eigenschaft als Kunde, Lieferant oder Wettbewerber für sich genommen nicht. Das geltend gemachte Interesse muss hierüber hinaus gehen und von den die Anhörung beantragenden Unternehmen, Vereinigungen oder Personen dargelegt werden.[50] Das Interesse braucht nicht subjektiv-rechtlicher Natur zu sein; ein wirtschaftliches Interesse genügt. Mit anderen Worten: Der die Anhörung beantragende Dritte muss

---

[42] Ablehnend selbst für diesen Fall der Abschlussbericht des Anhörungsbeauftragten in der Sache Kom., COMP/M.3653 – Siemens/VA Tech, Rn. 156 und 157 der Entscheidung in dieser Sache; vgl. FK-KartellR/Völcker Rn. 8.
[43] So EuGH Slg. 2010, II-5949 Rn. 172 ff. = NZG 2010, 900 – Alrosa.
[44] EuG Slg. 1997, II-2137 Rn. 108 = LSK 1998, 320498 – Kaysersberg; EuG BeckRS 2016, 80432 Rn. 65 – Secop; ebenso Immenga/Mestmäcker/Körber Rn. 54.
[45] EuG Slg. 1997, II-2137 Rn. 108 = LSK 1998, 320498 – Kaysersberg; EuGH Slg. 1995, II-1247 Rn. 62 = NZA 1995, 1015 – Vittel.
[46] Vgl. Immenga/Mestmäcker/Körber Rn. 60; FK-KartellR/Völcker Rn. 9.
[47] EuG Slg. 2011, 7177 = BeckRS 2011, 81487 Rn. 36 f. – ASBL.
[48] Vgl. Art. 5 Abs. 2 Mandat des Anhörungsbeauftragten.
[49] Hierzu kann etwa die Feststellung der Mitgliedschaft eines Wettbewerbers der Zusammenschlussbeteiligten in einem Oligopol genügen, wenn sich hieraus Konsequenzen für diesen Wettbewerber ergeben (etwa im Zusammenhang mit Auswirkungen von Auflagen) EuGH Slg. 1998, I-1375 Rn. 173 f. = EuZW 1998, 299 – Kali + Salz; Bunte/Maass Rn. 39; Immenga/Mestmäcker/Körber Rn. 61.
[50] Vgl. allerdings EuG Slg. 1997, II-2137 Rn. 109 = LSK 1998, 320498 – Kaysersberg. Vgl. auch Mitteilung „Merger Best Practices" Rn. 34; Wiedemann KartellR-HdB/Wagemann § 17 Rn. 124.

darlegen können, dass die Entscheidung einen rechtlichen oder tatsächlichen Nachteil für ihn mit sich bringen kann.[51] Ein bloß mittelbarer Nachteil dürfte allerdings nicht genügen. Deswegen wurde etwa die Zulassung einer Anlagegesellschaft mit Beteiligung an Wettbewerbern der Zusammenschlussbeteiligten abgelehnt;[52] dasselbe dürfte für einzelne Arbeitnehmer der beteiligten Unternehmen gelten (vgl. → Rn. 12).[53] Die Kommission verfügt über einen gewissen Beurteilungsspielraum bei der Prüfung, ob ein hinreichendes Interesse am Ausgang des Verfahrens besteht.[54]

14   **c) Dritte ohne hinreichendes Interesse.** Dritte ohne hinreichendes Interesse am Ausgang des Verfahrens haben keinen Anspruch auf Anhörung. Sie können allerdings von der Kommission aufgefordert werden, ihre Argumente schriftlich und mündlich vorzutragen, wenn die Kommission dies für erforderlich hält (Art. 18 Abs. 4 S. 1; Art. 16 Abs. 4 DVO FKVO). Auch die nationalen Wettbewerbsbehörden können die Anhörung von Dritten verlangen (Art. 18 Abs. 4 S. 1). Die Anhörung von nicht unmittelbar betroffenen Dritten dient nicht der Gewährung rechtlichen Gehörs; vielmehr wird sie im Interesse eines effizienten Prüfungsverfahrens durchgeführt und soll vor allem zur Aufklärung des Sachverhalts beitragen.[55] Art. 18 Abs. 4 S. 1 bezieht sich zwar nicht ausschließlich, wohl aber maßgeblich auf die förmliche mündliche Anhörung.[56] Dies ergibt sich daraus, dass die Kommission schriftliche und mündliche Auskünfte außerhalb der förmlichen mündlichen Anhörung auch mit den Mitteln des Art. 11 Abs. 1 oder 7 erlangen könnte und es der Regelung in Art. 18 Abs. 4 S. 1 nur bedarf, um eine Einbindung in die förmliche mündliche Anhörung zu erreichen.

III. Anhörung der Betroffenen

15   **1. Anhörung vor Entscheidungen in der Hauptsache.** Die Anhörung hat in der Regel vor dem Erlass der beabsichtigten Entscheidung zu erfolgen. Das förmliche Verfahren in den in Art. 18 Abs. 1 ausdrücklich genannten Fällen gliedert sich üblicherweise in **drei Abschnitte**: die Mitteilung der Beschwerdepunkte, die schriftliche Anhörung und die förmliche mündliche Anhörung. Nach Zustellung der Mitteilung der Beschwerdepunkte gewährt die Kommission Akteneinsicht (→ Rn. 41 ff.; zur Akteneinsicht zu einem früheren Zeitpunkt → Rn. 46). Neben diesen förmlichen, in der FKVO und der DVO FKVO im Einzelnen geregelten Bestandteilen der Anhörung gewährt die Kommission auch während der anderen Phasen des Verfahrens Gelegenheit zum informellen Meinungsaustausch. Hierzu gehören insbesondere die sog. State-of-Play-Meetings im Sinne der Mitteilung „Merger Best Practices" der Kommission (→ Rn. 37 ff.). Zu diesem Austausch ist die Kommission auch verpflichtet, soweit sie eine abschließende, den Betroffenen oder Dritte belastende Entscheidung in der ersten Phase zu treffen beabsichtigt (→ Rn. 6 ff.).

16   **a) Mitteilung der Beschwerdepunkte.** Die Mitteilung der Beschwerdepunkte ist ein Kernelement der Anhörung und bildet – neben dem Recht auf Akteneinsicht – die **wichtigste Grundlage** dafür, dass sich die Betroffenen wirksam gegen die Vorwürfe der Kommission verteidigen oder zu ihren Einwänden gegen ein Vorhaben Stellung nehmen können.[57] In Fusionskontrollverfahren dienen die Beschwerdepunkte zudem dazu, dass die Beteiligten mögliche Zusagen erwägen können, um eine Untersagung abzuwenden. Die FKVO selbst erwähnt die Mitteilung der Beschwerdepunkte nicht ausdrücklich, gebietet es der Kommission aber in Art. 18 Abs. 3 S. 1, ihre Entscheidung nur auf Einwände zu stützen, zu denen die Betroffenen Stellung nehmen konnten.[58] Der Mitteilung von Beschwerdepunkten bedarf es nur, wenn die Kommission den Erlass einer für die am Zusammenschluss Beteiligten beschwerenden Entscheidung, also insbesondere eine Freigabe unter Auflagen und Bedingungen oder eine Untersagungsentscheidung, beabsichtigt. Beabsichtigt die Kommission

---

[51] LMRKM/Ablasser-Neuhuber Rn. 37; NK-EuWettbR/Dittert Rn. 4; vgl. Erwägungsgrund 37 FKVO („betroffenen Dritten").
[52] Abschlussbericht des Anhörungsbeauftragten in der Sache Kom., COMP/M.5529 – Oracle/Sun Microsystems.
[53] Immenga/Mestmäcker/Körber Rn. 61 aE. Körber sieht auch Unternehmen, die Gegenstand einer Veräußerungszusage sein könnten, jedenfalls als berechtigte Dritte (wenn nicht gar als „andere Beteiligte") an Immenga/Mestmäcker/Körber Rn. 63.
[54] EuGH Slg. 1984, 19 Rn. 18 = NJW 1985, 546 – VBVB u. VBBB („angemessener Ermessensspielraum"); ebenso Immenga/Mestmäcker/Körber Rn. 54.
[55] NK-EuWettbR/Dittert Rn. 5; vgl. Mitteilung „Merger Best Practices" Rn. 34–37.
[56] S. aber Art. 16 Abs. 4 DVO FKVO.
[57] Beispielhaft EuG BeckRS 2016, 80904 Rn. 246–266 – Deutsche Börse.
[58] EuGH Slg. 2008, I-4951 Rn. 63 = BeckRS 2008, 70755 – Impala; EuG NZKart 2022, 209 Rn. 103 – UPS.

dagegen eine unbedingte Freigabe, muss sie vor Erlass der Entscheidung keine Beschwerdepunkte mitteilen, auch wenn die Interessen Dritter von der Freigabe berührt sein können.[59]

Die Mitteilung der Beschwerdepunkte **bereitet die Entscheidung inhaltlich vor;** nicht selten entspricht ihr die spätere Entscheidung in weiten Zügen. Hieraus folgt aber nicht, dass die Entscheidung der Mitteilung der Beschwerdepunkte in allen Einzelheiten entsprechen muss.[60] Insbesondere muss die Kommission dem Ergebnis der Anhörung in der Entscheidung Rechnung tragen, was zu einer Änderung der tatsächlichen oder rechtlichen Analyse führen kann.[61] Dementsprechend darf die Kommission etwa ihre Meinung auch zugunsten der Zusammenschlussbeteiligten ändern, Beschwerdepunkte fallen lassen und einen Zusammenschluss trotz zuvor geäußerter Bedenken freigeben.[62] Sie ist nicht verpflichtet, einen solchen Meinungswechsel und Unterschiede zwischen der Entscheidung und den Beschwerdepunkten zu erklären.[63] Berücksichtigt die Kommission in der Entscheidung allerdings Tatsachen oder stützt sie sich auf rechtliche Erwägungen, die den Betroffenen nicht mitgeteilt wurden, führt dies zur Rechtswidrigkeit der Entscheidung.[64] Mit der Mitteilung der Beschwerdepunkte beendet die Kommission in der Regel ihre Ermittlungen – mit Ausnahme von Punkten, die erst im Rahmen der Anhörung aufgeworfen werden – und leitet in das Anhörungsverfahren über. In der Regel wird den Beteiligten erst nach der Zustellung der Mitteilung der Beschwerdepunkte Akteneinsicht gewährt (Art. 17 Abs. 1 und 2 DVO FKVO). Die Mitteilung der Beschwerdepunkte stellt damit eine wichtige Zäsur dar, die die Kommission zu einer umfassenden Bewertung der Sach- und Rechtslage zwingt und den Betroffenen einen ebenso umfassenden Einblick in die Einwände der Kommission gewährt.[65]

Die DVO FKVO und die Rechtsprechung haben die **formellen Anforderungen** an die Mitteilung der Beschwerdepunkte näher ausgeformt. Sie hat schriftlich zu erfolgen; in ihr muss den Betroffenen eine Frist zur schriftlichen Stellungnahme gesetzt werden (Art. 13 Abs. 2 UAbs. 2 DVO FKVO). Weder die FKVO noch die DVO FKVO schreiben eine Frist vor, innerhalb derer die Beschwerdepunkte mitzuteilen sind. Die Mitteilung muss allerdings vor allem bei Fusionskontrollverfahren so rechtzeitig erfolgen, dass die Beteiligten, auch im Rahmen der in der FKVO vorgesehenen kurzen Fristen, in angemessenem Umfang Zeit zur Akteneinsicht und zur Vorbereitung ihrer Stellungnahmen haben. Zudem müssen die mündliche Anhörung und das Verfahren zur Konsultation mit den Mitgliedstaaten sowie der für die Prüfung der eingegangenen Stellungnahmen erforderliche Zeitaufwand einkalkuliert werden.

Die Mitteilung der Beschwerdepunkte muss, wenn auch nur in knapper und gedrängter Form, so klar abgefasst sein, dass die Betroffenen tatsächlich erkennen können, welche Einwände die Kommission gegen das angemeldete Vorhaben erhebt oder welches Verhalten die Kommission den Betroffenen zur Last legt.[66] Zudem muss es die Mitteilung der Beschwerdepunkte den Beteiligten

---

[59] Vgl. Wiedemann KartellR-HdB/Wagemann § 17 Rn. 98 aE.
[60] S. EuGH Slg. 2004, I-123 Rn. 67 = BeckRS 2004, 74942 – Aalborg/Portland; vgl. auch GK/Schütz Rn. 7; NK-EuWettbR/Dittert Rn. 17.
[61] Vgl. EuGH Slg. 1970, 661 Rn. 91 und 95 = BeckRS 2004, 71129 – ACF; EuGH Slg. 1986, 1899 Rn. 13 = BeckRS 2004, 71646 – BAT und Reynolds; EuGH Slg. 2008, I-4951 Rn. 64 = BeckRS 2008, 70755 – Impala; EuG Slg. 2002, II-4071 Rn. 438 = BeckRS 2003, 70059 – Schneider Electric; EuG Slg. 2006, II-497 Rn. 93–95 = BeckRS 2006, 16125 – BASF; EuG Slg. 2011, II-1729 Rn. 61 = EuZW 2011, 492 – Visa; EuG BeckRS 2016, 80904 Rn. 250–251 – Deutsche Börse; deswegen dürfen sich die Gerichte bei der Überprüfung von Entscheidungen nach der FKVO nicht auf Tatsachenfeststellungen in den Beschwerdepunkten stützen und diese als nachgewiesen einstufen, wenn diese Tatsachen nicht in der Entscheidung selbst aufgegriffen oder durch die Gerichte festgestellt werden, vgl. EuGH Slg. 2008, I-4951 Rn. 73 ff. = BeckRS 2008, 70755 – Impala.
[62] EuGH Slg. 2008, I-4951 Rn. 63 = BeckRS 2008, 70755 – Impala.
[63] EuGH Slg. 2008, I-4951 Rn. 65 = BeckRS 2008, 70755 – Impala; anders noch die Vorinstanz, die an die Begründung einer Abkehr von den Beschwerdepunkten hohe Anforderungen stellte (EuG Slg. 2006, II-2289 Rn. 285, 300, 335, 379, 409 f., 446, 548 = BeckRS 2008, 70755 – Impala).
[64] Vgl. EuG Slg. 2002, II-4071 Rn. 437–463 = BeckRS 2003, 70059 – Schneider Electric; vgl. hierzu auch die anschließende Entscheidung des EuGH Slg. 2009, I-6413 Rn. 163 f. = BeckRS 2003, 70059 – Schneider Electric. Die Verteidigungsrechte der Betroffenen werden zB verletzt, wenn die Kommission das ihrer Entscheidung zugrunde liegende ökonometrische Modell nicht übermittelt; vgl. EuG NZKart 2017, 196 Rn. 190–222 – UPS; bestätigt durch EuGH EuZW 2019, 342 Rn. 40 – UPS; dies kann grundsätzlich einen Schadensersatzanspruch des Unternehmens gegen die EU gem. Art. 340 Abs. 2 AEUV begründen, EuG NZKart 2022, 209 – UPS, der jedoch im erwähnten Beschluss sowie im parallelen Schadensersatzverfahren der ASL abgelehnt wurde, EuG NZKart 2022, 213 – ASL.
[65] Zur Zäsurwirkung vgl. FK-KartellR/Völcker Rn. 17.
[66] Vgl. EuGH Slg. 1970, 661 Rn. 24/27 = BeckRS 2004, 71129 – ACF; EuGH Slg. 1979, 461 Rn. 10 = NJW 1979, 2460 – Hoffmann-LaRoche; EuG Slg. 2000, II-491 Rn. 476 = BeckRS 2000, 70143 – Cimenteries CBR; EuGH Slg. 2009, I-7191 Rn. 35 ff. = BeckRS 2009, 70907 – Papierfabrik August Koehler; EuG

in Fusionskontrollverfahren auch ermöglichen, zu erkennen und zu prüfen, ob und welche Zusagen geeignet und erforderlich sein könnten, um die Bedenken der Kommission auszuräumen.[67] Dies macht zunächst eine Darstellung aller **wesentlichen Tatsachen** erforderlich, die die Grundlage der Entscheidung bilden sollen. Auch die Nennung der Schriftstücke und sonstigen Beweismittel, die das Vorliegen dieser Tatsachen belegen sollen, ist erforderlich,[68] wenn es sich nicht um unbestrittene Tatsachen handelt.[69] In Bußgeldverfahren (auch im Rahmen der FKVO) ist es zudem üblich, der Mitteilung der Beschwerdepunkte die in ihr zitierten Schriftstücke in Kopie beizufügen.[70] Wegen des engen Zeitrahmens für Entscheidungen über Zusammenschlussvorhaben sieht die Kommission bei Fusionskontrollverfahren hingegen zumeist von der Übersendung der Unterlagen ab.[71] Übersetzungen der zitierten Beweismittel sind in keinem Fall erforderlich; die Kommission kann auch in ihren Beschwerdepunkten selbst die Originalzitate verwenden.[72] Zudem muss die Kommission die **wesentlichen rechtlichen Schlussfolgerungen** aufführen und auf der Grundlage der von ihr ermittelten Tatsachen erläutern.[73] Dazu gehört bei Fusionskontrollverfahren vor allem eine Erörterung, auf welchen Märkten und aus welchen Gründen die Entstehung oder Verstärkung einer marktbeherrschenden Stellung oder eine sonstige erhebliche Behinderung wesentlichen Wettbewerbs zu erwarten ist. Die Kommission muss in diesem Zusammenhang unter anderem auch erläutern, ob und warum sie ggf. davon ausgeht, dass es sich um eine Einzel- oder oligopolistische Marktbeherrschung handelt.[74] Schließlich muss die Mitteilung der Beschwerdepunkte auch erkennen lassen, **was für eine Entscheidung** die Kommission zu erlassen beabsichtigt. In Verwaltungsverfahren auf der Grundlage der FKVO, die zu einem Bußgeld führen können, muss die Kommission den Betroffenen insbesondere ihre Absicht, eine Bußgeldentscheidung zu erlassen, mitteilen. Die Mitteilung der Beschwerdepunkte muss ferner im Hinblick auf die **Bemessung der Geldbuße** Angaben zum vorsätzlichen oder fahrlässigen Charakter des vorgeworfenen Verstoßes und zur Schwere und Dauer enthalten.[75] Die genaue Gewichtung dieser Gesichtspunkte[76] ist in der Mitteilung der Beschwerdepunkte ebenso wenig erforderlich wie die Mitteilung der Höhe der beabsichtigten Geldbuße.[77]

20   Die Kommission muss – und kann im Rahmen der Fristen der FKVO – ihre **Beschwerdepunkte ergänzen,** wenn sie ihrer Entscheidung Tatsachen zu Grunde legen will, die sie in der Mitteilung der Beschwerdepunkte noch nicht berücksichtigt hat.[78] Das gleiche gilt, wenn sie beabsichtigt, ihre rechtliche Argumentation wesentlich zu verändern.[79] Der Ergänzung der Beschwerdepunkte bedarf es demgegenüber nicht, wenn die Kommission von den Betroffenen angebotene Zusagen nicht für ausreichend erachtet, um ihre Bedenken auszuräumen. Die Kommission hat

---

[67] Slg. 2011, II-5455 Rn. 104 ff. = CCZ 2012, 39 – Arkema France; EuG Slg. 2011, II-5413 Rn. 104 ff. = BeckRS 2013, 81503 – Total und Elf Aquitaine; EuG NZKart 2022, 209 Rn. 104 – UPS.
[68] EuG Slg. 2002, II-4071 Rn. 442 = BeckRS 2003, 70059 – Schneider Electric; vgl. Hirsbrunner EuZW 2003, 709 (711).
[69] EuGH Slg. 1979, 461 Rn. 11 = NJW 1979, 2460 – Hoffmann-LaRoche; EuGH Slg. 1983, 3151 Rn. 27 = NJW 1984, 1281 – AEG; EuGH Slg. 1983, 3461 Rn. 7 = BeckRS 2004, 70794 – Michelin; EuGH Slg. 1991, I-3359 Rn. 21 = NJW 1992, 677 – AKZO; EuG Slg. 1991, II-1833 Rn. 38 f. = BeckRS 2012, 81626 – DSM; EuG Slg. 1992, II-1021 Rn. 34 f. = BeckRS 2012, 81626 – ICI; Klees § 5 Rn. 40; NK-EuWettbR/Dittert Rn. 15; FK-KartellR/Völcker Rn. 18.
[70] EuGH Slg. 1983, 3461 Rn. 9 = BeckRS 2004, 70794 – Michelin; NK-EuWettbR/Dittert Rn. 15.
[71] Vgl. EuG Slg. 1995, II-1847 Rn. 99 = BeckRS 2012, 81626 – ICI.
[72] Vgl. FK-KartellR/Völcker Rn. 18.
[73] EuG Slg. 2000, II-491 Rn. 631–636 = BeckRS 2000, 70143 – Cimenteries CBR.
[74] EuGH Slg. 1993, I-1307 Rn. 43 u. 153 = BeckRS 2004, 73857 – Ahlström; EuGH Slg. 1991, I-3359 Rn. 29 = NJW 1992, 677 – AKZO; FK-KartellR/Völcker Rn. 19.
[75] EuG Slg. 2002, II-4071 Rn. 445–453 = BeckRS 2003, 70059 – Schneider Electric; FK-KartellR/Völcker Rn. 19; NK-EuWettbR/Dittert Rn. 16.
[76] EuG Slg. 2000, II-491 Rn. 480–485 = BeckRS 2000, 70143 – Cimenteries CBR; EuG Slg. 2002, II-1705 Rn. 199 = BeckRS 2002, 70183 – LR AF 1998.
[77] EuG Slg. 2002, II-1705 Rn. 206–208 = BeckRS 2002, 70183 – LR AF 1998.
[78] EuGH Slg. 1983, 3461 Rn. 19 = BeckRS 2004, 70794 – Michelin.
[79] EuG Slg. 1994, II-49 Rn. 48–58 = LSK 1995, 120490 – CB und Europay; FK-KartellR/Völcker Rn. 20; NK-EuWettbR/Dittert Rn. 18; soweit sich Ergänzungen auf neue oder geänderte Tatsachen beschränken und die rechtliche Bewertung unverändert bleibt, erfolgt die Ergänzung in Form eines Tatbestandschreibens („Letter of Facts"); vgl. EuG BeckRS 2020, 25159 Rn. 633 ff. – HeidelbergCement; Immenga/Mestmäcker/Körber Rn. 30; FK-KartellR/Völcker Rn. 20; diese Praxis ist nunmehr in Art. 13 Abs. 4 DVO FKVO ausdrücklich kodifiziert worden.
EuG Slg. 1994, II-49 Rn. 51 = LSK 1995, 120490 – CB und Europay; NK-EuWettbR/Dittert Rn. 18; LMRKM/Ablasser-Neuhuber Rn. 18 aE; vgl. aber auch EuGH Slg. 2002, I-8375 Rn. 92 = BeckRS 2004, 75338 – LVM zu Entwicklungen in der Rechtsprechung.

Auflagen und Bedingungen bei ihrer Entscheidung als Alternativen zu erwägen, die gegenüber der Untersagung weniger einschneidend sind. In ihrer Ablehnung liegt aber keine gegenüber der ursprünglichen Mitteilung der Beschwerdepunkte zusätzliche Beschwer.[80] Für die Ergänzung gelten formell und materiell dieselben Anforderungen wie für die ursprüngliche Mitteilung der Beschwerdepunkte. Sie hat schriftlich zu erfolgen; den Betroffenen muss Gelegenheit zur Stellungnahme nach Maßgabe der DVO FKVO gegeben werden. Auch hinsichtlich der ergänzenden Beschwerdepunkte können die Betroffenen eine förmliche mündliche Anhörung verlangen. Eine Ergänzung der Mitteilung der Beschwerdepunkte war in der Praxis in Fusionskontrollverfahren bislang sehr unüblich, weil die engen Fristen die Durchführung der förmlichen Anhörungsverfahren erschweren.[81] In Bußgeldverfahren werden die ursprünglichen Beschwerdepunkte demgegenüber des Öfteren ergänzt, weil sich aufgrund der Verfahrensdauer die Tatsachen ändern oder neue Tatsachen hinzutreten (vor allem bei andauernden Verstößen) oder die Stellungnahmen der Betroffenen weitere Ermittlungen erforderlich machen.

b) Schriftliche Anhörung. Die Betroffenen können innerhalb der ihnen gemäß Art. 13 Abs. 2 **21** DVO FKVO in der Mitteilung der Beschwerdepunkte zu setzenden Frist schriftlich zu den Einwänden oder Vorwürfen der Kommission Stellung nehmen. In der schriftlichen Stellungnahme kann nach Art. 13 Abs. 3 DVO FKVO alles zur Verteidigung Zweckdienliche vorgetragen werden. Soweit hierzu Tatsachen gehören, sind auch die ihrem Nachweis dienenden Unterlagen beizufügen. Gegebenenfalls können Personen benannt werden, die die Kommission zur Bestätigung der vorgetragenen Tatsachen anhören soll. Dabei darf es dem Unternehmen nicht als Nachteil angelastet werden, dass es fallentscheidende Argumente und Beweismittel erst in der Beantwortung der Mitteilung der Beschwerdepunkte vorbringt.[82] Weitere Beschränkungen hinsichtlich des Inhalts und der Gestaltung der schriftlichen Stellungnahme enthalten die FKVO oder die DVO FKVO nicht.

Bei der Festsetzung der **Fristen zur Stellungnahme** sind dem für die Äußerung erforderlichen **22** Zeitaufwand (einschließlich des für die Akteneinsicht erforderlichen Zeitaufwandes), aber auch der Dringlichkeit des Falles (insbesondere in den fristgebundenen Verfahren der FKVO) Rechnung zu tragen. Zudem sind die Arbeits- und Feiertage in dem Land zu berücksichtigen, in dem sich der Empfänger der Mitteilung der Beschwerdepunkte befindet. Die Frist ist auf einen bestimmten Kalendertag festzusetzen (Art. 22 DVO FKVO). Die Stellungnahmefrist beträgt in Fusionskontrollverfahren in der Regel zwei Wochen;[83] in der Praxis wurden aber auch schon wesentlich kürzere Fristen gesetzt.[84] In Bußgeld- und anderen Verwaltungsverfahren ist die Frist zumeist deutlich länger bemessen.[85] Die Betroffenen können den zuständigen Direktor mit einem begründeten Antrag um Verlängerung der Frist ersuchen; ein solcher Antrag ist mindestens fünf Arbeitstage vor Ablauf der ursprünglich gesetzten Frist einzureichen.[86] Wird dem Antrag nicht oder nicht in vollem Umfang stattgegeben, kann der Anhörungsbeauftragte angerufen werden; auch dies muss vor Ablauf der ursprünglich gesetzten Frist geschehen.[87] Inhaltlich müssen bei der Bescheidung eines solchen Antrags im Fusionskontrollverfahren die kurzen Verfahrensfristen der FKVO berücksichtigt werden; in der Regel ist daher allenfalls eine Verlängerung um einen sehr kurzen Zeitraum möglich. Auch in anderen Verfahren wird zwar in der Regel eine einmalige Fristverlängerung, zumeist allerdings nur um einen verhältnismäßig kurzen Zeitraum, gewährt. Die Entscheidung über die Fristverlängerung kann nicht gesondert, sondern nur mit der Entscheidung in der Sache angefochten werden.[88]

Die Stellungnahme muss **vor Ablauf** der von der Kommission gesetzten Frist bei der GD **23** Wettbewerb der Kommission **eingegangen** sein.[89] Sie ist auf elektronischem Wege mit qualifizierter elektronischer Signatur zu übermitteln (Art. 22 Abs. 2 und 3 DVO FKVO). Da die Frist der Kommission keine Ausschlussfrist ist, kann die Kommission zudem auch verspätete Stellungnahmen berück-

---

[80] So im Ergebnis auch FK-KartellR/Völcker Rn. 20; NK-EuWettbR/Dittert Rn. 18; zustimmend auch Immenga/Mestmäcker/Körber Rn. 31.
[81] FK-KartellR/Völcker Rn. 20; vgl. zur Erforderlichkeit solcher Ergänzungen auch EuG Slg. 2005, II-5527 Rn. 99 = BeckRS 2005, 70964 – Honeywell.
[82] EuGH Slg. 2008, I-4951 Rn. 89 = BeckRS 2008, 70755 – Impala.
[83] FK-KartellR/Völcker Rn. 41; Immenga/Mestmäcker/Körber Rn. 32.
[84] FK-KartellR/Völcker Rn. 41 Fn. 1.
[85] Abschlussbericht des Anhörungsbeauftragten in der Sache Kom., M.7993 – Altice/PT Portugal (Verfahren nach Art. 14 Absatz 2).
[86] Art. 9 Abs. 1 S. 1 und 2 Mandat des Anhörungsbeauftragten.
[87] Art. 9 Abs. 1 S. 3 Mandat des Anhörungsbeauftragten.
[88] Vgl. EuG Slg. 2009, II-12 Rn. 50 ff. = BeckRS 2010, 87172 – Intel.
[89] Art. 23 Abs. 3 DVO FKVO; die Anschrift nach Mitteilung 2013/C 64/01 der Kom. lautet: Europäische Kommission, Generaldirektion Wettbewerb, Kanzlei Fusionskontrolle, Place Madou/Madouplein 1, B-1210 Saint-Josse-ten-Noode.

sichtigen. Sie kann allerdings eine Stellungnahme unbeachtet lassen (und den in ihr enthaltenen Antrag auf mündliche Anhörung als verspätet zurückweisen), wenn die formellen Anforderungen von Art. 13 Abs. 3 DVO FKVO nicht gewahrt sind (und hierdurch die Einhaltung der Fristen der FKVO gefährdet wird). Bei der Entscheidung über die Nichtberücksichtigung verspäteter Stellungnahmen muss die Kommission ihre Pflicht zur Gewährung rechtlichen Gehörs beachten, von der die DVO FKVO nicht befreit.[90]

24   c) **Förmliche mündliche Anhörung.** Eine mündliche Anhörung der Beteiligten findet auf Antrag vor Erlass eines Widerrufs von Freigabeentscheidungen in der ersten Phase (Art. 6 Abs. 3) sowie vor allen Entscheidungen in der zweiten Phase mit Ausnahme der Freigabeentscheidung (Art. 8 Abs. 2–6) statt (Art. 14 Abs. 1 und 2 DVO FKVO). Das Gleiche gilt bei Entscheidungen über Geldbußen oder Zwangsgelder (Art. 14 und 15, Art. 14 Abs. 3 DVO FKVO). Die **Beteiligten an einem Fusionskontrollverfahren** sind ebenso wie der oder die **Betroffenen in einem Zwangs- oder Bußgeldverfahren** berechtigt, einen solchen Antrag mit ihrer schriftlichen Stellungnahme zur Mitteilung der Beschwerdepunkte zu stellen. Der Antrag ist an keine weiteren Voraussetzungen geknüpft.[91] Die Kommission hat kein Ermessen und ist verpflichtet, dem Antrag stattzugeben.

25   Auch **Dritte mit hinreichendem Interesse** am Ausgang des Verfahrens, denen die Kommission auf Antrag die Gelegenheit eingeräumt hat, sich schriftlich zu äußern, können nach Art. 16 Abs. 2 S. 2 DVO FKVO auf Antrag zur Teilnahme an einer förmlichen mündlichen Anhörung zugelassen werden. Der Antrag ist mit der schriftlichen Äußerung zu stellen. Die Teilnahme an einer förmlichen mündlichen Anhörung setzt allerdings voraus, dass eine solche (auf Antrag der Beteiligten oder Betroffenen) überhaupt stattfindet. Die mündliche Anhörung ist „keine Ausprägung des Mitwirkungs-, sondern des Verteidigungsrechts."[92] Dritte haben daher kein Recht, selbst die Durchführung einer förmlichen mündlichen Anhörung zu beantragen.[93] Die Entscheidung darüber, ob Dritte Gelegenheit zur Äußerung in einer auf Antrag der Beteiligten oder Betroffenen durchgeführten mündlichen Anhörung erhalten, steht im Ermessen der Kommission. Dabei ist vor allem zu berücksichtigen, welchen Beitrag sie zur Klärung des Sachverhalts leisten können.[94] Zur mündlichen Anhörung zugelassen werden Dritte nur, wenn sie daran aktiv teilzunehmen beabsichtigen; sie dürfen nicht lediglich eine Beobachterrolle einnehmen.[95] Zuständig für die Entscheidung ist der Anhörungsbeauftragte nach Rücksprache mit dem zuständigen Direktor.[96] Die Kommission kann ferner **andere Dritte** – natürliche und juristische Personen – auffordern, an einer förmlichen mündlichen Anhörung teilzunehmen (Art. 16 Abs. 4 DVO FKVO). Beteiligten in Fusionskontrollverfahren, Betroffenen in Buß- oder Zwangsgeldverfahren und Dritten kann außerdem in anderen Verfahrensstadien Gelegenheit zur mündlichen Äußerung gegeben werden (zu den State-of-Play-Meetings nach der Mitteilung „Merger Best Practices" → Rn. 37).[97]

26   Das **Verfahren** für die förmliche mündliche Anhörung ist im Wesentlichen in der DVO FKVO und dem Mandat des Anhörungsbeauftragten geregelt.[98] Sie wird vom Anhörungsbeauftragten durchgeführt. Er handelt dabei in voller Unabhängigkeit,[99] nimmt aber mit dem zuständigen Direktor Rücksprache über wesentliche Punkte.[100] Zudem ist es üblich, dass der Anhörungsbeauftragte – in Fusionskontrollverfahren wegen des engen Zeitrahmens oft bereits vor dem Ablauf der Frist zur schriftlichen Stellungnahme und damit auch zur Beantragung einer förmlichen mündlichen Anhörung – mit den Beteiligten oder Betroffenen und ggf. Dritten Kontakt aufnimmt.[101] Der Anhörungsbeauftragte kann zum Zweck der Vorbereitung der Anhörung eine vorbereitende Sitzung mit den Anzuhörenden und den Dienststellen der Kommission anberaumen.[102] Er kann den Anzu-

---

[90] NK-EuWettbR/Dittert Rn. 37.
[91] Art. 14 DVO FKVO.
[92] Albers, Schwerpunkte des Kartellrechts (FIW 238), 2012, 35, 52.
[93] S. Bericht des Anhörungsbeauftragten der Kommission in dem Fall Kom., M.2706 – Carnival Corporation/ P 80 Princess Cruises, ABl. 2003 C 233, 12; Wils W.Comp. 35 (2012), 397 (407, 418); FK-KartellR/Völcker Rn. 42; Bechtold/Bosch/Brinker Rn. 11; wie hier wohl auch Wiedemann KartellR-HdB/Wagemann § 17 Rn. 103; vermittelnd LMRKM/Ablasser-Neuhuber Rn. 43. Anders dagegen NK-EuWettbR/Dittert Rn. 40: Antrag Dritter genügt.
[94] Vgl. Rn. 13 des Mandats des Anhörungsbeauftragten; hierzu auch Wils W.Comp. 35 (2012), 397 (419).
[95] Vgl. Wils W.Comp. 35 (2012), 397 (421).
[96] Art. 5 Mandat des Anhörungsbeauftragten.
[97] Art. 14 Abs. 1 S. 2, Abs. 2 S. 2, Abs. 3 S. 2; Art. 16 Abs. 2 S. 3 DVO FKVO.
[98] Vgl. umfassend zur mündlichen Anhörung Wils W.Comp. 35 (2012), 397.
[99] Art. 15 Abs. 1 DVO FKVO und Art. 10 Abs. 2 Mandat des Anhörungsbeauftragten.
[100] Vgl. Art. 11 Abs. 1 und 2 sowie 12 Abs. 1, 4 Mandat des Anhörungsbeauftragten.
[101] Art. 11 Abs. 1 Mandat des Anhörungsbeauftragten.
[102] Art. 15 Abs. 7 UAbs. 2 DVO FKVO; Art. 11 Abs. 2 Mandat des Anhörungsbeauftragten.

hörenden – nach Rücksprache mit dem zuständigen Direktor – eine Liste der Fragen übermitteln, zu denen eine ausführliche Stellungnahme gewünscht ist.[103] Diese Liste bindet die Anzuhörenden selbstverständlich nicht, weil es bei der Anhörung um die Darstellung ihrer Ansicht geht, die in der Schwerpunktsetzung von derjenigen der Kommission abweichen kann. Der Anhörungsbeauftragte kann von den Anzuhörenden eine vorherige schriftliche Zusammenfassung des wesentlichen Inhalts der beabsichtigten Stellungnahmen verlangen.[104]

Der **Teilnehmerkreis** der förmlichen mündlichen Anhörung ist beschränkt. Förmliche mündliche Anhörungen sind nicht öffentlich (Art. 15 Abs. 6 S. 1 DVO FKVO). An der Anhörung nehmen die Beteiligten oder Betroffenen und ggf. die zugelassenen Dritten teil. Juristische Personen werden durch ihre gesetzlichen oder satzungsmäßigen Vertreter vertreten. Unternehmen und Unternehmensvereinigungen können sich außerdem auch durch einen bevollmächtigten Angestellten vertreten lassen. Die Anzuhörenden können schließlich ihre Rechtsberater oder andere vom Anhörungsbeauftragten zugelassene Bevollmächtigte hinzuziehen (Art. 15 Abs. 4 und 5 DVO FKVO). Unzulässig ist es allerdings, wenn ein Unternehmen oder eine Unternehmensvereinigung ausschließlich von einem Anwalt in der Anhörung vertreten wird.[105] Der Anhörungsbeauftragte entscheidet, welche Personen für die Anzuhörenden gehört werden.[106] Außer den Anzuhörenden sind die Vertreter der Kommission und die Vertreter der Mitgliedstaaten zur Teilnahme berechtigt (Art. 15 Abs. 3 DVO FKVO). Gleiches gilt für die EFTA-Überwachungsbehörde und die EWR-Mitgliedstaaten.[107] Aufgrund von bilateralen Vereinbarungen wird zum Teil auch Vertretern von Behörden von Drittstaaten die Anwesenheit bei der Anhörung ermöglicht.[108] 27

Der Anhörungsbeauftragte bestimmt nach Rücksprache mit dem zuständigen Direktor Tag, Dauer und Ort der Anhörung. Er entscheidet zudem ggf. über Vertagungsanträge.[109] Auch der **Ablauf der Anhörung** wird vom Anhörungsbeauftragten festgelegt.[110] Üblicherweise führt die Kommission in den Fall ein. Anschließend können sich die Beteiligten äußern. Vertreter der Mitgliedstaaten und der Kommission (und nach Ermessen des Anhörungsbeauftragten auch Dritte) können Fragen an die Beteiligten stellen. Abschließend können sich ggf. die Dritten äußern und zu Fragen der Mitgliedstaaten und der Kommission (sowie ggf. auch der anderen Anzuhörenden) Stellung nehmen.[111] Die Anzuhörenden werden entweder getrennt oder in Anwesenheit anderer Sitzungsteilnehmer gehört. Die Entscheidung hierüber liegt beim Anhörungsbeauftragten und hängt wesentlich davon ab, ob eine getrennte Anhörung zum Schutz von Geschäftsgeheimnissen oder anderen vertraulichen Angaben erforderlich ist.[112] 28

Die Anhörung wird aufgezeichnet. Die **Aufzeichnung** wird den Teilnehmern unter Berücksichtigung von Geschäftsgeheimnissen und anderen vertraulichen Angaben zur Verfügung gestellt (Art. 15 Abs. 9 DVO FKVO). Zudem kann der Anhörungsbeauftragte nach Rücksprache mit dem zuständigen Direktor Gelegenheit zur **(ergänzenden) schriftlichen Anhörung** geben.[113] 29

2. Nachträgliche Anhörung bei vorläufigen Entscheidungen. Die Anhörung kann gem. Art. 18 Abs. 2 ausnahmsweise nachträglich erfolgen, wenn die Kommission einen oder mehrere Beteiligte beschwerende Entscheidungen über die **Befreiung vom Vollzugsverbot** (Art. 7 Abs. 3) (also insbesondere die Ablehnung eines Befreiungsantrags) oder über **einstweilige Maßnahmen** zur Wiederherstellung oder Aufrechterhaltung von Wettbewerb nach Art. 8 Abs. 5 vorläufig (dh ohne vorherige Anhörung) erlässt. Die Anhörung ist in diesem Fall unverzüglich nachzuholen (Art. 18 Abs. 2 letzter Hs.). Die Kommission übermittelt den Anmeldern und den anderen Beteiligten unverzüglich den vollen Wortlaut der vorläufigen Entscheidung und setzt ihnen eine Frist zur **schriftlichen Stellungnahme**.[114] Die vorläufige Entscheidung bekommt damit in diesen Fällen (auch) die Funktion der Mitteilung der Beschwerdepunkte. Äußern sich die Anmelder und anderen Beteiligten nicht innerhalb der ihnen gesetzten Frist, wird die vorläufige zur endgültigen Entschei- 30

---

[103] Art. 11 Abs. 1 Mandat des Anhörungsbeauftragten.
[104] Art. 11 Abs. 3 Mandat des Anhörungsbeauftragten.
[105] Wils W.Comp. 35 (2012), 397 (418).
[106] Art. 12 Abs. 2 Mandat des Anhörungsbeauftragten.
[107] Art. 4 Protokoll Nr. 24 zum EWR-Abkommen.
[108] Vgl. US-EU Merger Working Group, Best Practices on Cooperation in Merger Investigations, Rn. 13, sowie die Administrative arrangements with the United States, Bull. EU 3-1999, 45 f.
[109] Art. 12 Abs. 1 Mandat des Anhörungsbeauftragten.
[110] Art. 12 Mandat des Anhörungsbeauftragten und Art. 15 DVO FKVO.
[111] Zum Ablauf ausf. FK-KartellR/Völcker Rn. 45; Wils W.Comp. 35 (2012), 397 (420 ff.); vgl. auch Art. 12 Abs. 3 Mandat des Anhörungsbeauftragten.
[112] Art. 15 Abs. 6 S. 2 DVO FKVO; Art. 3 Mandat des Anhörungsbeauftragten.
[113] Art. 12 Abs. 4 Mandat des Anhörungsbeauftragten.
[114] Art. 12 Abs. 2 UAbs. 1 DVO FKVO, Art. 13 Abs. 1 UAbs. 2 iVm Art. 12 Abs. 2 DVO FKVO.

dung. Andernfalls ergeht eine endgültige Entscheidung unter Berücksichtigung der Stellungnahmen der Anmelder und anderer Beteiligter. Die endgültige Entscheidung kann die vorläufige Entscheidung ändern, aufheben oder bestätigen (Art. 12 Abs. 2 UAbs. 2 DVO FKVO).

31 Eine **mündliche Anhörung** erfolgt bei Entscheidungen nach Art. 7 Abs. 3 über die Befreiung vom Vollzugsverbot aus Zeitgründen nicht. Dies ergibt sich aus Art. 12 Abs. 2 und Art. 14 DVO FKVO und gilt unabhängig davon, ob eine solche Entscheidung zunächst vorläufig erging. Demgegenüber ist nach einer vorläufigen Entscheidung über einstweilige Maßnahmen zur Wiederherstellung oder Aufrechterhaltung von Wettbewerb nach Art. 8 Abs. 5 die Durchführung einer mündlichen Anhörung erforderlich, bevor die endgültige Entscheidung ergehen darf. Dementsprechend wird auf Art. 8 Abs. 5 auch ausdrücklich in Art. 14 Abs. 1 und 2 DVO FKVO Bezug genommen (→ Rn. 24).

IV. Anhörung von Dritten

32 Das Verfahren zur Anhörung von Dritten ist wesentlich weniger detailliert und auch inhaltlich schwächer ausgestaltet als das Verfahren, mit dem den Betroffenen rechtliches Gehör gewährt wird. Das für das Fusionskontrollverfahren geltende Beschleunigungsgebot, die Anhörungsrechte der unmittelbar Beteiligten, ihr Bedürfnis nach Rechtssicherheit und der Schutz ihrer Geschäftsgeheimnisse stehen im Vordergrund der Regelungen der FKVO und der DVO FKVO. Daher hat die Kommission bei der Ausgestaltung der Anhörung Dritter in größerem Umfang Spielraum als im Verfahren der Anhörung von Betroffenen.[115]

33 **1. Anhörung von Dritten mit hinreichendem Interesse.** Dritte, die ein hinreichendes Interesse am Ausgang des Verfahrens darlegen und die Anhörung beantragen, müssen von der Kommission angehört werden, bevor eine Entscheidung ergeht, die ihre Interessen nachteilig betrifft. Dies ergibt sich aus Art. 18 Abs. 4 S. 2, der insoweit den **allgemeinen Anspruch auf Gewährung rechtlichen Gehörs** widerspiegelt und konkretisiert (→ Rn. 11). Dies gilt sowohl in der ersten[116] als auch in der zweiten Phase, nicht jedoch in der Pränotifikationsphase.[117] Art. 18 Abs. 4 knüpft aber keineswegs an Art. 18 Abs. 1 und die dort genannten Entscheidungsformen an, die eine Anhörung der Beteiligten und Betroffenen erforderlich machen. Die Anhörung von Dritten kann vielmehr gerade auch bei Freigabeentscheidungen – mit oder ohne Auflagen und Bedingungen – erforderlich sein, wenn und soweit Dritte von einer solchen Entscheidung iSv Art. 18 Abs. 4 S. 2 betroffen sind. Dies gilt auch für Freigaben in der ersten Phase.[118] Solche Entscheidungen berühren die Interessen der Dritten in gleicher Weise wie Entscheidungen in der zweiten Phase. Die systematische Stellung von Art. 18, die eine Beschränkung auf die zweite Phase nahe zu legen scheint, steht dem nicht entgegen,[119] weil sich ein Recht auf Anhörung auch ohne ausdrückliche Regelung unmittelbar aus dem Anspruch auf rechtliches Gehör ergeben würde, einem fundamentalen Grundsatz des Unionsrechts, der immer zu beachten ist und unabhängig von den Regeln der FKVO besteht.[120]

34 Anzuhörende Dritte haben Anspruch auf schriftliche **Mitteilung von Art und Gegenstand** des Verfahrens (Art. 16 Abs. 1 DVO FKVO), wobei diese Mitteilung in der Regel durch Überlassung einer um Geschäftsgeheimnisse bereinigten Fassung der Mitteilung der Beschwerdepunkte erfolgt, wenn eine solche vorliegt. Die Empfänger der Mitteilung müssen der Kommission allerdings zuvor versichern, die Mitteilung nur zum Zweck der Stellungnahme zu verwenden und die Vertraulichkeit des Dokuments zu wahren.[121] Auch die Vorschläge der Beteiligten für Auflagen oder Bedingungen sind den Dritten in der Regel mitzuteilen, wobei die Kommission erforderlichenfalls nur eine um Geschäftsgeheimnisse bereinigte Fassung verwendet.[122] Die Kommission ist aber nicht verpflichtet, die Dritten über jede Änderung der angebotenen Zusagen zu informieren; ebenso wenig muss sie den Dritten die Endfassung der Auflagen und Bedingungen vor Erlass der Entscheidung zur Verfügung

---

[115] Vgl. EuG Slg. 1997, II-2137 Rn. 105 ff. = LSK 1998, 320498 – Kaysersberg. Ebenso Bunte/Maass Rn. 7; Immenga/Mestmäcker/Körber Rn. 71: „Verfahrensbeteiligte zweiter Klasse".
[116] Immenga/Mestmäcker/Körber Rn. 55; Bunte/Maass Rn. 38; EuG Slg. 2011, 7177 = BeckRS 2011, 81487 Rn. 39 – ASBL.
[117] Immenga/Mestmäcker/Körber Rn. 57 mwN; EuG Slg. 2011, 7177 = BeckRS 2011, 81487 Rn. 55 f. – ASBL.
[118] So wohl auch EuG Slg. 2003, II-3825 Rn. 408–425 = BeckRS 2003, 155908 – ARD. AA KölnKommKartellR/Schütz Rn. 4; Mülbert ZIP 1995, 711.
[119] Wie hier Immenga/Mestmäcker/Körber Rn. 55 ff.; für Zusagenangebote in der ersten Phase auch NK-EuWettbR/Dittert Rn. 39.
[120] EuGH Slg. 1998, I-1375 Rn. 173–175 = EuZW 1998, 299 – Kali + Salz; vgl. auch Immenga/Mestmäcker/Körber Rn. 56.
[121] Vgl. Mitteilung „Merger Best Practices".
[122] FK-KartellR/Völcker Rn. 10; NK-EuWettbR/Dittert Rn. 39, Fn. 86; Immenga/Mestmäcker/Körber Rn. 71.

stellen.¹²³ Üblicherweise geht die Unterrichtung der Dritten Hand in Hand mit der Durchführung der Untersuchung der zu erwartenden wettbewerblichen Auswirkungen der angebotenen Zusagen.¹²⁴ Seit der Novellierung der DVO FKVO 2023 ist zudem ausdrücklich geregelt, dass die Kommission dann, wenn eine Mitteilung der Beschwerdepunkte oder eine ergänzende Mitteilung der Beschwerdepunkte ergangen ist, Dritten eine nichtvertrauliche Fassung der Mitteilungen übermitteln oder sie auf andere geeignete Weise über Art und Gegenstand des Verfahrens unterrichten kann (Art. 16 Abs. 2 S. 1 DVO FKVO). Die Übermittlung erfolgt nur für die Zwecke des einschlägigen Verfahrens und die empfangenen Dritten müssen der Nutzungsbeschränkung vor Erhalt der nichtvertraulichen Fassung der Beschwerdepunkte zustimmen (Art. 16 Abs. 2 S. 3 und 4 DVO FKVO).

Die Kommission setzt den anzuhörenden Dritten in der Mitteilung von Art und Gegenstand des Verfahrens eine Frist zur **schriftlichen Äußerung** (Art. 16 Abs. 1 DVO FKVO). Eine **mündliche Anhörung** der Dritten muss nicht erfolgen.¹²⁵ Sie können aber nach Ermessen der Kommission in jedem Verfahrensstadium Gelegenheit zur mündlichen Äußerung erhalten. Zudem können sie zu einer förmlichen mündlichen Anhörung geladen werden, wenn eine solche auf Antrag der Beteiligten oder Betroffenen stattfindet und dies von den Dritten in ihrer schriftlichen Äußerung beantragt wurde (→ Rn. 25).¹²⁶ Das Recht auf rechtliches Gehör wird dadurch, dass Dritte keinen eigenen Anspruch auf Durchführung einer mündlichen Anhörung haben, nicht unzulässig beschränkt. Dieser Anspruch verlangt keine Gleichbehandlung von Dritten und Beteiligten oder Betroffenen.¹²⁷ Er verlangt nur, dass die Dritten ihre Sicht der Kommission vor der Entscheidung in zweckdienlicher Weise vortragen können. Dem wird aber durch die Möglichkeit der schriftlichen Äußerung Rechnung getragen; eine bestimmte Form der Anhörung ist nicht erforderlich.¹²⁸ 35

2. Anhörung von sonstigen Dritten. Die Anhörung von sonstigen Dritten nach Art. 8 Abs. 4 S. 1 und Art. 16 Abs. 4 DVO FKVO erfolgt vor allem im Interesse der Sachverhaltsaufklärung. Da insoweit der Anspruch auf rechtliches Gehör nicht einwirkt, ist die Kommission bei der Auswahl der anderen Dritten und der Ausgestaltung ihrer Anhörung ungebunden. Sie hat dabei aber die Interessen der anderen Anzuhörenden, ua an der Wahrung ihrer Geschäftsgeheimnisse, zu beachten. 36

V. Best Practices: State-of-Play-Meetings

Ungeachtet der Verfahrensvorschriften und Anhörungsrechte des Unionsrechts und der FKVO sowie der DVO FKVO – und inhaltlich über diese Bestimmungen hinaus¹²⁹ – regelt die Mitteilung „Merger Best Practices" den mündlichen Austausch zwischen der Generaldirektion und den Anmeldern und Dritten. Sie sehen **fünf sog. „State-of-Play-Meetings"** vor, von denen eines während der **ersten Phase** und vier im Laufe der zweiten Phase erfolgen. Das erste Treffen wird von der Kommission angeregt, falls sich abzeichnet, dass ernsthafte Bedenken gegen die Vereinbarkeit des Zusammenschlusses mit dem Binnenmarkt bestehen, die zur Einleitung der zweiten Phase führen würden. Dieses Treffen wird spätestens bis zum Ablauf von 15 Arbeitstagen nach Beginn der ersten Phase vorgeschlagen. Es dient dazu, die Kommission über den Stand der Untersuchung zu informieren und ihnen Gelegenheit zu geben, Zusagenvorschläge vorzubereiten.¹³⁰ 37

Das zweite State-of-Play-Meeting findet zwei Wochen nach Einleitung der **zweiten Phase** statt. Dieses Treffen dient dazu, den Anmeldern in einem frühen Verfahrensstadium die Bedenken der Kommission zu erläutern und eine Diskussion mit den Anmeldern hierüber und über Fragen der Marktabgrenzung zu führen. Zudem soll in dem zweiten State-of-Play-Meeting über beabsichtigte ökonomische oder andere Studien gesprochen werden. All dies soll es der Kommission erleichtern, einen geeigneten zeitlichen und inhaltlichen Rahmen für ihre Untersuchung zu entwickeln. Daher wird in diesem Treffen auch der weitere Zeitplan und die Möglichkeit der Verlängerung der Entscheidungsfrist besprochen.¹³¹ Um das zweite – für die Kommission wie die Anmelder gleichermaßen 38

---

¹²³ Ausf. EuG Slg. 1997, II-2137 Rn. 119–121 = LSK 1998, 320498 – Kaysersberg.
¹²⁴ NK-EuWettbR/Dittert Rn. 39.
¹²⁵ So auch Immenga/Mestmäcker/Körber Rn. 36; Bunte/Maass Rn. 35; LMRKM/Ablasser-Neuhuber Rn. 43.
¹²⁶ Art. 16 Abs. 2 DVO FKVO; Art. 5 Mandat des Anhörungsbeauftragten.
¹²⁷ EuG Slg. 1990, II-367 Rn. 46 aE = EuZW 1991, 564 – Automec I; EuG Slg. 1994, II-595 Rn. 34 = EuZW 1995, 115 – Matra Hachette; EuG Slg. 1995, II-1213 Rn. 46 = FHOeffR 46 Nr. 3465 – Société Générale des Grandes Sources.
¹²⁸ Wie hier zur VO 17/62, ABl. 1962 P 13, 204, vgl. EuGH Slg. 1980, 3125 Rn. 18 = BeckRS 2004, 72290 – van Landewyck; EuGH Slg. 1987, 3131 Rn. 7 = BeckRS 2004, 71189 – Ancides; EuG Slg. 1997, II-2137 Rn. 113 = LSK 1998, 320498 – Kaysersberg; s. auch FK-KartellR/Völcker Rn. 10.
¹²⁹ Mitteilung „Merger Best Practices" Rn. 48 f.
¹³⁰ Mitteilung „Merger Best Practices" Rn. 33, lit. a.
¹³¹ Mitteilung „Merger Best Practices" Rn. 33, lit. b.

wichtige – State-of-Play-Meeting möglichst effizient zu gestalten, überlässt die Kommission den Anmeldern unmittelbar nach Einleitung der zweiten Phase und im Vorgriff auf das erst nach der Mitteilung der Beschwerdepunkte vorgesehene Akteneinsichtsrecht (hierzu → Rn. 46) die Dokumente, die für ihre Entscheidung nach Art. 6 Abs. 1 lit. c wesentlich waren; hierzu gehören vor allem auch „Beschwerden" gegen das Vorhaben, wenn die Kommission solche von Dritten erhalten hat.[132] Die Anmelder sollten der Kommission auf dieser Grundlage bereits vor dem zweiten State-of-Play-Meeting ihre Anmerkungen zur Entscheidung über die Einleitung der zweiten Phase und zu den von der Kommission überlassenen Dokumenten übermitteln.[133] Das dritte State-of-Play-Meeting findet vor der Versendung der Mitteilung der Beschwerdepunkte statt. Es dient der Information der Anmelder über die zu erwartenden Beschwerdepunkte, vor allem aber der Klärung von bestimmten Tatsachen oder Fragen vor Fertigstellung der Mitteilung der Beschwerdepunkte.[134] Das vierte und fünfte State-of-Play-Meeting finden nach der förmlichen mündlichen Anhörung statt. Beide Treffen dienen vor allem dem Zweck, mögliche Abhilfemaßnahmen zu diskutieren.[135]

39   Die State-of-Play-Meetings sind freiwillig. Ihr **Hauptzweck** ist es, die Effizienz und Qualität des Entscheidungsfindungsprozesses in dem engen Fristenkorsett der FKVO zu erhöhen; sie ersetzen nicht die förmlichen Anhörungsrechte, sondern werden im beiderseitigen Interesse von Kommission und Anmeldern einvernehmlich durchgeführt.[136] State-of-Play-Meetings werden entweder in den Räumlichkeiten der Kommission oder telefonisch oder im Wege einer Videokonferenz durchgeführt. Die Tagesordnung wird im Voraus abgestimmt; den Vorsitz führt in der Regel ein höherer Beamter der GD Wettbewerb.[137]

40   Neben allgemeinen Erläuterungen zur Beteiligung von Dritten[138] sieht die Mitteilung „Merger Best Practices" zudem vor, dass die Kommission die Anmelder und Dritte zu sog. **„Triangular Meetings"** einladen kann. Diese Treffen – die die förmliche mündliche Anhörung nicht ersetzen und anders als diese vor der Versendung der Mitteilung der Beschwerdepunkte erfolgen sollen – sollen genutzt werden, um Unterschiede bei der Interpretation von zentralen Marktdaten und -eigenschaften sowie bei der Bewertung der Auswirkungen des Vorhabens auf den Wettbewerb zu diskutieren. Die Kommission ist bestrebt, solche Triangular Meetings möglichst frühzeitig durchzuführen. Die Tagesordnung wird mit allen Teilnehmern abgestimmt. Die Anmelder und Dritten sollen rechtzeitig vor dem Treffen schriftliche Zusammenfassungen ihrer Auffassungen austauschen.[139]

VI. Akteneinsicht

41   **1. Berechtigte. a) Unmittelbar Betroffene.** Art. 18 Abs. 3 S. 3 gewährt das Recht zur Akteneinsicht „zumindest" den „unmittelbar Betroffenen". Wer hierzu gehört, wird in der FKVO nicht definiert. Nach Art. 17 Abs. 1 DVO FKVO hat die Kommission den Beteiligten, an die sie eine Mitteilung ihrer Beschwerdepunkte gerichtet hat, auf deren Antrag hin Einsicht in die Verfahrensakte zu gewähren. Dies sind gem. Art. 13 Abs. 2 S. 1 DVO FKVO iVm Art. 11 lit. a DVO FKVO die Anmelder.[140] In Buß- oder Zwangsgeldverfahren sind die Personen, Unternehmen oder Unternehmensvereinigungen, gegen die das Buß- und Zwangsgeld verhängt werden soll, unmittelbar Betroffene (vgl. Art. 11 lit. d DVO FKVO).

42   **b) Andere Beteiligte.** Nach Art. 17 Abs. 2 DVO FKVO gewährt die Kommission auch anderen Beteiligten an Fusionskontrollverfahren, denen die Einwände mitgeteilt wurden, auf Antrag Akteneinsicht, „soweit dies zur Vorbereitung ihrer Stellungnahme erforderlich ist". Andere Beteiligte sind nach Art. 11 lit. b. FKVO zB der Veräußerer oder das zu übernehmende Unternehmen (→ Rn. 10). In welchen Fällen die Akteneinsicht zur Vorbereitung der Stellungnahme erforderlich ist, wird in der DVO FKVO ebenso wenig wie in der Mitteilung „Regeln für die Einsicht in Kommissionsakten" und ihrer Neufassung näher bestimmt und ist in der Entscheidungspraxis der Kommission bisher – soweit ersichtlich – nicht geklärt. Es spricht einiges dafür, dass dies insbesondere dann der Fall ist, wenn die Interessen der anderen Beteiligten von denen der Anmelder abweichen (etwa bei der feindlichen Übernahme durch einen Wettbewerber).[141]

---

[132] Mitteilung „Merger Best Practices" Rn. 45–46.
[133] Mitteilung „Merger Best Practices" Rn. 33, lit. b.
[134] Mitteilung „Merger Best Practices" Rn. 33, lit. c.
[135] Mitteilung „Merger Best Practices" Rn. 33, lit. d und e.
[136] Mitteilung „Merger Best Practices" Rn. 30.
[137] Mitteilung „Merger Best Practices" Rn. 31.
[138] Mitteilung „Merger Best Practices" Rn. 34–37.
[139] Mitteilung „Merger Best Practices" Rn. 38 f.
[140] Vgl. ausdr. Mitteilung „Regeln für die Einsicht in Kommissionsakten" Rn. 3 sowie Rn. 28 und Rn. 32 f.; vgl. auch Mitteilung Akteneinsicht Alt.
[141] FK-KartellR/Völcker Rn. 23.

c) Dritte. Dritten iSd Art. 11 lit. c DVO FKVO, dh insbesondere Kunden, Lieferanten und **43** Wettbewerbern, die ein hinreichendes Interesse am Ausgang des Verfahrens haben, wird weder in der FKVO, noch in der DVO FKVO ein ausdrückliches Recht auf Akteneinsicht eingeräumt.[142] Die Akteneinsicht dient der Vorbereitung einer Stellungnahme auf die Beschwerdepunkte durch die Parteien („Anmelder", „Beteiligte" und „andere Beteiligte"), an die sie gerichtet ist oder denen sie in Anwendung der DVO FKVO übermittelt wird und deren Verhalten Gegenstand der Beschwerdepunkte ist. Sie soll die Waffengleichheit zwischen diesen, unmittelbar betroffenen Parteien und der Kommission herstellen, weil sie von der beabsichtigten Entscheidung unmittelbar in ihrer Handlungsfreiheit betroffen sind.[143] Dritte sind demgegenüber von der Entscheidung lediglich mittelbar betroffen und haben (auch unter Berücksichtigung des Zeitdrucks, unter dem die Kommission im Fusionskontrollverfahren steht) nicht im gleichen Umfang wie die unmittelbar Betroffenen Anspruch auf Akteneinsicht.[144]

Ein Akteneinsichtsrecht für Dritte kann aber ausnahmsweise dann gegeben sein, wenn zum **44** einen die Voraussetzungen des Art. 18 Abs. 4 erfüllt sind, dh ein Antrag auf Anhörung vorliegt und ein hinreichendes Interesse an der Anhörung besteht, zum anderen die **effektive Ausübung des Anhörungsrechts** nicht anders gewährleistet werden kann.[145] Die Rechtsprechung hat hierzu noch nicht abschließend Stellung genommen.[146] Gegen ein Akteneinsichtsrecht für Dritte spricht nicht die Gefahr der Bekanntgabe vertraulicher Daten, weil insoweit die Regeln der FKVO und der DVO FKVO zum Schutz von Geschäftsgeheimnissen und vertraulichen Informationen genügen[147] und Dritten nach Ansicht des EuGH Geschäftsgeheimnisse in keinem Fall offenbart werden dürfen.[148] In aller Regel wird die Einsichtnahme in die Akten jedoch für eine effektive Wahrnehmung der Anhörungsrechte Dritter ohnedies nicht erforderlich sein; vielmehr wird es zumeist genügen, dass die Kommission die Dritten gem. Art. 16 Abs. 1 DVO FKVO schriftlich über Art und Gegenstand des Verfahrens unterrichtet und ihnen zu diesem Zweck nichtvertrauliche Fassungen der Beschwerdepunkte und etwaiger Zusagen der Unternehmen übermittelt (→ Rn. 34).[149]

d) Zugang zu Dokumenten nach der VO (EG) 1049/2001 (Transparenzverordnung). **45** Darüber hinaus kann sich aus Art. 15 Abs. 1 AEUV und Art. 2 Abs. 1 der VO (EG) 1049/2001 (Transparenzverordnung)[150] ein „Akteneinsichtsrecht" der **Öffentlichkeit** auch in Verfahren nach der FKVO ergeben. Die VO (EG) 1049/2001 beruht auf der Ermächtigung in Art. 15 Abs. 2 und 3 AEUV und konkretisiert den allgemeinen, unabhängig von einer konkreten Betroffenheit bestehenden Anspruch auf Zugang zu Informationen hinsichtlich seiner Voraussetzungen und Ausnahmen. Nach Art. 15 AEUV und der VO (EG) 1049/2001 hat jeder Unionsbürger sowie jede natürliche oder juristische Person mit Wohnsitz oder Sitz in einem Mitgliedstaat grundsätzlich das Recht auf Zugang zu Dokumenten der Kommission[151] („Inhalte unabhängig von der Form des Datenträgers [...], die einen Sachverhalt in Zusammenhang mit [...] Entscheidungen aus dem Zuständigkeitsbereich des Organs betreffen").[152] Hierzu gehören auch Dokumente, die der Kommission von Dritten, also etwa von den Zusammenschlussbeteiligten in einem Fusionskontrollverfahren, überlassen wurden.[153] Die Ansprüche auf Zugang zu Dokumenten aus der Transparenzverordnung und auf Akteneinsicht aus der FKVO bestehen grundsätzlich nebeneinander.[154]

Mit den **Wertungswidersprüchen,** die sich hieraus ergeben können, haben sich EuG und **46** EuGH intensiv befasst.[155] Das EuG war dabei zu der Auffassung gelangt, dass die Offenlegungspflich-

---

[142] Vgl. auch Schulte/Zeise Rn. 2246.
[143] NK-EuWettbR/Dittert Rn. 23 f. mwN.
[144] Vgl. EuG Slg. 1995, II-1213 Rn. 64 = FHOeffR 46 Nr. 3465 – Société Générale des Grandes Sources; EuG Slg. 1994, II-595 Rn. 34 = EuZW 1995, 115 – Matra Hachette, beide zur VO Nr. 17/62, ABl. 1962 P 13, 204.
[145] FK-KartellR/Völcker Rn. 24; Immenga/Mestmäcker/Körber Rn. 41; für strengere Anforderungen, vgl. LMRKM/Ablasser-Neuhuber Rn. 26; aA wohl Bechtold/Bosch/Brinker Rn. 16.
[146] Vgl. ua EuG Slg. 1995, II-1213 Rn. 64 = FHOeffR 46 Nr. 3465 – Société Générale des Grandes Sources.
[147] Immenga/Mestmäcker/Körber Rn. 41.
[148] Vgl. EuGH Slg. 1986, 1965 Rn. 28 = NJW 1987, 3070 – Akzo; zur VO 17/62, ABl. 1962 P 13, 204. Vgl. auch Rn. 50 ff.
[149] FK-KartellR/Völcker Rn. 24.
[150] VO 1049/2001, ABl. 2001 L 145, 43; dazu: Schulte/Zeise Rn. 2256 ff.
[151] Vgl. auch den Anspruch aus Art. 2 Abs. 1 VO 1049/2001, ABl. 2001 L 145, 43.
[152] Vgl. Art. 3 lit. a VO 1049/2001, ABl. 2001 L 145, 43.
[153] Vgl. Art. 4 Abs. 4 VO 1049/2001, ABl. 2001 L 145, 43.
[154] NK-EuWettbR/Dittert Rn. 20; Lorenz NVwZ 2004, 436 (437); vgl. Mitteilung „Regeln für die Einsicht in Kommissionsakten" Rn. 2.
[155] Umfassend zum Stand vor den nachfolgend zitierten Entscheidungen des EuGH in den Rechtsachen EuG Slg. 2008, II-2034 = BeckRS 2008, 70920 – MyTravel, EuG Slg. 2010, II-128 = BeckEuRS 2010, 521349 –

ten nach der VO (EG) 1049/2001 weit reichen und dass an die Ablehnung von Anträgen auf Einsicht in die Akten nach der VO (EG) 1049/2001 sehr strenge Maßstäbe anzulegen seien.[156] Der EuGH ist der Meinung des EuG mit Rücksicht auf die Funktionsfähigkeit der Fusionskontrolle und anderer wettbewerbsrechtlicher Verfahren zu Recht nicht gefolgt, sondern hat in den Rechtsmittelentscheidungen zu My Travel,[157] Agrofert[158] und Éditions Odile Jacob[159] eine vermittelnde Lösung gefunden. Danach können Anträge auf Offenlegung von **internen Unterlagen der Kommission** nach der VO (EG) 1049/2001 während des laufenden Verfahrens grundsätzlich unter Hinweis auf Art. 4 Abs. 2 (Schutz der Rechtsberatung der Kommission) bzw. Abs. 3 (Schutz des Entscheidungsprozesses) VO (EG) 1049/2001 abgelehnt werden. Es besteht insoweit die Vermutung, dass der Entscheidungsprozess der Kommission bzw. die Rechtsberatung durch eine Offenlegung kommissionsinterner Unterlagen während des Kommissionsverfahrens und eines anschließenden Gerichtsverfahrens beeinträchtigt werden. Der Antragsteller kann diese Vermutung allerdings – jeweils für spezifische Dokumente, in die er Einsicht begehrt – widerlegen.[160] Nach Abschluss des Verfahrens ist es hingegen umgekehrt: Dann müssen sämtliche internen Dokumente grundsätzlich offengelegt werden. Wenn die Kommission einem entsprechenden Antrag nicht stattgeben will, muss sie für jedes einzelne Dokument, dessen Offenlegung sie abzulehnen beabsichtigt, begründen, warum die Voraussetzungen von Art. 4 Abs. 2 und/oder Abs. 3 VO (EG) 1049/2001 erfüllt sind. Hierfür gelten strenge Voraussetzungen: Der Entscheidungsprozess muss durch die beantragte Offenlegung konkret, tatsächlich und ernstlich beeinträchtigt sein (Art. 4 Abs. 2 VO (EG) 1049/2001); für die Rechtsberatung muss bei vernünftiger Betrachtung eine absehbare, nicht rein hypothetische Gefahr bestehen (Art. 4 Abs. 3 (EG) VO 1040/2001).[161] Dagegen gilt für die **Korrespondenz zwischen Kommission und Verfahrensbeteiligten oder Dritten** eine allgemeine Vermutung, dass die Verbreitung dieser Unterlagen den Schutz der Fusionskontrollverfahren beeinträchtigt und dass die Offenlegung dieser Unterlagen mit Verweis auf Art. 4 Abs. 2 VO (EG) 1049/2001 generell verweigert werden kann. Dies gilt sowohl während als auch nach dem Verfahren; lediglich im Ausnahmefall kann die Vermutung widerlegt werden. Insgesamt gelte es, so der EuGH, das durch die Akteneinsichtsregeln der FKVO geschaffene Gleichgewicht zu bewahren.[162] Den durch den EuGH aufgestellten Grundsätzen und der damit verbundenen Einschränkung der Reichweite der VO (EG) 1049/2001 im Rahmen der FKVO ist zuzustimmen.

47 **2. Zeitpunkt.** Art. 18 Abs. 3 enthält keine Regelung darüber, ab und bis zu welchem Zeitpunkt das Akteneinsichtsrecht besteht. Art. 17 Abs. 1 S. 2 DVO FKVO bestimmt jedoch, dass die Akteneinsicht erst **nach Zustellung der Mitteilung der Beschwerdepunkte** gewährt wird. Die Kommission geht davon aus, dass es vor diesem Zeitpunkt in ihrem Ermessen steht, ob sie Akteneinsicht gewährt.[163] Diese Praxis ist jedoch in Hinblick auf die Bedeutung des Akteneinsichtsrechts als Teil der Verteidigungsrechte[164] problematisch. Das Prinzip des rechtlichen Gehörs gilt auch unabhängig von den in Art. 18 Abs. 1 ausdrücklich genannten Fällen als allgemeines Rechtsprinzip in allen Abschnitten des Verfahrens bis zur Anhörung des Beratenden Ausschusses (→ Rn. 8). Soweit dies für die Wahrnehmung des rechtlichen Gehörs erforderlich ist, erstreckt sich das Akteneinsichtsrecht

---

[156] Agrofert, und EuG Slg. 2010, II-2253 = BeckRS 2011, 81415 – Éditions Odile Jacob, vgl. Kellerbauer, WuW 2011, 688; vgl. auch Hirsbrunner EuZW 2013, 657 (661); Hauser/Titze GWR 2012, 567.
Vgl. insbesondere EuG Slg. 2010, II-1583 = BeckEuRS 2010, 521349 – Agrofert; EuG Slg. 2010, II-2253 = BeckRS 2011, 81415 – Éditions Odile Jacob.
[157] EuGH Slg. 2011, I-6237 = EuZW 2012, 22 – MyTravel.
[158] EuGH BeckRS 2012, 81334 – Agrofert.
[159] EuGH BeckEuRS 2012, 688039 – Éditions Odile Jacob.
[160] EuGH BeckEuRS 2012, 688039 Rn. 127 ff. – Éditions Odile Jacob; vgl. bereits EuGH Slg. 2010, I-5885 Rn. 50 ff. = EuZW 2010, 624 – Technische Glaswerke Ilmenau, für Beihilfeverfahren; vgl. ferner EuGH Slg. 2011, I-6237 Rn. 77 = EuZW 2012, 22 – MyTravel; GA Kokott, Schlussanträge in C-506/08 P, Rn. 60 ff. – MyTravel; die Vermutung gilt auch fort, wenn die Zusammenschlussbeteiligten ihr Vorhaben aufgegeben haben, aber gerichtlich weiter gegen die Untersagung vorgehen, vgl. EuG BeckEuRS 2013, 744418 – Beninca; zur Übertragbarkeit der Technische-Glaswerke-Ilmenau-Entscheidung auf die Fusionskontrolle auch bereits Immenga/Mestmäcker/Körber Rn. 42; der EuGH hat seine Rechtsprechung in Éditions Odile Jacob auch für die Einsichtnahme in Kartellverfahrensakten bestätigt, vgl. EuGH EuZW 2014, 311 Rn. 78 ff., 100 ff. – EuBW.
[161] EuGH Slg. 2011, I-6237 Rn. 72 ff. und 109 ff. = EuZW 2012, 22 – MyTravel; EuGH BeckRS 2012, 81334 Rn. 71 ff. – Agrofert.
[162] EuGH BeckRS 2012, 81334 Rn. 49 ff., 64, 66, 68 – Agrofert; EuGH BeckEuRS 2012, 688039 Rn. 115 ff., 123 f., 126 – Éditions Odile Jacob.
[163] Vgl. Mitteilung „Regeln für die Einsicht in Kommissionsakten" Rn. 26, 28; vgl. bereits Mitteilung Akteneinsicht Alt; s. hierzu auch Schulte/Zeise Rn. 2238; FK-KartellR/Völcker Rn. 25 f.
[164] Vgl. EuGH Slg. 2004, I-123 Rn. 68 f. = BeckRS 2004, 74942 – Aalborg Portland.

damit auch auf die Zeit vor der Mitteilung der Beschwerdepunkte[165] und kann im Einzelfall sogar für die erste Phase gelten, wenn dort ausnahmsweise rechtliches Gehör gewährt werden muss.[166]

In gewissem Umfang gewährt die Kommission allerdings ungeachtet der Regelungen in der DVO FKVO auf der Basis ihrer Mitteilung „Merger Best Practices" auch bereits vor der Mitteilung der Beschwerdepunkte Einsicht in ihre Akten. Mit Beginn der zweiten Phase soll den Zusammenschlussparteien Zugang zu **Schlüsseldokumenten** – insbesondere Stellungnahmen Dritter in der ersten Phase und Marktstudien – gewährt werden.[167] Diese Möglichkeit soll jedoch – anders als das Akteneinsichtsrecht – primär nicht die Verteidigungsrechte der Parteien stärken, sondern vor allem die Effizienz des Verfahrens fördern.[168] **48**

Ebenfalls nicht eindeutig geklärt ist, bis wann das Akteneinsichtsrecht fortdauert. Da Anspruch auf rechtliches Gehör gem. Art. 18 Abs. 1 **bis zur Anhörung des Beratenden Ausschusses** besteht, sollte es ein Akteneinsichtsrecht zumindest bis zu diesem Zeitpunkt geben. Die Kommission sieht daher in der Mitteilung zur Akteneinsicht und in der Mitteilung „Merger Best Practices" auch vor, dass die Anmelder auch in Dokumente Einblick erhalten, die zwischen der Mitteilung der Beschwerdepunkte und der Anhörung des Beratenden Ausschusses bei der Kommission eingehen.[169] In der Literatur ist darüber hinaus eine weitere zeitliche Ausdehnung der Akteneinsicht auch auf die Zeit nach der Sitzung des Beratenden Ausschusses gefordert worden, da es den beteiligten Unternehmen ansonsten unmöglich sei, Einsicht in die Ergebnisse des „Markttests" hinsichtlich der von den Parteien oft erst kurz vor der Sitzung des Beratenden Ausschusses angebotenen Zusagen zu nehmen.[170] **49**

3. Umfang. a) Grundsatz: Gesamte Verfahrensakte. Das Recht auf Akteneinsicht bezieht sich grundsätzlich auf die gesamte Verfahrensakte, soweit nicht die im Einzelnen geregelten Ausnahmetatbestände eingreifen. Das Akteneinsichtsrecht gilt für alle Formen der Informationsaufbereitung und -speicherung unabhängig von dem verwendeten Medium; insbesondere ist es nicht auf Papierakten beschränkt, sondern umfasst auch alle elektronischen Formate.[171] Dabei obliegt die Entscheidung, welche Dokumente der Verteidigung der betroffenen Unternehmen gegen die Einwände der Kommission dienen, grundsätzlich nicht der Kommission, sondern dem Unternehmen selbst. Die Kommission darf daher keine Vorauswahl treffen; der Gerichtshof hat dies bislang zwar nur in Bußgeldverfahren nach der VO (EWG) 17/62 bestätigt.[172] Nichts anderes gilt aber in Verfahren nach der FKVO, die jedenfalls nach Überlassung der Beschwerdepunkte in ähnlicher Weise kontradiktorisch ausgestaltet sind.[173] Begehrt der Antragsteller Zugang zu einem Dokument, von dem die Kommission behauptet, dass es nicht existiere, so besteht die Vermutung, dass das Dokument tatsächlich nicht existiert. Es handelt sich allerdings um eine einfache Vermutung, die der Kläger in jeder Weise aufgrund stichhaltiger und übereinstimmender Indizien widerlegen kann.[174] **50**

b) Einschränkungen des Akteneinsichtsrechts. Das Recht auf Akteneinsicht gilt nicht uneingeschränkt. Ausnahmen vom Akteneinsichtsrecht sind in Art. 18 Abs. 3 S. 3 Hs. 2 und Art. 17 Abs. 3 DVO FKVO geregelt. Der dort kodifizierte Schutz von Geschäftsgeheimnissen, vertraulichen Angaben und internen Schriftstücken der Kommission und der nationalen Wettbewerbsbehörden wurde in der Rechtsprechung entwickelt und ausgeformt,[175] wobei die Mehrzahl der Entscheidungen in Verfahren nach der VO (EWG) 17/62 ergangen ist.[176] **51**

---

[165] FK-KartellR/Völcker Rn. 25 für die gesamte zweite Phase, vgl. auch Rn. 37 der Begründungserwägungen der FKVO; aA allerdings EuG Slg. 2005, II-5575 Rn. 694 = BeckRS 2007, 70282 – GE.
[166] Vgl. auch Bunte/Maass Rn. 25; Immenga/Mestmäcker/Körber Rn. 48.
[167] Mitteilung „Merger Best Practices" Rn. 45. Mitteilung „Regeln für die Einsicht in Kommissionsakten" Rn. 28; vgl. hierzu auch FK-KartellR/Völcker Rn. 26.
[168] Rosenthal EuZW 2004, 327 (330); vgl. Mitteilung „Merger Best Practices" Rn. 42–44, 48 f.
[169] Mitteilung „Merger Best Practices" Rn. 43; Mitteilung „Regeln für die Einsicht in Kommissionsakten" Rn. 28.
[170] FK-KartellR/Völcker Rn. 27.
[171] Mitteilung „Regeln für die Einsicht in Kommissionsakten" Rn. 8.
[172] EuGH Slg. 2004, I-123 Rn. 68 f. = BeckRS 2004, 74942 – Aalborg Portland; EuG Slg. 1995, II-1775 Rn. 81 = FHOeffR 46 Nr. 3417 – Solvay; EuG Slg. 2000, II-491 Rn. 143 f., 150–152 = BeckRS 2000, 70143 – Cimenteries CBR; EuG Slg. 2002, II-1705 Rn. 171 = BeckRS 2002, 70183 – LR AF 1998.
[173] Vgl. nur NK-EuWettbR/Dittert Rn. 26 f.; FK-KartellR/Völcker Rn. 28; vgl. auch Immenga/Mestmäcker/Körber Rn. 43.
[174] EuG Slg. 2002, II-4381 Rn. 95 = BeckRS 2003, 70153 – Tetra Laval.
[175] S. EuG Slg. 1999, II-1299 Rn. 65–78 = EuZW 1999, 600 – Endemol; EuG Slg. 2002, II-4381 Rn. 98–117 = BeckRS 2003, 70153 – Tetra Laval.
[176] Vgl. EuG Slg. 1991, II-1711 Rn. 54 = BeckRS 2012, 81626 – Hercules; EuG Slg. 1993, II-389 Rn. 29 – BPB und British Gypsum.

52 **aa) Schutz von Geschäftsgeheimnissen und vertraulichen Informationen.** Nach Art. 18 Abs. 3 S. 3 sind bei der Akteneinsicht die berechtigten Interessen der Unternehmen an der Wahrung ihrer **Geschäftsgeheimnisse** zu berücksichtigen. Der Begriff des Geschäftsgeheimnisses ist nicht abschließend festgelegt, nach Ansicht der Kommission aber grundsätzlich weit auszulegen.[177] Zu beachten ist, dass der Schutz von Geschäftsgeheimnissen auch zwischen dem Anmelder und den sonstigen am Zusammenschluss beteiligten Unternehmen und zwischen mehreren Anmeldern untereinander gilt, da der Zusammenschluss untersagt werden oder aus sonstigen Gründen scheitern kann.[178] Für den Begriff des Geschäftsgeheimnisses kann im Übrigen auf die Kommentierung von Art. 17 verwiesen werden (→ Art. 17 Rn. 15 ff.).

53 Auch **andere vertrauliche Angaben** unterliegen einem gesteigerten Schutz vor Einsichtnahme im Rahmen der Akteneinsicht. Hierzu gehören auch Informationen, aus denen auf die Identität von Informanten geschlossen werden könnte, die gegenüber den Parteien anonym bleiben wollen. Die Kommission muss im Zusammenhang mit der Einsichtnahme in Antworten Dritter auf ihre Auskunftsverlangen die Gefahr berücksichtigen, dass ein Unternehmen in marktbeherrschender Stellung Vergeltungsmaßnahmen gegen Konkurrenten, Lieferanten oder Kunden ergreift, die an den Ermittlungen der Kommission mitgewirkt haben.[179] Hierbei ist allerdings stets kritisch zu überprüfen, ob die Unternehmen bei ihrer Identifizierung tatsächlich Repressalien durch die Parteien des Zusammenschlusses fürchten müssen, weil diese in Zusammenschlussverfahren, anders als bei Verfahren nach Art. 102 AEUV, regelmäßig nicht über eine marktbeherrschende Stellung mit entsprechenden Sanktionsmöglichkeiten verfügen.[180] Im Einzelfall kann es aber sogar erforderlich sein, auch die Identität der Unternehmen vertraulich zu behandeln, die nicht um Schutz ihrer Identität vor Preisgabe gebeten haben, wenn andernfalls Rückschlüsse auf die Identität anderer Unternehmen möglich wären.[181] Im Übrigen kann auch für den Begriff der vertraulichen Angabe auf die Kommentierung von Art. 17 verwiesen werden (→ Art. 17 Rn. 18).

54 Der **Schutz von Geschäftsgeheimnissen** und vertraulichen Angaben muss mit dem Anspruch auf **rechtliches Gehör in Einklang gebracht werden.**[182] Dabei ist zum einen anerkannt, dass die Verpflichtung der Kommission und anderer zur Wahrung des Berufsgeheimnisses gegenüber Unternehmen und Personen, die einen Anspruch auf rechtliches Gehör haben, eingeschränkt ist.[183] Zum anderen ist aber gleichermaßen anerkannt, dass dem Schutz von Geschäftsgeheimnissen eine besonders große Bedeutung in der Unionsrechtsordnung zukommt.[184] Art. 18 Abs. 3 gibt dementsprechend weder dem rechtlichen Gehör noch dem Schutz von Geschäfts- und anderen Berufsgeheimnissen absoluten Vorrang, wie sich aus der Formulierung ergibt, die Interessen an der Wahrung von Geschäftsgeheimnissen seien „zu berücksichtigen". Der Gerichtshof hat die Problematik des Ausgleichs von rechtlichem Gehör und Geheimnisschutz – soweit ersichtlich – noch nicht vertieft behandelt. In der „Akzo"-Entscheidung meinte der Gerichtshof zwar, dass „Geschäftsgeheimnisse besonders weitgehend geschützt" seien und „an einen Beschwerdeführer in keinem Fall" weitergegeben werden dürfen. Die Frage der Einsichtnahme durch Betroffene blieb aber offen.[185] In jedem Fall sind Ausnahmen von dem Akteneinsichtsrecht aber eng auszulegen.[186] Nach der Auffassung der Kommission ist sogar die Preisgabe auch von Geschäftsgeheimnissen und vertraulichen Angaben zulässig, wenn dies „für die Zwecke des Verfahrens von der Kommission für erforderlich gehalten

---

[177] Mitteilung „Regeln für die Einsicht in Kommissionsakten" Rn. 18; ebenso auch Bunte/Maass Rn. 27; FK-KartellR/Völcker Rn. 29.
[178] FK-KartellR/Völcker Rn. 30.
[179] EuG Slg. 1999, II-1299 Rn. 66 = EuZW 1999, 600 – Endemol; EuG Slg. 2002, II-4381 Rn. 98 = BeckRS 2003, 70153 – Tetra Laval; vgl. auch Mitteilung „Regeln für die Einsicht in Kommissionsakten" Rn. 19.
[180] FK-KartellR/Völcker Rn. 31.
[181] EuG Slg. 1999, II-1299 Rn. 69 f. = EuZW 1999, 600 – Endemol; EuG Slg. 2002, II-4381 Rn. 98 f. = BeckRS 2003, 70153 – Tetra Laval; so auch die Mitteilung „Regeln für die Einsicht in Kommissionsakten" Rn. 19; vgl. Mitteilung Akteneinsicht Alt.
[182] EuG Slg. 1999, 1299 Rn. 66–68 = EuZW 1999, 600 – Endemol; EuG Slg. 2005, II-5575 Rn. 631 = BeckRS 2007, 70282 – GE; zur VO 17/62, ABl. 1962 P 13, 204, vgl. EuG Slg. 1995, II-1775 Rn. 88 = FHOeffR 46 Nr. 3417 – Solvay; EuG Slg. 1995, II-1847 Rn. 98 = BeckRS 2012, 81626 – ICI; EuG Slg. 2000, II-491 Rn. 147 = BeckRS 2000, 70143 – Cimenteries CBR.
[183] So ausdr. Art. 17 Abs. 2; vgl. EuGH Slg. 1986, 1965 Rn. 27 = NJW 1987, 3070 – Akzo.
[184] EuGH Slg. 1986, 1965 Rn. 28 = NJW 1987, 3070 – Akzo.
[185] EuGH Slg. 1986, 1965 Rn. 28 = NJW 1987, 3070 – Akzo; vgl. auch EuG Slg. 2006, II-1429 Rn. 29–31 = BeckRS 2006, 70407 – Bank Austria. Das EuG unterscheidet zwischen Geschäftsgeheimnissen (die auch Personen, die Anspruch auf rechtliches Gehör haben, nicht übermittelt werden dürfen) und Informationen, die sonst unter das Berufsgeheimnis fallen (die übermittelt werden dürfen, wenn das für den ordnungsgemäßen Ablauf der Ermittlungen erforderlich ist). Die Ausführungen sind nur obiter dictum.
[186] EuG Slg. 2002, II-4381 Rn. 102 = BeckRS 2003, 70153 – Tetra Laval.

VI. Akteneinsicht   55   **Art. 18 FKVO**

wird."[187] Insbesondere im Zusammenhang mit **Bußgeldverfahren** geht die Kommission daher davon aus, sie dürfe dem Betroffenen auch Geschäftsgeheimnisse eines Dritten offenbaren, wenn der Verstoß anders nicht nachzuweisen ist.[188] Dem ist zuzustimmen. Zwar ist die Weitergabe von Geschäftsgeheimnissen angesichts der Bedeutung ihres durch Art. 339 AEUV auch primärrechtlich garantierten Schutzes allenfalls höchst ausnahmsweise und nach Prüfung sämtlicher Alternativen zulässig. In den seltenen Fällen, in denen eine alternative Beweisführung aber unmöglich ist, muss das Geheimhaltungsinteresse hinter das Interesse der Durchsetzung des (ebenfalls primärrechtlich verankerten) Wettbewerbsrechts zurücktreten.[189] Andernfalls wäre in solchen Fällen die Verfolgung eines Verstoßes gegen die Wettbewerbsregeln des Vertrags gefährdet, weil eine Bußgeldentscheidung in keinem Fall auf Beweismittel gestützt werden darf, die der Betroffene nicht einsehen konnte (zu Dokumenten, auf die sich die Kommission nicht stützt, die aber der Entlastung dienen könnten, vgl. → Rn. 58).[190] Während dem Akteneinsichtsrecht in Bußgeldverfahren besondere Bedeutung zukommt und das Interesse am Schutz von Geschäftsgeheimnissen im Einzelfall zurücktreten muss, kann das Akteneinsichtsrecht in **Fusionskontrollverfahren** etwas weitergehend beschränkt werden. Insbesondere ist in solchen Verfahren der Beschleunigungsgrundsatz zu beachten. Daher kann es im (begründeten) Einzelfall gerechtfertigt sein, weder die vollständige Unterlage vorzulegen noch eine nicht vertrauliche Fassung von ihr zu erstellen. Vielmehr kann es genügen, lediglich nicht vertrauliche Zusammenfassungen der Dokumente vorzulegen, auf die die Entscheidung gestützt wird.[191] Eine andere Möglichkeit ist es nach der Praxis der Kommission, dass ökonomische Gutachter und/oder andere externe Berater der Parteien die relevanten Unterlagen, Daten und sonstigen Informationen auf der Basis einer Geheimhaltungsverpflichtung mit der Kommission in den Räumen der Kommission einsehen und prüfen, nicht aber kopieren oder versenden können (→ Art. 17 Rn. 25).[192] Sollte allerdings dem Anspruch auf rechtliches Gehör auf diesem Wege im Ausnahmefall nicht Rechnung getragen werden können, zugleich jedoch ein Dokument, das Geschäftsgeheimnisse enthält, für die Beweisführung unentbehrlich sein, gilt auch im Fusionskontrollverfahren, dass dieser Konflikt zulasten des Schutzes der Geschäftsgeheimnisse aufzulösen ist.[193] Dieser Fall dürfte allerdings praktisch nahezu ausgeschlossen sein.

bb) Interne Unterlagen von Kommission und nationalen Wettbewerbsbehörden. Nach   55
Art. 17 Abs. 3 S. 1 lit. a–f DVO FKVO sind interne Unterlagen der Kommission und der nationalen Wettbewerbsbehörden grundsätzlich von der Akteneinsicht ausgenommen.[194] Zweck der Regelung ist der Schutz des Beratungsgeheimnisses der Kommission als Kollegialorgan, um einen Freiraum zur internen Diskussion und Vorbereitung der Entscheidung zu schaffen.[195] Zu den nicht einsehbaren internen Unterlagen zählen insbesondere interne **Vermerke, Entscheidungsentwürfe** und **Stellungnahmen anderer Dienststellen,** wie etwa des Juristischen Dienstes.[196] Die Kommission ist

---

[187] Art. 18 Abs. 1 DVO FKVO, vgl. auch Mitteilung „Regeln für die Einsicht in Kommissionsakten" Rn. 24 aE.
[188] Mitteilung Akteneinsicht Alt; Mitteilung „Regeln für die Einsicht in Kommissionsakten" Rn. 24.
[189] GA Lenz, Schlussanträge in EuGH Slg. 1986, 1965 (1980) – Akzo; ebenso Schröter/Jakob/Mederer/de Bronett VO 17/62 Art. 19 Rn. 3; de Bronett VO 1/2003 Art. 27 Rn. 24; unklar und eher ablehnend, soweit Geschäftsgeheimnisse betroffen sind, EuG Slg. 2006, II-1429 Rn. 29 = BeckRS 2006, 70407 – Bank Austria (allerdings in einem obiter dictum); vgl. zum deutschen GWB § 70 Abs. 2 S. 4 GWB; vgl. BVerfGE 101, 106; BVerwG NVwZ 2004, 105.
[190] Vgl. EuGH Slg. 2004, I-123 Rn. 71 = BeckRS 2004, 74942 – Aalborg Portland; EuGH Slg. 1991, I-3359 Rn. 20 f. = NJW 1992, 677 – AKZO; EuGH Slg. 1983, 3151 Rn. 27 = NJW 1984, 1281 – AEG; EuG Slg. 2000, II-491 Rn. 382 = BeckRS 2000, 70143 – Cimenteries CBR.
[191] EuG Slg. 2002, II-4381 Rn. 91 u. 105 = BeckRS 2003, 70153 – Tetra Laval; EuG Slg. 1999, II-1299 Rn. 68 f. = EuZW 1999, 600 – Endemol; vgl. aber Mitteilung „Regeln für die Einsicht in Kommissionsakten" Rn. 24 aE, nach der die Offenlegung von vertraulichen Angaben Dritter auch in Fusionskontrollverfahren gerechtfertigt sein kann; vgl. EuG Slg. 2005, II-5575 Rn. 631 = BeckRS 2007, 70282 – GE, wonach bei Fusionskontrolle die „gleichen Grundsätze" wie bei Verstößen gelten, aber die „Anwendung dieser Grundsätze mit dem Beschleunigungsgrundsatz in Einklang gebracht werden muss."
[192] So in dem Verfahren GE/Instrumentarium, vgl. Cook/Kerse Rn. 6–15; LMRKM/Ablasser-Neuhuber Rn. 29 aE; vgl. auch FK-KartellR/Völcker Rn. 38; Immenga/Mestmäcker/Körber Rn. 47; dieses Verfahren ist nun näher geregelt in der Mitteilung der Kom., Best Practices on the Disclosure of Information in Data Rooms in Proceedings under Articles 101 and 102 TFEU and under the EU Merger Regulation.
[193] Vgl. FK-KartellR/Heithecker/Schneider Art. Rn. 21 f.
[194] So jüngst EuG NZKart 2022, 209 Rn. 99 – UPS sowie EuGH EuZW 2019, 342 Rn. 30 – UPS. Vgl. auch bereits EuGH Slg. 2004, I-123 Rn. 68 = BeckRS 2004, 74942 – Aalborg Portland; EuGH Slg. 1995, I-865 Rn. 25 = FHOeffR 46 Nr. 3390 – BPB und British Gypsum.
[195] NK-EuWettbR/Dittert Rn. 33.
[196] Vgl. FK-KartellR/Völcker Rn. 35.

zudem der Auffassung, dass auch Protokolle über Besprechungen mit Betroffenen oder Dritten zu den internen Dokumenten zählen, wenn sie nicht von den anwesenden Betroffenen oder Dritten gebilligt sind.[197] Nicht zu den internen Unterlagen gehören hingegen von der Kommission in Auftrag gegebene externe Studien, insbesondere ökonomische Gutachten zu einem Zusammenschlussvorhaben, sowie ökonometrische Modelle, auf die die Kommission ihre Beschwerdepunkte stützt.[198] Diese Studien sind einschließlich der Ausschreibungsunterlagen und dem methodischen Ansatz der jeweiligen Studie einsehbar; der Schutz geistiger Eigentumsrechte kann Vorsichtsmaßnahmen erforderlich machen, darf aber nicht zur Ablehnung der Einsichtnahme führen.[199]

56 Ebenfalls von der Akteneinsicht ausgenommen ist die **Korrespondenz** zwischen der Kommission und den **nationalen Wettbewerbsbehörden** der Mitgliedstaaten, zwischen den nationalen Behörden untereinander und zwischen der Kommission und anderen Wettbewerbsbehörden (Art. 17 Abs. 3 S. 1 lit. d–f DVO FKVO).[200] Auch die Abstimmung mit den Mitgliedstaaten gehört im weiteren Sinn zum Entscheidungsprozess der Kommission als Organ der Union, wie sich nicht zuletzt aus Art. 19 ergibt (s. insbes. Art. 19 Abs. 2). Sie kann daher in gleichem Maße wie die interne Beratung der Kommission des Schutzes bedürfen. Anderes gilt jedoch für Verweisungsanträge von Mitgliedstaaten nach Art. 9 Abs. 1 und 22 Abs. 1 und für Schriftstücke der Mitgliedstaaten, die Anschuldigungen enthalten oder Teil des Beweismaterials sind.[201]

57 c) **Zweckbindung nach Art. 17 Abs. 4 DVO FKVO.** Nach Art. 17 Abs. 4 DVO FKVO dürfen die durch Akteneinsicht erhaltenen Unterlagen nur für die Zwecke des Fusionskontrollverfahrens, dh insbesondere zur Vorbereitung der Stellungnahme zu den Beschwerdepunkten und der mündlichen Anhörung verwendet werden. Art. 17 Abs. 4 DVO FKVO stellt insoweit eine spezielle Ausgestaltung des allgemeinen, in Art. 17 Abs. 1 niedergelegten, Verwertungsverbotes dar und erweitert den Adressatenkreis des Verwertungsverbots auf diejenigen Unternehmen, die Akteneinsicht nach Maßgabe der DVO FKVO genommen haben (zum Verwertungsverbot vgl. → Art. 17 Rn. 3–13).

58 4. **Verfahrensfragen.** Zur Vorbereitung der Akteneinsicht erstellt die Kommission ein **Verzeichnis der Schriftstücke**, in dem alle Seiten der Ermittlungsakte fortlaufend nummeriert sind und für jedes Schriftstück angegeben wird, ob es im Rahmen der Akteneinsicht vollständig, teilweise oder überhaupt nicht eingesehen werden kann.[202] Die Kommission darf Unterlagen nur im Ausnahmefall als vollständig nicht einsehbar einordnen. In der Regel hat sie – unter Mitwirkung der Unternehmen, deren Geschäftsgeheimnisse oder andere Angaben betroffen sind (zur Mitwirkungspflicht vgl. → Art. 17 Rn. 27) nicht vertrauliche Fassungen von den Unterlagen zu erstellen, die Geheimnisse enthalten.[203] Nur, wenn dies im Ausnahmefall zu schwierig ist, kann sie Dokumente (zunächst) als nicht einsehbar einstufen und sich darauf beschränken, in das Verzeichnis einen kurzen, aber hinreichend aussagekräftigen Hinweis auf den Inhalt und den Gegenstand dieser Schriftstücke aufzunehmen, damit jedes Unternehmen, das Akteneinsicht beantragt hat, in Kenntnis der Sachlage beurteilen kann, ob diese Dokumente für seine Verteidigung erheblich sein können und ob es zweckmäßig ist, trotz der Klassifizierung der Dokumente eine Einsichtnahme zu verlangen.[204] Soll ein Dokument gegen den Willen des Unternehmens, dessen Angaben betroffen sind, offengelegt werden, kann der Anhörungsbeauftragte angerufen werden. Dieser trifft eine förmliche Entscheidung, die gerichtlich angefochten werden kann (vgl. → Art. 17 Rn. 28).

59 Voraussetzung für die Akteneinsicht ist nach Art. 17 Abs. 1 und 2 DVO FKVO die Stellung eines **formlosen Antrags**.[205] Die Kommission darf die Akteneinsicht nicht mit der Begründung

---

[197] Mitteilung „Regeln für die Einsicht in Kommissionsakten" Rn. 13; vgl. auch EuG Slg. 2003, II-3275 Rn. 352 = BeckRS 2008, 70886 – Atlantic Container Line.
[198] EuGH EuZW 2019, 342 Rn. 37 – UPS; EuG NZKart 2022, 209 Rn. 103 – UPS.
[199] Mitteilung „Regeln für die Einsicht in Kommissionsakten" Rn. 11; vgl. aber Rn. 14: ausgenommen sind die Bewertung der Arbeit des Auftragnehmers und finanzielle Fragen.
[200] Vgl. bereits EuGH Slg. 1995, I-865 Rn. 25 = FHOeffR 46 Nr. 3390 – BPB und British Gypsum; so auch Mitteilung „Regeln für die Einsicht in Kommissionsakten" Rn. 15, wo die Kommission deutlich macht, dass Gleiches auch für andere nationale Behörden der Mitgliedstaaten, für die EFTA-Überwachungsbehörde und Behörden der EFTA-Staaten und ggf. für Drittländer gilt.
[201] Vgl. Mitteilung „Regeln für die Einsicht in Kommissionsakten" Rn. 16.
[202] Vgl. Mitteilung „Regeln für die Einsicht in Kommissionsakten" Rn. 45; EuG Slg. 1999, II-1299 Rn. 73–74 = EuZW 1999, 600 – Endemol; vgl. auch FK-KartellR/Völcker Rn. 36.
[203] Vgl. EuG Slg. 1995, II-1847 Rn. 102 = BeckRS 2012, 81626 – ICI; EuG Slg. 2000, II-491 Rn. 147 = BeckRS 2000, 70143 – Cimenteries CBR.
[204] EuG Slg. 1995, II-1847 Rn. 102–104 = BeckRS 2012, 81626 – ICI; vgl. EuG Slg. 2000, II-491 Rn. 147 und, einschränkend, Rn. 273 = BeckRS 2000, 70143 – Cimenteries CBR; s. Mitteilung „Regeln für die Einsicht in Kommissionsakten" Rn. 47.
[205] Vgl. aber auch EuG Slg. 1995, II-1847 Rn. 106 = BeckRS 2012, 81626 – ICI.

verweigern, dass ein betroffenes oder beteiligtes Unternehmen die begehrten Unterlagen auch von einem anderen Unternehmen erhalten könnte. Die Verteidigung eines Unternehmens darf nicht vom guten Willen eines anderen Unternehmens abhängen.[206] Die **Einsichtnahme** selbst findet mittlerweile vermehrt durch Überlassung einer CD-ROM oder DVD statt.[207] Alternativ kann sie in den Räumen der Kommission durchgeführt werden,[208] wo die Unternehmen auch Kopien der Akten anfertigen dürfen (→ Art. 17 Rn. 25).[209] Schließlich kann die Kommission die Akten den Betroffenen auch auf dem Postweg zusenden.[210] Die Kommission muss keine Übersetzung der Schriftstücke vornehmen, die Gegenstand der Akteneinsicht sind.[211]

Wird in einzelne oder alle Unterlagen **keine Akteneinsicht** gewährt, so kann das die Akteneinsicht beantragende Unternehmen mittels eines begründeten Antrags an den Anhörungsbeauftragten Einsicht in die Unterlagen beantragen. Dieser erlässt eine mit Gründen versehene Entscheidung, die den Antragstellern sowie den übrigen Verfahrensbeteiligten zugestellt wird.[212] Gegen eine ablehnende Entscheidung kann eine Nichtigkeitsklage gem. Art. 263 AEUV erhoben und einstweiliger Rechtsschutz beantragt werden. Ein solches Vorgehen ist jedoch – anders als bei Bußgeld- oder anderen Verwaltungsverfahren – wegen der engen Fristen im Fusionskontrollverfahren aufgrund Zeitablaufs regelmäßig nicht sinnvoll.[213] Eine Nichtigkeitsklage gegen die Hauptsachenentscheidung kann auch ohne vorherige Einschaltung des Anhörungsbeauftragten auf die Verletzung des Rechts auf Akteneinsicht gestützt werden.[214] 60

VII. Rechtsfolgen der Verletzung des rechtlichen Gehörs

Liegt ein Verstoß gegen die Grundsätze des rechtlichen Gehörs vor, kann der Gerichtshof die Kommissionsentscheidung im Rahmen einer Nichtigkeitsklage gem. Art. 263 Abs. 2 AEUV wegen Verstoßes gegen wesentliche Formvorschriften für nichtig erklären. Zu den Formvorschriften im Sinne des Art. 263 Abs. 2 AEUV gehören auch die Verfahrensregeln, die beim Zustandekommen von Rechtsakten zu beachten sind, mithin auch die Regelungen über die Gewährleistung der Verteidigungsrechte in der FKVO, wie die Gewährung rechtlichen Gehörs und der Anspruch auf Akteneinsicht. Solche Formvorschriften werden vom Gerichtshof grundsätzlich dann als „wesentlich" angesehen, wenn der Verstoß gegen die Formvorschrift **Einfluss auf den Ausgang des Verfahrens** gehabt haben könnte.[215] War das Unternehmen trotz eines Verfahrensfehlers tatsächlich nicht an der Ausübung seiner Verteidigungsrechte gehindert, erfolgt keine Nichtigerklärung.[216] Konnte sich der Verstoß aber auf die Verteidigungsrechte auswirken, ist **keine Heilung im gerichtlichen Verfahren** mehr möglich.[217] 61

1. Verstöße gegen Anhörungsrechte. Auch wenn das Recht auf rechtliches Gehör zu den fundamentalen Grundsätzen des Unionsrechts gehört und seine Verletzung stets schwerwiegend ist, führt ein Verstoß nicht zwingend zur Aufhebung der Entscheidung. Eine Nichtigerklärung erfolgt vielmehr nur dann, wenn der Kläger nachweisen kann, dass die Entscheidung der Kommission bei Beachtung des rechtlichen Gehörs anders hätte ausfallen können.[218] Hiervon ist stets in 62

---

[206] EuG Slg. 2002, II-1705 Rn. 184 = BeckRS 2002, 70183 – LR AF 1998; EuG Slg. 1995, II-1775 Rn. 85–86 = FHOeffR 46 Nr. 3417 – Solvay. Vgl. Immenga/Mestmäcker/Körber Rn. 43.
[207] Mitteilung „Regeln für die Einsicht in Kommissionsakten" Rn. 44; FK-Kartell/Völcker Rn. 37.
[208] Mitteilung „Regeln für die Einsicht in Kommissionsakten" Rn. 44.
[209] FK-Kartell/Völcker Rn. 37; vgl. auch Mitteilung der Kom., Best Practices on the Disclosure of Information in Data Rooms in Proceedings under Articles 101 and 102 TFEU and under the EU Merger Regulation, im Internet abrufbar unter https://ec.europa.eu/competition/mergers/legislation/disclosure_information_data_rooms_en.pdf, zuletzt abgerufen am 26.4.2022, zur Einsichtnahme in vertrauliche Unterlagen durch externe Berater der Parteien ohne Möglichkeit der Anfertigung von Kopien.
[210] Mitteilung „Regeln für die Einsicht in Kommissionsakten" Rn. 44.
[211] EuG Slg. 2000, II-491 Rn. 223 = BeckRS 2000, 70143 – Cimenteries CBR; Mitteilung „Regeln für die Einsicht in Kommissionsakten" Rn. 46.
[212] Vgl. Art. 7 Mandat des Anhörungsbeauftragten.
[213] FK-Kartell/Völcker Rn. 39.
[214] EuG Slg. 2000, II-3755 Rn. 227 = BeckRS 2001, 70044 – Industrie des Poudres Sphériques.
[215] EuGH Slg. 1980, 2229 Rn. 26 = BeckRS 2004, 73064 – Distillers Company; EuGH Slg. 1983, 2191 Rn. 7 = BeckRS 2004, 71318 – Geist.
[216] Vgl. etwa EuGH Slg. 2004, I-123 Rn. 101 = BeckRS 2004, 74942 – Aalborg Portland; vgl. NK-EuWettbR/Dittert Rn. 49.
[217] EuGH Slg. 2011, I-10439 Rn. 51 = BeckRS 2011, 81546 – Solvay; EuGH Slg. 2004, I-123 Rn. 103 f. = BeckRS 2004, 74942 – Aalborg Portland; EuGH Slg. 2002, I-8375 Rn. 318 = BeckRS 2004, 75338 – LVM Slg. 1999, I-4235 Rn. 78 = BeckRS 2004, 77517 – Hercules; EuGH Slg. 1995, II-1775 Rn. 98 = FHOeffR 46 Nr. 3417 – Solvay; EuGH Slg. 1995, 1847 Rn. 108 = BeckRS 2012, 81626 – ICI.
[218] Vgl. EuGH Slg. 1990, I-307 Rn. 31 – Frankreich.

dem Fall auszugehen, dass die Kommission die erforderliche Anhörung eines Betroffenen **gänzlich unterlässt**.[219] Eine qualifizierte Verletzung der Verfahrensgarantien ist ebenfalls gegeben, wenn die Kommission einen Dritten nicht angehört hat, der einen Antrag nach Art. 18 Abs. 4 S. 2 gestellt hat und ein hinreichendes Interesse am Ausgang des Verfahrens besitzt.[220] Eine Entscheidung ist aber auch dann für nichtig zu erklären, wenn eine Anhörung zwar erfolgt ist, die Entscheidung aber auf einem tatsächlichen oder rechtlichen Gesichtspunkt beruht, zu dem das betroffene Unternehmen nicht zuvor Stellung nehmen konnte, weil dieser Punkt weder in der **Mitteilung der Beschwerdepunkte** noch in einer Ergänzung der Beschwerdepunkte hinreichend klar herausgearbeitet wurde.[221]

63   **2. Verstöße gegen das Akteneinsichtsrecht.** Auch die Verletzung des Akteneinsichtsrechts kann die Nichtigerklärung einer Entscheidung nach sich ziehen, wenn hierdurch die Verteidigungsrechte des betroffenen Unternehmens beeinträchtigt worden sind.[222] Wann dies der Fall ist, wird je nachdem unterschiedlich beurteilt, ob belastende oder entlastende Dokumente der Akteneinsicht vorenthalten worden sind. Die unterbliebene Übermittlung eines **belastenden Schriftstücks** stellt nur dann eine auf das Ergebnis durchschlagende Beeinträchtigung der Verteidigungsrechte dar, wenn sich die Kommission für ihre Entscheidung ausschließlich auf dieses und nicht auch auf andere Schriftstücke gestützt hat. Zwar hätte sich die Kommission auf das nicht zum Zwecke der Akteneinsicht übermittelte Schriftstück in ihrer Entscheidung nicht stützen dürfen; sein Wegfall als Beweismittel schlägt aber wegen der anderen Beweismittel nicht auf die Begründetheit der angefochtenen Entscheidung durch.[223] Wird dagegen ein **entlastendes Schriftstück** vorenthalten, so muss das betroffene Unternehmen nur nachweisen, dass dies den Verfahrensablauf und den Inhalt der Entscheidung der Kommission zu Ungunsten des Unternehmens beeinflusst haben könnte.[224] Hierfür ist es nicht erforderlich, dass das Unternehmen darlegt, dass die Entscheidung anders gelautet hätte; es reicht aus, dass das Unternehmen dartut, dass es die fraglichen entlastenden Schriftstücke zu seiner Verteidigung hätte einsetzen könnte.[225]

Art. 19 Verbindung mit den Behörden der Mitgliedstaaten

(1) ¹Die Kommission übermittelt den zuständigen Behörden der Mitgliedstaaten binnen dreier Arbeitstage eine Kopie der Anmeldungen und sobald wie möglich die wichtigsten Schriftstücke, die in Anwendung dieser Verordnung bei ihr eingereicht oder von ihr erstellt werden. ²Zu diesen Schriftstücken gehören auch die Verpflichtungszusagen, die die beteiligten Unternehmen der Kommission angeboten haben, um den Zusammenschluss gemäß Artikel 6 Absatz 2 oder Artikel 8 Absatz 2 Unterabsatz 2 in einer mit dem Gemeinsamen Markt zu vereinbarenden Weise zu gestalten.

(2) ¹Die Kommission führt die in dieser Verordnung vorgesehenen Verfahren in enger und stetiger Verbindung mit den zuständigen Behörden der Mitgliedstaaten durch; diese sind berechtigt, zu diesen Verfahren Stellung zu nehmen. ²Im Hinblick auf die Anwendung des Artikels 9 nimmt sie die in Artikel 9 Absatz 2 bezeichneten Mitteilungen der zuständigen

---

[219] Vgl. EuGH Slg. 2010, II-5949 Rn. 161 ff. = NZG 2010, 900 – Alrosa; EuGH Slg. 2011, I-1043 Rn. 63 ff. = BeckRS 2011, 81546 – Solvay.
[220] Vgl. Bunte/Maass Rn. 40.
[221] Vgl. EuG Slg. 2002, II-4071 Rn. 437–461 = BeckRS 2003, 70059 – Schneider Electric; ebenso Immenga/Mestmäcker/Körber Rn. 74.
[222] EuGH Slg. 2011, I-10439 Rn. 50 = BeckRS 2011, 81546 – Solvay; EuGH Slg. 2004, I-123 Rn. 71–74 = BeckRS 2004, 74942 – Aalborg Portland; EuGH Slg. 2002, I-8375 Rn. 317 = BeckRS 2004, 75338 – LVM EuGH Slg. 1999, I-4235 Rn. 77 = BeckRS 2004, 77517 – Hercules; EuG Slg. 2002, II-4381 Rn. 89 = BeckRS 2003, 70153 – Tetra Laval.
[223] EuGH Slg. 2004, I-123 Rn. 71 f. = BeckRS 2004, 74942 – Aalborg Portland; EuGH Slg. 1983, 3151 Rn. 30 = NJW 1984, 1281 – AEG; EuG Slg. 1995, II-1775 Rn. 58 = FHOeffR 46 Nr. 3417 – Solvay; EuG Slg. 1995, II-1847 Rn. 107 = BeckRS 2012, 81626 – ICI.
[224] EuGH Slg. 2011, I-10439 Rn. 57 = BeckRS 2011, 81546 – Solvay; EuGH Slg. 2004, I-123 Rn. 74 = BeckRS 2004, 74942 – Aalborg Portland; EuG Slg. 2002, II-4381 Rn. 90 = BeckRS 2003, 70153 – Tetra Laval; EuG NZKart 2017, 196 Rn. 210 – UPS; bestätigt durch EuGH EuZW 2019, 342 Rn. 56 – UPS.
[225] EuGH Slg. 2011, I-10439 Rn. 57 = BeckRS 2011, 81546 – Solvay; EuGH Slg. 2003, I-11177 Rn. 128 = BeckRS 2004, 74890 – Corus UK; EuGH Slg. 2002, I-8375 Rn. 318 = BeckRS 2004, 75338 – LVM EuGH Slg. 1999, I-4235 Rn. 81 = BeckRS 2004, 77517 – Hercules; EuG NZKart 2017, 196 Rn. 210 – UPS; bestätigt durch EuGH EuZW 2019, 342 Rn. 56 – UPS; EuG NZKart 2015, 405 Rn. 72 – GEA; EuG Slg. 1995, II-1847 Rn. 107 = BeckRS 2012, 81626 – ICI; zu den Maßstäben im Einzelnen vgl. EuGH Slg. 2004, I-123 Rn. 75 = BeckRS 2004, 74942 – Aalborg Portland.

Behörden der Mitgliedstaaten entgegen; sie gibt ihnen Gelegenheit, sich in allen Abschnitten des Verfahrens bis zum Erlass einer Entscheidung nach Artikel 9 Absatz 3 zu äußern und gewährt ihnen zu diesem Zweck Akteneinsicht.

(3) Ein Beratender Ausschuss für die Kontrolle von Unternehmenszusammenschlüssen ist vor jeder Entscheidung nach Artikel 8 Absätze 1 bis 6 und Artikel 14 oder 15, ausgenommen vorläufige Entscheidungen nach Artikel 18 Absatz 2, zu hören.

(4) ¹Der Beratende Ausschuss setzt sich aus Vertretern der zuständigen Behörden der Mitgliedstaaten zusammen. ²Jeder Mitgliedstaat bestimmt einen oder zwei Vertreter, die im Fall der Verhinderung durch jeweils einen anderen Vertreter ersetzt werden können. ³Mindestens einer dieser Vertreter muss für Kartell- und Monopolfragen zuständig sein.

(5) ¹Die Anhörung erfolgt in einer gemeinsamen Sitzung, die die Kommission anberaumt und in der sie den Vorsitz führt. ²Der Einladung zur Sitzung sind eine Darstellung des Sachverhalts unter Angabe der wichtigsten Schriftstücke sowie ein Entscheidungsentwurf für jeden zu behandelnden Fall beizufügen. ³Die Sitzung findet frühestens zehn Arbeitstage nach Versendung der Einladung statt. ⁴Die Kommission kann diese Frist in Ausnahmefällen entsprechend verkürzen, um schweren Schaden von einem oder mehreren an dem Zusammenschluss beteiligten Unternehmen abzuwenden.

(6) ¹Der Beratende Ausschuss gibt seine Stellungnahme zu dem Entscheidungsentwurf der Kommission – erforderlichenfalls durch Abstimmung – ab. ²Der Beratende Ausschuss kann seine Stellungnahme abgeben, auch wenn Mitglieder des Ausschusses und ihre Vertreter nicht anwesend sind. ³Diese Stellungnahme ist schriftlich niederzulegen und dem Entscheidungsentwurf beizufügen. ⁴Die Kommission berücksichtigt soweit wie möglich die Stellungnahme des Ausschusses. ⁵Sie unterrichtet den Ausschuss darüber, inwieweit sie seine Stellungnahme berücksichtigt hat.

(7) ¹Die Kommission übermittelt den Adressaten der Entscheidung die Stellungnahme des Beratenden Ausschusses zusammen mit der Entscheidung. ²Sie veröffentlicht die Stellungnahme zusammen mit der Entscheidung unter Berücksichtigung der berechtigten Interessen der Unternehmen an der Wahrung ihrer Geschäftsgeheimnisse.

Übersicht

	Rn.
I. Allgemeines	1
II. Übermittlung von Schriftstücken (Abs. 1)	4
1. Anmeldungen	4
2. Wichtigste Schriftstücke	6
3. Wahrung von Geschäftsgeheimnissen als Grenze	10
III. Kooperation mit den Mitgliedstaaten (Abs. 2)	11
1. Grundsatz der engen und stetigen Verbindung	11
2. Recht zur Stellungnahme	12
3. Akteneinsichtsrecht	14
4. Besondere Beteiligungsrechte im Verweisungsverfahren nach Art. 9	15
a) Recht zur Stellungnahme	16
b) Akteneinsichtsrecht	17
IV. Beratender Ausschuss (Abs. 3–7)	21
1. Zusammensetzung	21
2. Fälle der Beteiligung	22
3. Verfahrensfragen	23
a) Vorbereitung der Sitzungen	23
b) Anhörung und Stellungnahme	25
c) Berücksichtigung der Stellungnahme durch die Kommission	27
d) Mitteilung an Adressaten der Entscheidung und Veröffentlichung	28
V. Kooperation mit der EFTA-Überwachungsbehörde und EFTA/EWR-Mitgliedstaaten	29
1. Allgemeines	29
a) Rechtsgrundlagen	29
b) Zuständigkeit	30
c) Amtshilfe	32
2. Zusammenschlüsse mit Bedeutung für den EWR	33
3. Übermittlung von Schriftstücken	34
4. Beteiligungsrechte	35
a) Stellungnahme und Akteneinsicht	36
b) Teilnahme an Anhörungen der betroffenen Unternehmen	37
c) Teilnahme an Sitzungen des Beratenden Ausschusses	38
VI. Rechtsfolgen von Verstößen gegen Art. 19	39

I. Allgemeines

1 Art. 19 ist die Rahmenvorschrift für die „enge und stetige" Verbindung (Abs. 2) zwischen der Kommission und den zuständigen Behörden der Mitgliedstaaten in Verfahren nach der FKVO[1] und dient der Konkretisierung des allgemeinen Prinzips der **Unionstreue** aus Art. 4 Abs. 3 EUV.[2] Art. 19 ist damit eine zentrale Verfahrensvorschrift der FKVO,[3] deren Regelungen sich auf alle Verfahrensabschnitte beziehen. Sie trifft Regelungen über die Übermittlung von Anmeldungen und anderen Schriftstücken durch die Kommission an die Behörden der Mitgliedstaaten (Abs. 1), über die Zusammenarbeit der Kommission mit den Behörden der Mitgliedstaaten im laufenden Verfahren einschließlich insbesondere des Verweisungsverfahrens nach Art. 9 (Abs. 2) sowie über die Einrichtung eines Beratenden Ausschusses für die Kontrolle von Unternehmenszusammenschlüssen und seine Einbindung in die Zusammenschlusskontrolle sowie in Bußgeld- und Zwangsgeldverfahren (Abs. 3–7).

2 Wer die „zuständigen Behörden der Mitgliedstaaten" iSv Art. 19 sind, bestimmt sich nach dem jeweiligen nationalen Recht. Für Deutschland ist das **Bundeskartellamt** gem. § 50 Abs. 4 S. 1 GWB die zuständige Behörde iSd Art. 19 Abs. 1, 2 während Deutschland gemäß § 50 Abs. 4 S. 2 GWB im Beratenden Ausschuss durch das Bundesministerium für Wirtschaft und Klimaschutz oder das Bundeskartellamt vertreten wird. Art. 19 enthält **keine abschließende Aufzählung** der Beteiligungsmöglichkeiten der Behörden der Mitgliedstaaten. Eine Einbeziehung der Mitgliedstaaten ist im Fusionskontrollverfahren weiterhin vorgesehen in Art. 6 Abs. 5 (unverzügliche Mitteilung von Entscheidungen in der ersten Phase), Art. 8 Abs. 8 (unverzügliche Mitteilung von Entscheidungen in der zweiten Phase), Art. 11 Abs. 5 und 6 (Mitteilung von Auskunftsverlangen an die Behörde des Sitzstaates des Adressaten des Auskunftsverlangens), Art. 12 und 13 (Durchführung von Nachprüfungen gemeinsam durch die Kommission und die nationalen Behörden) und Art. 18 Abs. 1 iVm Art. 15 Abs. 3 DVO FKVO (Teilnahme der nationalen Behörden bei Anhörungen). Darüber hinaus erfolgt zum Teil eine informelle Beteiligung der Mitgliedstaaten, etwa durch eine informelle Konsultation mit der Kartellbehörde eines Mitgliedsstaats, der von einem Zusammenschlussvorhaben in besonderer Weise betroffen ist, und dessen Kartellbehörde daher über besondere Sachkenntnis für die wettbewerbliche Beurteilung des Zusammenschlussvorhabens verfügt.

3 **Parallelvorschriften** zu Art. 19 sind die Regelungen in Art. 11 (Zusammenarbeit mit den Wettbewerbsbehörden der Mitgliedstaaten) und Art. 14 (Beratender Ausschuss für Kartell- und Monopolfragen) der VO 1/2003. Im Einzelnen weisen die Regelungen aber einige Unterschiede auf.[4]

II. Übermittlung von Schriftstücken (Abs. 1)

4 **1. Anmeldungen.** Die Kommission übermittelt den zuständigen Behörden der Mitgliedstaaten binnen dreier Arbeitstage eine **Kopie der Anmeldung** (einschließlich aller Anlagen). Der Begriff der „Arbeitstage" ist in Art. 24 DVO FKVO definiert und umfasst alle Tage mit Ausnahme von Samstagen, Sonntagen und den im Amtsblatt bekannt gegebenen Feiertagen der Kommission. In der Regel erfolgt die Übermittlung auf elektronischem Wege noch am Tag der Anmeldung oder am Tag danach. Mit Erhalt der Anmeldungskopie beginnt für den Mitgliedsstaat die **Frist von 15 Arbeitstagen für die Stellung eines Verweisungsantrages** nach Art. 9 Abs. 2 zu laufen.

5 nicht belegt

6 **2. Wichtigste Schriftstücke.** Die Kommission übermittelt den zuständigen Behörden der Mitgliedstaaten darüber hinaus die wichtigsten Schriftstücke, die in Verfahren nach der FKVO bei ihr eingereicht oder von ihr erstellt werden. Die Übermittlung dieser Unterlagen muss nicht innerhalb von drei Arbeitstagen, sondern „sobald wie möglich" – also unverzüglich[5] – nach ihrem Eingang oder ihrer Erstellung erfolgen.

7 Nach Art. 19 Abs. 2 S. 2 gehören zu den wichtigsten Schriftstücken die Verpflichtungszusagen, die die beteiligten Unternehmen der Kommission angeboten haben, um den Zusammenschluss gemäß Art. 6 Abs. 2 oder Art. 8 Abs. 2 UAbs. 2 in einer mit dem Gemeinsamen Markt zu vereinbarenden Weise zu gestalten.

8 Welche weiteren Schriftstücke den nationalen Behörden als „wichtigste Schriftstücke" zu übermitteln sind, ist weder in der FKVO, noch in der DVO FKVO ausdrücklich geregelt. In der Vergangenheit hat dies vereinzelt zu Meinungsverschiedenheiten zwischen Mitgliedstaaten und der Kom-

---

[1] Löffler FKVO Rn. 1.
[2] Wiedemann KartellR-HdB/Wagemann § 17 Rn. 185; Immenga/Mestmäcker/Körber Rn. 1.
[3] NK-EuWettbR/Hacker Rn. 1.
[4] Vgl. hierzu Immenga/Mestmäcker/Körber Rn. 2, sowie die Kommentierungen zu Art. 11 und Art. 14 VO 1/2003.
[5] Immenga/Mestmäcker/Körber Rn. 7; LMRKM/Westermann Rn. 2; FK-KartellR/Heithecker Rn. 8.

mission geführt, etwa im Zusammenschlussverfahren *Kali + Salz/MdK/Treuhand*.[6] In diesem Verfahren machte Frankreich geltend, dass die Kommission ihre Pflichten aus Art. 19 dadurch verletzt habe, dass sie den Mitgliedstaaten zwar die gegen das Zusammenschlussvorhaben erhobenen Einwände und den Entscheidungsentwurf übermittelt habe, nicht aber ein Dokument, in dem eine detaillierte Auflistung aller Verkäufe der Parteien in den Mitgliedstaaten enthalten war. Der EuGH entschied, dass „dieses Dokument nicht als eines der wichtigsten Schriftstücke [iSv Art. 19] angesehen werden kann […]. Die in diesem Dokument enthaltenen Angaben können nämlich die Bestandsaufnahme des Marktes, die sich aus den im Entscheidungsentwurf enthaltenen […] Angaben ergibt, nicht in Frage stellen."[7] Aus dieser Rechtsprechung und aus Art. 19 Abs. 5 S. 2 lässt sich ableiten, dass nur solche Dokumente zu den „wichtigsten" Schriftstücken im Sinne von Art. 19 Abs. 1 zählen, von denen die zuständigen Behörden der Mitgliedstaaten Kenntnis haben müssen, um ihr Stellungnahmerecht im Beratenden Ausschuss in vollem Umfang wahrnehmen zu können.[8]

In praktischer Hinsicht sind diese Auseinandersetzungen in der Zwischenzeit dadurch behoben **9** worden, dass sich die Kommission und die Wettbewerbsbehörden der Mitgliedstaaten in den 2016 vereinbarten „Working Arrangements for the functioning of the Advisory Committee on concentrations" („**Working Arrangements Advisory Committee**") auf einen Kanon der wichtigsten Dokumente verständigt haben, die im Rahmen von Art. 19 Abs. 1 übermittelt werden. Dies sind Kopien des Formblatts RS, zusammen mit einem Vermerk an die Mitgliedstaaten, in der die vorläufige Meinung der Kommissionsdienste zu dem Verweisungsantrag dargelegt wird, Kopien aller Entscheidungen nach Art. 6 Abs. 1 Buchst. a, b und c, 4 Abs. 4, 8, 9, 14, 15, 21 und 22, Kopien der Beschwerdepunkte, Kopien von rechtlichen und ökonomischen Erwiderungen der Parteien auf die Beschwerdepunkte, der Bericht des Anhörungsbeauftragten sowie Kopien von Zusagenangeboten der Parteien.[9] Nicht zu den „wichtigsten Schriftstücken" gehören hingegen Auskunftsersuche nach Art. 11 und die entsprechenden Antworten der Parteien und Dritter (siehe hierzu allerdings Art. 11 Abs. 5) sowie sonstige Stellungnahmen Dritter, einschließlich Stellungnahmen zu Zusagenangeboten der Parteien. Die Kommission stellt darüber hinaus auf Ersuchen der Mitgliedstaaten zur Vorbereitung von Sitzungen des Beratenden Ausschusses auch weitere Dokumente zur Verfügung, insbesondere wesentliche rechtliche ökonomische Einreichungen der Parteien sowie wesentliche Stellungnahmen Dritter.[10]

3. Wahrung von Geschäftsgeheimnissen als Grenze. Die in Art. 19 Abs. 1 vorgeschrie- **10** bene Übermittlung von Schriftstücken kann in Einzelfällen durch die Verpflichtung der Kommission zur Wahrung von Geschäftsgeheimnissen aus Art. 17 Abs. 2 eingeschränkt werden (→ Art. 17 Rn. 14 ff.). So hat es der Gerichtshof etwa für unzulässig gehalten, dass die Kommission gegenüber einem Mitgliedstaat Geschäftsgeheimnisse eines Unternehmens offenbart, das im Wettbewerb mit einem staatseigenen Unternehmen oder zu einem Unternehmen steht, das unter staatlicher Aufsicht geführt wird. Weder das Verbot der zweckfremden Verwertung noch das Gebot zur Wahrung von Berufsgeheimnissen gewähre in einem solchen Fall ausreichend Schutz, obwohl beide auch für die Mitgliedstaaten gelten.[11] In der Praxis werden den Mitgliedstaaten zudem zwar – wie in Art. 19 Abs. 1 auch ausdrücklich angeordnet – die angebotenen Verpflichtungszusagen, nicht aber die Veräußerungsfristen mitgeteilt, weil es sich auch hierbei um hochvertrauliche Angaben handelt.[12]

III. Kooperation mit den Mitgliedstaaten (Abs. 2)

1. Grundsatz der engen und stetigen Verbindung. Die Kommission führt die Verfahren **11** in enger und stetiger Verbindung mit den zuständigen Behörden der Mitgliedstaaten durch (Art. 19 Abs. 2 S. 1 Hs. 1). Dieser Grundsatz kommt zum einen durch die in Art. 19 geregelten **förmlichen Beteiligungsrechte** der nationalen Wettbewerbsbehörden zum Ausdruck. Zum anderen erfolgt aber auch eine rege **informelle Zusammenarbeit** zwischen der Kommission und den nationalen Behörden.[13] Der Grundsatz der engen und stetigen Verbindung ist als Auslegungsprinzip bei der Bestimmung der einzelnen Beteiligungsrechte der Mitgliedstaaten zu berücksichtigen.

---

6 Kom. ABl. 1994 L 186, 38 – Kali + Salz/MdK/Treuhand.
7 EuGH Slg. 1998, I-1375 Rn. 87 = EuZW 1998, 299 – Frankreich/Kommission.
8 NK-EuWettbR/Hacker Rn. 5.
9 Working Arrangements Advisory Committee Rn. 17.
10 Working Arrangements Advisory Committee Rn. 19.
11 EuGH Slg. 1994, I-1911 Rn. 30–37 = BeckRS 2004, 76725 – SEP/Commission. S. auch Immenga/Mestmäcker/Körber Rn. 8.
12 NK-EuWettbR/Dittert Art. 17 Rn. 26.
13 Vgl. NK-EuWettbR/Hacker Rn. 8.

12 **2. Recht zur Stellungnahme.** Die Behörden der Mitgliedstaaten sind berechtigt, zu dem Verfahren Stellung zu nehmen (Art. 19 Abs. 2 S. 1 Hs. 2). Das allgemeine Stellungnahmerecht ist zeitlich nicht begrenzt und besteht **in allen Phasen des Verfahrens.** Die Stellungnahmen können sich auf alle Gesichtspunkte des Zusammenschlusses und der Auslegung der FKVO beziehen und sind vor allem für die Harmonisierung der Fusionskontrollpraxis von nationalen Behörden und Kommission etwa im Hinblick auf die Marktabgrenzung und die Beherrschungskriterien von Bedeutung.[14] In der Praxis nehmen die Behörden der verschiedenen Mitgliedstaaten in unterschiedlicher Intensität zu den Verfahren Stellung, wobei Stellungnahmen regelmäßig nur in wettbewerblich besonders bedeutsamen Fällen erfolgen.

13 Anders als Art. 19 Abs. 6 S. 4, wonach die Kommission die Stellungnahme des Beratenden Ausschusses „so weit wie möglich" zu berücksichtigen hat, trifft Art. 19 Abs. 2 keine ausdrückliche Regelung darüber, ob und in welchem Maß die Kommission die Stellungnahmen der zuständigen Behörden der Mitgliedstaaten zu würdigen und bei der Entscheidung zu berücksichtigen hat. Aus dem Grundsatz der „engen und stetigen Verbindung" zwischen Mitgliedstaaten und Kommission folgt aber, dass sich die Kommission mit dem Inhalt der Stellungnahmen zumindest ernsthaft auseinandersetzen muss,[15] wovon in der Praxis auch auszugehen ist.

14 **3. Akteneinsichtsrecht.** Es ist umstritten, ob den nationalen Behörden im Rahmen der „engen und stetigen Verbindung" mit der Kommission ein allgemeines Akteneinsichtsrecht zusteht. Ausdrücklich geregelt ist das Akteneinsichtsrecht nur in Art. 19 Abs. 2 S. 2 für den Fall des Verweisungsverfahrens nach Art. 9. Zum Teil wird vertreten, dass sich dennoch aus dem Grundsatz der engen und stetigen Verbindung wechselseitig für Kommission und nationale Behörden ein Akteneinsichtsrecht ergebe.[16] Demgegenüber wird überwiegend angesichts der Spezialregelung in Art. 19 Abs. 2 S. 2 ein allgemeines Akteneinsichtsrecht im Vor- und Hauptverfahren abgelehnt und darauf verwiesen, dass die nationalen Behörden auf ihren Anspruch auf Übermittlung der wichtigsten Schriftstücke beschränkt seien.[17] Dieser Ansicht ist zu folgen, weil sie einer wörtlichen und systematischen Auslegung der Vorschrift entspricht. Ein umfassendes Akteneinsichtsrecht ist aufgrund der Verpflichtung der Kommission zur Übermittlung der wichtigsten Schriftstücke auch nicht erforderlich, damit die Mitgliedstaaten sich angemessen an Fusionskontrollverfahren der Kommission beteiligen können. Praktisch bedeutsam geworden ist die Streitfrage bisher nicht, da die Kommission in Einzelfällen Akteneinsicht gewährt hat und die Bereitstellung weitergehender Informationen und Unterlagen nunmehr auch in den Working Arrangements Advisory Committee geregelt ist.[18]

15 **4. Besondere Beteiligungsrechte im Verweisungsverfahren nach Art. 9.** Im Verweisungsverfahren an die Mitgliedstaaten nach Art. 9 werden den zuständigen Behörden der Mitgliedstaaten in Art. 19 Abs. 2 S. 2 besondere Beteiligungsrechte eingeräumt. Grund für die erweiterten Beteiligungsrechte ist, dass die nationalen Behörden für den Fall, dass die Kommission einen Verweisungsantrag zu prüfen und über die Verweisung zu entscheiden hat, über den gleichen Kenntnisstand wie die Kommission verfügen sollen.[19] Nach Art. 19 Abs. 2 S. 2 nimmt die Kommission Mitteilungen der Mitgliedstaaten nach Art. 9 Abs. 2 entgegen und gibt den zuständigen nationalen Behörden Gelegenheit zur Stellungnahme und Akteneinsicht.

16 **a) Recht zur Stellungnahme.** Gemäß Art. 19 Abs. 2 S. 2 gibt die Kommission den zuständigen Behörden der Mitgliedstaaten Gelegenheit, sich in allen Abschnitten des Verfahrens bis zum Erlass einer Entscheidung nach Art. 9 Abs. 3 zu äußern. Dieses Recht zur Stellungnahme im Verweisungsverfahren unterscheidet sich nicht vom allgemeinen Stellungnahmerecht nach Art. 19 Abs. 2 S. 1. In zeitlicher Hinsicht besteht das Recht bis zum Erlass einer Entscheidung nach Art. 9 Abs. 3.

17 **b) Akteneinsichtsrecht.** Die Kommission gewährt den zuständigen Behörden der Mitgliedstaaten zum Zwecke der Stellungnahme im Verweisungsverfahren Akteneinsicht (Art. 19 Abs. 2 S. 2 Hs. 2). Die Akteneinsicht findet in der Regel in den Räumen der GD Wettbewerb statt; der Akteneinsicht nehmende Mitgliedstaat darf Kopien von den Akten anfertigen.[20]

18 **aa) Umfang.** Gegenstand des Akteneinsichtsrechts ist der gesamte Akteninhalt der Kommission. Hierin liegt der Hauptunterschied zum Verfahren nach Art. 19 Abs. 2 S. 1, in dem die Kommis-

---

[14] Immenga/Mestmäcker/Körber Rn. 11.
[15] FK-KartellR/Heithecker Rn. 12 mwN.
[16] Wiedemann KartellR-HdB/Wagemann § 17 Rn. 190.
[17] Löffler FKVO/Bearbeiter Rn. 8; GK-KartellR/Schütz Rn. 2; FK-KartellR/Heithecker Rn. 15; s. auch Immenga/Mestmäcker/Körber Rn. 14.
[18] Working Arrangements Advisory Committee Rn. 19.
[19] Immenga/Mestmäcker/Körber Rn. 14.
[20] NK-EuWettbR/Hacker Rn. 12 aE.

sion nur „die wichtigsten Schriftstücke" zu übermitteln hat. Der Akteninhalt wird regelmäßig ohne vorherige Schwärzung von Geschäftsgeheimnissen überlassen. Das Interesse der Unternehmen am Schutz ihrer Geschäftsgeheimnisse wird grundsätzlich dadurch gewahrt, dass auch die zuständigen Behörden der Mitgliedstaaten zur Vertraulichkeit verpflichtet sind.[21] In Einzelfällen, in denen bereits die Übermittlung der Schriftstücke an einen Mitgliedstaat unzulässig wäre (→ Rn. 10), kann jedoch auch die Schwärzung von Geschäftsgeheimnissen erforderlich sein.[22]

bb) Zeitpunkt. In zeitlicher Hinsicht besteht das Akteneinsichtsrecht ebenso wie das Stellungnahmerecht in allen Abschnitten des Verweisungsverfahrens bis zum Erlass einer Entscheidung nach Art. 9 Abs. 3. Praktische Probleme können sich hier allerdings aufgrund der engen Fristen im Verweisungsverfahren ergeben. Ungeklärt, aber in der Praxis bisher nicht relevant geworden, ist die Frage, ob das Akteneinsichtsrecht auch schon vor Stellung eines Antrags auf Verweisung wahrgenommen werden kann, um zu überprüfen, ob die Voraussetzungen des Art. 9 Abs. 2 erfüllt sind. Dies wird zum Teil bejaht.[23] Hiergegen spricht aber vor allem, dass die Entscheidung über die Stellung eines Verweisungsantrages grundsätzlich auch auf der Grundlage der von der Kommission zur Verfügung gestellten „wichtigsten Schriftstücke" – insbesondere die den nationalen Behörden überlassene Anmeldung nebst Anlagen – erfolgen kann. 19

cc) Zweckbindung. Für die im Rahmen der Akteneinsicht gewonnen Kenntnisse besteht eine strikte Zweckbindung. Dies ergibt sich aus Art. 17 Abs. 1 iVm Art. 19 Abs. 2 S. 2, der die Akteneinsicht ausdrücklich an das Verweisungsverfahren knüpft („zu diesem Zweck"). Daher dürfen die Kenntnisse, die ein Mitgliedstaat aus der Akteneinsicht im Verweisungsverfahren erlangt, nur für den Zweck des Verweisungsverfahrens verwendet werden. Dies bedeutet vor allem, dass die nationalen Behörden nach erfolgter Verweisung nicht auf die Ermittlungsergebnisse der Kommission zurückgreifen oder Ergebnisse der Akteneinsicht in anderen bei ihnen anhängigen Verfahren verwenden dürfen. Vielmehr müssen sie eigene Ermittlungen auf der Grundlage ihres nationalen Rechts anstellen (vgl. Art. 17 Rn. 6).[24] 20

IV. Beratender Ausschuss (Abs. 3–7)

Die Einzelheiten zur Beteiligung des Beratenden Ausschusses sind in Art. 19 Abs. 3–7, sowie in den 2016 zwischen den Mitgliedsstaaten und der Kommission vereinbarten Working Arrangements Advisory Committee geregelt. Die Working Arrangements Advisory Committee enthalten dabei insbesondere auch Bestimmungen zu in der FKVO nicht geregelten Themen, etwa zur Ernennung und Rolle eines Berichterstatters („Rapporteur"),[25] zum Ablauf der Sitzung,[26] sowie zum Bericht des Beratenden Ausschusses und der diesbezüglichen Beschlussfassung.[27]

1. Zusammensetzung. Gemäß Art. 19 Abs. 4 S. 1 setzt sich der Beratende Ausschuss aus **Vertretern der zuständigen Behörden der Mitgliedstaaten** zusammen. Jeder Mitgliedstaat bestimmt einen oder zwei Vertreter, von denen mindestens einer für Kartell- und Monopolfragen zuständig sein muss (Art. 19 Abs. 4 S. 2 und S. 3). Die Vertreter können im Fall der Verhinderung durch jeweils einen anderen Vertreter ersetzt werden (Art. 19 Abs. 4 S. 2). Nahezu alle Mitgliedstaaten machen von der Möglichkeit der Entsendung zweier Vertreter Gebrauch. **Deutschland** wird im Beratenden Ausschuss gemäß § 50 Abs. 4 S. 2 GWB durch das Bundesministerium für Wirtschaft und Klimaschutz oder das Bundeskartellamt vertreten. Die **Kommission** ist nicht Mitglied im Beratenden Ausschuss. Nach Art. 19 Abs. 5 S. 1 nimmt die Kommission aber an den Sitzungen des Ausschusses teil und führt den Vorsitz. 21

2. Fälle der Beteiligung. Gemäß Art. 19 Abs. 3 ist der Beratende Ausschuss vor allem vor Entscheidungen zum **Abschluss der zweiten Phase** (Art. 8) sowie vor Entscheidungen über die Verhängung von **Bußgeldern** (Art. 14) und **Zwangsgeldern** (Art. 15) anzuhören. Darüber hinaus besteht nach Art. 23 Abs. 2 eine Pflicht zur Beteiligung des Ausschusses vor dem Erlass von **Durchführungsverordnungen**. Für **Entscheidungen in der ersten Phase** nach Art. 6 Abs. 1 lit. a und lit. b ist eine Beteiligung des Beratenden Ausschusses nicht vorgesehen. Damit findet eine Beteiligung des Ausschusses in den allermeisten Fällen der Fusionskontrolle nicht statt. Sie ist, unabhängig von 22

---

[21] Immenga/Mestmäcker/Körber Rn. 14 aE; NK-EuWettbR/Hacker Rn. 13; Schulte/Just/v. Rosenberg Rn. 10.
[22] S. hierzu auch die Kommentierung zu Art. 17.
[23] NK-EuWettbR/Hacker Rn. 14 aE; Immenga/Mestmäcker/Körber Rn. 15; LMRKM/Westermann Rn. 8.
[24] NK-EuWettbR/Hacker Rn. 13 aE.
[25] Working Arrangements Advisory Committee Rn. 7–15.
[26] Working Arrangements Advisory Committee Rn. 23 ff.
[27] Working Arrangements Advisory Committee Rn. 26–33.

praktischen Problemen angesichts der knappen Frist der ersten Phase, auch nicht erforderlich, da sich die Mitgliedstaaten im Rahmen ihrer Rechte nach Art. 19 Abs. 2 S. 1 in der ersten Phase in hinreichendem Umfang am Verfahren beteiligen können.[28]

23   **3. Verfahrensfragen. a) Vorbereitung der Sitzungen.** Die Anhörung erfolgt in einer gemeinsamen Sitzung, die die Kommission anberaumt (Art. 19 Abs. 5 S. 1). In einer Sitzung kann der Beratende Ausschuss auch zu mehreren Fällen angehört werden. Nach Art. 19 Abs. 5 S. 2 sind der Einladung zur Sitzung der **Entscheidungsentwurf** für jeden zu behandelnden Fall sowie eine Darstellung des Sachverhalts unter Angabe der wichtigsten Schriftstücke beizufügen.

24   Die Sitzung findet **frühestens zehn Arbeitstage nach Versendung der Einladung** statt (Art. 19 Abs. 5 S. 3). Die Kommission kann diese Frist in Ausnahmefällen entsprechend **verkürzen**, um schweren Schaden von einem oder mehreren an dem Zusammenschluss beteiligten Unternehmen abzuwenden (Art. 19 Abs. 5 S. 4).

25   **b) Anhörung und Stellungnahme.** Die Kommission leitet die gemeinsame Sitzung des Beratenden Ausschusses, in der die Anhörung erfolgt (Art. 19 Abs. 5 S. 1). Es obliegt dabei dem aus den Reihen der Mitgliedsstaaten bestimmten Berichterstatter ein geeignetes Diskussionsformat über den Entscheidungsentwurf der Kommission zu bestimmen.[29] Aufgrund des sich dabei ergebenden Meinungsbildes wird die abschließende Stellungnahme des Ausschusses entwickelt und – erforderlichenfalls durch Abstimmung[30] – beschlossen. Für die Wirksamkeit der Stellungnahme ist nicht erforderlich, dass sämtliche Mitglieder oder ihre Vertreter anwesend sind (Art. 19 Abs. 6 S. 2). Gem. Art. 19 Abs. 6 S. 3 ist die Stellungnahme schriftlich niederzulegen und dem der Kommission zur Abstimmung zu überlassenden Entscheidungsentwurf beizufügen. In der schriftlichen Abfassung der Stellungnahme kann auch die Auffassung der **Minderheit** wiedergegeben werden, wenn die Stellungnahme des Ausschusses nicht einstimmig angenommen wurde.[31] Allerdings wird das Abstimmungsverhalten der einzelnen Mitgliedstaaten nicht veröffentlicht.[32]

26   Ergeben sich nach der Anhörung des Beratenden Ausschusses noch Umstände, die zu einer **Veränderung der im Entscheidungsentwurf** der Kommission enthaltenen Beurteilung des Zusammenschlusses führen, so ist dem Beratenden Ausschuss erneut Gelegenheit zur Stellungnahme zu geben. Dies ist insbesondere beim Angebot neuer Zusagen durch die Parteien nach der ersten Sitzung des Beratenden Ausschusses erforderlich.

27   **c) Berücksichtigung der Stellungnahme durch die Kommission.** Die Kommission berücksichtigt die Stellungnahme des Ausschusses „soweit wie möglich" (Art. 19 Abs. 6 S. 4). Das **Gebot der weitest möglichen Berücksichtigung** der Stellungnahme des Ausschusses ist Ausfluss des Grundsatzes der engen und stetigen Verbindung mit den Mitgliedstaaten.[33] Die Kommission ist insoweit zwar rechtlich nicht an die Stellungnahme des beratenden Ausschusses gebunden,[34] folgt in der Praxis aber weitgehend dem Votum des Beratenden Ausschusses und versucht etwaigen Bedenken des Ausschusses durch weitere Verhandlungen mit den Parteien insbesondere über andere oder zusätzliche Zusagen zu begegnen. Die Kommission unterrichtet den Ausschuss darüber, inwieweit sie seine Stellungnahme berücksichtigt hat (Art. 19 Abs. 6 S. 5).

28   **d) Mitteilung an Adressaten der Entscheidung und Veröffentlichung.** Nach Art. 19 Abs. 7 S. 1 übermittelt die Kommission den Adressaten der Entscheidung die Stellungnahme des Beratenden Ausschusses zusammen mit der Entscheidung. Die Stellungnahme ist darüber hinaus zusammen mit der Entscheidung unter Berücksichtigung der berechtigten Interessen der Unternehmen an der Wahrung ihrer Geschäftsgeheimnisse gemäß Art. 20 im Amtsblatt zu veröffentlichen.

V. Kooperation mit der EFTA-Überwachungsbehörde und EFTA/EWR-Mitgliedstaaten

29   **1. Allgemeines. a) Rechtsgrundlagen.** Die Zusammenarbeit der Kommission mit der EFTA-Überwachungsbehörde („EFTA Surveillance Authority" – ESA) und den EFTA/EWR-Mitgliedstaaten findet ihre Grundlage in dem 1992 zwischen der EG, ihren Mitgliedstaaten und den EFTA-Mitgliedstaaten (mit Ausnahme der Schweiz) abgeschlossenen EWR-Abkommen. In Teil IV dieses Abkommens werden **gemeinsame Regelungen über Wettbewerbsfragen** getroffen. Die grundlegende Vorschrift über die Fusionskontrolle findet sich in Art. 57 EWR-Abkommen. Detaillierte Aus-

---

[28] GK-KartellR/Schütz Rn. 4.
[29] Working Arrangements Advisory Committee Rn. 15.
[30] Vgl. Art. 19 Abs. 6 S. 1 und Working Arrangements Advisory Committee Rn. 27–30.
[31] Working Arrangements Advisory Committee Rn. 29.
[32] Working Arrangements Advisory Committee Rn. 28.
[33] NK-EuWettbR/Hacker Rn. 23.
[34] Bunte/Pape Rn. 29; s. auch FK-KartellR/Heithecker Rn. 16.

V. Kooperation mit der EFTA-Überwachungsbehörde

führungsvorschriften sind in Anhang XIV (Wettbewerb) zum EWR-Abkommen, im Protokoll Nr. 21 über die Durchführung der Wettbewerbsregeln für Unternehmen sowie im Protokoll Nr. 24 über die Zusammenarbeit im Bereich der Kontrolle von Unternehmenszusammenschlüssen enthalten.

b) Zuständigkeit. Nach Art. 108 EWR-Abkommen haben die EFTA-Staaten die ESA als unabhängiges Überwachungsorgan eingesetzt, dessen Zuständigkeit von derjenigen der Kommission abzugrenzen ist. Im Bereich der Wettbewerbspolitik gilt dabei auch im Verhältnis zwischen der Kommission und der ESA das **„One-Stop-Prinzip".**[35] Danach ist stets eine der beiden Behörden exklusiv zuständig, die jeweils andere Behörde am Verfahren aber umfassend zu beteiligen. Für die Fusionskontrolle bestimmt Art. 57 Abs. 2 lit. a EWR-Abkommen die (ausschließliche) Zuständigkeit der Kommission für alle in den Anwendungsbereich der FKVO fallenden Zusammenschlüsse.

Art. 6 Protokoll Nr. 24 sieht eine an Art. 9 angelehnte Möglichkeit der **Verweisung an einen EFTA-Mitgliedstaat** vor. Danach kann die Kommission einen angemeldeten Zusammenschluss durch eine Entscheidung ganz oder teilweise an einen EFTA-Staat verweisen, wenn entweder ein Zusammenschluss den Wettbewerb auf einem Markt in diesem EFTA-Staat, der alle Merkmale eines gesonderten Marktes aufweist, erheblich zu beeinträchtigen droht (Art. 6 Abs. 1 lit. a Protokoll Nr. 24) oder ein Zusammenschluss den Wettbewerb auf einem Markt in diesem EFTA-Staat beeinträchtigen würde, der alle Merkmale eines gesonderten Marktes aufweist und keinen wesentlichen Teil des räumlichen Geltungsbereichs des Abkommens darstellt (Art. 6 Abs. 1 lit. b Protokoll Nr. 24).

c) Amtshilfe. Die ESA und die EFTA-Mitgliedstaaten sind gegenüber der Kommission zur Amtshilfe in den durch die Kommission durchgeführten Verfahren verpflichtet. Sie erteilen der Kommission auf Verlangen alle Auskünfte, die diese zur Erfüllung der ihr durch Art. 57 EWR-Abkommen übertragenen Aufgaben benötigt (Art. 8 Abs. 2 Protokoll Nr. 24). Auf Ersuchen der Kommission nimmt die ESA Nachprüfungen in dem ihrer Zuständigkeit unterfallenden Gebiet vor. Die Kommission ist berechtigt, bei diesen Nachprüfungen vertreten zu sein und aktiv daran teilzunehmen. Die Auskünfte, die bei den auf Ersuchen vorgenommenen Nachprüfungen erteilt werden, werden der Kommission übermittelt, sobald die Nachprüfungen abgeschlossen sind (Art. 8 Abs. 4–6 Protokoll Nr. 24).

2. Zusammenschlüsse mit Bedeutung für den EWR. Nicht in allen Fällen, in denen ein Zusammenschluss Auswirkungen auf die EFTA-Staaten hat, findet eine umfangreiche Zusammenarbeit zwischen Kommission, ESA und EFTA-Mitgliedstaaten statt. Eine solche ist vielmehr nur in den in Art. 2 Protokoll Nr. 24 abschließend geregelten Fällen vorgeschrieben, nämlich zunächst dann, wenn der gemeinsame Umsatz der beteiligten Unternehmen im Gebiet der EFTA-Staaten 25 % oder mehr ihres Gesamtumsatzes im räumlichen Geltungsbereich des EWR-Abkommens ausmacht (Art. 2 Abs. 1 lit. a Protokoll Nr. 24). Eine Zusammenarbeit ist ferner vorgesehen, wenn mindestens zwei beteiligte Unternehmen jeweils einen Umsatz von mehr als 250 Mio. Euro im Gebiet der EFTA-Staaten erzielen (Art. 2 Abs. 1 lit. b Protokoll Nr. 24). Unabhängig vom Erreichen dieser Umsatzschwellen ist eine Zusammenarbeit schließlich auch dann erforderlich, wenn durch einen Zusammenschluss wirksamer Wettbewerb in den Gebieten der EFTA-Staaten oder in einem wesentlichen Teil derselben erheblich behindert werden könnte (Art. 2 Abs. 1 lit. c Protokoll Nr. 24). Eine Zusammenarbeit findet auch statt, wenn der Zusammenschluss die Verweisungskriterien nach Art. 6 Protokoll Nr. 24 erfüllt (Art. 2 Abs. 2 lit. a Protokoll Nr. 24) oder wenn die Voraussetzungen nach Art. 7 für Maßnahmen zum Schutz legitimer nationaler Interessen der EFTA-Staaten vorliegen (Art. 2 Abs. 2 lit. b Protokoll Nr. 24). Für den zuletzt genannten Fall finden die nachfolgend unter 3. und 4. genannten Verfahrensbestimmungen allerdings grundsätzlich keine Anwendung; insoweit gilt vielmehr die Sondervorschrift des Art. 7 Protokoll Nr. 24.

3. Übermittlung von Schriftstücken. Die Übermittlung von Schriftstücken an die ESA ist weitgehend parallel zur Übermittlung von Schriftstücken an die zuständigen Behörden der Mitgliedstaaten der Gemeinschaft in Art. 19 Abs. 1 geregelt. Die **Anmeldungen** sind von den Unternehmen an das jeweils zuständige Überwachungsorgan zu richten (Art. 10 Abs. 1 Protokoll Nr. 24), dh an die Kommission, sofern diese nach Art. 57 Abs. 2 EWR-Abkommen zuständig ist. Nach Art. 3 Abs. 1 Protokoll Nr. 24 übermittelt die Kommission der ESA binnen dreier Arbeitstage eine Kopie der bei ihr eingereichten Anmeldungen mit Bedeutung für den EWR. Darüber hinaus übermittelt die Kommission so bald wie möglich Kopien der **wichtigsten Schriftstücke,** die bei ihr eingereicht bzw. von ihr erstellt werden. Der Begriff der „wichtigsten Schriftstücke" unterscheidet sich dabei nicht von dem in Art. 19 Abs. 1 verwendeten. Sofern die Übermittlung von Schriftstücken zwischen der Kommission und einem EFTA-Staat erforderlich ist, so erfolgt sie über die ESA (Art. 3 Abs. 3 Protokoll Nr. 24).

---

[35] Mestmäcker/Schweitzer EuWettbR § 1 Rn. 65.

35 **4. Beteiligungsrechte.** Für die Durchführung der von Art. 57 EWR-Abkommen erfassten Verfahren durch die Kommission gilt der **Grundsatz der engen und stetigen Verbindung** mit der ESA (Art. 3 Abs. 2 S. 1 Protokoll Nr. 24). Wie bei Art. 19 Abs. 2 ist der Grundsatz der engen und stetigen Verbindung als Auslegungsprinzip bei der Bestimmung der einzelnen Beteiligungsrechte der ESA zu berücksichtigen.

36 a) **Stellungnahme und Akteneinsicht.** Wie in Art. 19 Abs. 2 unterscheiden sich die Beteiligungsrechte der ESA danach, ob es sich um die Teilnahme an einem „normalen" Verfahren oder um die Teilnahme an einem Verweisungsverfahren an einen EFTA-Staat zum. Art. 6 Protokoll Nr. 24 handelt. Nach Art. 3 Abs. 2 S. 2 Protokoll Nr. 24 sind die ESA und die EFTA-Staaten allgemein berechtigt, zu dem Verfahren Stellung zu nehmen. Im Hinblick auf die Anwendung des Verweisungsverfahrens nimmt die Kommission die Mitteilungen der zuständigen Behörde des betreffenden EFTA-Staates entgegen. Sie gibt dieser Behörde Gelegenheit, sich in allen Abschnitten des Verfahrens bis zum Erlass einer Entscheidung über die Verweisung zu äußern. Zu diesem Zwecke gewährt die Kommission ihr im Rahmen des Verweisungsverfahrens Akteneinsicht (vgl. Art. 3 Abs. 2 S. 2 und 3 Protokoll Nr. 24).

37 b) **Teilnahme an Anhörungen der betroffenen Unternehmen.** Nach Art. 4 Protokoll Nr. 24 lädt die Kommission die ESA zur Teilnahme an den Anhörungen der betroffenen Unternehmen ein. Vertreter der EFTA-Staaten können ebenfalls bei diesen Anhörungen anwesend sein.

38 c) **Teilnahme an Sitzungen des Beratenden Ausschusses.** Die Teilnahme der ESA und der EFTA-Staaten an den Sitzungen des Beratenden Ausschusses für die Kontrolle von Unternehmenszusammenschlüssen ist in Art. 5 Protokoll Nr. 24 geregelt. Nach Art. 5 Abs. 1 Protokoll Nr. 24 teilt die Kommission der ESA rechtzeitig den Zeitpunkt der Sitzung des Beratenden Ausschusses mit und übermittelt die erforderlichen Unterlagen. Alle von der ESA ihrerseits der Kommission zur Vorbereitung des Beratenden Ausschusses übermittelten Schriftstücke, einschließlich von Schriftstücken von EFTA-Staaten, werden dem Beratenden Ausschuss vorgelegt (Art. 5 Abs. 2 Protokoll Nr. 24). Die ESA und die EFTA-Staaten sind berechtigt, an den Sitzungen des Beratenden Ausschusses teilzunehmen und sich zur Sache zu äußern. Sie haben jedoch kein Stimmrecht (Art. 5 Abs. 3 Protokoll Nr. 24).

VI. Rechtsfolgen von Verstößen gegen Art. 19

39 Der Gerichtshof ist nach Art. 263 Abs. 2 AEUV für **Nichtigkeitsklagen** wegen der Verletzung wesentlicher Formvorschriften zuständig.[36] Zu den Formvorschriften im Sinne des Art. 263 Abs. 2 AEUV gehören auch die Verfahrensregeln, die beim Zustandekommen von Rechtsakten zu beachten sind.[37] Solche Formvorschriften werden nach der ständigen Rechtsprechung des EuGH dann als „wesentlich" angesehen, wenn der Verstoß gegen die Formvorschrift Einfluss auf den Ausgang des Verfahrens gehabt haben könnte (→ Art. 18 Rn. 61).[38] Daher kommt es entscheidend darauf an, ob die Mitwirkung eines Mitgliedstaates, die wegen eines Verstoßes der Kommission gegen Art. 19 nicht oder nicht in dem vorgesehenen Umfang erfolgt ist, die Analyse der Kommission hätte „in Frage stellen können"[39] und damit „für die rechtliche und tatsächliche Situation des Beteiligten, der einen Verfahrensfehler geltend macht, nachteilige Folgen hat."[40] Dies ist etwa dann der Fall, wenn die Mitgliedstaaten im Rahmen des Verfahrens der Anhörung des Beratenden Ausschusses wegen einer rechtswidrigen Verkürzung der Ladungsfrist nach Art. 19 Abs. 5 S. 3 tatsächlich nicht genügend Zeit hatten, um von den wesentlichen Einzelheiten der Sache Kenntnis zu nehmen und in voller Kenntnis der Umstände zu entscheiden, oder wenn sie durch Unrichtigkeiten oder Auslassungen in einem wesentlichen Punkt ein falsches Bild gewonnen haben.[41] Fehler bei der Einbindung der Mitgliedstaaten in den Entscheidungsprozess, insbesondere im Zusammenhang mit der Durchführung der Anhörung des Beratenden Ausschusses, können sowohl von Mitgliedstaaten[42] als auch von den betroffenen Unternehmen oder Dritten[43] geltend gemacht werden.

---

[36] Vgl. allgemein zum Rechtsschutz in der Fusionskontrolle die Kommentierungen zu Art. 6 und Art. 8.
[37] Rengeling/Middeke/Gellermann Rechtsschutz-HdB/Dervisopoulos § 7 Rn. 109 mwN.
[38] EuGH Slg. 1980, I-2229 Rn. 26 = GRUR Int 1981, 237 – Distillers Company; EuGH Slg. 1983, I-2191 Rn. 7 = BeckRS 2004, 71318 – Geist.
[39] Vgl. EuGH Slg. 1998, I-1375 Rn. 87 = BeckRS 9998, 92464 – Frankreich/Kommission.
[40] EuG Slg. 1997, II-2137 Rn. 88 = BeckEuRS 1997, 221617 – Kaysersberg.
[41] EuG Slg. 1997, II-2137 Rn. 88 = BeckEuRS 1997, 221617 – Kaysersberg; in der konkreten Entscheidung wurde das Vorliegen dieser Voraussetzungen verneint.
[42] Vgl. EuGH Slg. 1998, I-1375 Rn. 84–89 = BeckRS 9998, 92464 – Frankreich/Kommission.
[43] Vgl. EuG Slg. 1997, II-2137 Rn. 86–97 = BeckEuRS 1997, 221617 – Kaysersberg.

Art. 20 Veröffentlichung von Entscheidungen

(1) Die Kommission veröffentlicht die nach Artikel 8 Absätze 1 bis 6 sowie Artikel 14 und 15 erlassenen Entscheidungen, ausgenommen vorläufige Entscheidungen nach Artikel 18 Absatz 2, zusammen mit der Stellungnahme des Beratenden Ausschusses im Amtsblatt der Europäischen Union.

(2) Die Veröffentlichung erfolgt unter Angabe der Beteiligten und des wesentlichen Inhalts der Entscheidung; sie muss den berechtigten Interessen der Unternehmen an der Wahrung ihrer Geschäftsgeheimnisse Rechnung tragen.

Übersicht

	Rn.		Rn.
I. Allgemeines und Überblick	1	a) Inhalt der Veröffentlichung	7
II. Veröffentlichungen nach Art. 20	3	b) Wahrung von Geschäftsgeheimnissen ..	8
1. Umfang der Veröffentlichungspflicht (Abs. 1)	3	III. Veröffentlichung anderer Entscheidungen	10
2. Inhalt der Veröffentlichung und Wahrung von Geschäftsgeheimnissen (Abs. 2)	7	1. Entscheidungen in der ersten Phase	10
		2. Sonstige Entscheidungen	12

I. Allgemeines und Überblick

Art. 20 regelt die Veröffentlichung der grundlegenden Entscheidungen im Bereich der Fusionskontrolle im Amtsblatt. Im Interesse der **Transparenz der Fusionskontrolle** sollen alle Entscheidungen der Kommission, die nicht rein verfahrensrechtlicher Art sind, auf breiter Ebene bekannt gemacht werden.[1] Unabhängig von der Veröffentlichung iSv Art. 20 ist die Entscheidung den betroffenen Unternehmen und den zuständigen Behörden der Mitgliedstaaten unverzüglich mitzuteilen (vgl. Art. 6 Abs. 5 und Art. 8 Abs. 8). Art. 20 entspricht Art. 30 der VO 1/2003, auf dessen Kommentierung ergänzend verwiesen wird.

Von der Veröffentlichungspflicht in Art. 20 erfasst werden die nach Art. 8 Abs. 1–6 sowie Art. 14 und 15 erlassenen Entscheidungen sowie die jeweiligen Stellungnahmen des Beratenden Ausschusses und der Abschlussbericht des Anhörungsbeauftragten. Die **praktische Bedeutung der Veröffentlichung nach Art. 20 ist eher gering,** da nach Art. 20 nur der wesentliche Inhalt der Entscheidungen zu veröffentlichen ist und sich die Veröffentlichungspflicht nicht auf Entscheidungen in der ersten Phase nach Art. 6 erstreckt. Praktisch wesentlich relevanter ist die (freiwillige) Veröffentlichung der von Art. 20 erfassten, sowie auch der Entscheidungen nach Art. 6 in einer vollständigen, um Geschäftsgeheimnisse bereinigten Version **(„Public Version")** auf der Internetseite der Kommission.

II. Veröffentlichungen nach Art. 20

1. Umfang der Veröffentlichungspflicht (Abs. 1). Nach dem Wortlaut von Art. 20 sind die Entscheidungen der Kommission nach Art. 8 Abs. 1–6 sowie Art. 14 und 15, ausgenommen vorläufige Entscheidungen nach Art. 18 Abs. 2, zusammen mit der Stellungnahme des Beratenden Ausschusses zu veröffentlichen. Damit sind zunächst alle **wesentlichen Entscheidungen nach Einleitung der zweiten Phase** erfasst. Zu veröffentlichen sind die Entscheidungen der Kommission, den Zusammenschluss zu genehmigen (Art. 8 Abs. 1), den Zusammenschluss mit Verpflichtungserklärungen und ggf. unter Bedingungen und Auflagen zu genehmigen (Art. 8 Abs. 2) und den Zusammenschluss zu untersagen (Art. 8 Abs. 3). Ebenfalls veröffentlichungspflichtig sind die Anordnung, den trotz Vollzugsverbot erfolgten Zusammenschluss zu entflechten (Art. 8 Abs. 4) und der Erlass einstweiliger Maßnahmen zur Wiederherstellung wirksamen Wettbewerbs bei Verstößen gegen das Vollzugsverbot (Art. 8 Abs. 5). Auch die Entscheidung, die Genehmigung eines Zusammenschlusses zu widerrufen (Art. 8 Abs. 6), ist zu veröffentlichen. Die Veröffentlichungspflicht besteht auch, wenn die Kommission im Verfahren nach Art. 22 eine dieser Entscheidungen über einen Zusammenschluss trifft, der keine gemeinschaftsweite Bedeutung hat, aber an sie verwiesen wurde (vgl. Art. 22 Abs. 4).

Darüber hinaus sind auch **Entscheidungen über die Verhängung von Zwangsmaßnahmen** nach Art. 14 (Geldbußen) und Art. 15 (Zwangsgeld) zu publizieren. Zweck der Veröffentlichung ist hier neben der Transparenz der Fusionskontrolle auch die Generalprävention.[2]

---

[1] Erwgr. 42.
[2] EuGH Slg. 1970, 661 Rn. 101–104 = BeckRS 2004, 71129 – ACF, zur VO 17/62, ABl. 1962 P 13, 204.

5   Ausdrücklich von der Veröffentlichungspflicht ausgenommen sind **vorläufige Entscheidungen nach Art. 18 Abs. 2**. Damit sind Entscheidungen nach Art. 8 Abs. 5 gemeint, die ohne vorherige Anhörung der Betroffenen ergangen sind; die in Art. 18 Abs. 2 ebenfalls genannten Entscheidungen nach Art. 7 Abs. 3 sind dagegen von der Veröffentlichungspflicht von vornherein ausgenommen. Der Grund für die Nichtveröffentlichung liegt hier im nur vorläufigen Charakter der Maßnahme. Eine endgültige Entscheidung nach Art. 8 Abs. 5 wird hingegen von der Veröffentlichungspflicht in Art. 20 Abs. 1 erfasst.

6   Die Kommission veröffentlicht die Entscheidungen gem. Art. 20 Abs. 1 und Art. 19 Abs. 7 S. 2 zusammen mit der **Stellungnahme des Beratenden Ausschusses**. Auch der **Abschlussbericht des Anhörungsbeauftragten** wird zusammen mit der Entscheidung im Amtsblatt veröffentlicht. Dies ergibt sich allerdings nicht unmittelbar aus der FKVO, sondern aus dem Mandat des Anhörungsbeauftragten.[3]

7   **2. Inhalt der Veröffentlichung und Wahrung von Geschäftsgeheimnissen (Abs. 2).
a) Inhalt der Veröffentlichung.** Die Veröffentlichung erfolgt im Amtsblatt der Europäischen Union im **Teil L in allen Amtssprachen der Europäischen Union**. Da die Entscheidung zunächst übersetzt und um Geschäftsgeheimnisse bereinigt werden muss, liegt zwischen dem Erlass der Entscheidung und ihrer Veröffentlichung häufig ein längerer Zeitraum. Nach Art. 20 Abs. 2 erfolgt die Veröffentlichung unter Angabe der Beteiligten und des **wesentlichen Inhalts** der Entscheidung. Veröffentlicht wird insoweit nur eine stark vereinfachte Kurzform der Entscheidung. Die Kommission ist im Rahmen von Art. 20 nicht verpflichtet, Anhänge der Entscheidung, in denen der Wortlaut von Verpflichtungserklärungen der Parteien wiedergegeben wird, im Amtsblatt zu veröffentlichen. Es genügt, wenn der Inhalt solcher Erklärungen in der Entscheidung zusammengefasst wird.

8   **b) Wahrung von Geschäftsgeheimnissen.** Die Veröffentlichung muss den berechtigten Interessen der Unternehmen an der Wahrung ihrer Geschäftsgeheimnisse Rechnung tragen (Art. 20 Abs. 2 Hs. 2).[4] Nach Erlass der Entscheidung werden zunächst die beteiligten Unternehmen unter Fristsetzung aufgefordert, die in der Entscheidung enthaltenen Geschäftsgeheimnisse zu kennzeichnen.[5] Die Kommission hat 2015 ein Hinweispapier zur Veröffentlichung von Kommissionsentscheidungen in der Fusionskontrolle veröffentlicht („Guidance on the preparation of public versions of Commission Decisions adopted under the Merger Regulation"), das unter anderem näher erläutert, welche Informationen aus Sicht der Kommission schützenswerte Geschäftsgeheimnisse darstellen und auf welche Weise die betroffenen Unternehmen das Bestehen von Geschäftsgeheimnissen zu begründen haben. Der erste Abschnitt des Hinweispapiers sowie seine Anlage 2 hierzu enthalten zahlreiche positive und negative Beispiele dazu, welche Informationen grundsätzlich als schützenswert angesehen werden und welche nicht. Anlage 1 des Hinweispapiers gibt vor, auf welche Weise detaillierte Marktanteilsangaben durch Bandbreiten zu ersetzen sind. Für die Geltendmachung von Geschäftsgeheimnissen gibt die Kommission im zweiten Abschnitt ein konkretes Tabellenformat vor, in dem für jede Angabe in der Entscheidung, die von den beteiligten Unternehmen als Geschäftsgeheimnis angesehen wird, eine Begründung einzutragen und ein Vorschlag für eine aussagekräftige nicht-vertrauliche Zusammenfassung der vertraulichen Information zu machen ist. Auch nach Schwärzung der Geschäftsgeheimnisse muss der wesentliche Inhalt der veröffentlichten Entscheidung insoweit aus sich heraus verständlich bleiben.[6]

9   Bestehen Meinungsverschiedenheiten darüber, ob ein Geschäftsgeheimnis vorliegt oder nicht, so ist der **Anhörungsbeauftragte** zur Entscheidung befugt. Er hat die Gründe für eine Offenlegung schriftlich in einer Entscheidung niederzulegen, die dem betroffenen Unternehmen zugestellt wird.[7] Die Entscheidung nennt den Tag, an dem die Informationen offengelegt werden. Die Offenlegung darf frühestens eine Woche nach Mitteilung der Entscheidung erfolgen.[8] Gegen die Entscheidung des Anhörungsbeauftragten, die eine Entscheidung der Kommission darstellt, können beim Gerichtshof nach den allgemeinen Vorschriften Nichtigkeitsklage erhoben und der Erlass einer einstweiligen Anordnung beantragt werden.[9]

III. Veröffentlichung anderer Entscheidungen

10 **1. Entscheidungen in der ersten Phase.** Nicht von der Publikationspflicht in Art. 20 erfasst werden alle Entscheidungen in der ersten Phase des Verfahrens nach Art. 6. Hier sieht Art. 4 Abs. 3

---

[3] Art. 17 Abs. 3 Mandat des Anhörungsbeauftragten.
[4] Vgl. die Kommentierung zu Art. 17 zum Begriff des Geschäftsgeheimnisses.
[5] Vgl. Art. 8 Abs. 1 S. 2 Mandat des Anhörungsbeauftragten; vgl. auch Art. 18 Abs. 3 UAbs. 2 DVO FKVO.
[6] Löffler FKVO Rn. 1; Bunte/Maass Rn. 8.
[7] Art. 8 Abs. 2 S. 2 Mandat des Anhörungsbeauftragten.
[8] Art. 8 Abs. 2 S. 4 Mandat des Anhörungsbeauftragten.
[9] Wiedemann KartellR-HdB/Dieckmann § 44 Rn. 5; vgl. die Kommentierung zu Art. 17.

nur vor, dass die Kommission die „Tatsache der Anmeldung unter Angabe der Namen der beteiligten Unternehmen, ihres Herkunftslands, der Art des Zusammenschlusses sowie der betroffenen Wirtschaftszweige" zu veröffentlichen hat. Diese Veröffentlichung erfolgt im Amtsblatt Teil C. Zudem wird die Zusammenfassung des Vorhabens, die die Anmelder als Abschnitt 1.2. der Form CO mit der Anmeldung einzureichen haben, sehr zeitnah nach der Anmeldung auf der Internetseite der Kommission veröffentlicht.

Im Interesse einer möglichst hohen Transparenz auch in der ersten Phase veröffentlicht die 11 Kommission aber zum einen den **Tenor** aller nach Art. 6 Abs. 1 in der ersten Phase ergangenen Entscheidungen im Amtsblatt Teil C. Zudem wird für jede Entscheidung nach Art. 6 Abs. 1 lit. a (keine Anwendbarkeit der FKVO) und Art. 6 Abs. 1 lit. b (kein Anlass zu ernsthaften Bedenken) eine um Geschäftsgeheimnisse bereinigte Version auf der Internetseite der Kommission veröffentlicht. Diese das Verfahren in der ersten Phase abschließenden Entscheidungen werden allerdings grundsätzlich nur in der jeweiligen Verfahrenssprache veröffentlicht. Auch die Tatsache der Rücknahme einer Anmeldung wird von der Kommission regelmäßig im Amtsblatt Teil C veröffentlicht. Von Entscheidungen nach Art. 6 Abs. 1 lit. c über die Einleitung des Verfahrens wird – über eine Pressemitteilung hinaus – keine „Public Version" veröffentlicht, weil es sich hierbei nur um eine vorläufige Stellungnahme in einem noch laufenden Verfahren handelt und die endgültige Entscheidung nach Art. 8 ohnehin im Amtsblatt zu veröffentlichen ist.[10]

2. Sonstige Entscheidungen. Keine Verpflichtung zur Veröffentlichung im Amtsblatt besteht 12 auf Gemeinschaftsebene für Entscheidungen über die **Verweisung des angemeldeten Zusammenschlusses** an die zuständigen Behörden des Mitgliedsstaats nach Art. 9. Hier können zum einen die Mitgliedsstaaten durch eine eigene Veröffentlichung für ein hinreichendes Maß an Transparenz sorgen.[11] Zum anderen werden aber auch von der Kommission selbst – wie bei abschließenden Entscheidungen in der ersten Phase – um Geschäftsgeheimnisse bereinigte Versionen erstellt und auf der Internetseite der Kommission veröffentlicht. **Nicht veröffentlicht** werden Entscheidungen nach Art. 7 Abs. 3 über die Freistellung vom Vollzugsverbot sowie Mitteilungen der Beschwerdepunkte nach Art. 18 Abs. 1. Auskunftsverlangen nach Art. 11 und Nachprüfungsmaßnahmen nach Art. 13 bleiben ebenfalls unveröffentlicht.

Art. 21 Anwendung dieser Verordnung und Zuständigkeit

(1) Diese Verordnung gilt allein für Zusammenschlüsse im Sinne des Artikels 3; die Verordnungen (EG) Nr. 1/2003,[1] (EWG) Nr. 1017/68,[2] (EWG) Nr. 4056/86[3] und (EWG) Nr. 3975/87[4] des Rates gelten nicht, außer für Gemeinschaftsunternehmen, die keine gemeinschaftsweite Bedeutung haben und die Koordinierung des Wettbewerbsverhaltens unabhängig bleibender Unternehmen bezwecken oder bewirken.

(2) Vorbehaltlich der Nachprüfung durch den Gerichtshof ist die Kommission ausschließlich dafür zuständig, die in dieser Verordnung vorgesehenen Entscheidungen zu erlassen.

(3) Die Mitgliedstaaten wenden ihr innerstaatliches Wettbewerbsrecht nicht auf Zusammenschlüsse von gemeinschaftsweiter Bedeutung an.
   Unterabsatz 1 berührt nicht die Befugnis der Mitgliedstaaten, die zur Anwendung des Artikels 4 Absatz 4 oder des Artikels 9 Absatz 2 erforderlichen Ermittlungen vorzunehmen und nach einer Verweisung gemäß Artikel 9 Absatz 3 Unterabsatz 1 Buchstabe b) oder Artikel 9 Absatz 5 die in Anwendung des Artikels 9 Absatz 8 unbedingt erforderlichen Maßnahmen zu ergreifen.

(4) Unbeschadet der Absätze 2 und 3 können die Mitgliedstaaten geeignete Maßnahmen zum Schutz anderer berechtigter Interessen als derjenigen treffen, welche in dieser Verordnung berücksichtigt werden, sofern diese Interessen mit den allgemeinen Grundsätzen und den übrigen Bestimmungen des Gemeinschaftsrechts vereinbar sind.
   Im Sinne des Unterabsatzes 1 gelten als berechtigte Interessen die öffentliche Sicherheit, die Medienvielfalt und die Aufsichtsregeln.

---

[10] NK-EuWettbR/Dittert Rn. 14; Löffler FKVO Rn. 3; Bunte/Maass Rn. 5.
[11] Bunte/Maass Rn. 7.
[1] Amtl. Anm.: ABl. 2003 L 1, 1.
[2] Amtl. Anm.: ABl. 1968 L 175, 1; Verordnung zuletzt geändert durch die VO 1/2003, ABl. 2003 L 1, 1.
[3] Amtl. Anm.: ABl. 1986 L 378, 4; Verordnung zuletzt geändert durch die VO 1/2003.
[4] Amtl. Anm.: ABl. 1987 L 374, 1; Verordnung zuletzt geändert durch die VO 1/2003.

¹Jedes andere öffentliche Interesse muss der betreffende Mitgliedstaat der Kommission mitteilen; diese muss es nach Prüfung seiner Vereinbarkeit mit den allgemeinen Grundsätzen und den sonstigen Bestimmungen des Gemeinschaftsrechts vor Anwendung der genannten Maßnahmen anerkennen. ²Die Kommission gibt dem betreffenden Mitgliedstaat ihre Entscheidung binnen 25 Arbeitstagen nach der entsprechenden Mitteilung bekannt.

Schrifttum: Basedow, Gemeinschaftsrechtliche Grenzen der Ministererlaubnis in der Fusionskontrolle, EuZW 2003, 44; Behrens/Braun/Nowak, Europäisches Wettbewerbsrecht im Umbruch, 2004; Beutler/Bieber/Pipkorn/ Streil, Die Europäische Union – Rechtsordnung und Politik, 5. Aufl. 2001; Bischke/Brack, Neuere Entwicklungen im Kartellrecht, NZG 2017, 1303; Borges, The Legitimate Interests of Member States in EC Merger Law, EPL 2003, 345; Bright, The European Merger Control Regulation: Do Member States still have an independent role in merger control? Part II, ECLR 1991, 184; Burnley, An Appropriate Jurisdictional Trigger for the EC Merger Regulation and the Question of Decentralisation, World Competition 2002, 263; Busa und Zaera Cuadrado, Application of Article 21 of the Merger Regulation in the E.ON/Endesa Case, Competition Policy Newsletter, 2008/2, 1; Canivet/Idot/Simon, Lamy procédures communautaires – Pratique et stratégie, Moyens et voies d'action, Contentieux national et communautaire, Tome 2 2005; Davison, EC Merger Control: From Separate Jurisdictional Zones to a Cooperation based Architecture?, LRev. 2004, 49; Deimel, Rechtsgrundlagen einer europäischen Zusammenschlusskontrolle – Das Spannungsfeld zwischen Fusionskontrollverordnung und den Wettbewerbsregeln des EWG-Vertrages, 1992; Dreher, Der Rang des Wettbewerbs im europäischen Gemeinschaftsrecht, WuW 1998, 656; Dreher, Deutsche Ministererlaubnis in der Zusammenschlusskontrolle und europäisches Kartellrecht, WuW 2002, 828; Eikenberg, Article 296 (ex 223) EC and external trade in strategic goods, ELR 2000, 117; Fritzsche, Der Einfluss des europäischen Wettbewerbsrechts auf das Ministererlaubnisverfahren nach § 42 GWB, WuW 2003, 1153; Geiger/Khan/Kotzur, EUV/AEUV, 5. Auflage 2010; Gerard, Protectionist Threats Against Cross-Border Mergers: Unexplored Avenues to Strengthen the Effectiveness of Article 21 ECMR, CMLRev, Band 45, Nr. 4, 2008; Heineke, Entlastungsgründe in der europäischen und US-amerikanischen Zusammenschlusskontrolle, 2004; Hellmann, Die neuen Anmeldevorschriften der Fusionskontrollverordnung und ihre Bedeutung für Unternehmenszusammenschlüsse, ZIP 2004, 1387; Hoffmann/Terhechte, Der Vorschlag der Europäischen Kommission für eine neue Fusionskontrollverordnung, AG 2003, 415; Jones/Davies, Merger Control and the Public Interest: Balancing EU and National Law in the Protectionist Debate, European Competition Journal 2014 10(3) 453; Jones/van der Woude, EU Competition Law Handbook 2021 Edition; Jung, Subsidiarität im Recht der Wettbewerbsbeschränkungen, 1994; Lenz/Borchardt, EU-Verträge – Kommentar, 6. Aufl. 2012; Levy, European Merger Control Law 2010; Mestmäcker, Fusionskontrolle im Gemeinsamen Markt zwischen Wettbewerbspolitik und Industriepolitik, EuR 1988, 349; Mohamed, National Interests Limiting E. U. Cross-Border Bank Mergers, ECLRev. 2000, 248; Montag/Leibenath, Aktuelle Probleme in der Europäischen Fusionskontrolle, WuW 2000, 852; Navarro/Font/Folguera/Briones, Merger Control in the EU, 2002; Niederleithinger, Das Verhältnis nationaler und europäischer Kontrolle von Zusammenschlüssen, WuW 1990, 721; Töllner/Ost/ Barth, Kartellrechtspraxis und Kartellrechtsprechung 2006–2008, 22. Aufl. 2009; Petersmann, Darf die EG das Völkerrecht ignorieren? – Zu den verfassungs- und völkerrechtlichen Grundlagen des Europäischen Wirtschaftsrechts, FS Fikentscher, 1998, 966; Petit, Non-competition concerns under the ECMR – An overview, Concurrences, Nr. 4, 2008, 182; V. Randazzo, Article 346 and the qualified application of EU law to defence, European Union Institute for Security Studies, July 2014; K. Schmidt, Europäische Fusionskontrolle im System des Rechts gegen Wettbewerbsbeschränkungen, BB 1990, 719; J. Schmidt, The new ECMR: „Significant Impediment" or „Significant Improvement"?, CMLRev. 2004, 1555; Seitz, One-stop shop und Subsidiarität, 2002; Soares, „National Champions" Rhetoric in European Law – Or the many faces of protectionism, World Competition, Nr. 31 (3), 2008; Staebe, Fusionskontrolle nach Art. 81 und 82 EG?, EWS 2003, 249; Staudenmayer, Das Verhältnis der Art. 85, 86 EWGV zur EG-Fusionskontrollverordnung, WuW 1992, 475; Trybus, The EC Treaty as an instrument of European Defence Integration, CMLR 2002, 1; Verloop/Landes, Merger Control in Europe – EU, Member States and Accession States, 4. Aufl. 2003; Weitbrecht/Karenfort, Entscheidungen zum Europäischen Kartellrecht, 2010; Winckler, Concentrations und champions nationaux: du nouveau sur l'article 21 du Règlement sur les concentrations, RLC, 2008/16, Nr. 1224; Wiedemann, Zur Abgrenzung der Zuständigkeiten für die Europäische und die innerstaatliche Fusionskontrolle nach Art. 21 Abs. 2, 3 FKVO in Joost/Oetker/Paschke, Festschrift für Franz Jürgen Säcker zum 70. Geburtstag, 2011, 1013.

Übersicht

	Rn.		Rn.
I. Normzweck	1	3. Parallele Anwendung des Primärrechts in Bezug auf Dritte	10
II. Entstehungsgeschichte	2		
III. Ausschließliche Geltung der FKVO	5	4. Ausnahme für Gemeinschaftsunternehmen nach Art. 21 Abs. 1 Hs. 2	14
1. Art. 21 Abs. 1 Hs. 1	5	IV. Zuständigkeiten	18
2. Parallele Anwendung des Primärrechts durch die Kommission	6	1. Ausschließliche Kommissionskompetenz	18

	Rn.		Rn.
2. Nachprüfung durch den EuGH	21	a) Grundsätze gem. Art. 21 Abs. 4 UAbs. 1	26
3. Anwendbarkeit innerstaatlichen Wettbewerbsrechts	22	b) Anerkannte berechtigte Interessen gem. Art. 21 Abs. 4 UAbs. 2	32
a) Grundsatz gem. Art. 21 Abs. 3 UAbs. 1	22	c) Jedes andere öffentliche Interesse gem. Art. 21 Abs. 4 UAbs. 3	62
b) Ausnahmen gem. Art. 21 Abs. 3 UAbs. 2	24		
4. Andere berechtigte Interessen der Mitgliedstaaten	26		

I. Normzweck

Art. 21 enthält drei wesentliche Aussagen: In Art. 21 Abs. 1 heißt es zunächst, dass diese Verordnung „allein für Zusammenschlüsse im Sinne des Art. 3" gilt; die VO 1/2003,[5] VO (EWG) Nr. 1017/68,[6] Nr. 4056/86[7] und Nr. 3975/87[8] des Rates gelten grundsätzlich nicht. Die Vorschrift grenzt damit den Anwendungsbereich der FKVO (Strukturkontrolle) von demjenigen anderer europäischer Wettbewerbsregelungen (Verhaltenskontrolle) ab. Ein Normzweck besteht somit in der gesetzlichen Fixierung der ausschließlichen Geltung der FKVO für Zusammenschlüsse auf Gemeinschaftsebene. Des Weiteren bestimmt Art. 21 Abs. 2, dass ausschließlich die Kommission dafür zuständig ist, die in dieser Verordnung vorgesehenen Entscheidungen zu erlassen. Auf Gemeinschaftsebene wird die Kompetenz zur Beurteilung von Zusammenschlüssen mithin ausdrücklich der Kommission zugewiesen. Zudem resultiert aus der Vorschrift, dass die nationalen Behörden zu einer dezentralen Anwendung der FKVO nicht befugt sind. Der zweite Zweck der Regelung ist daher in der Kompetenzabgrenzung zwischen der Kommission und den nationalen Behörden zu sehen.[9] Parallel zu dieser Zuständigkeitszuweisung legt Art. 21 Abs. 3 UAbs. 1 schließlich grundlegend fest, dass die Mitgliedstaaten ihr innerstaatliches Wettbewerbsrecht nicht auf Zusammenschlüsse von gemeinschaftsweiter Bedeutung anwenden. Ihnen ist untersagt, ein nationales Verfahren parallel zu dem nach der FKVO durchzuführen, sofern nicht eine der in Art. 21 Abs. 3 UAbs. 2 und 4 UAbs. 1 und 2 genannten Ausnahmen eingreift. Bedeutung gewinnt dabei in jüngster Zeit der ausnahmsweise Erlass innerstaatlicher Maßnahmen zum Schutz berechtigter Interessen jenseits des funktionierenden Wettbewerbs, insbesondere zum Schutz der öffentlichen Sicherheit und Ordnung im Rahmen der Prüfung ausländischer Direktinvestitionen (→ Rn. 39 ff.). Der dritte Normzweck liegt somit in der Abgrenzung des Unionsrechts von den einzelstaatlichen Rechten. Durch die im Grundsatz ausschließliche Kompetenzzuweisung an die Kommission für die Beurteilung von Zusammenschlüssen mit gemeinschaftsweiter Bedeutung wird das „One-Stop-Shop-Prinzip", gemäß dem die Kommission die einzige Anlaufstelle für Zusammenschlüsse mit gemeinschaftsweiter Bedeutung sein soll, bestätigt.[10]

II. Entstehungsgeschichte

Die Notwendigkeit einer Abgrenzungsvorschrift zwischen der FKVO und dem übrigen europäischen Wettbewerbsrecht, wie sie Art. 21 Abs. 1 der VO 4064/89) enthält, ist vor dem Hintergrund der Entstehung der FKVO zu erklären. Eine explizit auf die Überprüfung von Unternehmenszusammenschlüssen zugeschnittene europäische Rechtsgrundlage bestand bis zum Inkrafttreten der ersten Verordnung über die Kontrolle von Unternehmenszusammenschlüssen (VO 4064/89)[11] am 21.9.1990 nicht. Angesichts der Bedeutung der Fusionskontrolle im Lichte des wettbewerbspolitischen Zieles des Art. 3 lit. g EG, aufgenommen in Protokoll Nr. 27 über den Binnenmarkt und den Wettbewerb, nach dem die Tätigkeit der Union ein System umfasst, das den Wettbewerb innerhalb des Binnenmarktes vor Verfälschungen schützt, behalf sich die Kommission vor diesem Zeitpunkt daher durch Rückgriff auf Art. 101 AEUV (ex Art. 81 EGV) und Art. 102 AEUV (ex Art. 82 EGV).[12] Die Anwendbarkeit des Art. 102 AEUV (damals Art. 86 EG) auf Struk-

---

[5] VO 1/2003, ABl. 2003 L 1, 1.
[6] VO 1017/68, ABl. 1968 L 175, 1.
[7] VO 4056/86, ABl. 1986 L 378, 4.
[8] VO 3975/87, ABl. 1987 L 374, 1. VO 3975/87 wurde durch VO 411/2004, ABl. 2004 L 068, 1 aufgehoben.
[9] Dabei gelten diesen Regeln entsprechende gem. Art. 7 des Protokolls 24 zum EWR-Abkommen auch für Island, Liechtenstein und Norwegen.
[10] VO 139/2004, ABl. 2004 L 24, 1 Rn. 8, 18; Seitz, One-Stop-Shop und Subsidiarität, 2002, 90; Wiedemann KartellR-HdB/Wagemann § 15 Rn. 10.
[11] VO 4064/89, ABl. 1989 L 395, 1.
[12] Dreher WuW 1998, 656.

turveränderungen des Marktes durch Unternehmenszusammenschlüsse wurde durch die Entscheidung des EuGH im Falle „Continental Can"[13] bestätigt. Die Anerkennung der Geltung des Art. 101 AEUV (damals Art. 85 EG) auf Zusammenschlüsse erfolgte im Fall „Philip-Morris".[14]

3   Eine anhand der Vorschriften der Art. 101 und 102 AEUV vorgenommene Zusammenschlusskontrolle erfasste jedoch nicht sämtliche Vorhaben und zeigte daher wesentliche Lücken auf.[15] Der Missbrauch einer marktbeherrschenden Stellung nach Art. 102 AEUV sollte nur eingreifen, wenn bereits vor dem Zusammenschluss eine marktbeherrschende Stellung durch mindestens ein beteiligtes Unternehmen vorlag und diese mittels des Zusammenschlusses missbraucht und damit verstärkt wurde. In der erstmaligen Begründung einer marktbeherrschenden Stellung war ein missbräuchliches Ausnutzen einer marktbeherrschenden Stellung hingegen nicht festzumachen, so dass der Anwendungsbereich des Art. 102 AEUV in diesem Falle nicht berührt war.[16] Das Kartellverbot gem. Art. 101 AEUV galt demgegenüber nur als verletzt, wenn der Anteilserwerb an einem Unternehmen dem Zweck diente, das geschäftliche Verhalten der beteiligten Unternehmen zu koordinieren. Im Rahmen einer Untersuchung wurde der „Zusammenschluss" lediglich als eine besondere Form der Verhaltenskoordination zweier selbstständig bleibender Unternehmen angesehen.[17] Die Zusammenschlusskontrolle unter direkter Anwendung der Art. 101 und 102 AEUV war somit oft unbefriedigend, weil sie keine präventive Kontrolle vor Vollzug des Zusammenschlusses zuließ. Lediglich nachträglich, wenn die wettbewerbswidrige Situation bereits eingetreten war, konnte ein Verfahren durchgeführt werden.[18]

4   Mit der VO 4064/89 sollte daher ein besonderes Instrument geschaffen werden, das eine wirksame Kontrolle sämtlicher Zusammenschlüsse im Hinblick auf ihre Auswirkungen auf die Wettbewerbsstruktur in der Gemeinschaft (nun der Union) ermöglicht und das bis auf wenige Ausnahmen zugleich auf Gemeinschaftsebene das einzige auf derartige Zusammenschlüsse anwendbare Instrument ist.[19]

III. Ausschließliche Geltung der FKVO

5   **1. Art. 21 Abs. 1 Hs. 1.** Art. 21 Abs. 1 Hs. 1 bestimmt, dass ausschließlich die FKVO auf Zusammenschlüsse im Sinne des Art. 3 anwendbar ist. Art. 21 Abs. 1 Hs. 2 schließt insoweit ausdrücklich die Anwendung der VO 1/2003, VO (EWG) Nr. 1017/68, Nr. 4056/86 und Nr. 3975/87 des Rates aus. Dies gilt natürlich ausschließlich ab dem Zeitpunkt, in dem ein Zusammenschluss iSd Art. 3 FKVO tatsächlich vorliegt und nicht bereits für Vorbereitungshandlungen (wie etwa due diligence oder vorbereitenden Informationsaustausch), auf die grundsätzlich Art. 101 AEUV Anwendung findet.[20] Interessant in diesem Zusammenhang ist das Urteil des EuGH im Fall „Ernst & Young" in dem diskutiert wurde, ob das Vollzugsverbot auch dann verletzt ist, wenn eine vor Freigabe erfolgte Handlung eines Unternehmens (in diesem Fall die Kündigung eines Kooperationsvertrages) nicht zu einer dauerhaften Veränderung der Kontrolle über das Zielunternehmen beiträgt.[21] Der EuGH verneinte dies unter anderem mit dem Argument dass es sonst zu einer Einengung des Anwendungsbereichs der VO 1/2003 käme, die dann nicht mehr auf solche Vorgänge anwendbar wäre, auch wenn diese eine Koordinierung zwischen Unternehmen im Sinne von Art. 101 AEUV bewirken könnten.[22]

Eine Bestimmung über die Anwendbarkeit der Art. 101 und 102 AEUV neben der FKVO wird dagegen nicht ausdrücklich getroffen und im Hinblick auf diese Vorschriften bedarf die alleinige Anwendbarkeit der FKVO der nachstehenden Erläuterung. Auf ein Vorabentscheidungsersuchen des Cour d'appel de Paris hin, hatte der EuGH jüngst Gelegenheit, sich zu der Frage zu äußern,

---

[13] EuGH Urt. v. 21.2.1973 – 6/72, Slg. 1973, 215 Rn. 25 = BeckRS 1973, 106883 – Continental Can; Immenga/Mestmäcker/Fuchs AEUV Art. 102 Rn. 393.
[14] EuGH Urt. v. 17.11.1987 – 142/84, 156/84, Slg. 1987, 4487 Rn. 32 = BeckRS 2004, 71647 – Philip Morris.
[15] Immenga/Mestmäcker/Körber Einleitung Rn. 10 ff.
[16] Jung, Subsidiarität im Recht der Wettbewerbsbeschränkungen, 1994, 53, 55; Mestmäcker EuR 1988, 349 (351); Monopolkommission, Sondergutachten 17 Rn. 27; von der Groeben/Schwarze/Hatje/Schröter/Bartl AEUV Art. 102 Rn. 43.
[17] EuGH Urt. v. 17.11.1987 – 142/84, 156/84, Slg. 1987, 4487 Rn. 36–40 = BeckRS 2004, 71647 – Philip Morris; Jung, Subsidiarität im Recht der Wettbewerbsbeschränkungen, 1994, 53, 57.
[18] K. Schmidt BB 1990, 719 (721).
[19] VO 4064/89, ABl. 1989 L 395, 1 Erwgr.7; FKVO Erwgr. 6.
[20] FK-KartellR/Jungermann Rn. 14; Immenga/Mestmäcker/Körber Rn. 10.
[21] EuGH Urt. v. 31.5.2018 – C-633/16 Rn. 27 = EuZW 2018, 603 – Ernst & Young.
[22] EuGH Urt. v. 31.5.2018 – C-633/16 Rn. 58 f. = EuZW 2018, 603 – Ernst & Young; s. auch EuGH Urt. v. 7.9.2017 – C-248/16 Rn. 32 = NZKart 2017, 535 – Austria Asphalt.

ob Art. 21 Abs. 1 der Abwendung des Art. 102 AEUV durch die nationale Behörde auf einen Zusammenschluss entgegensteht, der sowohl unter den Umsatzschwellen des EU- als auch des nationalen Rechts bleibt und auch nicht nach Art. 22 an die Kommission verwiesen (→ Art. 22 Rn. 38 ff.) wurde.[23] In seinem Urteil vom 16.3.2023 hat der EuGH dies verneint.

2. Parallele Anwendung des Primärrechts durch die Kommission. Zu erklären ist der fehlende Hinweis auf Art. 101 und 102 AEUV mit der Hierarchie der Vorschriften. Die FKVO basiert auf einem Rechtsakt des Rates, dem gem. Art. 288 AEUV (ex Art. 249 EGV) die Berechtigung übertragen wurde, sich zur Erfüllung seiner Aufgaben eine entsprechende Rechtsgrundlage zu schaffen. Als Sekundärrecht kann sie den Anwendungsbereich der Art. 101 und 102 AEUV, die ja Teil des primärrechtlichen Vertragsrechts sind, nicht abändern oder gar aufheben.[24] Ein Ausschluss könnte sich dennoch de facto dadurch ergeben, dass die VO 1/2003, (EWG) Nr. 1017/68, Nr. 4056/86 und Nr. 3975/87 ausgeschlossen sind. Die VO 1/2003 beinhaltet die Vorschriften, die zur Umsetzung und zur Anwendung der in Art. 101 und 102 AEUV niedergelegten Grundsätze erforderlich sind und bestimmt insbesondere Verfahrensgrundsätze zur Feststellung der Unvereinbarkeit von Vereinbarungen mit Art. 101 AEUV. Daneben legt sie wesentliche Verfahrensgrundsätze fest, die bei der Durchführung von Kartellverfahren Beachtung finden müssen, sowie Verfahrensgarantien der beteiligten Unternehmen. Die Verordnungen VO (EWG) Nr. 1017/68, Nr. 4056/86 und Nr. 411/04 stellen ebenfalls Durchführungsverordnungen für die Sektoren des Eisenbahn-, Straßen-, Binnenschiffs- und Seeverkehrs sowie des Luftverkehrs dar. Dem Ausschluss von Sekundärrecht durch Sekundärrecht steht die unionsrechtliche Normenhierarchie nicht entgegen, weil sich ein Spezialitätsverhältnis feststellen lässt.[25] Der Ausschluss insbesondere der VO 1/2003 durch die FKVO ist möglich, weil die FKVO lex specialis in Bezug auf die Überprüfung von Unternehmenszusammenschlüssen darstellt.[26]

Der Ausschluss der Durchführungsverordnung 1/2003 zu den Art. 101 und 102 AEUV lässt den Schluss zu, dass für die Kommission die Anwendung dieser primärrechtlichen Vorschriften praktisch ebenfalls ausgeschlossen ist. Die Nichtanwendung der Art. 101 und 102 AEUV im Bereich der sekundärrechtlichen FKVO steht letztlich auch in keinem Widerspruch zum Rangverhältnis der Normen zueinander, da die FKVO, die aufgrund der Ermächtigung nach Art. 103 und 352 AEUV (ex Art. 83 und 308 EGV) erlassen wurde,[27] die Vorschriften der Art. 101 und 102 AEUV gerade konkretisiert.

Die Kommission selbst hat bereits in dem Ratsprotokoll vom 19.12.1989[28] ihr Verständnis über das Normverhältnis zwischen dem neu geschaffenen Instrument zur Fusionskontrolle und den primärrechtlichen Wettbewerbsregeln dargestellt. In der Protokollerklärung betreffend die VO 4064/89 erklärte sie ihre Absicht, die Art. 101 und 102 AEUV auf Zusammenschlüsse iSv Art. 3 nicht anders als im Wege dieser Verordnung anzuwenden. Grundsätzlich soll eine parallele Prüfung nach der FKVO und den Wettbewerbsregeln also vermieden werden.[29] Die Kommission behielt sich jedoch vor, gegenüber Zusammenschlüssen iSv Art. 3, die keine gemeinschaftsweite Bedeutung iSv Art. 1 haben, in den nicht in Art. 22 vorgesehenen Fällen nach dem Verfahren des Art. 105 AEUV (ex Art. 85 EGV) tätig zu werden.

Gemeint sind damit die Zusammenschlussfälle, die sich unterhalb der Schwellenwerte bewegen und der Kommission nicht zur Überprüfung von einem Mitgliedstaat zugewiesen wurden.[30] In diesem Fall behält sich die Kommission vor, Art. 105 AEUV zu nutzen, um eine Prüfung nach Art. 101 und 102 AEUV vorzunehmen. Art. 105 AEUV ist, wie Art. 104 AEUV (ex Art. 84 EGV) in Bezug auf die Befugnisse der nationalen Behörden, als Übergangsvorschrift konzipiert und beinhaltet begrenzte Kompetenzen zur Anwendung der Art. 101 und 102 AEUV. Bei dem Vorbehalt der Kommission handelt es sich um einen gesetzlich nicht geregelten Fall. Mangels Erreichung der Schwellenwerte kann zwar auf nationaler Ebene eine Zusammenschlusskontrolle stattfinden. Eine Prüfung möglicher sonstiger kartellrechtlicher Aspekte findet jedoch – anders als in Deutschland[31] – nicht in allen Mitgliedstaaten statt. Unabhängig von Fragen hinsichtlich der Anwendbarkeit und des

---

23   Cour d'appel de Paris, Beschl. v. 1.7.2021 = NZKart 2021, 707; EuGH Urt. v. 16.3.2023 – C-449/21 = BeckRS 2023, 4231 – Towercast.
24   Wiedemann KartellR-HdB/Wagemann § 15 Rn. 6; Jung, Subsidiarität im Recht der Wettbewerbsbeschränkungen, 1994, 53; Seitz, One-stop-shop und Subsidiarität, 2002, 219.
25   Jung, Subsidiarität im Recht der Wettbewerbsbeschränkungen, 1994, 53, 55.
26   Art. 103 AEUV (ex Art. 83 EG); Immenga/Mestmäcker/Körber Rn. 5.
27   FKVO; von der Groeben/Schwarze/Hatje/Schröter AEUV Art. 103 Rn. 5.
28   Ratsprotokoll WuW 1990, 240 (243).
29   NK-EuWettbR/Dittert Art. 21 Rn. 18.
30   NK-EuWettbR/Dittert Art. 21 Rn. 18.
31   OLG Düsseldorf Beschl. v. 3.4.2019 – VI-Kart 2/18(V) = NZKart 2019, 282, 282 – Ticketvertrieb II.

Charakters der Art. 104 und 105 AEUV ist es jedenfalls sinnvoll, dass sich die Kommission für eng umgrenzte Ausnahmefälle, in denen nur sie in der Lage wäre, einer massiven Beeinträchtigung des Handels zwischen Mitgliedstaaten entgegenzuwirken, eine Prüfungsmöglichkeit nach den primärrechtlichen Wettbewerbsregeln vorbehält.[32] Den Ausnahmecharakter eines solchen Vorgehens betonte die Kommission selbst als sie klar stellte, dass sie bei Zusammenschlüssen mit bestimmten geringen Umsätzen auf keinen Fall einschreiten werde.[33] In der Praxis ist es bisher auch zu keiner Anwendung der Art. 101 oder 102 AEUV im Zusammenhang mit Fusionen gemäß Art. 3 gekommen.[34]

10   **3. Parallele Anwendung des Primärrechts in Bezug auf Dritte.** Von der Frage der parallelen Anwendung der primärrechtlichen Wettbewerbsregeln durch die Kommission ist die Frage zu unterscheiden, ob die aufgrund des Ausschlusses der VO 1/2003 bestehende Situation sich auch auf die Anwendbarkeit der Art. 101 und 102 AEUV – etwa durch nationale Gerichte – im Verhältnis zu Dritten auswirkt.[35] In diesem Zusammenhang ist in der Vergangenheit zwischen Art. 101 und 102 AEUV unterschieden worden.

11   Der EuGH hat in seiner bisherigen Rechtsprechung deutlich gemacht, dass sich Dritte nicht vor nationalen Gerichten auf Art. 101 AEUV berufen können, da dies nur bei Bestehen entsprechender Durchführungsverordnungen möglich ist. Bei fehlender Durchführungsverordnung fehle nach der Rechtsprechung zu Art. 101 AEUV zugleich das für dessen Anwendung wesentliche verfahrensrechtliche Instrument.[36] Der Gerichtshof führte aus, dass den nationalen Gerichten die Anwendung des Art. 101 AEUV verwehrt sei, solange dieser nicht in seiner Gänze, also inklusive des Absatzes 3, angewendet werden könne. Die FKVO stelle in Bezug auf die notwendigen Einzelheiten der Freistellung nach Art. 101 Abs. 3 AEUV keine ausreichende Konkretisierung dar.[37] Insofern folge aus dem Ausschluss der VO 1/2003 ebenfalls der Ausschluss der Geltung des Art. 101 AEUV.[38]

12   Im Hinblick auf Art. 102 AEUV hingegen hat der Gerichtshof in der Vergangenheit betont, dass diese Vorschrift unmittelbar, vorbehalts- und ausnahmslos gilt, so dass sich Dritte grundsätzlich auch im Rahmen von Zusammenschlüssen hierauf berufen können.[39] Art. 102 AEUV bedarf, anders als der frühere Art. 86 EGV, keiner entsprechenden Durchführungsbestimmungen, da das missbräuchliche Ausnutzen einer beherrschenden Stellung „per se" mit dem Gemeinsamen Markt unvereinbar ist; Ausnahmen bzw. Freistellungen gibt es nicht. Ebenso wenig ist eine gerichtliche Überprüfung einer Entscheidung der Kommission gem. Art. 104 AEUV bzw. einer nationalen Behörde gem. Art. 105 AEUV vorgesehen. Daher ist auch ein Ausschluss des Art. 102 AEUV im Anwendungsbereich der FKVO nicht möglich.

13   Fraglich ist, ob Ähnliches mit Wegfall des Freistellungssystems und automatischer Geltung des Art. 101 Abs. 3 AEUV auch im Hinblick auf diese Vorschrift gilt. In konsequenter Anwendung der von der Rechtsprechung entwickelten Grundsätze müsste diese Frage wohl bejaht werden.[40] Mit der unmittelbaren Anwendbarkeit des Art. 101 Abs. 3 AEUV kann sich der Einzelne vor den nationalen Gerichten auf diese Vorschrift berufen und die nationalen Gerichte können eigenverantwortlich feststellen, ob Art. 101 Abs. 3 AEUV eingreift. Somit lässt sich argumentieren, dass nach der dargestellten Rechtsprechung auch ein Ausschluss des Art. 101 AEUV nicht länger möglich sein sollte. Höchstrichterlich geklärt ist diese Frage aber noch nicht.

14   **4. Ausnahme für Gemeinschaftsunternehmen nach Art. 21 Abs. 1 Hs. 2.** Die Anwendung der VO 1/2003 einschließlich des Art. 101 AEUV ist nach Art. 21 Abs. 1 für alle Zusammenschlüsse ausgeschlossen, welche die Voraussetzungen des Art. 3 erfüllen. Die teils schwierige Auslegung des Art. 3 hinsichtlich des Zusammenschlussbegriffes (etwa hinsichtlich des Kontrollbegriffs) entscheidet mithin über die Anwendbarkeit der rechtlichen Bewertungsgrundlage sowie die ausschließliche Zuständigkeit zur Prüfung eines Zusammenschlusses. Gründungen von Nicht-Vollfunk-

---

[32] Immenga/Mestmäcker/Körber Einleitung Rn. 50–59; Staudenmayer WuW 1992, 475 (477); Dreher WuW 2002, 828 (831).
[33] Protokollerklärung zu Art. 22 aF; s. auch Immenga/Mestmäcker/Körber Einl. Rn. 53.
[34] Wiedemann KartellR-HdB/Wagemann § 15 Rn. 8; NK-EuWettbR/Dittert Rn. 21.
[35] Immenga/Mestmäcker/Körber Einl. Rn. 61 ff.; Staudenmayer WuW 1992, 475 (478).
[36] EuGH Urt. v. 6.4.1962 – 13/61, Slg. 1962, 97 Rn. 112–115 = BeckRS 2004, 71489 – Bosch; EuGH Urt. v. 30.4.1986 – 209/84 u. a., Slg. 1984, 1425 = BeckRS 2004, 72292 – Asjes; Weitbrecht EuZW 1990, 18, 21; Staebe EWS 2003, 249, 252; NK-EuWettbR/Dittert Art. 22 Rn. 4.
[37] Immenga/Mestmäcker/Körber Einleitung Rn. 61.
[38] EuGH Urt. v. 6.4.1962 – 13/61, Slg. 1962, 97 Rn. 112–115 = BeckRS 2004, 71489 – Bosch.
[39] EuGH Urt. v. 11.4.1989 – 66/86, Slg. 1989, 803 Rn. 30–33 = BeckRS 2004, 73511 – Ahmed Saeed; von der Groeben/Schwarze/Hatje/Schröter/Bartl Art. 102 Rn. 44.
[40] Wohl auch LMRKM/Westermann Rn. 1; NK-EuWettbR/Dittert Rn. 26; aA FK-KartellR/Jungermann Rn. 10.

tionsgemeinschaftsunternehmen (ebenso wie der Erwerb von Minderheitsbeteiligungen, die keine Kontrolle mit sich bringen), gelten nach Art. 3 Abs. 4 nicht als Zusammenschlüsse und können somit prinzipiell neben möglicherweise anwendbaren nationalen Fusionskontrollregeln auch gem. Art. 101 und 102 AEUV untersucht werden.[41] Für Nicht-Vollfunktionsgemeinschaftsunternehmen wurde dies vom Gerichtshof bestätigt. Im Fall „Austria Asphalt" ging es um die Frage ob eine Transaktion, bei der es zum Wechsel von alleiniger auf gemeinsame Kontrolle in einem bestehenden Unternehmen kommt, auch dann der FKVO unterliegen kann, wenn das entstehende Unternehmen kein Vollfunktions-Gemeinschaftsunternehmen ist.[42] Der Gerichtshof verneinte das unter anderem mit dem Argument, dass eine solche Auslegung dazu führen würde, dass die FKVO auf Vorgänge erstreckt würde, die keine Auswirkungen auf die Marktstruktur haben können und dass der Anwendungsbereich der VO 1/2003 entsprechend reduziert würde.[43]

Art. 21 Abs. 1 Hs. 2 beinhaltet eine explizite Ausnahmeregelung von dem Prinzip der ausschließlichen Anwendbarkeit der FKVO. Hiernach erlangen die in Art. 21 Abs. 1 Hs. 1 aufgezählten Verordnungen und damit die Art. 101 und Art. 102 AEUV wieder Geltung, wenn Gemeinschaftsunternehmen, die keine gemeinschaftsweite Bedeutung iSv Art. 1 Abs. 2 und 3 haben, die Koordinierung des Wettbewerbsverhaltens unabhängig bleibender Unternehmen bezwecken oder bewirken. Dieses Regel-Ausnahme-Prinzip wird besser vor dem entstehungsgeschichtlichen Hintergrund verständlich. Ursprünglich gab es keine Art. 21 Abs. 1 Hs. 2 nF entsprechende Ausnahmeregelung. Die Unanwendbarkeit der damaligen VO 17 iVm Art. 101 AEUV betraf daher Zusammenschlüsse mit und ohne gemeinschaftsweite Bedeutung, was zunächst nicht problematisch war, da kooperative Gemeinschaftsunternehmen nicht vom Zusammenschlussbegriff in Art. 3 erfasst wurden. Eine Lücke entstand, als 1997 der Anwendungsbereich der FKVO auf alle Vollfunktionsgemeinschaftsunternehmen,[44] einschließlich kooperativer, erweitert wurde. Für solche gibt es eine Regelung innerhalb der FKVO. Wird nämlich bei einem Vollfunktionsgemeinschaftsunternehmen mit gemeinschaftsweiter Bedeutung unmittelbar eine Koordinierung der unabhängig bleibenden Unternehmen bezweckt oder bewirkt, so kann dies im Rahmen der FKVO über Art. 2 Abs. 4 Berücksichtigung finden. Hier ist die Kommission originär zuständig und beurteilt den Teil des Zusammenschlusses, der die Koordinierung betrifft zusätzlich nach den Kriterien des Art. 101 Abs. 1 und 3 des Vertrages, um eine potentielle Unvereinbarkeit mit dem Gemeinsamen Markt festzustellen.[45] **15**

Bei Zusammenschlüssen ohne gemeinschaftsweite Bedeutung konnte die Regelung des Art. 21 Abs. 1 aF jedoch zu unbefriedigenden Ergebnissen führen, da wegen der eindeutigen Ausschließlichkeitsregelung nach Art. 21 Abs. 1 aF, die keinen Bezug auf Schwellenwerte enthielt, bei allen kooperativen Gemeinschaftsunternehmen eine Prüfung nach Art. 101 AEUV unterbleiben musste. Daher wurde für Gemeinschaftsunternehmen, welche die Schwellenwerte nicht erreichen, eine Ausnahmeregelung notwendig, wie sie in Art. 21 Abs. 1 Hs. 2 aufgenommen wurde. **16**

Bei Eingreifen der Ausnahmeregelung ist mangels gemeinschaftsweiter Bedeutung die originäre Kompetenz der Mitgliedstaaten begründet. Zudem soll aber nach Art. 21 Abs. 1 Hs. 2 auch die VO 1/2003 (und damit Art. 101 AEUV) auf das fragliche Vorhaben bezüglich der Koordination des Wettbewerbsverhaltens der unabhängig bleibenden Unternehmen Anwendung finden. Von diesem Recht dürfte die Kommission allerdings nur in Ausnahmesituationen, in denen erhebliche Auswirkungen auf den Handel zwischen Mitgliedstaaten zu erwarten sind, Gebrauch machen.[46] **17**

IV. Zuständigkeiten

1. Ausschließliche Kommissionskompetenz. Art. 21 Abs. 2 begründet die ausschließliche Kompetenz der Kommission zum Erlass von Entscheidungen gemäß der FKVO,[47] dh für Entscheidungen, die Zusammenschlüsse von unionsweiter Bedeutung nach Art. 1, 3 betreffen. Die Norm knüpft zugleich an die ausschließliche Geltung der FKVO iSd Art. 21 Abs. 1 an, die allein durch die Kommission durchgesetzt werden kann. Art. 21 Abs. 3 UAbs. 1 verstärkt diese Aussage, indem er den Mitgliedstaaten die Anwendung ihres jeweiligen innerstaatlichen Wettbewerbsrechts auf derartige Zusammenschlüsse insgesamt (also auch für das nationale Territorium betreffende Teilbereiche) untersagt.[48] Die einzelstaatlichen Behörden sind ohne weiteres unzuständig, selbst in einem bislang rein hypothetischen Fall, in dem die Kommission trotz Vorliegen der gemeinschaftsweiten Bedeutung **18**

---

41 Bechtold/Bosch/Brinker Rn. 8; Immenga/Mestmäcker/Körber Rn. 12.
42 EuGH Urt. v. 7.9.2017 – C-248/16 Rn. 35 = NZKart 2017, 535 – Austria Asphalt.
43 EuGH Urt. v. 7.9.2017 – C-248/16 Rn. 34 = NZKart 2017, 535 – Austria Asphalt.
44 Wiedemann KartellR-HdB/Wagemann § 15 Rn. 69.
45 Art. 2 Abs. 4; Levy, European Merger Control Law, Stand 2010, § 21.01.
46 Erklärung für das Ratsprotokoll (zu Art. 22 Abs. 1 a.F.) Ziff. 4.2 zitiert in FK-KartellR/Jungermann Rn. 13.
47 Nach Art. 6, 8 Abs. 1–4, 9 Abs. 1, 11 Abs. 1, 13 Abs. 4, 14, 15.
48 Immenga/Mestmäcker/Körber Rn. 17.

untätig bliebe.⁴⁹ Somit wird eine Doppelkontrolle durch mehrere Behörden und damit auch die Gefahr divergierender Entscheidungen letztlich mit dem Ziel vermieden, eine einheitliche Entscheidungspraxis zu erzielen; sog „level playing field".⁵⁰ Durchgesetzt hat sich hierfür auch der Begriff des „One-Stop-Shop-Prinzips", welches die Bündelung mehrerer paralleler Verfahren in den Mitgliedstaaten zu einem einheitlichen Verfahren vor der Kommission beschreibt.⁵¹

19 Dies stellt in mancher Hinsicht eine Abkehr von der im Urteil „Walt Wilhelm" zutage tretenden Rechtsprechung des EuGH dar.⁵² Danach sollten nationales und EU-Kartellrecht im Anwendungsbereich der Art. 101 und 102 AEUV (ex Art. 81 und 82 EGV) nebeneinander Geltung erhalten. Da zum Zeitpunkt des Erlasses von Walt Wilhelm keine eigene europäische Fusionskontrolle bestand, wurden grundsätzlich auch Zusammenschlüsse nach den Art. 101 und 102 AEUV bewertet.⁵³ Die Anwendung des nationalen Rechts stand allerdings unter dem Vorbehalt, dass sie die uneingeschränkte und einheitliche Anwendung des Gemeinschaftsrechts und die Wirksamkeit der zu seinem Vollzug ergangenen oder zu treffenden Maßnahmen nicht beeinträchtigen durfte.⁵⁴

20 Die Frage bis wann die ausschließliche Kompetenz der Kommission gelten soll, was genau sie umfasst und inwieweit Wettbewerbsregeln der Mitgliedstaaten im Umfeld eines Zusammenschlusses mit gemeinschaftsweiter Bedeutung anwendbar sind, stellte sich insbesondere im Nachgang zur Verbotsentscheidung der Kommission im Fall Ryanair/Aer Lingus.⁵⁵ Aer Lingus hatte die Kommission verklagt weil diese sich nicht dazu befugt sah, Ryanair, dem Antrag von Aer Lingus gemäß, im Rahmen der FKVO aufzugeben, sich von ihrer Beteiligung an Aer Lingus zu trennen, obwohl der geplante Erwerb nicht durchgeführt wurde da Ryanair nur eine Minderheitsbeteiligung hielt, die ihr weder de jure noch de facto die Ausübung einer Kontrolle über Aer Lingus ermöglichte.⁵⁶ Im Beschluss, in dem der Präsident des Gerichts den parallel gestellten Antrag von Aer Lingus auf Erlass einstweiliger Anordnungen abwies, betonte er: „Die verbleibende Minderheitsbeteiligung hängt [...] nicht mehr mit dem Erwerb der Kontrolle zusammen, gehört nicht mehr zu einem „Zusammenschluss" und fällt daher nicht in den Anwendungsbereich der Verordnung. Infolgedessen steht Art. 21 [...] grundsätzlich der Anwendung der nationalen Wettbewerbsvorschriften durch die nationalen Wettbewerbsbehörden und die nationalen Gerichte nicht entgegen."⁵⁷ Somit können durchaus nationale Behörden ihre Wettbewerbsregeln (einschließlich der Fusionskontrollregeln) nach einer Untersagungsentscheidung durch die Kommission wieder anwenden.⁵⁸

21 **2. Nachprüfung durch den EuGH.** Nach Art. 21 Abs. 2 stehen die Entscheidungen der Kommission unter dem Vorbehalt der Nachprüfung durch den Gerichtshof. Bezuggenommen wird hiermit auf Art. 263 AEUV (ex Art. 230 EGV), der die Nichtigkeitsklage gegen Rechtsakte der Gemeinschaft zum Regelungsinhalt hat.⁵⁹ Taugliche Klagegegenstände sind im Rahmen von Art. 263 AEUV jedenfalls solche Handlungen der Gemeinschaftsorgane, die dazu bestimmt sind, Rechtswirkungen zu erzeugen, ohne dass deren Rechtsnatur oder Form von Relevanz sind. Die Entscheidungen nach der FKVO, die unmittelbare und rechtsverbindliche Wirkungen entfalten, fallen mithin ohne weiteres in den Anwendungsbereich, so dass die Vorschrift des Art. 21 Abs. 2 lediglich einen deklaratorischen Verweis auf die Klagemöglichkeit aus Art. 263 AEUV darstellt.

22 **3. Anwendbarkeit innerstaatlichen Wettbewerbsrechts. a) Grundsatz gem. Art. 21 Abs. 3 UAbs. 1.** Art. 21 Abs. 3 UAbs. 1 untersagt die Anwendung des innerstaatlichen Wettbewerbsrechts auf Zusammenschlüsse von gemeinschaftsweiter Bedeutung.⁶⁰ Die Regelung ist vor dem Hintergrund des formellen Anwendungsvorrangs des Gemeinschaftsrechts, dh sowohl des Primär-

---

⁴⁹ Mohamed ECLRev. 2000, 248 (251); Immenga/Mestmäcker/Körber Rn. 17.
⁵⁰ Wiedemann KartellR-HdB/Wagemann § 15 Rn. 10; Seitz, One-Stop-Shop und Subsidiarität, 2002, 94.
⁵¹ Canivet/Idot/Simon, 430 (5); Wiedemann KartellR-HdB/Wagemann § 15 Rn. 10.
⁵² EuGH Urt. v. 13.2.1969 – 14/68, Slg. 1969, 1 = BeckRS 2004, 71606 – Walt Wilhelm.
⁵³ EuGH Urt. v. 21.2.1973 – 6/72, Slg. 1973, 215 = BeckRS 1973, 106883 – Continental Can; EuGH Urt. v. 17.11.1987 – 142/84, 156/84, Slg. 1987, 4487 = BeckRS 2004, 71647 – Philip Morris.
⁵⁴ EuGH Urt. v. 13.2.1969 – 14/68, Slg. 1969, 1 Rn. 9 = BeckRS 2004, 71606 – Walt Wilhelm.
⁵⁵ Kom., M.4439 – Ryanair/Aer Lingus.
⁵⁶ EuG Urt. v. 9.7.2010 – T-411/07, Slg. 2010, II-3691 = BeckRS 2010, 90836 – Aer Lingus Group plc/Europäische Kommission.
⁵⁷ Beschluss des Präsidenten des EuG im Eilverfahren vom 18.3.2008 – T-411/07 Rn. 101 = BeckRS 2008, 27302.
⁵⁸ Ausf. zu dieser Problematik Wiedemann FS Säcker, 2011, 1013 ff. Tatsächlich hat dann auch die englische Competition Commission am 28.8.2013 Ryanair angewiesen, ihre Beteiligung an Aer Lingus von 29,8 % auf 5 % zu reduzieren.
⁵⁹ NK-EuWettbR/Dittert Rn. 27 ff.
⁶⁰ Laut Wiedemann FS Säcker, 2011, 1020, gilt die Sperrwirkung auch für irrtümlich bei der Kommission angemeldete Zusammenschlüsse bis zur Unzuständigkeitserklärung durch die Kommission.

als auch des Sekundärrechts, vor dem nationalen Recht zu sehen.[61] Der Ausschluss umfasst das gesamte, jeweils einschlägige, nationale Wettbewerbsrecht. Für Deutschland bedeutet dies beispielsweise, dass nicht nur die nationale Fusionskontrolle (§§ 35 ff. GWB), sondern auch das Kartellverbot nach § 1 GWB und das gesamte Kartellverfahrensrecht ausgeschlossen wird. Bei dem Kartellverbot handelt es sich jedoch anders als bei der Fusionskontrolle nicht um eine Strukturkontrolle, welche die aus einem Zusammenschluss resultierende Veränderung der Unternehmensstrukturen und mithin der Marktstruktur zum Gegenstand hat, sondern um eine Verhaltenskontrolle (§ 1 GWB). Es werden zwei unterschiedliche Regelungsziele geschützt, was an sich zu einer parallelen Anwendbarkeit beider Rechtsgrundlagen führen müsste.[62] Rechtfertigen lässt sich der vollumfängliche Ausschluss des innerstaatlichen Wettbewerbsrechts jedoch mit der grundsätzlichen Kompetenzverteilung zwischen den Mitgliedstaaten und der Kommission. Liegt ein Zusammenschluss iSd Art. 3 mit gemeinschaftsweiter Bedeutung nach Art. 1 Abs. 2 oder 3 vor, so erfolgt eine Kontrolle durch die Kommission anhand der FKVO. Führt die tatbestandsmäßige Gründung eines Gemeinschaftsunternehmens darüber hinaus zu einer Koordination des Wettbewerbsverhaltens der unabhängig gebliebenen beteiligten Unternehmen, so ordnet Art. 2 Abs. 4 ausdrücklich die Anwendung der Verhaltenskontrolle nach Art. 101 Abs. 1 und 3 AEUV an, die ja gemäß Art. 3 Abs. 2 VO 1/2003 ohnehin einen Rahmen für die Anwendung nationalen Rechtes darstellen würde.

Unberührt von Art. 21 Abs. 3 bleiben jegliche Bestimmungen nationalen Rechts, die keine **23** wettbewerblichen Belange betreffen. Somit müssen von den Zusammenschlussparteien selbstverständlich allgemein gültige nationale Regeln etwa im Gesellschaftsrecht, Steuerrecht, Grundbuchrecht, Umweltrecht u.ä. eingehalten werden.[63] Auch Gesetze, die generell Regulierungstätigkeiten anordnen, fallen nicht unter Art. 21 Abs. 3. Dies wurde klar als das Vereinigte Königreich im Fall „EdF/London Electricity" (→ Rn. 63) die Anerkennung berechtigter Interessen gem. Art. 21 Abs. 4 unter anderem zur Verhinderung des internen Handels zwischen den Geschäftsbereichen der Stromerzeugung und der Stromlieferung beantragte. Die Kommission schätzte die Pläne als generelle Regulierungstätigkeit ein, die keinen besonderen Bezug zum Zusammenschluss hatte und hielt deshalb eine Anerkennung gem. Art. 21 Abs. 4 für überflüssig.[64] Weniger klar ist, ob Vorschriften des Gesetzes gegen den unlauteren Wettbewerb, die ja im deutschen Sprachgebrauch zum Wettbewerbsrecht gerechnet werden, ausgeschlossen werden. Da die Kommission normalerweise lediglich Fusionskontrolle, Verhaltenskontrolle und Beihilfenrecht als Teile des Wettbewerbsrechts ansieht (sich also eher auf das Kartellrecht im engeren Sinne bezieht), dürfte dies aber nicht die Intention gewesen sein.[65]

b) Ausnahmen gem. Art. 21 Abs. 3 UAbs. 2. Unabhängig vom Konkurrenzverhältnis der **24** FKVO zu den innerstaatlichen Rechtsordnungen sind die Mitgliedstaaten gem. Art. 21 Abs. 3 UAbs. 2 befugt, auf der Grundlage ihres innerstaatlichen Wettbewerbsrechts zu handeln, um die erforderlichen Ermittlungsmaßnahmen im Rahmen des Verfahrens nach Art. 4 Abs. 4 im Hinblick auf eine Entscheidung über die Zustimmung zu einem von den beteiligten Unternehmen gestellten Verweisungsantrag oder im Rahmen des Art. 9 Abs. 2 zur Vorbereitung eines entsprechenden eigenen Antrags zu ergreifen (Art. 21 Abs. 3 UAbs. 2). Das BKartA wird beispielsweise nach deutschem Recht auf der Grundlage des § 50 GWB und insbesondere nach den §§ 57–59b GWB tätig. Diese Normen finden auch auf EU-Fusionsfälle Anwendung, unabhängig davon, ob das nationale Verfahren mit einer eigenen Entscheidung des BKartA endet oder die Kommissionstätigkeit lediglich unterstützt wird.[66] Praktische Bedeutung kam der expliziten Ermächtigung zur Vornahme eigener Ermittlungen nach Art. 21 Abs. 3 UAbs. 2 bisher kaum zu. Dies beruht auf dem Recht der mitgliedstaatlichen Behörden auf Akteneinsicht nach Art. 19 Abs. 2, welchem die Kommission bislang prinzipiell nachgekommen ist.[67] Ziel der Vorschrift ist es, eine Angleichung des Informationsstandes zwischen der Kommission und den nationalen Behörden zu erreichen.

Das nationale Wettbewerbsrecht findet auch Anwendung, wenn eine Verweisung durch die **25** Kommission gem. Art. 9 Abs. 1 oder mittels Fiktion kraft Gesetzes gem. Art. 9 Abs. 5 an die mit-

---

[61] EuGH Urt. v. 2.3.2021 – C-824/18 = BeckRS 2021, 3004; EuGH Urt. v. 15.7.1964 – 6/64, Slg. 1964, 1141 (1194) = BeckRS 1964, 105086 – Costa/ENEL; s. auch die Urteile des BVerfG in „Solange", BVerfGE 73, 339 – Solange II und 37, 271 – Solange I und 89, 155 (175) – Maastricht und 154, 17 – PSPP-Programm der EZB.
[62] Vgl. die parallele Anwendung von Art. 101, 102 AEUV und der FKVO nach Art. 2 Abs. 4 und Art. 21 Abs. 1.
[63] NK-EuWettbR/Dittert Rn. 45; LMRKM/Westermann Rn. 7; FK-KartellR/Jungermann Rn. 33.
[64] Kom., M.1346 – EdF/London Electricity.
[65] FK-KartellR/Jungermann Rn. 22.
[66] Immenga/Mestmäcker/Rehbinder GWB § 50 Rn. 13; Bechtold/Bosch GWB § 50 Rn. 7.
[67] Art. 19; FK-KartellR/Jungermann Rn. 25.

gliedstaatlichen Behörden erfolgte. Obgleich die Verweisung nach Art. 4 Abs. 4 in diesem Zusammenhang nicht ausdrücklich erwähnt ist, gilt die Anwendung nationalen Wettbewerbsrechts auch für diesen Fall. Der Zweck der Verweisungen besteht gerade darin, den Zusammenschluss in einem nationalen Verfahren gemäß dem jeweiligen einzelstaatlichen Recht überprüfen zu lassen (Art. 9). Im Fall einer Verweisung gemäß Art. 9 dürfen gem. Art. 9 Abs. 8 jedoch nur solche Maßnahmen unter nationalem Recht getroffen werden, die unbedingt erforderlich sind.[68]

26 **4. Andere berechtigte Interessen der Mitgliedstaaten. a) Grundsätze gem. Art. 21 Abs. 4 UAbs. 1. aa) Befugnisse der Mitgliedstaaten.** Eine Ausnahme von der Kommissionskompetenz und damit die Durchbrechung des Ausschließlichkeitsprinzips ist weiterhin in Art. 21 Abs. 4 UAbs. 1 vorgesehen. Nach dieser Regelung erhält ein Mitgliedstaat die Möglichkeit, geeignete Maßnahmen zum Schutz anderer berechtigter Interessen zu ergreifen, die nicht in dieser Verordnung berücksichtigt werden. Es handelt sich um eine Generalklausel, die in erster Linie außerwettbewerbliche Belange betrifft, die in die Kompetenz eines jeden Mitgliedstaates fallen.[69] Nach Auffassung der Kommission werden durch diese Vorschrift keine zusätzlichen Rechte der Mitgliedstaaten begründet, sondern sie beschränkt sich lediglich darauf, die den Mitgliedstaaten bereits zustehenden originären Kompetenzen in ihrem Verhältnis zum Unionsrecht festzuschreiben.[70] Sofern also das jeweils nationale Staatsgebiet tangiert ist und eine spezielle Regelung durch die FKVO nicht besteht, sind die Mitgliedstaaten in dem durch Art. 21 Abs. 4 umschriebenen Rahmen befugt, auf Zusammenschlüsse durch Anordnung entsprechender Maßnahmen einzuwirken. Eine abschließende Aufzählung von berechtigten Interessen der Mitgliedstaaten kann im Hinblick auf gesellschaftliche und politische Entwicklungen letztlich nicht vorgenommen werden.

27 Die Befugnis der Mitgliedstaaten, selbst gegen einen Zusammenschluss vorzugehen, bezieht sich lediglich auf außerwettbewerbliche Aspekte, die nicht bereits von der Kommission berücksichtigt wurden. Die schon von der Kommission untersuchten Aspekte ergeben sich dabei aus Art. 2. Selbst bei Vorliegen außerwettbewerblicher Faktoren steht den Mitgliedstaaten nur das Recht zu, engere Kriterien als diejenigen der Kommission anzuwenden. Dies bedeutet, dass sie eine von der Kommission genehmigte Fusion untersagen bzw. mit zusätzlichen Bedingungen versehen können, jedoch nicht die Berechtigung haben, eine Untersagungsentscheidung der Kommission mit der Begründung außerwettbewerblicher Aspekte zu derogieren und das Vorhaben zu genehmigen.[71]

28 **bb) Schranken.** Nach der Entscheidungspraxis der Kommission müssen Maßnahmen zum Schutz berechtigter Interessen mit den allgemeinen Grundsätzen und anderen Bestimmungen des Unionsrechts vereinbar, erforderlich, geeignet und angemessen sein und tatsächlich darauf abzielen, ein berechtigtes Interesse zu schützen.[72]

29 **(1) Allgemeine Grundsätze.** Die von den Mitgliedstaaten verfolgten Interessen müssen zunächst mit den allgemeinen Grundsätzen des Unionsrechts vereinbar sein.[73] Darunter sind solche Grundsätze zu verstehen, die aufgrund ihrer allgemeinen und übereinstimmenden Anerkennung in der Union, dh den Mitgliedstaaten, Rechtsgültigkeit genießen.[74] Sie werden im Wege wertender Rechtsvergleichung gewonnen wobei die mitgliedstaatlichen Rechtsordnungen lediglich als Rechtserkenntnisquelle dienen, so dass das Unionsrecht nicht innerstaatliche Normen übernimmt, sondern originär unionsrechtliche Grundsätze mittels einer Gesamtschau über die mitgliedstaatlichen Bestimmungen schafft.[75]

30 Als Schranken für die von den Mitgliedstaaten verfolgten Interessen dienen somit zB die Gemeinschaftsgrundrechte, das Diskriminierungsverbot sowie das allseits geltende Verhältnismäßigkeitsprinzip.[76] Letzteres[77] galt dabei bereits vor Einfügung des Art. 5 Abs. 3 in den EG-Vertrag (nun

---

[68] Art. 21 Abs. 3 Unterabs. 2; Art. 9 Abs. 8; Borges EPL 2003, 345 (356).
[69] Bunte/Käseberg Art. 21 Rn. 14; FK-KartellR/Jungermann Rn. 31; Borges EPL 2003, 345 (346, 352); Mohamed ECLRev. 2000, 248 (251); Winckler, Concentrations et champions nationaux: du nouveau sur l'article 21 du Règlement sur les concentrations, RLC, 2008/16, Nr. 1224.
[70] Ratsprotokoll WuW 1990, 240 (242); Wiedemann KartellR-HdB/Wagemann § 15 Rn. 27.
[71] Kom., M.423 – Newspaper Publishing; Ratsprotokoll WuW 1990, 240 (242); Wiedemann KartellR-HdB/Wagemann § 15 Rn. 26.
[72] Kom., M.10494 – VIG/AEGON, IP/22/1258; Kom., M.4685, Rn. 22 f. – Enel/Acciona/Endesa; Kom., M.4197, Rn. 22 ff. – E.ON/Endesa.
[73] FKVO, ABl. 2004 L 24, 1 Erwgr. 19.
[74] Petersmann FS Fikentscher, 1998, 966 (971); Calliess/Ruffert/Wegner EUV Art. 19 Rn. 36.
[75] EuGH Urt. v. 12.7.1957 – 7/56, Slg. 1957, 81 = BeckRS 2004, 73551 – Algera; Haltern, Europarecht Dogmatik im Kontext Band 2, 3. Aufl. 2017, Rn. 1386 ff.
[76] Kom., M.10494 – VIG/AEGON, IP/22/1258; Kom., M.567, ABl. 1996 C 011/3 Rn. 8 – Lyonnaise des Eaux/Northumbrian Water; VO 139/2004, ABl. 2004 L 24, 1 Rn. 36; NK-EuWettbR/Dittert Rn. 49.
[77] EuGH Urt. v. 5.7.1977 – 114/76, Slg. 1977, 1211 Rn. 5 = BeckRS 9998, 105778 – Behla Mühle.

IV. Zuständigkeiten 31–34 **Art. 21 FKVO**

Art. 5 Abs. 4 AEUV) als allgemeiner Rechtsgrundsatz. Der EuGH hat daneben weitere rechtsstaatliche Grundsätze[78] wie den Grundsatz von Treu und Glauben (Verwirkung), den Grundsatz der Gesetzmäßigkeit der Verwaltung, das Prinzip der Rechtssicherheit und des Vertrauensschutzes und das Verbot der Rückwirkung von Gesetzen[79] anerkannt.[80]

(2) Übrige Bestimmungen des Unionsrechts. Darüber hinaus müssen die Maßnahmen der 31 Mitgliedstaaten, die sie zum Schutz anderer berechtigter Interessen vornehmen, mit den übrigen Bestimmungen des Gemeinschaftsrechts, insbesondere denjenigen, die in dem Vertrag zur Gründung der Europäischen Gemeinschaften niedergelegt sind, in Einklang gebracht werden. Wesentliche Bedeutung erlangen in diesem Zusammenhang die Grundfreiheiten (Art. 34, 49, 56, 63 AEUV, ex Art. 28, 43, 49, 59 EGV), das Verbot staatlicher Beihilfen (Art. 107 AEUV, ex Art. 87 EGV), sowie das Diskriminierungsverbot aus Art. 18 AEUV (ex Art. 12 EGV).[81] Hinsichtlich des Diskriminierungsverbots ist zu berücksichtigen, dass die angeordneten Verbote oder Beschränkungen bei Vollzug des Zusammenschlusses weder eine willkürlich diskriminierende Maßnahme noch eine versteckte Beschränkung des Handels zwischen den Mitgliedstaaten bewirken dürfen.[82]

b) Anerkannte berechtigte Interessen gem. Art. 21 Abs. 4 UAbs. 2. Gemäß Art. 21 32 Abs. 4 UAbs. 2 erfährt der unbestimmte Rechtsbegriff der „berechtigten Interessen" eine Konkretisierung, indem unter Bezugnahme auf Art. 21 Abs. 4 UAbs. 1 als solche Interessen die öffentliche Sicherheit, die Medienvielfalt und die Aufsichtsregeln aufgezählt werden. Ein Anspruch auf Vollständigkeit genießt diese Auflistung nicht; es handelt sich vielmehr um Regelbeispiele. Nach dem Wortlaut des Art. 21 Abs. 4 UAbs. 3 heben sich diese Regelbeispiele von anderen „berechtigten" Interessen dabei dadurch ab, dass für ihre Geltendmachung keine vorherige Anerkennung durch die Kommission erforderlich ist. Wie unten dargelegt (→ Rn. 60 ff.), ist diese Auslegung des Art. 21 Abs. 4 UAbs. 3 jedoch zu relativieren. Außerdem hat die Kommission ausgeführt, dass die anerkannten berechtigten Interessen einheitlich auszulegen seien, soweit möglich entsprechend dem relevanten Unionsrecht.[83]

Für den praktisch wichtigsten Anwendungsfall der öffentlichen Sicherheit ist dies ausdrücklich 33 in der Screening-Verordnung geregelt.[84] Diese soll nach ihrem Erwägungsgrund 36 unbeschadet des und einheitlich mit Art. 21 Abs. 4 angewandt werden, wenn eine ausländische Direktinvestition einen Zusammenschluss nach der FKVO darstellt. Soweit sich der jeweilige Anwendungsbereich der beiden Verordnungen überschneidet, sollen die in Art. 1 der Screening-Verordnung festgelegten Gründe für die Überprüfung und der Begriff der berechtigten Interessen im Sinne von Art. 21 Abs. 4 „einheitlich ausgelegt werden, ohne die Bewertung der Vereinbarkeit der nationalen Maßnahmen, die dem Schutz dieser Interessen dienen, mit den allgemeinen Grundsätzen und den sonstigen Bestimmungen des Unionsrechts zu beeinträchtigen."[85]

aa) Öffentliche Sicherheit. Der Begriff der öffentlichen Sicherheit als ein „berechtigtes Inte- 34 resse" im Sinne des Art. 21 Abs. 4 UAbs. 1 umfasst mehrere Aspekte. Neben der äußeren Sicherheit eines Staates ist darunter auch die innere Sicherheit zu verstehen. Wie die Kommission in einer Protokollerklärung zur Auslegung des Art. 21 (ex Art. 22) ausdrücklich betont, können weitergehende Erwägungen in Bezug auf die öffentliche Sicherheit, und zwar im Sinne sowohl des Art. 347 AEUV (ex Art. 297 EGV) als auch des Art. 36 AEUV (ex Art. 30 EGV) zu den Interessen der eigentlichen Verteidigung hinzukommen.[86] Der Hinweis der Kommission auf Art. 36 AEUV stellt nur eine inhaltliche Erläuterung der Reichweite dieses Begriffs dar. Als Beispiel führt die Kommission in diesem Zusammenhang das im Sinne der Rechtsprechung des Gerichtshofs ausgestaltete Gebot der Sicherstellung der Versorgung eines Landes mit einer Ware oder Dienstleistung, sofern sie für den Gesundheitsschutz von wesentlicher oder lebenswichtiger Bedeutung ist, an.[87] In jüngerer Zeit hat der Begriff der öffentlichen Sicherheit inhaltlich durch den Regelungsgegenstand der Screening-

---

[78] EuGH Urt. v. 13.2.1979 – 101/78, Slg. 1979, 623 = BeckRS 2004, 70620 – Granaria.
[79] EuGH Urt. v. 25.1.1979 – 99/78, Slg. 1979, 101 Rn. 6 = BeckRS 2004, 73997 – Decker; EuGH Urt. v. 25.1.1979 – 98/78, Slg. 1979, 69 Rn. 18 = BeckRS 2004, 73987 – Racke.
[80] EuGH Urt. v. 18.5.1982 – 155/79, Slg. 1982, 1575 Rn. 18 = BeckRS 2004, 71795 – AM&S.
[81] Art. 18 AEUV (ex Art. 12 EGV); IP/00/1338; Kom., M.10494 – VIG/AEGON, IP/22/1258; Kom., M.1616, Rn. 28 – BSCH/A. Champalimaud.
[82] Ratsprotokoll WuW 1990, 240 (242); FK-KartellR/Jungermann Art. 21 Rn. 32.
[83] Kom., M.2491, Rn. 39 – Sampo/Storebrand.
[84] VO (EU) 2019/452, ABl. 2019 L 79, 1.
[85] VO (EU) 2019/452; ABl. 2019 L 79 Erwgr. 36.
[86] Ratsprotokoll WuW 1990, 240 (242); hierzu Bunte/Käseberg Rn. 15.
[87] Ratsprotokoll WuW 1990, 240 (242); vgl. auch EuGH Urt. v. 10.7.1984 – C-72/83, Slg. 1984 I-2727 Rn. 31 = BeckRS 2004, 73601 – Campus Oil Limited.

Verordnung sowie der mitgliedstaatlichen Regelungen zu ausländischen Direktinvestitionen deutlich an Kontur gewonnen. In diesem Zusammenhang fordert die Kommission eine tatsächliche und hinreichend schwere Bedrohung für ein grundlegendes Interesse der Gesellschaft.[88] Schließlich weist die Kommission auf den Art. 347 AEUV (ex Art. 297 EUV) hin,[89] wonach es den Mitgliedstaaten durch gemeinsames Vorgehen obliegt, die Beeinträchtigung des Funktionierens des Gemeinsamen Marktes durch Maßnahmen, die ein Mitgliedstaat bei einer schwerwiegenden innerstaatlichen Störung der öffentlichen Ordnung, im Kriegsfall, bei einer ernsten internationalen Spannung oder in Erfüllung von im Hinblick auf die Aufrechterhaltung des Friedens und der internationalen Sicherheit übernommener Verpflichtungen trifft, zu verhindern.[90]

35 Im Bereich der öffentlichen Sicherheit wurde ursprünglich in erster Linie auf militärische und verteidigungspolitische Erwägungen allgemeinerer Art, also die äußere Sicherheit, Bezug genommen.[91] So betraf der erste Fall, in dem sich die anmeldende Partei erfolgreich vor der Kommission auf eine Aufforderung eines Mitgliedstaates (Frankreich) hin auf das berechtigte Interesse der öffentlichen Sicherheit berief, „France/CGI",[92] den Bereich der nationalen Verteidigung in Form der Kooperation des anmeldenden Unternehmens mit dem französischen Verteidigungsministerium. Im Zusammenhang mit dem Fall „Thomson CSF/Racal (II)",[93] in dem die Kommission zu weiten Teilen militärische und verteidigungsrelevante Aspekte zu prüfen hatte, kündigte Großbritannien an, es werde die betroffenen Bereiche im Hinblick auf Belange der öffentlichen Sicherheit von den nationalen Behörden prüfen lassen.[94] Aufgrund des Ausnahmecharakters des Art. 21 Abs. 4 und seiner möglichen Einschränkung der Grundfreiheiten ist der Begriff jedoch stets eng auszulegen.[95]

36 **(1) Die Prüfung ausländischer Direktinvestitionen im Verhältnis zu Art. 21 Abs. 4.** Die Bedeutung der öffentlichen Sicherheit als Grundlage der zusätzlichen Prüfung außerwettbewerblicher Interessen durch die Mitgliedstaaten hat mit Erlass der Screening-Verordnung stark zugenommen. Art. 21 ist jedoch auch zu berücksichtigen soweit es um ausländische Direktinvestitionen (Foreign Direct Investments – FDI) geht, die einen Zusammenschlusstatbestand mit unionsweiter Bedeutung im Sinne der FKVO darstellen.[96] Insoweit ist die Kommission befugt, die Anwendung sowie (inzident) den Regelungsgehalt der mitgliedstaatlichen FDI-Regime zu überprüfen. Nachdem seit beinahe 15 Jahren keine Entscheidung zu Art. 21 erging, hat die Kommission im Fall „VIG/AEGON" ihre ausschließliche Zuständigkeit für die Prüfung von Zusammenschlüssen von unionsweiter Bedeutung bekräftigt und die Mitgliedstaaten daran erinnert, dass ihre Maßnahmen auch im Zusammenhang mit ausländischen Direktinvestitionen diese Zuständigkeitsverteilung beachten müssen, damit die Marktteilnehmer vertrauensvoll investieren und den Binnenmarkt nutzen können.[97]

37 Konkret ging es um ein Veto der ungarischen Regierung gegen die Übernahme der ungarischen Tochtergesellschaften der AEGON-Gruppe durch die Wiener Versicherung Gruppe AG (VIG), welche die Kommission im August 2021 ohne Auflagen freigegeben hatte. Die Kommission sah in dem Veto Ungarns, das auf Basis einer im Kontext der Coronakrise erlassenen Notverordnung über ausländische Direktinvestitionen ergangen war, eine Verletzung von Art. 21. Zunächst einmal hatte die Kommission begründete Zweifel daran, dass mit dem Veto tatsächlich berechtigte Interessen Ungarns im Sinne des Art. 21 Abs. 4 UAbs. 2 geschützt werden sollten. Insbesondere sei nicht ersichtlich, inwiefern der Erwerb der ungarischen Vermögenswerte von AEGON durch VIG grundlegende Interessen der Gesellschaft bedrohen würde, da VIG und AEGON fest etablierte Versicherungsgesellschaften in der EU und bereits in Ungarn präsent seien. Die Kommission kam daher zu dem Schluss, dass die ungarischen Behörden sie vorab von ihrer Vetoabsicht hätten unterrichten müssen und mit diesem Versäumnis gegen Art. 21 der FKVO verstoßen hätten. Außerdem habe das Veto das Recht von VIG eingeschränkt, grenzüberschreitende Geschäftstätigkeiten durchzuführen, ohne dass Ungarn nachgewiesen hätte, dass die Maßnahme gerechtfertigt, geeignet und verhältnismäßig gewesen wäre. Daher kam die Kommission zu dem Ergebnis, dass das Veto nicht mit der Niederlassungsfreiheit vereinbar war und aus diesem Grund auch materiell gegen Art. 21 verstieß.[98]

---

[88] Kom., M.4685, Rn. 57 – Enel/Acciona/Endesa; Kom., M.4197, Rn. 39 – E.ON/Endesa.
[89] Ratsprotokoll WuW 1990, 240 (242).
[90] Art. 347 AEUV; Canivet/Idot/Simon, 430 (40).
[91] Navarro/Font/Folguera/Briones Rn. 14.68.
[92] Kom., M.336, Rn. 321 – IBM France/CGI.
[93] Kom., M.1858 – Thomson CSF/Racal (II), IP/00/628.
[94] IP/00/628.
[95] Kom., M.4685, Rn. 57 – Enel/Acciona/Endesa; Kom., M.4197, Rn. 39 – E.ON/Endesa.
[96] VO (EU) 2019/452; ABl. 2019 L 79 Erwgr. 36.
[97] Kom., M.10494 – VIG/AEGON, IP/22/1258.
[98] Kom., M.10494 – VIG/AEGON, IP/22/1258.

Auf die Anordnung der Kommission zog Ungarn sein Veto zurück, sodass die Transaktion wie von der Kommission freigegeben vollzogen werden konnte.

Bereits in einem früheren Fall hatte die Kommission ähnlich entschieden. Im Zusammenschluss **38** „E.ON/Endesa", der im April 2006 von der Kommission freigegeben worden war,[99] machte die Kommission eine Verletzung des Art. 21 durch eine Entscheidung der spanischen Energieregulierungsbehörde geltend. Letztere hatte eine Reihe von Bedingungen aufgestellt, die dem Schutz der öffentlichen Sicherheit im Energiesektor insbesondere in Gestalt der Versorgungssicherheit dienen sollten (darunter die Verpflichtungen, den Hauptsitz des Unternehmens in Spanien zu belassen, Endesa stets hinreichend zu kapitalisieren und nicht über eine bestimmte Grenze zu verschulden). Ende 2006 entschied die Kommission, dass die spanische Entscheidung gegen Art. 21 verstoße, da eine Mitteilung nach Art. 21 Abs. 4 UAbs. 3 trotz Vorliegen eines Zweifelsfalls unterblieben war und mehrere der Bedingungen nicht mit den Grundfreiheiten in Einklang zu bringen seien.[100] Die Kommission forderte Spanien deshalb auf, die unionsrechtswidrigen Bedingungen zurückzunehmen.[101] Da Spanien die Maßnahmen nicht zurücknahm, erhob die Kommission vor dem EuGH Klage gegen Spanien.[102] Obwohl die Kommission sämtliche ihr zur Verfügung stehenden Mittel schnell und unbürokratisch einsetzte, wurde die Übernahme von Endesa durch E.ON schließlich durch die verschiedenen Verfahren verhindert. Mit Urteil vom 6.3.2008 entschied der EuGH, dass Spanien gegen seine Pflichten aus dem AEUV verstoßen hatte, indem es die Bedingungen der CNE nicht wie von der Kommission gefordert zurückgenommen hatte.[103]

In der Zwischenzeit machten Acconia und Enel ein gemeinsames Übernahmeangebot für **39** Endesa. Der Zusammenschluss „Enel/Acconia/Endesa" wurde ordnungsgemäß bei der Kommission angemeldet und im Juli 2007 genehmigt.[104] Spanien machte die geplante Übernahme jedoch wiederum von der Erfüllung von Bedingungen abhängig, ohne die Kommission über seine Entscheidung zu informieren. Im Dezember 2007 erließ die Kommission eine Entscheidung, in der sie die Bedingungen aus vergleichbaren Gründen wie bei „E.ON/Endesa" für unvereinbar mit Art. 21 erklärte und die spanische Regierung aufforderte, diese zurückzunehmen.[105] Spanien klagte gegen die Kommissionsentscheidung und beantragte den Erlass einstweiliger Maßnahmen gegen die Freigabeentscheidung. Letztere wurden jedoch vom Gericht im April 2008 zurückgewiesen.[106] Im Juni 2010 schließlich zog Spanien die Klage gegen die Entscheidung der Kommission gemäß Art. 21 zurück. Zwischenzeitlich hatte Enel auch Acciona's Anteile an Endesa übernommen.[107]

In Deutschland sind die Regeln des Außenwirtschaftsgesetzes (AWG) und der Außenwirt- **40** schaftsverordnung (AWV) am Standard des Art. 21 Abs. 4 zu messen. Gemäß § 55 AWV kann das BMWK im Rahmen der sektorübergreifenden Prüfung prüfen, ob es insbesondere die öffentliche Ordnung oder Sicherheit der Bundesrepublik Deutschland voraussichtlich beeinträchtigt, wenn ein Unionsfremder unmittelbar oder mittelbar ein inländisches Unternehmen oder unmittelbar oder mittelbar eine Beteiligung iSd § 56 AWV an einem inländischen Unternehmen erwirbt. Da der Schutz der öffentlichen Ordnung in keine der in Art. 21 Abs. 4 genannten Kategorien von berechtigten Interessen fällt, müsste die Bundesrepublik der Kommission geplante Maßnahmen zum Schutz der öffentlichen Ordnung bei der Kommission anzeigen und ihre Anerkennung abwarten.[108] In der Praxis dürfte jedoch regelmäßig eine Berufung auf die öffentliche Sicherheit anzunehmen sein, wobei auch solche Maßnahmen der Kommission im Zweifel mitzuteilen wären (→ Rn. 60 ff.). Soweit ersichtlich hat sich die Kommission im Zusammenhang mit Art. 21 Abs. 4 bislang noch nicht mit Maßnahmen iSd AWG/AWV auseinandergesetzt; insbesondere die wenigen formellen Untersagungen ausländischer Direktinvestitionen in Deutschland betrafen Fälle, die keinen Zusammenschlusstatbestand mit unionsweiter Bedeutung darstellten.

(2) Art. 346 AEUV (ex Art. 296 EGV) im Verhältnis zu Art. 21 Abs. 4. Im Rahmen des **41** berechtigten Interesses der öffentlichen Sicherheit wurde in einer Reihe von Entscheidungen auch das Verhältnis von Art. 21 zu Art. 346 AEUV, der den Mitgliedstaaten den Erlass von Maßnahmen im Bereich nationaler Sicherheitsinteressen erlaubt, relevant. Der Hinweis auf die „öffentliche Sicherheit" in Art. 21 Abs. 4 UAbs. 2 erfolgt unbeschadet der Bestimmungen des Art. 346 Abs. 1 lit. b

---

[99] Kom., M.4110 – E.ON/Endesa.
[100] Kom., M.4197, Rn. 132 – E.ON/Endesa.
[101] Kom., M.4197 – E.ON/Endesa; Kom., M.4197 – E.ON/Endesa.
[102] Pressemitteilung IP/07/427 vom 28.3.2007.
[103] EuGH Urt. v. 6.3.2008 – C-196/07, Slg. 2008, I-41 = BeckRS 2008, 469321 – Kommission/Spanien.
[104] Kom., M.4685 – Enel/Acconia/Endesa.
[105] Kom., M.4685 – Enel/Acconia/Endesa.
[106] EuG Beschl. v. 30.4.2010 – T-65/08, Slg. 2008, II-69 = BeckEuRS 2008, 472916 – Spanien/Kommission.
[107] Kom., M.5494 – Enel/Endesa.
[108] S. auch FK-KartellR/Jungermann Rn. 38.

AEUV über die nationalen Sicherheitsinteressen, wie die Kommission in der Protokollerklärung ausdrücklich betont.[109] Art. 346 AEUV wird durch den Hinweis in Art. 21 Abs. 4 jedoch grundsätzlich nicht berührt und ist mit diesem auch nicht deckungsgleich.[110] Formal setzen sich die primärrechtlichen Vorgaben der Art. 346 und 347 AEUV im Rahmen ihres Anwendungsbereiches gegenüber der FKVO durch.[111] Inhaltlich ist hervorzuheben, dass die Geltendmachung eines „berechtigten Interesses" der öffentlichen Sicherheit eine andere Funktion hat als die des Art. 346 Abs. 1 lit. b AEUV. Die „berechtigten Interessen" nach Art. 21 Abs. 4 erlauben es den Mitgliedstaaten, Zusammenschlüsse mit gemeinschaftsweiter Bedeutung zusätzlich zu der fusionskontrollrechtlichen Überprüfung durch die Kommission im Hinblick auf bestimmte außerwettbewerbliche Bereiche, die von besonderer nationaler Bedeutung sind, eigenverantwortlich zu prüfen.[112] Mit einer Berufung auf Art. 346 Abs. 1 lit. b AEUV hingegen möchten die Mitgliedstaaten den rüstungspolitischen und damit sicherheitssensiblen Bereich eines Zusammenschlussvorhabens der Kontrolle durch die Kommission nach der FKVO ganz entziehen.[113]

42 Gemäß Art. 346 AEUV dürfen die Mitgliedstaaten zum Schutze wesentlicher Sicherheitsinteressen zum einen Auskünfte verweigern (Art. 346 Abs. 1 lit. a AEUV) und zum anderen rüstungspolitische, die Erzeugung von Waffen, Munition und Kriegsmaterial oder den Handel damit betreffende Maßnahmen ergreifen (Art. 346 Abs. 1 lit. b AEUV), solange diese auf dem Gemeinsamen Markt die Wettbewerbsbedingungen hinsichtlich der nicht eigens für militärische Zwecke bestimmten Waren nicht beeinträchtigen. Nur die Mitgliedstaaten haben die Befugnis, sich auf Art. 346 Abs. 1 lit. b AEUV zu berufen. Um eine effektive Sicherheitspolitik betreiben zu können, müssen die Mitgliedstaaten sensible Informationen gerade auch in Bezug auf Rüstungsfragen geheim halten können. Im Rahmen der Fusionskontrolle ergreifen die Mitgliedstaaten Maßnahmen im Sinne des Art. 346 Abs. 1 lit. b AEUV, indem sie den beteiligten Unternehmen die Anmeldung des militärischen Teilbereichs ihres Zusammenschlusses bei der Kommission untersagen.[114]

43 Als Ausnahmebestimmung zum gesamten Vertragswerk ist Art. 346 AEUV eng auszulegen.[115] Beruft sich ein Mitgliedstaat auf Art. 346 Abs. 1 lit. b AEUV, prüft die Kommission, ob die Voraussetzungen seiner Anwendung vorliegen.[116] Zwar steht den Mitgliedstaaten ein Beurteilungsspielraum hinsichtlich der Einschätzung ihrer wesentlichen Sicherheitsinteressen im Sinne des Art. 346 Abs. 1 lit. b AEUV und dem zu ihrem Schutz Erforderlichen zu,[117] jedoch kann die Kommission im Rahmen eines Zusammenschlussvorhabens überprüfen, ob im jeweils vorliegenden Fall der Anwendungsbereich des Art. 346 Abs. 1 lit. b AEUV tatsächlich eröffnet ist und deshalb in diesem militärischen Bereich für den Zusammenschluss keine Anmeldepflicht besteht.[118] Die Mitgliedstaaten müssen den Nachweis führen, dass sie mit den auf Grundlage von Art. 346 AEUV getroffenen Maßnahmen wesentliche Sicherheitsinteressen im Sinne dieser Vorschrift verfolgen.[119] Gelingt ihnen dies, findet die FKVO in diesem Ausnahmebereich keine Anwendung.[120] Die Pflicht zur Anmeldung des außermilitärischen Teils des Zusammenschlusses bleibt jedoch bestehen.[121] Die im militärischen Bereich erzielten Umsätze werden bei der Ermittlung des Schwellenwertes des Art. 1 mit einbezogen.[122]

44 Einzelne Mitgliedstaaten haben sich mehrfach auf Art. 346 AEUV berufen, jedoch ist letztlich keine einheitliche Politik zu erkennen. Gerade im Zusammenhang mit großen Zusammenschlussvorhaben, bei denen der militärische Teil auch Auswirkungen auf den Wettbewerb hinsichtlich des

---

[109] Ratsprotokoll WuW 1990, 240 (242); VO 139/2004, ABl. 2004 L 24, 1 Rn. 19; Canivet/Idot/Simon, 430 (25), 430 (30), 430 (40).
[110] NK-EuWettbR/Dittert Rn. 54 ff.; Bunte/Käseberg Rn. 18.
[111] LMRKM/Westermann Rn. 14; NK-EuWettbR/Dittert ff. Rn. 54; Bunte/Käseberg Rn. 18.
[112] Immenga/Mestmäcker/Körber Rn. 25.
[113] Von der Groeben/Schwarze/Hatje/Dittert AEUV Art. 346 Rn. 30.
[114] NK-EuWettbR/Dittert Rn. 56.
[115] EuGH Urt. v. 16.9.1999 – C-414/97, Slg. 1999, I-5585 Rn. 21 = BeckRS 2004, 77125 – Kommission/Spanien; Urt. v. 15.5.1986 – 222/84, Slg. 1986, 1651 Rn. 26 = BeckRS 2004, 72403 – Johnston; von der Groeben/Schwarze/Hatje/Dittert AEUV Art. 346 Rn. 2; vgl auch EuGH Urt. v. 16.9.1999 – C-414/97, Slg. 1999, I-5585 Rn. 22 = BeckRS 2004, 77125 – Kommission/Spanien.
[116] LMRKM/Westermann Rn. 14.
[117] von der Groeben/Schwarze/Hatje/Dittert AEUV Art. 346 Rn. 7; Calliess/Ruffert/Wegener Art. 346 Rn. 3; Geiger/Khan/Kotzur/Khan AEUV Art. 346 Rn. 5.
[118] NK-EuWettbR/Dittert Rn. 61.
[119] von der Groeben/Schwarze/Hatje/Dittert AEUV Art. 346 Rn. 8.
[120] Bunte/Käseberg Rn. 18.
[121] Kom., M.528, Rn. 9–11 – British Aerospace/VSEL; M.724 – GEC Thomson II; M.529, Rn. 9–11 – GEC/VSEL; XXIV. WB Rn. 336; LMRKM/Westermann Rn. 14.
[122] FK-KartellR/Jungermann Rn. 37.

IV. Zuständigkeiten 45–48 Art. 21 FKVO

zivilen Teils hat, sah die Kommission daher insofern Handlungsbedarf und erläuterte den Rechtsrahmen des Art. 346 AEUV im Wege einer Mitteilung zu Auslegungsfragen.[123]
Mitgliedstaatliche Maßnahmen im Rahmen des Art. 346 Abs. 1 lit. b AEUV dürfen auf dem **45** Gemeinsamen Markt die Wettbewerbsbedingungen hinsichtlich der nicht eigens für militärische Zwecke bestimmten Waren nicht beeinträchtigen.[124] Die Kommission bestätigte im Fall „British Aerospace/VSEL"[125] erstmals die Anwendbarkeit des Art. 346 Abs. 1 lit. b AEUV (ex Art. 296 Abs. 1 lit. b EGV) mit der Folge, dass eine Anmeldung bei ihr hinsichtlich des militärischen Bereichs nicht zu erfolgen hatte und mithin die FKVO diesbezüglich außer Anwendung blieb. Sie konkretisierte die Voraussetzungen für das Entfallen der Anmeldepflicht nach der FKVO anhand von vier Faktoren:
– Erstens muss der nicht angemeldete Teil der Fusion die Produktion und den Handel mit Waffen, Munition und Kriegsmaterialien, die in der Liste nach Art. 346 Abs. 2 AEUV (ex Art. 296 Abs. 2 EGV) aufgeführt sind, betreffen. Diese nicht öffentliche Liste aus dem Jahre 1958, die seitdem nicht mehr verändert wurde, enthält nur sogenannte „sensitive Güter", die für militärische Zwecke bestimmt sind.[126] Die Einbeziehung weiterer Güter in den Anwendungsbereich des Art. 346 AEUV, insbesondere sogenannter „dual-use"-Güter, die sowohl für militärische als auch nichtmilitärische Zwecke eingesetzt werden können, wird abgelehnt.[127]
– Zweitens müssen die Maßnahmen von nationaler Seite aus für den Schutz wichtiger Sicherheitsinteressen erforderlich sein.
– Drittens darf es keine „Spill-over"-Effekte zwischen den militärischen und den nichtmilitärischen Aktivitäten geben.
– Viertens darf die Fusion keine spürbaren Auswirkungen auf Lieferanten und Vertragspartner der beteiligten Unternehmen sowie auf die Verteidigungsministerien anderer Mitgliedstaaten haben.

Ohne ein näheres Eingehen auf die Vorschrift des Art. 346 Abs. 1 lit. b AEUV bejahte die Kommission **46** im Fall „British Aerospace/VSEL" das Vorliegen dieser vier Voraussetzungen und beschränkte daher die Prüfung des Zusammenschlusses auf den nichtmilitärischen Teil.[128] Ebenso bejahte die Kommission in „GEC/VSEL",[129] „British Aerospace/Lagardère SCA"[130] und „GEC Marconi/Alenia"[131] den Anwendungsbereich des Art. 346 Abs. 1 lit. b AEUV. In der Entscheidung „British Aerospace/GEC Marconi"[132] ging die Kommission auf die letztgenannte Voraussetzung nicht mehr ein. In anderen Fällen hat die Kommission dagegen bereits eine Berufung auf Art. 346 Abs. 1 lit. b AEUV abgelehnt und eine volle Überprüfung des Zusammenschlusses anhand der FKVO vorgenommen.[133] So forderte die Kommission im Fall „SAAB/Celsius"[134] weitergehende Informationen auch hinsichtlich des militärischen Teils des geplanten Zusammenschlusses, um eine umfassende Überprüfung vornehmen zu können.[135] Die Kommission liefert in ihren Entscheidungen keine weitergehenden Begründungen für oder gegen die Anwendbarkeit von Art. 346 Abs. 1 lit. b AEUV. Eine grundsätzliche Auseinandersetzung mit dem Verhältnis zwischen Art. 346 AEUV und der unionsrechtlichen Fusionskontrolle hat bisher weder auf Kommissionsebene noch auf gerichtlicher Ebene stattgefunden.

Für den Fall, dass eine Fusionskontrolle durch die Kommission ausgeschlossen ist, weil dem **47** anmeldenden Unternehmen durch den Mitgliedsstaat unter Berufung auf Art. 346 Abs. 1 lit. b AEUV erfolgreich die Anmeldung untersagt wurde, schließt sich die Frage an, ob damit auch eine mitgliedstaatliche Überprüfung ausgeschlossen ist, oder ob durch Ausschluss der Kommission die Kompetenz zur Überprüfung solcher Zusammenschlüsse auf die nationalen Kartellbehörden übergeht.

Die Zuständigkeitsverteilung innerhalb der FKVO spricht zunächst gegen eine solche Kompe- **48** tenzüberleitung. Immer dann, wenn der grundsätzliche Anwendungsbereich der europäischen Fusi-

---

[123] Mitteilung zu Auslegungsfragen bezüglich der Anwendung des Artikels 296 des Vertrags zur Gründung der Europäischen Gemeinschaft (EGV) auf die Beschaffung von Verteidigungsgütern, KOM(2006), 779.
[124] Art. 346 Abs. 1 lit. b, 348 AEUV; Ratsprotokoll WuW 1990, 240 (243).
[125] Kom., M.528 – British Aerospace/VSEL.
[126] EuG Urt. v. 30.9.2003 – T-26/01, Slg. 2003, II-3951 Rn. 59, 61 = BeckRS 2003, 156390 – Fiocchi Munizioni/Kommission.
[127] Eikenberg ELR 2000, 117 (120); KOM(2006) 779 endgültig, Mitteilung zu Auslegungsfragen bezüglich der Anwendung des Artikels 296 des Vertrags zur Gründung der Europäischen Gemeinschaft (EGV) auf die Beschaffung von Verteidigungsgütern, 6.
[128] Kom., M.528 – British Aerospace/VSEL.
[129] Kom., M.529 – GEC/VSEL.
[130] Kom., M.820 – British Aerospace/Lagardère SCA.
[131] Kom., M.1258 – GEC Marconi/Aliena.
[132] Kom., M.1438 – British Aerospace/GEC Marconi.
[133] Kom., M.1797 – Saab/Celsius; IP/00/118; M.2308 – Northrop Grumman/Litton Industries; IP/01/438.
[134] Kom., M.1797 – Saab/Celsius; IP/00/118.
[135] NK-EuWettbR/Dittert Rn. 57.

onskontrolle eröffnet ist, es sich also um einen Zusammenschluss von gemeinschaftsweiter Bedeutung handelt, dann ist gemäß Art. 21 Abs. 1 die alleinige Zuständigkeit der Kommission gegeben. Diese alleinige Zuständigkeit müsste auch dann bestehen bleiben, wenn die Kommission in Ausnahmefällen, wie der Betroffenheit wesentlicher Sicherheitsinteressen des Mitgliedstaates nach Art. 346 AEUV, ihre Kontrollkompetenz nicht ausübt. Für diese Auslegung spricht auch, dass im Bereich der Geltendmachung berechtigter Interessen nach Art. 21 Abs. 4 eine Kompetenz der Mitgliedstaaten gerade hinsichtlich der Prüfung außerwettbewerblicher Belange im Sinne der berechtigten Interessen, und nur in Bezug auf diese, gegeben ist. Die Frage nach einer nationalen fusionskontrollrechtlichen Prüfung im Anwendungsbereich des Art. 346 Abs. 1 lit. b AEUV müsste im Umkehrschluss dazu verneint werden.

49 Andererseits handelt es sich bei jeder Unionskompetenz um eine originär den Mitgliedstaaten zugewiesene Kompetenz, die aufgrund des Unionsrechts übertragen worden ist. Wenn nun wegen primärrechtlicher Vorgaben eine Zuständigkeit der Gemeinschaft bezogen auf den gesamten Vertragstext abzulehnen ist, wie im Falle des Art. 346 Abs. 1 lit. b AEUV, dann könnte daraus zu folgern sein, dass die originäre Kompetenz in diesem speziellen Bereich wieder den Mitgliedstaaten zustehen soll. In der Praxis wird diese Frage in den Mitgliedstaaten unterschiedlich behandelt.

50 Die Bundesrepublik Deutschland hat sich im Rahmen der gemeinschaftlichen Fusionskontrolle, also in Bezug auf Zusammenschlüsse mit gemeinschaftsweiter Bedeutung, lange Zeit nicht auf Art. 346 AEUV berufen. Bezüglich der Werftenfusion „Thyssen-Krupp/HDW" hat das deutsche Wirtschaftsministerium Thyssen-Krupp unter Berufung auf Art. 346 lit. b AEUV zunächst angewiesen, den militärischen Teil des Zusammenschlusses nicht anzumelden.[136] Nach Einwänden durch die Kommission erklärte sich die deutsche Bundesregierung jedoch ohne Anerkennung einer Rechtspflicht bereit, die beteiligten Unternehmen zu ermächtigen, gegenüber der Kommission auch Angaben zum militärischen Teil zu machen und damit eine Entscheidung zu ermöglichen, die auch den militärischen Teil umfasst. Somit stellte sich die Frage einer Überprüfung des militärischen Teils durch das Bundeskartellamt.

51 Auch das Vereinigte Königreich und Frankreich haben sich in der Vergangenheit auf Art. 346 AEUV berufen um eine Fusionskontrolle durch die Kommission unter Berufung auf ihre wesentlichen nationalen Sicherheitsinteressen auszuschließen. In Großbritannien wurden dabei die Zusammenschlüsse „British Aerospace/VSEL" und „GEC/VSEL" hinsichtlich des militärischen Teils der „Monopolies and Mergers Commission" (heute „Competition & Markets Authority") zur Prüfung vorgelegt, und als unter wettbewerbsrechtlichen Gesichtspunkten zulässig erachtet.[137] In Frankreich hat eine nationale Kontrolle in kartellrechtlicher Hinsicht durch die „Autorité de la Concurrence" (oder ihre Vorgängerin, die DGCCRF) bisher nicht stattgefunden, und in Fusionskontrollverfahren jüngeren Datums hat sich auch Frankreich nicht mehr auf Art. 346 AEUV berufen. Selbst im Fall „EADS" beispielsweise wurde der Zusammenschluss nach der FKVO überprüft und die französische Regierung forderte das anmeldende Unternehmen nicht auf, die Anmeldung des militärischen Teils zu unterlassen, obwohl das Unternehmen in Bereichen wie der Produktion und dem Handel mit Lenkwaffen, unbemannten Flugkörpern (Drohnen), Militärflugzeugen und Verteidigungselektronik tätig war.[138] Auch im Fall „Thales/DCN",[139] wo es unter anderem um sog combat management systems und Torpedos ging, untersuchte die Kommission die Auswirkungen des Zusammenschlusses sowohl im nichtmilitärischen als auch im militärischen Bereich und Frankreich berief sich nicht auf Art. 346 AEUV. Insgesamt scheint es, dass sich Mitgliedstaaten nur in den seltensten Fällen auf Art. 346 AEUV berufen.[140]

52 **bb) Medienvielfalt.** Mit dem Vorbehalt zugunsten der nationalen Medienvielfalt soll dem Ziel der Aufrechterhaltung diversifizierter Informationsquellen im Interesse des Meinungs- und Ausdruckspluralismus Rechnung getragen werden.[141] Der Schutz der Medienvielfalt entspricht Art. 10 EMRK und Art. 11 Abs. 2 der Charta der Grundrechte der Europäischen Union und ist als allgemeiner Grundsatz des Gemeinschaftsrechts anerkannt.[142]

---

[136] Kom., M.3596 – Thyssen-Krupp/HDW; IP/04/1464.
[137] Kom., M.528, Rn. 9–11 – British Aerospace/VSEL; M.529, Rn. 9–11 – GEC/VSEL; Report der Competition Commission v. 23.5.1995, CM 2851.
[138] Kom., M.1745 – EADS; Bellamy/Child Rn. 8.105.
[139] Kom., M.4191 – Thales/DCN.
[140] So kam es ua in den folgenden Fällen nicht zu einer Berufung auf Art. 346 AEUV: Kom., M.5943 – Abu Dhabi Mar/Thyssen Krupp Marine Systems; M.5426 – Dassault Aviation/TSA/Thales; M.3680 – Alcatel/Finmeccanica/AlcatelAlenia Space & Telespazio; M.2938 – SNPE/MBDA/JV; M.3491, BAE Systems/Alvis; M.2079 – Raytheon/Thales/JV; M.1879 – Boeing/Hughes.
[141] Ratsprotokoll WuW 1990, 240 (243); Niederleithinger WuW 1990, 721 (724).
[142] FK-KartellR/Jungermann Rn. 40.

Gegenstand eines Verfahrens wurde das berechtigte Interesse der Medienvielfalt im Falle „Newspaper Publishing".[143] Bei diesem ging es um die gemeinsame Übernahme des britischen Zeitungsverlags NP durch die spanische Holdinggesellschaft PRISA, die italienische Holdinggesellschaft Espresso und den britischen Zeitungsverlag MGN. Die Kommission stützte ihre Entscheidung hinsichtlich der Anerkennung des legitimen Interesses der britischen Behörden insbesondere auf den Schutz der akkuraten Nachrichtendarstellung sowie der freien Meinungsäußerung. Im Fall „News Corp/BSkyB" akzeptierte die Kommission auf eine formelle Intervention Großbritanniens hin eine Prüfung der Auswirkungen des geplanten Zusammenschlusses auf die Medienpluralität durch die zuständige britische Behörde zusätzlich zu ihrer eigenen Prüfung nach der FKVO.[144] Auch in „Access Industries/Warner Music" sowie in „Comcast/GE Media" meldeten die jeweiligen Parteien die Transaktionen bei nationalen Medienaufsichtsbehörden an, nachdem sie von der Kommission bereits Freigabe erhalten hatten.[145]

In Deutschland wurde zum Zwecke der Sicherung der Medienvielfalt der Rundfunkstaatsvertrag (RStV) der Länder geschlossen, der im Jahr 2020 durch den Medienstaatsvertrag (MStV) abgelöst wurde. Dieser enthält in § 63 iVm §§ 59 ff. MStV eigenständige Kriterien der Konzentrationskontrolle zur Sicherung der Meinungsvielfalt im Falle von Änderungen der Beteiligungsverhältnisse. Daneben finden die Landesrundfunkgesetze Anwendung, die insoweit auch von Art. 21 Abs. 4 geschützt werden. Die Konzentrationsbestimmungen gemäß dem MStV sowie den deutschen Landesrundfunkgesetzen sind mit der europäischen Fusionskontrolle vereinbar.[146]

Die Behandlung von Pressefusionen ist hingegen umstritten. Der Presseklausel der deutschen Fusionskontrolle gemäß § 36 Abs. 1 Nr. 3 GWB kommt für Pressefusionen nicht dieselbe herausragende Stellung zu. In diesem Zusammenhang dürfte sich vielmehr die allgemeine Regel bezüglich des Verhältnisses zwischen nationaler und europäischer Kontrolle, dh der Vorrang der europäischen FKVO vor den einzelstaatlichen Gesetzen durchsetzen.[147]

cc) Aufsichtsregeln. Als letztes Regelbeispiel für die berechtigten Interessen der Mitgliedstaaten werden die Aufsichtsregeln genannt. Dieser Begriff entspricht dem englischen Terminus der „prudential rules" und dem französischen „règles prudentielles". Dieser Bereich umfasst alle Bestimmungen der Fachaufsicht. Unstreitig erfasst sind insbesondere diejenigen Bereiche, in denen finanzielle Dienstleistungen durch Banken, Börsen und Versicherungen erbracht werden. Regelmäßig wird daher auch als Hauptanwendungsgebiet die Kredit- und Versicherungswirtschaft, wo es etwa um die Kreditwürdigkeit von Personen oder um Solvenzkriterien geht,[148] angesehen.[149] Teils wird jedoch vertreten, dass sich der Begriff der Aufsichtsregeln sehr wohl auch auf andere Bereiche, wie etwa den Umweltschutz oder den Energiesektor, beziehen könne.[150]

Relevant wurden die Aufsichtsregeln zB im Fall „Sun Alliance/Royal Insurance"[151] im Vereinigten Königreich. Dieser hatte eine Fusion zweier Versicherungen zum Gegenstand. Die Kommission erkannte neben ihrer eigenen wettbewerbsrechtlichen Bewertung anhand der FKVO eine zusätzliche Kontrolle des Zusammenschlusses durch die britischen Behörden in Übereinstimmung mit den Regelungen des Insurance Companies Act 1982 an. Unter diesem Gesetz hatte das englische Handels- und Industrieministerium im Falle eines Kontrollwechsels insbesondere zu prüfen, ob der Kontrollerwerber die Fähigkeit besitzt, eine Versicherungsgesellschaft in geeigneter Weise zu führen und eine fehlerfreie und umsichtige Geschäftsführung sicherzustellen.[152]

Im Fall „BSCH/A. Champalimaud"[153] setzte sich die Kommission in einer Entscheidung im Zusammenhang mit einem Verfahren gemäß Art. 21 eingehend mit der Untersagungsentscheidung der portugiesischen Behörde hinsichtlich des Zusammenschlusses des portugiesischen Versicherungs- und Bankkonzerns Champalimaud mit der spanischen Bank BSCH auseinander. Die portugiesische Entscheidung hatte zwar einerseits Gedanken der Versicherungsaufsicht iSd Art. 21 Abs. 4 angeführt, war aber andererseits auf eine Verletzung von **Verfahrensregeln** und auf **nationale Interessen** gestützt. Die Kommission setzte sich umfassend mit den Gründen der portugiesischen Behörde

---

[143] Kom., M.423, 1, Rn. 22 – Newspaper Publishing.
[144] Kom., M.5932, Rn. 304 ff. – News Corp/BSkyB.
[145] Kom., M.6277 – Access Industries./Warner Music Group; 13.7.2010, M.5779 – Comcast/NBC Universal.
[146] S. zum RStV Pape/Hossenfelder/Töllner Rn. 722; Niederleithinger WuW 1990, 721 (724).
[147] Pape/Hossenfelder/Töllner Rn. 722; Immenga/Mestmäcker/Körber Rn. 31.; aA FK-KartellR/Jungermann Rn. 41.
[148] Kom., M.1616, Rn. 36 – BSCH/A. Champalimaud.
[149] Immenga/Mestmäcker/Körber Rn. 32.
[150] Bright ECLR 1991, 184 (191); Bunte/Käseberg Rn. 22.
[151] Kom., M.759 – Sun Alliance/Royal Insurance.
[152] Kom., M.759, Rn. 16, 17 – Sun Alliance/Royal Insurance.
[153] Kom., M.1616 – BSCH/A. Champalimaud.

auseinander und stellte fest, dass der Begriff der „Aufsichtsregeln" iSd Art. 21 Abs. 4 UAbs. 2 nicht jedes Interesse eines Mitgliedstaates deckt, welches dieser als ein solches qualifiziert. Den Aufsichtsregeln des Art. 21 Abs. 4 liegt eine spezielle unionsrechtliche Bedeutung zugrunde, die im Bereich der Versicherung insbesondere Solvenzgrundsätze den guten Leumund der Geschäftsführung solcher Unternehmen und die Regelmäßigkeit von Transaktionen zum Gegenstand hat. Diese Interessen wurden nach Ansicht der Kommission durch das fragliche Vorhaben jedoch nicht gefährdet.[154] Die sonstigen von der portugiesischen Behörde angeführten Gründe hätten der Kommission vor der Entscheidung mitgeteilt und von dieser anerkannt werden müssen, um eine Durchbrechung der Kompetenzzuweisung der FKVO zu legitimieren.

59 Zu einer Anwendung nationaler Regeln im Umfeld der Aufsichtsregeln kam es im Fall „Sacyr/Eiffage". Nachdem der Zusammenschluss von der Kommission genehmigt worden war, sah sich Sacyr dem Widerstand der französischen Börsenaufsicht, der Autorité des Marchés Financiers, ausgesetzt.[155] Diese entschied, dass Sacyr ein Übernahmeangebot für das gesamte Unternehmen abgeben müsse, was es Sacyr unmöglich gemacht hätte, seine Pläne umzusetzen. Zwar gewann Sacyr später vor Gericht, aber das Projekt wurde aus verschiedenen Gründen schließlich fallen gelassen.

60 **dd) Mitteilungspflicht auch bei Regelbeispielen.** Art. 21 Abs. 4 UAbs. 3 gibt dem Mitgliedstaat ausdrücklich auf, andere als die aufgeführten berechtigten Interessen der Kommission zur Prüfung mitzuteilen, um eine Anerkennung seitens der Kommission zu erreichen.[156] Es stellt sich die Frage, inwieweit auch die enumerativ aufgeführten Interessen nach Art. 21 Abs. 4 UAbs. 2 dieser Mitteilungspflicht unterliegen. Nach dem reinen Wortlaut der Vorschrift zu urteilen, sind die aufgelisteten Interessen schlechthin seitens der Kommission als „berechtigte Interessen" anerkannt. Dies würde dafür sprechen, dass sie keiner vorherigen Mitteilung an die Kommission bedürfen.[157]

61 Die Kommission weist in ihren Entscheidungen zu „Enel/Acciona/Endesa", „EON/Endesa" und „BSCH/A. Champalimaud" jedoch ausdrücklich darauf hin, dass angesichts der Zweifel bezüglich des Eingreifens von Art. 21 Abs. 4 die mitgliedstaatliche Behörde die von ihr als schützenswert angesehenen Interessen bei der Kommission hätte anmelden und eine Entscheidung abwarten müssen, bevor sie die erforderlichen Maßnahmen zu deren Sicherung ergreifen durfte.[158] Ihre Entscheidung begründet sie mit dem Schutz des effet utile sowie dem Ausnahmecharakter des Art. 21 Abs. 4, angesichts dessen Art. 21 Abs. 4 UAbs. 2 ausschließlich im Lichte des Unionsrechts auszulegen sei.[159] Bei einer extensiven Interpretation der Begrifflichkeiten durch nationale Behörden ohne eine Pflicht zu einer Information der Kommission bestehe die Gefahr, dass die Kompetenzzuweisungen der FKVO letztlich ausgehöhlt würden.[160] Jedenfalls in Zweifelsfällen sollten die genannten Interessen daher bei der Kommission angemeldet werden.[161] Dieser obliegt es dann festzustellen, ob die mitgeteilten Interessen durch Art. 21 Abs. 4 legitimiert sind und ob sie in Einklang mit den generellen Prinzipien des Unionsrechts stehen. Bis zu dieser Entscheidung unterliegt der mitteilende Mitgliedsstaat einer „Stand-still"-Verpflichtung.[162]

62 **c) Jedes andere öffentliche Interesse gem. Art. 21 Abs. 4 UAbs. 3. aa) Verfahren.** Die anderen öffentlichen Interessen unterliegen explizit dem Mitteilungsverfahren gemäß Art. 21 Abs. 4 UAbs. 3 S. 1. Der Mitgliedstaat, der sich auf ein sonstiges öffentliches Interesse berufen will, hat dies der Kommission vor Durchführung der Maßnahme mitzuteilen und muss mit dieser auch grundsätzlich solange warten, bis die Kommission über die Anerkennung entschieden hat.[163] Für die Prüfung einschließlich der entsprechenden Bekanntgabe der Entscheidung wird der Kommission ein Zeitraum von 25 Arbeitstagen gewährt.

63 Bei der Prüfung des anderen öffentlichen Interesses bedarf es zunächst einer näheren Untersuchung, ob die beabsichtigte Regulierungstätigkeit der Mitgliedstaaten überhaupt einen unmittelbaren

---

[154] Kom., M.1616, Rn. 34–70, insbesondere 35, 36, 40, 55, 56, 57 – BSCH/A. Champalimaud.
[155] Kom., M.4687 – Sacyr Vallhermoso/Eiffage.
[156] Immenga/Mestmäcker/Körber Rn. 33.
[157] Canivet/Idot/Simon, 430 (35), 430 (40); Montag/Leibenath WuW 2000, 852 (854).
[158] Kom., M.4685, Rn. 25 – Enel/Acciona/Endesa; M.4197, Rn. 25 – E.ON/Endesa; M.1616 – BSCH/A. Champalimaud.
[159] Kom., M.4685, Rn. 25 – Enel/Acciona/Endesa; Kom., M.1616, Rn. 35 f., 65–67 – BSCH/A. Champalimaud; Pape/Hossenfelder/Töllner Rn. 724.
[160] Kom., M.1616, Rn. 66, 67 – BSCH/A. Champalimaud.
[161] Kom., M.4197, Rn. 25, 34 – E.ON/Endesa; Kom., M.1616 – BSCH/A. Champalimaud; Navarro/Font/Folguera/Briones Rn. 14.75.
[162] Kom., M.4685, Rn. 22 ff. – Enel/Acciona/Endesa; Kom., M.4197, Rn. 21 ff – E.ON/Endesa.
[163] Kom., M.4685, Rn. 22 ff. – Enel/Acciona/Endesa; Kom., M.4197, Rn. 21 ff – E.ON/Endesa; Kom., M.1616 – BSCH/A. Champalimaud; Montag/Leibenath WuW 2000, 852 (854); Mohamed ECLRev. 2000, 248 (251); Borges EPL 2003, 345 (346, 352).

Bezug zum Zusammenschluss aufweist. Im Falle „EdF/London Electricity" beabsichtigte das Vereinigte Königreich, sich das Recht sicherstellen zu lassen, bestimmte Veränderungen an Lizenzen von London Electricity als öffentlichem Stromversorger vorzunehmen. Ziel der Veränderungen sollte beispielsweise eine Verhinderung des internen Handels zwischen den Geschäftsbereichen der Stromerzeugung und der Stromlieferung sein. Die Kommission sah in dieser Regulierungstätigkeit keinen direkten Bezug zum Zusammenschluss.[164] Auf die Anerkennung als öffentliches Interesse kam es folglich gar nicht an.

Da es sich bei der Formulierung des „öffentlichen Interesses" um einen auslegungsbedürftigen Begriff handelt, wurde zunächst Kritik an dieser Vorschrift laut. Bei einer extensiven Auslegung bestehe die Gefahr der Umgehung des Systems der EU-Fusionskontrolle.[165] In der Praxis hat sich dies jedoch nicht bestätigt, da es insgesamt nur wenige Fälle gibt, in denen nationale Behörden versucht haben, auf der Grundlage bislang nicht anerkannter öffentlicher Interessen Zusammenschlüsse, die der EU-Fusionskontrolle unterlagen, zu verbieten. **64**

bb) Kasuistik. Großbritannien beabsichtigte im Fall „Lyonnaise des Eaux/Northumbrian Water" die Anerkennung der **Wasserversorgung** als öffentliches Interesse iSd Art. 21 Abs. 4 UAbs. 3 sicherstellen zu lassen.[166] Das Ersuchen basierte auf nationalen Regelungen, welche die Prüfung beabsichtigter Zusammenschlüsse im Bereich des Marktes für Wasserversorgung mit dem Ziel vorsahen, die Versorgung der Bevölkerung mit qualitativ hochwertigem Wasser zu angemessenen Preisen zu gewährleisten. Die Kommission bestätigte ein diesbezügliches öffentliches Interesse Großbritanniens mit der Begründung, die starke Monopolstellung der Wasserversorger bedürfe einer strengen und sachnahen Kontrolle durch die britischen Behörden. Die Anwendung des britischen Gesetzes sei dabei mit dem Unionsrecht vereinbar. Sie verlangte jedoch, weiterhin über angestrebte Maßnahmen unterrichtet zu werden, damit sie deren Angemessenheit, Verhältnismäßigkeit und Vereinbarkeit mit dem Diskriminierungsverbot untersuchen könne.[167] Mangels spezifischer Rechtsgrundlage ist die Rechtmäßigkeit der Verpflichtung zur regelmäßigen Berichterstattung jedoch umstritten.[168] Im Rahmen dieser Entscheidung stellte die Kommission ausdrücklich klar, dass jeweils nur das geltende Recht im Zeitpunkt der Anerkennung des „öffentlichen Interesses" erfasst sei, eine etwaige Rechtsänderung hingegen eine erneute Mitteilung erfordere.[169] **65**

Nicht als öffentliche Interessen gem. Art. 21 Abs. 1 UAbs. 1 anerkannt wurden im Fall „BSCH/A. Champalimaud" die **Interessen nationaler Wirtschaftspolitik**. Diese erwähnte die portugiesische Regierung als Motivation für ihre ergangene Untersagungsentscheidung, ohne sie jedoch zuvor der Kommission zur Anerkennung mitgeteilt zu haben. Unabhängig davon, dass sie damit ihre Pflicht aus Art. 21 Abs. 4 UAbs. 3 verletzt hatte, sprach gegen eine Anerkennung als „öffentliches Interesse", dass diese Interessen im Widerspruch mit dem Diskriminierungsverbot gem. Art. 18 AEUV (ex Art. 12 EGV), sowie zur Niederlassungsfreiheit[170] und Kapitalverkehrsfreiheit[171] standen.[172] Entsprechend war die portugiesische Untersagung zu suspendieren.[173] **66**

Im Fall „BSCH/A. Champalimaud" stützte Portugal seine Untersagungsentscheidung zusätzlich auf eine Missachtung **nationaler Verfahrensvorschriften.** Konkret ging es um das Fehlen einer nationalen Anmeldung durch das Unternehmen. Die Einhaltung nationaler Verfahrensvorschriften wurde seitens der portugiesischen Regierung jedoch ebenfalls nicht der Kommission zum Zwecke der Anerkennung als „anderes öffentliches Interesse" iSd Art. 21 Abs. 1 UAbs. 1 vor ihrer Entscheidung dargelegt. Die Kommission stellte fest, dass die Motivation ein Einschreiten durch die portugiesische Behörde nicht rechtfertige. Das Verhältnismäßigkeitsprinzip, welches die Anwendung der jeweils mildesten Maßnahme anordnet, würde verletzt werden, wenn allein die Sicherung der Anmeldung bei den nationalen Behörden für eine zur kommissionsrechtlichen Entscheidung widersprüchliche Bewertung genügen würde.[174] Weniger einschneidende Maßnahmen zur Gewährleistung nationaler Verfahrensvorschriften seien dagegen beispielsweise eine Unterlassungsverfügung, die Suspendierung von Stimmrechten, etc. Die beiden Unternehmen, die Kommission und die **67**

---

[164] Kom., M.1346, Rn. 33– EdF/London Electricity.
[165] Hölzer WM 1990, 489 (492).
[166] Kom., M.567, Rn. 7 – Lyonnaise des Eaux/Northumbrian Water zum britischen Water Industry Act.
[167] Kom., M.567, Rn. 7–8 – Lyonnaise des Eaux/Northumbrian Water.
[168] Immenga/Mestmäcker/Körber Rn. 34.
[169] Kom., M.567 – Lyonnaise des Eaux/Northumbrian Water.
[170] Art. 49 AEUV (ex Art. 43 EGV).
[171] Art. 63 AEUV (ex Art. 56 EGV).
[172] Kom., M.1616, Rn. 26–28 – BSCH/A. Champalimaud.
[173] Kom., M.1616, Rn. 66 f. – BSCH/A. Champalimaud; vgl. auch Kom., M.10494 – VIG/AEGON, IP/22/1258.
[174] Kom., M.1616, Rn. 29–33 – BSCH/A. Champalimaud.

portugiesische Regierung einigten sich schließlich auf einen Kompromiss und nahmen ihre jeweiligen Klagen vor dem Gerichtshof zurück.

68 Im Fall „Secil/Holderbank/Cimpor"[175] erließ die portugiesische Regierung eine Untersagungsentscheidung hinsichtlich des gleichzeitig von der Kommission geprüften Zusammenschlusses mit der Begründung, dass Ziele der **nationalen Privatisierungspolitik** entgegenstünden. Eine Anerkennung dieses Aspekts als „anderes öffentliches Interesse" regte sie bei der Kommission jedoch nicht an. Die Kommission stellte im Rahmen ihrer Entscheidung fest, dass unabhängig von einer Mitteilung die Ziele nationaler Privatisierungspolitik nicht im Einklang mit den „anderen öffentlichen Interessen" stünden. Insbesondere kollidierten diese Interessen mit den Grundfreiheiten des AEUV in Form der Niederlassungsfreiheit und der Kapitalverkehrsfreiheit und stünden mithin im Widerspruch zu den allgemeinen Prinzipien des Unionsrechts. Prinzipiell erfolgt die Prüfung der „anderen öffentlichen Interessen" anhand der allgemeinen Grundsätze und den sonstigen Bestimmungen des Unionsrechts. Ein Verstoß gegen diese Prinzipien führt zur Ablehnung des Interesses mit der Folge, dass der Mitgliedstaat die geplanten Maßnahmen nicht ergreifen darf.

69 Im Fall „Unicredito/HVB" informierte die Kommission Polen Anfang 2006, dass ihrer vorläufigen Einschätzung nach die polnische Regierung Art. 21 verletzt hat, indem sie Unicredito anwies, ihre Anteile an der polnischen Bank BPH zu verkaufen,[176] obgleich die Kommission die Akquisition von BPH als Teil der Akquisition der Bayrischen Hypo- und Vereinsbank AG (BHV) am 18.10.2005 genehmigt hatte.[177] Das polnische Finanzministerium hatte im Dezember 2005 und nochmals im Februar 2006 Unicredito angewiesen, BPH zu verkaufen, wobei es sich auf ein zehnjähriges **Wettbewerbsverbot** berief, welches Unicredito im Jahr 1999 im Rahmen der Akquisition der polnischen Polska Kasa Opieki S. A. Bank eingegangen war. Darüber hinaus reichte die polnische Regierung im Februar 2006 Klage gegen die Kommissionsentscheidung ein. Die Kommission erläuterte ihrerseits, dass sie in ihrer Entscheidung betreffend die Übernahme der BHV durch die Unicredito AG sehr wohl die polnischen Finanzdienstleistungsmärkte untersucht habe und dass sie die Aufforderung des polnischen Finanzministeriums an Unicredito als unzulässige Unterbindung des Zusammenschlusses Unicredito/HVB ansehe. Was die Begründung der Maßnahme durch Polen anbelangt, erklärte sie, dass das Wettbewerbsverbot selbst gegen Gemeinschaftsrecht verstoße und dass Polen kein anderes öffentliches Interesse iSd Art. 21 geltend gemacht habe.[178] Letztendlich nahm Polen seine Klage gegen die Kommissionsentscheidung zurück und die Kommission stellte das Verfahren gegen Polen ein.[179]

70 Im Fall „Abertis/Autostrade" wandte sich die italienische Regierung mit der Befürchtung gegen den Zusammenschluss, die fusionierte Einheit könne nicht mehr fähig sein, das italienische **Autobahnnetzwerk zu erhalten** und zu verbessern. Die Kommission hatte die geplante Fusion zwischen den Mautbetreibergesellschaften Autostrade und Abertis zuvor genehmigt.[180] Die italienische Regierung stellte der geplanten Fusion mehrere Hürden in den Weg. Insbesondere kam es zu einer bindenden Entscheidung gegen die Fusion durch den italienischen Minister für Infrastruktur und Wirtschaft. Die italienische Behörde zur Vergabe von Autobahnkonzessionen (ANAS) lehnte den Antrag Autostrades auf Genehmigung der Fusion mit Abertis ab. Die Kommission bewertete die Maßnahmen Italiens im Oktober 2006 und Januar 2007 vorläufig als Verstoß gegen Art. 21 und obwohl die Maßnahmen der italienischen Behörden zurückgezogen wurden, gaben die Parteien das Projekt schließlich auf. Die Kommission begann mit der Einleitung eines Vertragsverletzungsverfahrens. Daraufhin reformierte Italien seinen Autobahnsektor in Abstimmung mit der Kommission, woraufhin diese entschied, das Verfahren gegen Italien nicht weiter zu verfolgen.[181]

71 Die Entscheidung der Kommission, das Verfahren gegen Italien nicht fortzuführen, wurde von Schemaventotto, dem Mutterunternehmen von Autostrade, erfolglos vor Gericht angefochten. Schemaventotto machte die Verletzung von Art. 21 durch die Kommission geltend, weil diese sich in ihrer Entscheidung unter Art. 21 ausschließlich auf die Verhältnisse zum Zeitpunkt der Beurteilung zu stützen habe und weil die späteren Änderungen nationaler Gesetze keine Auswirkungen auf ein zum Zeitpunkt des Zusammenschlusses illegales Verhalten des Mitgliedstaates haben könne. Das Gericht entschied jedoch, dass sobald die Parteien das Fusionsvorhaben freiwillig aufgegeben hätten,

---

[175] Kom., M.2054, Rn. 46–66 – Secil/Holderbank/Cimpor.
[176] Pressemitteilung IP/06/277 vom 8.3.2006.
[177] Kom., M.3894 – Unicredito/HVB.
[178] Pressemitteilung IP/06/276 vom 8.3.2006.
[179] Winckler, Concentrations et champions nationaux: du nouveau sur l'article 21 du Règlement sur les concentrations, RLC, 2008/16, Nr. 1224.
[180] Kom., M.4249 – Abertis/Autostrade.
[181] Pressemitteilungen IP/06/1418 vom 18.10.2006; IP/07/117 vom 31.1.2007 und IP/07/1119 vom 18.7.2007.

die Kommission keine Kompetenz mehr habe, die legitimen Interessen eines Mitgliedsstaates im Rahmen von Art. 21 zu beurteilen. Die Entscheidung der Kommission, das Verfahren wegen Verletzung von Art. 21 zu beenden, habe also keine rechtlich bindenden Auswirkungen auf die Parteien gehabt und könne daher nicht angefochten werden.[182]

cc) Sanktionen. Sofern ein Mitgliedstaat sich über eine Entscheidung der Kommission, ein öffentliches Interesse nicht anzuerkennen, hinwegsetzt und dennoch vorbereitende Maßnahmen zu einer Untersagung veranlasst, so hat die Kommission die Befugnis, ein Vertragsverletzungsverfahren gemäß Art. 258 ff. AEUV gegen den betreffenden Mitgliedstaat einzuleiten.[183] Ein solches Verfahren ist auch durchzuführen, wenn ein Mitgliedstaat seine an sich von der Kommission durch Entscheidung legitimierten nationalen Maßnahmen unter Verletzung der allgemeinen Grundsätze und der übrigen Bestimmungen des Unionsrechts vollzieht. Entsprechend kann die Kommission tätig werden, wenn ein Mitgliedstaat nationale Maßnahmen ergreift, ohne die Kommission zuvor ersucht zu haben, ein berechtigtes Interesse anzuerkennen.[184] Sonst könnte ein Mitgliedstaat das Genehmigungsverfahren bei Nichtanmeldung des „öffentlichen Interesses" umgehen und die Bedeutung des Verfahrens unter der FKVO und letztlich zugleich die Kompetenzen der Kommission einschränken. 72

Die Kommission zieht Art. 21 Abs. 4 UAbs. 3 darüber hinaus als Grundlage für die Anordnung heran, die notwendigen Schritte zur Aufhebung der unionsrechtswidrigen Maßnahmen zu ergreifen.[185] Die Aussetzung der mitgliedstaatlichen Entscheidung bis zu einer abschließenden Beurteilung, ob berechtigte Interessen tangiert sind, stützte die Kommission im Fall „BSCH/A. Champalimaud" ebenfalls auf diese Vorschrift.[186] 73

Kraft der ihr in Art. 21 verliehenen Kompetenzen kann die Kommission sicherstellen, dass Mitgliedsstaaten bestimmte Zusammenschlüsse nicht aus nicht von Art. 21 Abs. 4 erfassten Gründen behindern. In der Vergangenheit haben Mitgliedstaaten dennoch immer wieder versucht, grenzüberschreitende Zusammenschlüsse zu beeinflussen, ohne dass es dabei zu einer offiziellen Entscheidung der relevanten nationalen Behörden gekommen wäre.[187] 74

Art. 22 Verweisung an die Kommission

(1) Auf Antrag eines oder mehrerer Mitgliedstaaten kann die Kommission jeden Zusammenschluss im Sinne von Artikel 3 prüfen, der keine gemeinschaftsweite Bedeutung im Sinne von Artikel 1 hat, aber den Handel zwischen Mitgliedstaaten beeinträchtigt und den Wettbewerb im Hoheitsgebiet des beziehungsweise der antragstellenden Mitgliedstaaten erheblich zu beeinträchtigen droht.

Der Antrag muss innerhalb von 15 Arbeitstagen, nachdem der Zusammenschluss bei dem betreffenden Mitgliedstaat angemeldet oder, falls eine Anmeldung nicht erforderlich ist, ihm anderweitig zur Kenntnis gebracht worden ist, gestellt werden.

(2) Die Kommission unterrichtet die zuständigen Behörden der Mitgliedstaaten und die beteiligten Unternehmen unverzüglich von einem nach Absatz 1 gestellten Antrag.

Jeder andere Mitgliedstaat kann sich dem ersten Antrag innerhalb von 15 Arbeitstagen, nachdem er von der Kommission über diesen informiert wurde, anschließen.

---

[182] EuG Beschl. v. 18.5.2010 – T-200/09, Slg. 2010, II-85 = BeckRS 2010, 145907 – Abertis Infraestructuras/Kommission; EuG Beschl. v. 2.9.2010 – T-58/09, Slg. 2010, II- 3863 = BeckRS 2012, 81847 – Schemaventotto/Kommission.
[183] NK-EuWettbR/Dittert Rn. 79.
[184] Kom., M.10494 – VIG/AEGON, IP/22/1258; Kom., M.4685, Rn. 22 ff. – Enel/Acciona/Endesa; Kom., M.4197, Rn. 21 ff – E.ON/Endesa; Kom., M.2054 – Secil/Holderbank/Cimpor; Kom., M.1616 – BSCH/A. Champalimaud.
[185] Kom., M.10494 – VIG/AEGON, IP/22/1258; Kom., M.4685 – Enel/Acciona/Endesa; Kom., M.4197 – E.ON/Endesa; Kom., M.2054, Rn. 65 – Secil/Holderbank/Cimpor.
[186] Kom., M.1616, Rn. 69 – BSCH/A. Champalimaud.
[187] Vgl. etwa die Auseinandersetzungen um Danone; Financial Times von A. Jones und J. Wiggins vom 20.7.2005, „French pledge to defend Danone"; Sanofi; Economist vom 27.4.2004, „A thoroughly French affair"; GDF, Financial Times von T. Barber vom 26.2.2006, „Italian anger at GDF/Suez merger plans;" Parmalat, Kommission SPEECH/11/243, Joaquín Almunia, „Recent developments and future priorities in EU competition policy", International Competition Law Forum St. Gallen, 8.4.2011, 3; BNL, See Zaera Cuadrado: ‚Italian cross-border banking mergers: A case for Article 21 of the Merger Regulation?', Competition Policy Newsletter No. 3/Autumn 2005. Vgl. auch die Auseinandersetzung bzgl. der Akquisition von Teilen von Alstom durch GE im Jahr 2014, „Frankreich verteidigt Blockade-Regel", Handelsblatt vom 16.5.2014.

FKVO Art. 22

¹Alle einzelstaatlichen Fristen, die den Zusammenschluss betreffen, werden gehemmt, bis nach dem Verfahren dieses Artikels entschieden worden ist, durch wen der Zusammenschluss geprüft wird. ²Die Hemmung der einzelstaatlichen Fristen endet, sobald der betreffende Mitgliedstaat der Kommission und den beteiligten Unternehmen mitteilt, dass er sich dem Antrag nicht anschließt.

(3) ¹Die Kommission kann spätestens zehn Arbeitstage nach Ablauf der Frist gemäß Absatz 2 beschließen, den Zusammenschluss zu prüfen, wenn dieser ihrer Ansicht nach den Handel zwischen Mitgliedstaaten beeinträchtigt und den Wettbewerb im Hoheitsgebiet des bzw. der Antrag stellenden Mitgliedstaaten erheblich zu beeinträchtigen droht. ²Trifft die Kommission innerhalb der genannten Frist keine Entscheidung, so gilt dies als Entscheidung, den Zusammenschluss gemäß dem Antrag zu prüfen.

¹Die Kommission unterrichtet alle Mitgliedstaaten und die beteiligten Unternehmen von ihrer Entscheidung. ²Sie kann eine Anmeldung gemäß Artikel 4 verlangen.

Das innerstaatliche Wettbewerbsrecht des bzw. der Mitgliedstaaten, die den Antrag gestellt haben, findet auf den Zusammenschluss nicht mehr Anwendung.

(4) ¹Wenn die Kommission einen Zusammenschluss gemäß Absatz 3 prüft, finden Artikel 2, Artikel 4 Absätze 2 und 3, die Artikel 5 und 6 sowie die Artikel 8 bis 21 Anwendung. ²Artikel 7 findet Anwendung, soweit der Zusammenschluss zu dem Zeitpunkt, zu dem die Kommission den beteiligten Unternehmen mitteilt, dass ein Antrag eingegangen ist, noch nicht vollzogen worden ist.

Ist eine Anmeldung nach Artikel 4 nicht erforderlich, beginnt die Frist für die Einleitung des Verfahrens nach Artikel 10 Absatz 1 an dem Arbeitstag, der auf den Arbeitstag folgt, an dem die Kommission den beteiligten Unternehmen ihre Entscheidung mitteilt, den Zusammenschluss gemäß Absatz 3 zu prüfen.

(5) ¹Die Kommission kann einem oder mehreren Mitgliedstaaten mitteilen, dass ein Zusammenschluss nach ihrem Dafürhalten die Kriterien des Absatzes 1 erfüllt. ²In diesem Fall kann die Kommission diesen Mitgliedstaat beziehungsweise diese Mitgliedstaaten auffordern, einen Antrag nach Absatz 1 zu stellen.

Schrifttum: Achleitner, Digital Markets Act beschlossen: Verhaltenspflichten und Rolle nationaler Wettbewerbsbehörden, NZKart 2022, 359; Baron, Die neuen Bestimmungen der Europäischen Fusionskontrolle, WuW 1997, 579; Barthelmeß/Schulz, Auslandszusammenschlüsse: Plädoyer für eine doppelte Inlandsumsatzschwelle in der deutschen Fusionskontrolle, WuW 2003, 129; Bartosch/Nollau, Die zweite Generalüberholung der europäischen Fusionskontrolle, EuZW 2002, 197 ff.; Berg, Die neue EG-Fusionskontrollverordnung, BB 2004, 561; Berg/Digel, Zuständigkeit durch Verweisung: Ein Irrweg! – Art. 22 im FKVO-Vorschlag der Kommission, EWS 2003, 445; Bischke/Brack, Neuere Entwicklungen im Kartellrecht, NZG 2021, 638; Bischke/Brack, Neuere Entwicklungen im Kartellrecht, NZG 2020, 1260; Bischke/Mäger, Der Kommissionsentwurf einer geänderten EU-Fusionskontrollverordnung, EWS 2003, 97; Böge, Reform der Europäischen Fusionskontrolle, WuW 2004, 138; Böge, Dovetailing Cooperation, Dividing Competence – a Member State's View of Merger Control in Europe, EC Merger Control: Ten Years On 2000, 363; Bright/Persson, Article 22 of the EC Merger Regulation: An Opportunity Not to be Missed?, ECLRev. 2003, 490; Cukurow, Die „niederländische Klausel" als Instrument zur Schließung von Durchsetzungslücken, NZKart 2021, 606; Davison, EC Merger Control: From Separate Jurisdictional Zones to a Cooperation based Architecture? LRev. 2004, 49; De Stefano/Motta/Zuehlke, Merger Referrals in Practice – Analysis of the Cases under Article 22 of the Merger Regulation, Journal of European Competition Law & Practice 2011, 537; Díaz, The Reform of European Merger Control: Quid Novi Sub Sole?, World Competition 2004, 177; Dittert, Die Reform des Verfahrens in der neuen EG-Fusionskontrollverordnung, WuW 2004, 148; Domínguez Pérez/Burnley, The Article 9 Referral Back Procedure: A Solution to the Jurisdictional Dilemma of the European Merger Regulation?, ECLRev. 2003, 364; Drauz, Reform der Fusionskontrollverordnung, WuW 2002, 444; Grave/Seeliger, Die neue europäische Fusionskontrollverordnung, Der Konzern 2004, 646; Heidenhain, Anmeldung und Untersagung von Auslandszusammenschlüssen – Änderung in der Praxis des Bundeskartellamts, AG 1989, 270; Hellmann, Die neuen Anmeldevorschriften der Fusionskontrollverordnung und ihre Bedeutung für Unternehmenszusammenschlüsse, ZIP 2004, 1387; Herbers/Savary, Der Digital Markets Act kommt, CB 2022, 196; Hirsbrunner, Die Entwicklung der europäischen Fusionskontrolle im Jahr 2015, EuZW 2016, 610; Hoffmann/Terhechte, Der Vorschlag der Europäischen Kommission für eine neue Fusionskontrollverordnung, AG 2003, 415; Käseberg, Wie Wettbewerbspolitik und Digital Markets Act sich wechselseitig inspirieren können, NZKart 2021, 529; Kamburoglou, EWG-Wettbewerbspolitik und Subsidiarität, WuW 1993, 271; Klees, Der Vorschlag für eine neue EG-Fusionskontrollverordnung, EuZW 2003, 197; Körber, Verweisungen nach Art. 4 Abs. 4 und Abs. 5 FKVO 139/2004, WuW 2007, 330; Langeheine/v. Koppenfels, Aktuelle Probleme der EU-Fusionskontrolle, ZWeR 2013, 299; Levy, European Merger Control Law, 2010; Montag/Leibenath, Aktuelle Probleme in der Europäischen Fusionskontrolle, WuW 2000, 852; Möschel, Subsidiaritätsprinzip und europäisches Kartellrecht, NJW 1995, 281; Neideck, Viele Fragezeichen bleiben – Der Leitfaden zu Art. 22 der

I. Normzweck 1 **Art. 22 FKVO**

Fusionskontrollverordnung, NZKart 2021, Pape/Hossenfelder/Töllner, Kartellrechtspraxis und Kartellrechtsprechung 2002/03, 18. Aufl. 2003; Rosenthal, Neuordnung der Zuständigkeiten und des Verfahrens in der Europäischen Fusionskontrolle, EuZW 2004, 327; Schmidt, The New ECMR: „Significant Impediment" or „Significant Improvement"?, CMLRev. 2004, 1555; Schmidt/Simon, Die fusionskontrollrechtliche Zuständigkeitsverweisung gemäß Art. 22 FKVO, WuW 2011, 1056; Schmidt/Steinvorth, Fusionskontrolluntersuchungen durch die EU-Kommission ohne Anmeldepflicht – neue Herausforderungen für die M&A-Transaktionspraxis, BB 2021, 1666; Seitz, One-stop shop und Subsidiarität, 2002; Soames/Maudhuit, Changes in EU Merger Control – Part 1, ECLRev. 2005, 57; Staebe/Denzel, Die neue europäische Fusionskontrollverordnung (VO 139/2004), EWS 2004, 194; Turner, Die Lösung von Zuständigkeiten bei der Anwendung nationaler Wettbewerbsvorschriften, WuW 1982, 5; Völcker, Wilkommen in der „Killzone" – die neue „Guidance" der Kommission zu Verweisungen durch unzuständige Behörden nach Art. 22 FKVO; NZKart 2021, 262; von Schreitter/Urban, Große Fische, weites Netz? Kritik der neuen Verweisungspraxis zu Art. 22 FKVO, WuW 2021, 674; von Schreitter/Urban, Schlagloch voraus! – Zur geplanten Ausweitung der Verweisungspraxis nach Art. 22 FKVO, NZKart 2020, 637; Zimmer, Significant Impediment to Effective Competition, ZWeR 2004, 250.

Übersicht

		Rn.
I.	Normzweck	1
1.	Entstehungsgeschichte	2
2.	Praktische Bedeutung	8
3.	Verhältnis zu anderen Verweisungstatbeständen	18
	a) Art. 4 Abs. 5	18
	b) Art. 4 Abs. 4	21
	c) Art. 9	24
II.	Kasuistik	25
III.	Verfahren	34
1.	Formelle Verweisungsvoraussetzungen	34
	a) Antrag	35
	b) Antragsberechtigung	37
	c) Antragsfrist	41
	d) Zuständigkeit	46
	e) Initiativrecht	49
	f) Unterrichtungspflicht der Kommission über einen gestellten Antrag	54
	g) Auswirkungen auf das nationale Verfahren	58

		Rn.
	h) (Nicht-)Anschluss anderer Mitgliedstaaten an den Verweisungsantrag	62
2.	Materielle Voraussetzungen	69
	a) Zusammenschluss ohne gemeinschaftsweite Bedeutung	70
	b) Beeinträchtigung des zwischenstaatlichen Handels	71
	c) Drohende erhebliche Beeinträchtigung des Wettbewerbs im antragstellenden Mitgliedstaat	74
	d) Anwendungsfälle der Mitteilung „Anwendung Art. 22"	78
	e) Sonstige Faktoren	79
3.	Entscheidung der Kommission über den Verweisungsantrag	80
	a) Allgemeiner Grundsatz	80
	b) Entscheidungsalternativen/Ermessen	81
	c) Entscheidungsfristen	86
	d) Unterrichtungspflicht/Form	89
4.	Rechtsfolgen der Entscheidung	90
	a) Anwendbares Recht	90
	b) Neuanmeldung	96
IV.	Rechtsschutz	99

I. Normzweck

Art. 22 entspricht der bereits unter der VO 4064/89 geltenden Regelung des Art. 22 Abs. 3– 1
5 aF. Abs. 1 ermöglicht eine Verweisung von **Zusammenschlüssen ohne gemeinschaftsweite Bedeutung** von den Mitgliedstaaten an die Kommission, wenn diese den Handel zwischen Mitgliedstaaten beeinträchtigen und den Wettbewerb im Hoheitsgebiet des bzw. der antragstellenden Mitgliedstaaten erheblich zu beeinträchtigen drohen. Die Verweisung führt damit zu einer Abweichung von der generellen Zuständigkeitsverteilung zwischen der Kommission und den Mitgliedstaaten, die gemäß Art. 1 Abs. 2 und 3 rein formalistisch auf der Grundlage von Umsatzschwellenwerten vorgenommen wird. Art. 22 ist das Pendant zu Art. 9, der die umgekehrte Verweisung von angemeldeten Zusammenschlüssen mit gemeinschaftsweiter Bedeutung von der Kommission an die Mitgliedstaaten ermöglicht. Die Vorschrift stellt im Sinne des „effektiven Wettbewerbsschutzes" neben Art. 9 und auch neben Art. 4 Abs. 4 und 5 ein Instrument zur Feinsteuerung des starren Fallverteilungssystems der FKVO dar.[1] Eine Verweisung nach Art. 22 hat zur Folge, dass die verweisenden Mitgliedstaaten ihre Kompetenzen an die Kommission übertragen, so dass auf ihrem Staatsgebiet die FKVO ausschließliche Rechtsgrundlage für die Bewertung des Zusammenschlusses wird.[2] Von Kommissionsseite wird der Zweck des Verweisungssystems einschließlich des Art. 22 sowie die rechtlichen

---

[1] EuG, Urt. v. 13.7.2022 – T-227/21 = BeckRS 2022, 16392 – Illumina/Kommission; Commission Staff Working Document Evaluation of procedural and jurisdictional aspects of EU merger control SEC(2021) 156 final, Rn. 3; von Schreitter/Urban, NZKart 2020, 637 (639).
[2] Mitteilung der Kommission über die Verweisung von Fusionssachen, ABl. 2005 C 56, 2 Rn. 50.

Voraussetzungen für eine Verweisung und die Faktoren, die bei der Entscheidung über Verweisungsanträge berücksichtigt werden in der Mitteilung „Verweisung Fusionssachen"[3] erklärt, welche für bestimmte Vorhaben durch die Mitteilung „Anwendung Art. 22"[4] ergänzt werden. Die Mitgliedstaaten selbst haben im Rahmen der ECA (European Competition Authorities) Grundsätze für potenzielle Verweisungsfälle zusammengestellt.[5] Schließlich finden sich Informationen zur Zusammenarbeit zwischen Mitgliedstaaten und Kommission in Fällen der Mehrfachanmeldungen in den Best Practices on Cooperation between EU National Competition Authorities in Merger Review der EU Merger Working Group.[6]

2   **1. Entstehungsgeschichte.** Eingeführt wurde Art. 22 VO 4064/89 auf Druck der Niederlande hin, die zur damaligen Zeit kein eigenes nationales Fusionskontrollsystem besaßen. Folge dieser Gesetzeslücke war, dass wettbewerbskritische Zusammenschlüsse, die die hohen Schwellenwerte der europäischen FKVO nicht erreichten, überhaupt keiner wettbewerbsrechtlichen Kontrolle unterlagen und ohne Prüfung vollzogen werden konnten.[7] Die Niederlande setzten sich infolge dieser unbefriedigenden Situation für eine Verweisungsmöglichkeit von Zusammenschlüssen an die Kommission ein, um eine Kontrolle solcher Vorhaben zumindest auf der Grundlage der FKVO zu erreichen. Aus diesem Grunde wird im Zusammenhang mit Art. 22 auch von der **„niederländischen" oder „holländischen" Klausel** gesprochen.[8] In erster Linie hatte Art. 22 deshalb die Funktion, Mitgliedstaaten ohne eigene Fusionskontrolle das europäische Kontrollsystem zur Verfügung zu stellen.[9] Dieser ursprüngliche Normzweck des Art. 22 hat über die Jahre hinweg einen Wandel erfahren. Während bei Erlass der ersten FKVO im Jahre 1989 eine Vielzahl von Mitgliedstaaten keine eigene Fusionskontrolle besaß, gibt es mittlerweile mit Ausnahme von Luxemburg in allen Mitgliedstaaten einzelstaatliche Fusionskontrollregime.[10]

3   Für Verweisungen an die Kommission allein zu dem Zweck, einen Zusammenschluss überhaupt einer Prüfung unterziehen zu können, wurde dementsprechend lange Zeit keine Notwendigkeit gesehen.[11] Vielmehr riet die Kommission Mitgliedstaaten von Verweisungen nach Art. 22 ausdrücklich ab, wenn der Zusammenschluss unterhalb der innerstaatlichen Aufgreifschwellen blieb.[12] Im Rahmen der Evaluierung der Effektivität der EU-Fusionskontrollregeln rückte dann aber die Frage in den Mittelpunkt, wie auf EU-Ebene solche Fälle erfasst werden könnten, die wie Facebook/WhatsApp trotz erheblicher potenzieller Wettbewerbsrelevanz unter den Aufgreifschwellen der FKVO bleiben (→ Art. 1). Als sich abzeichnete, dass eine Änderung der FKVO – etwa zur Einführung eines transaktionswertbezogenen Schwellenwerts – schwierig werden würde, griff man auf eine, teilweise als systemwidrig kritisierte[13] Lösung über Art. 22 zurück. Die Kommission hatte bereits im Rahmen der Evaluierung festgestellt, dass ihre Praxis, Verweisungsanträge von Mitgliedstaaten ohne innerstaatliche Zuständigkeit nicht zu unterstützen, die Effektivität des Verweisungssystems als Korrektiv der starren Umsatzschwellen insbesondere dann beeinträchtige, wenn es um den Erwerb von Unternehmen gehe, deren wettbewerbliches Potenzial sich (noch) nicht in Umsätzen niedergeschlagen habe.[14] Eine Ausdehnung der Anwendung des Art. 22 dahingehend, dass auch Verweisungsanträge von Mitgliedstaaten angenommen werden, deren **innerstaatliche Aufgreifschwellen nicht erreicht** sind, biete demge-

---

[3] Mitteilung „Verweisung Fusionssachen".
[4] Mitteilung der Kommission, Leitfaden zur Anwendung des Verweisungssystems nach Artikel 22 der Fusionskontrollverordnung auf bestimmte Kategorien von Vorhaben, Abl. 2021 C 113, 1 (Mitteilung „Anwendung Art. 22").
[5] Principles on the application by National Competition Authorities, within the ECA of Articles 4(5) and 22 of the EC Merger Regulation; http://ec.europa.eu/competition/ecn/eca_referral_principles_en.pdf, zuletzt abgerufen am 15.7.2022.
[6] https://ec.europa.eu/competition/ecn/nca_best_practices_merger_review_en.pdf, zuletzt abgerufen am 15.7.2022.
[7] Immenga/Mestmäcker/Körber Rn. 2.
[8] Klees EuZW 2003, 197 (199); Bright/Persson ECLRev. 2003, 490; Kamburoglou WuW 1993, 273 (279 f.); Wiedemann KartellR-HdB/Wagemann § 17 Rn. 163; Immenga/Mestmäcker/Körber Rn. 2.
[9] VO 1310/97, ABl. 1997 L 180, 1 Rn. 29; Mitteilung „Verweisung Fusionssachen" Rn. 50, Fn. 44; „Commission Staff Working Document-Towards more effective EU merger control", SWD (2013) final vom 25.6.2013.
[10] Luxemburg hat bislang noch keinen Verweisungsantrag gestellt.
[11] Grünbuch der Kommission, KOM(2001) 745 endg., Rn. 84/85.
[12] Mitteilung „Anwendung Art. 22" Rn. 8; Commission Staff Working Document Evaluation of procedural and jurisdictional aspects of EU merger control SEC(2021) 156 final, Rn. 56; Bischke/Brack, NZG 2021, 638 (639).
[13] Völcker, NZKart 2021, 262; von Schreitter/Urban, WuW 2021, 674; Cukurow, NZKart 2021, 606.
[14] Commission Staff Working Document Evaluation of procedural and jurisdictional aspects of EU merger control SEC(2021) 156 final, Rn. 155, 268.

I. Normzweck

genüber Flexibilität, Vorhaben, deren wettbewerbliche Bedeutung nicht durch umsatzbezogene Schwellenwerte erfasst wird, einer Prüfung durch die Kommission zu unterziehen, ohne wettbewerblich unproblematische Fälle zu erfassen.[15] Wie von Wettbewerbskommissarin Vestager im September 2020 angekündigt[16], beschritt die Kommission im Fall Illumina/Grail[17] und in ihrer Mitteilung „Anwendung Art. 22" den im „Staff Working Document" angelegten Weg und machte deutlich, nunmehr unter Umständen auch Verweisungen von Mitgliedstaaten anzunehmen, deren nationale Fusionskontrolle nicht eingreift.[18] Die Kommission hat durch diesen Paradigmenwechsel eine niedrigschwellige Prüfmöglichkeit für originär nicht anmeldepflichtige Zusammenschlüsse geschaffen, die ihr höchstmögliche Flexibilität gewährt, jedoch mit hohen Kosten hinsichtlich der Rechtssicherheit und Planbarkeit für die Zusammenschlussbeteiligten einhergeht.[19]

Ein weiterer Zweck der Einführung des Art. 22 war es, dem Problem der **Mehrfachanmeldungen** und den parallelen Verfahren in mehreren Mitgliedstaaten abzuhelfen und die Überprüfung durch die bestgeeignete Behörde sicherzustellen.[20] Prinzipiell hätte daher die Aufnahme des Art. 1 Abs. 3 durch die VO 1310/97 die Relevanz der Verweisungsvorschrift des Art. 22 schmälern können, da auch bei Erreichen niedrigerer Schwellenwerte bereits die Kommissionskompetenz begründet ist. Jedoch konnte die Norm die an sie gestellten Erwartungen in der Praxis nicht bestätigen, da nur relativ wenige Fälle von Art. 1 Abs. 3 erfasst wurden. Auch nach Einführung des Art. 4 Abs. 5, der es den Parteien ermöglicht, bei Fällen ohne gemeinschaftsweite Bedeutung vor Anmeldung einen Verweis an die Kommission zu beantragen, war erwartet worden, dass es kaum noch zu Verweisungsanträgen gemäß Art. 22 kommen würde. Dies hat sich jedoch gleichfalls nicht bestätigt. Tatsächlich sind von den 43 Verweisungsanträgen, die bislang gestellt wurden, 36 in der Zeit seit 2004 gestellt worden.[21]

Erreicht ein Zusammenschluss die Schwellenwerte des Art. 1 Abs. 2 und 3 nicht, fällt er in die originäre Zuständigkeit der Mitgliedstaaten und muss, je nachdem welche nationalen Umsatz- bzw. Marktanteilsschwellen er erreicht, möglicherweise eine Vielzahl paralleler Verfahren durchlaufen.[22] Solche parallelen Verfahren können nicht nur zu divergierenden Entscheidungen und damit zu einer erheblichen Rechtsunsicherheit im Hinblick auf die Zulässigkeit des Zusammenschlusses führen, sondern steigern auch die finanzielle und personelle Belastung für die beteiligten Unternehmen und die zuständigen nationalen Behörden. Eine Verweisung des Falles nach Abs. 1 kann demgegenüber im besten Falle die alleinige Kommissionszuständigkeit begründen, sofern alle betroffenen Mitgliedstaaten die Übertragung der Kontrollkompetenzen an die Kommission beantragen. Selbst wenn nicht alle betroffenen Mitgliedstaaten ihre Zuständigkeiten delegieren, kann über Art. 22 jedenfalls eine Bündelung mehrerer Verfahren erreicht werden. Im Rahmen der Novelle 1997 wurde den Mitgliedstaaten unter Berücksichtigung dieses Zieles eine zusätzliche Möglichkeit eingeräumt, die Kommissionszuständigkeit zu begründen. Ihnen steht es seitdem offen, einen **gemeinsamen Zuweisungsantrag** an die Kommission zu richten.[23] Beide Verweisungsalternativen, die Einzelverweisung sowie die einvernehmliche Verweisung, die jeweils einen Zusammenschluss der einheitlichen Bewertung durch die Kommission zuführen können, spiegeln das „One-Stop-Shop-Prinzip" wieder, gemäß dem die Kommission möglichst die einzige Anlaufstelle für Vorhaben sein soll, die sich auf den europäischen Binnenmarkt auswirken.[24] In der Praxis hat sich allerdings gezeigt, dass die Anwendung von Art. 22 nicht notwendigerweise zu einer Reduzierung paralleler Verfahren führt. Ein Extremfall

---

[15] Commission Staff Working Document Evaluation of procedural and jurisdictional aspects of EU merger control SEC(2021) 156 final, Rn. 268. In diesem Zusammenhang wird es auch eine Rolle gespielt haben, dass mit dem Brexit die verbleibende Flexibilität wegfiel, Verweisungen ggf. über den Sonderfall Großbritannien zu erreichen.

[16] Speech of 11 September 2020, The future of EU merger control, https://ec.europa.eu/commission/commissioners/2019-2024/vestager/announcements/future-eu-merger-control_en, zuletzt abgerufen am 15. Juli 2022.

[17] Pressemitteilung MEX/21/1846 vom 20.4.2021 und IP/21/3844 vom 22.7.2021 in Sachen M.10188 – Illumina/Grail.

[18] Mitteilung „Anwendung Art. 22", Rn. 9 ff.

[19] Völcker, NZKart 2021, 262; Käseberg, NZKart 2021, 529; Schmidt/Steinvorth, BB 2021, 1666 (1671 f.); von Schreitter/Urban, WuW 2021, 674 (678, 680); von Schreitter/Urban, NZKart 2020, 637 (641).

[20] Davison LRev. 2004, 49 (61); Schmidt CMLRev. 2004, 1555 (1561); Hoffmann/Terhechte AG 2003, 415 (422).

[21] https://ec.europa.eu/competition-policy/mergers/statistics_en, zuletzt abgerufen am 15.7.2022; Commission Staff Working Document, accompanying the document White Paper Towards more effective EU merger control, SWD(2014)221 final, Rn. 143.

[22] Erwgr. 8 FKVO.

[23] Immenga/Mestmäcker/Körber Rn. 16; FK-KartellR/Hellmann/Malz Rn. 19.

[24] Bright/Persson ECLRev. 2003, 490 (492); Baron WuW 1997, 579 (589); Seitz, One-Stop-Shop und Subsidiarität, 2002, 108.

in dieser Hinsicht war der Fall Procter & Gamble/Sara Lee Air care, der in sieben Mitgliedstaaten und parallel durch die Kommission untersucht wurde.[25] Auch hier hätten einige der Staaten, die eine Verweisung beantragt haben, selbst kein Verfahren nach nationalem Recht durchführen können.

6   Gesetzestechnisch gesprochen, ist der Art. 22 auch im Sinne einer Ausgestaltung des **Subsidiaritätsprinzips** zu verstehen, demzufolge eine Gemeinschaftskompetenz nur dann bestehen soll, wenn Sachverhalte sinnvollerweise nicht innerstaatlich zu regeln sind.[26] Zwar geben die Art. 1 Abs. 2 und 3 klare Regeln zur Abgrenzung von mitgliedstaatlicher- und Gemeinschaftskompetenz, jedoch sind diese im Sinne größtmöglicher Rechtssicherheit rein formalistisch durch starre Umsatzschwellenwerte ausgestaltet. Die von Art. 22 aufgegriffenen Fälle sind solche, die letztlich materiellrechtlich eine gemeinschaftsweite Bedeutung aufweisen ohne zugleich die Schwellen des Art. 1 Abs. 2 und 3 zu erreichen.[27] Art. 22 ist somit, ebenso wie Art. 9, auch im Lichte des **Grundsatzes der Effektivität des Wettbewerbsschutzes** zu sehen. Dieser Grundsatz verfolgt ua das Ziel, die Prüfung von Zusammenschlussfällen möglichst von derjenigen Behörde durchführen zu lassen, welche die erforderliche Marktkenntnis sowie die größere Sachnähe zur Fusion besitzt und damit schneller und effektiver gegen einen Zusammenschluss einschreiten und notfalls auch die Kontrolle über die Einhaltung von Zusagen und Auflagen übernehmen kann.[28]

7   Vor diesem Hintergrund kann Art. 22 als eine Norm angesehen werden, die es jedem Mitgliedstaat durch die Übertragung seiner Prüfungszuständigkeiten an die Kommission ermöglicht, die Untersagung ausländischer Zusammenschlüsse, die sich im Inland auswirken, zu erreichen. Damit eine Gesamtuntersagung durch die Kommission ergehen kann, ist jedoch erforderlich, dass alle betroffenen Mitgliedstaaten eine Verweisung des Falles beantragen.[29] Für die Kommission eröffnet Art. 22 die Möglichkeit, eine umfassende europäische Fusionskontrolle für Fälle jeder Größenordnung vorzunehmen.[30]

8   **2. Praktische Bedeutung.** Seit Einführung der FKVO 1990 ist es in 43 Fällen zu einem Verweisungsantrag seitens der Mitgliedstaaten an die Kommission nach Art. 22 gekommen, von denen nur 4 abgelehnt wurden.[31] Die ersten Fälle betrafen **Einzelverweisungen** auf Antrag eines einzigen Mitgliedstaates, der bislang noch keine fusionskontrollrechtliche Gesetzgebung hatte.[32] Zu **gemeinsamen Verweisungsanträgen** mehrerer Mitgliedstaaten kam es erstmals im Jahr 2002, dh erst 12 Jahre nach Erlass der ersten Fusionskontrollverordnung. Ein weiterer Fall folgte ein Jahr später.[33] In diesen drei „frühen" Fällen von gemeinsamen Verweisungsanträgen wurden Anträge von jeweils zumindest drei Mitgliedstaaten gestellt.

9   Obgleich es auch in den letzten Jahren zu relativ wenig Verweisungen gekommen ist, ist zu beachten, dass die Fälle, die verwiesen wurden, häufig eine besondere **Komplexität** aufwiesen und überproportional häufig zu vertieften Prüfungen (zweite Phase) oder zu Zusagen in der ersten Phase führten (→ Rn. 12). Andere Fälle wurden verwiesen, weil die Voraussetzungen des Art. 4 Abs. 5 (nämlich die Zuständigkeit von mindestens drei nationalen Wettbewerbsbehörden) nicht erfüllt waren.[34]

10 Warum es nicht häufiger zu Verweisungen kam, hat mehrere Gründe: Zum einen erließen im Laufe der Zeit alle Mitgliedstaaten, mit Ausnahme Luxemburgs, eigene Gesetze im Bereich der Fusionskontrolle, so dass die Gefahr des Vollzugs eines wettbewerbserheblichen Zusammenschlusses ohne jegliche Kontrolle bezüglich einzelner Teile des gemeinsamen Marktes erheblich reduziert ist.[35] Vor diesem Hintergrund vermieden es die Mitgliedstaaten häufig, eine Übertragung ihrer eigenen

---

[25] Kom., 17.6.2010, M.5828 – Procter & Gamble/Sara Lee Air care.
[26] Hellmann EWS 2004, 289 (291); Soames/Maudhuit ECLRev. 2005, 57 (58–59, 63).
[27] EuG, Urt. v. 13.7.2022 – T-227/21, Rn. 142 = BeckRS 2022, 16392 – Illumina/Kommission; BKartA, Stellungnahme des BKartA zum Grünbuch der Kommission E/G4–3001/93 Bd. 3, 43 f.
[28] Mitteilung „Verweisung Fusionssachen", Rn. 5; Bechtold/Bosch/Brinker Rn. 5.
[29] Abs. 3 UAbs. 3.
[30] Levy § 7.04 (2); Landzettel, Unterschiede und Gemeinsamkeiten des deutschen und europäischen Fusionskontrollrechts – ein problemorientierter Vergleich, 1995, 13.
[31] https://ec.europa.eu/competition-policy/mergers/statistics_en, zuletzt abgerufen am 15.7.2022.
[32] Kom., 26.6.1997, M.890 – Blokker/Toys"R"Us; Kom., 20.11.1996, M.784 – Kesko/Tuko; Kom., 20.9.1995, M.553 – RTL/Veronica/Endemol; Kom., 17.2.1993, M.278, ABl. 1993 C 068, 5 – British Airways/Dan Air; EuG 15.12.1999 – T-22/97, Slg. 1999, II-3775 – Kesko Oy/Kommission.
[33] Kom., 5.12.2003, M.3136 – GE/Agfa NDT, Pressemitteilung IP/03/1666; Kom., 24.7.2002, M.2698 – Promatech/Sulzer Textil, IP/02/1140; Kom., 17.4.2002, M.2738 – GEES/Unison, Pressemitteilung IP/02/578.
[34] NK-EuWettbR/Dittert Rn. 3.
[35] Bright/Persson ECLRev. 2003, 490 (491); NK-EuWettbR/Dittert Rn. 2; Staff Working Paper accompanying the Communication from the Commission to the Council, Report on the functioning of Regulation No. 139/2004, COM (2009) 281 final, Rn. 143.

Kompetenzen bei der Kommission anzuregen.[36] Daneben stellten bis 2004 auch die hohen Anforderungen, die an Verweisungsanträge nach Art. 22 aF gestellt wurden, ein wesentliches Hindernis für die Delegation der Kompetenzen dar. Erforderlich war seitens der Mitgliedstaaten die Darlegung, dass der beabsichtigte Zusammenschluss eine „marktbeherrschende Stellung begründet oder verstärkt".[37] Dieses Kriterium machte eine umfassende Beurteilung des Zusammenschlusses bereits im Rahmen der Voruntersuchung notwendig. Zudem handelte es sich in vielen Fällen um dasselbe Kriterium, das einer Untersagungsentscheidung nach innerstaatlichem Recht zugrunde gelegt wurde. Für die zuständigen nationalen Behörden war daher die Voruntersuchung für einen Verweisungsantrag bereits ein weitgehender Schritt in Richtung auf eine eigene Prüfung in der Sache.[38]

Unter der VO 139/2004 wurde das materiellrechtliche Kriterium für Verweisungsanträge modifiziert. Statt der Frage, ob ein Zusammenschluss eine beherrschende Stellung begründet oder verstärkt, kommt es nun darauf an, ob ein Zusammenschluss den Wettbewerb im Hoheitsgebiet des/der antragstellenden Mitgliedstaaten erheblich zu beeinträchtigen droht. Hiermit wurde es für Mitgliedstaaten leichter, Verweisungsanträge zu stellen. Gleichzeitig wurde jedoch durch die VO 139/2004 **Art. 4 Abs. 5** eingeführt, der von den Zusammenschlussparteien häufig genutzt wird und der auch Abhilfe in Situationen der Mehrfachanmeldung bei nationalen Behörden schaffen kann. Somit kam es seit 2004 trotz Erleichterung der Antragsvoraussetzungen lediglich zu einem leichten Anstieg von Verweisungsanträgen. **11**

Dass die verwiesenen Fälle zu den problematischeren zählten wird schon aus der Analyse der Statistiken klar.[39] So gingen mehr als die Hälfte der seit Erlass der Verordnung 139/2004 an die Kommission verwiesene Fälle in die zweite Phase. Dieser Anteil liegt weit höher als bei direkt bei der Kommission angemeldeten Fällen, bei denen im gleichen Zeitraum in weniger als 5 % aller Fälle eine zweite Phase eingeleitet wurde.[40] Bei den Verweisungsfällen, die im gleichen Zeitraum in der ersten Phase entschieden wurden, erfolgte in immerhin drei von zehn Fällen die Freigabe nur unter Bedingungen und Auflagen. **12**

Art. 22 wird häufig bei Zusammenschlüssen relevant sein, bei denen die Voraussetzungen des Art. 4 Abs. 5 nicht vorliegen. Zum einen wird es immer wieder Fälle geben, in denen die Zusammenschlussbeteiligten mehrere nationale Verfahren einem einheitlichen Verfahren vor der Kommission vorziehen und keinen Antrag nach Art. 4 Abs. 5 stellen oder in denen in weniger als drei Mitgliedstaaten eine Anmeldung erforderlich wäre.[41] Die Kommission betonte bei einer Analyse der Verweisungsfälle unter Art. 22 im Jahr 2009 in diesem Zusammenhang, dass es zu mehr Verweisungen auf Antrag von weniger als drei Mitgliedstaaten gekommen war als auf Antrag von drei oder mehr Mitgliedstaaten.[42] Zum anderen kann es vorkommen, dass ein Mitgliedstaat einer Verweisung gemäß Art. 4 Abs. 5 widersprochen hat. **13**

Die folgenden Aspekte können die Anwendung des Art. 22 angebracht erscheinen lassen: Von Art. 22 sollen zunächst diejenigen Fälle erfasst werden, die zwar die Schwellenwerte gem. Art. 1 Abs. 2 bzw. Abs. 3 nicht überschreiten, bei denen aber die durch den Zusammenschluss betroffenen **Märkte** und/oder Wettbewerbsprobleme die **Grenzen** einzelner Staaten **überschreiten** und eine Entscheidung über eventuell anzuordnende **Bedingungen, Auflagen oder Zusagen** in sinnvoller Weise nur **einheitlich** getroffen werden kann.[43] Eine Lösung für die **14**

---

[36] Hoffmann/Terhechte AG 2003, 415 (422 f.); Böge WuW 2004, 138 (141).
[37] Art. 9 Abs. 2 VO 4064/89.
[38] Böge, EC Merger Control: Ten Years On, 363, 369; BKartA E/G4–3001/93 Bd. 3, Stellungnahme des Bundeskartellamtes zum Grünbuch der Kommission zur Revision der Verordnung Nr. EG 4064/89 des Rates über die Kontrolle von Unternehmenszusammenschlüssen, 44; für weitere Gründe s. Levy/Cook § 7.04 (2) (a).
[39] Commission Staff Working Document Evaluation of procedural and jurisdictional aspects of EU merger control SEC(2021) 156 final, Rn. 115 ff., 146.
[40] Commission Staff Working Document Evaluation of procedural and jurisdictional aspects of EU merger control SEC(2021) 156 final, Rn. 46.
[41] Tatsächlich sind gem. Art. 22 auch schon einige Fälle auf Antrag eines einzigen Mitgliedstaats verwiesen worden (Staff Working Paper accompanying the Communication from the Commission to the Council, Report on the functioning of Regulation No. 139/2004, COM (2009) 281 final, Rn. 139), wobei diese jedoch mit Ausnahme dreier vom Vereinigten Königreich verwiesenen Fälle (Kom., M.5020 – Lesaffre/GBI UK; Kom., M.4709 – APAX Partners/Telenor Satellite Services; Kom., M.4465 – Thrane & Threane/Nera) und eines kürzlich von Spanien verwiesenen Falles (Kom., M.7054 – Cemex/Holcim Assets, Pressemitteilung IP/13/977 vom 18.10.2013) zu einem Zeitpunkt verwiesen wurden als es in den die Verweisung beantragenden Mitgliedstaaten noch keine Fusionskontrolle gab.
[42] Staff Working Paper accompanying the Communication from the Commission to the Council, Report on the functioning of Regulation No. 139/2004, COM (2009) 281 final, Rn. 136.
[43] Kom., M.2738 – GEES/Unison; s. auch Mitteilung „Verweisung Fusionssachen", Rn. 45 und Staff Working Paper accompanying the Communication from the Commission to the Council, Report on the functioning

Staatsgebiete mehrerer Mitgliedstaaten kann nämlich ein einzelner Mitgliedstaat innerhalb seines eigenen Handlungsbereichs aus völkerrechtlichen Gründen im Allgemeinen nicht treffen.[44] Die einzelstaatliche Berechtigung geht grundsätzlich nur so weit, die im jeweiligen Inland hervorgerufenen Auswirkungen mittels einer Teiluntersagung zu unterbinden, was in den meisten Fällen eine Gesamtuntersagung mit Wirkung für einen anderen Mitgliedstaat unmöglich macht.[45] Nur ausnahmsweise kann ein Mitgliedstaat einen Auslandszusammenschluss insgesamt untersagen, wenn gerade für eine **sinnvolle Regelung** im Inland die Einbeziehung des Auslandsteils **absolut notwendig** und **unumgänglich** ist.

15 Die Kommission hält eine Verweisung auch in solchen Fällen für sinnvoll, bei denen ernsthafte Wettbewerbsbedenken in Bezug auf eine Reihe nationaler oder noch kleinerer Märkte in mehreren Mitgliedstaaten bestehen, die wichtigsten wirtschaftlichen Folgen des Zusammenschlusses mit diesen Märkten in Zusammenhang stehen und eine einheitliche Bearbeitung der Sache (im Hinblick sowohl auf mögliche Abhilfen als auch gegebenenfalls schon auf das Verfahren) wünschenswert wäre.[46]

16 Im Sinne der Effektivität des Wettbewerbsschutzes bei Minimierung des technischen und finanziellen Aufwandes wird sich eine Verweisung an die Kommission auch anbieten, wenn diese etwa über vertiefte Marktkenntnisse verfügt oder die erforderlichen Ermittlungen über mehrere Länder hinausgehen.[47]

17 Die Kommission hat in jüngerer Zeit ihre **Anwendungspraxis geändert** und unterstützt in bestimmten Fallkonstellationen nunmehr auch Verweisungsanträge von Mitgliedstaaten, deren innerstaatliches Fusionskontrollregime nicht eingreift (ausführlich hierzu → Rn. 38 ff.).[48] Vermutlich wird diese, vom EuG gebilligte[49], unter dem Gesichtspunkt der Rechtssicherheit jedoch problematische Praxis die Bedeutung und Zahl von Verweisungen nach Art. 22 steigern. Es bleibt abzuwarten, ob die Kommission die gebotene Zurückhaltung ausüben und den Weg über Art. 22 tatsächlich nur in Ausnahmesituationen wählen wird.

18 **3. Verhältnis zu anderen Verweisungstatbeständen. a) Art. 4 Abs. 5.** Neben der Verweisungsvorschrift des Art. 22 steht ergänzend die Norm des Art. 4 Abs. 5, die eine weitere Möglichkeit der einzelfallbezogenen Verweisung von Zusammenschlüssen ohne gemeinschaftsweite Bedeutung an die Kommission eröffnet. Das Verhältnis zwischen den verschiedenen Verweisungsverfahren ist in der FKVO nicht ausdrücklich geregelt. Daher ist prinzipiell von einer parallelen Existenz beider Verfahren auszugehen.[50] Eine konsekutive Anwendung beider Verfahren erscheint zunächst in dem (in der Praxis wahrscheinlich seltenen) Fall denkbar, dass sich die **Wettbewerbssituation** nach einem Antrag gem. Art. 4 Abs. 5 umfassend **geändert** hat. Ein Antrag nach Art. 22 auf einer neuen Grundlage müsste dann möglich sein.

19 Fraglich ist, ob ein erneuter Antrag nach Art. 22 auch zulässig sein kann, wenn sich die **Wettbewerbssituation nicht geändert** hat. Hier sind mehrere Konstellationen denkbar. Ein Antrag auf Verweisung an die Kommission durch die beteiligten Unternehmen nach Art. 4 Abs. 5 wird lediglich dann umfassend geprüft, wenn kein Mitgliedstaat diesem widersprochen hat (Art. 4 Abs. 5 UAbs. 3–5). Liegt kein solcher Widerspruch vor und **lehnt die Kommission den Antrag ab,** so bleiben die Mitgliedstaaten zuständig. Erfolgt nun eine Antragsstellung eines Mitgliedstaates gem. Art. 22, so müsste an sich erneut eine Untersuchung einer potentiellen Verweisung durchgeführt werden. Für die Ressourcen der Kommission würde dies eine erhebliche finanzielle und personelle Belastung bedeuten, wobei nicht ersichtlich ist, warum die Kommission in einer erneuten Untersuchung zu dem Ergebnis kommen sollte, dass sie die zur Fusionskontrolle geeignetere Behörde ist. Ein zweites Verweisungsverfahren ist daher zu vermeiden.[51]

---

of Regulation No. 139/2004, COM (2009) 281 final, Rn. 143; Kom., M.7802, Rn. 35 – Amadeus/Navitaire; Kom., M.6773, Rn. 23 – Canon/Iris.

[44] S. zu Territorialitätsprinzip und Auswirkungsprinzip: EuGH, Urt. v. 5.11.2002 – C-208/00, Slg. 2002 I-9919 = BeckRS 2004, 74969 – Überseering; EuGH, Urt. v. 30.9.2003 – C-167/01, Slg. 2003 I-10155 = BeckRS 2004, 74612 – Inspire Art; Turner WuW 1982, 5; Wiedemann KartellR-HdB/Wagemann § 17 Rn. 163.

[45] WuW/E OLG 3051 – Philip Morris/Rothmans; WuW/E BKartA 2363 – Linde-Lansing; Heidenhain AG 1989, 270 ff.; Barthelmeß/Schulz WuW 2003, 129 (133).

[46] Kom., M.8788, Rn. 63 – Apple/Shazam; Mitteilung „Verweisung Fusionssachen", Rn. 45; s. auch Immenga/Mestmäcker/Körber Rn. 41.

[47] Kom., M.7297, Rn. 34, 36 – Dolby/Doremi; Kom., M.6191, Rn. 25, 26 – Birla/Columbian Chemicals; Kom., M.6106, Rn. 17 – Caterpillar/MWM; Kom., M.2738 – GEES/UNISON.

[48] Mitteilung „Anwendung Art. 22"; Pressemitteilung MEX/21/1846 vom 20.4.2021 und IP/21/3844 vom 22.7.2021 in Sachen M.10188 – Illumina/Grail.

[49] EuG, Urt. v. 13.7.2022 – T-227/21 = BeckRS 2022, 16392 – Illumina/Kommission.

[50] Erwgr. 14 FKVO; Hellmann ZIP 2004, 1387.

[51] Körber WuW 2007, 330 (340).

Lehnt hingegen nur **ein Mitgliedstaat** den Verweisungsantrag eines beteiligten Unternehmens 20 nach Art. 4 Abs. 5 **ab,** so wird der Fall gleichfalls nicht verwiesen (Art. 4 Abs. 5 UAbs. 4). Die Prüfung des Antrages unterbleibt. Stellt ein Mitgliedstaat (oder eine Gruppe mehrerer Mitgliedstaaten) nun einen Antrag nach Art. 22, so wird eine potentielle Verweisung erstmals untersucht. Eine übermäßige Inanspruchnahme der Ressourcen der Kommission findet nicht statt.[52] Stellt eben der Mitgliedstaat, der den Antrag nach Art. 4 Abs. 5 abgelehnt hat, einen Antrag nach Art. 22, so müsste er sich aber ein widersprüchliches Verhalten vorwerfen lassen, das auch nicht im Einklang mit den Zielen der FKVO steht, größtmögliche Rechtssicherheit bezüglich der Kontrollzuständigkeiten und die Effizienz des Fusionskontrollverfahrens zu gewährleisten.[53] Aus diesem Grund ist auch in dieser Konstellation ein Verweisungsverfahren nach Art. 22 zu vermeiden. Etwas praxisrelevanter dürfte die Konstellation sein, dass Mitgliedstaaten, die dem Antrag der beteiligten Unternehmen nach Art. 4 Abs. 5 zugestimmt haben, nach Art. 22 einen eigenen Antrag stellen, wenn die Verweisung gem. Art. 4 Abs. 5 am Veto eines anderen Mitgliedstaates gescheitert ist. Das geschah als die portugiesische Behörde im Fall „LSE/LCH Clearnet" eine Verweisung an die Kommission nach Art. 22 beantragte nachdem das Vereinigte Königreich eine Verweisung unter Art. 4 Abs. 5 abgelehnt hatte. Unter Berücksichtigung der potenziellen Vorteile eines weitgehend einheitlichen Verfahrens vor der Kommission wäre die Stattgabe eines erneuten Antrags nach Art. 22 bei Vorliegen der materiellen Voraussetzungen in solchen Fällen grundsätzlich zu befürworten. Im Fall „LSE/LCH Clearnet" lehnte die Kommission allerdings den Verweisungsantrag Portugals ab. Da die beiden weiteren betroffenen Behörden (die des Vereinigten Königreichs und die spanische) die Transaktion selbst untersuchten, hätte eine Verweisung von Portugal an die Kommission hauptsächlich zu einer Verfahrensverzögerung geführt.

b) Art. 4 Abs. 4. Grundsätzlich offen ist auch das Verhältnis eines Verweisungsantrages nach 21 Art. 22 zu Art. 4 Abs. 4; wenn also zunächst die Kontrolle eines Zusammenschlusses vor dessen Anmeldung an die zuständige Behörde eines Mitgliedstaates (auf Betreiben der beteiligten Unternehmen) verwiesen wurde, der im Folgenden nach der Anmeldung einen Antrag auf Rückverweisung an die Kommission nach Art. 22 stellt.[54] Diese Konstellation dürfte sich jedoch noch seltener ergeben als diejenige eines Zusammentreffens von Art. 22 und Art. 4 Abs. 5, da sie voraussetzt, dass ein geplanter Zusammenschluss zwar bei Einreichen einer Form RS bei der Kommission eine gemeinschaftsweite Bedeutung hatte, diese jedoch vor einer Antragstellung nach Art. 22 verloren hat.

Eine Verweisung an einen Mitgliedstaat nach Art. 4 Abs. 4 verlangt einen Zusammenschluss 22 **mit formell gemeinschaftsweiter Bedeutung.** Die gemeinschaftsweite Bedeutung wird dem Vorhaben nachträglich auch nicht dadurch abgesprochen, dass es zu einer Verweisung kommt (Art. 4 Abs. 4). Art. 22 erfordert demgegenüber ein Vorhaben, welches **keine gemeinschaftsweite Bedeutung** hat (Abs. 1). Kommt es also nach Art. 4 Abs. 4 zu einer Verweisung eines Falles an einen Mitgliedstaat, so erfüllt dieser grundsätzlich nicht die Voraussetzungen für einen Antrag nach Art. 22 (Zum Verhältnis Art. 9 und Art. 4 Abs. 5 → Art. 9 Rn. 12 f.).

Etwas anderes ergibt sich nur dann, wenn vor dem Zeitpunkt für einen Verweisungsantrag nach 23 Art. 22 die gemeinschaftsweite Bedeutung, etwa durch Verkauf eines Betriebsteils, wegfällt. Dessen Umsatz wäre nämlich gemäß Rn. 27 der Mitteilung der Kommission über die Berechnung des Umsatzes abzuziehen.[55] Da die Kommission vorher im Rahmen der Verweisung nach Art. 4 Abs. 4 bereits entschieden hatte, dass es sich um einen Zusammenschluss handelt, der besser auf Mitgliedstaatebene behandelt werden sollte, kommt jedoch auch hier eine Verweisung überhaupt nur dann in Frage, wenn sich die Wettbewerbsverhältnisse dramatisch geändert haben.

c) Art. 9. Entsprechendes gilt für eine vorausgehende Verweisung nach Art. 9. Auch die Ver- 24 weisung nach Art. 9 erfordert einen Zusammenschluss mit gemeinschaftsweiter Bedeutung im Sinne der FKVO (→ Art. 9 Rn. 33).

II. Kasuistik

Wie oben ausgeführt, kamen die ersten Verweisungsanträge aus Jurisdiktionen, die zum damali- 25 gen Zeitpunkt noch keine Fusionskontrollgesetzgebung hatten. Hierbei handelte es sich um **Einzel-**

---

[52] Dennoch hat die Kommission u.a. mit dem Hinweis auf die sonst fehlende Rechtssicherheit im Fall Kom., M.6502 – London Stock Exchange/LCH Clearnet, in dem bereits ein Verweisungsantrag gem. Art. 4 (5) am Veto Englands gescheitert war, einen Antrag dreier Behörden gem. Art. 22 abgelehnt.
[53] Hellmann EWS 2004, 289 (291).
[54] FKVO (VO 139/2004), ABl. 2004 L 24, 1 Rn. 14.
[55] Mitteilung der Kommission über die Berechnung des Umsatzes im Sinne der Verordnung (EWG) Nr. 4064/89 des Rates über die Kontrolle von Unternehmenszusammenschlüssen, ABl. 1998 C 66, 25.

verweisungsanträge in den Fällen „British Airways/Dan Air",[56] „RTL/Veronica/Endemol",[57] „Kesko/Tuko"[58] und „Blokker/Toys"R"Us".[59] Dass in diesen Fällen tatsächlich für die eine Verweisung beantragenden Mitgliedstaaten starke wettbewerbliche Bedenken bestanden, zeigt sich schon daran, dass „Kesko/Tuko" und „Blokker/Toys"R"Us" von der Kommission untersagt wurden während in „RTL/Veronica/Endemol" Zusagen notwendig waren, um eine Freigabe zu erreichen.

26 Die ersten **gemeinsamen Verweisungsanträge** mehrerer Mitgliedstaaten, die 2002 und 2003 jeweils von mindestens sieben Mitgliedstaaten gestellt wurden, waren „Promatech/Sulzer Textil",[60] „GEES/Unison"[61] und „GE/Agfa NDT".[62] Im Jahr 2004 wurde ein gemeinsamer Antrag durch die nationalen Behörden Frankreichs, Schwedens und Deutschlands hinsichtlich des beabsichtigten Zusammenschlusses „Areva/Urenco/ETC JV" initiiert.[63]

27 Seit Inkrafttreten der VO 139/2004 kam es bislang zu 36 Verweisungsanträgen unter Art. 22, von denen die Kommission nur vier nicht annahm. Im Fall „Omya/Huber", der in die zweite Phase ging, kam der ursprüngliche Antrag aus Finnland und Österreich, Frankreich und Schweden schlossen sich dem Antrag an.[64] Im Fall „AMI/Eurotecnica" wäre eine Anmeldung nur in Deutschland notwendig gewesen jedoch stellte das Bundeskartellamt einen Verweisungsantrag, dem sich die polnische Behörde anschloss. Laut Bundeskartellamt bestand die Gefahr, dass der Zusammenschluss den Handel zwischen Mitgliedstaaten auf dem europäischen Melaminmarkt erheblich beeinträchtigen würde, da Anbieter und Nachfrager in unterschiedlichen europäischen Ländern ansässig seien.[65] Der nächste Verweisungsantrag kam im Fall „Gas Natural/Endesa" von Portugal und Italien, und wurde von der Kommission abgelehnt. Ebenso erging es Zypern im Fall „Coca-Cola Hellenic Bottling Company/Lanitis Bros". In beiden Fällen ging die Kommission letztlich davon aus, dass sie nicht die am besten geeignete Behörde war (→ Rn. 85). Im Fall „Orica/Dyno" hingegen nahm die Kommission den Verweisungsantrag Schwedens, des einzigen Landes, in dem der Zusammenschluss anzumelden war, dem sich jedoch Deutschland und Norwegen anschlossen, an. Die Kommission führte nur an, dass die Verweisungsvoraussetzungen vorlägen – wahrscheinlich war dies der Fall, weil das Zusammenschlussvorhaben befürchten ließ, es werde erhebliche wettbewerbliche Auswirkungen auf einen europaweiten Markt (den für den Großhandel mit Zündern für Sprengstoff) haben.[66]

28 Der nächste unter Art. 22 verwiesene Fall, „Glatfelter/Crompton Assets", wies einige Besonderheiten auf. Der Fall wäre lediglich in Deutschland anzumelden gewesen aber wenn Zusagen nötig gewesen wären, was angesichts der Marktanteile nicht auszuschließen war, hätten diese im Vereinigten Königreich umgesetzt werden müssen. Deshalb schloss sich auch das Vereinigte Königreich dem Verweisungsantrag des Bundeskartellamts an. Interessanterweise hatte das Bundeskartellamt vor Antragstellung bereits umfangreich im Fall recherchiert und konnte deshalb auch detailliert ausführen warum es befürchtete, dass es schwerwiegende Wettbewerbsbeeinträchtigungen auf den zumindest europaweiten Märkten für Teebeutelpapiere und Overlaypapiere erwartete.[67] In zwei Fällen in den Jahren 2006 und 2007 („Thrane & Thrane/Nera"[68] und „APAX Partners/Telenor Satellite Services"[69]) stellte jeweils das Vereinigte Königreich Verweisungsanträge – Anmeldungen waren dort nicht eingereicht worden. Im ersten der beiden Fälle kam es zu parallelen Verfahren in Norwegen, Spanien und Griechenland, im zweiten untersuchte ausschließlich die Kommission. 2007 kam es auch noch zu einer weiteren Verweisung an die Kommission und zu einer Untersuchung in der zweiten Phase, jedoch wurde der Fall letztlich zurückgezogen.[70] Im Fall „ABF/GBI" Assets beantrag-

---

[56] Kom., M.278 – British Airways/Dan Air.
[57] Kom., M.553 – RTL/Veronica/Endemol.
[58] Kom., M.784 – Kesko/Tuko; EuG, Urt. v. 15.12.1999 – T-22/97, Slg. 1999, II-3775 – Kesko Oy/Kommission.
[59] Kom., M.890 – Blokker/Toys"R"Us.
[60] Kom., M.2698 – Promatech/Sulzer Textil; Pressemitteilung IP/02/1140, Anträge von Frankreich, Deutschland, Italien, Spanien, dem Vereinigten Königreich, Österreich und Portugal.
[61] Kom., M.2738 – GEES/Unison; Pressemitteilung IP/02/578; Anträge aus Österreich, Frankreich, Deutschland, Griechenland, Italien, Spanien und dem Vereinigten Königreich.
[62] Kom., M.3136 – GE/Agfa NDT; Pressemitteilung IP/03/1666. Anträge aus Deutschland, Österreich, Griechenland, Irland, Spanien, Portugal und Italien.
[63] Kom., M.3099, Rn. 1 – Areva/Urenco/ETC JV; Pressemitteilung IP/04/777.
[64] Kom., M.3796, Rn. 1 – Omya/Huber.
[65] Kom., M.3923, Rn. 7 – AMI/Eurotecnica.
[66] Kom., M.4151, Rn. 4 – Orica/Dyno.
[67] Kom., M.4215 Rn. 15 ff. – Glatfelter/Crompton Assets.
[68] Kom., M.4465 – Thrane & Thrane/Nera.
[69] Kom., M.4709 – APAX Partners/Telenor Satellite Services.
[70] Kom., M.4498 – HG Capital/Denton.

ten Spanien, Portugal und Frankreich eine Verweisung an die Kommission und diese nahm den Antrag auch, trotz eines Versuchs der Parteien dies abzuwenden, an.[71] Dieselben Märkte wie bei „ABF/GBI" Assets waren in „Lesaffre/GBI UK" betroffen. Hier war lediglich das Vereinigte Königreich befasst, stellte jedoch wegen der Sachnähe mit dem vorherigen Fall einen Verweisungsantrag.[72] „Danisco/Abitec" wurde lediglich in Deutschland angemeldet und Deutschland stellte auch einen Verweisungsantrag, dem sich das Vereinigte Königreich anschloss. Die Parteien versuchten wiederum die Verweisung zu verhindern, was jedoch nicht gelang. Die Märkte wurden als prima facie EWR-weit eingestuft und Deutschland machte insbesondere geltend, dass es zwar Abhilfemaßnahmen erwarte, diese jedoch nur schwer von Deutschland aus durchzusetzen seien.[73] Im Fall „Arsenal/DSP" vertrat die spanische Behörde, der sich das Bundeskartellamt anschloss, die Auffassung, dass die Kommission besser in der Lage sei, die Auswirkungen des Vorhabens zu bewerten. Sie machte geltend, dass das in Spanien angemeldete Vorhaben nicht nur in Spanien, sondern auch im übrigen EWR möglicherweise nachteilige Auswirkungen auf den Wettbewerb haben werde, dass die Kommission leichter Informationen von den Wirtschaftsteilnehmern, von denen viele außerhalb Spaniens ansässig sind, einholen und Abhilfemaßnahmen, falls notwendig, effizienter durchsetzen könnte, da die Produktionsstätten des zusammengeschlossenen Unternehmens außerhalb Spaniens liegen.[74] Tatsächlich ging der Fall in die zweite Phase und die Freigabe erforderte Abhilfemaßnahmen.

29 Der Fall „Syngenta/Monsanto's Sunflower Seed Business" ist schon verfahrenstechnisch interessant.[75] Die Anmeldung in diesem Fall war am 19.8.2009 bei der spanischen Behörde eingegangen. Am 1.10. erhielt die Kommission einen Verweisungsantrag und es ergab sich die Frage, ob dieser noch innerhalb der von der FKVO geforderten Frist von 15 Arbeitstagen eingegangen war. Dies bejahte die Kommission, weil die spanische Behörde zweimal die Fristen unter nationalem Recht ausgesetzt hatte, um zusätzliche Informationen von den Parteien anzufordern, die es ihr erst ermöglichen sollten, zu entscheiden ob die Voraussetzungen für einen Verweisungsantrag vorlagen. Dies erscheint schwerlich mit dem Wortlaut des Abs. 1 UAbs. 1 S. 2 und dem Ziel der verfahrensmäßigen Effizienz zu vereinbaren.[76] 2010 kam es noch zu Verweisungsanträgen in zwei Fällen, die Sara Lee betrafen. Im Fall „Procter & Gamble/Sara Lee Air Care" gingen Anmeldungen in Bulgarien, Deutschland, Italien, Österreich, Polen, Portugal, Spanien, Ungarn, der Slowakei und Zypern ein.[77] Deutschland, und später Belgien, Frankreich, Spanien, Portugal, die Slowakei, Polen und Ungarn stellten Verweisungsanträge an die Kommission. Polen und die Slowakei zogen diese später zurück und der Antrag Ungarns wurde von der Kommission abgelehnt, während die anderen Anträge angenommen wurden (→ Rn. 85). Somit kam es zu guter Letzt zu nationalen Verfahren in sieben Ländern zusätzlich zu dem Verfahren vor der Kommission. Der zweite Fall, der Sara Lee betraf, war „SC Johnson/Sara Lee".[78] Der Fall wurde in Spanien und Portugal angemeldet und Spanien, zu dem später Belgien, Griechenland, Frankreich, die Tschechische Republik und Italien stießen, beantragte eine Verweisung an die Kommission. Der Fall ging in die zweite Phase, wurde aber letztlich aufgegeben.

30 Bei „Birla/Columbian Chemicals", einem Fall, in dem der Verweisungsantrag zunächst vom Bundeskartellamt gestellt wurde, dem sich später aber Frankreich, Spanien und das Vereinigte Königreich anschlossen, ging es um den Markt für Industrieruße, welcher als zumindest EEA-weit eingestuft wurde und bei dem die Kommission sich daher als die geeignetere Behörde ansah.[79] Beim Fall „Caterpillar/MWM", in dem zunächst das Bundeskartellamt einen Verweisungsantrag stellte und Österreich und die Slowakei sich anschlossen, argumentierte die Kommission, dass der geplante Zusammenschluss in den Hoheitsgebieten von mindestens drei Mitgliedstaaten zu wettbewerbsrechtlichen Bedenken Anlass geben könne und dass daher eine kohärente Behandlung der Sache sowohl im Hinblick auf die Untersuchung als auch im Hinblick auf eventuell mögliche Abhilfemaßnahmen wünschenswert sei.[80] Hinzu dürfte gekommen sein, dass die Kommission den relevanten Markt gerade im Fall „GE/Dresser" untersuchte.[81] Der im Juli 2012 eingegangene Verweisungsantrag Portugals im Fall „LSE/LCH Clearnet" wurde von der Kommission abgelehnt. Das Vereinigte

---

[71] Kom., M.4980, Rn. 5 – ABF/GBI Assets.
[72] Kom., M.5020 – Lesaffre/GBI UK.
[73] Kom., M.5109, Rn. 27 ff. – Danisco/Abitec.
[74] Kom., M.5153, Rn. 41 – Arsenal/DSP.
[75] Kom., M.5675, Rn. 3 ff. – Syngenta/Negocio Semillas Girasol Monsanto.
[76] So auch Bechtold/Bosch/Brinker Rn. 8 mwN.
[77] Kom., M.5828, Rn. 7 – Procter & Gamble/Sara Lee Air care.
[78] Kom., M.5969 – SC Johnson/Sara Lee.
[79] Kom., M.6191, Rn. 26 – Birla/Columbian Chemicals.
[80] Kom., M.6106, Rn. 17 – Caterpillar/MWM.
[81] Kom., M.6039 – GE/Dresser.

Königreich hatte bereits mit seiner Untersuchung angefangen und wollte sich dem Verweisungsantrag nicht anschließen.[82] Im Fall „Canon/Iris"[83] hatte zunächst Belgien einen Verweisungsantrag gestellt, dem sich sogleich Österreich, Frankreich, Irland, Italien, Portugal und Schweden anschlossen. Die Kommission stimmte den Mitgliedstaaten zu, dass die betroffenen Märkte über das Staatsgebiet einzelner Mitgliedstaaten hinausgingen und sie daher die geeignete Behörde war.[84] Den Fall „Aegean/Olympic II"[85] nahm die Kommission unter anderem an weil sie bereits den ersten Versuch eines Zusammenschlusses von Aegean und Olympic untersucht (und verboten) hatte.[86] Im schon genannten Fall „CEMEX/Holcim Assets"[87] erging eine Verweisung auf Antrag Spaniens weil die Kommission sich als die am besten platzierte Behörde ansah, potentiell grenzüberschreitende Auswirkungen der Transaktion zu untersuchen und weil sie gleichzeitig auch den Fall „Holcim/Cemex West" untersuchte und eine einheitliche Betrachtung für notwendig hielt.[88] Der Fall ging in die zweite Phase, wurde aber letztlich freigegeben. Da die Tschechische Republik keinen Verweisungsantrag gestellt hatte, wurde das Zusammenschlussvorhaben von ihr parallel untersucht.[89] Ein anderer Fall, in dem die spanische Behörde nach Anmeldung einen Verweisungsantrag stellte, war „Dolby/Doremi/Highlands".[90] Das Vereinigte Königreich, in dem der Zusammenschluss nicht angemeldet worden war, schloss sich dem an und die Kommission akzeptierte beide Anträge. Die Kommission betonte, dass die Übernahme im Hinblick auf die Effizienz der Verwaltung und die Vermeidung möglicher inkohärenter Abhilfemaßnahmen sinnvoll sei. Zudem sei es für die Kommission leichter, relevante Informationen von außerhalb Spaniens ansässigen Unternehmen zu beschaffen.[91]

31 Die Verweisung im Fall „Amadeus/Navitaire" ging auf einen Verweisungsantrag des Vereinigten Königreichs zurück, in dem der Fall nicht angemeldet worden war.[92] Deutschland, Spanien und Österreich schlossen sich dem Antrag an.[93] Die Kommission führte aus, dass die Parteien und ihre Wettbewerber weltweit operierten und dass die Verkäufe in den einzelnen betroffenen Mitgliedstaaten keinerlei Besonderheiten aufwiesen. Somit sei wichtig, widersprüchliche Entscheidungen, die u. U. effektive Abhilfemaßnahmen erschweren könnten, zu vermeiden.[94] Im Fall „Accuride/Mefro Wheels" hat Deutschland einen Verweisungsantrag gestellt, dem sich Polen, Spanien und die Niederlande angeschlossen haben, der Zusammenschluss ebenfalls anmeldepflichtig war.[95] Die Kommission nahm die Verweisung an, da ernste Wettbewerbsbedenken in Bezug auf einen mindestens EWR-weiten Markt im Raum standen. Ein interessanter Fall ist auch „Apple/Shazam".[96] Hier hatte nach Anmeldung zunächst Österreich einen Verweisungsantrag gestellt, dem sich dann Island, Italien, Frankreich, Norwegen, Spanien und Schweden anschlossen. Die Kommission sah sich als bestplatzierte Behörde an und nahm die Verweisungsanträge an.[97] Letztlich genehmigte sie den Zusammenschluss nach einer Untersuchung in der zweiten Phase ohne Auflagen oder Bedingungen.[98] Das Verfahren „Mondi/Powerflute" zog die Kommission auf Antrag Finnlands, wo der Zusammenschluss angemeldet wurde, an sich, da ein EWR-weiter Markt betroffen war mit dem die Kommission aus früheren Verfahren vertraut war.[99] Spanien hatte sich dem Verweisungsantrag angeschlossen. Im Fall „Knauf/Armstrong" hatten sich Großbritannien, Spanien, Deutschland und Litauen dem Verweisungsantrag Österreichs angeschlossen.[100] Der Zusammenschluss war in allen diesen Ländern mit Ausnahme Litauens anmeldepflichtig. Obgleich nicht feststand, ob die relevanten Märkte national oder regional abzugrenzen waren, nahm die Kommission die Verweisung an, da eine erhebliche Wettbewerbsbeeinträchtigung in den antragstellenden Mitgliedstaaten zu befürchten war.[101] Der

---

[82] Kom., M.6502, Rn. 23 – London Stock Exchange/LCH Clearnet.
[83] Kom., M.6773 – Canon/Iris.
[84] Kom., M.6773, Rn. 23 – Canon/Iris.
[85] Kom., M.6796, Rn. 26 – Aegean/Olympic II.
[86] Kom., M.5830 – Olympic/Aegean Airlines.
[87] Kom., M.7054 – Cemex/Holcim Assets; s. auch Kom., M.7009 – Holcim/Cemex West.
[88] Kom., M.7054, Rn. 35 – Cemex/Holcim Assets.
[89] Pressemitteilung IP/13/977 vom 18.10.2013.
[90] Kom., M.7297 – Dolby/Doremi/Highlands.
[91] Kom., M.7297, Rn. 35–36 – Dolby/Doremi/Highlands.
[92] Kom., M.7802, Rn. 4 – Amadeus/Navitaire.
[93] Kom., M.7802, Rn. 7.
[94] Kom., M.7802, Rn. 35.
[95] Kom., M.8652 – Accuride/Mefro Wheels.
[96] Kom., M.8788 – Apple/Shazam.
[97] Pressemitteilung IP/18/664 vom 6.2.2018.
[98] Pressemitteilung IP/18/664 vom 6.2.2018.
[99] Kom., M.8831 – Mondi/Powerflute.
[100] Kom., M.8832 – Knauf/Armstrong.
[101] Kom., M.8832, Rn. 23 – Knauf/Armstrong.

Zusammenschluss wurde schließlich unter Auflagen und Bedingungen freigegeben. Mit einer vergleichbaren Argumentation hat die Kommission auch die Prüfung des Zusammenschlusses „Johnson & Johnson/Tachosil" auf die Anträge von Deutschland und im Anschluss von Österreich, Spanien, Frankreich, Finnland und Norwegen übernommen.[102] Das Zusammenschlussvorhaben wurde nach Eröffnung der zweiten Phase aufgegeben. Im Verfahren „Fincantieri/Chantiers de l'Atlantique" hatte Frankreich einen Verweisungsantrag nach Art. 22 gestellt, dem sich Deutschland anschloss, wo das Vorhaben ebenfalls anmeldepflichtig war.[103] Im Fall „Iconex/Hansol Denmark/R+S Group" hatte sich Frankreich einem Verweisungsantrag Deutschlands angeschlossen.[104] Die Kommission nahm in beiden Verfahren die Verweisung an, da sie sich für die am besten geeignete Behörde hielt. Nachdem die Kommission das Hauptprüfverfahren eröffnet hatte, gaben die Beteiligten den Zusammenschluss „Fincantieri/Chantiers de l'Atlantique" auf. Unter Berufung auf transnationale Märkte und die Vorteile einer einheitlichen Prüfung zog die Kommission auch das Verfahren „Mastercard/Nets" an sich, obwohl der Zusammenschluss außer im verweisenden Dänemark auch in Großbritannien und Norwegen der nationalen Fusionskontrolle unterlag.[105] Österreich hatte sich dem Antrag Dänemarks angeschlossen.

In jüngerer Zeit beantragte Österreich nach Anmeldung die Verweisung des Erwerbs von **32** Kustomer durch Meta (vormals Facebook) an die Kommission. Diese nahm den Antrag, dem sich neun weitere Mitgliedstaaten angeschlossen hatten, an, da sie sich für am besten geeignet hielt, die grenzüberschreitenden Auswirkungen der Transaktion zu prüfen. Im Januar 2022 genehmigte die Kommission das Vorhaben unter Auflagen.[106] Das Bundeskartellamt hat den Fall einer separaten Überprüfung unterzogen, da die Verweisung in der Praxis des Bundeskartellamtes eine Anmeldepflicht nach deutschen Fusionskontrollregeln voraussetzt (→ Rn. 39) und das Amt innerhalb der Frist des Abs. 2 S. 2 keine Klarheit über die Anmeldepflichtigkeit des Zusammenschlusses unter der Transaktionswertschwelle erlangen konnte.[107]

Im Verfahren „Illumina/Grail" wendete die Kommission erstmals die in ihrer Mitteilung **33** „Anwendung Art. 22" niedergelegte neue Auslegung der Verweisungsvorschrift (→ Rn. 38 ff.) auf einen konkreten Fall an. Der mit Pressemitteilung vom September 2020 bekannt gemachte Erwerb von Grail durch Illumina war trotz eines Transaktionswerts von rund USD 7,1 Mrd. weder nach der FKVO noch auf mitgliedstaatlicher Ebene anmeldepflichtig. Nachdem die Kommission im Dezember 2020 eine Beschwerde hinsichtlich der Transaktion erhielt, forderte sie die Mitgliedstaaten mit Schreiben vom 19. Februar 2021 auf, eine Verweisung nach Art. 22 zu beantragen. Mit den beteiligten Unternehmen nahm die Kommission hingegen erst Ende Februar 2021 Kontakt auf und auch die Veröffentlichung der Mitteilung „Anwendung Art. 22" erfolgte erst im März 2021. Im Folgenden nahm die Kommission den von Frankreich gestellten und von Belgien, Griechenland, Italien, den Niederlanden und Norwegen unterstützten Verweisungsantrag an.[108] Das von den Zusammenschlussbeteiligten angerufene Gericht bestätigte im Juli 2022 erstmals, dass Art. 22 auch dann Anwendung finden kann, wenn der Verweisungsantrag von einem Mitgliedstaat gestellt wurde, in dem die innerstaatlichen Aufgreifschwellen nicht erfüllt waren.[109]

III. Verfahren

1. Formelle Verweisungsvoraussetzungen. Gemäß Abs. 1 UAbs. 1 ist ein Mitgliedstaat **34** berechtigt, die Kontrolle eines Zusammenschlusses durch die EU-Kommission zu beantragen, wenn nach seiner Ansicht gewisse materielle Voraussetzungen vorliegen.[110]

a) Antrag. Die erste zwingende formelle Anforderung ist ein **Antrag eines oder mehrerer** **35** **Mitgliedstaaten,** der mit dem Bestreben an die Kommission gerichtet wird, dass diese den Zusammenschluss nach den Vorschriften der FKVO überprüft. Erfasst ist nach Abs. 1 UAbs. 1 also ein selbstständiger Verweisungsantrag eines einzelnen Mitgliedstaates, sog **Einzelverweisungsantrag,**

---

[102] Kom., M.9547 – Johnson & Johnson/Tachosil.
[103] Kom., M.9162 – Fincantieri/Chantiers de l'Atlantique.
[104] Kom., M.9293 – Iconex/Hansol Denmark/R+S Group.
[105] Kom., M.9744 – Mastercard/Nets.
[106] Pressemitteilung IP/22/652 vom 27.1.2022 in Sachen M.10262 – Meta/Kustomer.
[107] BKartA, Pressemitteilung vom 9.12.2021 in Sachen Meta/Kustomer.
[108] Pressemitteilung MEX/21/1846 vom 20.4.2021 und IP/21/3844 vom 22.7.2021 in Sachen M.10188 – Illumina/Grail.
[109] EuG, Urt. v. 13.7.2022 – T-227/21, Rn. 183 = BeckRS 2022, 16392 – Illumina/Kommission, Pressemitteilung 123/22 vom 13. Juli 2022.
[110] Mitteilung „Verweisung Fusionssachen", Rn. 42–45; Ratsprotokoll WuW 1990, 240 Rn. 11a; Soames/Maudhuit ECLRev. 2005, 57 (63); s. auch zB Kom., 17.4.2002, M.2738, Rn. 1 – GEES/Unison und Kom., 6.10.2004, M.3099, Rn. 1 – Areva/Urenco/ETC JV.

sowie ein Antrag von mehreren Mitgliedstaaten, die sich zusammengeschlossen haben, sog **gemeinsamer Verweisungsantrag**.[111] Ein solcher gemeinsam veranlasster einheitlicher Antrag bedarf vor seiner Stellung einer Kooperation unter den Mitgliedstaaten, die sich im Folgenden einvernehmlich zu einer Verweisung entschließen. Diese Koordinierung des Verhaltens hinsichtlich der Kompetenzübertragung erfolgt über das ECA („European Competition Authorities") Netzwerk, an dem die nationalen Wettbewerbsbehörden („National Competition Authorities") des EWR, die Kommission und die EFTA-Überwachungsbehörde teilnehmen.[112] Entsprechend der Ausarbeitung der Grundsätze für die Anwendung von Art. 22 dient dieses Netzwerk dem frühzeitigen und intensiven Informationsaustausch über einen in mehreren Ländern angemeldeten Zusammenschluss sowie einer engen Zusammenarbeit bei der Prüfung solcher Fälle.[113] Bei einem Entschluss zugunsten eines gemeinsamen Antrages sendet jeder Mitgliedstaat den gemeinsamen Verweisungsantrag an die Kommission.

36   Der Antrag des Mitgliedstaates bezüglich einer Verweisung bedarf eines **förmlichen** Schreibens unter **Darlegung der wettbewerbsrechtlichen Aspekte** aus Abs. 1.[114] **Inhaltlich** soll der Antrag demnach die konkret relevanten Aspekte beinhalten, welche die jeweilige nationale Behörde schließen lassen, dass der Zusammenschluss den Handel zwischen Mitgliedstaaten beeinträchtigt und den Wettbewerb im Hoheitsgebiet des bzw. der antragstellenden Mitgliedstaaten zu beeinträchtigen droht. Insbesondere müssen im Antrag Angaben über die am Zusammenschluss beteiligten Unternehmen, über die fragliche Transaktion und die betroffenen Waren bzw. Dienstleistungen enthalten sein.[115] Auf dieser Basis kann die Kommission dann prüfen, ob die erforderlichen Kriterien für einen Verweisungsantrag erfüllt sind. Im Falle „British Airways/Dan Air" erlaubte die Kommission der belgischen Regierung ausnahmsweise, die den Antrag begründenden Informationen nachzutragen.[116]

37   **b) Antragsberechtigung.** Das Antragsrecht nach Art. 22 kommt den Mitgliedstaaten zu, auf deren Hoheitsgebiet durch den Zusammenschluss der Wettbewerb erheblich beeinträchtigt zu werden droht. Den EFTA-Staaten, die Teil des EWR sind, steht ein solches Antragsrecht nicht zu.[117] Ein antragstellender Mitgliedstaat muss konkret von dem Vorhaben betroffen sein. Darüber hinaus muss der **Zusammenschluss** alle Voraussetzungen des **Art. 3** erfüllen und folglich ein solcher iSd FKVO sein. Laut Kommission ist die Verwirklichung des Zusammenschlusstatbestandes nach nationalem Recht dagegen ohne Bedeutung.[118]

38   Über die **Antragsberechtigung** von Mitgliedstaaten, die zwar eine eigene innerstaatliche Zusammenschlusskontrolle besitzen, bei denen jedoch der fragliche Zusammenschluss mangels Verwirklichung der Voraussetzungen unter nationalem Recht nicht anzumelden war, besteht Streit.[119] Die Kommissionspraxis ging lange Zeit dahin, solchen Mitgliedstaaten bereits im Vorfeld von Verweisungsanträgen abzuraten.[120] So wurden Verweisungen nach Art. 22 seit Inkrafttreten der Verordnung 139/2004 nur in sehr wenigen Fällen durch einen Mitgliedstaat initiiert, in dem keine Anmeldung erforderlich war. Meistens handelte es sich dabei aufgrund der Freiwilligkeit des dortigen Anmelderegimes um das Vereinigte Königreich.[121] Vereinzelt kam es vor, dass Staaten ohne eigene Zuständigkeit

---

[111] Pape/Hossenfelder/Töllner Rn. 752; Immenga/Mestmäcker/Körber Rn. 16.
[112] ECA, Grundsätze für die Anwendung von Art. 4 Abs. 5 und Art. 22 der Europäischen Fusionskontrollverordnung durch die nationalen Wettbewerbsbehörden der ECA (https://www.bundeskartellamt.de/SharedDocs/Publikation/DE/Sonstiges/ECA_Grunds%C3%A4tze_Anwendung_Artikel_Europ%C3%A4ischen%20Fusionskontrollverordnung.pdf?__blob=publicationFile&v=3), zuletzt abgerufen am 19.7.2022; hierzu FK-KartellR/Hellmann/Malz Rn. 23.
[113] ECA, Grundsätze für die Anwendung von Art. 4 Abs. 5 und Art. 22 der Europäischen Fusionskontrollverordnung durch die nationalen Wettbewerbsbehörden der ECA, insbesondere Rn. 3–8, 12–19, 22–24; BKartA E/G4-3001/93 Bd. 3, Stellungnahme des BKartA zum Grünbuch der Kommission zur Revision der Verordnung (EG) Nr. 4064/89 des Rates über die Kontrolle von Unternehmenszusammenschlüssen, 37, 44.
[114] Art. 10 Abs. 2 DVO FKVO; Immenga/Mestmäcker/Körber Rn. 18.
[115] ECA, Grundsätze für die Anwendung von Art. 4 Abs. 5 und Art. 22 der Europäischen Fusionskontrollverordnung durch die nationalen Wettbewerbsbehörden der ECA, Rn. 32; FK-KartellR/Hellmann/Malz Rn. 17.
[116] Kom., M.278, Rn. 9 – British Airways/Dan Air.
[117] Art. 6 Abs. 3 UAbs. 2 des Protokolls 24 zum EWR Abkommen, der jedoch den Anschluss an einen von einem EU-Mitgliedstaat gestellten Antrag erlaubt.
[118] Mitteilung „Verweisung Fusionssachen" Rn. 65.
[119] Dafür Immenga/Mestmäcker/Körber Rn. 15; FK-KartellR/Hellmann/Malz Rn. 26; Bunte/Bardong/Maass Rn. 17; aA von Schreitter/Urban, NZKart 2020, 637 (640); Bechtold/Bosch/Brinker Rn. 10 ff. und Wiedemann KartellR-HdB/Wagemann § 17 Rn. 163.
[120] Mitteilung „Anwendung Art. 22" Rn. 8.
[121] Kom., M.7802 – Amadeus/Navitaire; Kom., M.4709 – APAX Partners/Telenor Satellite Services; Kom., M.4465 – Thrane & Thrane/Nera.

III. Verfahren

Anschlussanträge an den Verweisungsantrag eines Staates stellten, in dem eine Anmeldung eingegangen war.[122] Kulminierend in ihrer Mitteilung „Anwendung Art. 22" hat die Kommission nunmehr eine Kehrtwende in ihrer Entscheidungspraxis vollzogen. Dort stellt sie sich auf den Standpunkt, dass sie „auf Antrag eines oder mehrerer Mitgliedstaaten **jeden Zusammenschluss,** der keine unionsweite Bedeutung hat, aber den Handel zwischen Mitgliedstaaten beeinträchtigt und den Wettbewerb im Hoheitgebiet des bzw. der antragstellenden Mitgliedstaaten erheblich zu beeinträchtigen droht", prüfen kann. Art. 22 gelte für alle Zusammenschlüsse, nicht nur für solche, die die jeweiligen Zuständigkeitskriterien der verweisenden Mitgliedstaaten erfüllen.[123] Diese Auslegung, die zu Recht deutliche Kritik nach sich gezogen hat, wurde vom EuG zwischenzeitlich bestätigt.[124]

In der Literatur wird zunächst einmal hinterfragt, ob die Entscheidung, es der Kommission faktisch zu ermöglichen, nicht kontrollpflichtige Transaktionen an sich zu ziehen, nicht dem Verordnungsgeber vorbehalten gewesen wäre.[125] Die von der Kommission und dem EuG vorgenommene weite Auslegung des Art. 22 erscheint nämlich keineswegs zwingend. Hinter seiner Einführung stand schließlich originär die Absicht, Mitgliedstaaten ohne Fusionskontrolle die Möglichkeit einer Verweisung zu eröffnen, dh Durchsetzungslücken auf mitgliedstaatlicher, nicht auf EU-Ebene zu schließen.[126] Die Systematik der Verweisungstatbestände in der FKVO scheint seither implizit die Anmeldefähigkeit eines Zusammenschlusses vorauszusetzen.[127] Auch der Wortlaut des Abs. 3 legt nahe, dass eine originäre Zuständigkeit des verweisenden Mitgliedstaats bestehen muss: „Das innerstaatliche Wettbewerbsrecht [...] findet auf den Zusammenschluss nicht **mehr** Anwendung".[128] Bedenkenswert ist schließlich auch die bewusste Entscheidung des nationalen Gesetzgebers, bestimmte Zusammenschlüsse unterhalb bestimmter Schwellenwerte nicht der Fusionskontrolle zu unterwerfen.[129] Einige nationale Kartellbehörden, darunter das Bundeskartellamt,[130] haben dementsprechend verlautbart, Verweisungsanträge nur stellen zu wollen, wenn sie nach den innerstaatlichen Regelungen zuständig sind.[131] 39

Der gegenwärtige Ansatz der Kommission geht in Richtung eines weitgehend **unbeschränkten Aufgreifermessens**.[132] Die materiellen Kriterien des Art. 22, dh die Beeinträchtigung mitgliedstaatlichen Handels sowie die drohende erhebliche Wettbewerbsbeeinträchtigung, werden in der Praxis weit ausgelegt (→ Rn. 71 ff.) und stellen ein im Sinne der Rechts- und Planungssicherheit denkbar ungeeignetes Aufgreifkriterium dar. Ein angemessener Ausgleich zwischen dem Aufgreifinteresse der Kommission und dem legitimen Bedürfnis der Beteiligten nach Rechtssicherheit besteht nicht.[133] Dies ist umso bedauerlicher, als der Kommission der Nachweis einer Durchsetzungslücke, welche die Ausdehnung der Anwendung des Art. 22 rechtfertigen würde, nur unzureichend gelungen ist.[134] Auch stellt sich die Frage, warum die Kommission den Mehraufwand für von der Einführung einer Transaktionswertschwelle auf europäische Ebene betroffenen Unternehmen für unverhältnismäßig zu halten schien, den Aufwand (zum „zur Kenntnis bringen" → Rn. 43) sowie weitgehenden **Verlust von Rechts- und Planungssicherheit** für die weitaus größere Zahl der potentiell von der neuen Verweisungspraxis erfassten Zusammenschlussbeteiligten hingegen für hinnehmbar hält.[135] 40

---

[122] Vgl. Mitteilung „Verweisung Fusionssachen", Rn. 50, Fn. 44; Commission Staff Working Document Evaluation of procedural and jurisdictional aspects of EU merger control SEC(2021) 156 final, Rn. 56; Kom., M.4151 – Orica/Dyno; Kom., M.3923 – AMI/Eurotecnica.
[123] Mitteilung „Anwendung Art. 22", Rn. 6.
[124] EuG, Urt. v. 13.7.2022 – T-227/21 = BeckRS 2022, 16392 – Illumina/Kommission, Pressemitteilung 123/22 vom 13. Juli 2022.
[125] Völcker, NZKart 2021, 262; Käseberg, NZKart 2021, 529 (530); von Schreitter/Urban, WuW 2021, 674 (678, 681); Neideck, NZKart 2021, 263 (268).
[126] Cukurow, NZKart 2021, 606 (607); Neideck, NZKart 2021, 263 (268); Schmidt/Steinvorth, BB 2021, 1666 (1671); Neideck, NZKart 2021, 263 (268).
[127] Schmidt/Steinvorth, BB 2021, 1666 (1671).
[128] Schmidt/Steinvorth, BB 2021, 1666 (1671); Cukurow, NZKart 2021, 606 (609); Neideck, NZKart 2021, 263 (269).
[129] Völcker, NZKart 2021, 262; Schmidt/Steinvorth, BB 2021, 1666 (1671); Käseberg, NZKart 2021, 529 (530); von Schreitter/Urban, WuW 2021, 674 (681); Cukurow, NZKart 2021, 606 (611).
[130] BKartA, Pressemitteilung vom 9.12.2021 in Sachen Meta/Kustomer.
[131] Schmidt/Steinvorth, BB 2021, 1666 (1671); von Schreitter/Urban, WuW 2021, 674 (681).
[132] Völcker, NZKart 2021, 262.
[133] Neideck, NZKart 2021, 263.
[134] Commission Staff Working Document Evaluation of procedural and jurisdictional aspects of EU merger control SEC(2021) 156 final, S. 83 f.; ausführlich Neideck, NZKart 2021, 263 (264 f.); von Schreitter/Urban, WuW 2021, 674 (676 f.).
[135] Commission Staff Working Document Evaluation of procedural and jurisdictional aspects of EU merger control SEC(2021) 156 final, Rn. 203 ff.

41 **c) Antragsfrist.** Die Stellung eines Verweisungsantrages bei der Kommission muss nach der jetzt geltenden Gesetzesfassung innerhalb von **15 Arbeitstagen nachdem** der Zusammenschluss bei dem betreffenden Mitgliedstaat angemeldet[136] oder, falls eine Anmeldung nicht erforderlich ist, ihm anderweitig zur Kenntnis gebracht worden ist, erfolgen (Abs. 1 UAbs. 2).[137] Die Antragsfrist ist mithin an das fristauslösende Ereignis des Anmeldezeitpunkts bzw. der Kenntniserlangung geknüpft. Während die Bestimmung des Anmeldezeitpunktes keine Probleme bereitet, da sich die Anmeldung nach der Erfüllung spezifischer Formalitäten gemäß dem innerstaatlichen Recht richtet, handelt es sich bei dem Begriff der „anderweitigen Kenntniserlangung" um einen unbestimmten Rechtsbegriff mit der Folge, dass dessen Eingreifen schwierig zu bestimmen sein kann. Die Beibehaltung dieses bereits unter VO 4064/89 bestehenden Begriffes war jedoch notwendig, da nicht in allen EU-Mitgliedstaaten eine Anmeldepflicht für Fusionen bestand.[138] Nach der Mitteilung „Anwendung Art. 22" schließt die Tatsache, dass ein Vorhaben bereits vollzogen wurde, die Möglichkeit nicht aus, eine Verweisung zu beantragen.[139]

42 Unter der VO 4064/89 galt, dass ein Verweisungsantrag spätestens einen Monat nach dem Zeitpunkt gestellt werden musste, zu dem der Zusammenschluss dem betreffenden Mitgliedstaat „zur Kenntnis gebracht wurde", wobei jedenfalls die Anmeldung eines Zusammenschlusses das Kriterium des **„zur Kenntnis bringen"** erfüllte. Abs. 1 UAbs. 2 bestätigte somit die geltende Praxis. Was ein sonstiges „zur Kenntnis bringen" anbelangt, so ließ die Kommission hierfür in der Vergangenheit ein zielgerichtetes Handeln eines Dritten genügen, welches eine Information des Mitgliedstaates über den fraglichen Zusammenschluss bewirkte. Im Fall „British Airways/Dan Air" wurde die Information über das Vorhaben auf eine unmittelbare Kommunikation zwischen den Parteien und der belgischen Regierung gestützt („direct communication"), wobei zu diesem Zeitpunkt der Zusammenschluss allerdings bereits verwirklicht war.[140] In den Fällen „Kesko/Tuko" und „RTL/Veronika/Endemol" geschah die Benachrichtigung der Behörde durch Presseveröffentlichungen[141] während im Fall „Blokker/Toys"R"Us (II)" ein Brief an die niederländische Behörde zur Auslösung der Frist führte.[142] Letztlich müssen bei der Auslegung des „zur Kenntnis bringen" zwei häufig entgegengesetzte Interessen miteinander in Einklang gebracht werden: Einerseits sollte im Interesse der Verfahrenseffizienz und Rechtssicherheit für die betroffenen Unternehmen der Zeitpunkt, an dem ein Antrag gestellt werden muss, möglichst früh liegen. Andererseits müssen aber dem antragstellenden Mitgliedstaat genügend Informationen vorliegen, um sinnvoll darüber entscheiden zu können, ob die Kommission die bessere Behörde zur Untersuchung eines bestimmten Zusammenschlusses ist.[143] Deshalb ging auch die Kommission in ihrer Mitteilung „Verweisung Fusionssachen"[144] davon aus, dass die „Kenntnis" von einem Zusammenschluss jedenfalls gegeben ist, wenn der Mitgliedstaat über solche wesentlichen Informationen verfügt, die ihm eine Vorbeurteilung bezüglich einer potentiellen Antragstellung auf Verweisung nach Art. 22 ermöglichen.[145]

43 Zu einer näheren Definition dieses Kriteriums kam es im Fall „Illumina/Grail". Das Gericht kam zu dem Schluss, dass der Begriff eine **aktive Übermittlung** relevanter Informationen an den Mitgliedstaat umschreibe. Inhaltlich müssten die übermittelten Angaben den Mitgliedstaat in die Lage versetzen, eine vorläufige Bewertung der Voraussetzungen des Art. 22 vorzunehmen.[146] Eine Pressemitteilung reiche nicht aus, da es sonst der Behörde oblige, solche Veröffentlichungen flächendeckend zu sichten und überdies der Informationsgehalt derartiger Statements keine ausreichende Informationsgrundlage biete.[147] Diese Auffassung entspricht der der Kommission, die in ihrer Mitteilung „Anwendung Art. 22" forderte, ein tatbestandliches „zur Kenntnis bringen" müsse hinreichende

---

[136] Dabei hat die Kommission in der Vergangenheit Fristverlängerungen unter nationalem Recht akzeptiert, die dazu dienen, zu untersuchen, ob die Verweisungsvoraussetzungen gegeben sind. S. dazu Kom., M.5675, Rn. 4 – Syngenta/Negocio Semillas Girasol Monsanto.
[137] Dabei sind Fristbeginn und Fristende nach Art. 7 ff. der DVO FKVO zu berechnen.
[138] So im Vereinigten Königreich; s. auch Bright/Persson ECLRev. 2003, 490 (492).
[139] Mitteilung „Anwendung Art. 22" Rn. 21.
[140] Kom., M.278, Rn. 8 – British Airways/Dan Air; Bartosch/Nollau EuZW 2002, 197 (202) (Fn. 37).
[141] LMRKM/Westermann Rn. 4.
[142] Kom., M.890 – Blokker/Toys"R"Us (II).
[143] Mitteilung „Anwendung Art. 22", Rn. 30. Deshalb hat die Kommission auch im Fall Kom., M.4709, Rn. 10 ff. – APAX Partners/Telenor Satellite Services Entscheidung gem. Art. 22 bestätigt, dass es notwendig für die eine Verweisung beantragende Behörde sein kann, zunächst die Antworten auf ein Auskunftsersuchen abzuwarten, bevor die Frist anfängt zu laufen.
[144] Mitteilung „Verweisung Fusionssachen", Rn. 50, Fn. 43.
[145] S. auch Grundsätze für die Anwendung von Art. 4 Abs. 5 und Art. 22 der Europäischen Fusionskontrollverordnung, 2005, Rn. 31; ein Beispiel ist Kom., M.7802, Rn. 16 – Amadeus/Navitaire.
[146] EuG, Urt. v. 13.7.2022 – T-227/21, Rn. 204, 211 = BeckRS 2022, 16392 – Illumina/Kommission.
[147] EuG, Urt. v. 13.7.2022 – T-227/21, Rn. 188 ff. = BeckRS 2022, 16392 – Illumina/Kommission.

Informationen beinhalten, um eine vorläufige Bewertung des Vorliegens der Verweisungskriterien zu ermöglichen.[148] Diese Anforderung geht gerade bei Zusammenschlüssen, die eigentlich keinem Anmeldeerfordernis unterliegen, sehr weit, zumal häufig unklar sein dürfte, ob und wann die vorgelegten Informationen ausreichend sind.[149] Im Zweifelsfall dürften sich die beteiligten Unternehmen gezwungen sehen, anmeldungsähnliche Unterlagen an sämtliche Mitgliedstaaten zu übermitteln (→ Rn. 53).[150]

44 Im Anwendungsbereich des **Digital Markets Act** werden Gatekeeper die Kommission zukünftig nach Art. 14 Abs. 1 DMA vor Vollzug über jeden geplanten Zusammenschluss unterrichten müssen, der einen Bezug zum Betrieb zentraler Plattformdienste, der Erbringung sonstiger Dienstleistungen im digitalen Sektor oder der Sammlung von Daten hat. Dies gilt unabhängig davon, ob der Zusammenschluss auf EU- oder mitgliedstaatlicher Ebene fusionskontrollpflichtig ist.[151] Die Vorschrift ist offensichtlich mit Blick auf die neue Auslegungspraxis zu Art. 22 ergangen, denn die Kommission soll die erhaltenen Informationen an die Mitgliedstaaten weiterleiten (Art. 14 Abs. 4 DMA), welche diese als Grundlage für einen Verweisungsantrag nach Art. 22 heranziehen können (Art. 14 Abs. 5 DMA). Die Tatsache, dass die Effektivität des Art. 14 DMA entscheidend von der neuen Kommissionspraxis zu Art. 22 abhängt[152], dürfte im Rahmen der Entscheidung „Illumina/Kommission" nicht ohne Einfluss geblieben sein.[153] Für die inhaltlichen Mindestanforderungen an das „zur Kenntnis bringen" bietet die Aufzählung in Art. 14 Abs. 2 DMA-E Anhaltspunkte.

45 Auch **Dritte** können sich – wie im Fall „Illumina/Grail" geschehen – an die Kommission oder einen Mitgliedstaat wenden, um ihn von einem Zusammenschluss in Kenntnis zu setzen, der aus ihrer Sicht für eine Verweisung nach der Mitteilung „Anwendung Art. 22" in Betracht kommt.[154]

46 d) **Zuständigkeit.** Die **Befugnis zur Antragsstellung** obliegt ausdrücklich dem **Mitgliedstaat**.[155] Eine Berechtigungszuweisung unmittelbar an die zuständige nationale Behörde, wie dies beispielsweise in Art. 9 Abs. 3 UAbs. 1 lit. b für die Kontrolle des Zusammenschlusses nach einer erfolgten Verweisung vorgesehen ist, findet nach dem Gesetzeswortlaut nicht statt.[156] Für diesen letzteren Fall weist zum Beispiel das deutsche Recht gem. § 50 GWB die Kompetenz unmittelbar dem BKartA zu. Welche Behörde auf nationaler Ebene zur Antragsstellung nach Art. 22 berufen ist, orientiert sich allgemein an den Vertretungsregeln des Mitgliedstaates. Die Kommission und die europäischen Gerichte haben prinzipiell nicht zu prüfen, ob der Verweisungsantrag von der nach nationalem Recht zuständigen Behörde gestellt wurde. Eine Prüfung der Kommission im Sinne einer Evidenzkontrolle findet lediglich dahingehend statt, ob **„prima facie"** die grundlegenden Voraussetzungen für einen ordnungsgemäßen Antrag erfüllt sind.[157]

47 Die Problematik der **Antragskompetenz** im Rahmen des Abs. 1 ist identisch mit derjenigen nach Art. 9, der die umgekehrte Verweisung eines Falles an die mitgliedstaatlichen Behörden regelt und die Antragsstellung ebenfalls dem Mitgliedstaat zuweist. Auf die dortigen Ausführungen (→ Art. 9 Rn. 20 ff.) wird daher verwiesen.

48 In Deutschland wird der Antrag durch das BKartA gestellt. Das BKartA handelt jedoch nicht in eigener Verantwortung, sondern unter politisch-inhaltlichen Aspekten **nur im Einvernehmen mit dem BMWK**.[158]

49 e) **Initiativrecht.** Das Initiativrecht, einen entsprechenden Antrag an die Kommission zu richten, steht in erster Linie den **Mitgliedstaaten** von Amts wegen zu. Sofern diese der Auffassung sind, dass die Voraussetzungen des Abs. 1 durch den in Frage stehenden Zusammenschluss erfüllt werden, haben sie die Möglichkeit, die Kommission hierüber zu unterrichten und eine Verweisung

---

[148] Mitteilung „Anwendung Art. 22", Rn. 28.
[149] Von Schreitter/Urban, WuW 2021, 674 (676, 678); Cukurow, NZKart 2021, 606 (610); Bischke/Brack, NZG 2021, 638 (640).
[150] Völcker, NZKart 2021, 262; von Schreitter/Urban, WuW 2021, 674 (678, 680); Schmidt/Steinvorth, BB 2021, 1666 (1670); von Schreitter/Urban, NZKart 2020, 637 (641).
[151] Vgl. die aktuelle Entwurfsfassung des Vorschlags für eine Verordnung des Europäischen Parlaments und des Rates über bestreitbare und faire Märkte im digitalen Sektor (Gesetz über digitale Märkte), https://www.consilium.europa.eu/media/56086/st08722-xx22.pdf, zuletzt abgerufen am 15. Juli 2022.
[152] Herbers/Savary, CB 2022, 196 (200); Achleitner, NZKart 2022, 359 (363).
[153] EuG, Urt. v. 13.7.2022 – T-227/21 = BeckRS 2022, 16392 – Illumina/Kommission.
[154] Mitteilung „Anwendung Art. 22", Rn. 25.
[155] Bunte/Bardong/Maass Rn. 16; NK-EuWettbR/Dittert Rn. 12.
[156] Art. 9 Abs. 3 Uabs. 1 lit. b; Immenga/Mestmäcker/Rehbinder GWB § 50 Rn. 13; vgl. Art. 6 Abs. 5, 11 Abs. 5, 13 Abs. 5.
[157] EuG, Urt. v. 15.12.1999 – T-22/97, Slg. 1999, II-3775 Rn. 82 – Kesko Oy/Kommission; NK-EuWettbR/Dittert Rn. 12.
[158] S. zB Immenga/Mestmäcker/Körber Rn. 15.

an sie anzuregen. Es handelt sich um eine Ermessensentscheidung der Mitgliedstaaten, einen Antrag einzureichen.[159] Dies ergibt sich schon aus der originären Zuständigkeit der Mitgliedstaaten für Zusammenschlüsse ohne gemeinschaftsweite Bedeutung (Abs. 1 UAbs. 1). Ihnen kann nicht zwangsweise die Kompetenz zur Fusionskontrolle entzogen werden. Bestätigt wird das Ermessen in Abs. 2 UAbs. 2, der davon spricht, dass jeder andere Mitgliedstaat sich dem ersten Antrag anschließen **kann**. Ist demnach der Anschluss an einen Antrag in das Ermessen gestellt, so muss dies erst recht für den Antrag selbst gelten (Abs. 2 UAbs. 2).

50 Mit der VO 139/2004 ist darüber hinaus in Abs. 5 der **Kommission** das Recht zugestanden worden, den Mitgliedstaaten mitzuteilen, dass ein Zusammenschluss nach ihrem Dafürhalten die Kriterien des Abs. 1 erfüllt, und sie entsprechend aufzufordern, einen Antrag auf Verweisung zu stellen.[160] Auch zuvor war es bereits vorgekommen, dass die Kommission sich mit einem entsprechenden Hinweis an die Mitgliedstaaten wandte und eine Verweisung anstrebte, so dass die Regelung die teils geltende Praxis bestätigte. Die Kommission beansprucht ein solches Aufforderungsrecht nunmehr auch für Zusammenschlüsse, die in keinem Mitgliedstaat angemeldet werden müssen.[161] Eine Pflicht der Mitgliedstaaten, einen entsprechenden Antrag an die Kommission zu richten, resultiert auch aus einer derartigen Aufforderung nicht. Das Ermessen der Mitgliedstaaten besteht aus den oben genannten Gründen fort.

51 Die Kommission wird sich grundsätzlich eng mit den Mitgliedstaaten **abstimmen,** um Fälle zu identifizieren, die weder der EU- noch der nationalen Fusionskontrolle unterliegen, jedoch nach der Mitteilung „Anwendung Art. 22" verwiesen werden sollten. Zu diesem Zweck können auch Informationen zwischen der Kommission und den Mitgliedstaaten ausgetauscht werden, wobei der Schutz vertraulicher Angaben zu wahren ist.[162] Darüber hinaus ermutigt die Kommission die Mitgliedstaaten, sie frühzeitig zu unterrichten, ob ein Anschluss an einen Verweisungsantrag nach der Mitteilung „Anwendung Art. 22" geplant ist.[163]

52 In der Praxis wandten sich in der Vergangenheit auch regelmäßig die an einem Zusammenschluss beteiligten **Unternehmen** an die zuständigen mitgliedstaatlichen Behörden, um im Sinne einer effizienten Verfahrensgestaltung eine Verweisung an die Kommission anzuregen. Von dieser Möglichkeit wird jedoch seit der in Art. 4 Abs. 5 eröffneten Möglichkeit der direkten Antragstellung durch die beteiligten Unternehmen kaum noch Gebrauch gemacht.[164]

53 Erhebliche Bedeutung erhält die Abstimmung der Zusammenschlussbeteiligten mit der Kommission und den Mitgliedstaaten vor dem Hintergrund der Möglichkeit, auch Fälle nach Art. 22 zu verweisen, die in keinem Mitgliedstaat angemeldet werden müssen. Aufgrund des weiten Ermessens, dass sich die Kommission in diesem Zusammenhang vorbehält, wird sich annähernde Rechtssicherheit allenfalls über solche **Vorabkontakte** erreichen lassen. Die Kommission lädt die beteiligten Unternehmen ausdrücklich ein, im Vorfeld mit hinreichenden Informationen vorstellig zu werden, um eine Indikation zu erhalten, ob ein Zusammenschluss ein geeigneter Kandidat für eine solche Verweisung wäre.[165] In der Praxis wird dies ähnlich wie die Klärung von Zuständigkeitsfragen gehandhabt; der „Case team allocation request" sieht inzwischen ein eigenes Feld für Konsultationen zur Anwendung von Art. 22 vor. Die Kommission wird indes kaum in der Lage sein, verbindliche Aussagen zu treffen, so dass echte Rechtssicherheit auch auf diesem Wege nicht zu erreichen sein wird.[166] Zudem ist zu berücksichtigen, dass eine Abstimmung mit der Kommission allein nicht zu einer Auslösung der Fristen nach Art. 22 führt. Hierzu ist erforderlich, den Zusammenschluss den Mitgliedstaaten zur Kenntnis zu bringen (→ Rn. 42 ff.).

54 **f) Unterrichtungspflicht der Kommission über einen gestellten Antrag.** Mit der Einreichung eines Verweisungsantrags bei der Kommission steht diese in der Pflicht, die weiteren erforderlichen Maßnahmen zu ergreifen. Hierunter ist nach Abs. 2 UAbs. 1 in erster Linie die **unverzügliche Unterrichtung** der zuständigen Behörden der Mitgliedstaaten und der beteiligten Unternehmen

---

[159] Hoffmann/Terhechte AG 2003, 415 (422); Schmidt CMLRev. 2004, 1555 (1562); NK-EuWettbR/Dittert Rn. 16; Bunte/Bardong/Maass Rn. 20.
[160] Verordnungsvorschlag der Kommission, KOM(2002) 711 endg. – 2002/0296 (CNS), Rn. 19; Mitteilung „Verweisung Fusionssachen", Rn. 50; Grave/Seeliger Der Konzern 2004, 646 (647); Soames/Maudhuit ECLRev. 2005, 57 (64); Berg BB 2004, 561 (565); Staebe/Denzel EWS 2004, 194 (196).
[161] Mitteilung „Anwendung Art. 22" Rn. 26.
[162] Mitteilung „Anwendung Art. 22" Rn. 23.
[163] Mitteilung „Anwendung Art. 22" Rn. 29.
[164] S. aber den Fusionsfall Kom., M.4498 – HgCapital/Denton, Pressemitteilung IP/07/839, den die Parteien jedoch nach Einleitung einer vertieften Untersuchung durch die Kommission aufgaben.
[165] Mitteilung „Anwendung Art. 22", Rn. 24 f.
[166] Von Schreitter/Urban, WuW 2021, 674 (678); Schmidt/Steinvorth, BB 2021, 1666 (1670); Bischke/Brack, NZG 2021, 638 (640); Neideck, NZKart 2021, 263 (268).

von dem gestellten Antrag zu verstehen.[167] Ab der Unterrichtung durch die Kommission läuft für die Mitgliedstaaten eine Frist von 15 Arbeitstagen während derer sich andere Mitgliedstaaten dem Antrag anschließen können. Hiermit wurde dem unter der VO 4064/89 existierenden Problem begegnet, dass Verweisungsanträge noch lange Zeit nach dem ersten Antrag gestellt werden und die endgültigen Zuständigkeiten zur Beurteilung des Vorhabens für Monate in der Schwebe sein konnten.[168] Angesichts der Relevanz der Unterrichtung für den Fristbeginn stellt sich die Frage wann und in welcher Weise diese durch die Kommission zu erfolgen hat.

Zu klären bleibt insbesondere, wann eine Unterrichtung „**unverzüglich**" erfolgt.[169] Aus der FKVO selbst wie auch aus der DVO FKVO lässt sich eine Interpretation des unbestimmten Rechtsbegriffs unmittelbar nicht herleiten. Die Kommission gibt in der Mitteilung „Verweisung Fusionssachen" an, dass sie sich bemühen werde, Schriftstücke an dem auf den Eingang folgenden Arbeitstag weiterzuleiten.[170]

Die Unterrichtung an die Mitgliedstaaten wird durch Übermittlung des Antrages vorgenommen.[171] Schriftstücke werden unter Berücksichtigung des Art. 22 der DVO FKVO übermittelt. Eine Empfangsbestätigung ist schon wegen des Ingangsetzens der Entscheidungsfrist für die Mitgliedstaaten notwendig.

Die beteiligten Unternehmen erhalten meist eine nicht-vertrauliche Fassung des Verweisungsantrags. Obwohl ihnen kein förmliches Anhörungsrecht zusteht, können sie bei Kommission und mitgliedstaatlichen Behörden Stellung hierzu nehmen.[172]

g) Auswirkungen auf das nationale Verfahren. Sobald der Antrag eines Mitgliedstaates auf Verweisung eines Zusammenschlusses an die Kommission nach Abs. 1 bei dieser eingegangen ist und sie die anderen Mitgliedstaaten sowie die beteiligten Unternehmen nach Abs. 2 UAbs. 1 unterrichtet hat, hat dies die **Hemmung der einzelstaatlichen Fristen** derjenigen Mitgliedstaaten, die in den Zusammenschluss involviert sind, zur Folge.[173] Die Fristaussetzung gilt auch für solche Mitgliedstaaten, die keinen eigenen Verweisungsantrag gestellt haben aber von dem Zusammenschluss betroffen sind und von einem eingegangenen Antrag eines anderen Mitgliedstaates durch die Kommission nach Abs. 2 UAbs. 1 unterrichtet wurden. Entsprechend heißt es in Abs. 2 UAbs. 3, dass „**alle** einzelstaatlichen **Fristen, die den Zusammenschluss betreffen,** [...] gehemmt [werden]". Die Hemmung dauert gemäß Abs. 2 UAbs. 3 S. 1 so lange an, bis nach dem Verfahren des Art. 22 entschieden worden ist, durch wen der Zusammenschluss geprüft wird oder gem. Abs. 2 UAbs. 3 S. 2 bis der betreffende Mitgliedstaat der Kommission und den beteiligten Unternehmen mitteilt, dass er sich dem Antrag nicht anschließt. Die ausdrückliche Distanzierung von einem eingereichten Verweisungsantrag eines anderen Staates führt demnach zur Aufhebung der innerstaatlichen Fristhemmung und damit zur Fortsetzung des innerstaatlichen Verfahrens.[174]

Festzuhalten, ist, dass die Regelung des Abs. 2 UAbs. 3 S. 1 wirklich für alle, nicht nur die (potenziell) antragstellenden Mitgliedstaaten, gilt. Damit wird vermieden, dass uU auf nationaler Ebene Zeit und Aufwand in Untersuchungen verwandt wird, die sich später als überflüssig erweisen.[175]

Ein prozessuales Problem wird teils weiterhin im Fehlen einer einheitlichen Regelung in den verschiedenen nationalen Rechtsordnungen bezüglich einer **Fristaussetzung vor Benachrichtigung** durch die Kommission gesehen. Dies erschwere gemeinsame Verweisungsanträge. Möglicherweise müsse ein Land wegen drohenden Fristablaufs eine Entscheidung über einen eigenen Antrag treffen, während einem anderen Mitgliedstaat noch die längere Frist zur Verfügung steht, sei es, weil der beabsichtigte Zusammenschluss noch nicht alle Voraussetzungen für eine Anmeldung erfüllt und/oder bei der Behörde noch keine ausreichende Kenntnis von dem Vorhaben vorliegt, so dass die Frist von 15 Arbeitstagen erst später zu laufen beginnt.[176] Praktisch erscheint dies jedoch angesichts der Unterrichtungspflicht gem. Abs. 2 wenig problematisch. Zwar ist in der og Konstellation eine gemeinsame Antragsstellung möglicherweise nicht zu bewerkstelligen,

---

[167] Langen/Bunte/Bardong/Maass Rn. 39; Immenga/Mestmäcker/Körber Rn. 24; Díaz World Competition 2004, 177 (182); siehe auch Mitteilung „Anwendung Art. 22" Rn. 29.
[168] Grünbuch der Kommission, KOM(2001) 745 endg. Rn. 92; Berg BB 2004, 561 (565); Schmidt CMLRev. 2004, 1555 (1561).
[169] Die englische Fassung spricht insoweit von „without delay" und die französische von „sans délai".
[170] Mitteilung „Verweisung Fusionssachen" Rn. 56, Immenga/Mestmäcker/Körber Rn. 24.
[171] Mitteilung „Verweisung Fusionssachen" Rn. 50.
[172] Bunte/Bardong/Maass Rn. 39.
[173] Abs. 2 UAbs. 3 S. 1; Immenga/Mestmäcker/Körber Rn. 30; Díaz World Competition 2004, 177 (182).
[174] Mitteilung „Verweisung Fusionssachen" Rn. 50.
[175] Immenga/Mestmäcker/Körber Rn. 30.
[176] Abs. 1 UAbs. 2; Davison LRev. 2004, 49 (62).

jedoch führt die Stellung eines Antrages unmittelbar zu der Kommissionspflicht, die anderen Mitgliedstaaten von diesem zu unterrichten. An diese Inkenntnissetzung knüpft sich dann wiederum eine Frist von 15 Arbeitstagen, innerhalb derer sich die anderen Mitgliedstaaten dem ersten Antrag anschließen können.

61 Eine weitere Auswirkung der Mitteilung über den Erhalt eines Verweisungsantrags in den Mitgliedstaaten ist, dass dann wenn der Zusammenschluss zu diesem Zeitpunkt noch nicht vollzogen wurde Abs. 4 UAbs. 1 S. 2 die Anwendung des Art. 7 Abs. 1 anordnet. Danach darf der Zusammenschluss auch während des Verfahrens nach Art. 22 nicht vollzogen werden, sog. **Vollzugsverbot.** Der Vollzug der Fusion ruht also zumindest bis zu einer endgültigen Entscheidung der Kommission über die Nichtannahme des Zusammenschlusses zur Prüfung und sofern die Kommission den Verweisungsantrag annimmt bis zu einer Freistellungsentscheidung.[177] Dies gilt auch für solche Zusammenschlüsse, die ohne die Verweisung nicht anmeldepflichtig gewesen wären.[178]

62 **h) (Nicht-)Anschluss anderer Mitgliedstaaten an den Verweisungsantrag.** Die Unterrichtung der Kommission über einen eingegangenen Verweisungsantrag ermöglicht es den Mitgliedstaaten aber auch den EFTA-Staaten im EWR[179] zu prüfen, ob die Kommission im Sinne des effektiven Wettbewerbsschutzes die geeignetere Behörde sein könnte.[180]

63 Ist die Problematik auf ihrem Staatsgebiet ähnlich und stimmen sie in ihrer Einschätzung mit dem der Verweisungsantrag initiierenden Mitgliedstaat überein, so besitzen sie gem. Abs. 2 UAbs. 2 die Befugnis, sich diesem Antrag anzuschließen. Der Anschluss an einen gestellten Antrag erfolgt wie der Antrag selbst **förmlich.** Kommen die unterrichteten Mitgliedstaaten hingegen zu der gegensätzlichen Auffassung, dass sie es nämlich vorziehen, den Zusammenschluss der nationalen Kontrolle zu unterziehen, so können sie den Anschluss an den **Antrag** gegenüber der Kommission und den beteiligten Unternehmen ausdrücklich **ablehnen.** Die ablehnende Entscheidung geschieht wie der positive Anschluss an einen Antrag ebenfalls **förmlich.** Folge der ausdrücklichen Ablehnung des Anschlusses an einen Antrag ist die Beendigung der einzelstaatlichen Fristhemmung nach Abs. 2 UAbs. 3 S. 2.[181]

64 Der Fall eines **Untätigbleibens** eines Mitgliedstaates ist nicht geregelt. Es stellt sich daher die Frage, wie dieses nach Ablauf von 15 Arbeitstagen zu betrachten ist, ob insbesondere, in Analogie zu dem in ähnlicher Weise in die Kompetenzzuteilung zwischen Mitgliedstaaten und Kommission eingreifenden Art. 4 Abs. 5 UAbs. 5, das Stillschweigen als Zustimmung gewertet werden kann. Gegen einen stillschweigenden Anschluss an den Verweisungsantrag eines anderen Mitgliedstaats spricht jedoch die originäre Zuständigkeit der nationalen Behörden für Zusammenschlussfälle ohne gemeinschaftsweite Bedeutung, die den Ausnahmecharakter des Art. 22 begründet. Auch die Kommission scheint in der Mitteilung „Verweisung Fusionssachen" davon auszugehen, dass ein Staat, der nicht ausdrücklich eine Verweisung an die Kommission beantragt hat, weiter sein innerstaatliches Recht anwenden kann.[182] Darüber ob die Interessenlage in Art. 22 wirklich eine unterschiedliche Behandlung als im Rahmen des Art. 4 Abs. 5 erfordert, mag man sich allerdings streiten.

65 Ob ein Anschluss oder Nichtanschluss an einen existierenden Antrag erfolgt, liegt im Ermessen des Mitgliedstaates. Nach dem Gesetzeswortlaut heißt es, dass ein Mitgliedstaat sich dem ersten Antrag anschließen **kann.** Die originäre Kontrollkompetenz für Fusionen ohne gemeinschaftsweite Bedeutung kann den Mitgliedstaaten nicht über eine Pflicht zur Antragstellung entzogen werden.[183] Um zügig Rechtssicherheit über die Prüfungskompetenz zu erzielen, steht den Mitgliedstaaten für die Anschlussentscheidung eine **Frist von 15 Arbeitstagen** zu. Diese beginnt in dem Zeitpunkt, in dem der Mitgliedstaat von der Kommission über den gestellten Antrag informiert wird, was uU bedeutet, dass sie sich einem Antrag zu einem Zeitpunkt anschließen, zu dem die Frist für einen originären Antrag bereits abgelaufen ist.[184]

66 Auf welcher Tatsachengrundlage Mitgliedstaaten diese Entscheidung treffen sollen, bleibt jedoch zunächst offen. Während bei einer Anmeldung eines Zusammenschlusses auf die Anmeldeunterlagen zurückgegriffen werden kann, um die Bedeutung des Falles festzustellen, liegen bei einer erstmaligen Unterrichtung von dem Vorhaben durch die Kommission häufig nur beschränkte Informationen vor. In vielen Fällen werden diese nicht einmal ausreichen, um festzustellen, ob nationale fusionskontrollrechtliche Schwellenwerte erreicht sind. Die bezüglich dieser Entscheidung erforderlichen Unter-

---

[177] Bunte/Bardong/Maass Rn. 50.
[178] Mitteilung „Anwendung Art. 22" Rn. 31.
[179] Protokoll 24 zum EWR-Abkommen, Art. 6 Abs. 3 UAbs. 2.
[180] Díaz World Competition 2004, 177 (182); Berg/Digel EWS 2003, 445 (449).
[181] Soames/Maudhuit ECLRev. 2005, 57 (64), NK-EuWettbR/Dittert Rn. 15.
[182] Mitteilung „Verweisung Fusionssachen" Rn. 50 und Schaubild zu Art. 22.
[183] Hoffmann/Terhechte AG 2003, 415 (422); NK-EuWettbR/Dittert Rn. 15.
[184] Díaz W.Comp. 2004, 177 (182); Immenga/Mestmäcker/Körber Rn. 28.

lagen und Informationen können die nationalen Behörden teilweise über das ECA-Netzwerk erhalten. Zudem können sie mit den beteiligten Unternehmen zu diesem Zweck in Kontakt treten. Dennoch empfiehlt die Kommission Unternehmen, ihre Anmeldung nach Möglichkeit gleichzeitig bei sämtlichen zuständigen Mitgliedstaaten einzureichen.[185]

Der Anschluss an einen das Verweisungsverfahren nach Art. 22 in Gang setzenden Antrag kann nach dem Wortlaut der Vorschrift auch dann von einem Mitgliedstaat wahrgenommen werden, wenn der Zusammenschluss bei ihm selbst nach nationalem Recht noch nicht angemeldet wurde bzw. nicht angemeldet werden muss (etwa weil nationale Schwellenwerte nicht erreicht werden).[186] In diesem Sinne heißt es in Abs. 2 UAbs. 2 „… **Jeder andere Mitgliedstaat** kann sich dem ersten Antrag … anschließen".[187] In der Praxis kam es vor 2021 jedoch nur selten zu solchen Fällen (→ Rn. 38), da die Kommission Verweisungen regelmäßig nur von solchen Mitgliedstaaten annahm, die nach nationalem Recht bereits zuständig waren. Dass ein Mitgliedstaat, der den Zusammenschluss nach nationalen Vorschriften bereits geprüft und eine Entscheidung gefällt hat noch einen Antrag stellen kann scheint hingegen wenig sachgerecht.[188] Ausgeschlossen ist jedenfalls der Anschluss an einen Verweisungsantrag für diejenigen Mitgliedstaaten, in denen die materiellen Verweisungsbedingungen nicht erfüllt sind, etwa weil der Zusammenschluss in ihrem Staatsgebiet keinerlei Auswirkungen haben kann.[189] Deshalb gilt auch die von den Mitgliedstaaten ausgearbeitete Liste der der Kommission zugänglich zu machenden Informationen, welche auch Informationen über die Auswirkungen des Zusammenschlussvorhabens im antragstellenden Staat umfassen soll, sowohl für den ursprünglichen Antrag als auch für die Anschlussanträge.[190] Ein Beispiel für die Zurückweisung eines mitgliedstaatlichen Antrags wegen Fehlen der Verweisungsvoraussetzungen ist der Fall „Procter & Gamble/Sara Lee Air Care".[191] Es kam zu Verweisungsanträgen von ursprünglich neun Mitgliedstaaten, zwei zogen ihre Anträge zurück, einer (der von Ungarn) wurde abgelehnt und die restlichen sechs wurden angenommen. Die Transaktion wurde dann parallel zur Kommission von sieben Mitgliedstaaten nach nationalem Recht untersucht.

Die Besonderheit des Abs. 1 besteht darüber hinaus darin, dass ein Anschluss an einen Verweisungsantrag auch dann noch erfolgen kann, wenn das fragliche **Vorhaben zwar noch nicht freigegeben, jedoch nach innerstaatlichem Recht vollzogen** wurde.[192] Dieser „erweiterte" Anwendungsbereich des Art. 22 resultiert daraus, dass diese Vorschrift gerade Zusammenschlüsse erfasst, die keine gemeinschaftsweite Bedeutung besitzen und deren Kontrolle daher in die originäre Zuständigkeit der Mitgliedstaaten fällt. Folglich richtet sich deren Legitimation in erster Linie auch zunächst nach dem jeweils geltenden nationalen Recht. Es kann sein, dass nach dem einzelstaatlichen Recht unter Umständen kein Vollzugsverbot besteht (so etwa in Italien – anders das deutsche Kartellrecht),[193] so dass der Zusammenschluss rechtmäßig durchgeführt werden kann.[194] Ein Verbot nach Art. 7 Abs. 1 kann dann auch nicht allein durch eine Verweisung an die Kommission nachträglich eintreten so dass der Vollzug rückwirkend unzulässig würde. Vielmehr bleibt der Vollzug des Zusammenschlusses als solcher wirksam, unterliegt dann aber bei Feststellung seiner Unvereinbarkeit mit dem betroffenen Markt der Aufhebungspflicht. Art. 22 ist damit der einzig denkbare Fall, der ohne Verstoß gegen das Vollzugsverbot eine Entflechtung des Vorhabens nach Art. 8 Abs. 4 nach sich ziehen kann.[195] Für einen **Zusammenschluss,** der zu dem Zeitpunkt, zu dem die Kommission die beteiligten Unternehmen von dem Eingang eines Antrages nach Art. 22 unterrichtet, **noch nicht vollzogen** ist, ordnet Abs. 4 dagegen die Anwendung des **Art. 7** explizit an. Danach ist die Durchführung des Zusammenschlusses bis zu der Entscheidung der Kommission über die Legitimation desselben unzulässig, sog Stillhaltefrist.[196]

---

[185] Mitteilung „Verweisung Fusionssachen" Rn. 50 Fn. 44.
[186] Mitteilung „Verweisung Fusionssachen" Rn. 50, insbes. Fn. 44; Bright/Persson ECLRev. 2003, 490 (492); aA Wiedemann KartellR-HdB/Wagemann § 17 Rn. 168; Bechtold/Bosch/Brinker Rn. 10 ff.
[187] Vgl. die Unterrichtungspflicht der Kommission nach Abs. 2 UAbs. 1: „… unterrichtet die zuständigen Behörden der Mitgliedstaaten …"; Soames/Maudhuit ECLRev. 2005, 57 (64).
[188] So auch Wiedemann KartellR-HdB/Wagemann § 17 Rn. 168.
[189] Immenga/Mestmäcker/Körber Rn. 29.
[190] ECA, Grundsätze für die Anwendung von Artikel 4 Absatz 5 und Artikel 22 der Europäischen Fusionskontrollverordnung durch die nationalen Wettbewerbsbehörden der ECA, 2005, Rn. 32.
[191] Kom., M.5828 – Procter & Gamble/Sara Lee Air care.
[192] Bunte/Bardong/Maass Rn. 50.
[193] § 41 Abs. 1 GWB.
[194] Erwgr. 12 FKVO; Immenga/Mestmäcker/Körber Rn. 57.
[195] Kom., M.784 – Kesko/Tuko; Kom. Grünbuch der Kommission über die Revision der Verordnung (EWG) Nr. 4064/89 des Rates, KOM(2001) 745 endg., Rn. 223; Wiedemann KartellR-HdB/Wagemann § 17 Rn. 171.
[196] Pressemitteilung IP/22/4604 vom 19. Juli 2022 in Sachen M.10188 – Illumina/Grail; FK-KartellR/Hellmann/Malz Rn. 49.

69 2. Materielle Voraussetzungen. Materiellrechtlich wird für einen Verweisungsantrag nach Art. 22 vorausgesetzt, dass ein **Zusammenschluss iSd Art. 3** vorliegt, der **keine gemeinschaftsweite Bedeutung nach Art. 1** hat, aber den **Handel zwischen Mitgliedstaaten beeinträchtigt** und den **Wettbewerb im Hoheitsgebiet des bzw. der antragstellenden Mitgliedstaaten erheblich zu beeinträchtigen droht.**

70 a) Zusammenschluss ohne gemeinschaftsweite Bedeutung. Zunächst muss gem. Abs. 1 ein Zusammenschluss ohne gemeinschaftsweite Bedeutung vorliegen. Der Begriff des „**Zusammenschlusses**" orientiert sich an der Legaldefinition des Art. 3, der in der Mitteilung „Zusammenschlussbegriff" näher ausgeführt wird.[197] Die **gemeinschaftsweite Bedeutung** orientiert sich an den Umsatzschwellenwerten gem. Art. 1 Abs. 2 und 3. Werden diese nicht erreicht, besitzt der Zusammenschluss ex lege keine gemeinschaftsweite Bedeutung (Art. 1 Abs. 2 und 3).

71 b) Beeinträchtigung des zwischenstaatlichen Handels. Der Zusammenschluss muss den „**Handel zwischen Mitgliedstaaten beeinträchtigen**". Dieses Tatbestandsmerkmal entspricht, wie auch ausdrücklich von der Kommission anerkannt, der sog Zwischenstaatlichkeitsklausel aus Art. 101 und 102 AEUV.[198] Auch bei Art. 22 geht es letztlich darum, den Regelungsbereichen des Gemeinschaftskartellrechts von den Regelungsbereichen der nationalen Kartellrechte abzugrenzen.[199] Daher kann das Kriterium der Beeinträchtigung des zwischenstaatlichen Handels in Übereinstimmung mit der Rechtsprechung zu Art. 101 und 102 AEUV und den Leitlinien über den Begriff der Beeinträchtigung des zwischenstaatlichen Handels in den Artikeln 81 und 82 des Vertrages (jetzt Art. 101 und 102 AEUV) ausgelegt werden.[200]

72 Grundsätzlich wurden bisher keine sehr hohen Anforderungen an dieses Merkmal gestellt. Nach ständiger Rechtsprechung gilt nach Art. 101 AEUV eine Vereinbarung zwischen Unternehmen bzw. ein Unternehmenszusammenschluss iSd der FKVO als geeignet, den Handel zwischen Mitgliedstaaten zu beeinträchtigen, wenn sich anhand einer Gesamtheit **objektiver rechtlicher** oder **tatsächlicher Umstände** mit hinreichender Wahrscheinlichkeit voraussehen lässt, dass der „Warenverkehr" zwischen Mitgliedstaaten **unmittelbar** oder **mittelbar, tatsächlich** oder **potentiell** beeinflusst werden kann.[201] Im Rahmen des Art. 101 AEUV ist anerkannt, dass es ausreicht, dass die Vereinbarung **geeignet** ist, den zwischenstaatlichen Handel zu beeinträchtigen und um eben diese Eignung geht es auch bei der vorausschauenden Betrachtung im Hinblick auf Zusammenschlüsse.[202] Die **Eignung zur Beeinträchtigung** des zwischenstaatlichen Handels muss dabei jedoch in Form **hinreichend konkreter Umstände** hervortreten, anhand derer eine Nachprüfung stattfinden kann. Nach der Rechtsprechung des Gerichtshofes ist es nicht ausreichend, wenn lediglich ein beschränkter Einfluss auf den Handel zwischen Mitgliedstaaten nachgewiesen wird, dh die Beeinträchtigung nicht **spürbar** ist.[203]

73 Zur Beurteilung der Frage, ob ein **weder in der EU noch in den Mitgliedstaaten anzumeldender Zusammenschluss** geeignet ist, erkennbaren Einfluss auf die Handelsströme zwischen Mitgliedstaaten zu nehmen, zieht die Kommission insbesondere folgende Faktoren heran: der Standort von (potenziellen) Kunden, die Verfügbarkeit und das Angebot der betreffenden Produkte oder Dienstleistungen, die Erhebung von Daten in mehreren Mitgliedstaaten oder die Entwicklung und

---

[197] Art. 3; Mitteilung „Zusammenschlussbegriff", ABl. 1998 C 66, 5; Grünbuch der Kommission, KOM(2001) 745 endg. Rn. 100; Erwgr. 20 FKVO.
[198] Kom., M.553 Rn. 16, 30, 54 – RTL/Veronica/Endemol.
[199] Leitlinien „zwischenstaatlicher Handel", ABl. 2004 C 101, 81 Rn. 12.
[200] Leitlinien „zwischenstaatlicher Handel"; EuG, Urt. v. 15.12.1999 – T-22/97, Slg. 1999, II-3779 Rn. 106 – Kesko Oy/Kommission; Wiedemann KartellR-HdB/Wagemann Rn. 166; NK-EuWettbR/Dittert Rn. 6; Bunte/Bardong/Maass Rn. 25.
[201] Leitlinien „zwischenstaatlicher Handel" Rn. 23 ff.; Mitteilung „Anwendung Art. 22" Rn. 14; zu Ausführungen bzgl. einzelner Elemente s. etwa EuGH, Urt. v. 17.10.1972 – 8/72, Slg. 1972, 977 Rn. 28 = BeckRS 2004, 73729 – Vereniging van Cementhandelaren; EuGH, Urt. v. 11.7.1985 – 42/84, Slg. 1985, I-2545 Rn. 22 = BeckRS 2004, 71164 – Remia BV/Kommission; EuG, Urt. v.15.12.1999 – T-22/97, Slg. 1999, II-3775 Rn. 108 – Kesko Oy/Kommission; Kom., 20.9.1995, M.553, Rn. 16, 30, 54 – RTL/Veronica/Endemol; Kom., 26.6.1992 – M.890, Rn. 18 – Blokker/Toys 'R Us; Leitlinien „zwischenstaatlicher Handel", Rn. 77.
[202] Betreffend die Vereinbarung nach Art. 101 AEUV: EuGH 17.7.1997 – C-219/95 P, Slg. 1997, I-4411 Rn. 19 – Ferriere Nord SpA/Kommission; Leitlinien „zwischenstaatlicher Handel", Rn. 26; NK-EuWettbR/Schröter/Voet van Vormizeele Art. 101 AEUV, Rn. 189, 197.
[203] Betreffend die Vereinbarung nach 101 AEUV: EuGH, Urt. v. 21.1.1999 – C-215/96, C-216/96, Slg. 1999, I-135 Rn. 50–53 = BeckRS 1999, 160902 – Bagnasco; Leitlinien „zwischenstaatlicher Handel", Rn. 44, 50; De-minimis-Bekanntmachung, ABl. 2001 C 368, 13 Rn. 1 ff.; NK-EuWettbR/Schröter/Voet van Vormizeele Art. 101 AEUV, Rn. 199.

Durchführung von FuE-Projekten, deren Ergebnisse, einschließlich der Rechte des geistigen Eigentums, im Erfolgsfall in mehr als einem Mitgliedstaat vermarktet werden können.[204] Auch in diesem Zusammenhang legt die Kommission das Kriterium der Zwischenstaatlichkeit folglich sehr weit aus.

c) Drohende erhebliche Beeinträchtigung des Wettbewerbs im antragstellenden Mitgliedstaat. Der beabsichtigte Zusammenschluss muss gem. Abs. 1 UAbs. 1 den Wettbewerb im Hoheitsgebiet des beziehungsweise der antragstellenden Mitgliedstaaten erheblich zu beeinträchtigen drohen. Das Merkmal der „Wettbewerbsbeeinträchtigung" ist durch die VO 139/2004 in den Verweisungstatbestand des Art. 22 eingeführt worden und war eine der zentralen Änderungen der Reform. Zuvor setzte Art. 22 Abs. 3 VO 4064/89 für einen Verweisungsantrag der Mitgliedstaaten voraus, dass ein Zusammenschluss eine beherrschende Stellung begründete oder verstärkte, durch welche wirksamer Wettbewerb im Gebiet des betreffenden Mitgliedstaates erheblich behindert wurde.[205] Er entsprach damit dem materiellrechtlichen Tatbestandsmerkmal der parallelen Verweisungsvorschrift des Art. 9 VO 4064/89 und letztlich auch dem Untersagungskriterium des Art. 2 Abs. 3 aF. Die Aufhebung der begrifflichen Parallelität mit dem Untersagungskriterium aus Art. 2 Abs. 3 (Wettbewerbsbehinderung) in der VO 139/2004 geschah bewusst, um im Sinne eines effektiven Wettbewerbsschutzes Verweisungen zwischen Kommission und Mitgliedstaaten zu vereinfachen und zu verhindern, dass die Voruntersuchung zu Zwecken der Zuständigkeitsermittlung bereits eine „Vorverurteilung" beinhaltet.[206] 74

Grundsätzlich stellt jede positive oder negative Beeinflussung des Wettbewerbs eine Beeinträchtigung dar.[207] Unter Berücksichtigung der bisherigen Regelung und des Zwecks der FKVO sind jedoch nur solche Auswirkungen eines Zusammenschlusses zu erfassen, die den **Wettbewerb** in irgendeiner Art **beschränken**. Nach einer vorläufigen summarischen Prüfung soll die Existenz eines tatsächlichen Risikos der Wettbewerbsbeeinträchtigung für einen Verweisungsantrag ausreichend sein.[208] 75

Mit Blick auf den Anwendungsbereich der **Mitteilung „Anwendung Art. 22"** wird die Kommission unter anderem berücksichtigen, ob für eines der beteiligten Unternehmen eine marktbeherrschende Stellung begründet oder verstärkt wird, ob eine wichtige Kraft im Wettbewerb (einschließlich kürzlich in den Markt eingetretener oder künftiger Wettbewerber) ausgeschaltet wird (etwa durch den Zusammenschluss zweier wichtiger innovativer Unternehmen), ob die Wettbewerbsfähigkeit von bzw. die Wettbewerbsanreize für Konkurrenten verringert werden (u. a. dadurch, dass Wettbewerbern der Markteintritt, die Geschäftsexpansion oder der Zugang zu Lieferungen oder Märkten erschwert wird) und ob eines der beteiligten Unternehmen die Fähigkeit und den Anreiz hat, seine auf einem Markt bestehende starke Stellung dahin gehend auszunutzen, dass es sich durch Bündelung oder Kopplung oder andere ausschließende Praktiken Wettbewerbsvorteile auf einem anderen Markt verschafft.[209] Die Kommission behält sich folglich auch hinsichtlich dieses Kriteriums ein weites Aufgreifermessen vor. Es wird sich in der Praxis zeigen, ob dies mit der gebotenen Zurückhaltung ausgeübt werden wird. 76

Im Gegensatz zu Art. 9 setzt Art. 22 nicht voraus, dass ein räumlich abgegrenzter Markt in diesem Mitgliedstaat, ein sog gesonderter Markt, betroffen ist, was angesichts der gegensätzlichen Verweisungsrichtung auch sinnvoll ist. In Art. 22 wird verlangt, dass der Wettbewerb im **Hoheitsgebiet** des Mitgliedstaates beeinträchtigt zu werden droht. Eine Verweisung eines Zusammenschlussfalles gem. Art. 22 kann demnach also auch (und gerade) angeordnet werden, wenn der räumlich relevante Markt europaweit oder gar weltweit zu definieren ist, sofern nur das Gebiet des antragstellenden Mitgliedstaates zugleich beeinträchtigt wird. Die drohende Wettbewerbsbeeinträchtigung ist jedoch von jedem antragstellenden bzw. sich einem Antrag anschließenden Mitgliedstaat für sein Hoheitsgebiet darzulegen (→ Rn. 36).[210] 77

d) Anwendungsfälle der Mitteilung „Anwendung Art. 22". Als geeignet für eine Verweisung betrachtet die Kommission Vorhaben, die in dem bzw. den verweisenden Mitgliedstaaten nicht 78

---

[204] Mitteilung „Anwendung Art. 22" Rn. 14.
[205] Art. 22 Abs. 3 VO 4064/89, ABl. 1989 L 395, 1.
[206] Berg BB 2004, 561 (564); Klees EuZW 2004, 197 (199); Davison LRev. 2004, 49 (66); Böge WuW 2004, 138 (141); Domínguez Pérez/Burnley ECLRev. 2003, 364 (366).
[207] Vgl. Art. 4 Abs. 4, der von den beteiligten Unternehmen für einen Verweisungsantrag ebenfalls verlangt, dass sie eine „Wettbewerbsbeeinträchtigung" darlegen und Erwgr. 16, der diesbezüglich ausdrücklich auf den Nachweis der „Wettbewerbsschädlichkeit" verzichtet; NK-EuWettbR/Schröter/Voet van Vormizeele Art. 101 AEUV, Rn. 193.
[208] Mitteilung „Verweisung Fusionssachen" Rn. 44; Mitteilung „Anwendung Art. 22", Rn. 15; von Schreitter/Urban, NZKart 2020, 637, 638; Immenga/Mestmäcker/Körber Rn. 38.
[209] Mitteilung „Anwendung Art. 22" Rn. 15.
[210] Von Schreitter/Urban, NZKart 2020, 637 (638).

anmeldepflichtig sind und bei denen der **Umsatz mindestens eines der beteiligten Unternehmen nicht dessen tatsächliches oder künftiges Wettbewerbspotenzial widerspiegelt**. In diesem Zusammenhang kann die Kommission berücksichtigen, ob der Wert der Gegenleistung im Vergleich zum gegenwärtigen Umsatz des Zielunternehmens besonders hoch ist. Inwieweit sie dabei auf die in der Evaluierung herangezogenen Multiplikatoren (Faktor 5 bzw. 10) zurückgreifen wird, bleibt offen.[211] Die Mitteilung „Anwendung Art. 22" nennt folgende Beispiele für geeignete Verweisungsszenarien

– Beteiligung eines Start-Ups oder eines erst kürzlich in den Markt eingetretenen Unternehmens mit beträchtlichem Wettbewerbspotenzial, das erst noch ein Geschäftsmodell entwickeln bzw. umsetzen muss, das erhebliche Einnahmen hervorbringt;
– Beteiligung eines wichtigen Innovators oder eines Unternehmens, das potenziell wichtige Forschungsarbeiten durchführt;
– Beteiligung eines Unternehmens, von dem wichtige oder potenziell wichtige Wettbewerbskraft ausgeht;
– Beteiligung eines Unternehmens mit Zugang zu wettbewerbsrelevanten Vermögenswerten (zB zu Rohstoffen, Infrastruktur, Daten oder Rechten des geistigen Eigentums);
– Beteiligung eines Unternehmens, das Produkte oder Dienstleistungen anbietet, die als Input/Komponenten für andere Wirtschaftszweige wichtig sind.[212]

Die Kommission beansprucht hinsichtlich der Umsetzung ihrer Mitteilung „Anwendung Art. 22" weites Ermessen. Dementsprechend weist sie darauf hin, dass die vorgenannten Beispiele lediglich illustrativ sind, nicht auf bestimmte Wirtschaftssektoren beschränkt sind und keinesfalls als abschließend betrachtet werden können.[213] Im Rahmen der Mitteilung „Anwendung Art. 22" vorausgegangenen Evaluierung hatte die Kommission noch bestimmte Branchen (insb. Digitalwirtschaft, Pharma und Biotechnologie) als prüfwürdig beschrieben.[214] Die Kommission erwartet eine geringe Zahl von Verweisungen unter der neuen Anwendungspraxis. Tatsächlich wurde bis Mitte 2022 mit „Illumina/Grail" lediglich ein Vorhaben nach den Grundsätzen der Mitteilung „Anwendung Art. 22" verwiesen. Die mit den umsatzbezogenen Aufgreifschwellen verbundene Rechts- und Planungssicherheit wird durch die neue Praxis jedoch erheblich in Mitleidenschaft gezogen, da die Unternehmen ohne ein aufwändiges zur Kenntnis bringen der Behörden regelmäßig befürchten müssen, dass ein Zusammenschluss über die Verweisung (erstmals) prüfpflichtig wird.

79 **e) Sonstige Faktoren.** Verweisungen von Fusionen an die Kommission nach deren Anmeldung sind meist kosten- und zeitintensiver für die beteiligten Unternehmen als solche vor deren Anmeldung. Aus diesem Grunde sollen Verweisungen im Stadium nach der Anmeldung auf solche Fälle begrenzt werden, welche ein tatsächliches Risiko negativer Auswirkungen für den Wettbewerb und den zwischenstaatlichen Handel befürchten lassen und welche am geeignetsten von der Kommission beurteilt werden können.

80 **3. Entscheidung der Kommission über den Verweisungsantrag. a) Allgemeiner Grundsatz.** Im Rahmen der Entscheidungsfindung hinsichtlich eines gestellten Verweisungsantrags unterliegt die Kommission dem allgemeinen Verfahrensgrundsatz aus Art. 19 Abs. 2, das konkrete Verfahren in enger und stetiger Verbindung mit den zuständigen Behörden der Mitgliedstaaten durchzuführen.[215] Die verstärkte Kooperation mit den nationalen Wettbewerbsbehörden kann dabei auf der Grundlage des ECA – Netzwerkes erfolgen, an welchem die nationalen Wettbewerbsbehörden des EWR, die Kommission und die EFTA-Überwachungsbehörde teilnehmen.[216] Entsprechend der Grundsätze über die Anwendung von Art. 22 durch die nationalen Wettbewerbsbehörden ist vorgesehen, dass die Mitgliedstaaten mit der Kommission frühestmöglich in Kontakt treten, um festzustellen, welche Position diese bezüglich der Möglichkeit einer Verweisung des Zusammenschlusses vertritt. Gleichzeitig wird hierdurch ein intensiverer Informationsaustausch unter den Behörden ermöglicht.[217]

---

[211] Commission Staff Working Document Evaluation of procedural and jurisdictional aspects of EU merger control SEC(2021) 156 final, Rn. 107; Neideck, NZKart 2021, 263 (266 f.).
[212] Mitteilung „Anwendung Art. 22" Rn. 19.
[213] Mitteilung „Anwendung Art. 22" Rn. 20.
[214] Commission Staff Working Document Evaluation of procedural and jurisdictional aspects of EU merger control SEC(2021) 156 final, Rn. 132.
[215] Mitteilung „Verweisung Fusionssachen" Rn. 53.
[216] S. hierzu zB die Internetseite des Bundeskartellamts https://www.bundeskartellamt.de/DE/UeberUns/Internationales/ECA/ECA_node.html, zuletzt abgerufen am 18.10.2019; s. auch FK-KartellR/Hellmann/Malz Rn. 23.
[217] ECA, Grundsätze für die Anwendung von Art. 4 Abs. 5 und Art. 22 der Europäischen Fusionskontrollverordnung durch die nationalen Wettbewerbsbehörden der ECA, 2005, Rn. 24; Mitteilung „Anwendung Art. 22" Rn. 23, 29.

b) Entscheidungsalternativen/Ermessen. Im Rahmen des Art. 22 besitzt die Kommission 81
zwei Entscheidungsalternativen: Zum einen kann sie gem. Abs. 3 UAbs. 1 beschließen, den Fall
einer eigenen Prüfung zu unterziehen, sofern sie die Ansicht des antragstellenden Mitgliedstaates
bestätigen kann, dass durch den Zusammenschluss der Handel zwischen Mitgliedstaaten beeinträchtigt wird und der Wettbewerb im Hoheitsgebiet des bzw. der antragstellenden Mitgliedstaaten droht, erheblich beeinträchtigt zu werden. Im Folgenden wird sie ein Vorverfahren durchführen, nach dem sie dann entscheidet, ob ein Hauptprüfungsverfahren nach Art. 6 Abs. 1 lit. c einzuleiten ist. Anzuwendende Rechtsordnung ist ausschließlich die FKVO.[218]

Teilt die Kommission nicht die Auffassung des antragstellenden Mitgliedstaates, dh beeinträchtigt 82
der Zusammenschluss nach ihrer Ansicht nicht den zwischenstaatlichen Handel und/oder droht
der Wettbewerb im Hoheitsgebiet des bzw. der antragstellenden Mitgliedstaaten nicht erheblich
beeinträchtigt zu werden, muss sie den Verweisungsantrag abschlägig bescheiden und eine eigene
Zusammenschlusskontrolle unterlassen. Das Vorhaben untersteht dann weiterhin ausschließlich den
nationalen Zuständigkeiten und den jeweiligen anwendbaren nationalen Rechtsordnungen.

Der Wortlaut des Abs. 3 spricht davon, dass die Kommission jeden Zusammenschluss prüfen 83
kann, der die oben genannten formellen und materiellen Voraussetzungen **erfüllt**. Der Kommission
wird also ein **Ermessen** eingeräumt, sich des Zusammenschlussfalles anzunehmen oder den Antrag
abschlägig zu bescheiden. Einschränkungen des Ermessens bestehen nach dem Gesetzeswortlaut
nicht. Andererseits steht der Kommission ein **Entscheidungsermessen dann nicht** zu, wenn sie
die Anforderungen an den Zusammenschluss als **nicht verwirklicht** ansieht. In diesem Falle muss
sie den Verweisungsantrag zurückweisen.[219]

Im Rahmen der Ermessensentscheidung kann insbesondere der Umstand, dass das Vorhaben 84
bereits in einem oder mehreren Mitgliedstaaten angemeldet wurde, die keine Verweisung beantragt
haben oder sich einem solchen Antrag nicht angeschlossen haben, dagegen sprechen, eine Verweisung
zu akzeptieren.[220] Weiterhin kann die Kommission berücksichtigen, ob ein Zusammenschluss bereits
vollzogen wurde und, falls ja, wieviel Zeit seit dem Vollzug verstrichen ist. Ausweislich ihrer Mitteilung „Anwendung Art. 22" hält die Kommission Verweisungen in der Regel nicht für angemessen,
wenn seit Vollzug des Zusammenschlusses mehr als sechs Monate verstrichen sind.[221] Die Einzelheiten der Berechnung dieser auch als „ermessenbeschränkende Ausschlussfrist" bezeichneten Regelung
bleiben jedoch unklar, zumal sich die Kommission vorbehält, Verweisungen in Ausnahmesituationen
auch nach Ablauf der sechsmonatigen Frist anzunehmen.[222]

In der Praxis ist es bislang nur selten zu einer **Ablehnung eines Verweisungsantrages** gekom- 85
men. Im Zusammenhang mit der geplanten Fusion zwischen Gas Natural und Endesa stellte zunächst
die zuständige portugiesische und im Anschluss daran die zuständige italienische Wettbewerbsbehörde einen Verweisungsantrag. Die am stärksten betroffene spanische Behörde stellte keinen Antrag.
Die Anträge von Italien und Portugal wurden beide von der Kommission abschlägig beurteilt.[223]
Einerseits vertrat die Kommission die Auffassung, dass das Zusammenschlussvorhaben keine drohende erhebliche Beeinträchtigung des Wettbewerbs in Portugal und Italien darstellt.[224] Gleichzeitig
seien die Antragstellerinnen, insbesondere die italienischen Wettbewerbsbehörden den Nachweis
schuldig geblieben, dass das Zusammenschlussvorhaben den zwischenstaatlichen Handel beeinträchtigte.[225] Schließlich erachtete sich die Kommission in grundsätzlicher Hinsicht als weniger geeignet
als die nationale Wettbewerbsbehörde, die Auswirkungen des Zusammenschlussvorhabens auf den
italienischen Markt zu prüfen.[226] Endesa reichte gegen diese Entscheidung der Kommission
Beschwerde ein, diese wurde jedoch mit Entscheid vom 15.11.2005 abgewiesen, da es sich um
einen Zusammenschluss ohne gemeinschaftsweite Bedeutung handelt.[227] Im Fall „Coca Cola Hellenic Bottling Company/Lanitis Bros" lehnte die Kommission den Verweisungsantrag der alleinzuständigen zypriotischen Behörde ebenfalls ab.[228] Zwar schloss die Kommission nicht aus, dass der Zusammenschluss möglicherweise den Handel zwischen Mitgliedstaaten beeinträchtigen könnte oder dass
er den Wettbewerb in Zypern beeinträchtigen könnte, doch hielt sie sich nicht für die zur Untersu-

---

[218] Immenga/Mestmäcker/Körber Rn. 56.
[219] von Schreitter/Urban, NZKart 2020, 637 (638); LMRKM/Westermann Art. 21 Rn. 8.
[220] Mitteilung „Anwendung Art. 22" Rn. 22.
[221] Mitteilung „Anwendung Art. 22" Rn. 21.
[222] Neideck, NZKart 2021, 263 (267); von Schreitter/Urban, WuW 2021, 674 (679).
[223] Vgl. Pressemitteilung IP/05/1356 vom 27.10.2005 sowie Kom. (2005) D/205936.
[224] Pressemitteilung IP/05/1356 vom 27.10.2005.
[225] Kom. (2005) D/205936, Rn. 12.
[226] Kom. (2005) D/205936, Rn. 19.
[227] Kom., M.3986, Rn. 75 – Gas Natural/Endesa.
[228] Kom., M.4124 – Coca Cola Hellenic Bottling Company/Lanitis Bros.

chung des Falls geeignetere Behörde. Der Fall betraf ausschließlich nationale Märkte und es gab keine Anzeichen dafür, dass es zu einer Beeinträchtigung des Wettbewerbs außerhalb von Zypern kommen werde. Dies sah die Kommission auch dadurch bestätigt, dass sich kein anderer Mitgliedstaat dem Verweisungsantrag angeschlossen hatte.[229] Im Jahr 2010 lehnte die Kommission eine Verweisung im bereits erwähnten Fall „Procter & Gamble/SaraLee Air Care" im Hinblick auf Ungarn ab, weil die Gefahr einer Wettbewerbsbeeinträchtigung nicht dargelegt worden war. Dies verwunderte insbesondere deshalb weil die Kommission die Anträge von sechs anderen Ländern angenommen hatte.[230] Zuletzt lehnte die Kommission den im Juli 2012 im Fall „LSE/LCH Clearnet" eingegangenen Verweisungsantrag Portugals ab.[231] Der Antrag Portugals, Frankreichs und Spaniens in diesem Fall war auf einen Antrag der Parteien auf Verweisung gemäß Art. 4 Abs. 5 gefolgt, der an einer Ablehnung des Vereinigten Königreichs gescheitert war. Die Kommission betonte, dass es wegen der Ablehnung einer Verweisung durch das Vereinigte Königreich auch im Art. 22 Fall nicht gelingen würde, das Verfahren im Sinne des Prinzips einer einzigen Anlaufstelle zu bündeln. Des Weiteren waren zum Zeitpunkt des Antrags verschiedener der nationalen Verfahren bereits relativ weit gediehen, so dass es für die Parteien einen erheblichen Mehraufwand gebracht hätte, wenn sie auf einmal doch ein Kommissionsverfahren hätten bestreiten müssen. Letztlich sei ein Behördenwechsel zu diesem Zeitpunkt auch kaum noch mit dem Prinzip der Rechtssicherheit in Einklang zu bringen.[232]

86 c) **Entscheidungsfristen.** Eine abschließende Entscheidung, den Zusammenschluss zu prüfen, muss die Kommission nach Abs. 3 UAbs. 1 S. 1 spätestens **zehn Arbeitstage** nach Ablauf der Frist von 15 Arbeitstagen gemäß Abs. 2, während derer sich die Mitgliedstaaten dem Antrag eines anderen Mitgliedstaaten anschließen können, treffen. Zwischen Anmeldung bzw. Zurkenntnisbringen und der Entscheidung der Kommission vergehen also regelmäßig rund acht Wochen.

87 Trifft die Kommission innerhalb der genannten Frist von 25 Arbeitstagen weder eine positive Entscheidung zur Annahme des Falles noch eine negative zur Ablehnung des Verweisungsantrages, bleibt sie also gänzlich untätig, **so gilt dies als Entscheidung, den Zusammenschluss gemäß dem Antrag bzw. den Anträgen zu prüfen.** Es wird somit eine positive Verweisungsentscheidung zur Annahme des Falles fingiert und die Kommissionszuständigkeit wird unmittelbar begründet. Die antragstellenden Mitgliedstaaten haben dann wirksam ihre Prüfungskompetenz übertragen und sind nicht mehr befugt, den Zusammenschluss nach nationalem Recht zu bewerten, Abs. 3 UAbs. 3. Die Annahmefiktion führt somit zu einer effizienten Anwendung der Verweisungsnorm des Art. 22.[233]

88 Zudem wurde mit der Fiktion einer Annahme des Verweisungsantrags nach Abs. 3 UAbs. 1 S. 2 eine Regelungslücke, die unter der VO 4064/89 bestand, geschlossen. Diese sah für den Fall der Untätigkeit der Kommission keine Regelung vor, so dass Rechtsunsicherheit darüber bestand, welche Behörde im Fall der Untätigkeit der Kommission die Prüfung des Vorhabens vornehmen und welche Rechtsordnung die Kontrollgrundlage darstellen sollte.[234]

89 d) **Unterrichtungspflicht/Form.** Nach Abs. 3 UAbs. 2 obliegt der Kommission die Pflicht, alle Mitgliedstaaten sowie die beteiligten Unternehmen von ihrer getroffenen Entscheidung zu unterrichten. In der Praxis geschieht dies in der Regel schriftlich, wobei alle Mitgliedstaaten eine Kopie der Entscheidung erhalten.[235] Eine **Veröffentlichung** ihrer Entscheidung im Amtsblatt der Europäischen Union ist mangels ausdrücklicher Nennung in Art. 20, der die veröffentlichungspflichtigen Entscheidungen beinhaltet, nicht erforderlich. Fakultativ soll die Kommission ihre Entscheidung jedoch auf der Internetseite der Generaldirektion Wettbewerb publizieren und tut dies auch regelmäßig.[236]

90 **4. Rechtsfolgen der Entscheidung. a) Anwendbares Recht. aa) Nationales Recht.** Sofern der Verweisungsantrag positiv beschieden wurde, die Kommission sich also ausdrücklich dazu bekannt hat, den Zusammenschluss anhand der FKVO zu prüfen, findet nach Abs. 3 UAbs. 3 das **innerstaatliche Wettbewerbsrecht des bzw. der Mitgliedstaaten, die den Antrag gestellt haben,** auf den Zusammenschluss **keine Anwendung** mehr. Entsprechendes gilt, wenn die Kommission innerhalb der Entscheidungsfrist gänzlich untätig geblieben ist. In diesem Falle ordnet Abs. 3

---

[229] Kom., M.4124, Rn. 20 ff. – Coca Cola Hellenic Bottling Company/Lanitis Bros.
[230] Kom., M.5828 – Procter & Gamble/Sara Lee Air care.
[231] Kom., M.6502 – London Stock Exchange Group PLC/LCH Clearnet Group Ltd.
[232] Kom., M.6502, Rn. 15–25 – London Stock Exchange Group PLC/LCH Clearnet Group Ltd.
[233] Bischke/Mäger EWS 2003, 97 (102); Díaz World Competition 2004, 177 (182); Bunte/Bardong/Maass Rn. 45.
[234] Verordnungsvorschlag der Kommission (2002) 711 endg. – 2002/0296 (CNS), Rn. 27.
[235] Mitteilung „Verweisung Fusionssachen" Rn. 78 f.
[236] Mitteilung „Verweisung Fusionssachen" Rn. 80.

UAbs. 1 S. 2 die Fiktion einer positiven Entscheidung an, den Zusammenschluss gemäß dem Antrag zu prüfen. Diejenigen **Mitgliedstaaten,** die sich dem initiierenden **Antrag** hingegen **nicht angeschlossen** haben, sind weiterhin befugt, ihr **nationales Recht** auf den Zusammenschluss anzuwenden.[237]

Aus der Anordnung der Nichtanwendbarkeit des nationalen Rechts der antragstellenden Mitgliedstaaten resultiert einerseits, dass parallele Verfahren von diesen Staaten und der Kommission vermieden werden. Andererseits kommt es immer dann, wenn nicht alle zuständigen Mitgliedstaaten eine Verweisung beantragt haben, zur Begründung paralleler Kontrollzuständigkeiten der **Kommission und** der **nicht antragstellenden nationalen Behörden.** Dies bedeutet auch dass unterschiedliche Rechtsordnungen für die Beurteilung desselben Zusammenschlusses Anwendung finden. Die Kommission untersucht die fragliche Fusion gem. Art. 21 Abs. 2 iVm Art. 1 Abs. 1 anhand der FKVO,[238] während die Mitgliedstaaten ihr nationales Recht[239] anwenden. Gegensätzliche Entscheidungen, mit der Gefahr einer längeren Rechtsunsicherheit für die beteiligten Unternehmen können daher nicht vermieden werden.[240] Die Gefahr ist jedoch nicht größer, als wenn kein Antrag nach Art. 22 gestellt wird und nach der generellen Zuständigkeitsverteilung mehrere Mitgliedstaaten den Zusammenschluss nach nationalem Recht untersuchen. 91

bb) FKVO. Hat die Kommission die Verweisung angenommen und sich entschieden, einen bestimmten Zusammenschluss zu überprüfen, so untersucht sie den Fall anhand der FKVO. Die FKVO gilt nicht in ihrer Gesamtheit, sondern gemäß Abs. 4 UAbs. 1 werden lediglich die Art. 2, Art. 4 Abs. 2 und 3, die Art. 5 und 6 sowie die Art. 8–21 für anwendbar erklärt. Betreffend die Vereinbarkeit des Zusammenschlusses mit dem gemeinsamen Markt stehen der Kommission die üblichen Entscheidungsalternativen nach Art. 6 und Art. 8 zu. Art. 7 erlangt nur dann Geltung, wenn der Zusammenschluss zu dem Zeitpunkt, zu dem die Kommission die beteiligten Unternehmen nach Abs. 2 UAbs. 1 vom Antragseingang informiert, noch nicht vollzogen worden ist. Maßgeblicher Zeitpunkt soll nach der Mitteilung „Anwendung Art. 22" die Information der Beteiligten über die Stellung eines Verweisungsantrags sein.[241] 92

Im Rahmen der Bewertung muss sich die Prüfung des Zusammenschlusses durch die Kommission im Grundsatz in den Grenzen des Gebietes des bzw. der antragstellenden Mitgliedstaaten bewegen. Dies ergibt sich ausdrücklich aus der Regelung des Abs. 3 UAbs. 3, der davon spricht, dass das **innerstaatliche Wettbewerbsrecht** des bzw. **der Mitgliedstaaten, die den Antrag gestellt haben,** auf den Zusammenschluss **nicht mehr Anwendung findet.** Die Reichweite der Anwendung der FKVO geht prinzipiell daher nur soweit, wie dies zur Beurteilung und Entscheidung des Zusammenschlusses für das Territorium des bzw. der antragstellenden Mitgliedstaaten gerade erforderlich ist.[242] Dies ergibt sich schon daraus, dass es sich bei der Kommissionskompetenz um eine von den antragstellenden Mitgliedstaaten abgeleitete Kompetenz handelt. Diese übertragenen Kompetenzen können nicht über diejenigen der antragstellenden Mitgliedstaaten hinausreichen, da diese nur übertragen können, was ihnen selbst auch zusteht. Folglich ist die Kommission nur zu solchen Handlungen berechtigt, die sich innerhalb des Territoriums der Mitgliedstaaten auswirken, die sie zum Einschreiten ermächtigt haben.[243] Die Folgen des Zusammenschlusses im Hoheitsgebiet der nicht antragstellenden Mitgliedstaaten sollen nur dann Gegenstand der Kontrolle sein, wenn ihre Analyse für die Würdigung der Folgen im Gebiet der antragstellenden Mitgliedstaaten erforderlich ist (beispielsweise wenn der räumliche Markt sich über das Hoheitsgebiet des antragstellenden Staates hinaus erstreckt).[244] Durch Art. 22 wird im Gegensatz zu Art. 4 Abs. 5, der zur Fiktion einer gemeinschaftsweiten Bedeutung führt, also eine Art „nationale" Fusionskontrolle durch die Kommission geregelt. 93

In ihrem Weißbuch aus dem Jahr 2014 schlug die Kommission eine Änderung des Systems des Artikels 22 vor, wobei sie insbesondere darauf hinwirken wollte, dass die Kommission in den an sie verwiesenen Fusionskontrollsachen eine EWR-weite Zuständigkeit erhält und das Prinzip der einzi- 94

---

[237] Mitteilung „Verweisung Fusionssachen" Rn. 50; Pape/Hossenfelder/Töllner Rn. 752; Díaz World Competition 2004, 177 (182); Wiedemann KartellR-HdB/Wagemann § 17 Rn. 169.
[238] Kom., M.784, ABl. 1997 L 110, 53 – Kesko/Tuko.
[239] Verordnungsvorschlag der Kommission (2002) 711 endg. – 2002/0296, Rn. 32.
[240] Davison LRev. 2004, 49 (54); Immenga/Mestmäcker/Körber Rn. 40.
[241] Mitteilung „Anwendung Art. 22" Rn. 31.
[242] EuG, Urt. v. 28.4.1999 – T-221/95, Slg. 1999, II-1299 Rn. 40 ff. = BeckRS 1999, 55286 – RTL/Veronica/Endemol; Mitteilung „Verweisung Fusionssachen", Rn. 50, Fn. 45; Pape/Hossenfelder/Töllner Rn. 752; FK-KartellR/Hellmann/Malz Rn. 51. S. hierzu aber die Änderungsvorschläge der Kommission im „Weißbuch: Eine wirksamere EU-Fusionskontrolle" COM(2014) 449 final vom 9.7.2014, Rn. 69.
[243] Bright/Persson ECLRev. 2003, 490 (494).
[244] Mitteilung „Verweisung Fusionssachen" Rn. 50 Fn. 45.

gen Anlaufstelle besser umgesetzt wird.[245] Gleichzeitig sollte das originäre Antragsrecht auf Staaten beschränkt werden, die im konkreten Fall tatsächlich zuständig wären.[246] Diesen Überlegungen ist mit der erweiterten Auslegung des Art. 22 durch die Kommission nunmehr endgültig eine Absage erteilt worden.

95 Eine inhaltliche Einschränkung der kommissionsrechtlichen Befugnisse ist darüber hinaus nicht vorgesehen. Art. 22 Abs. 5 aF wurde bereits nach früherer Gesetzeslage hingegen so ausgelegt, dass die Kommission im Sinne einer Verhältnismäßigkeitsprüfung nach dem jeweils mildesten Mittel zu suchen habe.[247] Den antragstellenden Mitgliedstaaten, die ihre Zuständigkeit ja freiwillig aufgegeben haben, verbleiben keinerlei Befugnisse: weder ihr innerstaatliches Recht anzuwenden (Abs. 3 UAbs. 3) noch zur Einschränkung des Prüfungsrechts durch Identifizierung des Problems oder spezifisches Hinlenken auf einzelne Prüfungsbereiche oder zur Überwachung des Verfahrens bei der Kommission.[248] Art. 22 dient gerade dem Zweck, wirksamen Wettbewerb über die Kontrolle durch die sachnächste Behörde sicherzustellen. Eine Beschränkung der Befugnisse auf Einzelbereiche würde dieses Schutzziel demgegenüber unterlaufen. Eine Verweisung eines Zusammenschlusses von den Mitgliedstaaten an die Kommission geschieht daher ausschließlich in seiner Gesamtheit.[249]

96 **b) Neuanmeldung.** Nach Abs. 3 UAbs. 2 S. 2 kann die Kommission nach Mitteilung ihrer Entscheidung an die Mitgliedstaaten und an die beteiligten Unternehmen eine Anmeldung gemäß Art. 4 verlangen. Eine erneute Anmeldung des Zusammenschlusses bei der Kommission steht damit in ihrem Ermessen. In der Vergangenheit hat die Kommission hiervon jedoch regelmäßig Gebrauch gemacht. Gerade in Fällen, in denen der Zusammenschluss im verweisenden Mitgliedstaat unter den innerstaatlichen Schwellenwerten bleibt, wird daher häufig eine weitere Verfahrensverzögerung verbunden sein.[250]

97 **aa) Frist bei Nichterfordernis einer Neuanmeldung.** In dem eher theoretischen Fall, dass eine Neuanmeldung des Zusammenschlusses nach Art. 4 nicht erforderlich ist, beginnt die erste Phase nach Art. 10 Abs. 1 an dem Arbeitstag, der auf den Arbeitstag folgt, an dem die Kommission den beteiligten Unternehmen ihre Entscheidung mitteilt, dass sie den Zusammenschluss selbst anhand der FKVO gemäß Abs. 3 UAbs. 2 prüfen will.[251]

98 **bb) Frist bei Erfordernis einer Neuanmeldung.** Für den Fall, dass der Zusammenschluss eine Anmeldung erfordert, beinhaltet Art. 22 keine Regelung. Aus einem Umkehrschluss zu Abs. 4 UAbs. 2 resultiert aber die Geltung der regulären Fristen des Art. 10 Abs. 1. Demnach beginnt die Frist für die Einleitung eines Verfahrens nach Art. 6 Abs. 1 lit. c mit dem Arbeitstag, der auf den Tag des Eingangs der Anmeldung folgt, oder, wenn die bei der Anmeldung zu erteilenden Auskünfte unvollständig sind, mit dem Arbeitstage, der auf den Tag des Eingangs der vollständigen Auskünfte folgt (Art. 10 Abs. 1 UAbs. 1).

IV. Rechtsschutz

99 Auch wenn dies anders als im Artikel 9 Abs. 9 im Artikel 22 nicht besonders hervorgehoben wird, können Betroffene nach Art. 263 AEUV gegen Kommissionsentscheidungen gemäß Art. 22 klagen. Mitgliedstaaten können jederzeit gegen eine ablehnende Entscheidung durch die Kommission klagen. Sie müssen überprüfen können, ob die Kommission zu Recht vom Nichtvorliegen der Verweisungsvoraussetzungen ausgegangen ist.[252] Die Frage, ob die fusionierenden Parteien gegen eine die Verweisung annehmende Entscheidung durch die Kommission klagen können[253], hat das EuG bejaht.[254] Dem ist zuzustimmen. Nicht allein besteht die Gefahr, dass die am Zusammenschluss beteiligten Unternehmen nach einer angenommenen Verweisungsentscheidung rechtsverbindlich

---

[245] Weißbuch Eine wirksame Fusionskontrolle, COM(2014) 449 final, Rz. 63 und 69 ff. und Arbeitspapier der Kommissionsdienststellen „Towards more effective EU merger control," SWD (2013) 239/F1 vom 25.6.2013.
[246] Deutschland hat auch bislang schon auf Verweisungsanträge verzichtet, wenn die deutsche Fusionskontrolle nicht eröffnet war (→ Rn. 38); Bunte/Bardong/Maass, Rn. 18.
[247] Kom., M.553, Rn. 109 – RTL/Veronica/Endemol.
[248] EuG, Urt. v. 28.4.1999 – T-221/95 Slg. 1999, II-1299 Rn. 40 ff. = BeckRS 1999, 55286 – RTL/Veronica/Endemol.
[249] Montag/Leibenath WuW 2000, 852 (854).
[250] Von Schreitter/Urban, NZKart 2020, 637 (642).
[251] Abs. 4 UAbs. 2.
[252] NK-EuWettbR/Dittert Rn. 34.
[253] Dagegen NK-EuWettbR/Dittert Rn. 33 mit dem Hinweis, dass es sich hierbei ja nur um einen vorbereitenden Akt handle und erst die verfahrensabschließende Kommissionsentscheidung anfechtbar sei.
[254] EuG, Urt. v. 13.7.2022 – T-227/21, Rn. 62 ff., 76 = BeckRS 2022, 16762 – Illumina/Kommission.

mit einer anderen, für ihr Vorhaben uU weniger „günstigen" Rechtsordnung konfrontiert und damit betroffen sind.[255] Die neue Kommissionpraxis birgt nunmehr auch die deutlich weitgehendere Gefahr, dass ein nicht anmeldepflichtiger Zusammenschluss über die annehmende Entscheidung der Kommission nach Art. 22 erstmals prüfpflichtig wird. Die Aufforderung der Kommission an die Mitgliedstaaten, einen Verweisungsantrag zu stellen soll jedoch als Vorbereitungshandlung nicht nach Art. 263 AEUV anfechtbar sein.[256]

Art. 23 Durchführungsbestimmungen

(1) Die Kommission ist ermächtigt, nach dem Verfahren des Absatzes 2 Folgendes festzulegen:
a) Durchführungsbestimmungen über Form, Inhalt und andere Einzelheiten der Anmeldungen und Anträge nach Artikel 4,
b) Durchführungsbestimmungen zu den in Artikel 4 Absätze 4 und 5 und den Artikeln 7, 9, 10 und 22 bezeichneten Fristen,
c) das Verfahren und die Fristen für das Angebot und die Umsetzung von Verpflichtungszusagen gemäß Artikel 6 Absatz 2 und Artikel 8 Absatz 2,
d) Durchführungsbestimmungen für Anhörungen nach Artikel 18.

(2) Die Kommission wird von einem Beratenden Ausschuss unterstützt, der sich aus Vertretern der Mitgliedstaaten zusammensetzt.
a) Die Kommission hört den Beratenden Ausschuss, bevor sie einen Entwurf von Durchführungsvorschriften veröffentlicht oder solche Vorschriften erlässt.
b) Die Anhörung erfolgt in einer Sitzung, die die Kommission anberaumt und in der sie den Vorsitz führt. Der Einladung zur Sitzung ist ein Entwurf der Durchführungsbestimmungen beizufügen. Die Sitzung findet frühestens zehn Arbeitstage nach Versendung der Einladung statt.
c) Der Beratende Ausschuss gibt seine Stellungnahme zu dem Entwurf der Durchführungsbestimmungen – erforderlichenfalls durch Abstimmung – ab. Die Kommission berücksichtigt die Stellungnahme des Ausschusses in größtmöglichem Umfang.

Die Kommission hat von der ihr in Art. 23 eingeräumten Möglichkeit, Durchführungsbestimmungen zu erlassen, Gebrauch gemacht. Bereits zur Durchführung der VO 4064/89 hatte die Kommission Durchführungsbestimmungen erlassen und zwar zunächst die VO 2367/90,[1] die bereits vier Jahre später durch die VO 3384/94[2] ersetzt wurde. Nach der Novellierung der FKVO im Jahr 1997 wurde die Durchführung der VO 4064/89 schließlich durch die VO 447/98 geregelt.[3]

Die Neufassung der VO 4064/89 durch die VO 139/2004 hat sowohl zu materiellen als auch zu bedeutenden formellen Änderungen geführt und zwar insbesondere in Bezug auf die Zuständigkeitsverteilung und das Fusionskontrollverfahren. Um diesen Änderungen in verfahrensrechtlicher Hinsicht Rechnung zu tragen, wurde die Durchführungsverordnung VO 447/98 mit Wirkung vom 1.5.2004 aufgehoben und durch die **VO 802/2004** ersetzt,[4] die zuletzt durch die VO 1269/2013 geändert wurde.[5] Die VO 802/2004 enthält Bestimmungen über den Inhalt von **Anmeldungen** und anderen Anträgen, über die **Verfahrensfristen,** über das Verfahren für die Vorlage von **Verpflichtungszusagen,** über die **Anhörung** Beteiligter und Dritter, über die **Akteneinsicht** sowie Vorschriften für die **Übermittlung von Schriftstücken an und den Eingang von Schriftstücken** bei der Kommission, über die Behandlung **vertraulicher Informationen** und über die **Definition der Arbeitstage** der Kommission. Der Durchführungsverordnung als Anhang beigefügt sind das **Formblatt CO,**[6] das **vereinfachte Formblatt**[7] sowie das **Formblatt RS,**[8] die im Einzel-

---

[255] Ein Klagerecht bejahend daher Langen/Bunte/Bardong/Maass Rn. 52; Immenga/Mestmäcker/Körber Rn. 51, FK-KartellR/Hellmann/Malz Rn. 55.
[256] EuG, Urt. v. 13.7.2022 – T-227/21, Rn. 79–81 = BeckRS 2022, 16392 – Illumina/Kommission.
[1] VO 2367/90, ABl. 1990 L 219, 5.
[2] VO 3384/94, ABl. 1994 L 377, 1.
[3] VO 447/98, ABl. 1998 L 61, 1.
[4] VO 802/2004, ABl. 2004 L 133, 1.
[5] VO 1269/2013, ABl. 2013 L 336, 1.
[6] Formblatt CO zur Anmeldung eines Zusammenschlusses gemäß der VO 139/2004, ABl. 2013 L 336, 4.
[7] Vereinfachtes Formblatt zur Anmeldung eines Zusammenschlusses gemäß der VO 139/2004, ABl. 2013 L 336, 18.
[8] Formblatt RS für begründete Anträge nach Artikel 4 Absätze 4 und 5 der VO 139/2004, ABl. 2013 336, 29; Grünbuch über die Revision der VO 4064/89, KOM(2001) 745/6 endg., Rn. 227 ff.; vgl. auch Vorschlag

nen die Angaben aufführen, die von den Anmeldern bzw. den Antragstellern der Kommission für eine Anmeldung nach Art. 4 Abs. 1 bzw. für einen Antrag nach Art. 4 Abs. 4 und 5 zu übermitteln sind.

3   Abs. 2 regelt ausdrücklich die Beteiligung des **Beratenden Ausschusses** für die Kontrolle von Unternehmenszusammenschlüssen beim Erlass der entsprechenden Durchführungsbestimmungen. Der Beratende Ausschuss hat ein Anhörungsrecht bevor die Kommission einen Entwurf überhaupt veröffentlicht. Dazu beraumt die Kommission die in Abs. 2 lit. b näher beschriebene Sitzung an. Die Stellungnahme des Beratenden Ausschusses, die notfalls im Wege der Abstimmung erfolgt, ist zwar für die Kommission nicht verbindlich. Die Kommission ist jedoch aufgefordert, diese in „größtmöglichem Umfang" zu berücksichtigen. Abs. 2 verpflichtet die Kommission jedoch weder dazu die Stellungnahme des Beratenden Ausschusses zu veröffentlichen noch den Ausschuss darüber zu informieren, in welchem Umfang seine Stellungnahme berücksichtigt wurde.

4   Entgegen dem ursprünglichen Vorschlag im Grünbuch über die Revision der FKVO enthält Art. 23 **keine Ermächtigung für die Kommission zur Festlegung von Anmeldegebühren**.[10] Anmeldungen von Unternehmenszusammenschlüssen bei der Kommission sind damit nach wie vor **gebührenfrei**. Die Kommission hatte zunächst erwogen, die mit dem Fusionskontrollverfahren verbundenen Kosten den beteiligten Unternehmen aufzuerlegen, entweder in Form eines Festbetrages oder in Abhängigkeit vom verursachten Prüfungsaufwand, wie dies gegenwärtig in zahlreichen Mitgliedstaaten üblich ist (so zB in Deutschland, Estland, Griechenland, Irland, Litauen, Österreich, Polen, Slowakische Republik, Slowenien, Spanien, Tschechische Republik, Ungarn). Der Verzicht auf die Einführung von Anmeldegebühren ist zu begrüßen, da die mit einer Anmeldung nach Formblatt CO für die beteiligten Unternehmen verbundenen Kosten erheblich sind.[11] Letztlich nicht in den Text von Art. 23 aufgenommen wurde schließlich auch eine ausdrückliche Ermächtigung der Kommission zur Veröffentlichung von Leitlinien über die **Grundsätze der Beurteilung von Zusammenschlüssen** gemäß Art. 2.[9] Bereits kurz nach der Neufassung der VO 4064/89 durch die VO 139/2004 hat die Kommission gleichwohl Leitlinien zur Bewertung horizontaler Zusammenschlüsse und wenige Jahre später auch zur Beurteilung nicht-horizontaler Zusammenschlüsse veröffentlicht.[10] Ein Hinweis auf die entsprechende Befugnis der Kommission findet sich nur im 28. Erwägungsgrund. Darüber hinaus hat die Kommission eine Vielzahl von **Mitteilungen, Bekanntmachungen** und **Leitlinien** veröffentlicht, in denen sie verschiedene gesetzliche Regelungen erläutert.[11] Allerdings haben diese Vorschriften keinen Rechtscharakter und die Kommission kann hierdurch die in den Regelungen des primären und sekundären Gemeinschaftsrechts vorgesehenen Rechte der Unternehmen in keiner Weise beschränken.[12] Allerdings kann die Kommission in diesen Vorschriften eigene Verpflichtungen eingehen, die über die gesetzlichen Regelungen hinausreichen und zu einer **Selbstbindung** der Kommission führen. Diese kann dann nicht mehr ohne sachlichen Grund von den Regeln abweichen, die sie sich selbst gegeben hat.[13] Allerdings räumt die Rechtsprechung der Kommission insoweit einen weiten Beurteilungsspielraum ein, welche Faktoren sie zB aus ihren Leitlinien zur wettbewerblichen Beurteilung von Zusammenschlüssen im konkreten Fall als geeignet ansieht und in ihrer Prüfung anwendet.[14] Eine rechtliche Bindung der nationalen Kartellbehörden und Gerichte durch die Mitteilungen, Bekanntmachungen und Leitlinien der Kommission scheidet dagegen – jedenfalls im Bereich der Fusionskontrolle – aus.[15] Grund hierfür ist, dass sich die Mitteilungen, Bekanntmachungen und Leitlinien der Kommission im Bereich der Fusionskontrolle auf ein anderes Regelungssystem, die FKVO, beziehen, während die Mitglied-

---

für eine Verordnung des Rates über die Kontrolle von Unternehmenszusammenschlüssen, ABl. 2003 C 20, 4 (53); vgl. allgemein International Competition Network, Report on the Costs and Burdens of Multijurisdictional Merger Review, November 2004.

[9] Vgl. Vorschlag für eine Verordnung des Rates über die Kontrolle von Unternehmenszusammenschlüssen, ABl. 2003 C 20, 4 (53).

[10] Leitlinien zur Bewertung horizontaler Zusammenschlüsse gemäß der Ratsverordnung über die Kontrolle von Unternehmenszusammenschlüssen, ABl. 2004 C 31, 5; Leitlinien zur Bewertung nicht-horizontaler Zusammenschlüsse gemäß der Ratsverordnung über die Kontrolle von Unternehmenszusammenschlüssen, ABl. 2008 C 265, 6.

[11] Vgl. Koch/Strohm Einl. FKVO Rn. 41 ff.

[12] EuG Slg. 2005, II-3745 Rn. 106 f. – EDP/Kommission.

[13] EuGH Slg. 2005, I-5425 Rn. 209 f. – Dansk Rørindustri; EuG Slg. 2009, II-3313 Rn. 93 – Holland Malt BV/Kommission; EuG Slg. 2008, II-26661 Rn. 192 – Le Carbone-Lorraine/Kommission; EuG Slg. 2003, II-5575 Rn. 516 ff. – General Electric/Kommission.

[14] EuG Slg. 2007, II-2149 Rn. 55 ff. – BaByliss/Kommission; vgl. dazu auch Thomas EuR 2009, 423 (427 ff.) mwN.

[15] Pohlmann WuW 2005, 1005 ff.; Pampel EuZW 2005, 11 ff.; Thomas EuR 2009, 423 (434 ff.); aA Schweda WuW 2004, 1133 ff.

staaten hier – anders als bei Art. 101 AEUV – ausschließlich ihr nationales Fusionskontrollrecht anwenden. Etwas anderes könnte allenfalls für die Konsolidierte Mitteilung der Kommission zu Zuständigkeitsfragen gelten, da die Mitgliedstaaten bei der Prüfung ihrer Zuständigkeit im Bereich der Fusionskontrolle die Kriterien des Art. 1 und 3 heranziehen müssen und die Kommission für Zusammenschlüsse mit unionsweiter Bedeutung die ausschließliche Zuständigkeit besitzt. Auch wenn eine rechtliche Bindungswirkung aufgrund der fehlenden Ermächtigungsgrundlage der Kommission nur schwer zu begründen ist, lässt sich doch in der Praxis verbreitet eine faktische Bindungswirkung beobachten.

Die einzelnen Bestimmungen der VO 802/2004 werden bei den jeweils einschlägigen Vorschriften der FKVO mit kommentiert. 5

Art. 24 Beziehungen zu Drittländern

(1) Die Mitgliedstaaten unterrichten die Kommission über die allgemeinen Schwierigkeiten, auf die ihre Unternehmen bei Zusammenschlüssen gemäß Artikel 3 in einem Drittland stoßen.

(2) ¹ Die Kommission erstellt erstmals spätestens ein Jahr nach Inkrafttreten dieser Verordnung und in der Folge regelmäßig einen Bericht, in dem die Behandlung von Unternehmen, die ihren Sitz oder ihr Hauptgeschäft in der Gemeinschaft haben, im Sinne der Absätze 3 und 4 bei Zusammenschlüssen in Drittländern untersucht wird.² Die Kommission übermittelt diese Berichte dem Rat und fügt ihnen gegebenenfalls Empfehlungen bei.

(3) Stellt die Kommission anhand der in Absatz 2 genannten Berichte oder aufgrund anderer Informationen fest, dass ein Drittland Unternehmen, die ihren Sitz oder ihr Hauptgeschäft in der Gemeinschaft haben, nicht eine Behandlung zugesteht, die derjenigen vergleichbar ist, die die Gemeinschaft den Unternehmen dieses Drittlands zugesteht, so kann sie dem Rat Vorschläge unterbreiten, um ein geeignetes Mandat für Verhandlungen mit dem Ziel zu erhalten, für Unternehmen, die ihren Sitz oder ihr Hauptgeschäft in der Gemeinschaft haben, eine vergleichbare Behandlung zu erreichen.

(4) Die nach diesem Artikel getroffenen Maßnahmen müssen mit den Verpflichtungen der Gemeinschaft oder der Mitgliedstaaten vereinbar sein, die sich – unbeschadet des Artikels 307 des Vertrags[1] – aus internationalen bilateralen oder multilateralen Vereinbarungen ergeben.

Die Vorschrift, die fast wortgleich bereits in der VO 4064/89 enthalten war, wurde ursprünglich 1 auf Wunsch Frankreichs in die FKVO aufgenommen.[2] Nach dem 44. Erwägungsgrund soll sie bewirken, dass die Bedingungen, unter denen Zusammenschlüsse in Drittländern durchgeführt werden, a denen Unternehmen beteiligt sind, die ihren Sitz oder ihr Hauptgeschäft in der Gemeinschaft haben, aufmerksam verfolgt werden. Sinn der Vorschrift ist es vor allem, eine **nicht-diskriminierende Behandlung europäischer Unternehmen in Drittländern** sicherzustellen.[3] Während das Augenmerk der Kommission nach Art. 24 aF bislang nur Unternehmen mit Sitz in der Gemeinschaft galt, hat die Kommission nach Art. 24 nF nunmehr auch auf eine Gleichbehandlung solcher Unternehmen hinzuwirken, die zwar nicht ihren Sitz aber ihr **Hauptgeschäft in der Gemeinschaft** haben. Wann dies der Fall ist, lässt sich aus Art. 24 jedoch nicht entnehmen. Für die Annahme einer Hauptgeschäftstätigkeit in der Gemeinschaft dürfte es allerdings genügen, dass ein Unternehmen mehr als zwei Drittel seines weltweiten Gesamtumsatzes in der Gemeinschaft erzielt (vgl. Art. 1 Abs. 2 letzter Hs.).

Abs. 1 sieht vor, dass die Mitgliedstaaten der Kommission darüber berichten, ob ihre Unternehmen im außereuropäischen Ausland bei solchen Zusammenschlüssen auf Schwierigkeiten stoßen, 2 die den Zusammenschlussbegriff des Art. 3 erfüllen. Unter den weit gefassten Begriff der „Schwierigkeiten" fallen insbesondere Fälle, in denen der Erwerb von Unternehmen in Drittstaaten aus wettbewerblichen Gründen verhindert oder erschwert wird.[4] Zu weitgehend dürfte es dagegen sein, hierunter auch sonstige Hindernisse in zeitlicher, finanzieller oder sonstiger Hinsicht, wie etwa

---

[1] Der Verweis auf Art. 307 EG im Normtext gilt gemäß Art. 5 des Vertrages von Lissabon als Verweis auf Art. 351 AEUV.
[2] Vgl. Canenbley/Weitbrecht IWL 1990, 104 (107); Elland ECLR 1990, 111 (117).
[3] Bos/Stuyck/Wytinck, Concentration Control in the European Economic Community, Jahr, 388.
[4] Bunte/Baron Art. 24 Rn. 1; Bechtold/Bosch/Brinker/Hirsbrunner Art. 24 Rn. 1.

unangemessen niedrige Schwellenwerte oder unangemessen hohe Anmeldegebühren, subsumieren zu wollen.[5] Sollte die Kommission feststellen, dass Unternehmen aus der Gemeinschaft in Drittländern anders behandelt werden, als die Kommission Unternehmen des betreffenden Drittlandes behandelt, so kann der Rat der Kommission ein **Verhandlungsmandat** erteilen, mit dem Ziel, diese Unterschiede im Verhandlungswege zu beseitigen. Art. 24 zielt demnach auf die Herstellung eines bestimmten Grades bilateraler Reziprozität.[6] Vergleichbare Bestimmungen finden sich in zahlreichen Verordnungen der Gemeinschaft, so etwa in der VO 4056/86[7] sowie in einigen mitgliedstaatlichen Fusionskontrollvorschriften, wie etwa in Italien.[8] Das Verhandlungsmandat nach Abs. 3 ermächtigt die Kommission allerdings nicht dazu, Sanktionen gegenüber Unternehmen aus Drittländern zu ergreifen, die im Zusammenhang mit der Anwendung der FKVO stehen.[9] Zum einen enthält die FKVO keine Möglichkeiten, bei der verfahrensrechtlichen Behandlung oder der materiellen Beurteilung von Zusammenschlüssen zu unterscheiden, ob ein beteiligtes Unternehmen aus einem Drittstaat kommt, in dem Unternehmen aus der Gemeinschaft im Fusionskontrollverfahren auf andere Schwierigkeiten stoßen, als bei Zusammenschlüssen in der Gemeinschaft. Zum anderen verbietet es bereits die Funktion der FKVO als Instrument der Wettbewerbspolitik, sie gleichzeitig in den Dienst von Wirtschaftssanktionen zu stellen. Die Kommission wird sich auch dann nur schwerlich auf eine Ungleichbehandlung in Drittstaaten berufen können, wenn sie ihrerseits bei der Beurteilung von Zusammenschlüssen die eventuelle Stärkung der Wettbewerbsfähigkeit der europäischen Unternehmen auf den Märkten des Drittstaates berücksichtigt.[10] Schließlich sind die Handlungsmöglichkeiten der Kommission durch die bilateralen und multilateralen internationalen Vereinbarungen der Gemeinschaft (etwa OECD, UNCTAD und WTO) beschränkt, mit denen die von der Kommission zu treffenden Maßnahmen stets im Einklang stehen müssen (vgl. Abs. 4).

3 Die Vorschrift des Art. 24 hat bislang noch keine Bedeutung in der Praxis erlangt. Soweit bekannt, hat seit Bestehen der FKVO noch kein Mitgliedstaat die Kommission über etwaige Schwierigkeiten seiner Unternehmen in Drittländern unterrichtet. Die Kommission hat daher bislang auch noch **keinen Bericht nach Abs. 2 vorgelegt** und es bleibt abzuwarten, ob sie es jemals tun wird. Dies mag möglicherweise auch daran liegen, dass betroffene Unternehmen negative Erfahrungen mit außereuropäischen Fusionskontrollregimen nicht ihren nationalen Wettbewerbsbehörden anzeigen. Anstatt sich dem eher negativen Ansatz des Art. 24 entsprechend auf die Problemsuche bei der internationalen Kooperation im Bereich der Fusionskontrolle zu beschränken, ist die Kommission statt dessen von Anfang an bemüht gewesen, die internationale Zusammenarbeit zwischen den Wettbewerbsbehörden zu verbessern. Mittlerweile hat die Gemeinschaft zahlreiche Kooperationsabkommen mit Drittstaaten über die Zusammenarbeit im Wettbewerbsrecht im Allgemeinen und der Fusionskontrolle im Speziellen abgeschlossen.[10] Die Kommission ist darüber hinaus ua innerhalb des International Competition Network (ICN) aktiv am Ausbau der Kooperation zwischen den nationalen Wettbewerbsbehörden und der Harmonisierung der Verfahren für die internationale Fusionskontrolle beteiligt.[12]

Art. 25 Aufhebung

(1) Die Verordnungen (EWG) Nr. 4064/89 und (EG) Nr. 1310/97 werden unbeschadet des Artikels 26 Absatz 2 mit Wirkung vom 1. Mai 2004 aufgehoben.

(2) Bezugnahmen auf die aufgehobenen Verordnungen gelten als Bezugnahmen auf die vorliegende Verordnung und sind nach Maßgabe der Entsprechungstabelle im Anhang zu lesen.

1 Abs. 1 bestimmt die Aufhebung der VO 4064/89 einschließlich der Novellierungsverordnung 1310/97 zum 1.5.2005. Die entsprechenden Übergangsbestimmungen sind in Art. 26 enthalten.

---

[5] So FK-KartellR/Jungermann Art. 24 Rn. 3.
[6] Vgl. Navarro/Font/Folguera/Briones, Merger Control in the European Union, 418.
[7] VO 4056/86, ABl. 1986 L 378, 4.
[8] Vgl. Art. 25 Abs. 2 Gesetz Nr. 287 v. 10.10.1990 (Gazetta Ufficiale Nr. 240 v. 13.10.1990) sowie Hahn, Int. Fusionskontrolle, Rn. 91.
[9] Van Empel W.Comp. 1990, Volume 13, Nr. 3, 5 (22); Navarro/Font/Folguera/Briones, a.a.O.; vgl. 4. Erwgr.
[10] Vgl. dazu Roebling Einl. F Rn. 2044 ff.; hervorzuheben sind insoweit vor allem das nicht auf Art. 24 zurückzuführende Abkommen zwischen den Europäischen Gemeinschaften und der Regierung der Vereinigten Staaten von Amerika über die Anwendung ihrer Wettbewerbsregeln, ABl. 1995 L 95, 47 sowie die zwischen der Generaldirektion Wettbewerb und den US-Kartellbehörden vereinbarten „Best Practices on Cooperation in Merger Investigations", abrufbar unter www.http://europa.eu.int/comm/competition/mergers/others/eu_us.pdf., zuletzt abgerufen am 25.3.2023; vgl. hierzu Roebling Einl. E Rn. 1892 ff.

Der maßgebliche Zeitpunkt für die Anwendbarkeit der VO 139/2004 ist danach der Vertragsschluss, die Veröffentlichung eines öffentlichen Übernahmeangebots oder der Kontrollerwerb.
Abs. 2 enthält eine Regelung für Verweisungen auf Artikel der VO 4064/89 und der VO 1310/97 in anderen Rechtsvorschriften, die entsprechend der im Anhang zur VO 139/2004 abgedruckten Synopse zu lesen sind.

Art. 26 Inkrafttreten und Übergangsbestimmungen

(1) Diese Verordnung tritt am zwanzigsten Tag nach ihrer Veröffentlichung im Amtsblatt der Europäischen Union in Kraft.
Sie gilt ab dem 1. Mai 2004.

(2) Die Verordnung (EWG) Nr. 4064/89 findet vorbehaltlich insbesondere der Vorschriften über ihre Anwendbarkeit gemäß ihrem Artikel 25 Absätze 2 und 3 sowie vorbehaltlich des Artikels 2 der Verordnung (EWG) Nr. 1310/97 weiterhin Anwendung auf Zusammenschlüsse, die vor dem Zeitpunkt der Anwendbarkeit der vorliegenden Verordnung Gegenstand eines Vertragsabschlusses oder einer Veröffentlichung im Sinne von Artikel 4 Absatz 1 der Verordnung (EWG) Nr. 4064/89 gewesen oder durch einen Kontrollerwerb im Sinne derselben Vorschrift zustande gekommen sind.

(3) Für Zusammenschlüsse, auf die diese Verordnung infolge des Beitritts eines neuen Mitgliedstaats anwendbar ist, wird das Datum der Geltung dieser Verordnung durch das Beitrittsdatum ersetzt.

Knapp ein Jahr nach der Vorlage des Kommissionsvorschlages für eine Revision der FKVO[1] und fast zwei Jahre nach Beginn des Reformprozesses durch die Veröffentlichung des Grünbuchs der Kommission[2] wurde am 27.11.2003 im Rat eine politische Einigung über die Reform der europäischen Fusionskontrolle erzielt.[3] Die endgültige Version der Neufassung der FKVO wurde am 20.1.2004 vom Rat verabschiedet,[4] im Amtsblatt vom 29.1.2004 veröffentlicht[5] und trat 20 Tage später in Kraft. Der Beginn der Geltung der VO 139/2004 wurde allerdings um drei Monate auf den 1.5.2004 verschoben, da die Vielzahl der verfahrensrechtlichen Änderungen eine gleichzeitige Neufassung der Durchführungsverordnung erforderlich machte, die erst am 30.4.2004 im Amtsblatt veröffentlich wurde und ebenfalls am 1.5.2004 in Kraft getreten ist.[6] Gleichzeitig mit der Reform des Fusionskontrollrechts wurde zum 1.5.2004 auch die weitreichende Reform des EGKartellverfahrensrechts umgesetzt.

Die neu gefasste FKVO ist anwendbar auf alle Zusammenschlüsse, bei denen die Anmeldepflicht nach dem 30.4.2004 begründet wird. Die VO 4064/89 und ihre Durchführungsverordnung wurden mit Wirkung zum 1.5.2004 aufgehoben. Beide Verordnungen sind aber nach wie vor anwendbar auf Zusammenschlüsse, die vor dem 1.5.2004 Gegenstand eines Vertragsabschlusses oder der Veröffentlichung eines Übernahmeangebotes im Sinne von Art. 4 Abs. 1 VO 4064/89 gewesen sind oder durch einen Kontrollerwerb im Sinne derselben Vorschrift zustande gekommen sind. Angesichts möglicher weiterer Beitritte zur Gemeinschaft erlangt Abs. 3 insofern Bedeutung, als nicht die jeweilige Beitrittsakte eine andere Regelung enthält. Danach tritt im Fall des Beitritts eines neuen Mitgliedstaates der Zeitpunkt des Beitritts an die Stelle des Zeitpunkts des Inkrafttretens der FKVO. Dies bedeutet, dass für Zusammenschlüsse, die erst durch den Beitritt die Schwellenwerte des Art. 1 Abs. 2 bzw. 3 überschreiten und damit gemeinschaftsweite Bedeutung erlangen, **die Rechtspflichten nach der FKVO** wie Anmeldung (Art. 4 Abs. 1) und Vollzugsverbot (Art. 7 Abs. 1) **erst vom Zeitpunkt des Beitritts an gelten.** Ein solcher Fall kann etwa eintreten, wenn durch die Einbeziehung des Staatsgebietes des neuen Mitgliedstaates der gemeinschaftsweite Umsatz der beteiligten Unternehmen erstmals die Schwelle von 250 Millionen Euro (Art. 1 Abs. 2 lit. b) bzw. 100 Millionen Euro (Art. 1 Abs. 3 lit. d) überschreitet. Ist das die Anmeldepflicht nach Art. 4 Abs. 1 auslösende Ereignis (Vertragsschluss, verbindliches Übernahmeangebot, Erwerb einer die Kontrolle begründenden Beteiligung) dagegen bereits vor dem Beitritt eingetreten, unterliegen auch solche Zusammenschlüsse allein der nationalen Fusionskontrolle.

---

[1] Vorschlag v. 11.12.2003 für eine Verordnung des Rates über die Kontrolle von Unternehmenszusammenschlüssen, ABl. 2003 C 20, 4.
[2] Grünbuch über die Revision der VO 4064/89, KOM(2001) 745/6 endg.
[3] 2547. Tagung des Rates der Europäischen Union („Wettbewerbsfähigkeit").
[4] Rats-Dok. Nr. 15 448/03.
[5] VO Nr. 139/2004, ABl. 2004 L24, 1; VO 802/2004, ABl. 2004 L 133, 1.

FKVO Art. 26 3, 4 Inkrafttreten und Übergangsbestimmungen

3   Denkbar ist auch der Fall, dass ein Zusammenschluss, der zunächst gemeinschaftsweite Bedeutung hatte und bei der Kommission angemeldet wurde, infolge des Beitritts seine **gemeinschaftsweite Bedeutung verliert,** weil die Beteiligten nun jeweils mehr als zwei Drittel ihres gemeinschaftsweiten Umsatzes in ein und demselben, nämlich dem neu beigetretenen Mitgliedstaat, erzielen (vgl. Art. 1 Abs. 2 UAbs. 2 und Abs. 3 UAbs. 2). Für die Frage der Zuständigkeit kommt es jedoch stets auf den Zeitpunkt der Anmeldung und nicht den der Entscheidung an. Nach dem Grundsatz der „perpetuatio fori" verbleibt es daher in diesem Fall bei der einmal begründeten Zuständigkeit der Kommission.[6] Das gleiche dürfte für den Fall des **Austritts eines Mitgliedsstaates** aus der EU gelten, vorausgesetzt der Austrittsvertrag regelt nichts Abweichendes. Eine einmal begründete Zuständigkeit der Kommission für den Zusammenschluss wird durch den Austritt nicht beeinflusst. Für den ausgetretenen Mitgliedstaat entfaltet jedoch eine Freigabe der Kommission keine Rechtswirkungen mehr. Dementsprechend kann es dazu kommen, dass ein von der Kommission freigegebener Zusammenschluss, der erst nach dem Austritt des Mitgliedsstaates vollzogen wird, einer erneuten Anmeldung bei der Wettbewerbsbehörde des betreffenden ehemaligen Mitgliedstaates bedarf. Im **Austrittsvertrag mit dem Vereinigten Königreich** wurde ausdrücklich geregelt, dass die Kommission für alle Zusammenschlussverfahren zuständig bleibt, die vor dem Ende der Übergangsfrist eingeleitet, dh bei der Kommission angemeldet wurden.[7] Darüber hinaus bleibt die Kommission auch für die Überwachung aller bereits genehmigten Zusammenschlüsse zuständig, sofern diese unter Auflagen oder Bedingungen freigegeben wurden. Die Kommission und die nationale Wettbewerbsbehörde des Vereinigten Königreichs können jedoch vereinbaren, dass letztere die Überwachung und Durchsetzung der eingegangenen Verpflichtungen und auferlegten Abhilfemaßnahmen im Vereinigten Königreich übernimmt.[8] Einer Zustimmung der beteiligten Unternehmen bedarf es hierfür nicht. Allerdings steht es diesen frei, unter Hinweis auf die allgemeine Überprüfungsklausel in der Zusage bei der Kommission zu beantragen, die nur das Vereinigte Königreich betreffenden Auflagen und Bedingungen abzuändern bzw. aufzuheben.

4   Die FKVO ist in den zehn, der EU am 1.5.2004 beigetretenen neuen Mitgliedstaaten (Estland, Lettland, Litauen, Malta, Polen, Tschechische Republik, Slowakische Republik, Slowenien, Ungarn und Zypern) als Teil des acquis communautaire ohne Änderungen, Ausnahme- oder Übergangsregelungen in Kraft getreten (vgl. Art. 2 der Beitrittsakte).[9] Das gleiche gilt für Bulgarien und Rumänien, die seit dem 1.1.2007 Mitglieder der Union sind und für Kroatien, das zum 1.7.2013 beigetreten ist. Durch die Beitrittsakte wurde lediglich die nach der alten Durchführungsverordnung bei der Kommission abzuliefernde Anzahl an Ausfertigungen des Formblattes CO, der Antworten auf die Beschwerdepunkte sowie des Angebotes von Verpflichtungszusagen um zehn erhöht.[10] Bedeutung hat dies jedoch nur für solche Zusammenschlussvorhaben, die noch auf Grundlage der VO 4064/89 angemeldet wurden bzw. werden. Das Erfordernis einer solchen Anmeldung aufgrund alten Rechts nach Inkrafttreten der VO 139/2004 ergab sich im Fall IPO/ENBW/PRAHA/PT, in dem der Zusammenschluss bereits im Jahr 2000 vollzogen worden war, die Beteiligten diesen aber erst (nachträglich) im Jahr 2009 bei der Kommission angemeldet hatten.[11] Zu beachten ist, dass die nationalen Fusionskontrollvorschriften der zehn neuen Mitgliedstaaten entgegen dem in Art. 21 Abs. 3 geregelten „one stop shop"-Prinzip nach wie vor auf solche Zusammenschlüsse Anwendung finden können, bei denen das die Anmeldepflicht auslösende Ereignis vor dem 1.5.2004 stattgefunden hat und zwar auch dann, wenn der Vollzug erst nach diesem Datum erfolgt. In diesem Fall kann es mithin zu einer parallelen Anwendung der FKVO und der mitgliedstaatlichen Fusionskontrollvorschriften kommen.

---

[6] Vgl. Kommission, Fall Nr. COMP/M.1741, ABl. 2003 L 300, 1 Rn. 6 – Worldcom/Sprint, Rn. 6.
[7] Art. 92 Abs. 3 lit. c Abkommen über den Austritt des Vereinigten Königreichs Großbritannien und Nordirland aus der Europäischen Union und der Europäischen Atomgemeinschaft, ABl. 2020 L 29, 7 („Austrittsvertrag").
[8] Art. 95 Abs. 2 Austrittsvertrag.
[9] Akte über die Bedingungen des Beitritts der Tschechischen Republik, der Republik Estland, der Republik Zypern, der Republik Lettland, der Republik Litauen, der Republik Ungarn, der Republik Malta, der Republik Polen, der Republik Slowenien und der Slowakischen Republik und die Anpassungen der die Europäische Union begründenden Verträge, ABl. 2003 L 236, 33..
[10] Vgl. Anhang II zum Beitrittsvertrag, ABl. 2003 L 236, 53, 345, Teil 5.
[11] Kommission, Fall Nr. COMP/M.5365, Rn. 8 – IPO/ENBW/PRAHA/PT.

Kapitel 9

Internationale Fusionskontrolle

Schrifttum: Berg/Kronberger, Zusammenschlüsse zwischen multinationalen Unternehmen und Fusionskontrolle, RIW 2003, 15; Bischke/Wirtz, Bedeutung der „multi jurisdictional filings" bei Konzernfusionen – Bestandsaufnahme und Reformvorhaben, RIW, 2001, 328; Dreher, Kartellrechtsvielfalt und Kartellrechtseinheit in Europa, AG 1993, 437; Gotts (Hrsg.), The Merger Control Review, 2. Aufl. 2011; Heinen, Mehrfachanmeldungen in der Praxis, EWS 2010, 8; Holmes/Davey, A Practical Guide to National Competition Rules Across Europe, 2004; Hommelhoff, Zur Harmonisierung der nationalen Kartellrechte in Europa, FS Nirk, 1992, 469 f.; International Competition Network, Report on the Costs and Burdens of Multijurisdictional Merger Review, November 2004; Kalinowski, World Competition Law, Loseblattsammlung in zahlreichen Bänden, 1979 ff.; Klaue, Die Europäischen Gesetze gegen Wettbewerbsbeschränkungen, 1992; Rittner, Konvergenz oder Divergenz der europäischen Wettbewerbsrechte, FIW-Schriftenreihe, Heft 105, 31 ff., Köln 1983; Rowley/Baker, International Mergers – The Antitrust Process, Loseblattsammlung Stand: Juni 2012; ders./Campbell, Multi Jurisdictional Merger Review – Is it time for a Common Filing Treaty? Policy Directions for Global Merger Review 1999, 9; Verloop/Landes, Merger Control in Europe, 4. Aufl. 2003; Weiß, Begründung und Grenzen internationaler Fusionskontrollzuständigkeiten, NZKart 2016, 202.

Belgien: Rizzuto, Competition Law Enforcement in Belgium: The System Remains Flawed and Uncertain Despite Recent Reform, ECLR 2008, 367; Steenbergen, Belgium competition law, European Corporate Lawyer 1994, 18; Vanderelst/Wijckmans, The Belgian Law of 5 August 1991 on the Protection of Economic Competition, ECLR 1992, 120; Wohlgemuth, Das belgische Kartellrecht, WuW 1991, 901; Zschoke, Zum neuen belgischen Kartellrecht, WuW 1993, 381.

Dänemark: Blomgren/Hansen, The Ineffective Harmonisation of Danish Competition Law, ECLR 1999, 287; Lars H. Eriksen, Die Reform des dänischen Kartellrechts – Das Wettbewerbsrecht Dänemarks unter besonderer Berücksichtigung des dänischen Kartellrechts, GRUR Int. 2004, 573; Morten Kofmann, The Danish Competition Act of June 10, 1997, ECLR 1998, Supp., 1; Pedersen/Smidt/Christiansen, Topics in Merger Control – Experiences from a Recent Merger in the Danish Electricity Sector, World Competition Law & Economics 2004, 595; Pedersen/Hertz, Legal aspects of acquiring a public traded Danisch company, International Business Lawyer 2000, 365; Plum, Danish Competition Act 1998, ECLR 2000, N86; Slotboom/Coumans, Important Amendements to the Dutch Competition Act, ECLR 2007, 607.

Deutschland: Heidenhain/Satzky/Stadler, German Antitrust Law, 5. Aufl. 1999.

Estland: Kalaus, Estonia: The New Competition Act Introduces Full Merger Control, ECLR 2002, 304; Koitel, Das neue estnische Kartellgesetz, WiRO 1999, 51; ders., Neues im estnischen Kartellgesetz, WiRO 2002, 334; Malinauskaite, Development of merger control in the Baltic countries: over 10 years of experience, ECLR 2011. 77, 109; Thielert/Schinkel, Estonia's Competition Policy: A Critical Evaluation Towards EU Accession, ECLR 2003, 165.

Finnland: Eerola/Backholm, Finland overhauls Competition Act, IFLRev. 2004, Supp., 15; Kairo ECLR 2003, Finland mergers, N7; ders., Office of Free Competition and the Finnish Supreme Administration Court, ECLR 1996, 207; Laurila, Act on restrictions on competition, ECLR 1994, 228; Mentula/Ruohoniemi, The Reform of Finnish Competition Legislation, ECLR 2004, 638; Ojala/Larsson, Nordic Views on Merger Control, ECLR 2003, 136; Relander/Wik/Ratcliff, Finnish Competition Law and Practice, ECLR 1998, 455; Steinen, Einführung der Fusionskontrolle im finnischen Gesetz gegen Wettbewerbsbeschränkungen, EuZW 1999, 303.

Frankreich: Bach, Reform des französischen Wettbewerbsrechts, RIW 1987, 419; Berlin/Süß, Reform der französischen Fusionskontrolle, EuZW 2001, 549; Condomines, Die neuen Regeln der Fusionskontrolle in Frankreich, WuW 2002, 1071; Hitzler, Systeme der Fusionskontrolle, 1979; Kirch/Le Breton, May 18 2002: a French revolution in merger control, IFLRev. 2002, Supp., 59; Kleemann, Das neue französische Wettbewerbsrecht, WuW 1987, 628; Lob, Das neue französische Recht der Wettbewerbsbeschränkungen, RIW 1988, 92; ders., Wettbewerbspolitik in Frankreich nach altem und neuem Recht, RIW 1990, 530; ders., Neuere Entwicklungen in der Arbeit des französischen Wettbewerbsrates, RIW 1992, 617; ders., Der französische Wettbewerbsrat – Eine Bilanz der ersten Amtsperiode, RIW 1995, 272; Martor/Barral, French Merger Regulation reform, ECLR 2001, 110; Parmentier, Reform of French Competition Law: Adoption of a Mandatory Pre-Merger Control Regime, ECLR 2002, 99; Robe, New French regulation on merger control, Int. TLR 2003, N3; Röder, Das neue französische Fusionskontrollverfahren nach der Loi sur les Nouvelles Régulations Économiques, RIW 2002, 736; Roudard, Schwerpunkte des neuen französischen Kartellrechts, GRUR Int. 1989, 647; Thill-Tayara/Joseph/Schiller, Developments in French Competition Law, ECLR 1997, 113.

Internationale Fusionskontrolle

Griechenland: Breibart/Paraskevas, The Control of Concentrations under Greek Law, ECLR 1995, 483; Papathoma/Baetge, Die Neuregelung des Kartellrechts in Griechenland, RIW 1996, 1013; Pournara/Varvayannis, Greek business law: an update, EBLRev. 1995, 279; Schina, The control of concentrations between undertakings under the recently amended anti-trust law, EBLRev. 1991, 189; Soufleros, Änderungen des griechischen Kartellrechts, GRUR Int. 1995, 539; Vainanidis/Pournara, Greek Antitrust Law: A Critical Appraisal, ECLR 1993, 226.

Irland: Andrews, Regime Change in Ireland: But Are New Merger Rules Better?, ECLR 2003, 288; Burnside/Stuart, Irish Competition law, Moving towards the European Model, ECLR 1992, 38; Eaton, The enactment of the Competition and Consumer Protection Act 2014 modernises and reforms Irish competition law and its enforcement, ECLR 2015, 401; Gorecki, Proposals to reform non-notifiable mergers in Ireland: a step in the right direction? ECLR 2021, 484; ders., Revising Irish merger guidelines: lessons, ECLR 2011, 500; Kelly, Irish merger control: the first year of Ireland's new merger control regime, Competition Law Insight 2004, 21; Little, Remedie under Irish Merger Control Rules, ECLR 2009, 600; ders., New Irish Merger Control Regime, Competition Law Insight 2003 Issue 3, 11; Power, New Irish Competition Law Regime, International Business lawyer 2002, 247; Tormey, Ireland: The Competition and Consumer Protection Act 2014, ECLR 2014, 534; Wade, The Competition and Consumer Protection Act 2014: A new era for Irish competition law, ECLR 2015, 52.

Italien: Argentati, Relations between the Competition Authority and sectoral regulators: Italy's experience, ECLR 2004, 304; Beck, Das italienische Kartellgesetz – Überblick und erste Erfahrungen, WuW 1991, 707; Braggion, Die Fusion im italienischen Recht, RIW 1994, 1002; Brosio, Antitrust Law finds its way to Italy, EuZW 1991, 225; Criscione, The Italian Antitrust Act: Three Years later, ECLR 1994, 108; Ebenroth/Kaiser, Das neue italienische Kartellgesetz aus europäischer Sicht, RIW 1991, 8; Giosca/Delfino, The Recently Enacted Italian Antitrust Law, EWS 1990, 258; Heimler, National Priorities, National Law and European Law: The Italian Experience, ECLR 1998, 315; Kaiser, Praktische Erfahrungen mit der italienischen Zusammenschlusskontrolle von 1990, WuW 1993, 1002; Kaufmann, Das italienische Kartellgesetz von 1990 und sein Verhältnis zum europäischen Recht der Wettbewerbsbeschränkungen, 1993; Mancini, The Italien Law in Defence of Competition and the Market, ECLR 1991, 45; Munari, The Legge 287/1990 on Protecting Competition in the Marketplace, EuZW 1991, 489; Siragusa/Scassellati-Sforzolini, Italian and EC competition law: a new relationship reciprocal exclusivity and common principles, CMLR 1992, 93.

Lettland: Eisfeld, Lettisches Wettbewerbs- und Kartellrecht, WiRO 2004, 325; Malinauskaite, Development of merger control in the Baltic countries: over 10 years of experience, ECLR 2011. 77, 109; Maskalans, Legislation, ECLR 2016, N-106.

Litauen: Malinauskaite, Development of merger control in the Baltic countries: over 10 years of experience, ECLR 2011. 77, 109; Virtanen, The New Competition Act in Lithuania, ECLR 2000, 30.

Malta: Buttigieg, Malta: mergers, ECLR 2003, N141.

Niederlande: Baarslag/Tezel/Weerheim, The Dutch Merger Remedy Experience, ECLR 2009, 447; Meerdink, Supervision of concentrations in the Netherlands: convergence with the European model, ECLR 1999, 109; van Marissing, The New Dutch Competition Act: A Landslide in the Dutch Cartel Landscape, BLR 1997, 2237; VerLoren van Themaat, The Dutch Competition Act of May 22, 1997, ECLR 1997, 395; Wessels, New Competition Act in the Netherlands, EBLR 1997, 259.

Norwegen: Engzelius, The Norwegian Competition Act 1993, ECLR 1995; Ojala/Larsson, Nordic Views on Merger Control, ECLR 2003, 136; Teigum/Vesterkjaer, Recent developments in Norwegian competition law, IFL. Rev. 2002, Supp. 73.

Österreich: Ablasser-Neuhuber/Flener, Reform des österreichischen Kartellrechts: Begutachtungsentwurf der Kartellgesetznovelle 2005, WuW 2005, 254; Farnleitner, Die österreichische Kartellgesetznovelle 1993, WuW 1994, 114; Gruber, Letzte Änderung im österreichischen Kartellgesetz 2005, WuW 2005, 1134; ders., Major Changes in Austrian Competition Law, International Business Lawyer 2002, 257; Lissel, Wettbewerbsgesetz und Kartellrechtsnovelle in Österreich, RIW 2002, 823; Thurnher, Kartellgesetznovelle in Österreich: Aufbruch zu neuen Märkten?, WuW 2002, 845.

Polen: Göpfert/Jara, Polen: Fusionskontrolle, WiRO 1999, 141; Metzlaff/Schröder, Das neue polnische Kartellrecht, GRUR Int. 2002, 399; Paczynski, Competition Law in Poland – A New Competition Law Regime For Polish Business after EU Accession, Competition Law Insight 2004, 16; Pfeffer, Vergleichende Betrachtung der neuen Kartellgesetze in Osteuropa, Festschrift für Deringer, 1993, 346; Planavova-Latanowicz/Harding, The Control of Concentrations in the Czech Republic and Poland, ECLR 1999, 265; Pörnbacher, Polnisches Kartellrecht – Annäherung an Europa, RIW 2002, 122; Rosiak, Development and Implementation of Competition Rules in Poland – Increasing the Role of the Competition Authority, International Business Lawyer 2001, 225; Kawecki/Soltysinski, Polnisches Kartellrecht, Handbuch Wirtschaft und Recht in Osteuropa, 1993; Schulze, Zwei Jahre polnisches Antimonopolrecht, WuW 1990, 402; Sendrowicz, New Competition Law in Poland – Much Done But Still Some Changes Desirable to Attain a Market-focused Legislation, 464; Sievers/Spark, Competition Law and Policy in Poland, ECLR 1993, 77; Soltysinski, Antitrust Laws in a Country in Transition: Polish Experience, Comparative Competition Law 1998, 203; Stobiecka, Polish Competition Law

Update, ECLR 2002, 92; Thiel, Das Wettbewerbs- und Kartellrecht in Osteuropa, OER 1995, 99; Zinser, Das neue polnische Kartellgesetz, WiRO 2001, 321; ders., Die Fusionskontrolle nach dem neuen polnischen Kartellgesetz, WuW 2002, 25.

Portugal: Botelho Moniz/Rosado da Fonseca/Gouveia e Melo, The 2003 competition law reform in Portugal, European Public Law, 2004, 19; Soares, New Developments in Portuguese Competition Law: the Competition Authority in Action; ECLR 2007, 425.

Schweden: Mohamed, Competition rules of Sweden and the European Union compared, ECLR 1998, 237; Mullaart/Gahnström, Revised Swedish Merger Control Rules – Harmonisation with Community Law, ECLR 2000, 317; Ojala/Larsson, Nordic Views on Merger Control, ECLR 2003, 136; Wessman, Competition Sharpens in Sweden, World Competition Law, Vol. 17, No. 1, 113; Westin, Merger control law in Sweden, ECLR 1997, 306.

Slowakische Republik: Cernejova, Competition law in Slovakia, ECLR 1994, 183; New Legislation on Competition Law in the Slovak Republic, International Business Lawyer 2001, 223; Knorr/Zigová, Das neue Wettbewerbsgesetz der Slowakei, WuW 2003, 906.

Slowenien: Krneta, Die Neuregelung des Wettbewerbsrechts in Slowenien, GRUR Int. 1994, 289.

Spanien: Callol, The Genesis of a New Legal and Regulatory Framework for Competition Enforcement in Spain, ECLR 2007, 75; Cortes, Merger Control under Spanish law, IBL 2000, 407; Cremades, Business Law in Spain, 2. Aufl. 1992; Geys-Lehmann/Sande, Das neue spanische Kartellgesetz, RIW 1990, 537; Hill, Analysis of the Spanish Defence of Competition Law, European Business Law Review 1990, 26; Kort, Strukturelle Gemeinsamkeiten und Unterschiede im deutschen und spanischen Kartellrecht, WuW 1993, 1012; Odriozola, Spain Reforms Merger Control, ECLR 2000, 448; Reig, New Institutional Framework for Spanish Competition Policy, ECLR 2007, 665; Rubio de Casas, The Spanish Law for the Defence of Competition, ECLR 1990, 179; Schulze, Kartellrechtsreform in Spanien, WuW 1989, 487; ders., Das spanische Kartellrecht, WuW 1991, 993; Odriozola, Spain introduces mandatory merger control, ECLR 1999, 342; Varona/del Prado, New Spanish Law for the Defence of Competition, ECLR 2007, 571.

Tschechische Republik: Entwurf des Wettbewerbsschutzgesetzes in der Tschechischen Republik, WuW 2001, 481; Tschechisches Kartellrecht in neuer Gestalt, WiRO 2002, 227; Fiala, The New Competition Act in the Czech Republic, ECLR 2002, 400; Kusak, Änderungen des tschechischen Kartellrechts mit besonderer Berücksichtigung der Folgen des EU-Beitritts, WiRO 2004, 353; ders., Einige Fragen zur Anmeldepflicht von Zusammenschlussvorhaben in Tschechien, WiRO 2004, 206; Planavova-Latanowicz/Harding, The Control of Concentrations in the Czech Republic and Poland, ECLR 1999, 265; Schwarz/Terhechte, Das neue tschechische Kartellrecht, RIW 2002, 354.

Ungarn: Gödölle, New Legislation on Competition Law in Hungary, International Business Lawyer 2001, 219; Hegyi, Neuere Entwicklungen im Kartell- und Wettbewerbsrecht Ungarns unter Berücksichtigung der ungarischen Gruppenfreistellungsverordnungen, GRUR Int. 1999, 312; Horváth, The comprehensive amendement oft he Hungarian Competition Act, ECLR 2015, 199; Janssen, Zusammenschlusskontrolle in Ungarn im Vergleich zum deutschen und europäischen Recht, WuW 2002, 698; Juhász/Szilágyi, Recent Developments of the Hungarian Competition Act and the adjunct Rules of the Hungarian Administrative Act and Criminal Code, ECLR 2006, 108; Prömmel, Organisation und Verfahren der Wettbewerbsaufsicht in Ungarn, WiRO 2001, 8; Tóth, Competition Law in Hungary: Harmonisation Towards E. U. Membership, ECLR 1998, 358; Vida, Wettbewerbsbeschränkungen und Fusionskontrolle in Ungarn, WiRO 1994, 193; ders., Anpassung des ungarischen Marken- und Wettbewerbsrechts an das Europarecht, WiRO 2001, 172.

Vereinigtes Königreich: Bailey, (Appreciable) Effect on Trade within the United Kingdom, ECLR 2009, 353; Beyer, Zusammenschlusskontrolle im englischen und deutschen Recht, 1986; Celli/Grenfell, Merger Control in the United Kingdom and European Union, 1997; Celli, ECLR 1998, 547; Finbow/Parr, U. K. Merger Control: Law and Practice, 1995; Frazer/Hinchliffe/George, Enterprise Act 2002. The new law of mergers, monopolies and cartels, 2003; Goodman, Steady As She Goes: The Enterprise Act 2002 Charts a Familiar Course for UK Merger Control, ECLR 2003, 331; Gribbin, Fusionskontrolle in Großbritannien, WuW 1988, 100; Hoehn/Rab, UK Merger Remedies: Convergence or Conflict with Europe? A Comparative Assessment of Remedies in UK mergers, ECLR 2009, 74; Howe, UK Merger Control: How does the System Reach Decisions? A Note on the Role of the Office of Fair Trading, ECLR, 1990, 3; Jephcott/Karadakova, The CMA's increasingly expansionist approach to the share of supply test in UK merger control: a threshold issue, ECLR 2020, 466; Jungbluth/Engelbrecht, Nach dem Brexit: Mögliche künftige Entwicklungen im Kartellrecht des (noch) Vereinigten Königreichs, NZKart 2017, 149; Krohs/Reimann, Das britische Fusionskontrollrecht nach dem Enterprise Act 2002, WuW 2003, 1266; Kokkoris, Assessment of Efficiencies in Horizontal Mergers: The OFT is setting the example, ECLR 2009, 581; Kokkoris/Day, Buyer Power in UK Merger Control, ECLR 2009, 176; Lindsay, UK merger control: recent developments, ECLR 2010, 116; Levy/Gilbert/Sheridan, Waiting for the Brexit: five ways the CMA could improve UK merger control, ECLR 2020, 487; Nourry/Ghosh/Bernstein, Merger control in a post-Brexit world: is the CMA up to the task?, ECLR 2021, 371; Nothhelfer, UK Merger Control postBrexit: Neue Herausforderungen für international

Internationale Fusionskontrolle

Transaktionen mit Bezug zum Vereinigten Königreich, NZKart 2017, 574; Optiz/v. Bülow, Änderung des britischen Kartellrechtes, EWS 1990, 79; Peretz, UK Competition Law after Brexit, NZKart 2017, 329; Went, Recent developments in UK Merher Control – Establishment of Solid Foundations for the New Regime, ECLR 2007, 627; Wenz, Entwicklung, Verfahren und Politik der Zusammenschlußkontrolle in Großbritannien, 1991.

Übersicht

		Rn.
I.	Allgemeines	1
II.	Fusionskontrolle in den Mitgliedstaaten der Europäischen Union	5
1.	Belgien	5
2.	Bulgarien	13
3.	Dänemark	21
4.	Deutschland	30
5.	Estland	45
6.	Finnland	54
7.	Frankreich	64
8.	Griechenland	79
9.	Irland	90
10.	Italien	101
11.	Lettland	115
12.	Litauen	124
13.	Malta	134
14.	Niederlande	142

		Rn.
15.	Österreich	153
16.	Polen	164
17.	Portugal	174
18.	Rumänien	184
19.	Schweden	193
20.	Slowakische Republik	202
21.	Slowenien	211
22.	Spanien	220
23.	Tschechische Republik	230
24.	Ungarn	238
25.	Zypern	247
III.	Fusionskontrolle in den EFTA-Staaten und dem Vereinigten Königreich	256
1.	Norwegen	256
2.	Island	266
3.	Vereinigtes Königreich	275

I. Allgemeines

1 In allen Staaten des Europäischen Wirtschaftsraums mit Ausnahme Luxemburgs und Liechtensteins gelten mittlerweile spezifische Vorschriften über die Kontrolle von Unternehmenszusammenschlüssen. In Luxemburg werden Unternehmenszusammenschlüsse nach den allgemeinen Regelungen gegen Wettbewerbsbeschränkungen des nationalen Kartellgesetzes behandelt. Liechtenstein verfügt hingegen über kein eigenes nationales Kartellgesetz, so dass Konzentrationsvorgänge, die Auswirkungen in Liechtenstein haben, allein der Kontrolle nach Art. 57 EWR-Abkommen unterliegen.

2 Die Fusionskontrollregelungen der einzelnen Staaten weisen hinsichtlich ihrer grundsätzlichen **Struktur** eine **weitgehende Übereinstimmung** auf. Die einschlägigen Regelungen bestimmen den Anwendungsbereich der nationalen Fusionskontrolle durch das Vorliegen eines definierten Zusammenschlusstatbestandes, knüpfen die wettbewerbsrechtliche Jurisdiktion an die Erfüllung bestimmter Aufgreifkriterien, regeln die Art und Weise der Anmeldung, legen behördliche bzw. gerichtliche Zuständigkeiten fest, bestimmen das anzuwendende Verfahren und die Handlungs- und Entscheidungsbefugnisse der Behörden und Gerichte, definieren die materiellen Beurteilungskriterien, an Hand derer über die Zulässigkeit eines Zusammenschlusses entschieden wird und sehen Sanktionen für Gesetzesverstöße vor.

3 Erhebliche Unterschiede bestehen hingegen bei der **konzeptionellen Ausrichtung** der Fusionskontrollen und zwar insofern, als es sowohl politisch beeinflusste Regelungen gibt, als auch solche, die sich überwiegend an wettbewerblichen Kriterien orientieren. Damit zusammen hängt die unterschiedliche Verteilung der Zuständigkeiten für die Durchsetzung der Fusionskontrolle, die Ausgestaltung der Handlungs- und Entscheidungsmöglichkeiten der zuständigen staatlichen Organe sowie des Kontrollverfahrens. Trotz der grundsätzlichen Harmonisierungsbestrebungen mit dem Gemeinschaftsrecht haben diese Unterschiede ihre Ursache in der besonderen Rechtstradition des jeweiligen Landes. Während viele Länder die Fusionskontrolle dem Bereich der Rechtsanwendung zuordnen, wird diese von anderen Ländern als Ausübung politischer Macht betrachtet. Vor diesem Hintergrund lassen sich verallgemeinernd drei Gruppen von Fusionskontrollsystemen im Europäischen Wirtschaftsraum identifizieren:

a) Fusionskontrollsysteme, bei denen die Kompetenz für die Durchführung der Ermittlungen und das Genehmigungsverfahren genauso wie die abschließende Entscheidungsbefugnis einer **unabhängigen Verwaltungsbehörde übertragen** sind. Zu dieser Gruppe gehören die meisten EWR-Mitgliedstaaten, darunter Dänemark, Deutschland, Estland, Griechenland, Irland, Italien, Lettland, Litauen, Malta, die Niederlande, Polen, Portugal, die Slowakische Republik, Slowenien, die Tschechische Republik, Ungarn, das Vereinigte Königreich, Norwegen und Island.

b) Fusionskontrollsysteme, in denen die abschließende Entscheidung über den Zusammenschluss **in den Händen eines politischen Organs** liegt, während die Ermittlungen zumeist von untergeordneten Behörden durchgeführt werden. Ein solches System bestand bis vor kurzem in Frankreich und Spanien.

c) Fusionskontrollsysteme, in denen die abschließende Entscheidungsbefugnis **unabhängigen Gerichten übertragen** ist und die nationalen Wettbewerbsbehörden die Aufgabe haben den entscheidungserheblichen Zusammenschlusssachverhalt zu ermitteln. Entsprechende Regelungen bestehen derzeit in Österreich und früher auch in Finnland und Schweden.

Im Folgenden werden die Struktur und die wesentlichen Bestimmungen der einzelnen Fusionskontrollsysteme der Mitgliedstaaten der Europäischen Union sowie der EFTA jeweils in sich geschlossen dargestellt. Diese Darstellung umfasst auch das Vereinigte Königreich, dass allerdings seit 2020 nicht mehr Teil der Europäischen Union und des EWR ist.

II. Fusionskontrolle in den Mitgliedstaaten der Europäischen Union

1. Belgien. Belgien besitzt seit 1991 eine Fusionskontrolle, deren **Rechtsgrundlage** das Wettbewerbsgesetz vom 3.4.2013, zuletzt geändert am 2.5.2019, und das Königliche Dekret vom 30.8.2013 sind.[1] **Zuständig** für den Vollzug des Gesetzes ist die belgische Wettbewerbsbehörde, eine unabhängige Verwaltungsbehörde, die aus dem Wettbewerbskollegium und dem Untersuchungsdienst besteht. Der Untersuchungsdienst ist zuständig für die Prüfung der Anmeldungen und die Ermittlung des entscheidungserheblichen Sachverhalts. Auf Grundlage dieser Voruntersuchung trifft der Wettbewerbsrat dann eine verfahrensbeendende Entscheidung über die Zulässigkeit des Zusammenschlusses. Die früher bestehende Möglichkeit des Ministerrates, einen vom Wettbewerbsrat untersagten Zusammenschluss aus Gründen des Gemeinwohls zu erlauben (Ministererlaubnis), wurde 2013 abgeschafft.

Der **Zusammenschlussbegriff** der belgischen Fusionskontrolle entspricht nahezu wörtlich demjenigen in Art. 3 Abs. 1. Als Zusammenschlusstatbestände gelten danach die Unternehmensfusion, der Kontrollerwerb sowie die Gründung von Gemeinschaftsunternehmen, sofern diese auf Dauer alle Funktionen einer selbständigen wirtschaftlichen Einheit erfüllen. Kooperative Vollfunktionsgemeinschaftsunternehmen werden zusätzlich nach den für Kartelle geltenden Regeln beurteilt – reine Teilfunktionsgemeinschaftsunternehmen unterfallen ausschließlich dem Kartellverbot.

Der **Geltungsbereich** der Fusionskontrolle wird durch zwei ausschließlich auf das Inland bezogene Umsatzschwellen festgelegt. Die belgische Fusionskontrolle findet Anwendung, wenn im letzten Geschäftsjahr vor dem Zusammenschluss

a) der in Belgien erzielte Gesamtumsatz aller beteiligten Unternehmen zusammen mehr als 100 Millionen Euro beträgt und

b) mindestens zwei der beteiligten Unternehmen in Belgien einen Umsatz von mindestens 40 Millionen Euro oder mehr erzielen.

Bei Banken, Kredit- und sonstigen Finanzinstituten tritt an die Stelle des Umsatzes ein Zehntel der Bilanzsumme und bei Versicherungsunternehmen die Summe der Bruttoprämien. Zusammenschlüsse zwischen oder mit ausländischen Unternehmen fallen in den Anwendungsbereich der Fusionskontrolle, sofern die Umsatzschwellen erreicht sind. Gewisse Unklarheiten bestehen hinsichtlich der geographischen Zuordnung des Umsatzes. In der Entscheidungspraxis wird zumeist auf den Standort des Kunden, andererseits aber auch auf den Verkaufsort abgestellt; Exporte aus Belgien gelten als Inlandsumsatz.

Unternehmen, die diese Voraussetzungen erfüllen, treffen die gesetzliche Pflicht zur vorherigen Anmeldung ihres Zusammenschlusses. Die früher bestehende Anmeldefrist von einem Monat ist entfallen. Darüber hinaus kann ein Zusammenschluss auch bereits vor Vertragsschluss, Veröffentlichung des Kauf- oder Tauschangebots oder dem Erwerb einer die Kontrolle begründenden Beteiligung angemeldet werden, wenn die Unternehmen einen Vertragsentwurf vorlegen und versichern,

---

[1] Eine französische, niederländische und englische Fassung des Gesetzes ist auf der Internetseite der belgischen Wettbewerbsbehörde unter https://www.belgiancompetition.be abrufbar; vgl. im Einzelnen hierzu Verloop/Landes/Molle/Thompson, 79–100; Steenbergen European Corporate Lawyer 1994, 18; Rowley/Baker/van Bael Chapter 6; Vanderelst/Wijckmans ECLR 1992, 120; Wohlgemuth WuW 1991, 901; Zschoke WuW 1993, 381.

dass der endgültige Vertrag in allen wettbewerblich relevanten Punkten mit diesem übereinstimmen wird. Die Anmeldung muss durch dasjenige Unternehmen erfolgen, das den Zusammenschluss bewirkt hat. Für die Anmeldung ist ein dem Formblatt CO ähnliches **Formblatt** (CONC-C/C) zu benutzen, dass die Vorlage umfangreicher und sehr detaillierter Angaben erfordert und in einer der belgischen Amtssprachen (Französisch, Niederländisch oder Deutsch) auszufüllen ist. Ein vereinfachtes Formblatt kann verwendet werden, wenn die Unternehmen weder auf den gleichen noch auf vor- oder nachgelagerten Märkten tätig sind, einen gemeinsamen Marktanteil von weniger als 25 % erreichen oder wenn ein Gemeinschaftsunternehmen einen Inlandsumsatz von weniger als 40 Millionen Euro erzielt. Eine Anmeldegebühr wird nicht erhoben.

9 Bis zur endgültigen Entscheidung über die Zulässigkeit des Zusammenschlussvorhabens gilt ein **Vollzugsverbot,** das den Unternehmen nur solche Maßnahmen im Zusammenhang mit dem Zusammenschluss erlaubt, die die Möglichkeit offen lassen, den Zusammenschluss wieder rückgängig zu machen. Nach ständiger Praxis des Wettbewerbsrates gilt der Erwerb von Unternehmensanteilen ohne Ausübung der damit verbundenen Stimmrechte nicht als Vollzug des Zusammenschlusses, wenn sichergestellt ist, dass das Zielunternehmen wieder unabhängig werden kann.

10 Das auf die Anmeldung folgende **Verfahren** bestimmt sich zunächst danach, ob es sich um ein vereinfachtes oder nicht-vereinfachtes Verfahren handelt. Erfüllt ein Zusammenschluss die Voraussetzungen für das vereinfachte Verfahren und bestehen keine wettbewerblichen Bedenken, so teilt der Untersuchungsdienst dies den anmeldenden Parteien innerhalb einer Frist von 15 Arbeitstagen mit. Damit gilt der Zusammenschluss als freigegeben. Andernfalls teilt der Untersuchungsdienst den Parteien mit, dass das vereinfachte Verfahren nicht anwendbar ist. In Fällen, die nicht die Voraussetzungen für das vereinfachte Verfahren erfüllen oder bei denen wettbewerbliche Bedenken bestehen, muss der Untersuchungsdienst dem Wettbewerbskollegium innerhalb von **25 Arbeitstagen** nach Eingang der Anmeldung einen Entscheidungsvorschlag unterbreiten. Diese Frist verlängert sich um 5 Arbeitstage, sollten die Parteien Zusagen anbieten. Das Wettbewerbskollegium muss nun innerhalb von 40 Arbeitstagen nach Eingang der Anmeldung (**erste Phase**) entscheiden, ob es den Zusammenschluss ggf. unter Auflagen und Bedingungen freigibt oder ob es ernsthafte Wettbewerbsbedenken hat. Haben die Parteien Zusagen angeboten, so verlängert sich diese Frist um weitere 15 Arbeitstage. Trifft das Wettbewerbskollegium innerhalb dieser Frist keine Entscheidung, so gilt der Zusammenschluss als freigegeben. Bei ernsthaften wettbewerblichen Bedenken eröffnet das Wettbewerbskollegium das Hauptprüfverfahren und damit die **zweite Phase,** in deren Verlauf geprüft wird, ob der Zusammenschluss zu einer **erheblichen Behinderung wirksamen Wettbewerbs** auf dem belgischen Markt oder einem wesentlichen Teil desselben führt. Die hierfür erforderlichen Ermittlungen stellt wiederum der Untersuchungsdienst an, der dem Wettbewerbskollegium innerhalb von **30 Arbeitstagen** nach Eröffnung der zweiten Phase einen erneuten Entscheidungsvorschlag unterbreiten muss. Hierbei berücksichtigt der Untersuchungsdienst insbesondere die Marktanteile der beteiligten Unternehmen und ihrer Mitbewerber, den tatsächlichen oder potentiellen Wettbewerb durch inländische und ausländische Unternehmen, Marktzutrittsschranken, die Nachfragemacht, den technischen und wirtschaftlichen Fortschritt und die Entwicklung der betroffenen Märkte. Beträgt der gemeinsame Marktanteil der beteiligten Unternehmen in Belgien weniger als 25 %, so ist der Zusammenschluss freizugeben. Die Entscheidung des Wettbewerbskollegiums muss innerhalb von 60 Arbeitstagen nach der Entscheidung zur Einleitung der zweiten Phase erfolgen. Andernfalls gilt der Zusammenschluss als genehmigt. Bieten die Beteiligten Zusagen an, verlängert sich die Frist um weitere 20 Arbeitstage. Das Wettbewerbskollegium kann einen Zusammenschluss unbeschränkt freigeben, untersagen oder unter Bedingungen und/oder Auflagen freigeben. Ein bereits vollzogener untersagter Zusammenschluss ist wieder rückgängig zu machen.

11 Verstöße gegen das Vollzugsverbot können vom Wettbewerbskollegium mit Bußgeldern von bis zu 10 % des Gesamtumsatzes des jeweiligen Unternehmens geahndet werden. Darüber hinaus können in diesem Fall auch Zwangsgelder von bis zu 5 % des durchschnittlichen Tagesumsatzes der beteiligten Unternehmen im letzten Geschäftsjahr verhängt werden. Bei Nichtbefolgung von Bedingungen zu einer Freigabeentscheidung können ebenfalls Buß- und Zwangsgelder verhängt bzw. bei Zuwiderhandlung gegen eine Auflage die Freigabe widerrufen werden.

12 Die Beteiligten, der Wirtschaftsminister und betroffene Dritte können gegen die Entscheidungen des Wettbewerbskollegiums innerhalb von 30 Tagen **Rechtsmittel** zu einer Kartellkammer des Berufungsgerichts Brüssel einlegen. Rechtsmittel sind auch gegen fingierte Freigabeentscheidungen aufgrund Fristversäumnis durch die Behörde zulässig. Gegen die Entscheidung des Berufungsgerichts ist die Revision zum Obersten Gerichtshof Belgiens statthaft.

13 **2. Bulgarien. Rechtsgrundlage** der Fusionskontrolle in Bulgarien ist das Gesetz zum Schutz des Wettbewerbs aus dem Jahr 1998, das seit dem mehrmals geändert wurde, zuletzt mit Wirkung

zum 26.2.2021.[2] **Zuständig** für die Anwendung der Fusionskontrolle ist die Kommission für den Schutz des Wettbewerbs, eine unabhängige Verwaltungsbehörde, die nur dem Parlament verantwortlich ist. Die Kommission besteht aus fünf Mitgliedern, die jeweils für fünf Jahre vom Parlament gewählt werden.

Die Definition des **Zusammenschlussbegriffs** entspricht demjenigen des Gemeinschaftsrechts. Erfasst werden die Unternehmensfusion, der Kontrollerwerb sowie die Gründung von Vollfunktionsgemeinschaftsunternehmen. Bestimmte Erwerbsvorgänge von Kreditinstituten und Versicherungen sowie reine Finanzbeteiligungen und der Kontrollerwerb im Zusammenhang mit der Liquidation eines Unternehmens sind von der Anwendung des Gesetzes ausgeschlossen. **14**

Ein Zusammenschluss fällt in den **Geltungsbereich** der Fusionskontrolle, wenn im letzten Geschäftsjahr vor dem Zusammenschluss **15**
a) der in Bulgarien erzielte Gesamtumsatz aller beteiligten Unternehmen zusammen mehr als 25 Millionen Bulgarische Lew (ca. 12,8 Millionen Euro) beträgt und
b) mindestens zwei der beteiligten Unternehmen in Bulgarien einen Umsatz von mindestens 3 Millionen Bulgarische Lew (ca. 1,5 Millionen Euro) erzielen oder das Zielunternehmen einen Umsatz in Bulgarien von mindestens 3 Millionen Bulgarische Lew (ca. 1,5 Millionen Euro) hat.
Zusammenschlüsse zwischen oder mit ausländischen Unternehmen werden wie solche zwischen inländischen Unternehmen behandelt, wenn sie zu einer Beeinträchtigung des Wettbewerbs in Bulgarien führen können. Eine solche Inlandsauswirkung wird von der Kommission regelmäßig auch dann angenommen, wenn nur der Erwerber die Inlandsumsatzschwelle erreicht und das Zielunternehmen keine geschäftlichen Aktivitäten in Bulgarien hat. Das gleiche gilt, wenn nur das Zielunternehmen in Bulgarien tätig ist, nicht aber der Erwerber.

Alle vom Gesetz erfassten Zusammenschlüsse bedürfen der **vorherigen Anmeldung** bei der Kommission für den Schutz des Wettbewerbs. Bis zur Genehmigung des Zusammenschlusses durch die Behörde besteht ein **gesetzliches Vollzugsverbot.** Ob das Vollzugsverbot auch dann entfällt, wenn die Kommission nicht innerhalb der vorgeschriebenen Prüfungsfristen entscheidet, ist bislang nicht geklärt. Eine Anmeldefrist besteht nicht. Für die Anmeldung, die die in einem Formblatt („Form 2") aufgeführten detaillierten Angaben enthalten muss, ist eine Gebühr von 2.000 Bulgarische Lew (ca. 1.000 Euro) zu entrichten. Für die Freigabe wird eine weitere Gebühr erhoben, die bis zu 60.000 Bulgarische Lew (ca. 30.000 Euro) betragen kann. **16**

Das **Genehmigungsverfahren** unterteilt sich in drei Phasen. Nach Eingang der Anmeldung prüft die Kommission zunächst innerhalb von drei Tagen, ob die Anmeldung vollständig ist. Nur wenn alle erforderlichen Unterlagen und Informationen vorliegen, wird die Anmeldung offiziell in einem elektronischen Register bekannt gegeben. Von diesem Zeitpunkt an hat die Kommission **25 Arbeitstage** Zeit den Sachverhalt zu ermitteln und zu entscheiden, ob der Zusammenschluss in den Anwendungsbereich des Gesetzes fällt und wenn ja, ob er wettbewerbliche Probleme aufwirft. Die beteiligten Parteien erhalten die Möglichkeit, Informationen vorzulegen oder eine Stellungnahme zu den Auswirkungen des Zusammenschlusses auf den Wettbewerb in dem betreffenden Markt abzugeben. Gelangt die Kommission zu dem Ergebnis, dass der Zusammenschluss keine wettbewerblichen Probleme aufwirft, so wird der Zusammenschluss freigegeben. Beabsichtigen die Parteien Zusagen anzubieten, so kann die Frist auf deren Antrag hin um 10 Arbeitstage verlängert werden. In diesem Fall verlängert sich auch die Prüfungsfrist für die Behörde um weitere 10 Arbeitstage. Die Freigabeentscheidung ergeht jedoch häufig erst nach Ablauf der Frist, der selbst keine Freigabefiktion auslöst. Auskunftsersuchen der Behörde führen zu einem Stopp des Fristenlaufs. Andernfalls schließt sich eine dritte Verfahrensphase an, die grundsätzlich innerhalb von insgesamt vier Monaten seit der Eröffnung der zweiten Phase im elektronischen Register durch eine förmliche Entscheidung abgeschlossen werden muss. In komplizierten Fällen kann die Frist um 25 Arbeitstage verlängert werden. Eine Fristverlängerung um 15 Arbeitstage tritt ein, wenn die beteiligten Unternehmen Zusagen anbieten. Für ihre verfahrensbeendende Entscheidung stehen der Behörde verschiedene Optionen zur Verfügung. Sie kann den Zusammenschluss unbeschränkt freigeben, dessen Genehmigung mit Nebenbestimmungen verbinden, die sowohl struktureller als auch verhaltensbedingter Art sein können oder den Zusammenschluss untersagen. **17**

Das materielle **Eingreifkriterium** entspricht demjenigen in Art. 2 Abs. 3 VO 4064/89. Danach hat die Behörde einen Zusammenschluss zu untersagen, wenn dieser eine beherrschende Stellung begründet oder verstärkt, durch die wirksamer Wettbewerb erheblich behindert würde. Die frühere Marktbeherrschungsvermutung bei 35 % Marktanteil ist entfallen. Ist zu erwarten, dass eine Begründung oder Verstärkung einer marktbeherrschenden Stellung eintreten wird, kann die Kommission den Zusammenschluss dennoch genehmigen, wenn die zu erwartenden Nachteile durch **18**

---

[2] Der konsolidierte Gesetzestext sowie eine englische Übersetzung desselben sind auf der Internetseite der bulgarischen Wettbewerbsbehörde unter http://www.cpc.bg abrufbar.

gesamtwirtschaftliche Vorteile aufgewogen werden. Im Rahmen dieser **Abwägungsklausel** sind ua Faktoren zu berücksichtigen wie die Modernisierung der Produktion und der Wirtschaft, die Verbesserungen der Marktstruktur, die Schaffung von Arbeitsplätzen und die Gewinnung von Investitionen.

19 Verstöße gegen das Vollzugsverbot können mit **Geldbußen** von bis zu 10 % des weltweiten Gesamtumsatzes des beteiligten Unternehmens geahndet werden. Geldbußen in gleicher Höhe können auch bei Nichtbefolgung einer Entscheidung der Kommission verhängt werden. Darüber hinaus kann die Kommission Zwangsgelder in Höhe von bis zu 5 % des durchschnittlichen Tagesumsatzes des betroffenen Unternehmens im vorangegangenen Geschäftsjahr für jeden Tag der Nichtbefolgung einer Entscheidung verhängen. Gegen natürliche Personen, die an einem solchen Verstoß beteiligt waren, können Geldbußen von bis zu 50.000 Bulgarische Lew (ca. 26.000 Euro) verhängt werden.

20 Den beteiligten Unternehmen und Dritten stehen gegen die Entscheidungen der Kommission **Rechtsmittel** zum obersten bulgarischen Verwaltungsgericht zur Verfügung.

21 **3. Dänemark.** Die dänische Fusionskontrolle ist erst im Jahr 2000 in Kraft getreten und lehnt sich weitgehend an die Regelungen der FKVO an. Ihre **Rechtsgrundlage** ist das konsolidierte Wettbewerbsgesetz Nr. 360 vom 4.3.2021[3] Die **Zuständigkeit** für die Anwendung der Fusionskontrolle liegt bei einer dem Wirtschaftsministerium zugeordneten unabhängigen Behörde, der dänischen Wettbewerbs- und Verbraucherbehörde (DCCA). Die eigentliche Prüfung der Anmeldung, die Ermittlung des Sachverhalts und die Vorbereitung der Entscheidungen obliegen jedoch dem Wettbewerbsrat als der eigentlichen Wettbewerbsbehörde, der Teil der Wettbewerbs- und Verbraucherbehörde ist.

22 Der **Zusammenschlussbegriff** umfasst die Unternehmensfusion, den Kontrollerwerb und die Gründung von Vollfunktionsgemeinschaftsunternehmen und entspricht fast wörtlich der Definition des Art. 3.

23 Den **Geltungsbereich** der Fusionskontrolle definiert das Wettbewerbsgesetz mit Hilfe von vier Umsatzkriterien. Ein Zusammenschluss wird danach erfasst, wenn im letzten Geschäftsjahr vor dem Zusammenschluss
a) der in Dänemark erzielte Gesamtumsatz aller beteiligten Unternehmen zusammen mindestens 900 Millionen Dänische Kronen (ca. 120,9 Millionen Euro) beträgt und zugleich mindestens zwei beteiligte Unternehmen einen inländischen Gesamtumsatz von jeweils mehr als 100 Millionen Dänische Kronen (ca. 13,4 Millionen Euro) erzielen oder
b) der Gesamtumsatz mindestens eines beteiligten Unternehmens in Dänemark 3,8 Milliarden Dänische Kronen (ca. 510,7 Millionen Euro) überschreitet und zumindest ein anderes beteiligtes Unternehmen einen weltweiten Gesamtumsatz von über 3,8 Milliarden Dänische Kronen (ca. 510,7 Millionen Euro) erzielt.

Bei Zusammenschlüssen zwischen zwei oder mehreren kommerziellen Anbietern elektronischer Kommunikationsnetze in Dänemark kann die dänische Unternehmensaufsichtsbehörde den Zusammenschluss auch dann zur Prüfung an die DCCA verweisen, wenn die vorgenannten Schwellenwerte nicht erreicht werden.

24 Einzelheiten der Umsatzberechnung sind in einer gesonderten, der Kommissionsmitteilung zur Umsatzberechnung nachgebildeten Verordnung festgelegt, die auch besondere Bestimmungen zur Umsatzberechnung bei Bank- und Finanzinstituten, Versicherungsunternehmen sowie bei Behörden vorsieht. Auf Zusammenschlüsse zwischen oder mit ausländischen Unternehmen findet die dänische Fusionskontrolle Anwendung, sofern die Umsatzschwellen überschritten sind. Eine gesonderte Prüfung der Inlandsauswirkung ist nicht erforderlich.

25 Zusammenschlüsse, die die vorstehenden Voraussetzungen erfüllen, unterliegen einer gesetzlichen Pflicht zur **vorherigen Anmeldung** und dürfen erst nach erfolgter Freigabe durch den Wettbewerbsrat oder nach Ablauf der gesetzlichen Entscheidungsfrist vollzogen werden. In Übereinstimmung mit Art. 4 Abs. 1 kann nunmehr auch eine Zusammenschlussabsicht angemeldet werden, sofern diese hinreichend glaubhaft gemacht werden kann. Wohl einmalig in der Gemeinschaft ist die Möglichkeit einer **Vorabgenehmigung eines Zusammenschlusses,** die genauso wie die Bekanntgabe der Anmeldung erst zu einem späteren Zeitpunkt veröffentlicht wird. Eine solche Vorabgenehmigung ist jedoch nur in einfachen Fällen möglich, die offensichtlich keine wettbewerblichen Probleme aufwerfen. Für die Anmeldung ist ein dem Formblatt CO ähnelndes Formblatt (K2)

---

[3] Der konsolidierte Gesetzestext sowie eine englische Übersetzung desselben sind auf der Internetseite der dänischen Wettbewerbs- und Verbraucherbehörde unter http://www.kfst.dk abrufbar; vgl. iE hierzu Verloop/Landes/Holgersen/Kruse, 117–126; Rowley/Baker/Federspiel/Alsoe Chapter 15; Pedersen/Smidt/Christiansen World Competition 2004, 595; Pedersen/Hertz International Business Lawyer 2000, 365; Plum ECLR 2000, N86; Morten Kofmann ECLR 1998, Supp., 1; Blomgren/Hansen ECLR 1999, 287; Lars H. Eriksen GRUR Int. 2004, 573.

zu verwenden. Ein vereinfachtes Formblatt ist seit 1.10.2010 für wettbewerblich unproblematische Fälle verfügbar. Für Anmeldungen auf Grundlage des vereinfachten Formblatts beträgt die Anmeldegebühr 50.000 Dänische Kronen (ca. 6.700 Euro), für alle anderen Anmeldungen kann diese bis zu 1,5 Millionen Dänische Kronen (ca. 201.000 Euro) betragen. Die Anmeldung muss beim Sekretariat des Wettbewerbsrates erfolgen und kann sowohl in dänischer als auch, nach vorheriger Absprache mit der Behörde, in englischer Sprache eingereicht werden. Im letztgenannten Fall kann auch die Entscheidung des Wettbewerbsrates in Englisch ergehen. Nach Erhalt der Anmeldung muss das Sekretariat den anmeldenden Unternehmen innerhalb von zehn Tagen mitteilen, ob die Anmeldeunterlagen vollständig sind. Sollte dies nicht der Fall sein, so müssen die fehlenden Informationen unverzüglich nachgereicht oder dargelegt werden, warum diese für die Entscheidung über die Zulässigkeit des Zusammenschlusses nicht erforderlich sind.

Das weitere **Genehmigungsverfahren** unterteilt sich in zwei Phasen. In der **ersten Phase** 26 prüft der Wettbewerbsrat, ob der angemeldete Zusammenschluss freizugeben oder eine eingehende Prüfung einzuleiten ist. Innerhalb von 10 Arbeitstagen muss der Wettbewerbsrat den anmeldenden Parteien mitteilen, ob die Anmeldung vollständig ist und damit den Fristenlauf ausgelöst hat oder ob noch erforderliche Informationen fehlen. Eine verfahrensbeendende Entscheidung muss dann innerhalb von **25 Arbeitstagen** nach der Anmeldung ergehen. Bieten die beteiligten Unternehmen Zusagen an, kann die Frist um 10 Arbeitstage verlängert werden. Eröffnet der Wettbewerbsrat aufgrund der wettbewerbsrechtlichen Komplexität des Zusammenschlusses die zweite Phase, so muss er spätestens bis zum Ablauf von **90 Arbeitstagen** nach Ablauf der ersten Prüfungsphase endgültig über die Zulässigkeit des Zusammenschlussvorhabens entscheiden. Wird eine der vorstehenden Fristen versäumt, gilt der Zusammenschluss als genehmigt. Unterbreiten die Beteiligten Zusagen um Wettbewerbsbedenken des Wettbewerbsrates zu beseitigen, so verlängert sich die Frist automatisch um weitere 20 Arbeitstage. Schließlich kann die Behörde die Frist jederzeit um bis zu 20 Arbeitstage verlängern, sofern die beteiligten Unternehmen eine solche Verlängerung beantragen oder ihr zustimmen. In Ausnahmefällen kann der Fristablauf unterbrochen werden, wenn die Behörde zusätzliche Informationen angefordert hat. Als **Entscheidungsvarianten** stehen dem Wettbewerbsrat eine unbeschränkte Erlaubnis, eine Erlaubnis unter Bedingungen und/oder Auflagen sowie eine Untersagung des Zusammenschlusses zur Verfügung. Die Entscheidung des Wettbewerbsrates kann auf Wunsch der Parteien auch in englischer Sprache ergehen. Eine Erlaubnis kann widerrufen werden, wenn die Unternehmen falsche oder irreführende Angaben gemacht oder eine Auflage nicht erfüllt haben.

Das **materielle Eingreifkriterium** wurde durch das Gesetz vom 22.12.2004 an das des Art. 2 27 Abs. 2 und Abs. 3 angepasst. Der Wettbewerbsrat hat danach zu untersuchen, ob der Zusammenschluss wirksamen Wettbewerb in Dänemark erheblich behindern würde, insbesondere durch Begründung oder Verstärkung einer beherrschenden Stellung. Soweit Vollfunktionsgemeinschaftsunternehmen eine Koordinierung des Wettbewerbsverhaltens voneinander unabhängig bleibender Unternehmen bezwecken oder bewirken, sind zusätzlich die für Kartelle geltenden Vorschriften anzuwenden.

Verstöße gegen die Anmeldepflicht und das Vollzugsverbot, die Nichterfüllung von Bedingungen und Auflagen sowie die Nichtbefolgung der Anforderung von Informationen durch den Wettbewerbsrat können mit **Bußgeldern** geahndet werden. Zuständig für die Verhängung von Bußgeldern ist jedoch nicht der Wettbewerbsrat, sondern die ordentlichen Gerichte. Der Wettbewerbsrat kann in Zivilverfahren die Gerichte ersuchen, Geldbußen gegen Unternehmen wegen vorsätzlicher oder fahrlässiger Verstöße gegen die Wettbewerbsregeln (bspw. bei Nichtanmeldung eines Zusammenschlusses) zu verhängen. Je nach Schwere des Verstoßes kann die Geldbuße bis zu 10 % des Umsatzes des betroffenen Unternehmens betragen. Ist ein Zusammenschluss vor oder entgegen einer Entscheidung des Wettbewerbsrates bereits teilweise oder ganz vollzogen worden, kann der Rat die Rückgängigmachung und Entflechtung des Zusammenschlusses anordnen.

Gegen die Entscheidungen des Wettbewerbsrates ist die **Beschwerde** zum Berufungstribunal 29 für Wettbewerbssachen möglich. Das Berufungstribunal setzt sich aus einem Richter des Obersten Gerichtshofs sowie zwei weiteren Mitgliedern mit besonderen Erfahrungen in den Bereichen Recht und Wirtschaft zusammen. Gegen die Entscheidung des Tribunals ist die Klage vor den ordentlichen Gerichten zulässig.

4. Deutschland. Rechtsgrundlage der Fusionskontrolle in Deutschland ist das Gesetz gegen 30 Wettbewerbsbeschränkungen (GWB), in der Fassung der Bekanntmachung nach der 10. GWB Novelle vom 19.1.2021.[4] Fusionsrechtliches Kernstück der Novelle ist die deutliche Anhebung der

---

[4] Der konsolidierte Gesetzestext sowie eine englische Übersetzung desselben sind auf der Internetseite des Bundeskartellamtes unter http://www.bundeskartellamt.de abrufbar; vgl. iE hierzu Rowley/Baker/Canenbley/Hellmann Chapter 20; Verloop/Landes/Jestaedt/Sura, 175–207; Heidenhain/Satzky/Stadler, German Antitrust Law, 5. Aufl. 1999.

im europäischen Vergleich niedrigen Schwellenumsatzwerte sowie die Verlängerung des Hauptprüfverfahrens. **Zuständig** für die Anwendung der Fusionskontrolle ist das Bundeskartellamt, eine zum Geschäftsbereich des Bundesministers für Wirtschaft und Klimaschutz gehörende unabhängige Bundesoberbehörde. Das Bundeskartellamt ermittelt den entscheidungserheblichen Sachverhalt und trifft die verfahrensbeendenden Entscheidungen durch Beschlussabteilungen, die sich aus einem Vorsitzenden und zwei Beisitzern zusammensetzen und auf verschiedene Industriebereiche spezialisiert sind. In Ausnahmefällen kann der Bundesminister für Wirtschaft und Klimaschutz einen vom Bundeskartellamt untersagten Zusammenschluss aus Gründen des Gemeinwohls erlauben **(Ministererlaubnis).**

31   Der **Zusammenschlussbegriff** des GWB ist weiter formuliert als der des Art. 3 und erfasst die folgenden vier verschiedenen Konzentrationstatbestände:
– den Erwerb des gesamten oder eines wesentlichen Teils des Vermögens eines anderen Unternehmens;
– den Erwerb der unmittelbaren oder mittelbaren Kontrolle durch ein oder mehrere Unternehmen über die Gesamtheit oder Teile eines oder mehrerer anderer Unternehmen;
– den Erwerb von Anteilen an einem anderen Unternehmen, wenn die Anteile allein oder zusammen mit sonstigen, dem Erwerber bereits gehörenden Anteilen 50 % oder 25 % des Kapitals oder der Stimmrechte des anderen Unternehmens erreichen;
– jede sonstige Verbindung von Unternehmen, aufgrund derer ein oder mehrere Unternehmen unmittelbar oder mittelbar einen wettbewerblich erheblichen Einfluss auf ein anderes Unternehmen ausüben können.

32   Ein **wettbewerblich erheblicher Einfluss** verlangt nicht die Möglichkeit einer Beherrschung des Unternehmens, an dem eine Beteiligung erworben wird. Ausreichend ist vielmehr, dass ein Unternehmen eine solche gesellschaftsrechtliche Stellung erlangt, dass es bei der Entscheidung über den Einsatz der Ressourcen des Zielunternehmens seine eigenen Wettbewerbsinteressen zur Geltung bringen kann. Eine solche Einflussnahmemöglichkeit kann im Einzelfall schon bei einer Beteiligung von 10–20 % gegeben sein. Das GWB unterscheidet weder zwischen Vollfunktions- und Teilfunktionsgemeinschaftsunternehmen noch zwischen kooperativen und konzentrativen Gemeinschaftsunternehmen. Vielmehr unterliegt jedes Gemeinschaftsunternehmen der vorherigen Fusionskontrolle. Darüber hinaus findet grundsätzlich auch das Kartellverbot Anwendung, dessen Eingreifen im Einzelfall jedoch anders als im Gemeinschaftsrecht nicht abschließend innerhalb des Fusionskontrollverfahren geprüft wird **(Prinzip der Doppelkontrolle).** Das Bundeskartellamt schließt in der Praxis eine Anwendung des Kartellverbots allerdings dann regelmäßig aus, wenn keiner der Gründer im Markt des Gemeinschaftsunternehmens aktiv ist und dieses nicht im nennenswerten Umfang auf Märkten tätig ist, die denjenigen der Gründer vor- oder nachgelagert sind. Darüber hinaus fingiert das Gesetz bezogen auf die Märkte, auf denen das Gemeinschaftsunternehmen tätig ist, einen zusätzlichen gesonderten Zusammenschluss zwischen den Gründerunternehmen untereinander. Ein Zusammenschlusstatbestand liegt grundsätzlich auch dann vor, wenn die beteiligten Unternehmen schon vorher zusammengeschlossen waren. Dies gilt jedoch dann nicht, wenn es hierdurch nicht zu einer wesentlichen Verstärkung der bestehenden Unternehmensverbindung kommt. Konzerninterne Umstrukturierungen unterfallen daher nicht der Fusionskontrolle. Bestimmte Erwerbsvorgänge von Kreditinstituten stellen keinen Zusammenschluss dar, wenn die erworbenen Stimmrechte nicht ausgeübt werden und die Anteile innerhalb eines Jahres veräußert werden, wobei diese Frist auf begründeten Antrag hin verlängert werden kann.

33   Der **Geltungsbereich** der Fusionskontrolle wird zunächst durch drei kumulative Umsatzschwellen bestimmt. Die Fusionskontrollvorschriften sind danach anwendbar, wenn im letzten Geschäftsjahr vor dem Zusammenschluss
a) die beteiligten Unternehmen einen weltweiten Gesamtumsatz von zusammen mehr als 500 Millionen Euro erreichen und
b) mindestens ein beteiligtes Unternehmen einen Gesamtumsatz in Deutschland von mehr als 50 Millionen Euro erzielt und
c) ein anderes beteiligtes Unternehmen einen Gesamtumsatz in Deutschland von mehr als 17,5 Millionen Euro hatte.
Sind die Voraussetzungen nach lit. c nicht erfüllt, weil weder das Zielunternehmen noch ein anderes beteiligtes Unternehmen Umsatzerlöse in Deutschland von mehr 17,5 Millionen Euro erzielt, so finden die Vorschriften über die Zusammenschlusskontrolle dennoch Anwendung, wenn der Wert der Gegenleistung für den Zusammenschluss mehr als 400 Millionen Euro beträgt und das Zielunternehmen in erheblichem Umfang im Inland tätig ist. Die Gegenleistung umfasst den Kaufpreis und den Wert etwaiger vom Erwerber übernommener Verbindlichkeiten. Bestimmte Zusammenschlüsse von kreditwirtschaftlichen Verbundgruppen werden nicht von der Anmeldepflicht erfasst.

Beim Verlag, der Herstellung und dem Vertrieb von Zeitungen und Zeitschriften müssen die erzielten Umsatzerlöse mit vier, bei dem Vertrieb und der Veranstaltung von Rundfunkprogrammen und dem Absatz von Rundfunkwerbezeiten mit acht multipliziert werden. Für den Handel mit Waren sind nur drei Viertel der Umsatzerlöse in Ansatz zu bringen. Besonderheiten gelten für die Umsatzberechnung bei Kreditinstituten und Versicherungsgesellschaften. **34**

Die **de-minimis-Klausel,** wonach Zusammenschlüsse von der Anwendung der Fusionskontrollvorschriften ausgenommen waren, wenn sie nur geringe wirtschaftliche Bedeutung hatten, wurde mit der Anhebung der Schwellenwerte infolge der 10. GWB Novelle hinfällig und daher gestrichen. Eine geringe wirtschaftliche Bedeutung war nach alter Rechtslage gegeben, wenn sich ein Unternehmen mit einem weltweiten jährlichen Gesamtumsatz von weniger als 10 Millionen Euro mit einem anderen Unternehmen zusammenschloss. **35**

Eine Ausnahmeregel gilt für Zusammenschlüsse auf Märkten, auf denen seit mindestens fünf Jahren Waren oder gewerbliche Leistungen angeboten werden und auf denen im letzten Kalenderjahr weniger als 20 Millionen Euro umgesetzt wurden. Zusammenschlüsse, die einen solchen **Bagatellmarkt** betreffen, unterliegen zwar der vorherigen Anmeldepflicht, können vom Bundeskartellamt jedoch nicht untersagt werden. Durch die 10. GWB Novelle wurde diese Ausnahmevorschrift insofern verschärft, als zwar die Umsatzschwelle von 15 Millionen Euro auf 20 Millionen Euro angehoben wurde, zum anderen aber die Bündelung von kleinen Märkten in Form einer Umsatz-Addition gesetzlich angeordnet wurde. Auslandszusammenschlüsse werden wie solche zwischen inländischen Unternehmen behandelt, wenn die Aufgreifkriterien erfüllt sind und sich der Zusammenschluss im Inland auswirkt. Eine Inlandsauswirkung nimmt das Bundeskartellamt regelmäßig bereits dann an, wenn das erworbene Unternehmen Umsätze in Deutschland erzielt. **36**

Alle vom Gesetz erfassten Zusammenschlüsse unterliegen einer gesetzlichen Pflicht zur **vorherigen Anmeldung.** Die Anmeldung muss die im Gesetz bezeichneten, inhaltlich nicht sehr umfangreichen, Angaben enthalten. Eine Frist für die Vornahme der Anmeldung besteht nicht. Vielmehr können auch bereits bloße Zusammenschlussvorhaben angemeldet werden und zwar ohne dass es einer Grundsatzvereinbarung oder Absichtserklärung wie im Gemeinschaftsrecht bedarf. Mit der 10. GWB-Novelle wurde dem Bundeskartellamt die Befugnis eingeräumt, Unternehmen durch Verfügung zu verpflichten, jeden Zusammenschluss mit anderen Unternehmen in einem oder mehreren bestimmten Wirtschaftszweigen anzumelden, wenn für diesen Wirtschaftszweig vorab eine Sektoruntersuchung durchgeführt wurde. Das betroffene Unternehmen muss im letzten Geschäftsjahr weltweite Umsatzerlöse von 500 Millionen Euro erzielt haben und in den genannten Wirtschaftszweigen einen Anteil von mindestens 15 Prozent am Angebot oder an der Nachfrage von Waren oder Dienstleistungen in Deutschland haben. Zudem bedarf es objektiv nachvollziehbarer Anhaltspunkte dafür, dass durch künftige Zusammenschlüsse der wirksame Wettbewerb im Inland in den genannten Wirtschaftszweigen erheblich behindert werden könnte. Für das Fusionsverfahren wird eine Verwaltungsgebühr erhoben, die nachträglich festgesetzt wird und deren Höhe je nach wirtschaftlicher Bedeutung des Falles bis zu 50.000 Euro betragen kann. Für anmeldepflichtige Zusammenschlüsse besteht ein **gesetzliches Vollzugsverbot** bis zum Zeitpunkt der kartellbehördlichen Freigabe oder des Ablaufs der gesetzlichen Entscheidungsfristen. Das Bundeskartellamt kann auf Antrag aus wichtigen Gründen Befreiungen vom Vollzugsverbot erteilen und diese gegebenenfalls mit Bedingungen und Auflagen verbinden. Nach erfolgter Freigabe sind die beteiligten Unternehmen zur unverzüglichen Anzeige des Vollzugs ihres Zusammenschlusses verpflichtet. **37**

Das **Genehmigungsverfahren** gliedert sich in zwei Phasen. In der ersten Verfahrensphase prüft das Bundeskartellamt den mitgeteilten Sachverhalt, nimmt gegebenenfalls weitere Ermittlungen vor und entscheidet darauf hin, ob der Zusammenschluss einer weiteren Prüfung bedarf, weil ernsthafte Zweifel an seiner Vereinbarkeit mit dem Gesetz bestehen. Trifft dies nicht zu, teilt das Bundeskartellamt den Unternehmen innerhalb **eines Monats** ab Eingang der vollständigen Anmeldung in einem formlosen Schreiben mit, dass die Untersagungsvoraussetzungen des Gesetzes nicht erfüllt sind und der Zusammenschluss nunmehr vollzogen werden kann. Einen Zusammenschluss untersagen oder dessen Freigabe mit Nebenbestimmungen verbinden kann das Bundeskartellamt nur dann, wenn es den Anmeldern innerhalb der Monatsfrist mitgeteilt hat, dass es das Hauptprüfverfahren eröffnet hat („Monatsbrief"). Das Hauptprüfverfahren dient der eingehenden Untersuchung des Konzentrationsvorganges. Das Bundeskartellamt holt zu diesem Zweck regelmäßig weitere Informationen von den Anmeldern und Dritten ein und muss innerhalb von **fünf Monaten** nach Eingang der vollständigen Anmeldung eine verfahrensbeendende Entscheidung treffen. Diese Frist kann mit Zustimmung aller anmeldenden Unternehmen verlängert werden. Sie verlängert sich automatisch um einen Monat, wenn ein beteiligtes Unternehmen dem Bundeskartellamt zur Lösung wettbewerblicher Probleme erstmals Vorschläge für Bedingungen oder Auflagen unterbreitet. Für seine abschließende Entscheidung stehen der Behörde verschiedene Optionen zur Verfügung. Sie kann den **38**

Zusammenschluss untersagen, ihn unbeschränkt freigeben oder die Freigabe mit Bedingungen und/ oder Auflagen verbinden, die jedoch nicht darauf gerichtet sein dürfen, die beteiligten Unternehmen einer laufenden Verhaltenskontrolle zu unterstellen. Vollzogene Zusammenschlüsse, die vom Bundeskartellamt untersagt worden sind, müssen aufgelöst werden. Sind die Beteiligten nicht zu einer freiwilligen Auflösung bereit, kann das Bundeskartellamt eine Entflechtungsanordnung erlassen, dessen Durchsetzung es durch einmalige oder mehrfache Zwangsgelder zwischen 1.000 und 10 Millionen Euro erzwingen kann. Zudem kann die Ausübung von Stimmrechten verboten und ein Treuhänder bestellt werden, der die Auflösung des Zusammenschlusses herbeiführt.

39 Das **materielle Eingreifkriterium** wurde durch die 8. GWB Novelle an das Kriterium des Art. 2 Abs. 2 und 3 angepasst. Das Bundeskartellamt muss danach einen Zusammenschluss untersagen, durch den wirksamer Wettbewerb erheblich behindert würde, insbesondere von dem zu erwarten ist, dass er eine marktbeherrschende Stellung begründet oder verstärkt. Nach der Definition des Gesetzes ist ein Unternehmen marktbeherrschend, soweit es als Anbieter oder Nachfrager einer bestimmten Art von Waren oder gewerblichen Leistungen entweder ohne Wettbewerber ist, keinem wesentlichen Wettbewerb ausgesetzt ist oder eine im Verhältnis zu seinen Wettbewerbern überragende Marktstellung hat. Zwei oder mehr Unternehmen sind marktbeherrschend, soweit zwischen ihnen für eine bestimmte Art von Waren oder gewerblichen Leistungen ein wesentlicher Wettbewerb nicht besteht und soweit sie in ihrer Gesamtheit die Voraussetzungen der Marktbeherrschung erfüllen. Bei seiner wettbewerblichen Beurteilung hat das Bundeskartellamt insbesondere den Marktanteil der betroffenen Unternehmen, ihre Finanzkraft, den Zugang zu den Beschaffungs- oder Absatzmärkten, Verflechtungen mit anderen Unternehmen, rechtliche oder tatsächliche Schranken für den Marktzutritt anderer Unternehmen, den tatsächliche oder potentielle Wettbewerb durch inländische oder ausländische Unternehmen, die Angebotsumstellungsflexibilität sowie die Möglichkeit der Marktgegenseite, auf andere Unternehmen auszuweichen, zu berücksichtigen. Seine Auslegungsgrundsätze zur Prüfung von Marktbeherrschung im Rahmen der Fusionskontrolle hat das Bundeskartellamt in Leitlinien erläutert.[5]

40 Bei Erreichen bestimmter Marktanteilsschwellen greifen gesetzliche **Marktbeherrschungsvermutungen** ein. Danach gilt ein Einzelunternehmen als marktbeherrschend, wenn es einen Marktanteil von mindestens 40 % erreicht. Ein marktbeherrschendes Oligopol wird vermutet, wenn bis zu drei Unternehmen zusammen einen Marktanteil von mindestens 50 % oder bis zu fünf Unternehmen zusammen einen Marktanteil von mindestens zwei Dritteln erreichen. Die betroffenen Unternehmen können diese Vermutungen jedoch widerlegen.

41 Selbst wenn zu erwarten ist, dass eine Verstärkung oder Begründung einer marktbeherrschenden Stellung eintreten wird, darf das Bundeskartellamt den Zusammenschluss nicht untersagen, wenn gleichzeitig eine Verbesserung der Wettbewerbsbedingungen auf anderen Märkten eintritt, die die Nachteile der Marktbeherrschung überwiegen **(Abwägungsklausel)**. In seinen Abwägungsprozess kann das Bundeskartellamt jedoch nur wettbewerbsbezogene Aspekte, nicht aber auch gesamtwirtschaftliche Vorteile mit einbeziehen.

42 Ein vom Bundeskartellamt untersagter Zusammenschluss kann auf Antrag der beteiligten Unternehmen vom Bundesminister für Wirtschaft und Energie unter bestimmten Voraussetzungen gleichwohl erlaubt werden **(Ministererlaubnis).** Dies ist nur dann möglich, wenn im Einzelfall die Wettbewerbsbeschränkung von gesamtwirtschaftlichen Vorteilen des Zusammenschlusses aufgewogen wird oder der Zusammenschluss durch ein überragendes Interesse der Allgemeinheit gerechtfertigt ist. Hierbei hat der Minister auch die Wettbewerbsfähigkeit der beteiligten Unternehmen auf ausländischen Märkten zu berücksichtigen. Die Ministererlaubnis, die mit Bedingungen und Auflagen verbunden werden kann, darf nur dann erteilt werden, wenn durch das Ausmaß der Wettbewerbsbeschränkung die marktwirtschaftliche Ordnung nicht gefährdet wird. Der Minister soll innerhalb von vier Monaten nach Antragstellung über die Erteilung der Erlaubnis entscheiden und hat vorher der Monopolkommission und den obersten Landesbehörden Gelegenheit zur Stellungnahme zu geben.

43 Verstöße gegen die Anmeldepflicht, die Pflicht zur unverzüglichen Anzeige des Vollzugs sowie die Vorlage unrichtiger oder unvollständiger Angaben können vom Bundeskartellamt mit **Geldbußen** von bis zu 100.000 Euro, Verstöße gegen das Vollzugsverbot mit Geldbußen bis zu einer Millionen Euro geahndet werden. Im Fall eines Unternehmens sind Verstöße gegen das Vollzugsverbot mit Geldbuße von bis zu 10 % des erzielten Vorjahresumsatzes bedroht.

44 Die abschließenden Entscheidungen des Bundeskartellamtes in der zweiten Phase des Verfahrens sowie die Entscheidung des Ministers für Wirtschaft und Energie im Ministererlaubnisverfahren können von den am Zusammenschluss beteiligten Unternehmen mit der **Beschwerde** zum Oberlan-

---

[5] „Leitfaden zur Marktbeherrschung in der Fusionskontrolle" v. 29.3.2012, abrufbar auf der Internetseite des Bundeskartellamtes unter http://www.bundeskartellamt.de.

desgericht Düsseldorf angefochten werden. Ein Beschwerderecht steht darüber hinaus auch Dritten zu, deren Interessen durch die Entscheidung erheblich berührt werden und die vom Bundeskartellamt auf ihren Antrag hin zum Verfahren beigeladen wurden. Gegen die Beschlüsse des Oberlandesgerichts Düsseldorf ist die Rechtsbeschwerde zum Bundesgerichtshof zulässig.

5. Estland. Die estnische Fusionskontrolle hat ihre **Rechtsgrundlage** im Wettbewerbsgesetz vom 1.10.2001, das zuletzt durch Gesetz vom 8.12.2021 mit Wirkung zum 1.1.2022 geändert wurde.[6] Inhaltlich sind die estnischen Regelungen wesentlich von gemeinschaftsrechtlichen Grundsätzen geprägt. **Zuständig** für die Anwendung der Fusionskontrolle ist eine dem Wirtschaftsministerium untergeordnete Wettbewerbsbehörde („Konkurentsiamet"), die sowohl die Ermittlungen durchführt, als auch die abschließenden Entscheidungen trifft. 45

Der **Begriff des Zusammenschlusses** entspricht weitgehend demjenigen in Art. 3 Abs. 1 und 4 und umfasst neben der Unternehmensfusion und dem Kontrollerwerb auch die Gründung von Vollfunktionsgemeinschaftsunternehmen. Kooperative Vollfunktionsgemeinschaftsunternehmen werden zusätzlich nach den für Kartelle geltenden Regeln beurteilt. 46

Den **Geltungsbereich** der estnischen Fusionskontrolle bestimmt das Gesetz nunmehr allein anhand von zwei inlandsbezogenen Umsatzkriterien, während das vormalige qualitative Auswirkungskriterium der inländischen „Geschäftstätigkeit", das erhebliche Auslegungsschwierigkeiten bereitete, entfallen ist. Ein Zusammenschluss ist danach anzumelden, wenn im letzten Geschäftsjahr vor dem Zusammenschluss 47
a) der Gesamtumsatz aller beteiligten Unternehmen in Estland zusammen mehr als 6 Millionen Euro beträgt und
b) der Gesamtumsatz von mindestens zwei beteiligten Unternehmen in Estland jeweils 2 Millionen Euro übersteigt.

Für Kredit- und Finanzinstitute sowie Versicherungsunternehmen gelten nach dem Vorbild des Gemeinschaftsrechts abweichende Bestimmungen. Erwirbt ein Unternehmen in einem Zeitraum von zwei Jahren die Kontrolle über mehrere im selben Wirtschaftszweig in Estland tätige Unternehmen, so ist der Umsatz der innerhalb dieses Zeitraums erworbenen Unternehmen dem Umsatz des zuletzt erworbenen Unternehmens hinzuzurechnen. Die Einzelheiten der Umsatzberechnung sind in einer Durchführungsverordnung des Wirtschaftsministeriums geregelt. 48

Alle vom Gesetz erfassten Zusammenschlüsse bedürfen der **vorherigen Anmeldung** und dürfen erst nach erfolgter Freigabe durch die Wettbewerbsbehörde oder nach Ablauf der gesetzlichen Entscheidungsfrist vollzogen werden. Vom Vollzugsverbot können auf Antrag der beteiligten Unternehmen Ausnahmen zugelassen werden, um schwere Schäden von den Unternehmen oder Dritten abzuwenden. Die früher geltende einwöchige Anmeldefrist wurde durch das Gesetz vom 10.5.2006 abgeschafft. In Übereinstimmung mit Art. 4 Abs. 1 kann nunmehr auch eine Zusammenschlussabsicht angemeldet werden, sofern diese hinreichend glaubhaft gemacht werden kann. Die Anmeldung muss die in den Leitlinien der Wettbewerbsbehörde für die Einreichung von Anmeldungen aufgeführten detaillierten Angaben enthalten.[7] In bestimmten einfach gelagerten Fällen ist eine Anmeldung in Kurzform möglich. Die **Anmeldegebühr** beträgt einheitlich 1.920 Euro. 49

Das **Fusionskontrollverfahren** gliedert sich in zwei Phasen. In der ersten Phase hat die Wettbewerbsbehörde innerhalb von **30 Kalendertagen** nach Eingang der Anmeldung zu entscheiden, ob der Zusammenschluss freigegeben werden kann oder ob weitergehende Ermittlungen erforderlich sind. Im letztgenannten Fall muss die Wettbewerbsbehörde innerhalb von weiteren **vier Monaten** eine endgültige Entscheidung treffen. Die Wettbewerbsbehörde besitzt weitgehende Ermittlungsbefugnisse und kann unter anderem auch Durchsuchungen von Geschäftsräumen vornehmen. Ergeht innerhalb der vorgenannten Fristen keine Entscheidung, gilt der Zusammenschluss als genehmigt. Für ihre abschließende Entscheidung stehen der Behörde verschiedene Optionen zur Verfügung. Sie kann den Zusammenschluss ohne Einschränkungen genehmigen, die Genehmigung mit Bedingungen und/oder Auflagen verbinden oder aber die Durchführung des Zusammenschlusses verbieten. 50

Das **materielle Eingreifkriterium** stellt darauf ab, ob der Zusammenschluss zu einer erheblichen Wettbewerbsbehinderung auf dem betroffenen Produktmarkt führt, insbesondere durch die Begründung oder Verstärkung einer beherrschenden Stellung. Bei ihrer wettbewerblichen Prüfung berücksichtigt die Wettbewerbsbehörde unter anderem die Marktstellung der beteiligten Unterneh- 51

---

[6] Der konsolidierte Gesetzestext sowie eine englische Übersetzung desselben sind auf der Internetseite der estnischen Wettbewerbsbehörde unter http://www.konkurentsiamet.ee abrufbar; iE s. hierzu Rowley/Baker/Pedak/Käärid Chapter 16; Kalaus ECLR 2002, 304; Koitel WiRO 1999, 51; dersbitte ausschreiben WiRO 2002, 334; Thielert/Schinkel ECLR 2004, 165.
[7] Verordnung Nr. 69 v. 17.7.2006.

men, ihre Finanzkraft, das Vorhandensein von Marktzutrittsschranken, die Angebots- und Nachfrageentwicklungen und die Interessen der Lieferanten, Abnehmer sowie der Endverbraucher. Nach der Legaldefinition des Gesetzes ist ein Unternehmen dann marktbeherrschend, wenn es einen Marktanteil von 40 % oder mehr am relevanten Markt hält.

52 Verstöße gegen die Anmeldepflicht, die Nichtbeachtung einer Untersagungsentscheidung und die Nichtbefolgung von Nebenbestimmungen zu einer Freigabeentscheidung verwirklichen einen **Straftatbestand.** Diese Vergehen können bei juristischen Personen mit Geldstrafen von bis zu 400.000 Euro geahndet werden. Natürlichen Personen, insbesondere den verantwortlichen Vorstands- oder Aufsichtsratsmitgliedern, droht in diesem Fall eine Geldstrafe von bis zu 300 Tagessätzen oder eine Freiheitsstrafe. Bei einem Verstoß gegen das Vollzugsverbot kann die Wettbewerbsbehörde die Befolgung der entsprechenden gesetzlichen Vorschriften anordnen. Bei Nichtbefolgung dieser Anordnung kann eine Geldbuße von bis zu 6.400 Euro für natürliche und 9.600 Euro für juristische Personen verhängt werden.

53 Entscheidungen der Wettbewerbsbehörde können vor dem Verwaltungsgericht Tallinn innerhalb von 30 Tagen ab Bekanntmachung angefochten werden. Dessen Urteile unterliegen der Überprüfung durch das Bezirksgericht Tallinn. Unter bestimmten Voraussetzungen können Urteile des Bezirksgerichts vom Obersten Gerichtshof überprüft werden.

54 **6. Finnland. Rechtsgrundlage** der Fusionskontrolle in Finnland ist das Wettbewerbsgesetz (Nr. 948/2011) vom 12.8.2011, das am 1.11.2011 in Kraft getreten ist.[8] Ergänzt wird das Gesetz durch eine Verordnung über die Umsatzberechnung der am Zusammenschluss beteiligten Unternehmen, eine Bekanntmachung über den erforderlichen Inhalt der Anmeldung und Richtlinien der finnischen Wettbewerbs- und Verbraucherbehörde zur materiellen Beurteilung von Zusammenschlüssen.[9] Inhaltlich lehnt sich die finnische Fusionskontrolle eng an die Vorschriften des Gemeinschaftsrechts an.

55 Die **Zuständigkeit** für die Anwendung der Fusionskontrolle ist zweigeteilt: Der finnischen Wettbewerbs- und Verbraucherbehörde, einer dem Ministerium für Handel und Industrie zugeordneten unabhängigen Verwaltungsbehörde, obliegt die Ermittlung des Zusammenschlusssachverhalts. Sie entscheidet auch über die Einleitung einer vertieften Prüfung des Falles sowie über die Freigabe des Zusammenschlusses innerhalb einer der ersten beiden Verfahrensphasen. Einen Zusammenschluss untersagen kann jedoch nur das Marktgericht. Dieses hat darüber hinaus die alleinige Zuständigkeit für die Verlängerung der gesetzlichen Prüfungsfrist bei Untersuchungen der zweiten Phase, für die Verhängung von Geldbußen und Zwangsgeldern sowie für die Anordnung der Entflechtung von unrechtmäßig vollzogenen Zusammenschlüssen.

56 Der **Zusammenschlussbegriff** entspricht demjenigen des Art. 3 Abs. 1 und 4 und erfasst die Unternehmensfusion, den Kontrollerwerb und die Gründung von Vollfunktionsgemeinschaftsunternehmen.

57 Der **Geltungsbereich** der Fusionskontrolle wird durch zwei kumulative Umsatzkriterien bestimmt. Die finnische Fusionskontrolle findet danach Anwendung, wenn im letzten Geschäftsjahr vor dem Zusammenschluss
a) der weltweite Gesamtumsatz aller beteiligten Unternehmen zusammen mehr als 350 Millionen Euro beträgt und
b) mindestens zwei der beteiligten Unternehmen in Finnland einen Umsatz von jeweils 20 Millionen Euro oder mehr erzielen.

58 Sind die Umsatzschwellen erfüllt, fallen auch reine Auslandszusammenschlüsse in den Geltungsbereich der Fusionskontrolle, unabhängig davon, ob die Unternehmen in Finnland aktiv geschäftlich tätig sind. Die Regelung, nach der beim Erwerb mehrerer im selben Wirtschaftssektor tätigen Unternehmen innerhalb von zwei Jahren die einzelnen Umsätze der übernommenen Unternehmen zusammengerechnet werden mussten, wurde abgeschafft. Nach wie vor gilt jedoch, dass der schrittweise Erwerb eines Unternehmens innerhalb von zwei Jahren als einheitlicher Konzentrationsvorgang angesehen wird. Besondere Regeln bestehen für die Umsatzberechnung bei Versicherungs- und Finanzinstituten.

59 Zusammenschlüsse, die in den Geltungsbereich der Fusionskontrolle fallen, bedürfen der **vorherigen Anmeldung.** Zusammenschlüsse, die unter das Versicherungsrecht fallen, müssen vorab von der finnischen Finanzaufsichtsbehörde genehmigt werden. Die Anmeldung muss die in einem dem

---

[8] Der Gesetzestext sowie eine schwedische und eine englische Übersetzung desselben sind auf der Internetseite der finnischen Wettbewerbsbehörde unter www.kkv.fi abrufbar; vgl. hierzu Mentula/Kauranen ECLR 2012, 153 ff.

[9] Alle Dokumente sind auf der Internetseite der finnischen Wettbewerbsbehörde in finnischer und englischer Sprache abrufbar.

Formblatt CO entsprechenden **Formblatt** aufgeführten detaillierten Angaben enthalten und kann sowohl in finnischer als auch in schwedischer Sprache erfolgen. Es besteht die Möglichkeit eines **vereinfachten Anmeldeverfahrens** bei Gründung von Gemeinschaftsunternehmen. Voraussetzung ist, dass das Gemeinschaftsunternehmen nur außerhalb Finnlands tätig ist und auch sonst keine Verbindungen nach Finnland hat. Ob diese Voraussetzung erfüllt ist, entscheidet die Wettbewerbsbehörde einzelfallbezogen. Allerdings ist der Umfang der im vereinfachten Verfahren einzureichenden Informationen nicht wesentlich geringer, als bei einer regulären Anmeldung. Ob die Einführung des vereinfachten Anmeldeverfahrens tatsächlich zu einer Beschleunigung des Verfahrens beitragen kann, ist daher zweifelhaft.[10] Eine Anmeldegebühr wird nicht erhoben. Mit der Anmeldung verbunden ist ein **Vollzugsverbot,** das bis zur Freigabe des Zusammenschlusses bzw. bis zum Ablauf einer der drei gesetzlichen Entscheidungsfristen gilt. Die beteiligten Unternehmen können jedoch eine Befreiung vom Vollzugsverbot beantragen. Der Erwerb von Unternehmensanteilen im Rahmen eines öffentlichen Übernahmeangebotes gilt nicht als Vollzugshandlung, vorausgesetzt der Erwerber übt die mit den Anteilen verbundenen Stimmrechte nicht aus.

Das **Fusionskontrollverfahren** ist dreistufig aufgebaut. Nach Eingang der vollständigen Anmeldung prüft die Wettbewerbsbehörde, ob das Zusammenschlussvorhaben überhaupt in den Anwendungsbereich der finnischen Fusionskontrolle fällt. In der **ersten Phase** muss die Wettbewerbsbehörde innerhalb von **23 Arbeitstagen** entweder die Regelungen der Fusionskontrolle für unanwendbar auf den Fall erklären, den Zusammenschluss (gegebenenfalls unter Auflagen oder Bedingungen) genehmigen oder eine weitergehende Prüfung anordnen. Nur wenn das Zusammenschlussvorhaben Anlass zu ernsthaften wettbewerblichen Bedenken gibt, wird die **zweite Phase** des Verfahrens eingeleitet. Die Wettbewerbsbehörde muss nun innerhalb von **69 Arbeitstagen** ab Einleitung der zweiten Phase entscheiden, ob sie den Zusammenschluss (gegebenenfalls unter Auflagen oder Bedingungen) freigibt oder ob dieser untersagt werden muss. Die Frist kann vom Marktgericht aus begründetem Anlass um maximal 46 Arbeitstage verlängert werden. Die Behörde hat jederzeit die Möglichkeit, den Fristlauf zu unterbrechen, wenn sich bei der Prüfung herausstellt, dass erforderliche Informationen fehlen oder sich der vorliegenden Informationen so substanziell ändern, dass sie die Beurteilung des Zusammenschlusses wesentlich beeinflussen. Hält die Wettbewerbsbehörde den Zusammenschluss für nicht genehmigungsfähig, schlägt sie dem Marktgericht vor, den Zusammenschluss zu untersagen. In der **dritten Phase** muss das Marktgericht daraufhin innerhalb von weiteren 69 Arbeitstagen eine endgültige Entscheidung treffen. 23 Arbeitstage nach Eröffnung der dritten Phase endet jedoch das gesetzliche Vollzugsverbot, es sei denn, das Marktgericht ordnet dessen Weitergeltung an. Das Marktgericht kann den Zusammenschluss entweder unbeschränkt freigeben, die Freigabe an Bedingungen und/oder Auflagen knüpfen oder den Zusammenschluss untersagen. Wird eine der vorstehenden Fristen nicht eingehalten, so gilt der Zusammenschluss als genehmigt.

Das **materielle Eingreifkriterium** entspricht weitgehend demjenigen des Art. 2 Abs. 2 und 3. Ein Zusammenschluss ist danach immer dann zu untersagen, wenn zu erwarten ist, dass hierdurch wirksamer Wettbewerb auf dem finnischen Markt oder einem wesentlichen Teil desselben erheblich behindert würde, insbesondere durch Begründung oder Verstärkung einer beherrschenden Stellung. Marktbeherrschung wird angenommen, wenn Unternehmen in der Lage sind, das Preisniveau, die Versorgung der Abnehmer mit Waren oder Dienstleistungen oder die sonstigen Wettbewerbsbedingungen auf der Ebene der Produktion oder des Absatzes erheblich zu beeinflussen. Berücksichtigt werden hierbei insbesondere das Vorhandensein tatsächlichen oder potentiellen Wettbewerbs, die wirtschaftliche und finanzielle Machtstellung der beteiligten Unternehmen sowie das Bestehen von Marktzutrittsschranken. Besonderheiten gelten für die Beurteilung von Zusammenschlüssen in der **Elektrizitätswirtschaft.** In diesem Wirtschaftssektor kann ein Zusammenschluss bereits dann untersagt werden, wenn die Beteiligten durch den Zusammenschluss einen Anteil von mehr als 25 % an der Gesamtheit der inländischen Versorgungsnetze mit einer Übertragungskapazität von 400 Volt erlangen. Zweck dieser im Zuge der Liberalisierung des finnischen Elektrizitätsmarktes eingefügten Bestimmung ist es, den Auswirkungen einer vertikalen Integration von Stromerzeugern und Verteilern entgegenzuwirken.

Verstöße gegen die Anmeldepflicht oder das Vollzugsverbot können mit **Bußgeldern** von bis zu 10 % des Vorjahresumsatzes des betroffenen Unternehmens geahndet werden. Die Vornahme einer Anmeldung selbst kann zudem mit Zwangsgeldern erzwungen werden. Zuständig für die Anordnung von Bußgeldern ist das Marktgericht nach vorhergehender Empfehlung der Wettbewerbsbehörde.

Gegen Entscheidungen der Wettbewerbsbehörde, mit Ausnahme von Entscheidungen unter Auflagen und Bedingungen aufgrund von Zusagen der Unternehmen, kann **Beschwerde** vor dem

---

[10] Krit. hierzu Mentula/Ruohoniemi ECLR 2004, 638 (643).

Marktgericht erhoben werden. Die Entscheidungen des Marktgerichts können vor dem obersten Verwaltungsgericht Finnlands angefochten werden.

64   **7. Frankreich.** Frankreich verfügt schon seit 1977 über eine Fusionskontrolle,[11] die jedoch bis zur Einführung der zwingenden Anmeldepflicht zum 18.5.2002 durch das Dekret vom 30.4.2002 lediglich eine freiwillige Anmeldung von Unternehmenszusammenschlüssen vorsah.[12] **Rechtsgrundlage** der Fusionskontrolle ist das vierte Buch des französischen Handelsgesetzbuches in der Fassung des Gesetzes vom 4.8.2008 über die „Modernisierung der Wirtschaft".[13] Durch dieses am 2.3.2009 in Kraft getretene Gesetz wurden wesentliche Änderungen an der französischen Fusionskontrolle in Bezug auf die Behördenzuständigkeit und die Umsatzschwellen vorgenommen. Auch wenn Auslandsinvestitionen mittlerweile unbeschränkt möglich sind, so bestehen nach wie vor besondere Vorschriften für Zusammenschlüsse in den Bereichen Presse, Wehrtechnik, Spielbanken, Telekommunikation sowie im Banken- und Versicherungssektor.

65   Die **Zuständigkeit** für die Anwendung der Fusionskontrolle obliegt der weitgehend unabhängigen, Wettbewerbsbehörde („Autorité de la concurrence"). Allerdings verfügt der Wirtschaftsminister im Bereich der Fusionskontrolle noch über gewisse Eingriffsbefugnisse. Zum einen kann der Wirtschaftsminister die Wettbewerbsbehörde um die Eröffnung der 2. Prüfungsphase ersuchen, wenn die Behörde nach Abschluss der 1. Prüfungsphase beabsichtigt, den Zusammenschluss freizugeben. Zum anderen kann der Wirtschaftsminister einen Zusammenschlussfall nach einer verfahrensbeendenden Entscheidung der Wettbewerbsbehörde (Freigabe oder Untersagung) am Ende der 2. Prüfungsphase an sich ziehen und eine eigene Entscheidung unter Berücksichtigung von Gründen des Allgemeinwohls treffen.

66   Die **Definition des Zusammenschlussbegriffes** entspricht derjenigen des Art. 3 Abs. 1 und 4. Erfasst werden somit die Unternehmensfusion, der Kontrollerwerb und die Gründung von (kooperativen und konzentrativen) Vollfunktionsgemeinschaftsunternehmen.

67   Der **Geltungsbereich** der Fusionskontrolle wird zunächst durch zwei kumulative Umsatzkriterien bestimmt. Ein Zusammenschluss wird hiervon erfasst, wenn im letzten Geschäftsjahr vor dem Zusammenschluss
a) der weltweite Gesamtumsatz aller beteiligten Unternehmen zusammen mehr als 150 Millionen Euro beträgt und
b) mindestens zwei der beteiligten Unternehmen in Frankreich einen Umsatz von jeweils mehr als 50 Millionen Euro erzielen.

68   Neu eingeführt wurde ein spezieller Aufgreiftatbestand für **Zusammenschlüsse im Einzelhandel**. Danach ist die französische Fusionskontrolle auch bei Nichterfüllung der vorgenannten Schwellen anwendbar, wenn zwei oder mehr beteiligte Unternehmen Einzelhandelsgeschäfte betreiben und
a) der weltweite Gesamtumsatz aller beteiligten Unternehmen zusammen mehr als 75 Millionen Euro beträgt und
b) mindestens zwei der beteiligten Unternehmen in Frankreich einen Umsatz im Einzelhandel von jeweils mehr als 15 Millionen Euro erzielen.

69   Ein weiteres spezielles Aufgreifkriterium gilt für Zusammenschlüsse, bei denen mindestens ein beteiligtes Unternehmen Geschäftstätigkeiten in den **französischen Überseegebieten** hat. In diesen Fällen ist die französische Fusionskontrolle auch dann anwendbar, wenn
a) der weltweite Gesamtumsatz aller beteiligten Unternehmen zusammen mehr als 75 Millionen Euro beträgt und
b) mindestens zwei der beteiligten Unternehmen in zumindest einem französischen Überseegebiet einen Umsatz von jeweils mehr als 15 Millionen Euro erzielen. Im Einzelhandelssektor genügt ein Umsatz von 5 Millionen Euro.

70   Nähere Erläuterungen zum Begriff des „Einzelhandels" sowie in Bezug auf die Überseegebiete enthalten die im Jahr 2009 neu gefassten Richtlinien zur Fusionskontrolle der Wettbewerbsbehörde.[14]

---

[11] Gesetz Nr. 2008-776 v. 4.8.2008.
[12] Dekret Nr. 2002/689 v. 30.4.2002, Journal Officiel v. 3.5.2002.
[13] Gesetz Nr. 2001-420 vom 15.5.2001, veröffentlicht im Journal Officiel vom 16.5.2001. Der konsolidierte Gesetzestext ist auf der Internetseite der Wettbewerbsbehörde unter http://www.autoritedelaconcurrence.fr abrufbar. Vgl. im Einzelnen hierzu Hitzler, Systeme der Fusionskontrolle, 1979; Rowley/Baker/Voillemont/Chesneau Chapter 19; Verloop/Landes/Kirch/Le Breton, 139–174; Bach RIW 1987, 419; Berlin/Süß EuZW 2001, 549; Condomines WuW 2002, 1071; Kirch/Le Breton IFLR 2002, Supp., 59; Kleemann WuW 1987, 628; Lob RIW 1988, 92; ders. RIW 1990, 530; ders. RIW 1992, 617; ders. RIW 1995, 272; Martor/Barral ECLR 2001, 110; Parmentier ECLR 2002, 99; Robe Int. TLR 2003, N3; Röder RIW 2002, 736; Roudard GRUR Int. 1989, 647; Thill-Tayara/Joseph/Schiller ECLR 1997, 113.
[14] Die Richtlinien sind in französischer und englischer Sprache verfügbar auf der Internetseite der Autorité de la concurrence unter www.autoritedela concurrence.fr.

Zusammenschlüsse zwischen oder mit ausländischen Unternehmen unterfallen der französi- **71** schen Fusionskontrolle, wenn die Umsatzschwellen erreicht werden. Nicht erforderlich ist, dass die Unternehmen eine aktive Geschäftstätigkeit in Frankreich ausüben.

Alle vom Gesetz erfassten Zusammenschlüsse bedürfen der **vorherigen Anmeldung**. Die die **72** Anmeldepflicht auslösenden Ereignisse sowie den Kreis der Anmeldepflichtigen bestimmt das Gesetz in einer dem Art. 4 Abs. 1 und 2 entsprechenden Weise. Durch das Gesetz Nr. 2004-1343 wurde nunmehr auch die Möglichkeit geschaffen, ein Zusammenschlussvorhaben vor Abschluss eines bindenden Vertrages anzumelden. Der erforderliche Inhalt der Anmeldung, für die keine Gebühr erhoben wird, wird im Einzelnen im Gesetz erläutert. Im Unterschied zum Formblatt CO liegt die Marktanteilsgrenze für die Annahme eines betroffenen Marktes jedoch bei 25 %. Eine gesetzliche Anmeldefrist besteht nicht. Gleichwohl gilt bis zur endgültigen Genehmigung durch die Wettbewerbsbehörde ein Vollzugsverbot. In Ausnahmefällen kann auf Antrag der beteiligten Unternehmen das Vollzugsverbot ganz oder teilweise aufgehoben werden. Voraussetzung ist allerdings eine besondere und hinreichend begründete Dringlichkeit.

Das **Fusionskontrollverfahren** besteht aus zwei Phasen. Mit der Anmeldung des Zusammen- **73** schlusses bei der Wettbewerbsbehörde beginnt die **erste Phase** des Verfahrens, die grundsätzlich **25 Arbeitstage** dauert. Bieten die Unternehmen Verpflichtungszusagen an, verlängert sich die Genehmigungsfrist um 15 Arbeitstage. Auf Antrag der Parteien kann der Fristlauf für maximal 15 Arbeitstage ausgesetzt werden. In dieser Phase untersucht die Wettbewerbsbehörde ob der Zusammenschluss überhaupt in den Anwendungsbereich der Fusionskontrolle fällt und wenn ja, ob er Anlass zu wettbewerblichen Bedenken gibt. Die Wettbewerbsbehörde verfügt über weitgehende Ermittlungsbefugnisse zur Aufklärung des Sachverhalts unter anderem auch zur Durchsuchung von Geschäftsräumen. Nach Abschluss der Ermittlungen entscheidet die Behörde, ob sie den Zusammenschluss unbeschränkt bzw. unter der Voraussetzung freigibt, dass die Unternehmen von ihnen angebotene Verpflichtungszusagen umsetzen oder ob sie aufgrund ernsthafter wettbewerblicher Bedenken eine vertiefte Prüfung des Falles einleitet. Beabsichtigt die Behörde den Zusammenschluss freizugeben, so muss sie dies dem Wirtschaftsminister anzeigen, der innerhalb von fünf Arbeitstagen ein Ersuchen an die Behörde zur Einleitung der zweiten Phase des Verfahrens richten kann. Die Entscheidung über das Ersuchen des Wirtschaftsministers steht allerdings im Ermessen der Wettbewerbsbehörde. Das Vollzugsverbot gilt bis zum Ablauf der Entscheidungsfrist von fünf Arbeitstagen weiter.

In der **zweiten Phase** hat die Wettbewerbsbehörde weitere **65 Arbeitstage** Zeit, um zu einer **74** verfahrensbeendenden Entscheidung zu gelangen. Bieten die Unternehmen später als 45 Arbeitstage nach Einleitung der zweiten Phase Zusagen an, so verlängert sich die Prüfungsfrist um weitere 20 Arbeitstage. Auf Antrag kann der Fristlauf für maximal 20 Arbeitstage ausgesetzt werden, wenn die Parteien die konkrete Notwendigkeit hierfür vortragen. Im Übrigen kann die Behörde jederzeit (auch während der ersten Phase) den Fristlauf unterbrechen, wenn etwa die Parteien angeforderte Informationen nicht innerhalb der vorgeschriebenen Frist vorbringen oder verantwortlich dafür sind, dass ein Dritter diese Informationen nicht vorbringt. In der zweiten Phase prüft die Behörde, ob der Zusammenschluss eine Gefährdung des Wettbewerbs erwarten lässt, insbesondere durch die Begründung oder Verstärkung einer beherrschenden Stellung oder durch die Begründung oder Verstärkung von Einkaufsmacht, die die Lieferanten in ein wirtschaftliches Abhängigkeitsverhältnis von ihren Abnehmern bringt. Die eigentliche Prüfung des Beherrschungsgrades orientiert sich weitgehend an der Praxis der Kommission. Insbesondere berücksichtigt die Wettbewerbsbehörde bei ihrer Beurteilung die Struktur der Märkte, die Marktstellung der Unternehmen, deren Zugang zu den Versorgungsquellen und den Absatzmärkten, die Wahlmöglichkeiten der Lieferanten und der Verbraucher, Marktzugangsschranken für Wettbewerber sowie die Entwicklung der Nachfrage und des Angebots bei den betroffenen Waren oder Dienstleistungen. Neben der rein wettbewerblichen Würdigung des Zusammenschlusses muss die Wettbewerbsbehörde jedoch auch industriepolitische Gesichtspunkte berücksichtigen. In diesem Zusammenhang prüft sie, ob der Zusammenschluss einen Beitrag zum wirtschaftlichen Fortschritt leistet, der die gleichzeitig zu erwartende Beeinträchtigung des Wettbewerbs aufwiegt.

Der Wettbewerbsbehörde stehen mehrere **Entscheidungsvarianten** zur Verfügung. Sie kann **75** den Zusammenschluss untersagen und den Beteiligten gegebenenfalls geeignete Maßnahmen auferlegen, um einen ausreichenden Wettbewerb wiederherzustellen, sofern der Zusammenschluss bereits vollzogen wurde. Des Weiteren kann sie das Zusammenschlussvorhaben genehmigen und die Beteiligten verpflichten, alle geeigneten Maßnahmen zu treffen, um einen ausreichenden Wettbewerb zu gewährleisten oder einen ausreichenden Beitrag zum wirtschaftlichen und sozialen Fortschritt zu leisten, der die Beeinträchtigung des Wettbewerbs ausgleicht. Schließlich kann sie das Zusammenschlussvorhaben genehmigen, ggf. unter der Bedingung der Umsetzung der von den Beteiligten angebotenen Zusagen.

76 Die Wettbewerbsbehörde muss ihre verfahrensbeendende Entscheidung dem Wirtschaftsminister anzeigen. Dieser hat die Möglichkeit, das Verfahren innerhalb von 25 Arbeitstagen aus Gründen des öffentlichen Interesses an sich zu ziehen und selbst hierüber zu entscheiden. Das Vollzugsverbot gilt bis zum Ablauf der Entscheidungsfrist von 25 Arbeitstagen weiter. Der Wirtschaftsminister darf jedoch keine eigene wettbewerbliche Prüfung vornehmen, sondern darf die Entscheidung der Wettbewerbsbehörde nur aus Gründen des Allgemeinwohls revidieren. Hierzu gehören etwa der technische und wirtschaftliche Fortschritt, die Wettbewerbsfähigkeit der betroffenen Unternehmen im internationalen Wettbewerb und das soziale Wohl. Als Beitrag zum wirtschaftlichen Fortschritt gelten insbesondere deutliche Produktivitätssteigerungen, Effizienzgewinne sowie eine Erhöhung des Investitionsvolumens oder des Selbstfinanzierungsgrades. Trotz nachteiliger Wirkungen auf den Wettbewerb in Frankreich können daher Konzentrationsvorgänge als gesamtwirtschaftlich positiv eingestuft werden, wenn hierdurch eine große Wirtschaftseinheit geschaffen wird, die mit internationalen Unternehmensgruppen in Europa oder auf dem Weltmarkt konkurrieren kann.

77 Bei Verstößen gegen die Anmeldepflicht, das Vollzugsverbot sowie bei Übermittlung unrichtiger Informationen kann die Wettbewerbsbehörde **Geldbußen** verhängen. Diese können bei juristischen Personen bis zu 5 % des in Frankreich erzielten Umsatzes und bei natürlichen Personen bis zu 1,5 Millionen Euro betragen. Die Vornahme einer Anmeldung kann durch täglich anfallende Zwangsgelder in Höhe von bis zu 5 % des durchschnittlichen täglichen Umsatzes erzwungen werden. Bei Nichtbefolgung von Nebenbestimmungen zu einer Freigabe oder der Übermittlung unrichtiger Informationen kann die Freigabe widerrufen und die Beteiligten können zur Neuanmeldung innerhalb von einem Monat verpflichtet werden.

78 Die Entscheidungen der Wettbewerbsbehörde und des Wirtschaftsministers können vor dem obersten Verwaltungsgericht („Conseil d'Etat") angefochten werden. Neben den beteiligten Unternehmen sind auch deren Wettbewerber sowie Kunden, Lieferanten, Angestellte und Gewerkschaften klagebefugt, sofern diese durch die Entscheidung direkt betroffen sind.

79 **8. Griechenland.** Die griechische Fusionskontrolle hat ihre **Rechtsgrundlage** im Gesetz Nr. 3959/2011 zum Schutz des Wettbewerbs, das am 1.4.2011 in Kraft getreten ist.[15] ersetzt hat. Die Regeln der griechischen Fusionskontrolle entsprechen größtenteils denjenigen des Gemeinschaftsrechts. **Zuständig** für deren Anwendung ist die Wettbewerbskommission („Epitropi Antagonismou"), eine unabhängige, dem Geschäftsbereich des Ministers für Wirtschaft, Wettbewerb und Schifffahrt zugeordnete Behörde. Die Wettbewerbskommission besteht aus acht Mitgliedern, dem Präsidenten, dem Vize-Präsidenten und sechs weiteren Mitgliedern, die vom zuständigen Minister ernannt werden. Die Ermittlung des Zusammenschlusssachverhalts wird vom Sekretariat der Wettbewerbskommission vorgenommen. Die griechische Regierung hat am 6.8.2021 einen Gesetzesentwurf vorgelegt, der u.a. vorsieht, dass der Finanzminister gemeinsam mit dem Entwicklungsminister auf der Grundlage der von der Wettbewerbskommission bereitgestellten statistischen Daten beschließen kann, den Schwellenwert für die Anmeldepflicht zu ändern und für verschiedene Wirtschaftszweige unterschiedliche Schwellenwerte festzulegen.

80 Der **Zusammenschlussbegriff** der griechischen Fusionskontrolle umfasst die Unternehmensfusion, den Kontrollerwerb und die Gründung von Vollfunktionsgemeinschaftsunternehmen und entspricht fast wörtlich der Definition des Art. 3.

81 Der **Geltungsbereich der vorherigen Fusionskontrolle** wird durch zwei kumulative Umsatzkriterien bestimmt. Ein Zusammenschluss ist danach vor seinem Vollzug anzumelden, wenn im letzten Geschäftsjahr vor dem Zusammenschluss
a) der weltweite Gesamtumsatz aller beteiligten Unternehmen zusammen 150 Millionen Euro oder mehr beträgt und
b) mindestens zwei der beteiligten Unternehmen jeweils einen inländischen Umsatz von mehr als 15 Millionen Euro erreichen.

82 Bei Zusammenschlüssen im Mediensektor (Fernsehen, Radio, Zeitungen und periodische Druckerzeugnisse) liegen diese Schwellen jeweils bei 50 Millionen EUR (a)) und 5 Millionen EUR (b)). Die frühere nachträgliche Anmeldepflicht bei Erreichen eines Marktanteils von 10 % bzw. eines Inlandsumsatzes von 15 Millionen Euro wurde durch das Gesetz Nr. 3959/2011 abgeschafft.

83 In bestimmten Wirtschaftsbereichen wie etwa dem Finanz- und Versicherungssektor oder der Energiewirtschaft gelten besondere Bestimmungen. Zusammenschlüsse zwischen oder mit ausländi-

---

[15] Der Gesetzestext sowie eine englische Übersetzung desselben sind auf der Internetseite der griechischen Wettbewerbsbehörde unter www.epant.gr abrufbar; vgl. iE hierzu Rowley/Baker/Almyroudi/Bernitsas Chapter 21; Verloop/Landes/Kostakopoulos, 209–223; Breibart/Paraskevas ECLR 1995, 483; Papathoma/Baetge RIW 1996, 1013; Pournara/Varvayannis EBLRev. 1995, 279; Schina EBLRev. 1991, 189; Soufleros GRUR Int. 1995, 539; Vainanidis/Pournara ECLR 1993, 226.

8. Griechenland

schen Unternehmen fallen in den Anwendungsbereich der Fusionskontrolle, sofern die Aufgreifschwellen überschritten sind und der Zusammenschluss aktuellen oder potenziellen, direkten oder indirekten Einfluss auf den Wettbewerb in Griechenland haben kann. Nach der Praxis der Wettbewerbskommission liegt eine solche Inlandsauswirkung bereits dann vor, wenn bislang nicht in Griechenland tätige (ausländische) Unternehmen vor dem Zusammenschluss unabhängig voneinander einen Eintritt in den griechischen Markt erwogen haben.

Zusammenschlüsse, die einer vorherigen Anmeldung bedürfen, müssen innerhalb von **30** **84** **Kalendertagen** nach Abschluss des Vertrages, der Veröffentlichung eines Kauf- oder Tauschangebots oder dem Erwerb einer kontrollierenden Beteiligung bei der Wettbewerbskommission angemeldet werden und unterliegen einem **Vollzugsverbot.** Eine vorherige Anmeldung vor diesen Ereignissen löst nicht die gesetzliche Prüfungsfrist aus. Die früher geltende parallele Anmeldepflicht von Zusammenschlüssen im Telekommunikationssektor bei der nationalen Post- und Telekommunikationsbehörde ist durch das Gesetz Nr. Nr. 3959/2011 entfallen. Das Vollzugsverbot entfällt erst mit der Freigabe des Zusammenschlusses bzw. wenn innerhalb einer Frist von 90 Kalendertagen keine behördliche Entscheidung ergangen ist. Vom Vollzugsverbot können auf Antrag Ausnahmen zugelassen werden, um schwere Schäden von den beteiligten Unternehmen oder Dritten abzuwenden. Gegebenenfalls kann die Wettbewerbskommission eine solche Ausnahme mit Bedingungen und/oder Auflagen versehen, um die Voraussetzungen für wirksamen Wettbewerb zu gewährleisten. Für die vorherige Anmeldung ist ein dem Formblatt CO ähnlendes Formblatt zu verwenden und eine Anmeldegebühr von 1.100 Euro zu entrichten.

Das **Fusionskontrollverfahren** gliedert sich in zwei Phasen. In der **ersten Phase** ermittelt **85** der Präsident der Wettbewerbskommission innerhalb **eines Monats** den entscheidungserheblichen Sachverhalt. Dazu stehen ihm umfangreiche Auskunfts- und Nachprüfungsbefugnisse zur Verfügung. Der neue Gesetzesentwurf vom 6.8.2021 sieht die Möglichkeit für die beteiligten Parteien vor, bereits während der ersten Phase Abhilfemaßnahmen anzubieten. Kommt der Präsident am Ende der ersten Phase zu der Auffassung, dass der Zusammenschluss keine wettbewerblichen Probleme aufwirft, so gibt er den Zusammenschluss frei. Andernfalls eröffnet er durch das Hauptprüfverfahren und damit die **zweite Phase.** Spätestens **45 Tage** nach der Anmeldung müssen die beteiligten Unternehmen Gelegenheit zur schriftlichen und mündlichen Stellungnahme erhalten. Die Behörde wird vor der Anhörung einen Bericht über das vorläufige Ergebnis der Prüfung veröffentlichen. Spätestens 20 Tage nach der Veröffentlichung des vorläufigen Berichts können die beteiligten Unternehmen Zusagen anbieten, um wettbewerbliche Bedenken der Wettbewerbskommission zu beseitigen. Innerhalb von 90 Tagen nach der Anmeldung muss die Wettbewerbskommission sodann abschließend über die Genehmigung des Zusammenschlussvorhabens entscheiden. Mit Zustimmung der beteiligten Unternehmen können die Entscheidungsfristen in der ersten und der zweiten Phase allerdings verlängert werden. Der Wettbewerbskommission stehen für ihre abschließende Entscheidung drei Optionen zur Verfügung. Sie kann den Zusammenschluss ohne Einschränkungen freigeben, die Freigabe mit Bedingungen und/oder Auflagen verbinden oder die Durchführung des Zusammenschlusses untersagen.

Durch das Gesetz vom 2.8.2005 wurde das **materielle Eingreifkriterium** an das Gemein- **86** schaftsrecht angepasst. Danach muss die Wettbewerbskommission einen Zusammenschluss untersagen, wenn hierdurch wirksamer Wettbewerb in Griechenland erheblich behindert würde, insbesondere durch Begründung oder Verstärkung einer beherrschenden Stellung. Bei der materiellrechtlichen Prüfung orientiert sich die Wettbewerbskommission weitgehend an der Praxis der Europäischen Kommission und berücksichtigt unter anderem die Marktstruktur und die Marktstellung der Unternehmen, deren Zugang zu den Versorgungsquellen und den Absatzmärkten, die Wahlmöglichkeiten der Lieferanten und Abnehmer, Marktzugangsschranken sowie die Entwicklung der Nachfrage und des Angebots. Soweit Vollfunktionsgemeinschaftsunternehmen eine Koordinierung des Wettbewerbsverhaltens voneinander unabhängig bleibender Unternehmen bezwecken oder bewirken, finden zusätzlich die für Kartelle geltenden Vorschriften Anwendung.

Die früher bestehende Möglichkeit, dass ein von der Wettbewerbskommission untersagter **87** Zusammenschluss durch einen gemeinsamen Beschluss der Minister für Finanzen und für Wirtschaft erlaubt werden kann, wenn die durch den Zusammenschluss bewirkten Nachteile durch **allgemeinwirtschaftliche Vorteile** zumindest ausgeglichen werden, wurde durch das Gesetz Nr. 3959/2011 abgeschafft.

Verstöße gegen die vorherige Anmeldepflicht und das Vollzugsverbot sind mit **Geldbuße** in **88** Höhe von mindestens 30.000 Euro bis maximal 10 % des weltweiten Gesamtumsatzes des anmeldepflichtigen Unternehmens bedroht. Derselbe Bußgeldrahmen gilt auch für verspätete Anmeldungen. Darüber hinaus kann die Wettbewerbskommission ähnlich wie im Gemeinschaftsrecht die Entflechtung des Zusammenschlusses anordnen. Verstöße gegen die vorherige Anmeldepflicht sowie das

Vollzugsverbot erfüllen zudem einen **Straftatbestand**. Bei Zuwiderhandlung kann gegen die verantwortlichen natürlichen Personen eine Geldstrafe in Höhe von mindestens 15.000 Euro bis maximal 150.000 Euro verhängt werden. Auch das bewusste Zurückhalten und die Vorlage wissentlich falscher Informationen stellen, genauso wie jede Behinderung der Ermittlungen, strafbare Handlungen dar, die mit Geldstrafe von bis zu 15.000 Euro oder Freiheitsstrafe von bis zu drei Monaten bedroht sind. Verstoßen die Beteiligten gegen Nebenbestimmungen der Entscheidung kann die Freigabe widerrufen werden.

89   Gegen die Entscheidungen der Wettbewerbskommission sind **Rechtsmittel** zum Berufungsgericht in Verwaltungssachen in Athen zulässig, dessen Entscheidungen wiederum vor dem obersten Verwaltungsgericht, dem Staatsrat, angefochten werden können.

90   **9. Irland. Rechtsgrundlage** für die Fusionskontrolle in der Republik Irland ist der Competition Act aus dem Jahre 2002, in der Fassung des Competition and Consumer Protection Act 2014.[16] Mit der Modernisierung des seit 1978 bestehenden Fusionskontrollregimes wurde eine weitgehende Harmonisierung mit dem Gemeinschaftsrecht erreicht. Die **Zuständigkeit** für die Anwendung der Fusionskontrolle liegt in den Händen einer unabhängigen Wettbewerbsbehörde („Competition and Consumer Protection Commission"), die im Oktober 2014 aus dem Zusammenschluss der irischen Wettbewerbs- und der Verbraucherschutzbehörde entstanden ist und deren Vorsitzender und vier Direktoren vom Minister für Unternehmen und Innovation ernannt werden. Sie ist zuständig für die Ermittlung des Sachverhalts und die abschließende Entscheidung. Unter dem alten Fusionskontrollregime nahm die Wettbewerbsbehörde nur eine beratende Funktion wahr, während die Entscheidungsgewalt allein beim Minister lag. Besondere Kompetenzen des Ministers für Kommunikation, Klimaschutz und Umwelt bestehen jedoch nach wie vor bei Medienzusammenschlüssen.

91   Einen **Konzentrationstatbestand** erfüllen die Unternehmensfusion, der Kontrollerwerb und die Gründung von Vollfunktionsgemeinschaftsunternehmen. Ein Zusammenschluss wird auch dann bewirkt, wenn ein Unternehmen das Geschäftsvermögen eines anderen Unternehmens in seiner Gesamtheit oder zu einem wesentlichen Teil einschließlich des „Goodwill" erwirbt, wenn hierdurch der Erwerber die Geschäftstätigkeit des Veräußerers ganz oder im Wesentlichen durch seine eigene Geschäftstätigkeit ersetzen kann.

92   Der **Geltungsbereich** der einschlägigen Vorschriften wird durch drei kumulative Kriterien bestimmt. Sie finden Anwendung, wenn im letzten Geschäftsjahr vor dem Zusammenschluss
a) der Gesamtumsatz aller beteiligten Unternehmen in der Republik Irland mindestens 60 Millionen Euro beträgt und
b) der Umsatz jedes beteiligten Unternehmens in der Republik Irland jeweils mindestens 10 Millionen Euro beträgt.

93   Auf Zusammenschlüsse zwischen oder mit ausländischen Unternehmen findet die irische Fusionskontrolle Anwendung, sofern die Umsatzschwellen überschritten sind. Eine gesonderte Prüfung der Inlandsauswirkung ist nicht erforderlich.

94   Besonderheiten gelten für **Zusammenschlüsse im Medienbereich**. Medienzusammenschlüsse im Sinne des Gesetzes fallen auch dann in den Geltungsbereich der Fusionskontrolle, wenn die vorstehenden Umsatzkriterien nicht erfüllt sind. Ein Medienzusammenschluss liegt vor, wenn zumindest eines der beteiligten Unternehmen in der Republik Irland im Medienbereich tätig ist, das heißt entweder Zeitungen oder Zeitschriften veröffentlicht, Rundfunkprogramme verbreitet oder Rundfunkübertragungsplattformen betreibt.

95   Alle vom Gesetz erfassten Zusammenschlüsse bedürfen der **vorherigen Anmeldung**. Die frühere Anmeldefrist von einem Monats nach Vertragsschluss wurde durch den Competition and Consumer Protection Act 2014 aufgehoben. Die Anmeldung, für die eine Gebühr von 8.000 Euro zu entrichten ist, muss die in einem Formblatt bezeichneten umfangreichen Angaben enthalten. Bis zur endgültigen Entscheidung der Wettbewerbsbehörde bzw. dem ergebnislosen Ablauf der gesetzlichen Entscheidungsfristen gilt ein **Vollzugsverbot**.

96   Zusammenschlüsse, die nicht die Aufgreifkriterien erfüllen und daher nicht der zwingenden Anmeldepflicht unterliegen, können von den beteiligten Unternehmen **freiwillig angemeldet** werden. Grund hierfür ist, dass die allgemeinen Vorschriften des Competition Act 2002 über wettbewerbsbeschränkende Vereinbarungen und missbräuchliche Verhaltensweisen in vollem Umfang auf nicht anmeldepflichtige Zusammenschlüsse anwendbar sind. Das freiwillige Anmeldesystem ermöglicht es den

---

[16] Der Gesetzestext ist auf der Internetseite der irischen Wettbewerbsbehörde unter http://www.ccpc.ie abrufbar. Vgl. hierzu: Wade, ECLR 2015, 52; Eaton, ECLR 2015, 401; Tormey, ECLR 2014, 534; Rowley/Baker/FitzGerald/Johnston Chapter 28; Verloop/Landes/Collins, 231–269; Andrews ECLR 2003, 288; Burnside/Stuart ECLR 1992, 38; Celli ECLR 1998, 547; Goodman ECLR 2003, 331; Kelly Competition Law Insight 2004, 21; Krohs/Reimann WuW 2003, 1266; Little Competition Law Insight 2003, 11; Power International Business lawyer 2002, 247; Whish, Competition Law, 6. Aufl. 2009.

Unternehmen in wettbewerblich problematischen Fällen eine Überprüfung durch die Wettbewerbsbehörde zu beantragen, mit dem Ziel einer auch gegenüber Dritten verbindlichen Freigabe des Vorhabens. Der Vollzug des Zusammenschlusses wird durch die freiwillige Anmeldung nicht gehemmt, ist aber mit dem Risiko einer späteren negativen Entscheidung der Wettbewerbsbehörde verbunden. Das weitere Verfahren nach einer freiwilligen Anmeldung ist mit dem zwingenden Anmeldeverfahren identisch.

Das Fusionskontrollverfahren verläuft in **zwei Phasen.** Innerhalb von **30 Arbeitstagen** nach Erhalt der vollständigen Anmeldeunterlagen muss die Wettbewerbsbehörde den beteiligten Unternehmen mitteilen, ob sie den Zusammenschluss genehmigt oder ein Hauptprüfverfahren einleitet. Die Frist kann auf maximal 45 Arbeitstage verlängert werden, wenn die beteiligten Unternehmen der Wettbewerbsbehörde Abhilfemaßnahmen vorschlagen. Im Hauptprüfverfahren muss die Wettbewerbsbehörde innerhalb von **120 Arbeitstagen** nach Eröffnung des Hauptprüfverfahrens zu einer endgültigen Entscheidung gelangen. Diese Frist verlängert sich auf 135 Arbeitstage, wenn die beteiligten Unternehmen Zusagen anbieten. Hat die Behörde den Zusammenschluss innerhalb von sechs Wochen nach Einleitung der zweiten Phase nicht genehmigt, so erhalten die beteiligten Unternehmen Gelegenheit zur schriftlichen und mündlichen Stellungnahme. In der zweiten Phase prüft die Wettbewerbsbehörde, ob infolge des Zusammenschlusses der Wettbewerb auf dem betroffenen Markt in der Republik Irland erheblich vermindert wird (**„substantially lessen competition"**). Das dem „SLC"-Test des US-amerikanischen Kartellrechts nachempfundene Eingreifkriterium wurde bereits mit dem Competition Act 2002 in das irische Recht übernommen. Die Wettbewerbsbehörde hat ihre Grundsätze zur Auslegung dieses Kriteriums in einer Mitteilung veröffentlicht.[17] Ob ein Zusammenschluss zu einer wesentlichen Verminderung des Wettbewerbs führt soll danach anhand seiner Auswirkungen auf die Konsumentenwohlfahrt („consumer welfare") beurteilt werden. Diese Auswirkungen sollen sich in den meisten Fällen daran messen lassen, ob es infolge des Zusammenschlusses zu einem Anstieg der Preise bzw. einer Reduzierung der Produktionsmenge kommen wird. Im Einzelnen wird zwischen koordinierten Effekten („co-ordinated effects") und einseitigen Effekten („unilateral effects") eines Zusammenschlusses unterschieden. Der Wettbewerbsbehörde stehen mehrere Optionen für ihre abschließende Entscheidung zur Verfügung. Sie kann entscheiden, dass der Zusammenschluss ohne Einschränkungen, nur bei Einhaltung bestimmter Bedingungen oder gar nicht vollzogen werden darf.

Besondere Verfahrensregeln gelten für **Medienzusammenschlüsse.** Diese müssen nicht nur bei der Wettbewerbsbehörde sondern zugleich auch beim Minister für Kommunikation, Klimaschutz und Umwelt angemeldet werden. Die Prüfung durch den Minister erfolgt allerdings erst nach der Freigabe durch die Wettbewerbsbehörde innerhalb von 30 Arbeitstagen. Besteht die Befürchtung, dass der Zusammenschluss negative Auswirkungen auf die Meinungsvielfalt in der Republik Irland haben könnte, wird der Zusammenschluss in einer 2. Phase von der irischen Rundfunkbehörde innerhalb von weiteren 80 Arbeitstagen geprüft. Die endgültige Entscheidung über die Freigabe oder Untersagung des Zusammenschlusses erfolgt wiederum durch den Minister innerhalb von 20 Arbeitstagen nach Erhalt des Abschlussberichts der Rundfunkbehörde.

Ein Verstoß gegen die Anmeldepflicht stellt einen **Straftatbestand** dar. Unterbleibt eine Anmeldung oder wird eine solche nicht fristgerecht eingereicht, kann gegen die verantwortlichen natürlichen Personen eine Geldstrafe in Höhe von bis zu 250.000 Euro sowie ein tägliches Zwangsgeld von bis zu 25.000 Euro verhängt werden. Auch Verstöße gegen freiwillige Zusagen stellen strafbare Handlungen dar, die mit Geldstrafe von bis zu 10.000 Euro und/oder bis zu zwei Jahren Freiheitsentzug bestraft werden können. Die Strafen können allerdings nicht von der Wettbewerbsbehörde selbst verhängt werden; dies kann nur die Staatsanwaltschaft. Ein Verstoß gegen das Vollzugsverbot führt zwar zur Nichtigkeit des Vollzugsgeschäftes, kann aber nicht mit Bußgeldern/Geldstrafen geahndet werden, solange der Zusammenschluss zwar angemeldet aber nicht untersagt wurde.

Die Parteien des Zusammenschlusses können die Entscheidungen der Wettbewerbsbehörde vor dem obersten irischen Gerichtshof (High Court) **anfechten.** Klagen Dritter gegen eine Freigabeentscheidung sind nicht zulässig.

10. Italien. Italien verfügt erst seit 1990 über eine Fusionskontrolle, die ihre **Rechtsgrundlage** im Gesetz Nr. 287 vom 10.10.1990 zum Schutz des Wettbewerbs und des Marktes hat, zuletzt geändert durch das Gesetz Nr. 104 vom 2.7.2010.[18] Ergänzende Vorschriften für das Verfahren sind

---

[17] „Guidelines for merger analysis" v. 31.10.2014, abrufbar unter http://ccpc.ie.
[18] Der konsolidierte Gesetzestext ist auf der Internetseite der italienischen Wettbewerbsbehörde unter https://agcm.it/abrufbar. Vgl. im Einzelnen hierzu Kaufmann, Das italienische Kartellgesetz von 1990 und sein Verhältnis zum europäischen Recht der Wettbewerbsbeschränkungen, 1993; Rowley/Baker/Caiazzo Chapter 30; Verloop/Landes/Jacchia/Zabert, 271–299; Argentati ECLR 2004, 304; Beck WuW 1991, 707; Braggion RIW 1994, 1002; Brosio EuZW 1991, 225; Criscione ECLR 1994, 108; Ebenroth/Kaiser RIW 1991, 8; Giosca/Delfino EWS 1990, 258; Heimler ECLR 1998, 315; Kaiser WuW 1993, 1002; Mancini ECLR 1991, 45; Munari EuZW 1991, 489; Siragusa/Scassellati-Sforzolini CMLR 1992, 93.

im Präsidialdekret Nr. 217 vom 30.4.1998 enthalten.[19] **Zuständig** für die Anwendung des Gesetzes ist eine unabhängige Wettbewerbsbehörde („Autorità Garante della Concorrenza e del Mercato"), die keinem bestimmten Ministerium zugeordnet, sondern allein dem Parlament verantwortlich ist. Der Präsident der Behörde und die vier Kommissare werden von den Präsidenten der beiden Kammern des Parlaments für eine einmalige Amtszeit von sieben Jahren ernannt und müssen bereits hohe Verwaltungs- oder Richterposten bekleidet haben und für ihre Unabhängigkeit bekannt sein.

102 Der **Zusammenschlussbegriff** der italienischen Fusionskontrolle entspricht demjenigen in Art. 3 der VO 4064/89 in ihrer Fassung vor dem Inkrafttreten der Änderungsverordnung VO 1310/97 am 1.3.1998. Erfasst werden danach die Unternehmensfusion, der Kontrollerwerb sowie die Gründung von Vollfunktionsgemeinschaftsunternehmen, solange diese nicht die Koordinierung des Wettbewerbsverhaltens voneinander unabhängig bleibender Unternehmen bezwecken oder bewirken. Nicht unter die Fusionskontrollvorschriften fallen mithin kooperative Vollfunktionsgemeinschaftsunternehmen und Teilfunktionsgemeinschaftsunternehmen, für die ausschließlich das Kartellverbot gilt. Eine dem Art. 3 Abs. 5 nachgebildete Vorschrift nimmt bestimmte Erwerbsvorgänge von Banken und Finanzinstituten von der Anwendung des Gesetzes aus.

103 Ein Zusammenschluss fällt in den **Geltungsbereich** der Fusionskontrollvorschriften (Art. 5), wenn im letzten Geschäftsjahr vor dem Zusammenschluss
a) der Gesamtumsatz aller beteiligten Unternehmen in Italien zusammen mehr als 517 Millionen Euro beträgt oder
b) der Umsatz von mindestens zwei der beteiligten Unternehmen in Italien jeweils mehr als 31 Millionen Euro beträgt.

104 Zusammenschlüsse zwischen oder mit ausländischen Unternehmen fallen grundsätzlich in den Anwendungsbereich der Fusionskontrolle, sofern eines der vorstehenden Umsatzkriterien erfüllt ist.

105 Die Umsatzkriterien werden jährlich überprüft und entsprechend der **Inflationsentwicklung** angepasst. Die letzte Anpassung erfolgte im März 2022. Für einige Wirtschaftsbereiche gelten besondere Bestimmungen. Bei Banken tritt an die Stelle des Umsatzes ein Zehntel der Bilanzsumme und bei Versicherungsgesellschaften die Summe der eingenommenen Prämien. Zusammenschlüsse, die den Bereich des **Vertriebs von Spielfilmen an Kinos** betreffen, sind unabhängig von der Erfüllung der vorgenannten Umsatzkriterien immer dann anzumelden, wenn der Erwerber hierdurch einen Anteil von mehr als 25 % auf dem inländischen Markt oder in einer von 12 gesetzlich bestimmten größeren Städten erhält. Einer generellen, weder an Umsätze noch an Marktanteile gebundenen Anmeldepflicht unterliegen bestimmte Transaktionen von Unternehmen, die Dienstleistungen von allgemeinem, wirtschaftlichem Interesse erbringen oder ein **staatliches Monopol** ausüben. Gründen diese Unternehmen neue oder erwerben sie bereits bestehende Gesellschaften, die außerhalb ihres jeweiligen gesetzlichen Aufgabebereichs tätig sind, so sind diese Transaktionen stets bei der Wettbewerbsbehörde anzumelden.

106 Zusammenschlüsse, die in den Geltungsbereich des Gesetzes fallen, unterliegen einer gesetzlichen Verpflichtung zur **vorherigen Anmeldung.** Die Anmeldung muss erfolgen bevor der Erwerber einen wesentlichen Einfluss auf das Wirtschaftsverhalten des erworbenen Unternehmens ausüben kann. Eine bestimmte Anmeldefrist besteht nicht. Eine Anmeldegebühr wird nicht erhoben. Die Anmeldung muss die in einem Formblatt bezeichneten umfangreichen Angaben enthalten. Seit kurzem kann die Anmeldung auch elektronisch auf CD-ROM erfolgen und auch per E-Mail an die Wettbewerbsbehörde übermittelt werden. Das italienische Fusionskontrollrecht kennt **kein generelles Vollzugsverbot.** Zusammenschlüsse können daher regelmäßig unmittelbar nach ihrer Anmeldung vollzogen werden. Nach Eröffnung der zweiten Verfahrensphase kann die Wettbewerbsbehörde jedoch die weitere Durchführung des Zusammenschlusses bis zum Verfahrensabschluss verbieten, sofern ernsthafte wettbewerbliche Bedenken bestehen. In jedem Fall ist der Vollzug des Zusammenschlusses vor dessen Genehmigung mit dem Risiko einer Entflechtung für den Fall einer negativen Beurteilung durch die Wettbewerbsbehörde behaftet. Bei öffentlichen Übernahmeangeboten muss die Anmeldung bei der Wettbewerbsbehörde zeitgleich mit derjenigen bei der italienischen Börsenaufsicht („Commissione Nazionale per le Società e la Borsa") erfolgen.

107 Das **Fusionskontrollverfahren** besteht aus zwei Phasen. Innerhalb von **30 Kalendertagen** nach Erhalt der vollständigen Anmeldung, im Falle eines öffentlichen Übernahmeangebots innerhalb von 15 Kalendertagen, hat die Wettbewerbsbehörde zu prüfen, ob der Zusammenschluss Anlass zu ernsthaften wettbewerblichen Bedenken gibt. Fehlen wesentliche Informationen, kann die Behörde die 30-Tage-Frist aussetzen. Diese beginnt nach Einreichung der Informationen von neuem an zu laufen. Hat die Behörde keine wettbewerblichen Bedenken, so hat sie den Zusammenschluss durch eine förmliche Entscheidung freizugeben. Andernfalls tritt die Behörde in die vertiefte Prüfung des Falles ein, womit die zweite Phase des Verfahrens beginnt. Innerhalb von **45 Kalendertagen** nach

---

[19] Gazetta Ufficiale Nr. 158 vom 9.7.1998.

Eröffnung der zweiten Phase muss die Behörde eine abschließende Entscheidung über den Zusammenschluss treffen und diese den Beteiligten bekannt geben. Fordert die Behörde die Unternehmen zur Vorlage von Informationen auf und kommen die Unternehmen dieser Aufforderung nicht nach, kann die Frist um maximal 30 Tage verlängert werden. Wird eine der vorstehenden Entscheidungsfristen versäumt, gilt der Zusammenschluss als genehmigt. Betrifft der Zusammenschluss eine Versicherungsgesellschaft, kann die Frist um weitere 30 Tage verlängert werden. Abweichende Fristen gelten auch bei Zusammenschlüssen von Kreditinstituten, die von der Wettbewerbsbehörde innerhalb von 60 Kalendertagen geprüft werden müssen. Im Rahmen der Ermittlung des Zusammenschlusssachverhalts verfügt die Wettbewerbsbehörde über weitreichende Befugnisse. Sie kann von den Verfahrensbeteiligten und Dritten weitere Informationen anfordern, Inspektionen der Geschäftsbücher und anderer Aufzeichnungen der Unternehmen durchführen und bei Nichtbefolgung ihrer Anordnungen Zwangsgelder in Höhe von bis zu 25.823 Euro verhängen. Die Vorlage unrichtiger oder irreführender Informationen kann mit Bußgeldern in Höhe von bis zu 51.645 Euro geahndet werden.

Die gesetzlichen **Eingreifkriterien** entsprechen weitgehend denjenigen in Art. 2 Abs. 2 und 3 VO 4064/89. Entscheidend ist, ob durch den Zusammenschluss eine beherrschende Stellung begründet oder verstärkt wird, durch die der Wettbewerb auf dem inländischen Markt spürbar und dauerhaft eingeschränkt wird. Dabei muss die Wettbewerbsbehörde verschiedene Faktoren berücksichtigen, darunter die der Wahlmöglichkeiten der Lieferanten und Abnehmer, die Marktstellung der Unternehmen, deren Zugang zu den Versorgungsquellen und den Absatzmärkten, die Marktstruktur, das Bestehen von Marktzugangsschranken, die Entwicklung der Nachfrage und des Angebots sowie die internationale Wettbewerbslage der italienischen Industrie.

Gelangt die Wettbewerbsbehörde nach Abschluss ihrer Ermittlungen zu dem Ergebnis, dass der Zusammenschluss die Untersagungsvoraussetzungen erfüllt, so hat sie ihn grundsätzlich zu verbieten. Ist dies nicht der Fall, gibt sie den Zusammenschluss frei. Eine Freigabe unter Auflagen oder Bedingungen kann allerdings nur in der zweiten Phase erfolgen. Die förmliche Entscheidung ist außer den Beteiligten auch dem Minister für Industrie, Handel und Handwerk bekannt zu geben. Vor Entscheidungen, die die Bereiche Versicherungen, Telekommunikation, Rundfunk und Medien betreffen, hat die Wettbewerbsbehörde Stellungnahmen der für die jeweiligen Zweige zuständigen Aufsichts- und Regulierungsbehörden einzuholen, die jedoch rechtlich nicht verbindlich sind.

Ausnahmsweise kann die Wettbewerbsbehörde einen Zusammenschluss, der an sich die Untersagungsvoraussetzungen erfüllt, aus **gesamtwirtschaftlichen Gründen genehmigen**. Voraussetzung ist allerdings, dass dies nicht zu einer Ausschaltung oder Beschränkung des Wettbewerbs führt, die nicht zur Erreichung der erwähnten gesamtwirtschaftlichen Gründe unerlässlich ist. In diesem Fall muss die Wettbewerbsbehörde geeignete Maßnahmen ergreifen, um innerhalb einer bestimmten Frist die Voraussetzungen für einen uneingeschränkten Wettbewerb wieder herzustellen. Diese Ausnahme hat jedoch bislang noch keine Bedeutung erlangt. Die durch den Ministerrat zu erfolgende Festlegung der Kriterien für die Anwendung dieser Vorschrift durch eine Verordnung steht ebenfalls noch aus.

Andererseits kann ein von der Wettbewerbsbehörde erlaubter Zusammenschluss vom Ministerpräsidenten auf Vorschlag des Ministers für Industrie, Handel und Handwerk und nach Zustimmung des Ministerrates aus wichtigen gesamtwirtschaftlichen Gründen **ausnahmsweise verboten** werden. Solche Gründe liegen allerdings nur dann vor, wenn an dem Zusammenschluss Unternehmen aus Staaten beteiligt sind, welche die Unabhängigkeit der Marktteilnehmer nicht durch Regelungen schützen, die mit denen des italienischen Wettbewerbsgesetzes vergleichbar sind oder die italienische Unternehmen beim Unternehmenserwerb in ihren Ländern diskriminieren. Die Vorschrift, deren Vereinbarkeit mit dem Gemeinschaftsrecht zweifelhaft ist, wurde bisher noch nicht angewandt.

Grundsätzlich finden die Vorschriften der Fusionskontrolle auf Unternehmen, die kraft Gesetzes Dienstleistungen von allgemeinem wirtschaftlichem Interesse erbringen oder **staatliche Monopolrechte** ausüben insoweit keine Anwendung, als es um die Erfüllung der diesen Unternehmen anvertrauten spezifischen Aufgaben geht. Wirtschaftliche Tätigkeiten außerhalb des ihnen gesetzlich übertragenen Aufgabenbereichs dürfen diese Unternehmen jedoch nur durch organisatorisch selbständige Gesellschaften ausüben, auf deren Gründung die Fusionskontrollvorschriften in vollem Umfang Anwendung finden.

Ein Verstoß gegen die Anmeldepflicht kann mit **Geldbußen** von bis zu 1 % des Vorjahresumsatzes des betreffenden Unternehmens geahndet werden. Der Vollzug eines Zusammenschlusses trotz Untersagung sowie der Verstoß gegen Freigabebedingungen ist mit Geldbußen von mindestens 1 % bis höchstens 10 % des Umsatzes des Unternehmens, das Gegenstand der Transaktion ist, bedroht.

Gegen Entscheidungen der Wettbewerbsbehörde steht den beteiligten sowie dritten Unternehmen das **Rechtsmittel** der Nichtigkeitsklage zum Verwaltungsgericht Latium offen. Dessen Urteile können letztinstanzlich vor dem obersten Verwaltungsgericht Italiens angefochten werden.

115 **11. Lettland.** Die **Rechtsgrundlage** für die Fusionskontrolle in Lettland ist das Wettbewerbsgesetz vom 4.10.2001, das am 1.1.2002 in Kraft getreten ist und zuletzt durch Gesetz vom 12.5.2016 mit Wirkung zum 15.6.2016 geändert wurde.[20] Ergänzende Verfahrensvorschriften enthält die Regierungsverordnung Nr. 897 vom 26.10.2004.[21] **Zuständig** für die Anwendung der Vorschriften ist der Wettbewerbsrat („Konkurences padome"), eine 1998 errichtete und dem Wirtschaftsminister unterstellte unabhängige Behörde. Der Vorsitzende und die Mitglieder des Wettbewerbsrates werden vom Ministerrat ernannt und sind nicht an Weisungen gebunden. Die Ermittlung des Zusammenschlusssachverhalts und die Vorbereitung der Entscheidungen werden vom Büro des Wettbewerbsrates („Birojs") durchgeführt.

116 Der **Zusammenschlussbegriff** entspricht weitgehend demjenigen des Gemeinschaftsrechts. Erfasst werden die Unternehmensfusion, der Kontrollerwerb sowie die Gründung von Gemeinschaftsunternehmen. Im Unterschied zur FKVO unterscheidet das Gesetz jedoch nicht zwischen Vollfunktions- und Teilfunktionsgemeinschaftsunternehmen. Damit unterliegt auch die Gründung von solchen Gemeinschaftsunternehmen der Fusionskontrolle, die nicht auf Dauer alle Funktionen einer selbständigen wirtschaftlichen Einheit erfüllen. Eventuelle kooperative Wirkungen von Gemeinschaftsunternehmen werden anhand der für Kartelle geltenden Vorschriften geprüft.

117 Den **Geltungsbereich** der lettischen Fusionskontrolle bestimmt das Gesetz durch zwei kumulative Umsatzkriterien. Die Vorschriften sind danach anwendbar, wenn im letzten Geschäftsjahr vor dem Zusammenschluss

a) der Gesamtumsatz aller beteiligten Unternehmen in Lettland zusammen mindestens 30 Millionen Euro beträgt und

b) mindestens zwei der am Zusammenschluss beteiligten Unternehmen in Lettland einen Umsatz von jeweils mindestens 1,5 Millionen Euro erzielen.

Werden die Umsatzschwellen nicht erreicht, so kann der Wettbewerbsrat innerhalb von 12 Monaten nach dem Vollzug eine nachträgliche Anmeldung verlangen, wenn die Zusammenschlussbeteiligten direkte Wettbewerber sind und ihr gemeinsamer Marktanteil auf einem relevanten Markt infolge des Zusammenschlusses mehr als 40 % beträgt und zu erwarten ist, dass der Zusammenschluss zur Begründung oder Verstärkung einer marktbeherrschenden Stellung bzw. zur Einschränkung des Wettbewerbs führt.

118 Einzelheiten der Umsatzberechnung sind in der Regierungsverordnung Nr. 897 vom 26.10.2004 geregelt. Zusammenschlüsse mit oder zwischen ausländischen Unternehmen unterfallen dann nicht der lettischen Fusionskontrolle, wenn zumindest ein beteiligtes Unternehmen weder direkt noch indirekt geschäftlich in Lettland tätig ist.

119 Alle Zusammenschlüsse, die die Aufgreifkriterien erfüllen, müssen vor ihrem Vollzug beim Wettbewerbsrat **angemeldet** werden. Dies kann auch bereits vor Abschluss eines bindenden Vertrages geschehen. Bei Zusammenschlüssen, die nicht die Umsatzschwellen erreichen, können die Beteiligten den Wettbewerbsrat um die Bestätigung ersuchen, dass dieser keine nachträgliche Anmeldung verlangen wird. Die Anmeldung muss die in der Regierungsverordnung Nr. 800 vom 29.9.2008 aufgeführten Angaben enthalten. Die Anmeldegebühr in Höhe von 2.000 bis 8.000 Euro muss vor Einreichung der Anmeldung beglichen werden. In wettbewerblich unproblematischen Fällen ist eine Anmeldung in Kurzform möglich. Das Gesetz kennt **kein** mit der Anmeldung verbundenes **ausdrückliches Vollzugsverbot.** Untersagt der Wettbewerbsrat jedoch einen Zusammenschluss oder gibt ihn nur unter Bedingungen frei, so gilt ein vorheriger Vollzug als Verstoß gegen die Entscheidung des Wettbewerbsrates. Ein solcher Verstoß kann mit Zwangsgeldern für jeden Tag der Zuwiderhandlung geahndet werden. Der Vollzug eines Zusammenschlusses ohne vorherige Anmeldung kann vom Wettbewerbsrat mit einem Bußgeld von bis zu 3 % des Umsatzes des Erwerbers geahndet werden.

120 Das Genehmigungsverfahren unterteilt sich in **zwei Phasen.** Nach Erhalt der Anmeldung prüft der Wettbewerbsrat diese zunächst auf ihre Vollständigkeit und fordert gegebenenfalls von den Unternehmen zusätzliche Informationen an. In diesem Fall werden die geltenden Entscheidungsfristen erst mit Eingang der fehlenden Informationen bei der Behörde in Gang gesetzt. Innerhalb von **einem Monat** muss der Wettbewerbsrat zu einer ersten Entscheidung gelangen. Er kann bereits am Ende der ersten Phase den Zusammenschluss verbieten, ihn unbeschränkt oder unter Bedingungen genehmigen oder eine eingehende Prüfung des Vorhabens anordnen. Im letzteren Fall muss die Entscheidung zur Hauptsache vor Ablauf einer Frist von **vier Monaten** ab Eingang der

---

[20] Der konsolidierte Gesetzestext sowie eine englische Übersetzung desselben sind auf der Internetseite der lettischen Wettbewerbsbehörde unter http://www.kp.gov.lv; vgl. iE hierzu Maskalans ECLR 2016, N-106; Rowley/Baker/Klavins/Blumbergs Chapter 36; Eisfeld WiRO 2004, 325.

[21] Der Text der Verordnung ist nur in lettischer Sprache auf der Internetseite der lettischen Wettbewerbsbehörde unter http://www.competition.lv abrufbar.

vollständigen Anmeldung erfolgen. Bei Anmeldungen in Kurzform beträgt die Frist nur drei Monate. Bei ergebnislosem Ablauf der vorstehend genannten Fristen gilt der Zusammenschluss als genehmigt. Der Rat kann die Frist auf Antrag der am Zusammenschluss beteiligten Unternehmen oder auf eigene Initiative hin um bis zu 15 Arbeitstage verlängern, wenn dies erforderlich ist um von den Parteien vorgeschlagenen Abhilfemaßnahmen zu prüfen.

Das **materielle Eingreifkriterium** des Gesetzes stellt darauf ab, ob durch den Zusammenschluss eine beherrschende Stellung begründet oder verstärkt wird oder durch die der Wettbewerb auf einem relevanten Markt spürbar eingeschränkt wird. **121**

In seiner endgültigen Entscheidung kann der Wettbewerbsrat den Zusammenschluss ohne Einschränkungen genehmigen, die Genehmigung mit Nebenbestimmungen versehen, die sicherstellen, dass der Zusammenschluss keine negativen Auswirkungen hat, oder aber den Zusammenschluss verbieten. Ist dieser bereits vollzogen, so kann der Wettbewerbsrat die Entflechtung anordnen. Die Vornahme einer unterlassenen Anmeldung kann vom Wettbewerbsrat mit Zwangsgeldern erzwungen werden. **122**

Gegen die verfahrensbeendenden Entscheidungen des Wettbewerbsrates sind **Rechtsmittel** zum Verwaltungsgericht zulässig, dessen Urteile vor dem Obersten Gerichtshof angefochten werden können. **123**

12. Litauen. Rechtsgrundlage der litauischen Fusionskontrolle ist das Gesetz Nr. VIII-1099 vom 23.3.1999, das seit dem mehrfach geändert wurde.[22] Für die Anwendung des Gesetzes ist der Wettbewerbsrat („Konkurencijos Taryba") **zuständig**, eine unabhängige nur dem Parlament und der Regierung verantwortliche Behörde. Die Vorschriften der litauischen Fusionskontrolle sind weitgehend dem gemeinschaftsrechtlichen Vorbild nachempfunden und der Wettbewerbsrat orientiert sich eng an der Praxis der Europäischen Kommission. **124**

Der **Begriff des Zusammenschlusses** umfasst neben der Unternehmensfusion auch den Kontrollerwerb und die Gründung von Gemeinschaftsunternehmen. Der Kontrollbegriff unterscheidet sich von demjenigen des Gemeinschaftsrechts insoweit, als bereits bei einem Erwerb von mehr als 25 % der Kapitalanteile und/oder der Stimmrechte eines Unternehmens das Bestehen eines kontrollierenden Einflusses auf das betreffende Unternehmen angenommen wird, mit der Folge, dass **Minderheitsbeteiligungen** in dieser Höhe regelmäßig unter die Fusionskontrolle fallen. **125**

Den **Geltungsbereich** der Fusionskontrolle bestimmt das Gesetz anhand von zwei kumulativen auf den Inlandsumsatz bezogenen Kriterien. Ein Konzentrationsvorgang ist danach anzumelden, wenn im letzten Geschäftsjahr **126**
a) der von den beteiligten Unternehmen in Litauen erzielte Gesamtumsatz zusammen mehr als 20 Millionen Euro beträgt und
b) mindestens zwei der am Zusammenschluss beteiligten Unternehmen einen Umsatz in Litauen von jeweils mehr als 2 Millionen Euro erzielen.

Fällt ein Zusammenschluss nicht unter die Umsatzschwellen, so kann der Wettbewerbsrat die beteiligten Unternehmen gleichwohl bis zu 12 Monate nach Vollzug des Zusammenschlusses zur Anmeldung auffordern, wenn zu erwarten ist, dass hierdurch eine marktbeherrschende Stellung begründet oder verstärkt wird. Zusammenschlüsse mit oder zwischen ausländischen Unternehmen werden wie solche zwischen inländischen Unternehmen behandelt. **127**

Zusammenschlüsse, welche die oben bezeichneten Aufgreifkriterien erfüllen, unterliegen einer gesetzlichen Verpflichtung zur **vorherigen Anmeldung.** Die die Anmeldepflicht auslösenden Ereignisse bestimmt das Gesetz in einer dem Art. 4 Abs. 1 entsprechenden Weise. Danach kann ein Zusammenschlussvorhaben auch bereits vor Abschluss eines bindenden Vertrages angemeldet werden, wenn es hinreichend konkret ist. Eine bestimmte Anmeldefrist besteht nicht. Die Anmeldung muss die in einem Formblatt aufgeführten detaillierten Angaben und umfangreichen Informationen enthalten.[23] Es ist eine Anmeldegebühr zu entrichten. Für anmeldepflichtige Zusammenschlüsse gilt bis zur endgültigen wettbewerbsbehördlichen Entscheidung ein gesetzliches **Vollzugsverbot.** Auf begründeten Antrag hin können Befreiungen vom Vollzugsverbot erteilt werden. **128**

Das **Genehmigungsverfahren** umfasst zwei Phasen. In der mit Erhalt der vollständigen Anmeldung beginnenden ersten Phase ermittelt der Wettbewerbsrat den Zusammenschlusssachverhalt und entscheidet innerhalb von **einem Monat,** ob der Zusammenschluss freigegeben werden kann oder ob er Anlass zu ernsthaften wettbewerblichen Bedenken gibt. Im letztgenannten Fall leitet der Wettbewerbsrat eine eingehende Untersuchung und damit die zweite Phase des Verfahrens **129**

---

[22] Der konsolidierte Gesetzestext sowie eine englische Übersetzung desselben sind auf der Internetseite der litauischen Wettbewerbsbehörde unter http://www.kt.gov.lt abrufbar; vgl. iE Rowley/Baker/Keserauskas Chapter 38.
[23] Annex 1 zum Beschluss des Wettbewerbsrates v. 27.4.2000 Nr. 45.

ein. Spätestens nach **vier Monaten** ab Eingang der Anmeldung muss der Wettbewerbsrat zu einer abschließenden Entscheidung gelangen. Die Entscheidungsfristen in der ersten und zweiten Phase können jeweils um einen Monat verlängert werden, wenn die beteiligten Unternehmen Abhilfemaßnahmen anbieten. Ergeht innerhalb der vorgenannten gesetzlichen Entscheidungsfristen keine Entscheidung gilt der Zusammenschluss als genehmigt.

130   Die **materiellen Eingreifkriterien** entsprechen weitgehend denjenigen des Art. 2 Abs. 3. Der Wettbewerbsrat hat einen Zusammenschluss zu verbieten, wenn dieser entweder eine beherrschende Stellung begründet oder verstärkt oder wesentlichen Wettbewerb erheblich behindert. Das Bestehen einer **beherrschenden Stellung wird vermutet,** wenn ein Einzelunternehmen einen Marktanteil von mindestens **40 %** hat. Bezüglich einer Gesamtheit von Unternehmen wird Marktbeherrschung vermutet, wenn bis zu drei Unternehmen, die jeweils die höchsten Marktanteile halten, zusammen einen Marktanteil von mindestens **70 %** erreichen. Im Bereich des Einzelhandels liegt die Marktbeherrschungsschwelle bereits bei 30 % Marktanteil und die Oligopolvermutung bei 55 %.

131   Als **Entscheidungsvarianten** stehen dem Wettbewerbsrat eine unbeschränkte Genehmigung, eine mit Bedingungen und/oder Auflagen verbundene Genehmigung sowie ein Verbot des Zusammenschlusses zur Verfügung. Unrechtmäßig vollzogene Zusammenschlüsse sind zu entflechten.

132   Verstöße gegen die Anmeldepflicht, das Vollzugsverbot und die Nichtbefolgung von Nebenbestimmungen einer Freigabeentscheidung können vom Wettbewerbsrat mit einer **Geldbuße** von bis zu 10 % des Jahresumsatzes des betreffenden Unternehmens geahndet werden. Bei der Übermittlung von unrichtigen oder unvollständigen Informationen im Rahmen des Genehmigungsverfahrens kann eine Geldbuße von bis zu 1 % des Jahresumsatzes verhängt werden.

133   Gegen die Entscheidung des Wettbewerbsrates sind **Rechtsmittel** vor dem Bezirksverwaltungsgericht Vilnius zulässig. Gegen die Entscheidung des Bezirksverwaltungsgerichts ist die Berufung zum obersten Verwaltungsgericht möglich.

134   **13. Malta.** Malta verfügt noch nicht lange über eine eigenständige Fusionskontrolle, deren **Rechtsgrundlage** die Verordnung über die Kontrolle von Zusammenschlüssen vom 1.1.2003 ist.[24] Bis zum Erlass der Verordnung fanden allein die Vorschriften des allgemeinen Wettbewerbsgesetzes auf Unternehmenszusammenschlüsse Anwendung.[25] Vergleichbar mit der Situation in der Gemeinschaft vor Erlass der FKVO war hiermit aber nur eine sehr eingeschränkte Fusionskontrolle möglich. Die **Zuständigkeit** für die Anwendung der Fusionskontrollvorschriften liegt beim Büro für Wettbewerb („Office for Competition"), das zum Geschäftsbereich des Wirtschaftsministers gehört.

135   Der **Zusammenschlussbegriff** entspricht demjenigen in Art. 3 Abs. 1 und 2. Erfasst werden danach die Unternehmensfusion, der Kontrollerwerb und die Gründung von Vollfunktionsgemeinschaftsunternehmen. Soweit diese die Koordinierung des Wettbewerbsverhaltens selbständig bleibender Unternehmen bezwecken oder bewirken, sind zusätzlich die Vorschriften für Kartelle anwendbar. Eine dem Art. 3 Abs. 5 nachgebildete Vorschrift schließt bestimmte Formen des Kontrollerwerbs durch Finanzinstitute und Versicherungsgesellschaften, durch Träger eines öffentlichen Mandats und durch Beteiligungsgesellschaften von der Anwendung des Gesetzes aus.

136   Den **Geltungsbereich** der Fusionskontrolle bestimmt das Gesetz mit Hilfe eines inländischen Umsatzkriteriums. Ein Zusammenschluss unterliegt danach der Fusionskontrolle, wenn im letzten Geschäftsjahr der Umsatz aller beteiligten Unternehmen in Malta zusammen mehr als 2.329.373,40 Euro beträgt und der Umsatz jedes der beteiligten Unternehmen in Malta mindestens 10 % des Gesamtumsatzes aller beteiligten Unternehmen entspricht. Für die Anwendung des Gesetzes genügt es, wenn nur eines der beteiligten Unternehmen in Malta tätig ist und das Umsatzkriterium erfüllt. Für Zusammenschlüsse zwischen oder mit ausländischen Unternehmen gelten insoweit keine Besonderheiten. Mehrere innerhalb von zwei Jahren stattfindende Zusammenschlüsse zwischen denselben Personen oder Unternehmen gelten als einheitlicher Konzentrationsvorgang.

137   Alle vom Gesetz erfassten Zusammenschlüsse bedürfen der **vorherigen Anmeldung.** Die Anmeldung muss innerhalb von 15 Arbeitstagen nach dem Abschluss des Vertrages, der Bekanntgabe eines öffentlichen Übernahmeangebots oder des Erwerbs eines kontrollierenden Anteils mittels eines Formblatts (Form CN), das weitgehend dem Formblatt CO entspricht, beim Direktor der Wettbewerbsbehörde erfolgen. Die Anmeldegebühr beträgt 163,06 Euro. Es besteht ein **gesetzliches Vollzugsverbot** bis zum Zeitpunkt der verfahrensabschließenden Entscheidung oder des Ablaufs der gesetzlichen Entscheidungsfristen, von dem jedoch auf begründeten Antrag hin Ausnahmen erteilt

---

[24] Control of Concentrations Regulation, S.L. 379.08, in maltesischer und englischer Sprache abrufbar auf der Internetseite der maltesischen Wettbewerbsbehörde unter http://www.mccaa.org.mt; vgl. iE hierzu Rowley/Baker/Tonna/Camilleri Chapter 41 sowie den Kurzbericht von Buttigieg ECLR 2003, N141.

[25] Malta Competition Act 1994, zuletzt geändert durch Gesetz Nr. III von 2004; vgl. hierzu Rowley/Baker/Tonna/Camilleri Chapter 41.001 ff.

werden können, um schweren Schaden von einem oder mehreren beteiligten Unternehmen oder von Dritten abzuwenden.

Das **Genehmigungsverfahren** unterteilt sich in zwei Phasen. Zunächst prüft die Wettbewerbs- **138** behörde innerhalb von **sechs Wochen** ab vollständiger Anmeldung den Zusammenschlusssachverhalt und nimmt gegebenenfalls weitere Ermittlungen vor. Dabei verfügt die Wettbewerbsbehörde über weitreichende Auskunfts- und Nachprüfungsbefugnisse und kann insbesondere auch Durchsuchungen von Geschäftsräumen vornehmen. Die Entscheidungsfrist kann auf zwei Monate verlängert werden, wenn die beteiligten Unternehmen spätestens vor Ablauf von fünf Wochen nach der Anmeldung Zusagen vorschlagen, um die Freigabefähigkeit des Zusammenschlusses herbeizuführen. Wollen die Unternehmen nach Ablauf der Fünf-Wochen-Frist neue oder verbesserte Zusagen vorschlagen, so können sie beantragen, das Verfahren für einen Zeitraum von drei Wochen auszusetzen. Die Entscheidung über eine solche Verlängerung liegt allerdings im Ermessen der Wettbewerbsbehörde. Bestehen am Ende der ersten Phase trotz eventueller Zusagen ernsthafte wettbewerbliche Bedenken, so eröffnet der Direktor die zweite Verfahrensphase. Andernfalls wird der Zusammenschluss gegebenenfalls unter Bedingungen und/oder Auflagen freigegeben. In der zweiten Phase erfolgt eine vertiefte Prüfung des Falles. Die abschließende Entscheidung soll ergehen, sobald die wettbewerblichen Zweifel beseitigt sind, spätestens jedoch nach **vier Monaten** ab Eröffnung der zweiten Phase. Schlagen die Unternehmen innerhalb der ersten drei Monate Abhilfemaßnahmen vor, so können sie eine Verlängerung der Entscheidungsfrist um einen Monat beantragen. Die Wettbewerbsbehörde kann einen solchen Antrag nur bei Vorliegen besonderer Umstände ablehnen. Bei fruchtlosem Ablauf einer der vorstehenden Entscheidungsfristen gilt der Zusammenschluss als genehmigt. In bestimmten Fällen, bei denen vermutet wird, dass sie keine wettbewerblichen Bedenken aufwerfen, kann ein vereinfachtes Genehmigungsverfahren durchgeführt werden. In diesen Fällen verkürzt sich die Verfahrensdauer auf vier Wochen. Ergeben sich während des vereinfachten Verfahrens wettbewerbliche Bedenken, so kann die Wettbewerbsbehörde jederzeit in das reguläre Verfahren der ersten Phase übergehen. Für die verfahrensbeendende Entscheidung stehen der Wettbewerbsbehörde **drei Optionen** zur Verfügung. Sie kann eine unbeschränkte Genehmigung erteilen, die Genehmigung mit Bedingungen und/oder Auflagen versehen oder den Zusammenschluss verbieten. Im letztgenannten Fall kann die Wettbewerbsbehörde die Entflechtung eines bereits vollzogenen Zusammenschlusses anordnen.

Maßgebliches **Eingreifkriterium** der Fusionskontrolle ist, ob der Zusammenschluss zu einer **139** erheblichen Verminderung des Wettbewerbs ("substantially lessening of competition") auf dem maltesischen Markt oder einem Teil desselben führt. Bei ihrer Prüfung berücksichtigt die Wettbewerbsbehörde unter anderem die Marktstruktur, den tatsächlichen oder potentiellen Wettbewerb, die Marktstellung der beteiligten Unternehmen, ihre wirtschaftliche und finanzielle Stärke, ihren Zugang zu den Absatz- und Beschaffungsmärkten, die Auswahlmöglichkeiten der Lieferanten und Abnehmer, das Vorhandensein von Marktzutrittsschranken, die Entwicklung der Nachfrage und des Angebots, die Interessen der Zwischen- und Endverbraucher und die Entwicklung des technischen und wirtschaftlichen Fortschritts, vorausgesetzt dieser ist zum Nutzen der Verbraucher und behindert nicht den Wettbewerb. Darüber hinaus ist von Bedeutung, ob sich ein beteiligtes Unternehmen oder ein Teil desselben in wirtschaftlichen Schwierigkeiten befindet. Einen besonderen Stellenwert misst die Verordnung Effizienzgewinnen zu. So kann ein Zusammenschluss auch dann genehmigt werden, wenn die durch ihn bewirkten Effizienzgewinne die gleichzeitig zu befürchtende Verhinderung oder Verminderung des Wettbewerbs aufwiegen. Voraussetzung ist jedoch, dass die beteiligten Unternehmen nachweisen, dass die besagten Effizienzgewinne nur durch den Zusammenschluss erreicht werden können, nachweisbar eintreten und auch an die Verbraucher weitergegeben werden, etwa in Form niedrigerer Preise, Produktinnovationen oder einer verbesserten Auswahl oder Qualität.

Verstöße gegen die Anmeldepflicht sowie die Übermittlung falscher oder irreführender Infor- **140** mationen erfüllen einen **Straftatbestand** und können mit Geldstrafe von 1.000–10.000 Euro sowie zusätzlich mit Freiheitsstrafe von drei bis sechs Monaten geahndet werden. Bei Verstößen gegen das Vollzugsverbot kann gegen das hiervon profitierende Unternehmen ein Bußgeld von bis zu 10 % des Vorjahresumsatzes verhängt werden.

Gegen die Entscheidungen der Wettbewerbsbehörde können die beteiligten sowie dritte Unter- **141** nehmen **Beschwerde** beim Berufungsgericht einlegen, dessen Entscheidung unanfechtbar ist.

14. Niederlande. Eine eigenständige Fusionskontrolle wurde in den Niederlanden erstmals **142** durch das Wettbewerbsgesetz vom 22.5.1997 eingeführt, das zum 1.1.1998 in Kraft getreten ist.[26]

---

[26] Der konsolidierte Gesetzestext sowie eine englische Übersetzung desselben sind auf der Internetseite der niederländischen Wettbewerbsbehörde unter http://www.acm.nl/en/ abrufbar; vgl. iE hierzu Rowley/Baker/van Reeken Chapter 44; Verloop/Landes/van Harinxma thoe Slooten, 301–312; Meerdink ECLR 1999, 109; van Marissing BLR 1997, 2237; VerLoren van Themaat ECLR 1997, 395; Wessels EBLR 1997, 259.

Eigentliche **Rechtsgrundlage** sind die Vorschriften des 5. Kapitels des Wettbewerbsgesetzes, die sich eng an die einschlägigen Regeln des Gemeinschaftsrechts anlehnen. Ergänzt werden diese durch die „Best Practice"-Richtlinien vom 31.3.2009, die Einzelheiten hinsichtlich der Kommunikation zwischen der Behörde und den Verfahrensbeteiligten regeln. **Zuständig** für die Anwendung der Vorschriften ist die zum Geschäftsbereich des Wirtschaftsministers gehörende Behörde für Verbraucher und Märkte. In Ausnahmefällen wird die endgültige Entscheidung über den Zusammenschluss vom Wirtschaftsminister getroffen **(Ministererlaubnis).**

143 Der **Zusammenschlussbegriff** entspricht weitgehend demjenigen des Gemeinschaftsrechts. Er umfasst drei Konzentrationstatbestände: die Unternehmensfusion, den Kontrollerwerb und die Gründung von Vollfunktionsgemeinschaftsunternehmen. Die frühere Beschränkung der Fusionskontrolle auf konzentrative Gemeinschaftsunternehmen wurde 2007 abgeschafft. Kooperative Gemeinschaftsunternehmen werden seit dem im Rahmen des Fusionskontrollverfahrens auch nach den für Kartelle geltenden Regeln beurteilt. Für den Anteilserwerb durch Finanzinstitute, Versicherungs- und Beteiligungsgesellschaften sowie Träger eines öffentlichen Mandats gilt eine dem Art. 3 Abs. 5 nachgebildete Ausnahmeregelung.

144 Den **Geltungsbereich** der Fusionskontrolle bestimmt das Gesetz anhand von zwei kumulativ anwendbaren Umsatzkriterien. Die Vorschriften finden Anwendung, wenn im letzten **Kalenderjahr** vor dem Zusammenschluss
a) der weltweite Gesamtumsatz aller beteiligten Unternehmen zusammen mindestens 150 Millionen Euro oder mehr beträgt und
b) mindestens zwei der beteiligten Unternehmen in den Niederlanden einen Gesamtumsatz von jeweils mindestens 30 Millionen Euro erreichen.

145 Die Umsatzschwellen können durch Verwaltungsdekret angehoben werden. Seit dem 1.1.2008 gelten besondere Vorschriften für Zusammenschlüsse im **Gesundheitssektor.** Danach findet die niederländische Fusionskontrolle Anwendung, wenn im letzten Kalenderjahr vor dem Zusammenschluss
a) zumindest zwei der beteiligten Unternehmen einen Umsatz von mindesten 5,5 Millionen Euro im Gesundheitsbereich erzielt haben und
b) der weltweite Gesamtumsatz aller beteiligten Unternehmen zusammen mehr als 55 Millionen Euro beträgt und
c) mindestens zwei der beteiligten Unternehmen in den Niederlanden einen Gesamtumsatz von jeweils mindestens 10 Millionen Euro erreichen.
Der Wirtschaftsminister kann die Umsatzschwellen für bestimmte Arten von Unternehmen für einen Zeitraum von 5 Jahren absenken, jedoch nur mit Wirkung für die Zukunft. Auf Kredit- und Finanzinstitute sowie Versicherungsunternehmen sind die regulären Schwellenwerte anwendbar, es gelten jedoch besondere Vorschriften hinsichtlich der Umsatzberechnung.

146 Die Einzelheiten der Umsatzberechnung sind im niederländischen Zivilgesetzbuch („Burgerlijk Wetboek") sowie im Wettbewerbsgesetz selbst geregelt. Zusammenschlüsse zwischen oder mit ausländischen Unternehmen werden genauso behandelt wie solche zwischen inländischen Unternehmen.

147 Alle vom Gesetz erfassten Zusammenschlüsse bedürfen der **vorherigen Anmeldung** bei der Wettbewerbsbehörde. Das Gesetz verlangt bis zu zwei, unterschiedlich umfangreiche Anmeldungen. Eine erste, das Verfahren eröffnende Anmeldung sowie eine weitere, ausführlichere Anmeldung, bei Einleitung der zweiten Phase. Der erforderliche Inhalt der Anmeldungen ist in unterschiedlichen Formblättern aufgeführt. Die Anmeldung der ersten Phase kann auch bereits vor Abschluss eines bindenden Vertrages erfolgen, sofern das Vorhaben hinreichend konkret ist. Die Anmeldegebühr beträgt 17.450 Euro. Für anmeldepflichtige Zusammenschlüsse besteht ein **Vollzugsverbot,** dass zunächst bis zum Abschluss der ersten Phase gilt. Gelangt die Wettbewerbsbehörde zu der Auffassung, dass das Verfahren einer förmlichen Genehmigung bedarf, verlängert sich das Vollzugsverbot automatisch bis zum Erlass der das Verfahren in der zweiten Phase abschließenden förmlichen Entscheidung. Von dem Vollzugsverbot können auf begründeten Antrag hin Ausnahmen erteilt werden, um schweren Schaden von einem oder mehreren beteiligten Unternehmen oder von Dritten abzuwenden. Eine weitere Ausnahme gilt für öffentliche Übernahmeangebote sofern die Wettbewerbsbehörde unverzüglich hierüber informiert wird und die mit der Kapitalbeteiligung verbundenen Stimmrechte nicht ausgeübt werden.

148 Das **Genehmigungsverfahren** gliedert sich in zwei Phasen. In der ersten Phase prüft die Wettbewerbsbehörde, ob das Konzentrationsvorhaben überhaupt in den Anwendungsbereich des Gesetzes fällt und wenn ja, ob es einer förmlichen Genehmigung bedarf. Eine solche ist dann erforderlich, wenn sich innerhalb der ersten Phase ernsthafte Zweifel an der Vereinbarkeit des Zusammenschlusses mit dem Wettbewerbsgesetz ergeben. In diesem Fall unterrichtet die Behörde die beteiligten Unternehmen innerhalb von **vier Wochen** ab Erhalt der vollständigen Anmeldung von

ihren Bedenken und teilt ihnen mit, dass der Zusammenschluss einer förmlichen Genehmigung bedarf, für die ein erweiterter Antrag zu stellen ist. Erst mit Einreichung dieses Antrages, der umfangreiche, in einem dem Formblatt CO entsprechenden Formular aufgeführte Angaben enthalten muss und für den eine weitere Gebühr von 34.900 Euro erhoben wird, beginnt die zweite Phase. Bestehen keine Wettbewerbsbedenken gegen das Vorhaben, so werden die Beteiligten in einem einfachen Verwaltungsschreiben hierüber informiert, mit dem das Vollzugsverbot endet. In der zweiten Phase erfolgt eine vertiefte Prüfung des Zusammenschlusses in deren Verlauf die Behörde normalerweise weitere Informationen von den beteiligten Unternehmen und Dritten einholt. Im Regelfall acht Wochen nach Beginn der zweiten Phase teilt die Wettbewerbsbehörde den am Verfahren Beteiligten das vorläufige Ergebnis ihrer Ermittlungen mit und gewährt ihnen rechtliches Gehör. Die das Verfahren abschließende Entscheidung muss innerhalb von **13 Wochen** ab Eingang des vollständigen Genehmigungsantrages ergehen. Versäumt die Wettbewerbsbehörde eine der vorstehenden Fristen, so gilt der Zusammenschluss als genehmigt. Der Ablauf der Entscheidungsfristen in der ersten und der zweiten Phase wird allerdings bis zum Eingang zusätzlicher, von der Wettbewerbsbehörde angeforderter Informationen, gehemmt, weswegen alleine hinsichtlich der zweiten Phase mit einer durchschnittlichen Verfahrensdauer von fünf bis sechs Monaten zu rechnen ist.

Das **materielle Eingreifkriterium** entspricht demjenigen des Art. 2 Abs. 2 und 3. Ein Zusammenschluss ist danach immer dann zu untersagen, wenn zu erwarten ist, dass hierdurch wirksamer Wettbewerb auf dem niederländischen Markt oder einem wesentlichen Teil desselben erheblich behindert würde, insbesondere durch Begründung oder Verstärkung einer beherrschenden Stellung. Besondere Regeln gelten für Zusammenschlüsse zwischen Zeitungsverlagen und anderen Medienunternehmen (Radio, Fernsehen). Diese können von der Wettbewerbsbehörde bereits dann untersagt werden, wenn der Marktanteil auf dem Tageszeitungsmarkt über 35 % liegt oder die Summe der einzelnen Marktanteile auf dem Tageszeitungsmarkt, dem Radiomarkt und dem Fernsehmarkt zusammen über 90 % liegt. Eine Ausnahmeregelung gilt für Zusammenschlüsse, an denen mindestens ein Unternehmen beteiligt ist, dass durch Gesetz oder Verwaltungsakt mit **Dienstleistungen von allgemeiner wirtschaftlicher Bedeutung** betraut ist. In diesem Fall darf der Zusammenschluss nur dann untersagt werden, wenn hierdurch die Erfüllung der dem betroffenen Unternehmen obliegenden Aufgaben nicht behindert wird. 149

Für ihre verfahrensbeendende Entscheidung stehen der Wettbewerbsbehörde verschiedene Optionen zur Verfügung. Sie kann den Zusammenschluss ohne Einschränkungen genehmigen, die Genehmigung mit Bedingungen und/oder Auflagen verbinden oder aber den Zusammenschluss verbieten. Im letzten Fall kann die Wettbewerbsbehörde die Rückgängigmachung eines bereits vollzogenen Zusammenschlusses anordnen. Die Wettbewerbsbehörde kann eine Genehmigung widerrufen, wenn sich herausstellt, dass die Entscheidung auf unrichtigen Informationen beruht, vorausgesetzt, die Entscheidung wäre bei Vorlage der richtigen Informationen anders ausgefallen. Verstöße gegen die Anmeldepflicht und das Vollzugsverbot können mit **Bußgeldern** von bis zu 900.000 Euro oder bis zu 10 % des Umsatzes der Beteiligten geahndet werden, je nachdem was höher ausfällt. Im Falle der Übermittlung falscher oder irreführender Informationen kann das Bußgeld bis zu 900.000 Euro oder darüber hinaus bis zu 1 % des Umsatzes der Beteiligten betragen. 150

Ein von der Wettbewerbsbehörde untersagter Zusammenschluss kann vom Wirtschaftsminister auf Antrag genehmigt werden, wenn die durch den Zusammenschluss bewirkten Nachteile durch schwerwiegende, im Allgemeininteresse liegende Gründe zumindest ausgeglichen werden. Eine solche **Ministererlaubnis** muss innerhalb von acht Wochen nach Antragstellung im Einvernehmen mit dem Ministerrat getroffen werden. 151

Sowohl die Beteiligten als auch betroffene Dritte können **Rechtsmittel** gegen die Entscheidungen der Wettbewerbsbehörde beim Bezirksgericht Rotterdam einlegen. Dessen Urteile können vor dem Berufungsgericht in Den Haag angefochten werden. Entscheidungen des Wirtschaftsministers können nur vom Staatsrat überprüft werden. 152

15. Österreich. Rechtsgrundlage der Fusionskontrolle in Österreich sind die Vorschriften der §§ 7 ff. des zum 1.1.2006 in Kraft getretenen Kartellgesetzes 2005.[27] Die **Zuständigkeit** für die Anwendung der Fusionskontrolle ist danach im Wesentlichen zweigeteilt: Der **Bundeswettbewerbsbehörde,** einer zum Geschäftsbereich des Bundesministers für Wirtschaft, Familie und Jugend gehörenden unabhängigen Behörde, obliegt die erste Ermittlung des Zusammenschlusssachverhalts. 153

---

[27] Bundesgesetz gegen Kartelle und andere Wettbewerbsbeschränkungen, BGBl. I Nr. 61/2005, zuletzt geändert durch BGBl. I Nr. 176/2021 I. Der Text des Kartellgesetzes ist auf der Internetseite der Bundeswettbewerbsbehörde unter http://www.bwb.gv.at abrufbar. Im Einzelnen vgl. hierzu Hoffer/Lehr, NZKart 2017, 256; Hoffer, NZKart 2017, 206; ders., NZKart 2016, 363; Farnleitner WuW 1994, 114; Gruber International Business Lawyer 2002, 257; Lissel RIW 2002, 823; Thurnher WuW 2002, 845; AblasserNeuhuber/Flener WuW 2005, 254; Gruber WuW 2005, 1134.

Sie entscheidet, ob der Fall einer vertieften Prüfung durch das Kartellgericht unterzogen werden soll oder innerhalb der ersten Phase freigegeben wird. Einen Zusammenschluss untersagen kann jedoch nur das Oberlandesgericht Wien in seiner Funktion als **Kartellgericht**. Neben der Bundeswettbewerbsbehörde kann auch der **Bundeskartellanwalt** als zweite Amtspartei eine vertiefte Prüfung des Zusammenschlusses beantragen. Der Bundeskartellanwalt untersteht dem Justizministerium und ist diesem gegenüber weisungsgebunden. Neben den beiden Amtsparteien wurde eine Wettbewerbskommission eingerichtet, die jedoch lediglich eine beratende Funktion ausübt.

154   Der **Zusammenschlussbegriff** entspricht weitgehend demjenigen des deutschen Kartellgesetzes. Er umfasst die folgenden Tatbestände:
– den Erwerb eines Unternehmens, ganz oder zu einem wesentlichen Teil, durch einen Unternehmer, insbesondere durch Verschmelzung oder Umwandlung;
– den Erwerb eines Rechts durch einen Unternehmer an der Betriebsstätte eines anderen Unternehmers durch Betriebsüberlassungs- oder Betriebsführungsverträge;
– den unmittelbaren oder mittelbaren Erwerb von Anteilen an einer Gesellschaft, die Unternehmer ist, durch einen anderen Unternehmer sowohl dann, wenn dadurch ein Beteiligungsgrad von 25 %, als auch dann, wenn dadurch ein solcher von 50 % erreicht oder überschritten wird;
– das Herbeiführen der Personengleichheit von mindestens der Hälfte der Mitglieder der zur Geschäftsführung berufenen Organe oder der Aufsichtsräte von zwei oder mehreren Gesellschaften, die Unternehmer sind;
– jede sonstige Verbindung von Unternehmen, aufgrund derer ein Unternehmer unmittelbar oder mittelbar einen beherrschenden Einfluss auf ein anderes Unternehmen ausüben kann sowie
die Gründung von Vollfunktionsgemeinschaftsunternehmen. Soweit diese die Koordinierung des Wettbewerbsverhaltens selbständig bleibender Unternehmen bezwecken oder bewirken, sind auch die Vorschriften für Kartelle anwendbar, wenngleich diese nicht im Rahmen des Fusionskontrollverfahrens geprüft werden.

155   Zusammenschlüsse zwischen Unternehmen desselben Konzerns sind von der Fusionskontrolle ausgenommen. Eine dem Art. 3 Abs. 5 nachgebildete Vorschrift nimmt bestimmte Erwerbsvorgänge von Kreditinstituten und Beteiligungsgesellschaften von der Anwendung des Gesetzes aus.

156   Der **Geltungsbereich** der Fusionskontrolle wird durch drei kumulative Umsatzkriterien bestimmt: Die Vorschriften finden danach Anwendung, wenn im letzten Geschäftsjahr
a) die beteiligten Unternehmen einen weltweiten Gesamtumsatz von zusammen mindestens 300 Millionen Euro erreichen und
b) die beteiligten Unternehmen einen Gesamtumsatz in Österreich von zusammen mindestens 30 Millionen erreichen, davon mindestens zwei beteiligte Unternehmen jeweils mehr als eine Million Euro, und
c) mindestens zwei der beteiligten Unternehmen einen weltweiten Gesamtumsatz von jeweils mindestens 5 Millionen Euro erzielen.
Die österreichischen Umsatzschwellen waren bekannt dafür, dass sie nur eine kombinierte Inlandsumsatzschwelle vorsahen, die vom Erwerber alleine erreicht werden konnte. Mit Inkrafttreten des Kartell- und Wettbewerbsrechts-Änderungsgesetz 2021 wurde die Voraussetzung hinzugefügt, dass mindestens zwei der beteiligten Unternehmen einen Inlandsumsatz von einer Million Euro erreichen müssen. Sind die Umsatzschwellen nach lit. a erreicht, nicht aber die nach lit. b oder c, so finden die Vorschriften über die Zusammenschlusskontrolle dennoch Anwendung, wenn die beteiligten Unternehmen einen Gesamtumsatz in Österreich von zusammen mindestens 15 Millionen erreichen und der Wert der Gegenleistung für den Zusammenschluss mehr als 200 Millionen Euro beträgt und das Zielunternehmen in erheblichem Umfang im Inland tätig ist.

157   Ein Zusammenschluss ist dann nicht anmeldepflichtig, wenn nur eines der beteiligten Unternehmen in Österreich einen Umsatz von mehr als 5 Millionen Euro erreicht und die übrigen Beteiligten einen weltweiten Gesamtumsatz von insgesamt nicht mehr als 30 Millionen erzielen (**de-minimis-Ausnahme**).

158   Besondere Regelungen gelten für **Medienzusammenschlüsse**. Ein Medienzusammenschluss liegt nach der Definition des Kartellgesetzes vor, wenn es sich bei mindestens zwei der beteiligten Unternehmen um Medienunternehmen, Mediendienste, Medienhilfsunternehmen oder solche Unternehmen handelt, die an einem Medienunternehmen, Mediendienst oder Medienhilfsunternehmen einzeln oder gemeinsam mittelbar oder unmittelbar zu mindestens 25 % beteiligt sind. Der Begriff des Medienunternehmens ist im österreichischen Mediengesetz definiert. Liegt ein solcher Medienzusammenschluss vor, sind die Umsatzerlöse von Medienunternehmen und Mediendiensten mit 200, die Umsatzerlöse von Medienhilfsunternehmen mit 20 zu multiplizieren. Bei Kreditinstituten tritt an die Stelle des Umsatzes die Summe bestimmter Ertragsposten, bei Versicherungsunternehmen die Summe der eingenommenen Prämien. Zusammenschlüsse zwischen oder mit ausländischen Unternehmen werden wie solche zwischen inländischen Unternehmen behandelt.

15. Österreich 159–162 **Internationale Fusionskontrolle**

Alle vom Kartellgesetz erfassten Zusammenschlüsse unterliegen einer gesetzlichen Pflicht zur **159** vorherigen Anmeldung. Die Anmeldung hat gegenüber der Bundeswettbewerbsbehörde zu erfolgen und soll die in einem dem Formblatt CO entsprechenden Formblatt aufgeführten detaillierten Angaben enthalten. Bei Anmeldung ist eine Gebühr von 6.000 Euro zu entrichten. Bei Entscheidungen in Phase 2 wird die Anmeldegebühr vom Kartellgericht festgesetzt und kann bis zu 34.000 Euro betragen. Zur Anmeldung berechtigt ist jedes am Zusammenschluss beteiligte Unternehmen. Eine Frist für die Anmeldung, die auch schon vor Abschluss eines bindenden Vertrages eingereicht werden kann, besteht nicht. Der Zusammenschluss darf erst vollzogen werden, wenn die Amtsparteien auf die Stellung eines Prüfungsantrags verzichten bzw. innerhalb der Antragsfrist keinen Prüfungsantrag gestellt haben oder wenn das Kartellgericht den Zusammenschluss rechtskräftig freigegeben bzw. das Verfahren eingestellt hat. Ausnahmen vom **Vollzugsverbot** bestehen nicht. Das sich an die Anmeldung anschließende Verfahren unterteilt sich in **zwei Phasen**. Die Bundeswettbewerbsbehörde leitet die Anmeldung an den Bundeskartellanwalt weiter und gibt diese auf ihrer Internetseite bekannt. Sie ermittelt den entscheidungserheblichen Sachverhalt und muss innerhalb von **vier Wochen** ab Eingang der Anmeldung entscheiden, ob sie einen Antrag auf Prüfung des Zusammenschlusses beim Kartellgericht einreicht. Auf Antrag der beteiligten Unternehmen kann diese Frist um 2 Wochen verlängert werden. Die Wettbewerbskommission kann innerhalb von drei Wochen gegenüber der Bundeswettbewerbsbehörde eine begründete schriftliche Empfehlung hinsichtlich der Stellung eines Prüfungsantrages abgeben, die jedoch unverbindlich ist. Zur Stellung eines Prüfungsantrages ist auch der Bundeskartellanwalt berechtigt. Bereits in der ersten Phase können die beteiligten Unternehmen Zusagen anbieten, um die drohende Stellung eines Prüfungsantrages zu verhindern. Stellen die Amtsparteien keinen Prüfungsantrag oder werden alle gestellten Prüfungsanträge zurückgezogen, so ist der Anmelder hierüber unverzüglich zu unterrichten.

Mit dem Antrag auf Prüfung des Zusammenschlusses beginnt die zweite Phase. Das Kartellgericht **160** muss nun innerhalb von **fünf Monaten** ab Stellung des Prüfungsantrages eine verfahrensbeendende förmliche Entscheidung treffen. Auf Antrag der beteiligten Unternehmen kann diese Frist um einen Monat verlängert werden. Das Gericht kann entweder feststellen, dass der Zusammenschluss nicht in den Anwendungsbereich des Gesetzes fällt, den Zusammenschluss unbeschränkt oder unter Beschränkungen und/oder Auflagen freigeben oder den Zusammenschluss untersagen.

Das Kartellgericht hat einen Konzentrationsvorgang zu untersagen, wenn zu erwarten ist, dass **161** durch den Zusammenschluss eine **marktbeherrschende Stellung entsteht oder verstärkt** wird. Nach der Legaldefinition des Gesetzes ist ein Unternehmen marktbeherrschend, wenn es als Anbieter oder Nachfrager keinem oder nur unwesentlichem Wettbewerb ausgesetzt ist oder eine im Verhältnis zu den anderen Wettbewerbern überragende Marktstellung hat. Dabei hat das Kartellgericht insbesondere die Finanzkraft, die Beziehungen zu anderen Unternehmen, die Zugangsmöglichkeiten zu den Beschaffungs- und Absatzmärkten sowie das Vorhandensein von Marktzutrittsschranken zu berücksichtigen. Eine marktbeherrschende Stellung wird widerleglich **vermutet,** wenn ein Unternehmen einen Marktanteil von mindestens 30 % hat oder dem Wettbewerb von höchstens zwei Unternehmern ausgesetzt ist und am gesamten inländischen Markt einen Anteil von mehr als 5 % hat; oder zu den vier größten Unternehmern gehört, die zusammen am gesamten inländischen Markt einen Anteil von mindestens 80 % halten, sofern das Unternehmen selbst einen Anteil von mehr als 5 % hat. Als marktbeherrschend gilt auch ein Unternehmen, das im Verhältnis zu seinen Abnehmern oder Lieferanten eine **überragende Marktstellung** einnimmt, insbesondere wenn diese zur Vermeidung schwerwiegender betriebswirtschaftlicher Nachteile auf die Aufrechterhaltung der Geschäftsbeziehungen mit dem betroffenen Unternehmer angewiesen sind. Alternativ zur Begründung oder Verstärkung einer markbeherrschenden Stellung können Zusammenschlüsse seit Inkrafttreten des Kartell- und Wettbewerbsrechts-Änderungsgesetz 2021 auch dann untersagt werden, wenn dadurch eine **erhebliche Behinderung des wirksamen Wettbewerbs** zu erwarten ist. Ähnlich wie das deutsche Kartellgesetz enthält auch das österreichische Kartellgesetz eine, wenn auch weiter gefasste, **Abwägungsklausel.** Trotz Vorliegens der Untersagungsvoraussetzungen muss das Kartellgericht einen Zusammenschluss freigeben, wenn zu erwarten ist, dass nach dem Zusammenschluss auch Verbesserungen der Wettbewerbsbedingungen eintreten, die die Nachteile der Marktbeherrschung überwiegen oder der Zusammenschluss zur Erhaltung oder Verbesserung der internationalen Wettbewerbsfähigkeit der beteiligten Unternehmen notwendig und volkswirtschaftlich gerechtfertigt ist. Medienzusammenschlüsse sind bereits dann zu untersagen, wenn zu erwarten ist, dass durch den Zusammenschluss die **Medienvielfalt beeinträchtigt** wird.

Das Kartellgericht kann auf Antrag einer Amtspartei gegen die beteiligten Unternehmen Geld- **162** bußen wegen Verstoßes gegen das Vollzugsverbot bis zu einem Höchstbetrag von 10 % ihres jeweiligen weltweiten Gesamtumsatzes, wegen unrichtiger oder irreführender Angaben in der Anmeldung bis zu einem Höchstbetrag von 1 % des weltweiten Gesamtumsatzes verhängen. Die bis zur grundlegenden Reform des österreichischen Kartellrechts zum 1.7.2002 möglichen strafrechtlichen Sanktionen gegen natürliche Personen wurden aufgehoben.

163 Die beteiligten Unternehmen und die Amtsparteien können gegen die Entscheidungen des Kartellgerichts **Rechtsmittel** zum Kartellobergericht, einem fachlich spezialisierten Senat des Obersten Gerichtshofs, einlegen. Dritten, am Zusammenschluss nicht beteiligten Unternehmen stehen keine Rechtsmittel gegen (Freigabe)Entscheidungen des Kartellgerichts zu.

164 **16. Polen. Rechtsgrundlage** der Fusionskontrolle in Polen ist das Gesetz über den Schutz des Wettbewerbs und der Verbraucher vom 16.2.2007, das zum 21.4.2007 in Kraft getreten ist.[28] Ergänzende Regelungen sind in zwei Verordnungen des Ministerrates vom 23.12.2014 zur Form der Anmeldung und zur Umsatzberechnung enthalten. **Zuständig** für die Anwendung der Vorschriften ist das Amt für Wettbewerbs- und Verbraucherschutz („Urzad Ochrony Konkurencyji i konsumentow"), das direkt dem Premierminister unterstellt ist.

165 Der **Zusammenschlussbegriff** umfasst zunächst neben der Unternehmensfusion und dem Kontrollerwerb auch die Gründung von Gemeinschaftsunternehmen. Im Unterschied zur FKVO differenziert das Gesetz jedoch weder zwischen konzentrativen und kooperativen noch zwischen Vollfunktions- und Teilfunktionsgemeinschaftsunternehmen. Damit unterliegt jede Gemeinschaftsgründung der Fusionskontrolle, selbst wenn dieses nicht auf Dauer alle Funktionen einer selbständigen wirtschaftlichen Einheit erfüllt und bzw. oder die Koordinierung des Wettbewerbsverhaltens unabhängig bleibender Unternehmen bezweckt oder bewirkt. Ein Zusammenschluss im Sinne des Gesetzes wird darüber hinaus bewirkt durch den Erwerb von Vermögensgegenständen, sofern mit diesen in den letzten beiden Geschäftsjahren in Polen jeweils Umsätze von mehr als 10 Millionen Euro erzielt wurden.

166 Der **Geltungsbereich** der Fusionskontrollvorschriften wird durch ein Umsatzkriterium und verschiedene Ausnahmetatbestände bestimmt. Das Gesetz erfasst Zusammenschlüsse grundsätzlich dann, wenn der weltweite Gesamtumsatz der am Zusammenschluss beteiligten Unternehmen im letzten Geschäftsjahr vor dem Zusammenschluss zusammen mehr als 1 Milliarde Euro beträgt oder der Gesamtumsatz aller beteiligten Unternehmen im letzten Geschäftsjahr in Polen zusammen mehr als 50 Millionen Euro beträgt. Ein Zusammenschluss ist allerdings von der Anmeldepflicht freigestellt, wenn das Unternehmen, an dem Kontrolle erworben wird, in einem der beiden dem Zusammenschluss vorausgegangenen Jahre in Polen Umsatzerlöse von weniger als 10 Millionen Euro erzielt hat **(de minimis-Ausnahme).** Insoweit kommt es nur auf den Umsatz des Zielunternehmens und der von ihm kontrollierten Unternehmen an, nicht dagegen auf den Gesamtumsatz des Veräußerers in Polen. Eine weitere de-minimis-Ausnahme gilt für Zusammenschlüsse, bei denen keines der am Zusammenschluss beteiligten Unternehmen in den vergangenen zwei Jahren in Polen Umsatzerlöse von 10 Millionen Euro oder mehr erwirtschaftet hat. Für den Anteilserwerb durch Kreditinstitute, Beteiligungsgesellschaften und Träger eines öffentlichen Mandats gilt zudem eine dem Art. 3 Abs. 5 nachgebildete Ausnahmeregelung. Darüber hinaus müssen auch konzerninterne Umstrukturierungen und die Übernahme von Anteilen zur Forderungssicherung nicht angemeldet werden, soweit das Unternehmen die Rechte aus den Anteilen nicht ausübt. Die Einzelheiten der Umsatzberechnung richten sich nach einer vom Ministerrat erlassenen Verordnung vom 23.12.2014, die besondere Regelungen für Finanzinstitute, Investmentfonds, Maklergesellschaften, Versicherungsunternehmen und natürliche Personen festlegt. Zusammenschlüsse zwischen oder mit ausländischen Unternehmen werden wie solche zwischen inländischen Unternehmen behandelt, wenn sie sich auf den Wettbewerb in Polen auswirken oder auswirken können. Nach der Praxis der Wettbewerbsbehörde wird die Inlandsauswirkung vermutet, wenn wenigstens zwei der beteiligten Unternehmen eine Tochtergesellschaft in Polen haben. In ihren Leitlinien stellt die Wettbewerbsbehörde zudem die Vermutung auf, dass ein Zusammenschluss dann eine Auswirkung auf den polnischen Markt hat, wenn wenigstens eines der beteiligten Unternehmen Umsatz im Inland erzielt.

167 Alle vom Gesetz erfassten Zusammenschlüsse bedürfen der **vorherigen Anmeldung.** Eine Frist für die Anmeldung besteht nicht. Sie kann auch bereits vor Abschluss eines bindenden Vertrages erfolgen, wenn das Zusammenschlussvorhaben hinreichend konkretisiert ist. Die Wettbewerbsbehörde kann aller-

---

[28] Der Gesetzestext sowie eine englische Übersetzung desselben sind auf der Internetseite der polnischen Wettbewerbsbehörde unter http://www.uokik.gov.pl abrufbar; vgl. iE hierzu Kawecki/Soltysinski, Polnisches Kartellrecht, Handbuch Wirtschaft und Recht in Osteuropa, 1993; Pfeffer, Vergleichende Betrachtung der neuen Kartellgesetze in Osteuropa, FS Deringer, 1993, 346; Verloop/Landes/Gago, 313–324; Göpfert/Jara WiRO 1999, 141; Metzlaff/Schröder GRUR Int. 2002, 399; Paczynski Competition Law Insight 2004, 16; Planavova-Latanowicz/Harding ECLR 1999, 265; Pörnbacher RIW 2002, 122; Rosiak International Business Lawyer 2001, 225; Schulze WuW 1990, 402; Sievers/Spark ECLR 1993, 77; Soltysinski Comparative Competition Law 1998, 203, Stobiecka ECLR 2002, 92; Thiel OER 1995, 99; Zinser WiRO 2001, 321; Zinser WuW 2002, 25.

dings auch von Amts wegen ein Verfahren einleiten, wenn sie von der Verletzung der Anmeldepflicht Kenntnis erlangt. Bis zur endgültigen Freigabe des Zusammenschlusses oder bis zum Ablauf der Entscheidungsfristen besteht ein gesetzliches Vollzugsverbot. Die Anmeldung, für die eine Gebühr von 15.000 Polnischen Zloty (ca. 3.300 Euro) erhoben wird, muss die in einem dem Formblatt CO entsprechenden Formular („WID") vorgeschriebenen detaillierten Angaben enthalten.

Das **Genehmigungsverfahren** gliedert sich in zwei Phasen. In der ersten Phase prüft die Wettbewerbsbehörde, ob der angemeldete Zusammenschluss freizugeben oder eine eingehende Prüfung einzuleiten ist. Eine verfahrensbeendende Entscheidung muss die Wettbewerbsbehörde innerhalb von **einem Monat** nach Eingang der Anmeldung treffen. Eröffnet die Wettbewerbsbehörde die zweite Phase, so muss sie spätestens innerhalb weiterer **vier Monate** nach Eröffnung der zweiten Phase endgültig über die Zulässigkeit des Zusammenschlusses entscheiden. Diese Fristen werden jedes Mal unterbrochen, wenn die Wettbewerbsbehörde weitere Fragen hat oder Informationen anfordert. Eine Verlängerung der Fristen ist möglich, wenn die Behörde den Unternehmen Beschwerdepunkte mitteilt oder wenn diese Zusagen anbieten. **168**

Die **materiellen Eingreifkriterien** entsprechen weitgehend denjenigen des Art. 2 Abs. 3. Die Wettbewerbsbehörde hat zu prüfen, ob der Zusammenschluss zu einer **wesentlichen Wettbewerbsbehinderung** führt, insbesondere durch Entstehung oder Verstärkung einer marktbeherrschenden Stellung. Das Gesetz enthält eine sowohl für die Missbrauchskontrolle als auch die Fusionskontrolle geltende **Marktbeherrschungsvermutung**. Es wird vermutet, dass ein Unternehmen eine marktbeherrschende Stellung hat, wenn sein Marktanteil 40 % übersteigt. Die Vermutung kann jedoch durch die Unternehmen widerlegt werden. Eine Marktbeherrschungsvermutung für Oligopole existiert dagegen nicht. Unterhalb der Vermutungsschwelle kommt es für die Entstehung oder Verstärkung einer marktbeherrschenden Stellung auf eine Einzelfallprüfung an. Hier dürften die Kriterien von Art. 2 maßgebend sein, wie etwa Marktzugangsmöglichkeiten, Finanzkraft, Verflechtungen, Markttransparenz und besondere Verbraucherpräferenzen. **169**

Selbst wenn der Zusammenschluss zur Entstehung oder Verstärkung einer marktbeherrschenden Stellung führt, kann die Wettbewerbsbehörde den Zusammenschluss ausnahmsweise freigeben, wenn der Zusammenschluss dem wirtschaftlichen und technischen Fortschritt dient oder eine positive Wirkung auf die Entwicklung der polnischen Wirtschaft haben kann. Das polnische Recht enthält mit dieser Regelung, bei der gesamtwirtschaftliche Überlegungen Grundlage für die Genehmigung des Zusammenschlusses sind, einen Zwitter zwischen einer **Abwägungsklausel** und einer **Ministererlaubnis**. **170**

Der Wettbewerbsbehörde stehen für ihre abschließende Entscheidung über den Zusammenschluss drei Optionen zur Verfügung. Sie kann den Zusammenschluss ohne Einschränkungen freigeben, die Freigabe mit Auflagen verbinden oder den Zusammenschluss untersagen. **171**

Bei einem Verstoß gegen das Vollzugsverbot kann die Wettbewerbsbehörde eine **Geldbuße** in Höhe von bis zu 10 % des weltweiten Gesamtumsatzes des betroffenen Unternehmens verhängen. Die Missachtung einer Untersagungsverfügung oder die Nichteinhaltung der mit einer Genehmigungsverfügung verbunden Nebenbestimmungen kann mit täglichen Zwangsgeldern in Höhe von bis zu 10.000 Euro geahndet werden. Im Falle der Übermittlung unrichtiger Angaben in der Anmeldung kann die Geldbuße bis zu 50 Millionen Euro betragen. Geschäftsführer oder Mitglieder des Vorstandes müssen bei vorsätzlich oder fahrlässig unterlassener Anmeldung mit einer Geldbuße bis zur Höhe des 50-fachen durchschnittlichen polnischen Monatseinkommens in dem betroffenen Industriezweig rechnen. Wurde der Zusammenschluss ohne Anmeldung vollzogen oder wurde die Genehmigung nach Vollzug widerrufen und kann der Wettbewerb nicht auf andere Weise wiederhergestellt werden, kann die Kartellbehörde eine Entflechtung der zusammengeschlossenen Unternehmen anordnen. Allerdings besteht dieses Recht zur Entflechtung nur innerhalb von fünf Jahren nach dem Vollzug des Zusammenschlusses. **172**

Gegen die Entscheidung der Wettbewerbsbehörde steht den beteiligten Unternehmen das **Rechtsmittel** der Beschwerde zum „Gericht für den Schutz des Wettbewerbs und der Verbraucher" zur Verfügung. Dessen Urteile können vor einem Berufungsgericht angefochten werden. Die Urteile des Berufungsgerichtes unterliegen der Überprüfung durch den Obersten Gerichtshof. **173**

17. Portugal. Rechtsgrundlage für die Fusionskontrolle in Portugal ist das Gesetz Nr. 19/2012 vom 8.5.2012, zuletzt geändert durch Dekret Nr. 125/2014 vom 18.8.2014.[29] Bereits durch Gesetz Nr. 10/2003 vom 18.1.2003 wurde eine unabhängige Wettbewerbsbehörde („Autoridade da Concorrência") errichtet, die die bis dahin mit der Kontrolle von Zusammenschlüssen betrauten **174**

---

[29] Der konsolidierte Gesetzestext sowie eine englische Übersetzung desselben sind auf der Internetseite der portugiesischen Wettbewerbsbehörde unter http://www.concorrencia.pt abrufbar; vgl. iE hierzu Rowley/Baker/Wolf/Bangy Chapter 49; Verloop/Landes/Pinto Correia, 325–347; Moniz/da Fonseca/Melo European Public Law 2004, 19.

Behörden, die Generaldirektion Handel und Wettbewerb und den Wettbewerbsrat abgelöst hat. Ebenfalls entfallen ist die frühere Zuständigkeit des Wirtschaftsministers für verfahrensabschließende Entscheidungen in der Fusionskontrolle.

175 Den **Begriff des Zusammenschlusses** definiert das Gesetz in Übereinstimmung mit Art. 3 Abs. 1 und Abs. 4. Den Zusammenschlusstatbestand erfüllen danach die Unternehmensfusion, der Kontrollerwerb sowie die Gründung von Vollfunktionsgemeinschaftsunternehmen. Etwaige kooperative Wirkungen von Vollfunktionsgemeinschaftsunternehmen werden anhand der für Kartelle geltenden Vorschriften im Rahmen des Fusionskontrollverfahrens mitgeprüft. Bestimmte Erwerbsvorgänge von Kreditinstituten sowie zur Forderungssicherung und im Rahmen von Insolvenzverfahren sind von der Anwendung des Gesetzes ausgeschlossen. Die bislang geltende generelle Ausnahme für alle Zusammenschlüsse im Banken- und Versicherungssektor wurde abgeschafft.

176 Den **Geltungsbereich** der Fusionskontrolle bestimmt das Gesetz anhand von drei alternativen Kriterien. Ein Zusammenschluss unterfällt danach der portugiesischen Fusionskontrolle, wenn
 a) durch den Vollzug des Zusammenschlusses ein Marktanteil der beteiligten Unternehmen von mehr als 50 %, bezogen auf den nationalen Markt für bestimmte Produkte oder gewerbliche Leistungen oder auf einem wesentlichen Teil desselben, begründet oder verstärkt wird, oder
 b) durch den Vollzug des Zusammenschlusses ein Marktanteil der beteiligten Unternehmen von mehr als 30 % aber weniger als 50 %, bezogen auf den nationalen Markt für bestimmte Produkte oder gewerbliche Leistungen oder auf einem wesentlichen Teil desselben, begründet oder verstärkt wird und mindestens zwei beteiligte Unternehmen im letzten Geschäftsjahr einen Umsatz in Portugal von mehr als 5 Millionen Euro erzielt haben, oder
 c) der von den beteiligten Unternehmen im letzten Geschäftsjahr in Portugal erzielte Gesamtumsatz zusammen mehr als 100 Millionen Euro beträgt und mindestens zwei der beteiligten Unternehmen in Portugal einen Gesamtumsatz von jeweils mehr als 5 Millionen Euro erzielen.

177 Das Marktanteilskriterium ist nur dann erfüllt, wenn es durch den Zusammenschluss zu einem Marktanteilszuwachs beim Erwerber kommt. Dies ist dann nicht der Fall, wenn das Zielunternehmen keinen zurechenbaren Marktanteil hat. Zusammenschlüsse zwischen oder mit ausländischen Unternehmen werden wie solche zwischen inländischen Unternehmen behandelt.

178 Zusammenschlüsse, die in den Anwendungsbereich des Gesetzes fallen, bedürfen der **vorherigen Anmeldung** Die eine Anmeldepflicht auslösenden Ereignisse entsprechen denen in Art. 4 Abs. 1. Danach kann ein Zusammenschlussvorhaben auch bereits vor Abschluss eines bindenden Vertrages angemeldet werden, wenn es hinreichend konkret ist. Die frühere Anmeldefrist von sieben Werktagen ist entfallen. Für die Anmeldung ist ein dem Formblatt CO nachempfundenes Formular zu verwenden und eine sich nach dem Umsatz der beteiligten Unternehmen bemessende Anmeldegebühr zwischen 7.500 Euro und 25.000 Euro zu entrichten. Eine weitere Gebühr in Höhe von 50 % der Anmeldegebühr wird fällig, wenn das Prüfungsverfahren in die zweite Phase eintritt. Leitet die Wettbewerbsbehörde mangels Anmeldung von Amts wegen ein Prüfungsverfahren ein, verdoppeln sich alle Gebühren. Für anmeldepflichtige Zusammenschlüsse besteht ein **gesetzliches Vollzugsverbot**, das bis zum Zeitpunkt der verfahrensbeendenden Entscheidung oder des Ablaufs der gesetzlichen Entscheidungsfristen gilt. Auf begründeten Antrag hin können Befreiungen vom Vollzugsverbot erteilt werden.

179 Das **Fusionskontrollverfahren** verläuft in zwei Phasen. In der ersten Phase prüft die Wettbewerbsbehörde die Anmeldeunterlagen und ermittelt den Zusammenschlusssachverhalt. Innerhalb von **30 Arbeitstagen** nach Erhalt der vollständigen Anmeldung und der Entrichtung der Anmeldegebühr muss die Wettbewerbsbehörde entscheiden, ob sie den Zusammenschluss gegebenenfalls unter Bedingungen und/oder Auflagen freigibt oder die zweite Verfahrensphase eröffnet. Die Frist verlängert sich um 20 Arbeitstage, wenn die Beteiligten Zusagen anbieten. Ist die Anmeldung unvollständig, so muss die Wettbewerbsbehörde die Beteiligten innerhalb von 7 Arbeitstagen auffordern, die Anmeldung zu vervollständigen. Die 30-Tage-Frist beginnt dann erst mit Vervollständigung der Anmeldung. Eröffnet die Wettbewerbsbehörde die zweite Phase, so hat sie **90 Arbeitstage** ab Eingang der Anmeldung Zeit, um zu einer abschließenden Entscheidung zu gelangen. Diese kann darin bestehen, dass sie den Zusammenschluss ohne Einschränkungen freigibt, die Freigabe mit Bedingungen und/oder Auflagen verbindet oder den Zusammenschluss untersagt. Diese Frist kann auf Antrag der Beteiligten oder mit deren Zustimmung um 20 Arbeitstage verlängert werden. Wird eine der vorgenannten gesetzlichen Entscheidungsfristen versäumt, gilt der Zusammenschluss als genehmigt und kann vollzogen werden. In bestimmten Wirtschaftsbereichen wie dem Finanz- und Versicherungssektor oder dem Medienbereich müssen Zusammenschlüsse unter bestimmten Voraussetzungen außer von der Wettbewerbsbehörde auch von den zuständigen Regulierungsbehörden genehmigt werden.

180 Das **materielle Eingreifkriterium** wurde mit der letzten Gesetzesänderung an das Gemeinschaftsrecht angepasst und entspricht nun weitgehend den Kriterien in Art. 2 und 3. Ein Zusammen-

schluss ist danach immer dann zu untersagen, wenn zu erwarten ist, dass hierdurch wirksamer Wettbewerb auf dem portugiesischen Markt oder einem wesentlichen Teil desselben erheblich behindert würde, insbesondere durch Begründung oder Verstärkung einer beherrschenden Stellung. Die Prüfung des Beherrschungsgrades orientiert sich weitgehend an der Praxis der Europäischen Kommission. Insbesondere berücksichtigt die Wettbewerbsbehörde die Struktur der Märkte, die Marktstellung der Unternehmen, deren Zugang zu den Versorgungsquellen und den Absatzmärkten, die Wahlmöglichkeiten der Lieferanten und der Verbraucher, Marktzugangsschranken für Wettbewerber, die Entwicklung der Nachfrage und des Angebots bei den betroffenen Waren oder Dienstleistungen, das Vorhandensein von ausschließlichen Rechten, die Kontrolle über wesentliche Infrastruktureinrichtungen durch die beteiligten Unternehmen und die den Wettbewerbern angebotenen Zugangsmöglichkeiten, die Entwicklung des technischen und wirtschaftlichen Fortschritts, vorausgesetzt dieser ist zum Nutzen der Verbraucher und behindert nicht den Wettbewerb sowie die Auswirkungen des Zusammenschlusses auf die internationale Wettbewerbsfähigkeit der portugiesischen Industrie.

Ein von der Wettbewerbsbehörde untersagter Zusammenschluss kann vom Wirtschaftsminister auf Antrag der anmeldenden Unternehmen erlaubt werden, wenn der Zusammenschluss zu wesentlichen gesamtwirtschaftlichen Vorteilen führt, die die durch den Zusammenschluss bewirkten Nachteile überwiegen. Die **Ministererlaubnis** kann mit Bedingungen und Auflagen versehen werden. 181

Bei einem Verstoß gegen das Vollzugsverbot oder die mit einer Genehmigung verbundenen Auflagen oder Bedingungen kann eine **Geldbuße** von bis zu 10 % des Vorjahresumsatzes der beteiligten Unternehmen verhängt werden. Eine Geldbuße kann auch gegen natürliche Personen verhängt werden, die für den Verstoß gegen das Vollzugsverbot verantwortlich sind. Diese kann bis zu 10 % des Vorjahresgehalts des Betroffenen betragen. Darüber hinaus kann eine Anmeldung von der Wettbewerbsbehörde mit täglich anfallenden Zwangsgeldern von bis zu 5 % des durchschnittlichen Tagesumsatzes der beteiligten Unternehmen erzwungen werden. Darüber hinaus kann die Wettbewerbsbehörde in diesen Fällen die Entflechtung des Zusammenschlusses anordnen. 182

Gegen die Entscheidungen der Wettbewerbsbehörde sowie des Wirtschaftsministers im Ministererlaubnisverfahren sind **Rechtsmittel** zum neu errichteten Wettbewerbsgericht in Santarém statthaft. Gegen die Urteile des Wettbewerbsgerichts ist die Berufung zum Berufungsgericht in Lissabon gegeben, dessen Urteile vor dem Obersten Gerichtshof angefochten werden können. 183

18. Rumänien. Die rumänische Fusionskontrolle hat ihre **Rechtsgrundlage** im Wettbewerbsgesetz Nr. 21/1996 vom 10.4.1996, zuletzt geändert durch Regierungserlass Nr. 75/2010 und Nr. 149/2011.[30] Ergänzt werden diese Bestimmungen durch die Verordnung Nr. 431/2017 zu Zusammenschlüssen sowie Bekanntmachungen zur Bestimmung des relevanten Marktes, zur Umsatzberechnung, zu Abhilfemaßnahmen und zum Begriff des beteiligten Unternehmens, die weitgehend den entsprechenden Bekanntmachungen der Europäischen Kommission entsprechen. Zuständig für die Anwendung der Fusionskontrolle ist der Wettbewerbsrat, eine unabhängige Behörde, die keinem Ministerium zugeordnet ist und deren Mitglieder vom Staatspräsidenten auf Vorschlag der Regierung ernannt werden. Zusammenschlüsse, die die nationale Sicherheit betreffen bedürfen zusätzlich der Zustimmung des Obersten Rates für die nationale Verteidigung. 184

Die **Definition des Zusammenschlussbegriffes** entspricht derjenigen des Art. 3 Abs. 1 und 4. Erfasst werden somit die Unternehmensfusion, der Kontrollerwerb und die Gründung von Vollfunktionsgemeinschaftsunternehmen. Die frühere Unterscheidung zwischen kooperativen und konzentrativen Gemeinschaftsunternehmen wurde mittlerweile aufgehoben. 185

Der **Geltungsbereich** der Fusionskontrolle wird durch zwei kumulative Umsatzkriterien bestimmt. Die Vorschriften finden danach Anwendung, wenn im letzten Geschäftsjahr vor dem Zusammenschluss 186
a) die beteiligten Unternehmen einen weltweiten Gesamtumsatz von zusammen mehr als 10 Millionen Euro haben und
b) mindestens zwei beteiligte Unternehmen einen Gesamtumsatz in Rumänien von jeweils mehr als 4 Millionen Euro erreichen.

Zusammenschlüsse zwischen oder mit ausländischen Unternehmen werden wie solche zwischen inländischen Unternehmen behandelt, wenn sie Auswirkungen auf den rumänischen Markt haben. 187

Zusammenschlüsse, die in den Anwendungsbereich des Gesetzes fallen, bedürfen der **vorherigen Anmeldung.** Die eine Anmeldepflicht auslösenden Ereignisse entspricht weitgehend denen in Art. 4 Abs. 1. Danach kann ein Zusammenschlussvorhaben auch bereits vor Abschluss eines bindenden Vertrages angemeldet werden, wenn es hinreichend konkret ist. Die frühere Anmeldefrist von 30 Arbeitstagen ist entfallen. Bis zur endgültigen Entscheidung über die Zulässigkeit des Zusam- 188

---

30 Der konsolidierte Gesetzestext sowie eine englische Übersetzung desselben sind auf der Internetseite der rumänischen Wettbewerbsbehörde unter www.consiliulconcurentei.ro abrufbar.

menschlusses gilt ein **Vollzugsverbot,** das den Unternehmen alle irreversiblen Maßnahmen im Zusammenhang mit der Verwirklichung des Zusammenschlusses verbietet, die in Rumänien vollzogen werden. Vom Vollzugsverbot können auf Antrag Ausnahmen zugelassen werden, um schwere Schäden von den beteiligten Unternehmen oder Dritten abzuwenden. Gegebenenfalls kann der Wettbewerbsrat eine solche Ausnahme mit Bedingungen und/oder Auflagen versehen, um die Voraussetzungen für wirksamen Wettbewerb zu gewährleisten. Für die Anmeldung, die die in einem der Form CO entsprechenden Formblatt aufgeführten detaillierten Angaben enthalten muss, ist eine Gebühr von rund 1.000 Euro zu entrichten. Für die Freigabe in Phase 2 wird eine weitere Gebühr in Höhe erhoben, die zwischen 10.000 und 25.000 Euro betragen kann. Die Gebühr für eine Freigabe in Phase 3 liegt zwischen 25.000 und 50.000 Euro.

189   Das **Genehmigungsverfahren** unterteilt sich in drei Phasen. Nach Eingang der Anmeldung prüft der Wettbewerbsrat zunächst innerhalb von **20 Tagen,** ob die Anmeldung vollständig ist. Liegen alle erforderlichen Unterlagen und Informationen vor, teilt die Behörde den Beteiligten mit, dass ihre Anmeldung wirksam ist. Andernfalls haben die Unternehmen 15 Tage Zeit die fehlenden Informationen nachzureichen. Von der Mitteilung der Wirksamkeit an, die in der Regel ein bis zwei Monate nach Einreichung der Anmeldung erfolgt, hat die Behörde innerhalb einer Frist von **45 Tagen** zu prüfen, ob der Zusammenschluss in den Anwendungsbereich des Gesetzes fällt und wenn ja, ob er wettbewerbliche Probleme aufwirft. Ist dies nicht der Fall, so wird der Zusammenschluss genehmigt. Andernfalls schließt sich eine dritte Verfahrensphase an, die innerhalb von **fünf Monaten** nach Wirksamkeit der Anmeldung durch eine förmliche Entscheidung abgeschlossen werden muss. Für ihre verfahrensbeendende Entscheidung stehen der Behörde verschiedene Optionen zur Verfügung. Sie kann den Zusammenschluss entweder unbeschränkt freigeben, die Freigabe an Bedingungen und/oder Auflagen knüpfen oder untersagen. Sowohl die 45-Tage-, als auch die 5-Monats-Frist kann nicht verlängert werden. Ergeht keine Entscheidung der Wettbewerbsbehörde innerhalb dieser Frist, gilt der Zusammenschluss als genehmigt und kann vollzogen werden.

190   Das **materielle Eingreifkriterium** der rumänischen Fusionskontrolle entspricht seit August 2010 weitgehend demjenigen des Art. 2 Abs. 3. Danach hat die Behörde einen Zusammenschluss zu untersagen, wenn hierdurch wirksamer Wettbewerb auf dem rumänischen Markt oder einem wesentlichen Teil desselben erheblich behindert würde, insbesondere durch Begründung oder Verstärkung einer marktbeherrschenden Stellung. Es besteht eine widerlegbare gesetzliche Vermutung, dass ein Unternehmen marktbeherrschend ist, wenn es einen Marktanteil von mehr als 40 % auf dem relevanten Markt hat.

191   Verstöße gegen das Vollzugsverbot sind mit Bußgeldern von 0,5–10 % des Gesamtumsatzes der beteiligten Unternehmen in Rumänien bedroht. Übermittelt eine Partei der Behörde unrichtige oder irreführende Informationen, droht ein Bußgeld von 0,1–1 % des Gesamtumsatzes. Bei Nichtbefolgung von Nebenbestimmungen zu einer Freigabeentscheidung kann die Behörde ebenfalls Bußgelder verhängen bzw. die Freigabe widerrufen.

192   Die Entscheidungen des Wettbewerbsrates können vor dem Berufungsgericht in Bukarest angefochten werden, dessen Urteile der Überprüfung durch das oberste Kassationsgericht unterliegen.

193   **19. Schweden. Rechtsgrundlage** der Fusionskontrolle in Schweden ist das Gesetz Nr. 579/2008, Das zum 1.11.2008 in Kraft getreten ist und das alte Wettbewerbsgesetz vom 1.7.1993 ersetzt hat.[31] Ergänzt werden diese Vorschriften durch verschiedene Leitlinien. Zuständig für die Anwendung der Vorschriften über die Fusionskontrolle ist die schwedische Wettbewerbsbehörde („Konkurrensverket"), eine unabhängige Verwaltungsbehörde, die zum Geschäftsbereich des Ministeriums für Industrie, Beschäftigung und Kommunikation gehört. Die Wettbewerbsbehörde ist seit Anfang 2018 nicht nur für die Entgegennahme der Anmeldungen, die Fallprüfung in beiden Phasen des Genehmigungsverfahrens sowie die Freigabe von Zusammenschlüssen zuständig, sondern kann einen Zusammenschluss auch untersagen. Zuvor lag die Kompetenz hierfür allein beim Stockholmer Stadtgericht.

194   Der **Zusammenschlussbegriff** der schwedischen Fusionskontrolle entspricht demjenigen in Art. 3 Abs. 1–3. Er umfasst die Unternehmensfusion, den Erwerb der Kontrolle über ein Unternehmen sowie die Gründung von Vollfunktionsgemeinschaftsunternehmen. Soweit diese die Koordinierung des Wettbewerbsverhaltens unabhängig bleibender Unternehmen bezwecken oder bewirken sind zusätzlich auch die Vorschriften für Kartelle anwendbar.

---

[31] Der Gesetzestext sowie eine englische Übersetzung desselben sind auf der Internetseite der schwedischen Wettbewerbsbehörde unter http://konkurrensverket.se abrufbar; IE vgl. hierzu Rowley/Baker/Coyet/Persson Chapter 56; Verloop/Landes/Widen/Persson Giolito, 379–395; Mohamed ECLR 1998, 237; Mullaart/Gahnström ECLR 2000, 317; Ojala/Larsson ECLR 2003, 136; Wessman World Competition Law, Vol. 17, No. 1, 113; Westin ECLR 1997, 306.

Den **Geltungsbereich** der Fusionskontrolle bestimmt das Gesetz durch zwei kumulative **195**
Umsatzkriterien. Ein Zusammenschluss fällt in den Anwendungsbereich des Gesetzes, wenn im
letzten Geschäftsjahr vor dem Zusammenschluss
a) der Gesamtumsatz aller beteiligten Unternehmen in Schweden zusammen mehr als 1 Milliarden
   Schwedische Kronen (ca. 96,1 Millionen Euro) beträgt und
b) mindestens zwei der beteiligten Unternehmen einen Gesamtumsatz in Schweden von jeweils
   mehr als 200 Millionen Schwedische Kronen (ca. 19,2 Millionen Euro) erreichen.

Einzelheiten der Umsatzberechnung sowie zum Begriff der beteiligten Unternehmen sind in den **196**
Leitlinien der Wettbewerbsbehörde enthalten, die den entsprechenden Bekanntmachungen der
Europäischen Kommission nachgebildet sind. Zusammenschlüsse zwischen oder mit ausländischen
Unternehmen werden wie solche zwischen inländischen Unternehmen behandelt, sofern die vorgenannten Umsatzkriterien erfüllt sind. Für ausländische Investments, die für die nationale Sicherheit
Schwedens von entscheidender Bedeutung sind, ist seit dem 1.1.2021 jedoch eine zusätzliche Genehmigung der schwedischen Sicherheitsbehörde erforderlich.

Zusammenschlüsse, die in den Anwendungsbereich des Gesetzes fallen, bedürfen der **vorheri-** **197**
gen Anmeldung. Die gebührenfreie Anmeldung muss die in einem dem Formblatt CO entsprechenden Formular aufgeführten detaillierten Angaben enthalten. Eine Frist zur Anmeldung besteht
nicht. Bis zur endgültigen Freigabe des Zusammenschlusses oder bis zum Ablauf einer der Entscheidungsfristen besteht jedoch ein **gesetzliches Vollzugsverbot.** Vom Vollzugsverbot können auf
Antrag Ausnahmen zugelassen werden, um schwere Schäden von den beteiligten Unternehmen
oder Dritten abzuwenden. Gegebenenfalls kann die Wettbewerbsbehörde solche Ausnahmen mit
Bedingungen und/oder Auflagen versehen, um die Voraussetzungen für wirksamen Wettbewerb zu
gewährleisten. Erfüllt ein Zusammenschluss zwar das Umsatzkriterium in lit. a, nicht aber das in
lit. b, so kann die Wettbewerbsbehörde die beteiligten Unternehmen aus begründetem Anlass gleichwohl zur Anmeldung verpflichten. Bislang hat die Wettbewerbsbehörde von dieser Möglichkeit aber
nur in wenigen Fällen Gebrauch gemacht. Ein solcher Anlass liegt insbesondere dann vor, wenn die
Beteiligten hohe Marktanteile in Schweden erreichen. In einem solchen Fall können die Beteiligten
ihren Zusammenschluss aus Gründen der Rechtssicherheit auch freiwillig anmelden.

Das **Fusionskontrollverfahren** ist zweistufig aufgebaut. Nach Eingang der Anmeldung prüft **198**
die Wettbewerbsbehörde zunächst, ob diese die vorgeschriebenen Angaben enthält. Ist dies nicht
der Fall, so muss sie die Beteiligten innerhalb von 10 Arbeitstagen zu deren Vervollständigung
auffordern. Andernfalls gilt die Anmeldung unwiderleglich als vollständig. Die Wettbewerbsbehörde
muss ihre vorläufige Prüfung des Zusammenschlusses innerhalb **von 25 Arbeitstagen** abschließen
und entscheiden, ob sie den Zusammenschluss genehmigt oder weitere Ermittlungen notwendig
sind. Bieten die Unternehmen Abhilfemaßnahmen an, so verlängert sich die Frist auf 35 Arbeitstage.
Nur wenn das Zusammenschlussvorhaben Anlass zu ernsthaften wettbewerblichen Bedenken gibt,
wird die zweite Phase des Verfahrens eingeleitet. Mit dem Ende der ersten Phase endet allerdings
das gesetzliche Vollzugsverbot. Nach Eintritt in die zweite Phase muss die Wettbewerbsbehörde
innerhalb von **drei Monaten** nach Eröffnung der zweiten Phase entscheiden, ob sie den Zusammenschluss gegebenenfalls unter Auflagen oder Bedingungen freigibt oder dieser untersagt werden soll.
Die Dreimonatsfrist kann um maximal einen Monat verlängert werden, sofern die Beteiligten dem
zustimmen oder dies aus zwingenden Gründen erforderlich ist. Die Entscheidung der Wettbewerbsbehörde zur Eröffnung der zweiten Phase kann vor dem Stadtgericht Stockholm angefochten werden.
Die Wettbewerbsbehörde kann den Zusammenschluss entweder unbeschränkt freigeben, die Freigabe
an Bedingungen und/oder Auflagen knüpfen oder untersagen. Die frühere dritte Phase, in der
allein das Stadtgericht Stockholm zur Untersagung eines Zusammenschlusses befugt war, wurde
abgeschafft.

Das **materielle Eingreifkriterium** entspricht weitgehend demjenigen des Art. 2 Abs. 2. Ein **199**
Zusammenschluss ist danach immer dann zu untersagen, wenn hierdurch der Bestand oder die
Entwicklung wirksamen Wettbewerbs in Schweden oder in einem wesentlichen Teil desselben erheblich behindert würde, insbesondere durch die Begründung oder Verstärkung einer marktbeherrschenden Stellung. Die eigentliche materielle Prüfung orientiert sich weitgehend an der Praxis
der Europäischen Kommission. Insbesondere berücksichtigt die Wettbewerbsbehörde hierbei die
Marktstruktur, die Marktanteile der Unternehmen, das Vorhandensein von potentiellem oder tatsächlichem Wettbewerb, das Bestehen von Marktzutrittsschranken und mögliche Nachfragemacht.
Ein Zusammenschluss darf allerdings dann nicht untersagt werden, wenn dies **wesentlichen natio-**
nalen Interessen auf dem Gebiet der nationalen Sicherheit oder der Rohstoffversorgung zuwiderlaufen würde.

Verstöße gegen die Anmeldepflicht sind nicht unmittelbar mit Sanktionen bedroht. Erfährt die **200**
Wettbewerbsbehörde allerdings von einem nicht angemeldeten aber anmeldepflichtigen Vorhaben,

so kann sie die beteiligten Unternehmen mit Hilfe von **Zwangsgeldern** zur Anmeldung zwingen. Auch Verstöße gegen das Vollzugsverbot als solches können nicht mit Geldbußen geahndet werden. Dies ist erst dann möglich, wenn die Wettbewerbsbehörde die Beachtung des Vollzugsverbots angeordnet hat und diese Anordnung von den Beteiligten nicht befolgt wird. Der Vollzug des Zusammenschlusses ist jedoch mit dem Risiko einer Entflechtung für den Fall einer negativen Beurteilung durch das Stadtgericht behaftet.

201 Gegen die Entscheidungen der Wettbewerbsbehörde stehen den beteiligten Unternehmen **Rechtsmittel** zum Patent- und Marktgericht zu, dessen Urteile vor dem Berufungsgericht angefochten werden können.

202 **20. Slowakische Republik. Rechtsgrundlage** der Fusionskontrolle in der Slowakischen Republik ist das Gesetz Nr. 187/2021 zum Schutz des Wettbewerbs, das am 1.6.2021 in Kraft getreten ist und das seit 2001 geltende Gesetz Nr. 350/2016 abgelöst hat.[32] Der Gesetzgeber nahm die Umsetzung der Richtlinie (EU) 2019/1 in nationales Recht zum Anlass, das slowakische Wettbewerbsgesetz von Grund auf zu erneuern und mit dem europäischen Recht zu harmonisieren. **Zuständig** für die Anwendung der Vorschriften ist die slowakische Antimonopolbehörde („Protimonopolný úrad"), eine regierungsunabhängige Verwaltungsbehörde, deren Vorsitzender vom Staatspräsidenten auf Vorschlag der Regierung ernannt wird.

203 Die Definition des **Zusammenschlussbegriffs** entspricht nun demjenigen des Gemeinschaftsrechts. Erfasst werden die Unternehmensfusion, der Erwerb der Kontrolle an einem Unternehmen sowie die Gründung von Vollfunktionsgemeinschaftsunternehmen. Kooperative Vollfunktionsgemeinschaftsunternehmen werden zusätzlich nach den für Kartelle geltenden Regeln beurteilt. Bestimmte Erwerbsvorgänge im Gesundheitswesen und von Kreditinstituten sowie im Rahmen von Insolvenzverfahren unterliegen spezialgesetzlichen Vorschriften.

204 Den **Geltungsbereich** der Fusionskontrolle bestimmt das Gesetz mit Hilfe von vier Umsatzkriterien. Die einschlägigen Vorschriften sind anwendbar, wenn im letzten Geschäftsjahr vor dem Zusammenschluss

a) der Gesamtumsatz aller beteiligten Unternehmen in der Slowakischen Republik zusammen 46 Millionen Euro oder mehr beträgt und jedes von mindestens zwei beteiligten Unternehmen in der Slowakischen Republik einen Umsatz von jeweils 14 Millionen Euro oder mehr erzielt, oder

b) der weltweite Gesamtumsatz eines beteiligten Unternehmens mindestens 46 Millionen Euro beträgt und

  aa) aa) im Fall einer Unternehmensfusion, der Umsatz mindestens eines anderen beteiligten Unternehmens in der Slowakischen Republik 14 Millionen Euro oder mehr beträgt, oder

  bb) im Fall eines Kontrollerwerbs, der inländische Umsatz des Unternehmens, an dem die Kontrolle erworben wird, 14 Millionen Euro oder mehr beträgt.

205 Zusammenschlüsse zwischen oder mit ausländischen Unternehmen werden wie solche zwischen inländischen Unternehmen behandelt, wenn sie zu einer Beeinträchtigung des Wettbewerbs in der Slowakischen Republik führen oder führen können. Eine solche Inlandsauswirkung wird von der Antimonopolbehörde regelmäßig dann angenommen, wenn eine der auf den inländischen Markt bezogenen Umsatzkriterien erfüllt ist.

206 Unternehmen, die diese Voraussetzungen erfüllen, treffen die gesetzliche Verpflichtung zur **vorherigen Anmeldung** ihres Zusammenschlusses. Die eine Anmeldepflicht auslösenden Ereignisse entsprechen weitgehend denen in Art. 4 Abs. 1. Danach kann ein Zusammenschlussvorhaben auch bereits vor Abschluss eines bindenden Vertrages angemeldet werden, wenn es hinreichend konkret ist. Die frühere Anmeldefrist von 30 Arbeitstagen ist bereits seit Längerem entfallen. Für anmeldepflichtige Zusammenschlüsse gilt ein **Vollzugsverbot** bis zur endgültigen wettbewerbsbehördlichen Entscheidung. Auf begründeten Antrag der beteiligten Unternehmen kann die Antimonopolbehörde das Vollzugsverbot ganz oder teilweise aussetzen, sofern hierfür wichtige Gründe bestehen. Die Anmeldung muss die in der Verordnung Nr. 170/2014 über die Einzelheiten der Anmeldung von Zusammenschlüssen aufgeführten detaillierten Angaben enthalten. Die Anmeldegebühr beträgt für jedes beteiligte Unternehmen 5.000 Euro. Bereits vor einer offiziellen Anmeldung können die beteiligten Unternehmen die Antimonopolbehörde um eine (unverbindliche) rechtliche Stellungnahme zu ihrem Vorhaben ersuchen. Die Stellungnahme muss innerhalb von 30 Tagen erfolgen, entbindet die Unternehmen jedoch nicht von der Pflicht zur förmlichen Anmeldung.

207 Das **Fusionskontrollverfahren** ist zweistufig aufgebaut. In der ersten Phase prüft die Antimonopolbehörde zunächst, ob die Anmeldung auch vollständig ist. Ist dies der Fall, so bestätigt sie dies

---

[32] Der konsolidierte Gesetzestext ist auf der Internetseite der slowakischen Wettbewerbsbehörde unter http://www.antimon.gov.sk abrufbar; vgl. iE hierzu Cernejova ECLR 1994, 183; Èervenka/Matulnik International Business Lawyer 2001, 223; Knorr/Zigová WuW 2003, 906.

den Unternehmen in Schriftform, andernfalls fordert sie weitere Informationen an. In der ersten Phase muss die Antimonopolbehörde innerhalb von **25 Arbeitstagen** nach Eingang der Anmeldung entscheiden, ob der Zusammenschluss durch eine Entscheidung in Kurzform freigegeben werden kann oder ob weitergehende Ermittlungen erforderlich sind. Im letztgenannten Fall informiert die Behörde die Beteiligten über die Einleitung der zweiten Phase, die innerhalb von weiteren **90 Arbeitstagen** abgeschlossen werden muss. Die Frist kann im Einvernehmen oder auf begründeten Antrag eines Verfahrensbeteiligten um bis zu 30 weitere Arbeitstage verlängert werden. Enthält die Anmeldung unrichtige oder irreführende Informationen, so beginnen die Fristen erneut von vorne zu laufen, nachdem die Informationen berichtigt wurden. Sobald Zweifel an der Freigabefähigkeit des Zusammenschlusses auftreten, informiert die Behörde die Beteiligten hierüber und fordert sie auf, geeignete Abhilfemaßnahmen zu unterbreiten. Die beteiligten Unternehmen können Vorschläge für Bedingungen und Auflagen machen, um die bestehenden wettbewerblichen Bedenken zu beseitigen. Für ihre verfahrensbeendende Entscheidung stehen der Antimonopolbehörde verschiedene Optionen zur Verfügung. Sie kann den Zusammenschluss unbeschränkt freigeben, dessen Genehmigung mit Bedingungen und/oder Auflagen verbinden oder den Zusammenschluss untersagen. Im letzteren Fall kann sie zudem die Entflechtung des Zusammenschlusses anordnen, wenn dieser zwischenzeitlich vollzogen worden ist.

Das **materielle Eingreifkriterium** wurde an das Gemeinschaftsrecht angepasst und entspricht weitgehend den Kriterien in Art. 2 und 3. Ein Zusammenschluss ist danach immer dann zu untersagen, wenn zu erwarten ist, dass hierdurch wirksamer Wettbewerb auf dem relevanten Markt erheblich behindert würde, insbesondere durch Begründung oder Verstärkung einer beherrschenden Stellung.

Verstöße gegen das Vollzugsverbot sind mit **Geldbußen** von bis zu 10 % des weltweiten Vorjahresumsatzes der beteiligten Unternehmen bedroht. Ist die Berechnung des Umsatzes nicht möglich, kann eine pauschale Geldbuße von bis zu 330.000 Euro verhängt werden. Die Behörde kann zudem für jeden Tag des Verzugs ein Zwangsgeld in Höhe von bis zu 5 % des durchschnittlichen Tagesumsatzes des vorangegangenen Jahres verhängen.

Die beteiligten Unternehmen können die Entscheidungen der Antimonopolbehörde von einem behördeninternen Gremium, dem Rat der Antimonopolbehörde, überprüfen lassen. Gegen dessen Entscheidung steht ihnen das **Rechtsmittel** zum Landgericht in Bratislava offen, dessen Urteile der Überprüfung durch den Obersten Gerichtshof unterliegen.

21. Slowenien. Rechtsgrundlage der Fusionskontrolle in Slowenien ist das Gesetz Nr. 36/2008 zur Verhinderung von Wettbewerbsbeschränkungen, das am 26.4.2008 in Kraft getreten ist und zuletzt im Mai 2017 novelliert wurde.[33] Systematik und Inhalt der slowenischen Regelungen sind wesentlich von gemeinschaftsrechtlichen Vorschriften geprägt. **Zuständige Behörde** sowohl für die Ermittlungen als auch für die Entscheidung über den Zusammenschluss ist das zum Geschäftsbereich des Wirtschaftsministeriums gehörende, aber unabhängig handelnde Amt für den Schutz des Wettbewerbs („Urad RS za varstvo konkurence").

Der **Zusammenschlussbegriff** entspricht demjenigen des Gemeinschaftsrechts und umfasst die Unternehmensfusion, den Erwerb der Kontrolle an einem Unternehmen sowie die Gründung von Vollfunktionsgemeinschaftsunternehmen. Soweit ein Vollfunktionsgemeinschaftsunternehmen die Koordinierung des Wettbewerbsverhaltens unabhängig bleibender Unternehmen bezweckt oder bewirkt sind zusätzlich auch die Vorschriften für Kartelle anwendbar. Teilfunktionsgemeinschaftsunternehmen werden allein nach den für Kartelle geltenden Vorschriften beurteilt. Eine dem Art. 3 Abs. 5 nachgebildete Vorschrift nimmt bestimmte Erwerbsvorgänge von Banken und Finanzinstituten von der Anwendung des Gesetzes aus.

Den **Geltungsbereich** der Fusionskontrolle bestimmt das Gesetz anhand von zwei alternativen Kriterien. Zusammenschlüsse werden danach erfasst, wenn im letzten Geschäftsjahr vor dem Zusammenschluss
a) die beteiligten Unternehmen einen Gesamtumsatz in Slowenien von zusammen mehr als 35 Millionen Euro erreicht haben und
b) entweder des Zielunternehmens einschließlich der mit ihm verbundenen Unternehmen einen Umsatz in Slowenien von mehr als 1 Millionen Euro erzielt hat oder im Falle der Gründung eines Gemeinschaftsunternehmens der Umsatz von mindestens zwei beteiligten Unternehmen einschließlich der mit ihnen verbundenen Unternehmen in Slowenien jeweils mehr als 1 Millionen betrug.

---

[33] Der Gesetzestext sowie eine englische Übersetzung desselben sind auf der Internetseite der slowenischen Wettbewerbsbehörde unter http://www.varstvo-konkurence.si abrufbar; vgl. iE hierzu Rowley/Baker/Pensa/Stankovic Chapter 53; Krneta GRUR Int. 1994, 289.

Internationale Fusionskontrolle

214 Auch wenn diese Schwellen nicht erreicht werden, müssen die beteiligten Unternehmen das Wettbewerbsamt über den Vollzug des Zusammenschlusses informieren, wenn sie zusammen einen Marktanteil von mehr als 60 % auf einem Markt in Slowenien erreichen. In diesem Fall kann das Wettbewerbsamt die Unternehmen zur Vornahme einer Anmeldung innerhalb von 15 Tagen auffordern. Der Vollzug des Zusammenschluss muss in diesem Fall gestoppt werden. Bislang ist jedoch noch unklar, ob das Marktanteilskriterium bereits dann erfüllt ist, wenn nur ein Unternehmen einen Marktanteil von mehr als 60 % hat oder ob es hierfür eines Marktanteilszuwachses bedarf. Zusammenschlüsse zwischen oder mit ausländischen Unternehmen werden wie solche zwischen inländischen Unternehmen behandelt, sofern sie eines oder beide der vorgenannten Aufgreifkriterien erreichen.

215 Zusammenschlüsse, welche die vorgenannten Voraussetzungen erfüllen, unterliegen einer gesetzlichen Pflicht zur **vorherigen Anmeldung**. Die Anmeldung ist innerhalb einer **Anmeldefrist** von **30 Tagen** nach Abschluss eines Vertrages, dem Erwerb der Kontrolle oder der Ankündigung eines öffentlichen Übernahmeangebots beim Wettbewerbsamt eingereicht werden. Diese Anmeldefrist gilt auch für den Fall, dass das Wettbewerbsamt die Beteiligten zu einer Anmeldung auffordert, obwohl die Umsatzschwellen nicht erreicht werden. Bis zur Freigabe des Zusammenschlusses besteht ein **gesetzliches Vollzugsverbot**. Vom Vollzugsverbot können auf Antrag der beteiligten Unternehmen Ausnahmen zugelassen werden, wenn dies der Abwendung schwerer Schäden von den Unternehmen oder dem allgemeinen Interesse dient. Die Anmeldung muss die im Gesetz sowie einem Formblatt aufgeführten detaillierten Angaben enthalten.[34] Die **Anmeldegebühr** beträgt 2.000 Euro. Erfährt das Wettbewerbsamt von einem nicht angemeldeten Zusammenschluss, so kann es auch von Amts wegen ein Fusionsverfahren einleiten. Öffentliche Übernahmeangebote sind dem Wettbewerbsamt auch dann anzuzeigen, wenn die Aufgreifkriterien nicht erfüllt sind.

216 Das **Genehmigungsverfahren** unterteilt sich in zwei Phasen. Nach Eingang der vollständigen Anmeldung prüft das Wettbewerbsamt, ob der Zusammenschluss überhaupt in den Anwendungsbereich der Fusionskontrolle fällt. Innerhalb von **25 Arbeitstagen** muss das Wettbewerbsamt die Regelungen für unanwendbar erklären, den Zusammenschluss genehmigen oder eine weitergehende Prüfung anordnen. Tritt das Wettbewerbsamt in die vertiefte Prüfung des Falles ein, so muss es innerhalb von weiteren **60 Arbeitstagen** zu einer abschließenden Entscheidung zu gelangen. Es kann den Zusammenschluss entweder unbeschränkt freigeben, die Freigabe an Bedingungen und/oder Auflagen knüpfen oder den Zusammenschluss untersagen. Zusammen mit einer Untersagungsverfügung kann das Amt alle erforderlichen Maßnahmen anordnen, die notwendig sind, um die Auswirkungen eines bereits vollzogenen Zusammenschlusses rückgängig zu machen. Trifft das Wettbewerbsamt innerhalb der gesetzlichen Fristen keine Entscheidung, so tritt keine Freigabefiktion ein. In diesem Fall müssen die Beteiligten Rechtsmittel zum Obersten Gerichtshof einlegen.

217 Die **materiellen Eingreifkriterien** der slowenischen Fusionskontrolle lehnen sich eng an diejenigen des Art. 2 Abs. 3 an. Das Wettbewerbsamt hat einen Zusammenschluss zu untersagen, wenn dieser die wirtschaftliche Machtstellung eines oder mehrerer Unternehmen verstärkt und hierdurch wirksamer Wettbewerb auf dem relevanten Markt wesentlich beeinträchtigt oder verhindert wird. Bei seiner wettbewerblichen Beurteilung hat das Amt in erster Linie zu prüfen, ob die Gefahr besteht, dass der Zusammenschluss zur Begründung oder Verstärkung einer beherrschenden Stellung führt und berücksichtigt dabei vor allem Faktoren wie die Auswahlmöglichkeiten der Lieferanten und Abnehmer, die Marktstellung der beteiligten Unternehmen, deren Zugang zu den Versorgungsquellen und zum Markt selbst, die Marktanteile, Marktzutrittsschranken, die Finanzstärke der beteiligten Unternehmen und ihre internationale Wettbewerbsfähigkeit sowie die Entwicklung des Angebots der betroffenen Waren oder Dienstleistungen. Zusammenschlüsse, die den Erwerb von 20 % oder mehr der Anteile an einem Zeitschriftenverlag oder einem Radio- oder Fernsehsender betreffen, bedürfen zusätzlich einer Genehmigung durch den Minister für Kultur. Zusammenschlüsse die den Finanz- oder Versicherungssektor betreffen bedürfen der Zustimmung der Banka Slovenije bzw. der Versicherungsaufsichtsbehörde.

218 Verstöße gegen die gesetzliche Pflicht zur rechtzeitigen Anmeldung sind mit **Bußgeldern** von bis zu 10 % des Gesamtsatzes der beteiligten Unternehmen im letzten Geschäftsjahr bedroht. Daneben können auch Bußgelder von 5.000–30.000 Euro gegen die für den Verstoß verantwortlichen natürlichen Personen verhängt werden.

219 Gegen die Entscheidungen des Wettbewerbsamtes können die beteiligten Unternehmen **Rechtsmittel** zum Verwaltungsgericht Sloweniens einlegen, dessen Urteile vor dem Obersten Gerichtshof angefochten werden können.

---

[34] Das Formblatt befindet sich im Anhang der Verordnung über den Inhalt und die erforderlichen Angaben für die Einzelheiten der Anmeldung von Zusammenschlüssen, Staatsblatt der Republik Slowenien Nr. 71313/2009/4, und ist in englischer Sprache auf der Internetseite des slowenischen Wettbewerbsamtes abrufbar.

22. Spanien. Rechtsgrundlage der spanischen Fusionskontrolle ist das Gesetz Nr. 15/2007 **220** vom 3.7.2007 über den Schutz des Wettbewerbs. Ergänzende verfahrensrechtliche Vorschriften enthält das am 22.2.2008 in Kraft getretene Königliche Dekret Nr. 261/2008.[35] Die Anwendung der Vorschriften obliegt der Nationalen Markt- und Wettbewerbskommission, einer unabhängigen Behörde, in der die frühere Wettbewerbsbehörde und die Regulierungsbehörden für Energie, Telekommunikation, Eisenbahnen Flughäfen und Post zusammengefasst wurden. Die Wettbewerbskommission besteht aus dem Untersuchungsdirektorat, das den Sachverhalt ermittelt und dem Rat, der die Entscheidungen im Verfahren trifft. Die Mitglieder des Rates der Wettbewerbskommission werden auf Vorschlag des Wirtschaftsministers von der Regierung für sechs Jahre ernannt.

Der **Zusammenschlussbegriff** der spanischen Fusionskontrolle entspricht demjenigen in **221** Art. 3. Als Zusammenschlusstatbestände gelten danach die Unternehmensfusion, der Kontrollerwerb sowie die Gründung von Gemeinschaftsunternehmen, sofern diese auf Dauer alle Funktionen einer selbständigen wirtschaftlichen Einheit erfüllen. Kooperative Vollfunktionsgemeinschaftsunternehmen werden zusätzlich nach den für Kartelle geltenden Regeln beurteilt – reine Teilfunktionsgemeinschaftsunternehmen unterfallen ausschließlich dem Kartellverbot.

Den **Geltungsbereich** der Fusionskontrolle bestimmt das Gesetz mit Hilfe von zwei alternati- **222** ven Aufgreifkriterien. Die Vorschriften finden Anwendung, wenn
a) die beteiligten Unternehmen durch den Zusammenschluss einen Marktanteil von 30 % auf dem spanischen Markt für bestimmte Produkte oder gewerbliche Leistungen oder einem räumlichen Markt innerhalb Spaniens erreichen oder überschreiten, es sei denn der Umsatz des Zielunternehmens in Spanien lag im letzten abgeschlossenen Geschäftsjahr unter 10 Millionen Euro und keines der beteiligten Unternehmen hatte einen Marktanteil von allein oder zusammen 50 % oder mehr in Spanien oder in einem Markt innerhalb Spaniens oder
b) der von den beteiligten Unternehmen im letzten Geschäftsjahr in Spanien erzielte Gesamtumsatz zusammen mehr als 240 Millionen Euro beträgt und mindestens zwei der beteiligten Unternehmen in Spanien einen Gesamtumsatz von jeweils mehr als 60 Millionen Euro erzielen.

Das Marktanteilskriterium ist bereits dann erfüllt, wenn das zu erwerbende Unternehmen einen **223** Marktanteil von mehr als 30 % erreicht. Ein Marktanteilszuwachs durch den Zusammenschluss ist nicht erforderlich. Die beteiligten Unternehmen können die Wettbewerbskommission vorab um eine Stellungnahme dazu ersuchen, ob ihr Vorhaben die Aufgreifschwellen erfüllt oder nicht. Zusammenschlüsse zwischen oder mit ausländischen Unternehmen werden wie solche zwischen inländischen Unternehmen behandelt.

Zusammenschlüsse, die die vorgenannten Voraussetzungen erfüllen, unterliegen einer gesetz- **224** lichen Pflicht zur **vorherigen Anmeldung** bei der Wettbewerbskommission. Eine bestimmte Frist für die Anmeldung besteht nicht. Sie kann auch bereits vor Abschluss eines endgültigen Vertrages erfolgen, wenn das Vorhaben hinreichend konkret ist. Bloße Absichtserklärungen reichen hierfür jedoch nicht aus. Öffentliche Übernahmeangebote müssen dagegen spätestens fünf Tage nach ihrer Anmeldung bei der spanischen Finanzaufsicht ("Comisión Nacional del Mercado de Valores") angemeldet werden. Bis zur endgültigen Freigabe des Zusammenschlusses oder des Ablaufs der gesetzlichen Entscheidungsfristen besteht ein **gesetzliches Vollzugsverbot.** Die beteiligten Unternehmen können zusammen mit der Anmeldung einen Antrag auf Befreiung vom Vollzugsverbot stellen, über den jedoch erst am Ende der ersten Verfahrensphase entschieden wird. Für die Anmeldung ist ein dem Formblatt CO ähnliches Formular zu verwenden und eine vom Inlandsumsatz der beteiligten Unternehmen abhängige Anmeldegebühr zwischen 5.502 Euro und 109.906 Euro zu entrichten. In wettbewerblich unproblematischen Fällen ist eine Anmeldung in Kurzform möglich.

Das **Fusionskontrollverfahren** unterteilt sich in zwei Phasen. Mit der Anmeldung des **225** Zusammenschlusses bei der Wettbewerbskommission beginnt die **erste Verfahrensphase,** die grundsätzlich **einen Monat** dauert. In dieser Zeit prüft das Untersuchungsdirektorat die Vollständigkeit der Anmeldung und ermittelt den Zusammenschlusssachverhalt. Enthält die Anmeldung nicht die vorgeschriebenen Angaben, so teilt das Direktorat dies den beteiligten Unternehmen mit und fordert sie zur Vervollständigung der Anmeldung auf. Der Fristlauf wird hierdurch unterbrochen und eine neue Ein-Monatsfrist beginnt mit Eingang der geforderten zusätzlichen Angaben. Die Unternehmen können bereits in der ersten Phase Abhilfemaßnahmen vorschlagen, um bestehende Wettbewerbsbedenken zu beseitigen. In diesem Fall verlängert sich die Untersuchungsfrist um zehn Arbeitstage. Am Ende der ersten Phase erstellt das Untersuchungsdirektorat einen nicht bindenden Bericht für den Rat der Wettbewerbskommission, der dann entscheidet, ob der Zusammenschluss unbeschränkt oder unter der Voraussetzung freigeben wird, dass die

---

[35] Der Gesetzestext sowie eine englische Übersetzung desselben sind auf der Internetseite der spanischen Wettbewerbskommission unter www.cnmc.es abrufbar.

Unternehmen von ihnen angebotene Verpflichtungszusagen umsetzen. Eine Untersagung ist in der ersten Phase nicht möglich.

226 Ist der Rat der Auffassung, dass der Zusammenschluss den Wettbewerb auf dem betroffenen Markt gefährdet, so eröffnet er die **zweite Verfahrensphase**. Innerhalb von **zwei Monaten** muss die Wettbewerbskommission dann die Auswirkungen des Zusammenschlusses auf den Wettbewerb prüfen. Die Frist verlängert sich um 15 Arbeitstage wenn die Unternehmen Abhilfemaßnahmen anbieten. Die Prüfungsfrist kann von der Wettbewerbskommission auch dann verlängert bzw. unterbrochen werden, wenn diese von anderen staatlichen Stellen oder nationalen Wettbewerbsbehörden Informationen einholen muss, sich neue Fakten ergeben oder Rechtsmittel gegen eine Entscheidung der Wettbewerbskommission eingelegt werden. Maßgebliches **Eingreifkriterium** ist, ob der Zusammenschluss die Aufrechterhaltung wirksamen Wettbewerbs auf dem nationalen Markt oder in Teilen desselben verhindert. Bei seiner wettbewerblichen Beurteilung berücksichtigt die Wettbewerbskommission insbesondere den Umfang und die Struktur der betroffenen Märkte, die Wahlmöglichkeiten der Lieferanten, Händler, Abnehmer und Verbraucher, die Wirtschafts- und Finanzkraft der Unternehmen, die Entwicklung von Angebot und Nachfrage sowie den Wettbewerb durch ausländische Unternehmen. Bei Zusammenschlüssen in den Bereichen Energieversorgung und Telekommunikation können die für den jeweiligen Sektor zuständigen Regulierungsbehörden unverbindliche Stellungnahmen zur Beurteilung des Zusammenschlusses abgeben. Auch in diesen Fällen verlängert sich die Prüfungsfrist entsprechend.

227 Der Wettbewerbskommission stehen für ihre abschließende Entscheidung über den Zusammenschluss drei Optionen zur Verfügung. Sie kann den Zusammenschluss ohne Einschränkungen freigeben, die Freigabe mit Auflagen verbinden oder den Zusammenschluss untersagen. In den letzten beiden Fällen kann der Wirtschaftsminister innerhalb von 15 Arbeitstagen den Fall der Regierung vorlegen und diese um eine Entscheidung ersuchen, ob die Entscheidung der Wettbewerbskommission bestätigen wird oder der Zusammenschluss dennoch freigegeben wird, ggf. unter Auflagen und Bedingungen. Die Entscheidung der Regierung, die innerhalb von einem Monat nach der Vorlage durch den Wirtschaftsminister ergehen muss, kann jedoch nur auf Gründe des öffentlichen Interesses gestützt werden. Insoweit kann die Regierung berücksichtigen, ob der Zusammenschluss gleichzeitig zu Verbesserungen bei der Produktion oder dem Vertrieb der betroffenen Produkte führt oder zur Förderung des technischen oder wirtschaftlichen Fortschritts, der internationalen Wettbewerbsfähigkeit der heimischen Industrie, der nationalen Sicherheit und Verteidigung oder der öffentlichen Gesundheit beiträgt.

228 Verstöße gegen das Vollzugsverbot können mit **Bußgeldern** in Höhe von bis zu 5 % des Umsatzes der Beteiligten im letzten Geschäftsjahr sanktioniert werden. Für die Angabe falscher, irreführender oder unvollständiger Angaben drohen Bußgelder in Höhe von bis zu 1 % des Umsatzes. Die Durchführung einer durch die Behörde verbotenen Transaktion stuft das Wettbewerbsgesetz als schwerwiegenden Verstoß ein und droht Bußgelder in Höhe von bis zu 10 % des Vorjahresumsatzes an.

229 Den beteiligten Unternehmen und Dritten stehen verschiedene **Rechtsmittel** gegen die oben erwähnten Entscheidungen zur Verfügung. Die Entscheidungen der Wettbewerbskommission können vor dem Verwaltungsgericht („Audencia National") angefochten werden. Gegen dessen Urteile ist die Revision zum Obersten Gerichtshof zulässig. Für Klagen gegen die Entscheidungen der Regierung über die Erlaubnis eines Zusammenschlusses ist der Oberste Gerichtshof zuständig („Tribunal Supremo").

230 **23. Tschechische Republik. Rechtsgrundlage** der Fusionskontrolle in der Tschechischen Republik ist das Gesetz Nr. 143/2001 über den Schutz des wirtschaftlichen Wettbewerbs vom 4.4.2001, das zum 1.7.2001 in Kraft getreten ist und seit dem mehrfach novelliert wurde.[36] **Zuständig** für die Anwendung der Regeln ist eine unabhängige Verwaltungsbehörde, das Amt für den Schutz des Wettbewerbs („Úřad pro ochranu hospodářské soutěže"), dessen Vorsitzender auf Vorschlag der Regierung vom Präsidenten ernannt wird.

231 Der **Zusammenschlussbegriff** entspricht demjenigen des Gemeinschaftsrechts und umfasst die Unternehmensfusion, den Erwerb der Kontrolle an einem Unternehmen sowie die Gründung von Vollfunktionsgemeinschaftsunternehmen. Soweit ein Vollfunktionsgemeinschaftsunternehmen die Koordinierung des Wettbewerbsverhaltens unabhängig bleibender Unternehmen bezweckt oder bewirkt sind zusätzlich auch die Vorschriften für Kartelle anwendbar. Teilfunktionsgemeinschaftsun-

---

[36] Der konsolidierte Gesetzestext sowie eine englische Übersetzung desselben sind auf der Internetseite der tschechischen Wettbewerbsbehörde unter http://www.uohs.cz abrufbar; vgl. iE hierzu Rowley/Baker/Dejl Chapter 14; Veroop/Landes/Wedekind/Hájková, 105–115; Bednáo WuW 2001, 481; Bejěek WiRO 2002, 227; Fiala ECLR 2002, 400; Kusak WiRO 2004, 206; Planavova-Latanowicz/Harding ECLR 1999, 265; Schwarz/Terhechte RIW 2002, 354.

ternehmen werden allein nach den für Kartelle geltenden Vorschriften beurteilt. Eine dem Art. 3 Abs. 5 nachgebildete Vorschrift nimmt bestimmte Erwerbsvorgänge von Banken und Finanzinstituten von der Anwendung des Gesetzes aus.

Der **Geltungsbereich** der Fusionskontrolle wird durch zwei alternative umsatzbezogene Aufgreifkriterien bestimmt. Ein Zusammenschluss ist danach anzumelden, wenn im letzten Geschäftsjahr vor dem Zusammenschluss 232
a) die beteiligten Unternehmen einen Gesamtumsatz in der Tschechischen Republik von zusammen mehr als 1,5 Milliarden Tschechische Kronen (ca. 60,5 Millionen Euro) erreichen und mindestens zwei der beteiligten Unternehmen in demselben Zeitraum in der Tschechischen Republik einen Gesamtumsatz von jeweils mindestens 250 Millionen Tschechische Kronen (ca. 10,1 Millionen Euro) erreichen oder
b) mindestens ein beteiligtes Unternehmen einen Gesamtumsatz in der Tschechischen Republik von mehr als 1,5 Milliarden Tschechische Kronen (ca. 60,5 Millionen Euro) erreicht und der weltweite Gesamtumsatz eines weiteren beteiligten Unternehmens in demselben Zeitraum 1,5 Milliarden Tschechische Kronen (ca. 60,5 Millionen Euro) übersteigt.

Zusammenschlüsse zwischen oder mit ausländischen Unternehmen werden wie solche zwischen inländischen Unternehmen behandelt, wenn sie zu einer Beeinträchtigung des Wettbewerbs in der Tschechischen Republik führen oder führen können. An der erforderlichen Inlandsauswirkung fehlt es nach Auffassung des Wettbewerbsamtes bei reinen Auslandszusammenschlüssen regelmäßig dann, wenn der gemeinsame Marktanteil aller beteiligten Unternehmen in der Tschechischen Republik sowohl vor als auch nach dem Zusammenschluss weniger als 10 % beträgt. Dies gilt jedoch nicht, wenn zumindest zwei der beteiligten Unternehmen Tochtergesellschaften in der Tschechischen Republik haben. In diesem Fall wird eine Inlandsauswirkung auch dann angenommen, wenn die 10 %-Schwelle nicht erreicht wird. 233

Alle vom Gesetz erfassten Zusammenschlüsse müssen vor ihrem Vollzug beim Wettbewerbsamt **angemeldet werden.** Eine Anmeldung kann auch bereits vor Abschluss eines bindenden Vertrages bzw. des Erwerbs der Kontrolle über ein anderes Unternehmen erfolgen. Eine Anmeldefrist sieht das Gesetz nicht mehr vor. Bis zur wettbewerbsbehördlichen Genehmigung des Zusammenschlusses besteht jedoch ein **gesetzliches Vollzugsverbot.** Auf begründeten Antrag der beteiligten Unternehmen kann das Wettbewerbsamt Befreiungen vom Vollzugsverbot erteilen. Für die Anmeldung, die die in einem dem Formblatt CO entsprechenden Formular aufgeführten detaillierten Angaben enthalten muss, ist eine Gebühr von 100.000 Tschechische Kronen (ca. 4.000 Euro) zu entrichten. In wettbewerblich unproblematischen Fällen ist auch eine Anmeldung in Kurzform möglich. 234

Das **Fusionskontrollverfahren** umfasst zwei Phasen. Nach Eingang der vollständigen Anmeldung prüft das Wettbewerbsamt innerhalb von **30 Tagen,** bei Anmeldungen in Kurzform innerhalb von 20 Tagen, ob das Zusammenschlussvorhaben in den Anwendungsbereich der Fusionskontrolle fällt und bejahendenfalls, ob es mangels wettbewerblicher Bedenken ohne weiteres freigegeben werden kann oder einer eingehenden Untersuchung bedarf. Im letztgenannten Fall leitet das Wettbewerbsamt die zweite Phase des Verfahrens ein und informiert die Beteiligten hierüber. Ergeht innerhalb der 30/20-Tage-Frist keine Entscheidung, so gilt der Zusammenschluss als unbedenklich und kann vollzogen werden. In der zweiten Verfahrensphase prüft das Wettbewerbsamt anhand des **materiellen Eingreifkriteriums,** ob der Zusammenschluss den Wettbewerb im relevanten Markt erheblich behindern würde. Bei seiner wettbewerblichen Beurteilung berücksichtigt das Amt verschiedene wirtschaftliche Faktoren, darunter die Marktstruktur, die Marktanteile der beteiligten Unternehmen, ihre Wirtschafts- und Finanzkraft, das Vorhandensein von Marktzutrittsschranken, die Ausweichmöglichkeiten der Lieferanten und Abnehmer, die Entwicklung des Angebots und der Nachfrage, die Interessen der Verbraucher sowie die Erfordernisse von Forschung und Entwicklung, vorausgesetzt letztere sind zum Nutzen der Verbraucher und behindern nicht den Wettbewerb. Das Gesetz enthält eine gesetzliche Vermutung, dass eine erhebliche Wettbewerbsbehinderung ausgeschlossen ist, wenn der gemeinsame Marktanteil der beteiligten Unternehmen 25 % nicht übersteigt. Das Wettbewerbsamt besitzt weitgehende Ermittlungsbefugnisse und kann unter anderem auch Durchsuchungen von Geschäftsräumen sowie Privatwohnungen vornehmen. Die zweite Verfahrensphase muss innerhalb von **fünf Monaten** nach Anmeldung abgeschlossen werden. Bei öffentlichen Übernahmeangeboten verkürzt sich diese Frist auf zwei Monate. Schlagen die beteiligten Unternehmen bis zu 15 Tage nach Eröffnung der zweiten Phase Abhilfemaßnahmen vor, um die wettbewerblichen Bedenken der Behörde zu beseitigen, verlängert sich die jeweilige Entscheidungsfrist um 15 Tage. Bei Versäumnis einer der vorgenannten Fristen gilt der Zusammenschluss als genehmigt. Als Entscheidungsvarianten kommen eine unbeschränkte Erlaubnis, eine mit Bedingungen und/oder Auflagen verbundene Erlaubnis sowie ein Verbot des Zusammenschlusses in Betracht. Wurde ein Zusammenschluss unrechtmäßig vollzogen, kann das Wettbewerbsamt die Entflechtung anordnen. 235

236 Verstöße gegen die Anmeldepflicht und das Vollzugsverbot können mit **Geldbußen** von bis zu 10 Millionen Tschechische Kronen (ca. 403.000 Euro) oder darüber hinaus bis zu 10 % des Vorjahresumsatzes sanktioniert werden. Die Verweigerung der Vorlage von Informationen sowie die Vorlage unrichtiger oder irreführender Informationen sind mit Geldbußen von bis zu 300.000 Tschechische Kronen (ca. 12.100 Euro) oder in Höhe von bis zu 1 % des Vorjahresumsatzes bedroht. Die Befolgung einer rechtskräftigen Entscheidung des Wettbewerbsamtes kann mit wiederholten Zwangsgeldern von bis zu 1 Millionen Tschechische Kronen (ca. 40.300 Euro) erzwungen werden.

237 **Widerspruchsinstanz** für Entscheidungen des Wettbewerbsamtes ist der Präsident der Behörde. Gegen die Entscheidungen des Präsidenten können die beteiligten Unternehmen Berufung beim Verwaltungsgericht in Brno einlegen. Die Urteile des Verwaltungsgerichts können vor dem Obersten Gerichtshof angefochten werden. Dritte, von dem Zusammenschluss betroffene Unternehmen, können Rechtsmittel gegen eine Freigabeentscheidung einlegen.

238 **24. Ungarn. Rechtsgrundlage** der Fusionskontrolle in Ungarn sind die Vorschriften im 6. Abschnitt des Gesetzes Nr. 57/1996 gegen unlautere und wettbewerbsbeschränkende Verhaltensweisen, das am 1.1.1997 in Kraft getreten ist.[37] Es handelt sich um ein umfassendes Wettbewerbsgesetz, dass nicht nur die Bereiche Kartellrecht und unlauterer Wettbewerb regelt, sondern darüber hinaus auch separate Bestimmungen über den wettbewerbsrechtlichen Verbraucherschutz enthält. **Zuständig** für die Anwendung der Fusionskontrolle ist die ungarische Wettbewerbsbehörde („Gazdasági Versenyhivatal"), die keinem Ministerium zugeordnet ist, sondern allein dem Parlament verantwortlich ist. Der Präsident der Behörde und seine zwei Stellvertreter werden vom ungarischen Präsidenten auf Vorschlag des Ministerpräsidenten ernannt. Die verfahrensabschließenden materiellrechtlichen Entscheidungen der Wettbewerbsbehörde werden durch Wettbewerbsräte (Beschlussabteilungen) getroffen, die sich aus jeweils fünf Mitgliedern zusammensetzen.

239 Die Definition des **Zusammenschlussbegriffs** entspricht demjenigen des Gemeinschaftsrechts. Erfasst werden die Unternehmensfusion, der Kontrollerwerb sowie die Gründung von Vollfunktionsgemeinschaftsunternehmen.

240 Den **Geltungsbereich** der Fusionskontrolle bestimmt das Gesetz mit Hilfe von verschiedenen Umsatzkriterien. Die Vorschriften finden Anwendung, wenn im letzten Geschäftsjahr vor dem Zusammenschluss
a) der Nettoumsatz aller beteiligten Unternehmen zusammen in Ungarn mehr als 15 Milliarden Ungarische Forint (ca. 41 Millionen Euro) beträgt und
b) mindestens zwei der beteiligten Unternehmen in Ungarn einen Nettoumsatz von jeweils mehr als 1 Milliarde Ungarische Forint (ca. 2,73 Millionen Euro) erzielen.
Die Wettbewerbsbehörde kann allerdings von Amts wegen einen Zusammenschluss innerhalb von 6 Monaten nach Vollzug prüfen, der die vorgenannten Umsatzschwellen nicht erreicht, vorausgesetzt (1) es ist nicht offensichtlich, dass eine Beeinträchtigung des Wettbewerbs auf dem relevanten Markt ausgeschlossen ist und (2) der aggregierte Gesamtnettoumsatz aller beteiligten Unternehmen in Ungarn im letzten Geschäftsjahr mehr als 5 Milliarden Ungarische Forint (ca. 13,6 Millionen Euro) beträgt. In solchen Fällen haben die Unternehmen auch die Möglichkeit, den Zusammenschluss freiwillig anzumelden. Die Regierung kann einen Zusammenschluss von der Anmeldepflicht befreien, wenn dieser strategischen nationalen Interessen, wie etwa den Schutz von Arbeitsplätzen oder der Versorgungssicherheit, dient.

241 Bei der Umsatzberechnung sind Umsätze aus Geschäften zwischen den beteiligten Unternehmen nicht zu berücksichtigen. Die Umsätze von Kredit- und Finanzinstituten sowie Versicherungsunternehmen sind nach dem Vorbild der FKVO besonders zu berechnen. Zusammenschlüsse zwischen oder mit ausländischen Unternehmen werden wie solche zwischen inländischen Unternehmen behandelt, wenn sie Auswirkungen in Ungarn haben können. Die erforderliche Inlandsauswirkung ist bei reinen Auslandszusammenschlüssen regelmäßig dann gegeben, wenn eines der auf den inländischen Umsatz bezogenen Aufgreifkriterien erfüllt ist.

242 Zusammenschlüsse, die in den Anwendungsbereich des Gesetzes fallen, bedürfen der **vorherigen Anmeldung**. Die Anmeldung muss die in einem Formblatt bezeichneten umfangreichen und detaillierten Angaben enthalten.
Eine 30-Tage-Anmeldefrist wurde 2014 abgeschafft. Darüber hinaus kann die Wettbewerbsbehörde auch von Amts wegen ein Fusionskontrollverfahren einleiten, wenn sie von einem nicht

---

[37] Der konsolidierte Gesetzestext sowie eine englische Übersetzung desselben sind auf der Internetseite der ungarischen Wettbewerbsbehörde unter http://www.gvh.hu; vgl. iE hierzu Rowley/Baker/Vissi/Tóth Chapter 24; Verloop/Landes/Budai/Kirch, 225–229; Horváth ECLR 2015, 199; Gödölle International Business Lawyer 2001, 219; Hegyi GRUR Int. 1999, 312; Janssen WuW 2002, 698; Prömmel WiRO 2001, 8; Tóth ECLR 1998, 358; Vida WiRO 1994, 193; Vida WiRO 2001, 172.

(rechtzeitig) angemeldeten Zusammenschluss erfährt. Eine Anmeldung von bloßen Zusammenschlussvorhaben ist nicht möglich. Bei Einreichung der Anmeldung ist eine Anmeldegebühr in Höhe von 4 Millionen Ungarische Forint (ca. 10.900 Euro) zu entrichten. Für Entscheidungen in der zweiten Verfahrensphase wird eine zusätzliche Gebühr von 12 Millionen Ungarische Forint (ca. 32.700 Euro) erhoben. Bis zur Genehmigung des Zusammenschlusses durch die Wettbewerbsbehörde besteht ein gesetzliches **Vollzugsverbot**.

Das **Genehmigungsverfahren** unterteilt sich in unterschiedliche Phasen. Wettbewerblich unproblematische Fälle werden in einem sog. Fast-Track-Verfahren innerhalb einer Frist von 8 Kalendertagen bearbeitet. Bei nicht offensichtlich unproblematischen Fällen hat die Wettbewerbsbehörde nach Eingang der vollständigen Anmeldung innerhalb einer Frist von **30 Kalendertagen** den Zusammenschlusssachverhalt zu ermitteln und zu prüfen, ob der Zusammenschluss in den Anwendungsbereich des Gesetzes fällt und wenn ja, ob er wettbewerbliche Probleme aufwirft. Ist dies nicht der Fall, so wird der Zusammenschluss genehmigt. Andernfalls schließt sich eine zweite Verfahrensphase an, die grundsätzlich innerhalb von weiteren **vier Monaten** durch eine förmliche Entscheidung abgeschlossen werden muss. Nach Abschluss der Ermittlungen stehen der Wettbewerbsbehörde mehrere Entscheidungsoptionen zur Verfügung. Sie kann entweder den Zusammenschluss unbeschränkt genehmigen, die Genehmigung mit Bedingungen und/oder Auflagen versehen oder den Zusammenschluss verbieten. Wird eine der gesetzlichen Entscheidungsfristen in der ersten oder der zweiten Phase nicht eingehalten, so gilt der Zusammenschluss als genehmigt. Die Entscheidungsfristen können jedoch von der Wettbewerbsbehörde in der ersten Phase um 20 Kalendertage und in der zweiten Phase um bis zu zwei Monate verlängert werden.

Die Wettbewerbsbehörde hat einen Zusammenschluss zu genehmigen, wenn dieser nicht zu einer erheblichen Behinderung wirksamen Wettbewerbs auf einem betroffenen Markt führt, insbesondere durch Begründung oder Verstärkung einer beherrschenden Stellung. Bei der wettbewerblichen Beurteilung des Zusammenschlusses hat die Wettbewerbsbehörde die Vor- und Nachteile des Zusammenschlusses zu berücksichtigen und dabei verschiedene wirtschaftliche Faktoren zu prüfen, wie etwa die Marktstruktur, das Vorhandensein aktueller oder potentieller Wettbewerbs, die Beschaffungs- und Absatzmöglichkeiten, Marktzutritts- und Austrittsschranken, die Marktposition und Strategie der beteiligten Unternehmen, ihre Wirtschafts- und Finanzkraft, ihr Marktverhalten und ihre Wettbewerbsfähigkeit sowie die Auswirkungen des Zusammenschlusses auf Lieferanten, Abnehmer und Verbraucher.

Verstöße gegen das Vollzugsverbot können von der Wettbewerbsbehörde mit täglichen Strafzahlungen von 50.000 bis 200.000 Ungarische Forint (ca. 136 bis 545 Euro) geahndet werden, beginnend mit dem Tag der Vertragsunterzeichnung.

Entscheidungen der Wettbewerbsbehörde können von den beteiligten Unternehmen vor dem Stadtgericht Budapest angefochten werden, gegen dessen Urteile **Rechtsmittel** zum Berufungsgericht Budapest zulässig sind.

25. Zypern. Zypern verfügt erst seit 1999 über eine eigenständige Fusionskontrolle, deren **Rechtsgrundlage** das Gesetz Nr. 83 (I) von 2014 über die Kontrolle von Unternehmenszusammenschlüssen ist.[38] **Zuständig** für die Anwendung der Fusionskontrollvorschriften ist eine regierungsunabhängige Wettbewerbsbehörde, die Kommission für den Schutz des Wettbewerbs, dessen Vorsitzender vom Ministerrat ernannt wird.

Die **Definition des Zusammenschlussbegriffs** entspricht demjenigen in Art. 3 Abs. 1 und Abs. 4 und umfasst die Unternehmensfusion, den Erwerb der Kontrolle über ein anderes Unternehmen sowie die Gründung von Vollfunktionsgemeinschaftsunternehmen.

Den **Geltungsbereich** der Fusionskontrolle bestimmt das Gesetz an Hand von drei kumulativen Aufgreifkriterien. Ein Zusammenschluss ist danach anzumelden, wenn im letzten Geschäftsjahr vor dem Zusammenschluss
a) mindestens zwei der beteiligten Unternehmen einen weltweiten Gesamtumsatz von jeweils mehr als 3,5 Millionen Euro erreichen und
b) mindestens zwei der beteiligten Unternehmen Umsatzerlöse in Zypern erzielen und
c) mindestens 3,5 Millionen Euro des gemeinsamen weltweiten Gesamtumsatzes aller beteiligten Unternehmen durch den Verkauf von Waren oder die Erbringung von Dienstleistungen in Zypern erzielt wurden.

Zusammenschlüsse zwischen oder mit ausländischen Unternehmen werden wie solche zwischen inländischen Unternehmen behandelt, sofern die Aufgreifkriterien erfüllt sind.

---

[38] Der konsolidierte Gesetzestext sowie eine englische Übersetzung desselben sind auf der Internetseite der zypriotischen Wettbewerbsbehörde http://www.competition.gov.cy abrufbar; vgl. hierzu Verloop/Landes/Kostakopoulos, 101–103.

250 Alle vom Gesetz erfassten Zusammenschlüsse unterliegen einer gesetzlichen Verpflichtung zur **vorherigen Anmeldung** und einem direkt wirkenden **gesetzlichen Vollzugsverbot** für die Zeit vor der Anmeldung sowie während des sich anschließenden Genehmigungsverfahrens. Die Anmeldung muss die in einem Formblatt bezeichneten umfangreichen Angaben enthalten. Die Anmeldegebühr beträgt zwischen 1.000 Euro. Mit dem Eintritt in das vollständige Ermittlungsverfahren (Phase 2) werden 6.000 Euro fällig.

251 Das **Fusionskontrollverfahren** unterteilt sich in zwei Phasen. Nach Erhalt der vollständigen Anmeldung prüft die Wettbewerbsbehörde, ob der Zusammenschluss in den Anwendungsbereich des Gesetzes fällt und bejahendenfalls, ob er, weil kartellrechtlich unbedenklich, ohne weiteres freigegeben werden kann oder eine eingehendere Untersuchung einzuleiten ist. Die gesetzliche Entscheidungsfrist in der ersten Phase beträgt **einen Monat** und kann einmalig um 14 Tage verlängert werden. Die Verlängerung muss den Unternehmen spätestens sieben Tage vor Ablauf der Monatsfrist mitgeteilt werden. In der zweiten Phase nimmt die Wettbewerbsbehörde weitere Ermittlungen vor und muss innerhalb von **drei Monaten** nach Erhalt der vollständigen Anmeldung eine verfahrensbeendende förmliche Entscheidung treffen. Sie kann den Zusammenschluss unbeschränkt freigeben, die Freigabe mit Auflagen und/oder Bedingungen verbinden oder den Zusammenschluss verbieten. Auch die Frist der zweiten Phase kann um 14 Tage verlängert werden. Bei ergebnislosem Ablauf einer der beiden vorgenannten Entscheidungsfristen gilt der Zusammenschluss als genehmigt.

252 nicht belegt

253 Die **Eingriffskriterien** des Gesetzes stimmen weitgehend mit denjenigen in Art. 2 Abs. 3 überein. Zusammenschlüsse, die den Wettbewerb auf dem zyprischen Markt oder einem wesentlichen Teil desselben erheblich behindern, insbesondere durch Begründung oder Verstärkung einer beherrschenden Stellung, sind mit dem Gesetz unvereinbar und verboten. Bei der materiell-rechtlichen Prüfung untersucht die Wettbewerbsbehörde zahlreiche wirtschaftliche Faktoren, darunter die Marktstruktur, die Marktposition der beteiligten Unternehmen, ihre Wirtschafts- und Finanzkraft, die Ausweichmöglichkeiten der Lieferanten und Abnehmer, das Vorhandensein aktuellen und potentiellen Wettbewerbs, die Entwicklung des Angebots und der Nachfrage an den betroffenen Produkten, das Vorhandensein von Marktzutrittsschranken und die Interessen der Zwischen- und Endverbraucher.

254 Wird ein Zusammenschluss unter Verstoß gegen das Vollzugsverbot oder entgegen der von der Wettbewerbsbehörde angeordneten Auflagen vollzogen, so drohen Geldbußen von bis zu 10 % des Vorjahresumsatzes der beteiligten Unternehmen sowie Zwangsgelder von bis zu 8.000 Euro für jeden Tag des Gesetzesverstoßes. Für die Erteilung falscher oder irreführender Informationen drohen Geldbußen von bis zu 50.000 Euro.

255 Gegen die Entscheidungen der Wettbewerbsbehörde steht den Beteiligten das **Rechtsmittel** zum Obersten Gerichtshof offen.

III. Fusionskontrolle in den EFTA-Staaten und dem Vereinigten Königreich

256 **1. Norwegen. Rechtsgrundlage** der Fusionskontrolle in Norwegen ist das Wettbewerbsgesetz vom 5.3.2004, das am 1.5.2004 in Kraft getreten ist.[39] In verfahrensrechtlicher Hinsicht wird das Gesetz durch die Verordnung über die Anmeldung von Zusammenschlüssen vom 11.12.2013 ergänzt.[40] **Zuständig** für die Durchsetzung der fusionskontrollrechtlichen Bestimmungen ist die zum Geschäftsbereich des Ministers für Handel und Fischerei gehörende norwegische Wettbewerbsbehörde („Konkurransetilsynet"), die weisungsunabhängig tätig wird. Die frühere Kompetenz der Regierung, einen von der Wettbewerbsbehörde untersagten Zusammenschluss aus politischen Erwägungen zu erlauben oder einen erlaubten Zusammenschluss zu untersagen wurde zum 1.4.2017 abgeschafft.

257 Die **Definition des Zusammenschlusses** entspricht derjenigen des Gemeinschaftsrechts und umfasst die Unternehmensfusion, den Erwerb der Kontrolle an einem anderen Unternehmen sowie die Gründung von Vollfunktionsgemeinschaftsunternehmen. Gemeinschaftsunternehmen, die die Koordinierung des Wettbewerbsverhaltens unabhängig bleibender Unternehmen bezwecken oder bewirken, unterliegen zwar der Fusionskontrolle. Das Gesetz enthält jedoch keine Art. 2 Abs. 4 entsprechende Regelung, wonach die materielle Beurteilung der kooperativen Effekte innerhalb der Fristen des Fusionskontrollverfahrens zu erfolgen hat.

258 Der Geltungsbereich der Fusionskontrolle erstreckt sich grundsätzlich auf jeden Zusammenschluss, der unter den Zusammenschlussbegriff des Gesetzes fällt. Allerdings sind alle Konzentrations-

---

[39] Der konsolidierte Gesetzestext ist auf der Internetseite der norwegischen Wettbewerbsbehörde unter http://www.konkurransetilsynet.no abrufbar; vgl. iE hierzu Rowley/Baker/Romsaas/Rogstad Chapter 46; Engzelius ECLR 1995; Ojala/Larsson ECLR 2003, 136; Teigum/Vesterkjaer IFL. Rev. 2002, Supp.

[40] Der Text der Verordnung sowie eine englische Übersetzung derselben sind auf der Internetseite der norwegischen Wettbewerbsbehörde abrufbar.

vorgänge, die die in der Verordnung über die Anmeldung von Zusammenschlüssen festgelegten Umsatzkriterien nicht erreichen, von der Anmeldepflicht ausgenommen. Ein Zusammenschluss fällt danach nur dann in den **Geltungsbereich** der norwegischen Fusionskontrolle, wenn im letzten Geschäftsjahr vor dem Zusammenschluss
a) mindestens zwei der beteiligten Unternehmen einen Umsatz in Norwegen von jeweils mehr als 100 Millionen Norwegische Kronen (ca. 10,1 Millionen Euro) erreichen und
b) der Gesamtumsatz aller beteiligten Unternehmen in Norwegen zusammen mehr als 1 Milliarde Norwegische Kronen (ca. 101,4 Millionen Euro) beträgt.
Auslandszusammenschlüsse werden wie solche zwischen inländischen Unternehmen behandelt, sofern sie sich in Norwegen auswirken oder auswirken können.

Zusammenschlüsse, die in den Geltungsbereich des Wettbewerbsgesetzes fallen, unterliegen einer gesetzlichen **Pflicht zur vorherigen Anmeldung** und einem **Vollzugsverbot**. Die Anmeldung kann nicht erst ab Eintritt eines bestimmten Ereignisses, sondern jederzeit erfolgen. Sie muss die in einem gesonderten Formblatt aufgeführten umfangreichen und detaillierten Angaben enthalten und kann nur auf Norwegisch erfolgen. Obwohl der Erwerb einer nicht die Kontrolle vermittelnden **Minderheitsbeteiligung** keinen Zusammenschlusstatbestand erfüllt, kann die Wettbewerbsbehörde im Einzelfall die Anmeldung eines solchen Konzentrationsvorganges anordnen. Eine solche Anordnung kann bis zu drei Monate nach Abschluss des Kaufvertrages erfolgen. Aus Gründen der Rechtssicherheit besteht allerdings die Möglichkeit, den Erwerb einer Minderheitsbeteiligung auf freiwilliger Basis anzumelden. Eine Anmeldegebühr wird nicht erhoben.

Das auf die Anmeldung folgende **Genehmigungsverfahren** umfasst zwei Phasen. Innerhalb von **25 Arbeitstagen** nach Eingang der Anmeldung muss die Wettbewerbsbehörde prüfen, ob der Zusammenschluss wettbewerblich unbedenklich ist oder ob ein behördliches Einschreiten in Betracht kommt. Im letztgenannten Fall teilt sie dies den beteiligten Unternehmen schriftlich mit und eröffnet damit die zweite Verfahrensphase. Bei Versäumung dieser Entscheidungsfrist kann die Behörde nicht mehr gegen den Zusammenschluss vorgehen. Bieten die beteiligten Unternehmen innerhalb von 20 Arbeitstagen nach Eingang der Anmeldung Zusagen an, so verlängert sich die behördliche Prüfungsfrist um 10 Arbeitstage.

Während der zweiten Phase führt die Wettbewerbsbehörde eine vertiefte Prüfung des Falles durch. Ergeben sich erhebliche wettbewerbliche Bedenken, so übermittelt die Behörde den Beteiligten spätestens **70 Arbeitstage** nach Eingang der „vollständigen" Anmeldung den Entwurf einer Untersagungsentscheidung und gibt ihnen Gelegenheit zur Stellungnahme innerhalb von 15 Arbeitstagen. Nach Ablauf der Stellungnahmefrist muss die Wettbewerbsbehörde innerhalb von weiteren 15 Arbeitstagen endgültig über den Zusammenschluss entscheiden. Auf Antrag der Beteiligten kann die Frist um weitere 15 Arbeitstage verlängert werden. Das Fusionsverfahren wird nur dann durch eine förmliche Entscheidung beendet, wenn die Behörde einen Zusammenschluss untersagt oder unter Auflagen und/oder Bedingungen genehmigt. Genehmigungen in der ersten und der zweiten Phase erfolgen dagegen formlos durch Untätigkeit.

Die **materiellen Eingreifkriterien** entsprechen im Wesentlichen denjenigen in Art. 2 Abs. 3. Die Wettbewerbsbehörde hat einen Zusammenschluss zu untersagen, wenn dieser zu einer wesentlichen Behinderung wirksamen Wettbewerbs führt, insbesondere durch Begründung oder Verstärkung einer marktbeherrschenden Stellung. Die Wettbewerbsbehörde muss bei ihrer Entscheidung auch berücksichtigen, ob der Zusammenschluss zu Effizienzvorteilen führt, die die nachteiligen Wirkungen auf den Wettbewerb ausgleichen. Eine Untersagung darf nicht erfolgen, wenn ein funktionierender norwegischer oder europäischer Markt betroffen ist und negative Auswirkungen auf die norwegischen Verbraucher nicht zu erwarten sind.

[Nicht belegt]

Verstöße gegen die Anmeldepflicht, das Vollzugsverbot oder eine verfahrensbeendende Entscheidung der Behörde erfüllen einen **Straftatbestand**. Bei natürlichen Personen können vorsätzliche oder grob fahrlässige Verstöße mit Geldstrafe oder Freiheitsstrafe in Höhe von bis zu sechs Jahren bestraft werden. Gegen Unternehmen können Buß- sowie Zwangsgelder von bis zu 10 % des weltweiten Gesamtumsatzes verhängt werden.

Gegen die Entscheidung der Wettbewerbsbehörde können die Beteiligten **Beschwerde** bei einer Berufungsinstanz einlegen, die zwar dem beim Minister für Handel und Fischerei zugeordnet, aber von diesem unabhängig ist. Entscheidungen dieser Berufungsinstanz sowie Bußgeldentscheidungen der Wettbewerbsbehörde können vor dem Berufungsgericht angefochten werden.

2. Island. Rechtsgrundlage der Fusionskontrolle in Island ist Art. 17 des Gesetzes Nr. 44/2005, das seit dem mehrfach geändert wurde.[41] In verfahrensrechtlicher Hinsicht wird das Gesetz

---

[41] Der konsolidierte Gesetzestext sowie eine englische Übersetzung desselben sind auf der Internetseite der isländischen Wettbewerbsbehörde unter http://samkeppni.is abrufbar; vgl. hierzu Rowley/Baker/Vilhjálmsson/Bjarnadóttir Chapter 25.

durch die Verordnung Nr. 684/2008 über die Anmeldung von Zusammenschlüssen ergänzt. Die **Zuständigkeit** für den Vollzug des Gesetzes liegt grundsätzlich beim Wirtschaftsminister. Die eigentliche Anwendung der Fusionskontrollvorschriften erfolgt jedoch durch die Wettbewerbsbehörde („Samkeppnisstofnun"), der die Ermittlung des Zusammenschlusssachverhalts obliegt und die auch die verfahrensbeendenden Entscheidungen trifft.

267 Der **Zusammenschlussbegriff** umfasst die Unternehmensfusion, den Erwerb der Kontrolle sowie die Gründung von Vollfunktionsgemeinschaftsunternehmen, sofern diese nicht zu einer Koordinierung des Wettbewerbsverhaltens der Parteien untereinander oder im Verhältnis zum Gemeinschaftsunternehmen führen.

268 Der **Geltungsbereich** der Fusionskontrolle wird durch zwei ausschließlich auf den Inlandsumsatz bezogene Umsatzkriterien festgelegt. Die einschlägigen Bestimmungen finden Anwendung, wenn im letzten Kalenderjahr vor dem Zusammenschluss
a) alle beteiligten Unternehmen einen Gesamtumsatz in Island von zusammen 2 Milliarden Isländische Kronen (ca. 14 Millionen Euro) oder mehr erreichen und
b) mindestens zwei der beteiligten Unternehmen in Island einen Gesamtumsatz von jeweils 200 Millionen Isländische Kronen (ca. 1,4 Millionen Euro) oder mehr erzielen.

269 Die Wettbewerbsbehörde kann jedoch auch einen Zusammenschluss überprüfen, der diese Voraussetzungen nicht erfüllen, vorausgesetzt es besteht die Gefahr, dass durch den Zusammenschluss wirksamen Wettbewerb beschränkt wird und der Gesamtumsatz aller beteiligten Unternehmen mehr als 1 Milliarde Kronen (ca. 7 Millionen Euro) beträgt. Informieren die beteiligten Unternehmen die Wettbewerbsbehörde in diesen Fällen von dem Zusammenschluss, so muss die Behörde innerhalb von 15 Arbeitstagen entscheiden, ob sie diesen anhand der Fusionskontrollregeln überprüfen will. Besondere Regeln gelten für Zusammenschlüsse im **Medienbereich**. Danach unterliegen alle Zusammenschlüsse einer Anmeldepflicht, an denen wenigstens ein Medienunternehmen mit einem inländischen Umsatz von 100 Millionen Isländische Kronen (ca. 7.500 Euro) beteiligt ist. Selbst wenn diese Umsatzschwelle nicht erreicht wird, kann die Medienkommission die Wettbewerbsbehörde dazu veranlassen, die beteiligten Unternehmen zu einer Anmeldung aufzufordern, sofern Medienvielfalt bzw. -pluralismus in Island gefährdet sind. Auslandszusammenschlüsse werden wie solche zwischen inländischen Unternehmen behandelt, wenn sie sich in Island auswirken können. Dies ist nach Auffassung der Wettbewerbsbehörde dann nicht der Fall, wenn nur ein beteiligtes Unternehmen geschäftlich in Island tätig ist.

270 Unternehmen, die diese Voraussetzungen erfüllen, trifft die gesetzliche Pflicht zur **vorherigen Anmeldung** ihres Zusammenschlusses. Die Anmeldung kann allerdings erst nach Vertragsschluss, der Veröffentlichung eines Übernahmeangebots oder dem Erwerb einer die Kontrolle vermittelnden Beteiligung eingereicht werden. Die frühere Anmeldefrist von einer Woche ist entfallen. Im Gegensatz zum alten Wettbewerbsgesetz sieht das neue isländische Fusionskontrollrecht nun auch ein **Vollzugsverbot** vor, so dass Zusammenschlüsse erst dann vollzogen werden dürfen, wenn sie von der Wettbewerbsbehörde freigegeben wurden. Die Wettbewerbsbehörde kann eine Ausnahme von dem Vollzugsverbot gewähren, wenn die Verzögerung des Vollzugs den Beteiligten schaden und den Wettbewerb gefährden würde. Für die Anmeldung selbst muss ein dem Formblatt CO vergleichbares Formular eingereicht werden. Die Anmeldegebühr beträgt 250.000 Isländische Kronen (ca. 1.750 Euro).

271 Das auf die Anmeldung folgende **Genehmigungsverfahren** besteht aus zwei Phasen. In der ersten Phase muss die Wettbewerbsbehörde innerhalb von **25 Arbeitstagen** nach Erhalt der vollständigen Anmeldung entscheiden, ob der Zusammenschluss ohne weiteres freigegeben werden kann oder Anlass zu wettbewerblichen Bedenken gibt. Im letztgenannten Fall leitet die Wettbewerbsbehörde eine vertiefte Prüfung des Falles und damit die zweite Phase des Verfahrens ein. Innerhalb von **70 Arbeitstagen** muss die Wettbewerbsbehörde dann zu einer abschließenden Entscheidung kommen. Sofern sie weitere Tatsachen ermitteln muss, kann die Behörde die Frist um weitere 20 Arbeitstage verlängern. Die Wettbewerbsbehörde kann den Zusammenschluss freigeben, die Freigabe mit Auflagen und Bedingungen versehen oder den Zusammenschluss untersagen. Wird eine der vorgenannten Fristen nicht eingehalten, kann die Wettbewerbsbehörde nicht mehr gegen den Zusammenschluss vorgehen.

272 Die **materiellen Eingreifkriterien** stimmen weitgehend mit denjenigen des Gemeinschaftsrechts überein. Ein Zusammenschluss ist danach zu untersagen, wenn dieser wirksamen Wettbewerb behindert, indem er eine beherrschende Stellung von einem oder mehreren Unternehmen begründet oder eine solche verstärkt. Dabei ist insbesondere zu berücksichtigen, ob die beteiligten Unternehmen internationalem Wettbewerb ausgesetzt sind und ob der Zugang zum Markt offen oder beschränkt ist. Darüber hinaus hat die Wettbewerbsbehörde aber auch zu prüfen, ob der Zusammenschluss den technologischen oder wirtschaftlichen Fortschritt fördert, vorausgesetzt, dass dies zum Wohle der Verbraucher ist und der Wettbewerb nicht behindert wird.

Bei Verstößen gegen das Vollzugsverbot können von der Wettbewerbsbehörde mit **Bußgeldern** 273
von bis zu 10 % des von den beteiligten Unternehmen im letzten Geschäftsjahr erzielten Umsatzes
geahndet werden.

Die Beteiligten können gegen die Entscheidungen der Wettbewerbsbehörde **Beschwerde** beim 274
Wettbewerbsbeschwerdekomitee einlegen, das innerhalb von sechs Wochen über die Beschwerde
entscheiden muss. Die Entscheidungen des Wettbewerbsbeschwerdekomitees können vor einem
Bezirksgericht angefochten werden, dessen Urteile der Überprüfung durch den Obersten Gerichtshof unterliegen.

3. Vereinigtes Königreich. **Rechtliche Grundlage** der Fusionskontrolle im Vereinigten 275
Königreich ist der am 20.6.2003 in Kraft getretene Enterprise Act 2002, der die Fusionskontrollbestimmungen des Fair Trading Act 1973 abgelöst hat.[42] Durch den Enterprise and Regulatory Reform
Act 2013 wurden die beiden bis dahin für die Fusionskontrolle zuständigen Wettbewerbsbehörden
(Office of Fair Trading und Competition Commission) zu einer Behörde, der Competition and
Markets Authority (CMA), zusammengeführt. Damit ist auch die frühere Aufteilung der Kompetenzen zwischen den beiden Behörden in der ersten und der zweiten Verfahrensphase entfallen. Die
CMA, die unabhängig und keinem Ministerium zugeordnet ist, ist nun zuständig sowohl für die
Ermittlung des entscheidungserheblichen Sachverhalts als auch für die Freigabe und Untersagung
von Zusammenschlüssen in beiden Verfahrensphasen. Die Minister für Wirtschaft, Energie und
Industriestrategie sowie für Medien, Kultur und Sport können die Entscheidung über solche Zusammenschlüsse an sich ziehen, die das Allgemeinwohl („public interest") betreffen. Besondere Vorschriften gelten für Zusammenschlüsse im Bereich der Wasser- und Abwasserwirtschaft. Mit dem am
4.1.2022 in Kraft getretenen National Security and Investment Act („NSI Act") hat die Regierung
ihre Eingriffsmöglichkeiten in Person des Secretary of State („SoS") erweitert. Der NSI-Act tritt
für Zusammenschlüsse, die die nationale Sicherheit betreffen an die Stelle der bisherigen Vorschriften,
die das Eingreifen aus Allgemeinwohlbelangen regeln. Nach dem Ausscheiden des Vereinigten
Königreichs aus der EU (Brexit) und aus dem Europäischen Wirtschaftsraum, findet die Fusionskontrolle nach dem Enterprise Act 2002 auch auf Zusammenschlüsse Anwendung, die bislang in den
ausschließlichen Anwendungsbereich der FKVO gefallen sind.[43] Zusammenschlüsse können nun
parallel der Fusionskontrolle der Europäischen Union und der des Vereinigten Königreichs unterworfen sein.

Der **Begriff des Unternehmenszusammenschlusses** ist im Enterprise Act 2002 weiter 276
gefasst als in der FKVO und den Fusionskontrollgesetzen der meisten EU-Mitgliedstaaten. Gegenstand der Fusionskontrolle ist eine Zusammenschlusssituation („merger situation"), die dadurch
gekennzeichnet ist, dass zwei oder mehr Unternehmen aufgehört haben, getrennte Unternehmen
zu sein. Insoweit lassen sich zunächst zwei Fallgruppen des „Aufhörens des Getrenntseins" unterscheiden: das Zustandekommen einer einheitlichen Inhaberschaft und das Zustandekommen einheitlicher Kontrolle. Die Fallgruppe der einheitlichen Inhaberschaft deckt sich weitgehend mit dem
Erwerb von Vermögenswerten nach Art. 3 Abs. 1 lit. a und umfasst auch den Erwerb von wesentlichen Teilen des Vermögens. Die Reichweite der Fallgruppe der einheitlichen Kontrolle wird durch
den drei Stufen umfassenden **Begriff der Kontrolle** bestimmt. Erfasst wird neben der **rechtlichen
Kontrolle,** welche den Erwerb einer Mehrheitsbeteiligung auch hinsichtlich der Stimmrechte
voraussetzt, auch die **faktische Kontrolle,** für die es genügt, die Geschäftspolitik eines Unternehmens bestimmen zu können, wozu regelmäßig 25–30 % der Stimmrechte ausreichen. Eine Situation
einheitlicher Kontrolle liegt darüber hinaus auch dann vor, wenn ein Unternehmen die Möglichkeit
hat, die Geschäftspolitik eines anderen **Unternehmens wesentlich zu beeinflussen.** Die Möglichkeit wesentlichen Einflusses auf die Geschäftspolitik wird in der Praxis durch den Umfang der
zukünftigen Anteile des Erwerbers an dem betroffenen Unternehmen indiziert und kann bereits
ab Anteilen von 10–15 % gegeben sein. Einheitliche Kontrolle kann auch durch zwei oder mehr

---

[42] Der Enterprise Act 2002 ist im Internet abrufbar auf der Internetseite der CMA unter https://www.gov.uk/
government/organisations/competition-and-markets-authority. Vgl. im Einzelnen Beyer, Zusammenschlusskontrolle im englischen und deutschen Recht, 1986; Celli/Grenfell, Merger Control in the United
Kingdom and European Union, 1997; Finbow/Parr, U. K. Merger Control: Law and Practice, 1995; Frazer/
Hinchliffe/George, Enterprise Act 2002. The new law of mergers, monopolies and cartels, 2003; Wenz,
Entwicklung, Verfahren und Politik der Zusammenschlußkontrolle in Großbritannien, 1991; Celli ECLR
1998, 547; Goodman ECLR 2003, 331; Gribbin WuW 1988, 100; Howe ECLR, 1990, 3; Jungbluth/
Engelbrecht NZKart 2017, 149; Krohs/Reimann WuW 2003, 1266; Nothhelfer NZKart 2017, 574; Optiz/
v. Bülow EWS 1990, 79; Peretz NZKart 2017, 329; Whish, Competition Law, 6. Aufl. 2009.
[43] Vgl. zu den Auswirkungen des Brexit auch den Bericht der Brexit Competition Law Working Group
unter http://www.bclwg.org/activity/bclwg-conclusions. Die CMA rechnet in diesem Fall mit bis zu 50
zusätzlichen Fusionskontrollanmeldungen jährlich.

Unternehmen gemeinsam ausgeübt werden, so dass auch die Gründung von Gemeinschaftsunternehmen erfasst wird und zwar unabhängig davon, ob diese auf Dauer alle Funktionen einer selbständigen wirtschaftlichen Einheit erfüllen. Ein Zusammenschluss wird schließlich auch durch den Übergang von einer niedrigeren zu einer höheren Kontrollstufe bewirkt.

277 Den **Geltungsbereich der Fusionskontrolle** bestimmt der Enterprise Act 2002 durch zwei alternative Kriterien. Ein Zusammenschluss wird danach erfasst, wenn
a) das übernommene Unternehmen im letzten Geschäftsjahr vor dem Zusammenschluss einen Gesamtumsatz im Vereinigten Königreich von mehr als 70 Millionen Britische Pfund (ca. 83,9 Millionen Euro) erreicht oder
b) wenn infolge des Zusammenschlusses ein Anteil von wenigstens 25 % an der Gesamtheit der im Gebiet des Vereinigten Königreichs oder in einem wesentlichen Teil dieses Gebietes getätigten Käufe oder Verkäufe eines bestimmten Gutes oder einer Dienstleistung erreicht oder überschritten wird.

Zusammenschlüsse, die diese Schwellen nicht erreichen aber den Medienbereich betreffen, können dennoch vom Minister für Wirtschaft, Energie und Industriestrategie auf ihre Vereinbarkeit mit den Allgemeinwohlinteressen überprüft werden. Für Zusammenschlüsse unter dem NSI-Act gelten spezielle Kriterien.

278 Bei der Anwendung des Umsatzkriteriums besteht die Besonderheit, dass im Falle einer echten Fusion (Verschmelzung) der landesweite Umsatz des Unternehmens mit den höchsten Erlösen unberücksichtigt bleibt und es allein darauf ankommt, ob die inländischen Erlöse des Unternehmens mit den geringeren Erlösen über der Umsatzschwelle liegen. Für das zweite Aufgreifkriterium ist nicht der „Marktanteil", dh der Anteil an einem sachlich und räumlich abgegrenzten Markt im eigentlichen Sinne entscheidend, sondern es kommt vielmehr auf den Anteil an Gütern bzw. Dienstleistungen „der engsten noch vernünftigen Beschreibung an".[44] Allerdings ist erforderlich, dass es durch den Zusammenschluss zu einem Marktanteilszuwachs kommt, so dass von diesem Kriterium nur horizontale Zusammenschlüsse zwischen Unternehmen erfasst werden, die jeweils bereits im Vereinigten Königreich geschäftlich tätig sind. Erwirbt ein ausländisches Unternehmen, das dort noch keine Umsätze erzielt hat, ein inländisches Unternehmen mit einem Liefer- oder Nachfrageanteil von 25 % oder mehr, so finden die Fusionskontrollvorschriften keine Anwendung. Ist eines der Aufgreifkriterien erfüllt, so werden Zusammenschlüsse zwischen ausländischen Unternehmen genauso behandelt wie solche zwischen inländischen Unternehmen. Eine aktive Geschäftstätigkeit mindestens eines Unternehmens im Inland, etwa durch Tochtergesellschaften oder Niederlassungen, ist anders als noch nach dem Fair Trading Act 1973 nicht mehr erforderlich.

279 Zusammenschlüsse, die in den Geltungsbereich des Enterprise Act fallen, unterliegen **keiner Anmeldepflicht** und auch **keinem gesetzlichem Vollzugsverbot.** Die beteiligten Unternehmen können den Zusammenschluss jedoch aus Gründen der Rechtssicherheit **freiwillig anmelden.** Mit Inkrafttreten des NIS-Acts müssen neuerdings allerdings bestimmte Zusammenschlüsse, die die nationale Sicherheit betreffen, dem SoS gemeldet werden. Der Vollzug eines solchen Zusammenschlusses ohne Genehmigung des SoS ist nichtig. Eine solche Anmeldung muss die in einem Formular aufgeführten detaillierten Angaben enthalten. Die **Anmeldegebühr,** deren Höhe vom Umsatz der beteiligten Unternehmen abhängt, beträgt zwischen 40.000 und 160.000 Britische Pfund (ca. 47.900–191.700 Euro). Kleine und mittlere Unternehmen, die bestimmte Anforderungen erfüllen, sind von der Anmeldegebühr befreit. Die CMA kann auch von Amts wegen ein Fusionskontrollverfahren einleiten, wenn sie von einem nicht angemeldeten Zusammenschluss erfährt und seit dem Vollzug des Zusammenschlusses oder dessen Bekanntwerden nicht mehr als vier Monate vergangen sind. In diesen Fällen fordert die CMA die Unternehmen dazu auf, ähnliche Informationen wie bei einer freiwilligen Anmeldung zur Verfügung zu stellen.

280 Das Genehmigungsverfahren unterteilt sich in **zwei Phasen.** Nach Eingang der Anmeldung und Entrichtung der Anmeldegebühr hat die CMA innerhalb von **40 Arbeitstagen** zu prüfen, ob sie den Zusammenschluss freigibt oder die zweite Verfahrensphase eröffnet. Nach Erhalt der Mitteilung zur Eröffnung der zweiten Verfahrensphase haben die Unternehmen 5 Arbeitstage Zeit, um Zusagen anzubieten. Die CMA hat sodann 10 Arbeitstage ab Verfahrenseröffnung Zeit um die Zusagen vorläufig zu akzeptieren und diese dann innerhalb einer weiteren Frist von 50 Arbeitstagen nach Verfahrenseröffnung auf ihrer wettbewerbliche Eignung hin zu prüfen. Diese Frist kann einmalig um 40 Arbeitstage verlängert werden. Die CMA hat die zweite Verfahrensphase zu eröffnen, wenn die realistische Erwartung besteht, dass der Zusammenschluss zu einer erheblichen Wettbewerbsbehinderung führt. Ausnahmsweise kann die CMA in einem solchen Fall von einer Verfahrenseröffnung absehen, wenn (1) unsicher ist, ob ein vor Vollzug angemeldeter Zusammenschluss überhaupt vollzogen wird, (2) die nachteiligen Auswirkungen durch nachprüf-

---

[44] Vgl. „Merger Assessment Guidelines" vom September 2010, 16 ff., abrufbar auf der Internetseite der CMA.

bare objektive Verbrauchervorteile überwogen werden oder (3) der betroffene Markt nur eine geringe wirtschaftliche Bedeutung hat. Letzteres wird von der CMA vermutet, wenn auf dem Markt weniger als 5 Millionen Britische Pfund (ca. 6 Millionen Euro) umgesetzt wurden. Ab einem Marktvolumen von 15 Millionen Britische Pfund (ca. 18 Millionen Euro) geht die CMA davon aus, dass ein Markt keine geringe Bedeutung mehr hat. Einzelheiten zu diesen **de minimis-Ausnahmen** sind in einer Mitteilung geregelt.[45] In der zweiten Phase muss die CMA innerhalb von **24 Wochen** zu einer verfahrensbeendenden Entscheidung gelangen. Diese Frist kann um bis zu 8 Wochen verlängert werden. Bieten die beteiligten Unternehmen Zusagen an, um die wettbewerblichen Bedenken der CMA zu beseitigen, so hat die CMA weitere 12 Wochen Zeit, um diese zu prüfen. Diese Frist kann aufgrund besonderer Umstände um sechs Wochen verlängert werden, so dass die maximale Dauer der zweiten Verfahrensphase bis zu 50 Wochen betragen kann. Die CMA kann durch eine einstweilige Anordnung den Vollzug des angemeldeten Zusammenschlusses für die Dauer der ersten Verfahrensphase untersagen und bei bereits vollzogenen Zusammenschlüssen jede weitere Integration untersagen und ggf. auch Entflechtungsmaßnahmen anordnen. Mit der Eröffnung der zweiten Verfahrensphase ist es den Beteiligten gesetzlich untersagt, den Zusammenschluss zu vollziehen oder, bei bereits erfolgtem Vollzug, weitere Integrationsmaßnahmen vorzunehmen.

Materieller Prüfungsmaßstab der CMA ist das Kriterium der wesentlichen Wettbewerbsbehinderung (**„substantial lessening of competition"**), das erstmals durch den Enterprise Act 2002 eingeführt wurde und das frühere Gemeinwohlkriterium abgelöst hat. Die CMA hat zur Konkretisierung des SLC-Tests Richtlinien erlassen. Untersuchungsgegenstand ist danach, ob der Zusammenschluss die Ausübung von Marktmacht vermehrt oder ermöglicht, wobei Marktmacht als die Fähigkeit verstanden wird, Preise beständig und gewinnbringend über die Wettbewerbsschwelle hinaus anzuheben.[46] Zur Beurteilung, ob ein Zusammenschluss diese Auswirkungen auf einem bestimmten Markt haben könnte, grenzt die CMA diesen nach sachlichen und räumlichen Gesichtspunkten ab, untersucht die Marktanteile der beteiligten Unternehmen, aktuellen und potentiellen Wettbewerb, etwaige Marktzutrittsschranken, gegengewichtige Nachfragemacht und sonstige Merkmale, die die Marktstruktur und Wettbewerbssituation vor und nach dem Zusammenschluss kennzeichnen. Bei ihrer Entscheidung hat die CMA darüber hinaus auch mögliche zusammenschlussbedingte Vorteile für die Verbraucher mit zu berücksichtigen. 281

Der CMA stehen für ihre abschließende Entscheidung drei Optionen zur Verfügung. Sie kann den Zusammenschluss ohne Einschränkungen freigeben, ihn freigeben nachdem sie Zusagen der beteiligten Unternehmen entgegen genommen hat oder den Zusammenschluss untersagen und Maßnahmen für dessen Rückgängigmachung anordnen, falls dieser bereits vollzogen wurde. 282

Bei Zusammenschlüssen, die das **Allgemeinwohl** betreffen, hat der Minister für Wirtschaft, Energie und Industriestrategie und der Minister für Medien Kultur und Sport ein **Interventionsrecht**, das allerdings auf Fälle beschränkt ist, die die Meinungsvielfalt im Medienbereich oder die Stabilität des Finanzsystems im Vereinigten Königreich betreffen. Nach seiner Intervention entscheidet allein der jeweilige Minister über die Freigabe oder Untersagung des Zusammenschlusses. Die eigentlichen Ermittlungen werden allerdings von der CMA durchgeführt, die in der ersten bzw. zweiten Verfahrensphase dem Minister einen Entscheidungsvorschlag vorlegt. Bei seiner Entscheidung ist der Minister an die Feststellungen der CMA nur insoweit gebunden, als diese die wettbewerbliche Beurteilung betreffen. Er kann jedoch aus Gründen des Allgemeinwohls eine hiervon abweichende Entscheidung treffen und den Zusammenschluss untersagen oder nur unter Auflagen und Bedingungen genehmigen. 283

Bei einem Verstoß gegen eine einstweilige, den weiteren Vollzug des Zusammenschlusses untersagende Anordnung der CMA, kann diese Geldbußen von bis zu 5 % des weltweiten Umsatzes des Adressaten der Anordnung verhängen. Bei einem Verstoß gegen die Anmeldepflicht eines Zusammenschlusses, der unter den NSI-Act fällt, droht der verantwortlichen natürlichen Person eine Freiheitsstrafe in Höhe von bis zu fünf Jahren oder eine Geldbuße in Höhe von bis zu 10 Millionen Britische Pfund (ca. 12 Millionen Euro). Dem verantwortlichen Unternehmen droht eine Geldbuße von bis zu 5 % des weltweiten Umsatzes, mindestens aber in Höhe von 10 Millionen Britische Pfund (ca. 12 Millionen Euro). 284

Die beteiligten Unternehmen sowie Dritte können gegen verfahrensbeendende Entscheidungen der CMA und des Ministers **Beschwerde** beim Wettbewerbsgericht („Competition Appeal Tribunal") einlegen. Die Urteile des Wettbewerbsgerichts sind vor dem Berufungsgericht („Court of Appeal") anfechtbar. 285

---

[45] Vgl. „Mergers exceptions to the duty to refer and undertakings in lieu", abrufbar auf der Internetseite der CMA.

[46] Vgl. „Merger Assessment Guidelines" vom September 2010, abrufbar auf der Internetseite der CMA.

Kapitel 10

Verfahren vor den Europäischen Gerichten in Wettbewerbs- und Beihilfesachen

Schrifttum: Almestad K., The Essentials, in: EFTA Court, Ed., The EEA and the EFTA Court: Decentered Integration, Hart, Oxford/Portland Oregon 2015, 299 ff.; Arnull, The European Union and its Court of Justice, 2. Aufl. 2006; Bailey, Scope of judicial review under Article 81 EC, CMLR, 41 (2004), 1327–1360, 1356; Bartosch, Die Durchsetzung der Beihilferechtswidrigkeit staatlicher Maßnahmen vor nationalen Gerichten, EuZW 2005, 396; Basedow, Das Kartelldeliktsrecht und der „More Economic Approach", EuZW 2006, 97; Basedow, Die Durchsetzung des Kartellrechts im Zivilverfahren in Baudenbacher, Neueste Entwicklungen im europäischen und internationalen Kartellrecht. 12. St. Galler Internationales Kartellrechtsforum 2005, 353; Baudenbacher C., The EFTA Court: An Actor in the European Judicial Dialogue, 28 Fordham Int'l L. J. 353; Baudenbacher C., The Implementation of Decisions of the ECJ and of the EFTA Court in Member States' Domestic Legal Orders, 40 Tex. Int'l L. J. 383 (2005); Baudenbacher C., Die Kommission als Freundin der nationalen Gerichte, ELR 2009, 258 ff.; Baudenbacher C, Fundamental Rights in EEA Law or: how far from Bosphorus is the European Economic Area Agreement?, in: Human Rights, Democracy and the Rule of Law – Menschenrechte, Demokratie und Rechtsstaat – Droits de l'homme, démocratie et Etat de droit, Liber amicorum Luzius Wildhaber, 2007, 59 ff.; Baudenbacher C., Facets of an EEA Constitutional Order, FS Gil Carlos Rodríguez Iglesias, 2003, 343; Baudenbacher C., Judicialization of European Competition Policy in Barry E. Hawk, Annual Proceedings of the Fordham Corporate Law Institute, International Antitrust Law & Policy, 2003, 353; Baudenbacher C., Swiss Economic Law Facing the Challenges of International and European Law, ZSR 2012 II, 419 ff.; Baudenbacher C., The EFTA Court, the ECJ, and the Latter's Advocates General – a Tale of Judicial Dialogue in Arnull/Eeckhout/Tridimas, Continuity and Change in EU Law – Essays in Honour of Sir Francis Jacobs, 2008, 90; Baudenbacher C., The EFTA Court's Relationship with the Advocates General of the European Court of Justice, in: Allessio/Kronenberger/Placco, De Rome à Lisbonne: les juridictions de l'Union européenne à la croisée des chemins: Mélanges en l'honneur de Paolo Mengozzi, 2013, 341; Baudenbacher C., Fundamental Rights in the Case-law of the EFTA Court, Human Rights Law Journal, Volume 36, No. 7-12, 307 ff.; Baudenbacher C./Speitler, Der Syndikus der Gegenwart – Interessensvertreter oder Anwalt des Rechts?, NJW 17/2015, 1211; Baudenbacher C., Ed. The Handbook of EEA Law, 2016; Baudenbacher C., Ed., The Fundamental Principles of EEA Law. EEA-ities, 2017; Baudenbacher C., Judicial Independence. Memoirs of a European Judge, 2019; Baudenbacher, LM, Aspects of Competition Law Enforcement in Selected European Jurisdictions, 37 ECLR 2016, 343 ff.; Bornkamm, The German Supreme Court: An Actor in the Global Conversation of High Courts, 39 Tex. Int'l L. J. 415, 426 (2004); Bornkamm, Judicial Control and Review of Antitrust Administrative Remedies in Barry E. Hawk, Annual Proceedings of the Fordham Corporate Law Institute, International Antitrust Law & Policy, 2003, 369; Brammer, Concurrent jurisdiction under Regulation 1/2003 and the issue of case allocation, CMLRev. (42) 2005, 1383; Broberg, The relationship between referrals for preliminary rulings under Article 234 and proceedings to annul Community decisions under Article 230 of the EC Treaty, FS Claus Gulmann, 2006, 84; Bronckers/Vallery, Norway Post: The EFTA Court advances the debate on human rights and administrative competition law enforcement, ELR 2012, 108; Bronckers/Vallery, No Longer Presumed Guilty? The Impact of Fundamental Rights on Certain Dogmas of EU Competition Law, World Competition 34(4) (2011), 535; Brown & Jacobs, The Court of Justice of the European Communities, 5th ed., 2000; Bull, The EEA Agreement and Norwegian Law, Eur. Bus. L. Rev. 1994, 291; Buschle, The Case Law of the EFTA Court in the Field of State aid, in: Sanchez Rydelski, The EC State aid Regime, 2006, 757; Calliess, Grundlagen, Grenzen und Perspektiven europäischen Richterrechts, NJW 2005, 930; Dederichs, Die Methodik des EuGH. Häufigkeit und Bedeutung methodischer Argumente in den Begründungen des Gerichtshofs der Europäischen Gemeinschaften, 2004; Drobnig, Internationale Schiedsgerichtsbarkeit und wirtschaftsrechtliche Eingriffsnormen, FS Kegel, 1987, 95; Forrester, A Bush in the Need of Pruning: The Luxuriant Growth of Light Judicial Review in Ehlermann/Marquis, European Competition Law Annual 2009: Evaluation of Evidence and its Judicial Review in Competition Cases, 2011, 438; Franklin Christian N.K./Fredriksen Halvard H./Barlund Ingrid M.H., Private Enforcement and Collective Redress in European Competition Law, National report for Norway, FIDE Conference 2016; Fuchs, Kontrollierte Dezentralisierung der europäischen Wettbewerbsaufsicht, EuR Beiheft 2/2005, 77, 106; Graver, Effects of EFTA Court Jurisprudence on Legal Orders of EFTA States in Baudenbacher/Tresselt/Örlygsson, The EFTA Court Ten Years On, 2005, 79; Hamer, Die Rolle des internationalen Richters im Rahmen der Kartell-Durchführungsverordnung 1/2003/EG, EWS 2003, 415; Hancher/Ottervanger/Slot, EU State Aids, 4. Aufl. 2012; Happe, Lauf und Berechnung der Fristen bei Anfechtungen vor dem EuGH, EuZW 1992, 297; Herndl, Der EFTA-Gerichtshof und Österreich – ein Beispiel für nützliche Zusammenarbeit?, FS Thór Vilhjálmsson, 2000, 247; Herrmann, Die Reichweite der gemeinschaftsrechtlichen Vorlagepflicht in der neueren Rechtsprechung des EuGH, EuZW 2006, 231; Hirsbrunner, Neue Entwicklungen der Europäischen Fusionskontrolle in den Jahren 2003/2004, EuZW 2005, 519; Jacobs, Judicial Dialogue and the Cross-Fertilisation of Legal

Rechtsschutz

Systems: The European Court of Justice, 38 Tex. Int'l L. J. 547; Kakouris, Do the Member States possess Judicial Procedural „Autonomy"?, CMLRev. 1997, 1389; Keenan D. Kmiec, The Origin and Meanings of „Judicial Activism", 92 California Law Review, 1441 (2004); Kenntner, Ein Dreizack für die offene Flanke: Die neue EuGH-Rechtsprechung zur judikativen Gemeinschaftsrechtsverletzung, EuZW 2005, 235; Kirschner/Klüpfel, Das Gericht erster Instanz der Europäischen Gemeinschaften, 2. Aufl. 1998; Klauser, „Private enforcement" von EU-Kartellrecht, ecolex 2005, 87, 88; Kutscher, Thesen zu den Methoden der Auslegung des Gemeinschaftsrechts, aus der Sicht eines Richters in Gerichtshof der Europäischen Gemeinschaften, Begegnung von Justiz und Hochschule am 27. und 28. September 1976, Berichte, Teil I, 1976, 1; Lecour, L'Europe des Juges, 1976; Lenski/Mayer, Vertragsverletzung wegen Nichtvorlage durch oberste Gerichte?, EuZW 2005, 225; Mischo, Investigations and Sanctions in Baudenbacher), Neueste Entwicklungen im europäischen und internationalen Kartellrecht, 11. St. Galler Kartellrechtsforum 2004, 325; Morgan de Rivery, EC Regulation 1/2003: Implications for Private Enforcement of Competition Law in Baudenbacher, Neueste Entwicklungen im europäischen und internationalen Kartellrecht, 11. St. Galler Kartellrechtsforum 2004, 175; Norberg, Some Elements to Enhance Damage Actions for Breach of the Competition Rules in Articles 81 and 82 EC, Rede gehalten an der 32. Annual International Antitrust Law & Policy Conference, Fordham, September 2005; Pechstein/Kubicki, Gültigkeitskontrolle und Bestandskraft von EG-Rechtsakten, NJW 2005, 1825; Raiser L., Der Stand der Lehre vom subjektiven Recht im deutschen Zivilrecht, ZBJV 1961, 121; Rasmussen, Between self-restraint and activism; a judicial policy for the European Court, ELRev. 1988, 28; Rehbinder E., Extraterritoriale Wirkungen des deutschen Kartellrechts, 1965; Schermers/Waelbroeck, Judicial Protection in the European Union, 6. Aufl. 2001; Schima, Das Vorabentscheidungsverfahren vor dem EuGH, 2. Aufl. 2005; Steindorff, Politik des Gesetzes als Auslegungsmaßstab im Wirtschaftsrecht, FS Larenz, 1973, 217; Temple Lang, Judicial review of competition decisions under the European Convention on Human Rights and the importance of the EFTA Court: the Norway Post judgment, ELRev. 2012, 464; Temple Lang, Private Enforcement – Practical Experience of National Common Law Courts in Competition Cases in Baudenbacher, Neueste Entwicklungen im europäischen und internationalen Kartellrecht, 11. St. Galler Kartellrechtsforum 2004, 137; Timmermans, The European Union's judicial system, 41 CMLRev. 393, 400 (2004); Tridimas, The Role of the Advocate General in the Development of Community Law: Some Reflections, CMLRev. 1997, 1349; Vaughan, Butterworths European Courts Procedure, 1993; Vesterdorf, Legal Professional Privilege and the Privilege Against Self-Incrimination in EC Law: Recent Developments and Current Issues, Fordham Int. L. J. 28, 1179; Viol, Die Anwendbarkeit des Europäischen Kartellrechts auf Tarifverträge – unter rechtsvergleichender Betrachtung der Rechtsordnungen der Schweiz, der USA und Deutschlands, 2004; Wainwright, The Relationship between the National Judge and the European Commission in applying Articles 81 and 82 of the EC Treaty, ERA-Forum 1/2004, 84; Weiß, Grundrechtsschutz im EG-Kartellrecht nach der Verfahrensnovelle, EuZW 2006, 263.

Übersicht

	Rn.			Rn.
A. Einleitung	1		3. Vorabentscheidungsverfahren	54
B. Einführung in das Europäische Rechtsschutzsystem	4		**III. Verfahrensgrundsätze**	57
			1. Dispositionsgrundsatz	58
I. Gerichtsarchitektur	4		2. Verhandlungs- und Amtsermittlungsgrundsatz	60
1. Einführung	4			
2. Gerichtshof der Europäischen Union	6		3. Grundsatz der Mündlichkeit	62
3. Gerichtshof der Europäischen Freihandelsassoziation (EFTA)	11		4. Grundsatz der Öffentlichkeit	63
			5. Grundsatz der Unmittelbarkeit	65
4. Europäischer Gerichtshof für Menschenrechte	15		6. Grundsatz der Prozessökonomie	66
5. Nationale Gerichte	19		**IV. Verfahrensgrundrechte**	67
a) Nationale Gerichte im Verwaltungsrecht	21		1. Recht auf Einlegung eines Rechtsbehelfs	68
b) Nationale Gerichte im Zivilrecht	31		2. Rechtliches Gehör	71
c) Zusammenarbeit nationaler Gerichte mit den Behörden	37		3. Recht auf Akteneinsicht und Vertraulichkeit	73
6. Auslegungsmethoden	41		4. Begründungspflicht	78
7. Unabhängigkeit	47		5. Recht auf Entscheidung innerhalb angemessener Frist	82
II. Überblick über die einzelnen Verfahrensarten	48		6. Unschuldsvermutung	91
1. Direktklagen gegen Organe	49		7. Umfang der gerichtlichen Kontrolle	95
2. Vertragsverletzungsverfahren	51		**C. Gang des Verfahrens**	98

Übersicht **Rechtsschutz**

		Rn.
I.	Allgemeines	99
1.	Rechtsquellen	99
	a) Unionsgerichte	99
	b) EFTA-GH	101
2.	Sprachenregime	102
	a) Unionsgerichte	103
	b) EFTA-GH	107
3.	Fristen	109
	a) Fristberechnung. Fristbeginn	111
	b) Wiedereinsetzung in den vorigen Stand	116
4.	Verbindung von Rechtssachen	119
II.	Schriftliches Verfahren	122
1.	Einleitendes Verfahrensschriftstück	122
	a) Zeitpunkt der Verfahrenseinleitung	123
	b) Formalien der Klageschrift	124
	c) Wirkung der Rechtshängigkeit	129
2.	Registrierung und Veröffentlichung der Rechtssache	130
3.	Geschäftsverteilung. Kammersystem	134
4.	Zustellung und Übermittlungen	139
	a) Unionsgerichte	139
	b) EFTA-GH	142
5.	Weitere Schriftsätze	143
	a) Direktklageverfahren	143
	b) Vorabentscheidungsverfahren	148
	c) Besonderheiten des Verfahrens vor dem EFTA-GH	149
III.	Mündliches Verfahren	150
1.	Vorbericht des Berichterstatters und Generalversammlung	150
2.	Beweisaufnahme und prozessleitende Maßnahmen	154
	a) Beweisaufnahme	154
	b) Prozessleitende und vorbereitende Maßnahmen	164
	c) Klarstellung im Vorabentscheidungsverfahren	171
3.	Mündliche Verhandlung	172
	a) Entbehrlichkeit und Verzicht auf die mündliche Verhandlung	173
	b) Elemente der mündlichen Verhandlung	175
4.	Schlussanträge des Generalanwalts am EuGH	181
	a) Rolle des Generalanwalts am EuGH	182
	b) Schlussanträge	184
	c) Entbehrlichkeit der Schlussanträge	185
	d) Die Schlussanträge im Prozess	186
IV.	Urteil	188
1.	Urteilsberatung und -findung	188
	a) Beratung und Entscheidung	188
	b) Ungerade Richterzahl und Entscheidungsquoren	190
	c) Befangenheit und Verhinderung	193
2.	Urteilsverkündung und Rechtskraft	196
	a) Verkündung des Urteils	196
	b) Rechtskraft	199
3.	Andere Arten der Verfahrensbeendigung	204

		Rn.
	a) Klagerücknahme	204
	b) Prozessurteil nach Zwischenstreit	207
	c) Entscheidung durch Beschluss bei Offensichtlichkeit	211
	d) Erledigung	214
4.	Kosten	223
	a) Direktklageverfahren	223
	b) Vorabentscheidungsverfahren	233
	c) Prozesskostenhilfe	234
V.	Rechtsmittel und Vorabentscheidungsverfahren	236
1.	Rechtsmittel	236
	a) Außerordentliche Rechtsbehelfe	240
	b) Wiederaufnahme des Verfahrens	241
	c) Drittwiderspruch	245
	d) Urteilsauslegung	246
	e) Urteilsergänzung	248
2.	Vorabentscheidungsverfahren	249
VI.	Beschleunigte Verfahren	251
1.	Direktklageverfahren	251
2.	Vorabentscheidungsverfahren	254
VII.	Streithilfe	255
1.	Privilegierte Streithelfer	256
2.	Nichtprivilegierte Streithelfer	257
3.	Zulassungsverfahren	263
4.	Der Streithelfer im Prozess	267
5.	Kosten	269
D.	Direktklagen	270
I.	Allgemeines	270
1.	Einführung	270
	a) Maßgebliche Klageart	272
	b) Maßgeblicher Gegenstand	273
	c) Maßgeblicher Zeitpunkt	274
2.	Zuständigkeit	275
	a) Zuständigkeitsverteilung EuGH – EFTA-GH	278
	b) Zuständigkeitsverteilung EuGH – EuG	281
3.	Allgemeine Zulässigkeitsvoraussetzungen	286
	a) Ordnungsgemäße Klageerhebung	286
	b) Parteifähigkeit	311
	c) Prozessfähigkeit und Prozessführungsbefugnis	320
	d) Postulationsfähigkeit	322
	e) Keine entgegenstehende Rechtshängigkeit oder Rechtskraft	329
II.	Nichtigkeitsklage	330
1.	Zulässigkeit	330
	a) Klagegegenstand	330
	b) Klagebefugnis	406
	c) Rechtsschutzinteresse	472
	d) Klagefrist	486
2.	Begründetheit	496
	a) Grundsätze der richterlichen Nachprüfung	496
	b) Urteil	501
III.	Untätigkeitsklage	505

Rechtsschutz

Schrifttum

		Rn.
1.	Einführung	505
2.	Zuständigkeit	507
3.	Zulässigkeit	508
	a) Klageschrift	509
	b) Klagegegenstand	510
	c) Vorverfahren	513
	d) Klagebefugnis	521
	e) Klagefrist	522
	f) Rechtsschutzinteresse	524
4.	Begründetheit	525
IV.	**Durchführung des Urteils durch die Behörde**	529
V.	**Schadensersatzklage**	535
1.	Einführung	535
2.	Zuständigkeit	540
3.	Zulässigkeit	541
	a) Klageschrift	541
	b) Klagegegenstand	546
	c) Verjährung	549
4.	Begründetheit	552
	a) Rechtswidriges Verhalten der Behörde	553
	b) Schaden	556
	c) Kausalität und Mitverschulden	560
	d) Beweislast	562
VI.	**Einstweiliger Rechtsschutz**	563
1.	Einführung	563
2.	Zulässigkeit	566
	a) Grundsatz der Akzessorietät	566
	b) Zuständigkeit	568
	c) Parteifähigkeit	569
	d) Antrag	571
	e) Antragsgegenstand	576
	f) Unzulässigkeit des Hauptsacheverfahrens	579
3.	Begründetheit	580
	a) Voraussetzungen für die Gewährung einstweiligen Rechtsschutzes	580
	b) Prüfungsumfang	606
	c) Wirkung	607
4.	Einstweiliger Rechtsschutz und Rechtsmittelverfahren	610
	a) Rechtsmittel gegen Beschlüsse des EuG	610
	b) Einstweiliger Rechtsschutz im Rechtsmittelverfahren	612
VII.	**Rechtsmittel**	613
1.	Einführung	613
2.	Zulässigkeit	615
	a) Parteifähigkeit	615
	b) Rechtsmittelschrift	618
	c) Rechtsmittelgegenstand	624
	d) Rechtsmittelbefugnis	631
	e) Rechtsschutzinteresse	632
	f) Rechtsmittelfrist	633

		Rn.
3.	Begründetheit	634
	a) Prüfungsumfang	634
	b) Urteil	640
E.	**Vertragsverletzungsverfahren im Beihilferecht**	643
I.	Einführung	643
II.	Zuständigkeit	645
III.	Zulässigkeit	646
1.	Beteiligtenfähigkeit	646
2.	Klageschrift	648
3.	Klagegegenstand	650
4.	Vorverfahren	652
5.	Klagebefugnis „betroffener Staaten"	655
6.	Rechtsschutzinteresse	656
7.	Klagefrist	657
IV.	**Begründetheit**	659
1.	Beweislastverteilung	661
2.	Verteidigung des Mitgliedstaats	662
3.	Urteil und Sanktionen	666
F.	**Vorabentscheidungsverfahren**	669
I.	Einführung	669
II.	Zuständigkeit	673
III.	Postulationsfähigkeit	675
IV.	Zulässigkeit	676
1.	Vorlageberechtigung und -verpflichtung	677
	a) Vorlageberechtigung	677
	b) Vorlagepflicht	690
2.	Vorlagebeschluss	699
	a) Form	699
	b) Zeitpunkt	700
	c) Vorlagefragen	701
	d) Inhalt des Beschlusses	702
3.	Zulässiger Vorlagegegenstand	710
	a) Auslegung des Unions- oder EWR-Rechts	711
	b) Gültigkeit von Sekundärrecht	715
4.	Entscheidungserheblichkeit und Erforderlichkeit	719
	a) Einschätzungsprärogative des nationalen Richters	719
	b) Ausnahmen	720
	c) Zweitvorlagen	722
V.	**Begründetheit**	724
1.	Entscheidungsmaßstab	724
2.	Entscheidung des Gerichtshofs	726
	a) EuGH	726
	b) EFTA-GH	729
	c) Beschlüsse	731

A. Einleitung

Im europäischen Wettbewerbsrecht haben die zur Überwachung berufenen supranationalen und nationalen Behörden weitreichende Kompetenzen. Das Beihilferecht wird von der Kommission und der ESA dominiert. Die Notwendigkeit der Kontrolle der zum Wettbewerbsschutz berufenen Organe macht ein geschlossenes Rechtsschutzsystem auf europäischer Ebene unabdingbar. Dass aufgrund des partiellen Machtverzichts der Kommission im Zuge der Modernisierung seit 2004 eine Dezentralisierung des Rechtsschutzes stattgefunden hat, ändert daran nichts.

Neben dem grundrechtlich motivierten Aspekt des effektiven Rechtsschutzes steht der Schutz des Systems im Vordergrund. Der sich auf seine Rechte berufende Kläger trägt zur Verwirklichung und Weiterentwicklung der wettbewerbs- und beihilferechtlichen Gesamtrechtsordnung bei.[1] Das kommt bereits im Fall Metro von 1977 zum Ausdruck, wo der EuGH das Einräumen eines Klagerechts auf das „Interesse eines sachgerechten Rechtsschutzes und einer ordnungsgemäßen Anwendung der Artikel 85 [jetzt Art. 101 AEUV] und 86 [jetzt Art. 102 AEUV]" stützte.[2] In die gleiche Richtung weist die Charakterisierung der Europäischen Gemeinschaft als Rechtsgemeinschaft, „in der die Handlungen ihrer Organe darauf hin kontrolliert werden, ob sie mit dem EG-Vertrag und den allgemeinen Rechtsgrundsätzen, zu denen auch die Grundrechte gehören, vereinbar sind".[3] Nichts anderes gilt für den Europäischen Wirtschaftsraum, in dem der Schutz der Rechte von Einzelnen und Wirtschaftsteilnehmern eine zentrale Rolle spielt und dessen institutionelle Struktur Gewähr für eine effektive gerichtliche Kontrolle bietet.[4] Diese Rechtsordnungen nehmen mithin für sich in Anspruch, ein umfassendes System des Rechtsschutzes geschaffen zu haben,[5] das auch den Anforderungen eines ausreichenden „access to justice" gerecht wird.

Der Zugang zum Gericht und seine Einschränkungen sind in den folgenden Abschnitten im Einzelnen darzustellen. Der Fokus liegt dabei auf dem Prozessrecht im engeren Sinne; das europäische Gerichtsverfassungsrecht wird lediglich in Form eines einleitenden Überblicks über die Justizarchitektur behandelt. Ausführlicher wird anschließend der Ablauf des Verfahrens vor dem EuGH, dem EuG und dem EFTA-GH beschrieben. Dieses Vorgehen trägt dem pragmatischen Charakter des Verfahrensrechts Rechnung. In einem dritten Teil der Kommentierung wird auf die Zulässigkeitsvoraussetzungen für die verschiedenen Verfahrensarten im Einzelnen eingegangen.

B. Einführung in das Europäische Rechtsschutzsystem

Art. 19 EUV

(1) Der Gerichtshof der Europäischen Union umfasst den Gerichtshof, das Gericht und Fachgerichte. Er sichert die Wahrung des Rechts bei der Auslegung und Anwendung der Verträge.

Die Mitgliedstaaten schaffen die erforderlichen Rechtsbehelfe, damit ein wirksamer Rechtsschutz in den vom Unionsrecht erfassten Bereichen gewährleistet ist.

(2) [...]

(3) Der Gerichtshof der Europäischen Union entscheidet nach Maßgabe der Verträge
a) über Klagen eines Mitgliedstaats, eines Organs oder natürlicher oder juristischer Personen;
b) im Wege der Vorabentscheidung auf Antrag der einzelstaatlichen Gerichte über die Auslegung des Unionsrechts oder über die Gültigkeit der Handlungen der Organe;
c) in allen anderen in den Verträgen vorgesehenen Fällen.

Art. 256 AEUV

(1) Das Gericht ist für Entscheidungen im ersten Rechtszug über die in den Artikeln 263, 265, 268, 270 und 272 genannten Klagen zuständig, mit Ausnahme derjenigen Klagen, die einem nach Artikel 257 gebildeten Fachgericht übertragen werden, und der Klagen, die gemäß der Satzung dem Gerichtshof vorbehalten sind. In der Satzung kann vorgesehen werden, dass das Gericht für andere Kategorien von Klagen zuständig ist.

---

[1] Baudenbacher ZSR 2012 II, 419 (491 ff.); EFTA-GH Sgl. 2012, 1178 Rn. 132 – DB Schenker; auch GA Kokott, Schlussanträge vom 28.2.2013, C-681/11, ECLI:EU:C:2013:126 Rn. 114 (Fn. 78) – Schenker u.a.
[2] EuGH Slg. 1977, 1875 Rn. 13 – Metro.
[3] EuGH Slg. 2002, I-6677 Rn. 38 – Unión de Pequeños Agricultores.
[4] EFTA-GH Slg. 2003, 185 Rn. 28 – Ásgeirsson; 2012, 246 Rn. 85 ff. – Posten Norge.
[5] EuGH Slg. 1986, 1339 Rn. 23 – Les Verts.

Gegen die Entscheidungen des Gerichts aufgrund dieses Absatzes kann nach Maßgabe der Bedingungen und innerhalb der Grenzen, die in der Satzung vorgesehen sind, beim Gerichtshof ein auf Rechtsfragen beschränktes Rechtsmittel eingelegt werden.

(2) Das Gericht ist für Entscheidungen über Rechtsmittel gegen die Entscheidungen der Fachgerichte zuständig.

Die Entscheidungen des Gerichts aufgrund dieses Absatzes können nach Maßgabe der Bedingungen und innerhalb der Grenzen, die in der Satzung vorgesehen sind, in Ausnahmefällen vom Gerichtshof überprüft werden, wenn die ernste Gefahr besteht, dass die Einheit oder Kohärenz des Unionsrechts berührt wird.

(3) Das Gericht ist in besonderen in der Satzung festgelegten Sachgebieten für Vorabentscheidungen nach Artikel 267 zuständig.

Wenn das Gericht der Auffassung ist, dass eine Rechtssache eine Grundsatzentscheidung erfordert, die die Einheit oder die Kohärenz des Unionsrechts berühren könnte, kann es die Rechtssache zur Entscheidung an den Gerichtshof verweisen.

Die Entscheidungen des Gerichts über Anträge auf Vorabentscheidung können nach Maßgabe der Bedingungen und innerhalb der Grenzen, die in der Satzung vorgesehen sind, in Ausnahmefällen vom Gerichtshof überprüft werden, wenn die ernste Gefahr besteht, dass die Einheit oder die Kohärenz des Unionsrechts berührt wird.

Art. 108 EWRAbk

(1) Die EFTA-Staaten setzen ein unabhängiges Überwachungsorgan (EFTA-Überwachungsbehörde) ein und führen ähnliche Verfahren ein, wie sie in der Gemeinschaft bestehen; dazu gehören auch Verfahren, durch die die Erfüllung der Verpflichtungen aus diesem Abkommen gewährleistet wird, und solche, mit denen die Rechtmäßigkeit der Rechtsakte der EFTA-Überwachungsbehörde auf dem Gebiet des Wettbewerbs kontrolliert wird.

(2) Die EFTA-Staaten setzen einen Gerichtshof (EFTA-Gerichtshof) ein.

Der EFTA-Gerichtshof ist aufgrund einer besonderen Vereinbarung zwischen den EFTA-Staaten hinsichtlich der Anwendung dieses Abkommens insbesondere zuständig für:
a) Klagen wegen des die EFTA-Staaten betreffenden Überwachungsverfahrens,
b) Rechtsmittel gegen Entscheidungen der EFTA-Überwachungsbehörde in Wettbewerbssachen,
c) die Beilegung von Streitigkeiten zwischen zwei oder mehr EFTA-Staaten.

I. Gerichtsarchitektur

4 **1. Einführung.** Das Rechtsschutzsystem in EU und EWR basiert – neben und im Zusammenspiel mit den einzelstaatlichen Rechtsschutzsystemen – auf den Verträgen zur Gründung der Europäischen Union, dem Abkommen über den Europäischen Wirtschaftsraum sowie der Europäischen Menschenrechtskonvention und der GRCH der Europäischen Union. Es gibt eine Vielzahl von Akteuren, zwischen denen **keine hierarchische Ordnung** im Sinne eines strengen Über- oder Unterordnungsprinzips besteht. Vielmehr sind die Akteure formal gesehen voneinander unabhängig. Potentielle Justizkonflikte werden dadurch gelöst bzw. bereits im Vorfeld verhindert, dass die europäischen Höchstgerichte sich gegenseitig mit Respekt begegnen und bereit sind, auf Argumente und Bedenken der jeweils anderen Akteure einzugehen. Der **judizielle Dialog** zwischen den Höchstgerichten ist ein prägendes Merkmal der europäischen Gerichtsarchitektur.

5 Mit dem **Gerichtshof der Europäischen Union** und dem **EFTA-GH** stehen die jeweils zuständigen Gerichtshöfe in Luxemburg im Mittelpunkt des Rechtsschutzsystems. Diese zentral ausgerichtete Justizarchitektur stellt zweifelsohne eine der größten Errungenschaften der auf Rechtseinheitlichkeit angewiesenen europäischen Integration dar. Dabei darf aber nicht vergessen werden, dass auch die **nationalen Gerichtsbarkeiten** der EU- bzw. EWR-Staaten einen integralen Bestandteil des europäischen Rechtsschutzsystems bilden. Hinzu kommt mit dem **Europäischen Gerichtshof für Menschenrechte** in Straßburg ein weiterer wichtiger Akteur, dessen Bedeutung aufgrund der zunehmenden Relevanz von Wirtschaftsgrundrechten laufend zugenommen hat.[6]

6 **2. Gerichtshof der Europäischen Union.** Nach Art. 13 EUV ist der Gerichtshof der Europäischen Union ein **Organ der Europäischen Union.** Dieses besteht laut Art. 19 Abs. 1 S. 1 EUV aus dem Gerichtshof (EuGH), dem Gericht (EuG) und den Fachgerichten. Es gibt aber derzeit keine Fachgerichte, sondern nur den EuGH und das EuG. Beide Instanzen sind mit jeweils eigenem Präsidenten und eigener Kanzlei organisatorisch voneinander unabhängig, wobei die zentralen

---

[6] Baudenbacher C, HRLJ (2016) Volume 36, No. 7-12, 307.

Dienste unter Aufsicht des Kanzlers des Gerichtshofs auch das EuG unterstützen. Vertreten wird der Gerichtshof der Europäischen Union vom Präsidenten des EuGH.

Aufgabe des Gerichtshofs der Europäischen Union ist die **Wahrung des Rechts** bei der Auslegung und Anwendung der EU-Verträge. Der EuGH leitet aus dieser vormals in Art. 220 EG enthaltenen Formulierung her, das Wesen der **Union als Rechtsgemeinschaft** zu garantieren. Logische Voraussetzung dieser „ausschließlichen Zuständigkeit", die der EuGH zu Recht als eine der Grundlagen der Union selbst sieht, ist der Selbstbehauptungswille des Unionsrechts als souveräne Rechtsquelle.[7]

Der **EuGH** vereint in sich die **Funktionen** eines Verfassungs- und Höchstgerichts der Europäischen Union. Als **Verfassungsgericht** ist er für Vertragsverletzungsverfahren gegen Mitglieder der Union sowie nach Art. 51 EuGH-Satzung für Organklagen und Klagen der Mitglieder der Union gegen Rat und Parlament in ihrer Eigenschaft als Legislativorgane ausschließlich zuständig. Als **Höchstgericht** wahrt der EuGH die **Einheit der Rechtsordnung** in der EU. Im Wettbewerbsrecht umfasst diese Aufgabe zum einen die Entscheidung über Rechtsmittel gegen erstinstanzliche Entscheidungen des EuG in Direktklageverfahren (Art. 256 Abs. 1 UAbs. 2 AEUV). Zum anderen beantwortet der EuGH Fragen nationaler Gerichte zur Auslegung und Gültigkeit von EU-Rechtsakten im Vorabentscheidungsverfahren. Im Gegensatz zu den Verfahren, in denen er wesensgemäß als Verfassungsgericht aktiv wird, ist die Tätigkeit des EuGH dabei auf **Rechtsfragen** beschränkt. Eine Sachverhaltsaufklärung findet in den Rechtsmittel- und Vorabentscheidungsverfahren vor dem EuGH nicht statt.

1988 wurde dem EuGH ein Gericht erster Instanz – nunmehr: **Gericht**, EuG – beigeordnet. Angestrebt wurden eine Entlastung des EuGH und die Verbesserung des Rechtsschutzes. Das Gericht urteilt über Klagen gegen Unionsorgane in Wettbewerbs- und Beihilfesachen als erstinstanzliches und damit als **Tatsachengericht** (Art. 256 Abs. 1 UAbs. 1 AEUV). Anders als der EuGH ist das EuG vor der rechtlichen Würdigung auch zur Aufklärung des Sachverhalts verpflichtet. Als **Klagearten** kommen die Anfechtungs-, Untätigkeits- und Schadensersatzklage in Betracht. Im Rahmen dieser Verfahren kann das EuG auch über die Gewährung einstweiligen Rechtsschutzes entscheiden. Mit Abstand die größte Bedeutung hat die Anfechtungsklage nach Art. 263 AEUV. Dabei überprüft das EuG die Rechtmäßigkeit des Handelns der Organe und Einrichtungen der Union. Seiner Natur nach handelt es sich bei dem EuG damit um ein Verwaltungsgericht. Dem EuG gehören 54 Richter (zwei pro Mitgliedstaat) an.[8]

Als einziges erstinstanzliches **Fachgericht iSd Art. 19 EUV** wurde im Jahre 2004 das Gericht für den öffentlichen Dienst eingerichtet. Am 1. September 2016 wurde dieses Gericht aufgelöst und die anhängigen Rechtssachen wurden an das EuG überwiesen.[9] Art. 19 EUV ermöglicht die Errichtung weiterer spezialisierter Fachgerichte, und damit die Schaffung einer grundsätzlich dreistufigen Gerichtsbarkeit.[10] Art. 256 Abs. 2 AEUV sieht vor, dass das EuG für die Bereiche, in denen ein Fachgericht geschaffen wird, anstelle des EuGH als Revisionsgericht fungiert. Ein Fachgericht **für Wettbewerbssachen** ist derzeit aber **nicht geplant**. In der Diskussion um seine Reformierung regte das EuG die Schaffung eines Fachgerichts für das geistige Eigentum an; der EuGH hat sich dazu jedoch ablehnend geäußert.[11] Auch von der in Art. 256 Abs. 3 AEUV vorgesehenen Möglichkeit, die Zuständigkeit für Vorabentscheidungsverfahren in bestimmten Sachgebieten an das EuG zu übertragen (Art. 256 Abs. 3 AEUV), dürfte, nicht zuletzt auch aus Rücksicht auf die nationalen Höchstgerichte, in absehbarer Zeit kein Gebrauch gemacht werden. Die praktische Relevanz des Überprüfungsverfahrens der Revisionsentscheidungen des EuG durch den EuGH nach Art. 256 Abs. 2 UAbs. 2 bzw. Art. 256 Abs. 3 UAbs. 3 AEUV ist insofern bis auf Weiteres gering und im Wettbewerbsrecht faktisch inexistent. Von einer Darstellung wird hier daher abgesehen.[12]

3. Gerichtshof der Europäischen Freihandelsassoziation (EFTA). Mit Inkrafttreten des EWR-Abkommens (EWR oder EWRA) nahm der Gerichtshof der Europäischen Freihandelsassoziation (EFTA-GH) am 1.1.1994 seine Tätigkeit in Genf auf. Seit 1.9.1996 hat er seinen Sitz in Luxemburg. Der EFTA-GH ist ein unabhängiger Gerichtshof der unter dem EWR-Abkommen mit der EU assoziierten EFTA-Staaten Island, Liechtenstein und Norwegen. Er ist in Struktur und

---

[7] Vgl. zB EuGH Slg. 2008, I-6351 Rn. 281–282 – Kadi und Al Barakaat International Foundation.
[8] Art. 48 EuGH-Satzung.
[9] Vgl. u.a. VO 2016/1192 (ABl. 2016, L 200, 137) zur Übertragung der Zuständigkeit gewisser Rs. des Gerichts für den öffentlichen Dienst auf das EuG.
[10] Geiger/Khan/Kotzur, EUV, AEUV, 5. Aufl. 2010, EUV Art. 19 Rn. 1.
[11] Gerichtshof der Europäischen Union, Entwurf von Änderungen der Satzung des Gerichtshofs der Europäischen Union und ihres Anhangs I v. 28.3.2011, 7, verfügbar über die Internetseiten des Rates, http://data.consilium.europa.eu/doc/document/ST-8787-2011-iNiT/en.pdf, zuletzt abgerufen am 8.7.2019.
[12] Für einen Überblick über das Überprüfungsverfahren s. Kühn ELR 2009, 355.

Rechtsschutz 12–15   B. Einführung in das Europäische Rechtsschutzsystem

Verfahren weit möglichst nach dem Vorbild des EuGH verfasst. Der Name „EFTA-Gerichtshof" ist historisch zu erklären. Die Schweiz ist ebenfalls ein EFTA-Staat, sie untersteht aber der Zuständigkeit des EFTA-GH nicht, weil die Mitgliedschaft im EWR in einem Referendum vom 6. Dezember 1992 abgelehnt wurde.

12   Um die einheitliche Entwicklung der Rechtsprechung im EWR zu gewährleisten wurde in Art. 6 EWRAbk und Art. 3 Abs. 2 des Abkommens zwischen den EFTA-Staaten zur Errichtung einer Überwachungsbehörde und eines Gerichtshofs (im Folgenden: ÜGA)[13] ein **Homogenitätsgebot** verankert. Art. 6 EWRAbk verpflichtet den EFTA-GH (und die nationalen Gerichte der EFTA-Staaten), Bestimmungen des Abkommens, soweit sie mit den Vorschriften des EG- und EGKS-Vertrages einschließlich des Sekundärrechts „in ihrem wesentlichen Gehalt identisch" sind, im Einklang mit den einschlägigen Urteilen des EuGH aus der Zeit vor dem 2.5.1992, dem Datum der Abkommensunterzeichnung, auszulegen. Urteile des EuGH aus der Zeit nach dem 2.5.1992 soll der EFTA-GH gemäß Art. 3 Abs. 2 ÜGA gebührend berücksichtigen. Die souveränitätspolitisch wichtige Unterscheidung zwischen Alt- und Neurechtsprechung ist durch die Praxis praktisch aufgehoben worden. Der EFTA-GH betont die Bedeutung von Homogenität als Fundamentalprinzip des EWR-Abkommens in ständiger Rechtsprechung.[14] Umgekehrt hat der EFTA-GH in zahlreichen Fällen Neuland betreten und den Unionsgerichten wichtige Impulse zur Auslegung inhaltsgleichen Unionsrechts gegeben. In einigen großen Fällen ist der EFTA-GH gerade im Wettbewerbs- und Beihilferecht sodann seinen eigenen Weg gegangen[15] Der Sicherung der Homogenität der Entwicklung des Fallrechts im EWR dienen sodann die Beteiligungsrechte der Regierungen und Institutionen in Verfahren vor den Gerichtshöfen des jeweils anderen Pfeilers und das in Art. 106 EWRAbk verankerte Informationssystem. In der Realität hat sich ein judizieller Dialog zwischen dem EFTA-GH einerseits und den Unionsgerichten andererseits entwickelt.

13   Der EFTA-GH versteht die Homogenitätsregeln der Art. 6 EWRAbk und 3 Abs. 2 ÜGA (mutatis mutandis) auch als Verweisung auf die Rechtsprechung des Gerichts.[16] Besonders bedeutsam ist sodann das prinzipielle Bekenntnis des EFTA-GH zum Grundsatz der **prozessrechtlichen Homogenität**, auch wenn eine explizite Rechtsgrundlage im ÜGA nicht besteht. Der EFTA-GH hat dieses Prinzip auch auf die Auslegung nicht wortgleicher Bestimmungen angewandt.[17] Dieser Grundsatz ist insbesondere dann von Bedeutung, wenn die Frage der Zulässigkeit des Rechtsschutzes als solchem auf dem Spiel steht, da der dem EWR-Abkommen zugrunde liegende Reziprozitätsgedanke nicht nur eine homogene Auslegung des materiellen EWR-Rechts, sondern auch eine gleichwertige Durchsetzung dieses Rechts gebietet. Aus Zweckmäßigkeitserwägungen, und um die rechtliche Vorhersehbarkeit für die Parteien zu stärken, wendet der EFTA-GH den Homogenitätsgrundsatz ggf. aber auch auf sonstige Verfahrensvorschriften an. Allerdings folgt der EFTA-GH dem EuGH nicht blind; seine Grenze findet der Grundsatz der prozessualen Homogenität in der Beachtung grundrechtlich geschützter Rechtspositionen der Parteien.[18]

14   Als Gericht in Wettbewerbssachen entscheidet der EFTA-GH insbesondere Direktklagen gegen die in Brüssel domizilierte ESA, „EFTA Surveillance Authority" (EFTA-Überwachungsbehörde), das Pendant zur Europäischen Kommission im EFTA-Pfeiler des EWR. Der EFTA-GH ist dann auch Tatsachengericht. In dieser Kapazität übt er seine umfassende Rechtsprechungsbefugnis aus, die ihn verpflichtet, Entscheidungen der Überwachungsbehörden hinsichtlich Tatsachen- und Rechtsfragen in jeder Beziehung zu überprüfen.[19] Im EFTA-Pfeiler des EWR gibt es kein erstinstanzliches Gericht.[20] Darüber hinaus erlässt der EFTA-GH auf Antrag nationaler Gerichte Vorabentscheidungen nach Art. 34 ÜGA.

15   **4. Europäischer Gerichtshof für Menschenrechte.** Europäische Union und Europäischer Wirtschaftsraum sind Rechtsgemeinschaften. Dass die Handlungen ihrer Organe einer (gerichtlichen) Kontrolle nicht nur am Maßstab des positiven Rechts, sondern auch an den Grundrechten gemessen werden müssen, folgt aus **universellen Rechtsstaatlichkeitsgrundsätzen**. In eingriffsgeneigten Rechtsgebieten wie dem Wettbewerbs- und Beihilferecht tritt diese Notwendigkeit besonders deutlich zu Tage. Die wichtigste Rechts(erkenntnis)quelle für Art und Umfang des Grundrechtsschutzes stellt die Konvention zum Schutze der Menschenrechte und Grundfreiheiten (EMRK) von

---

[13] Abzurufen unter www.efta.int.
[14] So bereits im allerersten Urteil, EFTA-GH Slg. 1994/1995, 15 Rn. 32 ff. – Restamark.
[15] Vgl. dazu Baudenbacher, Judicial Independence, 2019, Chapters 3, 21.
[16] EFTA-GH Slg. 1994/1995, 59 Rn. 13 – Scottish Salmon Growers.
[17] EFTA-GH Slg. 2012, 246 Rn. 109–110 – Posten Norge; Beschluss des Präsidenten des EFTA-GH Slg. 2013, 4, Rn. 32 – ESA/Iceland (Icesave).
[18] EFTA-GH Slg. 2012, 246 Rn. 110 – Posten Norge.
[19] EFTA-GH Slg. 2012, 246 Rn. 99 ff. – Posten Norge.
[20] EFTA-GH Slg. 2012, 246 Rn. 92 – Posten Norge.

1950 dar. Mit ihr rückt der Europäische Gerichtshof für Menschenrechte (EGMR) in Straßburg in den Blickpunkt. Tatsächlich hat sich gerade in Wettbewerbssachen zwischen Luxemburg und Straßburg ein judizieller Dialog entwickelt,[21] der es rechtfertigt, den EGMR als wichtigen Teil der europäischen Justizarchitektur in Wirtschaftsrecht zu bezeichnen auch wenn sein Verfahrensrecht nicht Gegenstand der nachstehenden Ausführungen sein wird. Immerhin ist Folgendes festzuhalten:

Der EGMR kennt im Wesentlichen zwei Verfahrenstypen, die Staatenbeschwerde nach Art. 33 **16** EMRK und die Individualbeschwerde nach Art. 34 EMRK. Die Letztere ermöglicht es Einzelnen und Unternehmen, Entscheidungen der Behörde eines EMRK-Mitgliedstaats, insbesondere Verfahrensfragen im Wettbewerbs- und Beihilferecht, nach Erschöpfung des innerstaatlichen Rechtswegs vor den EGMR zu ziehen, wobei diesem durchaus die Rolle einer „Superrevisionsinstanz" zukommen kann. Vor einem Beitritt der EU zur EMRK können sich die Wirtschaftsteilnehmer vor dem EGMR **nicht direkt gegen eine Entscheidung der Unionsorgane,** neben der Kommission also auch der Gerichtshöfe, wenden. Dieses Manko hat man zum Teil damit zu überwinden versucht, dass anstatt der Union alle Mitgliedstaaten verklagt wurden. In der Rechtssache Senator Lines wandte sich ein von der Kommission wegen Verstoß gegen Art. 101 AEUV mit einem Bußgeld belegtes Unternehmen – nachdem sein Antrag auf einstweiligen Rechtsschutz in den zwei unionsrechtlichen Instanzen zurückgewiesen worden war – unter Berufung auf Art. 6 EMRK an den EGMR. Der Gerichtshof entschied nur deshalb nicht in der Sache, weil das EuG mittlerweile die Entscheidung über das Bußgeld aufgehoben hatte.[22] Im Fall Bosphorus, in dem Irland ein Urteil des EuGH pflichtgemäß implementiert hat, hat der EGMR eine Konventionsverletzung mit der Begründung verneint, die Union und insbesondere der EuGH wahre die Grundrechte in ausreichendem Maße durch das Zusammenwirken nationaler und Unionsgerichte insbesondere im Rahmen des Vorabentscheidungsverfahrens.[23] Damit steht die Rechtsprechung des EuGH aus Straßburger Sicht unter einem ähnlichen Prüfungsvorbehalt, wie er aus der Solange-Rechtsprechung des Bundesverfassungsgerichts bekannt ist, allerdings unter der Bedingung, dass das nationale Gericht die Frage nach der Übereinstimmung des angefochtenen Rechtsakts mit den Grundrechten der Union dem EuGH vorgelegt hat.[24]

Es stellt sich die Frage, ob die Bosphorus-Rechtsprechung des EGMR aus dem Jahr 2005 auf **17** den EWR anwendbar ist. In der Rechtssache KONKURRENTEN.NO stellte die Zweite Sektion des EGMR fest, dass die Grundlage für die in Bosphorus aufgestellte Vermutung grundsätzlich fehlt, wenn es um die Umsetzung von EWR-Recht auf nationaler Ebene geht. Im Gegensatz zum EU-Recht fehle es im Rahmen des EWR-Abkommens an Direktwirkung und Vorrang und das EWR-Abkommen enthalte weder die EU-Grundrechtecharta noch einen Verweis auf andere Rechtsinstrumente mit gleicher Wirkung, wie etwa die EMRK.[25] Dieser positivistische Ansatz ist nicht überzeugend. Der EFTA-Gerichtshof hat nicht nur die Existenz von EWR-Grundrechten anerkannt, sondern auch die EWR-Staatshaftung, was ein gewisses Maß an direkter Wirkung impliziert.[26] In der Rechtssache Holship hat die Fünfte Sektion des EGMR nun zu Recht festgestellt, dass die Grundrechte zu den ungeschriebenen Grundsätzen des EWR-Rechts gehören. Das Fehlen einer kodifizierten Grundrechtscharta im EWR-Abkommen war daher für die Entscheidung, ob die Bosphorus-Rechtsprechung auf die Durchführung des EWR-Abkommens oder Teile davon anwendbar ist, irrelevant. In Anbetracht des Fehlens von Vorrang und direkter Wirkung und des Fehlens einer rechtlichen Bindungswirkung von Gutachten des EFTA-Gerichtshofs überließ die Fünfte Sektion die Prüfung dieser Frage aber einem anderen Fall und ging davon aus, dass die Bosphorus-Vermutung im vorliegenden Fall nicht auf das EWR-Recht anwendbar war.[27]

Aus Sicht der drei Gerichtshöfe in Luxemburg ist die **Wirkung der Rechtsprechung des 18 EGMR** unabhängig von der Frage der Hierarchie im Wettbewerbsrecht enorm,[28] wie schon das

---

[21] Vgl. zu diesem Dialog anstelle vieler Alan Rosas, Fundamental Rights in the Luxembourg and Strasbourg Courts in Baudenbacher/Tresselt/Örlygsson, The EFTA Court Ten Years On, Oxford and Portland Oregon 2005, 163 ff.; Baudenbacher ZSR 2012 II, 419 (542 f.).

[22] EGMR 10.3.2004 – 56 672/00 – Senator Lines/Österreich, Belgien, Dänemark, Finnland, Frankreich, Deutschland, Griechenland, Irland, Italien, Luxemburg, Niederlande, Portugal, Spanien, Schweden und Vereinigtes Königreich; EuG Slg. 2003, II-3275 – Atlantic Container Line; vgl. dazu das Votum von EGMR-Präsident Luzius Wildhaber in Baudenbacher/Tresselt/Örlygsson, The EFTA Court Ten Years On, Oxford and Portland Oregon 2005, 176.

[23] EGMR 30.6.2005 – 45 036/98 – Bosphorus/Irland.

[24] EGMR 6.12.2012 – 12323/11 – Michaud/Frankreich.

[25] EGMR 28.11.2019 – 47341/15 – KONKURRENTEN.NO AS v Norway, Rn. 106.

[26] Rs. E-2/03, Slg. 2003, 185, Rn. 23 – Ákæruvaldið (The Public Prosecutor) v Ásgeir Logi Ásgeirsson et al., mit weiteren Hinweisen; E-9/97, Slg. 1998, 95 – Erla María Sveinbjörnsdóttir v Iceland.

[27] EGMR 10.6.2021 – Norwegian Confederation of Trade Unions (LO) and Norwegian Transport Workers' Union (NTF) v Norway, Rn. 106, 108.

[28] Dazu etwa Weiß EuZW 2006, 263 (263–268).

Urteil Roquette Frères des EuGH gezeigt hat. Der EuGH hatte im Zusammenhang mit der Durchsuchung von kartellverdächtigen Unternehmen zunächst in Hoechst festgestellt, es folge aus Art. 8 EMRK kein Grundrecht auf Unverletzlichkeit der Geschäftsräume von Unternehmen.[29] In späteren Urteilen entschied der EGMR allerdings anders.[30] Das bewog den EuGH dazu, seine Rechtsprechung zum Ausmaß des Grundrechtsschutzes eines zu durchsuchenden Unternehmens im Wettbewerbsrecht anzugleichen.[31] Die Auslegung der EMRK durch den EGMR hat die Entscheidungen der Unionsgerichte darüber hinaus in vielen Einzelfällen beeinflusst. Diese Verflechtung dürfte in Zukunft an Intensität noch zunehmen. Im Urteil Menarini Diagnostics hat der EGMR entschieden, dass ein Verfahren zur Durchsetzung des Wettbewerbsrechts angesichts des Schweregrads der Sanktion strafrechtlichen Charakter im Sinne des Art. 6 EMRK hat.[32] Das Recht auf ein faires Verfahren wird bei der Verhängung einer Geldbuße durch eine Behörde durch die Kontrolle im Verwaltungsgerichtsverfahren dadurch gewährleistet, dass die Entscheidung der Wettbewerbsbehörde der „umfassenden Rechtsprechungsbefugnis" des Gerichtes unterliegt. In der danach ergangenen KME-Entscheidung hat der EuGH die Wichtigkeit der Kontrolle hervorgehoben, ohne in der Sache das Vorgehen des Gerichts zu bemängeln.[33] Der EFTA-GH hat demgegenüber seine Kontrollbefugnisse bzgl. der Schlussfolgerungen der Überwachungsbehörde betont und auch angewandt[34] (→ Rn. 496). Die Einhaltung der Vorgaben des Art. 6 EMRK ist somit Voraussetzung dafür, dass die Verwaltung im Verwaltungsverfahren Sanktionen mit strafrechtlichem Charakter aussprechen kann.[35]

19 **5. Nationale Gerichte.** Art. 19 Abs. 1 UAbs. 2 EUV stellt klar, dass die EU-Mitgliedstaaten verpflichtet sind, auf nationaler Ebene die erforderlichen Rechtsbehelfe zu schaffen, um einen wirksamen Rechtsschutz im Hinblick auf das Unionsrecht zu gewährleisten. In Verbindung mit der in Art. 267 AEUV festgelegten Verpflichtung letztinstanzlicher nationaler Gerichte, das Unionsrecht betreffende Fragen erforderlichenfalls dem EuGH zur Vorabentscheidung vorzulegen, ergibt sich daraus das vom EuGH geforderte vollständige, dh **lückenlose Rechtsschutzsystem.**[36] Da das Unionsrecht gegen mitgliedstaatliches Handeln keine Individualrechtsschutz bietende Klagemöglichkeit vorhält, kann ihm nur die Einbeziehung nationaler Gerichte bei der Überprüfung staatlichen Handelns auf nationaler Ebene zur praktischen Wirksamkeit verhelfen.[37] Die nationalen Gerichte sind daher immer dann gefordert, wenn das EU-Recht nicht von den europäischen Organen selbst vollzogen wird. Dies ist gerade auch im Wettbewerbs- und Beihilferecht oftmals der Fall. Liegt der Vollzug in den Händen der nationalen Behörden oder ist bei unmittelbar geltenden Ge- oder Verboten auch der Weg der privaten Rechtsdurchsetzung eröffnet, stellt das **Vorabentscheidungsverfahren** das geeignete Mittel dar, einen einheitlichen Rechtsschutz sicher zu stellen.

20 Im EFTA-Pfeiler des EWR ist das Rechtsschutzsystem weniger umfassend. Das geschriebene Recht (Art. 34 ÜGA) enthält keine Vorlagepflicht letztinstanzlicher Gerichte und die Vorabentscheidungen des EFTA-GH sind rechtlich gesehen Gutachten. Diese Eigenheiten sollen durch eine weite Auslegung der Treuepflicht der EWR/EFTA-Staaten ausgeglichen werden.[38] Der EFTA-GH hat in mehreren Urteilen die Freiheit der nationalen Höchstgerichte, vorzulegen, eingeschränkt.[39] Entscheidend ist jedoch, ob diese Rechtsprechung von der ESA durchgesetzt wird. Das ist bislang, soweit ersichtlich, nicht der Fall.

21 **a) Nationale Gerichte im Verwaltungsrecht.** Der Einbezug nationaler Gerichte in die **Kontrolle des nationalen Verwaltungshandelns** im Wettbewerbs- und Beihilferecht ist nichts Neues. Die Gerichte überprüfen das Tätigwerden ihrer eigenen Behörden im Rahmen der Eingriffs- und Leistungsverwaltung unabhängig davon, ob diese Unionsrecht unmittelbar oder in den nationalen Umsetzungsakten anwenden. Dabei greifen sie auf nationales Gerichtsorganisations- und Prozessrecht

---

[29] EuGH Slg. 1989, 2859 Rn. 17 f. – Hoechst.
[30] EGMR Serie A, Nr. 251-B Rn. 31 – Niemitz/Deutschland; ECHR 2002-III Rn. 41 – Colas Est/Frankreich.
[31] EuGH Slg. 2002, I-9011 Rn. 29 – Roquette Frères; Slg. 2006, I-44 Rn. 33 – Strintzis Lines Shipping.
[32] EGMR 27.9.2011 – 43509/08 Rn. 38–42 – A. Menarini Diagnostics/Italien.
[33] EuGH WuW/E EU-R 2213 Rn. 91 ff. – KME.
[34] EFTA-GH Slg. 2012, 246 Rn. 100 ff. – Posten Norge.
[35] Vgl. zum Einfluss der oben genannten Entscheidungen auf die Schweizer Rechtsprechung: Bundesgericht 29.6.2012 – 2C_484/2010 Erwgr. 4.4 – PubliGroupe; Baudenbacher ELR 2012, 354; Bundesgericht 28.6.2016 – 2C_180/2014 – Colgate-Palmolive Europe Sàrl (ehemals Gaba International AG).
[36] EuGH Slg. 2002, I-6677 Rn. 38–41 – Unión de Pequeños Agricultores.
[37] So für das Beihilferecht EuGH Slg. 2005, I-85 Rn. 20 – SWNB.
[38] Almestad 2015.
[39] EFTA-GH Slg. 2011, 592 Rn. 58 – Irish Bank Resolution Corporation Ltd v Kaupþing hf.; Slg. 2013, 136 Rn. 60 – Staten v/Arbeidsdepartementet v Stig Arne Jonsson.

zurück, das in die Zuständigkeit der Mitgliedstaaten fällt.[40] Das gilt auch dann, wenn es um die Durchsetzung von unionsrechtlich gewährten Rechten geht. Die nationalen Rechtsvorschriften dürfen allerdings das **Recht auf einen effektiven gerichtlichen Rechtsschutz** nicht beeinträchtigen, insbesondere bezüglich der subjektiven Zulässigkeitsvoraussetzungen der Klagebefugnis und des Rechtsschutzbedürfnisses.[41] Die (mögliche) Verletzung europäischen Rechts ist somit bereits auf der Ebene der Zulässigkeit zu berücksichtigen, von der in Zweifelsfällen auszugehen ist. Das gilt vor allem dann, wenn es sich um den einzig denkbaren Rechtsweg handelt. Zum anderen sind die Mitgliedstaaten bei der Ausgestaltung ihres Prozessrechts durch die **Grundsätze der Gleichwertigkeit und der Effektivität** beschränkt.[42] Der Grundsatz der Gleichwertigkeit verbietet es, dass die Ausgestaltung und Anwendung des nationalen Gerichtsverfahrens die Durchsetzung des Unionsrechts gegenüber der gerichtlichen Durchsetzung innerstaatlichen Rechts erschwert. Das Effektivitätsprinzip untersagt es, die Durchsetzung der subjektiven Unionsrechte praktisch unmöglich zu machen oder übermäßig zu erschweren. Entsprechendes hat hinsichtlich der Rechtsfolgen eines Verstoßes gegen europäische Vorschriften zu gelten, die „wirksam, angemessen und abschreckend" sein müssen.[43] Die genannten Grundsätze gelten im Rahmen der privaten Rechtsdurchsetzung entsprechend.

aa) Wettbewerbsrecht. (1) Gerichtliche Kontrolle nationaler Behörden. Die Kontrolle des nationalen Behördenhandelns beim Vollzug des europäischen Wettbewerbsrechts muss nicht zwingend der Verwaltungsgerichtsbarkeit übertragen sein. Wie das Beispiel des deutschen Rechts zeigt, kann sie auch von den **Zivilgerichten** wahrgenommen werden. Das ändert nichts an der Geltung der oben skizzierten Grundsätze. Im nationalen Gerichtsverfahren fordert das europäische Recht unbedingte Beachtung. Das folgt aus der Direktwirkung und dem subjektiv-rechtlichen Charakter der Art. 101, 102 und 106 AEUV[44] (vgl. auch Art. 6 VO 1/2003).[45] Die Pflicht zur Beachtung gilt von Amts wegen, sofern das einschlägige nationale Prozessrecht solches grundsätzlich zulässt.[46] Ebenfalls direkt wirksam ist Art. 101 Abs. 3 AEUV.[47] Mit der unmittelbaren Anwendbarkeit der Vorschriften selbst gilt auch die von den Unionsgerichten entwickelte Beweislastverteilung (vgl. jetzt Art. 2 VO 1/2003).[48] Den aus dem institutionellen Gleichgewicht, Art. 263 AEUV sowie der Rechtsprechung zum Beurteilungsspielraum der Kommission (→ Rn. 95 ff.) folgenden Einschränkungen in der gerichtlichen Kognition unterliegen nationale Gerichte aber nicht. Ihnen kommt damit die Kompetenz und Verpflichtung zur vollen Nachprüfung nationaler Behördenentscheidungen am Maßstab der Art. 101 f. AEUV zu.[49] Die Rechtslage im EFTA-Pfeiler des EWR, wo alle beteiligten EFTA-Staaten das primäre Wettbewerbsrecht in ihre Rechtsordnungen übernommen haben und die Regeln der VO 1/2003 durch Entscheidung des Gemeinsamen EWR-Ausschusses in das Abkommen inkorporiert wurden,[50] entspricht der in der Union im Wesentlichen. Eine Falschanwendung der Wettbewerbsregeln durch die nationalen Gerichte bringt den betreffenden Staat zumindest in qualifizierten Fällen in den Zustand der Vertragsverletzung.[51]

Auslegungsfragen in wettbewerbsrechtlichen Verfahren können dem EuGH oder dem EFTA-GH zur **Vorabentscheidung** vorgelegt werden. Das gilt selbst in Fällen, in denen ein nationales Gericht eigentlich nationales Wettbewerbsrecht anzuwenden hat, wenn ein Konflikt zwischen dem Unionsrecht und dem nationalen Recht möglich ist.[52] Außerdem haben der EuGH und der EFTA-GH Vorabentscheidungsersuchen im Bezug auf rein innerstaatliche Sachverhalte zugelassen, wenn

---

40   Kritisch Kakouris CMLRev. 1997, 1389 ff.
41   EuGH Slg. 2005, I-85 Rn. 18 – SWNB.
42   EuGH Slg. 1998, I-7835 Rn. 18 – Levez; Slg. 2007, I-4233 Rn. 28 – van der Weerd u.a.
43   EuGH Slg. 1989, 2965 Rn. 23 ff. – Kommission/Griechenland; EFTA-GH Slg. 2009/2010, 234 Rn. 47 – Kolbeinsson.
44   Grundlegend EuGH Slg. 1974, 51 – BRT. Vgl. auch EuGH Slg. 1991, I-935 Rn. 45 – Delimitis, zu Art. 81 EG; EuGH Slg. 2000, I-4217 Rn. 16 – Carra, zu Art. 82 EG und EuGH Slg. 2002, I-691 Rn. 19 – Cisal di Battistello Venanzio, betreffend Art. 86 Abs. 2 EG.
45   Teilweise wird vertreten, Art. 6 VO 1/2003 gelte nicht für Gerichte außerhalb des Zivilrechts, also auch nicht für solche, die als Rechtsmittelinstanzen Entscheidungen der nationalen Kartellbehörden zu kontrollieren haben, Bechtold/Bosch, 3. Aufl. 2014, VO 1/2003 Art. 6 Rn. 13. Das kann aber weder aus dem Gerichtsbegriff von Art. 267 AEUV gefolgert werden, noch würde es wegen der primärrechtlichen Verankerung der Beachtungspflicht einen Unterschied machen.
46   EuGH Slg. 1995, I-4705 – van Schijndel.
47   Dazu Bechtold/Bosch/Brinker VO 1/2003 Art. 1 Rn. 18 ff.
48   Dazu auch Hamer EWS 2003, 415 ff.
49   Bailey CMLR 41 (2004), 1327 (1356).
50   Beschluss 130/2004 setzt die VO 1/2003 um und ist seit 19.5.2005 in Kraft, Beschluss 178/2004 setzt die VO 773/2004 um und ist am 1.6.2005 in Kraft getreten.
51   EuGH Slg. 2003, I-14640 Rn. 32 ff. – Kommission/Italien.
52   EuGH Slg. 1998, I-7791 Rn. 19 und 20 – Bronner.

die anwendbaren Rechtsvorschriften Lösungen aus dem EU- bzw. EWR-Recht übernehmen. Hier gründet sich die Zulässigkeit auf der Verhinderung zukünftiger Auslegungsunterschiede.[53] Das Instrument des Vorabentscheidungsverfahrens gewinnt in einem dezentralisierten Wettbewerbsrecht noch an Bedeutung.[54]

24   **(2) Gerichtliche Kontrolle europäischer Behörden.** Gegenüber Handlungen der europäischen Kartellbehörden ist die Kognition des nationalen Richters eingeschränkt. Deren Gültigkeit kann grundsätzlich nur von einem Betroffenen mittels einer Nichtigkeitsklage zu den Unionsgerichten bzw. dem EFTA-GH oder im Rahmen der Foto-Frost-Doktrin (→ Rn. 696 ff.) mit einem Vorabentscheidungsersuchen zur Gültigkeit an den EuGH überprüft werden. Während die Zurückweisung einer Beschwerde durch die Kommission das nationale Gericht ebenso wie ein situationsbezogenes und damit nicht-definitives Negativattest nach früherem Recht[55] nicht daran hindert, eine Vereinbarung in der Folge gemäß Art. 101 Abs. 2 AEUV für nichtig zu erklären,[56] sind die Gerichte durch eine auf ein förmliches Prüfverfahren ergehende Unvereinbarkeitsentscheidung gebunden. Das hat der EuGH im Urteil Masterfoods deutlich gemacht[57] (vgl. nun Art. 16 Abs. 1 VO 1/2003).[58] Angesichts der letztgenannten Vorschrift ist davon auszugehen, dass die Bindungswirkung auch Positiventscheidungen nach Art. 10 VO 1/2003 erfasst.[59] Eine formelle Bindung des nationalen Richters an die Rechtsauffassung der Kommission in ähnlich gelagerten Fällen im Sinn einer „acte clair"-Doktrin besteht dagegen nicht.[60] Jedoch besteht für die Kommission gemäß Art. 15 Abs. 3 VO 1/2003 die Möglichkeit, sich als amicus curiae am Verfahren zu beteiligen, indem sie unaufgefordert an ein mitgliedstaatliches Gericht eine schriftliche Stellungnahme übermittelt, sofern die kohärente Anwendung der Art. 101 und 102 AEUV dies erfordert. Da der Begriff der Anwendung weit auszulegen ist, sind davon auch Fälle umfasst, die nicht unmittelbar die Auslegung der genannten Vorschriften umfassen.[61]

25   Bis eine Kommissionsentscheidung auf eine Klage von den Unionsgerichten hin aufgehoben wird, bleibt den mit der Entscheidung befassten nationalen Gerichten nur die Aussetzung des Verfahrens bzw. die Gültigkeitsvorlage nach Art. 267 AEUV.[62] Ein Kläger vor dem nationalen Gericht muss sich im Verfahren vor dem EuGH die Bestandskraft entgegenhalten lassen, wenn er zu einer Nichtigkeitsklage zweifelsfrei selbst klagebefugt gewesen wäre.[63]

26   Zur Vermeidung abweichender Entscheidungen im Verhältnis zu **anhängigen Verwaltungsverfahren vor der Kommission** empfahl der EuGH den nationalen Gerichten in Delimitis (damals im Hinblick auf eine mögliche Freistellung) ebenfalls die Aussetzung des Verfahrens oder den Erlass einstweiliger Maßnahmen und die bilaterale Kontaktaufnahme mit der Behörde.[64] In IMS Health wurde diese Empfehlung in Richtung einer „stand-still"-Verpflichtung für das nationale Gericht bei vor der Kommission anhängigen Verfahren erweitert.[65] Diese Grundsätze entsprechen denen des Art. 16 Abs. 1 VO 1/2003. Im Verhältnis zur europäischen Gerichtsbarkeit bleibt jedenfalls die Möglichkeit des (Auslegungs-)Vorabentscheidungsverfahrens unberührt und

---

[53] EuGH Slg. 2011, I-10923 Rn. 19 ff. – Foggia; EFTA-GH Slg. 2016, 825 Rn. 35 f. – Sorpa.
[54] Vgl. dazu Baudenbacher, Judicialization of European Competition Policy in Barry E. Hawk, Annual Proceedings of the Fordham Corporate Law Institute, International Antitrust Law & Policy, 2003, 353 ff.; Bornkamm, Judicial Control and Review of Antitrust Administrative Remedies in Barry E. Hawk, Annual Proceedings of the Fordham Corporate Law Institute, International Antitrust Law & Policy, 2003, 369 ff.
[55] EuGH Slg. 2005, II-4119 Rn. 50 – First Data.
[56] EuG Slg. 1996, 1 Rn. 40 ff. – Koelman; für Entscheidungen der Kommission nach Art. 10 VO 1/2003 auch Bornkamm, Modernisierung des EU-Kartellrechts – Die Sicht der nationalen Gerichte in Baudenbacher, Neueste Entwicklungen im europäischen und internationalen Kartellrecht, 11. St. Galler Kartellrechtsforum 2004, 13 (24 f.).
[57] EuGH Slg. 2000, I-11369 Rn. 48 ff. – Masterfoods; dazu Bornkamm, Modernisierung des EU-Kartellrechts – Die Sicht der nationalen Gerichte in Baudenbacher, Neueste Entwicklungen im europäischen und internationalen Kartellrecht, 11. St. Galler Kartellrechtsforum 2004, 13 (20 ff.). Die Bindung gilt selbst dann, wenn der Sofortvollzug der Entscheidung im Verfahren des einstweiligen Rechtsschutzes vom EuG aufgehoben wurde.
[58] Fuchs EuR-Beil. Heft 2/2005, 77 (106).
[59] Bechtold/Bosch/Brinker VO 1/2003 Art. 10 Rn. 7; Fuchs EuR-Beil. Heft 2/2005, 77 (106).
[60] Bornkamm, Modernisierung des EU-Kartellrechts – Die Sicht der nationalen Gerichte in Baudenbacher, Neueste Entwicklungen im europäischen und internationalen Kartellrecht, 11. St. Galler Kartellrechtsforum 2004, 13 (23 f.).
[61] EuGH Slg. 2009, I-4833 – Inspecteur van de Belastingdienst; vgl. dazu Baudenbacher ELR 2009, 258 ff.
[62] EuGH Slg. 2000, I-11369 Rn. 54 ff. – Masterfoods.
[63] EuGH Slg. 1994, I-833 Rn. 17 – TWD Textilwerke Deggendorf.
[64] EuGH Slg. 1991, I-935 Rn. 52 f. – Delimitis.
[65] EuGH Slg. 2004, I-5039 Rn. 19 – IMS Health.

wird häufig sogar den einzigen „Ausweg" für den nationalen Richter aus seinem Dilemma bilden.[66]

Die nationalen Gerichte haben darüber hinaus wichtige Kompetenzen bei der **Kontrolle von** 27 **Verfahrenshandlungen der europäischen Kartellbehörden.** Das zeigt das Urteil des EuGH in der Rechtssache Roquette Frères, in der es um Durchsuchungen im Rahmen von „dawn raids" ging. Der EuGH hat zwar festgestellt, dass ein nationales Gericht bei der Entscheidung über die Genehmigung von Durchsuchungen und Beschlagnahmen nicht die Rechtmäßigkeit der Kommissionsentscheidung in Frage stellen darf.[67] Bei der Überprüfung der Zwangsmaßnahmen, deren Eingriffsintensität nach nationalem Recht weiter gehen kann als nach europäischem Kartellverfahrensrecht, kann und muss das nationale Gericht die Kommissionsentscheidung allerdings auf Willkür und Verhältnismäßigkeit überprüfen können.[68] Dazu muss die Kommission dem zuständigen Richter ihren Anfangsverdacht darlegen. Einer Überstellung der Verfahrensakten stehen aber der Effizienzgrundsatz und der Schutz der Vertraulichkeit entgegen.[69] Der Grundsatz der loyalen Kooperation hindert ein nationales Gericht daran, einen Antrag der Kommission schlicht als unzureichend bzw. rechtswidrig abzulehnen. Vielmehr ist das nationale Gericht zu einer, in der Unionsgerichtsbarkeit unbekannten, wechselseitigen Kooperation gezwungen.[70] Mit diesem Balanceakt machte der EuGH im Verwaltungsverfahrensrecht einen Schritt in Richtung Stärkung der Kompetenzen nationaler Gerichte. Entsprechende Regelungen finden sich in Art. 20 Abs. 8 VO 1/2003. Anders als bei der Nachprüfung in den Räumlichkeiten des Unternehmens ist für Nachprüfungen in **Privaträumen** immer die vorherige Genehmigung eines nationalen Gerichts erforderlich (Art. 21 Abs. 3 VO 1/2003).

bb) Beihilferecht. Im Beihilferecht hat der EuGH einen ausdrücklichen Grundsatz der 28 Arbeitsteilung statuiert, indem er „die Durchführung des Systems der Kontrolle staatlicher Beihilfen [...] teils der Kommission, teils den nationalen Gerichten" zuweist.[71]

Art. 107 AEUV und Art. 61 EWR haben zwar in dem Sinne nicht vollständige Direktwir- 29 kung, als die Gewährung von Ausnahmen vom Beihilfenverbot nach Abs. 2 und 3 der Vorschriften der Kommission bzw. der ESA obliegt, die dabei einen weiten Ermessensspielraum haben. Das Verwaltungsverfahren nach Art. 108 AEUV/Art. 1 Protokoll 3 ÜGA ist deshalb vor der Feststellung der **materiellen Rechtswidrigkeit** einer Beihilfe zwingend durchzuführen. In diesem Sinne kommt der Behörde und, bei deren Überwachung, der europäischen Justiz ein Monopol zu. Den nationalen Gerichten ist auf Anrufung Einzelner eine Feststellung der Vereinbarkeit oder Unvereinbarkeit, sei sie ausdrücklich oder inzident, verwehrt.[72] Die Möglichkeit, den jeweils zuständigen Gerichtshof mit der Auslegung der Art. 107 AEUV und Art. 61 EWR im Wege des Vorabentscheidungsverfahrens zu befassen, bleibt davon unberührt.[73] Der EuGH kann in diesem Rahmen nur den Beihilfebegriff abstrakt auslegen und nicht über die Vereinbarkeit einer staatlichen Beihilfe mit dem Binnenmarkt befinden.[74] Eine Entscheidung der Kommission, mit der die Unvereinbarkeit oder Vereinbarkeit einer Beihilfe mit dem Binnenmarkt bereits festgestellt worden ist, kann von den nationalen Gerichten zwar auf ihre Gültigkeit hin überprüft werden.[75] Nach seiner Foto-Frost-Rechtsprechung ist der EuGH aber, sollte das nationale Gericht die Gültigkeit einer Kommissionsentscheidung in Zweifel ziehen, zwingend zur Entscheidung im Wege des Vorabentscheidungsverfahrens anzurufen (→ Rn. 696 ff.). Die Bestandskraft einer vom Adressaten bzw. dem offensichtlich berechtigten Dritten nicht (rechtzeitig) angefochtenen Entscheidung ist dabei beachtlich.[76]

Im Unterschied zur materiellen kann die **formelle Rechtswidrigkeit** einer Beihilfe dage- 30 gen zum Schutz der betroffenen Wettbewerber auch von einzelstaatlichen Gerichten sanktioniert

---

[66] Die aber nicht zur Umgehung einer wegen Bestandskraft unzulässigen Gültigkeitsvorlage „missbraucht" werden darf, EuGH Slg. 1997, I-585 Rn. 25 ff. – Wiljo.
[67] EuGH Slg. 1989, 2859 Rn. 35 – Hoechst; Slg. 2002, I-9011 Rn. 39 – Roquette Frères.
[68] EuGH Slg. 2002, I-9011 Rn. 40 – Roquette Frères; dazu Mischo, Investigations and Sanctions in Baudenbacher, Neueste Entwicklungen im europäischen und internationalen Kartellrecht, 11. St. Galler Kartellrechtsforum 2004, 325 ff.
[69] EuGH Slg. 2002, I-9011 Rn. 61 ff. – Roquette Frères.
[70] EuGH Slg. 2002, I-9011 Rn. 90 ff. – Roquette Frères.
[71] EuGH Slg. 1991, I-5505 Rn. 8 – FNCE.
[72] StRspr seit EuGH Slg. 1977, 557 Rn. 11, 12 – Ianelli und Volpi; EuGH Slg. 1977, 595 Rn. 9 f. – Steinike und Weinlig; EuGH Slg. 1992, I-1847 Rn. 33 – Compagnie Commerciale de l'Ouest.
[73] EuGH Slg. 1977, 595 Rn. 14 – Steinike und Weinlig.
[74] ZB EuGH Slg. 2003, I-7849 Rn. 47 – Sicilcassa.
[75] EuGH Slg. 1992, I-6523 Rn. 31 – Lornoy; EuG Slg. 1998, II-3713 Rn. 147 – Waterleiding Maatschappij.
[76] EuGH Slg. 1994, I-833 Rn. 17 – TWD Textilwerke Deggendorf.

werden. Der EuGH weist diesbezüglich in ständiger Rechtsprechung darauf hin, dass die nationalen Gerichte die Rechte des Einzelnen gegen Verletzungen des Verbots der Durchführung während eines bei der Kommission anhängigen Verfahrens gemäß dem direkt wirksamen Art. 108 Abs. 3 S. 3 AEUV zu schützen und daraus alle zivilrechtlichen (dh Nichtigkeit der Durchführungsmaßnahmen) und verwaltungsrechtlichen Konsequenzen (dh Rückforderung gewährter Beihilfen) zu ziehen haben.[77] Dabei besteht für die Gerichte inhaltlich nur geringer Spielraum.[78] Sie müssen insbesondere ermöglichen, dass der Einzelne die negativen Auswirkungen der eingetretenen Wettbewerbsverfälschungen beseitigen lassen kann, soweit sie ihn betreffen.[79] Auf die zwischenzeitlich getroffenen gerichtlichen Entscheidungen hat es keinen Einfluss, wenn die Kommission die Beihilfe im Nachhinein mit dem Binnenmarkt für vereinbar erklärt.[80] In diesem Rahmen müssen die nationalen Gerichte – und gegebenenfalls der EuGH – zwangsläufig auch den Beihilfebegriff auslegen können,[81] einschließlich der Frage der Beeinträchtigung des zwischenstaatlichen Handels.[82] Die endgültige Entscheidung zur Vereinbarkeit mit dem Binnenmarkt bleibt aber weiterhin der Kommission vorbehalten.[83]

31   **b) Nationale Gerichte im Zivilrecht.** In zivilrechtlichen Verfahren gelten im Verhältnis zu wettbewerbsrechtlichen Entscheidungen der Kommission die oben skizzierten Grundsätze. Nicht zu vernachlässigen sind dabei Klagen auf Ersatz eines Schadens, den ein Unternehmen in Folge einer unions- oder EWR-rechtswidrigen Entscheidung durch nationale Stellen erlitten hat. Die Anspruchsgrundlage für die **Staatshaftung** im Wettbewerbs- und Beihilferecht ergibt sich aus den einschlägigen Urteilen von EuGH und EFTA-GH, zur Durchsetzung sind aber die nationalen Gerichte berufen.

32   Die **private Rechtsdurchsetzung** hat in Europa seit einigen Jahren an Bedeutung gewonnen. Die Situation ist jedoch nicht mit der in den USA zu vergleichen, die freilich auf anderen juristischen und kulturellen Rahmenbedingungen fußt. Nach dem Grundgedanken des private enforcement sind Unternehmen, Verbraucher und gegebenenfalls Verbände gehalten, Verstöße gegen die Freiheit des Wettbewerbs verstärkt auf dem Zivilrechtsweg zu verfolgen und damit eine Alternative zum Verwaltungsverfahren vor den nationalen und europäischen Wettbewerbsbehörden zu schaffen. Das soll nicht deren Entlastung dienen, sondern auch einer Optimierung des Wettbewerbsschutzes durch eine umfassende Wiedergutmachung des entstandenen Schadens und das Erzielen einer Abschreckungswirkung. Zivilrechtliche Klagen bieten sich also in erster Linie dort an, wo es um den Ersatz eines Schadens geht, der auf einen Wettbewerbsverstoß eines oder mehrerer Unternehmen zurückzuführen ist.[84] Um dieses Mittel in verstärktem Maße zu nutzen, müssen Verbraucher und Unternehmen durch Anreize zur Klage motiviert werden. Ohne ausreichende Anreize handelt ein geschädigter Unternehmer eher ökonomisch rational, wenn er auf die Erhebung einer Klage verzichtet. Ein Abschreckungseffekt kann auf diese Weise nicht erzielt werden.[85]

33   Der EuGH hat den Weg in Richtung „private enforcement" ein Stück weit vorgezeichnet. In **Courage** wurde er in einen Rechtsstreit um Zahlung aus einem Bierlieferungsvertrag eingeschaltet. Der beklagte Wirt trat der Klage mit dem Argument entgegen, die vertragliche Bezugsverpflichtung verstoße gegen Art. 81 EG (jetzt Art. 101 AEUV), und forderte gleichzeitig Schadensersatz, da die klagende Brauerei unabhängigen Schankwirten Bier zu niedrigeren Preisen verkaufe. Der EuGH griff auf seine Grundsatzentscheidungen van Gend & Loos, Costa/ENEL und Francovich zurück und stellte klar, dass sich Einzelne auf den direkt wirksamen Art. 81 EG (jetzt Art. 101 AEUV) vor nationalen Gerichten berufen können und dass der nationale Richter die absolute Nichtigkeit als Folge einer Kartellabrede zu beachten hat, wenn eine Freistellung nach Art. 81 Abs. 3 EG (jetzt

---

[77] EuGH Slg. 1992, I-3899 Rn. 26 – Sanders; Slg. 2003, I-12 249 Rn. 64 – van Calster; Slg. 2005, I-85 Rn. 17 – SWNB.
[78] EuGH Slg. 1996, I-3547 Rn. 70 – SFEI.
[79] Für eine Klage auf die Erstattung beihilferechtswidrig erhobener Abgaben bedarf es eines „Betroffenseins" dagegen nicht, EuGH Slg. 2005, I-85 Rn. 19 – SWNB.
[80] EuGH Slg. 1991, I-5505 Rn. 16 – FNCE; Slg. 2003, I-12249 Rn. 63 – van Calster; Slg. 2004, I-7139 Rn. 31 – Pearle; dazu Bartosch EuZW 2005, 396 ff.
[81] EuGH Slg. 2004, I-7139 Rn. 31 – Pearle.
[82] EuGH Slg. 2005, I-7419 Rn. 32 f. – Xunta de Galicia.
[83] EuGH Slg. 2001, I-8365 Rn. 29 – Adria-Wien Pipeline.
[84] Vgl. in Deutschland jetzt § 33a GWB.
[85] Basedow, Die Durchsetzung des Kartellrechts im Zivilverfahren in Baudenbacher, Neueste Entwicklungen im europäischen und internationalen Kartellrecht. 12. St. Galler Internationales Kartellrechtsforum 2005, 353 ff.

Art. 101 Abs. 3 AEUV) nicht in Betracht kommt.[86] Aus der Direktwirkung und dem „effet utile" folgt nach Ansicht des EuGH auch ein grundsätzliches Recht auf Schadensersatz gegen die (anderen) Kartellmitglieder: „Ein solcher Schadensersatzanspruch erhöht nämlich die Durchsetzungskraft der gemeinschaftlichen Wettbewerbsregeln und ist geeignet, von – oft verschleierten – Vereinbarungen oder Verhaltensweisen abzuhalten, die den Wettbewerb beschränken oder verfälschen können. Aus dieser Sicht können Schadensersatzklagen vor den nationalen Gerichten wesentlich zur Aufrechterhaltung eines wirksamen Wettbewerbs in der Gemeinschaft beitragen".[87] Damit liegt eine funktionale Begründung der Notwendigkeit eines private enforcement vor. Der private Kläger wird zum Funktionär der Gesamtrechtsordnung.[88] Es besteht angesichts der allgemeinen Formulierung kein Grund, diesen Grundsatz nicht auch für Schadensersatzklagen von Verbrauchern anzuwenden. Im Urteil Manfredi hat der EuGH seine Courage-Rechtsprechung konsequent weiterentwickelt und dabei insbesondere ein Recht auf den Ersatz entgangenen Gewinns sowie Zinsenstatusart sowie zu kurze Verjährungsfristen ausgeschlossen.[89] Entscheidend ist Kausalität zwischen Schaden und dem nach den Wettbewerbsbestimmungen verbotenen Verhalten, wobei die Umstände des Einzelfalls zu berücksichtigen sind. Ein kategorischer Ausschluss der Kausalität wurde vom EuGH selbst im Fall von „umbrella pricing" verworfen.[90] Der EFTA-GH hat seinerseits die Courage-Rechtsprechung des EuGH in DB Schenker I und Fjarskipti ausdrücklich anerkannt. Ein Kläger kann sich vor den nationalen Gerichten der EWR/EFTA-Staaten direkt auf Art. 54 EWR-Abkommen stützen, um einen Schadensersatzanspruch nach Wettbewerbsverstoß geltend zu machen.[91] Dieses Recht wurde in Color Line[92] auch auf Art. 53 EWR-Abkommen ausgeweitet.

Gleichzeitig haben die immanenten Beschränkungen des Europarechts sowohl den EuGH als auch den EFTA-GH veranlasst, die Ausgestaltung des Schadensersatzanspruchs dem nationalen Recht zu überlassen, beschränkt nur durch den Äquivalenz- und den Effektivitätsgrundsatz. Dort kann der grundsätzlich bestehende[93] Schadensersatzanspruch eines Beteiligten an der wettbewerbsbeschränkenden Vereinbarung wieder vereitelt werden (wenn auch in Fällen wie dem Ausgangsfall die unterschiedlichen Machtverhältnisse und etwaige Netzwerkeffekte zu berücksichtigen sind).[94] Dahingehend sind allerdings auch weitere Faktoren von Bedeutung, wie zB der Zugang Geschädigter zu Dokumenten und Akten der europäischen Wettbewerbsbehörden zum Zwecke der Vorbereitung der Geltendmachung von Schadensersatzansprüchen vor nationalen Gerichten. Die Durchsetzung des privaten Interesses zielt somit darauf ab, das öffentliche Interesse zu schützen, und kann somit nach der Rechtsprechung des EFTA-GH ein überwiegendes öffentliches Interesse an der Verbreitung von Dokumenten darstellen.[95]

Auf die Rechtsprechung des EuGH aufbauend hat die Kommission sich ihrerseits bemüht, die Möglichkeiten der zivilrechtlichen Durchsetzung zu aktivieren, insbesondere um die behördliche Dezentralisierung des Kartellverfahrensrechts entsprechend zu flankieren.[96] Sie hat dazu die sog Ashurst-Studie in Auftrag gegeben,[97] auf deren Grundlage im Dezember 2005 ein **Grünbuch** veröffentlicht wurde.[98] 2008 folgte ein Weißbuch und 2009 begann die Kommission mit dem ersten Entwurf eines Sekundärrechtsinstrumentes. Erst nach einem weiteren Anlauf mündeten die Bemühungen der Kommission im Entwurf der **Schadensersatzrichtlinie 2014/104/EU**.[99] Die Richtlinie legt nun das Recht auf vollständigen Schadensersatz ausdrücklich nieder, das – im Einklang mit der einschlägigen Judikatur des EuGH – auch das Recht auf entgangenen Gewinn und Zahlung von Zinsen enthält.[100] Außerdem adressiert die Richtlinie den schwierigen Punkt

---

[86] EuGH Slg. 2001, I-6297 Rn. 19 ff. – Courage.
[87] EuGH Slg. 2001, I-6297 Rn. 27 – Courage.
[88] Vgl. dazu bereits Raiser ZBJV 1961, 121 (148).
[89] EuGH Slg. 2006, I-6619 – Manfredi.
[90] EuGH NZKart 2014, 117 – Kone.
[91] EFTA-GH 30.5.2018 – E-6/17 Rn. 22 ff. – Fjarskipti hf. v Síminn hf.
[92] EFTA-GH 17.9.2018 – E-10/17 – Nye Kystlink AS v Color Group AS and Color Line AS.
[93] EuGH Slg. 2001, I-6297 Rn. 24 – Courage.
[94] EuGH Slg. 2001, I-6297 Rn. 30 ff. – Courage.
[95] EFTA-GH Slg. 2012, 1178 Rn. 241 – DB Schenker/ESA; auch GA Kokott, Schlussanträge vom 28.2.2013 – C-681/11 Rn. 78 – Schenker u.a.
[96] Dazu Norberg, Some Elements to Enhance Damage Actions for Breach of the Competition Rules in Articles 81 and 82 EC, Rede gehalten an der 32. Annual International Antitrust Law & Policy Conference, Fordham, September 2005.
[97] http://ec.europa.eu/competition/antitrust/actionsdamages/comparative_report_clean_en.pdf, zuletzt abgerufen am 8.7.2019.
[98] Grünbuch „Schadenersatzklagen wegen Verletzung des EU-Wettbewerbsrechts" vom 19.12.2005, KOM(2005) 672 endg.
[99] ABl. 2014, L 349, 1.
[100] Art. 3 RL (EU) 2014/104.

der Beweismittel für Schadensersatzklagen.[101] Hierbei versucht sie einen Ausgleich zwischen den verschiedenen Interessen zu erzielen, wobei sie insbesondere die widerstreitenden Interessen der behördlichen und privaten Durchsetzung von Wettbewerbsrecht in Einklang zu bringen sucht. So ist der Zugang zu bestimmten Beweismitteln erst nach Beendigung des Behördenverfahrens möglich,[102] und einige Beweismittel, wie Kronzeugenerklärungen und Vergleichsausführungen, sind generell von der Akteneinsicht ausgeschlossen.[103] Die Richtlinie enthält auch Bestimmungen zur Beweiskraft von Entscheidungen nationaler Wettbewerbsbehörden. Danach gelten bestandskräftige Entscheidungen einer nationalen Wettbewerbsbehörde vor „ihren" Gerichten als „unwiderlegbar festgestellt"; bestandskräftige Entscheidungen nationaler Wettbewerbsbehörden eines anderen Mitgliedstaates gelten „zumindest als Anscheinsbeweis".[104] Die Richtlinie enthält auch besondere Bestimmungen zur Verjährung[105] und zur gesamtschuldnerischen Haftung.[106] Die Einrede der Abwälzung („passing on defence") wird schließlich in einem eigenen Kapitel behandelt.[107] Damit wurden wichtige Eckpunkte der privatrechtlichen Durchsetzung von Schadensersatzansprüchen nach Wettbewerbsverstößen in einen Rechtstext gegossen. Indes fehlt es immer noch an Instrumenten, welche die Durchsetzung effektiver und einfacher machen würden. Das Problem besteht insbesondere im weitgehenden **Fehlen der zivil- und verfahrensrechtlichen Grundlagen** wie Sammelklagen, (Hilfs-)Ansprüche ähnlich der amerikanischen pre-trial discovery, Erleichterungen bei der Schadensbezifferung und dem Kausalitätsnachweis, Adäquanz des Beweis- und Kostenrechts etc.[108] Daher wird auch weiterhin viel davon abhängen, wie die Gerichte in den Mitgliedstaaten das ihnen nach nationalem Recht zur Verfügung stehende Instrumentarium nutzen. Möglichkeiten und Grenzen einer weitergehenden europäischen Harmonisierung des einschlägigen Zivilrechts und Zivilverfahrensrechts bleiben ungewiss.[109]

36   Die RL 2014/104/EU ist nach der Auffassung der EU von Bedeutung für den EWR. Sie wurde aber bisher nicht in das EWR-Recht übernommen. Nach Ansicht der EWR/EFTA-Staaten sind zwei Punkte besonders problematisch: Erstens würde die Richtlinie gewisse Änderungen der Zivilprozessordnungen (zB hinsichtlich Verjährung) mit sich bringen, wobei dieses Rechtsgebiet grundsätzlich außerhalb des EWR-Abkommens liegt.[110] Zweitens ist die gegenseitige Anerkennung der dezentralisierten Durchsetzung der im EWR geltenden Wettbewerbsregelungen zu einem gewissen Grad auch Voraussetzung für das Funktionieren der Richtlinie.[111] Das gilt für eine ganze Reihe von Bestimmungen, wie die Offenlegung von Beweismitteln oder die Wirkung der Entscheidungen nationaler Wettbewerbsbehörden. Die EWR/EFTA-Staaten scheinen die Übernahme der Richtlinie in das EWRAbk so lange hinauszögern zu wollen, bis die EU die dezentralisierte Durchsetzung von Art. 53 und 54 EWRAbk in gleicher Weise anerkennt wie die dezentralisierte Durchsetzung von Art. 101 und 102 AEUV. Dieses Anliegen der EWR/EFTA-Staaten ist legitim. Nichtsdestoweniger wurden einige der Bestimmungen der Richtlinie in die Rechtsordnungen der EWR/EFTA-Staaten übernommen.[112] Auch der EFTA-GH hat dazu beigetragen, dass Schadensersatzklagen nach Wettbewerbsverstößen im EFTA Pfeiler des EWR, trotz Fehlens der Richtlinie, effektiv durchgesetzt

---

[101] Art. 5 ff. RL (EU) 2014/104.
[102] Art. 6 Abs. 5 und Art. 7 Abs. 2 RL (EU) 2014/104.
[103] Art. 6 Abs. 6 und Art. 7 Abs. 1 RL (EU) 2014/104.
[104] Art. 9 RL (EU) 2014/104.
[105] Art. 10 RL (EU) 2014/104.
[106] Art. 11 RL (EU) 2014/104.
[107] Kapitel IV – Art. 12 ff. RL (EU) 2014/104.
[108] Temple Lang, Private Enforcement – Practical Experience of National Common Law Courts in Competition Cases in Baudenbacher, Neueste Entwicklungen im europäischen und internationalen Kartellrecht, 11. St. Galler Kartellrechtsforum 2004, 137 ff.; Morgan de Rivery, EC Regulation 1/2003: Implications for Private Enforcement of Competition Law in Baudenbacher, Neueste Entwicklungen im europäischen und internationalen Kartellrecht, 11. St. Galler Kartellrechtsforum 2004, 175 ff.; Klauser ecolex 2005, 87 (88).
[109] Dazu Basedow, Die Durchsetzung des Kartellrechts im Zivilverfahren in Baudenbacher, Neueste Entwicklungen im europäischen und internationalen Kartellrecht. 12. St. Galler Internationales Kartellrechtsforum 2005, 353 ff., insbesondere auch zum IPR.
[110] ZB EEA EFTA Comment on the proposal for a directive on certain rules governing actions for damages under national law for infringements of the competition law provisions (Ref. 1127165 vom 13.11.2013), Rn. 6: „The EEA EFTA States would, however, strongly underline that provisions on civil procedure are, in general, not EEA relevant and fall outside the scope of the EEA Agreement."
[111] https://www.regjeringen.no/contentassets/ec9a55f8681b4262a6157c67856c45ab/horingsnotat---forlag-til-endringer-i-konkurran-l1625139.pdf (nur in Norwegisch verfügbar) S. 14 ff., zuletzt abgerufen am 8.7.2019.
[112] ZB für Norwegen: https://www.uib.no/sites/w3.uib.no/files/attachments/fide_2016_norway_final.pdf, zuletzt abgerufen am 8.7.2019.

werden können. In den DB-Schenker-Fällen hat er die Grundsätze zum Zugang zu Dokumenten für private Kläger in Schadensersatzverfahren niedergelegt;[113] In Fjarskipti[114] hat der EFTA-GH angedeutet, dass einer bestandskräftigen Entscheidung einer nationalen Wettbewerbsbehörde nach dem Effektivitätsgrundsatz Beweiskraft vor nationalen Gerichten zukommen muss und in Color Line[115] hat sich der EFTA-GH mit den Anforderungen des Effektivitätsprinzips an nationale Verjährungsfristen auseinandergesetzt. Es ist daher nicht ausgeschlossen, dass insbesondere das dem europarechtlichen Effektivitätsgrundsatz innewohnende Potential in zukünftigen Entscheidungen im Hinblick auf einen verstärkten „Durchgriff" auf das nationale Prozessrecht genutzt wird.

c) Zusammenarbeit nationaler Gerichte mit den Behörden. aa) Wettbewerbsrecht. Bereits vor der Modernisierung hatte ein mitgliedstaatliches Gericht die Möglichkeit, sich an die Brüsseler Behörden zu wenden, um Faktenmaterial wie Statistiken, Marktstudien oder Wirtschaftsanalysen oder rechtliche Auskünfte zu bekommen.[116] Dieses Recht wurde im Wesentlichen aus Art. 10 EG (jetzt Art. 4 Abs. 3 EUV) abgeleitet. Es wurde aber nur selten davon Gebrauch gemacht. Art. 15 VO 1/2003 sieht eine **Pflicht zur Zusammenarbeit** zwischen Behörden und Gerichten vor. Nach Abs. 1 der Vorschrift können die Gerichte in Verfahren nach den Art. 101 und 102 AEUV die Kommission um die Übermittlung von Informationen in deren Besitz bitten oder Stellungnahme zu Fragen betreffend die Anwendung der unionsrechtlichen Wettbewerbsregeln (einschließlich tatsächlicher und wirtschaftlicher Analysen) verlangen.[117] Dieses Recht ist verschiedentlich mit dem Vorlagerecht verglichen worden;[118] doch unterscheidet sich die Übermittlung von Information wesentlich von einer autoritativen, für Gerichte, Unternehmen und die Kommission verbindlichen Auslegung des Unionsrechts durch ein Urteil. Bei der Übermittlung der erbetenen Information durch die Kommission scheint Art. 28 Abs. 1 VO 1/2003 hinsichtlich der Wahrung des Berufsgeheimnisses eine Ausnahme zu machen, deren Reichweite freilich noch ungeklärt ist. Handelt es sich bei den übermittelten Informationen um solche, welche die Kommission selbst im Rahmen von Einzelfallermittlungen von Unternehmen gewonnen hat, so kann deren Verwertung im nationalen Verwaltungs- und Gerichtsverfahren jedenfalls ein Beweisverbot entgegenstehen.[119]

Die Kommission (und die nationalen Wettbewerbsbehörden) können nach Art. 15 Abs. 3 VO 1/2003 als „amici curiae" bzw. als Sachwalter des öffentlichen Interesses auch aus eigenem Antrieb schriftliche Stellungnahmen in einem laufenden Verfahren unterbreiten und mit Einverständnis des Gerichts in der mündlichen Verhandlung das Wort ergreifen, sofern es die „kohärente Anwendung" der Wettbewerbsregeln erfordert. Diese Stellungnahmen sind für das Gericht nicht bindend. Zur Ausübung ihres Initiativrechts können die Kommission und die Wettbewerbsbehörden die Übermittlung der Verfahrensakten verlangen, wobei der Informationsfluss in Deutschland durch die Beteiligung des Bundeskartellamts kanalisiert wird (§§ 90, 90a GWB).

Das Kooperationsverfahren ist in Teil III der **Bekanntmachung** über die Zusammenarbeit zwischen der Kommission und den Gerichten der EU-Mitgliedstaaten bei der Anwendung der Art. 101 und 102 AEUV näher ausgestaltet.[120] Die ESA hat ein entsprechendes Dokument verfasst.[121] Dass die europäischen Wettbewerbsbehörden bereit und in der Lage sind, ihren Teil zu einer fruchtbaren Zusammenarbeit beizutragen, steht außer Frage. Der Erfolg des Kooperationsprozesses hängt aber wesentlich davon ab, dass einfache und effektive Verfahren etabliert werden, die dem einzelstaatlichen Richter einen dem Vorabentscheidungsverfahren vergleichbaren Standard an Verlässlichkeit bieten.[122] Die Wettbewerbsbehörden müssen sich der Tatsache bewusst sein, dass es keine

---

[113] Dazu Polley und Clifton, the Principles of Transparency and Openness, and Access to Documents in Baudenbacher, The Handbook of EEA Law, 2015, 625 ff. Polley, Third Party Access to File in Competition Cases in EFTA Court, The EEA And the EFTA Court, Hart Publishing, 2014, 447 ff.
[114] EFTA-GH 30.5.2018 E-6/17 – Fjarskipti hf. v Síminn hf.
[115] EFTA-GH 17.9.2018 E-10/17 – Nye Kystlink AS v Color Group AS and Color Line AS.
[116] EuGH Slg. 1990, I-3365 Rn. 18 – Zwartveld; EuGH Slg. 1996, I-5547 Rn. 41 – Tremblay; Bekanntmachung der Kommission vom 13.2.1993 über die Zusammenarbeit zwischen der Kommission und den Gerichten der Mitgliedstaaten bei der Anwendung der Artikel 85 und 86 des EWG-Vertrags (ABl. 1993, C 39, 6).
[117] So schon EuG Slg. 1996, II-921 Rn. 64 ff. – Postbank; dazu Anmerkung von Kerse CMLRev. 1997, 1481 ff. Vgl. nunmehr auch § 90a Abs. 3 GWB.
[118] Bechtold/Bosch/Brinker VO 1/2003 Art. 15 Rn. 15; Fuchs EuR-Beil. Heft 2/2005, 77 (107).
[119] Zur VO Nr. 17 vgl. EuGH Slg. 1992, I-4785 – AEB; einschränkend EuG Slg. 1996, II-921 Rn. 70 – Postbank.
[120] ABl. 2004 C 101, 54; dazu Wainwright, The Relationship between the National Judge and the European Commission in applying Articles 81 and 82 of the EC Treaty, ERA-Forum 1/2004, 84 ff.
[121] Abrufbar unter www.eftasurv.int.
[122] Vgl. Morgan de Rivery, EC Regulation 1/2003: Implications for Private Enforcement of Competition Law in Baudenbacher, Neueste Entwicklungen im europäischen und internationalen Kartellrecht, 11. St. Galler Kartellrechtsforum 2004, 175 (184 f.).

klare Grenze zwischen sinnvoller Hilfestellung und Gefährdung der richterlichen Unabhängigkeit gibt. Neben der Kooperation mit den Behörden haben informelle Netzwerke nationaler Richter wie die Association of European Competition Law Judges wesentliche Bedeutung.

40 **bb) Beihilferecht.** Eigene Handlungskompetenzen im Beihilferecht haben die nationalen Gerichte nach dem oben Gesagten im Verfahrensrecht, dh im Anwendungsbereich des Art. 108 Abs. 3 S. 3 AEUV. Da es sich bei der Pflicht der europäischen Behörden zur Zusammenarbeit (auch) mit nationalen Gerichten um einen umfassenden, aus Art. 4 Abs. 3 EUV bzw. Art. 3 EWR fließenden Rechtsgrundsatz handelt, müssen die Gerichte auch hier die Möglichkeit haben, die Kommission um Auskünfte zu ersuchen. Die Kommission hat auch auf dem Gebiet des Beihilferechts eine Bekanntmachung über die Zusammenarbeit mit nationalen Gerichten erlassen,[123] die allerdings – unter Verweis auf das Urteil Delimitis zu Art. 101 AEUV – über die Gewährung eines allgemeinen Auskunftsrechts nicht hinausgeht. Darauf Bezug nehmend hat der EuGH erklärt, die Kommission habe auf Anfragen nationaler Gerichte im Rahmen des Art. 108 Abs. 3 S. 3 AEUV so bald wie möglich zu antworten.[124]

41 **6. Auslegungsmethoden.** EuGH und EuG legen das Unionsrecht nicht nach den Interpretationsregeln der Wiener Vertragsrechtsübereinkunft vom 23.5.1969 aus, sondern nach den Regeln, welche nationale Höchstgerichte bei der Auslegung nationalen Rechts anwenden. Allerdings gibt es einige Besonderheiten. Grundsätzlich sind alle Auslegungsgesichtspunkte relevant. Eine Ausnahme besteht jedenfalls im Primärrecht bezüglich der historischen Auslegung, die prinzipiell keine Rolle spielt. Die „travaux préparatoires" werden allenfalls bei der Interpretation von Sekundärrecht herangezogen.[125] Im Einzelnen heben EuGH und EuG auf den Wortlaut (grammatische Auslegung), die systematische Stellung der Norm im relevanten Rechtsakt (systematische Auslegung) und den Zweck der Vorschrift (teleologische Auslegung) ab. Mit dem Letzteren kann sowohl der auf den Ausgleich von Individualinteressen gerichtete Nahzweck als auch der am Gesamtinteresse sich orientierende Fernzweck gemeint sein.[126] Zur teleologischen Auslegung gehört der Grundsatz der Effektivität oder des „effet utile" des Unionsrechts. Die Richter des EuGH (und die des EuG) gehen in ihrem Selbstverständnis davon aus, dass die systematische und vor allem die **teleologische Auslegung** eine besonders wichtige Rolle spielen.[127] Zwar werden zahlreiche Rechtsfragen aufgrund grammatischer Überlegungen entschieden. Wenn aber das grammatische Element nicht weiterhilft, oder bei Konflikten zwischen der grammatischen und der teleologischen Auslegung, kommt tendenziell der Letzteren der Vorrang zu. Für den EFTA-GH steht die teleologische Auslegung schon deshalb im Vordergrund, weil er gehalten ist, bei der Interpretation des EWR-Rechts das Fallrecht des EuGH (und des EuG) zu inhaltsgleichem Unionsrecht zu befolgen bzw. zu berücksichtigen. Er macht aber auch dort von der teleologischen Methode Gebrauch, wo er eine neue Rechtsfrage zu entscheiden hat.[128]

42 Bis zum Beitritt des Vereinigten Königreichs, Irlands und Dänemarks im Jahre 1973 hat der EuGH seine eigene Rechtsprechung nicht zitiert. Heute hat die Verweisung auf die eigene frühere Rechtsprechung erhebliche Bedeutung.[129] Für die Rechtsprechung des EuG gilt Ähnliches. Auch die Verweisung auf die Schlussanträge des Generalanwalts spielt eine Rolle.[130] Bezugnahmen des EuGH auf Urteile des EuG sind erst in neuerer Zeit gemacht worden. EuGH und EuG zitieren, wenn Grundrechte involviert sind, routinemäßig die Rechtsprechung des Europäischen Menschenrechtsgerichtshofs, häufig auch die Rechtsprechung des EFTA-GH.[131] Der EFTA-GH

---

[123] ABl. 1995 C 312, 8.
[124] EuGH Slg. 1996, I-3547 Rn. 50 – SFEI.
[125] Vgl. zB EuGH Slg. 1999, I-2543 Rn. 30 – Coursier (Abstellen auf einen Bericht zum Brüsseler Übereinkommen); EuGH Slg. 1999, I-3939 Rn. 19 – Butterfly Music (Auslegung einer Richtlinie).
[126] Dazu schon Steindorff FS Larenz, 1973, 217 ff.
[127] Vgl. etwa Kutscher, Thesen zu den Methoden der Auslegung des Gemeinschaftsrechts, aus der Sicht eines Richters in Gerichtshof der Europäischen Gemeinschaften, Begegnung von Justiz und Hochschule am 27. und 28.9.1976, Berichte, Teil I, 1976, 1 ff.; Lecour, L'Europe des Juges, 1976; Baudenbacher/Bergmann, Der EuGH außer Kontrolle? Anmerkungen zur deutschen Kritik in Haltern/Bergmann, Der EuGH in der Kritik, 2012, 191–262, 222 ff.
[128] Vgl. zur funktionalen Auslegung va EFTA-GH 23.4.2012 – E-16/11 Rn. 33 – Icesave.
[129] Vgl. dazu Dederichs, Die Methodik des EuGH. Häufigkeit und Bedeutung methodischer Argumente in den Begründungen des Gerichtshofs der Europäischen Gemeinschaften, 2004, 22 ff., 37 ff.; Baudenbacher/Planzer, International Dispute Resolution: the Role of Precedent [Vol. 3], 2011.
[130] Dederichs, Die Methodik des EuGH. Häufigkeit und Bedeutung methodischer Argumente in den Begründungen des Gerichtshofs der Europäischen Gemeinschaften, 2004, 126 ff.
[131] Vgl. Jacobs 38 Tex. Int'l L. J. 547 ff.; Timmermans 41 CMLR 2004, 343 (400); Baudenbacher 28 Fordham Int'l L. J. 353 ff.; Baudenbacher, The EFTA Court, the ECJ, and the Latter's Advocates General – a Tale of Judicial Dialogue in Arnull/Eeckhout/Tridimas, Continuity and Change in EU Law – Essays in Honour of Sir Francis Jacobs, 2008, 90, 92 ff.

ist das einzige Gericht mit allgemeiner Zuständigkeit, auf das sich die Unionsgerichte bei der Auslegung von Unionsrecht regelmäßig berufen. Der EFTA-GH selbst verweist auf seine eigene Rechtsprechung sowie auf die des EuGH und des EuG. In einer steigenden Zahl von Fällen nimmt er auch auf Schlussanträge von Generalanwälten am EuGH Bezug. Im Wettbewerbsrecht ist etwa auf das Urteil im Fall Landsorganisasjonen zum Verhältnis von kollektivem Arbeitsrecht und Wettbewerbsrecht hinzuweisen,[132] in dem die Schlussanträge von GA Jacobs in Albany zitiert wurden. Im Urteil Posten Norge wurden die Schlussanträge von GA Sharpston in KME zitiert.[133] Auch die Rechtsprechung des Europäischen Menschenrechtsgerichtshofs wird vom EFTA-GH regelmäßig herangezogen.[134] Umgekehrt verweist der Europäische Menschenrechtsgerichtshof auf Urteile des EFTA-GH.[135]

Der EuGH ist allerdings vor allem in den frühen Phasen der europäischen Integration über das **43** hinausgegangen, was man im nationalrechtlichen Kontext als teleologische Auslegung zu bezeichnen pflegt. Im europäischen Recht ist insoweit von **dynamischer Auslegung** die Rede. In der Sache handelt es sich um das, was in der deutschen Methodenlehre als richterliche Rechtsfortbildung bezeichnet wird.[136] Der EuGH stellt (im Wege der Auslegung) das Bestehen einer Lücke fest und füllt sie anschließend modo legislatoris. Die Übergänge zwischen Auslegung und Rechtsfortbildung sind freilich fließend. Man wird nicht übersehen, dass etwa französische Autoren nicht zwischen Auslegung und Rechtsfortbildung unterscheiden.

Die wichtigsten Anwendungsfälle dynamischer Auslegung betreffen das **Primärrecht,** das **44** verfassungsrechtlichen Charakter hat und das eine Fülle von Lücken praeter und intra legem enthält. Berühmte Beispiele solchen Aktivismus finden sich in den EuGH-Urteilen zu Direktwirkung, Vorrang und Staatshaftung, zur Passiv- und Aktivlegitimation des Europäischen Parlaments im Rahmen der Nichtigkeitsklage[137] und in der Rechtsprechung zu den Grundfreiheiten. Auch die Wettbewerbs- und Beihilferegeln des AEUV und des EWR-Abkommens enthalten zahlreiche unbestimmte Rechtsbegriffe. Das gilt für das materielle Recht wie für das Verfahrensrecht. Damit fühlen sich die Gerichte zur Rechtsfortbildung geradezu berufen. Im materiellen Wettbewerbs- und Beihilferecht sind Beispiele dynamischer Auslegung etwa die weite Deutung der Zwischenstaatlichkeitsklausel in den Art. 101 und 102 AEUV, aber auch in Art. 107 AEUV, die frühe Rechtsprechung zu den Vertikalbeschränkungen, die Anerkennung der Theorie der kollektiven Dominanz bei der Fusionskontrolle oder die Anerkennung der extraterritorialen Anwendbarkeit des EU-Wettbewerbsrechts. Im Kartellverfahrensrecht ist in neuerer Zeit auf die Urteile zur Funktion des EU-Wettbewerbsrechts als Teil des ordre public (Benetton), zur privaten Durchsetzung des EU-Wettbewerbsrechts (Courage, Manfredi) und zum Verhältnis von Kommission und nationalen Gerichten (Masterfoods, Roquette Frères) hinzuweisen (→ Rn. 24, 27 und 34). Auch im **Sekundärrecht** lässt der Unionsgesetzgeber häufig zentrale Fragen ungelöst. Dynamische Auslegung ist nicht ausgeschlossen.[138]

Das **EWR-Abkommen** hat zwar keine Verfassungsordnung im Sinne des Unionsrechts geschaf- **45** fen. Es geht aber über einen klassischen völkerrechtlichen Vertrag klar hinaus und weist verfassungsrechtliche Züge auf.[139] Insoweit ist auf die Anerkennung der Staatshaftung und der Direktwirkung und des Vorrangs implementierter EWR-Vorschriften durch den EFTA-GH hinzuweisen.[140] Auch die Grundrechtsrechtsprechung des EFTA-GH ist hier zu erwähnen.[141] Im Rahmen des dem EWRAbk zugrunde liegenden Homogenitätsziels ist der EFTA-GH zur dynamischen Auslegung des EWR-Rechts dort gehalten, wo er dem EuGH folgt. Er hat das in einer Entscheidung aus dem Jahr 1995 ausdrücklich festgestellt.[142] Aber auch in Fällen, in denen er als erster Gerichtshof im EWR zu entscheiden hat, schließt der EFTA-GH ein dynamisches Vorgehen nicht aus. Im Wettbe-

---

[132] EFTA-GH Slg. 2002, 114 – Landesorganisasjonen.
[133] EFTA-GH Slg. 2012, 246 Rn. 88 – Posten Norge.
[134] Baudenbacher Human Rights Law Journal Volume 36, No. 7-12, 307 ff.
[135] ZB EGMR – 26374/18, CE:ECHR:2020:1201JUD002637418 – GUÐMUNDUR ANDRI ÁSTRÁÐSSON gegen Island.
[136] Dazu etwa Calliess NJW 2005, 930 ff.
[137] EuGH Slg. 1986, 1339 Rn. 20 ff. – Les Verts.
[138] Vgl. zum Verwertungsverbot sensibler Informationen der Kommission im nationalen Verwaltungsverfahren EuGH Slg. 1992, I-4785 – AEB in einem Vorabentscheidungsverfahren zur Auslegung der VO Nr. 17.
[139] Vgl. Baudenbacher FS Rodríguez Iglesias, 2003, 343 ff.; auch Graver, Effects of EFTA Court Jurisprudence on Legal Orders of EFTA States in Baudenbacher/Tresselt/Örlygsson, The EFTA Court Ten Years On, 2005, 79, 94.
[140] EFTA-GH Slg. 1998, 95 – Sveinbjörnsdóttir; EFTA-GH Slg. 2002, 240 – Karlsson.
[141] EFTA-GH Slg. 1998, 68 – TV 1000; EFTA-GH Slg. 2003, 52 – Bellona; EFTA-GH Slg. 2003, 185 – Ásgeirsson.
[142] EFTA-GH Slg. 2005, 1 Rn. 28 – Pedicel.

werbsrecht hat der EFTA-GH in DB Schenker entgegen den Ausführungen der Kommission und der ESA entschieden, dass ein privater Schadensersatzkläger zwar seine Privatinteressen verfolgt, aber gleichzeitig zum Schutz des öffentlichen Interesses beiträgt.[143] Der private Kläger wird damit zum Funktionär der Gesamtrechtsordnung.

46   Gewisse Rechtsfortbildungen der europäischen Justiz sind kritisiert worden,[144] und zwar auch von nationalen Politikern. Darauf ist hier nicht einzugehen.[145] Die Feststellung muss genügen, dass die Gerichte in einer Gesellschaft, die sich durch konstanten Wandel und entsprechende Unsicherheit auszeichnet, aufgrund der Komplexität der Lebensprobleme, der Lückenhaftigkeit des Vertrags bzw. Abkommens und der beschränkten Möglichkeiten des Vertrags- bzw. Abkommensgebers zu agieren, nicht unter Berufung auf ein irgendwie geartetes Gewaltenteilungsmodell auf „bloße Auslegung" verwiesen werden können. Ob dynamische Auslegung im Einzelfall zulässig war, kann im Grunde immer erst ex post beurteilt werden. Entscheidend ist dabei, ob sie von den Rechtsunterworfenen, das sind im Kontext des europäischen Rechts via die Regierungen, die Institutionen, die akademischen Beobachter und die politische Öffentlichkeit, akzeptiert werden. Damit ist nicht gesagt, dass die Gerichte bewusst nach Akzeptanz streben sollen. Ob eine bestimmte Rechtsprechung auf Akzeptanz stößt, hängt zu einem guten Teil von der Qualität der Begründung ab. Man wird festzustellen haben, dass die in Rede stehenden Rechtsfortbildungen vom Vertrags- und Gesetzgeber der EU nie in Frage gestellt worden sind. In bestimmten Fällen ist es im Gegenteil zur Kodifikation von Fallrecht durch den Gesetzgeber gekommen.[146] Allerdings ist der politische Widerstand gegen das Vorantreiben der Integration qua Rechtsprechung in den letzten Jahren gewachsen.

47   **7. Unabhängigkeit.** Vor allem im Zusammenhang mit Entwicklungen in Polen und Ungarn ist es in der EU zu heftigen Auseinandersetzungen über die Unabhängigkeit von Gerichten gekommen. Dabei stehen die nationalen Gerichte im Fokus. Darauf ist hier nicht einzugehen. In einigen Fällen hat sich aber auch die Frage gestellt, ob europäische Gerichte die Voraussetzung der Unabhängigkeit erfüllen. Dazu findet ein judizieller Dialog statt, an dem der EFTA-GH, das Gericht der EU, der EuGH und der Europäische Menschenrechtsgerichtshof teilnehmen.

Der EFTA-GH entschied im Fall Nobile am 14. Februar 2017, er sei nicht rechtmäßig zusammengesetzt, wenn ein Richter, der nur für drei anstatt der zwingend vorgeschriebenen sechs Jahre ernannt wurde, an einem Urteil mitwirke. Ein solches Urteil wäre nach Art. 29 ÜGA anfechtbar.[147] Der Präsident des EFTA-GH stellte in einem Beschluss vom 20. Februar 2017 in derselben Rechtssache fest, die Ernennung und Wiederernennung für eine feste Amtszeit von sechs Jahren stelle einen Mindestschutz der richterlichen Unabhängigkeit dar.[148] In seinem Urteil FV/Rat, in dem es um die rechtmäßige Zusammensetzung des damaligen Gerichts für den öffentlichen Dienst der EU ging, nahm das Gericht der EU auf die Nobile-Entscheidung des EFTA-GH Bezug.[149] Am EFTA-Gerichtshof selbst war die Unabhängigkeit auch im zweiten Fosen-Fall ein Thema, der sich mit europäischem Beschaffungsrecht auseinandersetzte. Eine Partei im norwegischen Ausgangsverfahren hatte gegen den Präsidenten den Vorwurf der Befangenheit erhoben, weil dieser in einem Newsletter geschrieben hatte, wie er den Fall rechtlich einordnete. Die beiden anderen Richter wiederholten die Ausführungen aus Nobile praktisch wörtlich, stellten aber ohne Begründung fest, der Präsident sei nicht befangen. Die Entscheidung wurde vom EFTA-GH nicht veröffentlicht, aber in einer Fachzeitschrift abgedruckt.[150]

Der EuGH hat in einem Fall betreffend die ordnungsgemäße Zusammensetzung des ehemaligen Gerichts für den öffentlichen Dienst auf die Nobile-Entscheidung des EFTA-GHs Bezug genommen.[151] Der Europäische Menschenrechtsgerichtshof hat dasselbe in einem Fall betreffend die Unabhängigkeit eines nationalen Gerichts getan.[152]

---

[143] EFTA-GH Slg. 2012, 1178 Rn. 132 – DB Schenker; vgl. auch GA Kokott, Schlussanträge vom 28.2.2013, C-681/11 Rn. 78, noch nicht in Slg.

[144] Vgl. etwa Rasmussen ELRev. 1988, 28 (30 ff.); zur amerikanischen Debatte anstelle vieler Keenan D. Kmiec 92 California Law Review, 1441 (2004).

[145] Vgl. die Beispiele bei Timmermans 41 CMLR 2004, 393 (393 ff.).

[146] Vgl. etwa EuGH Slg. 2002, I-9011 – Roquette Frères: Art. 20 Abs. 8 VO 1/2003; EuGH Slg. 2000, I-11369 – Masterfoods: Art. 16 VO 1/2003.

[147] Vgl. etwa EuGH Slg. 2002, I-9011 – Roquette Frères: Art. 20 Abs. 8 VO 1/2003; EuGH Slg. 2000, I-11369 – Masterfoods: Art. 16 VO 1/2003.

[148] Vgl. etwa EuGH Slg. 2002, I-9011 – Roquette Frères: Art. 20 Abs. 8 VO 1/2003; EuGH Slg. 2000, I-11369 – Masterfoods: Art. 16 VO 1/2003.

[149] EuG 23.1.2018 – T-639/16 P, ECLI:EU:T:2018:22 FV/Rat.

[150] Abrufbar unter https://www.anbud365.no/regelverk/fosen-linje-saken-antydninger-om-inhabilitet-mot-efta-domstolens-president-tilbakevises-uten-naermere-begrunnelse/, zuletzt abgerufen am 21.3.2023.

[151] EuGH C-542/18 RX-II und C-543/18 RX-II, Simpson/Rat, EU:C:2020:232, Rn. 80.

[152] EGMR 1.12.2020 – 26374/18 – Ástráðsson v. Iceland, Rn. 75, 80, 140 ff.

II. Überblick über die einzelnen Verfahrensarten

Die Verfahrensarten von EuGH, EuG und EFTA-GH lassen sich in prozessualer Hinsicht in **48** zwei große Gruppen einteilen, die **kontradiktorischen Direktklagen** und das **nicht-kontradiktorische Vorabentscheidungsverfahren**. Bei den Direktklagen ist weiter zu unterscheiden zwischen den Vertragsverletzungsverfahren, in denen über behauptete Verstöße der Staaten gegen ihre europarechtlichen Verpflichtungen entschieden wird und den Klageverfahren, welche die Kontrolle der Rechtmäßigkeit des Handelns der europäischen Organe zum Gegenstand haben. Der überwiegende Teil der verfahrensrechtlichen Vorschriften in den Satzungen und Verfahrensordnungen ist nur auf die kontradiktorischen Verfahren anwendbar. Denn während die kontradiktorischen Verfahren von der Dispositionsmaxime der Parteien inklusive der eventuellen Notwendigkeit der Sachverhaltsaufklärung geprägt sind, ist das Vorabentscheidungsverfahren ein Kooperationsverfahren zwischen dem EuGH bzw. dem EFTA-GH einerseits und dem vorlegenden nationalen Gericht andererseits. Die übrigen Beteiligten werden hier lediglich angehört.

1. Direktklagen gegen Organe. Die Möglichkeit der Direktklage insbesondere gegen Ent- **49** scheidungen der Kommission (und der ESA) in Wettbewerbs- und Beihilfesachen ist ein zentraler Pfeiler des europäischen Rechtsschutzsystems. Im Einzelnen stehen potentiellen Klägern – dh Mitgliedstaaten, anderen Organen sowie natürlichen und juristischen Personen – drei Klagearten offen: Die **Anfechtungsklage** nach Art. 263 AEUV bzw. Art. 36 ÜGA ist das primäre Rechtsschutzinstrument des europäischen Prozessrechts; sie muss stets auf die Annullierung eines Rechtsaktes von Organen der Union bzw. der ESA gerichtet sein. Der Begriff des „Rechtsakts" ist weit zu verstehen und bezieht nicht nur formelle Akte mit ein, sondern jede Form rechtlich relevanten Handelns (im Einzelnen → AEUV Art. 263 Rn. 321 ff.). Die **Untätigkeitsklage** (Art. 265 AEUV bzw. Art. 37 ÜGA) stellt das Pendant zur Anfechtungsklage dar; sie ist eine Klage auf Feststellung des rechtswidrigen Nichterlassens eines Rechtsaktes durch das beklagte Organ. Beiden Klagearten ist gemein, dass der Gerichtshof im Erfolgsfall lediglich den streitgegenständlichen Rechtsakt beseitigt bzw. das rechtswidrige Nicht-Erlassen (irgend)eines Rechtsaktes feststellt; für das Ziehen der sich aus dem Urteil ergebenden Konsequenzen ist das unterlegene Organ selber zuständig (Art. 266 AEUV bzw. Art. 28 ÜGA). Die **Schadensersatzklage** als dritte Klageart ist gegenüber den beiden vorgenannten Klagearten **subsidiär**.[153] Sie ist damit nicht auf Beseitigung eines rechtswidrigen Zustandes gerichtet, sondern auf die Kompensation von Schäden, die auch nach der Beseitigung des rechtswidrigen Zustandes durch eine Anfechtungs- oder Untätigkeitsklage weiterhin bestehen. Daher, sowie aufgrund der strengen Anforderungen insbesondere an die Kausalität des rechtswidrigen Handelns,[154] hat die Schadensersatzklage im europäischen Rechtsschutzsystem nur eine begrenzte Bedeutung erlangt. Festzuhalten bleibt, dass das europäische Prozessrecht **keine Gestaltungsklage** in dem Sinne kennt, dass der Gerichtshof den klägerseits begehrten Rechtsakt selber erlassen oder (abgesehen von der Möglichkeit einer Teilaufhebung) entsprechend abändern könnte. Das Verhältnis des Gerichtshofs zu den übrigen Organen ist somit von einem strengen Verständnis des Grundsatzes der Gewaltenteilung geprägt.

Die beträchtliche Verfahrensdauer – insbesondere am EuG – und das Fehlen einer aufschieben- **50** den Wirkung einer Direktklage vor den Unionsgerichten verlangen nach der Gewähr **vorläufigen Rechtsschutzes** in begründeten Fällen. Dabei handelt es sich um keine eigene Klageart, sondern um ein akzessorisches Instrument zur Vermeidung von Härtefällen im Rahmen einer bestehenden Klage. Vorläufiger Rechtsschutz ist somit Ausfluss des Grundsatzes eines umfassenden und effektiven Rechtsschutzes im Unions-[155] und EWR-Recht. Nach Art. 278 AEUV kann der Vollzug einer angefochtenen Entscheidung ausgesetzt werden, während Art. 279 AEUV den Erlass einstweiliger Anordnungen zulässt. Der in Art. 40, 41 ÜGA geregelte einstweilige Rechtsschutz vor dem EFTA-GH entspricht dem. Gewährt wird einstweiliger Rechtsschutz allerdings nur selten: So wurden im Jahr 2021 in Verfahren vor dem EuG vier Anträge auf vorläufigen Rechtsschutz in den Bereichen Wettbewerb und Staatliche Beihilfen abgewiesen; stattgegeben wurde keinem Antrag.[156] Vor dem EFTA-GH ist bislang erst einmal einstweiliger Rechtsschutz beantragt (und gewährt) worden.[157]

2. Vertragsverletzungsverfahren. Das Vertragsverletzungsverfahren ist das Instrument, mit **51** dem vor allem Kommission und ESA in ihrer Rolle als Hüterinnen der jeweiligen Verträge die Einhaltung der Vertragsvorschriften durch die Mitglieds- bzw. Vertragsstaaten gerichtlich verlangen können. Es dient damit va der **Durchsetzung des europäischen Rechts**. In der Union ist insoweit

---

[153] EuG Slg. 2004, II-3991 Rn. 121 – Cantina sociale di Dolianova.
[154] S. zB EuGH Slg. 2009, I-6413 Rn. 197–206 – Schneider Electric.
[155] EuGH Slg. 1997, I-441 Rn. 36 – Antonissen.
[156] Jahresbericht EuGH 2021, Judicial Activity, 391.
[157] EFTA-GH Slg. 1999, 74 Rn. 20 – Norwegen/ESA.

hervorzuheben, dass die Sanktionsbewehrung einer entsprechenden Verurteilung im Wege eines Zwangsgelds mittlerweile Realität ist.[158] Im EFTA-Pfeiler des EWR besteht dagegen keine Möglichkeit, ein Zwangsgeld anzuordnen. Das hängt damit zusammen, dass diese Neuerung erst nach der Unterzeichnung des EWR-Abkommens in das EU-Recht aufgenommen wurde. Die Befolgung von Urteilen des EFTA-GH war aufgrund der Überschaubarkeit der Verhältnisse lange Zeit weitgehend problemlos. In den letzten Jahren hat sich die ESA aber in gewissen Fällen veranlasst gesehen, ein zweites Vertragsverletzungsverfahren anzustrengen.[159]

52   Die Relevanz des Vertragsverletzungsverfahrens für das **Wettbewerbsrecht** ist dennoch gering. Das liegt zum einen an der Zielrichtung des Verfahrens, das auf Feststellung und Abstellung des **Verhaltens von Staaten,** nicht des wettbewerbswidrigen Verhaltens Privater gerichtet ist. Zwar können sich Überschneidungen durch die Rolle des Staates in der Wirtschaft ergeben, die statt oder neben einem wettbewerbsrechtlichen Verfahren gegen ein Unternehmen ein direktes Vorgehen gegen Rechtsvorschriften und Verwaltungsverfahren eines Staates möglich und wünschenswert erscheinen lassen. Die ständige Rechtsprechung des EuGH, wonach es die Art. 101 und 102 AEUV in Verbindung mit der Treuepflicht gemäß Art. 4 Abs. 3 EUV den Mitgliedstaaten verbieten, Maßnahmen zu treffen oder beizubehalten, welche die praktische Wirksamkeit der für Unternehmen geltenden Wettbewerbsregeln aufheben können,[160] gäbe dem eine materielle Grundlage. Dass Klagen nach Art. 258 AEUV im Wettbewerbsrecht aber dennoch praktisch keine Rolle spielen, liegt an der **Einzelfallorientierung** dieses Rechtsgebiets. Allenfalls im sektoriellen Wettbewerbsrecht, in dem es um die Umsetzung von Richtlinien zur Liberalisierung bestimmter Branchen wie Telekommunikation, Energie oder Schienenverkehr geht, wendet die Kommission das Mittel des Vertragsverletzungsverfahrens an.[161] Hinzu kommt, dass das Vertragsverletzungsverfahren als Verfahren zur Durchsetzung der Vertragstreue konzipiert ist. Dem Schutz individueller Rechtspositionen dient es höchstens mittelbar. Auch wenn Vertragsverletzungsverfahren häufig aufgrund individueller Beschwerden Privater eingeleitet werden, vermag diese Verfahrensart den **Individualrechtsschutz** in Wahrheit nicht zu gewährleisten. Nach ständiger Rechtsprechung des EuGH ist die Kommission zur Einleitung eines solchen Verfahrens nicht verpflichtet und kann auch auf Initiative Einzelner dazu nicht verpflichtet werden.[162] Der Beschwerdeführer ist im Vertragsverletzungsverfahren, anders als im Kartellverfahrensrecht, weitestgehend rechtlos gestellt. Noch nicht einmal Information oder Anhörung durch die Kommission kann verlangt werden.[163] Die jüngere Rechtsprechung des EFTA-GH widerlegt allerdings die Annahme, das Vertragsverletzungsverfahren sei gleichsam ein rechtsfreier Raum. In der Rechtssache E-9/11 Regulated Markets eröffnete ESA das Vertragsverletzungsverfahren gegen Norwegen im Jahr 2001. Am 17.7.2003 schickte sie ein Fristsetzungsschreiben und am 11.6.2004 eine mit Gründen versehene Stellungnahme. Im Juni 2009 änderte das norwegische Parlament das fragliche Gesetz. Da Bedenken fortbestanden, eröffnete die ESA im Dezember 2009 ein zweites Verfahren. Am 20.7.2011 erhob sie Klage und am 16.7.2012 gab der EFTA-GH der Klage statt.[164] Er stellte fest, dass die Überwachungsbehörde, wenn sie – ob auf eine Beschwerde hin oder von Amts wegen – zur Auffassung gelangt, dass ein EFTA-Staat gegen eine Verpflichtung aus dem EWR-Abkommen verstößt, im Interesse des ordnungsgemäßen Funktionierens des EWR-Abkommens innerhalb einer angemessenen Frist darüber entscheiden muss, ob sie eine Vertragspartei vor den Gerichtshof bringen will.[165]

53   Im **Beihilferecht** ist das Vertragsverletzungsverfahren hingegen von größerer Bedeutung, weil sich die Überwachungsbefugnisse von Kommission und ESA in diesem Rechtsgebiet grundsätzlich auf staatliches Verhalten beziehen. Mit Art. 108 Abs. 2 AEUV bzw. Art. 1 Abs. 2 Protokoll 3 ÜGA halten die Rechtsschutzsysteme von EU und EWR beihilferechtsspezifische Varianten der allgemeinen Vertragsverletzungsklage bereit,[166] die der Durchsetzung von vom jeweiligen Mitgliedstaat umzusetzenden Entscheidungen dienen. Das betrifft insbesondere die Abstellung einer Beihilfenge-

---

[158] Vgl. etwa EuGH 13.10.2011 – C-454/09 – Kommission/Italien.
[159] Vgl. aber zB EFTA-GH Slg. 2011, 202 – ESA/Norwegen.
[160] EuGH Slg. 2002, I-1529 Rn. 34 – Arduino; EuGH Slg. 2003, I-8055 Rn. 45 – CIF.
[161] Vgl. etwa EuGH Slg. 2008, I-41 – Kommission/Spanien; oder EuGH Slg. 2005, I-8911 – Kommission/Portugal.
[162] EuGH Slg. 1989, 291 Rn. 11 – Star Fruit; EuGH Slg. 1997, I-947 Rn. 19 – Bilanzbuchhalter. Entsprechend ist auch ein Antrag auf Schadensersatz, der auf die unterlassene Einleitung eines Vertragsverletzungsverfahrens durch die Kommission gestützt wird, unzulässig, EuGH Slg. 1990, I-2181 Rn. 15 – Asia Motor France.
[163] EuG Slg. 1997, II-1523 Rn. 32 – Sateba; bestätigt in EuGH Slg. 1998, I-4913 Rn. 42 – Sateba.
[164] EFTA Slg. 2012, 442 – EFTA Überwachungsbehörde/Norwegen.
[165] EFTA Slg. 2012, 442 Rn. 68 – EFTA Überwachungsbehörde/Norwegen; vgl. dazu Baudenbacher EuR 2013, 504.
[166] EuGH Slg. 2002, I-11695 Rn. 37 – Kommission/Deutschland.

währung mit Wirkung für die Zukunft und die Rückforderung von in der Vergangenheit gewährten Beihilfen.

3. Vorabentscheidungsverfahren. Das **Vorabentscheidungsverfahren** ist nicht kontradiktorisch, sondern stellt einen Zwischenschritt im Verfahren vor dem nationalen Gericht dar. Es handelt sich um ein **Instrument der Kooperation** zwischen dem EuGH bzw. dem EFTA-GH und den Gerichten der jeweiligen Mitgliedstaaten. Die Zusammenarbeit mit den Luxemburger Gerichtshöfen eröffnet den nationalen Gerichten den Zugang zu deren Autorität und Erfahrung in Fragen des europäischen Rechts. Überdies fließt aufgrund entsprechender Beteiligungsrechte die Expertise der Kommission, der ESA der (EU- und EWR/EFTA-)Mitgliedstaaten und weiterer Partizipanten in die Urteilsfindung ein. Neben der Einzelfallgerechtigkeit steht aus Sicht der Union und des EWR vor allem die in einem Binnenmarkt grundlegende Notwendigkeit einer einheitlichen Auslegung des Rechts im Mittelpunkt. 54

Gerade im Wettbewerbsrecht, das sich durch die Komplexität der Fakten und die Notwendigkeit (auch) ökonomischer Wertungen auszeichnet, stößt das Vorabentscheidungsverfahren allerdings an gewisse Grenzen. Der EuGH hat sich verschiedentlich skeptisch gezeigt, etwa indem er die Anforderungen an die Darlegung des tatsächlichen und rechtlichen Hintergrunds durch das nationale Gericht als nicht erfüllt angesehen hat. Das gelte umso mehr, weil der Bereich des Wettbewerbs durch „komplexe tatsächliche und rechtliche Verhältnisse gekennzeichnet ist".[167] Das Vorabentscheidungsverfahren ist also dort problematisch, wo vom Gerichtshof pauschal die rechtliche Bewertung einer Situation verlangt wird, die von im Wettbewerbsrecht wenig bewanderten nationalen Gerichten oftmals schwer zu analysieren ist. Schließlich weist das Vorabentscheidungsverfahren aus dem Blickwinkel des wettbewerbsrechtlichen Individualrechtsschutzes ein anderes Handicap auf: die Abwesenheit eines (europarechtlich begründeten) Initiativrechts der Parteien im nationalen Ausgangsverfahren. Sie haben keine Möglichkeit, die Durchführung eines Vorabentscheidungsverfahrens zu erzwingen. In der Praxis ist der Einfluss der Parteien auf die Entscheidung des Richters, ob und wie vorgelegt wird, allerdings in bestimmten Mitgliedstaaten erheblich. 55

Trotz dieser Nachteile sind im Vorabentscheidungsverfahren **wegweisende Urteile zum Wettbewerbsrecht** ergangen. Ist die Zulässigkeitshürde erst überwunden, so schafft die relative Freiheit von faktischen Bindungen offenbar Raum für grundlegende Feststellungen. Beispiele sind unter verfahrensrechtlichen Gesichtspunkten das Urteil des EuGH in der Rechtssache Benetton zur Rolle des Wettbewerbsrechts als Teil des „ordre public" (auch) im Kontext der Schiedsgerichtsbarkeit,[168] das Urteil Masterfoods zum Verhältnis zwischen Kommission und nationalen Gerichten[169] und das Urteil Courage zur Durchsetzung des Kartellrechts mittels Schadensersatzklagen der Geschädigten.[170] Im materiellen Recht darf das Urteil IMS Health zur Schnittstelle zwischen Wettbewerbs- und Immaterialgüterrecht erwähnt werden.[171] Im Beihilferecht ist auf das Urteil Altmark Trans zu Ausgleichsleistungen für „public service"-Leistungen hinzuweisen.[172] Aus der Rechtsprechung des EFTA-GH sind die Urteile Landsorganisasjonen und Holship zum Verhältnis von kollektivem Arbeitsrecht und europäischem Kartellrecht zu nennen.[173] Tatsächlich haben in den letzten Jahren prominente Wettbewerbsrechtsfälle den EFTA-GH über das Vorabentscheidungsverfahren erreicht. Zu nennen sind Sorpa[174] zur Anwendung von Art. 54 auf einen kommunalen Zweckverband, Ski Taxi[175] zum „joint bidding", Fjarskipti[176] zum „margin squeeze" und Color Line[177] zur Verjährung von follow-on-Schadensersatzklagen (→ Rn. 660a). 56

III. Verfahrensgrundsätze

Wie jeder Prozessordnung liegen den Verfahrensregeln der europäischen Gerichtshöfe gewisse allgemeine Grundsätze zugrunde, welche die Interaktion zwischen den Beteiligten und dem Gericht leiten. In ihrem Lichte sind einzelne prozessuale Vorschriften auszulegen. Allerdings darf die Bedeu- 57

---

[167] EuGH Slg. 1993, I-393 Rn. 7 – Telemarsicabruzzo; Slg. 2005, I-1167 Rn. 23 – Viacom II.
[168] EuGH Slg. 1999, 3055 – Eco Swiss China Time/Benetton.
[169] EuGH Slg. 2000, I-11369 – Masterfoods.
[170] EuGH Slg. 2001, I-6297 – Courage.
[171] EuGH Slg. 2004, I-5039 Rn. 18 – IMS Health.
[172] EuGH Slg. 2003, I-7477 – Altmark Trans.
[173] EFTA-GH Slg. 2002, 114 – Landsorganisasjonen; dazu eingehend Viol, Die Anwendbarkeit des Europäischen Kartellrechts auf Tarifverträge – unter rechtsvergleichender Betrachtung der Rechtsordnungen der Schweiz, der USA und Deutschlands, 2004, 300 ff.; 307 ff.; EFTA-GH Slg. 2016, 240 – Holship.
[174] EFTA-GH, Slg. 2016, 825 – Sorpa.
[175] EFTA-GH, Slg. 2016, 1002 – Ski Taxi.
[176] EFTA-GH 30.5.2018 E-6/17 – Fjarskipti.
[177] EFTA-GH 17.9.2018 E-10/17 – Nye Kyslink.

tung dieser Prinzipien nicht überbewertet werden. Sie können geschriebenes Verfahrensrecht, aus denen sie „extrahiert" wurden, nicht außer Kraft setzen. Dennoch ist eine Darstellung der wichtigsten Verfahrensgrundsätze geeignet, den Charakter des Verfahrens zu erhellen. Grundlegend ist auch hier die Unterscheidung zwischen den kontradiktorisch ausgestalteten Direktklagen und dem Vorabentscheidungsverfahren als Zwischenrechtsstreit in einem Verfahren vor einem mitgliedstaatlichen Gericht.

58   **1. Dispositionsgrundsatz.** Im Direktklageverfahren gilt grundsätzlich die Dispositions- oder Verfügungsmaxime.[178] Danach bestimmen die Parteien selbst über die Verfahrenseinleitung, den Verfahrensgegenstand und die Verfahrensbeendigung. Der Kläger **bindet** mit seinen Anträgen das Gericht. Dieses kann ihnen nur ganz oder teilweise stattgeben oder sie zurückweisen, nicht aber über sie hinausgehen, indem es etwa nicht angegriffene Teile einer wettbewerbsrechtlichen Entscheidung für nichtig erklärt oder der Behörde (oder gar Dritten wie einem Mitgliedstaat oder Privaten) gegenüber Anordnungen erteilt (ne ultra petita).[179] Bei der Überprüfung der Rechtmäßigkeit behördlicher Entscheidungen oder Unterlassungen ist zu unterscheiden: Die Verletzung formellen Rechts (Zuständigkeit und Zulässigkeit, aber auch die Existenz der Begründung von Entscheidungen) ist vom Gericht von Amts wegen zu überprüfen. Dagegen erfolgt die materielle Rechtmäßigkeitskontrolle nur insoweit, wie der Kläger die Rechtmäßigkeit des angegriffenen Rechtsakts oder Unterlassens gerügt hat.[180] Analog zur Situation bei der Anfechtungsklage ist auch bei der Untätigkeitsklage eine Feststellung der Untätigkeit nur bezüglich des beantragten Rechtsakts und keiner anderen Unterlassungen möglich. Im Rahmen der Amtshaftungsklage sind bei der Bezifferung des Schadens gewisse Erleichterungen vorgesehen, was an der grundsätzlichen Geltung der Dispositionsmaxime aber wiederum nichts ändert. Ausfluss dessen ist schließlich auch, dass der Kläger die Klage (sowie der Rechtsmittelführer das Rechtsmittel) jederzeit ganz oder teilweise zurücknehmen kann.

59   Im Vorabentscheidungsverfahren tritt anstelle der Dispositionsmaxime die Befugnis des nationalen Richters, durch die Formulierung der Fragen (grundsätzlich) den Gegenstand des Verfahrens vor den europäischen Gerichten festzulegen und das Vorabentscheidungsersuchen jederzeit wieder zurückzuziehen. Allerdings haben die europäischen Gerichte gewisse Freiheiten, die sich aus der Tatsache erklären, dass das von ihnen zu findende Urteil den Rechtsstreit nicht entscheidet, sondern dem nationalen Richter „lediglich" Entscheidungshilfe zu diesem Zwecke geben soll. EuGH und EFTA-GH haben sich die Kompetenz genommen, die vorgelegten Fragen umzuformulieren und auf die Beantwortung einzelner Fragen zu verzichten, wenn dies für die Formulierung einer zweckmäßigen Antwort für das vorlegende Gericht hilfreich ist. Bis zu einem gewissen Grad können sich die beiden Gerichtshöfe damit ihren eigenen Fall konstruieren. Dagegen haben die Parteien des Ausgangsverfahrens lediglich die Möglichkeit, sich am Verfahren in Luxemburg zu beteiligen; eine Parteistellung mit prozessualen Gestaltungsmöglichkeiten gibt es nicht.

60   **2. Verhandlungs- und Amtsermittlungsgrundsatz.** Die Bestimmung des dem Urteil zugrunde liegenden **Sachverhalts** obliegt in Direktklageverfahren grundsätzlich den Parteien im Wege des schriftlichen und mündlichen Vorbringens. Vor allem bei der Anfechtungsklage ist die Tatsachenfeststellung aber in Wahrheit eine **Überprüfung des behördlicherseits festgestellten Sachverhalts.** Da eine Überprüfung von Amts wegen nicht stattfindet, ist in der Praxis – auch bei grundsätzlich der Behörde obliegender Beweislast – der Kläger aufgefordert, die beanstandeten Punkte zu identifizieren, Beweis anzubieten, Rügen zu formulieren und die für die Begründetheit der Rügen ggf. nötigen Beweise oder zumindest ernsthafte Indizien anzubieten.[181] Ein pauschales, unqualifiziertes Bestreiten des in der Entscheidung festgestellten Sachverhalts ist unzulässig. Auf der anderen Seite können die Gerichtshöfe Beweise auch von Amts wegen erheben sowie durch prozessleitende bzw. vorbereitende Maßnahmen weitgehend aus eigenem Antrieb zur Sachverhaltsaufklärung beitragen. Insofern wird das europäische Prozessrecht weder durch einen reinen Verhandlungs- noch durch einen reinen Amtsermittlungsgrundsatz beherrscht. Welcher Aspekt jeweils überwiegt, ist auch eine Frage der Zuständigkeit des Gerichts und der Verfahrensart. So besteht im Vertragsverletzungsverfahren eine weit geringere Neigung, von Amts wegen zur Sachverhaltsaufklärung beizutragen (davon zeugt schon die größere Bedeutung von Beweislastregeln), als in Prozessen Privater gegen die europäischen Behörden. Hier hat die Anordnung prozessleitender Maßnahmen – insbesondere die Vorlage von Akten der Behörde – die formelle Beweiserhebung vielfach verdrängt. In der anschließenden Beweiswürdigung sind die europäischen Gerichtshöfe frei.[182]

---

[178] Kirschner/Klüpfel, Das Gericht erster Instanz der Europäischen Gemeinschaften, 2. Aufl. 1998, Rn. 108 ff.
[179] EuG Slg. 1993, II-1267 Rn. 18 – Koelman; Slg. 1995, II-2846 Rn. 42 – France-aviation; Slg. 2000, II-2319 Rn. 42 – Alzetta.
[180] Zum Beihilferecht zB EuGH Slg. 1998, I-1719 Rn. 67 – Sytraval und Brink's France.
[181] EuGH WuW/E EU-R 2213 Rn. 131–132 – KME.
[182] EuGH Slg. 1982, 3271 Rn. 11 – Interquell.

III. Verfahrensgrundsätze

Im Vorabentscheidungsverfahren, das keine Parteien kennt, gibt es im Idealfall am vorgelegten 61 Sachverhalt nichts mehr zu ermitteln. Dass das nicht immer so ist, zeigt die Möglichkeit, das nationale Gericht um Klarstellung zu ersuchen, die zuerst in der Verfahrensordnung des EFTA-GH verankert und dann in die Verfahrensordnung des EuGH übernommen wurde (Art. 95 VerfO EFTA-GH, Art. 101 EuGHVfO). Die Kategorien der Verhandlungs- oder Amtsermittlungsmaxime greifen hier allerdings nicht.

3. Grundsatz der Mündlichkeit. Das Verfahren vor den europäischen Gerichtshöfen besteht 62 aus einem schriftlichen und einem mündlichen Teil. Das schriftliche Verfahren ist das praktisch wichtigere. Hier zeigt sich, dass das europäische Prozessrecht auf der kontinentaleuropäischen Tradition fußt. Ziel ist es nicht, Laien zu überzeugen, sondern professionelle Richter. Die Komplexität des Wirtschaftsrechts entwickelt zudem eine gewisse natürliche Tendenz zur Schriftlichkeit. Trotzdem ist die mündliche Verhandlung fester Bestandteil des Verfahrens, selbst wenn aus Gründen der Verfahrensstraffung in gewissen Fällen auf ihre Durchführung verzichtet wird. Der Stellenwert, den das Prozessrecht dem mündlichen Verfahren einräumt, lässt sich daran ersehen, dass an der Urteilsberatung nur Richter teilnehmen dürfen, die an der ggf. durchgeführten mündlichen Verhandlung anwesend waren.[183] Im Idealfall soll hier das entscheidungserhebliche Vorbringen von den Parteien oder Verfahrensbeteiligten zusammen mit dem Gericht erörtert und – zumindest im Direktklageverfahren – unklar gebliebene Punkte des Sachverhalts geklärt werden. Das darf nicht darüber hinwegtäuschen, dass die mündliche Verhandlung in vielen Fällen von einseitigen Vorträgen der plädierenden Anwälte geprägt ist, die weitgehend Rechtsfragen erörtern.

4. Grundsatz der Öffentlichkeit. Wenn vom „öffentlichen Charakter des Verfahrens vor 63 den Gemeinschaftsgerichten" die Rede ist,[184] so gilt das va für dessen mündlichen Teil. Die Öffentlichkeit der mündlichen Verhandlung stellt einen Grundsatz dar, von dem nur aus wichtigen Gründen abgewichen werden darf.[185] Nicht veröffentlicht wird aber das Protokoll der Sitzung. Auch die Schriftsätze im schriftlichen Teil des Verfahrens werden im europäischen Recht im Unterschied zu gewissen nationalen Traditionen nicht öffentlich gemacht. Der Sitzungsbericht, der bisher am Tag der mündlichen Verhandlung für die Öffentlichkeit zugänglich war, wurde am EuGH abgeschafft.[186]

Der EFTA-GH hat bis zum Sommer 2020 (zu) ausführliche Sitzungsberichte veröffentlicht, welche das schriftliche Vorbringen der Parteien zusammenfassen. Seither enthält der Sitzungsbericht in Vorabentscheidungsverfahren die Argumente der Parteien und anderer Verfahrensbeteiligter nicht mehr (→ Rn. 177).

Ein Recht auf Akteneinsicht besteht nur in beschränktem Maße (→ Rn. 73 ff.). Die eingeschränkte Transparenz des gerichtlichen Verfahrens ist regelmäßiger Gegenstand gut begründeter Kritik,[187] doch ist sie tief in der kontinentaleuropäischen Rechtskultur verwurzelt.

Um der Öffentlichkeit den Zugang zu seiner Rechtsprechungstätigkeit zu erleichtern, bietet 64 der **EuGH** seit dem 26.4.2022 ein Streaming-System an. Die Verkündung der Urteile der Großen Kammer und die Verlesung der Schlussanträge der Generalanwälte werden live auf der Website des Gerichtshofs übertragen. Die mündlichen Verhandlungen in den Rechtssachen der Großen Kammer werden während einer Pilotphase von sechs Monaten grundsätzlich zeitversetzt übertragen. Sie sind aber danach nicht mehr zugänglich und nicht mehr abrufbar.[188] Auch der **EFTA Gerichtshof** hat während der COVID-19 Pandemie begonnen, Verhandlungen und Urteilsverkündungen live auf seiner Webseite zu übertragen und wird diese Praxis auch in nächster Zeit beibehalten.[189] Am **EuG** werden weder Verhandlungen noch Urteilsverkündung im Internet übertragen.

5. Grundsatz der Unmittelbarkeit. Der EuGH hat sich skeptisch zur Frage geäußert, ob das 65 Unionsrecht einen Grundsatz der Unmittelbarkeit des Inhalts kennt, dass die Richter unmittelbar nach Abschluss der mündlichen Verhandlung zu beraten und zeitnah zu entscheiden hätten, damit die Erinnerung an die Ereignisse in der Verhandlung nicht völlig verblassen. Das Verfahrensrecht

---

[183] Art. 32 Abs. 2 EuGHVfO; Art. 21 Abs. 2 EuGVfO; Art. 26 Abs. 1.
[184] EuG Slg. 1997, II-835 Rn. 24 – British Steel.
[185] Art. 31 EuGH-Satzung; Art. 27 Satzung EFTA-GH.
[186] Art. 20 Abs. 4 EuGH-Satzung in der durch die Verordnung (EU, Euratom) Nr. 741/2012 des Europäischen Parlaments und des Rates vom 11.8.2012 geänderten Fassung.
[187] Vgl. etwa Lawsky, Information Please: Opening Antitrust to the Public – Why More European Court and Commission Documents and Hearings Should No Longer Be Secret in Marsden, Handbook of Research in Trans-Atlantic Antitrust, 2006, 552.
[188] Informationen zum Streaming-Service sind online auf der Webseite des EuGH verfügbar: https://curia.europa.eu/jcms/jcms/p1_1477137/en/.
[189] EFTA – GH Jahresbericht 2021.

sehe nicht vor, dass die Urteile innerhalb einer bestimmten Frist nach Abschluss der mündlichen Verhandlung ergehen müssen.[190]

66 **6. Grundsatz der Prozessökonomie.** Ausdrücklich anerkannt ist in der Rechtsprechung der Grundsatz der Prozessökonomie[191] bzw. der **„geordneten Rechtspflege"**. Obwohl oder gerade weil es sich dabei weniger um einen aus dem geschriebenen Verfahrensrecht abzuleitenden Grundsatz als vielmehr um einen im Einzelfall heranzuziehenden Gesichtspunkt handelt, ist sein Einfluss auf das europäische Prozessrecht beachtlich. Die Prozessökonomie kann etwa gegen die Erledigung einer Klage gegen eine Entscheidung sprechen, die von der Kommission während des Prozesses durch eine neue Entscheidung ersetzt wurde, wenn statt der Erledigung auch die Anpassung der Klage in Betracht kommt.[192] Die Prozessökonomie erlaubt es dem Richter (ausnahmsweise)[193] auch, die Klage ohne Prüfung der Zulässigkeit als unbegründet abzuweisen, selbst wenn die Zulässigkeit streitig ist.[194] Andererseits verletzt ein überlanges gerichtliches Verfahren (auch) den Grundsatz der Prozessökonomie.[195]

IV. Verfahrensgrundrechte

Art. 47 GRCh Artikel 47 Recht auf einen wirksamen Rechtsbehelf und ein unparteiisches Gericht

Jede Person, deren durch das Recht der Union garantierte Rechte oder Freiheiten verletzt worden sind, hat das Recht, nach Maßgabe der in diesem Artikel vorgesehenen Bedingungen bei einem Gericht einen wirksamen Rechtsbehelf einzulegen.

Jede Person hat ein Recht darauf, dass ihre Sache von einem unabhängigen, unparteiischen und zuvor durch Gesetz errichteten Gericht in einem fairen Verfahren, öffentlich und innerhalb angemessener Frist verhandelt wird. Jede Person kann sich beraten, verteidigen und vertreten lassen.

Personen, die nicht über ausreichende Mittel verfügen, wird Prozesskostenhilfe bewilligt, soweit diese Hilfe erforderlich ist, um den Zugang zu den Gerichten wirksam zu gewährleisten.

67 Aus dem Charakter von EU und EWR als Rechtsgemeinschaften folgt die Bindung ihrer Organe an allgemeine Rechtsgrundsätze. Die Grundrechte gehören zu den allgemeinen Grundsätzen des Unions- bzw. EWR-Rechts und bilden als solche einen Maßstab für die gerichtliche Kontrolle des Handelns der Organe.[196] In den letzten Jahren ist die Bindung der Wettbewerbsbehörden im Verwaltungsverfahren vermehrt in den Blickpunkt praktischen und wissenschaftlichen Interesses geraten.[197] Die Gerichte berücksichtigen die Grundrechte aber nicht nur bei der Auslegung des materiellen und prozessualen Rechts, sondern auch bei der Anwendung ihres eigenen Verfahrensrechts. Die europäischen Grundrechte spielen dabei, vergleichbar den nationalen Grundrechten, eine Doppelrolle: Sie sind individuelle Rechte, auf die sich die Wirtschaftsteilnehmer vor Gericht berufen können, bilden aber gleichzeitig Teil einer „objektiven Wertordnung" des europäischen Rechts. Der EFTA-GH hat dies mit dem Satz deutlich gemacht, dass das gesamte EWR-Recht „im Lichte" dieser Grundrechte auszulegen ist.[198] Bei der Bestimmung von Art und Umfang der Grundrechtsgeltung haben die EMRK und die dazu ergangenen Urteile des Menschenrechtsgerichtshofs herausragende Bedeutung.[199] Die wichtigsten Vorschriften sind im vorliegenden Zusammenhang die Art. 6 (Recht auf ein faires Verfahren) und Art. 13 (Recht auf wirksame Beschwerde) EMRK und Art. 2 von Protokoll Nr. 7 zur EMRK (Rechtsmittel in Strafsachen). Aus diesen ergibt sich das **Recht auf einen effektiven gerichtlichen Rechtsschutz**. Nunmehr sind die Justizgrundrechte im EU-Recht in Art. 47 ff. GRCh noch einmal explizit verankert worden. Der EFTA-GH hat auf die Charta Bezug genommen.[200] Die nachfolgende Kommentierung erhebt keinen Anspruch

---

[190] EuGH Slg. 1998, I-8417 Rn. 52 – Baustahlgewebe.
[191] EuGH Slg. 1982, 749 Rn. 8 – Alpha Steel; EuG Slg. 1994, II-121 Rn. 67 – Air France II.
[192] EuGH Slg. 1982, 749 Rn. 8 – Alpha Steel, dazu → Rn. 305.
[193] EuG Slg. 2004, II-4263 Rn. 14 – EFfCI.
[194] EuGH Slg. 2002, I-1873 Rn. 52 – Rat/Boehringer; EuG Slg. 2005, II-2123 Rn. 155 – Regione autonoma della Sardegna.
[195] EuGH Slg. 1998, I-8417 Rn. 48 – Baustahlgewebe.
[196] EuGH Slg. 2002, I-6677 Rn. 38 – Unión de Pequeños Agricultores; WuW/E EU-R 2213 Rn. 119 – KME.
[197] Dazu etwa EuGH Slg. 1980, 2033 Rn. 17 ff. – National Panasonic; Slg. 1989, 2859 Rn. 15 – Hoechst; Slg. 1989, 3283 Rn. 32 – Orkem; EuG Slg. 2001, II-729 Rn. 64 ff. – Mannesmannröhren-Werke; vgl. aus der umfangreichen Literatur zu einzelnen Fragestellungen etwa Vesterdorf Fordham Int. L. J. 28, 1174 (1179–1215); Bronckers/Vallery W. Comp. 34(4) (2011), 535–570.
[198] EFTA-GH Slg. 2003, 185 Rn. 23 – Ásgeirsson.
[199] EFTA-GH Slg. 2003, 185 Rn. 23 – Ásgeirsson; EuGH Slg. 1991, I-2925 Rn. 41 – ERT.
[200] EFTA-GH Slg. 2011, 216 Rn. 49 – Clauder, EFTA-GH Slg. 2016, 240 – Holship.

IV. Verfahrensgrundrechte   **68, 69**   Rechtsschutz

auf Vollständigkeit; sie stellt vielmehr eine Auswahl im Hinblick auf die für das Verfahren relevantesten Justizgrundrechte dar.

1. Recht auf Einlegung eines Rechtsbehelfs. Das Recht auf einen effektiven gerichtlichen **68** Rechtsschutz umfasst zunächst das „Erfordernis der gerichtlichen Überprüfbarkeit".[201] Der EuGH hat schon früh einen prozessrechtlichen Grundsatz anerkannt, wonach „eine Vorschrift, die Rechtsschutz gewährt, im Zweifelsfall nicht zuungunsten des Rechtsunterworfenen einschränkend ausgelegt werden darf".[202] Auch das EuG hat sich explizit **gegen eine restriktive Auslegung der Zulässigkeitsvoraussetzungen** gewandt.[203] Als Grundrecht hat der „access to justice" mit dem Urteil Johnston Eingang in die Rechtsprechung des EuGH gefunden.[204] Die Gewährleistung effektiven Rechtsschutzes stellt seither einen „allgemeinen Grundsatz des Unionsrechts dar, der sich aus den gemeinsamen Verfassungstraditionen der Mitgliedstaaten ergibt und in den Artikeln 6 und 13 der Europäischen Menschenrechtskonvention verankert ist".[205] Umfassender und effektiver Rechtsschutz, einschließlich vorläufigen Rechtsschutzes,[206] ist somit von den Unionsgerichten zu gewähren, wobei der EuGH explizit von einem **Anspruch** redet.[207] Das Grundrecht auf effektiven gerichtlichen Rechtsschutz hat auch Auswirkungen auf das nationale Recht. Bereits im Urteil Heylens hat der EuGH deutlich gemacht, dass dieser Grundsatz es erfordert, dass Entscheidungen einer staatlichen Behörde, welche die Ausübung eines unionsrechtlich verliehenen Rechts verweigern, gerichtlich angefochten werden können.[208]

Die Unionsgerichte haben im Zusammenhang mit der Umschreibung der **Klagebefugnis** in **69** Art. 263 Abs. 4 AEUV zum Recht auf gerichtlichen Rechtsschutz Stellung genommen. Im Urteil Unión de Pequeños Agricultores/Rat verlangte der EuGH, dass „die Einzelnen […] einen effektiven gerichtlichen Schutz der Rechte in Anspruch nehmen können [müssen], die sie aus der Gemeinschaftsrechtsordnung herleiten, wobei das Recht auf einen solchen Schutz zu den allgemeinen Rechtsgrundsätzen gehört, die sich aus den gemeinsamen Verfassungsüberlieferungen der Mitgliedstaaten ergeben".[209] Damit ist zwar grundsätzlich anerkannt, dass die Zulässigkeitsvoraussetzungen einer Klage im Lichte des Rechts auf effektiven gerichtlichen Rechtsschutz auszulegen sind.[210] Diese Großzügigkeit wird aber durch wenig überzeugende systematische Überlegungen wieder eingeschränkt. Der EuGH geht nämlich von einem lückenlosen und abschließenden System des vom AEUV mit Art. 263, 277 einerseits und Art. 267 andererseits geschaffenen Systems von Rechtsbehelfen und Verfahren aus[211] und verweist bei Defiziten des Rechtsschutzes, wie sie insbesondere bei der Klagebefugnis nach Art. 263 Abs. 4 AEUV offenbar werden, auf Alternativen wie das nationale Verfahrensrecht und das Vorabentscheidungsverfahren. Diese sind aber ihrerseits im Hinblick auf die Gewährung effektiven Rechtsschutzes in mancher Hinsicht unzureichend. Trotz des grundrechtlichen Ranges effektiven Rechtsschutzes zeigt der EuGH keine Bereitschaft, die Begrenztheit des EU-vertraglichen Systems zu überwinden und die Voraussetzungen an die Zulässigkeit in grundrechtskonformer Auslegung selbst zu lockern, sondern verweist diesbezüglich auf den Vertragsgeber.[212] Hinter dieser Rechtsprechung steht wohl die Befürchtung, ein Öffnen der Schleusen bedeutete, den EuGH „mit offensichtlich unbegründeten Klagen zu überschwemmen und so das ordnungsgemäße Funktionieren dieses Organs zu gefährden".[213] In diesem Zusammenhang ist auch bemerkenswert, dass der EGMR von einem „beschränkten" Recht auf Zugang zu den Gerichten unter Art. 263 AEUV gesprochen hat, ohne freilich zur Vereinbarkeit mit den Standards des Art. 6 EMRK Stellung zu nehmen.[214] In der Literatur wird bezweifelt, dass der geltende Standard des

---

[201] EuG Slg. 2003, II-2957 Rn. 209 – P & O European Ferries (Vizcaya).
[202] EuGH Slg. 1960, 1165 (1189) – Humblet/Belgien.
[203] EuG Slg. 1996, II-649 Rn. 60 – Metropole télévision.
[204] EuGH Slg. 1986, 1651 Rn. 18 – Johnston.
[205] EuGH Slg. 1987, 4097 Rn. 14 – Heylens; Slg. 2008, I-6351 Rn. 235 – Kadi und Al Barakaat.
[206] EuGH Slg. 1990, I-2433 Rn. 21 – Factortame.
[207] EuGH Slg. 1990, I-2433 Rn. 21 – Factortame.
[208] EuGH Slg. 1987, 4097 – Heylens.
[209] EuGH Slg. 2002, I-6677 Rn. 39 – Unión de Pequeños Agricultores; vgl. auch EuGH Slg. 2001, I-207 Rn. 46 – Kofisa Italia; Slg. 2001, I-9285 Rn. 45 – Kommission/Österreich; EuGH Slg. 2005, II-1197 Rn. 39 – Sniace.
[210] EuG Slg. 2005, II-2503 Rn. 56 – FederDoc.
[211] EuGH Slg. 2002, I-6677 Rn. 40 ff. – Unión de Pequeños Agricultores; vgl. bereits EuGH Slg. 1986, 1339 Rn. 23 – Les Verts.
[212] Ähnlich auch EuG Slg. 1995, II-1717 Rn. 39 – Kik.
[213] So in anderem Zusammenhang EuGH Slg. 2005, I-8979 Rn. 31 – Ten Kate.
[214] EGMR 30.6.2005 – 45036/98, Rn. 162 – Bosphorus/Irland. Vgl. auch das Sondervotum von Richter Ress: „One should not infer from paragraph 162 of the judgment in the present case that the Court accepts that Article 6 § 1 does not call for a more extensive interpretation".

„access to justice" mit dem EMRK-Recht vereinbar ist.[215] Der EFTA-GH hat im Urteil Bellona im Zusammenhang mit der Diskussion vor den Gemeinschaftsgerichten angedeutet, dass die „avenues of access to justice" künftig erweitert werden sollten.[216] Konsequenzen hat er allerdings nicht gezogen. Im Gegenteil: Erst kürzlich hat sich ein Kläger in einem Verfahren vor dem EFTA-GH im Beihilferecht darauf berufen, dass sein Grundrecht auf effektiven gerichtlichen Rechtsschutz verletzt würde, wenn seine Klage auf Nichtigkeit einer Entscheidung der EFTA-Überwachungsbehörde nicht zugelassen würde. Als Hauptgrund führte der Kläger an, dass er keine andere Möglichkeit habe, die Nichtigkeit der Entscheidung der EFTA-Überwachungsbehörde herbeizuführen. Der EFTA-GH hat die Klage dennoch als unzulässig abgewiesen.[217]

70   Der ehemalige Art. 230 Abs. 4 EG ist durch den Vertrag von Lissabon um eine Klagebefugnis nicht-privilegierter Kläger gegen „Rechtsakte mit Verordnungscharakter, die sie unmittelbar betreffen und keine Durchführungsmaßnahmen nach sich ziehen" ergänzt worden (Art. 263 Abs. 4 AEUV). Abs. 1 wurde um den Zusatz vervollständigt, dass der Gerichtshof die Rechtmäßigkeit der Gesetzgebungsakte sowie der Handlungen der bezeichneten Organe überprüft. Es stellt sich die Frage, ob mit diesen Änderungen der Zugang dahin erweitert werden sollte, dass das Erfordernis der individuellen Betroffenheit weggefallen ist. Das EuG[218] und GA Kokott haben sich gegen diese Auffassung gewandt und festgestellt, dass die individuelle Betroffenheit nur bei Handlungen mit allgemeiner Geltung unter Ausnahme von Gesetzgebungsakten nicht erforderlich sei. Zwar bezwecke die Änderung die Stärkung des Individualrechtsschutzes, aber gerade Gesetzgebungsakte mit ihrer besonders hohen demokratischen Legitimation der parlamentarischen Gesetzgebung seien von Rechtsakten ohne Gesetzescharakter zu unterscheiden.[219] Demgegenüber hat der EFTA-GH in **Irish Bank** unter Bezugnahme auf Art. 6 EMRK angedeutet, dass über den Wortlaut des Art. 34 ÜGA hinaus letztinstanzliche nationale Gerichte, unter dem Gesichtspunkt ihrer Treupflicht nach Art. 3 EWR bei Verweigerung der Vorlage zumindest zur Begründung verpflichtet sein könnten.[220]

71   **2. Rechtliches Gehör.** Aus dem Recht auf ein faires Verfahren ergibt sich, dass den Verfahrensbeteiligten rechtliches Gehör gewährt werden muss. Deshalb ist nach dem **Grundsatz des kontradiktorischen Verfahrens** den Parteien die Möglichkeit zu geben, sich zu allen relevanten Punkten des Rechtsstreits zu äußern. Dies ist insbesondere dann relevant, wenn das Gericht **von Amts wegen** entscheidet. Das Gericht muss die Parteien auffordern, sich zu diesem Gesichtspunkt zu äußern.[221] Ist ein solcher Hinweis (zunächst) unterblieben, muss das Gericht gegebenenfalls die mündliche Verhandlung wieder eröffnen.[222] Mit der Reform der VerfO des EuG wurde dieser Grundsatz nun ausdrücklich in die VerfO des EuG aufgenommen.[223]

72   Das Recht auf Stellungnahme enthält auch das Recht der Verfahrensbeteiligten, während des Verfahrens von den Beweismitteln und den beim Unionsrichter eingereichten Erklärungen Kenntnis zu nehmen und diese zu erörtern.[224] Auf Antrag kann der Präsident zwar vertrauliche Unterlagen von der Einsichtnahme ausnehmen;[225] das Gericht darf diese dann aber bei der Beweisaufnahme grundsätzlich nicht berücksichtigen.[226] Diese Einschränkung gilt ua nicht im Hinblick auf Unterlagen, in die lediglich die Streithelfer keinen Einblick hatten.[227, 228] Das Recht auf Stellungnahme hat das EuG etwa in Bezug auf von der Gegenpartei **nachträglich beigebrachte Informationen** und Dokumente[229] oder auf das (mündliche) Vorbringen eines Streithelfers bejaht.[230] Das Fehlen eines Erwiderungsrechts der Parteien und Verfahrensbeteiligten auf die **Schlussanträge des Gene-**

---

[215] Statt vieler Schermers/Waelbroeck, Judicial Protection in the European Union, 6. Aufl. 2001, §§ 905.
[216] EFTA-GH Slg. 2003, 52 Rn. 37 – Bellona.
[217] EFTA-GH Slg. 2017, 989 – Konkurrenten.
[218] EuG EuZW 2012, 395 Rn. 56 – Inuit ua.
[219] GA Kokott Schlussanträge v. 17.1.2013 – C-583/11 P, ECLI:EU:C:2013:21 Rn. 38 – Inuit u.a.
[220] EFTA-GH Slg. 2012, 592 Rn. 57 ff. – Irish Bank; vgl. zu dieser Frage EGMR 20.9.2011 – 3989/07 und 38353/07, Rn. 59 f. – Ullens de Schooten und Rezabek/Belgien.
[221] EuGH Slg. 2009, I-11245 Rn. 55–57 – Kommission/Irland u.a.
[222] EuGH Slg. 2009, I-11245 Rn. 58–59 – Kommission/Irland u.a.
[223] Art. 64 EuGVfO.
[224] EuGH Slg. 2008, I-581 Rn. 47 – Varec.
[225] Art. 68 § 4 EuGVfO.
[226] Art. 64 EuGVfO.
[227] Art. 144 Abs. 5 und 7 EuGVfO.
[228] Art. 64 EuGVfO verweist auch auf Art. 104 und 105 EuGVfO (→ Rn. 77).
[229] EuG Slg. 2005, II-5575 Rn. 505 – General Electric.
[230] EuG Slg. 2003, II-1433 Rn. 205 – Royal Philips Electronics; dazu Azizi, Neueste Entwicklungen in der Rechtsprechung des Gerichts erster Instanz in Baudenbacher, Neueste Entwicklungen im europäischen und internationalen Kartellrecht, 11. St. Galler Kartellrechtsforum 2004, 35 (39).

ralanwalts in der Prozessordnung verstößt dagegen nach der Rechtsprechung nicht gegen das Recht auf rechtliches Gehör.[231]

3. Recht auf Akteneinsicht und Vertraulichkeit. Die **Parteien** eines Rechtsstreits haben, uU vorbehaltlich gewisser Bestimmungen über die Vertraulichkeit gewisser Unterlagen,[232] grundsätzlich ein Recht auf Einsicht in die Verfahrensakte. Den Parteien bzw. deren Anwälten und Bevollmächtigten ist danach stets umfassende Akteneinsicht zu gewähren bzw. sind Abschriften von Schriftsätzen sowie Ausfertigungen gerichtlicher Entscheidungen gegen Gebühr zu übermitteln. Das gilt im Prinzip auch für Streithelfer und andere Parteien in verbundenen Rechtssachen; hier wird der Präsident jedoch auf Antrag ausnahmsweise geheime oder vertrauliche Unterlagen von der Einsichtnahme ausnehmen (→ Rn. 74). Für **nicht am Prozess beteiligte Dritte** sieht die Verfahrensordnung des EuGH grundsätzlich kein Recht auf Zugang zu der Verfahrensakte selbst vor; lediglich ein Recht auf Einsicht in das Register wird gewährt.[233] Beim EuG und dem EFTA-GH regelt die VerfO auch im Einzelnen das Verfahren über den Zugang Dritter zu den Akten; dafür ist neben einer „eingehenden Begründung für das berechtigte Interesse an der Akteneinsicht" die vorherige Genehmigung durch den Präsidenten nach Anhörung der Parteien Voraussetzung. Zudem muss ein solcher Antrag schriftlich gestellt werden.[234] **73**

Vor dem EuG und dem EFTA-GH kann eine Partei die vertrauliche Behandlung bestimmter Schriftstücke oder Passagen gegenüber **Streithelfern** oder **anderen Parteien in verbundenen Rechtssachen** beantragen.[235] Die Verfahrensordnung des EuGH sieht im Gegensatz dazu jedoch keine besonderen Vertraulichkeitsregeln für den Fall der Verbindung vor.[236] Bei einem berechtigten Schutzinteresse wäre es aber kaum vertretbar, einem Betroffenen nur wegen der Abwesenheit ausdrücklicher Regelungen einen notwendigen Schutz zu verweigern. Der **Antrag** ist jedenfalls in einem gesonderten, den vertraulichen Charakter im Detail begründenden Schriftsatz einzureichen.[237] Dieser muss sich auf konkrete Passagen des betreffenden Textes beschränken; pauschale oder ungenaue Anträge sind unzulässig.[238] Dem Gericht ist sowohl eine bereinigte als auch eine vertrauliche Fassung des Textes zu übermitteln.[239] Der Präsident des Gerichts entscheidet über die Gewährung der Vertraulichkeit per Beschluss.[240] Erheben die Streithelfer oder anderen Parteien keine Einwände gegen die vertrauliche Behandlung, ist diese zu gewähren.[241] **74**

Bei der **Feststellung der Vertraulichkeit** ist bezüglich jedes einzelnen Schriftstückes das berechtigte Interesse der Partei an der Verhinderung einer Beeinträchtigung ihrer Geschäftsinteressen gegen das berechtigte Interesse des Streithelfers am Zugang zu den für die Geltendmachung seiner Rechte im Verfahren notwendigen Informationen abzuwägen.[242] Letztere sind umso höher zu gewichten, je größer die Relevanz einer bestimmten Information für den Rechtsstreit einzuschätzen ist. Neben den eigenen Vertraulichkeitsinteressen des Antragstellers können auch solche nicht verfahrensbeteiligter Dritter geltend gemacht werden.[243] In der Abwägung sind allgemeine Grundsätze wie das „legal professional privilege" zu berücksichtigen.[244] Grundsätzlich vertraulich zu behandeln sind **Geschäftsgeheimnisse**, etwa Informationen über Marktanteile, Umsatz, Absatzvolumen und Preispolitik, soweit es sich um präzise und detaillierte Angaben handelt, die normalerweise weder den Streithelfern, der Öffentlichkeit noch den Fachkreisen zugänglich sind.[245] Hier kann die Angabe von „Spannen" anstelle konkreter Ziffern dem Informationsinteresse des Streithelfers Genüge tun.[246] Aggregierte Zahlen, wie der europäische Gesamtverbrauch eines bestimmten Produkts, genießen **75**

---

[231] EuGH Slg. 2000, I-665 – Emesa Sugar; → Rn. 186.
[232] Art. 38, Art. 103, Art. 104 und Art. 105 EuGVfO.
[233] Art. 22 Abs. 1 EuGHVfO.
[234] Art. 38 Abs. 2 EuGVfO; Art. 16 Abs. 3 VerfO EFTA-GH.
[235] Art. 68 Abs. 4, sowie Art. 144 Abs. 5 und 7 EuGVfO; Art. 46 Abs. 1 VerfO EFTA-GH, sowie Art. 115 Abs. 1 EFTA-GH.
[236] Lediglich für Streithelfer in Art. 131 Abs. 2 EuGHVfO.
[237] Praktische Durchführungsbestimmungen EuG, Rn. 179, 218.
[238] Praktische Durchführungsbestimmungen EuG, Rn. 182; Präsident der 5. Kammer des EuG Slg. 2007, II-491 Rn. 42–44 – TV Danmark und Kanal 5 Denmark.
[239] Praktische Durchführungsbestimmungen EuG, Rn. 183.
[240] Art. 68 Abs. 4 und Art. 144 Abs. 5 EuGVfO; EuG Slg. 1990, II-637 Rn. 21 – Rhone-Poulenc u.a.
[241] Präsident der 5. Kammer des EuG Slg. 2007, II-491 Rn. 45 mwN – TV Danmark und Kanal 5 Denmark.
[242] EuG Slg. 1990, II-163 Rn. 11 – Hilti; Slg. 1997, II-879 Rn. 12 – Gencor; Präsident der 5. Kammer des EuG Slg. 2007, II-491 Rn. 41 – TV Danmark und Kanal 5 Denmark.
[243] EuG Slg. 1997, II-879 Rn. 17– Gencor; Präsident der 4. Kammer des EuG Slg. 2005, II-621 Rn. 43 ff. – Hynix Semiconductor.
[244] EuG Slg. 1990, II-163 Rn. 11 – Hilti.
[245] EuG Slg. 1997, II-835 Rn. 26 – British Steel.
[246] EuG Slg. 1997, II-879 Rn. 36 – Gencor.

keinen Schutz.[247] Das Gleiche gilt grundsätzlich für ökonomische Gutachten in ihrem Analyseteil.[248] Informationen, die bereits Gegenstand von Presseberichterstattung waren, büßen ihren vertraulichen Charakter ein.[249] Ursprünglich geheime oder vertrauliche Angaben können des Weiteren ihre Aktualität verlieren und „historisch" werden,[250] wovon nach fünf Jahren regelmäßig ausgegangen werden kann.[251] Bei der Interessensabwägung ist insbesondere auch dem „öffentlichen Charakter des Verfahrens vor den Unionsgerichten" Rechnung zu tragen.[252] Vertraulichkeitsabsprachen, etwa im Rahmen eines Fusionsvorhabens, können deshalb keinen absoluten Schutz im Gerichtsverfahren beanspruchen.[253]

76 Ein Antrag an das Gericht, wonach die Streithelfer darauf hinzuweisen seien, dass sie die überstellten Schriftstücke außerhalb des Verfahrens nicht verwenden dürfen, ist unzulässig.[254] Das Gleiche gilt für einen Antrag des Klägers, der auf die Rückforderung der bereits im Verwaltungsverfahren weitergeleiteten Unterlagen gerichtet ist. Nachdem das Gericht die Behörde zumindest im Rahmen einer Nichtigkeitsklage nicht auf die Vornahme bestimmter Handlungen verpflichten kann, obliegt es nach Art. 266 AEUV bzw. Art. 38 ÜGA dieser im Falle ihrer Verurteilung selbst, die notwendigen Maßnahmen zu treffen.[255]

77 Im Zuge der Reform der VerfO des EuG wurden neue Bestimmungen eingeführt, die die Vertraulichkeit gewisser Informationen gegenüber einer der Hauptparteien festlegen. Neben der bereits in der vorherigen VerfO enthaltenen Bestimmung über „Schriftstücke[,] in die ein Organ die Einsicht verweigert hat",[256] treten nunmehr Art. 103 und Art. 105 EuGVfO. In Art. 103 EuGVfO findet sich ein Verfahren für die vertrauliche Behandlung von im Rahmen der Beweiserhebung erlangten Auskünften und Unterlagen, die „für die Entscheidung eines Rechtsstreits erheblich sein können". In diesem Fall kann eine der Hauptparteien geltend machen, dass gewisse Auskünfte und Unterlagen vertraulich zu behandeln sind. Das Gericht nimmt dann eine Interessenabwägung vor, die mit begründetem Beschluss endet, in welchem niedergelegt wird, ob und in welchem Umfang der anderen Hauptpartei ermöglicht wird, von den erlangten Beweisen Kenntnis zu nehmen. In jedem Fall muss der anderen Hauptpartei ermöglicht werden, „so weitgehend wie möglich Stellung zu nehmen".[257] Obschon nach Art. 103 EuGVfO das Recht zur Stellungnahme in seinen Grundzügen erhalten bleibt, geschieht die Stellungnahme uU nur in Bezug auf eine nichtvertrauliche Zusammenfassung der im Beweisverfahren erlangten Informationen. Art. 105 EuGVfO legt, zusammen mit den dazu ergangenen Beschlüssen des EuGH und des EuG,[258] ein spezielles Verfahren für die „Behandlung von Auskünften oder Unterlagen, die die Sicherheit der Union oder eines oder mehrerer ihrer MS oder die Gestaltung ihrer internationalen Beziehungen berühren" nieder. In diesem Fall sieht die VerfO des EuG vor, dass das EuG seine Entscheidung auch auf solche Informationen stützen kann, zu denen die anderen Hauptparteien keine Möglichkeit hatten Stellung zu nehmen.[259] Aufgrund der verminderten Möglichkeiten zur Einsicht- und Stellungnahme über entscheidungserhebliche Informationen einer Hauptpartei, sind die Verfahren nach Art. 103 und Art. 105 EuGVfO vor dem Grundsatz des kontradiktorischen Verfahrens und grundrechtlichen Überlegungen wohl kritisch zu betrachten.[260]

78 **4. Begründungspflicht.** Die Pflicht der Unionsorgane, Rechtsakte zu begründen, ergibt sich nicht nur aus Art. 296 AEUV, sondern auch aus dem Anspruch auf effektiven gerichtlichen Rechtsschutz. **Begründungsmängel** rechtsmittelfähiger Entscheidungen – nicht nur der Kommission, sondern auch des EuG – als eigenständiger Aufhebungsgrund sind dann gegeben, wenn die mangelnde Begründung eine effektive Durchsetzung des Rechtsschutzes unzumutbar erschwert oder sogar ganz unmöglich macht. Das ist dann der Fall, wenn es dem beschwerten Rechtsunterworfenen und letzten Endes auch dem überprüfenden Gericht auch unter Berücksichtigung des Kontextes nicht möglich ist, die Begründung nachzuvollziehen und damit potentielle Fehler zu identifizie-

---

[247] EuG Slg. 1997, II-879 Rn. 40 – Gencor.
[248] EuG Slg. 1997, II-879 Rn. 44 – Gencor.
[249] Präsident der 3. erweiterten Kammer des EuG Slg. 2005, II-741 Rn. 34 – BUPA.
[250] Etwa EuG Slg. 2006, II-497 Rn. 618 – BASF.
[251] Präsident der 4. Kammer des EuG Slg. 2005, II-621 Rn. 60 – Hynix Semiconductor.
[252] EuG Slg. 1997, II-835 Rn. 24 – British Steel.
[253] EuG Slg. 1997, II-879 Rn. 17 – Gencor.
[254] EuG Slg. 1990, II-163 Rn. 23 – Hilti.
[255] EuGH Slg. 1986, 1965 Rn. 23 – AKZO.
[256] Art. 104 EuGVfO.
[257] Art. 103 EuGVfO.
[258] Beschluss (EU) 2016/2386 des EuGH und Beschluss (EU) 2016/2387 des EuG.
[259] Art. 105 Abs. 8 EuGVfO.
[260] CCBE Comments on the Draft Rules of Procedure of the General Court vom 16. Juli 2014.

ren.²⁶¹ Ein Begründungsmangel liegt daher nicht etwa vor, wenn die Begründung nicht überzeugt, sondern nur dann, wenn die wesentlichen rechtlichen und tatsächlichen Umstände, die einer Entscheidung zugrunde gelegt wurden, schlechthin nicht mehr erkennbar sind und die Entscheidung rationaler Kritik mithin entzogen ist. Eine **Heilung** durch Nachschieben von Gründen im Gerichtsverfahren ist ausgeschlossen.²⁶² Im Übrigen handelt es sich bei der Begründungspflicht um eine wesentliche Formvorschrift, deren Einhaltung von den Gerichten **von Amts wegen** zu prüfen ist.²⁶³

Ihrem **Umfang** nach muss die Begründung der Natur des betreffenden Rechtsakts angepasst sein. Sie muss die Überlegungen des Unionsorgans, das den Rechtsakt erlassen hat, so klar und eindeutig zum Ausdruck bringen, dass die Betroffenen ihr die Gründe für die erlassene Maßnahme entnehmen können und das zuständige Gericht seine Kontrollaufgabe wahrnehmen kann. Angesichts des bereits in einer Voruntersuchung implizierten Vorwurfs der Zuwiderhandlung und der damit verbundenen Auswirkungen auf das betroffene Unternehmen, löst bereits die erste ergriffene Maßnahme gegenüber einem Unternehmen – mitunter auch ein Auskunftsverlangen – eine Informationspflicht über den Gegenstand und Zweck der Ermittlung aus.²⁶⁴ Das Begründungserfordernis ist nach den **Umständen des Einzelfalls,** insbesondere nach dem Inhalt des Rechtsakts, der Art der angeführten Gründe und nach dem Interesse, zu beurteilen, das die Adressaten oder andere von dem Rechtsakt unmittelbar und individuell betroffene Personen an Erläuterungen haben könnten. In der Begründung der Maßnahme müssen nicht alle irgendwie tatsächlich oder rechtlich einschlägigen Gesichtspunkte genannt werden, da die Begründung in dem den Parteien bekannten Kontext sowie vor dem Hintergrund sämtlicher Rechtsvorschriften auf dem betreffenden Gebiet gesehen werden muss.²⁶⁵ Ein Antwortschreiben an einen klagenden Beschwerdeführer, der nicht Adressat der endgültigen Entscheidung war, ist daher zB mit in Betracht zu ziehen, zumal der Schriftverkehr als Teil der Verfahrensunterlagen auch dem Gericht zur Verfügung steht.²⁶⁶ Dies gilt auch sonst für Schriftwechsel, die vor der Entscheidung stattfanden.²⁶⁷ Umgekehrt hat die Begründung desto ausführlicher auszufallen, je weniger bzw. je weniger eindeutig im Verfahren kommuniziert worden ist.²⁶⁸ Nicht ausreichend zur Erfüllung der Begründungspflicht ist jedenfalls der Hinweis der Behörde auf geführte Telefongespräche.²⁶⁹

Solange die Begründung nachvollziehbar bleibt, muss auch nicht auf alle vorgetragenen Argumente oder Gesichtspunkte des Falles eingegangen werden.²⁷⁰ Es reicht aus, dass die Tatsachen und rechtlichen Erwägungen angeführt werden, die **nach der Systematik der Entscheidung** von wesentlicher Bedeutung sind.²⁷¹ Gesichtspunkte, die nach der inneren Logik der Entscheidung nicht relevanter oder untergeordneter Natur sind, dürfen daher unerwähnt bleiben.²⁷² Weitere Erleichterungen hinsichtlich der Begründung ergeben sich aus der Natur der Entscheidung, etwa bei der Anordnung vorläufiger Maßnahmen im Unterschied zur endgültigen Entscheidung.²⁷³

Im **Beihilferecht** muss die Begründung nicht nur den Interessen des Mitgliedstaates als Adressat Rechnung tragen, sondern denen aller nach Art. 263 AEUV zur Anfechtung Berechtigten. Denn das Anfechtungsinteresse des formell verantwortlichen Staates ist möglicherweise nur gering, während dasjenige der übrigen Beteiligten sehr viel höher sein kann.²⁷⁴ Bei nicht angemeldeten Beihilfen handhaben die Unionsgerichte die Begründungspflicht zugunsten der Kommission großzügig.²⁷⁵

---

261 EuGH Slg. 2006, I-7115 Rn. 88 – Kommission/Portugal.
262 EuG Slg. 2005, II-4179 Rn. 127 – Freistaat Thüringen.
263 EuGH Slg. 2009, I-11245 Rn. 34–35 – Kommission/Irland u.a.
264 EuG Slg. 2008, II-1501 Rn. 48–56 – AC-Treuhand AG.
265 EuGH Slg. 1998, I-1719 Rn. 63 – Sytraval und Brink's France; Slg. 2008, I-4777 Rn. 88 – Chronopost; Slg. 2009, I-11245 Rn. 77 – Kommission/Irland u.a; EFTA-GH Slg. 2011, 266 Rn. 43 – Konkurrenten.no.
266 EuG Slg. 1997, I-923 Rn. 52 f. – Tiercé Ladbroke; EuGH Slg. 1985, 1105 Rn. 19 – CICCE; EuG Slg. 1995, II-147 Rn. 45 – BEMIM.
267 EuG Slg. 1994, II-1039 Rn. 21 – Scottish Football Association.
268 EuG Slg. 1994, II-211 Rn. 27 – All Weather Sports Benelux.
269 EFTA-GH Slg. 1994/1995, 59 Rn. 30 – Scottish Salmon Growers.
270 Begründungspflicht der Behörde: EFTA-GH Slg. 2011, 16 Rn. 173 – Reassur u.a; EuG Slg. 2004, II-2717 Rn. 59–60 – Technische Glaswerke Ilmenau. Begründungspflicht des EuG: EuGH Slg. 2006, I-8831 Rn. 85 – Technische Unie.
271 EuG Slg. 1993, II-669 Rn. 31 – Asia Motor France II; Slg. 1995, II-1675 Rn. 31 – Siemens; Slg. 1997, I-923 Rn. 149 – Tiercé Ladbroke; Slg. 2003, II-435 Rn. 1280 – WestLB; Slg. 2005, II-2197 Rn. 62 ff. – Corsica Ferries France.
272 EuGH Slg. 1998, I-1719 Rn. 64 – Sytraval und Brink's France; vgl. zB EuGH Slg. 2008, I-4777 Rn. 101–112 – Chronopost.
273 EuG Slg. 1997, I-923 Rn. 76 – Tiercé Ladbroke.
274 EuG Slg. 2005, II-4179 Rn. 156 – Freistaat Thüringen.
275 EuGH Slg. 2006, I-1875 Rn. 73 ff. – Atzeni.

Die Anordnung der Rückforderung einer formell rechtswidrigen Beihilfe ist zB deren logische Folge und muss nicht eigens begründet werden.[276] Wird das Vorliegen einer Beihilfe dagegen verneint, so müssen dem **Beschwerdeführer** die Gründe dargelegt werden, aus denen die in der Beschwerde angeführten rechtlichen und tatsächlichen Gesichtspunkte nicht zum Nachweis des Vorliegens einer staatlichen Beihilfe genügt haben.[277]

82   **5. Recht auf Entscheidung innerhalb angemessener Frist.** Art. 6 EMRK schützt das Interesse des Einzelnen, dass über seine Angelegenheiten innerhalb angemessener Frist abschließend entschieden wird. Das Recht auf Entscheidung innerhalb angemessener Frist ist auch in den Art. 41 GRCh (Verwaltungsverfahren) und Art. 47 GRCh (Gerichtsverfahren) garantiert. Entsprechend kommt eine Verletzung dieses Rechts nicht nur im Hinblick auf die einzelnen behördlichen und gerichtlichen Verfahren oder deren Teilabschnitte in Betracht, sondern auch im Hinblick auf die Summe aller Verfahren, die denselben Sachverhalt betreffen.[278] Üblicherweise wird aber nur ein einzelnes Verwaltungs- oder Gerichtsverfahren isoliert betrachtet, um festzustellen, ob eine überlange Verfahrensdauer vorliegt.

83   Erscheint die Dauer des Verfahrens prima facie als fragwürdig, ist zu prüfen, ob sie in Anbetracht der **Umstände des Einzelfalls** dennoch als angemessen einzustufen ist. Zu berücksichtigen sind dabei unter anderem die Interessen, die in dem Rechtsstreit für den Betroffenen auf dem Spiel stehen, die Komplexität der Rechtssache sowie das Verhalten des Klägers und das der zuständigen Behörden.[279] Jeder der genannten Aspekte kann ggf. bereits für sich genommen eine lange Verfahrensdauer rechtfertigen.[280] Im Wettbewerbsrecht ist aber auch zu bedenken, dass ggf. nicht nur die Adressaten der streitigen Entscheidung betroffen sind, sondern auch deren **Konkurrenten und Kunden,** insbesondere falls diese möglicherweise Schadensersatzansprüche geltend machen können.[281] Eine Verfahrensdauer in einer durchschnittlichen Wettbewerbssache von fünf Jahren und sechs Monaten vor dem Gericht wurde vom EuGH als „beträchtlich" und im konkreten Fall als rechtswidrig angesehen.[282] Der EFTA-GH hat ein Verwaltungsverfahren, welches insgesamt sieben Jahre und zwei Monate dauerte, als prima facie zu lange bewertet.[283] Bei einem Kartellverfahren vor dem EuG mit mehreren Klägern und umfangreichen tatsächlichen Feststellungen hat der EuGH eine Gesamtverfahrensdauer von vier Jahren und drei Monaten als beträchtlich, aber gerechtfertigt angesehen.[284]

84   Ist die Gesamtdauer prima facie kritisch, werden für die Beurteilung der Angemessenheit der Dauer im Weiteren zwei separate Abschnitte betrachtet, deren Ablauf und Dauer zunächst ebenfalls pauschal auf Angemessenheit überprüft werden: Der erste Abschnitt ist von der Ermittlung bzw. Erfassung des Sachverhalts geprägt, der zweite von der eigentlichen Entscheidungsfindung. Der **„Ermittlungsabschnitt"** beginnt im behördlichen Verfahren mit der ersten Ermittlungsmaßnahme, welche aufgrund konkreter Verdachtsmomente gegen das betroffene Unternehmen ergangen ist (zB ein Auskunftsverlangen oder eine Hausdurchsuchung). Relevanter Startzeitpunkt im gerichtlichen Verfahren ist die Klageeinreichung. Ende des „Ermittlungsabschnitts" und gleichzeitig Beginn des **„Entscheidungsabschnitts"** ist im Verwaltungsverfahren die Mitteilung der Beschwerdepunkte; im Gerichtsverfahren wird auf den Zeitpunkt der mündlichen Verhandlung abgestellt.[285] In der Rechtssache Limburgse Vinyl Maatschappij hat der EuGH aufgrund der besonderen Komplexität des Falles ein Verwaltungsverfahren von 52 Monaten für den ersten und zehn Monaten für den zweiten Abschnitt noch für angemessen erachtet.[286] Auch die Dauer des Verfahrens vor dem EuG von etwa viereinhalb Jahren sah der EuGH zwar als erheblich, aber dennoch durch die Komplexität des Verfahrens als gerechtfertigt an.[287]

---

[276] EuGH Slg. 2004, I-3679 Rn. 129 – Italien/Kommission; EuG Slg. 2000, II-2267 Rn. 53 – EPAC; Slg. 2003, II-2957 Rn. 234 – P & O European Ferries (Vizcaya).
[277] EuGH Slg. 1998, I-1719 Rn. 64 – Sytraval und Brink's France.
[278] EFTA-GH Slg. 2012, 246 Rn. 277 – Posten Norge; GA Kokott, Schlussanträge v. 14.4.2011 – C-110/10 P, ECLI:EU:C:2011:257 Nr. 81–84 – Solvay. S. aber auch EuGH Slg. 2002, I-8375 Rn. 229–235 – Limburgse Vinyl Maatschappij.
[279] EuGH Slg. 1998, I-8417 Rn. 29 – Baustahlgewebe.
[280] EuGH Slg. 2009, I-6155 Rn. 182 – Der Grüne Punkt – Duales System Deutschland GmbH.
[281] EuGH Slg. 1998, I-8417 Rn. 30 – Baustahlgewebe; Slg. 2009, I-6155 Rn. 186 – Der Grüne Punkt – Duales System Deutschland GmbH.
[282] EuGH Slg. 1998, I-8417 Rn. 28–29 – Baustahlgewebe.
[283] EFTA-GH Slg. 2012, 246 Rn. 279 – Posten Norge.
[284] EuGH Slg. 2007, I-729 Rn. 118–122 – Sumitomo Metal Industries und Nippon Steel.
[285] Vgl. für das Verfahren vor der Kommission: EuGH Slg. 2006, I-8831 Rn. 43 – Technische Unie; und für das Verfahren vor dem EuG: EuGH Slg. 1998, I-8417 Rn. 45 – Baustahlgewebe.
[286] EuGH Slg. 2002, I-8375 Rn. 191–199 – Limburgse Vinyl Maatschappij.
[287] EuGH Slg. 2002, I-8375 Rn. 208–221 – Limburgse Vinyl Maatschappij.

Ist die Dauer eines Verfahrensabschnitts auch im Lichte der Umstände des Einzelfalls nicht 85
pauschal angemessen, wird in einem letzten Prüfungsschritt dieser Verfahrensabschnitt daraufhin
untersucht, ob **konkrete Phasen nicht zu rechtfertigender Untätigkeit** vorliegen.[288] Ist dies
der Fall, wird eine Verletzung des Rechts auf Entscheidung innerhalb angemessener Frist bejaht.[289]

Rechtsfolge einer überlangen Verfahrensdauer ist in den meisten Fällen die Reduktion einer 86
gegen den Kläger verhängten Buße. Grundsätzlich stellt eine überlange Verfahrensdauer auch einen
Haftungsgrund für eine Schadensersatzpflicht der Union dar.[290] In qualifizierten Fällen kann Rechtsfolge sogar die Nichtigerklärung der Entscheidung sein.

Eine **Aufhebung des angefochtenen Rechtsakts** wegen überlanger Verfahrensdauer erfolgt 87
nur dann, wenn der Kläger konkret nachweist, dass die überlange Verfahrensdauer auch zu einer
Beeinträchtigung der Verteidigungsrechte des beschwerten Unternehmens geführt hat.[291] Der
EuGH hat hierfür **strenge Anforderungen** aufgestellt. Die typischerweise mit einer langen Verfahrensdauer verbundenen Schwierigkeiten bei der Sachverhaltsrekonstruktion reichen demnach nicht
aus, um eine Beeinträchtigung der Verteidigungsrechte darzulegen.[292] Vielmehr ist es grundsätzlich
Aufgabe des Unternehmens, die für seine Verteidigung erforderlichen Unterlagen aufzubewahren.
Daher sind konkrete Angaben zu machen, warum das Unternehmen seiner Obliegenheit nicht
nachkommen konnte.[293] So sind zB ausscheidende Mitarbeiter namentlich zu nennen, es ist ihre
Funktion sowie der Zeitpunkt ihres Weggangs anzugeben, es sind Ausführungen zu Art und Umfang
der von ihnen zu erwartenden Auskünfte oder Erläuterungen erforderlich, und es sind die Umstände
darzulegen, die eine Aussage der Betreffenden unmöglich gemacht haben.[294] Allerdings hat GA
Kokott zu Recht daran erinnert, dass die Anforderungen an die Darlegungslast des klagenden Unternehmens nicht überspannt werden dürfen.[295]

Bezüglich der Frage, um welchen Betrag eine Geldbuße bei überlanger Verfahrensdauer zu redu- 88
zieren ist, lässt sich derzeit keine abschließende Aussage treffen. EuG und EuGH erachteten in der
Vergangenheit Festbeträge von 50.000 ECU und 100.000 EUR als ausreichende Reduktion, die in
Relation zur Höhe der in Frage stehenden Geldbuße allerdings kaum ins Gewicht fielen.[296] In einer
jüngeren Entscheidung hat das EuG bei einer Verfahrensdauer von ca. sieben Jahren und einer Geldbuße in der Höhe von 22,95 Mio. EUR eine – bereits von der Kommission vorgenommene – pauschale Reduktion um 100.000 EUR als unzureichend abgelehnt und stattdessen die Geldbuße um
5 % herabgesetzt.[297] Der EFTA-GH hat sich in Posten Norge unter Hinweis auf Art. 13 EMRK und
die Rechtsprechung des EGMR auf den Standpunkt gestellt, dass bei einer **deutlichen Überschreitung der angemessenen Verfahrensdauer** eine substanzielle Reduktion vorzunehmen ist und
die Buße um 20 % herabgesetzt.[298] Die Auffassung der Kommission, dass die Reduktion der Geldbuße
eher symbolischen Charakter aufweisen sollte, um die effektive Durchsetzung des Wettbewerbsrechts
nicht zu gefährden,[299] ist jedenfalls zurückzuweisen: Ein wirksamer Grundrechtsschutz erfordert, dass
die betroffenen Unternehmen Anspruch auf unmittelbare und wirksame Abhilfe haben.[300] Eine Verletzung des Rechts auf Entscheidung binnen angemessener Frist kann ohnehin nur geltend gemacht
werden, wenn die Verzögerung auf nicht zu rechtfertigender Untätigkeit der handelnden Organe
beruht. Es obliegt den Organen der Union selbst, solche Verzögerungen zu vermeiden.

Die Frage, ob das Ausmaß der Reduktion einer Geldbuße substantiell oder lediglich symbolisch 89
zu sein habe, ist angesichts der durchschnittlichen **Dauer der Gerichtsverfahren** höchst relevant.
Zwar hat sich die Dauer des Vorabentscheidungsverfahrens in den letzten Jahren auf etwa 16 Monate

---

[288] EuGH Slg. 2002, I-8375 Rn. 193 – Limburgse Vinyl Maatschappij.
[289] S. zB EuGH Slg. 1998, I-8417 Rn. 45 – Baustahlgewebe; Slg. 2009, I-6155 Rn. 184–188 – Der Grüne Punkt - Duales System Deutschland GmbH; EFTA-GH Slg. 2012, 246 Rn. 281, 283 – Posten Norge.
[290] EuGH Slg. 2009, I-6155 Rn. 195 – Der Grüne Punkt - Duales System Deutschland GmbH.
[291] EuGH 29.3.2011 – C-201/09 P, C-216/09 P, ECLI:EU:C:2011:190 Rn. 118 – ArcelorMittal Luxembourg.
[292] EuGH Slg. 2006, I-8831 Rn. 66–67 – Technische Unie.
[293] EuGH 29.3.2011 – C-201/09 P, C-216/09 P, ECLI:EU:C:2011:190 Rn. 120–121 – ArcelorMittal Luxembourg.
[294] EuGH Slg. 2006, I-8725 Rn. 35–52 – NAVEG; EuGH Slg. 2006, I-8831 Rn. 61–69 – Technische Unie.
[295] GA Kokott, Schlussanträge v. 14.4.2011 – C-110/10 P, ECLI:EU:C:2011:257 Nr. 160 – Solvay.
[296] EuGH Slg. 1998, I-8417 Rn. 141 – Baustahlgewebe: Abschlag von 50.000 ECU bei einer Geldbuße von 3 Mio. ECU; EuG Slg. 2003, II-5761 Rn. 437 – Technische Unie: Abschlag von 100.000 EUR bei einer Buße von 2,215 Mio. EUR; bestätigt in EuGH Slg. 2006, I-8831 Rn. 202–204 – Technische Unie.
[297] EuG Slg. 2001, II-3229 Rn. 341–343 – Bavaria NV.
[298] EFTA-GH Slg. 2012, 246 Rn. 285–286 – Posten Norge.
[299] Vgl. GA Kokott, Schlussanträge v. 14.4.2011 – C-110/10 P, ECLI:EU:C:2011:257 Nr. 167, 191 – Solvay.
[300] EGMR Reports of Judgments and Decisions 2006-V Rn. 186 – Scordino/Italien; GA Kokott, Schlussanträge v. 14.4.2011 – C-110/10 P, Nr. 169–173 – Solvay.

eingependelt,[301] was unter Berücksichtigung der Fallbelastung und des beträchtlichen Übersetzungsaufwandes eine bemerkenswerte Leistung darstellt. Rechtsmittelverfahren vor dem EuGH nahmen 2021 durchschnittlich 15,1 Monate in Anspruch.[302] Bei den am EuG anhängigen Direktklagen, und insbesondere bei den oftmals komplexen wettbewerbsrechtlichen Verfahren, stellt sich die Situation etwas anders dar: Im Jahr 2021 betrug die durchschnittliche Verfahrensdauer in Beihilfesachen 20,6 Monate sowie 27,8 Monate in Wettbewerbssachen.[303] In den Jahren 2017–2021 wurden 95 Anträge auf ein beschleunigtes Verfahren eingereicht; stattgegeben wurden aber nur 18.[304] Den früheren strukturellen Problemen mit überlangen Vefahrensdauern[305] wurde daher mit der Reform des EuG[306] zunehmend begegnet.

90 Der EGMR hat sich im Fall Pafitis geweigert, die aufgrund der **Vorlage an den EuGH** eingetretene Verzögerung des Verfahrens um zwei Jahre und sieben Monate im Rahmen der „angemessenen Frist" nach Art. 6 EMRK zu berücksichtigen.[307] Jede andere Entscheidung, so der EGMR, würde das Funktionieren des Systems der Vorabentscheidung gefährden. Der EFTA-GH verwies auf diese Entscheidung in seinem Urteil im Fall Ásgeirsson, in dem eine der Parteien des Ausgangsverfahrens die Grundrechtswidrigkeit der Verlängerung seines Prozesses durch die Vorlage nach Luxemburg geltend machte.[308] Dabei ging es freilich nur um eine Verfahrenslänge von etwas über fünf Monaten.[309]

91 **6. Unschuldsvermutung.** Nach ständiger Rechtsprechung ist der Grundsatz der Unschuldsvermutung, der nunmehr auch in Art. 48 GRCh niedergelegt ist, in wettbewerbsrechtlichen Verfahren, die zur **Verhängung von Geldbußen** oder Zwangsgeldern führen können, anwendbar.[310] Dem Richter verbleibende Zweifel an der Täterschaft bzw. Teilnahme des Unternehmens an wettbewerbsrechtswidrigen Verhaltensweisen müssen dem klagenden Unternehmen zugutekommen.[311]

92 Grundsätzlich obliegt es der Behörde, aussagekräftige und übereinstimmende Beweise beizubringen, um das Vorliegen der die Zuwiderhandlung darstellenden Tatsachen zu belegen.[312] Dies gelingt insbesondere über **direkte Beweise,** wie zB schriftliche Beweise über die Teilnahme an offensichtlich wettbewerbswidrigen Sitzungen, um einen Verstoß gegen das Kartellverbot nachzuweisen.[313] Allerdings muss die Behörde nach stetiger Rechtsprechung nicht notwendigerweise für jeden Teil der Zuwiderhandlung direkte Beweise beibringen. Auch ein im Ganzen betrachtetes **Bündel von Indizien,** dessen einzelne Teile sich gegenseitig bestätigen, kann den erforderlichen Nachweis erbringen.[314] Dies gilt insbesondere, wenn der festgestellte Sachverhalt nur durch die Existenz eines wettbewerbswidrigen Verhaltens erklärt werden kann. Wenn das Vorbringen der betroffenen Unternehmen eine andere **plausible Erklärung** der Tatsachen ermöglicht, weil es den von der Kommission durch Indizien festgestellten Sachverhalt in einem anderen Licht erscheinen lässt, ist diese Bedingung jedoch offensichtlich nicht erfüllt.[315] Ist der erforderliche Nachweis der Behörde allerdings (insbesondere durch direkte Beweise) gelungen, ist es Sache des Unternehmens, diese Feststellung durch (Gegen-)Beweise zu erschüttern.[316] Bloße Hinweise auf hypothetisch denkbare alternative Handlungsabläufe reichen dafür nicht aus.[317]

---

[301] Gerichtshof der Europäischen Union Jahresbericht 2021, Rechtsprechungstätigkeit 238.
[302] Ebd.
[303] AaO, 403.
[304] AaO, 409.
[305] Gerichtshof der Europäischen Union, Entwurf von Änderungen der Satzung des Gerichtshofs der Europäischen Union und ihres Anhangs I v. 28.3.2011, 7, verfügbar über die Homepage des Rates, http://data.con silium.europa.eu/document/ST-8787-2011-iNiT/en.pdf, zuletzt abgerufen am 8.7.2019.
[306] Vgl. Verordnung (EU, Euratom) 2015/2422 des Europäischen Parlaments und des Rates vom 16. Dezember 2015 zur Änderung des Protokolls Nr. 3 über die Satzung des Gerichtshofs der Europäischen Union (ABl. 2015 L 341, 14).
[307] EGMR Reports 1998-I Rn. 95 – Pafitis u.a./Griechenland.
[308] EFTA-GH Slg. 2003, 185 Rn. 23 – Ásgeirsson.
[309] Vgl. zur Verfahrensdauer am EFTA-GH Baudenbacher/Clifton, Courts of Regional Economic and Political Integration in Handbook on International Adjudication, 2014, 250–277.
[310] Zuletzt EuGH WuW/E EU-R 2578 Rn. 73 – E.ON; EuG 16.9.2013 – T-462/07, ECLI:EU:T:2013:459 Rn. 243 – Galp Energía España.
[311] So bereits EuGH Slg. 1978, 207 Rn. 265.
[312] EuGH WuW/E EU-R 2578 Rn. 71 – E.ON; EuG Slg. 2010, II-2805 Rn. 474, 477 – AstraZeneca.
[313] Vgl. zB EuG WuW/E EU-R 2446 Rn. 126 – Berning & Söhne.
[314] EuG Slg. 2010, II-2805 Rn. 477 – AstraZeneca.
[315] EuGH WuW/E EU-R 2578 Rn. 74 – E.ON.
[316] EuGH WuW/E EU-R 2578 Rn. 78 – E.ON.
[317] EuG Slg. 2010, II-5761 Rn. 61 – E.ON.

Was den **Beweiswert** der verschiedenen von einer Partei beigebrachten Beweisstücke anbelangt, **93** ist das allein maßgebliche Kriterium für die Beurteilung deren Glaubhaftigkeit. Nach den allgemeinen Beweisgrundsätzen hängt die Glaubhaftigkeit eines Schriftstücks und damit sein Beweiswert von seiner Herkunft, den Umständen seiner Entstehung, seinem Adressaten und davon ab, ob sein Inhalt vernünftig und glaubhaft ist. Große Bedeutung kommt insbesondere dem Umstand zu, dass ein Schriftstück in unmittelbarem Zusammenhang mit den Vorgängen oder von einem unmittelbaren Zeugen dieser Vorgänge erstellt wurde. Außerdem sind Erklärungen, die den Interessen des Erklärenden zuwiderlaufen, grundsätzlich als besonders verlässliche Beweise anzusehen.[318]

Zum Antrag des Klägers auf **Vernehmung eines Zeugen** hat der EuGH zwanglos auf Art. 6 **94** Abs. 3 lit. d EMRK zurückgegriffen, der das Recht des Angeklagten betrifft, die Ladung und Vernehmung von Entlastungszeugen unter denselben Bedingungen zu erwirken, wie sie für Belastungszeugen gelten. Allerdings entnahm er der Rechtsprechung des EGMR,[319] dass ein Unionsgericht dazu nicht jeden Zeugen laden müsse, sondern der bei der Sachverhaltsaufklärung erforderlichen Waffengleichheit auch durch andere Maßnahmen, etwa die Prüfung von Dokumenten, Genüge getan werden könne.[320]

7. Umfang der gerichtlichen Kontrolle. Im Zusammenhang mit dem Grundsatz des effekti- **95** ven gerichtlichen Rechtsschutzes sind die Unionsgerichte immer wieder mit der Frage des Umfangs der gerichtlichen Prüfung konfrontiert worden. Das erfolgte vor dem Hintergrund einer Rechtsprechungslinie, nach der die Kommission einen **Beurteilungsspielraum bei komplexen Sachverhalten** wirtschaftlicher, technischer und naturwissenschaftlicher Art hat, der nur begrenzt der gerichtlichen Nachprüfung unterliegt.[321] Nach einer vielfach verwendeten Formulierung hat das Gericht in diesen Fällen seine Prüfung der Sachverhaltswürdigung „auf die Frage zu beschränken, ob die Verfahrensvorschriften eingehalten worden sind, ob die Begründung ausreichend ist, ob der Sachverhalt zutreffend festgestellt worden ist und ob keine offensichtlich fehlerhafte Würdigung des Sachverhalts und kein Ermessensmißbrauch vorliegen".[322] Der EuGH hat diese Formulierung allerdings dahingehend eingeschränkt, dass dies nicht bedeute, dass eine Kontrolle der Auslegung von Wirtschaftsdaten durch die Kommission zu unterlassen sei. Vielmehr sei „nicht nur die sachliche Richtigkeit der angeführten Beweise, ihre Zuverlässigkeit und ihre Kohärenz [zu] prüfen, sondern auch [zu] kontrollieren, ob diese Beweise alle relevanten Daten darstellen, die bei der Beurteilung einer komplexen Situation heranzuziehen waren, und ob sie die aus ihnen gezogenen Schlüsse zu stützen vermögen".[323]

Diese Rechtsprechung ist vor dem Hintergrund zu sehen, dass die gerichtliche Tätigkeit grund- **96** sätzlich auf eine **Rechtmäßigkeitskontrolle** der angefochtenen Kommissionsentscheidung beschränkt ist. Genauso wie die Kommission vor Gericht keine Entscheidungsgründe nachschieben darf,[324] ist es auch dem Gericht verwehrt, den Sachverhalt als solchen – im Unterschied zu der Entscheidung der Kommission mit den dort angegebenen Gründen – zu beurteilen.[325] Daraus folgt, dass es für die Rechtmäßigkeit der Kommissionsentscheidung grundsätzlich ausreichend ist, dass die zugrunde liegende Sachverhaltseinschätzung rechtlich **vertretbar** ist.[326] Bei komplexen wirtschaftlichen Sachverhalten liegt es in der Natur der Sache, dass oftmals auch im Ergebnis unterschiedliche Einschätzungen vertretbar sind. Das gilt insbesondere bei Prognoseentscheidungen, wie bei der Beurteilung der Auswirkungen von beabsichtigten Unternehmenszusammenschlüssen auf den Wettbewerb.[327] Ersetzt das Gericht die vertretbare Beurteilung des Sachverhalts der Kommission durch seine eigene, anstatt sich auf die Überprüfung der Rechtmäßigkeit zu beschränken, überschreitet es die ihm im konstitutionellen Gefüge gesetzten Grenzen.[328] Erst recht ist den Gerichten die Überprüfung der Zweckmäßigkeit einer Kommissionsentscheidung verwehrt, wenn ein Ermessen auf der Rechtsfolgenseite besteht; einzige Ausnahme – und insofern notwendiges Korrektiv – ist die Möglichkeit der Überprüfung der Höhe von Geldbußen in den nach Art. 261 AEUV vorgesehenen

---

[318] EuG WuW/E EU-R 2446 Rn. 135 – Berning & Söhne (mwN).
[319] EGMR 27.7.2000, CE:ECHR:2000:0727JUD003673297 Rn. 21 – Pisano/Italien; EGMR Reports of Judgments and Decisions, 2002-V Rn. 43 – S. N./Schweden; EGMR 18.5.2004, CE:ECHR:2004: 0518JUD005665100 Rn. 39 – Destrehem/Frankreich.
[320] EuGH Slg. 2005, I-5425 Rn. 69 ff. – Dansk Rørindustri.
[321] EuGH Slg. 2007, II-3601 Rn. 87–88 – Microsoft (wirtschaftliche und technische Beurteilungen); Slg. 2002, II-2879 Rn. 44 – A. Menarini (zu medizinisch-pharmakologischen Beurteilungen).
[322] EuGH Slg. 1985, I-4487 Rn. 34 – Remia; EuG WuW/E EU-R 2399 Rn. 82 – Mastercard.
[323] EuGH Slg. 2007, I-9947 Rn. 56–57 – Lenzing; WuW/E EU-R 2213 Rn. 121 – KME.
[324] EuG Slg. 2005, II-4179 Rn. 127 – Freistaat Thüringen (mwN).
[325] EuG 16.9.2013 – T-462/07, ECLI:EU:T:2013:459 Rn. 300 – Galp Energía España.
[326] Vgl. GA Kokott Slg. 2010, I-5949, Nr. 83–84 – Alrosa.
[327] EFTA-GH Slg. 2012, 246 Rn. 97–98 – Posten Norge; GA Kokott Slg. 2010, I-5949, Nr. 70–72 – Alrosa.
[328] EuGH Slg. 2010, I-5949 Rn. 63, 67 – Alrosa.

Fällen. Das Gericht hat entschieden, diese Kompetenz ermögliche es ihm auch, solche Teile eines Wettbewerbsverstoßes als straferschwerend zu berücksichtigen, die von der Entscheidung nicht rechtswirksam erfasst, im Zuge des gerichtlichen Verfahrens aber vom Gericht festgestellt wurden.[329] Angesichts der notwendigen Konnexität zwischen – insofern nicht bestehendem – Schuldvorwurf und der Höhe der Buße als dessen Rechtsfolge überzeugt das nicht.

97 **Bußgeldentscheidungen** in Wettbewerbssachen dürfen nach der Entscheidung Menarini des EGMR zwar von einer Behörde verhängt werden, doch muss eine solche Entscheidung einer vollumfänglichen gerichtlichen Überprüfung sowohl in rechtlicher als auch tatsächlicher Hinsicht zugänglich sein.[330] „Zugänglich sein" bedeutet nicht, dass die Unionsgerichte von Amts wegen eine vollumfängliche Überprüfung der Entscheidung vornehmen müssen. Es reicht aus, dass sie, wie sonst auch, nur im Rahmen konkret vorgebrachter Klagegründe tätig werden.[331] Bezüglich der **Verhängung** von Geldbußen hat der EFTA-GH in der Rechtssache Posten Norge allerdings klargestellt, dass die dem System der Rechtmäßigkeitskontrolle inhärente Begrenzung nicht dazu führen kann, dass die Unschuldsvermutung außer Kraft gesetzt wird. Insofern reicht es für die Rechtmäßigkeit der Entscheidung zwar aus, dass die Bewertung und Gewichtung einzelner Faktoren im Rahmen einer komplexen Beurteilung durch die Behörde lediglich vertretbar ist; im Hinblick auf die Richtigkeit des Gesamtergebnisses dürfen dem Gericht aber keine vernünftigen Zweifel verbleiben.[332] Für die Rechtmäßigkeitskontrolle der **Höhe** von Geldbußen hat der EuGH daran erinnert, dass Bußgeldentscheidungen der Kommission ausführlich zu begründen sind, und deutlich gemacht, dass auf eine gründliche rechtliche wie tatsächliche Überprüfung dieser Begründung nicht mit Verweis auf den Ermessensspielraum der Kommission verzichtet werden kann.[333] Eine hinter diesem Standard zurückbleibende Darstellung des Kontrollmaßstabs durch das EuG sah der EuGH gleichwohl als lediglich „deklaratorisch" und unbeachtlich an, da sie das EuG an der notwendigen Ausübung der umfassenden rechtlichen und tatsächlichen Kontrolle nicht gehindert habe.[334] In der Rechtssache Telefónica kommt Generalanwalt Wathelet nunmehr – überzeugend – zu dem Schluss, dass das EuG seiner Kontroll- und Begründungspflicht mit pauschalen Feststellungen zur Angemessenheit der Buße spätestens dann nicht mehr nachkommt, wenn es konkrete Gesichtspunkte gibt, die eine gründliche Prüfung erforderlich machen (hier: zehnmal höhere Buße als die in einem vergleichbaren Fall).[335]

C. Gang des Verfahrens

Art. 20 EuGH-Satzung

Das Verfahren vor dem Gerichtshof gliedert sich in ein schriftliches und ein mündliches Verfahren.

Das schriftliche Verfahren umfasst die Übermittlung der Klageschriften, Schriftsätze, Klagebeantwortungen und Erklärungen und gegebenenfalls der Repliken sowie aller zur Unterstützung vorgelegten Belegstücke und Urkunden oder ihrer beglaubigten Abschriften an die Parteien sowie an diejenigen Unionsorgane, deren Entscheidungen Gegenstand des Verfahrens sind.

Die Übermittlung obliegt dem Kanzler in der Reihenfolge und innerhalb der Fristen, die die Verfahrensordnung bestimmt.

Das mündliche Verfahren umfasst die Anhörung der Bevollmächtigten, Beistände und Anwälte und der Schlussanträge des Generalanwalts durch den Gerichtshof sowie gegebenenfalls die Vernehmung von Zeugen und Sachverständigen.

Ist der Gerichtshof der Auffassung, dass eine Rechtssache keine neue Rechtsfrage aufwirft, so kann er nach Anhörung des Generalanwalts beschließen, dass ohne Schlussanträge des Generalanwalts über die Sache entschieden wird.

---

[329] EuG 16.9.2013 – T-462/07, ECLI:EU:T:2013:459 Rn. 618 – Galp Energía España.
[330] EGMR 27.9.2011 – 43509/08, CE:ECHR:2011:0927JUD004350908 Rn. 59 – A. Menarini Diagnostics/Italien.
[331] EuGH WuW/E EU-R 2213 Rn. 131 – KME.
[332] EFTA-GH Slg. 2012, 246 Rn. 101 – Posten Norge; vgl. dazu Temple Lang ELRev. 2012, 464 (467 ff.); Bronckers/Vallery ELR 2012, 108. Anders wohl EuG Slg. 2007, II-3601 – Microsoft (→ Rn. 94–95, 430, 543, 566, 629).
[333] EuGH WuW/E EU-R 2213 Rn. 129 – KME.
[334] So ausdrücklich im Parallelverfahren EuGH 8.12.2011 – C-386/10 P, ECLI:EU:C:2011:815 Rn. 47, 82 – Chalkor.
[335] EuGH Schlussanträge v. 26.9.2013, C-295/12 P, ECLI:EU:C:2013:619 Rn. 107 ff., Rn. 159, Rn. 164 f. – Telefonica/Kommission.

Die Ausgestaltung des Prozessrechts wird durch die praktischen Anforderungen an ein effizientes **98** Verfahren bestimmt. Hinzu kommen Gerechtigkeitserwägungen, die sich in den einzelnen Vorschriften, aber auch in allgemeinen Verfahrensgrundsätzen, niederschlagen. Pragmatische Überlegungen haben einen besonderen Stellenwert. Es steht ein verhältnismäßig differenziertes prozessrechtliches Instrumentarium zur Verfügung. Auch wenn gewisse Anklänge an das französische Verwaltungsverfahren unverkennbar sind, so weist das Verfahrensrecht aber nicht den einheitlichen Guss auf, der für nationale Rechtsordnungen charakteristisch ist. Überdies sind die den Prozess bestimmenden Akteure diesseits und jenseits der Schranken durch unterschiedliche nationale Traditionen geprägt, die insbesondere im Verhältnis zwischen Common Law und kontinentalem Recht weiter auseinanderklaffen dürften als im materiellen Recht. Das erfordert eine gewisse Flexibilität im Detail, der das Postulat der Rechtseinheitlichkeit, welches das übrige europäische Recht so grundlegend prägt, nicht entgegensteht. Im Allgemeinen folgt der Ablauf eines Prozesses vor den Unionsgerichten und dem EFTA-GH aber einer fest umrissenen Struktur, deren Kenntnis für Praktiker des Wettbewerbs- und Beihilferechts unerlässlich ist. Dieser Verfahrensgang soll im Folgenden skizziert werden, wobei sich die Darstellung am Ablauf der zeitlich aufeinander folgenden Ereignisse orientiert. Auf die Unterschiede zwischen Direktklagen und Vorabentscheidungsverfahren ist dabei im konkreten Zusammenhang einzugehen.

I. Allgemeines

1. Rechtsquellen. a) Unionsgerichte. Erste Rechtsquelle für Aufbau und Verfahren der Uni- **99** onsgerichte ist der Vertrag über die Arbeitsweise der Europäischen Union selbst. In den Art. 256 ff. AEUV sind die Klagearten und gewisse Modalitäten ihrer Geltendmachung genannt. Aber auch die vom EuGH anerkannten allgemeinen Rechtsgrundsätze und die Grundrechte sind hier zu erwähnen. Der Abstraktionsgrad der primärvertraglichen Vorschriften und Grundsätze ist einem Verfassungstext entsprechend hoch und deshalb ergänzungsbedürftig. Ergänzungen finden sich in den Vorschriften der Satzung und der Verfahrensordnungen. Auf der anderen Seite regelt der AEUV gewisse zentrale prozessuale Fragen abschließend und kann insofern nur durch Auslegung konkretisiert werden. Das betrifft etwa die Regelung der Klagebefugnis nach Art. 263 Abs. 4 AEUV.

Als förmlicher Teil des Primärrechts gilt die Satzung für den EuGH und das EuG. Die wesentli- **100** chen verfahrensrechtlichen Vorschriften finden sich in ihrem Titel III. Sie sind über Art. 53 Abs. 1 auch auf das EuG anwendbar. Auf der darunter liegenden Ebene verfügen beide Gerichte über mehr Spielraum und können im vorgegebenen Rahmen ihren speziellen Bedürfnissen Rechnung tragen. Dazu gewähren ihnen Art. 253 Abs. 6 AEUV (EuGH) und Art. 254 Abs. 5 AEUV (EuG) das Recht, eine Verfahrensordnung zu erlassen bzw. zu ändern. Davon haben beide Unionsgerichte mehrfach Gebrauch gemacht. Vorausgesetzt ist jeweils die Genehmigung des Rates, im Falle des EuG darüber hinaus das Einvernehmen mit dem EuGH. Von der flexiblen Änderbarkeit der Verfahrensordnungen ist lediglich das politisch sensible Sprachenregime nach Art. 64 der Satzung ausgenommen. Unterhalb der Ebene der Verfahrensordnungen haben beide Unionsgerichte andere Instrumente erlassen, die gewisse formelle Aspekte des Verfahrensablaufs, der Registerführung und der Veröffentlichungspraxis regeln. Die aufgrund der Verfahrensordnungen[336] erlassenen „Praktischen Anweisungen" und „Praktischen Durchführungsbestimmungen" zielen schließlich insbesondere auf die Standardisierung von Form und Inhalt des schriftlichen und mündlichen Vorbringens ab.[337] Der EuGH hat auch „Empfehlungen an die nationalen Gerichte bezüglich der Vorlage von Vorabentscheidungsersuchen" gegeben.[338] Schließlich haben sowohl der EuGH als auch das EuG Beschlüsse zur Einreichung und Zustellung von Verfahrensstücken im Wege von „e-Curia" erlassen (→ Rn. 115).[339] Alle verfahrensrechtlich relevanten Texte sind auf der Website des EuGH bzw. EuG unter www.curia.europa.eu abrufbar.

b) EFTA-GH. Das Prozessrecht des EFTA-GH folgt dem der Unionsgerichte in Struktur **101** und Grundzügen. In Art. 108 Abs. 2 EWRAbk sind nur die Abkommensverletzungsklage und die Nichtigkeitsklage gegen Entscheidungen der ESA in allgemeiner Form genannt. Der eigentliche Katalog der Klagearten findet sich im Abkommen zwischen den EFTA-Staaten zur Errichtung einer Überwachungsbehörde und eines Gerichtshofs (im Folgenden: ÜGA). In rechtlicher Hinsicht fehlt im Verfahrensrecht des EFTA-GH die Gültigkeitsvorlage nach Art. 267 Abs. 1 lit. b AEUV, was bei

---

[336] Vgl. Art. 208 EuGHVfO; Art. 224 EuGVfO.
[337] Vgl. Art. 208 EuGHVfO; Art. 224 EuGVfO. Das mündliche Verfahren vor dem EuG erfassen spezielle „Hinweise an die Prozessvertreter für die mündliche Verhandlung".
[338] ABl. 2005 C 143, 1.
[339] Art. 57 Abs. 8 EuGHVfO; Art. 74 EuGVfO; hierzu ABl. 2011 C 289, 7. Änderungen der VerfO und des Beschlusses zur Verwendung von e-Curia vor dem EuG ab 1.12.2018, s. ABl. 2018, L 240, 68.

einer Gesamtwürdigung der Rechtsschutzmöglichkeiten zu berücksichtigen ist. Das Prozessrecht des EFTA-GH wird wiederum durch Satzung und Verfahrensordnung geregelt. Wie für das materielle Recht des EWR und die den Gerichtshof betreffenden Vorschriften des ÜGA standen dafür die entsprechenden Rechtsakte des Unionsrechts Modell. Die Satzung ist in Protokoll 5 zum ÜGA niedergelegt und gilt damit gemäß Art. 42 ÜGA als Bestandteil dieses Abkommens. Sie kann gemäß ihrem Art. 44 von den drei am EWR beteiligten EFTA-Staaten einstimmig geändert werden, wobei der Gerichtshof entweder das Initiativ- oder ein Anhörungsrecht hat. Die Verfahrensordnung erlässt und ändert der Gerichtshof selbst, wozu allerdings wiederum die Genehmigung durch die drei Regierungen erforderlich ist (Art. 43 Abs. 2 ÜGA). Hinsichtlich der Dienstanweisung für den Kanzler, der Hinweise für Prozessvertreter und für die nationalen Gerichte in Vorabentscheidungsverfahren gilt beim EFTA-GH im Wesentlichen das Gleiche wie vor den Unionsgerichten. Auch der EFTA-GH hat nunmehr einen Beschluss zur Einreichung und Zustellung von Verfahrensstücken über eine spezielle elektronische Anwendung („e-EFTA Court") gefasst.[340] Die einschlägigen Texte finden sich unter www.eftacourt.int.

102 **2. Sprachenregime.** In einem Rechtsraum mit 24 offiziellen Sprachen muss erstens dafür gesorgt werden, dass die **Verständigung zwischen den Verfahrensbeteiligten und dem Gericht** gewährleistet ist. Das gilt in verstärktem Maße aus Sicht des nationalen Gerichts im Vorabentscheidungsverfahren. Zweitens besteht ein Bedürfnis nach Verständlichkeit der Luxemburger Urteile nicht nur der am Verfahren Beteiligten, sondern jedes **Rechtsunterworfenen.** Als Drittes muss in den interkulturell besetzten europäischen Gerichten die **interne Kommunikationsfähigkeit** gewährleistet sein. Bedenkt man nun noch, dass jede Rechtsprechung durch die Sprache geprägt wird, in der sie ergeht, so wird neben der verfahrensmäßigen auch die inhaltliche Bedeutung der Sprachenregelung zumindest bei den Unionsgerichten deutlich.

103 **a) Unionsgerichte.** Die jeweilige **Verfahrenssprache** bei EuGH und EuG ist in Direktklageverfahren gegen Organe grundsätzlich die Sprache, in der die Klage abgefasst ist. In Verfahren eines privaten Klägers hat dieser die Auswahl zwischen allen in Art. 36 EuGHVfO bzw. Art. 44 EuGVfO aufgezählten Amtssprachen der Union. In Vorabentscheidungsverfahren richtet sich die Verfahrenssprache vor dem EuGH grundsätzlich nach der Sprache des vorlegenden Gerichts,[341] in Vertragsverletzungsverfahren ist die Amtssprache des beklagten Staates Verfahrenssprache.[342] Vorlagebeschlüsse, die im Amtsblatt veröffentlich werden, sind grundsätzlich in alle Amtssprachen zu übersetzen, wobei von besonders langen Beschlüssen eine Zusammenfassung gemacht werden kann.[343]

104 In der Verfahrenssprache sind in der Folge grundsätzlich alle **Schriftsätze** einzureichen.[344] Ebenfalls in der Verfahrenssprache sind die beigefügten Anlagen zu halten. Sind Dokumente in einer anderen Sprache abgefasst, so hat sie die betroffene Partei und nicht der Übersetzungsdienst des Gerichtshofs zumindest in Auszügen zu übersetzen.[345] Bei Nichtbeachtung dieser Vorschriften kann der Kanzler der betroffenen Partei eine Frist zur Behebung der Mängel setzen, welche, bei Nichtbeachtung, schließlich bis zur Zurückweisung des Verfahrensstückes führen kann.[346] Wie das schriftliche Verfahren wird die **mündliche Verhandlung** grundsätzlich in der Verfahrenssprache geführt. Nur in der Verfahrenssprache ist schließlich das **Urteil** verbindlich,[347] auch wenn es – wie nach Urteilsverkündung auch die Schlussanträge – in alle anderen Amtssprachen übersetzt wird.

105 Das unionsrechtliche Sprachenregime ist aber nicht völlig unflexibel. Die Beteiligten (einschließlich Streithelfer) können im schriftlichen wie im mündlichen Verfahren eine Befreiung vom Zwang zur Benutzung der Verfahrenssprache beantragen, um auf eine andere Sprache zurückgreifen zu können.[348] Dem Antrag wird aber nur stattgegeben, wenn die Abweichung nicht das Verfahren verzögern oder die Verfahrensrechte der anderen Parteien beeinträchtigen könnte.[349] Eine Abweichung nur im mündlichen Verfahren ist wegen des Bestands an Simultandolmetschern an den Uni-

---

[340] ABl. 2017 C 73, 18, berichtigt in ABl. 2017 C 154, 28.
[341] Art. 37 Abs. 3 EuGHVfO.
[342] Art. 37 Abs. 1 lit. a EuGHVfO; Art. 45 Abs. 1 lit. a EuGVfO.
[343] Art. 98 Abs. 1 EuGHVfO.
[344] Art. 38 Abs. 1 EuGHVfO; Art. 46 Abs. 1 EuGVfO.
[345] Art. 38 Abs. 1–3 EuGHVfO; Art. 46 Abs. 1–3 EuGVfO, zu den Folgen bei Nichtbeachtung Praktische Durchführungsbestimmungen EuG, Rn. 99., zu einem außergewöhnlichen Fall EuG Slg. 1999, II-931 Rn. 58 – Limburgse Vinyl Maatschappij.
[346] Praktische Durchführungsbestimmungen EuG Rn. 93 sowie Rn. 99, 100 ff.
[347] Art. 41 EuGHVfO; Art. 49 EuGVfO.
[348] Für Direktklagen: Art. 38 Abs. 1 lit. b und c EuGHVfO; Art. 45 Abs. 1 lit. b und c EuGVfO; für Vorabentscheidungsverfahren: Art. 37 Abs. 3 EuGHVfO.
[349] EuG Slg. 1995, II-2881 Rn. 26 – Salt Union.

onsgerichten leichter zu rechtfertigen, im schriftlichen Verfahren wird privaten Beteiligten häufig die Übersetzung zugemutet.³⁵⁰ Darüber hinaus gewährt das Verfahrensrecht einmal mehr den Mitgliedstaaten das Privileg der eigenen Sprache in Schrift und Wort.³⁵¹ Den drei EWR/EFTA-Staaten, der ESA und Drittstaaten kann gestattet werden, sich statt der Verfahrenssprache einer anderen EU-Amtssprache zu bedienen.³⁵² Zeugen und Sachverständige benutzen grundsätzlich die Sprache, in der sie sich hinlänglich ausdrücken können, gegebenenfalls auch eine Drittsprache.³⁵³ Die mündliche Verhandlung kann von Gerichtsseite in der vom Präsidenten, Richter oder Generalanwalt bevorzugten Sprache geführt werden.³⁵⁴ Die Übersetzung in die Verfahrenssprache oder allenfalls andere zugelassene Verhandlungssprachen erfolgt durch Simultandolmetscher des Gerichtshofs.

106 Die Wahl einer einheitlichen Verfahrenssprache und die verschiedenen Ausnahmeregeln dürfen nicht darüber hinwegtäuschen, dass die gerichtsinterne Kommunikation und das Verfassen von Texten an den beiden Unionsgerichten, letztlich also auch die Abfassung des Urteils vor seiner Übersetzung, in der Praxis in aller Regel auf **Französisch** erfolgt, der **Arbeitssprache** der Unionsgerichte. Die Existenz einer von der Verfahrenssprache unabhängigen Arbeitssprache bedeutet auch, dass die zentralen Dokumente und, soweit erforderlich, der Rest der Verfahrensakten vom Sprachendienst des Gerichtshofs ins Französische übersetzt werden.³⁵⁵ Mit der französischen Sprache geht auch ein Einfluss des französischen Rechtsdenkens einher. Dieser wird dadurch verstärkt, dass viele Richter veranlasst sind, zumindest einen französischsprachigen Rechtsreferenten zu beschäftigen. Der Generalanwalt darf seine Schlussanträge in der eigenen Sprache abfassen.³⁵⁶

107 b) EFTA-GH. Das Sprachenregime des EFTA-GH unterscheidet sich deutlich von jenem der Unionsgerichte. Art. 29 Abs. 1 VerfO EFTA-GH bestimmt als Grundsatz: „Die Sprache des Gerichtshofs ist **Englisch**. Dies betrifft das gesamte Verfahren […]". Das Englische beherrscht das gesamte schriftliche und mündliche Verfahren vor dem Gerichtshof und bindet in Direktklagen alle Verfahrensbeteiligten, auch die EU- und EWR/EFTA-Staaten. Eine Klage muss deshalb auf Englisch eingereicht werden.³⁵⁷ Den Schriftsätzen beigefügte Dokumente sind ebenfalls auf Englisch oder ggf. mit Übersetzung ins Englische einzureichen;³⁵⁸ andernfalls kann sie der Gerichtshof als unzulässig abweisen.³⁵⁹ Private Parteien sowie Zeugen und Sachverständige können sich in Ausnahmefällen in einer anderen der 26 EWR-Amtssprachen mündlich äußern.³⁶⁰ Neben der Verfahrenssprache gibt es keine zusätzliche Arbeitssprache, so dass auch die interne Kommunikation am EFTA-GH auf Englisch erfolgt.

108 Im Vorabentscheidungsverfahren ist die Dominanz des Englischen weniger ausgeprägt. Im Interesse der praktischen Funktionsfähigkeit dieses zwischengerichtlichen Kooperationsinstruments ist das nationale Gericht berechtigt, seinen Vorlagebeschluss in der Sprache des bei ihm anhängigen Verfahrens einzureichen.³⁶¹ Davon wird in der Praxis regelmäßig Gebrauch gemacht. Von diesem Privileg profitieren auch die Parteien des Ausgangsverfahrens (nicht aber sonstige Verfahrensbeteiligte), die schriftlich und mündlich in der Sprache des vorlegenden Gerichts, also je nachdem Deutsch, Isländisch oder Norwegisch verhandeln können. In der Praxis plädieren die Anwälte freilich zumeist in Englisch. Die Übersetzung des Vorlagebeschlusses, aller Schriftsätze und Dokumente ins Englische sowie nötigenfalls das Dolmetschen in der mündlichen Verhandlung erfolgt durch den Gerichtshof. Auf der anderen Seite werden der Sitzungsbericht des Berichterstatters und das Urteil auf Englisch und in der Sprache des Vorlagegerichts abgefasst. Das Urteil ist in beiden Sprachen verbindlich, obwohl die nicht-englische Version eine bloße Übersetzung darstellt.³⁶² Dies war in der Vergangenheit nicht unproblematisch.³⁶³

---

³⁵⁰ EuG Slg. 1995, II-239 Rn. 37 – Auditel.
³⁵¹ Art. 38 Abs. 4 EuGHVfO; Art. 46 Abs. 4 EuGVfO.
³⁵² Art. 38 Abs. 4 EuGHVfO; Art. 46 Abs. 5 EuGVfO.
³⁵³ Art. 38 Abs. 7 EuGHVfO; Art. 46 Abs. 6 EuGVfO.
³⁵⁴ Art. 29 Abs. 5 EuGHVfO; Art. 46 Abs. 7 EuGVfO.
³⁵⁵ Darüber hinaus können Richter, Generalanwälte und die Parteien aber auch Übersetzungen der Äußerungen in andere Amtssprachen verlangen, Art. 39 EuGHVfO; Art. 47 EuGVfO.
³⁵⁶ Art. 38 Abs. 8 EuGHVfO; Art. 46 Abs. 7 EuGVfO.
³⁵⁷ Art. 4 Abs. 2 Dienstanweisung Kanzler EFTA-GH; EFTA-GH Slg. 1994/1995, 83 Rn. 5 – Flandorfer Friedmann u.a./Österreich.
³⁵⁸ Art. 29 Abs. 3 VerfO EFTA-GH.
³⁵⁹ Vgl. EFTA-GH Slg. 2012, 246 Rn. 115, 156 – Posten Norge.
³⁶⁰ Art. 31 25VerfO EFTA-GH. Diese Vorschriften sind bislang nicht angewandt worden.
³⁶¹ Art. 30 Abs. 1 VerfO EFTA-GH.
³⁶² Art. 30 Abs. 5 VerfO EFTA-GH.
³⁶³ EFTA-GH, Slg. 2005, 1 – Pedicel; in diesem Fall hat sich das nationale Gericht auf einen Fehler in der Übersetzung gestützt. Dazu: Baudenbacher Reciprocity in Baudenbacher, The Fundamental Principles of EEA Law, Springer (2017), S. 51 (Fn. 77).

109 **3. Fristen.** Hinsichtlich der in den Verfahrensordnungen geregelten Fristen ist zwischen **gesetzlichen** und **gerichtlich festgesetzten** zu unterscheiden. Erstere ergeben sich aus dem primär- oder sekundärrechtlichen Prozessrecht selbst: Ihr bedeutendstes Anwendungsbeispiel ist die Klagefrist (→ Rn. 486 ff.). Gerichtlich festgesetzte Fristen sind solche, die das Gericht bzw. sein Kanzler aufgrund der Prozessordnungen angeordnet haben.[364] Während bei gerichtlich festgesetzten Fristen die Möglichkeit besteht, eine **Verlängerung** zu beantragen, können gesetzliche Verfahrensfristen vom Gericht allenfalls dort verlängert werden, wo es das Verfahrensrecht ausdrücklich gestattet.[365] Insbesondere die **Klagefrist** steht aber nicht zur Disposition des Gerichts.[366] Anträge auf Fristverlängerung gerichtlich festgesetzter Fristen sind zu begründen und rechtzeitig vor Ablauf der festgesetzten Frist zu stellen. Eine Frist kann nur aus außergewöhnlichen Gründen mehr als einmal verlängert werden.[367]

110 Die Nichtbeachtung einer Frist hat, vorbehaltlich einer rechtlich möglichen und tatsächlich gewährten Verlängerung sowie ausnahmsweise einer Wiedereinsetzung in den vorigen Stand, (→ Rn. 116) die Unzulässigkeit der verspätet vorgenommenen Handlung zur Folge. Wird die Möglichkeit der Fristverlängerung versäumt, so wird Wiedereinsetzung in den vorigen Stand allenfalls unter ganz außergewöhnlichen Bedingungen zu erreichen sein.

111 a) **Fristberechnung. Fristbeginn.** Die Berechnung der Frist erfolgt **ab dem Tag,** auf den das fristauslösende Ereignis oder die Handlung fällt; dieser wird bei der Berechnung der Frist nicht mitberechnet.[368] Im Fall einer Klagefrist, die mit der Veröffentlichung einer Maßnahme im Amtsblatt zu laufen beginnt, erfolgt die Fristberechnung erst mit dem Ablauf des 14. Tages nach der Veröffentlichung (→ Rn. 491).

112 Das **Ende einer Frist** tritt bei nach Wochen, Monaten oder Jahren bemessenen Fristen mit Ablauf des Tages ein, der in der letzten Woche, im letzten Monat oder im letzten Jahr in Bezeichnung oder Zahl jeweils dem Tag des Fristbeginns entspricht.[369] Fällt das Fristende bei einer nach Monaten oder Jahren bemessenen Frist in einen Monat mit weniger Tagen, so endet die Frist mit Ablauf des letzten Tages dieses Monats.[370] Bei einer nach Monaten und Tagen bemessenen Frist werden zuerst die vollen Monate und dann die Tage gezählt.[371] Feiertage sowie Wochenenden hemmen den Fristenlauf grundsätzlich ebenso wenig wie die Gerichtsferien.[372] Fällt allerdings das Fristende auf einen Samstag, Sonntag oder gesetzlichen Feiertag, so endet die Frist erst mit dem Ablauf des nächstfolgenden Werktags.[373] Vor den Unionsgerichten werden die Verfahrensfristen, einschließlich der Klagefrist, darüber hinaus durch eine pauschale **Entfernungsfrist** von zehn Tagen verlängert.[374] Für die Frage, ob das Fristende auf ein Wochenende oder einen Feiertag fällt, kommt es nur auf den Ablauf der „Brutto-Frist" an.[375] Vor dem EFTA-GH fehlt nicht nur, entgegen Art. 41 EFTA-GH-Satzung, eine entsprechende Regelung; es wird explizit vorgeschrieben, dass gesetzliche Fristen nicht wegen der räumlichen Entfernung allein verlängert werden dürfen.[376]

113 Für die Fristwahrung ist grundsätzlich der **Eingang bei der Kanzlei** maßgeblich.[377] Das Datum des Registereintrags ist demgegenüber unerheblich.[378] Fristen laufen vor den Unionsgerichten grundsätzlich um 24.00 Uhr des maßgeblichen Tages ab.[379] Außerhalb der Öffnungszeiten der Kanzlei können zu jeder Tages- und Nachtzeit Schriftstücke rechtswirksam beim diensthabenden Pförtner des Gerichtshofs bzw. des Gerichts eingereicht werden.[380] Eine wichtige Besonderheit besteht insofern beim EFTA-GH. Danach müssen Schriftsätze zur Fristwahrung am letzten Tag einer Frist innerhalb

---

[364] Art. 52 EuGHVfO; Art. 61 EuGVfO; Art. 42 VerfO EFTA-GH.
[365] Arg. e contrario Art. 52 EuGHVfO; Art. 61 EuGVfO; Art. 42 VerfO EFTA-GH; vgl. auch EuG Slg. 1999, II-3617 Rn. 25 – Sodima.
[366] EuG Slg. 1999, II-2837 Rn. 29 – Evans.
[367] Praktische Durchführungsbestimmungen EuG Rn. 70.
[368] Art. 49 Abs. 1 lit. a EuGHVfO; Art. 58 Abs. 1 lit. a EuGVfO; Art. 39 Abs. 1 lit. a VerfO EFTA-GH.
[369] EuGH Slg. 1992, I-525 Rn. 6 – Frankreich/Kommission.
[370] Art. 49 Abs. 1 lit. b EuGHVfO; Art. 58 Abs. 1 lit. b EuGVfO; Art. 39 Abs. 1 lit. b VerfO EFTA-GH.
[371] Art. 49 Abs. 1 lit. c EuGHVfO; Art. 58 Abs. 1 lit. c EuGVfO; Art. 39 Abs. 1 lit. c VerfO EFTA-GH.
[372] Art. 49 Abs. 1 lit. d und e EuGHVfO; Art. 58 Abs. 1 lit. d und e EuGVfO; Art. 39 Abs. 1 lit. d und e VerfO EFTA-GH.
[373] Art. 49 Abs. 2 EuGHVfO; Art. 58 Abs. 2 EuGVfO; Art. 39 Abs. 2 VerfO EFTA-GH.
[374] Art. 51 EuGHVfO; Art. 60 EuGVfO.
[375] EuG Slg. 1995, II-729 Rn. 62 – BASF; Slg. 2004, II-329 Rn. 40 – OPTUC.
[376] Art. 41 VerfO EFTA-GH.
[377] Art. 57 Abs. 6 EuGHVfO; Art. 72 Abs. 2 EuGVfO; Art. 54 Abs. 4 VerfO EFTA-GH.
[378] EuG Slg. 2000, II-387 Rn. 80 – ADT.
[379] Vgl. zB EuG 30.11.2009 – T-2/09, ECLI:EU:T:2009:478 Rn. 16 – Internationale Fruchtimport Gesellschaft Weichert.
[380] Praktische Anweisungen EuGH Rn. 40; Praktische Durchführungsbestimmungen EuG, Rn. 7.

I. Allgemeines

der amtlichen Öffnungszeiten eingegangen sein.[381] Ob diese Vorschrift bereits die Klagefrist betrifft und welche Auswirkungen entsprechende Verspätungen allenfalls auf die Zulässigkeit vorzunehmender Handlungen haben, ist bislang vom Gerichtshof aber nicht thematisiert worden.

In der Praxis wird regelmäßig von der Möglichkeit Gebrauch gemacht, die Klagefrist und sonstige Fristen durch Einreichen einer Fernkopie des Schriftsatzes zu wahren. Die Einreichung einer Kopie des unterzeichneten Schriftsatzes per **Fax** oder per **E-Mail** ist fristwahrend, wenn spätestens zehn Tage später die Urschrift des Schriftsatzes mit allen Anhängen sowie die erforderliche Anzahl von Kopien davon bei der Kanzlei eingeht.[382] Die zehn-Tage-Regelung bedeutet **nicht** etwa eine pauschale **Verlängerung der Frist**. Wenn etwa ein Telefax sieben Tage vor Ablauf der Frist und das Original fünf Tage nach Ablauf eingeht, so gilt der Schriftsatz als nicht eingereicht, da das Original nicht binnen zehn Tagen nachgereicht wurde. Geht das Telefax mehr als zehn Tage vor Ende der Frist bei Gericht ein, so ist überhaupt nur noch die Wahrung dieser Frist entscheidend.[383] Auf die zusätzlichen zehn Tage zur Nachreichung des Originals wird keine erneute zehntägige Entfernungsfrist gewährt.[384] Sollte es zwischen der Kopie und dem Original auch nur geringste **Abweichungen** geben, so wird auf das Eingangsdatum des Originals abgestellt, so dass die Frist ggf. nicht gewahrt wurde.[385]

Schließlich haben nunmehr sowohl die Unionsgerichte als auch der EFTA-GH von der Möglichkeit[386] Gebrauch gemacht, Beschlüsse zur elektronischen Übermittlung von Verfahrensschriftstücken zu erlassen. Die Anwendungen „e-Curia" und „e-EFTA Court" erlauben ihren registrierten Benutzern die Einreichung und Zustellung von Original-Verfahrensstücken.[387] Während für die Verfahren vor dem EuGH und dem EFTA-GH die Benutzung der Anwendungen e-Curia und e-EFTA Court freiwillig ist und neben die anderen Möglichkeiten zur Einreichung und Zustellung tritt, ist e-Curia ab dem 1. Dezember 2018 grundsätzlich die einzig verfügbare Kommunikationsmöglichkeit mit dem EuG. Nach dem neu eingefügten Art. 56a EuGVfO ist ab diesem Datum „jedes Vefahrensschriftstück mittels e-Curia einzureichen und hat jede Zustellung mittels e-Curia zu erfolgen". Die VerfO folgt aber nach wie vor dem e-Curia Beschluss auf den es in Art. 56a Abs. 2, 3 und 5 EuGVfO verweist. Einige Ausnahmen von der verpflichtenden Verwendung von e-Curia bleiben aber erhalten, zB für Fälle in denen die „Art des Schriftstückes" eine andere Form der Einreichung erfordert, oder eine Partei über kein e-Curia-Zugangskonto verfügt.[388]

b) Wiedereinsetzung in den vorigen Stand. Im Falle des Überschreitens einer Frist besteht für den Säumigen die Möglichkeit der Wiedereinsetzung in den vorigen Stand.[389] Auf Wiedereinsetzung in den vorigen Stand kann sich ein Kläger auch noch im Rechtsmittelverfahren berufen, wenn das EuG ihn vor der verfahrensabschließenden Entscheidung nicht von seiner Absicht in Kenntnis gesetzt hat, die Klage wegen Verspätung abzuweisen und ihn zur Begründung der Verspätung aufgefordert hat.[390]

Von dem Grundsatz der Fristwahrung kann aus Gründen der Rechtssicherheit und der Gleichbehandlung nur „unter ganz außergewöhnlichen Umständen" abgewichen werden.[391] Dabei handelt es sich nach dem Wortlaut der Satzungsvorschriften entweder um einen **„Zufall"** oder einen **„Fall höherer Gewalt"**. In der Praxis wird zwischen beiden Alternativen kein Unterschied gemacht,[392] die Bedeutung der Rechtssache für den Betroffenen ist jedenfalls unerheblich.[393] Der Begriff der höheren Gewalt umfasst zwei Merkmale.[394] In **objektiver Hinsicht** müssen ungewöhnliche, außerhalb der Sphäre des Betroffenen liegende Umstände gegeben sein. Ist die Fristversäumnis auf Fehler der Beschäftigten oder eine mangelhafte Organisation des Unternehmens zurückzuführen, so kann der Betroffene sich nicht auf Zufall oder höhere Gewalt berufen.[395] Auch schlechtes Wetter oder Karneval

---

[381] Die Öffnungszeit endet bereits nachmittags um 16.00 Uhr; Art. 1 Abs. 1 Dienstanweisung Kanzler EFTA-GH.
[382] Art. 57 Abs. 7 EuGHVfO; Art. 73 Abs. 3 EuGVfO, Art. 54 Abs. 7 VerfO EFTA-GH.
[383] EuGH Slg. 2005, I-403 Rn. 18 – Zuazaga Meabe.
[384] Art. 57 Abs. 7 EuGHVfO; Art. 73 Abs. 3 EuGVfO.
[385] Praktische Anweisungen EuGH, Rn. 49.
[386] Art. 57 Abs. 8 EuGHVfO; Art. 74 EuGVfO; Art. 54 Abs. 8 VerfO EFTA-GH.
[387] EuGH und EuG in ABl. 2011 C 289, 7; EFTA-GH in ABl. 2017 C 73, 18, berichtigt in ABl. 2017 C 154, 28.
[388] Art. 56a Abs. 1 EuGVfO.
[389] Art. 45 Abs. 2 EuGH-Satzung; Art. 41 Abs. 2 Satzung EFTA-GH.
[390] EuGH Slg. 2005, I-403 Rn. 24 – Zuazaga Meabe.
[391] EuGH Slg. 2011, I-11535 Rn. 41 – Internationale Fruchtimport Gesellschaft Weichert.
[392] von der Groeben/Schwarze/Hackspiel EuGH-Satzung Art. 45 Rn. 4.
[393] EuGH Slg. 2011, I-11535 Rn. 51–52 – Internationale Fruchtimport Gesellschaft Weichert.
[394] EuGH Slg. 1994, I-5619 Rn. 32 – Bayer.
[395] EuGH Slg. 1984, 2349 – Ferriera Vittoria; EuGH Slg. 1994, I-5619 Rn. 33 – Bayer.

begründen keinen Wiedereinsetzungsgrund.[396] In **subjektiver Hinsicht** muss der Betroffene nachweisen, dass er sich gegen die Folgen ungewöhnlicher Ereignisse gewappnet hat, indem er, ohne übermäßige Opfer zu bringen, zur Fristwahrung geeignete Maßnahmen getroffen hat. Insbesondere muss der Betroffene den Ablauf des Verfahrens überwachen und zum Zweck der Einhaltung der vorgesehenen Frist Sorgfalt walten lassen.[397] Wäre eine sorgfältige und umsichtige Person objektiv in der Lage gewesen, die Verspätung zu verhindern, so liegt kein Fall höherer Gewalt vor.[398] Die Vertauschung von Kopie und Original durch ein beauftragtes Unternehmen zB ist dem Betroffenen zuzurechnen.[399] Entsprechend kann sich ein Kläger vor den Unionsgerichten nicht auf eine außergewöhnliche Funktionsstörung der Postdienststellen oder eine ungewöhnlich lange Dauer der Zustellung berufen, wenn er die Klageschrift erst am Tag vor dem Ablauf der Frist abgeschickt hat. Die allen Beteiligten eingeräumte zehntägige Entfernungsfrist wird nämlich gerade unter Berücksichtigung möglicher Probleme in den Postdienststellen gewährt.[400] Ob zur Übermittlung eines Schriftsatzes an das Gericht ein Expressdienst einzuschalten ist, ergibt sich aus den Umständen, insbesondere daraus, wie zeitnah das Fristende bereits gerückt ist. In jedem Fall ist der Betroffene aber verantwortlich, wenn er durch das Einschalten von Mittelspersonen das Versandverfahren selbst verzögert.[401] Reicht die Zeit nicht für die Erhebung einer ordnungsgemäßen Klage, so muss sie trotzdem eingereicht werden, wobei allenfalls die Zurückweisung durch den Kanzler zur Nachbesserung in Kauf zu nehmen ist.[402]

118   Unabhängig von der Regelung in der Satzung hat die Rechtsprechung die Rechtsfigur des **entschuldbaren Irrtums** in Bezug auf die Überschreitung einer Frist entwickelt. Zweck ist die Wahrung der Grundsätze der Rechtssicherheit und des Vertrauensschutzes.[403] Auch der Begriff des entschuldbaren Irrtums wird eng ausgelegt und bezieht sich wiederum nur auf Ausnahmefälle. Ein solcher liegt vor, wenn Vorschriften oder Verhaltensweisen von Organen für sich genommen oder doch in ausschlaggebendem Maße geeignet waren, auch bei einem gutgläubigen und durchschnittlich informierten Rechtsbürger, der alle Sorgfalt angewendet hat, ernsthafte Verwirrung hervorzurufen.[404] Im Wettbewerbsrecht dürfte das in Einzelfällen bei irreführenden Stellungnahmen der Behörden in Betracht kommen. Umstände, die wie das Fehlen einer eigenen Rechtsabteilung in der Sphäre des Empfängers liegen, bleiben aber unbeachtlich.[405] Die fehlerhafte Anwendung der auf die Fristberechnung anwendbaren Vorschriften der Verfahrensordnungen durch den Rechtsanwalt des Betroffenen stellt erst Recht keinen entschuldbaren Irrtum dar.[406]

119   **4. Verbindung von Rechtssachen.** Betreffen zwei oder mehrere Verfahren den gleichen Gegenstand und stehen miteinander in Zusammenhang, so können sie zum gemeinsamen schriftlichen Verfahren, mündlichen Verfahren und/oder zur gemeinsamen Entscheidung verbunden werden. Das ist sowohl im Direktklageprozess als auch im Vorabentscheidungsverfahren möglich. Eine Direktklagesache kann auch mit einem Vorabentscheidungsverfahren verbunden werden, wobei wegen der Unterschiede im schriftlichen Verfahren seitens des EuGH die Tendenz besteht, die Verbindung auf das mündliche Verfahren und die gemeinsame Entscheidung zu beschränken.[407]

120   Im Wettbewerbs- und Beihilferecht ist Verbindung regelmäßig angebracht, wenn mehrere Klagen gegen die gleiche Entscheidung der Kommission bzw. der ESA eingereicht werden. Dass eine der Klagen möglicherweise unzulässig ist, steht dem nicht entgegen.[408] Die Entscheidung über die Verbindung liegt bei EuGH und EuG beim Präsidenten des Gerichts.[409] Beim EFTA-GH entscheidet das Richterkollegium.[410] Die Entscheidung liegt im freien Ermessen. In Direktklageverfahren sind zuvor die Parteien zu hören. Beim EuGH werden darüber hinaus, soweit bereits bestellt, der Berichterstatter und der Generalanwalt um Stellungnahme gebeten. Die Verbindung zu gemeinsamer Entscheidung kann auch noch im Urteil erfolgen, wenn die inhaltlichen und prozessualen Voraussetzungen erfüllt sind.[411]

---

[396] EuGH Slg. 1992, I-525 Rn. 9 – Frankreich/Kommission.
[397] EuGH Slg. 2005, I-403 Rn. 25 – Zuazaga Meabe.
[398] EuGH Slg. 1984, 3089 Rn. 21 – Ferriera Valsabbia; EuGH Slg. 2005, I-403 Rn. 18 – Zuazaga Meabe.
[399] EuGH Slg. 2011, I-8849 Rn. 50 – Bell & Ross.
[400] EuGH Slg. 1998, I-2655 – Irland/Kommission.
[401] EuGH Slg. 2005, I-403 Rn. 26 – Zuazaga Meabe.
[402] EuGH Slg. 1984, 3089 Rn. 25 – Ferriera Valsabbia.
[403] EuG Slg. 1991, II-219 Rn. 28 – Bayer.
[404] EuGH Slg. 2011, I-11535 Rn. 42 – Internationale Fruchtimport Gesellschaft Weichert.
[405] EuG Slg. 2005, II-3469 Rn. 39 – Air Bourbon.
[406] EuGH Slg. 2011, I-11535 Rn. 45 – Internationale Fruchtimport Gesellschaft Weichert.
[407] Anderson/Demetriou, References to the European Court, Rn. 12–010.
[408] EuG Slg. 2003, II-4771 Rn. 40 – Akzo Nobel Chemicals.
[409] Art. 54 Abs. 2 EuGHVfO; Art. 68 Abs. 2 EuGVfO.
[410] Art. 46 Abs. 1 VerfO EFTA-GH.
[411] Vgl. etwa EuGH Slg. 2005, I-5425 Rn. 50 – Dansk Rørindustri u.a.; EFTA-GH Slg. 2005, 117 Rn. 43 – Fesil u.a.

Die Verbindung nimmt den Klagen nicht ihre Unabhängigkeit. Sie führt insbesondere nicht **121** dazu, dass Zulässigkeitsmängel oder nicht selbst vorgetragene Klagegründe in den eigenen Schriftsätzen durch Verweis auf die Schriftsätze in den verbundenen Rechtssachen kompensiert werden können, jedenfalls soweit die Kläger unterschiedlich sind.[412]

II. Schriftliches Verfahren

1. Einleitendes Verfahrensschriftstück. Der Prozess wird mit der Erhebung einer Klage[413] **122** bzw. dem Eingang des Vorlagebeschlusses eines nationalen Gerichts[414] eingeleitet. Klage und Vorlagebeschluss sind an den Kanzler des zuständigen Gerichts zu richten. Während das Prozessrecht für den Vorlagebeschluss praktisch keine formellen Vorgaben macht,[415] ist die Form der Klage einer Privatperson oder eines Unternehmens im Direktklageverfahren Gegenstand ausführlicher Regelung. Auch für den Inhalt einer Klageschrift bestehen weitreichende Vorgaben, deren Nichtbeachtung zur Unzulässigkeit oder zur Präklusion eines bestimmten Vorbringens führen kann.[416] Während der Inhalt der Klageschrift und Fragen der Postulationsfähigkeit im Zusammenhang mit der Zulässigkeit von Direktklagen bzw. Vorabentscheidungsverfahren zu behandeln sind, soll nachstehend auf einige bei der Verfahrenseröffnung zu beachtenden Formalien eingegangen werden.

a) Zeitpunkt der Verfahrenseinleitung. Die Klage und der Beschluss zur Einleitung eines **123** Vorabentscheidungsverfahrens können **jederzeit** bei Gericht eingereicht werden. Die Gerichtsferien im Sommer, Winter und um Ostern hindern die Eröffnung des Verfahrens nicht.[417] Das Gleiche gilt für die an EuGH und EuG (nicht aber am EFTA-GH) einmal pro Trimester eingelegten sitzungsfreien Wochen („semaines blanches") sowie die Feiertage, die sich an allen drei Gerichten nach den Gepflogenheiten ihres Sitzstaats Luxemburg richten. Die Kanzleien bleiben während der Gerichtsferien in Funktion, so dass auch in laufenden Verfahren Schriftsätze ausgetauscht werden und Fristen weiterlaufen.[418]

b) Formalien der Klageschrift. Die Klage muss in formaler Hinsicht ein gewisses Minimum **124** an Informationen enthalten, das in Satzung und Verfahrensordnung festgelegt ist. Kriterien zu Aufbau und Formatierung der Klageschrift sowie für alle anderen Arten von Schriftsätzen finden sich weiterhin in den „Praktischen Anweisungen", die auf den Webseiten der Gerichte verfügbar sind.

Zunächst hat die Klage die **Parteien**, dh den Namen und Wohnsitz des Klägers sowie den **125** Beklagten zu bezeichnen.[419] Im Rechtsmittelverfahren hat der EuGH festgestellt, dass die Nichtbeachtung dieser Formalie dann Folgen hat, wenn der Gegenpartei dadurch Nachteile entstanden sind,[420] was allerdings kaum jemals der Fall sein dürfte. Im Verfahren vor dem EuGH und dem EFTA-GH ist das **Original** der Klageschrift (ebenso wie alle anderen Schriftsätze) ist vom Bevollmächtigten oder Anwalt eigenhändig **zu unterzeichnen**.[421] Eine Paraphe auf dem Stempelabdruck der Kanzlei auf der ersten Seite der Klageschrift reicht dazu zwar grundsätzlich nicht aus. Doch das EuG ließ es in der Vergangenheit auch genügen, wenn sich aus einem Vergleich mit anderen Schriftproben ergab, dass der Unterzeichnete tatsächlich der klägerische Anwalt war.[422] Fehlt die Unterschrift, so wird die Klage an ihren Urheber zurückgeschickt. Mit dem Original der Klageschrift müssen im Verfahren vor dem EuGH und dem EFTA-GH je nach Anzahl der am Verfahren beteiligten Parteien, in jedem Fall aber **mindestens sechs beglaubigte Kopien** eingereicht werden, von denen fünf stets am Gericht verbleiben und die übrige(n) für die Zustellung an die andere(n) Partei(en) bestimmt sind.[423] Werden innerhalb der Klagefrist irrtümlich nur Kopien der Klageschrift eingereicht, ist die Klage verfristet, da die unterbliebene Einreichung der unterzeichneten Urschrift der Klageschrift nicht zu den Mängeln gehört, die nach Art. 44 § 6 EuGVfO behoben werden können.[424] Im Verfahren vor dem EuG sind die Bestimmungen zur

---

[412] EuG Slg. 2005, I-5527 Rn. 71, 75 – Honeywell.
[413] Art. 21 EuGH-Satzung, Art. 19 Satzung EFTA-GH.
[414] Art. 23 EuGH-Satzung.
[415] Vgl. dazu aber die „Empfehlungen an die nationalen Gerichte bezüglich der Vorlage von Vorabentscheidungsersuchen" durch den EuGH.
[416] Art. 21 EuGH-Satzung; Art. 19 Satzung EFTA-GH und die jeweiligen Verfahrensordnungen.
[417] Art. 15 EuGH-Satzung, Art. 24 EuGHVfO, Art. 41 EuGVfO; Art. 14 Satzung EFTA-GH, Art. 20 VerfO EFTA-GH.
[418] Art. 49 Abs. 1 lit. e EuGHVfO; Art. 58 Abs. 1 lit. e EuGVfO, Art. 39 Abs. 1 lit. f VerfO EFTA-GH.
[419] Art. 120 EuGVfO; Art. 76 Abs. 1 lit. a, b und c EuGVfO; Art. 101 Abs. 1 lit. a und b VerfO EFTA-GH.
[420] EuGH Slg. 1996, I-5547 Rn. 11 – Tremblay.
[421] Art. 57 Abs. 1 EuGHVfO; Art. 54 Abs. 2 VerfO EFTA-GH.
[422] EuG Slg. 2004, II-1 Rn. 45 – Thermenhotel Stoiser Franz.
[423] Art. 57 Abs. 2 EuGHVfO; Art. 54 Abs. 3 VerfO EFTA-GH.
[424] EuGH Slg. 2011, I-8849 Rn. 38–42 – Bell & Ross.

eingenhändigen Unterschrift und beglaubigten Kopien mit der verbindlichen Nutzung von e-Curia entfallen.[425]

126 Alle drei Gerichte haben Vorgaben zum **Umfang** der Schriftsätze erlassen.[426] Nach den praktischen Anweisungen sollen Klage- bzw. Rechtsmittelschrift und -beantwortung zwischen 20 und 50 Seiten nicht überschreiten.[427] Im Verfahren vor dem EuG ist es spätestens, wenn der Umfang des Schriftsatzes 70 Seiten überschreitet, wahrscheinlich, dass die Kanzlei diesen mit der Aufforderung, den Schriftsatz zu kürzen, an die betroffene Partei zurücksendet.[428] Ausnahmen werden nur in Fällen gewährt, die in tatsächlicher und/oder rechtlicher Hinsicht besonders komplex sind.[429] Gerade in Wettbewerbsverfahren mit vielen Klägern kann der Umfang zum Problem werden. Die Antwort der Gerichte darauf ist nötigenfalls eine pragmatische: In einem Verfahren vor dem EuG, in dem die Klageschriften zusammen auf etwa 2.000 Seiten kamen und die Anhänge fast hundert Ordner umfassten, regte der Berichterstatter bei einem informellen Treffen das Erstellen von Zusammenfassungen und das Auswählen gewisser Dokumente durch die Kläger an.[430] Das Gericht hat darüber hinaus klargestellt, dass es sich angesichts der vielen geltend gemachten Klagegründe nicht zu einer detaillierten Begründung in allen Punkten des Urteils verpflichtet fühlt und die Kläger, trotz teilweisen Obsiegens, zur Tragung ihrer eigenen Kosten verurteilt.[431]

127 Der Klage und allen anderen Schriftsätzen sind die **Anhänge** beizufügen, auf welche die Klage verweist, ebenso ein Verzeichnis,[432] aus dem sich Nummer, Datum und Art der Anlagen ergibt.[433] In formeller Hinsicht wird auf die Vorlage des Inhaltsverzeichnisses großen Wert gelegt, bei Fehlen wird eine Frist zur Behebung gesetzt.[434] Zur Unzulässigkeit des kompletten Schriftsatzes führt das Fehlen von Anhängen (und des Verzeichnisses) nach allgemeinen Grundsätzen jedoch nur dann, wenn den übrigen Parteien hierdurch ein Nachteil entsteht[435] bzw. sie in der Vorbereitung ihres Vorbringens beeinträchtigt sind.[436] Wird eine Urkunde im Schriftsatz nur auszugsweise zitiert, so ist das vollständige Original oder eine Abschrift bei der Kanzlei zu hinterlegen.[437] Anzufügen ist einer Nichtigkeitsklage außerdem die angefochtene Entscheidung und einer Untätigkeitsklage ein Dokument, aus dem sich der Zeitpunkt der in Art. 265 Abs. 2 AEUV vorgesehenen Aufforderung ergibt.[438]

128 Die den Schriftsatz unterzeichnenden Anwälte müssen bei der Kanzlei eine Bescheinigung hinterlegen, aus der sich ihre Berechtigung, vor dem Gericht eines EWR-Staates aufzutreten, ergibt.[439] Juristische Personen des Privatrechts müssen darüber hinaus vor dem EuG und dem EFTA-GH **ihre Rechtspersönlichkeit nachweisen,** also etwa ein Exemplar der Satzung oder einen aktuellen Handels- bzw. Vereinsregisterauszug vorlegen, und die ordnungsgemäße Ausstellung von **Prozessvollmacht** durch einen dazu Berechtigten nachweisen (→ Rn. 328).

129 **c) Wirkung der Rechtshängigkeit.** Die Rechtshängigkeit einer Klage macht eine später eingereichte Klage über denselben Streitgegenstand, dh die dieselben Parteien betrifft, auf dieselben Klagegründe gestützt ist und auf die Nichtigerklärung desselben Rechtsakts abzielt, **unzulässig.**[440] In Vorabentscheidungsverfahren greift dieser Automatismus nicht; hier können EuGH und EFTA-GH aber schon beim Vorliegen gleicher Rechtsfragen entweder auf ein Zurückziehen des Vorlagebeschlusses hinwirken oder im Beschlusswege entscheiden (→ Rn. 669 ff.).

---

[425] Vgl. ABl. 2018 L 240, 68; EuGH Slg. 2011, I-8849 Rn. 38–42 – Bell & Ross.
[426] Art. 58 EuGHVfO; Art. 75 EuGVfO; für EFTA-GH finden sich die Bestimmungen in den for the guidance of Counsel in written and oral proceedings before the EFTA Court, 5.
[427] Praktische Anweisungen EuGH, Rn. 13–16; Praktische Durchführungsbestimmungen EuG Rn. 105–108; Notes for the guidance of Counsel in written and oral proceedings before the EFTA Court, 5.
[428] Praktische Durchführungsbestimmungen EuG, Rn. 109 ff., 120 ff.
[429] Art. 75 Abs. 2 EuGVfO; Notes for the guidance of Counsel in written and oral proceedings before the EFTA Court, 5.
[430] EuG Slg. 2003, II-3275 Rn. 75 – Atlantic Container Line.
[431] EuG Slg. 2003, II-3275 Rn. 89 – Atlantic Container Line.
[432] Art. 57 § 4 EuGHVfO; Art. 72 Abs. 3 EuGVfO; Art. 54 Abs. 5 VerfO EFTA-GH.
[433] Vgl. Praktische Anweisungen EuGH Rn. 44 und Praktische Durchführungsbestimmungen EuG, Rn. 82 bis 84.
[434] Praktische Durchführungsbestimmungen EuG, Rn. 82 ff. und Anhang 2 dieser Bestimmungen.
[435] EuGH Slg. 2002, I-9297 Rn. 11 – Aéroports de Paris.
[436] EuG Slg. 2005, II-315 Rn. 72 – Chiquita Brands International.
[437] Art. 57 § 5 EuGHVfO; Art. 72 Abs. 4 EuGVfO.
[438] Art. 21 Abs. 2 EuGH-Satzung; Art. 19 Abs. 2 Satzung EFTA-GH beschränkt sich darauf, die Beifügung „anderer erheblicher Unterlagen" zu fordern.
[439] Art. 119 Abs. 3 EuGHVfO; Art. 51 Abs. 2 EuGVfO; Art. 100 Abs. 3 VerfO EFTA-GH.
[440] EuGH Slg. 2005, I-10043 Rn. 64 – Italien/Kommission; EuG Slg. 2005, II-787 Rn. 38 – Group ormeggiatori del porto di Venezia.

2. Registrierung und Veröffentlichung der Rechtssache. Geht eine neue Rechtssache bei 130 der **Kanzlei** des zuständigen Gerichts ein, so leitet diese selbstständig die ersten Schritte des Prozesses ein. Die Bedeutung der Kanzleien geht sowohl bezüglich der (auch protokollarischen) Stellung ihres Leiters, des Kanzlers/der Kanzlerin, als auch ihrer verfahrensrechtlichen Rolle über der Geschäftsstellen vieler nationaler Gerichte hinaus. Dem Kanzler unterstehen neben der Verwaltung wichtige Einheiten wie die Übersetzungsabteilung und der wissenschaftliche Dienst. Die Kanzlei prüft ua eingehende Schriftsätze auf offensichtliche Form- und Fristmängel, trägt sie in das Gerichtsregister ein und sorgt für die Veröffentlichung im Amtsblatt. Außerdem stellt sie die eingegangenen Schriftsätze den anderen Verfahrensbeteiligten zu (→ Rn. 139 ff.). Der Kanzler kann gegebenenfalls selbstständig gerichtliche Fristen setzen und verlängern,[441] wobei dies praktisch stets auf Initiative des Berichterstatters hin geschieht.

Nach Eingang wird jede neue Rechtssache bei der Kanzlei des zuständigen Gerichts im Register 131 eingetragen.[442] Dabei erhält sie ein **Aktenzeichen,** das sich aus einem Buchstaben („C" beim EuGH [„Cour"], „T" beim EuG [„Tribunal"] sowie „E" beim EFTA-GH), der laufenden Nummer sowie den letzten beiden Ziffern der Jahreszahl und gegebenenfalls einem weiteren Buchstaben bzw. einer Buchstabenkombination als Unterscheidungsmerkmal für besondere Verfahrensarten zusammensetzt.[443]

Grundsätzlich sind alle neu eingegangenen Rechtssachen und Schriftsätze zu registrieren. Davon 132 werden bei **offensichtlichen Formmängeln** allerdings Ausnahmen gemacht. Schriftstücke, die – ohne dass dies zuvor vom Gericht akzeptiert wurde – zum Beispiel nicht in der Verfahrenssprache abgefasst sind, werden nach den Dienstanweisungen für den Kanzler nicht angenommen.[444] Darüber hinaus können offensichtliche Zulässigkeitsmängel einer Klage zumindest in den Kanzleien der Unionsgerichte einen Grund darstellen, ein Verfahren gar nicht erst zu registrieren (→ Rn. 213). Fehlen notwendigerweise einzureichende **Unterlagen** wie der Zulassungsnachweis des Anwalts, der Registerauszug juristischer Personen oder eine Kopie der angefochtenen Entscheidung bzw. der Aufforderung zur Behebung der Untätigkeit, so registriert der Kanzler die Rechtssache trotzdem und setzt dem Kläger eine Frist zur Behebung des Mangels oder zur Beibringung der erforderlichen Unterlagen. Nach deren fruchtlosem Ablauf entscheidet das Gericht über die Zulässigkeit der Klage.[445]

Neu eingegangene Verfahren werden von der Kanzlei in Sektion C des **Amtsblatts der EU** 133 veröffentlicht.[446] Die Publikation soll insbesondere die Beteiligung Dritter am Rechtsstreit ermöglichen. In Direktklageprozessen werden die Anträge des Klägers sowie eine Zusammenfassung der Klagegründe und wesentliche Argumente abgedruckt, in Vorabentscheidungsverfahren lediglich die Fragen des nationalen Gerichts. Im Falle des EFTA-GH erfolgt die Publikation sowohl im EWR-Abschnitt als auch in der EWR-Beilage des Amtsblatts.

3. Geschäftsverteilung. Kammersystem. EuGH, EuG und EFTA-GH sind Kollegialgerichte. 134 Bis auf wenige Ausnahmen, in denen am EuG ein Einzelrichter entscheidet, werden Fälle durch einen mehrere Richter umfassenden Spruchkörper beurteilt. Während die drei Richter des EFTA-GH jede anhängig gemachte Rechtssache gemeinsam im Plenum entscheiden, gestaltet sich die interne Zuständigkeit bei EuGH und EuG aufgrund der Größe komplizierter. Nach den Verfahrensordnungen des EuGH und des EuG können Entscheidungen in Dreier- und Fünferkammern beziehungsweise in der Großen Kammer oder gar im Plenum erfolgen.[447] Die meisten verfahrensbeendenden Rechtssachen werden vor beiden Unionsgerichten von **Dreierkammern** getroffen.[448] Vor dem EuGH entscheiden Dreierkammern in Routineverfahren wie bei unbestrittenen Vertragsverletzungen oder bei bereits beantworteten Rechtsfragen in der Regel ohne Generalanwalt, ohne mündliche Verhandlung und ohne Publikation ihrer Urteile in der amtlichen Sammlung. Anders ist die Situation am **EuG.** Hier haben die Dreierkammern die faktische Regelzuständigkeit;[449] kom-

---

[441] Art. 52 Abs. 2 EuGHVfO; Art. 61 Abs. 2 EuGVfO: Art. 42 Abs. 2 VerfO EFTA-GH.
[442] Zum Register Art. 21 EuGHVfO; Art. 36 Abs. 1 EuGVfO; Art. 1514 VerfO EFTA-GH.
[443] Vgl. für weitere Einzelheiten Praktische Durchführungsbestimmungen EuG, Rn. 16 ff.; Art. 11 ff. Dienstanweisung Kanzler EFTA-GH.
[444] Praktische Durchführungsbestimmungen EuG, Rn. 93.
[445] Art. 119 Abs. 4, Art. 121 Abs. 3 und Art. 122 Abs. 3 EuGHVfO; Art. 51 Abs. 4 und Art. 78 Abs. 6 EuGVfO; Art. 105 VerfO EFTA-GH.
[446] Art. 21 Abs. 4 EuGHVfO; Art. 79 EuGVfO, Praktische Durchführungsbestimmungen EuG, Rn. 58; Art. 15 Abs. 5 VerfO EFTA-GH, Art. 24 lit. b Dienstanweisung Kanzler EFTA-GH.
[447] Art. 60 EuGHVfO; Art. 14 EuGVfO.
[448] EuGH Annual Report 2021, Judicial activity, 38; zum Vergleich im Jahr 2017 wurden noch 51,27 % aller Rechtssachen von Fünferkammern entschieden (EuGH Jahresbericht 2017, 115); s. auch Hakenberg EuZ 2004, 106.
[449] EuGH Annual Report 2021, Judicial activity, 385, 230: 83,8 % aller erledigten Rechtssachen.

plexe Rechtssachen können aber auch einer sog. „erweiterten Kammer" mit fünf Richtern zugewiesen werden. Die **Große Kammer** wird bei beiden Unionsgerichtshöfen in besonders komplexen oder bedeutsamen Verfahren befasst.[450] Nach Art. 16 Abs. 2 der Satzung besteht die Große Kammer nunmehr aus fünfzehn Richtern. Ihr gehören beim EuGH zwingend der Präsident als Vorsitzender sowie der Vizepräsident an. Die übrigen Richter, von denen drei Präsidenten von Fünferkammern sein müssen, werden nach einem Rotationsverfahren bestimmt, beim EuG gehören ihr zurzeit der Präsident, die sieben Kammerpräsidenten der nicht mit der Rechtssache befassten Kammern und die Richter der erweiterten Kammer, die in der betreffenden Rechtssache hätte tagen müssen, wenn diese einer Kammer mit fünf Richtern zugewiesen wäre, an.[451] Lediglich in Fällen von „außergewöhnlicher Bedeutung" kommt an beiden Gerichten die Befassung des **Plenums** in Betracht.[452]

135   **Zuweisung.** Unmittelbar nach Eingang der Rechtssache weist der Präsident des zuständigen Gerichts die Rechtssache einem **Berichterstatter** („juge rapporteur" oder „judge rapporteur") zu.[453] Im Unterschied zum EFTA-GH berücksichtigen sich die Präsidenten der beiden Unionsgerichte dabei nicht selbst. Beim EuGH benennt außerdem der Erste Generalanwalt den mit der Sache befassten Generalanwalt.[454] Die Zuweisung an Berichterstatter und Generalanwalt erfolgt weder nach einem bestimmten, im vornherein festgelegten Geschäftsverteilungsplan, noch gibt es feststehende inhaltliche Kriterien. Neben einer mengenmäßig ausgewogenen Verteilung der Dossiers wird in der Regel darauf geachtet, dass der entsprechende Richter (und allenfalls Generalanwalt) nicht aus dem Mitgliedstaat kommt, in dem die Rechtssache ihren Ursprung hat. Spezialkenntnisse der Richter können bei der Zuweisung eine Rolle spielen, ohne dass ein entsprechender Automatismus bestünde. In der Praxis von EuG und EFTA-GH hat es Fälle gegeben, in denen der Berichterstatter im Laufe des Verfahrens ausgewechselt wurde.[455]

136   Das **Kabinett** des Berichterstatters (sowie im Falle des EuGH das des Generalanwalts) setzt sich in der Folge vertieft mit der Rechtssache auseinander. Dazu wird der Fall zur Bearbeitung einem der juristischen Mitarbeiter, den Rechtsreferenten („Référendaires", „Legal Secretaries"), gegeben. Das Kabinett des Berichterstatters erstellt im Laufe des Verfahrens den Vorbericht sowie den Urteilsentwurf (→ Rn. 150 f.). Beim EFTA-GH erstellt das Kabinett des Berichterstatters auch einen Sitzungsbericht („Report for the Hearing"), der am EuGH mittlerweile abgeschafft wurde.

137   Welchem **Spruchkörper** die Sache zugewiesen wird, entscheidet am EuGH die Generalversammlung auf der Basis des Vorberichts des Berichterstatters, dh nach dem Ende des schriftlichen Verfahrens.[456] Wird der Fall einer Dreier- oder Fünferkammer zugewiesen, ist dies die Kammer, der der Berichterstatter angehört. Damit impliziert die Auswahl des Berichterstatters in den meisten Fällen auch die Auswahl der Kammer. Am EuG erfolgt die Zuweisung an den Spruchkörper „so bald wie möglich" nach Eingang der Rechtssache an eine Kammer. Der Berichterstatter wird dem Präsidenten vom jeweiligen Kammerpräsidenten vorgeschlagen.[457] In Fällen, in denen die rechtliche Schwierigkeit oder die Bedeutung der Rechtssache dies erfordern, kann die mit der Rechtssache befasste Kammer in jedem Verfahrensstadium vorschlagen, die Sache an einen größeren Spruchkörper zu verweisen.[458] Am EuGH umfasst der neue Spruchkörper die Mitglieder der abgebenden Kammer.[459] Neben der Verweisung „nach oben" ist am EuG auch eine Verweisung „nach unten" möglich.[460] Die Parteien haben auf die Entscheidung der Generalversammlung zu einer internen Verweisung grundsätzlich keinen rechtlich geschützten Einfluss.[461] Sie können aber entsprechende Anträge stellen. Lediglich am Verfahren beteiligte Mitgliedstaaten oder Unionsorgane können, unab-

---

[450] Art. 60 Abs. 1 EuGHVfO; Art. 28 Abs. 1 EuGVfO.
[451] Art. 27 Abs. 1 EuGHVfO; die EuGVfO verzichtet auf eine ähnlich detaillierte Regelung, vgl. Art. 15 EuGVfO. Zur Handhabe in der Praxis zuletzt EuG, Besetzung der Großen Kammer, ABl. 2019 C 172, 2.
[452] Art. 60 Abs. 1 EuGHVfO; Art. 28 Abs. 1 und 2 EuGVfO; vgl. EuGH 27.11.2012 – C-370/12 – Thomas Pringle, ECLI:EU:C:2012:756; EuGH Slg. 2011, I-1137 – Patentgerichtsbarkeit.
[453] Art. 15 Abs. 1 EuGHVfO; Art. 26 Abs. 2 EuGVfO; Art. 21 Abs. 1 VerfO EFTA-GH.
[454] Art. 16 Abs. 1 EuGHVfO; zur Rolle des Generalanwalts → Rn. 179.
[455] Vgl. am EuG Slg. 2007, II-3601 Rn. 68 – Microsoft; und am EFTA-GH Slg. 2005, 76 – Piazza.
[456] Art. 59, 60 EuGHVfO; Art. 87 Abs. 2 und 3 EuGVfO.
[457] Art. 26 Abs. 1 und 2 EuGVfO.
[458] Art. 60 Abs. 3 EuGHVfO; Art. 28 Abs. 1 und 2 EuGVfO, am EuG auch die Kammer selbst, der Vizepräsident und der Präsident.
[459] Art. 29 Abs. 2 EuGHVfO.
[460] Art. 28 Abs. 1 EuGVfO „Kammer mit einer anderen Richterzahl"; Art. 28 Abs. 5 EuGVfO sieht nun auch ausdrücklich die „Verweisung ... an eine mit einer geringeren Richterzahl tagende Kammer" vor; vgl. etwa EuG Slg. 2006, II-11 Rn. 39 – Stadtwerke Schwäbisch Hall u.a.
[461] Lediglich vor dem EuG sieht Art. 29 Abs. 3 EuGVfO ein Anhörungsrecht vor; vgl. auch EuG Slg. 1995, II-703 Rn. 25 – Hogan.

hängig von der Bedeutung der Sache, eine Zuweisung an die Große Kammer (EuGH) bzw. an eine Kammer mit mindestens fünf Richtern (EuG) verlangen.[462]

138 Für Entscheidungen über die Gewährung **einstweiligen Rechtsschutzes** ist an allen drei Gerichtshöfen nach Art. 39 Abs. 1 EuGH-Satzung bzw. Art. 35 EFTA-GH-Satzung der **Präsident** zuständig; am EuGH vertritt nunmehr der Vizepräsident den Präsidenten bei der Erfüllung dieser Aufgabe.[463] Bei EuGH und EFTA-GH können Entscheidungen in Verfahren des einstweiligen Rechtsschutzes im Einzelfall auch auf den Gerichtshof übertragen werden.[464]

4. Zustellung und Übermittlungen. a) Unionsgerichte. Die Kanzlei stellt die Klageschrift **139** in Direktklageprozessen dem bzw. den Beklagten (bzw. deren Anwalt) zu,[465] es sei denn, sie entspräche nicht den in der Verfahrensordnung aufgestellten Anforderungen.[466] Grundsätzlich wird die Klage zum Zwecke ihrer Zustellung nicht übersetzt, da sie die Verfahrenssprache definiert (→ Rn. 103 ff.). Außer an den Beklagten erfolgt eine Zustellung aller im Verfahren gewechselten Schriftsätze später auch an die zugelassenen Streithelfer.[467] Darüber hinaus wird eine Kopie von Klage und Klagebeantwortung, allerdings ohne Anhänge, an das Europäische Parlament, den Rat und die Europäische Kommission übermittelt, sofern diese nicht bereits Partei des Verfahrens sind.[468]

Die Zustellung erfolgt in der Regel postalisch durch Einschreiben mit Rückschein.[469] Hat sich **140** der Empfänger, dh ggf. der Anwalt des Verfahrensbeteiligten, im Voraus einverstanden erklärt, kann auch per Fax oder sonstiger technischer Kommunikationsmittel (E-Mail, e-Curia) zugestellt werden.[470] Zu beachten ist, dass ab dem 1. Dezember 2018 die Zustellung durch das EuG ausschließlich über e-Curia erfolgt (→ Rn. 115).[471] In jedem Fall, bedarf es also nicht mehr der früher obligatorischen **Zustellungsanschrift in Luxemburg**. Gibt der Empfänger keine Zustellungsanschrift an und erklärt er sich auch nicht mit der Zustellung durch technische Kommunikationsmittel einverstanden, so gilt die Zustellung mit der Aufgabe des Einschreibens zur Post in Luxemburg als bewirkt, so dass die Postlaufzeit zulasten des Empfängers wirkt.[472]

Im nichtkontradiktorischen Vorabentscheidungsverfahren gibt es keine eigentliche Zustellung. **141** Stattdessen übermittelt der Kanzler des EuGH den Vorlagebeschluss nach Art. 23 EuGH-Satzung (mindestens) den Parteien des Ausgangsverfahrens, der Kommission und der ESA sowie den Staaten beider EWR-Pfeiler. Die EU-Mitgliedstaaten erhalten neben der Originalfassung des Vorabentscheidungsersuchens auch eine in die jeweilige Amtssprache des Mitgliedstaats übersetzte Version. Bei besonders langen Ersuchen kann auch nur eine Zusammenfassung übersetzt werden.[473] Die Beteiligung von Drittstaaten hängt von der Existenz eines entsprechenden Abkommens ab.[474]

b) EFTA-GH. In Verfahren vor dem EFTA-GH sehen Satzung und Verfahrensordnung grund- **142** sätzlich ein entsprechendes Vorgehen vor. Zusätzlich zur Zustellung benachrichtigt der Kanzler auch bei Direktklagen nach Art. 20 EFTA-GH-Satzung die Regierungen der drei EFTA-Staaten, die ESA, die Union und die (EU-)Kommission. Mit „der Union" ist nicht nur die Rechtspersönlichkeit aufweisende Europäische Union gemeint, als deren Vertreter der Generalsekretär des Rates vom Gerichtshof adressiert wird. Vielmehr wird dieser Begriff in der Kanzlei des Gerichtshofs so verstanden, dass er auch die EU-Mitgliedstaaten bzw. deren Regierungen umfasst. Eine Übersetzung nimmt der EFTA-GH entsprechend seinem Sprachenregime nur in Vorabentscheidungsverfahren und nur auf Englisch vor.

5. Weitere Schriftsätze. a) Direktklageverfahren. aa) Reaktionen auf die Klageschrift. 143 Im Direktklageverfahren muss der Beklagte innerhalb zweier Monate ab Zustellung eine **Klagebeantwortung** zu seiner Verteidigung einreichen.[475] Bezüglich des Inhalts und der Formalien gelten im Wesentlichen die Vorschriften über die Klageschrift. Wie alle Schriftsätze kann sie zur Fristwahrung

---

[462] Art. 16 Abs. 3 EuGH-Satzung; Art. 60 Abs. 1 EuGHVfO; Art. 28 Abs. 5 EuGVfO.
[463] EuGH ABl. 2012 L 300, 47, Artikel 1 – 23.10.2012 über die richterlichen Aufgaben des Vizepräsidenten.
[464] Art. 161 Abs. 1 EuGHVfO; Art. 141 VerfO EFTA-GH.
[465] Art. 123 EuGHVfO, Art. 80 EuGVfO; Art. 106 VerfO EFTA-GH.
[466] Praktische Durchführungsbestimmungen EuG, Rn. 102.
[467] Art. 173 Abs. 2 EuGHVfO; Art. 144 Abs. 5 und 7 EuGVfO; Art. 115 Abs. 1 VerfO EFTA-GH.
[468] Art. 125 EuGHVfO; Art. 82 EuGVfO.
[469] Art. 48 Abs. 1 EuGHVfO; Art. 57 EuGVfO idF v. 21.10.2018.
[470] Art. 79 § 2 EuGHVfO; Art. 57 EuGVfO.
[471] Änderung der Verfahrensordnung des Gerichts, ABl. 2018, L 240, 68.
[472] Art. 121 Abs. 3 EuGHVfO.
[473] Art. 98 EuGHVfO.
[474] Art. 23 Abs. 4 EuGH-Satzung.
[475] Art. 124 Abs. 1 EuGHVfO; Art. 81 Abs. 1 EuGVfO; Art. 107 Abs. 1 VerfO EFTA-GH. Für die Rechtsmittelbeantwortung gilt im Rechtsmittelverfahren ebenfalls eine Frist von zwei Monaten, Art. 172 EuGHVfO.

vorläufig per Fax oder per E-Mail eingereicht werden. Die Frist für die Beantwortung kann, anders als die Klagefrist, ausnahmsweise auf begründeten Antrag hin vom Präsidenten verlängert werden.[476] Auf die Klagebeantwortung hin hat der Kläger das Recht, zu **replizieren.** In diesem Falle kann der Beklagte seinerseits eine **Duplik** einreichen. Die **Frist** für die Einreichung der Replik (Erwiderung) und Duplik (Gegenerwiderung) bestimmt der Präsident;[477] sie beträgt in normalen Verfahren regelmäßig einen Monat. Der **Umfang** von Replik und Duplik soll vor dem EuG 25 Seiten, vor dem EuGH etwa 10 Seiten in der Regel nicht überschreiten.[478] Verzichtet der Kläger auf sein Recht zu replizieren, so nimmt er damit gleichzeitig dem Beklagten die Möglichkeit zur Duplik. Vor dem EuG kann den Parteien das Recht auf einen zweiten Schriftsatzwechsel auch genommen werden, wenn das Gericht zu der Auffassung gelangt, der Akteninhalt und die noch durchzuführende mündliche Verhandlung genügten. In diesem Fall können allenfalls noch die Akten ergänzt werden.[479] Die Duplik stellt jedenfalls regelmäßig die letzte Äußerung seitens der Parteien innerhalb des von den Parteien bestimmten schriftlichen Verfahrens dar.[480] An den Unionsgerichten wird den Parteien vom Abschluss des schriftlichen Verfahrens Mitteilung gemacht. In Ausnahmefällen ist das schriftliche Verfahren nach Durchführung einer mündlichen Verhandlung wieder fortgesetzt worden.[481]

144 **Präklusion.** In Replik und Duplik soll eine Auseinandersetzung mit dem gegnerischen Vortrag erfolgen. Die **Anträge** können grundsätzlich nicht mehr geändert werden (→ Rn. 305 f.). **Neue Beweismittel** können im zweiten Schriftsatzwechsel nur noch benannt werden, wenn die Verspätung begründet wird.[482] Mit **neuen Angriffs- und Verteidigungsmitteln** ist die jeweilige Partei im weiteren Verfahrensablauf präkludiert, es sei denn, sie beruhen auf Gründen, die erst im Laufe des Verfahrens zutage getreten sind (→ Rn. 295 ff.). Klagegründe, die von Amts wegen zu prüfen sind, sind von der Präklusion ausgenommen. Dies gilt auch für die von Amts wegen zu prüfenden Fragen der Zulässigkeit der Klage. Auf die Einhaltung der Präklusionsvorschriften wird streng geachtet.[483] Über die Frage, ob ein Vorbringen präkludiert ist, wird im Endurteil entschieden.[484]

145 bb) **Säumnis des Beklagten.** Trifft bei Gericht trotz ausdrücklicher Aufforderung keine ordnungs- und fristgemäße Klagebeantwortung ein, so ist ein **Versäumnisurteil** zulasten des Beklagten zu erlassen.[485] Die Verfahrensordnungen konkretisieren diese nach einem Automatismus klingenden Vorgaben der Satzung dahin, dass der Kläger einen Antrag stellen muss, über den in der Folge verhandelt wird.[486] Dabei prüfen die Gerichte lediglich die Ordnungsgemäßheit der Klageerhebung, die Zulässigkeit und die Schlüssigkeit der Klage.[487] Ein Versäumnisurteil wird genauso tenoriert wie jedes andere Urteil, einschließlich einer Kostenentscheidung.[488] Der Beklagte kann binnen eines Monats nach Zustellung des Versäumnisurteils **Einspruch** einlegen.[489] Nach der Stellungnahme des Klägers dazu wird grundsätzlich das reguläre (mündliche) Verfahren eröffnet.[490] Gegen das daraufhin ergehende Endurteil, das entweder den Einspruch zurückweist oder in der Sache neu entscheidet, ist kein weiterer Einspruch mehr möglich.[491]

146 Aus einem Versäumnisurteil kann grundsätzlich **vollstreckt** werden, wenn nicht das Gericht die Vollstreckung bis zur Entscheidung über den Einspruch aussetzt. Auch kann die Vollstreckung in dieser Zeit von einer Sicherheitsleistung abhängig gemacht werden.[492] Zu ergänzen ist, dass die Urteilsform des Versäumnisurteils in der Praxis nur selten vorkommt.[493]

147 cc) „**Einschlafen des Prozesses**". Reagiert statt des Beklagten der **Kläger** ab einem gewissen Zeitpunkt nicht auf prozessuale Aufforderungen durch das Gericht und hüllt sich stattdessen in

---

[476] Art. 124 Abs. 3 EuGHVfO; Art. 88 Abs. 3 EuGVfO; Art. 107 Abs. 3 VerfO EFTA-GH.
[477] Art. 126 Abs. 2 EuGHVfO; Art. 83 Abs. 3 EuGVfO; Art. 108 Abs. 2 VerfO EFTA-GH.
[478] Praktische Anweisungen EuGH, Rn. 16; Praktische Durchführungsbestimmungen EuG, Rn. 105; Notes for the guidance of Counsel in written and oral proceedings before the EFTA Court, 5114.
[479] Art. 83 Abs. 2 EuGVfO; vgl. EuG Slg. 2004, II-329 Rn. 19 – OPTUC.
[480] Art. 20 Abs. 2 EuGH-Satzung, Art. 18 Abs. 2 Satzung EFTA-GH.
[481] EuG Slg. 1999, II-931 Rn. 17 – Limburgse Vinyl Maatschappij.
[482] Art. 128 EuGHVfO; Art. 85 Abs. 3 EuGVfO; Art. 111 Abs. 1 VerfO EFTA-GH.
[483] Vgl. etwa EuG Slg. 1997, II-229 Rn. 46 ff. – FFSA; EuG Slg. 1999, II-931 Rn. 53 ff. – Limburgse Vinyl Maatschappij; dazu im Einzelnen → Rn. 295 f.
[484] Art. 127 Abs. 2 EuGHVfO; Art. 110 Abs. 3 EuGVfO; Art. 111 VerfO EFTA-GH.
[485] Art. 41 EuGH-Satzung; Art. 37 Satzung EFTA-GH.
[486] Art. 152 Abs. 1 EuGHVfO; Art. 123 Abs. 1 EuGVfO; Art. 134 Abs. 1 VerfO EFTA-GH.
[487] Art. 152 Abs. 3 EuGHVfO; Art. 123 Abs. 3 EuGVfO; Art. 134 Abs. 3 VerfO EFTA-GH.
[488] Ein Beispiel findet sich in EuGH Slg. 1989, 2965 – Kommission/Griechenland.
[489] Art. 156 Abs. 1 EuGHVfO; Art. 166 Abs. 2 EuGVfO; Art. 135 VerfO EFTA-GH.
[490] Vgl. etwa EuG Slg. 1990, II-299 – Parlament/Graf Yorck von Wartenburg.
[491] Art. 156 Abs. 5 EuGHVfO; Art. 166 Abs. 5 EuGVfO; Art. 135 Abs. 5 VerfO EFTA-GH.
[492] Art. 152 Abs. 4 EuGHVfO; Art. 123 Abs. 4 EuGVfO; Art. 134 Abs. 4 VerfO EFTA-GH.
[493] Brown & Jacobs, The Court of Justice of the European Communities, 276.

Schweigen, so wird er aufgefordert, eine Erklärung dahingehend abzugeben, ob er das Verfahren fortsetzen möchte. Erfolgt auch darauf innerhalb der gesetzten Frist keine Reaktion, so stellt das Gericht durch Beschluss fest, dass die Klage gegenstandslos geworden ist und sich die Hauptsache erledigt hat.[494] Beim EuG kann auch eine Partei einen Antrag auf Feststellung, dass die Klage gegenstandslos geworden ist oder sich die Hauptsache erledigt hat, stellen.[495] Das Gleiche gilt beim Tod des Klägers und der fehlenden Aufnahme des Verfahrens durch die Hinterbliebenen.[496]

b) Vorabentscheidungsverfahren. Im Vorabentscheidungsverfahren vor dem **EuGH** haben die nach Art. 23 EuGH-Satzung durch Zustellung des Vorlagebeschlusses Benachrichtigten, dh die Parteien des Ausgangsverfahrens, die Mitgliedstaaten und die Organe (→ Rn. 141) zwei Monate Zeit, um „Schriftsätze" („statements of case") einzureichen oder „schriftliche Erklärungen" („written observations", „observations écrites") abzugeben. Zwischen beiden Alternativen besteht kein praktischer Unterschied. Für die drei am EWR beteiligten EFTA-Staaten und die ESA ist dieses Äußerungsrecht an die Bedingung geknüpft, dass das Verfahren einen der Anwendungsbereiche des EWR-Abkommens betrifft.[497] Das ist im Wettbewerbs- und Beihilferecht stets der Fall. Eine Reaktion der übrigen Beteiligten auf das schriftliche Vorbringen eines Verfahrensbeteiligten kommt im Vorabentscheidungsverfahren aufgrund des nicht kontradiktorischen Charakters nicht in Betracht. Im Vorabentscheidungsverfahren vor dem **EFTA-GH** steht den vom Eingang des Falles Benachrichtigten das gleiche Recht zum Einreichen von Schriftsätzen oder der Abgabe schriftlicher Erklärungen zu. Das umfasst nach dem oben Gesagten (→ Rn. 142) die Kommission und alle Mitgliedstaaten der EU.[498]

c) Besonderheiten des Verfahrens vor dem EFTA-GH. Das Art. 20 EFTA-GH-Satzung zugrunde liegende **„Einheitsmodell"**, das nicht zwischen Direktklagen und Vorabentscheidungsverfahren unterscheidet, führt zu einer wichtigen Besonderheit.[499] Die Mitgliedstaaten von EFTA/EWR und EU sowie die Kommission können in jedem Fall durch das Einreichen von Schriftsätzen oder schriftlichen Erklärungen in einem Rechtsstreit Position beziehen, also auch in Direktklageverfahren. Diese Möglichkeit ist ihnen im Verfahren vor dem EuGH nur im Vorabentscheidungsverfahren und vor dem EuG gar nicht eröffnet. In Direktklageverfahren vor den Unionsgerichten bleibt nur der Streitbeitritt. Bei Direktklagen vor dem EFTA-GH stehen den Mitgliedstaaten und der Kommission (die ESA ist ohnehin notwendigerweise Partei) damit zwei alternative Vorgehensweisen offen, entweder die Nebenintervention oder die Stellungnahme unter Art. 20 der Satzung. Letztere bietet gegenüber der formellen Streitbeihilfe den Vorteil der Unkompliziertheit und eröffnet wegen der fehlenden Bindung an die Anträge einer Partei größere argumentative Freiheit. So kann von dem nach Art. 20 EFTA-GH-Satzung Vorgehenden etwa zur Zulässigkeit einer Klage Stellung genommen werden, obwohl die beklagte Partei sich dazu nicht geäußert hat.[500] Damit ist faktisch die Institution eines amicus curiae im Direktprozess geschaffen, freilich mit einem beschränkten Kreis von Berechtigten. Unter Homogenitätsgesichtspunkten ist darauf hinzuweisen, dass es beim EFTA-GH keinen Generalanwalt gibt. In Wettbewerbs- und Beihilfeverfahren vor dem EFTA-GH macht insbesondere die Kommission regelmäßig von der Möglichkeit der Stellungnahme Gebrauch, in der Regel zugunsten ihrer Schwesterorganisation, der ESA.

III. Mündliches Verfahren

1. Vorbericht des Berichterstatters und Generalversammlung. Während das schriftliche Verfahren durch die Äußerungen der Parteien und Verfahrensbeteiligten geprägt ist und die Gerichte sich weitgehend auf formelles Tätigwerden wie Zustellungen oder Setzen von Fristen beschränken, tritt der Prozess nach dem Eingang der letzten schriftlichen Äußerung in eine Phase, in der die Gerichte eine größere gestalterische Rolle übernehmen.

Den Auftakt macht der **Vorbericht** („rapport préalable", „preliminary report"), den der Berichterstatter vorlegt. Er hat an den Unionsgerichten größte Bedeutung für die Strukturierung des weiteren Vorgehens bis zur mündlichen Verhandlung. Der Vorbericht wird am EuGH – nach Stellungnahme durch den Generalanwalt – in der wöchentlichen Versammlung aller Richter und Generalanwälte unter Leitung des Präsidenten, der **réunion générale**, diskutiert. Am EuG wird

---

[494] Art. 149 EuGHVfO; Art. 131 Abs. 2 EuGVfO; Art. 132 Abs. 2 VerfO EFTA-GH. Vgl. zB EuG Slg. 2004, II-781 Rn. 15 – Gankema.
[495] Art. 130 Abs. 2 EuGVfO.
[496] EuG Slg. 1999, II-3501 – Boyes.
[497] Art. 23 Abs. 3 EuGH-Satzung.
[498] Art. 20 Satzung EFTA-GH.
[499] EFTA-GH Slg. 2005, 117 Rn. 51 – Fesil.
[500] EFTA-GH Slg. 2005, 117 Rn. 55 – Fesil.

der Vorbericht der Kammer vorgelegt,[501] die Generalversammlung hat hier im Wesentlichen nur administrative Funktion. Auf der Grundlage dieses Berichts werden die weiteren im Verfahren zu treffenden Entscheidungen gefällt. Im Vorbericht wird die Rechtssache dargestellt, und es werden die zu klärenden Rechtsfragen zumindest grob umrissen. An den Unionsgerichten kann eine rechtsvergleichende Untersuchung des wissenschaftlichen Dienstes angefordert werden. Am gehaltvollsten fällt der Vorbericht wohl am EuG aus. Er enthält hier in jedem Fall bereits eine umfassende Darstellung der Sach- und Rechtslage. Am EuGH wird der Vorbericht mit Rücksicht auf die vom Generalanwalt zu stellenden Schlussanträge grundsätzlich knapper gehalten. Am EFTA-GH erlauben die Größenverhältnisse eine formlosere Handhabung, die bis zum Verzicht auf diesen Verfahrensschritt gehen kann, wenn die Ausgangslage klar ist und keine tatsächlichen Umstände zu klären sind.

152   Neben dem materiell-rechtlichen Aspekten haben die prozessualen Vorschläge des Berichterstatters wesentliche Bedeutung für den weiteren Verfahrensgang. Der Vorbericht hat insbesondere Stellung zur Frage zu beziehen, ob und gegebenenfalls welche **Beweiserhebungen, Klarstellungsersuchen und prozessleitende Maßnahmen** durchzuführen sind. Insoweit sind entsprechende Anträge der Parteien im Direktklageverfahren von Bedeutung. Bei den Unionsgerichten enthält der Vorbericht außerdem einen Vorschlag dazu, ob und an welchen anderen **Spruchkörper** die Rechtssache aufgrund ihrer Bedeutung verwiesen werden soll.[502] Schließlich gibt der Berichterstatter deren Prozessordnungen entsprechende Möglichkeiten der Verfahrensstraffung vorsehen, einen Vorschlag dazu ab, ob auf die mündliche Verhandlung oder (im Fall des EuGH) die Schlussanträge des Generalanwalts verzichtet werden kann.[503]

153   Vorbehaltlich der letztgenannten, im Wettbewerbsrecht kaum relevanten Variante, bestimmt der jeweilige Präsident den **Termin für die Eröffnung der mündlichen Verhandlung**[504] nach Abschluss einer Beweisaufnahme oder der Durchführung prozessleitender/vorbereitender Maßnahmen. Entfallen diese, so erfolgt die Terminbestimmung nach der Erörterung des Vorberichts in der Generalversammlung.[505] In besonderen Fällen kann die Rechtssache zu späterer Entscheidung zurückgestellt werden,[506] oder mit Vorrang entschieden werden.[507] Vor dem EuG ergibt sich die vorrangige Behandlung außerdem automatisch beim beschleunigten Verfahren.[508]

154   **2. Beweisaufnahme und prozessleitende Maßnahmen. a) Beweisaufnahme.** In **kontradiktorischen Verfahren** liegt zumindest den Gerichten, die erstinstanzlich entscheiden, kein als gegeben hinzunehmender Sachverhalt vor. Die Ermittlung der tatsächlichen Entscheidungsgrundlagen gehört im Wettbewerbs- und Beihilferecht zu den Aufgaben des EuG, aber auch des EFTA-GH als Tatsachengerichte. Bei streitigem und entscheidungserheblichem Vorbringen einer Partei kann über einzelne Sachverhaltselemente Beweis erhoben werden. Den Beweisbeschluss erlässt entweder die Generalversammlung oder der zuständige Spruchkörper, wenn die Rechtssache bereits an diesen zugewiesen wurde.[509] Da die Zuweisung an den Spruchkörper am EuG bereits unmittelbar nach dem Eingang der Rechtssache erfolgt und eine Zuweisung am EFTA-GH nicht erforderlich ist, kann bei diesen Gerichten eine Beweisaufnahme theoretisch auch schon im schriftlichen Verfahren angeordnet werden.[510] Tatsächlich wird sie als Zwischenverfahren durchgeführt, das sich an das schriftliche Verfahren anschließt und in einem speziellen Termin dem mündlichen Verfahren entweder vorangeht oder zu Beginn der mündlichen Verhandlung stattfindet. Eine Beweisaufnahme kann von Amts wegen oder auf Antrag einer Partei durchgeführt werden.

155   Nicht zu verwechseln ist die gerichtliche Beweiserhebung mit der durch die Behörde im **Verwaltungsverfahren,** wofür dieser spezifische Mittel wie Auskunftsverlangen oder Nachprüfungen/Durchsuchungen zur Verfügung stehen. Tatsächlich spielt sich ein Großteil der Sachverhaltsermittlung im Wettbewerbsrecht bereits im Verwaltungsverfahren ab, weswegen eine zusätzliche gerichtliche Beweisaufnahme die Ausnahme geblieben ist (→ Rn. 496). Mit neuen Beweismitteln ist die Behörde im Gerichtsverfahren ohnehin präkludiert. Den Gerichten obliegt aber – soweit die Klage-

---

[501] Lediglich eine Zusammenfassung wird an die übrigen Kabinette verteilt.
[502] Art. 59 Abs. 2 EuGHVfO; Art. 87 Abs. 2 EuGVfO.
[503] Art. 59 Abs. 2 EuGHVfO; Art. 87 Abs. 2 EuGVfO; Art. 55 Abs. 2 VerfO EFTA-GH.
[504] Art. 75 EuGHVfO; Art. 107 EuGVfO; Art. 69 Abs. 1 VerfO EFTA-GH.
[505] Art. 60 Abs. 4 EuGHVfO.
[506] Art. 56 EuGHVfO; Art. 48 VerfO EFTA-GH.
[507] Art. 53 Abs. 3 EuGHVfO; Art. 67 Abs. 2 EuGVfO; Art. 44 VerfO EFTA-GH.
[508] Art. 153 EuGVfO.
[509] Art. 63 EuGHVfO; Art. 89 Abs. 1 und Art. 90 Abs. 1 (prozessleitende Maßnahmen) sowie Art. 91 und Art. 92 EuGVfO (Beweisaufnahme).
[510] Art. 88 EuGVfO; Art. 56 Abs. 1 VerfO EFTA-GH.

gründe dies gebieten – die Überprüfung der behördlichen Beweisermittlung und -würdigung und gegebenenfalls die Anwendung der Beweislastregeln. Der Behörde anzulastende Versäumnisse im Verwaltungsverfahren wie die Nichtaufnahme bestimmter Unterlagen in die Ermittlungsakte und die Verletzung von Verteidigungsrechten können zum Ausschluss der betreffenden belasteten Beweismittel im Gerichtsverfahren führen.[511] Maßnahmen der vorgerichtlichen Beweisaufnahme können schließlich selbst Gegenstand einer Klage sein, sofern sie in Form einer rechtsverbindlichen Entscheidung ergehen (→ Rn. 330 ff.). Die Nichtigerklärung etwa einer Nachprüfungsentscheidung führt dann gleichzeitig zu einem **Verbot der Verwertung** des rechtswidrig gewonnenen Beweismaterials.[512]

Im **Rechtsmittelverfahren**, das auf die Überprüfung von Rechtsfragen beschränkt ist, ist die Durchführung einer Beweisaufnahme von vorneherein ausgeschlossen.[513] Ungeachtet der Besonderheiten des **Vorabentscheidungsverfahrens** hat der EuGH zu erkennen gegeben, dass auch hier eine Beweiserhebung nicht per se ausgeschlossen ist.[514] Sie hat hier freilich nie eine Rolle gespielt. **156**

aa) Beweismittel. Die Verfahrensordnungen lassen, vergleichbar dem nationalen Zivilprozessrecht, folgende Beweismittel zu: die Anordnung des persönlichen Erscheinens einer Partei, die Vernehmung von Zeugen, die Begutachtung durch Sachverständige, die Einholung von Auskünften und die Vorlegung von Urkunden sowie die Einnahme des Augenscheins.[515] Die einzelnen Beweismittel haben unterschiedliche praktische Bedeutung. Allgemein gesprochen spielt das **Einholen von Auskünften** und die **Vorlegung von Urkunden** bei der Ermittlung der Fakten die größte Rolle. Allerdings handelt es sich dabei wohl nur in der Minderheit der Fälle um eine Beweisaufnahme im engeren Sinne, und häufig um die Anwendung sog prozessleitender Maßnahmen (→ Rn. 164 ff.). Signifikant ist aber die Tendenz zur schriftlichen Sachverhaltsaufklärung. Die Vernehmung von Zeugen ist vor den europäischen Gerichten die absolute Ausnahme geblieben.[516] Das gilt selbst in Rechtsbereichen wie dem Wettbewerbsrecht, wo Sachverhaltsfragen – wie die Frage der Beteiligung eines Unternehmens an einer Absprache oder der Umfang der Beteiligung – nicht selten bestritten werden und durch kein schriftliches Beweismittel eindeutig nachzuweisen sind. Kaum häufiger als die Zeugenvernehmung ist die Betrauung von Sachverständigen mit Gutachtenerstellung durch die Gerichte selbst.[517] Immerhin gibt es im Wettbewerbs- und Beihilferecht dazu Beispielsfälle.[518] Mit der steigenden Bedeutung ökonomischer Erkenntnisse in der Praxis der Behörden werden Gutachten künftig wohl eine größere Rolle spielen. Das gilt insbesondere für Parteigutachten, die zur Unterstützung des eigenen Vorbringens in den Schriftsätzen vorgelegt werden können. Solche Gutachten haben aber lediglich erläuternde und vertiefende Funktion und dürfen nicht etwa neue Klagegründe in den Rechtsstreit einführen.[519] Die Augenscheineinnahme spielt schließlich im europäischen Beweisrecht eine zu vernachlässigende Rolle. **157**

bb) Beweisantrag der Parteien. Die Beweisaufnahme soll den Parteien ermöglichen, die Richtigkeit der zur Stützung ihres Vorbringens behaupteten Tatsachen nachzuweisen.[520] Während in ihrem Besitz befindliche Dokumente den Schriftsätzen beigefügt werden können, müssen alle anderen Arten des Beweises durch das Gericht erhoben werden. Will sich eine Partei nicht auf die amtswegige Einleitung einer Beweiserhebung durch das Gericht verlassen (zu der dieses nicht verpflichtet ist),[521] so ist ein förmlicher **Beweisantrag** zu stellen.[522] Ratsam ist es, diesen Antrag in einem separaten Schriftsatz einzureichen. Unabhängig von der Stellung des Antrags sind die **Beweismittel** von den Parteien aber grundsätzlich bereits im ersten Schriftsatz (Klageschrift bzw. Klagebeantwortung) zu bezeichnen.[523] Ein verspätetes Vorbringen erst im zweiten Schriftsatz ist zu **158**

---

511 EuG Slg. 2005, II-4407 Rn. 35 – Groupe Danone.
512 EuGH Slg. 2002, I-9011 Rn. 49 – Roquette Frères.
513 EuGH Slg. 1999, I-4287 Rn. 90 ff. – Hüls.
514 EuGH Slg. 1995, I-4921 Rn. 52 ff. – Bosman.
515 Art. 64 Abs. 2 EuGHVfO; Art. 91 EuGVfO; Art. 58 Abs. 3 VerfO EFTA-GH.
516 So selbst der EuGH Slg. 2007, I-959 Rn. 42 – Salzgitter Mannesmann.
517 Dazu Art. 25 EuGH-Satzung; Art. 22 Satzung EFTA-GH.
518 Im 2. Zellstoff-Verfahren wurden zwei Sachverständigengutachten eingeholt, vgl. EuGH Slg. 1993, I-1307 Rn. 31 f. – Ahlström; vgl. schon EuGH Slg. 1972, 619 – ICI; sowie David Bailey, Scope of judicial review under Article 81 EC, CMLR, 41 (2004), 1327 (1340); ein Beispiel für das Einholen eines Sachverständigengutachtens im Beihilferecht findet sich in EuGH Slg. 1990, I-3083 – Cofaz.
519 EuGH Slg. 2005, I-5425 Rn. 88 f. – Dansk Rørindustri.
520 EuG Slg. 2005, II-95 Rn. 130 – Entorn.
521 EuGH Slg. 1998, I-8417 Rn. 77 – Baustahlgewebe.
522 Art. 88 EuGVfO; Für EuGH und EFTA-GH ist diese Möglichkeit nur für die Zeugenvernehmung ausdrücklich erwähnt, Art. 66 EuGHVfO; Art. 61 Abs. 1 VerfO EFTA-GH.
523 Art. 120 lit. e EuGHVfO; Art. 76 Abs. 1 lit. f und Art. 81 Abs. 1 lit. e EuGVfO; Art. 111 Abs. 1 VerfO EFTA-GH.

begründen;[524] bei Fehlen einer überzeugenden Begründung kann es schon wegen der Verspätung abgelehnt werden.[525] Ist ein Beweismittel indes rechtzeitig benannt worden, so kann der eigentliche Beweisantrag auch noch später im Verfahren gestellt werden. Dies ist selbst nach dem Schluss der mündlichen Verhandlung noch möglich, doch muss es sich in diesem Fall bei den zu beweisenden Tatsachen um solche von entscheidender Bedeutung für den Ausgang des Rechtsstreits handeln, die der Antragsteller nicht schon früher geltend machen konnte. Ausnahmsweise können beim EuGH Beweise und Beweisangebote noch nach Abschluss des mündlichen Verfahrens vorgebracht werden. Zur Wahrung des Grundsatzes des kontradiktorischen Verfahrens ist vorgesehen, dass der Präsident der Gegenpartei eine Frist zur Stellungnahme einräumen kann.[526]

159 Ein Beweisantrag hat die Tatsachen zu bezeichnen, über die Beweis erhoben werden soll.[527] Im Falle einer Zeugenvernehmung muss er außerdem die Gründe nennen, die eine Vernehmung rechtfertigen.[528] Fehlt es an einer klaren und konkreten Bezeichnung und allenfalls der Darlegung der Zweckmäßigkeit, ist der Antrag zurückzuweisen.[529] Für die Ladung von Zeugen und die Gutachtenerstattung kann von der Partei beziehungsweise den Parteien ein Vorschuss zur Deckung der voraussichtlichen Kosten verlangt werden.[530] Beschließt das Gericht Beweiserhebungen, kann die Gegenpartei Gegenbeweis erbringen und ihren Beweisantritt erweitern,[531] ohne von den Präklusionsvorschriften betroffen zu sein.[532]

160 **cc) Ablauf der Beweisaufnahme.** Der Beweiserhebung, gleich ob sie von Amts wegen oder auf Antrag erfolgt, geht ein **Beweiserhebungsbeschluss** des Gerichts voraus, der den Parteien zugestellt wird. Die Entscheidung, ob und in welcher Weise über bestimmte Tatsachen Beweis erhoben werden muss, ergeht auf der Basis des Vorberichts des Berichterstatters. Am EuGH entscheidet in der Regel die Generalversammlung; am EuG (sowie am EuGH, falls die Sache bereits einem Spruchkörper zugewiesen ist) wird diese Entscheidung vom Spruchkörper gefällt.[533] Die Entscheidung richtet sich dabei nach den Kriterien der Relevanz und Zweckdienlichkeit eines Beweises, wobei das Gericht ein auch im Rechtsmittelverfahren kaum zu überprüfendes **Ermessen** hat.[534] Die Ausübung dieses Ermessens verstößt nach Ansicht des EuGH nicht gegen Art. 6 Abs. 3 lit. d EMRK über das Recht zur Ladung und Vernehmung von Entlastungszeugen, wenn nur sichergestellt ist, dass das Gericht seiner Pflicht zur Aufklärung des Sachverhalts nachkommt. Dies kann neben dem sorgfältigen Aktenstudium auch durch zusätzliche schriftliche Fragen oder durch Aufforderung zur Vorlage bestimmter Dokumente geschehen.[535] Die oben erwähnte Tendenz zur schriftlichen Sachverhaltsaufklärung ist damit in der höheren Instanz ausdrücklich bestätigt worden.

161 Im Beweiserhebungsbeschluss sind die Beweismittel und die zu beweisenden Tatsachen genau zu bezeichnen.[536] Beim EuGH erfolgt der Beschluss nach Anhörung des Generalanwalts.[537] Beim EuG und beim EFTA-GH sind vor der Anordnung einer Beweisaufnahme die Parteien **anzuhören**.[538] Selbst nach Erlass eines Beweiserhebungsbeschlusses können Zeugen oder Sachverständige noch **abgelehnt** werden, wobei eine Frist von zwei Wochen nach Zustellung zu beachten und die Ablehnung zu begründen ist.[539] Die Beweiserhebung selbst nimmt der Gerichtshof bzw. die mit der Sache betraute Kammer vor. Möglich ist darüber hinaus, den Berichterstatter allein damit zu betrauen.[540] Darüber hinaus ist ggf. die Anwesenheit des Generalanwalts vorgeschrieben. Die Parteien haben das Recht, bei der Beweisaufnahme anwesend zu

---

[524] Art. 128 EuGHVfO; Art. 85 Abs. 2 und 3 EuGVfO; Art. 111 Abs. 1 VerfO EFTA-GH.
[525] EuGH Slg. 1998, I-8417 Rn. 75 – Baustahlgewebe; EFTA-GH Slg. 2012, 246 Rn. 116–119 – Posten Norge.
[526] Art. 128 Abs. 2 EuGHVfO.
[527] EuGH Slg. 2005, II-2031 Rn. 283 – Fred Olsen.
[528] Art. 66 Abs. 2 EuGHVfO; Art. 88 Abs. 2 EuGVfO; Art. 61 Abs. 1 VerfO EFTA-GH.
[529] Vgl. etwa EuGH Slg. 2005, I-5425 Rn. 55 ff. – Dansk Rørindustri.
[530] Art. 73 Abs. 1 EuGHVfO; Art. 100 EuGVfO; Art. 66 Abs. 2 VerfO EFTA-GH.
[531] Art. 64 Abs. 3 EuGHVfO; Art. 92 Abs. 7 EuGVfO; Art. 58 Abs. 4 VerfO EFTA-GH.
[532] EuGH Slg. 1998, I-8417 Rn. 72 – Baustahlgewebe.
[533] Art. 63 EuGHVfO; Art. 87 Abs. 3, Art. 92 EuGVfO.
[534] EuGH Slg. 2005, I-5425 Rn. 67 f. – Dansk Rørindustri; EuGH Slg. 1998, I-8417 Rn. 68 – Baustahlgewebe – jeweils zum Antrag auf Zeugenvernehmung.
[535] EuGH Slg. 2005, I-5425 Rn. 69 ff. – Dansk Rørindustri.
[536] Art. 64 Abs. 1 EuGHVfO; Art. 92 Abs. 1 EuGVfO; Art. 58 Abs. 1 VerfO EFTA-GH.
[537] Art. 64 Abs. 1 EuGHVfO.
[538] Art. 92 Abs. 2 EuGVfO; Art. 58 Abs. 2 VerfO EFTA-GH.
[539] Art. 72 EuGHVfO; Art. 99 Abs. 2 EuGVfO; Art. 65 Abs. 2 VerfO EFTA-GH.
[540] Art. 65 Abs. 1 EuGHVfO; Art. 92 Abs. 4 EuGVfO; Art. 56 Abs. 2 VerfO EFTA-GH.

sein,[541] zu einer Zeugenvernehmung oder Sachverständigenanhörung sind sie zwingend zu laden.[542]

Zeugen werden vom Gericht geladen.[543] Das unentschuldigte Ausbleiben kann, ebenso wie **162** die Aussageverweigerung, mit einer Geldbuße belegt werden.[544] Der ein Gutachten erstattende Sachverständige kann, muss aber nicht, mündlich angehört werden.[545] Eine Zeugenvernehmung oder Sachverständigenanhörung kann in einem eigens anberaumten Termin oder, was häufig zweckmäßig sein wird, zu Beginn der öffentlichen (Haupt-)Verhandlung erfolgen.[546] Der Präsident, die Richter und gegebenenfalls der Generalanwalt können nach jeder Aussage bzw. Gutachtenserstattung **Fragen** stellen. Mit Erlaubnis und unter Aufsicht des Präsidenten können auch die Parteien Fragen an Zeugen bzw. Sachverständige richten.[547] Über die Aussage wird ein Protokoll erstellt.[548] Zeugen und Sachverständige sind grundsätzlich zu vereidigen, wobei das Gericht auch darauf verzichten kann.[549] Die strafrechtlichen Folgen eines Meineids richten sich nach nationalem Strafrecht.[550] Als Alternative zur Vernehmung von Zeugen und Sachverständigen kommt eine Vernehmung im Rechtshilfeweg durch das nationale Gericht des Wohnsitzes in Betracht.[551]

dd) Beweiswürdigung. Vor den europäischen Gerichten gilt der Grundsatz der freien Beweis- **163** würdigung.[552] Soweit die Behörde, wie regelmäßig für die Feststellung eines wettbewerbsrechtlichen Tatbestands, die Beweislast trägt, muss sie aussagekräftige und übereinstimmende Beweise beibringen, um die feste Überzeugung zu begründen, dass die Zuwiderhandlung stattgefunden hat.[553] Die gerichtliche Würdigung muss aber nicht notwendigerweise jede einzelne Beweisführung der Behörde bestätigen. Sie kann sich auf die Prüfung beschränken, ob das von der Behörde angeführte „Indizienbündel", das sog „faisceau d'indices" als Ganzes eine feste Überzeugung hinsichtlich des geltend gemachten Wettbewerbsverstoßes begründet.[554] Verbleibende Zweifel wirken sich im Wettbewerbsrecht im Sinne des „in dubio pro reo" zugunsten des belasteten Unternehmens aus.[555] Die gerichtliche Beweiswürdigung bezieht sich regelmäßig und häufig ausschließlich auf die Beweiserhebung im Verwaltungsverfahren.[556]

b) Prozessleitende und vorbereitende Maßnahmen. Neben der oben dargestellten formel- **164** len Beweiserhebung kennen die Verfahrensordnungen auch das Institut der **prozessleitenden Maßnahmen** („mesures d'organisation de la procédure", „measures of organisation of procedure"[557]). **Fragen** an die Parteien, **Auskunftsverlangen** an die Parteien oder Dritte, die Aufforderung zur **Vorlage von Urkunden und Beweisstücken** sowie die Aufforderung an die Parteien, zu bestimmten Punkten des Rechtsstreits Stellung zu nehmen, sind die wichtigsten Formen prozessleitender

---

[541] Art. 65 Abs. 3 EuGHVfO; Art. 92 Abs. 5 EuGVfO; Art. 58 Abs. 5 VerfO EFTA-GH.
[542] Beim EuG allgemein: Art. 92 Abs. 6 EuGVfO; Zur Zeugenvernehmung Art. 67 Abs. 2 EuGHVfO; Art. 94 Abs. 2 EuGVfO; Art. 62 Abs. 3 VerfO EFTA-GH; zur Sachverständigenanhörung: Art. 70 Abs. 2 EuGHVfO; Art. 96 Abs. 2 EuGVfO; Art. 63 Abs. 5 VerfO EFTA-GH.
[543] Art. 66 Abs. 4 EuGHVfO; Art. 93 EuGVfO; Art. 61 Abs. 2 VerfO EFTA-GH.
[544] Art. 27 EuGH-Satzung, Art. 69 Abs. 2 und 3 EuGHVfO, Art. 95 Abs. 2 und 3 EuGVfO. Der EFTA-GH kennt nichts Entsprechendes, ermöglicht aber gemäß Art. 64 Abs. 2 der VerfO iVm Art. 26 der Satzung des EFTA-GH einen säumigen Zeugen bzw. Sachverständigen bei der zuständigen Stelle des EFTA-Staates anzuzeigen.
[545] Art. 70 Abs. 2 EuGHVfO; Art. 96 Abs. 2 EuGVfO; Art. 63 Abs. 5 VerfO EFTA-GH.
[546] Art. 32 EuGH-Satzung; Art. 28 Satzung EFTA-GH.
[547] Art. 67, 70 EuGHVfO; Art. 94 Abs. 4 EuGVfO, Art. 96 Abs. 2 EuGVfO; Art. 52 Abs. 6, 53 Abs. 5 VerfO EFTA-GH.
[548] Art. 74 EuGHVfO; Art. 102 EuGVfO; Art. 52 Abs. 7 VerfO EFTA-GH.
[549] Art. 28 EuGH-Satzung, Art. 68 EuGHVfO, Art. 71 EuGHVfO; Art. 94 Abs. 5 und 6 EuGVfO, Art. 96 Abs. 5 und 6 EuGVfO; Art. 24 Satzung EFTA-GH, Art. 62 Abs. 3 VerfO EFTA-GH; Art. 63 Abs. 5 VerfO EFTA-GH.
[550] Art. 30 EuGH-Satzung, Art. 26 Satzung EFTA-GH.
[551] Art. 29 EuGH-Satzung, Art. 207 EuGHVfO iVm Art. 1 der Zusätzlichen Verfahrensordnung (ABl. 2014 L 32, 38); Art. 101 EuGVfO; Art. 25 Satzung EFTA-GH; ein Beispiel dafür findet sich in EuGH Slg. 1986, 1633 Rn. 14 – Oryzomyli Kavallas Oee.
[552] EuG Slg. 2004, II-2501 Rn. 173 – JFE Engineering.
[553] EuGH Slg. 2007, I-729 Rn. 42 – Sumitomo Metal Industries und Nippon Steel; EuG Slg. 2005, II-4407 Rn. 217 – Groupe Danone.
[554] EuG Slg. 2005, II-2501 Rn. 180 – JFE Engineering.
[555] EuG Slg. 2004, II-2501 Rn. 177 – JFE Engineering; Slg. 2005, II-4407 Rn. 215 – Groupe Danone.
[556] Zur Glaubhaftigkeit von Zeugenaussagen von der Kommission etwa EuG Slg. 2004, II-2501 Rn. 189 ff. – JFE Engineering, bestätigt durch EuGH Slg. 2007, I-729 Rn. 38 ff. – Sumitomo Metal Industries und Nippon Steel.
[557] Art. 24 Abs. 1 EuGH-Satzung, Art. 21 Abs. 1 Satzung EFTA-GH.

Maßnahmen.[558] Am EuG werden die Maßnahmen vom Spruchkörper, am EFTA-GH vom Gerichtshof beschlossen.[559] Am EuGH beschließt je nach Verfahrensstadium die Generalversammlung oder der Spruchkörper prozessleitende Maßnahmen;[560] die Übermittlung von Auskünften zum Sachverhalt, Schriftstücken oder sonstigen Angaben kann auch vom Berichterstatter oder vom Generalanwalt angeordnet werden.[561] Im Übrigen sieht die neue Verfahrensordnung vor, dass der Gerichtshof die Parteien auffordern kann, ihre mündlichen Ausführungen auf eine oder mehrere festgelegte Fragen zu konkretisieren.[562] In der wettbewerbsrechtlichen Praxis ist insbesondere die Aufforderung an die Kommission, dem Gericht die **Verfahrensakten** oder Teile davon vorzulegen, von größter Bedeutung.

165   aa) **Abgrenzung prozessleitender Maßnahmen zur Beweiserhebung.** Im Prozessrecht von EuG und EFTA-GH fällt die Regelung der prozessleitenden Maßnahmen entsprechend ihrer praktischen Bedeutung für Tatsachengerichte ausführlicher aus. Ausdrücklich geregelt ist bereits der **Zweck** dieser Maßnahmen. Sie zielen darauf ab, „die Vorbereitung der Entscheidungen, den Ablauf der Verfahren und die Beilegung der Rechtsstreitigkeiten unter den bestmöglichen Bedingungen [zu] gewährleisten".[563] Ein weiteres Ziel besteht in der gütlichen Beilegung des Rechtsstreits.[564] Darüber hinaus können sie auch dazu angewandt werden, „die Beweiserhebung zu erleichtern" oder „die Punkte zu bestimmen, zu denen die Parteien ihr Vorbringen ergänzen sollen oder die eine Beweisaufnahme erfordern".[565] Diese Formulierungen weisen auf Abgrenzungsschwierigkeiten zur Beweisaufnahme hin.

166   Entsprechendes gilt auch hinsichtlich der als prozessleitende Maßnahmen in Frage kommenden **Handlungsoptionen**. Nach den Generalklauseln in den Verfahrensordnungen fallen darunter va Fragen an die Parteien, Aufforderung zur schriftlichen oder mündlichen Stellungnahme zu bestimmten Aspekten des Rechtsstreits, Informations- oder Auskunftsverlangen an Parteien oder Dritte, Aufforderung zur Vorlage von Unterlagen oder Beweisstücken oder die Ladung der Parteien oder deren Bevollmächtigte.[566] Umgekehrt können Verfahrensdokumente, die für die Entscheidung des Rechtsstreits nicht hilfreich sind, per Beschluss als nicht zu berücksichtigen eingestuft werden.[567] Insbesondere die vielfältigen Möglichkeiten des Informationsverlangens und der Aufforderung zur Vorlage von Urkunden lassen sich kaum von dem Beweismittel der „Einholung von Auskünften und Vorlegung von Urkunden" abgrenzen.

167   Tatsächlich verfolgen aber beide Institute einen unterschiedlichen Zweck. Prozessleitende Maßnahmen bilden Instrumente der amtswegigen Verfahrenssteuerung. Demgegenüber ist das Beweisrecht klassischer Ausfluss des Verhandlungsgrundsatzes, auch wenn die Möglichkeit der Beweisaufnahme von Amts wegen die Trennlinie verwischt. In der Praxis bilden aber die prozessleitenden Maßnahmen wegen ihrer größeren Flexibilität und der damit erreichten Prozessökonomie häufig ein **Substitut für formelle Beweiserhebungen.** Die Anordnung prozessleitender Maßnahmen bereits im schriftlichen Verfahren oder noch in der mündlichen Verhandlung ist **unkomplizierter** als die einer Beweisaufnahme. Vor dem EFTA-GH ist die Unterrichtung der Parteien von geplanten prozessleitenden Maßnahmen mit der Möglichkeit zur Stellungnahme nur insoweit vorgesehen, als „die Umstände des Verfahrens dies erfordern".[568] Vor dem EuG ist diese Bestimmung mittlerweile entfallen. Art. 88 EuGVfO stellt jedoch weitgehend auf beantragte prozessleitende Maßnahmen ab, zu denen den anderen Parteien grundsätzlich Gelegenheit zur Stellungnahme zu geben ist.[569] Prozessleitende Maßnahmen können ohne Weiteres von der mit der Rechtssache befassten Kammer angeordnet werden.[570] Im Rechtsmittelverfahren ist die Entscheidung des EuG zur Einleitung oder Nichteinleitung solcher Maßnahmen überdies nur eingeschränkt überprüfbar.[571] Im Ergebnis gewinnt der **Amtsermittlungsgrundsatz** damit im Verhältnis zum Verhandlungsgrundsatz in den wettbewerbsrechtlich einschlägigen Verfahren ein eindeutiges Übergewicht.

---

[558] Vgl. Art. 61 und Art. 62 EuGHVfO; Art. 89 Abs. 3 EuGVfO; Art. 57 Abs. 3 VerfO EFTA-GH.
[559] Art. 90 Abs. 1 EuGVfO; Art. 56 Abs. 1 VerfO EFTA-GH.
[560] Art. 61 EuGHVfO.
[561] Art. 62 EuGHVfO.
[562] Art. 61 Abs. 2 EuGHVfO.
[563] Art. 89 Abs. 1 EuGVfO; Art. 47 Abs. 1 VerfO EFTA-GH.
[564] Art. 89 Abs. 2 lit. d EuGVfO; Art. 47 Abs. 2 lit. d VerfO EFTA-GH.
[565] Art. 89 Abs. 2 lit. a und b EuGVfO; Art. 57 Abs. 2 lit. a und b VerfO EFTA-GH.
[566] Art. 89 Abs. 3 EuGVfO; Art. 57 Abs. 3 VerfO EFTA-GH.
[567] EuG Slg. 1991, I-731 Rn. 5 – Marcato.
[568] Art. 57 Abs. 5 VerfO EFTA-GH.
[569] Art. 88 Abs. 3 EuGVfO.
[570] Art. 90 Abs. 2 EuGVfO.
[571] EuGH Slg. 2004, I-123 Rn. 100 ff. – Aalborg Portland.

bb) Einfluss der Parteien. Die Parteien haben ein **Vorschlagsrecht** zum Erlass oder der **168**
Abänderung prozessleitender Maßnahmen,[572] das schwächer ist als ein Beweisantragsrecht. Der Vorschlag (häufig auch als Antrag bezeichnet) muss neben der genauen Bezeichnung etwa der gewünschten Unterlagen die Zweckdienlichkeit der Maßnahmen für das Verfahren begründen.[573] Deren Bewilligung liegt nach der Rechtsprechung im ausschließlichen **Ermessen des Gerichts,** das sich an den Fallumständen und dem bereits vorliegenden Beweismaterial orientieren wird.[574] In der Verfahrensordnung des EuGH ist ein Vorschlagsrecht der Parteien für vorbereitende Maßnahmen noch nicht einmal erwähnt. Die schriftlichen Antworten und erhaltenen Schriftstücke müssen lediglich den anderen Parteien und – im Vorabentscheidungsverfahren – den nach Art. 23 der Satzung Beteiligungsberechtigten übermittelt werden.[575]

Einen Vorteil gegenüber dem Beweisantrag bietet das Initiativrecht hinsichtlich prozessleitender **169**
Maßnahmen aber insofern, als ein Vorschlag grundsätzlich in jedem Verfahrensstadium gemacht werden kann.[576] Lediglich nach dem Ende der mündlichen Verhandlung hat die Rechtsprechung dies an die Voraussetzung geknüpft, dass das Gericht die Wiedereröffnung der mündlichen Verhandlung beschließt.[577] Um die Umgehungsgefahr in Verfahrenssituationen zu entschärfen, in denen Beweismittel präkludiert sind bzw. ihr verspätetes Vorbringen nicht entschuldigt werden kann, verlangt die Rechtsprechung, dass die Partei in diesen Fällen die Gründe nennt, aus denen der Antrag nicht früher gestellt werden konnte.[578] In der Praxis sind die Parteien gut beraten, Vorschläge zum Erlass prozessleitender Maßnahmen rechtzeitig vor der Fertigstellung des Vorberichts des Berichterstatters einzureichen.

Auf Informationen und Dokumente, die eine Partei als Reaktion auf prozessleitende Maßnah- **170**
men des Gerichts vorbringt, muss die andere Partei im Sinne des „audi alteram partem" spätestens in der mündlichen Verhandlung **Gelegenheit zur Stellungnahme** bekommen.[579]

c) Klarstellung im Vorabentscheidungsverfahren. Im Vorabentscheidungsverfahren sollte **171**
eine Sachverhaltsaufklärung, wie sie die Beweisaufnahme und zum großen Teil auch die Anordnung prozessleitender Maßnahmen leisten soll, eigentlich nicht erforderlich sein. Im Idealfall legt das nationale Gericht dem EuGH oder dem EFTA-GH einen umfassend aufbereiteten Sachverhalt vor, an den sich die Luxemburger Richter gebunden fühlen. Ihre Aufgabe beschränkt sich dann auf die Beantwortung reiner Rechtsfragen. Diese Vorstellung ist in manchen Fällen freilich Utopie. Zum einen lassen sich Rechts- und Tatsachenfragen häufig kaum sinnvoll trennen, zum anderen mögen die faktischen Informationen im Vorlagebeschluss nicht ausreichend sein oder andere Schwerpunkte gesetzt haben als jene, die man sich in Luxemburg gewünscht hätte. In solchen Fällen ist es sinnvoll, für den Dialog, den der nationale Richter mit der Vorlage eröffnet hat, einen Rückkanal zur Verfügung zu stellen. Das entsprechende Instrument ist das Ersuchen um Klarstellung in den Verfahrensordnungen von EuGH und EFTA-GH.[580]

3. Mündliche Verhandlung. Nachdem das schriftliche Verfahren weitgehend vom Vorbringen **172**
der Parteien und Verfahrensbeteiligten bestimmt ist, und die Gerichte im Rahmen prozessleitender Maßnahmen oder einer Beweisaufnahme erforderlichenfalls inquisitorisch tätig werden, bietet die mündliche Verhandlung Gelegenheit zum direkten Dialog zwischen den Richtern und den Verfahrensbeteiligten. Darüber hinaus wird in der mündlichen Verhandlung erstmals die Öffentlichkeit in das Verfahren mit einbezogen. Von der Öffentlichkeit der mündlichen Verhandlung kann von Amts wegen oder auf Antrag der Parteien nur aus wichtigen Gründen abgesehen werden.[581]

a) Entbehrlichkeit und Verzicht auf die mündliche Verhandlung. Der Grundsatz der **173**
Mündlichkeit ist in den letzten Änderungen des Prozessrechts der Unionsgerichte zunehmend zugunsten verstärkter Verfahrensbeschleunigung eingeschränkt worden. Insbesondere am EuGH ist

---

[572] Art. 88 EuGVfO; Art. 57 Abs. 4 VerfO EFTA-GH.
[573] EuGH Slg. 1998, I-8417 Rn. 93 – Baustahlgewebe.
[574] EuGH Slg. 2003, I-9975 Rn. 47 – Freistaat Sachsen; EuG Slg. 2005, II-95 Rn. 132 – Entorn; EuGH 5.12.2013 – C-534/12P, ECLI:EU:C:2013:843 Rn. 14 – Luigi Maruccio.
[575] Art. 61 Abs. 1 S. 2, Art. 62 Abs. 1 S. 2 EuGVfO.
[576] Art. 88 Abs. 1 EuGVfO; Art. 57 Abs. 4 VerfO EFTA-GH.
[577] EuGH Slg. 1999, I-4287 Rn. 127 – Hüls; Slg. 1999, I-4643 Rn. 81 – Chemie Linz.
[578] EuG Slg. 2005, II-95 Rn. 132 – Entorn.
[579] EuG Slg. 2005, II-5575 Rn. 505 – General Electric.
[580] Art. 101 EuGHVfO; Art. 95 VerfO EFTA-GH. Das Institut wurde aus der Verfahrensordnung des EFTA-GH in die des EuGH übernommen.
[581] Art. 31 EuGH-Satzung; Art. 27 Satzung EFTA-GH; Art. 79 EuGHVfO; Art. 109 EuGVfO; Art. 75 VerfO EFTA-GH; für ein Beispiel in Wettbewerbsverfahren siehe EuG 29.9.2019 – T-105/17, ECLI:EU:T:2019:675, Rn. 34 – HSBC Holdings.

in einer Reihe von Fällen die Durchführung einer mündlichen Verhandlung danach von voneherein **entbehrlich**. So entfällt im Vorabentscheidungsverfahren die mündliche Verhandlung in eindeutig gelagerten oder bereits ausjudizierten Fällen, die im Beschlusswege entschieden werden können.[582]

174 In allen anderen Fällen genügt es, wenn keine Partei bzw. kein potenziell Verfahrensbeteiligter einen **begründeten Antrag** stellt, in dem die Gründe aufgeführt sind, aus denen sie gehört werden möchte. Dieser Antrag ist wesentlich[583] und beim EuGH innerhalb von drei Wochen nach der Mitteilung vom Abschluss des schriftlichen Verfahrens bzw. der Zustellung der schriftlichen Stellungnahmen zu stellen.[584] Nach der jüngsten Revision der Verfahrensordnung des EuGH kann nunmehr auf die mündliche Verhandlung verzichtet werden, wenn der EuGH sich durch das schriftliche Verfahren „für ausreichend unterrichtet hält".[585] Ausgeschlossen ist dies einzig für den Fall, dass ein Beteiligungsberechtigter im Vorabentscheidungsverfahren, der nicht am schriftlichen Verfahren teilgenommen hat, einen begründeten Antrag auf Durchführung einer mündlichen Verhandlung stellt.[586] Eine ähnlich lautende Möglichkeit findet sich nunmehr auch in der VerfO des EuG.[587] Trotz der Weite der Formulierung sollte von dieser Möglichkeit nur zurückhaltend Gebrauch gemacht werden.[588] Das mündliche Verfahren dient nicht nur der Rechtsfindung, sondern stellt auch die Öffentlichkeit des Verfahrens sicher. Auf die mündliche Verhandlung sollte daher nur in solchen Fällen verzichtet werden, in denen bereits bisher ohne mündliche Verhandlung entschieden wurde.

175 **b) Elemente der mündlichen Verhandlung.** In Direktklageverfahren werden die Parteien und sonstigen Verfahrensbeteiligten am schriftlichen Verfahren von der Kanzlei zur mündlichen Verhandlung geladen. Im Vorabentscheidungsverfahren geht die Benachrichtigung an alle in Art. 23 EuGH-Satzung bzw. Art. 20 EFTA-GH-Satzung Genannten, also die Parteien des Ausgangsverfahrens, Mitgliedstaaten und Organe. Sie können an der mündlichen Verhandlung auch dann teilnehmen, wenn sie im schriftlichen Verfahren bislang keine Stellung bezogen haben.[589] Umgekehrt können jene, die schriftliche Erklärungen abgegeben haben, auch auf die Teilnahme an der mündlichen Verhandlung verzichten.

176 **aa) Sitzungsbericht.** In Verfahren vor dem **EFTA-GH** wird den Parteien mit der Ladung zur mündlichen Verhandlung eines Direktklageverfahrens bzw. möglichen Verfahrensbeteiligten eines Vorabentscheidungsverfahrens der **Sitzungsbericht** („report for the hearing") zugestellt. In diesem vom Berichterstatter erstellten Dokument werden der Sachverhalt, der Verfahrensgang, die einschlägigen Vorschriften des europäischen und nationalen Rechts sowie die Argumente der Parteien bzw. Verfahrensbeteiligten zusammengefasst. Hinsichtlich des Voarbentscheidungsverfahrens hat der EFTA-GH unlängst entschieden, den Sitzungsbericht zu verkürzen, insbesondere werden nun im Sitzungsbereich die Argumente der Parteien grundsätzlich nicht mehr wiedergegeben,[590] was aber vor dem Hintergrund der früheren Transparenz und Nachvollziehbarkeit der Entscheidungsgrundlagen kritisch zu sehen ist. Der Sitzungsbericht wird beim EFTA-GH in Englisch abgefasst.[591] Er wird ca. drei Wochen vor dem Verhandlungstermin verschickt.[592] Die Parteien haben das Recht, zum Inhalt des Sitzungsberichts Stellung zu nehmen. Am **EuGH** und dem **EuG** wurde der Sitzungsbericht nun ganz **abgeschafft**. In Art. 20 Abs. 4 EuGH-Satzung nF wird der Sitzungsbericht nicht mehr erwähnt.[593]

177 Die **Bedeutung** des Sitzungsberichts liegt insbesondere bei komplexen Fällen darin, dass die Parteien rechtzeitig vor der mündlichen Verhandlung erkennen können, ob der Berichterstatter

---

[582] Art. 99 EuGHVfO; Art. 93 VerfO EFTA-GH. Vor dem EFTA-GH sind die materiellen Anforderungen für eine Entscheidung im Beschlusswege enger, → Rn. 732.
[583] Praktische Anweisungen EuGH, Rn. 46.
[584] Art. 76 Abs. 1 EuGHVfO.
[585] Art. 76 Abs. 2 EuGHVfO.
[586] Art. 76 Abs. 3 EuGHVfO.
[587] Art. 106 Abs. 3 EuGVfO.
[588] Kritisch hinsichtlich der Reform der VerfO in diesem Punkt CCBE, Comments on the Draft Rules of Procedure, 2011, 3, verfügbar auf www.ccbe.eu.
[589] Art. 96 Abs. 2 EuGHVfO; Art. 90 VerfO EFTA-GH.
[590] Siehe Bekanntmachung des EFTA-GH „Consultation on the possible publication of Written Observations in Advisory Opinion Cases", abrufbar unter: https://eftacourt.int/wp-content/uploads/2021/01/Consultation-publication-of-WO-final-13.1.21.
[591] Art. 29 Abs. 1 VerfO EFTA-GH.
[592] Vgl. EFTA-GH, Notes for the guidance of Counsel in written and oral proceedings before the EFTA Court, 13.
[593] Art. 20 Abs. 4 EuGH-Satzung wurde geändert durch Art. 1 Nr. 4 der Verordnung (EU, Euratom) Nr. 741/2012 des Europäischen Parlaments und des Rates vom 11.8.2012 zur Änderung des Protokolls über die Satzung des Gerichtshofs der Europäischen Union und seines Anhangs I (ABl. 2012 L 228, 1).

ihren schriftlichen Vortrag **zutreffend verstanden** hat.[594] In der Anwaltschaft ist die Abschaffung des Sitzungsberichts am EuGH denn auch auf Kritik gestoßen.[595] Für die Allgemeinheit stellt der Sitzungsbericht bis zu einem gewissen Grad ein **Substitut für die Nichtöffentlichkeit** des schriftlichen Verfahrens dar. Der EFTA-GH hat die Praxis der Veröffentlichung seiner Sitzungsberichte bis zum Sommer 2020 beibehalten und das Dokument im Interesse der Transparenz am Tage der mündlichen Verhandlung ins Internet gestellt. Ein Verlesen des Sitzungsberichts in der mündlichen Verhandlung, wie in der Satzung vorgesehen,[596] findet nicht statt. Stattdessen wird er zum Termin vor dem Sitzungsraum öffentlich ausgelegt.

bb) Gang der mündlichen Verhandlung. Die mündliche Verhandlung wird vom Präsidenten des jeweiligen Spruchkörpers eröffnet und geleitet.[597] Ihr geht ein kurzes, nichtöffentliches Gespräch des Gerichts mit den Bevollmächtigten und Anwälten der Parteien und Verfahrensbeteiligten über den Ablauf der Verhandlung voraus. Die Verhandlung selbst beginnt mit dem Aufruf der Sache. Dann folgen die **Plädoyers** der Parteien und Verfahrensbeteiligten. Wo Anwaltszwang besteht, können für die Parteien nur deren Anwälte und Bevollmächtigte auftreten.[598] Die Redezeit richtet sich nach der Komplexität der Rechtssache. Sie ist aber kurz. Vor einer Kammer mit fünf Richtern und mehr ist sie am EuGH auf 20 Minuten pro Partei und auf 15 Minuten pro Streithelfer beschränkt und kann nur auf Antrag ausnahmsweise verlängert werden.[599] Das EuG sieht eine Regelredezeit von 15 Minuten für Parteien und zehn Minuten für Streithelfer vor.[600] Am EFTA-GH beträgt die maximale Redezeit im Normalfall 30 Minuten für Parteien und 15 Minuten für Streithelfer. Auf begründeten Antrag, der zwei Wochen vor der Sitzung bei der Kanzlei einzugehen hat, kann die Redezeit verlängert werden.[601]

Wie bereits im Wortlaut der einschlägigen Satzungsvorschriften[602] („Anhörung") zum Ausdruck kommt, stellt die Verhandlung vor den europäischen Höchstgerichten nicht ein intensives juristisches Zwiegespräch dar, sondern besitzt im Wesentlichen Vortragscharakter. Die Richter und ggf. der Generalanwalt haben jedoch das Recht, **Fragen** an die Bevollmächtigten und Anwälte zu stellen,[603] von dem am EuGH häufig erst im Anschluss an die Plädoyers Gebrauch gemacht wird. Nach der Befragung durch die Richter kann jeder Vortragende in einer verkürzten zweiten Runde noch einmal auf das Vorbringen der anderen Vortragenden in der ersten Runde erwidern. Am EFTA-GH hat es sich eingebürgert, dass die Richter Fragen während des Plädoyers stellen. In der mündlichen Verhandlung können verfahrens- und materiell-rechtliche **Anträge** gestellt werden, sofern die Verfahrensordnungen keine Präklusion anordnen. Insbesondere können Anträge den Streitgegenstand eines Direktklageverfahrens nicht erweitern, wenn sich diesbezüglich keine Basis in der Klageschrift findet.[604] Die mündliche Verhandlung wird mit der entsprechenden Erklärung des Präsidenten geschlossen.[605] Sie kann aber über den Verhandlungstermin hinaus durch Erklärung des Präsidenten offen gehalten werden, um etwa einer Partei die Möglichkeit der Vorlage eines verfahrensrelevanten Dokuments zu ermöglichen.[606] Von der Verhandlung wird ein **Protokoll** erstellt, das von den Parteien eingesehen werden kann.[607]

cc) Wiedereröffnung der mündlichen Verhandlung. Die mündliche Verhandlung kann nach ihrer Beendigung in Ausnahmefällen wieder eröffnet werden.[608] Die Wiedereröffnung kann von Amts wegen bzw. auf Vorschlag des Generalanwalts oder auf Antrag der Parteien (bzw. Verfahrensbeteiligten eines Vorabentscheidungsverfahrens) beschlossen werden. Der EuGH sieht darin

---

[594] Forrester, A Bush in the Need of Pruning: The Luxuriant Growth of Light Judicial Review in Ehlermann/Marquis, European Competition Law Annual 2009: Evaluation of Evidence and its Judicial Review in Competition Cases, 2011, 438.
[595] CCBE, Comments on the Draft Rules of Procedure, 2011, 4, verfügbar auf www.ccbe.eu.
[596] Art. 18 Abs. 4 Satzung EFTA-GH.
[597] Art. 78 EuGHVfO; Art. 110 Abs. 1 EuGVfO; Art. 74 VerfO EFTA-GH.
[598] Art. 119 Abs. 1 EuGHVfO; Art. 110 Abs. 2 EuGVfO; Art. 76 VerfO EFTA-GH. Art. 119 EuGHVfO gilt für die mündliche Verhandlung in Rechtsmittelverfahren analog, vgl. auch Art. 80, 168 Abs. 2, 173 Abs. 2 EuGHVfO.
[599] Praktische Anweisungen EuGH, Rn. 52.
[600] Praktische Durchführungsbestimmungen EuG Rn. 162.
[601] Praktische Anweisungen EuGH, Rn. 52; Praktische Durchführungsbestimmungen EuG, Rn. 163.
[602] Art. 20 Abs. 4 EuGH-Satzung; Art. 18 Abs. 4 Satzung EFTA-GH.
[603] Art. 80 EuGHVfO; Art. 110 Abs. 3 EuGVfO.
[604] EuGH Slg. 1991, I-2659 Rn. 6 – Kommission/Griechenland.
[605] Art. 81 EuGHVfO; Art. 111 EuGVfO; Art. 77 VerfO EFTA-GH.
[606] EuG Slg. 2006, II-11 Rn. 42 – Stadtwerke Schwäbisch Hall.
[607] Art. 84 Abs. 2 EuGHVfO; Art. 114 Abs. 2 EuGVfO; Art. 79 VerfO EFTA-GH.
[608] Art. 83 EuGHVfO; Art. 113 EuGVfO; Art. 7847 VerfO EFTA-GH.

einen Ausfluss des Anspruchs auf rechtliches Gehör.[609] Voraussetzung ist, dass das Gericht sich entweder für **unzureichend unterrichtet** hält oder ein zwischen den Parteien **nicht erörtertes Vorbringen** für entscheidungserheblich erachtet.[610] Im Fall Altmark Trans hat der EuGH die Wiedereröffnung der mündlichen Verhandlung zB für notwendig erachtet, um den Verfahrensbeteiligten Gelegenheit zu geben, zu einer Trendwende in der Auslegung des Beihilfenbegriffs in einem zwischenzeitlich ergangenen Urteil Stellung zu nehmen.[611] Auch **Schlussanträge** des Generalanwalts, die neue rechtliche Gesichtspunkte aufwerfen, können die Wiedereröffnung der mündlichen Verhandlung, ggf. sogar vor einem anderen Spruchkörper, rechtfertigen.[612] Dass eine Partei mit den Schlussanträgen des Generalanwalts nicht übereinstimmt, selbst wenn diese neue rechtliche Gesichtspunkte aufgeworfen haben, ist dagegen – solange die neuen Gesichtspunkte für den Gerichtshof nicht entscheidungserheblich sind – unerheblich.[613] In Direktklageverfahren ist einem Antrag auf Wiedereröffnung der mündlichen Verhandlung auch stattzugeben, wenn die betroffene Partei sich auf **neue Tatsachen** von entscheidender Bedeutung beruft, die sie nicht schon vor dem Ende der mündlichen Verhandlung geltend machen konnte.[614] Schließlich kann die **Wiederholung der mündlichen Verhandlung** notwendig werden, wenn ein Mitglied des Spruchkörpers über längere Zeit an der Teilnahme zur Urteilsberatung verhindert ist und durch einen anderen Richter ersetzt werden muss.[615]

181   **4. Schlussanträge des Generalanwalts am EuGH.** Im Verfahren vor dem EuGH stellt der Generalanwalt ggf. nach der Schließung der mündlichen Verhandlung seine Schlussanträge, in denen er dem Gerichtshof einen für diesen nicht verbindlichen Entscheidungsvorschlag präsentiert.[616] Am EuG und EFTA-GH gibt es keine Generalanwälte. Am EuG können bei Bedarf Richter als ad-hoc Generalanwälte bestellt werden, was seit den Anfangstagen des Gerichts allerdings nicht mehr vorgekommen ist.[617] Dem EFTA-GH ist die Position des Generalanwalts fremd.

182   **a) Rolle des Generalanwalts am EuGH.** Aufgabe des Generalanwalts ist, „öffentlich in völliger Unparteilichkeit und Unabhängigkeit begründete Schlussanträge zu den Rechtssachen zu stellen, in denen nach der Satzung des Gerichtshofs der Europäischen Union seine Mitwirkung erforderlich ist".[618] Im Amt des Generalanwalts zeigt sich der besondere Einfluss des französischen Rechts auf das Prozessrecht des EuGH. Es hat sein Vorbild im Commissaire du Gouvernement beim Conseil d'Etat[619] ebenso wie im Advocaat-Generaal des Hoge Raad der Niederlande. Der Generalanwalt ist Mitglied des Gerichtshofs und protokollarisch einem Richter gleichgestellt.[620] Wie ein Richter verfügt er über ein eigenes Kabinett. Der Generalanwalt hat Anhörungs- und Vorschlagsrechte in den verschiedensten Situationen. Gegenüber den Parteien kann er nach Art. 62 EuGHVfO selbstständig in Erscheinung treten und sie im Wege prozessleitender Maßnahmen zur Abgabe von Erklärungen oder Dokumenten auffordern. Allerdings übt der Generalanwalt keine richterliche Tätigkeit aus und nimmt insbesondere nicht an den Urteilsberatungen teil. In der französischen Terminologie wird er, da er seine Schlussanträge stehend präsentiert, als „magistrat debout" bezeichnet, während die Richter bei ihrer Tätigkeit sitzen („magistrats assis"). Der Einfluss des Generalanwalts auf die Rechtsprechung über die Schlussanträge bleibt konsultativer Natur; der Gerichtshof ist weder an die Schlussanträge noch an deren Begründung gebunden.[621]

183   Die Zahl der Generalanwälte beträgt seit 2015 elf.[622] Deutschland, Frankreich, Italien, Spanien und Polen stellen einen ständigen Generalanwalt, die übrigen sechs Positionen wechseln zwischen

---

[609] EuGH Slg. 2000, I-665 Rn. 18 – Emesa Sugar.
[610] EuGH Slg. 2002, I-5475 Rn. 20 – Koninklijke Philips Electronics; EuGH WuW/E EU-R 2578 Rn. 61 – E.ON. Vgl. nunmehr die ein Art. 83 EuGHVfO und in Art. 78 VerFO EFTA-GH angeführten Beispiele.
[611] EuGH Slg. 2003, I-7477 Rn. 70 – Altmark Trans.
[612] GA Bot Slg. 2009, I-519 Rn. 6 – Kommission/Italien.
[613] EuGH Slg. 2006, I-1875 Rn. 25 – Atzeni; WuW/E EU-R 2578 Rn. 62–63 – E.ON.
[614] EuGH Slg. 1999, I-4287 Rn. 128 – Hüls; Slg. 1999, I-4643 Rn. 83 – Chemie Linz; EuG Slg. 2002, II-2781 Rn. 53 – British American Tobacco.
[615] EuGH Slg. 2008, I-10193 Rn. 33 – Coop de France bétail et viande.
[616] Art. 82 Abs. 1 EuGHVfO.
[617] Art. 49 EuGH-Satzung; Art. 31 und 31EuGVfO. Vgl. etwa EuG Slg. 1990, II-309 – Tetra Pak; Slg. 1991, II-1711 – Hercules.
[618] EuGH WuW/E EU-R 2578 Rn. 62 – E.ON.
[619] Zur Entwicklung von der Groeben/Schwarze/Hackspiel EG Art. 222 Rn. 1 ff.
[620] Art. 7 Abs. 1 EuGHVfO.
[621] EuGH WuW/E EU-R 2578 Rn. 62 – E.ON.
[622] Beschluss 2013/336/EU des Rates vom 25.6.2013 zur Erhöhung der Zahl der Generalanwälte des Gerichtshofs der Europäischen Union (ABl. 2013 L 179, 92), mit dem die Zahl zum 1.7.2013 auf neun erhöht wurde und mit Wirkung vom 7.10.2015 elf beträgt.

den anderen Mitgliedstaaten. Eine herausgehobene Stellung hat der Erste Generalanwalt.[623] Sie äußert sich insbesondere in seiner Kompetenz zur Zuweisung der Rechtssachen an die Generalanwälte.[624] Der Erste Generalanwalt entscheidet darüber, ob eine Überprüfung des Urteils des EuG in Fällen der „ernsten Gefahr einer Beeinträchtigung der Einheit oder der Kohärenz des Unionsrechts" durch den EuGH stattfinden soll.[625]
Beim EuG gibt es keinen ständigen Generalanwalt. In der Frühphase wurde ab und zu ein Richter zum Generalanwalt bestimmt. Am EFTA-GH ist ein Generalanwalt nicht vorgesehen.

b) Schlussanträge. Die meist ausführliche Begründung unter Einbezug von Quellen außerhalb der EuGH-Rechtsprechung, einschließlich Lehrmeinungen, kann die Schlussanträge zu einer wertvollen Ergänzung des häufig formelhaft verfassten Urteils machen. Allerdings darf man nicht übersehen, dass die Schlussanträge vor dem Urteil verfasst werden. Generalanwälte zeigen mitunter Mut zur Abweichung von ständiger Rechtsprechung. Sie können deshalb wesentlich zur Dynamik der Rechtsentwicklung beitragen.[626] Der häufig gestellten Prognose, dass der EuGH seinem Generalanwalt in der überwiegenden Zahl der Fälle folgt, ist insbesondere in Verfahren, die neue oder umstrittene Rechtsfragen aufwerfen, mit Vorsicht zu begegnen. Aus der Sicht des **EWR-Rechts** können Schlussanträge Bedeutung zur Wahrung der Rechtsprechungshomogenität haben. Bestimmte Generalanwälte zeigten in der Vergangenheit eine hohe Bereitschaft, in ihren Schlussanträgen auf die Entwicklung des Fallrechts im EFTA-Pfeiler des EWR einzugehen.[627] Die Schlussanträge stellten häufig ein „Einfallstor" für die Rechtsprechung des EFTA-GH in die Entscheidungspraxis des EuGH dar. Umgekehrt nimmt der EFTA-GH in seiner Rechtsprechung auch auf Schlussanträge von Generalanwälten Bezug.[628]

c) Entbehrlichkeit der Schlussanträge. Trotz der Vorzüge einer gutachterlichen Vorbereitung des Urteils ist die Notwendigkeit von Schlussanträgen umstritten, insbesondere wegen der damit verbundenen Verlängerung des Verfahrens und dem zunehmenden Übersetzungsaufwand.[629] Bedenkt man darüber hinaus, dass die Zahl der Generalanwälte mit jener der Richter im Laufe der Erweiterungen nicht Schritt gehalten hat, so erstaunt nicht, dass die Entbehrlichkeit der Mitwirkung des Generalanwalts in gewissen Gruppen von Verfahren bereits in Art. 252 Abs. 2 AEUV zum Ausdruck kommt. In Verfahren, die statt mit einem Urteil mit einem Beschluss abgeschlossen werden, wird der Generalanwalt ohnehin nur angehört.[630] In den Verfahren des einstweiligen Rechtsschutzes nach Art. 278, 279 AEUV ist auch die Anhörung nur ausnahmsweise vorgesehen – nämlich dann, wenn der Präsident nicht selber über den Antrag entscheidet, sondern die Entscheidung dem Gerichtshof überträgt.[631] Im beschleunigten Verfahren wird nach der bloßen Anhörung des Generalanwalts entschieden.[632] Die Stellungnahmen werden in allen diesen Fällen nicht veröffentlicht. In allen anderen Verfahren kann der Gerichtshof nach Art. 20 Abs. 5 EuGH-Satzung nach Anhörung des Generalanwalts beschließen, ohne Schlussanträge zu entscheiden, wenn die Rechtssache **keine neuen Rechtsfragen** aufwirft. Dabei handelt es sich in der Hauptsache um unbestrittene Vertragsverletzungsklagen, die ohne mündliche Verhandlung in der Dreierkammer gehört werden. Im Jahr 2013 wurden insgesamt 48 % aller Urteile ohne Schlussanträge verkündet.[633]

d) Die Schlussanträge im Prozess. Im Verfahren vor dem EuGH stellt der Generalanwalt nach der Schließung der mündlichen Verhandlung seine Schlussanträge, in denen er dem Gerichtshof einen für diesen nicht verbindlichen Entscheidungsvorschlag präsentiert. Nach der Stellung der

---

[623] Art. 14 Abs. 1 EuGHVfO.
[624] Art. 16 Abs. 1 EuGHVfO.
[625] Art. 62 EuGH-Satzung.
[626] von der Groeben/Schwarze/Hackspiel EG Art. 222 Rn. 14; ausführlich Tridimas CMLRev. 1997, 1349 ff.
[627] Baudenbacher 28 (2) Fordham Int'l L. J. (2005) 353, 366 ff.
[628] So zB im Wettbewerbsrecht EFTA-GH Slg. 2002, 114 Rn. 35 – Landsorganisasjonen; Slg. 2012, 246 Rn. 91 – Posten Norge; im Beihilferecht vgl. EFTA-GH Slg. 2003, 52 Rn. 37 – Bellona; Slg. 2005, 117 Rn. 123 – Fesil, im Bereich der Koordinierung sozialer Sicherungssysteme: EFTA-GH Slg. 2006, 101 Rn. 63 – Finnmark; in der Kapitalverkehrsfreiheit EFTA-GH Slg. 2004, 11 Rn. 23 – Fokus Bank, bzgl. des Gleichbehandlungsgrundsatzes, EFTA-GH Slg. 2003, 1 Rn. 37, 40 – University of Oslo; vgl. dazu Baudenbacher, The EFTA Court's Relationship with the Advocates General of the European Court of Justice in Allessio/Kronenberger/Placco, De Rome à Lisbonne: les juridictions de l'Union européenne à la croisée des chemins: Mélanges en l'honneur de Paolo Mengozzi, 2013, 341–370.
[629] von der Groeben/Schwarze/Hackspiel EG Art. 222 Rn. 1.
[630] Art. 99 EuGHVfO (Vorabentscheidungsverfahren), Art. 181 EuGHVfO (Rechtsmittel).
[631] Art. 161 Abs. 3 EuGHVfO.
[632] Art. 136 EuGHVfO.
[633] Jahresbericht EuGH 2013, 10.

Schlussanträge erklärt der Präsident des Spruchkörpers das mündliche Verfahren für abgeschlossen.[634] Verlesen wird aber nur noch der Entscheidungsvorschlag. Selbst dessen Verlesung erfolgt nicht etwa im Termin der mündlichen Verhandlung der entsprechenden Rechtssache, an welcher der Generalanwalt ja aktiv teilnimmt, um deren Ergebnisse danach in seinen Anträgen zu verwerten. Vielmehr werden die Schlussanträge regelmäßig in einem späteren Termin im Zusammenhang mit einer anderen Verhandlung, durchaus auch vor einem anderen Spruchkörper als dem mit der Rechtssache befassten, gestellt. Der EuGH selbst sieht darin keine Verletzung des Prozessrechts oder der Rechte der Verfahrensbeteiligten.[635] Tatsächlich wird in dieser Praxis deutlich, dass die Stellung der Schlussanträge vor dem EuGH sich faktisch vom mündlichen Verfahren abgekoppelt und zu einem eigenen Verfahrensschritt entwickelt hat, der die Phase der Urteilsberatung einleitet.[636] Die Verlesung des Entscheidungsvorschlags in einer mündlichen Verhandlung stellt eine letzte Reminiszenz an den Öffentlichkeitsgrundsatz dar. Allerdings werden die Schlussanträge im Volltext sowohl am Tag ihrer Verlesung auf der Website des EuGH veröffentlicht, als auch später in der amtlichen Sammlung abgedruckt.

187 Eine **Stellungnahme der Parteien** und Verfahrensbeteiligten zu den Schlussanträgen ist **nicht vorgesehen.** In einem vielbeachteten Beschluss hat der EuGH das Fehlen einer entsprechenden Möglichkeit als mit dem Anspruch auf rechtliches Gehör vereinbar erklärt. Er hat sich dabei mit der Rechtsprechung des EGMR auseinandergesetzt, wonach das Fehlen eines Äußerungsrechts auf die Schlussanträge des Staatsanwalts beim belgischen Kassationsgerichtshof gegen Art. 6 Abs. 1 EMRK verstößt.[637] Die Stellung eines Generalanwalts beim EuGH sei aber insofern einzigartig, als dieser ein unparteiisches und unabhängiges Mitglied des Gerichtshofs sei und „keine wie auch immer gearteten Interessen zu vertreten" habe.[638]

IV. Urteil

188 1. **Urteilsberatung und -findung. a) Beratung und Entscheidung.** Am EuGH treten die Richter des mit der Sache befassten Spruchkörpers nach dem mündlichen Verfahren und der Anhörung der Schlussanträge des Generalanwalts in die Urteilsberatung ein. Der Berichterstatter soll sich binnen zwei Tagen nach den Schlussanträgen dazu äußern, ob er diesen folgen möchte; wenn er die Frage verneint, so hat er seine Ansicht innerhalb einer Woche zu begründen. In einer „tour de table" werden möglicherweise abstrakte Fragen innerhalb des Spruchkörpers vorerörtert. Am EuG und am EFTA-GH findet unmittelbar nach der Verhandlung eine erste Beratung statt. An allen drei Gerichtshöfen verfasst der Berichterstatter im Folgenden seinen Entscheidungsentwurf. Der Entscheidungsentwurf wird an den Unionsgerichten auf Französisch, am EFTA-GH auf Englisch vorgelegt. Gestützt darauf erfolgen die Beratungen.

189 Die Urteilsberatungen sind geheim und müssen geheim bleiben.[639] An ihnen können nur Richter teilnehmen, die an der mündlichen Verhandlung zugegen waren,[640] sofern eine solche stattfindet. Die Leitung liegt beim Präsidenten des jeweiligen Gerichts bzw. Spruchkörpers,[641] dessen Stimme aber in der Abstimmung nicht mehr Gewicht hat als die der anderen Richter. Die Beratungen können sich je nach der Komplexität des Falles und den Ausgangspositionen der Richter über eine ganze Reihe von Zusammenkünften und damit auch über einen längeren Zeitraum erstrecken. Die Sitzungen laufen an den einzelnen Gerichten unterschiedlich ab, wobei jedes Gericht seine eigene Kultur entwickelt hat. Dazwischen ist es nicht unüblich, die Diskussion über einen Fall mittels schriftlicher Memoranden (sog „notes en délibéré") bzw. per Email weiterzuführen. Die am Ende der Beratung, nach einer „abschließenden Aussprache", getroffene Entscheidung wird mit Stimmenmehrheit der Richter gefällt, sofern noch unterschiedliche Auffassungen bestehen.[642] Das Geheimhaltungsgebot bezieht sich auch auf die Abstimmung. Dissenting opinions sind an keinem der europäischen Gerichtshöfe in Luxemburg erlaubt.

190 b) **Ungerade Richterzahl und Entscheidungsquoren.** Ein sachgerechtes Verfahren der Urteilsfindung muss dafür sorgen, dass Pattsituationen bei der Abstimmung nicht auftreten können.

---

[634] Art. 82 EuGHVfO.
[635] EuGH Slg. 2000, I-929 Rn. 27 ff. – Deutsche Post.
[636] EuGH Slg. 2000, I-665 Rn. 14 – Emesa Sugar; vgl. dazu auch GA Ruiz-Jarabo Colomer Slg. 2003, I-2219 Rn. 92 ff. – Kaba.
[637] EGMR Reports of Judgments and Decisions, 1996-I, 224 Rn. 33 – Vermeulen/Belgien.
[638] EuGH Slg. 2000, I-665 Rn. 12 ff. – Emesa Sugar.
[639] Art. 35 EuGH-Satzung, Art. 31 Satzung EFTA-GH.
[640] Art. 32 Abs. 2 EuGHVfO; Art. 21 Abs. 2 EuGVfO; Art. 2623 Abs. 1 VerfO EFTA-GH.
[641] Art. 9 Abs. 2, Art. 11 Abs. 4 EuGHVfO; Art. 10, 11, 19 und 21 EuGVfO; Art. 9 Abs. 2 VerfO EFTA-GH.
[642] Art. 32 Abs. 4 EuGHVfO; Art. 21 Abs. 4 EuGVfO; Art. 8 Satzung EFTA-GH, Art. 2623 Abs. 3 VerfO EFTA-GH.

Als Mittel dazu kommen der Stichentscheid oder eine Festlegung auf eine ungerade Zahl von Richtern in Betracht. Die Prozessordnungen von EuGH, EuG und EFTA-GH haben sich für den letzteren Mechanismus entschieden.

Beim **EFTA-GH** ist die ungerade Zahl schon durch den Umstand sichergestellt, dass es nur **191** drei Richter gibt, die bei der Urteilsfindung zwingend anwesend sei müssen. Die Verhinderung eines Richters an der Ausübung seines Amtes, die von den anderen beiden festzustellen ist, führt zur Bestellung eines Ersatzrichters, der aus einer von den Regierungen der drei EFTA-Staaten im Vorhinein erstellten Liste von sechs Persönlichkeiten ausgewählt wird.[643] Der Ersatzrichter muss von der gleichen Regierung nominiert worden sein, die den verhinderten Richter nominiert hat. Die beiden regulären Richter sind in der Wahl des Ersatzrichters frei. Tritt der Verhinderungsgrund nach Durchführung der mündlichen Verhandlung ein, so muss diese mit dem Ersatzrichter erneut durchgeführt werden, es sei denn die Parteien verzichten darauf. Das System ist nicht perfekt.

Die **Satzung des EuGH** schreibt vor, dass eine rechtswirksame Entscheidung von der Beset- **192** zung des Spruchkörpers mit einer ungeraden Richterzahl abhängt.[644] Dem „Gesetz der ungeraden Zahl" wird an den Unionsgerichten bereits durch die Besetzung der Spruchkörper mit drei, fünf, dreizehn oder fünfzehn Richtern Rechnung getragen. Das „Plenum" besteht aus 25 oder 27 Richtern.[645] Ist die Abwesenheit oder Verhinderung eines Richters bereits vor Beginn der mündlichen Verhandlung erkennbar, wird dieser unmittelbar ersetzt.[646] Fällt ein Richter erst später aus (etwa wegen andauernder Krankheit oder im Fall seines Ausscheidens aufgrund Beendigung der Amtszeit[647] oder Tod)[648] und kommt dadurch eine gerade Zahl zustande, so nimmt der dienstjüngste Richter an den Beratungen nicht teil (es sei denn, dieser ist der Berichterstatter).[649] Alternativ kann auch hier ein Ersatzrichter bestellt werden, was in der Praxis aber seltener vorkommt, da in diesem Fall die mündliche Verhandlung wiederholt werden muss.[650] Eine Verminderung der Richterzahl darf allerdings in keinem Fall zu einer Unterschreitung der für jeden Spruchkörper vorgeschriebenen Mindestzahl führen, die in Form von Anwesenheitsquoren festgelegt ist. Diese liegen für Dreier- und Fünferkammern bei drei Richtern,[651] für die Große Kammer bei elf Richtern[652] und für das Plenum bei siebzehn Richtern.[653] Falls der Spruchkörper nicht mit einem (der nach Rotation aussetzenden) Richter aus derselben Kammer zusätzlich besetzt werden kann, kommt nur der Einsatz eines Richters aus einer anderen Kammer als Ersatzrichter in Betracht. Dieser wird vom Präsidenten bestimmt.[654]

c) Befangenheit und Verhinderung. Wie in allen Rechtsordnungen ist auch vor den europä- **193** ischen Gerichten die Befangenheit eines Richters ein Ausschlussgrund desselben. Ein **absoluter Ausschlussgrund** nach Art. 18 Abs. 1 EuGH-Satzung bzw. Art. 15 Abs. 1 EFTA-GH-Satzung liegt vor, wenn der Richter in derselben Sache aufseiten einer Partei als Bevollmächtigter, Beistand oder Anwalt tätig war oder über die Sache als Mitglied eines Gerichts, Untersuchungsausschusses oder in anderer Eigenschaft zu befinden hatte. Nicht geregelt ist für beide Alternativen, ob die Beteiligung in derselben Sache völlige Deckungsgleichheit der Parteien und des Streitgegenstands voraussetzt. Übermäßiger Formalismus ist aber zugunsten einer Gesamtwürdigung zu vermeiden. Dass die Terminologie dem Justizleben entnommen ist, deutet darauf hin, dass die Sache bei der Vortätigkeit des Richters zumindest im weitesten Sinne streitbefangen gewesen sein muss. Grundsätzlich kann eine Vortätigkeit bei der Wettbewerbsbehörde bzw. einer Regierung darunter fallen. Ausreichend für eine Befangenheit nach dieser Alternative ist auch die frühere Vertretung einer Partei im Verwaltungsverfahren vor der Kommission. Hinsichtlich der zweiten Alternative ist ein möglicher Anwendungsfall der, dass das jetzige Mitglied des EuGH mit der Sache bereits in erster Instanz als Mitglied

---

[643] Art. 30 Abs. 4 ÜGA.
[644] Art. 17 Abs. 1 EuGH-Satzung.
[645] EuGH, Avis 2/15, Gutachten vom 16. Mai 2017, ECLI:EU:C:2017:376 – Freihandelsabkommen Singapur; EuGH Avis 2/13, Gutachten vom 18. Dezember 2014, ECLI:EU:C:2014:2454 – Beitritt EGMR; EuGH 10.12.2018 – C-621/18, ECLI:EU:C:2018:99 – Wightman.
[646] Art. 31 EuGHVfO; Art. 17 EuGVfO.
[647] Vgl. etwa EuG Slg. 1999, II-931 Rn. 25 – Limburgse Vinyl Maatschappij.
[648] Vgl. etwa EuG Slg. 1997, I-923 Rn. 40 – Tiercé Ladbroke.
[649] Art. 33 EuGHVfO, Art. 22 EuGVfO.
[650] Art. 32 Abs. 2 EuGHVfO; Art. 23 Abs. 3 und Art. 24 Abs. 3 EuGVfO; vgl. aber zB EuGH Slg. 2008, I-10193 Rn. 33 – Coop de France bétail et viande.
[651] Art. 17 Abs. 2 EuGH-Satzung.
[652] Art. 17 Abs. 3 EuGH-Satzung, Art. 23 Abs. 1 EuGVfO.
[653] Art. 17 Abs. 4 EuGH-Satzung.
[654] Art. 17 Abs. 5 EuGH-Satzung; Art. 34 f. EuGHVfO, Art. 23 Abs. 2 und Art. 24 Abs. 2 EuGVfO.

des EuG oder eines nationalen Gerichts befasst war. Bezüglich der nationalen Gerichte gilt nicht der enge Gerichtsbegriff des Art. 267 AEUV, so dass die Beteiligung an einem Schiedsgericht ausreicht. Dagegen soll die erneute Befassung eines Richters am EuG nach **Aufhebung und Rückverweisung** durch den EuGH – sogar als Berichterstatter – nach der Entscheidung Chronopost für sich genommen die Ordnungsmäßigkeit der Zusammensetzung des Gerichts nicht beeinträchtigen.[655] Diese Entscheidung, mit der eine anscheinend gängige Praxis des EuG gebilligt wurde, ist vor dem Hintergrund von Art. 18 Abs. 1 EuGH-Satzung allerdings wenig überzeugend.

194 Art. 18 Abs. 2 EuGH-Satzung bzw. Art. 15 Abs. 2 EFTA-GH-Satzung erfassen darüber hinaus generalklauselartig auch sämtliche sonstige Gründe **(relative Ausschlussgründe)**, welche die Mitwirkung eines bestimmten Richters an der Entscheidung einer Rechtssache vor den Unionsgerichten oder dem EFTA-GH als bedenklich erscheinen lassen können. Darunter fallen nicht bereits von Abs. 1 erfasste tatsächliche oder potenzielle Interessenkonflikte, sonstige Umstände, welche die Befürchtung der Voreingenommenheit nahe legen, aber auch andere Formen der Verhinderung wie Abwesenheit, Krankheit etc. In Betracht kommen zB die vorherige Beteiligung bei der Ausarbeitung streitgegenständlicher nationaler Rechtsvorschriften oder eindeutige öffentliche Stellungnahmen zum Rechtsstreit. Nicht auf den konkreten Sachverhalt bezogene Aussagen im Rahmen wissenschaftlicher Publikations- oder Vortragstätigkeit lassen ein Ausscheiden eines Richters dagegen kaum als zwingend erscheinen. Keine Befangenheit begründet jedenfalls die Nationalität eines Richters, wie Abs. 4 ausdrücklich feststellt. Demnach hat das Fehlen eines Richters, der die Staatsangehörigkeit des Landes hat, aus dem das Verfahren stammt, anders als nach den Prozessordnungen von IGH und EGMR[656] keine Auswirkungen.[657] Auch kann ein Richter nicht deswegen befangen sein, weil er aus dem Land stammt, aus dem das Verfahren kommt.

195 Nach Art. 18 Abs. 4 EuGH-Satzung bzw. Art. 15 Abs. 5 EFTA-GH-Satzung kann ein Richter wegen Befangenheit auf **Antrag einer Partei** ausgeschlossen werden. Darüber kann im Wege des Zwischenstreits oder in der Endentscheidung entschieden werden.[658] Die Zurückweisung eines Ablehnungsantrags durch das EuG kann im Rechtsmittelverfahren vor dem EuGH mit der Verfahrensrüge angriffen werden. Im Übrigen entscheidet das Gericht, entweder auf Initiative des betroffenen Richters oder des Präsidenten, ggf. aber auch eines Streithelfers, **von Amts wegen.**[659] Bei Zweifeln über das Vorliegen von Befangenheit bzw. Verhinderung entscheidet im Unionsrecht die Generalversammlung,[660] beim EFTA-GH entscheiden die beiden nichtbetroffenen Richter und bestimmen einen Ersatzrichter.[661]

196 **2. Urteilsverkündung und Rechtskraft. a) Verkündung des Urteils.** Der Mindestinhalt eines Urteils ist in den Verfahrensordnungen beschrieben.[662] Nach Abschluss der notwendigen Übersetzungen wird es öffentlich verkündet.[663] Die Verkündung erfolgt durch Verlesen des Tenors in öffentlicher Sitzung,[664] aus praktischen Gründen entweder im Zusammenhang mit der mündlichen Verhandlung in einer anderen Rechtssache oder in einem eigens anberaumten Termin. Zur Verkündung werden die Parteien vom Termin benachrichtigt.[665] Beschlüsse werden nicht öffentlich verkündet. Die Urteile und verfahrens(teil)abschließende Beschlüsse werden den Parteien sowie den Mitgliedstaaten und Unionsorganen übersandt.[666]

197 Urteile und verfahrensabschließende Beschlüsse aller drei Gerichtshöfe werden unmittelbar nach ihrer Verkündung auf der Website des jeweiligen Gerichts[667] im Internet **veröffentlicht**. Der Tenor wird darüber hinaus im Amtsblatt der Europäischen Union publiziert.[668] Zu einem späteren Zeitpunkt erfolgt die Veröffentlichung in der jeweiligen Rechtsprechungssammlung, wobei der EuGH und das EuG ihre Urteile seit 2012 nur mehr elektronisch veröffentlichen.[669] Auch der EFTA-GH

---

[655] EuGH Slg. 2008, I-4777 Rn. 51 ff. – Chronopost.
[656] Art. 31 IGH Statut, Art. 27 Abs. 2 EuGHMR: ad-hoc Richter.
[657] Vgl. auch EuG Slg. 1995, II-703 Rn. 26 – Hogan.
[658] EuGH Slg. 2008, I-4777 Rn. 47 – Chronopost; von der Groeben/Schwarze/Hackspiel EuGH-Satzung Art. 18 Rn. 11.
[659] EuGH Slg. 2008, I-4777 Rn. 48–50 – Chronopost.
[660] Art. 18 Abs. 3 EuGH-Satzung.
[661] Art. 30 Abs. 4 ÜGA; → Rn. 191.
[662] Art. 87 EuGHVfO; Art. 117 EuGVfO; Art. 81 VerfO EFTA-GH.
[663] Art. 37 EuGH-Satzung; Art. 33 Satzung EFTA-GH.
[664] Art. 88 Abs. 1 EuGHVfO; Art. 18 Abs. 1 EuGVfO; Art. 82 Abs. 1 VerfO EFTA-GH.
[665] Art. 86 EuGHVfO; Art. 116 EuGVfO; Art. 82 Abs. 1 VerfO EFTA-GH.
[666] Art. 88 Abs. 2 EuGHVfO; Art. 120 EuGVfO; Art. 84 VerfO EFTA-GH.
[667] www.curia.europa.eu, www.eftacourt.int.
[668] Art. 92 Verf EuGH; Art. 122 EuGVfO; Art. 86 VerfO EFTA-GH.
[669] Art. 20 Abs. 3 EuGHVfO; Art. 35 Abs. 3 EuGVfO; Praktische Durchführungsbestimmungen EuG, Rn. 59; Art. 23 Dienstanweisung Kanzler EFTA-GH.

veröffentlicht seine Urteile im Volltext nur mehr auf seiner Website, während der Jahresbericht lediglich Zusammenfassungen der Entscheidungen beinhaltet.

Sensible Daten können von der Veröffentlichung ausgenommen werden. Sind sie aber bereits **198** in der Kommissionsentscheidung publiziert, so kommt eine vertrauliche Behandlung nicht mehr in Frage.[670] **Offenbare Unrichtigkeiten** in der Abfassung des Urteils wie Schreib- und Rechenfehler, sind durch Beschluss des jeweiligen Spruchkörpers von Amts wegen oder auf Antrag zu berichtigen.[671]

b) Rechtskraft. Urteile und Beschlüsse des EuG im Direktklageverfahren erlangen mit **199** Verkündung lediglich „Wirksamkeit".[672] Gegen sie kann ein Rechtsmittel ergriffen werden, das aber keine aufschiebende Wirkung entfaltet.[673] Die Verpflichtung der Kommission, die sich aus einem Urteil ergebenen Konsequenzen zu treffen, beginnen daher bereits mit dem erstinstanzlichen Urteil, auch wenn gegen dieses Rechtsmittel einlegt wurde.[674] Urteile des EuGH und des EFTA-GH werden mit ihrer Verkündung, Beschlüsse mit ihrer Zustellung rechtskräftig.[675] Unabhängig von der Möglichkeit eines Rechtsmittels sind Urteile und Beschlüsse, sofern sie ihrem Inhalt nach vollstreckungsfähig sind, sofort **vollstreckbar**.[676] Die Vollstreckung richtet sich nach nationalem Recht. **Prozessurteile** bzw. -beschlüsse entfalten Rechtskraft nur hinsichtlich der Zulässigkeitsfragen, die sie behandeln.[677] Sie stehen der Erhebung einer neuen Klage damit nicht entgegen.[678] Meistens wird in der Zwischenzeit allerdings die zulässige Klagefrist verstrichen sein.

Die Reichweite der Rechtskraft bestimmt sich nach dem Streitgegenstand. Sie steht der Einlei- **200** tung eines erneuten Gerichtsverfahrens über den gleichen Streitgegenstand entgegen; eine solche Klage, auch wenn sie auf neues tatsächliches Vorbringen gestützt wird, ist unzulässig. Das EuG knüpfte diese Sperrwirkung an drei kumulative Voraussetzungen, nämlich dass die Klagen dieselben Parteien und denselben Gegenstand betreffen und auf denselben Grund gestützt wurden.[679] Der EuGH hat diese relative Rechtskraft im Rechtsmittelurteil als zu restriktiv verworfen. Insbesondere die Nichtigerklärung einer Kommissionsentscheidung wirkt erga omnes und entfaltet damit absolute Rechtskraft.[680] Diese Rechtskraft umfasst auch die **tragenden Gründe** eines Urteils, zB die Feststellung, dass eine bestimmte staatliche Maßnahme eine Beihilfe darstellt. Eine neue Klage zur Klärung bereits entschiedener Rechtsfragen bzw. das Vorbringen bereits erörterter Klagegründe ist dann ohne Weiteres unzulässig.[681] Das gilt sowohl vor den europäischen als auch vor den nationalen Gerichten. Die gerichtliche Aufhebung oder Bestätigung einer Entscheidung verwehrt es sodann, der Behörde unter dem Gesichtspunkt des „ne bis in idem", ein neues Verfahren wegen der gleichen Wettbewerbszuwiderhandlung einzuleiten oder Geldbußen zu verhängen.[682] Allerdings werden die tragenden Gründe eines Urteils oftmals lediglich feststellen, ob eine Entscheidung einen bestimmten geltend gemachten Rechts- oder Tatsachenfehler aufweist oder nicht. Im Hinblick auf mögliche andere, nicht geltend gemachte Rechts- oder Tatsachenfehler tritt eine Rechtskraftbindung daher nicht ein. Ebenso setzt die Anwendung des Grundsatzes **„ne bis in idem"** voraus, dass inhaltlich über das Vorliegen einer Zuwiderhandlung oder die Rechtmäßigkeit ihrer Würdigung entschieden wurde; die Aufhebung einer Kommissionsentscheidung wegen formaler Mängel verbietet eine Wiederaufnahme des Verfahrens nicht.[683]

Von der Rechtskraft in diesem Sinne ist die faktische **Selbstbindung des Gerichts** inhaltlicher **201** Art zu unterscheiden. Zwar gibt es im europäischen Recht keine stare decisis-Regel. Die Gerichte sind aber nur in Ausnahmefällen bereit, von ihrer eigenen Rechtsprechung abzuweichen. Der EFTA-

---

[670] EuG Slg. 2005, II-4065 Rn. 144 – Sumitomo Chemical.
[671] Art. 103 Abs. 1, Art. 154 Abs. 1 EuGHVfO; Art. 164 EuGVfO; Art. 87 VerfO EFTA-GH; für ein Beispiel vgl. EuGH Slg. 1996, I-1997 – Rendo.
[672] Art. 121 EuGVfO, vorbehaltlich des in Art. 60 Abs. 2 EuGH-Satzung geregelten Falles der Nichtigerklärung einer Verordnung.
[673] Art. 60 Abs. 1 EuGH-Satzung und → Rn. 236 ff.
[674] So zutreffend GA Kokott, Schlussanträge v. 14.4.2011 – C-110/10 P, ECLI:EU:C:2011:687 Rn. 149 – Solvay.
[675] Art. 91 EuGHVfO; Art. 85 VerfO EFTA-GH; zur Reichweite der Bindungswirkung → Rn. 502 ff.
[676] Art. 280 AEUV; Art. 110 EWR.
[677] von der Groeben/Schwarze/Hackspiel EuGH-Satzung Art. 36 und Art. 37 Rn. 1011.
[678] Kirschner/Klüpfel, Das Gericht erster Instanz der Europäischen Gemeinschaften, 2. Aufl. 1998, Rn. 133.
[679] EuG Slg. 2003, II-2957 Rn. 77 – P & O European Ferries (Vizcaya) mwN.
[680] EuGH Slg. 2006, I-4845 Rn. 40–43 – P & O European Ferries.
[681] EuGH Slg. 2006, I-4845 Rn. 44 ff. – P & O European Ferries.
[682] EuG Slg. 1999, II-931 Rn. 96 – Limburgse Vinyl Maatschappij, diesbezüglich bestätigt durch EuGH Slg. 2002, I-8375 Rn. 59 – Limburgse Vinyl Maatschappij.
[683] EuGH Slg. 2002, I-8375 Rn. 60–63 – Limburgse Vinyl Maatschappij.

GH hat allerdings deutlich gemacht, dass Entwicklungen in der Rechtsprechung des EuGH ihn ggf. dazu veranlassen können, seine Rechtsprechung anzupassen.[684]

202 In Vorabentscheidungsverfahren vor dem EuGH erstreckt sich die Rechtskraft des Urteils auf die Beantwortung der vorgelegten Fragen. Das Urteil bindet das vorlegende Gericht bei der Entscheidung des Ausgangsrechtsstreits und kann nicht durch ein erneutes Vorlegen in Frage gestellt werden.[685] Das nationale Gericht ist aber nicht gehindert, Fragen noch einmal vorzulegen, über die der EuGH noch nicht ausdrücklich entschieden hat. Neben dem vorlegenden Gericht bindet ein Urteil des EuGH im Vorabentscheidungsverfahren auch alle weiteren Instanzen, die im gleichen Verfahren entscheiden. Darüber hinaus entwickeln die Urteile eine faktische Bindungswirkung für alle nationalen Gerichte und Behörden unter dem Aspekt der Direkt- und Vorrangswirkung des vom EuGH ausgelegten Rechts (→ Rn. 726).

203 Die Urteile des EFTA-GH im Vorabentscheidungsverfahren werden in Art. 34 ÜGA als „Gutachten" bezeichnet. Im Hinblick auf die Homogenitätsanforderungen des EWR-Abkommen kann die normative Bindungswirkung dieser Entscheidungen des EFTA-GH aber nicht wesentlich hinter der der Urteile des EuGH zurück bleiben.[686] Der EFTA-GH trägt diesem sui generis-Charakter dadurch Rechnung, dass er seine Entscheidungen im Rubrum als Urteile bezeichnet. Bemerkenswerterweise hat der EFTA-GH die Rechtsprechung des EuGH zur Rechtskraft übernommen und spricht ausdrücklich von einer „validity of the advisory opinion".[687] Trotzdem hat die fehlende Rechtsverbindlichkeit der Entscheidungen des EFTA-GH Folgen: Letzterer muss das nationale Gericht von der Richtigkeit seiner Antworten überzeugen.

204 **3. Andere Arten der Verfahrensbeendigung. a) Klagerücknahme.** In Direktklageverfahren kann der Kläger die Klage bzw. das Rechtsmittel jederzeit zurücknehmen und so den Rechtsstreit beenden.[688] Dem Beklagten und den Streithelfern wird Gelegenheit zur Stellungnahme hierzu gegeben, ohne dass ihnen damit eine Möglichkeit zur Fortführung des Verfahrens eingeräumt wird. Die Rolle des Gerichts beschränkt sich im Fall der Klagerücknahme darauf, dass es per Beschluss die **Streichung** der entsprechenden Rechtssache im Register anordnet und über die Kosten entscheidet. Neben der völligen Rücknahme ist auch die **teilweise Rücknahme** einer Klage (bezüglich eines oder mehrerer Anträge) möglich.[689] Entsprechendes gilt auch für Rechtsmittel.[690] Nicht zulässig ist aber die Klagerücknahme unter Bedingungen.[691]

205 Die **Kosten** der Klagerücknahme sind nach dem Verursacherprinzip grundsätzlich vom Kläger zu tragen, wenn dies vom Beklagten in seiner Stellungnahme beantragt worden ist. Freilich kann auch ein Verhalten des Beklagten die Klagerücknahme provoziert haben. In diesem Fall, nämlich „wenn dies wegen des Verhaltens dieser Partei gerechtfertigt erscheint", sind dem Beklagten auf Antrag des Klägers die Verfahrenskosten aufzuerlegen.[692] Das kann etwa bei der Nichtigkeitsklage zutreffen, wenn die angefochtene Entscheidung zurückgenommen wird, bei der Untätigkeitsklage, wenn die begehrte Bescheidung im laufenden Verfahren erteilt wird oder im Vertragsverletzungsverfahren, wenn der beklagte Mitgliedstaat einen unionsrechtswidrigen Zustand während des Verfahrens beseitigt.[693] Die Klagerücknahme muss allerdings gerade durch das Verhalten der beklagten Behörde provoziert und gerechtfertigt sein.[694] Im Falle einer Einigung der Parteien über die Kosten ist das Gericht an diese gebunden.[695]

206 Im Vorabentscheidungsverfahren kann das vorlegende Gericht die Vorlage, zumindest aus europarechtlicher Sicht, bis zur Bekanntgabe des Termins der Urteilsverkündung ohne Angabe von Gründen zurückziehen.[696] In diesem Fall hat der EuGH bzw. der EFTA-GH die Streichung der Rechtssache im Register anzuordnen. Die Kostenentscheidung wird vom nationalen Gericht getroffen.

207 **b) Prozessurteil nach Zwischenstreit.** Die Zulässigkeitsvoraussetzungen einer Direktklage oder eines Vorabentscheidungsverfahrens können und müssen, soweit es sich um „unverzichtbare

---

[684] EFTA-GH Slg. 2008, 259 Rn. 28 ff. – L'Oréal.
[685] EuGH Slg. 1986, 947 Rn. 13 – Wünsche; dazu → Rn. 722.
[686] Dazu Magnusson, On the authority of advisory opinions, Europarättslig Tidskrift 2010, 528 ff.; vgl. auch dazu Baudenbacher EuR 2013, 504.
[687] EFTA-GH Slg. 2002, 281 Rn. 13 – CIBA.
[688] Art. 148, 183 lit. a EuGHVfO; Art. 125 EuGVfO; Art. 131 VerfO EFTA-GH.
[689] EuG Slg. 1999, II-3663 Rn. 309 – Freistaat Sachsen.
[690] Vgl. etwa EuGH Slg. 2004, I-10609 Rn. 28 – Demesa.
[691] Kirschner/Klüpfel, Das Gericht erster Instanz der Europäischen Gemeinschaften, 2. Aufl. 1998, Rn. 137.
[692] Art. 141 EuGHVfO; Art. 136 Abs. 2 EuGVfO; Art. 123 VerfO EFTA-GH.
[693] ZB EuGH Slg. 1994, I-787 – Kommission/Frankreich.
[694] EuGH Slg. 1990, I-3083 Rn. 54 – Cofaz.
[695] Art. 141 Abs. 3 EuGHVfO; Art. 136 Abs. 3 EuGVfO; Art. 123 Abs. 2 VerfO EFTA-GH.
[696] Art. 100 Abs. 1 EuGHVfO.

Prozessvoraussetzungen" handelt, vom angerufenen Gericht jederzeit von Amts wegen geprüft werden.[697] Es ist dabei nicht an das Parteienvorbringen gebunden,[698] so dass auch ein eigentlich verspätetes Vorbringen des Beklagten nicht schadet.[699] **Unverzichtbar** in diesem Sinne sind jene Zulässigkeits- bzw. Prozessvoraussetzungen, die nicht zur Disposition der Parteien stehen und deren Fehlen durch die Parteien nicht nachträglich korrigiert werden kann. Das gilt etwa für die Zuständigkeit des Gerichts,[700] falls gerügt auch dessen ordnungsgemäße Zusammensetzung,[701] Klagefrist,[702] Klagebefugnis[703] und Rechtsschutzinteresse,[704] aber auch die Darstellung des Streitgegenstands und der Klagegründe in der Klageschrift.[705]

Über die Zulässigkeit wird im Regelfall im Endurteil entschieden. Da über die Zulässigkeit **208** von Amts wegen zu entscheiden ist, können sämtliche Beteiligte (auch Streithelfer) jederzeit diesbezügliche Argumente vorbringen; die Präklusionsvorschriften der Verfahrensordnungen hindern dies nicht.[706] Oft werden entsprechende Zweifel aber bereits in einem frühen Verfahrensstadium deutlich. Dann kann es aus Gründen der Prozessökonomie angezeigt sein, die Frage der Zulässigkeit separat in einem **Zwischenstreit** vorab zu entscheiden. Die Verfahrensordnungen bieten zur Verselbständigung des Zulässigkeitsverfahrens zwei Wege, entweder ex officio oder auf Antrag der Parteien einer Direktklage (dh in der Realität des Beklagten, nicht aber, aus eigenem Antrieb, seines Streithelfers).[707]

Das Gericht kann **jederzeit von Amts wegen** entscheiden, ggf. auch auf Anregung eines **209** Prozessbeteiligten hin, einen solchen Zwischenstreit durchzuführen.[708] In diesem Fall fordert es die Parteien auf, zu den problematischen Zulässigkeitsgesichtspunkten Stellung zu nehmen, ggf. Unterlagen nachzureichen und zweckdienliche Anträge zu stellen. Will dagegen eine Partei (üblicherweise die Beklagte) das Gericht dazu anhalten, in einem gesonderten Verfahren vorab über die Unzulässigkeit zu entscheiden, so ist die **Einrede der Unzulässigkeit** („exception d'irrecevabilité", „objection of inadmissibility") zu erheben. Dazu bedarf es des Antrags (und nicht bloß einer Anregung),[709] einen Zwischenstreit über die Zulässigkeit durchzuführen und die Klage als unzulässig abzuweisen. Dieser Antrag ist in einem **gesonderten Schriftsatz** zu stellen.[710] Daraufhin setzt der Präsident den übrigen Beteiligten eine Frist (üblicherweise: ein Monat), schriftliche Erwiderungen abzugeben und Gegenanträge zu stellen. Hält das Gericht den Akteninhalt für ausreichend, so wird es ohne **mündliche Verhandlung** entscheiden,[711] ansonsten wird es üblicherweise eine solche ansetzen.[712] Am EuGH ist vor der Entscheidung der Generalanwalt zu hören.[713]

Im Ergebnis kann das Gericht der Einrede entweder stattgeben und die Klage abweisen, den **210** Antrag zurückweisen oder die Entscheidung dem Endurteil vorbehalten. Wird dem Antrag des Beklagten nicht stattgegeben, so wird das Verfahren durch die Bestimmung neuer Fristen fortgesetzt. Gegen eine auf die Einrede der Unzulässigkeit ergangene Entscheidung des EuG im Zwischenstreit kann ein **Rechtsmittel** zum EuGH eingelegt werden. In diesem Fall kann das EuG das Verfahren bis zur Entscheidung in zweiter Instanz aussetzen.[714] Für den Kläger kann es zur Vermeidung von Verfahrensverzögerungen daher oftmals wünschenswert sein, dass die Entscheidung über die Zulässigkeit dem Endurteil vorbehalten bleibt. Auch der Grundsatz der Prozessökonomie spricht für diesen Weg, wenn die Begründetheit der Klage verhältnismäßig einfach zu beurteilen sein sollte

---

[697] Art. 150 EuGHVfO; Art. 129 EuGVfO; Art. 132 Abs. 2 VerfO EFTA-GH; dazu etwa EuGH Slg. 1960, 1165 (1186) – Humblet/Belgien; Slg. 2004, I-4087 Rn. 35 – Italien/Kommission; EuG Slg. 1990, II-761 – B./Kommission; Slg. 2003, II-435 Rn. 143 – WestLB.
[698] EuGH Slg. 1986, 1339 Rn. 19 – Les Verts; EuG Slg. 2000, II-2307 Rn. 21 – CETM.
[699] EuG Slg. 2004, II-4177 Rn. 30 – Kronofrance.
[700] EuGH Slg. 1986, 947 Rn. 19 – Wünsche.
[701] EuGH Slg. 2008, I-4777 Rn. 46–49 – Chronopost.
[702] EuG Slg. 2004, II-329 Rn. 30 – OPTUC.
[703] EuG Slg. 2004, II-1363 Rn. 21 – SGL Carbon; EuG Slg. 2004, II-2923 Rn. 22 – Comunidad Autónoma de Andalucía.
[704] EuG Slg. 2004, II-3253 Rn. 44 – MCI.
[705] EuG Slg. 1990, II-367 Rn. 74 – Automec.
[706] EuGH Slg. 1993, I-1125 Rn. 19–24 – CIRFS; Slg. 1993, I-3203 Rn. 13 – Matra; Slg. 1998, I-1375 Rn. 70–75 – Frankreich/Kommission.
[707] EuGH Slg. 1993, I-1125 Rn. 22 – CIRFS; Slg. 1993, I-3203 Rn. 12 – Matra.
[708] Art. 150 EuGHVfO; Art. 129 EuGVfO; Art. 132 Abs. 2 VerfO EFTA-GH.
[709] EuGH Slg. 1965, 1098 (1102) – Lens.
[710] Art. 151 Abs. 1 EuGHVfO; Art. 130 Abs. 1 EuGVfO; Art. 133 Abs. 1 VerfO EFTA-GH.
[711] Vgl. etwa EuG Slg. 1993, II-523 Rn. 12 – De Hoe.
[712] Art. 151 Abs. 3 EuGHVfO; Art. 130 Abs. 6 EuGVfO; Art. 133 Abs. 4 VerfO EFTA-GH.
[713] Art. 150 Abs. 5 EuGHVfO.
[714] Art. 69 lit. b EuGVfO.

oder das Gericht die Einrede der Unzulässigkeit für offensichtlich unbegründet hält. Für den Kläger ist in jedem Fall das Stellen eines entsprechenden Antrags ratsam.

211 **c) Entscheidung durch Beschluss bei Offensichtlichkeit.** Ist das mit der Sache befasste Gericht **offensichtlich unzuständig** oder ist die Klage **offensichtlich unzulässig,** kann es, gegebenenfalls nach Anhörung des Generalanwalts, das Verfahren jederzeit durch mit Gründen versehenen Beschluss beenden.[715] Art. 111 EuGVfO nennt zusätzlich zur Unzulässigkeit den Fall, dass einer Klage „offensichtlich jede rechtliche Grundlage" fehlt. Damit wird der Spielraum des EuG in den Bereich der **Begründetheit** hinein erweitert. Die Vorschriften über die offensichtliche Unzulässigkeit geben den Gerichten eine beträchtliche Machtfülle, zumal eine Anhörung der Parteien im Prinzip nicht vorgesehen ist. Sie stellen für sich genommen dennoch keinen Verstoß gegen das Recht des Einzelnen auf effektiven Rechtsschutz dar. Wohl aber kann die Anwendung durch die Gerichte im Einzelfall einen solchen Verstoß begründen.[716]

212 Neben der eigens genannten Unzuständigkeit des Gerichts kommt ein Beschluss insbesondere in Betracht bei einer klaren Missachtung von Formalitäten (wie einem Verstoß gegen den Anwaltszwang)[717] und bei einem völligen Mangel an Faktenmaterial.[718] Für schwierigere Fragen zB im Bereich der Klagebefugnis oder der Entscheidungserheblichkeit einer Vorlage dürfte sich ein solches Vorgehen kaum eignen, bei **eindeutigen Fällen** mit feststehender Fakten- und gesicherter Rechtslage wird es aber angewandt.[719] Auch die vorherige Durchführung prozessleitender Maßnahmen durch das EuG hindert nicht daran, später auf „offensichtliche" Unzulässigkeit zu erkennen.[720] Im Übrigen kann das Gericht einen solchen Beschluss auch nach erfolgter Einrede der Unzulässigkeit erlassen; spätestens dann erfordert das Recht auf effektiven Rechtsschutz allerdings, dem Kläger vor einem solchen Beschluss Gelegenheit zur Stellungnahme zu geben.[721] Die Abgrenzung zum Beschluss im Zwischenstreitverfahren, bei dem ebenfalls auf eine mündliche Verhandlung verzichtet werden kann, ist fließend.[722]

213 Die Entscheidung, das Verfahren bereits wegen offensichtlicher Unzulässigkeit zu beenden, kann **jederzeit** und damit auch bereits vor Zustellung einer Klage getroffen werden. Alsdann sind dem Beklagten noch keine zu erstattenden Kosten entstanden.[723] Das gilt etwa für Klagen, die nicht den inhaltlichen Anforderungen der Verfahrensordnung genügen.[724] Vom Beschluss des Gerichts wegen offensichtlicher Unzuständigkeit zu unterscheiden ist der Fall, dass bereits der Kanzler die **Registrierung der Klage** verweigert, solange der Kläger gewisse Mängel der Klageschrift nicht behebt.[725] Dies kann insbesondere wegen der Einreichung der Klage in einer unzulässigen Sprache[726] erfolgen. Die Registrierung ist für die Fristwahrung entscheidend; oftmals wird ein solcher Fehler daher die Verfristung der (korrigierten) Klage zur Folge haben.[727]

214 **d) Erledigung.** Die Erledigung der Hauptsache tritt ein, wenn die Zulässigkeitsvoraussetzungen des Verfahrens wegen eines zwischen Klageerhebung und Urteilsverkündung eintretenden Ereignisses entfallen.

215 **aa) Erledigung des Rechtsstreits.** Für die Beurteilung der Rechtmäßigkeit einer Entscheidung ist im Rahmen der Nichtigkeitsklage auf die Sach- und Rechtslage zum Zeitpunkt des Erlasses der Entscheidung abzustellen.[728] Allerdings kann die Klage nachträglich **gegenstandslos** werden. Das ist der Fall, wenn sie im Verlauf des Prozesses zurückgenommen oder die **angegriffene** Untätigkeit beendet wird und so der Klagegegenstand entfällt.[729] Wenn der Kläger die Klage weder zurücknimmt

---

[715] Art. 53 Abs. 2 EuGHVfO; Art. 126 EuGVfO; Art. 132 Abs. 1 VerfO EFTA-GH.
[716] EuGH Slg. 2005, I-4967 Rn. 9 – Killinger.
[717] EuG Slg. 2005, II-677 – Energy Technologies ET.
[718] Vgl. etwa EuGH Slg. 1995, I-1023 – Grau Comis.
[719] Etwa EuGH Slg. 1991, I-5351 – Petridi; Slg. 1990, I-191 – Falciola Angelo oder EFTA-GH Slg. 2011, 3 – Aleris Ungplan.
[720] EuGH Slg. 2006, I-845 Rn. 30 – AIT.
[721] EuGH Slg. 2006, I-845 Rn. 36 – AIT.
[722] Zu Art. 92 § 1 EuGHVfO (jetzt Art. 53 Abs. 2): zB EuGH Slg. 1991, I-5351 – Petridi; Slg. 1994, I-3999 – La Pyramide; Slg. 1995, I-511 – Saddik; Slg. 1995, I-1023 – Grau Comis; zu Art. 92 § 2 EuGHVfO (jetzt Art. 150): zB EuGH Slg. 1965, 1098 (1102) – Lens.
[723] EuG Slg. 2005, II-677 Rn. 11 – Energy Technologies ET.
[724] Vgl. Praktische Durchführungsbestimmungen EuG, Rn. 110 und Anhang 1 dieser Bestimmungen.
[725] Vaughan, Butterworths European Courts Procedure, 1993, 22.004, 22.014; Pechstein, EU-Prozessrecht, 4. Aufl. 2011, Rn. 139.
[726] Praktische Durchführungsbestimmungen EuG, Rn. 93.
[727] EuGH Slg. 2011, I-8849 Rn. 42 – Bell & Ross.
[728] ZB EuG Slg. 2005, II-2197 Rn. 48 – Corsica Ferries France.
[729] Vgl. etwa EuGH Slg. 1997, II-1223 Rn. 29 – Guérin Automobiles III.

(was wegen der damit verbundenen Kostentragungspflicht in der Regel nicht geschieht), noch seine Anträge (soweit zulässig) anpasst, wird das Verfahren in der Hauptsache für erledigt erklärt.

Eine Nichtigkeitsklage wird gegenstandslos, „wenn auch durch eine Nichtigerklärung des ange- **216** fochtenen Aktes die Rechtslage des Klägers nicht mehr geändert werden kann".[730] Das ist der Fall bei einer **Rücknahme** der angefochtenen Kommissionsentscheidung[731] oder dem völligen Aufgehen einer vorläufig getroffenen Maßnahme in der Endentscheidung.[732] Dazu müssen die alte und die neue Entscheidung aber in Bezug auf den erfassten Gegenstand völlig deckungsgleich sein.[733] Die bloße **Aufhebung** einer Entscheidung beseitigt im Gegensatz zu ihrer Rücknahme dagegen nicht sämtliche Rechtswirkungen, da die Aufhebung nur ex-nunc wirkt.[734] Auch eine Rücknahme der ursprünglichen Entscheidung führt aber nicht zwangsläufig zu deren Wegfall; insbesondere dann nicht, wenn sich die Rücknahmeentscheidung als unzulässige **Prozessverschleppung** darstellt.[735] Die bloß hypothetische Möglichkeit einer Wiederholungsgefahr genügt dagegen nicht zur Fortführung des Rechtsstreits.[736]

Entfällt im Zusammenhang mit einer Nichtigkeitsklage die ursprüngliche Entscheidung nicht **217** nur, sondern wird von der Behörde durch eine **andere Entscheidung mit gleichem Gegenstand** abgeändert oder ersetzt, so ist dies im Hinblick auf das Erfordernis der Prozessökonomie als neue Tatsache anzusehen, die den Kläger zu einer Anpassung seiner Anträge und seines Vorbringens berechtigt.[737] Umgekehrt wird eine Klageänderung ausgeschlossen sein, wenn die Verhaltensänderung seitens der Behörde zum **völligen Wegfall der Beschwer** des Klägers führt.[738] Macht er von dieser Möglichkeit allerdings keinen Gebrauch, sondern erhebt vielmehr gegen die neue Entscheidung eine weitere Klage, kann der Kläger sein berechtigtes Interesse an der Fortführung der bisherigen Rechtssache verlieren, womit diese gegenstandslos wird.[739]

Eine **Untätigkeitsklage** ist dann wegen Gegenstandslosigkeit, dh Beendigung der Untätigkeit, **218** für erledigt zu erklären, wenn die Behörde eine Entscheidung über den Antrag des Klägers im Laufe des gerichtlichen Verfahrens trifft.[740] Selbst eine negative Bescheidung, insbesondere durch die Zurückweisung einer Beschwerde genügt, um den Kläger in die Lage zu versetzen, „seine legitimen Interessen" „durch Erhebung einer Anfechtungsklage zu schützen".[741] Die Untätigkeitsklage bezieht sich auf die Untätigkeit durch Nichtbescheidung oder Unterlassen einer Stellungnahme, nicht dagegen auf den Erlass einer anderen als der von dieser Partei gewünschten oder für notwendig erachteten Handlung.[742] Die Umstellung in eine Anfechtungsklage verbiete sich, weil das Gericht, anders als bei der Änderung des Anfechtungsobjekts im Rahmen der Anfechtungsklage, mit völlig neuen Anträgen befasst und damit der Streitgegenstand bzw. die Rechtsnatur des Verfahrens geändert würde.[743] Nur ausnahmsweise können auch in diesem Fall allgemeine Gerechtigkeitserwägungen sowie die Prozessökonomie eine Umstellung des Verfahrens rechtfertigen. So hat es keine Erledigung zur Folge, wenn die Behörde eine bereits zum Ausdruck gekommene stillschweigende Ablehnung eines Antrags im Lauf der daraufhin erhobenen Untätigkeitsklage durch eine ausdrückliche Entscheidung „zementiert" und damit formal gesehen zwar ihre Untätigkeit beendet, bei wertender Betrachtung aber letztlich eine Entscheidung gleichen Gegenstands erlassen hat.[744] Handelt es sich bei der ablehnenden Entscheidung aber nicht lediglich um die Bestätigung einer stillschweigenden Ablehnung, ist eine Änderung der Klageanträge unzulässig.[745]

bb) Verfahren. Die Erledigung tritt nicht automatisch ein, sondern bedarf der gerichtlichen **219** Feststellung. Sie wird im Tenor des klageabweisenden Urteils oder Beschlusses ausdrücklich ausgesprochen.[746] Die Frage der Erledigung kann auf Antrag der Parteien (in der Regel des Beklagten)

---

[730] EuG Slg. 2000, II-2267 Rn. 154 – EPAC.
[731] Vgl. etwa EuG Slg. 1997, II-823 Rn. 27 – Proderec; Slg. 1999, II-3509 Rn. 20 – Elder.
[732] EuG Slg. 2000, II-2267 Rn. 153 ff. – EPAC.
[733] EuGH Slg. 2005, I-3657 Rn. 17 – Italien/Kommission.
[734] EuG 9.9.2011 – T-475/07, ECLI:EU:T:2011:445 Rn. 67–70 – Dow AgroSciences.
[735] EuGH Slg. 2010, I-13275 Rn. 70 ff. – Athinaïki Techniki.
[736] EuG Slg. 1996, II-1009 Rn. 15 – Langdon.
[737] EuGH Slg. 1982, 749 Rn. 8 – Alpha Steel; EuG 21.9.2011 – T-141/05, ECLI:EU:T:2011:503 Rn. 34 – Internationaler Hilfsfond eV; zur Ersetzung einer Verordnung: EuG Slg. 2009, II-1627 Rn. 53 – Othman.
[738] In diesem Sinne wohl EuGH Slg. 1993, I-809 Rn. 8 ff. – Lezzi.
[739] EuG 21.9.2011 – T-141/05, ECLI:EU:T:2011:803 Rn. 34 – Internationaler Hilfsfond eV.
[740] EuG Slg. 1998, II-285 Rn. 42 – Pharos.
[741] EuG Slg. 1992, II-2285 Rn. 35 – Asia Motor France I.
[742] EuGH Slg. 2000, I-11231 Rn. 83 – Sodima; EuG Slg. 2004, II-743 Rn. 31 – SIC.
[743] EuG Slg. 1992, II-2285 Rn. 43 – Asia Motor France I; vgl. dazu → Rn. 509.
[744] EuGH Slg. 1988, 4131 Rn. 11 ff. – Stahlwerke Peine-Salzgitter.
[745] EuGH Slg. 2003, I-3701 Rn. 29–30 – Hendrickx.
[746] Vgl. etwa EuGH Slg. 1993, I-809 Rn. 8 ff. – Lezzi; EuG Slg. 1992, II-2285 Rn. 35 – Asia Motor France I.

oder von Amts wegen aufgebracht und im Wege eines **Zwischenstreits** entschieden werden,[747] dessen Ablauf dem entspricht, wie er etwa auf die Einrede der Unzulässigkeit folgt (→ Rn. 209). Die Prüfung der **Zulässigkeit** der ursprünglichen Klage kann der Erledigung der Hauptsache vorgehen.[748] Wenn es etwa der angefochtenen „Entscheidung" bereits an Rechtsverbindlichkeit gefehlt hat, so wird diese Klage als unzulässig abgewiesen, ohne dass die zwischenzeitliche Ersetzung durch eine andere Entscheidung daran etwas ändert. Diese Reihenfolge ist aber nicht zwingend; ebenso kann nach dem Feststellen der Erledigung auf die Zulässigkeitsprüfung verzichtet werden.[749]

220 Über die **Kosten** wird im Fall der Erledigungserklärung nach freiem Ermessen des Gerichts entschieden;[750] diese werden bei Zulässigkeit und Begründetheit der Klage zum Zeitpunkt ihrer Erhebung zumindest teilweise der beklagten Behörde auferlegt,[751] die durch ihr Verhalten nach Klageerhebung die Ursache für die Erledigung gesetzt hat. Das Verhalten der Behörde kann eine „Ausstrahlungswirkung" auch auf die mit der Anfechtungs- oder Untätigkeitsklage verbundene Schadensersatzklage haben.[752]

221 cc) **Außergerichtliche Streitbeilegung.** Der Erledigung wegen Gegenstandslosigkeit der Klage weitgehend gleichgestellt ist die außergerichtliche (oder übereinstimmende) Streitbeilegung der Parteien,[753] die allerdings in den relevantesten Verfahrensarten, der Nichtigkeitsklage und der Untätigkeitsklage, ausdrücklich ausgeschlossen ist.[754] Anders als im Fall der Erledigung der Hauptsache hat das Gericht gemäß der Dispositionsmaxime bei einer außergerichtlichen Einigung der Parteien die Erledigung nicht mehr festzustellen, sondern ordnet nur noch die Streichung der Rechtssache im Register an und entscheidet über die Kosten, deren Verteilung sich ggf. nach der Parteienvereinbarung richtet.[755]

222 dd) „**Erledigung**" **im Vorabentscheidungsverfahren.** Auch im Vorabentscheidungsverfahren nach Art. 267 AEUV kann Erledigung eintreten, die vom EuGH im Tenor des zu fällenden Urteils festgestellt wird. Insbesondere erledigt sich eine Vorlagefrage nach der Gültigkeit einer Entscheidung der Kommission nach Art. 267 Abs. 1 lit. b AEUV, wenn die Entscheidung im Direktklageverfahren zwischenzeitlich für nichtig erklärt worden ist.[756]

223 **4. Kosten. a) Direktklageverfahren.** Zu unterscheiden ist im Hinblick auf die Kostenentscheidung zwischen der Verurteilung zur Kostentragung, welche die Gerichte in jedem Fall als Teil der Tenorierung aussprechen, und Auseinandersetzungen über die Erstattungsfähigkeit von Kosten, über die ggf. auf Initiative einer Partei als Verfahrensannex entschieden wird.

224 aa) **Grundsätze der Kostenverteilung.** Im Direktklageverfahren ist über den Kostengrund, dh über die Verteilung der Prozesskosten, im Endurteil oder in dem das Verfahren beendenden Beschluss zu entscheiden.[757] Bezüglich der Parteien[758] gilt der Grundsatz des „loser pays it all", nämlich dass die **unterlegene Partei** die Verfahrenskosten zu tragen hat. Bei mehreren unterlegenen Parteien entscheidet das Gericht über die Verteilung der Kosten.[759] Unterliegt ein Empfänger von **Prozesskostenhilfe,** kann zumindest das EuG aus Gründen der Billigkeit von der Pflicht zur Kostentragung abweichen.[760] Unterliegen die Kläger in verbundenen Verfahren gegen geldbußenbewehrte Entscheidungen, so wird jeder Kläger zur Kostentragung entsprechend seinem **Anteil am Gesamtbetrag der verhängten Geldbußen** verurteilt.[761] Unterliegt eine Partei nur **teilweise,** kann das Gericht beschließen, die Kosten zu teilen oder jede Partei ihre eigenen Kosten tragen zu lassen (Kostenaufhebung) – wobei seit Inkrafttreten der neuen Verfahrensordnung beim EuGH die

---

[747] Art. 149–151 EuGHVfO; Art. 129 und Art. 130 EuGVfO; Art. 132 und Art. 133 VerfO EFTA-GH.
[748] EuG Slg. 1990, II-367 Rn. 71 – Automec.
[749] EuGH Slg. 2001, I-5603 Rn. 28 – TF1.
[750] Art. 142 EuGHVfO; Art. 137 EuGVfO; Art. 124 VerfO EFTA-GH.
[751] Vgl. zB EuG Slg. 2003, II-2097 Rn. 40 – European Council of Transport Users; Slg. 2002, II-5327 Rn. 5–10 – Marc Verdoodt.
[752] EuG Slg. 1992, II-2285 Rn. 55 ff. – Asia Motor France I; Slg. 1997, II-1223 Rn. 49 – Guérin Automobiles III.
[753] Ein Beispiel findet sich in EuGH Slg. 1987, 3569 – De Naeyer.
[754] Art. 147 EuGHVfO; Art. 124 EuGVfO; Art. 73 VerfO EFTA-GH.
[755] Art. 141 EuGHVfO; Art. 136 Abs. 3 Abs. 2 EuGVfO; Art. 130 Abs. 2 VerfO EFTA-GH.
[756] Für den Fall einer Richtlinie vgl. EuGH Slg. 2000, I-8599 – Imperial Tobacco.
[757] Art. 137 EuGHVfO; Art. 133 EuGVfO; Art. 120 Abs. 1 VerfO EFTA-GH; zur Klagerücknahme und Erledigung → Rn. 214.
[758] Zur Streithilfe → Rn. 255 ff.
[759] Art. 138 Abs. 1 und 2 EuGHVfO; Art. 134 Abs. 2 EuGVfO; Art. 121 Abs. 1 VerfO EFTA-GH.
[760] Art. 149 Abs. 5 EuGHVfO; ABl. 2005 L 298, 4.
[761] EuGH Slg. 1983, 3369 Rn. 63 – IAZ.

Kostenaufhebung der Regelfall sein sollte. Das Gleiche gilt bei Vorliegen eines **außergewöhnlichen Grundes**[762] wie etwa der missverständlichen Abfassung eines Schreibens durch die Behörde, das vom Kläger fälschlicherweise als Rechtswirkungen entfaltende Entscheidung aufgenommen werden konnte.[763] Auch die erstmalige Entscheidung in einer neuen Konstellation kann einen außergewöhnlichen Grund darstellen; so hat das EuG anlässlich der erstmaligen Klage einer Personalvertretung gegen die Genehmigung einer Fusion diese trotz ihres Unterliegens nur die eigenen Kosten tragen lassen.[764] Als außergewöhnlichen Grund hat das EuG schließlich die Einreichung von **überlangen Klageschriften** mit über 500 Seiten und einer „missbräuchlich hohen Zahl" von Klagegründen angesehen. Durch dieses Verhalten hätten die Kläger die Bearbeitung der Rechtssache erheblich erschwert und damit insbesondere die Kosten der beklagten Kommission erhöht. Trotz teilweisen Obsiegens verurteilte das EuG die Kläger deshalb zur Tragung ihrer eigenen Kosten.[765] Zudem können das EuG und der EFTA-GH „**aus Gründen der Billigkeit**" entscheiden, dass eine unterliegende Partei neben ihren eigenen Kosten nur einen Teil der Kosten der Gegenpartei trägt oder gar nicht zur Tragung dieser Kosten zu verurteilen ist.[766] Ausnahmsweise können die Kosten auch der obsiegenden Partei auferlegt werden, soweit sie sie dem Gegner „**ohne angemessenen Grund oder böswillig verursacht hat**".[767] Das EuG hat es hier bereits genügen lassen, dass die Kommission mit einer „formalistischen" Unzulässigkeitseinrede scheiterte, um ihr trotz Obsiegens in der Sache einen Teil ihrer eigenen Kosten aufzubürden.[768]

Unabdingbare Voraussetzung für die Kostenverurteilung ist ein entsprechender **Antrag** der gegnerischen Partei in der Klage bzw. Klagebeantwortung. Das Antragserfordernis wird streng beachtet. Fehlt es an einem Antrag, trägt jede Partei ihre eigenen Kosten. 225

bb) Erstattungsfähige Kosten. Eine eigene Gebührenordnung kennt das Prozessrecht der Unionsgerichte und des EFTA-GH nicht. Die Verfahrensordnungen enthalten neben den Grundsätzen der Kostenverteilung nur rudimentäre Regeln zur Erstattungsfähigkeit der Kosten. Für das Gerichtsverfahren selbst gilt, anders als in den meisten nationalen Rechtsordnungen, der Grundsatz der **Kostenfreiheit.** Die Kosten der Gerichte werden aus einem speziellen Budget der EU bzw. der EWR/EFTA-Staaten gedeckt. Ausnahmsweise können aber vermeidbare Kosten und Kosten für exzessive Schreib- und Übersetzungsarbeiten in Rechnung gestellt werden,[769] sowie – vor dem EuG – Kosten, die mit wiederholten Verstößen gegen die Verfahrensbestimmungen zusammenhängen und mehrere Aufträge zur Mängelbehandlung erforderten.[770] Ein weiterer möglicher Kostenpunkt sind von der Gerichtskasse vorgeschossene Spesen von Zeugen und Sachverständigen.[771] 226

Die Auseinandersetzung über die Art und Höhe der erstattungsfähigen Kosten müssen die Parteien nach dem Urteilsspruch grundsätzlich unter sich austragen. Im Falle von Streitigkeiten kann das Verfahrensgericht angerufen werden, das über den **Antrag zur Kostenfestsetzung** per Beschluss entscheidet – beim EuG entscheidet die Kammer mit drei Richtern, der der Berichterstatter zugeteilt ist, ggf. die erweiterte Kammer mit fünf Richtern.[772] Entsprechende Fälle stellen keine Seltenheit dar. Eine Frist zur Einleitung dieses Verfahrens besteht nicht, doch muss der Kostenanspruch innerhalb angemessener Zeit geltend gemacht werden.[773] Ist dies aber grundsätzlich geschehen, kann anschließend auch ein mehr als zwei Jahre dauerndes Schweigen des Kostengläubigers unschädlich sein.[774] 227

In der Praxis werden die Verfahrenskosten hauptsächlich durch die Aufwendungen der Parteien bestimmt. Erstattungsfähig sind insofern die **notwendigen Aufwendungen,** „insbesondere Reise- und Aufenthaltskosten sowie die Vergütung der Bevollmächtigten, Beistände oder Anwälte".[775] Die Erstattungsfähigkeit der Vergütung schränkt die Rechtsprechung wiederum auf **Anwaltshonorare** ein. Nicht erfasst ist danach die anteilige Vergütung für die Arbeit der Beamten von Mitgliedstaaten oder Organen, wenn diese als Bevollmächtigte vor Gericht auftreten. Sie wird vom EuGH nicht als 228

---

[762] Art. 138 Abs. 3 EuGHVfO; Art. 135 Abs. 2 EuGVfO; Art. 121 Abs. 2 VerfO EFTA-GH.
[763] EuG Slg. 1990, II-367 Rn. 64, 80 – Automec.
[764] EuG Slg. 1995, II-1213 Rn. 68 – CCE de la Société Général des Grandes Sources.
[765] EuG Slg. 2003, II-3275 Rn. 1646 f. – Atlantic Container Line.
[766] Art. 135 Abs. 1 EuGVfO; Art. 121 Abs. 3 VerfO EFTA-GH.
[767] Art. 139 EuGHVfO; Art. 135 Abs. 2 EuGVfO; Art. 121 Abs. 4 VerfO EFTA-GH.
[768] EuG Slg. 2005, II-4139 Rn. 119 f. – Regione Siciliana.
[769] Art. 143 EuGHVfO; Art. 139 lit. a EuGVfO; Art. 125 Abs. 1 68 VerfO EFTA-GH.
[770] Art. 143 EuGHVfO; Art. 139 lit. b EuGVfO; Art. 68 VerfO EFTA-GH.
[771] Art. 144 lit. a EuGHVfO; Art. 140 lit. a EuGVfO; Art. 126 lit. a VerfO EFTA-GH; zB EuG Slg. 2002, II-2781 Rn. 67 – British American Tobacco.
[772] Art. 145 EuGHVfO; Art. 170 EuGVfO; Art. 127 VerfO EFTA-GH.
[773] EuGH Slg. 2010, I-67 Rn. 21 – Tetra Laval.
[774] EuGH Slg. 2010, I-67 Rn. 22 – Tetra Laval.
[775] Art. 144 lit. b EuGHVfO; Art. 140 lit. b EuGVfO; Art. 126 lit. b VerfO EFTA-GH.

verfahrensspezifisch angesehen, sondern bildet einen Teil der dem Beamten obliegenden Aufgaben.[776] Wird allerdings ein Nichtbeamter zum Bevollmächtigten bestellt oder bedient sich der Bevollmächtigte eines Beistands im Sinne der genannten Vorschriften, so handelt es sich bei deren Honorar um erstattungsfähige Aufwendungen.[777] Aufwendungen, die von der internen Tätigkeit getrennt werden können, wie angemessene **Reise- und Aufenthaltsspesen**, stellen aber in jedem Fall in Ansatz zu bringende Kostenpunkte dar.[778]

229   Das Gericht würdigt praktisch völlig frei, welche Kosten und in welcher Höhe der zur Kostentragung Verurteilte zu erstatten hat. Dabei berücksichtigen die Richter im Wesentlichen den Gegenstand und die Art des Rechtsstreits, seine Bedeutung und Schwierigkeit, den Arbeitsaufwand und die wirtschaftlichen Interessen der Parteien.[779] Berücksichtigungsfähig ist danach etwa, dass es sich bei einem bestimmten Fall um einen „pilot case" gehandelt hat.[780] Gewisse Rechtsgebiete, wie das der Fusionskontrolle, gelten per se als komplex.[781]

230   Nationale Gebührenordnungen für Anwälte berücksichtigt das Gericht nicht, da es nicht die Vergütung festsetzt, die eine Partei ihren eigenen Anwälten schuldet, sondern den Betrag, bis zu dem das **Honorar** von der gegnerischen Partei erstattet werden muss.[782] Dabei beurteilt es den Rechtsstreit nach den oben genannten Kriterien. Bestimmt wird die Höhe des angemessenen Stundensatzes, welchen Spezialisierungsgrad und welche Senioritätsstufe der beizuziehende Anwalt aufweisen musste, ob es – ausnahmsweise[783] – mehrerer Anwälte (allenfalls auch eines Solicitors)[784] oder Wirtschaftsberater und anderer (Partei-)Sachverständiger bedurfte, wie viele Arbeitsstunden angemessen erschienen etc.[785] Auch die weiteren geltend gemachten Kostenpunkte wie Übersetzungs-,[786] Kopier-, Post- und Telekommunikations-, Reise- oder sonstige **Aufwendungen** überprüft das Gericht auf ihre Angemessenheit.[787] Selbst die Frage, ob Mehrwertsteuer zu Recht geltend gemacht worden ist, kann Prüfgegenstand sein.[788] Verzugszinsen auf die Kostenforderung können erst ab dem Datum des Kostenfestsetzungsbeschlusses geltend gemacht werden; entsprechend ist für die Zeit davor auch kein Inflationsausgleich zu gewähren.[789]

231   Es sind jene Kosten erstattungsfähig, die **gerade für das Gerichtsverfahren** entstanden sind und dafür notwendig waren. Reise- und Aufenthaltskosten der Parteien selbst sind im Normalfall nicht für das Gerichtsverfahren notwendig.[790] Nicht darunter fallen auch Aufwendungen für vor-[791] oder nachgerichtliche Tätigkeiten,[792] selbst wenn diese auf einen Vergleich des Rechtsstreits abzielten. Erst recht nicht erfasst sind die im Verwaltungsverfahren vor der Kommission angefallenen Kosten.[793] Wenn der gleiche Anwalt dort bereits die gleichen Argumente wie später vor Gericht vorgebracht hat, muss sich das der Mandant bei der Kostenerstattung anrechnen lassen.[794] Nach der mündlichen Verhandlung fallen normalerweise ebenfalls keine erstattungsfähigen Kosten mehr an,[795] auch Kosten für die Analyse der Schlussanträge des Generalanwalts sind nicht erstattungsfähig.[796] Für Vergleichsverhandlungen anfallende Anwaltskosten sind nur dann erstattungsfähig, wenn eine Einigung aus Gründen der Prozessökonomie vom Gericht selbst angeregt worden ist.[797] Keine

---

[776] EuGH Slg. 1979, 2131 Rn. 6 – Dietz; Slg. 1999, I-4939 Rn. 12 – Sveriges Betodlares Centralförening (jeweils für Beamte der Kommission).
[777] EuGH Slg. 1999, I-4939 Rn. 12 – Sveriges Betodlares Centralförening.
[778] EuGH Slg. 1979, 2131 Rn. 8 – Dietz.
[779] EuGH Slg. 1975, 495 Rn. 2 – Europemballage; EuG Slg. 2004, II-4217 Rn. 23 – Lagardère.
[780] EuG Slg. 2004, I-1 Rn. 21 – Mulder.
[781] EuG Slg. 2004, II-1785 Rn. 21 – Airtours.
[782] EuGH Slg. 2009, I-140 Rn. 13 – C.A.S.
[783] EuG Slg. 2004, I-1 Rn. 30 – Mulder.
[784] EuG Slg. 2004, II-1785 Rn. 46 – Airtours.
[785] Für Beispiele für einen Rechtsstreit nach der Fusionskontrolle vgl. EuG Slg. 2004, II-4217 Rn. 25 ff. – Lagardère. Im Revisionsverfahren: EuGH Slg. 2010, I-67 – Tetra Laval.
[786] EuG Slg. 1996, II-235 Rn. 26 – Air France I.
[787] EuGH Slg. 2010, I-67 Rn. 66 – Tetra Laval; vgl. EuG Slg. 2004, II-4217 Rn. 34 – Lagardère.
[788] EuG Slg. 2004, II-1785 Rn. 79 – Airtours.
[789] EuG Slg. 2004, I-1 Rn. 48 – Mulder.
[790] EuG Slg. 2009, I-140 Rn. 30–35 – C.A.S.
[791] EuG Slg. 2003, II-3225 Rn. 80 – Internationaler Hilfsfonds – zum Verfahren vor dem Bürgerbeauftragten.
[792] EuG Slg. 2004, II-4217 Rn. 22 – Lagardère (für den Austausch zwischen dem klägerischen Anwalt mit Dienststellen der Kommission).
[793] EuG Slg. 2000, II-491 Rn. 5134 – Cimenteries CBR; EuG Slg. 2002, II-217 Rn. 29 – Groupe Origny.
[794] EuG Slg. 2004, II-1785 Rn. 29 – Airtours.
[795] EuG Slg. 2002, II-217 Rn. 31 – Groupe Origny.
[796] EuGH Slg. 2010, I-67 Rn. 62 – Tetra Laval.
[797] EuGH Slg. 2004, I-1 Rn. 17 – Mulder mit Bezug auf die Bestimmung der Höhe des zugesprochenen Schadensersatzes.

"notwendigen Aufwendungen" sind die durch Stellung einer Bürgschaft zur Vermeidung der Zwangsvollstreckung einer Entscheidung entstandenen Kosten.[798] Auch die Kosten im Festsetzungsverfahren selbst sind nicht mehr erstattungsfähig.[799]

Der Geltendmachung nicht erstattungsfähiger Kosten im Wege der **Schadensersatzklage** 232 hat das EuG einen Riegel vorgeschoben. In prozessualer Hinsicht kommt eine **Umdeutung** des Kostenfestsetzungsantrags in eine Schadensersatzklage schon dann nicht in Betracht, wenn er – wie regelmäßig – für sich genommen den Vorgaben an eine Klageschrift nicht gerecht wird.[800] Aufwendungen für das gerichtliche wie für das vorgerichtliche Verfahren sollen aber bereits grundsätzlich nicht als Schaden angesehen werden können, um eine Umgehung der kostenrechtlichen Wertung zu verhindern.[801] Im Hinblick auf Rechtsverfolgungskosten im **vorgerichtlichen Verfahren** ist diese Rechtsprechung allerdings weder überzeugend, noch (soweit ersichtlich) bisher vom EuGH bestätigt worden. Vorgerichtliche Rechtsverfolgungskosten sind gerade deshalb nicht im Wege der Kostenerstattung ersetzbar, weil sie nicht zu den Kosten „für das Verfahren vor dem Gericht" gezählt werden. Diese „Kosten" werden somit von den gerichtlichen Kostentragungsregeln gar nicht erfasst; entsprechend kann ihre Geltendmachung im Wege der Schadensersatzklage auch keine Umgehung dieser Regeln darstellen. Ein Schadensersatzanspruch für vorgerichtliche Rechtsverfolgungskosten unterscheidet sich vielmehr grundlegend von der prozessualen Kostentragungspflicht. Letztere setzt lediglich das Unterliegen im Prozess voraus; ersterer einen qualifizierten Rechtsverstoß des beklagten Unionsorgans.[802] Rechtsverfolgungskosten im Zusammenhang mit einem von der Kommission qualifiziert-schuldhaft verursachten nachgerichtlichen Verwaltungsverfahren sind schadensersatzfähig;[803] warum dies bei einem ggf. ebenso qualifiziert-schuldhaft eingeleiteten vorgerichtlichen Verwaltungsverfahren nicht der Fall sein soll, ist nicht nachvollziehbar.

b) Vorabentscheidungsverfahren. Es liegt in der Natur des Vorabentscheidungsverfahrens als 233 Zwischenschritt im Verfahren vor dem nationalen Gericht, dass die verfahrensbeendende Entscheidung erst durch das Letztere getroffen wird. Auch über die Kostentragungspflicht der Parteien entscheidet deshalb das nationale Gericht am Ende des Verfahrens in völliger Unabhängigkeit von europäischem Recht.[804] Die Auslagen aller anderen Beteiligten am Verfahren sind nicht erstattungsfähig und müssen von diesen selbst getragen werden.

c) Prozesskostenhilfe. Im Direktklageprozess kann das Verfahren bereits vor Einreichung einer 234 Klage mit Eingang eines Prozesskostenhilfeantrags eröffnet werden. Dazu bedarf es, anders als bei der Klage, nicht der anwaltlichen Vertretung,[805] doch ist der Gegenstand der späteren Klage kurz darzustellen.[806] Bis zur Entscheidung über den Antrag ist die Klagefrist gehemmt.[807] Ein Antrag auf Prozesskostenhilfe kann im Übrigen auch während des laufenden Verfahrens jederzeit gestellt werden.[808] Entsprechendes gilt für Prozesskostenhilfe im Rechtsmittelverfahren[809] sowie im Vorabentscheidungsverfahren.[810]

Inhaltliche Voraussetzung für die Bewilligung von Prozesskostenhilfe ist zum einen die **Bedürf-** 235 **tigkeit**, die vom Antragsteller durch die Vorlage entsprechender Unterlagen zu belegen ist.[811] Zum anderen darf in Direktklageverfahren der Rechtsstreit **nicht offensichtlich aussichtslos** sein.[812] Wenn sich die Voraussetzungen für die Gewährung von Prozesskostenhilfe im Laufe des Verfahrens ändern, kann die Prozesskostenhilfe wieder entzogen werden.[813]

---

[798] EuG Slg. 2000, II-491 Rn. 5133 – Cimenteries CBR.
[799] EuG Slg. 1998, II-2739 – Opel Austria.
[800] EuG Slg. 2000, II-491 Rn. 5134 – Cimenteries CBR.
[801] EuG Slg. 2005, II-3287 Rn. 79 – Ehcon; EuG 8.11.2011 – T-88/09, ECLI:EU:T:2011:641 Rn. 98 ff. – Idromacchine; nur im Hinblick auf Aufwendungen für das gerichtliche Verfahren: EuG Slg. 2007, II-2237 Rn. 297 – Schneider Electric.
[802] EuG Slg. 2007, II-2237 Rn. 114 – Schneider Electric.
[803] EuG Slg. 2007, II-2237 Rn. 298 ff. – Schneider Electric; vgl. auch EuGH Slg. 2009, I-6413 Rn. 212 ff. – Schneider Electric.
[804] Art. 102 EuGHVfO; Art. 97 Abs. 5 VerfO EFTA-GH.
[805] Art. 147 Abs. 2 EuGVfO; Art. 50 Abs. 2 VerfO EFTA-GH.
[806] Art. 147 Abs. 4 EuGVfO; Art. 50 Abs. 4 VerfO EFTA-GH.
[807] Art. 147 Abs. 7 EuGVfO.
[808] Art. 147 Abs. 1 EuGVfO; vgl. Art. 50 Abs. 4 VerfO EFTA-GH.
[809] Art. 185 ff. EuGHVfO.
[810] Art. 115 EuGHVfO; Art. 50 Abs. 3 VerfO EFTA-GH.
[811] Art. 115 Abs. 2, 185 Abs. 2 EuGHVfO; Art. 147 Abs. 3 EuGVfO; Art. 50 Abs. 1 VerfO EFTA-GH.
[812] Art. 187 Abs. 1 EuGHVfO; Art. 146 Abs. 2 EuGVfO; Art. 50 Abs. 4 VerfO EFTA-GH.
[813] Art. 118, 189 EuGHVfO; Art. 150 EuGVfO; Art. 53 VerfO EFTA-GH.

V. Rechtsmittel und Vorabentscheidungsverfahren

236 **1. Rechtsmittel.** Gegen Urteile und andere Entscheidungen des EuG über den gesamten oder Teile des Streitgegenstands, Entscheidungen im Zwischenstreit über die Unzulässigkeit, über die Ablehnung eines Streithilfeantrags sowie Entscheidungen im einstweiligen Rechtsschutz kann innerhalb einer **Frist** von **zwei Monaten** ab Zustellung ein auf Rechtsfragen beschränktes Rechtsmittel zum EuGH eingelegt werden.[814] Zu den Formalien → Rn. 124 ff., zu Zulässigkeit und Begründetheit → Rn. 613 ff. An dieser Stelle beschränkt sich die Darstellung auf eine Skizzierung des Verfahrensablaufs. Das Verfahren vor dem EuGH in zweiter Instanz entspricht in seinen groben Zügen einem erstinstanzlichen Verfahren und gliedert sich wie dieses in einen schriftlichen und mündlichen Teil.[815]

237 Das schriftliche Verfahren wird durch Einreichen einer Rechtsmittelschrift eingeleitet, die an die Kanzlei des EuGH oder des EuG adressiert wird.[816] Die Verfahrenssprache entspricht in zweiter Instanz derjenigen vor dem EuG.[817] Die Rechtsmittelschrift wird, sofern sie keine formalen Mängel aufweist, den (übrigen) Parteien des erstinstanzlichen Rechtsstreits zugestellt.[818] Diese können, sofern sie ein Interesse an der Stattgabe oder Zurückweisung des Rechtsmittels haben, innerhalb einer nicht verlängerbaren Frist von zwei Monaten eine **Rechtsmittelbeantwortung** einreichen.[819] Deren Anträge müssen auf die vollständige oder teilweise Stattgabe oder Zurückweisung des Rechtsmittels gerichtet sein.[820] Innerhalb derselben Frist können die Parteien noch mit gesondertem Schriftsatz **Anschlussrechtsmittel** einlegen.[821] Zur Beantwortung des Anschlussrechtsmittels haben die Parteien, soweit sie ein entsprechendes Interesse geltend machen können, wiederum zwei Monate Zeit.[822] Sowohl im Hinblick auf das Rechtsmittel als auch auf ein eventuelles Anschlussrechtsmittel kann der Präsident eine **Erwiderung und Gegenerwiderung** zulassen, sofern er dies zur Gewährleistung des rechtlichen Gehörs für erforderlich hält. Um eine entsprechende Entscheidung zu erwirken, muss der (Anschluss-)Rechtsmittelführer binnen sieben Tagen nach Zustellung der (Anschluss-)Rechtsmittelbeantwortung einen entsprechenden, begründeten Antrag stellen.[823] Die Präklusion mit neuen Angriffs- und Verteidigungsmitteln nach Abschluss des schriftlichen Verfahrens gilt auch im Rechtsmittelverfahren,[824] eine Beweisaufnahme findet grundsätzlich nicht statt. Streithilfe ist auch im Rechtsmittelverfahren möglich, doch muss der entsprechende Antrag innerhalb eines Monats nach der Mitteilung über den Rechtsstreit im Amtsblatt gestellt werden.[825] Im Hinblick auf das **mündliche Verfahren** gibt es gegenüber dem erstinstanzlichen Verfahren keine Besonderheiten.

238 Der EuGH entscheidet grundsätzlich durch **Urteil**. Er kann bei Begründetheit des (Anschluss-)Rechtsmittels diesem entweder selbst abschließend entscheiden, wenn die Sache entscheidungsreif ist, oder andernfalls an das EuG zur Entscheidung zurückverweisen. Entscheidet der EuGH selbst, so befindet er auch über die Kosten.[826] Im Fall der Unzulässigkeit oder Unbegründetheit wird das (Anschluss-)Rechtsmittel zurückgewiesen. Wird das Rechtsmittel zurückgenommen, war es verfristet oder hatte es keinen tauglichen Gegenstand, gilt das Anschlussrechtsmittel als gegenstandslos.[827] Ist die Unzulässigkeit oder -begründetheit **offensichtlich,** so kann der EuGH auf Bericht des Berichterstatters und nach Anhörung des Generalanwalts dieses auch ganz oder teilweise durch mit Gründen versehenen Beschluss zurückweisen.[828] Das Gleiche gilt – unter der Voraussetzung, dass die Parteien ebenfalls angehört worden sind – wenn Rechtsfragen aufgeworfen werden, über die der Gerichtshof bereits entschieden hat und er deshalb das Rechtsmittel bzw. das Anschlussrechtsmittel für offensichtlich begründet hält.[829] Entsprechend kann der EuGH nunmehr bei offensichtlicher Begründetheit des (Anschluss-)Rechtsmittels diesem auch durch einen mit Verweis auf die einschlägige Rechtsprechung begründeten Beschluss stattgeben; allerdings sind in diesem Fall vorher die Parteien anzuhören.[830]

---

[814] Art. 56 Abs. 1 EuGH-Satzung.
[815] Art. 59 EuGH-Satzung.
[816] Art. 167 Abs. 1 EuGHVfO; zum Inhalt der Rechtsmittelschrift → Rn. 619.
[817] Art. 37 Abs. 2 lit. a EuGHVfO.
[818] Art. 171 EuGHVfO.
[819] Art. 172 EuGHVfO; zu deren Inhalt → Rn. 619.
[820] Art. 174 EuGHVfO.
[821] Art. 176 EuGHVfO.
[822] Art. 179 EuGHVfO.
[823] Art. 175, 180 EuGHVfO.
[824] Art. 190 Abs. 1, 127 EuGHVfO.
[825] Art. 190 Abs. 1 und 2, 129 ff. EuGHVfO.
[826] Art. 184 Abs. 2 EuGHVfO und → Rn. 642.
[827] Art. 183 EuGHVfO.
[828] Art. 181 EuGHVfO.
[829] Art. 182 EuGHVfO.
[830] Art. 182 EuGHVfO.

Im Falle der **Rückverweisung** an das Gericht weist dessen Präsident die Sache erneut einem 239
Spruchkörper zu. War das aufgehobene Urteil von der Großen Kammer oder gar dem Plenum des
Gerichts entschieden worden, ist die Sache an den gleichen Spruchkörper zuzuweisen.[831] Aber auch
bei einer ursprünglichen Zuweisung an eine Dreier- oder Fünferkammer ist eine Zuweisung an die
gleiche Kammer möglich.[832] In der Praxis ist es sogar üblich, die Sache demselben Berichterstatter
zuzuweisen, was nach Ansicht des EuGH auch zulässig sein soll.[833] Das Gericht ist an die rechtliche
Beurteilung des EuGH gebunden.[834] Für die Parteien beginnt mit der Zustellung des aufhebenden
Urteils eine **Frist** von einem Monat zu laufen, innerhalb derer sie Stellung dazu nehmen können,
welche Schlussfolgerungen aus dem Urteil zu ziehen sind.[835] Ggf. kann das Gericht eine erneute
mündliche Verhandlung ansetzen.[836]

a) Außerordentliche Rechtsbehelfe. Vor allen drei Luxemburger Gerichten bestehen in 240
Direktklageverfahren[837] eine Reihe von außerordentlichen Rechtsbehelfen, die keine Rechtsmittel
darstellen. Gemeinsam ist ihnen, dass sie beim Ausgangsgericht geltend zu machen sind, also auch
vor dem EuG keinen Devolutiveffekt entfalten. In der Praxis werden sie nur selten genutzt.

b) Wiederaufnahme des Verfahrens. Vor den drei Luxemburger Gerichten ist **innerhalb** 241
von zehn Jahren nach der Urteilsverkündung eine Wiederaufnahme des durch Urteil abgeschlossenen Verfahrens möglich.[838] Es handelt sich dabei nicht um ein Rechtsmittel, sondern vielmehr um
die einzige Möglichkeit, die Rechtskraft eines Urteils zu überwinden. Soweit ersichtlich, ist bisher
allerdings kein einziger Wiederaufnahmeantrag erfolgreich gewesen.

Materielle Voraussetzung für eine Wiederaufnahme ist das **Bekanntwerden neuer Tatsachen,** 242
die dem Gericht und der beantragenden Partei vor der Verkündung des Urteils unbekannt waren.
Keine neuen Tatsachen stellen zwischenzeitliche Entwicklungen in der Rechtsprechung dar.[839]
Die neue Tatsache muss mehr als nur relevant, nämlich „von entscheidender Bedeutung" für den
Verfahrensausgang sein. Das ist der Fall, wenn das Gericht, hätte es die Tatsache berücksichtigen
können, den Rechtsstreit möglicherweise anders entschieden hätte.[840] Urteile des EuGH als Rechtsmittelinstanz kommen grundsätzlich nicht für eine Wiederaufnahme in Betracht, weil der Gerichtshof hier nicht über Tatsachen befindet.[841]

Prozessual ist ein Antrag auf Wiederaufnahme bei dem Gericht einzureichen, welches das Urteil 243
erlassen hat. Der Antrag richtet sich gegen sämtliche Parteien des ursprünglichen Rechtsstreits.[842]
Er hat den formellen Anforderungen an eine Klageschrift zu genügen; es gilt insbesondere Anwaltszwang.[843] Der Antrag kann nur innerhalb einer **Frist von drei Monaten** nach dem Tag der
Kenntniserlangung von den neuen Tatsachen gestellt werden.[844] Er muss die Punkte bezeichnen, in
denen das Urteil angefochten wird, sowie die diesbezüglichen neuen Tatsachen benennen und
insbesondere Beweismittel (auch zur Fristwahrung) vorlegen.[845]

Das Gericht befindet in einer Zulässigkeitsentscheidung über die Neuheit der Tatsachen und 244
deren entscheidende Bedeutung, womit ein entsprechender Antrag für zulässig erklärt werden und
das Verfahren nach den allgemeinen Regeln wieder aufgenommen werden kann. Die Zulassungsentscheidung ergeht durch Urteil (EFTA-GH) oder Beschluss (EuGH, EuG) ohne mündliche Verhandlung.[846] Bei offensichtlicher Unzulässigkeit wird der Antrag den übrigen Parteien erst gar nicht
zugestellt.[847] Vor dem EuG kann das Wiederaufnahmeverfahren theoretisch in Konkurrenz zur
Durchführung eines Rechtsmittels vor dem EuGH treten, in welchem Fall es nachrangig behandelt
und ausgesetzt werden kann.[848]

---

[831] Art. 221 Abs. 2 EuGVfO.
[832] Art. 221 Abs. 1 EuGVfO.
[833] EuGH Slg. 2008, I-4777 Rn. 51 ff. – Chronopost.
[834] Art. 61 Abs. 2 EuGH-Satzung.
[835] Art. 222 Abs. 1 EuGVfO.
[836] Art. 222 Abs. 2 EuGVfO.
[837] EuGH Slg. 1986, 947 Rn. 14 – Wünsche.
[838] Art. 44 EuGH-Satzung; Art. 40 Satzung EFTA-GH.
[839] EuG Slg. 1997, II-229 Rn. 58 – FFSA; EuG Slg. 1992, II-1591 Rn. 12 – BASF.
[840] EuGH Slg. 1992, I-993 Rn. 12 – Gill; EuG Slg. 1992, II-1591 Rn. 9 – BASF; EuG Slg. 1994, II-419 Rn. 14 – Norsk Hydro.
[841] EuGH Slg. 1992, I-993 Rn. 16 – Gill.
[842] Art. 159 Abs. 4 EuGHVfO; Art. 169 Abs. 4 EuGVfO, Art. 139 Abs. 4 VerfO EFTA-GH.
[843] EFTA-GH Slg. 1994/1995, 103 – Helmers II.
[844] Art. 159 Abs. 2 EuGHVfO; Art. 169 Abs. 2 EuGVfO; Art. 139 Abs. 2 VerfO EFTA-GH.
[845] Art. 159 Abs. 3 EuGHVfO; Art. 169 Abs. 3 EuGVfO, Art. 139 Abs. 3 VerfO EFTA-GH.
[846] Art. 159 Abs. 5 EuGHVfO; Art. 169 Abs. 5 EuGVfO; Art. 139 Abs. 5 VerfO EFTA-GH.
[847] Vgl. zB EuG Slg. 1992, II-1591 Rn. 18 – BASF.
[848] Art. 163 EuGVfO.

245 **c) Drittwiderspruch.** Mit einem Drittwiderspruch gegen ein Urteil können Mitgliedstaaten, Unionsorgane[849] sowie alle sonstigen natürlichen und juristischen Personen, die an dem Rechtsstreit nicht beteiligt waren, die Beeinträchtigung ihrer Rechte geltend machen.[850] Der entsprechende, gegen alle Parteien des Ausgangsverfahrens gerichtete Antrag muss die die Rechte des Dritten beeinträchtigenden Punkte im Urteil genau bezeichnen. Er muss darüber hinaus begründen, warum ihm eine Beteiligung am Verfahren nicht möglich war.[851] Die Frist für die Antragstellung beträgt zwei Monate nach der Veröffentlichung des Urteils im Amtsblatt. Die Gewährung einstweiligen Rechtsschutzes in Form der Aussetzung des Vollzugs des Urteils ist möglich. Stellt das Gericht eine Beeinträchtigung der Rechte des Dritten fest, wird das Urteil entsprechend abgeändert. Wird neben einem Drittwiderspruch von einem Verfahrensbeteiligten Rechtsmittel eingelegt, kann das EuG das Drittwiderspruchsverfahren bis zur Entscheidung des EuGH aussetzen.[852]

246 **d) Urteilsauslegung.** Bei Unklarheiten aufseiten der Parteien oder eines Unionsorgans über „Sinn und Tragweite" eines Urteils bieten die Satzungen schließlich die Möglichkeit der autoritativen Urteilsauslegung durch das für das Urteil verantwortliche Gericht.[853] Damit ist insbesondere die Klarstellung des Sinns des Tenors gemeint,[854] jedenfalls nicht die Bedeutung des Urteils für andere Fälle.[855] Am EuGH kann auch die Auslegung von Beschlüssen beantragt werden. Zuständig ist der gleiche Spruchkörper, der sich auch für das auslegungsbedürftige Urteil verantwortlich zeichnet[856] – sofern dieser noch besteht. Im Falle eines parallelen Rechtsmittelverfahrens gegen ein Urteil des EuG kann diesem wiederum Vorrang eingeräumt werden.[857] Der Auslegungsantrag ist beim EuGH binnen einer Frist von zwei Jahren ab Verkündung des Urteils bzw. der Zustellung des Beschlusses einzureichen.[858] Die Urteilsauslegung kann nicht beantragt werden, wenn das auszulegende Urteil eine Entscheidung aufgrund eines Vorabentscheidungsersuchens betrifft. Das vorlegende Gericht kann aber selbstverständlich ein neues Vorabentscheidungsersuchen stellen.[859]

247 Eine Auslegung setzt ein **berechtigtes Interesse** voraus, auf das nur vor dem EFTA-GH im Falle der ESA verzichtet worden ist. Auch im Verfahren der Urteilsauslegung ist ein gegen alle Parteien gerichteter Antrag erforderlich, der die auszulegenden Passagen bezeichnet und das berechtigte Interesse glaubhaft macht. Der Antrag enthält einen, freilich nicht notwendigerweise genau bestimmten, **Auslegungsvorschlag.**[860] Die Entscheidung des Gerichts erfolgt durch Urteil bzw. im Falle einer Beschlussauslegung durch Beschluss.[861] Diese erzeugt Wirkung für und gegen alle Verfahrensbeteiligten, soweit sie vom auszulegenden Teil des Ausgangsurteils oder einer diesem genau entsprechenden Passage betroffen sind.[862] Es folgt aus dem kontradiktorischen Charakter des Auslegungsverfahrens, dass die mit ihrem Auslegungsvorschlag unterlegenen Parteien zur Kostentragung zu verurteilen sind. In der Praxis ist das Institut der Urteilsauslegung, mit – soweit ersichtlich – vier zugelassenen Anträgen seit Bestehen des EuGH, von sehr begrenzter Bedeutung geblieben.

248 **e) Urteilsergänzung.** Eigentlich nicht hierher, weil noch Teil des (Haupt-)Verfahrens, gehört die Möglichkeit der Parteien, die Ergänzung des Urteils zu beantragen, wenn einzelne Anträge vom Gericht ganz oder teilweise nicht beschieden worden sind.[863] Die Frist für einen solchen Antrag beträgt einen Monat nach Zustellung des Urteils. Die Gegenpartei und gegebenenfalls der Generalanwalt werden dazu gehört, woraufhin das Gericht über Zulässigkeit und Begründetheit des Antrags entscheidet. Vor dem EuG würde die Ergänzung einzelner Anträge materiellen Charakters mit der Möglichkeit des Rechtsmittels in Konflikt geraten. Deshalb kann hier nur das Nachholen einer Entscheidung über die Kosten beantragt werden, wenn dies im Urteil unterblieben ist.[864]

---

[849] Dies betrifft nur die Unionsorgane im Verfahren vor dem EuGH; in Direktverfahren vor dem EFTA-GH ist die ESA immer Verfahrenspartei.
[850] Art. 42 EuGH-Satzung, Art. 157 EuGHVfO, Art. 167 EuGVfO; Art. 38 Satzung EFTA-GH, Art. 137 VerfO EFTA-GH.
[851] Dazu Kirschner/Klüpfel, Das Gericht erster Instanz der Europäischen Gemeinschaften, 2. Aufl. 1998, Rn. 180.
[852] Art. 163 § 4 EuGVfO.
[853] Art. 43 EuGH-Satzung; Art. 39 Satzung EFTA-GH.
[854] EuGH Slg. 1999, I-1 Rn. 15 – NSK.
[855] EuGH Slg. 1983, 2859 Rn. 12 – Rechnungshof/Williams.
[856] Art. 153, 158 EuGHVfO; Art. 162 EuGVfO.
[857] Art. 163 EuGVfO.
[858] Art. 158 Abs. 2 EuGHVfO.
[859] EuGH Slg. 2011, I-28 – Baumann; EFTA-GH Slg. 2013, 816 – HOB-vín ehf.
[860] Vgl. EuGH Slg. 1977, 445 Rn. 8 – Générale Sucrière.
[861] Art. 158 Abs. 5 EuGHVfO; Art. 168 EuGVfO; Art. 138 VerfO EFTA-GH.
[862] EuGH Slg. 1977, 445 Rn. 27, 30 – Générale Sucrière.
[863] Art. 155 EuGHVfO; Art. 165 EuGVfO; Art. 136 VerfO EFTA-GH.
[864] Art. 165 EuGVfO.

2. Vorabentscheidungsverfahren. Ein **Rechtsmittel** gegen Urteile in Vorabentscheidungs- 249 verfahren ist wegen dessen nichtkontradiktorischen Charakters von vornherein ausgeschlossen. Art. 256 Abs. 3 UAbs. 3 AEUV sieht zwar die Nachprüfung von Vorabentscheidungen des EuG durch den EuGH in Fällen vor, in denen die Einheitlichkeit oder Kohärenz des Unionsrechts auf dem Spiel steht. Das EuG ist aber noch nicht mit entsprechenden Kompetenzen ausgestattet. Auch außerordentliche Rechtsbehelfe, wie sie das Verfahrensrecht gegen Urteile im Direktklageverfahren vorsieht, sind im Vorabentscheidungsverfahren nicht verfügbar.

Kommen im Verlauf des Verfahrens neue Gesichtspunkte zum Vorschein oder besteht in sonsti- 250 ger Weise Klärungsbedarf, so kann das gleiche Gericht oder ein anderes des gleichen Rechtszugs erneut Fragen vorlegen.[865] Der EuGH hat es aber abgelehnt, über die **Gültigkeit** seiner eigenen Urteile nach Art. 267 Abs. 1 lit. b AEUV zu entscheiden.[866] Es bleibt dem nationalen Gericht damit nur, bei Zweifeln über die Tragweite oder Auslegung eines Urteils, dem Gerichtshof die entsprechenden Fragen nach Art. 267 Abs. 1 lit. a AEUV vorzulegen. Handelt es sich um das gleiche Gericht und die gleiche Rechtssache, in der bereits das erste Urteil des EuGH erging, so ist Voraussetzung für ein zweites Anrufen, dass (i) das nationale Gericht beim Verständnis oder der Anwendung des Urteils Schwierigkeiten hat, es (ii) dem Gerichtshof eine neue Rechtsfrage stellt oder (iii) ihm neue Gesichtspunkte unterbreitet, die ihn dazu veranlassen könnten, eine bereits gestellte Frage abweichend zu beantworten.[867] Für die Verfahrensbeteiligten des ersten Urteils besteht nach der Logik des Vorabentscheidungsverfahrens lediglich die Möglichkeit, eine solche Neubewertung durch Einflussnahme auf den nationalen Richter zu erreichen. Der EFTA-GH ist dieser Rechtsprechung gefolgt.[868]

VI. Beschleunigte Verfahren

1. Direktklageverfahren. Unbeschadet der Möglichkeit, dass der Präsident entscheidet, eine 251 Rechtssache mit Vorrang zu entscheiden,[869] besteht zur Kürzung der Verfahrensdauer vor den europäischen Gerichten die Möglichkeit des beschleunigten Verfahrens. Prozessuale Voraussetzung für die Durchführung des beschleunigten Verfahrens ist der **Antrag** einer Partei, der mit gesondertem Schriftsatz gleichzeitig mit der Klage bzw. Klagebeantwortung einzureichen ist, sowie die Anhörung der Gegenpartei, des Berichterstatters und des Generalanwalts. In Ausnahmefällen kann der Präsident nach Anhörung der vorgenannten Personen auch **von Amts wegen** die Entscheidung treffen.[870] Inhaltlich bedarf es beim EuG einer besonderen Dringlichkeit, die es rechtfertigt, die Rechtssache vorrangig zu entscheiden. Die maßgeblichen Kriterien für diese besondere Dringlichkeit decken sich nicht mit denen, welche die Dringlichkeit als Begründetheitsvoraussetzung einer einstweiligen Anordnung begründen können.[871] Beim EuG ist es ratsam, bereits im Antrag gewisse „Anreize" zu geben, insbesondere eine Beschränkung der Klage in Umfang und Begründung vorzunehmen.[872] So kann das Vorbringen bestimmter Angriffs- und Verteidigungsmittel durch die negative Entscheidung über den Antrag auf Verfahrensbeschleunigung bedingt werden.[873] Ein stattgebender Beschluss des Gerichts kann mit verfahrensrechtlichen Bedingungen hinsichtlich „Umfang und Präsentation der Schriftsätze der Parteien, des weiteren Verfahrensablaufs oder der dem Gericht zur Entscheidung unterbreiteten Angriffs- und Verteidigungsmittel sowie der Argumente" verbunden werden. Im Falle des Verstoßes gegen eine Bedingung kann das EuG vom beschleunigten zum normalen Verfahren zurückkehren.[874]

Für das beschleunigte Verfahren ist die **Klage** in einer gekürzten Form einzureichen, in der 252 zugunsten der schnelleren Fallbearbeitung allenfalls auf gewisse Klagegründe verzichtet wird.[875] Die Frist für die Klagebeantwortung vor dem EuG wird auf einen Monat verkürzt.[876] Erwiderung, Gegenerwiderung und Streithilfeschrift sind nur zulässig, falls diese vom Gericht (EuG) bzw. Präsidenten (EuGH – nach Anhörung des Berichterstatters und des Generalanwalts – sowie EFTA-GH nach Anhörung des Berichterstatters) für erforderlich erachtet werden.[877] Des Weiteren werden

---

[865] Vgl. etwa den berühmten Fall EuGH Slg. 1966, I-2357 – Paletta II.
[866] EuGH Slg. 1986, 947 Rn. 16 – Wünsche.
[867] EuGH Slg. 1986, 947 Rn. 15 – Wünsche.
[868] EFTA-GH Slg. 2002, 281 Rn. 12 – CIBA.
[869] Art. 53 Abs. 3 EuGHVfO; Art. 67 Abs. 2 EuGVfO.
[870] Art. 133 Abs. 3 EuGHVfO; Art. 151 Abs. 2 EuGVfO; Art. 116 Abs. 1 VerfO EFTA-GH.
[871] EuG Slg. 2001, II-3915 Rn. 94 – Regierung von Gibraltar/Kommission.
[872] Vgl. EuG Slg. 2002, II-4071 Rn. 63 ff. – Schneider Electric.
[873] Art. 152 Abs. 2 EuGVfO; ABl. 2005 L 298, 2.
[874] Art. 151 Abs. 3 EuGVfO.
[875] EuG Slg. 2005, II-3745 Rn. 40 EDP.
[876] Art. 154 Abs. 1 EuGVfO.
[877] Art. 134 EuGHVfO; Art. 154 Abs. 3 EuGVfO; Art. 117 Abs. 2 VerfO EFTA-GH.

die Verfahrensfristen möglichst knapp gehalten. Rechtssachen im beschleunigten Verfahren werden vorrangig verhandelt und entschieden. Vor dem EuGH ersetzt die Anhörung des Generalanwalts die Schlussanträge.[878] Die Urteilsbegründung fällt entsprechend knapper aus als im normalen Verfahren.[879] Das beschleunigte Verfahren ist auch für Rechtsmittelverfahren verfügbar.[880]

253 **Bedeutung.** In der (wettbewerbsrechtlichen) Praxis ist das beschleunigte Verfahren eine Rarität. Der EuGH hat es, soweit ersichtlich, überhaupt nur in zwei Verfahren angewandt.[881] Nachdem das EuG dieses „fast track" Verfahren im Bereich der Fusionskontrolle zunächst nutzte,[882] werden entsprechende Anträge mittlerweile regelmäßig abgelehnt: Von 2017–2021 wurden in Wettbewerbssachen zwölf Anträge auf ein beschleunigtes Verfahren gestellt; stattgegeben wurde vier.[883] In Beihilfesachen ist die Situation vergleichbar, dort wurden von 20 eingereichten Anträgen zehn bewilligt.[884]

254 **2. Vorabentscheidungsverfahren.** Über **bereits beantwortete Fragen** können EuGH und EFTA-GH im Vorabentscheidungsverfahren seit jeher durch Beschluss im vereinfachten Verfahren entscheiden.[885] Für Rechtssachen, die ihrer Art nach eine rasche Erledigung erfordern, sehen die Verfahrensordnungen ein **beschleunigtes Verfahren** vor.[886] Diese Verfahrensart kommt nur ausnahmsweise bei Vorliegen „außerordentlicher Dringlichkeit" in Betracht[887] und wird vom EuGH sehr zurückhaltend gehandhabt.[888] Soweit ersichtlich, hat der EuGH das Verfahren in wettbewerbsrechtlichen Sachen noch nicht angewandt.[889] Hingegen hat der Präsident des EFTA-GH in einem Kartellrechtsfall im Interesse des **Schutzes des Wettbewerbs** einem Antrag des Bezirksgerichts Reykjavík, das Vorabentscheidungsersuchen einem beschleunigten Verfahren zu unterwerfen, stattgegeben.[890] In der Praxis ist es, wie auch das auf Wettbewerbssachen per se nicht anwendbare **Eilverfahren** nach Art. 107 ff. EuGHVfO, vor allem für Haftsachen und Sorgerechtsfälle, deren Dauer das Kindeswohl zu gefährden droht, relevant. Auf eine nähere Darstellung wird hier daher verzichtet.

Art. 40 EuGH-Satzung

Die Mitgliedstaaten und die Unionsorgane können einem bei dem Gerichtshof anhängigen Rechtsstreit beitreten.

Dasselbe gilt für die Einrichtungen und sonstigen Stellen der Union sowie alle anderen Personen, sofern sie ein berechtigtes Interesse am Ausgang eines bei dem Gerichtshof anhängigen Rechtsstreits glaubhaft machen können. Natürliche oder juristische Personen können Rechtssachen zwischen Mitgliedstaaten, zwischen Organen der Union oder zwischen Mitgliedstaaten und Organen der Union nicht beitreten.

Unbeschadet des Absatzes 2 können die Vertragsstaaten des Abkommens über den Europäischen Wirtschaftsraum, die nicht Mitgliedstaaten sind, und die in jenem Abkommen genannte EFTA-Überwachungsbehörde ESA einem bei dem Gerichtshof anhängigen Rechtsstreit beitreten, wenn dieser einen der Anwendungsbereiche jenes Abkommens betrifft.

Mit den aufgrund des Beitritts gestellten Anträgen können nur die Anträge einer Partei unterstützt werden.

VII. Streithilfe

255 Die Streithilfe, auch Nebenintervention genannt, erlaubt es Dritten, zur Unterstützung der Anträge einer Partei einem bei Gericht anhängigen Rechtsstreit beizutreten. **Rechtsstreit** ist dabei

---

[878] Art. 136 EuGHVfO.
[879] EuG Slg. 2005, II-3745 Rn. 39 – EDP.
[880] Art. 190 Abs. 1 EuGHVfO.
[881] EuGH Slg. 2003, I-7885 – Artegodan; Slg. 2004, I-6649 – Kommission/Rat („Stabilitätspakt").
[882] EuG Slg. 2002, II-4071 – Schneider Electric; Slg. 2002, II-4381 – Tetra Laval; Slg. 2003, II-4251 – Cableuropa; Slg. 2005, II-3745 – EDP.
[883] Gerichtshof der Europäischen Union Jahresbericht Judicial Activity 2021, 392; ein Beispiel T-876/19, ECLI :EU:T:2020:650, Rn. 2 ff. – Broadcom Inc2017, 237.
[884] Gerichtshof der Europäischen Union Jahresbericht Judicial Activity 2021, 392; ein Beispiel T-677/20, ECLI :EU:T:2021:465, Rn. 11 ff. – Ryanair.
[885] Art. 99 EuGHVfO; Art. 93 VerfO EFTA-GH und → Rn. 731 ff.
[886] Art. 105 EuGHVfO; Art. 98 VerfO EFTA-GH; vgl. zB EuGH Slg. 2001, I-5689 – Jippes.
[887] EuGH 15.7.2010 – C-296/10, ECLI:EU:C:2010:446 Rn. 6 – Purrucker.
[888] Vgl. Gerichtshof der Europäischen Union Jahresbericht Judicial Activity 2021, 246.
[889] In der Rechtssache Adusbef(C-686/18, EU:C:2019:68)VEBIC wurde ein entsprechender Antrag mit Beschluss des Präsidenten des Gerichtshofes abgelehnt; für ein weiteres Beispiel s. auch GA Mengozzi Slg. 2010, I-12471, Nr. 30–31 – VEBIC.
[890] EFTA-GH Slg. 2014, 1304 – Wow air ehf./Icelandic Competition Authority, Isavia ohf. and Icelandair ehf.).

jedes Direktklageverfahren, inklusive der Verfahren des einstweiligen Rechtsschutzes[891] und der Rechtsmittelverfahren.[892] Die Streithilfe ist streng **akzessorisch**. Besteht die zugrunde liegende Rechtssache nicht mehr, weil die Klage zB zurückgenommen oder im Zwischenverfahren für unzulässig erklärt wurde, wird die Streithilfe gegenstandslos.[893] Im Vorabentscheidungsverfahren ist eine Streithilfe aufgrund des fehlenden kontradiktorischen Charakters per se nicht möglich. Will ein Dritter dennoch an dem Vorabentscheidungsverfahren teilnehmen, muss er sich bei dem Vorlagegericht darum bemühen, Partei im nationalen Verfahren zu werden und damit Beteiligtenstatus im Verfahren vor dem EuGH zu erlangen.[894] Der EuGH hat aber auch schon die Beteiligung von nationalen Streithelfern zurückgewiesen, wenn diese dem nationalen Verfahren nur deshalb beigetreten sind, um am Vorabentscheidungsverfahren vor dem EuGH mitwirken zu können.[895]

1. Privilegierte Streithelfer. Die **EU-Mitgliedstaaten** und **Organe** der Union können jedem Rechtsstreit nach Art. 40 Abs. 1 EuGH-Satzung beitreten, ohne dass sie ein berechtigtes Interesse an der Sache glaubhaft zu machen brauchen (privilegierte Streithelfer). Darüber hinaus existieren **teilprivilegierte Streithelfer:** So hat der Europäische Datenschutzbeauftragte im Rahmen der ihm übertragenen Aufgaben ein Recht zur Nebenintervention.[896] Gleiches gilt nach Art. 40 Abs. 3 EuGH-Satzung für die **EWR/EFTA-Staaten** und die **ESA**, wenn der Rechtsstreit einen der Anwendungsbereiche des EWR-Abkommens betrifft – was im Wettbewerbs- und Beihilferecht stets der Fall ist.[897] Allerdings soll Abs. 3 nicht auf unter Art. 40 Abs. 2 S. 2 EuGH-Satzung fallende Rechtssachen (insbesondere Streitigkeiten zwischen Mitgliedstaaten und Unionsorganen) anwendbar sein.[898] Dies ist angesichts des Wortlauts der Vorschrift und vor dem Hintergrund des EWR-Abkommens wenig überzeugend. In Art. 36 EFTA-GH-Satzung, welcher als Pendant zu Art. 40 EuGH-Satzung die Streithilfe vor dem EFTA-GH regelt, werden die EWR/EFTA-Staaten, die ESA, die Gemeinschaft (lies: die Union und ihre Mitgliedstaaten) sowie die Kommission jedenfalls ohne Einschränkungen[899] als privilegierte Nebenintervenienten aufgeführt. **Drittstaaten** können generell nur unter den Voraussetzungen beitreten, die für Private gelten.[900]

2. Nichtprivilegierte Streithelfer. Für Verfahren zwischen zwei Mitgliedstaaten, zwischen Mitgliedstaaten und Organen sowie – im Unionsrecht – zwischen Organen schließen **Art. 40 Abs. 2 S. 2** EuGH-Satzung und Art. 36 Abs. 2 EFTA-GH-Satzung eine Streithilfe nicht privilegierter Dritter grundsätzlich aus. Das hat Auswirkungen insbesondere im Beihilferecht: Trotz der Bündelung praktisch aller Verfahrensarten bei einem Gericht, dem EuG, das seit der Änderung des EU-Verfahrensrechts im Juni 2004 auch für Verfahren eines Mitgliedstaates gegen die Kommission zuständig ist, ist es Privaten, etwa den von der Beihilfe begünstigten Unternehmen oder deren Konkurrenten, nicht möglich, sich aufseiten des Staates oder der Behörde Gehör zu verschaffen. Ihnen bleibt nichts übrig, als selbst zu klagen. Dafür besteht keine sachliche Rechtfertigung.

Für alle **anderen Verfahren**, insbesondere also Nichtigkeits-, Untätigkeits- und Schadensersatzklagen, aber auch für das einstweilige Rechtsschutzverfahren, wird von Dritten verlangt, dass sie ein **berechtigtes Interesse** am Ausgang des Rechtsstreits glaubhaft machen. Entsprechend bedarf es seitens des Antragstellers eines unmittelbaren und gegenwärtigen Interesses daran, dass den Anträgen der zu unterstützenden Partei stattgegeben wird.[901] Dazu muss das Interesse grundsätzlich dem **Streitgegenstand** gelten.[902] Das Interesse an der Klärung bestimmter abstrakter Rechtsfragen, auch

---

[891] ZB EuG Slg. 1993, II-131 – Langnese-Iglo.
[892] Art. 190 iVm Art. 129 ff. EuGHVfO.
[893] So nunmehr ausdrücklich Art. 129 Abs. 2 EuGHVfO; Art. 112 Abs. 2 VerfO EFTA-GH.
[894] Art. 97 Abs. 2 EuGHVfO.
[895] EuGH verbundene Rs. C-403/08 und C-429/08 – Football Association Premier League u.a., Beschluss des Präsidenten vom 16.12.2009, ECLI:EU:C:2009:789.
[896] Art. 47 Abs. i lit. i der Verordnung (EG) Nr. 45/2001 des Europäischen Parlaments und des Rates vom 18.12.2000 zum Schutz natürlicher Personen bei der Verarbeitung personenbezogener Daten durch die Organe und Einrichtungen der Gemeinschaft und zum freien Datenverkehr, ABl. 2001 L 8, 1; vgl. dazu den Beschluss des EuGH Slg. 2005, I-2457 – Parlament/Rat.
[897] Die ESA zB in EuG Slg. 2004, II-2501 – JFE Engineering.
[898] Beschl. des Präsidenten des EuGH v. 15.7.2010 – C-493/09, ECLI:EU:C:2010:444 – Kommission/Portugal; Beschl. des Präsidenten v. 1.10.2010 – C-542/09, ECLI:EU:C:2010:576 Rn. 4 ff. – Kommission/Niederlande.
[899] Vgl. dazu Beschl. des Präsidenten des EFTA-GH v. 23.4.2012 – E-16/11, EFTA Slg. 2013, 4 – ESA/Island („Icesave").
[900] EuGH Slg. 1983, 417 – Chris International Foods.
[901] Beschl. des Präsidenten des EuGH v. 6.3.2003, Slg. 2003, I-2415 Rn. 7 – Ramondín.
[902] EuGH Slg. 1964, 941 (942) – Lemmerz-Werke; Beschl. des Präsidenten des EuGH v. 17.6.1997, Slg. 1997, I-3491 Rn. 53 – National Power und PowerGen; Beschl. des Präsidenten des EuGH v. 6.4.2006, Slg. 2006, I-53 Rn. 8 – An Post.

wenn diese die eigene Stellung in einem anderen Verfahren vor den Unionsgerichten beeinflussen könnten, ist nicht ausreichend.[903] Es genügt folglich nicht, wenn das Interesse nur an einzelnen vorgebrachten Angriffs- und Verteidigungsmitteln besteht oder die Situation des Antragstellers derjenigen der zu unterstützenden Partei ähnelt. Eine diesbezügliche Ausnahme gilt nur für repräsentative Vereinigungen (→ Rn. 261).[904] Das Grundrecht auf gerichtlichen Rechtsschutz soll mit der Beurteilung des berechtigten Interesses nichts zu tun haben.[905]

259   Bei **wettbewerbsrechtlichen Klagen** muss demnach ein berechtigtes Interesse an Nichtigerklärung oder Bestand gerade der angefochtenen Entscheidung geltend gemacht werden. Der **Adressat** einer von einem Dritten angefochtenen Entscheidung ist stets zur Nebenintervention berechtigt.[906] Das Gleiche gilt für Unternehmen, die unmittelbar und individuell von der Entscheidung betroffen sind;[907] das berechtigte Interesse stellt insofern ein Minus gegenüber der Klagebefugnis dar. Für **Beschwerdeführer**, sonstige aktive Beteiligte im Verfahren vor der Kommission, durch wettbewerbsverzerrende Klauseln geschädigte Kunden und **Wettbewerber** eines Missbrauchs von Marktmacht beschuldigten Unternehmens wurde ein berechtigtes Interesse bejaht.[908] **Geschädigte** wettbewerbsverzerrender Verhaltensweisen haben ein berechtigtes Interesse, wenn der Fall die Feststellung der Rechtswidrigkeit (Wirksamkeit) sie betreffender Klauseln oder Verhaltensweisen betrifft.[909] Im Übrigen haben sie aber kein unmittelbares Interesse an der Aufrechterhaltung einer (Bußgeld-)Entscheidung; insbesondere berechtigt die **Verfolgung von Schadensersatzansprüchen**, zB eines Kartellgeschädigten vor den nationalen Gerichten, nicht zur Streithilfe (und der damit verbundenen Akteneinsicht).[910] Auch dass das zu fällende Urteil Grundsätzliches zur Marktstruktur der betreffenden Branche (ic selektive Vertriebssysteme) erwarten lässt, reicht für sich genommen für ein berechtigtes Interesse eines individuellen Unternehmens nicht aus.[911]

260   Im **Beihilferecht** haben sowohl die Begünstigten einer Beihilfe[912] als auch deren Konkurrenten[913] ein berechtigtes Interesse am Ausgang des Rechtsstreits. Auch schwere wirtschaftliche Folgen können aber ein solches Interesse begründen. Im Beihilferecht ist etwa ein berechtigtes Interesse von **Gebietskörperschaften** wie Gemeinden oder Bundesländer anerkannt worden, die zugunsten der auf ihrem Gebiet niedergelassenen Wirtschaftsteilnehmer einem Rechtsstreit um ein von der Kommission ausgesprochenes Beihilfeverbot beitreten,[914] insbesondere wenn die wirtschaftliche und soziale Struktur der Region wesentlich von den betroffenen Sektoren bzw. Unternehmen abhängt. Das Gleiche gilt für Beihilfen zugunsten der auf dem Gebiet einer solchen Körperschaft gewonnenen oder produzierten Erzeugnisse. Dass allgemein der Verlust von Arbeitsplätzen droht, soll für sich genommen als „mittelbares und fern liegendes Interesse" aber nicht genügen.[915] Auf der anderen Seite können Gebietskörperschaften zugunsten der Wettbewerbsbehörde in einem Rechtsstreit um Beihilfen zugunsten einer benachbarten Region beitreten. Dazu müssen allerdings konkrete Auswirkungen auf die eigene Position, etwa in Form eines Abwanderungsrisikos, geltend gemacht werden können.[916]

261   Für **Verbände und Vereinigungen** gelten im Vergleich zu individuellen Antragstellern großzügigere Regeln. Die Voraussetzungen für das Vorliegen eines berechtigten Interesses sind:[917] (i) dass der Verband eine beträchtliche Anzahl in dem betreffenden Bereich tätiger Unternehmen vertritt; (ii) seine Ziele den Schutz der Interessen seiner Mitglieder einschließen;[918] (iii) die Rechtssa-

---

[903] Beschl. des Präsidenten des EuGH v. 6.3.2003, Slg. 2003, I-2415 Rn. 14 – Ramondín.
[904] Vgl. Beschl. des Präsidenten des EuGH v. 6.4.2006, Slg. 2006, I-53 Rn. 11 – An Post.
[905] Beschl. des Präsidenten des EuGH v. 17.6.1997, Slg. 1997, I-3491 Rn. 69 – National Power und PowerGen.
[906] EuG Slg. 1993, II-1375 Rn. 8 – Kruidvat III.
[907] EuGH Slg. 1996, I-559 Rn. 8–9 – Kommission/NTN.
[908] Beschl. des Präsidenten des EuGH v. 8.6.2012, C-598/12 P(I) ECLI:EU:C:2012:335 Rn. 11 – Schenker/Cathay Pacific Airways und Kommission.
[909] EuGH Slg. 1965, 453 (455) – Grundig; EuG Slg. 1995, II-239 Rn. 25 – Auditel. S. auch Beschl. des Präsidenten des EFTA-GH vom 15.2.2011 – E-15/10, EFTA Slg. 2012, 246 Rn. 11 – Posten Norge.
[910] Beschl. des Präsidenten des EuGH v. 8.6.2012, C-598/12 P(I) ECLI:EU:C:2012:335 Rn. 22–23 – Schenker/Cathay Pacific Airways und Kommission.
[911] EuG Slg. 1993, II-1363 Rn. 13 – Kruidvat I.
[912] EuG Slg. 1995, II-2881 Rn. 10 – Salt Union.
[913] EuG Slg. 1995, II-2881 Rn. 17 – Salt Union; Slg. 1997, II-835 Rn. 19 ff. – British Steel.
[914] Beschl. des Präsidenten der Fünften Kammer des Gerichtshofs vom 17.12.1992, C-6/92 – Federmineraria, nicht in Slg. veröffentlicht.
[915] Beschl. des Präsidenten der Ersten Kammer des EuG Slg. 1999, II-1797 Rn. 18 ff. – Armement coopératif artisanal vendéen.
[916] Beschl. des Präsidenten des EuGH v. 6.3.2003, Slg. 2003, I-2415 Rn. 9, 17 – Ramondín.
[917] Beschl. des Präsidenten des EuGH v. 17.6.1997, Slg. 1997, I-3491 Rn. 66 – National Power und PowerGen; EuG Slg. 1993, II-1363 Rn. 14 – Kruidvat I.
[918] EuG Slg. 1993, II-1369 Rn. 13 – Kruidvat II.

che Grundsatzfragen aufwerfen kann, die das Funktionieren des betreffenden Sektors berühren und damit (iv) die Interessen seiner Mitglieder durch das zu erlassende Urteil in erheblichem Maße beeinträchtigt werden können. Das **Aufwerfen von Grundsatzfragen** hat in diesem Katalog herausragende Bedeutung.[919] Diese auf den ersten Blick kollektivistische Regelung wird damit begründet, dass die Intervention eines Verbands im Rahmen seines Satzungszwecks dem Gericht bei der Beurteilung der Hintergründe eines Rechtsstreits nützlich sein kann. Wichtiger ist wohl der Umstand, dass sie den Streitbeitritt einer Vielzahl von einzelnen Unternehmen ersetzen und damit den Verfahrensablauf vereinfachen kann.[920] Nach einer wenig überzeugenden Entscheidung des EuGH sollen Grundsatzfragen verfahrensrechtlicher Art betroffene Verbände – wie zB eine nationale Rechtsanwaltskammer bei der Frage der Prozessführungsbefugnis von Syndikusanwälten – dagegen nicht zur Nebenintervention berechtigen.[921]

Ein Interesse an einem Beitritt in **Amtshaftungsklagen** kommt nur unter besonderen Umständen in Betracht, da die mit einer solchen Klage verfolgten finanziellen Interessen des Klägers grundsätzlich individueller Natur sind.[922] Auch ein Arbeitnehmerverband hat kein berechtigtes Interesse am Streitbeitritt zugunsten eines Unternehmens, das auf Schadensersatz klagt, selbst wenn die Klage sich bei Erfolg auf den Bestand der Arbeitsplätze auswirken könnte.[923]

3. Zulassungsverfahren. Der Antrag auf Zulassung als Streithelfer muss vor den Unionsgerichten innerhalb einer **Frist** von sechs Wochen nach der Veröffentlichung der Klage im Amtsblatt eingereicht werden.[924] Bei Rechtsmittelverfahren ist abweichend davon eine einmonatige Frist vorgesehen.[925] Generell handelt es sich allerdings vor dem **EuGH** und dem **EFTA-GH** um **keine strenge Ausschlussfrist;** solange der Beschluss der Generalversammlung über die Eröffnung der mündlichen Verhandlung noch nicht ergangen ist, steht es im Ermessen des Gerichts, einen verspätet eingegangenen Antrag noch zu berücksichtigen. Wird seinem Antrag stattgegeben, kann sich der Streithelfer in diesem Fall allerdings **nur in der mündlichen Verhandlung** äußern; für eine Teilnahme am schriftlichen Verfahren oder die Abgabe „schriftlicher Stellungnahmen" in der mündlichen Verhandlung[926] ist es zu spät.[927] Am EFTA-GH hat der verspätete Streithelfer auch keinen Anspruch auf Übermittlung der Verfahrensschriftstücke; nach den Verfahrensordnungen wird ihm lediglich der Sitzungsbericht übermittelt (zum Sitzungsbericht → Rn. 177).[928] Vor dem **EuG** ist die Möglichkeit zur Berücksichtigung eines verspätet eingegangenen Antrages auf Zulassung als Streithelfer mittlerweile entfallen.[929]

Im **Antrag** auf Zulassung als Streithelfer sind Name und Wohnsitz des Antragstellers, die Angaben für Zustellungen und die Bezeichnung der Rechtssache mitsamt ihren Hauptparteien sowie der Anträge, die der Streithelfer unterstützen möchte, zu bezeichnen. Darüber hinaus müssen teil- oder nichtprivilegierte Kläger ihr Recht zum Streitbeitritt **substantiieren und glaubhaft machen.**[930] Auf die Formalitäten (Anwaltszwang, Unterschrift, Anlagen, etc) finden die Anforderungen an eine Klageschrift entsprechende Anwendung. Nach Eingang bei der Kanzlei wird der Antrag den Parteien mit der Aufforderung zur Stellungnahme zugestellt.[931]

Über den Antrag auf Zulassung entscheidet grundsätzlich der Präsident des mit der Rechtssache befassten Spruchkörpers, sofern er diese Aufgabe nicht auf die zuständige Kammer überträgt. Die **Entscheidung über die Zulassung** ergeht per Beschluss.[932] Wird dem Antrag stattgegeben, so schließt das nicht aus, dass die Zulässigkeit der Streithilfe im weiteren Verfahrensverlauf erneut

---

[919] EuG Slg. 1993, II-1383 Rn. 10 – Kruidvat IV.
[920] Beschl. des Präsidenten des EuGH v. 6.4.2006, Slg. 2006, I-53 Rn. 11 – An Post.
[921] EuGH 16.4.2012 – C-422/11 P, C-423/11 P, nicht veröffentlicht (auf den Beschluss Bezug nehmend EuGH 6.9.2012 – C-422/11 P, C-423/11 P Rn. 19).
[922] EuG Slg. 1995, II-2881 Rn. 16 – Salt Union.
[923] EuGH Slg. 1981, 1041 Rn. 9 – Ludwigshafener Walzmühle Erling.
[924] Art. 130 Abs. 1 EuGHVfO; Art. 143 Abs. 1 EuGVfO; Art. 113 Abs. 1 VerfO EFTA-GH.
[925] Art. 190 Abs. 2 EuGHVfO.
[926] EuG Slg. 2004, II-329 Rn. 24 – OPTUC.
[927] Art. 129 Abs. 4 EuGHVfO.
[928] Art. 89 Abs. 1 VerfO EFTA-GH.
[929] Diese Möglichkeit war ursprünglich in Art. 116 Abs. 6 EuGVfO enthalten; siehe auch Art. 227 Abs. 6 EuGVfO welche die Anwendung dieser Bestimmung vor dem Inkrafttreten der reformierten Verfahrensordnung beim Gericht eingereichte Klagen erlaubt.
[930] Art. 130 Abs. 2 EuGHVfO; Art. 143 Abs. 2 lit. f EuGVfO; Art. 113 Abs. 3 lit. e VerfO EFTA-GH; EuGH Slg. 1996, I-559 Rn. 15 – Kommission/NTN.
[931] Art. 131 Abs. 1 EuGHVfO; Art. 144 Abs. 1 und 2 EuGVfO; Art. 114 Abs. 1 VerfO EFTA-GH.
[932] Art. 131 Abs. 3 EuGHVfO; Art. 144 Abs. 4 und 5 EuGVfO; Art. 114 Abs. 2 VerfO EFTA-GH (Anträge von [teil-]privilegierten Streithelfern werden am EuGH durch einfache Entscheidung des Präsidenten zugelassen, Art. 131 Abs. 2 EuGHVfO).

thematisiert und im Urteil allenfalls auch revidiert wird.[933] Insbesondere kann das besondere Interesse eines nichtprivilegierten Streithelfers durch nachträglich eingetretene Änderungen der Rechts- und Sachlage auch wieder entfallen. Gegen eine negative Zulassungsentscheidung des EuG kann binnen zwei Wochen nach Zustellung **Rechtsmittel** zum EuGH eingelegt werden, über das im abgekürzten Verfahren des einstweiligen Rechtsschutzes entschieden wird.[934] In diesem Fall kann das EuG das Verfahren bis zur Entscheidung in zweiter Instanz aussetzen.[935]

266 Dem zugelassenen Streithelfer werden vom Gericht die bisher im schriftlichen Verfahren ausgetauschten Schriftsätze und Unterlagen – vorbehaltlich ihrer Vertraulichkeit (→ Rn. 73 ff.) – zugestellt;[936] die Verfahrensparteien sind dazu nicht befugt.[937] Des Weiteren fordert der Präsident den Streithelfer unter Fristsetzung (EuGH: Regelfall ein Monat) dazu auf, zur Begründung seiner Anträge einen **Streithilfeschriftsatz** einzureichen, dessen Länge am EuG 20 Seiten nicht überschreiten soll.[938] Der Aufbau hat im Grundsatz einer Klage bzw. Klageerwiderung zu entsprechen. Der Schriftsatz muss insbesondere die Anträge sowie die vom Streithelfer geltend gemachten Gründe und Argumente und kann zur Unterstützung des Vorbringens auch Beweismittel anführen.[939] Es genügt, wenn sich aus den Umständen ergibt, welcher Partei die Unterstützung gilt.[940] Im Gegensatz zur Klage oder Klageerwiderung reicht es inhaltlicher Hinsicht ggf. aus, wenn der Streithelfer bloß auf den Schriftsatz einer anderen Partei (auch: Streithelfer) Bezug nimmt.[941] Am EuGH sind die Streithelfer sogar angehalten, nur neue Argumente vorzubringen, und im Übrigen auf bereits vorgebrachte Argumente anderer Parteien zu verweisen.[942] Den Parteien kann (und wird im Regelfall) Gelegenheit gegeben werden, auf den Streithilfeschriftsatz zu antworten.[943]

267 **4. Der Streithelfer im Prozess.** Die Rolle des Streithelfers ist darauf beschränkt, die Anträge einer der Parteien ganz oder teilweise zu unterstützen.[944] So ist zB das Vorbringen eines Streithelfers, dass eine Geldbuße erhöht werden sollte, vom Gericht ohne Weiteres zurückzuweisen, wenn die von ihm unterstützte Partei keinen entsprechenden Antrag gestellt hat.[945] Der Streithelfer muss den Rechtsstreit in der Lage annehmen, in der dieser sich zurzeit des Beitritts befindet.[946] Zwar besteht für den Streithelfer die Möglichkeit, eigene **Argumente** vorzubringen und dabei auch von der Linie der unterstützten Partei abzuweichen[947] – im Geltendmachen alternativer und bislang ungehörter Argumente oder Tatsachen liegt ja gerade ein wesentlicher Gewinn des Instituts der Streithilfe für die Entscheidung des Rechtsstreits. Das Vorbringen völlig neuer **Angriffs- oder Verteidigungsmittel,** die geeignet wären, den Streitgegenstand zu verändern oder die zu ihm in keinem Zusammenhang stehen, ist dem Streithelfer dagegen verwehrt.[948] Eine Rüge bezüglich der **Verletzung seiner Beteiligtenrechte im Verwaltungsverfahren** kann der Streithelfer daher nicht eigenständig vorbringen, wenn die von ihm unterstützte Partei dazu nichts vorträgt.[949] Etwas anderes gilt allerdings, wenn darin gleichzeitig eine Verletzung wesentlicher (von Amts wegen zu prüfender) Formvorschriften liegt, wie zB der Anspruch des beihilfegewährenden Mitgliedstaates auf rechtliches Gehör.[950] Ebenso kann ein Streithelfer die **Zulässigkeit** einer Klage zwar an sich nicht aus eigenem Antrieb bestreiten, doch muss das Gericht die vorgebrachten Argumente ggf. von Amts wegen überprüfen.[951] Auf eine unzulässige materielle Rüge kann das Gericht allenfalls obiter eingehen.[952]

---

[933] EuGH Slg. 1999, I-4643 Rn. 26 – Chemie Linz.
[934] Art. 57 Abs. 1, 3 EuGH-Satzung.
[935] Art. 69 lit. b EuGVfO.
[936] Art. 131 Abs. 4 EuGHVfO; Art. 144 Abs. 7 EuGVfO; Art. 115 Abs. 1 VerfO EFTA-GH.
[937] EuG Slg. 1997, II-835 Rn. 33 – British Steel.
[938] Art. 145 EuGVfO und Praktische Durchführungsbestimmungen EuG, Rn. 105.
[939] Art. 132 Abs. 2 EuGHVfO; Art. 145 Abs. 2 EuGVfO; Art. 115 Abs. 3 VerfO EFTA-GH.
[940] EuG Slg. 1998, II-3645 Rn. 51 – IECC.
[941] EuG Slg. 2003, II-2275 Rn. 89 – Verband der freien Rohrwerke.
[942] Praktische Anweisungen EuGH, Rn. 29.
[943] Art. 132 Abs. 3 EuGHVfO; Art. 145 Abs. 3 EuGVfO; Art. 115 Abs. 4 VerfO EFTA-GH.
[944] Art. 129 Abs. 1 EuGHVfO; Art. 142 Abs. 1 EuGVfO; Art. 112 Abs. 1 VerfO EFTA-GH.
[945] EFTA-GH 18.4.2012 – E-15/10 Rn. 269, EFTA Slg. 2012, 246 – Posten Norge.
[946] Art. 129 Abs. 3 EuGHVfO; Art. 142 Abs. 3 EuGVfO; Art. 112 Abs. 3 VerfO EFTA-GH.
[947] Slg. 1995, II-1675 Rn. 21 – Siemens.
[948] EuGH Slg. 1993, I-939 Rn. 24 – Kommission/Rat; EuG Slg. 2005, II-2123 Rn. 152 – Regione autonoma della Sardegna; Slg. 2011, II-11 Rn. 143–149 – IFAW Internationaler Tierschutz-Fonds.
[949] EuG Slg. 1998, II-2405 Rn. 75 – British Airways.
[950] EuG Slg. 2003, II-435 Rn. 146 – WestLB.
[951] EuGH Slg. 1993, I-1125 Rn. 21–24 – CIRFS; EuG 28.3.2012 – T-123/09 Rn. 56, ECLI:EU:T:2012:164 – Ryanair.
[952] Etwa EuG Slg. 2003, II-1433 Rn. 214 ff. – Royal Philips Electronics.

Ebenfalls fehlt dem Streithelfer die Möglichkeit, **einstweiligen Rechtsschutz** zu beantragen oder in einem solchen Verfahren ein eigenes Recht auf vorläufigen Rechtsschutz zu beanspruchen.[953]

Gegen Urteile des EuG können Streithelfer selbstständig **Rechtsmittel** einlegen. Die nichtprivilegierten Nebenintervenienten ebenso wie die ESA und die EFTA-Staaten haben wiederum nachzuweisen, dass das erstinstanzliche Urteil sie „unmittelbar berührt".[954] Soweit das (nicht offensichtlich unbegründete) Rechtsmittel des Streithelfers in erster Instanz mit einem Rechtsfehler bei einer von Amts wegen durchzuführenden Prüfung unverzichtbarer Prozessvoraussetzungen begründet wird, ist dies stets der Fall.[955] Die privilegierten Streithelfer, also EU-Mitgliedstaaten und Unionsorgane, können dagegen ein Rechtsmittel selbst dann einlegen, wenn sie dem erstinstanzlichen Verfahren nicht beigetreten waren.[956]

5. Kosten. Wird dem Antrag auf Zulassung als Streithelfer stattgegeben, so behält der entsprechende Beschluss die Kostenentscheidung bezüglich des Zulassungsverfahrens dem Urteil vor. Im Ablehnungsfall hat der Antragsteller seine Kosten selbst zu tragen. Im Hauptverfahren haben Mitgliedstaaten und Organe, sowohl aus dem EU- als dem EFTA-Pfeiler, ihre Kosten unabhängig vom Ausgang des Verfahrens selbst zu tragen. Für private Streithelfer steht eine solche Tenorierung – auch im Fall des Obsiegens des Streithelfers – im Ermessen des Gerichts.[957] Unterliegen sie mit ihrem Vorbringen, so tragen sie in der Regel lediglich ihre eigenen,[958] ggf. auch die der gegnerischen Partei durch den Streitbeitritt entstandenen Kosten.[959]

D. Direktklagen

I. Allgemeines

1. Einführung. Direktklageverfahren sind im System von EU und EWR die Nichtigkeits- oder Anfechtungsklage, die Untätigkeitsklage, die Schadensersatzklage und die Vertragsverletzungsklage. Sie haben kontradiktorischen Charakter. Nur die drei erstgenannten eröffnen direkte Klagewege für Unternehmen und Privatpersonen im Zusammenhang mit Entscheidungen der Wettbewerbsbehörden. Sie sind deshalb für den Rechtsschutz im Wettbewerbs- und Beihilferecht von größtem Interesse und entsprechender praktischer Bedeutung. Dieser Rechtsschutz ist, wie gesehen, grundrechtlich abgesichert. Auf der anderen Seite sind die Zulässigkeitsvoraussetzungen dieser Klagen darauf angelegt, den Zugang zu den europäischen Gerichten zu regulieren, um eine geordnete Rechtspflege und Rechtssicherheit zu gewährleisten und Popularklagen zu vermeiden. Zwischen diesen beiden Polen des individuellen Rechtsschutzes und der Verfolgung von Gemeinwohlzielen muss die Auslegung und Anwendung im Einzelfall erfolgen. Mit dem Inkrafttreten des Vertrages von Lissabon steigt die Bedeutung des (grundrechtlichen) Individualrechtsschutzes. Der in der Rechtsprechung verbreitete Befund, „dass die Bestimmungen des Vertrages über das Klagerecht nicht restriktiv ausgelegt werden dürfen"[960] erfährt damit eine zusätzliche Legitimation.

Bei den Anforderungen an die Zulässigkeit eines Verfahrens vor den europäischen Gerichten handelt es sich des Weiteren um **originäre Kriterien des europäischen Rechts,** die vom jeweils befassten Gericht autonom und ohne Rückgriff auf das nationale (Prozess-)Recht ausgelegt und angewandt werden. So ist die Frage, ob ein Kläger vor seinen heimischen Gerichten parteifähig oder klagebefugt wäre, grundsätzlich ohne Belang für die Befugnis zur Erhebung einer Nichtigkeitsklage.[961]

a) Maßgebliche Klageart. Die gewählte Klageart muss einer der im AEUV (vor dem EFTA-GH: dem ÜGA) genannten entsprechen. Wenn sie in der Klage nicht ausdrücklich genannt ist, muss sie sich zumindest aus den Umständen der Klageschrift entnehmen lassen. Die Zulässigkeitsprüfung

---

[953] Beschl. des Präsidenten des EuGH Slg. 1999, I-8343 Rn. 88, 93 – Pfizer Animal Health.
[954] Art. 56 Abs. 2 EuGH-Satzung.
[955] EuGH Slg. 2008, I-4777 Rn. 48–50 ff. – Chronopost.
[956] Art. 56 Abs. 3 EuGH-Satzung.
[957] Art. 140 EuGHVfO; Art. 138 Abs. 3 EuGVfO; Art. 122 Abs. 2 VerfO EFTA-GH; vgl. zB EuG WuW/E EU-R 2198 Rn. 86 – Test Achats.
[958] Vgl. etwa EuGH Slg. 2010, I-8301 Rn. 125 – Akzo Nobel Chemicals und Akcros Chemicals; EuG 7.11.2012 – T-137/10, ECLI:EU:T:2012:584 Rn. 316 – CBI.
[959] Vgl. etwa EuG Slg. 2005, II-2123 Rn. 203 – Regione autonoma della Sardegna.
[960] Statt vieler EuGH Slg. 1963, 213 (237) – Plaumann; EuG Slg. 1999, II-1871 Rn. 40 – Regione autonoma Friuli Venezia Giulia.
[961] EuGH Slg. 1982, 3799 Rn. 6, 10 – Groupement des agences de voyages.

richtet sich dann ausschließlich nach der so ermittelten Klageart, ohne dass eine Umdeutung in eine andere Klageart in Betracht käme.⁹⁶² Dieselbe Klage kann nicht auf zwei Klagearten gleichzeitig gestützt werden; in Betracht kommt allenfalls die hilfsweise Erhebung einer zweiten Klage. Auf der anderen Seite können wegen Art. 264 AEUV/Art. 38 ÜGA selbst sich scheinbar gegenseitig ausschließende Klagearten wie die Nichtigkeits- und Unzulässigkeitsklage zur Erreichung eines Ziels, nämlich des Ergreifens bestimmter Maßnahmen durch die Behörde führen, so dass ein gleichzeitiges Abstützen der Klage auf beide Vorschriften nicht schadet.⁹⁶³

273   **b) Maßgeblicher Gegenstand.** Damit die Zulässigkeit einer Klage geprüft werden kann, ist der Gegenstand des Rechtsstreits zu bestimmen. Dieser ergibt sich grundsätzlich aus dem streitigen Lebenssachverhalt und den diesbezüglich an das Gericht gestellten Anträgen. Genauigkeit ist insbesondere dann von Bedeutung, wenn dem Sachverhalt ein Dreiecksverhältnis (klagender Beschwerdeführer – beklagtes Organ – Dritter) zugrunde liegt. Dann muss ggf. festgestellt werden, in Bezug auf welche Wirkungen die Klagebefugnis und das Rechtsschutzinteresse des Klägers geprüft werden. So mag ein Aspekt einer Maßnahme zwar den Kläger faktisch beschweren, aber mangels Rechtswirkungen nicht anfechtbar sein, während ein anderer Aspekt zwar Rechtswirkungen zeitigt, den Kläger aber nicht in seinen rechtlich geschützten Interessen berührt.

274   **c) Maßgeblicher Zeitpunkt.** Die Zulässigkeit der Klageanträge ist nach dem Zeitpunkt der Einreichung der Klage zu beurteilen;⁹⁶⁴ spätere Entwicklungen bleiben grundsätzlich außer Betracht. Eine Ausnahme von dieser Regel gilt für die Zulassungsvoraussetzung des Rechtsschutzinteresse (→ Rn. 472 ff.). Das Gericht hat auch überzeugend dargelegt, dass nach dem Grundsatz tempus regit actum vor Inkrafttreten des Vertrags von Lissabon am 1.12.2009 eingereichte Klagen noch nach den alten Vorschriften des EG-Vertrags zu beurteilen waren.⁹⁶⁵ Das betrifft insbesondere Nichtigkeitsklagen nach Art. 230 EG, der durch Art. 263 AEUV modifiziert worden ist.

275   **2. Zuständigkeit.** In der verfahrensrechtlichen Terminologie des europäischen Rechts bildet die Zuständigkeit nicht, wie nach deutschem Verständnis, einen Unterpunkt in der Prüfung der Zulässigkeit, sondern einen eigenständigen Prüfungspunkt. Dementsprechend können Klagen auch wegen Unzuständigkeit und nicht wegen Unzulässigkeit abgewiesen werden. In der Sache besteht zwischen beiden Kategorien freilich kein Unterschied. Ebenfalls nicht unbedingt mit der deutschen Tradition in Einklang steht es, die Zuständigkeit und nicht etwa die Passivlegitimation bei einem gegen den falschen Klagegegner gerichteten Antrag zu verneinen. Aus Gründen des Sachzusammenhangs soll auf diesen Aspekt aber weiter unten eingegangen werden.

276   Sachlich zuständig im europäischen Rechtsschutzsystem ist eines der drei in Luxemburg ansässigen europäischen Gerichte. Die Zuständigkeit nationaler Gerichte oder anderer internationaler Gerichtshöfe bleibt vorliegend außer Betracht. Diese sind zuständig, wenn das entsprechende Klageziel in einer Klageart zu erreichen ist, das das Verfahrensrecht dem jeweiligen Gericht zugewiesen hat. Nicht möglich sind demnach insbesondere – zumindest in den hier behandelten Klagearten – Klagen gegen Private und Klagen von Privaten gegen Mitgliedstaaten.

277   Im Folgenden ist zunächst auf die Zuständigkeitsverteilung zwischen den Unionsgerichten und dem EFTA-GH einzugehen. Anschließend ist innerhalb der Unionsgerichtsbarkeit die Abgrenzung der Zuständigkeiten zwischen EuGH und EuG nachzuvollziehen.

278   **a) Zuständigkeitsverteilung EuGH – EFTA-GH.** Die Zuständigkeit des EFTA-GH in Direktklagen ist nach dem Gerichtshofs- und Überwachungsabkommen entweder begründet, wenn sich die Klage gegen die ESA richtet (Art. 36, 37, 39 ÜGA) oder, im Vertragsverletzungsverfahren, bei Klagen gegen einen der drei EWR/EFTA-Staaten Island, Liechtenstein und Norwegen (Art. 31, 32 ÜGA, Art. 1 Abs. 2 UAbs. 2 in Teil 1 von Protokoll 3 zum ÜGA).

279   Die Möglichkeit einer Klage gegen die Kommission besteht vor dem EFTA-GH auch dann nicht, wenn diese in wettbewerbsrechtlichen Entscheidungen die Vereinbarkeit mit den **Wettbewerbsvorschriften des EWR-Abkommens** geprüft hat. Als Teil der Unionsrechtsordnung sind diese Vorschriften im EU-Pfeiler des EWR von den Unionsgerichten auszulegen.

280   Für fälschlicherweise bei den Unionsgerichten anhängig gemachten Verfahren besteht kein **Verweisungsmechanismus,** der etwa bei der Fristwahrung hilfreich wäre. Gleiches gilt für den umgekehrten Fall der unzuständigen Unionsgerichtsbarkeit. Eine beim unzuständigen Gericht eingereichte Klage führt hier zur Unzulässigkeit und muss dort neu eingereicht werden.⁹⁶⁶

---

⁹⁶² EuGH Slg. 2005, I-2077 Rn. 35 – Spanien/Eurojust.
⁹⁶³ EuGH Slg. 1980, 119 Rn. 10 – Camera Care.
⁹⁶⁴ EuG Slg. 1992, II-2285 Rn. 30 – Asia Motor France I.
⁹⁶⁵ EuG Slg. 2010, II-3959 Rn. 75 – Norilsk Nickel Harjavalta.
⁹⁶⁶ Vgl. etwa EFTA-GH Slg. 1994/1995, 83 Rn. 10 – Flandorfer Friedmann/Österreich.

I. Allgemeines

Rechtsschutz

b) Zuständigkeitsverteilung EuGH – EuG. aa) Verfahren im ersten Rechtszug. 281
Art. 256 Abs. 1 AEUV bestimmt, dass für die Verfahren des ersten Rechtszuges im Grundsatz das **Gericht erster Instanz** für Direktklagen, die gegen die Union gerichtet sind, zuständig ist. Die Ausnahmen von dieser Regel sind in Art. 51 der Satzung geregelt.[967] Danach ist der EuGH weiterhin ua zuständig für Klagen der Mitgliedstaaten nach Art. 263 oder 265 AEUV gegen das Parlament und/oder den Rat, sowie für Verfahren zwischen Organen. Hervorzuheben ist, dass der EuGH seit 2004 nicht mehr für **Klagen der Mitgliedstaaten** betreffend Handlungen oder Unterlassungen der Kommission zuständig ist.[968] Unbegrenzte Zuständigkeit des EuGH besteht dagegen weiterhin für **Vertragsverletzungsverfahren**. Das umfasst auch das beihilferechtsspezifische Vertragsverletzungsverfahren nach Art. 108 Abs. 2 UAbs. 2 AEUV. Zusammenfassend lässt sich damit sagen, dass der **EuGH** neben den Vertragsverletzungsklagen nunmehr nur noch für Klagen der Organe und Klagen der Mitgliedstaaten gegen Organe, soweit sie Funktionen mit **legislativem Charakter** ausüben, im ersten Rechtszug zuständig ist. Für sämtliche anderen Klagen, insbesondere Klagen natürlicher und juristischer Personen und der Mitgliedstaaten gegen Handlungen mit **Verwaltungsaktcharakter**, ist das EuG zuständig.

bb) Verweisung und Aussetzung des Verfahrens. (1) Verweisung bei Unzuständigkeit. 282
Für Verwechslungen und Abgrenzungsprobleme bei der Zuständigkeit, wie sie aus der Verdopplung der Unionsgerichtsbarkeit mit Schaffung des EuG entstehen können, enthält das Verfahrensrecht der Unionsgerichte in Art. 54 der Satzung eine ausdrückliche Lösung. Wird eine Klageschrift oder ein anderer Schriftsatz **irrtümlich** (dh falsch adressiert) statt beim Kanzler des Gerichtshofs beim Kanzler des Gerichts eingereicht oder umgekehrt, so gereicht das dem irrenden Kläger nicht zum Nachteil. Der Kanzler übermittelt das Schriftstück unverzüglich an die richtige Kanzlei.[969] Wird die Klage an das **falsche Gericht** gerichtet, so stellt dieses durch Beschluss[970] seine Unzuständigkeit fest und verweist den Rechtsstreit an das jeweils andere Gericht.[971] Das EuG ist in einem solchen Fall an die Verweisung gebunden und darf sich selbst nicht mehr für unzuständig erklären. Das zuständige Gericht entscheidet dann auch über die Kosten des Verfahrens.[972] Die **Klagefristen** werden auch durch die Eintragung in das falsche Gerichtsregister gewahrt, da die Verweisung eine Fortsetzung und nicht einen Neubeginn des Verfahrens darstellt.[973]

(2) Aussetzung des Verfahrens. Geregelt ist schließlich auch der Fall der **Doppelbefassung**. 283
Die Zuständigkeitsregeln, ergänzt um die Verweisungsvorschriften der Art. 54 Abs. 1 und 2 EuGH-Satzung, verhindern zwar, dass die gleiche Rechtssache vor beiden Gerichten anhängig sein kann. Auch die bis 2004 in Wettbewerbs- und insbesondere Beihilfesachen nicht seltene Situation, dass auf Klage eines Mitgliedstaats (EuGH) und eines Unternehmens (EuG) beide Unionsgerichte mit Direktklageverfahren mit gleichem Streitgegenstand befasst waren, gehört mit der Zuständigkeitsverschiebung zugunsten des EuG der Vergangenheit an. Doch können weitgehend identische Rechtsfragen einmal per Direktklage an das EuG und ein zweites Mal in einem Rechtsmittelverfahren oder im Vorabentscheidungsverfahren an den EuGH gelangen. Eine Regelung ist also im Interesse der Prozessökonomie erforderlich.

Im Falle von zwei gegen den gleichen Rechtsakt gerichteten Nichtigkeitsklagen nach 284
Art. 263 AEUV kann das EuG sich nach Art. 54 Abs. 3 EuGH-Satzung zunächst für **nicht zuständig erklären** und die Klage an den Gerichtshof verweisen.[974] Diese Konstellation dürfte mit der Konzentration aller Direktklagen in erster Instanz vor dem EuG praktisch kaum mehr relevant sein. Sind bei beiden Unionsgerichten Rechtssachen anhängig, die sich auf denselben Gegenstand beziehen, die gleiche Auslegungsfrage aufwerfen oder die Gültigkeit desselben Rechtsakts betreffen, so kommt auch die **Aussetzung des Verfahrens durch das EuG** in Betracht.[975] Davon hat das EuG etwa in den Verfahren Masterfoods und IMS Health Gebrauch

---

[967] Art. 51 und 54 der Satzung des Gerichtshofes wurden neu gefasst durch den Beschluss des Rates vom 26.4.2004 zur Änderung der Artikel 51 und 54 des Protokolls über die Satzung des Gerichtshofs, 2004/407/EG, ABl. 2004 L 132, 5.
[968] Ausnahme: Art. 51 Abs. 1 lit. b EuGH-Satzung, wonach für die Klage eines Mitgliedstaats wegen einer Handlung der Kommission nach Art. 331 Abs. 1 AEUV (Verstärkte Zusammenarbeit) der Gerichtshof zuständig ist.
[969] Art. 54 Abs. 1 EuGH-Satzung.
[970] Art. 53 Abs. 2 EuGHVfO; Art. 127 EuGVfO.
[971] Art. 54 Abs. 2 EuGH-Satzung.
[972] EuGH Slg. 1990, I-2181 Rn. 21 – Asia Motor France.
[973] Vgl. EuG Slg. 1992, II-2285 Rn. 12 – Asia Motor France I.
[974] Zu einem solchen Fall EuG Slg. 1991, II-273 – Koninklijke PTT Nederland NV und PTT Post BV; vgl. zum Verfahren auch Art. 80 EuGVfO 1991 (nunmehr Art. 128 EuGVfO).
[975] Das Verfahren ist in Art. 69 ff. EuGVfO geregelt.

gemacht, in dem gleichzeitig eine Direktklage am EuG und ein Vorabentscheidungsverfahren am EuGH anhängig waren.[976] Im beihilferechtlichen Verfahren Scott hatte das EuG über einen Klagegrund vorweg entschieden und bis zum Erlass eines Rechtsmittelurteils des EuGH über diesen Grund das Verfahren über die übrigen Klagegründe ausgesetzt.[977] Neben dem EuG gibt Art. 54 Abs. 3 S. 2 EuGH-Satzung auch dem **EuGH** die Möglichkeit, das Verfahren bis zur Entscheidung des EuG **auszusetzen**.[978] Im Falle einer Aussetzung wird mit der Entscheidung des jeweils anderen Gerichts das Verfahren wieder aufgenommen. Daraufhin gelten neue Verfahrensfristen, deren Beginn der Zeitpunkt der Fortsetzung darstellt.[979]

285   Welches Gericht das Verfahren tatsächlich aussetzen wird, ist fallweise zu klären. Dabei wird eine Rolle spielen, in welcher Verfahrensart der EuGH mit der Sache befasst ist und wie weit die jeweiligen Verfahren schon fortgeschritten sind. Auf den ersten Blick spricht die Prozessökonomie dafür, den EuGH entscheiden zu lassen, der auf ein Rechtsmittel ohnehin die Entscheidung des EuG zu überprüfen hätte. Andererseits wird generell in Wettbewerbs- und Beihilfesachen das EuG aufgrund seiner Möglichkeiten im Umgang mit komplexen Tatsachenverhältnissen besser platziert sein. Noch bedeutsamer ist im Blick auf einen effektiven Rechtsschutz, dass eine (frühe) Aussetzung durch das EuG das Recht der Kläger auf rechtliches Gehör faktisch erheblich beeinträchtigt, denn das EuG wird im Folgenden das Urteil des Gerichtshofs übernehmen, an dessen Zustandekommen der Kläger nicht beteiligt war und dementsprechend nicht gehört wurde.[980] Geht ein Verfahren vor dem EuGH inhaltlich zuungunsten des Klägers vor dem EuG aus, so wird ihn Letzteres im wieder aufgenommenen Verfahren lediglich auffordern, zum Urteil des EuGH Stellung zu nehmen und gegebenenfalls anzugeben, ob er seine Klage vor dem EuG ganz oder teilweise fallen lassen und die Klage zurücknehmen will.[981] Das EuG selbst hat aber jüngst deutlich gemacht, dass der Kläger mit Klagegründen und Argumenten, die vom EuGH zurückgewiesen wurden, im wieder aufgenommenen Verfahren vor dem EuG nicht grundsätzlich ausgeschlossen ist.[982] Wo Art. 54 Abs. 3 Satzung es erlaubt, wird es deshalb sinnvoll sein, dass das EuG sich durch Beschluss für unzuständig erklärt, um die Entscheidung an den EuGH abzugeben.

286   **3. Allgemeine Zulässigkeitsvoraussetzungen. a) Ordnungsgemäße Klageerhebung.** Auf die Formalitäten der Klageerhebung wurde bereits oben eingegangen (→ Rn. 124 ff.). Das betrifft insbesondere die Bezeichnung der Parteien, die Unterschrift des Anwalts oder Bevollmächtigten sowie die erforderlichen Anhänge – wie den Nachweis der Rechtspersönlichkeit, der ordnungsgemäßen Ausstellung der Prozessvollmacht und gegebenenfalls die Vorlage einer Kopie der angefochtenen Entscheidung. Ein Verstoß gegen diese Vorgaben hat – bis auf das Erfordernis der eigenhändigen Unterschrift – normalerweise nicht die Unzulässigkeit einer Klage zur Folge, sondern kann im Dialog mit der Gerichtskanzlei behoben werden.

287   Demgegenüber kann ein Verstoß gegen die inhaltlichen Vorgaben in Art. 21 EuGH-Satzung und Art. 19 EFTA-GH-Satzung und den jeweiligen Verfahrensordnungen – Darstellung des Streitgegenstands mit einer Darstellung der Klagegründe, Anträge sowie gegebenenfalls Bezeichnung der Beweismittel – gravierender sein. Die fehlende Darstellung der Klagegründe und des Streitgegenstands führt grundsätzlich zur Unzulässigkeit der Klage,[983] eine Heilung durch Nachholen kommt nicht in Betracht.[984] Doch wird man diese Sanktion nur bei einem völligen Fehlen entsprechender Angaben oder jedenfalls dem Fehlen jeder sinnvollen Information zulassen können; fehlen einzelne Elemente im tatsächlichen und juristischen Vorbringen des Klägers, so hat das deren Präklusion und Unbeachtlichkeit zur Folge. Auf rechtliche Argumente, die nicht, nicht ordnungsgemäß oder nicht rechtzeitig vorgetragen wurden, geht das Gericht nicht ein. In diesem Sinne gehören die inhaltlichen Anforderungen an die Klageschrift, von den genannten Extremfällen abgesehen, zur Begründetheit der Klage.[985]

288   **aa) Streitgegenstand und Klagegründe.** Die Klageschrift muss den Streitgegenstand und eine kurze Darstellung der Klagegründe enthalten, sowie „die geltend gemachten Klagegründe und

---

[976] EuGH Slg. 2000, I-11369 – Masterfoods; Slg. 2004, I-5039 – IMS Health.
[977] Vgl. EuGH Slg. 2005, I-8437 Rn. 19 – Scott.
[978] Das Verfahren ist in Art. 55 EuGHVfO geregelt.
[979] Art. 55 Abs. 7 EuGHVfO; Art. 71 Abs. 4 EuGVfO.
[980] EuG Slg. 1991, II-273 Rn. 11 – Koninklijke PTT Nederland NV und PTT Post BV.
[981] EuG Slg. 2004, II-781 Rn. 9 – Gankema.
[982] EuG Slg. 2006, II-1475 Rn. 37–39 – Kuwait Petroleum.
[983] EuG Slg. 1990, II-367 Rn. 74 – Automec; Slg. 1996, II-961 Rn. 108 – Asia Motor France III; Slg. 2004, II-1515 Rn. 43 – Schmoldt.
[984] EuG Slg. 1993, II-523 Rn. 25 – De Hoe.
[985] EuG Slg. 2003, II-3825 Rn. 98 – ARD.

Argumente" aufführen.⁹⁸⁶ Die Begriffe Streitgegenstand und Klagegründe lassen sich nicht eindeutig voneinander trennen.

(1) Streitgegenstand. Der Begriff des Streitgegenstands („objet du litige", „subject matter") ist im europäischen Recht nicht abschließend geklärt. Er bezeichnet in einem weiten Sinn das Klageziel⁹⁸⁷ und geht insofern weiter als die in den Satzungen ebenfalls erwähnten Klageanträge, als diese nur die Vorlage für die spätere präzise Tenorierung durch das Gericht bilden sollen. Zum Begriff des Streitgegenstands gehört demgegenüber auch die Bezeichnung des der Klage zugrunde liegenden Lebenssachverhalts. Im Mittelpunkt dessen steht im Wettbewerbs- und Beihilferecht regelmäßig das Verhalten einer Behörde, wobei es sich um ein Tun – vor allem den Erlass einer Entscheidung – oder ein Unterlassen – das Verweigern derselben – handeln kann. Die angefochtene Entscheidung stellt, in der Formulierung des EuG, „einen wesentlichen Gesichtspunkt für die Feststellung des Streitgegenstands dar".⁹⁸⁸ Die Erstreckung auf Klagegrund und Klageantrag bringt den europäischen Streitgegenstand in die Nähe des zweigliedrigen Streitgegenstandsbegriffs des deutschen Rechts.⁹⁸⁹ Wird der Streitgegenstand von den Parteien unterschiedlich ausgelegt, so entscheidet das Gericht, in dem es die Klageschrift auslegt.⁹⁹⁰

Eine **Darstellung** des Streitgegenstands in der Klageschrift erfordert neben der Stellung von Anträgen (→ Rn. 300 ff.) die Beschreibung des relevanten Sachverhalts im Hinblick auf die begehrte Entscheidung des Gerichts. Das wird regelmäßig der Erlass einer behördlichen Entscheidung und die dazu führende Vorgeschichte, einschließlich des Verwaltungsverfahrens, sein.

Der Streitgegenstand kann nach der Rechtsprechung im Laufe des Verfahrens nicht mehr erweitert werden.⁹⁹¹ Die diesbezüglich ergangenen Urteile beziehen sich aber im Wesentlichen nur auf eine Änderung der (einen Teil des Streitgegenstands bildenden) Anträge. Andererseits können die Parteien zumindest anregen, den Streitgegenstand nach Klageerhebung auf bestimmte Punkte zu beschränken. So kann die Klägerin den Erlass prozessleitender Maßnahmen durch das Gericht dahingehend beantragen, die Parteien zur Begrenzung ihres Vortrags auf bestimmte Punkte aufzufordern. In Betracht kommt etwa die Beschränkung auf den Schadensgrund unter Offenlassen der Schadenshöhe in einer Klage nach Art. 268 AEUV.⁹⁹²

(2) Klagegründe. Mit den Klagegründen rügt der Kläger angebliche Rechtsverstöße der Behörden. Das Vorbringen der juristischen, in Klagegründen gebündelten, Argumente ist im europäischen Recht – anders als in vielen nationalen Rechtsordnungen – deshalb so wichtig, weil die Verletzung materiellen Rechts nicht umfassend von Amts wegen, sondern nur auf Rüge des Klägers geprüft wird.⁹⁹³ Die Klagegründe sind die „Kapitelüberschriften", unter denen einzelne, den Klagegrund stützende Argumente gegen einen bestimmten Aspekt des angegriffenen Behördenverhaltens vorgebracht werden. Sie sind von den nach Art. 263 AEUV bzw. Art. 36 ÜGA zulässigen vier Anfechtungsgründen zu unterscheiden; ein Anfechtungsgrund wie zB der Verstoß gegen wesentliche Formvorschriften kann im Wege mehrerer Klagegründe geltend gemacht werden. Um die Verwirrung noch zu vergrößern, verwenden die Verfahrensordnungen in der deutschen Fassung darüber hinaus den Begriff der „Angriffs- und Verteidigungsmittel". An die (unions-)rechtliche Terminologie ist der Kläger nicht gebunden; es genügt, wenn der Richter Ziel und Wesen eines Klagegrundes der Klageschrift entnehmen kann.⁹⁹⁴

Umfang der Darstellung. Die Darstellung der Klagegründe soll dem Beklagten die Vorbereitung seiner Verteidigung und dem Gericht die Ausübung der richterlichen Kontrolle ermöglichen. Dazu erfordert sie eine Darlegung der relevanten Tatsachen sowie der rechtlichen Argumentation, auf die sich die Klage stützt. „Zumindest in gedrängter Form, aber zusammenhängend und verständlich" müssen sie sich „unmittelbar aus der Klageschrift ergeben"⁹⁹⁵ und dem Beklagten die sachgerechte Verteidigung sowie dem Gericht eine Entscheidung gegebenenfalls auch ohne weitere Informationen

---

⁹⁸⁶ Art. 21 Abs. 1 EuGH-Satzung; Art. 120 lit. c EuGHVfO, Art. 76 lit. d EuGVfO; Art. 19 Abs. 1 Satzung EFTA-GH, Art. 101 Abs. 1 lit. c VerfO EFTA-GH.
⁹⁸⁷ Vgl. etwa EuG Slg. 1995, II-1717 Rn. 32 – Kik.
⁹⁸⁸ EuG Slg. 2003, II-2957 Rn. 78 – P & O European Ferries (Vizcaya).
⁹⁸⁹ Pechstein, EU-Prozessrecht, 4. Aufl. 2011, Rn. 137 f.
⁹⁹⁰ EuG Slg. 1995, II-1717 Rn. 29 – Kik.
⁹⁹¹ EuGH Slg. 1979, 2729 Rn. 3 – Kommission/Frankreich; EuG Slg. 1990, II-367 Rn. 69 – Automec; Slg. 1996, II-477 Rn. 20 – Kahn Scheppvaart.
⁹⁹² EuG Slg. 2005, II-315 Rn. 44 – Chiquita Brands International.
⁹⁹³ EuGH Slg. 1998, I-1719 Rn. 67 – Sytraval und Brink's France.
⁹⁹⁴ EuG Slg. 1999, II-1703 Rn. 55 – Asia Motor France.
⁹⁹⁵ EuG Slg. 1993, II-523 Rn. 20 – De Hoe; Slg. 1998, II-125 Rn. 29 – Dubois.

ermöglichen.⁹⁹⁶ Die „gedrängte Form" ist in der Praxis insofern ein Euphemismus, als die Tatsachen sowie die rechtlichen Argumente hinreichend konkretisiert werden müssen,⁹⁹⁷ was in komplexeren Fällen kaum auf knappem Raum gelingen wird. Umfangreiche Klageschriften sind gerade in Wettbewerbs- und Beihilfefällen üblich, nicht zuletzt auch wegen der Bedingungen, unter denen das anwaltliche Gewerbe arbeitet. Zur Unzulässigkeit wird auch knappste Zusammenfassung nur in Ausnahmefällen führen. Im Gegenteil ermutigen zumindest die Unionsgerichte die Parteien zur Konzentration. Angesichts der Ratio der Darstellungspflicht spricht auch in Zweifelsfällen viel gegen eine Unzulässigkeit, jedenfalls wenn der Beklagte, zu dessen Schutz diese Pflicht ja (auch) besteht, durch das Einreichen einer Klagebeantwortung bewiesen hat, dass er sich sachgerecht verteidigen konnte.⁹⁹⁸

294   Das Postulat der **Unmittelbarkeit** bedeutet, dass die Bezugnahme auf die **Verfahrensakten des Verwaltungsverfahrens** die Darstellung und Argumentation in der Klageschrift auch dann nicht ersetzen kann, wenn die entsprechenden Auszüge als Anhänge beigefügt werden. Solche Verweise haben lediglich „Beweis- und Hilfsfunktion". Schon gar nicht genügt ein pauschaler Verweis auf die Anhänge den Anforderungen an die Darstellung der Klagegründe.⁹⁹⁹ Ebenso wie Verweise auf die Verfahrensakten sind auch generelle Verweise auf der Klage beigefügte (ökonomische oder juristische) Gutachten¹⁰⁰⁰ oder auf Vorbringen in früheren¹⁰⁰¹ oder parallelen (nichtverbundenen) Verfahren¹⁰⁰² unbeachtlich. Schließlich ist auch der pauschale Verweis auf das Vorbringen in anderen Rechtssachen ausgeschlossen, jedenfalls soweit er sich auf Schriftsätze anderer Kläger bezieht.¹⁰⁰³ Hinter der verhältnismäßig strengen Linie steht die Unwilligkeit des Gerichts, sich aus einer möglichen Vielzahl von Dokumenten den Verfahrensgegenstand selbst zusammensuchen zu müssen.¹⁰⁰⁴ Ein Verstoß führt freilich nicht zur Unzulässigkeit der gesamten Klage, sondern macht „nur" das entsprechende Vorbringen unbeachtlich.¹⁰⁰⁵

295   **Präklusion.** Die Klagegründe bzw. Argumente sind zu substantiieren und gegebenenfalls zu beweisen. Ein umfassendes (allenfalls hilfsweises) Vorbringen aller Angriffsmittel in der Klage ist zur Vermeidung einer späteren Präklusion unerlässlich, sofern es sich nicht um einen zwingend von Amts wegen zu beachtenden Klagegrund handelt (→ Rn. 500). Selbst auf die amtswegige Prüfung der formellen Rechtmäßigkeit einer Entscheidung können die Gerichte verzichten, wenn sie keinen Anlass zur Prüfung sehen.¹⁰⁰⁶

296   Die Verfahrensordnungen lassen das Vorbringen verspäteter Angriffsmittel jedenfalls nur zu, wenn es auf rechtliche oder tatsächliche Gründe gestützt werden kann, die **erst im Laufe des Verfahrens** zutage treten.¹⁰⁰⁷ Zwischenzeitliche Entwicklungen in der Rechtsprechung gelten nicht als neuer Grund im Sinne dieser Vorschriften, da Urteile der Unionsgerichte formal gesehen nur eine bestehende Rechtslage feststellen.¹⁰⁰⁸ Etwas anderes muss aber gelten, wenn die gerichtliche Entscheidung in der konstitutiven Aufhebung eines Unionsrechtsakts bestand.¹⁰⁰⁹ Nicht von der Präklusion erfasst sind in der Klageschrift bereits gerügte Mängel einer Entscheidung, die im Laufe des Verfahrens „**entwickelt und vertieft werden**" können,¹⁰¹⁰ also das Vorbringen zusätzlicher Argumente im Rahmen des gleichen Klagegrunds. Danach kann auch ein Klagegrund erst in der Replik vorgetragen werden, wenn er auf einem Vorbringen in der Klage aufbaut.¹⁰¹¹ Dies kann selbst dann anzunehmen sein, wenn das fragliche Angriffsmittel in der Klageschrift nur „implizit" angelegt war oder mit dem dortigen Vortrag eng zusammenhängt.¹⁰¹² Tatsächlich sollte der Begriff der Präzisierungen in der Erwiderung im Lichte des Rechts auf rechtliches Gehör großzügig verstanden werden.¹⁰¹³ Fragen der mangelnden Substantiiertheit gehören außerdem, ebenso wie Fragen

---

⁹⁹⁶ EuG Slg. 1996, II-961 Rn. 106 – Asia Motor France III; Slg. 1997, II-229 Rn. 124 – FFSA; Slg. 1999, II-1703 Rn. 53 – Asia Motor France.
⁹⁹⁷ Vgl. schon EuGH Slg. 1961, 613 (644) – Fives Lille Cail.
⁹⁹⁸ EuG Slg. 2000, II-387 Rn. 71 – ADT.
⁹⁹⁹ EuG Slg. 1993, II-523 Rn. 20 – De Hoe; Slg. 1999, II-1703 Rn. 49 – Asia Motor France.
¹⁰⁰⁰ EuG Slg. 2005, II-3745 Rn. 155 – EDP.
¹⁰⁰¹ EuG Slg. 1999, II-931 Rn. 48 – Limburgse Vinyl Maatschappij.
¹⁰⁰² EuG Slg. 2002, II-1011 Rn. 34 – Compagnie générale maritime.
¹⁰⁰³ EuG Slg. 2005, II-5527 Rn. 58–68 – Honeywell.
¹⁰⁰⁴ EuGH Slg. 2005, I-5425 Rn. 99 – Dansk Rørindustri.
¹⁰⁰⁵ EuG Slg. 1999, II-931 Rn. 43 – Limburgse Vinyl Maatschappij; Slg. 2003, II-3825 Rn. 97 – ARD.
¹⁰⁰⁶ EuG Slg. 1997, II-229 Rn. 62 – FFSA.
¹⁰⁰⁷ Art. 127 Abs. 1 EuGHVfO; Art. 84 Abs. 1 EuGVfO; Art. 110 VerfO EFTA-GH.
¹⁰⁰⁸ EuG Slg. 1997, II-229 Rn. 57 – FFSA.
¹⁰⁰⁹ E contrario EuGH Slg. 1982, 1251 Rn. 17 – Dürbeck.
¹⁰¹⁰ EuG Slg. 1675 Rn. 30 – Siemens.
¹⁰¹¹ EuG Slg. 1997, II-229 Rn. 125 – FFSA.
¹⁰¹² EuG Slg. 2003, II-4251 Rn. 111 ff. – Cableuropa.
¹⁰¹³ Vgl. etwa EuGH Slg. 1975, 533 Rn. 4 – CNTA; ähnlich auch EuG Slg. 1991, II-1323 Rn. 32 – Generlich.

I. Allgemeines

des Beweisantritts,[1014] zur Begründetheit, nicht zur Zulässigkeit einer Klage[1015] und sollten dort beantwortet werden.

Der Kläger ist nicht bereits deswegen mit einem Vorbringen präkludiert, weil er den entsprechenden Klagegrund **im Verwaltungsverfahren nicht geltend gemacht** hat. Ein Gebot der Übereinstimmung zwischen den im Verwaltungsverfahren und den vor Gericht erhobenen Rügen gibt es nicht.[1016] Allerdings verträgt sich das erstmalige tatsächliche Vorbringen im Prozess nicht mit der Nachprüfungsaufgabe der Gerichte, sofern und soweit der Kläger im Verwaltungsverfahren Gelegenheit zur Stellungnahme hatte.[1017] So müssen tatsächliche Fehler in der Entscheidung der Kommission über die Eröffnung des förmlichen Prüfverfahrens im Beihilferecht grundsätzlich in eben diesem Prüfverfahren gerügt werden und können nicht erstmals vor Gericht geltend gemacht werden.[1018] Eine Präklusion hinsichtlich rechtlichen Vorbringens kann sich dagegen einzig aus der nicht rechtzeitigen oder nicht ordnungsgemäßen Geltendmachung der Klagegründe in der Klageschrift ergeben.[1019]

bb) Klageanträge. Die vorgebrachten Klagegründe „münden" in Anträge, wobei einzelne Anträge regelmäßig durch mehrere Klagegründe untermauert werden. Ergeben sie sich nicht klar und eindeutig aus der Klageschrift, so können sie allenfalls durch Auslegung ermittelt werden.

Die Klageanträge binden die Gerichte; sie dürfen nicht ultra petita entscheiden.[1020] Gleichzeitig sind sie verpflichtet, auf jeden einzelnen Antrag des Klägers einzutreten.[1021]

(1) Die Anträge in den einzelnen Klagearten. Der Hauptantrag einer **Nichtigkeitsklage** zielt auf die Nichtigkeitserklärung der angefochtenen Entscheidung. Statthaftes Klagebegehren ist gemäß Art. 264 AEUV bzw. Art. 36 Abs. 4 ÜGA nur die ganze oder teilweise Aufhebung einer Handlung der jeweils passivlegitimierten Behörde. Daher ist zunächst zu fragen, ob sich der Klageantrag in diesem Rahmen hält. Jeder weitergehende Klageantrag, entweder auf die Verpflichtung von Dritten (Mitgliedstaaten, Privaten), auf Nichtigerklärung bestimmter Verhaltensweisen[1022] oder auf die Verpflichtung der Behörde zu einer bestimmten Handlungsweise, ist ohne Weiteres unzulässig.[1023] Insofern obliegt es der Behörde nach Art. 264 AEUV bzw. Art. 38 ÜGA, die sich aus der Nichtigerklärung einer Entscheidung ergebenden Maßnahmen zu treffen. Der Klageantrag gegen eine Entscheidung kann sich auf einzelne Punkte im Tenor dieser Entscheidung beschränken. Die **teilweise Anfechtung** ist nur dann nicht möglich, wenn der angefochtene Teil mit dem Rest der Entscheidung untrennbar verbunden ist, zB weil eine Abtrennung den Kern der verbleibenden Entscheidung veränderte[1024] oder der verbleibende Rest keine eigenständigen Rechtswirkungen mehr hervorbrächte.[1025]

Bei einer **Untätigkeitsklage** ist der Antrag auf Feststellung einer rechtswidrigen Unterlassung der Behörde zu richten. Nicht beantragt werden kann dagegen, der Behörde die Bescheidung der streitauslösenden Beschwerde aufzugeben. Insofern hat die Behörde die notwendigen Maßnahmen nach Art. 266 AEUV selbst zu treffen. Ebenfalls nicht zulässig unter Art. 265 AEUV/Art. 37 ÜGA wäre eine Klage, die etwa auf die Feststellung gerichtet ist, „dass die beanstandeten Absprachen einen Verstoß im Sinne des Artikels 85 EG-Vertrag [jetzt Art. 101 AEUV] darstellen".[1026] Der europäische Richter ist in der Aufgabenabgrenzung zu den Wettbewerbsbehörden nicht befugt, sich auf Antrag eines Klägers zur Vereinbarkeit des Verhaltens einer natürlichen oder juristischen Person

---

[1014] EuG Slg. 2005, II-315 Rn. 74 – Chiquita Brands International.
[1015] So zu Recht etwa EuG Slg. 2003, II-2195 Rn. 30 – Hameico Stuttgart.
[1016] EuG Slg. 1996, II-2169 Rn. 64 – AIUFASS; EuG Slg. 2000, II-2319 Rn. 88 – Alzetta.
[1017] EuG Slg. 2006, II-1139 Rn. 54 – Schmitz-Gotha Fahrzeugwerke; dazu auch unten → Rn. 499.
[1018] EuG Slg. 2005, II-4179 Rn. 88 – Freistaat Thüringen.
[1019] Vgl. EFTA-GH Slg. 2012, 246 Rn. 207 – Posten Norge, im Verfahren hatte ESA als Beklagte geltend gemacht, das klagende Unternehmen hätte das Vorbringen, dass sein Verhalten sachlich gerechtfertigt sei, bereits im Verwaltungsverfahren einbringen müssen. Der Gerichtshof sah keinen Anlass, über die Frage zu bescheiden, da dieses rechtliche Vorbringen nicht rechtzeitig im Gerichtsverfahren erbracht wurde. Das Argument einer falschen Rechtsanwendung durch ESA war mangels Vorbringens in der Klageschrift präkludiert.
[1020] Zur Nichtigkeitsklage EuGH Slg. 1999, I-5363 Rn. 52 – AssiDomän; siehe aber: EuGH 14.11.2017 – C-122/16 P, ECLI:EU:C:2017:861 – British Airways.
[1021] EuGH Slg. 2005, I-4967 Rn. 11 – Killinger.
[1022] EuG Slg. 1996, 1 Rn. 30 – Koelman.
[1023] EuGH Slg. 1986, 1965 Rn. 23 – AKZO.
[1024] EuGH Slg. 1998, I-1375 Rn. 37, 257 – Frankreich/Kommission; dazu → Rn. 405.
[1025] EuGH Slg. 1972, 483 Rn. 11 – Jamet.
[1026] EuG Slg. 1996, II-961 Rn. 32 – Asia Motor France III.

mit den Bestimmungen des Vertrages zu äußern.[1027] Das Gleiche gilt im Hinblick auf die Verpflichtung von Mitgliedstaaten.

302 Die **Klage auf Schadensersatz** ist grundsätzlich auf Zahlung eines bestimmten Betrags zu richten. Der Klageantrag kann aber unbeziffert bleiben, wenn sich die notwendigen Angaben zu Schadensgrund und -umfang aus der Klageschrift ergeben und der Beklagte zur Verteidigung in der Lage war.[1028] Kann die Schadensbezifferung nicht im Laufe des schriftlichen Verfahrens nachgeholt werden, ist die Klage zweckmäßigerweise auf **Feststellung** einer grundsätzlich bestehenden Schadensersatzpflicht der Union bzw. der ESA zu richten (→ Rn. 543).

303 **Hilfs- oder Eventualanträge** sind stets zulässig. Ein verbreiteter Eventualantrag zielt auf die Herabsetzung der Geldbuße für den Fall, dass das Gericht die negative Entscheidung der Wettbewerbsbehörde nicht aufhebt. Der Antrag auf Herabsetzung der Geldbuße muss keinen bezifferten Betrag nennen, sondern kann auch auf Reduktion auf einen „angemessenen Betrag" lauten.

304 Unabdingbar ist die Stellung eines **Kostenantrags** als Voraussetzung für die Verurteilung des Gegners zur Tragung der Kosten im Fall des ganzen oder teilweisen Obsiegens. Tritt auf der Gegenseite ein Streithelfer dem Verfahren bei, so ist zu beantragen, diesem die durch die Streithilfe verursachten Kosten aufzuerlegen, andernfalls der Streithelfer im Falle seines (und des der Gegenpartei) Unterliegens nur seine eigenen Kosten trägt.[1029] Kostenanträge können bis zum Ende der mündlichen Verhandlung gestellt werden.[1030]

305 **(2) Anpassung der Anträge.** Die Anträge sind in der Klage- bzw. Verteidigungsschrift zu stellen und können später grundsätzlich nicht mehr erweitert oder angepasst werden. Die **Klageänderung** im Sinne einer Umstellung des Klageantrags im Verfahren wurde deshalb vom Gerichtshof zunächst für unzulässig erachtet.[1031] In einem Vertragsverletzungsverfahren stellte die Kommission neue Anträge in der mündlichen Verhandlung, um einem mittlerweile ergangenen anderen Urteil Rechnung zu tragen. Der EuGH lehnte das mit der Begründung ab, damit würde der Streitgegenstand abgeändert, wie er in der Klageschrift definiert sei.[1032] Zum gleichen Ergebnis kam der Gerichtshof in Fällen, in denen die Kommission ihre Anträge in der Replik wegen zwischenzeitlicher Änderungen im nationalen Recht erweitern wollte.[1033] Nach dieser Rechtsprechung ist die Klageerweiterung im Vertragsverletzungsverfahren nach Anhängigkeit nicht möglich. Dabei sind freilich die Besonderheiten dieser eigentümlichen Verfahrensart berücksichtigt, in dem der Streitgegenstand bereits im Vorverfahren durch Mahnschreiben und mit Gründen versehener Stellungnahme definiert wird. Im Rahmen einer Nichtigkeitsklage haben es die Unionsgerichte dagegen mehrfach für zulässig gehalten, dass die Klageanträge berichtigt werden, wenn die Kommission im laufenden Verfahren die **angefochtene Entscheidung geändert** oder durch **eine andere gleichen Gegenstands** ersetzt hat.[1034] Diese Entwicklung berechtigt als „neue Tatsache" den Kläger zur Anpassung seiner Anträge an die veränderte Sachlage. Das wird mit dem Erfordernis der Prozessökonomie sowie mit der Treuwidrigkeit des Verhaltens der Kommission begründet. In diesen Fällen ist der Antrag vom Kläger unmissverständlich und unverzüglich nach Kenntniserlangung anzupassen, je nach prozessualer Situation allenfalls noch in der mündlichen Verhandlung.[1035]

306 Voraussetzung für eine Anpassung der Anträge in diesen Fällen ist aber zum einen, dass durch das Verhalten der Behörde nach Anhängigkeit nicht jede Beschwer des Klägers entfällt, also die Entscheidung nicht einfach aufgehoben wird.[1036] In diesem Fall wäre auch das Vorliegen eines Rechtsschutzbedürfnisses fraglich und ein Antrag auf Erledigung die geeignete Maßnahme. Eine Anpassung ist auch dann nicht möglich, wenn bereits der ursprüngliche Antrag unzulässig war, weil er sich nicht gegen eine endgültige Maßnahme mit Rechtswirkungen gerichtet hatte. In diesem Fall kommt eine Ersetzung oder Erweiterung im Nachhinein gar nicht in Betracht.[1037]

[1027] EuG Slg. 1996, 1 Rn. 30 – Koelman.
[1028] EuG Slg. 1998, II-1473 Rn. 29 – TEAM.
[1029] EuG Slg. 1996, II-649 Rn. 129 – Metropole télévision.
[1030] EuG Slg. 1990, II-367 Rn. 79 – Automec.
[1031] Vgl. etwa EuGH Slg. 1979, 3190 Rn. 26 – GEMA.
[1032] EuGH Slg. 1979, 2729 Rn. 3 – Kommission/Frankreich („GEMA").
[1033] EuGH Slg. 1983, 203 Rn. 6 – Kommission/Vereinigtes Königreich.
[1034] EuGH Slg. 1982, 749 Rn. 8 – Alpha Steel; Slg. 1987, 3639 Rn. 11 – Fabrique de fer de Charleroi; EuG Slg. 1990, II-367 Rn. 67 – Automec; Slg. 2000, II-167 Rn. 36 – CCRE; Slg. 2001, II-2997 Rn. 22 – British Tobacco International; Slg. 2002, II-1205 Rn. 22 – Kvaerner Warnow Werft; Slg. 2004, II-3597 Rn. 54 – Lenzing.
[1035] EuG Slg. 1990, II-367 Rn. 67 – Automec.
[1036] In diesem Sinne EuG Slg. 1996, II-1009 Rn. 16 – Langdon.
[1037] EuG Slg. 1990, II-367 Rn. 68 f. – Automec.

(3) Wechsel der Klageart. Nach dem gerade Gesagten kann grundsätzlich nach der Antragstellung in der Klageschrift erst recht keine Umstellung auf eine andere Klageart erfolgen. Deshalb verbietet sich auch eine Umdeutung der gewählten Klageart durch das Gericht.[1038] Wie bei der Anpassung des Antrags im Rahmen derselben Klageart können im Laufe des Prozesses aber Umstände eintreten, die auch einen Wechsel der Klageart rechtfertigen.

Die Anwendung der oben dargestellten Rechtsprechung auf Situationen, in denen nicht nur die Anträge ergänzt oder geändert werden mussten, sondern mit den Anträgen auch die Klageart geändert werden musste, erfolgte durch die beiden Unionsgerichte unterschiedlich. Im Rahmen einer Untätigkeitsklage, auf die die Behörde im Laufe des Verfahrens eine ausdrücklich ablehnende Entscheidung erließ, wo zuvor nur eine stillschweigende Ablehnung bestand, gestattete der EuGH dem Kläger aus Gründen der geordneten Rechtspflege und der Prozessökonomie, von der Untätigkeitsklage auf die Nichtigkeitsklage zu wechseln.[1039] Dem hat das EuG mit späteren Urteilen faktisch widersprochen: Eine solche Ersetzung ändere die Rechtsnatur des ursprünglich eingeleiteten Verfahrens, weswegen es unzulässig sei, den Klageantrag im Prozess entsprechend umzustellen oder den ursprünglichen Antrag umzudeuten.[1040] Die Rechtsprechung des EuG ist offensichtlich von den oben angeführten Urteilen des EuGH im Vertragsverletzungsverfahren beeinflusst, die aus den genannten Gründen aber nicht auf andere Direktklagen übertragen werden kann. Die großzügigere Haltung des EuGH ist schon deshalb vorzugswürdig, weil die **Grundsätze der Prozessökonomie und der geordneten Rechtspflege** unabhängig davon Geltung erheischen, ob ein Wechsel der Klageart notwendig wird. Andernfalls hätte es die Behörde in der Hand, der Klage zu jedem Zeitpunkt den Boden zu entziehen. Der maßgebliche Gesichtspunkt muss auch in diesen Fällen sein, ob die nachgeholte Handlung der Behörde den Kläger noch beschwert. Erlässt sie einfach die ursprünglich beantragte Bescheidung im Laufe des Gerichtsverfahrens, so ist dies nicht der Fall und die Klage ist gegenstandslos geworden.[1041] In allen anderen Fällen muss eine Klageänderung möglich sein. Selbstverständlich muss die neue wie die alte Klage[1042] für sich genommen alle Zulässigkeitsvoraussetzungen erfüllen. Entfaltet zB die nachgeholte Reaktion der Kommission auf die ursprüngliche, im Wege des Art. 265 AEUV durchgesetzte Beschwerde keine verbindlichen Rechtswirkungen, so kommt eine Umstellung auf die Nichtigkeitsklage nicht in Betracht oder geht jedenfalls ins Leere.

cc) Beweismittel. Die Klage muss des Weiteren „gegebenenfalls die Bezeichnung der Beweismittel [und Beweisangebote] enthalten". Die Formulierung verrät bereits, dass die Klageschrift nicht zwingend Beweismittel bezeichnen muss, sondern nur wenn dazu (aus Sicht des Klägers) Anlass besteht. Beweismittel sollen dazu dienen, tatsächliches Parteivorbringen von der Ebene des bloßen Behauptens auf die des erwiesenen Wissens für den Richter zu bringen. Sie werden nur dort relevant, wo der eigene Sachvortrag von der Gegenpartei bestritten wird. Auf die Zulässigkeit der Klage hat das **Fehlen von Beweisangeboten** somit keine Auswirkungen.[1043] Die Partei ist allenfalls mit einem Beweismittel präkludiert, das sie erstmals und ohne stichhaltige Begründung in der Replik bzw. Duplik anbietet. Fehlender Beweisantritt der Parteien (ebenso wie mangelnde Substantiierung) kann von den Gerichten zwar theoretisch durch eine Beweisaufnahme von Amts wegen oder die Durchführung prozessleitender/vorbereitender Maßnahmen kompensiert werden. Doch besteht darauf seitens der Parteien kein Anspruch, wenn nicht rechtzeitig Beweis angeboten wurde.

Vom Fehlen eines Beweisangebots zu unterscheiden ist das **Fehlen des Anhangs** (einschließlich Inhaltsverzeichnis),[1044] der die Dokumente enthält, auf die sich der Kläger in der Klageschrift zu Beweiszwecken beruft. Sein Fehlen kann tatsächlich die Unzulässigkeit der Klage zur Folge haben. Das gilt aber nur, wenn die übrigen Parteien dadurch in der Vorbereitung ihres Vorbringens beeinträchtigt sind.[1045] Eine detaillierte Klagebeantwortung des Beklagten weist darauf hin, dass dies effektiv nicht der Fall war.

b) Parteifähigkeit. aa) Kläger. Die Parteifähigkeit ist im Wesentlichen im AEUV bzw. dem ÜGA selbst definiert. Nach dem AEUV kommen als Kläger bei **Nichtigkeits- und Untätigkeitsklagen** gegen die Maßnahme eines Organs grundsätzlich nur die Mitgliedstaaten, das Europäische Parlament, der Rat, die Kommission, der Rechnungshof, die EZB und der Ausschuss der Regionen,

---

[1038] EuG Slg. 2005, I-1357 Rn. 46 – Holcim.
[1039] EuGH Slg. 1988, 4131 Rn. 11 ff. – Stahlwerke Peine-Salzgitter.
[1040] EuG Slg. 1992, II-2285 Rn. 43 f. – Asia Motor France I.
[1041] EuG Slg. 1993, II-1267 Rn. 28 – Koelman.
[1042] Da keine Erledigung stattgefunden hat, ist das Diktum aus EuGH Slg. 2001, I-5603 Rn. 28 – TF1 nicht anwendbar.
[1043] EuG Slg. 2005, II-315 Rn. 71 – Chiquita Brands International.
[1044] Art. 57 Abs. 4 EuGHVfO; Art. 72 Abs. 3 EuGVfO; Art. 54 Abs. 3 VerfO EFTA-GH.
[1045] EuG Slg. 2005, II-315 Rn. 72 – Chiquita Brands International.

sowie alle „natürlichen und juristischen Personen" in Betracht (Art. 263, 265 AEUV). Im Verfahren vor dem EFTA-GH ist der Kreis der parteifähigen Kläger enger und umfasst neben den natürlichen und juristischen Personen nur die drei EWR/EFTA-Staaten.[1046] Tatsächlich beschränkt sich die Klägerrolle in der wettbewerbs- und beihilferechtlichen Praxis in beiden Gerichtsbarkeiten im Wesentlichen auf diese beiden Gruppen, Mitgliedstaaten und natürliche oder juristische Personen.

312 Die Auslegung der Begriffe der **natürlichen und juristischen Person** hat grundsätzlich autonom zu erfolgen. Im Zusammenhang mit dem Wettbewerbs- und Beihilferecht ist vor allem die Parteifähigkeit von Unternehmen von Interesse. Sie ist, soweit ersichtlich, von den Gerichten noch niemals abgelehnt worden. Eine entsprechende Prüfung erfolgt, wenn überhaupt, regelmäßig im Zusammenhang mit der Klagebefugnis.[1047] Angeknüpft werden kann bei der Bestimmung der Parteifähigkeit an die Rechtsfähigkeit, die sich nach europäischem, nationalem oder internationalem Recht ergeben kann. Eine formale, rein national-rechtliche Betrachtung genügt demnach nicht. Das Gebot effektiven Rechtsschutzes würde es auch verbieten, dem Kläger formalistische Hürden zu errichten. Ein Unternehmen sollte danach, gleich welcher Rechtsform es sich bedient, unter dem Aspekt der juristischen Person parteifähig sein. Auch eine in Liquidation befindliche Gesellschaft ist noch parteifähig.[1048] Keine Rolle spielen Staatsangehörigkeit oder Sitz, so dass etwa Unternehmen aus **Drittstaaten** ohne weiteres Klage vor den europäischen Gerichten erheben können.[1049] Diese Möglichkeit ist wegen der extraterritorialen Anwendbarkeit des europäischen Wettbewerbsrechts von besonderer Relevanz. Nicht als Mitgliedstaaten, sondern als juristische Personen des öffentlichen Rechts anzusehen sind Regionen und Gliedstaaten[1050] wie die deutschen Bundesländer,[1051] Gemeinden[1052] oder Drittstaaten.[1053]

313 Für **Schadensersatzklagen** enthält der Vertrag keine Regelung hinsichtlich der Parteifähigkeit. Es liegt aber in der Natur der Sache, dass jedenfalls natürliche und juristische Personen klageberechtigt sind. Umstritten ist angesichts des Schweigens der vertraglichen Vorschriften die Aktivlegitimation von Mitgliedstaaten.[1054]

314 Im Falle der **Rechtsnachfolge** aufseiten des Klägers, etwa durch Tod der natürlichen Person oder durch Untergang der juristischen Person unter gleichzeitiger Übertragung der Rechte und Pflichten auf einen neuen Unternehmensinhaber, tritt der Rechtsnachfolger ohne weiteres und uneingeschränkt in die Position des Klägers ein,[1055] sofern von einem entsprechenden Willen des Rechtsnachfolgers auszugehen ist.[1056] Das gilt auch dann, wenn als Adressat einer angefochtenen Entscheidung der ursprüngliche Kläger bezeichnet ist. Nur wenn der Adressat trotz Rechtsnachfolge weiterhin existiert, obliegt es der Behörde, diesen gegen den Rechtsnachfolger auszutauschen. Vor Gericht bleibt in diesem Fall der ursprüngliche Adressat Kläger.[1057] Im Rahmen einer Schadensersatzklage kann sich darüber hinaus das Problem der Abtretung des Anspruchs stellen. In diesem Fall folgt die Aktivlegitimation der materiellen Rechtsinhaberschaft. Die Klage des Zedenten ist dann unzulässig,[1058] die Möglichkeit einer Prozessstandschaft wurde vom EuGH nicht erörtert.

315 Im **Vertragsverletzungsverfahren** ist Kläger entweder die Kommission (vor dem EuGH) bzw. die ESA (vor dem EFTA-GH) oder ein Mitgliedstaat von EU bzw. EWR/EFTA.[1059] Dass ein Staat im Vertragsverletzungsverfahren als Kläger auftritt, kommt allerdings nur selten vor.

316 **bb) Beklagter.** Auf der Beklagtenseite können im **Nichtigkeits- und Untätigkeitsverfahren** vor den Unionsgerichten nur das Europäische Parlament, der Rat, die Kommission, der Europäische Rat und die EZB stehen (Art. 263, 265 AEUV). Der Vertrag von Lissabon hat die Passivlegitimation

---

[1046] Art. 36, 37 ÜGA.
[1047] EuGH Slg. 1982, 3799 Rn. 10 – Groupement des agences de voyages – zu einer GmbH luxemburgischen Rechts im Gründungsstadium.
[1048] EuG Slg. 2003, II-1139 Rn. 51 – Linea GIG.
[1049] Pechstein, EU-Prozessrecht, 4. Aufl. 2011, Rn. 366.
[1050] EuG Slg. 1998, II-4051 – Regione Puglia.
[1051] EuG Slg. 1999, II-3663 – Freistaat Sachsen.
[1052] EuGH Slg. 1984, 2889 – Commune de Differdange.
[1053] EuG Slg. 2003, II-3083 – Aruba. Vgl. auch EuG Slg. 2006, II-2073 – Schweiz/Kommission, im Rechtsstreit über deutsche Maßnahmen bzgl. An- und Abflüge zum Flughafen Zürich: Nach dem Luftverkehrsabkommen wurde die Schweiz bzgl. der aufgeführten Verordnungen und Richtlinien einem „Mitgliedstaat" der Union gleichgestellt, allerdings galt dies nach Auffassung des Gerichts nicht für die Bestimmungen des Statuts des EuGH.
[1054] Vgl. etwa von der Groeben/Schwarze/Gilsdorf/Niejahr AEUV Art. 288 Rn. 24.
[1055] EuGH Slg. 1983, 3127 Rn. 2 – Gutmann.
[1056] EuGH Slg. 1986, 1339 Rn. 18 – Les Verts.
[1057] EuG Slg. 2004, II-2501 Rn. 47 – JFE Engineering.
[1058] EuGH Slg. 1984, 3693 Rn. 7 – Birra Wührer.
[1059] Art. 258, 259 AEUV; Art. 31, 32 ÜGA.

auf die Handlungen der Einrichtungen oder sonstigen Stellen der Union ausgedehnt und damit vor allem die zunehmende Zahl der Agenturen erfasst. Vor dem EFTA-GH ist die ESA allein parteifähig.[1060] Für Klagen gegen andere Beklagte erklären sich die Gerichte **unzuständig**. Da die Rolle der Gerichtsbarkeit ausschließlich in der Überwachung des Behördenhandelns besteht, und nicht in der Durchsetzung der Wettbewerbsregeln gegenüber Dritten, würde mit Klagen gegen andere als die genannten Institutionen auch gegen das europäische Kompetenzgefüge verstoßen.

Von vornherein ausgeschlossen sind somit nach europäischem Recht Klagen **gegen Privatpersonen oder Unternehmen**.[1061] Desgleichen ausgeschlossen sind **Klagen gegen Mitgliedstaaten** oder mitgliedstaatliche (Wettbewerbs-)Behörden,[1062] selbst wo diese europäisches Recht durchführen oder anwenden. Gegenstand einer Nichtigkeitsklage kann aber die Anweisung bzw. Ermächtigung durch die Kommission sein, wobei sich die Frage der anfechtbaren Handlung[1063] oder der unmittelbaren Betroffenheit des Klägers stellt.[1064] Mit dem Ausschluss der Mitgliedstaaten aus dem Kreis der passiv Parteifähigen scheidet auch sämtliches **Primärrecht**, dh die Gründungs- und Beitrittsverträge der EU und das EWR-Hauptabkommen, aus dem Kreis der anfechtbaren Handlungen aus. Es wird nicht von den jeweiligen Organen, sondern von den Mitgliedstaaten gesetzt. Auch im Bereich des **Sekundärrechts** muss vor den Luxemburger Gerichten stets die Handlung eines Unionsorgans bzw. der ESA angegriffen werden. Im Bereich des mittelbaren Vollzugs von EU-Recht ist das ggf. eine rechtsverbindliche Weisung des Organs an die durchführende nationale Stelle, nicht aber die Durchführung der Maßnahme durch die nationale Behörde. Eine eigenständige Klage gegen das Verhalten von Mitgliedstaaten ist auch dann nicht möglich, wenn die dort getroffenen Entscheidungen oder Stellungnahmen Teil eines Entscheidungsprozesses der Union sind, in dem die Unionsorgane in ihrer Beschlussfassung an die Handlung der nationalen Behörde gebunden sind.[1065] Wird statt einer nach europäischem Recht nicht anfechtbaren Entscheidung nationalen Ursprungs eine Entscheidung der Kommission vor dem EuG angegriffen, mit der diese im Nachhinein die Vereinbarkeit der mitgliedstaatlichen Entscheidung mit dem Unionsrecht feststellt, so fehlt es für eine Anfechtbarkeit der Kommissionsentscheidung an der unmittelbaren Betroffenheit eines Dritten als Kläger.[1066] Handlungen der Mitgliedstaaten oder ihrer Teilglieder oder Organe sind stets vor den nationalen Gerichten anzugreifen; gegebenenfalls sind diese verpflichtet, entsprechende Klagen zuzulassen.

Eine Klage auf **Schadensersatz** kann im Unionsrecht eigentlich nur gegen die Rechtspersönlichkeit aufweisende Europäische Union (ggf. die EZB) gerichtet werden, unabhängig davon, welches ihrer Organe im Einzelfall verantwortlich zu machen sein mag.[1067] Die Unionsgerichte haben dessen ungeachtet Klagen gegen das handelnde Organ, etwa die Kommission, nicht als unzulässig betrachtet,[1068] sondern sie in Klagen gegen die Union, vertreten durch das in der Klage benannte Organ, umgedeutet.[1069] Im Verfahren vor dem EFTA-GH ist ausschließlich die ESA passiv parteifähig.[1070] Ein übergeordnetes völkerrechtliches Gebilde mit eigener Rechtspersönlichkeit existiert im EFTA-Pfeiler des EWR nicht.

Im **Vertragsverletzungsverfahren** ist einzig möglicher Beklagter ein Mitgliedstaat. Auch hier gilt, dass regionale Einheiten oder Gliedstaaten nicht selbst passiv parteifähig sind.

c) Prozessfähigkeit und Prozessführungsbefugnis. Die **gesetzliche Vertretung** natürlicher und juristischer Personen richtet sich nach nationalem Recht. Die Organe von Union und EWR sowie die Mitgliedstaaten sind per se prozessfähig. Sie handeln durch ihre Bevollmächtigten (→ Rn. 323 ff.).

Zur Frage einer **Prozessstandschaft**, also der Geltendmachung eines fremden Rechts im eigenen Namen (im Unterschied zur gesetzlichen Vertretung, bei der ein fremdes Recht in fremdem Namen geltend gemacht wird) finden sich im Verfahrensrecht der europäischen Gerichte keine Regelungen. Das EuG hat insoweit entschieden, dass die Klage eines Adressaten gegen eine Entscheidung nicht auf einen Dritten übertragen werden kann: „Würde eine solche Übertragung zugelassen, so entstünde nämlich eine Abweichung zwischen der Eigenschaft, in der die Klage erhoben wurde,

---

[1060] Art. 36, 37 ÜGA.
[1061] Für den einstweiligen Rechtsschutz EuG Slg. 1994, II-1159 Rn. 27 f. – Union Carbide.
[1062] EuGH Slg. 1986, 3975 Rn. 3 – Belkacem; Slg. 2005, I-4967 Rn. 15, 26 – Killinger; EuG Slg. 1999, II-3775 Rn. 83 – Kesko; EFTA-GH Slg. 1994/1995, 83 – Flandorfer Friedmann u.a./Österreich.
[1063] EuG Slg. 1991, I-2917 – Sunzest.
[1064] EuG Slg. 1965, 548 – Töpfer; EuGH Slg. 1971, 897 – Bock.
[1065] EuGH Slg. 1992, I-6313 Rn. 9 f. – Oleificio Borelli.
[1066] EuG Slg. 2000, II-4039 Rn. 27 f. – DSTV.
[1067] Art. 340 Abs. 2 AEUV.
[1068] Vgl. etwa EuG Slg. 1998, II-1473 – TEAM.
[1069] EuG Slg. 2006, II-79 Rn. 47 – Medici Grimm.
[1070] Art. 39 ÜGA.

und der Eigenschaft, in der sie vorgeblich weiterverfolgt wird. Damit entstünde überdies eine Disparität zwischen der Identität des Adressaten des Rechtsakts und der Person, die im gerichtlichen Verfahren als Adressat auftritt".[1071]

322   d) **Postulationsfähigkeit.** Die Parteien treten im Prozess nicht selbst auf, sondern durch einen Vermittler, der in ihrem Namen und für ihre Rechnung handelt.[1072] Die Regelung der Prozessvertretung richtet sich nach der Stellung der Partei. In jedem Fall hat der Kläger- (wie später der Beklagten-)vertreter eine **Bescheinigung über seine Zulassung** bei einem Gericht im EWR beizubringen.[1073] In Verfahren vor dem EuG kann die Bescheinigung bis zu 10 Tage nach Einreichung eines Schriftsatzes über e-curia eingehen.[1074]

323   aa) **Prozessvertretung von Staaten und Institutionen.** Die Mitgliedstaaten von EU und EWR sowie deren Organe, in Wettbewerbssachen also Kommission und ESA, bedürfen vor den Unionsgerichten keiner anwaltlichen Vertretung.[1075] Statt eines Anwalts haben sie sich vor den EU-Gerichten durch einen **Bevollmächtigten** vertreten zu lassen. Das Gleiche gilt in Verfahren vor dem EFTA-GH.[1076] Diese Regelung betrifft nicht die Prozessfähigkeit, da Art. 19 EuGH-Satzung nicht die Fähigkeit einer Partei, vor Gericht zu stehen, regeln will, sondern allein die Modalitäten der gerichtlichen Vertretung.

324   Zu diesem Zwecke wird dem Bevollmächtigten eines Mitgliedstaats oder Organs nach den jeweiligen internen Vorschriften eine Prozessvollmacht ausgestellt, die sich ausschließlich auf die in Frage stehende Rechtssache bezieht. Zu Bevollmächtigten werden regelmäßig, aber nicht notwendigerweise,[1077] Beamte des Mitgliedstaates oder der Behörde bestellt. Bei Kommission und ESA sind das in der Praxis Mitglieder des Juristischen Dienstes. Die Benennung mehrerer Bevollmächtigter ist möglich und insbesondere in komplexeren Rechtssachen üblich. Auch können Bevollmächtigte im Laufe des Verfahrens ausgewechselt werden. Die Bevollmächtigten können sich zusätzlich der Hilfe eines Beistands oder Anwalts bedienen, die allerdings nur beratende Funktion haben. Schriftsätze müssen vom Bevollmächtigten unterschrieben werden, selbst wenn sie vom Beistand verfasst wurden. In der mündlichen Verhandlung kann der Beistand plädieren, nicht aber selbst Zeugen und Sachverständige befragen.[1078]

325   bb) **Prozessvertretung natürlicher und juristischer Personen.** Der **Anwaltszwang** ist lediglich im Vorabentscheidungsverfahren durchbrochen. In Direktklagen gilt er unbedingt und für alle Prozesshandlungen mit Ausnahme des Antrags auf Prozesskostenhilfe. Der Anwaltszwang führt insbesondere dazu, dass Schriftsätze ohne die Unterschrift eines Anwalts zur Unzulässigkeit der Klage führen.

326   Die Unionsgerichtsbarkeit sieht im Anwalt einen „Mitgestalter der Rechtspflege", der „in völliger Unabhängigkeit und in deren vorrangigem Interesse dem Mandanten die rechtliche Unterstützung zu gewähren hat, die dieser benötigt".[1079] Eine originäre Zulassung als Anwalt oder Beistand vor den Unionsgerichten bzw. dem EFTA-GH gibt es, anders als in anderen internationalen Rechtsordnungen, nicht. Die Zulassung ist an die Eigenschaft als Anwalt nach nationalem Recht sowie an die Zulassung vor einem nationalen Gericht in EU bzw. EWR geknüpft. Ist in einem Staat neben den erforderlichen juristischen Qualifikationen für die Zulassung als Anwalt auch die Mitgliedschaft in der Anwaltskammer oÄ vorgeschrieben, so macht das Fehlen dieser Voraussetzung die Klage ungültig. Das soll selbst dann gelten, wenn das nationale Recht dem nichtkammerzugehörigen Juristen die gerichtliche Vertretung in bestimmten Fällen gestattet, weil andernfalls keine Garantie für die Einhaltung der Berufs- und Standespflichten bestände.

327   Wesentlich in der Rechtsprechung der Gerichte zur Vertretungsbefugnis ist daher auch die **Unabhängigkeit** des Parteivertreters. Insoweit hat der **EuGH** hervorgehoben, dass das Ziel der in Art. 19 Abs. 3 und 4 der Satzung des EuGHs genannten Verpflichtung vor allem darin besteht, dass die Parteivertreter ihre Aufgabe in völliger Unabhängigkeit und unter Beachtung der Berufs- und Standesregeln ausüben.[1080] Der EuGH legt strenge Anforderungen an die Unabhängigkeit der Parteivertreter und hat vor diesem Hintergrund zum Beispiel das ‚legal privilege' für Korrespondenz

---

[1071] EuG Slg. 2004, II-2501 Rn. 48 – JFE Engineering.
[1072] EuG Slg. 2005, II-1967 Rn. 28 – Nuova Agricast.
[1073] Art. 119 Abs. 3 EuGHVfO; Art. 51 Abs. 2 EuGVfO; Art. 100 Abs. 3 VerfO EFTA-GH.
[1074] Voraussetzungen für die Nutzung der Anwendung e-curia, Nr. 13.
[1075] Art. 19 Abs. 1 und 2 EuGH-Satzung.
[1076] Art. 17 Abs. 1 Satzung EFTA-GH.
[1077] EuGH Slg. 1979, 2131 Rn. 5 – Dietz.
[1078] von der Groeben/Schwarze/Hackspiel EuGH-Satzung Art. 19 Rn. 8 f.
[1079] EuG Slg. 2005, II-677 Rn. 8 – Energy Technologies ET.
[1080] EuGH 4.2.2020 – C-515/17 P und C-561/17 P, ECLI:EU:C:2020:73, Rn. 62 – Uniwersytet Wrocławski.

zwischen Anwalt und Mandant eingeschränkt: Bereits 1982 hat er in AM und S Europe das Privileg auf Fälle begrenzt, in denen der Anwalt nicht durch ein Arbeitsverhältnis an seinen Mandanten gebunden ist.[1081] In der Entscheidung Akzo Nobel wurde diese Rechtsprechung für Dokumente, die sich im Besitz von Syndikusanwälten befinden, mit der Begründung bestätigt, als Angestellter eines Unternehmens sei ein Anwalt Druck und Einfluss ausgesetzt, auch wenn er in seiner Rechtsposition durch die Berufsregeln gestützt werde.[1082] Im Jahr 2010 wurde diese Rechtsprechung in den Rechtssachen EREF und Prezes auf die Frage der Postulationsfähigkeit ausgedehnt.[1083] Syndikusanwälte wurden damit einem Vertretungsverbot unterworfen. Dies gilt auch für einen Partner in einer Rechtsanwaltskanzlei, der einen bei dieser Kanzlei beschäftigten Mitarbeiter mit der Vertretung beauftragt.[1084] Im Gegenzug entschied der EuGH in Uniwersytet Wrocławski, dass ein Dozent, der eine Universität rechtlich vertritt, mit der er verbunden ist, ein unabhängiger Rechtsbeistand ist.[1085] Obschon die Satzung des EFTA-Gerichtshofs eine entsprechende Bestimmung enthält, ist der **EFTA-Gerichtshof** in der Rechtssache Abelia/ESA von der Prezes-Rechtsprechung des EuGH abgewichen und hat entschieden, dass es auf die Unabhängigkeit im Einzelfall ankomme.[1086] Damit ist die Rechtsprechung des EFTA-Gerichtshofs in diesem Punkt wettbewerbsfreundlicher als die des EuGH. Der EFTA-Gerichtshof hatte bisher keine Gelegenheit, sich zur Frage zu äussern, ob sich Syndikusanwälte auf das legal privilege berufen können. Aufgrund seiner Rechtsprechung zur Postulationsfähigkeit ist davon auszugehen, dass er liberaler urteilen würde als sein Schwestergerichtshof.

Von juristischen Personen des Privatrechts wird ein Nachweis über die ordnungsgemäße Ausstellung von **Prozessvollmacht** durch einen hierzu Berechtigten verlangt (dh in der Regel die Vollmachtsurkunde und der Nachweis der Zeichnungsbefugnis des Unterzeichneten, etwa in Form eines Handelsregisterauszugs – beim EuGH reicht die Vollmacht der Partei).[1087] Fehlt eine der genannten Unterlagen bei der Klageeinreichung, oder genügen sie nicht ihren Zwecken, so setzt der Kanzler des jeweiligen Gerichts dem Kläger eine Frist zur Behebung des Mangels, der somit erst nach ungenutztem Verstreichenlassen der Frist zur Unzulässigkeit der Klage führen kann.[1088] Erfolgt keine mit einer Fristsetzung verbundene Rüge der Kanzlei, so ist der durch Fehlen eines Anhangs eingetretene Formmangel bereits dadurch geheilt.[1089] Das Fehlen der Befugnis eines Vertreters der klagenden Gesellschaft zur Erteilung von Prozessvollmacht stellt einen Mangel dar, der im Lauf des Verfahrens geheilt werden kann.[1090]

e) Keine entgegenstehende Rechtshängigkeit oder Rechtskraft. Wie oben ausgeführt, macht die Rechtshängigkeit einer Klage eine später eingereichte Klage über denselben Streitgegenstand, soweit er dieselben Parteien betrifft, auf dieselben Klagegründe gestützt ist und auf die Nichtigerklärung desselben Rechtsakts abzielt, unzulässig.[1091] Das Gleiche gilt für ein rechtskräftiges Urteil über den gleichen Streitgegenstand.[1092] Eine als unzulässig abgewiesene oder zurückgenommene Klage im ersten Rechtsstreit beendet deren Rechtshängigkeit.[1093]

II. Nichtigkeitsklage

Art. 263 AEUV

Der Gerichtshof der Europäischen Union überwacht die Rechtmäßigkeit der Gesetzgebungsakte sowie der Handlungen des Rates, der Kommission und der Europäischen Zentralbank, soweit es sich nicht um Empfehlungen und Stellungnahmen handelt, und der Handlungen des Europäischen Parlaments und des Europäischen Rates mit Rechtswirkung gegenüber Dritten. Er überwacht ebenfalls die Rechtmäßigkeit der Handlungen der Einrichtungen oder sonstigen Stellen der Union mit Rechtswirkung gegenüber Dritten.

[1081] EuGH 18.5.1982 – C-155/79, ECLI:EU:C:1982:157 – A M und S Europe.
[1082] EuGH 14.9.2010 – C-550/07 P, ECLI:EU:C:2010:512 – Akzo Nobel.
[1083] EuGH 6.9.2012 – C-422/11 P und C-423/11 P, ECLI:EU:C:2012:553 – Prezes.
[1084] EuGH 9.8.2018 – C-529/18 P und C-531/18 P, ECLI:EU:C:2022:218 – PJ.
[1085] EuGH 4.2.2020 – C-515/17 P und C-561/17 P, ECLI:EU:C:2020:73, Rn. 62 – Uniwersytet Wrocławski.
[1086] EFTA-GH Slg. 2014, 640.
[1087] Art. 119 Abs. 3 EuGHVfO; Art. 51 Abs. 3 EuGVfO; Art. 8 Abs. 3 Dienstanweisung Kanzler EuG; Art. 100 Abs. 2 VerfO EFTA-GH und Art. 101 Abs. 25 VerfO EFTA-GH.
[1088] Art. 119 Abs. 4 EuGHVfO; Art. 51 Abs. 4 und Art. 78 Abs. 3 EuGVfO; Art. 33 Abs. 6, Art. 105 VerfO EFTA-GH.
[1089] So wohl EuG Slg. 2003, II-1433 Rn. 305 – Royal Philips Electronics.
[1090] EuG EuZW 2012, 666 Rn. 38 – Smurfit Kappa Group.
[1091] EuGH Slg. 2005, I-43 Rn. 64 – Italien/Kommission; EuG Slg. 2005, II-787 Rn. 38 – Group ormeggiatori del porto di Venezia.
[1092] EuGH Slg. 2004, I-3679 Rn. 37 – Italien/Kommission.
[1093] EuGH Slg. 2011, I-4727 Rn. 31 f. – Comitato „Venezia vuole vivere".

Zu diesem Zweck ist der Gerichtshof der Europäischen Union für Klagen zuständig, die ein Mitgliedstaat, das Europäische Parlament, der Rat oder die Kommission wegen Unzuständigkeit, Verletzung wesentlicher Formvorschriften, Verletzung der Verträge oder einer bei seiner Durchführung anzuwendenden Rechtsnorm oder wegen Ermessensmissbrauchs erhebt.

Der Gerichtshof der Europäischen Union ist unter den gleichen Voraussetzungen zuständig für Klagen des Rechnungshofs, der Europäischen Zentralbank und des Ausschusses der Regionen, die auf die Wahrung ihrer Rechte abzielen.

Jede natürliche oder juristische Person kann unter den Bedingungen nach den Absätzen 1 und 2 gegen die an sie gerichteten oder sie unmittelbar und individuell betreffenden Handlungen sowie gegen Rechtsakte mit Verordnungscharakter, die sie unmittelbar betreffen und keine Durchführungsmaßnahmen nach sich ziehen, Klage erheben.

In den Rechtsakten zur Gründung von Einrichtungen und sonstigen Stellen der Union können besondere Bedingungen und Einzelheiten für die Erhebung von Klagen von natürlichen oder juristischen Personen gegen Handlungen dieser Einrichtungen und sonstigen Stellen vorgesehen werden, die eine Rechtswirkung gegenüber diesen Personen haben.

Die in diesem Artikel vorgesehenen Klagen sind binnen zwei Monaten zu erheben; diese Frist läuft je nach Lage des Falles von der Bekanntgabe der betreffenden Handlung, ihrer Mitteilung an den Kläger oder in Ermangelung dessen von dem Zeitpunkt an, zu dem der Kläger von dieser Handlung Kenntnis erlangt hat.

Art. 36 ÜGA

Der EFTA-Gerichtshof ist für Klagen zuständig, die ein EFTA-Staat gegen eine Entscheidung der EFTA-Überwachungsbehörde wegen Unzuständigkeit, Verletzung wesentlicher Formvorschriften, Verletzung dieses Abkommens, des EWR-Abkommens oder einer anderen, bei deren Durchführung anzuwendenden Rechtsnorm oder wegen Ermessensmissbrauch erhebt.

Jede natürliche oder juristische Person kann unter den gleichen Voraussetzungen gegen die an sie ergangenen Entscheidungen sowie gegen diejenigen Entscheidungen Klage erheben, die, obwohl sie als an eine andere Person gerichtete Entscheidung ergangen sind, sie unmittelbar und individuell betreffen.

Die in diesem Artikel vorgesehenen Klagen sind binnen zweier Monate zu erheben; diese Frist läuft je nach Lage des Falles von der Bekanntgabe der betreffenden Handlung, ihrer Mitteilung an den Kläger oder, in Ermangelung dessen, von dem Zeitpunkt an, an dem der Kläger von dieser Handlung Kenntnis erlangt hat.

Ist die Klage begründet, wird die angefochtene Entscheidung der EFTA-Überwachungsbehörde für nichtig erklärt.

330   **1. Zulässigkeit. a) Klagegegenstand. aa) Einführung.** Das **statthafte Klagebegehren** einer Nichtigkeitsklage ist in Art. 263 AEUV umschrieben. Nach dessen Abs. 1 können Gesetzgebungsakte sowie „Handlungen" von Unionsorganen und anderen Einrichtungen/Stellen der Union angefochten werden. Art. 36 ÜGA erfasst nur „Entscheidungen" der ESA. Unabhängig von der Terminologie ist die Nichtigkeitsklage auf die nachträgliche Überprüfung von Behördenhandeln gerichtet; nicht zulässig ist deshalb von vorneherein eine Klage auf Nichtigerklärung eines bestimmten, wettbewerbswidrigen Verhaltens von Privaten und/oder Staaten.[1094] Ob die angefochtene Maßnahme die Qualität einer Handlung bzw. Entscheidung im Sinne der genannten Vorschriften aufweist, ist im Rahmen der Zulässigkeitsprüfung nicht selten problematisch. Dieser Problematik wird durch die sekundärrechtliche Festlegung derjenigen Maßnahmen, die im Verlauf eines Verwaltungsverfahrens im Wege einer Entscheidung getroffen werden müssen, zumindest teilweise die Brisanz genommen. Die entsprechenden Vorschriften kodifizieren ihrerseits das Fallrecht, das Gegenstand dieser Darstellung bildet. Doch handelt es sich bei den Verfahrensordnungen um normative Vorgaben, während die Gerichte die Entscheidungsqualität einer Maßnahme phänotypisch beurteilen. Angesichts dessen werden sich in der Anwendungspraxis der Behörden Zweifelsfälle nie ganz ausschließen lassen.

331   Hinsichtlich des Handlungs- bzw. Entscheidungscharakters ist das Merkmal der **Rechtswirkungen** der angefochtenen Maßnahme ausschlaggebend.[1095] Das ist die Quintessenz der vielzitierten „IBM-Formel", wonach alle einem Organ (dh für die vorliegenden Zwecke regelmäßig: Kommission oder ESA) zurechenbaren Handlungen Gegenstand einer Nichtigkeitsklage sein können, „die verbindliche Rechtswirkungen erzeugen, welche die Interessen des Klägers durch einen Eingriff in

---

[1094] EuG Slg. 1996, 1 Rn. 30 – Koelman.
[1095] EuGH Slg. 1971, 263 Rn. 42 – Kommission/Rat; EuZW 2012, 148 Rn. 36 – Deutsche Post.

seine Rechtsstellung beeinträchtigen".[1096] Sind diese Voraussetzungen erfüllt, so liegt grundsätzlich ein tauglicher Klagegegenstand vor. Selbst die hinsichtlich der anderen Prozessvoraussetzungen privilegierten Mitgliedstaaten können nur gegen Maßnahmen mit Rechtswirkungen vorgehen, wenn diese auch nicht zwangsläufig ihnen gegenüber bestehen müssen.[1097]

Art. 263 Abs. 4 AEUV hat den Begriff der **„Entscheidung"** in Art. 230 Abs. 4 EG durch den weniger formellen Begriff der **„Handlung"** ersetzt. Nachdem aber Abs. 1 der gleichen Vorschrift Handlungen in Form von Empfehlungen und Stellungnahmen vom Anwendungsbereich der Nichtigkeitsklage ausnimmt, ist davon auszugehen, dass der Begriff der Handlung auch weiterhin solche Maßnahmen nicht umfasst, die keine verbindlichen Rechtswirkungen erzeugen. Die Rechtsprechung des EuGH zum tauglichen Klagegegenstand wird sich demnach jedenfalls nicht grundlegend verändern. In ersten Urteilen unter Art. 263 AEUV hat der EuGH sie bereits zwanglos fortgeführt.[1098] Wenn überhaupt, sollte der nun durchgehend gebrauchte Begriff der Handlung im Einzelfall zu großzügigeren Ergebnissen im Sinne des Klägers führen. Eine greifbare Verbesserung der Rechtslage durch den Wegfall des Begriffs der Entscheidung durch jenen der Handlung in Art. 263 Abs. 4 stellt nunmehr die eindeutige Erstreckung des Anfechtungsrechts auch auf abstrakt-generelle Regelungen wie Verordnungen oder Richtlinien dar. Das bedeutet freilich nicht, dass die Hürden der Klagebefugnis (→ Rn. 406 ff.) ebenfalls gesenkt worden wären. 332

Die Rechtsprechung in der Folge von IBM ist insbesondere für die Abgrenzung verfahrens(teil)abschließender Entscheidungen von bloß vorbereitenden Zwischenmaßnahmen im komplexen wettbewerbsrechtlichen Verfahrensgang von Bedeutung. Der zweite Teil der Formel („welche die Interessen des Klägers […] beeinträchtigen") bezieht sich genau genommen gar nicht auf die Frage, ob die angegriffene Handlung an sich anfechtbar ist, sondern formuliert die Notwendigkeit, dass der Kläger ein Rechtsschutzinteresse in Bezug auf die von ihm angefochtenen Rechtswirkungen geltend machen kann. Auch wenn beide Bereiche in der Rechtsprechung nicht immer sauber getrennt werden,[1099] so ist doch klar, dass das Fehlen einer **Beschwer** des Klägers nicht die Prüfung des tauglichen Klagegegenstands präjudiziert. Deshalb kann etwa ein fusionierendes Unternehmen grundsätzlich auch gegen die Genehmigung der Fusion[1100] oder ein begünstigtes Unternehmen gegen die Genehmigung einer Beihilfe klagen.[1101] Auf der anderen Seite kann ein bestehendes Rechtsschutzinteresse in wertender Betrachtung auch über das Fehlen verbindlicher Rechtswirkungen im strengen Sinne hinweghelfen.[1102] 333

Wichtig für die Bestimmung der rechtlichen Verbindlichkeit, aber auch im Hinblick auf alle anderen Zulässigkeitsvoraussetzungen ist eine genaue Differenzierung. Innerhalb eines mit „Entscheidung" überschriebenen Textes einer Wettbewerbsbehörde sind regelmäßig ein Bündel verschiedener **„Handlungen" bzw. „Entscheidungen"** im Sinne des Art. 263 AEUV/Art. 36 ÜGA enthalten,[1103] die jeweils für sich auf ihre Rechtmäßigkeit überprüft und ggf. unabhängig voneinander für nichtig erklärt werden können. Die einzelnen „Entscheidungen" können darüber hinaus an unterschiedliche Adressaten gerichtet sein. Die Frage nach der Rechtswirkung kann deshalb nicht pauschal, sondern muss im Hinblick auf jede dieser einzelnen Handlungen und ihren Adressaten beantwortet werden. Dadurch ist freilich nicht ausgeschlossen, dass mit einer Klage mehrere Entscheidungen gleichzeitig angefochten werden können.[1104] 334

bb) Verbindliche Rechtswirkungen. (1) Unbeachtlichkeit der Form. Das Konzept der Rechtswirkungen ist ein juristisches; auf rein wirtschaftliche Auswirkungen wie etwa die auf Ankündigung eines Bußgelds eintretenden Kursverluste der Aktie oder Rückstellungen in der Bilanz kommt es nicht an.[1105] Um festzustellen, ob eine Maßnahme verbindliche Rechtswirkungen erzeugt, ist in materieller Betrachtungsweise auf ihr **Wesen** abzustellen.[1106] Eine die Zulässigkeitsvoraussetzungen 335

[1096] StRspr, EuGH Slg. 1981, 2639 Rn. 9 – IBM; in letzter Zeit wird der „Eingriff in der Rechtsstellung" des Klägers durch ein Berühren der „Interessen des Klägers durch eine qualifizierte Änderung seiner Rechtsstellung" ersetzt, vgl. EuGH Slg. 2008, I-5829 Rn. 29 – Athinaïki Techniki.
[1097] EuGH Slg. 2001, I-9183 Rn. 23 – Portugal/Kommission.
[1098] EuGH EuZW 2012, 148 – Deutsche Post; EuG 20.9.2012 – T-154/10, ECLI:EU:T:2012:452 – Frankreich/Kommission.
[1099] Vgl. etwa EuGH Slg. 2001, I-9183 Rn. 22 f. – Portugal/Kommission; EuG Slg. 2000, II-1733 Rn. 79 – Coca-Cola.
[1100] Vgl. etwa EuG Slg. 2000, II-1733 Rn. 79 – Coca-Cola.
[1101] EuG Slg. 2002, II-347 Rn. 38 – Nuove Industrie Molisane.
[1102] EuG Slg. 2000, II-1733 Rn. 86 – Coca-Cola.
[1103] EuG Slg. 1997, II-1185 Rn. 56 – AssiDomän; Slg. 2004, II-2501 Rn. 49 – JFE Engineering.
[1104] EuG Slg. 2006, II-111 Rn. 41 – Schneider Electric III.
[1105] Pechstein, EU-Prozessrecht, 4. Aufl. 2011, Rn. 392.
[1106] EuGH Slg. 1981, 2639 Rn. 9 – IBM; EuG Slg. 2004, II-1363 Rn. 39 – SGL Carbon.

einschränkende Auslegung, wonach nur die in Art. 288 AEUV genannten Handlungen durch die Nichtigkeitsklage angegriffen werden können, lehnt der EuGH angesichts der ihm von Art. 19 EUV auferlegten umfassenden Kontrollpflicht seit dem Urteil AETR ab.[1107] Auf die Bezeichnung der Handlung durch das erlassende Organ kommt es nicht an; entscheidend ist das Wesen der Handlung.[1108] In letzter Zeit hat der EuGH aber präzisiert, dass jedenfalls dort, wo der Unionsgesetzgeber – etwa im Verfahrensrecht – eine Entscheidung bzw. einen Beschluss vorsieht, diese Festlegung auch im Rahmen der Nichtigkeitsklage zu beachten ist.[1109]

336   Auch die **Form** der angegriffenen Handlung ist für die Frage ihrer Anfechtbarkeit ohne Belang.[1110] Abzustellen ist ausschließlich auf den Inhalt der angefochtenen Maßnahme. Häufig haben die Gerichte deshalb etwa den Briefverkehr der Behörden auszulegen.[1111] Dass die Entscheidung nicht an die richtigen **Adressaten** gerichtet ist, bleibt ebenfalls unbeachtlich.[1112] Schließlich hat die **Veröffentlichung** oder Nichtveröffentlichung einer Maßnahme keinen Einfluss auf die Rechtsnatur, sondern wirkt sich allenfalls auf den Lauf der Klagefrist aus.[1113] Auch eine **Presseerklärung** kann eine anfechtbare Handlung darstellen, wenn sie verbindliche Rechtswirkungen erzeugt.[1114] Das hat das EuG für den Fall einer Erklärung angenommen, mit der das zuständige Kommissionsmitglied bekannt gab, dass die Kommission sich für ein Fusionsverfahren wegen mangelnden gemeinschaftsweiten Umsatzes für unzuständig hält.[1115] Allerdings muss die Äußerung eindeutig, vorbehaltlos und auf höchstrangiger Ebene im Namen der Behörde gemacht werden. In diesem Sinne können selbst mündliche Erklärungen verbindliche Rechtswirkungen entfalten.

337   (2) **Meinungsäußerungen.** Keine verbindlichen Rechtswirkungen erzeugen bloße Meinungsäußerungen oder **Absichtserklärungen**.[1116] So stellt die einseitige Ankündigung, sich in Zukunft in einer bestimmten Weise zu verhalten, eine bloße Absichtserklärung dar, da erst die Durchführung, nicht aber die Ankündigung einer Maßnahme gegebenenfalls Rechtswirkungen erzeugt.[1117] Ebenfalls keine Rechtswirkungen erzeugen **Schreiben rein informativen Charakters**. Es geht um Schreiben, mit denen sich ein Organ in keiner Weise festlegt oder dem Empfänger zum Beispiel mitteilt, ein Vorgang sei in Bearbeitung, man werde ihn auf dem Laufenden halten oder Ähnliches.[1118] Gleiches gilt auf der höchstrangigen Ebene für einen „Gedankenaustausch" zwischen Kommissar und einem Minister.[1119] Für das Vorliegen einer Meinungsäußerung kann sprechen, dass für ein rechtsverbindliches Handeln der Behörde keine gesetzliche bzw. vertragliche Ermächtigungsgrundlage besteht.[1120] Dieses Kriterium birgt aber die Gefahr einer zirkulären Argumentation.

338   Äußerungen der Kommission, mit denen einer mitgliedstaatlichen Behörde eine bestimmte Art des **Vollzugs von EU-Recht** nahe gelegt wird, sind bloße Meinungsäußerungen, solange klar ist, dass die Behörde rechtlich nicht an die Auffassung der Kommission gebunden ist und die Entscheidung letztlich in ihren Verantwortungsbereich fällt.[1121] Das Gleiche gilt, wenn die Kommission EU-Recht Dritten gegenüber auslegt und offensichtlich nicht die Kommission, sondern eine mitgliedstaatliche Behörde für den Vollzug der Rechtsnorm zuständig ist.[1122] Behauptet die Kommission dagegen, dass einen Dritten (insbesondere die Mitgliedstaaten) unmittelbare, spezifische Pflichten treffen, welche sich in Wahrheit nicht aus dem Unionsrecht ergeben, so liegt darin eine Handlung mit Rechtswirkungen, da mit einer solchen „Meinungsäußerung" in Wirklichkeit Pflichten auferlegt werden.[1123] Umgekehrt erzeugt die öffentliche Erklärung der Kommission, für die Prüfung einer Fusion nicht zuständig zu sein, ebenfalls Rechtswirkungen, da hiermit die fusionierenden Unternehmen – falls die Kommission in Wirklichkeit zuständig wäre – von ihrer Anmeldepflicht befreit werden.[1124]

[1107] EuGH Slg. 1971, 263 Rn. 40 – Kommission/Rat; Slg. 1981, 2639 Rn. 8 – IBM.
[1108] EuGH Slg. 1982, 3463 Rn. 7 – Alusuisse; EuG Slg. 1994, II-121 Rn. 57–59 – Air France II.
[1109] EuGH 13.10.2011 – C-463/10 P, 475/10 P, ECLI:EU:C:2011:656 Rn. 45 – Deutsche Post.
[1110] EuGH Slg. 1997, I-1627 Rn. 7 ff. – Frankreich/Kommission; Slg. 2008, I-5829 Rn. 43 – Athinaïki Techniki.
[1111] Vgl. EuG Slg. 1996, II-1367 Rn. 37 ff. – CSF und CSME.
[1112] EuG Slg. 2006, II-1047 Rn. 51 – Deutsche Bahn.
[1113] EuG Slg. 1994, II-121 Rn. 58 – Air France II.
[1114] EuG Slg. 1994, II-121 Rn. 57–59 – Air France II.
[1115] EuG Slg. 1994, II-121 Rn. 44–59 – Air France II.
[1116] EuGH Slg. 1998, I-2265 Rn. 28 – Vereinigtes Königreich/Kommission.
[1117] EuGH Slg. 1988, 5289 Rn. 13 – Vereinigtes Königreich/Kommission.
[1118] Vgl. zB EuG Slg. 1999, II-1757 Rn. 7, 105 – TF1.
[1119] EuG Slg. 1990, II-797 Rn. 81 – Nefarma.
[1120] EuG Slg. 1990, II-797 Rn. 68 – Nefarma.
[1121] EuGH Slg. 1980, 1299 Rn. 16 – Sucrimex; Slg. 1991, I-2917 Rn. 13 – Sunzest.
[1122] EuG Slg. 2003, II-1621 Rn. 25 f. – „Factotum".
[1123] EuGH Slg. 1991, I-5315 Rn. 15 – Frankreich/Kommission; Slg. 1993, I-3283 Rn. 22, 23 – Frankreich/Kommission; EuGH Slg. 1997, I-1627 Rn. 7 ff. – Frankreich/Kommission.
[1124] EuG Slg. 1994, II-121 Rn. 47 – Air France II.

(3) **Realakte.** Rechtswirkungen erzeugen und mit der Nichtigkeitsklage angegriffen werden **339** können auch Handlungen, die sich bei unbefangener Betrachtungsweise als Realakte darstellen. Damit es zu keiner Lücke im Rechtsschutzsystem der Union kommt, legt der EuGH den Begriff der Handlung (vor Inkrafttreten des Lissabon-Vertrags: Entscheidung) weit aus. Im Fall AKZO befand der EuGH betreffend die **Weiterleitung von Verfahrensunterlagen** durch die Kommission an einen Beschwerdeführer, dass damit nur eine vorangegangene Entscheidung durchgeführt worden sei. Darin habe die Kommission zweierlei entschieden, nämlich zum einen, dass die Weiterleitung zur ordnungsgemäßen Untersuchung der Angelegenheit und zur Wahrung des Rechts des Beschwerdeführers auf Anhörung notwendig sei, und zum anderen, dass die betreffenden Unterlagen nicht von der Garantie der vertraulichen Behandlung erfasst seien.[1125] Hinter dieser „Konstruktion" einer Entscheidung und damit der Zubilligung von Rechtswirkungen steht offensichtlich das Bemühen, dem Kläger Rechtsschutz zu gewähren, ebenso wie das Bestreben der „Erziehung" der Kommission.[1126] Ob diese Rechtsprechung auch für die teilweise geforderte Anfechtbarkeit der **Informationsübermittlung an die nationalen Gerichte** durch die Kommission gemäß Art. 15 Abs. 1 VO 1/2003[1127] nutzbar gemacht werden kann, scheint indessen zweifelhaft, weil hier die Funktionsfähigkeit des justiziellen Systems auf dem Spiel steht. Auch die zinslose Rückzahlung zu viel bezahlter Geldbußen (nach gerichtlicher Herabsetzung) kann ausnahmsweise die **konkludente Weigerung** der Kommission enthalten, diese Zinsen zu bezahlen, wofür freilich außergewöhnliche Umstände nachzuweisen sind.[1128]

Die isolierte Anfechtbarkeit einer im Verwaltungsverfahren getroffenen Entscheidung, die erfor- **340** derlichenfalls zu „konstruieren" ist, ändert nichts daran, dass **in Durchführung der Entscheidung vorgenommene Realakte** für sich genommen nicht anfechtbar sind. Das gilt nach der Rechtsprechung etwa für Handlungen in einem **Nachprüfungsverfahren** nach Art. 20 VO 1/2003, das der Behörde lediglich die Sammlung von Faktenmaterial für die Feststellung des Sachverhalts und seine rechtliche Würdigung ermöglichen soll.[1129] In diesem Rahmen informell angeforderte mündliche Erklärungen und Auskünfte sind nicht rechtsverbindlich (vgl. Art. 19 VO 1/2003). Darunter fallen auch Protokolle, welche die Kommissionsbediensteten von mündlichen Erklärungen der Unternehmensmitarbeiter gefertigt haben.[1130] Der Ablauf des Nachprüfungsverfahrens an sich kann somit nur im Rahmen der Klage gegen die endgültige Entscheidung thematisiert werden.[1131] Der EuGH trennt darüber hinaus auch die (eindeutig als solche zu klassifizierende) **Entscheidung von der Benachrichtigung** an den späteren Kläger, die für sich genommen nicht anfechtbar ist.[1132]

Der Differenzierung in Art. 18 VO 1/2003 zwischen **Auskunftsentscheidung und einfa-** **341** **chem Auskunftsverlangen** liegt die Annahme zugrunde, dass das Einholen von Auskünften grundsätzlich im Wege eines Realaktes vonstattengeht. Ob dies in Durchführung einer – allenfalls konkludenten – anfechtbaren Entscheidung geschieht, ist nach dem Gesagten ohne Rücksicht auf die Form des Verlangens im Einzelfall zu entscheiden. Eine vergleichbare Unterscheidung liegt dem **Ersuchen nach Auskunft über eine angeblich rechtswidrige Beihilfe** nach Art. 5 Abs. 1 VO (EU) 2015/1589 und der grundsätzlich als Entscheidung ergehenden Anforderung zur Auskunftserteilung nach Abs. 2 zugrunde.[1133]

Sanktionierung. Ob eine behördliche Maßnahme bzw. deren Nichtbefolgung sanktionsbe- **342** wehrt ist oder nicht, hat auf die Rechtsverbindlichkeit keine Auswirkung.[1134]

(4) **Eigener Regelungsgehalt.** Die angefochtene Maßnahme muss in jedem Fall einen **eige-** **343** **nen Regelungsgehalt** besitzen. Das Fehlen eines eigenständigen Gehalts kann sich aus verschiedenen Umständen ergeben.

Bestätigende Verfügungen. Rein wiederholende oder **bestätigende Verfügungen** erzeugen **344** keine Rechtswirkungen und können deshalb nicht selbstständig angefochten werden.[1135] Dies ist aber

---

[1125] EuGH Slg. 1986, 1965 Rn. 17 – AKZO.
[1126] EuGH Slg. 1986, 1965 Rn. 18, 29 – AKZO.
[1127] Bechtold/Bosch/Brinker VO 1/2003 Art. 15 Rn. 12.
[1128] EuGH Slg. 2004, I-11647 Rn. 44 ff. – Greencore Group.
[1129] EuGH Slg. 1980, 2033 Rn. 21 – National Panasonic; EuG Slg. 1997, II-909 Rn. 22 – Elf Atochem.
[1130] EuG Slg. 1997, II-909 Rn. 24 – Elf Atochem.
[1131] EuG Slg. 1999, II-931 Rn. 413 – Limburgse Vinyl Maatschappij.
[1132] EuGH Slg. 2008, I-5829 Rn. 30 – Athinaïki Techniki.
[1133] EuGH 13.10.2011 – C-463/10 P, 475/10 P, ECLI:EU:C:2011:656 Rn. 46 – Deutsche Post.
[1134] EuGH 13.10.2011 – C-463/10 P, ECLI:EU:C:2011:656 Rn. 48 – Deutsche Post.
[1135] EuGH Slg. 1977, 1875 Rn. 4 – Metro; Slg. 1996, I-1 Rn. 14 – Zunis Holding; EuG Slg. 1996, II-1475 Rn. 24 – Salt Union; Slg. 1997, II-1185 Rn. 29 – AssiDomän; Slg. 1997, II-2215 Rn. 49 – Tremblay II; Slg. 1998, II-523 Rn. 41 – Goldstein.

nur der Fall, wenn die zweite Entscheidung denselben Gegenstand betrifft wie die erste.[1136] Soweit eine Maßnahme ganz oder teilweise einen anderen Gegenstand hat als die ursprüngliche Maßnahme, ist sie in Bezug auf den neuen Regelungsgehalt anfechtbar. Im Urteil Waterleiding Maatschappij legte das EuG der Doktrin der Nichtanfechtbarkeit bestätigender Rechtsakte als ratio offenbar nicht das Fehlen eines eigenständigen Regelungsgehalts zugrunde, sondern den **Schutz der Bestandskraft**. Demnach wäre die Anfechtung bestätigender Rechtsakte dort, aber auch nur dort unzulässig, wo die Klagefrist hinsichtlich der ersten Entscheidung abgelaufen ist[1137] und nicht ausnahmsweise eine Pflicht der Behörde zur Überprüfung der bestandskräftigen Entscheidung in Betracht kommt.[1138]

345   In jedem Fall ist aber zu prüfen, ob und inwieweit sich die beiden „Entscheidungen" decken bzw. ob und inwieweit die angefochtene Maßnahme die Rechtslage im Vergleich zur vorherigen Maßnahme ändert.[1139] Das kann im Einzelfall durchaus schwierig sein. Für das Fehlen einer Abweichung mag etwa sprechen, dass die Behörde eine einmal erteilte Genehmigung schon aus Gründen der Rechtssicherheit und des Vertrauensschutzes im Nachhinein nicht willkürlich ändern wird. Der bloße Umstand, dass die zweite Entscheidung eine Antwort auf einen von der Klägerin gestellten **Antrag** enthält – etwa den Antrag auf Wiederaufnahme eines Verfahrens,[1140] eine Beschwerde gegen die Genehmigung einer Beihilfe im Vorprüfungsverfahren[1141] oder den Antrag auf Aufhebung der bereits angeordneten Stellung einer Bankbürgschaft[1142] – führt für sich genommen noch nicht zur Begründung einer Differenz, weil sonst durch eine Beschwerdeeinreichung die Klagefrist verlängert bzw. wiedereröffnet werden könnte. Eine **erneute Überprüfung der Sach- und Rechtslage** ist aber unabhängig davon, ob die Behörde ihre Haltung ändert, nicht nur als bloße Bestätigung der vorangegangenen Entscheidung zu sehen.[1143] Auch eine gleich lautende Entscheidung enthält dann neue Elemente, wenn sie auf einen Antrag hin ergeht, in dem sich der Antragsteller auf **neue, wesentliche Tatsachen** gestützt hat.[1144] In diesem Fall ist die Behörde zur Überprüfung der Entscheidung trotz Bestandskraft verpflichtet.[1145] Eine Tatsache ist dann neu, wenn sie weder dem Antragsteller noch dem Organ vor Erlass der bestätigten Maßnahme bekannt war oder bekannt sein konnte.[1146] Sie ist wesentlich, wenn sie die Lage des Klägers im Vergleich zu seiner Lage vor Erlass der ursprünglichen Maßnahme wesentlich verändert.[1147] Dies ist dann nicht der Fall, wenn das Organ die Möglichkeit des Eintritts der neuen Tatsache schon in seiner ersten Entscheidung bedacht hatte und für unerheblich erklärt bzw. jede spätere anderslautende Entscheidung definitiv ausgeschlossen hat.[1148] Das Eingehen auf neue, aber nicht wesentliche Tatsachen, welche der Antragsteller vorgebracht hat, stellt im Zweifel lediglich eine Höflichkeit der Kommission dar, die eine Anfechtbarkeit der Handlung nicht begründen kann.[1149]

346   Eine Änderung der Rechtslage durch die zweite (angefochtene) Entscheidung tritt offensichtlich ein, wenn die vorangegangene Maßnahme gar keine Rechtswirkungen erzeugte, da es sich bei ihr um eine **bloße Meinungsäußerung** handelte.[1150] Dagegen kann die Weigerung eines Organs, eine Handlung, die keine Rechtswirkungen erzeugt, zu widerrufen oder zu ändern, gegenüber dem Einzelnen keine Rechtswirkungen erzeugen.[1151] Da die erste Handlung keine Rechtswirkungen erzeugt, kann ihr Fortbestehen den Antragsteller nicht in seinen Rechten verletzen.

347   **Bloße Wiedergabe der Rechtslage.** Ebenfalls keine eigenständigen Rechtswirkungen erzeugen Rechtsakte, die sich in der **Wiedergabe der bestehenden Rechtslage** oder einer abstrakten Auslegung[1152] von Rechtsnormen erschöpfen. Diese ist von der Konkretisierung zu unterscheiden, wie sie sich in einer zweifellos anfechtbaren Feststellungs- bzw. Untersagungsentscheidung ausdrückt. Eine bloße Wiedergabe der Rechtslage ist angenommen worden in der Bezeichnung eines Mitglied-

---

[1136] EuGH Slg. 1988, 6473 Rn. 15 – Irish Cement.
[1137] EuG Slg. 1998, II-3713 Rn. 108 – Waterleiding Maatschappij.
[1138] Dazu EuG Slg. 2004, II-1363 Rn. 53 – SGL Carbon, mwN.
[1139] EuGH Slg. 1995, I-1651 Rn. 21 – Spanien/Kommission; EuGH Slg. 1999, I-6513 Rn. 29 – Niederlande/Kommission.
[1140] EuGH Slg. 1996, I-1 Rn. 13 – Zunis Holding.
[1141] EuG Slg. 1998, II-3713 Rn. 126 – Waterleiding Maatschappij.
[1142] EuG Slg. 2004, II-1363 Rn. 49 ff. – SGL Carbon.
[1143] EuG Slg. 1996, II-1475 Rn. 25 – Salt Union; Slg. 1998, II-523 Rn. 42 – Goldstein.
[1144] EuG Slg. 2001, II-557 Rn. 49 – Inpesca; Slg. 2004, II-1363 Rn. 53 – SGL Carbon.
[1145] EuG Slg. 2004, II-1363 Rn. 53 f. – SGL Carbon.
[1146] EuG Slg. 2001, II-557 Rn. 50 – Inpesca; Slg. 2004, II-1363 Rn. 57 – SGL Carbon.
[1147] EuG Slg. 2001, II-557 Rn. 51 – Inpesca; Slg. 2004, II-1363 Rn. 58 – SGL Carbon.
[1148] Vgl. EuGH Slg. 1988, 6473 Rn. 15 – Irish Cement.
[1149] EuG Slg. 2004, II-1363 Rn. 72 – SGL Carbon.
[1150] EuG Slg. 1998, II-2889 Rn. 27 – Regione Toscana.
[1151] EuG Slg. 2004, II-2923 Rn. 30 – Comunidad Autónoma de Andalucía.
[1152] EuG Slg. 1998, II-2889 Rn. 22, 23 – Regione Toscana.

staats als Adressat einer Entscheidung hinsichtlich ihrer Zwangsvollstreckung nach Art. 299 AEUV, da die Adressatenstellung unmittelbar aus dieser Vorschrift folgt.[1153] Eine Mitteilung, wonach ein Antrag, falls er nach einem bestimmten Datum gestellt würde, aufgrund einer bestimmten Norm als verfristet abgelehnt würde, stellt ebenfalls lediglich eine abstrakte Auslegung der Norm und allenfalls eine Absichtserklärung dar. Denn bevor ein Antrag nicht gestellt wurde, kann über ihn auch nicht entschieden werden.[1154] Etwas anderes gälte aber dann, wenn sich das Organ in seiner Äußerung nicht auf eine Norm stützte, sondern aus eigener Machtvollkommenheit eine Frist setzte. In einem solchen Fall legte das Organ nicht mehr ein Gesetz aus, sondern regelte die Pflichten des Adressaten der Mitteilung, wodurch diese „Mitteilung" in Wirklichkeit eine Entscheidung wäre, die Rechtswirkungen erzeugte.

Ebenfalls keine Rechtswirkungen erzeugen **Mitteilungen** an den beschwerdeführenden oder einen sonstigen Dritten über an einen anderen Adressaten gerichtete Entscheidungen. Rechtswirkungen erzeugt in diesem Fall nur die Entscheidung selbst. Die Mitteilung an den Nicht-Adressaten erfolgt dann im Zuge der ordnungsgemäßen Verwaltung oder auf ein spezifisches Auskunftsersuchen und gibt lediglich eine bestehende Rechtslage wieder.[1155] Ergeht dem Nicht-Adressaten gegenüber eine Mitteilung über die Einstellung oder Nichteröffnung des Verfahrens, so kann nicht diese Mitteilung, sondern muss die an einen anderen gerichtete Entscheidung über die Einstellung oder Nicht-Eröffnung an sich angefochten werden (→ Rn. 376 f.). **348**

Eine bloße Wiedergabe der bestehenden Rechtslage liegt schließlich auch dann vor, wenn sich die Behörde ohne erneute inhaltliche Prüfung weigert, von einer bereits erlassenen beschwerenden Maßnahme Abstand zu nehmen. Keine eigenen Rechtswirkungen entfaltet somit die Weigerung, von der Höhe einmal geforderter Verzugszinsen abzuweichen, wenn darin keine neue, eigenständige Prüfung der Rechtmäßigkeit dieser Zinsen vorgenommen worden ist.[1156] Man kann entsprechende Konstellationen auch als bloß bestätigende Maßnahmen im Sinne der oben dargelegten Grundsätze erfassen. **349**

Rücknahme und Aufhebung. Des Weiteren erzeugt eine Maßnahme dann keine Rechtswirkungen (mehr), wenn sie von dem erlassenden Organ ordnungsgemäß **zurückgenommen** oder durch eine Gerichtsentscheidung aufgehoben wurde.[1157] Im ersten Fall muss sich die Behörde tatsächlich auch vom Inhalt des vormals vertretenen Standpunkts distanzieren. Das bloß formale Zurückziehen eines möglicherweise anfechtbaren Schreibens ändert an der Anfechtbarkeit nichts, wenn nicht auch die darin vertretene materiell-rechtliche Position aufgegeben wird.[1158] Wird die Entscheidung nach Erhebung der Anfechtungsklage zurückgenommen, so kann die Klage vom Gericht für erledigt erklärt werden (→ Rn. 215 ff.). Wird die ursprüngliche Entscheidung aber nur durch eine neue Entscheidung mit gleichem Gegenstand ersetzt, so ist dies lediglich als neue Tatsache zu sehen, die den Kläger zu einer Anpassung seiner Anträge und seines Vorbringens berechtigt.[1159] Die **Rücknahme der Entscheidung** kann aber ihrerseits eine Entscheidung darstellen, die unter Berufung auf die Grundsätze der Rechtssicherheit und des Vertrauensschutzes angefochten werden kann.[1160] **350**

Rechtliche Inexistenz. Nach der Rechtsprechung besteht die Möglichkeit, dass ein Rechtsakt aufgrund außergewöhnlicher Umstände **rechtlich inexistent** ist.[1161] Die Inexistenz entspricht der Nichtigkeit eines Verwaltungsakts nach nationalem Verwaltungsrecht. Mit diesem Argument kann ein Kläger auch dann noch gehört werden, wenn die Klagefrist bereits abgelaufen ist.[1162] Im Rahmen einer (direkten) Nichtigkeitsklage gegen die Nicht-Entscheidung würde aber im Tenor die Inexistenz des Rechtsaktes festgestellt, die Klage mangels tauglichen Klagegegenstands als unzulässig abgewiesen und die Kosten dem beklagten Organ auferlegt.[1163] Zumindest nach Ansicht des EuG gehört die Frage der Existenz eines Rechtsakts zum **ordre public** und ist deshalb von Amts wegen ohne Bindung an Klage- oder Antragsfristen zu prüfen.[1164] Ein Antrag auf Erklärung der Inexistenz ist aber jedenfalls ratsam.[1165] **351**

[1153] EuGH Slg. 2001, I-9183 Rn. 26 – Portugal/Kommission.
[1154] EuG Slg. 1998, II-2889 Rn. 22, 23 – Regione Toscana.
[1155] EuGH Slg. 1993, I-2487 Rn. 15 – Cook; Slg. 1998, I-1719 Rn. 45 f. – Sytraval und Brink's France; EuG Slg. 1996, II-1367 Rn. 42 – CSF und CSME.
[1156] EuG Slg. 2004, II-1363 Rn. 43 – SGL Carbon.
[1157] Vgl. EuGH Slg. 1994, I-2555 Rn. 48 – BASF.
[1158] EuG Slg. 2006, II-1047 Rn. 61 f. – Deutsche Bahn.
[1159] EuGH Slg. 1982, 749 Rn. 8 – Alpha Steel.
[1160] EuGH Slg. 1987, 1005 Rn. 12, 17 – Consorzio Cooperative d'Abruzzo.
[1161] Dazu Scherers/Waelbroeck, Judicial Protection in the European Union, 6. Aufl. 2001, §§ 684 ff.
[1162] EuGH Slg. 1987, 1005 Rn. 10 – Consorzio Cooperative d'Abruzzo.
[1163] Vgl. den Tenor von EuG Slg. 1992, II-315 – BASF u.a. (aufgehoben durch EuGH Slg. 1994, I-2555).
[1164] EuGH Slg. 1992, II-315 Rn. 68 – BASF.
[1165] EuGH Slg. 1995, I-1651 Rn. 18 – Spanien/Kommission.

352 Für die von den Behörden erlassenen Entscheidungen spricht grundsätzlich die **Vermutung der Gültigkeit**, so dass diese auch dann, wenn sie fehlerhaft sind, Rechtswirkungen entfalten, solange sie nicht aufgehoben oder von der Stelle, die sie erlassen haben, ordnungsgemäß zurückgenommen worden sind.[1166] Aus Gründen der Rechtssicherheit muss die Qualifizierung als inexistent Akten vorbehalten bleiben, die mit **besonders schweren und offensichtlichen Fehlern** derart behaftet sind, dass die Rechtsordnung sie nicht tolerieren kann.[1167] Es ist unerheblich, wie schwerwiegend ein Verfahrensfehler beim Erlass einer Entscheidung ist, sofern er nicht schon bei unbefangener Lektüre sofort ins Auge fällt.[1168] Mängel einer Entscheidung wie die Unzuständigkeit der handelnden Behörde oder Verfahrensfehler beim Zustandekommen sind in Art. 263 AEUV bzw. Art. 36 ÜGA als mögliche Rügen einer Anfechtung genannt und können deshalb nur in „ganz außergewöhnlichen Fällen" die Inexistenz begründen.[1169]

353 Eine Vorstellung von den unter dem Gesichtspunkt der Inexistenz diskutierten Konstellationen vermittelt der **PVC-Fall**, bei dem sich im Laufe des Verfahrens herausgestellt hatte, dass (1) der Beschluss der Kommission nur in drei der fünf verbindlichen Sprachen gefasst wurde, (2) der Beschluss nicht, wie von der Satzung gefordert, offiziell festgestellt wurde, (3) nach dem Beschluss unbekannte Beamte der Kommission inhaltliche Änderungen sowohl an der Begründung als auch am verfügenden Teil der Entscheidung vorgenommen hatten, was auch an dem Schriftbild der Entscheidung erkennbar war, (4) der Erlass der Entscheidung an den (sachlich unzuständigen) Kommissar für Wettbewerbsfragen delegiert wurde und dass (5) dieser Kommissar zum Zeitpunkt des endgültigen Erlasses der Entscheidung nicht mehr im Amt, also auch zeitlich unzuständig war. Das EuG erklärte die Entscheidung vor allem wegen der unterbliebenen Feststellung (2) für inexistent.[1170] Im Rechtsmittelverfahren lehnte GA Van Gerven die Annahme eines „Nicht-Aktes" ab, da kein Fehler vorliege, dessen Vorhandensein bereits „bei der Lektüre" des Rechtsakts durch den Adressaten klar erkennbar sei.[1171] Der EuGH stellte fest, dass die Kommission immerhin tatsächlich einen Beschluss bezüglich der Verfügung getroffen habe; im Übrigen seien die vom Gericht festgestellten Zuständigkeits- und Formfehler „für sich allein oder auch insgesamt betrachtet nicht derart schwerwiegend, dass die […] Entscheidung als rechtlich inexistent betrachtet werden müsste".[1172] Tatsächlich wurde die Inexistenz eines Aktes vom EuGH, soweit ersichtlich, nur ein einziges Mal – wegen des Fehlens jeglicher Begründung einer Stellungnahme (sic!) – angenommen.[1173] Das Fehlen der Begründung einer als Entscheidung qualifizierten Handlung führt dagegen regelmäßig lediglich zu deren Aufhebung.[1174] In der Spruchpraxis des EuGH ist die Kategorie der Inexistenz damit ohne praktische Bedeutung geblieben.

354 **(5) Arten von Rechtswirkungen.** Die Rechtswirkung einer Maßnahme als entscheidendes Merkmal für deren Entscheidungscharakter kann und darf nicht typisierten Fallgruppen entnommen werden, sondern muss nach den genannten Kriterien in einer Einzelfallbewertung ermittelt werden. Dennoch kann hier systematisch eine grobe Unterteilung in verschiedene Fallgruppen vorgenommen werden, wobei diese nicht exklusiv sind und sich, wie die Rechtsprechungspraxis zeigt, vielfach überschneiden.

355 **Rechtsverbindliche Feststellungen.** Rechtswirkungen können zunächst durch die **verbindliche Feststellung** einer bestehenden Rechtslage durch die Behörde erzielt werden. Die Rechtsverbindlichkeit kann in verschiedene Richtungen wirken und neben den Adressaten einer Entscheidung[1175] oder Dritten die Mitgliedstaaten bzw. deren Behörden oder Gerichte[1176] oder die Behörde selbst betreffen.[1177] Die rechtsverbindliche Feststellung ist eine der klassischen Maßnahmen der Behörden im Rahmen ihrer Aufsichts- und Überwachungstätigkeit. Daher ist diese Art von Hand-

---

[1166] StRspr, vgl. nur EuGH Slg. 1994, I-2555 Rn. 48 – BASF.
[1167] EuGH Slg. 1987, 1005 Rn. 10 – Consorzio Cooperative d'Abruzzo; Slg. 1999, I-4643 Rn. 94 – Chemie Linz; EuG Slg. 1998, II-3713 Rn. 116 – Waterleiding Maatschappij; EFTA-GH Slg. 2005, 202 Rn. 21 – ESA/Island.
[1168] EuGH Slg. 1987, 1005 Rn. 11 – Consorzio Cooperative d'Abruzzo.
[1169] EuGH Slg. 1978, 1881 Rn. 9 – Kommission/Belgien; EuG Slg. 1998, II-3645 Rn. 117 – IECC; EFTA-GH Slg. 2005, 202 Rn. 24 – ESA/Island.
[1170] EuG Slg. 1992, II-315 – BASF.
[1171] GA Van Gerven Slg. 1994, I-2555 Rn. 80 – BASF.
[1172] EuGH Slg. 1994, I-2555 Rn. 51, 52 – BASF.
[1173] EuGH Slg. 1957, 213 (233) – Société des usines à tubes de la Sarre.
[1174] EuGH Slg. 1967, 100 (125) – Cimenteries; EuG Slg. 1998, II-3713 Rn. 116 – Waterleiding Maatschappij.
[1175] EuGH Slg. 1987, 4487 Rn. 12 – BAT.
[1176] EuGH Slg. 1997, I-1627 Rn. 7 ff. – Frankreich/Kommission; EuG Slg. 1994, II-121 Rn. 45 f. – Air France II.
[1177] EuG Slg. 1994, II-121 Rn. 47 f. – Air France II.

lungen im Wettbewerbs- und Beihilferecht von großer Bedeutung. Selbst wenn den Feststellungen der Behörde komplexe Beurteilungen der Sach- und Rechtslage zugrunde liegen, hindert die Ausübung eines Ermessens nicht die Annahme einer rechtsverbindlichen Feststellung. Die an die rechtsverbindliche Feststellung anschließenden Verhaltensanweisungen („Die Adressaten haben die Zuwiderhandlung abzustellen") sind wesensgemäß rechtsgestaltend, da sie die allgemeinen Rechtspflichten der Adressaten konkretisieren und eine eigenständige mögliche Grundlage späterer Rechtsakte sein können.

Ob eine verbindliche Feststellung vorliegt, ist dem Inhalt und dem Kontext der angefochtenen **356** Handlung zu entnehmen.[1178] Nur der **Tenor** eines Rechtsaktes kann grundsätzlich Rechtswirkungen erzeugen und damit Gegenstand der richterlichen Überprüfung sein. Seine **Begründung** unterliegt nur insofern der richterlichen Kontrolle, als diese den Tenor trägt.[1179] Im Unterschied zum Vorliegen oder Nichtvorliegen des wettbewerbsrechtlichen Verstoßes sind insbesondere Feststellungen in den Begründungserwägungen hinsichtlich einzelner, **tatsächlicher Elemente** wie die Abgrenzung des relevanten Marktes oder das Vorliegen einer beherrschenden Stellung im Rahmen von Art. 102 AEUV nicht rechtsverbindlich, da sie ohne rechtliche Wertung lediglich die Wirklichkeit abbilden.[1180] Die Wahl einzelner Berechnungsfaktoren in der ökonometrischen Analyse eines bestimmten Sachverhalts kann, sofern er sich auf das Ergebnis auswirkt, dagegen verbindliche Rechtswirkungen erzeugen. So ist etwa die Beurteilung, welcher Berichtigungsfaktor zur Berechnung der Beihilfehöchstintensität im Rahmen eines multisektoralen Beihilferahmens anwendbar ist, eine Feststellung, die Rechtswirkungen erzeugt.[1181] In den Begründungen gezogene Schlussfolgerungen, die eine **rechtliche Würdigung** bedingen, etwa das Feststellen einer Wettbewerbsbeschränkung, sind für sich genommen nicht anfechtbar, wenn sie den Tenor der Entscheidung nicht tragen.[1182] Das heißt aber nicht, dass die zum Vorliegen eines Verstoßes führende Subsumtion unter die gesetzlichen Tatbestände nicht dort verbindlich wirken kann, wo sie die Voraussetzung für einen eigenen, wenn auch vorläufigen Verfahrensschritt bildet.[1183]

Wettbewerbsrecht. Stellt die Kommission nach Art. 7 Abs. 1 VO 1/2003 durch Entscheidung **357** fest, dass ein bestimmtes Verhalten gegen **Art. 101 oder 102 AEUV** verstoßen hat, so handelt es sich dabei um eine rechtsverbindliche **Feststellung**.[1184] Dies gilt ungeachtet der Tatsache, dass Art. 1 VO 1/2003 hinsichtlich dieser Verbote auf eine konstitutive Entscheidung verzichtet. Die im Tenor einer Entscheidung getroffene Feststellung eines Missbrauchs einer marktbeherrschenden Stellung erzeugt somit für sich genommen Rechtswirkungen, da diese – selbst wenn die Behörde wegen der besonderen Umstände keine Sanktionen an ihre Feststellung knüpft – Grundlage von Schadensersatzklagen Dritter vor nationalen Gerichten sein kann.[1185] Ebenfalls rechtsverbindlich ist andererseits die Feststellung, dass kein Verstoß gegen die Wettbewerbsvorschriften vorliegt. Das gilt grundsätzlich in jeder Phase des Verfahrens, sofern die Feststellung nur endgültigen Charakter hat, also auch bei der Abweisung einer Beschwerde.[1186] Selbst die **Erklärung über die Unanwendbarkeit der Art. 101 und 102 AEUV** stellt nach dem ausdrücklichen Willen des Verordnungsgebers eine Entscheidung der Behörde dar (vgl. Art. 10 VO 1/2003) und ist deshalb grundsätzlich anfechtbar.[1187]

Entsprechendes gilt für Entscheidungen über die **Zulässigkeit oder Nichtzulässigkeit von** **358** **Fusionen.** Im Fusionskontrollrecht erzeugt deshalb die Entscheidung, dass die Gründung eines Gemeinschaftsunternehmens keinen Zusammenschluss im Sinne der FKVO darstellt (Art. 6 Abs. 1 lit. a VO 139/2004), verbindliche Wirkung, wenn damit der Anwendungsbereich der VO 1/2003 eröffnet wird.[1188] Das Gleiche gilt für die – förmliche oder formlose – Erklärung, dass ein bestimmter Zusammenschluss keine gemeinschaftsweite Bedeutung hat. Sie erzeugt Rechtswirkungen, weil sie aus Sicht der Mitgliedstaaten zuständigkeitsbegründend wirkt und die Voraussetzungen für einen Antrag nach Art. 22 Abs. 1 FKVO schafft, sowie aus Sicht der beteiligten Unternehmen die Erlaubnis der unmittelbaren Durchführung enthält. Eine solche Erklärung bindet schließlich die Behörde selbst.[1189]

[1178] EuGH Slg. 1980, 1299 Rn. 17 – Sucrimex; Slg. 1991, I-2917 Rn. 13 – Sunzest; Slg. 2004, I-10717 Rn. 39 ff. – Portugal/Kommission.
[1179] EuG Slg. 1992, II-2181 Rn. 31 – NBV u. NVB.
[1180] EuG Slg. 2000, II-1733 Rn. 80 ff., 93 – Coca-Cola.
[1181] EuG Slg. 2002, II-347 Rn. 40 – Nuove Industrie Molisane.
[1182] EuG Slg. 1992, II-2181 Rn. 31 – NBV u. NVB.
[1183] EuGH Slg. 1967, 100 (122) – Cimenteries.
[1184] Vgl. zB Kom. ABl. 2005 L 166, 8 Rn. 26 – BPB plc. U.a.
[1185] EuGH Slg. 1978, 1513 Rn. 13 – BP.
[1186] EuG Slg. 1995, II-1753 Rn. 24 – Guérin Automobiles; Slg. 1996, 1 Rn. 42 – Koelman.
[1187] Bechtold/Bosch/Brinker VO 1/2003 Art. 10 Rn. 7.
[1188] EuG Slg. 1999, II-203 Rn. 39 ff. – Assicurazioni Generali.
[1189] EuG Slg. 1994, II-121 Rn. 45 ff. – Air France II; Slg. 2002, II-1473 Rn. 25 – Schlüsselverlag.

359 Daraus folgt, dass jede Maßnahme eines Organs, mit der einem oder mehreren Mitgliedstaaten allgemein oder in einem konkreten Fall die **Zuständigkeit entzogen** wird oder mit der dessen **Nicht-Zuständigkeit festgestellt** wird, diesen gegenüber Rechtswirkungen erzeugt, so zum Beispiel der Verlust der Zuständigkeit der nationalen Wettbewerbsbehörden bei Einleitung eines Verfahrens im Bereich der Wettbewerbskontrolle, vgl. Art. 11 Abs. 6 VO 1/2003. Ob dagegen neben den Mitgliedstaaten auch Private Rechtsschutz beanspruchen können, erscheint zweifelhaft, weil das Selbsteintrittsrecht der Kommission aus unionsrechtlicher Sicht verfahrenseröffnend wirkt und sich somit noch ausreichend Rechtsschutzmöglichkeiten bieten.[1190] Als ungelöst muss darüber hinaus die Frage betrachtet werden, ob die Fallverteilung im Netzwerk der gerichtlichen Kontrolle durch die europäischen Gerichte zugänglich ist.[1191] Der informelle und intransparente Charakter des Verfahrens macht dies praktisch und dogmatisch schwierig.[1192]

360 **Beihilferecht.** Auch Entscheidungen über die Zulässigkeit oder Nichtzulässigkeit von **Beihilfemaßnahmen** sind feststellender Natur. Die Genehmigung oder Nichtgenehmigung einer Beihilfe stellt damit in jedem Fall eine rechtsverbindliche, von den Betroffenen anfechtbare Entscheidung dar.[1193] Das gilt erst recht für die Anordnung der Rückforderung.[1194] Das Gleiche gilt schließlich für die endgültige Zurückweisung einer Beschwerde.[1195]

361 Schon die Einstufung einer Maßnahme als **Beihilfe** erzeugt Rechtswirkungen.[1196] Das gilt erst recht, wenn festgestellt wird, dass sie mit dem Binnenmarkt unvereinbar ist, und das Hauptprüfungsverfahren eröffnet wird. Es gilt auch dann, wenn die Behörde (noch) keine Aussetzungsanordnung betreffend die Durchführung der Beihilfe gemäß Art. 13 VO (EU) 2015/1589[1197] an den Mitgliedstaat erlassen hat. Denn der betreffende Mitgliedstaat hat gemäß Art. 108 Abs. 3 S. 3 AEUV und Art. 3 VO (EU) 2015/1589 auch ohne eine solche Anordnung die Durchführung der Beihilfe bis zum Erlass der abschließenden Entscheidung nach Art. 108 Abs. 2 AEUV auszusetzen.[1198] Umgekehrt erzeugt auch die Einschätzung der Kommission, eine staatliche Maßnahme stelle **keine neue Beihilfe** dar, sei **mit dem Binnenmarkt vereinbar** oder falle unter ein **bereits genehmigtes Beihilfeschema,** Rechtswirkungen. Denn damit wird verbindlich festgestellt, dass die Maßnahme nicht gegen Art. 107 AEUV verstößt und dass das Verfahren nach Art. 108 Abs. 2 AEUV nicht eröffnet zu werden braucht.[1199] Das wird durch Art. 4 VO (EU) 2015/1589 bestätigt, wonach die Qualifizierung der angemeldeten neuen Beihilfen im vorläufigen Prüfungsverfahren durch feststellenden Beschluss der Kommission erfolgt. Entsprechendes bestimmt Art. 9 VO (EU) 2015/1589 für den Abschluss des Hauptprüfungsverfahrens.

362 Eine Besonderheit gilt bei der **Anfechtung einer begünstigenden Entscheidung durch den Mitgliedstaat** als Adressaten. Dessen fehlende Beschwer wäre grundsätzlich im Zusammenhang mit dem Rechtsschutzbedürfnis zu thematisieren, doch sind Mitgliedstaaten vom Nachweis eines solchen Bedürfnisses ausgenommen. Wohl deshalb nimmt der EuGH in solchen Fällen bereits das Fehlen einer rechtsverbindlichen Entscheidung an.[1200] Ein Staat kann somit die Genehmigung einer Beihilfe oder die Entscheidung, keine Einwendungen zu erheben, nicht isoliert anfechten. Das gilt auch dann, wenn Teile der Begründung, etwa die Einstufung öffentlicher Stellen als „Unternehmen", den Interessen des Mitgliedstaates zuwiderlaufen.

363 **Rechtsgestaltende Maßnahmen.** Rechtsgestaltende Maßnahmen sind Maßnahmen, die in konstitutiver Weise Rechte gewähren oder entziehen, oder die Verpflichtungen auferlegen oder aufheben. Diese Handlungen zeichnen sich dadurch aus, dass sie Rechtswirkung erzielen sollen (auch wenn das handelnde Organ dies bestreiten mag) und damit Finalität besitzen. Eindeutig rechtsgestaltender Natur ist die **Anordnung der Abstellung eines rechtswidrigen Zustands** iSd Art. 101, 102 AEUV ebenso wie das Vorschreiben von verhaltensorientierten oder strukturellen Abhilfemaßnahmen nach Art. 7 Abs. 1 VO 1/2003. Nichts anderes gilt für Entscheidungen zur Durchführung von **einstweiligen Maßnahmen.**[1201] Im Fusionskontrollverfahren wirkt die verfah-

---

[1190] Ähnlich Brammer CMLRev. (42) 2005, 1383 (1418 ff.); Fuchs EuR-Beil. Heft 2/2005, 77 (98), der freilich bereits die Klagemöglichkeit der Mitgliedstaaten bezweifelt.
[1191] Verneinend Fuchs EuR-Beil. Heft 2/2005, 77 (99).
[1192] Näher Brammer CMLRev. (42) 2005, 1383 (1415 ff.).
[1193] EuG Slg. 1999, II-859 Rn. 95 – Forges de Clabecq.
[1194] EuG Slg. 1998, II-609 Rn. 31 – Preussag Stahl.
[1195] EuGH Slg. 1988, 6473 Rn. 11 – Irish Cement; EFTA-GH Slg. 1994/1995, 59 Rn. 15 – Scottish Salmon Growers.
[1196] EuG Slg. 2008, II-591 Rn. 45 – Niederlande/Kommission.
[1197] VO (EU) 2015/1589, ABl. 2015 L 248, 9.
[1198] EuGH Slg. 2001, I-7303 Rn. 59 f. – Italien/Kommission.
[1199] EuGH Slg. 1993, I-1125 Rn. 25–27 – CIRFS.
[1200] EuGH Slg. 2004, I-1177 Rn. 18 ff. – Niederlande/Kommission.
[1201] Vgl. Art. 8 VO 1/2003 oder Art. 8 Abs. 5 FKVO und EuGH Slg. 1980, 119 Rn. 20 – Camera Care.

rensabschließende Entscheidung der Kommission konstitutiv, gleich ob es sich um eine Genehmigung oder eine Untersagung handelt.[1202] **Verpflichtungen zur Zahlung einer Geldbuße** oder eines **Zwangsgeldes** sind in jedem Fall rechtsgestaltender Natur und damit anfechtbar.[1203]

Durch das Erfordernis der **Finalität** lassen sich die rechtsgestaltenden Maßnahmen von bloßen **364** Absichtserklärungen abgrenzen. Ob Pflichten auferlegt oder Rechte entzogen werden, ist aus dem Kontext zu entnehmen. So erzeugt eine Aufforderung, ein bestimmtes Verhalten an den Tag zu legen, die in Verbindung mit einer Androhung ergeht, den Adressaten andernfalls durch Entscheidung zu diesem Verhalten zu verpflichten, keine Rechtswirkungen. In diesem Falle wird ein verbindlicher Rechtsakt lediglich angedroht.[1204] Nachdem es auf die Form der Handlung nicht ankommt, entfaltete andererseits eine „Mitteilung" nach Art. 15 Abs. 6 VO (EWG) Nr. 17/62,[1205] wonach einem Unternehmen die Bußgeldbefreiung für angemeldete Vereinbarungen nach Art. 15 Abs. 5 VO Nr. 17 entzogen wird, Rechtswirkungen.[1206] Gleiches muss für den Entzug jeder gesicherten Rechtsposition gelten, wie zB der Entzug des Vorteils einer Gruppenfreistellungsverordnung nach Art. 29 VO 1/2003.

Auch **Vereinbarungen,** welche für die Parteien verbindlich sein sollen, sind rechtsgestaltende **365** Maßnahmen. Keine Rechtswirkungen erzeugen dagegen unverbindliche Vereinbarungen, die nicht rechtlicher, sondern primär politischer Natur sind. Solche Maßnahmen sind nämlich Ausdruck einer bloß freiwilligen Koordinierung im Hinblick auf spätere Beschlüsse des oder der Organe.[1207] Die Einräumung eines **Angebots** durch Unionsorgane erzeugt zwar Rechtswirkungen, beschwert die Betroffenen jedoch nicht, soweit sie durch dessen Ablehnung nicht schlechter als vorher gestellt sind.[1208] Damit ist eine solche Handlung mangels Rechtsschutzinteresse keine von ihnen anfechtbare Handlung.[1209]

Keinen Unterschied kann es weiterhin machen, ob ein Rechtssubjekt sich „freiwillig" zu einem **366** Verhalten verpflichtet, zu dem es andernfalls von der Kommission durch Entscheidung gezwungen worden wäre.[1210] Deshalb ist die Annahme einer **Verpflichtungserklärung** eines Unternehmens, von deren Einhaltung die Kommission ihr weiteres Vorgehen abhängig macht, eine anfechtbare Handlung.[1211] Art. 5 Abs. 1 Spiegelstrich 32 und Art. 9 VO 1/2003 stellen klar, dass die Annahme einer Verpflichtungszusage immer im Wege einer rechtsverbindlichen, anfechtbaren Entscheidung erfolgt.[1212] Dasselbe gilt im Falle einer Handlung, mit der entschieden wird, dass eine Maßnahme eines Unternehmens eine solcherart eingegangene Verpflichtung erfüllt.[1213] Wenn eine Verpflichtungserklärung nicht mit einer förmlichen Bedingung im Sinne des Art. 8 Abs. 2 FKVO verbunden wird, so muss die Genehmigung der Fusion von ihr abhängig gemacht worden sein; entscheidend ist demnach, ob die Behörde die Entscheidung im Falle eines Verstoßes gegen die Erklärung widerrufen würde.[1214] Eine Verpflichtungserklärung, welche die Kommission lediglich zur Kenntnis nimmt, erzeugt dagegen keine Rechtswirkungen.[1215] Die Genehmigung bzw. Freigabe einer Fusion unter **Auflagen und Bedingungen** kann faktisch einer Teiluntersagung gleichkommen. Auflagen und Bedingungen sind von den Betroffenen aber nur insoweit isoliert anfechtbar, als die Genehmigung auch ohne sie Bestand haben kann.[1216] Jedenfalls haben die betroffenen Unternehmen aber ein Rechtsschutzbedürfnis zur Anfechtung der Genehmigung.

Rechtsgestaltender Natur sind schließlich **Verweisungen** durch die Kommission an die mit- **367** gliedstaatlichen Wettbewerbsbehörden, wie die einschlägigen Vorschriften der FKVO (Art. 4 Abs. 4 FKVO für Verweisungen vor Anmeldung, Art. 9 Abs. 1 und 22 FKVO für Verweisungen nach Anmeldung[1217]) durch den Gebrauch des Begriffs der Entscheidung belegen. Das rechtsgestaltende

---

[1202] Vgl. Art. 8 FKVO.
[1203] Vgl. Art. 23 Abs. 2 und Art. 24 Abs. 1 VO 1/2003; Art. 14 Abs. 2 FKVO und Art. 15 Abs. 1 FKVO („durch Entscheidung").
[1204] EuGH Slg. 2001, I-7303 Rn. 52–55 – Italien/Kommission.
[1205] EWG Rat Verordnung Nr. 17 Erste Durchführungsverordnung zu den Artikeln 85 und 86 des Vertrages, ABl. 1962 P 13, 204.
[1206] EuGH Slg. 1967, 100 (123–124) – Cimenteries.
[1207] EuGH Slg. 1996, I-2169 Rn. 27 – Niederlande/Rat; GA Alber, Schlussanträge vom 25.9.2003 – C-233/02, ECLI:EU:C:2003:503 Rn. 52–61 – Frankreich/Kommission.
[1208] EuG Slg. 1997, II-549 Rn. 30–38 – Connaughton/Rat.
[1209] EuG Slg. 1997, II-549 Rn. 37 – Connaughton/Rat.
[1210] Vgl. EuGH Slg. 2001, I-7303 Rn. 61 – Italien/Kommission.
[1211] EuG Slg. 1993, I-1307 Rn. 179–181 – Ahlström; EuG Slg. 2000, II-1733 Rn. 96 – Coca-Cola.
[1212] Bechtold/Bosch/Brinker VO 1/2003 Art. 9 Rn. 11.
[1213] EuG Slg. 2003, II-1161 Rn. 38 – Petrolessence und SG2R.
[1214] EuG Slg. 2000, II-1733 Rn. 96 – Coca-Cola.
[1215] EuGH Slg. 1998, I-1375 Rn. 64–67 – Frankreich/Kommission; EuG Slg. 2000, II-1733 Rn. 106 – Coca-Cola.
[1216] Bechtold/Bosch/Brinker FKVO Art. 6 Rn. 11; Bechtold/Bosch/Brinker FKVO Art. 8 Rn. 9.
[1217] Art. 4 Abs. 4 FKVO für Verweisungen vor Anmeldung, Art. 9 Abs. 1 und 22 FKVO für Verweisungen nach Anmeldung.

Element besteht darin, dass nunmehr andere Verfahrensvorschriften und Beurteilungskriterien gelten. Macht ein beteiligtes oder konkurrierendes Unternehmen nach der Verweisung geltend, die nunmehr zuständige nationale Behörde habe bei der Anwendung ihres nationalen Rechts das (vorrangige) Unionsrecht missachtet, so kann die Kommission darauf lediglich durch Einleitung eines Vertragsverletzungsverfahrens reagieren; Einzelne haben keinen Anspruch auf die Einleitung eines solchen Verfahrens.[1218] Es bleibt dann nur ein Rechtsbehelf vor den nationalen Gerichten. In Art. 9 Abs. 9 FKVO ist ein gerichtlich durchsetzbarer Anspruch der Mitgliedstaaten auf Verweisung nach den diesbezüglich geltenden Voraussetzungen statuiert. Gemeint ist die Klagemöglichkeit gegen die Ablehnung des Antrags auf Verweisung. Unabhängig von der Regelung des Abs. 9 stellt auch diese **Weigerung** nach dem Wortlaut von Art. 9 Abs. 3 ff. FKVO eine – ausdrückliche oder stillschweigende – Entscheidung dar, die Gegenstand einer Anfechtungsklage sein kann, freilich wie stets unter dem Vorbehalt der Klagebefugnis bzw. des Rechtsschutzinteresse des Klägers.[1219] Das Gleiche gilt für eine Verweisung vom Mitgliedstaat an die Kommission nach Art. 22 FKVO, die von der Zustimmung der Kommission abhängt.[1220] Für eine Anfechtung der Verweisung durch die mitgliedstaatliche Behörde an die Kommission nach Art. 4 Abs. 5 FKVO fehlt es dagegen an einer Entscheidung eines Unionsorgans als geeignetem Klagegegenstand.[1221] Entscheidungen der Mitgliedstaaten sind vor den Unionsgerichten aber nicht revisibel.

368 Die Einstufung eines Zusammenschlusses als nicht unter die FKVO fallend (Art. 6 Abs. 1 lit. a FKVO) hat wie eine Verweisung einen **Wechsel der Verfahrensart** zur Folge, weil anstelle der FKVO nunmehr das Kartellverfahrensrecht Anwendung findet. Die damit verbundene Veränderung der Rechtsposition bzw. der Entzug der spezifischen Verfahrensrechte der beteiligten Unternehmen und Dritter verlangt nach der Anfechtbarkeit bereits dieser Entscheidung.[1222]

369 **Eingriffe in geschützte Rechtspositionen.** Eine Maßnahme, die einen **Eingriff in eine geschützte Rechtsposition** darstellt, entfaltet ebenfalls Rechtswirkungen.[1223] Im Unterschied zu einer rechtsgestaltenden Maßnahme entzieht eine solche Handlung das Recht nicht, sondern beeinträchtigt dessen faktische Durchsetzung.[1224] Damit liegt eine anfechtbare Handlung jedenfalls vor, wenn das Recht, dessen Verletzung gerügt wird, dem Kläger zusteht und wenn dieser die Verletzung im konkreten Fall schlüssig geltend macht. Die Frage, ob das Recht tatsächlich verletzt worden ist, gehört dagegen zur Begründetheit der Klage.[1225]

370 **Verteidigungsrechte des Beschuldigten.** Ein Eingriff in geschützte Rechtspositionen kommt zunächst mit Blick auf anerkannte **Verteidigungsrechte** des eines Wettbewerbsverstoßes verdächtigten Wirtschaftsteilnehmers in Betracht, sofern diese Verteidigungsrechte unmittelbar und irreversibel betroffen sind. Es handelt sich dabei unter anderem um den Anspruch auf rechtliches Gehör,[1226] das Recht auf vertrauliche Behandlung der Geschäftsgeheimnisse,[1227] das Recht auf Hinzuziehung eines juristischen Beistands und den Anspruch auf Wahrung der Vertraulichkeit des Schriftverkehrs zwischen Anwalt und Mandant,[1228] das Recht auf Begründung von Durchsuchungsanordnungen (Nachprüfungsentscheidungen) und Eingrenzung der aufzuspürenden Zielobjekte[1229] sowie die Unverletzlichkeit der Privatwohnung und der Geschäftsräume.[1230] Alle in solche Rechte eingreifenden Verfahrensentscheidungen der Wettbewerbsbehörden können folglich Gegenstand einer Nichtigkeitsklage sein. Das gilt etwa für die Weigerung der Kommission, bestimmte Informationen als Geschäftsgeheimnisse anzuerkennen, weil die Veröffentlichung die unausweichliche und irreversible Folge hätte, dass diese Geheimnisse Dritten preisgegeben würden.[1231] Ebenfalls anfecht-

---

[1218] EuG Slg. 2005, II-1803 Rn. 30 ff. – Retecal zu Art. 9 Abs. 8 FKVO.
[1219] Bechtold/Bosch/Brinker FKVO Art. 9 Rn. 14; Fuchs EuR-Beil. Heft 2/2005, 77 (111).
[1220] Bechtold/Bosch/Brinker FKVO Art. 22 Rn. 14.
[1221] So wohl auch Bechtold/Bosch/Brinker FKVO Art. 4 Rn. 30.
[1222] EuG Slg. 1999, II-203 Rn. 42 – Assicurazioni Generali und → Rn. 375.
[1223] EuGH Slg. 1967, 100 (122) – Cimenteries; EuG Slg. 1998, II-523 Rn. 37 – Goldstein; Slg. 2000, II-491 Rn. 80 – Cimenteries CBR.
[1224] Vgl. EuG Slg. 1992, II-2417 Rn. 54 – Rendo.
[1225] EuG Slg. 1996, II-921 Rn. 36 – Postbank.
[1226] Art. 27 Abs. 1 VO 1/2003; Art. 18 Abs. 1 FKVO.
[1227] Vgl. insbesondere Art. 339 AEUV und Art. 122 EWR und die Konkretisierungen in den Verfahrensordnungen.
[1228] EuGH Slg. 1982, 1575 Rn. 18 ff. – AMS & S Europe; Slg. 1989, 2859 Rn. 16 – Hoechst; Slg. 1989, 3137 Rn. 27 – Dow Chemical.
[1229] EuGH Slg. 2002, I-9011 Rn. 47 f. – Roquette Frères.
[1230] Der Schutz der Geschäftsräume wurde vom EuGH zunächst abgelehnt, EuGH Slg. 1989, 2859 Rn. 17 – Hoechst; Slg. 1989, 3137 Rn. 28 ff. – Dow Chemical, um ihn später unter Einfluss der Rechtsprechung des EGMR doch anzuerkennen, EuGH Slg. 2002, I-9011 Rn. 29 – Roquette Frères; dazu → Rn. 27.
[1231] EuG Slg. 2003, II-4879 Rn. 33 ff. – Bank Austria Creditanstalt.

bar ist die Aufforderung, eine Bankbürgschaft zur Vermeidung der Vollstreckung aus einer Geldbuße zu stellen, wo sie die Interessen des Beschuldigten verletzt.[1232] Einer Verweigerung des **Rechts auf Akteneinsicht**[1233] misst das EuG allerdings lediglich eine beschränkte Wirkung zu, weil die zur Last gelegten Vorwürfe vor Erlass einer Entscheidung noch nicht feststünden. Eine Nichtigkeitsklage habe sich deshalb gegen die Endentscheidung zu richten.[1234] Dies gilt auch dann, wenn Akteneinsicht nicht von einer Stelle innerhalb der Generaldirektion, sondern vom interne Unabhängigkeit genießenden Anhörungsbeauftragten verweigert wird.[1235]

Verfahrensrechte Dritter. Im Wettbewerbs- und Beihilferecht spielen darüber hinaus auch die **Verfahrens- und Beteiligtenrechte** dritter Unternehmen eine entscheidende Rolle. Von Bedeutung für die Anfechtbarkeit einer Maßnahme haben sich dabei insbesondere die **Rechte des Beschwerdeführers** erwiesen. Auf die Rechte sonstiger Dritter wird im Zusammenhang mit der Klagebefugnis einzugehen sein. 371

Ablehnung von Anträgen. Das EuG hat mit dem Anspruch auf Allgemeingültigkeit formuliert, dass „jede natürliche oder juristische Person berechtigt [ist], eine Nichtigkeitsklage gegen die Entscheidung eines Gemeinschaftsorgans zu erheben, der einem von ihr gestellten genauen und eindeutigen Antrag ganz oder teilweise nicht stattgibt".[1236] Damit ist allerdings aber noch nichts zur Entscheidungsqualität eines Antwortschreibens durch die Behörde gesagt. Nicht jede Beantwortung eines Antrags stellt auch zwangsläufig eine anfechtbare Entscheidung dar.[1237] Zwar besteht etwa auf eine wettbewerbsrechtliche Beschwerde nach Art. 7 Abs. 2 VO 1/2003 hin ein Anspruch auf Bescheidung durch anfechtbare Entscheidung.[1238] Teilt die Kommission einem Beschwerdeführer aber zB mit, eine Untersuchung werde aufgrund mangelnder Beweise und eines nur geringen Gemeinschaftsinteresses bis auf Weiteres nicht fortgeführt, so liegt darin nicht per se eine verbindliche Feststellung, da diese Feststellungen die Kommission nicht binden. Je nach Verfahrensart und Sachlage besteht aber die Möglichkeit, dass der Beschwerdeführer an einem effektiven Gebrauch seiner Verfahrensrechte gehindert wurde, so dass sich die Rechtswirkungen einer solchen Mitteilung aus diesem Eingriff ergeben. Das Vorliegen einer rechtlich anerkannten (und nicht bloß tatsächlichen) Stellung als Verfahrensbeteiligter ist somit Bedingung für die Qualifizierung einer Ablehnung von Beschwerden und Anträgen bzw. Verfahrenseinstellung als Handlung, die Rechtswirkungen erzeugt. Dabei muss ein Verfahren nicht endgültig eingestellt werden, damit eine solche Verfahrenshandlung einem Verfahrensbeteiligten gegenüber Rechtswirkungen erzeugt. Auch eine wesentliche **Unterbrechung** eines Verfahrens kann nämlich geeignet sein, die effektive Ausübung von Verfahrensrechten zu verhindern.[1239] 372

Bei der Behandlung von Anträgen und Beschwerden durch die Behörde ist damit wie folgt zu differenzieren: Lehnt das Organ einen hinreichend konkret gestellten **Antrag, in Bezug auf den Antragsteller tätig zu werden,** ganz oder teilweise ab, so erzeugt diese Ablehnung unabhängig von ihrer Form Rechtswirkungen, sobald die Möglichkeit besteht, dass der Antragsteller ein aus dem Unionsrecht herrührendes Recht auf die Vornahme dieser Handlung hat. Ein Eingriff scheidet nach der Rechtsprechung dagegen aus, wenn das Organ überhaupt keine **Kompetenz** zur Vornahme der beantragten Handlung besitzt, entweder weil es generell keinen unionsrechtlichen Rechtssatz gibt, aufgrund dessen die beantragte Handlung vorgenommen werden könnte, oder weil eine solche Kompetenz nur einem anderen Organ der Union verliehen wurde.[1240] Die Möglichkeit eines Eingriffs scheidet ebenfalls aus, wenn das Organ die Kompetenz zur Vornahme der beantragten Handlung ausschließlich im **öffentlichen Interesse** besitzt und ein Handeln des Organs im Unionsrecht nur von Amts wegen vorgesehen ist.[1241] Von daher erzeugt zB die Ablehnung eines Antrages auf Feststellung der Nichtanwendbarkeit von Art. 101 oder Art. 102 AEUV gemäß Art. 10 VO 1/2003 keine Rechtswirkungen. Besteht aber die generelle Möglichkeit, dass das Organ die beantragte Handlung (auch) im Interesse des Antragstellers vornehmen kann, so gehört die Frage, ob der Antragsteller im konkreten Fall ein Recht auf die Vornahme der Handlung hatte, zur Begründetheit der Klage. 373

Wird die **Vornahme einer Handlung in Bezug auf Dritte,** insbesondere in Form einer Beschwerde, beantragt, so muss, damit die Ablehnung rechtliche Wirkung erzeugen kann, das Organ 374

[1232] EuG Slg. 2004, II-1363 Rn. 49 – SGL Carbon.
[1233] Art. 27 Abs. 2 VO 1/2003; Art. 18 Abs. 3 FKVO.
[1234] EuG Slg. 2001, II-3481 Rn. 46 ff. – Reisebank.
[1235] EuG Slg. 2003, II-2843 Rn. 64 ff. – Commerzbank.
[1236] EuG Slg. 2001, II-2459 Rn. 36 – Métropole télévision.
[1237] EuG Slg. 1996, II-351 Rn. 50 – AITEC; Slg. 1996, II-1367 Rn. 51 – CSF und CSME; Slg. 2004, II-1363 Rn. 40 – SGL Carbon.
[1238] EuG Slg. 1999, II-2633 Rn. 36 – UPS.
[1239] EuG Slg. 1992, II-2417 Rn. 54 – Rendo.
[1240] EuGH Slg. 1982, 799 Rn. 18 – Gauff; Slg. 1993, I-473 Rn. 10, 15 – Miethke/Parlament.
[1241] Vgl. GA La Pergola Slg. 1997, I-947 Rn. 19 – Bilanzbuchhalter.

ebenfalls zunächst die **rechtliche Möglichkeit zur Vornahme der beantragten Handlung** besitzen. Für Anordnungen an nationale Gerichte etwa fehlt der Kommission jede Zuständigkeit.[1242] Es genügt aber auch hier, dass eine grundsätzliche Zuständigkeit der Behörde besteht. Das gilt etwa für die Frage der Kompetenz der ESA im Rahmen der Beihilfenkontrolle.[1243] Könnte die Behörde mit dem Verweis auf mangelnde Kompetenz zum Erlass einer Entscheidung die gerichtliche Überprüfbarkeit ausschließen, so hätte sie es in der Hand, über die Rechtsschutzmöglichkeiten selbst zu bestimmen.[1244] Für die Frage, welche Handlung der Antragsteller begehrt, ist dessen Antrag gegebenenfalls auszulegen. Begehrt ein Antragsteller beispielsweise, in das **selektive Vertriebssystem** eines Dritten aufgenommen zu werden, so kann die Kommission diesem Antrag an sich nicht stattgeben. Weder kann sie selbst den Antragsteller in das Vertriebssystem des Dritten aufnehmen, noch ist sie befugt, den Dritten zu einer solchen Handlung zu verpflichten. Durch Auslegung ergibt sich allerdings, dass der Antragsteller in Wirklichkeit ein wettbewerbswidriges Verhalten des Dritten rügt, und zwar gegebenenfalls die missbräuchliche Ausnutzung einer marktbeherrschenden Stellung bzw. die diskriminierende Anwendung des Vertriebssystems und damit einen Verstoß gegen Art. 101 AEUV. Da die Kommission das dritte Unternehmen zur Abstellung dieser Verstöße verpflichten kann (und der Dritte diese Pflicht im Zweifelsfalle dadurch befolgen wird, dass er den Beschwerdeführer in sein Vertriebssystem aufnimmt), besteht eine Möglichkeit, wie die Kommission die Interessen des Beschwerdeführers beschützen kann.[1245] Im Gegensatz zu einem Antragsteller, der die Vornahme einer Handlung in Bezug auf sich selbst begehrt, muss ein Beschwerdeführer zur Begründung seiner Klagebefugnis aber weiterhin darlegen, dass er zu einem konkreten Personenkreis gehört, dem das Unionsrecht ein Recht gewährt hat, welches möglicherweise verletzt wurde.

375 **Geschützte Rechtspositionen im Wettbewerbs- und Fusionskontrollverfahren.** Im Rahmen der Wettbewerbsaufsicht sind nach Art. 7 Abs. 2 VO 1/2003 alle natürlichen und juristischen Personen, die ein berechtigtes Interesse darlegen, sowie die Mitgliedstaaten zur **Einreichung einer Beschwerde** anlässlich einer Zuwiderhandlung gegen die Art. 101 oder 102 AEUV befugt. Diese Vorschrift verleiht ihnen kein Recht auf Erlass einer Entscheidung über das Vorliegen einer Zuwiderhandlung, verpflichtet die Kommission aber, das Vorbringen des Beschwerdeführers in rechtlicher und tatsächlicher Hinsicht aufmerksam zu prüfen sowie, falls sie das Untersuchungsverfahren einstellt oder nicht eröffnet, diese Entscheidung zu begründen.[1246] Dabei muss die Kommission sowohl das Vorbringen der ursprünglichen Beschwerde als auch den Inhalt der schriftlichen Stellungnahme nach Art. 7 VO 773/2004[1247] berücksichtigen und kann sich in ihrer Abschlussentscheidung nicht auf die Behandlung der in der Stellungnahme gemachten Äußerungen beschränken.[1248] Legt die Kommission eine nach Art. 7 Abs. 2 VO 1/2003 erhobene Beschwerde ganz oder teilweise zu den Akten, erzeugt dies daher stets Rechtswirkungen.[1249] Dies wird bestätigt durch Art. 7 Abs. 2 VO 773/2004, wonach die Kommission die Beschwerden der nach Art. 7 Abs. 2 VO 1/2003 zur Erhebung von Beschwerden Berechtigten durch Entscheidung abweist. Von der Einhaltung einer bestimmten Form oder Bezeichnung ist das Vorhandensein von Rechtswirkungen aber nicht abhängig. Selbst eine **stillschweigende,** sich lediglich aus dem Kontext ergebende Zurückweisung erzeugt Rechtswirkungen: Im Fall Rendo[1250] hatten die Beschwerdeführerinnen mehrere Verhaltensweisen eines dritten Unternehmens gerügt. Einem Teil der Beschwerden gab die Kommission statt, in Bezug auf einen anderen Teil behielt sie sich eine weitere Prüfung vor und zu einem dritten Aspekt äußerte sich die Kommission überhaupt nicht. Dabei ergab sich aus dem Zusammenhang und der Begründung der Maßnahme, dass die Kommission offensichtlich nicht vorhatte, die Untersuchung zu dem dritten Aspekt fortzuführen. Die logische Schlussfolgerung war daher, dass sie diesen Teil der Beschwerde zu den Akten gelegt hatte. Damit hatte die Kommission eine Handlung vorgenommen, die Rechtswirkungen erzeugte.[1251]

376 Bei der **Fusionskontrolle** erlässt die Kommission bzgl. der Einstellung oder Nicht-Eröffnung eines Verfahrens eine Entscheidung, die an die beteiligten Unternehmen gerichtet ist (vgl. Art. 6

[1242] EuG Slg. 1998, II-523 Rn. 57 – Goldstein.
[1243] EFTA-GH Slg. 1994/1995, 59 Rn. 15 – Scottish Salmon Growers.
[1244] EFTA-GH Slg. 1994/1995, 59 Rn. 17 – Scottish Salmon Growers.
[1245] EuGH Slg. 1983, 3045 Rn. 11–15 – Demo-Studio Schmidt; EuG Slg. 1992, II-2223 Rn. 30 – Automec.
[1246] EuGH Slg. 1995, I-3319 Rn. 27 – Rendo; Slg. 2001, I-3875 Rn. 36 – IECC, 45; EuG Slg. 1992, II-2223 Rn. 75–79 – Automec; vgl. auch Bechtold/Bosch/Brinker VO 1/2003 Art. 7 Rn. 28 ff.
[1247] Verordnung (EG) Nr. 773/2004 der Kommission vom 7. April 2004 über die Durchführung von Verfahren auf der Grundlage der Artikel 81 und 82 EG-Vertrag durch die Kommission, ABl. 2004, L 123, 18.
[1248] EuG Slg. 1985, 1105 Rn. 17–20 – CICCE.
[1249] EuGH Slg. 1977, 1875 Rn. 3 – Metro; Slg. 1994, I-2681 Rn. 27 – SFEI.
[1250] EuGH Slg. 1995, I-3319 – Rendo.
[1251] EuGH Slg. 1995, I-3319 Rn. 28 – Rendo.

und 8 FKVO)[1252] oder allenfalls öffentlich erklärt wird.[1253] In diesen Fällen ist jene Entscheidung das richtige Anfechtungsobjekt, eventuelle Mitteilungen der Kommission an Dritte haben lediglich informativen Charakter. Sollte die Kommission aber aus besonderen Gründen keine solche Entscheidung erlassen, so entfaltete eine die Nicht-Eröffnung oder Verfahrenseinstellung betreffende Mitteilung an Dritte dennoch Rechtswirkungen, weil dieser in seinen Verfahrensrechten[1254] verletzt werden könnte.[1255]

Geschützte Rechtspositionen im Verfahren der Beihilfekontrolle. Auf eine substantiierte 377 Beschwerde nach Art. 24 Abs. 2 S. 1 VO (EU) 2015/1589 hin hat die Kommission nach Art. 12 VO (EU) 2015/1589 „ohne ungebührliche Verzögerung" die sog. Vorprüfungsphase einzuleiten und nach Art. 15 Abs. 1 VO (EU) 2015/1589 eine für das weitere Verfahren weichenstellende Entscheidung nach Art. 4 Abs. 2–4 VO (EU) 2015/1589 zu erlassen. Deren Anfechtbarkeit ergibt sich schon aus Art. 4 VO (EU) 2015/1589 selbst. Gemäß Art. 31 Abs. 2 VO (EU) 2015/1589 ist zwar der betreffende Mitgliedstaat Adressat aller Maßnahmen, die im Rahmen der Beihilfeaufsicht ergehen. Auf die Beschwerde eines Dritten ergehende und an diesen gerichtete Mitteilungen können keine eigenen Rechtswirkungen mehr erzeugen.[1256] Der Beschwerdeführer muss in diesen Fällen die einzige bestehende Entscheidung anfechten, nämlich die an den Mitgliedstaat gerichtete. Diesbezüglich muss er darlegen können, dass er durch diese selbst **unmittelbar und individuell betroffen** ist (→ Rn. 423 ff.). Das wird aber angesichts der Tatsache, dass er eine Beschwerde eingelegt hat und zu dem geschützten Personenkreis der „Beteiligten" im Sinne der Verträge gehört, regelmäßig der Fall sein (Art. 24 VO (EU) 2015/1589).

Als einzige Ausnahme zu Art. 25 VO (EG) Nr. 659/1999 hat die Kommission nach **Art. 24** 378 **Abs. 2 UAbs. 2 VO (EU) 2015/1589** die Möglichkeit, den Beschwerdeführer nach einer Primafacie-Prüfung von ihrer Meinung in Kenntnis zu setzen. In diesem Fall kann die Kommission dem Beschwerdeführer mitteilen, es bestünden keine ausreichenden Gründe, zu dem Fall eine Auffassung zu vertreten. Mittlerweile qualifiziert auch der EuGH eine Mitteilung zwanglos als anfechtbare Handlung.[1257] Dass die Kommission diese Entscheidung entgegen Art. 31 Abs. 2 VO (EU) 2015/1589 nicht an den Mitgliedstaat, sondern an den Beschwerdeführer gerichtet hat, steht der Anfechtbarkeit nicht entgegen.[1258]

Die einem Beschwerdeführer gegenüber erklärte Weigerung der Kommission, ein **Vertragsver-** 379 **letzungsverfahren** nach Art. 258 AEUV gegen einen Mitgliedstaat einzuleiten oder fortzuführen, kann schon deshalb keine Rechtswirkungen erzeugen, weil die Kommission bezüglich der Durchführung dieses Verfahrens über ein gerichtsfestes Ermessen verfügt und nicht verpflichtet ist, damit die Interessen von Einzelnen zu schützen.[1259] Das Vertragsverletzungsverfahren spielt sich nämlich auf der Ebene der rein interinstitutionellen Beziehungen ab, zu dem der Einzelne keinen Zugang hat.[1260] Deshalb kann auch die Entscheidung, ein aufgrund individueller Beschwerden bereits eingeleitetes Verfahren einzustellen, nicht als rechtsverbindlich angesehen werden.[1261] Die Stellung des Beschwerdeführers ist in diesem Verfahren nicht durch die Einräumung von Verfahrensgarantien abgesichert, so dass ihm anders als im Wettbewerbsrecht keine privilegierte Rolle zufällt. Die Klagemöglichkeit der Kommission **nach Art. 108 Abs. 2 UAbs. 2 AEUV** bzw. der ESA nach **Art. 1 Abs. 2 UAbs. 2 Prot. 3 ÜGA** ist eine Sonderform des Vertragsverletzungsverfahrens.[1262] Auch diesbezüglich ist ein Recht des Einzelnen, von der Kommission die Erhebung einer Klage zu fordern, von vorneherein ausgeschlossen, so dass die Weigerung der Kommission keine Rechtswirkungen erzeugen kann.[1263] Hat die Kommission das Vorliegen einer unionsrechtswidrigen Beihilfemaßnahme festgestellt, weigert sich aber, eine Vertragsverletzungsklage gegen den vertragsbrüchigen Mitgliedstaat zu erheben, so bleibt den betroffenen Konkurrenten nur, sich an ein Gericht dieses Staates zu wenden. Denn obwohl die nationalen Gerichte nicht befugt sind, die Vereinbarkeit

---

[1252] FKVO, ABl. 2004 L 24, 1.
[1253] EuG Slg. 1994, II-121 Rn. 44–59 – Air France II.
[1254] Vgl. Art. 18 Abs. 4 FKVO und Art. 11 VO 802/2004.
[1255] Vgl. EuGH Slg. 2003, I-9889 Rn. 25–30 – Schlüsselverlag, allerdings wird nicht ausdrücklich zu der Frage Stellung genommen, wer Adressat einer solchen Entscheidung wäre.
[1256] EuG Slg. 2002, II-313 Rn. 66 – max.mobil.
[1257] EuGH Slg. 2010, I-11911 Rn. 58 – NDSHT; EuG Slg. 2006, II-1047 Rn. 45 – Deutsche Bahn und EuGH Slg. 2008, I-5829 Rn. 50 – Athinaïki Techniki gehen noch den Umweg, eine Entscheidung über das Nichtvorliegen einer Beihilfe nach Art. 4 Abs. 2 VO (EG) 659/1999 zu konstruieren.
[1258] EuG Slg. 2006, II-1047 Rn. 51, 55 – Deutsche Bahn.
[1259] EuGH Slg. 1989, 291 Rn. 11 – Star Fruit Company.
[1260] GA La Pergola Slg. 1997, I-947 Rn. 11–13 – Bilanzbuchhalter.
[1261] EuG Slg. 2005, II-3449 Rn. 42 ff. – Aseprofar.
[1262] EuGH Slg. 1990, I-307 Rn. 23 – Boussac; dazu → Rn. 643 ff.
[1263] EuG Slg. 1996, II-351 Rn. 55 – AITEC.

von Beihilfemaßnahmen mit dem Binnenmarkt zu beurteilen, sind sie sehr wohl in der Lage, die Rückzahlung von Beihilfen anzuordnen, deren Rechtswidrigkeit von der Kommission festgestellt wurde.[1264]

380   **Geschützte Rechtspositionen in Verfahren nach Art. 106 AEUV/Art. 59 EWR.** Die Justiziabilität der Überwachung der Mitgliedstaaten in Bezug auf öffentliche Unternehmen nach Art. 106 AEUV/Art. 59 EWR ist bereits deshalb nicht unproblematisch, weil das Verfahren nach Art. 106 Abs. 3 AEUV sich im Wesentlichen **zwischen Behörde und Mitgliedstaat** abspielt. Aus Sicht des Letzteren entfaltet der Erlass der dort genannten Maßnahmen regelmäßig Rechtswirkungen und berechtigt zur Anfechtung. Auch wenn die Verträge dazu schweigen, stehen dem Mitgliedstaat nach den allgemeinen Grundsätzen Verteidigungsrechte zu.[1265] Auch **den begünstigten Unternehmen** im Sinne von Art. 106 Abs. 1 und 2 AEUV gesteht die unionsrechtliche Rechtsprechung trotz fehlender Regelung im Vertrag Verteidigungsrechte zu, die an einer Beeinträchtigung ihrer wirtschaftlichen Stellung durch die Maßnahme nach Art. 106 Abs. 3 AEUV, ihrer Benennung im nationalen Recht sowie die Erwähnung in der angefochtenen Entscheidung anknüpfen.[1266] Die Verfahrensrechte umfassen insbesondere ein Recht auf Anhörung.[1267] Auch sie sind somit grundsätzlich zur Anfechtung berechtigt.[1268] Entsprechendes muss für Art. 59 EWR, d.h. Art. 1 und 2 EWR gelten.

381   Die **Zurückweisung einer Beschwerde** zur Einleitung eines Verfahrens nach Art. 106 Abs. 3 AEUV erzeugt nach der Auffassung des EuGH dagegen keine verbindlichen Rechtswirkungen und kann deshalb nicht angefochten werden.[1269] Nach Ansicht des EuG dagegen ergeht die Zurückweisung durch eine Entscheidung der Behörde, die vom Beschwerdeführer als Adressaten grundsätzlich angefochten werden kann.[1270] Das Gericht erwägt freilich auch die Möglichkeit, dass es sich bei der Zurückweisung um einen Rechtsakt handeln könnte, „mit dem festgestellt wird, dass eine nationale Regelung nicht unvereinbar mit dem EG-Vertrag ist, und dessen wirklicher Adressat ein Mitgliedstaat ist". Auch in diesem Fall wäre der Beschwerdeführer, seine Klagebefugnis vorausgesetzt, entsprechend den zum Beihilferecht entwickelten Grundsätzen zur Klage berechtigt.[1271] In der Auseinandersetzung zwischen EuG und EuGH über die Rechtswirkungen einer Zurückweisung hat sich der Schutz der Rechtspositionen des Beschwerdeführers als ausschlaggebend erwiesen. Diesbezüglich hatte das EuG in seinem Urteil Ladbroke[1272] zunächst entschieden, aufgrund des weiten Ermessens der Kommission bezüglich des Erlasses von Maßnahmen nach Art. 106 Abs. 3 AEUV sei eine Pflicht zum Einschreiten, auf die der Einzelne sich berufen könne, ausgeschlossen.[1273] In seinem Urteil Bilanzbuchhalter[1274] entschied der EuGH, dass es sich zwar nicht von vorneherein ausschließen lasse, dass ausnahmsweise eine solche Weigerung der Kommission angefochten werden könne.[1275] Im konkreten Fall lehnte er die Anfechtbarkeit der Ablehnung aber mit Hinweis auf die Tatsache ab, dass der Beschwerdeführer den Erlass einer Entscheidung begehre, mit dem ein Mitgliedstaat zum Erlass eines allgemeingültigen Gesetzesaktes gezwungen werden solle.[1276] Später hat das EuG in der Entscheidung TF1 auf den Zweck der Vorschrift zum Schutz der Wirtschaftsteilnehmer vor staatlich verursachten Eingriffen in den freien Wettbewerb hingewiesen. In Verbindung mit dem Recht auf effektiven gerichtlichen Rechtsschutz müsse sich daraus ungeachtet des weiten Ermessens der Behörde ein Klagerecht Dritter gegen die Weigerung zum Erlass einer Entscheidung ergeben.[1277] Trotz dieser Aussagen von grundsätzlicher Tragweite bemühte sich das Gericht noch darum, das Vorliegen eines Ausnahmefalls nachzuweisen.[1278] Mit seiner Entscheidung max.mobil hat sich das EuG dann von der Notwendigkeit eines „Ausnahmefalls" gelöst. Der Einzelne habe nämlich im Rahmen des Rechts auf „Good Governance" nach der Grundrechte-Charta einen Anspruch auf sorgfältige und unparteiische Prüfung seiner Beschwerden; dies gelte insbesondere im Wettbewerbsrecht.[1279] Die Situation des Beschwerdeführers unter Art. 106 Abs. 3 AEUV entspreche derjenigen

---

[1264] Vgl. EuGH Slg. 2003, I-7849 Rn. 40–41, 47 – Sicilcassa und → Rn. 30.
[1265] EuGH Slg. 1992, I-565 Rn. 37 – Niederlande/Kommission.
[1266] EuG Slg. 1997, I-997 Rn. 62 – Air Inter.
[1267] EuGH Slg. 1992, I-565 Rn. 50 – Niederlande/Kommission; EuG Slg. 1997, I-997 Rn. 64 – Air Inter.
[1268] EuGH Slg. 1992, I-565 Rn. 28 – Niederlande/Kommission; Slg. 1997, I-947 Rn. 24 – Bilanzbuchhalter.
[1269] EuGH Slg. 2005, I-1283 Rn. 70 – T-Mobile Austria.
[1270] EuG Slg. 2002, II-313 Rn. 65 ff. – max.mobil.
[1271] EuG Slg. 2002, II-313 Rn. 69 – max.mobil.
[1272] EuG Slg. 1994, II-1015 – Ladbroke Racing; dazu Bechtold/Bosch/Brinker EG Art. 86 Rn. 55 ff.
[1273] EuG Slg. 1994, II-1015 Rn. 37 f. – Ladbroke Racing; Slg. 1996, II-1 Rn. 71 – Koelman.
[1274] EuGH Slg. 1997, I-947 – Bilanzbuchhalter.
[1275] EuGH Slg. 1997, I-947 Rn. 25 – Bilanzbuchhalter.
[1276] EuGH Slg. 1997, I-947 Rn. 27 f. – Bilanzbuchhalter.
[1277] EuG Slg. 1999, II-1757 Rn. 50 f. – TF1; so auch später EuG Slg. 2002, II-313 Rn. 57 – max.mobil.
[1278] EuG Slg. 1999, II-1757 Rn. 52–56 – TF1 und dazu GA Mischo Slg. 2001, I-5603 Rn. 75–80 – TF1.
[1279] EuG Slg. 2002, II-313 Rn. 48 ff. – max.mobil.

des Beschwerdeführers nach der Kartellverordnung und dies gelte aus den genannten grundsätzlichen Gründen unabhängig davon, in welchem Bereich des Wettbewerbs- oder Beihilferechts Beschwerde erhoben werde.[1280] Demgegenüber könne keine vermeintliche Parallele zwischen Art. 106 Abs. 3 AEUV und dem Vertragsverletzungsverfahren nach Art. 258 AEUV angeführt werden – das Ermessen hinsichtlich der Verfahrenseinleitung nach Art. 106 Abs. 3 AEUV sei nicht „frei".[1281]

Diese Entscheidung hat der EuGH auf Rechtsmittel der Kommission aufgehoben.[1282] Begründet wurde dies damit, dass das Schreiben, mit dem die Kommission dem Beschwerdeführer mitteilt, dass sie nicht beabsichtige, ein Verfahren gegen den betreffenden Mitgliedstaat einzuleiten, keine verbindlichen Rechtswirkungen erzeuge. Einen aus dem Grundrecht auf Rechtsschutz und der „Good Governance" abgeleiteten allgemeinen unionsrechtlichen Grundsatz des Inhalts, dass ein Unternehmen die Weigerung der Kommission unter Art. 106 Abs. 3 AEUV anfechten können müsse, lehnte der EuGH ausdrücklich ab.[1283]

Die Ablehnung der verbindlichen Rechtswirkung durch den EuGH mutet als Formalismus an; die vom EuG ausführlich begründeten geschützten Rechtspositionen werden in einem Satz lapidar verneint. Tatsächlich bestimmt nach der Entscheidung des EuGH das weite Ermessen der Kommission bei der Anwendung von Art. 106 AEUV über das Klagerecht des Einzelnen. Richtigerweise ist die Frage des Umfangs des Ermessens eine Frage der Begründetheit, nicht der Zulässigkeit einer Klage.[1284] Nur wenn die Kommission in Art. 106 AEUV ausschließlich öffentliche Interessen verfolgte, wäre eine solche Argumentation gerechtfertigt.[1285] Es ist aber wenig überzeugend, die Pflicht der Kommission, Beschwerden sorgfältig zu prüfen, zwar zu bejahen, aber als lediglich der Allgemeinheit gegenüber bestehend zu begreifen.[1286] Auch die Kommission hat stets das Bestehen subjektiver Rechte im Verfahren nach Art. 106 AEUV verneint und einen **Vergleich** zu der **Vertragsverletzungsklage** gezogen.[1287] Diese Argumentation geht aber fehl. Art. 258 AEUV und Art. 106 AEUV sind nämlich nicht vergleichbar:[1288] Das Vertragsverletzungsverfahren ist ein gerichtliches Verfahren, jenes nach Art. 106 Abs. 3 AEUV ein Verwaltungsverfahren, das eine Bindung schon vor Erlass eines Urteils herbeiführt.[1289] Gegenstand des Art. 106 AEUV ist im Gegensatz zu Art. 258 AEUV die Anwendung von Wettbewerbsvorschriften für Unternehmen.[1290] Da hier die Mitgliedstaaten die potentiellen Adressaten der Maßnahmen der Kommission sind, legt eher den Vergleich mit Art. 108 AEUV nahe, welcher unstreitig auch die Interessen der Konkurrenten schützt. **Zweck** aller wettbewerbs- und beihilferechtlichen Normen ist es anerkanntermaßen, einen unverfälschten Wettbewerb auf dem Binnenmarkt zu gewährleisten.[1291] Wo der Wettbewerb geschützt wird, müssen aber stets auch die Interessen der Wettbewerber geschützt sein[1292] und verlangen nach der Möglichkeit gerichtlicher Geltendmachung.

Richtigerweise stellt eine Maßnahme der Behörde nach Art. 106 Abs. 3 AEUV/Art. 59 Abs. 3 EWR, mit der die Beschwerde eines Wirtschaftsteilnehmers, der berechtigte Interessen geltend machen kann, ganz oder teilweise ohne Entscheidung zur Sache zurückgewiesen wird, eine dem Beschwerdeführer gegenüber ergehende Entscheidung dar.[1293] Weist die Behörde eine Beschwerde mit einer Entscheidung zur Sache zurück, so ist dies ein informatorisches Schreiben, welches den Beschwerdeführer darauf hinweist, dass eine entsprechende Entscheidung an den betroffenen Mitgliedstaat ergangen ist, die der Beschwerdeführer dann anfechten kann, wenn er von ihr unmittelbar und individuell betroffen ist. **Berechtigte Interessen** kann jeder Wirtschaftsteilnehmer geltend machen, der nachweist, dass sich die inkriminierte staatliche Maßnahme auf seine Wettbewerbsposition im Verhältnis zu dem staatlich begünstigten Unternehmen auszuwirken vermag.[1294]

Der **EFTA-GH** hat in seinem Beschluss Husbanken I entsprechende Schwierigkeiten bei der Bestimmung der Rechtsverbindlichkeit vermieden, indem er die Zurückweisung einer von der

---

[1280] EuG Slg. 2002, II-313 Rn. 51, 53 – max.mobil.
[1281] EuG Slg. 2002, II-313 Rn. 54 – max.mobil.
[1282] EuGH Slg. 2005, I-1283 – T-Mobile Austria.
[1283] EuGH Slg. 2005, I-1283 Rn. 66 ff. – T-Mobile Austria.
[1284] GA Mischo Slg. 2001, I-5603 Rn. 100 – TF1.
[1285] GA La Pergola Slg. 1997, I-947 Rn. 19 – Bilanzbuchhalter.
[1286] So aber GA Maduro Slg. 2005, I-1283 Rn. 56 – max.mobil.
[1287] Vgl. nur EuG Slg. 1994, II-1015 Rn. 23 – Ladbroke Racing.
[1288] In diesem Sinne auch GA Maduro Slg. 2005, I-1283 Rn. 30–35 – max.mobil.
[1289] EuG Slg. 1997, I-997 Rn. 58 – Air Inter.
[1290] EuGH Slg. 1993, I-2213 Rn. 9–15 – Ladbroke Racing; GA La Pergola Slg. 1997, I-947 Rn. 14–17 – Bilanzbuchhalter.
[1291] EuG Slg. 1999, II-1757 Rn. 50 – TF1.
[1292] GA La Pergola Slg. 1997, I-947 Rn. 19–21 – Bilanzbuchhalter.
[1293] EuG Slg. 2002, II-313 Rn. 71 – max.mobil.
[1294] Vgl. zum Beihilferecht EuG Slg. 1998, II-3713 Rn. 80 – Waterleiding Maatschappij.

Behörde angeblich unter Art. 59 Abs. 3 EWR geprüften Beschwerde materiell als Verfahrenseinstellung nach der Vorprüfungsphase im Beihilferecht wertete, deren grundsätzliche Anfechtbarkeit nach dem Gesagten außer Zweifel steht.[1295]

386   **(6) Verfahrensabschließende Handlungen und Zwischenmaßnahmen.** Bei Entscheidungen im Rahmen eines **mehrphasigen Verfahrens,** wie es für das Wettbewerbs- und Beihilferecht typisch ist, muss der angefochtenen Maßnahme eine endgültige Festlegung des Standpunkts der handelnden Behörde zum Abschluss eines Verfahrensabschnittes zu entnehmen sein. Zwischenmaßnahmen, die lediglich die abschließende Entscheidung vorbereiten sollten, sind dagegen nicht anfechtbar. Rechtliche Mängel vorbereitender Maßnahmen können nämlich im Rahmen einer Klage gegen den endgültigen Rechtsakt geltend gemacht werden.[1296] Auch wollen sich der Unionsrichter nicht zu Stellungnahmen äußern, die eine lediglich vorläufige Meinung zum Ausdruck bringen, und damit letztlich den geordneten Ablauf des Verwaltungsverfahrens gefährden.[1297]

387   Eine Maßnahme ist aber verbindlich, wenn sie das entsprechende (Zwischen-)Verfahren endgültig abschließt. Nach dem Gesagten scheiden alle Maßnahmen in einem mehrphasigen Verfahren, die eine abschließende Maßnahme lediglich vorbereiten sollen, aus dem Kreis der anfechtbaren Handlungen aus.[1298] Zur Feststellung der Endgültigkeit einer bestimmten Handlung ist, sofern vorhanden, der Wortlaut des angefochtenen Schreibens vom Horizont des Empfängers her auszulegen. Das setzt eine Gesamtwürdigung des fraglichen Dokuments voraus. Die Frage, ob und gegebenenfalls welche Rechtswirkungen eine Entscheidung entfaltet, richtet sich bei förmlichen Entscheidungen grundsätzlich nach ihrem verfügenden Teil. Weicht dieser von den Begründungserwägungen ab, indem er ein dort gefundenes Ergebnis nicht wiedergibt, so ist in diesem Punkt keine Entscheidung getroffen worden.[1299]

388   Entscheidend für die Abgrenzung von verfahrensabschließender Zwischenentscheidung und nicht anfechtbarer Zwischenmaßnahme ist über Wortlaut und Sinngehalt hinaus, ob das **Recht des Klägers auf ausreichenden Rechtsschutz** durch die Verweigerung der Klagemöglichkeit beeinträchtigt würde, ob also eine Klage gegen die Endentscheidung die gerügte Verfahrensverletzung korrigieren kann.[1300] Mit diesem Kriterium wird jenseits aller Formalismen in begrüßenswerter Weise eine teleologische Auslegung der Zulässigkeitsvoraussetzungen unter Berücksichtigung des sich aus Art. 6 EMRK ergebenden Grundrechtsschutzes verwirklicht. In der jüngeren Rechtsprechung wird zur Abgrenzung daneben auch funktional darauf abgestellt, inwiefern die isolierte Anfechtbarkeit den **Verwaltungsverfahrensgang und die behördliche Entscheidungsfindung** beeinflussen würde.[1301]

389   Wenn sich in einer Entscheidung **mehrere Handlungen** verbinden, von denen einige endgültige, andere lediglich vorbereitende Wirkungen entfalten, berechtigt dies zur isolierten Anfechtung nur im Falle von Teilentscheidungen. Von einer Teilentscheidung ist ausnahmsweise dann auszugehen, wenn die Kommission die Absicht äußert, das Verfahren in zwei Teile aufzuspalten und den einen Verfahrensteil sofort abzuschließen.[1302] Ergibt sich aus der Rechtsverbindlichkeit einer Maßnahme im Verwaltungsverfahren das Recht zu dessen Anfechtung, so empfiehlt es sich aus Sicht des Adressaten auch, davon Gebrauch zu machen. Die verfahrensabschließende Entscheidung abzuwarten, würde wegen der zweimonatigen Klagefrist (auch) gegen Zwischenmaßnahmen nicht selten deren Bestandskraft bedeuten.[1303]

390   **Verfahrens- und verfahrensabschnittsbeendende Entscheidungen.** Eine Maßnahme ist nach dem Gesagten dann isoliert anfechtbar, wenn sie ein Verfahren oder einen Verfahrensabschnitt endgültig abschließt. Das ist bei einer **Feststellungsverfügung** ebenso wie bei einer **Untersagungsverfügung** nach Art. 7 VO 1/2003 oder bei einer **Untersagungs-**[1304] **oder Genehmigungsentscheidung** nach Art. 8 FKVO offensichtlich der Fall. Das Gleiche gilt auch für **Einstellungsentscheidungen,** sofern die Behörde darin einen eigenen Standpunkt zum Ausdruck bringt.

[1295] EFTA-GH Slg. 1998, 38 Rn. 23 ff. – Husbanken I.
[1296] EuGH Slg. 1981, 2639 Rn. 12 – IBM.
[1297] EuGH 13.10.2011 – C-463/10 P, 475/10 P, ECLI:EU:C:2011:656 Rn. 51 – Deutsche Post.
[1298] EuGH Slg. 1981, 2639 Rn. 10 – IBM; Slg. 2000, I-4723 Rn. 26–35 – Niederlande/Kommission; EuG Slg. 1995, II-1753 Rn. 39 – Guérin Automobiles; Slg. 1997, II-909 Rn. 20 – Elf Atochem.
[1299] EuG Slg. 1992, II-2417 Rn. 69 – Rendo.
[1300] EuGH 13.10.2011 – C-463/10 P, 475/10 P, ECLI:EU:C:2011:656 Rn. 60 – Deutsche Post.
[1301] EuGH 13.10.2011 – C-463/10 P, 475/10 P, ECLI:EU:C:2011:656 Rn. 52 – Deutsche Post.
[1302] EuG Slg. 1990, II-367 Rn. 54 – Automec.
[1303] EuG Slg. 1999, II-931 Rn. 441 – Limburgse Vinyl Maatschappij.
[1304] Eine Trennungsentscheidung (Art. 8 Abs. 4 FKVO) ist ebenfalls anfechtbar, und ist als Durchführungsmaßnahme für nichtig zu erklären, wenn die zugrunde liegende Unvereinbarkeitsentscheidung nichtig ist, vgl. EuG Slg. 2002, II-4201 Rn. 44 – Schneider Electric II.

Fraglich ist, ob die Weigerung der Kommission, eine Maßnahme zu erlassen, die endgültige **391** Ablehnung eines Antrags darstellen kann, wenn das Organ sich die **abschließende Entscheidung** ausdrücklich **vorbehält**. Das EuG hat entschieden, dass eine solche Maßnahme lediglich vorbereitender Art ist.[1305] Dabei ist allerdings zu bedenken, dass die Verweigerung des Tätigwerdens bezüglich des Zeitpunkts sowohl Rechtswirkungen entfalten kann, falls sie sich effektiv als **Rechtsverweigerung** herausstellt, als auch endgültig ist. Gegen die Einstufung als vorbereitende Maßnahme spricht auch, dass das EuG in einem anderen Verfahren entschieden hat, dass selbst eine zeitlich befristete Verfahrensunterbrechung endgültige Rechtswirkungen erzeugen kann.[1306] Die Kommission hat aber ein weites Ermessen bezüglich der Frage, wann sie eine Maßnahme durchführt. Eine solche Klage wäre also nur in Ausnahmefällen begründet.[1307]

Ebenfalls ambivalent sind Handlungen der Kommission, die Rechtswirkungen im Hinblick auf **392** die **Zuständigkeit** der nationalen Behörden entfalten (→ Rn. 359). In Bezug auf das Verfahren vor der Kommission ist die Maßnahme nur vorbereitend, da das Verfahren lediglich eröffnet wird. Der Verlust der Zuständigkeit der Mitgliedstaaten ist dagegen – zumindest bis zu einer gegenteiligen Entscheidung der Kommission – endgültig. Daraus ergibt sich die Anfechtbarkeit der Verweisungsentscheidung. In diesem Zusammenhang ist allerdings bereits hier darauf hinzuweisen, dass ein nicht privilegierter Kläger in Bezug auf die angegriffenen Rechtswirkungen sein Rechtsschutzinteresse darlegen muss.

Wettbewerbsrecht. Im Wettbewerbsrecht wird mit der Einstellungsentscheidung die dritte **393** Phase des Prüfverfahrens auf eine Beschwerde abgeschlossen. Schreiben, die in den ersten beiden Phasen verschickt werden, enthalten noch keine Entscheidungen mit endgültigem Charakter. Keine anfechtbaren Handlungen sind insbesondere die im Rahmen der **informellen Kommunikation** in der ersten Phase versandten Schreiben, welche der Klärung des Sach- und Streitstands sowie der Verdeutlichung der jeweiligen Standpunkte dienen.[1308] Die offizielle **Mitteilung der Beschwerdepunkte** an die beschuldigten Unternehmen in der zweiten Phase (Art. 10 VO 773/2004) stellt gegenüber dem Adressaten ebenfalls nur eine vorbereitende Maßnahme dar, da sie ihn lediglich auf die ernste Gefahr der Verhängung einer Geldbuße hinweist.[1309] Hier bietet eine Klage gegen die verfahrensabschließende Entscheidung Gelegenheit zur Inzidenzprüfung; der Betroffene hat damit ausreichenden Rechtsschutz.[1310] Eine Klage zu diesem Zeitpunkt würde darüber hinaus der Erörterung der sachlichen Probleme vorgreifen und Verwaltungs- und Gerichtsverfahren unzulässig vermischen. Gegenüber einem Beschwerdeführer kann diese Mitteilung aber verbindliche Rechtswirkungen entfalten, falls sie die endgültige Zurückweisung eines Teils seiner Beschwerde enthält.[1311]

Ebenfalls keine zur Klage berechtigende Verbindlichkeit entfaltet eine **Mitteilung über die 394 geplante Abweisung der Beschwerde** nach Art. 7 Abs. 1 VO Nr. 773/2004. Sie wird im Hinblick auf das rechtliche Gehör als Minus im Vergleich zur Mitteilung der Beschwerde an die Unternehmen angesehen.[1312] Darüber hinaus besteht für den Beschwerdeführer Gelegenheit zur Stellungnahme. Eine endgültige Maßnahme stellt dann erst die auf die Stellungnahme nach Abs. 1 erfolgende Entscheidung dar.[1313] Sie ist unabhängig von der Form dadurch gekennzeichnet, dass sie die eingeleitete Untersuchung abschließt, (eventuell) eine Beurteilung der fraglichen Vereinbarungen umfasst und die Beschwerdeführer außer für den Fall, dass sie neues Beweismaterial vorbringen, daran hindert, die Wiederaufnahme der Untersuchung zu verlangen.[1314] Ihr folgt im Verfahren regelmäßig keine weitere Maßnahme mehr, die Gegenstand einer Nichtigkeitsklage sein könnte. Der verfahrensabschließende Charakter kann einer solchen Entscheidung dann fehlen, wenn das Organ deutlich zum Ausdruck gebracht hat, dass die Einstellung nur **vorbehaltlich** zusätzlicher Ausführungen des Beschwerdeführers gilt.[1315] Die Formel, dass sich das Organ eine Änderung seiner Entscheidung für den Fall der Beibringung neuen Beweismaterials vorbehält, ist dagegen häufig selbstverständlicher Bestandteil der Verwaltungsentscheidung und kann einer Maßnahme nur in Verbindung mit weiteren, klaren Hinweisen im auszulegenden Schreiben vorläufigen Charakter verleihen.[1316]

[1305] EuG Slg. 1996, II-351 Rn. 52 – AITEC.
[1306] EuG Slg. 1992, II-2417 Rn. 50–57 – Rendo.
[1307] Vgl. GA Mischo Slg. 2001, I-5603 Rn. 101 – TF1.
[1308] Bechtold/Bosch/Brinker VO 1/2003 Art. 7 Rn. 22, 37.
[1309] EuGH Slg. 1981, 2639 Rn. 19 – IBM.
[1310] EuGH Slg. 1986, 1965 Rn. 20 – AKZO; EuG Slg. 1992, II-2667 Rn. 48 – CBR Cimenteries; Slg. 1997, II-909 Rn. 21 – Elf Atochem.
[1311] EuGH Slg. 1995, I-3319 Rn. 28 – Rendo.
[1312] EuGH Slg. 1997, I-1503 Rn. 35 – Guérin Automobiles; EuG Slg. 1990, II-367 Rn. 46 – Automec, zu Art. 6 VO 99/63.
[1313] EuGH Slg. 1994, I-2681 Rn. 28 – SFEI; EuG Slg. 1995, II-1753 Rn. 24 – Guérin Automobiles.
[1314] EuG Slg. 1990, II-367 Rn. 46 – Automec.
[1315] EuGH Slg. 1994, I-2681 Rn. 30 – SFEI.
[1316] Dagegen: EuG Slg. 1994, II-285 Rn. 35 – BEUC; dafür: EuG Slg. 2002, II-1425 Rn. 34–38 – Satellimages.

395 **Fusionskontrollrecht.** Im Fusionskontrollverfahren stellen die im Vorprüfungsverfahren oder gegebenenfalls eines Voranmeldeverfahrens gemachten Stellungnahmen und Mitteilungen regelmäßig noch keine endgültigen Entscheidungen dar.[1317] Dagegen sind bestimmte Entscheidungsoptionen, die die Kommission beim Abschluss des Vorprüfungsverfahrens hat, bereits nach dem Wortlaut der einzelnen Alternativen des Art. 6 FKVO als Entscheidungen isoliert anfechtbar. Das gilt für die Feststellung, dass der Zusammenschluss nicht unter die FKVO fällt (Abs. 1 lit. a)[1318] und für die Entscheidung, dass gegen die Fusion keine Einwände zu erheben sind (Abs. 1 lit. b). Beide beenden das Verfahren und bilden damit den letzten möglichen Gegenstand einer Nichtigkeitsklage. Isoliert anfechtbar ist auch die Entscheidung über eine Befreiung vom Vollzugsverbot nach Art. 7 Abs. 3 FKVO.[1319]

396 Bezüglich der **Einleitung des Hauptprüfungsverfahrens** (Abs. 1 lit. c) wird der Begriff der Entscheidung allerdings in einem untechnischen Sinn gebraucht. Dabei handelt es sich im Verhältnis zu der verfahrensbeendenden Entscheidung nach Art. 8 oder 9 FKVO lediglich um eine vorbereitende Handlung, die nicht selbständig anfechtbar ist. Dies hat das EuG im Beschluss Schneider III ausführlich begründet. Danach führt diese Entscheidung zu keiner neuen Verhaltenspflicht der fusionierenden Unternehmen. Die mit der Entscheidung verbundene Verlängerung der Aussetzung des Vorhabens sowie die Verpflichtung zur Zusammenarbeit mit der Kommission begründen als unmittelbare Rechtsfolgen der Entscheidung noch keine Anfechtbarkeit.[1320] Auch der Vergleich mit der Einleitung des Hauptprüfungsverfahrens im Beihilferecht verbietet sich nach Ansicht des Gerichts.[1321] Die Anfechtung der zu erlassenden endgültigen Entscheidung biete jedenfalls ausreichenden Rechtsschutz.[1322]

397 Die Einstellung des Kontrollverfahrens wegen Gegenstandslosigkeit stellt ebenfalls keine anfechtbare Maßnahme dar, weil die Kommission damit keinen Standpunkt zum Ausdruck bringt, sondern nur die Konsequenzen aus einem außerhalb ihrer Einflusssphäre liegenden Vorgang zieht.[1323]

398 **Beihilferecht.** Im Beihilferecht sind Äußerungen der Behörde im Rahmen eines die Entscheidung zur Eröffnung des Hauptprüfungsverfahrens vorbereitenden Dialogs in der Regel als vorläufige Meinungsäußerungen nicht rechtsverbindlich.[1324] Die anschließende Weigerung der Behörde, das Verfahren nach Art. 108 Abs. 2 AEUV zu eröffnen, stellt nicht lediglich eine vorbereitende Maßnahme dar, deren eventuelle Rechtswidrigkeit mit einer Klage gegen die verfahrensabschließende Entscheidung geltend gemacht werden könnte. Sie ist somit isoliert anfechtbar.[1325] Das gilt auch dann, wenn in der Mitteilung an den späteren Kläger nicht auf den Art. 4 Abs. 2 VO (EU) 2015/1589 Bezug genommen, sondern allgemein formuliert wird, „die Kommission [hat] die Angelegenheit zu den Akten gelegt". Dass ein Beteiligter gegenüber der Kommission noch ergänzende Angaben machen kann, wäre allenfalls für die Einleitung eines neuen, nicht aber des eben abgeschlossenen Verfahrens relevant.[1326]

399 Umgekehrt ist die **Entscheidung zur Einleitung des Hauptprüfungsverfahrens** grundsätzlich nicht anfechtbar.[1327] Das gilt aber dann nicht, wenn damit verbindliche Aussagen getroffen werden, etwa eine Ausnahme vom Beihilferecht im Sinne der Altmark-Rechtsprechung[1328] oder die Einordnung einer mitgliedstaatlichen Maßnahme als **neue Beihilfe** iSv Art. 108 Abs. 3 AEUV. Mit ihr wird nicht nur die Eröffnung des Beihilfeprüfungsverfahrens, sondern auch das endgültige Verbot der Durchführung bis zur abschließenden Entscheidung der Kommission (Art. 108 Abs. 3 S. 3 AEUV) angeordnet.[1329] In diesem Fall ist die rechtliche Prüfung des Gerichts auf die Frage beschränkt, ob es sich um eine neue Beihilfe handelt oder nicht. Die Einordnung einer staatlichen Maßnahme als **bestehende Beihilfe** und die damit verbundene Eröffnung des Verfahrens nach Art. 108 Abs. 2 AEUV stellt dagegen wegen ihrer Vorläufigkeit in der Regel keine endgültige Entscheidung dar.[1330] Auch der Vorschlag der Kommission von zweckdienlichen Maßnahmen an

---

[1317] Bechtold/Bosch/Brinker FKVO Art. 6 Rn. 2.
[1318] Zum alten Recht EuG Slg. 1999, II-203 Rn. 38 – Assicurazioni Generali.
[1319] Bechtold/Bosch/Brinker FKVO Art. 7 Rn. 5.
[1320] EuG Slg. 2006, II-111 Rn. 81 – Schneider Electric III.
[1321] EuG Slg. 2006, II-111 Rn. 85–87 – Schneider Electric III.
[1322] EuG Slg. 2006, II-111 Rn. 89 – Schneider Electric III.
[1323] EuG Slg. 2006, II-111 Rn. 100 – Schneider Electric III.
[1324] EuG Slg. 2005, II-4765 Rn. 35 – Tramarin.
[1325] EuGH Slg. 1993, I-1125 Rn. 25–27 – CIRFS; EuGH Slg. 2010, I-11911 Rn. 54 – NDSHT.
[1326] EuGH Slg. 2008, I-5829 Rn. 54 ff. – Athinaïki Techniki.
[1327] EuG Slg. 2009, II-225 Rn. 53 – Andersen.
[1328] EuG Slg. 2009, II-225 Rn. 56 ff. – Andersen.
[1329] EuGH Slg. 1992, I-4117 Rn. 21–24 – Spanien/Kommission; Slg. 1992, I-4145 Rn. 26–30 – Italien/Kommission; Slg. 2001, I-7303 Rn. 59 f. – Italien/Kommission.
[1330] EuG Slg. 2003, II-2075 Rn. 43 f. – Forum 187.

den Mitgliedstaat zu bestehenden Beihilfen nach Art. 22 VO (EU) 2015/1589 ist nicht anfechtbar, wohl aber die Annahme der darauf basierenden Zusagen des Mitgliedstaats nach Art. 23 Abs. 1 VO (EU) 2015/1589.[1331]

Besonderes Verfahren. Zwischenmaßnahmen sind darüber hinaus dann verbindlich, wenn sie **400** ein **besonderes Verfahren abschließen,** das sich von dem Verfahren unterscheidet, welches dem Organ die Entscheidung in der Hauptsache ermöglichen soll.[1332] Eine solche, ein besonderes Verfahren abschließende Maßnahme liegt dann vor, wenn der Eingriff in die rechtlich geschützten Interessen endgültig und unabhängig vom Ausgang des Hauptverfahrens ist, so dass eine Klage gegen die das Hauptverfahren abschließende Maßnahme keinen ausreichenden Rechtsschutz böte. Das ist insbesondere dann der Fall, wenn die Zwischenmaßnahme in ein **anderes Rechtsgut** eingreift als die eventuell ergehende Endentscheidung. Isoliert anfechtbar sind demnach Entscheidungen zur Eröffnung eines **Nachprüfungsverfahrens**[1333] oder zur Verpflichtung zur **Auskunftserteilung.**[1334] Beide Entscheidungen eröffnen ein jeweils selbstständiges Verfahren.[1335] Sie sind also von vorangehenden Mitteilungen abzugrenzen, die für sich genommen keine verbindliche Wirkung entfalten.[1336] Ein **einfaches Auskunftsverlangen** nach Art. 18 Abs. 2 VO 1/2003, Art. 11 Abs. 2 FKVO oder Art. 5 Abs. 1 VO (EU) 2015/1589 ist in der Regel nicht anfechtbar. Das Gleiche gilt für die Befragung nach Art. 19 VO 1/2003 bzw. Art. 11 Abs. 7 FKVO. Ebenso wie die Entscheidung der Kommission zur Durchführung eines Nachprüfungsverfahrens und unabhängig von seiner Form muss auch das **Ersuchen einer nationalen Wettbewerbsbehörde** zur Nachprüfung nach Art. 22 VO (EG) 1/2003 bzw. Art. 12 FKVO anfechtbar sein. Sie entfaltet vergleichbare Rechtswirkungen und stellt die einzige Maßnahme dar, gegen die der erforderliche Rechtsschutz auf europäischer Ebene zu erlangen ist. Die Entscheidung der Behörde, dem Beschwerdeführer gewisse, als nichtvertraulich eingestufte **Unterlagen des Verwaltungsverfahrens weiterzuleiten,** ist für sich genommen abschließend und von der verfahrensbeendigenden Entscheidung unabhängig.[1337] Denn darin liegt ein möglicher Eingriff in Rechtspositionen des Klägers, der unabhängig von einer späteren, das Verfahren beendenden Entscheidung ist. Weder würde eine gegen Letztere gerichtete Klage diese Rechtsverletzung adäquat erfassen können, noch ist sicher, dass das Verfahren überhaupt zu einem förmlichen Abschluss gelangt. Anfechtbar ist auch die Feststellung des Anhörungsbeauftragten, eine bestimmte Fassung einer Bußgeldentscheidung enthalte keine vertraulichen Informationen, die einer Veröffentlichung entgegenstünden.[1338]

Ebenfalls eigenständig anfechtbar ist die Einstufung eines wirtschaftlichen Vorgangs in einer **401** durch ein besonderes Verfahren (etwa nach der Fusionskontroll- oder Beihilfenverordnung) vorgesehenen abschließenden Entscheidung über die **Anwendung eines bestimmten Kontrollverfahrens.**[1339] Das galt etwa für die Entscheidung, einen kooperativen Zusammenschluss nicht unter der FKVO (Art. 6 Abs. 1 lit. a) zu prüfen, oder für die Einstufung einer staatlichen Maßnahme als neue Beihilfe (→ Rn. 361).

cc) **Zurechenbarkeit.** Die angefochtene Maßnahme muss schließlich dem Beklagten zure- **402** chenbar sein. Damit wird dessen **Passivlegitimation** festgelegt.

In diesem Zusammenhang spielt mit einer immer enger werdenden Kooperation zwischen **403** der Kommission und den mitgliedstaatlichen Behörden zunächst die **Abgrenzung zum Handeln nationaler Stellen** eine wesentliche Rolle. Gegen deren Tätigkeit besteht grundsätzlich keine Klagemöglichkeit vor den europäischen Gerichten. Es mag in Bereichen wie der Nachprüfung durch nationale Gerichte nach Art. 22 bzw. 20 Abs. 5 VO 1/2003 und Art. 12 bzw. 13 Abs. 5 VO 139/2004 aber zu Situationen kommen, in denen in Gemengelagen zwischen dem Ersuchen bzw. der Amtshilfebegehren durch die Kommission und der Durchführung seitens der Mitgliedstaaten und/oder der Kommission die Zurechnung im Einzelfall schwierig ist.

Auch bei Handlungen innerhalb der europäischen Wettbewerbsbehörden können sich im Rah- **404** men der Zurechenbarkeit Probleme ergeben. Die Tatsache, dass ein Dokument lediglich von einem **Beamten** unterzeichnet wird, hindert nicht die Annahme einer Handlung der Kommission, da

---

[1331] EuG Slg. 2009, II-471 Rn. 65 ff. – TF1.
[1332] EuGH Slg. 1981, 2639 Rn. 11 – IBM.
[1333] Art. 20 Abs. 4, 21 VO 1/2003; Art. 13 Abs. 4 FKVO; vgl. auch EuGH Slg. 1980, 2033 Rn. 26 f. – National Panasonic.
[1334] Art. 18 Abs. 3 VO 1/2003; Art. 11 Abs. 3 FKVO; Art. 12 Abs. 3 VO 2015/1589.
[1335] EuGH Slg. 1989, 3283 Rn. 14 – Orkem.
[1336] EuGH Slg. 1980, 2033 Rn. 22 – National Panasonic; 13.10.2011 – C-463/10 P, 475/10 P, ECLI:EU:C:2011:656 Rn. 55 – Deutsche Post.
[1337] EuGH Slg. 1986, 1965 Rn. 20 – AKZO; EuG Slg. 2006, II-1601 Rn. 64–73 – Österreichische Postsparkasse.
[1338] EuG Slg. 2006, II-1429 Rn. 36 – Bank Austria Creditanstalt.
[1339] EuG Slg. 1999, II-203 Rn. 38 – Assicurazioni Generali.

es für die Beurteilung einer Handlung nicht auf Förmlichkeiten ankommt.[1340] Wenn allerdings ausdrücklich klargestellt wird, dass die Mitteilung ausschließlich die Ansicht der Dienststelle oder des Beamten wiedergibt, welche die Kommission nicht bindet, könnte man sich auf den Standpunkt stellen, dass keine der Kommission zurechenbare Handlung vorliegt. In der Entscheidung Schlüsselverlag stellte das EuG einige Überlegungen in diese Richtung an, bejahte aber letztlich – durch Anlegen eines strengen Maßstabs – das Vorliegen einer der Kommission zurechenbaren Handlung.[1341] Eine solche Sichtweise wäre aber grundsätzlich wenig vorteilhaft: Erstens beraubte man die Verfahrensrechte der Beschwerdeführer ihrer praktischen Wirksamkeit, wenn sich die Kommission hinter „inoffiziellen" Äußerungen ihrer Bediensteten verstecken könnte, die – würden sie der Kommission zugerechnet – entgegen ihrer Bezeichnung als Meinungsäußerung Rechtswirkungen erzeugten,[1342] und zweitens wäre es auch kaum im Sinne einer geregelten Rechtspflege, wenn die Beschwerdeführer durch eine solche Auslegung gezwungen würden, gegen die Kommission im Wege der Untätigkeitsklage vorzugehen, obwohl die innerhalb der Kommission zuständigen Beamten „inoffiziell" schon deutlich gemacht haben, dass sie der Beschwerde nicht nachgehen wollen. Die Frage, ob eine anfechtbare Handlung vorliegt, sollte daher allein danach entschieden werden, ob die Maßnahme ihrem Wesen nach als Handlung, die Rechtswirkungen erzeugt und endgültig ist, zu bewerten ist.[1343]

405 dd) **Teilanfechtung.** Die Rechtsprechung gestattet die **teilweise Anfechtung eines Rechtsakts,** die allerdings nicht verwechselt werden darf mit der Anfechtung einer Entscheidung (im materiell-rechtlichen Sinn) als Teil eines Entscheidungsbündels. Ein Beispiel für Letzteres wäre die Entscheidung über die Rückforderung einer staatlichen Beihilfe.[1344] Die Teilanfechtung in hier verwendeten Sinne wird bei von Art. 263 Abs. 1 AEUV erfassten Gesetzgebungsakten (Verordnung oder Richtlinie) relevant. Sie ist unter der Voraussetzung zulässig, dass der angefochtene Teil vom verbleibenden Teil trennbar ist. Daran fehlt es, wenn die Teilaufhebung zu einer wesentlichen Änderung des Rechtsakts als Ganzes führen würde. Dabei ist der Maßstab ein objektiver; es wird nicht auf die politischen Absichten des erlassenden Organs abgestellt.[1345]

406 b) **Klagebefugnis.** Das Kriterium der Klagebefugnis entscheidet nicht, wie das der Parteifähigkeit oder Aktivlegitimation, über die Frage, welche Rechtssubjekte gegen nach Art. 263 Abs. 1 AEUV anfechtbare Handlungen vorgehen können, sondern darüber, unter welchen Voraussetzungen ihnen dies gestattet ist. Der sachliche Grund für diese zusätzliche Hürde bei der Zulässigkeit einer Klage besteht in dem Bedürfnis nach einer Einschränkung des potenziellen Klägerkreises zur **Vermeidung von Popularklagen.** Der Gesichtspunkt der Klagebefugnis privater Kläger nimmt in der Rechtsprechung breiten Raum ein. Unter dem Aspekt des effektiven Rechtsschutzes stellt sich die Frage, wie hoch die Hürde gelegt werden soll. Der Streit um das richtige Maß wird nicht nur in der Lehre ausgetragen, sondern in der Vergangenheit auch in der Rechtsprechung.[1346]

407 Wie alle übrigen Zulässigkeitsvoraussetzungen – mit Ausnahme des Rechtsschutzbedürfnisses – ist die Klagebefugnis zum Zeitpunkt der Erhebung der Klage zu beurteilen und richtet sich nur nach der angefochtenen Entscheidung. Nachträgliche Ereignisse, wie etwa die Tatsache, ob nach der Untersagung einer Beihilfe Rückzahlung angeordnet wird, haben darauf keinen Einfluss mehr.[1347]

408 aa) **Privilegierte und teilprivilegierte Kläger.** Nach Art. 263 Abs. 2 AEUV sind die Mitgliedstaaten, das Europäische Parlament, der Rat und die Kommission stets klagebefugt. Bei dieser Gruppe der sog **privilegierten Kläger** handelt es sich demnach um die Organe der Union sowie ihrer Mitglieder. Sie können aufgrund ihrer verfassungsmäßigen Stellung im System der Verträge ein allgemeines Interesse an der objektiven Rechtmäßigkeit der Handlungen der Unionsorgane geltend machen, ohne ein irgendwie geartetes Interesse nachweisen zu müssen.[1348] In Verfahren vor dem **EFTA-GH** sind nach Art. 36 Abs. 1 ÜGA nur die drei EFTA-Staaten privilegiert klagebefugt.

[1340] EuG Slg. 1994, II-285 Rn. 38 – BEUC; Slg. 2002, II-3681 Rn. 45 – DuPont Teijin Films.
[1341] EuG Slg. 2002, II-1473 Rn. 26 – Schlüsselverlag; zustimmend GA Geelhoed Slg. 2003, I-9889 Rn. 48 – Schlüsselverlag; der EuGH nimmt zu dieser Frage in der Rechtsmittelentscheidung keine Stellung.
[1342] So auch EuG Slg. 1994, II-285 Rn. 38 – BEUC.
[1343] EuG Slg. 1994, II-285 Rn. 38 – BEUC.
[1344] Nicht eindeutig EuG Slg. 2010, II-2099 Rn. 114 – Frankreich/Kommission.
[1345] EuGH Slg. 2006, I-2981 Rn. 13 f. – Spanien/Rat.
[1346] Vgl. EuG Slg. 2002, II-2365 – Jégo Quéré; EuGH Slg. 2002, I-6677 – Unión de Pequeños Agricultores; EFTA-GH Slg. 2003, 52 – Technologien Bau- und Wirtschaftsberatung und Bellona; dazu Buschle, The Case Law of the EFTA Court in the Field of State aid in Sanchez Rydelski, The EC State aid Regime, 757, 785.
[1347] EuG EuZW 2012, 555 Rn. 40 – Iberdrola.
[1348] EuG 20.9.2012 – T-154/10, ECLI:EU:T:2012:452 Rn. 37 – Frankreich/Kommission.

Die prozessuale Homogenität im EWR geht nicht so weit, dass den EU-Staaten und den Organen ein solches Privileg vor dem EFTA-GH und umgekehrt den EFTA-Staaten und der Überwachungsbehörde vor dem EuGH gewährt wird.

Die privilegierten Kläger sind zur Erhebung einer Klage stets berechtigt, **nicht aber verpflichtet.** Eine Verpflichtung zur Erhebung einer Nichtigkeits(oder Untätigkeits-)klage aus eigenem Recht oder in Prozessstandschaft für einen privaten Kläger ergibt sich jedenfalls nicht aus dem Unionsrecht.[1349] Ein Mitgliedstaat muss deshalb zB nicht eine Beihilfeentscheidung anstelle von betroffenen, aber nicht selbst klagebefugten Unternehmen anfechten, es sei denn, eine solche Pflicht ergäbe sich aus dem nationalen Recht.

Nicht zur Gruppe der privilegierten Kläger gehören **Teilglieder der Mitgliedstaaten,** wie zB die Regionen und Länder[1350] oder Gemeinden,[1351] oder durch die Verträge oder auf ihrer Grundlage geschaffene Institutionen wie die Europäische Investitionsbank. Diese können als juristische Personen unter den Bedingungen des Art. 263 Abs. 4 AEUV Klage erheben. Drittstaaten müssen ebenfalls nach Art. 263 Abs. 4 AEUV klagen.[1352]

Art. 263 Abs. 3 AEUV regelt für das Unionsrecht die Klagebefugnis der sog **teilprivilegierten Kläger.** Das sind die sonstigen Organe der Union (Rechnungshof, Europäische Zentralbank, Ausschuss der Regionen), die kein allgemeines Rechtmäßigkeitsinteresse geltend machen können und daher nur zur Erhebung von Klagen, die auf die Wahrung ihrer Rechte abzielen, befugt sind. Die Vorschrift hat vor dem EFTA-GH naturgemäß kein Pendant.

bb) Nichtprivilegierte Kläger. Art. 263 Abs. 4 AEUV regelt in der Union die Klagebefugnis der **natürlichen und juristischen Personen.** Auf ihr liegt ein Schwerpunkt der juristischen Auseinandersetzung und damit auch der folgenden Kommentierung. Natürliche und juristische Personen sind zur Klage befugt gegen (1) „an sie gerichtete Handlungen", (2) „sie unmittelbar und individuell betreffende Handlungen" sowie (3) „Rechtsakte mit Verordnungscharakter, die sie unmittelbar betreffen und keine Durchführungsmaßnahmen nach sich ziehen". Die letzten beiden Fallgruppen ersetzen seit Inkrafttreten des AEUV einen Klagegegenstand der „Entscheidungen, die, obwohl sie als Verordnung oder als eine an eine andere Person gerichtete Entscheidung ergangen sind, sie unmittelbar und individuell betreffen". Diese Formulierung hat mehrere Tatbestände vermischt; ihre Widersprüchlichkeit konnte letztlich nie aufgelöst werden. Demgegenüber schafft die Aufteilung in drei Gruppen größere Klarheit, auch wenn sie die Komplexität der Rechtsprechung kaum reduzieren dürfte. Die eigentliche Neuerung liegt in der Behandlung der Rechtsakte mit Regelungscharakter in der dritten Alternative.

Die Klagebefugnis natürlicher und juristischer Personen **vor dem EFTA-GH** ist in Art. 36 Abs. 2 ÜGA geregelt. Die Vorschrift unterscheidet sich inhaltlich von der des Art. 263 Abs. 4 AEUV nur insoweit, als sie die Klagemöglichkeit gegen Rechtsakte mit Regelungscharakter ausnimmt.

Der Begriff der „natürlichen und juristischen Person" hat dieselbe Bedeutung wie im Rahmen der Parteifähigkeit (→ Rn. 312).

(1) An den Kläger gerichtete Handlungen. Nach der Alt. 1 des Art. 263 Abs. 4 AEUV und des Art. 36 Abs. 2 ÜGA sind natürliche und juristische Personen zur Klage gegen „an sie gerichtete Handlungen" befugt. Ist dies der Fall, so wird die Klagebefugnis in aller Regel unproblematisch sein. Nur in Ausnahmefällen kann zweifelhaft sein, ob die angegriffene Handlung „an den Kläger gerichtet" war.

Zum Merkmal der „Handlung" gilt das oben Gesagte (→ Rn. 332). Die zweite Voraussetzung für die Prüfung der Klagebefugnis nach Art. 263 Abs. 4 Alt. 1 AEUV bzw. Art. 36 Abs. 2 Alt. 1 ÜGA besteht darin, dass die Entscheidung **„an den Kläger gerichtet"** sein muss. Damit fallen alle Handlungen, mit denen sich das Organ nicht (nur) an den Kläger, sondern (auch) an die Öffentlichkeit gerichtet hat, wie der Erlass von Verordnungen, Richtlinien oder allgemeinen öffentliche Äußerungen wie eine Presseerklärung,[1353] aus dem Kreis der Maßnahmen heraus, die eine Klagebefugnis nach dieser Alternative begründen. Art. 263 Abs. 4 Alt. 1 AEUV bzw. Art. 36 Abs. 2 Alt. 1 ÜGA regeln also hauptsächlich den (unproblematischen) Normalfall, dass der Kläger ausdrücklich als **Adressat** einer Entscheidung bezeichnet wird („Diese Entscheidung ist an … gerichtet."). Weiter wird die Konstellation erfasst, in der das Organ ein Dokument an den Kläger adressiert hat, welches zwar nicht als Rechtsakt bezeichnet wird, sich in Wirklichkeit aber als eine den Kläger

---

[1349] EuGH Slg. 2005, I-8979 Rn. 27 ff. – Ten Kate.
[1350] EuGH Slg. 1997, I-1787 Rn. 6 – Wallonische Region; EuG Slg. 1998, II-717 Rn. 28 – Vlaamse Gewest; Slg. 1999, II-1871 Rn. 28 – Regione autonoma Friuli Venezia Giulia.
[1351] EuGH Slg. 1984, 2889 Rn. 9 f. – Commune de Differdange.
[1352] EuG Slg. 2003, II-3083 Rn. 34 – Aruba.
[1353] EuG Slg. 1994, II-121 Rn. 57–59 – Air France II.

betreffende Entscheidung darstellt, die nach dem zum Klagegegenstand Ausgeführten Rechtswirkungen erzeugt. Damit ist der Empfänger von „Mitteilungen" und angeblich „informatorischen" Schreiben, die in Bezug auf ihn Rechtswirkungen zeitigen, nach der ersten Alternative von Art. 263 Abs. 4 AEUV bzw. Art. 36 Abs. 2 ÜGA klagebefugt.

417 Im Falle von stillschweigenden Entscheidungen (→ Rn. 375), dh Entscheidungen, die an Dritte ergehen und dem Kläger lediglich „zur Information" zugehen, ist zu unterscheiden. Grundsätzlich existieren hier zwei Entscheidungen: erstens die ausdrückliche, an den Dritten gerichtete Entscheidung und zweitens eine stillschweigende, an niemanden ausdrücklich adressierte Entscheidung, deren Rechtswirkungen sich lediglich aus dem Kontext ergeben. In Bezug auf die Letztere ist zu fragen, an welchen Empfänger die stillschweigende Entscheidung hätte adressiert werden müssen. Demnach ist in Verfahren nach der VO 1/2003 der Beschwerdeführer, dessen Beschwerde stillschweigend abgelehnt wurde, Adressat dieser Entscheidung iSv Art. 263 Abs. 4 Alt. 1 AEUV (vgl. Art. 7 Abs. 2 VO 773/2004), während in Beihilfeverfahren der betroffene Mitgliedstaat Adressat einer solchen Entscheidung ist (vgl. Art. 31 Abs. 2 VO (EU) 2015/1589).[1354]

418 **(2) Nicht an den Kläger gerichtete Handlungen.** Die Alt. 2 von Art. 263 Abs. 4 AEUV und Art. 36 Abs. 2 ÜGA erfasst diejenigen Fälle, in denen eine Handlung an eine andere Person adressiert war.[1355] Der Begriff der anderen Person ist weit auszulegen und umfasst auch Mitgliedstaaten.[1356]

419 Erst in dieser Alternative ergeben sich die eigentlichen Probleme der Klagebefugnis in Form der Merkmale der „unmittelbaren" und „individuellen" Betroffenheit.

420 **(3) Rechtsakte mit Verordnungscharakter.** Die Anfechtbarkeit von Rechtsakten mit Regelungscharakter hat die Alt. 3 von Art. 263 Abs. 4 AEUV seit dem 1.12.2009 neu konzeptioniert. In dieser Alternative will der Vertrag durch ein Klagerecht auch für die von ihr erfassten Rechtsakte vermeiden, dass der Kläger erst das Recht verletzen müsste, um Zugang zu den Gerichten zu erhalten.[1357] Damit reagierten die Verfasser des AEUV auf die Auseinandersetzung um die Angemessenheit unionsrechtlichen Rechtsschutzes in den Fällen Jégo-Quéré und Unión de Pequeños Agricultores (→ Rn. 431 f.).

421 Der Begriff des Rechtsakts mit Verordnungscharakter im Sinne dieser Bestimmung ist dahin zu verstehen, dass er **jeden Rechtsakt mit allgemeiner Geltung mit Ausnahme von Gesetzgebungsakten** erfasst. Allgemeine Geltung hat ein Rechtsakt, wenn er für objektiv bestimmte Situationen gilt und Rechtswirkungen gegenüber einer allgemein und abstrakt umschriebenen Personengruppe erzeugt. Der Begriff des Gesetzgebungsaktes wird förmlich, dh abhängig vom Erlass nach dem gewöhnlichen oder besonderen Gesetzgebungsverfahren, verstanden. Nach diesen Verfahren erlassene Richtlinien und Verordnungen sind Handlungen, die nach Art. 263 Abs. 4 Alt. 2 AEUV angreifbar sind. Das gilt nicht für Rechtsakte der Kommission,[1358] für die die Alt. 3 einschlägig sein kann. Nachdem im Wettbewerbs- und Beihilferecht aber praktisch alle Rechtsakte allgemeiner Geltung der Konkretisierung im Wege von Einzelfallentscheidungen bedürfen und das Fehlen von Durchführungsmaßnahmen eine Voraussetzung des Art. 263 Abs. 4 Alt. 3 AEUV darstellt, dürfte diese für den hier kommentierten Bereich nur selten relevant sein.

422 Die Neuerung des Art. 263 Abs. 4 AEUV besteht im Wegfall des Erfordernisses der „individuellen Betroffenheit". Bereits unter der Rechtsprechung zu Art. 230 Abs. 4 EG hatte der EuGH akzeptiert, dass der generell-abstrakte Regelungscharakter einer Norm nicht ausschließt, dass diese einige der betroffenen Wirtschaftsteilnehmer individuell betrifft.[1359] Die individuelle Betroffenheit war dann nach der sog Plaumann-Formel zu prüfen (→ Rn. 429 ff.). Für den (engeren) Bereich der von Art. 263 Abs. 4 Alt. 3 AEUV erfassten Fälle muss nun aber nur noch die unmittelbare Betroffenheit sowie das davon zu unterscheidende Fehlen von Durchführungsmaßnahmen nachgewiesen werden. Sind Durchführungsmaßnahmen notwendig, so kann vom Kläger erwartet werden, dass er diese anficht.[1360]

[1354] Vgl. EuG Slg. 1996, II-1827 – Rendo; die Frage der Klagebefugnis wird bezeichnender Weise nicht problematisiert.
[1355] EuGH Slg. 2009, I-959 Rn. 29 – Galileo.
[1356] EuGH Slg. 1963, 213 (237) – Plaumann.
[1357] EuG ZUR 2012, 548 Rn. 60 – Eurofer.
[1358] EuG ZUR 2012, 548 Rn. 42 ff. – Eurofer.
[1359] EuGH Slg. 1994, I-1853 Rn. 18 f. – Codorniu; speziell zu Richtlinien EuG Slg. 1998, II-2335 Rn. 69 – UEAPME; Slg. 2000, II-2487 Rn. 30 – Salamander; Slg. 2002, II-3259 Rn. 30 – Japan Tobacco; Slg. 2003, II-1111 Rn. 27 – Établissements Toulorge; Slg. 2004, II-4263 Rn. 34 ff. – EFfCI.
[1360] EuG ZUR 2012, 548 Rn. 59 f. – Eurofer.

(4) Unmittelbare Betroffenheit. Die Einschränkung, dass der Kläger unmittelbar betroffen **423** sein muss, trifft nur Dritte. Der Adressat einer Maßnahme ist ohne Weiteres unmittelbar betroffen. Unmittelbare Betroffenheit eines Klägers verlangt die kumulative Erfüllung zweier Kriterien. Unmittelbar betroffen von einer Entscheidung ist ein Dritter danach, wenn die Entscheidung sich auf seine **Rechtsstellung unmittelbar auswirkt** und wenn sie ihrem im Hinblick auf den Kläger mit der Durchführung betrauten Adressaten **keinerlei Ermessensspielraum** lässt.[1361] Die Ausführung der Maßnahme des zuständigen Organs muss also **rein automatisch** erfolgen und sich allein aus der Maßnahme selbst ergeben, ohne dass weitere Maßnahmen, seien es mitgliedstaatliche Durchführungsvorschriften oder Handlungen Privater, hinzutreten müssen.[1362] Ist dies der Fall, so scheidet die Klagemöglichkeit zumindest nach europäischem Recht grundsätzlich aus.

Wettbewerbsrecht. In der Regel müssen zur unmittelbaren Wirksamkeit einer wettbewerbs- **424** rechtlichen Entscheidung keine zusätzlichen Durchführungshandlungen hinzutreten. Dritte sind bereits dann unmittelbar betroffen, wenn sich ihre tatsächlichen oder rechtlichen Auswirkungen ohne Weiteres kausal (auch) auf ihre Stellung im Wettbewerb erstrecken.[1363]

Auch die **Genehmigung eines Unternehmenszusammenschlusses** erzeugt unmittelbare **425** Auswirkungen auf die Wettbewerbssituation Dritter, da die Änderung der Marktlage dann nur noch von dem Willen der fusionierenden Parteien abhängt.[1364] Im Fall der **Ablehnung gemeinschaftsweiter Bedeutung** eines Zusammenschlusses im Sinne der FKVO kann die unmittelbare Betroffenheit dritter Unternehmen auch dadurch begründet werden, dass ihnen die Verfahrensrechte aus Art. 18 Abs. 4 FKVO entzogen werden.[1365] Im Urteil Royal Philips stellte das EuG zusätzlich fest, dass die **Verweisung** an einen Mitgliedstaat nach Art. 9 Abs. 3 FKVO an sich zwar die Wettbewerbsposition des Klägers nicht unmittelbar berühre. Weil im Rahmen der unmittelbaren Betroffenheit aber nach dem Zweck einer Maßnahme zu beurteilen sei, genügt statt der faktischen die unmittelbar eintretende rechtliche Wirkung der Verweisungsentscheidung.[1366] Diese besteht darin, „dass die Verordnung Nr. 4064/89 auf den verwiesenen Teil des Zusammenschlusses nicht angewandt wird, und zum anderen, dass dieser Teil des Zusammenschlusses der ausschließlichen Überprüfung durch die französischen Wettbewerbsbehörden unterworfen wird, die nach ihrem nationalen Wettbewerbsrecht entscheiden". Ausdrücklich wird schließlich auf den möglichen Verlust von Rechtsschutz vor den Unionsgerichten eingetreten.[1367] Die Möglichkeit der Anfechtung der Verweisungsentscheidung tritt damit neben die zur Anfechtung einer späteren Genehmigungsentscheidung nach nationalem Recht. Dagegen sind die durch ihre Klage dem Verlust von Arbeitsplätzen vorbeugenden **Arbeitnehmervertreter** durch die Genehmigung einer Fusion nicht unmittelbar betroffen, da für einen Stellenabbau noch zusätzliche Entscheidungen des Arbeitgebers bzw. der Sozialpartner getroffen werden müssten. Auch gilt hier die sog Betriebsübergangsrichtlinie 77/187.[1368] Wenn die Kommission eine Genehmigung unter der Bedingung erteilt, dass der Adressat eine **Verpflichtungszusage** einhält, kann diese die Interessen von Dritten zwar nur insoweit berühren, als sie von dem sich verpflichtenden Unternehmen in die Tat umgesetzt wird. Angesichts der Verknüpfung mit der Entscheidung der Kommission kann aber kein Zweifel an dem Willen des Unternehmens bestehen, diese Verpflichtung auch einzuhalten.[1369]

Beihilferecht. Problematisch kann die unmittelbare Betroffenheit insbesondere im Beihilfe- **426** recht werden, wo die angefochtene Entscheidung nicht an einen Einzelnen adressiert ist, sondern einem (oder mehreren) Mitgliedstaaten auferlegt wird, eine den Kläger belastende Maßnahme vorzunehmen. Die unmittelbare Betroffenheit verlangt nach der Rechtsprechung – wie gesehen – grundsätzlich, dass die Durchführung der angefochtenen Entscheidung rein automatisch erfolgt. Bei einer formalen Betrachtungsweise wird der Kläger aber erst von der Maßnahme (oder ggf. von der Unterlassung der begehrten Maßnahme) des Mitgliedstaats betroffen, auch wenn dessen Maßnahme unter Berücksichtigung der Kommissionsentscheidung erfolgt. Vom Grundsatz her ist in diesen Fällen daher der innerstaatliche Klageweg zu beschreiten. Die Unionsgerichte legen allerdings einen prag-

---

[1361] EuGH 13.10.2011 – C-463/10 P, 475/10 P, ECLI:EU:C:2011:656 Rn. 66 – Deutsche Post; EuG Slg. 2007, II-4063 Rn. 76 – Salvat père & fils.
[1362] EuGH Slg. 1971, 411 Rn. 23–29 – International Fruit Company; Slg. 1998, I-2309 Rn. 43 – Dreyfus; EuG Slg. 2000, II-4039 Rn. 24 – DSTV; EuG Slg. 2001, II-3367 Rn. 47 – Mitteldeutsche Erdöl-Raffinerie.
[1363] EuG Slg. 1996, II-649 Rn. 64 – Metropole télévision.
[1364] EuG Slg. 1994, II-121 Rn. 80 – Air France II; Slg. 2003, II-2275 Rn. 47 – Verband der freien Rohrwerke; Slg. 2003, II-3825 Rn. 60 – ARD.
[1365] EuG Slg. 1994, II-121 Rn. 81 – Air France II.
[1366] EuG Slg. 2003, II-1433 Rn. 277 – Royal Philips Electronics; so schon EuG Slg. 2003, II-4251 Rn. 53 ff., 62 ff. – Cableuropa.
[1367] EuG Slg. 2003, II-1433 Rn. 285 – Royal Philips Electronics.
[1368] EuG Slg. 1995, II-1213 Rn. 40 ff. – CCE de la Société Général des Grandes Sources.
[1369] EuGH Slg. 1998, I-1375 Rn. 49 ff. – Frankreich/Kommission.

matischen Ansatz zugrunde, wonach die unmittelbare Betroffenheit nicht von einer rein formalen Analyse des Sachverhalts abhängig gemacht wird. Vielmehr wird die Formel der „unmittelbaren Auswirkung" auf die Rechtsstellung" weit verstanden und umfasst zB auch vermögensmäßige Beeinträchtigungen.[1370] Darüber hinaus ist die unmittelbare Betroffenheit des Einzelnen im Sinne eines fehlenden Ermessensspielraums des mit der Durchführung betrauten Mitgliedstaats auch dann gegeben, wenn die Möglichkeit, dass er die Kommissionsentscheidung (positiv oder negativ) nicht umsetzt, **theoretisch** bleibt,[1371] weil etwa an dem Willen der nationalen Stellen zur Durchführung der Maßnahme vernünftigerweise nicht gezweifelt werden kann.[1372] Das Gleiche gilt, wenn die Art und Weise der Ausübung des Ermessens der nationalen Behörden schon feststeht und die Durchführung der fraglichen Maßnahme de facto nur noch von der Genehmigung durch die Kommission abhängt.[1373]

427 So ist ein konkurrierendes Unternehmen von der **Genehmigung staatlicher Beihilfen vor deren Gewährung** als unmittelbar betroffen anzusehen, wenn die Absicht der nationalen Behörden, ihr Beihilfevorhaben zu verwirklichen, außer Zweifel steht.[1374] Von einer Einstellungsentscheidung sind die Wettbewerber schon deshalb unmittelbar betroffen, weil dadurch eine Situation fortbesteht, die durch die Durchführung des Verfahrens bzw. den Erlass der Maßnahme geändert worden wäre.[1375] Ebenso unmittelbar betroffen sind die begünstigten Unternehmen von einer **Untersagung der Durchführung einer noch nicht gewährten Beihilfe.** Unmittelbar betroffen sind die Begünstigten auch durch die von nationalen Stellen und nach nationalem Verwaltungsrecht zu treffenden **Rückforderungsentscheidung** hinsichtlich bereits gewährter Beihilfen.[1376] Der zugeflossene Vorteil wird dem begünstigten Unternehmen tatsächlich bereits durch die Kommissionsentscheidung entzogen. Ebenso wie der Mitgliedstaat als Adressat einer Entscheidung ist grundsätzlich auch die Gebiets- oder sonstige Verbandskörperschaft unmittelbar betroffen, die intern verantwortlich ist, ohne dass der Zentralstaat dabei irgendein Ermessen ausüben könnte.[1377] Nicht unmittelbar betroffen sind aber Gemeinden von der Genehmigung, Beihilfen an namentlich bezeichnete Unternehmen im Falle eines Kapazitätsabbaus zu gewähren, wenn der Ort allenfalls zu schließender Betriebsstätten ebenso ungewiss ist wie die Modalitäten der Umstrukturierung.[1378]

428 Die **Anordnung zur Auskunftserteilung** (zu angeblich rechtswidrigen Beihilfen, Art. 12 Abs. 2 VO 2015/1589) an einen Mitgliedstaat betrifft das begünstigte Unternehmen unmittelbar, auch wenn die Art und Weise, wie sich die staatlichen Behörden die verlangten Informationen vom Unternehmen beschafft, den ersteren einen Spielraum lässt. Entscheidend ist, dass sich der Zwang einer solchen Anordnung auf das Unternehmen überträgt sowie der Bestimmtheitsgrad der Anordnungsentscheidung.[1379]

429 **(5) Individuelle Betroffenheit. Allgemeine Grundsätze.** Wie das Erfordernis des unmittelbaren Betroffenseins muss auch eine individuelle Betroffenheit nur der Kläger nachweisen, der nicht Adressat der behördlichen Entscheidung ist. Bei einer gemeinsamen Klage mehrerer Unternehmen bzw. Personen reicht die Klagebefugnis bei einem/r von ihnen bereits aus.[1380] Da es sich bei wettbewerbs- und beihilferechtlichen Entscheidungen um marktbezogene Entscheidungen handelt, kann eine behördliche Entscheidung neben den Adressaten grundsätzlich die am Markt und darüber hinaus Tätigen in unterschiedlicher Intensität betreffen. Dies können neben Konkurrenten und Kunden jede Art von Stake- oder Shareholdern sein. Die Zahl der von einer Entscheidung Betroffenen kann häufig unüberschaubare Dimensionen annehmen. Entsprechende Situationen sind bereits im Wettbewerbsrecht beinahe alltäglich. Noch offensichtlicher wird es im Beihilferecht, etwa bei Entscheidungen betreffend regionale oder sektorielle Beihilfen, die sich von der allgemeinen Wir-

---

[1370] EuG Slg. 2005, II-4139 Rn. 53 f. – Regione Siciliana.
[1371] EuG Slg. 2001, II-3367 Rn. 48 – Mitteldeutsche Erdöl-Raffinerie; Slg. 2005, II-3007 Rn. 43 – Polyelectrolyte Producers Group.
[1372] Vgl. nur EuGH Slg. 1998, I-2309 Rn. 43 f. – Dreyfus; EuG Slg. 1996, II-2169 Rn. 46 – AIUFASS; Slg. 2008, II-81 Rn. 81 – BUPA.
[1373] Vgl. EuGH Slg. 1985, 207 Rn. 8–10 – Piraiki-Patraiki.
[1374] EuG Slg. 1995, II-1281 Rn. 60 – ASPEC; Slg. 2008, II-81 Rn. 81 – BUPA.
[1375] EuGH Slg. 1986, 391 Rn. 30 – Cofaz; EuG Slg. 1995, II-1971 Rn. 41 – AITEC; Slg. 2004, II-1565 Rn. 32 – Deutsche Post und DHL.
[1376] EuGH Slg. 2000, I-8855 Rn. 36 – Italien und Sardegna Lines; EuG Slg. 2001, II-3367 Rn. 49–52 – Mitteldeutsche Erdöl-Raffinerie; EuGH 9.6.2011 – C-71/09 P, C-73/09 P und C-76/09 P, ECLI:EU:C:2011:368 – Comitato „Venezia vuole vivere" u.a.
[1377] EuG Slg. 1999, II-3663 Rn. 89 f. – Freistaat Sachsen; EuGH Slg. 1986, 2469 – DEFI.
[1378] EuGH Slg. 1984, 2889 Rn. 10 ff. – Commune de Differdange.
[1379] EuGH 13.10.2011 – C-463/10 P, 475/10 P, ECLI:EU:C:2011:656 Rn. 68 – Deutsche Post.
[1380] EuG Slg. 2003, II-2275 Rn. 57 – Verband der freien Rohrwerke.

kung eines Gesetzes gar nicht oder kaum unterscheiden[1381] und einen „faktischen normativen Charakter" aufweisen.[1382]

Vor diesem Hintergrund sind die Bemühungen des europäischen Gesetzgebers wie auch der Rechtsprechung nachvollziehbar, einer uferlosen Ausweitung des Kreises der zur Anfechtung Berechtigten entgegenzuwirken. Ausgangspunkt für die Prüfung der individuellen Betroffenheit ist auch heute noch die **Plaumann-Formel** des EuGH von 1963.[1383] Danach ist derjenige von einer Entscheidung individuell betroffen, den diese „wegen bestimmter persönlicher Eigenschaften oder besonderer, ihn aus dem Kreis aller übrigen Personen heraushebenden Umstände berührt und ihn daher in ähnlicher Weise individualisiert wie den Adressaten".[1384] **430**

Die danach erforderliche Individualisierung geht über die bloße Beeinflussung der Interessen oder der Rechtsstellung des Klägers hinaus.[1385] Der EuGH hat an der Anwendung der Plaumann-Rechtsprechung stets festgehalten und diese auch auf ausdrückliche Einladung des EuG nicht modifiziert. In seiner Entscheidung Jégo-Quéré hat Letzteres die traditionelle Lesart der individuellen Betroffenheit aufgegeben und zur besseren Gewährung eines effektiven Rechtsschutzes eine Änderung der Definition vorgeschlagen: „Demnach ist, um einen wirksamen gerichtlichen Rechtsschutz der Einzelnen zu gewährleisten, eine natürliche oder juristische Person als von einer allgemein geltenden Gemeinschaftsbestimmung, die sie unmittelbar betrifft, individuell betroffen anzusehen, wenn diese Bestimmung ihre Rechtsposition unzweifelhaft und gegenwärtig beeinträchtigt, indem sie ihre Rechte einschränkt oder ihr Pflichten auferlegt".[1386] Der EuGH hob dieses Urteil im Rechtsmittelverfahren auf,[1387] nachdem er zuvor im Urteil in der Rechtssache Unión de Pequeños Agricultores eine generelle Evaluierung des unionsrechtlichen Rechtsschutzsystems vorgenommen hatte. Entgegen den liberalen Schlussanträgen von Generalanwalt Jacobs weigerte er sich, Lücken in diesem System durch eine Lockerung von Plaumann zu stopfen: Es sei vielmehr „Sache der Mitgliedstaaten, ein System von Rechtsbehelfen und Verfahren vorzusehen, mit dem die Einhaltung des Rechts auf effektiven gerichtlichen Rechtsschutz gewährleistet werden kann".[1388] Das Erfordernis der individuellen Betroffenheit sei im Vertrag festgelegt und könne nicht durch grundrechtsfreundliche Auslegung abgeschafft werden.[1389] **431**

Die Urteile in den Rechtssachen Jégo-Quéré und Unión de Pequeños Agricultores nur im Hinblick auf das Zulässigkeitskriterium der individuellen Betroffenheit zu verstehen, wäre zu kurz gedacht. In ihnen drückt sich das **Ringen um den Zugang zur Justiz** zwischen dem Grundrecht auf effektiven Rechtsschutz und dem Einbau von Filtern zur Verhinderung von Klageschwemmen aus, also zwei richterrechtlichen Konzepten. Die vom EuGH eingeschlagene Linie ist dabei auf Kritik gestoßen.[1390] Der Lissabon-Vertrag hat mit Art. 264 Abs. 4 AEUV für Konstellationen, wie sie den genannten Urteilen zugrunde lagen, insofern Abhilfe geschaffen, als das Merkmal der individuellen Betroffenheit nun nicht mehr erfüllt sein muss (→ Rn. 422). Die Plaumann-Formel und ihre Handhabung in allen anderen Fällen bleiben davon freilich unberührt. Zu bedenken ist dabei die Rechtsprechung des Europäischen Gerichtshofs für Menschenrechte, der – wie der Fall Bosphorus[1391] zeigt – den Zugang zu den Luxemburger Gerichtshöfen unter einen Prüfungsvorbehalt stellt. Die in diesem Urteil genannte Äquivalenzvermutung bzgl. des Grundrechtsschutzes hat Straßburg zudem später differenziert und in einem Fall, in dem von der Cour de Cassation durch eine Nichtvorlage das unionsrechtliche System des Grundrechtsschutzes eben nicht beansprucht wurde, verneint.[1392] Solange es nicht um den noch immer von Plaumann bestimmten Begriff der individuellen Betroffenheit geht, scheint der EuGH diese Herausforderung ernst zu nehmen.[1393] **432**

Wann nach der Plaumann-Rechtsprechung eine Individualisierung begründende Eigenschaften oder Umstände vorliegen, lässt sich nicht pauschal festlegen. Die **Unbestimmtheit der Formel** hat zur Identifizierung gewisser, die Klagebefugnis begründender Aspekte geführt, auf die in der **433**

[1381] Vgl. etwa EuG Slg. 2001, II-3367 Rn. 76 – Mitteldeutsche Erdöl-Raffinerie.
[1382] Schlussanträge von GA Ruiz-Jarabo C-346/03, C-529/03 v. 28.4.2005, ECLI:EU:C:2005:256 Rn. 75 – Atzori.
[1383] EuGH Slg. 1963, 213 (238) – Plaumann; vgl. ebenfalls EFTA-GH Slg. 2003, 52 Rn. 42 – Bellona.
[1384] EuGH Slg. 1963, 213 (238) – Plaumann; EFTA-GH Slg. 2003, 52 Rn. 42 – Bellona.
[1385] EuG Slg. 1995, II-1213 Rn. 26 – CCE de la Société Général des Grandes Sources.
[1386] EuG Slg. 2002, II-2365 Rn. 51 – Jégo-Quéré.
[1387] EuGH Slg. 2004, II-3425 – Jégo-Quéré.
[1388] EuGH Slg. 2002, I-6677 Rn. 41 – Unión de Pequeños Agricultores.
[1389] EuGH Slg. 2002, I-6677 Rn. 44 – Unión de Pequeños Agricultores.
[1390] Vgl. etwa Arnull, The European Union and its Court of Justice, 2. Aufl. 2006, 82 ff.
[1391] EGMR 30.6.2005 – 45 036/98, CE:ECHR:2005:0630JUD004503698 – Bosphorus/Irland.
[1392] Zudem betraf der Fall eine Richtlinie, die Frankreich Umsetzungsspielräume beließ: EGMR 6.12.2012 – 12323/11, CE:ECHR:2012:1206JUD00123211 – Michaud/Frankreich.
[1393] Vgl. etwa zum Klagegegenstand EuGH Slg. 2008, I-5829 Rn. 45 – Athinaïki Techniki.

Kasuistik regelmäßig zurückgegriffen wird, in der Mehrzahl der Fälle auch in Verbindung.[1394] Tatsächlich verwendet und kombiniert die in der Weiterentwicklung der Plaumann-Formel ergangene Rechtsprechung einzelne, für die Individualisierung anerkannte Elemente in einer kaum vorhersehbaren Weise. Das ist einerseits zu begrüßen. Die mit der Plaumann-Formel verbundene Gefahr ist die der formelhaften Schematik. Desto wichtiger ist es, stets alle Umstände des Einzelfalles wertend zu berücksichtigen. Dies gilt umso mehr, als das Erfordernis der Klagebefugnis in einem natürlichen Spannungsverhältnis zum Grundsatz des effektiven Rechtsschutzes steht. Auf der anderen Seite darf damit jeder Versuch einer Kategorisierung, wie auch der folgende, nicht darüber hinwegtäuschen, dass sich allgemeine Regeln in diesem Bereich nicht aufstellen lassen. Unklar ist sowohl die Gewichtung der einzelnen Elemente in der Untersuchung der individuellen Betroffenheit, als auch der Grad an Konvergenz in der Prüfung von Kartell-, Fusionskontroll- und Beihilfefällen.

434 **Beeinträchtigung der Wettbewerbsposition.** Nach der Intention der Plaumann-Formel sollen rein objektive Eigenschaften, wie die Eigenschaft als Wirtschaftsteilnehmer auf einem bestimmten Markt[1395] oder das Aufweisen bestimmter objektiver Merkmale, eine Individualisierung regelmäßig nicht herbeiführen können.[1396] Der EuGH hat hervorgehoben, dass jede Form von Wirtschaftstätigkeit jederzeit von jedem beliebigen Unternehmen aufgenommen werden kann.[1397] Umgekehrt ist der Begriff der individuellen Betroffenheit nicht so zu verstehen, dass „Individualität" mit „Einzigartigkeit" gleichzusetzen wäre. Es ist möglich, dass eine Vielzahl von Betroffenen durch dieselben Umstände individuell betroffen sind.[1398]

435 In diesem Spannungsverhältnis ist das Merkmal der spürbaren Beeinträchtigung der Wettbewerbsposition des Klägers auf dem relevanten Markt zu sehen. Die allgemeine Eigenschaft als Marktteilnehmer ist zwar noch nicht mit einer konkreten Beeinträchtigung der Wettbewerbsposition gleichzusetzen. Diese bestimmt sich nämlich im Verhältnis zu dem von der Entscheidung der Kommission begünstigten Marktteilnehmer, also aus dem Wettbewerbsverhältnis. Doch ergibt sich aus den grundlegenden Wertungen des Vertrages eine Pflicht der Kommission, den Wettbewerb und daher – wo dazu nötig – auch die Wettbewerber vor widerrechtlichen Beeinträchtigungen zu schützen.[1399]

436 **Wettbewerbsrecht.** Die Stellung des Klägers auf dem Markt eines (mutmaßlichen) Kartells bzw. eines missbräuchlich agierenden Marktbeherrschers kann eigenständig oder in Verbindung mit anderen Merkmalen Bedeutung zukommen. Die Beeinträchtigung der Marktstellung wird mit Hinblick auf die Struktur des betroffenen Marktes analysiert. Dazu können individuelle Besonderheiten treten. Dass vor nationalen Gerichten ein Verfahren anhängig ist, auf die das rechtliche Schicksal der Entscheidung Einfluss haben kann, ist aber dem Zufall zu verdanken und reicht zu einer Individualisierung deshalb nicht aus.[1400]

437 Bei Klagen gegen die **Genehmigung einer Fusion** oder gegen die **Verneinung der unionsweiten Bedeutung** durch die Kommission ist die Beeinträchtigung der Marktstellung des klagenden Unternehmens ein maßgebliches individualisierendes Element. Auch hier muss aber regelmäßig eine Beteiligung am Verwaltungsverfahren hinzutreten, um die individuelle Betroffenheit eines Klägers zu begründen. Die Stellung als Lieferant oder Abnehmer der beteiligten Unternehmen reicht nicht zur Begründung der Klagebefugnis, zumal in Verbindung mit der Verfahrensbeteiligung, aus.[1401] Auch ein unmittelbarer,[1402] oder bedeutender Wettbewerber,[1403] zumal aber die Hauptkonkurrentin[1404] der fusionierenden Unternehmen kann durch ihre Marktstellung individuell betroffen sein. Insbesondere in oligopolistischen Märkten reicht es aus, dass das klagende Unternehmen ein wesentliches Konkurrenzunternehmen auf dem betroffenen Markt ist. Dies wurde im Urteil Kali & Salz mit Blick auf das den Markt bestimmende Duopol angenommen.[1405] Im Fall Air France II, in dem auf den betroffenen Märkten de facto ein Duopol von Air France und British Airways bestand, wurde die Individualisierung sogar allein aufgrund der Marktstellung von Air France bejaht, da jede Stär-

---

[1394] Vgl. etwa EuGH Slg. 1986, 391 – Cofaz; EuG Slg. 2001, II-1037 Rn. 41 – Hamburger Hafen- und Lagerhaus.
[1395] So zum Beihilferecht EuGH Slg. 1988, 219 Rn. 15 – Van der Kooy.
[1396] Vgl. zB EuGH Slg. 2004, I-3425 Rn. 46 – Jégo-Quéré.
[1397] EuGH Slg. 1985, 207 Rn. 12–14 – Piraiki-Patraiki.
[1398] Vgl. nur den Sachverhalt in EuGH Slg. 1985, 207 – Piraiki-Patraiki.
[1399] Vgl. GA La Pergola Slg. 1997, I-947 Rn. 19 – Bilanzbuchhalter.
[1400] EuGH Slg. 1998, I-7183 Rn. 32 ff. – Kruidvat.
[1401] EuG Slg. 2003, II-2275 Rn. 51 – Verband der freien Rohrwerke.
[1402] EuG Slg. 2003, II-2275 Rn. 50 – Verband der freien Rohrwerke.
[1403] EuG Slg. 2003, II-1433 Rn. 292 – Royal Philips Electronics; krit. zur Großzügigkeit des EuG Hirsbrunner EuZW 2005, 519 (522).
[1404] EuG Slg. 2003, II-4251 Rn. 70 – Cableuropa.
[1405] EuGH Slg. 1998, I-1375 Rn. 55 – Frankreich/Kommission; dazu de Bronett ELR 1998, 257 ff.

II. Nichtigkeitsklage   438–441   **Rechtsschutz**

kung von British Airways automatisch zu einer Schwächung der Position von Air France führe.[1406] Auf oligopolistischen Märkten mit hohen Marktzutrittsschranken sind auch potenzielle Konkurrenten in einer Weise betroffen, die in Verbindung mit anderen Elementen zu einer Individualisierung führen kann.[1407] Hat der angegriffene Zusammenschluss die Entstehung oder Festigung eines **Monopols** zur Folge, so können auch lediglich mittelbare oder potenzielle Beeinträchtigungen individualisierend wirken. So wurde bei der Klage der ARD gegen die Fusion von KirchPayTV und BSkyB in einer für die Zulässigkeitsprüfung bemerkenswert detaillierten Analyse[1408] darauf abgestellt, dass, ungeachtet ihrer Zugehörigkeit zu unterschiedlichen Märkten, die Produkte der Klägerin in einem gewissen, marktübergreifenden Konkurrenzverhältnis standen, diese Märkte zunehmend konvergieren, der Erwerb von Marktmacht durch Kirch in Bezug auf zukünftige Schlüsseltechnologien, an deren Entwicklung sich auch die Klägerin beteiligte, wahrscheinlich war und dass die Wettbewerbsposition der Klägerin auf dem vorgelagerten Markt für den Erwerb von Senderechten betroffen war.[1409] Hat das klagende Unternehmen ernsthaft versucht, das übernommene Unternehmen oder wesentliche Teile davon seinerseits zu übernehmen, so ist dies ebenfalls ein Faktor, der für die Individualisierung relevant sein kann.[1410] Das Gleiche gilt, wenn das übernommene Unternehmen von der Klägerin aufgrund einer Vereinbarung mit der Kommission kurz vorher veräußert wurde.[1411]

Ein Unternehmen, welches der unmittelbar wirtschaftlich **Begünstigte einer mitgliedstaatlichen Regelung** iSv Art. 106 Abs. 1 AEUV und in dieser Regelung namentlich benannt ist, ist durch eine Maßnahme, welche die Kommission nach Art. 106 Abs. 3 AEUV gegen diese staatliche Regelung ergreift, individuell betroffen.[1412]   438

Beihilferecht. Im Beihilferecht herrscht die Besonderheit vor, dass der offensichtlich von einer Entscheidung berührte **Begünstigte** als auch seine **Wettbewerber** nicht Adressaten der an den Mitgliedstaat gerichteten Entscheidung der Behörde sind, und deshalb ihre Klagebefugnis nachweisen müssen. Kläger, die schon das Vorliegen einer Wettbewerbsposition nicht geltend machen können, wie eine Vereinigung der Beschäftigten des begünstigten Unternehmens, werden im Zweifel nicht klagebefugt sein.[1413]   439

Begünstigte. Gerade aus der Sicht des **Begünstigten** können die wirtschaftlichen Auswirkungen aber enorm sein. Es ist demnach folgerichtig, den Empfänger einer **individuellen Beihilfe** von einer negativen Entscheidung der Wettbewerbsbehörden stets als individuell betroffen anzusehen.[1414]   440

Beim Begünstigten einer in Form einer **generell-abstrakten Rechtsnorm** gewährten Beihilfe – wie zB steuerlichen Vergünstigungen – stellt die individuelle Betroffenheit in Bezug auf eine Untersagungsentscheidung nach der Rechtsprechung die Ausnahme dar. Das gilt insbesondere auch für Entscheidungen, die sektorielle oder regionale Beihilferegelungen betreffen. Hier genügt es nach der Plaumann-Formel nicht, dass sich der Kläger nur in seiner objektiven Eigenschaft als Zugehöriger des subventionierten Sektors bzw. der Region auf seine Eigenschaft als potenziell Begünstigter beruft. Im Urteil Van der Kooy hat der EuGH die ständige Rechtsprechung begründet, wonach ein solcher Kläger sich in keiner anderen Situation als die anderen dem Gesetz unterworfenen Wirtschaftsteilnehmer befindet.[1415] Es handle sich bei der untersagenden Entscheidung um eine Maßnahme mit allgemeiner Wirkung, die für objektiv bestimmte Situationen gilt und Rechtswirkungen gegenüber einer allgemein und abstrakt umschriebenen Personengruppe erzeugt.[1416] Diese Rechtsprechung griff das EuG a fortiori im Fall Kahn Scheppvaart auf, in dem eine Schifffahrtgesellschaft gegen eine genehmigte Beihilferegelung zugunsten von Werften klagte, deren Kunde ihr Konkurrent war.[1417] Ausdrücklich warnte das Gericht davor, dem Begriff der individuellen Betroffenheit „jede rechtliche   441

[1406] EuG Slg. 1994, II-121 Rn. 82 – Air France II.
[1407] EuG Slg. 2003, II-1279 Rn. 100 ff. – BaByliss; dazu Azizi, Neueste Entwicklungen in der Rechtsprechung des Gerichts erster Instanz in Baudenbacher, Neueste Entwicklungen im europäischen und internationalen Kartellrecht, 11. St. Galler Kartellrechtsforum 2004, 35 (61).
[1408] Nach EuGH Slg. 1986, 391 Rn. 28 – Cofaz, sollte noch die „Möglichkeit" der Beeinträchtigung einer Marktposition ausreichen.
[1409] EuG Slg. 2003, II-3825 Rn. 77 ff. – ARD.
[1410] EuG Slg. 2003, II-1279 Rn. 108 ff. – BaByliss.
[1411] EuG Slg. 1994, II-323 Rn. 46 – Air France I.
[1412] EuGH Slg. 1992, I-565 Rn. 50 – Niederlande/Kommission.
[1413] EuGH Slg. 1997, II-2529 Rn. 63 – ATC.
[1414] Vgl. EuGH Slg. 1980, 2671 Rn. 5 – Philip Morris; Slg. 1984, 3809 Rn. 5 – Intermills.
[1415] EuGH Slg. 1988, 219 Rn. 15 – Van der Kooy; EuG Slg. 1999, II-179 Rn. 46 – Arbeitsgemeinschaft Deutscher Luftfahrt-Unternehmen; EuGH Slg. 2000, I-8855 Rn. 33 – Italien und Sardegna Lines; EuG Slg. 2009, II-1809 Rn. 25 – Acegas; EuZW 2012, 555 Rn. 25 – Iberdrola.
[1416] EuGH Slg. 1988, 219 Rn. 15 – Van der Kooy; vgl. auch EuGH Slg. 1993, I-6357 Rn. 14 – Federmineraria; EuG Slg. 1999, II-179 Rn. 45 – Arbeitsgemeinschaft Deutscher Luftfahrt-Unternehmen.
[1417] EuG Slg. 1996, II-477 Rn. 43 – Kahn Scheppvaart.

Bedeutung" zu nehmen und die Hand dazu zu reichen, „dass eine nahezu unbegrenzte Zahl von Unternehmen gegen eine Entscheidung von allgemeiner Wirkung Klage erheben könnte".[1418] Die individuelle Betroffenheit kann in diesen Fällen nur durch das Hinzutreten **anderer Umstände** begründet werden.[1419] Diese können neben einer möglichen Verfahrensbeteiligung[1420] etwa darin liegen, dass die allgemeine Beihilferegelung in Wirklichkeit eine in der Art eines Maßnahmegesetzes speziell auf den Kläger abzielende Regelung darstellte und als solche auch im Verfahren vor der Kommission behandelt wurde.[1421]

442 Die individuelle Betroffenheit bejahte der EuGH und in der Folge auch der EFTA-GH aber für den Fall, dass der Kläger zusätzlich auch in seiner Eigenschaft als **tatsächlich Begünstigter** einer nach der sektorieller Regelung gewährten individuellen Beihilfe von der Entscheidung der Kommission betroffen ist, deren **Rückforderung** angeordnet wurde.[1422]

443 **Wettbewerber.** In Bezug auf die Wettbewerber der begünstigten Unternehmen war es schon bisher unerheblich, ob sich die angefochtene (Genehmigungs-)Entscheidung auf eine individuelle Beihilfe oder ein generelles Beihilfeschema bezieht. Hier erfolgt die Individualisierung aus dem Gesichtspunkt der Störung des Wettbewerbsverhältnisses, dh einer Verzerrung des Wettbewerbs, welche grundsätzlich den Vertragszielen zuwiderläuft.[1423] Kann ein Wettbewerber glaubhaft machen, dass seine **Wettbewerbsstellung spürbar beeinträchtigt** wurde, indem er darlegt, in welcher Weise die streitige Beihilfe den Wettbewerb verzerrt, so ist dies ein Umstand, der ihn grundsätzlich zu individualisieren vermag.[1424]

444 Im Hinblick auf die Beeinträchtigung der Wettbewerbsposition als Voraussetzung für die Klagebefugnis ist als Vorfrage zur Beeinträchtigung das Vorliegen eines Wettbewerbsverhältnisses festzustellen,[1425] wobei die Ausführungen der Gerichte zur Marktabgrenzung in Einzelfällen schon weit in eine materielle Prüfung hineinragen.[1426] Eine Beeinträchtigung kann durch die Verletzung jedes „berechtigten Interesses",[1427] insbesondere durch tatsächliche oder drohende Einbußen des Wettbewerbers dargetan werden, wobei es im Rahmen der Zulässigkeit statt eines Nachweises lediglich der Glaubhaftmachung bedarf.[1428]

445 Abzustellen ist unter dem Titel „Spürbarkeit" also auf den **Grad der Beeinträchtigung** der Marktstellung eines Unternehmens[1429] und im Rahmen dessen auf die Qualität dieser Stellung und die Struktur der betreffenden Märkte. Die Tatsache, dass ein konkurrierendes Unternehmen eine Beihilfe erhält, ist für die Feststellung einer spürbaren Wettbewerbsbeschränkung noch nicht ausreichend. Ebenso wenig genügt es, wenn die Entscheidung „geeignet war, die auf dem betreffenden Markt bestehenden Wettbewerbsverhältnisse zu beeinflussen, und das betroffene Unternehmen in einer irgendwie gearteten Wettbewerbsbeziehung zum Begünstigten der Entscheidung stand".[1430] Die Spürbarkeit der Wettbewerbsbeeinträchtigung wird vielmehr vom Vorliegen einer **„qualifizierten" Wettbewerbsposition** abhängig gemacht.[1431] Welche individuellen Faktoren dafür relevant sein können, lässt sich nur in Anbetracht des Einzelfalls sagen.[1432] Der EuGH hat jedenfalls Wert auf die Feststellung gelegt, dass auch andere Indizien als die einer bedeutenden Umsatzeinbuße, eines

---

[1418] EuG Slg. 1996, II-477 Rn. 50 – Kahn Scheppvaart.
[1419] EuG Slg. 2001, II-3367 Rn. 78 – Mitteldeutsche Erdöl-Raffinerie.
[1420] EuGH Slg. 2009, I-8495 Rn. 58 – Kommission/Niederlande.
[1421] EuG Slg. 2001, II-3367 Rn. 77–85 – Mitteldeutsche Erdöl-Raffinerie.
[1422] EuGH Slg. 2000, I-8855 Rn. 34 – Italien und Sardegna Lines; Slg. 2004, I-4087 Rn. 39 – Italien/Kommission; Slg. 2011, I-4727 Rn. 53 – Comitato „Venezia vuole vivere"; EuG Slg. 2007, II-4063 Rn. 69 – Salvat père & fils; EuZW 2012, 555 Rn. 26 – Iberdrola; EFTA-GH Slg. 2005, 117 Rn. 57 – Fesil.
[1423] Vgl. zur Bedeutung der Wertungen des Vertrages auf die Individualisierung von Wirtschaftsteilnehmern EuGH Slg. 1985, 207 Rn. 19–21, 25 f. – Piraiki-Patraiki.
[1424] EuGH Slg. 1986, 391 Rn. 27 f. – Cofaz; EuG Slg. 2001, II-1037 Rn. 41 – Hamburger Hafen- und Lagerhaus; Slg. 2005, II-1197 Rn. 56 – Sniace.
[1425] EuG Slg. 2001, II-1037 Rn. 42 – Hamburger Hafen- und Lagerhaus; EFTA-GH Slg. 2003, 52 Rn. 78 – Bellona.
[1426] Vgl. etwa EuG Slg. 2004, II-4177 Rn. 42 – Kronofrance; Slg. 2005, II-1197 Rn. 63 ff. – Sniace; vorsichtiger EFTA-GH Slg. 1998, 38 Rn. 33 – Husbanken I.
[1427] EuG Slg. 2005, II-1197 Rn. 60 – Sniace.
[1428] EuG Slg. 1995, II-1971 Rn. 40 – AITEC.
[1429] EuG Slg. 2005, II-1197 Rn. 57 – Sniace.
[1430] EuGH Slg. 2007, I-9947 Rn. 32 – Spanien/Lenzing; Slg. 2008, I-10515 Rn. 47 – British Aggregates.
[1431] EuGH Slg. 2008, I-10515 Rn. 47 – British Aggregates, s. auch EuG Slg. 2004, II-1565 Rn. 38 – Deutsche Post und DHL; aufrechterhalten in EuGH Slg. 2006, I-26 – Deutsche Post und DHL, vgl. dort insbesondere Rn. 55.
[1432] Die räumliche Nähe zur begünstigten Anlage soll nach EuG EuZW 2012, 666 Rn. 60 – Smurfit Kappa Group, etwa nicht ausreichen.

nicht unerheblichen finanziellen Verlustes oder einer signifikanten Verringerung der Marktanteile heranzuziehen sind.[1433] Damit ist klargestellt, dass neben solchen Faktoren, die sich auf die direkte Verschlechterung der finanziellen Verhältnisse konkurrierender Unternehmen beziehen, auch die Struktur des betreffenden Marktes oder die Art der fraglichen Beihilfe eine entscheidende Rolle spielen kann. Nach der Rechtsprechung ist die Stellung als Konkurrent, wie im Wettbewerbsrecht, umso höher zu bewerten, je enger der Markt ist,[1434] dh je weniger Mitbewerber der Kläger hat.[1435] Wenn die Zahl der Anbieter groß ist oder das begünstigte Unternehmen in einer Vielzahl von Märkten tätig ist, kann eine konkrete, spürbare Wettbewerbsbeeinträchtigung eines Wettbewerbers dagegen nicht ohne Weiteres angenommen werden. Bei Vorliegen sonstiger Faktoren hindert dies aber nicht die Annahme einer spürbaren Beeinträchtigung.[1436]

Dass es sich bei der angefochtenen Entscheidung um eine von allgemeiner Tragweite handelt (in casu die Genehmigung einer Abgabenregelung durch die Kommission), rechtfertigt nach dem Urteil British Aggregates **kein strengeres Kriterium** als das der spürbaren Beeinträchtigung der Position auf dem betreffenden Markt.[1437] **446**

Verfahrensgarantien und -beteiligung. Für die Individualisierung nach Plaumann kann insbesondere darauf abgestellt werden, ob sich aus den Umständen des Einzelfalls eine **Pflicht** des handelnden Organs ergibt, im Moment der Vornahme der angefochtenen Maßnahme deren Auswirkungen gerade (auch) im Hinblick auf den Kläger zu beachten.[1438] Der Umstand, dass die Behörden aufgrund besonderer Vorschriften verpflichtet sind, die Konsequenzen einer von ihnen beabsichtigten Maßnahme für die Situation bestimmter Einzelpersonen zu berücksichtigen, kann jedenfalls geeignet sein, diese zu individualisieren.[1439] Solche Vorschriften sind insbesondere dem einschlägigen Verfahrensrecht zu entnehmen. Neben dem Adressaten einer Entscheidung, dessen Mitwirkung im Verwaltungsverfahren durch das Recht auf rechtliches Gehör garantiert ist, gibt das jeweils einschlägige Rechtsgebiet in verschiedenem Umfang und unter Berücksichtigung des Einzelfalls auch Dritten Antrags-, Informations-, Beteiligungs-, Anhörungs- oder sonstige Rechte.[1440] **447**

Im Einzelfall sind zur Begründung einer Klagebefugnis zunächst Bestehen und Umfang des jeweiligen Rechts zu bestimmen.[1441] Zweitens ist festzustellen, ob der Kläger zu dem Kreis der berechtigten Personen gehört. Dabei ist wiederum zunächst die Wettbewerbsposition des Klägers einzubeziehen, bevor für Art und Umfang der Beteiligungsrechte die jeweilige Verfahrenskonstellation zu berücksichtigen ist. Die Verknüpfung von Beteiligtenrechten und Wettbewerbssituation führt im Ergebnis dazu, dass die Letztere das ausschlaggebende Kriterium für die Begründung der Klagebefugnis darstellt. **448**

Die mit dem Zugeständnis von Verfahrensgarantien infolge der besonderen Stellung im Verwaltungsverfahren einhergehende Individualisierung ist dem Grunde nach **abstrakter Natur;** ob diese Rechte tatsächlich ausgeübt worden sind oder nicht, ist zumindest nach Ansicht des EuG in Wettbewerbsverfahren nicht ausschlaggebend. Andernfalls würde nämlich eine in der Regelung der Nichtigkeitsklage nicht vorgesehene zusätzliche Zulässigkeitsvoraussetzung in Form eines zwingenden Vorverfahrens eingeführt.[1442] Die individuelle Betroffenheit kann sich auch insbesondere daraus ergeben, dass dem Kläger durch die angefochtene Entscheidung seine verwaltungsverfahrensrechtlichen Garantien entzogen werden. Einem so großzügigen Schluss von der Stellung als Verfahrensbeteiligter auf die Klagebefugnis zieht der EuGH aber in seiner jüngeren beihilferechtlichen Rechtsprechung zunehmend Grenzen. Die „besondere Stellung" im Sinne der Plaumann-Formel muss danach über die Berechtigteneigenschaft hinaus eigens dargetan werden, was zumindest bei Konkurrentenklagen gegen Endentscheidungen auf das Erfordernis einer tatsächlichen Verfahrensbeteiligung hinausläuft.[1443] **449**

Beteiligtenrechte im Wettbewerbsverfahren: Nach **Art. 7 Abs. 2 VO 1/2003** sind alle natürlichen und juristischen Personen, die ein berechtigtes Interesse darlegen, sowie die Mitgliedstaaten zur Einreichung einer Beschwerde anlässlich einer Zuwiderhandlung gegen die **Art. 101** oder **450**

[1433] EuGH Slg. 2007, I-9947 Rn. 35 – Spanien/Lenzing; Slg. 2008, I-10515 Rn. 53 – British Aggregates.
[1434] EuGH Slg. 1997, II-2031 Rn. 39 ff. – Ducros.
[1435] EuG EuZW 2012, 666 Rn. 56 – Smurfit Kappa Group.
[1436] EuGH Slg. 2008, I-10515 Rn. 56 – British Aggregates.
[1437] EuGH Slg. 2008, I-10515 Rn. 56 – British Aggregates.
[1438] Vgl. EuGH Slg. 1985, 207 Rn. 19, 21, 25 f., 31 – Piraiki-Patraiki; vgl. aber auch EuGH Slg. 2003, I-3483 Rn. 72–79 – Nederlandse Antillen.
[1439] EuGH Slg. 2001, I-8973 Rn. 67 – Nederlandse Antillen.
[1440] EuGH Slg. 1987, 4487 Rn. 19 f. – American Tobacco; EuG Slg. 1998, II-2405 Rn. 60 – British Airways.
[1441] Vgl. zB EuG Slg. 2002, II-3681 Rn. 48–55 – DuPont Teijin Films.
[1442] EuGH Slg. 1983, 3045 Rn. 14 f. – Demo-Studio Schmidt; EuGH Slg. 1995, II-1213 Rn. 35 – CCE de la Société Général des Grandes Sources; Slg. 1996, II-649 Rn. 62 – Metropole télévision.
[1443] EuGH Slg. 2006, I-26 Rn. 50 f. – Deutsche Post und DHL.

102 AEUV befugt. Die Beschwerdeführer sollen nach Art. 27 Abs. 1 VO 1/2003 „eng in das Verfahren einbezogen" werden. Das erforderliche berechtigte Interesse natürlicher und juristischer Personen deckt sich allerdings mit dem Begriff der Klagebefugnis.[1444] Wird in einem Verfahren im Rahmen der VO (EG) 1/2003 eine Entscheidung erlassen, mit der eine gemäß Art. 7 Abs. 2 VO 1/2003 erhobene **Beschwerde ganz oder teilweise abgelehnt** wird, so ist der **Beschwerdeführer** aber stets individuell betroffen. Bereits im Urteil Metro hielt der EuGH fest, dass es im Interesse eines sachgerechten Rechtsschutzes liegt, dass eine natürliche oder juristische Person, die einen Antrag auf Feststellung einer Zuwiderhandlung gegen die Art. 101, 102 AEUV zu stellen berechtigt ist, im Falle von dessen Ablehnung Klage erheben kann.[1445]

451   Neben dem Beschwerdeführer wird im Kartellverfahrensrecht ein Anspruch auf Beteiligung am Verwaltungsverfahren vor der Wettbewerbsbehörde auch für qualifizierte Dritte nach Art. 27 Abs. 3 VO Nr. 1/2003 begründet. Das „ausreichende Interesse" des **betroffenen Dritten** folgt im Wesentlichen aus einer Beeinträchtigung der Wettbewerbsposition. In Übertragung der EuGH-Rechtsprechung zur Klagebefugnis im Beihilfeverfahren, namentlich in den Fällen, in denen die Beteiligte wegen Verfahrensabbruchs schon nach dem Vorprüfungsverfahren ihre Rechte nicht ausüben konnten (→ Rn. 457), hat das EuG zwanglos und ohne weitere Voraussetzungen die individuelle Betroffenheit im wettbewerbsrechtlichen Klageverfahren abgeleitet, selbst wenn das klagende Unternehmen sich im Verwaltungsverfahren gar nicht geäußert hatte.[1446] Die Forderung nach der tatsächlichen Verfahrensbeteiligung käme hier der Einführung eines zusätzlichen Vorverfahrens gleich. Diese Parallele zum Beihilfeverfahren hat der EuGH im Urteil Kruidvat aber abgelehnt. Wenn Dritte von ihrem Recht auf Beteiligung Gebrauch machen konnten, erschöpft sich ihr Klagerecht in den Fällen, in denen sie diese Gelegenheit nicht ergriffen haben.[1447] Die tatsächliche Verfahrensbeteiligung hat hier somit entscheidende Bedeutung. Die Individualisierung begünstigt es ebenfalls, wenn der spätere Kläger die Aufnahme in das Kartell vergeblich beantragt hat, auch wenn er sich zur Rechtmäßigkeit der Kartellregeln nicht geäußert hat.[1448]

452   Im Recht der **Fusionskontrolle** räumt Art. 18 Abs. 4 FKVO den am Zusammenschluss nicht beteiligten Unternehmen,[1449] insbesondere Kunden, Lieferanten und Wettbewerbern, ein Recht zur Darlegung ihres Standpunkts ein. Dieses Beteiligungsrecht setzt ein **„hinreichendes Interesse"** im Sinne der drohenden Veränderung der eigenen Lage auf dem oder den relevanten Märkten voraus. Das betrifft jeden Wettbewerber der am Zusammenschluss Beteiligten.[1450] Die Beeinträchtigung kann dabei sowohl durch den Zusammenschluss an sich als auch durch eventuelle Zusagen entstehen.[1451] Ebenfalls anhörungsberechtigt sind Mitglieder der Leitungsorgane oder anerkannte Arbeitnehmervertretungen. Welche Institutionen, Verbände und Gewerkschaften zur Vertretung der kollektiven **Arbeitnehmerinteressen** befugt sind, richtet sich grundsätzlich nach nationalem Recht. Ob die sozialen Rechte, deren Nichtbeachtung durch die Behörde sie geltend machen können, tatsächlich beeinträchtigt wurden, ist eine Frage der Begründetheit.[1452] Bereits die Möglichkeit der Verletzung von verfahrensmäßigen Rechten wiegt aber so stark, dass diesbezüglich selbst das Fehlen eines unmittelbaren Betroffenseins überwunden werden kann.[1453] Das Gleiche gilt schließlich für die Verbraucherverbände.[1454]

453   Die Verfahrensrechte aus Art. 18 Abs. 4 FKVO umfassen insbesondere das Recht auf Anhörung, Unterrichtung,[1455] sowie allenfalls Akteneinsicht.[1456] Sie sind in allen Stadien des Verfahrens von Bedeutung. Des Weiteren begründet schon der **Wegfall der Verfahrensrechte** aus Art. 18 Abs. 4 FKVO durch die Entscheidung der Behörde, sich etwa wegen Nichterreichen der Aufgreifschwellen für unzuständig zu erklären, die Klagebefugnis dritter Unternehmen.[1457] Die dahinter stehenden Überlegungen entsprechen denen, die in der Rechtsprechung zu den Beteiligtenrechten im Beihilfe-

---

[1444] Bechtold/Bosch/Brinker VO 1/2003 Art. 7 Rn. 7.
[1445] EuGH Slg. 1977, 1875 Rn. 13 – Metro.
[1446] EuG Slg. 1996, II-649 Rn. 61, 75 – Metropole télévision.
[1447] EuGH Slg. 1998, I-7183 Rn. 43 – Kruidvat.
[1448] EuG Slg. 1996, II-64 Rn. 63 – Metropole télévision.
[1449] Zu anderen Beteiligten wie dem Veräußerer und dem zu übernehmenden Unternehmen vgl. Art. 11 lit. b VO 802/2004.
[1450] EuG Slg. 1997, II-2137 Rn. 109, 119 – Kaysersberg.
[1451] EuG Slg. 2003, II-3825 Rn. 416 – ARD.
[1452] EuG Slg. 1995, II-1213 Rn. 30 ff. – CCE de la Société Général des Grandes Sources.
[1453] EuG Slg. 1995, II-1213 Rn. 46 – CCE de la Société Général des Grandes Sources.
[1454] Vgl. Art. 11 lit. c VO 802/2004.
[1455] Art. 16 Abs. 1 VO 802/2004.
[1456] Bechtold/Bosch FKVO Art. 18 Rn. 16.
[1457] Auch wenn diese Überlegung in EuG Slg. 1994, II-121 Rn. 81 – Air France II – im Rahmen der unmittelbaren Betroffenheit angestellt wird, führt sie doch zu einer Individualisierung der eigentlich Berechtigten.

verfahren zum Ausdruck kommen (→ Rn. 441). Verweist die Kommission die Prüfung der Fusion nach Art. 9 Abs. 3 FKVO an die nationale Behörde, so ist auf diejenigen Verfahrensrechte Dritter abzustellen, die diese im Fall der Nichtverweisung gehabt hätten.[1458] Deshalb können Dritte auch die Verweisungsentscheidung anfechten.

Die Berufung auf die Beteiligteneigenschaft reicht allerdings häufig nicht aus, um die individuelle Betroffenheit zu begründen.[1459] So war zB im Fall Air France II die Erklärung der Kommission, aufgrund der Nicht-Überschreitung der Umsatzschwellen für die Kontrolle der Fusion nicht zuständig zu sein, geeignet, Air France ihre Verfahrensrechte im Fusionskontrollverfahren zu entziehen. Wäre die Kommission zuständig, hätte Air France nach Art. 18 Abs. 4 FKVO das Recht gehabt, der Kommission ihren Standpunkt zu der Fusion darzulegen. Da die Klägerin dies aber nicht geltend machte (sondern vielmehr behauptete, die Kommission habe sie bereits in Bezug auf die Entscheidung über ihre Zuständigkeit anhören müssen),[1460] prüfte das EuG die Individualisierung von Air France anhand der Beeinträchtigung ihrer Wettbewerbsposition.[1461] 454

Verfahrensrechte im Beihilfeverfahren: Der Beteiligtenbegriff. Das beihilferechtliche Verfahren spielt sich grundsätzlich zwischen der zuständigen Behörde und dem Mitgliedstaat als späterem Adressaten einer Entscheidung ab.[1462] Es besteht, anders als im Wettbewerbsrecht, kein automatisches Klagerecht des Beschwerdeführers, der auch nicht Adressat von Entscheidungen ist. Den offensichtlichen Interessen Dritter tragen die Verträge insofern Rechnung, als sie „Beteiligten" ein Recht zur Unterrichtung und Gelegenheit zur Stellungnahme[1463] im (förmlichen) Hauptprüfungsverfahren einräumen.[1464] Dieses Recht ist in Art. 24 VO (EU) 2015/1589 näher ausgestaltet. Mit der Einräumung von Beteiligtenrechten wird im Wesentlichen dem Informationsinteresse der Behörden Rechnung getragen.[1465] Dessen ungeachtet ist der Begriff der Beteiligten weit auszulegen. Nach der Definition in Art. 1 lit. h VO (EU) 2015/1589 umfasst er „Mitgliedstaaten, Personen, Unternehmen und Unternehmensvereinigungen, deren Interessen durch die Gewährung einer Beihilfe beeinträchtigt sein können, insbesondere der Beihilfeempfänger, Wettbewerber und Berufsverbände", mit anderen Worten „eine unbestimmte Vielzahl von Adressaten".[1466] Nach der neueren Rechtsprechung kann das auch Gewerkschaften umfassen.[1467] 455

Grundsätzlich genügt es, dass ein Unternehmen „in rechtlich hinreichender Weise dartut, dass sich die Beihilfe auf seine Situation konkret auswirken kann".[1468] Dabei muss nicht unbedingt ein Wettbewerbsverhältnis auf denselben Produktmärkten vorliegen.[1469] Auch das Vorbringen der Kommission im Verfahren Thermenhotel, die Situation des Klägers müsse darüber hinaus „unter den Handel zwischen den Mitgliedstaaten" im Sinne von Art. 107 Abs. 1 AEUV fallen, so dass lokale oder nationale Konkurrenten womöglich per se zu disqualifizieren wären, hat das EuG zu Recht zurückgewiesen.[1470] 456

Klagebefugnis gegen Nichteröffnung des Hauptprüfungsverfahrens. Die individuelle Betroffenheit durch den Entzug von Verfahrensgarantien wird im Beihilferecht abhängig von der Verfahrensphase beurteilt, in der die angefochtene Entscheidung erging. Zunächst sieht das beihilferechtliche Prüfungsverfahren nur in der Phase der förmlichen Prüfung nach Art. 108 Abs. 2 AEUV, nicht aber in der **Vorprüfungsphase** nach Art. 108 Abs. 3 AEUV ein Äußerungsrecht beteiligter Dritter vor,[1471] das in Art. 6 Abs. 1 VO (EU) 2015/1589 kodifiziert ist. Das Vorverfahren hingegen dient allein der Meinungsbildung der Behörde. Erinnert sei auch daran, dass die Entscheidung zur Eröffnung des Hauptprüfungsverfahrens vom Begünstigten nicht selbständig anfechtbar ist, weil sie nicht abschließend ist. Sie hat nur dann keinen bloß vorbereitenden Charak- 457

[1458] EuG Slg. 2003, II-4251 Rn. 75 – Cableuropa; ähnlich EuG Slg. 2003, II-1433 Rn. 297 – Royal Philips Electronics.
[1459] Im Beihilferecht EuG Slg. 1996, II-1399 Rn. 45 – Skibsvärftsforeningen; Slg. 1998, II-3713 Rn. 54 – Waterleiding Maatschappij.
[1460] Vgl. EuG Slg. 1994, II-121 Rn. 115 – Air France II.
[1461] EuG Slg. 1994, II-121 Rn. 82 – Air France II.
[1462] EuGH Slg. 2005, I-8437 Rn. 33 f. – Scott.
[1463] EuG Slg. 1998, II-2405 Rn. 58 – British Airways.
[1464] Art. 108 Abs. 2 AEUV; Art. 1 Abs. 2 UAbs. 1 in Teil 1 von Protokoll 3 ÜGA.
[1465] EuG Slg. 1998, II-2405 Rn. 59 – British Airways.
[1466] EuGH Slg. 2011, I-4441 Rn. 63 – Kronoply.
[1467] EuGH Slg. 2009, I-5963 Rn. 33 – 3F; anders noch EuG Slg. 1998, II-335 – SNRT-CGT.
[1468] EuGH Slg. 2011, I-4441 Rn. 65 – Kronoply.
[1469] EuGH Slg. 2011, I-4441 Rn. 70 – Kronoply.
[1470] EuG Slg. 2004, II-1 Rn. 75 – Thermenhotel Stoiser Franz.
[1471] EuGH Slg. 1993, I-2487 Rn. 22 – Cook; Slg. 1993, I-3203 Rn. 16 – Matra; Slg. 1998, I-1719 Rn. 38 ff. – Sytraval und Brink's France; Slg. 2008, I-6619 Rn. 35 – Deutschland/Kronofrance; EFTA-GH Slg. 2003, 52 Rn. 44 – Bellona.

ter, wenn mit ihr die Einstufung als neue Beihilfe (wegen der Möglichkeit der Rückforderung) verbunden ist (→ Rn. 398 f.).

458 Wird die Vereinbarkeit einer Beihilfe mit dem Binnenmarkt (oder das Nichtvorliegen einer Beihilfe) bereits am Ende des Vorprüfungsverfahrens festgestellt und damit implizit die Durchführung des förmlichen Verfahrens abgelehnt,[1472] werden **mögliche Beteiligte** aber ihrer auf bestehenden Rechte „beraubt". Die Annahme der Kommission, die Beihilfe werde von dem in Art. 108 Abs. 3 AEUV/Art. 1 Abs. 3 Protokoll 3 ÜGA vorgesehenen Verfahren der vorherigen Anmeldung nicht erfasst, gilt als entsprechende Weigerung der Verfahrenseröffnung.[1473] Als Kompensation wird den um ihre Verfahrensbeteiligung Gebrachten in ständiger Rechtsprechung **Klagebefugnis hinsichtlich der Anfechtung der Entscheidung am Ende des Vorprüfungsverfahrens** gewährt.[1474] Damit sind die Klagemöglichkeiten auf dieser Stufe im Ansatz großzügiger als hinsichtlich Klagen gegen eine Untersagung oder Genehmigung am Ende des Hauptprüfungsverfahrens.[1475]

459 In jüngerer Zeit lässt es die Spruchpraxis für eine **volle materielle Überprüfbarkeit** einer Positiventscheidung nicht mehr ausreichen, dass der Kläger die Verletzung seiner Beteiligtenrechte geltend macht und lediglich die Umstände nachweist, die im Hauptverfahren seine Beteiligteneigenschaft begründet hätten. Um der Plaumann-Rechtsprechung Genüge zu tun, wird über die fehlende Möglichkeit zur Geltendmachung von Beteiligtenrechten auf einer weitergehenden Individualisierung bestanden. Mit der Klage muss vielmehr **die Durchsetzung der Verfahrensgarantien** geltend gemacht werden.[1476] Im Urteil Aktionsgemeinschaft hatte das EuG eine von der Klägerin nicht ausdrücklich erhobene Rüge der rechtswidrigen Nichteinleitung des Hauptprüfungsverfahrens nach Art. 108 Abs. 2 AEUV „konstruiert" und deutlich gemacht, dass dem einmal Klagebefugten die ganze Bandbreite an Klagegründen aus Art. 263 AEUV zur Verfügung steht.[1477] Im Rechtsmittel gegen dieses Urteil hat die Kommission den EuGH dazu aufgerufen, die Frage der individuellen Betroffenheit bei Beihilfeentscheidungen „ein für allemal" zu klären. Die Große Kammer des EuGH hat in der Rechtsmittelentscheidung klargestellt, dass für eine Anfechtung der Begründetheit der Entscheidung uneingeschränkt statt der leichter zu erfüllenden Beteiligteneigenschaft bei der Anfechtung der Nichteinleitung des Hauptverfahrens gilt.[1478] Somit kann eine auf der Verletzung der Verfahrensrechte in Art. 108 Abs. 2 AEUV durch Nichteinleitung des Hauptprüfungsverfahrens gestützte Klage auch nur eben diese Verletzung rügen und keine materielle Rechtmäßigkeitsprüfung erreichen. Die Klage unter diesen Umständen kann also nur auf die Feststellung gerichtet sein, dass die Kommission im Vorprüfungsverfahren Anlass zu Bedenken hinsichtlich der Vereinbarkeit der fraglichen Maßnahme mit dem Binnenmarkt hätte haben müssen. Für die Zulässigkeit einer vollen materiellen Überprüfung dagegen braucht es zusätzlicher Argumente im Sinne von Plaumann, insbesondere die spürbare Beeinträchtigung der Marktstellung des Klägers durch die streitgegenständliche Beihilfe[1479] (→ Rn. 430 ff.) und/oder das tatsächliche Gebrauchmachen von Verfahrensrechten durch die Beteiligten.

460 Auch eine „Umdeutung der Klage", wie sie das EuG in Aktionsgemeinschaft vorgenommen hatte, ist nach dem EuGH unzulässig.[1480] Ein Kläger, der sich nicht (zumindest auch) darauf beruft, die Kommission habe gegen ihre Verpflichtung zur Eröffnung des förmlichen Prüfverfahrens verstoßen (bzw. die Entscheidung, keine Einwände zu erheben, angreift), riskiert somit die Feststellung der Unzulässigkeit. Liegen tatsächlich keine qualifizierenden Merkmale im Sinne der Plaumann-Rechtsprechung vor, prüfen die Gerichte im Rahmen der Zulässigkeit, ob die Klagegründe tatsächlich auf die Wahrung der Verfahrensrechte einer Beteiligten zielen. Darauf beschränkt sich dann auch die Prüfung der Begründetheit.

461 **Tatsächliche Verfahrensbeteiligung.** Die Individualisierung Dritter ergibt sich im Idealfall aus dem Dreiklang des Bestehens von Verfahrensrechten bzw. deren Wahrnehmung im Verwaltungs-

---

[1472] EuGH LRE 63, 185 Rn. 42 – Österreich/Scheucher-Fleisch.
[1473] EuGH Slg. 1993, I-1125 Rn. 25–27 – CIRFS.
[1474] EuGH Slg. 1993, I-2487 Rn. 23 – Cook; Slg. 1993, I-3203 Rn. 17 – Matra; Slg. 1998, I-1719 Rn. 40, 48 – Sytraval und Brink's France; Slg. 2011, I-4441 Rn. 47 – Kronoply; LRE 63, 185 Rn. 45 – Österreich/Scheucher-Fleisch; EFTA-GH Slg. 1994/1995, 59 Rn. 22 – Scottish Salmon Growers; Slg. 2003, 52 Rn. 45 – Bellona; dazu Buschle, The Case Law of the EFTA Court in the Field of State aid in Sanchez Rydelski, The EC State aid Regime, 757, 782 ff.
[1475] Hancher/Ottervanger/Slot, EU State Aids, 4. Aufl. 2012, 1037.
[1476] EuGH Slg. 2008, I-6619 Rn. 38 – Deutschland/Kronofrance.
[1477] EuG Slg. 2002, II-5121 Rn. 78 – Aktionsgemeinschaft Recht und Eigentum.
[1478] EuGH Slg. 2005, I-10737 Rn. 37 – Aktionsgemeinschaft Recht und Eigentum.
[1479] EuGH Slg. 2007, I-170 Rn. 24 – Stadtwerke Schwäbisch Hall; Slg. 2008, I-6619 Rn. 40 – Deutschland/Kronofrance; EuG EuZW 2012, 666 Rn. 48 – Smurfit Kappa Group.
[1480] EuGH Slg. 2005, I-10737 Rn. 44 ff. – Aktionsgemeinschaft Recht und Eigentum; Slg. 2007, I-170 Rn. 25 – Stadtwerke Schwäbisch Hall; Slg. 2011, I-4441 Rn. 55 – Kronoply.

verfahren durch den Kläger und/oder der Beeinträchtigung der Wettbewerbssituation des Klägers.[1481] Nach dem Gesagten müssen aber weder alle Elemente stets erfüllt sein, noch lassen sie sich ohne Weiteres trennen. Wird vor dem Erlass einer Entscheidung ein Verwaltungsverfahren durchgeführt, so spielt die tatsächliche Verfahrensbeteiligung die entscheidende Rolle. Generell gilt, je spezifischer die Beteiligung am Verwaltungsverfahren war, desto weniger muss ein Kläger die konkrete Beeinträchtigung seiner Wettbewerbsposition nachweisen und umgekehrt. Dabei kommt es auf die Intensität der Beteiligung im Einzelfall an, eine „einfache Mitwirkung" soll in einem nicht ganz klaren Unterschied zur „aktiven Mitwirkung" nicht genügen.[1482] Die Verfahrensbeteiligung ist idealiter auf wenige Mitwirkende beschränkt und erfolgt auf Initiative der Behörde. Einseitige und unaufgeforderte Stellungnahmen im Verfahren genügen in aller Regel nicht. Die prozessrechtliche Position des Klägers ist zudem noch stärker, wenn sich seine im Verfahren vorgetragenen Argumente später in der angefochtenen Entscheidung niederschlagen.[1483] Die Beteiligung eines Verbandes kann die Beteiligung seiner Mitglieder am Verwaltungsverfahren nicht ersetzen.[1484]

Führt die Kommission ein **Wettbewerbs-, Fusionskontroll- oder Beihilfehauptverfahren** 462 durch, so ist die **Beteiligung am Verwaltungsverfahren** ein wesentliches Element der Individualisierung in Bezug auf die Klagebefugnis. Sie reicht für sich genommen zwar regelmäßig noch nicht.[1485] Es besteht aber ein gewisser Spielraum für Dritte, sich durch frühzeitige Beteiligung die Möglichkeit späterer rechtlicher Schritte offen zu halten. Allerdings ist nicht jede Verfahrensbeteiligung dabei von gleicher Relevanz.

Wettbewerbsrecht. Im Wettbewerbsverfahren reicht die individuelle Betroffenheit des 463 Beschwerdeführers nur soweit, wie er tatsächlich Beschwerde erhoben hat.[1486] Entsprechendes soll nach dem, allerdings aufgehobenen, Urteil des EuG in max.mobil auch für das Verfahren nach Art. 106 Abs. 3 AEUV gelten, wonach der Beschwerdeführer als Adressat der Zurückweisungsentscheidung angesehen werden muss.[1487] Fraglich ist, ob es in anderen Fällen genügt, wenn die Kläger in der angefochtenen Entscheidung „namentlich genannt" oder „von den vorhergehenden Untersuchungen betroffen waren". Dies ist vom EuGH für Klagen gegen Antidumpingverordnungen bejaht worden,[1488] vom EuG aber für ein Vorgehen gegen kartellrechtliche Entscheidungen nicht übernommen worden.[1489] Wird gegen Gesellschaften in einem **Konzern** eine Untersagungsentscheidung erlassen, so ist die für die Koordinierung der Tochtergesellschaften zuständige Muttergesellschaft, in deren Aufgabenbereich die sich aus der Entscheidung ergebenen Probleme fallen, ebenfalls individuell betroffen.[1490] Hält die Muttergesellschaft sämtliche Anteile an der Tochtergesellschaft, so ergibt sich deren individuelle Betroffenheit bereits daraus.[1491] Im **Verfahren der Fusionskontrolle** hat das EuG deutlich gemacht, wegen der Involvierung vieler Unternehmen in besonderem Maße auf die Intensität der tatsächlichen Verfahrensbeteiligung Dritter durch Stellungnahmen gegenüber der Wettbewerbsbehörde achten zu wollen.[1492] Die tatsächlich erfolgte Äußerung im Verfahren hat damit wesentliche Bedeutung, die durch eine Erwähnung der Situation des Klägers in der Entscheidung selbst noch verstärkt wird.[1493]

Beihilferecht. Nichts anderes soll grundsätzlich im Beihilfeverfahren gelten. War der Kläger 464 Beteiligter, so ist eine Beteiligung am Verwaltungsverfahren, insbesondere die Veranlassung der Verfahrenseinleitung, seine Anhörung und die Beeinflussung des Verfahrensablaufs durch seine Erklärungen ein Umstand, der ihn zusammen mit der Glaubhaftmachung einer Beeinträchtigung seiner Wettbewerbsposition zu individualisieren geeignet ist.[1494] Fehlt die Verfahrensbeteiligung in diesen Fällen, muss die Beeinträchtigung der Wettbewerbsposition nach dem Gesagten spürbar sein. Eine „normale" Beteiligung am Verwaltungsverfahren der Kommission ist insbesondere für sich genommen in der Regel nicht ausreichend, um ein von einer allgemeinen Beihilfe begünstigtes Unterneh-

---

[1481] EuGH Slg. 1986, 391 Rn. 24 f. – Cofaz; Slg. 1998, I-1375 Rn. 54 – Frankreich/Kommission.
[1482] EuG Slg. 2003, II-3825 Rn. 76 – ARD.
[1483] Vgl. etwa EuG Slg. 2003, II-3825 Rn. 67 ff. – ARD.
[1484] EuGH Slg. 1998, I-7183 Rn. 22–24 – Kruidvat.
[1485] EuGH Slg. 1986, 391 Rn. 24 f. – Cofaz, zum Beihilfeverfahren; EuG Slg. 2003, II-1279 Rn. 87 ff. – BaByliss, zum Fusionskontrollverfahren.
[1486] EuG Slg. 1992, II-2417 Rn. 71 – Rendo.
[1487] EuG Slg. 2002, II-313 Rn. 70 f. – max.mobil.
[1488] EuGH Slg. 1984, 1005 Rn. 12 – Allied Corporation.
[1489] EuG Slg. 1992, II-2417 Rn. 74 – Rendo.
[1490] EuGH Slg. 1984, 1129 Rn. 13 – Ford.
[1491] EuG Slg. 1999, II-1277 Rn. 58 – Monsanto.
[1492] EuG Slg. 2003, II-3825 Rn. 76 – ARD.
[1493] EuG Slg. 1994, II-323 Rn. 44 f. – Air France I; Slg. 2003, II-2275 Rn. 53 ff. – Verband der freien Rohrwerke.
[1494] StRspr: EuGH Slg. 1986, 391 Rn. 24–25 – Cofaz; EuG Slg. 1995, II-1971 Rn. 36 – AITEC; Slg. 1999, II-1757 Rn. 31 – TF1; Slg. 2003, II-4251 Rn. 71 ff. – Cableuropa; EFTA-GH Slg. 1998, 38 Rn. 32 – Husbanken I.

men oder einen Wettbewerber zu individualisieren.[1495] Die Beurteilung kann sich ändern, wenn der Kläger als einziges Unternehmen am Verfahren teilgenommen hat.[1496]

465 Im Einzelnen ist von einer unzureichenden Beteiligung auszugehen, wenn ein Konkurrent keine Beschwerde eingereicht hat und seine Stellungnahmen den Verfahrensverlauf nicht wesentlich beeinflusst haben. Die Mitwirkung in der Vorprüfungsphase nach Art. 4 VO (EU) 2015/1589 für sich genommen reicht nicht aus.[1497] Das gilt erst recht für die lediglich „pauschale Kommentierung" der Entscheidung über die Einleitung des Verfahrens zusammen mit dem Nichtvorlegen konkreter Beweismittel.[1498] Nicht geeignet zur ausreichenden Verfahrensbeteiligung ist auch die Erhebung einer Beschwerde an sich.[1499] Auch eine sich daran anschließende Korrespondenz reicht alleine nicht aus.[1500] Umso weniger ist das unaufgeforderte Zusenden von Briefen durch beliebige Dritte ein Umstand, der wesentlich zu einer Individualisierung beitragen könnte.[1501] Auch eine lediglich „indirekte" Verfahrensbeteiligung im Rahmen einer nationalen Arbeitsgruppe, deren Ergebnisse anschließend von Dritten (etwa einer nationalen Behörde) im eigenen Namen vorgetragen werden, ist nicht zu berücksichtigen.[1502] Zusammenkünfte mit Behördenvertretern im Beihilfeverfahren können ein Signal im Hinblick auf eine individuelle Betroffenheit sein,[1503] aber nicht, wenn andere Beteiligte ebenfalls zugegen sind.[1504]

466 Ein begünstigtes Unternehmen ist von der an den Mitgliedstaat gerichteten **Anordnung zur Auskunftserteilung** nach Art. 12 Abs. 3 VO 2015/1589 nicht nur unmittelbar (→ Rn. 423 ff.), sondern auch individuell betroffen. Die Informationen, um die es in der Anordnung geht, betreffen nämlich allein das begünstigte Unternehmen.[1505]

467 **Verbandsklage.** Hinsichtlich der **Klagebefugnis von Verbänden und anderen Vereinigungen** war die Rechtsprechung lange äußerst zurückhaltend.[1506] Heute ist grundsätzlich anerkannt, dass auch Verbände und Vereinigungen klagebefugt sein können. Die Voraussetzungen dafür sind im Laufe der (jüngeren) Rechtsprechung präzisiert worden.

468 Grundsätzlich sind Verbände und Vereinigungen **zur Wahrnehmung eigener Interessen** nicht klagebefugt.[1507] Das europäische Prozessrecht kennt keine (egoistische) Verbandsklage aus eigenem Recht für die Durchsetzung allgemeiner Interessen des Verbands.[1508] Eine eigene Klagebefugnis des Verbands kann sich aber ausnahmsweise aus dessen Individualisierung nach Plaumann ergeben. Die Individualisierung kann entweder darauf beruhen, (i) dass eine Vorschrift dem Verband auf dem einschlägigen Rechtsgebiet Verfahrensrechte einräumt, oder (ii) dass seine Position als Verhandlungsführer durch die angefochtene Handlung berührt worden ist.[1509]

469 Für die erstgenannte Möglichkeit muss das europäische Recht dem Verband gewisse Verfahrensrechte einräumen, etwa als Beteiligter eines Beihilfeverfahrens.[1510] Dass das nach nationalem Recht allenfalls der Fall ist, bleibt unbeachtlich.[1511] Die Verfahrensrechte müssen jedenfalls ausgeübt worden sein.[1512] Was die zweite mögliche Kategorie anlangt, so muss der Verband im Verwaltungsverfahren als **Verhandlungspartner** der Wettbewerbs- bzw. Beihilfenbehörde oder nationaler Stellen aufgetreten sein, und es muss die angefochtene Entscheidung diese Position beeinträchtigen.[1513] Wie weit diese

---

[1495] EuG Slg. 1999, II-179 Rn. 50–51 – Arbeitsgemeinschaft Deutscher Luftfahrts-Unternehmen; EuZW 2012, 555 Rn. 34 – Iberdrola.
[1496] EuGH Slg. 1997, II-2031 Rn. 35 – Ducros.
[1497] EuG EuZW 2012, 666 Rn. 56 – Smurfit Kappa Group.
[1498] EuG Slg. 2005, II-1197 Rn. 59 – Sniace.
[1499] EuG Slg. 2003, II-2157 Rn. 39 f. – Escolar.
[1500] EuG Slg. 1995, II-2205 Rn. 56 – Greenpeace; Slg. 1996, II-477 Rn. 42 – Kahn Scheppvaart; EuZW 2012, 555 Rn. 35 – Iberdrola.
[1501] EuG Slg. 2003, II-1279 Rn. 94 – BaByliss; Slg. 1995, II-2941 Rn. 59 – Vereniging van Exporteurs in Levende Varkens.
[1502] EuG Slg. 1998, II-3235 Rn. 73–75 – BP Chemicals.
[1503] EuG Slg. 1995, II-1971 Rn. 77 – AITEC.
[1504] EuG EuZW 2012, 555 Rn. 35 – Iberdrola.
[1505] EuGH 13.10.2011 – C-463/10 P, 475/10 P, ECLI:EU:C:2011:656 Rn. 74 – Deutsche Post.
[1506] Vgl. allgemein etwa EuG Slg. 1995, II-2205 Rn. 59 – Greenpeace, mwN, und im Beihilferecht etwa EuGH Slg. 1986, 2469 – DEFI.
[1507] EuG Slg. 1995, II-2205 Rn. 59 – Greenpeace.
[1508] Vgl. zuletzt EuG Slg. 2005, II-4919 Rn. 54 und 59 – EEB.
[1509] EuG Slg. 2010, II-1039 Rn. 49 – Forum 187.
[1510] EuG Slg. 1996, II-2169 Rn. 48 – AIUFASS.
[1511] EuG Slg. 2005, II-2503 Rn. 52 – FederDoc.
[1512] EuG Slg. 2005, II-589 Rn. 67 – Fost Plus.
[1513] EuGH Slg. 1988, 219 Rn. 21–24 – Van der Kooy; Slg. 1993, I-1125 Rn. 30 – CIRFS; EuG Slg. 1996, II-2169 Rn. 51 – AIUFASS; Slg. 2000, II-2307 Rn. 23 – CETM.

Rolle gehen muss, insbesondere ob dazu bereits die Eingabe schriftlicher Stellungnahmen und ein enger Kontakt mit den zuständigen Dienststellen ausreichen, kann nach der Rechtsprechung nicht einheitlich beurteilt werden. Im Urteil CIRFS genügte es, dass der klagende Verband an der Ausarbeitung der sog „Beihilfendisziplin" der Kommission, einer policy-Maßnahme betreffend die Produktion bestimmter Erzeugnisse, als „Verhandlungsführer" beteiligt war, indem er nichts anders tat, als schriftliche Bemerkungen vorzulegen und engen Kontakt zu den zuständigen Dienststellen zu halten.[1514] Im Urteil Van der Kooy war der klagende Gartenbauverband zusätzlich zur Zusammenarbeit mit der Kommission an der Festsetzung des später beanstandeten niederländischen Gasvorzugstarifs beteiligt und fand in dieser Eigenschaft auch in der angefochtenen Entscheidung ausdrückliche Erwähnung.[1515] Der EuGH hat später die außergewöhnlichen Umstände beider Fälle betont und sie nicht als allgemein anwendbar erklärt.[1516] Seit dem Rechtsmittelurteil Aktionsgemeinschaft beschränkt der EuGH die Klagemöglichkeiten von Verbänden und Vereinigungen aufgrund einer Verfahrensbeteiligung erheblich.[1517]

Der EFTA-GH erachtete es im Urteil Scottish Salmon Growers als entscheidend, dass der klagende Verband mit dem EG-Staat Großbritannien und der Kommission verhandelt hatte, während er bei der ESA „nur" eine Beschwerde eingereicht hatte.[1518] Im Beschluss des EFTA-GH Husbanken I genügte im Wesentlichen die Beschwerdeeinreichung als Vertreterin der Verbandsmitglieder, dass die Meinung des Verbandes im Verfahren gehört wurde und dass bzgl. der Beschwerde Informationen vom betroffenen Staat eingeholt wurden. Zusammen mit der möglichen Beeinträchtigung der Wettbewerbsposition der Mitglieder muss dies insbesondere dann gelten, wenn die angegriffene Entscheidung effektiv die Entscheidung der Nichtbeanstandung der Maßnahmen darstellt, die Gegenstand der Beschwerde waren. Dabei wurden in ergebnisbezogener Weise jeweils allgemeine Rechtsschutzüberlegungen für ausschlaggebend erachtet.[1519] Wenn die Behörde allein aufgrund des Vorprüfungsverfahrens und ohne Einleitung des Hauptprüfungsverfahrens eine Beihilfe für mit dem EWR-Abkommen vereinbar befindet, kann die Gewährleistung der sich aus dem Hauptprüfungsverfahren ergebenden Verfahrensrechte für die Begünstigten nur durch die Klagemöglichkeit sichergestellt werden.[1520]

Kann eine Vereinigung kein eigenes, auf das Verwaltungsverfahren gründendes Interesse dartun, **470** so kann sie die Klage noch immer **anstelle eines oder mehrerer der von ihr repräsentierten Mitglieder** erheben. Grundlage für diese Beurteilung der Klagebefugnis ist in diesem Fall die Satzung des Verbands. Dazu muss der Verband jedenfalls eine auf Mitgliedschaft basierende Struktur aufweisen[1521] und jedes als „Zulässigkeitsvermittler" in Frage kommende Mitglied den Verband auch wirklich bevollmächtigt haben.[1522] Zumindest einige Mitglieder müssen ihrerseits selbst wirtschaftlich tätig geworden sein.[1523] Vor allen Dingen aber muss eines oder mehrere **Mitglieder selbst klagebefugt** sein.[1524] In diesem Fall bietet eine Verbandsklage gegenüber der Klage vieler Einzelunternehmen aus Sicht des Gerichtsverfahrens Effizienzvorteile[1525] und ist deshalb zu fördern. Ist jedoch kein aktuelles[1526] Mitglied selbst individuell betroffen, so könnten die Mitglieder durch Instrumentalisierung ihres Verbands das Fehlen ihrer eigenen Klagebefugnis umgehen.[1527] Dass die allgemeinen Interessen der Mitglieder im Sinne ihres ganzen Sektors von der angefochtenen Maßnahme berührt sind, genügt nicht.[1528] Vielmehr müssen Verbände, deren Zweck in der Wahrung der kollektiven Interessen ihrer Mitglieder liegt, für eine individuelle Betroffenheit nachweisen, dass die Marktstellung ihrer einzelnen Mitglieder durch die angefochtene Handlung spürbar beeinträchtigt wird.[1529]

Staatliche Teilglieder oder Kommunen kommen grundsätzlich nicht in den Genuss einer **471** Privilegierung.[1530] Sie sind unmittelbar und individuell betroffen, wenn damit in ihre autonomen

---

[1514] EuGH Slg. 1993, I-1125 Rn. 29 f. – CIRFS.
[1515] EuGH Slg. 1988, 219 Rn. 22 f. – Van der Kooy.
[1516] EuGH Slg. 2009, I-5963 Rn. 92 – 3F.
[1517] EuGH Slg. 2005, I-10737 Rn. 55 ff. – Aktionsgemeinschaft Recht und Eigentum, so zuvor schon EuG Slg. 1999, II-179 Rn. 60 f. – Arbeitsgemeinschaft Deutscher Luftfahrt-Unternehmen.
[1518] EFTA-GH Slg. 1994/1995, 59 Rn. 22 – Scottish Salmon Growers.
[1519] EFTA-GH Slg. 1998, 38 Rn. 35 – Husbanken I.
[1520] EFTA-GH Slg. 2006, 42 Rn. 51 – The Bankers' and Securities Dealers' Association of Iceland/ESA.
[1521] EFTA-GH Slg. 2003, 52 Rn. 66, 72 f. – Bellona.
[1522] EuG Slg. 2010, II-1039 Rn. 69 – Forum 187.
[1523] EuG Slg. 2002, II-5121 Rn. 54 – Aktionsgemeinschaft Recht und Eigentum.
[1524] EuGH Slg. 2008, I-10515 Rn. 39 – British Aggregates; EFTA-GH Slg. 2005 Rn. 59 f. – Fesil.
[1525] EuG Slg. 2002, II-5121 Rn. 64 – Aktionsgemeinschaft Recht und Eigentum.
[1526] Ehemalige Mitglieder werden nicht berücksichtigt, vgl. EuG Slg. 2005, II-523 Rn. 32 – KNK.
[1527] EuG Slg. 1999, II-179 Rn. 65 – Arbeitsgemeinschaft Deutscher Luftfahrt-Unternehmen.
[1528] EuGH Slg. 1962, 963 (980) – Confédération nationale des producteurs de fruits et légumes.
[1529] EuGH Slg. 2008, I-10515 Rn. 33 – British Aggregates.
[1530] Aus deutscher Sicht ist an der „Länderblindheit" (H. P. Ipsen) des EG-Vertrages viel Kritik geübt worden, vgl. eingehend GA Ruiz-Jarabo Colomer Slg. 2006, I-3881 – Regione Siciliana mwN.

Rechtsschutz 472–474

Befugnisse eingegriffen wird.[1531] Diese Klagebefugnis besteht aus eigenem Recht und ist insbesondere nicht von der Einräumung von Verfahrensgarantien abhängig.[1532] Stets individualisiert durch eine Untersagung sind Gebietskörperschaften, die die streitgegenständliche Beihilfe gewährt haben.[1533] Gleiches gilt, wenn die Entscheidung ihnen die Auszahlung von Beihilfen unmöglich macht, zu der sie nach der jeweiligen Staatsorganisation befugt sind, oder wenn sie nach nationalem Recht mit der Rückforderung betraut sind.[1534] Eine Individualisierung soll dagegen durch bloße „sozioökonomische Auswirkungen" nicht eintreten.[1535] Eine dem öffentlichen Interesse dienende Einrichtung, die zwar auch nichtstaatliche Akteure repräsentiert, aber letztendlich staatlich kontrolliert ist, muss dagegen ihre Klagebefugnis nach den Kriterien für die Klagebefugnis von Berufsverbänden darlegen.[1536] Denn soweit sie in ihrer Befugnis, Beihilfen zu gewähren, unter staatlicher Kontrolle steht, gewährt sie diese nicht in ihrem eigenen Interesse, sondern im Interesse des kontrollierenden Staates. Damit hat sie diesbezüglich kein eigenes Rechtsschutzinteresse.[1537] **Behörden von Mitgliedstaaten** dürften kaum Aussicht auf eine eigene Klagebefugnis haben, wenn sie im Verwaltungsaufbau keine Autonomie genießen. Den deutschen Landesmedienanstalten half in der Klage beim EuG diesbezüglich auch der Verweis auf die Rundfunkfreiheit in Art. 5 GG nicht.[1538]

472 c) **Rechtsschutzinteresse.** Private Kläger nach Art. 263 Abs. 4 AEUV bzw. Art. 36 Abs. 2 ÜGA müssen (anders als Mitgliedstaaten)[1539] grundsätzlich ein Rechtsschutzinteresse („intérêt à agir", „interest in bringing proceedings") an ihrer Klage haben. Dieses Interesse muss die Aufhebung der angefochtenen Handlung betreffen.[1540] Es ist, wie alle Zulässigkeitsvoraussetzungen, von Amts wegen zu prüfen.[1541] Das Rechtsschutzinteresse wird teilweise synonym zur Klagebefugnis verwendet.[1542] Teilweise wird es als Teil derselben[1543] oder auch zusammen mit der Rechtsverbindlichkeit einer Handlung geprüft.[1544] Der EuGH spricht selbst von Überschneidungen.[1545] Doch stellt das Rechtsschutzinteresse eine eigenständige Zulässigkeitsvoraussetzung der Anfechtungsklage dar.[1546] Angesichts der Unklarheit der Einordnung ist die Legitimation des ungeschriebenen und sehr einzelfallbezogenen Zulässigkeitsmerkmals in Frage gestellt worden.[1547]

473 Der **Adressat** einer belastenden Entscheidung hat bei Klageerhebung per se ein Rechtsschutzinteresse, das er nicht eigens nachweisen muss.[1548] Es kann allenfalls im Laufe des Verfahrens wegfallen.[1549]

474 Die das Rechtsschutzinteresse begründenden Tatsachen sind vom Kläger zu beweisen.[1550] Das Interesse an der Anfechtung muss „bestehend und gegenwärtig" sein.[1551] Abzustellen ist wie bei

---

[1531] EuG Slg. 1998, II-717 Rn. 29 – Vlaamse Gewest; Slg. 1999, II-3663 Rn. 84 – Freistaat Sachsen; Slg. 2002, II-4217 Rn. 41 – Territorio Histórico de Guipúzcoa.
[1532] EuG Slg. 1999, II-1871 Rn. 37 ff. – Regione autonoma Friuli Venezia Giulia.
[1533] EuG Slg. 1999, II-1871 Rn. 31 – Regione autonoma Friuli Venezia Giulia.
[1534] EuG Slg. 1999, II-3663 Rn. 86 – Freistaat Sachsen.
[1535] EuG Slg. 1999, II-1871 Rn. 31 – Regione autonoma Friuli Venezia Giulia; Slg. 1999, II-3663 Rn. 87 – Freistaat Sachsen.
[1536] EuGH Slg. 1986, 2469 Rn. 16 – DEFI.
[1537] EuGH Slg. 1986, 2469 Rn. 18 – DEFI.
[1538] EuG Slg. 2009, II-195 – Landesanstalt für Medien Nordrhein-Westfalen; Slg. 2009, II-198 – Medienanstalt Berlin-Brandenburg.
[1539] EuGH Slg. 1988, 905 Rn. 6 – Kommission/Vereinigtes Königreich; 13.10.2011 – C-463/10 P, 475/10 P, ECLI:EU:C:2011:656 Rn. 36 – Deutsche Post; EuG Slg. 2010, II-2099 Rn. 118 – Frankreich/Kommission; 20.9.2012 – T-154/10, ECLI:EU:T:2012:452 Rn. 37 – Frankreich/Kommission.
[1540] EuG Slg. 2002, II-347 Rn. 33 – Nuove Industrie Molisane; Slg. 2003, II-1873 Rn. 46 – Schmitz-Gotha.
[1541] EuG Slg. 2009, II-2275 Rn. 26 – Operator.
[1542] Vgl. etwa EuG Slg. 1995, II-2941 – Vereniging van Exporteurs in Levende Varkens; Slg. 1997, II-2529 Rn. 51 ff. – ATC; Slg. 2001, II-1757 Rn. 26 – Euroalliages.
[1543] EuG Slg. 2010, II-1039 Rn. 62 – Forum 187.
[1544] EuG Slg. 1992, II-2181 Rn. 30 ff. – NBV u. NVB; deutlich jetzt aber EuG Slg. 2010, II-2099 Rn. 119 – Frankreich/Kommission.
[1545] EuGH 13.10.2011 – C-463/10 P, 475/10 P, ECLI:EU:C:2011:656 Rn. 38 – Deutsche Post.
[1546] EuG Slg. 2001, II-3367 Rn. 32 – Mitteldeutsche Erdöl-Raffinerie; Slg. 2003, II-1873 Rn. 47 – Schmitz-Gotha.
[1547] Arnull, The European Union and its Court of Justice, 2. Aufl. 2006, 81.
[1548] EuG Slg. 1999, II-3775 Rn. 57 – Kesko; Slg. 1999, II-753 Rn. 42 – Gencor.
[1549] EuGH Slg. 1995, I-3319 Rn. 13 – Rendo; EuG Slg. 1995, II-2305 Rn. 62 – Antillean Rice Mills; Slg. 1999, II-3775 Rn. 58 – Kesko.
[1550] EuG Slg. 2005, II-1197 Rn. 31 – Sniace; Slg. 2003, II-1873 Rn. 59 – Schmitz-Gotha.
[1551] EuG Slg. 1992, II-2181 Rn. 33 – NBV u. NVB; Slg. 2005, II-1197 Rn. 25 – Sniace; Slg. 2007, II-4063 Rn. 34 – Salvat père & fils.

allen Zulässigkeitsvoraussetzungen grundsätzlich auf den Zeitpunkt der Klageeinreichung.[1552] Deshalb setzt ein mit Bezug auf Ereignisse in der Zukunft geltend gemachtes Rechtsschutzinteresse voraus, dass die Beeinträchtigung seiner Interessen bereits feststeht, so dass die Berufung auf noch ungewisse künftige Entwicklungen nicht ausreicht.[1553] Das Rechtsschutzinteresse muss aber bis zum Ende des Verfahrens bestehen. Entfällt es, ist der Rechtsstreit in der Hauptsache erledigt[1554] (→ Rn. 214 ff.). Weigert sich etwa ein Mitgliedstaat, eine von ihm gewährte und von der Kommission für unzulässig befundene Beihilfe von den begünstigten Unternehmen zurückzufordern, stellt die Durchsetzung der Rückforderungsentscheidung durch die Kommission nach Art. 108 Abs. 2 AEUV einen künftigen und ungewissen Umstand dar, so dass vorher der Klage der Begünstigten gegen die Rückforderungsentscheidung das Rechtsschutzinteresse fehlt. Es bleibt in diesem Fall bei der Klagemöglichkeit vor nationalen Gerichten, der eine Bestandskraft der Kommissionsentscheidung nicht entgegensteht.[1555]

Das Rechtsschutzinteresse ist jedenfalls **nicht ausschließlich von der Tenorierung der angefochtenen Entscheidung abhängig,** so dass etwa ein fusionierendes Unternehmen grundsätzlich auch gegen die Genehmigung der Fusion[1556] oder ein begünstigtes Unternehmen gegen die Genehmigung einer Beihilfe klagen kann,[1557] ebenso wie ein Konkurrent gegen deren Untersagung.[1558] 475

Das Rechtsschutzinteresse kann bezüglich des ganzen Streitgegenstands der Klage fehlen oder wegfallen; in diesem Falle ist oder wird die Klage unzulässig. Darüber hinaus kann es auch nur bezüglich einzelner Klagegründe an einem Rechtsschutzinteresse des Klägers fehlen; in diesem Fall ist der entsprechende Klagegrund unbeachtlich.[1559] Das EuG hatte sich daneben auch mit Fällen auseinanderzusetzen, in denen die Entscheidung beschwerende und nichtbeschwerende Elemente aufwies, ohne dass eine Teilanfechtung möglich wäre.[1560] 476

Für das Vorliegen des Rechtsschutzbedürfnisses an der Aufhebung einer Entscheidung bestehen in der Rechtsprechung, wie das EuG bekennt, **zwei „Formeln",**[1561] die sich in der Rechtsprechungspraxis allerdings immer mehr vermischen. 477

aa) **„Eingriff in die Rechtsstellung des Klägers".** Ein Rechtsschutzbedürfnis ist zunächst gegeben, wenn die Entscheidung aus Sicht des Klägers dessen „rechtliche Situation spürbar verändert"[1562] oder „einen Eingriff in seine Rechtsstellung" darstellt.[1563] Umstände die, wie eine Verletzung von Verfahrensrechten, eine Klagebefugnis des Klägers begründen, genügen damit erst recht auch für die Begründung des Rechtsschutzinteresses.[1564] 478

Entscheidungen, die den Kläger **rechtlich nicht beschweren,** sind grundsätzlich auch nicht anfechtbar. Das gilt für alle wettbewerbsrechtlichen Entscheidungen, die zugunsten des Klägers ergangen sind, wie etwa eine Verfahrenseinstellung oder die ausdrückliche Feststellung der Nichtanwendbarkeit von Art. 101 oder 102 AEUV[1565] aus der Sicht des Adressaten. Das Gleiche gilt für die Annahme einer Verpflichtungszusage nach Art. 9 VO 1/2003.[1566] Die Verbindung einer Genehmigungsentscheidung mit Auflagen und Bedingungen kann allerdings einer Teiluntersagung gleichkommen und eröffnet dadurch den betroffenen Unternehmen ein Rechtsschutzinteresse.[1567] Bei den verschiedenen Verweisungstatbeständen in VO 1/2003 und VO 139/2004, soweit anfechtbar, ist die Beschwer im Einzelfall festzustellen. Gegen die **Feststellung einer Beihilfe im Sinne von Art. 107 Abs. 1 AEUV** besteht regelmäßig kein Rechtsschutzinteresse des Begünstigten, wenn die Beihilfe in der angefochtenen Entscheidung für mit dem Binnenmarkt vereinbar erklärt wurde. 479

[1552] EuGH Slg. 1963, 769 (799) – Forges de Clabecq; EuG Slg. 1999, II-3775 Rn. 55 – Kesko; Slg. 2001, II-3367 Rn. 33 – Mitteldeutsche Erdöl-Raffinerie; Slg. 1998, II-757 Rn. 30 – Cityflyer Express.
[1553] EuG Slg. 1992, II-2181 Rn. 33 – NBV u. NVB; Slg. 1998, II-757 Rn. 30 – Cityflyer Express; Slg. 2003, II-1873 Rn. 46 – Schmitz-Gotha; Slg. 2005, II-1197 Rn. 26 – Sniace.
[1554] So die neuere Rechtsprechung, EuG Slg. 2010, II-1015 Rn. 49 – Centre de coordination Carrefour; Slg. 2010, II-1039 Rn. 63 – Forum 187.
[1555] EuG Slg. 2005, II-787 Rn. 26, 30 f. – Group ormeggiatori del porto di Venezia.
[1556] Vgl. etwa EuG Slg. 2000, II-1733 Rn. 79 – Coca-Cola.
[1557] EuG Slg. 2002, II-347 Rn. 38 – Nuove Industrie Molisane.
[1558] EuG Slg. 2010, II-2099 Rn. 127 – Frankreich/Kommission.
[1559] EuG Slg. 1999, II-931 Rn. 952 – Limburgse Vinyl Maatschappij.
[1560] EuG Slg. 2008, II-2935 – TV2/Danmark.
[1561] EuG Slg. 2004, II-3253 Rn. 44 – MCI.
[1562] EuG Slg. 2003, II-1873 Rn. 48 – Schmitz-Gotha.
[1563] EuGH Slg. 1998, I-1375 Rn. 62 – Frankreich/Kommission; EuG Slg. 2000, II-1733 Rn. 77 – Coca-Cola; Slg. 2002, II-347 Rn. 36 – Nuove Industrie Molisane.
[1564] EuG Slg. 2002, II-347 Rn. 45 – Nuove Industrie Molisane.
[1565] Art. 10 VO 1/2003, vgl. Bechtold/Bosch/Brinker VO 1/2003 Art. 10 Rn. 7 mwN.
[1566] Bechtold/Bosch/Brinker VO 1/2003 Art. 9 Rn. 11.
[1567] Bechtold/Bosch/Brinker FKVO Art. 8 Rn. 9.

Daraus ergeben sich weder direkte Folgen für die Anmeldung zukünftiger Beihilfen noch beschränkt die Unanfechtbarkeit dieser Feststellung den effektiven Rechtsschutz.[1568] Ein Interesse könnte allerdings durch das Kumulierungsverbot oder durch tatsächlich erhobene Klagen von Wettbewerbern nach Art. 108 Abs. 3 S. 3 AEUV etabliert werden, die rein hypothetische Möglichkeit solcher Klagen genügt nicht.[1569] Die zivilrechtliche **Nichtigkeit** der der Beihilfe zugrunde liegenden Transaktion nach deutschem Recht genügt nicht, um ein Rechtsschutzinteresse des Begünstigten zu begründen, wenn die Nichtigkeit nicht das klagende Unternehmen selbst betrifft.[1570] Andererseits sind die Interessen des **Begünstigten einer angemeldeten und genehmigten Beihilfe** nicht durch Einzelheiten in der Beurteilung nach einem multisektoralen Beihilferahmen beeinträchtigt, wenn dadurch die Genehmigung eines höheren als der angemeldete Betrag begehrt wird.[1571] Ferner hat der Erwerber von Gegenständen des Betriebsvermögens der begünstigten Gesellschaft kein Rechtsschutzinteresse für die Anfechtung einer an den Staat gerichteten **Rückforderungsentscheidung**, sofern nicht seine gesamtschuldnerische Haftung in der Entscheidung ausdrücklich festgestellt wurde.[1572] Andererseits entfällt das Rechtsschutzinteresse nicht deshalb, weil ein anderer als der in der Entscheidung benannte Gesamtschuldner die streitige Beihilfe zurückgezahlt hat, solange es eine innerstaatliche Regressmöglichkeit gibt.[1573]

480   bb) „Nichtigerklärung muss Rechtswirkungen erzeugen können". Nach der zweiten der beiden „Formeln" muss „die Nichtigerklärung der Entscheidung als solche Rechtswirkungen erzeugen können".[1574] Alternativ finden sich in Entscheidungen zum Beihilferecht auch die Formulierungen, dass eine Beeinträchtigung der klägerischen Interessen vorliege, wenn die Klage geeignet ist, dem Kläger „im Ergebnis einen Vorteil zu verschaffen".[1575] Mit den Rechtswirkungen ist nicht die rechtliche Aufhebung der Entscheidung an sich gemeint, die sich bereits aus dem „Wesen der richterlichen Nichtigerklärung" ergibt. Vielmehr geht es um mögliche Rechtswirkungen, die sich aus der Nichtigerklärung einer bereits vollzogenen oder von einem bestimmten Zeitpunkt an aufgehobenen Entscheidung ergeben können. Das gerichtliche Urteil verpflichtet in diesen Fällen die Behörde dazu, die erforderlichen Maßnahmen zu ergreifen, insbesondere den Kläger in angemessener Weise wieder in einen früheren Stand zu versetzen (Wiedergutmachung) oder dafür zu sorgen, dass keine identische Entscheidung erlassen wird (Wiederholungsgefahr).[1576] An diesen Rechtswirkungen eines Urteils kann der Kläger ein Interesse haben.[1577] Darüber hinaus kann die gerichtliche Entscheidung auch die Grundlage für eine spätere Schadensersatzklage bilden.[1578] Schließlich wird regelmäßig eine Rolle spielen, dass bei Nichteinräumung eines Klagerechts die Rechtmäßigkeit der Kommissionsentscheidung nicht mehr überprüft werden kann.[1579] Darin zeigt sich, dass neben den Individualinteressen der Kläger auch das allgemeine Interesse an der Gewährleistung einer effektiven gerichtlichen Kontrolle eine Rolle spielen muss. Zu Recht hat das EuG im Urteil MCI den „fundamentalen Grundsatz, dass in einer Rechtsgemeinschaft die Wahrung der Rechtmäßigkeit gebührend sichergestellt werden muss", herausgestrichen.[1580]

481   (1) Vollzug der Entscheidung. In Bezug auf die Anfechtung einer bereits vollzogenen Entscheidung zur **Weiterleitung von vertraulichen Verfahrensunterlagen** an Dritte oder der Veröffentlichung einer vertrauliche Informationen enthaltenden Bußgeldentscheidung haben EuGH und EuG ein Rechtsschutzinteresse dahingehend angenommen, dass die Behörde „von einem solchen Vergehen in Zukunft Abstand nimmt".[1581] Außerdem kann der Kläger ein Interesse daran haben,

---

[1568] EuG Slg. 2011, II-1311 – Freistaat Sachsen und Land Sachsen-Anhalt. Zum Rechtsschutzinteresse eines Begünstigten bzgl. der Einstufung als neue bzw. als bestehende Beihilfe vgl. EuG Slg. 2009, II-21 – Tirrenia di Navigazione.
[1569] EuG Slg. 2005, II-1197 Rn. 30 – Sniace; Slg. 2008, II-2935 Rn. 79 – TV2/Danmark; Slg. 2011, II-1311 Rn. 58 – Freistaat Sachsen und Land Sachsen-Anhalt.
[1570] EuG Slg. 2011, II-1311 Rn. 61 – Freistaat Sachsen und Land Sachsen-Anhalt.
[1571] EuG Slg. 2002, II-347 Rn. 39 ff. – Nuove Industrie Molisane, in casu die Festsetzung eines Berichtigungsfaktors.
[1572] EuG Slg. 2003, II-1873 Rn. 50–55 – Schmitz-Gotha.
[1573] EuG Slg. 2009, II-2275 Rn. 27 – Operator.
[1574] EuG Slg. 1999, II-753 Rn. 40 – Gencor; Slg. 2001, II-3367 Rn. 32 – Mitteldeutsche Erdöl-Raffinerie.
[1575] EuGH Slg. 2000, I-6189 Rn. 33 – Parlament/Richard.; EuG Slg. 2010, II-1015 Rn. 48 – Centre de coordination Carrefour.
[1576] EuG Slg. 1995, II-2305 Rn. 60 – Antillean Rice Mills; Slg. 1999, II-753 Rn. 41 – Gencor.
[1577] EuG Slg. 2004, II-3597 Rn. 57 – Lenzing.
[1578] EuGH Slg. 1980, 665 Rn. 9 – Koenecke; Slg. 1998, I-1375 Rn. 74 – Frankreich/Kommission.
[1579] Vgl. etwa EuG Slg. 1999, II-753 Rn. 40 ff. – Gencor; Slg. 2004, II-3253 Rn. 46 – MCI.
[1580] EuG Slg. 2004, II-3253 Rn. 61 – MCI.
[1581] EuGH Slg. 1986, 1965 Rn. 21 – AKZO; EuG Slg. 2006, II-1429 Rn. 44 – Bank Austria Creditanstalt.

II. Nichtigkeitsklage

dass die Verwendung der weitergeleiteten Unterlagen durch Dritte rechtswidrig wird.[1582] Ist die Entscheidung, mit der die Erteilung von Auskünften angeordnet wird, bereits durch Auskunftserteilung vollzogen, gilt Entsprechendes.[1583]

(2) Aufhebung der Entscheidung. Auch die Aufhebung bzw. Rücknahme einer Entscheidung im Lauf des Verfahrens lässt das Rechtsschutzinteresse nicht notwendigerweise entfallen, „da durch die Aufhebung die Rechtswidrigkeit nicht anerkannt wird. Außerdem wirkt die Aufhebung von Entscheidungen nur ex nunc, während eine Nichtigerklärung ex tunc wirken würde; nur im letzteren Fall werden Entscheidungen im Sinne des Artikels [264] als nichtig angesehen".[1584] Die Entscheidung mag also beschwerende Rechtswirkungen in der Zeit vor ihrer Aufhebung entfaltet haben, die weiterbestehen. Diese sind im Einzelnen nachzuweisen, wobei zu berücksichtigen ist, ob die Entscheidung ganz oder teilweise vollzogen wurde oder überhaupt vollzogen werden konnte.[1585] Eine fortbestehende/neue Beschwer kann seitens des Klägers aber auch durch eine **Wiederholungsgefahr** etabliert werden. Bleibt diese nur hypothetisch, kann das Gericht die Klage für erledigt erklären.[1586] Wird die Entscheidung nicht aufgehoben, sondern nur abgeändert, ohne dass die ursprüngliche Beschwer (vollständig) entfallen würde, so hat der Kläger das Recht zur Umstellung seiner Anträge (→ Rn. 305).

(3) Wegfall der Entscheidungsgrundlage. Fällt eine Kartellvereinbarung nach Art. 101 AEUV oder eine inkriminierte Verhaltensweise nach Art. 102 AEUV im Lauf des Gerichtsverfahrens weg, hat das grundsätzlich keine Auswirkung auf die Zulässigkeit der Klage, die ohnehin auf die Beurteilung eines Verhaltens in der Vergangenheit gerichtet ist. Bestand die angefochtene Entscheidung aber nach altem Recht in einem **Negativattest** und stellte das davon profitierende Unternehmen das für unbedenklich erklärte Verhalten im Laufe des Verfahrens trotzdem ab, so bestand an der Klage der Konkurrenten auf Nichtigerklärung der Entscheidung grundsätzlich kein Interesse mehr. Nichts anderes dürfte heute für Kommissionsentscheidungen unter Art. 10 VO 1/2003 gelten. Anders als ein Negativattest bindet aber eine solche „Feststellung der Nichtanwendbarkeit" die nationalen Gerichte, so dass die Möglichkeit einer Schadensersatzklage vor nationalen Gerichten in Betracht zu ziehen wäre.[1587]

Hinsichtlich der Anfechtung des **Verbots eines Zusammenschlusses** besteht auch dann ein Rechtsschutzbedürfnis, wenn wegen der versagten wettbewerbsrechtlichen Genehmigung die Kaufvereinbarung zwischenzeitlich hinfällig geworden ist[1588] oder das zu erwerbende Unternehmen ohne Rückkaufsrecht veräußert wurde[1589] und die Fusion dementsprechend auch im Fall eines stattgebenden Urteils gescheitert wäre. Dass die Fusion vermeintlich freiwillig aufgegeben wurde, ändert jedenfalls dann nichts am weiter bestehenden Rechtsschutzbedürfnis, wenn mit dem Verzicht der behördlichen Entscheidung pflichtgemäß nachgekommen wurde,[1590] dieser sich aus Sicht der Unternehmen also lediglich als zwangsläufige Folge der angefochtenen Untersagung darstellte. Selbst bei Wegfall der vertraglichen Fusionsgrundlage schon **vor Klageerhebung** besteht grundsätzlich ein Rechtsschutzinteresse.[1591] Im Fall MCI war das Zusammenschlussvorhaben von den Beteiligten bereits vor Erlass der Kommissionsentscheidung in der Absicht widerrufen worden, dem vom Wettbewerbskommissar öffentlich angekündigten Untersagungsvorschlag an das Kommissionskollegium die Grundlage zu entziehen. Die Kommission hat das Vorhaben dennoch verboten. Formaljuristisch wurde das fortbestehende Rechtsschutzinteresse mit einer Wiederholungsgefahr dahingehend begründet, dass die gültige Entscheidung auch jeder künftigen Fusion der Beteiligten unter den angemeldeten Bedingungen entgegenstehe.[1592] Andernfalls könne auch die Frage der Befugnis der Kommission zur Untersagung eines widerrufenen Zusammenschlusses nicht überprüft werden. Dass parallel zur Kommission auch das amerikanische Justizministerium ein Verfahren eingeleitet hatte, das für den Widerruf womöglich ausschlaggebend war, ändert an der Beurteilung nichts.[1593] Eine kaum befriedigende Position nahm das EuG aber im Fall Schneider III ein. Hier war das bereits

---

[1582] EuGH Slg. 1986, 1965 Rn. 21 – AKZO.
[1583] EuG Slg. 1994, II-1039 Rn. 14 – Scottish Football Association.
[1584] EuG Slg. 1995, II-2941 Rn. 46 – Vereniging van Exporteurs in Levende Varkens.
[1585] Vgl. etwa EuG Slg. 2005, II-817 Rn. 40 ff. – IMS Health.
[1586] EuGH Slg. 1993, I-809 Rn. 8 ff. – Lezzi; EuG Slg. 1996, II-1009 Rn. 15 – Langdon.
[1587] Zum Negativattest EuGH Slg. 2005, II-4119 Rn. 34–40, 47–50 – First Data.
[1588] EuG Slg. 1999, II-753 – Gencor.
[1589] EuG Slg. 1999, II-3775 Rn. 58 – Kesko.
[1590] EuG Slg. 1999, II-3775 Rn. 59 – Kesko; zum Beihilferecht: EuGH Slg. 1985, 2831 Rn. 19 – Hoogovens Groep.
[1591] EuG Slg. 2004, II-3253 Rn. 48 – MCI.
[1592] EuG Slg. 2004, II-3253 Rn. 55 f. – MCI.
[1593] EuG Slg. 2004, II-3253 Rn. 58–60 – MCI.

übernommene Unternehmen vor der Entscheidung der Kommission, die Phase der eingehenden Prüfung einzuleiten, unwiderruflich abgestoßen worden. Das Gericht hielt ungeachtet einer möglichen Mitverantwortlichkeit des vergangenen und zu erwartenden Kommissionsverhaltens für den Verkauf die gegen die Entscheidung gerichtete Klage für unzulässig.[1594] Der nur vorläufige Charakter der Kommissionsentscheidung begründete den ausschlaggebenden Unterschied zum Grundsatz der Anfechtbarkeit einer Endentscheidung (→ Rn. 396). Allerdings soll dann nach Ansicht des EuG auch die darauf folgende Einstellung des Kontrollverfahrens wegen Gegenstandslosigkeit keine anfechtbare Maßnahme darstellen.[1595] Hinsichtlich des Bedürfnisses nach Überprüfbarkeit des Verhaltens der Kommission im Verwaltungsverfahren verwies das Gericht den Kläger auf die Möglichkeit einer Schadensersatzklage.

485   Im **Beihilferecht** steht dem Rechtsschutzinteresse einer Klage von Begünstigten einer Beihilfemaßnahme nicht zwangsläufig entgegen, dass der Mitgliedstaat die angefochtene Entscheidung mittlerweile durchgeführt und die inkriminierte Maßnahme abgeschafft hat, wenn in der Vergangenheit ein wirksamer Anspruch entstanden sein kann.[1596] Hier kann ein stattgebendes Urteil zumindest noch für die Durchsetzung von Sekundäransprüchen Wirkungen erzeugen. Verliert der Kläger seine Begünstigtenstellung nach nationalem Recht, kann ihm eine Klage gegen eine Negativentscheidung aber keinen Vorteil mehr bringen.[1597]

486   **d) Klagefrist.** Die Frist zur Erhebung der Nichtigkeitsklage beträgt nach Art. 263 Abs. 6 AEUV **zwei Monate.** Sie gilt auch für Klagen, die sich auf die Überprüfung der Geldbuße nach Art. 261 AEUV beschränken.[1598] Im EFTA-Pfeiler des EWR gilt nach Art. 36 Abs. 3 ÜGA die gleiche Frist. **Zweck** der Klagefrist ist die Gewährleistung der Klarheit und Sicherheit der Rechtsverhältnisse und die Vermeidung von Diskriminierung bei der Gewährung von Rechtsschutz.[1599] Insofern bringt Art. 263 AEUV den Grundsatz der Gesetzmäßigkeit mit jenem der Rechtssicherheit in einen Ausgleich.[1600] Die Klagefrist ist zwingenden Rechts und steht nicht zur Disposition des Gerichts oder der Parteien.[1601] Die **Berechnung** der Klagefrist erfolgt nach den allgemeinen Regeln über die Gerichtsfristen (→ Rn. 111 ff.), sie wird insbesondere auch um die pauschale **Entfernungsfrist** von zehn Tagen verlängert. **Fristauslösend** ist je nach Lage des Falles die Bekanntgabe der angefochtenen Handlung, ihre Mitteilung an den Kläger oder in Ermangelung dessen die Kenntniserlangung von der Handlung durch den Kläger. Die Partei, die sich auf die verspätete Einreichung der Klageschrift beruft, muss nachweisen, ab welchem Tag die Klagefrist tatsächlich zu laufen begonnen hat.[1602]

487   Wird eine Entscheidung nicht rechtzeitig von ihrem Adressaten oder einem sonstigen zur Anfechtung Berechtigten angefochten, so wird sie diesem gegenüber **bestandskräftig.**[1603] Mit der Bestandskraft beginnt die Vollstreckungsverjährung zu laufen (Art. 26 Abs. 2 VO 1/2003). Die Bestandskraft bindet sowohl nationale Gerichte und Behörden[1604] als auch die zur Anfechtung Berechtigten. Der EuGH hat Wert auf die Feststellung gelegt, dass die Bestandskraft keine absolute ist, sondern an die Möglichkeit geknüpft ist, die Entscheidung rechtzeitig anzufechten, mit anderen Worten Klagebefugnis voraussetzt. Fehlt es daran, kann die formelle Bestandskraft in Inzidenzverfahren analog Art. 274 AEUV[1605] (sog. Einrede der Rechtswidrigkeit) und auch im Vorabentscheidungsverfahren nach der Gültigkeit einer Entscheidung[1606] durchbrochen werden. Einer eigenständigen Nichtigkeitsklage gegen die Entscheidung steht aber die durch Fristablauf eingetretene Bestandskraft in jedem Fall entgegen.

488   Die Kategorie des keiner Bestandskraft fähigen **inexistenten Rechtsakts** hat demgegenüber, wie oben gezeigt, in der Praxis keine Bedeutung gewonnen (→ Rn. 351). Wenn der EuGH davon eine Ausnahme für die Geltendmachung eines Fehlens „jeder Rechtsgrundlage in der Gemeinschaftsrechtsordnung" angedeutet hat,[1607] so können davon aus Gründen der Rechtssicherheit aber nur besonders

---

[1594] EuG Slg. 2006, II-111 Rn. 59–84 – Schneider Electric III.
[1595] EuG Slg. 2006, II-111 Rn. 100 – Schneider Electric III.
[1596] EuG Slg. 2001, II-3367 Rn. 34 – Mitteldeutsche Erdöl-Raffinerie.
[1597] EuG Slg. 2010, II-1015 Rn. 58 – Centre de coordination Carrefour.
[1598] EuG Slg. 2004, II-3795 Rn. 19 ff. – FNICGV.
[1599] EuGH Slg. 1987, 223 Rn. 11 – Misse/Rat; Slg. 1994, I-833 Rn. 14 ff. – TWD Textilwerke Deggendorf; EuG Slg. 2004, II-1515 Rn. 57 – Schmoldt; Happe EuZW 1992, 297.
[1600] EuG Slg. 2003, II-2957 Rn. 206 – P & O European Ferries (Vizcaya).
[1601] EuG Slg. 1999, II-3617 Rn. 25 – Sodima.
[1602] EuGH Slg. 2008, I-5829 Rn. 70 – Athinaïki Techniki.
[1603] EuG Slg. 1999, II-931 Rn. 409 – Limburgse Vinyl Maatschappij.
[1604] EuGH Slg. 2000, I-11369 Rn. 48 ff. – Masterfoods.
[1605] EuGH Slg. 1979, 777 Rn. 39 – Simmenthal; Slg. 2001, I-1197 Rn. 36 – Nachi Europe.
[1606] EuGH Slg. 1994, I-833 Rn. 17, 24 – TWD Textilwerke Deggendorf.
[1607] EuGH Slg. 1967, 42 Rn. 13 – Kommission/Frankreich.

krasse Fälle von „ultra vires" erfasst sein. Die Unzuständigkeit ist gerade eine der in Art. 263 AEUV bzw. Art. 36 ÜGA aufgeführten Klagegründe.[1608] Das Gleiche gilt für formelle oder materiell-rechtliche Mängel einer Entscheidung.

aa) Mitteilung der Handlung. Unter „**Mitteilung**" iSd Art. 263 Abs. 6 AEUV ist die individuelle Zustellung im Sinne einer Entscheidung in vollem Umfang durch deren Urheber zu verstehen.[1609] Eine Mitteilung hat an den Adressaten der Entscheidung zu ergehen, kann aber grundsätzlich auch Dritten gemacht werden.[1610] Eine formelle Zustellung[1611] ist für Adressaten vorgeschrieben. Der EuGH hat die Zustellung per Einschreiben mit Rückschein als angemessen bewertet.[1612] An Dritte kann sie zB auch per E-Mail erfolgen, doch ist dann besonders darauf zu achten, dass es sich um eine deckungsgleiche Kopie des Originals handelt. Schließt die übermittelnde Behörde die Gewähr dafür aus, so hat der Empfänger keine genaue Kenntnis vom Inhalt erlangt.[1613] Die Klagefrist beginnt im Falle der Mitteilung am Tag nach dem Erhalt der Entscheidung durch den Betroffenen zu laufen.[1614] Eine Pflicht der erlassenden Behörde zu einer „Rechtsbehelfsbelehrung" besteht nicht.[1615] Der Empfänger ist gehalten, seinen Anwälten unverzüglich Anweisungen für die Vertretung seiner Interessen zu geben und darf sich nicht auf deren Initiative verlassen.[1616]

489

bb) Bekanntgabe einer Handlung. „**Bekanntgabe**" ist die Veröffentlichung einer Maßnahme im Amtsblatt der Europäischen Union. Damit sollen insbesondere Dritte von einer bestimmten Entscheidung in Kenntnis gesetzt werden. Welche Entscheidungen veröffentlicht werden, richtet sich nach dem einschlägigen Sekundärrecht (vgl. Art. 30 VO 1/2003, Art. 20 FKVO, Art. 32 VO (EU) 2015/1589). Sofern die Veröffentlichung gesetzlich vorgesehen ist oder einer Übung entspricht, liefert sie das ausschlaggebende Datum für die Fristberechnung. Es genügt für die Veröffentlichung, wenn diese selbst kursorisch bleibt und für den vollständigen Text der Entscheidung wie bei der Bekanntgabe von Beihilfemaßnahmen, gegen die keine Einwendungen erhoben worden sind, auf eine Internetseite verwiesen wird.[1617] Das entscheidende Datum für den Fristbeginn ist dann jenes der Internetveröffentlichung. Dass die Beteiligten nach Art. 24 VO (EU) 2015/1589 zusätzlich die Zusendung einer Kopie der Entscheidung verlangen können, hat darauf keinen Einfluss.[1618]

490

Ist das fristauslösende Ereignis die Veröffentlichung der angegriffenen Maßnahme eines Unionsorgans im Amtsblatt der Europäischen Union, so wird die Frist für die Klage zu den Unionsgerichten erst vom Ablauf des 14. Tages nach dieser Veröffentlichung an berechnet.[1619] Die Klagefrist vor dem EFTA-GH beginnt im Fall der Veröffentlichung im EWR-Abschnitt bzw. in der EWR-Beilage des EU-Amtsblattes am 15. Tag danach zu laufen,[1620] ohne dass die unterschiedliche Formulierung einen inhaltlichen Unterschied zum Verfahrensrecht der Unionsgerichte begründen würde. Der erste Tag, der bei der Berechnung der Klagefrist zu berechnen ist, ist in jedem Fall der **15. Tag nach der Veröffentlichung**.[1621]

491

cc) Kenntniserlangung von einer Handlung. Als „**Kenntniserlangung**" verbleibt demnach die sonstige, tatsächliche Kenntnisnahme der angefochtenen Handlung durch den Adressaten oder Dritte. Dieses Merkmal ist insbesondere in den Fällen von Bedeutung, in denen der Kläger von der Maßnahme auf Umwegen erfährt, etwa durch einen Hinweis in nationalen Publikationen,[1622] oder die Mitteilung nicht bewiesen werden kann, die Kenntnis des Klägers ab einem bestimmten Zeitpunkt aber feststeht.[1623] Der Kläger trägt für die Glaubhaftmachung der genauen Umstände der Kenntnisnahme die Darlegungslast.[1624]

492

[1608] EuGH Slg. 1978, 1881 Rn. 9 – Kommission/Belgien.
[1609] EuGH Slg. 1997, I-1 Rn. 31 – Socurte.
[1610] Vgl. EuGH Slg. 1997, I-1 Rn. 31 – Socurte.
[1611] Vgl. zur Definition der Zustellung EuG Slg. 1998, II-1617 Rn. 70 – Finnish Board Mills.
[1612] EuG Slg. 1994, I-5619 Rn. 21 – Bayer; EuG Slg. 1995, II-729 Rn. 59 – BASF.
[1613] EuG Slg. 2005, II-2031 Rn. 76 – Fred Olsen.
[1614] Art. 49 Abs. 1 lit. a EuGHVfO; Art. 58 EuGVfO; Art. 40 VerfO EFTA-GH.
[1615] EuGH Slg. 1999, II-1441 Rn. 13 ff. – Guérin Automobiles; EFTA-GH – E-2/05, EFTA Slg. 2005, 202 Rn. 23 – ESA/Island.
[1616] EuG Slg. 1999, II-2837 Rn. 34 – Evans.
[1617] EuG Slg. 2005, II-2031 Rn. 80 – Fred Olsen; Slg. 2005, II-4765 Rn. 53 – Tramarin; Slg. 2009, II-471 Rn. 35 – TF1.
[1618] EuG Slg. 2005, II-3469 Rn. 35 – Air Bourbon.
[1619] Art. 50 EuGHVfO; Art. 59 EuGVfO.
[1620] Art. 40 VerfO EFTA-GH.
[1621] EuG Slg. 2004, II-329 Rn. 43 – OPTUC.
[1622] EuG Slg. 2009, II-471 Rn. 43 – Tramarin.
[1623] EuGH Slg. 1972, 619 Rn. 39, 43 – ICI; EuG Slg. 1998, II-3713 Rn. 112 – Waterleiding Maatschappij.
[1624] EuG Slg. 1999, II-2837 Rn. 41 – Evans; aufgehoben durch EuGH Slg. 2002, I-265 – Plant.

493 Nicht ausreichend für eine Kenntnisnahme iSd Art. 263 Abs. 6 AEUV ist die bloße Erlangung der Kenntnis von der Existenz der Maßnahme an sich, oder ihres bloß ungefähren Inhalts bzw. ihres Tenors. Aus der Kenntnis von der Existenz der Maßnahme folgt vielmehr eine Pflicht des potenziellen Klägers, sich in angemessener Zeit um die Erlangung des Wortlauts der Maßnahme zu bemühen.[1625] Die Klagefrist beginnt dessen ungeachtet erst dann zu laufen, wenn der Kläger **von ihrem wesentlichen Inhalt**, einschließlich der Begründung der Maßnahme in einem Umfang erfahren hat, welcher ihm die sachgerechte Erhebung einer Klage erlaubt.[1626] Der Zeitpunkt der Kenntnis kann in jedem Fall erst nach dem Erlass der förmlichen Entscheidung liegen, so dass ein Telefongespräch mit Kommissionsvertretern, in dem auf das wahrscheinliche Ergebnis hingewiesen wird, nicht in Betracht kommt.[1627]

494 Die tatsächliche Kenntniserlangung ist gegenüber dem Fristbeginn durch Mitteilung oder Bekanntgabe **subsidiär**.[1628] Das gilt, wenn eine Bekanntgabe oder Veröffentlichung tatsächlich stattfand,[1629] ob etwa eine Pflicht zur Veröffentlichung im Amtsblatt bestand, ist unerheblich.[1630] Eine frühere Kenntniserlangung setzt aber auch dann keine Frist in Gang, wenn die Entscheidung bekannt zu geben oder mitzuteilen war bzw. eine entsprechende Übung der Behörde besteht.[1631] Der Adressat kann in solchen Fällen vor Erhebung einer Klage die Mitteilung der Entscheidung an ihn abwarten, Dritte die Bekanntgabe im Amtsblatt, die wegen der Übersetzung zumindest im Volltext durchaus erst viele Monate nach der Entscheidung stattfinden kann. Die „vorzeitige" Klageerhebung auf der Basis der formlosen Kenntniserlangung schadet selbstverständlich nicht.

495 dd) **Hemmung und Unterbrechung.** Die Einreichung eines **Antrags auf Prozesskostenhilfe** hemmt die Frist bis zu der Entscheidung über den Antrag.[1632] Die **fehlende oder mangelhafte Begründung** der angefochtenen Kommissionsentscheidung reicht dagegen nicht aus, um die Klagefrist zu hemmen.[1633] Nach den Grundsätzen über die **bestätigenden Verfügungen** (→ Rn. 344) kann eine noch laufende Klagefrist aber faktisch unterbrochen und neu in Gang gesetzt werden, wenn sich das handelnde Organ auf eine weitere Prüfung der Sach- oder Rechtslage einlässt. In diesem Fall stellt erst die den Standpunkt des Organs definitiv bestätigende Maßnahme die endgültige, anfechtbare Entscheidung dar.[1634] Das gilt auch dann, wenn sich in der Diskussion zwar ergibt, dass sich weder der zugrunde gelegte Sachverhalt noch dessen rechtliche Beurteilung durch das Organ ändern, sich die Diskussion aber trotzdem als erneute Prüfung der Lage des Adressaten erweist.[1635] Dies ist insbesondere der Fall, wenn sich die Kommission auf ein persönliches Treffen mit dem Adressaten einlässt.[1636] Allgemein gehaltene Erklärungen der Kommission über ihre Politik in einem bestimmten Wirtschaftssektor vermögen dagegen keine neue Verjährungsfrist in Gang zu setzen.[1637] Einen die Klagefrist erneut in Gang setzenden „neuen Umstand" stellt aber zugunsten der Verfahrensbeteiligten und den von der Entscheidung unmittelbar betroffenen Dritten ein zwischenzeitlich ergangenes **Nichtigkeitsurteil** hinsichtlich der fraglichen Entscheidung dar.[1638]

2. Begründetheit.

Art. 264 AEUV

Ist die Klage begründet, so erklärt der Gerichtshof der Europäischen Union die angefochtene Handlung für nichtig.

[1625] EuGH Slg. 1998, I-655 Rn. 18 – Kommission/Rat; EuG Slg. 1998, II-3713 Rn. 111 – Waterleiding Maatschappij; Happe EuZW 1992, 297 (299).
[1626] EuGH Slg. 1988, 3761 Rn. 14 – Dillinger Hüttenwerke; Slg. 1998, I-655 Rn. 18 – Kommission/Rat; EuG Slg. 1994, II-361 Rn. 29 – Murgia Messapica; Slg. 2000, II-3659 Rn. 49 – Dreyfus; Slg. 2005, II-2031 Rn. 73 – Fred Olsen.
[1627] EuG Slg. 1994, II-36 Rn. 30 – Murgia Messapica.
[1628] EuGH Slg. 1998, I-973 Rn. 35 – Deutschland/Rat; EuG Slg. 1998, II-32 Rn. 47 – BP Chemicals; Slg. 2000, II-3871 Rn. 61 – Alitalia; Slg. 2004, II-1515 Rn. 52 – Schmoldt.
[1629] EuG Slg. 2004, II-1515 Rn. 56 f. – Schmoldt.
[1630] EuG Slg. 2009, II-471 Rn. 34 – TF1.
[1631] EuG Slg. 1999, II-139 Rn. 34 ff. – BAI; Slg. 1999, II-2925 Rn. 43 – Salomon; Slg. 2003, II-5015 Rn. 30 f. – Regione Siciliana; Slg. 2005, II-2031 Rn. 77 – Fred Olsen.
[1632] Art. 186 Abs. 3 EuGHVfO; Art. 147 Abs. 7 EuGVfO.
[1633] EuG Slg. 1998, II-3713 Rn. 115 – Waterleiding Maatschappij.
[1634] EuGH Slg. 1982, 1855 Rn. 10–12 – Deutschland/Kommission.
[1635] EuG Slg. 1998, II-523 Rn. 42 – Goldstein.
[1636] EuG Slg. 1997, II-1665 Rn. 24–26 – IPK (aus anderen Gründen aufgehoben durch EuGH Slg. 1999, I-6795); vgl. auch Slg. 2001, II-779 Rn. 30–32.
[1637] EuG Slg. 1999, II-3617 Rn. 26 – Sodima.
[1638] EuGH Slg. 1999, I-5363 Rn. 62 – AssiDomän.

Erklärt der Gerichtshof eine Handlung für nichtig, so bezeichnet er, falls er dies für notwendig hält, diejenigen ihrer Wirkungen, die als fortgeltend zu betrachten sind.

Art. 36 Abs. 4 ÜGA

Ist die Klage begründet, wird die angefochtene Entscheidung der EFTA-Überwachungsbehörde für nichtig erklärt.

a) Grundsätze der richterlichen Nachprüfung. Ein wesentliches Merkmal der Nichtigkeitsklage – wie überhaupt des europäischen Rechtsschutzsystems – besteht darin, dass der Richter sich nicht an die Stelle der Behörde setzt, sondern lediglich eine **nachträgliche Überprüfung** von tatsächlichen Mängeln und Rechtsfehlern einer Entscheidung vornimmt. Das bedeutet nichts anderes, als dass die Gerichte nicht über eine Vereinbarung, ein missbräuchliches Verhalten, einen Zusammenschluss oder die Gewährung eine Beihilfe selbst entscheiden, sondern über eine dazu ergangene Behördenentscheidung. In jedem Fall kann das Gericht die „richtige" Entscheidung nicht selbst treffen, sondern muss die Sache nach Aufhebung der ursprünglichen Maßnahme der **Behörde zur Neubescheidung** überlassen (→ Rn. 529 ff.). Diese Beschränkungen werden als Ausdruck der Gewaltenteilung verstanden; sie verdeutlichen jedenfalls den verwaltungsrechtlichen Charakter des geltenden Rechtsschutzsystems im Wettbewerbs- und Beihilferecht. Im Einzelnen wird über die angemessene Intensität der gerichtlichen Kontrolle inner- und außerhalb der systemimmanenten Grenzen fortlaufend gerungen. Darauf im Einzelnen einzugehen würde den Rahmen dieser Darstellung sprengen. Wie bereits angeführt (→ Rn. 18) führt der strafrechtliche Charakter des Verfahrens zur Durchsetzung des Wettbewerbsrechts dazu, dass es für dessen Vereinbarkeit mit dem Recht auf ein faires Verfahren erforderlich ist, dass ein unabhängiges Gericht in der Lage ist, die Entscheidung der Wettbewerbsbehörde hinsichtlich Tatsachen und Rechtsfragen in jeder Beziehung zu überprüfen.[1639] In diesem Zusammenhang hat der EuGH, als er mit einem Rechtsmittel gegen ein abweisendes Urteil des EuG befasst war, das wiederholt auf den „Ermessensspielraum" der Kommission und auf die „richterliche Zurückhaltung" verwies, weshalb gerügt wurde, dass die Vorinstanz diese Befugnis eben nicht wahrgenommen habe, konstatiert, dass der Unionsrichter in rechtlicher und tatsächlicher Hinsicht eine Kontrolle vornimmt, die Befugnis hat, Beweise zu würdigen, eine angefochtene Entscheidung für nichtig zu erklären und die Geldbuße zu verringern, und wies somit das Rechtsmittel zurück.[1640] Der EFTA-GH legte in Posten Norge dar, dass er die sachliche Richtigkeit der Beweise, ihre Zuverlässigkeit und ihre Kohärenz zu prüfen habe sowie ihre Vollständigkeit zur Bewertung der Situation.[1641] Dabei verfüge die Überwachungsbehörde über keinen weiteren Ermessensspielraum in der Einschätzung komplexer wirtschaftlicher Sachverhalte als dies notwendigerweise dem Spielraum innewohnt, welcher sich aus den Beschränkungen der rechtlichen Kontrolle ergibt. Der Gerichtshof muss vielmehr überzeugt sein, dass sich die von der Behörde gezogenen Schlussfolgerungen aus den angeführten Beweisen ergeben. Gerade in den unter Art. 6 EMRK fallenden Wettbewerbsverfahren sei die Ansicht, der Gerichtshof könne nur bei offensichtlich fehlerhafter wirtschaftlicher Einschätzung einschreiten, zurückzuweisen.[1642]

Als Ausnahme zum Grundsatz der nachträglichen Überprüfung räumen die Verträge den Gerichten in Art. 261 AEUV und Art. 35 ÜGA das Recht zur uneingeschränkten Nachprüfung bezüglich der Bemessung von Geldbußen wegen Verstößen gegen Art. 101 und 102 AEUV bzw. die Fusionskontrollverordnung ein.

Gegenstand der Nachprüfung ist die behördliche Entscheidung, dh deren **Tenor und die tragenden Teile der Begründung.** Die übrigen Teile der Begründung, die den Kläger für sich genommen nicht beschweren, können nicht selbstständig angefochten werden,[1643] wobei allerdings eine enge Wechselwirkung anzurechnen ist.[1644] In einem Fall, in dem der Kläger nicht den Tenor, dh die Genehmigung einer Beihilfe nach vorläufiger Prüfung, angefochten hatte, sondern die Tatsache, dass die Wiedergabe der mitgliedstaatlichen Zusicherung, auf die Genehmigung beruhte, unerwähnt ließ, dass diese Zusicherung unter dem Vorbehalt der gerichtlichen Überprüfung gegeben werde, lehnte das EuG die Zulässigkeit ab.[1645] Das Urteil vermischt freilich formale Gründe mit dem Kriterium des Rechtsschutzinteresses.

[1639] EGMR 27.9.2011 – 43509/08, CE:ECHR:2011:0927JUD004350908 Rn. 38–42 – A. Menarini Diagnostics/Italien.
[1640] EuGH 8.12.2011 – C-389/10 P, ECLI:EU:C:2011:816 Rn. 103 – KME; vgl. auch Schlussanträge GA Sharpston 10.2.2011 – C-272/09, ECLI:EU:C:2011:63 Rn. 69 f. – KME.
[1641] Vgl. EuGH Slg. 2005, I-987 Rn. 39 – Tetra Laval.
[1642] EFTA-GH Slg. 2012, 246 Rn. 100 ff. – Posten Norge.
[1643] EuG Slg. 2004, 2395 Rn. 134 – Dalmine.
[1644] EuG Slg. 2007, II-1195 Rn. 127 – EnBW.
[1645] EuG Slg. 2007, II-72 – wheyco.

499 Wird der Tenor von mehreren Begründungssträngen getragen – etwa die Entstehung einer marktbeherrschenden Stellung durch eine Fusion auf mehreren Märkten – so reicht die Rechtswidrigkeit eines davon nicht zur Annahme von Nichtigkeit aus, wenn die übrigen Stränge den Tenor weiter ausreichend begründen.[1646] Ein Kläger ist also gut beraten, alternative Begründungsstränge in ihrer Gesamtheit anzugreifen. Unterlässt er dies, erwachsen die nicht-thematisierte Begründung und der auf ihr basierende Tenor in Bestandskraft.[1647] In zeitlicher Hinsicht ist für die Beurteilung der Rechtmäßigkeit einer Entscheidung auf die Sach- und Rechtslage abzustellen, wie sie **bei Erlass der Entscheidung** bestand.[1648] Spätere Entwicklungen haben allenfalls prozessrechtlichen Einfluss auf die Klage, nämlich bei Wegfall des Gegenstands oder des Rechtsschutzinteresses (→ Rn. 214 ff.). Wegen des Nachprüfungscharakters der Nichtigkeitsklage kann der Richter zudem die Tatsachenwürdigung der Wettbewerbsbehörde nicht durch seine eigene ersetzen[1649] und darf insbesondere nicht auf Informationen zurückgreifen, die der Behörde zum damaligen Zeitpunkt nicht zur Verfügung standen oder hätten stehen können.[1650] Der Kläger ist folglich **mit neuem Sachverhaltsvorbringen grundsätzlich ausgeschlossen,** wenn dazu Gelegenheit im Verwaltungsverfahren bestanden hätte[1651] und die Pflicht zur Sachverhaltsaufklärung nicht einseitig der Kommission oblegen hat.[1652] Wenn aber der spätere Kläger im Verwaltungsverfahren bezüglich eines bestimmten tatsächlichen Umstandes selbst tätig hätte werden müssen, ist ihm durch sein Unterlassen die Berufung auf diesen Umstand ebenso wie auf die Verletzung seiner Verteidigungsrechte verwehrt.[1653] Wie dem Kläger, so ist auch der Behörde das Vorlegen neuen Beweismaterials im gerichtlichen Verfahren untersagt.[1654] In Bezug auf im Verwaltungsverfahren nicht vorgebrachte juristische Argumente besteht eine Präklusionswirkung aber für beide Seiten nicht.[1655]

500 Das Gericht ist bei seiner Entscheidung über den ihm vorliegenden Sachverhalt über die genannten Einschränkungen darüber hinaus auch durch die **Klageanträge** eingeschränkt. Damit erfolgt, im Unterschied zu vielen nationalen Rechtsordnungen, auf eine Klage hin gerade keine umfassende Kontrolle des materiellen Rechts. Über deren Umfang bestimmt vielmehr der Kläger durch die von ihm geltend gemachten Klagegründe, die Gerichte dürfen nicht ultra petita entscheiden. Eine weitere wesentliche Begrenzung der Reichweite einer Nichtigkeitsklage ergibt sich schließlich dadurch, dass sie gemäß Art. 263 Abs. 2 AEUV/Art. 36 Abs. 1 ÜGA nur auf einen **abschließenden Katalog von Gründen** gestützt werden kann. Dabei handelt es sich im Einzelnen um die Unzuständigkeit des handelnden Organs, die Verletzung wesentlicher Formvorschriften, die Verletzung des Primär- und Sekundärrechts sowie Ermessensmissbrauch. Die ersten beiden Klagegründe betreffen die formelle Rechtmäßigkeit und sind von Amts wegen zu beachten, die beiden letztgenannten die materielle Rechtmäßigkeit und sind vom Kläger zu rügen.[1656] Als Teil der Begründetheit einer Klage sind sie im Rahmen dieser Darstellung nicht zu erörtern.

501 **b) Urteil.** Die Klage nach Art. 263 AEUV bzw. Art. 36 ÜGA ist auf **Nichtigerklärung der angegriffenen Entscheidung** bzw. des oder der angegriffenen Teile derselben gerichtet. Entsprechend wird das Gericht im Obsiegensfall tenorieren. Trägt dagegen nicht wenigstens einer der vorgebrachten Klagegründe den Befund der Rechtswidrigkeit der Entscheidung ganz oder in Teilen, so ist die Klage ganz oder teilweise abzuweisen. Die **teilweise Nichtigerklärung** einer Entscheidung ist möglich, soweit sich die Bedingungen vom übrigen Teil der Entscheidung abtrennen lassen, ohne deren Kern zu verändern.[1657] In einem solchen Fall bleibt der nicht aufgehobene Teil der Entscheidung bestehen. Stets unerlässlich dürften etwa die mit der Genehmigung einer Fusion verbundenen Verpflichtungszusagen für die Genehmigung selbst sein, so dass sie mit dieser eine untrennbare Einheit bilden.[1658]

[1646] EuG Slg. 2005, II-5575 Rn. 43 – General Electric.
[1647] EuG Slg. 2005, II-5527 Rn. 50 – Honeywell.
[1648] StRspr EuGH Slg. 1979, 321 Rn. 7 – Frankreich/Kommission; EuGH Slg. 2001, I-3875 Rn. 87 – IECC; in der Fusionskontrolle: EuG Slg. 1999, II-203 Rn. 72 – Assicurazioni Generali; im Beihilferecht: EuGH Slg. 2004, I-3925 Rn. 39 – Deutschland/Kommission; EuG Slg. 2005, II-2123 Rn. 130 – Regione autonoma della Sardegna.
[1649] EuGH Slg. 1993, I-3203 Rn. 23 – Matra.
[1650] EuG Slg. 2005, II-2197 Rn. 142 – Corsica Ferries France.
[1651] EuG Slg. 2006, II-1139 Rn. 54 – Schmitz-Gotha Fahrzeugwerke.
[1652] EuG Slg. 2005, II-4179 Rn. 88 f. – Freistaat Thüringen.
[1653] EuG Slg. 2005, II-4407 Rn. 37 – Groupe Danone.
[1654] EuG Slg. 2004, II-2501 Rn. 176 – JFE Engineering.
[1655] EuG Slg. 1996, II-2169 Rn. 63 – AIUFASS; Slg. 1998, II-757 Rn. 39 – Cityflyer Express; Slg. 1999, II-859 Rn. 93 f. – Forges de Clabecq; Slg. 2005, II-1579 Rn. 68 – Saxonia Edelmetalle und Zemag.
[1656] Schlussantrag von GA Ruiz-Jarabo Colomer Slg. 2006, I-1875 Rn. 70 – Atzeni.
[1657] EuGH Slg. 1972, 483 Rn. 11 – Jamet; Slg. 1974, 1063 Rn. 21 – Transocean Marine Paint.
[1658] EuGH Slg. 1998, I-1375 Rn. 258 – Frankreich/Kommission.

Der Klage stattgebende Urteile nach Art. 263 AEUV sind, wenn sie rechtskräftig geworden **502** sind, verbindlich, und zwar **erga omnes,** also mit Wirkung der Nichtigkeit der angefochtenen Entscheidung (im materiellen Sinn) für und gegen alle.[1659] Die Entscheidung wird damit rückwirkend aus der Rechtsordnung getilgt. Diese Bindungswirkung gilt aber gerade nur bezüglich der angefochtenen Entscheidung.[1660] Gleich oder ähnlich lautende Entscheidungen (im materiellen Sinne), die an andere Unternehmen gerichtet sind, müssen also weiterhin angefochten werden. Das gilt auch dann, wenn in einer Entscheidung ein Bündel von Einzelfallentscheidungen zusammengefasst wurde und nur einige davon durch ihre Adressaten angefochten wurden. In diesem Fall können sich die Adressaten der anderen, nicht angefochtenen Entscheidungen nicht auf die Nichtigkeit berufen.[1661] An die Nichtigkeit der Entscheidung gebunden sind auch die nationalen Gerichte und Behörden. Das Urteil verpflichtet die europäische Behörde, Kommission oder ESA, darüber hinaus allenfalls zu einem Tätigwerden nach Art. 266 AEUV bzw. Art. 38 ÜGA (→ Rn. 530 ff.). Ferner kann das Urteil eine Basis für etwaige Schadensersatzklagen bilden. Ein Nichtigkeitsurteil hat für Verfahrensbeteiligte (insbesondere Streithelfer) und „unmittelbar von der Entscheidung Betroffene" schließlich ein **erneutes Ingangsetzen der Klagefrist** zur Folge.[1662] Anders als eine Nichtigerklärung bindet eine **Klageabweisung** nur die Parteien des Rechtsstreits.[1663]

Die Bindungswirkung erfasst sowohl den Tenor als auch die tragenden tatsächlichen und rechtli- **503** chen Gründe der Entscheidung,[1664] nicht aber obiter gemachte Äußerungen. Auch die Begründung, soweit tragend, bindet nur die Parteien des Rechtsstreits.[1665]

Im Obsiegensfall wird die angefochtene Entscheidung **mit Wirkung auch für die Vergangen-** **504** **heit** für nichtig erklärt. Die gerichtliche Feststellung der Rechtswidrigkeit wirkt demnach ab dem Inkrafttreten der für nichtig erklärten Entscheidung[1666] und nicht, wie die Rücknahme bzw. der Widerruf durch die Behörde selbst, ex nunc.[1667] Die Rückwirkung kann aber von den Unionsgerichten in begründeten Fällen auf eine Nichtigkeit nur für die Zeit ab Urteilsverkündung oder sonst einen Zeitpunkt beschränkt werden. Das entspricht Art. 264 Abs. 2 AEUV, der seit dem Inkrafttreten des Vertrags von Lissabon auf alle Handlungen und nicht bloß, wie unter Art. 231 Abs. 2 EG, auf Verordnungen anwendbar ist. Im Wettbewerbs- und Beihilfenrecht hat diese Möglichkeit aber, soweit ersichtlich, keine Bedeutung erlangt.

III. Untätigkeitsklage

Art. 265 AEUV

Unterlässt es das Europäische Parlament, der Rat, die Kommission oder die Europäische Zentralbank unter Verletzung der Verträge, einen Beschluss zu fassen, so können die Mitgliedstaaten und die anderen Organe der Union beim Gerichtshof der Europäischen Union Klage auf Feststellung dieser Vertragsverletzung erheben. Dieser Artikel gilt entsprechend für die Einrichtungen und sonstigen Stellen der Union, die es unterlassen, tätig zu werden.

Diese Klage ist nur zulässig, wenn das in Frage stehende Organ, die in Frage stehende Einrichtung oder sonstige Stelle zuvor aufgefordert worden ist, tätig zu werden. Hat es bzw. sie binnen zwei Monaten nach dieser Aufforderung nicht Stellung genommen, so kann die Klage innerhalb einer weiteren Frist von zwei Monaten erhoben werden.

Jede natürliche oder juristische Person kann nach Maßgabe der Absätze 1 und 2 vor dem Gerichtshof Beschwerde darüber führen, dass ein Organ oder eine Einrichtung oder sonstige Stelle der Union es unterlassen hat, einen anderen Akt als eine Empfehlung oder eine Stellungnahme an sie zu richten.

Art. 37 ÜGA

Unterläßt es die EFTA-Überwachungsbehörde unter Verletzung dieses Abkommens oder des EWR-Abkommens, einen Beschluß zu fassen, so können die EFTA-Staaten beim EFTA-Gerichtshof Klage auf Feststellung dieser Vertragsverletzung erheben.

[1659] EuGH Slg. 1954/1955, 123 (139) – Assider; Slg. 2008, I-469 Rn. 61 – CELF; Schermers/Waelbroeck, Judicial Protection in the European Union, 6. Aufl. 2001, §§ 1015 ff.
[1660] EuGH Slg. 1974, 177 Rn. 36 – Schots-Kortner; Slg. 1997, I-3491 Rn. 73 – National Power und PowerGen; EuG Slg. 1999, II-931 Rn. 169 ff. – Limburgse Vinyl Maatschappij.
[1661] EuGH Slg. 1999, I-5363 Rn. 53 – AssiDomän, und schon EuG Slg. 1997, II-1185 Rn. 56 ff. – AssiDomän.
[1662] EuGH Slg. 1999, I-5363 Rn. 62 – AssiDomän.
[1663] von der Groeben/Schwarze/Gaitanides AEUV Art. 231 Rn. 3.
[1664] EuGH Slg. 2004, I-3679 Rn. 36 – Italien/Kommission; EuG Slg. 1999, I-931 Rn. 77 – Limburgse Vinyl Maatschappij.
[1665] EuGH Slg. 1999, I-5363 Rn. 54 f. – AssiDomän.
[1666] EuGH Slg. 1988, 2181 Rn. 30 – Asteris.
[1667] von der Groeben/Schwarze/Gaitanides AEUV Art. 231 Rn. 5.

Diese Klage ist nur zulässig, wenn die EFTA-Überwachungsbehörde zuvor aufgefordert worden ist, tätig zu werden. Hat die EFTA-Überwachungsbehörde binnen zweier Monate nach dieser Aufforderung nicht Stellung genommen, so kann die Klage innerhalb einer weiteren Frist von zwei Monaten erhoben werden.

Jede natürliche oder juristische Person kann nach Maßgabe der in den vorhergehenden Absätzen festgelegten Voraussetzungen vor dem EFTA-Gerichtshof Beschwerde darüber führen, dass die EFTA-Überwachungsbehörde es unterlassen hat, an diese Person eine Entscheidung zu richten.

505   **1. Einführung.** Die Art. 263 und 265 AEUV regeln, in den Worten der Gerichtshöfe, „ein und denselben Rechtsbehelf".[1668] Häufig liegen tatsächlich nur Nuancen zwischen einer Situation, in welcher der Erlass einer begünstigenden Entscheidung begehrt wird und jener, in der eine Vergünstigung ablehnende Entscheidung angefochten wird. Entgegen dem ersten Anschein verhält sich aber die Untätigkeitsklage nicht völlig komplementär zur Nichtigkeitsklage. Während Letztere kassatorisch wirkt, indem sie die angefochtene Entscheidung im Obsiegensfall ipso iure aufhebt, ist die Untätigkeitsklage keine Leistungsklage in dem Sinne, dass die Behörde zu einem bestimmten Tun, etwa dem Erlass einer bestimmten Entscheidung, verpflichtet werden könnte.[1669] Vielmehr ist die Klage nach Art. 265 AEUV und Art. 37 ÜGA auf **Feststellung** der behördlichen Untätigkeit gerichtet. Unterliegt die Behörde, ist sie nur indirekt über Art. 266 AEUV bzw. Art. 38 ÜGA verpflichtet, die sich aus dem Urteil ergebenden Maßnahmen zu ergreifen. Eine allgemeine Verpflichtungsklage auf Erlass einer Entscheidung fehlt im europäischen Rechtsschutzsystem.

506   Die unbestreitbare Verwandtschaft zwischen Untätigkeits- und Nichtigkeitsklage führt in der Rechtsanwendung dazu, dass das **Klageziel** in der jeweiligen Situation genau zu analysieren ist. Hat die Behörde über den Streitgegenstand bereits eine Entscheidung erlassen, und sei es eine ablehnende, so kommt die Erhebung einer Untätigkeitsklage nicht mehr in Betracht. In diesem Fall muss zwingend zunächst die Ablehnungsentscheidung angefochten werden, bevor an eine Neubescheidung nach Art. 265, 266 AEUV bzw. Art. 37, 38 ÜGA zu denken ist.[1670] Nachdem, wie sich oben gezeigt hat, sich der Entscheidungscharakter einer bestimmten Maßnahme häufig nicht auf den ersten Blick ergibt, können Abgrenzungsschwierigkeiten zwischen beiden Rechtsbehelfen nicht ausgeschlossen werden. Wegen der zwischen den beiden eng verwandten Klagearten entstandenen Grauzone erscheint größtmögliche Flexibilität bei der Zulässigkeit von Klageänderungen geboten. Dafür spricht nicht nur die Prozessökonomie, sondern auch das Recht des Klägers auf ein faires Verfahren.

507   **2. Zuständigkeit.** Die gerichtliche Zuständigkeit für Untätigkeitsklagen entspricht jener der Anfechtungsklage. Danach ist im Unionsrecht gemäß Art. 256 AEUV in erster Instanz das EuG und im EFTA-Pfeiler des EWR der EFTA-GH zuständig. Die Zuständigkeit des EuG erstreckt sich seit 2004 nach Art. 51 EuGH-Satzung nicht nur auf Klagen von natürlichen und juristischen Personen, sondern auch uU auf Klagen der Mitgliedstaaten, zB in beihilferechtlichen Fällen.

508   **3. Zulässigkeit.** Die Anforderungen an die Zulässigkeit einer Untätigkeitsklage entsprechen im Wesentlichen denen einer Nichtigkeitsklage. In der Folge soll deshalb nur auf die Besonderheiten dieser Klageart eingegangen werden.

509   **a) Klageschrift.** Für den Inhalt der Klageschrift gilt das zur Nichtigkeitsklage Gesagte (→ Rn. 286 ff.). Probleme bereitet eine **Umstellung der Klageanträge von der Feststellung der Untätigkeit auf die Anfechtung einer Entscheidung,** wenn die Behörde eine solche im Laufe des Verfahrens erlässt. Die Umstellung verbietet sich nach der Rechtsprechung selbst dann, wenn der Kläger nicht die begehrte Entscheidung, sondern eine Ablehnung seines Antrags erhält. Das Gericht könne nicht mit völlig neuen, die Rechtsnatur des Verfahrens ändernden Anträgen befasst werden.[1671] Der Rechtsstreit wäre damit wegen Gegenstandslosigkeit für erledigt zu erklären (→ Rn. 307 f.). Gerechtigkeitserwägungen sowie der Grundsatz der Prozessökonomie müssen bei fortbestehender Beschwer des Klägers auch hier eine Umstellung des Verfahrens rechtfertigen können.

510   **b) Klagegegenstand. aa) Taugliches Klageziel.** Mit der Untätigkeitsklage können natürliche und juristische Personen feststellen lassen, dass die Behörde es vertragswidrig unterlassen hat, eine Maßnahme zu erlassen. Was die Rechtsnatur der unterlassenen Maßnahme angeht, so kommt im Unionsrecht „jeder andere Akt als eine Empfehlung oder Stellungnahme" in Betracht. Art. 37 ÜGA spricht von einem „Beschluss". Weil keine Leistung, sondern nur die Feststellung der Untätig-

---

[1668] EuGH Slg. 1996, I-6065 Rn. 59 – T. Port; EuG Slg. 1999, II-1757 Rn. 27 – TF1; Slg. 2007, II-2379 Rn. 45 – Asklepios Kliniken.
[1669] EuG Slg. 2006, II-1343 Rn. 24 – Air One.
[1670] So für einstweilige Anordnungen EuG Slg. 1990, II-1 Rn. 13 – Cosimex.
[1671] EuG Slg. 1992, II-2285 Rn. 43 – Asia Motor France I.

keit eingeklagt werden kann, muss die begehrte Maßnahme nicht zwangsläufig die rechtsverbindliche Qualität einer nach Art. 263 AEUV oder Art. 36 ÜGA anfechtbaren Entscheidung haben, so dass auch die im Laufe des Beschwerdeverfahrens vorgesehenen vorläufigen Mitteilungen, etwa nach Art. 7 Abs. 1 der Verordnung 773/2004,[1672] in Betracht kommen können. Schon der Erlass vorbereitender Maßnahmen kann eine Untätigkeit der Behörde grundsätzlich beenden.[1673] Das gilt erst Recht für die Bescheidung des Beschwerdeführers über die Beschwerde.[1674] Entscheidend ist aber in jedem Fall, ob eine **grundsätzliche Rechtspflicht** der Behörde zum Tätigwerden bestehen kann.[1675] Wegen Fehlens einer Rechtspflicht kann danach nicht verlangt werden, dass die Kommission ein Vertragsverletzungsverfahren gemäß Art. 258 AEUV oder Art. 108 Abs. 2 AEUV gegen einen Mitgliedstaat einleitet.[1676] Die Weigerung der Kommission, einem Mitgliedstaat zweckdienliche Maßnahmen nach Art. 108 Abs. 1 AEUV vorzuschlagen, kann ebenfalls keine Rechtswirkungen erzeugen. Die Annahme eines solchen Vorschlags steht nämlich im Belieben des betreffenden Mitgliedstaats.[1677]

bb) Untätigkeit. Untätigkeit ist dann gegeben, wenn ein Bescheid oder eine Stellungnahme 511 ausbleiben. Dabei muss es sich nicht notwendigerweise um eine anfechtbare Maßnahme mit Rechtsverbindlichkeit handeln.[1678] An der Untätigkeit fehlt es auch dann, wenn **ein anderer als der vom Betroffenen gewünschte** oder für notwendig erachtete Rechtsakt erlassen wird.[1679] Dann muss die Rechtswidrigkeit desselben im Rahmen einer Nichtigkeitsklage geltend gemacht werden. Deswegen ist in jedem Fall genau zu prüfen, ob nicht eine anfechtbare Entscheidung der Behörde vorliegt und allenfalls alternativ ein Antrag nach Art. 263 AEUV/36 ÜGA zu stellen ist. Das Gleiche gilt im Fall der Ablehnung des klägerischen Antrags durch Entscheidung. Ausweichende oder hinhaltende Stellungnahmen der Behörden stellen allerdings eine Untätigkeit im Sinne der Vertragsvorschriften dar.

Untätigkeit kann auch in der Weigerung der Kommission bestehen, ein auf eine Nichtigkeits- 512 klage ergangenes **Urteil durchzuführen,** etwa den für nichtig erklärten Rechtsakt zu ersetzen oder darüber hinausgehende Maßnahmen nach Art. 266 AEUV zu ergreifen, die im Rahmen der ursprünglichen Nichtigkeitsklage nicht angefochten worden waren.[1680] Die Überprüfung der Rechtmäßigkeit der Entscheidung, die anstelle der für nichtig erklärten Entscheidung erlassen wurde, muss allerdings weiterhin im Rahmen einer Nichtigkeitsklage erfolgen.[1681]

c) Vorverfahren. Eine originäre Zulässigkeitsvoraussetzung der Untätigkeitsklage besteht in 513 der Durchführung des in Art. 265 Abs. 2 AEUV bzw. ÜGA vorgesehenen Vorverfahrens. Dabei handelt es sich um eine „wesentliche Förmlichkeit",[1682] deren Fehlen die Klage unzulässig macht.

aa) Aufforderung zum Tätigwerden. Die Aufforderung des zuständigen Organs zum Tätig- 514 werden hat für das weitere Verfahren wesentliche Bedeutung. Sie legt zum einen den späteren Streitgegenstand fest und setzt zum anderen die Zweimonatsfrist in Lauf, innerhalb der das Organ Stellung zu nehmen hat. Die Zustellung der Klageschrift selbst kann nicht als Aufforderung zum Tätigwerden gesehen werden.[1683]

Die Aufforderung kann grundsätzlich formlos erfolgen. Da die Aufforderung aber zusammen 515 mit der Klage nach Art. 21 Abs. 2 EuGH-Satzung bei Gericht in Form einer Dokumentation eingereicht werden muss, bedarf es eines schriftlich fixierten Inhalts. In jedem Fall muss die Aufforderung so **klar und deutlich** sein, dass die Behörde erkennen kann, welchen Inhalt die beantragte Entscheidung haben soll und dass mit ihr beabsichtigt ist, sie zu einer Stellungnahme zu zwingen.[1684]

[1672] EuG Slg. 1992, II-2285 Rn. 29 – Asia Motor France I; Slg. 1997, II-1223 Rn. 26 – Guérin Automobiles III, jeweils zu Art. 6 der Verordnung Nr. 99/63/EWG.
[1673] EuG Slg. 2002, II-3193 Rn. 56 – Société des mines de Sacilor – Lormines.
[1674] EuG Slg. 1992, II-2285 Rn. 29 – Asia Motor France I.
[1675] EuG Slg. 1996, II-351 Rn. 69 – AITEC.
[1676] EuGH Slg. 1990, I-2181 Rn. 12 – Asia Motor France; EuG Slg. 1996, II-351 Rn. 59 – AITEC; Slg. 1996, II-1559 Rn. 41 ff. – SDDDA.
[1677] EuG Slg. 1996, II-1475 – Salt Union.
[1678] EuGH Slg. 1979, 3190 Rn. 21 – GEMA; Slg. 1997, I-1503 Rn. 30 – Guérin Automobiles.
[1679] EuGH Slg. 1971, 705 Rn. 2 – Deutscher Komponistenverband; Slg. 1988, 6473 Rn. 17 – Irish Cement; EuG Slg. 1996, II-961 Rn. 38 – Asia Motor France III; Slg. 1999, II-3427 Rn. 172 – Boehringer Ingelheim Vetmedica; Slg. 2004, II-743 Rn. 31 – SIC.
[1680] EuGH Slg. 1988, 2181 Rn. 32 – Asteris; EuG Slg. 2004, II-743 Rn. 32 – SIC.
[1681] EuG Slg. 1996, II-961 Rn. 40 – Asia Motor France III.
[1682] EuG Slg. 1999, II-1757 Rn. 41 – TF1.
[1683] EuG Slg. 1996, II-171 Rn. 15 – Guérin Automobiles I.
[1684] EuGH Slg. 1986, 1777 Rn. 15 – Usinor; EuG Slg. 1999, II-1757 Rn. 41 – TF1; EFTA-GH Slg. 1997, 100 Rn. 15 – Hansen; EuG 29.9.2011 – T-442/07, ECLI:EU:T:2011:547 Rn. 22 – Ryanair.

Ein Schreiben an die Kommission erfüllt diese Voraussetzungen, wenn diese unzweideutig zur Abstellung behaupteter Verstöße gegen den Vertrag aufgefordert und anderenfalls ein Vorgehen nach Art. 265 AEUV angekündigt wird.[1685] Bleibt dagegen unklar, ob sich die Aufforderung auf die Einleitung eines wettbewerbsrechtlichen Verfahrens oder eines Vertragsverletzungsverfahrens bezieht, so geht diese Unklarheit zulasten des späteren Klägers.[1686]

516 Eine Aufforderung zum Tätigwerden kann grundsätzlich jederzeit an die Behörde gerichtet werden. Davon hat der EuGH aber aus Gründen der Rechtssicherheit eine Ausnahme gemacht, welche die Möglichkeit einer **Verwirkung** nahe legt. Im Urteil Schlüsselverlag hatte ein Wettbewerber die Kommission dazu aufgefordert, die gemeinschaftsweite Bedeutung eines Zusammenschlusses zu bejahen, der von der österreichischen Behörde bereits genehmigt worden war. Die Aufforderung an die Kommission erfolgte fast vier Monate nach der Genehmigung und damit sogar nach dem Zeitpunkt, in dem eine Entscheidung der Kommission nach Art. 263 Abs. 6 AEUV hätte angefochten werden können. Die Untätigkeitsklage war damit unzulässig.[1687] Auch im Fall einer Untätigkeitsklage auf Mitteilung der Gründe für die geplante Abweisung einer Beschwerde nach Art. 7 Abs. 1 VO 773/2004 prüft die Rechtsprechung, ob zwischen Erhebung der Beschwerde und der Aufforderung eine „hinreichend lange Zeit" verstrichen ist.[1688] Bei der Prüfung der Angemessenheit der Zeitspanne, in welcher eine Aufforderung zum Tätigwerden an das zuständige Organ gerichtet werden kann, hat das Gericht jedoch alle Umstände zu beurteilen, insbesondere anhand der auf dem Spiel stehenden Interessen der Betroffenen, der Komplexität der Angelegenheit und der von den Organen abgeschlossenen Verfahrensschritte, sowie des Verhaltens der Parteien im Laufe des Verfahrens.[1689]

517 Beschwerdepunkte, die in der Aufforderung an die Behörde nicht geltend gemacht wurden, können später auch gerichtlich nicht geltend gemacht werde. Das verbietet nicht nur spätere Rügen, die sich auf andere materiell-rechtliche Vorschriften beziehen (zB einer Verletzung von Art. 102 AEUV neben oder statt Art. 101 AEUV), sondern auch das Vorbringen neuer, im Vorverfahren nicht benannter Klagegründe. Es gilt der Grundsatz der **„Identität von Vorverfahrens- und Klagegegenstand"**.[1690] Insofern hat eine Nachlässigkeit bei der Abfassung des Aufforderungsschreibens präkludierende Wirkung. Das Gleiche gilt, wenn der spätere Kläger der Behörde nach der Aufforderung zum Tätigwerden neues Faktenmaterial zukommen lässt oder ihr gegenüber neue Gesichtspunkte geltend macht, welche geeignet sind, die Beurteilung der Behörde zu beeinflussen. In diesem Fall entfällt die Pflicht der Behörde zum Tätigwerden und die Zweimonatsfrist wird nicht in Lauf gesetzt. Vor Erhebung der Untätigkeitsklage muss demnach erst eine erneute Aufforderung erfolgen.[1691]

518 **bb) Ausbleiben der Stellungnahme.** Die Klage ist nur zulässig, wenn die Behörde nicht innerhalb der Zweimonatsfrist auf die Aufforderung antwortet. Nimmt die Behörde aber rechtzeitig Stellung, so wird die Untätigkeit beendet und eine Klage ist unzulässig. Das gilt unabhängig davon, ob die Begründung stichhaltig oder ausreichend war.[1692] Stichtag für das Ende der behördlichen Untätigkeit ist der Tag des Zugangs der Stellungnahme beim Urheber der Aufforderung.[1693] Ergeht die Stellungnahme in Form der begehrten Maßnahme vor Klageerhebung, so fehlt bereits das Rechtsschutzbedürfnis. Ergeht die beantragte Maßnahme dagegen im Laufe des Verfahrens, so wird diese gegenstandslos und ist nach dem oben Gesagten für erledigt zu erklären.[1694] In diesem Fall sind der Behörde aber regelmäßig die Verfahrenskosten aufzuerlegen.[1695]

519 Antwortet die Behörde auf die Aufforderung des späteren Klägers durch Erlass einer Entscheidung eines **anderen Inhalts** als dem begehrten, so wäre eine Untätigkeitsklage bezüglich des Erlass einer Entscheidung mit dem beantragten Inhalt ebenfalls unzulässig. Art. 265 AEUV und Art. 37 ÜGA meinen „die Untätigkeit durch Nichtbescheidung oder Nichtstellungnahme, nicht aber den Erlass eines anderen als des von den Betroffenen gewünschten oder für notwendig erachteten Rechtsakts".[1696] Problematisch ist in diesem Zusammenhang auch die **ausdrückliche Weigerung** der Behörde, eine bestimmte Entscheidung zu treffen, ohne den Antrag förmlich zu bescheiden. Wenn

---

[1685] EuGH 12.5.2022 – C-430/20 P, ECLI:EU:C:2022:377 Rn. 48 ff. – Klein; EuG Slg. 1992, II-2285 Rn. 28 – Asia Motor France I.
[1686] EFTA-GH Slg. 1997, 100 Rn. 17 f. – Hansen.
[1687] EuGH Slg. 2003, I-9889 Rn. 31 ff. – Schlüsselverlag.
[1688] EuG Slg. 1997, II-1223 Rn. 26 – Guérin Automobiles III.
[1689] EuGH 12.5.2022 – C-430/20 P, ECLI:EU:C:2022:377 Rn. 48 ff. – Klein.
[1690] Pechstein, EU-Prozessrecht, 4. Aufl. 2011, Rn. 592.
[1691] EuG Slg. 2005, II-29 Rn. 43 ff. – Spanien/Kommission.
[1692] EuG Slg. 1999, II-1757 Rn. 88 ff., 102 – TF1.
[1693] EuG Slg. 2005, II-1465 Rn. 71 – Makhteshim-Agan Holding.
[1694] EuG Slg. 1999, II-1757 Rn. 88 ff. – TF1; Slg. 2004, II-743 Rn. 31 – SIC; dazu → Rn. 215.
[1695] EuG Slg. 1997, I-1503 Rn. 43 – Guérin Automobiles.
[1696] EuGH Slg. 1993, I-599 Rn. 10 – ENU; EuG Slg. 2002, II-1473 Rn. 27 – Schlüsselverlag.

man bereits diese Weigerung als nach Art. 263 AEUV bzw. Art. 36 ÜGA anzufechtende Entscheidung ansehen will, so muss zum Schutz des Klägers zumindest eine Klageänderung unter vereinfachten Voraussetzungen möglich sein.

Auf der anderen Seite muss es sich bei der Stellungnahme **nicht unbedingt um eine rechtsverbindliche Entscheidung** handeln (→ Rn. 511). Es reicht aus, wenn sie „notwendige Voraussetzung für die Durchführung eines Verfahrens ist, das grundsätzlich zu einer ihrerseits mit der Nichtigkeitsklage anfechtbaren Rechtshandlung führen soll".[1697] In jüngeren Entscheidungen genügt bereits eine „Verbindung mit" der Verfahrensdurchführung.[1698] Die Mitteilung über die geplante Abweisung nach Art. 7 Abs. 1 VO 773/2004 stellt jedenfalls eine solche, die Untätigkeitsklage verhindernde Stellungnahme dar.[1699] Diese Rechtsprechung schränkt den Anwendungsbereich der Untätigkeitszugunsten der Nichtigkeitsklage nicht unwesentlich ein. 520

d) Klagebefugnis. Aus Art. 265 Abs. 3 AEUV bzw. Art. 37 Abs. 3 ÜGA können die nichtprivilegierten Kläger ein Klagerecht ableiten, wenn ein Rechtsakt „an sie" bzw. eine Entscheidung „an diese Person" zu richten gewesen wäre. Danach scheint es so, als müssten natürliche oder juristische Personen in der Rolle des Klägers zwingend potenzielle Adressaten der eingeklagten Maßnahme sein. Mit anderen Worten müsste die Behörde nach der Systematik des Vertrags verpflichtet werden können, eine Maßnahme bzw. Entscheidung gerade an den Kläger zu richten,[1700] auf den dieser einen Anspruch hat.[1701] Fehlt es daran, weil nach der Natur des klägerischen Vorbringens allenfalls Entscheidungen gegen Dritte hätten erlassen werden müssen, so wäre die Klage unzulässig.[1702] Tatsächlich wurde die Vorschrift lange Zeit in dieser Weise aufgefasst. Daran ist nach dem heutigen Stand der Rechtsprechung aber nur noch so viel richtig, dass der Kläger, der Adressat der zu erlassenen Entscheidung gewesen wäre, keine besondere Klagebefugnis nachweisen muss. Nach heutigem Verständnis kann die beantragte Entscheidung auch **an einen Dritten zu richten gewesen sein,** sofern sie den Kläger individuell und unmittelbar betroffen hätte.[1703] Die Rechtsschutzmöglichkeiten des Einzelnen dürfen nämlich nicht davon abhängen, ob die Behörde tätig geworden oder untätig geblieben ist.[1704] Somit können Wettbewerber gegen die Nichteinleitung eines wettbewerbs- oder beihilferechtlichen Verfahrens klagen, auch wenn die begehrte Entscheidung gegenüber einem Dritten, Unternehmen oder Mitgliedstaat zu erlassen gewesen wäre. Das Gleiche gilt für Entscheidungen iSv rechtsverbindlichen Maßnahmen, die im Verlauf eines Verwaltungsverfahrens (angeblich) zu erlassen gewesen wären. Die Gerichte prüfen dann hypothetisch, ob der Kläger zu einer Nichtigkeitsklage gegenüber dem begehrten Rechtsakt befugt gewesen wäre.[1705] Für die Klagebefugnis im Sinne einer unmittelbaren und individuellen Betroffenheit gelten dann die zur Nichtigkeitsklage ausgeführten Grundsätze. Fehlt sie, so wird die Untätigkeitsklage als unzulässig abgewiesen. 521

e) Klagefrist. Nach Art. 265 Abs. 2 AEUV bzw. Art. 37 Abs. 2 ÜGA muss die Untätigkeitsklage innerhalb einer Frist von zwei Monaten erhoben werden. Diese Frist beginnt mit dem Ablauf der Zweimonatsfrist zu laufen, binnen deren die Behörde nach der Aufforderung zum Tätigwerden hätte Stellung nehmen müssen. Die Klagefrist wird im Unionsrecht um die zehntägige Entfernungsfrist verlängert (→ Rn. 109 ff.). 522

Wie bei der Nichtigkeitsklage sind die Klagefristen zwingenden Rechts und stehen nicht zur Disposition des Gerichts oder der Parteien.[1706] Die Fristüberschreitung kann allenfalls nach den allgemeinen Regeln zur Wiedereinsetzung in den vorigen Stand durch das Vorliegen eines Zufalls, eines Falls höherer Gewalt oder eines entschuldbaren Fehlers geheilt werden. Darüber hinaus kann eine Fristüberschreitung auch wegen der durch die **Schaffung eines Vertrauenstatbestands seitens der Behörde** unbeachtlich sein, wenn sich der Kläger nach deren Verhalten für berechtigt halten durfte, die Erhebung der Klage hinauszuschieben. In diesem Fall wäre eine spätere Berufung der Behörde auf die Unzulässigkeit der Klage rechtsmissbräuchlich. Voraussetzung dafür ist, dass bei dem Betroffenen durch klare, auf den Einzelfall bezogene Zusicherungen berechtigte Erwartungen 523

[1697] EuG Slg. 1995, II-1753 Rn. 25 – Guérin Automobiles I; Slg. 1998, II-285 Rn. 43 – Pharos.
[1698] EuG Slg. 2004, II-743 Rn. 53 – SIC.
[1699] EuG Slg. 1995, II-1753 Rn. 26 – Guérin Automobiles I; Slg. 1997, II-1223 Rn. 31 – Guérin Automobiles III; Slg. 1999, II-2633 Rn. 35 – UPS.
[1700] EuGH Slg. 1990, I-2181 Rn. 10 – Asia Motor France.
[1701] EuGH Slg. 1982, I-2277 Rn. 13 – Lord Bethell.
[1702] EuGH Slg. 1982, I-2277 Rn. 16 – Lord Bethell.
[1703] EuG Slg. 1996, II-351 Rn. 58, 62 – AITEC; EuGH Slg. 2000, II-2193 Rn. 79 – Camar; EuG Slg. 2007, II-2379 Rn. 45 – Asklepios Kliniken.
[1704] EuGH Slg. 1993, I-599 Rn. 17 – ENU; Slg. 1996, I-6065 Rn. 59 – T. Port; EuG Slg. 1998, II-3407 Rn. 58 – Gestevision Telecinco; Slg. 1999, II-1757 Rn. 27 – TF1.
[1705] EuG Slg. 2007, II-2379 Rn. 45 – Asklepios Kliniken.
[1706] EuG Slg. 1998, II-153 Rn. 43 – Polyvios; Slg. 1999, II-3617 Rn. 25 – Sodima.

geweckt worden sind. Allgemein gehaltene öffentliche Erklärungen, etwa in Äußerungen eines Kommissars in der Presse, genügen dafür genauso wenig wie das Bestehen von ständigen Kontakten zwischen Behörde und späterem Kläger, wenn in diesen lediglich allgemein gehaltene Erklärungen abgegeben wurden („wir bearbeiten Ihre Beschwerde", „demnächst wird eine Entscheidung erfolgen" etc).[1707]

524 **f) Rechtsschutzinteresse.** Für das Rechtsschutzinteresse gelten grundsätzlich die zur Nichtigkeitsklage gemachten Ausführungen (→ Rn. 472 ff.). Insbesondere entfällt das Rechtsschutzinteresse nicht schon dadurch, dass möglicherweise im nationalen Recht Klagemöglichkeiten bestehen, durch deren Inanspruchnahme der Kläger das gewünschte Ergebnis erreichen könnte.[1708]

525 **4. Begründetheit.** Die Untätigkeitsklage ist auf die Feststellung einer rechtswidrigen Untätigkeit des betroffenen Organs gerichtet. Wie bei der Nichtigkeitsklage geht es um die Nachprüfung des behördlichen Unterlassens, und nicht darum, dass das Gericht sich an die Stelle der Behörde setzt. Allerdings fehlt es der Untätigkeitsklage an der Beschränkung auf vier mögliche Anfechtungsgründe, wie sie Art. 263 AEUV bzw. Art. 36 ÜGA kennzeichnet.

526 In **inhaltlicher Hinsicht** stellt sich vielmehr die allgemeine Frage nach der **Rechtspflicht** der (zuständigen) Behörde, zum Zeitpunkt der Aufforderung eine Maßnahme vorzunehmen, die im Wege dieser Klageart eingeklagt werden kann.[1709] Eine Einschränkung auf bestimmte Klagegründe, wie bei der Nichtigkeitsklage, kennt die Klage auf Feststellung einer Untätigkeit nicht. Die Rechtswidrigkeit des Nichthandelns – oder mit anderen Worten: ein Anspruch – kann sich aus dem materiellen Recht (einschließlich der allgemeinen Rechtsgrundsätze wie den Anspruch auf gerichtlichen Rechtsschutz)[1710] oder verfahrensrechtlichen Rechtspositionen ergeben. Diese sind im Wettbewerbsrecht in VO 1/2003 und im Beihilferecht in VO 2015/1589 geregelt. Kein Anspruch besteht auf den Erlass einer Feststellungsentscheidung nach Art. 10 VO 1/2003 oder ein Beratungsschreiben („guidance letter") der Kommission.[1711] Art. 7 Abs. 2 VO 1/2003 verleiht dem Beschwerdeführer zwar kein Recht auf Erlass einer Entscheidung über das Vorliegen einer Zuwiderhandlung.[1712] Er hat aber einen grundsätzlichen Anspruch auf Bescheidung seiner Beschwerde, die binnen angemessener Frist erfolgen muss.[1713] Die Missachtung einer angemessenen Prüffrist im Verwaltungsverfahren begründet für sich allein genommen – wenn eine Bescheidung erfolgt ist – allenfalls einen Schadensersatzanspruch.[1714]

527 In **zeitlicher Hinsicht** ist für die Prüfung der Begründetheit der Klage auf den Zeitpunkt abzustellen, zu dem die Behörde zum Tätigwerden aufgefordert worden ist.[1715]

528 Die Feststellung der Untätigkeit durch den jeweiligen Gerichtshof hat nach **Art. 266 AEUV** zur Folge, dass das beklagte Organ die sich aus dem Urteil des Gerichtshofes ergebenden Maßnahmen treffen muss; daneben kann sie zu Klagen aus außervertraglicher Haftung Anlass geben.[1716] Ob der Behörde beim Erlass der begehrten Maßnahme ein Ermessensspielraum zukam, ist grundsätzlich unerheblich, da die Untätigkeitsklage nur auf Feststellung und nicht auf eine Verpflichtung der Behörde zum Tätigwerden abzielt. Eine ermessensfehlerfreie Bescheidung erfüllt in diesem Fall die Erfordernisse des Art. 266 AEUV bzw. Art. 38 ÜGA.

IV. Durchführung des Urteils durch die Behörde

Art. 266 AEUV

Die Organe, Einrichtungen oder sonstigen Stellen, denen das für nichtig erklärte Handeln zur Last fällt oder deren Untätigkeit als vertragswidrig erklärt worden ist, haben die sich aus dem Urteil des Gerichtshofes der Europäischen Union ergebenden Maßnahmen zu ergreifen.

Diese Verpflichtung besteht unbeschadet der Verpflichtungen, die sich aus der Anwendung des Artikels 340 Absatz 2 ergeben.

[1707] EuGH Slg. 2000, I-11 231 Rn. 50 – Sodima; EuG Slg. 1996, II-171 Rn. 20 – Guérin Automobiles I.
[1708] EuG Slg. 1999, II-1757 Rn. 35 – TF1.
[1709] EuG Slg. 1999, II-2633 Rn. 34 – UPS; Slg. 2007, II-2379 Rn. 80 – Asklepios Kliniken; 29.9.2011 – T-442/07, ECLI:EU:T:2011:547 Rn. 28 – Ryanair.
[1710] EuGH Slg. 1997, I-1503 Rn. 33 – Guérin Automobiles.
[1711] Bechtold/Bosch/Brinker VO 1/2003 Vor Art. 7 Rn. 5, 8.
[1712] EuGH Slg. 1995, I-3319 Rn. 27 – Rendo; Slg. 2001, I-3875 Rn. 36, 45 – IECC; EuG Slg. 1992, II-2223 Rn. 75–79 – Automec.
[1713] EuG Slg. 1999, II-2633 Rn. 35 – UPS; Bechtold/Bosch/Brinker VO 1/2003 Art. 7 Rn. 31.
[1714] EuG Slg. 2004, II-743 Rn. 58 – SIC.
[1715] EuG Slg. 1998, II-3407 Rn. 71 – Gestevision Telecinco; Slg. 1999, II-1757 Rn. 72 – TF1.
[1716] EuGH Slg. 2000, I-11231 Rn. 83 – Sodima; EuG Slg. 2004, II-743 Rn. 31 – SIC.

IV. Durchführung des Urteils durch die Behörde

Art. 38 ÜGA

Wenn eine Entscheidung der EFTA-Überwachungsbehörde für nichtig erklärt wurde oder wenn festgestellt wurde, daß die EFTA-Überwachungsbehörde unter Verletzung dieses Abkommens oder des EWR-Abkommens untätig geblieben ist, hat die EFTA-Überwachungsbehörde die sich aus dem Urteil ergebenden Maßnahmen zu ergreifen.

Diese Verpflichtung besteht unbeschadet der Verpflichtungen, die sich aus der Anwendung des Artikels 46 Absatz 2 ergeben.

Art. 264 und 266 AEUV bzw. Art. 36 Abs. 4, 38 ÜGA sind die bereits oben umrissenen **529 Reichweite und Grenzen der Nichtigkeits- und Untätigkeitsklage** zu entnehmen: Sie beschränken sich auf die nachträgliche Rechtmäßigkeitskontrolle und bieten keine Handhabe, um dem Beklagten oder gar Dritten positive Verpflichtungen aufzuerlegen. Das Gericht kann im Wettbewerbs- und Beihilferecht nicht selbst Entscheidungen treffen, welche dem Organ vorbehalten sind.[1717] Ebenso wenig kann es Anordnungen an die Kommission zur Vornahme bestimmter Handlungen oder zum Erlass bestimmter Entscheidungen erteilen.[1718] Entsprechende Anträge werden regelmäßig bereits als unzulässig abgewiesen. Es ist vielmehr Sache der Behörde selbst, gemäß Art. 266 AEUV bzw. Art. 38 ÜGA die sich aus dem Urteil ergebenden Maßnahmen zu ergreifen.[1719] Diese Vorschriften erlegen der Behörde mit anderen Worten die Durchführung der gegen sie ergangenen Urteile auf. Das fehlende Selbsteintrittsrecht der Gerichte ist mit guten Gründen als ineffektiv bemängelt worden,[1720] ergibt sich aber nach geltendem Recht aus dem institutionellen Gefüge der Verträge.

Bei der Durchführung eines Nichtigkeits- oder Untätigkeitsurteils hat die Behörde nicht nur **530** den Tenor des Urteils zu beachten, sondern auch die – ebenfalls bindenden – tragenden Gründe.[1721] Dabei kommt ihr ein Ermessen zu. Dennoch steht sie bei der Durchführung weiterhin unter der Kontrolle der Gerichte. Diese können freilich nicht nach Art. 266 AEUV bzw. Art. 38 ÜGA direkt angerufen werden, da diese Vorschriften keine eigenständige Klageart schaffen.[1722] Vielmehr muss hier wiederum im Wege der Nichtigkeits- (bei Falschdurchführung) oder Untätigkeitsklage (bei Nichtdurchführung) vorgegangen werden. Alternativ ist im letzteren Fall an eine Schadensersatzklage zu denken.[1723]

Die von der Kommission nach **Art. 266 iVm Art. 263 AEUV** zu ergreifenden Maßnahmen **531** betreffen nicht die **Tilgung der angefochtenen Handlung** aus der Unionsrechtsordnung als solche. Die Handlung wird bereits durch die Nichtigerklärung getilgt. Sie betreffen vielmehr die Beseitigung der im Nichtigkeitsurteil festgestellten Rechtsverstöße. Die Kommission kann deshalb verpflichtet sein, **den Kläger** in angemessener Weise wieder in einen früheren Stand zu versetzen oder dafür zu sorgen, dass keine identische Handlung vorgenommen wird.[1724] Das EuG wollte demgegenüber die Kommission neben dem Kläger selbst ausnahmsweise **auch gegenüber Dritten** zur Durchführung des Urteils verpflichten, wenn die für nichtig erklärte Entscheidung in Begründung und Rechtsfolgen zusammenhängendes Bündel von Einzelfallentscheidungen darstellt, das neben dem Kläger auch andere, dritte Unternehmen betraf.[1725] Das EuG hat in dieser Ausnahme einen Ausfluss des Grundsatzes der Gesetzmäßigkeit der Verwaltung gesehen und keine Umgehung der Bestandskraft. Der EuGH hat das Urteil aber wegen Verstoß gegen den Grundsatz der limitierten Wirkung aufgehoben.[1726]

Erforderlich ist im Falle des Art. 263 AEUV möglicherweise das Ersetzen der für nichtig erklär- **532** ten Entscheidung durch eine **neue Entscheidung,** die sich an die von den Gerichten gemachten

---

[1717] EuG Slg. 2000, II-2319 Rn. 44 – Alzetta; Slg. 1997, I-923 Rn. 45 – Tiercé Ladbroke.
[1718] EuG Slg. 1993, II-1267 Rn. 18 – Koelman; Slg. 1995, II-2846 Rn. 42 – France-aviation; Slg. 1998, II-3645 Rn. 52 – IECC; Slg. 2000, II-2319 Rn. 42 ff. – Alzetta.
[1719] EuG Slg. 2000, II-2319 Rn. 42 – Alzetta; Slg. 2004, II-181 Rn. 53 – Makedoniko Metro; Slg. 2004, II-2923 Rn. 26 – Comunidad Autónoma de Andalucía.
[1720] Vesterdorf, Judicial Review in EU and US Antitrust Law – Reflections on the Role of the Community Courts in the EC System of Competition Law Enforcement, Competition Policy International Vol. 1 (2005) No 2, www.esapience.org.
[1721] EuGH Slg. 1988, 2181 Rn. 27 – Asteris; EuG Slg. 1997, II-1185 Rn. 74 – AssiDomän; Slg. 1997, II-2215 Rn. 72 – Tremblay II; Slg. 2001, II-1057 Rn. 35 – Métropole télévision.
[1722] EuG Slg. 2005, II-1357 Rn. 32 – Holcim.
[1723] EuG Slg. 2005, II-1539 Rn. 33 – Holcim.
[1724] EuG Slg. 1995, II-2305 Rn. 60 – Antillean Rice Mills; Slg. 1995, II-2941 Rn. 47 – Vereniging van Exporteurs in Levende Varkens; EuG Slg. 1997, II-363 Rn. 17 – Arbeitsgemeinschaft Deutscher Luftfahrt-Unternehmen.
[1725] EuG Slg. 1997, II-1185 Rn. 71 – AssiDomän.
[1726] EuGH Slg. 1999, I-5363 Rn. 56 – AssiDomän.

Vorgaben hält. Ist eine Entscheidung nur teilweise aufgehoben worden, so genügt es, wenn die Kommission in der neuen Entscheidung sich nur zu den von der Aufhebung betroffenen Fragestellungen äußert, da im Übrigen die erste Entscheidung weiter besteht.[1727] Das ist gegebenenfalls in einem neuen Gerichtsverfahren nach Art. 263 AEUV zu überprüfen. Dabei kann sich allerdings die Frage stellen, ob eine ausdrückliche Weigerung der Kommission zur Neubeurteilung der Situation im Lichte eines ergangenen Urteils nur wiederholenden Charakter hat und somit im Sinne der oben geschilderten Grundzüge keine verbindlichen Rechtswirkungen entfaltet (→ Rn. 344 ff.). Zur Beantwortung dieser Frage ist die Reichweite der sich aus Art. 265 AEUV ergebenden Pflicht zum Tätigwerden zu untersuchen.[1728] Weil die ausdrückliche Weigerung auf eine Aufforderung hin auch die Untätigkeitsklage ausschließt,[1729] ist im Zweifel für das Vorliegen von Rechtswirkungen zu entscheiden.

533 Im Fall des **Art. 265 AEUV** wird die Kommission dem Urteil regelmäßig dadurch nachkommen, dass sie den Kläger nach pflichtgemäßem Ermessen und unter Berücksichtigung des Urteils bescheidet. Eine Fristsetzung durch das Gericht ist in jedem Fall ausgeschlossen.[1730]

534 Hat das Gericht eine **Bußgeldentscheidung** aufgehoben oder herabgesetzt, so ist die Kommission zur Erstattung der nunmehr rechtsgrundlos bezahlten Beträge verpflichtet. Diese Verpflichtung schließt die Zahlung von Verzugszinsen mit ein,[1731] welche von der Kommission ab dem Tag der Zahlung der Geldbuße bis zum Tag der Rückzahlung des vom Gericht mit Urteil für rechtsgrundlos befundenen Teils der Geldbuße geschuldet werden.[1732]

V. Schadensersatzklage

Art. 340 AEUV

Die vertragliche Haftung der Union bestimmt sich nach dem Recht, das auf den betreffenden Vertrag anzuwenden ist.

Im Bereich der außervertraglichen Haftung ersetzt die Union den durch ihre Organe oder Bediensteten in Ausübung ihrer Amtstätigkeit verursachten Schaden nach den allgemeinen Rechtsgrundsätzen, die den Rechtsordnungen der Mitgliedstaaten gemeinsam sind.

Abweichend von Absatz 2 ersetzt die Europäische Zentralbank den durch sie oder ihre Bediensteten in Ausübung ihrer Amtstätigkeit verursachten Schaden nach den allgemeinen Rechtsgrundsätzen, die den Rechtsordnungen der Mitgliedstaaten gemeinsam sind.

Die persönliche Haftung der Bediensteten gegenüber der Union bestimmt sich nach den Vorschriften ihres Statuts oder der für sie geltenden Beschäftigungsbedingungen.

Art. 268 AEUV

Der Gerichtshof der Europäischen Union ist für Streitsachen über den in Artikel 340 Absätze 2 und 3 vorgesehenen Schadensersatz zuständig.

Art. 46 ÜGA

Die vertragliche Haftung der EFTA-Überwachungsbehörde bestimmt sich nach dem Recht, das auf den betreffenden Vertrag anzuwenden ist.

Im Bereich der außervertraglichen Haftung ersetzt die EFTA-Überwachungsbehörde den durch sie oder durch ihre Bediensteten in Ausübung ihrer Amtstätigkeit verursachten Schaden nach den allgemeinen Rechtsgrundsätzen.

Art. 39 ÜGA

Sofern Protokoll 7 dieses Abkommens nichts anderes bestimmt, ist der EFTA-Gerichtshof zur Behandlung von Klagen gegen die EFTA-Überwachungsbehörde betreffend den in Artikel 46 Absatz 2 vorgesehenen Schadenersatz zuständig.

535 **1. Einführung.** Die Möglichkeit einer Schadensersatz- oder Amtshaftungsklage ist das notwendige Korrelat zu den weitreichenden Befugnissen der Behörden im Wettbewerbs- und Beihilferecht.

[1727] EuG Slg. 1997, II-2215 Rn. 53 – Tremblay II.
[1728] EuG Slg. 1997, II-1185 Rn. 33 f. – AssiDomän.
[1729] EuG Slg. 2005, II-1539 Rn. 36 – Holcim.
[1730] EuG Slg. 1999, II-2633 Rn. 50 – UPS.
[1731] EuG Slg. 2005, II-1539 Rn. 30 – Holcim.
[1732] EuG 19.1.2022 – T-610/19, ECLI:EU:T:2022:15 Rn. 111 – Deutsche Telekom.

Trotzdem hat die Schadensersatzklage in der Praxis bislang nicht die Rolle gespielt, die ihr zukommen könnte. In der Vergangenheit scheiterten Schadensersatzklagen in den wenigen Fällen aus dem Wettbewerbsrecht regelmäßig entweder aus formalen Gründen,[1733] den zuweilen strengen Voraussetzungen der Rechtsprechung zur Substantiierung und der Beweislastverteilung zulasten des Klägers oder an den hohen materiellen Anspruchsvoraussetzungen.[1734]

Im **Wettbewerbsrecht** ist die Schadensersatzklage mit den Verfahren zu den Folgen der Untersagung des Zusammenschlusses Schneider/Legrand in den Blickpunkt geraten. Die Untersagungsentscheidung war vom EuG aufgehoben worden. In der von Schneider erhobenen Haftungsklage hatte das EuG erkannt, dass die Verletzung von Schneiders Verteidigungsrechten in Art. 18 FKVO einen Ersatzanspruch auslöst, allerdings nicht für die gesamte Schadenshöhe.[1735] Die Große Kammer des EuGH hat das Urteil des EuG teilweise aufgehoben.[1736] 536

In jüngerer Zeit hatte das EuG auch verschiedentlich über Schadensersatzklagen im **Beihilferecht** zu entscheiden. In den Nachfolgeverfahren zur Untersagungsentscheidung in der Rechtssache Stardust, die das EuG aufgehoben hatte, ließ das Gericht die Klagen an der mangelnden Kausalität zwischen (Unions-)Rechtswidrigkeit und Schaden scheitern.[1737] Im Verfahren Nuova Agricast fehlte es an der qualifizierten Rechtswidrigkeit der fraglichen Kommissionsmaßnahme.[1738] 537

Die Schadensersatzklage unterscheidet sich von der Nichtigkeits- oder Untätigkeitsklage dadurch, dass sie nicht auf Beseitigung bzw. Erlass einer bestimmten Maßnahme, sondern auf Verurteilung zu einer Leistung gerichtet ist, die allein gegenüber dem Kläger Wirkungen erzeugt.[1739] In diesem Sinne ist die Schadensersatzklage ein **unabhängiger Rechtsbehelf** und nicht etwa subsidiärer Natur (Grundsatz der Autonomie der Schadensersatzklage). Dies war in der Rechtsprechung nicht immer klar.[1740] Wird die Haftungsklage im Zusammenhang mit einer Nichtigkeits- oder Untätigkeitsklage erhoben, so macht nicht schon deren Unzulässigkeit die Haftungsklage unzulässig.[1741] Eine Klage auf Schadensersatz kann insbesondere selbst dann erhoben werden, wenn die angeblich rechtswidrige Entscheidung nach Verstreichen der Klagefrist in Art. 263 Abs. 6 AEUV bestandskräftig geworden ist.[1742] Allerdings werden von der selbstständigen Zulässigkeit der Haftungsklage Ausnahmen im Fall eines „Verfahrensmissbrauchs" gemacht, wenn nämlich mit der Haftungsklage in Wirklichkeit die Aufhebung einer bestandskräftig gewordenen Entscheidung begehrt wird, weil mit ihr die gleichen Ziele wie mit einer Nichtigkeitsklage verfolgt werden.[1743] Die Rechtswirkungen der Entscheidung können nach Ablauf der Klagefrist nicht über den Umweg der Haftungsklage beseitigt werden. Missbräuchlichkeit ist also nur dort anzunehmen, wo der Schaden aus nichts anderem als einer bestandskräftigen Entscheidung besteht.[1744] Sie muss von der beklagten Behörde bewiesen werden. Wenn ein von einer Kommissionsentscheidung betroffener Wirtschaftsteilnehmer einen Schaden in Höhe des von ihm zu bezahlenden oder bezahlten Bußgeldes geltend macht, ist von einem Missbrauch der Haftungsklage auszugehen. 538

Im Verhältnis zu möglichen Rechtsbehelfen des innerstaatlichen Rechts kann die Zulässigkeit einer Schadensersatzklage in gewissen Fällen allerdings von der Ausschöpfung des nationalen Rechtswegs abhängen (→ Rn. 548). 539

2. Zuständigkeit. Wie für die anderen Direktklagearten ist auch für die Schadensersatzklage im Unionsrecht das EuG im ersten Rechtszug zuständig. Im EFTA-Pfeiler des EWR ist der EFTA-GH als Einheitsgericht zuständig. 540

3. Zulässigkeit. a) Klageschrift. Für die Abfassung der Klageschrift gelten die allgemeinen Vorschriften (→ Rn. 286 ff.), wobei die Gerichte an die Darstellung des Streitgegenstands und der Klagegründe unter dem Stichwort der „Bestimmtheit" hohe Anforderungen stellen.[1745] Die 541

[1733] EuG Slg. 1992, II-2285 Rn. 48 f. – Asia Motor France I.
[1734] EuG Slg. 2005, I-1357 Rn. 102 ff. – Holcim.
[1735] EuG Slg. 2007, II-2237 – Schneider Electric.
[1736] EuGH Slg. 2009, I-6413 – Kommission/Schneider Electric.
[1737] EuG Slg. 2007, II-91 – Bouychou; Slg. 2007, II-92 – FG Marine.
[1738] EuG Slg. 2008, II-297 – Nuova Agricast.
[1739] EuGH Slg. 1971, 975 Rn. 3 – Zuckerfabrik Schöppenstedt; Slg. 1974, 675 Rn. 4 f. – Holtz & Willemsen.
[1740] Anders noch EuGH Slg. 1963, 213 (239 f.) – Plaumann; zur Entwicklung Kirschner/Klüpfel, Das Gericht erster Instanz der Europäischen Gemeinschaften, 2. Aufl. 1998, Rn. 65.
[1741] EuG Slg. 1996, II-1101 Rn. 67 – Dreyfus.
[1742] EuGH Slg. 1986, 753 Rn. 32 – Krohn.
[1743] EuGH Slg. 1999, I-5363 Rn. 59 – AssiDomän; EuG Slg. 1996, II-1101 Rn. 68 – Dreyfus; Slg. 2004, II-3991 Rn. 122 – Cantina Sociale di Dolianova.
[1744] EuG Slg. 2005, II-1539 Rn. 50 – Holcim.
[1745] EuG Slg. 1997, II-1223 Rn. 43 – Guérin Automobiles III.

Vollständigkeit der Klage wird von Amts wegen geprüft.[1746] Um nicht als unzulässig zurückgewiesen zu werden, muss die Klageschrift substantiiert darlegen, welches Verhalten bzw. Unterlassen genau der dafür verantwortlich gemachten Behörde vorgeworfen wird;[1747] sie muss Gründe für das Bestehen einer Kausalbeziehung zwischen diesem Verhalten und dem angeblichen Schaden nennen und Angaben zu Art und Ausmaß des Schadens machen.[1748]

542 Auch der Antrag muss den streitgegenständlichen **Schadensersatzanspruch konkretisieren** und darf sich nicht lediglich auf irgendeine Schadensersatzleistung richten.[1749] Die Geltendmachung eines „schweren Schadens"[1750] genügt ebenso wenig wie eine Bezifferung durch die bloßen Angaben von Geldsummen ohne weiteres Inbeziehungsetzen.[1751] Es empfiehlt sich daher grundsätzlich, hinsichtlich der erlittenen Einbußen in der Klageschrift genaue Angaben zum Umsatz, dem geltend gemachten Rückgang durch die beanstandete Maßnahme, der Höhe von Kreditzinsen etc zu machen.

543 Auf der anderen Seite dürfen die Anforderungen an die Präzisierung des Schadens zumindest im Rahmen der Zulässigkeit auch nicht überspannt werden. Die inhaltliche Prüfung der materiellen Voraussetzungen muss der Begründetheit überlassen bleiben.[1752] Fehlen die genauen Zahlen, lassen sich Art und Umfang des Schadens aber aus den vorgebrachten Angaben ersehen, ist dem Verteidigungsinteresse des Beklagten Genüge getan.[1753] Es reicht demnach, wenn der Schaden berechenbar ist. Lässt sich der Schaden noch nicht beziffern und handelt es sich um „unmittelbar bevorstehende und mit hinreichender Sicherheit vorhersehbare Schäden",[1754] so kann der Kläger zunächst einen **Feststellungsantrag auf eine Ersatzpflicht dem Grunde nach** stellen, den er im Laufe des Verfahrens, wenn sich der Schaden präzisieren lässt, auf einen Leistungsantrag umstellen kann.[1755] Das Verfahren kann damit in zwei Abschnitte aufgeteilt werden, wonach zunächst über den Schadensgrund und anschließend über die Schadenshöhe Beweis erhoben und befunden wird.[1756] Dazu können die Parteien eine entsprechende prozessleitende Maßnahme durch das Gericht beantragen.[1757] Das Feststellungsurteil über die grundsätzliche Haftung der Union ergeht in diesem Fall als **Zwischenurteil**. Das Gericht kann die Parteien darin zur Vorlage bezifferter Anträge bzw. gegebenenfalls einer Einigung über die Höhe des Schadens innerhalb einer bestimmten Frist auffordern.[1758]

544 Das EuG hat deutlich gemacht, dass im Falle von **mit hinreichender Sicherheit vorhersehbarer Schäden** die sofortige Erhebung einer Haftungsklage sogar notwendig sein kann. Das Gericht entschied einen Fall, in dem das Unternehmen Klage auf Ersatz der für die Stellung einer Bürgschaft (zur Verhinderung der Vollstreckung der Bußgeldentscheidung) anfallenden Bankgebühren erhoben hatte. Da deren Höhe vorhersehbar iSd Rechtsprechung war, durfte das Unternehmen zur Vermeidung der Verjährung des Anspruchs nicht warten, bis die Bußgeldentscheidung für nichtig erklärt war.[1759]

545 Wird der Schaden bei zweistufigem Vorgehen erst nach Erlass des Zwischenurteils beziffert, so kann gegen die entsprechenden Anträge des Klägers nicht deren Präklusion wegen Verspätung geltend gemacht werden.[1760]

546 **b) Klagegegenstand.** Zwar können Schadensersatzklagen sich nicht auf den Ersatz von Schäden richten, die durch den Vertrag bzw. das Abkommen selbst verursacht worden sind. Entscheidungen, mit der die Behörden die Wettbewerbsvorschriften (fehlerhaft) konkretisieren, können eine solche Haftung aber ebenso begründen wie entsprechende Unterlassungen. Fehlt der die angebliche Rechtswidrigkeit begründenden Handlung der Charakter einer rechtsverbindlichen Entscheidung, so soll die Amtshaftungsklage allerdings unzulässig sein.[1761]

547 Nicht geltend gemacht werden kann vor den Gerichtshöfen grundsätzlich der Ersatz eines Schadens, der auf das **Verhalten nationaler Stellen** zurückzuführen ist. Dies gilt auch dort, wo

---

[1746] EuGH Slg. 2000, II-2193 Rn. 182 – Camar.
[1747] EuG Slg. 2003, II-3275 Rn. 1639 – Atlantic Container Line.
[1748] EuG Slg. 1998, II-125 Rn. 30 – Dubois; Slg. 1998, II-667 Rn. 23 – Dorsch Consult; Slg. 2005, II-3007 Rn. 54 – Polyelectrolyte Producers Group.
[1749] EuGH Slg. 1971, 975 Rn. 9 – Zuckerfabrik Schöppenstedt; EuG Slg. 1990, II-367 Rn. 73 – Automec.
[1750] EuG Slg. 1990, II-367 Rn. 73 – Automec.
[1751] EuG Slg. 1996, II-961 Rn. 110 – Asia Motor France III.
[1752] Vgl. etwa EuG Slg. 2000, II-3659 Rn. 122 – Dreyfus.
[1753] EuG Slg. 1998, II-1473 Rn. 29 – TEAM; Slg. 2005, II-3007 Rn. 55 – Polyelectrolyte Producers Group.
[1754] EuGH Slg. 1976, 711 Rn. 6 – Kampffmeyer II; EuG Slg. 2003, II-2195 Rn. 63 – Hameico Stuttgart; EuGH Slg. 2000, II-2193 Rn. 195 – Camar.
[1755] EuGH Slg. 1963, 213 (239) – Plaumann.
[1756] EuG Slg. 2003, II-2195 Rn. 66 – Hameico Stuttgart.
[1757] EuG Slg. 2005, II-315 Rn. 44 – Chiquita Brands International.
[1758] EuG Slg. 2004, II-3991 Rn. 180 – Cantina Sociale di Dolianova.
[1759] EuG Slg. 2005, II-1357 Rn. 63 – Holcim.
[1760] EuGH Slg. 2000, 203 Rn. 38 ff. – Mulder.
[1761] EuGH Slg. 1991, I-2917 Rn. 18 – Sunzest; Slg. 1991, I-4837 Rn. 20 – Bosman.

diese europäisches Recht durchführen.[1762] Dafür ist grundsätzlich die innerstaatliche Gerichtsbarkeit zuständig.[1763] Möglich ist auch die gemeinsame Haftung von Union und Mitgliedstaat, wenn etwa die erstere eine rechtsfehlerhafte staatliche Maßnahme genehmigt hat. In diesem Fall ist zunächst der Schadensersatzanspruch vor den nationalen Gerichten durchzusetzen, bevor nach Art. 268 AEUV vorgegangen wird.[1764] Hat die Kommission der handelnden mitgliedstaatlichen Stelle eine direkte Weisung erteilt, so ist die Handlung und deren angebliche Rechtswidrigkeit allerdings ausschließlich der Union zuzurechnen.[1765] Das gilt selbst bei zwischenzeitlicher Bestandskraft der rechtswidrigen Kommissionsentscheidung. Entscheidend für die Zurechnung wird im Einzelfall sein, ob die Weisung der Kommission derart war, dass sie der nationalen Behörde keinerlei Ermessensspielraum beließ, so dass sie als nichts anderes als „verlängerter Arm" der Kommission anzusehen ist. Ob dies dort, wo Kommission und nationale Behörden im Wettbewerbsrecht – etwa bei einem Ersuchen um Nachprüfungen nach Art. 22 VO 1/2003 bzw. Art. 12 FKVO – oder im Beihilferecht – bei der Rückforderung rechtswidrig gewährter Beihilfen – zusammenarbeiten, im Einzelfall zutreffen kann, wäre mangels Rechtsprechung noch Gegenstand von Spekulation.

Mit diesen Fallgestaltungen verbunden ist die Frage, ob die Geltendmachung eines europarechtlichen Schadensersatzanspruchs von der **Ausschöpfung nationaler Klagemöglichkeiten** abhängig gemacht werden kann. Nach der Rechtsprechung ist die unionsrechtliche Amtshaftungsklage insofern subsidiär und wäre als unzulässig abzuweisen, wenn mit innerstaatlichen Klagen der Ersatz des durch ein nationales Behördenhandeln entstandenen Schadens erreicht werden kann.[1766] Um als gleichwertig angesehen werden zu können, muss sich aber aufgrund einer nationalen Entscheidung ein durchsetzbarer Anspruch auf vollen Ersatz des konkreten Schadens ergeben können.[1767] 548

c) Verjährung. Anstelle einer Klagefrist, welche die Verträge für die Haftungsklage nicht vorsehen, tritt faktisch die Verjährung des Anspruchs. Diese prüft der EuGH als Teil der Zulässigkeit, freilich regelmäßig nur auf Rüge einer Partei.[1768] Ist der Anspruch verjährt, so wird die Klage deshalb bereits als unzulässig zurückgewiesen. 549

Die Verjährung von Ansprüchen auf Schadensersatz ist in Art. 46 EuGH-Satzung und Art. 42 EFTA-GH-Satzung geregelt. Danach besteht eine **Verjährungsfrist von fünf Jahren,** gerechnet ab der anspruchsbegründenden Handlung oder Unterlassung. Die Verjährung beginnt allerdings erst dann zu laufen, wenn alle **tatbestandlichen Voraussetzungen des Anspruchs erfüllt** sind und sich insbesondere der geltend gemachte Schaden konkretisiert hat.[1769] Im Wettbewerbs- und Beihilferecht, wo sich der Schaden aus einer individuellen Entscheidung ergibt, beginnt die Verjährungsfrist zu laufen, wenn die Folgen der Entscheidung gegenüber ihrem Adressaten eingetreten sind.[1770] Die Nichtigerklärung einer angeblich rechtswidrigen Entscheidung gehört nicht zu den Anspruchsvoraussetzungen der Haftungsklage, so dass der Kläger mit dem Abwarten des Urteils die Gefahr eingeht, in die Verjährung zu laufen.[1771] 550

Eine Unterbrechung der Verjährung bewirkt aber die **Geltendmachung des Schadensersatzanspruchs** durch Einreichung der Klageschrift (auf Schadensersatz, nicht Anfechtung)[1772] oder die Geltendmachung des Anspruchs beim beschuldigten Organ mit anschließender Klageerhebung binnen zweier Monate,[1773] wobei nach ausbleibender Reaktion der Behörde Art. 265 Abs. 2 AEUV anzuwenden ist. Bloße Aufforderungsschreiben an die Behörde ohne Klageerhebung können die Verjährung nicht hindern.[1774] Allerdings müssen die fünf Jahre dann tatsächlich abgelaufen sein, die frühe Geltendmachung des Anspruchs ohne anschließende Klage soll nicht zur Verkürzung der Verjährungsfrist führen.[1775] 551

4. Begründetheit. Die Amtshaftungsklage ist auf eine Leistung in Form des Schadensersatzes gerichtet. Den Gerichten kommt dabei – eine Ausnahme im System des europäischen Rechtschut- 552

[1762] EuGH Slg. 1982, 2233 Rn. 10 – Interagra.
[1763] EuGH Slg. 1986, 753 Rn. 18 – Krohn.
[1764] EuGH Slg. 1967, 245 – Kampffmeyer I.
[1765] EuGH Slg. 1986, 753 Rn. 23 – Krohn.
[1766] EuGH Slg. 1989, 1553 Rn. 15 – Roquette Frères.
[1767] EuGH Slg. 1986, 753 Rn. 27 – Krohn; EuGH Slg. 1989, 1553 Rn. 15 – Roquette Frères.
[1768] EuGH Slg. 1989, 1553 Rn. 11 f. – Roquette Frères.
[1769] EuGH Slg. 1982, 117 Rn. 10 – De Franceschi; Slg. 2007, I-2941 Rn. 29 – Holcim; EuG Slg. 1999, II-2553 Rn. 25 – Fratelli Murri.
[1770] EuGH Slg. 2007, I-2941 Rn. 30 – Holcim.
[1771] EuGH Slg. 2007, I-2941 Rn. 31 – Holcim.
[1772] EuGH Slg. 2007, I-2941 Rn. 36 – Holcim.
[1773] Art. 46 EuGH-Satzung; Art. 42 Satzung EFTA-GH.
[1774] EuG Slg. 2005, II-1357 Rn. 73 – Holcim.
[1775] EuG Slg. 2005, II-1539 Rn. 38 ff. – Holcim.

zes – zwangsläufig die „pleine juridiction" zu. Die Schadensersatzpflicht kann sich aus einer Maßnahme oder einem Unterlassen eines Organs ergeben. Doch kann nicht die Rechtswidrigkeit des Verhaltens im Allgemeinen gerügt werden, sondern nur im Zusammenhang mit dem geltend gemachten Schaden.[1776] Dem tragen die von der Rechtsprechung entwickelten Voraussetzungen Rechnung. Bei den Voraussetzungen für die Haftung der Union bzw. der ESA, die sich nach Art. 340 Abs. 2 AEUV und Art. 46 Abs. 2 ÜGA aus allgemeinen Rechtsgrundsätzen aus den Rechtsordnungen der Mitgliedstaaten ergeben sollen, handelt es sich im Einzelnen um die Rechtswidrigkeit des Verhaltens, das Bestehen eines Schadens und die Kausalität.

553   **a) Rechtswidriges Verhalten der Behörde.** Grundsätzlich muss das Verhalten des handelnden Organs – in der Regel also Kommission oder ESA – rechtswidrig gewesen sein. Ein **Verschulden** des Organs setzt der Haftungsanspruch dagegen nicht voraus. Wird eine rechtswidrige Unterlassung gerügt, so bedarf es einer unionsrechtlichen Pflicht zum Tätigwerden.[1777] Als Rechtsnormen kommen neben dem geschriebenen Recht auch die allgemeinen Rechtsgrundsätze wie der Gleichbehandlungsgrundsatz,[1778] der Vertrauensschutzgrundsatz,[1779] das Verhältnismäßigkeitsprinzip[1780] oder die Grundrechte[1781] in Betracht. Die umstrittene Frage, ob ein Handeln „bei Ausübung der Amtstätigkeit" auch eine Handlung „bei Gelegenheit" erfasst, dürfte in den hier interessierenden Bereichen des Wettbewerbs- und Beihilferechts kaum je eine Rolle spielen.[1782] Die Rechtsprechung scheint die Frage jedenfalls zu verneinen.[1783]

554   In seiner Rechtsprechung zu Rechtsakten, die der Behörde ein Ermessen einräumen,[1784] hat der EuGH darüber hinaus den Nachweis eines **hinreichend qualifizierten** Verstoßes gegen eine Rechtsnorm verlangt, die **dem Einzelnen Rechte verleihen** soll.[1785] Hinreichend qualifiziert ist die Rechtswidrigkeit dann, wenn das betreffende Organ die Grenzen seines Ermessens offenkundig und erheblich überschritten hat. Nur wenn das Organ über einen erheblich verringerten oder auf Null reduzierten Ermessensspielraum verfügt, soll die bloße Rechtswidrigkeit genügen. Diese Rechtsprechung, ursprünglich für den Bereich des normativen Unrechts entwickelt, haben die Gerichte seit dem Urteil Holcim[1786] auch auf Einzelfallentscheidungen in wettbewerbsrechtlichen[1787] und beihilferechtlichen Konstellationen übertragen.[1788] Auch dort wo möglicherweise Beurteilungsspielräume bestehen, kann die Komplexität einer Materie für sich genommen einen hinreichend qualifizierten Verstoß nicht ausschließen.[1789] Angesichts der Unbestimmtheit dieses Kriteriums würde andernfalls die Entscheidung über das Bestehen eines Schadensersatzanspruchs in die Nähe der Willkür gerückt werden.

555   Ausnahmsweise kann neben der an der Rechtswidrigkeit anknüpfenden Haftung der Union auch eine **Haftung für rechtmäßiges Handeln** in Betracht kommen. Das Weniger bei der Rechtswidrigkeit muss dann aber durch ein Mehr auf der Schadensseite, nämlich einen „außergewöhnlichen und besonderen" Schaden kompensiert werden.[1790] Ein solcher liegt dann vor, wenn eine besondere Gruppe von Wirtschaftsbeteiligten gegenüber den anderen Wirtschaftsbeteiligten unverhältnismäßig belastet wird (Sonderopfer) und ein außergewöhnlicher Schaden die Grenzen der wirtschaftlichen Risiken überschreitet, welche der Tätigkeit in dem betroffenen Sektor innewohnen, ohne dass die dem geltend gemachten Schaden zugrunde liegende Maßnahme durch ein allgemeines wirtschaftliches Interesse gerechtfertigt wäre.[1791] Diese Rechtsprechung dürfte allerdings im Zusammenhang mit Einzelfallentscheidungen im Wettbewerbs- und Beihilferecht keine Bedeutung haben.

556   **b) Schaden.** Weitere Haftungsvoraussetzung ist grundsätzlich das Bestehen des geltend gemachten Schadens. Bestehen und Umfang sind vom Kläger zu beweisen.[1792] Einer zusätzlichen

---

[1776] EuG Slg. 2002, II-515 Rn. 36 – Förde Reederei.
[1777] EuG Slg. 1997, II-1239 Rn. 21 – Oleifici Italiani; Slg. 1998, II-125 Rn. 56 – Dubois.
[1778] EuG Slg. 1997, II-1239 Rn. 45 – Oleifici Italiani.
[1779] EuG Slg. 1996, II-1343 Rn. 30 f. – Efisol.
[1780] EuG Slg. 1997, II-1239 Rn. 54 – Oleifici Italiani.
[1781] EuG Slg. 1998, II-125 Rn. 74 – Dubois: Recht der freien Berufsausübung.
[1782] Dazu Kirschner/Klüpfel, Das Gericht erster Instanz der Europäischen Gemeinschaften, 2. Aufl. 1998, Rn. 63.
[1783] Vgl. EuG Slg. 2005, II-4653 Rn. 23 – Ouariachi.
[1784] EuGH Slg. 1971, 975 Rn. 11 – Zuckerfabrik Schöppenstedt; Slg. 1974, 675 Rn. 7 – Holtz & Willemsen.
[1785] EuGH Slg. 1998, II-285 Rn. 62 – Pharos.
[1786] EuGH Slg. 2007, I-2941 Rn. 49 – Holcim.
[1787] EuGH Slg. 2009, I-6413 Rn. 160 – Kommission/Schneider Electric.
[1788] EuGH Slg. 2008, II-297 Rn. 76 ff. – Nuova Agricast.
[1789] EuGH Slg. 2009, I-6413 Rn. 170 – Kommission/Schneider Electric, anders noch EuG Slg. 2005, II-1357 Rn. 102 ff. – Holcim.
[1790] EuGH Slg. 2000, I-4549 Rn. 18, 53 – Dorsch Consult.
[1791] EuG Slg. 1998, II-667 Rn. 80 – Dorsch Consult; Slg. 2002, II-515 Rn. 56 – Förde Reederei.
[1792] EuG Slg. 1996, 1 Rn. 97 – Koelman; Slg. 2003, II-2195 Rn. 67 – Hameico Stuttgart.

Bereicherung der Union bedarf es nicht,[1793] doch kann sich die Schadensersatzklage im europäischen Recht alternativ oder zusätzlich zu einem Schaden auch auf ungerechtfertigte Bereicherung stützen.[1794] Das Bestehen eines Schadens ist vom Richter anhand der konkreten Umstände des jeweiligen Sachverhalts zu prüfen,[1795] wobei er in der Würdigung desselben frei ist. Die Haftungsklage zielt dabei auf die **Wiederherstellung des Vermögens des Opfers**, wie es ohne das schädigende Ereignis bzw. Verhalten stünde.[1796] Der Schaden muss „tatsächlich und sicher" sein,[1797] so dass etwa Forderungen endgültig uneinbringlich geworden sein müssen.[1798] Auf der anderen Seite muss bei der Schadensberechnung eine „als ob"-Betrachtungsweise an den Tag gelegt werden, was bei komplexen Marktdaten große Schwierigkeiten verursachen kann. Die europäischen Gerichte behelfen sich dabei mit dem Rückgriff auf statistische Mittelwerte und gestehen sich einen „weiten Beurteilungsspielraum" zu.[1799] Dessen ungeachtet wird die Anordnung eines Sachverständigengutachtens häufig unausweichlich sein. Berechnungsprobleme treten insbesondere bei **entgangenen Gewinnen** auf.[1800] Diese bestehen aus der Differenz zwischen den hypothetisch, dh ohne den Eingriff der Wettbewerbsbehörde zu erzielenden Einkünften und den tatsächlich erzielten Einkünften, unter Anrechnung etwaiger Alternativeinkünfte aus Substitutionstätigkeiten.[1801] Diese sind selbst dann in Anschlag zu bringen, wenn sie nur realisiert hätten werden können. Von den hypothetischen Einkünften, sind außerdem die variablen Kosten abzuziehen (im Unterschied zu den in jedem Fall entstehenden Fixkosten).

Bei der Schadensberechnung durch Ermittlung der tatsächlich **entstandenen Kosten** ist darzulegen, dass diese nicht über die Preise auf den Verbraucher abgewälzt worden sind[1802] oder dass nicht eine anderweitige **Vorteilsanrechnung** erfolgte.[1803] Die Anerkennung der „passing-on defense" durch die Rechtsprechung ist auf Kritik gestoßen.[1804]

Bei der Schadensberechnung ist darüber hinaus die Geldwertentwicklung zu berücksichtigen.[1805] Ein Antrag auf Inflationsausgleich ist aber wegen Verspätung zurückzuweisen, wenn er erstmalig nach dem Zwischenurteil zum Schadensgrund gestellt wird. Die Erhöhung des ursprünglichen Antrags bleibt aber möglich.[1806] Schließlich ist die Schadensersatzforderung ab Urteilsverkündung auf der Grundlage des von der EZB für wesentliche Refinanzierungsgeschäfte festgesetzten Satz **verzinslich**,[1807] und zwar gegebenenfalls schon ab dem Tag der Verkündung eines die grundsätzliche Pflicht zum Ersatz feststellenden Zwischenurteils.[1808]

Als Schaden kommt neben einem Vermögensschaden grundsätzlich auch ein **immaterieller Schaden** in Betracht, der etwa durch die Zahlung eines symbolischen Betrags (1 Euro) abgegolten werden kann.[1809]

c) Kausalität und Mitverschulden. Zwischen dem Organhandeln und dem geltend gemachten Schaden muss ein ursächlicher Zusammenhang bestehen. Jede Mitursächlichkeit genügt hier nicht: Unter mehreren Schadensursachen muss das Verhalten der Behörde gerade die „ausschlaggebende" Ursache gewesen sein.[1810] Der Schaden muss sich darüber hinaus **mit hinreichender Unmittelbarkeit** aus dem gerügten Verhalten ergeben;[1811] „entfernte" Folgen dieses Verhaltens sind danach nicht zu ersetzen.[1812] Dabei handelt es sich über die bloße conditio sine qua non

---

[1793] Anders aber wohl EuG Slg. 2005, II-1357 Rn. 130 – Holcim.
[1794] EuG Slg. 2004, II-3991 Rn. 84, 160 – Cantina Sociale di Dolianova.
[1795] EuGH Slg. 2000, I-4549 Rn. 25 – Dorsch Consult.
[1796] StRspr, vgl. etwa EuG Slg. 2005, II-2741 Rn. 97 ff. – Camar.
[1797] EuG Slg. 1996, II-2227 Rn. 72 – Stott.
[1798] EuG Slg. 1998, II-667 Rn. 60 – Dorsch Consult.
[1799] EuGH Slg. 2000, 203 Rn. 63 ff., 79. – Mulder.
[1800] Dazu Craig/De Búrca, EU Law, 5th Ed. 2011, 574.
[1801] EuG Slg. 1-203 Rn. 60, 167 ff. – Mulder.
[1802] EuGH Slg. 1979, 3091 Rn. 15 – P. Dumortier Frères für die Nichtgewährung von Erstattungen im Landwirtschaftsbereich.
[1803] EuG Slg. 2001, II-465 Rn. 63 ff. – T. Port.
[1804] Norberg, Some Elements to Enhance Damage Actions for Breach of the Competition Rules in Articles 81 and 82 EC, Rede gehalten an der 32. Annual International Antitrust Law & Policy Conference, Fordham, September 2005.
[1805] EuG Slg. 2005, II-2741 Rn. 138 – Camar.
[1806] EuGH Slg. 2000, 203 Rn. 46 ff. – Mulder.
[1807] EuGH Slg. 1984, 3693 Rn. 37 – Birra Wuehrer; EuG Slg. 2005, II-2741 Rn. 146 – Camar: zzgl. 2 Punkte.
[1808] EuG Slg. 2005, II-2741 Rn. 143 f. – Camar.
[1809] EuG Slg. 1996, II-1101 Rn. 74 – Dreyfus.
[1810] EuG Slg. 2005, I-3103 Rn. 46 – Tillack; EuG Slg. 2007, II-91 Rn. 40 – Bouychou.
[1811] EuGH Slg. 1979, 3091 Rn. 21 – P. Dumortier Frères; EuG Slg. 1998, II-1473 Rn. 68 – TEAM.
[1812] EuG Slg. 2005, II-5393 Rn. 177 – FIAMM.

hinaus um eine wertende Zurechnung. Im Wettbewerbsrecht hat das EuG sehr streng dahingehend entschieden, dass sich die Kosten für die Stellung einer Bankbürgschaft zur Abwendung der Vollstreckung aus einer Bußgeldentscheidung nicht unmittelbar aus der Rechtswidrigkeit der Entscheidung ergeben, sondern Ergebnis einer eigenen Entscheidung des Klägers sei, die Geldbuße zu bezahlen.[1813]

561 Ein **Mitverschulden des Klägers** bei der Entstehung des Schadens ist zu berücksichtigen. So hat der EuGH im Fall Stanley Adams der Klage des Roche-Mitarbeiters und „whistle-blowers" gegen die Kommission wegen der nachträglichen Veröffentlichung seines vollen Namens zwar im Grunde stattgegeben. Jedoch musste er sich entgegenhalten lassen, dass er der Behörde seinen Wunsch nach unbeschränkter Wahrung der Anonymität nicht deutlich gemacht hatte.[1814] Allgemeiner gesprochen muss der Kläger nachweisen, dass er alles Zumutbare unternommen hat, um den Schaden abzuwenden oder sein Ausmaß zu begrenzen. Das schließt das Ergreifen rechtlicher Schritte mit ein.[1815] Nachdem die Haftung der Union nicht auf Verschulden beruht, ist es angemessener, hier von einer Schadensminderungspflicht zu sprechen. Kommt der Kläger ihr nicht nach, wird seine Klage als unbegründet abgewiesen.

562 **d) Beweislast.** Die Beweislast für die anspruchsbegründenden Voraussetzungen liegt grundsätzlich beim Kläger.[1816] Das gilt für Rechtswidrigkeit, Art und Umfang des Schadens und Kausalität.[1817] Ihr nachzukommen wird häufig schwierig sein. Deswegen wird es hinsichtlich der Rechtswidrigkeit stets sinnvoll sein, im Falle einer anfechtbaren Entscheidung gleichzeitig oder vorab eine Nichtigkeitsklage zu erheben, bei der die Behörde den Rechtsverstoß des Klägers und damit die Rechtmäßigkeit ihres eigenen Handelns nachweisen muss.

VI. Einstweiliger Rechtsschutz

Art. 278 AEUV

Klagen bei dem Gerichtshof der Europäischen Union haben keine aufschiebende Wirkung. Der Gerichtshof kann jedoch, wenn er dies den Umständen nach für nötig hält, die Durchführung der angefochtenen Handlung aussetzen.

Art. 279 AEUV

Der Gerichtshof der Europäischen Union kann in den bei ihm anhängigen Sachen die erforderlichen einstweiligen Anordnungen treffen.

Art. 40 ÜGA

Klagen beim EFTA-Gerichtshof haben keine aufschiebende Wirkung. Der EFTA-Gerichtshof kann jedoch, wenn er dies den Umständen nach für nötig hält, die Durchführung der angefochtenen Handlung aussetzen.

Art. 41 ÜGA

Der EFTA-Gerichtshof kann in den bei ihm anhängigen Sachen die erforderlichen einstweiligen Anordnungen treffen.

563 **1. Einführung.** Der Anspruch auf einstweiligen Rechtsschutz ist ein Ausfluss der Grundrechte auf Zugang zur Justiz und auf rechtliches Gehör. Er ist unter der Strahlkraft der EMRK auch im Unions- und EWR-Recht zu verwirklichen.[1818] Damit soll im Rahmen eines bestehenden Rechtsstreits vermieden werden, dass ein späteres Urteil im Hauptsacheverfahren faktisch hinfällig wird, weil sich zwischenzeitlich die berühmte „normative Kraft des Faktischen" durchgesetzt hat.

564 Innerhalb der gesetzlichen Regelungen des einstweiligen Rechtsschutzes stellt die in Art. 278 AEUV und Art. 40 ÜGA speziell normierte Möglichkeit der **Aussetzung des Vollzugs einer angefochtenen Handlung**, in der Regel also einer behördlichen Entscheidung, nur einen **Sonderfall der einstweiligen Anordnung** nach Art. 279 AEUV bzw. Art. 41 ÜGA dar.[1819] Das im

---

[1813] EuG Slg. 2005, II-1357 Rn. 123 – Holcim.
[1814] EuGH Slg. 1985, 3539 Rn. 53 – Adams.
[1815] EuG Slg. 2007, II-91 Rn. 41 ff. – Bouychou.
[1816] EuG Slg. 1998, II-285 Rn. 62 – Pharos.
[1817] EuGH Slg. 2000, I-4549 Rn. 23 – Dorsch Consult; EuG Slg. 1997, II-1239 Rn. 20 – Oleifici Italiani; Slg. 2001, II-465 Rn. 55 – T. Port; Slg. 2005, II-4653 Rn. 25 – Ouariachi.
[1818] Vgl. etwa EuG Slg. 2002, II-81 Rn. 35 – Diputación Foral de Alava; Slg. 2002, II-2153 Rn. 115 – Technische Glaswerke Ilmenau.
[1819] Vgl. etwa EuG Slg. 1994, II-1159 Rn. 29 – Union Carbide.

VI. Einstweiliger Rechtsschutz

Wettbewerbsrecht besonders wichtige Aussetzungsverfahren korrespondiert mit Art. 263 AEUV in der Hauptsache, der Anfechtung einer Behördenentscheidung. Der einstweilige Rechtsschutz kompensiert hier den **fehlenden Suspensiveffekt** der Klageerhebung. Sonstige einstweilige Anordnungen sind nicht an eine bestimmte Klageart gebunden. Sie sind zum einen im Rahmen einer Untätigkeitsklage zulässig.[1820] Bei einer Nichtigkeitsklage haben sie insbesondere dann Bedeutung, wenn die erlassene Entscheidung schon vollzogen ist. Vor dem Erlass einer belastenden Maßnahme ist (vorbeugender) einstweiliger Rechtsschutz dagegen nicht möglich.[1821]

Nach dem Wortlaut der beiden Vorschriften „kann" der Gerichtshof den Vollzug aussetzen, 565 „wenn er", wie es in Art. 278 AEUV heißt, „dies den Umständen nach für nötig hält". Der EuGH legt das dahin aus, dass dem Richter der einstweiligen Anordnung ein „weites Ermessen" für seine Entscheidung eingeräumt ist.[1822] Die Voraussetzungen, von deren Vorliegen eine stattgebende Entscheidung im Wesentlichen abhängt, ergeben sich freilich aus geschriebenem Prozessrecht und sind in der Rechtsprechung hinreichend präzisiert worden. Danach muss die Klage Erfolgsaussichten in der Hauptsache haben, der Antrag muss dringlich sein, und die Entscheidung darf jener im Hauptsacheverfahren nicht vorgreifen.[1823]

2. Zulässigkeit. a) Grundsatz der Akzessorietät. Verfahren des einstweiligen Rechtsschut- 566 zes sind akzessorisch zum Verfahren in der Hauptsache. Das folgt aus allgemeinen Grundsätzen und ist in den Verfahrensordnungen ausdrücklich statuiert.[1824] Für die Zulässigkeit eines Antrags auf Aussetzung des Vollzugs einer angefochtenen Handlung (Art. 278 AEUV; Art. 40 ÜGA) muss also gegen die Handlung eine Direktklage beim zuständigen Gericht anhängig sein, was neben Nichtigkeits-, Untätigkeits- und Schadensersatzklagen auch das Vertragsverletzungsverfahren einschließt.[1825] Für einen Antrag auf alle anderen einstweiligen Anordnungen (Art. 279 AEUV; Art. 41 ÜGA) ist der Akzessorietätsgrundsatz demgegenüber gelockert. Er kann in jeder Art von Rechtsstreitigkeit vor dem zuständigen Gericht gestellt werden, solange der Antragsteller Partei in diesem Verfahren ist und sich der Antrag auf das entsprechende Verfahren bezieht.[1826]

In **Vorabentscheidungsverfahren** besteht zumindest vor den europäischen Gerichten kein 567 einstweiliger Rechtsschutz.[1827] Insofern kommt es grundsätzlich auf das nationale Prozessrecht an. Stellt sich in einem solchen Verfahren aber die Frage der Gültigkeit eines Unionsrechtsakts, ist das nationale Gericht wegen fehlender eigener Kompetenz zur Feststellung der Nichtigkeit gehalten, den Prozess einstweilig auszusetzen und die Frage dem EuGH vorzulegen. Im Fall der Aussetzung eines auf einer angeblich ungültigen Verordnung beruhenden Verwaltungsakts durch ein Gericht[1828] hat der Gerichtshof in Zuckerfabrik festgestellt, dass die Voraussetzungen für eine einstweilige Aussetzung des Verfahrens denen des Art. 278 AEUV entsprechen müssen.[1829]

b) Zuständigkeit. Die Zuständigkeit des Gerichts im einstweiligen Rechtsschutz folgt nach 568 dem Grundsatz der Akzessorietät zwanglos bereits aus der Zuständigkeit des Hauptsachengerichts.[1830] Intern zuständig für Verfahren und Entscheidung ist in aller Regel der **Präsident** des Gerichts.[1831] Am EuGH wurde die primäre Zuständigkeit für Verfahren im einstweiligen Rechtsschutz an den Vizepräsidenten übertragen.[1832]

c) Parteifähigkeit. Aus dem Grundsatz der Akzessorietät ergibt sich weiterhin, dass der 569 Antragsteller in einem Verfahren auf Aussetzung des Vollzugs einer angefochtenen Handlung (Art. 278 AEUV; Art. 40 ÜGA) gleichzeitig **Kläger** einer Nichtigkeitsklage in der gleichen Rechtssache sein muss. Für einen Antrag auf alle anderen einstweiligen Anordnungen (Art. 279 AEUV;

[1820] EuGH Slg. 1996, I-6065 Rn. 58–59, 61 – T. Port.
[1821] EuG Slg. 2005, II-475 Rn. 90 – Enviro Tech Europe.
[1822] EuGH Slg. 1995, I-2165 Rn. 23 – Atlantic Container Line u.a.
[1823] Art. 39 EuGH-Satzung, Artt. 160 Abs. 3 und 162 Abs. 4 EuGHVfO, Artt. 156 Abs. 4 und 158 Abs. 4 EuGVfO; Art. 35 Satzung EFTA-GH, Art. 142 Abs. 4 VerfO EFTA-GH.
[1824] Art. 160 Abs. 1 und 2 EuGHVfO; Art. 156 Abs. 1 und 2 EuGVfO; Art. 140 Abs. 2 VerfO EFTA-GH.
[1825] EuGH Slg. 1982, 841 – Kommission/Frankreich.
[1826] Art. 160 Abs. 2 EuGHVfO; Art. 156 Abs. 2 und 158 Abs. 4 EuGVfO; Art. 40 Abs. 2 UAbs. 2 VerfO EFTA-GH.
[1827] Anderson/Demetriou, References to the European Court, European Business Organisation Law Review 2005 Rn. 7-073 ff.
[1828] Nicht: eine Behörde, vgl. EuGH Slg. 2005, I-10423 Rn. 111 – ABNA.
[1829] EuGH Slg. 1991, I-415 Rn. 26 f. – Zuckerfabrik Süderdithmarschen und → Rn. 697.
[1830] EuG Slg. 2003, II-2895 Rn. 37 – Technische Glaswerke Ilmenau.
[1831] Art. 161 EuGHVfO; Art. 157 EuGVfO; Art. 141 VerfO EFTA-GH; → Rn. 138.
[1832] Beschluss des Gerichtshofs vom 23. Oktober 2012 über die richterlichen Aufgaben des Vizepräsidenten des Gerichtshofs, ABl. 2012 L 300/47, Art. 1.

Art. 41 ÜGA) kann dagegen der Antragsteller **auch der Beklagte** sein. Passivlegitimiert (Antragsgegner) ist bzw. sind jeweils die Gegenpartei(en) des Hauptsacheverfahrens.

570   Für die **Streithilfe** gelten grundsätzlich die allgemeinen Regeln (→ Rn. 255 ff.). Im Verfahren des einstweiligen Rechtsschutzes handelt es sich beim Interesse nicht-privilegierter Streithelfer am Ausgang des Rechtsstreits um das Interesse am Ausgang (nur) dieses Verfahrens. Um die Interessensabwägung, die Teil des Verfahrens bildet, nicht vorwegzunehmen, ist bezüglich der Zulassung von Streithelfern Großzügigkeit angezeigt. Das gilt auch für Verbände und Unternehmensvereinigungen.[1833]

571   **d) Antrag.** Der verfahrenseinleitende Antrag ist je nach gewählter Rechtsgrundlage entweder auf Aussetzung des Vollzugs einer Maßnahme oder auf den Erlass sonstiger einstweiliger Anordnungen zu richten. Er ist mit gesondertem Schriftsatz beim Gericht der Hauptsache einzureichen.[1834] Wird der Antrag in einem Schriftsatz zusammen mit der Klage eingereicht, führt das ohne Weiteres zu seiner Unzulässigkeit. Der Antrag muss den Formalien einer Klageschrift entsprechen. Inhaltlich muss der Antrag dem befassten Gericht alle für die Entscheidungsfindung notwendigen Informationen, sachlicher und rechtlicher Natur, liefern. Das schließt, soweit zumutbar, die entsprechenden Beweise ein.[1835] Auf die Vollständigkeit des Antrags legen die Gerichte großen Wert.[1836]

572   Der Antrag wird dem Antragsgegner unter Setzung einer kurzen Frist zur schriftlichen oder mündlichen Stellungnahme zugestellt;[1837] die Durchführung einer Beweisaufnahme ist möglich. Ein Verzicht auf die mündliche Anhörung der Parteien liegt im Ermessen des Richters,[1838] der davon Gebrauch machen wird, wenn er ohne Weiteres schon nach Aktenlage entscheiden kann. Entsprechend dem provisorischen und dringlichen Charakter des Verfahrens ist der Verzicht auf eine Verhandlung die Regel. Streithelfer im Hauptsacheverfahren sind aufgrund des Akzessorietätsgrundsatzes automatisch auch als Streithelfer im einstweiligen Rechtsschutz anzuerkennen.

573   In besonders gelagerten Fällen kann der Präsident **bereits vor Eingang der Stellungnahme des Antragsgegners** den Vollzug der angefochtenen Maßnahme im Wege einer einstweiligen Anordnung (Art. 279 AEUV) vorläufig aussetzen oder über den Antrag entscheiden, wobei die getroffene Entscheidung, ein vorläufiger Beschluss, danach jederzeit und auch von Amts wegen, wieder geändert oder aufgehoben werden kann.[1839] Ein solches Vorgehen kommt in Betracht, wenn in komplexen Fällen die Gewinnung von Zeit für die Entscheidung erforderlich ist bzw. wenn es im Interesse einer geordneten Rechtspflege wünschenswert ist, den Status quo bis zur Entscheidung über den Antrag aufrecht zu erhalten.[1840] Dies ist insbesondere dann der Fall, wenn der sofortige Vollzug der bekämpften Maßnahme droht und das Verfahren in der Hauptsache dadurch hinfällig würde.[1841] Für die Begründetheit muss sich aus vorläufiger Sicht eine Anscheinsvermutung gegen die Gültigkeit der angefochtenen Entscheidung ergeben, wobei die Prüfung höchst summarisch erfolgt. Regelmäßig werden auch die mit dem Vollzug der Entscheidung verbundenen wirtschaftlichen Konsequenzen im Rahmen einer, freilich ebenso summarischen, Interessenabwägung gewürdigt. Liegen die erforderlichen Voraussetzungen vor, so wird der Präsident den Vollzug der angefochtenen Entscheidung bis zur endgültigen Entscheidung im Hauptsache- oder Provisorialverfahren aussetzen oder andere Maßnahmen bis zum Erlass eines das Verfahren des einstweiligen Rechtsschutzes abschließenden Beschlusses erlassen und die Entscheidung über die Kosten vorbehalten.

574   Die Verfahrensordnungen machen darüber hinaus Vorgaben bezüglich des Inhalts des Antrags. Wesentlich ist zunächst die **Bezeichnung des Streitgegenstands.** Er ist in Verfahren nach Art. 278 AEUV mit der Bezeichnung der Kommissionsentscheidung festgelegt, deren Vollstreckung vorläufig suspendiert werden soll. Selbstverständlich ist bei mehreren, in einem Dokument zusammengefassten Entscheidungen deutlich zu machen, auf welche der Tenorierungen sich der Antrag bezieht. Neben entsprechenden Ausführungen muss der Schriftsatz nach den allgemeinen Vorschriften über Klageschriften spezifische, tenorierungsfähige Anträge sowie gegebenenfalls die Bezeichnung der Beweismittel enthalten. Darüber hinaus sind die **Umstände, aus denen sich die Dringlichkeit** ergibt, anzuführen, sowie die **Notwendigkeit** einstweiligen Rechtsschutzes in tatsächlicher und rechtlicher Hinsicht glaubhaft zu machen bzw. beim EuGH nunmehr die den Erlass der beantragten Anordnung

---

[1833] EuG Slg. 2004, II-2977 Rn. 32 ff. – Microsoft.
[1834] Art. 160 Abs. 4 EuGHVfO; Art. 156 Abs. 5 EuGVfO; Art. 140 Abs. 4 VerfO EFTA-GH.
[1835] EuGH 20.4.2012 – C-507/11 P(R), ECLI:EU:C:2012:231 Rn. 52 ff., 80 f. – Fapricela.
[1836] EuG Slg. 2008, II-346 Rn. 30 – AES-Tisza.
[1837] Art. 160 Abs. 5 EuGHVfO; Art. 157 Abs. 1 EuGVfO; Art. 140 Abs. 5 VerfO EFTA-GH.
[1838] EuGH 20.4.2012 – C-507/11 P(R), ECLI:EU:C:2012:231 Rn. 48 ff. – Fapricela.
[1839] Art. 160 Abs. 7 EuGHVfO; Art. 157 Abs. 2 EuGVfO; Art. 140 Abs. 7 VerfO EFTA-GH.
[1840] EuG Slg. 2001, II-2349 Rn. 20 – IMS Health.
[1841] EuGH 2.2.2018 – C-65/18 P(R)-R ECLI:EU:C:2018:62 Rn. 4 – Nexans; EuGH 19.10.2018 – C-619/18 R, ECLI:EU:C:2018:910 Rn. 13 – Kommission/Polen.

VI. Einstweiliger Rechtsschutz

dem ersten Anschein nach rechtfertigenden Sach- und Rechtsgründe anzuführen.[1842] Ob die beiden letztgenannten Voraussetzungen vorliegen, ist eine Frage der Begründetheit.

575 Problematisch kann der schiere **Umfang eines Antrags** auf einstweiligen Rechtsschutz werden. Das Drängen auf eine rasche vorläufige Entscheidung verträgt sich tatsächlich kaum mit der Einreichung umfangreicher Antragsschriften. In einem entsprechenden Fall hat das EuG den Antragsteller dazu aufgefordert, den Antrag in einer verkürzten Fassung von nicht mehr als 30 Seiten einzureichen.[1843]

576 e) **Antragsgegenstand.** Die im Verfahren des einstweiligen Rechtsschutzes beantragten Maßnahmen müssen sich im Rahmen dessen halten, was auch im Rahmen der Hauptsache begehrt werden kann. Wie im Hauptsacheverfahren können die Gerichte keine Maßnahmen gegen Unternehmen, seien sie Dritte oder Verfahrensbeteiligte, richten. Würde das Gericht eigenhändig gegenüber vermeintlichen Kartellen, missbräuchlichem Verhalten etc vorgehen, so umginge es damit die Erstanwendungskompetenz der Behörden hinsichtlich der vertraglichen Wettbewerbsvorschriften.[1844] Nach dem System der Zuständigkeitsabgrenzung sind die Gerichte auch im Verfahren des einstweiligen Rechtsschutzes nur zur Überprüfung des Behördenhandelns befugt. Im Rahmen eines Vertragsverletzungsverfahrens können einstweilige Anordnungen aber auch gegen Mitgliedstaaten erlassen werden.[1845]

577 Für **einstweilige Anordnungen gegenüber Privaten und Unternehmen** sind die europäischen Gerichte deshalb ebenso unzuständig[1846] wie für Anträge auf einstweilige Anordnungen, die auf die **Neubescheidung** eines bereits bei der Behörde gestellten Antrags gerichtet sind.[1847] Würde im Rahmen der Untätigkeitsklage eine einstweilige Anordnung zugelassen, mit der es der Behörde aufgegeben wird, dem vorprozessualen Antrag des Klägers stattzugeben, so würde damit auch das Ergebnis der Hauptsache vorweggenommen.[1848] Ebenfalls unzulässig sind Anträge, mit denen lediglich ein bereits eingetretener Schaden oder eine bereits bestehende Rechtsverletzung beseitigt werden soll, da das Verfahren des einstweiligen Rechtsschutzes nur der Abwehr drohender Schäden dient.[1849] Anträge auf Aussetzung des laufenden Verwaltungsverfahrens sind ebenfalls unzulässig, weil die Kommission damit an der Ausübung ihrer Ermittlungsbefugnisse gehindert würde.[1850] Jedenfalls im Regelfall ist es nämlich zunächst an der Kommission zu entscheiden, welche Konsequenzen aus einer allfälligen Verletzung der Verteidigungsrechte im Ermittlungsverfahren zu ziehen sind; der Kläger kann eine Verletzung seiner Verteidigungsrechte dann geltend machen, wenn die Kommission das Ermittlungsverfahren mit einer Entscheidung abschließt.[1851] Im Endeffekt gilt damit auch in Verfahren des einstweiligen Rechtsschutzes das Prinzip, das Rechtsschutz gegen bloß vorläufige (nicht-abschließende) oder zukünftige (hypothetische) Entscheidungen nicht möglich ist (→ Rn. 386 ff.); vielmehr muss – in Anfechtungsverfahren – durch eine bereits erlassene (aber ggf. noch nicht umgesetzte) Entscheidung ein zukünftiger Schaden drohen. Beispiele aus der Rechtsprechung zulässiger Maßnahmen nach Art. 279 AEUV umfassen die Übersendung bestimmter Unterlagen aus den Akten des Verwaltungsverfahrens,[1852] die Mitteilung der Erfüllung von in einer Kommissionsentscheidung vorgesehenen Bedingungen,[1853] die Gewährung vorläufigen Schadensersatzes zur Vermeidung einer Insolvenz,[1854] die Herabsetzung der Verzugszinsen für eine noch nicht durch Bürgschaft abgesicherte Geldbuße[1855] etc.

578 Anträge nach Art. 278 AEUV/Art. 40 ÜGA richten sich auf die (ganz oder teilweise) **Aussetzung des Vollzugs einer Maßnahme,** also einer behördlichen Entscheidung. Diese muss einen vollzugsfähigen Inhalt haben. Die Vollzugsaussetzung einer Entscheidung, mit der etwa ein Antrag

---

[1842] Art. 160 Abs. 3 EuGHVfO; Art. 156 Abs. 4 EuGVfO; Art. 140 Abs. 3 VerfO EFTA-GH.
[1843] EuG Slg. 2001, II-3915 Rn. 32 – Regierung von Gibraltar/Kommission.
[1844] EuG Slg. 1993, II-1409 Rn. 24 – Gestevision Telecinco.
[1845] EuGH 19.10.2018 – C-619/18 R – Kommission/Polen.
[1846] EuG Slg. 1994, II-1159 Rn. 27 f. – Union Carbide.
[1847] EuG Slg. 1990, II-1 Rn. 12 – Cosimex; Slg. 2002, II-3193 Rn. 53 – Société des mines de Sacilor – Lormines.
[1848] EuG Slg. 2002, II-3193 Rn. 58 – Société des mines de Sacilor – Lormines.
[1849] EuG 16.6.2015 – T-274/15 R ECLI:EU:T:2015:389 Rn. 16 – Alcogroup; bestätigt durch EuGH 17.9.2015 – C-386/15 P(R) ECLI:EU:C:2015:623 – Alcogroup.
[1850] EuG Slg. 2001, II-3481 Rn. 52 – Reisebank.
[1851] EuG 16.6.2015 – T-274/15 R ECLI:EU:T:2015:389 Rn. 20 ff. – Alcogroup; bestätigt durch EuGH 17.9.2015 – C-386/15 P (R) ECLI:EU:C:2015:623 Rn. 27 – Alcogroup.
[1852] EuG Slg. 1992, II-2667 – CBR Cimenteries.
[1853] EuG Slg. 1993, II-449 – CCE de Vittel.
[1854] EuGH Slg. 1997, I-441 Rn. 36 ff. – Antonissen.
[1855] EuG Slg. 2004, II-1363 Rn. 47 – SGL Carbon.

abgelehnt wurde, kann somit nicht beantragt werden, weil die Anordnung einer Aussetzung eines ablehnenden Beschlusses keine Änderung der Lage des Antragstellers herbeiführen könnte.[1856] Die beantragten Anordnungen müssen vorläufig in dem Sinne sein, dass sie der Entscheidung zur Hauptsache nicht vorgreifen.[1857] Der Vollzug einer Entscheidung zur Festsetzung einer Geldbuße kann normalerweise nicht ausgesetzt werden, wenn die Kommission gegen Stellung einer Bürgschaft von der Beitreibung während des laufenden Gerichtsverfahrens abgesehen hat.[1858] In diesem Fall muss nach Art. 279 AEUV, allerdings mit verschärfter Dringlichkeitsprüfung, vorgegangen werden. Ausnahmsweise kann aber auch eine Befreiung von der Notwendigkeit der Beibringung einer Bankbürgschaft als Voraussetzung der Aussetzung des sofortigen Vollzugs einer Geldbuße begehrt werden, wenn die Beibringung der Bürgschaft unmöglich ist oder dies – alternativ – die Existenz des Antragstellers gefährden würde.[1859]

579 **f) Unzulässigkeit des Hauptsacheverfahrens.** Die Zulässigkeit der Klage im Hauptsacheverfahren ist grundsätzlich nicht im Rahmen eines Verfahrens des vorläufigen Rechtsschutzes zu untersuchen, da sonst der Entscheidung des Gerichts zur Hauptsache vorgegriffen würde.[1860] Dennoch ist aus dem Gesichtspunkt der Prozessökonomie und -pragmatik ein weniger formelles Verständnis des Vorwegnahmeverbots begreiflich, wonach nicht jede eingereichte Klage auch zum Beantragen einstweiliger Maßnahmen berechtigt. Die Gerichte haben dementsprechend eine Ausnahme gemacht, wobei die Voraussetzungen in einzelnen Urteilen sprachlich leicht differieren. Demnach ist ein Antrag auf einstweiligen Rechtsschutz nur zulässig, wenn die Klage im Hauptsacheverfahren „auf den ersten Blick Merkmale aufweist, die mit einer gewissen Wahrscheinlichkeit den Schluss zulassen, dass sie zulässig ist"[1861] oder deren Zulässigkeit „nicht dem ersten Anschein nach völlig ausgeschlossen ist".[1862] In der Sache besteht hier aber keine Divergenz, es geht jeweils um die **offensichtliche Unzulässigkeit**,[1863] wobei der Begriff notwendigerweise flexibel ist. Wann der Präsident eine Klage für derart qualifiziert unzulässig hält, ist demnach schwer zu prognostizieren und mag für Rechtsunsicherheit sorgen. Liegt aber nach einer gefestigten Rechtsprechung kein tauglicher Klagegegenstand vor, fehlt die Klagebefugnis oder das Rechtsschutzinteresse, so wird der Antrag regelmäßig ebenfalls unzulässig sein.

580 **3. Begründetheit. a) Voraussetzungen für die Gewährung einstweiligen Rechtsschutzes.** Der Erlass von Maßnahmen im Verfahren der einstweiligen Anordnung ist, wie bereits erwähnt, an teils dem Verfahrensrecht zu entnehmende, teils im Wege des Richterrechts etablierte Voraussetzungen gebunden, die kumulativ vorliegen müssen.[1864] Dies sind (1) die Erfolgsaussichten der Hauptsache (fumus boni iuris), (2) die Dringlichkeit, und (3) das überwiegende Interesse am Erlass der Maßnahmen des einstweiligen Rechtsschutzes, wobei sich die Prüfung des fumus boni iuris und der Dringlichkeit in einem gewissen Ausmaß überlappen können, wenn beide Tatbestandsmerkmale von der gleichen Vorfrage (etwa der Einordnung einer Information als Geschäftsgeheimnis) abhängen.[1865] Eine feste Prüfungsreihenfolge besteht aber nicht; im Übrigen verfügt der über den Erlass von Maßnahmen des einstweiligen Rechtsschutzes entscheidende Richter auch über ein weites Ermessen.[1866]

581 **aa) Erfolgsaussichten der Hauptsache.** Nach den Verfahrensordnungen sind die „den Erlass der beantragten einstweiligen Anordnung dem ersten Anschein nach rechtfertigenden Sach- und Rechtsgründe anzuführen".[1867] Diese Formel umschreibt das Erfordernis einer **Erfolgsaussicht in der Hauptsache**, den sog. fumus boni iuris. Grundsätzlich muss dafür die Klage im Hauptsacheverfahren dem ersten Anschein nach zulässig und begründet sein. Es reicht dazu aus, wenn die gegen eine Kommissionsentscheidung vorgebrachten Rügen „auf den ersten Blick nicht jeder Grundlage" entbehren.[1868] Die hinreichenden Erfolgsaussichten werden summarisch auf der Grundlage des Vorbringens des Antragstellers geprüft.

[1856] EuGH 17.9.2015 – C-386/15 P (R), ECLI:EU:C:2015:623 Rn. 38 – Alcogroup.
[1857] EuG Slg. 1993, II-449 Rn. 10 – CCE de Vittel.
[1858] EuG Slg. 1995, II-2235 Rn. 18 – Tsimenta Halkidos.
[1859] EuG 15.12.2015 – T-522/15 R, ECLI:EU:T:2018:897 Rn. 49 ff. – CCPL u.a.
[1860] EuG Slg. 1996, II-1655 Rn. 8 – Stadt Mainz.
[1861] EuGH Slg. 1991, I-3353 Rn. 7 – Bosman; EuG Slg. 1993, II-449 Rn. 20 – CCE de Vittel; Slg. 1992, II-2579 Rn. 31 – CCE de la Société Général des Grandes Sources.
[1862] EuG Slg. 2001, II-67 Rn. 17 – Petrolessence; Slg. 2001, II-3915 Rn. 47 – Regierung von Gibraltar/Kommission; Slg. 2002, II-2153 Rn. 48 – Technische Glaswerke Ilmenau.
[1863] EuG Slg. 2003, II-4879 Rn. 21 – Bank Austria Creditanstalt.
[1864] EuG Slg. 2000, II-3849 Rn. 34 – BP Nederland; Slg. 2001, II-67 Rn. 18 – Petrolessence.
[1865] EuGH 12.6.2018 – C-65/18 P(R), ECLI:EU:C:2018:426 Rn. 14 f. – Nexans.
[1866] EuGH 12.6.2018 – C-65/18 P(R), ECLI:EU:C:2018:426 Rn. 23 – Nexans.
[1867] Art. 160 Abs. 3 EuGHVfO; Art. 156 Abs. 4 EuGVfO; Art. 140 Abs. 3 VerfO EFTA-GH.
[1868] EuG Slg. 2003, II-2924 Rn. 75 – Technische Glaswerke Ilmenau.

VI. Einstweiliger Rechtsschutz

Zulässigkeitsmängel des Hauptsacheverfahrens sind nach dem Gesagten nur ausnahmsweise beachtlich. In der Prüfung der Begründetheit der Klage in der Hauptsache wird grundsätzlich nicht zwischen den einzelnen Entscheidungsarten unterschieden. Ob die Behörde bereits im Wege der einstweiligen Maßnahme tätig geworden ist[1869] oder ob sie bei der Entscheidung, wie etwa der Ablehnung eines Antrags auf Freistellung nach Art. 101 Abs. 3 AEUV, ein Ermessen hat,[1870] kann allenfalls im Rahmen der Interessensabwägung eine Rolle spielen. Um den fumus boni iuris zu erfüllen, genügen insbesondere nach der Praxis des EuG bereits nicht ohne Weiteres auszuräumende bzw. ernsthafte[1871] Zweifel an der Rechtmäßigkeit der Kommissionsentscheidung oder auch ernsthafte Auslegungsprobleme,[1872] heikle[1873] oder grundsätzliche Fragen.[1874] Auch eine scheinbar großzügigere negative Formulierung wie jene, dass die vom Antragsteller geltend gemachten Gründe „nicht offensichtlich unbegründet"[1875] oder „auf den ersten Blick erheblich und jedenfalls nicht ohne Grundlage erscheinen", reicht aus und verwandelt nicht etwa den fumus boni iuris in einen fumus non mali iuris. Sie lässt erkennen, dass das Vorbringen des Antragstellers in diesem Stadium des Verfahrens nicht ohne eine eingehendere Prüfung abgewiesen werden kann,[1876] die Würdigung des vorgetragenen Sachverhalts also „eine eingehende Prüfung durch den Richter im Hauptsacheverfahren verdient".[1877] Das hindert den Richter der einstweiligen Anordnung nicht, teilweise sehr detaillierte juristische Ausführungen zur Substanz zu machen. Erst recht „großzügig" ist die Judikatur bei Entscheidungen über vorläufige Sicherungsmaßnahmen, die die weitere Durchführung eines Verfahrens des einstweiligen Rechtsschutzes überhaupt erst ermöglichen sollen.[1878]

Es genügt grundsätzlich nicht, wenn die Rechtswidrigkeit der Kommissionsentscheidung lediglich mit auf **Begründungsmängel** gestützten Rügen geltend gemacht wird, die über die inhaltliche Richtigkeit des in der Entscheidung enthaltenen Vorwurfs naturgemäß noch nichts aussagen können.[1879]

bb) Dringlichkeit. Die einstweilige Anordnung muss weiterhin dringlich sein („periculum in mora"). Hier ist auf die **Gefahr eines schweren und nicht wiedergutzumachenden Schadens** für die Interessen des Antragstellers abzustellen.[1880] Ist der Eintritt eines solchen Schadens vor der Entscheidung zur Hauptsache zu befürchten, so ist die begehrte Anordnung – bei Vorliegen der anderen Voraussetzungen – zu erlassen.

(1) Individuelle Interessen. Bei den durch einen möglichen Schadenseintritt gefährdeten Interessen muss es sich grundsätzlich um solche des Antragstellers selbst handeln. Im Konzern werden die Interessen der Mutter mitberücksichtigt,[1881] wobei ggf. sogar (kontrollierende) Minderheitsbeteiligungen von nur 30% des Kapitals umfasst werden.[1882] Die Dringlichkeit konsumiert damit regelmäßig das Zulässigkeitserfordernis des Rechtsschutzinteresses. Als Schaden kommt dabei zunächst ein **Vermögensschaden** in Betracht. Aus Sicht der Wettbewerber handelt es sich dabei häufig um drohende Gewinn- oder sonstige Einbußen, die gegebenenfalls mit dem Interesse an „Vertragsfreiheit"[1883] oder dem „Schutz des geistigen Eigentums"[1884] verbrämt werden. Um aber das Merkmal „schwer und nicht wieder gutzumachend" zu erfüllen, reicht nicht jede nachteilige Beeinflussung des Vermögensstands aus. Geldschäden sind grundsätzlich kompensierbar;[1885] dazu genügt eine spätere Schadensersatzklage nach Art. 268 AEUV.[1886] Der Schaden darf also im Falle des Obsiegens des

---

[1869] EuG Slg. 2001, II-3193 Rn. 65 ff. – IMS Health. Eine „besonders ausgeprägte oder ernsthafte Anscheinsvermutung", wie von der Kommission gefordert, muss hier nicht begründet werden.
[1870] EuG Slg. 2001, II-3193 Rn. 58 – IMS Health.
[1871] EuG Slg. 2001, II-3193 Rn. 75 – IMS Health.
[1872] EuG Slg. 1990, II-195 Rn. 22 – Automobiles Peugeot.
[1873] EuGH Slg. 1982, 3091 Rn. 8 – Ford Werke.
[1874] EuG Slg. 2004, II-4463 Rn. 204 – Microsoft.
[1875] EuG Slg. 1996, II-381 Rn. 52 – Bayer.
[1876] EuGH Slg. 1995, I-2165 Rn. 26 – Atlantic Container Line u.a.
[1877] EuG 15.12.2015 – T-522/15 R ECLI:EU:T:2015:1012 Rn. 41 – CCPL u.a.
[1878] EuGH 17.9.2015 – C-386/15 P (R) ECLI:EU:C:2015:623 – Alcogroup; 19.10.2018 – C-619/18 R ECLI:EU:C:2018:910 Rn. 16 f. – Kommission/Polen.
[1879] EuG Slg. 1998, II-641 Rn. 60 – Arbeitsgemeinschaft Deutscher Luftfahrt-Unternehmen.
[1880] StRspr, statt vieler EuGH Slg. 1987, 4367 Rn. 11 – Dow Chemical; EuG Slg. 2008, II-42 Rn. 24 – Buczek.
[1881] EuGH Slg. 1999, I-8705 – HFB Holding; Slg. 1999, I-8733 – DSR-Senator Lines.
[1882] EuG 15.12.2015 – T-522/15 R, ECLI:EU:T:2015:1012 Rn. 69 – CCPL u.a.
[1883] EuG Slg. 1996, II-381 Rn. 60 – Bayer.
[1884] Vgl. etwa EuG Slg. 2004, II-4463 Rn. 244 ff. – Microsoft.
[1885] EuG Slg. 2000, II-3849 Rn. 50 – BP Nederland.
[1886] EuG Slg. 2001, II-67 Rn. 43 – Petrolessence.

Antragstellers im Hauptsacheverfahren nicht vollständig ersetzt werden können. Dabei gesteht das EuG selbst ein, dass die Erfolgsaussichten einer unionsrechtlichen Schadensersatzklage wegen des Erfordernisses eines qualifizierten Verstoßes nicht sehr hoch sind.[1887]

586 Das Erfordernis eines „schweren" finanziellen Schadens wird im Normalfall in Relation zur Finanzkraft des Unternehmens darzulegen sein. Eine Ausnahme kann aber zB bestehen, wenn der Antragsteller durch die angefochtene Entscheidung gezwungen wird, innerhalb einer ungeeigneten Frist eine schwerwiegende kommerzielle Entscheidung mit objektiv beträchtlichen finanziellen Auswirkungen zu treffen, wie die Entscheidung über die Veräußerung eines wesentlichen Unternehmensteils als Voraussetzung der Freigabe eines Zusammenschlusses. Auch in einem solchen Fall obliegt dem Antragsteller aber, konkrete Umstände und Beweise vorzubringen, aus denen sich die Wahrscheinlichkeit eines schwerwiegenden Schadens ergibt.[1888]

587 Auch ein schwerer finanzieller Schaden ist aber nicht per se „nicht wiedergutzumachen". Ein finanzieller Schaden kann insbesondere dann als nicht wiedergutzumachend angesehen werden, wenn er selbst bei seinem Eintritt nicht beziffert werden kann.[1889] Die Gefahr rein finanzieller Schäden wird ansonsten zur Begründung der Dringlichkeit im einstweiligen Rechtsschutz **nur unter außergewöhnlichen Umständen** für ausreichend erachtet,[1890] wenn nämlich die behaupteten Verluste im Fall des Nichterlasses der einstweiligen Anordnung das Überleben des antragstellenden Unternehmens gefährden würden und infolgedessen das Verschwinden vom Markt oder zumindest eine irreversible Veränderung von Marktanteilen drohte.[1891] Diese hohen Anforderungen machen es insbesondere für umsatzstarke Unternehmen oder Tochtergesellschaften von Konzernen[1892] fast aussichtslos, den Antrag auf das Argument finanzieller Schäden zu stützen.[1893] Dass die Verhängung einer Geldbuße ein Unternehmen in die Insolvenz treiben könnte, muss zudem schon bei der Festsetzung der Buße nicht berücksichtigt werden. Die Tatsache, dass eine behördliche Maßnahme zum Konkurs oder zur Auflösung eines bestimmten Unternehmens führt, ist als solche unionsrechtlich nicht zu beanstanden, da die Auflösung eines Unternehmens in seiner bestehenden Rechtsform nicht bedeutet, dass auch die durch das Unternehmen repräsentierten personellen, materiellen und immateriellen Mittel ihren Wert verlieren. Nichts anderes gilt im Verfahren des einstweiligen Rechtsschutzes.[1894]

588 Erst recht keine Dringlichkeit begründen regelmäßig **hypothetische Schäden** wie drohende straf- oder zivilrechtliche Sanktionen, die doch ihrerseits wiederum bloße Vermögensschäden wären.[1895] Auch die Beeinträchtigung der unternehmerischen Freiheit ist grundsätzlich nicht geeignet, Dringlichkeit zu begründen, weil ein solcher Eingriffscharakter jedem Behördenhandeln im Wettbewerbsrecht innewohnt.[1896] Tatsächlich definiert das Wettbewerbsrecht nur die Grenzen der Berufs- und Gewerbefreiheit. Im Beihilferecht können durch die **Rückforderung** auftretende Einbußen nur unter außergewöhnlichen Umständen als Schaden geltend gemacht werden, weil auf die durch die Beihilfe gewährten Vorteile von vornherein kein Anspruch bestand und andernfalls der Sanktions- und Disziplinierungscharakter der Rückforderung in Frage gestellt würde.[1897]

589 Ein schwerer und nicht wieder gutzumachender Schaden aufseiten des Unternehmens liegt auch nicht in jeder **Verletzung von Beweiserhebungsregeln und (Verfahrens-)Grundrechten.**[1898] Will das Unternehmen gegen die Entscheidungen vorgehen, mit denen die Kommission eine Nachprüfung anordnet oder gewissen Unterlagen den Schutz des Berufsgeheimnisses für anwaltliche Korrespondenz verweigert, so reicht das für sich genommen noch nicht, um den Erlass einer einstweiligen Anordnung zu begründen. Durch die Möglichkeit der nachträglichen Kontrolle einer

---

[1887] EuG Slg. 2001, II-3193 Rn. 120 – IMS Health; vgl. auch EuGH 10.9.2013 – C-278/13 P(R) ECLI:EU:C:2013:558 Rn. 53 – Pilkington Group.
[1888] EuGH 7.3.2013 – C-551/12 P(R), ECLI:EU:C:2013:157 Rn. 31 ff. (44 ff.) – EDF.
[1889] EuGH 7.3.2013 – C-551/12 P(R), ECLI:EU:C:2013:157 Rn. 60 – EDF; 10.9.2013 – C-278/13 P(R) ECLI:EU:C:2013:558 Rn. 52 – Pilkington Group.
[1890] EuG Slg. 2001, II-3193 Rn. 119 – IMS Health; Slg. 2008, II-42 Rn. 33 – Buczek; Slg. 2008, II-346 Rn. 35 – AES-Tisza; Slg. 2011, II-51 Rn. 46 – Westfälisch-Lippischer Sparkassen- und Giroverband.
[1891] EuGH 7.3.2013 – C-551/12 P(R), ECLI:EU:C:2013:157 Rn. 53 ff. – EDF; EuG Slg. 2008, II-42 Rn. 33 – Buczek.
[1892] EuG Slg. 2007, II-130 Rn. 37 – MB Immobilien Verwaltung; Slg. 2008, II-42 Rn. 34 – Buczek.
[1893] Vgl. etwa EuG Slg. 2004, II-4463 Rn. 257 – Microsoft; EuGH 7.3.2013 – C-551/12 P(R), ECLI:EU:C:2013:157 Rn. 58. – EDF.
[1894] EuG Slg. 2004, II-1363 Rn. 62 – SGL Carbon.
[1895] EuG Slg. 2003, II-4879 Rn. 57 – Bank Austria Creditanstalt.
[1896] EuG Slg. 2004, II-4463 Rn. 291 – Microsoft.
[1897] EuG Slg. 2002, II-2803 Rn. 97–101 – B.
[1898] EuGH 10.9.2013 – C-278/13 P(R), ECLI:EU:C:2013:558 Rn. 43 f. – Pilkington Group; EuG Slg. 2011, II-51 Rn. 48 – Westfälisch-Lippischer Sparkassen- und Giroverband.

VI. Einstweiliger Rechtsschutz

Nachprüfungs- oder jedenfalls der Endentscheidung durch die Gerichte sind die Interessen des Antragstellers ausreichend geschützt.¹⁸⁹⁹ Zum Teil hat der EuGH die Möglichkeit einer rechtswidrigen Verwendung der Beweismittel durch die Kommission im späteren Verfahren wegen der drohenden Sanktion der Nichtigerklärung als theoretisch und wenig wahrscheinlich eingeschätzt, weil sie wegen eines Beweisverwertungsverbots eine Nichtigerklärung der das Verfahren abschließenden Entscheidung insgesamt befürchten muss. Dringlichkeit könne in einem solchen Fall nur durch den Nachweis der Verbreitung der fraglichen Dokumente begründet werden.¹⁹⁰⁰

Bejaht wurde das Bestehen eines schweren und nicht wiedergutzumachenden Schadens insbesondere in Fällen, in denen es um die **Veröffentlichung von vertraulichen Informationen** oder Geschäftsgeheimnissen im Zusammenhang mit der Veröffentlichung von Entscheidungen durch die Kommission ging. Für die Frage, ob ein schwerer und nicht wiedergutzumachender Schaden droht, ist dabei davon auszugehen, dass die fraglichen Informationen tatsächlich vertraulicher Natur sind.¹⁹⁰¹ Zwar reicht die bloße Berufung auf eine Verletzung der Grundrechte nicht aus, um einen schweren und nicht wiedergutzumachenden Schaden zu begründen.¹⁹⁰² Gerade die Veröffentlichung von Geschäftsgeheimnissen ist aber ihrer Natur nach nicht wiedergutzumachen und wird dem betroffenen Unternehmen naturgemäß auch schwerwiegenden Schaden zufügen.¹⁹⁰³ Darüber hinaus wird dieser Schaden, auch wenn er theoretisch beziffert und als finanzieller Schaden betrachtet werden könnte, regelmäßig praktisch nicht ersetzt werden können, so dass er nicht als rein finanzieller Schaden betrachtet werden kann.¹⁹⁰⁴ Aber auch wenn die Veröffentlichung von Geschäftsgeheimnissen durch die Kommission regelmäßig einen schweren und nicht wiedergutzumachenden Schaden begründet, muss der Antragsteller nichtsdestoweniger den fumus boni iuris dahingehend darlegen, dass nicht ausgeschlossen werden kann, dass die von ihm identifizierten Informationen tatsächlich vertraulicher Natur sind. Die bloße Behauptung der Vertraulichkeit reicht insofern nicht aus.¹⁹⁰⁵ 590

Der Schaden von **Verbänden und Vereinigungen** beurteilt sich regelmäßig nach dem der Mitglieder, es sei denn, die Vereinigung hätte objektiv eigene und unabhängige Interessen.¹⁹⁰⁶ 591

(2) Gesamtwirtschaftliche Interessen. Ein schwerer und nicht wieder gutzumachender Schaden kann auch aus gesamtwirtschaftlicher Sicht angenommen werden, wenn die angefochtene Entscheidung eine Situation schafft, in der kurzfristig bedeutende Änderungen der auf dem betroffenen Markt herrschenden Bedingungen eintreten **(Marktstörung)**. Ein tiefgreifender Eingriff in die Wettbewerbsstruktur ist auch bei einem Erfolg in der Hauptsache nur sehr schwer rückgängig zu machen. Ein Rechtsmittel der Kommission, mit der die Relevanz der hypothetischen Marktentwicklung nach vollzogener Kommissionsentscheidung zumindest für horizontale Marktbeziehungen bestritten wurde, hat der Gerichtshof zurückgewiesen.¹⁹⁰⁷ Die Marktentwicklung soll allerdings nicht ausschlaggebend sein, wenn der Antragsteller bislang auf dem Markt nicht vertreten war und mit seinem Antrag auf Erlass einstweiliger Maßnahmen gerade Marktzugang begehrt.¹⁹⁰⁸ 592

Auch bei Geltendmachung einer drohenden Gefahr für die Wettbewerbsstruktur bedarf es jedenfalls einer Verbindung zwischen der Bedrohung und der persönlichen Lage des Antragstellers.¹⁹⁰⁹ Die Gefahr, dass sich Marktanteile unwiederbringlich verändern könnten, kann demnach zur Gewährung einstweiligen Rechtsschutzes berechtigen.¹⁹¹⁰ Anerkannt ist des Weiteren ein allgemeiner Tarifverfall auf einem Markt,¹⁹¹¹ das zwischenzeitliche Abwandern von Kunden,¹⁹¹² die Gefahr einer spürbaren Zunahme von Parallelimporten,¹⁹¹³ die Verpflichtung zum Einräumen von Zwangslizenzen¹⁹¹⁴ etc. Zur Wettbewerbsstruktur zählte das Gericht in IMS Health auch den Wert eines Urheberrechts.¹⁹¹⁵ Insbesondere in Fällen von Lieferverpflichtungen und Zwangslizenzen hat 593

[1899] EuGH Slg. 1987, 4367 Rn. 17 – Dow Chemical.
[1900] EuGH Slg. 2004, I-8739 Rn. 38–42 – Akzo Nobel; 17.9.2015 – C-386/15 P (R) ECLI:EU:C:2015:623 Rn. 23 ff. – Alcogroup.
[1901] ZB EuGH 10.9.2013 – C-278/13 P(R), ECLI:EU:C:2013:558 Rn. 38 – Pilkington Group.
[1902] EuGH 10.9.2013 – C-278/13 P(R), ECLI:EU:C:2013:558 Rn. 39 ff. – Pilkington Group.
[1903] EuGH 10.9.2013 – C-278/13 P(R), ECLI:EU:C:2013:558 Rn. 46 ff. – Pilkington Group.
[1904] EuGH 10.9.2013 – C-278/13 P(R), ECLI:EU:C:2013:558 Rn. 51 ff. – Pilkington Group.
[1905] EuGH 12.6.2018 – C-65/18 P(R), ECLI:EU:C:2018:426 Rn. 22 – Nexans.
[1906] EuG Slg. 2004, II-271 Rn. 84 – FNSEA.
[1907] EuGH Slg. 1995, I-2165 Rn. 46 – Atlantic Container Line u.a.
[1908] EuG Slg. 2001, II-67 Rn. 48 – Petrolessence.
[1909] EuG Slg. 1994, II-703 Rn. 23 – EISA.
[1910] EuG Slg. 2001, II-67 Rn. 47 – Petrolessence.
[1911] EuG Slg. 1995, II-597 Rn. 56 – Atlantic Container.
[1912] EuG Slg. 2001, II-3193 Rn. 128 – IMS Health.
[1913] EuG Slg. 1996, II-381 Rn. 56 – Bayer.
[1914] EuG Slg. 2001, II-3193 Rn. 130 – IMS Health.
[1915] EuG Slg. 2001, II-3193 Rn. 123 – IMS Health.

das EuG die Selbstbestimmtheit der Geschäftspolitik eines Unternehmens hochgehalten.[1916] Dabei werden bereits im Verfahren des einstweiligen Rechtsschutzes häufig schon Wertungen von großer Tragweite getroffen. Deshalb ist mit dem Argument der drohenden Marktstörung grundsätzlich vorsichtig umzugehen.[1917]

594 (3) **Kausalität.** Die Gefahr eines Schadens muss mit der Anwendung der behördlichen Entscheidung in einem **Kausalzusammenhang** stehen.[1918] Einstweilige Anordnungen, die schon nicht geeignet wären, den vom Antragsteller angeführten schweren und nicht wieder gutzumachenden Schaden zu verhindern, können hierfür erst recht nicht erforderlich sein. Die Kausalität ist etwa verneint worden hinsichtlich der verminderten Aussichten zur Vermarktung von Lizenzen in Folge eines genehmigten Fusionsvorhabens von Wettbewerbern; der mögliche Schaden beruhe „auf einer bloßen Annahme und auf gewagten Vorhersagen über künftige ungewisse Ereignisse".[1919] Ebenso reicht der Ausschluss eines Bewerbers von der Übernahme von Vermögenswerten, zu deren Verkauf ein fusionierendes Unternehmen von der Kommission verpflichtet wurde, für sich genommen für den Nachweis der Dringlichkeit nicht aus, weil dieses Verfahren zwangsläufig für alle Teilnehmer mit Risiken verbunden ist.[1920] Außerdem drohte auch hier wieder „nur" ein finanzieller Schaden, dessen Ausgleich später reguliert werden könnte.

595 (4) **Glaubhaftmachung.** Das Bevorstehen des Schadens muss nicht mit Sicherheit nachgewiesen werden, es genügt dafür ein Glaubhaftmachen mit „**hinreichender Wahrscheinlichkeit**".[1921] In Einzelfällen hat der EuGH aber die niedrigere Schwelle des EuG akzeptiert, wonach der Eintritt eines qualifizierten Schadens nur nicht ausgeschlossen sein durfte.[1922] Tatsächlich wird man hinsichtlich des Wahrscheinlichkeitsgrads keine feste Regel aufstellen können, sondern es muss im Einzelfall die Wechselwirkung zwischen der Art und Schwere des Rechtsverstoßes und den nachteiligen Auswirkungen auf das Vermögen oder andere Rechtsgüter des Antragsstellers bzw. auf den Markt berücksichtigt werden. Die Prüfung der Dringlichkeit geht damit bereits in die eigentlich getrennt vorzunehmende Interessensabwägung über.

596 Die Glaubhaftmachung verlangt nach konkreten Angaben, anhand deren der Richter hinsichtlich jedes betroffenen Unternehmens abschätzen kann, welche genauen Auswirkungen bei Nichterlass der begehrten Maßnahmen wahrscheinlich eintreten würden.[1923] Im Einzelfall sind also Unterlagen zur Buchhaltung, Verträge etc vorzulegen. Die **Beweislast** sowohl für die Gefahr des qualifizierten Schadens als auch dafür, dass er den Ausgang des Hauptsacheverfahrens nicht abwarten kann, trägt der Antragsteller.[1924]

597 Das Bestehen **möglicher Alternativen zum Aussetzen der Entscheidung** im Hinblick auf die Verhinderung des Schadenseintritts muss der Richter nicht berücksichtigen.[1925] Allerdings können bestehende Klagemöglichkeiten vor nationalen Gerichten, etwa gegen die Rückforderung von Beihilfen, gegen die Annahme eines nicht wiedergutzumachenden Schadens sprechen,[1926] ohne dass aber dadurch die Möglichkeit einstweiligen Rechtsschutzes vor den Unionsgerichten per se entfallen würde.[1927]

598 cc) **Interessenabwägung.** Als abschließenden Prüfschritt, vergleichbar der Verhältnismäßigkeitsprüfung im materiellen Recht,[1928] sieht die Rechtsprechung „gegebenenfalls"[1929] eine Abwägung der widerstreitenden Interessen durch das Gericht vor. Dazu kommt es regelmäßig nur, wenn Notwendigkeit und Dringlichkeit bereits erwiesen werden konnten. Die Situation des Richters bei der Interessenabwägung ist keine einfache. Ein Beispiel bildet der Antrag auf Vollzugsaussetzung in

---

[1916] EuG Slg. 1996, II-381 Rn. 54 – Bayer; Slg. 2001, II-3193 Rn. 130 – IMS Health.
[1917] Vgl. etwa EuG Slg. 2004, II-4463 Rn. 317 – Microsoft.
[1918] EuGH Slg. 1995, I-2165 Rn. 43 – Atlantic Container Line u.a.
[1919] EuG Slg. 1994, II-1159 Rn. 31 – Union Carbide.
[1920] EuG Slg. 2001, II-67 Rn. 44 – Petrolessence.
[1921] EuGH Slg. 1995, I-2165 Rn. 38 – Atlantic Container Line u.a; EuG Slg. 2008, II-42 Rn. 32 – Buczek.
[1922] EuGH Slg. 1995, I-2165 Rn. 39 – Atlantic Container Line u.a.
[1923] EuG Slg. 1998, II-641 Rn. 64 ff. – Arbeitsgemeinschaft Deutscher Luftfahrt-Unternehmen.
[1924] StRspr, EuG Slg. 1993, II-1409 Rn. 27 – Gestevision Telecinco; Slg. 1994, II-703 Rn. 19 – EISA; Slg. 1995, II-597 Rn. 50 – Atlantic Container; Slg. 1996, II-1655 Rn. 19 – Stadt Mainz; Slg. 1998, II-641 Rn. 58 – Arbeitsgemeinschaft Deutscher Luftfahrt-Unternehmen; Slg. 2001, II-67 Rn. 40 – Petrolessence; Slg. 2008, II-42 Rn. 24 – Buczek.
[1925] EuGH Slg. 1995, I-2165 Rn. 43 – Atlantic Container Line u.a.
[1926] EuGH Slg. 1986, 537 Rn. 22 – Deufil; Slg. 1987, 2589 Rn. 26 – Belgien/Kommission.
[1927] EuG Slg. 2002, II-2153 Rn. 56 f. – Technische Glaswerke Ilmenau.
[1928] Zum Teil wird nach Durchführung einer Interessenabwägung die Verhältnismäßigkeit der getroffenen Maßnahme noch separat geprüft, vgl. EuGH Slg. 1995, I-2165 Rn. 56 – Atlantic Container Line u.a.
[1929] EuG Slg. 2001, II-67 Rn. 18 – Petrolessence.

VI. Einstweiliger Rechtsschutz

Langnese und Schöller. Die Aussetzung des Vollzugs einer gegen ein Vertriebssystem gerichteten Entscheidung mag geboten sein, wenn der Sofortvollzug die Kündigung aller Ausschließlichkeitsvereinbarungen und damit den möglicherweise unumkehrbaren Zusammenbruch des Systems bedeuten würde. Auf der anderen Seite könnte die Aussetzung des Vollzugs dem klagenden Unternehmen es erlauben, die Erschwerung des Marktzugangs zu zementieren.[1930] In dieser Situation hat der Präsident des EuG zu recht entscheidend auf die spezifische Funktionsweise des Marktes abgestellt.

In die Abwägung einzustellen sind das **Interesse des Antragstellers** an der Aufhebung des Sofortvollzugs bzw. am Erlass der beantragten einstweiligen Maßnahmen auf der einen Seite, und das **öffentliche Interesse an der Durchführung** der angefochtenen Entscheidungen sowie die **Interessen Dritter,** die von einer etwaigen Aussetzung der angefochtenen Entscheidung unmittelbar betroffen wären, auf der anderen Seite.[1931]

Die Interessen der Antragsteller bestimmen sich nach dem oben zur Dringlichkeit Gesagten. Sie können ganz verschieden sein und müssen nicht unbedingt pekuniären Charakter haben. Als mögliche Interessen Dritter kommen jene der Wettbewerber in Betracht. Das Interesse der Arbeitnehmer auf Erhalt ihres Arbeitsplatzes wird aber allenfalls bei den Interessen des Antragstellers mitberücksichtigt.[1932] Das Interesse der Behörde – im Rahmen von Art. 278 AEUV/Art. 40 ÜGA an der sofortigen Durchführung der Maßnahme – ist regelmäßig das **Interesse an der Herstellung wirksamen Wettbewerbs,** bildet also ein Allgemeininteresse. Das gilt bezüglich des Vollzugs wettbewerbsrechtlicher Verfügungen ebenso wie etwa hinsichtlich der Durchführung eines Rückforderungsentscheids im Beihilferecht.[1933] Als weiteres öffentliches Interesse ist ein Interesse am Schutz der Eigentumsrechte im Allgemeinen und der Rechte des geistigen Eigentums anerkannt worden.[1934] Hier hat das EuG den fundamentalen Streit zwischen freier Wettbewerbsordnung und Immaterialgüterrechten im Rahmen des einstweiligen Rechtsschutzes ausgetragen. Ist die beantragte einstweilige Anordnung geeignet, die Interessen Dritter zu beeinträchtigen, die nicht Parteien des Rechtsstreits sind und deshalb nicht gehört werden können, so sind solche Anordnungen nur dann gerechtfertigt, wenn die Antragsteller anderenfalls erkennbar in eine existenzbedrohende Lage gerieten.[1935]

Wie im Rahmen einer Verhältnismäßigkeitsprüfung ist vom Richter des einstweiligen Rechtsschutzes insbesondere die **Erforderlichkeit** einer Anordnung zu prüfen. Es ist dabei zu evaluieren, welche der Entscheidungsalternativen die am wenigsten schädlichen Folgen in Intensität und Dauer zeitigt. Die Erforderlichkeit entfällt danach, wenn etwa eine Vollzugsaussetzung die volle Wirksamkeit der Entscheidung bei späterer Klageabweisung behindern würde.[1936] Dies entspricht dem einstweiligen Rechtsschutz inhärenten Prinzip, dass die beantragte Maßnahme der Entscheidung in der Hauptsache nicht vorgreifen[1937] und deren Folgen nicht im Voraus neutralisieren darf.[1938] Aus Sicht des Unionsinteresses sind bei der Einziehung von Bußen auch der Wahrscheinlichkeitsgrad des Erfolgs sowie die zu erwartende Quote einer Zwangsvollstreckung zu berücksichtigen. Gegebenenfalls stellt sich eine allenfalls befristete und bedingte Aussetzung nicht nur als milderes Mittel, sondern aus Gläubigerperspektive auch als ökonomisch vernünftig dar.[1939]

Wenn, wie es das EuG in der Rechtssache Antonissen getan hat,[1940] nicht von vorneherein die Möglichkeit ausgeschlossen wird, einen im Hauptsacheverfahren geltend gemachten **Schadensersatz** bzw. einen Teil davon bereits vorläufig zu bekommen, so hat der EuGH dies doch auf Fälle beschränkt, in denen der fumus boni iuris „besonders ausgeprägt" und die Dringlichkeit „unbestreitbar" ist. Abgewogen werden muss darüber hinaus das Interesse des Antragstellers an der Vermeidung einer drohenden Insolvenz gegen die Gefahr, dass die geforderten Beträge im Fall der späteren Klagabweisung nicht zurückerlangt werden können; allenfalls kommen Sicherungsmaßnahmen seitens des Gerichts in Betracht.[1941] Tatsächlich aber besteht zwischen den beiden abzuwägenden Interessen ein kaum zu überbrückender Widerspruch: die drohende Insolvenz seitens des Antragsstellers begründet sowohl die Dringlichkeit als auch die Gefahr ausbleibender Rückzahlung.

[1930] EuG Slg. 1993, II-131 Rn. 40 – Langnese-Iglo.
[1931] Statt vieler EuG Slg. 1994, II-1159 Rn. 36 – Union Carbide.
[1932] EuG Slg. 1996, II-381 Rn. 60 – Bayer.
[1933] EuG Slg. 2003, II-2924 Rn. 97 – Technische Glaswerke Ilmenau.
[1934] EuG Slg. 2001, II-3193 Rn. 143 – IMS Health.
[1935] EuG Slg. 1992, II-2579 Rn. 40 – CCE de la Société Général des Grandes Sources.
[1936] EuGH Slg. 1995, I-2165 Rn. 50 – Atlantic Container Line u.a.
[1937] StRspr, statt vieler EuG Slg. 1993, II-1409 Rn. 16 – Gestevision Telecinco.
[1938] EuGH Slg. 1989, 1141 Rn. 12 – „Magill"; EuG Slg. 2001, II-3193 Rn. 47 – IMS Health.
[1939] EuG Slg. 2004, II-271 Rn. 120 ff. – FNSEA.
[1940] EuG Slg. 1996, II-1641 Rn. 30 f. – Antonissen.
[1941] EuGH Slg. 1997, I-441 Rn. 36 ff. – Antonissen.

Die Stellung von Sicherheiten hat sich in einer solchen Situation ebenfalls als impraktikabel erwiesen. Es verwundert nach alledem nicht, dass das EuG in der Folge den Antrag auf einstweiligen Rechtsschutz in Form von Schadensersatzzahlungen abgewiesen hat.[1942] Diese dürften auch weiterhin die Ausnahme bleiben.

603   Bei **strukturell wirkenden Entscheidungen** ist, anders als bei nur einzelne Marktteilnehmer betreffenden Entscheidungen, aus Sicht des EuG die volle Wirkung der Entscheidung regelmäßig auch bei einer vorläufigen Vollzugsaussetzung nicht gefährdet.[1943] Der EuGH hat, ein wenig vorsichtiger, ein bei der Abwägung zu berücksichtigendes Interesse an der Wahrung der „Stabilität des betreffenden Marktes" formuliert.[1944]

604   Hinsichtlich der Aussetzung **anderer als der verfahrensbeendenden Entscheidungen** – namentlich der Entscheidung über die Eröffnung eines förmlichen Prüfverfahrens im **Beihilferecht** – fällt die Abwägung „außer in wirklichen Ausnahmefällen" zugunsten des Unionsinteresses an der Verhinderung einer Verfälschung des Binnenmarkts durch rechtswidrige und/oder unvereinbare Beihilfen aus, weil anderenfalls die Kommission an der entsprechenden Prüfung gehindert wäre.[1945] Obiter machte das EuG im Fall Gibraltar insbesondere deutlich, dass es schwierig sei, „sich die Umstände vorzustellen, die es bei Fehlen eines besonders ernsten Fumus boni juris und einer offenkundigen Dringlichkeit rechtfertigen würden, dass der Richter der einstweiligen Anordnung eine Entscheidung aussetzt, die sich darauf beschränkt, dass eine bereits in Durchführung begriffene, aber nicht angemeldete staatliche Maßnahme zum Gegenstand eines förmlichen Prüfverfahrens gemacht wird".[1946] Auch in Anträgen auf einstweiligen Rechtsschutz gegen eine **Rückforderungsentscheidung** hat sich in aller Regel das Unionsinteresse durchzusetzen, das auf Wiederherstellung des status quo ante gerichtet ist. Dass auch hier einstweiliger Rechtsschutz in entsprechend gelagerten Fällen möglich sein muss, hat das EuG unter Berufung auf allgemeine Rechtsschutzüberlegungen ausdrücklich betont.[1947]

605   Eine Möglichkeit für die Gerichte, um bei einer schwierigen Gemengelage der Interessen eine verhältnismäßige Lösung zu treffen, ist die **Befristung der Wirkung von Maßnahmen des einstweiligen Rechtsschutzes,** für welche die Verfahrensordnungen eine Rechtsgrundlage bieten.[1948] Damit kann die Zahlung von Bußen oder die Rückforderung von Beihilfen für einen gewissen Zeitraum aufgeschoben werden, um dem betroffenen Unternehmen bei existenzbedrohenden Summen vorläufige Stabilität zu ermöglichen. Ein weiteres bzw. zusätzliches Mittel zur Sicherstellung einer ausgewogenen Lösung sind **Auflagen,** die etwa zu Teilzahlungen oder zur Einreichung von Berichten über die finanzielle Situation des Unternehmens bei der Gerichtskanzlei verpflichten können.[1949] Solche – nicht häufig gezeigte – Kreativität kann um konsekutive Fristverlängerungen ergänzt werden.

606   **b) Prüfungsumfang.** Der Richter der einstweiligen Anordnung genießt, obwohl zumindest am EuG rechtsmittelrechtlich nachprüfbar, eine durch die Besonderheiten des Verfahrenstyps gerechtfertigte größere Freiheit. Er ist zunächst an den Antrag nicht gebunden. Er ist aber gleichzeitig auch nicht verpflichtet, andere Maßnahmen als die ausdrücklich begehrten in Betracht zu ziehen.[1950] Des Weiteren kann vom Richter der einstweiligen Anordnung nicht verlangt werden, dass er ausdrücklich auf alle im Laufe des Verfahrens erörterten tatsächlichen und rechtlichen Punkte eingeht. Es genügt, dass die von ihm berücksichtigten Gründe seine Entscheidung schlüssig rechtfertigen und dem EuGH die Ausübung der Kontrolle ermöglichen.[1951] Es ist demnach verzeihlich, wenn ein einzelnes vorgebrachtes Beweismittel nicht gewürdigt wurde.[1952]

607   **c) Wirkung.** Die einstweilige Anordnung ergeht durch Beschluss. Im Obsiegensfall wird nach Art. 278 AEUV/Art. 40 ÜGA der Vollzug der Entscheidung **bis zum Erlass des Endurteils** ausgesetzt. Der Beschluss gilt grundsätzlich nur bis zur Verkündung des Urteils im Hauptsacheverfahren und tritt dann automatisch außer Kraft.[1953] Allerdings kann die einstweilige Anordnung vom

---

[1942] EuG Slg. 1997, II-425 Rn. 28 – Antonissen II.
[1943] EuG Slg. 1995, II-597 Rn. 55 – Atlantic Container.
[1944] EuGH Slg. 1995, I-2165 Rn. 52 – Atlantic Container Line u.a.
[1945] EuG Slg. 2001, II-3915 Rn. 110 – Regierung von Gibraltar/Kommission; Slg. 2007, II-130 Rn. 45 – MB Immobilien Verwaltung.
[1946] EuG Slg. 2001, II-3915 Rn. 115 – Regierung von Gibraltar/Kommission.
[1947] EuG Slg. 2002, II-2153 Rn. 115 – Technische Glaswerke Ilmenau.
[1948] Art. 162 Abs. 3 EuGHVfO; Art. 158 Abs. 3 EuGVfO; Art. 142 Abs. 3 VerfO EFTA-GH.
[1949] Vgl. zB EuG Slg. 2002, II-2153 Rn. 121 – Technische Glaswerke Ilmenau.
[1950] EuGH Slg. 1997, I-441 Rn. 22 f. – Antonissen.
[1951] EuG Slg. 1996, I-4971 Rn. 52 – SCK.
[1952] EuGH Slg. 2003, I-1417 Rn. 39 f. – Marcuccio.
[1953] Art. 162 Abs. 3 EuGHVfO; Art. 158 Abs. 3 EuGVfO; Art. 142 Abs. 3 VerfO EFTA-GH.

jeweiligen Gericht auch auf einen früheren Zeitpunkt befristet werden.[1954] Ebenso möglich ist eine Verknüpfung der Aussetzung des Vollzugs an Bedingungen.[1955]

Im Übrigen kann der Richter der einstweiligen Anordnung den im Verfahren der einstweiligen **608** Anordnung ergangenen Beschluss auf Antrag eines Verfahrensbeteiligten[1956] jederzeit wegen veränderter Umstände abändern, aufheben oder einem zurückgewiesenen Antrag aufgrund neuer Tatsachen nunmehr stattgeben.[1957] „Veränderte Umstände" bzw. „neue Tatsachen" in diesem Sinne müssen entscheidungserheblich und entweder nach Verkündung des ersten Beschlusses entstanden sein oder der Antragsteller konnte sie im Erstverfahren nicht geltend machen.[1958] Es wird sich häufig um Tatsachen handeln, die zu einer anderen Beurteilung der Dringlichkeit führen. Tritt also der vom Gericht zunächst nicht für ausreichend wahrscheinlich erachtete Schaden ein (oder erhöht sich zumindest die Wahrscheinlichkeit seines Eintretens), so kann die ursprüngliche Einschätzung korrigiert und einem zurückgewiesenen Antrag stattgegeben werden bzw. es können bereits angeordnete einstweilige Maßnahmen „verschärft" werden.[1959]

Der verfahrensabschließende Beschluss kann als Vollstreckungstitel dienen. Die **Kostenent-** **609** **scheidung** bleibt, unabhängig vom Tenor des Beschlusses, der Entscheidung in der Hauptsache vorbehalten.

4. Einstweiliger Rechtsschutz und Rechtsmittelverfahren. a) Rechtsmittel gegen **610** **Beschlüsse des EuG.** Gegen den Beschluss des EuG im Verfahren der einstweiligen Anordnung kann **Rechtsmittel zum EuGH** eingelegt werden.[1960] Dieser wendet bei der Überprüfung die bereits dargestellten Begründetheitskriterien an, deren Einhaltung durch das EuG als „Rechtsfrage" im Sinne des Rechtsmittelrechts anzusehen ist. Zu bedenken ist, dass die drei Kriterien kumulativ vorliegen müssen: Rechtsmittelgründe, die sich auf das Bestehen eines fumus boni iuris beziehen, mit denen aber nicht die fehlende Dringlichkeit der beantragten Maßnahmen in Frage gestellt wird, können noch nicht einmal teilweise zur Aufhebung des angefochtenen Beschlusses führen.[1961] Der EuGH berücksichtigt bei seiner Prüfung das **weite Ermessen des erstinstanzlichen Richters**.[1962] Dieses Ermessen verbietet es, die im Rahmen der Nichtigkeitsklage entwickelte Lehre vom Beurteilungsspielraum zugunsten der Kommission bei der Würdigung komplexer wirtschaftlicher Tatsachen zu übertragen.[1963] Darüber hinaus ist die **Würdigung von Tatsachen** im Rechtsmittelverfahren generell nicht überprüfbar.[1964] So werden das mögliche Eintreten eines schweren und nicht wieder gutzumachenden Schadens sowie dessen Wahrscheinlichkeit als Tatsachenfragen vom EuGH nicht überprüft.[1965] Großer Wert wird allerdings auf das Vorliegen einer Einzelfallwürdigung durch das EuG gelegt.[1966]

Ist das Rechtsmittel begründet, so hebt der EuGH die Entscheidung des EuG auf und verweist, **611** vorbehaltlich Entscheidungsreife, an dasselbe zurück. Die Kostenentscheidung bleibt in diesem Fall vorbehalten. Selbst Verstöße gegen materielles Recht müssen aber nicht zwangsläufig zur Aufhebung des erstinstanzlichen Beschlusses führen, wie der Präsident des EuGH im Fall IMS konzediert hat.[1967]

b) Einstweiliger Rechtsschutz im Rechtsmittelverfahren. Die Gewährung einstweiligen **612** Rechtsschutzes ist auch im Rechtsmittelverfahren noch möglich. Grundsätzlich folgt er den oben skizzierten Grundsätzen. Der fumus boni iuris ist rechtsmittelspezifisch zu begreifen; der Richter der einstweiligen Anordnung darf wiederum nicht mehr zusprechen, als mit dem Rechtsmittel insgesamt erreicht werden kann. In einer mit allgemeinen Rechtsschutzerwägungen begründeten Ausnahme gewährt die Rechtsprechung aber einen sachgerechten **„Durchgriff"** auf die mit der ursprünglichen Klage vor dem EuG angefochtene Entscheidung. Deren Vollzug kann auch im Rechtsmittelverfahren

---

[1954] EuG Slg. 2003, II-2895 Rn. 39 – Technische Glaswerke Ilmenau; Slg. 2003, II-2924 Rn. 98 – Technische Glaswerke Ilmenau.
[1955] EuG Slg. 2003, II-2895 Rn. 71 – Technische Glaswerke Ilmenau; Slg. 2003, II-2924 Rn. 100 – Technische Glaswerke Ilmenau.
[1956] Art. 164 EuGHVfO; Art. 160 EuGVfO; Art. 143 VerfO EFTA-GH.
[1957] Art. 163 EuGHVfO; Art. 159 EuGVfO; Art. 143 VerfO EFTA-GH.
[1958] EuG Slg. 2004, II-4621 Rn. 60 – European Dynamics.
[1959] EuG Slg. 1993, II-131 Rn. 46 – Langnese-Iglo.
[1960] Art. 57 Abs. 2, 3 EuGH-Satzung.
[1961] EuGH Slg. 2003, I-1417 Rn. 58 – Marcuccio.
[1962] EuGH 12.6.2018 – C-65/18 P(R), ECLI:EU:C:2018:426 Rn. 23 – Nexans; Slg. 1995, I-2165 Rn. 23 – Atlantic Container Line u.a.
[1963] EuGH Slg. 2002, I-3401 Rn. 58 – IMS.
[1964] EuGH Slg. 2002, I-3401 Rn. 54 – IMS.
[1965] EuGH Slg. 1995, I-2165 Rn. 39 – Atlantic Container Line u.a.
[1966] EuGH Slg. 1997, I-441 Rn. 43 – Antonissen.
[1967] EuGH Slg. 2002, I-3401 Rn. 85 – IMS.

noch ausgesetzt werden, weil die formal eigentlich nur mögliche Aussetzung des Vollzugs des klagabweisenden Urteils des EuG den Rechtsmittelführer nicht vor der Vollstreckung aus der Entscheidung schützen kann.[1968] Allerdings werden in diesem Fall zur Begründung eines fumus bonus iuris die bereits in erster Instanz vorgebrachten Argumente gegen die Entscheidung nicht ausreichen, da diese ja bereits von einem Unionsgericht zurückgewiesen wurden. Es bedarf nach Ansicht des EuGH vielmehr eines qualifizierten fumus boni iuris im Sinne besonders schwerwiegender und außergewöhnlicher Gründe, die für die Rechtswidrigkeit der Entscheidung sprechen.[1969]

VII. Rechtsmittel

613 **1. Einführung.** Urteile des EuG können gemäß Art. 256 Abs. 1 AEUV an den Gerichtshof als Rechtsmittelinstanz weiter gezogen werden. Das Rechtsmittel ist auf die Überprüfung von Rechtsfragen beschränkt und entspricht damit nach deutschem Verständnis der **Revision.** Der EuGH betätigt sich also auch in zweiter Instanz nicht als Tatsachengericht. Diese Rolle bleibt ausschließlich dem EuG vorbehalten. Die Tatsachenfeststellung und -würdigung des EuG entzieht sich grundsätzlich der Kontrolle im Rechtsmittelverfahren. Auch können in diesem keine Beweise mehr erhoben werden.[1970] Der Nachprüfungscharakter des Verfahrens gestattet nicht einmal neue Angriffsmittel,[1971] es sei denn, es handle sich lediglich um neue Argumente zur Stützung eines bereits in erster Instanz vorgetragenen Angriffsmittels. Es liegt auf der Hand, dass die Rechtsmittelführer in einer „tatsachenlastigen" und gleichzeitig eingriffsintensiven Rechtsmaterie wie dem Wettbewerbsrecht diese Grenzen regelmäßig testen.

614 Das Rechtsmittel ist demnach insbesondere im Wettbewerbsrecht von großer praktischer Bedeutung. Die Mehrzahl der Entscheidungen des EuG in diesem Bereich wird an den EuGH weitergezogen. Das Einlegen eines Rechtsmittels hat aber, wie bereits die Klage selbst, keine aufschiebende Wirkung und hindert die Vollstreckung nicht.[1972]

615 **2. Zulässigkeit. a) Parteifähigkeit.** Ein Rechtsmittel kann von der vor dem EuG jeweils unterlegenen Partei eingelegt werden. Art. 56 Abs. 2 EuGH-Satzung lässt insofern ein teilweises Unterliegen genügen.

616 **Streithelfer** im erstinstanzlichen Verfahren behalten ihre Stellung auch im Verfahren vor dem EuGH. Darüber hinaus ist Streithilfe auch erst im Rechtsmittelverfahren möglich, sofern der Antrag auf Zulassung innerhalb eines Monats nach der Veröffentlichung der Mitteilung im Amtsblatt eingereicht wird.[1973]

617 Auf ein Rechtsmittel der unterlegenen Partei kann die durch das Urteil des EuG nichtbelastete Partei in der Rechtmittelbeantwortung ein **Anschlussrechtsmittel** einlegen, indem sie die Aufhebung des erstinstanzlichen Urteils gestützt auf Rechtsmittelgründe verlangt, die der Rechtsmittelführer nicht vorgetragen hat.[1974] Im Gegensatz zum Rechtsmittel muss es demnach nicht auf die Aufhebung der Entscheidung in der Gestalt der Entscheidungsformel gerichtet sein, sondern kann sich auch gegen eine explizite oder implizite Entscheidung über die Zulässigkeit richten.[1975]

618 **b) Rechtsmittelschrift.** Grundsätzlich gilt hier das zur Klageschrift Gesagte (→ Rn. 286 ff.). Die Rechtsmittelschrift muss **in formeller Hinsicht** Art. 168 EuGHVfO genügen, also insbesondere Namen und Adresse des Rechtsmittelführers, die Bezeichnung der gegnerischen Partei vor dem EuG sowie der angefochtenen Entscheidung, die Rechtsmittelgründe und eine kurze Darstellung dieser, die Rechtsmittelanträge sowie das Datum der Zustellung des angefochtenen Urteils (für die Fristberechnung) bezeichnen. Näheres zu den Formalien kann den „Praktischen Anweisungen" des EuGH entnommen werden. Verstöße gegen die Formalia einer Rechtsmittelschrift können führen, sofern dem Rechtsmittelführer nicht ohnehin nach den allgemeinen Vorschriften die Beseitigung des Mangels aufgegeben werden kann, allerdings nur dann zur Unzulässigkeit des Rechtsmittels, wenn dem Antragsgegner dadurch ein Nachteil entstanden ist,[1976] wovon nicht auszugehen ist, wenn er etwa Informationen oder Unterlagen bereits aus dem erstinstanzlichen Verfahren kannte.

[1968] EuGH Slg. 2005, I-3539 Rn. 12–14 – Technische Glaswerke Ilmenau.
[1969] EuGH Slg. 2005, I-3539 Rn. 16–20 – Technische Glaswerke Ilmenau.
[1970] EuGH Slg. 1999, I-4643 Rn. 98 – Chemie Linz und → Rn. 236 ff.
[1971] Art. 118 42 § 2 EuGHVfO; vgl. etwa EuGH 3.5.2012 – C-289/11 P, ECLI:EU:C:2012:270 Rn. 33 – Legris Industries.
[1972] Art. 60 Abs. 1 EuGH-Satzung.
[1973] Art. 190 Abs. 1 iVm Art. 130 EuGHVfO.
[1974] Vgl. zB EuGH Slg. 2004, I-4087 Rn. 28 – Italien/Kommission; Slg. 2005, I-1283 Rn. 35 – T-Mobile Austria.
[1975] Art. 178 Abs. 2 EuGHVfO.
[1976] EuGH Slg. 1996, I-5547 Rn. 11 – Tremblay; Slg. 2002, I-9297 Rn. 11, 54, 63 – Aéroports de Paris.

VII. Rechtsmittel

Inhaltlich muss die Rechtsmittelschrift einen Antrag und Rechtsmittelgründe enthalten. Der **619** Antrag ist auf die ganze oder teilweise Aufhebung des angefochtenen Urteils in der Gestalt der Entscheidungsformel zu richten. Bei Spruchreife ist zudem zu beantragen, den in erster Instanz gestellten Anträgen stattzugeben, einschließlich der Verurteilung hinsichtlich der Kosten. Beantragt der Rechtsmittelführer für den Fall der Aufhebung die Verweisung zurück an das EuG, so hat er darzulegen, warum der Rechtsstreit nicht zur Entscheidung durch den Gerichtshof reif ist.[1977]

Vor allem muss die Rechtsmittelschrift nach Art. 256 AEUV sowie Art. 168 Abs. 1 EuGHVfO **620** die beanstandeten Teile im angefochtenen Urteil sowie die Argumente, auf die sich der jeweilige Antrag stützt, genau bezeichnen.[1978] Hinsichtlich der Genauigkeit der Bezeichnung und der Argumentation legt der EuGH einen strengen Maßstab an. Vermieden werden soll, dass das Rechtsmittel faktisch zu einer erneuten, umfänglichen Prüfung der erstinstanzlichen Klage führt.[1979] Deshalb erwartet der EuGH von der juristischen Argumentation, dass sie die angegriffenen Elemente des erstinstanzlichen Urteils genau bezeichnet und sich **speziell mit den geltend gemachten Rechtsfehlern** auseinandersetzt. Es genügt nicht, wenn die vor dem EuG bereits vorgetragenen Argumente bloß wiedergegeben, wiederholt oder im Wege des Verweisens wieder zum Gegenstand gemacht werden.[1980] Dies bedeutet natürlich nicht, dass der Rechtsmittelführer seine Klagegründe und Argumente nicht noch ein zweites Mal vorbringen könnte. Vermieden werden soll aber der unreflektierte Neuvortrag des gesamten Prozessstoffes aus erster Instanz.[1981] Umgekehrt führt das Vorbringen neuer Klagegründe, die bereits vor dem Gericht hätten geltend gemacht werden können, ebenfalls zu deren Unzulässigkeit.[1982]

Darüber hinaus ist darzulegen, wie sich die angeblichen Verstöße auf das Urteil ausgewirkt **621** haben sollen. Im Falle der Rüge von Verfahrensfehlern ist zu bezeichnen, worin die Nichtbeachtung der betreffenden Vorschriften genau bestehen soll und in welcher Weise die angeblichen Verstöße die Interessen des Rechtsmittelführers beeinträchtigt haben.[1983] Verstöße gegen Art. 256 AEUV, Art. 58 Abs. 1 der Satzung sowie Art. 168 Abs. 1 EuGHVfO führen regelmäßig zur **offensichtlichen Unzulässigkeit** des Rechtsmittels.

Ein **Anschlussrechtsmittel** muss sich in den geltend gemachten Rechtsgründen und -argu- **622** menten – welche die beanstandeten Punkte der Begründung der Entscheidung bezeichnen müssen – von den in der Rechtsmittelbeantwortung geltend gemachten Punkten unterscheiden.[1984]

Tatsächliches Vorbringen im Sinne eines Bestreitens von Tatsachen oder Einführens neuer **623** Tatsachen ist nach der Natur des Rechtsmittelverfahrens von vorneherein nicht möglich (→ Rn. 625 ff.). Rügt der Rechtsmittelführer aber eine Verfälschung von Beweismitteln durch das EuG, muss er genau angeben, welche Beweismittel verfälscht worden sein sollen und welche Beurteilungsfehler das Gericht zu dieser Verfälschung veranlasst haben sollen.[1985] **Neue (juristische) Angriffs- und Verteidigungsmittel** können im Rechtsmittelverfahren ebenfalls nicht mehr vorgetragen werden, sofern damit der Streitgegenstand im Vergleich zu dem dem Gericht vorliegenden erweitert würde.[1986] Damit ist der Aktionsradius des Rechtsmittelführers eher beschränkt.

c) Rechtsmittelgegenstand. aa) Rechtsmittelfähige Entscheidungen. Aus Art. 56 ff. **624** EuGH-Satzung lässt sich ein Grundsatz des einheitlichen Rechtsmittels entnehmen, das sich gegen alle vom EuG getroffenen Entscheidungen unabhängig von deren Natur richten kann. Welche Entscheidungen dies im Einzelnen sind, wird in der Satzung enumerativ aufgezählt. Mit Rechtsmittel angreifbar sind zunächst alle **Endentscheidungen**, neben Urteilen also auch verfahrensbeendende Beschlüsse. Das gilt auch für die Entscheidungen im Verfahren des einstweiligen Rechtsschutzes sowie der Zwangsvollstreckung.[1987] Darüber hinaus können Rechtsmittel auch gegen **Zwischenurteile** bzw. -beschlüsse eingelegt werden.[1988] Zulässig ist insbesondere auch ein Rechtsmittel gegen Beschlüsse auf die im Zwischenstreit verhandelte Einrede der Unzulässigkeit nach Art. 30 EuGVfO. Dies gilt auch, wenn über die Zulässigkeit erst im Endurteil entschieden wird. In diesem Fall ist der

---

[1977] Art. 170 Abs. 2 EuGHVfO.
[1978] EuGH Slg. 1996, I-4435 Rn. 37 – San Marco Impex; Slg. 2002, I-9297 Rn. 31 – Aéroports de Paris.
[1979] EuGH Slg. 2000, I-5291 Rn. 35 – Bergaderm und Goupil.
[1980] EuGH Slg. 1993, I-2041 Rn. 19 – Kupka-Floridi; Slg. 1993, I-7027 Rn. 8 – Eppe; Slg. 1997, I-2549 Rn. 32 – TWD.
[1981] EuGH Slg. 2006, I-731 Rn. 106 f. – Communità Montana della Valnerina.
[1982] EuGH 3.5.2012 – C-289/11 P, ECLI:EU:C:2012:270 Rn. 33 – Legris Industries.
[1983] EuGH Slg. 1995, I-4905 Rn. 15 – Hogan.
[1984] Art. 178 Abs. 3 EuGHVfO.
[1985] EuGH Slg. 2004, I-123 Rn. 50 – Hogan.
[1986] EuGH Slg. 2004, I-10609 Rn. 59 – Demesa; Slg. 2004, I-10653 Rn. 60 – Ramondín.
[1987] Art. 57 Abs. 2 EuGH-Satzung.
[1988] Art. 56 Abs. 1 EuGH-Satzung.

Zulässigkeitsteil des Tenors gesondert anfechtbar.[1989] Ist die Einrede der Unzulässigkeit zurückgewiesen und die Klage aber gleichzeitig als unbegründet abgewiesen worden, so kann der letztlich erfolgreiche Beklagte dennoch den die Unzulässigkeit betreffenden Teil anfechten.[1990] In jedem Fall muss aber über die Unzulässigkeit eine ausdrückliche Entscheidung getroffen worden sein.[1991] Auch die Ablehnung eines Antrags als Streithelfer durch das EuG kann Gegenstand eines Rechtsmittels sein,[1992] nicht aber die Zulassung als Streithelfer der gegnerischen Partei.

625 **bb) Rechts- und Tatsachenfragen.** Gemäß Art. 256 Abs. 1 UAbs. 2 AEUV und Art. 58 EuGH-Satzung ist das Rechtsmittel **„auf Rechtsfragen beschränkt"**. In tatsächlicher Hinsicht besteht grundsätzlich keine Nachprüfungskompetenz des EuGH. Rechtsmittelgründe, welche die Grenze zwischen Recht und Tatsache überschreiten, werden deshalb bereits als **unzulässig** zurückgewiesen. Wo diese Grenze zu ziehen ist, ist aber im Einzelfall nicht immer leicht festzustellen. Im Sinne einer Richtschnur kann gesagt werden, dass die Auslegung der Wettbewerbsvorschriften und ihre Anwendung auf etablierte Sachverhalte Rechtsfragen betrifft, die Feststellung dieses Sachverhalts dagegen tatsächlicher Natur ist.

626 Dem EuGH ist es grundsätzlich verwehrt, die **tatsächlichen Feststellungen** des EuG zu korrigieren, soweit sich deren Unrichtigkeit nicht bereits eindeutig aus den Akten ergibt.[1993] Nicht als Rechtsfrage gilt auch die **Würdigung** der ermittelten Tatsachen, so dass die Vorgaben des EuG auch diesbezüglich den EuGH binden.[1994] Dies schließt die Beweiswürdigung bis zur Grenze der Beweisverfälschung ein,[1995] wobei Letztere sich wiederum offensichtlich und ohne das Erfordernis neuer Tatsachen- und Beweiswürdigung aus den Akten ergeben muss.[1996] Die Würdigung von Kronzeugenerklärungen etwa ist grundsätzlich alleinige Angelegenheit des Gerichts und kann nicht im Rechtsmittelverfahren erneut überprüft werden.[1997] Das Gericht kann bei der Beweiswürdigung sogar von einer Begründung absehen, insbesondere wenn es der Auffassung ist, dass diese bedeutungslos oder für den Ausgang des Rechtsstreits unerheblich ist.[1998]

627 Auf der anderen Seite erstreckt sich die Befugnis des Gerichtshofs als Rechtsmittelinstanz auf die Überprüfung der Pflicht des EuG zur Aufklärung des Sachverhalts,[1999] die Kontrolle der Subsumtion der Tatsachen unter die einschlägigen Rechtsnormen sowie ganz allgemein der rechtlichen Folgen, die das Gericht aus den festgestellten Tatsachen abgeleitet hat.[2000] Ebenfalls revisibel ist die Frage, ob die Begründung durch das EuG widersprüchlich oder unzulänglich ist.[2001] Die Frage der **Beweislastverteilung** ist genuin rechtlicher Natur.[2002] Das Gleiche gilt bezüglich der Einhaltung der allgemeinen Grundsätze der Beweiserhebung, einschließlich des Grundrechts auf ein faires Verfahren[2003] und der Unschuldsvermutung.[2004] Die Feststellung des **Beweiswerts** bestimmter Beweismittel ist im Rahmen dieser Grenzen dann wieder, als Teil der Würdigung, nicht überprüfbare Prärogative des EuG.[2005]

628 In Kartellsachen anerkennt der Gerichtshof, ebenso wie in erster Instanz das Gericht, eine strukturelle Beweisnot der Kommission, insbesondere bei der Würdigung von Dokumenten. Er berücksichtigt in ständiger Rechtsprechung, dass „die entsprechenden Unterlagen auf ein Minimum reduziert und lückenhaft sind und dass daher eine wettbewerbswidrige Vereinbarung in den meisten Fällen aus einer Reihe von Koinzidenzen und Indizien abgeleitet werden muss, die bei einer Gesamtbetrachtung mangels einer anderen schlüssigen Erklärung den Beweis für eine Verletzung der Wettbe-

---

[1989] EuGH Slg. 2005, I-1283 Rn. 45 ff. – T-Mobile Austria.
[1990] EuGH Slg. 1999, I-185 – Frankreich/Comafrica.
[1991] EuGH Slg. 2002, I-1873 Rn. 51 – Boehringer Ingelheim Vetmedica.
[1992] Art. 57 Abs. 1 EuGH-Satzung.
[1993] EuGH WuW/E EU-R 2532 Rn. 85 – Alliance One International.
[1994] EuGH Slg. 2000, I-4549 Rn. 35 f. – Dorsch Consult; 12.7.2012 – C-181/11 P, ECLI:EU:C:2012:455 Rn. 22 – Cetarsa.
[1995] EuGH Slg. 2003, I-9975 Rn. 102 – Freistaat Sachsen; Slg. 2002, I-8375 Rn. 330 – Limburgse Vinyl Maatschappij; Slg. 1994, I-667 Rn. 42 – Hilti; Entsprechendes gilt für die Würdigung nationalen Rechts, EuGH Slg. 2002, I-9297 Rn. 63 – Aéroports de Paris.
[1996] EuGH WuW/E Eu-R 2323 Rn. 27 – Tomra Systems.
[1997] EuGH WuW/E EU-R 2614 Rn. 47 – Kaimer.
[1998] EuGH Slg. 2000, I-4549 Rn. 51 – Dorsch Consult.
[1999] EuGH Slg. 2005, I-5425 Rn. 72 – Dansk Rørindustri.
[2000] EuGH Slg. 1998, I-3111 Rn. 21 – Deere; WuW/E EU-R 2614 Rn. 22 – Kaimer.
[2001] EuGH Slg. 1998, I-8417 Rn. 25 – Baustahlgewebe; Slg. 1999, I-4287 Rn. 66 – Hüls.
[2002] EuGH Slg. 1999, I-4287 Rn. 65 – Hüls; Slg. 2000, I-4549 Rn. 50 f. – Dorsch Consult; Slg. 2004, I-23 Rn. 61 – BAI.
[2003] EuGH Slg. 2005, I-5425 Rn. 69 ff. – Dansk Rørindustri.
[2004] EuGH Slg. 1999, I-4287 Rn. 65 – Hüls.
[2005] EuGH Slg. 2008, I-4951 Rn. 29 – Bertelsmann/Impala; WuW/E EU-R 2614 Rn. 23 – Kaimer.

werbsregeln darstellen können".²⁰⁰⁶ So verständlich diese Haltung in wettbewerbspolitischer Hinsicht auch sein mag, greift sie doch in grundlegende Verfahrensrechte ein und ist als allgemeine Maxime nicht tragbar.

cc) Veränderung des Streitgegenstands. Gegenstand der Entscheidung des EuGH ist allein das erstinstanzliche Urteil. Das Rechtsmittel kann den vor dem Gericht verhandelten Streitgegenstand nicht verändern.²⁰⁰⁷ Somit können erstmals im Rechtsmittelverfahren vorgetragene Rügen, die vor dem EuG nicht vorgebracht und erörtert wurden, nicht berücksichtigt werden.²⁰⁰⁸ **629**

dd) Rechtsmittel gegen die Kostenentscheidung. Ein isoliertes Rechtsmittel gegen die Kostenentscheidung oder Kostenfestsetzung ist ausgeschlossen und wird als unzulässig zurückgewiesen.²⁰⁰⁹ Dagegen gerichtete Anträge sollen nach der Rechtsprechung selbst als Teil eines umfassenderen Rechtsmittels unzulässig sein, wenn alle anderen Rechtsmittelgründe zuvor zurückgewiesen worden sind.²⁰¹⁰ **630**

d) Rechtsmittelbefugnis. Eine gesonderte Rechtsmittelbefugnis der Parteien ist über das Unterliegen in erster Instanz hinaus nicht nachzuweisen. Insofern verhält es sich bei **Streithelfern** anders, die grundsätzlich selbstständig zum Einlegen eines Rechtsmittels berechtigt sind. Es kann deshalb vor dem EuGH zu Rechtsmittelverfahren kommen, in denen die erstinstanzlichen Kläger gar nicht mehr beteiligt sind.²⁰¹¹ Wie bei der Zulässigkeit der Streithilfe selbst ist auch beim Einlegen eines Rechtsmittels zwischen Mitgliedstaaten und Unionsorganen einerseits und anderen Streithelfern andererseits zu unterscheiden. Erstere sind ohne Weiteres rechtsmittelbefugt. Sie müssen, wie Art. 56 Abs. 3 EuGH-Satzung feststellt, noch nicht einmal dem Verfahren in erster Instanz beigetreten sein und sind dann automatisch Streithelfer zugunsten der unterlegenen Partei im Verfahren vor dem EuGH. Andere Nebenintervenienten, dh natürliche und juristische Personen, aber auch die EFTA-Staaten, müssen darüber hinaus nachweisen, dass die Entscheidung des EuG „sie unmittelbar berührt". **631**

e) Rechtsschutzinteresse. Das Rechtsschutzinteresse privater Kläger gehört zu den Zulässigkeitsvoraussetzungen auch im Rechtsmittelverfahren und kann von Amts wegen geprüft werden.²⁰¹² Es kann entweder von vorneherein fehlen oder nach Einlegen des Rechtsmittels wegfallen. Ein Rechtsschutzinteresse setzt voraus, dass das Rechtsmittel bei gedachtem Erfolg dem Rechtsmittelführer im Ergebnis einen Vorteil verschaffen kann.²⁰¹³ Daran fehlt es nur dann, wenn Tatsachen vorliegen, die dem erstinstanzlichen Urteil seinen beeinträchtigenden Charakter nehmen.²⁰¹⁴ Ein mittlerweile ergangenes Urteil des EuGH kann eine solche Tatsache darstellen, allerdings nur dann, wenn sich der Streitgegenstand mit dem des Rechtsmittelverfahrens deckt.²⁰¹⁵ Mitgliedstaaten und Unionsorgane müssen kein Rechtsschutzinteresse nachweisen, wie der EuGH Art. 56 Abs. 3 der Satzung entnimmt. So kann die Kommission gegen ein Urteil Rechtsmittel einlegen, in dem eine Klage Privater für zulässig erklärt worden ist, selbst wenn die Klage als unbegründet zurückgewiesen wurde.²⁰¹⁶ **632**

f) Rechtsmittelfrist. Die Rechtsmittelfrist beträgt nach Art. 56 Abs. 1 EuGH-Satzung grundsätzlich zwei Monate. Dazu kommt die pauschale Entfernungsfrist von zehn Tagen. Die Frist beginnt mit der Zustellung der angefochtenen Entscheidung durch den Kanzler des Gerichts, wie sie Art. 55 EuGH-Satzung vorschreibt.²⁰¹⁷ Gleiches gilt nach Art. 57 Abs. 2 EuGH-Satzung auch für Entscheidungen des einstweiligen Rechtsschutzes und der Zwangsvollstreckung. Im Falle der Ablehnung eines Streithilfeantrags beträgt die Rechtsmittelfrist zwei Wochen ab Zustellung der ablehnenden Entscheidung, Art. 57 Abs. 1 EuGH-Satzung. Die Fristberechnung erfolgt nach den allgemeinen Grundsätzen (→ Rn. 111 ff.). **633**

3. Begründetheit. a) Prüfungsumfang. Gegenstand des Rechtsmittelverfahrens ist die Nachprüfung des erstinstanzlichen Urteils im Sinne einer Revision und nicht die Neuverhandlung des Rechtsstreits. Die Beschränkung auf Rechtsfragen wird von Art. 58 EuGH-Satzung weiter **634**

---

²⁰⁰⁶ EuGH WuW/E EU-R 2614 Rn. 31 – Kaimer.
²⁰⁰⁷ Art. 170 Abs. 1 EuGHVfO.
²⁰⁰⁸ EuGH WuW/E Eu-R 2323 Rn. 99 – Tomra Systems; WuW/E EU-R 2532 Rn. 111 – Alliance One International.
²⁰⁰⁹ Art. 58 Abs. 2 EuGH-Satzung.
²⁰¹⁰ EuGH Slg. 2001, I-5603 Rn. 31 – TF1; Slg. 2003, I-9975 Rn. 124 – Freistaat Sachsen.
²⁰¹¹ Vgl. zB EuGH Slg. 1998, I-1719 – Sytraval und Brink's France.
²⁰¹² Vgl. etwa EuGH 21.6.2012 – C-452/10 P, ECLI:EU:C:2012:366 – BNP Paribas.
²⁰¹³ EuGH Slg. 2002, I-6677 Rn. 21–23 – Unión de Pequeños Agricultores.
²⁰¹⁴ EuGH Slg. 1995, I-3319 Rn. 13 – Rendo.
²⁰¹⁵ EuGH Slg. 1995, I-3319 Rn. 16 – Rendo.
²⁰¹⁶ EuGH Slg. 2005, I-1283 Rn. 48 ff. – T-Mobile Austria.
²⁰¹⁷ Dazu instruktiv EuGH Slg. 2006, I-4845 Rn. 21–29 – P & O European Ferries.

konkretisiert. Zu einer unspezifischen Überprüfung der beim Gericht eingereichten Klage ist der Gerichtshof nicht befugt.[2018] Nach der Vorschrift kann ein Rechtsmittel ausschließlich auf **drei mögliche Gründe** gestützt werden: auf die Unzuständigkeit des Gerichts; auf einen Verfahrensfehler, durch den die Interessen des Rechtsmittelführers beeinträchtigt werden; sowie auf eine Verletzung des Unionsrechts. Rügen gegen bloße obiter dicta, die nicht den Tenor des Urteils oder des Beschlusses tragen, werden nicht berücksichtigt.[2019] Ein Rechtsmittel ist darüber hinaus auch dann zurückzuweisen, wenn der Tenor des EuG sich aus anderen als den vom Gericht angeführten Rechtsgründen als richtig erweist.[2020]

635 Die Befugnis des EuGH umfasst somit die Überprüfung des Urteils auf die Einhaltung materiellen Rechts als auch des prozessualen Rechts der Satzung und der VerfO. Nicht rechtsmittelfähig sind Tatsachenfragen, wobei auf die oben vorgenommene Abgrenzung zu verweisen ist.

636 Die Überprüfung des **Unionsrechts** umfasst in erster Linie die Richtigkeit der Subsumtion unter die einzelnen Tatbestände des positiven Primär- und Sekundärrechts, einschließlich des Verwaltungsverfahrens, und allgemeiner Rechtsgrundsätze wie den des „access to justice"[2021] oder der angemessenen Verfahrensdauer.[2022] Gerügt werden kann auch, dass das Gericht seiner **Pflicht zur umfassenden Nachprüfung** einer Kommissionsentscheidung zu Unrecht nicht nachgekommen ist.[2023]

637 Im Rechtsmittelverfahren beanstandet werden können auch **Begründungsmängel** des erstinstanzlichen Urteils. Die Begründungspflicht des Gerichts ergibt sich aus Art. 296 AEUV sowie aus Art. 36 und 53 Abs. 1 der Satzung. Analog zur Begründungspflicht der Kommission steht dahinter der Gedanke des effektiven Rechtsschutzes, hier in zweiter Instanz, für jeden einzelnen Adressaten[2024] einer beschwerenden Entscheidung. Aber wie auch schon das Gericht in erster Instanz geht der Gerichtshof dabei nicht formalistisch vor, sondern untersucht die erstinstanzlichen Ausführungen im Kontext. Das zieht die Gefahr der Konturlosigkeit nach sich, etwa wenn eine „implizite" Begründung als ausreichend angesehen wird.[2025]

638 Bei der Prüfung einer Entscheidung des EuG hinsichtlich der **Festsetzung von Geldbußen** ist es dem EuGH verwehrt, seine eigene Auffassung zur Angemessenheit eines bestimmten Betrags an die Stelle derjenigen des Gerichts zu setzen.[2026] Er beschränkt sich hinsichtlich der Merkmale von Dauer und Schwere eines Wettbewerbsverstoßes darauf, ob das EuG alle maßgeblichen Kriterien berücksichtigt hat, und ob es die Argumente der Parteien für eine Aufhebung oder Herabsetzung der Buße erschöpfend behandelt hat.[2027] Eine generelle Rüge auf Überprüfung oder Herabsetzung der Geldbuße wäre jedenfalls unzulässig. Im Verfahren des vorläufigen Rechtsschutzes kann nicht überprüft werden, ob andere Maßnahmen als die vom Antragsteller erstinstanzlich begehrten in Betracht kommen.[2028]

639 Interne Organisationsmaßnahmen des **EuG** unterliegen als solche nicht der Kontrolle des EuGH.[2029] Die **Verfahrensrüge** erfasst insbesondere die Verletzung rechtlichen Gehörs zulasten des Rechtsmittelführers.[2030] Wegen der grundrechtlichen Verankerung dieses Rechts ist das Rechtsmittel stets begründet, wenn ein Gehörsverstoß vorliegt. Im Falle einer sonstigen Verletzung des (Gerichts-)Verfahrensrechts durch das EuG muss darüber hinaus die Beeinträchtigung der Interessen des Rechtsmittelführers hinzutreten.[2031] Verfahrensgarantien und Verteidigungsrechte, auf deren Missachtung sich der Rechtsmittelführer beruft, muss er im erstinstanzlichen Verfahren auch in Anspruch genommen oder dies doch versucht haben und darf darauf nicht (auch nicht stillschweigend) verzichtet haben.[2032] In Bezug auf Rügen, die nicht rechtzeitig im Verfahren vor dem Gericht vorgebracht wurden, etwa die Ablehnung eines Zeugen, ist der Rechtsmittelführer präkludiert.[2033]

[2018] EuGH Slg. 1993, I-2041 Rn. 10 – Kupka-Floridi.
[2019] EuGH Slg. 2001, I-5603 Rn. 25 – TF1; Slg. 2002, I-9297 Rn. 41 – Aéroports de Paris.
[2020] EuGH 20.4.2012 – C-507/11 P(R), ECLI:EU:C:2012:231 Rn. 72 ff. – Fapricela.
[2021] EuGH Slg. 2005, I-3103 Rn. 35 – Tillack.
[2022] EuGH Slg. 1998, I-8417 Rn. 22 – Baustahlgewebe.
[2023] EuGH 21.6.2012 – C-452/10 P, ECLI:EU:C:2012:366 Rn. 105 – BNP Paribas.
[2024] EuGH WuW/E EU-R 2532 Rn. 75 – Alliance One International.
[2025] EuGH WuW/E EU-R 2532 Rn. 64 – Alliance One International.
[2026] EuGH Slg. 1995, I-865 Rn. 34 – BPB Industries und British Gypsum; Slg. 1997, I-4411 Rn. 31 – Ferriere Nord; Slg. 1999, I-4287 Rn. 197 – Hüls.
[2027] EuGH Slg. 1997, I-4411 Rn. 31 – Ferriere Nord; Slg. 1998, I-8417 Rn. 128 – Baustahlgewebe.
[2028] EuGH Slg. 1997, I-441 Rn. 22 – Antonissen.
[2029] EuGH Slg. 1995, I-4905 Rn. 15 – Hogan.
[2030] EuGH Slg. 2002, I-265 Rn. 20 – Plant.
[2031] Vgl. für das Fehlen dieser Beeinträchtigung etwa EuGH Slg. 1995, I-4906 Rn. 13 – Hogan.
[2032] EuGH Slg. 1999, I-5187 Rn. 32 – Petrides.
[2033] EuGH Slg. 1993, I-2041 Rn. 19 – Kupka-Floridi.

Ob im einstweiligen Rechtsschutzverfahren eine mündliche Verhandlung anberaumt wird, liegt im insofern nicht überprüfbaren Ermessen des erstinstanzlichen Richters.[2034]

b) Urteil. Der EuGH entscheidet in der Regel durch Urteil, es sei denn, es läge ein Fall offensichtlicher Unzulässigkeit oder Unbegründetheit vor. In diesem Fall sieht Art. 119 VerfO eine Entscheidung im Beschlusswege vor (→ Rn. 211). Der Begriff der Offensichtlichkeit ist dabei naturgemäß dehnbar. **640**

Ist das Rechtsmittel **unzulässig oder unbegründet,** so weist der EuGH das Rechtsmittel zurück. Ist das Rechtsmittel dagegen begründet und die Sache **entscheidungsreif,** so hebt der EuGH die Entscheidung des EuG auf und entscheidet in der Sache selbst,[2035] gibt also der Klage in erster Instanz statt oder weist sie ab. Dann nehmen an der materiellen Rechtskraft der Entscheidung aber nur diejenigen Aspekte des Falles teil, über die der EuGH in Tenor und tragenden Gründen tatsächlich befunden hat, nicht etwa alle Aspekte des erstinstanzlichen Verfahrens.[2036] In beiden Fällen entscheidet der EuGH nach Art. 184 Abs. 2 VerfO auch über die **Kosten,** deren Verteilung sich nach allgemeinen Regeln richtet. Die Kostenentscheidung umfasst im Fall der Spruchreife auch die Kosten in erster Instanz. **641**

Ist das Rechtsmittel **begründet, ohne dass Spruchreife vorläge,** wird die erstinstanzliche Entscheidung aufgehoben und die Rechtssache zur Entscheidung an das EuG zurückverwiesen.[2037] Das ist etwa dann der Fall, wenn noch weitere tatsächliche Feststellungen notwendig sind oder wenn das EuG nur (zu Unrecht) die Zulässigkeit abgelehnt hat.[2038] Das Gericht ist in diesem Fall an die rechtliche Beurteilung durch den EuGH gebunden[2039] und entscheidet nur noch über die „offenen" Klagegründe.[2040] In dem Sonderfall, dass ein vor dem EuG nicht beteiligter Mitgliedstaat oder Unionsorgan ein Rechtsmittel eingelegt hat, das sich als begründet erweist, kann der Gerichtshof gegebenenfalls bestimmte Rechtswirkungen des aufgehobenen Urteils als für die Parteien weitergeltend bezeichnen.[2041] Über die Kosten beider Instanzen entscheidet bei Zurückverweisung des Rechtsmittels das EuG. **642**

E. Vertragsverletzungsverfahren im Beihilferecht

Art. 108 Abs. 2 AEUV

(2) Stellt die Kommission fest, nachdem sie den Beteiligten eine Frist zur Äußerung gesetzt hat, dass eine von einem Staat oder aus staatlichen Mitteln gewährte Beihilfe mit dem Gemeinsamen Markt nach Artikel 107 unvereinbar ist oder dass sie missbräuchlich angewandt wird, so beschließt sie, dass der betreffende Staat sie binnen einer von ihr bestimmten Frist aufzuheben oder umzugestalten hat.

Kommt der betreffende Staat diesem Beschluss innerhalb der festgesetzten Frist nicht nach, so kann die Kommission oder jeder betroffene Staat in Abweichung von den Artikeln 258 und 259 den Gerichtshof der Europäischen Union unmittelbar anrufen.

Art. 1 Abs. 2 in Teil I von Protokoll 3 ÜGA

(2) Stellt die EFTA-Überwachungsbehörde ESA fest, nachdem sie den Beteiligten eine Frist zur Äußerung gesetzt hat, daß eine von einem EFTA-Staat oder aus staatlichen Mitteln eines EFTA-Staates gewährte Beihilfe mit dem Funktionieren des EWR-Abkommens nach Artikel 61 des EWR-Abkommens unvereinbar ist oder daß sie mißbräuchlich verwendet wird, so entscheidet sie, daß der betreffende EFTA-Staat sie binnen einer von ihr bestimmten Frist aufzuheben oder umzugestalten hat.

Kommt der betreffende Staat dieser Entscheidung innerhalb der gesetzten Frist nicht nach, so kann die EFTA-Überwachungsbehörde oder jeder betroffene EFTA-Staat in Abweichung von den Artikeln 31 und 32 dieses Abkommens unmittelbar den EFTA-Gerichtshof anrufen.

[2034] EuGH Slg. 1997, I-441 Rn. 22 – Antonissen.
[2035] Art. 54 Abs. 1 S. 2 EuGH-Satzung.
[2036] EuG Slg. 1999, II-931 Rn. 84 – Limburgse Vinyl Maatschappij.
[2037] Art. 61 Abs. 1 EuGH-Satzung.
[2038] EuGH Slg. 1994, I-2681 Rn. 38 – SFEI.
[2039] Art. 61 Abs. 2 EuGH-Satzung.
[2040] Kirschner/Klüpfel, Das Gericht erster Instanz der Europäischen Gemeinschaften, 2. Aufl. 1998, Rn. 162.
[2041] Art. 61 Abs. 3 EuGH-Satzung.

I. Einführung

643 Die Klage nach Art. 108 Abs. 2 AEUV bzw. Art. 1 Abs. 2 Protokoll 3 ÜGA gibt der Beihilfebehörde die prozessuale Möglichkeit, ihre gegen einen Mitgliedstaat gerichtete **Entscheidung zu vollstrecken**. Es handelt sich indes nicht um eine echte Vollstreckung, weil die Klage an den EuGH oder EFTA-GH nur auf Feststellung und nicht etwa auf eine Verurteilung zur Leistung gerichtet ist oder gar die Leistung ersetzt. Stattdessen stellt das beihilferechtliche Vertragsverletzungsverfahren eine abgekürzte Variante des allgemeinen Vertragsverletzungsverfahrens nach Art. 258 AEUV bzw. Art. 32 ÜGA dar. Hier wie dort besteht kein Anspruch von Privaten und Unternehmen, um die Behörden zum Tätigwerden anzuhalten.[2042]

644 Das beihilferechtliche Vertragsverletzungsverfahren gewinnt va für eine rasche, unkomplizierte Durchsetzung der **Rückforderungspflicht** Bedeutung. Die Befugnis, den Staat zur Beitreibung bereits gewährter rechtswidriger Beihilfen zu verpflichten, folgt aus dem Wettbewerbsgedanken selbst. Nach ständiger Rechtsprechung soll die Rückforderung den vor der durch die Gewährung der Beihilfe verursachten Wettbewerbsverzerrung bestehenden status quo ante wieder herstellen, indem sie den begünstigten Unternehmen den rechtswidrigen Vorteil wieder nimmt.[2043] Trotz fehlender Rechtsgrundlage im Primärrecht sind die Behörden berechtigt, die Rückforderung als Annex zur Feststellung der Rechtswidrigkeit einer Beihilfe selbst anzuordnen. Dafür bietet das beihilferechtliche Verwaltungsverfahren den einzigen gangbaren Weg.[2044] Da die Berechnung der zurückzufordernden Summen sowie die Durchführung der Rückforderung selbst aber in der Regel von den nationalen Behörden nach nationalem Recht erfolgen muss, wäre sie trotz der Geltung des Effektivitätsgrundsatzes in diesem Verfahren ohne eine Klagemöglichkeit für Kommission und ESA der unionsrechtlichen Kontrolle entzogen. Art. 28 Abs. 2 VO 2015/1589 nimmt deshalb ausdrücklich auf Art. 108 Abs. 2 AEUV Bezug.

II. Zuständigkeit

645 Zuständig für Klagen der Kommission gegen einen EU-Mitgliedstaat ist der EuGH. Die Zuständigkeit für Klagen der ESA gegen eine der drei EWR/EFTA-Abkommensparteien liegt beim EFTA-GH.

III. Zulässigkeit

646 1. **Beteiligtenfähigkeit.** Als Klägerinnen aktiv parteifähig sind im beihilferechtlichen Vertragsverletzungsverfahren vor dem EuGH die Kommission und vor dem EFTA-GH die ESA sowie in beiden Jurisdiktionen jeder „betroffene" Mitgliedstaat. Passiv parteifähig sind die Mitgliedstaaten der EU bzw. Abkommensparteien der EWR/EFTA als Beklagte.

647 Im Gegensatz dazu haben die **Wettbewerber** des begünstigten Unternehmens sowie alle übrigen Dritte keine unionsrechtliche Möglichkeit, den gegen das Beihilferecht verstoßenden Mitgliedstaat auf die Befolgung der Entscheidung unmittelbar zu verklagen. Sollte dies die Kommission unterlassen, wäre eine Untätigkeitsklage denkbar, die allerdings wegen des Fehlens einer Rechtspflicht zur Klageerhebung kaum Aussicht auf Erfolg haben wird. Aus dem gleichen Grund dürfte eine Schadensersatzklage auch dann chancenlos sein, wenn ein auf die Untätigkeit der Behörde kausal zurückzuführender Schaden nachgewiesen werden kann. Ansonsten bleibt Privaten nur, die Rechtswidrigkeit der gewährten Beihilfe in Rechtsstreitigkeiten vor nationalen Gerichten geltend zu machen. Dieser Zustand ist unbefriedigend, wurde aber auch im Vertrag von Lissabon nicht korrigiert.

648 2. **Klageschrift.** Für Form und Inhalt der Klageschrift eines Vertragsverletzungsverfahrens gelten die allgemeinen Regeln und Voraussetzungen der Satzung und der Verfahrensordnungen von EuGH und EFTA-GH.[2045] Es gilt grundsätzlich das zu den Direktklagen Gesagte (→ Rn. 286 ff.). Verfahrenssprache vor dem EuGH ist nach Art. 37 Abs. 1 lit. a EuGHVfO die Amtssprache des beklagten Mitgliedstaats. Die Klage muss insbesondere den Streitgegenstand angeben, die Anträge, eine kurze Darstellung der Klagegründe wie auch gegebenenfalls die Bezeichnung der Beweismittel enthalten. Diese Vorgaben sollen den Gegenstand der Klage konkretisieren und – in Verbindung

---

[2042] EuG Slg. 1996, II-351 – AITEC; Hancher/Ottervanger/Slot, EU State Aids, 4. Aufl. 2012, 1023 ff.
[2043] EuGH Slg. 1995, I-673 Rn. 26 – Kommission/Italien; Slg. 1995, I-699 Rn. 21 – Kommission/Italien; EFTA-GH Slg. 2005, 117 Rn. 152 – Fesil.
[2044] EuGH Slg. 1984, I-439 Rn. 17 – Kommission/Frankreich.
[2045] Art. 38 Abs. 1 EuGHVfO; Art. 101 Abs. 1 VerfO EFTA-GH; vgl. auch EuGH Slg. 1990, I-4747 Rn. 28 – Kommission/Griechenland; Slg. 1982, I-1909 Rn. 8 – Kommission/Deutschland; Slg. 1995, I-673 Rn. 11 – Kommission/Italien.

mit den in einem Anhang angeführten Dokumenten, insbesondere der zu „vollstreckenden" Entscheidung – dem Gericht alle nötigen Anhaltspunkte geben. Nachdem aber der beihilferechtlich relevante Sachverhalt größtenteils bereits in einer (bestandskräftigen) Entscheidung festgestellt ist, und die weitere Entwicklung häufig aus einer bloßen Untätigkeit des Staates bestehen wird, kommt der Substantiierung des geltend gemachten Rechtsverstoßes in der Klageschrift in einem beihilferechtlichen Vertragsverletzungsverfahren nicht die gleiche Bedeutung zur Eingrenzung des Verfahrensgegenstands zu wie im allgemeinen Vertragsverletzungsverfahren. An Mängeln der Klageschrift wird eine Klage deshalb nur in Ausnahmefällen scheitern.

Da es sich beim Vertragsverletzungsverfahren um eine Feststellungsklage handelt, kann der **Antrag** lediglich auf **Feststellung** lauten, dass der beklagte Mitgliedstaat dadurch gegen seine Verpflichtungen aus einer Entscheidung bzw. Art. 4 AEUV/Art. 3 EWR verstoßen hat, dass er diesen nicht innerhalb der gesetzten Frist nachgekommen ist. **649**

3. Klagegegenstand. Mit der Klage nach Art. 108 Abs. 2 AEUV bzw. Art. 1 Abs. 2 Protokoll 3 ÜGA kann die zuständige Behörde die gerichtliche Bestätigung von Entscheidungen erreichen, in denen sie nicht nur die Unvereinbarkeit einer Beihilfe mit dem Binnenmarkt bzw. dem Funktionieren des EWR-Abkommens oder deren missbräuchliche Verwendung festgestellt hat, sondern gleichzeitig die Aufhebung bzw. Umgestaltung der Beihilfe angeordnet hat. Die Rückforderung bereits gewährter Beihilfen ist legitimer Teil einer solchen Anordnung.[2046] Eine darüber hinausgehende Vertragsverletzung des betreffenden Mitgliedstaats kann nur mit einer Klage nach Art. 258 AEUV bzw. Art. 31 ÜGA geltend gemacht werden, die allerdings die Durchführung des förmlichen Vorverfahrens bedingt.[2047] **650**

Nach ständiger Rechtsprechung wird der Gegenstand einer nach Art. 258 AEUV bzw. Art. 31 ÜGA erhobenen Klage durch das in diesen Vorschriften vorgesehene vorprozessuale Verfahren definiert. Der daraus abgeleitete Grundsatz, dass die jeweils folgende Phase des Vertragsverletzungsverfahrens in tatsächlicher und rechtlicher Hinsicht nicht weiter gehen darf als die vorausgegangene, gilt auch für die Klage nach Art. 108 Abs. 2 AEUV.[2048] Sie muss somit auf dieselben Gründe wie bereits die zugrunde liegende Entscheidung gestützt werden. Der Streitgegenstand wird so **durch das vorprozessuale Verwaltungsverfahren** eingegrenzt.[2049] Eine Verpflichtung, die nicht bereits in der Entscheidung selbst auferlegt wurde, kann somit auch nicht im anschließenden Verfahren eingeklagt werden.[2050] Eine Einschränkung des Streitgegenstands im Vergleich zum Verwaltungsverfahren ist dagegen stets möglich.[2051] **651**

4. Vorverfahren. Wie beim allgemeinen Vertragsverletzungsverfahren liegen auch bei der beihilferechtlichen Variante die Initiative und die Herrschaft über das Verfahren bei Kommission bzw. ESA. Die Besonderheit des beihilferechtlichen Vertragsverletzungsverfahrens besteht im **Wegfall des formalisierten Vorverfahrens** als notwendiger Zulässigkeitsvoraussetzung. Es bedarf also insbesondere keines Mahnschreibens oder der mit Gründen versehenen Stellungnahme. Die von Art. 258 AEUV und Art. 31 ÜGA angestrebte Kommunikation der Behörde mit dem Mitgliedstaat als späteren Beklagten, welche die Möglichkeit einer freiwilligen Einigung ausloten soll, ist in Bezug auf den Verstoß gegen die Art. 107 f. AEUV bzw. Art. 61 f. EWR bereits durch das beihilferechtliche Verwaltungsverfahren sichergestellt. Der betroffene Mitgliedstaat hatte in diesem Verfahren Gelegenheit, seinen Standpunkt darzulegen. Das Beihilfeverfahren gibt zudem allen Beteiligten Garantien, die speziell auf die Probleme dieses Rechtsbereichs zugeschnitten sind, und die nach Ansicht des EuGH damit noch „weit über jene Garantien hinausgehen, die das Vorverfahren nach Art. 226 EG [jetzt Art. 258 AEUV.] bietet".[2052] **652**

Voraussetzung für eine Klage ist jedenfalls eine **Entscheidung** der zuständigen Wettbewerbsbehörde, der der Staat **nicht fristgerecht Folge geleistet** hat. Nach Art. 108 Abs. 2 AEUV bzw. Art. 1 Abs. 2 Protokoll 3 ÜGA kann am Ende des Verwaltungsverfahrens eine Entscheidung mit der Feststellung der Unvereinbarkeit oder missbräuchlichen Verwendung einer staatlichen Beihilfe mit dem Binnenmarkt bzw. mit dem Funktionieren des EWR-Abkommens und der Anordnung der Aufhebung oder Umgestaltung der betreffenden Beihilfe innerhalb einer bestimmten Frist stehen. Kommt der Staat dieser Entscheidung nicht nach, kann die Behörde den Gerichtshof unmittelbar anrufen. Die Entscheidung spielt damit im beihilferechtlichen Vertragsverletzungsverfahren die Rolle **653**

[2046] EuGH Slg. 1973, 813 Rn. 13 – Kommission/Deutschland.
[2047] EuGH Slg. 1978, 1881 Rn. 23 – Kommission/Belgien.
[2048] EuGH Slg. 1996, I-4115 Rn. 73–74 – Kommission/Belgien.
[2049] von der Groeben/Schwarze/Gaitanides EGV Art. 226 Rn. 44.
[2050] EuGH Slg. 1995, I-673 Rn. 29 – Kommission/Italien.
[2051] Vgl. zu Art. 260 AEUV EuGH Slg. 2005, I-2461 Rn. 35 ff. – Kommission/Frankreich.
[2052] EuGH Slg. 1984, I-439 Rn. 17 – Kommission/Frankreich.

der ultimativen Aufforderung, die andernfalls die mit Gründen versehene Stellungnahme zu spielen hätte.[2053] Anders als eine Stellungnahme ist die Entscheidung aber der Bestandskraft fähig, so dass die Verteidigungsmöglichkeiten des beklagten Staates eingeschränkt sind (→ Rn. 662 ff.).

654   Die **genaue Summe der zurückzufordernden Beihilfe** muss sich der Entscheidung nicht entnehmen lassen. Es genügt, wenn der Staat sie ohne größere Schwierigkeiten anhand der Angaben in der Begründung der Entscheidung berechnen kann.[2054]

655   **5. Klagebefugnis „betroffener Staaten".** Wie im Rahmen des allgemeinen Vertragsverletzungsverfahrens besteht auch im beihilferechtlichen Sonderverfahren die theoretische Möglichkeit, dass statt der Behörde ein Mitgliedstaat den anderen vor EuGH oder EFTA-GH verklagt. Davon ist aber bislang, soweit ersichtlich, noch kein Gebrauch gemacht worden. Dieses Klagerecht ist durch das Erfordernis eines **„Betroffenseins"** qualifiziert. Durch die Nichtbeachtung der Entscheidung der Kommission bzw. der ESA betroffen ist ein Mitgliedstaat, wenn in dessen Gebiet durch die Beihilfe zumindest potenziell der Wettbewerb verfälscht oder der Handel mit anderen Mitgliedstaaten beeinträchtigt wird.[2055] Fehlt es ausnahmsweise an einem Betroffensein, so steht dem Mitgliedstaat ein Klagerecht gemäß Art. 259 AEUV zu.

656   **6. Rechtsschutzinteresse.** Die Kommission bzw. die ESA muss im Vertragsverletzungsverfahren als Instrument zur Gewährleistung bzw. Wiederherstellung unions- oder EWR-treuen Verhaltens grundsätzlich kein spezifisches Rechtsschutzinteresse nachweisen, sie handelt im Allgemeininteresse.[2056] Es genügt, dass sie gegen einen Mitgliedstaat Klage erhebt, der bis zum Ablauf der gesetzten Abhilfefrist das bezeichnete Verhalten nicht beendet hatte.

657   **7. Klagefrist.** Das Primärrecht der Union sieht für die Erhebung der Klage vor dem Gerichtshof keine besondere Klagefrist vor. Nach dem Wortlaut des Art. 108 Abs. 2 UAbs. 2 AEUV sowie Art. 1 Abs. 2 UAbs. 2 Protokoll 3 ÜGA kann allerdings die Klage erst nach dem Ablauf der von Kommission oder ESA gesetzten Frist erhoben werden. Deren Angemessenheit kann nur im Wege einer Anfechtungsklage beanstandet werden.[2057] Eine „Mitteilungsfrist" dahingehend, dass der Mitgliedstaat der Kommission innerhalb einer bestimmten Zeit über die Maßnahmen zur Durchführung der Entscheidung Mitteilung zu machen hat, schließt notwendigerweise die Durchführung selbst mit ein.[2058]

658   Demgegenüber gibt es **keine zeitliche Obergrenze** für die Befassung des Gerichtshofes. Der EuGH geht in ständiger Rechtsprechung zu Art. 258 AEUV davon aus, dass der Zeitpunkt der Klageerhebung nach dem Ablauf der Frist im Ermessen der Kommission liegt, welches der Nachprüfung durch den Gerichtshof nicht zugänglich ist.[2059] An eine Verwirkung des Klagerechts[2060] wäre nur in Ausnahmefällen zu denken, etwa bei Zusicherungen eines Klageverzichts durch die Kommission. Das Vertrauen eines Staates in das Stillhalten der Behörde genießt aber nicht den gleichen Schutz wie das von Einzelnen und Unternehmen. Der EuGH hat die überlange Dauer des Vorverfahrens nach Art. 258 AEUV im Übrigen nur dann für beachtlich erklärt, wenn ein Verhalten der Kommission die Widerlegung ihrer Argumente erschwert und damit die Verfahrensrechte verletzt hat.[2061]

IV. Begründetheit

659   Den Maßstab für die Begründetheit eines Vertragsverletzungsverfahrens bilden die sich aus der Entscheidung ergebenden Verpflichtungen des Staates.[2062] EuGH bzw. EFTA-GH prüfen im Rahmen der Begründetheit, ob der beklagte Mitgliedstaat der Anordnung der zuständigen Behörde

---

[2053] In diese Richtung EuGH Slg. 1973, 813 Rn. 13 – Kommission/Deutschland.
[2054] EuGH Slg. 2005, I-3875 Rn. 39 – Kommission/Griechenland; kritischer noch EuGH Slg. 1973, 813 Rn. 23 – Kommission/Deutschland.
[2055] In der Regel dürfte sich eine unzulässige Beihilfe allgemein auf die Wettbewerbsbedingungen innerhalb der Union auswirken und damit praktisch jeden Mitgliedstaat betreffen, von der Groeben/Schwarze/Mederer EGV Art. 88 Rn. 68.
[2056] EuGH Slg. 1995, I-1097 Rn. 16 – Kommission/Deutschland; Slg. 1995, I-2189 Rn. 21 – Kommission/Deutschland, jeweils zu Art. 226 EG.
[2057] EuGH Slg. 1973, 813 Rn. 9 – Kommission/Deutschland.
[2058] EuGH Slg. 1988, 281 Rn. 19 – Kommission/Niederlande.
[2059] EuGH Slg. 1994, I-2039 Rn. 4 – Kommission/Deutschland; Slg. 1995, I-1097 Rn. 18 – Kommission/Deutschland.
[2060] Rengeling/Middeke/Gellermann/Burgi, Handbuch des Rechtsschutzes in der Europäischen Union, § 8 Rn. 34.
[2061] EuGH Slg. 2005, I-10629 Rn. 76 – Kommission/Luxemburg.
[2062] EuGH Slg. 1988, 281 Rn. 7 – Kommission/Niederlande.

innerhalb der gesetzten Frist nachgekommen ist, insbesondere die für unvereinbar erklärte Beihilfe aufgehoben bzw. umgestaltet hat, bereits gewährte Beihilfen zurückgefordert hat und gegebenenfalls der Behörde davon Mitteilung gemacht hat. Im beihilferechtlichen Vertragsverletzungsverfahren kann es, durchaus auch im Detail, darum gehen, ob der Mitgliedstaat wirklich alle Maßnahmen getroffen hat, um die behördliche Entscheidung effektiv und fristgerecht um- und gegenüber den betroffenen Unternehmen durchzusetzen. Die Durchsetzung fällt in die Hoheit der Mitgliedstaaten. Grundsätzlich muss aber die Beihilfe entsprechend dem „actus-contrarius"-Gedanken auf dem gleichen Wege wieder abgeschafft werden, auf dem sie erlassen wurde, also per Verwaltungsakt, Vertrag, Gesetz etc. Die Effizienz der Umsetzungsmaßnahme erfordert deren Verbindlichkeit; Entwürfe und Pläne sind demnach unzureichend.[2063]

Der **maßgebliche Zeitpunkt** für die Erfüllung der genannten Verpflichtungen ist die in der Entscheidung gesetzte Frist. Das fordert nicht nur die Logik, sondern folgt bereits daraus, dass die Entscheidung die Rolle der mit Gründen versehenen Stellungnahme im allgemeinen Vertragsverletzungsverfahren einnimmt. Hier entspricht es ständiger Rechtsprechung, dass auf die Lage des Mitgliedstaats abzustellen ist, die bei Ablauf der in der Stellungnahme gesetzten Frist bestand. Nachträgliche Änderungen sind nicht zu berücksichtigen.[2064] Fristverlängerungen durch die Behörde sind indessen beachtlich. Eine solche muss aber klar und eindeutig sein;[2065] das bloße Fortführen eines bilateralen Dialogs nach der Entscheidung reicht dazu nicht aus. **660**

1. Beweislastverteilung. Die Beweislast für das Bestehen einer Vertragsverletzung trägt grundsätzlich die klagende Behörde.[2066] Sie muss im Rahmen des Vertragsverletzungsverfahrens in Beihilfesachen aber lediglich nachweisen, dass eine rechtsgültige Verpflichtung des Mitgliedstaats bestand, die durch Ablauf der gesetzten Frist fällig geworden ist. Die Beweislast für Ausnahmetatbestände wie Erfüllung oder Unmöglichkeit der Erfüllung trifft den Mitgliedstaat. **661**

2. Verteidigung des Mitgliedstaats. Der beklagte Mitgliedstaat kann im Vertragsverletzungsverfahren die Rechtmäßigkeit der Entscheidung nicht mehr in Frage stellen, wenn er sie früher nicht angefochten hat und die Anfechtungsfrist gemäß Art. 263 Abs. 6 AEUV abgelaufen ist.[2067] Das Gleiche gilt, wenn eine Anfechtungsklage rechtskräftig zurückgewiesen wurde.[2068] Die Entscheidung der Beihilfebehörde ist dann **bestandskräftig;** dies verlangt schon der Grundsatz der Rechtssicherheit.[2069] Theoretisch besteht zwar die Möglichkeit, sich auf die Ungültigkeit im Sinne einer Nichtexistenz der Entscheidung zu berufen. Doch sind die Aussichten einer solchen Strategie wegen der hohen, in der Praxis kaum je zu erfüllenden Anforderungen gering (→ Rn. 351). Sie kommt umso weniger in Betracht, wenn der betroffene Mitgliedstaat im Kontakt mit der Behörde die Entscheidung nach ihrem Erlass als gültig anerkannt hat, indem er seinen Befolgungswillen ausgedrückt hat.[2070] **662**

Alle Argumente betreffend die Rechtmäßigkeit der nunmehr zu vollziehenden Entscheidung sind deshalb innerhalb der Zweimonatsfrist in einer Nichtigkeitsklage vorzubringen, sofern sie mit den dort aufgezählten Klagegründen gerügt werden können.[2071] Verstöße gegen das rechtmäßige Zustandekommen einer Entscheidung und ihrer Vereinbarkeit mit höherrangigem Recht können somit im Vertragsverletzungsverfahren nicht mehr gerügt werden. Dies gilt auch für allgemeine Prinzipien wie das des Vertrauensschutzes,[2072] auf sich ein rechtswidrig handelnder Mitgliedstaat aus dem Gesichtspunkt des venire contra factum proprium ohnehin nicht berufen kann. Selbst die Frage, ob die Behörde dem Mitgliedstaat eine (ausreichende) Frist zur Umsetzung der Entscheidung gesetzt hat, kann im anschließenden Vertragsverletzungsverfahren nicht mehr geprüft werden.[2073] Die Unbestimmtheit der dem Mitgliedstaat auferlegten Verpflichtung in einem wesentlichen Punkt kann allerdings zur Abweisung der Klage führen.[2074] Die Anforderungen an die Unbestimmtheit müssen aus Gründen der Rechtssicherheit aber hoch sein.[2075] **663**

[2063] EuGH 1.3.2012 – C-354/10, ECLI:EU:C:2012:104 Rn. 65 – Kommission/Griechenland.
[2064] Statt vieler EuGH Slg. 1990, I-4747 Rn. 40 – Kommission/Griechenland.
[2065] EuGH Slg. 1988, 281 Rn. 20 – Kommission/Niederlande.
[2066] Statt vieler EuGH Slg. 2004, I-5517 Rn. 80 – Kommission/Portugal.
[2067] EuGH Slg. 1978, 1881 Rn. 17 ff. – Kommission/Belgien.
[2068] EuGH Slg. 1988, 281 – Kommission/Niederlande.
[2069] EFTA-GH – E-2/05, EFTA Slg. 2005, 202 Rn. 17 – ESA/Island.
[2070] EuGH Slg. 1988, 3611 Rn. 16 – Kommission/Griechenland.
[2071] Vgl. etwa EuGH Slg. 1978, 1881 Rn. 9 – Kommission/Belgien.
[2072] EuGH Slg. 1983, 3707 Rn. 10 – Kommission/Frankreich.
[2073] EuGH Slg. 1973, 813 Rn. 9 – Kommission/Deutschland.
[2074] EuGH Slg. 1973, 813 Rn. 23 – Kommission/Deutschland; einschränkender EuGH Slg. 1983, 3707 Rn. 9 – Kommission/Frankreich.
[2075] von der Groeben/Schwarze/Mederer EG Art. 88 Rn. 71 ECLI:EU:C:2012:109.

664 Nach dem Gesagten sind die Möglichkeiten der Verteidigung aus Sicht des Mitgliedstaates limitiert. Er kann zum einen geltend machen, er habe seine Verpflichtung aus der Entscheidung – in der Regel Abschaffung der Beihilfemaßnahme und Rückforderung gewährter Beihilfen – **bereits erfüllt**. Dafür trägt er allerdings die Beweislast. Auf der anderen Seite kann er die Nichtdurchführung der Entscheidung nur damit rechtfertigen, dass ihm die **Durchführung objektiv unmöglich** war.[2076] Nicht unter diese Kategorie fallen mögliche Auswirkungen der Rückforderung auf die finanzielle Lage oder gar Existenz der betroffenen Unternehmen. Dies gilt auch dann, wenn dem Staat deswegen eine Haftung droht.[2077] Bloße **Schwierigkeiten bei Rückforderung der** Beihilfe – rechtlicher, politischer oder praktischer Art, etwa bei der genauen Berechnung der zurückzufordernden Summe[2078] – reichen demnach nicht aus.

665 In diesem Fall kann der betroffene Mitgliedstaat aber den Kontakt mit der Behörde suchen, die nach dem **Prinzip loyaler Zusammenarbeit** nach Art. 4 AEUV bzw. Art. 3 EWR verpflichtet ist, zusammen mit dem Mitgliedstaat eine Lösung zu suchen. Insbesondere kann auch eine Fristverlängerung beantragt werden.[2079] Voraussetzung ist aber zum einen, dass die Schwierigkeiten unvorhergesehen bzw. unvorhersehbar waren oder es sich um Probleme handelt, die im Verwaltungsverfahren und der Entscheidung übersehen worden waren.[2080] Zum anderen genügt die bloße Kontaktaufnahme nicht, vielmehr müssen Schritte zur Rückforderung gegenüber den begünstigten Unternehmen bereits eingeleitet worden sein und allenfalls Vorschläge zur Überwindung der Schwierigkeiten präsentiert werden.[2081] Auch in diesen Fällen erfordert es der Grundsatz der Rechtssicherheit, dass die Initiative zu einer solchen nachträglichen Zusammenarbeit innerhalb der gesetzten Frist vom Mitgliedstaat ausgeht. Ein bloßes Untätigbleiben verbietet sich damit in jedem Fall. Nicht berufen kann sich der Mitgliedstaat schließlich auf Bestimmungen, Übungen oder Umstände seiner internen Rechtsordnung, einschließlich des nationalen Verfahrensrechts.[2082] Schwierigkeiten bei der Rückforderung von Beihilfen, die auf den Eigenheiten des nationalen Verwaltungsrechts wie Vertrauensschutztatbestände oder Rückforderungsfristen beruhen, bleiben deshalb außer Betracht.

666 **3. Urteil und Sanktionen.** EuGH oder EFTA-GH stellen in einem der behördlichen Klage stattgebenden Urteil fest, dass der beklagte Mitgliedstaat der vorangegangenen Entscheidung nicht nachgekommen ist und dadurch gegen seine Verpflichtungen verstoßen hat.

667 Die Gerichtshöfe sind im Rahmen dieses Verfahrens nicht befugt, den Staat förmlich zur Beseitigung des rechtswidrigen Zustands und zur Umsetzung der Entscheidung zu verurteilen. Diese Verpflichtung folgt aber aus Art. 260 AEUV. Kommt der verurteilte Staat seinen Verpflichtungen aus dem Urteil (die denen aus der Entscheidung entsprechen) noch immer nicht nach, gibt das Unionsrecht der Kommission die Möglichkeit, Klage auf **Verhängung eines Pauschalbetrags und**[2083]**/oder eines Zwangsgelds** zu erheben. Das Erfordernis eines (erneuten) vollen Vorverfahrens hat der Vertrag von Lissabon durch das einfache Recht des betroffenen Staates zur Äußerung ersetzt. Eine entsprechende Möglichkeit der ESA besteht vor dem EFTA-GH nicht.

668 Der Gerichtshof hat von dieser Möglichkeit – noch unter Geltung von Art. 228 EG – zum ersten Mal im Jahr 2009 im Nachfolgeverfahren zur Rechtssache C-415/03 **Olympic Airways** Gebrauch gemacht.[2084] Die Kommission hatte die Zahlung eines Zwangsgelds von 53.611 EUR pro Tag der Nichtumsetzung des früheren Entscheids beantragt, in dem Griechenland wegen der Nichtrückforderung von Beihilfen verurteilt worden war. Der Gerichtshof verhängte ein Zwangsgeld in der Höhe von 16.000 EUR pro Tag. Er berücksichtigte bei der Festsetzung die Dauer der Nichtumsetzung (über vier Jahre), die Schwere des Verstoßes, die mit der Bedeutung des unionsrechtlichen Beihilfeverbots und der grenzüberschreitenden Natur des betroffenen Luftverkehrsmarkts zu tun hatte, sowie die Zahlungsfähigkeit Griechenlands. Die Ausführungen des EuGH, insbesondere zur Schwere des Verstoßes, dürften von allgemeiner Tragweite sein.[2085]

[2076] StRspr, EuGH Slg. 1986, 89 Rn. 14 – Kommission/Belgien; Slg. 1989, 175 Rn. 8 – Kommission/Deutschland; 1.3.2012 – C-354/10, ECLI:EU:C:2012:109 Rn. 68 – Kommission/Griechenland; EFTA-GH Slg. 2005, 202 Rn. 39 – ESA/Island.
[2077] EuGH Slg. 2000, I-4897 Rn. 53 – Kommission/Portugal.
[2078] Dazu etwa EuGH Slg. 1998, I-259 Rn. 23 ff. – Kommission/Italien.
[2079] EFTA-GH Slg. 2005, 202 Rn. 41 – ESA/Island.
[2080] EuGH Slg. 1986, 89 Rn. 16 – Kommission/Belgien; Slg. 1989, 175 Rn. 9 – Kommission/Deutschland; Slg. 1995, I-673 Rn. 17 – Kommission/Italien; EFTA-GH Slg. 2005, 202 Rn. 41 – ESA/Island.
[2081] EuGH 1.3.2012 – C-354/10, ECLI:EU:C:2012:109 Rn. 69 – Kommission/Griechenland.
[2082] EuGH Slg. 1990, I-3437 Rn. 18 – Kommission/Deutschland; Slg. 1995, I-343 Rn. 11 – Kommission/Italien; Slg. 2000, I-4897 Rn. 52 – Kommission/Portugal.
[2083] Beide Maßnahmen sind kumulativ anwendbar: EuGH Slg. 2009, I-5703 Rn. 143 – Kommission/Griechenland.
[2084] EuGH Slg. 2009, I-5703 – Kommission/Griechenland.
[2085] Hancher/Ottervanger/Slot, EU State Aids, 4. Aufl. 2012, 1028.

F. Vorabentscheidungsverfahren

Art. 267 AEUV

Der Gerichtshof der Europäischen Union entscheidet im Wege der Vorabentscheidung
a) über die Auslegung der Verträge,
b) über die Gültigkeit und die Auslegung der Handlungen der Organe, Einrichtungen oder sonstigen Stellen der Union.

Wird eine derartige Frage einem Gericht eines Mitgliedstaats gestellt und hält dieses Gericht eine Entscheidung darüber zum Erlass seines Urteils für erforderlich, so kann es diese Frage dem Gerichtshof zur Entscheidung vorlegen.

Wird eine derartige Frage in einem schwebenden Verfahren bei einem einzelstaatlichen Gericht gestellt, dessen Entscheidungen selbst nicht mehr mit Rechtsmitteln des innerstaatlichen Rechts angefochten werden können, so ist dieses Gericht zur Anrufung des Gerichtshofes verpflichtet.

Wird eine derartige Frage in einem schwebenden Verfahren, das eine inhaftierte Person betrifft, bei einem einzelstaatlichen Gericht gestellt, so entscheidet der Gerichtshof innerhalb kürzester Zeit.

Art. 34 ÜGA

Der EFTA-Gerichtshof erstellt Gutachten über die Auslegung des EWR-Abkommens.

Wird eine derartige Frage einem Gericht eines EFTA-Staats gestellt, und hält dieses Gericht eine Entscheidung darüber zum Erlaß seines Urteils für erforderlich, so kann es diese Frage dem EFTA-Gerichtshof zur Entscheidung vorlegen.

Ein EFTA-Staat kann durch seine interne Gesetzgebung das Recht zur Einholung eines solchen Gutachtens auf Gerichte beschränken, deren Entscheidungen selbst nicht mehr mit Rechtsmitteln des innerstaatlichen Rechts angefochten werden können.

I. Einführung

Im EU-Recht ist das Vorabentscheidungsverfahren die „Königsdisziplin" des Verfahrensrechts. Dessen ungeachtet wird seine Wichtigkeit insbesondere im Wettbewerbsrecht gegenüber den Direktklagen häufig unterschätzt. Die Bedeutung des Vorabentscheidungsverfahrens hat im Zusammenhang mit der Dezentralisierung und der verstärkten Inpflichtnahme der nationalen Gerichte im Wettbewerbsrecht allerdings zugenommen.[2086] Für die Weiterentwicklung des materiellen Wettbewerbs- und Beihilferechts war und ist diese Verfahrensart jedenfalls höchst relevant, nicht zuletzt weil sie den engen Kreis der Unionsbehörden (und deren Advokatur) um eine an der Klärung praktischer Fragen besonders interessierten Berufsgruppe erweitert, die der nationalen Richter.

Anders als die Direktklagen, die der Überwachung des Behördenhandelns dienen, ist das Vorabentscheidungsverfahren ein Medium des gerichtlichen Dialogs. EuGH und EFTA-GH charakterisieren es in ständiger Rechtsprechung als Instrument zur Herstellung von Rechtseinheitlichkeit[2087] in Zusammenarbeit mit den nationalen Gerichten,[2088] also zumindest **nicht in erster Linie als Verfahren zur Gewährung von Individualrechtsschutz**. Dieser (justiz-)verfassungsrechtliche Blickwinkel entspricht der Konzeption der Art. 267 AEUV bzw. Art. 34 ÜGA, die insbesondere die Entscheidung über eine Vorlage in die alleinige Verantwortung des Richters legen und den Parteien des Ausgangsverfahrens keine Initiativrechte gewähren.[2089] Auf der anderen Seite wird, wie sich in der Auseinandersetzung um die Klagebefugnis im Rahmen der Nichtigkeitsklage gezeigt hat (→ Rn. 406 ff.), das Vorabentscheidungsverfahren durchaus als Alternative zu fehlenden Klagemöglichkeiten gegen Maßnahmen der Unionsorgane ins Spiel gebracht. Darin sehen sich einige bei ihrer Forderung nach einem Recht der Parteien auf Vorlage unterstützt.[2090] De lege lata lässt sich das mangelnde Initiativrecht Privater pragmatisch in gewissem Maße durch eine Einflussnahme der Parteien auf die Entscheidung des nationalen Richters kompensieren. Nicht selten sind es die Parteien selbst, die einzeln oder gemeinsam einen Vorlagebeschluss vorformulieren. Darüber hinaus bestehen teilweise Rechtsbehelfe, mit der sich die Vorlagepflicht letztinstanzlicher Gerichte zumindest in der

---

[2086] Bechtold/Bosch/Brinker VO 1/2003 Art. 1 Rn. 54.
[2087] EuGH Slg. 1965, 1151 (1164 ff.) – Firma Schwarze/Einfuhr- und Vorratsstelle für Getreide und Futtermittel; Slg. 1986, 947 Rn. 12 – Wünsche.
[2088] Etwa EuGH Slg. 2009, I-7633 Rn. 37 – Liga Portuguesa de Futebol Profissional; EFTA-GH Slg. 1994/1995, 145 Rn. 13 – Samuelsson; Slg. 2003, 185 Rn. 21 – Ásgeirsson.
[2089] EuGH Slg. 1994, I-43 Rn. 9 – SAT/Eurocontrol.
[2090] Etwa Schima, Das Vorabentscheidungsverfahren vor dem EuGH, 2. Aufl. 2005, 50 mwN.

Theorie innerstaatlich durchsetzen lässt, in Deutschland etwa über das Recht auf den gesetzlichen Richter nach Art. 101 Abs. 1 S. 2 GG.[2091] Schließlich haben die Kläger und Beklagten des Ausgangsverfahrens im Vorabentscheidungsverfahren, das selbst keine Parteien kennt, die Möglichkeit zur schriftlichen und mündlichen Stellungnahme.[2092] Damit wohnen zumindest gewisse Elemente des Individualrechtsschutzes auch dem Vorabentscheidungsverfahren inne.

671 Vor allem im Wettbewerbsrecht fällt der Blick auf die **Bedeutung des Tatsachenrahmens**. Wenn sich der EuGH in einzelnen Entscheidungen zu Art. 101 AEUV geweigert hat, über die Anwendbarkeit der Wettbewerbsvorschriften auf einen Einzelfall zu befinden,[2093] so gibt ihm doch das Vorabentscheidungsverfahren ausreichend Flexibilität, um dem vorlegenden Gericht auch Antworten auf einzelfallbezogene Fragen zu geben. Die entscheidende Rolle im Rahmen der Zulässigkeit spielt vielmehr das **ausreichende Vorliegen von Faktenmaterial**. Die Aufgabenverteilung zwischen EuGH und EFTA-GH auf der einen Seite und dem nationalen Gericht auf der anderen weist die Feststellung des Sachverhalts dem Letzteren zu.[2094] Anders als in Verfahren, die gegen Entscheidungen der Kommission oder der ESA gerichtet sind, ist der grundsätzlich komplexe Sachverhalt eines Wettbewerbsfalles mit seinen juristischen und ökonomischen Ramifikationen nicht unbedingt in umfassender und strukturierter Weise festgestellt worden, wenn er dem europäischen Richter vorgelegt wird. Dazu fehlen den nationalen Gerichten häufig Ressourcen und Erfahrung. Da ein gewisses Mindestmaß an Faktenmaterial aber Voraussetzung für den Erlass einer sinnvollen Vorabentscheidung ist, führte dies in der Vergangenheit nicht selten zur Unzulässigkeit von unzureichend „unterfütterten" Vorlagen. So musste der vorlegende Friedensrichter von Bitonto in einem ersten Versuch die Kröte der Unzulässigkeit schlucken, bevor er im zweiten Anlauf mit dem wegweisenden Fall Manfredi zum EuGH durchdrang.[2095] „Gefährdet" sind in erster Linie Fragen zu stark marktwirkungsbezogenen horizontalen Wettbewerbsbeschränkungen. Dagegen kann der einer vertikalen Beschränkung zugrunde liegende Sachverhalt dem europäischen Richter bereits durch die Darstellung der zivilrechtlichen Grundlage wesentliche Anhaltspunkte geben, um dem vorlegenden Gericht zumindest eine Reihe von Kriterien zur endgültigen Beurteilung des Falles in die Hand zu geben.[2096] Auch für die Beurteilung der Vereinbarkeit gesetzlicher oder verbandsrechtlicher Regelungen mit dem europäischen Wettbewerbsrecht scheint das Vorabentscheidungsverfahren tendenziell besser geeignet.[2097] Erst recht gilt dies für die weitgehend sachverhaltsunabhängige Klärung abstrakter Rechtsfragen.[2098] Im Beihilferecht stellen sich entsprechende Probleme seltener.[2099] Insbesondere die Auslegung des Beihilfebegriffs ist auch mit einem Minimum an Faktenmaterial möglich.[2100]

672 Neben der Auslegung von Unionsrecht, die in der Praxis die größere Bedeutung hat, kann der EuGH im Vorabentscheidungsverfahren auch zur **Überprüfung der Gültigkeit eines Sekundärrechtsakts** angerufen werden. Bei dieser Zuständigkeit handelt es sich um das Korrelat zum Alleinentscheidungsanspruch des Gerichtshofs hinsichtlich der Nichtigkeit von abgeleitetem EU-Recht.[2101] Die Gültigkeitsvorlage wird im Hinblick auf Entscheidungen der Kommission im Wettbewerbs- und Beihilferecht selten genutzt. Das dürfte nicht zuletzt darauf zurückzuführen sein, dass der EuGH der Zulässigkeit der Gültigkeitsvorlage unter dem Gesichtspunkt der Bestandskraft von Kommissionsentscheidungen Grenzen gezogen hat.

II. Zuständigkeit

673 Im **Unionsrecht** ist für Vorabentscheidungen allein der EuGH zuständig. Nach Art. 256 Abs. 3 AEUV kann künftig auch dem EuG die Kompetenz über Vorabentscheidungsersuchen eingeräumt werden. Es liegt am Rat zu bestimmen, welche Sachgebiete dem EuG in der Satzung künftig zugewiesen werden.

[2091] U.a. BVerfGE 73, 339 – Solange II.
[2092] Art. 23 EuGH-Satzung und Art. 20 Satzung EFTA-GH.
[2093] EuGH Slg. 1980, 3775 Rn. 5 – L'Oréal.
[2094] EuGH Slg. 2004, I-5039 Rn. 18 – IMS Health.
[2095] EuGH Slg. 2004, I-1605 – Cannito; Slg. 2006, I-6619 – Manfredi; dazu → Rn. 34.
[2096] Vgl. statt vieler EuGH Slg. 1991, I-935 – Delimitis; Slg. 2000, I-11121 – Neste Markkinointi; EFTA-GH Slg. 2002, 310 – Hegelstad; Ähnliches gilt auch dort, wo sich die Auswirkungen einer horizontalen Absprache in einem Vertragsverhältnis manifestieren, vgl. EuGH Slg. 1999, I-135 – Bagnasco.
[2097] Vgl., ebenfalls statt vieler, EuGH Slg. 2003, I-8055 – CIF; Slg. 2004, I-2493 – AOK; zur Einschätzung einer Tätigkeit als hoheitliches Handeln zuletzt EuGH WuW/E EU-R 2472 – Compass-Datenbank.
[2098] Etwa zum Verhältnis zwischen Wettbewerbs- und Immaterialgüterrecht, EuGH Slg. 2004, I-5039 – IMS Health.
[2099] Vgl. etwa EuGH Slg. 2001, I-2099 – PreussenElektra.
[2100] EuGH Slg. 2005, I-9481 Rn. 31 – Nazairdis; EWS 2012, 247 Rn. 21 – 3M Italia.
[2101] EuGH Slg. 2006, I-403 Rn. 27 – International Air Transport Association.

Sowohl der EFTA-GH als auch der EuGH sind zur Auslegung des **EWR-Rechts** berufen. Die **674** Zuständigkeitsverteilung bei Vorabentscheidungsverfahren richtet sich danach, welcher Jurisdiktion das vorlegende Gericht angehört. Entstammt es einem Mitgliedstaat der EU, so ist der EuGH zuständig, für Vorlagen von Gerichten aus Island, Liechtenstein und Norwegen ist es der EFTA-GH.

III. Postulationsfähigkeit

Im Vorabentscheidungsverfahren besteht für die Parteien des Ausgangsverfahrens als Verfahrens- **675** beteiligte vor dem EuGH und dem EFTA-GH im Unterschied zur Direktklage kein Anwaltszwang. Das europäische Prozessrecht hat auf eine eigene Regelung verzichtet und verweist auf das nationale Verfahrensrecht.[2102] Bei Vorlage eines nationalen Gerichts, vor dem Anwaltszwang besteht, müssen dementsprechend auch die Parteien des Ausgangsverfahrens, die am Vorabentscheidungsverfahren als Beteiligte teilnehmen können, anwaltlich vertreten sein. Auf der anderen Seite kann eine Partei, die vor dem nationalen Gericht nicht anwaltlich vertreten sein muss, sich auch vor dem EuGH bzw. dem EFTA-GH selbst vertreten.

IV. Zulässigkeit

Angesichts der überragenden Bedeutung des Vorabentscheidungsverfahrens für den gerichtli- **676** chen Austausch liegt es auf der Hand, dass diesem Dialog keine Barrieren in Form streng gehandhabter Zulässigkeitsvoraussetzungen errichtet werden dürfen. Die beiden Gerichtshöfe, EuGH und EFTA-GH, tragen dem in ihrer Rechtsprechung durchweg Rechnung.

1. Vorlageberechtigung und -verpflichtung. a) Vorlageberechtigung. Nationale **677** Gerichte auf jeder Stufe des Instanzenzuges sind grundsätzlich zur Vorlage an den EuGH bzw. den EFTA-GH in allen entscheidungserheblichen und -erforderlichen Fragen berechtigt. An diesem, im Sinne der zwischengerichtlichen Kommunikation grundlegenden Recht oder „freien Ermessen" hat der EuGH bislang festgehalten,[2103] auch wenn es an Anregungen zur Einschränkung insbesondere aus den Reihen der Generalanwälte, nicht fehlt.[2104]

aa) Der Gerichtsbegriff. Zur Vorlage berechtigt sind nach Art. 267 Abs. 2 AEUV und Art. 34 **678** Abs. 2 ÜGA „Gerichte" der Mitgliedstaaten. Was ein Gericht ist, definieren die Verträge nicht. Als Kernfrage des europäischen Prozessrechts muss die Definition aber autonom und einheitlich erfolgen und darf sich nicht auf ein nationales Verständnis verlassen. Dazu haben sich der EuGH und in der Folge der EFTA-GH von Beginn an bekannt.[2105] Um in Zweifelsfällen festzustellen, ob es sich bei der vorlegenden Institution des nationalen Rechts tatsächlich um ein Gericht im Sinne des Rechts handelt, hat der EuGH zunächst einen **Test** entwickelt, der auf sechs Kriterien abstellt. Danach muss die vorlegende Einrichtung (1) auf gesetzlicher Grundlage beruhen, (2) einen ständigen Charakter aufweisen, (3) Teil der obligatorischen Gerichtsbarkeit bilden, (4) im streitigen Verfahren entscheiden, (5) Rechtsnormen anwenden und (6) unabhängig sein.[2106] Außerdem muss vor dem so definierten Gericht im konkreten Fall ein Rechtsstreit anhängig sein und dieses Verfahren muss auf eine Entscheidung mit Rechtsprechungscharakter abzielen.[2107]

Seit 1997 hat der EuGH indes in bestimmten Fällen auf das Erfordernis des **kontradiktorischen** **679** **Verfahrens** verzichtet.[2108] So wurden ein deutscher Vergabeüberwachungsausschuss,[2109] das spanische „Tribunal Económico-Administrativo"[2110] und das „Collège juridictionel de la Région de Bruxelles-Capitale"[2111] als vorlageberechtigte Gerichte betrachtet. Obwohl sich in dieser Rechtsprechung eine gewisse Flexibilität manifestiert, ist der Ansatz bei der Umschreibung des Gerichtsbegriffs

---

[2102] Art. 97 Abs. 3 EuGHVfO; Art. 9197 Abs. 3 VerfO EFTA-GH.
[2103] EuGH Slg. 2005, I-8151 Rn. 32 – Intermodal Transports.
[2104] Etwa Schlussanträge von GA Jacobs in EuGH Slg. 1997, I-6495 Rn. 20 – Wiener SI; dazu auch Lenaerts, The Unity of European Law and the Overload of the ECJ – The System of Preliminary Rulings Revisited, Paper für das 6th International ECLN Colloquium „The Future of the European Judicial System – The Constitutional Role of the European Courts, Berlin, 2–4.11.2005.
[2105] Vgl. etwa EuGH Slg. 1987, 2545 Rn. 6ff. – Pretore di Salò; EFTA-GH Slg. 1994/1995, 15 Rn. 24ff. – Restamark; Slg. 1994/1995, 113 Rn. 14 – Mattel.
[2106] Vgl. nur EuGH Slg. 1994, 1477 Rn. 21 – Almelo; Slg. 1997, I-4961 Rn. 23 – Dorsch Consult.
[2107] EuGH Slg. 1998, I-7023 Rn. 14 – Victoria Film.
[2108] Anderson/Demetriou, References to the European Court, Rn. 4–010; Schima, Das Vorabentscheidungsverfahren vor dem EuGH, 2. Aufl. 2005, 34 f.
[2109] EuGH Slg. 1997, I-4961 – Dorsch Consult.
[2110] EuGH Slg. 2000, I-1577 – Gabalfrisa.
[2111] EuGH Slg. 2001, I-9445 – De Coster. GA Ruiz-Jarabo Colomer hat sich in diesem Verfahren dezidiert gegen die Zulässigkeit dieser Institution als „Gericht" iSv Art. 234 EG gewandt.

kein funktionaler, sondern ein institutioneller. Ob das mit den Zielen des Vorabentscheidungsverfahrens, eine einheitliche Auslegung und Anwendung des Unionsrechts sicherzustellen und den Individualrechtsschutz zu gewährleisten, im Einklang steht, ist zweifelhaft. Der EFTA-GH verfolgt demgegenüber einen funktionalen Ansatz. Er hat schon drei Jahre vor dem Vergabeüberwachungsausschuss-Urteil des EuGH den finnischen „Tullilautakunta", der als Teil der Verwaltung kein streitiges Verfahren kennt, im Interesse des Dialogs mit den nationalen Instanzen der Nordischen Staaten als vorlageberechtigtes Gericht bezeichnet.[2112] Im gleichen Sinn hat er bezüglich des norwegischen „Markedsradet" entschieden, der nach nationalem Recht ebenfalls eher der Verwaltung zugerechnet wurde.[2113] In der Folge wurden die liechtensteinische Beschwerdekommission der Finanzmarktaufsicht,[2114] die norwegische Beschwerdekammer für Gesundheitspersonal,[2115] die griechische Kapitalmarktkommission[2116] und der norwegische Beschwerdeausschuss für Steuersachen des Zentralsteueramts für große Unternehmen[2117] als vorlageberechtigte Gerichte bezeichnet. Im Fall Hellenic Capital Market Commission hat der EFTA-GH ausdrücklich festgestellt, der Zweck des Vorabentscheidungsverfahrens erfordere keine enge Auslegung des Gerichtsbegriffs. Gleiches gelte für die Frage, ob eine ersuchende Stelle eine Rechtsprechungs- oder eine Verwaltungsfunktion ausübt, insbesondere, wenn ihre Entscheidungen keiner gerichtlichen Überprüfung unterliegen.[2118]

680   **(1) Private Schiedsgerichte.** Dass der institutionelle Ansatz zu starr ist, zeigt sich bei der Rechtsprechung des EuGH zur Frage, ob private Schiedsgerichte[2119] Gerichte im Sinne des Art. 267 AEUV darstellen. Diese Frage hat der EuGH in ständiger Rechtsprechung verneint. In seinem **Nordsee-Urteil** von 1982 stellte er fest, zwar weise die Tätigkeit eines Schiedsgerichts insofern gewisse Ähnlichkeit mit der gerichtlichen Tätigkeit auf, als das Schiedsverfahren gesetzlich ausgestaltet ist, der Schiedsrichter nach Gesetz und Recht zu entscheiden hat und seine Entscheidung zwischen den Parteien die Wirkung eines rechtskräftigen Urteils hat und einen Vollstreckungstitel darstellen kann. Indes bestehe für die Parteien weder eine rechtliche noch eine tatsächliche Pflicht, ihre Streitigkeiten vor ein Schiedsgericht zu bringen, und die öffentliche Gewalt des betroffenen Mitgliedstaats sei weder in die Entscheidung, den Weg der Schiedsgerichtsbarkeit zu wählen, einbezogen, noch könne sie von Amtes wegen in den Ablauf des Verfahrens vor dem Schiedsrichter eingreifen. Sonach fehle es an einer hinreichend engen Beziehung zwischen dem Schiedsgericht und dem allgemeinen Rechtsschutzsystem des betroffenen Mitgliedstaates.[2120]

681   Damit werden Schiedsrichter im Grunde wie **private Individuen** behandelt. Der einzige Weg, auf dem ein Schiedsgericht an den EuGH gelangen kann, führt über ein staatliches nationales Gericht, zB im Vollstreckungsverfahren oder bei einer Überprüfung des Schiedsspruchs. In einem solchen Fall kann das staatliche Gericht dem EuGH Fragen nach Art. 267 AEUV vorlegen.[2121] Der EuGH hat seine Haltung im Fall Benetton im Jahr 1999 bestätigt.[2122] Er hat immerhin die Beachtung des Wettbewerbsrechts im Rahmen der Schiedsgerichtsbarkeit insoweit gestärkt, als ordentliche Gerichte Art. 101 AEUV als Teil des „ordre public" im Rahmen eines Aufhebungsantrags zu würdigen haben und entsprechende Fragen allenfalls dem EuGH vorlegen können.[2123] Das Urteil mag als Versuch des EuGH gewertet werden, den durch den Ausschluss der Schiedsgerichtsbarkeit von der Vorlageberechtigung verursachten Verlust an Rechtseinheitlichkeit durch verstärkte Inpflichtnahme der zur Überprüfung von Schiedssprüchen berufenen ordentlichen Gerichte zu kompensieren.

682   Das Grundproblem wird damit allerdings nicht gelöst. **Im Wettbewerbsrecht** war die Schiedsgerichtsbarkeit schon immer bedeutsam, und sie wird im Zuge eines verstärkten „private enforcement" noch wichtiger werden. Der Ausschluss der privaten Schiedsgerichte von der Vorlageberechtigung gefährdet die einheitliche Auslegung des Unionsrechts und die Durchsetzung des ordre public der Union.[2124] Der Hinweis auf die Vorlagemöglichkeit staatlicher Gerichte ist überall dort unbehel-

---

[2112] EFTA-GH Slg. 1994/1995, 15 Rn. 25 – Restamark.
[2113] EFTA-GH Slg. 1994/1995, 113 Rn. 15 – Mattel; Slg. 2005, 1 Rn. 21 – Pedicel.
[2114] EFTA-GH Slg. 2009–2010, 86 Rn. 88 – Inconsult.
[2115] EFTA-GH Slg. 2011 Rn. 484 – Norwegian Appeal Board for Health Personnel.
[2116] EFTA-GH – E-3/13, EFTA Slg. 2014, 88 – Hellenic Capital Market Commission.
[2117] EFTA-GH – E-3/13 und E-20/13, EFTA Slg. 2014, 400 – Fred Olsen and Others v. the Norwegian State.
[2118] EFTA-GH – E-23/13, EFTA Slg. 2014, 88 Rn. 33 und 34 – Hellenic Capital Market Commission.
[2119] Zur Zulässigkeit eines tarifvertraglichen Schiedsgerichts vgl. EuGH Slg. 1989, 3199 Rn. 7 ff. – Danfoss.
[2120] EuGH Slg. 1982, 1095 Rn. 10 ff. – Nordsee.
[2121] EuGH Slg. 1982, 1095 Rn. 14. – Nordsee.
[2122] EuGH Slg. 1999, 3055 – Eco Swiss China Time/Benetton.
[2123] EuGH Slg. 1999, 3055 Rn. 37 ff. – Eco Swiss China Time/Benetton.
[2124] Vgl. Baudenbacher, Enforcement of EC and EEA Competition Rules By Arbitration Tribunals Inside and Outside the EU in Ehlermann/Atanasiu, European Competition Law Annual 2001: Effective Private Enforcement of EC Antitrust Law, 2003, 341 f.; Baudenbacher/Higgins 9 Columbia Journal of European Law (2002), 1 ff.

IV. Zulässigkeit

flich, wo diese nicht angerufen werden.[2125] Im Übrigen führt die Einschaltung eines staatlichen Gerichts zu Verzögerungen, die mit den legitimen Zielen der Schiedsgerichtsbarkeit im Widerspruch stehen. Bei Zugrundelegung eines funktionalen Gerichtsbegriffs müsste man zum Ergebnis kommen, dass private Schiedsgerichte im Wesentlichen dieselbe Aufgabe erfüllen wie staatliche Gerichte.

Der **EFTA-GH** hat sich mit der Frage der Vorlageberechtigung von Schiedsgerichten noch nicht befasst. Im Blick auf den Umstand, dass das Homogenitätsziel im EWR-Prozessrecht weniger weit reicht als im materiellen Recht und der Gerichtshof bislang einen tendenziell großzügigeren Zugang zur Justiz gewährt als der EuGH, ist es nicht ausgeschlossen, dass er eine entsprechende Vorlage annähme. **683**

(2) **Nationale Wettbewerbsbehörden.** Die Vorlagefähigkeit der mit der Kontrolle von Behördenentscheidungen betrauten Kartellgerichte darf im Geist der VO 1/2003 nicht in Frage stehen.[2126] Dagegen hat der EuGH die Frage, ob eine nationale Wettbewerbsbehörde ein zur Vorlage berechtigtes Gericht sein kann, verneint.[2127] Die **griechische Wettbewerbskommission**, Epitropi Antagonismou, hatte Fragen zur Auslegung des Art. 82 EG [jetzt Art. 102 AEUV] vorgelegt. Der EuGH erwog, dass die Behörde der Rechtsaufsicht des Entwicklungsministers untersteht. Ihre Mitglieder sind trotz persönlicher und funktionaler Unabhängigkeit gegen Abberufung nicht geschützt und somit potenziellen „ungebührlichen Eingriffen" oder Repressionen seitens der Exekutive ausgesetzt. Wegen der funktionalen Verbindung zwischen der Epitropi Antagonismou als Entscheidungsorgan und ihrem als Untersuchungsbehörde agierenden Sekretariat in der Person des Präsidenten vermochte der EuGH das Erstere nicht als „Dritte" gegenüber der Staatsverwaltung einzuordnen. Schließlich wurde der Wettbewerbskommission zum Verhängnis, dass sie nach Art. 11 Abs. 6 der VO 1/2003 ihre Zuständigkeit durch das Selbsteintrittsrecht der Kommission verlieren kann. In einem solchen Fall könne das bei der nationalen Behörde eingeleitete Verfahren nicht zu einer Entscheidung mit Rechtsprechungscharakter führen. Generalanwalt Jacobs hatte in seinen die Vorlagefähigkeit befürwortenden Schlussanträgen darauf hingewiesen, dass mit einem Vorlagerecht zumindest der „gerichtsförmig strukturierten" Wettbewerbsbehörden eine zusätzliche Garantie zur Wahrung von Rechtseinheitlichkeit im Rahmen der Dezentralisierung des Wettbewerbsrechts geschaffen worden wäre.[2128] Er hat auch darauf aufmerksam gemacht, dass der EuGH im Fall des spanischen „Tribunal de Defensa de la Competencia" die Vorlage einer Wettbewerbsbehörde bereits einmal zugelassen hatte, ohne dass er die Vorlagefähigkeit problematisiert hätte.[2129] **684**

Was sektorielle **Regulierungsbehörden** anlangt, so hat der EuGH der österreichischen Telekom-Control-Kommission ebenfalls die Vorlagefähigkeit abgesprochen, wobei die Begründung stärker einzelfallbezogen ausfiel. In dem Verfahren hatte die österreichische Behörde der Kommission aus eigener Initiative einen Maßnahmenentwurf in Bezug auf den Wettbewerb auf einem Telekommunikationsmarkt vorgelegt, den letztere nicht billigen wollte. Der EuGH sah in diesem Vorgang keinen zur Vorlage erforderlichen Rechtsstreit.[2130] **685**

Es wäre rechtspolitisch wünschenswert, Kartellbehörden wie auch Regulierungsbehörden für netzgebundene Industrien wie Telekommunikation oder Energie, die zunehmend Aufgaben des Wettbewerbsschutzes wahrnehmen, über das Vorabentscheidungsverfahren direkten Zugang zur Unionsgerichtsbarkeit zu verschaffen. Es besteht in diesen Behörden ein hohes Maß an fachlicher Kompetenz wie auch unmittelbarem Problembewusstsein. De lege lata ist jedoch zuzugeben, dass damit eine Überdehnung der gegenwärtigen Konzeption dieser Verfahrensart verbunden wäre. **686**

bb) Nationales Prozessrecht. Über die Gerichtsqualität hinaus müssen nationale Spruchkörper, die dem EuGH bzw. dem EFTA-GH Fragen vorlegen wollen, keine weiteren Bedingungen erfüllen. Insbesondere spielt es keine Rolle, ob der Rechtsstreit **Zulässigkeitsvoraussetzungen** nach nationalem Recht erfüllt – etwa der Zuständigkeit oder der ordnungsgemäßen Besetzung des vorlegenden Gerichts.[2131] Die Vorschriften des nationalen Gerichtsorganisations- und Verfahrensrechts dürfen vor dem EuGH und dem EFTA-GH aus Zuständigkeitsgründen keine Rolle spielen. **687**

[2125] Vgl. Drobnig FS Kegel, 1987, 95 (115 ff.); Rehbinder, Extraterritoriale Wirkungen des deutschen Kartellrechts, 1965, 327, 329.
[2126] Zur österreichischen Situation Schima, Das Vorabentscheidungsverfahren vor dem EuGH, 2. Aufl. 2005, 42 f.
[2127] EuGH Slg. 2005, I-4609 Rn. 30 ff. – Synetairismos Farmakopoion Aitolias & Akarnanias.
[2128] Schlussanträge vom 8.10.2004, ECLI:EU:C:2004:673 Rn. 45.
[2129] EuGH Slg. 1992, I-4785 – AEB; dazu auch Anderson/Demetriou, References to the European Court, European Business Organisation Law Review 2005, 152 Rn. 2-033.
[2130] EuGH 6.10.2005 – C-256/05, ECLI:EU:C:2005:598 Rn. 11 – Telekom Austria.
[2131] EuGH Slg. 1993, I-5105 Rn. 12 ff. – Balocchi; Slg. 1995, I-4321 Rn. 16 – Luigi Spano; Slg. 2001, I-8365 Rn. 19 – Adria-Wien Pipeline.

Ob das vorlegende Gericht sie eingehalten hat, entzieht sich damit der Luxemburger Prüfkompetenz.[2132] Ebenfalls nicht überprüfbar ist die **Zulässigkeit des Vorlagebeschlusses** nach nationalem Prozessrecht.[2133] So bleibt unerheblich, ob das vorlegende Gericht mit der Vorlage gegen die Rechtsprechung innerstaatlich übergeordneter Instanzen verstößt.[2134] Das ergibt sich aus dem Umstand, dass nationales Recht per se nicht Gegenstand der Auslegung sein darf.[2135]

688 Zur Beendigung eines anhängigen Vorabentscheidungsverfahrens führt allerdings die Aufhebung bzw. das Zurückziehen des Vorlagebeschlusses durch den vorlegenden Richter oder infolge eines im nationalen Recht eventuell vorgesehenen **Rechtsbehelfs**.[2136] In einem solchen Fall wird das Verfahren ohne Entscheidung in der Sache aus dem Register des Gerichtshofs gestrichen. Zu der Frage, ob ein höherinstanzliches Gericht die Vorlageentscheidung im Rechtsmittelverfahren verbindlich aufheben kann, hat sich der EuGH in den Urteilen Rheinmühlen I und II auseinandergesetzt.[2137] Jedenfalls grundsätzlich ist danach von einem Recht des einzelnen Richters zum Dialog auszugehen, das durch Existenz und Gebrauch eines Rechtsmittels nicht vereitelt werden kann. Könnte die nächste Instanz die Entscheidungserheblichkeit einer Vorlage verbindlich verneinen, so würde damit die Stellung der unterinstanzlichen Gerichte bei der dezentralen Anwendung des europäischen Rechts geschwächt.[2138]

689 cc) **Besonderheiten des EWR-Rechts.** Nach Art. 34 Abs. 3 ÜGA kann das Vorlagerecht von den dem **EWR angehörenden EFTA-Staaten** auf letztinstanzliche Gerichte beschränkt werden. Davon hat keiner der drei aktuellen EWR/EFTA-Staaten Gebrauch gemacht.[2139] Von Interesse ist aber im Zusammenhang mit der Rheinmühlen-Rechtsprechung, dass in Island, das bis Ende 2017 über ein zweistufiges Gerichtssystem verfügte, der Vorlagebeschluss eines Untergerichts beim Obersten Gerichtshof angefochten werden kann. Daraus folgt, dass die Vorlage ganz oder teilweise aufgehoben werden kann. Die isländische Regelung ist deswegen problematisch, weil es aufgrund der Funktion des Vorabentscheidungsverfahrens Sache desjenigen Gerichts sein muss, die Vorlagefragen zu formulieren, das den Fall entscheidet. Der EFTA-GH hat deshalb da und dort deutlich gemacht, dass die Vorlagefragen des den Fall behandelnden erstinstanzlichen Gerichts in jedem Relevanz haben. In Kolbeinsson hatte der Oberste Gerichtshof Islands die Frage des Bezirksgerichts Reykjavík nach seiner eigenen Verantwortlichkeit aus der Vorlage herausgestrichen. Trotzdem beantwortete der EFTA-GH die entsprechende Frage in einem obiter dictum der Sache nach und machte deutlich, dass er die Köbler-Rechtsprechung des EuGH auch in den EWR-EFTA-Staaten für anwendbar erachtet.[2140] In einem anderen Fall hat der EFTA-GH auf eine Vorlagefrage des unterinstanzlichen Gerichts Bezug genommen, obwohl sie vom Obersten Gerichtshof nicht zur Vorlage zugelassen wurde.[2141] Die in Art. 107 EWR angelegte Möglichkeit der Vorlage eines nationalen Gerichts eines EWR/EFTA-Staates an den EuGH ist toter Buchstabe geblieben. Das ist damit zu erklären, dass die EWR/EFTA-Staaten im EuGH nicht mit einem Richter vertreten sind.[2142] Die neue VerfO des EuGH enthält keine Vorschrift betreffend die Möglichkeit eines Vorabentscheidungsersuchens durch ein Gericht eines Zweitstaates, der Vertragspartei des EWR-Abkommens ist, mehr.[2143] Es blieb der Diplomatie der sonst so souveränitätsbewussten Schweiz vorbehalten, der EU die Einrichtung eines Vorabentscheidungsverfahrens vorzuschlagen, bei dem schweizerische Gerichte bei der Auslegung der sektoriellen Abkommen, welche die Schweiz mit der EU abgeschlossen hat, an den EuGH gelangen sollen.[2144] Ob eine solche Regelung in einer Volksabstimmung eine Chance hätte, ist allerdings zweifelhaft.

[2132] EuGH Slg. 1994, I-711 Rn. 13 – Eurico Italia mwN.
[2133] EuGH Slg. 2004, I-11763 Rn. 26 – Radlberger mwN.
[2134] EFTA-GH Slg. 2005, 76 Rn. 22 – Piazza.
[2135] EFTA-GH Slg. 1994/1995, 15 Rn. 78 – Restamark.
[2136] EuGH Slg. 1978, 629 Rn. 10 – Simmenthal; Slg. 1982, 33 Rn. 7 – Reina.
[2137] EuGH Slg. 1974, 33 – Rheinmühlen II; Slg. 1974, 139 – Rheinmühlen I; dazu Schima, Das Vorabentscheidungsverfahren vor dem EuGH, 2. Aufl. 2005, 55.
[2138] Vgl. auch Anderson/Demetriou, References to the European Court, European Business Organisation Law Review 2005, 152 Rn. 7–109 ff.; Kapteyn/VerLoren van Themaat, Introduction to the Law of the European Communities, 3. Aufl. 1998, 519.
[2139] Als einziger EFTA/EWR-Staat hatte 1994 Österreich von dieser Möglichkeit Gebrauch gemacht. Kritisch dazu mit Recht der frühere österreichische Richter am EFTA-GH Herndl FS Thór Vilhjálmsson, 2000, 247 ff. (252 f.).
[2140] EFTA-GH Slg. 2009–2010, 234 Rn. 77 – Kolbeinsson.
[2141] EFTA-GH Slg. 2012, 592 Rn. 68 f. – Irish Bank.
[2142] Anderson/Demetriou, References to the European Court, European Business Organisation Law Review 2005, 152 1–056.
[2143] Art. 123g EuGHVfO idF vom 23.3.2010, vgl. konsolidierte Fassung, ABl. 2010 C 177, 1; zur neuen Fassung vgl. EuGHVfO idF vom 25.9.2012, ABl. 2012 L 265, 1.
[2144] Neue Zürcher Zeitung vom 27.7.2013.

IV. Zulässigkeit

b) Vorlagepflicht. Art. 267 AEUV gewährt jedem mitgliedstaatlichen Gericht das Recht zur **690** Vorlage an den EuGH. Die Erfahrung zeigt, dass erstinstanzliche nationale Gerichte davon auch dort Gebrauch machen, wo die oberen Instanzen es mit der Unionstreue nicht allzu genau nehmen. **Art. 267 Abs. 3 AEUV** statuiert für letztinstanzliche Gerichte, deren Entscheidungen nicht mehr mit Rechtsmitteln des innerstaatlichen Rechts angefochten werden können, eine Vorlagepflicht. Die Differenzierung zwischen letztinstanzlichen und unteren Gerichten gewinnt Relevanz nur für Fragen nach der Auslegung des Unionsrechts, da der EuGH für Fragen nach der Gültigkeit von Sekundärrecht über Art. 267 Abs. 3 AEUV hinaus eine allgemeine Vorlagepflicht statuiert hat (→ Rn. 696).

Die Vorlagepflicht wird mitunter auch von nationalen Höchstgerichten verletzt, die nicht im **691** Rufe stehen, den Gang nach Luxemburg zu scheuen. In manchen Mitgliedstaaten ist sie theoretisch aufgrund nationalen Rechts (zB durch Geltendmachung des Grundrechts auf den gesetzlichen Richter) durchsetzbar. Darüber hinaus wird bei Verletzung die Möglichkeit einer auf Art. 6 EMRK gestützten Beschwerde zum EGMR diskutiert.[2145] Der EuGH hat der Vorlagepflicht auch unionsrechtliche Zähne verliehen. Im Urteil Köbler hat er den Grundsatz der **Staatshaftung** für unionsrechtswidriges Verhalten auch bei Verstößen durch Urteile letztinstanzlicher Gerichte für anwendbar erklärt und sich dabei explizit auf den Schutz der aus dem Unionsrecht fließenden subjektiven Rechte berufen.[2146] Auch wenn diese Möglichkeit auf offenkundige Verstöße beschränkt worden ist, so kann sie sich doch auf die Beachtung der Vorlagepflicht durch nationale Höchstgerichte positiv auswirken. Der EuGH hat die Bedeutung der Staatshaftung für Rechtsprechungshandeln im Bereich des Beihilferechts herausgestrichen.[2147] Darüber hinaus kann die Verletzung der Vorlagepflicht im Wege des **Vertragsverletzungsverfahrens** sanktioniert werden.[2148] Die Kommission hatte im Jahr 2003 ein entsprechendes Verfahren gegen Schweden eingeleitet.[2149] Schließlich kann aus der Verletzung der Vorlagepflicht auch die **Durchbrechung der späteren Bestandskraft** eines innerstaatlichen Verwaltungsakts resultieren, so dass die vermeintlich „unionsrechtsfeste" Frage von den nationalen und europäischen Gerichten neu beurteilt werden kann.[2150] Im Unterschied dazu ist die Rechtskraft (auch) unionsrechtswidrig ergangener Gerichtsurteile unumstößlich.[2151]

Im **EFTA-Pfeiler des EWR** trifft auch letztinstanzliche Gerichte nach dem Wortlaut des **692** Art. 34 ÜGA keine Vorlagepflicht. In Irish Bank und in Jonsson hat der EFTA-GH jedoch über den Wortlaut des Art. 34 ÜGA hinaus auf die aus Art. 3 EWRAbk folgende Treuepflicht der Gerichte der EWR/EFTA-Staaten und auf die Tatsache hingewiesen, dass EFTA-Staatsangehörige und Wirtschaftsakteure von der Vorlageverpflichtung letztinstanzlicher Gerichte der EU-Mitgliedstaaten profitieren (Grundsatz der Reziprozität). Insoweit wurde das Urteil des EuGH in Ospelt in Bezug genommen. Zugleich müsse Art. 34 ÜGA auch im Lichte der Grundrechtsbindung des EWR-Rechts und demnach der Rechtsprechung des EGMR bzgl. der Gefahr einer Konventionsverletzung bei (insbesondere unbegründeter und willkürlicher) Ablehnung einer Vorlage durch ein letztinstanzliches Gericht ausgelegt werden.[2152] In Jonsson hat der EFTA-GH entschieden, dass eine Vorlagepflicht dann besteht, wenn die EWR-rechtliche Lage unklar ist („if the legal situation lacks clarity"). Die (implizite) Bezugnahme auf die CILFIT-Rechtsprechung des EuGH ist offensichtlich. In einem Auslegungsbeschluss hat der EFTA-GH im Jahr 2013 seine Rechtsprechung mit den Worten zusammengefasst, für Höchstgerichte bestehe eine andere Rechtslage als für untere Instanzen.[2153]

aa) Letztinstanzliche Gerichte. Letztinstanzliche Gerichte im Sinne von Art. 267 Abs. 3 **693** AEUV sind die Gerichte, die den konkreten Instanzenzug abschließen, und nicht etwa die abstrakt an der Spitze des Justizaufbaus eines Mitgliedstaats situierten Gerichte.[2154] Der Begriff des Rechtsmittels

---

[2145] Lenski/Mayer EuZW 2005, 225.
[2146] EuGH Slg. 2003, I-10 238 Rn. 30 ff. – Köbler.
[2147] EuGH Slg. 2006, I-5177 Rn. 41 – Traghetti del Mediterraneo.
[2148] Pechstein, EU-Prozessrecht, 4. Aufl. 2011, Rn. 837; dies wird man auch dem Urteil EuGH Slg. 2003, I-14637 – Kommission/Italien entnehmen können, obwohl der Fall einen materiell-rechtlichen Verstoß höchster Gerichte gegen das Unionsrecht betraf. Vgl. zur Problematik auch Kenntner EuZW 2005, 235.
[2149] Az. 2003/2161; dazu Lenski/Mayer EuZW 2005, 225. Zu einem Vorstoß der Kommission in einem Einzelfall, dem Fall „Pingo-Hähnchen" des BGH, vgl. Schima, Das Vorabentscheidungsverfahren vor dem EuGH, 2. Aufl. 2005, 67.
[2150] EuGH Slg. 2004, I-837 Rn. 23 ff. – Kühne & Heitz.
[2151] EuGH Slg. 2006, I-2585 Rn. 21 – Kapferer.
[2152] EFTA-GH Slg. 2012, 592 Rn. 58 ff. – Irish Bank; EGMR 20.9.2011 – 3989/07, 38353/07 Rn. 59 f. – Ullens de Schooten und Rezabek/Belgien.
[2153] EFTA-GH Slg. 2013, 816 Rn. 11 – INT HOB-vín ehf.
[2154] So jetzt deutlich EuGH Slg. 2002, I-4839 Rn. 15 – Lyckeskog. Vgl. auch Pechstein, EU-Prozessrecht, 4. Aufl. 2011, Rn. 826; Anderson/Demetriou, References to the European Court, European Business Organisation Law Review 2005, 152 Rn. 6-005 ff.

umfasst Berufung und Revision, nicht aber außerordentliche Verfahren wie Wiederaufnahmeverfahren oder Verfassungsbeschwerde. Ein nationales Gericht, gegen dessen Entscheidungen Rechtsmittel beim obersten Gericht nur nach Zulassung des Rechtsmittels durch das unterinstanzliche Gericht eingelegt werden können, unterliegt nicht der Verpflichtung des Art. 267 Abs. 3 AEUV.[2155]

694 Der EuGH hat die unbedingte Vorlagepflicht im Laufe der Zeit gelockert und bestimmte Ausnahmen definiert, in denen eine Vorlage nicht nötig erscheint. Im Verfahren des **einstweiligen Rechtsschutzes** besteht nach Hoffmann-La Roche dann keine Pflicht zur Vorlage, wenn die Möglichkeit besteht, dass die unionsrechtliche Frage im Hauptsacheverfahren noch vorgelegt werden kann.[2156] Darüber hinaus befreite der EuGH bereits im Urteil Da Costa letztinstanzliche Gerichte von der Pflicht zur Vorlage in Fällen, in denen die aufgeworfene Frage tatsächlich bereits Gegenstand einer Vorabentscheidung war.[2157] Im Grundsatzurteil CILFIT, auf das in nachfolgenden Verfahren stets verwiesen wird, stellte der EuGH im Jahr 1982 fest, dass auf eine Vorlage verzichtet werden kann, wenn er das entsprechende Rechtsproblem in einem anderen Verfahren entschieden hat, „selbst dann, wenn die strittigen Fragen nicht vollkommen identisch sind".[2158] Gleichzeitig wurde eine weitere Ausnahme für Fälle geschaffen, in denen die richtige Anwendung des Unionsrechts derart offenkundig ist, dass **kein Raum für einen vernünftigen Zweifel** an der Entscheidung der gestellten Frage bleibt.[2159] Die Offenkundigkeit beurteilt grundsätzlich nicht der EuGH, sondern das nationale Gericht nach eigenem Ermessen, allerdings mit Blick auf die Höchstgerichte der übrigen Mitgliedstaaten.[2160] Schließlich hat das letztinstanzliche Gericht die Freiheit, eine Frage für nicht entscheidungserheblich zu halten, wenn die Antwort auf diese Frage, wie immer sie ausfällt, keinerlei Einfluss auf die Entscheidung des Rechtsstreits haben kann. Das Bemühen, eine Balance zwischen der Wahrung der Rechtseinheitlichkeit und dem Reduzieren der eigenen Belastung zu finden, ist unübersehbar. Tatsächlich war die vermeintliche Großzügigkeit des EuGH aber ursprünglich eher ein Versuch, einem übermäßigen Gebrauch der Lehre vom „acte clair" durch letztinstanzliche Gerichte Grenzen zu ziehen.[2161] Die Festlegung bestimmter Kriterien für ein Abweichen von der Vorlagepflicht sollte also der Disziplinierung der mitgliedstaatlichen Höchstgerichte dienen. In diesem Zusammenhang ist wohl auch die Androhung von Staatshaftung im Urteil Köbler[2162] zu sehen.

Der EuGH hat im Urteil Kommission/Frankreich vom 4. Oktober 2018 erneut deutlich gemacht, dass die Freiheit der nationalen Höchstgerichte eng begrenzt ist. Der französische Conseil d'État hatte sich dafür entschieden, von einem Urteil des EuGH abzuweichen, weil sich die Regelung des Vereinigten Königreichs, um die es in diesem Urteil ging, von der französischen Regelung unterscheide. Der EuGH stellte dazu fest: „Er (sc. der Conseil d'État) konnte aber nicht sicher sein, dass der Gerichtshof ohne Weiteres zu demselben Schluss gelangen würde."[2163]

695 Der Sinn einer strengen Durchsetzung der Vorlagepflicht wird im Hinblick auf den Wunsch nach einer **Dezentralisierung der Rechtsprechung** angezweifelt. Der EuGH sollte sich danach auf grundlegende Fälle konzentrieren und den nationalen (Höchst-)Gerichten größere Entscheidungsfreiheit einräumen.[2164] Eine solche Entwicklung ist tatsächlich im Gange. Sie kann gerade in Deutschland seit geraumer Zeit beobachtet werden, ohne dass man viel darüber gesprochen wird. Die Vorlagepflicht, wie sie Art. 267 Abs. 3 AEUV zugrunde liegt, wird insbesondere durch die Einschätzungsprärogative des Richters hinsichtlich der Erforderlichkeit und Erheblichkeit einer Vorabentscheidung relativiert.[2165]

696 **bb) Vorlagepflicht bei der Beurteilung der Gültigkeit von sekundärem Unionsrecht.**
Im Urteil Foto Frost erklärte der EuGH, dass alle Gerichte der Mitgliedstaaten zur Vorlage an den EuGH verpflichtet sind, wenn sie Handlungen der Unionsorgane für ungültig halten,[2166] sei es

---

[2155] EuGH Slg. 2002, I-4839 Rn. 16 und 19 – Lyckeskog; zu der Übertragung dieser Rechtsprechung auf mögliche Konstellationen nach deutschem und österreichischem Recht vgl. Schima, Das Vorabentscheidungsverfahren vor dem EuGH, 2. Aufl. 2005, 60 ff.
[2156] EuGH Slg. 1977, 957 Rn. 6 – Hoffmann-La Roche.
[2157] EuGH Slg. 1963, 63 (81) – Da Costa.
[2158] EuGH Slg. 1982, 3415 Rn. 14 – C. I. L. F. I. T.
[2159] EuGH Slg. 1982, 3415 Rn. 16 – C. I. L. F. I. T.
[2160] EuGH Slg. 2005, I-8151 Rn. 37 ff. – Intermodal Transports.
[2161] Darauf weist etwa GA Ruiz Jarabo Colomer in den Schlussanträgen in der Rechtssache C-461/03 vom 30.6.2005, ECLI:EU:C:2005:415 Rn. 52 – Gaston Schul hin.
[2162] EuGH Slg. 2003, I-10239 – Köbler.
[2163] EuGH 4.10.2018 – C-416/17, ECLI:EU:C:2018:811, Rn. 111.
[2164] Vgl. etwa GA Ruiz Jarabo Colomer in den Schlussanträgen in der Rechtssache C-461/03 vom 30.6.2005, ECLI:EU:C:2005:415 Rn. 59 – Gaston Schul; so bereits GA Jacobs, Schlussanträge in EuGH, Slg. 1997, I-6495 Rn. 64 – Wiener SI.
[2165] Dazu Bornkamm 39 Tex. Int'l L. J. 415, 426 (2004).
[2166] EuGH Slg. 1987, 4199 Rn. 20 – Foto Frost.

IV. Zulässigkeit

nach amtswegiger Prüfung oder auf Parteivortrag hin.[2167] Dies forderten Rechtseinheitlichkeit und Rechtssicherheit. Außerdem biete Art. 23 EuGH-Satzung die beste Gewähr dafür, dass die Organe, welche die streitgegenständliche Maßnahme erlassen haben, diese im Verfahren auch verteidigen. Ob das letztgenannte Argument gerade im Wettbewerbsrecht angesichts der in Art. 15 VO 1/2003 geschaffenen Beteiligungsmöglichkeiten der Kommission auch in nationalen Gerichtsverfahren noch Gültigkeit beanspruchen kann, erscheint fraglich. Dessen ungeachtet ist das in Foto Frost begründete Verwerfungsmonopol des EuGH aus dem Gesichtspunkt der Rechtssicherheit unmittelbar einsichtig. Jede andere Praxis liefe Gefahr, Situationen von „relativer" Wirkung von Entscheidungen in der Union zu schaffen. Die Feststellung bzw. Bestätigung der Gültigkeit eines Rechtsakts bleibt dem nationalen Richter dagegen unbenommen; Foto Frost greift hier nicht.[2168]

Mit Foto Frost ist eine uneingeschränkte Vorlagepflicht (auch) für unterinstanzliche Gerichte bei 697 der Frage nach der (Un-)Gültigkeit eines Unionsrechtsakts und ein Verwerfungsmonopol des EuGH statuiert worden. Damit einher geht die Rechtmäßigkeitsvermutung für eine Unionsmaßnahme, die nicht vom EuGH für nichtig erklärt worden ist. Von der Vorlageverpflichtung ist nur für den Fall eine Ausnahme zu machen, dass sich eine Gültigkeitsfrage im Rahmen eines Verfahrens des **einstweiligen Rechtsschutzes** vor nationalen Gerichten stellt. Im Urteil Zuckerfabrik Süderdithmarschen hat der EuGH entschieden, dass der nationale Richter in diesem Fall den Vollzug eines auf einer Unionsverordnung beruhenden Verwaltungsakts aussetzen darf, wenn er erhebliche Zweifel an der Gültigkeit der Unionsmaßnahme hat, die Entscheidung dringlich ist, dem Antragsteller ein schwerer, nicht wieder gutzumachender Schaden droht und das Unionsinteresse angemessen berücksichtigt ist.[2169] Die Frage muss schließlich spätestens im Hauptsacheverfahren dem EuGH vorgelegt werden.[2170] Haben sich die Unionsgerichte mit dem fraglichen Rechtsakt bereits auseinandergesetzt und in irgendeiner Weise bestätigt, kommt die Gewährung einstweiligen Rechtsschutzes nach nationalem Recht nicht mehr in Frage. Ebenfalls bindend für den nationalen Richter sind Entscheidungen der Unionsgerichte, die ihrerseits im Rahmen des einstweiligen Rechtsschutzes ergingen.[2171] Außerdem sind nationale Gerichte seit Deutsche Lufthansa[2172] im Beihilfeverfahren bereits an die Feststellungen der Kommission im Eröffnungsbeschluss,[2173] und damit verpflichtet bei Zweifeln zum Beihilfencharakter, Gültigkeit und/oder Auslegung der Entscheidung über die Eröffnung des Beihilfenverfahrens dem EuGH Fragen zur Vorabentscheidung nach Art. 267 Abs. 2 und 3 AEUV vorzulegen.[2174]

Stellt sich die Frage nach der Ungültigkeit eines Sekundärrechtsakts vor einem letztinstanzlichen 698 Gericht im Sinne von Art. 267 Abs. 3 AEUV, so trifft die Vorlagepflicht nach Foto Frost auch dieses Gericht. Die in der CILFIT-Doktrin niedergelegten Ausnahmen finden darauf keine Anwendung, so dass auch dann vorgelegt werden muss, wenn ein anderer, vergleichbarer Unionsrechtsakt zuvor bereits für ungültig erklärt wurde.[2175] Mit dieser Präzisierung hält der EuGH nicht nur die Leitprinzipien der Rechtssicherheit und der Rechtseinheit hoch, sondern vermeidet auch fruchtlose Streitigkeiten über den Grad der Ähnlichkeit zweier Rechtsakte. Das Interesse an einer Verkürzung der Verfahrensdauer muss demgegenüber zurücktreten.[2176]

2. Vorlagebeschluss. a) Form. Aus Art. 267 AEUV bzw. Art. 34 ÜGA ist nichts zu der Frage 699 abzuleiten, welche formellen Anforderungen eine Vorlagefrage erfüllen muss.[2177] Diese richten sich nach nationalem Recht bzw. dem Ermessen des Richters. Das gilt für die Frage, ob die Vorlage per Urteil oder Beschluss ergeht, ebenso wie für Art und Umfang der zur Erhellung des Falles beigefügten Unterlagen aus den Verfahrensakten. Grundsätzlich genügt es aus der Sicht des europäischen Rechts, den Gegenstand der Vorlagefrage in konkreter und einfacher Weise zu formulieren, so dass es dem EuGH überlassen bleibt, über das Ersuchen nur in den Grenzen zu entscheiden, die ihm seine Zuständigkeit zur Vertragsauslegung erlaubt.[2178]

[2167] EuGH Slg. 2006, I-403 Rn. 32 – International Air Transport Association.
[2168] EuGH Slg. 2006, I-403 Rn. 29 – International Air Transport Association.
[2169] EuGH Slg. 1991, I-415 Rn. 33 – Zuckerfabrik Süderdithmarschen.
[2170] EuGH Slg. 1977, 957 Rn. 6 – Hoffmann-LaRoche.
[2171] EuGH Slg. 1995, I-3761 Rn. 46 ff. – Atlanta.
[2172] EuGH 21.11.2013 – C-284/12, ECLI:EU:C:2013:755 – Deutsche Lufthansa.
[2173] Vgl. aber BGH 9.2.2017 – I ZR 91/15 – Flughafen Lübeck; s. auch: EuG 3.3.2015 – T-251/13, ECLI:EU:T:2015:142.
[2174] EuGH 21.11.2013 – C-284/12, ECLI:EU:C:2913:755 Rn. 44 – Deutsche Lufthansa. S. auch EuG 3.3.2015, Rs. T-251/13, ECLI:EU:T:2015:142.
[2175] EuGH Slg. 2005, I-10513 Rn. 19 – Gaston Schul.
[2176] Zustimmend auch Herrmann EuZW 2006, 231 (235).
[2177] EuGH Slg. 1962, 99 (110) – De Geus.
[2178] EuGH Slg. 1962, 99 (110) – De Geus.

700 b) Zeitpunkt. In welchem Stadium des nationalen Gerichtsverfahrens ein Fall dem EuGH bzw. dem EFTA-GH vorgelegt wird, ist für das Vorabentscheidungsverfahren grundsätzlich nicht von Bedeutung und liegt im Ermessen des nationalen Richters.[2179] Der EuGH hat allerdings verschiedentlich betont, dass es im Interesse einer geordneten Rechtspflege liegen kann, eine Vorlagefrage erst im Anschluss an die Sachverhaltsermittlung[2180] und gegebenenfalls eine Anhörung der Parteien bzw. eine streitige Verhandlung zu stellen, ohne dies aber zur Voraussetzung für die Zulässigkeit zu machen.[2181] Gerade in komplexen Materien wie dem Wettbewerbs- und Beihilfenrecht kann es von entscheidender Bedeutung sein, dass der tatsächliche, ökonomische und juristische Hintergrund vor einer Befassung durch EuGH oder EFTA-GH möglichst erschöpfend etabliert werden konnten.

701 c) Vorlagefragen. In Vorlagefragen nach der Auslegung von Unionsrecht ist eine vom Einzelfall abstrahierte Formulierung zu wählen, während die Gültigkeitsvorlage den fraglichen Unionsrechtsakt konkret zu benennen hat. Die neue Verfahrensordnung des EuGH enthält nunmehr eine Bestimmung, die den unerlässlichen Mindestinhalt jedes Vorabentscheidungsersuchens regelt (Art. 94 EuGHVfO), und eine Bestimmung über die Anonymität (Art. 95 EuGHVfO), was den nationalen Gerichten bei der Abfassung ihrer Vorlagen unter gleichzeitiger Gewährleistung einer größeren Achtung des Privatlebens der Parteien des Ausgangsrechtsstreits helfen soll. Es bleibt abzuwarten, ob und wie sehr Art. 94 EuGHVfO die Praxis des Gerichtshofs betreffend die Zurückweisung mangelhafter Vorabentscheidungsersuchen beeinflussen wird. Aus unrichtig, unverständlich oder unvollständig formulierten Vorlagefragen folgt nicht zwangsläufig deren Unzulässigkeit. Vielmehr werden sie vom EuGH auf der Basis des vorgelegten Sachverhalts in dem Sinne umgedeutet und umformuliert, dass das vorlegende Gericht um bestimmte Kriterien für die Auslegung bestimmter Vorschriften des europäischen Rechts nachsucht, um anschließend selbst die Vereinbarkeit oder Unvereinbarkeit des konkreten Falles oder der nationalen Maßnahmen mit dem so ausgelegten europäischen Recht feststellen zu können.[2182] MaW verfügt der EuGH im Dienste der Sachdienlichkeit über ausreichend Spielraum, „aus dem Ausgangsverfahren zugrunde liegenden Sachverhalt die für das Verständnis der gestellten Fragen und die Erarbeitung einer sachgerechten Antwort erforderlichen Einzelheiten zu entnehmen".[2183] In diesem Rahmen kann er auch Vorschriften des europäischen Rechts zum Auslegungsgegenstand machen, obwohl das vorlegende Gericht in der Vorlagefrage nicht auf sie Bezug genommen hat.[2184] Für den EFTA-GH gilt mutatis mutandis Entsprechendes.

702 d) Inhalt des Beschlusses. aa) Tatsächliche Angaben. Der Vorlagebeschluss muss den **Ausgangssachverhalt** des Verfahrens in ausreichender Detailliertheit schildern.[2185] Das ist Ausfluss der Aufgabenverteilung zwischen EuGH bzw. EFTA-GH und nationalem Gericht, wonach zur Feststellung des tatsächlichen Rahmens alleine das Letztere zuständig ist. EuGH und EFTA-GH sind bei der Urteilsfindung völlig auf das Material angewiesen, das ihnen der nationale Richter präsentiert. Informationen durch andere Verfahrensbeteiligte, insbesondere die Parteien des Ausgangsverfahrens, können grundsätzlich nur im nationalen Verfahren, nicht aber im Rahmen des Vorabentscheidungsverfahrens berücksichtigt werden.[2186] Das bedeutet nicht, dass die Parteien des Ausgangsverfahrens als Verfahrensbeteiligte vor dem EuGH bzw. dem EFTA-GH nicht auch Angaben tatsächlicher Art machen könnten. Allerdings lehrt die Erfahrung, dass solche Angaben nicht selten von der Gegenpartei bestritten werden. Den Parteien des Ausgangsverfahrens fehlt die Autorität, die dem Vorlagegericht zukommt. Die Notwendigkeit, das Unionsrecht bzw. das EWR-Recht in einer dem nationalen Gericht nützlichen Weise auszulegen, macht es erforderlich, dass dieses Gericht den tatsächlichen und rechtlichen Rahmen umreißt, in den sich die gestellten Fragen einfügen, oder dass es zumindest die tatsächlichen Annahmen erläutert, auf denen die Fragen beruhen.[2187] Der EuGH beantwortet keine Fragen, ohne über die tatsächlichen und rechtlichen Angaben zu verfügen, deren er für eine sachgerechte Beantwortung der ihm gestellten Fragen bedarf.[2188] Vorlagen, welche diesen Forderungen nicht entsprechen, werden vom EuGH regelmäßig als offensichtlich unzulässig abgewiesen.[2189]

[2179] EuGH Slg. 1981, 735 Rn. 5 – Irish Creamery Milk Suppliers; Slg. 2003, I-5659 Rn. 39 – Schmidberger.
[2180] EuGH Slg. 1987, 2545 Rn. 10 – Pretore di Salo'.
[2181] EuGH Slg. 1987, 2545 Rn. 11 – Pretore di Salo'; Slg. 1994, I-711 Rn. 11 – Eurico Italia.
[2182] EuGH Slg. 1992, I-3899 Rn. 10 – Sanders Adour und Guyomarc' h Orthez Nutrition animale.
[2183] EuGH Slg. 1980, 2327 Rn. 6 – Giry.
[2184] EuGH Slg. 1990, I-4695 Rn. 8 – SARPP; Slg. 1994, I-317 Rn. 7 – Clinique.
[2185] Statt vieler EuGH Slg. 2011, I-2497 Rn. 18 – Schröder; EFTA-GH Slg. 1994/1995, 145 Rn. 17 – Samuelsson.
[2186] EuGH Slg. 1999, I-5631 Rn. 31 f. – WWF; ähnlich schon EuGH Slg. 1996, I-1385 Rn. 11 – Banco de Fomento e Exterior.
[2187] EuGH Slg. 2000, I-2549 Rn. 30 f. – Deliège; EFTA-GH Slg. 2002, 240 Rn. 11 – Karlsson.
[2188] EuGH Slg. 1992, I-4871 – Meilicke.
[2189] EuGH Slg. 1998, I-2181 – Testa und Modesti; 22.2.2005 – C-480/04, ECLI:EU:C:2005:100 Rn. 4 ff. – D'Antonio.

IV. Zulässigkeit

Nach ständiger Rechtsprechung bestimmen sich die Anforderungen an die Detailliertheit des beizubringenden Faktenmaterials nach einem **doppelten Zweck:** Einerseits muss der EuGH bzw. der EFTA-GH selbst aufgrund dieser Erklärungen in der Lage sein, ein Urteil zu fällen. Andererseits müssen (zeitlich vorher) die tatsächlichen Angaben den Bedürfnissen der zur Beteiligung am Verfahren Berechtigten Rechnung tragen, denen die Möglichkeit zur Abgabe von sachdienlichen Erklärungen gegeben sein muss.[2190] Dabei ist zu berücksichtigen, dass ihnen die Kanzlei an beiden Gerichten nicht mehr als die Vorlageentscheidung zustellt.[2191] Das nationale Gericht kann sich aus diesem Grund also nicht damit begnügen, auf die (mitvorgelegten) Verfahrensakten zu verweisen. In einigen Fällen haben Beteiligungsberechtigte gerügt, dass sie anhand der Angaben des vorlegenden Gerichts zu einzelnen Aspekten der Vorlagefragen nicht Stellung nehmen konnten. Der EuGH hat hier gelegentlich auf den vor der mündlichen Verhandlung versandten Sitzungsbericht verwiesen, der auch die Verfahrensakte, die Ausführungen der anderen Parteien sowie Antworten des nationalen Richters auf allfällige Fragen zur Klarstellung zusammenfasst.[2192] Diese Möglichkeit dürfte künftig beim EuGH entfallen. Doch besteht dessen ungeachtet das Recht der Beteiligten auf Einblick in die Verfahrensakten, so dass eine zu große Strenge hinsichtlich der ausreichenden Sachverhaltsdarstellung nach wie vor nicht angezeigt ist. In jedem Fall ist die Tatsache, dass die Verfahrensbeteiligten Stellung nehmen konnten, ein Beleg dafür, dass das Faktenmaterial wohl ausreichend war.[2193]

Die inhaltlichen Anforderungen an die Darstellung der Sach- und Rechtslage variieren je nach den Umständen des Einzelfalls, insbesondere dessen Komplexität. Sie sind tendenziell niedriger, wenn es um präzise Fragen technischer Natur geht.[2194] In jüngerer Zeit scheint der EuGH zwar in Fragen zur Auslegung der Grundfreiheiten die Anforderungen an das tatsächliche Vorbringen etwas zu lockern.[2195] In der Vergangenheit sind aber gerade **im Wettbewerbsrecht** zahlreiche Vorabentscheidungsersuchen vor dem EuGH daran gescheitert, dass der Vorlagebeschluss das den vorgelegten Fragen zugrunde liegenden Tatsachenmaterial nicht in einer dem Gerichtshof genügenden Art und Weise geschildert hätte. Insofern hat der EuGH im Urteil Telemarsicabruzzo, das Fernsehlizenzen betraf, die Anforderungen an Darlegung des nationalen tatsächlichen und rechtlichen Rahmens deutlich verschärft. Der dafür geltend gemachte Grund war nicht einzelfallabhängig, sondern systemimmanent: Der Bereich des Wettbewerbs sei „durch komplexe Sach- und Rechtslage gekennzeichnet".[2196] Diese Charakterisierung hat der EuGH in weiteren Entscheidungen wiederholt.[2197] In Telemarsicabruzzo kam der EuGH zum Schluss, die ihm vom nationalen Gericht zur Verfügung gestellten Informationen seien zu lückenhaft, als dass die Wettbewerbsregeln des Vertrages im Hinblick auf den Rechtsstreit ausgelegt werden könnten. Er lehnte es daher ab, über die Vorlagefragen zu entscheiden.[2198] Tatsächlich deuten die Tatsache, dass im Plenum entschieden wurde und die Verfahrensdauer von 27 Monaten darauf hin, dass es in diesem Urteil darum ging, eine neue „policy" hinsichtlich der Zulässigkeit von Vorlagefragen zu finden.[2199] Die Rechtssache Monin Automobiles I zu Beschränkungen des Parallelimports japanischer Fahrzeuge erledigte der EuGH per Beschluss, obwohl die Fragen auf den ersten Blick beantwortbar erschienen.[2200] Das Gleiche Schicksal nahm das Verfahren La Pyramide zur Tarifgestaltung von Verwertungsgesellschaften.[2201] In den Beschlüssen Saddik[2202] und Grau Comis[2203] sowie dem Urteil Banchero[2204] ging es um Tabakmonopole; hier fehlten dem EuGH nähere Angaben. Der Fall

---

[2190] EuGH Slg. 1999, I-6025 Rn. 39 – Brentjens' Handelsonderneming; Slg. 2000, I-6451 Rn. 52 – Pavlov; EFTA-GH Slg. 2002, 240 Rn. 11 – Karlsson; Slg. 2005, 76 Rn. 18 – Piazza.
[2191] EuGH Slg. 1999, I-5751 Rn. 40 – Albany; EFTA-GH Slg. 2002, 240 Rn. 11 – Karlsson.
[2192] EuGH Slg. 1999, I-5751 Rn. 43 – Albany; Slg. 1999, I-6025 Rn. 42 – Brentjens' Handelsonderneming; Slg. 2000, I-6451 Rn. 55 – Pavlov.
[2193] EuGH Slg. 2011, I-2497 Rn. 21 – Schröder; EFTA-GH Slg. 2005, 76 Rn. 19 – Piazza.
[2194] EuGH Slg. 1994, I-763 Rn. 13 – Vaneetveld; Slg. 1995, I-511 Rn. 14 – Saddik.
[2195] Vgl. etwa EuGH Slg. 2009, I-7633 Rn. 41 – Liga Portuguesa de Futebol Profissional.
[2196] EuGH Slg. 1993, I-393 Rn. 7 – Telemarsicabruzzo.
[2197] EuGH Slg. 1998, I-4301 Rn. 69 f. – Safety Hi-Tech; Slg. 1998, I-4355 Rn. 67 f. – Gianni Bettati; Slg. 1999, I-5751 Rn. 39 – Albany; Slg. 1999, I-6025 Rn. 38 – Brentjens' Handelsonderneming; Slg. 1994, I-3999 Rn. 15 – La Pyramide; Slg. 2002, I-8287 Rn. 21 – Viacom I; Slg. 2005, I-1167 Rn. 23 – Viacom II.
[2198] EuGH Slg. 1993, I-393 Rn. 9 f. – Telemarsicabruzzo.
[2199] Anderson/Demetriou, References to the European Court, European Business Organisation Law Review 2005, 152 Rn. 4-064.
[2200] EuGH Slg. 1993, I-2049 Rn. 6 – Monin.
[2201] EuGH Slg. 1994, I-3999 Rn. 16 – La Pyramide; nur wenig mehr in EuGH Slg. 1996, I-3081 Rn. 6 – Testa.
[2202] EuGH Slg. 1995, I-511 – Saddik.
[2203] EuGH Slg. 1995, I-1023 – Grau Comis.
[2204] EuGH Slg. 1993, I-1085 – Banchero I und EuGH Slg. 1995, I-4663 – Banchero II.

INAIL betraf das staatliche Monopol der Arbeitsvermittlung; auch hier genügten dem EuGH die tatsächlichen Angaben nicht.[2205] Im Urteil Bettati zu einem angeblichen Verstoß einer gesetzlichen Vorschrift gegen Art. 102 AEUV ließ der EuGH das Verfahren daran scheitern, dass sowohl die erforderlichen Angaben zur Abgrenzung des relevanten Marktes als auch die Erklärung der Auswirkung der Vorschrift auf das Funktionieren des Marktes fehlten.[2206] Ähnlich verfuhr der Gerichtshof hinsichtlich der Stellung der portugiesischen Banco de Fomento e Exterior als öffentliches Unternehmen.[2207] In anderen Fällen sah der EuGH dagegen trotz entsprechender Rüge keine Probleme, weder für sich noch für die Parteien. Das gilt etwa für die Rechtssachen Albany, Brentjens und Pavlov zur Vereinbarkeit der Pflichtmitgliedschaft in einem Betriebsrentenfonds mit den Wettbewerbsregeln der Union,[2208] die Rechtssache Arduino zur Vereinbarkeit einer Rechtsanwaltsgebührenordnung mit Art. 101 AEUV, Art. 4 EUV.[2209] Im Beihilferecht scheint der Maßstab des EuGH, wie bereits erwähnt, tendenziell ein großzügigerer zu sein.[2210]

705   Die inhaltlichen Mindestvoraussetzungen an die Sachverhaltsdarstellung sind somit nicht selten von entscheidender Bedeutung für den Erfolg des Verfahrens. Im Einzelnen bedeutet die Rechtsprechung des EuGH zu den tatsächlichen Angaben im Wettbewerbsrecht, dass der nationale Richter alle erforderlichen Tatsachen für die Feststellung des Unternehmenscharakters, die Abgrenzung des sachlich und räumlich relevanten Marktes sowie die Berechnung der Marktanteile der auf diesem Markt tätigen Unternehmen mitzuteilen hat.[2211] Damit wird letztlich nicht weniger verlangt, als dass alle faktischen Voraussetzungen für die Auslegung von Rechtsbegriffen wie Wettbewerbsverfälschung, Marktbeherrschung oder Missbrauch geliefert werden. Das ist zumindest von einem „normalen" nationalen Gericht realistischerweise kaum je zu erwarten. Umso wichtiger ist es deshalb, dass alle verfahrensrechtlichen Möglichkeiten zur Erlangung zusätzlicher Informationen wie Bitten um **Klarstellungen** an das nationale Gericht oder **Fragen an die Verfahrensbeteiligten** ausgeschöpft werden, bevor eine Unzulässigkeit festgestellt wird.[2212] Darüber hinaus wäre daran zu denken, die im Urteil Bosman angedeutete Möglichkeit einer **Beweiserhebung** auch im Vorabentscheidungsverfahren künftig nutzbar zu machen.[2213] Schließlich ist auch bei Vorlagebeschlüssen, die nicht alle für eine erschöpfende Beantwortung erforderlichen Fakten enthalten, an die Möglichkeit einer „konditionalen" Antwort zu denken, die für den Fall gilt, dass bestimmte Elemente des Sachverhalts sich im weiteren Verlauf des Verfahrens vor dem nationalen Gericht erweisen lassen.

706   Im Wettbewerbsrecht eröffnet die auf die Delimitis-Rechtsprechung des EuGH zurückzuführende **Zusammenarbeit mit der Kommission** bzw. der ESA oder mit nationalen Wettbewerbsbehörden nach Art. 15 VO 1/2003 und der dazu ergangenen Bekanntmachung dem nationalen Gericht neue Spielräume (auch) der Sachverhaltsaufklärung (→ Rn. 37 ff.). Für die Zusammenarbeit zwischen EuGH bzw. EFTA-GH mit den europäischen Wettbewerbsbehörden fehlen entsprechende formalisierte Regeln. Da die Behörden sich aber regelmäßig am Verfahren beteiligen, haben die Gerichtshöfe die Möglichkeit, sie um Vorlage zusätzlicher faktischer Informationen, etwa zu einem bestimmten Sektor, zu ersuchen.

707   **bb) Weitere Angaben.** Über die Darstellung des Tatsachenrahmens hinaus wird vom vorlegenden Richter auch eine Darstellung der nationalen **Rechtslage** erwartet.[2214] Dabei muss der nationale Richter in Betracht ziehen, dass die Mehrzahl der Richter in Luxemburg nicht im gleichen Maße wie er selbst mit seiner Rechtsordnung vertraut sind. Dennoch kann diese Anforderung leichter erfüllt werden als die Zusammenstellung der Fakten, nämlich durch Abdruck der einschlägigen Vorschriften. Ergänzend können die Gerichtshöfe in Luxemburg aufgrund ihrer multinationalen Zusammensetzung auch auf interne Expertise aus den betroffenen Rechtsordnungen zurückgreifen. Eventuelle Ungenauigkeiten in der Beschreibung des einschlägigen nationalen Rechts im Vorlagebeschluss entziehen somit dem Gerichtshof nicht die Zuständigkeit zur Beantwortung der Vorlagefrage(n).[2215]

[2205] EuGH Slg. 1997, I-195 Rn. 15 – INAIL.
[2206] EuGH Slg. 1998, I-4355 Rn. 69–71 – Bettati; Slg. 1998, I-4301 Rn. 71–74 – Safety Hi-Tech.
[2207] EuGH Slg. 1996, I-1385 Rn. 6 ff. – Banco de Fomento e Exterior.
[2208] EuGH Slg. 1999, I-5751 Rn. 38 ff. – Albany; Slg. 1999, I-6025 Rn. 38 ff. – Brentjens' Handelsonderneming; Slg. 2000, I-6451 Rn. 51 ff. – Pavlov.
[2209] EuGH Slg. 2002, I-1529 Rn. 24 ff. – Arduino.
[2210] Vgl. etwa EuGH Slg. 2001, I-2099 Rn. 47 ff. – PreussenElektra; Slg. 2005, I-9481 Rn. 31 – Nazairdis.
[2211] EuGH Slg. 2005, I-1167 Rn. 28 – Viacom II.
[2212] Kritisch Anderson/Demetriou, References to the European Court, European Business Organisation Law Review 2005, 152 Rn. 4–071; in diese Richtung aber EuGH Slg. 2002, I-1529 Rn. 29 – Arduino.
[2213] EuGH Slg. 1995, I-4921 Rn. 52 ff. – Bosman.
[2214] EuGH Slg. 2000, I-4217 Rn. 19 – Carra.
[2215] EuGH Slg. 1986, 1425 Rn. 12 – Asjes; Slg. 2009, I-7633 Rn. 41 – Liga Portuguesa de Futebol Profissional.

IV. Zulässigkeit 708–713 **Rechtsschutz**

Des Weiteren verlangt der EuGH zugunsten der Verfahrensbeteiligten[2216] ein „Mindestmaß" **708** an Erläuterungen zu den **Gründen für die Wahl der auszulegenden Bestimmungen des Unionsrechts** und zu dem **Zusammenhang** zwischen diesen Bestimmungen und den auf den Rechtsstreit anzuwendenden nationalen Rechtsvorschriften.[2217] Das läuft auf eine Darlegung des unionsrechtlichen Gedankengangs des vorlegenden Richters hinaus. Ebenfalls gefordert wird die Angabe von Gründen für die **Erforderlichkeit/Erheblichkeit** eines Vorabentscheidungsverfahrens (→ Rn. 719). Das Gericht sollte insbesondere bei Zweifelsfragen im Vorlagebeschluss darlegen, warum es die Auslegung des europäischen Rechts für fraglich und die Vorlage an den Gerichtshof für erforderlich erachtet.[2218] Zumindest in Fällen, in denen sich die Motivation des nationalen Richters für die Vorlage aus den Umständen ergibt, dürfen die Zulässigkeitsanforderungen nicht überspannt werden.

Darüber hinaus kann das nationale Gericht den vorgelegten Fragen einen **Antwortvorschlag** **709** mitliefern.[2219] Davon machen insbesondere nationale Höchstgerichte wie der BGH Gebrauch, die über die Einbahnstraßenqualität des einfachen Frage/Antwort-Schemas hinaus mit dem EuGH in einen echten Dialog treten wollen.

3. Zulässiger Vorlagegegenstand. Im Wege des Vorabentscheidungsverfahrens nach Art. 267 **710** AEUV kann der EuGH um eine Auslegung der Vertragsvorschriften (a) oder eine Auslegung oder Gültigkeitskontrolle von Rechtsakten der Union (b) ersucht werden. Der EFTA-GH kann nur um die Auslegung des EWR-Rechts ersucht werden, was Primär- und Sekundärrecht erfasst, aber die Gültigkeitskontrolle von Sekundärrecht ausschließt.

a) Auslegung des Unions- oder EWR-Rechts. In der Praxis ist die Auslegung europäischen **711** Rechts im Vergleich zur Gültigkeitskontrolle die bedeutsamere Variante. Statt einer einzelfallbezogenen Überprüfung der Rechtmäßigkeit gibt erstere dem EuGH die Möglichkeit zur Klärung und Weiterentwicklung abstrakter Rechtsfragen. Dass die „Meilensteine" der Rechtsprechung, zuvörderst die Verfassungsprinzipien Direktwirkung, Vorrang und Staatshaftung, alle in dieser Verfahrensart ergingen, spricht für sich. Das gilt aus Sicht des EFTA-GH mutatis mutandis auch für das EWR-Recht.

Im Wettbewerbs- und Beihilferecht kann über eine Vorlage an den EuGH bzw. den EFTA- **712** GH insbesondere eine autoritative Auslegung der Art. 101 ff., 107 ff. AEUV bzw. Art. 53 ff., 61 ff. EWR sowie der FKVO im Hinblick auf abstrakte Fragestellungen erreicht werden. Ebenfalls der Auslegung fähig sind die sekundärrechtlich oder in Protokollen niedergelegten Verwaltungsverfahrensordnungen in den einzelnen Rechtsgebieten, also insbesondere die Vorschriften der VO 1/2003 oder der VO 659/1999 bzw. VO 2015/1589.[2220] Auslegungsgegenstand sind damit auch Freistellungsverordnungen,[2221] nicht aber die Leitlinien der Wettbewerbsbehörden, die allenfalls unter dem Aspekt der Selbstbindung bei der Ermessensausübung gerichtlich kontrollierbar sind. Grundsätzlich auslegungsfähig, wenn auch von keiner praktischen Relevanz, sind im Unionsrecht Einzelfallentscheidungen der Wettbewerbsbehörden.

Die **Anwendung** einer dieser Vorschriften auf einen konkreten Lebenssachverhalt ist EuGH **713** und EFTA-GH dagegen im Vorabentscheidungsverfahren verwehrt.[2222] Diese hat der nationale Richter gestützt auf die Vorabentscheidung zu leisten. Eine allgemeine Frage nach der Anwendbarkeit der Wettbewerbsregeln auf den vor dem nationalen Gericht anhängigen Sachverhalt verbietet sich demnach. Ebenso wenig kommt die **Auslegung nationaler Vorschriften** (auch) im Wettbewerbs- und Beihilferecht durch EuGH oder EFTA-GH in Betracht. Schließlich ist auch eine direkte Prüfung der **Vereinbarkeit nationaler Maßnahmen und Vorschriften** mit dem europäischen Recht ausgeschlossen.[2223] Keine Kompetenz besteht somit auch für ein Urteil, das bestimmte Vorschriften des nationalen Rechts direkt unter das europäische Recht subsumiert und allenfalls sogar einen Verstoß tenoriert. Dahinter steht wiederum der Gedanke, dass das nationale Gericht die im Vorabentscheidungsverfahren „abstrakt" ermittelten Erkenntnisse auf den Einzelfall anzuwenden

---

[2216] EuGH Slg. 1995, I-1023 Rn. 10 – Grau Comis.
[2217] EuGH Slg. 1995, I-1023 Rn. 9 – Grau Comis.
[2218] EuGH Slg. 2000, I-4217 Rn. 19 – Carra; EFTA-GH Slg. 1997, 53 Rn. 39 – Wilhelmsen. Vgl. dazu auch die Hinweise des EuGH zur Vorlage von Vorabentscheidungsersuchen.
[2219] Vgl. Hinweise zur Vorlage von Vorabentscheidungsersuchen durch die nationalen Gerichte des EuGH.
[2220] Zur Auslegung der VO Nr. 17 vgl. EuGH Slg. 1992, I-4785 – AEB.
[2221] Vgl. die Rechtssachen C-376/05 und C-377/05, ECLI:EU:C:2006:753 – Brünsteiner zur Auslegung der GVO 1475/95 und 1400/2002.
[2222] EuGH Slg. 1980, 1137 Rn. 7 – Van de Belangen; Slg. 1986, 4071 Rn. 7 – V. A. G. France SA.
[2223] StRspr EuGH Slg. 1964, 1215 (1230) – Van der Veen; Slg. 1987, 2545 Rn. 15 – Pretore di Salo; Slg. 1995, I-1023 Rn. 4 – Grau Comis; Slg. 2001, I-9445 Rn. 23 – De Coster.

hat.[2224] Diese vermeintliche Selbstverständlichkeit relativiert sich allerdings dadurch, dass nach den Erkenntnissen der Hermeneutik das Lesen und Verstehen jeder Norm zwangsläufig deren Auslegung beeinflusst, und das Begreifen des nationalen Rechts natürliche Vorbedingung einer Überprüfbarkeit an der Matrix des europäischen Rechts darstellt. Prozessual wird eine in diesem Sinne irreführende Frage aber regelmäßig umformuliert werden können.[2225] Danach wäre eine Frage nach der Überprüfbarkeit des nationalen Rechts regelmäßig so zu verstehen, dass der Gerichtshof ersucht wird, „die Artikel des Vertrages, auf die sich [die] Fragen beziehen, auszulegen, um die Vereinbarkeit der streitigen nationalen Vorschriften mit diesen Gemeinschaftsbestimmungen beurteilen zu können".[2226] Die vielfältigen Gemengelagen zwischen Auslegung und Anwendung des europäischen Rechts, deren Trennung nur theoretisch einfach erscheint, zeigt sich insbesondere in den „faktenlastigen" Gebieten des Wettbewerbs- und Beihilferechts. EuGH und EFTA-GH müssen eine hinreichend klare Rechtsauskunft erteilen, die im Ausgangsrechtsstreit verwertbar ist und dabei gleichzeitig von den Gegebenheiten des nationalen Rechts und des Einzelfalls abstrahieren. Wenngleich bei dieser Gratwanderung ein Übergriff in den Kompetenzbereich des nationalen Richters nicht immer vermieden werden kann, so besteht doch seitens der Gerichte in Luxemburg die größte Bereitschaft zur Zurückhaltung.

714   Speziell im **Beihilferecht** ist darüber hinaus zu beachten, dass für die Anwendung des Art. 107 AEUV auf den Einzelfall, dh für die Frage, ob eine Beihilfe mit dem Binnenmarkt vereinbar ist, die Kommission nach der bisherigen Konzeption ausschließlich zuständig ist (→ Rn. 29 f.). Dementsprechend würde der EuGH eine gerade auf diese Prüfung zielende Vorlagefrage als unzulässig zurückweisen.[2227] Doch kann er dem vorlegenden Gericht auch in diesen Fällen zumindest Auslegungshinweise an die Hand geben, damit dieses die Vereinbarkeitsprüfung selbst vornehmen kann.[2228]

715   **b) Gültigkeit von Sekundärrecht.** Unter dem Blickwinkel der Wahrung der Rechtseinheitlichkeit ist die Gültigkeitskontrolle von Rechtsakten des Sekundärrechts gegenüber der Auslegung von größerer Bedeutung. Während eine Rechtsordnung die unterschiedliche Auslegung ihrer Vorschriften bis zu einem gewissen Grad noch als Ausdruck des Pluralismus tolerieren kann, kann die Frage der rechtlichen Existenz des abgeleiteten Rechts unter keinen Umständen von Mitgliedstaat zu Mitgliedstaat anders beantwortet werden.[2229] Dem steht auch das Bedürfnis nach Rechtssicherheit entgegen. Art. 267 AEUV schenkt diesem Gesichtspunkt keine besondere Aufmerksamkeit. So war es dem EuGH überlassen, in Foto Frost die Vorlage einer Frage zur Gültigkeitskontrolle für nationale Gerichte jeden Ranges entgegen dem Wortlaut der Vorschrift, dh in dynamischer Auslegung, für obligatorisch zu erklären (→ Rn. 696 ff.).

716   Im Rahmen der Gültigkeitskontrolle überprüft der EuGH die Rechtmäßigkeit von Akten des unionsrechtlichen Sekundärrechts. Relevant sind im vorliegenden Zusammenhang die Entscheidungen der Kommission. Die Frage nach deren Gültigkeit kann im Verfahren vor den nationalen Gerichten in verschiedenen Zusammenhängen auftauchen. Die Zulässigkeit eines Vorgehens gegen eine Kommissionsentscheidung richtet sich nur nach nationalem Prozessrecht.[2230] Bei der Vorlage an den EuGH ist das Gericht dagegen nicht an die Zulässigkeitsvoraussetzungen des Art. 263 AEUV wie Klagebefugnis und Klagefrist gebunden. Zu beachten ist allerdings nach dem Urteil Textilwerke Deggendorf die **Bestandskraft** einer nicht innerhalb der Zweimonatsfrist nach Art. 263 Abs. 6 AEUV vor dem EuG angefochtenen Kommissionsentscheidung. Art. 277 AEUV, der diese Problematik hinsichtlich Verordnungen regelt, ist angesichts seiner im Wortlaut angelegten Beschränkung auf Direktklagen („jede Partei") nicht, auch nicht analog, anwendbar. Die Bestandskraft verbietet es vielmehr, sich vor nationalen Gerichten auf die Nichtigkeit einer solchen Entscheidung zu berufen.[2231] Eine unter diesen Umständen auf die Überprüfung der Gültigkeit gerichtete Vorlagefrage ist unzulässig. Das Gleiche gilt für Auslegungsfragen des nationalen Gerichts, die darauf abzielen, die Stichhaltigkeit der Kommissionsentscheidung überprüfen zu können.[2232] Voraussetzung für die aus der Bestandskraft folgende Bindung des nationalen Gerichts ist aber in jedem Fall, dass der Betroffene, Mitgliedstaat oder Privater, eine

---

[2224] Vgl. etwa EuGH Slg. 1999, I-5003 Rn. 29 – De Haan.
[2225] Etwa EuGH Slg. 2001, I-9445 Rn. 24 – De Coster; Slg. 2003, I-10238 Rn. 60 – Köbler; Zum Ganzen Schima, Das Vorabentscheidungsverfahren vor dem EuGH, 2. Aufl. 2005, 19 ff.
[2226] EuGH Slg. 1995, I-511 Rn. 6 – Saddik.
[2227] EuGH Slg. 2005, I-11137 Rn. 43 – Unicredito Italiano.
[2228] EuGH Slg. 2006, I-2843 Rn. 21 – Enirisorse.
[2229] EuGH Slg. 1987, 4199 Rn. 20 – Foto Frost.
[2230] EuGH Slg. 1997, I-6315 – Eurotunnel.
[2231] EuGH Slg. 1994, I-833 Rn. 17 f. – TWD Textilwerke Deggendorf; EuG Slg. 2002, II-2153 Rn. 54 – Technische Glaswerke Ilmenau; zur Kritik an dieser Rechtsprechung Schlussanträge von GA Ruiz-Jarabo Slg. 2006, I-1880 Rn. 88 – Atzeni; anders wohl auch noch EuGH Slg. 1978, 1881 Rn. 25 – Kommission/Belgien.
[2232] In diese Richtung EuGH Slg. 1997, I-585 Rn. 25 ff. – Wiljo.

IV. Zulässigkeit

Klagemöglichkeit nach Art. 263 AEUV gehabt hätte, also insbesondere offensichtlich bzw. zweifelsfrei klagebefugt gewesen wäre[2233] und ein Rechtsschutzinteresse gehabt hätte.[2234] Diese Kriterien bleiben vorerst unklar.[2235] Die unübersichtliche, für Prognosen im Einzelfall kaum verwertbare Kasuistik spricht ebenso für eine strikte Handhabung des Offensichtlichkeitskriteriums wie der dem Vorabentscheidungsverfahren zugrunde liegende Kooperationsgedanke, der die nationalen Gerichte begünstigt und deshalb durch die fehlende Klagebefugnis einer Verfahrenspartei nicht übermäßig eingeschränkt werden darf. Auch ist nicht ganz ersichtlich, warum der dem Konzept der Bestandskraft zugrunde liegende Gedanke der Rechtssicherheit gerade jene von der Vorlage abhalten soll, deren Interessen von dem fraglichen Rechtsakt am stärksten betroffen sind, während alle anderen dagegen weiterhin nach Art. 267 AEUV vorgehen können.[2236]

Der EuGH selbst handhabt Textilwerke Deggendorf äußerst zurückhaltend und hat in nachfolgenden Entscheidungen die Besonderheiten des damaligen Sachverhalts betont. In der an Deutschland gerichteten Kommissionsentscheidung war der Empfänger der fraglichen Einzelbeihilfe ausdrücklich erwähnt worden; darüber hinaus hatte die Bundesrepublik sie diesem weitergeleitet und ihn auf sein Klagerecht hingewiesen. Wo die Sachlage sich anders darstellt, steht selbst die verspätete oder nicht erfolgte Anfechtung einer Entscheidung der Gültigkeitsvorlage nach Art. 267 AEUV nicht ohne Weiteres entgegen.[2237]

Auch in einem anderen Punkt hat der EuGH die Textilwerke Deggendorf-Doktrin zurückgenommen: Fragen nach der Gültigkeit einer Entscheidung, die nicht auf Antrag des Betroffenen, sondern auf eigene Initiative des Gerichts vorgelegt werden, sind auch im Fall der Bestandskraft nicht unzulässig.[2238] Das Urteil verdeutlicht, dass Textilwerke Deggendorf im System von Art. 267 AEUV einen Fremdkörper bildet, weil es den EuGH in letzter Konsequenz dazu zwingt, den „wahren Urheber" eines Vorabentscheidungsverfahrens zu identifizieren. In der jüngeren Entscheidung Georgsmarienhütte[2239] hat der EuGH allerdings wieder den Vorrang des Direktklageverfahrens betont und die Zuverlässigkeit eines Vorabentscheidungsverfahrens verneint, obwohl die streitige Entscheidung nur deshalb bestandskräftig geworden war, weil die Kläger des Vorlageverfahrens einen prozessualen Fehler begangen hatten, indem sie versucht hatten, eine bereits laufende Anfechtungsklage gegen eine frühere Entscheidung auf die streitige Entscheidung umzustellen, anstatt die streitige Entscheidung mittels neuer Klage direkt anzufechten. Demnach muss nur die Möglichkeit, eine Entscheidung überhaupt anzufechten „ohne jeden Zweifel" gegeben sein; anderweitige prozessuale Zweifelsfragen gehen offenbar zu Lasten des Klägers.

4. Entscheidungserheblichkeit und Erforderlichkeit. a) Einschätzungsprärogative des nationalen Richters. Zur Zulässigkeit eines Vorabentscheidungsverfahrens gehören die beiden eng zusammenhängenden Fragen, ob die Vorabentscheidung für den Erlass eines Urteils durch den nationalen Richter **erforderlich** ist und ob die vorgelegten Fragen zu diesem Zwecke **erheblich** sind. Auf der Ebene des EuGH und des EFTA-GH wird über diese Voraussetzung nicht befunden und sollte in der Regel nicht befunden werden. Nur der vorlegende Richter selbst, der insofern Herr des Verfahrens bleibt, kann über Art und Bedeutung des Zusammenhangs der von ihm selbst aus einem komplexen Gewirr an rechtlichen und tatsächlichen Umständen extrahierten abstrakten Rechtsfragen befinden.[2240] Ob es sich etwa um einen Musterprozess von geringer wirtschaftlicher Bedeutung mit dem alleinigen Ziel handelt, die Entscheidung eines Höchstgerichts herbeizuführen, muss den Luxemburger Richter nicht kümmern.[2241] EuGH und EFTA-GH legen die Verantwortung für die Erforderlichkeit und Erheblichkeit deshalb zu Recht „ausschließlich" in die Hände des nationalen Gerichts und fühlen sich strikt an dessen Entscheidung gebunden.[2242] Entsprechende Sensibilität und Zurückhaltung gebietet auch der Geist der respektvollen Zusammenarbeit mit dem nationalen Gericht.

b) Ausnahmen. Aus dem gleichen „Geist der Zusammenarbeit" heraus begründen EuGH und EFTA-GH die Ausnahmen, in denen dem nationalen Gericht eine den Zielen des Vorabentscheidungsverfahrens nicht entsprechende Motivation unterstellt wird.[2243] Ihre Rolle bei dieser

---

[2233] EuGH Slg. 1994, I-833 Rn. 23 f. – TWD Textilwerke Deggendorf.
[2234] EuGH Slg. 2006, I-1875 Rn. 30 – Atzeni.
[2235] Vgl. dazu Pechstein/Kubicki NJW 2005, 1825 (1826 ff.).
[2236] Broberg FS Claus Gulmann, 2006, 84 (84–95).
[2237] EuGH Slg. 2006, I-1875 Rn. 32 ff. – Atzeni.
[2238] EuGH Slg. 2006, I-289 Rn. 72–74 – Cassa di Risparmio di Firenze.
[2239] EuGH 25.7.2018 – C-135/16, EU:C:2018:582 – Georgsmarienhütte.
[2240] EuGH Slg. 1978, 2347 Rn. 25 – Pigs Marketing Board.
[2241] EuGH Slg. 1994, I-711 Rn. 17 – Eurico Italia.
[2242] Etwa EuGH Slg. 1992, I-4785 Rn. 25 – AEB; Slg. 2001, I-2099 Rn. 38 – PreussenElektra; EFTA-GH Slg. 1994/1995, 145 Rn. 13 ff. – Samuelsson; Slg. 2003, 185 Rn. 21 – Ásgeirsson.
[2243] EFTA-GH Slg. 1997, 53 Rn. 39 – Wilhelmsen.

Zusammenarbeit besteht darin, einen Beitrag zur Rechtspflege in den Mitgliedstaaten, dh zur konkreten Falllösung zu leisten, nicht aber Gutachten zu **allgemeinen oder hypothetischen Fragen** abzugeben.[2244] Nach ständiger Rechtsprechung ist eine Frage des nationalen Gerichts deshalb in Fällen zurückzuweisen, wenn die ersuchte Auslegung oder Gültigkeitskontrolle europäischen Rechts „offensichtlich in keinem Zusammenhang mit der Realität oder dem Gegenstand des Ausgangsverfahrens steht, wenn das Problem hypothetischer Natur ist oder wenn der Gerichtshof nicht über die tatsächlichen oder rechtlichen Angaben verfügt, die für eine zweckdienliche Beantwortung der vorgelegten Fragen erforderlich sind".[2245] Die letztgenannte Ausnahme, das Fehlen ausreichenden Faktenmaterials, betrifft tatsächlich einen anderen Problemkreis, auf den wegen seiner Bedeutung gerade im Wettbewerbsrecht bereits oben eingegangen wurde. Die Ablehnungsgründe des mangelnden Zusammenhangs und der hypothetischen Natur der Fragen lassen sich nicht sinnvollerweise voneinander trennen. Der fehlende Zusammenhang muss, wie gesehen, offensichtlich sein. Die Anforderungen an eine Unzulässigkeit sind in diesem Bereich hoch anzusetzen.[2246] Es genügt grundsätzlich für die Zulässigkeit, dass ein echter Rechtsstreit vor dem nationalen Gericht besteht und die vorgelegten Fragen eine Verbindung dazu aufweisen. Ob die Fragen tatsächlich zwischen den Parteien umstritten sind,[2247] wirkt sich ebenso wenig auf die Zulässigkeit aus wie das Ausscheiden einer oder mehrerer Parteien aus dem Verfahren.[2248] Hypothetischer Natur sind demnach Fragen in einem Rechtsstreit, der sich erledigt hat oder in sonstiger Weise gegenstandslos geworden ist.[2249] Es wäre hier freilich ratsam, auf eine formelle Entscheidung des nationalen Gerichts zu warten und das Verfahren nur bei endgültiger Beendung der Anhängigkeit für unzulässig zu erklären.[2250]

721 Um eine Zurückweisung der Vorlage wegen Zusammenhangslosigkeit bzw. hypothetischer Natur der Fragen zu vermeiden, ist es angezeigt und sogar notwendig, dass der nationale Richter darlegt, **warum er die Klärung vorgelegter Fragen für erforderlich hält.**[2251] Insbesondere im zweiten Foglia-Urteil hat der EuGH deutlich gemacht, dass er sich die Letztentscheidung über diese Frage vorbehalten will.[2252] Dies steht in einem offensichtlichen Spannungsverhältnis zur Einschätzungsprärogative des vorlegenden Richters. Der EuGH hat in diesem Sinne immer wieder „besondere Wachsamkeit" angekündigt, „wenn ihm im Rahmen eines Rechtsstreits zwischen Privaten eine Frage vorgelegt wird, deren Beantwortung es dem nationalen Gericht ermöglichen soll, Rechtsvorschriften eines anderen Mitgliedstaats auf ihre Vereinbarkeit mit dem Gemeinschaftsrecht hin zu beurteilen".[2253]

722 **c) Zweitvorlagen.** Grundsätzlich ist es den nationalen Gerichten unbenommen, EuGH und EFTA-GH Auslegungsfragen auch dann wieder vorzulegen, wenn über diese oder ähnliche Fragen im gleichen oder in anderen Verfahren bereits entschieden worden ist.[2254] In diesem Fall wird die Entscheidung möglicherweise durch Beschluss ergehen (→ Rn. 731). Nichts anderes gilt für Fragen nach der Gültigkeit eines Rechtsakts, wenn dieser im ersten Verfahren nicht für ungültig erklärt worden ist. Eine zweite Vorlage nach der **Gültigkeit eines bereits für nichtig erklärten Rechtsakts** kommt dagegen aus nahe liegenden Gründen an sich nicht in Betracht. Der EuGH akzeptiert allerdings ein Interesse an der Zweitvorlage „wenn noch Unklarheiten über die Gründe, über den Umfang und eventuell über die Folgen der zuvor festgestellten Ungültigkeit bestehen sollten".[2255]

[2244] EuGH Slg. 1995, I-511 Rn. 17 – Saddik; EFTA-GH Slg. 2003, 185 Rn. 21 – Ásgeirsson; Slg. 2005, 76 Rn. 21 – Piazza.

[2245] StRspr, statt vieler EuGH Slg. 2001, I-2099 Rn. 39 – PreussenElektra; 29.3.2012 – C-417/10, ECLI:EU:C:2012:184 Rn. 19. – 3M Italia; im EWR EFTA-GH Slg. 1994/1995, 145 Rn. 15 – Samuelsson; Slg. 1997, 30 Rn. 12 – Nille.

[2246] Wohl zu Unrecht EuGH Slg. 1992, I-4871 – Meilicke, vgl. dazu Anderson/Demetriou, References to the European Court, European Business Organisation Law Review 2005, 152 Rn. 4-030.

[2247] EFTA-GH Slg. 2005, 76 – Piazza. Anders wohl noch EuGH Slg. 1980, 745 Rn. 10 f. – Foglia/Novello I; Slg. 1981, 3045 – Foglia/Novello II. Diese Rechtsprechung hat der EuGH aber in späteren Verfahren nicht fortgesetzt, vgl. Anderson/Demetriou, References to the European Court, European Business Organisation Law Review 2005, 152 Rn. 4-050; Schima, Das Vorabentscheidungsverfahren vor dem EuGH, 2. Aufl. 2005, 80.

[2248] EFTA-GH Slg. 1997, 30 Rn. 13 – Nille.

[2249] EuGH Slg. 1988, 2041 Rn. 11 – Pardini; Slg. 1995, I-1567 Rn. 28 – Zabala Erasun; Slg. 1998, I-1149 Rn. 18 ff. – Djabali.

[2250] EuGH Slg. 2002, I-1529 Rn. 27 – Arduino.

[2251] EuGH Slg. 1981, 3045 Rn. 17 ff. – Foglia/Novello II; Slg. 1992, I-4673 Rn. 19 – Lourenço Dias; EFTA-GH Slg. 1997, 53 Rn. 39 – Wilhelmsen.

[2252] Craig/De Búrca, EU Law, 5. Aufl. 2011, 465, 466.

[2253] Vgl. EuGH Slg. 1981, 3045 Rn. 30 – Foglia/Novello II; Slg. 2003, I-905 Rn. 45 – Bacardi-Martini; dazu krit. Buschle ELR 2003, 320 ff.

[2254] Vgl. etwa EuGH Slg. 1994, I-711 Rn. 15 – Eurico Italia; Slg. 2000, I-11121 Rn. 16 – Neste Markkinointi.

[2255] EuGH Slg. 1981, 1191 Rn. 14 – International Chemical Corporation.

Die **Gültigkeit bzw. Rechtskraft eines vorangegangenen Urteils** kann indessen nicht in 723 Frage gestellt werden.[2256] Unter gewissen Voraussetzungen kann das vorlegende Gericht aber den EuGH bzw. den EFTA-GH im gleichen Verfahren erneut anrufen.[2257]

V. Begründetheit

1. Entscheidungsmaßstab. Der Verfahrensgegenstand des Vorabentscheidungsverfahrens wird 724 durch die Vorlagefragen, soweit zulässig, bestimmt, die allenfalls unter Rückgriff auf die Ausführungen im Vorlagebeschluss und den Akteninhalt vom EuGH bzw. EFTA-GH konkretisiert werden können. Der Gegenstand des Vorabentscheidungsverfahrens wird damit grundsätzlich vom vorlegenden Richter durch die Formulierung seiner Fragen bestimmt und auch begrenzt.[2258] Er kann bestimmte Rechtsfragen auch ausdrücklich von der Beantwortung ausnehmen.[2259] Wenn ein Antrag einer Partei, die Frage zu erweitern, vom nationalen Gericht im Ausgangsverfahren abgelehnt worden ist, muss davon ausgegangen werden, dass dieses Gericht es stillschweigend ablehnt, um eine Auslegung dieser Frage zu ersuchen. Der EuGH bzw. der EFTA-GH kann grundsätzlich weder auf Antrag einer Partei des Ausgangsverfahrens noch auf Antrag eines Organs, das von seiner Befugnis zur Abgabe von Erklärungen Gebrauch gemacht hat, den Gegenstand der ihm vorgelegten Frage erweitern oder davon abweichen.[2260] Davon unberührt bleibt allerdings die Freiheit des Gerichtshofs zu einer Entscheidung obiter dictum.

Bei einem Vorabentscheidungsersuchen um eine **Auslegung** wenden die Gerichtshöfe die 725 allgemeinen Auslegungsmethoden in der oben beschriebenen Weise an (→ Rn. 41 ff.). Zu erinnern ist daran, dass die Vereinbarkeit einer bestimmten nationalen Maßnahme mit dem europäischen Recht genauso wenig geprüft werden, wie nationales Recht ausgelegt werden kann.[2261] Durch die Möglichkeit der Umformulierung von missverständlich gestellten Fragen kann dies aber regelmäßig schon vor der eigentlichen Prüfung ausgeschlossen werden. Bei einem Vorabentscheidungsersuchen nach der **Gültigkeit** einer Kommissionsentscheidung kommt es für deren Rechtmäßigkeit, wie schon im Rahmen der Nichtigkeitsklage, auf die Sach- und Rechtslage zur Zeit des Erlasses an,[2262] so dass neue, erst nach dem Erlass zu Tage getretene Gesichtspunkte vom EuGH nicht mehr berücksichtigt werden.[2263] Den Prüfmaßstab bildet das jeweils übergeordnete Recht, in jedem Fall also das Primärrecht einschließlich der allgemeinen Rechtsgrundsätze, etwa der Grundrechte. Die Überprüfung von Einzelfallentscheidungen orientiert sich darüber hinaus auch daran, ob das einschlägige Sekundärrecht eingehalten wurde. Wesentliche Unterschiede im Prüfmaßstab zu dem einer Nichtigkeitsklage nach Art. 263 AEUV bestehen somit nicht.[2264] Das gilt insbesondere auch für die Einräumung eines **behördlichen Beurteilungsspielraums** in den oben näher beschriebenen Fallgruppen.[2265] Unklar bleibt aber vorerst, ob der EuGH bei seiner Prüfung durch die Formulierung der Vorlagefrage durch das nationale Gericht beschränkt ist oder ob er eine umfängliche Nachprüfung vornehmen kann.[2266] Insofern können Zielkonflikte auftreten zwischen dem Geist der Zusammenarbeit mit dem vorlegenden Gericht und dem Bedürfnis, die Augen nicht vor offensichtlichen Fehlern der Entscheidung zu verschließen. Mit der Berücksichtigung der von den Parteien des Ausgangsverfahrens vorgetragenen Nichtigkeitsgründen könnte der Gleichklang mit dem Direktklageverfahren gewahrt werden. Gerade in den marktbezogenen Bereichen des Wettbewerbs- und Beihilferechts sollte aber der Einfluss der jeweiligen Prozessart auf das Ergebnis möglichst gering gehalten werden.

2. Entscheidung des Gerichtshofs. a) EuGH. Die Urteile des EuGH im Vorabentschei- 726 dungsverfahren entfalten Rechtskraft[2267] und binden das vorlegende Gericht[2268] und alle anderen

---

[2256] EuGH Slg. 1986, 947 Rn. 13 – Wünsche.
[2257] EuGH Slg. 1986, 947 Rn. 15 – Wünsche; Slg. 1987, 2545 Rn. 12 – Pretore di Salo'; EFTA-GH Slg. 2002, 281 Rn. 13 – CIBA und → Rn. 202.
[2258] EuGH Slg. 2005, I-6199 Rn. 137 – ERSA.
[2259] EFTA-GH Slg. 2005, 76 – Piazza.
[2260] EuGH Slg. 1988, I-5987 Rn. 7 – Alsatel; Slg. 1999, I-5631 Rn. 29 – WWF.
[2261] EFTA-GH Slg. 1995/1996, 1 Rn. 14 – Eidesund; Slg. 1995/1996, 36 Rn. 20 – Langeland.
[2262] EuGH Slg. 1997, I-4475 – SAM Schiffahrt and Stapf.
[2263] EuGH Slg. 2002, I-9108 Rn. 38 – National Farmers' Union.
[2264] Anderson/Demetriou, References to the European Court, European Business Organisation Law Review 2005, 152 Rn. 3-076.
[2265] Vgl. zum Beihilferecht etwa EuGH Slg. 2005, I-11137 Rn. 71 – Unicredito Italiano.
[2266] Schima, Das Vorabentscheidungsverfahren vor dem EuGH, 2. Aufl. 2005, 24 ff.
[2267] Art. 91 Abs. 1 EuGHVfO.
[2268] EuGH Slg. 1987, 2545 Rn. 12 – Pretore di Salo'.

Gerichte, die im gleichen Rechtszug mit der betreffenden Rechtssache befasst sind.[2269] Darüber hinaus entfaltet eine im Vorabentscheidungsverfahren ergangene Auslegung einer unionsrechtlichen Norm auch **erga-omnes-Wirkung**. Das gilt aus Gründen der Rechtssicherheit unbestritten für Urteile zur Ungültigkeit eines Unionsrechtsakts,[2270] darüber hinaus aber faktisch auch für Urteile zur Auslegung. Ein solches Urteil im Vorabentscheidungsverfahren „erläutert und verdeutlicht [...], in welchem Sinne und mit welcher Tragweite diese Vorschrift seit ihrem Inkrafttreten zu verstehen und anzuwenden ist oder gewesen wäre".[2271] Ein nationales Gericht muss sich also auf das so ausgelegte Unionsrecht stützen, auch in Sachverhalten vor Erlass des fraglichen Urteils.[2272] Dahinter steht, wie der EuGH bereits in Defrenne von 1976 festhielt, nichts anderes als die „Objektivität des Rechts".[2273] Die Urteile des EuGH binden in diesem Sinne nicht nur die Gerichte, sondern alle nationalen Stellen. Mit der Feststellung der Verbindlichkeit eines Urteils ist natürlich noch nichts darüber gesagt, ob sich die Gerichte auch in jedem Fall an die Vorgaben des EuGH halten.[2274]

727 Vorabentscheidungen (auch) in Auslegungsfragen wirken somit ex tunc für den gesamten Zeitraum, in dem die betreffende Rechtsvorschrift angewandt wurde. Eine **Beschränkung der zeitlichen Wirkung** kommt nur in Betracht bei Vorliegen eines Vertrauenstatbestands bei den Rechtsunterworfenen[2275] und/oder der Gefahr unerwarteter und erheblicher finanzieller Auswirkungen für den Staat.[2276] Sie muss durch den Gerichtshof selbst im Urteil angeordnet werden.[2277] Mit berücksichtigt werden kann dabei ein Rechtsunsicherheit schürendes Verhalten von Unionsstellen wie der Kommission.[2278] Finanzielle Konsequenzen eines Urteils für einen Mitgliedstaat genügen für sich genommen aber nicht für eine Ausnahme vom Grundsatz der Rückwirkung.[2279] Es bedarf vielmehr der Gefahr schwerwiegender wirtschaftlicher Auswirkungen wegen der Vielzahl potenzieller Kläger, die gutgläubig hinsichtlich der Rechtmäßigkeit der vom Gerichtshof verworfenen nationalen Regelung disponiert haben.[2280] Wer bereits vor Erlass des Urteils vor nationalen Gerichten Klage erhoben oder einen gleichwertigen Rechtsbehelf eingelegt hat, ist von der Beschränkung der Rückwirkung jedenfalls nicht betroffen. Ausnahmen von der Rückwirkung spielen die größte Rolle im Steuer- oder Sozialrecht, wo die anzuwendenden Versionen im Moment intensiv diskutiert werden. Im Wettbewerbs- oder Beihilferecht ist von dieser Möglichkeit, soweit ersichtlich, bislang nicht Gebrauch gemacht worden.[2281]

728 Bei Entscheidungen, welche die **Gültigkeit eines Rechtsakts** betreffen, stellt der EuGH bejahendenfalls dessen Ungültigkeit fest, ohne nach Art. 267 AEUV aber ein förmlich-kassatorisch wirkendes Gestaltungsurteil erlassen zu können.[2282] Nichtsdestoweniger bindet es die nationalen Gerichte.[2283] Es ergibt sich darüber hinaus eine Pflicht des beklagten Unionsorgans zur Behebung der festgestellten Rechtswidrigkeit analog Art. 266 AEUV.[2284] Außerdem kann in diesen Fällen Art. 264 Abs. 2 AEUV analog herangezogen werden, um die Wirkungen einer Ungültigkeitserklärung zeitlich zu begrenzen.[2285]

729 **b) EFTA-GH.** Eine formelle Bindung des vorlegenden Gerichts an die Entscheidungen des EFTA-GH sieht Art. 34 ÜGA nicht vor. Die Vorschrift verwendet den Begriff Gutachten (engl.:

[2269] EuGH Slg. 1969, 165 Rn. 3 – Milch-, Fett- und Eierkontor; Anderson/Demetriou, References to the European Court, European Business Organisation Law Review 2005, 152 Rn. 14-011.
[2270] EuGH Slg. 1981, 1191 Rn. 11 ff. – International Chemical Corporation.
[2271] EuGH Slg. 2004, I-837 Rn. 21 – Kühne & Heitz; so bereits EuGH Slg. 1980, 1205 Rn. 16 – Denkavit italiana; Slg. 1980, 1237 Rn. 9 – Salumi; Slg. 1988, 355 Rn. 11 – Barra; Slg. 1995, I-4921 Rn. 141 – Bosman.
[2272] EuGH Slg. 2005, I-2119 Rn. 66 – Bidar.
[2273] EuGH Slg. 1976, 455 Rn. 71 ff. – Defrenne.
[2274] Dazu Anderson/Demetriou, References to the European Court, European Business Organisation Law Review 2005, 152 Rn. 14-015 ff.
[2275] EuGH Slg. 1980, 1205 Rn. 17 – Denkavit italiana; Slg. 1980, 1237 Rn. 10 – Salumi; Slg. 1981, 1413 Rn. 34 – Essevi; Slg. 1988, 355 Rn. 11 – Barra; Slg. 1990, I-1889 Rn. 41–45 – Barber; Slg. 1992, I-4625 Rn. 29 – Legros; Slg. 1995, I-4921 Rn. 142 – Bosman.
[2276] EuGH Slg. 1976, 455 Rn. 71 ff. – Defrenne; Slg. 1988, 379 Rn. 28 ff. – Blaizot.
[2277] EuGH Slg. 1980, 1205 Rn. 18 – Denkavit Italiana; Slg. 1995, I-4921 Rn. 142 – Bosman.
[2278] EuGH Slg. 1995, I-2229 Rn. 43 – Roders.
[2279] EuGH Slg. 2000, I-3625 Rn. 41 – Buchner; Slg. 2010, I-7489 Rn. 34 – Brouwer.
[2280] EuGH Slg. 2005, I-2119 Rn. 69 – Bidar.
[2281] Vgl. aber EuGH Slg. 1995, I-4921 Rn. 141 ff. – Bosman, wo nach einer Verletzung der Wettbewerbsregeln zumindest gefragt worden war.
[2282] EuGH Slg. 1965, 1152 (1165) – Schwarze.
[2283] EuGH Slg. 1981, 1191 Rn. 9 ff. – SpA International Chemical Corporation.
[2284] EuG Slg. 1999, II-1677 Rn. 49 – H & R Ecroyd.
[2285] EuGH Slg. 1994, I-1445 Rn. 19 – Roquette Frères; dazu Schima, Das Vorabentscheidungsverfahren vor dem EuGH, 2. Aufl. 2005, 106 ff.

V. Begründetheit

Advisory Opinion). Doch ist damit nichts über eine faktische Bindungswirkung ausgesagt. Diese bestimmt sich wesentlich nach der Akzeptanz der Urteile durch das vorlegende Gericht und die übrige Justiz der EWR/EFTA-Staaten, auf die der EFTA-GH nicht anders als der EuGH angewiesen ist.[2286] Grundsätzlich sind die Vorabentscheidungen des EFTA-GH faktisch nicht schwächer als die des EuGH. Wie im Unionsrecht brächte ein nationales Gericht, das dem EFTA-GH nicht folgt, seinen Staat in den Zustand der Abkommensverletzung.[2287] Es ist an der ESA, ggf. ein Abkommenverletzungsverfahren einzuleiten.[2288] Der EFTA-GH trägt diesem sui-generis-Charakter dadurch Rechnung, dass er seine Entscheidungen nach Art. 34 ÜGA im Rubrum als Urteile bezeichnet. Die Unionsgerichte haben sich dieser Sprachregelung angeschlossen.[2289] Im Zusammenhang mit neuen Vorlagefragen spricht der EFTA-GH ausdrücklich von einer „validity of the advisory opinion".[2290] Im Übrigen ist auf den judiziellen Dialog des EFTA-GH mit den Unionsgerichten hinzuweisen, in dessen Rahmen die Entscheidungen nach Art. 34 ÜGA als „persuasive authority" angesehen werden.[2291]

Im Fall STX weigerte sich der norwegische Oberste Gerichtshof, das Urteil des EFTA-GH in der gleichnamigen Rechtssache E-2/11 vom 23.1.2012[2292] zu befolgen. In seinem Urteil vom 5.3.2013[2293] befand er, dass die Beschränkung der Dienstleistungsfreiheit durch bestimmte Klauseln in einem Tarifvertrag der Schiffsbauindustrie aus Gründen der öffentlichen Ordnung und des Verbots der Gesetzesumgehung gerechtfertigt waren. Die Entscheidung fußt auf einem falschen Verständnis der Begriffe „öffentliche Ordnung" und „Gesetzesumgehung". Der Oberste Gerichtshof hat auch die Rechtsnatur der Richtlinie 96/71/EG des Europäischen Parlaments und des Rates vom 16.12.1996 über die Entsendung von Arbeitnehmern im Rahmen der Erbringung von Dienstleistungen[2294] verkannt. Überdies verzichtete er darauf, einen Verhältnismäßigkeitstest durchzuführen.[2295] Der Wirtschaftsverband BusinessEurope hat gegen das Urteil eine Beschwerde an die ESA gerichtet.[2296] Diese eröffnete ein Vertragsverletzungsverfahren. Am Ende wurde der Streit durch einen Vergleich zwischen den Sozialpartnern gelöst.

c) Beschlüsse. Stimmt eine Vorlagefrage mit einer Frage überein, über die der **EuGH** bereits entschieden hat, kann die Antwort auf die Frage klar aus der Rechtsprechung abgeleitet werden oder lässt die Beantwortung der vorgelegten Frage keinen Raum für vernünftige Zweifel, so kann der EuGH gemäß Art. 99 seiner Verfahrensordnung durch einen **mit Gründen versehenen Beschluss** entscheiden. Eine Pflicht zur Entscheidung im Beschlussweg besteht freilich nicht.[2297] Die in Rede stehende Regelung ist Ausdruck der Prozessökonomie in Verfahren von geringer Tragweite. Gleichzeitig verweisen die zu erfüllenden Kriterien auf die Bedeutung, die der EuGH bei der Beantwortung von Rechtsfragen dem eigenen Rechtsprechungsbestand als Rechtsquelle beimisst. Angesichts der Fallbelastung einerseits und des Bestandes an Vorjudikatur andererseits verwundert es nicht, wenn der Gerichtshof von der Möglichkeit der Entscheidung im Beschlussweg vermehrt Gebrauch macht. Dazu ist der Generalanwalt zu hören. Der Beschluss unterscheidet sich im Aufbau nicht wesentlich von einem Urteil. Geprüft werden die Begründetheit und, sofern gerügt, die Zulässigkeit der vorgelegten Fragen. Auch bedeutet die Entscheidung im Beschlusswege nicht zwangsläufig eine signifikante Verkürzung der Prozessdauer.

Dem **EFTA-GH**[2298] ist eine entsprechende Option eingeräumt worden, allerdings im Vergleich zur Verfahrensordnung des EuGH unter der doppelten Einschränkung, dass nur die Übereinstimmung der vorgelegten mit einer bereits ausjudizierten Frage in Betracht kommt und die Übereinstimmung „offensichtlich" sein muss. Zudem ist das vorlegende Gericht zu unterrichten, und es sind

---

[2286] Zum EuGH Anderson/Demetriou, References to the European Court, European Business Organisation Law Review 2005, 152 1-002.
[2287] Vgl. Bull Eur. Bus. L. Rev. 1994, 291 (296); Baudenbacher Drittstaatenabkommen Rn. 72.
[2288] Vgl. Art. 36 ÜGA.
[2289] Etwa EuGH Slg. 1999, I-3499 Rn. 39 – Rechberger.
[2290] EFTA-GH Slg. 2002, 281 Rn. 13 – CIBA.
[2291] Der damalige Präsident des EuGH, Vassilios Skouris, sprach im Jahr 2005 gar von „precedent"; The CJEU and the EFTA Court under the EEA Agreement: A Paradigm for International Cooperation between Judicial Institutions in Baudenbacher/Tresselt/Örlygsson, The EFTA Court Ten Years On, Oxford/Portland Oregon 2005, 123 (125).
[2292] EFTA-GH Slg. 2012, 4 – STX Norway.
[2293] HR-2013-00496-A, case no. 2012/1447.
[2294] ABl. 1997 L 018, 1.
[2295] Vgl. Baudenbacher, EFTA-domstolen og dens samhandling med de norske domstolene, Lov og Rett (Oslo), 8/2013, 515 ff.
[2296] http://www.eftasurv.int/media/public-documents/687807.pdf, zuletzt abgerufen am 8.7.2019.
[2297] EuGH Slg. 2002, I-10567 Rn. 32 – Felix Swoboda GmbH.
[2298] Art. 9397 VerfO EFTA-GH.

die Verfahrensbeteiligten zu hören. Die Schwelle liegt demnach höher. Der EFTA-GH hat von der Möglichkeit der Entscheidung im Beschlussweg auch dort nicht Gebrauch gemacht, wo es die Verfahrensbeteiligten gefordert haben.[2299]

[2299] EFTA-GH Slg. 2002, 281 Rn. 18 – CIBA.

Sachverzeichnis

Bearbeitet von Dr. Vanessa Seibel

Die Gesetze und Paragraphen sind fett gedruckt, die entsprechenden Randnummern mager.
Die fett gedruckten Fundstellenhinweise entsprechen grundsätzlich den jeweiligen Kolumnentiteln in der Kommentierung.

0–9

2/3-Klausel **Grundlagen** 1448; **Art. 1 FKVO** 31 ff.; **Art. 5 FKVO** 41; **Art. 24 FKVO** 1
3G Italy/Wind/JV **Art. 2 FKVO** 198
3G UK/Telefonica UK-Fall **Art. 2 FKVO** 311
3-Plus-Vorschlag **Einl. FKVO** 52

A

A/B-Testing **Art. 21 DMA** 21
AAC **Art. 102 AEUV** 674, 676
AB InBev/SABMiller **Art. 2 FKVO** 356, 365
Abertis/Autostrade-Fall **Art. 21 FKVO** 71
Abfälle
– Daseinsvorsorge **Art. 106 AEUV** 102
Abgaben
– Umsatzberechnung **Art. 5 FKVO** 10
Abgestimmte Verhaltensweisen Art. 101 AEUV 150 ff., 156 ff.
– Auswirkungen **Art. 101 AEUV** 163
– Beweisgrundsätze **Art. 101 AEUV** 189 ff.
– Digitalisierung **Art. 101 AEUV** 178 ff.
– Diskriminierungsverbot **Art. 101 AEUV** 343 f.
– Erfolgsdelikt **Art. 101 AEUV** 152, 162
– Erwerb Unternehmerischen Einflusses **Art. 101 AEUV** 589 ff.
– Fallgruppen **Art. 101 AEUV** 167 ff.
– Fallgruppen, Algorithmen **Art. 101 AEUV** 178 ff.
– Fallgruppen, Blockchain **Art. 101 AEUV** 188
– Fallgruppen, Digital Pricing **Art. 101 AEUV** 180 ff.
– Fallgruppen, Einseitige Maßnahme **Art. 101 AEUV** 174
– Fallgruppen, Gemeinsame Sitzungen **Art. 101 AEUV** 176
– Fallgruppen, Hub and Spokes-Informationsaustausch **Art. 101 AEUV** 183
– Fallgruppen, Informationsaustausch **Art. 101 AEUV** 167 ff.
– Fallgruppen, KI **Art. 101 AEUV** 178 ff.
– Fallgruppen, Koordination des Marktauftritts **Art. 101 AEUV** 175
– Fallgruppen, P2P-Netzwerke **Art. 101 AEUV** 187
– Fallgruppen, Vertikalverhältnis **Art. 101 AEUV** 177
– Freistellung **Art. 101 AEUV** 952
– horizontale **Art. 101 AEUV** 296 ff.
– Kausalzusammenhang **Art. 101 AEUV** 164 ff.
– Landwirtschaft **SB Landwirtschaft** 382 f., 408
– Marktbeherrschung, kollektive **Art. 102 AEUV** 230
– Rechtsdurchsetzung, private **Art. 101 AEUV** 917 ff.
– Rechtsfolgen, Anpassungsanspruch **Art. 101 AEUV** 929 ff.

– Rechtsfolgen, Kondiktionsansprüche **Art. 101 AEUV** 944 ff.
– Tatbestandsvoraussetzungen **Art. 101 AEUV** 155 ff.
– Übersicht **Art. 101 AEUV** 80
– Unternehmensstrukturveränderung **Art. 101 AEUV** 578 ff.
– vertikale **Art. 101 AEUV** 485 ff.
– Vertikal-GVO **Art. 1 Vertikal-GVO** 2
– Vollfunktions-GU, mit gemeinschaftsweit **Art. 101 AEUV** 628 ff.
– Vollfunktions-GU, nicht gemeinschaftsweit **Art. 101 AEUV** 701 ff.
– Zusammenschluss **Art. 3 FKVO** 125
Abgrenzungsvereinbarungen
– Marken- **Grundlagen** 1212 ff.
Abhilfemaßnahmen *s. auch Verpflichtungszusagen*
– Fusionskontrolle **Art. 6 FKVO** 30 ff.; **Art. 8 FKVO** 26 ff.
– Fusionskontrolle, Durchsetzung **Art. 8 FKVO** 98
– Fusionskontrolle, Kommissionsbefugnis **Art. 105 AEUV** 18
– Fusionskontrolle, Schutzrechte **Grundlagen** 1284 ff.
– Fusionskontrolle, Überwachung **Art. 8 FKVO** 98 ff.
Abkommen
– AKP-EU Partnerschafts- **Grundlagen** 1808
– Allgemeines über den Handel mit Dienstleistungen **Grundlagen** 1733
– Allgemeines Zoll- und Handels- **Grundlagen** 1731
– Assoziierungs- **Grundlagen** 1772 ff.
– Cotonou- **Grundlagen** 1808
– EU-Beitritts **Grundlagen** 1769 ff.
– Europäischer Wirtschaftsraum **Grundlagen** 1667 ff.
– Europa-Mittelmeer- **Grundlagen** 1799 ff.
– Freihandels- **Grundlagen** 1809 ff.
– Handel, Entwicklung und Zusammenarbeit (Südafrika) **Grundlagen** 1840 ff.
– Handelsbezogene Aspekte der Rechte des geistigen Eigentums **Grundlagen** 1737
– Lomé- **Grundlagen** 1808
– Luftverkehr **Grundlagen** 1816 ff.
– Partnerschaft und Zusammenarbeit mit GUS-Staaten **Grundlagen** 1804
– Schadenteilungs- **SB Versicherungswirtschaft** 157
– wirtschaftliche Zusammenarbeit, politische Koordinierung und Zusammenarbeit (Mexiko) **Grundlagen** 1835 ff.
– WTO **Grundlagen** 1731 ff.
Abkommen, Internationale Grundlagen 1731 ff.
– Drittstaaten **Grundlagen** 1768 ff.
Ablehnungsrecht
– Fusionskontrolle, Verweisung **Art. 4 FKVO** 160

Sachverzeichnis

fette Zahl = Gesetz und Paragraf

Abmahnung (national)
- Mitteilungspflicht, Kommission (an) **Art. 11 VO 1/2003** 51

Abnahmeverpflichtung
- Take-or-pay-Klauseln **Art. 101 AEUV** 573

Abnehmer Art. 1 Vertikal-GVO 95
- Begriff **Art. 1 Vertikal-GVO** 95, 118 ff.
- Schadensersatzanspruch **Art. 102 AEUV** 903

Abnehmerbindung Art. 102 AEUV 594 ff.
- Englische Klausel **Art. 102 AEUV** 615
- Freistellung **Art. 4 Vertikal-GVO** 98; **Art. 5 Vertikal-GVO** 13
- Marktbeeinflussung **Art. 102 AEUV** 600 ff.
- Marktmissbrauch **Art. 102 AEUV** 394 ff., 600 ff.
- Rechtfertigung **Art. 102 AEUV** 610 ff.
- Wettbewerbsverbot, nachvertragliches **Art. 5 Vertikal-GVO** 34
- zeitliche Unangemessenheit **Art. 102 AEUV** 396

Abnehmerdiskriminierung Art. 102 AEUV 442

Abnehmergewohnheiten
- Marktabgrenzung **Art. 102 AEUV** 119 ff.

Abnehmerkreisaufteilung
- Freistellung, Spezialisierungs-GVO **Art. 4 Spezialisierungs-GVO** 9

Abnehmerschutz
- Marktmissbrauchsschutzzweck **Art. 102 AEUV** 5 ff., 10 ff.

Absatzbedingungen
- Diskriminierung von Handelspartnern **Art. 102 AEUV** 438

Absatzbeschränkung
- Absatzmittlerausschluss **Art. 102 AEUV** 583
- Freistellung **Art. 4 Spezialisierungs-GVO** 5
- Geschäftsverweigerung **Art. 102 AEUV** 458 ff.
- Horizontalvereinbarung **Art. 101 AEUV** 334 ff.
- Lieferungsbeschränkung **Art. 102 AEUV** 422 ff.
- Missbrauchstatbestand **Art. 102 AEUV** 408 ff.
- Missbrauchstatbestand, eigene Beschränkung **Art. 102 AEUV** 417
- Vertriebsbezogene Beschränkung **Art. 102 AEUV** 422 ff.
- Zwischenstaatlichkeitsklausel **Art. 102 AEUV** 867

Absatzgebiet Art. 102 AEUV 123

Absatzmarkt
- Vertikal-GVO **Einl. Vertikal-GVO** 49

Absatzmengen
- Informationsaustausch (über) **Art. 101 AEUV** 369

Absatzmethoden
- Marktmissbrauch **Art. 102 AEUV** 337

Absatzmittler Art. 101 AEUV 492
- Alleinbelieferungsverpflichtung **Art. 101 AEUV** 537 f.
- Ausschluss **Art. 102 AEUV** 578 ff.
- Ausschluss, Absatzbeschränkung **Art. 102 AEUV** 583
- Ausschluss, Angewiesenheit **Art. 102 AEUV** 586
- Ausschluss, Exklusivvertrieb **Art. 102 AEUV** 589
- Ausschluss, Marktmachttransfer **Art. 102 AEUV** 584
- Ausschluss, Produktbeschränkung **Art. 102 AEUV** 570 ff.
- Ausschluss, Selektion **Art. 102 AEUV** 589
- Eingliederung **Art. 101 AEUV** 537 f.
- unabhängige **Art. 102 AEUV** 578 ff.
- Verbraucherbegriff **Art. 101 AEUV** 1129
- Vertikalvereinbarungen **Art. 101 AEUV** 537 f.

Absatzmöglichkeiten Art. 2 FKVO 431
- Rechtfertigungsgrund **Art. 102 AEUV** 613

Absatzrückgang
- Marktabgrenzung **Grundlagen** 278 ff.
- Wettbewerber **Art. 2 FKVO** 485 ff.

Absatzsystem Art. 102 AEUV 250

Absatzvereinbarungen
- Krisenkartell **Art. 101 AEUV** 326

Absatzwert Art. 5 Spezialisierungs-GVO 1

Absatzziele
- Spezialisierungs-GVO **Art. 5 Spezialisierungs-GVO** 8

Abschlussbericht
- Anhörungsbeauftragter **Art. 18 FKVO** 4
- Anhörungsbeauftragter, Veröffentlichung **Art. 20 FKVO** 6

Abschlussbindung Art. 4 Vertikal-GVO 106

Abschmelzeffekte Art. 2 FKVO 102

Abschottungsstrategien
- verbundene **Art. 2 FKVO** 474

Abschottungswirkung
- Abnehmerbindung **Art. 102 AEUV** 605 f.
- Anreize zur **Art. 2 FKVO** 475 ff.
- Fusionskontrolle **Art. 2 FKVO** 118
- Fusionskontrolle, Einsatzmittel **Art. 2 FKVO** 388 ff.
- Fusionskontrolle, Kunden **Art. 2 FKVO** 388, 426 ff.
- Fusionsontrolle, Filter **Art. 2 FKVO** 384
- Kartell **Art. 101 AEUV** 846
- keine **Art. 2 FKVO** 418 ff.
- kommerzielle **Art. 2 FKVO** 402
- Konglomerate Zusammenschlüsse **Art. 2 FKVO** 470 ff.
- Markenaufspaltung **Grundlagen** 1140
- schädliche **Art. 2 FKVO** 475 ff.
- Vertikale Zusammenschlüsse **Art. 2 FKVO** 382 ff.

Abschreckung
- Abwehransprüche **Grundlagen** 1275 ff.
- Behinderungsmissbrauch, preisbezogener **Art. 102 AEUV** 680
- Fusionskontrolle, Horizontale Zusammenschlüsse **Art. 2 FKVO** 347 ff., 370 ff.
- Fusionskontrolle, Vertikale Zusammenschlüsse **Art. 2 FKVO** 560
- koordinierte Wirkungen **Art. 2 FKVO** 134
- Nichtigkeit nach Art. 101 Abs. 2 AEUV **Art. 101 AEUV** 882
- Schadensersatzanspruch **Art. 101 AEUV** 922

Absicht Art. 101 AEUV 260
- Behinderungsmissbrauch, Marktmachttransfer **Art. 102 AEUV** 349
- Behinderungsmissbrauch, preisbezogener **Art. 102 AEUV** 684 ff.
- Freistellung, Einzel- **Art. 101 AEUV** 1073
- Handelsbeeinträchtigung **Art. 101 AEUV** 810
- Marktmissbrauch **Art. 102 AEUV** 310 ff.
- Marktstrukturmissbrauch **Art. 102 AEUV** 823
- potentieller Wettbewerb **Art. 101 AEUV** 301
- Veräußerungszweck **Art. 3 FKVO** 177
- Wettbewerbsbeschränkung **Art. 101 AEUV** 320

Absichtserklärung
- Nichtigkeitsklage **Rechtsschutz** 337

Absolute Schutzhindernisse Grundlagen 1225

Absolute Wirkung
- Rechtsfolgen Art. 101 Abs. 2 AEUV **Art. 101 AEUV** 880

magere Zahl = Randnummer

Sachverzeichnis

Absorptive Capacity Grundlagen 380
Absprache zur Unterbindung von Unterkostenverkäufen Grundlagen 1066
Absprache zur Vermeidung einer Irreführung Grundlagen 1064
Absprachen
- Absatzbeschränkung **Art. 101 AEUV** 334 ff.
- Aufteilung der Märkte **Art. 101 AEUV** 340 ff.
- Aufteilung der Versorgungsquellen **Art. 101 AEUV** 340 ff.
- Formen der **Art. 101 AEUV** 330 ff.
- Geschäftsbeziehung **Art. 101 AEUV** 333
- Produktionsbeschränkungen **Art. 101 AEUV** 334 ff.

Abstandswahrender Zeichenzusatz Grundlagen 1220
Abstellungsentscheidung
- Adressaten **Art. 7 VO 1/2003** 31 ff.
- Digital Markets Act **Art. 29 DMA** 21 ff.
- Durchsetzung **Art. 7 VO 1/2003** 32 ff.
- fortwirkende Verstöße **Art. 7 VO 1/2003** 25
- Inhalt **Art. 7 VO 1/2003** 4 ff., 15 ff.
- Joint Ventures **Art. 7 VO 1/2003** 23 ff.
- Künftiges Verhalten **Art. 7 VO 1/2003** 29 ff.
- Nachträgliche Feststellungsentscheidung **Art. 7 VO 1/2003** 33 ff.
- Rechtsmittel, Beschwerdeverfahren **Art. 7 VO 1/2003** 36 ff.
- reine **Art. 7 VO 1/2003** 15
- strukturelle **Art. 7 VO 1/2003** 19 ff.
- Verfahren **Art. 7 VO 1/2003** 7 ff.
- verhaltensorientierte **Art. 7 VO 1/2003** 15 ff.
- Verpflichtungszusagen **Art. 9 VO 1/2003** 1 ff.
- Voraussetzungen **Art. 7 VO 1/2003** 15 ff.
- Zwangsgeld **Art. 24 VO 1/2003** 12

Abstellungsentscheidung (national)
- Mitteilungspflicht, Kommission (an) **Art. 11 VO 1/2003** 48

Abstimmung Art. 101 AEUV 156
Abtrennbare Vereinbarungen
- Unternehmensstrukturveränderungen **Art. 101 AEUV** 605
- Vollfunktions-GU, nicht gemeinschaftsweit **Art. 101 AEUV** 708, 718

Abtrennungsgebot
- hoheitlicher Funktionen **Art. 106 AEUV** 58 ff.

Abwägungsgebot Grundlagen 1452
- Internationales Wettbewerbsrecht **Grundlagen** 1409 ff., 1424

Abwägungsklausel
- Verweisung (nach Verweisung) **Art. 9 FKVO** 129

Abwehr
- gesetzlich verboter Praktiken von Konkurrenten **Grundlagen** 1067 ff.
- unlauterer Praktiken von Konkurrenten **Grundlagen** 1070 f.

Abwehransprüche
- missbräuchliche **Grundlagen** 1274 ff.

Abwehrgesetze Grundlagen 1415
Abwehrverbote
- Nebenabrede **Art. 8 FKVO** 139

Across Customers Agreements Art. 102 AEUV 792
Across Sellers Agreements Art. 102 AEUV 790 ff.
Act of State Doctrine Grundlagen 1408

acte clair-Doktrin
- Leitlinien der Kommission **Art. 101 AEUV** 1041

actes de pure gestion Art. 6 FKVO 11
ACT-Klassifikation Art. 2 FKVO 51
Adalat-Fall Art. 4 Vertikal-GVO 112
Adam Smith Grundlagen 11, 36, 71 ff.
Add-on-pricing
- Status, sozialer **Grundlagen** 599

ad-hoc-Gerichte Grundlagen 950
Ad-hoc-Mitversicherung s. Mitversicherungen, Ad-hoc
Ads-Geschäftsbedingungen Art. 5 DMA 245
Adverse Selektion Art. 101 AEUV 567
Advocacy Grundlagen 1737; **Art. 11 VO 1/2003** 11 f.
AEC-Test Art. 102 AEUV 449, 603
- Rabatte **Art. 102 AEUV** 752, 754

Aegean/Olympic II Art. 2 FKVO 222
AEG-Fall Art. 101 AEUV 112; **Art. 1 Vertikal-GVO** 9
Aer Lingus/Kommission-Fall Art. 101 AEUV 581 f.; **Art. 3 FKVO** 27
Aérospatiale/Aliena/De Havilland-Fall Einl. FKVO 83 ff., 198
Afrika Grundlagen 1808
Aftermarket
- Marktabgrenzung **Grundlagen** 259 f.; **Art. 2 FKVO** 76

After-Sales-Services Art. 1 Vertikal-GVO 20 ff.
AG/AMEV Art. 5 FKVO 50
AG2R Prévoyance-Entscheidung Grundlagen 1296, 1303
Aggregierung
- Informationsaustausch (über) **Art. 101 AEUV** 375

Aggressives Auftreten Art. 2 FKVO 320
Agrarförderung Grundlagen 1182
Agrarpolitik SB Landwirtschaft 369 ff.
Agrarsektor Art. 101 AEUV 238; **Art. 1 FKVO** 50
Ägypten Grundlagen 1799 ff.
AHEZ Grundlagen 1840 ff.
Ahmed Saeed-Fall Art. 101 AEUV 624 f.; **Art. 102 AEUV** 30, 37, 706, 832
Air Berlin / TuiFly-Fall Art. 101 AEUV 781
Air Canada/United/Lufthansa-Fall Art. 9 VO 1/2003 41
Air France/Sabena Art. 5 FKVO 19
Air Inter-Entscheidung Art. 106 AEUV 125 ff.
Airtours/First Choice-Fall Art. 2 FKVO 114, 345 ff., 364
Airtours-Kriterien Art. 2 FKVO 133 ff., 351 ff., 458 ff.
Airtours-Urteil Art. 102 AEUV 224 ff.
Aker Maritime/Kvaerner II-Fall Grundlagen 1710
Åkerberg Fransson-Urteil Grundlagen 819
Akerlof Art. 101 AEUV 384, 442
Akkredetive SB Versicherungswirtschaft 248
Akquisitionen
- Umsatzberechnung, nachträgliche Berücksichtigung von **Art. 5 FKVO** 26

Akteneinsicht
- Autorenrechte **Art. 27 VO 1/2003** 26
- Digital Markets Act **Art. 34 DMA** 1 ff., 12 ff.
- Durchführung **Art. 27 VO 1/2003** 22

Sachverzeichnis

fette Zahl = Gesetz und Paragraf

- Durchführung, Datenraumverfahren **Art. 27 VO 1/2003** 24
- Durchführung, DVD **Art. 27 VO 1/2003** 23
- Fusionskontrolle **Art. 7 VO 1/2003** 53; **Art. 19 FKVO** 14; **Einl. FKVO** 113, 172
- Fusionskontrolle, EFTA **Art. 19 FKVO** 36 ff.
- Fusionskontrolle, Umfang **Art. 18 FKVO** 50
- Fusionskontrolle, Unternehmen **Art. 17 FKVO** 25
- Fusionskontrolle, Zeitpunkt **Art. 18 FKVO** 47
- Gerichtsverfahren **Rechtsschutz** 73
- Kartellverfahren **Art. 23 VO 1/2003** 32; **Art. 27 VO 1/2003** 12 ff.
- Kartellverfahren, Kooperationsverfahren **Art. 27 VO 1/2003** 20
- Kartellverfahren, Vergleichsausführung **Art. 27 VO 1/2003** 20
- Kartellverfahren, Zeitpunkt **Art. 27 VO 1/2003** 21
- Kartellverfahren, Zusagenentscheidungen **Art. 9 VO 1/2003** 25, 34
- Kronzeugenregelung **Art. 27 VO 1/2003** 20
- Leniency-Bekanntmachung **Leniency-Bekanntmachung** 62 ff.
- Recht auf **Grundlagen** 919 ff.
- Recht auf, Beschwerdeführer **Art. 7 VO 1/2003** 54
- Recht auf, Fusionskontrolle **Art. 18 FKVO** 41
- Rechtsschutz **Art. 27 VO 1/2003** 28
- Transparenz-VO **Art. 34 DMA** 22; **Art. 27 VO 1/2003** 50
- Transparenz-VO, Vermutung **Art. 27 VO 1/2003** 51
- Umfang **Art. 27 VO 1/2003** 13 ff.
- Umfang, Geschäftsgeheimnisse **Art. 18 FKVO** 52 ff.
- Umfang, Streit über **Art. 27 VO 1/2003** 26 ff.
- Verwertungsverbot **Art. 27 VO 1/2003** 29; **Art. 17 FKVO** 13

Aktenzeichen (Gerichte) Rechtsschutz 131
Aktienerwerb Art. 101 AEUV 578
- über die Börse **Art. 101 AEUV** 592 f.

Aktive Mitteilung Art. 23 VO 1/2003 176
Aktive Verkäufe Art. 1 Vertikal-GVO 109 ff.; **Art. 4 Vertikal-GVO** 104, 144 ff., 200
Aktiver Wettbewerber Art. 101 AEUV 236
Aktualität
- Informationsaustausch (über) **Art. 101 AEUV** 374

Aktuelle Marktposition
- des Schutzrechts **Grundlagen** 1278

Aktueller Wettbewerber Art. 101 AEUV 301
Akzessorietät
- Zwangsgeld **Art. 15 FKVO** 4

Akzessorietätsgrundsatz
- Einstweiliger Rechtsschutz **Rechtsschutz** 566

Akzo Nobel/Hoechst Roussel VET Art. 2 FKVO 494
AKZO-Fall Art. 102 AEUV 241, 252 ff., 284, 312, 323, 324, 671 ff., 685 ff., 712; **Vor Art. 17–22 VO 1/2003** 17
AKZO-Formel Art. 102 AEUV 702 ff.
- Kosten-Preis-Schere **Art. 102 AEUV** 730
- modifizierte **Art. 102 AEUV** 704
- Produkte, fixkostenintensive **Art. 102 AEUV** 711 ff.

Albany-Fall Grundlagen 1290, 1292 ff., 1302 ff., 1309 ff., 1354, 1364, 1682
Alcatel/STC-Fall Art. 5 FKVO 17 ff.

Alcoa-Entscheidung Art. 2 FKVO 315; **Grundlagen** 1383
Algerien Grundlagen 1799 ff.
Algorithm Pricing Art. 101 AEUV 180 ff.
Algorithmen Art. 101 AEUV 81
- Zugang zu **Art. 23 DMA** 28 ff.

Alleinbelieferungsvereinbarung
- Freistellung, Einzel- **Art. 101 AEUV** 1102
- Freistellung, Spezialisierungs-GVO **Art. 2 Spezialisierungs-GVO** 14 ff.
- Freistellung, Vertikal-GVO **Art. 1 Vertikal-GVO** 30; **Art. 2 Vertikal-GVO** 10; **Art. 4 Vertikal-GVO** 110

Alleinbelieferungsverpflichtung
- Abnehmerbindung **Art. 102 AEUV** 597 ff.
- Absatzmittler **Art. 101 AEUV** 537 f.
- Begriff **Art. 1 Spezialisierungs-GVO** 31
- Freistellung, Spezialisierungs-GVO **Art. 2 Spezialisierungs-GVO** 14 ff.
- FuE-Kooperation **Art. 101 AEUV** 521
- Handelsvertreter **Art. 101 AEUV** 537 f.
- Spezialisierungsvereinbarungen **Art. 101 AEUV** 521
- Vertikalvereinbarungen **Art. 101 AEUV** 521

Alleinbezugsvereinbarung Art. 101 AEUV 510
- Abnehmerbindung **Art. 102 AEUV** 597 ff.
- Begriff **Art. 1 Spezialisierungs-GVO** 32
- Handelsbeeinträchtigung **Art. 101 AEUV** 850
- Ökonomie **Grundlagen** 511, 535, 568 ff.
- Vertikalvereinbarungen **Art. 101 AEUV** 513 ff.

Alleinbezugsverpflichtung
- abgeschwächte **Art. 5 Vertikal-GVO** 12
- Bündeltheorie **Art. 101 AEUV** 517
- Englische Klausel **Art. 101 AEUV** 518
- Freistellung **Art. 101 AEUV** 519 f.
- Freistellung, Einzel- **Art. 101 AEUV** 1102
- Freistellung, Vertikal **Art. 1 Vertikal-GVO** 29; **Art. 2 Vertikal-GVO** 10

Alleinlizenzen s. *Ausschließliche Lizenz*
Alleinvertreterklausel SB Versicherungswirtschaft 132
Alleinvertrieb
- geteilter **Art. 1 Vertikal-GVO** 76

Alleinvertriebshändler Grundlagen 1068
- Immaterialgüterrecht **Grundlagen** 1198

Alleinvertriebsrecht
- wechselseitiges **Art. 102 AEUV** 836

Alleinvertriebssysteme
- Begriff **Art. 1 Vertikal-GVO** 83

Alleinvertriebsvereinbarung Art. 101 AEUV 219, 529 ff., 826
- Freistellung **Art. 101 AEUV** 533 f.
- Freistellung, Einzel- **Art. 101 AEUV** 1178
- Freistellung, Spezialisierungs-GVO **Art. 5 Spezialisierungs-GVO** 9
- Freistellung, Vertikal-GVO **Art. 4 Vertikal-GVO** 96
- Gemeinschaftsunternehmen **Art. 101 AEUV** 604
- Handelsbeeinträchtigung **Art. 101 AEUV** 865 ff.
- Marktmissbrauch **Art. 102 AEUV** 426, 429, 593
- Ökonomie **Grundlagen** 511, 535 ff., 568 ff.

Alles-oder-Nichts-Prinzip Art. 101 AEUV 17, 1226, 1229; **SB Versicherungswirtschaft** 129; **Einl. Vertikal-GVO** 12; **Art. 4 Vertikal-GVO** 6; **Art. 5 Spezialisierungs-GVO** 2
- Nichtigkeit nach Art. 101 Abs. 2 AEUV **Art. 101 AEUV** 884, 894

magere Zahl = Randnummer

Sachverzeichnis

Allfinanzinstitute SB Versicherungswirtschaft 18
Allgemeine Ausnahme-Klausel Art. 23 VO 1/2003 188
Allgemeine Geschäftsbedingungen Art. 101 AEUV 107, 446 ff.
– Anpassungsanspruch **Art. 101 AEUV** 931
– Effizienzgewinne **Art. 101 AEUV** 448
– Freistellung, Vertikal-GVO **Art. 1 Vertikal-GVO** 22
Allgemeininteresse Art. 101 AEUV 12
– Arbeitnehmerschutznormen **Grundlagen** 1346
Allgemeininteressen
– Marktmissbrauchsschutzzweck **Art. 102 AEUV** 23
Allgemeinverbindlicherklärung Art. 101 AEUV 125; **Grundlagen** 1338 ff.
Allgemeinverfügung
– Gruppenfreistellungsverordnungen **Art. 101 AEUV** 1197
Allianz Hungária-Fall Art. 101 AEUV 267, 270, 314, 524
Allianz/AGF-Fall Art. 101 AEUV 769; **SB-Versicherungswirtschaft** 283 ff.
Allianz/DKV Art. 5 FKVO 51
Allianz/Dresdner Bank-Fusion SB-Versicherungswirtschaft 283
Allianzen
– Marktanteilsberechnung **Art. 2 FKVO** 96
– Marktbeherrschung, kollektive **Art. 102 AEUV** 219
– strategische **Art. 101 AEUV** 580
Allokationseffizienz Grundlagen 167 f., 175, 666
– Freistellung, Einzel- **Art. 101 AEUV** 1137
– Kartell **Grundlagen** 315
Allsports v. OFT-Entscheidung Art. 2 VO 1/2003 7
Almelo-Urteil Art. 102 AEUV 223 ff., 278; **Art. 106 AEUV** 30
Almunia-Paket Art. 106 AEUV 27
– Bestandteile **Art. 106 AEUV** 166
Alphabet Art. 102 AEUV 46
Alsatel-Fall Art. 102 AEUV 34, 396
Als-ob-Wettbewerb Art. 102 AEUV 5, 367
– Preis **Grundlagen** 1040
Alternativlösungswege
– Lizenz **Grundlagen** 1261
Altice-Fall Art. 7 FKVO 33, 65
Altmark Trans-Entscheidung Art. 106 AEUV 27 ff., 149; **Grundlagen** 780 ff.
– Transparenz-Richtlinie **Art. 106 AEUV** 187 ff.
AM&S/Kommission-Entscheidung Grundlagen 948
Amazon Art. 102 AEUV 133, 257
– Selbstbevorzugung **Art. 102 AEUV** 655 ff.
– Verfahren **Art. 102 AEUV** 658; **Art. 6 DMA** 126
– Verfahren, Market Place **Art. 6 DMA** 54
Ambulanz Glöckner-Fall Art. 102 AEUV 278; **Grundlagen** 1011, 1356, 1364
Amcor/Bemins Art. 2 FKVO 315
AMD-Urteil Art. 11 VO 1/2003 112 ff.
American Banana-Fall Grundlagen 1383
amicus curiae Art. 39 DMA 10; **Grundlagen** 1543
– Brief **Art. 15 VO 1/2003** 33
– Leniency-Bekanntmachung **Leniency-Bekanntmachung** 64 ff.
– Nationale Gerichte **Art. 15 VO 1/2003** 32 ff.

amnesty plus Leniency-Bekanntmachung 49
Amortisationsdauer
– Einzelfreistellung **Art. 101 AEUV** 1022
Amortisationszeitraum Art. 102 AEUV 370
Amsterdam, Vertrag von
– Öffentliche Unternehmen **Art. 106 AEUV** 7 ff.
Amtsblatt Art. 30 VO 1/2003 8
Amtsermittlungsgrundsatz Art. 8 FKVO 107 ff.
– Gerichtsverfahren **Rechtsschutz** 60
Amtshaftungsklage
– Begründetheit **Rechtsschutz** 552 ff.
– Behilferecht **Rechtsschutz** 537
– Beweislast **Rechtsschutz** 562 ff.
– Rechtswidriges Behördenverhalten **Rechtsschutz** 552 ff.
– Subsidiarität **Rechtsschutz** 49
– Verjährung **Rechtsschutz** 549 ff.
– Verschulden **Rechtsschutz** 553
– Zulässigkeitsvoraussetzungen **Rechtsschutz** 541 ff.
– Zuständigkeit **Rechtsschutz** 535 ff.
– Zwischenurteil **Rechtsschutz** 543
Amtshilfe Art. 22 VO 1/2003 2 ff.
– EFTA **Grundlagen** 1720 ff.
– Fusionskontrolle, EFTA/EWR **Art. 19 FKVO** 32
– Fusionskontrolle, Nachprüfung **Art. 12 FKVO** 1 ff.; **Art. 13 FKVO** 11
– Informationsaustausch, Behörden **Art. 12 VO 1/2003** 20, 52
– Kommission **Art. 105 AEUV** 15
Amtsverfahren Art. 101 AEUV 126
Amtsverschwiegenheit Art. 28 VO 1/2003 7
Analogieverbot Art. 101 AEUV 76
– Gruppenfreistellungsverordnungen **Art. 101 AEUV** 1225
Analysedienste Art. 2 DMA 17
Anbieten von Gütern
– Unternehmerische Tätigkeit **Art. 102 AEUV** 76 ff.
Anbieter
– Begriff **Art. 1 Vertikal-GVO** 42 ff., 118 ff.
Anbieterbeschränkungen
– Freistellung, Vertikal-GVO **Art. 4 Vertikal-GVO** 110
ancillary restraints doctrine Art. 101 AEUV 207, 340
Änderungen
– Anmeldung von Zusammenschlüssen **Art. 4 FKVO** 82
Androhung
– Zwangsgeld **Art. 24 VO 1/2003** 17
Anerkennungspflicht
– Erzeugerorganisationen, landwirtschaftliche **SB Landwirtschaft** 388
Anfangsinvestitionen Art. 102 AEUV 247
Anfechtung
– Ausbeutungsmissbrauch **Art. 102 AEUV** 882
Anfechtungsklage
– Überblick **Rechtsschutz** 49 ff.
Angaben
– Anmeldung von Zusammenschlüssen, Änderung **Art. 4 FKVO** 82
– Anmeldung von Zusammenschlüssen, unrichtige **Art. 4 FKVO** 81
– Anmeldung von Zusammenschlüssen, unvollständige **Art. 4 FKVO** 80
– unrichtige **Art. 14 FKVO** 11

4003

Sachverzeichnis

fette Zahl = Gesetz und Paragraf

- unrichtige, Widerruf **Art. 6 FKVO** 55
Angebotkartell
- Einkaufskooperationen **Art. 101 AEUV** 421
Angebotsanpassung
- Landwirtschaft **SB Landwirtschaft** 456 ff.
Angebotsflexibilität
- Versicherer **SB Versicherungswirtschaft** 228 ff.
Angebotsmarkt
- Bedarfsmarktkonzept **Art. 102 AEUV** 99 ff.
Angebotsrücktritt
- Umsatzberechnung, nachträgliche Berücksichtigung von **Art. 5 FKVO** 31
Angebotsstruktur
- Behinderungsmissbrauch **Art. 102 AEUV** 331 ff.
- Fusionskontrolle, Anmeldung **Art. 4 FKVO** 49
Angebotssubstitution Art. 102 AEUV 111 ff.; **Art. 2 FKVO** 53, 65
- Marktmacht, Ermittlung **Grundlagen** 250 ff.
Angebotsumstellungsflexibilität Art. 102 AEUV 92, 111 ff.; **Art. 2 FKVO** 54
Angebotsumstellungskonzept Art. 102 AEUV 127
Angebotsveröffentlichung Art. 9 VO 1/2003 23 f.
Angebotswettbewerb Art. 101 AEUV 197
Angleichungspflicht Art. 101 AEUV 72
Anhang
- Schriftsatz **Rechtsschutz** 310
Anhörung Grundlagen 918
- Akteneinsicht **Art. 27 VO 1/2003** 12 ff.; **Grundlagen** 919 ff.
- Beschwerdeführer **Art. 27 VO 1/2003** 41 ff.
- Betroffene **Art. 18 FKVO** 15 ff.
- Dritte **Art. 27 VO 1/2003** 46 ff.; **Art. 18 FKVO** 32 ff.
- Dritte, hinreichendes Interesse **Art. 18 FKVO** 11 ff.
- Dritte, ohne hinreichendes Interesse **Art. 18 FKVO** 14
- förmliche **Art. 8 FKVO** 17, 152 ff.; **Einl. FKVO** 174
- förmliche mündliche **Art. 18 FKVO** 24 ff.
- Fusionskontrolle **Art. 18 FKVO** 1, 41; **Einl. FKVO** 113
- informelle **Art. 18 FKVO** 8 ff.
- Kartellverfahren, Abstellungsentscheidung **Art. 7 VO 1/2003** 12
- Kartellverfahren, Positiventscheidung **Art. 10 VO 1/2003** 30
- Leniency-Bekanntmachung **Leniency-Bekanntmachung** 24
- Mitgliedsstaaten **Grundlagen** 1659
- Mitteilung der Beschwerdepunkte **Art. 27 VO 1/2003** 5 ff.
- mündliche **Art. 27 VO 1/2003** 31 ff.; **Art. 8 FKVO** 17, 152; **Einl. FKVO** 174
- nachträgliche bei vorläufiger Entscheidung **Art. 18 FKVO** 30
- Recht auf **Art. 18 FKVO** 9 ff.
- schriftliche **Art. 18 FKVO** 21 ff.
- Stellungnahme (schriftliche) **Art. 27 VO 1/2003** 11, 31 ff.
- Verfahren **Art. 18 FKVO** 26
- Verzicht auf **Art. 27 VO 1/2003** 36
Anhörungsbeauftragter Art. 27 VO 1/2003 4, 27; **Art. 18 FKVO** 3

Anhörungspflicht
- Fusionskontrolle **Art. 18 FKVO** 6
Anknüpfung
- IPR **Grundlagen** 1382 ff., 1508
Ankündigungen
- öffentliche **Art. 101 AEUV** 354 f.
Anmeldefähigkeit
- Zusammenschlüsse **Art. 4 FKVO** 14 ff.
Anmeldefreiheit
- Legalfreistellung (VO Nr. 1/2003) **Art. 101 AEUV** 967
Anmeldepflicht
- Digital Markets Act **Art. 102 AEUV** 921 f.
- Fusionskontrolle, Überblick **Einl. FKVO** 98 ff.
- Geldbußen **Art. 14 FKVO** 8, 19 ff.
- Internationales Wettbewerbsrecht **Grundlagen** 1455 ff., 1489 ff.
- Transaktionen, Mehrere **Art. 3 FKVO** 84
- Zusammenschlüsse **Art. 4 FKVO** 10 ff.; **Art. 6 FKVO** 26
- Zusammenschlüsse, künftige **Grundlagen** 1494
Anmeldeprüfung Art. 6 FKVO 1 ff.
- Bedenken, ernsthafte **Art. 6 FKVO** 1
Anmelder
- Anhörung **Art. 18 FKVO** 10
- Zusammenschlüsse **Art. 4 FKVO** 19 ff.
Anmeldung
- Übermittlung, EFTA-Überwachungsbehörde **Art. 19 FKVO** 34
- Übermittlung, Nationale Behörden **Art. 19 FKVO** 4
- Vollzug, nach dem **Art. 4 FKVO** 11
- Vollzug, vor dem **Art. 4 FKVO** 10 ff.
Annerkennung, Schiedssprüche
- Ordre Public **Art. 101 AEUV** 912 ff.
Anonyme Vorabklärung Leniency-Bekanntmachung 29
Anonymisierungssicherheit Art. 2 DMA 138
Anordnung Art. 101 AEUV 120
- richterliche **Art. 13 FKVO** 14
Anpassung auf erlaubten Umfang
- Nichtigkeit nach Art. 101 Abs. 2 AEUV **Art. 101 AEUV** 889 ff.
Anpassungsanspruch Art. 101 AEUV 929 ff.
- Anpassungsklauseln **Art. 101 AEUV** 938 ff.
- Ausschluss **Art. 101 AEUV** 933
- Dogmatik **Art. 101 AEUV** 936 ff.
- Kollisionsrecht **Art. 101 AEUV** 926 ff.
- vertraglicher **Art. 101 AEUV** 938
- Zuständigkeit, internationale **Art. 101 AEUV** 926 ff.
Anpassungsfaktoren Art. 23 VO 1/2003 148 ff.
- Aktive Mitteilung **Art. 23 VO 1/2003** 176
- Beweislast **Art. 23 VO 1/2003** 153, 166
- Ermutigung **Art. 23 VO 1/2003** 173
- erschwerende **Art. 23 VO 1/2003** 148 ff.
- Fortsetzung der Zuwiderhandlung **Art. 23 VO 1/2003** 154 ff.
- Führende Rolle **Art. 23 VO 1/2003** 162
- mildernde **Art. 23 VO 1/2003** 165 ff.
- Obstruktion **Art. 23 VO 1/2003** 160
- Passive Rolle **Art. 23 VO 1/2003** 167
- Sofortige Beendigung **Art. 23 VO 1/2003** 171
- Tatsächliche Nichtanwendung **Art. 23 VO 1/2003** 169
- Vergeltungsmaßnahmen **Art. 23 VO 1/2003** 162

magere Zahl = Randnummer

Sachverzeichnis

– Wiederholungstäter **Art. 23 VO 1/2003** 154 ff.
Anpassungsklauseln Art. 101 AEUV 938 ff.
Anregungen Art. 101 AEUV 119
Anreize
– Koordinierung **Art. 2 FKVO** 463
Anreizsysteme Art. 101 AEUV 122
Anscheinsbeweis
– Marktmissbrauch **Art. 102 AEUV** 341
Anschlussinnovationen
– Normenvereinbarungen **Art. 101 AEUV** 442
Anspruch
– Eigenkapitalverzinsung **Grundlagen** 1043
– Prüfung der Freistellungskriterien **Art. 101 AEUV** 1008
– Tätigwerden (Kommission) **Art. 11 VO 1/2003** 88 ff.
– Vertraulichkeit eingereichter Unterlagen **Grundlagen** 926
Anspruch auf rechtliches Gehör s. *Rechtliches Gehör*
Anspruchsberechtigte
– Schadensersatzanspruch **Art. 102 AEUV** 900
Anteilsbesitz
– Marktbeherrschung, kollektive **Art. 102 AEUV** 219
Anteilseigner Art. 101 AEUV 52
Anteilserwerb
– Kontrollerwerb **Art. 3 FKVO** 57
– Veräußerungszweck **Art. 3 FKVO** 177
Anti-Cartel Manual Grundlagen 1766
Antidumpingrecht
– Fusionskontrolle **Einl. FKVO** 141
Antidumping-Verfahren Art. 102 AEUV 819
Antidumpingzölle Art. 102 AEUV 247
Anti-Steering Art. 5 DMA 139 ff.
Antiterrordatei-Entscheidung Grundlagen 821 ff.
Antitrust Division Grundlagen 711
Antitrust Logit Modell Grundlagen 431 ff.
Antrag
– Einstweiliger Rechtsschutz **Rechtsschutz** 571 ff.
Antrag auf Erlass der Geldbuße
– Inhalt **Leniency-Bekanntmachung** 12
Antritrustmarkt, Konzept des
– Hypothetischer Monopolistentest **Grundlagen** 243
Antwortpflicht
– Leniency-Bekanntmachung **Leniency-Bekanntmachung** 18
Anwachsung
– Kontrollerwerb **Art. 3 FKVO** 68
Anwaltsgeheimnis Grundlagen 948
Anwaltshonorare
– Gerichtsverfahren **Rechtsschutz** 228 ff.
Anwaltsprivileg *s. auch Verteidigerprivileg*
– Fusionskontrolle **Art. 11 FKVO** 30
Anwaltszwang Rechtsschutz 325
Anwendungsbereich
– Art. 101 AEUV bei Gemeinschaftsunternehmen **Art. 101 AEUV** 623 ff., 684
– Bereichsausnahmen **Art. 101 AEUV** 27 ff.; **Grundlagen** 1242 ff., 1290 ff., 1555 ff.
– Digital Markets Act **Art. 1 DMA** 11 ff.
– Ermächtigungsgrundlage für Durchführungsvorschriften **Art. 103 AEUV** 2
– EWR **Grundlagen** 1667 ff.
– geographischer **Grundlagen** 1667

– internationaler **Grundlagen** 1375 ff.; *s. Internationales Wettbewerbsrecht*
– Legalfreistellung **Art. 101 AEUV** 1018
– öffentliche Unternehmen **Grundlagen** 1551 ff.
– sachlicher **Art. 101 AEUV** 1; **Grundlagen** 1547 ff.
– Staaten **Grundlagen** 1551 ff.
– Verbotene Verhaltensweisen **Art. 101 AEUV** 76
– Verhältnis EU- und nationales Recht **Grundlagen** 1596 ff., 1624 ff.
– Versicherungen **SB Versicherungswirtschaft** 6 ff.
– zeitlicher **Grundlagen** 1574 ff.
– EWR-Wettbewerbsrecht **Grundlagen** 1692 f.
Anwendungsprogrammierschnittstellen Art. 6 DMA 217, 165, 173, 178, 203, 223
Anwendungssperre Art. 5 VO 1/2003 17
Anwendungsverpflichtung
– doppelte **Art. 3 VO 1/2003** 67
– EU-Wettbewerbsrecht **Art. 3 VO 1/2003** 3
– EU-Wettbewerbsrecht, Ausnahmen **Art. 3 VO 1/2003** 19 ff.
– EU-Wettbewerbsrecht, Unberührtheitsklausel **Art. 3 VO 1/2003** 42
– Freistellung **Art. 101 AEUV** 987, 1007
– Grenzen **Art. 3 VO 1/2003** 60
– Inhalt **Art. 3 VO 1/2003** 57 ff.
– parallele **Art. 3 VO 1/2003** 49 ff.
Anwendungsvorrang Grundlagen 752
– Durchführungsvorschriften **Art. 103 AEUV** 52 f.
Anzahl der Unternehmen
– Kartell **Grundlagen** 345
Anzapfverbot Art. 102 AEUV 282
Anzeigenschaltung Art. 102 AEUV 456
AOK-Urteil Art. 101 AEUV 68; **Art. 102 AEUV** 79; **Grundlagen** 1358, 1364, 1372
Apotheken Art. 101 AEUV 54, 568
Appkauf Art. 2 DMA 109
Apple Art. 102 AEUV 46
– Selbstbevorzugung **Art. 102 AEUV** 655 ff.
– Verfahren, App Store-Fall **Art. 6 DMA** 54, 100, 231
– Verfahren, Epic Games **Art. 5 DMA** 148, 202
– Verfahren, Pay-Fall **Art. 6 DMA** 163
– Verfahren, Shazam **Art. 2 FKVO** 465, 473
application barriers to entry Art. 101 AEUV 442
Application Programming Interfaces (APIs) Art. 6 DMA 99
AppStores Art. 2 DMA 31
APZ Grundlagen 1804
Aquakulturerzeugnisse SB Landwirtschaft 383
Äquivalenzgebot Art. 11 VO 1/2003 49
– Rechtsdurchsetzung, private **Art. 101 AEUV** 919 ff.
Äquivalenzgrundsatz Art. 102 AEUV 896
– Marktmissbrauchsverbot **Art. 102 AEUV** 873
Äquivalenzprinzip Art. 3 VO 1/2003 58
– IPR **Grundlagen** 1506, 1531
Äquivalenztest Art. 4 Vertikal-GVO 194
ARA-Fall Art. 102 AEUV 870; **Art. 7 VO 1/2003** 19
Arbeitgeberbegriff Grundlagen 1333
Arbeitgeberverband Grundlagen 1333
Arbeitnehmer
– Arbeitnehmerschützende Vergabekriterien **Grundlagen** 1344
– Begriff **Grundlagen** 1332

4005

Sachverzeichnis

fette Zahl = Gesetz und Paragraf

- grenzüberschreitende Tätigkeit **Art. 101 AEUV** 791
- Unternehmensbegriff **Art. 101 AEUV** 53
- Verbraucherbegriff **Art. 101 AEUV** 1130

Arbeitnehmerähnliche Personen Grundlagen 1316

Arbeitnehmerfreizügigkeit Grundlagen 737 f., 751 ff.

Arbeitnehmervereinigung Grundlagen 1297 f.

Arbeitnehmervertreter
- Kontrollerwerb **Art. 3 FKVO** 74

Arbeitsbedingungen
- Tarifverträge **Grundlagen** 1301

Arbeitsentgelt Grundlagen 1304, 1341
- EFTA-Gerichtshof **Grundlagen** 1326

Arbeitsgemeinschaften Art. 101 AEUV 216
- Handelsbeeinträchtigung **Art. 101 AEUV** 862
- Kontrollerwerb **Art. 3 FKVO** 53

Arbeitsgemeinschaftsgedanke Art. 101 AEUV 216 ff., 219 ff.
- Bietergemeinschaften **Art. 101 AEUV** 433 ff.
- Einkaufskooperationen **Art. 101 AEUV** 423
- FuE-Kooperation **Art. 101 AEUV** 393 f-
- Horizontalvereinbarung **Art. 101 AEUV** 306 ff.
- Produktionsvereinbarungen **Art. 101 AEUV** 412
- Vermarktungsvereinbarungen **Art. 101 AEUV** 428
- Versicherungswirtschaft, Ad-hoc-Mitversicherungen **SB Versicherungswirtschaft** 64
- Versicherungswirtschaft, Mitversicherungsgemeinschaft **SB Versicherungswirtschaft** 52 ff.
- Versicherungswirtschaft, Schadenteilungsabkommen **SB Versicherungswirtschaft** 160

Arbeitsgruppe Fusionskontrolle Einl. FKVO 115 ff.

Arbeitskampfmittel Grundlagen 1327 f.

Arbeitslosenversicherung Grundlagen 1368

Arbeitsmarkt
- Wettbewerbsbeschränkungen **Grundlagen** 1295

Arbeitspapier Wettbewerbsbeschränkungen Einl. TT-GVO 58

Arbeitsrecht
- Tarifverträge **Grundlagen** 1288
- Verhältnis zum Vergaberecht **Grundlagen** 1343 ff.
- Verhältnis zum Wettbewerbsrecht **Grundlagen** 1288 ff.

Arbeitssicherheit
- EFTA-Gerichtshof **Grundlagen** 1326

Arbeitssprache
- Unionsgerichte **Rechtsschutz** 106

Arbeitstage Art. 10 FKVO 20

Arbeitsvermittlung Grundlagen 1351 f.
- Daseinsvorsorge **Art. 106 AEUV** 102

Arbeitszeiten Grundlagen 1306, 1330
- EFTA-Gerichtshof **Grundlagen** 1326

Arbitragegeschäfte
- Preisdiskriminierung **Grundlagen** 599

Areeda/Turner-Fall Art. 102 AEUV 702

Areeda-Turner Regel Grundlagen 626

ARegV Grundlagen 1042

Arglistige Herbeiführung
- Widerruf **Art. 6 FKVO** 55

Argon Art. 102 AEUV 182

Armenien Grundlagen 1804 ff.

Art. 346 AEUV Art. 21 FKVO 41 ff.

Arzneimittel Grundlagen 1358
- Marktabgrenzung **Art. 102 AEUV** 139 f.; **Art. 2 FKVO** 51

- Nichtangriffsvereinbarungen **Grundlagen** 1233
- Patent **Grundlagen** 1155
- Schutzzertifikate **Art. 1 TT-GVO** 24 f.
- Umpackfälle **Grundlagen** 1080
- Umverpacken **Grundlagen** 1146

Aserbaidschan Grundlagen 1804 ff.

ASICS-Fall Art. 4 Vertikal-GVO 152 ff.

Asjes-Fall Art. 101 AEUV 624 f.

Asnef-Equifax-Fall Art. 101 AEUV 384 ff.; **SB Versicherungswirtschaft** 169

Assessment of Potential Anticompetitive Conduct in the Field of Intellectual Property Rights Einl. TT-GVO 67 ff.

Asset Deal
- Vollzugsverbot **Art. 7 FKVO** 51

asset swaps Art. 3 FKVO 98

Assoziationsausschuss Grundlagen 1774

Assoziationsrat, bilateraler Grundlagen 1774

Assoziierungsabkommen Grundlagen 1799 ff.
- Ägypten **Grundlagen** 1799 ff.
- Algerien **Grundlagen** 1799 ff.
- Chile **Grundlagen** 1846 ff.
- Israel **Grundlagen** 1799 ff.
- Jordanien **Grundlagen** 1799 ff.
- Libanon **Grundlagen** 1799 ff.
- Marokko **Grundlagen** 1799 ff.
- Mittelmehranrainer **Grundlagen** 1799 ff.
- Palästinensische Behörde **Grundlagen** 1799 ff.
- Syrien **Grundlagen** 1799 ff.
- Tunesien **Grundlagen** 1799 ff.
- Türkei **Grundlagen** 1789 ff., 1799 ff.

Astra-GU Art. 101 AEUV 746

AstraZeneca-Fall Art. 102 AEUV 281, 300, 798; **Grundlagen** 1251, 1271

ATC Art. 102 AEUV 139 f., 676

Atlantic Container Linie-Entscheidung Art. 102 AEUV 215

Atlantic Richfield-Fall Art. 7 FKVO 87 ff., 87

Atlas-Fall Art. 102 AEUV 644

ATLAS-Fall Art. 102 AEUV 783

Audience Network Art. 101 AEUV 77

Audio-visuelle Erzeugnisse Art. 1 Vertikal-GVO 67

Aufdeckung eines Kartells Leniency-Bekanntmachung 44

Aufdeckungswahrscheinlichkeit Art. 23 VO 1/2003 11

Aufenthaltskosten
- Gerichtsverfahren **Rechtsschutz** 228 ff.

Auffangtatbestand Art. 101 AEUV 151

Auffangvorschrift
- Zuständigkeit, Kommission **Art. 105 AEUV** 2 ff.
- Zuständigkeitsverteilung **Art. 104 AEUV** 1

Aufforderung zum Tätigwerden Rechtsschutz 514 ff.

Aufforderungen Art. 101 AEUV 120

Aufführungsrecht Grundlagen 1161, 1168 ff.

Aufgreifbefugnis
- Kommission **Art. 11 VO 1/2003** 121 ff.

Aufgreifkriterien
- Internationales Wettbewerbsrecht **Grundlagen** 1490

Aufgreifschwellen
- allgemeine **Art. 1 FKVO** 25
- Alternativmodelle **Art. 1 FKVO** 45
- Bagatellschwelle **Art. 1 FKVO** 29 ff.

magere Zahl = Randnummer

Sachverzeichnis

– innerstaatliche **Art. 22 FKVO** 3
– Kritik **Art. 1 FKVO** 41 ff.
– Prüfungsschema **Art. 1 FKVO** 24 ff., 39
– spezielle **Art. 1 FKVO** 34
– Zwei-Drittel-Regel **Art. 1 FKVO** 31

Aufgreifverfahren
– fakultatives **Einl. FKVO** 98

Aufhebung
– Entscheidungen **Rechtsschutz** 350, 482
– Kommissionsentscheidung **Rechtsschutz** 216

Auflagen
– Fusionskontrolle **Art. 8 FKVO** 91 ff.
– Fusionskontrolle, Zwangsgeld **Art. 15 FKVO** 7
– Internationales Wettbewerbsrecht **Grundlagen** 1460, 1504
– Ökonomie **Grundlagen** 702 f.
– Teilfunktions-GU **Art. 101 AEUV** 751
– Torwächteraussetzung **Art. 10 DMA** 26; **Art. 9 DMA** 25
– Vollfunktions-GU, mit gemeinschaftsweit **Art. 101 AEUV** 671 f.
– Vollfunktions-GU, nicht gemeinschaftsweit **Art. 101 AEUV** 736

Auflösende Bedingung
– Internationales Wettbewerbsrecht **Grundlagen** 1504

Aufmerksamkeitsplattformen Art. 102 AEUV 257

Aufschiebende Bedingung
– Internationales Wettbewerbsrecht **Grundlagen** 1504
– Umsatzberechnung, nachträgliche Berücksichtigung von **Art. 5 FKVO** 30

Aufschlag
– Geldbuße **Art. 23 VO 1/2003** 179

Aufsichtsrechtliche Maßnahmen
– Fusionskontrolle, Versicherungswirtschaft **SB-Versicherungswirtschaft** 285 ff.

Aufsichtsregeln
– Fusionskontrolle, Zuständigkeit **Art. 21 FKVO** 54

Aufteilung der Versorgungsquellen Art. 101 AEUV 340 ff.

Auftragsforschung Art. 1 FuE-GVO 33 f.; **Art. 3 FuE-GVO** 8

Auftragsvergabe
– Fusionskontrolle, Horizontale Zusammenschlüsse **Art. 2 FKVO** 357

Aufwendungen
– notwendige, Gerichtsverfahren **Rechtsschutz** 228 ff.

Aufzeichnungsbefugnis
– Digital Markets Act **Art. 22 DMA** 1 ff.
– Digital Markets Act, Sanktionen **Art. 22 DMA** 14
– Kartellverfahren **Art. 19 VO 1/2003** 7

Aufzeichnungspflicht
– Digital Markets Act **Art. 22 DMA** 11

Ausbeutungserfolg Art. 102 AEUV 315

Ausbeutungsmissbrauch Grundlagen 1038
– Anfechtbarkeit **Art. 102 AEUV** 882
– Bündelungspraktiken **Art. 102 AEUV** 456
– Fusionsfolge **Art. 102 AEUV** 56
– Kausalität **Art. 102 AEUV** 292
– Konkurrenzen **Art. 102 AEUV** 837 ff.
– Kopplungspraktiken **Art. 102 AEUV** 453
– Marktbeherrschung, kollektive **Art. 102 AEUV** 233

– Nichtigkeit **Art. 102 AEUV** 878 ff.
– Ökonomie **Grundlagen** 591 ff.
– Ökonomie, Preisdiskriminierung **Grundlagen** 596 ff.
– Ökonomie, Preise **Grundlagen** 594 ff.
– Preismissbrauch **Art. 102 AEUV** 352 ff.
– Tarifverträge **Grundlagen** 1341
– Verhinderung der Erzeugung neuen Produkts **Art. 102 AEUV** 350
– Vorteilsausgleichung **Art. 102 AEUV** 905
– Wirkung des Missbrauchs **Art. 102 AEUV** 315
– Zwischenstaatlichkeitsklausel **Art. 102 AEUV** 864 ff., 868

Ausbeutungsschutz
– Marktmissbrauchschutzzweck **Art. 102 AEUV** 6

Ausfallhaftung Art. 30 DMA 14
– Unternehmensvereinigungen **Art. 23 VO 1/2003** 72 ff.

Ausführungsverträge
– Nichtigkeit nach Art. 101 Abs. 2 AEUV **Art. 101 AEUV** 904 ff.

Ausfuhrverpflichtungen Art. 101 AEUV 532
– Internationales Wettbewerbsrecht **Grundlagen** 1441 f.

Ausgetauschte Parameter
– Faktoranalyse **Art. 101 AEUV** 369

Ausgleichsfaktoren Art. 2 FKVO 144, 150 ff.
– Horizontale Zusammenschlüsse **Art. 2 FKVO** 267 ff.
– Konglomerate Zusammenschlüsse **Art. 2 FKVO** 487
– Vertikale Zusammenschlüsse **Art. 2 FKVO** 386, 423

Ausgleichszahlungen
– Lieferverweigerung **Art. 102 AEUV** 580

Aushilfsmusiker Grundlagen 1300

Auskunftspflicht
– Auskunftsverweigerungsrechte **Art. 11 FKVO** 30
– Fusionskontrolle **Art. 11 FKVO** 6 ff.
– Fusionskontrolle, Bevollmächtigte **Art. 11 FKVO** 14
– Fusionskontrolle, Inhaber **Art. 11 FKVO** 14
– Fusionskontrolle, Vertreter **Art. 11 FKVO** 14
– Geschäftsgeheimnisse **Art. 11 FKVO** 29
– Mitgliedsstaaten **Art. 18 VO 1/2003** 5
– Nationale Behörden **Art. 18 VO 1/2003** 5
– Umfang **Art. 11 FKVO** 25 ff.

Auskunftsverlangen Art. 24 VO 1/2003 15; **Art. 6 FKVO** 6 f.
– Adressaten **Art. 11 FKVO** 6 ff.
– Auskunftsentscheidung **Art. 18 VO 1/2003** 16 ff.
– Auskunftsverweigerungsrechte **Art. 18 VO 1/2003** 27
– Begründungspflicht **Art. 18 VO 1/2003** 21
– einfaches **Art. 18 VO 1/2003** 11 ff.; **Art. 11 FKVO** 15
– formelles **Art. 11 FKVO** 20 ff.
– formelles, Zuständigkeit **Einl. FKVO** 194
– Fusionskontrolle, vor Anmeldung **Art. 4 FKVO** 28
– Fusionskontrolle, Zwangsgeld **Art. 15 FKVO** 6
– Geldbußen **Art. 14 FKVO** 12 ff.
– Gerichtsverfahren **Rechtsschutz** 164
– informelle **Leniency-Bekanntmachung** 18
– Kartellverfahren **Art. 18 VO 1/2003** 1 ff.

Sachverzeichnis

fette Zahl = Gesetz und Paragraf

- Kartellverfahren, Umfang **Art. 18 VO 1/2003** 6 ff.
- Kartellverfahren, Verpflichtete **Art. 18 VO 1/2003** 3
- Online-Plattformen **Art. 21 DMA** 1 ff.
- Rechtsschutz **Art. 18 VO 1/2003** 30
- Rechtsschutz, Nichtigkeitsklage **Rechtsschutz** 341, 400
- Völkerrecht **Grundlagen** 1415

Auskunftsverlangen (national)
- Mitteilungspflicht, Kommission (an) **Art. 11 VO 1/2003** 31 ff.

Auskunftsverweigerungsrecht Art. 18 VO 1/2003 27; **Vor Art. 17–22 VO 1/2003** 11; **Art. 11 FKVO** 30
- Informationsaustausch, Behörden **Art. 12 VO 1/2003** 42
- Online-Plattformen **Art. 21 DMA** 27

Ausländische Unternehmen Art. 101 AEUV 22 ff.
Auslandsroaming-Diensten Art. 102 AEUV 379
Auslandszusammenschlüsse Grundlagen 1503 ff.
Auslegung
- dynamische **Rechtsschutz** 43 ff.
- Gruppenfreistellungsverordnungen **Art. 101 AEUV** 1215 ff.
- Kernbeschränkungen **Art. 4 Vertikal-GVO** 11 ff.
- Urteil **Rechtsschutz** 246

Auslegungsmethoden
- Überblick **Rechtsschutz** 41 ff.

Auslegungsspielraum
- Gruppenfreistellungsverordnungen **Art. 101 AEUV** 1220 ff.

Ausleseprozess Art. 102 AEUV 214
Ausnahmebereiche s. *Bereichsausnahmen*
Ausnahmen vom Vollzugsverbot Einl. FKVO 181 ff.
Ausnahmevorschrift
- Art. 101 Abs. 3 AEUV **Art. 101 AEUV** 1010

Ausnutzen
- Streichung des Tatbestandsmerkmals **Art. 102 AEUV** 282

Ausplünderungseffekt Art. 102 AEUV 453
Ausschließliche Lizenz Grundlagen 1207 f.; **Art. 101 AEUV** 530; **Einl. TT-GVO** 9 f.
- befristete **Grundlagen** 1286
- Exklusivlizenz **Art. 1 TT-GVO** 113 ff.
- Freistellung, TT-GVO **Art. 4 TT-GVO** 27 ff.
- Marktmissbrauch **Grundlagen** 1252
- räumlich **Art. 4 TT-GVO** 29 ff.
- sachlich **Art. 4 TT-GVO** 29 ff.
- Zusammenschlusskontrolle **Grundlagen** 1281

Ausschließlichkeitsbindung Art. 102 AEUV 594 ff.
- Freistellung, Einzel- **Art. 101 AEUV** 1094, 1102
- Versicherungsvertreter **SB Versicherungswirtschaft** 132

Ausschließlichkeitsprinzip Art. 9 FKVO 1 ff.
Ausschließlichkeitsrabatte Art. 102 AEUV 602
Ausschließlichkeitsrecht Grundlagen 1089, 1189
Ausschließlichkeitsvereinbarung SB Versicherungswirtschaft 208
- Fusionskontrolle, Verpflichtungszusagen **Art. 8 FKVO** 68
- Ökonomie **Grundlagen** 568 ff.
- Verwertungsgesellschaften **Grundlagen** 1237

Ausschlussabsicht Art. 102 AEUV 341 ff.
Ausschlussbestimmungen
- Fusionskontrolle, Vereinfachtes Verfahren **Art. 4 FKVO** 60

Ausschlussgrund
- absoluter **Rechtsschutz** 193
- relativer **Rechtsschutz** 194

Ausschreibung
- offene **Art. 2 FKVO** 358

Ausschreibungsergebnisse Art. 2 FKVO 277
Ausschreibungsmärkte Art. 2 FKVO 87, 287
- Marktanteilsberechnung **Art. 2 FKVO** 97 ff.

Ausschuss
- Digital Markets Act, Kompetenzen **Art. 50 DMA** 1 ff.

Ausschuss sui generis Art. 14 VO 1/2003 2
Außenwettbewerb Art. 102 AEUV 215
Außervertragliches Schuldverhältnis
- IPR **Grundlagen** 1511, 1516 ff.

Außerwettbewerbliche Ziele Einl. FKVO 77 ff.
Aussetzung
- Gerichtsverfahren **Grundlagen** 1663 ff.
- Torwächterverpflichtungen **Art. 9 DMA** 1 ff.

Aussetzung des Verfahrens
- Derselbe Fall **Art. 13 VO 1/2003** 12 ff., 25 ff.
- Gemeinschaftsinteresse (fehlendes) **Art. 13 VO 1/2003** 1 ff.
- Gemeinschaftsinteresse (fehlendes), Rechtsschutz **Art. 13 VO 1/2003** 9 ff.
- Gemeinschaftsinteresse (fehlendes), Verfahren **Art. 13 VO 1/2003** 4
- Gerichtsverfahren **Rechtsschutz** 283 ff.
- VO Nr. 773/2004 **Art. 13 VO 1/2003** 8

Aussetzung des Verfahrens (national)
- Beabsichtigte Kommissionsentscheidung **Art. 16 VO 1/2003** 15

Ausslandssachverhalt
- Regelungskompetenz von **Grundlagen** 1724

Ausspannungsverbote
- Versicherungswirtschaft **SB Versicherungswirtschaft** 28

Austausch von Geschäftsinformation Art. 101 AEUV 167 ff.
Austauschbarkeit
- Bedarfsmarktkonzept **Art. 102 AEUV** 99 ff., 105, 111 ff.
- Marktabgrenzung **Art. 102 AEUV** 89

Austrian Economics Grundlagen 111 f.
Austrittsabkommen Grundlagen 1822 ff.
Austrittsgelder Art. 101 AEUV 241
Auswahlfreiheit
- Abnehmer **Art. 102 AEUV** 594
- Endverbraucher **Art. 102 AEUV** 594
- Kopplungsgeschäft **Art. 102 AEUV** 617

Auswirkungen
- Handelsbeeinträchtigung **Art. 101 AEUV** 813 ff.
- mittelbare **Art. 101 AEUV** 815 f.
- potenzielle **Art. 101 AEUV** 819
- tatsächliche **Art. 101 AEUV** 819
- unmittelbare **Art. 101 AEUV** 814

Auswirkungsprinzip Art. 1 FKVO 59; **Grundlagen** 1382 ff.
- Begrenzung der Inanspruchnahme **Grundlagen** 1401 ff.
- Deutschland **Grundlagen** 1469
- Fusionskontrolle **Grundlagen** 1450 ff.

magere Zahl = Randnummer

Sachverzeichnis

– Grenzen **Grundlagen** 726 ff.
– Passives Personalitätsprinzip **Grundlagen** 1419
– qualifiziertes **Grundlagen** 1394 ff., 1426 ff.
– Rechtsmissbrauch **Grundlagen** 1406 ff.
– Rom II-VO **Grundlagen** 1525 f.
– Völkerrecht **Grundlagen** 1388 ff.
– weltweite Verbreitung **Grundlagen** 1386 f.
Auswirkungsstaat Grundlagen 1384
Auszüge Art. 20 VO 1/2003 11
Authentizitätsnachweis
– Beweismittel **Art. 12 VO 1/2003** 39
Autobahnnetzwerk
– Fusionskontrolle, Zuständigkeit **Art. 21 FKVO** 70
Autohändler Art. 101 AEUV 55, 267, 270
Automatisierte Verarbeitung Art. 15 DMA 12
Automec II-Fall Art. 7 VO 1/2003 17
Automec-Fall Art. 9 VO 1/2003 22
Automobilindustrie
– Nachfragemacht **Art. 2 FKVO** 158
Autonom handelnde Einheit Art. 101 AEUV 48
Autonomer Wettbewerb
– Immaterialgüterrecht **Grundlagen** 1189
Autorenrechte
– Akteneinsicht **Art. 27 VO 1/2003** 26
AVC Art. 102 AEUV 676
AVC-Test Art. 102 AEUV 645
average avoidable costs (AAC) Art. 102 AEUV 343, 676
average incremental cost Grundlagen 627
average total costs (ATC) Art. 102 AEUV 676, 702
average variable costs (AVC) Art. 102 AEUV 676, 702, 711
Averch-Johnson Effekt Grundlagen 683
Averse Selection SB Versicherungswirtschaft 2, 29
Avesta II-Fall Art. 3 FKVO 82; **Art. 7 FKVO** 25 ff.
AXA/GRE-Fusion SB-Versicherungswirtschaft 283
AZK Grundlagen 1835 ff.

B

B2C-Marktplätze
– Marktabgrenzung **Art. 101 AEUV** 621
Bagatellgrenze
– Datennutzungsverbot **Art. 6 DMA** 64
– Fusionskontrolle **Art. 1 FKVO** 29 ff.
– Vertikalvereinbarungen **Art. 101 AEUV** 502
– Wettbewerbsbeschränkungen **Art. 101 AEUV** 284 ff.
Bagatellklausel
– Handelsbeeinträchtigung **Art. 101 AEUV** 822 ff.
Bagatellmarktschwelle
– Internationales Wettbewerbsrecht **Grundlagen** 1491
Bagatellvorbehalt s. *Bagatellgrenze*
Bagnasco-Fall Art. 101 AEUV 793 ff.
Bahnwirtschaft Grundlagen 664
Bake-off Fall Grundlagen 777
Ball/Rexam-Fall Art. 2 FKVO 63
Bananen Art. 101 AEUV 567
Bananensektor SB Landwirtschaft 410
Bankdienstleistungen Art. 101 AEUV 616
– Daseinsvorsorge **Art. 106 AEUV** 103

Bankenklausel
– Versicherungswirtschaft **SB Versicherungswirtschaft** 223 f.
– Zusammenschluss **Art. 3 FKVO** 173
Bankensektor Art. 101 AEUV 159; **Art. 102 AEUV** 163 ff.; s. auch *Kreditinstitute*
– öffentlich-rechtlicher **Art. 106 AEUV** 90
Bannerwerbung Art. 4 Vertikal-GVO 156
Barcelona-Prozess Grundlagen 1799 ff.
BASF/Ciba-Fall Art. 2 FKVO 126, 252
BASF/Solvay Art. 2 FKVO 88
Basing-Point Pricing
– Kartelltheorie **Grundlagen** 337
BAT und Reynolds-Fall Art. 102 AEUV 828
Bausteine für wirksame Anti-Kartellregelungen Grundlagen 1766
Bauteile
– Begriff **Art. 1 Kfz-GVO** 3
Bauteilehersteller (OES)
– Ausrüstungsverkauf **Art. 5 Kfz-GVO** 8 ff.
– Firmenzeichen, **Art. 5 Kfz-GVO** 17 f.
– Warenzeichen **Art. 5 Kfz-GVO** 17 f.
Bauteileklausel Art. 4 Vertikal-GVO 216 ff.
– Freistellung, Vertikal-GVO **Art. 4 Vertikal-GVO** 96
Bauwirtschaft Art. 101 AEUV 306
Bayer/Adalat-Fall Art. 101 AEUV 112 ff., 120; **Art. 1 Vertikal-GVO** 7 ff.
Bayer/Süllhöfer-Fall Grundlagen 1082, 1229; **Einl. TT-GVO** 29
Bayer/Tanabe-Fall Art. 102 AEUV 798 ff.
Bayer-Entscheidung Art. 3 VO 1/2003 101
BBC Digital Curriculum-Fall Art. 106 AEUV 155
BBI/Boosey&Hawkes-Fall Art. 102 AEUV 332, 463 ff., 592
Beabsichtigte Entscheidung Art. 16 VO 1/2003 13 f.
Beantwortungspflicht Art. 18 VO 1/2003 22; **Art. 21 DMA** 19 ff.
Beauftragte Dritte Art. 6 DMA 194, 211
Bedarfsdisponent
– Bedarfsmarktkonzept **Art. 102 AEUV** 102 ff.
Bedarfsmarktkonzept Art. 102 AEUV 90, 99 ff.; **Art. 1 TT-GVO** 92; **Grundlagen** 241 ff.
– Angebotsmarkt, Nachfragerverhalten **Art. 102 AEUV** 101 ff.
– Angebotsmarkt, Produkteigenschaften **Art. 102 AEUV** 100 ff.
– Angebotsmarkt, Verwendungszwecke der Güter **Art. 102 AEUV** 104
– Angebotssubstitution **Art. 102 AEUV** 111 ff.
– Anwendungsbereich, Angebotsmarkt **Art. 102 AEUV** 99 ff.
– Anwendungsbereich, Räumlicher Markt **Art. 102 AEUV** 116
– Bedarfsdisponent **Art. 102 AEUV** 102 ff.
– Immaterialgüterrecht **Grundlagen** 1243 ff.
– Marktgegenseite **Art. 102 AEUV** 102 ff.
– Nachfragesubstitution **Art. 102 AEUV** 105 ff.
– Produktgruppen **Art. 102 AEUV** 107 ff.
– Systemmärkte **Art. 102 AEUV** 106
– Teilmärkte **Art. 102 AEUV** 109
– Versicherungswirtschaft **SB Versicherungswirtschaft** 226 ff.
– Verweisungsverfahren **Art. 9 FKVO** 41

4009

Sachverzeichnis

fette Zahl = Gesetz und Paragraf

Bedenken, ernsthafte Art. 6 FKVO 18
- keine **Art. 6 FKVO** 27 ff.

Bedingungen
- Fusionskontrolle **Art. 8 FKVO** 91
- Teilfunktions-GU **Art. 101 AEUV** 751
- Torwächteraussetzung **Art. 10 DMA** 26; **Art. 9 DMA** 25
- Vollfunktions-GU, mit gemeinschaftsweit **Art. 101 AEUV** 671 f.
- Vollfunktions-GU, nicht gemeinschaftsweit **Art. 101 AEUV** 736

Beendigung der Beteiligung am Kartell Leniency-Bekanntmachung 22

Befangenheit
- Unionsgerichte **Rechtsschutz** 193 ff.

Beförderungsbedingungen SB Verkehr 311 f.

Beförderungsentgelte SB Verkehr 311 f.

Beförderungsleistung
- Rationalisierung (Seeverkehr) **SB Verkehr** 337 ff.

Befragung (national)
- Mitteilungspflicht, Kommission (an) **Art. 11 VO 1/2003** 31 ff.

Befragungsbefugnis Art. 19 VO 1/2003 1 ff.; **Art. 11 FKVO** 3 ff., 31
- Verfahren **Art. 19 VO 1/2003** 5
- Digital Markets Act **Art. 22 DMA** 1 ff.
- Digital Markets Act, Sanktionen **Art. 22 DMA** 14
- Zustimmung **Art. 19 VO 1/2003** 4

Befreiung
- Fusionskontrolle **Art. 4 FKVO** 76
- Fusionskontrolle, Vollzugsverbot **Art. 18 FKVO** 30; **Art. 20 FKVO** 5
- Torwächterverpflichtungen **Art. 10 DMA** 1 ff.
- Vollzugsverbot **Art. 7 FKVO** 99 ff.
- Zusammenschlüsse, Verweisung **Art. 4 FKVO** 116

Befreiungsbeschluss
- Torwächterverpflichtungen **Art. 10 DMA** 5 ff.

Beggar my Neighbour-Politik Grundlagen 728; 1421

Begleitabsprachen Art. 101 AEUV 225 ff.

Begründeter Zweifel
- Fusionskontrolle **Art. 2 FKVO** 514
- Geldbuße **Art. 30 DMA** 20

Begründungserfordernis Vor Art. 7 VO 1/2003 10; **Grundlagen** 922 f.
- Verweisungsentscheidung **Art. 9 FKVO** 113
- Zusagenentscheidungen **Art. 9 VO 1/2003** 54 ff.

Begründungsmängel Art. 2 FKVO 505 ff.; **Rechtsschutz** 78
- Rechtsmittelverfahren **Rechtsschutz** 637

Begründungspflicht Art. 8 DMA 51; **Vor Art. 7 ff. VO 1/2003** 10 ff.; **Art. 27 VO 1/2003** 45; **Art. 2 FKVO** 11, 42
- Gerichtsverfahren **Rechtsschutz** 78
- gesteigerte **Art. 101** 1046

BEH Electricity-Fall Art. 9 VO 1/2003 41

Behavioural Economics Grundlagen 126 ff.

Beherrschende Stellung s. *Marktbeherrschung*
- gemeinsame **Art. 102 AEUV** 33 f.
- Immaterialgüterrecht **Grundlagen** 1242 ff.
- Produktmärkte **Grundlagen** 1243 ff.
- Technologiemärkte **Grundlagen** 1243 ff.

Beherrschungsvertrag
- Kontrollerwerb **Art. 3 FKVO** 61

Behilferecht
- Amtshaftungsklage **Rechtsschutz** 537

- Beteiligtenrechte **Rechtsschutz** 455 ff.
- Nichtigkeitsklage **Rechtsschutz** 360 ff., 377, 398, 485
- Nichtigkeitsklage, Klagebefugnis **Rechtsschutz** 426, 439 ff.
- Streithelfer **Rechtsschutz** 260 ff.
- Vorabentscheidungsverfahren **Rechtsschutz** 714

Behinderung
- Immaterialgüterrecht, Erwerb von **Grundlagen** 1252

Behinderungsabsicht Art. 102 AEUV 341 ff.

Behinderungseffekt
- Kopplungsgeschäft **Art. 102 AEUV** 618

Behinderungserfolg Art. 102 AEUV 316

Behinderungsklausel Art. 2 FKVO 29

Behinderungsmissbrauch
- Abnehmerbindung **Art. 102 AEUV** 594 ff.
- Bündelung **Art. 102 AEUV** 617 ff.
- Digital Market Act **Art. 3 DMA** 22
- Fallgruppen **Art. 102 AEUV** 458 ff.
- Geschäftsverweigerung **Art. 102 AEUV** 458 ff.
- Immaterialgüterrecht, FRAND-Einwand **Art. 102 AEUV** 800 ff.
- Immaterialgüterrecht, SEPs **Art. 102 AEUV** 800 ff.
- Kausalität **Art. 102 AEUV** 293 ff., 299 ff.
- Konkurrenzen **Art. 102 AEUV** 837 ff.
- Kopplung **Art. 102 AEUV** 617 ff.
- Lieferverweigerung, Absatzmittlerausschluss **Art. 102 AEUV** 576 ff.
- Marktbeherrschung, kollektive **Art. 102 AEUV** 234 f.
- Marktmachttransfer **Art. 102 AEUV** 347 ff.
- Marktstrukturmissbrauch **Art. 102 AEUV** 330 ff.
- Marktstrukturmissbrauch, Konzentrationsmaßnahmen **Art. 102 AEUV** 820 ff.
- Marktstrukturmissbrauch, Kooperationsmaßnahmen **Art. 102 AEUV** 820 ff.
- Nichtleistungswettbewerb **Art. 102 AEUV** 322
- Ökonomie **Grundlagen** 591 ff., 613 ff.
- Online-Plattformen **Art. 102 AEUV** 497, 653 ff.; **Art. 6 DMA** 99 ff., 208
- per se Verbote **Art. 102 AEUV** 326
- preisbezogener s. *Behinderungsmissbrauch, preisbezogener*
- Rechtsverfolgung, Antidumping-Verfahren **Art. 102 AEUV** 819
- Rechtsverfolgung, FRAND-Einwand **Art. 102 AEUV** 797 ff.
- Selbstbevorzugung **Art. 102 AEUV** 653 ff.
- Verbraucherschädigung **Art. 102 AEUV** 12
- Verhinderung der Erzeugung neuen Produkts **Art. 102 AEUV** 350 ff.
- Wirkung des Missbrauchs **Art. 102 AEUV** 312, 314 ff.
- Zugangsverweigerung zu Informationen **Art. 102 AEUV** 495 f.
- Zweck des Missbrauchs **Art. 102 AEUV** 312, 314 ff.
- Zwischenstaatlichkeitsklausel **Art. 102 AEUV** 860 ff.

Behinderungsmissbrauch, preisbezogener Art. 102 AEUV 666
- Abschreckungspotential **Art. 102 AEUV** 680
- Best-Preis-Garantien **Art. 102 AEUV** 788 ff.
- Beweislast **Art. 102 AEUV** 680 ff.

magere Zahl = Randnummer

Sachverzeichnis

- Beweismaß **Art. 102 AEUV** 680 ff.
- Bündelrabatte **Art. 102 AEUV** 735 ff.
- Diskriminierungsverbot **Art. 102 AEUV** 669
- Equally efficient competitor-Test **Art. 102 AEUV** 671 ff.
- Folgen, Effizienzgewinne **Art. 102 AEUV** 695
- Folgen, Folgeeinnahmen **Art. 102 AEUV** 696
- Folgen, Marginalisierung **Art. 102 AEUV** 698
- Kampfpreise **Art. 102 AEUV** 702
- Kampfpreisunterbietung **Art. 102 AEUV** 702
- Kostenarten **Art. 102 AEUV** 675 ff.
- Kosten-Preis-Schere **Art. 102 AEUV** 719 ff.
- Kosten-Preis-Schere, Voraussetzungen **Art. 102 AEUV** 726 ff.
- Kosten-Preis-Schere, Wettbewerbswidrige Wirkung **Art. 102 AEUV** 729 ff.
- Kosten-Preis-Vergleiche **Art. 102 AEUV** 671 ff.
- Marktabdeckung **Art. 102 AEUV** 678 f.
- meeting competition defense **Art. 102 AEUV** 700 f.
- Nachweis **Art. 102 AEUV** 688 ff.
- Nichtigkeit **Art. 102 AEUV** 889
- Niedrigpreisstrategien **Art. 102 AEUV** 666
- Preisparitätsklauseln **Art. 102 AEUV** 788 ff.
- Preissenkung, selektive **Art. 102 AEUV** 714 ff.
- Preissenkungen, defensive **Art. 102 AEUV** 699 ff.
- Preissetzung, drittbezogene relative **Art. 102 AEUV** 794 ff.
- Preissetzung, relative **Art. 102 AEUV** 788 ff.
- Quersubventionierung **Art. 102 AEUV** 718 ff.
- Rabattsysteme **Art. 102 AEUV** 735 ff.
- Reasonably efficient competitor-Test **Art. 102 AEUV** 673
- Rechtfertigung **Art. 102 AEUV** 693 ff.
- Recoupment **Art. 102 AEUV** 712 ff.
- Verdrängungsabsicht **Art. 102 AEUV** 684 ff.
- Verdränkungspotential **Art. 102 AEUV** 680
- Voraussetzungen **Art. 102 AEUV** 670

Behörden
- Begriff **Art. 104 AEUV** 9
- Vorlageberechtigung zum EuGH **Rechtsschutz** 685

Behörden der Mitgliedstaaten s. auch Nationale Behörden
- Begriff **Art. 104 AEUV** 9 ff.
- Gerichte **Art. 104 AEUV** 11 ff.
- Parallelzuständigkeiten bei **Art. 104 AEUV** **Art. 104 AEUV** 17
- Zuständigkeit **Art. 104 AEUV** 2 ff.

Behördenkontaktbehinderung Art. 5 DMA 175 ff.

Behördenkooperation, Prinzip der Einl. FKVO 115 ff.

Behördenschriftstücke
- Akteneinsicht **Art. 27 VO 1/2003** 19

Beibringungsgrundsatz Art. 101 AEUV 908; **Art. 15 VO 1/2003** 25 f.

Beihilfe
- Begründungserfordernis **Rechtsschutz** 81
- Brexit **Grundlagen** 1583
- EU-Beitrittsprozess **Grundlagen** 1782 ff.
- Fusionskontrolle **Einl. FKVO** 131 ff.
- Gerichte **Rechtsschutz** 28 ff., 40 ff.
- Grundfreiheiten **Grundlagen** 806
- Umsatzberechnung **Art. 5 FKVO** 8

- Vertragsverletzungsverfahren **Rechtsschutz** 53; s. Vertragsverletzungsverfahren, Beihilferecht

Beihilfenaufsicht Grundlagen 780 ff.

Beipackzettel
- Umverpacken **Grundlagen** 1150

Beispielskatalog
- Bezweckte Horizontalbeschränkungen **Art. 101 AEUV** 325

Beitritt
- Beschwerdeverfahren **Art. 7 VO 1/2003** 44 ff.

Bekanntgabe
- Nichtigkeitsklage **Rechtsschutz** 490
- Verjährungsunterbrechung **Art. 25 VO 1/2003** 17

Bekanntmachung
- Abgrenzungs- **Art. 101 AEUV** 611
- Auslegung GVO **Art. 101 AEUV** 1218
- Beurteilung kooperativer Gemeinschaftsunternehmen 1993 **Art. 101 AEUV** 612
- Bindungswirkung **Art. 3 VO 1/2003** 82 f.
- De minimis-, Handelsbeeinträchtigung **Art. 101 AEUV** 829
- De minimis-, Minderheitseinfluss **Art. 101 AEUV** 753
- De minimis-, Vertikalvereinbarungen **Art. 101 AEUV** 487, 502
- Definition des relevanten Markts **Art. 101 AEUV** 621
- De-minimis- **Art. 101 AEUV** 282, 284 ff., 293 ff.; **Grundlagen** 1699
- De-minimis-, Mitversicherungsgemeinschaft **SB Versicherungswirtschaft** 62
- De-minimis-, Vollfunktions-GU **Art. 101 AEUV** 660
- Informelle Orientierungshilfen (Beratungsschreiben) **Art. 101 AEUV** 1057
- Kommission **Art. 4 VO 1/2003** 4; **Grundlagen** 1610 ff.
- Nebenabreden **Art. 101 AEUV** 604
- Nebenabreden, Vollfunktions-GU **Art. 101 AEUV** 706
- öffentliche **Art. 101 AEUV** 354 f.
- Zulieferverträge **Art. 5 Kfz-GVO** 14
- Zusammenarbeit Wettbewerbsbehörden **Art. 14 VO 1/2003** 21
- Zusammenarbeit zwischen der Kommission und den Gerichten der EU-Mitgliedstaaten **Rechtsschutz** 39
- Zusammenarbeit zwischen der Kommission und den Gerichten der EU-Mitgliedstaaten bei der Anwendung der Art. 81 und 82 des Vertrags **Art. 15 VO 1/2003** 48
- Zusammenarbeit zwischen der Kommission und den Gerichten der EU-Mitgliedstaaten bei der Anwendung der Art. 81 und 82 des Vertrags **Art. 15 VO 1/2003** 5

Beklagter Rechtsschutz 316 ff.

Bekleidung Art. 101 AEUV 616

Belehrungspflicht
- Digital Markets Act **Art. 22 DMA** 8

Belgien
- Fusionskontrolle **Anh. FKVO** 5 ff.
- Gemeinschaftsunternehmen **Art. 3 VO 1/2003** 40
- Wettbewerbspolitik **Grundlagen** 59

Belieferungsanspruch
- EU-rechtliche Vorgaben **Art. 101 AEUV** 917 ff.
- Marktmissbrauch **Art. 102 AEUV** 904

4011

Sachverzeichnis

fette Zahl = Gesetz und Paragraf

Belieferungspflichten
- Gemeinschaftsunternehmen **Art. 101 AEUV** 605

Belieferungsverbot
- Vertikalvereinbarungen **Art. 101 AEUV** 507

Belieferungszwang Grundlagen 1160

Bemessungskriterien
- Geldbußen **Art. 14 FKVO** 31

Benachbarte Märkte
- Vollfunktions-GU, mit gemeinschaftsweit **Art. 101 AEUV** 616 ff., 656
- Vollfunktions-GU, nicht gemeinschaftsweit **Art. 101 AEUV** 715

Benachteiligung im Wettbewerb
- Diskriminierung von Handelspartnern **Art. 102 AEUV** 447 ff.

Benchmark
- Veräußerungszusage **Art. 8 FKVO** 45

Benchmarking Art. 102 AEUV 384; **SB Versicherungswirtschaft** 111
- Preiskorrelationsanalyse **Grundlagen** 285
- Versicherungswirtschaft **SB Versicherungswirtschaft** 118 ff.

Benennung
- Torwächter **Art. 2 DMA** 6 f.
- Torwächter, Beschluss **Art. 3 DMA** 106 ff.
- Torwächter, Einzelfallprüfung **Art. 3 DMA** 88 ff.
- Torwächter, Einzelfallprüfung, absehbare Entwicklung **Art. 3 DMA** 100 ff.
- Torwächter, Kompetenz zur **Art. 3 DMA** 65 ff.
- Torwächter, Regelfall **Art. 3 DMA** 65 ff.
- Torwächter, Überblick **Art. 3 DMA** 1 ff.
- Torwächter, Verhältnis zum Wettbewerbsrecht **Art. 3 DMA** 70 ff.

Benetton-Rechtsprechung Grundlagen 879

Beobachtungsstelle für Online-Plattformwirtschaft Einl. DMA 2

Beratenden Ausschuss für die Kontrolle von Unternehmenszusammenschlüssen
- Abgrenzung **Art. 14 VO 1/2003** 20

Beratender Ausschuss
- Fusionskontrolle **Einl. FKVO** 175

Beratender Ausschuss für die Kontrolle von Unternehmenszusammenschlüssen Einl. FKVO 116
- Beteiligung **Art. 19 FKVO** 22 ff.
- Durchführungsbestimmungen **Art. 23 FKVO** 1
- EFTA-Überwachungsbehörde **Art. 19 FKVO** 38
- Stellungnahme, Mitteilung **Art. 19 FKVO** 28
- Verfahren **Art. 19 FKVO** 23 ff.
- Zusammensetzung **Art. 19 FKVO** 21 ff.

Beratender Ausschuss für digitale Märkte Art. 50 DMA 1 ff.

Beratender Ausschuss für Kartell- und Monopolfragen Art. 14 VO 1/2003 1 ff., 1; **Grundlagen** 1659
- Abgrenzung **Art. 14 VO 1/2003** 20
- Anhörung, Geldbußen **Art. 23 VO 1/2003** 28
- Anhörung, Zwangsgeld **Art. 24 VO 1/2003** 30
- Aufgaben **Art. 14 VO 1/2003** 7 ff.
- Aufgaben, weitere **Art. 14 VO 1/2003** 4
- Bekanntmachung Zusammenarbeit Wettbewerbsbehörden **Art. 14 VO 1/2003** 21 f.
- Empfehlungen **Art. 14 VO 1/2003** 50
- Entstehungsgeschichte **Art. 14 VO 1/2003** 5
- Organisation, Mitglieder **Art. 14 VO 1/2003** 13

- Organisation, Stimmberechtigung **Art. 14 VO 1/2003** 19
- Organisation, Verhinderungsvertreter **Art. 14 VO 1/2003** 18
- Rechenschaftspflicht **Art. 14 VO 1/2003** 48 f.
- Rechtsschutz **Art. 14 VO 1/2003** 51 f.
- Schriftliche Stellungnahmen **Art. 14 VO 1/2003** 43 ff.
- Verfahren **Art. 14 VO 1/2003** 22 ff.
- Verfahren, Beschlussfähigkeit **Art. 14 VO 1/2003** 38 ff.
- Verfahren, Regelverfahren **Art. 14 VO 1/2003** 22 f.
- Verfahren, Schriftliches Verfahren **Art. 14 VO 1/2003** 24 f.
- Verfahren, Stimmabgabe **Art. 14 VO 1/2003** 38
- Verfahrensergebnis **Art. 14 VO 1/2003** 42 ff.
- Vorab-Information der Mitgliedstaaten **Art. 14 VO 1/2003** 30 ff.

Beratung
- informelle **Art. 10 VO 1/2003** 40 ff.
- Unionsgerichte **Rechtsschutz** 188 ff.

Beratungsbefugnisse
- Kontrollerwerb **Art. 3 FKVO** 27

Beratungsschreiben Art. 101 AEUV 1057 ff.; **Grundlagen** 1622
- Kommission **Art. 10 VO 1/2003** 40 ff.
- Voraussetzungen **Art. 101 AEUV** 1058 ff.

Beratungsverfahren Art. 29 DMA 14

Berechnungsfaktoren
- fakultative **Art. 23 VO 1/2003** 118
- zwingende **Art. 23 VO 1/2003** 118

Berechnungsschlüssel
- Internationales Wettbewerbsrecht **Grundlagen** 1448

Berechtigte Interessen
- Beschwerde **Art. 7 VO 1/2003** 38 ff.
- Fusionskontrolle, Zuständigkeit **Art. 21 FKVO** 32 ff.
- nachträgliche Feststellungsentscheidung **Art. 7 VO 1/2003** 34

Berechtigte öffentliche Interessen
- Mitgliedstaatliche Fusionskontrolle **Einl. FKVO** 95

Bereicherungsverbot Art. 102 AEUV 903

Bereichsausnahmen Grundlagen 1555 ff.
- Arbeitnehmervereinigung **Grundlagen** 1297 f.
- Arbeitsmarkt **Grundlagen** 1295
- Digital Markets Act **Art. 1 DMA** 20
- Gruppenfreistellungen **Art. 101 AEUV** 1200
- Kollektivvereinbarungen **Art. 101 AEUV** 27 f.
- Landwirtschaft **Art. 101 AEUV** 215, 450; **Grundlagen** 1294
- Rüstungsgüter **Grundlagen** 1294
- Sozialbereich **Grundlagen** 1294 ff., 1294
- Sozialpartnervereinbarungen **Grundlagen** 1297 f.
- Tarifverträge **Art. 101 AEUV** 27 f.; **Grundlagen** 1290 ff.
- Verhältnis zum EU-Wettbewerbsrecht **Art. 3 VO 1/2003** 26 ff.
- Versicherungswirtschaft **SB Versicherungswirtschaft** 6

Berichterstatter Rechtsschutz 150 ff.
- Unionsgerichte **Rechtsschutz** 135

Berichterstattungspflicht
- Kommission (der) **Art. 35 DMA** 1; **Art. 44 VO 1/2003** 1

magere Zahl = Randnummer

Sachverzeichnis

- Torwächter **Art. 11 DMA** 1 ff.
Berichtigung
- Urteile **Rechtsschutz** 198
Berkshire Hathaway/Converium/Gaum-Entscheidung SB-Versicherungswirtschaft 269
Bertelsmann/Kirch/Premiere-Fall Art. 7 FKVO 38 ff., 74
Bertrand-Wettbewerb Grundlagen 523 f., 605
- oligopolistische Märkte **Grundlagen** 198, 206 ff.
- Faktorenanalyse **Art. 101 AEUV** 382
Berücksichtigung, Gebot der weitest möglichen Art. 19 FKVO 27
Berufliche Interessenvertretung
- Unternehmen **Art. 102 AEUV** 72
Berufsfreiheit Grundlagen 862 ff.
Berufsgeheimnis Grundlagen 925
- Digital Markets Act **Art. 36 DMA** 1 ff.
- Fusionskontrolle **Art. 17 FKVO** 14 ff.
- Fusionskontrolle, Akteneinsicht **Art. 17 FKVO** 25
- Fusionskontrolle, Anwendungsbereich **Art. 17 FKVO** 14 ff.
- Fusionskontrolle, Mitwirkungspflicht **Art. 17 FKVO** 27
- Fusionskontrolle, Verwertungsverbot **Art. 17 FKVO** 3 ff.
- Kartellveerfahren, Preisgabeverbot **Art. 28 VO 1/2003** 1 ff.
- Kartellverfahren **Art. 15 VO 1/2003** 18
Berufsgenossenschaft SB Versicherungswirtschaft 21 ff., 206
- Zwangsmitgliedschaft **Grundlagen** 1359
Berufsrentenfonds Grundlagen 1354
Berufsverbände Art. 101 AEUV 63, 125
- Verhältnis zum EU-Wettbewerbsrecht **Art. 3 VO 1/2003** 16
Berufsverbot
- Beweisverwertung, Ursprungslandprinzip **Art. 12 VO 1/2003** 84
Beschaffung
- Unternehmerische Tätigkeit **Art. 102 AEUV** 76 ff.
- Verkehrssektor **SB Verkehr** 313
Beschaffungskooperation
- Handelsbeeinträchtigung **Art. 101 AEUV** 849
Beschaffungsmarkt Art. 102 AEUV 76 ff.
- Marktabgrenzung **Art. 102 AEUV** 126 ff.; **Art. 2 FKVO** 69
Beschleunigtes Verfahren
- Direktklageverfahren **Rechtsschutz** 251
- Vorabentscheidungsverfahren **Rechtsschutz** 254
Beschleunigungsgrundsatz
- Fusionskontrolle **Art. 10 FKVO** 9 f.; **Einl. FKVO** 108 ff.
Beschluss
- Gerichtsverfahren, Offensichtlichkeit **Rechtsschutz** 211 ff.
Beschlüsse
- Daseinsvorsorge **Art. 106 AEUV** 191 ff.
- Erwerb Unternehmerischen Einflusses **Art. 101 AEUV** 526 ff.
- Informationsaustausch **Art. 101 AEUV** 352 ff.
- Landwirtschaft **SB Landwirtschaft** 382 ff.
- Nichtigkeit **Art. 101 AEUV** 874 ff.
- Rechtsdurchsetzung, private **Art. 101 AEUV** 917 ff.

- Rechtsfolgen **Art. 101 Abs. 2 AEUV** s. *Rechtsfolgen, Art. 101 Abs. 2 AEUV*
- Rechtsfolgen, Anpassungsanspruch **Art. 101 AEUV** 929 ff.
- Rechtsfolgen, Konditionsansprüche **Art. 101 AEUV** 944 ff.
- Vollfunktions-GU, mit gemeinschaftsweit **Art. 101 AEUV** 628 ff.
- Vollfunktions-GU, nicht gemeinschaftsweit **Art. 101 AEUV** 701 ff.
- von Unternehmensvereinigungen s. *Beschlüsse von Unternehmensvereinigungen*
- Vorabentscheidungsverfahren **Rechtsschutz** 731
Beschlüsse von Unternehmensvereinigungen Art. 101 AEUV 137 ff.
- Rechtfertigung **Art. 101 AEUV** 148
- Tatbestandsvoraussetzungen **Art. 101 AEUV** 141 ff.
- Tätigkeitsdelikt **Art. 101 AEUV** 152
- Übersicht **Art. 101 AEUV** 80
- Verbandsbeschluss **Art. 101 AEUV** 149 ff.
- Verbindlichkeit **Art. 101 AEUV** 146 ff.
Beschlussveröffentlichung
- Digital Markets Act **Art. 44 DMA** 1 ff.
Beschränkbarer Wettbewerb Art. 101 AEUV 211 ff.
Beschränkungsverbot
- Arbeitnehmerschutznormen **Grundlagen** 1346
- Auslegung des EuGH **Grundlagen** 753
Beschuldigungsschreiben (national)
- Mitteilungspflicht, Kommission (an) **Art. 11 VO 1/2003** 51
Beschwerdeabweisung
- Derselbe Fall **Art. 13 VO 1/2003** 15 ff., 30 f.
- Rechtsschutz **Art. 13 VO 1/2003** 40 f.
- VO Nr. 773/2004 **Art. 13 VO 1/2003** 37 f.
Beschwerdeführer
- Verfahrensbeteiligung **Art. 27 VO 1/2003** 41 ff.
Beschwerdepunkte Art. 27 VO 1/2003 5 ff.
- Änderung **Art. 27 VO 1/2003** 38 ff.
- Änderung, Rechtliches Gehör **Art. 27 VO 1/2003** 38 ff.
- Geldbuße **Art. 27 VO 1/2003** 10
- Mitteilung **Art. 27 VO 1/2003** 11; **Art. 8 FKVO** 17; **Einl. FKVO** 171
- Zustellung **Art. 27 VO 1/2003** 11
Beschwerdeverfahren
- Ablauf **Art. 7 VO 1/2003** 49 ff.
- Abstellungsanordnung **Art. 7 VO 1/2003** 36 ff.
- Beitritt **Art. 7 VO 1/2003** 44 ff.
- Entscheidungsermessen **Art. 7 VO 1/2003** 55
- Mitteilung der Beschwerdepunkte **Einl. FKVO** 171
- Zurückweisung der Beschwerde **Art. 7 VO 1/2003** 56
- Zusagenentscheidungen **Art. 9 VO 1/2003** 64
Beschwerdezurückweisung
- Derselbe Fall **Art. 13 VO 1/2003** 15 ff.
- Rechtsschutz **Art. 13 VO 1/2003** 40 f.
- VO Nr. 773/2004 **Art. 13 VO 1/2003** 37 f.
Beseitigungsanspruch
- Digital Markets Act **Art. 102 AEUV** 924 ff.
- EU-rechtliche Vorgaben **Art. 101 AEUV** 917 ff.
- Kollisionsrecht **Art. 101 AEUV** 926 ff.
- Marktmissbrauch **Art. 102 AEUV** 910 ff.

4013

Sachverzeichnis

fette Zahl = Gesetz und Paragraf

- Zuständigkeit, internationale **Art. 101 AEUV** 926 ff.
Beseitigungsvorschläge
- Kommission **Art. 105 AEUV** 16
best efforts-Klausel Art. 3 FKVO 126
Best Practice Guidelines Art. 8 FKVO 99
Best Practice Roundtables Grundlagen 1745
Best Practices Einl. FKVO 151
Best Practices on the conduct of EC merger control proceedings Art. 4 FKVO 24
Bestandskraft Art. 24 VO 1/2003 11
- individuelle **Art. 26 VO 1/2003** 4
- Positiventscheidung **Art. 10 VO 1/2003** 20
- Verjährungsbeginn **Art. 26 VO 1/2003** 3
Bestätigende Verfügungen
- Nichtigkeitsklage **Rechtsschutz** 344
Bestätigung
- Anmeldung von Zusammenschlüssen **Art. 4 FKVO** 77
Bestehende Marktmacht
- Marktabgrenzung **Grundlagen** 271 ff.
Bestimmender Einfluss Art. 3 FKVO 25
Bestimmtheitsgebot Art. 24 VO 1/2003 26 f.
Bestimmtheitsgrundsatz Vor Art. 7 VO 1/2003 7
- Abstellungsanordnung **Art. 7 VO 1/2003** 24
Best-Preis-Garantien Art. 102 AEUV 788 ff.
Bestpreisklauseln
- Begriff **Art. 4 Vertikal-GVO** 84 ff.
- Freistellung, Vertikal-GVO **Art. 4 Vertikal-GVO** 84 ff.
- Ökonomie **Grundlagen** 630 ff.
- Online-Plattformen **Art. 101 AEUV** 545; **SB Versicherungswirtschaft** 151
- Torwächter **Art. 5 DMA** 116 ff.
Bestrafungsmechanismus
- Kartelltheorie **Grundlagen** 325 ff.
Bestreitbarkeit
- Digital Markets Act **Art. 1 DMA** 4 ff.
- Torwächter **Art. 3 DMA** 43
Betätigungsverzicht SB Versicherungswirtschaft 28
Beteiligtenfähigkeit
- Vertragsverletzungsverfahren, Beihilferecht **Rechtsschutz** 646
Beteiligtenrechte
- Behilfeverfahren **Rechtsschutz** 455 ff.
- Fusionskontrolle **Rechtsschutz** 452
- Kartellverfahren **Rechtsschutz** 450 f.
Beteiligungsgeschäft s. *Mitversicherungen*
Beteiligungsgesellschaften
- Zusammenschluss **Art. 3 FKVO** 190 ff.
Betretungsbefugnis Art. 20 VO 1/2003 6 ff.
- Digital Markets Act **Art. 23 DMA** 10
- Fusionskontrolle, Nachprüfung **Art. 13 FKVO** 10
Betrieb, laufender
- Verhaltenszusagen **Art. 8 FKVO** 51
Betriebliche Mitbestimmung
- EFTA-Gerichtshof **Grundlagen** 1326
Betriebsausstattung
- Gemeinschaftsunternehmen **Art. 3 FKVO** 144 ff.
Betriebsführungsvertrag Art. 3 FKVO 150 ff.
Betriebspachtvertrag
- Kontrollerwerb **Art. 3 FKVO** 61
Betriebsrentenfonds Grundlagen 1292, 1334, 1341; **SB Versicherungswirtschaft** 24, 206

Betriebsrentensystem Grundlagen 1293
Betriebssysteme Art. 2 DMA 37, 87; **Art. 6 DMA** 102, 176
Betriebsunterbrechungsversicherungen SB-Versicherungswirtschaft 244
Betriebsvermögen Art. 3 FKVO 148 ff.
- Umsatzberechnung **Art. 5 FKVO** 73
Betroffene Märkte Art. 2 FKVO 43, 89
- Fusionskontrolle, Anmeldung **Art. 4 FKVO** 35
- Verbrauchervorteile **Art. 2 FKVO** 193
Betroffene Staaten Rechtsschutz 655
Betroffenheit
- individuelle **Rechtsschutz** 429 ff.
- unmittelbare **Rechtsschutz** 523
Betrugsbekämpfung
- gemeinsame **SB Versicherungswirtschaft** 164 ff.
Beurteilungsfehler Art. 2 FKVO 505 ff.
- offensichtliche **Art. 8 FKVO** 178
Beurteilungsspielraum
- Art. 101 Abs. 2 AEUV **Art. 101 AEUV** 910
- Kommission **Art. 2 FKVO** 504 ff.; **Art. 8 FKVO** 178 ff.; **Rechtsschutz** 95
Bevölkerungsanzahl Art. 102 AEUV 278
Bevollmächtigte
- Fusionskontrolle, Auskunftspflicht **Art. 11 FKVO** 14
Beweisangebote Rechtsschutz 309
Beweisantrag
- Gerichtsverfahren **Rechtsschutz** 158
Beweisaufnahme Rechtsschutz 154 ff.
Beweise
- eindeutige **Art. 2 FKVO** 510
Beweiserhebung
- Anwendbares Recht **Art. 12 VO 1/2003** 27 ff.
- Gegenseitige Anerkennung **Art. 12 VO 1/2003** 28
- Rechtsfolgen eines Rechtsverstoßes **Art. 12 VO 1/2003** 96 ff.
- Ursprungslandprinzip **Art. 12 VO 1/2003** 78
Beweiserhebungsbeschluss Rechtsschutz 160
Beweiserleichterungen Art. 2 VO 1/2003 20 ff.
- Nationales Recht **Art. 2 VO 1/2003** 22
Beweislast
- Abgestimmte Verhaltensweisen **Art. 101 AEUV** 189 ff.
- Amtshaftungsklage **Rechtsschutz** 562 ff.
- Anpassungsfaktoren **Art. 23 VO 1/2003** 153, 166
- Art. 101 Abs. 2 AEUV **Art. 101 AEUV** 907 ff.
- Behinderungsmissbrauch, preisbezogener **Art. 102 AEUV** 680 ff.
- Beweiserleichterungen **Art. 2 VO 1/2003** 20 ff.
- Dienstleistungen von allgemeinem wirtschaftlichen Interesse **Art. 106 AEUV** 101
- Diskriminierung von Handelspartnern **Art. 102 AEUV** 441
- Einzelfreistellung **Art. 101 AEUV** 1043
- Entzug des Rechtsvorteils **Art. 101 AEUV** 1253; **Art. 6 TT-GVO** 2
- formelle **Art. 2 VO 1/2003** 6
- Freistellungsvoraussetzungen **Einl. Spezialisierungs-GVO** 23
- Fusionskontrolle **Art. 2 FKVO** 500 ff.; **Art. 8 FKVO** 4
- Fusionskontrolle, Effizienzgewinne **Art. 2 FKVO** 195 ff.

magere Zahl = Randnummer

Sachverzeichnis

- Fusionskontrolle, Horizontale Zusammenschlüsse **Art. 2 FKVO** 243
- Fusionskontrolle, Konglomerate Zusammenschlüsse **Art. 2 FKVO** 488 ff.
- Fusionskontrolle, Verpflichtungszusagen **Art. 8 FKVO** 35 ff.
- Geldbußen **Art. 23 VO 1/2003** 30
- Gerichtliche Kontrolle **Rechtsschutz** 627
- Gruppenfreistellung **Art. 2 VO 1/2003** 15
- Kartellverfahren, Beweislastverteilung **Art. 2 VO 1/2003** 10 ff.
- Kartellverfahren, Beweiswürdigung **Art. 2 VO 1/2003** 7 ff.
- Kartellverfahren, Freistellung **Art. 2 VO 1/2003** 14
- Kartellverfahren, Rechtfertigungsgrund **Art. 2 VO 1/2003** 13
- Kartellverfahren, Spürbarkeit **Art. 2 VO 1/2003** 12
- Kartellverfahren, Zivilprozess **Art. 2 VO 1/2003** 17
- Landwirtschaft **SB Landwirtschaft** 431
- Marktabgrenzung **Art. 102 AEUV** 116
- Marktanteilsschwelle **Art. 8 TT-GVO** 3
- Marktstrukturmissbrauch **Art. 102 AEUV** 338 ff.
- materielle **Art. 2 VO 1/2003** 6
- Nationale Behörden **Art. 2 VO 1/2003** 30
- Teilnichtigkeit **Art. 101 AEUV** 886
- Torwächter **Art. 3 DMA** 29
- Torwächter, Aussetzung **Art. 9 DMA** 16
- Torwächter, Umsetzungspflicht **Art. 8 DMA** 30 ff.
- TT-GVO **Einl. TT-GVO** 108 ff.
- Unerlässlichkeit **Art. 101 AEUV** 1168
- Unschuldsvermutung **Art. 2 VO 1/2003** 4
- Untersuchungsgrundsatz **Art. 2 VO 1/2003** 3
- Vereinbarungen **Art. 101 AEUV** 126 ff.
- Vertikal-GVO **Art. 1 Vertikal-GVO** 7, 15
- Vertragsverletzungsverfahren, Beihilferecht **Rechtsschutz** 661
- Wettbewerbsverfahrensrecht **Art. 2 VO 1/2003** 1 ff.

Beweismaß
- Behinderungsmissbrauch, preisbezogener **Art. 102 AEUV** 680 ff.
- Einzelfreistellung **Art. 101 AEUV** 1044 ff.
- Fusionskontrolle **Art. 2 FKVO** 500 ff.; **Art. 8 FKVO** 4
- Fusionskontrolle, Freigabebeschlüsse **Art. 2 FKVO** 519
- Fusionskontrolle, Konglomerate Zusammenschlüsse **Art. 2 FKVO** 489
- Kartellverfahren **Art. 2 VO 1/2003** 7 ff., 25
- Marktstrukturmissbrauch **Art. 102 AEUV** 339
- Nationale Behörden **Art. 2 VO 1/2003** 31
- Torwächter **Art. 3 DMA** 63, 82 ff.

Beweismittel
- Authentizitätsnachweis **Art. 12 VO 1/2003** 39
- Vereinbarungen **Art. 101 AEUV** 126

Beweismittelübergabe Leniency-Bekanntmachung 13 ff.
- Widerstreitende Mitarbeiteraussagen **Leniency-Bekanntmachung** 15

Beweisverwertung
- Anwendbares Recht **Art. 12 VO 1/2003** 36
- Informationsaustausch, Behörden **Art. 12 VO 1/2003** 36
- Informationsaustausch, Nationale Gerichte **Art. 15 VO 1/2003** 29 f.
- Sanktionen **Art. 12 VO 1/2003** 78 ff.

- Verfahrensübergreifend **Art. 12 VO 1/2003** 53 ff.
- Verteidigerprivileg **Art. 12 VO 1/2003** 40 ff.
- Verwendungsbeschränkung **Art. 12 VO 1/2003** 56 ff.
- Verwendungsbeschränkung, Sanktionierung **Art. 12 VO 1/2003** 78 ff.
- Verwendungsbeschränkung, Untersuchungsgegenstand **Art. 12 VO 1/2003** 58 ff.
- Verwendungsbeschränkung, Verteidigungsrechte **Art. 12 VO 1/2003** 90 ff.
- Verwertungsverbot **Art. 17 VO 1/2003** 8; **Art. 28 VO 1/2003** 2 ff.; **Vor Art. 17–22 VO 1/2003** 26 ff.; **Art. 17 FKVO** 3 ff.
- Verwertungsverbot, Grenzen **Art. 28 VO 1/2003** 4
- Verwertungsverbot, Nationale Verfahren **Art. 11 VO 1/2003** 19
- Verwertungsverbot, Unterlagen nationaler Gerichte **Art. 15 VO 1/2003** 41
- Verwertungsverbot, Verwendungsbeschränkung **Art. 12 VO 1/2003** 94 ff.
- Zufallsfunde **Art. 12 VO 1/2003** 75 ff.

Beweiswert Rechtsschutz 93
Beweiswürdigung Rechtsschutz 163
- Kartellverfahren **Art. 2 VO 1/2003** 7 ff.

Bewertungsplattformen Art. 101 AEUV 488
Bewirkte Kernbeschränkung Art. 4 TT-GVO 7
Bewirkte Wettbewerbsbeschränkung Art. 101 AEUV 254 ff.
- Bündeltheorie **Art. 101 AEUV** 280 ff.
- Ermittlung **Art. 101 AEUV** 273 ff.
- Folgeverträge **Art. 101 AEUV** 524
- FuE-Kooperation **Art. 101 AEUV** 392 ff.
- Höchstpreisbindung **Art. 101 AEUV** 559
- Horizontalvereinbarung **Art. 101 AEUV** 309 ff.
- Informationsaustausch **Art. 101 AEUV** 350, 358 ff.
- Informationsaustausch, Faktorenanalyse **Art. 101 AEUV** 360 ff.
- Informationsaustausch, Wirkungsanalyse **Art. 101 AEUV** 359
- Kernbeschränkungen **Art. 4 Vertikal-GVO** 17 ff.
- Kontrafaktische Analyse **Art. 101 AEUV** 273 ff.
- Marktabgrenzung **Art. 102 AEUV** 86
- Marktanalyse **Art. 101 AEUV** 496 ff.
- Marktanteil **Art. 101 AEUV** 277 ff.
- Metaanalyse **Art. 101 AEUV** 318
- Normenvereinbarungen **Art. 101 AEUV** 440; **Einl. TT-GVO** 42
- Objektive Folgen **Art. 101 AEUV** 272 ff.
- Potentielle Wirkung **Art. 101 AEUV** 275 ff.
- Produktionsvereinbarungen **Art. 101 AEUV** 409
- Spürbarkeit **Art. 101 AEUV** 501 ff.
- Tatsächliche Wirkung **Art. 101 AEUV** 275 ff.
- Vertikalvereinbarungen **Art. 101 AEUV** 493 ff.
- Vollfunktions-GU, mit gemeinschaftsweit **Art. 101 AEUV** 623 ff., 663 f.
- Vollfunktions-GU, nicht gemeinschaftsweit **Art. 101 AEUV** 725
- Wahrscheinlichkeit **Art. 101 AEUV** 262, 276

Bewirkter Marktmissbrauch Art. 102 AEUV 310 ff.
Bezug zum Wirtschaftsleben Art. 101 AEUV 8
Bezugsbindungen Art. 102 AEUV 594 ff.
- Anpassungsanspruch **Art. 101 AEUV** 934 f.
- Freistellung **Art. 101 AEUV** 520

Sachverzeichnis

fette Zahl = Gesetz und Paragraf

- Vertikal-GVO **Einl. Vertikal-GVO** 41
- Vertikalvereinbarungen **Art. 101 AEUV** 506
Bezugsgenossenschaft Art. 101 AEUV 239
Bezugspflichten
- Gemeinschaftsunternehmen **Art. 101 AEUV** 605
- Vertikalvereinbarungen **Art. 101 AEUV** 505
Bezugsquellen
- alternative **Art. 2 FKVO** 399, 412
Bezugsverbot Art. 1 Vertikal-GVO 54
- Freistellung, Vertikal-GVO **Art. 1 Vertikal-GVO** 50
Bezugsverpflichtung Art. 101 AEUV 425
- Landwirtschaft **SB Landwirtschaft** 406
- Produktionsvereinbarungen **Art. 101 AEUV** 406
Bezweckte Kernbeschränkung Art. 4 TT-GVO 6
Bezweckte Wettbewerbsbeschränkung Art. 101 AEUV 254 ff.
- Absatzbeschränkung **Art. 101 AEUV** 334 ff.
- Alleinbezugsverpflichtung **Art. 101 AEUV** 514
- Ermittlung **Art. 101 AEUV** 263 ff.
- Folgeverträge **Art. 101 AEUV** 524
- Freistellung **Art. 101 AEUV** 952, 994
- Freistellung, Vertikal-GVO **Art. 2 Vertikal-GVO** 28
- FuE-Kooperation **Art. 101 AEUV** 392 ff.
- Horizontalvereinbarung **Art. 101 AEUV** 309 ff., 325 ff.
- Informationsaustausch **Art. 101 AEUV** 350, 356 ff.
- Kernbeschränkungen **Art. 4 Vertikal-GVO** 17 ff.
- Konditionsabsprachen **Art. 101 AEUV** 330 ff.
- Kontextanalyse **Art. 101 AEUV** 266 ff.
- Kooperationsvereinbarungen **Art. 101 AEUV** 346 ff.
- Kopplungsverbot **Art. 101 AEUV** 345
- Lizenzen **Einl. TT-GVO** 15 ff.
- Marktabgrenzung **Art. 102 AEUV** 86
- Marktanalyse **Art. 101 AEUV** 496 f.
- Meistbegünstigungsklausel **Art. 101 AEUV** 543
- Metaanalyse **Art. 101 AEUV** 318
- Normenvereinbarungen **Art. 101 AEUV** 438; **Einl. TT-GVO** 41
- Preisabsprachen **Art. 101 AEUV** 330 ff.
- Preisbindungen, vertikale **Art. 101 AEUV** 559
- Produktionsbeschränkung **Art. 101 AEUV** 334 ff.
- Produktionsvereinbarungen **Art. 101 AEUV** 409
- Spürbarkeit **Art. 101 AEUV** 501 ff.
- Verkaufssyndikate **Art. 101 AEUV** 427
- Versicherungswirtschaft **SB Versicherungswirtschaft** 28
- Vertikalvereinbarungen **Art. 101 AEUV** 493 ff.
- Vollfunktions-GU, mit gemeinschaftsweit **Art. 101 AEUV** 623 ff., 663 f.
- Vollfunktions-GU, nicht gemeinschaftsweit **Art. 101 AEUV** 725
- Wettbewerbswidrigkeit **Art. 101 AEUV** 269 ff.
- Zweckbegriff **Art. 101 AEUV** 258 ff.
Bezweckter Marktmissbrauch Art. 102 AEUV 310 ff.
Bidding-Studies s. *Bieterstudien*
BIDS-Fall Art. 101 AEUV 327
Bierlieferverträge
- Anpassungsanspruch **Art. 101 AEUV** 932
- Freistellung, Vertikal-GVO **Art. 5 Vertikal-GVO** 31

Bietergemeinschaften Art. 101 AEUV 427 ff., 433
- Horizontalvereinbarung **Art. 101 AEUV** 306 ff.
Bieterkonsortien s. *Bietergemeinschaften*
Bieterkonsortium Art. 101 AEUV 428
Bieterkooperation Art. 101 AEUV 302
Bieterstudien
- Horizontale Zusammenschlüsse **Grundlagen** 437 ff.
bilan économique Einl. FKVO 22; **Grundlagen** 58
Bilaterale Beziehungen sui generis Grundlagen 1902 ff.
Bildungseinrichtungen Art. 101 AEUV 29, 34 f.
Bindung
- Konglomerate Zusammenschlüsse **Art. 2 FKVO** 471
Bindungsdauer
- Alleinbezugsverpflichtung **Art. 101 AEUV** 516
Bindungseffekte
- Online-Plattformen **Einl. DMA** 10
Bindungsproblem Grundlagen 531 ff.
Bindungswille Art. 101 AEUV 87
Bindungswirkung
- Bekanntmachungen **Art. 3 VO 1/2003** 82 f.
- Digital Markets Act **Art. 39 DMA** 12
- EU-Gerichtsentscheidungen **Art. 3 VO 1/2003** 81
- EU-Verwaltungspraxis **Art. 3 VO 1/2003** 81
- Kommissionsentscheidung, beabsichtigte **Art. 16 VO 1/2003** 13 ff.
- Kommissionsentscheidung, Nationale Behörden **Art. 16 VO 1/2003** 19 ff.
- Kommissionsentscheidung, Nationale Gerichte **Art. 16 VO 1/2003** 1 ff.
- Nationaler Gerichtsentscheidungen **Art. 16 VO 1/2003** 3
- Stellungnahmen der Kommission **Art. 15 VO 1/2003** 31
- Zusagenentscheidungen **Art. 9 VO 1/2003** 57 ff.
Binnenkollisionsnorm Grundlagen 1436
Binnenmarkt Grundlagen 743 ff.
- Immaterialgüterrecht **Grundlagen** 1073
Binnenmarktbezug Grundlagen 765 ff., 1444 ff., 1456
- Internationales Wettbewerbsrecht **Grundlagen** 1432 ff.
Binnenmarktgefährdung Grundlagen 767 ff.
Binnenmarktharmonisierung
- Digital Markets Act **Art. 1 DMA** 26 ff.
Binnenmarktintegration
- Zwischenstaatlichkeitsklausel **Art. 101 AEUV** 784
Binnenmarktisolierung Art. 101 AEUV 865
Binnenmarktkonformitätskontrolle Grundlagen 770
Binnenmarktsbeherrschung Art. 102 AEUV 274 ff.
- Mitgliedsstaat **Art. 102 AEUV** 276
- Teilgebiete, angrenzende **Art. 102 AEUV** 276
- Teilgebiete, eines Mitgliedsstaats **Art. 102 AEUV** 277
- Zeitpunkt **Art. 102 AEUV** 277
Binnenraum Grundlagen 751
Binnenschiffsverkehr SB Verkehr 309
Binnenverkehr
- Rechtsentwicklung **SB Verkehr** 306 ff.
- VO Nr. 1017/68 **SB Verkehr** 305 f.

magere Zahl = Randnummer

Sachverzeichnis

- VO Nr. 169/2009 s. *Binnenverkehrs-VO*
Binnenverkehrs-VO SB Verkehr 305 ff.
- Anwendungsbereich, Beschaffungsmarkt **SB Verkehr** 313
- Anwendungsbereich, KMU **SB Verkehr** 311
- Anwendungsbereich, sachlich **SB Verkehr** 311 ff.
- Anwendungsbereich, sektoral **SB Verkehr** 309 ff.
- Aufhebung der VO Nr. 1017/68 **SB Verkehr** 323 f.
- Ausnahme, KMU **SB Verkehr** 318
- Ausnahme, Technische Vereinbarungen **SB Verkehr** 314 ff.
- Eisenbahnverkehr **SB Verkehr** 321
- Inkrafttreten **SB Verkehr** 325
- Rechtsgrundlage **SB Verkehr** 307
- Technische Vereinbarungen **SB Verkehr** 314
- Technische Vereinbarungen, Freistellung **SB Verkehr** 315

Binon-Urteil Art. 102 AEUV 427, 590 ff.
BKK Mobil Oil-Entscheidung Grundlagen 1361
Blackout-Phase Art. 8 FKVO 56; **Grundlagen** 1286
Blockaderechte
- Gemeinschaftsunternehmen **Art. 3 FKVO** 120

Blockchain-Programme Art. 101 AEUV 83
Blockchain-Technologie Art. 101 AEUV 188
Blocking Statutes Grundlagen 1415
Blokker/Toys"R"Us-Fall Art. 3 FKVO 47, 72 ff.
Blumenhandelsgenossenschaft SB Landwirtschaft 424
BMW Belgium-Fall Art. 101 AEUV 112
BMW/ALD Auto Leasing-Fall Art. 101 AEUV 112
Bodenschätze Grundlagen 1084
Bodson-Fall Art. 102 AEUV 218, 223, 383
Boeing/McDonnel Douglas-Fall Grundlagen 728; **Art. 102 AEUV** 270; **Art. 1 FKVO** 59; **Art. 2 FKVO** 494; **Art. 8 FKVO** 80
Bonusregelung
- Informationsaustausch **Grundlagen** 1717
- Vertikalvereinbarungen **Art. 101 AEUV** 507

Börsennotierung
- doppelte **Art. 3 FKVO** 19

Börslicher Anteilserwerb Art. 101 AEUV 592 f.
Bosch Siemens Hausgeräte-Fall Art. 4 Vertikal-GVO 187
Bosch/Rexroth-Fall Art. 3 FKVO 63 ff.
Bosch-Entscheidung Grundlagen 1601
Bosch-Urteil Art. 101 AEUV 625
Bosman-Fall Grundlagen 800
Bottleneck Art. 6 DMA 139
Bottom-Up Ansatz Grundlagen 1754
Boykott Grundlagen 1067, 1071, 1327 f.
- IPR **Grundlagen** 1524

Boykottaufruf
- Internationales Wettbewerbsrecht **Grundlagen** 1486 ff.

Boykottverbot
- Verhältnis zum EU-Wettbewerbsrecht **Art. 3 VO 1/2003** 15, 23, 121

BP Amoco/Arco-Fall Art. 2 FKVO 104
BP Lubricants-Fall Einl. Kfz-GVO 3 ff.
BPB Industries-Fall Art. 102 AEUV 38, 276, 335, 606, 700
BP-Fall Art. 102 AEUV 440
bpost-Fall Art. 102 AEUV 60; **Art. 1 DMA** 47 ff.

Branchenverband
- Anerkennung **SB Landwirtschaft** 443
- Orientierungspreise für Weintrauben **SB Landwirtschaft** 451

Branchenverbandsvereinbarungen
- Käse **SB Landwirtschaft** 446
- Landwirtschaft **SB Landwirtschaft** 442 ff.
- Milch **SB Landwirtschaft** 439
- Milchsektor **SB Landwirtschaft** 446 ff.
- Olivenöl und Tafeloliven **SB Landwirtschaft** 446
- Tabak **SB Landwirtschaft** 446
- Zuckersektor **SB Landwirtschaft** 450 ff.

Brasilien Grundlagen 1903
Brasserie de Haecht II-Fall Art. 101 AEUV 876
Brentjens-Entscheidung Grundlagen 1293, 1304, 1354
Brexit Grundlagen 1583, 1669
- Austrittsabkommen **Grundlagen** 1822 ff.
- Vertikal-GVO **Einl. Vertikal-GVO** 34
- Zusammenarbeit der Wettbewerbsbehörden **Grundlagen** 1828

briefing paper Einl. FKVO 162 ff.
Bring your own device Art. 20 VO 1/2003 8
British Aerospace/VSEL-Fall Art. 21 FKVO 40, 45
British Airways/Air Liberté Art. 5 FKVO 19
British Airways-Fall Art. 102 AEUV 269, 447, 695, 735, 744
British Gypsum-Fall Art. 102 AEUV 770
British Leyland-Fall Art. 102 AEUV 354, 378
British Telecommunications-Fall Art. 102 AEUV 400 ff.
Broadcom-Entscheidung Art. 8 VO 1/2003 7
- Verpflichtungszusagen **Art. 9 VO 1/2003** 38

Brocade/Broadcom Art. 2 FKVO 452
Bronner-Fall Art. 102 AEUV 431, 488 f., 508 ff.
Bronner-Formel Art. 102 AEUV 499 ff.
BRT/SABAM I-Fall Art. 102 AEUV 873 ff.
BRT/SABAM II-Urteil Art. 102 AEUV 395
Bruttoprämien
- Umsatzberechnung **Art. 5 FKVO** 49

Bruttoprämienumsatzberechnung
- Fusionskontrolle **SB Versicherungswirtschaft** 212 ff.

BS/BT Art. 3 FKVO 46; **Art. 5 FKVO** 34
BSCH/A. Champalimaud-Fall Art. 21 FKVO 56
BSkyB/Kirch Pay-TV-Fall Art. 8 FKVO 69
BT/AT&T-Fall Art. 101 AEUV 667 f.
BT/MCI (II) Art. 5 FKVO 20
Bücher
- Fusionskontrolle, Nachprüfung **Art. 13 FKVO** 8

Bücherprüfungsbefugnis
- Digital Markets Act **Art. 23 DMA** 11
- Sanktionen **Art. 23 DMA** 12

Buchhalter Art. 101 AEUV 54
Buchpreisbindung Art. 101 AEUV 212; **Grundlagen** 1636
- Bereichsausnahmen **Grundlagen** 1564

Buchprüfungsbefugnis Art. 20 VO 1/2003 7 f.
Buchungsplattform Art. 2 FKVO 430
Buchungssysteme
- Luftverkehr **SB Verkehr** 357

Bud I-Fall Grundlagen 1176
Bud II-Fall Grundlagen 1181
Bulgarien Grundlagen 1668
- Fusionskontrolle **Anh. FKVO** 13 ff.

Sachverzeichnis

fette Zahl = Gesetz und Paragraf

Bündel
- identische **Art. 102 AEUV** 646

Bündel von Schutzrechten Grundlagen 1253

Bündelentscheidungen Art. 26 VO 1/2003 4

Bündelrabatte
- Marktmissbrauch **Art. 102 AEUV** 780 ff.

Bündeltheorie Art. 101 AEUV 280 ff., 510; **Art. 6 TT-GVO** 4 ff.; **Grundlagen** 1336
- Alleinbezugsverpflichtung **Art. 101 AEUV** 517
- Spürbarkeit **Art. 101 AEUV** 828 ff.
- Vertikalvereinbarungen **Art. 101 AEUV** 503

Bündelung Grundlagen 577, 608 f.
- Ausbeutungsmissbrauch **Art. 102 AEUV** 453
- Begriff **Art. 102 AEUV** 628
- Bündelungspraktiken **Art. 102 AEUV** 457
- Entscheidungspraxis **Art. 102 AEUV** 456
- gemischte **Art. 102 AEUV** 645
- Online-Plattformen **Art. 5 DMA** 193 ff.
- Praxis **Art. 102 AEUV** 641 ff.
- Telekommunikationssektor **Art. 102 AEUV** 643
- Zubehörteil **Art. 102 AEUV** 647
- Zusatzleistung **Art. 102 AEUV** 454 f.

Bündelverträge Art. 6 TT-GVO 2

Bündelwettbewerb Art. 102 AEUV 646

Bundesanstalt für Arbeit Grundlagen 1352

Bundesdruckerei-Urteil Grundlagen 1348

Bundeskartellamt
- Abgrenzung zur Bundesnetzagentur **Grundlagen** 1046 ff.
- Nachprüfungen **Art. 13 FKVO** 13

Bundesnetzagentur Grundlagen 1024
- Abgrenzung zum Bundeskartellamt **Grundlagen** 1046 ff.

Bußgeldentscheidung (national)
- Mitteilungspflicht, Kommission (an) **Art. 11 VO 1/2003** 48

Bußgelder s. *Geldbußen*

Bußgeldhöhe
- Digital Markets Act, Höhe **Art. 102 AEUV** 59
- Doppelte **Art. 102 AEUV** 59
- Nichtkumulationsprinzip **Art. 102 AEUV** 36

Bußgeldleitlinien
- Gerichtliche Kontrolle **Art. 31 VO 1/2003** 5

Bußgeldrahmen Art. 14 FKVO 30

Bußgeldverfahren
- Ermäßigung **Leniency Bekanntmachung** 28
- Fusionskontrolle **Art. 14 FKVO** 38 ff.
- Gruppenfreistellungsverordnungen **Art. 101 AEUV** 1212 ff.
- Kartellverfahren **Art. 23 VO 1/2003** 1 ff.
- Bußgeldzumessung **Art. 23 VO 1/2003** 116 ff.; **Art. 14 FKVO** 30 ff.

Buybox Art. 6 DMA 126

buyer party s. *Abnehmer*

BVerfG Grundlagen 821 ff.

C

C.I.C.C.E.-Fall Art. 102 AEUV 213

Canal+-Fall Art. 9 VO 1/2003 47 ff., 61

Cancún Grundlagen 737, 1741 f.

Canon/Toshiba Medical System Corporation Art. 3 FKVO 52

captive consumers Art. 102 AEUV 560 ff.

captive parts Art. 5 Kfz-GVO 4

captive production Art. 2 FKVO 90

captive sales Art. 2 FKVO 90

captive use Art. 8 FKVO 104

Captive-Versicherer
- echte **SB Versicherungswirtschaft** 15
- Erstversicherungs-Captive **SB Versicherungswirtschaft** 189 f.
- Fronting-Vereinbarung **SB Versicherungswirtschaft** 189 f.
- Konzernprivileg **SB Versicherungswirtschaft** 190
- Rückversicherungs-Captive **SB Versicherungswirtschaft** 189 f.
- unechte **SB Versicherungswirtschaft** 15
- Unternehmen **SB Versicherungswirtschaft** 15 ff.

Capture Problem Grundlagen 710

Cardiff Bus-Fall Grundlagen 1539

Cargill/ADM Chocolate-Fall Art. 2 FKVO 62

Cargotec/Konecranes Art. 2 FKVO 248, 263

CARIFORUM-Staaten Grundlagen 1848 ff.

Carl Schmitt Grundlagen 27

Carlsberg/Interbrew-Fall Art. 102 AEUV 836

Carnaud/Sofreb-Fall Art. 101 AEUV 583, 776

Carpenter-Rechtsprechung Grundlagen 972

Carry-forward-Klauseln Art. 101 AEUV 573

Carsharing Art. 2 FKVO 87, 430
- Fusionskontrolle, Ausgleichsfaktoren **Art. 2 FKVO** 172

carve-outs
- reverse **Art. 8 FKVO** 54
- Überwachung **Art. 8 FKVO** 100 f.
- Verhaltenszusagen **Art. 8 FKVO** 54

case team allocation request Art. 4 FKVO 27

Case Teams Einl. FKVO 183

Cash flow Art. 2 FKVO 315

Cassis de Dijon-Entscheidung Grundlagen 63, 756, 1088

Casting Vote Art. 3 FKVO 104
- Gemeinschaftsunternehmen **Art. 3 FKVO** 119

CAT Grundlagen 1539

catch-all clause Art. 8 FKVO 60

Category Captain Art. 101 AEUV 562 f.; **Art. 1 Vertikal-GVO** 35; **Einl. Vertikal-GVO** 53

Category Management s. *Produktgruppenmanagement-Vereinbarungen*

Cattenom-Urteil Art. 11 VO 1/2003 63 ff.

CCIE/GTE Art. 3 FKVO 67

CDC-Fall Grundlagen 1536

CECED-Fall Art. 101 AEUV 470, 481 ff.

CEES/CEPSA I SB Versicherungswirtschaft 128

CEGH Art. 102 AEUV 186

Celanese/Degussa-Fall Art. 2 FKVO 157

Celler-Kefauver Act Grundlagen 50

Cellophane Fallacy Art. 102 AEUV 95
- Marktabgrenzung **Grundlagen** 271 ff., 281

Cementbouw Handel&Industrie BV/Kommission Art. 5 FKVO 28

Central European Gas Hub Art. 102 AEUV 186 ff.

Centre d'insémination de la Crespelle-Fall Art. 102 AEUV 358

CEPSA II/Tobar-Entscheidung Art. 1 Vertikal-GVO 100; **SB Versicherungswirtschaft** 128

CEPSA I-Urteil Art. 1 Vertikal-GVO 100

CETA Grundlagen 1858

CEWAL-Fall Art. 102 AEUV 33, 220, 345, 682, 716, 798

magere Zahl = Randnummer

Sachverzeichnis

Chalkor-Rechtssache Grundlagen 860
Chance am Markt Art. 101 AEUV 234
Charta der Grundrechte der EU Grundlagen 815 f.
Charterflüge Art. 102 AEUV 205 ff.
Cheap Talk Art. 101 AEUV 356
checks and balances
– Fusionskontrolle Art. 8 FKVO 23
ChemChina/Syngenta-Fall SB Landwirtschaft 372
Chemikaliengroßhandel
– Vollfunktions-GU, nicht gemeinschaftsweit Art. 101 AEUV 700
Chicago School Art. 102 AEUV 10, 85; Grundlagen 52, 92, 500, 506, 535 ff., 581, 618 ff., 640 f., 652
Chief Economist Art. 8 FKVO 23; Einl. FKVO 170, 186
Chile Grundlagen 1846 ff.
China Grundlagen 1902
Chinese Walls Art. 101 AEUV 337; Art. 2 Vertikal-GVO 50
Chinin-Kartell Art. 101 AEUV 88
Chiquita Brands International/Fyffes-Fall Art. 2 FKVO 305
Chiquita-Fall Art. 102 AEUV 276, 379
Choice Screens Grdl. DMA 145
Chronopost-Entscheidung Rechtsschutz 193
CIA Security/Signalson-Fall Art. 11 VO 1/2003 58
CICRA/Renault-Fall Grundlagen 1259
CIF-Fall Art. 102 AEUV 63
Cipolla-Rechtssache Grundlagen 804
Cisal-Urteil Grundlagen 1357
Cisco Systems-Fall Art. 2 FKVO 512
CK Telecoms-Entscheidung Art. 2 FKVO 82, 114, 129, 141, 320, 514
class action s. Sammelklagen
Clayton Act Einl. FKVO 2; Grundlagen 50
Clearstream-Fall Art. 102 AEUV 447
Client Kooperationsanwendungen Art. 102 AEUV 160 ff.
Closest competitor Art. 2 FKVO 127
Cloudbasierte-Dienste Grundlagen 1493
Cloud-Computing-Dienste Grdl. DMA 53; Art. 2 DMA 39, 59; Art. 6 DMA 47
– Begriff Art. 2 DMA 100 ff.
– Datennutzungsverbot Art. 6 DMA 65
– Ebenen Art. 2 DMA 101
Clustering Grundlagen 600
Clustermärkte
– Marktabgrenzung Grundlagen 268 ff.
Coase Conjecture Grundlagen 182 f.
Co-Branding Grundlagen 1286
cobweb theorem Grundlagen 1556
Coca-Cola/Carlsberg Art. 2 FKVO 493
Coca-Cola-Fall Art. 102 AEUV 762; Art. 10 VO 1/2003 37; Art. 9 VO 1/2003 38
Coditel II-Fall Art. 101 AEUV 220
Coditel/Ciné-Vog Films-Fall Einl. TT-GVO 10
Cogeco-Fall Art. 102 AEUV 907
cold filing Art. 4 FKVO 24
Comfort Letters Grundlagen 1617
Comitologie-Beschluss Art. 14 VO 1/2003 2
Comity
– Fusionskontrolle Art. 1 FKVO 61

– Leniency-Bekanntmachung Leniency-Bekanntmachung 64
– negative Grundlagen 1839, 1843, 1860, 1879, 1894
– positive Grundlagen 1793, 1806, 1847, 1864, 1882
Comity-Gesichtspunkte Grundlagen 1403
Commerce Clause Grundlagen 1398
Commercial Solvents-Fall Art. 102 AEUV 21 f., 480, 498 ff., 784
Commitment-Problem s. Bindungsproblem
Committed Entry
– Marktmacht, Ermittlung Grundlagen 242
– potentieller Wettbewerb Grundlagen 294
common costs Art. 102 AEUV 676
Common Economic Space Grundlagen 1804 ff.
Common Ownership Art. 101 AEUV 602; Art. 102 AEUV 830; s. gemeinsame Beteiligung
Compagnie maritime belge-Fall Art. 102 AEUV 37, 218 f., 222, 228, 324
competition on the merits s. Leistungswettbewerb
Competitive Bottleneck Art. 3 DMA 41, 54
Compliance-Beauftragter Art. 28 DMA 7 ff.
Compliance-System Art. 101 AEUV 1067
– Bußgeldzumessung Art. 23 VO 1/2003 178
– Torwächter Art. 28 DMA 1 ff.; Art. 8 DMA 16 ff.
– Torwächter, Befugnisse Art. 28 DMA 6 ff.
– Torwächter, Ressourcen Art. 28 DMA 6
– Torwächter, Sanktionen Art. 28 DMA 13
– Torwächter, Unabhängigkeit Art. 28 DMA 5
Computer
– Marktabgrenzung Art. 101 AEUV 640
Computer Associates-Fall Art. 7 FKVO 58, 82
Computerland-Entscheidung Art. 101 AEUV 246
Concordato Incendio-Fall Art. 101 AEUV 793
Conderación Espanola de Empresarios de Estaciones de Servicio-Fall Grundlagen 1310
Confidentiality-Ring Art. 17 FKVO 25
conjoint analysis Art. 102 AEUV 101
Conscious Parallelism Grundlagen 311
Consten-Grundig-Entscheidung Art. 101 AEUV 994 ff.; Einl. TT-GVO 12; Art. 1 Vertikal-GVO 100 ff.; Einl. Vertikal-GVO 6; Grundlagen 1198, 1205, 1238 ff.
Consumer Pass-On Art. 101 AEUV 1135
Container Shipping-Fall Art. 101 AEUV 168, 350, 354
Contestable Customers Art. 2 FKVO 250
Contestable Markets s. Theorie der angreifbaren Märkte
Continental/Can-Entscheidung Art. 102 AEUV 4 ff., 27, 42, 114, 284 f., 307 f., 821 ff.; Art. 21 FKVO 2 ff.; Art. 5 FKVO 26 ff.; Einl. FKVO 14, 67, 120
Continental/Phoenix-Fall Art. 2 FKVO 158
Continental/Siemens VDO Art. 2 FKVO 264
contingent commissions SB Versicherungswirtschaft 136 ff.
Corbeau-Fall Grundlagen 1010; Art. 102 AEUV 420; Art. 106 AEUV 30 ff., 72, 111
Corning-Fall Art. 101 AEUV 722
Corporate Banking Art. 102 AEUV 166
Corporate housekeeping measures Art. 7 FKVO 118 ff.
Costa/ENEL-Entscheidung Grundlagen 966

Sachverzeichnis

fette Zahl = Gesetz und Paragraf

Cost-Plus Regulierung **Grundlagen** 683
Coty-Entscheidung **Art. 101 AEUV** 554 ff.; **Art. 4 Vertikal-GVO** 141, 146 ff.
Counterfactual **Art. 2 FKVO** 148, 202
Countervailing Power **Grundlagen** 1288, 1311; s. *Marktmacht, gegengewichtige*
Courage/Crehan-Fall **Grundlagen** 718; **Art. 101 AEUV** 905, 920, 944 ff.; **Art. 102 AEUV** 900; **Rechtsschutz** 33
Cournot-Effekt **Grundlagen** 576, 647 ff.
– Fusionskontrolle, Konglomerate Zusammenschlüsse **Art. 2 FKVO** 487
Cournot-Wettbewerb **Grundlagen** 527
– Faktorenanalyse **Art. 101 AEUV** 382
– oligopolistische Märkte **Grundlagen** 198, 201, 209 ff.
Courtoisie, völkerrechtliche **Grundlagen** 1404, 1879
COVID-19 **Art. 101 AEUV** 326
Covisint / Eutilia / Endorsia-Fall **Art. 101 AEUV** 713
CPC **Art. 40 DMA** 7
Crawling **Art. 6 DMA** 115
creeping takeovers **Art. 7 FKVO** 95
Critical Loss Test **Art. 102 AEUV** 96
Cross-border-flow **Art. 102 AEUV** 176
Cross-Licensing **Art. 5 TT-GVO** 5 ff.
CSK/Gist-brocades **Art. 102 AEUV** 599, 836
CTS-Eventim Fall **Art. 102 AEUV** 605 f.
Culpa in Contrahendo **Art. 101 AEUV** 949
Customer foreclosure **Art. 2 FKVO** 388, 426 ff.
CVC/Ethniki-Fall **Art. 2 FKVO** 399, 444
CVC/Lenzing-Fall **Art. 2 FKVO** 298

D

Dachverbände **Art. 23 VO 1/2003** 71 ff.
Daimler/BMW/Car Sharing JV **Art. 2 FKVO** 177, 430
DaimlerChrysler/Kommission-Fall **Art. 4 Vertikal-GVO** 69
Dalmine/Kommission-Fall **Art. 2 VO 1/2003** 28
Dänemark
– Fusionskontrolle **Anh. FKVO** 21 ff.
– Gemeinschaftsunternehmen **Art. 3 VO 1/2003** 40
– Wettbewerbspolitik **Grundlagen** 59
Danone/Kommission-Fall **Art. 2 VO 1/2003** 27
Dansk Pelsdyravlerforening-Fall **Art. 101 AEUV** 241
Dark Patterns **Grdl. DMA** 143
Darlegungslast
– Teilnichtigkeit **Art. 101 AEUV** 886
– Torwächter, Umsetzungspflicht **Art. 8 DMA** 31
Daseinsfürsorge **Grundlagen** 1028 ff.
Daseinsvorsorge **Art. 102 AEUV** 76
– Abtrennungsgebot von hoheitlichen Funktionen **Art. 106 AEUV** 58 ff.
– Begriff **Art. 106 AEUV** 81
– Beschlüsse **Art. 106 AEUV** 191 ff.
– Gemeinschaftsrahmen **Art. 106 AEUV** 164 ff.
– Geschichte **Art. 106 AEUV** 23
– Gestaltungsvorbehalt der Mitgliedstaaten **Art. 106 AEUV** 109
– Gruppenfreistellung **Art. 106 AEUV** 163
– Öffentliche Unternehmen **Art. 106 AEUV** 37 ff.
– Rechtsprechung **Art. 106 AEUV** 29 ff.
– Rechtsschutz **Art. 106 AEUV** 197 ff.
– Richtlinien **Art. 106 AEUV** 172 ff.
– Transparenzrichtlinie **Art. 106 AEUV** 162
Dassonville-Entscheidung **Grundlagen** 753, 806, 972, 1077
Data Act **Art. 6 DMA** 162, 229
Data Pooling Plattformen **SB Versicherungswirtschaft** 120 ff.
– Anbieterseite **SB Versicherungswirtschaft** 122
– Nachfragerseite **SB Versicherungswirtschaft** 121
data sharing **Art. 101 AEUV** 185
Data Siloing **Grdl. DMA** 134
Data Trust **Grdl. DMA** 112
Daten
– aggregiert **Art. 6 DMA** 58
– anonymisiert **Art. 2 DMA** 137
– Anonymisierung **Art. 6 DMA** 262
– Anzeige- **Art. 6 DMA** 243 ff.; **Art. 8 DMA** 62
– aus erfasstem Dienst **Art. 6 DMA** 60
– Begriff **Art. 2 DMA** 133
– Deanonymisierung **Grdl. DMA** 111
– Echtzeitzugang **Art. 6 DMA** 220 ff.
– Klick- **Art. 6 DMA** 244 ff.; **Art. 8 DMA** 62
– Marktmacht **Grdl. DMA** 82
– nicht-öffentliche **Art. 6 DMA** 58
– Nutzer- **Grdl. DMA** 80
– Nutzungs- **Grdl. DMA** 80
– personenbezogene **Art. 15 DMA** 13; **Art. 2 DMA** 135
– personenbezogene, nicht **Art. 2 DMA** 139
– Preis **Grdl. DMA** 118
– Ranking- **Art. 6 DMA** 244 ff.; **Art. 8 DMA** 62
– Reidentifikation **Grdl. DMA** 111
– relevante **Art. 12 DMA** 16
– Such- **Art. 6 DMA** 244 ff.; **Art. 8 DMA** 62
– synthetische **Grdl. DMA** 115
– Übertragung **Grdl. DMA** 119 ff.
– Zuordnung zu Endnutzer **Art. 6 DMA** 213
Datenaustausch **Art. 7 DMA** 48 ff.
Datenerhebung **Art. 7 DMA** 48 ff.
Datennutzung
– kooperative **Art. 101 AEUV** 184 f.
– Rechenschaftspflicht **Art. 7 DMA** 49
Datennutzungsverbot **Art. 6 DMA** 43 ff.
– Bagatellgrenze **Art. 6 DMA** 64
– Cloud-Computing-Dienste **Art. 6 DMA** 65
– Online-Werbedienste **Art. 6 DMA** 65
Datenökonomie **Art. 101 AEUV** 20
Datenpools **Art. 101 AEUV** 184 f.
Datenportabilität **Art. 6 DMA** 201 ff.
– Interoperabilität **Art. 7 DMA** 15
Datenraum
– Akteneinsicht **Art. 27 VO 1/2003** 24
Datensammlung **Grdl. DMA** 84
Datensandkasten **Grdl. DMA** 113
Datensatz
– Breite **Grdl. DMA** 90
– Tiefe **Grdl. DMA** 90
Datenschutz
– Fusionskontrolle, Vertikale Zusammenschlüsse **Art. 2 FKVO** 454
– Grundrecht **Grundlagen** 875, 892 ff.
Datenschutzausschuss **Art. 40 DMA** 5
Datenschutzbeauftragter
– Europäischer **Art. 40 DMA** 5
Datenschutzgrundrecht **Grundlagen** 892 ff.

magere Zahl = Randnummer

Sachverzeichnis

Datenschutz-Grundverordnung Grundlagen 895
Datenschutzrecht
– Marktmissbrauchsverbot **Art. 102 AEUV** 280 ff.
Datentreuhänder Grdl. DMA 112
Datenübertragbarkeit, Recht auf Grdl. DMA 119 ff.
Datenübertragung Art. 6 DMA 201 ff.
– Erleichterung der **Art. 6 DMA** 216
Datenvermittler Grdl. DMA 112
Datenvorteile Einl. DMA 10; **Grdl. DMA** 87
– Grenznutzen **Grdl. DMA** 89 ff.
– Torwächterbenennung **Art. 3 DMA** 94
Datenzugang Art. 102 AEUV 262; **Art. 6 DMA** 15 ff., 244 ff.
– Fusionskontrolle, Vertikale Zusammenschlüsse **Art. 2 FKVO** 451 ff.
– Verpflichtungen, Präzisierung durch Kommission **Art. 8 DMA** 62
Datenzusammenführung Art. 5 DMA 80 ff.
Dauer
– Wettbewerbsverbot **Art. 5 Vertikal-GVO** 16
Dauerhafte Tätigkeit
– Unternehmensbegriff **Art. 101 AEUV** 13
Dauerhafter Datenträger Art. 2 DMA 57
Dauerhaftigkeit
– Vollfunktions-GU **Art. 3 FKVO** 139 ff.
Dauerschuldverhältnisse
– Nichtigkeit **Art. 102 AEUV** 890
DAWI s. *Dienstleistungen von allgemeinem wirtschaftlichen Interesse*
DAWI-Mitteilung Art. 101 AEUV 30, 35
Dawn Raids Art. 20 VO 1/2003 1
Days Medical v. Pihsiang Machinery-Fall Art. 3 VO 1/2003 25
De Beers/Alrosa-Fall Art. 9 VO 1/2003 43 ff., 53
De minimis-Grenze
– Behinderungsmissbrauch, preisbezogener **Art. 102 AEUV** 678 f.
Decca Navigator-Fall Art. 102 AEUV 599, 629
Decker-Urteil Grundlagen 771
Deep Pocket Grundlagen 616
Deinstallation Art. 6 DMA 69, 81
Dekartellierungsgesetz Grundlagen 55, 1057
Dekonzentrationsgesetz Grundlagen 55
Delegierte Rechtsakte
– Kommission **Art. 49 DMA** 1 ff.
Delhaize-Fall Grundlagen 1175, 1177
Deliktsrecht
– IPR **Grundlagen** 1517
– multi-state-Delikte **Grundlagen** 1527 ff.
Delimitis-Entscheidung Art. 101 AEUV 833; **Art. 16 VO 1/2003** 2; **Einl. Spezialisierungs-GVO** 23; **Grundlagen** 1665
Delkredere-Haftung Art. 4 Kfz-GVO 27
Delkrede-Versicherung SB Versicherungswirtschaft 247
Delta Air Lins/PanAm Art. 5 FKVO 19
de-merger Art. 3 FKVO 98
De-minimis-Bekanntmachung Art. 1 Kfz-GVO 27 ff.
– Spezialisierungs-GVO **Art. 2 Spezialisierungs-GVO** 5; **Einl. Spezialisierungs-GVO** 22
De-minimis-Schwelle
– Diskriminierung von Handelspartnern **Art. 102 AEUV** 448

Demokratieprinzip
– Verordnungserlass **Art. 105 AEUV** 25
Demoskopische Umfragen Art. 101 AEUV 1122, 1134
Denial-of-Service-Angriffe Art. 7 DMA 51
De-novo-Verweigerung Grundlagen 1261
Dentsply/Sirona Art. 2 FKVO 478
Depotstimmrechte
– Kontrollerwerb **Art. 3 FKVO** 76
Deregulierung
– Natürliche Monopole **Grundlagen** 687
Designgesetz Art. 1 TT-GVO 13 ff.
Deutsche Bahn-Fälle Art. 9 VO 1/2003 38 ff.
Deutsche Bank/Commerzbank/J.M.Coith Art. 3 FKVO 182
Deutsche Börse/NYSE Euronext-Fall Art. 2 FKVO 306
Deutsche Bundesliga-Fall Art. 9 VO 1/2003 38 ff.
Deutsche Grammophon Gesellschaft-Fall Art. 102 AEUV 379 f.; **Grundlagen** 1108
Deutsche Klausel Art. 9 FKVO 1 ff.; **Einl. FKVO** 93
Deutsche Post AG-Fall Art. 102 AEUV 366, 708; **Grundlagen** 1007
Deutsche Post/GZS und Citicorp-Fall Art. 102 AEUV 74, 358, 425
Deutsche Telekom (Geschäftskundentarife)-Fall Art. 102 AEUV 384
Deutsche Telekom-Fall Art. 102 AEUV 643, 670, 691
Deutschen Milchförderungsfond SB Landwirtschaft 403
Deutsches Wettbewerbsrecht
– Anwendungsbereich, internationaler **Grundlagen** 1469 ff.
– Anwendungsbereich, sachlicher **Grundlagen** 1550, 1553
– Anwendungsbereich, zeitlicher **Grundlagen** 1590 ff.
– Bereichsausnahmen **Grundlagen** 1564 ff.
– Gemeinschaftsunternehmen **Art. 3 VO 1/2003** 40
– Verhältnis deutscher und europäischer Unternehmensbegriff **Art. 101 AEUV** 67 ff.
– Verhältnis zu EU-Recht **Grundlagen** 1554
Deutschland
– Fusionskontrolle **Anh. FKVO** 30 ff.
– Wettbewerbspolitik **Grundlagen** 54 ff.
Devenish Nutrition-Fall Grundlagen 1539
Device Neutrality Art. 6 DMA 141
Devisenkassahandel Art. 101 AEUV 159
Dezentralisierung Grundlagen 1613 ff.
– kontrollierte **Art. 104 AEUV** 2; **Art. 105 AEUV** 3
– Wettbewerbsrecht **Grundlagen** 736
Dezentralität
– Legalfreistellung (VO Nr. 1/2003) **Art. 101 AEUV** 966
DHL Italy-Entscheidung Art. 11 VO 1/2003 12 ff.
DHL-Fall Leniency-Bekanntmachung 25
Dienst der Informationsgesellschaft Art. 2 DMA 42
– Ausnahme **Art. 2 DMA** 48
Dienstleistungen
– Absatz von **Art. 1 Vertikal-GVO** 20 ff.

4021

Sachverzeichnis

fette Zahl = Gesetz und Paragraf

- Begriff **Art. 1 Vertikal-GVO** 20 ff.
- Bezug von **Art. 1 Vertikal-GVO** 20 ff.
- elektronische **Art. 2 DMA** 45
- Fernabsatz- **Art. 2 DMA** 44
- Gemeinschaftsunternehmen **Art. 3 FKVO** 152
- grenzüberschreitende Elemente **Art. 5 FKVO** 16 ff.
- individueller Abruf des Empfängers **Art. 2 DMA** 46
- Marktabgrenzung **Art. 102 AEUV** 142, 153, 162 ff.
- Spezialisierungs-GVO **Art. 2 Spezialisierungs-GVO** 6
- Umsatz **Art. 5 FKVO** 5
- verbundene **Art. 2 DMA** 48
- Verkauf in eigenen Räumen **Art. 5 Vertikal-GVO** 25 f.
- Versicherer (an) **SB Versicherungswirtschaft** 19
- Vorbereitung von **Art. 1 Spezialisierungs-GVO** 20 f.

Dienstleistungen von allgemeinem wirtschaftlichen Interesse Grundlagen 1000 ff., 1373 f.
- Abtrennungsgebot von hoheitlichen Funktionen **Art. 106 AEUV** 58 ff.
- Begriff **Art. 106 AEUV** 80 ff.
- Beispiele **Art. 106 AEUV** 102
- Beschlüsse **Art. 106 AEUV** 191 ff.
- Betrauung mit **Art. 106 AEUV** 83 ff.
- Betrauung, Konkretisierung **Art. 106 AEUV** 98
- Betrauung, Unternehmensauswahl **Art. 106 AEUV** 91
- Betrauung, Zeitbeschränkung **Art. 106 AEUV** 88
- Beweislast **Art. 106 AEUV** 101
- EU-Verfassungsvertrag **Art. 106 AEUV** 17
- Finanzierung **Art. 106 AEUV** 130
- Finanzmonopol **Art. 106 AEUV** 108
- Geschichte **Art. 106 AEUV** 7 ff.
- Geschichte, Amsterdamer Vertrag **Art. 106 AEUV** 7 ff.
- Geschichte, Erklärung zu öffentlich-rechtlichen Kreditinstituten **Art. 106 AEUV** 11 ff.
- Geschichte, Lissaboner Vertrag **Art. 106 AEUV** 19 ff.
- Geschichte, Protokoll über den Binnenmarkt und den Wettbewerb **Art. 106 AEUV** 19
- Geschichte, Protokoll über Dienste von allgemeinem Interesse **Art. 106 AEUV** 20
- Geschichte, Rundfunkprotokoll **Art. 106 AEUV** 11 ff.
- Gestaltungsvorbehalt der Mitgliedsstaaten **Art. 106 AEUV** 109
- Grundrechtecharta **Art. 106 AEUV** 13 ff.; **Grundlagen** 906 ff.
- Kommission **Art. 106 AEUV** 22 ff.
- Liberalisierung **Art. 106 AEUV** 118 ff.
- Öffentliche Unternehmen **Art. 106 AEUV** 37 ff.
- Protokoll Nr. 26 **Grundlagen** 1015
- Rechtfertigung, Art. 106 AEUV **Art. 106** 74 ff.
- Rechtsprechung **Art. 106 AEUV** 29 ff.
- Rechtsschutz **Art. 106 AEUV** 197 ff.
- Rechtsschutz, Nichtigkeitsklage **Rechtsschutz** 380 ff.
- Richtlinien **Art. 106 AEUV** 172 f.
- Sektoren, Banken **Art. 106 AEUV** 90
- Sektoren, Krankenhäusern **Art. 106 AEUV** 90
- Sektoren, Pressegrossisten **Art. 106 AEUV** 90
- Sektoren, Rundfunk **Art. 106 AEUV** 90
- Staatlicher Verpflichtungsakt **Art. 106 AEUV** 85 ff.
- Unternehmen mit Ausschließlichkeitsrechten **Art. 106 AEUV** 42 ff.
- Unternehmen mit besonderen Rechten **Art. 106 AEUV** 43 f.
- Verhältnismäßigkeit **Art. 106 AEUV** 93 ff.
- Versorgung, flächendeckende **Art. 106 AEUV** 103 ff.
- Wirtschaftspolitik, EU-Gesetzgebertätigkeit **Art. 106 AEUV** 34 f.
- Wirtschaftspolitik, Mitgliedsstaaten **Art. 106 AEUV** 36

Dienstleistungsanbieter, selbstständiger Grundlagen 1299

Dienstleistungsaustausch
- grenzüberschreitender **Art. 101 AEUV** 797

Dienstleistungs-Franchisevereinbarungen Art. 101 AEUV 244, 525 ff.
- Vertikal-GVO **Art. 2 Vertikal-GVO** 34

Dienstleistungsfreiheit Grundlagen 751 ff., 762, 972, 1073 f., 1344
- Beschränkungsverbot **Grundlagen** 1346
- gesetzliche Unfallversicherung **Grundlagen** 1359
- Immaterialgüterrecht **Einl. TT-GVO** 17
- Rechtfertigung nach Art. 36 AEUV **Grundlagen** 1083
- Unternehmen mit Ausschließlichkeitsrechten **Art. 106 AEUV** 69 ff.
- Urheberrechte **Grundlagen** 1168

Dienstleistungsinnovationen Art. 101 AEUV 1109

Dienstleistungsmarkt
- als nachgelagerter Markt **Grundlagen** 1302
- Bedarfsmarktkonzept **Art. 102 AEUV** 99 ff.
- Tarifverträge **Grundlagen** 1330 ff.

Differenzierte Güter
- Horizontale Zusammenschlüsse **Grundlagen** 422 ff.
- Kartelltheorie **Grundlagen** 357
- Marktabgrenzung bei **Grundlagen** 255 f.
- Mengenwettbewerb **Grundlagen** 412 f.
- Preiswettbewerb bei **Grundlagen** 410 f.
- Zusammenschlüsse **Grundlagen** 578 ff.

Differenzmethode
- Ökonomie **Grundlagen** 721 ff.

Diffusion Art. 101 AEUV 1110

Digital Equipment-Fall Art. 102 AEUV 783

Digital Markets Act s. DMA

digital pricing Art. 101 AEUV 81, 180 ff.

Digital Services Act Art. 101 AEUV 179

Digital Testing-Studien Art. 21 DMA 21

Digitale Arbeitsplattformen Art. 2 DMA 121

Digitale Märkte
- Fusionskontrolle, Vertikale Zusammenschlüsse **Art. 2 FKVO** 397
- Umsatzermittlung **Art. 1 FKVO** 44

Digitale Märkte (Gesetz über) Art. 102 AEUV 49

Digitale Ökonomie Grundlagen 129, 464 ff.
- Vertikalvereinbarungen **Art. 101 AEUV** 488 ff.

Digitale Plattform Art. 27 VO 1/2003 22

Digitaler Dienst Art. 2 DMA 62

magere Zahl = Randnummer

Sachverzeichnis

Digitaler Sektor Art. 1 DMA 12
- Begriff **Art. 2 DMA** 42, 49

Digital-Fall Art. 9 VO 1/2003 40

Digitalisierung
- Abgestimmte Verhaltensweisen **Art. 101 AEUV** 178 ff.

Direkter Zusammenhang
- Freistellung, Einzel- **Art. 101 AEUV** 1081

Direktexport
- lizenzwidriger **Grundlagen** 1116

Direktinvestition
- ausländische **Einl. FKVO** 137

Direktinvestitionen
- ausländische **Art. 21 FKVO** 36 ff.

Direktklageverfahren
- Beschleunigtes Verfahren **Rechtsschutz** 251
- Kosten **Rechtsschutz** 223 ff.
- Schriftsätze **Rechtsschutz** 143 ff.
- Überblick **Rechtsschutz** 270 ff.
- Zulässigkeitsvoraussetzungen **Rechtsschutz** 286 ff.

Discounter Art. 101 AEUV 485; **Art. 102 AEUV** 148

Discovery Leniency-Bekanntmachung 63

Disintermediation Art. 6 DMA 222

Diskontfaktor Art. 101 AEUV 366
- Kartelltheorie **Grundlagen** 324

Diskriminierende Preise Art. 102 AEUV 253

Diskriminierung
- Endverbraucher s. *Diskriminierung von Endverbrauchern*
- Handelspartner s. *Diskriminierung von Handelspartnern*
- Minderheitseinflüsse, vertikale **Art. 101 AEUV** 772

Diskriminierung von Endverbrauchern Art. 102 AEUV 451 ff.

Diskriminierung von Handelspartnern
- Abnehmerdiskriminierung **Art. 102 AEUV** 442
- Beispiele **Art. 102 AEUV** 438 ff.
- Benachteiligung im Wettbewerb **Art. 102 AEUV** 447 ff.
- Beweislast **Art. 102 AEUV** 441
- De-minimis-Schwelle **Art. 102 AEUV** 448
- Differenzierungskriterium, wettbewerbsverfälschend **Art. 102 AEUV** 440
- Gleichwertigkeit, Gegenleistungen **Art. 102 AEUV** 436 f.
- Gleichwertigkeit, Leistungen **Art. 102 AEUV** 436 f.
- Konkurrenzen **Art. 102 AEUV** 837 ff.
- Nichtigkeit **Art. 102 AEUV** 885 f.
- Normzweck **Art. 102 AEUV** 430 f.
- Preisfestsetzung **Art. 102 AEUV** 439
- Rabattgewährung **Art. 102 AEUV** 442 ff.
- Rechtfertigung **Art. 102 AEUV** 438
- Rechtfertigung, Rabatte **Art. 102 AEUV** 445

Diskriminierungsverbot Grundlagen 970
- Exklusivvertrieb **Art. 102 AEUV** 590 f.
- Gemeinschaftsschutzrechte **Grundlagen** 1126
- Gleichbehandlungsgrundsatz **Grundlagen** 901 ff.
- Horizontalvereinbarung **Art. 101 AEUV** 343 f.
- Leniency-Bekanntmachung **Leniency-Bekanntmachung** 55
- Preissenkungen **Art. 102 AEUV** 669 f.
- Rabatte, Funktions- **Art. 102 AEUV** 669
- Rabatte, Mengen- **Art. 102 AEUV** 669 f.

- Selektives Vertriebssystem **Art. 102 AEUV** 590 ff.
- Verbandsdiskriminierung **Grundlagen** 1485
- Verhältnis zum nationalen Recht **Grundlagen** 1624
- Vertikalvereinbarungen **Art. 101 AEUV** 507

Disparitätsraten Grundlagen 399

Display Werbung Art. 101 AEUV 77

Dispositionsfreiheitbeschränkung
- Marktmissbrauch **Art. 102 AEUV** 399 ff.

Dispositionsgrundsatz Rechtsschutz 58

Dispositionsmaxime Art. 15 VO 1/2003 34

Distanzierung Art. 101 AEUV 130 f.

Diversion Ratio Art. 2 FKVO 287
- Marktabgrenzung **Grundlagen** 282

Divide-and-Conquer-Strategie Grdl. DMA 130

DLG-Entscheidung Art. 101 AEUV 237 f.

DMA Art. 101 AEUV 179; **Grundlagen** 67, 138, 662, 701, 1054, 1624
- Adressaten **Art. 1 DMA** 11 ff.
- Akteneinsicht **Art. 34 DMA** 1 ff.
- Anmeldepflicht **Art. 102 AEUV** 921 f.
- Ansprüche **Art. 102 AEUV** 924 ff.
- Anwendungsbereich **Einl. DMA** 25 ff.
- Anwendungsbereich, geographischer **Art. 1 DMA** 14
- Anwendungsbereich, sachlicher **Art. 1 DMA** 11 ff.
- Anwendungsbereich, Torwächter **Einl. DMA** 25 ff.
- Anwendungsbereich, Zentrale Plattformdienste **Einl. DMA** 25 ff.
- Begriffe **Art. 2 DMA** 3 ff.
- Bereichsausnahmen **Art. 1 DMA** 20 ff.
- Berufsgeheimnis **Art. 36 DMA** 1 ff.
- Bindungswirkung **Art. 39 DMA** 12
- Durchsetzung, private **Einl. DMA** 39
- Durchsetzung, Überblick **Einl. DMA** 31 ff.
- Einstweilige Maßnahmen **Art. 24 DMA** 1 ff.
- Entstehungsgeschichte **Art. 1 DMA** 2; **Einl. DMA** 1 ff.
- Entstehungsgeschichte, Kommissionsentwurf **Einl. DMA** 6
- Entstehungsgeschichte, Trilogverfahren **Einl. DMA** 7 ff.
- Evaluierung **Art. 53 DMA** 1 ff.
- Fusionskontrolle **Art. 1 DMA** 45
- Fusionskontrolle, Verweisungsverfahren **Art. 22 FKVO** 44
- Gegenstand **Art. 1 DMA** 3 ff.
- Geldbußen **Art. 30 DMA** 1 ff.
- Geldbußen, Höhe **Art. 30 DMA** 22 ff.
- Geldbußen, Rechtsschutz **Art. 30 DMA** 35
- Geldbußen, Verjährung **Art. 32 DMA** 1 ff.
- Geldbußen, Vollstreckung **Art. 30 DMA** 34
- Gerichtliche Kontrolle **Art. 45 DMA** 1 ff.
- Harmonisierungswirkung **Art. 1 DMA** 26 ff.
- Inkrafttreten **Art. 54 DMA** 1 ff.
- Kommission, Kompetenzen **Art. 23 DMA** 1 ff.; **Art. 24 DMA** 1 ff.; **Art. 26 DMA** 1 ff.; **Art. 46 DMA** 1 ff.; **Art. 48 DMA** 1 ff.; **Art. 49 DMA** 1 ff.
- Marktabgrenzung, Anwendung **Art. 3 DMA** 49
- Marktmachtbegriff **Art. 102 AEUV** 265 ff.
- Marktuntersuchungen **Art. 16 DMA** 1 ff.; **Art. 17 DMA** 1 ff.; **Art. 18 DMA** 1 ff.; **Art. 19 DMA** 1 ff.; **Art. 41 DMA** 1 ff.

4023

Sachverzeichnis

fette Zahl = Gesetz und Paragraf

- Marktuntersuchungen, Überblick **Einl. DMA** 34 ff.
- Mitgliedsstaaten, Einbindung **Einl. DMA** 37 ff.
- Mitgliedsstaaten, Kontrollrecht **Art. 10 DMA** 7; **Art. 9 DMA** 6
- Nationale Vorschriften **Art. 1 DMA** 27 ff.
- Nichteinhaltungsbeschluss **Art. 29 DMA** 1 ff.
- Nichtigkeit **Art. 102 AEUV** 923
- Normadressat **Art. 3 DMA** 26 ff.
- Ökonomie **Grdl. DMA** 40 ff.
- Prüfungspflicht **Art. 102 AEUV** 921 f.
- Rechtliches Gehör **Art. 34 DMA** 1 ff.
- Rechtsdurchsetzung, private **Art. 102 AEUV** 915 ff.
- Rechtsfolge, Nichtigkeit **Art. 39 DMA** 17
- Rechtsgrundlage **Art. 103 AEUV** 59; **Einl. DMA** 17
- Regelungsbegründung **Einl. DMA** 10 ff.
- RL (EU) 2019/1937 **Art. 43 DMA** 1 ff.
- Selbstbevorzugung **Art. 102 AEUV** 665
- Solo-Selbstständige **Grundlagen** 1322
- Torwächter, Benennung **Art. 3 DMA** 65 ff.
- Torwächter, Überprüfung **Art. 4 DMA** 6 ff.
- Torwächter, Verpflichtungen **Art. 102 AEUV** 916 ff.; **Art. 5 DMA** 51 ff.; **Art. 6 DMA** 43 ff.; **Art. 7 DMA** 31 ff.; **Art. 8 DMA** 17 ff.
- Torwächter, Voraussetzungen **Art. 3 DMA** 32 ff.
- Überblick **Einl. DMA** 25 ff.
- Umgehungsverbot **Art. 102 AEUV** 921 f.
- Unmittelbare Anwendbarkeit **Art. 39 DMA** 4
- Verbraucherverbandsklagen **Art. 42 DMA** 1 ff.; **Art. 5 DMA** 274
- Verhältnis zu § 19a GWB **Art. 102 AEUV** 929 ff.; **Art. 1 DMA** 42 ff.; **Art. 3 DMA** 18 ff.; **Art. 5 DMA** 72 ff., 127, 229, 253; **Art. 6 DMA** 38 ff., 52, 78, 101, 128, 145, 165, 191, 207, 232, 251, 281, 296; **Art. 7 DMA** 28; **Art. 13 DMA** 8
- Verhältnis zu Nationalen Vorschriften **Art. 1 DMA** 37 ff.
- Verhältnis zu RL 2018/1972 **Art. 7 DMA** 22 f.
- Verhältnis zu RL Nr. 2018/1972 **Art. 1 DMA** 23 ff.
- Verhältnis zum Wettbewerbsrecht **Einl. DMA** 18 ff.; **Art. 1 DMA** 32 ff.; **Art. 3 DMA** 18 ff.; **Art. 5 DMA** 15 ff.; **Art. 6 DMA** 25 ff.; **Art. 7 DMA** 14 ff.; **Art. 13 DMA** 8
- Verhältnis zur Datenschutzgrund-VO **Art. 5 DMA** 66 ff.; **Art. 6 DMA** 76, 161, 201 ff.; **Art. 7 DMA** 49 f.
- Verhältnis zur Fusionskontrolle **Einl. FKVO** 140
- Verhältnis zur P2B-Verordnung **Art. 5 DMA** 30, 125, 149 ff., 164
- Verhältnis zur VO 2018/1807 **Art. 7 DMA** 24
- Verjährung **Art. 32 DMA** 1 ff.; **Art. 33 DMA** 1 ff.
- Verpflichtungen, Überblick **Einl. DMA** 26 ff.
- Verschulden **Art. 30 DMA** 15
- Versicherungswirtschaft **SB Versicherungswirtschaft** 152
- Ziele **Art. 1 DMA** 4; **Einl. DMA** 10 ff.
- Zusammenschaltung **Art. 1 DMA** 23 ff.
- Zwangsgelder **Art. 31 DMA** 1 ff.
- Zwangsgelder, Festsetzung **Art. 31 DMA** 13 ff.
- Zwangsgelder, Rechtsfolgen **Art. 31 DMA** 15 ff.
- Zwangsgelder, Rechtsschutz **Art. 31 DMA** 21
- Zwangsgelder, Verhängung **Art. 31 DMA** 4 ff.
- Zwangsgelder, Verjährung **Art. 32 DMA** 1 ff.
- Zwangsgelder, Voraussetzungen **Art. 31 DMA** 4 ff.

Doha Development Agenda Grundlagen 1740
Dokumentationspflicht
- Online-Plattformen **Art. 7 DMA** 42

Dokumentenaufbewahrung
- Torwächter **Art. 26 DMA** 7

Domainnamen Art. 4 Vertikal-GVO 160
Dominanz Art. 102 AEUV 9
Domino Effekt Grdl. DMA 82
Doppelbefassung Rechtsschutz 283
Doppelbestrafungsverbot Art. 102 AEUV 66; **Art. 5 VO 1/2003** 42
Doppelkennzeichnung Art. 5 Kfz-GVO 17 f.; 1
Doppelkontrolle
- Minderheitseinfluss **Art. 101 AEUV** 756
- Vollfunktions-GU, mit gemeinschaftsweit **Art. 101 AEUV** 614
- Vollfunktions-GU, nicht gemeinschaftsweit **Art. 101 AEUV** 689

Doppelkontrolle (Prinzip der) Anh. FKVO 32 ff.
Doppelmitgliedschaft Art. 101 AEUV 241; **SB Versicherungswirtschaft** 75
Doppelnatur
- Zwischenstaatlichkeitsklausel **Art. 101 AEUV** 783

Doppelpreisstrategie
- Freistellung, Vertikal-GVO **Art. 4 Vertikal-GVO** 182 ff.

Doppelpreissysteme Art. 101 AEUV 552
- Vertikalvereinbarungen **Art. 101 AEUV** 522 f.

Doppelte Marginalisierung Grundlagen 517, 564 ff., 639
Doppelte Monopolpreisbildung Grundlagen 517
Doppelte Wahrscheinlichkeitsprüfung Art. 101 AEUV 1080
Doppelverfolgungsverbot Art. 102 AEUV 66
Doppelversicherung SB Versicherungswirtschaft 175
Dornbracht-Verfahren Art. 4 Vertikal-GVO 185
Double Marginalisation Art. 101 AEUV 485
Dow Benelux-Fall Leniency-Bekanntmachung 28; **Art. 11 VO 1/2003** 13
Dow/Dupont Entscheidung Art. 102 AEUV 830; **SB Landwirtschaft** 372
Dow/DuPont-Fall Art. 2 FKVO 365
Drijvende Bokken-Entscheidung Grundlagen 1293, 1304, 1354
Dringlichkeit
- Einstweiliger Rechtsschutz **Rechtsschutz** 584 ff.

Drip-Pricing
- Alter **Grundlagen** 599

Drittanbieternutzung Art. 6 DMA 90 ff.
- Effektive Nutzung **Art. 6 DMA** 106
- Installation **Art. 6 DMA** 106
- Rechtfertigungsgrund **Art. 6 DMA** 111 ff.
- Verhältnismäßigkeitsvorbehalt **Art. 6 DMA** 112

Drittbezogene relative Preissetzung Art. 102 AEUV 794
Dritte
- Anhörung **Art. 18 FKVO** 32
- State-of-Play-Meetings **Art. 18 FKVO** 37 ff.
- Verfahrensbeteiligung **Art. 27 VO 1/2003** 46 ff.

Drittmarktbehinderung
- Kausalität **Art. 102 AEUV** 290

Drittplattformverbote Art. 101 AEUV 553 ff.

magere Zahl = Randnummer

Sachverzeichnis

Drittstaaten
- Fusionskontrolle **Art. 1 FKVO** 70; **Art. 23 FKVO** 1; **Art. 24 FKVO** 1
- Fusionskontrolle, Auskunftspflicht **Art. 11 FKVO** 10
- Informationsaustausch **Art. 17 FKVO** 24

Drittstaatsbezogene Vereinbarungen
- Exportvereinbarung **Art. 101 AEUV** 869 ff.
- Handelsbeeinträchtigung **Art. 101 AEUV** 862 ff.
- Importvereinbarungen **Art. 101 AEUV** 865 ff.

Drittstaatsunternehmen Grundlagen 1449
Drittstaatsverbraucher Art. 101 AEUV 1131
Drittunternehmen Grundlagen 1470
Drittwiderspruch Rechtsschutz 245
Drittwirkungen
- negative **Grundlagen** 1288

Druckausübung Art. 102 AEUV 30
- Internationales Wettbewerbsrecht **Grundlagen** 1402
- Marktmissbrauch **Art. 102 AEUV** 413

Drucker Art. 102 AEUV 106
- Preisdiskriminierung **Grundlagen** 606 f.

DSM/Roche Vitamins-Fall Art. 2 FKVO 294
DSM-Richtlinie Grundlagen 1321
dual branding Art. 5 Kfz-GVO 17; *s. Doppelkennzeichnung*
dual distribution Art. 2 Vertikal-GVO 43; **Einl. Vertikal-GVO** 39
dual listing Art. 3 FKVO 19 ff.
dual pricing
- Freistellung, Vertikal-GVO **Art. 4 Vertikal-GVO** 182 ff.

Duale System Deutschlands Grundlagen 1257
Dualer Vertrieb
- Horizontalvereinbarung **Art. 101 AEUV** 299
- Marktanteilsschwelle **Art. 8 Vertikal-GVO** 4

Duales System Deutschland-Fall Art. 102 AEUV 362, 395
Dual-use Güter Art. 4 FKVO 12
Due Diligence Art. 101 AEUV 350, 436; **Art. 7 FKVO** 81 ff.
- Fusionskontrolle, Vollzugsverbot **Art. 7 FKVO** 81

Duldung Art. 23 VO 1/2003 40
Dumpingwettbewerb durch Nichtorganisierte Grundlagen 1299
Düngemittel SB Landwirtschaft 383
Dunlop Slazenger-Fall Art. 101 AEUV 112
Duopol Art. 101 AEUV 735; **Art. 2 FKVO** 355
Duphar-Rechtssache Grundlagen 1351
Duplizierbarkeit
- Wesentliche Einrichtungen **Art. 102 AEUV** 502 ff.

Duplizierte Fixkosten Grundlagen 516
DuPont-Fall Leniency-Bekanntmachung 28
Durchführung
- Urteil **Rechtsschutz** 529 ff.

Durchführungsprinzip Grundlagen 1387
- EU-Wettbewerbsrecht **Grundlagen** 1426 ff.
- Internationales Wettbewerbsrecht **Grundlagen** 1427 ff.

Durchführungsrechtsakt
- Digital Markets Act **Art. 46 DMA** 1 ff.
- Torwächter **Art. 8 DMA** 58

Durchführungsverbot Art. 106 AEUV 145 ff.
Durchführungsvorschriften Art. 103 AEUV 2; **Art. 33 VO 1/2003** 1; **Grundlagen** 1708
- Anwendungsvorrang **Art. 103 AEUV** 52 f.
- Auswahlermessen **Art. 103 AEUV** 57 ff.
- Einzelabstützungen **Art. 103 AEUV** 11 f.
- Entschließungsermessen **Art. 103 AEUV** 55
- EU Gerichte **Art. 103 AEUV** 45 ff.
- Freistellungssekundärrecht **Art. 103 AEUV** 35 ff.
- Fusionskontrolle **Art. 23 FKVO** 1 f.
- Fusionskontrollverordnung **Art. 103 AEUV** 14 f.
- Geldbuße **Art. 103 AEUV** 27
- Kartellschadensersatzrichtlinie **Art. 103 AEUV** 16
- Kommission **Art. 103 AEUV** 5
- Mehrfachabstützungen **Art. 103 AEUV** 9 ff., 13
- Ministerrat **Art. 103 AEUV** 4
- Parlament **Art. 103 AEUV** 6
- Rechtsetzungsverfahren, zweistufiges **Art. 103 AEUV** 17 f.
- Rechtsgrundlage **Art. 102 AEUV** 1 ff.
- Rechtsgrundlage, Anforderungen **Art. 103 AEUV** 21 ff.
- Rechtsgrundlage, Beteiligte Organe **Art. 103 AEUV** 3
- Rechtsgrundlage, mehrere **Art. 103 AEUV** 8 ff.
- Rechtsgrundlage, Normzweck **Art. 103 AEUV** 1
- Strafen **Art. 103 AEUV** 30 ff.
- Verfahren **Art. 103 AEUV** 3
- Zivilrechtliche Sanktionen **Art. 103 AEUV** 33 ff.
- Zwangsgelder **Art. 103 AEUV** 27 f.
- Zweckdienlichkeit **Art. 103 AEUV** 24 ff.

Durchschnittliche Gesamtkosten *s. average total costs (ATC)*
Durchschnittliche Inkrementalkosten Grundlagen 638
Durchschnittliche variable Kosten *s. average variable costs (AVC)*
Durchschnittliche Zusatzkosten Grundlagen 627
Durchschnittspreis
- Preisvergleich **Art. 102 AEUV** 377

Durchschnittsverbraucher Art. 101 AEUV 1132 ff.
Durchsuchung
- Informationsaustausch, Behörden **Art. 12 VO 1/2003** 30
- Richtervorbehalt **Art. 12 VO 1/2003** 33
- Zuständigkeit **Einl. FKVO** 194

Dynamic pricing Art. 4 Vertikal-GVO 51
Dynamische Effizienz Grundlagen 145, 170 f., 179 f.
- Freistellung, Einzel- **Art. 101 AEUV** 1137
- Kartell **Grundlagen** 315
- Marktbeherrschung **Art. 102 AEUV** 214
- Oligopol **Grundlagen** 214

Dynamische Preissetzung Grundlagen 660
Dynamischer Wettbewerb
- Immaterialgüterrecht **Grundlagen** 1189
- Informationsaustausch (über) **Art. 101 AEUV** 371

E

E.ON/MOL-Fall Art. 2 FKVO 420
E.ON/Ruhrgas-Fall Art. 101 AEUV 302, 585, 591, 777; **Art. 102 AEUV** 45
easyjet-Urteil Art. 2 FKVO 184
eBay Art. 102 AEUV 133, 257
E-Books
- Erschöpfung **Grundlagen** 1171

E-Books-Fall Art. 9 VO 1/2003 38
ECA-Prinzipien Art. 4 FKVO 111, 157

Sachverzeichnis

fette Zahl = Gesetz und Paragraf

Echte Konzentration
- Vollfunktions-GU, nicht gemeinschaftsweit **Art. 101 AEUV** 709

Echtheitskontrolle Grundlagen 1179

Echtzeitzugang Art. 6 DMA 216, 221 ff.
- effektiv **Art. 6 DMA** 237
- hochwertig **Art. 6 DMA** 238
- qualifizierter **Art. 6 DMA** 236
- Rechtfertigung der Beschränkung **Art. 6 DMA** 241

ECN Art. 40 DMA 6; **Art. 11 VO 1/2003** 1 ff., 11 f.; **Art. 4 FKVO** 3; **Einl. FKVO** 115; **Grundlagen** 736, 1660
- Entzug des Rechtsvorteils **Art. 6 Vertikal-GVO** 16
- Informationsaustausch **Art. 12 VO 1/2003** 21
- Krisenkartell **Art. 101 AEUV** 328
- Leniency-Bekanntmachung **Leniency-Bekanntmachung** 83
- Vollfunktions-GU, nicht gemeinschaftsweit **Art. 101 AEUV** 690

ECN+-Richtlinie Art. 1 VO 1/2003 13; **Art. 5 VO 1/2003** 22 ff.; **Grundlagen** 1661
- Abstellungsanordnung **Art. 5 VO 1/2003** 34
- Rechtsgrundlage **Art. 103 AEUV** 61
- Sanktionen **Art. 5 VO 1/2003** 40
- Zusagenentscheidungen **Art. 9 VO 1/2003** 68

Eco Swiss China Time / Benetton-Fall Art. 101 AEUV 913

Eco Swiss/Benetton-Fall Grundlagen 1544

eConfidentiality Art. 27 VO 1/2003 22

e-Curia Rechtsschutz 100, 139 ff.

EDF/Segebel-Fall Art. 2 FKVO 126, 337

EDFI/Graninge Art. 3 FKVO 10

Edgeworth-Zyklen Grundlagen 200

e-discovery Art. 20 VO 1/2003 8; **Vor Art. 17–22 VO 1/2003** 23
- Nuix **Art. 20 VO 1/2003** 9

EDP/ENI/GDP-Fall Art. 2 FKVO 338

e-EFTA Court Rechtsschutz 101

effects based approach
- Fusionskontrolle **Einl. FKVO** 87

effects doctrine Grundlagen 1484; s. *Auswirkungsprinzip*

Effekte, koordinierte s. *Wirkungen, koordinierte*

Effekte, nichtkoordinierte s. *Wirkungen, nicht koordinierte*

Effekte, unilaterale s. *Wirkungen, nichtkoordinierte*

Effektiver Preis
- Rabatte **Art. 102 AEUV** 746

Effektiver Rechtsschutz Grundlagen 928 ff.

Effektivitätsgrundsatz Art. 11 VO 1/2003 57 ff.; **Art. 3 VO 1/2003** 58
- IPR **Grundlagen** 1506, 1531
- Rechtsdurchsetzung, private **Art. 101 AEUV** 919 ff.

Effet utile Art. 102 AEUV 896; **Grundlagen** 798
- Allgemeinverbindlicherklärung **Grundlagen** 1338 ff.
- Fusionskontrolle **Einl. FKVO** 121
- Marktmissbrauchsverbot **Art. 102 AEUV** 873

efficiency defence Grundlagen 96, 133; **Art. 102 AEUV** 37; **Art. 2 FKVO** 186

efficiency offence Art. 2 FKVO 184; **Grundlagen** 470

Effizienz Art. 101 AEUV 204
- Allokationseffizienz **Grundlagen** 143, 167 f., 175 ff.
- der Marktformen **Grundlagen** 218
- dynamische **Grundlagen** 109; s. *Dynamische Effizienz*
- Freistellung, Einzel- **Art. 101 AEUV** 1084
- Ökonomie **Grundlagen** 75
- Oligopol **Grundlagen** 213 ff.
- Pareto-effizient **Grundlagen** 143
- Produktionseffizienz **Grundlagen** 144, 169, 176
- Skalenvorteile **Grundlagen** 95
- Trade off-Modell **Grundlagen** 96
- Versicherungswirtschaft **SB Versicherungswirtschaft** 1
- Wettbewerbstheorien **Grundlagen** 91 ff.
- Ziel der Wettbewerbspolitik **Grundlagen** 26, 30 ff.

Effizienzgewinne Einl. FKVO 128
- Alleinvertriebsvereinbarung **Art. 102 AEUV** 429
- Allgemeine Geschäftsbedingungen **Art. 101 AEUV** 448
- Behinderungsmissbrauch, preisbezogener **Art. 102 AEUV** 695
- bei vertikalen Vereinbarungen **Grundlagen** 502
- Doppelte Marge **Art. 2 FKVO** 425
- Einkaufskooperationen **Art. 101 AEUV** 423 ff.
- Ermittlung **Art. 101 AEUV** 1122 ff.
- Feststellung von **Grundlagen** 482 ff.
- Freistellung bei Tarifverträgen **Grundlagen** 1337
- FuE-Kooperation **Art. 101 AEUV** 393 ff.
- Fusionskontrolle **Einl. FKVO** 88
- Fusionskontrolle, Anforderungen **Art. 2 FKVO** 187 ff.
- Fusionskontrolle, Anmeldung **Art. 4 FKVO** 51
- Fusionskontrolle, Ausgleichsfaktoren **Art. 2 FKVO** 182 ff.
- Fusionskontrolle, Konglomerate Zusammenschlüsse **Art. 2 FKVO** 487
- Fusionskontrolle, Versicherungswirtschaft **SB-Versicherungswirtschaft** 284
- Fusionskontrolle, Vertikale Zusammenschlüsse **Art. 2 FKVO** 424, 450
- Fusionsspezifische **Art. 2 FKVO** 201 ff.
- Horizontale Zusammenschlüsse **Grundlagen** 401 ff., 467 ff.
- Informationsaustausch **Art. 101 AEUV** 384 ff.
- Kosteneinsparungen **Art. 2 FKVO** 204
- Lizenzverweigerung **Grundlagen** 1268 f.
- Marktmissbrauchsschutzzweck **Art. 102 AEUV** 14 ff.
- Marktmissbrauchstatbestandsmerkmal **Art. 102 AEUV** 14 ff.
- Mehrwert **Art. 2 FKVO** 204
- Nachhaltigkeit **Art. 2 FKVO** 207
- Nachhaltigkeitsvereinbarungen **Art. 101 AEUV** 465
- Nachweis **Art. 101 AEUV** 1122 ff.
- Normenvereinbarungen **Art. 101 AEUV** 442 ff.
- Produktionsvereinbarungen **Art. 101 AEUV** 413
- Profit-Test **Art. 101 AEUV** 1125
- qualitative **Art. 101 AEUV** 1070 f., 1085 f., 1096, 1122 ff.
- quantitative **Art. 101 AEUV** 1070 f., 1085 f., 1122 ff.
- Rechtfertigungsgrund **Art. 102 AEUV** 640

magere Zahl = Randnummer

Sachverzeichnis

- Rechtfertigungsgrund, Torwächter **Art. 5 DMA** 266 ff.; **Art. 9 DMA** 3; **Art. 10 DMA** 3
- Sanierungsfusion **Grundlagen** 470
- Slack **Grundlagen** 476
- Survivor-Test **Art. 101 AEUV** 1125
- Validierende Tests **Art. 101 AEUV** 1125
- Verbrauchergewinnbeteiligung **Art. 101 AEUV** 1136 ff., 1136
- Versicherungswirtschaft **SB Versicherungswirtschaft** 4 f.
- Vollfunktions-GU, nicht gemeinschaftsweit **Art. 101 AEUV** 731 ff.
- X-Ineffizienzen **Grundlagen** 476

Effizienzkostenprinzip Grundlagen 1037 ff.
EFIM-Fall Art. 102 AEUV 225
EFTA Grundlagen 1667 ff.
- Fusionskontrolle **Art. 1 FKVO** 71
- Fusionskontrolle, Auskunftsersuchen **Art. 11 FKVO** 33
- Vertikal-GVO **Einl. Vertikal-GVO** 34

EFTA-Gerichtshof Grundlagen 1303, 1674
- e-EFTA Court **Rechtsschutz** 101
- Einheitsmodell **Rechtsschutz** 149
- Geschäftsverteilung **Rechtsschutz** 134
- Nichtigkeitsklage **Rechtsschutz** 331 ff., 413
- Rechtsquellen **Rechtsschutz** 101
- Schriftsätze **Rechtsschutz** 143 ff.
- Sitzungsbericht **Rechtsschutz** 176
- Sprache **Rechtsschutz** 107
- Tarifverträge **Grundlagen** 1325 ff.
- Überblick **Rechtsschutz** 11 ff.
- Übermittlung **Rechtsschutz** 142
- Verfahrensgang **Rechtsschutz** 122 ff.
- Verfahrensgrundrechte **Rechtsschutz** 67 ff.
- Vorabentscheidungsverfahren **Rechtsschutz** 674 ff., 729
- Zuständigkeit **Rechtsschutz** 278 ff.

EFTA-Überwachungsbehörde Grundlagen 1674 ff.
- Amtshilfe **Grundlagen** 1720 ff.
- Beratender Ausschuss für Kartell- und Monopolfragen **Art. 14 VO 1/2003** 13
- Fusionskontrolle **Einl. FKVO** 117 f.; **Grundlagen** 1704 ff.
- Fusionskontrolle, Beteiligungsrechte **Art. 19 FKVO** 35 ff.
- Fusionskontrolle, Beteiligung **Art. 18 FKVO** 5
- Fusionskontrolle, Kooperation **Art. 19 FKVO** 29 ff.
- Marktmissbrauchskontrolle **Grundlagen** 1698 ff.
- Rechtshilfe **Grundlagen** 1720 ff.
- Zusammenarbeit, Kommission **Grundlagen** 1714 ff.
- Zuständigkeit, Kommission **Grundlagen** 1697 ff.
- Zwangsvollstreckung **Grundlagen** 1721

EGMR
- Überblick **Rechtsschutz** 15 ff.

EGMRK Grundlagen 750
Eigenbedarfslizenz Art. 4 TT-GVO 60
Eigengebrauch Art. 102 AEUV 508
Eigentum Art. 5 Vertikal-GVO 31
- gewerbliches **Grundlagen** 1084 ff.
- kommerzielles **Grundlagen** 1084 ff.

Eigentumsfreiheit Grundlagen 867 ff.
- Eigentumsentziehung **Grundlagen** 873
- Gemeinschaftsschutzrechte **Grundlagen** 1126 f.
- Nutzungsbeschränkungen **Grundlagen** 872 f.
- Preiskontrolle **Grundlagen** 1043 ff.

Eigenvertrieb Art. 102 AEUV 578 ff.
Eignung zum Marktmissbrauch Art. 102 AEUV 312
Eindeutiger Marktumsatz
- mit dem Schutzrecht **Grundlagen** 1278

Einfirmenvertreter SB Versicherungswirtschaft 132
Eingang
- Schriftstücke bei Kommission **Art. 10 FKVO** 20

Eingerichteter und ausgeübter Gewerbebetrieb Grundlagen 871
- Netzentgelte **Grundlagen** 1048

Eingesehene Dokumente Art. 27 VO 1/2003 29
Eingliederung
- Absatzmittler **Art. 101 AEUV** 537 f.

Eingriff in geschützte Rechtsposition Rechtsschutz 369
Eingriff in Rechtsstellung des Klägers Rechtsschutz 478 ff.
Eingriffsbefugnisse Grundlagen 1640
Eingriffsnormen Grundlagen 1513 f.
Einhaltungsmaßnahmen Art. 29 DMA 30 ff.
Einheitliche Anwendung des EU-Wettbewerbsrechts Art. 16 VO 1/2003 1 ff., 19 ff.
Einheitlicher Marktauftritt Art. 102 AEUV 226
Einheitsmodell Rechtsschutz 149
Einheitsverzinsung Grundlagen 1042
Einkaufsgemeinschaften Art. 102 AEUV 265 ff.
- Freistellung, Vertikal-GVO **Art. 2 Vertikal-GVO** 10
- Ökonomie **Grundlagen** 395

Einkaufsgemeinschaftsunternehmen Art. 101 AEUV 742
Einkaufskartell Art. 101 AEUV 421
Einkaufskooperationen Art. 101 AEUV 418 ff., 606
- Effizienzgewinne **Art. 101 AEUV** 423 ff.
- Freistellung, Einzel- **Art. 101 AEUV** 1093
- Gemeinschaftsunternehmen **Art. 101 AEUV** 605
- Schadenstheorien **Art. 101 AEUV** 419 ff.

Einkaufsmacht
- Verbrauchergewinnbeteiligung **Art. 101 AEUV** 1149

Einkaufspreise
- unangemessene **Art. 102 AEUV** 375

Einkaufstätigkeit von Gesundheitseinrichtungen Grundlagen 1363
Einkaufsvereinbarungen
- Handelsbeeinträchtigung **Art. 101 AEUV** 830

Einkünfteteilung Art. 101 AEUV 738
Einleitungsentscheidung Art. 6 FKVO 43 ff.
- Nichtigkeit **Art. 6 FKVO** 67

Einmischungsverbot Grundlagen 1402 ff., 1452
- Internationales Wettbewerbsrecht **Grundlagen** 1424

Einrichtungsbegriff
- Essential Facility Doktrin **Art. 102 AEUV** 505

Einsatzmittel
- wichtiges **Art. 2 FKVO** 395
- Zugang zu **Art. 2 FKVO** 409 ff.

Einschätzungsprärogative
- Bietergemeinschaften **Art. 101 AEUV** 308
- Entzug des Rechtsvorteils **Art. 101 AEUV** 1251
- Freistellung **Art. 101 AEUV** 1009

Sachverzeichnis

fette Zahl = Gesetz und Paragraf

- Freistellung, Einzel- **Art. 101 AEUV** 1029, 1046
- Gruppenfreistellungsverordnungen **Art. 101 AEUV** 1204
- Mitgliedsstaaten **Art. 101 AEUV** 1036
- Nichtanwendbarkeit auf Netze **Art. 101 AEUV** 1256
- Unternehmen **Art. 101 AEUV** 1036
- Vermarktungsvereinbarungen **Art. 101 AEUV** 435

Einschätzungsspielraum
- Unternehmen **Art. 1 VO 1/2003** 29

Einschlafen des Prozesses Rechtsschutz 147

Einseitige Kontigentierungsmaßnahmen Art. 101 AEUV 115

Einseitige Maßnahme
- Abgestimmte Verhaltensweisen **Art. 101 AEUV** 174
- einseitig veranlasste **Art. 101 AEUV** 109 ff.

Einseitige Verhaltensweise Art. 1 Vertikal-GVO 6

Einseitiges Rechtsgeschäft
- Nichtigkeit **Art. 102 AEUV** 885

Einseitigkeit
- Plattformen **Grdl. DMA** 47

Einspruch
- Versäumnisurteil **Rechtsschutz** 145

Einstandspreise, Angebote unter
- Verhältnis zum EU-Wettbewerbsrecht **Art. 3 VO 1/2003** 17, 26

Einstellung des Verfahrens
- Derselbe Fall **Art. 13 VO 1/2003** 15 ff.
- Gemeinschaftsinteresse (fehlendes) **Art. 13 VO 1/2003** 1 ff.
- Gemeinschaftsinteresse (fehlendes), Rechtsschutz **Art. 13 VO 1/2003** 9 ff.
- Gemeinschaftsinteresse (fehlendes), Verfahren **Art. 13 VO 1/2003** 4
- VO Nr. 773/2004 **Art. 13 VO 1/2003** 8

Einstimmigkeitserfordernis
- FKVO-Änderungen **Einl. FKVO** 71 ff.

Einstweilige Anordnung
- Gerichtverfahren **Rechtsschutz** 607

Einstweilige Maßnahmen
- Anhörung, nachträgliche **Art. 18 FKVO** 30
- Anspruch, auf Erlass **Art. 8 VO 1/2003** 26
- Anspruch, Schadensersatz **Art. 8 VO 1/2003** 27
- Befristung **Art. 8 VO 1/2003** 18
- fehlerhafte **Art. 8 VO 1/2003** 27
- Fusionskontrolle, Veröffentlichung **Art. 20 FKVO** 5
- Fusionskontrolle, Vollzug ohne Genehmigung **Art. 8 FKVO** 156 ff.
- Fusionskontrolle, Vollzugsverbotsverstoß **Art. 7 FKVO** 125
- Geldbußen **Art. 8 VO 1/2003** 24
- Kartellverfahren **Art. 8 VO 1/2003** 22
- Kartellverfahren, Inhalt **Art. 8 VO 1/2003** 15
- Kommission **Art. 8 VO 1/2003** 1
- Rechtsschutz **Art. 8 VO 1/2003** 25
- Rechtsschutz, Nichtigkeitsklage **Rechtsschutz** 363
- Schaden, drohender **Art. 8 VO 1/2003** 12 f.
- Schaden, ernster **Art. 8 VO 1/2003** 8 f.
- Schaden, nicht wieder gut zu machender **Art. 8 VO 1/2003** 14
- Voraussetzungen, Dringlichkeit **Art. 8 VO 1/2003** 6 ff.
- Voraussetzungen, Gefahr **Art. 8 VO 1/2003** 7 ff.
- Voraussetzungen, Prima-facie-Verstoß **Art. 8 VO 1/2003** 5
- Voraussetzungen, Schaden **Art. 8 VO 1/2003** 8 ff.
- Zwangsgeld **Art. 24 VO 1/2003** 13
- Zwangsgelder **Art. 8 VO 1/2003** 24

Einstweiliger Rechtsschutz
- Begründetheit **Rechtsschutz** 610 ff.
- Einstweilige Anordnung **Rechtsschutz** 607
- Prüfungsumfang **Rechtsschutz** 606 ff.
- Zulässigkeitsvoraussetzungen **Rechtsschutz** 566 ff.
- Zuständigkeit **Rechtsschutz** 138, 568

Eintrittsgebühr
- Geldbuße **Art. 23 VO 1/2003** 146

Einwilligung
- Begriff **Art. 2 DMA** 154
- Online-Plattformen **Art. 13 DMA** 27
- Präsident der Kommission **Einl. FKVO** 195
- Torwächter **Art. 5 DMA** 96 ff., 104 ff.

Einzelabstützungen Art. 103 AEUV 11 f.

Einzelermächtigung
- begrenzte **Einl. FKVO** 66

Einzelfallgenehmigung *s. Einzelfreistellung*

Einzelfreistellung Art. 101 AEUV 1014 ff., 1172
- Alleinbezugsverpflichtung **Art. 101 AEUV** 519
- Alleinvertriebsvereinbarung **Art. 101 AEUV** 1178
- Amortisationsdauer **Art. 101 AEUV** 1022 ff.
- Art. 1 Abs. 2 VO (EG) 1/2003 **Art. 101 AEUV** 511 ff.
- Beratungsschreiben **Art. 101 AEUV** 1057 ff.
- Beweislast **Art. 101 AEUV** 1039, 1043
- Beweismaß **Art. 101 AEUV** 1044 ff.
- Effizienzgewinne, Ermittlung **Art. 101 AEUV** 1122 ff.
- Effizienzgewinne, Nachweis **Art. 101 AEUV** 1122 ff.
- Effizienzgewinne, qualitative **Art. 101 AEUV** 1070 f., 1096
- Effizienzgewinne, quantitative **Art. 101 AEUV** 1070 f.
- Einschätzungsprärogative der Kommission **Art. 101 AEUV** 1029
- Eintritt **Art. 101 AEUV** 1019
- Ermessensfehlgebrauch **Art. 101 AEUV** 1031
- Fallgruppen **Art. 101 AEUV** 1174 ff.
- Fortschritt, technischer **Art. 101 AEUV** 1069 ff.
- Fortschritt, wirtschaftlicher **Art. 101 AEUV** 1069 ff.
- Franchisevereinbarungen **Art. 101 AEUV** 1178
- FuE Kooperation **Art. 101 AEUV** 1174
- Gebietsbeschränkung **Art. 101 AEUV** 534
- Gerichtliche Kontrolle **Art. 101 AEUV** 1037 ff.
- Gerichtliche Kontrolle, Beweislast **Art. 101 AEUV** 1039
- Gerichtliche Kontrolle, Ökonomie **Art. 101 AEUV** 1037 ff.
- Gerichtliche Kontrolle, Stellungnahme der Kommission **Art. 101 AEUV** 1041
- Gerichtliche Kontrolle, Tatsachenwürdigung **Art. 101 AEUV** 1037 ff.
- Geschäftsgeheimnisse **Art. 101 AEUV** 1045
- Grundlagen **Art. 101 AEUV** 1014 ff.
- Historie **Art. 101 AEUV** 969 ff.
- Kausalität **Art. 101 AEUV** 1076
- Kernbeschränkungen **Art. 101 AEUV** 1171; **Art. 5 Kfz-GVO** 1; **Art. 4 Vertikal-GVO** 5, 24 ff.

magere Zahl = Randnummer

Sachverzeichnis

- Kernbeschränkungen, Fallgruppen **Art. 4 Vertikal-GVO** 26
- Konsumentenwohlfahrtsstandard **Art. 101 AEUV** 1015 ff.
- Kosteneinsparungen **Art. 101 AEUV** 1085 ff.
- Landwirtschaft **SB Landwirtschaft** 432
- Leitlinien der Kommission **Art. 101 AEUV** 1055
- Marktanteil **Einl. Vertikal-GVO** 50
- Marktmissbrauch **Art. 101 AEUV** 1193
- Mitwirkungspflichten der Kommission **Art. 101 AEUV** 1046
- Nachteil **Art. 101 AEUV** 1082 ff.
- Nebenabrede **Art. 101 AEUV** 1078
- Nebenabreden **Art. 101 AEUV** 1170
- Nebenvereinbarungen **Art. 101 AEUV** 1178
- Negativattest **Art. 101 AEUV** 1049 ff.
- Nicht freigestellte Beschränkungen, Vertikal-GVO **Art. 5 Vertikal-GVO** 6
- Nichtangriffsvereinbarungen **Art. 101 AEUV** 1175
- Paritätsklauseln **Art. 101 AEUV** 550
- Profit-Test **Art. 101 AEUV** 1125
- Prognoseunschärfen **Art. 101 AEUV** 1022
- Realisierungsdauer **Art. 101 AEUV** 1022 ff.
- Rechtsfolge, zeitliche **Art. 101 AEUV** 1173
- Rechtsfolgen **Art. 101 AEUV** 878, 1017
- Rechtsirrtümer **Art. 101 AEUV** 1063 ff.
- Seeverkehr **SB Verkehr** 350 ff.
- Spezialisierungsvereinbarungen **Art. 101 AEUV** 1176
- Spürbarkeit **Art. 101 AEUV** 1075
- Survivor-Test **Art. 101 AEUV** 1125
- Tatsachenirrtümer **Art. 101 AEUV** 1063 ff.
- Technischer Fortschritt **Art. 101 AEUV** 1109 ff.
- Technologietransfervereinbarungen **Art. 101 AEUV** 1175
- TT-GVO **Art. 4 TT-GVO** 39 ff.
- Unerlässlichkeit, Beweislast **Art. 101 AEUV** 1168
- Unerlässlichkeit, dem Grunde nach **Art. 101 AEUV** 1162
- Unerlässlichkeit, der Art nach **Art. 101 AEUV** 1167
- Unerlässlichkeit, Modalitäten **Art. 101 AEUV** 1169 ff.
- Unerlässlichkeit, Wettbewerbsbeschränkung **Art. 101 AEUV** 1158 ff.
- Validierende Tests **Art. 101 AEUV** 1125
- Veränderungen des Sachverhalts **Art. 101 AEUV** 1027 ff.
- Verbotsirrtum **Art. 101 AEUV** 1064
- Verbrauchergewinnbeteiligung **Art. 101 AEUV** 1128 ff.
- Verhältnis zu Gruppenfreistellungsverordnungen **Art. 101 AEUV** 1205 ff.
- Verhältnis zur Spezialisierungs-GVO **Einl. Spezialisierungs-GVO** 23 ff.
- Verhältnismäßigkeitsprinzip **Art. 101 AEUV** 1015 ff.
- Vermutung **Art. 4 TT-GVO** 39 ff.
- Versicherungswirtschaft **SB Versicherungswirtschaft** 31
- Versicherungswirtschaft, Mitversicherungsgemeinschaft **SB Versicherungswirtschaft** 72 ff.
- Versicherungswirtschaft, Schadensregulierungsabkommen **SB Versicherungswirtschaft** 162 f.
- Vertikalvereinbarungen **Art. 101 AEUV** 511 ff.
- Vertrieb, selektiver **Art. 101 AEUV** 571
- Voraussetzungen **Art. 101 AEUV** 1068 ff.
- Vorteil, Arten von **Art. 101 AEUV** 1085 ff.
- Vorteil, künftiger **Art. 101 AEUV** 1022 ff.
- Vorteil, objektiver **Art. 101 AEUV** 1072 ff.
- Vorteil, Trade-Off **Art. 101 AEUV** 1082 ff.
- Warenerzeugung **Art. 101 AEUV** 1069 ff.
- Warenverteilung **Art. 101 AEUV** 1069 ff.
- Wegfall **Art. 101 AEUV** 1020
- Wettbewerbsanalyse **Art. 101 AEUV** 1182 ff.
- Wettbewerbsbeschränkungen, wesentliche **Art. 101 AEUV** 1180 f.
- Wettbewerbspolitik **Art. 101 AEUV** 1040

Einzelhandel
- Fusionskontrolle **Art. 2 FKVO** 126
- Wettbewerbsparameter **Grundlagen** 133

Einzelhändler
- Freistellung, TT-GVO **Art. 4 TT-GVO** 78 ff.
- Vertikal-GVO **Art. 2 Vertikal-GVO** 42

Einzelmarktbeherrschung Art. 102 AEUV 215; **Art. 2 FKVO** 247

Einzelrisiko SB Versicherungswirtschaft 1, 46 ff.

Einzelstaatliche Wettbewerbsbehörden Art. 15 VO 1/2003 9

Einzelverweisungen
- Einzelverweisungsanträge **Art. 22 FKVO** 25 ff.
- Fusionskontrolle **Art. 22 FKVO** 8 ff.

Einzugsgebiet
- Marktabgrenzung **Art. 102 AEUV** 142; **Art. 2 FKVO** 63

Eisenbahnunternehmen
- Marktbeherrschung **Art. 102 AEUV** 213 ff.

Eisenbahnverkehr Grundlagen 1026; **SB Verkehr** 309
- Gruppenfreistellung **SB Verkehr** 321

Elastischer Pool Art. 2 DMA 101

Elastizität
- Marktabgrenzung **Grundlagen** 278 ff.

Electrabel/CNR Art. 3 FKVO 106

Electrabel-Fall Art. 101 AEUV 516

Electricidade de Portugal/Pego-Projekt Art. 101 AEUV 516

Elektrizitätsmarkt Art. 102 AEUV 172 f.
- Endabsatzmärkte **Art. 102 AEUV** 178
- Erstabsatzmarkt **Art. 102 AEUV** 174 f.
- Erzeugermarkt **Art. 102 AEUV** 174 f.
- Großhandel **Art. 102 AEUV** 174 f.
- Grundversorgung **Art. 102 AEUV** 179
- Hilfsdienste **Art. 102 AEUV** 181 ff.
- Netzbetrieb **Art. 102 AEUV** 176
- Regelenergie **Art. 102 AEUV** 181
- Teilmarkt **Art. 102 AEUV** 178

Elektrizitätsnetze Grundlagen 1026

Elektrizitätsübertragungstarife Art. 102 AEUV 358

Elektronik Art. 101 AEUV 567

Elektronische Kommunikation Art. 102 AEUV 191 ff.

Elektronisches Schaufenster Art. 4 Vertikal-GVO 146 ff.

Elektrowatt/Landis&Gyr-Fall Art. 5 FKVO 74 ff.

eLeniency Leniency-Bekanntmachung 29

Elopak/Metal Box – Odin-Fall Art. 101 AEUV 217

Elzinga-Hogarty-Test Grundlagen 289 ff.

E-Mail-Dienste Art. 2 DMA 81

Sachverzeichnis

fette Zahl = Gesetz und Paragraf

Emerging Gatekeeper Einl. **DMA** 12, 26
Emesa Sugar-Urteil **Grundlagen** 944
Empfangsbestätigung
– Leniency-Bekanntmachung **Leniency-Bekanntmachung** 36, 58
Empfehlung über Zusammenarbeit bei Untersuchungen und Verfahren **Grundlagen** 1746
Empfehlung zu Angebotsabsprachen Vergabeverfahren **Grundlagen** 1751
Empfehlung zur strukturellen Trennung in regulierten Sektoren **Grundlagen** 1750
Empfehlung zur Transparenz und zum fairen Verfahren **Grundlagen** 1747
Empfehlungen **Art. 101 AEUV** 119
– Beratender Ausschuss für Kartell- und Monopolfragen **Art. 14 VO 1/2003** 50
– Fusionskontrollverfahren **Grundlagen** 1762 ff.
Empirische Industrieökonomik **Grundlagen** 81, 84 ff.
Empirische Verfahren
– Marktabgrenzung **Grundlagen** 276 ff.
– Marktzustrittsschranken, Umfang der **Grundlagen** 304
EMRK **Grundlagen** 813, 835 ff., 846 ff.
EnBW/EDP/Cajastur/Hidrocantábrico-Fall **Art. 8 FKVO** 74
Endabsatzmärkte **Art. 102 AEUV** 178, 185
Endesa/GasNatural-Fall **Art. 101 AEUV** 516
Ende-zu-Ende-
– Kommunikation **Art. 7 DMA** 34
– Verschlüsselung **Art. 7 DMA** 43
Endivienurteil SB Landwirtschaft 372, 389 ff., 418 f.
Endkunden
– Marktabgrenzung **Art. 2 FKVO** 52
Endnutzer
– akquirierter **Art. 5 DMA** 153 ff.
– Anbieten **Art. 1 DMA** 17
– Arbeitnehmer **Art. 2 DMA** 121
– Begriff **Art. 2 DMA** 113 ff.
– Bereitstellen **Art. 1 DMA** 17
– Datenzuordnung **Art. 6 DMA** 213
– Freiheitsschutz **Art. 7 DMA** 44 ff.
– gewerblicher **Art. 2 DMA** 115 ff.
– gewerblicher, aktiver **Art. 2 DMA** 116
– Nutzungszweck **Art. 2 DMA** 28, 122
Endverbraucher **Art. 101 AEUV** 1129
– Diskriminierung **Art. 102 AEUV** 451 ff.
– Handelspartner **Art. 102 AEUV** 433
– Selektives Vertriebssystem **Art. 4 Vertikal-GVO** 229 ff.
Energieeffizienzrecht **Grundlagen** 1025
Energielieferverträge
– Anpassungsanspruch **Art. 101 AEUV** 932
Energiemarkt **Art. 102 AEUV** 172 f.
Energiesektor
– Bereichsausnahmen **Grundlagen** 1572
– Daseinsvorsorge **Art. 106 AEUV** 102
– Liberalisierung **Art. 106 AEUV** 178
Energiesparen **Grundlagen** 1025
Energieumweltrecht **Grundlagen** 1025
Energie-Urteile **Art. 106 AEUV** 30
Energiewirtschaft **Art. 101 AEUV** 573
Energiewirtschaftsrecht
– Grundlagen **Grundlagen** 1023 ff.
– Verhältnis zum GWB **Grundlagen** 1048

– Ziele **Grundlagen** 1028 ff.
Eng verknüpfte Märkte **Art. 101 AEUV** 616 ff.
Englische Klausel **Art. 101 AEUV** 513, 514, 518; **Art. 102 AEUV** 615
– Behinderungsmissbrauch **Art. 102 AEUV** 791
– Freistellung, Vertikal-GVO **Art. 1 Vertikal-GVO** 29; **Art. 4 Vertikal-GVO** 74
– Rabatte **Art. 102 AEUV** 775
Enichem Base/Comune di Cinsello Balsamo-Fall **Art. 11 VO 1/2003** 59
Enquete-Recht **Art. 17 VO 1/2003** 3
Entbündelung **Grundlagen** 678
Entdeckungsverfahren **Grundlagen** 107 f.
Entega II-Fall **Art. 102 AEUV** 451
Entflechtung **Art. 8 FKVO** 146 ff., 146
– Durchsetzung, Zwangsgeld **Art. 15 FKVO** 7
– Ermessen der Kommission **Art. 8 FKVO** 151
– Internationales Wettbewerbsrecht **Grundlagen** 1463, 1505
– Umsatzberechnung **Art. 5 FKVO** 38 ff.
– Vollzugsverbot **Art. 7 FKVO** 125
Entgangener Gewinn **Art. 102 AEUV** 904
– Amtshaftungsklage **Rechtsschutz** 556
Entgelte s. Preise
Entgeltliche Leistung **Art. 101 AEUV** 19
Entgeltlichkeit
– Kommunikationsdienst **Art. 2 DMA** 85
– Plattformdienste, zentrale **Art. 2 DMA** 47
– Suchmaschine **Art. 2 DMA** 62
Entkräftungsindizien **Art. 101 AEUV** 131 ff.
Entlohnung **Grundlagen** 1349
Entry Fee **Art. 23 VO 1/2003** 131, 146 ff.
Entscheidung
– Nichtigkeitsklage **Rechtsschutz** 334
Entscheidungen
– Veröffentlichung **Art. 30 VO 1/2003** 1 ff.
Entscheidungsabschnitt **Rechtsschutz** 84
Entscheidungsbefugnisse
– Kommission **Vor Art. 7 VO 1/2003** 3 f.
Entscheidungserheblichkeit
– Vorabentscheidungsverfahren **Rechtsschutz** 719 ff.
Entscheidungsermessen
– Kommission **Art. 7 VO 1/2003** 55
– Kommission, Zusagenentscheidungen **Art. 9 VO 1/2003** 27
Entscheidungsgrundlage
– Wegfall **Rechtsschutz** 483
Entscheidungspraxis
– Wettbewerbsanalyse **Art. 101 AEUV** 1187 ff.
Entscheidungsquoten
– Unionsgerichte **Rechtsschutz** 190 ff.
Entsendungsrichtlinie **Grundlagen** 1344 ff., 1349
Entsorgungssektor
– Daseinsvorsorge **Art. 106 AEUV** 102
Entstehungsgeschichte **Art. 1 DMA** 2; **Einl. DMA** 1 ff.
– Auslegung GVO **Art. 101 AEUV** 1215, 1218
Entwicklungsbeschränkung
– Geschäftsverweigerung **Art. 102 AEUV** 458 ff.
– Missbrauchstatbestand **Art. 102 AEUV** 408 ff.
– Missbrauchstatbestand, eigene Beschränkung **Art. 102 AEUV** 417 ff.
– Zwischenstaatlichkeitsklausel **Art. 102 AEUV** 867
Entzug des Rechtsvorteils **Art. 29 VO 1/2003** 1 ff.
– Beweislast **Art. 6 TT-GVO** 2

magere Zahl = Randnummer

Sachverzeichnis

- Gruppenfreistellungsverordnungen **Art. 101 AEUV** 1248 ff.
- Spezialisierungs-GVO **Art. 2 Spezialisierungs-GVO** 21
- TT-GVO **Art. 6 TT-GVO** 1 ff.
- Vertikal-GVO **Art. 6 Vertikal-GVO** 1 ff.
- Wirkung **Art. 6 TT-GVO** 10

Entzugsentscheidung (national)
- Mitteilungspflicht, Kommission (an) **Art. 11 VO 1/2003** 48

Entzugsverordnung Art. 101 AEUV 1248
Envelopment Grdl. DMA 83, 139; **Art. 3 DMA** 9; **Art. 5 DMA** 227
ENW/Eastern-Fall Art. 3 FKVO 147 ff.
EO SB Landwirtschaft; s. *Erzeugerorganisationen, landwirtschaftliche*
E-ON-Fall Art. 9 VO 1/2003 41
EPH/Stredolovenska Energetika-Fall Art. 3 FKVO 33
EPI-Entscheidung Art. 101 AEUV 251 ff.
equally efficient competitor-Test Art. 102 AEUV 646, 727
- Behinderungsmissbrauch, preisbezogener **Art. 102 AEUV** 671 ff.
- Kostenarten **Art. 102 AEUV** 675 ff.

Equal-Pay-Gebot Grundlagen 1349
e-questionnaires Einl. FKVO 165
Erbringungskosten Art. 102 AEUV 358
Erbschaft
- Kontrollerwerb **Art. 3 FKVO** 68

Erfasster Dienst Art. 6 DMA 61
Erfolgsdelikt Art. 101 AEUV 152
Erfolgshonorar Grundlagen 717
Erforderlichkeit
- Vorabentscheidungsverfahren **Rechtsschutz** 719 ff.

ERGA Art. 40 DMA 8
erga omnes Rechtsschutz 502, 726
Ergänzende Schutzzertifikate
- Begriff **Art. 1 TT-GVO** 24 f.

Ergänzende Vertragsauslegung
- Anpassungsanspruch **Art. 101 AEUV** 931, 942

Ergänzung
- Urteil **Rechtsschutz** 248

Erhebliche Behinderung wirksamen Wettbewerbs
- Ausgleichsfaktoren **Art. 2 FKVO** 144
- Binnenmarktsauswirkung **Art. 2 FKVO** 145 ff.
- Erheblichkeit **Art. 2 FKVO** 140 ff.
- Kausalität **Art. 2 FKVO** 148
- Marktanteile **Art. 2 FKVO** 86 ff.
- Marktbeherrschung **Art. 2 FKVO** 115 ff.
- Marktstruktur **Art. 2 FKVO** 84
- Prognose **Art. 2 FKVO** 217 ff.
- Prognosezeitraum **Art. 2 FKVO** 223 ff.
- Schadenstheorien **Art. 2 FKVO** 109 ff.
- Theories of harm **Art. 2 FKVO** 109 ff.
- Überblick **Art. 2 FKVO** 77 ff.
- Verhältnismäßigkeitsgrundsatz **Art. 2 FKVO** 228 ff.
- Vermutungen **Art. 2 FKVO** 106 ff.
- Vertikale Zusammenschlüsse **Art. 2 FKVO** 379 ff.
- Verweisungsverfahren **Art. 9 FKVO** 34

Erheblicher Einfluss Art. 3 VO 1/2003 38; **Internationale Fusionskontrolle** 32
- Torwächter **Art. 3 DMA** 32 ff.

Erheblicher Mehrwert Leniency-Bekanntmachung 46 ff.
- Beispiel **Leniency-Bekanntmachung** 53

Erheblichkeitskriterium
- Effizienzgewinne **Art. 2 FKVO** 188 ff.
- Fusionskontrolle **Art. 2 FKVO** 140 ff.

Erheblichkeitsschwelle
- Freistellung, Einzel- **Art. 101 AEUV** 1075

Erhebungen (Versicherungen) SB Versicherungswirtschaft 89 ff.
Erholungsurlaub Grundlagen 1301, 1304
- EFTA-Gerichtshof **Grundlagen** 1326

Erklärung zu öffentlich-rechtlichen Kreditinstituten Art. 106 AEUV 11 ff.
Erledigung
- Gerichtsverfahren **Rechtsschutz** 214 ff.

Ermächtigung
- Fusionskontrolle **Art. 6 FKVO** 13 ff.; **Art. 8 FKVO** 21 ff.

Ermächtigungsgrundlage
- **Art. 103 AEUV Grundlagen** 1605 ff.
- Gruppenfreistellungsverordnungen **Art. 101 AEUV** 1005 ff.
- Nationale Behörden **Art. 5 VO 1/2003** 2 ff.
- Verordnungen, Kommission **Art. 105 AEUV** 21 ff.

Ermächtigungssystem
- Kommission **Einl. FKVO** 189 ff.

Ermessen
- Aufgreif- **Art. 13 VO 1/2003** 3; **Art. 22 FKVO** 40; **Grundlagen** 1324
- Auswahl- **Art. 103 AEUV** 57 ff.; **Art. 105 AEUV** 14
- Auswahl-, Ermittlungen **Art. 18 VO 1/2003** 20
- Beratungsschreiben **Art. 101 AEUV** 1062
- Durchführungsvorschriften **Art. 103 AEUV** 55 ff., 57 ff.
- Entschließungs- **Art. 103 AEUV** 55 ff.; **Art. 105 AEUV** 13
- Fusionskontrolle, Verweisung **Art. 22 FKVO** 81
- Geldbußen **Art. 23 VO 1/2003** 116
- Gerichte, Beweiserhebung **Rechtsschutz** 160
- Gerichtliche Kontrolle **Art. 16 FKVO** 8 ff.
- Leitlinien der Kommission **Art. 101 AEUV** 1055
- Mitgliedstaaten **Art. 9 FKVO** 19
- Nationale Behörden, Nachprüfungsersuchen **Art. 12 FKVO** 5
- Positiventscheidung **Art. 10 VO 1/2003** 16
- Rechtsfolge, Freistellung **Art. 101 AEUV** 1008 f.
- Torwächterüberwachung **Art. 8 DMA** 50
- Zwangsgelder **Art. 24 VO 2/2003** 22 ff., 34

Ermessensfehlgebrauch Art. 101 AEUV 1035
- Einzelfreistellung **Art. 101 AEUV** 1031

Ermittlungsabschnitt Rechtsschutz 84
Ermittlungsbefugnisse
- Internationales Wettbewerbsrecht **Grundlagen** 1471

Ermittlungshandlungen (national)
- Mitteilungspflicht, Kommission (an) **Art. 11 VO 1/2003** 31 ff.

Ermittlungsmaßnahme
- Verjährungsunterbrechung **Art. 25 VO 1/2003** 18

Ermutigung Art. 23 VO 1/2003 173
Erneuerbare Energien Grundlagen 1024 f.
Ernst&Young-Fall Art. 7 FKVO 31
Errichtungsgeschäft Art. 101 AEUV 144

4031

Sachverzeichnis

fette Zahl = Gesetz und Paragraf

Ersatzteile Art. 102 AEUV 110, 491
- Bauteilehersteller **Art. 5 Kfz-GVO** 10 ff.
- Begriff **Art. 1 Kfz-GVO** 6
- Behinderungsmissbrauch, preisbezogener **Art. 102 AEUV** 697
- Flüssigstoffe **Art. 1 Kfz-GVO** 9
- Freistellung, Kfz-GVO **Art. 4 Kfz-GVO** 24
- Hersteller **Art. 4 Kfz-GVO** 25
- Kopplungsgeschäft **Art. 102 AEUV** 626
- Marktabgrenzung **Art. 102 AEUV** 154
- Originale **Art. 5 Kfz-GVO** 3 ff.
- Reifen **Art. 1 Kfz-GVO** 9 ff.
- Schmieröle **Art. 1 Kfz-GVO** 9 ff.

Ersatzteilhandel Art. 4 Vertikal-GVO 222
- Freistellung, Nicht freigestellte Beschränkung **Art. 4 Kfz-GVO** 15
- Freistellung, Vertikal-GVO **Art. 4 Vertikal-GVO** 238 ff.
- Kfz-GVO **Einl. Kfz-GVO** 14 ff., 22 ff.
- Marktabgrenzung **Art. 4 Kfz-GVO** 5

Ersatzteilhändler
- Marktabgrenzung **Art. 2 FKVO** 52

Ersatzteillieferungen Art. 4 Vertikal-GVO 238 ff.
- Weiterverarbeitung **Art. 4 Vertikal-GVO** 238 ff.
- Weiterverkauf **Art. 4 Vertikal-GVO** 238 ff.

Ersatzteilmarkt
- Beherrschung **Grundlagen** 1247

Ersatzteilvertriebsverträge Art. 4 Kfz-GVO 24
ERSA-Urteil Grundlagen 868
Erschließung
- Gasmärkte **Art. 102 AEUV** 183

Erschließung des EU-Marktes
- Vollfunktions-GU, nicht gemeinschaftsweit **Art. 101 AEUV** 731

Erschöpfung Grundlagen 1075, 1080, 1119
- bei Verstoß gegen Lizenzvertrag **Grundlagen** 1166
- Dienstleistungsfreiheit **Einl. TT-GVO** 19
- Direktexport, lizenzwidriger **Grundlagen** 1116
- Gemeinschaftsschutzrechte **Grundlagen** 1121 ff.
- international **Grundlagen** 1112 ff.
- isolierte **Grundlagen** 1163 ff.
- Lizenzvertragsverstoß **Grundlagen** 1114 ff., 1136
- Marken **Grundlagen** 1132 ff.
- Marktabschottung **Grundlagen** 1205
- Patentrecht **Grundlagen** 1156 ff.
- Rückausnahme **Grundlagen** 1142 ff.
- Schutzrechtsübertragung **Grundlagen** 1141
- Territorialitätsgrundsatz **Grundlagen** 1116
- unionsweit **Grundlagen** 1108 ff.
- Urheberrechte **Grundlagen** 1163 ff.
- Verhältnis zu Art. 101 AEUV **Grundlagen** 1241
- Warenverkehrsfreiheit **Einl. TT-GVO** 18
- Zwangslizenzen **Grundlagen** 1158 ff.

Erstabsatzmarkt Art. 102 AEUV 174 ff.
Erstversicherer
- Rückversicherer, Verhältnis zu **SB Versicherungswirtschaft** 191 ff.

Erstversicherungsmärkte
- Lebensversicherungen **SB Versicherungswirtschaft** 227 ff., 235
- Lebensversicherungen, Nicht- **SB Versicherungswirtschaft** 227 ff., 235

Erstversicherungsprämie SB Versicherungswirtschaft 198

Ersuchen um Stellungnahmen
- Nationale Gerichte **Art. 15 VO 1/2003** 23 ff.
- Nationale Gerichte, Bindung **Art. 15 VO 1/2003** 31

ERT-Rechtsprechung Grundlagen 817
Erwartungswert SB Versicherungswirtschaft 1
Erwerb
- von wechselseitigem Einfluss s. *Erwerb wechselseitigen Einflusses*

Erwerb über Kreuz Art. 3 FKVO 98
Erwerb wechselseitigen Einflusses Art. 101 AEUV 779 f.

Erwerbsvorgänge
- Faktorenanalyse **Art. 101 AEUV** 382

Erzeuger, landwirtschaftliche SB Landwirtschaft 400 ff.
- Begriff **SB Landwirtschaft** 415
- Privileg **SB Landwirtschaft** 411 ff.

Erzeugermarkt Art. 102 AEUV 174 ff.
- Marktabgrenzung **Art. 102 AEUV** 137 ff.

Erzeugerorganisationen, landwirtschaftliche SB Landwirtschaft 375, 385 ff.
- Anerkennung **SB Landwirtschaft** 388
- Anerkennungspflicht **SB Landwirtschaft** 388
- Anerkennungsvoraussetzungen **SB Landwirtschaft** 386 f.
- Mengensteuerung **SB Landwirtschaft** 460
- Vereinigung anerkannter (VEO) **SB Landwirtschaft** 385

Erzeugerprivileg SB Landwirtschaft 372 f., 398 ff., 411 ff.
- Genossenschaftsprivileg **SB Landwirtschaft** 426 ff.
- Mengensteuerung **SB Landwirtschaft** 461 ff.
- Voraussetzungen **SB Landwirtschaft** 413

Erzeugnis, landwirtschaftliches SB Landwirtschaft 374, 383

Erzeugnislagerung
- Lebensmittel **SB Landwirtschaft** 492

Erzeugnismarkt
- Bedarfsmarktkonzept **Art. 102 AEUV** 99 ff.

Erzeugungsbeschränkung Art. 101 AEUV 334 ff.; s. *Produktionsbeschränkung*

Escape Clause Art. 101 AEUV 780
ESG-Label Art. 101 AEUV 455
Essential Facility Doktrin Grundlagen 652 ff.; **Art. 102 AEUV** 231, 351, 466, 497, 498 ff., 514; **Art. 2 FKVO** 169
- Alternativer Lösungsansatz **Art. 102 AEUV** 523 ff.
- Fusionskontrolle, Vertikale Zusammenschlüsse **Art. 2 FKVO** 397
- Geschäftsverweigerung **Art. 102 AEUV** 478 ff.
- Immaterialgüterrecht **Art. 102 AEUV** 513, 533 ff.
- Kritik **Art. 102 AEUV** 520 ff.
- Natürliches Monopol **Art. 102 AEUV** 503
- Online-Plattformen **Art. 6 DMA** 163, 188, 249, 268
- Online-Plattformen, Interoperabilität **Art. 7 DMA** 16 f.
- Rechtfertigung **Art. 102 AEUV** 517 ff.
- Selbstbevorzugung **Art. 102 AEUV** 662
- Tatbestand, Duplizierbarkeit **Art. 102 AEUV** 502 ff.
- Tatbestand, Einrichtungsbegriff **Art. 102 AEUV** 505

magere Zahl = Randnummer

Sachverzeichnis

- Tatbestand, Inputmarktbeherrschung **Art. 102 AEUV** 514 ff.
- Tatbestand, Marktmachttransfer **Art. 102 AEUV** 507 ff.
- Tatbestand, Unentbehrlichkeit **Art. 102 AEUV** 499 ff.
- Tatbestand, Wettbewerbsbeseitigung **Art. 102 AEUV** 498 ff.
- Überblick **Art. 102 AEUV** 498 ff.
- Verhältnis EU- und nationales Recht **Grundlagen** 1625
- Verpflichtungszusagen **Art. 8 FKVO** 68

Essilor/Luxottica Art. 2 FKVO 478
Estland
- Fusionskontrolle **Anh. FKVO** 45 ff.

Etikettierungsvorschriften Grundlagen 1146
EU
- Wettbewerbspolitik **Grundlagen** 60 ff.
- Wettbewerbspolitik, wirksamer Wettbewerb **Grundlagen** 157
- Wettbewerbspolitik, wirtschaftliche Integration **Grundlagen** 154
- Wettbewerbsrecht **Grundlagen** 735 ff.

EU Gerichte
- Behörden der Mitgliedstaaten **Art. 104 AEUV** 11
- Bindungswirkung **Art. 3 VO 1/2003** 81
- Nichtigkeitsklagen **Grundlagen** 1654
- Rechtsprechung, Dienstleistungen von allgemeinem wirtschaftlichen Interesse **Art. 106 AEUV** 29 ff.
- Untätigkeitsklagen **Grundlagen** 1654
- Vorabentscheidungsverfahren **Grundlagen** 1655
- Zuständigkeit **Art. 103 AEUV** 45 ff.; **Grundlagen** 1653 ff.

EU Rechtsschutzsystem
- Überblick **Rechtsschutz** 4 ff.

EU-Beihilfenrecht
- Art. 106 Abs. 2 AEUV **Art. 106 AEUV** 141 ff.
- Durchführungsverbot **Art. 106 AEUV** 145
- Notifikationspflicht **Art. 106 AEUV** 145

EU-Beitrittsprozess Grundlagen 1772 ff.
EuG
- Geschäftsverteilung **Rechtsschutz** 134
- Sitzungsbericht **Rechtsschutz** 176
- Zuständigkeit **Rechtsschutz** 281 ff.

EU-Gesetzgeber
- Öffentliche Unternehmen **Art. 106 AEUV** 34 f.

EuGH
- Digital Markets Act **Art. 45 DMA** 1 ff.
- Geschäftsverteilung **Rechtsschutz** 134
- Online-Verhandlung **Rechtsschutz** 64
- Satzung **Rechtsschutz** 98 ff.
- Sitzungsbericht **Rechtsschutz** 176
- Überblick **Rechtsschutz** 6 ff.
- Vorabentscheidungsverfahren **Rechtsschutz** 726
- Zuständigkeit, EFTA-Gerichtshof **Rechtsschutz** 278 ff.
- Zuständigkeit, EuG **Rechtsschutz** 281 ff.

EU-Kommission s. *Kommission*
Eurocom/RSCG-Fall Art. 5 FKVO 74 ff., 74
Eurocontrol Art. 101 AEUV 42 ff.
Eurocontrol-Urteil Art. 101 AEUV 36
Europa der Bürger Grundlagen 808
Europäische Freihandelsassoziation s. *EFTA*
Europäische Nachbarschaftspolitik Grundlagen 1798 ff.

Europäische Zuckerindustrie-Fall Art. 102 AEUV 220, 276 ff., 400
Europäischer Entwicklungsfonds Grundlagen 1808
Europäischer Wirtschaftsraum s. *EWR*
Europäisches Kartellamt Einl. FKVO 103; **Grundlagen** 711
Europa-Mittelmeer-Partnerschaft (EuroMed) Grundlagen 1799 ff.
European Champions Einl. FKVO 79
European Competition Network s. *ECN*
European Night Services-Entscheidung Art. 102 AEUV 499
European Night Services-Fall Art. 101 AEUV 717 ff.
European Union Withdrawal Act 2018 Grundlagen 1822 ff.
Eurotunnel Art. 101 AEUV 735
Eurotunnel-Fall Art. 101 AEUV 217
EU-Verfassungsvertrag
- Dienstleistungen von allgemeinem wirtschaftlichen Interesse **Art. 106 AEUV** 17 ff.

EU-Wettbewerbsrecht
- Anwendung, einheitliche **Art. 16 VO 1/2003** 1 ff., 19 ff.
- Anwendungsbereich, geographischer **Grundlagen** 1667 ff.
- Anwendungsbereich, sachlicher **Grundlagen** 1549, 1552
- Anwendungsbereich, zeitlicher **Grundlagen** 1575 ff.
- Anwendungsverpflichtung **Art. 3 VO 1/2003** 3
- Anwendungsverpflichtung, Ausnahmen **Art. 3 VO 1/2003** 19 ff.
- Anwendungsverpflichtung, doppelte **Art. 3 VO 1/2003** 67
- Anwendungsverpflichtung, Grenzen **Art. 3 VO 1/2003** 60
- Anwendungsverpflichtung, Inhalt **Art. 3 VO 1/2003** 57 ff.
- Anwendungsverpflichtung, parallele **Art. 3 VO 1/2003** 49 ff.
- Anwendungsverpflichtung, Unberührtheitsklausel **Art. 3 VO 1/2003** 42
- Anwendungsvorrang der Grundfreiheiten **Grundlagen** 752
- Auswirkungsprinzip **Grundlagen** 1426 ff.
- Bereichsausnahmen **Grundlagen** 1242 ff., 1290 ff., 1559 ff.
- Binnenmarktbezug **Grundlagen** 1432 ff.
- Buchpreisbindung **Grundlagen** 1636
- Durchführungsprinzip **Grundlagen** 1426 ff., 1427 ff.
- EWR **Grundlagen** 1667 ff.
- Grundfreiheiten **Grundlagen** 739 ff., 747 f., 750 ff.
- Grundrechte **Grundlagen** 479 ff., 739 ff.
- Internationales Wettbewerbsrecht **Grundlagen** 1422 ff.
- Konvergenzverpflichtung **Art. 3 VO 1/2003** 3
- Konvergenzverpflichtung, Ausnahmen **Art. 3 VO 1/2003** 19 ff.
- Konvergenzverpflichtung, Unberührtheitsklausel **Art. 3 VO 1/2003** 42
- Sperrwirkung, Art. 101 AEUV **Art. 3 VO 1/2003** 68 ff.

4033

Sachverzeichnis

fette Zahl = Gesetz und Paragraf

- Subsidiaritätsprinzip **Grundlagen** 1648 ff.
- unmittelbare Geltung **Grundlagen** 1560 ff.
- Verhältnis deutscher und europäischer Unternehmensbegriff **Art. 101 AEUV** 67 ff.
- Verhältnis zum EU-Wettbewerbsrecht **Art. 3 VO 1/2003** 26
- Verhältnis zum Lauterkeitsrecht **Art. 3 VO 1/2003** 21 ff.
- Verhältnis zum Nationalen Recht **Art. 3 VO 1/2003** 1 ff.
- Verhältnis zum nationalen Recht **Grundlagen** 1554, 1596 ff., 1624 ff., 1630 ff.
- Verhältnis zum Nationalen Recht, Bereichsausnahmen **Art. 3 VO 1/2003** 26 ff.
- Verhältnis zum Nationalen Recht, Berufsvereinigungen **Art. 3 VO 1/2003** 16
- Verhältnis zum Nationalen Recht, Boykottverbot **Art. 3 VO 1/2003** 15
- Verhältnis zum Nationalen Recht, Einstandspreise **Art. 3 VO 1/2003** 17
- Verhältnis zum Nationalen Recht, Fusionskontrolle **Art. 3 VO 1/2003** 35 ff.
- Verhältnis zum Nationalen Recht, Gütezeichengemeinschaften **Art. 3 VO 1/2003** 16
- Verhältnis zum Nationalen Recht, Strafrecht **Art. 3 VO 1/2003** 32
- Verhältnis zum Nationalen Recht, Verbraucherschutz **Art. 3 VO 1/2003** 31
- Verhältnis zum Nationalen Recht, Wirtschaftsvereinigungen **Art. 3 VO 1/2003** 16
- Völkerrecht **Grundlagen** 1424 f.
- Vorrang **Art. 3 VO 1/2003** 4 ff.; **Grundlagen** 1613 ff.
- Zuständigkeit der EU Gerichte **Grundlagen** 1653 ff.
- Zuständigkeit der Kommission **Grundlagen** 1638 ff.
- Zwischenstaatlichkeitsklausel **Grundlagen** 1436 ff., 1596 ff.

Evaluierung
- Digital Markets Act **Art. 53 DMA** 1 ff.

EWR Grundlagen 1580, 1667 ff.
- Fusionskontrolle, Anwendungsbereich **Einl. FKVO** 41
- Fusionskontrolle, Auskunftsersuchen **Art. 11 FKVO** 33
- Gemeinsamer EWR-Ausschuss **Grundlagen** 1671
- Gemeinsamer EWR-Parlamentarische Ausschuss **Grundlagen** 1671
- Internationales Wettbewerbsrecht **Grundlagen** 1439, 1442
- Marktabgrenzung **Art. 2 FKVO** 64
- Organe **Grundlagen** 1671 ff.
- Rechtsschutz **Grundlagen** 1677 ff.
- Umsätze **Art. 1 FKVO** 30
- Verteidigerprivileg **Vor Art. 17–22 VO 1/2003** 18
- Ziel **Grundlagen** 1670, 1679
- Zwei Pfeiler-Prinzip **Grundlagen** 1672 ff.

EWR-Abkommen Grundlagen 1667 ff.
- Auslegung **Rechtsschutz** 45
- Fusionskontrolle **Art. 1 FKVO** 67 ff.
- Fusionskontrolle, Akteneinsicht **Art. 19 FKVO** 36 ff.
- Fusionskontrolle, Stellungnahmerecht **Art. 19 FKVO** 36 ff.

- Fusionskontrolle, Verweisung **Art. 4 FKVO** 146, 176 ff.
- Staatshaftung **Rechtsschutz** 45
- Verwertungsverbot **Art. 17 FKVO** 30

EWR-Wettbewerbsrecht Grundlagen 1680 ff.
- Anwendungsbereich **Grundlagen** 1692 f.
- De-minimis-Bekanntmachung **Grundlagen** 1699
- Durchsetzung **Grundlagen** 1697 ff.
- EFTA-Überwachungsbehörde **Grundlagen** 1698 ff.
- Fusionskontrolle **Grundlagen** 1689 ff.
- Missbrauch der marktbeherrschenden Stellung **Grundlagen** 1686 ff.
- öffentliche Unternehmen **Grundlagen** 1691 ff.
- Unmittelbare Geltung **Grundlagen** 1694 ff.
- Verwaltungsverfahren **Grundlagen** 1696
- Vorrangwirkung **Grundlagen** 1694 ff.
- wettbewerbsbeschränkende Vereinbarungen **Grundlagen** 1681 ff.

Ex Nunc
- Rechtsfolgen **Art. 29 VO 1/2003 Art. 101 AEUV** 877

exception d'irrecevabilité Rechtsschutz 209
Exekutive Grundlagen 1638 ff.
exemplary damages Grundlagen 1539
Existenzielle Interessen
- Internationales Wettbewerbsrecht **Grundlagen** 1408

Exklusivbindung Art. 102 AEUV 596
Exklusivgebiet
- Begriff **Art. 1 TT-GVO** 117 ff.

Exklusivität
- Freistellung, Vertikal-GVO **Art. 4 Vertikal-GVO** 119 ff.

Exklusivkundengruppe Art. 1 TT-GVO 120
Exklusivlizenz Grundlagen 1207 f.; s. auch ausschließliche Lizenz
- Begriff **Art. 1 TT-GVO** 113 ff.
- Freistellung, TT-GVO **Art. 4 TT-GVO** 34 ff.

Exklusivverträge s. Ausschließlichkeitsvereinbarungen
Exklusivvertrieb
- gegenseitiger **Art. 102 AEUV** 599
- Marktmissbrauch **Art. 102 AEUV** 589
- Marktstrukturmissbrauch **Art. 102 AEUV** 836
- Vertikal-GVO **Art. 1 Vertikal-GVO** 58

Exkulpation
- Ausfallhaftung **Art. 23 VO 1/2003** 80 ff.

Exogener Schock Grundlagen 529
Expedia-Urteil Art. 101 AEUV 262, 288, 312
Expertenberich Crémer/De Montjoie/Schweitzer Art. 3 DMA 12
Export
- Internationales Wettbewerbsrecht **Grundlagen** 1419 ff.

Exportbeschränkungen Grundlagen 1420 ff.
- Internationales Wettbewerbsrecht **Grundlagen** 1470
- Verpflichtungszusagen **Art. 9 VO 1/2003** 37

Exporterstattungen
- Milchsektor **SB Landwirtschaft** 403

Exportgebote
- Handelsbeeinträchtigung **Art. 101 AEUV** 871 f.

Exportkartell Grundlagen 1383, 1420 f., 1439, 1479; **Art. 101 AEUV** 88
- gemischte **Grundlagen** 1399, 1480
- Ökonomie **Grundlagen** 396

magere Zahl = Randnummer

Sachverzeichnis

Exportkreditversicherung SB Versicherungswirtschaft 247
Exportpreise
– Diskriminierung von Handelspartnern **Art. 102 AEUV** 439
Exportur-Entscheidung Grundlagen 1175
Exportverbot Art. 101 AEUV 494, 531, 873
– Freistellung, Einzel- **Art. 101 AEUV** 1107
Exportvereinbarung
– Handelsbeeinträchtigung **Art. 101 AEUV** 869 ff.
– Internationales Wettbewerbsrecht **Grundlagen** 1441
Externe Effekte Grundlagen 504, 514
– ökonomische Theorie des vollkommenen Wettbewerbs **Grundlagen** 164
Extraterritoriale Anwendung Art. 1 FKVO 56 ff.
Exxon/Mobil-Fall Art. 2 FKVO 355

F

Facebook Art. 102 AEUV 46 f., 397 ff.
– Ökonomie **Grundlagen** 662
– Verfahren **Art. 102 AEUV** 397; **Art. 5 DMA** 203
– Verfahren, Giphy-Fall **Grundlagen** 1493
– Verfahren, WhatsApp-Fall **Art. 1 FKVO** 59; **Einl. FKVO** 178
– Verfahren, Schnittstellen-Fall **Art. 6 DMA** 165
Facebook-Verfahren Art. 102 AEUV 280 ff.
Fachärztefonds SB Versicherungswirtschaft 25
Facilitating Collusion Art. 2 FKVO 385
Facilitating Practices
– Horizontale Zusammenschlüsse **Grundlagen** 449
Facilitator Art. 101 AEUV 298
– Informationsaustausch **Art. 101 AEUV** 353
Fact Sheet
– Erweiterung der Leniency Mitteilung **Leniency-Bekanntmachung** 1
Factoring SB Versicherungswirtschaft 248
Fähigkeit zur autonomen Gestaltung des Wettbewerbsverhaltens Art. 102 AEUV 207 ff.
Fähigkeit zur Wettbewerbsbehinderung Art. 102 AEUV 207 ff.
Fahrlässigkeit
– Geldbuße **Art. 23 VO 1/2003** 44
Fahrplanabsprachen Art. 101 AEUV 738
Fährverbindungen Art. 101 AEUV 714
failing firm defence s. *Sanierungsfusion*
Fair Trade-Initiativen Art. 101 AEUV 482
Fair Trial s. *faires Verfahren*
Faires Verfahren Grundlagen 943
Fairness
– Digital Markets Act **Art. 1 DMA** 4, 9 ff.
– Marktmissbrauchsschutzzweck **Art. 102 AEUV** 20 ff.
– Platform-to-business relations **Einl. DMA** 1
Fairnessziel
– Digital Markets Act **Einl. DMA** 11 ff.
faisceau d'indices Rechtsschutz 163
Faktische Fusion Art. 3 FKVO 18 ff.
Faktorenanalyse Art. 101 AEUV 360 ff.
– Aggregierung **Art. 101 AEUV** 375
– Ausgetauschte Parameter **Art. 101 AEUV** 369
– Diskontfaktor **Art. 101 AEUV** 366
– Häufigkeit des Austausches **Art. 101 AEUV** 377
– Identifizierung **Art. 101 AEUV** 375
– Komplexität des Marktes **Art. 101 AEUV** 364

– Marktabdeckung **Art. 101 AEUV** 362
– Marktstruktur **Art. 101 AEUV** 361
– öffentliche Information, echte **Art. 101 AEUV** 378
– Öffentlicher Informationsaustausch **Art. 101 AEUV** 379 ff.
– Stabilität des Marktes **Art. 101 AEUV** 364
– Symmetrie der Unternehmen **Art. 101 AEUV** 365
– Transparenz **Art. 101 AEUV** 363
– Vertikalvereinbarungen **Art. 101 AEUV** 496 f.
– Weitere Faktoren **Art. 101 AEUV** 382
Falldatenbank Art. 11 VO 1/2003 39
Fallverteilung
– Umverteilung **Art. 11 VO 1/2003** 116
– Verfahren **Art. 11 VO 1/2003** 113 ff.
Familiäre Bande
– Marktbeherrschung, kollektive **Art. 102 AEUV** 219
Familien-Gesellschafter Art. 3 FKVO 10
Farbliche Unterschiede Grundlagen 1220
Farbstoff-Fall Grundlagen 1427 f.; **Art. 101 AEUV** 350, 354
Farm to Fork-Strategie SB Landwirtschaft 433
FCA/PSA Art. 2 FKVO 202
FDI-Verordnung Einl. FKVO 137
Federal Trade Commission Grundlagen 711
Fédération Française des Sociétés d'Assurances-Entscheidung s. *FFSA-Entscheidung*
Fehler
– Gerichtliche Kontrolle **Art. 101 AEUV** 1032
Fehlerhafte Gesellschaft Art. 101 AEUV 900 f.
Feiertage Art. 10 FKVO 20
FENIN-Entscheidung Art. 101 AEUV 43 f., 71 ff., 422 ff.; **Art. 102 AEUV** 77; **Grundlagen** 1363; **SB Versicherungswirtschaft** 21 ff.
Fernsehen Art. 102 AEUV 193 ff.
Ferring-Entscheidung Art. 106 AEUV 149; **Grundlagen** 783
Fertiggerichte Art. 102 AEUV 144
Festpreise
– Freistellung, TT-GVO **Art. 4 TT-GVO** 69
– Freistellung, Vertikal-GVO **Art. 4 Vertikal-GVO** 29, 43 ff.
– Online-Plattformen, Freistellung **Art. 1 Vertikal-GVO** 43
– Spezialisierungs-GVO **Art. 4 Spezialisierungs-GVO** 3
Festsetzung
– Geldbußen **Art. 14 FKVO** 28 f.
Feststellungsentscheidung Art. 7 VO 1/2003 1 ff.; **Art. 10 FKV0** 2
– Beschwerdeverfahren **Art. 7 VO 1/2003** 36 ff.
– fortwirkende Verstöße **Art. 7 VO 1/2003** 25
– nachträgliche **Art. 29 DMA** 27 ff.; **Art. 7 VO 1/2003** 34
Feststellungswirkung
– Anwendungsbereich, zeitlicher **Grundlagen** 1595
Fette Katze Art. 102 AEUV 251
Feuerindustrieversicherung SB-Versicherungswirtschaft 244
Feuerversicherungen SB Versicherungswirtschaft 232
Feuerversicherung-Fall Art. 101 AEUV 794 ff.
FFDR-VO Art. 7 DMA 24
FFSA-Entscheidung Grundlagen 1353, 1364

4035

Sachverzeichnis

fette Zahl = Gesetz und Paragraf

fidelity discounts **Art. 102 AEUV** 740 ff.
- Paketrabatte **Art. 102 AEUV** 735 ff.
field of use Art. 4 Vertikal-GVO 107, 220
- Freistellung, TT-GVO **Art. 4 TT-GVO** 73
- TT-GVO **Art. 4 TT-GVO** 15 ff.
FIFA Art. 102 AEUV 72, 221
Filmindustrie Art. 101 AEUV 220
Filter
- Abschottungswirkung **Art. 2 FKVO** 384
Filtrona/Tabacalera-Fall Art. 102 AEUV 213
Financial Market Predation Grundlagen 623
Finanzdienstleistung Art. 101 AEUV 616 ff.; **Art. 2 DMA** 58
Finanzdienstleistungsmärkte Art. 102 AEUV 162
Finanzdienstleistungsunternehmen
- Umsatzermittlung **Art. 1 FKVO** 43
Finanzholdings
- Umsatzberechnung **Art. 5 FKVO** 46
Finanzielle Abhängigkeit
- Marktstrukturmissbrauch **Art. 102 AEUV** 828
Finanzielle Beteiligung
- Vollfunktions-GU, mit gemeinschaftsweit **Art. 101 AEUV** 657
Finanzieller Nutzen
- Bußgeldzumessung **Art. 23 VO 1/2003** 178
Finanzinstitute
- Fusionskontrolle **Art. 3 FKVO** 174
- Umsatzberechnung **Art. 5 FKVO** 41 ff.
Finanzkraft Art. 102 AEUV 250
- Fusionskontrolle, Horizontale Zusammenschlüsse **Art. 2 FKVO** 312
- Fusionskontrolle, Konglomerate Zusammenschlüsse **Art. 2 FKVO** 491
- Fusionskontrolle, Vertikale Zusammenschlüsse **Art. 2 FKVO** 436
Finanzplan
- Kontrollerwerb **Art. 3 FKVO** 30 ff.
Finanzprodukte
- Freistellung, Kfz-GVO **Art. 4 Kfz-GVO** 28
Finnland Grundlagen 1667 f.
- Fusionskontrolle **Anh. FKVO** 54 ff.
- Leniency-Bekanntmachung **Leniency-Bekanntmachung** 1
- Versicherungsvermittler **SB Versicherungswirtschaft** 136
- Wettbewerbspolitik **Grundlagen** 59
Firewalls Art. 2 Vertikal-GVO 50
Firmenkunden Art. 102 AEUV 166
Firmenzeichen
- Bauteilehersteller (OES) **Art. 5 Kfz-GVO** 17 f.
First Mover Advantage Grundlagen 392
- Marktzutrittsschranke **Grundlagen** 296
Fischereiprodukte SB Landwirtschaft 383
Fishing Expeditions Art. 18 VO 1/2003 11; **Art. 20 VO 1/2003** 3; **Art. 21 DMA** 11; **Vor Art. 17–22 VO 1/2003** 4
Fitness-App
- Vertikal-GVO **Art. 2 Vertikal-GVO** 30 ff.
Fixed-proportions Production Function Grundlagen 546
fix-it-first-Zusage Art. 8 FKVO 40, 63
Fixkosten Art. 102 AEUV 676, 711 ff.
- Freistellung, Einzel- **Art. 101 AEUV** 1087
Fixkostendeckung Art. 102 AEUV 325
Flächentarifverträge Grundlagen 1289, 1303

Flachglas-Fall Art. 102 AEUV 33 ff., 220, 223, 846
Flaga/Progas-Fall Art. 3 FKVO 88 f.
Fleischerzeugnisse Art. 102 AEUV 144
Flexibilitätsklausel Art. 4 FKVO 59; **Einl. FKVO** 74 f.
Flextronics/Motorola Art. 3 FKVO 71
Flotteneinheiten Art. 2 FKVO 87
FLRIC Art. 102 AEUV 368
Fluch des Gewinners SB Versicherungswirtschaft 2
Flughafen Art. 102 AEUV 279
Flughafen Frankfurt-Fall Art. 102 AEUV 561 ff., 641
Flughafeneinrichtungen Art. 102 AEUV 486
Flughafenleistungen Art. 102 AEUV 206
Flugüberwachung Art. 102 AEUV 73
Flüssiggasverträge Art. 102 AEUV 613
Flüssigstoffe Art. 1 Kfz-GVO 9 ff.
FNV Kunsten-Entscheidung Grundlagen 1299, 1309, 1315
Fokalität Grdl. DMA 131
Folgeeinnahmen
- Behinderungsmissbrauch, preisbezogener **Art. 102 AEUV** 695
Folgemärkte
- Marktabgrenzung **Art. 2 FKVO** 76
- Marktabgrenzung bei **Grundlagen** 259 f.
Folgeverfahren Art. 17 VO 1/2003 8
Folgeverträge
- Nichtigkeit **Art. 102 AEUV** 891
- Nichtigkeit nach Art. 101 Abs. 2 AEUV **Art. 101 AEUV** 905 ff.
- Schadensersatz **Art. 101 AEUV** 905 f.
- Vertikalvereinbarungen **Art. 101 AEUV** 524
Folk-Theorem Grundlagen 321 ff.
Follow-on-Klagen Art. 102 AEUV 897 ff.; **Leniency-Bekanntmachung** 36; **Grundlagen** 719
- § 19a GWB **Art. 102 AEUV** 930
Food Art. 102 AEUV 146
- Near Food **Art. 102 AEUV** 146
- Non Food II **Art. 102 AEUV** 146
Football Association Premier League-Fall Grundlagen 1082, 1207
Ford-Entscheidung Art. 101 AEUV 112
Ford/Hertz-Fall Art. 3 FKVO 59
Ford / VW -GU Art. 101 AEUV 745
Foreclosure Grdl. DMA 138; **Art. 2 FKVO** 382
Foreclosure Effects s. Marktausschließungseffekt
Foreign Sovereign Compulsion Doctrine Grundlagen 1403
Foreign Trade Antitrust Improvements Act Grundlagen 1397
Form
- Vereinbarungen **Art. 101 AEUV** 93
Formblatt CO Art. 2 FKVO 7, 16, 196; **Art. 4 FKVO** 31 ff.; **Einl. FKVO** 41, 98, 159
- Eingangszeitpunkt **Art. 4 FKVO** 73
- Geldbußen **Art. 14 FKVO** 9
- vereinfacht **Art. 4 FKVO** 65 ff.
- vereinfachtes **Einl. FKVO** 179
- Verweisung **Art. 4 FKVO** 167
- Vorlage **Art. 4 FKVO** 70
Formblatt RM Art. 8 FKVO 38; **Einl. FKVO** 159 ff.
Formblatt RS Art. 4 FKVO 103, 154

magere Zahl = Randnummer

Sachverzeichnis

Förmliche Entscheidung, Prinzip der Einl. FKVO 106 ff.
Formmängel, offensichtliche
- Klageeinreichung **Rechtsschutz** 132

Forschung Art. 101 AEUV 36
Forschungsbeschränkung
- Missbrauchstatbestand **Art. 102 AEUV** 408 ff.
- Missbrauchstatbestand, eigene Beschränkung **Art. 102 AEUV** 417 ff.

Forschungsgesellschaften Art. 101 AEUV 738
Forstwirtschaft Grundlagen 1564
Fort- und Weiterbildung
- EFTA-Gerichtshof **Grundlagen** 1326

Fortschrittsförderung
- Fortschritt, technischer **Art. 101 AEUV** 1069 ff.
- Fortschritt, wirtschaftlicher **Art. 101 AEUV** 1069 ff.

Fortsetzungszusammenhang Art. 101 AEUV 84; **Art. 23 VO 1/2003** 52
- Verjährungsbeginn **Art. 25 VO 1/2003** 9 ff.

Forum Shopping Grundlagen 1528 ff.; **Art. 2 VO 1/2003** 18 ff.
- Digital Markets Act **Art. 1 DMA** 19
- Zusammenarbeit der Behörden **Art. 11 VO 1/2003** 28

Forumsrecht s. lex fori
forward-looking, long-run incremental costs Art. 102 AEUV 368
Foto Frost-Urteil Rechtsschutz 696
Fotoprodukte Art. 1 Vertikal-GVO 67
Frachtbasissystem
- Kartelltheorie **Grundlagen** 340 f., 367

Frachtkostensystem
- Kartelltheorie **Grundlagen** 340

Frachttonnen SB Verkehr 347
Frachttransporte Art. 102 AEUV 202
Frachtzonenpreissystem
- Kartelltheorie **Grundlagen** 340

Fragerecht
- Digital Markets Act **Art. 23 DMA** 14 ff.
- Nationale Gerichte **Art. 15 VO 1/2003** 14

France Telecom/Kommission-Fall Art. 11 VO 1/2003 78 ff.
Franchise
- Vertikalvereinbarungen **Art. 101 AEUV** 485

Franchisestandorten
- Zusammenschlüsse **Art. 3 FKVO** 72

Franchisevereinbarungen
- Immaterialgüterrecht **Grundlagen** 1278
- Kontrollerwerb **Art. 3 FKVO** 65
- Lizenzen als Nebenabrede **Grundlagen** 1207
- Ökonomie **Grundlagen** 570
- Vertikalvereinbarungen **Art. 101 AEUV** 525 ff.

Franchisevereinbarungenen Art. 101 AEUV 222, 242 ff.; **Grundlagen** 1065
- DienstleistungsFranchisevereinbarungen **Art. 101 AEUV** 244
- Freistellung, Einzel- **Art. 101 AEUV** 1178
- Freistellung, Vertikal-GVO **Art. 5 Vertikal-GVO** 9, 31 ff.
- Vertikal-GVO **Art. 2 Vertikal-GVO** 32, 34
- Vertikalvereinbarungen **Art. 101 AEUV** 499
- VertriebsFranchisevereinbarungen **Art. 101 AEUV** 244

Franck/de Streel/monti-Gutachten Art. 14 DMA 4

FRAND-Bedingungen Art. 101 AEUV 440; **Einl. TT-GVO** 42 ff.
FRAND-Einwand Art. 102 AEUV 800 ff.; **Grundlagen** 1272 f.
- Angebot **Art. 102 AEUV** 809 ff.
- Bedingungen **Art. 101 AEUV** 437
- FRAND-Bedingungen **Art. 102 AEUV** 814 ff.
- Gegenangebot **Art. 102 AEUV** 809 ff.
- Rechnungslegung **Art. 102 AEUV** 809 ff.
- Sicherheitsleistung **Art. 102 AEUV** 809 ff.
- Standards, de facto **Art. 102 AEUV** 818
- Standards, de jure **Art. 102 AEUV** 818
- Überblick **Art. 102 AEUV** 797 ff.
- Wettbewerbspolitik **Grundlagen** 612

FRAND-Kriterien
- Online-Plattformen **Art. 6 DMA** 255 ff., 276 ff.
- Online-Plattformen, Ranking **Art. 6 DMA** 135 ff.

FRAND-Selbstverpflichtung Einl. TT-GVO 42 ff.
Frankostationspreise
- Kartelltheorie **Grundlagen** 367, 340

Frankreich
- Erzeugerprivileg **SB Landwirtschaft** 422
- Fusionskontrolle **Anh. FKVO** 64 ff.
- Gemeinschaftsunternehmen **Art. 3 VO 1/2003** 40
- Verwertungsverbot **Art. 12 VO 1/2003** 38
- Vorrang des EU-Wettbewerbsrechts **Art. 3 VO 1/2003** 126
- Wettbewerbspolitik **Grundlagen** 58

Free Riding Art. 101 AEUV 571
- Freistellung, Einzel- **Art. 101 AEUV** 1088
- FuE-Kooperation **Grundlagen** 381
- Ökonomie **Grundlagen** 505 ff., 562, 564, 568
- Online-Plattformen **Art. 101 AEUV** 550
- Vertikalvereinbarungen **Art. 101 AEUV** 485

Freiburger Schule Grundlagen 38
Freie Berufe Grundlagen 1298
- Digital Markets Act **Art. 2 DMA** 120
- Nebenabreden **Art. 101 AEUV** 251 ff.

Freie Beweiswürdigung
- Kartellverfahren **Art. 2 VO 1/2003** 7, 27 ff.

Freie Verkäufe
- Landwirtschaft **SB Landwirtschaft** 421

Freie Verkehrsfähigkeit, Prinzip der Grundlagen 1165
Freigabebeschlüsse
- Beweismaß **Art. 2 FKVO** 519
- Gerichtliche Kontrolle **Art. 2 FKVO** 500 ff.

Freigabeentscheidung Art. 2 FKVO 9; **Art. 6 FKVO** 27 ff.; **Art. 8 FKVO** 24 ff.; **Einl. FKVO** 168
- Auflagen **Art. 8 FKVO** 91 ff.
- bedingte **Art. 6 FKVO** 30 ff.
- Bedingungen **Art. 8 FKVO** 91 ff.
- Kurzform **Einl. FKVO** 179
- Nichtigkeit **Art. 6 FKVO** 67
- unbedingte **Art. 6 FKVO** 29
- Verweisung (nach Freigabeentscheidung) **Art. 9 FKVO** 99 ff.
- Widerruf **Art. 6 FKVO** 55 ff.; **Art. 8 FKVO** 162 ff.
- Zuständigkeit **Einl. FKVO** 192, 193, 194

Freihandelsabkommen
- CARIFORUM-Staaten **Grundlagen** 1848 ff.
- Chile **Grundlagen** 1846 ff.
- Island **Grundlagen** 1821

4037

Sachverzeichnis

fette Zahl = Gesetz und Paragraf

- Japan **Grundlagen** 1861
- Kanada **Grundlagen** 1858
- Korea **Grundlagen** 1851
- Mexiko **Grundlagen** 1835 ff.
- neuer Typ **Grundlagen** 1848 ff.
- Norwegen **Grundlagen** 1821
- Schweiz **Grundlagen** 1809 ff., 1821
- Singapur **Grundlagen** 1859
- Südafrika **Grundlagen** 1840 ff.
- Vietnam **Grundlagen** 1860

Freihandelszone Grundlagen 1772 ff.

Freiheit
- Ziel der Wettbewerbspolitik **Grundlagen** 26 ff., 150

Freiheit des Kapital- und Zahlungsverkehrs Grundlagen 751 ff.

Freiheit zum Marktzutritt Art. 101 AEUV 201

Freiheit zur Auswahl eines Angebots Art. 101 AEUV 201

Freiheitsstrafe
- Beweisverwertung **Art. 12 VO 1/2003** 93
- Beweisverwertung, Ursprungslandprinzip **Art. 12 VO 1/2003** 84 ff.

Freilizenz Grundlagen 1229

Freistellung Art. 101 AEUV; s. auch Einzelfreistellung s. auch Gruppenfreistellung; **Art. 1 VO 1/2003**
- Alleinbelieferungsverpflichtung **Art. 101 AEUV** 533 f.
- Alleinbezugsverpflichtung **Art. 101 AEUV** 519 f.
- Anspruch auf Prüfung **Art. 101 AEUV** 1008
- Anwendungsbereich **Art. 101 AEUV** 952
- Art. 1 Abs. 2 VO Nr. 1/2003 **Art. 101 AEUV** 1017
- Auslegung, Nachhaltigkeit **Art. 101 AEUV** 981 ff.
- Auslegung, Ziele des Wettbewerbsrechts **Art. 101 AEUV** 977 ff.
- Ausnahmevorschrift **Art. 101 AEUV** 1010
- Beweislast **Art. 2 VO 1/2003** 14
- Doppelpreissysteme **Art. 101 AEUV** 523
- Drittplattformverbote **Art. 101 AEUV** 555, 557
- Effizienzgewinne, qualitative **Art. 101 AEUV** 1070 f.
- Effizienzgewinne, quantitative **Art. 101 AEUV** 1070 f.
- Einschätzungsprärogative **Art. 101 AEUV** 1009
- Einzelfreistellung **Art. 101 AEUV** 1014 ff.
- Entscheidung nach Art. 7 VO Nr. 1/2003 **Art. 101 AEUV** 1012 ff.
- Entstehungsgeschichte **Art. 101 AEUV** 953 ff.
- ex ante Kontrolle **Art. 101 AEUV** 969 ff.
- ex post Kontrolle **Art. 101 AEUV** 969 ff.
- Franchisevereinbarungen **Art. 101 AEUV** 528
- Freistellungserklärung **Grundlagen** 1601 ff.
- Freistellungsgrund **Grundlagen** 996 ff.
- Freistellungsvorauassetzungen **Art. 101 AEUV** 950 f.
- Gebietsbeschränkung **Art. 101 AEUV** 533 f.
- Internationales Wettbewerbsrecht **Grundlagen** 1440, 1443
- Kommission **Grundlagen** 1621
- Kopplung **Art. 101 AEUV** 541
- Kundengruppenbeschränkung **Art. 101 AEUV** 536
- Legalfreistellung bzw. Legalausnahme **Art. 101 AEUV** 965 ff.
- Lizenzen **Einl. TT-GVO** 16

- Marktergebnisbetrachtung **Art. 101 AEUV** 996 ff.
- Marktmissbrauchsverbot **Art. 102 AEUV** 37 ff.
- Meistbegünstigungsklausel **Art. 101 AEUV** 544
- Nationale Gerichte **Art. 6 VO 1/2003** 3 ff.
- Nationales Recht **Art. 1 VO 1/2003** 23
- Negative Voraussetzungen **Art. 101 AEUV** 950
- Paritätsklauseln **Art. 101 AEUV** 548 ff.
- Positive Voraussetzungen **Art. 101 AEUV** 950
- Produktgruppenmanagement-Vereinbarungen **Art. 101 AEUV** 563
- Rechtsfolge Art. 1 Abs. 2 VO 1/2003 **Art. 101 AEUV** 951
- Rechtsfolge, Ermessen **Art. 101 AEUV** 1008 f.
- Rechtsfolge, Freistellung **Art. 101 AEUV** 1008 f.
- Rechtsfolge, Zeitpunkt **Art. 101 AEUV** 879
- Rechtsnatur **Art. 101 AEUV** 1004 ff.
- Rule of Reason **Art. 101 AEUV** 999 ff.
- Spezialisierungs-GVO **Art. 2 Spezialisierungs-GVO** 1 ff.
- Tarifverträge **Grundlagen** 1337
- TT-GVO **Art. 2 TT-GVO** 1 ff.
- Überblick **Art. 101 AEUV** 950 ff.; **Art. 1 VO 1/2003** 1 ff.
- Verbotsprinzip **Art. 101 AEUV** 1012
- Verbrauchergewinnbeteiligung **Art. 101 AEUV** 983 ff.
- Verhältnis von Art. 101 Abs. 1 und Abs. 3 AEUV **Art. 101 AEUV** 987 ff.
- Verhältnis zu Fusionskontrolle **Art. 101 AEUV** 1018
- Verordnungen, Rechtsgrundlage **Art. 103 AEUV** 35, 39 ff.
- Versicherungswirtschaft **SB Versicherungswirtschaft** 8 ff.
- Versicherungswirtschaft, Mitversicherungen **SB Versicherungswirtschaft** 40 ff.
- Versicherungswirtschaft, Mitversicherungsgemeinschaft **SB Versicherungswirtschaft** 66 ff.
- Versicherungswirtschaft, Vertikalrahmenverträge **SB Versicherungswirtschaft** 180
- Vertikal-GVO **Einl. Vertikal-GVO** 1 ff.
- Vertikal-GVO, Voraussetzungen **Art. 2 Vertikal-GVO** 1 ff.
- Vertrieb, selektiver **Art. 101 AEUV** 570 ff.
- Vertriebsverbesserung **Art. 101 AEUV** 1165
- Verwertung **Art. 5 FuE-GVO** 1 ff.
- VO Nr. 1/2003 s. *VO 1/2003*
- Vollfunktions-GU **Art. 101 AEUV** 1018
- Vollfunktions-GU, mit gemeinschaftsweit **Art. 101 AEUV** 674
- Vollzugsverbot **Art. 7 FKVO** 99 ff.
- Voraussetzungen **Art. 101 AEUV** 1068 ff.
- Voraussetzungen, Fortschritt **Art. 101 AEUV** 1069 ff.
- Voraussetzungen, Warenerzeugung **Art. 101 AEUV** 1069 f.
- Voraussetzungen, Warenverteilung **Art. 101 AEUV** 1069 f.
- Vorrang des EU-Wettbewerbsrechts **Art. 3 VO 1/2003** 93
- Widerruf **Art. 101 AEUV** 678
- Zugang zu Endergebnissen **Art. 3 FuE-GVO** 1 ff.

Freistellung nach Art. 36 AEUV Grundlagen 1083 ff.

- Gemeinschaftsschutzrechte **Grundlagen** 1121 ff.

magere Zahl = Randnummer

Sachverzeichnis

- geographische Herkunftsangaben **Grundlagen** 1172 ff.
- Reichweite **Grundlagen** 1073
- Urheberrechte **Grundlagen** 1168
- Verhältnis zu Wettbewerbsregeln **Grundlagen** 1190 ff.
- willkürliche Diskriminierung **Grundlagen** 1117 ff.

Freistellungsmonopol Art. 101 AEUV 958 ff.; **Art. 5 VO 1/2003** 1
- Kommission **Art. 101 AEUV** 1036 ff.

Freistellungswirkung Art. 101 AEUV 1212 ff.
Freizeitreisen Art. 102 AEUV 156
Freizügigkeit der Unionsbürger Grundlagen 751
Freizügigkeitsrecht Grundlagen 969
Frescot-Urteil Grundlagen 1369
Fresenius/Schiwa-Entscheidung Grundlagen 1502

Frist
- Berechnung **Art. 10 FKVO** 18 ff.
- Entfernungs- **Rechtsschutz** 112
- Fusionskontrolle **Art. 10 FKVO** 1 ff.
- Fusionskontrolle, Fristverlängerung **Art. 10 FKVO** 11 ff.
- Fusionskontrolle, Phase 2 **Art. 8 FKVO** 17
- Fusionskontrolle, Prüfverfahren **Art. 6 FKVO** 10
- Fusionskontrolle, Stellungnahmefrist **Art. 18 FKVO** 22
- Fusionskontrolle, Veräußerungen **Art. 8 FKVO** 99
- Fusionskontrolle, Verweisung **Art. 22 FKVO** 86
- Fusionskontrolle, Verweisungsantrag **Art. 19 FKVO** 4; **Art. 9 FKVO** 19
- Fusionskontrolle, Widerruf Freigabeentscheidung **Art. 8 FKVO** 168
- Gerichtsverfahren **Rechtsschutz** 109 ff.
- Hemmung **Art. 10 FKVO** 24 ff.
- Hemmung, Verweisungsantrag **Art. 22 FKVO** 58
- Nichtigkeitsklage **Rechtsschutz** 486 ff.
- Rechtsmittelfrist **Rechtsschutz** 633
- Torwächterbenennung **Art. 3 DMA** 66 ff.
- Untätigkeitsklage **Rechtsschutz** 522
- Verpflichtungszusagen **Art. 8 FKVO** 61, 85
- Vertragsverletzungsverfahren, Beihilferecht **Rechtsschutz** 657
- Verweisungsentscheidung **Art. 9 FKVO** 92 ff.

Fristaussetzung
- Fusionskontrolle, Verweisungsverfahren **Art. 22 FKVO** 60

Fristbeginn Art. 14 VO 1/2003 41; **Art. 27 VO 1/2003** 33; **Art. 8 FKVO** 99; **Art. 9 FKVO** 92; **Art. 10 FKVO** 19
- Gerichtsverfahren **Rechtsschutz** 111 ff., 490 ff., 522, 633
- Verjährung **Art. 25 VO 1/2003** 30

Fristberechnung Art. 25 VO 1/2003 8
- Gerichtsverfahren **Rechtsschutz** 111 ff.

Fristende Art. 10 FKVO 21
Fristhemmung Art. 10 FKVO 24 ff.
- Verweisungsverfahren **Art. 9 FKVO** 106 ff.

Fristverlängerung
- Fusionskontrolle **Art. 10 FKVO** 11 ff.
- Gerichtsverfahren **Rechtsschutz** 109 ff.
- Zuständigkeit **Einl. FKVO** 194

Fristwahrung Art. 10 FKVO 20 ff.
Fronting-Vereinbarung SB Versicherungswirtschaft 186 ff.

FuE Kooperation
- Einzelfreistellung **Art. 101 AEUV** 1174

FuE-Antrengungen
- konkurrierende **Art. 101 AEUV** 389

FuE-Gemeinschaftsunternehmen Art. 101 AEUV 743
FuE-Gesellschaften Art. 101 AEUV 738
FuE-GVO
- Bedeutung **Art. 101 AEUV** 403 ff.
- Entzug des Rechtsvorteils **Art. 101 AEUV** 1248; **Art. 2 FuE-GVO** 12; **Art. 10 FuE-GVO** 1 ff.
- Freigestellte Vereinbarungen **Art. 2 FuE-GVO** 5 ff.
- Historie **Art. 101 AEUV** 388; **Art. 1 FuE-GVO** 1 ff.
- Marktanteilsschwelle **Art. 6 FuE-GVO** 1 ff.; **Art. 7 FuE-GVO** 1 ff.
- Rechtsgrundlagen **Art. 101 AEUV** 1198
- Verhältnis zu GVOs, TT-GVO **FuE-GVO Einl.** 12 ff.; **TT-GVO Einl.** 89 ff.; **Art. 9 TT-GVO** 1
- Verhältnis zu GVOs, Vertikal-GVO **Art. 2 Vertikal-GVO** 59; **FuE-GVO Einl.** 11
- Verhältnis zu GVOs, Sonstige **FuE-GVO Einl.** 15 ff.

FuE-Kooperation Art. 101 AEUV 388 ff.
- Alleinbelieferungsverpflichtung **Art. 101 AEUV** 521
- Effizienzgewinne **Art. 101 AEUV** 393 ff.
- Freistellung, Einzel- **Art. 101 AEUV** 1095, 1102, 1114
- Freistellung, Gruppen- **Art. 101 AEUV** 400
- Freistellung, Spezialisierungs-GVO **Art. 2 Spezialisierungs-GVO** 12
- Gruppenfreistellungsverordnung, Rechtsgrundlage **Art. 101 AEUV**
- Horizontalvereinbarung **Art. 101 AEUV** 338
- Intensität **Art. 101 AEUV** 388
- Kernbeschränkungen **Art. 101 AEUV** 400
- Komplementarität **Art. 101 AEUV** 388
- Legalausnahme **Art. 101 AEUV** 400
- Marktabschottung **Art. 101 AEUV** 396
- Marktverschließende Wirkung **Art. 101 AEUV** 396
- Nichtangriffsvereinbarungen **Grundlagen** 1231
- Nichtwettbewerber **Art. 101 AEUV** 396
- Ökonomie **Grundlagen** 376 ff., 461, 478 f.
- Phase der Entwicklung **Art. 101 AEUV** 388
- Produktmärkte, Nähe zu **Art. 101 AEUV** 388
- reine **Art. 101 AEUV** 397
- Safe Harbour **Art. 101 AEUV** 400
- Schadenstheorien **Art. 101 AEUV** 392 ff.
- Technologiemärkte **Art. 101 AEUV** 372
- Vertikalvereinbarungen **Art. 101 AEUV** 396
- wettbewerbsbeschränkende Effekte **Grundlagen** 385 ff.
- Wettbewerbsbeschränkende Effekte **Grundlagen** 385 ff.
- Wettbewerbsförderung **Art. 101 AEUV** 393 ff.
- Wettbewerbspolitik **Grundlagen** 388 ff.

FuE-Kosten
- Ökonomie **Grundlagen** 382

FuE-Phase Art. 101 AEUV 388
FuE-Tätigkeit
- eigene **Art. 4 TT-GVO** 62 ff.; **Art. 5 TT-GVO** 13 f.

Sachverzeichnis

fette Zahl = Gesetz und Paragraf

FuE-Vereinbarung
- Begriff **Art. 1 FuE-GVO** 4

Fühlungnahme Art. 101 AEUV 158
Führende Rolle Art. 23 VO 1/2003 162
Führungsgremien
- Kontrollerwerb **Art. 3 FKVO** 29

Führungsklausel SB Versicherungswirtschaft 34
Fujitsu/Siemens-Fall Art. 101 AEUV 640 ff.
fumus boni iuris Rechtsschutz 581
Funktionelle Austauschbarkeit
- Bedarfsmarktkonzept **Grundlagen** 242

Fusion
- faktische **Art. 3 FKVO** 18 ff.
- rechtliche **Art. 3 FKVO** 16
- Zusammenschlussanmeldung **Art. 4 FKVO** 21
- Zusammenschlüsse durch **Art. 3 FKVO** 14 ff.

Fusionskontrolle Art. 102 AEUV 42; **Einl. FKVO** 87
- 2/3-Klausel **Grundlagen** 1448
- Abhilfemaßnahmen, Immaterialgüterrecht **Grundlagen** 1284 ff.
- Abtrennbare Vereinbarungen **Art. 101 AEUV** 603 ff.
- Änderungen der FKVO **Einl. FKVO** 71 ff.
- Anmeldepflicht, Überblick **Einl. FKVO** 98
- Anwendbares Recht **Art. 21 FKVO** 1 ff.; **Grundlagen** 1447 ff., 1450 ff., 1489 ff., 1502 ff.
- Anwendungsbereich s. Fusionskontrolle, Anwendungsbereich
- Aufgreifschwellen, Prüfungsschema **Art. 1 FKVO** 24 ff., 39
- Auflagen **Art. 8 FKVO** 91 ff.
- Auflagen, GU **Art. 101 AEUV** 671 f.
- Ausnahmen **Art. 3 FKVO** 169 ff.
- Ausschließliche Lizenz **Grundlagen** 1281
- Auswirkungen, Ausbeutungsmissbrauch **Art. 102 AEUV** 56
- Auswirkungen, Inlands- **Grundlagen** 1489 ff.
- Auswirkungen, Marktmissbrauchsprognose **Art. 102 AEUV** 52 ff.
- Bedingungen **Art. 8 FKVO** 91 ff.
- Bedingungen, GU **Art. 101 AEUV** 671 f.
- Beratender Ausschuss **Art. 19 FKVO** 21 ff.
- Berechnungsschlüssel **Grundlagen** 1448
- Beschlüsse, Nichtigkeit **Art. 8 FKVO** 182
- Beurteilungkriterien s. Fusionskontrolle, Beurteilung
- Beweiserhebung, Verwertungsverbot **Art. 17 FKVO** 3 ff.
- Beweislast **Art. 8 FKVO** 4
- Beweislast, Effizienzgewinne **Art. 2 FKVO** 195 ff.
- Beweislast, Horizontale Zusammenschlüsse **Art. 2 FKVO** 243
- Beweislast, Konglomerate Zusammenschlüsse **Art. 2 FKVO** 488 ff.
- Beweislast, non liquet **Art. 8 FKVO** 13
- Beweislast, Überblick **Art. 2 FKVO** 500 ff.
- Beweismaß **Art. 2 FKVO** 489; **Art. 8 FKVO** 4
- Beweismaß, Überblick **Art. 2 FKVO** 500 ff.
- Digital Markets Act **Art. 1 DMA** 45; **Einl. DMA** 28
- Drittstaaten **Art. 24 FKVO** 1
- Durchführungsbestimmungen **Art. 23 FKVO** 1; **Einl. FKVO** 47
- Effizienzgewinne **Einl. FKVO** 88
- Entflechtung **Art. 8 FKVO** 146
- Entstehungsgeschichte **Art. 1 FKVO** 11 ff.; **Art. 2 FKVO** 21 ff.; **Einl. FKVO** 1 ff.
- EWR-Wettbewerbsrecht **Grundlagen** 1689 ff.
- Fallpraxis **Einl. FKVO** 197
- Fusionsprivileg **Einl. FKVO** 127
- Geldbußen, Festsetzung **Art. 14 FKVO** 27 ff.
- Geldbußen, Voraussetzungen **Art. 13 FKVO** 7 ff.
- Gerichtliche Kontrolle **Art. 8 FKVO** 178 ff.
- Gesetzgebungsprozess **Einl. FKVO** 10
- Grundprinzipien **Einl. FKVO** 76 ff.
- Grundprinzipien, more economic approach **Einl. FKVO** 86
- Grundrechte **Einl. FKVO** 147
- Gruppenfreistellungsverordnungen **Art. 101 AEUV** 1239 ff.
- Immaterialgüterrecht **Grundlagen** 1276 ff.
- internationale Kooperation **Art. 1 FKVO**
- Kartelltheorie **Grundlagen** 368
- Kommission, Organisation **Einl. FKVO** 183
- Konkurrenzen **Einl. FKVO** 118 ff.
- Konkurrenzen, Antidumpingrecht **Einl. FKVO** 141 f.
- Konkurrenzen, Art. 101, 102 AEUV **Art. 101 AEUV** 106, 593 ff.; **Art. 2 FKVO** 21 ff.; **Art. 21 FKVO** 6 ff.
- Konkurrenzen, Beihilferecht **Einl. FKVO** 131 ff.
- Konkurrenzen, Digital Markets Act **Einl. FKVO** 140
- Konkurrenzen, Direktinvestitionen **Einl. FKVO** 137
- Konkurrenzen, Lauterkeitsrecht **Grundlagen** 1633 ff.
- Konkurrenzen, Marktmissbrauchsverbot **Art. 102 AEUV** 42 ff., 825
- Konkurrenzen, Nationales Recht **Art. 3 VO 1/2003** 35 ff.; **Einl. FKVO** 149; **Grundlagen** 1630 ff.
- Konzentrationsmemorandum **Einl. FKVO** 12
- Koordinationsmärkte, GU **Art. 101 AEUV** 616 ff.
- Landwirtschaft **SB Landwirtschaft** 372, 480
- Mitgliedsstaaten des EWR (in) s. Fusionskontrolle, EWR
- Nebenabreden **Art. 101 AEUV** 603 ff.
- Nennenswerte Präsenz, GU **Art. 101 AEUV** 620
- Ökonomie **Grundlagen** 702 f.
- Online-Plattformen, Temporäres Verbot **Art. 18 DMA** 14
- Online-Plattformen, Unterrichtungspflicht **Art. 14 DMA** 1 ff.
- Rechte, marktspezifische **Art. 3 FKVO** 36 ff.
- Rechtsfolgen, GU **Art. 101 AEUV** 677
- Rechtsgrundlage **Einl. FKVO** 66 ff.
- Rechtsgrundlage, Bekanntmachungen der Kommission **Einl. FKVO** 151
- Rechtsgrundlage, Durchführungsverordnung **Einl. FKVO** 151
- Rechtsgrundlage, Landwirtschaft **Einl. FKVO** 72
- Rechtsgrundlage, Protokollerklärungen **Einl. FKVO** 153
- Rechtsschutz, Klagebefugnis **Rechtsschutz** 425, 437
- Rechtsschutz, Nichtigkeitsklage **Rechtsschutz** 358, 376, 395 ff., 484
- SIEC-Test **Einl. FKVO** 87; **Grundlagen** 1279, 1282 ff.
- Statistik **Einl. FKVO** 206

magere Zahl = Randnummer

Sachverzeichnis

- Überwachungsphase **Einl. FKVO** 164
- Umsatzberechnung *s. Umsatzberechnung*
- Untersagung **Art. 2 FKVO** 12 ff.
- Verfahren *s. auch Fusionskontrolle, Verfahren*
- Verkehrssektor **SB Verkehr** 304
- Veröffentlichungspflicht **Art. 17 FKVO** 26
- Verpflichtungszusagen **Art. 6 FKVO** 22 ff.
- Versicherungswirtschaft **SB Versicherungswirtschaft** 210 ff.
- Völkerrecht **Grundlagen** 1450 ff.
- Vollzug ohne Genehmigung **Art. 8 FKVO** 145 ff.
- Vollzugsverbot **Art. 7 FKVO** 1 ff.
- Vollzugsverbot, Ausnahmen **Einl. FKVO** 181 ff.
- Vollzugsverbot, Kollisionsrecht **Grundlagen** 1455 ff.
- Wahrscheinlichkeitsmaßstab **Art. 6 FKVO** 19
- Wahrscheinlichkeitsmaßstab **Art. 2 FKVO** 512
- Ziele **Art. 2 FKVO** 3 ff.; **Einl. FKVO** 77 ff.
- Zusammenschluss, Begriff **Art. 3 FKVO** 1 ff.
- Zuständigkeit *s. Fusionskontrolle, Zuständigkeit*
- Zwangsgelder **Art. 15 FKVO** 1 ff.
- Zwischenstaatlichkeitsklausel **Art. 2 FKVO** 145 ff.

Fusionskontrolle, Anwendungsbereich Art. 1 FKVO 1 ff.
- Agrarsektor **Art. 1 FKVO** 50
- Anwendungsbereich, GU **Art. 21 FKVO** 14 ff.
- Aufgreifschwelle **Art. 1 FKVO** 24 ff.
- Bagatellschwelle **Art. 1 FKVO** 29 ff.
- Extraterritoriale Anwendung **Art. 1 FKVO** 56 ff.
- Größenkriterium **Art. 1 FKVO** 4
- internationaler **Grundlagen** 1464 ff.
- Kohle und Stahlsektor **Art. 1 FKVO** 49
- Landwirtschaft **Einl. FKVO** 143 f.
- Militärgüter **Art. 1 FKVO** 54
- räumlicher **Art. 1 FKVO** 55
- Revisionsklausel **Art. 1 FKVO** 40
- sachlicher **Art. 1 FKVO** 48 ff.
- Transportsektor **Art. 1 FKVO** 51
- Unternehmensstrukturveränderung **Art. 101 AEUV** 582
- Unternehmensstrukturveränderungen **Art. 101 AEUV** 593 ff.
- Verkehrsrecht **Einl. FKVO** 144
- Zwischenstaatlichkeitskriterium **Art. 1 FKVO** 4

Fusionskontrolle, Beurteilung Art. 2 FKVO 1 ff.
- Ausgleichsfaktoren **Art. 2 FKVO** 144, 150 ff.
- Binnenmarktauswirkung **Art. 2 FKVO** 145 ff.
- Effizienzgewinne **Art. 2 FKVO** 182 ff.
- erhebliche Behinderung wirksamen Wettbewerbs **Art. 2 FKVO** 77 ff.
- Erhebliche Wettbewerbsbehinderung **Art. 2 FKVO** 140 ff.
- Gemeinschaftsunternehmen **Art. 2 FKVO** 14, 523 ff.
- Horizontale Zusammenschlüsse **Art. 2 FKVO** 237 ff.
- Kausalität **Art. 2 FKVO** 148
- Konglomerate Zusammenschlüsse **Art. 2 FKVO** 466 ff.
- Kriterien **Art. 2 FKVO** 3 ff.
- Kriterien, marktbezogene **Art. 2 FKVO** 5
- Kriterien, Technischer und wirtschaftlicher Fortschritt **Art. 2 FKVO** 6
- Kriterien, unternehmensbezogene **Art. 2 FKVO** 5
- Kriterien, Verbraucherinteressen **Art. 2 FKVO** 6
- Kriterien, wirksamer Wettbewerb **Art. 2 FKVO** 4

- Marktabgrenzung **Art. 102 AEUV** 85, 131; **Art. 2 FKVO** 36 ff.
- Marktabgrenzung, GU **Art. 101 AEUV** 621 ff.
- Marktabgrenzung, internationale **Grundlagen** 1502 ff.
- Marktabgrenzung, räumliche **Art. 102 AEUV** 115
- Marktbeherrschung **Art. 2 FKVO** 115 ff.
- Marktbeherrschung, kollektive **Art. 102 AEUV** 226 f.
- Prognose **Art. 2 FKVO** 217 ff.
- Prognosezeitraum **Art. 2 FKVO** 223 ff.
- Prüfungsschema **Art. 2 FKVO** 34 ff.
- Rechtsquellen **Art. 2 FKVO** 15
- Verhältnismäßigkeitsgrundsatz **Art. 2 FKVO** 228 ff.
- Vermutungen **Art. 2 FKVO** 106 ff.
- Vermutungen, Horizontale Zusammenschlüsse **Art. 2 FKVO** 246, 254 ff.
- Vertikale Zusammenschlüsse **Art. 2 FKVO** 379 ff.
- Ziele **Art. 2 FKVO** 3 ff.

Fusionskontrolle, EWR
- Belgien **Anh. FKVO** 5 ff.
- Bulgarien **Anh. FKVO** 13 ff.
- Dänemark **Anh. FKVO** 21 ff.
- Deutschland **Anh. FKVO** 30 ff.
- Estland **Anh. FKVO** 45 ff.
- Finnland **Anh. FKVO** 54 ff.
- Frankreich **Anh. FKVO** 64 ff.
- Fusionskontrolle **Anh. FKVO** 1 ff.
- Griechenland **Anh. FKVO** 79 ff.
- Irland **Anh. FKVO** 90 ff.
- Island **Anh. FKVO** 266 ff.
- Italien **Anh. FKVO** 101 ff.
- Lettland **Anh. FKVO** 115 ff.
- Litauen **Anh. FKVO** 124 ff.
- Malta **Anh. FKVO** 134 ff.
- Niederlande **Anh. FKVO** 142 ff.
- Norwegen **Anh. FKVO** 256 ff.
- Österreich **Anh. FKVO** 153 ff.
- Polen **Anh. FKVO** 164 ff.
- Portugal **Anh. FKVO** 174 ff.
- Rumänien **Anh. FKVO** 184 ff.
- Schweden **Anh. FKVO** 193 ff.
- Slowakische Republik **Anh. FKVO** 202 ff.
- Slowenien **Anh. FKVO** 211 ff.
- Spanien **Anh. FKVO** 220 ff.
- Tschechische Republik **Anh. FKVO** 230 ff.
- Ungarn **Anh. FKVO** 238 ff.
- Vereinigtes Königreich **Anh. FKVO** 275 ff.
- Zypern **Anh. FKVO** 247 ff.

Fusionskontrolle, nationale
- Verhältnis zu EU-Wettbewerbsrecht **Art. 3 VO 1/2003** 35 ff.

Fusionskontrolle, Verfahren Art. 8 FKVO 26 ff.
- Akteneinsicht **Einl. FKVO** 173
- Anhörung **Art. 8 FKVO** 17; **Einl. FKVO** 174
- Anhörungen **Art. 18 FKVO** 1 ff.
- Anhörungspflicht **Art. 18 FKVO** 6 ff.
- Anmeldung *s. Zusammenschlüsse, Anmeldung*
- Aufgabe des Zusammenschlusses **Art. 6 FKVO** 49 ff.
- Auskunftsverlangen **Art. 11 FKVO** 1 ff.; **Art. 6 FKVO** 6 f.
- Auskunftsverlangen, Befragung **Art. 11 FKVO** 31
- Auskunftsverlangen, EFTA/EWR **Art. 11 FKVO** 33

4041

Sachverzeichnis

fette Zahl = Gesetz und Paragraf

- Auskunftsverlangen, einfaches **Art. 11 FKVO** 15
- Auskunftsverlangen, formelles **Art. 11 FKVO** 20 ff.
- Bedenken, ernsthafte **Art. 6 FKVO** 18 ff.
- Beratender Ausschuss **Art. 19 FKVO** 22 ff.; **Einl. FKVO** 175
- Beschlüsse, Mitteilung **Art. 6 FKVO** 58 ff.; **Art. 8 FKVO** 169 ff.
- Beschlüsse, Veröffentlichung **Art. 6 FKVO** 58 ff.; **Art. 8 FKVO** 169 ff.
- Beteiligtenrechte **Rechtsschutz** 452
- Einleitungsentscheidung **Art. 6 FKVO** 43 ff.
- Eröffnung des vertieften Prüfverfahrens **Einl. FKVO** 168
- Freigabeentscheidung **Art. 6 FKVO** 27 ff.; **Art. 8 FKVO** 24 ff.; **Einl. FKVO** 168
- Freigabeentscheidung, Widerruf **Art. 6 FKVO** 55 ff.; **Art. 8 FKVO** 162 ff.
- Frist **Art. 10 FKVO** 1 ff.
- Genehmigungsfiktion **Art. 10 FKVO** 30
- Gerichtliche Kontrolle **Art. 2 FKVO** 500 ff.; **Art. 6 FKVO** 66 ff.
- Kontaktaufnahme, Beteiligte Unternehmen **Art. 8 FKVO** 20
- Kontaktaufnahme, Dritte **Art. 8 FKVO** 20
- Mehrfachanmeldungen **Grundlagen** 1713
- Mitteilung der Beschwerdepunkte **Art. 18 FKVO** 16 ff.; **Art. 8 FKVO** 17
- Nebenabrede **Art. 8 FKVO** 120
- Neubescheidung nach Nichtigkeitsurteil **Art. 10 FKVO** 15 ff.
- Nichtanwendbarkeitsentscheidung **Art. 6 FKVO** 23 ff.
- Nichtanwendbarkeitsentscheidung, Widerruf **Art. 6 FKVO** 55 ff.
- Nichtigkeitsurteil (nach) **Art. 10 FKVO** 14
- Pränotifikationsverfahren **Einl. FKVO** 162
- Prüfungsverfahren, Nebenabreden **Art. 6 FKVO** 42 ff.
- Prüfungsverfahren, ohne Anmeldung **Art. 6 FKVO** 16
- Prüfungsverfahren, Phase 2 **Art. 8 FKVO** 17 ff.
- Prüfungsverfahren, Überblick **Art. 6 FKVO** 6 ff.
- Rechtsschutz **Art. 6 FKVO** 61 ff.; **Art. 8 FKVO** 173 ff.
- Schriftstücke, Übermittlung **Art. 19 FKVO** 4 ff.
- Überblick **Art. 6 FKVO** 35 ff.; **Einl. FKVO** 159 ff., 182
- Überwachungsphase **Einl. FKVO** 178
- Untersagungsentscheidung **Art. 2 FKVO** 12 ff.
- Unvereinbarkeitsentscheidung **Art. 8 FKVO** 143 ff.
- Unzuständigkeitsentscheidung **Einl. FKVO** 169
- Vereinbarkeitsentscheidung **Art. 2 FKVO** 10; **Art. 8 FKVO** 24; **Einl. FKVO** 177
- Vereinbarkeitsentscheidung, bedingte **Art. 8 FKVO** 26 ff.
- vereinfachtes **Einl. FKVO** 179
- vereinfachtes, Anmeldung s. *Zusammenschlüsse, Anmeldung*
- vereinfachtes, Anwendungsbereich **Art. 4 FKVO** 58 ff.
- vereinfachtes, extrem **Art. 4 FKVO** 29
- vereinfachtes, Nebenabreden **Art. 4 FKVO** 55
- Veröffentlichung, Entscheidungen **Art. 19 FKVO** 1 ff.
- Verpflichtungszusagen **Art. 8 FKVO** 31
- Verpflichtungszusagen, Marktöffnungszusage **Art. 8 FKVO** 68 ff.
- Verpflichtungszusagen, Verfahren **Art. 8 FKVO** 85 ff.
- Verpflichtungszusagen, Verhaltenszusagen **Art. 8 FKVO** 78 ff.
- Vertieftes Prüfverfahren **Einl. FKVO** 170 ff.
- Vertieftes Prüfverfahren, Mitteilung der Beschwerdepunkte **Einl. FKVO** 171
- Verweisung s. *Zusammenschlüsse, Verweisung*
- Voruntersuchungsverfahren **Einl. FKVO** 165
- Wiederaufnahme **Art. 10 FKVO** 17
- Zusagenangebote **Einl. FKVO** 175
- Zusammenarbeit, Abstimmungsanforderungen **Art. 2 FKVO** 520 ff.
- Zusammenarbeit, Behörden **Art. 19 FKVO** 11 ff.
- Zusammenarbeit, EFTA-Überwachungsbehörde **Art. 19 FKVO** 29 ff.
- Zusammenarbeit, internationale **Art. 2 FKVO** 522
- Zusammenarbeit, Nationale Behörden **Art. 2 FKVO** 521

Fusionskontrolle, Verweisung Art. 9 FKVO 1 ff.
- Kommissionsentscheidung **Art. 22 FKVO** 80 ff.
- Kommmission (an) **Art. 22 FKVO** 1 ff.
- Rechtsfolgen **Art. 22 FKVO** 90 ff.
- Rechtsschutz **Art. 22 FKVO** 99 ff.
- Verfahren **Art. 22 FKVO** 34 ff.
- Verweisungsentscheidung **Einl. FKVO** 180 f.

Fusionskontrolle, Zuständigkeit Art. 21 FKVO 18 ff.; **Einl. FKVO** 89
- Aufsichtsregeln **Art. 21 FKVO** 54
- ausschließliche **Art. 21 FKVO** 18 ff.
- Berechtigte Interessen **Art. 21 FKVO** 32 ff.
- Gerichtliche Kontrolle **Art. 21 FKVO** 21
- Kommission, Ermächtigung **Art. 6 FKVO** 13 ff.; **Art. 8 FKVO** 21
- Medienvielfalt **Art. 21 FKVO** 50
- Mitgliedsstaaten **Einl. FKVO** 95
- Nationales Wettbewerbsrecht **Art. 21 FKVO** 22 ff.
- Nebenabreden **Einl. FKVO** 96
- Öffentliche Sicherheit **Art. 21 FKVO** 32

Fusionskontrollrichtlinien Einl. FKVO 146 ff.
Fusionskontroll-Verordnung Art. 102 AEUV 42
- Anwendungsbereich, zeitlicher **Grundlagen** 1586
- Rechtsgrundlage **Art. 103 AEUV** 14 f.

Fusionsprivileg Einl. FKVO 127
Fusionsrat Art. 3 FKVO 20
Fußabdruck
- Technologien **Art. 8 TT-GVO** 8

Fußball Weltmeisterschaft 1998-Fall Art. 102 AEUV 451

G

GAFAM-Unternehmen Art. 102 AEUV 46
GAMMA Art. 102 AEUV 655
Garantie
- Marktmissbrauch **Art. 102 AEUV** 407

Garantie des gesetzlichen Richters Grundlagen 950
Garantiesystem
- Internationales Wettbewerbsrecht **Grundlagen** 1441

Gardena-Verfahren Art. 4 Vertikal-GVO 186

magere Zahl = Randnummer

Sachverzeichnis

Gas Art. 1 Vertikal-GVO 20
– medizinisches **Art. 102 AEUV** 182
Gasgroßhandel Art. 102 AEUV 184
Gasmärkte Art. 102 AEUV 182
– Endabnehmerstufe **Art. 102 AEUV** 185 f.
– Erschließung **Art. 102 AEUV** 183
– Gasgroßhandel **Art. 102 AEUV** 184 f.
– Gasspeicherung **Art. 102 AEUV** 187 ff.
– Industriegase **Art. 102 AEUV** 182
Gasnetzentgeltverordnung Grundlagen 1033 ff.
Gasorba-Fall Art. 102 AEUV 899
Gasspeicherung Art. 102 AEUV 187 ff.
Gasunternehmen Art. 101 AEUV 573
Gaswirtschaft Grundlagen 664, 1026
GATS Grundlagen 1733
GATT Grundlagen 1731
Gattungsbezeichnungen Grundlagen 1173, 1180
Gattungsware Art. 102 AEUV 436
Gazprom-Fall Art. 9 VO 1/2003 55
GbR Art. 101 AEUV 63
GD Wettbewerb Einl. FKVO 183
– Fusionskontrolle **Art. 6 FKVO** 7 ff.
GE/Honeywell Art. 8 FKVO 10
GE/Honeywell Fusion Grundlagen 728
GE/Instrumentarium Art. 2 FKVO 442
Gebhard-Entscheidung Grundlagen 756
Gebietsaufteilung Art. 101 AEUV 340; **Art. 102 AEUV** 599
Gebietsbeschränkung Art. 101 AEUV 529 ff.;
 Grundlagen 1082
– Freistellung **Art. 101 AEUV** 533 f.
– Freistellung, Vertikal-GVO **Art. 4 Vertikal-GVO** 95 ff., 128 ff.
– Marktmissbrauch **Art. 102 AEUV** 399
Gebietskartell s. auch Marktaufteilungsvereinbarungen
– Spezialisierungs-GVO **Art. 2 Spezialisierungs-GVO** 7 f.
Gebietskörperschaften
– Streithelfer **Rechtsschutz** 261
Gebietspräsenz
– Marktabgrenzung **Art. 2 FKVO** 65
Gebietsschutz
– absoluter **Art. 101 AEUV** 495
– Franchisevereinbarungenen **Art. 101 AEUV** 250
– Lizenzen **Art. 2 TT-GVO** 15
Gebietsschutzvereinbarungen
– Anpassungsanspruch **Art. 101 AEUV** 929 ff.
– Freistellung, Einzel- **Art. 101 AEUV** 1103
– Lizenzen **Einl. TT-GVO** 12 ff., 15 ff.
– Seeverkehr **SB Verkehr** 328
Gebietszuweisungen Art. 101 AEUV 529 ff.
Gebrauchsmuster Grundlagen 1086
– Begriff **Art. 1 TT-GVO** 10 ff.
– Nichtangriffsvereinbarungen **Grundlagen** 1228 ff., 1232 ff.
Gebrauchsvorteil
– Freistellung, Einzel- **Art. 101 AEUV** 1134
Gebrauchtmarkt
– KfZ **Art. 4 Kfz-GVO** 1 ff.
Gebühr
– Online-Plattformen **Art. 5 DMA** 256 ff.
Gebührenkontrolle Art. 101 AEUV 70
Gebührensätze Grundlagen 1256
GEC/VSEL-Fall Art. 21 FKVO 41
Gefahr
– dringende **Art. 8 VO 1/2003** 1

Gefährdung der Markenfunktionen Grundlagen 1142 ff.
Gefahrenabwehr Grundlagen 1331
Gefangenendilemma Grundlagen 119, 197
Gefängnisstrafen Grundlagen 724
Gefestigte und dauerhafte Position
– Torwächter **Art. 3 DMA** 42 ff.
– Torwächter, Vermutung **Art. 3 DMA** 55 ff.
Gegenangebot
– FRAND-Bedingungen **Grundlagen** 1272
Gegenseitige Anerkennung
– Beweiserhebung **Art. 12 VO 1/2003** 28
Gegenwertansprüche gegen frühere Beteiligte der Zusatzversorgung Grundlagen 1362
Geheimnis
– Anspruch auf Vertraulichkeit eingereichter Unterlagen **Grundlagen** 926
– Berufsgeheimnis **Grundlagen** 925
– Geschäftsgeheimnis **Grundlagen** 925
Gehör s. Rechtliches Gehör
Geistiges Eigentum Art. 2 Spezialisierungs-GVO 11 ff.; **Einl. TT-GVO** 1 ff.; s. Immaterialgüterrecht
– Begriff **Art. 1 TT-GVO** 72 ff.; **Art. 1 Vertikal-GVO** 90
– Vertikal-GVO **Art. 2 Vertikal-GVO** 18 ff.
Gekoppeltes Produkt Art. 101 AEUV 539; **Art. 102 AEUV** 621
Geldbußen
– Abgrenzung, Zwangsgelder **Art. 23 VO 1/2003** 35
– Addressat, Unternehmensgruppen **Art. 23 VO 1/2003** 61 ff.
– Addressat, Unternehmensvereinigungen **Art. 23 VO 1/2003** 70 ff.
– Addressat, Wirtschaftliche Nachfolge **Art. 23 VO 1/2003** 66 ff.
– aggregierte **Art. 102 AEUV** 848
– Anrechnung **Art. 102 AEUV** 66
– Beschwerdepunkte **Art. 27 VO 1/2003** 10
– Beweisverwertung, Ursprungslandprinzip **Art. 12 VO 1/2003** 84
– Bußgeldzumessung **Art. 23 VO 1/2003** 116 ff.; **Art. 14 FKVO** 30 ff.
– Bußgeldzumessung, Aufschlag **Art. 23 VO 1/2003** 179
– Bußgeldzumessung, Eintrittsgebühr **Art. 23 VO 1/2003** 146 ff.
– Bußgeldzumessung, Kronzeugenregelung **Art. 23 VO 1/2003** 183
– Bußgeldzumessung, Leitlinien Festsetzung von Geldbußen **Art. 23 VO 1/2003** 126 ff.
– Bußgeldzumessung, Rückwirkungsverbot **Art. 23 VO 1/2003** 119 ff.
– Digital Markets Act **Art. 30 DMA** 1 ff.
– Digital Markets Act, Gerichtliche Kontrolle **Art. 45 DMA** 2
– Digital Markets Act, Höhe **Art. 30 DMA** 22 ff.
– Digital Markets Act, Rechtsschutz **Art. 30 DMA** 35
– Digital Markets Act, Torwächter **Art. 3 DMA** 61 ff.
– Digital Markets Act, Verjährung **Art. 32 DMA** 1 ff.
– Digital Markets Act, Verschulden **Art. 30 DMA** 15

Sachverzeichnis

fette Zahl = Gesetz und Paragraf

- Digital Markets Act, Vollstreckung **Art. 30 DMA** 34
- Erlass, Bindungswirkung für Nationale Behörden **Leniency-Bekanntmachung** 37
- Erlass, Leniency-Bekanntmachung **Leniency-Bekanntmachung** 8 ff.
- Erlass, Verfahren **Leniency-Bekanntmachung** 28
- Ermäßigung, Leniency-Bekanntmachung **Leniency-Bekanntmachung** 42 ff.
- Ermäßigung, Verfahren **Leniency-Bekanntmachung** 57 ff.
- Ermäßigung, Voraussetzungen **Leniency-Bekanntmachung** 43
- Fahrlässigkeit **Art. 23 VO 1/2003** 44 f.; **Art. 14 FKVO** 23
- Festsetzung **Art. 14 FKVO** 28
- Fusionskontrolle, Anmeldepflicht **Art. 4 FKVO** 13
- Fusionskontrolle, Nachprüfung **Art. 14 FKVO** 16 ff.
- Fusionskontrolle, Nachprüfungen **Art. 13 FKVO** 7
- Fusionskontrolle, Überblick **Art. 14 FKVO** 1 ff.
- Fusionskontrolle, Veröffentlichungspflicht **Art. 20 FKVO** 4
- Fusionskontrolle, Vollzug ohne Genehmigung **Art. 8 FKVO** 153 ff.
- Fusionskontrolle, Vollzugsverbotsverstoß **Art. 7 FKVO** 124
- Fusionskontrolle, Voraussetzungen **Art. 14 FKVO** 7 ff.
- Gerichtliche Kontrolle **Rechtsschutz** 97
- Gleichbehandlungsgrundsatz **Art. 23 VO 1/2003** 122
- Grenze **Art. 23 VO 1/2003** 192 f.
- Internationales Wettbewerbsrecht **Grundlagen** 1438, 1464 f.
- Irrtümer **Art. 23 VO 1/2003** 48 ff.
- Kartellverfahren **Art. 23 VO 1/2003** 1 ff.
- Kartellverfahren, Adressaten **Art. 23 VO 1/2003** 54 ff.
- Kartellverfahren, Aufdeckungswahrscheinlichkeit **Art. 23 VO 1/2003** 11
- Kartellverfahren, Beispiele **Art. 23 VO 1/2003** 17 f.
- Kartellverfahren, Beweislast **Art. 23 VO 1/2003** 30
- Kartellverfahren, Einstweilige Maßnahmen **Art. 8 VO 1/2003** 24
- Kartellverfahren, Höchstgrenze **Art. 23 VO 1/2003** 192 ff.
- Kartellverfahren, Kartellgewinne **Art. 23 VO 1/2003** 11 ff.
- Kartellverfahren, Konkurrenzen **Art. 23 VO 1/2003** 52 ff.
- Kartellverfahren, Milderung **Art. 101 AEUV** 1065
- Kartellverfahren, Nationale Behörden **Art. 5 VO 1/2003** 6
- Kartellverfahren, Rechtsnachfolge **Art. 23 VO 1/2003** 66 ff.
- Kartellverfahren, Schwere und Dauer **Art. 23 VO 1/2003** 105 ff.
- Kartellverfahren, Sektorenuntersuchung **Art. 17 VO 1/2003** 10
- Kartellverfahren, Verstoß gegen Verfahrensvorschrift **Art. 23 VO 1/2003** 85 ff.
- Kartellverfahren, Verstöße gegen Kommissionsentscheidungen **Art. 23 VO 1/2003** 101 ff.
- Kartellverfahren, Verstöße gegen materielles Recht **Art. 23 VO 1/2003** 98 ff.
- Kartellverfahren, Zurechenbarkeit **Art. 23 VO 1/2003** 56 ff.
- Kartellverfahren, Zusagenentscheidungen **Art. 9 VO 1/2003** 68 f.
- Kosten, Bürgschaft **Art. 23 VO 1/2003** 216
- Kosten, Erstattung **Art. 23 VO 1/2003** 213 ff.
- Kosten, Verfahrens- **Art. 23 VO 1/2003** 214
- Landwirtschaft **SB Landwirtschaft** 475 ff.
- Marktmissbrauchsverbot **Art. 102 AEUV** 871
- Marktmissbrauchsverbot, Konkurrenzen **Art. 102 AEUV** 846 ff.
- Rechtsgrundlage **Art. 103 AEUV** 27 ff.
- Rechtsnatur **Art. 23 VO 1/2003** 21 ff.
- Rechtsschutz **Art. 23 VO 1/2003** 211 ff.
- Rechtsschutz, Aufhebung **Art. 16 FKVO** 12
- Rechtsschutz, Gerichtliche Kontrolle **Art. 16 FKVO** 8 ff.
- Rechtsschutz, Kartellverfahren **Art. 31 VO 1/2003** 1 ff.
- Rechtsschutz, Neufestsetzung **Art. 16 FKVO** 12 ff.
- Rechtsschutz, Nichtigkeitsklage **Rechtsschutz** 363
- Steuerliche Abzugsfähigkeit **Art. 23 VO 1/2003** 209 f.
- symbolische **Art. 23 VO 1/2003** 186
- Täterschaft und Teilnahme **Art. 23 VO 1/2003** 43
- Transparenz **Art. 23 VO 1/2003** 125 ff.
- Verfahren **Art. 14 FKVO** 38 ff.
- Verfahrensgrundsätze **Art. 23 VO 1/2003** 28
- Vergleichsverfahren **Art. 23 VO 1/2003** 189 ff.
- Verhaltensform, Duldung **Art. 23 VO 1/2003** 40
- Verhaltensform, Handlung **Art. 23 VO 1/2003** 40
- Verhaltensform, Unterlassung **Art. 23 VO 1/2003** 40
- Verhältnismäßigkeit **Art. 23 VO 1/2003** 122 ff.
- Verjährung, Verfolgungs- **Art. 14 FKVO** 40 ff.
- Verjährung, Vollstreckungs- **Art. 14 FKVO** 40 f.
- Verschulden **Art. 23 VO 1/2003** 44 f.; **Art. 14 FKVO** 23
- Versuch **Art. 23 VO 1/2003** 42
- Verzugszinsen **Art. 23 VO 1/2003** 203
- Vollendung **Art. 23 VO 1/2003** 42
- Vollstreckung **Art. 23 VO 1/2003** 199 ff.
- Voraussetzungen, Auskunftsverlangen **Art. 11 FKVO** 1
- Vorrang des EU-Wettbewerbsrechts **Art. 3 VO 1/2003** 85 f.
- Zusagenentscheidungen **Art. 9 VO 1/2003** 28 ff.
- Zuständigkeit **Art. 14 FKVO** 27

Geltungsbereich von Hoheitsakten Grundlagen 1375

Geltungserhaltende Reduktion Art. 101 AEUV 937

- Marktmissbrauchsverbot **Art. 102 AEUV** 880 ff., 886
- Vertikalvereinbarungen **Art. 5 Vertikal-GVO** 22 ff.

GEMA-Fall Art. 102 AEUV 362, 391, 627
Gemeinkosten Art. 102 AEUV 371
- echte **Art. 102 AEUV** 706
- unechte **Art. 102 AEUV** 704

magere Zahl = Randnummer

Sachverzeichnis

Gemeinsam
- Begriff **Art. 1 Spezialisierungs-GVO** 33

Gemeinsame Agrarpolitik (GAP) SB Landwirtschaft 369 ff.

Gemeinsame Beteiligung
- Ökonomie **Grundlagen** 415 ff.
- Vollfunktions-GU, nicht gemeinschaftsweit **Art. 101 AEUV** 686

Gemeinsame Händler Grundlagen 530

Gemeinsame Industrieausschüsse Art. 6 DMA 196

Gemeinsame Kontrolle
- Vollfunktions-GU, nicht gemeinschaftsweit **Art. 101 AEUV** 686

Gemeinsame Mehrheit Art. 3 FKVO 122

Gemeinsame Sitzungen Art. 101 AEUV 129 ff.
- Abgestimmte Verhaltensweisen **Art. 101 AEUV** 176

Gemeinsame Werbung Art. 101 AEUV 432, 459

Gemeinsamer EWR-Ausschuss Grundlagen 1610

Gemeinsamer EWR-Parlamentarische Ausschuss Grundlagen 1671

Gemeinsamer Kontrollerwerb Art. 101 AEUV 773

Gemeinsamer Markt
- Wesentlicher Teil **Art. 9 FKVO** 61 ff., 47

Gemeinsamer Plan Art. 101 AEUV 91

Gemeinsamer Vertreter
- Zusammenschlussanmeldung **Art. 4 FKVO** 23

Gemeinsamer Vertrieb Art. 101 AEUV 430 ff.

Gemeinschaftsinteresse
- Verfahren (an) **Art. 13 VO 1/2003** 1 ff.

Gemeinschaftsrahmen Art. 106 AEUV 164 ff.

Gemeinschaftsschutzrechte Grundlagen 1072, 1121 ff.

Gemeinschaftstreue Art. 11 FKVO 24

Gemeinschaftsunternehmen Art. 101 AEUV 104, 222, 350, 405, 577
- Begriff **Art. 101 AEUV** 694
- Betriebsrentenfonds **Grundlagen** 1334
- Doppelkontrolle **Art. 101 AEUV** 597; **Einl. FKVO** 119
- Einkauf **Art. 101 AEUV** 742 ff.
- Erwerb durch **Art. 5 FKVO** 62 ff.
- Erwerb von **Art. 5 FKVO** 56
- Freistellung, Einzel- **Art. 101 AEUV** 1176
- FuE **Art. 101 AEUV** 742 ff.
- Fusionskontrolle **Art. 21 FKVO** 14 ff.
- Fusionskontrolle, Anwendungsbereich **Art. 101 AEUV** 595
- Fusionskontrolle, Beurteilungskriterien **Art. 2 FKVO** 14
- Fusionskontrolle, Koordinierungswirkungen **Art. 2 FKVO** 523 ff.
- Gründung **Art. 3 FKVO** 127
- Gründung eines **Art. 101 AEUV** 588
- Gründung, Oligopol (durch) **Art. 2 FKVO** 463
- Gruppenfreistellungsverordnungen **Art. 101 AEUV** 1240
- Inlandsumsätze **Grundlagen** 1497
- Kontrolle, gemeinsame **Art. 3 FKVO** 115
- Kontrolle, gemeinsame faktische **Art. 3 FKVO** 124 ff.
- Kontrollerwerb **Art. 3 FKVO** 54
- konzentrative **Art. 101 AEUV** 606
- konzentratives *s. konzentratives GU*
- kooperative **Grundlagen** 1631
- kooperatives **Art. 101 AEUV** 606; *s. kooperatives GU*
- Koordinierung **Art. 2 FKVO** 463
- Landwirtschaft **SB Landwirtschaft** 481
- Leniency-Bekanntmachung **Leniency-Bekanntmachung** 28
- Marktanteilsberechnung **Art. 2 FKVO** 94
- Marktanteilsschwelle **Art. 8 TT-GVO** 5
- Marktbeherrschung, kollektive **Art. 102 AEUV** 219
- Marktstrukturmissbrauch **Art. 102 AEUV** 822 ff.
- Minderheitseinfluss **Art. 101 AEUV** 753
- Nationale Fusionskontrolle **Art. 3 VO 1/2003** 35, 39 ff.
- Nebenabreden **Art. 101 AEUV** 604 f.
- Netze **Art. 101 AEUV** 720 ff.
- Organisationsstruktur, Änderung **Art. 3 FKVO** 132 ff.
- Paritätische Beteiligung **Art. 3 FKVO** 117
- Produktion **Art. 101 AEUV** 742 ff.
- Seeverkehr **SB Verkehr** 332
- Spezialisierungs-GVO **Art. 1 Spezialisierungs-GVO** 14; **Art. 5 Spezialisierungs-GVO** 7
- Tätigkeit, Änderung **Art. 3 FKVO** 132 ff.
- Teilfunktions- **Art. 101 AEUV** 599 ff.; *s. Teilfunktions-GU*
- Umsatzberechnung **Art. 5 FKVO** 56 ff., 83 ff.
- Unerlässlichkeit **Art. 101 AEUV** 1167
- Vereinbarungen mit Muttergesellschaften **Art. 8 FKVO** 130
- Verkauf **Art. 101 AEUV** 742
- Vertrieb **Art. 101 AEUV** 742 ff.
- Vollfunktions- *s. Vollfunktions-GU*
- Vollfunktionscharakter **Art. 3 FKVO** 138
- Zusammenschluss **Art. 3 FKVO** 113 ff.

Gemeinschaftsweite Bedeutung
- Vollfunktions-GU **Art. 101 AEUV** 684 ff.
- Zusammenschluss **Art. 9 FKVO** 59 ff.

Gemeinwohlverpflichtungen Grundlagen 1007, 1028 ff.

Gemstar-Fall Art. 7 FKVO 84

Gemüse Art. 102 AEUV 144; **SB Landwirtschaft** 388
- Mengensteuerung **SB Landwirtschaft** 467

Gencor/Lonrho-Urteil Art. 1 FKVO 60; **Art. 2 FKVO** 364; **Art. 8 FKVO** 80 ff.; **Einl. FKVO** 198 ff.

Gencor-Entscheidung Grundlagen 1397, 1408, 1451

Gencor-Fall Art. 102 AEUV 223 ff.

Genehmigungsentscheidung *s. Freigabeentscheidung*

Genehmigungsfiktion Einl. FKVO 107
- Fusionskontrolle **Art. 10 FKVO** 30
- Fusionskontrolle, Genehmigungsfiktion **Art. 8 FKVO** 115
- Nebenabrede **Art. 8 FKVO** 115
- Verweisungsfiktion **Art. 9 FKVO** 96

General Electric/Honeywell-Fall Art. 1 FKVO 59 ff.; **Art. 2 FKVO** 436

General Electric-Urteil Art. 2 FKVO 419

General Insurance SB Versicherungswirtschaft 235

General Motors-Fall Art. 102 AEUV 354, 361

Generalanwalt am EuGH Rechtsschutz 182 ff.

4045

Sachverzeichnis

fette Zahl = Gesetz und Paragraf

Generaldirektion Wettbewerb Grundlagen 1643 ff.
Generaldirektor Einl. FKVO 194
Generaldirektorentreffen Art. 11 VO 1/2003 11 f.
Generali/INA-Fusion SB-Versicherungswirtschaft 283
Generalklausel
– Verpflichtungszusagen **Art. 8 FKVO** 60
Generalprävention Art. 23 VO 1/2003 36
Generalversammlung
– Gerichtsverfahren **Rechtsschutz** 150 ff.
Generationenvertrag Grundlagen 1368
Generics-Entscheidung Art. 101 AEUV 302
Generika Art. 102 AEUV 141
– Marktmissbrauch **Art. 102 AEUV** 798
Generikahersteller
– Nichtangriffsvereinbarungen **Grundlagen** 1233
Genossenschaften Art. 101 AEUV 63
Genossenschaftsprivileg SB Landwirtschaft 419 ff.
– Erzeugerprivileg **SB Landwirtschaft** 426 ff.
– Satzungsbestimmungen **SB Landwirtschaft** 425
Genossenschaftssatzung Art. 101 AEUV 237 ff.
Genossenschaftstreue SB Landwirtschaft 429
Gentlemen's Agreement Art. 101 AEUV 88 ff., 108
– Versicherungswirtschaft **SB Versicherungswirtschaft** 28
Genuine Link Grundlagen; s. hinreichende Verbindung
Geoblocking-VO Art. 4 Vertikal-GVO 161
geografische Angabe, geschützte (ggA) Grundlagen 1180
Geographische Marktaufteilung
– Immaterialgüterrecht **Grundlagen** 1198
Geographisches Gebiet Art. 102 AEUV 278
Georgien Grundlagen 1804 ff.
Gerechtigkeit
– Ziel der Wettbewerbspolitik **Grundlagen** 151
GEREK Art. 40 DMA 4
Gericht
– Begriff **Rechtsschutz** 678
– Fach- **Rechtsschutz** 10
– letztinstanzliches **Rechtsschutz** 693
– nicht betrautes **Art. 104 AEUV** 11
– Tatsachen- **Rechtsschutz** 9
– Verfassungs- **Rechtsschutz** 8
Gerichte der Mitgliedsstaaten s. auch Nationale Gerichte
– Begriff **Art. 15 VO 1/2003** 7; **Art. 16 VO 1/2003** 6
– der Mitgliedsstaaten **Grundlagen** 1662 ff.
Gerichtliche Kontrolle
– Behilfen **Rechtsschutz** 28 ff.
– Behörden, Kommission **Rechtsschutz** 24 ff.
– Behörden, nationale **Rechtsschutz** 22
– Beratungsschreiben **Art. 101 AEUV** 1061
– Digital Markets Act **Art. 45 DMA** 1 ff.
– Einstweiliger Rechtsschutz **Rechtsschutz** 606 ff.
– Ermessensmissbrauch **Art. 101 AEUV** 1034
– Ermessensüberprüfung **Art. 16 FKVO** 8 ff.
– Fusionskontrolle **Art. 2 FKVO** 500 ff.; **Art. 8 FKVO** 178 ff.
– Fusionskontrolle, Anmeldeprüfung **Art. 6 FKVO** 66 ff.
– Fusionskontrolle, Geldbußen **Art. 16 FKVO** 1 ff.

– Fusionskontrolle, Zuständigkeit **Art. 21 FKVO** 21
– Fusionskontrolle, Zwangsgeld **Art. 16 FKVO** 1 ff.
– Gerichtliche Kontrolle **Art. 101 AEUV** 1034
– Kartellverfahren **Art. 31 VO 1/2003** 1 ff.
– Klagegründe **Art. 101 AEUV** 1034
– Leitlinien der Kommission **Art. 101 AEUV** 1041, 1056
– Marktabgrenzung **Art. 102 AEUV** 82
– Nichtigkeitsklage **Rechtsschutz** 496 ff.
– Ökonomische Erfahrungssätze **Art. 101 AEUV** 1029 ff.
– Rechtsfragen **Art. 101 AEUV** 1035
– reformatio in peius **Art. 16 FKVO** 13
– Rückschauende Betrachtung **Art. 101 AEUV** 1033
– Tatsachenwürdigung **Art. 101 AEUV** 1037 ff.
– Umfang **Rechtsschutz** 95
– Unbestimmte Rechtsbegriffe **Art. 101 AEUV** 1029 ff.
– Verfahrensgarantien **Art. 101 AEUV** 1032
– Wettbewerbspolitik **Art. 101 AEUV** 1035, 1040
Gerichtliche Verfahren
– Verfahrensgrundrechte **Grundlagen** 929 ff.
Gerichtsverfahren
– Präklusion **Rechtsschutz** 144
– Aussetzung des Verfahrens **Rechtsschutz** 283 ff.
– Fristen **Rechtsschutz** 109 ff.
– Grundrechte **Rechtsschutz** 67 ff.
– Klageart, Wechsel **Rechtsschutz** 307
– Präklusion **Rechtsschutz** 295
– Verweisung **Rechtsschutz** 282
Gerichtszuständigkeit Art. 102 AEUV 44
Gerling/NCM-Entscheidung SB Versicherungswirtschaft 250
Gesamtbedarfsdeckung Art. 101 AEUV 515
Gesamtbetrachtung
– Marktabgrenzung **Art. 102 AEUV** 89
Gesamtbetrag Art. 15 FKVO 13
Gesamthandsgemeinschaft Art. 101 AEUV 11
Gesamtmarktmethode Art. 8 TT-GVO 14
Gesamtmarktvolumen Art. 8 Vertikal-GVO 4
Gesamtrisiko SB Versicherungswirtschaft 1
Gesamttatbestandstheorie Art. 101 AEUV 987 ff., 1010
Gesamtumsatz Art. 23 VO 1/2003 194; **Art. 9 Vertikal-GVO** 1 ff.
– Lizenzgebühr **Art. 4 TT-GVO** 11
– TT-GVO **Art. 8 TT-GVO** 10
– weltweit **Art. 1 FKVO** 35
Gesamtumsatzrabattsystem
– Vertikalvereinbarungen **Art. 101 AEUV** 507
Geschäft
– lebensfähiges, Verhaltenszusage **Art. 8 FKVO** 51
Geschäftsbedingungen
– Marktmissbrauch **Art. 102 AEUV** 387 ff.
– Spezialisierungs-GVO **Art. 5 Spezialisierungs-GVO** 4
– Verkehrssektor, Binnen- **SB Verkehr** 312
– Versicherungswirtschaft **SB Versicherungswirtschaft** 28
– Zwischenstaatlichkeitsklausel **Art. 102 AEUV** 866
Geschäftsbedingungsabsprachen
– Vertikalvereinbarungen **Art. 101 AEUV** 504
Geschäftsbeziehungsabsprachen Art. 101 AEUV 333

magere Zahl = Randnummer

Sachverzeichnis

Geschäftsführungsbenennung
– Vollzugsverbot **Art. 7 FKVO** 54
Geschäftsführungsrechte
– Umsatzberechnung **Art. 5 FKVO** 76 ff.
Geschäftsführungsvertrag
– Kontrollerwerb **Art. 3 FKVO** 61
Geschäftsgeheimnisse Grundlagen 925
– Adressatenkreis **Art. 17 FKVO** 19 ff.
– Akteneinsicht **Art. 27 VO 1/2003** 15; **Art. 18 FKVO** 52 ff.
– Beweislast **Art. 101 AEUV** 1045
– Fusionskontrolle, Auskunftspflicht **Art. 11 FKVO** 29
– Fusionskontrolle, Akteneinsicht **Art. 18 FKVO** 52 ff.
– Fusionskontrolle, Veröffentlichungspflicht **Art. 20 FKVO** 7
– Informationsaustausch, Behörden **Art. 12 VO 1/2003** 22
– Lebensmittel **SB Landwirtschaft** 491
– Mitteilungspflicht, Kommission **Art. 11 VO 1/2003** 18
– Schriftstücke, Übermittlung **Art. 19 FKVO** 10
– Torwächter, Publizierungspflicht **Art. 15 DMA** 32
– Verwaltungsverfahren **Vor Art. 17–22 VO 1/2003** 24
– Verwertungsverbot **Art. 17 FKVO** 15
– Werbeanzeigenauskunft **Art. 5 DMA** 260
– Zusammenschlüsse, Anmeldung **Art. 4 FKVO** 75 ff.
Geschäftsinformationen Art. 101 AEUV 167 ff.
Geschäftskunden
– Bedarfsmarktkonzept **Art. 102 AEUV** 110
Geschäftsmodelle
– komplementäre **Art. 2 FKVO** 471
– Vergleichbarkeit **Art. 2 FKVO** 279
Geschäftspläne
– Informationsaustausch (über) **Art. 101 AEUV** 371
– Kontrollerwerb **Art. 3 FKVO** 30 ff.
Geschäftsunterlagen
– Fusionskontrolle, Nachprüfung **Art. 13 FKVO** 8
Geschäftsverteilung
– Unionsgerichte **Rechtsschutz** 134
Geschäftsverweigerung Art. 102 AEUV 458 ff.
– Absatzbeschränkung **Art. 102 AEUV** 458 ff.
– Entwicklungsbeschränkung **Art. 102 AEUV** 458 ff.
– Essential Facility Doktrin **Art. 102 AEUV** 478 ff.
– Infrastruktureinrichtungen **Art. 102 AEUV** 478 ff.
– Kosten-Preis-Schere **Art. 102 AEUV** 724
– Lizenzverweigerung **Art. 102 AEUV** 490 ff.
– Marktmissbrauch **Art. 102 AEUV** 348
– Marktstrukturmissbrauch **Art. 102 AEUV** 458 ff.
– Online-Plattformen **Art. 102 AEUV** 497
– Potentieller Wettbewerb **Art. 102 AEUV** 477
– Produktionsbeschränkung **Art. 102 AEUV** 458, 466 ff.
– Produktionsbeschränkung, Innovationsverhinderung **Art. 102 AEUV** 475
– Produktionsbeschränkung, Verstärkung durch **Art. 102 AEUV** 471 ff.
– Selbstbevorzugung **Art. 102 AEUV** 654
– Wesentliche Einrichtungen **Art. 102 AEUV** 478 ff.
– Zugangsverweigerung zu Informationen **Art. 102 AEUV** 495 f.

Geschmacksmuster Grundlagen 1086
– Begriff **Art. 1 TT-GVO** 13 ff.
Geschützte Rechte
– Begriff **Art. 1 TT-GVO** 44
Gesellschafter Art. 101 AEUV 52
Gesellschaftervereinbarung
– Kontrollerwerb **Art. 3 FKVO** 65
Gesellschaftsanteilserwerb Art. 101 AEUV 578
Gesellschaftsbeschlüsse
– Nichtigkeit nach Art. 101 Abs. 2 AEUV **Art. 101 AEUV** 898 ff.
Gesellschaftsgründung
– Nichtigkeit nach Art. 101 Abs. 2 AEUV **Art. 101 AEUV** 898 ff.
Gesellschaftsvertrag Art. 101 AEUV 107, 222, 237 ff.
– Nichtigkeit nach Art. 101 Abs. 2 AEUV **Art. 101 AEUV** 895 ff.
– Vereinbarung über unternehmerischen Einflusserwerb **Art. 101 AEUV** 592
Gesetzeskonkurrenz Art. 102 AEUV 32
– Marktmissbrauch **Art. 102 AEUV** 842 ff.
Gesetzesvorbehalt Grundlagen 859
Gesetzgebungsverfahren
– Gruppenfreistellungsverordnungen **Art. 101 AEUV** 1196
Gespräche
– informelle **Art. 4 FKVO** 24 f., 79, 84
Gestaffelte Transaktionen Art. 3 FKVO 48
Gestaltung des Arbeitsplatzes
– EFTA-Gerichtshof **Grundlagen** 1326
Gestaltungsklage Rechtsschutz 49
Gestehungskosten Art. 102 AEUV 356 ff.
Gesundheitssektor
– Marktabgrenzung **Art. 102 AEUV** 138 ff.
Gesundheitsversorgung Grundlagen 770 f.
Geteilte Verantwortlichkeit Art. 102 AEUV 75
Getränke Art. 102 AEUV 144
Getränkebefüllungsanlagen Art. 102 AEUV 396
Getreideerzeugnisse Art. 102 AEUV 144
Gewährleistungsansprüche
– Kopplungsgeschäft **Art. 102 AEUV** 629
Gewährleistungsumfang
– Horizontalvereinbarung **Art. 101 AEUV** 333
Gewaltenteilung Art. 16 VO 1/2003 5
Gewerbliche Schutzrechte
– Begriff **Art. 1 Vertikal-GVO** 90 ff.
Gewerbliches Eigentum Grundlagen 1084 ff.; *s. auch Immaterialgüterrecht*
Gewerkschaften Grundlagen 1331
Gewinn/Verlust-Analysen
– Horizontale Zusammenschlüsse **Grundlagen** 437 ff.
Gewinnabschöpfungsansprüche
– IPR **Grundlagen** 1519
Gewinnausgleichspflichten Art. 4 Vertikal-GVO 115
Gewinnbeteiligung der Verbraucher, angemessene *s. Verbrauchergewinnbeteiligung*
Gewinne
– Fusionskontrolle, Vertikale Zusammenschlüsse **Art. 2 FKVO** 410
– PreisKartell **Art. 23 VO 1/2003** 12
Gewinnerzielungsabsicht Art. 101 AEUV 11, 139, 11, 21; **SB Versicherungswirtschaft** 23

4047

Sachverzeichnis

fette Zahl = Gesetz und Paragraf

Gewinnorientierung
– Plattformdienste, zentrale **Art. 1 DMA** 13
Gewinnspanne
– Begrenzung **Art. 102 AEUV** 358, 373 ff.; **Grundlagen** 595
– Beschneidung **Art. 102 AEUV** 729 ff.
– Festlegung **Art. 4 Vertikal-GVO** 52
– Fusionskontrolle, Vertikale Zusammenschlüsse **Art. 2 FKVO** 410, 444
– Horizontalvereinbarung **Art. 101 AEUV** 332
– Preisvergleich **Art. 102 AEUV** 377
– unangemessene **Art. 102 AEUV** 373 ff.
Gewinnsteigerung Art. 102 AEUV 325
Gewinntransfer
– grenzüberschreitende Tätigkeit **Art. 101 AEUV** 794
Gewinnvergleichskonzept Art. 102 AEUV 385 ff.
Gewürze Art. 102 AEUV 108
Gig Economy Art. 101 AEUV 297 f.
Gillette-Fall Art. 101 AEUV 766
Gini-Koeffizient Grundlagen 399
Glaubhaftmachung
– Aufgabe des Zusammenschlusses **Art. 6 FKVO** 51
– Einstweiliger Rechtsschutz **Rechtsschutz** 595 ff.
Glaxo Smithkline-Fall Art. 11 VO 1/2003 91
Gleichartige Ware
– Fusionskontrolle **Einl. FKVO** 141
Gleichbehandlung
– Gleicher Sachverhalte **Art. 102 AEUV** 434
– Rankings **Art. 6 DMA** 115 ff.
Gleichbehandlungsanspruch
– Öffentliche Unternehmen **Art. 106 AEUV** 62 ff.
Gleichbehandlungsgrundsatz
– Geldbußen **Art. 23 VO 1/2003** 122 f.
– Gerichtliche Kontrolle **Art. 31 VO 1/2003** 8
Gleichbleibender Bedarf Art. 102 AEUV 103
Gleichförmiges Marktverhalten Art. 101 AEUV 194
Gleichförmiges Oligopolverhalten Art. 102 AEUV 232 f.
Gleichgewicht s.a. *Nash-Gleichgewicht*
– Grenzkosten **Grundlagen** 161 ff.
– Kartell **Grundlagen** 330 ff., 344 ff.
– koordiniertes **Grundlagen** 402
– nichtkoordiniertes **Grundlagen** 402
Gleichgewichtsgefährdung Art. 2 FKVO 134
Gleichheit Grundlagen 897 ff.
– Diskriminierungsverbot **Grundlagen** 901 ff.
– Öffentliche Unternehmen **Art. 106 AEUV** 67
– vor dem Gesetz **Grundlagen** 898 ff.
Gleichheit der Rechtsordnungen Grundlagen 1380
Gleichordnungskonzern Art. 101 AEUV 105
Gleichwertigkeit
– Dienstleistungen, übereinstimmende **Art. 102 AEUV** 437
– Gegenleistungen **Art. 102 AEUV** 436 f.
– Produkte, übereinstimmende **Art. 102 AEUV** 437
– Leistungen **Art. 102 AEUV** 436 f.
Gleichwertigkeitsgrundsatz
– Rechtsdurchsetzung, private **Art. 101 AEUV** 919 ff.
Global Competition Culture Grundlagen 1755
Globalisierung Grundlagen 726
Glücksspielmonopole Art. 106 AEUV 106

GMO-VO SB Landwirtschaft 381 ff.
– Anwendungsbereich **SB Landwirtschaft** 383
– Ausnahme, Branchenverbandsvereinbarungen **SB Landwirtschaft** 442 ff.
– Ausnahme, Krisensituation **SB Landwirtschaft** 452 ff., 463 ff.
– Ausnahme, Mengensteuerung **SB Landwirtschaft** 456 ff.
– Ausnahmen, Erzeuger **SB Landwirtschaft** 398 ff.
– Ausnahmen, Erzeugerorganisationen **SB Landwirtschaft** 385 ff.
– Ausnahmen, Erzeugerprivileg **SB Landwirtschaft** 398 ff.
– Ausnahmen, Milchsektor **SB Landwirtschaft** 394 ff.
– Bananensektor **SB Landwirtschaft** 410
– Beweislast **SB Landwirtschaft** 431
– Bezugsverpflichtungen **SB Landwirtschaft** 406
– Erzeugerorganisationen, landwirtschaftliche **SB Landwirtschaft** 385 ff.
– Erzeugerprivileg **SB Landwirtschaft** 411 ff.
– Genossenschaftsprivileg **SB Landwirtschaft** 419 ff.
– Importbehinderungen **SB Landwirtschaft** 407
– Käse **SB Landwirtschaft** 468
– Mengensteuerung, sektorspezifische **SB Landwirtschaft** 465 ff.
– Milchsektor **SB Landwirtschaft** 394 ff.
– Nachhaltigkeitsvereinbarung **SB Landwirtschaft** 433 ff.
– Nachhaltigkeitsvereinbarung, Unerlässlichkeit **SB Landwirtschaft** 434 ff.
– Obst- und Gemüsesektor **SB Landwirtschaft** 467
– Olivenöl und Tafeloliven **SB Landwirtschaft** 469
– Preisbindungen **SB Landwirtschaft** 399
– Preisbindungsverbot **SB Landwirtschaft** 417 ff.
– Preisvereinbarungen **SB Landwirtschaft** 407
– Quotensystem **SB Landwirtschaft** 403
– Schinken **SB Landwirtschaft** 468
– Tabak **SB Landwirtschaft** 469
– Tabaksektor **SB Landwirtschaft** 409
– Verhältnismäßigkeit **SB Landwirtschaft** 392
– Vertragsverhandlungsvollmacht **SB Landwirtschaft** 396
– Wein **SB Landwirtschaft** 470
– Wertaufteilungsklauseln **SB Landwirtschaft** 441
– Wettbewerbsrecht, Anwendbarkeit **SB Landwirtschaft** 372, 382 ff.
– Zitrusfrüchteauktion **SB Landwirtschaft** 405
– Zuckersektor **SB Landwirtschaft** 408
Goettrup-Klim-Fall Art. 102 AEUV 242
going concern
– Verhaltenszusagen **Art. 8 FKVO** 51
Goodwill Art. 101 AEUV 234 f.
Google Art. 101 AEUV 77
– Selbstbevorzugung **Art. 102 AEUV** 655 ff.
– Verfahren, Ad Sense-Fall **Art. 6 DMA** 189
– Verfahren, Ads-Geschäftsbedingungen **Art. 5 DMA** 245; **Art. 6 DMA** 56
– Verfahren, Adtech-Verfahren **Art. 6 DMA** 189
– Verfahren, Android-Fall **Art. 102 AEUV** 604, 657; **Art. 6 DMA** 71, 77, 100
– Verfahren, Doubleclick **Art. 2 FKVO** 442
– Verfahren, Fitbit **Art. 2 FKVO** 401, 453
– Verfahren, Search Ads 360-Fall **Art. 6 DMA** 165
– Verfahren, Search-Fall **Art. 6 DMA** 246

magere Zahl = Randnummer

Sachverzeichnis

- Verfahren, Shopping-Fall **Art. 102 AEUV** 260, 497, 656; **Art. 6 DMA** 125 ff., 116 ff., 246
- Verfahren, Streetmap-Fall **Art. 102 AEUV** 660
- Verfahren, Texas-Verfahren **Art. 6 DMA** 190
- Verfahren, Utah v. **Art. 5 DMA** 202
- Verfahren, Verpflichtungszusagen **Art. 9 VO 1/2003** 38

Google-Facebook (Open Bidding) Agreement Art. 6 DMA 188

Gøttrup-Klim-Entscheidung Art. 101 AEUV 422 ff.

Governance-Ansatz
- Transaktionskostenökonomik **Grundlagen** 100

Graue Klausel Art. 5 TT-GVO 1
- Praxishistorie **Art. 101 AEUV** 1226 ff.
- Wechselwirkung, mit Art. 101 Abs. 3 AEUV **Art. 101 AEUV** 1211

Graue Liste
- UTP-Richtlinie **SB Landwirtschaft** 494 ff.

Grauimporte Art. 1 Vertikal-GVO 81

Green Deal Art. 101 AEUV 215, 449; **Grundlagen** 8, 29, 31
- Fusionskontrolle **Einl. FKVO** 204 ff.

Greenwashing Art. 101 AEUV 339, 453
- Horizontalvereinbarung, Ökonomie **Grundlagen** 392

Gremeau-Fall Art. 1 Kfz-GVO 19

Gremium europäischer Regulierungsstellen für elektronische Kommunikation Art. 40 DMA 4

Grenzen
- isochronischen **Art. 2 FKVO** 62

Grenzkosten Grundlagen 73
- Ausbeutungsmissbrauch **Grundlagen** 594 ff.
- Gleichgewicht **Grundlagen** 161 ff.
- Marktmacht **Grundlagen** 219 ff.
- Monopol **Grundlagen** 77, 173 ff.
- Nichtkoordinierte Effekte **Grundlagen** 405 ff.
- Oligopol **Grundlagen** 78
- Preis-Kosten-Vergleiche **Art. 102 AEUV** 676
- Vertikalvereinbarungen **Grundlagen** 519 ff.
- Zusammenschlüsse **Grundlagen** 468 ff.

Grenznormen Grundlagen 1032

Grenznutzen
- Daten **Grdl. DMA** 89 ff.

Grenzüberschreitende Tätigkeiten Art. 101 AEUV 790

Griechenland
- Fusionskontrolle **Anh. FKVO** 79 ff.

Gross Upward Pricing Pressure Index Grundlagen 428

Gross Upward Pricing Pressure-Analyse s. GUPP-Analyse

Größenkriterium Art. 1 FKVO 4

Größenvorteil Art. 102 AEUV 251, 261
- Online-Plattformen **Einl. DMA** 10

Großflugzeuge Art. 101 AEUV 733

Großhandelsmärkte Art. 102 AEUV 149, 184

Großhändler Art. 1 Vertikal-GVO 82
- Freistellung, Kfz-GVO **Art. 4 Kfz-GVO** 24
- Freistellung, TT-GVO **Art. 4 TT-GVO** 78 ff.
- Freistellung, Vertikal-GVO **Art. 4 Vertikal-GVO** 96, 208 ff.
- Vertikal-GVO **Art. 2 Vertikal-GVO** 42

Großrisiken
- Versicherungen **SB Versicherungswirtschaft** 233, 251

Groupe Canal+-Fall Einl. TT-GVO 13 ff.

Groupement des Cartes Bancaires-Fall Art. 101 AEUV 310 ff.

Grundbegriffe Art. 101 AEUV 1 ff.

Grundbetrag Art. 23 VO 1/2003 131
- Bandbreite **Art. 23 VO 1/2003** 135
- Obergrenze **Art. 23 VO 1/2003** 135

Gründer
- Vollfunktions-GU, nicht gemeinschaftsweit **Art. 101 AEUV** 705 ff.

Grundfreiheiten
- Addressaten **Grundlagen** 1081 ff.
- Adressaten **Grundlagen** 790 ff.
- Arbeitnehmerfreizügigkeit **Grundlagen** 737 f.
- Beihilfenrecht **Grundlagen** 806
- Binnenmarktgefährdung **Grundlagen** 767 ff.
- Binnenmarktbezug **Grundlagen** 765 ff.
- Dienstleistungen von allgemeinem wirtschaftlichen Interesse **Art. 106 AEUV** 113 ff.
- Dienstleistungsfreiheit **Grundlagen** 762
- Durchsetzung **Grundlagen** 797
- Europäisches Wettbewerbsrecht **Grundlagen** 739 ff., 747 f.
- Gemeinschaftsschutzrechte **Grundlagen** 1121 ff.
- Gewährleistungsbereich **Grundlagen** 750 ff.
- grenzüberschreitender Bezug **Grundlagen** 754 f.
- Immaterialgüterrecht **Grundlagen** 805
- Kapital- und Zahlungsverkehrsfreiheit **Grundlagen** 763 f.
- Kollektives Arbeitsrecht **Grundlagen** 1290
- Kollektivregelungen **Grundlagen** 800 ff.
- Lauterkeitsrecht **Grundlagen** 1055 ff.
- Niederlassungsfreiheit **Grundlagen** 761
- Öffentliche Unternehmen **Art. 106 AEUV** 57, 62
- Rechtfertigung **Grundlagen** 802
- Rechtfertigung, Art. 106 AEUV **Art. 106 AEUV** 2
- Schranken, Grundrechte **Grundlagen** 984 ff.
- Schranken-Schranken, Grundrechte **Grundlagen** 987
- Sportverbände **Art. 101 AEUV** 33
- Unternehmen **Grundlagen** 800 ff.
- Unternehmen mit Ausschließlichkeitsrechten **Art. 106 AEUV** 69 ff.
- Verhältnis zu Grundrechten **Grundlagen** 965 ff.
- Verhältnis zu Immaterialgüterrecht **Grundlagen** 1072 ff.
- Verhältnis zu Wettbewerbsrecht **Grundlagen** 785 ff.
- Verhältnis zu Wettbewerbsregeln **Grundlagen** 1190 ff.
- Versicherungsträger **Grundlagen** 1369
- Vertikalvereinbarungen **Art. 101 AEUV** 486
- Warenverkehrsfreiheit **Grundlagen** 759 f.

Grundgesetz, deutsches
- Verhältnis zu EU-Grundrechten **Grundlagen** 812 ff.

Grundrechte
- Adressaten **Grundlagen** 848 ff.
- Berechtigte **Grundlagen** 851 ff.
- Dienstleistungen von allgemeinem wirtschaftlichem Interesse **Grundlagen** 906 ff.
- effektiver Rechtsschutz **Grundlagen** 928 ff.
- Eingriff in **Grundlagen** 857
- Entwicklung **Grundlagen** 809 ff.

4049

Sachverzeichnis

fette Zahl = Gesetz und Paragraf

- Europäisches Wettbewerbsrecht **Grundlagen** 479 ff., 739 ff.
- Freizügigkeitsrecht **Grundlagen** 938
- Fusionskontrolle **Einl. FKVO** 147
- Gesetzesvorbehalt **Grundlagen** 859
- Gleichheit **Grundlagen** 897 ff.
- Grundrechtsquellen **Grundlagen** 832 ff.
- Immaterialgüterrecht **Grundlagen** 1195 ff.
- Online-Plattformen, Interoperabilitätsregeln **Art. 7 DMA** 60
- Rechtfertigung **Grundlagen** 858 ff.
- Rechtsgrundsätze, allgemeine **Grundlagen** 801 ff.
- sachlicher Schutzbereich **Grundlagen** 856
- Schranke der Grundfreiheiten **Grundlagen** 984 ff.
- Schranken-Schranken der Grundfreiheiten **Grundlagen** 987
- Solidarität **Grundlagen** 897 ff., 905 ff.
- Soziale Rechte **Grundlagen** 905 ff.
- Verfahren **Rechtsschutz** 67 ff.
- Verfahrensrechte **Grundlagen** 909 ff.
- Verhältnis zu Grundfreiheiten **Grundlagen** 965 ff.
- Verhältnismäßigkeitsprüfung **Grundlagen** 859
- Verhätnis der EU zu nationalen Grundrechten **Grundlagen** 812 ff.
- Wesensgehalt **Grundlagen** 859
- Wettbewerbsrecht **Grundlagen** 808 ff.

Grundrechtecharta Grundlagen 744
- Dienstleistungen von allgemeinem wirtschaftlichem Interesse **Grundlagen** 906 ff.
- Dienstleistungen von allgemeinem wirtschaftlichen Interesse **Art. 106 AEUV** 13
- Immaterialgüterrecht **Grundlagen** 1195 ff.

Grundrechtscharta Grundlagen 815 f.
- Verfahrensgrundrechte **Rechtsschutz** 67 ff.
- Verhältnis zu anderen Grundrechtsquellen **Grundlagen** 837 ff.

Grundsatz der Waffengleichheit Art. 27 VO 1/2003 12

Grundsatz der wirtschaftlichen Einheit Grundlagen 1427 f.

Grundsatz des effektiven Rechtsschutzes Grundlagen 928 ff.

Grundsatzfragen Art. 14 VO 1/2003 12 ff.

Gründung
- Gemeinschaftsunternehmen **Art. 3 FKVO** 127
- Teilfunktions-GU **Art. 101 AEUV** 471
- Vollfunktions-GU, nicht gemeinschaftsweit **Art. 101 AEUV** 686

Grundversorgung Art. 102 AEUV 179

Grüner Punkt Grundlagen 1257

Gruppe europäischer Regulierungsstellen für audiovisuelle Mediendienste Art. 40 DMA 8

Gruppeneffekt Art. 101 AEUV 704
- Vertikale Zusammenschlüsse **Art. 2 FKVO** 464

Gruppenfreistellung Grundlagen 1623
- Binnenverkehrs-VO, Kleine und mittlere Unternehmen **SB Verkehr** 318
- Binnenverkehrs-VO, Technische Vereinbarungen **SB Verkehr** 315
- Daseinsvorsorge **Art. 106 AEUV** 163 ff.
- Entzug des Rechtsvorteils **Art. 29 VO 1/2003** 1 ff.
- FuE-Kooperation **Art. 101 AEUV** 403
- Horizontalvereinbarung **Art. 101 AEUV** 323
- Landwirtschaft **SB Landwirtschaft** 384
- Luftverkehr **SB Verkehr** 355

- Nichtigkeit nach Art. 101 Abs. 2 AEUV **Art. 101 AEUV** 884, 894
- Prüfungsschema **Art. 2 TT-GVO** 2 ff.
- Seeverkehr **SB Verkehr** 329 ff., 339 ff., 346 ff.
- Spezialisierung **Art. 101 AEUV** 406
- Überblick **Art. 101 AEUV** 1195 ff.
- Verhältnis zur Legalausnahme **Art. 1 VO 1/2003** 19

Gruppenfreistellungsverordnungen s. *Gruppenfreistellung oder GVO*

Gruppenverpflichtungsrabatte Art. 102 AEUV 759, 772

GTE-Sylvania-Fall Grundlagen 52

GT-Link Fall Art. 102 AEUV 654

GT-Link-Fall Art. 102 AEUV 873

Guerlain-Fall Art. 3 VO 1/2003 71 f.

Guess-Fall Art. 4 Vertikal-GVO 149 ff.

Guillotine-Mechanismus Einl. FKVO 109

Guinness/Grand Metropolitan Art. 2 FKVO 493

Gültigkeitsvermutung Rechtsschutz 352

GU-Netze Art. 101 AEUV 720 ff., 704

GUPP-Analyse
- Versicherungswirtschaft **SB Versicherungswirtschaft** 226

GUS-Staaten Grundlagen 1804

Gut geeignete Behörde Art. 11 VO 1/2003 92

Güter
- komplementäre **Grundlagen** 503

Gütermarkt
- als nachgelagerter Markt **Grundlagen** 1302
- Tarifverträge **Grundlagen** 1330 ff.

Gütertransport auf der Schiene Art. 106 AEUV 122

Gütesiegel
- Freistellung, Einzel- **Art. 101 AEUV** 1107

Gütezeichengemeinschaften
- Verhältnis zum EU-Wettbewerbsrecht **Art. 3 VO 1/2003** 16, 120

GVG/FS-Fall Art. 102 AEUV 487

GVL-Rechtsprechung Art. 7 VO 1/2003 1

GVO
- Allgemeinverfügung **Art. 101 AEUV** 1197
- Auslegung **Art. 101 AEUV** 1215 ff.
- Auslegung, Analogien **Art. 101 AEUV** 1220 ff.
- Auslegung, Analogieverbot **Art. 101 AEUV** 1225
- Auslegung, Auslegungsspielraum **Art. 101 AEUV** 1220 ff.
- Ausstrahlungswirkung, negative **SB Versicherungswirtschaft** 11
- Ausstrahlungswirkung, positive **SB Versicherungswirtschaft** 11
- Bereichsausnahmen **Art. 101 AEUV** 1200
- Beweislast **Art. 2 VO 1/2003** 15
- De-minimis-Beihilfen **Art. 106 AEUV** 166
- Einschätzungsprärogative **Art. 101 AEUV** 1204, 1251, 1256
- Entstehungsgeschichte **Art. 101 AEUV** 963 f.
- Entzug des Rechtsvorteils **Art. 101 AEUV** 1248 ff.
- Entzug des Rechtsvorteils, Marktmissbrauch **Art. 102 AEUV** 39
- Gemeinschaftsunternehmen **Art. 101 AEUV** 1240
- Kartellrecht **Art. 101 AEUV** 1253 ff.
- Kernbeschränkungen **Art. 101 AEUV** 1228
- Kompetenzgrenze **Art. 101 AEUV** 1201 ff.
- Luftverkehr **Art. 102 AEUV** 202; **SB Verkehr** 305

magere Zahl = Randnummer

Sachverzeichnis

– Marktmissbrauchsverbot **Art. 101 AEUV** 1237 f.; **Art. 102 AEUV** 38 ff.
– Minderheitseinfluss **Art. 101 AEUV** 753
– Nebenabreden **Art. 101 AEUV** 1241
– Nicht freigestellte Klauseln **Art. 101 AEUV** 1228
– Nichtanwendbarkeit auf Netze **Art. 101 AEUV** 1254 ff.
– Rechtsgrundlage **Art. 103 AEUV** 39 ff.
– Rechtsgrundlagen **Art. 101 AEUV** 951, 1196
– Rechtssicherheit **Art. 101 AEUV** 1052 ff.
– Rechtswirkungen **Art. 101 AEUV** 1205 ff.
– Rechtswirkungen, Bußgeldverfahren **Art. 101 AEUV** 1212 ff.
– Rechtswirkungen, Entzug **Art. 101 AEUV** 1248 ff.
– Rechtswirkungen, Nichtigkeitsklagen **Art. 101 AEUV** 1213
– Rechtswirkungen, Verwaltungsverfahren **Art. 101 AEUV** 1222
– Rechtswirkungen, Zivilrechtliche Streitigkeiten **Art. 101 AEUV** 1214
– Regelungstechnik **Art. 101 AEUV** 1227
– Regelungstechnik (Historie) **Art. 101 AEUV** 1226
– Restfunktion **SB Versicherungswirtschaft** 12
– Schiffskonsortien-GVO **SB Verkehr** 305
– Subsidiaritätsklausel **Art. 101 AEUV** 1232 ff.
– Überblick **Art. 101 AEUV** 1195 ff.
– Überblick, Erlassene GVO **Art. 101 AEUV** 1198
– Veränderungen des Sachverhalts **Art. 101 AEUV** 1028
– Verhältnis der GVOs **Einl. Vertikal-GVO** 45
– Verhältnis der Vos zueinander **Art. 101 AEUV** 1231
– Verhältnis zu Einzelfreistellung **Art. 101 AEUV** 1205 ff.
– Vertikal-GVO, Überblick **Einl. Vertikal-GVO** 1 ff.
– Vollfunktions-GU, nicht gemeinschaftsweit **Art. 101 AEUV** 727
– Wechselwirkung, Fusionskontrolle **Art. 101 AEUV** 1239 ff.
– Wechselwirkung, Legalfreistellung **Art. 101 AEUV** 1247
– Wechselwirkung, mit Art. 101 Abs. 3 AEUV **Art. 101 AEUV** 1210
– Wechselwirkung, mit Art. 102 AEUV **Art. 101 AEUV** 1237 f.
– Wechselwirkung, mit Verwaltungsverfahren **Art. 101 AEUV** 1212
– Wechselwirkung, nationales Kartellrecht **Art. 101 AEUV** 1243 ff.
– Zeitliche Befristung **Art. 101 AEUV** 1230
GWB-Novellen Grundlagen 55, 1590 ff.

H

Habilitationsentscheidung Einl. FKVO 191
Hachette-Fall Art. 102 AEUV 361
Hafenassistenzleistungen
– Vollfunktions-GU, nicht gemeinschaftsweit **Art. 101 AEUV** 700
Hafeneinrichtungen Art. 102 AEUV 486
Hafeninfrastrukturdienstleistungen
– Daseinsvorsorge **Art. 106 AEUV** 102
Hafenumschlagsanlagen SB Verkehr 343

Haftpflichtversicherung SB Versicherungswirtschaft 243; **SB-Versicherungswirtschaft** 244
Haftungsansprüche
– Kopplungsgeschäft **Art. 102 AEUV** 629 ff.
HAG I-Entscheidung Grundlagen 1140
HAG II-Entscheidung Grundlagen 1130, 1140 f.
Halbleiterprodukte
– Begriff **Art. 1 TT-GVO** 21 ff.
Haliburton/Fresler-Fall Grundlagen 1884
Handel
– Mitgliedsstaaten **Art. 101 AEUV** 732
– Mitgliedstaaaten **Art. 101 AEUV** 790
Handelbare Ware Art. 101 AEUV 820
Handeln unter Druck Art. 23 VO 1/2003 178
Handelsbeeinträchtigung Art. 101 AEUV 509 f.; **Art. 102 AEUV** 819 ff.
– Auswirkungen **Art. 101 AEUV** 813 ff.
– Bündeltheorie **Art. 101 AEUV** 828 ff.
– dem Wesen nach **Art. 101 AEUV** 805, 826
– Eignung zur **Art. 101 AEUV** 798 ff.
– Fusionskontrolle, Verweisungsantrag **Art. 22 FKVO** 71
– hypothetischer Vergleich **Art. 101 AEUV** 811
– Immaterialgüterrecht **Grundlagen** 1076 ff.
– Kausalität **Art. 101 AEUV** 821
– Marktmissbrauchsverbot **Art. 101 AEUV** 859 ff.
– nach eingehender Prüfung **Art. 101 AEUV** 806
– Negativvermutung **Art. 101 AEUV** 838
– Spürbarkeit **Art. 101 AEUV** 822 ff.
– Vereinbarungen, Drittstaaten **Art. 101 AEUV** 862 ff.
– Vereinbarungen, ein Mitgliedsstaat betr. **Art. 101 AEUV** 839 ff.
– Vereinbarungen, ein Mitgliedsstaatsteil betr. **Art. 101 AEUV** 854
– Vereinbarungen, mehrere Mitgliedsstaaten betr. **Art. 101 AEUV**
– verschleierte **Grundlagen** 1119
– Wahrscheinlichkeitsmaßstab **Art. 101 AEUV** 802 ff.
– zwischenstaatliche s. Zwischenstaatlichkeitsklausel
– Zwischenstaatlichkeitsklausel **Art. 102 AEUV** 827 ff., 856 ff.
Handelsmarkt
– Gemeinschaftsunternehmen **Art. 3 FKVO** 165
– Marktabgrenzung **Art. 102 AEUV** 137 ff.
Handelspartner Art. 102 AEUV 431
– beherrschte Märkte **Art. 102 AEUV** 436
– Endverbraucher **Art. 102 AEUV** 433
– obligatorische **Art. 102 AEUV** 210 f.
– Tochterunternehmen **Art. 102 AEUV** 432
Handelsportale
– Marktabgrenzung **Art. 102 AEUV** 133 ff.
Handelspraktiken
– unzulässige und unlautere **SB Landwirtschaft** 489 ff.
Handelsunternehmen
– Marktbeherrschung **Art. 102 AEUV** 213 ff.
Handelsvertreter Art. 101 AEUV 492, 537 f.
– Alleinvertreterklausel **SB Versicherungswirtschaft** 132
– Doppelprägung **SB Versicherungswirtschaft** 129
– echte **Art. 4 Kfz-GVO** 27; **Art. 1 Vertikal-GVO** 101
– echter **SB Versicherungswirtschaft** 130

4051

Sachverzeichnis

fette Zahl = Gesetz und Paragraf

- Einfirmenvertreter **SB Versicherungswirtschaft** 132
- Freistellung, Vertikal-GVO **Art. 5 Vertikal-GVO** 9
- Matching-Plattformen **SB Versicherungswirtschaft** 142
- Mehrfachvertreter **SB Versicherungswirtschaft** 129
- Online-Plattformen **SB Versicherungswirtschaft** 140 ff.
- Privileg **Art. 1 Vertikal-GVO** 99
- Umsatzberechnung **Art. 5 FKVO** 5
- unechte **Art. 1 Vertikal-GVO** 101
- unechter **SB Versicherungswirtschaft** 127
- Vertikal-GVO **Art. 1 Vertikal-GVO** 98
- Vertikal-GVO, Rechtsprechung **Art. 1 Vertikal-GVO** 100
- Vertikalverhältnis **SB Versicherungswirtschaft** 131

Handelsvertreterprivileg SB Versicherungswirtschaft 127

Handelsvertreterverträge
- Abgestimmte Verhaltensweisen **SB Versicherungswirtschaft** 133
- Privisionshöchstsätze **SB Versicherungswirtschaft** 135
- Provisionsabgabeverbote **SB Versicherungswirtschaft** 134
- Zusatzvergütungen, erfolgsabhängige **SB Versicherungswirtschaft** 136 ff.

Händler Art. 101 AEUV 55
- unabhängige **Art. 1 Kfz-GVO** 11 ff.
- Vertikal-GVO **Einl. Vertikal-GVO** 39
- zugelassene **Art. 1 Kfz-GVO** 11

Händlerfinder Art. 1 Vertikal-GVO 48
Händlerselektion Art. 101 AEUV 565 ff.
- Marktmissbrauch **Art. 102 AEUV** 426

Händlerverband
- Vertikal-GVO **Art. 2 Vertikal-GVO** 7

Händlerwettbewerb Art. 101 AEUV 197
Handlung Art. 23 VO 1/2003 40
- Nichtigkeitsklage **Rechtsschutz** 332
- Nichtigkeitsklage, an den Kläger gerichtet **Rechtsschutz** 416 ff.
- Nichtigkeitsklage, Bekanntgabe der Handlung **Rechtsschutz** 490
- Nichtigkeitsklage, Mitteilung der Handlung **Rechtsschutz** 489

Handlungsort
- Kollisionsrecht **Grundlagen** 1383

Handlungsspielraum Art. 102 AEUV 249
- Tarifverträge **Grundlagen** 1301

Haniel/Cementbouw/JV-Fall Art. 8 FKVO 151 ff.

hardcore restrictions s. Kernbeschränkungen
Hardcore-Kartell Grundlagen 312
- Informationsaustausch **Art. 101 AEUV** 356
- Nichtigkeit, Anpassung auf erlaubten Umfang **Art. 101 AEUV** 894
- OECD **Grundlagen** 1749
- Produktionsvereinbarungen **Art. 101 AEUV** 408
- WTO **Grundlagen** 1740

Hardship-Klauseln Art. 101 AEUV 938
Hardware Art. 102 AEUV 159
Harmonische Rechtsanwendung (Postulat der) Art. 102 AEUV 26, 50

Hartford Fire-Entscheidung Grundlagen 1403
Hart-Scott-Rodina Act Grundlagen 50
Hart-Scott-Rodino Act Art. 7 FKVO 87
Harvard School Grundlagen 86 ff., 500, 535, 51
Hauer-Urteil Grundlagen 868
Häufigkeit des Informationsaustausches
- Faktorenanalyse **Art. 101 AEUV** 377

Hauptabrede Art. 101 AEUV 225 ff.
Hauptgeschäft (in EU) Art. 24 FKVO 1
Hauptleistung Art. 102 AEUV 622 ff.
Hauptprodukt Art. 102 AEUV 622 ff.
Hauptsacheverfahren
- Einstweiliger Rechtsschutz **Rechtsschutz** 579
- Erfolgsaussichten **Rechtsschutz** 581

Haupttätigkeit, wettbewerbsneutrale Art. 101 AEUV 223
Haushaltsgeräte Art. 1 Vertikal-GVO 67
Hauszustellungssysteme Art. 102 AEUV 499 f.
Havanna-Charta Grundlagen 737, 1731
Hayek Grundlagen 111 f., 692, 387, 550
Hebeleffekt Grundlagen 540, 641
- Fusionskontrolle **Art. 2 FKVO** 118
- Lizenzverweigerung **Grundlagen** 1265

Hebelkraft Art. 102 AEUV 618
HeidelbergCement/Schwenk/Cemex Hungary/Cemex Croatia Art. 2 FKVO 317
Heintz van Landewyk SARL-Entscheidung Art. 101 AEUV 112
Heizungsanlagen Art. 102 AEUV 106
Hemmung
- Klagefrist **Rechtsschutz** 495

Herausgeber Art. 2 DMA 16
Herausgeberinventar Art. 5 DMA 256
Herfindahl-Hirschman-Index Art. 2 FKVO 85, 105 ff.; **Grundlagen** 397 f., 419 ff.
- Horizontale Zusammenschlüsse **Art. 2 FKVO** 236, 245, 253
- Vertikale Zusammenschlüsse **Art. 2 FKVO** 382

Herkunftsangaben, geographische Grundlagen 1080, 1086, 1090
- einfache **Grundlagen** 1175
- mittelbare **Grundlagen** 1174
- Qualitätsregelungen-Verordnung **Grundlagen** 1180
- Regionenbindung **Grundlagen** 1177
- spezifischer Gegenstand **Grundlagen** 1172 ff.
- Verhältnis zu Markenrecht **Grundlagen** 1183
- Verhältnis zur Lebensmittel-Informationsverordnung **Grundlagen** 1182

Herkunftsgarantie Grundlagen 1143, 1191, 1129
Hersteller
- Vertikal-GVO **Art. 2 Vertikal-GVO** 42

Herstellerbezogene Beschränkung Art. 102 AEUV 417 ff.
Herstellergarantien Art. 101 AEUV 117
- Freistellung, Kfz-GVO **Art. 4 Kfz-GVO** 21; **Einl. Kfz-GVO** 17
- Neuwagenvertrieb **Art. 3 Kfz-GVO** 14
- ohne **Art. 101 AEUV** 817 f.

Herstellernummern
- Entfernung von **Grundlagen** 1145, 1149

Herstellerwettbewerb Art. 101 AEUV 197
- Ökonomie, Verringerung von **Grundlagen** 524 ff.

Herstellungsverbot Art. 1 Vertikal-GVO 54
Heterogene Güter
- Faktorenanalyse **Art. 101 AEUV** 382

Sachverzeichnis

magere Zahl = Randnummer

HHI-Delta Art. 6 FKVO 20
Hilfsdienste
– Elektrizitätsmarkt **Art. 102 AEUV** 181
Hilfsfunktionen
– Vollfunktions-GU **Art. 3 FKVO** 139 ff.
Hilfsstoff SB Landwirtschaft 383
Hilti-Fall Art. 102 AEUV 106, 240, 254, 481 ff., 622, 629, 690, 716; **Vor Art. 17–22 VO 1/2003** 20
Hinreichende Verbindung
– Kollisionsrecht **Grundlagen** 1390
Hinweissysteme
– Betrugsbekämpfung **SB Versicherungswirtschaft** 164 ff.
Hit and run entry Grundlagen 98, 293
Hochrangige Gruppe Art. 40 DMA 1 ff.
– Aufgaben **Art. 40 DMA** 9
Höchstgrenze Art. 14 FKVO 30
– Geldbußen **Art. 23 VO 1/2003** 192 ff.
– Zwangsgeld **Art. 24 VO 1/2003** 25, 34
Höchstpreisbindungen Art. 101 AEUV 559
Höchstpreise
– Freistellung, TT-GVO **Art. 4 TT-GVO** 69
– Freistellung, Vertikal-GVO **Art. 4 Vertikal-GVO** 28, 41 f., 53 ff.
– Spezialisierungs-GVO **Art. 5 Spezialisierungs-GVO** 3
Hochzeitsrabatt-Fall Art. 102 AEUV 56
Hoechst/Kommission-Urteil Grundlagen 813, 889
Hoffmann/La Roche-Fall Art. 102 AEUV 3, 37 ff., 104, 240 f., 284 f., 307, 310
Hoffmann-La Roche/AGCM-Fall Art. 101 AEUV 314
Höfner und Elser-Fall Grundlagen 1351 f.
Höfner-Fall Art. 101 AEUV 6; **Art. 102 AEUV** 420
Hoheitliche Maßnahmen Art. 101 AEUV 124 f.
Hoheitliche Tätigkeiten Art. 101 AEUV 24 ff., 58, 69 f.; **Art. 102 AEUV** 73; **SB Versicherungswirtschaft** 14
– Kartellverbot **Art. 101 AEUV** 124 f.
– Tätigkeiten im Nachgang **Art. 101 AEUV** 42
– Unternehmensbegriff **Grundlagen** 1331
Höhere Gewalt
– Wiedereinsetzung in den vorigen Stand **Rechtsschutz** 117
Holcim/Cemex West Art. 2 FKVO 378
Holcim/Lafarge Art. 2 FKVO 62
Hold seperate manager Art. 8 FKVO 100
Hold-up Art. 101 AEUV 440, 520, 521, 571; **Grundlagen** 510, 562, 568, 611
– Freistellung, Einzel- **Art. 101 AEUV** 1088
– FuE-Kooperation **Grundlagen** 381
– Transaktionskostenökonomik **Grundlagen** 101
– Vertikalvereinbarungen **Art. 101 AEUV** 485
Holship-Fall Grundlagen 1327 f., 1342, 1682
Homogene Güter
– Faktorenanalyse **Art. 101 AEUV** 382
– Grenzkosten **Grundlagen** 201
– Kartelltheorie **Grundlagen** 357
– Mengenwettbewerb bei **Grundlagen** 408
– Preiswettbewerb bei **Grundlagen** 406 f.
Homogene Produkte s. homogene Güter
Homogenes Dyopol Grundlagen 18
Homogenitätsgebot Rechtsschutz 12 ff.

Hopfen SB Landwirtschaft 388
Hoppmann Grundlagen 113 ff.
Horizontalbeschränkungen Art. 101 AEUV 325 ff.
– Absprachen **Art. 101 AEUV** 330 ff.
– Diskriminierungsverbot **Art. 101 AEUV** 343 f.
– FuE-Kooperation **Art. 101 AEUV** 388 ff.
– Kopplungsverbot **Art. 101 AEUV** 345
– Produktionsvereinbarungen **Art. 101 AEUV** 400
– Teilfunktions-GU **Art. 101 AEUV** 742
– Vertikal-GVO **Einl. Vertikal-GVO** 53
– Vollfunktions-GU auf anderen Märkten **Art. 101 AEUV** 715 ff.
– Vollfunktions-GU, mit gemeinschaftsweit **Art. 101 AEUV** 634
– Vollfunktions-GU, nicht gemeinschaftsweit **Art. 101 AEUV** 704, 709 ff., 709
Horizontale Zusammenschlüsse
– Fusionskontrolle, Kriterien **Art. 2 FKVO** 118
– Kausalität **Art. 2 FKVO** 377
– Koordinierte WIrkungen **Art. 2 FKVO** 344 ff.
– Leitlinien, ökonomische Beurteilung **Grundlagen** 492 ff.
– Nash-Gleichgewicht **Grundlagen** 402
– Ökonomie **Grundlagen** 401, 441
– Ökonomie, digitale **Grundlagen** 464
– Ökonomie, Effizienzgewinne **Grundlagen** 467 ff.
– Ökonomie, Feststellung von **Grundlagen** 418 ff.
– Ökonomie, Gesamtwirkung **Grundlagen** 487 ff.
– Ökonomie, Innovation **Grundlagen** 452 ff.
– Ökonomie, Nachhaltigkeit **Grundlagen** 463, 480 ff.
– Ökonomie, Sanierungsfusion **Grundlagen** 486
– Potentieller Wettbewerber **Art. 2 FKVO** 326 ff.
– Räumliche Nähe der Parteien **Art. 2 FKVO** 274 ff.
– Schadenstheorien **Art. 2 FKVO** 235 ff.
– Überblick **Art. 2 FKVO** 136 ff.
– Wirkungen, koordinierte **Art. 2 FKVO** 237 ff.
– Wirkungen, nicht koordinierte **Art. 2 FKVO** 237 ff.
Horizontalleitlinien Art. 101 AEUV 631
– Immaterialgüterrecht **Einl. TT-GVO** 38
– Minderheitseinfluss **Art. 101 AEUV** 753
– Mitversicherungsgemeinschaft **SB Versicherungswirtschaft** 51, 61
– Sicherheitsvorkehrungsbewertung **SB Versicherungswirtschaft** 155
– Versicherungswirtschaft, Freistellung **SB Versicherungswirtschaft** 90 ff.
Horizontalleitlinien 2001
– Vollfunktions-GU, mit gemeinschaftsweit **Art. 101 AEUV** 612
– Vollfunktions-GU, nicht gemeinschaftsweit **Art. 101 AEUV** 692
Horizontalleitlinien 2011
– Vollfunktions-GU, mit gemeinschaftsweit **Art. 101 AEUV** 612
– Vollfunktions-GU, nicht gemeinschaftsweit **Art. 101 AEUV** 692
Horizontalvereinbarung Art. 101 AEUV 296 ff.; s. auch Vereinbarungen
– Allgemeine Geschäftsbedingungen **Art. 101 AEUV** 446 ff.
– Bewirkte und bezweckte Wettbewerbsbeschränkung **Art. 101 AEUV** 309 ff.

Sachverzeichnis

fette Zahl = Gesetz und Paragraf

- Diskriminierungsverbot **Art. 101 AEUV** 343 f.
- Einkaufskooperationen **Art. 101 AEUV** 418 ff.
- Einzelfreistellung, Wettbewerbsanalyse 1185 **Art. 101 AEUV** 1185
- Freistellung **Art. 101 AEUV** 994
- Freistellung, Einzel- **Art. 101 AEUV** 1177
- Freistellung, Unerlässlichkeit **Art. 101 AEUV** 1163
- Freistellung, Vertikal-GVO **Art. 2 Vertikal-GVO** 60
- Freistellung, Vertriebsbezogene Vorteile **Art. 101 AEUV** 1099
- Freistellung, Warenverteilungsbezogene Vorteile **Art. 101 AEUV** 1105
- FuE-Kooperation, Ökonomie **Grundlagen** 376 ff.
- Gruppenfreistellungsverordnung **Art. 101 AEUV** 323
- Handelsbeeinträchtigung **Art. 101 AEUV** 830, 847
- Informationsaustausch **Art. 101 AEUV** 350 ff.
- Internationales Wettbewerbsrecht **Grundlagen** 1438 ff., 1478 ff.
- Kooperationsvereinbarungen **Art. 101 AEUV** 346 ff.
- Kopplungsverbot **Art. 101 AEUV** 345
- Landwirtschaft **SB Landwirtschaft** 382 ff.
- Leitlinien **Art. 101 AEUV** 322 ff.
- Marktabgrenzung **Art. 102 AEUV** 86 f.
- Missbrauchstatbestand **Art. 102 AEUV** 415
- Nachhaltigkeitsvereinbarungen **Art. 101 AEUV** 449 ff.
- Nichtigkeit **Art. 101 AEUV** 874 ff.
- Normenvereinbarungen **Art. 101 AEUV** 436
- Ökonomie **Grundlagen** 313 ff., 390 ff.
- Produktionsvereinbarungen **Art. 101 AEUV** 405 ff.
- Rechtsdurchsetzung, private **Art. 101 AEUV** 917 ff.
- Rechtsfolgen **Art. 101 Abs. 2 AEUV** *s. Rechtsfolgen, Art. 101 Abs. 2 AEUV*
- Rechtsfolgen, Anpassungsanspruch **Art. 101 AEUV** 929 ff.
- Rechtsfolgen, Konditionsansprüche **Art. 101 AEUV** 944 ff.
- Rückversicherer **SB Versicherungswirtschaft** 182 ff.
- Selbständigkeitspostulat **Art. 101 AEUV** 296
- Spezialisierungsvereinbarungen, Ökonomie **Grundlagen** 393
- Überblick über Formen **Grundlagen** 305 ff.
- Unternehmensstrukturveränderung **Art. 101 AEUV** 578 ff.
- Vermarktungsvereinbarungen **Art. 101 AEUV** 426 ff
- Versicherungen **SB Versicherungswirtschaft** 173 ff.
- Versicherungen, Betrugsbekämpfung **SB Versicherungswirtschaft** 164
- Versicherungen, Online-Plattformen **SB Versicherungswirtschaft** 172
- Vertikalvereinbarungen, Abgrenzung **Art. 101 AEUV** 297
- Vollfunktions-GU, mit gemeinschaftsweit **Art. 101 AEUV** 634
- Wettbewerbswidrige Absprachen **Art. 101 AEUV** 330 ff.

Hotelling-Modell Grundlagen 605
Hotelmarkt Art. 101 AEUV 616
Hotelportale Art. 102 AEUV 133 ff., 794
HOV-SVZ/MCN-Fall Art. 102 AEUV 438, 848
Huawei/ZTE-Verfahren Art. 102 AEUV 803 ff., 807 ff.
Hub and Spoke Art. 101 AEUV 298
- Vertikalvereinbarungen **Art. 101 AEUV** 572
- Online-Plattformen **SB Versicherungswirtschaft** 147

Hub-Informationsaustausch Art. 101 AEUV 183
Hub-Programme Art. 101 AEUV 81
Hub-Spoke-Kartell Grundlagen 332; **Art. 101 AEUV** 298
Hugin-Fall Art. 102 AEUV 21 f., 481
Hutchison 3G UK/Telefonica Ireland-Fall Art. 2 FKVO 198
Hutchison 3G UK/Telefonica UK-Fall Art. 2 FKVO 128, 170
Hutchison 3G Austria/Orange Austria-Fall Art. 2 FKVO 125
Hybridhändler Art. 4 Vertikal-GVO 187
Hybridnorm
- Art. 101 Abs. 2 AEUV **Art. 101 AEUV** 1004

Hydroterm-Urteil Art. 101 AEUV 5
hypothetische Beweismittel Leniency-Bekanntmachung 57
Hypothetische Wettbewerbssituation Art. 101 AEUV 273 f.
Hypothetischer Markt
- Immaterialgüterrecht **Grundlagen** 1245
- Lizenzverweigerung **Grundlagen** 1265 ff.

Hypothetischer Monopolistentest Art. 102 AEUV 96 ff.; **Art. 2 FKVO** 44, 46 ff.; **Grundlagen** 243 ff.
- Folgemärkte (Aftermarket) **Grundlagen** 260
- Kreuzpreiselastizität und Diversion Ratios **Grundlagen** 282
- Marktabgrenzung, räumliche **Grundlagen** 290
- Marktmacht, bestehende **Grundlagen** 271, 274 f.
- Nachfragesubstitution **Grundlagen** 250
- Preiselastizität der Nachfrage **Grundlagen** 277 ff.
- Preistests **Grundlagen** 283 ff.
- Zweiseitigen Märkten **Grundlagen** 264 ff.

Hypothetischer Privaterbringungstest Art. 101 AEUV 18
Hypothetischer Vergleich
- Handelsbeeinträchtigung **Art. 101 AEUV** 811

I

IAZ-Entscheidung Art. 101 AEUV 147
IBM Maintenance Service-Fall Art. 9 VO 1/2003 38 ff.
IBM-Entscheidung Art. 102 AEUV 495, 642; **Grundlagen** 1403
IBM-Formel Rechtsschutz 331
ICI-Fall Art. 101 AEUV 88; **Grundlagen** 1397
ICN Grundlagen 1754 ff.
Idealkonkurrenz Art. 102 AEUV 29 ff., 35
- Marktmissbrauch **Art. 102 AEUV** 842 ff.
- Verbotene Verhaltensweisen **Art. 101 AEUV** 84

Idealo Art. 102 AEUV 136
Identifikationsdienst Art. 2 DMA 110
Identifizierung
- Informationsaustausch (über) **Art. 101 AEUV** 375

magere Zahl = Randnummer

Sachverzeichnis

Identifizierungsdienst Art. 5 DMA 193, 209
Identitätsüberprüfung Art. 2 DMA 112; **Art. 5 DMA** 209
Identrus-Fall Art. 101 AEUV 238
IFINT/EXOR-Fall Art. 5 FKVO 79 ff.
IFTRA-Verpackungsglas-Fall Grundlagen 1066
Ijsselcentrale-Entscheidung Art. 101 AEUV 516
Illumina/Grail-Fall Art. 102 AEUV 48, 825; **Art. 14 DMA** 3
Imitationswettbewerb, nachstoßender Grundlagen 1251
Immanenzgedanken Art. 101 AEUV 457, 603
Immaterialgüterrecht
– Anmeldung **Grundlagen** 1250
– Behinderung des Binnenmarkts **Grundlagen** 1076 ff.
– Bereichsausnahmen **Grundlagen** 1242 ff., 1563
– Bestand und Ausübung **Grundlagen** 1092 ff.
– Dienstleistungsfreiheit **Einl. TT-GVO** 17
– Erschöpfung **Einl. TT-GVO** 18 ff.; **Grundlagen** 1108 ff.
– Erwerb **Grundlagen** 1250 ff.
– Essential Facility Doktrin **Art. 102 AEUV** 513
– Freistellung, Spezialisierungs-GVO **Art. 2 Spezialisierungs-GVO** 11 ff.
– Freistellung, TT-GVO **Einl. TT-GVO** 1 ff.
– Freistellung, Vertikal-GVO **Art. 1 Vertikal-GVO** 90 ff.; **Art. 2 Vertikal-GVO** 18 ff.
– Fusionskontrolle, Horizontale Zusammenschlüsse **Art. 2 FKVO** 307
– Geltendmachung durch Private **Grundlagen** 1081 ff.
– Grundfreiheiten **Grundlagen** 805
– Herkunftsangaben **Grundlagen** 1172 ff.
– Horizontalvereinbarung **Art. 101 AEUV** 436 ff.
– Immaterialgüterrecht **Art. 102 AEUV** 533 ff.
– Lizenzverweigerung **Art. 102 AEUV** 490 ff.
– Marken **Grundlagen** 1129 ff.
– Markenabgrenzungsvereinbarungen **Grundlagen** 1212 ff.
– Marktmissbrauch, Abwehransprüche **Grundlagen** 1274 ff.
– Nichtangriffsvereinbarungen **Grundlagen** 1222 ff.
– ökonomische Funktion **Grundlagen** 1099
– Patentrecht **Grundlagen** 1154 ff.
– Potentieller Wettbewerb **Art. 101 AEUV** 304
– Preisvergleich **Art. 102 AEUV** 382
– rechtliche Funktion **Grundlagen** 1097 ff.
– SEP, Rechtsprechung **Art. 102 AEUV** 803 ff.
– SEP, Überblick **Art. 102 AEUV** 800 ff.
– Spezifischer Gegenstand (Lehre vom) **Einl. TT-GVO** 23 ff.; **Grundlagen** 1102 ff.
– Territorialitätsgrundsatz **Grundlagen** 1073, 1079
– Übertragung **Art. 2 TT-GVO** 22; **Grundlagen** 1276 ff.
– Übertragung von Schutzrechten **Grundlagen** 1199, 1206
– Urheberrechte **Grundlagen** 1161 ff.
– Vergleichsvereinbarungen **Grundlagen** 1222 ff.
– Verhältnis von Grundfreiheiten und Wettbewerbsregeln **Grundlagen** 1190 ff.
– Verhältnis zu Art. 101 AEUV **Grundlagen** 1196 ff.
– Verhältnis zu Art. 102 AEUV **Grundlagen** 1242 ff.
– Verhältnis zu Grundfreiheiten **Grundlagen** 1072 ff.
– Verhältnis zum Kartellrecht **Grundlagen** 1094
– Verhältnis zum Lauterkeitsrecht **Grundlagen** 1088 ff.
– Verhältnis zum Wettbewerbsrecht **Grundlagen** 1072 ff., 1184 ff.
– Verlängerung **Grundlagen** 1251
– Vertikalvereinbarung über **Art. 101 AEUV** 564
– Vorrechtsvereinbarungen **Grundlagen** 1222 ff.
– Warenverkehrsfreiheit **Einl. TT-GVO** 4
– wettbewerbliche Wirkung **Grundlagen** 1185 ff.
– Wettbewerbsbeschränkung **Grundlagen** 1238 ff.
– Zusammenschlusskontrolle **Grundlagen** 1276 ff.
– Zwangslizenzen **Grundlagen** 1259
Immediate Entrants Art. 102 AEUV 111
Immobilienplattformen Art. 102 AEUV 257
Impact Assessment 2016 Art. 101 AEUV 323
Impala-Kommission-Fall Art. 2 FKVO 134, 350 ff., 507 ff.
Impfstoffe Art. 21 FKVO 73
Importbehinderungen
– Internationales Wettbewerbsrecht **Grundlagen** 1438 ff.
– Landwirtschaft **SB Landwirtschaft** 407
Importe
– Fusionskontrolle, Ausgleichsfaktoren **Art. 2 FKVO** 180
– Parallelimporte **Grundlagen** 1067
Importeur
– Vertikal-GVO **Art. 2 Vertikal-GVO** 42
Importkartell
– Ökonomie **Grundlagen** 396
Importverbote Art. 101 AEUV 532
Importvereinbarungen
– Freistellung, Kfz-GVO **Art. 4 Kfz-GVO** 24
– Handelsbeeinträchtigung **Art. 101 AEUV** 865 ff.
imputation rule Art. 102 AEUV 723
IMS Health-Fall Art. 102 AEUV 468, 493 f., 509 ff.; **Grundlagen** 1271
in dubio pro reo Art. 2 VO 1/2003 35 f.; **Rechtsschutz** 163
In-App-Käufe Art. 2 DMA 107 ff.
Inception Impact Assessment Einl. DMA 1 ff.
Increment Art. 2 FKVO 265
Indien Grundlagen 1857
Indirekte Harmonisierung Grundlagen 771
Individual Pricing Art. 102 AEUV 452
Individualrechtsschutz Rechtsschutz 52, 670
– Europäischer **Grundlagen** 933 ff.
– Mitgliedsstaaten **Grundlagen** 936
Indizien
– Abgestimmte Verhaltensweisen **Art. 101 AEUV** 189
– Bündel **Rechtsschutz** 163
– Gerichtsverfahren **Rechtsschutz** 92
– Kartellverfahren **Art. 2 VO 1/2003** 25
– Marktstrukturmissbrauch **Art. 102 AEUV** 340
– Vereinbarungen **Art. 101 AEUV** 127 f.
Industrie des poudres sphériques Art. 102 AEUV 819
Industriegase Art. 102 AEUV 182
Industrieökonomik
– empirische Untersuchungen **Grundlagen** 125
– Theoretische **Grundlagen** 118 ff.

4055

Sachverzeichnis

fette Zahl = Gesetz und Paragraf

Industriepolitik
- Ökonomie **Grundlagen** 704 ff.

Industriestandards Art. 102 AEUV 801
Industriestudie Art. 2 FKVO 103
Inexistenz, rechtliche Rechtsschutz 351 ff.
Info-Lab/Ricoh Fall Art. 102 AEUV 626
Informantenschutz
- Verhältnis zum EU-Wettbewerbsrecht **Art. 3 VO 1/2003** 27

Informationsasymmetrie Grundlagen 680 ff.
- Informationsaustausch **Art. 101 AEUV** 384
- Kampfpreise **Grundlagen** 619 ff.
- Nachhaltigkeitsziele **Art. 101 AEUV** 453
- Normenvereinbarungen **Art. 101 AEUV** 442
- Versicherungswirtschaft **SB Versicherungswirtschaft** 2

Informationsaustausch Art. 101 AEUV 159
- Aktualität der Daten **Art. 101 AEUV** 374
- Ausgetauschte Parameter **Art. 101 AEUV** 369
- Beschluss **Art. 101 AEUV** 352 ff.
- Betrugsbekämpfung **SB Versicherungswirtschaft** 169
- Bewirkte Wettbewerbsbeschränkung **Art. 101 AEUV** 358 ff.
- Bezweckte Wettbewerbsbeschränkung **Art. 101 AEUV** 335, 356 ff.
- dualer Vertrieb **Art. 2 Vertikal-GVO** 46 ff.
- Effizienzgewinne **Art. 101 AEUV** 384 ff.
- einseitige Offenlegung **Art. 101 AEUV** 353
- Faktorenanalyse **Art. 101 AEUV** 360 ff.
- Freistellung, Einzel- **Art. 101 AEUV** 1094
- Fusionskontrolle, Vertikale Zusammenschlüsse **Art. 2 FKVO** 451 ff.
- Fusionskontrolle, Vollzugsverbot **Art. 7 FKVO** 78 ff.
- Horizontalvereinbarung **Art. 101 AEUV** 299, 350 ff.
- Informationsasymmetrie **Art. 101 AEUV** 384
- inkonnexer **Art. 101 AEUV** 350
- Interoperabilität **Art. 2 DMA** 146
- Kartelltheorie **Grundlagen** 334 f., 367
- konnexer **Art. 101 AEUV** 350
- Leitlinien „horizontale Zusammenarbeit" 2011 **Art. 101 AEUV** 351
- öffentlicher **Art. 101 AEUV** 379 ff.
- Plattformmärkte **Grdl. DMA** 96, 110 ff.
- positive Wirkungen **Art. 101 AEUV** 384 ff.
- Preisvorankündigungen **Art. 101 AEUV** 354 f.
- Produktionsvereinbarungen **Art. 101 AEUV** 410
- Transparenz **Art. 101 AEUV** 384
- Urheberidentifikation **Art. 101 AEUV** 376
- Verhaltensabstimmung **Art. 101 AEUV** 352 ff.
- Versicherungswirtschaft **SB Versicherungswirtschaft** 29, 88 ff.
- Versicherungswirtschaft, Benchmarking **SB Versicherungswirtschaft** 119
- Versicherungswirtschaft, Einverständnis des Versicherungsnehmers **SB Versicherungswirtschaft** 96
- Versicherungswirtschaft, Freistellung **SB Versicherungswirtschaft** 89 ff.
- Versicherungswirtschaft, Marktinformationsverfahren **SB Versicherungswirtschaft** 111 ff.
- Versicherungswirtschaft, Mitversicherung **SB Versicherungswirtschaft** 97 ff.
- Versicherungswirtschaft, öffentliche Informationen **SB Versicherungswirtschaft** 112 ff.
- Versicherungswirtschaft, Preismeldesysteme **SB Versicherungswirtschaft** 111 ff.
- Versicherungswirtschaft, Risikodaten **SB Versicherungswirtschaft** 94
- Versicherungswirtschaft, Schadensabwicklung **SB Versicherungswirtschaft** 174
- Versicherungswirtschaft, Vorversichereranfrage **SB Versicherungswirtschaft** 93 ff.
- Versicherungswirtschaft, zulässiger **SB Versicherungswirtschaft** 109
- Vertikale Zusammenschlüsse **Art. 2 FKVO** 464
- Vollfunktions-GU, mit gemeinschaftsweit **Art. 101 AEUV** 653
- Wettbewerb **Art. 101 AEUV** 173
- Wettbewerbsprozess, Förrderung des **Art. 101 AEUV** 384

Informationsaustausch, Behörden Art. 11 VO 1/2003 72 ff.; **Art. 12 VO 1/2003** 1 ff.; **Grundlagen** 1660
- Ablehnung von Ersuchen **Art. 12 VO 1/2003** 46
- Amtshilfe **Art. 12 VO 1/2003** 20, 52
- Anwendungsbereich **Art. 12 VO 1/2003** 11 ff.
- Ausnahmen, Kronzeugenregelung **Art. 12 VO 1/2003** 47 ff.
- Ausnahmen, Straffreiheitszusicherung **Art. 12 VO 1/2003** 51
- Aussageverweigerungsrecht **Art. 12 VO 1/2003** 42
- Beweiserhebung **Art. 12 VO 1/2003** 27 ff.
- Beweismittel **Art. 12 VO 1/2003** 24 ff.
- Beweismittel, Voraussetzungen **Art. 12 VO 1/2003** 38 ff.
- Beweisverwertung **Art. 12 VO 1/2003** 36
- Beweisverwertung, Beschränkungen **Art. 12 VO 1/2003** 53
- Beweisverwertung, Sanktionierung zur **Art. 12 VO 1/2003** 78 ff.
- Beweisverwertung, Verteidigungsrechte **Art. 12 VO 1/2003** 90 ff.
- Beweisverwertung, Verwertungsverbot **Art. 12 VO 1/2003** 94 ff.
- Dateien **Art. 12 VO 1/2003** 15
- Digital Markets Act **Art. 38 DMA** 18 ff.
- Dokumente **Art. 12 VO 1/2003** 15
- Drittstaaten **Art. 17 FKVO** 24
- Durchsuchung **Art. 12 VO 1/2003** 30
- ECN **Art. 12 VO 1/2003** 21
- Fusionskontrolle **Art. 19 FKVO** 12 ff.
- Geschäftsgeheimnisse **Art. 12 VO 1/2003** 22
- Kommission (an) **Art. 27 DMA** 1 ff.
- Kooperationspflicht **Art. 12 VO 1/2003** 45
- Mitgliedsstaaten **Art. 17 FKVO** 22
- Nationale Behörden (von) **Art. 27 DMA** 6
- Nationales Kartellrecht **Art. 12 VO 1/2003** 13 ff., 53 ff.
- Nemo tenetur **Art. 12 VO 1/2003** 42
- Netzwerkbekanntmachung **Art. 12 VO 1/2003** 49
- Telekommunikationsüberwachung **Art. 12 VO 1/2003** 32
- Verteidigerprivileg **Art. 12 VO 1/2003** 40 ff.
- Vertrauliche Angaben **Art. 12 VO 1/2003** 15
- Verwendungsbefugnis **Art. 12 VO 1/2003** 24 ff.
- Zeugenvernehmung **Art. 12 VO 1/2003** 31, 34

Sachverzeichnis

magere Zahl = Randnummer

- Zweischranken-Regel **Art. 12 VO 1/2003** 28
Informationsdefizit
- Nachhaltigkeitsziele **Art. 101 AEUV** 453
Informationsfreiheit Grundlagen 878 f, 881
Informationspflichten
- Fusionskontrolle, Geldbußen **Art. 14 FKVO** 12 ff.
Informationssysteme
- Betrugsbekämpfung **SB Versicherungswirtschaft** 164 ff.
- entgeltpflichtige **SB Versicherungswirtschaft** 113
Informationstechnologie
- Marktabgrenzung **Art. 102 AEUV** 158
Informationsverpflichtungen
- Nationale Behörden **Art. 11 VO 1/2003** 6 ff.
Informationszugang
- Verweigerung **Art. 102 AEUV** 495 f.
- Vollfunktions-GU, mit gemeinschaftsweit **Art. 101 AEUV** 651
Informelle Beratung
- Kartellverfahren **Art. 10 VO 1/2003** 40 ff.
Informelle Konsultation
- Zuständigkeitsfragen **Einl. FKVO** 161 ff.
Informelles Vorgespräch Grundlagen 1458
Infrastructure as a service (IaaS) Art. 2 DMA 102
Infrastruktur
- Vollfunktions-GU, nicht gemeinschaftsweit **Art. 101 AEUV** 718
Infrastruktureinrichtungen Art. 101 AEUV 26; **Grundlagen** 652
- Binnenverkehrs-VO **SB Verkehr** 313
- Handelsbeeinträchtigung **Art. 101 AEUV** 861
- Lieferverweigerung, Rohstoffe **Art. 102 AEUV** 480 ff.
- Unternehmen **Art. 102 AEUV** 73
Infrastrukturkonzessionen Art. 2 FKVO 87
Infrastrukturmärkte
- Fusionskontrolle, Horizontale Zusammenschlüsse **Art. 2 FKVO** 309
- Schienenverkehr **Art. 102 AEUV** 198
- Verpflichtungszusagen **Art. 8 FKVO** 75
Infrastrukturregulierung s. *Netzinfrastrukturregulierung*
Ingersoll-Rand/Clark Equipment Art. 5 FKVO 26, 31
Inhaltsbindung Art. 4 Vertikal-GVO 106
Initiativmonopol
- Kommission **Art. 103 AEUV** 5
Initiativrecht
- Fusionskontrolle, Verweisung **Art. 22 FKVO** 49
Inkrafttreten
- Digital Markets Act **Art. 54 DMA** 1 ff.
- FKVO **Art. 26 FKVO** 1
Inlandsauswirkungen Grundlagen 1484 ff.
- Internationales Wettbewerbsrecht **Grundlagen** 1478 ff.
- Völkerrecht **Grundlagen** 1417 f.
Inlandsmarkt Grundlagen 1502 ff.
Inlandsumsatzschwelle Grundlagen 1490 ff.
- doppelte **Grundlagen** 1490 ff.
- EFTA **Grundlagen** 1706
Innenwettbewerb Art. 102 AEUV 215 ff.
InnoLux-Fall Grundlagen 1429
Innovation Art. 101 AEUV 747
- disruptive **Art. 102 AEUV** 263

- Freistellung, Einzel- **Art. 101 AEUV** 1084, 1089
- Horizontale Zusammenschlüsse **Grundlagen** 452 ff.
- Immaterialgüterrecht **Grundlagen** 1189
- Kartelltheorie **Grundlagen** 361
- Normenvereinbarungen **Art. 101 AEUV** 442
- Vertikalvereinbarungen **Grundlagen** 549
- Vollfunktions-GU, nicht gemeinschaftsweit **Art. 101 AEUV** 731
- Wesentliche Einrichtungen **Grundlagen** 654
- Wettbewerb **Grundlagen** 104 ff.
- Ziel der Wettbewerbspolitik **Grundlagen** 145
Innovationsergebnis
- Freistellung, Einzel- **Art. 101 AEUV** 1113
Innovations-Imitations-Prozess Grundlagen 107 ff.
Innovationsmarkt Art. 101 AEUV 389, 392
- Behinderungsmissbrauch, preisbezogener **Art. 102 AEUV** 674
- Fusionskontrolle, Horizontale Zusammenschlüsse **Art. 2 FKVO** 321
- Marktabgrenzung **Grundlagen** 261 f.
- Marktanteilsberechnung **Art. 2 FKVO** 100
- Marktanteilsentwicklung **Art. 2 FKVO** 260
Innovationsphasen Art. 101 AEUV 1110
Innovationsprozess
- Freistellung, Einzel- **Art. 101 AEUV** 1112, 1114
Innovationsvorsprung Art. 102 AEUV 250
Innovationswettbewerb Art. 101 AEUV 197, 1187 ff.
- Faktorenanalyse **Art. 101 AEUV** 382
- Freistellung, Einzel- **Art. 101 AEUV** 1109 ff.
- Fusionskontrolle, Horizontale Zusammenschlüsse **Art. 2 FKVO** 318
- Marktabgrenzung **Art. 2 FKVO** 68
input foreclosure Art. 101 AEUV 380 ff.; **Art. 2 FKVO** 388 ff.
Inputhersteller, monopolistischer Grundlagen 546
Inputmarkt Art. 102 AEUV 514
In-situ-Zugang Grdl. DMA 113
Insolvenzklausel
- Zusammenschluss **Art. 3 FKVO** 187
Inspecteur van de Belastingdienst-Fall Art. 15 VO 1/2003 12
Instandhaltung Art. 101 AEUV 496
Institutionelle Investoren Art. 102 AEUV 830; **Art. 3 FKVO** 108
Institutionenökonomik Grundlagen 121 ff.
- ökonomische Vertragstheorie **Grundlagen** 122
- Principal-Agent-Theorie **Grundlagen** 122
- Theorie der Firma **Grundlagen** 122
Integration, europäische Grundlagen 977
Integrationsgrad Art. 102 AEUV 250
Integrationstheorie
- Zuliefervereinbarungen **Art. 101 AEUV** 576
Integrationsziel
- Wettbewerbspolitik **Grundlagen** 572
Intel/McAfee Art. 2 FKVO 473 ff.
Intel-Entscheidung Art. 102 AEUV 602 f., 690, 739, 740 f., 760; **Grundlagen** 1397, 1432, 1444
Inter Mailand-Spiel-Fall Art. 102 AEUV 456 ff.
Interbankenentgelte Art. 101 AEUV 273
Interbranchenkooperationen SB Versicherungswirtschaft 129

4057

Sachverzeichnis

fette Zahl = Gesetz und Paragraf

Interbrand Wettbewerb Grundlagen 547, 1157
- Abnehmerbindung **Art. 102 AEUV** 597
- Verbrauchergewinnbeteiligung **Art. 101 AEUV** 1148
- Versicherungsvertreter **SB Versicherungswirtschaft** 132
- Vertikalvereinbarungen **Art. 101 AEUV** 197, 216 ff., 486 f.
- VertriebsFranchisevereinbarungen **Art. 101 AEUV** 244

Interdependente Präferenzen
- Nachhaltigkeitsziele **Art. 101 AEUV** 453

Interesse, allgemeines wirtschaftliches Grundlagen 1000 ff.

Interessenabwägung
- Einstweiliger Rechtsschutz **Rechtsschutz** 597 ff.
- Konditionenmissbrauch **Art. 102 AEUV** 402
- Völkerrecht **Grundlagen** 1409 ff.

Interessengemeinschaften Art. 101 AEUV 63

Interessensbekundung
- Behörden **Art. 11 VO 1/2003** 115

Interest Balancing Grundlagen 1403

intéret à agir Rechtsschutz 472

Interlining-Fall Art. 102 AEUV 765

interlocking relationships Grundlagen 565

Interlokutorische Maßnahmen Art. 8 FKVO 159 ff.

Intermediäre
- Online-Plattformen **Art. 101 AEUV** 558

Intermediationsmacht Art. 102 AEUV 264

Intermodaler Wettbewerb Grundlagen 671

Internalisierung der Kosten Art. 101 AEUV 454

International Antitrust Code Grundlagen 737, 1729

International Competition Network (ICN) Grundlagen 69, 738, 1754 ff.

International Private Satellite Partners-Fall Art. 101 AEUV 712, 715, 776 ff.

International Trade Organization (ITO) Grundlagen 737

Internationale Kartell Grundlagen 1464 f., 1525

Internationale Wettbewerbsfähigkeit
- Wettbewerbspolitik **Grundlagen** 153

Internationale Wettbewerbsordnung Grundlagen 1724 ff.

Internationales Privatrecht Grundlagen; s. **IPR**

Internationales Wettbewerbsrecht Grundlagen 1375 ff., 1465 ff.
- Auswirkungsprinzip **Grundlagen** 1382 ff.
- Deutsches Recht **Grundlagen** 1477 f.
- Deutschland **Grundlagen** 1469 ff.
- EU **Grundlagen** 1422 ff.
- Fusionskontrolle **Grundlagen** 1452 ff.

Internet Defence Art. 102 AEUV 263

Internetinhaltemarkt Art. 101 AEUV 618

Internetkunden Art. 4 Vertikal-GVO 126

Internetportale Art. 101 AEUV 713

Internetseite, Angebot auf
- Erschöpfung **Grundlagen** 1138

Internetverbot Art. 101 AEUV 570

Internetvertrieb
- Aktiver Verkauf **Art. 4 Vertikal-GVO** 153 ff.
- ASICS-Fall **Art. 4 Vertikal-GVO** 152 ff.
- Dual Pricing **Art. 4 Vertikal-GVO** 182 ff.
- Freistellung **Art. 4 Vertikal-GVO** 141
- Guess-Fall **Art. 4 Vertikal-GVO** 149 ff.
- Passiver Verkauf **Art. 4 Vertikal-GVO** 144 ff.
- Pierre Fabre-Fall **Art. 4 Vertikal-GVO** 141 ff.
- Preisparitätsklauseln **Art. 4 Vertikal-GVO** 83 ff.
- Selektives Vertriebssystem **Art. 4 Vertikal-GVO** 235 ff.
- Totalverbot **Art. 4 Vertikal-GVO** 165, 177 ff.
- Versandhandel **Art. 4 Vertikal-GVO** 198

Internetzugangsdienste Art. 1 DMA 21
- Wechsel **Art. 6 DMA** 150

Interoperabilität Grdl. DMA 96 ff.
- asymmetrisch **Art. 7 DMA** 13
- Begriff **Art. 2 DMA** 145
- Betriebssystem **Art. 6 DMA** 176
- Daten- **Grdl. DMA** 97
- Datenportabilität **Art. 7 DMA** 15
- Funktionen, grundlegende **Art. 7 DMA** 31
- Funktionen, Zusatz- **Art. 7 DMA** 31
- Fusionskontrolle, Konglomerate Zusammenschlüsse **Art. 2 FKVO** 473
- Hardware- und Software **Art. 6 DMA** 173
- horizontale **Art. 6 DMA** 9, 159; **Art. 7 DMA** 1; **Grdl. DMA** 98 ff.
- Ökonomie **Art. 7 DMA** 8 ff.
- Online-Plattformen **Grdl. DMA** 75
- Protokoll- **Grdl. DMA** 97
- Rechtfertigungsgrund **Art. 6 DMA** 180 ff.
- Software- und Hardware **Art. 6 DMA** 173
- Standardisierung **Grdl. DMA** 96, 101
- Verpflichtung **Art. 6 DMA** 153 ff.; **Art. 7 DMA** 31 ff.
- Verpflichtung, Sicherheitsniveau **Art. 7 DMA** 42 f.
- Verpflichtungen, Datenaustausch **Art. 7 DMA** 48 ff.
- Verpflichtungen, Datenerhebung **Art. 7 DMA** 48 ff.
- Verpflichtungen, Freiheit der Entnutzer **Art. 7 DMA** 44 ff.
- Verpflichtungen, Funktionsbezogene **Art. 7 DMA** 37 ff.
- Verpflichtungszusagen **Art. 8 FKVO** 70
- vertikale **Art. 6 DMA** 9 ff., 91, 153; **Art. 7 DMA** 14; **Grdl. DMA** 98, 149 ff.

Interoperabilitätsantrag Art. 7 DMA 56 ff.

Interrechnologie-Wettbewerb Einl. TT-GVO 40

inter-service consultation Art. 8 FKVO 21

Intertemporal
- Anwendungsbereich **Grundlagen** 1575 ff.
- Durchschnittsverbraucher **Art. 101 AEUV** 1132

Interventionsverbot s. *Einmischungsverbot*
- Fusionskontrolle **Art. 1 FKVO** 61

Intrabrand-Wettbewerb Art. 101 AEUV 197, 219 ff.; **Grundlagen** 547, 568
- Abnehmerbindung **Art. 102 AEUV** 597
- Meistbegünstigungsklausel **Art. 101 AEUV** 543
- Selektives Vertriebssystem **Art. 101 AEUV** 565
- Versicherungsvertreter **SB Versicherungswirtschaft** 132
- Vertikalvereinbarungen **Art. 101 AEUV** 485

Inverkehrbringen durch Dritte
- Erschöpfung **Grundlagen** 1137, 1157

inverted U-shape-Hypothese Grundlagen 458

Investitionen
- Marktschließungs- **Grundlagen** 513
- plattformspezifische **Grdl. DMA** 46
- transaktionsspezifische **Grundlagen** 510 ff.

magere Zahl = Randnummer

Sachverzeichnis

Investitionsentscheidungen
– Kontrollerwerb **Art. 3 FKVO** 30 ff.
Investitionsgüterversicherungen SB Versicherungswirtschaft 247
Investitionspläne
– Informationsaustausch (über) **Art. 101 AEUV** 371
Investitionsschutz
– Rechtfertigungsgrund **Art. 102 AEUV** 612 ff.
Investitionsvereinbarungen
– Krisenkartell **Art. 101 AEUV** 326
Investmentbanking Art. 102 AEUV 168
Investmentfonds
– Kontrollerwerb **Art. 3 FKVO** 76
invitations to collude Art. 101 AEUV 354
IPIC/MAN Ferrostaal-Fall Art. 2 FKVO 222
IPO/ENBW/PRAHA/PT-Fall Art. 26 FKVO 4
IPR Grundlagen 1380, 1465 ff., 1506 ff.
– Mosaikprinzip **Grundlagen** 1527 ff.
– ordre public **Grundlagen** 1538 f.
– Rechtswahl **Grundlagen** 1537
– Verweisung **Grundlagen** 1537
IRI/Nielsen Art. 102 AEUV 783
IRI/Nielsen-Fall Art. 9 VO 1/2003 40
Iridium-Fall Art. 101 AEUV 711
Irish Bank-Fall Rechtsschutz 70
Irish Sugar-Fall Art. 102 AEUV 219, 234 f., 716, 764
Irland
– Beweismaß **Art. 2 VO 1/2003** 7
– Fusionskontrolle **Anh. FKVO** 90 ff.
– Wettbewerbspolitik **Grundlagen** 59
Irreführende Werbung Grundlagen 1633
Irreführung Art. 14 FKVO 11
Irreführungs-RL Grundlagen 1053
Irreführungsverbot Grundlagen 1064
Irrtümer
– Geldbuße **Art. 23 VO 1/2003** 48 ff.
– Marktanteilsberechnung **Art. 3 Vertikal-GVO** 6
– Rechtsirrtümer **Art. 101 AEUV** 1063 ff.
– Tatsachenirrtümer **Art. 101 AEUV** 1063 ff.
– Verbotsirrtum **Art. 101 AEUV** 1064
– Wiedereinsetzung in den vorigen Stand **Rechtsschutz** 118
Island Grundlagen 1667
– Fusionskontrolle **Anh. FKVO** 266 ff.
Isochronen Art. 2 FKVO 62
Isolierte Erschöpfung Grundlagen 1163 ff.
Israel Grundlagen 1799 ff.
Italien
– Fusionskontrolle **Anh. FKVO** 101 ff.
– Wettbewerbspolitik **Grundlagen** 59
ITT Promedia Art. 102 AEUV 799
ITT Promedia/Belgacom Art. 102 AEUV 496

J

J.M. Clark Grundlagen 12, 81, 108
Jahrhundertvertrag-Fall Art. 101 AEUV 516
Japan Grundlagen 1897 ff.
Javico-Fall Art. 101 AEUV 823 ff.
JCB-Entscheidung Art. 101 AEUV 119
Jedi Blue Art. 101 AEUV 77
Jette Joop-Entscheidung Grundlagen 1217
John Deere-Entscheidung Art. 101 AEUV 350, 359 ff.
Johnson&Johnson/Guidant Art. 2 FKVO 336

Johnson&Johnson/Synthes Art. 2 FKVO 336, 496
Johnson&Johnson/Synthes-Fall Art. 2 FKVO 104
Joint Ventures Art. 1 Vertikal-GVO 118 ff.
– Abstellungsanordnung **Art. 7 VO 1/2003** 23
– Marktanteilsschwelle **Art. 8 Vertikal-GVO** 8
Jordanien Grundlagen 1799 ff.
Judikative Grundlagen 1653 ff.
Judizieller Dialog Rechtsschutz 47
juge rapporteur Rechtsschutz 135
Jurisdiction to Adjudicte
– weltweit **Grundlagen** 1724
Jurisdiction to Enforce
– weltweit **Grundlagen** 1724
Jurisdiction to Prescribe
– weltweit **Grundlagen** 1724
Juristischer Dienst Grundlagen 1646
– Fusionskontrolle **Art. 6 FKVO** 15
Just Eat/Hungryhouse-Fall SB Versicherungswirtschaft 144
Just-in-Time-Verträge
– Freistellung, Einzel- **Art. 101 AEUV** 1094
Justizielle Rechte Grundlagen 928 ff.

K

Kabinett Rechtsschutz 136
Kabinette Art. 8 FKVO 22
Kaffee Art. 101 AEUV 567
Kaffeemaschinen Art. 102 AEUV 106
Kaldor-Hicks-Kriterium Grundlagen 147
Kalenderjahr
– Marktanteile **Art. 2 FKVO** 89
– Marktanteilsschwelle **Art. 8 Vertikal-GVO** 3
Kali&Salz/MdK/Treuhand-Fall Art. 19 FKVO 9
Kali&Salz-Entscheidung Art. 102 AEUV 223 ff.; **Einl. FKVO** 198 ff.
Kalkulationsschemata
– Horizontalvereinbarung **Art. 101 AEUV** 331
Kammern Art. 101 AEUV 63
Kammersystem
– Unionsgerichte **Rechtsschutz** 134
Kampfpreise Art. 102 AEUV 702; **Grundlagen** 591, 1026, 1067, 1071
– Bündel **Art. 102 AEUV** 646
– Feststellung **Grundlagen** 625 ff.
– Kostenmaßstäbe **Art. 102 AEUV** 702
– Marktmissbrauch **Art. 102 AEUV** 332, 666
– Marktzutrittsschranke **Grundlagen** 303
– Nichtigkeit **Art. 102 AEUV** 889
– Ökonomie **Grundlagen** 581 f., 613 ff.
– Recoupment **Art. 102 AEUV** 712 ff.
– Unterbietung **Art. 102 AEUV** 702
– Verhältnis zum EU-Wettbewerbsrecht **Art. 3 VO 1/2003** 23
– Verhältnis zum Lauterkeitsrecht **Art. 3 VO 1/2003** 23
Kampfpreisunterbietung s. *Kampfpreise*
Kampfschiffe Art. 102 AEUV 345
– Preissenkung, selektive **Art. 102 AEUV** 716
Kanada Grundlagen 1858, 1890 ff.
Kandidatmarkt
– Hypothetischer Monopolistentest **Grundlagen** 245
Kannibalisierungseffekt Grundlagen 458

4059

Sachverzeichnis

fette Zahl = Gesetz und Paragraf

Kantinenfälle Art. 1 FKVO 42
Kantzenbach Grundlagen 15 ff.
Kapatitäten
– Informationsaustausch (über) **Art. 101 AEUV** 369
Kapazitäten Art. 2 FKVO 87
Kapazitätsabsprachen Art. 101 AEUV 738
Kapazitätsanpassungen
– Seeverkehr **SB Verkehr** 341
Kapazitätsbeschränkungen
– Fusionskontrolle, Vertikale Zusammenschlüsse **Art. 2 FKVO** 413
– Seeverkehr **SB Verkehr** 338
Kapazitätserweiterungen
– Fusionskontrolle, Vertikale Zusammenschlüsse **Art. 2 FKVO** 444
– Horizontalvereinbarung **Art. 101 AEUV** 336
Kapital- und Zahlungsverkehrsfreiheit Grundlagen 763 f.
Kapitalausstattung
– Gemeinschaftsunternehmen **Art. 3 FKVO** 146
Kapitalbeschaffung
– Fusionskontrolle **Art. 2 FKVO** 189
– Horizontale Zusammenschlüsse **Grundlagen** 475
– Marktzutrittsschranke **Grundlagen** 302
Kapitalbeteiligung
– Marktbeherrschung, kollektive **Art. 102 AEUV** 219
Kapitalisierungsprinzip Grundlagen 1292, 1353, 1372
Kapitalmehrheit
– Umsatzberechnung **Art. 5 FKVO** 73
Kappungsgrenze Art. 23 VO 1/2003 193
Karen Murphy-Entscheidung Einl. TT-GVO 13 ff.
Karenzentschädigung Art. 5 Vertikal-GVO 40
Karibik Grundlagen 1808
Karner-Urteil Grundlagen 879
Kartell
– Abschottungswirkung **Art. 101 AEUV** 846
– ausländische **Grundlagen** 1481
– geheime **Art. 23 VO 1/2003** 171
– grenüberschreitende **Art. 101 AEUV** 805
– Handelsbeeinträchtigung **Art. 101 AEUV** 841 ff.
– Ökonomie **Grundlagen** 312
– Ökonomie, Kartelltheorie **Grundlagen** 315 ff.
– Ökonomie, Nash-Gleichgewicht **Grundlagen** 320 ff.
– Überblick über Formen **Grundlagen** 305 ff.
– Vertragsstrafevereinbarungen **Art. 101 AEUV** 944
Kartellabsprache
– Kartelltheorie **Grundlagen** 331 ff.
– Marktmissbrauchsverbot **Art. 102 AEUV** 30 ff., 32 ff.
Kartellbildungsmittel s. verbotene Verhaltensweisen
Kartellbuchhalter Art. 23 VO 1/2003 162
Kartelldeliktsrecht
– IPR **Grundlagen** 1517
Kartellfreistellung s. Freistellung
Kartellgewinne
– potentielle **Art. 23 VO 1/2003** 11 ff.
Kartellmitglieder
– Verträge untereinander **Art. 101 AEUV** 904 ff.
Kartellrecht
– Anwendungsbereich, internationaler s. IPR und Internationales Wettbewerbsrecht

– Anwendungsbereich, sachlicher **Grundlagen** 1547 ff.
– Arbeitsmarkt **Grundlagen** 1295
– IPR **Grundlagen** 1521 ff.
– Solo-Selbstständige **Grundlagen** 1308 ff.
– Verhältnis zu Grundfreiheiten **Grundlagen** 1190 ff.
– Verhältnis zum Lauterkeitsrecht **Grundlagen** 1052 ff., 1057 ff.
– Verhältnis zum Sozialbereich **Grundlagen** 1294
Kartellschadensersatz-Richtlinie Grundlagen 1486
– Anwendungsbereich, zeitlicher **Grundlagen** 1587
– ordre public **Grundlagen** 1540
– Rechtsgrundlage **Art. 103 AEUV** 16
Kartelltheorie Grundlagen 315 ff.
– Gleichgewicht, Erreichen **Grundlagen** 330 ff.
– Gleichgewicht, Stabilität **Grundlagen** 344 ff.
– spieltheoretische Analyse **Grundlagen** 317 ff.
– wettbewerbspolitische Folgerungen **Grundlagen** 366 ff.
Kartellverbot Art. 1 VO 1/2003 15 ff.; s. auch verbotene Verhaltensweisen
– Eigentum, geistiges **Einl. TT-GVO** 1 ff.
– Gruppenfreistellungsverordnungen **Art. 101 AEUV** 1244
– Internationales Wettbewerbsrecht **Grundlagen** 1426 ff.
– Landwirtschaft **SB Landwirtschaft** 385 ff.
– Nachhaltigkeitsstandards **Art. 101 AEUV** 215
– Unternehmensstrukturveränderung **Art. 101 AEUV** 582
– Versicherungswirtschaft **SB Versicherungswirtschaft** 28 ff.
Kartellverbotsnormen
– IPR **Grundlagen** 1517
Kartellvereinbarungen
– Marktstrukturmissbrauch **Art. 102 AEUV** 832
Kartellverfahren Art. 1 VO 1/2003
– Abstellungsentscheidung **Art. 7 VO 1/2003** 1 ff.
– Akteneinsicht **Art. 23 VO 1/2003** 32 ff.
– Arbeitsteilung der Behörden **Art. 11 VO 1/2003** 88 ff.
– Aussetzung **Art. 12 VO 1/2003** 1 ff.
– Beratender Ausschuss für Kartell- und Monopolfragen **Art. 14 VO 1/2003** 1 ff.
– Beweislast **Art. 2 VO 1/2003** 1 ff.
– Beweislast, Beweiserleichterungen **Art. 2 VO 1/2003** 20
– Beweislastverteilung **Art. 2 VO 1/2003** 10 ff.
– ECN+-Richtlinie **Art. 5 VO 1/2003** 22 ff.
– Einleitung, Übersendung der Beschwerdepunkte **Art. 11 VO 1/2003** 79
– Einstellung **Art. 12 VO 1/2003** 1 ff.
– Einstweilige Maßnahmen **Art. 8 VO 1/2003** 1 ff., 22 f.
– Ermittlungsbefugnisse **Vor Art. 17–22 VO 1/2003** 1 ff.
– Fallverteilung **Art. 11 VO 1/2003** 88 ff.
– Feststellungsentscheidung **Art. 7 VO 1/2003** 1 ff.
– Gehör, rechtliches **Art. 23 VO 1/2003** 32 ff.
– Geldbußen **Art. 23 VO 1/2003** 1 ff.
– Immaterialgüterrecht **Grundlagen** 1197
– Informationsaustausch der Behörden **Art. 12 VO 1/2003** 1 ff., 11 ff.
– Kommission **Art. 2 VO 1/2003** 23

magere Zahl = Randnummer

Sachverzeichnis

- Kommission, Befugnisse **Vor Art. 7 VO 1/2003** 1 ff.
- Kommission, Entscheidungen **Vor Art. 7 VO 1/2003** 3 f.
- Kommission, Zuständigkeit **Art. 4 VO 1/2003** 1 ff.
- Konsultationsverpflichtung **Art. 11 VO 1/2003** 1 ff.
- Mitgliedsstaaten, Gestaltungsauftrag **Art. 5 VO 1/2003** 21
- Nachprüfung **Art. 19 VO 1/2003** 1 ff.
- Nationale Behörden **Art. 2 VO 1/2003** 30; **Art. 5 VO 1/2003** 1 ff.
- Nationale Gerichte **Art. 14 VO 1/2003** 1 ff.; **Art. 6 VO 1/2003** 1 ff.
- ne bis in idem **Art. 23 VO 1/2003** 33
- parallele **Art. 11 VO 1/2003** 76 ff.
- Positiventscheidung **Art. 10 VO 1/2003** 1 ff., 25 ff.
- Rechtsschutz, Geldbuße **Art. 31 VO 1/2003** 1 ff.
- Rückwirkungsverbot **Art. 23 VO 1/2003** 32
- Schiedsgericht **Grundlagen** 1543
- Sektorenuntersuchung **Art. 17 VO 1/2003** 3 ff.
- Strafrechtliche Garantien **Grundlagen** 926
- Verfahrensrechte, Beteiligtenrechte **Rechtsschutz** 450 f.
- Verhältnis von EU- und nationalem Recht **Art. 3 VO 1/2003** 1 ff.
- Verhältnis zu Art. 101 Abs. 3 AEUV **Art. 1 VO 1/2003** 18 ff.
- Verkehrssektor **SB Verkehr** 302
- Verpflichtungszusagen **Art. 9 VO 1/2003** 1 ff.
- Verstoß, Mitteilungspflichten **Art. 11 VO 1/2003** 60 ff.
- Verteidigerprivileg **Art. 23 VO 1/2003** 32 ff.
- Vorrang des EU-Rechts **Grundlagen** 1613 ff.
- Zusagenentscheidungen **Art. 9 VO 1/2003** 6 ff.
- Zwangsgelder **Art. 24 VO 1/2003** 1 ff.

Kartellvergleichsverfahren
- Verzicht auf Anhörung **Art. 27 VO 1/2003** 36

Kartellverordnung Grundlagen 54
Kartellvertrag Art. 101 AEUV 107 ff.
Käse SB Landwirtschaft 446
- Mengensteuerung **SB Landwirtschaft** 468

Katastrophenrisiken SB Versicherungswirtschaft 233
Kattner-Urteil Grundlagen 1359, 1364
Käufer
- Fusionskontrolle, Genehmigung **Art. 8 FKVO** 103

Kaufparitätsindex (KPI) Grundlagen 1256
Kausalität
- Amtshaftungsklage **Rechtsschutz** 560
- Drittmarktbehinderung **Art. 102 AEUV** 290
- Ergebnis- **Art. 102 AEUV** 285, 293 ff.
- Erhebliche Behinderung wirksamen Wettbewerbs **Art. 2 FKVO** 148
- Freistellung, Einzel- **Art. 101 AEUV** 1076
- Fusionskontrolle, Ernsthafte Bedenken **Art. 6 FKVO** 21
- Fusionskontrolle, Horizontale Zusammenschlüsse **Art. 2 FKVO** 377
- Handelsbeeinträchtigung **Art. 101 AEUV** 821
- instrumentelle **Art. 102 AEUV** 292
- intrumentelle **Art. 102 AEUV** 285
- Marktmissbrauch **Art. 102 AEUV** 397

- Marktmissbrauch, Varianten **Art. 102 AEUV** 291
- Marktmissbrauchsverbot **Art. 102 AEUV** 280 ff.
- normative **Art. 102 AEUV** 285
- Verdrängungswirkung **Art. 102 AEUV** 294
- Verstärkungswirkung **Art. 102 AEUV** 296
- Wettbewerbsverfälschung **Art. 102 AEUV** 295 ff.

Kausalitätsvermutung Art. 101 AEUV 165 f.
Keck-Formel Grundlagen 772 ff., 1088
keiretsu Grundlagen 1419
Kenntniserlangung Rechtsschutz 492
Kenntnisse
- Verwertungsverbot **Art. 17 FKVO** 3

Kennzeichenrechte Art. 1 TT-GVO 75
Keramik Art. 101 AEUV 567
Kernbereichslehre Grundlagen 1627 f.
Kernbeschränkungen Art. 4 Vertikal-GVO 1
- Abschlussbindung **Art. 4 Vertikal-GVO** 106
- Auslegung **Art. 4 Vertikal-GVO** 11 ff.
- Bewirkt **Art. 4 TT-GVO** 7
- Bezweckt **Art. 4 TT-GVO** 6
- bezweckte **Art. 4 Vertikal-GVO** 17 ff.
- Bezweckte Horizontalbeschränkungen **Art. 101 AEUV** 325
- Bezweckte Wettbewerbsbeschränkungen **Art. 101 AEUV** 261
- Einzelfreistellung **Art. 4 Vertikal-GVO** 24 ff.
- Einzelfreistellung, Fallgruppen **Art. 4 Vertikal-GVO** 26
- Freistellung, Einzel- **Art. 101 AEUV** 1172
- FuE-Kooperation **Art. 101 AEUV** 400; **Art. 8 FuE-GVO** 1 ff.
- Inhaltsbindung **Art. 4 Vertikal-GVO** 106
- Kfz-GVO **Art. 4 Kfz-GVO** 13; **Art. 5 Kfz-GVO** 1 ff.
- Kfz-GVO, Fallgruppen **Art. 5 Kfz-GVO** 3 ff.
- Mitversicherungsgemeinschaft **SB Versicherungswirtschaft** 67
- Paritätsklauseln **Art. 101 AEUV** 549
- Seeverkehr **SB Verkehr** 344 f.
- Spezialisierungs-GVO **Art. 4 Spezialisierungs-GVO** 1 ff.
- TT-GVO, konkurrierende Unternehmen **Art. 4 TT-GVO** 4 ff.
- TT-GVO, nicht konkurrierende Unternehmen **Art. 4 TT-GVO** 68 ff.
- Überblick **Art. 101 AEUV** 1228
- Vertikal-GVO **Art. 4 Vertikal-GVO** 1 ff.
- Vertikal-GVO, Fallgruppen **Art. 4 Vertikal-GVO** 27 ff.
- Vertikalvereinbarungen **Art. 101 AEUV** 497
- Vertrieb, selektiver **Art. 101 AEUV** 571
- Wettbewerbspolitik **Grundlagen** 541 ff.

Kernenergie Art. 101 AEUV 685
Kerpen-Fall Art. 101 AEUV 825
Kesko/Tusko-Fall Art. 102 AEUV 143
Kesko-Fall Art. 102 AEUV 270
Kette von Monopolen Grundlagen 517
KettenFranchisevereinbarungen
- Vertikal-GVO **Art. 2 Vertikal-GVO** 34

KfZ
- Begriff **Art. 1 Kfz-GVO** 5

Kfz-Anschlussmarkt Art. 4 Kfz-GVO 1 ff.
- Systemmärkte **Art. 4 Kfz-GVO** 6

Kfz-GVO Art. 2 Kfz-GVO 4 ff.
- Anwendungsbereich, Primärmarkt **Einl. Kfz-GVO** 23 f.

4061

Sachverzeichnis

fette Zahl = Gesetz und Paragraf

- Anwendungsbereich, sachlich-persönlicher **Art. 4 Kfz-GVO** 22 ff.
- Anwendungsbereich, Wettbewerber **Art. 4 Kfz-GVO** 16
- Bedeutung **Einl. Kfz-GVO** 4
- Begriffsbestimmungen **Art. 1 Kfz-GVO** 1 ff.
- Bewertungsbericht **Art. 7 Kfz-GVO** 1
- de minimis-Mitteilung **Art. 1 Kfz-GVO** 27
- Entstehungsgeschichte **Art. 1 Kfz-GVO** 28
- Ersatzteile **Art. 5 Kfz-GVO** 8 ff.
- Firmenzeichen **Art. 5 Kfz-GVO** 17 f.
- Geltungsdauer **Art. 8 Kfz-GVO** 1 ff.
- Kernbeschränkungen **Art. 5 Kfz-GVO** 1 ff.
- Kfz-Anschlussmarkt **Art. 4 Kfz-GVO** 1 ff.
- Kfz-Anschlussmarkt, Kernbeschränkungen **Art. 4 Kfz-GVO** 13
- Kfz-Anschlussmarkt, Marktabgrenzung **Art. 4 Kfz-GVO** 5
- Kfz-Anschlussmarkt, Marktanteilsschwelle **Art. 4 Kfz-GVO** 4
- Kfz-Anschlussmarkt, Nicht freigestellte Beschränkungen **Art. 4 Kfz-GVO** 14 ff.
- Kontrahierungszwang **Art. 1 Kfz-GVO** 20
- Neuwagenvertrieb, aktuelle Regelung **Art. 3 Kfz-GVO** 1 ff.
- Neuwagenvertrieb, Übergangsregelung **Art. 2 Kfz-GVO** 1 ff.
- Nichtanwendbarkeit auf Netze **Art. 101 AEUV** 1254 ff.
- Nichtanwendung **Art. 6 Kfz-GVO** 1 ff.
- Rechtsgrundlagen **Art. 101 AEUV** 1198
- Selektives Vertriebssystem **Art. 1 Kfz-GVO** 12 ff.
- Systematik **Einl. Kfz-GVO** 4
- Überblick **Einl. Kfz-GVO** 4
- Überwachung **Art. 7 Kfz-GVO** 1 ff.
- Verbundene Unternehmen **Art. 1 Kfz-GVO** 27
- Verhältnis zu GVOs, Vertikal-GVO **Einl. Kfz-GVO** 1; **Art. 2 Vertikal-GVO** 5 f.
- Vertikalbeschränkungen **Art. 1 Kfz-GVO** 2
- Vertikalvereinbarungen **Art. 1 Kfz-GVO** 2
- Warenzeichen **Art. 5 Kfz-GVO** 17 f.
- Werkstattausrüstung **Art. 5 Kfz-GVO** 8 ff.
- Wettbewerber **Art. 4 Kfz-GVO** 16
- Ziele **Einl. Kfz-GVO** 8 ff.

Kfz-Handel
- Dienstleistungsmarkt **Art. 102 AEUV** 153
- Ersatzteilmärkte **Art. 102 AEUV** 154
- Marktabgrenzung **Art. 102 AEUV** 151 ff.

Kfz-Kundendienst
- Kfz-GVO **Einl. Kfz-GVO** 14 ff.

Kfz-Versicherung SB Versicherungswirtschaft 243

Killer Acquisitions Art. 102 AEUV 46 f., 825

Kinderarbeit, Initiativen zur Vermeidung von Art. 101 AEUV 482

Kingfisher/Wegert/Promarkt-Fall Art. 3 FKVO 87 ff.

Kingspan/Steel Partners-Fall Art. 2 FKVO 62

Kioskverträge
- Freistellung, Vertikal-GVO **Art. 5 Vertikal-GVO** 31

Kirgisien Grundlagen 1807

Kirzner Grundlagen 112

Kish Glass-Entscheidung Art. 102 AEUV 107 ff., 114

Klageänderung Rechtsschutz 305

Klageanträge Rechtsschutz 298 ff.
- Bindung an **Rechtsschutz** 500
- Hilfs- **Rechtsschutz** 303

Klagebefugnis
- Beschlüsse, Fusionskontrolle **Art. 6 FKVO** 64 ff.
- Fusionskontrolle **Art. 8 FKVO** 174 ff.
- Nichtigkeitsklage **Rechtsschutz** 406 ff.
- Recht auf Einlegung eines Rechtsbehelfs **Rechtsschutz** 69
- Untätigkeitsklage **Rechtsschutz** 521
- Vertragsverletzungsverfahren, Beihilferecht **Rechtsschutz** 655

Klageerhebung
- ordnungsgemäße **Rechtsschutz** 286 ff.

Klagefrist
- Hemmung **Rechtsschutz** 495
- Nichtigkeitsklage **Rechtsschutz** 486 ff.
- Untätigkeitsklage **Rechtsschutz** 522
- Unterbrechung **Rechtsschutz** 495
- Vertragsverletzungsverfahren, Beihilferecht **Rechtsschutz** 657

Klagegründe Art. 101 AEUV 1034; **Rechtsschutz** 292

Kläger
- privilegierte **Rechtsschutz** 408 ff.
- teilprivilegierte **Rechtsschutz** 408 ff.

Klagerücknahme Rechtsschutz 204 ff.

Klageschrift Rechtsschutz 124 ff.
- Amtshaftungsklage **Rechtsschutz** 541 ff.
- Klageart **Rechtsschutz** 272
- Untätigkeitsklage **Rechtsschutz** 509
- Vertragsverletzungsverfahren, Beihilferecht **Rechtsschutz** 648

Klausel
- deutsche **Einl. FKVO** 93
- englische **Art. 101 AEUV** 514
- niederländische **Art. 22 FKVO** 1 ff.; **Einl. FKVO** 94

Kleine und mittlere Unternehmen s. KMU

KMU
- Gruppenfreistellungsverordnungen **Art. 101 AEUV** 1227
- Handelsbeeinträchtigung **Art. 101 AEUV** 832
- Marktabgrenzung, Versicherungswirtschaft **SB Versicherungswirtschaft** 233
- Milchsektor **SB Landwirtschaft** 395
- Ökonomie **Grundlagen** 394
- Verkehrssektor **SB Verkehr** 311
- Vertikalvereinbarungen **Art. 101 AEUV** 502
- Wettbewerbspolitik **Grundlagen** 144

Know-How
- Begriff **Art. 1 Vertikal-GVO** 92 ff.; **Art. 1; FuE-GVO** 19; **Art. 1 TT-GVO** 42, 83
- Franchisevereinbarungen **Art. 101 AEUV** 246
- Freistellung, TT-GVO **Art. 5 TT-GVO** 9
- gemischte Vereinbarungen **Art. 2 TT-GVO** 17
- Nichtangriffsvereinbarungen **Grundlagen** 1199
- Unternehmenskaufvertrag **Art. 101 AEUV** 235
- Wettbewerbsverbot, nachvertragliches **Art. 5 Vertikal-GVO** 43 ff.
- Zugang zu **Art. 4 FuE-GVO** 1

Know-How-GVO Einl. TT-GVO 29

Koalitionsfreiheit Grundlagen 885

Köbler-Rechtsprechung Grundlagen 831

Kodak/Fuji-Sache Grundlagen 1738

Kohärenzgebot Art. 102 AEUV 51

magere Zahl = Randnummer

Sachverzeichnis

Kohle und Stahl Art. 1 FKVO 49
– Bereichsausnahmen **Grundlagen** 1560
Kohll-Urteil Grundlagen 771
Koinzidenzen
– Abgestimmte Verhaltensweisen **Art. 101 AEUV** 189
Kollaborative Marktplätze Art. 2 DMA 58
Kollegenlieferung
– Horizontalvereinbarung **Art. 101 AEUV** 299
Kollegenlieferungen
– Horizontalvereinbarung **Art. 101 AEUV** 337
Kollegialitätsprinzip Art. 6 FKVO 11; **Art. 8 FKVO** 21
– Kommission **Einl. FKVO** 189 ff.
Kollektive beherrschende Einheit Art. 102 AEUV 72
Kollektive Boykotte Art. 101 AEUV 344
Kollektives Arbeitsrecht Grundlagen 1288 ff.
– Flächentarifverträgen **Grundlagen** 1289
– Verbandstarifverträgen **Grundlagen** 1289
– Verhältnis zum Wettbewerbsrecht **Grundlagen** 1288 ff.
Kollektives Handeln, Problem des Art. 101 AEUV 453
Kollektivmarken Grundlagen 1090, 1183
Kollektivregelungen Grundlagen 800 ff.
Kollektivvereinbarungen Art. 101 AEUV 27 f.; **Grundlagen** 1288 ff.
– Urheber und Künstler **Grundlagen** 1321
Kollisionsnormen, vollkommen allseitige Grundlagen 1380
Kollisionsrecht s. *IPR und Internationales Wettbewerbsrecht*
Kollusion Art. 101 AEUV 358
– Produktionsvereinbarungen **Art. 101 AEUV** 410
Kollusion, algorithmische Art. 101 AEUV 181
Kolumbien Grundlagen 1856
Kombination von Rechten
– Begriff **Art. 1 TT-GVO** 43
Kombinationsrabatte Art. 102 AEUV 783
Kombinierte Effekte
– Tarifverträge **Grundlagen** 1326
Kommerzielles Eigentum Grundlagen 1084 ff.
Kommission
– Amtshilfe **Grundlagen** 1720 ff.
– Befugnisse, Abhilfemaßnahmen **Art. 105 AEUV** 18
– Befugnisse, Aufgreifbefugnis **Art. 11 VO 1/2003** 121 ff.
– Befugnisse, Beihilferecht **Rechtsschutz** 28 ff.
– Befugnisse, Beseitigungsvorschläge **Art. 105 AEUV** 16
– Befugnisse, Durchführungsvorschriften **Art. 103 AEUV** 45 ff.
– Befugnisse, Ermittlung s. *Kommission, Ermittlungsbefugnisse*
– Befugnisse, Geldbußen **Art. 14 FKVO** 27 ff.
– Befugnisse, Gruppenfreistellungsverordnungen **Art. 101 AEUV** 1201 ff.
– Befugnisse, Rechtsetzung **Art. 105 AEUV** 5
– Befugnisse, Überblick **Vor Art. 7 VO 1/2003** 1 ff.
– Befugnisse, Untersuchung **Art. 105 AEUV** 10 ff.
– Befugnisse, Verordnungserlass **Art. 105 AEUV** 21 ff.
– Begründungserfordernis **Vor Art. 7 VO 1/2003** 10

– Bestimmtheitsgrundsatz **Art. 7 VO 1/2003** 24; **Vor Art. 7 VO 1/2003** 7
– Beurteilungsspielraum **Art. 2 FKVO** 504 ff.; **Art. 8 FKVO** 178 ff.; **Rechtsschutz** 95
– Beweisverwertungsverbot **Art. 28 VO 1/2003** 2 ff.
– Bindungswirkung **Art. 16 VO 1/2003** 19 ff.
– Bindungswirkung, Nationale Gerichtsentscheidungen **Art. 16 VO 1/2003** 3
– Demokratieprinzip **Art. 105 AEUV** 25
– Dienstleistungen von allgemeinem wirtschaftlichen Interesse **Art. 106 AEUV** 22 ff.
– Einschätzungsprärogative **Art. 101 AEUV** 1029, 1046, 1204, 1251, 1256
– Ermächtigungssystem **Einl. FKVO** 189 ff.
– Ermessen, Aufgreif- **Art. 13 VO 1/2003** 3; **Grundlagen** 1324
– Ermessen, Auswahl- **Art. 105 AEUV** 14
– Ermessen, Entschließungs- **Art. 105 AEUV** 13
– Ermessen, Verweisung **Art. 4 FKVO** 127
– Freie Beweiswürdigung **Art. 2 VO 1/2003** 27 ff.
– Freistellung, VO Nr. 1/2003 s. *VO Nr. 1/2003*
– Freistellungsmonopol **Art. 101 AEUV** 958 ff., 1036 ff.
– Handlungsformen **Grundlagen** 1620 ff.
– Initiativmonopol **Art. 103 AEUV** 5
– Merger Task Force **Grundlagen** 1645
– Mitarbeiterbefragung **Leniency-Bekanntmachung** 19
– Organisation, Fusionskontrolle **Art. 6 FKVO** 7 ff.; **Art. 8 FKVO** 20 ff.; **Einl. FKVO** 183 ff.
– Organisation, Generaldirektion Wettbewerb **Grundlagen** 1643 ff.
– Organisation, Juristischer Dienst **Grundlagen** 1646
– Organisation, Kollegialitätsprinzip **Art. 6 FKVO** 11 ff.; **Art. 8 FKVO** 21 ff.; **Einl. FKVO** 189 ff.
– Organisation, Kontrolle **Einl. FKVO** 102
– Organisation, Wettbewerbskommissar **Art. 8 FKVO** 20 ff.
– Pflichten, Akteneinsicht **Art. 27 VO 1/2003** 1 ff.
– Pflichten, Anhörung **Art. 27 VO 1/2003** 1 ff.
– Pflichten, Informations- **Art. 11 VO 1/2003** 20
– Pflichten, Kooperations- **Art. 1 DMA** 50 ff.
– Pflichten, Koordinierungs- **Art. 38 DMA** 1 ff.
– Pflichten, Kopie- **Art. 11 VO 1/2003** 15
– Pflichten, Mitteilungs- **Art. 11 VO 1/2003** 13 ff.
– Pflichten, Mitwirkungspflichten **Art. 101 AEUV** 1046
– Pflichten, Prüfungs- **Art. 2 FKVO** 419
– Pflichten, Rechtsfolgen eines Verstoßes **Art. 11 VO 1/2003** 23 ff.
– Pflichten, Tätigwerden **Art. 102 AEUV** 2
– Pflichten, Transparenz- **Art. 1 DMA** 53
– Pflichten, Veröffentlichungs- **Art. 27 VO 1/2003** 53
– Pflichten, Zusammenarbeitspflicht **Art. 21 DMA** 29
– Rechtsakte, Bekanntmachungen **Art. 3 VO 1/2003** 82 f.; **Art. 4 VO 1/2003** 4; **Grundlagen** 1610 ff.
– Rechtsakte, Beratungsschreiben **Art. 101 AEUV** 1057 ff.; **Art. 1 VO 1/2003** 26; **Art. 10 VO 1/2003** 27; **Grundlagen** 1622
– Rechtsakte, Durchführungsvorschriften **Art. 103 AEUV** 5; **Grundlagen** 1708

4063

Sachverzeichnis

fette Zahl = Gesetz und Paragraf

- Rechtsakte, Informelle Beratung **Art. 10 VO 1/2003** 40 ff.
- Rechtsakte, Leitlinien **Art. 101 AEUV** 1041; **Grundlagen** 1610 ff.
- Rechtsakte, soft law-Texte **Einl. FKVO** 151
- Rechtsakte, Stellungnahme **Art. 101 AEUV** 1042; **SB Landwirtschaft** 447
- Rechtsakte, Vorläufige Beurteilung **Art. 9 VO 1/2003** 8
- Rechtsakte, Zusagenentscheidungen **Art. 9 VO 1/2003** 27
- Rechtshilfe **Grundlagen** 1720 ff.
- Selbstbindung **Art. 101 AEUV** 1062; **Art. 10 VO 1/2003** 19; **Art. 11 VO 1/2003** 86; **Art. 23 VO 1/2003** 116
- Sperrwirkung **Art. 11 VO 1/2003** 82
- Subsidiaritätsprinzip **Grundlagen** 1648 ff.
- Untersuchungsgrundsatz **Art. 2 VO 1/2003** 23
- Verfahren, streitiges **Art. 27 VO 1/2003** 6
- Verhältnismäßigkeitsprinzip **Vor Art. 7 VO 1/2003** 8 f.
- Wächteramt **Art. 105 AEUV** 4
- Zusagen, zur Kenntnis genommene **Art. 8 FKVO** 97
- Zusammenarbeit, Informationsaustausch s. *Informationsaustausch, Behörden*
- Zuständigkeit **Grundlagen** 1638 ff.
- Zuständigkeit, Auffangvorschrift **Art. 105 AEUV** 2, 8 ff.
- Zuständigkeit, EFTA-Überwachungsbehörde **Grundlagen** 1697 ff., 1698 ff., 1704 ff.
- Zwangsgelder **Art. 24 VO 1/2003** 19 ff., 28
- Zwangsvollstreckung, EFTA **Grundlagen** 1721

Kommission, Digital Markets Act
- Zuständigkeit **Art. 38 DMA** 7 ff.
- Berichterstattungspflicht **Art. 35 DMA** 1
- Beschlussveröffentlichung **Art. 44 DMA** 1 ff.
- Drittinformationen **Art. 27 DMA** 1 ff.
- Einstweilige Maßnahmen **Art. 24 DMA** 1 ff.
- Hochrangige Gruppe **Art. 40 DMA** 1 ff.
- Informationsaustausch **Art. 39 DMA** 1 ff.
- Kompetenzen **Art. 46 DMA** 1 ff.; **Art. 48 DMA** 1 ff.; **Art. 49 DMA** 1 ff.
- Leitlinien **Art. 47 DMA** 1 ff.
- Nichteinhaltungsbeschluss **Art. 29 DMA** 1 ff.
- Stellungnahmerecht **Art. 39 DMA** 10
- Torwächterbenennung **Art. 2 DMA** 6 ff.; **Art. 3 DMA** 65 ff.
- Torwächterüberprüfung **Art. 4 DMA** 6 ff.
- Überwachungskompetenz **Art. 26 DMA** 1 ff.
- Umsetzungsmaßnahmen **Art. 8 DMA** 33 ff.
- Verfahren **Art. 20 DMA** 1 ff.
- Verpflichtungsergänzung **Art. 12 DMA** 1 ff., 19
- Zusangenentscheidung **Art. 25 DMA** 1 ff.

Kommission, Ermittlungsbefugnisse Art. 17 VO 1/2003 1 ff.
- Befragungsbefugnis **Art. 19 VO 1/2003** 1 ff.
- Befragungsrecht **Art. 11 FKVO** 3 ff.
- Behördenzusammenarbeit **Vor Art. 17–22 VO 1/2003** 8
- Bring your own device **Art. 20 VO 1/2003** 8
- Digital Markets Act **Art. 22 DMA** 1 ff.; **Art. 23 DMA** 1 ff.
- Digital Markets Act, Aufzeichnungsbefugnis **Art. 22 DMA** 1 ff.
- Digital Markets Act, Befragungsbefugnis **Art. 22 DMA** 1 ff.
- Digital Markets Act, Betretungsbefugnis **Art. 23 DMA** 10
- Digital Markets Act, Bücherprüfung **Art. 23 DMA** 11
- Digital Markets Act, Fragerecht **Art. 23 DMA** 14 ff.
- Digital Markets Act, Prüferunterstützung **Art. 23 DMA** 35 ff.
- Digital Markets Act, Versiegelung **Art. 23 DMA** 33 ff.
- Digital Markets Act, Zugang zur IT **Art. 23 DMA** 28 ff.
- e-discovery **Art. 20 VO 1/2003** 8; **Vor Art. 17–22 VO 1/2003** 23
- Erfassung von Erläuterungen **Art. 20 VO 1/2003** 18
- Ermessen, Auswahl- **Art. 18 VO 1/2003** 20
- Fishing Expeditionss **Art. 18 VO 1/2003** 11; **Art. 20 VO 1/2003** 3; **Vor Art. 17–22 VO 1/2003** 4
- Fusionskontrolle **Art. 11 FKVO** 1 ff.; **Art. 8 FKVO** 19
- Gerichtsgenehmigung **Art. 21 VO 1/2003** 4
- Grenzen **Vor Art. 17–22 VO 1/2003** 9
- Historie **Vor Art. 17–22 VO 1/2003** 3
- Kartellverfahren **Art. 18 VO 1/2003** 1 ff.; **Vor Art. 17–22 VO 1/2003** 1 ff.
- Kartellverfahren, Kopien **Art. 20 VO 1/2003** 11
- Kartellverfahren, Anwendungsbereich **Vor Art. 17–22 VO 1/2003** 4 ff.
- Kartellverfahren, Aufbewahrungspflichten **Vor Art. 17–22 VO 1/2003** 25
- Kartellverfahren, Auskunftsentscheidung **Art. 18 VO 1/2003** 16 ff.
- Kartellverfahren, Auskunftsverlangen **Art. 18 VO 1/2003** 3
- Kartellverfahren, Auszüge **Art. 20 VO 1/2003** 11 ff.
- Kartellverfahren, Befragungsbefugnis **Art. 19 VO 1/2003** 3
- Kartellverfahren, Betreten von Grundstücken **Art. 20 VO 1/2003** 6 ff.
- Kartellverfahren, Betreten von Räumlichkeiten **Art. 20 VO 1/2003** 6 ff.
- Kartellverfahren, Betreten von Transportmitteln **Art. 20 VO 1/2003** 6 f.
- Kartellverfahren, Buchprüfung **Art. 20 VO 1/2003** 7 f.
- Kartellverfahren, Geschäftsgeheimnisse **Vor Art. 17–22 VO 1/2003** 24
- Kartellverfahren, Geschäftsunterlagen **Art. 20 VO 1/2003** 7 f.
- Kartellverfahren, Sektorenuntersuchung **Art. 17 VO 1/2003** 3 ff.; **Art. 18 VO 1/2003** 1 ff.
- Kartellverfahren, Versiegelung **Art. 20 VO 1/2003** 17
- Nachprüfung **Art. 20 VO 1/2003** 1 ff.
- Nachprüfung, Adressaten **Art. 20 VO 1/2003** 4
- Nachprüfung, Auftrag **Art. 20 VO 1/2003** 24
- Nachprüfung, Entscheidung **Art. 20 VO 1/2003** 26
- Nachprüfung, Grenzen **Art. 20 VO 1/2003** 44 ff.
- Nachprüfung, in anderen Räumlichkeiten **Art. 21 VO 1/2003** 1

magere Zahl = Randnummer

Sachverzeichnis

- Nachprüfung, Verfahren **Art. 20 VO 1/2003** 23 ff.
- Nachprüfung, Verfahrensrechte **Art. 20 VO 1/2003** 44
- Nachprüfung, Voraussetzungen **Art. 20 VO 1/2003** 3
- Privatwohnungen **Art. 21 VO 1/2003** 1
- Rechtsschutz **Art. 18 VO 1/2003** 30; **Art. 19 VO 1/2003** 12 ff.; **Art. 20 VO 1/2003** 46 ff.; **Art. 21 VO 1/2003** 13; **Vor Art. 17–22 VO 1/2003** 27 ff.
- Verfahrensrechte **Vor Art. 17–22 VO 1/2003** 4 ff.
- Verfahrensrechte, Schutz personenbezogener Daten **Vor Art. 17–22 VO 1/2003** 23
- Verfahrensrechte, Verteidigerprivileg **Vor Art. 17–22 VO 1/2003** 17
- Verteidigerprivileg **Art. 21 VO 1/2003** 12
- Verwertungsverbot **Vor Art. 17–22 VO 1/2003** 26
- Zufallsfunde **Vor Art. 17–22 VO 1/2003** 26 ff.
- Zusammenarbeit, Nationale Behörden **Art. 18 VO 1/2003** 29; **Art. 19 VO 1/2003** 11 ff.
- Zwangsmaßnahmen **Art. 20 VO 1/2003** 33

Kommission, Fusionskontrolle
- Abschlussbericht **Art. 18 FKVO** 4
- Anhörungspflicht **Art. 18 FKVO** 6 ff.
- Anmeldeprüfung **Art. 6 FKVO** 1 ff.
- Beschlüsse **Art. 6 FKVO** 23 ff.
- Beteiligung der Dienststellen **Art. 6 FKVO** 13 ff.
- EFTA-Überwachungsbehörde **Art. 19 FKVO** 29 ff.
- Entzug des Rechtsvorteils **Art. 101 AEUV** 1252 f.
- Fusionskontrolle **Art. 1 FKVO** 1 ff., 52 ff.
- Fusionskontrolle, Freigabeentscheidung **Einl. FKVO** 168 ff.
- Prüfung ohne Anmeldung **Art. 6 FKVO** 16
- Prüfungsverfahren **Art. 8 FKVO** 1 ff.
- Unterrichtungspflicht **Art. 9 FKVO** 27, 115
- Unvereinbarkeitsentscheidung **Art. 8 FKVO** 143
- Verfahrenseinleitung **Art. 6 FKVO** 1 ff.
- Verhandlungsmandat **Art. 24 FKVO** 2
- Veröffentlichungen **Art. 20 FKVO** 1 ff.
- Veröffentlichungspflicht **Art. 20 FKVO** 3 ff.
- Verweisungsbefugnis **Art. 9 FKVO** 1 ff.
- Verweisungsbefugnisse **Art. 9 FKVO** 1 ff.
- Verweisungsentscheidung **Einl. FKVO** 180 f.
- Vollzug ohne Genehmigung **Art. 8 FKVO** 145 ff.
- Vollzugsverbotsverstoß **Art. 7 FKVO** 124 ff.
- Zwischenbericht **Art. 18 FKVO** 4

Kommission, Kartellverfahren
- Abstellungsentscheidung **Art. 7 VO 1/2003** 1 ff.
- Abweisende Entscheidung **Art. 7 VO 1/2003** 56
- Amtshilfe **Art. 22 VO 1/2003** 2 ff.
- Anhörung des Beratenden Ausschusses **Art. 14 VO 1/2003** 1 ff.
- Beabsichtigte Entscheidung **Art. 16 VO 1/2003** 13 ff.
- Berichterstattung **Art. 44 VO 1/2003** 1
- Beschwerdeverfahren **Art. 7 VO 1/2003** 35 ff.
- Durchführungsvorschriften **Art. 33 VO 1/2003** 1
- Einstweilige Maßnahmen **Art. 8 VO 1/2003** 1
- Entscheidungen **Vor Art. 7 VO 1/2003** 3 f.
- Entscheidungen, Bekanntgabe **Vor Art. 7 VO 1/2003** 5 f.
- Entscheidungen, Gerichtliche Kontrolle **Art. 31 VO 1/2003** 1 ff.
- Entscheidungen, Inhalt **Vor Art. 7 VO 1/2003** 7
- Entscheidungen, Veröffentlichung **Vor Art. 7 VO 1/2003** 5 ff.
- Entscheidungsermessen **Art. 7 VO 1/2003** 55
- Entscheidungsvorrang **Art. 3 VO 1/2003** 73, 96
- Entzug des Rechtsvorteils **Art. 29 VO 1/2003** 1 ff.; **Art. 6 TT-GVO** 9; **Art. 6 Vertikal-GVO** 8 ff.
- Feststellungsentscheidung **Art. 7 VO 1/2003** 1 ff.
- Freistellung **Art. 1 VO 1/2003** 1 ff.
- Geldbußen **Art. 23 VO 1/2003** 1 ff.
- Positiventscheidung **Art. 10 VO 1/2003** 1 ff.
- Verfahren **Art. 2 VO 1/2003** 23
- Veröffentlichung **Art. 30 VO 1/2003** 1 ff.
- Voruntersuchungsverfahren **Art. 27 VO 1/2003** 6
- Zuständigkeit **Art. 4 VO 1/2003** 1
- Zuständigkeit, ausschließliche **Art. 11 VO 1/2003** 77 ff.

Kommission, Zusammenarbeit Art. 11 VO 1/2003 1 ff.
- amicus curiae **Art. 15 VO 1/2003** 32 ff.
- Amtshilfe **Art. 105 AEUV** 15
- Anhörungsrecht der Mitgliedstaaten **Grundlagen** 1659
- Arbeitsverteilung **Art. 11 VO 1/2003** 76 ff.
- Aussetzung d. Verfahrens **Art. 13 VO 1/2003** 1 ff.
- Beratender Ausschuss für digitale Märkte **Art. 50 DMA** 1 ff.
- EFTA **Art. 18 FKVO** 5; **Grundlagen** 1714 ff.
- Falldatenbank **Art. 11 VO 1/2003** 39
- Fallverteilungsverfahren **Art. 11 VO 1/2003** 113 ff.
- Fusionskontrolle **Art. 17 FKVO** 22; **Art. 18 FKVO** 5; **Art. 8 FKVO** 89; **Einl. FKVO** 115; **Art. 6 Vertikal-GVO** 14 ff.
- Gerichte **Rechtsschutz** 37 ff.
- Informationspflichten **Art. 11 VO 1/2003** 20
- Koordinierungspflicht **Art. 37 DMA** 1 ff.
- Leniency-Bekanntmachung **Leniency-Bekanntmachung** 83 ff.
- Mitteilungspflichten **Art. 11 VO 1/2003** 13 ff.
- Nationale Behörden, Konsultation **Art. 11 VO 1/2003** 74, 81, 123
- Nationale Gerichte **Art. 15 VO 1/2003** 1 ff., 14 ff.; **Art. 6 VO 1/2003** 6
- Nationale Gerichte, Notifizierung der Gerichte **Grundlagen** 1663
- Netzwerkbekanntmachung **Art. 11 VO 1/2003** 89 ff.
- nternational Competition Network (ICN) **Grundlagen** 1760
- Stellungnahmerecht bei Gerichten **Art. 15 VO 1/2003** 35 ff.
- Stellungnahmerechte **Art. 15 VO 1/2003** 46
- Unterlagenvorlage **Art. 11 VO 1/2003** 21 ff.
- Vetorecht **Art. 11 VO 1/2003** 122
- Widersprüchliche Entscheidungen **Art. 11 VO 1/2003** 126 ff.
- Zurückweisung d. Beschwerde **Art. 13 VO 1/2003** 1 ff.
- Zusammenarbeitspflicht **Art. 21 DMA** 29; **Art. 22 DMA** 15; **Art. 23 DMA** 35 ff., 41; **Art. 37 DMA** 1 ff.

Kommunales Wirtschaftsrecht Art. 106 AEUV 62

Kommunen Rechtsschutz 471

4065

Sachverzeichnis

fette Zahl = Gesetz und Paragraf

Kommunikation
- interaktive **Art. 2 DMA** 82

Kommunikationsdienst
- elektronische **Art. 1 DMA** 20
- interpersonelle **Grdl. DMA** 52
- nummernunabhängige interpersonelle **Art. 1 DMA** 21
- nummernunabhängige interpersonelle, Abgrenzung **Art. 2 DMA** 21
- nummernunabhängige interpersonelle, Begriff **Art. 2 DMA** 36, 80; **Art. 7 DMA** 29 ff.
- nummernunabhängiger interpersoneller, Ausnahmen **Art. 2 DMA** 86

Kommunikationsfreiheit Grundlagen 875 ff., 886 ff.

Kommunikationsnetze
- elektronische **Art. 1 DMA** 21

Kommussion
- Kompetenz, Gruppenfreistellungsverordnungen **Art. 101 AEUV** 1197

Kompetenzabrundungsklausel Grundlagen 745
Kompetenzausübungsregel Grundlagen 1651
Komplementäre Güter
- Kopplungsbindung **Grundlagen** 643 ff.
- Zusammenschlüsse **Grundlagen** 578 ff.

Komplexe Produkte
- Einzelfreistellung **Art. 4 Vertikal-GVO** 26

Komplexität des Marktes
- Faktorenanalyse **Art. 101 AEUV** 364

Komponenten
- Begriff **Art. 1 Kfz-GVO** 3

Komponentenpreise, effiziente Grundlagen 679
Kondiktionsansprüche Art. 101 AEUV 944 ff.
- Kollisionsrecht **Art. 101 AEUV** 926 ff.
- Zuständigkeit, internationale **Art. 101 AEUV** 926 ff.

Konditionenanpassungs-Fall Art. 102 AEUV 56
Konditionenempfehlungen SB Versicherungswirtschaft 197
Konditionenmissbrauch Art. 102 AEUV 387 ff.
- Anwendungsbeispiele **Art. 102 AEUV** 393 ff.
- Anwendungsbeispiele, Abnehmerbindung **Art. 102 AEUV** 394 ff.
- Anwendungsbeispiele, Ausschluss ordentlicher Rechtsweg **Art. 102 AEUV** 404 ff.
- Anwendungsbeispiele, Dispositionsfreiheitsbeschränkung **Art. 102 AEUV** 399 ff.
- Anwendungsbeispiele, Garantie **Art. 102 AEUV** 407
- Anwendungsbeispiele, Kontrollrechte **Art. 102 AEUV** 407
- Anwendungsbeispiele, Konventionalstrafen **Art. 102 AEUV** 407
- Anwendungsbeispiele, Preisfestsetzung **Art. 102 AEUV** 407
- Anwendungsbeispiele, Rabattschema **Art. 102 AEUV** 407
- Anwendungsbeispiele, Schiedsvereinbarungen **Art. 102 AEUV** 404 ff.
- Interessenabwägung **Art. 102 AEUV** 402
- Kausalität **Art. 102 AEUV** 397
- Marktzutrittsschranken **Art. 102 AEUV** 390
- Mitbewerberbehinderung **Art. 102 AEUV** 398
- Online-Plattformen **Art. 5 DMA** 60 ff.
- Unbilligkeit der Geschäftsbedingung **Art. 102 AEUV** 391 ff.
- Wirkung der Geschäftsbedingung **Art. 102 AEUV** 392

Konditionenparität
- Online-Plattformen **Art. 101 AEUV** 545

Konditionenverschlechterung
- Fusionskontrolle, Vertikale Zusammenschlüsse **Art. 2 FKVO** 404 ff.

Konditionsabsprachen
- bezweckte Wettbewerbsbeschränkung **Art. 101 AEUV** 330 ff.

Konferenz von Messina Grundlagen 765
Konformitätsbescheinigungen Art. 101 AEUV 26
Konglomerate Zusammenschlüsse
- Abschottungswirkung **Art. 2 FKVO** 470 ff.
- Abschottungswirkung, wettbewerbsschädliche **Art. 2 FKVO** 475 ff.
- Ausgleichsfaktoren **Art. 2 FKVO** 487
- Effizienzgewinne **Art. 2 FKVO** 487
- Fusionskontrolle, Kriterien **Art. 2 FKVO** 118, 130
- Fusionskontrolle, Marktmissbrauchsprognose **Art. 102 AEUV** 52 ff.
- Kopplungen **Art. 2 FKVO** 471
- Marktanteil **Art. 2 FKVO** 469
- Marktstruktur **Art. 2 FKVO** 469
- Ökonomie **Grundlagen** 500 ff., 576 ff.
- Ökonomie, Kopplungsbindung **Grundlagen** 644 ff., 651
- Safe Harbour **Art. 2 FKVO** 469
- Schadenstheorien **Art. 2 FKVO** 466 ff.
- Überblick **Art. 2 FKVO** 136 ff.
- Wettbewerbsbeschränkung, spürbar **Art. 2 FKVO** 486
- Wirkungen, koordinierte **Art. 2 FKVO** 468 ff., 495
- Wirkungen, nicht koordinierte **Art. 2 FKVO** 468 ff.

Konglomeratfusionen
- reine **Art. 2 FKVO** 467

Konjunkturelle Trends Art. 2 FKVO 222
Konjunkturschwankungen
- Kartelltheorie **Grundlagen** 362 ff.

Konkurrentenreaktion
- Fusionskontrolle, Horizontale Zusammenschlüsse **Art. 2 FKVO** 347 ff.

Konkurrenzen
- Behinderungsmissbrauch **Art. 102 AEUV** 837 ff.
- FKVO und andere Vorschriften **Einl. FKVO** 118 ff.

Konkurrenzpreiskonzept Art. 102 AEUV 376, 381 ff.
Konkurrenzschutzklausel Art. 1 Vertikal-GVO 50
Konkurrenzverbot
- Freistellung, Vertikal-GVO **Art. 1 Vertikal-GVO** 50

Konkurrierende FuE-Anstrengungen Art. 101 AEUV 389
Konsortialvereinbarungen
- Seeverkehr **SB Verkehr** 327

Konsortialversicherung SB Versicherungswirtschaft 36
Konsortien
- Seeverkehr **SB Verkehr** 327

Konstruktive Weigerung Grundlagen 1272

magere Zahl = Randnummer

Sachverzeichnis

Konsultationsverfahren
- Fusionskontrolle **Art. 8 FKVO** 21 ff., 89
- informelles **Einl. FKVO** 161
- Verpflichtungszusagen **Art. 6 FKVO** 37

Konsultationsverpflichtung
- Behörden **Art. 11 VO 1/2003** 46
- Nationale Behörden **Art. 11 VO 1/2003** 6 ff.

Konsumentenrente Grundlagen 482

Konsumentenwohlfahrt Art. 101 AEUV 202 ff.
- Ausbeutungsmissbrauch **Art. 102 AEUV** 352
- Einzelfreistellung **Art. 101 AEUV** 1015
- ökonomische Theorie des vollkommenen Wettbewerbs **Grundlagen** 160
- Ziel der Wettbewerbspolitik **Grundlagen** 146 f.

Kontaktaufnahme Art. 101 AEUV 151
- Anzahl **Art. 101 AEUV** 170
- einseitig **Art. 101 AEUV** 161
- Leniency-Bekanntmachung **Leniency-Bekanntmachung** 29
- potentieller Wettbewerb **Art. 101 AEUV** 301

Kontakte auf mehreren Märkten
- Faktorenanalyse **Art. 101 AEUV** 382

Kontextanalyse Art. 101 AEUV 266 ff.

Kontingentierungsmaßnahmen
- einseitige **Art. 101 AEUV** 115

Kontrafaktische Analyse Art. 101 AEUV 273 ff.

Kontrafaktisches Szenario Grundlagen 722 f.

Kontrahierungszwang Art. 102 AEUV 431, 459
- Kfz-GVO **Art. 1 Kfz-GVO** 20
- Marktmissbrauch **Art. 102 AEUV** 425
- Suchmaschinen **Art. 6 DMA** 256

Kontrolldichte
- Fusionskontrolle **Einl. FKVO** 87
- Gerichtliche, Fusionskontrolle **Art. 16 FKVO** 1 ff.
- Kartellverfahren **Art. 2 VO 1/2003** 6

Kontrolle
- alleinige s. Kontrolle, alleinige
- Begriff, Digital Markets Act **Art. 2 DMA** 143
- Dauerhafte **Art. 3 FKVO** 46
- faktische **Art. 3 FKVO** 105
- Gegenstand der **Art. 3 FKVO** 70 ff.
- gemeinsame **Art. 101 AEUV** 579
- gemeinsame, faktische **Art. 3 FKVO** 124 ff.
- gemeinsamer **Art. 3 FKVO** 43 f.
- Inhaber der **Art. 3 FKVO** 73
- Konzernzurechnung (Umsatzberechnung) **Art. 5 FKVO** 72
- negative **Art. 3 FKVO** 43 f.
- negative, Wechsel **Art. 3 FKVO** 83
- positive **Art. 3 FKVO** 43 f.
- positive, Wechsel **Art. 3 FKVO** 83
- Verstärkung **Art. 3 FKVO** 80

Kontrolle, alleinige Art. 101 AEUV 585, 595 ff.; **Art. 3 FKVO** 43 f., 100
- gemeinsame (und) **Art. 3 FKVO** 131
- Minderheitsrechte, qualifizierte **Art. 3 FKVO** 102
- Stimmrechtsmehrheit **Art. 3 FKVO** 101
- Vetorechte **Art. 3 FKVO** 109 ff.
- Zusammenschlussanmeldung **Art. 4 FKVO** 19

Kontrollerwerb
- Arbeitsgemeinschaften **Art. 3 FKVO** 53
- Ausnahmen **Art. 3 FKVO** 169 ff.
- Begriff **Art. 3 FKVO** 22 ff.
- Börse (über), Vollzugsverbot **Art. 7 FKVO** 24 ff., 88 ff.
- Erwerbsvorgang **Art. 3 FKVO** 78
- Gemeinschaftsunternehmen **Art. 3 FKVO** 54, 112
- Gestaffelte Transaktionen **Art. 3 FKVO** 48
- Grad des Einflusses **Art. 3 FKVO** 79
- Kontrolle, alleinige s. Kontrolle, alleinige
- Kontrolle, Dauer **Art. 3 FKVO** 45 f.
- Kontrolle, Überblick über Formen der **Art. 3 FKVO** 43 f.
- Marktstrukturmissbrauch **Art. 102 AEUV** 822 ff.
- Mittel, Anteilserwerb **Art. 3 FKVO** 57
- Mittel, Optionen **Art. 3 FKVO** 58
- Mittel, Vermögenserwerb **Art. 3 FKVO** 60
- Mittel, Vertrag **Art. 3 FKVO** 61 f.
- Outsourcing **Art. 3 FKVO** 71
- sonstige Weise **Art. 3 FKVO** 66 ff.
- sonstige Weise, Vollzugsverbot **Art. 7 FKVO** 25 ff.
- Sukzessiver **Art. 3 FKVO** 85
- Sukzessiver, Wertpapiere **Art. 3 FKVO** 86
- Überblick **Art. 3 FKVO** 2 ff.
- Warehousing **Art. 3 FKVO** 51 f.

Kontrollerwerb, gemeinsamer Art. 101 AEUV 779

Kontrollerwerb, verbleibender Minderheitseinfluss Art. 101 AEUV 774 ff.
- **Art. 101 AEUV Art. 101 AEUV** 775 ff.
- FKVO **Art. 101 AEUV** 774 f.
- Fusionskontrolle **Art. 101 AEUV** 775 ff.
- Rechtsgrundlagen **Art. 101 AEUV** 774
- Wettbewerbsbeschränkungen **Art. 101 AEUV** 774

Kontrollierende Unternehmen
- Anzahl, Herabsetzung **Art. 3 FKVO** 82
- Anzahl, Veränderungen **Art. 3 FKVO** 80

Kontrollnummern Grundlagen; s. Herstellernummern

Kontrollrechte
- Marktmissbrauch **Art. 102 AEUV** 407

Kontrollsysteme Art. 101 AEUV 121

Konventionalstrafen
- Marktmissbrauch **Art. 102 AEUV** 407

Konvergenz des Wettbewerbsrecht Grundlagen 1754

Konvergenzverpflichtung
- EU-Wettbewerbsrecht **Art. 3 VO 1/2003** 3
- EU-Wettbewerbsrecht, Ausnahmen **Art. 3 VO 1/2003** 19 ff.
- EU-Wettbewerbsrecht, Unberührtheitsklausel **Art. 3 VO 1/2003** 42

Konvertierung Art. 2 DMA 146

Konzentrationsgrad Art. 2 FKVO 84 ff., 105 ff.
- Fusionskontrolle, Ernsthafte Bedenken **Art. 6 FKVO** 20
- Konzentrationsmessung **Grundlagen** 397 ff.
- Koordinierungsmöglichkeiten **Art. 2 FKVO** 355
- Marktmacht **Grundlagen** 401
- Messung **Grundlagen** 397 ff.
- Nachfragekonzentration **Art. 2 FKVO** 152
- Ökonomie **Grundlagen** 400
- Raten **Grundlagen** 397

Konzentrationsmemorandum Art. 101 AEUV 582; **Einl. FKVO** 12

Konzentrationsprivileg Art. 101 AEUV 684

Konzentrationsregel
- IPR **Grundlagen** 1527

Konzentrationsvorgänge Art. 101 AEUV 585

Konzentrative Wirkung Art. 101 AEUV 704
- Teilfunktions-GU **Art. 101 AEUV** 738

4067

Sachverzeichnis

fette Zahl = Gesetz und Paragraf

- Vollfunktions-GU, mit gemeinschaftsweit **Art. 101 AEUV** 608, 627
- Vollfunktions-GU, nicht gemeinschaftsweit **Art. 101 AEUV** 691

Konzentratives GU Art. 101 AEUV 693
Konzept der Nebenabreden Art. 101 AEUV 210
Konzept der Wirtschaftspläne Art. 102 AEUV 88, 96 ff.
Konzern
- Gleichordnungs- **Art. 3 FKVO** 64
- Marktbeherrschung, kollektive **Art. 102 AEUV** 218
- Vertikal-GVO **Art. 1 Vertikal-GVO** 14
- Zusammenschlussbegriff **Art. 3 FKVO** 4

Konzerngesellschaften Art. 101 AEUV 52
Konzernhaftung Art. 5 VO 1/2003 11
Konzerninterne Restrukturierung
- Fusionskontrolle **Art. 3 FKVO** 11

Konzerninterne Risiken SB Versicherungswirtschaft 16
Konzernleitungsmacht
- Vollfunktions-GU, mit gemeinschaftsweit **Art. 101 AEUV** 630

Konzernleitungsmaßnahme Art. 101 AEUV 97
Konzernpolice SB Versicherungswirtschaft 47
Konzernprivileg Art. 101 AEUV 96 ff.; **SB Versicherungswirtschaft** 124
- Captive-Versicherer **SB Versicherungswirtschaft** 190

Konzernumsatz Art. 1 FKVO 27
Konzernzurechnung
- Umsatzberechnung **Art. 5 FKVO** 68 ff.

Konzertierungsklauseln Art. 102 AEUV 616
Konzessionserteilung Art. 102 AEUV 73
Konzferenz der Vereinten Nationen über Handel und Entwicklung Grundlagen 1743 f.
Kooperation
- weltweit **Grundlagen** 1725

Kooperationen, Internationale Grundlagen 1731 ff.
Kooperationsbekanntmachung 1946 Art. 101 AEUV 351
Kooperationsbekanntmachung 1968
- Vollfunktions-GU, mit gemeinschaftsweit **Art. 101 AEUV** 612

Kooperationsersuchen
- Nationale Gerichte **Art. 15 VO 1/2003** 23 ff.
- Nationale Gerichte, Bindung **Art. 15 VO 1/2003** 31

Kooperationsfälle Art. 1 FKVO 67 ff.
Kooperationsmittel s. verbotene Verhaltensweisen
Kooperationspflicht
- Behörden **Art. 1 DMA** 50 ff.; **Art. 12 VO 1/2003** 45 f.

Kooperationsvereinbarungen Art. 101 AEUV 346 ff.
- Allgemeine Geschäftsbedingungen **Art. 101 AEUV** 446 ff.
- Einkaufskooperationen **Art. 101 AEUV** 418 ff.
- FuE-Kooperation **Art. 101 AEUV** 388 ff.
- Informationsaustausch **Art. 101 AEUV** 350 ff.
- Nachhaltigkeitsvereinbarungen **Art. 101 AEUV** 449 ff.
- Normenvereinbarungen **Art. 101 AEUV** 436
- Produktionsvereinbarungen **Art. 101 AEUV** 405 ff.

- Vermarktungsvereinbarungen **Art. 101 AEUV** 426 ff.

Kooperationsverfahren Rechtsschutz 39
- Akteneinsicht **Art. 27 VO 1/2003** 20

Kooperationsverpflichtung
- Leniency-Bekanntmachung **Leniency-Bekanntmachung** 12 ff., 45 ff.
- Mündliche Beiträge **Leniency-Bekanntmachung** 62

Kooperative Wirkung
- Teilfunktions-GU **Art. 101 AEUV** 738
- Vollfunktions-GU, mit gemeinschaftsweit **Art. 101 AEUV** 627

Kooperatives GU Art. 101 AEUV 693
Koordierungswirkung Einl. FKVO 119
Koordination
- weltweit **Grundlagen** 1726

Koordinationsmärkte Art. 101 AEUV 616
Koordinationsmittel s. verbotene Verhaltensweisen
Koordinerungswirkungen
- Arbeitsmarkt **Grundlagen** 1302

Koordinierte Effekte
- Zusammenschlüsse **Grundlagen** 583 ff.

Koordinierung Art. 101 AEUV 156
- Abschreckung **Art. 2 FKVO** 134
- Abweichungsüberwachung **Art. 2 FKVO** 134, 354 ff.
- dauerhafte **Art. 2 FKVO** 458 ff.
- Erleichterung, Vertikale Zusammenschlüsse **Art. 2 FKVO** 385
- explizite **Art. 2 FKVO** 132
- Fusionskontrolle, Vollzugsverbot **Art. 7 FKVO** 78 ff.
- Gemeinschaftsunternehmen **Art. 101 AEUV** 638 ff.; **Art. 2 FKVO** 463
- Gemeinschaftsunternehmen, Kriterien **Art. 101 AEUV** 644 ff.
- Gleichgewichtsgefährdung **Art. 2 FKVO** 134
- Kartelltheorie **Grundlagen** 331 ff.
- Marktabgrenzung **Art. 101 AEUV** 622
- Möglichkeiten zur **Art. 2 FKVO** 354 ff.
- nachgelagerte Märkte **Art. 2 FKVO** 462
- stillschweigende **Art. 2 FKVO** 132 ff., 456 ff.
- Übereinstimmung über Koordinierungsmodalitäten **Art. 2 FKVO** 134
- Vollfunktions-GU, mit gemeinschaftsweit **Art. 101 AEUV** 616 ff., 629 ff., 634 ff.
- vorgelagerte Märkte **Art. 2 FKVO** 462
- Marktauftritt **Art. 101 AEUV** 175

Koordinierungsinstrument
- Arbeitsmarkt **Grundlagen** 1302

Kopieanfertigung
- Digital Markets Act **Art. 23 DMA** 13

Kopien Art. 20 VO 1/2003 11
- Fusionskontrolle, Nachprüfung **Art. 13 FKVO** 8
- Gerichtsverfahren (Einreichung von) **Rechtsschutz** 125

Kopiepflicht Art. 11 VO 1/2003 15
Koppelnde Produkt Art. 102 AEUV 621
Kopplungen Grundlagen 591
- Abnehmerbindung **Art. 102 AEUV** 596
- Behinderungsmissbrauch **Art. 102 AEUV** 617 ff.
- Dauerhafte **Art. 2 FKVO** 479
- Essential Facility Doktrin **Art. 102 AEUV** 620
- Freistellung **Art. 101 AEUV** 541

magere Zahl = Randnummer

Sachverzeichnis

- Freistellung, Vertikal-GVO **Art. 1 Vertikal-GVO** 36
- Konglomerate Zusammenschlüsse **Art. 2 FKVO** 471
- Kopplungsverkauf **Art. 102 AEUV** 619
- Marktmissbrauch **Art. 102 AEUV** 304, 316, 348
- Missbrauchstatbestand **Art. 102 AEUV** 621 ff.
- Ökonomie **Grundlagen** 577, 584, 613, 639 ff., 640 ff., 644 ff.
- Online-Plattformen **Grdl. DMA** 83, 135
- preisbezogenen **Art. 102 AEUV** 645
- Vertikalvereinbarungen **Art. 101 AEUV** 539 ff.
- Zwischenstaatlichkeitsklausel **Art. 102 AEUV** 861

Kopplungsgeschäft
- Bündelung **Art. 102 AEUV** 641 ff.
- Lizenzen **Art. 102 AEUV** 636
- Marktverschließung **Art. 102 AEUV** 631
- Rechtfertigung **Art. 102 AEUV** 638 f.
- Sachzusammenhang **Art. 102 AEUV** 633 ff.
- Zusatzleistung **Art. 102 AEUV** 622 ff.
- Zwang **Art. 102 AEUV** 629 ff.

Kopplungspraktiken
- Ausbeutungsmissbrauch **Art. 102 AEUV** 453
- Entscheidungspraxis **Art. 102 AEUV** 456
- Kopplungspraktiken **Art. 102 AEUV** 457
- Zusatzleistung **Art. 102 AEUV** 454 f.

Kopplungsverbot Art. 101 AEUV 495
- Horizontalvereinbarung **Art. 101 AEUV** 345
- Online-Plattformen **Art. 5 DMA** 193 ff.
- Online-Plattformen, In-App-Käufe **Art. 2 DMA** 108
- Vertikalvereinbarungen **Art. 101 AEUV** 508
- Voreinstellungsänderungen **Art. 6 DMA** 76 ff.

Kopplungsverkäufe Art. 102 AEUV 254; **Grundlagen** 606

Korea, Republik Grundlagen 1850 ff., 1900

Körperschaften des öffentlichen Rechts Art. 101 AEUV 65

Korrelation von Aufwand und Leistung Art. 102 AEUV 362

Korrespondenzfreiheit Grundlagen 887

Kosten
- Amtshaftungsklage **Rechtsschutz** 557
- Arten im Überblick **Art. 102 AEUV** 676
- average avoidable costs (AAC) **Art. 102 AEUV** 676
- average total costs (ATC) **Art. 102 AEUV** 676, 702
- average variable costs (AVC) **Art. 102 AEUV** 676, 702, 711
- common costs **Art. 102 AEUV** 676
- der effizienten Leistungsbereitstellung **Grundlagen** 1033 ff.
- Ersatz, Vertikal-GVO **Art. 4 Vertikal-GVO** 115
- Gerichtsverfahren **Rechtsschutz** 223 ff.
- Informationsaustausch (über) **Art. 101 AEUV** 369
- Kundenakquisitions- **Art. 102 AEUV** 676 ff., 703
- Kundenakquisitionskosten **Art. 102 AEUV** 676
- long-run average incremental costs (LRAIC) **Art. 102 AEUV** 676
- stand alone costs **Art. 102 AEUV** 676
- Streithelfer **Rechtsschutz** 269
- variable **Art. 102 AEUV** 676
- versunkene **Art. 102 AEUV** 676
- pro Ansicht **Art. 5 DMA** 257
- pro Handlung **Art. 5 DMA** 257

- pro Klick **Art. 5 DMA** 257

Kosten der effizienten Leistungsbereitstellung Grundlagen 1033 f.

Kostenangleichung
- Produktionsvereinbarungen **Art. 101 AEUV** 410

Kostenantrag Rechtsschutz 304

Kostendeckung Art. 101 AEUV 20

Kostendeckungsanalyse
- Bündelung **Art. 102 AEUV** 645

Kosteneinsparungen Art. 2 FKVO 204
- Beschaffungsvorteile **Art. 101 AEUV** 1093 ff.
- Fixkosten **Art. 101 AEUV** 1087
- Free Riding **Art. 101 AEUV** 1088
- Hold-up **Art. 101 AEUV** 1088
- Innovation **Art. 101 AEUV** 1089
- Nachhaltigkeit **Art. 101 AEUV** 1087
- Nachweis **Art. 101 AEUV** 1122 ff.
- Produktion, Messmethoden **Art. 101 AEUV** 1125
- Rationalisierungsgewinne **Art. 101 AEUV** 1091
- Skalenvorteile **Art. 101 AEUV** 1091
- Synergieeffekte **Art. 101 AEUV** 1090
- Transaktionskosten **Art. 101 AEUV** 1088
- Verbundvorteile **Art. 101 AEUV** 1092
- Warenerzeugungsverbesserung **Art. 101 AEUV** 1097 ff.
- Warenverteilungsverbesserung **Art. 101 AEUV** 1103

Kostenentscheidung Rechtsschutz 630
Kostenerstattung Art. 23 VO 1/2003 213 ff.
Kostenfestsetzung Rechtsschutz 227 ff.
Kostenfreiheit Art. 6 DMA 179, 199, 219, 240; **Art. 7 DMA** 36
- Anmeldung von Zusammenschlüssen **Art. 4 FKVO** 91
- Gerichtsverfahren **Rechtsschutz** 226

Kostenmaßstäbe Art. 102 AEUV 702
Kosten-Preis-Analyse Art. 102 AEUV 356 ff.
- Einkaufspreise **Art. 102 AEUV** 375
- Gemeinkosten **Art. 102 AEUV** 371
- Gewinnspanne **Art. 102 AEUV** 373 ff.
- Gewinnspannenbegrenzung **Art. 102 AEUV** 358 ff.
- Kosten, Amortisationszeitraum **Art. 102 AEUV** 370
- Kosten, berücksichtigungsfähige **Art. 102 AEUV** 366
- Kosten, Ermittlungsschwierigkeiten **Art. 102 AEUV** 363 ff.
- Kosten, tatsächliche **Art. 102 AEUV** 369 ff.
- Mehrproduktunternehmen **Art. 102 AEUV** 371 ff.
- Nicht aufgelaufene Kosten **Art. 102 AEUV** 360 ff.
- Vollkostenansatz **Art. 102 AEUV** 372
- Zwei-Stufen-Prüfung **Art. 102 AEUV** 363

Kosten-Preis-Schere Art. 102 AEUV 712 ff.
- equally efficient competitor-Test **Art. 102 AEUV** 727
- imputation rule **Art. 102 AEUV** 723
- Marktmissbrauch **Art. 102 AEUV** 332
- Marktmissbrauchstatbestand **Art. 102 AEUV** 719 ff.
- Marktmissbrauchstatbestand, Alternativen **Art. 102 AEUV** 734
- Marktmissbrauchstatbestand, Voraussetzungen **Art. 102 AEUV** 726 ff.
- Nichtigkeit **Art. 102 AEUV** 889
- Ökonomie **Grundlagen** 613, 636 ff.
- Preissetzungsspielraum **Art. 102 AEUV** 733

4069

Sachverzeichnis

fette Zahl = Gesetz und Paragraf

- reasonably efficient competitor-Test **Art. 102 AEUV** 727
- Recoupment **Art. 102 AEUV** 731
- Selbstbevorzugung **Art. 102 AEUV** 654
- Telekommunikationssektor **Art. 102 AEUV** 672
- Wettbewerbswidrige Wirkung **Art. 102 AEUV** 729 ff.

Kosten–Preis-Vergleiche
- Behinderungsmissbrauch, preisbezogener **Art. 102 AEUV** 671 ff.
- Marktmissbrauch **Art. 102 AEUV** 337
- Rabatte **Art. 102 AEUV** 745 ff.
- Rabatte, Aussagekraft **Art. 102 AEUV** 757
- Rabatte, fehlerhafter Vergleich **Art. 102 AEUV** 756

Kostenregulierungsverfahren Grundlagen 683

Kostenstruktur
- asymmetrische **Art. 2 FKVO** 364
- Vergleichbarkeit **Art. 2 FKVO** 363 ff.

Kostenverrechnung
- Nicht aufgelaufene Kosten **Art. 102 AEUV** 360 ff.

Kraft Foods/Cadbury Art. 2 FKVO 251

Krankenhäuser
- öffentlich-rechtliche **Art. 106 AEUV** 90

Krankenhausleistungen
- Marktabgrenzung **Art. 102 AEUV** 142

Krankenkassen Art. 101 AEUV 37 ff., 68, 71; **Grundlagen** 1358
- Marktbeherrschung **Art. 102 AEUV** 212
- Schadensabwicklung **SB Versicherungswirtschaft** 179
- Unternehmen **Art. 102 AEUV** 79; **Grundlagen** 1360
- Wahltarife **Grundlagen** 1360

Krankenkassenverbände Art. 101 AEUV 37 ff.

Krankentranssportleistungen Grundlagen 1356

Krankenversicherung Grundlagen 1294, 1341
- Anwendung des Art. 106 Abs. 2 AEUV **Grundlagen** 1373 f.
- nationale Souveränität **Grundlagen** 1372
- Unternehmen **Grundlagen** 1351 ff.
- Wettbewerbsprobleme **Grundlagen** 1369 ff.

Kreditauflagen Art. 3 FKVO 62

Kreditinstitute s. auch *Finanzinstitute*
- Bereichsausnahmen **Grundlagen** 1564
- Fusionskontrolle **Art. 3 FKVO** 174
- öffentlich-rechtliche **Art. 106 AEUV**
- Umsatzberechnung **Art. 5 FKVO** 41

Kreditkarten Art. 102 AEUV 164, 257

Kreditversicherung SB Versicherungswirtschaft 243 ff.
- Markt für **SB-Versicherungswirtschaft** 283

Kreuzbeteiligungen Art. 2 FKVO 293 ff.; **SB-Versicherungswirtschaft** 283
- Fusionskontrolle, Horizontale Zusammenschlüsse **Art. 2 FKVO** 365
- Trennung **Art. 2 FKVO** 294

Kreuzpreiselastizität Art. 102 AEUV 93 ff.; **Art. 2 FKVO** 286
- Marktabgrenzung **Grundlagen** 282
- Marktmacht, Ermittlung **Grundlagen** 247 f.

Krisenkartell Art. 101 AEUV 326
- Landwirtschaft **SB Landwirtschaft** 452, 463 ff.

Kriterien
- Ernsthafte Bedenken **Art. 6 FKVO** 20

Kroatien Grundlagen 1668

Kronzeugenanträge
- Veröffentlichung **Art. 28 VO 1/2003** 5

Kronzeugenregelung Art. 101 AEUV 130 ff.; **Grundlagen** 1661
- Akteneinsicht **Art. 27 VO 1/2003** 20
- Geldbuße **Art. 23 VO 1/2003** 183
- Informationsaustausch, Behörden **Art. 12 VO 1/2003** 47 ff.
- Leniency-Bekanntmachung **Leniency-Bekanntmachung** 62 ff.
- Ökonomie **Grundlagen** 369 ff., 719 ff., 724

Kronzeugenregelung (national)
- Mitteilungspflicht, Kommission (an) **Art. 11 VO 1/2003** 40 ff.

Krupp-Hoesch/Thyssen Art. 3 FKVO 120

Kultur Art. 101 AEUV 29 ff.

Kumulative Wirkung
- Wettbewerbsbeschränkungen **Art. 101 AEUV** 280 ff.

Kumulrisiken SB Versicherungswirtschaft 183

Kunden
- Fusionskontrolle, Anhörungsrecht **Art. 18 FKVO** 13
- Standort **Art. 5 FKVO** 18 ff.

Kundenaufteilung
- Freistellung, TT-GVO **Art. 4 TT-GVO** 14 ff.
- Horizontalvereinbarung **Art. 101 AEUV** 341

Kundenbedürfnisse Art. 102 AEUV 420

Kundenbefragungen
- Marktabgrenzung **Art. 2 FKVO** 47

Kundenbeschränkung
- Freistellung, Vertikal-GVO **Art. 4 Vertikal-GVO** 95 ff., 123 ff.
- Marktmissbrauch **Art. 102 AEUV** 399 ff.

Kundenbeschwerdenkosten
- Lebensmittel **SB Landwirtschaft** 491

Kundenbeziehungen
- Fusionskontrolle, Ausgleichsfaktoren **Art. 2 FKVO** 172
- Fusionskontrolle, Vertikale Zusammenschlüsse **Art. 2 FKVO** 415

Kundenbindungsverträge
- Marktmissbrauch **Art. 102 AEUV** 333

Kundendienst
- Marktabgrenzung **Art. 4 Kfz-GVO** 5

Kundengewinn Art. 102 AEUV 325

Kundengruppe
- Begriff **Art. 4 Vertikal-GVO** 123
- Marktabgrenzung **Art. 2 FKVO** 51

Kundengruppenbeschränkung Art. 101 AEUV 535 f.

Kundenpräferenzen
- Ausgleichsfaktoren **Art. 2 FKVO** 273, 281
- Marktabgrenzung **Art. 2 FKVO** 63

Kundenschutzvereinbarungen
- Anpassungsanspruch **Art. 101 AEUV** 929 ff.

Kundenstamm
- gemeinsamer **Art. 2 FKVO** 478

Kundenzuweisungen Art. 101 AEUV 529 ff.; **Art. 4 TT-GVO** 20

Kündigung Art. 101 AEUV 123
- Marktmissbrauch **Art. 102 AEUV** 333
- Vertikalvereinbarungen **Art. 101 AEUV** 504, 559

Kündigungsbedingungen
- Torwächter **Art. 6 DMA** 291 ff.
- Torwächter, Anwendung **Art. 6 DMA** 301

4070

magere Zahl = Randnummer

Sachverzeichnis

- Torwächter, Ausgestaltung **Art. 6 DMA** 298
- Torwächter, Verhältnismäßigkeit **Art. 6 DMA** 298 ff.

Kündigungsfrist
- Abschottungswirkung **Art. 102 AEUV** 609
- Lieferverweigerung **Art. 102 AEUV** 580

Kündigungsrecht
- Befristetes Wettbewerbsverbot **Art. 5 Vertikal-GVO** 17
- Lizenzen **Art. 5 TT-GVO** 10, 14
- Nichterfüllung von Verhandlungspflichten **Art. 101 AEUV** 940
- Schiffskonsortien-GVO **SB Verkehr** 349
- Unlauteres Verhalten (bei) **Grundlagen** 1064
- Zusagenentscheidungen **Art. 9 VO 1/2003** 49 ff.

Künstler Art. 101 AEUV 30
Künstliche Intelligenz Art. 30 DMA 15
Kunststoffmarkt
- Marktabgrenzung **Art. 101 AEUV** 621

L

Lactalis/Nuova Castelli Art. 2 FKVO 299
Ladbroke-Fall Art. 102 AEUV 424, 467 ff., 467, 493
Läden auf Rädern Art. 5 Vertikal-GVO 31
Ladenöffnungszeiten Grundlagen 1306, 1330
Lagardère/Natexis/VUP-Fall Art. 8 FKVO 114; **Art. 9 FKVO** 53
Lagerbarkeit
- Faktorenanalyse **Art. 101 AEUV** 382

Lagerbestände
- Informationsaustausch (über) **Art. 101 AEUV** 369

Lagerhaltungsverpflichtung Art. 101 AEUV 569
Landesvergabegesetze Grundlagen 1344
Landwirte
- Unternehmen **SB Landwirtschaft** 366

Landwirtschaft Art. 101 AEUV 215, 450; **Grundlagen** 1084
- Angebotsanpassung **SB Landwirtschaft** 456 ff.
- Bereichsausnahmen **Grundlagen** 1556, 1562, 1564; **SB Landwirtschaft** 385 ff.
- Berufsverbände **SB Landwirtschaft** 366
- Branchenverband, Anerkennung **SB Landwirtschaft** 443
- Branchenverband, Vereinbarungen **SB Landwirtschaft** 442 ff.
- Durchführungsvorschriften **Art. 103 AEUV** 2
- Erzeugerbegriff **SB Landwirtschaft** 415
- Erzeugerorganisationen **SB Landwirtschaft** 385 ff.
- Erzeugerprivileg **SB Landwirtschaft** 372 f., 398 ff.
- Freistellung **SB Landwirtschaft** 430 ff.
- Freistellung, Einzel- **SB Landwirtschaft** 432
- Fusionskontrolle **SB Landwirtschaft** 372, 480
- Fusionskontrolle, Anwendbarkeit **Einl. FKVO** 143
- Fusionskontrolle, Rechtsgrundlage **Einl. FKVO** 72
- Geldbußen **SB Landwirtschaft** 475 ff.
- Genossenschaftsprivileg **SB Landwirtschaft** 419 ff.
- Genossenschaftstreue **SB Landwirtschaft** 429
- Handelspraktiken in Lebensmittelversorgungskette **SB Landwirtschaft** 481 ff.
- Innerstaatliche Sachverhalte **SB Landwirtschaft** 471 ff.
- Mengensteuerung **SB Landwirtschaft** 456 ff.
- Milchsektor **SB Landwirtschaft** 23
- Nachhaltigkeitsvereinbarung **SB Landwirtschaft** 433 ff.
- Politik **SB Landwirtschaft** 369 ff.
- VO Nr. 1308/2013 s. GMO-VO Nr. 1308/2013
- Wertaufteilungsklauseln **SB Landwirtschaft** 441
- Wettbewerbsrecht **SB Landwirtschaft** 365 ff.
- Wettbewerbsrecht, Anwendbarkeit **SB Landwirtschaft** 371 ff.

Landwirtschaftspolitik SB Landwirtschaft 369 ff.
Langnese-Iglo-Fall Art. 6 Vertikal-GVO 7
Laserdrome Grundlagen 984
Laufende Verhaltenskontrolle
- Ökonomie **Grundlagen** 702 f.

Laufzeit
- Abschottungswirkung **Art. 102 AEUV** 609

Launch at risk Art. 101 AEUV 304
Laurent Piau-Fall Art. 102 AEUV 38, 72 ff.
Laurent-Piau-Fall Art. 102 AEUV 221, 225
Lauterkeitsrecht
- Grundfreiheiten **Grundlagen** 1026 ff.
- Treuerabatte **Grundlagen** 1033
- vergleichende Werbung **Grundlagen** 1058 ff.
- Verhältnis zu Fusionskontrolle **Grundlagen** 1633 ff.
- Verhältnis zum Immaterialgüterrecht **Grundlagen** 1088 ff.
- Verhältnis zum Marktmissbrauchsverbot **Art. 102 AEUV** 280 ff., 913
- Verhältnis zum Wettbewerbsrecht **Art. 3 VO 1/2003** 21 ff.; **Grundlagen** 1052 ff., 1057 ff.
- Vorfeldthese **Grundlagen** 1060

Layer-Deckungen SB Versicherungswirtschaft 36
Layern SB Versicherungswirtschaft 35
Lead-Jurisdiction-Modell Grundlagen 732
learning economies Art. 101 AEUV 1091
Leasing-Unternehmen
- Umsatzberechnung **Art. 5 FKVO** 43

Lebensmittelhandel Art. 102 AEUV 145 ff.
- Marktabgrenzung **Art. 102 AEUV** 143

Lebensmittel-Informationsverordnung Grundlagen 1182
Lebensmittelproduktion
- Marktabgrenzung **Art. 102 AEUV** 129

Lebensmittelversorgungskette
- Unzulässige Handelspraktiken **SB Landwirtschaft** 481 ff.

Lebensversicherung Art. 102 AEUV 170 ff.; **SB Versicherungswirtschaft** 217
- Markt für **SB-Versicherungswirtschaft** 283
- Marktabgrenzung **SB Versicherungswirtschaft** 235 ff.
- Nicht- **SB Versicherungswirtschaft** 227 ff., 235 ff.

Lebensversicherungen
- Marktabgrenzung **SB Versicherungswirtschaft** 227 ff.

Lebenswichtiger Beitrag Art. 3 FKVO 127
Leegin-Entscheidung Grundlagen 564
Legal Professional Privilege (LPP) s. Verteidigerprivileg

Sachverzeichnis

fette Zahl = Gesetz und Paragraf

Legalausnahme Art. 101 AEUV 209, 348; *s. auch Freistellung oder Legalfreistellung*
- Behörden, Beratungsschreiben **Art. 1 VO 1/2003** 26
- Behörden, informelle Kontaktaufnahme **Art. 1 VO 1/2003** 28
- Binnenverkehrs-VO **SB Verkehr** 315
- Einkaufskooperationen **Art. 101 AEUV** 425
- FuE-Kooperation **Art. 101 AEUV** 404
- Gruppenfreistellung **Art. 2 Vertikal-GVO** 1 ff.
- Landwirtschaft **SB Landwirtschaft** 384, 430 ff.
- Nachhaltigkeitsvereinbarungen **Art. 101 AEUV** 464 ff.
- Normierung **Art. 1 VO 1/2003** 18 ff.
- Patent **Art. 101 AEUV** 440
- Primärrecht **Art. 1 VO 1/2003** 14
- Produktionsvereinbarungen **Art. 101 AEUV** 414
- Rechtsfolgen **Art. 101 AEUV** 879
- Rechtsgrundlage **Art. 103 AEUV** 36 f.
- Selbsteinschätzungsverpflichtung **Art. 1 VO 1/2003** 24 ff.
- Spezialisierungsvereinbarungen **Art. 101 AEUV** 415 ff.
- System der **Grundlagen** 1603 f.
- Systemwechsel **Art. 1 VO 1/2003** 5 ff.
- Systemwechsel, Bewertung **Art. 1 VO 1/2003** 8 ff.
- Systemwechsel, Übergangsfragen **Art. 1 VO 1/2003** 31
- Verhältnis zu Anmeldeverfahren (nationales Recht) **Art. 1 VO 1/2003** 23
- Verhältnis zu Gruppenfreistellung **Art. 1 VO 1/2003** 19
- Vertikalvereinbarungen **Art. 101 AEUV** 487, 511 ff.
- Vollfunktions-GU, nicht gemeinschaftsweit **Art. 101 AEUV** 699, 728 ff.
- Zuliefervereinbarungen **Art. 101 AEUV** 416

Legalfreistellung Art. 101 AEUV 1012
- Anwendungsbereich **Art. 101 AEUV** 1018
- Gerichtliche Kontrolle **Art. 101 AEUV** 1036
- Gruppenfreistellungsverordnung **Art. 101 AEUV** 1247
- Gruppenfreistellungsverordnungen **Art. 101 AEUV** 1247
- Historie **Art. 101 AEUV** 965 ff.
- Primärrechtsvereinbarkeit **Art. 101 AEUV** 972 ff.
- Rechtssicherheit **Art. 101 AEUV** 1048 ff.
- Verhältnis zu Gruppenfreistellungsverordnungen **Art. 101 AEUV** 1207 ff.

Legitimation, europäische Grundlagen 978
Legitimes Ziel
- Wettbewerbsbeschränkung **Art. 101 AEUV** 269, 320

Lego-Fall Art. 4 Vertikal-GVO 188
Leistungsmessung Art. 6 DMA 183 ff.
- Zugang zu Daten **Art. 6 DMA** 198
- Zugang zu Instrumenten zur **Art. 6 DMA** 196

Leistungstärke
- Marktmissbrauchsschutzbereich **Art. 102 AEUV** 7

Leistungswettbewerb Art. 102 AEUV 3, 330 ff.
Leitfaden
- bezweckte Wettbewerbsbeschränkungen **Art. 101 AEUV** 314
- BKartA zum erheblichen Umfang der Inlandstätigkeit **Grundlagen** 1492

- Quantifizierung des Schadens **Grundlagen** 721

Leitlinien
- acte clair-Doktrin **Art. 101 AEUV** 1041
- Beeinträchtigung des zwischenstaatlichen Handels **Art. 101 AEUV** 788; **Einl. TT-GVO** 59
- Digital Markets Act **Art. 47 DMA** 1 ff.
- Einzelfreistellung **Art. 101 AEUV** 1055
- Fusionskontrolle **Art. 2 FKVO** 106 ff.
- Geldbußen **Art. 23 VO 1/2003** 116 ff., 126
- Horizontale Zusammenarbeit 2001 **Art. 101 AEUV** 351
- Horizontale Zusammenarbeit 2011 **Art. 101 AEUV** 322 ff., 347 ff., 351
- Horizontale Zusammenarbeit 2022 **Art. 101 AEUV** 314, 322 ff., 347 ff., 369
- Horizontale Zusammenarbeit 2022, Allgemeine Geschäftsbedingungen **Art. 101 AEUV** 446
- Horizontale Zusammenarbeit 2022, Einkaufskooperationen **Art. 101 AEUV** 420, 425
- Horizontale Zusammenarbeit 2022, FuE-Kooperation **Art. 101 AEUV** 388
- Horizontale Zusammenarbeit 2022, Immaterialgüterrecht **Art. 101 AEUV** 440 ff.
- Horizontale Zusammenarbeit 2022, Nachhaltigkeitsvereinbarungen **Art. 101 AEUV** 451, 459, 469 ff.
- Horizontale Zusammenarbeit 2022, Spezialisierungs-GVO **Art. 2 Spezialisierungs-GVO** 1
- Horizontale Zusammenarbeit 2022, Vermarktungsvereinbarungen **Art. 101 AEUV** 428, 435
- Horizontale Zusammenschlüsse **Art. 2 FKVO** 41, 123
- Kommission **Grundlagen** 1610 ff.
- Nicht-horizontale Zusammenschlüsse **Art. 2 FKVO** 123, 381, 456 ff., 468 ff., 496
- Tarifverträge von Solo-Selbstständigen **Grundlagen** 1305 f., 1311 ff.

Leniency Applications *s. Kronzeugenanträge*
Leniency-Bekanntmachung
- Akteneinsicht **Leniency-Bekanntmachung** 62 ff.
- amicus curiae **Leniency-Bekanntmachung** 64 ff.
- amnesty plus **Leniency-Bekanntmachung** 49
- Anwendung, Praxis **Leniency-Bekanntmachung** 4 ff.
- Anwendung, Zeitraum **Leniency-Bekanntmachung** 76
- Bedingter Erlass der Geldbuße **Leniency-Bekanntmachung** 25
- ECN **Leniency-Bekanntmachung** 83
- Empfangsbestätigung **Leniency-Bekanntmachung** 58
- Erlass der Geldbuße, Ablehnung **Leniency-Bekanntmachung** 40 ff.
- Erlass der Geldbuße, Anhörung **Leniency-Bekanntmachung** 24
- Erlass der Geldbuße, Antrag **Leniency-Bekanntmachung** 12
- Erlass der Geldbuße, Antwortpflicht **Leniency-Bekanntmachung** 18
- Erlass der Geldbuße, Beendigung der Beteiligung **Leniency-Bekanntmachung** 22
- Erlass der Geldbuße, Befragung der Mitarbeiter **Leniency-Bekanntmachung** 19
- Erlass der Geldbuße, Beweismittelübergabe **Leniency-Bekanntmachung** 13 ff.

magere Zahl = Randnummer

Sachverzeichnis

- Erlass der Geldbuße, Kooperationsverpflichtung **Leniency-Bekanntmachung** 12 ff.
- Erlass der Geldbuße, Voraussetzungen **Leniency-Bekanntmachung** 8 ff.
- Ermäßigung der Geldbuße, **Leniency-Bekanntmachung** 42 ff.
- Ermäßigung der Geldbuße, Kooperationspflichten **Leniency-Bekanntmachung** 45 ff.
- Ermäßigung der Geldbuße, Verfahren **Leniency-Bekanntmachung** 57 ff.
- Ermäßigung der Geldbuße, Voraussetzungen **Leniency-Bekanntmachung** 43
- Kontaktaufnahme **Leniency-Bekanntmachung** 29
- Kontaktaufnahme, Anonyme Vorabklärung **Leniency-Bekanntmachung** 29
- Kontaktaufnahme, eLeniency **Leniency-Bekanntmachung** 29
- Kronzeugenregelung **Leniency-Bekanntmachung** 62 ff.
- Marker **Leniency-Bekanntmachung** 30 ff., 57
- Mehrwert **Leniency-Bekanntmachung** 46 ff.
- Mehrwert, Beispiel **Leniency-Bekanntmachung** 53
- Mündliche Beiträge **Leniency-Bekanntmachung** 62
- penalty plus **Leniency-Bekanntmachung** 50
- Rechtsschutz **Leniency-Bekanntmachung** 41
- Sinn und Zweck **Leniency-Bekanntmachung** 2
- Teilerlass **Leniency-Bekanntmachung** 56
- Unternehmenserklärungen **Leniency-Bekanntmachung** 62 ff., 65 ff.
- Vereinbarkeit mit Primärrecht **Leniency-Bekanntmachung** 7
- Verfahren **Leniency-Bekanntmachung** 28 ff.
- Verfahren, Empfangsbestätigung **Leniency-Bekanntmachung** 36
- Verjährte Verstöße **Leniency-Bekanntmachung** 75
- Verschwiegenheitsverpflichtung **Leniency-Bekanntmachung** 21
- Vorläufige Entscheidung **Leniency-Bekanntmachung** 60

Leniency-Mitteilung 2002 Leniency-Bekanntmachung 1, 3, 11
Leniency-Mitteilung 2006 Leniency-Bekanntmachung 1, 4
Leniency-Programme Art. 11 VO 1/2003 11 ff.
- Ökonomie **Grundlagen** 369

Lerneffekte
- Behinderungsmissbrauch, preisbezogener **Art. 102 AEUV** 674

Lerner-Index Grundlagen 220, 230, 232 ff.
l'Est/Kernpen&Kerpen-Fall Art. 101 AEUV 905
Lettland
- Fusionskontrolle **Anh. FKVO** 115 ff.
- Konkurrenzpreiskonzept **Art. 102 AEUV** 384

level playing field Art. 3 VO 1/2003 1; **Art. 21 FKVO** 18; **Einl. FKVO** 30, 89; **Grundlagen** 1652
Leverage-Effekt s. Hebeleffekt
Leveraging Art. 102 AEUV 304; **Art. 8 FKVO** 80 ff.
- Selbstbevorzugung **Art. 102 AEUV** 653
- Zusammenschlüsse **Art. 8 FKVO** 82

lex fori Grundlagen 1380, 1506, 1527 ff.

LGI/Telenet Art. 3 FKVO 91
Libanon Grundlagen 1799 ff.
Liberalisierung
- Dienstleistungen von allgemeinem wirtschaftlichen Interesse **Art. 106 AEUV** 118 ff.
- Energiesektor **Art. 106 AEUV** 178
- Fondslösungen **Art. 106 AEUV** 124 f.
- Quersubventionierung **Art. 106 AEUV** 136
- Regulierungsvorgaben für die Mitgliedstaaten **Art. 106 AEUV** 132
- Universaldienste-Modell **Art. 106 AEUV** 126 ff.

Liberalisierungsdruck Grundlagen 1564 ff.
Liberalismus Grundlagen 11 f., 71 ff.
Liberty Global/Ziggo-Fall Art. 2 FKVO 395
Liechtenstein Grundlagen 1667 f.
Lieferando Grundlagen 1318
Lieferanten
- Fusionskontrolle, Anhörungsrecht **Art. 18 FKVO** 13
- Informationsaustausch **Art. 101 AEUV** 353

Lieferantenwechsel
- Fusionskontrolle, Ausgleichsfaktoren **Art. 2 FKVO** 154

Lieferbedingungen
- Lebensmittel **SB Landwirtschaft** 491

Lieferbeschränkung
- Horizontalvereinbarung **Art. 101 AEUV** 333

Lieferbeschränkungen
- Freistellung, Vertikal-GVO **Art. 4 Vertikal-GVO** 112

Lieferbeziehung
- vertikale **Art. 2 Vertikal-GVO** 37

Lieferboykott Art. 101 AEUV 343; **Grundlagen** 1432
Lieferstopp
- teilweiser **Art. 2 FKVO** 402
- vollständiger **Art. 2 FKVO** 402

Lieferungen
- kaptive **Art. 8 Vertikal-GVO** 4

Lieferungsaussetzung
- Vertikalvereinbarungen **Art. 101 AEUV** 559

Lieferungsbeschränkung
- Marktmissbrauch **Art. 102 AEUV** 422 ff.
- Marktmissbrauch, Endverbraucher **Art. 102 AEUV** 425

Lieferungsverzögerung
- Vertikalvereinbarungen **Art. 101 AEUV** 504, 559

Liefervereinbarungen
- Anpassungsanspruch **Art. 101 AEUV** 929 ff.
- Freistellung, Vertikal-GVO **Art. 1 Vertikal-GVO** 22
- Gemeinschaftsunternehmen **Art. 101 AEUV** 604
- Kfz-Hersteller **Art. 4 Kfz-GVO** 25; **Art. 5 Kfz-GVO** 10
- Kopplungsverbot **Art. 101 AEUV** 508

Lieferverpflichtung Art. 101 AEUV 241
- Bewirkte Wettbewerbsbeschränkung **Art. 101 AEUV** 279
- Freistellung, Spezialisierungs-GVO **Art. 2 Spezialisierungs-GVO** 14 ff.

Lieferverweigerung Art. 101 AEUV 115 f.; **Art. 102 AEUV** 304 f., 470
- Auflösung der Lieferbeziehung **Art. 102 AEUV** 578 f.
- Endverbraucher **Art. 102 AEUV** 425
- Marktbeherrschung, kollektive **Art. 102 AEUV** 236

4073

Sachverzeichnis

fette Zahl = Gesetz und Paragraf

- Nichtaufnahme der Lieferbeziehung **Art. 102 AEUV** 578 ff.
- Rabatte **Art. 102 AEUV** 784
- Rohstoffe **Art. 102 AEUV** 480 ff.
- Verhinderung der Erzeugung neuen Produkts **Art. 102 AEUV** 351

LIFO Grundlagen 289
Limit Pricing Grundlagen 591, 613
- Marktzutrittsschranke **Grundlagen** 303

Linda-Index Grundlagen 389
Linde/BOC-Fall Art. 2 FKVO 126
lineares-Nachfragemodell Grundlagen 431
Liniendienste, internationale SB Verkehr 334 ff.
Linienflüge Art. 102 AEUV 204 ff.
Linienkonferenzen SB Verkehr 328
Linienkonsortium SB Verkehr 329 ff.
Linoleum-Entscheidung Grundlagen 1480
Lissabon, Vertrag von Grundlagen 744, 832 ff., 934, 993, 1015, 1019 ff., 1072, 1579
- Dienstleistungen von allgemeinem wirtschaftlichen Interesse **Art. 106 AEUV** 19 ff.

Lissabon-Agenda Art. 2 FKVO 8
Listenauswahl Art. 6 DMA 85
Listenpreisaustausch Art. 101 AEUV 202
Listenpreise
- Horizontalvereinbarung **Art. 101 AEUV** 331
- Rabatte **Art. 102 AEUV** 735
- Vertikalvereinbarungen **Art. 101 AEUV** 507

Listungsgebühren Art. 1 Vertikal-GVO 34
- Lebensmittel **SB Landwirtschaft** 492

Litauen
- Fusionskontrolle **Anh. FKVO** 124 ff.

Lizensierungsbereitschaft
- FRAND-Einwand **Art. 102 AEUV** 809 ff.

Lizensierungsmarkt Grundlagen 1242 ff.
Lizenzen Art. 101 AEUV 107, 229 ff., 564; **Grundlagen** 1113 ff.
- Abbruch bestehender Lizenzbeziehung **Grundlagen** 1261
- Abhilfemaßnahme **Grundlagen** 1285
- angemessene Bedingungen **Grundlagen** 1272 ff.
- Anpassungsanspruch **Art. 101 AEUV** 932
- Anwendung von Wettbewerbsregeln **Grundlagen** 1190, 1207
- ausschließliche s. *Ausschließliche Lizenz*
- befristete **Grundlagen** 1286
- Begriff **Art. 1 TT-GVO** 44
- Beherrschung durch **Grundlagen** 1247
- Eigenbedarfs- **Art. 4 TT-GVO** 60
- einfache **Grundlagen** 1207
- Erschöpfung **Grundlagen** 1114 ff., 1136
- Exklusivgebiet **Art. 1 TT-GVO** 117 ff.
- Exklusivkundengruppe **Art. 1 TT-GVO** 120 ff.
- Exklusivlizenz, Begriff **Art. 1 TT-GVO** 113 ff.
- Exklusivrücklizensierungsverpflichtung **Art. 5 TT-GVO** 2
- Formen des Lizenzvertrags **Grundlagen** 1207
- Freistellung **Einl. TT-GVO** 14
- Freistellung, Einzel- **Art. 101 AEUV** 1103, 1110, 1173
- Freistellung, Gesamtumsatzberechnung **Art. 4 TT-GVO** 11
- Freistellung, Gruppen- **Art. 101 AEUV** 1196
- Freistellung, Vertikal-GVO **Art. 2 Vertikal-GVO** 30

- Gebietsschutz **Art. 2 TT-GVO** 15; **Einl. TT-GVO** 12 ff.
- Gebühr **Grundlagen** 1082
- Gebühr, angemessene **Grundlagen** 1272 ff.
- Gebühr, FRAND **Art. 101 AEUV** 439
- Gebühr, Höhe **Grundlagen** 1254 ff.
- Gebühr, Marktmissbrauch **Grundlagen** 1254 ff.
- Gemeinschaftsunternehmen **Art. 101 AEUV** 604; **Art. 3 FKVO** 151
- Handelsbeeinträchtigung **Art. 101 AEUV** 830, 853, 866, 873
- Internationales Wettbewerbsrecht **Grundlagen** 1441
- Kartelltheorie **Grundlagen** 342
- Kopplungsgeschäft **Art. 102 AEUV** 636
- Kreuz- **Art. 4 TT-GVO** 11; **Einl. TT-GVO** 68 ff.
- Kündigungsrecht **Art. 5 TT-GVO** 10 f., 14
- Marktmissbrauch **Art. 102 AEUV** 419
- mono-territorial **Art. 101 AEUV** 622
- multi-territorial **Art. 101 AEUV** 622
- Nebenabrede **Art. 8 FKVO** 140 ff.
- Nichtangriffsklauseln **Art. 5 TT-GVO** 6 ff.
- Nichtangriffsvereinbarungen **Grundlagen** 1228 ff.
- Ökonomie **Grundlagen** 390
- Produkterwerb **Art. 2 TT-GVO** 21
- rule of reason **Einl. TT-GVO** 11
- Spezifischer Gegenstand (Lehre vom) **Einl. TT-GVO** 9 ff.
- Übertragung von Rechten **Grundlagen** 1199
- Übertragungspflichten **Art. 5 TT-GVO** 2
- Unternehmensübernahmen **Einl. TT-GVO** 36
- Verhältnis zu **Art. 101 AEUV Grundlagen** 1196 ff., 1207
- Verkauf, aktiver **Art. 4 TT-GVO** 45 ff.
- Verkauf, passiver **Art. 4 TT-GVO** 46 ff.
- Vertikalvereinbarungen **Art. 101 AEUV** 499
- Wettbewerbsbeschränkung, bezweckte **Einl. TT-GVO** 15

Lizenzen GVO Einl. TT-GVO 28
Lizenznehmer
- potentieller **Art. 6 TT-GVO** 6

Lizenzstaffel Art. 4 TT-GVO 11
Lizenzvergabe Art. 2 TT-GVO 22
- Fusionskontrolle **Art. 2 FKVO** 232

Lizenzverweigerung Art. 102 AEUV 467 ff., 490 ff.; **Grundlagen** 1260 ff., 1259 ff.
- Effizienzgewinne **Grundlagen** 1268 f.
- Produktverhinderung **Grundlagen** 1263 ff.
- sonstige objektive Rechtfertigungsgründe **Grundlagen** 1268 f.
- Unerlässlichkeit der Lizenz **Grundlagen** 1261 ff.
- Vier-Kriterien Test **Grundlagen** 1260 ff.
- Wettbewerbsverhinderung **Grundlagen** 1265 ff.

Lizenzverzögerung Grundlagen 1260, 1272
Lobbyismus Grundlagen 690 ff., 728, 1557
location clause Art. 5 Vertikal-GVO 45
Lockangebote Art. 102 AEUV 700
Lockheed Martin Corporation/Loral Corporation Art. 3 FKVO 67
Lock-in-Effekt Art. 102 AEUV 260; **Grundlagen** 391, 611
LOFI Grundlagen 289
Logische Sekunde
- Kontrollerwerb **Art. 3 FKVO** 48

Logit-Nachfragemodell Grundlagen 431

magere Zahl = Randnummer

Sachverzeichnis

log-lineares Nachfragemodell **Grundlagen** 431
Lohnfertigung Art. 8 FKVO 74
Lokalvereinbarungen
– Handelsbeeinträchtigung **Art. 101 AEUV** 858
London European-Sabena-Fall Art. 102 AEUV 641
Long Purse Grundlagen 616
long-run average incremental costs (LRAIC)
– Preis-Kosten-Vergleiche **Art. 102 AEUV** 676 ff.
Lotterie Art. 23 VO 1/2003 125
Lotus-Entscheidung Grundlagen 1389
LRAIC Art. 102 AEUV 676; **Grundlagen** 638
LRAIC-Tests Art. 102 AEUV 708 ff., 711
– Bündelung **Art. 102 AEUV** 645
LSE/LCH Clearnet-Fall Art. 22 FKVO 20
Lucazeau-Fall Art. 102 AEUV 366
Luftfahrtversicherungen SB-Versicherungswirtschaft 244
Luftfrachtkartell Art. 101 AEUV 128
Lufthansa/Certain Air Berlin Assets Art. 2 FKVO 317
Lufthansa/Swiss-Fall Grundlagen 1818
Luftraumüberwachung Art. 101 AEUV 25 f.
Luftverkehr Art. 102 AEUV 202, 345
– Buchungssysteme **SB Verkehr** 357
– Frachttransporte **Art. 102 AEUV** 202
– Fusionskontrolle, Verpflichtungszusagen **Art. 8 FKVO** 71 ff.
– Gruppenfreistellung **SB Verkehr** 355
– Liberalisierung **SB Verkehr** 352
– Oligopol **SB Verkehr** 352
– Personentransporte **Art. 102 AEUV** 204 ff.
– Rechtsentwicklung **SB Verkehr** 352 f.
– Umsatzberechnung **Art. 5 FKVO** 19
– VO Nr. 487/2009; *s. Luftverkehrs-VO*
Luftverkehrsausschuss Grundlagen 1820
Luftverkehrs-VO SB Verkehr 305
– Anwendungsbereich, räumlicher **SB Verkehr** 356
– Anwendungsbereich, sachlicher **SB Verkehr** 357 f.
– Aufhebung der VO Nr. 3976/87 **SB Verkehr** 364
– Ermächtigungsgrundlage für Kommission **SB Verkehr** 358 ff.
– Inkrafttreten **SB Verkehr** 364
– Rechtsgrundlagen **Art. 101 AEUV** 1196
Lundbeck-Entscheidung Art. 5 TT-GVO 6
Luxusgüter Art. 101 AEUV 567
– Freistellung, Vertikal-GVO **Art. 4 Vertikal-GVO** 146 ff.
– Marktabgrenzung **Art. 102 AEUV** 118
– Rufschädigung **Grundlagen** 1144
– Vertikal-GVO **Art. 1 Vertikal-GVO** 60 ff.
Luxuskosmetika Art. 1 Vertikal-GVO 67
Luxusparfum Art. 1 Vertikal-GVO 67
Luxusuhren Art. 1 Vertikal-GVO 67

M

M6-Fall Art. 101 AEUV 206, 238
Maastricht, Vertrag von Grundlagen 814, 956
Magill-Entscheidung Art. 102 AEUV 351, 416, 467 ff., 493; **Grundlagen** 1260 ff., 1266 ff.
– Bedingungen **Art. 102 AEUV** 493
– Fälle außerhalb der **Grundlagen** 1270 ff.
MAGMA Art. 102 AEUV 655
Mahle/Behr/Behr Industry Art. 3 FKVO 104
Maissaatgut-Entscheidung Einl. TT-GVO 8 ff.

Make-up-Klauseln Art. 101 AEUV 573
Maklerkonzepte SB Versicherungswirtschaft 85 ff.
Malaysia Grundlagen 1861
Malta
– Fusionskontrolle **Anh. FKVO** 134 ff.
Management Buy-Out
– Umsatzberechnung **Art. 5 FKVO** 66
Manfredi-Urteil Art. 101 AEUV 920; **Grundlagen** 718
Mannesmannröhren-Werke-Fall Vor Art. 17–22 VO 1/2003 12
MAN-Rechtssache Art. 1 Kfz-GVO 22 ff.
MAP Art. 4 Vertikal-GVO 49
Marge *s. Gewinnspanne*
– Doppelte **Art. 2 FKVO** 425
Margin Squeeze Art. 102 AEUV 719 ff.
marginal costs (MC) *s. Grenzkosten*
Marginalisierung
– doppelte **Art. 102 AEUV** 698
– mehrfache **Art. 102 AEUV** 698
Marken Grundlagen 1086, 1129 ff.
– Abgrenzung **Art. 2 FKVO** 64
– Abgrenzungsvereinbarung *s. Markenabgrenzungsvereinbarung*
– Aufspaltung *s. Markenaufspaltung*
– Begriff **Art. 1 TT-GVO** 75 ff.
– Erschöpfung **Grundlagen** 1132 ff.
– Erschöpfung, Lizenz **Grundlagen** 1116, 1136
– Ersetzung *s. Markenersetzung*
– Fusionskontrolle, Ausgleichsfaktoren **Art. 2 FKVO** 172
– Nichtangriffsvereinbarungen **Grundlagen** 1223 ff.
– Parallelimporte **Grundlagen** 1116 ff.
– Reichweite **Grundlagen** 1131
– Rufschädigung **Grundlagen** 1143
– spezifischer Gegenstand **Grundlagen** 1129
– Übertragung von **Grundlagen** 1203 ff.
– Umverpacken **Grundlagen** 1116 ff.
Markenabgrenzungsvereinbarung Grundlagen 1212 ff.
– Grundlagen **Grundlagen** 1212 ff.
– Nichtangriffsvereinbarungen **Grundlagen** 1223 ff.
– Voraussetzungen, allgemeine **Grundlagen** 1215 ff.
– wettbewerbsbeschränkend **Grundlagen** 1218 ff.
– Wirkungen **Grundlagen** 1213 f.
Markenaufspaltung Grundlagen 1139 ff., 1205
– freiwillige **Grundlagen** 1141
Markenersetzung Grundlagen 1080, 1146, 1148 ff.
Markenimage Art. 101 AEUV 567
– Einzelfreistellung **Art. 4 Vertikal-GVO** 26
Markenmacht, gegengewichtige Grundlagen 1288
Markenpräferenzen Art. 102 AEUV 120 ff.
Markenrechtsrichtlinie Grundlagen 1130 ff.
Markentreue Art. 102 AEUV 250; **Grundlagen** 1187
Markenverstopfung Grundlagen 1225
Markenware Art. 102 AEUV 436
Markenwechsel
– Schutzrechte **Grundlagen** 1286
Markenzwang Art. 101 AEUV 513; **Art. 1 Vertikal-GVO** 29
– Neuwagenvertrieb **Art. 3 Kfz-GVO** 8 ff.
– Versicherungsvertreter **SB Versicherungswirtschaft** 132

4075

Sachverzeichnis

fette Zahl = Gesetz und Paragraf

Marker Leniency-Bekanntmachung 30 ff.
Market for lemons Art. 101 AEUV 384, 442
market reconstruction Art. 6 FKVO 20
Markt
- angreifbarer s. Theorie der angreifbaren Märkte
- benachbarter **Art. 101 AEUV**; s. Benachbarte Märkte
- betroffene **Art. 2 FKVO** 43
- engstmöglicher **Art. 101 AEUV** 622, s. auch eng verknüpfte Märkte
- entstehende **Art. 2 FKVO** 67
- gekippter **Grdl. DMA** 76 ff., 95
- gesonderter **Art. 4 FKVO** 99; **Art. 9 FKVO** 40
- koppelndes Produkt **Art. 102 AEUV** 621
- mehrseitige **Art. 102 AEUV** 133; **Grundlagen** 129
- Mitgliedsstaat (in einem) **Art. 9 FKVO** 45
- Musikrechte **Art. 2 FKVO** 87
- nachgelagerter **Art. 101 AEUV**; s. Nachgelagerte Märkte
- reifer **Art. 2 FKVO** 260
- relevanter s. Relevanter Markt
- reservierter **Art. 102 AEUV** 826
- Risikoinformations- **SB Versicherungswirtschaft** 91
- stabiler **Art. 2 FKVO** 356
- unentgeltliche Leistungsbeziehungen **Art. 2 FKVO** 72
- Vereinfachtes Verfahren **Art. 4 FKVO** 46
- vorgelagerter **Art. 101 AEUV**; s. Vorgelagerte Märkte
- weitestmöglicher **Art. 101 AEUV** 622
- zweiseitige **Art. 102 AEUV** 133; **Art. 2 FKVO** 70

Marktabdeckung
- Alleinbezugsverpflichtung **Art. 101 AEUV** 515
- Behinderungsmissbrauch, preisbezogener **Art. 102 AEUV** 678
- Faktorenanalyse **Art. 101 AEUV** 362
- Spürbarkeit **Art. 101 AEUV** 463

Marktabdeckungsquote Art. 101 AEUV 1187
- Gruppenfreistellung **Art. 101 AEUV** 1255

Marktabgrenzung
- Anwendungsbereiche **Art. 102 AEUV** 84 ff.
- Anwendungsbereiche, **Art. 101 AEUV Art. 102 AEUV** 86 ff.
- Anwendungsbereiche, Fusionskontrolle **Art. 102 AEUV** 85, 115
- Anwendungsbereiche, Potentieller Wettbewerb **Art. 102 AEUV** 87
- Anwendungsbereiche, Wettbewerbsbeschränkungen **Art. 102 AEUV** 86
- Beweislast **Art. 102 AEUV** 116
- Differenzierte Güter **Grundlagen** 256
- energieträgerbezogene **Art. 102 AEUV** 173
- Freistellung, Einzel- **Art. 101 AEUV** 1182 ff.
- Freistellung, Vertikal-GVO **Art. 3 Vertikal-GVO** 12
- Fusionskontrolle **Art. 2 FKVO** 36 ff.
- Fusionskontrolle, Anmeldung **Art. 4 FKVO** 44
- Gerichtliche Kontrolle **Art. 102 AEUV** 82
- Historie **Art. 102 AEUV** 81 ff.
- internationale **Grundlagen** 1502 ff.
- Markt, Angebots- **Art. 102 AEUV** 99 ff.
- Markt, Banken **Art. 102 AEUV** 163 ff.
- Markt, Beschaffungs- **Art. 102 AEUV** 126 ff.
- Markt, Cluster- **Grundlagen** 268 ff.
- Markt, Elektrizitäts- **Art. 102 AEUV** 172 f.
- Markt, Energie **Art. 102 AEUV** 172 f.
- Markt, Erzeugungs- **Art. 102 AEUV** 137 ff.
- Markt, Fernsehen **Art. 102 AEUV** 193 ff.
- Markt, Finanzdienstleistung **Art. 102 AEUV** 162 ff.
- Markt, Folge- **Grundlagen** 259 f.
- Markt, Gasmärkte **Art. 102 AEUV** 182
- Markt, Gesundheit **Art. 102 AEUV** 138 ff.
- Markt, Handels- **Art. 102 AEUV** 137 ff.
- Markt, Immaterialgüterrecht **Grundlagen** 1243 ff.
- Markt, Innovations- **Grundlagen** 261 f.
- Markt, IT **Art. 102 AEUV** 158 ff.
- Markt, Kfz-Anschluss- **Art. 4 Kfz-GVO** 5
- Markt, Kfz-Handel **Art. 102 AEUV** 151 ff.
- Markt, Lebensmittel **Art. 102 AEUV** 143 ff.
- Markt, Luftverkehr **Art. 102 AEUV** 202
- Markt, Medien **Art. 102 AEUV** 190 f.
- Markt, mehrseitiger **Art. 102 AEUV** 133
- Markt, Nachfrage- **Art. 102 AEUV** 126 ff.
- Markt, Plattformmärkte **Art. 102 AEUV** 257
- Markt, Reise **Art. 102 AEUV** 155 ff.
- Markt, Schienenverkehr **Art. 102 AEUV** 196
- Markt, Sortiments- **Grundlagen** 268 ff.
- Markt, Telekommunikation **Art. 102 AEUV** 190 f.
- Markt, Transaktionsplattformen **SB Versicherungswirtschaft** 142 ff.
- Markt, Transportmärkte **Art. 102 AEUV** 195
- Markt, Verkehrsmärkte **Art. 102 AEUV** 195
- Markt, Versicherungen **Art. 102 AEUV** 170 ff.; **SB Versicherungswirtschaft** 226 ff., 249 ff.
- Markt, Vertriebs- **Art. 102 AEUV** 137 ff.
- Markt, Wasserverkehr **Art. 102 AEUV** 199
- Markt, Wasserversorgung **Art. 102 AEUV** 188 ff.
- Märkte, zweiseitige **Grundlagen** 263 ff.
- Marktmacht, bestehende **Grundlagen** 271 ff.
- Marktmacht, Ermittlung **Grundlagen** 240 ff.
- Marktmacht, -konzept **Art. 102 AEUV** 84 ff.
- Marktmissbrauchsverbot **Art. 102 AEUV** 81 ff.
- Methode, Kreuzpreiselastizität **Art. 102 AEUV** 93 ff.
- Methode, Angebotssubstitution **Grundlagen** 250 ff.
- Methode, Bedarfsmarktkonzept **Art. 102 AEUV** 90; **Grundlagen** 241 ff.
- Methode, Empirische Verfahren **Grundlagen** 276 ff.
- Methode, Hypothetischer Monopolistentest **Art. 102 AEUV** 96 ff.; **Grundlagen** 243 ff.
- Methode, Nachfragesubstitution **Grundlagen** 246 ff.
- Methode, Preisheraufsetzungstest **Art. 102 AEUV** 96
- Methode, SSNIP-Test **Art. 102 AEUV** 97 f.
- Methode, Substitutionskonzept **Art. 102 AEUV** 88
- Methode, Überblick **Art. 102 AEUV** 88 ff.
- Methode, Vergleichsmarktanalyse **Grundlagen** 237
- offengelassene **Art. 101 AEUV** 622 ff.
- Online-Plattformen **Art. 102 AEUV** 133; **Grdl. DMA** 66 ff.; **Grundlagen** 266
- Online-Plattformen, Digital Markets Act **Art. 2 DMA** 13; **Art. 3 DMA** 49; **Grdl. DMA** 71

Sachverzeichnis

magere Zahl = Randnummer

- Preisdiskriminierung **Grundlagen** 257 f.
- Preisrelevanz **Art. 102 AEUV** 91 f.
- Räumlicher Markt **Grundlagen** 245; **Art. 102 AEUV** 83, 115 ff., 119 ff., 123, 125
- Relevanter Markt **Art. 102 AEUV** 83
- Relevanter Markt, sachlich **Art. 102 AEUV** 83, 99 ff.; **Grundlagen** 245
- Relevanter Markt, zeitlich **Art. 102 AEUV** 83, 131 f.
- risikobezogene **Art. 102 AEUV** 170
- simultane sachliche und räumliche **Grundlagen** 254
- Transportkosten **Art. 102 AEUV** 117 ff.
- Versicherungswirtschaft **SB Versicherungswirtschaft** 225 ff.
- Versicherungswirtschaft, Angebotsflexibilität **SB Versicherungswirtschaft** 228 ff.
- Versicherungswirtschaft, Rückversicherungen **SB Versicherungswirtschaft** 252 ff.
- Verwertungsgesellschaften **Grundlagen** 1234
- zukunftsgerichtete **Art. 2 FKVO** 67
- Zweck **Art. 102 AEUV** 81 ff., 84

Marktabschottende Wirkung *s. auch Marktverschließung*

Marktabschottung Art. 101 AEUV 704
- Alleinbezugsverpflichtung **Art. 101 AEUV** 515
- FuE-Kooperation **Art. 101 AEUV** 396
- Geschäftsverweigerung **Art. 102 AEUV** 461
- Künstliche **Grundlagen** 1118
- Marken **Grundlagen** 1147 ff.
- Marken, Aufspaltung **Grundlagen** 1139
- Marktmissbrauch **Art. 102 AEUV** 333, 335, 402
- Teilfunktions-GU **Art. 101 AEUV** 742
- Vollfunktions-GU, nicht gemeinschaftsweit **Art. 101 AEUV** 717 ff.

Marktabschottungswirkung
- Kumulative **Art. 101 AEUV** 282, 503

Marktanalyse
- Faktoren **Art. 101 AEUV** 497
- Gruppenfreistellungsverordnungen **Art. 101 AEUV** 1227
- Vertikalvereinbarungen **Art. 101 AEUV** 496 f.
- Wettbewerbsbeschränkungen, bewirkte **Art. 101 AEUV** 496 f.
- Wettbewerbsbeschränkungen, bezweckte **Art. 101 AEUV** 496 f.

Marktanteil
- absoluter **Art. 102 AEUV** 240 ff.
- Berechnung **Art. 102 AEUV** 245, 747 ff.; **Art. 2 FKVO** 86; **Art. 3 Vertikal-GVO** 14
- Berechnung, Datengrundlage **Art. 2 FKVO** 103
- Berechnung, Spezialisierungs-GVO **Art. 5 Spezialisierungs-GVO** 1 ff.
- Berechnung, TT-GVO **Art. 8 TT-GVO** 2 ff.
- Berechnung, Umsätze **Art. 2 FKVO** 90 ff.
- Bewirkte Wettbewerbsbeschränkung **Art. 101 AEUV** 277 ff.
- Bündeltheorie **Art. 101 AEUV** 828
- Entwicklung **Art. 2 FKVO** 259 ff.
- Freistellung, Einzel- **Art. 101 AEUV** 1184
- Freistellung, Vertikal-GVO **Art. 3 Vertikal-GVO** 1; **Einl. Vertikal-GVO** 49 ff.
- Fusionskontrolle **Art. 101 AEUV** 620; **Art. 2 FKVO** 45, 84
- Fusionskontrolle, Horizontale Zusammenschlüsse **Art. 2 FKVO** 241 ff.
- Fusionskontrolle, Konglomerate Zusammenschlüsse **Art. 2 FKVO** 469
- Fusionskontrolle, Vertikale Zusammenschlüsse **Art. 2 FKVO** 382, 390
- Gruppenfreistellungsverordnungen **Art. 101 AEUV** 1227
- Handelsbeeinträchtigung **Art. 101 AEUV** 823, 830 f.
- Kalenderjahr **Art. 2 FKVO** 89
- Marktabgrenzung **Art. 2 FKVO** 61
- Marktbeherrschung **Art. 102 AEUV** 215
- Marktbeherrschung, Indikator **Art. 102 AEUV** 240 ff.
- Online-Plattformen **Art. 101 AEUV** 546
- Quotenabsprachen **Art. 101 AEUV** 336
- Rabatte **Art. 102 AEUV** 747 ff.
- relativer **Art. 102 AEUV** 241; **Art. 2 FKVO** 262
- Seeverkehr **SB Verkehr** 347 f.
- Spürbarkeit **Art. 101 AEUV** 287
- stabiler **Art. 2 FKVO** 362
- Versicherungswirtschaft **SB-Versicherungswirtschaft** 274
- Vertikalvereinbarungen **Art. 101 AEUV** 502
- Vollfunktions-GU, mit gemeinschaftsweit **Art. 101 AEUV** 644 f.
- Vollfunktions-GU, nicht gemeinschaftsweit **Art. 101 AEUV** 735
- Zurechnung **Art. 2 FKVO** 93
- Zuwachs **Art. 2 FKVO** 265, 399

Marktanteilsaddition Art. 2 FKVO 118
- Rückgängigmachung **Art. 8 FKVO** 59

Marktanteilsschwelle
- Berechnung **Art. 3 Vertikal-GVO** 14 ff.; **Art. 8 Vertikal-GVO** 1 ff.; **Art. 7 FuE-GVO** 1 ff.; **Art. 8 TT-GVO** 1 ff.
- Berechnung, Gesamtmarktvolumen **Art. 8 Vertikal-GVO** 4
- Berechnung, Toleranzkorridor **Art. 8 Vertikal-GVO** 7
- Beweislast **Art. 8 TT-GVO** 3
- Freistellung, FuE **Art. 6 FuE-GVO** 1 ff.
- Freistellung, Spezialisierungs-GVO **Art. 3 Spezialisierungs-GVO** 1 ff.
- Fusionskontrolle **Art. 1 FKVO** 45
- Gemeinschaftsunternehmen **Art. 8 TT-GVO** 5
- Irrtum über **Art. 3 Vertikal-GVO** 6
- Joint Ventures **Art. 8 Vertikal-GVO** 8
- Markt, Abgrenzung **Art. 3 Vertikal-GVO** 12
- Markt, Kfz-Anschluss- **Art. 4 Kfz-GVO** 4
- Markt, Neuwagenvertrieb **Art. 3 Kfz-GVO** 3 ff.
- Markt, relevanter **Art. 3 Vertikal-GVO** 11 ff.
- Mehrparteienverträge **Art. 3 Vertikal-GVO** 7
- Spezialisierungs-GVO **Art. 4 Spezialisierungs-GVO** 1 ff.
- Technologietransfer-Vereinbarungen **Einl. TT-GVO** 58 ff.
- Toleranzklausel **Art. 4 Spezialisierungs-GVO** 2
- TT-GVO **Art. 3 TT-GVO** 1 ff.
- TT-GVO, überschreiten **Art. 8 TT-GVO** 16
- Unternehmen, konkurrierende **Art. 3 TT-GVO** 3
- Unternehmen, nicht konkurrierende **Art. 3 TT-GVO** 5
- Veränderungen während Vertragslaufzeit **Art. 3 TT-GVO** 12
- Vertikal-GVO **Art. 3 Vertikal-GVO** 1 ff.

4077

Sachverzeichnis

fette Zahl = Gesetz und Paragraf

- Vertikal-GVO, „doppelte" **Art. 3 Vertikal-GVO** 8 ff.
- Vertikal-GVO, nicht überschritten **Art. 3 Vertikal-GVO** 2
- Vertikal-GVO, überschritten **Art. 3 Vertikal-GVO** 4 f.
- Zwischenprodukte **Art. 3 Spezialisierungs-GVO** 4

Marktaufteilung
- Freistellung, Spezialisierungs-GVO **Art. 5 Spezialisierungs-GVO** 9
- Freistellung, TT-GVO **Art. 4 TT-GVO** 14 ff.
- GU-Netze **Art. 101 AEUV** 721
- Horizontalvereinbarung **Art. 101 AEUV** 340 ff.
- Immaterialgüterrecht **Grundlagen** 1198 ff., 1205
- Internationales Wettbewerbsrecht **Grundlagen** 1438 ff.
- Marken **Grundlagen** 1218
- Marktstrukturmissbrauch **Art. 102 AEUV** 836
- Vertikalvereinbarungen **Art. 101 AEUV** 506, 535 f.

Marktauftritt
- Koordination **Art. 101 AEUV** 175

Marktausschließungseffekte Grundlagen 535 ff., 568
- Ökonomie **Grundlagen** 656 ff.

Marktaustritt
- Freistellung, Einzel- **Art. 101 AEUV** 1027

Marktbedingungen, normale Art. 101 AEUV 192

Marktbefragung Art. 2 FKVO 277

Marktbeherrschung
- angebotsseitige **Art. 102 AEUV** 212 ff.
- Begriff **Art. 102 AEUV** 207 ff.
- Binnenmarktbeherrschung **Art. 102 AEUV** 274 ff.
- Digital Markets Act **Art. 102 AEUV** 267
- Einzel- s. *Einzelmarktbeherrschung*
- Immaterialgüterrecht **Grundlagen** 1247 ff.
- Indikatoren s. *Marktbeherrschungsindikator*
- Internationales Wettbewerbsrecht **Grundlagen** 1444 ff.
- Kausalität **Art. 102 AEUV** 280 ff.
- Kausalität, Varianten **Art. 102 AEUV** 291 ff.
- kollektive **Art. 2 FKVO** 345; s. *Marktbeherrschung, kollektive*
- Einkaufsgemeinschaften **Art. 102 AEUV** 270
- Marktmacht **Grundlagen** 234
- nachfrageseitige **Art. 102 AEUV** 212 ff., 269 ff.
- Obligatorischer Handelspartner **Art. 102 AEUV** 210 f.
- Ökonomie **Grundlagen** 589 ff.
- Verbindungen, wirtschaftliche **Art. 102 AEUV** 220
- Verhältnis zu Art. 101 AEUV **Art. 101 AEUV** 1190 ff.
- Vermutung **Art. 102 AEUV** 267; **Anh. FKVO** 38 ff.
- Verstärkung **Art. 2 FKVO** 120
- Verzicht auf Feststellung der **Art. 102 AEUV** 267
- Wirkungen, koordinierte **Art. 2 FKVO** 115 ff., 131 ff.
- Wirkungen, nicht koordinierte **Art. 2 FKVO** 115

Marktbeherrschung, kollektive
- Abstimmung, tatsächliche **Art. 102 AEUV** 230
- Abstimmung, vertragliche **Art. 102 AEUV** 230
- Allianzen, strategische **Art. 102 AEUV** 219

- Anteilsbesitz **Art. 102 AEUV** 219
- Außenwettbewerb **Art. 102 AEUV** 215
- Behinderungsmissbrauch **Art. 102 AEUV** 234 f.
- Essential Facility Doktrin **Art. 102 AEUV** 231
- Familiäre Bande **Art. 102 AEUV** 219
- Gemeinschaftsunternehmen **Art. 102 AEUV** 219
- Innenwettbewerb **Art. 102 AEUV** 215 ff.
- Kapitalbeteiligung **Art. 102 AEUV** 219
- Lieferverweigerung **Art. 102 AEUV** 236
- Marktanteile **Art. 102 AEUV** 215
- Marktauftritt **Art. 102 AEUV** 226
- Marktauftritt, Möglichkeit eines einheitlichen **Art. 102 AEUV** 228
- Marktauftritt, Wahrscheinlichkeit eines einheitlichen **Art. 102 AEUV** 228
- Markttransparenzerhöhung **Art. 102 AEUV** 237
- Missbrauchsverbot **Art. 102 AEUV** 229 ff.
- Parallelverhalten **Art. 102 AEUV** 232 f.
- Personelle Verflechtung **Art. 102 AEUV** 219
- Reaktionsinterdependenz **Art. 102 AEUV** 222
- Verhältnis zu Art. 101 AEUV **Art. 102 AEUV** 230
- Vertikalbeherrschung **Art. 102 AEUV** 235
- Voraussetzungen **Art. 102 AEUV** 215 ff.
- Wirtschaftliche Selbstständigkeit **Art. 102 AEUV** 218
- Zugangsverweigerung **Art. 102 AEUV** 236

Marktbeherrschungsgrad Art. 102 AEUV 597

Marktbeherrschungsindikator Art. 102 AEUV 238 ff.
- Datenzugang **Art. 102 AEUV** 262
- Innovationsdruck **Art. 102 AEUV** 263
- Intermediationsmacht **Art. 102 AEUV** 264
- Marktanteil **Art. 102 AEUV** 240 ff., 270
- Marktanteil, Berechnung **Art. 102 AEUV** 245
- Marktanteil, relativer **Art. 102 AEUV** 241
- Marktanteil, unter 25% **Art. 102 AEUV** 243
- Marktanteil, unter 50% **Art. 102 AEUV** 242
- Marktanteil, Zeitraumbetrachtung **Art. 102 AEUV** 244
- Marktstrukturelemente **Art. 102 AEUV** 246 ff.
- Marktzutrittsschranken **Art. 102 AEUV** 246 ff.
- nachfrageseitige Beherrschung **Art. 102 AEUV** 269 ff.
- Netzwerkeffekte, direkte **Art. 102 AEUV** 258 ff.
- Netzwerkeffekte, indirekte **Art. 102 AEUV** 258 ff.
- Netzwerkeffekte, positive **Art. 102 AEUV** 258 ff.
- Plattformmärkte **Art. 102 AEUV** 256 ff.
- Unternehmenseigenschaften **Art. 102 AEUV** 249 ff.
- Unternehmensmerkmale **Art. 102 AEUV** 249 ff.
- Unternehmensverhalten **Art. 102 AEUV** 252 ff.
- Wechselaufwand **Art. 102 AEUV** 260

Marktbeherrschungstest Grundlagen 489 ff.
- Historie **Art. 2 FKVO** 28 ff.; **Einl. FKVO** 53

Marktbeobachtung
- Software **Art. 101 AEUV** 85

Markteintritt
- Umfang **Art. 2 FKVO** 176
- Verzögerungen **Art. 101 AEUV** 301
- Vollfunktions-GU, nicht gemeinschaftsweit **Art. 101 AEUV** 731
- zügiger **Art. 2 FKVO** 174

Markteintrittsfähigkeit
- potentieller Wettbewerb **Art. 101 AEUV** 301

magere Zahl = Randnummer

Sachverzeichnis

Markteintrittsschranken
- Freistellung, Einzel- **Art. 101 AEUV** 1186
- Informationsaustausch **Art. 101 AEUV** 358
- Konzentrationsänderungen **Grundlagen** 400
- Ökonomie **Grundlagen** 97, 535 ff., 656 ff.
- Online-Plattformen **Grdl. DMA** 129 ff.
- spieltheoretische Analyse **Grundlagen** 119

Marktergebnisbetrachtung
- Marktergebnisbetrachtung **Art. 101 AEUV** 996 ff.

Markterschließung Art. 101 AEUV 219
- Absprache **Art. 101 AEUV** 219 ff.
- EU, außerhalb **Art. 101 AEUV** 872

Markterschließungsgedanke Art. 101 AEUV 529 ff.

Markterweiterungsfusionen Art. 2 FKVO 467

Marktfähigkeit Art. 101 AEUV 216

Marktformen
- Unterscheidung **Grundlagen** 76

Marktführerschaft Art. 102 AEUV 254

Marktgegenseite
- Bedarfsmarktkonzept **Art. 102 AEUV** 102

Marktgleichwertigkeit, Konzept der Art. 102 AEUV 127

Marktinformationssysteme Art. 101 AEUV 95, 107

Marktinformationsverfahren SB Versicherungswirtschaft 111 ff.

Marktintegration
- Auslegung der Freistellungsregelung **Art. 101 AEUV** 979
- Normenvereinbarungen **Art. 101 AEUV** 442

Marktkonzentration
- Vollfunktions-GU, mit gemeinschaftsweit **Art. 101 AEUV** 646

Marktmacht
- absolute **Art. 102 AEUV** 265 ff.
- Ausdehnung auf nachgelagerten Markt **Art. 102 AEUV** 511
- Ausschließlichkeitsvereinbarungen (bei) **Grundlagen** 569
- Begriff **Art. 102 AEUV** 265 ff.
- Behinderungsmissbrauch **Grundlagen** 613 ff.
- Bewirkte Wettbewerbsbeschränkung **Art. 101 AEUV** 278
- datengetriebene **Grdl. DMA** 79 ff.
- Digital Markets Act **Art. 102 AEUV** 265 ff.
- Essential Facility Doktrin **Grundlagen** 652
- Feststellung **Grundlagen** 226 ff., 235 ff.
- Feststellung, direkte Verfahren **Grundlagen** 236 ff.
- Feststellung, indirekte Verfahren **Grundlagen** 240 ff.
- Fusionskontrolle, Horizontale Zusammenschlüsse **Grundlagen** 401 ff.
- Fusionskontrolle, Konglomerate Zusammenschlüsse **Art. 2 FKVO** 478
- Fusionskontrolle, Vertikale Zusammenschlüsse **Art. 2 FKVO** 398 ff., 429 ff.
- Fusionskontrolle, Vertikale Zusammenschlüssen **Grundlagen** 563
- Grenzkosten **Grundlagen** 219 ff.
- Kopplungsbindung **Grundlagen** 639
- Kosten-Preis-Schere **Grundlagen** 637 f.
- Lerner-Index **Grundlagen** 220, 230, 232 ff.
- Marktabgrenzung **Grundlagen** 240 ff.
- Marktanalyse **Art. 101 AEUV** 497
- Marktbeherrschung **Grundlagen** 234

- Marktbeherrschung, Indikator **Art. 102 AEUV** 239
- Marktmissbrauch **Grundlagen** 592
- Marktmissbrauch, Schutzzweck **Art. 102 AEUV** 4
- Monopson-Modell **Grundlagen** 215
- nachfrageseitige **Grundlagen** 215 ff.
- ökonomisches Konzept **Grundlagen** 219 ff.
- Oligopson-Modell **Grundlagen** 215
- Online-Plattformen **Grundlagen** 131
- Online-Plattformen, Daten **Grdl. DMA** 79 ff.
- Online-Plattformen, Digital Markets Act **Grdl. DMA** 71
- Online-Plattformen, Feststellung **Grdl. DMA** 66 ff.
- potentieller Wettbewerb **Grundlagen** 292 ff.
- Preiselastizität **Grundlagen** 219 ff., 230 ff.
- Preiselastizität, Nachfrage **Grundlagen** 222 ff.
- Preiselastizität, Residualnachfrage **Grundlagen** 238
- Preissetzungsspielraum **Grundlagen** 219 ff.
- Preistests **Grundlagen** 274
- Schockanalyse **Grundlagen** 274
- Torwächter **Art. 3 DMA** 44
- Transfer von **Art. 102 AEUV** 316; **Grundlagen** 535 ff.
- Transfer von, datengetriebene **Grdl. DMA** 82
- Verdopplung **Art. 102 AEUV** 511
- Versicherungswirtschaft **SB-Versicherungswirtschaft** 273 ff.
- Vertikalvereinbarungen **Grundlagen** 559

Marktmachtkonzept Art. 102 AEUV 84 ff.

Marktmachttransfer Grdl. DMA 133
- Absatzmittlerausschluss **Art. 102 AEUV** 584
- Ausdehnung auf nachgelagerten Markt **Art. 102 AEUV** 347
- Essential Facility Doktrin **Art. 102 AEUV** 507 ff.
- Lizenzverweigerung **Grundlagen** 1265
- Missbrauchstatbestand **Art. 102 AEUV** 347 ff.
- Rabatte **Art. 102 AEUV** 781 f.
- Selbstbevorzugung **Art. 102 AEUV** 653
- Transfer auf verbundenen Markt **Art. 102 AEUV** 347

Marktmissbrauchsprognose
- Fusionskontrolle **Art. 102 AEUV** 52

Marktmissbrauchsverbot
- Anzapfverbot **Art. 102 AEUV** 282
- Ausbeutungsmissbrauch **Art. 102 AEUV** 352 ff.
- Behinderungsmissbrauch **Art. 102 AEUV** 458 ff.
- Behinderungsmissbrauch, Fallgruppen **Art. 102 AEUV** 329 ff.
- Behinderungsmissbrauch, Rechtsverfolgung **Art. 102 AEUV** 797 ff.
- Bündelungspraktiken **Art. 102 AEUV** 453
- Datenschutzrechtsverstoß **Art. 102 AEUV** 280 ff.
- Digital Market Act **Art. 3 DMA** 18 ff.
- Diskriminierung, Endverbraucher **Art. 102 AEUV** 451 ff.
- Diskriminierung, Handelspartner **Art. 102 AEUV** 430 ff.
- Drittmarktbehinderung **Art. 102 AEUV** 290
- Effizienzgewinne **Art. 102 AEUV** 14 ff.
- Entwicklungsbeschränkung **Art. 102 AEUV** 408 ff.
- Erzeugungsbeschränkung *s. Produktionsbeschränkung*
- Essential Facility Doktrin **Art. 102 AEUV** 498 ff.
- EWR-Wettbewerbsrecht **Grundlagen** 1686 ff.

4079

Sachverzeichnis

fette Zahl = Gesetz und Paragraf

- Forschungsbeschränkung **Art. 102 AEUV** 408 ff.
- Freistellung, Gruppenfreistellungsverordnungen **Art. 101 AEUV** 1237 f.
- Freistellung, Vertikal-GVO **Einl. Vertikal-GVO** 46 ff.
- Geltungserhaltende Reduktion **Art. 102 AEUV** 880 ff., 886
- Handel zwischen Mitgliedstaaten **Art. 101 AEUV** 795
- Handelsbeeinträchtigung **Art. 101 AEUV** 859 ff.
- Immaterialgüterrecht **Grundlagen** 1248 ff.
- Immaterialgüterrecht, Abwehransprüche **Grundlagen** 1274 ff.
- Immaterialgüterrecht, Lieferverweigerung **Grundlagen** 1258
- Immaterialgüterrecht, Lizenzgebühren **Grundlagen** 1254 ff.
- Immaterialgüterrecht, Lizenzverweigerung **Art. 102 AEUV** 490 ff.; **Grundlagen** 1259 ff.
- Immaterialgüterrecht, Patentrechtsverstoß **Art. 102 AEUV** 281
- Immaterialgüterrecht, Produktionsverweigerung **Grundlagen** 1258
- Immaterialgüterrecht, Sperrpatente **Grundlagen** 1250 ff.
- Internationales Wettbewerbsrecht **Grundlagen** 1444 ff., 1484 ff.
- Kausalität **Art. 102 AEUV** 280 ff.
- Konditionenmissbrauch **Art. 102 AEUV** 387 ff.
- Konkurrenzen **Art. 102 AEUV** 26 ff., 57
- Konkurrenzen, Außerkartellrechtliche Normverstöße **Art. 102 AEUV** 280 ff.
- Konkurrenzen, Digital Markets Act **Art. 102 AEUV** 58
- Konkurrenzen, Freistellung **Art. 102 AEUV** 37 ff.
- Konkurrenzen, Fusionskontrolle **Art. 102 AEUV** 42 ff.; **Art. 2 FKVO** 21 ff.; **Einl. FKVO** 118 ff.
- Konkurrenzen, Lauterkeitsrecht **Art. 102 AEUV** 280 ff., 913
- Konkurrenzen, Nationales Wettbewerbsrecht **Art. 102 AEUV** 61; **Grundlagen** 1624 f.
- Kopplungspraktiken **Art. 102 AEUV** 453
- Landwirtschaft **SB Landwirtschaft** 382 ff.
- Marktabgrenzung **Art. 102 AEUV** 81 ff.
- Marktbeherrschung **Art. 102 AEUV** 207 ff.
- Marktbeherrschung, kollektive **Art. 102 AEUV** 229 ff.
- Marktstrukturmissbrauch **Art. 102 AEUV** 820 ff.
- Marktstrukturveränderung **Art. 102 AEUV** 320 ff.
- Nicht-Vollfunktions-GU **Art. 102 AEUV** 41
- Normadressaten **Art. 102 AEUV** 70 ff.
- Normadressaten, wirtschaftliche Tätigkeit **Art. 102 AEUV** 71 ff.
- Ökonomie **Grundlagen** 589 ff.
- Produktionsbeschränkung **Art. 102 AEUV** 408 ff.
- Rechtfertigung, zwingende staatliche Vorschriften **Art. 102 AEUV** 74
- Rechtsdurchsetzung, private **Art. 102 AEUV** 870 ff.
- Rechtsfolge **Art. 102 AEUV** 870
- Rechtsfolge, Geldbuße **Art. 102 AEUV** 871
- Rechtsfolge, Nichtigkeit **Art. 102 AEUV** 875 ff.
- Rechtsfolge, Schadensersatz **Art. 102 AEUV** 896 ff.
- Rechtsfolge, Unterlassungsanspruch **Art. 102 AEUV** 910

- Rechtsschutz **Art. 102 AEUV** 2
- Rechtsschutz, Beseitigungsanspruch **Art. 102 AEUV** 910 ff.
- Rechtsschutz, Verpflichtung zum Tätigwerden **Art. 102 AEUV** 2
- Schutzbereich **Art. 102 AEUV** 7 ff.
- Schutzzweck **Art. 102 AEUV** 3 ff.
- Systematische Stellung **Art. 102 AEUV** 26 ff.
- Tarifverträge **Grundlagen** 1340 ff.
- Umweltrechtsverstoß **Art. 102 AEUV** 280 ff.
- Unmittelbare Anwendbarkeit **Art. 1 VO 1/2003** 22
- Unternehmensbegriff **Art. 102 AEUV** 70 ff.
- Verbotsprinzip **Art. 102 AEUV** 1 ff.
- Verbraucherschädigung **Art. 102 AEUV** 10
- Verbraucherschutzrechtsverstoß **Art. 102 AEUV** 280 ff.
- Verdrängungswirkung **Art. 102 AEUV** 328
- Verfahren, Beweislast **Art. 2 VO 1/2003** 7 ff.
- Vergabemarkt **Grundlagen** 1347
- Verkehrssektor **SB Verkehr** 304
- Versicherungen **Grundlagen** 1292
- Versicherungswirtschaft **SB Versicherungswirtschaft** 203 ff.
- Wirkung des Missbrauchs **Art. 102 AEUV** 310 ff.
- Zuständigkeit, Gerichte **Art. 102 AEUV** 44
- Zweck des Missbrauchs **Art. 102 AEUV** 310 ff.

Marktmissbrauchverbot
- Abnehmerbindung **Art. 102 AEUV** 594 ff.
- Absatzmittler **Art. 102 AEUV** 576 ff.
- Behinderungsmissbrauch, preisbezogener **Art. 102 AEUV** 666 ff.
- Essential Facility Doktrin **Art. 102 AEUV** 478 ff.
- Handelsbeeinträchtigung **Art. 102 AEUV** 849 ff.
- Konkurrenzen **Art. 102 AEUV** 837 ff.
- Konkurrenzen, Idealkonkurrenz **Art. 102 AEUV** 842 ff.
- Konkurrenzen, Tatbestände untereinander **Art. 102 AEUV** 837 ff.
- Lieferverweigerung, Absatzmittlerausschluss **Art. 102 AEUV** 576 ff.
- Selbstbevorzugung **Art. 102 AEUV** 653 ff.
- Zwischenstaatlichkeitsklausel **Art. 102 AEUV** 849 ff.

Marktöffnungszusage Art. 8 FKVO 68 ff.
Marktortanknüpfung Grundlagen 1516 ff.
Marktphase
- Faktorenanalyse **Art. 101 AEUV** 382
- Freistellung, Einzel- **Art. 101 AEUV** 1186

Marktposition, asymmetrische
- Vollfunktions-GU, mit gemeinschaftsweit **Art. 101 AEUV** 647

Marktregelungen
- Tarifverträge **Grundlagen** 1301

Marktreife Art. 102 AEUV 369
- Freistellung, Einzel- **Art. 101 AEUV** 1117

Marktrekonstruktion Art. 2 FKVO 104
Marktsättigung Art. 102 AEUV 247
Marktschließungseffekt Grundlagen 641
Marktspezifische Rechte Art. 3 FKVO 36
Marktstellung
- Marken **Grundlagen** 1280
- Patent **Grundlagen** 1280
- Übertragung **Grundlagen** 1280

Marktstörung
- Einstweiliger Rechtsschutz **Rechtsschutz** 592

magere Zahl = Randnummer

Sachverzeichnis

Marktstruktur
- duopolistisch **Art. 2 FKVO** 263
- Faktorenanalyse **Art. 101 AEUV** 361
- Fusionskontrolle **Art. 2 FKVO** 84
- Fusionskontrolle, Konglomerate Zusammenschlüsse **Art. 2 FKVO** 469
- Fusionskontrolle, Vertikale Zusammenschlüsse **Art. 2 FKVO** 398 ff., 429 ff.
- Marktbeherrschungsindikator **Art. 102 AEUV** 239

Marktstrukturanalyse
- Horizontale Zusammenschlüsse **Art. 2 FKVO** 245 ff.

Marktstrukturänderung Art. 102 AEUV 334
Marktstrukturelemente Art. 102 AEUV 246 ff.
Marktstrukturkontrolle
- Unternehmensstrukturveränderung **Art. 101 AEUV** 582
- Verhältnis zu Marktverhaltenskontrolle **Art. 101 AEUV** 584

Marktstruktur-Marktverhalten-Marktergebnis-Paradigma Grundlagen 81 ff.
Marktstrukturmissbrauch Art. 102 AEUV 820 ff.; s. auch Behinderungsmissbrauch
- Angebotsstruktur **Art. 102 AEUV** 331 ff.
- Behinderungsmissbrauch **Art. 102 AEUV** 330 ff.
- Beweislast **Art. 102 AEUV** 338 ff.
- Beweismaß **Art. 102 AEUV** 339
- Digital Market Act **Art. 3 DMA** 22
- Geschäftsverweigerung **Art. 102 AEUV** 458 ff.
- Kartellvereinbarungen **Art. 102 AEUV** 832
- Killer Acquisitions **Art. 102 AEUV** 825
- Konzentrationsmaßnahmen **Art. 102 AEUV** 820 ff.
- Kooperationsverfahren **Art. 102 AEUV** 820 ff.
- Marktabschottung **Art. 102 AEUV** 333 ff.
- Minderheitsbeteiligung **Art. 102 AEUV** 828 ff.
- Nachfragestruktur **Art. 102 AEUV** 331 ff.
- Nichtigkeit **Art. 102 AEUV** 887
- Rechtfertigungsgrund **Art. 102 AEUV** 346
- Tatbestand **Art. 102 AEUV** 334
- Unternehmenserwerb **Art. 102 AEUV** 822 ff.
- Unternehmenserwerb, Sonderrechtsinhaber **Art. 102 AEUV** 826

Marktstrukturveränderung
- Behinderungsmissbrauch, preisbezogener **Art. 102 AEUV** 670
- Marktmissbrauchsverbot **Art. 102 AEUV** 320 ff.

Marktstudien
- Marktabgrenzung **Art. 2 FKVO** 47

Marktstufe
- Bedarfsmarktkonzept **Art. 102 AEUV** 110
- Neuwagenvertrieb **Art. 3 Kfz-GVO** 4

Markttest Art. 6 FKVO 8 ff.; **Art. 8 FKVO** 89
- Torwächter **Art. 8 DMA** 54 ff.

Markttransparenz
- Erhöhung **Art. 102 AEUV** 237
- Fusionskontrolle, Horizontale Zusammenschlüsse **Art. 2 FKVO** 347 ff., 355 ff.
- Fusionskontrolle, Vertikale Zusammenschlüsse **Art. 2 FKVO** 459
- Kartelltheorie **Grundlagen** 327
- Oligopol **Grundlagen** 528

Marktübergreifend
- Durchschnittsverbraucher **Art. 101 AEUV** 1132

Marktübliche Bedingungen
- Gemeinschaftsunternehmen **Art. 3 FKVO** 155 ff.

Marktunfähigkeit
- relative **Art. 101 AEUV** 216

Marktungleichgewicht
- Landwirtschaft **SB Landwirtschaft** 452 ff.

Marktuntersuchung
- Digital Markets Act **Art. 6 DMA** 5; **Einl. DMA** 34 ff.
- Marktabgrenzung **Art. 2 FKVO** 47
- Torwächter **Art. 16 DMA** 1 ff.
- Torwächter, Benennung **Art. 17 DMA** 1 ff.
- Torwächter, Ersuchen um Einleitung **Art. 41 DMA** 1 ff.
- Torwächter, Neuerungen **Art. 19 DMA** 1 ff.
- Torwächter, Systemische Nichteinhaltung **Art. 18 DMA** 1 ff.
- Vertieftes Prüfverfahren **Einl. FKVO** 170
- Voruntersuchungsverfahren **Einl. FKVO** 165

Marktverhalten
- gleichförmiges **Art. 101 AEUV** 194
- Marktbeherrschungsindikator **Art. 102 AEUV** 239

Marktverhaltenskontrolle
- Verhältnis zu Marktstrukturkontrolle **Art. 101 AEUV** 584

Marktverkettungsfusionen Art. 2 FKVO 467
Marktverknüpfung
- Verbrauchergewinnbeteiligung **Art. 101 AEUV** 1156

Marktversagen
- Bereichsausnahmen **Grundlagen** 1556 f.
- ökonomische Theorie des Marktversagens **Grundlagen** 39
- ökonomische Theorie des vollkommenen Wettbewerbs **Grundlagen** 165
- Theorie des Marktversagens **Grundlagen** 80

Marktverschließung Art. 101 AEUV 279 ff.
- Einkaufskooperationen **Art. 101 AEUV** 419
- FuE-Kooperation **Art. 101 AEUV** 396
- Fusionskontrolle **Art. 2 FKVO** 118
- Kopplungsgeschäft **Art. 102 AEUV** 631
- Produktionsvereinbarungen **Art. 101 AEUV** 407, 411

Marktwirtschaft
- Funktionsfähigkeit durch Wettbewerb **Grundlagen** 36 f.
- Funktionsfähigkeit durch Wirtschaftsverfassung **Grundlagen** 38 ff.
- Selbststeuerungssystem **Grundlagen** 36
- soziale **Grundlagen** 1019 f.

Marktzugang Art. 101 AEUV 219
- Bündeltheorie **Art. 101 AEUV** 281
- Marktmacht, Ermittlung **Grundlagen** 250
- Technologien **Art. 6 TT-GVO** 4

Marktzutrittskosten
- Freistellung, Einzel- **Art. 101 AEUV** 1186

Marktzutrittsschranke
- Abnehmerbindung **Art. 102 AEUV** 595
- absolute **Grundlagen** 296
- Alleinbezugsverpflichtung **Art. 101 AEUV** 515
- Bewirkte Wettbewerbsbeschränkung **Art. 101 AEUV** 278 ff.
- Faktorenanalyse **Art. 101 AEUV** 382
- Fusionskontrolle, Ausgleichsfaktoren **Art. 2 FKVO** 160 ff.

Sachverzeichnis

fette Zahl = Gesetz und Paragraf

- Fusionskontrolle, Horizontale Zusammenschlüsse **Art. 2 FKVO** 375 ff.
- Fusionskontrolle, Vertikale Zusammenschlüsse **Art. 2 FKVO** 422, 435 ff., 448
- Immaterialgüterrecht **Grundlagen** 1187, 1253
- Immaterialgüterrecht, Lizenzverweigerung **Grundlagen** 1263 ff.
- Kampfpreise **Grundlagen** 616
- Kapitalbeschaffung **Grundlagen** 302
- Kartelltheorie **Grundlagen** 354
- Konditionenmissbrauch **Art. 102 AEUV** 390
- Kopplungsbindung **Grundlagen** 642
- Kopplungsgeschäft **Art. 102 AEUV** 632
- Marktanalyse **Art. 101 AEUV** 497
- Marktbeherrschungsindikator **Art. 102 AEUV** 239, 246 ff., 249
- Marktfähigkeit **Art. 101 AEUV** 216
- Marktmacht **Grundlagen** 295 ff.
- missbräuchliches Verhalten **Grundlagen** 303
- Netzeffekte **Grundlagen** 298 ff.
- Online-Plattformen **Grundlagen** 299 ff.
- Produktdifferenzierungsvorteile **Grundlagen** 301
- rechtliche **Art. 102 AEUV** 125; **Art. 2 FKVO** 167
- Schlüsseltechnologien **Grundlagen** 1283
- SIEC-Test **Grundlagen** 1283
- Sortimentseffekte **Grundlagen** 1283
- strategische **Grundlagen** 296
- technische **Art. 2 FKVO** 169
- Überkapazitäten **Grundlagen** 656
- Versicherungswirtschaft **SB-Versicherungswirtschaft** 278 ff.
- Wechselkosten **Grundlagen** 301
- wirtschaftliche **Art. 2 FKVO** 171

Marktzutrittswahrscheinlichkeit
- Freistellung **Art. 101 AEUV** 1186

Mark-up Regulierung Grundlagen 683
Marokko Grundlagen 1799 ff.
Marsh&McLennan/Sedgwick-Entscheidung SB-Versicherungswirtschaft 262
Maschinenbau Ulm-Fall Art. 101 AEUV 798 ff.
Maschinenbetriebsunterbrechungsversicherungen SB-Versicherungswirtschaft 244
Maschinenbetriebsversicherung SB-Versicherungswirtschaft 244
Massengüter
- Marktabgrenzung **Art. 102 AEUV** 118

Maßnahmen
- rechtsgestaltende **Rechtsschutz** 363 ff.

MasterCard-Fall Art. 101 AEUV 206
Masterfoods-Entscheidung Art. 102 AEUV 44; **Art. 16 VO 1/2003** 2; **Grundlagen** 1665
Masterkopie Art. 1 TT-GVO 37
Matching-Plattformen Art. 102 AEUV 257; **SB Versicherungswirtschaft** 142
Mauri-Rechtssache Grundlagen 803
Maverick Art. 101 AEUV 1148; **Art. 2 FKVO** 318, 376
- Faktorenanalyse **Art. 101 AEUV** 382

Maximalnachlass
- Vertikalvereinbarungen **Art. 101 AEUV** 559

Maximalstandard Art. 3 VO 1/2003 1, 75 f.; **Grundlagen** 1618
Maxit-Fall Art. 5 VO 1/2003 6 ff.
Mayr-Melnhof Kartongesellschaft-Urteil Art. 101 AEUV 89

MBK s. Meistbegünstigungsklausel
MBS/Celegne Art. 2 FKVO 321
MC s. Grenzkosten
MCAA-Fall Leniency-Bekanntmachung 29
MCI WorldCom/Sprint Art. 5 FKVO 32; **Art. 6 FKVO** 49
Meca-Medina Rechtssache Art. 101 AEUV 33
Mecaniver-Fall Art. 101 AEUV 591 f.
Mecaniver-PPG-Fall Art. 101 AEUV 765, 776 ff.
Medien Art. 102 AEUV 190 f.
Medienfreiheit Grundlagen 882 f.
Medienpluralismus Art. 106 AEUV 117; **Art. 21 FKVO** 50
Medienunternehmen Grundlagen 828
Medtronic/Covidien-Fall Art. 2 FKVO 337
Meessen-Rechtsgutachten Grundlagen 1403
meeting competition defense Art. 102 AEUV 700 f.

Meet-or-Release Clause
- Kartelltheorie **Grundlagen** 337

Meet-the-Competition Clause
- Kartelltheorie **Grundlagen** 337

Mehl Art. 102 AEUV 144
Mehr-Ebenen-System Grundlagen 733
Mehrerlöse
- Abschöpfung **Art. 5 VO 1/2003** 39
- PreisKartell **Art. 23 VO 1/2003** 11 ff.

Mehrfachabstützungen Art. 103 AEUV 9 ff., 13
Mehrfachanmeldungen Art. 22 FKVO 4; **Art. 4 FKVO** 18; **Grundlagen** 1713
Mehrfachversicherung SB Versicherungswirtschaft 175
Mehrfachvertreter SB Versicherungswirtschaft 129
Mehrheitsbeteiligung mit Minderheitseinfluss Art. 3 FKVO 131
- Art. 101 AEUV **Art. 101 AEUV** 593 ff.

Mehrmarkenvertrieb
- Kfz-GVO **Einl. Kfz-GVO** 24 f.

Mehrmütterklauseln Art. 1 TT-GVO 122 ff.
Mehrparteienverträge Art. 3 Vertikal-GVO 7
Mehrproduktfälle Art. 102 AEUV 704
Mehrproduktunternehmen Art. 102 AEUV 371 ff.
Mehrseitige Märkte Art. 101 AEUV 314; **Art. 102 AEUV** 133; **Grundlagen** 129
- Plattformen **Grdl. DMA** 41 ff.

Mehrwert Art. 2 FKVO 204
Meinungsäußerung
- Nichtigkeitsklage **Rechtsschutz** 337

Meinungsäußerungsfreiheit Grundlagen 878 f.
Meistbegünstigung Art. 101 AEUV 542 ff.; **Art. 4 TT-GVO** 10
- Behinderungsmissbrauch **Art. 102 AEUV** 790 ff.
- Beschränkung für den Weiterverkaufspreis **Art. 1 Vertikal-GVO** 43
- echte **Art. 102 AEUV** 793; **Art. 4 Vertikal-GVO** 73
- Freistellung, TT-GVO **Art. 4 TT-GVO** 71
- Freistellung, Vertikal-GVO **Art. 4 Vertikal-GVO** 71 ff.
- Kartelltheorie **Grundlagen** 337 f.
- Rückversicherer **SB Versicherungswirtschaft** 200 ff.
- unechte **Art. 102 AEUV** 793; **Art. 4 Vertikal-GVO** 72

magere Zahl = Randnummer

Sachverzeichnis

– Vertikalvereinbarungen **Art. 101 AEUV** 504
– zulasten des Abnehmers **Art. 4 Vertikal-GVO** 78
– zulasten des Anbieters **Art. 4 Vertikal-GVO** 76
Melloni-Entscheidung Grundlagen 820
Menarini-Fall Rechtsschutz 97
Mengenrabatte Art. 102 AEUV 444 f., 739
– Referenzzeitraum **Art. 102 AEUV** 786
– Verhaltenszusage **Art. 9 VO 1/2003** 38
Mengensteuerung
– Käse **SB Landwirtschaft** 468
– Landwirtschaft **SB Landwirtschaft** 456 ff.
– Obst- und Gemüsesektor **SB Landwirtschaft** 467
– Ökonomie **Grundlagen** 570
– Olivenöl und Tafeloliven **SB Landwirtschaft** 469
– Schinken **SB Landwirtschaft** 468
– Seeverkehr **SB Verkehr** 328
– Tabak **SB Landwirtschaft** 469
– Wein **SB Landwirtschaft** 470
Mengenumsatz Art. 2 FKVO 86
– Marktanteilsberechnung **Art. 102 AEUV** 245
Mengenwettbewerb Art. 101 AEUV 197
– Differenzierte Güter **Grundlagen** 412
– Homogene Güter **Grundlagen** 408 ff.
– oligopolistische Märkte **Grundlagen** 198, 201, 209 ff.
MEO-Fall Art. 102 AEUV 448 f.
Merci convenzionali Porto di Genova-Fall Art. 106 AEUV 57
Merck-Fall Art. 102 AEUV 445
Mercosur Grundlagen 1853 f.
Merger Network Einl. FKVO 186
Merger simulation Art. 2 FKVO 199, 251
Merger Task Force Einl. FKVO 183; **Grundlagen** 1645
Merkblatt zur Inlandsauswirkung bei der deutschen Fusionskontrolle Grundlagen 1496 ff.
Messeaussteller
– Freistellung, Einzel- **Art. 101 AEUV** 1106, 1121, 1179
messenger scenario Art. 101 AEUV 181
Messengerdienste Art. 2 DMA 81
mesures d'organisation de la procédure Rechtsschutz 164
Meta Platforms Inc. Art. 101 AEUV 77; **Art. 102 AEUV** 46 f.
– Selbstbevorzugung **Art. 102 AEUV** 655 ff.
Meta/Kustomer-Fall Grundlagen 1493
Metaanalyse
– Bewirkte und bezweckte Wettbewerbsbeschränkung **Art. 101 AEUV** 318
Metadaten Art. 15 DMA 16
Metaleurop-Fall Art. 102 AEUV 824 ff.
Metasuchmaschinen Art. 2 DMA 53
Metro/Saba-Fall Art. 102 AEUV 243
Metro-Entscheidung Art. 101 AEUV 112
Mexiko Grundlagen 1835 ff.
Michelin I-Fall Art. 102 AEUV 241, 324
Michelin II-Fall Art. 102 AEUV 312
Mickelsson/Roos-Fall Grundlagen 778
Micro Leader Business-Fall Art. 102 AEUV 492
Microsoft Art. 102 AEUV 46
– Entscheidung **Grundlagen** 1262, 1267
– Selbstbevorzugung **Art. 102 AEUV** 655 ff.
– Verfahren **Art. 101 AEUV** 442 ff.; **Art. 102 AEUV** 496; **Art. 5 DMA** 226 ff.; **Art. 6 DMA** 71

– Verfahren, I **Art. 102 AEUV** 622, 647 ff.
– Verfahren, II **Art. 102 AEUV** 622, 651
– Verfahren, LinkedIn **Art. 2 FKVO** 473
– Verfahren, Skype **Art. 2 FKVO** 473
– Verfahren, Tying **Art. 6 DMA** 71, 76
– Verpflichtungszusagen **Art. 9 VO 1/2003** 38 f.
Mietkaufverträge Art. 1 Vertikal-GVO 21
Mikromonopole Art. 102 AEUV 100
Milchsektor Art. 102 AEUV 144; **SB Landwirtschaft** 394 ff.
– Branchenverbandsvereinbarungen **SB Landwirtschaft** 446 ff.
– Branchenvereinbarung Milch **SB Landwirtschaft** 439
– Deutschen Milchförderungsfond **SB Landwirtschaft** 403
– Quotensystem **SB Landwirtschaft** 403, 458
– Rohmilch **SB Landwirtschaft** 395
Militärgüter
– Fusionskontrolle, Anwendungsbereich **Art. 1 FKVO** 54
Minderheitsbeteiligung Art. 101 AEUV 106, 752
– Institutionelle Investoren **Art. 102 AEUV** 830
– Marktanteilsberechnung **Art. 2 FKVO** 95
– Marktstrukturmissbrauch **Art. 102 AEUV** 828 ff.
– Ökonomie **Grundlagen** 414 ff.
– qualifizierte **Art. 3 FKVO** 102
– Verpflichtungszusagen **Art. 8 FKVO** 66
– Vollfunktions-GU, nicht gemeinschaftsweit **Art. 101 AEUV** 708
– wechselseitige **Art. 3 FKVO** 131
Minderheitseinfluss Art. 101 AEUV 579
– **Art. 101 AEUV Art. 101 AEUV** 593 ff., 599 ff., 753 ff.
– Begriff **Art. 101 AEUV** 752
– Bestand **Art. 101 AEUV** 754
– Diskriminierung **Art. 101 AEUV** 772
– Erwerb von **Art. 101 AEUV** 752 ff., 757
– Fusionskontrolle **Art. 101 AEUV** 595, 600 ff., 768 ff.
– Fusionskontrolle, Anwendungsbereich **Art. 101 AEUV** 595
– Kontrollerwerb mit verbleibendem s. Kontrollerwerb, verbleibender Minderheitseinfluss
– Rechtsgrundlagen **Art. 101 AEUV** 753
– Verhältnis Fusionskontrolle und **Art. 101 AEUV Art. 101 AEUV** 773
– Zusammenschlüsse **Art. 101 AEUV** 757
Minderheitsgesellschafter
– Destabilisieren **Art. 3 FKVO** 107
– Gemeinschaftsunternehmen **Art. 3 FKVO** 120
– Kontrollerwerb **Art. 3 FKVO** 26, 27
– qualifizierter **Art. 3 FKVO** 102
– Rechte, Zusammenschlüsse **Art. 3 FKVO** 37
– Stützen **Art. 3 FKVO** 107
Mindestabnahmeverpflichtung Art. 102 AEUV 596
– Freistellung, Vertikal-GVO **Art. 1 Vertikal-GVO** 50
Mindestaktivität Art. 2 DMA 116
Mindestgröße
– Freistellung, Einzel- **Art. 101 AEUV** 1186
Mindestlieferungen
– Horizontalvereinbarung **Art. 101 AEUV** 333
Mindestpreise Art. 101 AEUV 495
– Freistellung, TT-GVO **Art. 4 TT-GVO** 69

4083

Sachverzeichnis

fette Zahl = Gesetz und Paragraf

- Freistellung, Vertikal-GVO **Art. 4 Vertikal-GVO** 29, 43 ff.
- Horizontalvereinbarung **Art. 101 AEUV** 331
- Online-Plattformen, Freistellung **Art. 1 Vertikal-GVO** 43a
- Spezialisierungs-GVO **Art. 5 Spezialisierungs-GVO** 3

Mindeststandard Art. 3 VO 1/2003 1; **Grundlagen** 1617 f.

Mindeststandards
- Nachhaltigkeit **Art. 101 AEUV** 455
- WTO **Grundlagen** 1740

Mindestumsatz
- individueller **Art. 1 FKVO** 38

Mindestverzinsung Grundlagen 1043
Mineralölprodukte Art. 101 AEUV 709
minimum Advertised Price (MAP) Art. 4 Vertikal-GVO 49
Minimum Take Art. 101 AEUV 573
Ministererlaubnis Art. 4 FKVO 140 ff.
- Internationales Wettbewerbsrecht **Grundlagen** 1502
- Ökonomie **Grundlagen** 711
- Verfahren **Grundlagen** 1502
- Verweisung (nach) **Art. 9 FKVO** 129

Ministerrat
- Durchführungsvorschriften **Art. 103 AEUV** 4

Mischtätigkeiten Art. 101 AEUV 41 ff.
Missbrauch einer marktbeherrschenden Stellung
s. Marktmissbrauchverbot
Missbrauchsaufsicht Art. 101 AEUV 1014; **Art. 102 AEUV** 1

Missverhältnis
- Internationales Wettbewerbsrecht **Grundlagen** 1406

Mitarbeit bei Aufdeckung eines Kartells Leniency-Bekanntmachung 44
Mitarbeiterbefragung
- Kommission **Leniency-Bekanntmachung** 19
- Widerstreitende Aussagen **Leniency-Bekanntmachung** 15

Mitbewerber
- Abschreckung **Art. 102 AEUV** 332
- Beseitigung **Art. 102 AEUV** 332
- Disziplinierung **Art. 102 AEUV** 332
- Schadensersatzanspruch **Art. 102 AEUV** 902

Mitbewerberbehinderung
- Konditionenmissbrauch **Art. 102 AEUV** 398

Mitbewerberschutz
- Marktmissbrauchsschutzzweck **Art. 102 AEUV** 22 ff.

Mitfreigestellte Bestimmungen Art. 2 TT-GVO 20 ff.

Mitgliedstaaten
- Auskunftspflicht **Art. 18 VO 1/2003** 5, 22 ff.
- Digital Markets Act **Art. 1 DMA** 27 ff.; **Einl. DMA** 37 ff.
- Fusionskontrolle, Anhörung bei Nachprüfungen **Art. 13 FKVO** 7
- Fusionskontrolle, Auskunftspflicht **Art. 11 FKVO** 9, 24
- Fusionskontrolle, Verweisung **Art. 22 FKVO** 46 ff.; **Art. 9 FKVO** 15 ff.
- Handel **Art. 101 AEUV** 732 ff.
- Klagebefugnis **Rechtsschutz** 410
- Kontrollrecht **Art. 10 DMA** 7; **Art. 9 DMA** 6

- Vertragsverletzungsverfahren, Beihilferecht **Rechtsschutz** 662
- Wirtschaftsteilnehmer **Art. 106 AEUV** 1 ff.

Mitkontrolle
- Zusammenschlussanmeldung **Art. 4 FKVO** 20

Mitsubishi-Entscheidung Grundlagen 1130
Mitsui/CVRD/Caemi-Fakk Art. 2 FKVO 315
Mitteilung
- Abhilfemaßnahmen **Art. 8 FKVO** 30
- Begriff des Vollfunktions-GU **Art. 101 AEUV** 611
- Beurteilung von Vollfunktions-GU **Art. 101 AEUV** 611, 692
- Fusionskontrolle, Beschlüsse **Art. 6 FKVO** 58 ff.; **Art. 8 FKVO** 169
- Leistungen der Daseinsvorsorge in Europa **Art. 106 AEUV** 23 f.
- Mitgliedstaat (eines) **Art. 9 FKVO** 15
- Nebenabreden **Einl. FKVO** 48 ff.
- Stellungnahme des Beratenden Ausschusses **Art. 19 FKVO** 28
- Zugangsvereinbarungen **Art. 102 AEUV** 499
- Zuständigkeitsfragen, Vollfunktions-GU **Art. 101 AEUV** 611
- Anwendung Art. 22 **Art. 22 FKVO** 78
- Gestaltung der digitalen Zukunft Europas **Einl. DMA** 3
- Online-Plattformen im Digitalen Binnenmarkt (2016) **Einl. DMA** 1
- Strategie für einen digitalen Binnenmarkt für Europa (2015) **Einl. DMA** 1

Mitteilung der Beschwerdepunkte Art. 8 FKVO 17; **Einl. FKVO** 171
- Fusionskontrolle **Art. 18 FKVO** 16 ff.
- Zuständigkeit **Einl. FKVO** 193

Mitteilungspflichten
- Kommission **Art. 11 VO 1/2003** 13
- Kommission, Geschäftsgeheimnisse **Art. 11 VO 1/2003** 17
- Kronzeugen **Art. 11 VO 1/2003** 40
- Nationale Behörden **Art. 11 VO 1/2003** 7, 26 ff.
- Torwächter **Art. 3 DMA** 58 ff.
- Verfahrensabschluss, vor **Art. 11 VO 1/2003** 45

Mittelbare Einflussmöglichkeiten Art. 101 AEUV 100

Mittelstandskartell
- Vorrang des EU-Wettbewerbsrechts **Art. 3 VO 1/2003** 92 ff.

Mittelstandsschutz
- Verhältnis zum EU-Wettbewerbsrecht **Art. 3 VO 1/2003** 26

Mitursächlichkeit
- Freistellung, Einzel- **Art. 101 AEUV** 1079

Mitverschulden
- Amtshaftungsklage **Rechtsschutz** 560

Mitversicherungen SB Versicherungswirtschaft 32 ff., 36
- Ad-hoc- **SB Versicherungswirtschaft** 40 ff.
- Ad-hoc-, Begriff **SB Versicherungswirtschaft** 45
- Ad-hoc-, Einzelrisiko in einem Einzelfall **SB Versicherungswirtschaft** 46 ff.
- Ad-hoc-, Freistellung **SB Versicherungswirtschaft** 42 ff.
- Ad-hoc, kundengetriebene **SB Versicherungswirtschaft** 80 ff.

magere Zahl = Randnummer

Sachverzeichnis

- Ad-hoc-, Prämienvereinheitlichung **SB Versicherungswirtschaft** 63
- Ad-hoc-, Wettbewerbsbeschränkung **SB Versicherungswirtschaft** 63 ff.
- Informationsaustausch **SB Versicherungswirtschaft** 97 ff.
- Informationsaustausch, Neuabschluss **SB Versicherungswirtschaft** 98
- Informationsaustausch, Vertragsverlängerung **SB Versicherungswirtschaft** 102
- kundengetriebene **SB Versicherungswirtschaft** 78 ff.
- Mitversicherungsgemeinschaft **SB Versicherungswirtschaft** 40 ff.
- Mitversicherungsgemeinschaft, Begriff **SB Versicherungswirtschaft** 49
- Mitversicherungsgemeinschaft, Wettbewerbsbeschränkung **SB Versicherungswirtschaft** 50 ff.
- Nebenversicherung **SB Versicherungswirtschaft** 35
- offene **SB Versicherungswirtschaft** 36
- verdeckte **SB Versicherungswirtschaft** 36
- Versicherungsverträge **SB Versicherungswirtschaft** 35

Mitversicherungsgemeinschaft SB Versicherungswirtschaft 34, 40 ff.
- Ad-hoc- **SB Versicherungswirtschaft** 40 ff.
- Arbeitsgemeinschaftsgedanke **SB Versicherungswirtschaft** 52 ff.
- Begriff **SB Versicherungswirtschaft** 49
- Doppelmitgliedschaft **SB Versicherungswirtschaft** 75
- Einzelfreistellung **SB Versicherungswirtschaft** 72 ff.
- Freistellung **SB Versicherungswirtschaft** 66 ff.
- horizontale **SB Versicherungswirtschaft** 67
- kundengetriebene **SB Versicherungswirtschaft** 80 ff.
- Spürbarkeit **SB Versicherungswirtschaft** 61 ff.
- Wettbewerbsbeschränkung **SB Versicherungswirtschaft** 50 ff.

Mitwirkungspflichten
- Berufsgeheimnis **Art. 17 FKVO** 27
- Kommission **Art. 101 AEUV** 1046

Mitwirkungsrechte
- Positiventscheidung **Art. 10 VO 1/2003** 30

mix-and-match zusage Art. 2 FKVO 232
Mixed Bundling Grundlagen 640
mobile virtual network operators Art. 8 FKVO 72
Model Waiver Form Grundlagen 1764
Modularitätskonzept Grdl. DMA 151
Moldawien Grundlagen 1804 ff.
Monetarisierungsrückkopplung Grdl. DMA 57
Monitoring Trustees Art. 7 VO 1/2003 32 ff.
Monopol
- Dauerhafte Güter **Grundlagen** 182 ff.
- de-facto **Art. 2 FKVO** 414
- Dominante Unternehmen mit wettbewerblichem Rand **Grundlagen** 186 f.
- Doppelte Monopolpreisbildung **Grundlagen** 517
- faktisches **Art. 2 FKVO** 292
- Finanz- **Art. 106 AEUV** 74, 108
- Gemeinschaftsunternehmen **Art. 3 FKVO** 154
- gesetzliches **Art. 102 AEUV** 238, 278; **Art. 106 AEUV** 68 ff.; **Art. 1 TT-GVO** 4; **Grundlagen** 1292, 1351

- Immaterialgüterrecht **Grundlagen** 1187
- Kette von **Grundlagen** 517
- Mehrproduktmonopol **Grundlagen** 184 f.
- Monopolistische Konkurrenz **Grundlagen** 189 f.
- nationales **Art. 106 AEUV** 3 ff.
- natürliches *s. Natürliche Monopole*
- Ökonomie **Grundlagen** 172 ff., 172, 175 ff.
- Ökonomie, Kopplungsbindung **Grundlagen** 640 ff.
- Ökonomie, Preisdiskriminierung **Grundlagen** 603

Monopolisierungstendenz
- Online-Plattformen **Grdl. DMA** 72 ff.

Monopolistische Konkurrenz Grundlagen 189 f.
Monopolkommission Art. 101 AEUV 583 f.
- E.ON/Ruhrgas-Fall **Art. 101 AEUV** 777
- Ökonomie **Grundlagen** 711

Monopolmodell Grundlagen 77
Monopolteile *s. captive parts*
Monopoltest
- hypothetischer *s. hypothetischer Monopolistentest*

monopoly leveraging Art. 102 AEUV 347
Monopson
- Nachfragemacht **Grundlagen** 215

Monsanto/Bayer-Fall SB Landwirtschaft 372
Montageversicherung SB-Versicherungswirtschaft 244
Montanunion Grundlagen 1581 f.
- Freistellung **Art. 101 AEUV** 953

Monti-Paket Art. 106 AEUV 27 ff., 160
Moosehead/Whitbread-Fall
- Nichtangriffsvereinbarungen **Grundlagen** 1225

Moral Hazard SB Versicherungswirtschaft 30, 2, 30
More Economic Approach Art. 101 AEUV 202 ff.; **Grundlagen** 65, 136, 571, 6, 22
- Behinderungsmissbrauch, preisbezogener **Art. 102 AEUV** 671
- Bezweckte und bewirkte Wettbewerbsbeschränkungen **Art. 101 AEUV** 257
- Fusionskontrolle **Art. 2 FKVO** 4; **Einl. FKVO** 86
- Historie **Einl. FKVO** 53
- Marktabgrenzung **Art. 102 AEUV** 83
- Teilfunktions-GU **Art. 101 AEUV** 470
- Verbrauchergewinnbeteiligung **Art. 101 AEUV** 1147

Mosaikprinzip Grundlagen 1527 f.
Moskauer Gipfel Grundlagen 1804
Most-Favored-Customer Clauses
- Kartelltheorie **Grundlagen** 337 f.

Most-Favored-Nations-Klauseln
- Torwächter **Art. 5 DMA** 116 ff.

Motorola-Entscheidung Art. 7 VO 1/2003 15
Motorola-Fall Art. 102 AEUV 803 ff.
Moyens *s. Klagegründe*
Multi Markets Approach SB Versicherungswirtschaft 144
Multihoming Art. 102 AEUV 260
Multi-Homing Art. 101 AEUV 546, 558; **Einl. DMA** 10; **Grundlagen** 658; **SB Versicherungswirtschaft** 150
- Datenübertragung **Grdl. DMA** 124
- Interoperabilität **Art. 7 DMA** 8 ff.
- Online-Plattformen **Grdl. DMA** 75
- Torwächterbenennung **Art. 3 DMA** 96

4085

Sachverzeichnis

fette Zahl = Gesetz und Paragraf

- Wettbewerbsförderung **Grdl. DMA** 104 ff., 132, 96, 101
Multi-homing SB Versicherungswirtschaft 208
multilateral interchange fees Art. 101 AEUV 314
Multimarkt-Kontakte Grundlagen 585
- Kartelltheorie **Grundlagen** 359
Multimodale App Art. 2 FKVO 430
Multi-sourcing Art. 4 TT-GVO 60
- Ausgleichsfaktoren **Art. 2 FKVO** 288
- Fusionskontrolle, Ausgleichsfaktoren **Art. 2 FKVO** 154
multi-state-Delikte Grundlagen 1527 ff.
Mündliche Verhandlung
- Gerichtsverfahren **Rechtsschutz** 172 ff.
Mündliches Verfahren
- Gerichtsverfahren **Rechtsschutz** 150 ff.
Mündlichkeitsgrundsatz Grundlagen 945; **Rechtsschutz** 62
Munksjö/Ahlstrom-Fall Art. 8 FKVO 55
Munoz-Urteil Art. 102 AEUV 910
Musiklizenzen Art. 101 AEUV 622 f., 622
Musikmarkt
- Marktabgrenzung **Art. 101 AEUV** 641
Musique Diffusion Francaise-Fall Art. 101 AEUV 824
must have-Status Art. 2 FKVO 307, 395, 413, 493
must stock-Status Art. 2 FKVO 307
Musterbedingungen SB Versicherungswirtschaft 184
Musterversicherungsbedingungen SB Versicherungswirtschaft 117
Musterverträge Art. 101 AEUV 107
Musterzusendung
- Umverpacken **Grundlagen** 1153
Must-Stock-Artikel Art. 101 AEUV 513
Muttergesellschaft
- Monopol **Art. 3 FKVO** 154
- Vereinbarung mit **Art. 8 FKVO** 130 ff.
- Verkäufe an **Art. 3 FKVO** 159

N

NAAT-Regel Art. 101 AEUV 509 f., 730
- Spürbarkeit **Art. 101 AEUV** 829 ff.
NACE Art. 102 AEUV 137
Nachahmungen Grundlagen 1056
- sklavische **Grundlagen** 1068
Nachfolgenutzungen Art. 101 AEUV 1146
Nachfrage
- künstliche **Art. 102 AEUV** 631
- private **Art. 101 AEUV** 23
- Umleitung der **Art. 2 FKVO** 413
Nachfragebefriedigung Art. 102 AEUV 420 f.
Nachfrageelastizität
- Verbrauchergewinnbeteiligung **Art. 101 AEUV** 1152
Nachfragefluktuation Art. 102 AEUV 250
Nachfragekartell
- Einkaufskooperationen **Art. 101 AEUV** 421
Nachfragekooperation
- Freistellung, Einzel- **Art. 101 AEUV** 1093
Nachfragemacht
- Einkaufskooperationen **Art. 101 AEUV** 419
- Funktionsweise **Grundlagen** 215 ff.
- Fusionskontrolle, Ausgleichsfaktoren **Art. 2 FKVO** 151 ff.

- Kartelltheorie **Grundlagen** 358
- kombinierte **Art. 2 FKVO** 157
- Markt, Abgrenzung **Grundlagen** 240
- Markt, vorgelagerter **Art. 2 FKVO** 341 ff.
- Marktbeherrschungsindikatoren **Art. 102 AEUV** 248
- Monopson-Modell **Grundlagen** 215
- Oligopson-Modell **Grundlagen** 215
- verhandlungstheoretisches Modell **Grundlagen** 216 f.
Nachfragemarkt Art. 102 AEUV 126 ff.
- Fusionskontrolle, Ausgleichsfaktoren **Art. 2 FKVO** 152 ff.
- Markt, Abgrenzung **Art. 102 AEUV** 126 ff.
- räumlich relevanter **Art. 102 AEUV** 130
- sachlich relevanter **Art. 102 AEUV** 127 ff.
- Vertikal-GVO **Einl. Vertikal-GVO** 49
Nachfragergruppen Art. 102 AEUV 109
Nachfragerückgang
- Krisenkartell **Art. 101 AEUV** 329
Nachfragerverhalten
- Bedarfsmarktkonzept **Art. 102 AEUV** 101 ff.
Nachfragesteigerung
- Faktorenanalyse **Art. 101 AEUV** 382
Nachfragestruktur
- Behinderungsmissbrauch **Art. 102 AEUV** 331 ff.
Nachfragesubstitution Art. 102 AEUV 111 ff.; **Art. 2 FKVO** 51, 59
- Marktmacht, Ermittlung **Grundlagen** 246 ff.
- Versicherungswirtschaft **SB Versicherungswirtschaft** 226 ff.
Nachfragewettbewerb Art. 101 AEUV 197
Nachgelagerter Markt
- Absatzmarkt **Art. 102 AEUV** 272
- Bedarfsmarktkonzept **Art. 102 AEUV** 102
- Fusionskontrolle, Vertikale Zusammenschlüsse **Art. 2 FKVO** 416, 421 ff., 426 ff., 437
- Geschäftsverweigerung **Art. 102 AEUV** 480 ff.
- Koordinierung **Art. 2 FKVO** 462
- Lizenzverweigerung **Grundlagen** 1267
- Marktmachttransfer **Art. 102 AEUV** 347
- Outputmarkt **Art. 102 AEUV** 514
- Rabatte **Art. 102 AEUV** 784
- Rohstoffe **Art. 102 AEUV** 480 ff.
- Verbraucherbegriff **Art. 101 AEUV** 1129
- Vollfunktions-GU, mit gemeinschaftsweit **Art. 101 AEUV** 616 ff., 650, 655
- Vollfunktions-GU, nicht gemeinschaftsweit **Art. 101 AEUV** 715
- vom Arbeitsmarkt **Grundlagen** 1302
Nachgelagertes Produkt
- Begriff **Art. 1 Spezialisierungs-GVO** 24 f.
- Spezialisierungs-GVO **Art. 1 Spezialisierungs-GVO** 22
Nachhaltigkeit
- Freistellung, Auslegung **Art. 101 AEUV** 981 ff.
- Freistellung, Einzel- **Art. 101 AEUV** 1087, 1113
- Fusionskontrolle **Art. 2 FKVO** 207
- Marktmissbrauchsschutzzweck **Art. 102 AEUV** 24 f.
- Mindeststandards **Art. 101 AEUV** 455
- Ökonomie **Grundlagen** 480 f.
- Verbrauchergewinnbeteiligung **Art. 101 AEUV** 1134
- Ziele **Art. 101 AEUV** 452

magere Zahl = Randnummer

Sachverzeichnis

Nachhaltigkeitsstandard
- offener **Art. 101 AEUV** 458

Nachhaltigkeitsvereinbarungen Art. 101 AEUV 215, 322, 449 ff.
- Effizienzgewinne **Art. 101 AEUV** 465
- Landwirtschaft **SB Landwirtschaft** 433 ff.
- Legalausnahme **Art. 101 AEUV** 464 ff.

Nachprüfbarkeit
- Effizienzgewinne **Art. 2 FKVO** 195

Nachprüfungen
- Bücherprüfungsbefugnis **Art. 23 DMA** 12
- Digital Markets Act **Art. 23 DMA** 1 ff.
- Digital Markets Act, Betretungsbefugnis **Art. 23 DMA** 10
- Digital Markets Act, Bücherprüfungsbefugnis **Art. 23 DMA** 11
- Digital Markets Act, Fragerecht **Art. 23 DMA** 14 ff.
- Digital Markets Act, Kopieanfertigung **Art. 23 DMA** 13
- Digital Markets Act, Prüferunterstützung **Art. 23 DMA** 35 ff.
- Digital Markets Act, Versiegelung **Art. 23 DMA** 33 ff.
- Durchsetzung mit unmittelbarem Zwang **Art. 13 FKVO** 12
- Fusionskontrolle, Bundeskartellamt **Art. 13 FKVO** 13
- Fusionskontrolle, Kommission **Art. 13 FKVO** 1 ff.
- Fusionskontrolle, Nationale Behörden **Art. 12 FKVO** 1 ff.
- Fusionskontrolle, Zwangsgeld **Art. 15 FKVO** 6
- Geldbußen **Art. 14 FKVO** 16 f.
- Kartellverfahren **Art. 20 VO 1/2003** 1 ff.
- Rechtsschutz **Art. 23 DMA** 46
- Rechtsschutz, Nichtigkeitsklage **Rechtsschutz** 340, 400
- Richterliche Anordnung **Art. 13 FKVO** 14
- Sanktionen **Art. 23 DMA** 45
- umfassende **Rechtsschutz** 636
- Vollzugsverbot **Art. 7 FKVO** 125

Nachprüfungen (national)
- Mitteilungspflicht, Kommission (an) **Art. 11 VO 1/2003** 31 f.

Nachprüfungsanordnung Art. 24 VO 1/2003 16
Nachprüfungsauftrag Art. 23 DMA 39; **Art. 20 VO 1/2003** 21 ff.
Nachprüfungsentscheidung Art. 23 DMA 40; **Art. 20 VO 1/2003** 26 ff.; **Art. 21 VO 1/2003** 3; **Art. 13 FKVO** 5 ff.

Nachrangig kooperierendes Unternehmen Leniency-Bekanntmachung

Nachschieben von Gründen
- Gerichtsverfahren **Rechtsschutz** 78

Nachteilsandrohung
- Internationales Wettbewerbsrecht **Grundlagen** 1487

Nachteilszufügung
- Internationales Wettbewerbsrecht **Grundlagen** 1487 f.

NAFTA
- Marktabgrenzung **Art. 2 FKVO** 64

naked restraints Art. 101 AEUV 207, 222
Napier Brown/British Sugar-Fall Art. 102 AEUV 463, 592, 630, 727

Napp Pharmaceutical Holdings-Fall Art. 102 AEUV 386; **Art. 2 VO 1/2003** 7
Nascent Competitors Art. 102 AEUV 46
Nash-Gleichgewicht Grundlagen 196 f.
- Kartell **Grundlagen** 320 ff.
- koordiniertes **Grundlagen** 321 ff.
- nichtkoordiniertes **Grundlagen** 321
- Zusammenschlüsse **Grundlagen** 445
- Zusammenschlüsse, horizontale **Grundlagen** 402

National Champions
- Wettbewerbspolitik **Grundlagen** 153

Nationale Behörden Grundlagen 1658 ff.; *s. auch Behörden der Mitgliedsstaaten*
- Amtshilfe **Art. 22 VO 1/2003** 2 ff.
- Arbeitsverteilung nach Netzwerkbekanntmachung **Art. 11 VO 1/2003** 89 ff.
- Auskunftspflicht **Art. 18 VO 1/2003** 5, 22 ff.
- Aussetzung d. Verfahrens **Art. 13 VO 1/2003** 1 ff.
- Befugnisse, Entscheidungs- **Art. 5 VO 1/2003** 33 ff.
- Befugnisse, Ermittlungs- **Art. 18 VO 1/2003** 29; **Art. 19 VO 1/2003** 11 ff.; **Art. 22 VO 1/2003** 1 ff.
- Befugnisse, Klagebefugnis **Rechtsschutz** 471
- Befugnisse, Mitwirkungsrecht **Art. 22 DMA** 15
- Befugnisse, Nachprüfung **Art. 12 FKVO** 1 ff.
- Befugnisse, Nichtanwendbarkeitsfeststellung **Art. 5 VO 1/2003** 45
- Befugnisse, Vorlageberechtigung zum EUGH **Rechtsschutz** 684
- Beratender Ausschuss für Kartell- und Monopolfragen **Art. 14 VO 1/2003** 10
- Bestimmung **Art. 35 VO 1/2003** 1; **Art. 5 VO 1/2003** 30
- Beweislast **Art. 2 VO 1/2003** 30
- Beweismaß **Art. 2 VO 1/2003** 31
- Beweisverwertungsverbot **Art. 11 VO 1/2003** 19; **Art. 12 VO 1/2003** 36
- Bindungswirkung, Kommissionsentscheidungen **Art. 16 VO 1/2003** 19 ff.
- Bindungswirkung, Leniency-Entscheidung **Leniency-Bekanntmachung** 37
- Bindungswirkung, Positiventscheidung **Art. 10 VO 1/2003** 18 ff.
- Bußgeldverfahren **Art. 5 VO 1/2003** 6
- Digital Markets Act **Art. 38 DMA** 7 ff.
- ECN+-Richtlinie **Art. 5 VO 1/2003** 34
- Entzug des Rechtsvorteils **Art. 29 VO 1/2003** 1 ff.; **Art. 6 TT-GVO** 9; **Art. 6 Vertikal-GVO** 13 ff., 14 ff.
- Ermächtigungsgrundlage **Art. 5 VO 1/2003** 2 ff.
- Falldatenbank **Art. 11 VO 1/2003** 39
- Fusionskontrolle, Akteneinsicht **Art. 19 FKVO** 14
- Fusionskontrolle, Auskunftspflicht **Art. 11 FKVO** 9, 24
- Fusionskontrolle, Zusammenarbeit **Art. 17 FKVO** 22; **Art. 8 FKVO** 89; **Einl. FKVO** 115
- Geltungsbereich, Räumlicher **Art. 5 VO 1/2003** 48
- Gerichtliche Kontrolle **Rechtsschutz** 22
- Informationsverpflichtungen **Art. 11 VO 1/2003** 6 ff.
- Informelle Kontaktaufnahme **Art. 1 VO 1/2003** 28
- Kartellverfahren **Art. 3 VO 1/2003** 43 ff.

Sachverzeichnis

fette Zahl = Gesetz und Paragraf

- Kartellverfahren, Fallverteilungsverfahren **Art. 11 VO 1/2003** 113 ff.
- Kartellverfahren, Zusammenarbeit **Art. 11 VO 1/2003** 1 ff.
- Konsultationszwang der Nationalen Behörden **Art. 11 VO 1/2003** 123
- Nachprüfungsauftrag **Art. 20 VO 1/2003** 31 ff.
- Nicht tätig werden **Art. 5 VO 1/2003** 44
- Parallele Verfahren **Art. 11 VO 1/2003** 100 ff.
- Pflichten, Beschaffungs- **Art. 21 DMA** 29
- Pflichten, Konsultations- **Art. 11 VO 1/2003** 6 ff.
- Pflichten, Koordinierungs- **Art. 37 DMA** 1 ff.
- Pflichten, Mitteilungs- **Art. 11 VO 1/2003** 7, 26 ff.
- Pflichten, Nachprüfung **Art. 12 FKVO** 5
- Pflichten, Zusammenarbeits- **Art. 37 DMA** 1 ff.; **Art. 38 DMA** 1 ff.
- Stellungnahme (schriftliche) **Art. 19 FKVO** 12
- Unterstützung **Art. 23 DMA** 35 ff.
- Verfahrensgrundsätze, Unschuldsvermutung **Art. 2 VO 1/2003** 34 ff.
- Verfahrensgrundsätze, Untersuchungsgrundsatz **Art. 2 VO 1/2003** 30
- Verfahrenslücken **Art. 5 VO 1/2003** 20
- Verweisung, Sachnähe **Art. 9 FKVO** 55 ff.
- Verwertungsverbot, Fusionskontrolle **Art. 17 FKVO** 7
- Zusammenarbeit, amicus curiae **Art. 15 VO 1/2003** 32 ff.
- Zusammenarbeit, Arbeitsverteilung **Art. 11 VO 1/2003** 76 ff.
- Zusammenarbeit, Entscheidungsvorrang **Art. 3 VO 1/2003** 96
- Zusammenarbeit, Gerichte **Rechtsschutz** 37 ff.
- Zusammenarbeit, Informationsaustausch s. *Informationsaustausch, Behörden*
- Zusammenarbeit, Informationsübermittlung **Art. 27 DMA** 6
- Zusammenarbeit, Konsultation der Kommission **Art. 11 VO 1/2003** 74
- Zusammenarbeit, Konsultation durch die Kommission **Art. 11 VO 1/2003** 81
- Zusammenarbeit, Leniency-Bekanntmachung **Leniency-Bekanntmachung** 83 ff.
- Zusammenarbeit, Nationale Behörden **Art. 11 VO 1/2003** 72 ff.
- Zusammenarbeit, Nationale Gerichte **Art. 15 VO 1/2003** 1 ff.
- Zusammenarbeit, Stellungnahmerechte **Art. 15 VO 1/2003** 46
- Zusammenarbeit, Unterlagenvorlage **Art. 11 VO 1/2003** 71
- Zusammenarbeit, Unterstützung **Art. 23 DMA** 41
- Zusammenarbeit, Vetorecht **Art. 11 VO 1/2003** 122
- Zusammenarbeit, Widersprüchliche Entscheidungen **Art. 11 VO 1/2003** 126 ff.
- Zusammenarbeit, Zurückweisung d. Beschwerde **Art. 13 VO 1/2003** 1 ff.
- Zuständigkeit, Fusionskontrolle **Art. 1 FKVO** 52 ff.
- Zuständigkeit, Kartellverfahren **Art. 5 VO 1/2003** 1 ff.

Nationale Champions Grundlagen 704
Nationale Gerichte Grundlagen 1658 ff.
- Aussetzung des Verfahrens, beabsichtigte Kommissionsentscheidung **Art. 16 VO 1/2003** 15
- Behilferecht **Rechtsschutz** 28 ff., 40 ff.
- Bestimmung **Art. 6 VO 1/2003** 7
- Beweisverwertung **Art. 15 VO 1/2003** 29 f.
- Bindungswirkung, beabsichtigte Kommissionsentscheidungen **Art. 16 VO 1/2003** 13 ff.
- Bindungswirkung, EU-Verfahren **Art. 3 VO 1/2003** 81
- Bindungswirkung, Kommissionsentscheidungen **Art. 16 VO 1/2003** 1 ff.
- Bindungswirkung, Positiventscheidung **Art. 10 VO 1/2003** 18 ff.
- Digital Markets Act **Art. 2 DMA** 156
- Digital Markets Act, Bindungswirkung **Art. 39 DMA** 12
- Digital Markets Act, Informationsaustausch **Art. 39 DMA** 1 ff.
- Digital Markets Act, Urteilsübermittlung **Art. 39 DMA** 14
- EU-Wettbewerbsrecht **Art. 3 VO 1/2003** 43 ff.
- Freistellung **Art. 6 VO 1/2003** 3 ff.
- Geltungsbereich **Art. 6 VO 1/2003** 8 f.
- Überblick **Rechtsschutz** 19 ff.
- Unabhängigkeit **Rechtsschutz** 47 ff.
- Urteilsübermittlungspflicht **Art. 15 VO 1/2003** 37
- Verwertungsverbot, Fusionskontrolle **Art. 17 FKVO** 6, 23
- Widersprüchliche Entscheidungen **Grundlagen** 1665 ff.; **Art. 16 VO 1/2003** 11 f.
- Zusammenarbeit, amicus curiae **Art. 15 VO 1/2003** 32 ff.
- Zusammenarbeit, Behörden **Rechtsschutz** 37 ff.
- Zusammenarbeit, Fragerecht **Art. 15 VO 1/2003** 14
- Zusammenarbeit, Kommission **Art. 15 VO 1/2003** 1 ff., 14, 15 ff., 22; **Art. 6 VO 1/2003** 6
- Zusammenarbeit, Kronzeugenprogramm **Art. 15 VO 1/2003** 19
- Zusammenarbeit, Unterlagenübermittlung **Art. 15 VO 1/2003** 41
- Zuständigkeit **Art. 6 VO 1/2003** 1 ff.
- Zuständigkeit, Richtervorbehalt **Art. 21 VO 1/2003** 4
- Zuständigkeit, Umfang **Art. 6 VO 1/2003** 2
- Zuständigkeit, Verwaltungsrecht **Rechtsschutz** 21 ff.
- Zuständigkeit, Zivilrecht **Rechtsschutz** 31 ff.

Nationale Märkte Art. 102 AEUV 115
Nationales Wettbewerbsrecht
- Konkurrenzen, EU-Wettbewerbsrecht **Art. 3 VO 1/2003** 1 ff.
- Konkurrenzen, Marktmissbrauchsverbot **Art. 102 AEUV** 61

National-Geographic-Fall Art. 102 AEUV 114
Nationalsozialismus Grundlagen 54
Natural/Edensa Art. 5 FKVO 24
Naturalrestitution Art. 102 AEUV 904; **SB Versicherungswirtschaft** 172
Naturerzeugnisse Grundlagen 1084
Natürliche Monopole
- Deregulierung **Grundlagen** 687
- Essential Facility Doktrin **Art. 102 AEUV** 503
- Grundlagen der Netzinfrastrukturregulierung **Grundlagen** 1023 ff.
- Netzentgelte **Grundlagen** 1035
- nichtlineare Preise **Grundlagen** 656

Sachverzeichnis

magere Zahl = Randnummer

- Ökonomie **Grundlagen** 4 ff., 124, 664 ff.
- Regulierungsmöglichkeiten **Grundlagen** 673 ff.
- Second-Best-Lösung **Grundlagen** 656
- Wirtschaftspolitik **Grundlagen** 667 ff.

Natürliche Personen
- Zusammenschlüsse **Art. 3 FKVO** 10

ne bis in idem Art. 102 AEUV 59 f., 65 f.; **Art. 23 VO 1/2003** 33; **Art. 5 VO 1/2003** 42; **Grundlagen** 963 f., 1465
- Digital Markets Act **Art. 1 DMA** 47 ff.; **Art. 38 DMA** 33
- Drittstaaten **Art. 11 VO 1/2003** 110
- Entscheidungspraxis, EU Gerichte **Art. 11 VO 1/2003** 108
- Handlungsidentität **Art. 11 VO 1/2003** 112
- Netzwerkbekanntmachung **Art. 11 VO 1/2003** 102

ne ultra petita Art. 4 FKVO 128; **Rechtsschutz** 58

Near-Field-Communication (NFC)-Funktionen Art. 6 DMA 98, 144, 164

Nearly Ideal Demand System-Nachfragemodell Grundlagen 431

Nebenabrede Art. 101 AEUV 210
- Arten **Art. 8 FKVO** 133
- Begriff **Art. 8 FKVO** 119
- Einkaufskooperationen **Art. 101 AEUV** 423
- Franchisevereinbarungen **Art. 101 AEUV** 242 ff.
- Freie Berufe **Art. 101 AEUV** 251 ff.
- Freistellung **Art. 101 AEUV** 1170
- Freistellung, Einzel- **Art. 101 AEUV** 1078, 1178
- Freistellung, Gruppenfreistellungsverordnungen **Art. 101 AEUV** 1241
- Freistellung, Spezialisierungs-GVO **Art. 2 Spezialisierungs-GVO** 9
- Freistellung, Vertikal-GVO **Einl. Vertikal-GVO** 25
- FuE **Art. 2 FuE-GVO** 9
- Fusionskontrolle **Art. 8 FKVO** 113 ff.; **Einl. FKVO** 41
- Fusionskontrolle, Anmeldung **Art. 4 FKVO** 55
- Fusionskontrolle, Beurteilungskriterien **Art. 8 FKVO** 125 ff.
- Fusionskontrolle, Freigabeentscheidung **Art. 6 FKVO** 42 ff.
- Fusionskontrolle, Verfahren **Art. 8 FKVO** 120
- Fusionskontrolle, Zuständigkeit **Einl. FKVO** 96
- Genossenschaftssatzung **Art. 101 AEUV** 237 ff.
- Gesellschaftsvertrag **Art. 101 AEUV** 237 ff.
- Hauptabrede **Art. 101 AEUV** 225 ff.
- Lizenzen **Art. 8 FKVO** 140 ff.; **Grundlagen** 1207, 1209, 1210
- Markenrechte, Übertragung von **Grundlagen** 1205
- Marktaufteilung **Art. 101 AEUV** 340
- notwendige **Art. 101 AEUV** 222 ff., 227 ff.
- rule of reason **Art. 101 AEUV** 223 ff.
- Seeverkehr **SB Verkehr** 343
- Technologietransfer-Vereinbarungen **Einl. TT-GVO** 36
- Unerlässlichkeit **Art. 101 AEUV** 1170
- Unternehmenskaufvertrag **Art. 101 AEUV** 230 ff.
- Unternehmensstrukturveränderungen **Art. 101 AEUV** 603 ff.
- Vertikalvereinbarungen **Art. 101 AEUV** 499 f.

- Vertrieb, selektiver **Art. 101 AEUV** 569
- Vollfunktions-GU, nicht gemeinschaftsweit **Art. 101 AEUV** 706

Nebenabrededoktrin Grundlagen 1065

Nebendienstaufdrängung Art. 5 DMA 193 ff.

Nebenintervention Rechtsschutz 255 ff.

Nebenversicherung SB Versicherungswirtschaft 35

Negativattest
- Einzelfreistellung **Art. 101 AEUV** 1049 ff.
- Vorrang des EU-Wettbewerbsrechts **Art. 3 VO 1/2003** 71 ff.

Negativattest-Entscheidungen Grundlagen 1617

Negativauslese
- Versicherungswirtschaft **SB Versicherungswirtschaft** 2, 29

Negative Comity s. *Comity*

Negative Drittwirkungen Grundlagen 1288

Negative Externe Effekte
- Nachhaltigkeitsziele **Art. 101 AEUV** 453

Negativvermutung
- Handelsbeeinträchtigung **Art. 101 AEUV** 830, 838

Nemo tenetur Grundlagen 949; **Art. 12 VO 1/2003** 42; **Vor Art. 17–22 VO 1/2003** 11
- Informationsaustausch, Behörden **Art. 12 VO 1/2003** 42

Nennenswerte Präsenz
- Gemeinschaftsunternehmen **Art. 101 AEUV** 620

Neo-Brandeisians Grundlagen 139

Neo-Bulk SB Verkehr 334

Neoklassische Mikroökonomik Grundlagen 73 ff.

Nested Logit-Modelle Grundlagen 431

Nestlé/Gerber Art. 2 FKVO 495

Nestlé/Perrier-Fall Einl. FKVO 198 ff.

Net Locking Art. 6 DMA 151

Netto-Erlöse Art. 23 VO 1/2003 137, 195

Nettowirkung Art. 101 AEUV 1150

Netzbetrieb Art. 102 AEUV 176

Netze gleichartiger Wettbewerbsbeschränkungen Art. 101 AEUV 1254 ff.

Netzentgelte Grundlagen 1037 ff.
- Genehmigungsantrag **Grundlagen** 1021
- Verfassungskonformität **Grundlagen** 1043 ff.
- Verhältnis EnWG zum GWB **Grundlagen** 1048

Netzinfrastruktur
- Digital Markets Act **Art. 6 DMA** 19

Netzinfrastrukturregulierung
- Grundlagen **Grundlagen** 1023 ff.
- Regulierungsprinzipien **Grundlagen** 1033 ff.
- Wirtschaftsverfassungsrecht **Grundlagen** 1028 ff.

Netzneutralität Art. 6 DMA 141

Netzwerk für Zusammenarbeit im Verbraucherschutz Art. 40 DMA 7

Netzwerkbekanntmachung Art. 11 VO 1/2003 17, 89 ff.
- Behörde, Gut geeignete **Art. 11 VO 1/2003** 92
- Behörde, Hoheitsgebiet der **Art. 11 VO 1/2003** 94
- Fallverteilung **Art. 11 VO 1/2003** 92 ff.
- Kronzeugenregelung **Art. 12 VO 1/2003** 49
- Ne bis in idem **Art. 11 VO 1/2003** 102
- Typische Konstellationen **Art. 11 VO 1/2003** 97

Netzwerkeffekte Art. 102 AEUV 133; **Grundlagen** 1249
- Behinderungsmissbrauch, preisbezogener **Art. 102 AEUV** 674

Sachverzeichnis

fette Zahl = Gesetz und Paragraf

- Bündelung **Art. 102 AEUV** 650 f.
- datengetriebene **Grdl. DMA** 55 ff.
- direkte **Art. 102 AEUV** 258 ff.
- direkte und indirekte **Grundlagen** 129
- Fusionskontrolle, Horizontale Zusammenschlüsse **Art. 2 FKVO** 309
- Fusionskontrolle, Konglomerate Zusammenschlüsse **Art. 2 FKVO** 479
- Fusionskontrolle, Vertikale Zusammenschlüsse **Art. 2 FKVO** 435
- GU-Netze **Art. 101 AEUV** 722
- indirekte **Art. 102 AEUV** 258 ff.
- Lizenzen **Grundlagen** 1262
- Lizenzverweigerung **Grundlagen** 1267
- Marktzutrittsschranke **Grundlagen** 298 ff.
- Normenvereinbarungen **Art. 101 AEUV** 442
- Ökonomie **Grundlagen** 391
- Online-Plattformen **Art. 101 AEUV** 558; **Einl. DMA** 10
- Online-Plattformen, einseitige **Grdl. DMA** 47
- Online-Plattformen, Interoperabilität **Art. 7 DMA** 8 ff.
- Plattformen **Grdl. DMA** 42 ff.
- positive **Art. 102 AEUV** 258 ff.
- Torwächterbenennung **Art. 3 DMA** 94

Netzwerkindustrien
- Zugangsregulierung **Grdl. DMA** 152 ff.

Netzzugang Grundlagen 1037 ff.

Neuanmeldung
- Verweisungsverfahren **Art. 22 FKVO** 96

Neuanmeldung nach Rücknahme
- Rücknahme (nach) **Art. 4 FKVO** 86 ff.

Neubescheidung Art. 10 FKVO 15 ff.; **Rechtsschutz** 496

Neue Politische Ökonomie Grundlagen 690

Neue Unterlagen
- Rechtliches Gehör **Art. 27 VO 1/2003** 40

Neuer Markt
- Handelsbeeinträchtigung **Art. 101 AEUV** 837

Neues Produkt
- Einzelfreistellung **Art. 4 Vertikal-GVO** 26

Neufahrzeugvertrieb Einl. Kfz-GVO 25

Neufestsetzung
- Geldbußen **Art. 16 FKVO** 12 ff.
- Zwangsgelder **Art. 16 FKVO** 12 ff.

Neuverhandlungsmöglichkeit
- Befristetes Wettbewerbsverbot **Art. 5 Vertikal-GVO** 17

Neuverhandlungspflichten Art. 101 AEUV 940

Neuwagen
- Begriff **Art. 2 Kfz-GVO** 5; **Art. 3 Kfz-GVO** 1

Neuwagenvertrieb
- Herstellergarantien **Art. 3 Kfz-GVO** 14
- Kfz-GVO **Art. 2 Kfz-GVO** 1 ff.; **Art. 3 Kfz-GVO** 1 ff.
- Markenzwang **Art. 3 Kfz-GVO** 8 ff.
- Marktabgrenzung **Art. 3 Kfz-GVO** 3
- Marktabgrenzung, geographische **Art. 3 Kfz-GVO** 7
- Marktabgrenzung, Marktstufe **Art. 3 Kfz-GVO** 4
- Marktabgrenzung, Sachlich relevanter Markt **Art. 3 Kfz-GVO** 5
- Marktanteilsschwelle **Art. 3 Kfz-GVO** 3 ff.
- Selektives Vertriebssystem **Art. 3 Kfz-GVO** 11 ff.
- Verfügbarkeitsklausel **Art. 3 Kfz-GVO** 13
- VO Nr. 1400/2002 **Art. 3 Kfz-GVO** 1 ff.
- VO Nr. 330/2010 **Art. 3 Kfz-GVO** 1 ff.

New Brandeis School of Antitrust Grundlagen 53

New Competition Tool (NCT) Art. 3 DMA 13

Newscorp/Telepiù-Fall Art. 101 AEUV 770; **Art. 2 FKVO** 292, 420; **Art. 9 FKVO** 51

Nicht freigestellte Klauseln
- Gruppenfreistellungsverordnungen **Art. 101 AEUV** 1228

Nicht wechselseitige Vereinbarungen
- Begriff **Art. 1 TT-GVO** 67

Nichtangriffsvereinbarungen Grundlagen 1222 ff.
- Freistellung **Einl. TT-GVO** 30 ff.
- Freistellung, Einzel- **Art. 101 AEUV** 1175
- Freistellung, TT-GVO **Art. 5 TT-GVO** 6 ff.
- Gebrauchsmusterrechte **Grundlagen** 1228 ff., 1232 ff.
- Know-How **Grundlagen** 1199, 1231
- Lizenzvertrag **Grundlagen** 1272
- Marken **Grundlagen** 1223 ff.
- Patentrechte **Grundlagen** 1228 ff., 1232 ff.
- Pay-for-Delay **Grundlagen** 1232 ff.
- Reverse-Payment **Grundlagen** 1232 ff.

Nichtangriffsklausel Art. 9 FuE-GVO 2

Nichtanwendbarkeitsentscheidung Art. 101 AEUV 950; **Art. 6 FKVO** 23 ff. s. auch Positiventscheidung
- Nichtigkeit **Art. 6 FKVO** 67
- Widerruf **Art. 6 FKVO** 55 ff.

Nichtanwendungsverordnung Art. 7 Vertikal-GVO 1

Nichtbelieferung
- Marktmissbrauch **Art. 102 AEUV** 21

Nichtduplizierbarkeit
- Wesentliche Einrichtungen **Art. 102 AEUV** 499 f.

Nichteinhaltungsbeschluss Art. 29 DMA 1 ff.
- Abstellungsanordnung **Art. 29 DMA** 21 ff.
- Beendete Zuwiderhandlungen **Art. 29 DMA** 27 ff.
- Beratungsverfahren **Art. 29 DMA** 14
- Einhaltungsmaßnahmen **Art. 29 DMA** 30 ff.
- Inhalt **Art. 29 DMA** 17 ff.
- Rechtsschutz **Art. 29 DMA** 33 ff.
- Verfahren **Art. 29 DMA** 9 ff.
- Wirkung **Art. 29 DMA** 9 ff.

Nichterzeugungsprämie SB Landwirtschaft 463

Nichtigerklärung
- Rechtswirkungen erzeugen können **Rechtsschutz** 480 ff.

Nichtigkeit
- Art. 101 Abs. 2 AEUV **Art. 101 AEUV** 874 ff.
- Ausbeutungsmissbrauch **Art. 102 AEUV** 878 ff.
- Behinderungsmissbrauch, preisbezogener **Art. 102 AEUV** 889
- Dauerschuldverhältnisse **Art. 102 AEUV** 890
- Digital Markets Act **Art. 102 AEUV** 923
- Diskriminierung von Handelspartnern **Art. 102 AEUV** 885 f.
- endgültige **Art. 101 AEUV** 877, 896
- Feststellung von Amts wegen **Art. 102 AEUV** 895
- Folgeverträge **Art. 102 AEUV** 891
- Fusionskontrolle **Art. 8 FKVO** 182
- Marktmissbrauchsverbot **Art. 102 AEUV** 875 ff.
- Marktstrukturmissbrauch **Art. 102 AEUV** 887
- Mittelbare Folgen **Art. 101 AEUV** 916
- Preishöhenmissbrauch **Art. 102 AEUV** 878 ff.

magere Zahl = Randnummer

Sachverzeichnis

- Rahmenverträge **Art. 102 AEUV** 890
- Rechtsfolgen Art. 101 Abs. 2 AEUV **Art. 101 AEUV** 874 ff.
- Vertikalbeschränkungen **Art. 102 AEUV** 888
- vorläufige **Art. 101 AEUV** 877
- vorübergehende **Art. 101 AEUV** 896

Nichtigkeitsklage Grundlagen 1654
- Aussetzung des Verfahrens **Art. 13 VO 1/2003** 12 ff.
- Begründetheit **Rechtsschutz** 496 ff.
- Einstellung des Verfahrens **Art. 13 VO 1/2003** 10
- Fusionskontrolle **Art. 19 FKVO** 39; **Art. 8 FKVO** 173 ff.
- Fusionskontrolle, Urteil **Art. 10 FKVO** 14 ff.
- Gruppenfreistellungsverordnungen **Art. 101 AEUV** 1213
- Passivlegitimation **Rechtsschutz** 402 ff.
- Teilanfechtung **Rechtsschutz** 405
- Urteil **Rechtsschutz** 501 ff.
- Zulässigkeitsvoraussetzungen **Rechtsschutz** 330 ff.

Nichtkumulationsprinzip Art. 102 AEUV 36
Nichtleistungswettbewerb Art. 102 AEUV 312, 322
Nichtlineare Preise Grundlagen 677
Nichtpreiskonditionen
- Informationsaustausch (über) **Art. 101 AEUV** 369

Nicht-Transaktionsplattformen Art. 102 AEUV 257
Nichtveröffentlichung von Schnittstelleninformationen Grundlagen 1446
Nichtverwertung
- lizensierte Technologie **Art. 6 TT-GVO** 8

Nichtvollfunktions-Gemeinschaftsunternehmen Art. 102 AEUV 41
- Handelsbeeinträchtigung **Art. 101 AEUV** 847 ff.

Nichtwettbewerber
- FuE-Kooperation **Art. 101 AEUV** 396

Niederlande
- Fusionskontrolle **Anh. FKVO** 142 ff.
- Gasmarkt **Art. 102 AEUV** 186
- Gemeinschaftsunternehmen **Art. 3 VO 1/2003** 40
- Green Deal **Art. 101 AEUV** 449
- Versicherungsvermittler **SB Versicherungswirtschaft** 136
- Wettbewerbspolitik **Grundlagen** 59

Niederländische Klausel Art. 22 FKVO 1 ff.; **Einl. FKVO** 94
Niederlassung Art. 101 AEUV 793
Niederlassungsfreiheit Grundlagen 751 ff., 761, 1329
- Immaterialgüterrecht **Grundlagen** 1073
- Rechtfertigung nach Art. 36 AEUV **Grundlagen** 1083
- Unternehmen mit Ausschließlichkeitsrechten **Art. 106 AEUV** 69
- Unternehmensbegriff **Art. 101 AEUV** 3

Niederlassungsortbeschränkung s. Standortklausel
Niedrigpreisstrategien
- Marktmissbrauch **Art. 102 AEUV** 666

Nielsen-Fall Grundlagen 1884
Niemietz-Fall Grundlagen 889
Nießbrauch am Unternehmen Art. 101 AEUV 578
Nizza, Vertrag von Grundlagen 815
NN Group/Detla Lloyd-Entscheidung SB-Versicherungswirtschaft 273

no action letter **Leniency-Bekanntmachung** 40
Nobile-Fall Rechtsschutz 47
Nodes Art. 101 AEUV 188
Nokia/NAVTEQ Art. 2 FKVO 462
Nold-Urteil Grundlagen 813
Nomenclature statistique des activités économiques Art. 102 AEUV 137
Nomura/Blueslate Art. 5 FKVO 20
non liquet **Art. 101 AEUV** 907
- Fusionskontrolle **Art. 8 FKVO** 13

non ultra petita **Art. 31 VO 1/2003** 6
- Digital Markets Act **Art. 45 DMA** 3

non-eligibility letter **Leniency-Bekanntmachung** 40
Nordsee-Urteil Rechtsschutz 680
Nordzucker-Fall Art. 5 VO 1/2003 42
Normenhäufung Grundlagen 1377
Normenhierarchie
- Wettbewerbsrecht und Immaterialgüterrecht **Grundlagen** 1188 ff.

Normenkontrolle, inzidente
- Europäische **Grundlagen** 935

Normenorganisationen Art. 101 AEUV 436
Normenvereinbarungen
- Bewirkte Wettbewerbsbeschränkung **Art. 101 AEUV** 440
- Bezweckte Wettbewerbsbeschränkung **Art. 101 AEUV** 438
- Effizienzgewinne **Art. 101 AEUV** 442
- Schadenstheorien **Art. 101 AEUV** 446
- Wettbewerbsbeschränkung, bezweckte **Einl. TT-GVO** 41
- Wettbewerbsförderung **Art. 101 AEUV** 442 ff.
- Wirkungen **Art. 101 AEUV** 437

Normungsgremien Art. 48 DMA 1 ff.
Normzweck
- Auslegung GVO **Art. 101 AEUV** 1215

Norwegen Grundlagen 1667, 1721
- Fusionskontrolle **Anh. FKVO** 256 ff.
- Versicherungsvermittler **SB Versicherungswirtschaft** 136
- Wettbewerbspolitik **Grundlagen** 59

Norwegian Federation of Trade Unions-Fall Grundlagen 1325, 1327 f.
notes en délibéré **Rechtsschutz** 189
Notfalltransportleistungen Grundlagen 1356
Notifizierungspflichten Art. 106 AEUV 145
- Online-Plattformen **Art. 15 DMA** 22 ff.

Notwendige Nebenabreden Art. 101 AEUV 222 ff.
Nouvelles Frontières-Urteil SB Verkehr 297, 352
Novartis/Alcon-Fall Art. 2 FKVO 252
Novartis/ClaxoSmithKline Oncology Business Art. 2 FKVO 322
Novelis/Aleris-Fall Art. 8 FKVO 95
Novo Nordisk-Fall Art. 102 AEUV 407, 630
nuclear island **Art. 8 FKVO** 138
Nuix Art. 20 VO 1/2003 9
Nukleare Sachversicherung SB-Versicherungswirtschaft 244
nulla poena sine culpa **Art. 2 VO 1/2003** 35
nulla poena sine lege **Art. 101 AEUV** 76
NumériCable/Canal+/Capital Communications CDPG/Bank America-Fall Art. 101 AEUV 619, 634 ff.
Nummernunabhängigkeit Art. 2 DMA 84

4091

Sachverzeichnis

fette Zahl = Gesetz und Paragraf

Nungesser/Kommission-Entscheidung Grundlagen 1240
NUOVO CEGAM-Entscheidung SB Versicherungswirtschaft 200
Nutricia/Zuid-Fall **Art. 101 AEUV** 235
Nutzenergiemarktlehre **Art. 102 AEUV** 173
Nutzer *s. auch Endnutzer*
– gewerbliche **Art. 6 DMA** 66 ff.
Nutzeranzahl **Art. 1 FKVO** 45
Nutzer-Feedback-Rückkopplung **Grdl. DMA** 56
Nutzergeneriertes Video **Art. 2 DMA** 76
Nutzerwechsel **Art. 6 DMA** 6 ff.
Nutzerzahlen **Art. 2 FKVO** 87
Nutzungsbeschränkungen **Art. 6 DMA** 137 ff.
– asymmetrische **Art. 4 TT-GVO** 26
– symmetrische **Art. 4 TT-GVO** 26
Nutzungszweck **Art. 2 DMA** 122
– Digital Markets Act **Art. 2 DMA** 25

O

O2 (Germany)-Entscheidung **Art. 101 AEUV** 206
Objektive Eigenschaften
– Bedarfsmarktkonzept **Art. 102 AEUV** 100 ff.
Objektiver Vorteil **Art. 101 AEUV** 1072 ff.
objet du litige Rechtsschutz 289
Obligatorischer Handelspartner **Art. 102 AEUV** 21 ff., 210 f., 587
OBS! Danmark-Fall **Art. 3 FKVO** 33
Obst **Art. 102 AEUV** 144; **SB Landwirtschaft** 388
– Mengensteuerung **SB Landwirtschaft** 467
Obstruktion **Art. 23 VO 1/2003** 160
OECD **Grundlagen** 1745 ff.
– Fusionskontrolle, Zusammenarbeit **Art. 2 FKVO** 522
– Informationsaustausch der Behörden **Art. 12 VO 1/2003** 3, 22
– Online-Plattformen, Interoperabilitätsregeln **Art. 6 DMA** 156
– Online-Plattformen, Portabilitätsregeln **Art. 6 DMA** 203
OECD Roundtable
– Krisenkartell **Art. 101 AEUV** 327
OECD-Ministerrat **Grundlagen** 1745
OEM **Art. 5 DMA** 225; **Art. 6 DMA** 77; **Art. 4 Vertikal-GVO**; **Art. 1 Kfz-GVO** 8; **Art. 4 Kfz-GVO** 25 241
OES **Art. 5 Kfz-GVO** 8 ff.
Offenlegung
– einseitige **Art. 101 AEUV** 353
– gutgläubige **Einl. TT-GVO** 43
– öffentliche **Art. 101 AEUV** 354
Öffentliche Distanzierung **Art. 101 AEUV** 133 f.
Öffentliche Gesundheit **Art. 10 DMA** 11 ff.
Öffentliche Gewalt **Art. 101 AEUV** 3
Öffentliche Informationen
– Faktoranalyse **Art. 101 AEUV** 378
Öffentliche Sicherheit **Art. 10 DMA** 11 ff.
– Fusionskontrolle, Zuständigkeit **Art. 21 FKVO** 32 ff.
Öffentliche Übernahmen
– Vollzugsverbot **Art. 7 FKVO** 88 ff.

Öffentliche Unternehmen **Art. 101 AEUV** 4, 22 ff.; **Art. 106 AEUV** 1 ff.; **Grundlagen** 1707
– Abtrennungsgebot von hoheitlichen Funktionen **Art. 106 AEUV** 58 ff.
– Begriff **Art. 106 AEUV** 37 ff.
– Beispiele **Art. 106 AEUV** 102
– Betrauung, Unternehmensauswahl **Art. 106 AEUV** 91
– Betrauung, Zeitbeschränkung **Art. 106 AEUV** 88
– Erforderlichkeit **Art. 106 AEUV** 93 ff.
– EWR-Wettbewerbsrecht **Grundlagen** 1691 ff.
– Geschichte **Art. 106 AEUV** 4 ff.
– Gleichbehandlungsanspruch **Art. 106 AEUV** 62 ff.
– Gleichheit **Art. 106 AEUV** 67
– Grundfreiheiten **Art. 106 AEUV** 62
– Schlechterstellungsverbot **Art. 106 AEUV** 66
– Sozialversicherungsträger **SB Versicherungswirtschaft** 21 ff.
– Staatlicher Verpflichtungsakt **Art. 106 AEUV** 85 ff.
– Unternehmen mit Ausschließlichkeitsrechten *s. Unternehmen mit Ausschließlichkeitsrechten*
– Unternehmen mit besonderen Rechten *s. Unternehmen mit besonderen Rechten*
– Verhältnismäßigkeit **Art. 106 AEUV** 93 ff.
– Versicherungswirtschaft **SB Versicherungswirtschaft** 205
– Vertragsbindung wie Mitgliedsstaaten **Art. 106 AEUV** 47 ff.
– Wettbewerbsrechtsanwendung **Art. 106 AEUV** 52 ff.
öffentliche Wiedergabe, Recht auf **Grundlagen** 1168 f.
Öffentlicher Informationsaustausch
– Faktoranalyse **Art. 101 AEUV** 379 ff.
Öffentliches Verleihen, Recht zum **Grundlagen** 1167
Öffentlichkeitsgrundsatz **Grundlagen** 945; **Rechtsschutz** 63
Öffentlich-rechtliche Gebühren **Art. 101 AEUV** 70
Öffentlich-rechtliche Körperschaften **Grundlagen** 1361
Öffentlich-rechtliche Verträge **Art. 101 AEUV** 107
Ökonomie **Grundlagen** 36 ff.
– Digital Markets Act **Grdl. DMA** 40 ff.
– Marktformen **Grundlagen** 76 ff.
– Wettbewerbstheorien **Grundlagen** 70 ff.
Ökonomische Erfahrungssätze
– Gerichtliche Kontrolle **Art. 101 AEUV** 1029 ff., 1037 ff.
Ökonomische Gutachten **Art. 101 AEUV** 1122
– Einzelfreistellung **Art. 101 AEUV** 1045
Ökosystem, digitales
– geschlossenes **Art. 6 DMA** 94
– offenes **Art. 6 DMA** 94
Oligopol
– Abgestimmte Verhaltensweisen **Art. 101 AEUV** 194
– Effizienz **Grundlagen** 213 ff.
– Fusionskontrolle, Horizontale Zusammenschlüsse **Art. 2 FKVO** 355 ff.
– Fusionskontrolle, Vertikale Zusammenschlüsse **Art. 2 FKVO** 456 ff.

Sachverzeichnis

magere Zahl = Randnummer

– Gemeinschaftsunternehmen, Gründung **Art. 2 FKVO** 463
– Gleichförmiges Verhalten **Art. 102 AEUV** 232 f.
– Informationsaustausch **Art. 101 AEUV** 350
– Luftverkehr **SB Verkehr** 352
– Ökonomie **Grundlagen** 191 ff., 191, 210 ff., 78
– Ökonomie, Bertrand-Wettbewerb **Grundlagen** 198, 206 ff.
– Ökonomie, Cournot-Wettbewerb **Grundlagen** 198, 201, 209 ff.
– Ökonomie, Erleichterung oligopolistischer Koordination **Grundlagen** 528 ff.
– Ökonomie, Preisdiskriminierung **Grundlagen** 603
– Ökonomie, Wettbewerb mit differenzierten Gütern **Grundlagen** 206 ff.
– Ökonomie, Wettbewerb mit homogenen Gütern **Grundlagen** 199 ff.
– Spieltheorie **Grundlagen** 191
– Verbrauchergewinnbeteiligung **Art. 101 AEUV** 1148
– Ökonomie, Nash-Gleichgewicht **Grundlagen** 198 f.

Oligopolansatz
– Vollfunktions-GU, mit gemeinschaftsweit **Art. 101 AEUV** 641 ff.

Oligopoleffekte
– nicht-koordinierte **Art. 102 AEUV** 226
– unilaterale **Art. 102 AEUV** 226

Oligopolfrieden Art. 102 AEUV 222 ff.

Oligopolistische Reaktionsinterdependenz Art. 102 AEUV 222 ff.

Oligopson
– Nachfragemacht **Grundlagen** 215

Oliofiat-Fall Art. 102 AEUV 636 ff.

Olivenöl und Tafeloliven SB Landwirtschaft 388
– Branchenverbandsvereinbarungen **SB Landwirtschaft** 446

Olivetti/Digital-Fall Art. 101 AEUV 767

Olympic/Aegean-Fall Art. 2 FKVO 210

Ombinusverordnung SB Landwirtschaft 385

Omega-Fall Grundlagen 984

One-stop-shop-Prinzip Art. 11 VO 1/2003 12; **Art. 21 FKVO** 1; **Art. 4 FKVO** 3; **Art. 9 FKVO** 1 ff.; **Einl. FKVO** 23 ff., 89; **Grundlagen** 735, 1630
– EFTA-Überwachungsbehörde **Art. 19 FKVO** 30
– Kartellverfahren **Art. 3 VO 1/2003** 35
– Legalfreistellung (VO Nr. 1/2003) **Art. 101 AEUV** 967

Online-Dienst eines sozialen Netzwerks Art. 2 DMA 67

Online-Handel Art. 101 AEUV 184 f.
– Vertikalvereinbarungen **Art. 101 AEUV** 488

Online-Plattform s. auch Plattform

Online-Plattformen Art. 101 AEUV 184 f., 298, 350; **Art. 102 AEUV** 257
– Ausfallhaftung **Art. 30 DMA** 14
– Auskunftsverlangen **Art. 21 DMA** 1 ff.
– Auskunftsverlangen, Auskunftsbeschluss **Art. 21 DMA** 16 ff.
– Auskunftsverlangen, einfaches **Art. 21 DMA** 11 ff.
– Auskunftsverlangen, Mitgliedstaaten **Art. 21 DMA** 28 ff.
– Auskunftsverlangen, Rechtsschutz **Art. 21 DMA** 32

– Auskunftsverlangen, Territoriale Reichweite **Art. 21 DMA** 7
– Aussageverweigerungsrecht **Art. 21 DMA** 27
– Beantwortungspflicht **Art. 21 DMA** 14 ff.
– Beantwortungspflicht, Erforderlichkeit **Art. 21 DMA** 23 ff.
– Beantwortungspflicht, Sanktionen **Art. 21 DMA** 31
– Bestpreisklauseln **SB Versicherungswirtschaft** 151
– Eigenschaften **Grdl. DMA** 54 ff.
– Einstweilige Maßnahmen **Art. 24 DMA** 1 ff.
– Ermittlungsbefugnisse der Kommission **Art. 22 DMA** 1 ff.
– FRAND-Kriterien **Art. 6 DMA** 255 ff., 276 ff.
– Freistellung, Vertikal-GVO **Art. 1 Vertikal-GVO** 31; **Art. 4 Vertikal-GVO** 35
– Fusionskontrolle, Vertikale Zusammenschlüsse **Art. 2 FKVO** 397
– Horizontalvereinbarung **Art. 101 AEUV** 332
– Hub and Spoke-Szenario **SB Versicherungswirtschaft** 147
– Hybrid-Plattformen **Art. 2 Vertikal-GVO** 51
– Informationsaustausch **Art. 101 AEUV** 353
– Lauterkeitsrecht **Grundlagen** 1054
– Marktabgrenzung **Art. 102 AEUV** 133; **Grundlagen** 266
– Marktabgrenzung, Digital Markets Act **Art. 2 DMA** 13; **Grdl. DMA** 71
– Marktabgrenzung, räumlich **SB Versicherungswirtschaft** 145
– Marktabgrenzung, Versicherungen **SB Versicherungswirtschaft** 142 ff.
– Marktanteil, Berechnung **Grundlagen** 267
– Markteintrittsschranken **Grdl. DMA** 129
– Marktmacht **SB Versicherungswirtschaft** 149
– Netzeffekte **Grundlagen** 299 ff.
– Ökonomie, Datenvorteile **Grdl. DMA** 87 ff.
– Ökonomie, Gekippte Märkte **Grdl. DMA** 76 ff.
– Ökonomie, Theorie der angreifbaren Märkte **Grdl. DMA** 128 ff.
– Ökonomie, Vertikalintegration **Grdl. DMA** 86, 137 ff.
– Ökonomie, Wettbewerbsförderung **Grdl. DMA** 94 ff.
– Parallelverhalten, stillschweigendes **SB Versicherungswirtschaft** 147
– Paritätsklauseln **Art. 101 AEUV** 545
– Personalized Pricing **Art. 102 AEUV** 452
– Preisbestimmung **Grundlagen** 332, 339
– Preisdiskriminierung **Grundlagen** 599
– Preissetzung, drittbezogene relative **Art. 102 AEUV** 794
– Regulierung, Entstehungsgeschichte **Einl. DMA** 1 ff.
– Selbstbevorzugung **Art. 102 AEUV** 497, 653 ff.
– single-homing **SB Versicherungswirtschaft** 150
– Solo-Selbstständige **Grundlagen** 1318
– Tipping **SB Versicherungswirtschaft** 150
– Versicherungswirtschaft **SB Versicherungswirtschaft** 172, 208
– Vertikalvereinbarungen **Art. 101 AEUV** 489, 537
– Vertriebsverbot **Art. 101 AEUV** 551 ff.
– Vollfunktions-GU, mit gemeinschaftsweit **Art. 101 AEUV** 651

4093

Sachverzeichnis

fette Zahl = Gesetz und Paragraf

- Wirtschaftliche Einheit Betreiber, Anbieter oder Nachfrager **SB Versicherungswirtschaft** 148
- Zwangsmaßnahmen **Art. 23 DMA** 42 ff.

Online-Transaktionen Art. 5 DMA 129

Online-Verhandlung
- EuGH **Rechtsschutz** 64

Online-Vermittlungsdienste Art. 2 DMA 31 ff.., 50; **Grundlagen** 1054
- Begriff **Art. 1 Vertikal-GVO** 46 ff.
- Business-to-Business **Art. 2 DMA** 59
- Freistellung, Vertikal-GVO **Art. 1 Vertikal-GVO** 42; **Art. 2 Vertikal-GVO** 51 f.; **Art. 5 Vertikal-GVO** 70 ff.
- Peer-to-Peer **Art. 2 DMA** 59
- Ranking **Art. 6 DMA** 129

Online-Vertrieb
- Doppelpreissysteme **Art. 101 AEUV** 522
- Pauschalverbot **Art. 101 AEUV** 551 ff.

Online-Vertriebsverbot Art. 101 AEUV 551 ff.

Online-Werbedienste Art. 2 DMA 39; **Art. 6 DMA** 46, 56, 62, 172, 183
- Begriff **Art. 2 DMA** 9, 15
- Bereitstellung mit anderen Diensten **Art. 2 DMA** 19
- Datennutzungsverbot **Art. 6 DMA** 65

Online-Werbekanal Art. 4 Vertikal-GVO 169

Online-Werbung Art. 4 Vertikal-GVO 168, 236

Opel Nederland-Fall Art. 4 Vertikal-GVO 114

Open Bidding Art. 101 AEUV 77

Open-Price-Systems Grundlagen 20

Opportunitätskosten
- Kosten-Preis-Schere **Art. 102 AEUV** 723

Opportunitätsprinzip Art. 23 VO 1/2003 29

Opt-In-Verfahren Grundlagen 723

Opt-in-Vorgabe Art. 7 DMA 44 ff.

Optionen (an Geschäftsanteilen)
- Marktstrukturmissbrauch **Art. 102 AEUV** 828

Optionen (auf Erwerb)
- Kontrollerwerb **Art. 3 FKVO** 58

Oracle/Sun Microsystems-Fall Art. 1 FKVO 59 ff.; **Art. 8 FKVO** 97

Oracle-Entscheidung Art. 102 AEUV 160 ff.

Orange-Book-Standard Art. 102 AEUV 803 ff.

Ordoliberalismus Grundlagen 38, 55, 113 ff., 695

ordre public Grundlagen 1083
- IPR **Grundlagen** 1538 f.
- Schadensersatzanspruch **Art. 101 AEUV** 924
- Schiedsgericht **Grundlagen** 1544

Organisation für wirtschaftliche Zusammenarbeit und Entwicklung Grundlagen 1745 ff.

Organisationsform von Unternehmen
- Kartelltheorie **Grundlagen** 350

Organisationsreform 2003 Einl. FKVO 186

Organisationsverträge
- Versicherungswirtschaft **SB Versicherungswirtschaft** 28

Organklagen Rechtsschutz 49

Orientierungspreise
- Weintrauben **SB Landwirtschaft** 451

Original Equipment Manufacturers Art. 5 DMA 225

Original Equipment Supplier Art. 1 Kfz-GVO 8

Originalbeiträge SB Versicherungswirtschaft 198

Orkem-Entscheidung Vor Art. 17–22 VO 1/2003 11

Ort des Kartells
- Internationales Wettbewerbsrecht **Grundlagen** 1429

Ortho Diagnostics/Abbott Labs-Fall Art. 102 AEUV 645

Örtlichkeitsbeschränkung
- Kommunales Wirtschaftsrecht **Art. 106 AEUV** 62

Ortsgebundenheit
- Marktabgrenzung **Art. 2 FKVO** 63

Österreich Grundlagen 1667 f.
- Elektrizitätsmarkt **Art. 102 AEUV** 180
- Fusionskontrolle **Anh. FKVO** 153 ff.
- Gasmarkt **Art. 102 AEUV** 186
- Gemeinschaftsunternehmen **Art. 3 VO 1/2003** 40
- Green Deal **Art. 101 AEUV** 449
- Inlandsumsätze **Grundlagen** 1492
- Leniency-Bekanntmachung **Leniency-Bekanntmachung** 1
- Wettbewerbspolitik **Grundlagen** 59

österreichische Marktprozesstheorie Grundlagen 111 ff.

Oude Luttikhuis-Fall Art. 101 AEUV 238 f.

Oude Luttikhuis-Rechtssache SB Landwirtschaft 391

Outokumpu/Inoxum-Fall Art. 2 FKVO 300

Outputbeschränkungen Art. 4 TT-GVO 12
- einseitige **Art. 4 TT-GVO** 13

Outputmarkt Art. 102 AEUV 514

outrageous conduct Grundlagen 1539

Outsourcing Art. 101 AEUV 395
- Kontrollerwerb **Art. 3 FKVO** 71 ff.

P

P&I Clubs II-Fall SB Versicherungswirtschaft 204

P&I Clubs-Fall Art. 101 AEUV 217; **Art. 102 AEUV** 420

P&O/Stena Linie-Fall Art. 101 AEUV 714, 715

P2B-Verordnung Einl. DMA 1; **Grundlagen** 1054
- Verhältnis zum Digital Markets Act **Art. 5 DMA** 30 ff.

P2P-Netzwerke Art. 101 AEUV 187

P2P-Programme Art. 101 AEUV 81

Pafitis-Fall Rechtsschutz 90

Paketgeschäft Art. 102 AEUV 630

Paketrabatte
- Marktmissbrauch **Art. 102 AEUV** 780 ff.

Palästinensische Behörde Grundlagen 1799 ff.

Panels Art. 8 FKVO 23; **Einl. FKVO** 102 f., 186

Parallelanwendung
- Pflicht zur **Art. 102 AEUV** 65 ff.
- Recht zur **Art. 102 AEUV** 65 ff.

Parallelhandel Art. 101 AEUV 530
- Freistellung, TT-GVO **Art. 4 TT-GVO** 80
- Internationales Wettbewerbsrecht **Grundlagen** 1441
- Neuwagenvertrieb **Art. 3 Kfz-GVO** 13

Parallelhandelverhinderung
- Diskriminierung von Handelspartnern **Art. 102 AEUV** 439
- Freistellung, Einzel- **Art. 101 AEUV** 1116

Parallelimporte Grundlagen 1068
- Behinderung **Art. 101 AEUV** 805

magere Zahl = Randnummer

Sachverzeichnis

– Freistellung, Vertikal-GVO **Art. 4 Vertikal-GVO** 111
– Lizenzen **Grundlagen** 1208
– Marken **Grundlagen** 1146 ff.
– Verbot von **Art. 101 AEUV** 495
Parallelnutzung Art. 102 AEUV 260; **Art. 6 DMA** 6 ff.; **Art. 7 DMA** 9
Parallelverhalten Art. 101 AEUV 153
– Marktbeherrschung, kollektive **Art. 102 AEUV** 232 f.
– stillschweigendes **SB Versicherungswirtschaft** 147
Parallelzuständigkeiten
– Behörden der Mitgliedstaaten nach Art. 104 AEUV **Art. 104 AEUV** 17
Paramount-Fall Art. 9 VO 1/2003 38
Pareto-Kriterium Grundlagen 75
Parfum Art. 101 AEUV 567
Pariser Verbandsübereinkunft Grundlagen 1084
Paritätische Beteiligung Art. 3 FKVO 117
Paritätsklauseln Art. 101 AEUV 545 ff.
– enge **Art. 101 AEUV** 547; **Art. 5 Vertikal-GVO** 71 ff.; **Art. 6 Vertikal-GVO** 12
– Freistellung, Vertikal-GVO **Art. 1 Vertikal-GVO** 33
– Online-Plattformen **Art. 101 AEUV** 489, 545 ff.
– plattformübergreifende **Art. 101 AEUV** 550
– Torwächter **Art. 5 DMA** 116 ff.
– weite **Art. 5 Vertikal-GVO** 70 ff.
Parke Davis-Fall Art. 102 AEUV 382
Parlament
– Durchführungsvorschriften **Art. 103 AEUV** 6
Parteifähigkeit Rechtsschutz 311 ff.
– Einstweiliger Rechtsschutz **Rechtsschutz** 569
– Rechtsmittel **Rechtsschutz** 615 ff.
Partenaire obligatoire, Lehre vom *s. Obigatorischer Handelspartner*
Pass on Grundlagen 1399
pass through-Rate Art. 101 AEUV 1152
pass through-Vereinbarungen Einl. TT-GVO 71 ff.
Passing-on-Defence Grundlagen 722 f.
– IPR **Grundlagen** 1537
Passive Rolle Art. 23 VO 1/2003 167
Passive Verkäufe Art. 1 Vertikal-GVO 114 ff.; **Art. 4 Vertikal-GVO** 104, 144 ff., 200
– Online-Plattformen, Freistellung **Art. 1 Vertikal-GVO** 43
Passive Zuwiderhandlung Art. 101 AEUV 129
Passiver Verkauf Art. 101 AEUV 495, 536, 570
Passivlegitimation
– Nichtigkeitsklage **Rechtsschutz** 402 ff.
Passivverkaufsverbot
– Unternehmen, nicht konkurrierende **Art. 4 TT-GVO** 73 ff.
Passmore/Morland-Fall Art. 101 AEUV 895
Patent Grundlagen 1086, 1154 ff., 1232 ff.
– Begriff **Art. 1 TT-GVO** 4
– Belieferungszwang **Grundlagen** 1160
– Erschöpfung **Grundlagen** 1156 ff.
– Erschöpfung, Lizenz **Grundlagen** 1116
– Legalausnahme **Art. 101 AEUV** 440
– Nichtangriffsvereinbarungen **Grundlagen** 1228 ff.
– Potentieller Wettbewerb **Art. 101 AEUV** 304
– Sperrpatente **Grundlagen** 1250 ff.
– spezifischer Gegenstand **Grundlagen** 1154 ff.

– standardessentielles *s. SEP*
– Zwangslizenzen **Grundlagen** 1158 ff.
Patentdickichte
– Ökonomie **Grundlagen** 390
Patenthinterhalt Art. 101 AEUV 440; **Grundlagen** 1060, 1270, 1272
– Wettbewerbspolitik **Grundlagen** 611
Patentpool *s. auch Technologiepools*
– Ökonomie **Grundlagen** 390
Patenttrennen Grundlagen 478 f.
Patenttheorie
– dynamische **Grundlagen** 1192
Patentvergleiche Art. 101 AEUV 1112
Pauschalreisen Art. 102 AEUV 156
Pauschalverbot
– Online-Vertrieb **Art. 101 AEUV** 551 ff.
Pavlov-Entscheidung Grundlagen 1355, 1364
Pay-for-Delay Art. 101 AEUV 301; **Einl. TT-GVO** 30; **Grundlagen** 1232 ff.
Pay-to-Stay-Gebühren Art. 101 AEUV 575; **Art. 1 Vertikal-GVO** 34
Pay-TV-Markt Art. 101 AEUV 619, 634, 668
Pazifischer Ozean, Staaten Grundlagen 1808
Pechstein-Fall Art. 102 AEUV 404
Peiselastizität der Nachfrage
– Marktabgrenzung **Grundlagen** 277 ff.
Pelika Ray-Fall Art. 102 AEUV 607
penalty plus Leniency-Bekanntmachung 50
Penetration Pricing Grundlagen 464
Per se-Regeln
– Ökonomie **Grundlagen** 696
per se-Verbot Art. 101 AEUV 207
Perfect Competition Grundlagen 158 ff.
– Wettbewerbspolitik **Grundlagen** 10 ff.
Periodizität
– Informationsaustauschs (des) **Art. 101 AEUV** 377
Pernod Ricard/Diageo/Seagram Spirits-Fall Grundlagen 1704
Peroxide Art. 102 AEUV 107
Personal Information Management Systems (PIMS) Grdl. DMA 125 f.
Personalausstattung
– Gemeinschaftsunternehmen **Art. 3 FKVO** 145
Personalcomputer Art. 1 Vertikal-GVO 67
Personalitätsprinzip Grundlagen 1385
– passives **Grundlagen** 1419
Personalized Pricing Art. 102 AEUV 452
Personelle Verflechtungen
– Kontrollerwerb **Art. 3 FKVO** 69
– Marktbeherrschung, kollektive **Art. 102 AEUV** 219
Personelle Verpflechtungen
– Vollfunktions-GU, mit gemeinschaftsweit **Art. 101 AEUV** 657
Personelle Vorrangklausel
– Tarifverträge **Grundlagen** 1327
Personentransporte Art. 102 AEUV 204 ff.
Persönlichkeitsrecht
– Urheberrechte **Grundlagen** 1162
Peru Grundlagen 1856
PET-Kunststoffgetränkeverpackungen Art. 8 FKVO 80 ff.
PET-Verpackungsanlagen Art. 102 AEUV 53 ff.
Pfizer/Hospira-Fall Art. 102 AEUV 323
Pflanzenschutzmittel SB Landwirtschaft 383
Pfleiderer-Fall Leniency-Bekanntmachung 71

4095

Sachverzeichnis

fette Zahl = Gesetz und Paragraf

Pflichtmitgliedschaften Grundlagen 1291, 1292
– Betriebsrentenfonds **SB Versicherungswirtschaft** 206
– Sozialversicherungssystem **Grundlagen** 1352
– Zusatzrentenfonds **SB Versicherungswirtschaft** 206
Pharma
– Umsatzermittlung **Art. 1 FKVO** 43
Pharma-Unternehmen
– Fusionskontrolle, Horizontale Zusammenschlüsse **Art. 2 FKVO** 321 ff.
Phase 1
– Fusionskontrolle **Art. 6 FKVO** 6 ff.
Phase 2 Art. 8 FKVO 17 ff.
Phil Collins-Entscheidung Grundlagen 1162
Philip Morris-Fall Art. 101 AEUV 581 ff., 587, 591 f., 757, 760, 763 ff.; **Einl. FKVO** 32, 68, 120
Philip-Morris-Fall Art. 21 FKVO 2 ff.
Philips / Osram -Fall Art. 101 AEUV 715
Philips/Saeco Art. 2 FKVO 496
Phishing-Emails Art. 7 DMA 51
Phonak/ReSound-Fall Grundlagen 1504
Physische Charakteristika
– Bedarfsmarktkonzept **Grundlagen** 242
Pierre Fabre-Fall Art. 4 Vertikal-GVO 23, 141 ff.
PIMS Grdl. DMA 125 f.
Pipeline Products Art. 102 AEUV 141
Pipeline-Produkte Art. 2 FKVO 261, 321 ff.
– Fusionskontrolle, Anmeldung **Art. 4 FKVO** 48
Pladoyer Rechtsschutz 179 ff.
Plan Art. 101 AEUV 159
Planungssicherheit
– Rechtfertigungsgrund **Art. 102 AEUV** 612 ff.
Platform as a service (PaaS) Art. 2 DMA 102
Plattformdienst
– Begriff **Grdl. DMA** 49 ff.
Plattformdienste, zentrale
– Abgrenzung **Art. 2 DMA** 20 ff., 40 ff.
– Aufdrängung von **Art. 5 DMA** 220 ff.
– Begriff **Art. 2 DMA** 8 ff.
– Begriff, abschließende Aufzählung **Art. 2 DMA** 10
– Begriff, Funktion **Art. 2 DMA** 5
– Begriff, geografische Reichweite **Art. 2 DMA** 13
– Begriff, sachliche Reichweite **Art. 2 DMA** 22
– Gewinnorientierung **Art. 1 DMA** 13
– integrierte **Art. 2 DMA** 24
– Kommissionsermächtigung **Art. 12 DMA** 12
– Liste **Art. 4 DMA** 26
– nicht-integrierte **Art. 2 DMA** 24
– Nutzungszweck **Art. 2 DMA** 122
– Überblick **Einl. DMA** 25 ff.
– Voreinstellungen **Art. 6 DMA** 68 ff.
– Zugangstor **Art. 3 DMA** 36 ff.
Plattformen
– Begriff, ökonomischer **Grdl. DMA** 40 ff.
– einseitige **Grdl. DMA** 47
– Innovations- **Grdl. DMA** 48
– Marktabgrenzung **Grdl. DMA** 66 ff.
– Marktmacht, Bestimmung **Grdl. DMA** 66 ff.
– mehrseitige **Grdl. DMA** 41 ff.
– Monopolisierungstendenz **Grdl. DMA** 72 ff.
– Ökonomie **Art. 3 DMA** 5 ff.
– Online-, Eigenschaften **Grdl. DMA** 54 ff.
– Tipping **Grdl. DMA** 72 ff.
– Transaktions- **Grdl. DMA** 48

Plattform-Envelopment Grdl. DMA 135
Plattformmärkte Art. 102 AEUV 256 ff.
– Datenzugang **Art. 102 AEUV** 262
– Größenvorteil **Art. 102 AEUV** 261
– Innovationsdruck **Art. 102 AEUV** 263
– Intermediationsmacht **Art. 102 AEUV** 264
– Marktabgrenzung **Art. 2 FKVO** 70
– Nachfragemacht **Art. 2 FKVO** 159
– Netzwerkeffekte **Art. 102 AEUV** 258 ff.
– Parallelnutzung **Art. 102 AEUV** 260
– Wechselaufwand **Art. 102 AEUV** 260
– Wettbewerbsförderung **Grdl. DMA** 94 ff.
Plattformökonomie Grundlagen 129
– Solo-Selbstständige **Grundlagen** 1311
Plattform-Programme Art. 101 AEUV 81
Plattformübergreifende Einzelhandels-Paritätsverpflichtungen Art. 5 Vertikal-GVO 70 ff.
Plattformverbote Art. 101 AEUV 489, 551 ff.
Plaumann-Rechtsprechung Grundlagen 936; **Rechtsschutz** 430 ff.
pleine jurisdiction Rechtsschutz 552
Po/Lif-Fall Art. 102 AEUV 77 ff.
point of sale Methode Art. 5 FKVO 19
Polen
– Fusionskontrolle **Anh. FKVO** 164 ff.
– Grundrechtscharta **Grundlagen** 845
Poolvereinbarung
– Versicherungswirtschaft **SB Versicherungswirtschaft** 28
– Zusammenschluss **Art. 3 FKVO** 122
Porsche/Volkswagen-Fall Art. 3 FKVO 74
Portfolioeffekte Grundlagen 578
– Fusionskontrolle **Art. 2 FKVO** 118
Portfoliofusionen Art. 2 FKVO 467
Portfoliowirkungen
– Fusionskontrolle, Konglomerate Zusammenschlüsse **Art. 2 FKVO** 492 ff.
Portland Zement-Urteil Art. 2 VO 1/2003 24
Portugal
– Elektrizitätsmarkt **Art. 102 AEUV** 180
– Fusionskontrolle **Anh. FKVO** 174 ff.
– Vorrang des EU-Wettbewerbsrechts **Art. 3 VO 1/2003** 126
Positive Comity s. Comity
Positive Tenorierung Art. 7 VO 1/2003 15
Positiventscheidung Art. 10 VO 1/2003 1 ff. s. auch Nichtanwendbarkeitsentscheidung
– Ermessen **Art. 10 VO 1/2003** 16
– Informelle Beratung **Art. 10 VO 1/2003** 40
– Inhalt **Art. 10 VO 1/2003** 13 ff.
– Rechtsschutz **Art. 10 VO 1/2003** 31 ff.
– Verfahren **Art. 10 VO 1/2003** 25 ff.
– Voraussetzungen **Art. 10 VO 1/2003** 7 ff.
– Wirkung **Art. 10 VO 1/2003** 17 ff.
– Wirkung, belastende **Art. 10 VO 1/2003** 35 ff.
– Wirkung, Bestandskraft **Art. 10 VO 1/2003** 20
– Wirkung, Bindungswirkung **Art. 10 VO 1/2003** 18 ff., 22 ff.
Positivvermutung
– Handelsbeeinträchtigung **Art. 101 AEUV** 836
Post Danmark I-Fall Art. 102 AEUV 674, 695 ff., 707, 715 ff.
Post Danmark II-Urteil Art. 102 AEUV 602
– fehlerhafter **Art. 102 AEUV** 752
Post-Chicago Economics Grundlagen 117, 132 ff., 500, 536

Sachverzeichnis

magere Zahl = Randnummer

Posten AB/Post Danmark Art. 2 FKVO 473; Grundlagen 1687
Postive Comity-Abkommen 1998 Grundlagen 1885
Postsektor
– Bereichsausnahmen Grundlagen 1571
– Daseinsvorsorge Art. 106 AEUV 102
– Dienstleistungen von allgemeinem wirtschaftlichen Interesse Art. 106 AEUV 194
Postulationsfähigkeit Rechtsschutz 322
– Vorabentscheidungsverfahren Rechtsschutz 675
Potentielle Kartellgewinne Art. 23 VO 1/2003 11
Potentieller Markt
– Immaterialgüterrecht Grundlagen 1245
– Lizenzverweigerung Grundlagen 1265 ff.
Potentieller Wettbewerb Art. 101 AEUV 197, 301 ff.
– Bietergemeinschaften Art. 101 AEUV 307
– Committed Entry Grundlagen 294
– Feststellung Art. 101 AEUV 301 ff.
– Freistellung, Einzel- Art. 101 AEUV 1186
– Fronting-Vereinbarung SB Versicherungswirtschaft 188
– Fusionskontrolle, Ausgleichsfaktoren Art. 2 FKVO 160 ff., 178 ff., 267 ff.
– Fusionskontrolle, Horizontale Zusammenschlüsse Art. 2 FKVO 375 ff.
– Gemeinschaftsunternehmen Art. 101 AEUV 618
– Geschäftsverweigerung Art. 102 AEUV 477
– Immaterialgüterrecht Art. 101 AEUV 304
– lebensfähige wirtschaftliche Strategie Art. 101 AEUV 302
– Marktabgrenzung Art. 102 AEUV 87; Grundlagen 240 f.
– Markteintrittsfähigkeit Art. 101 AEUV 301 ff.; Grundlagen 292 ff.
– Natürliche Monopole Grundlagen 670
– Theorie der angreifbaren Märkte Grundlagen 293 ff.
– Uncommited Entry Grundlagen 294
– Vollfunktions-GU, nicht gemeinschaftsweit Art. 101 AEUV 711
Potentieller Wettbewerber Art. 101 AEUV 300 ff.
Potentielles Unternehmen Art. 101 AEUV 14 f.
Poucet et Pistre-Entscheidung Art. 102 AEUV 79; Art. 106 AEUV 33; Grundlagen 1352, 1358
Präklusion
– Gerichtsverfahren Rechtsschutz 144, 295
– Nichtigkeitsklage Rechtsschutz 499
– Rechtsmittel Rechtsschutz 623
Praktische Konkordanz Grundlagen 996 ff.
Praktische Zusammenarbeit Art. 101 AEUV 156
Prämienempfehlungen SB Versicherungswirtschaft 197
Prämiensystem
– Diskriminierung von Handelspartnern Art. 102 AEUV 444
– Kartelltheorie Grundlagen 342
– Netto- SB Versicherungswirtschaft 136
Pränotifikationstreffen Einl. FKVO 162 ff.
Pränotifikationsverfahren Einl. FKVO 112, 162 ff.
– waiver Einl. FKVO 162
Prantl-Entscheidung Grundlagen 1174
Präsenz Art. 8 TT-GVO 8
– nennenswerte s. Nennenswerte Präsenz

Präsident der Kommission
– Einwilligung Einl. FKVO 195
Präventive Kontrolle, Prinzip der Einl. FKVO 98 ff.
Präventivzusammenschluss
– Ökonomie Grundlagen 464
Pre-Closing Covenants Art. 7 FKVO 55 ff.
Predatory Pricing s. Kampfpreise
Predictable Agent Art. 101 AEUV 182
pre-existing documents Leniency-Bekanntmachung 62 ff.
Preisabsprachen Art. 101 AEUV 169
– Bezweckte Wettbewerbsbeschränkung Art. 101 AEUV 330 ff.
– Freistellung, Einzel- Art. 101 AEUV 1107
– Internationales Wettbewerbsrecht Grundlagen 1438 ff.
– Seeverkehr SB Verkehr 328
– Verkehrssektor SB Verkehr 338
Preisalgorithmen Art. 4 Vertikal-GVO 50 f.
Preisangemessenheit
– Ermittlung Art. 102 AEUV 355 ff.
– Gewinnspannenbegrenzung Art. 102 AEUV 358
– Kosten-Preis-Analyse Art. 102 AEUV 356 ff.
– Preisvergleiche Art. 102 AEUV 376 ff.
– Preisvergleiche, Gewinnvergleichskonzept Art. 102 AEUV 385 ff.
– Preisvergleiche, Konkurrenzpreiskonzept Art. 102 AEUV 381 ff.
– Preisvergleiche, Vergleichsmarktkonzept Art. 102 AEUV 377 ff.
Preisanhebung s. Preiserhöhung
Preisanpassungsklauseln Art. 102 AEUV 616
Preisaufschläge
– Horizontalvereinbarung Art. 101 AEUV 332
Preisbestimmungsrecht
– Unternehmen, konkurrierende Art. 4 TT-GVO 8 ff.
– Unternehmen, nicht konkurrierende Art. 4 TT-GVO 69 ff.
Preisbindung
– Freistellung, Spezialisierungs-GVO Art. 4 Spezialisierungs-GVO 3 ff.
– Freistellung, TT-GVO Art. 4 TT-GVO 8, 69 ff.
– Freistellung, Vertikal-GVO Art. 4 Vertikal-GVO 27 ff.
– Handelsbeeinträchtigung Art. 101 AEUV 851
– Landwirtschaft SB Landwirtschaft 399, 407, 410, 417 ff.
– Landwirtschaft, freie Verkäufe SB Landwirtschaft 421 ff.
– Marktmissbrauch Art. 102 AEUV 400
– Tarifverträge Grundlagen 1301
– vertikal und grenzüberschreitend Art. 101 AEUV 805
– vertikale Art. 101 AEUV 559 ff.
Preisbindungen der zweiten Hand Art. 101 AEUV 494, 510, 560
– Freistellung, Einzelfreistellung Art. 4 Vertikal-GVO 26
– Freistellung, Vertikal-GVO Art. 4 Vertikal-GVO 27 ff.
Preisdifferenzierung
– Ökonomie Grundlagen 597 ff.
Preisdiskriminierung
– Endverbraucher Art. 102 AEUV 439

4097

Sachverzeichnis

fette Zahl = Gesetz und Paragraf

- Großhändler **Art. 102 AEUV** 439
- Marktabgrenzung bei **Grundlagen** 257 f.
- Ökonomie **Grundlagen** 583
- Ökonomie, Bestpreisklauseln **Grundlagen** 630 ff.
- Ökonomie, Grade **Grundlagen** 599 ff.
- Ökonomie, Rabattsystem **Grundlagen** 630 ff.
- Wettbewerbspolitik **Grundlagen** 573

Preisdruck
- Horizontale Zusammenschlüsse **Grundlagen** 423 ff.
- Marktabgrenzung bei differenzierten Gütern **Grundlagen** 256
- zweifacher **Art. 102 AEUV** 719

Preise
- effiziente Komponentenpreise **Grundlagen** 679
- Individual Pricing **Art. 102 AEUV** 452
- Informationsaustausch (über) **Art. 101 AEUV** 369
- Marktabgrenzung **Art. 102 AEUV** 91 f.; **Art. 2 FKVO** 51, 64
- Netzzugangsentgelte **Grundlagen** 1033 f.
- nichtlineare **Grundlagen** 677
- Online-Plattformen (Auskunft über) **Art. 5 DMA** 256
- Personalized Pricing **Art. 102 AEUV** 452
- Preisregeln, Kartelltheorie **Grundlagen** 337 ff.
- Spitzenlastpreise **Grundlagen** 676
- transaktionsbezogene **Grdl. DMA** 41
- Transportkosten, Kartelltheorie **Grundlagen** 340 f.
- überhöhte **Art. 102 AEUV** 253
- verlustbringend **Art. 102 AEUV** 691
- wettbewerbsanaloge **Grundlagen** 594 ff., 1038 ff.
- Wettbewerbsbeschränkende Absprachen **Art. 101 AEUV** 330 ff.
- Zugangs- **Grdl. DMA** 41; **Grundlagen** 678
- Zwischenstaatlichkeitsklausel **Art. 102 AEUV** 865

Preiselastizität Grundlagen 222 ff., 230 ff.
- Fusionskontrolle, Vertikale Zusammenschlüsse **Art. 2 FKVO** 411
- Kartelltheorie **Grundlagen** 355
- Marktabgrenzung **Grundlagen** 238, 222 ff.
- Marktmacht **Grundlagen** 219 ff.
- Marktmacht, Ermittlung **Grundlagen** 247 f.

Preisempfehlung
- Freistellung, TT-GVO **Art. 4 TT-GVO** 69 ff.
- Freistellung, Vertikal-GVO **Art. 4 Vertikal-GVO** 28, 37 ff., 53 ff.
- Spezialisierungs-GVO **Art. 4 Spezialisierungs-GVO** 3 ff.
- vertikale **Art. 101 AEUV** 561 ff.

Preiserhöhung
- einseitige **Art. 101 AEUV** 174
- Fusionskontrolle, Horizontale Zusammenschlüsse **Art. 2 FKVO** 241 ff.
- Fusionskontrolle, Vertikale Zusammenschlüsse **Art. 2 FKVO** 404 ff., 426 ff.
- Recoupment **Art. 102 AEUV** 712
- Rundschreiben **Art. 101 AEUV** 354 f.

Preisfestsetzung
- Diskriminierung von Handelspartnern **Art. 102 AEUV** 439
- einseitige **Art. 102 AEUV** 407
- Kooperationen **Art. 101 AEUV** 738
- Kosten-Preis-Scheren-Situation **Art. 102 AEUV** 733
- relative **Art. 102 AEUV** 788 ff.
- Spielraum **Art. 101 AEUV** 38; **Grundlagen** 219

- Vertikalvereinbarungen **Art. 101 AEUV** 504

Preisfindung
- Fusionskontrolle, Horizontale Zusammenschlüsse **Art. 2 FKVO** 357

Preisführer Art. 102 AEUV 381
- Horizontalvereinbarung **Art. 101 AEUV** 331
- Kartelltheorie **Grundlagen** 336

Preisgabeverbot Art. 36 DMA 12 ff.; **Art. 28 VO 1/2003** 1 ff., 7 ff.
- Adressaten **Art. 28 VO 1/2003** 9 ff.
- Grenzen **Art. 28 VO 1/2003** 10
- Inhalt **Art. 28 VO 1/2003** 8 ff.
- Rechtsfolgen **Art. 28 VO 1/2003** 10

Preisgarantie
- Kartelltheorie **Grundlagen** 367

Preisgleichgewicht
- Abgestimmte Verhaltensweisen **Art. 101 AEUV** 191

Preisheraufsetzungstest Art. 102 AEUV 96

Preishöhenmissbrauch
- Tatbestand **Art. 102 AEUV** 352 ff.
- Nichtigkeit **Art. 102 AEUV** 878 ff.
- Online-Plattformen **Art. 5 DMA** 61 ff.

Preiskartell
- Geldbußen **Art. 23 VO 1/2003** 12 ff.
- Gewinne **Art. 23 VO 1/2003** 12
- Konditionenabsprachen **Art. 101 AEUV** 333
- Marktmissbrauchsverbot **Art. 102 AEUV** 35

Preiskontrolle
- Verfassungskonformität **Grundlagen** 1043 ff.

Preiskorrelationsanalyse Grundlagen 284 ff.

Preis-Kosten-Schere s. Kosten-Preis-Schere

Preis-Kosten-Vergleiche
- Kostenarten **Art. 102 AEUV** 675 ff.

Preislage der Güter
- Bedarfsmarktkonzept **Grundlagen** 242

Preismeldestellen
- Horizontalvereinbarung **Art. 101 AEUV** 331
- Kartelltheorie **Grundlagen** 336, 367

Preismeldesystem SB Versicherungswirtschaft 111 ff.

Preismissbrauch Art. 102 AEUV 352 ff.
- Definition **Art. 102 AEUV** 355
- Kosten-Preis-Analyse **Art. 102 AEUV** 356 ff.
- Praxis der Kommission **Art. 102 AEUV** 354
- Preisangemessenheit **Art. 102 AEUV** 355 ff.

Preisobergrenzen
- Freistellung, Vertikal-GVO **Art. 4 Vertikal-GVO** 28

Preisparitätsklauseln Art. 102 AEUV 788 ff.
- Internetvertrieb **Art. 4 Vertikal-GVO** 83 ff.

Preispolitik
- Spürbarkeit **Art. 101 AEUV** 827

Preisrabatte
- Horizontalvereinbarung **Art. 101 AEUV** 332
- Vertikalvereinbarungen **Art. 101 AEUV** 504

Preisregeln
- Kartelltheorie **Grundlagen** 337 ff.

Preisschirmeffekt Art. 102 AEUV 381

Preissenkung
- defensive **Art. 102 AEUV** 699 ff.
- Diskriminierung von Handelspartnern **Art. 102 AEUV** 440
- Marktmissbrauch **Art. 102 AEUV** 333, 668
- selektive **Art. 102 AEUV** 714 ff.

magere Zahl = Randnummer

Sachverzeichnis

- Verbrauchergewinnbeteiligung **Art. 101 AEUV** 733, 748
Preisspaltung Grundlagen 603
Preisspanne
- negative **Art. 102 AEUV** 729
Preisstruktur
- intransparente **Art. 102 AEUV** 450
- nicht-neutrale **Grdl. DMA** 43
Preistests Grundlagen 283 ff.
- Kreuzpreiselastizität **Grundlagen** 273
Preisunterbietungsverbote Grundlagen 1066
Preisunterschied Art. 102 AEUV 380, 381
Preisvergleich
- Gewinnvergleichskonzept **Art. 102 AEUV** 385 ff.
- Konkurrenzpreiskonzept **Art. 102 AEUV** 381 ff.
- Mitgliedsstaaten **Art. 102 AEUV** 383 f.
- Preisermittlung **Art. 102 AEUV** 377 ff.
- Preisunterschied **Art. 102 AEUV** 380
- Räumlicher Markt **Art. 102 AEUV** 379, 383
Preisvergleiche Art. 102 AEUV 376 ff.
Preisvergleichsdienste Art. 101 AEUV 551 ff.; **Art. 2 DMA** 53
- Freistellung, Vertikal-GVO **Art. 1 Vertikal-GVO** 32
Preisvorankündigungen Art. 101 AEUV 354 f.
Preiswerbung
- Vertikalvereinbarungen **Art. 101 AEUV** 559
Preiswettbewerb Art. 102 AEUV 667
- Differenzierte Güter **Grundlagen** 410 f.
- Franchisevereinbarungen **Art. 101 AEUV** 250
- Homogene Güter **Grundlagen** 406 f.
- Kopplungsbindung **Grundlagen** 649
- Nachhaltigkeitsziele **Art. 101 AEUV** 453
- oligopolistische Märkte **Grundlagen** 198, 206 ff.
- Rabatte **Art. 102 AEUV** 738
Premier League Einl. TT-GVO 14
Premiumhändler
- Einzelfreistellung **Art. 4 Vertikal-GVO** 26
Presseerklärung
- Nichtigkeitsklage **Rechtsschutz** 336
Presseerzeugnisse Art. 1 Vertikal-GVO 67
Pressegrossisten
- öffentlich-rechtliche **Art. 106 AEUV** 90
pre-trial disvovery Art. 2 VO 1/2003 18; **Rechtsschutz** 35
price signalling Art. 101 AEUV 168
Price Waterhouse/Coupers&Lybrand Art. 3 FKVO 20
Price-Cap-Regulierung Grundlagen 684
prima facie-Beweis Art. 102 AEUV 340
prima facie-Gründe Art. 23 VO 1/2003 32
prima facie-Verstoß Art. 8 VO 1/2003 5
Primärprodukt Art. 102 AEUV 106
Primary-line Discrimination Art. 102 AEUV 430
Principal Agent Theory Grundlagen 681
- Versicherungswirtschaft **SB Versicherungswirtschaft** 2
Prioritätenmitteilung Art. 102 AEUV 717
Prioritätsprinzip
- Leniency-Bekanntmachung **Leniency-Bekanntmachung** 10
Prioritätsregel Art. 2 FKVO 221
Privacy Paradox Grundlagen 456
Private Adressaten, Grundrechte Grundlagen 850

Private Enforcement Grundlagen 1055
Private Equity Fonds
- Fusionskontrolle **Art. 3 FKVO** 181
private investor test Art. 106 AEUV 64
Private label Art. 2 Vertikal-GVO 44
Private Nachfrage Art. 101 AEUV 23
Privaterbringungstest
- hypothetischer **Art. 101 AEUV** 18
Privatisierungsfolgenrecht Grundlagen 1029
Privatisierungspflicht Art. 106 AEUV 2
Privatisierungspolitik
- Fusionskontrolle, Zuständigkeit **Art. 21 FKVO** 68
Privatkunden Art. 102 AEUV 164
- Bedarfsmarktkonzept **Art. 102 AEUV** 110
- Marktabgrenzung **Art. 2 FKVO** 52
Privatsphäre, Recht auf Grundlagen 875 ff.
Privatwohnungen Art. 21 VO 1/2003 1
Probemengen Art. 102 AEUV 762
Produktbündelung
- Ökonomie **Grundlagen** 646 ff.
Produktdifferenzierung
- Fusionskontrolle, Anmeldung **Art. 4 FKVO** 50
- Marktzutrittsschranke **Grundlagen** 301
Produkte
- Auswahlvergrößerung **Art. 101 AEUV** 1144
- Begriff **Art. 1 Spezialisierungs-GVO** 18; **Art. 1 TT-GVO** 68
- bindende **Art. 2 FKVO** 472
- gebundene **Art. 2 FKVO** 472
- homogene **Art. 2 FKVO** 368
- komplementäre **Art. 2 FKVO** 471
- nachgelagerte **Art. 1 Spezialisierungs-GVO** 24 f.
- Spezialisierungsprodukt **Art. 1 Spezialisierungs-GVO** 23
- substituierbare **Art. 2 FKVO** 471
- Vergleichbarkeit **Art. 2 FKVO** 275 ff.
- vernetzte **Art. 2 FKVO** 441 ff.
Produkteigenschaften
- Bedarfsmarktkonzept **Art. 102 AEUV** 101
Produkteinführung
- gestaffelte, Vertikal-GVO **Einl. Vertikal-GVO** 25
- Verbrauchergewinnbeteiligung **Art. 101 AEUV** 1145
Produkteigenschaftsstandards
- Einzelfreistellung **Art. 4 Vertikal-GVO** 26
Produkterwerb
- Lizenznehmer **Art. 2 TT-GVO** 21
Produktfranchisevereinbarungen Art. 101 AEUV 525 ff.
- Vertikal-GVO **Art. 2 Vertikal-GVO** 35 ff.
Produktgruppen Art. 102 AEUV 107 ff.
Produktgruppenmanagement Art. 101 AEUV 562 ff.
- Freistellung, Vertikal-GVO **Art. 1 Vertikal-GVO** 35
Produkthaftung
- Rechtfertigungsgrund **Art. 102 AEUV** 638 f.
Produktherstellung Art. 101 AEUV 220
Produkthinweise Grundlagen 1146
- Umverpacken **Grundlagen** 1150
Produktion
- Begriff **Art. 1 Spezialisierungs-GVO** 19
- Eigen- **Art. 2 FKVO** 179, 249
- Eigenbedarfs-, Marktanteilsberechnung **Art. 2 FKVO** 91

4099

Sachverzeichnis

- gemeinsame **Art. 1 Spezialisierungs-GVO** 14 ff.; **Einl. Spezialisierungs-GVO** 5
- eigenständige **Art. 101 AEUV** 685

Produktionsanlagen
- Veräußerung **Art. 2 FKVO** 232

Produktionsausweitung Art. 101 AEUV 406

Produktionsbeschränkung Art. 101 AEUV 334 ff.
- Freistellung, Spezialisierungs-GVO **Art. 5 Spezialisierungs-GVO** 5
- Geschäftsverweigerung **Art. 102 AEUV** 458, 466 ff.
- Geschäftsverweigerung, Innovationsverhinderung **Art. 102 AEUV** 475
- Geschäftsverweigerung, Verstärkung durch **Art. 102 AEUV** 471 ff.
- Missbrauchstatbestand **Art. 102 AEUV** 408 ff.
- Missbrauchstatbestand, eigene Beschränkung **Art. 102 AEUV** 417
- Produktionseinstellung **Art. 102 AEUV** 418
- Verwendungsbeschränkung **Art. 102 AEUV** 414 ff.
- Zwischenstaatlichkeitsklausel **Art. 102 AEUV** 867

Produktionseffizienz Grundlagen 169, 176 ff., 666
- Freistellung, Einzel- **Art. 101 AEUV** 1137
- Kartell **Grundlagen** 315

Produktionseinrichtungen
- gemeinsame **Art. 102 AEUV** 704

Produktionseinstellung
- Horizontalvereinbarung **Art. 101 AEUV** 335
- Missbrauchstatbestand **Art. 102 AEUV** 418

Produktionsgemeinschaftsunternehmen Art. 101 AEUV 612, 744; **Einl. Spezialisierungs-GVO** 13 ff.

Produktionsgesellschaften Art. 101 AEUV 738

Produktionskapazität
- Bedarfsmarktkonzept **Art. 102 AEUV** 112
- Fusionskontrolle, Ausgleichsfaktoren **Art. 2 FKVO** 172
- Verpflichtungszusagen **Art. 8 FKVO** 73

Produktionskostenersparnisse
- Messmethoden **Art. 101 AEUV** 1125

Produktionslizenzen
- Freistellung, TT-GVO **Art. 4 TT-GVO** 27

Produktionsmärkte
- Marktabgrenzung **Art. 102 AEUV** 151 ff.

Produktionsmengen
- Informationsaustausch (über) **Art. 101 AEUV** 369

Produktionsquoten SB Landwirtschaft 458

Produktionsschwellen
- Milchsektor **SB Landwirtschaft** 395

Produktionsstufen
- verschiedene **Art. 102 AEUV** 510

Produktionsumstellung
- Bedarfsmarktkonzept **Art. 102 AEUV** 112

Produktionsverbote
- Lizenzen **Art. 4 TT-GVO** 36 ff.

Produktionsvereinbarungen Art. 101 AEUV 405 ff.
- Arbeitsgemeinschaftsgedanke **Art. 101 AEUV** 412
- Effizienzgewinne **Art. 101 AEUV** 413
- Informationsaustausch **Art. 101 AEUV** 410
- Kostenangleichung **Art. 101 AEUV** 410
- Krisenkartell **Art. 101 AEUV** 326
- Legalausnahme **Art. 101 AEUV** 414
- Schadenstheorien **Art. 101 AEUV** 407 ff.

- Spezialisierungs-GVO **Art. 101 AEUV** 414
- Wettbewerbsbeschränkung **Art. 101 AEUV** 409

Produktionsverträge
- Kfz-Hersteller **Art. 4 Kfz-GVO** 25

Produktkategorien
- Verwendung einer Marke für **Grundlagen** 1221

Produktkonzept Art. 102 AEUV 127

Produktkopplung
- Vollfunktions-GU, mit gemeinschaftsweit **Art. 101 AEUV** 635

Produkt-Marke-Kombinationen Grundlagen 1216

Produktmarkt
- Bedarfsmarktkonzept **Art. 102 AEUV** 99 ff.
- differenzierte **Art. 2 FKVO** 301
- FuE-Kooperation, Einfluss durch **Art. 101 AEUV** 390, 392
- Marktabgrenzung **Grundlagen** 1243 ff.
- Marktanteilsschwelle **Art. 8 TT-GVO** 6
- nachgelagerte **Art. 8 TT-GVO** 15

Produktnähe Art. 2 FKVO 276, 281, 284 ff.

Produktneuheit
- Freistellung, Einzel- **Art. 101 AEUV** 1113

Produktpalettenvereinbarungen
- Tarifverträge **Grundlagen** 1301

Produktpalettenvergrößerung
- Verbrauchergewinnbeteiligung **Art. 101 AEUV** 748

Produktportfolio
- Fusionskontrolle, Ausgleichsfaktoren **Art. 2 FKVO** 172

Produktpreise
- Immaterialgüterrecht **Grundlagen** 1254 ff.

Produktsicherheit
- Freistellung **Art. 101 AEUV** 1113, 1133, 1143
- Rechtfertigungsgrund **Art. 102 AEUV** 638 f.
- Torwächter **Art. 8 DMA** 25 ff.

Produktverbesserung
- Freistellung, Einzel- **Art. 101 AEUV** 1113
- Verbrauchergewinnbeteiligung **Art. 101 AEUV** 1144

Produktverhinderung Grundlagen 1263 ff.

Produktvielfalt
- Vollfunktions-GU, nicht gemeinschaftsweit **Art. 101 AEUV** 731

Produtionsausweitung Art. 2 FKVO 296

Profiling Art. 15 DMA 11 ff.; **Art. 2 DMA** 152

Profit-Test Art. 101 AEUV 1125

Prognose
- Einzelfreistellung **Art. 101 AEUV** 1022

Prokompetetive Effekte Art. 2 FKVO 433

Pronuptia-Entscheidung Art. 101 AEUV 242 ff., 246, 250

Protection & Indemnity Clubs SB Versicherungswirtschaft 204

Protestatio facto contraria non nocet Art. 101 AEUV 92

Protokoll über den Binnenmarkt und den Wettbewerb Art. 106 AEUV 19

Protokoll über Dienste von allgemeinem Interesse Art. 106 AEUV 20

Protokoll zu Irland/Nordirland Grundlagen 1825

Protokollerklärungen Einl. FKVO 153

Provisionsabgabeverbote SB Versicherungswirtschaft 134

magere Zahl = Randnummer

Sachverzeichnis

Provisionshöchstsätze SB Versicherungswirtschaft 135
– Versicherungen SB Versicherungswirtschaft 139
Prozessfähigkeit Rechtsschutz 320
Prozessführungsbefugnis Rechtsschutz 320
Prozesskostenhilfe Rechtsschutz 234
– Kosten Rechtsschutz 224
Prozessleitende Maßnahmen Rechtsschutz 164 ff.
Prozessökonomie Rechtsschutz 66
Prozessoren Art. 102 AEUV 159
Prozessstandschaft Rechtsschutz 321
prudential rules Art. 21 FKVO 56
Prüfung von Geschäftsunterlagen Art. 20 VO 1/2003 7
Prüfungspflichten
– Digital Markets Act Art. 102 AEUV 921 f.
– Kommission Art. 2 FKVO 419
Prüfungsverfahren
– Ermittlungen Art. 8 FKVO 19
– Frist Art. 10 FKVO 1 ff.
– Phase 1, Frist Art. 10 FKVO 7
– Phase 2, Frist Art. 10 FKVO 9 ff.
– Überblick Art. 8 FKVO 17
– Veröffentlichung Art. 20 FKVO 10
– vertieftes Art. 8 FKVO 17 ff.
public interest Einl. FKVO 40
Public Private Partnerships Grundlagen 1028
Public Version Art. 20 FKVO 2
Publizierungspflicht
– Online-Plattformen Art. 15 DMA 30 ff.
Punitive Damages Art. 101 AEUV 923 f.
– IPR Grundlagen 1519
Pure Grundlagen 640
Pure Exclusive Dealing-Fall Art. 102 AEUV 602
Puttgarden II-Fall Art. 102 AEUV 518 ff.
PVC-Fall Rechtsschutz 353

Q

Quads Art. 1 Kfz-GVO 5 ff.
Qualcomm/NXP Semiconductors Art. 2 FKVO 474, 482
Qualcomm-Fall Art. 102 AEUV 605; Art. 27 VO 1/2003 39
Qualifizierte Auswirkungen Grundlagen 1394
Qualitative Kriterien
– Torwächter Art. 3 DMA 32 ff.
Qualitätserhöhung
– Verbrauchergewinnbeteiligung Art. 101 AEUV 748
Qualitätsminderungskosten
– Lebensmittel SB Landwirtschaft 491
Qualitätspolitik Art. 102 AEUV 427, 590
Qualitätsregelungen-Verordnung Grundlagen 1182
Qualitätssicherung
– Normenvereinbarungen Art. 101 AEUV 442
Qualitätsstandards
– Einzelfreistellung Art. 4 Vertikal-GVO 26
– Franchisevereinbarungen Art. 101 AEUV 247 ff.
Qualitätswettbewerb Art. 101 AEUV 197
– Nachhaltigkeitsziele Art. 101 AEUV 453
Qualitätszertifizierung Grundlagen 508
Quality adjusted prices Grundlagen 454

Quasi-Strafen Art. 23 VO 1/2003 24
Querbeteiligungen Art. 2 FKVO 293 ff.
– Trennung Art. 2 FKVO 294
Querlieferung Art. 101 AEUV 249
– Diskriminierung von Handelspartnern Art. 102 AEUV 439
– Vereinbarung Art. 4 Kfz-GVO 25
Querlieferungsverbot Art. 101 AEUV 569 f.; Art. 4 Vertikal-GVO 212
– Selektives Vertriebssystem Art. 4 Vertikal-GVO 226 ff.
Querschnittsklauseln Art. 101 AEUV 978; Art. 102 AEUV 23
Quersubventionierung Art. 102 AEUV 343, 718 ff.
– Dienstleistungen von allgemeinem wirtschaftlichen Interesse Art. 106 AEUV 136
Quotenabsprachen Art. 101 AEUV 335 f.
Quotenkartell
– Spezialisierungs-GVO Art. 2 Spezialisierungs-GVO 7 f.
Quotenregelung Art. 102 AEUV 247
Quotensysteme Art. 101 AEUV 115

R

Rabatte
– Abnehmerbindung Art. 102 AEUV 596
– AEC-Test Art. 102 AEUV 754
– Ausschließlichkeits-, Marktmissbrauch Art. 102 AEUV 739 ff.
– Bündel- Art. 102 AEUV 645
– Bündel-, geographischer Art. 102 AEUV 783
– Bündel-, Marktmissbrauch Art. 102 AEUV 735 ff., 780 ff.
– Diskriminierung von Handelspartnern Art. 102 AEUV 442 ff.
– Effektiver Preis Art. 102 AEUV 746
– Effizienzgewinne durch Art. 102 AEUV 445
– Englische Klauseln Art. 102 AEUV 775
– equally efficient competitor-Test Art. 102 AEUV 753
– Exportrabatte Art. 102 AEUV 442
– Funktions- Art. 102 AEUV 669
– Grenzrabatte Art. 102 AEUV 442
– Horizontale Zusammenschlüsse Art. 2 FKVO 358
– intransparente Art. 102 AEUV 759
– Kategorie, dritte Art. 102 AEUV 739, 743 ff.
– Kategorie, erste Art. 102 AEUV 739
– Kategorie, zweite Art. 102 AEUV 739
– Kombinations- Art. 102 AEUV 783
– Konkurrenzen Art. 102 AEUV 838
– Kopplungsrabatte Art. 102 AEUV 442
– Kosten-Preis-Vergleiche Art. 102 AEUV 745 ff.
– Marktanteilsbestimmung Art. 102 AEUV 747
– Marktmissbrauch, Kriterien Art. 102 AEUV 759 ff.
– Mengen- Art. 102 AEUV 444, 669, 739
– Missbrauchstatbestand Art. 102 AEUV 735
– Modalitäten Art. 102 AEUV 759
– Nachgelagerter Markt Art. 102 AEUV 784
– Paket- Art. 102 AEUV 645, 735 ff., 739, 780 ff.
– Rabattschwellen Art. 102 AEUV 445
– Rabattstaffeln Art. 102 AEUV 444
– Rechtfertigung Art. 102 AEUV 445, 778 ff.
– Referenzzeitraum Art. 102 AEUV 768 ff.

Sachverzeichnis

fette Zahl = Gesetz und Paragraf

- rückwirkend gewährte **Art. 102 AEUV** 766
- Selektivität **Art. 102 AEUV** 773
- Staffelung **Art. 102 AEUV** 786
- Transparenz **Art. 102 AEUV** 773
- Treue-, **Art. 102 AEUV** 740 ff.
- Umsatzberechnung **Art. 5 FKVO** 10 ff.
- unbedenkliche **Art. 102 AEUV** 785 ff.
- Versicherungswirtschaft **SB Versicherungswirtschaft** 28
- Wettbewerbsbehinderung **Art. 102 AEUV** 738 ff.

Rabattgewährung
- Marktmissbrauch **Art. 102 AEUV** 332, 333, 340

Rabattschwellen Art. 102 AEUV 764, 787
- individuelle **Art. 102 AEUV** 759

Rabattstaffel Art. 102 AEUV 764

Rabattsystem
- Diskriminierung von Handelspartnern **Art. 102 AEUV** 444
- Doppelpreissysteme **Art. 101 AEUV** 522
- Marktmissbrauch **Art. 102 AEUV** 407
- Ökonomie **Grundlagen** 630 ff.

RAG/Degussa Art. 3 FKVO 46
Rahmenbeschluss zur Vermeidung und Beilegung von Kompetenzkonflikten in Strafverfahren Art. 11 VO 1/2003 105
Rahmenrichtlinie für Leistungen der Daseinsvorsorge Art. 106 AEUV 25
Rahmenvereinbarungen Art. 101 AEUV 111; **SB Versicherungswirtschaft** 48
- Freistellung, Vertikal-GVO **Art. 1 Vertikal-GVO** 22
- Nichtigkeit **Art. 102 AEUV** 890

Raising Rivals' Costs Grundlagen 543
Raising Rivals' Costs-Argument Grundlagen 119
Rambus-Fall Grundlagen 622
Ramsey-Preise Grundlagen 673 ff.
Ranking Art. 6 DMA 115 ff., 243 ff., 253
- Bedingungen **Art. 6 DMA** 135
- Begriff **Art. 2 DMA** 124
- Crawling **Art. 6 DMA** 115
- FRAND-Kriterien **Art. 6 DMA** 135 ff.
- Indexieren **Art. 6 DMA** 115

rapport préalable Rechtsschutz 151
Rapporteur Art. 19 FKVO 20
Ratenzahlungsvereinbarung
- Ruhen der Verjährung **Art. 26 VO 1/2003** 11

Rationalisierung
- Unterlassene **Art. 102 AEUV** 366

Rationalisierungsgewinne
- Freistellung, Einzel- **Art. 101 AEUV** 1091
- Horizontale Zusammenschlüsse **Grundlagen** 470 ff.
- Marktmissbrauchstatbestandsmerkmal **Art. 102 AEUV** 14 ff.
- Vollfunktions-GU, nicht gemeinschaftsweit **Art. 101 AEUV** 731

Raumfahrtversicherungen SB-Versicherungswirtschaft 244
Räumliche Marktabgrenzung
- Elzinga-Hogarty-Test **Grundlagen** 289 ff.
- Hypothetischer Monopolistentest **Grundlagen** 245

Räumliche Nähe
- Fusionskontrolle, Horizontale Zusammenschlüsse **Art. 2 FKVO** 366

- Horizontale Zusammenschlüsse **Art. 2 FKVO** 274 ff.

Räumlicher Markt
- Dienstleistungen **Art. 102 AEUV** 142
- Lebensmitteleinzelhandel **Art. 102 AEUV** 147

Ravil/Bellon-Fall Grundlagen 1179
Reaktionen
- Außenstehender **Art. 2 FKVO** 461

Reaktionsinterdependenz Art. 102 AEUV 222 ff.
Reaktionsverbundenheit Art. 101 AEUV 194
Realakte
- Nichtigkeitsklage **Rechtsschutz** 339

Realisierungsdauer
- Einzelfreistellung **Art. 101 AEUV** 1022 ff.

Realkonkurrenz
- Marktmissbrauch **Art. 102 AEUV** 846 ff.

Reasonably efficient competitor-Test
- Behinderungsmissbrauch, preisbezogener **Art. 102 AEUV** 673
- Kostenarten **Art. 102 AEUV** 675 ff.

reasonably efficient competitor-Test Art. 102 AEUV 727 ff.
re-branding Art. 8 FKVO 56 ff.
Rebranding-Zusagen Art. 8 FKVO 55
Rechenschaftspflicht
- Beratender Ausschuss für Kartell- und Monopolfragen **Art. 14 VO 1/2003** 48 ff.
- Online-Plattformen **Art. 7 DMA** 49

Rechner
- Marktabgrenzung **Art. 102 AEUV** 158 ff.

Rechnerprogramme
- Marktabgrenzung **Art. 102 AEUV** 158 ff.

Rechnungslegung
- FRAND-Einwand **Art. 102 AEUV** 809 ff.

Recht auf Akteneinsicht Grundlagen 919 ff.
Recht auf anwaltliche Vertretung Art. 20 VO 1/2003 43; **Grundlagen** 947
- Digital Markets Act **Art. 22 DMA** 9

Recht auf eine gute Verwaltung Grundlagen 912 ff.
Recht auf Einlegung eines Rechtsbehelfs Rechtsschutz 68 ff.
Recht auf Entscheidung innerhalb angemessener Frist
- Gerichtsverfahren **Rechtsschutz** 82

Recht auf faktischen Marktzugang Grundlagen 1080
Recht auf Familienleben Grundlagen 886
Recht auf Kollektivverhandlungen Grundlagen 1346
Recht auf Privatleben Grundlagen 886 ff.
Recht auf Vergessen I-Entscheidung Grundlagen 823, 826
Recht auf Vergessen II-Entscheidung Grundlagen 823, 827 ff.
Recht auf Verteidiger Grundlagen 947
Recht eines Verfahrens innerhalb angemessener Zeit Grundlagen 946
Recht zur Bewerbung
- Marken **Grundlagen** 1133

Recht zur Stellungnahme Art. 19 FKVO 12
Recht zur Verteidigung
- Zusagenentscheidungen **Art. 9 VO 1/2003** 25

Rechte
- marktspezifische **Art. 3 FKVO** 36 f.

magere Zahl = Randnummer

Sachverzeichnis

Rechtfertigungsgrund
- Abnehmerbindung **Art. 102 AEUV** 610 ff.
- Abwehr unlauterer Praktiken **Grundlagen** 1070 f.
- Art. 106 AEUV **Art. 106 AEUV** 2
- Behinderungsmissbrauch, preisbezogener **Art. 102 AEUV** 693 ff.
- Bündelungspraktiken **Art. 102 AEUV** 457
- Daseinsvorsorge **Grundlagen** 1373
- Dienstleistungen von allgemeinem wirtschaftlichen Interesse **Art. 106 AEUV** 113 ff.
- Digital Markets Act, Drittanbieternutzung **Art. 6 DMA** 111 ff.
- Digital Markets Act, Echtzeitzugangsbeschränkung **Art. 6 DMA** 241
- Digital Markets Act, Interoperabilität **Art. 6 DMA** 180 ff.
- Diskriminierung von Handelspartnern **Art. 102 AEUV** 438, 445
- Effizienzgewinne **Art. 102 AEUV** 640
- Essential Facility Doktrin **Art. 102 AEUV** 517 ff.
- Grundrechte **Grundlagen** 827
- Immaterialgüterrecht **Grundlagen** 1076, 1090
- Kartellverfahren, Beweislast **Art. 2 VO 1/2003** 13
- Kopplungspraktiken **Art. 102 AEUV** 457
- Lizenzverweigerung **Grundlagen** 1268 f.
- Marktstrukturmissbrauch **Art. 102 AEUV** 346
- meeting competition defense **Art. 102 AEUV** 700 f.
- Produktsicherheit **Art. 102 AEUV** 638 f.
- Rabatte **Art. 102 AEUV** 778 ff.
- Torwächter **Art. 5 DMA** 95 ff.
- Torwächter, Effizienz **Art. 5 DMA** 266 ff.
- Zwingende staatliche Vorschriften **Art. 102 AEUV** 74

Rechtliche Fusion Art. 3 FKVO 16

Rechtliche Inexistenz Rechtsschutz 351 ff.

Rechtliches Gehör Art. 23 VO 1/2003 32; **Art. 7 VO 1/2003** 53; **Grundlagen** 944
- Anhörung **Art. 27 VO 1/2003** 2
- Beschwerdeführer **Art. 7 VO 1/2003** 54
- Beschwerdepunkte **Art. 27 VO 1/2003** 5 ff.
- Digital Markets Act **Art. 34 DMA** 1 ff.
- Fusionskontrolle **Art. 18 FKVO** 61 ff.
- Fusionskontrolle, Verstöße **Art. 18 FKVO** 61 ff.
- Gelegenheiten **Art. 27 VO 1/2003** 37
- Gerichtsverfahren **Rechtsschutz** 71
- Torwächter **Art. 8 DMA** 52
- Torwärter **Art. 29 DMA** 10
- Zusagenentscheidungen **Art. 9 VO 1/2003** 25

Rechtmäßigkeitskontrolle Art. 31 VO 1/2003 1; **Art. 8 FKVO** 182; **Rechtsschutz** 96
- Geldbußen **Rechtsschutz** 97

Rechtsakte ohne Gesetzescharakter Art. 105 AEUV 22

Rechtsanwälte Art. 101 AEUV 54

Rechtsbehelfe
- außerordentliche **Rechtsschutz** 240
- Europäische **Grundlagen** 932 ff.

Rechtsdurchsetzung
- IPR **Grundlagen** 1506 ff.

Rechtsdurchsetzung, extraterritoriale Grundlagen 704 ff.

Rechtsdurchsetzung, private
- Anpassungsanspruch **Art. 101 AEUV** 929 ff.
- Beweislast **Art. 2 VO 1/2003** 17
- Digital Markets Act **Art. 102 AEUV** 915 ff.; **Art. 1 DMA** 46; **Art. 39 DMA** 16 ff.; **Art. 6 DMA** 305
- Digital Markets Act, Endnutzer **Art. 2 DMA** 116
- Digital Markets Act, Informationsaustausch **Art. 39 DMA** 1 ff.
- Digital Markets Act, Interoperabilitätsregeln **Art. 7 DMA** 61
- Digital Markets Act, Torwächterverpflichtungen **Art. 5 DMA** 272 ff.; **Art. 8 DMA** 79
- Digital Markets Act, Überblick **Einl. DMA** 39
- Digital Markets Act, Umgehungsverbot **Art. 13 DMA** 40
- forum shopping **Art. 2 VO 1/2003** 18 ff.
- Gerichte **Rechtsschutz** 31 ff.
- Grundsätze **Art. 101 AEUV** 919 ff.
- Kartellverbot **Art. 101 AEUV** 917 ff.
- Kollisionsrecht **Art. 101 AEUV** 926 ff.; **Grundlagen** 1506 ff.
- Kondiktionsansprüche **Art. 101 AEUV** 944 ff.
- Marktmissbrauchsverbot **Art. 102 AEUV** 870 ff.
- Rechtsgrundlagen **Art. 103 AEUV** 33 ff.
- Schadensersatzanspruch **Art. 101 AEUV** 922 ff.
- Vollzugsverbot **Art. 7 FKVO** 121
- Zuständigkeit, internationale **Art. 101 AEUV** 926 ff.

Rechtsetzungsverfahren, zweistufiges Art. 103 AEUV 17 f.

Rechtsfolgen
- Fusionskontrolle, GU **Art. 101 AEUV** 677
- Fusionskontrolle, Verweisung **Art. 22 FKVO** 90 ff.
- Fusionskontrolle, Vollzugsverbot **Art. 7 FKVO** 121 ff.
- Gruppenfreistellungsverordnungen **Art. 101 AEUV** 1205 ff.
- Marktmissbrauchsverbot **Art. 102 AEUV** 870 ff.
- Verstoß gegen Rechtliches Gehör **Art. 27 VO 1/2003** 38 ff.
- Vertikal-GVO **Einl. Vertikal-GVO** 52 ff.
- Zuständigkeitsverteilung des Art. 104 AEUV **Art. 104 AEUV** 16 ff.
- Zwangsgeld **Art. 24 VO 1/2003** 19 ff.

Rechtsfolgen, Art. 101 Abs. 2 AEUV Art. 101 AEUV 874 ff.
- Ausführungsverträge **Art. 101 AEUV** 904 ff.
- Beurteilungsspielräume **Art. 101 AEUV** 910
- Beweislast **Art. 101 AEUV** 907 ff.
- Beweismaß **Art. 101 AEUV** 908
- Beweismittel **Art. 101 AEUV** 909
- Einwendung der Nichtigkeit **Art. 101 AEUV** 916 ff.
- Folgeverträge **Art. 101 AEUV** 904 ff.
- Gruppenfreistellungsverordnungen **Art. 101 AEUV** 884
- Nichtigkeit **Art. 101 AEUV** 874 ff.
- Nichtigkeit, absolute Wirkung **Art. 101 AEUV** 880
- Nichtigkeit, Anpassung auf erlaubten Umfang **Art. 101 AEUV** 889 ff.
- Nichtigkeit, Gesellschaftsrecht **Art. 101 AEUV** 898 ff.
- Nichtigkeit, unmittelbare Wirkung **Art. 101 AEUV** 876 ff.
- Nichtigkeit, Zeitpunkt **Art. 101 AEUV** 895 ff.
- Schiedssprüche **Art. 101 AEUV** 911 ff.
- Teilnichtigkeit **Art. 101 AEUV** 881 ff.

Sachverzeichnis

fette Zahl = Gesetz und Paragraf

- Vergleiche **Art. 101 AEUV** 911 ff.
Rechtsfolgen, Zivilrecht *s. Rechtsdurchsetzung, private*
Rechtsfolgenbegrenzung
- Völkerrecht **Grundlagen** 1417 f.
Rechtsgrundlage
- Durchführungsvorschriften **Art. 103 AEUV** 1 ff.
Rechtshängigkeit Rechtsschutz 129
- entgegenstehende **Rechtsschutz** 329
Rechtshilfe
- EFTA **Grundlagen** 1720 ff.
Rechtsirrtum Art. 23 VO 1/2003 50 ff.
- Digital Markets Act **Art. 30 DMA** 17, 19
- Freistellung, Einzel- **Art. 101 AEUV** 1063 ff.
Rechtskraft Rechtsschutz 329
- Urteil **Rechtsschutz** 199
Rechtsmissbrauch
- Auswirkungsprinzip **Grundlagen** 1406 ff.
- Internationales Wettbewerbsrecht **Grundlagen** 1424
Rechtsmittel
- Anschluss- **Rechtsschutz** 237, 617
- Begründetheit **Rechtsschutz** 634 ff.
- Gerichtsverfahren **Rechtsschutz** 236 ff., 613 ff.
- Verfahrenseinleitung **Art. 11 VO 1/2003** 80
- Zulässigkeitsvoraussetzungen **Rechtsschutz** 615 ff.
Rechtsmittelbefugnis
- Rechtsmittel **Rechtsschutz** 631 ff.
Rechtsmittelfrist Rechtsschutz 633
Rechtsmittelschrift
- Rechtsmittel **Rechtsschutz** 618 ff.
Rechtsnachfolge
- Geldbuße **Art. 23 VO 1/2003** 66 ff.
Rechtsnatur
- Freistellung **Art. 101 AEUV** 1004 ff.
- Geldbußen **Art. 23 VO 1/2003** 21
- Zwangsgeld **Art. 24 VO 1/2003** 2
Rechtspflege
- geordnete (Grundsatz der) **Rechtsschutz** 66
Rechtsquellen
- Fusionskontrolle **Art. 2 FKVO** 15
Rechtssache
- Registrierung **Rechtsschutz** 130
- Veröffentlichung **Rechtsschutz** 130
Rechtsschutz
- Akteneinsicht **Art. 27 VO 1/2003** 28
- Auskunftsverlangen **Art. 18 VO 1/2003** 28
- Daseinsvorsorge **Art. 106 AEUV** 197 ff.
- EU **Grundlagen** 928 ff.
- EWR **Grundlagen** 1677 ff.
- Fusionskontrolle, Anmeldeprüfung **Art. 6 FKVO** 61 ff.
- Fusionskontrolle, Beschlüsse **Art. 8 FKVO** 173 ff.
- Fusionskontrolle, Verweisung **Art. 22 FKVO** 99 ff.
- Fusionskontrolle, Verweisungsverfahren **Art. 9 FKVO** 130
- Geldbuße **Art. 23 VO 1/2003** 211 ff.
- Individualrechtsschutz **Grundlagen** 933 ff.
- Kartellverfahren **Vor Art. 17–22 VO 1/2003** 27 ff.
- Kartellverfahren, Befragungsbefugnis **Art. 19 VO 1/2003** 12 ff.
- Kartellverfahren, Einstweilige Maßnahmen **Art. 8 VO 1/2003** 25
- Kartellverfahren, Nachprüfung **Art. 20 VO 1/2003** 46; **Art. 21 VO 1/2003** 13 ff.
- Kartellverfahren, Positiventscheidung **Art. 10 VO 1/2003** 31 ff.
- Kartellverfahren, Sektorenuntersuchung **Art. 17 VO 1/2003** 9 f.
- Kartellverfahren, Zwangsgeld **Art. 24 VO 1/2003** 38
- Leniency-Bekanntmachung **Leniency-Bekanntmachung** 41
- Marktmissbrauchsverbot **Art. 102 AEUV** 2
Rechtsschutzinteresse
- Nichtigkeitsklage **Rechtsschutz** 472 ff.
- Rechtsmittel **Rechtsschutz** 632 ff.
- Untätigkeitsklage **Rechtsschutz** 524
- Vertragsverletzungsverfahren, Beihilferecht **Rechtsschutz** 656
Rechtssetzungsauftrag Art. 103 AEUV 55
Rechtssetzungsbefugnis
- Ermächtigungsgrundlage **Art. 105 AEUV** 5
Rechtssicherheit Grundlagen 957
- Gruppenfreistellungsverordnungen **Art. 101 AEUV** 1052 ff., 1227
- Legalfreistellung **Art. 101 AEUV** 1048 ff.
Rechtsstaatsprinzip Art. 2 VO 1/2003 35 f.; **Grundlagen** 928 ff., 952 ff.
Rechtsverfolgung
- Marktmissbrauch **Art. 102 AEUV** 797 ff.
Rechtswahl Grundlagen 1537
- Digital Markets Act **Art. 1 DMA** 19
Rechtswidriges Behördenverhalten
- Amtshaftungsklage **Rechtsschutz** 552 ff.
Rechtswidrigkeit
- formelle, Beihilfe **Rechtsschutz** 30
- materielle, Beihilfe **Rechtsschutz** 29
Rechtswirkungen
- Nichtigerklärung muss Rechtswirkungen erzeugen können **Rechtsschutz** 480 ff.
Rechtzeitigkeit
- Effizienzgewinne **Art. 2 FKVO** 188 ff.
- Markteintritt **Art. 2 FKVO** 174
- Vergeltungsmaßnahmen **Art. 2 FKVO** 371
Recoupment Art. 102 AEUV 344, 712 ff.; **Grundlagen** 581, 615, 628
- Kosten-Preis-Schere **Art. 102 AEUV** 731
Reedereiausschüsse-Entscheidung Art. 102 AEUV 220
Reexport Grundlagen 1439
Referenangebot
- Veröffentlichungspflicht **Art. 7 DMA** 54 f.
Referenzpapier zur Telekommunikation Grundlagen 1734 f.
Referenzwert Art. 102 AEUV 384
reformatio in peius Art. 24 VO 1/2003 39 ff.; **Art. 31 VO 1/2003** 7
- Digital Markets Act **Art. 45 DMA** 3
- Geldbußen **Art. 16 FKVO** 13
- Zwangsgelder **Art. 16 FKVO** 13
Regalmiete *s. Zugangsvorauszahlungen*
Regel-Ausnahme-Verhältnis
- Bezweckte und bewirkte Wettbewerbsbeschränkungen **Art. 101 AEUV** 257
Regelbeispiele
- Marktmissbrauch **Art. 102 AEUV** 352 ff.
- Vertikalvereinbarungen **Art. 101 AEUV** 504 ff.
Regelenergie Art. 102 AEUV 181
Regelfrist
- Fusionskontrolle **Art. 10 FKVO** 9

magere Zahl = Randnummer

Sachverzeichnis

Regelungsgehalt, eigener Rechtsschutz 343
Regeressvereinbarungen SB Versicherungswirtschaft 157
Regionalfaktoren Art. 102 AEUV 354
Regionalitätsprinzip
– Versicherer **SB Versicherungswirtschaft** 126
Regionalmärkte Art. 102 AEUV 115
– Handelsbeeinträchtigung **Art. 101 AEUV** 854 ff.
Regionenbindung Grundlagen 1177
RegioPost-Urteil Grundlagen 1348
Register, öffentliche Art. 101 AEUV 25; **Art. 102 AEUV** 73
Registrierung
– Rechtssache **Rechtsschutz** 130
Regressionsanalyse
– Marktabgrenzung **Grundlagen** 277 ff.
Regressvereinbarungen SB Versicherungswirtschaft 157
Regulatorische Unterschiede
– Marktabgrenzung **Art. 2 FKVO** 64, 65
Regulierter Markt Art. 101 AEUV 649
Regulierungsdialog Art. 8 DMA 43 ff.
– Geldbußen **Art. 30 DMA** 18 ff.
Regulierungsrecht
– Netzentgelte **Grundlagen** 1037 ff.
– Zielsetzung **Grundlagen** 1038
Regulierungstheorie Grundlagen 124
Reifen Art. 1 Kfz-GVO 9 ff.
Reimportverhinderung
– Handelsbeeinträchtigung **Art. 101 AEUV** 870
Reinstgase Art. 102 AEUV 182
Reiseindustrie Art. 101 AEUV 616 ff.
– Marktabgrenzung **Art. 101 AEUV** 621
Reisekosten
– Gerichtsverfahren **Rechtsschutz** 228 ff.
Reisemärkte
– Marktabgrenzung **Art. 102 AEUV** 155 ff.
Reisepässe Grundlagen 1332
Reiseportale Art. 102 AEUV 133 ff.
Reisevermittler Art. 101 AEUV 55
Reiseversicherung SB Versicherungswirtschaft 243
rejection decision Leniency-Bekanntmachung 40
Relative Marktunfähigkeit Art. 101 AEUV 216
Relative Preissetzung Art. 102 AEUV 788, 795
Relative Schutzhindernisse Grundlagen 1224
Relevanter Markt
– Beispiele **Art. 102 AEUV** 137 ff.
– Lebensmittel **Art. 102 AEUV** 144
– Marktmissbrauch **Art. 102 AEUV** 81 ff.
– Neuwagenvertrieb **Art. 3 Kfz-GVO** 5
– Spezialisierungs-GVO **Art. 1 Spezialisierungs-GVO** 21; **Art. 3 Spezialisierungs-GVO** 5 ff.
– TT-GVO **Art. 1 TT-GVO** 96
Relevanter Markt, räumlich Art. 2 FKVO 39, 57 ff.; **Art. 1 FKVO** 95
– Abnehmergewohnheiten **Art. 102 AEUV** 119 ff.
– Angebotsorientierte Faktoren **Art. 102 AEUV** 123
– Bedarfsmarktkonzept **Art. 102 AEUV** 116
– Fusionskontrolle **Art. 102 AEUV** 115
– Marktabgrenzung **Art. 102 AEUV** 115 ff.
– Marktzutrittsschranken **Art. 102 AEUV** 125
– Nachfragemarkt **Art. 102 AEUV** 130
– Ökonomie **Grundlagen** 289

– Privatkundengeschäft **Art. 102 AEUV** 165
– Transportkosten **Art. 102 AEUV** 117 ff.
– Versicherungen **SB Versicherungswirtschaft** 249 ff., 259, 266, 272
Relevanter Markt, sachlich Art. 2 FKVO 39, 50 ff.
– Bedarfsmarktkonzept **Art. 102 AEUV** 99 ff.
– Nachfragemarkt **Art. 102 AEUV** 127 ff.
– Ticketsystem **Art. 102 AEUV** 135
– Versicherungen **SB Versicherungswirtschaft** 237 ff., 252, 260, 268
Relevanter Markt, zeitlich
– Marktabgrenzung **Art. 102 AEUV** 131 f.
Relevanter Produktmarkt Art. 1 TT-GVO 92
Religionsgemeinschaft Art. 101 AEUV 12
Remedies s. *Abhilfemaßnahmen*
Remia-Entscheidung Art. 101 AEUV 230
Renault/Maxicar-Fall Art. 102 AEUV 382, 419, 491
Renault/Volvo-Fall Art. 101 AEUV 780
Renditeregulierungsverfahren Grundlagen 683
Rentabilität
– Fusionskontrolle, Ausgleichsfaktoren **Art. 2 FKVO** 163
– Gefährdung **Art. 9 DMA** 12
Rentenfonds SB Versicherungswirtschaft 25
Rentenversicherungen Grundlagen 1294; **SB Versicherungswirtschaft** 157
– öffentlich-rechtliche **Grundlagen** 1368 ff.
– privatrechtliche **Grundlagen** 1368 ff.
– Umverteilungsprinzip **Grundlagen** 1368
Rent-Seeking Grundlagen 679, 690, 707, 711
Reparaturleistungen
– Freistellung, Nicht freigestellte Beschränkung **Art. 4 Kfz-GVO** 15
– Kfz-GVO **Art. 4 Kfz-GVO** 9
Reputationsmodelle Grundlagen 619 f.
resale price maintenance Art. 4 Vertikal-GVO 27 ff.
respect of the lead SB Versicherungswirtschaft 106
Respektierungsgrundsatz SB Versicherungswirtschaft 106
Respektierungsverträge
– Versicherungen **SB Versicherungswirtschaft** 28
Responsive Regulation Art. 8 DMA 16
Ressourcen
– Gemeinschaftsunternehmen **Art. 3 FKVO** 144 ff.
Restfunktion SB Versicherungswirtschaft 12
Restitutionary Damages Grundlagen 1539
Restkaufpreis-Entscheidung Art. 101 AEUV 931
Restraint of Trade Doctrine Art. 3 VO 1/2003 25
Restrictive Trade Practices Act Grundlagen 57
Restwettbewerb Art. 102 AEUV 6, 354
Retail Banking Art. 102 AEUV 163
Rettungsdienste
– Daseinsvorsorge **Art. 106 AEUV** 102
réunion générale Rechtsschutz 151
Reuter/BASF-Fall Art. 101 AEUV 230
reverse settlement payments Art. 101 AEUV 318
reverse payment Grundlagen 1232 ff.
Revision Rechtsschutz 613
Revisionsklausel Art. 1 FKVO 40; **Einl. FKVO** 42

4105

Sachverzeichnis

fette Zahl = Gesetz und Paragraf

REWE/ADEG-Fall **Art. 2 FKVO** 126
Rewe/Meinl-Fall **Art. 102 AEUV** 143, 271
Rhone-Poulenc/Fisons **Art. 5 FKVO** 27
Rhone-Poulenc-Entscheidung **Art. 101 AEUV** 89
Richterzahl Rechtsschutz 190 ff.
Richtlinie 2002/77/EG Art. 106 AEUV 190 ff.
Richtlinie 88/301/EWG Art. 106 AEUV 189 ff.
Richtlinie 90/388/EWG Art. 106 AEUV 189 ff.
Richtlinien
– Daseinsvorsorge **Art. 106 AEUV** 172 f.
– Ermächtigung **Art. 103 AEUV** 1
– European Competition Network **Grundlagen** 1600
– Rechtsgrundlage **Art. 103 AEUV** 59
Richtnormen Grundlagen 1032
Ring fencing Art. 8 FKVO 100
Risikobewertungsstudien SB Versicherungswirtschaft 89 ff.
Risikobezogene Marktabgrenzung Art. 102 AEUV 170
Risikodaten SB Versicherungswirtschaft 94
Risikoeinschätzung
– Kumulrisiken **SB Versicherungswirtschaft** 183
– Versicherungswirtschaft **SB Versicherungswirtschaft** 153
Risikoinformationsmarkt SB Versicherungswirtschaft 91
RJB Mining-Urteil Einl. FKVO 132 ff.
RL (EU) 2018/957 Grundlagen 1349
RL (EU) 2019/1937 Art. 43 DMA 1 ff.
– Änderung von **Art. 51 DMA**
RL (EU) 2019/633 s. *UTP-Richtlinie*
RL (EU) 2020/1828 Art. 42 DMA 1 ff.
– Änderung von **Art. 52 DMA**
RL 2014/104/EU Rechtsschutz 35 ff.
RL 2018/1972
– Verhältnis zum Digital Markets Act **Art. 7 DMA** 22 f.
RL 91/250/EWG über den Rechtsschutz von Computerprogrammen Art. 1 TT-GVO 80
RL Nr. 2018/1972
– Verhältnis zu Digital Markets Act **Art. 1 DMA** 23 ff.
RLM-Kunden Art. 102 AEUV 185
Rohdiamanten-Fall Art. 9 VO 1/2003 43 ff.
Rohmilch Art. 102 AEUV 130; **SB Landwirtschaft** 395
Rohstoffe
– Lieferverweigerung **Art. 102 AEUV** 480 ff.
Rom II-Verordnung Grundlagen 1465, 1516 ff.
– Beseitigungsanspruch **Art. 101 AEUV** 928
– Schadensersatzanspruch **Art. 101 AEUV** 928
– Unterlassungsanspruch **Art. 101 AEUV** 928
Rom I-Verordnung Grundlagen 1465, 1508 ff.
Römische Verträge Grundlagen 735
– Freistellung **Art. 101 AEUV** 954 ff.
Roquette Frères-Rechtsprechung Art. 21 VO 1/2003 5 ff.; **Grundlagen** 889
Rosinenpicken Grundlagen 1008
Royal Philips Electronics NV/Kommission-Fall Art. 9 FKVO 135 ff.
RSB/Tenex/Fuel Logistics Art. 3 FKVO 149
RTE-Fall Art. 102 AEUV 276
RTZ/CRA-Fall Art. 3 FKVO 19

Rückerstattung in Lebensversicherung
– Fusionskontrolle **SB Versicherungswirtschaft** 217
Rückerwerbsverbot
– Fusionskontrolle **Art. 8 FKVO** 109
Rückkopplungsschleifen Grdl. DMA 55 ff.
– Monetarisierungsrückkopplung **Grdl. DMA** 57
– Nutzer-Feedback-Rückkopplung **Grdl. DMA** 56
Rücklieferungsverbot Art. 4 Vertikal-GVO 212
Rücklizensierung
– Abhilfemaßnahme **Grundlagen** 1285
Rücklizenzierung Einl. TT-GVO 68 ff.
– Exklusiv- **Art. 5 TT-GVO** 2
Rücknahme
– Anmeldung Fusionskontrolle **Art. 4 FKVO** 87 ff.
– Entscheidungen **Rechtsschutz** 350
– Kommissionsentscheidung **Rechtsschutz** 216
Rückrufanspruch
– FRAND-Einwand **Art. 102 AEUV** 807 ff.
Rückschauende Betrachtung
– Gerichtliche Kontrolle **Art. 101 AEUV** 1033
Rückübertragungspflicht
– Markenrecht **Grundlagen** 1205
Rückversicherung Art. 102 AEUV 171 f.
– Erstversicherer, Verhältnis zu **SB Versicherungswirtschaft** 191 ff.
– Horizontalvereinbarung **SB Versicherungswirtschaft** 182 ff.
– Marktabgrenzung, räumliche **SB-Versicherungswirtschaft** 259
– Marktabgrenzung, sachliche **SB-Versicherungswirtschaft** 252 ff.
– Musterbedingungen **SB Versicherungswirtschaft** 184
– obligatorische **SB Versicherungswirtschaft** 198
– proportionale **SB Versicherungswirtschaft** 198
Rückversicherungsgemeinschaft
– reine **SB Versicherungswirtschaft** 185
Rückversicherungsmarkt SB Versicherungswirtschaft 227
Rückversicherungsprämien
– Fusionskontrolle **SB Versicherungswirtschaft** 215 f.
Rückverweisung Art. 4 FKVO 168
Rückwirkungsverbot Art. 23 VO 1/2003 32; **Grundlagen** 960 f., 1594
– Geldbuße **Art. 23 VO 1/2003** 119 ff.
Rüffert-Urteil Grundlagen 1343 f.
Rufschutz Grundlagen 1144, 1162, 1191, 1129
– Patent **Grundlagen** 1155
– Qualitätsschutz **Grundlagen** 1178
– Umverpacken **Grundlagen** 1152
rule of reason Art. 101 AEUV 206 ff., 221, 223 ff.; **Grundlagen** 564, 565, 663, 1649
– Freistellung **Art. 101 AEUV** 999 ff.
– Lizenzen **Einl. TT-GVO** 11
– Nachhaltigkeitsvereinbarungen **Art. 101 AEUV** 457
– Nebenabrede **Art. 8 FKVO** 129
– Ökonomie **Grundlagen** 696
– Wettbewerbspolitik **Grundlagen** 555 ff.
rule of severability Art. 5 Vertikal-GVO
Rumänien Grundlagen 1668
– Fusionskontrolle **Anh. FKVO** 184 ff.
Rundfunk
– öffentlich-rechtlicher **Art. 106 AEUV** 11 ff., 90, 107

magere Zahl = Randnummer

Sachverzeichnis

Rundfunkprotokoll Art. 106 AEUV 11 ff.
Rundfunkstaatsvertrag Art. 21 FKVO 52
Rundfunksystem Art. 106 AEUV 156
Running royalties Art. 4 TT-GVO 11
Russland Grundlagen 1805 ff., 1904
RVI/VBC/Heuliez Art. 3 FKVO 67
RWE/Essent-Verfahren Art. 2 FKVO 310
RWE-Fall Art. 9 VO 1/2003 41
RWS-Berufe SB Versicherungswirtschaft 229
Ryanair/Aer Lingus-Fall Art. 101 AEUV 601; **Art. 2 FKVO** 224, 251; **Art. 3 FKVO** 86; **Art. 5 FKVO**

S

S.H.V./Chevron-Fall Art. 101 AEUV 709
SABRE-Fall Grundlagen 1884
Sachliche Marktabgrenzung
– Hypothetischer Monopolistentest **Grundlagen** 245
Sachversicherung SB Versicherungswirtschaft 243
Sachzusammenhang
– Kopplungsgeschäft **Art. 102 AEUV** 633 ff.
Sacrifice Art. 102 AEUV 691
Sacrifice Test Art. 102 AEUV 323, 341 f.
Safe Harbour Art. 3 Vertikal-GVO 2
– FuE-Kooperation **Art. 101 AEUV** 400
– Inlandsumsätze **Grundlagen** 1497
– Konglomerate Zusammenschlüsse **Art. 2 FKVO** 469
– TT-GVO **Einl. TT-GVO** 42 ff.
– Vermarktungsvereinbarungen **Art. 101 AEUV** 435
– Vertikale Zusammenschlüsse **Art. 2 FKVO** 383
– Wettbewerbspolitik **Grundlagen** 555 ff., 574
Sair Group/SAA Art. 5 FKVO 19
Salame Felino-Fall Grundlagen 1181 f.
Saldierung von Vor- und Nachteilen
– Freistellung, Einzel- **Art. 101 AEUV** 1082 ff., 1154 ff.
Sale-and-Lease-Back-Vertrag
– Kontrollerwerb **Art. 3 FKVO** 65
Salonia-Fall Art. 102 AEUV 427, 590 ff.
Salvatorische Klausel Art. 101 AEUV 938 ff.
– Marktmissbrauch **Art. 102 AEUV** 894
– Teilnichtigkeit **Art. 101 AEUV** 885
Salzgitter Mannesmann/Kommission-Fall Art. 2 VO 1/2003 28
Sammelklagen Grundlagen 716; **Rechtsschutz** 35
– opt-in-Verfahren **Grundlagen** 723
Sammelversicherungsschein SB Versicherungswirtschaft 34
Samsung-Fall Art. 102 AEUV 803 ff.
Sandoz-Fall Art. 101 AEUV 112
Sanierungsfusion Art. 2 FKVO 149
– Ausgleichsfaktoren **Art. 2 FKVO** 150, 208 ff.
– Ökonomie **Grundlagen** 486
Sanitärinstallateure Art. 101 AEUV 568
Sanitätsorganisationen Grundlagen 1356
Sanktionen
– Doppelbestrafungsverbot **Art. 5 VO 1/2003** 42
– ECN+-Richtlinie **Art. 5 VO 1/2003** 40
– Nationales Recht **Art. 5 VO 1/2003** 39 ff.
Sanktionsmechanismus
– EU-Beitrittsprozess **Grundlagen** 1780

– Marktbeherrschung, kollektive **Art. 102 AEUV** 224
SARL-Fall Art. 101 AEUV 112
SAT/Eurocontrol-Urteil Art. 101 AEUV 42
Satzung Art. 101 AEUV 107
– Genossenschaftsprivileg **SB Landwirtschaft** 425
– Nichtigkeit nach Art. 101 Abs. 2 AEUV **Art. 101 AEUV** 898 ff.
– Vereinbarung über unternehmerischen Einflusserwerb **Art. 101 AEUV** 592
Sauerstoff Art. 102 AEUV 182
Säumnis Rechtsschutz 145
Savigny Grundlagen 1380
Schaden
– Amtshaftungsklage **Rechtsschutz** 556 ff.
– hypothetischer **Rechtsschutz** 588
– Marktmissbrauch **Art. 102 AEUV** 904 ff.
– Torwächter **Art. 6 DMA** 275
Schadensabwicklung
– Doppelversicherung **SB Versicherungswirtschaft** 175
– Informationsaustausch **SB Versicherungswirtschaft** 174
– Krankenkassen **SB Versicherungswirtschaft** 179
– Mehrfachversicherung **SB Versicherungswirtschaft** 175
– Versicherungswirtschaft **SB Versicherungswirtschaft** 156 ff.
Schadensbedarfsstatistiken s. Erhebungen (Versicherungen)
Schadensersatzanspruch
– Abschreckungsgebot **Art. 101 AEUV** 922
– Abschreckungswirkung **Grundlagen** 714 ff.
– Digital Markets Act **Art. 102 AEUV** 924 ff.; **Art. 39 DMA** 16
– Einstweilige Maßnahmen **Art. 8 VO 1/2003** 27
– EU-rechtliche Vorgaben **Art. 101 AEUV** 917 ff.
– Folgeverträge **Art. 101 AEUV** 905 f.
– Follow-on-Klagen **Art. 102 AEUV** 897 ff.
– IPR **Grundlagen** 1520
– Kollisionsrecht **Art. 101 AEUV** 926 ff.
– Marktmissbrauch **Art. 102 AEUV** 896 ff.
– Marktmissbrauch, Anspruchsberechtigte **Art. 102 AEUV** 900
– Marktmissbrauch, Rechtsprechung **Art. 102 AEUV** 906 ff.
– Ökonomie **Grundlagen** 374, 714 ff.
– Ökonomie, Erfolgshonorar **Grundlagen** 717
– Ökonomie, Verfahrenskosten **Grundlagen** 717
– Ordre Public **Art. 101 AEUV** 924
– Punitive Damages **Art. 101 AEUV** 923 f.
– Schadensberechnung **Art. 102 AEUV** 905
– Schadensersatz statt der Leistung **Art. 101 AEUV** 944
– Schadensumfang **Art. 102 AEUV** 904 ff.
– Stand-alone-Klagen **Art. 102 AEUV** 897 ff.
– Treble Damages **Art. 101 AEUV** 923 f.
– Vorteilsausgleichung **Art. 102 AEUV** 905
– Zusagentscheidungen **Art. 102 AEUV** 898
– Zuständigkeit, internationale **Art. 101 AEUV** 926 ff.
Schadensersatzklagen
– Behörden (gegen) s. Amtshaftungsklage
Schadensersatzrichtlinie Rechtsschutz 35
Schadensfeststellung
– Ökonomie **Grundlagen** 721 ff.

4107

Sachverzeichnis

fette Zahl = Gesetz und Paragraf

Schadenshöhe
- dreifacher **Grundlagen** 716
- EU-rechtliche Vorgaben **Art. 101 AEUV** 923 ff.
- Marktmissbrauch **Art. 102 AEUV** 904 ff.

Schadensmanagement SB Versicherungswirtschaft 172

Schadenstheorien Art. 101 AEUV 358, 392 ff.; **Art. 2 FKVO** 109 ff.
- Einkaufskooperationen **Art. 101 AEUV** 419 ff.
- Horizontale Zusammenschlüsse **Art. 2 FKVO** 235 ff.
- Konglomerate Zusammenschlüsse **Art. 2 FKVO** 466 ff.
- neuartige **Art. 2 FKVO** 242
- Normenvereinbarungen **Art. 101 AEUV** 445
- Produktionsvereinbarungen **Art. 101 AEUV** 407 ff.
- Vertikale Zusammenschlüsse **Art. 2 FKVO** 379 ff.

Schadenteilungsabkommen
- Arbeitsgemeinschaftsgedanke **SB Versicherungswirtschaft** 160
- bilaterale **SB Versicherungswirtschaft** 158
- Direktentschädigungsklauseln **SB Versicherungswirtschaft** 157
- Freistellung **SB Versicherungswirtschaft** 162 f.
- Marktanalyse **SB Versicherungswirtschaft** 159
- Regressvereinbarungen **SB Versicherungswirtschaft** 157
- Spürbarkeit **SB Versicherungswirtschaft** 161

Schadenversicherungen Art. 102 AEUV 170

Schätzungen
- Marktanteil **Art. 2 FKVO** 104

Scheinkorrelation
- Preiskorrelationsanalyse **Grundlagen** 285

Scheinselbständige Grundlagen 1299

Schenker-Fall Art. 1 VO 1/2003 30; **Art. 5 VO 1/2003** 13 ff.

Schiedsgericht Grundlagen 1064, 1541 ff.
- amicus curiae **Grundlagen** 1543
- Gerichte der Mitgliedsstaaten **Art. 16 VO 1/2003** 6
- Recht der **Grundlagen** 1541 ff.
- Sitz außerhalb der EU **Grundlagen** 1545 f.
- Sitz in der EU **Grundlagen** 1542 ff.
- Vorlageberechtigung **Rechtsschutz** 680

Schiedssprüche
- Ordre Public **Art. 101 AEUV** 911 ff.

Schiedsvereinbarung Grundlagen 1541
- Marktmissbrauch **Art. 102 AEUV** 400 ff.

Schiedsverfahren
- Fusionskontrolle, Verpflichtungszusagen **Art. 8 FKVO** 112

Schiedsvergleiche Art. 101 AEUV 911 ff.

Schienenverkehr Art. 101 AEUV 217; **Art. 102 AEUV** 196 ff., 354
- Infrastrukturmärkte **Art. 102 AEUV** 198

Schiffsbetrieb SB Verkehr 333

Schiffs-Charter SB Verkehr 333

Schiffskonsortien-GVO SB Verkehr 305
- Anwendungsbereich **SB Verkehr** 332 ff.
- Einzelfreistellung **SB Verkehr** 350 ff.
- Gruppenfreistellung **SB Verkehr** 339 ff., 346 ff.
- Hafenumschlagsanlagen **SB Verkehr** 343
- Kapazitätsanpassungen **SB Verkehr** 341
- Kapazitätsbeschränkungen **SB Verkehr** 338
- Kernbeschränkungen **SB Verkehr** 344 f.
- Kündigungsrecht **SB Verkehr** 349
- Liniendienste **SB Verkehr** 334 ff., 341
- Marktanteilsschwelle **SB Verkehr** 347 f.
- Nebenabreden **SB Verkehr** 343
- Preisabsprachen **SB Verkehr** 338
- Rechtsgrundlage **SB Verkehr** 330
- Slotvereinbarungen **SB Verkehr** 337
- Spezialtransporte **SB Verkehr** 334
- Trampdienste **SB Verkehr** 334
- Überblick **SB Verkehr** 329

Schinken
- Mengensteuerung **SB Landwirtschaft** 468

Schlechterstellungsverbot
- Öffentliche Unternehmen **Art. 106 AEUV** 66

Schleichende Übernahme Art. 7 FKVO 95

Schlichtungsverfahren
- Gemeinschaftsunternehmen **Art. 3 FKVO** 119

Schlussanträge Rechtsschutz 184 ff.

Schlüsseldokumente Art. 8 FKVO 19

Schlüsseltechnologien
- Abhilfemaßnahmen **Grundlagen** 1287
- Marktzutrittsschranken **Grundlagen** 1283

Schmidberger-Rechtsprechung Grundlagen 984

Schmieröle Art. 1 Kfz-GVO 9 ff.

Schmuck Art. 1 Vertikal-GVO 67 ff.

Schneider/Airtours/Tetra-Fall Einl. FKVO 87, 201

Schneider/Legrand-Fall Art. 7 FKVO 90 ff.

Schnittstellen Art. 7 DMA 33 ff.

Schnittstelleninformationen Art. 102 AEUV 496

Schockanalyse Grundlagen 287

Schöller-Fall Art. 101 AEUV 833

Schranken
- Grundfreiheiten **Grundlagen** 984 ff.

Schrankenregelung Grundlagen 858

Schranken-Schranken Grundlagen 859
- Grundfreiheiten **Grundlagen** 987
- Grundrechte **Grundlagen** 987

Schriftliche Stellungnahmen Art. 27 VO 1/2003 31 ff.
- Beratender Ausschuss für Kartell- und Monopolfragen **Art. 14 VO 1/2003** 43 ff.

Schriftliches Verfahren
- Gerichtsverfahren **Rechtsschutz** 122 ff.

Schriftsätze
- Streithilfe- **Rechtsschutz** 266
- Umfangsvorgaben **Rechtsschutz** 126

Schriftstücke
- wichtigste **Art. 19 FKVO** 6 ff., 34

Schulden
- Kartelltheorie **Grundlagen** 342

Schuldverhältnisse
- IPR **Grundlagen** 1508 ff.

Schuman-Erklärung Einl. FKVO 3

Schumpeter Grundlagen 107, 110, 179 f., 458 ff.; **Grdl. DMA** 78

Schutz der Privatsphäre von Arbeitnehmern Vor Art. 17–22 VO 1/2003 23

Schutz des geistigen Eigentums Grundlagen 867

Schutz des Parallelhandels
- Wettbewerbspolitik **Grundlagen** 572

Schutz personenbezogener Daten Vor Art. 17–22 VO 1/2003 23

Schutzgesetz
- **Art. 101 AEUV Grundlagen** 1604; **Art. 101 AEUV** 905

Sachverzeichnis

magere Zahl = Randnummer

- Art. 102 AEUV **Art. 102 AEUV** 910, 925
- Digital Markets Act **Art. 102 AEUV** 925; **Art. 1 DMA** 13; **Art. 5 DMA** 272; **Art. 6 DMA** 80, 274, 308; **Art. 39 DMA** 16
- Digital Markets Act, Alternativanbieter **Art. 6 DMA** 80
- Verpflichtungszusagen **Art. 9 VO 1/2003** 67

Schutzhüllenlizenzen Art. 1 TT-GVO 33
Schutzinhaltslehre Einl. TT-GVO 5 ff.
Schutzklauseln
- Fusionskontrolle, Vereinfachtes Verfahren **Art. 4 FKVO** 60

Schutzniveau der Verteidigungsrechte
- Beweisverwertung **Art. 12 VO 1/2003** 90 ff.

Schutzrechte
- Abhilfemaßnahme **Grundlagen** 1285
- Übertragung **Grundlagen** 1196 ff.
- unionsweite s. Gemeinschaftsschutzrechte

Schutzrechtsfunktion (Lehre von der rechtlichen) Grundlagen 1096 ff., 1103
Schutzrechtsvereinbarungen Art. 101 AEUV 564
Schwarze Klauseln Art. 4 Spezialisierungs-GVO 1 ff.; **Art. 8 FuE-GVO** 2 ff. s. auch Kernbeschränkungen
- Nichtigkeit nach Art. 101 Abs. 2 AEUV **Art. 101 AEUV** 884, 894
- TT-GVO **Art. 4 TT-GVO** 1
- Vertikal-GVO, **Einl. Vertikal-GVO** 4
- Wechselwirkung, mit Art. 101 Abs. 3 AEUV **Art. 101 AEUV** 1211

Schwarze Listen
- Bezweckte Horizontalbeschränkungen **Art. 101 AEUV** 325
- Bezweckte Wettbewerbsbeschränkung **Art. 101 AEUV** 495
- UTP-Richtlinie **SB Landwirtschaft** 491 ff.

Schweden Grundlagen 1667 f.
- Fusionskontrolle **Anh. FKVO** 193 ff.
- Gemeinschaftsunternehmen **Art. 3 VO 1/2003** 40
- Leniency-Bekanntmachung **Leniency-Bekanntmachung** 1
- Versicherungsvermittler **SB Versicherungswirtschaft** 136
- Wettbewerbspolitik **Grundlagen** 59

Schweigen als Zustimmung Art. 101 AEUV 110; **Art. 4 FKVO** 131
Schweigerecht
- Beweisverwertung **Art. 12 VO 1/2003** 92

Schweinezyklus Grundlagen 1556
Schweiz Grundlagen 1667, 1809 ff., 1901
- Freistellung **Art. 1 Vertikal-GVO** 89

Schwellenwerte Art. 1 FKVO 24 ff.
Schwerpunkttheorie Grundlagen 1504
- Legalfreistellung (VO Nr. 1/2003) **Art. 101 AEUV** 967

SCK/FNK-Urteil Art. 101 AEUV 856
Scottish Nuclear-Entscheidung Art. 101 AEUV 516
Screening SB Versicherungswirtschaft 4
Screensport/EBU-Fall Art. 101 AEUV 731
Seagate/Samsung Art. 2 FKVO 264
Sealed envelope procedure Art. 19 VO 1/2003 10
Seasaw Principle Grdl. DMA 44
Secil/Holderbank/Cimpor-Fall Art. 21 FKVO 67

Second sourcing Art. 4 TT-GVO 60
Secondary-line Discrimination Art. 102 AEUV 430
Seehafen Art. 102 AEUV 279
Seeschifffahrts-GVO
- Entzug des Rechtsvorteils **Art. 101 AEUV** 1248
- Rechtsgrundlagen **Art. 101 AEUV** 1198

Seeschiffahrts-GVO
- Rechtsgrundlagen **Art. 101 AEUV** 1196

Seeschiffsversicherung SB-Versicherungswirtschaft 244
Seeverkehr
- Freistellung, Einzel- **SB Verkehr** 350 ff.
- Freistellung, Gruppen- **SB Verkehr** 329 ff., 339 ff.
- Konsortialvereinbarungen **SB Verkehr** 327
- Konsortien **SB Verkehr** 327
- Linienkonferenzen **SB Verkehr** 328
- Rechtsentwicklung **SB Verkehr** 326 ff.
- VO Nr. 246/2009 **SB Verkehr** 305
- VO Nr. 906/2009 (GVO) s. Schiffskonsortien-GVO

Seidenraupen SB Landwirtschaft 388
SEITA-Fall Art. 102 AEUV 598
Seite an Seite (Arbeitnehmer) Grundlagen 1317
Sekt Grundlagen 1172
Sektorenuntersuchung Art. 17 VO 1/2003 1 ff.
- Auskunftsverlangen **Art. 18 VO 1/2003** 1 ff.
- Durchführung **Art. 17 VO 1/2003** 5
- Folgeverfahren **Art. 17 VO 1/2003** 8
- Informationsaustausch, Behörden **Art. 12 VO 1/2003** 11
- Rechtsfolgen **Art. 17 VO 1/2003** 9
- Rechtsschutz **Art. 17 VO 1/2003** 9 f.
- Verwertungsverbot **Art. 17 VO 1/2003** 8

Sektorregulierung
- Verhältnis zum EU-Wettbewerbsrecht **Art. 3 VO 1/2003** 26 ff.

Sektorspezifisches Regulierungsrecht
- Verhältnis zum Wettbewerbsrecht **Grundlagen** 1022 ff.

Sektoruntersuchung
- Veröffentlichung **Art. 28 VO 1/2003** 5

Sektoruntersuchung Milch Art. 101 AEUV 374
Sektoruntersuchung Walzasphalt
- Vollfunktions-GU, nicht gemeinschaftsweit **Art. 101 AEUV** 700

Sektoruntersuchung Zement und Transportbeton
- Vollfunktions-GU, nicht gemeinschaftsweit **Art. 101 AEUV** 700

Sekundärprodukt Art. 102 AEUV 106
Selbständigkeitspostulat Art. 101 AEUV 49 ff., 200, 296; **Grundlagen** 1303
Selbstanzeige Art. 101 AEUV 135 f.
Selbstbeschränkung
- geographische **Art. 102 AEUV** 424
- Kommission (der) **Art. 11 VO 1/2003** 86

Selbstbevorzugung Art. 102 AEUV 497, 653 ff.; **Grundlagen** 659
- Digital Markets Act **Art. 102 AEUV** 665; **Art. 6 DMA** 132
- Essential Facility Doktrin **Art. 102 AEUV** 662
- Missbrauchstatbestand **Art. 102 AEUV** 661 ff.
- Ökonomie **Grdl. DMA** 133 ff., 138, 142 ff.
- Ranking **Art. 6 DMA** 114, 132 ff.
- Voreinstellungsänderungen **Art. 6 DMA** 70

4109

Sachverzeichnis

fette Zahl = Gesetz und Paragraf

Selbstbezichtigungsverbot Vor Art. 17–22 VO 1/2003 11; **Art. 12 VO 1/2003** 42; s. auch Nemo tenetur
Selbstbindung
- Gerichte **Rechtsschutz** 201
- Kommission **Art. 101 AEUV** 1055, 1062; **Art. 11 VO 1/2003** 86; **Art. 23 VO 1/2003** 116; **Art. 23 FKVO** 4
- Positiventscheidung **Art. 10 VO 1/2003** 19

Selbsteinschätzungsverpflichtung Art. 1 VO 1/2003 24 ff.
- Beratungsschreiben der Kommisson **Art. 1 VO 1/2003** 26
- Informelle Kontaktaufnahme mit Behörden **Art. 1 VO 1/2003** 28

Selbsthilfe Grundlagen 1067
- Zwangslizenzen **Grundlagen** 1272

Selbstständige Art. 101 AEUV 54
Selbstständigkeit
- Vereinbarungen **Art. 101 AEUV** 96
- Vollfunktions-GU **Art. 3 FKVO** 139 ff.

Selbstständigkeitspostulat Art. 101 AEUV 182, 419, 423
- Versicherungswirtschaft **SB Versicherungswirtschaft** 28
- Vertikalvereinbarungen **Art. 101 AEUV** 496

Selbstveranlagungsgrundsatz SB Versicherungswirtschaft 12
Selbstverpflichtung zur Unterlassung Grundlagen 1063 ff.
Selektive Preissenkung Art. 102 AEUV 714 ff.
Selektives Vertriebssystem Art. 101 AEUV 111, 553 ff., 565 ff.; **Grundlagen** 1634
- Begriff **Art. 1 TT-GVO** 106 ff.
- Endverbraucher **Art. 4 Vertikal-GVO** 229 ff.
- Endverbraucherverkauf **Art. 4 TT-GVO** 81 ff.
- Freistellung **Art. 101 AEUV** 570
- Freistellung, Einzel- **Art. 101 AEUV** 1178
- Freistellung, Einzelfreistellung **Art. 101 AEUV** 571
- Freistellung, Kernbeschränkungen **Art. 5 Kfz-GVO** 3 ff.
- Freistellung, Kfz-GVO **Art. 1 Kfz-GVO** 12 ff.; **Art. 4 Kfz-GVO** 19 ff.
- Freistellung, Legalausnahme **Art. 1 Vertikal-GVO** 70
- Freistellung, TT-GVO **Art. 4 TT-GVO** 79 ff.
- Freistellung, Vertikal-GVO **Art. 1 Vertikal-GVO** 57 ff., 71 ff.; **Art. 4 Vertikal-GVO** 99; **Art. 5 Vertikal-GVO** 59 ff.; **Einl. Vertikal-GVO** 27
- Gebiete, getrennt **Art. 1 Vertikal-GVO** 81
- Gebiete, identisch **Art. 1 Vertikal-GVO** 82
- geschlossenes **Art. 1 Vertikal-GVO** 73 ff.; **Grundlagen** 1146, 1149
- Internetvertrieb **Art. 4 Vertikal-GVO** 235 ff.
- Kfz-GVO **Art. 1 Kfz-GVO** 15
- Kontrahierungszwang **Art. 1 Kfz-GVO** 20
- Marktmissbrauch **Art. 102 AEUV** 427, 589
- Nebenabreden **Art. 101 AEUV** 569
- Neuwagenvertrieb **Art. 3 Kfz-GVO** 11 ff.
- Ökonomie **Grundlagen** 570
- qualitativ **Art. 1 Kfz-GVO** 15; **Art. 4 Kfz-GVO** 19 ff.; **Art. 1 Vertikal-GVO** 63 ff.; **Art. 4 Vertikal-GVO** 149 ff.
- qualitativ-quantitativ **Art. 1 Vertikal-GVO** 68 ff.
- quantitativ **Art. 1 Kfz-GVO** 15; **Art. 1 Vertikal-GVO** 68 ff.
- Querlieferungsverbot **Art. 4 Vertikal-GVO** 212, 226 ff.

SELEX-Urteil Art. 101 AEUV 46
Self-Preferencing Art. 102 AEUV 497
semaines blanches Rechtsschutz 123
Sendung Art. 2 DMA 76
SEP Art. 101 AEUV 437; **Grundlagen** 1247
- Rechtsprechung **Art. 102 AEUV** 803 ff.
- Technologietransfer-Vereinbarungen **Einl. TT-GVO** 42 ff.
- Überblick **Art. 102 AEUV** 800 ff.
- Unerlässlichkeit der Lizenz **Grundlagen** 1261 ff.

Servicegebühr
- Online-Plattformen **Art. 101 AEUV** 550

Serviceleistungen
- Kopplungsgeschäft **Art. 102 AEUV** 626

Service-Netzwerke
- Fusionskontrolle, Ausgleichsfaktoren **Art. 2 FKVO** 172

Service-Public-Doktrin Grundlagen 1040
Service-Public-Tradition Art. 106 AEUV 5
Settlements Art. 23 VO 1/2003 189
Sharing Economy Art. 101 AEUV 297 f.
Sherman Act Art. 101 AEUV 209, 999 ff.; **Einl. FKVO** 2; **Grundlagen** 50
- Beweismaß **Art. 102 AEUV** 341
- Kopplungsgeschäft **Art. 102 AEUV** 617
- Online-Plattformen **Art. 6 DMA** 56
- Preismissbrauch **Art. 102 AEUV** 353 f.
- Verbraucherschädigung **Art. 102 AEUV** 10

SHV Energy/Thyssen Klöckner Recycling-Fall Art. 3 FKVO 35 ff.
Sicherheit
- soziale **Grundlagen** 1350 ff.

Sicherheitsniveau Art. 7 DMA 42 f.
- Dokumentationspflicht **Art. 7 DMA** 42

Sicherheitsvorkehrungsbewertung SB Versicherungswirtschaft 154 f.
Sicherheitszuschlag Art. 102 AEUV 377
Siebenter Wettbewerbsbericht 1977 Art. 101 AEUV 351
SIEC-Test Art. 2 FKVO 77 ff., 109 ff.; **Grundlagen** 489 ff., 1279, 1282 ff.
- Internationales Wettbewerbsrecht **Grundlagen** 1489
- Überblick **Einl. FKVO** 87

Siemens/Alstom Art. 2 FKVO 175
Siemens/Areva-Fall Art. 101 AEUV 736; **Art. 8 FKVO** 138
Signaling SB Versicherungswirtschaft 4
Signalisierungsmodelle Grundlagen 619 ff.
Signalling Art. 101 AEUV 188
Signalübertragungsdienste Art. 1 DMA 21
Simulationsmodell
- Horizontale Zusammenschlüsse **Grundlagen** 418 ff.
- Marktabgrenzung bei differenzierten Gütern **Grundlagen** 256

Simultane sachliche und räumliche Marktabgrenzung Grundlagen 254
Singapur Grundlagen 1859
Single Homing SB Versicherungswirtschaft 150
Single Market Approach SB Versicherungswirtschaft 144

4110

magere Zahl = Randnummer

Sachverzeichnis

Single Monopoly Profit-These **Grundlagen** 540
Single Monopoly Theorem **Art. 102 AEUV** 617
SITA/RC/Scorci **Art. 3 FKVO** 38
Sitz **Art. 1 FKVO** 55
– Unternehmen **Art. 101 AEUV** 12
Sitz des Käufers
– Umsatzberechnung **Art. 5 FKVO** 15
Sitzungen
– gemeinsame **Art. 101 AEUV** 129 ff.
Sitzungsbericht **Rechtsschutz** 176
Sitzungsfreie Wochen **Rechtsschutz** 123
Skalenvorteile **Art. 101 AEUV** 747
– Freistellung, Einzel- **Art. 101 AEUV** 1095
– Fusionskontrolle **Art. 2 FKVO** 189
– Fusionskontrolle, Horizontale Zusammenschlüsse **Art. 2 FKVO** 315; **Grundlagen** 470 ff.
– Fusionskontrolle, Konglomerate Zusammenschlüsse **Art. 2 FKVO** 479
– Fusionskontrolle, Vertikale Zusammenschlüsse **Art. 2 FKVO** 435
– Kosteneinsparungen **Art. 101 AEUV** 1091
– ökonomische Theorie **Grundlagen** 95, 164
– Online-Plattformen **Grdl. DMA** 60
– Produktionsvereinbarungen **Art. 101 AEUV** 413
– Rabatte **Art. 102 AEUV** 779
– Torwächterbenennung **Art. 3 DMA** 95
– Vollfunktions-GU, nicht gemeinschaftsweit **Art. 101 AEUV** 731
Skalierbarer Pool **Art. 2 DMA** 101
Skanska/Scancem-Fall **Art. 13 FKVO** 5
Ski Taxi-Entscheidung **Art. 101 AEUV** 428
Sklavische Nachahmung **Grundlagen** 1068
Slack **Grundlagen** 476
Slack-Beschwerde **Art. 6 DMA** 164; **Art. 7 DMA** 18
SLC-Test
– Historie **Art. 2 FKVO** 32 ff.; **Einl. FKVO** 53
SLM-Kunden **Art. 102 AEUV** 185
Slots
– Verpflichtungszusagen **Art. 8 FKVO** 72
Slotvereinbarungen **SB Verkehr** 337
Slowakische Republik
– Fusionskontrolle **Anh. FKVO** 202 ff.
Slowenien
– Fusionskontrolle **Anh. FKVO** 211 ff.
– Gasmarkt **Art. 102 AEUV** 186
SLP-Kunden **Art. 102 AEUV** 179
Smithfield/Pini Polonia-Fall **Art. 9 FKVO** 46
smoking guns **Leniency-Bekanntmachung** 16
SNPE/SAAB/Patria-Fall **Art. 101 AEUV** 669
SNUPAT-Urteil **Art. 101 AEUV** 5
Société Colas Est e. a.-Fall **Grundlagen** 889
Société Technique Minière/Maschinenbau Ulm-Fall **Art. 101 AEUV** 874
Sockeltheorie **Art. 102 AEUV** 377; **Grundlagen** 595
Soda-Club II-Entscheidung **Art. 102 AEUV** 97 f.
Soda-ICI-Fall **Art. 102 AEUV** 819
Soda-Solvay-Fall **Art. 102 AEUV** 607
Sodasprudler **Art. 102 AEUV** 107 f.
Sofortige Beendigung **Art. 23 VO 1/2003** 171
soft law-Texte **Einl. FKVO** 151
Software **Art. 102 AEUV** 160
– Marktbeobachtung **Art. 101 AEUV** 85
– Software as a service (SaaS) **Art. 2 DMA** 102; **Art. 6 DMA** 107, 109; **Art. 12 DMA** 15

Software-Anwendung
– Ausführung von **Art. 2 DMA** 89
– Begriff **Art. 2 DMA** 105
– Datennutzungsverbot **Art. 6 DMA** 65
– Deinstallation **Art. 6 DMA** 69, 81
– Dritter **Art. 6 DMA** 90 ff.
– Erschöpfung **Grundlagen** 1171
– Geschäfte **Art. 2 DMA** 32, 58, 103; **Art. 6 DMA** 108
– Geschäfte für **Art. 6 DMA** 263 ff.
– integrierte **Art. 2 DMA** 91
– Nutzung **Art. 6 DMA** 138 ff.
– selbstständige **Art. 2 DMA** 91
– Verpflichtungen, Präzisierung durch Kommission **Art. 8 DMA** 62
– Wechsel **Art. 6 DMA** 138 ff.
Softwareentwicklungsverträge **Art. 1 TT-GVO** 36
Softwarelizenzen
– Vertikal-GVO **Art. 2 Vertikal-GVO**
Software-Produkte **Art. 102 AEUV** 379
Software-Urheberrechte
– Begriff **Art. 1 TT-GVO** 30
Softwareverträge
– Vertikal-GVO **Art. 2 Vertikal-GVO** 30 ff.
Solange I-Rechtsprechung **Grundlagen** 812
Solbay/Rhodia **Art. 2 FKVO** 179
sole-sourced **Art. 2 FKVO** 436
Solidarisch finanzierte Leistungen **Art. 101 AEUV** 37 ff.
Solidarität **Grundlagen** 897 ff.
Solidaritätsprinzip **Art. 101 AEUV** 38; **Grundlagen** 1381
Solo-Selbstständige **Art. 101 AEUV** 297; **Grundlagen** 1290, 1300, 1305 f., 1308 ff.
Solvabilität II-Richtlinie **SB Versicherungswirtschaft** 90
Sondermissbrauchstatbestand **Art. 102 AEUV** 409, 430
Sony/BMG-Fall **Art. 101 AEUV** 664 f.; **Art. 2 FKVO** 355 ff., 403; **Art. 8 FKVO** 8
Sopra-Rechtssache **Grundlagen** 1687, 1691
Sortenschutzrecht
– Begriff **Art. 1 TT-GVO** 26 ff.
– Erschöpfung **Grundlagen** 1115
Sortimentseffekte **Grundlagen** 578, 1283
Sortimentsgedanke **Art. 102 AEUV** 143, 146
Sortimentsmärkte
– Marktabgrenzung **Grundlagen** 268 ff.
Souvenirerzeugnissen **Grundlagen** 1173
Sozialbereich **Art. 101 AEUV** 29 ff., 37 ff.
– Tätigkeiten im Vorfeld hoheitlicher Tätigkeiten **Art. 101 AEUV** 43 ff.
– Wettbewerbsbeschränkungen im **Grundlagen** 1294
Soziale Marktwirtschaft **Grundlagen** 1019 f.
Soziale Netzwerke **Art. 2 DMA** 35, 58; **Grdl. DMA** 52
– Abgrenzung **Art. 2 DMA** 21
– Geschäfte für **Art. 6 DMA** 263 ff.
– Verpflichtungen, Präzisierung durch Kommission **Art. 8 DMA** 62
– Video-Sharing-Element **Art. 2 DMA** 77
Soziale Rechte **Grundlagen** 905 ff.
Soziale Sicherheit **Grundlagen** 1350 ff.
Sozialpartnervereinbarungen **Grundlagen** 1297 f.

4111

Sachverzeichnis

fette Zahl = Gesetz und Paragraf

Sozialrecht
- EU-Wettbewerbsrecht **Grundlagen** 1288 ff.
- Verhältnis zum Wettbewerbsrecht **Grundlagen** 1350 ff.

Sozialstaatsprinzip Grundlagen 1288
Sozialversicherung Grundlagen 1364 ff.
- Tätigkeit, soziale **Grundlagen** 1364 ff.
- Tätigkeit, wirtschaftliche **Grundlagen** 1315 ff.

Sozialversicherungen s. auch *Kranken- und Unfallversicherung*

Sozialversicherungssystem
- Pflichtmitgliedschaft **Grundlagen** 1352

Sozialversicherungsträger
- Unternehmen **Grundlagen** 1351 ff.; **SB Versicherungswirtschaft** 21 ff.

Spaak-Bericht Art. 101 AEUV 954; **Einl. FKVO** 7 ff.; **Grundlagen** 765
Spam-Nachrichten Art. 7 DMA 51
Spanien
- Elektrizitätsmarkt **Art. 102 AEUV** 180
- Fusionskontrolle **Anh. FKVO** 220 ff.

Spanische Banken-Fall Art. 11 VO 1/2003 13
Sped Pro Polen-Verfahren Art. 7 VO 1/2003 57
Speicherchips Art. 102 AEUV 159
Sperrpatente Grundlagen 1250 ff., 1279
Sperrwirkung Art. 101 AEUV 1243 ff.; **Grundlagen** 1618
- Kommission **Art. 11 VO 1/2003** 82

Sperrwirkung des EU-Rechts
- Art. 101 AEUV **Art. 3 VO 1/2003** 68 ff.
- Art. 102 AEUV **Art. 3 VO 1/2003** 97 ff.

Sperrzeichen Grundlagen 1215
Spezialisierung
- einseitige **Art. 1 Spezialisierungs-GVO** 3; **Einl. Spezialisierungs-GVO** 5
- gegenseitige **Art. 1 Spezialisierungs-GVO** 8 ff.; **Einl. Spezialisierungs-GVO** 5

Spezialisierungs-GVO Art. 101 AEUV 406, 414 ff.
- Rechtsgrundlagen **Art. 101 AEUV** 1198
- Alleinbelieferungsvereinbarung **Art. 2 Spezialisierungs-GVO** 14 ff.
- Entstehungsgeschichte **Einl. Spezialisierungs-GVO** 7
- Entzug des Rechtsvorteils **Art. 101 AEUV** 1248; **Art. 2 Spezialisierungs-GVO** 21
- Gebietskartell **Art. 2 Spezialisierungs-GVO** 7 f.
- Geltungsdauer **Art. 9 Spezialisierungs-GVO** 1
- Immaterialgüterrecht **Art. 2 Spezialisierungs-GVO** 11 ff.
- Kernbeschränkungen **Art. 5 Spezialisierungs-GVO** 1 ff.
- Kernbeschränkungen, Fallgruppen **Art. 5 Spezialisierungs-GVO** 3 ff.
- Legaldefinitionen **Art. 1 Spezialisierungs-GVO** 2 ff.
- Marktanteilsschwelle **Art. 3 Spezialisierungs-GVO** 1 ff.; **Art. 4 Spezialisierungs-GVO** 1 ff.
- Nebenabrede **Art. 2 Spezialisierungs-GVO** 9 ff.
- Praxis der Kommission **Art. 2 Spezialisierungs-GVO** 13
- Rechtsgrundlage **Art. 101 AEUV** 1196; **Einl. Spezialisierungs-GVO** 7
- Relevanter Markt **Art. 3 Spezialisierungs-GVO** 5 ff.
- Spezialisierungsprodukt **Art. 1 Spezialisierungs-GVO** 23
- Toleranzklausel **Art. 4 Spezialisierungs-GVO** 2
- Überblick **Einl. Spezialisierungs-GVO** 1
- Übergangszeitraum **Art. 8 Spezialisierungs-GVO** 1
- Umsatzgrenze **Art. 3 Spezialisierungs-GVO** 1 f.
- Verhältnis zu Art. 102 AEUV **Einl. Spezialisierungs-GVO** 16
- Verhältnis zu De-minimis-Bekanntmachung **Einl. Spezialisierungs-GVO** 22
- Verhältnis zu GVOs, FuE-GVO **Einl. Spezialisierungs-GVO** 17
- Verhältnis zu GVOs, TT-GVO **Einl. Spezialisierungs-GVO** 20; **Art. 9 TT-GVO** 1; **Einl. TT-GVO** 89 ff.
- Verhältnis zu GVOs, Vertikal-GVO **Einl. Spezialisierungs-GVO** 21
- Verhältnis zur Einzelfreistellung **Einl. Spezialisierungs-GVO** 23 ff.
- Verhältnis zur FKVO **Einl. Spezialisierungs-GVO** 13 ff.
- Versicherungswirtschaft, Mitversicherungsgemeinschaft **SB Versicherungswirtschaft** 68
- Vertrauensschutz **Art. 8 Spezialisierungs-GVO** 1
- Vollfunktions-GU **Einl. Spezialisierungs-GVO** 13
- Vollfunktions-GU, nicht gemeinschaftsweit **Art. 101 AEUV** 727
- Voraussetzungen **Art. 2 Spezialisierungs-GVO** 1 ff.
- Weiße Liste **Art. 2 Spezialisierungs-GVO** 20
- Wettbewerber **Art. 1 Spezialisierungs-GVO** 25
- Wettbewerber, tatsächlicher **Art. 1 Spezialisierungs-GVO** 27 ff.
- Zwischenprodukte **Art. 3 Spezialisierungs-GVO** 4

Spezialisierungsprodukt
- Begriff **Art. 1 Spezialisierungs-GVO** 23

Spezialisierungsvereinbarungen Art. 101 AEUV 415 ff.
- Alleinbelieferungsverpflichtung **Art. 101 AEUV** 521
- Begriff **Art. 1 Spezialisierungs-GVO** 2 ff.
- Freistellung, Einzel- **Art. 101 AEUV** 1091, 1114, 1176
- Landwirtschaft **SB Landwirtschaft** 367
- Ökonomie **Grundlagen** 393

Spezialitätsverhältnis
- Gruppenfreistellungsverordnungen **Art. 101 AEUV** 1236

Spezialprävention Art. 23 VO 1/2003 36
Spezialtransporte SB Verkehr 334
Spezifische Wahlmöglichkeit Art. 5 DMA 100 ff.
Spezifischen Gegenstand (Lehre vom) Einl. TT-GVO 5 ff., 23 ff.; **Grundlagen** 1096 ff., 1102 ff.
- Bedeutung **Grundlagen** 1192 ff.
- geographische Herkunftsangaben **Grundlagen** 1172 ff.
- Marken **Grundlagen** 1129 ff.
- Patentrecht **Grundlagen** 1154 ff.
- Urheberrechte **Grundlagen** 1161 ff.

Spiegelbildprinzip Grundlagen 1363
Spielanwendungen Art. 2 DMA 109
Spieltheorie Grundlagen 78, 118 ff.
- Folk-Theorem **Grundlagen** 321 ff.

magere Zahl = Randnummer

Sachverzeichnis

- Grundlagen **Grundlagen** 192 ff.
- Horizontale Zusammenschlüsse **Grundlagen** 442 ff.
- Kartell **Grundlagen** 317 ff.
- Nash-Gleichgewicht **Grundlagen** 196 f.

Spill-over Effekte Art. 101 AEUV 390, 397, 410, 704; **Einl. FKVO** 45, 119; **Grundlagen** 379 ff., 1480, 1563
- Teilfunktions-GU **Art. 101 AEUV** 742 ff.
- Vollfunktions-GU, nicht gemeinschaftsweit **Art. 101 AEUV** 714 f.
- Zusammenschluss **Art. 101 AEUV** 595

Spiraleffekt Art. 102 AEUV 214; **Grundlagen** 217
Spirit of co-operation Leniency-Bekanntmachung 45
Spitzenlastpreise Grundlagen 676
Spitzenrabatte Art. 102 AEUV 762
Split-Testing Art. 21 DMA 21
Spokes-Informationsaustausch Art. 101 AEUV 183
Spokes-Programme Art. 101 AEUV 81
Sport Art. 101 AEUV 31 ff., 63, 350
- Bereichsausnahmen **Grundlagen** 1558

Sportverband Art. 102 AEUV 404
Sprachangebote auf Webseiten Art. 4 Vertikal-GVO 160
Sprachanrufe Art. 7 DMA 40
Sprachbarrieren Art. 101 AEUV 1157
Sprache
- Anmeldung von Zusammenschlüssen **Art. 4 FKVO** 74
- EFTA-Gerichtshof **Rechtsschutz** 107
- Unionsgerichte **Rechtsschutz** 103
- Verweisungsantrag **Art. 4 FKVO** 117, 155

Sprachgrenzen
- Marktabgrenzung **Art. 2 FKVO** 64

Sprachunterschiede Art. 102 AEUV 121 ff.
Sprechklausel
- Fusionskontrolle **Art. 8 FKVO** 109

Spruchkörper Rechtsschutz 137
Sprunglieferungsverbot Art. 1 Vertikal-GVO 82; **Art. 4 Vertikal-GVO** 209; **Grundlagen** 1065
- Freistellung, TT-GVO **Art. 4 TT-GVO** 78

Spürbarkeit Art. 101 AEUV 283 ff.
- Beweislast **Art. 2 VO 1/2003** 12
- Bezweckte Wettbewerbsbeschränkung **Art. 101 AEUV** 312
- Binnenmarktsbeherrschung **Art. 102 AEUV** 275
- Bündeltheorie **Art. 101 AEUV** 828 ff.
- Diskriminierung von Handelspartnern **Art. 102 AEUV** 448
- Dogmatische Einordnung **Art. 101 AEUV** 288 ff.
- Formelle Bagatellgrenze **Art. 101 AEUV** 292
- Freistellung, Einzel- **Art. 101 AEUV** 1075
- Fusionskontrolle **Art. 2 FKVO** 140 ff., 146
- Fusionskontrolle, Konglomerate Zusammenschlüsse **Art. 2 FKVO** 485 ff.
- Handelsbeeinträchtigung **Art. 101 AEUV** 801, 822 ff.
- Handelsbeeinträchtigung, ein Mitgliedsstaatsteil betr. **Art. 101 AEUV** 854 ff.
- Internationales Wettbewerbsrecht **Grundlagen** 1398 f., 1434, 1472 ff.
- Marktabgrenzung **Art. 101 AEUV** 622
- Marktanteilszuwachs **Art. 2 FKVO** 265
- NAAT-Regel **Art. 101 AEUV** 829 ff.

- Nachhaltigkeitsvereinbarungen **Art. 101 AEUV** 463
- Nichtigkeitsklage **Rechtsschutz** 445
- Qualitative Kriterien **Art. 101 AEUV** 285
- quantitativ oder qualitativ **Grundlagen** 1335
- Quantitative Kriterien **Art. 101 AEUV** 285 ff.
- Rechtsprechung **Art. 101 AEUV** 284 f.
- Tarifverträge **Grundlagen** 1335
- Technologietransfer-Vereinbarungen **Einl. TT-GVO** 57
- Versicherungswirtschaft, Ad-hoc-Mitversicherungen **SB Versicherungswirtschaft** 64
- Versicherungswirtschaft, Mitversicherungsgemeinschaft **SB Versicherungswirtschaft** 61 ff.
- Versicherungswirtschaft, Schadenteilungsabkommen **SB Versicherungswirtschaft** 161
- Vertikale Zusammenschlüsse **Art. 2 FKVO** 447
- Vertikalvereinbarungen **Art. 101 AEUV** 501 f.
- Vollfunktions-GU, mit gemeinschaftsweit **Art. 101 AEUV** 659
- Vollfunktions-GU, nicht gemeinschaftsweit **Art. 101 AEUV** 719
- Zwischenstaatlichkeit **Art. 101 AEUV** 509 f.; **Art. 102 AEUV** 851

SSNDQ-Test Grundlagen 266
SSNIC-Test Grundlagen 266
SSNIP-Test Art. 102 AEUV 97 f., 135; **Art. 2 FKVO** 39, 44, 46 ff.; **Grundlagen** 244
Staatenbezogene Wettbewerbsregeln Grundlagen 1423
Staatlich reglementierte Monopole Art. 101 AEUV 649
Staatliche Druckausübung Art. 101 AEUV 213
Staatliche Einrichtung
- Unternehmen **Art. 102 AEUV** 70 ff.

Staatliche Regulierung Art. 101 AEUV 212
Staatliche Unternehmen
- Fusionskontrolle **Art. 3 FKVO** 9, 12
- Umsatzberechnung **Art. 5 FKVO** 81
- Verbundklausel **Art. 5 FKVO** 81 ff.

Staatliche Wettbewerbsverzerrung Art. 101 AEUV 57
Staatliche Zulassung Art. 101 AEUV 568
Staatsangehörigkeit Grundlagen 1385
Staatshaftung Rechtsschutz 31
- EWR **Rechtsschutz** 45
- Klage s. *Amtshaftungsklage*
- Streithelfer **Rechtsschutz** 262
- Vorlagepflicht **Rechtsschutz** 691

Staatsversagen Grundlagen 689 ff.
- Prognoseprobleme **Grundlagen** 692 ff.
- Wissensprobleme **Grundlagen** 692 ff.

Stabilität des Marktes
- Faktorenanalyse **Art. 101 AEUV** 364

Stammkunden Art. 102 AEUV 440
stand alone costs Art. 102 AEUV 368, 676 ff., 718
Stand-alone-Klagen Art. 102 AEUV 897 ff.
Standard Oil-Entscheidung Art. 101 AEUV 206
Standard&Poor's-Fall Art. 9 VO 1/2003 38
Standardbedingungen s. *Allgemeine Geschäftsbedingungen*
Standardeinstellungen
- Änderung von **Art. 6 DMA** 83
- Ermöglichung von **Art. 6 DMA** 109

Standardessentielles Patent s. *SEP*

4113

Sachverzeichnis

fette Zahl = Gesetz und Paragraf

Standardisierung Grdl. DMA 96, 101
- Effekte **Grundlagen** 1247, 1249
- Normenvereinbarungen **Art. 101 AEUV** 436 ff.

Standardisierungsorganisation
- Unternehmen **Art. 102 AEUV** 801

Standardisierungsvereinbarung Einl. TT-GVO 39
- Freistellung, Einzel- **Art. 101 AEUV** 1102, 1116

Standardlastprofilkunden Art. 102 AEUV 179 ff.

Standardpreise
- Fusionskontrolle, Horizontale Zusammenschlüsse **Art. 2 FKVO** 358

Standards
- De Facto **Art. 102 AEUV** 801
- De Jure **Art. 102 AEUV** 801

Standardverträge
- Horizontalvereinbarung **Art. 101 AEUV** 333

Standesrecht Art. 101 AEUV 251 ff.

Standesregeln Grundlagen 1065

Standort
- Umsatzberechnung **Art. 5 FKVO** 17 ff.

Standortklausel Art. 4 Vertikal-GVO 205 ff.
- Freistellung, TT-GVO **Art. 4 TT-GVO** 82

Staples & Office Depot-Fall Art. 101 AEUV 1152

stare decisis Rechtsschutz 201

Startup-Wettbewerber Art. 102 AEUV 46

State Action Defence Grundlagen 1063

State of Play-Meeting Art. 27 VO 1/2003 37; **Art. 18 FKVO** 6, 37 ff.; **Art. 6 FKVO** 7 f.; **Art. 8 FKVO** 19; **Einl. FKVO** 166, 173

State-action-Defense Art. 101 AEUV 56 ff.

statement of objections Einl. FKVO 171

Stationaritätsanalyse Grundlagen 286

Statistik
- Fusionskontrolle **Einl. FKVO** 206

Statoil Fuel and Retail/Dansk Fuels Art. 2 FKVO 412

Stauder-Urteil Grundlagen 744, 813 f.

Stellungnahme
- Fusionskontrolle, EFTA **Art. 19 FKVO** 36 ff.
- Kommission **Art. 101 AEUV** 1042; **SB Landwirtschaft** 447
- Strukturkrisenkartelle **Art. 101 AEUV** 327

Stellungnahmerecht Art. 27 VO 1/2003 11
- Kommission (der) **Art. 39 DMA** 10
- Zusagenentscheidungen **Art. 9 VO 1/2003** 25

Sterbetafeln s. Tabellen (Versicherungen)

Sterling Drug-Urteil Grundlagen 1108

Sternkartell Art. 101 AEUV 298

Sternverträge Art. 101 AEUV 572

Steuerliche Abzugsfähigkeit
- Geldbußen **Art. 23 VO 1/2003** 209 f.

Steuern
- Umsatzberechnung **Art. 5 FKVO** 10

Stichtag
- Umsatzberechnung **Art. 5 FKVO** 22

Stickstoff Art. 102 AEUV 182

Stillschweigende Verlängerung Art. 101 AEUV 519

Stimmberechtigung
- Beratender Ausschuss für Kartell- und Monopolfragen **Art. 14 VO 1/2003** 19

Stimmbindungsvertrag
- Kontrollerwerb **Art. 3 FKVO** 65

Stimmrechte
- Marktstrukturmissbrauch **Art. 102 AEUV** 828
- Mehrheit, Alleinige Kontrolle **Art. 3 FKVO** 101
- Mehrheit, Umsatzberechnung **Art. 5 FKVO** 74
- Unterlassen der Ausübung **Art. 3 FKVO** 178

Stimmverhalten
- Vergangenheit (in) **Art. 3 FKVO** 129

Stinnes/Hanielreederei-Fall Art. 3 FKVO 34

Stop-the-Clock-Mechanismus
- Historie **Einl. FKVO** 57

Störgeräusche SB Versicherungswirtschaft 3

Stornierung
- Lebensmittel **SB Landwirtschaft** 491

Straffreiheitszusicherung
- Informationsaustausch, Behörden **Art. 12 VO 1/2003** 51 ff.

Strafklageverbrauch Art. 11 VO 1/2003 109

Strafmaß
- Verhältnismäßigkeitsprüfung **Grundlagen** 955

Strafmilderung Art. 12 VO 1/2003 51 ff.

Strafrecht
- Verhältnis zum EU-Wettbewerbsrecht **Art. 3 VO 1/2003** 32

Strafrechtliche Garantien Grundlagen 926

Strafverfahren
- Vorrang des EU-Wettbewerbsrechts **Art. 3 VO 1/2003** 85

Straßenverkehr SB Verkehr 309

Strategische Allianzen Art. 101 AEUV 580

Strategische Entscheidungen Art. 3 FKVO 25

Streetmap/Google-Fall Art. 102 AEUV 660

Streitbeilegungsmechanismus Art. 6 DMA 279 ff.

Streitbeilegungsvereinbarung Grundlagen 1232

Streitgegenstand Rechtsschutz 289
- Veränderung in Rechtsmittelinstanz **Rechtsschutz** 629

Streithelfer
- Einstweiliger Rechtsschutz **Rechtsschutz** 570
- Kosten **Rechtsschutz** 269
- nichtprivilegierte **Rechtsschutz** 257
- privilegierte **Rechtsschutz** 256
- Rechtsmittelverfahren **Rechtsschutz** 616, 631
- teilprivilegierte **Rechtsschutz** 256
- Vertraulichkeit **Rechtsschutz** 74
- Zulassung **Rechtsschutz** 263

Streitiges Verfahren Art. 27 VO 1/2003 6

Streitschlichtung
- WTO **Grundlagen** 1738 ff.

Streubesitz
- Kontrolle, alleinige **Art. 3 FKVO** 105

Streuschäden Grundlagen 723

Streuung SB Versicherungswirtschaft 3

Strom Art. 1 Vertikal-GVO 20

Stromerzeuger
- Fusionskontrolle **Art. 2 FKVO** 126

Stromhandelsverordnung Grundlagen 1033 ff.

Stromimporte Art. 102 AEUV 174

Stromnetzentgeltverordnung Grundlagen 1033 ff.

Stromwirtschaft Grundlagen 664

structured sales Art. 8 FKVO 103

Strukturauflagen
- Vollfunktions-GU, mit gemeinschaftsweit **Art. 101 AEUV** 671 f.

Strukturierter Dialog Grundlagen 1902

magere Zahl = Randnummer

Sachverzeichnis

Strukturkrisenkartell s. *Krisenkartell*
– Freistellung, Einzel- **Art. 101 AEUV** 1100
– Ökonomie **Grundlagen** 396
Strukturmissbräuche s. *Behinderungsmissbrauch*
Strukturvergleichskonzept Grundlagen 1040 ff.
Struktur-Verhalten-Ergebnis-Paradigma Grundlagen 81 ff.
Strukturzusagen Art. 8 FKVO 65 ff.
Stufen der Produktionskette Art. 1 Vertikal-GVO 12
Stufen der Vertriebskette Art. 1 Vertikal-GVO 16
– Selektives Vertriebssystem **Art. 1 Vertikal-GVO** 82
Stufenklage
– Amtshaftungsklage **Rechtsschutz** 543
Subadditivität Grundlagen 664 ff.
Subdelegation Art. 6 FKVO 11; **Einl. FKVO** 189 ff.
Subjektiv-öffentliche Rechte Grundlagen 965 ff.
Submarkt s. auch *Teilmarkt*
Submissionsbetrug
– Verhältnis zum EU-Wettbewerbsrecht **Art. 3 VO 1/2003** 34
Submissionskartell Art. 101 AEUV 342
Subsidiarität
– Gruppenfreistellungsverordnungen **Art. 101 AEUV** 1236
– Vertikal-GVO **Art. 2 Vertikal-GVO** 53 ff.
Subsidiaritätsprinzip Art. 101 AEUV 729; **Art. 22 FKVO** 6
– Durchführungsvorschriften **Art. 103 AEUV** 57
– Kommission **Grundlagen** 1648 ff.
Substantial Lessening of Competition-Test siehe *SLC-Test*
Substituierbarkeit
– Angebotsseite **Art. 2 FKVO** 53, 65
– Fusionskontrolle, Horizontale Zusammenschlüsse **Art. 2 FKVO** 280, 286 ff.
– Fusionskontrolle, Konglomerate Zusammenschlüsse **Art. 2 FKVO** 471
– Kopplungsgeschäft **Art. 102 AEUV** 632
– Lizenz **Grundlagen** 1261
– Nachfrageseite **Art. 2 FKVO** 51, 59
Substitutionsgüterwettbewerb Grundlagen 1027
– Lauterkeitsrecht **Grundlagen** 1061
Substitutionskonzept Art. 102 AEUV 88, 131
Suche
– Anfrage **Art. 2 DMA** 130
– Antwort **Art. 2 DMA** 131
– Ergebnisse, Begriff **Art. 2 DMA** 129 ff.
Suchkosten
– Informationsaustausch **Art. 101 AEUV** 384 ff.
Suchmaschine Art. 102 AEUV 257; **Art. 2 DMA** 34; **Grdl. DMA** 51
– Begriff **Art. 2 DMA** 61 ff.
– Datenzugang **Art. 6 DMA** 243 ff.
– Geschäfte für **Art. 6 DMA** 263 ff.
– interne **Art. 2 DMA** 64
– Kontrahierungszwang **Art. 6 DMA** 255
– Marktabgrenzung **Art. 102 AEUV** 133 ff.
– Mindestinformationsgehalt **Art. 2 DMA** 66
– Optimierung **Art. 6 DMA** 254
– Ranking **Art. 6 DMA** 129
– Suchanfragen **Art. 2 DMA** 63
– Suchanfragen, Universelle **Art. 2 DMA** 64
– Sucherergebnisse **Art. 2 DMA** 65

– Verpflichtungen, Präzisierung durch Kommission **Art. 8 DMA** 62
Suchmaschinen Grundlagen 1054
Südafrika Grundlagen 1840 ff.
Südzucker/St. Louis Sucre-Fall Art. 8 FKVO 72
Sui generis non-party intervener Art. 15 VO 1/2003 34
Suiker Unie ua/Kommission-Fall Art. 102 AEUV 391; **Art. 1 Vertikal-GVO** 100 ff.
Sulzer/Kelmix-Fall Grundlagen 1491, 1502
Sun Alliance/Royal Insurance Art. 21 FKVO 57
Superdominante Stellung
– Online-Plattformen **Art. 6 DMA** 124
Supplier Welfare Art. 102 AEUV 214
Supranationale Märkte Art. 102 AEUV 115
Supranationales Wettbewerbsrecht Grundlagen 731, 735
Surge-Pricing Grundlagen 660
Survival of the Fittest Grundlagen 94
Survivor-Test Art. 101 AEUV 1125
Suspensiveffekt Art. 26 VO 1/2003 12
SVE-Paradigma Grundlagen 81 ff.
Swap
– Umsatzberechnung **Art. 5 FKVO** 64 ff.
Swedish Match AB/Skandinavisk Tobakskompagni AS-Fall Art. 102 AEUV 836
Swissair/Sabena Art. 5 FKVO 19
Sydhavnens Sten & Grus-Urteil Grundlagen 1007
Sydhavnens Sten-Urteil Art. 102 AEUV 278
Syfait-Fall Art. 15 VO 1/2003 8
Symmetrie
– vollständige **Art. 8 FKVO** 6 ff.
Symmetrie der Unternehmen
– Faktorenanalyse **Art. 101 AEUV** 365
– Kartelltheorie **Grundlagen** 346
Syndikusanwälte Vor Art. 17–22 VO 1/2003 17; **Grundlagen** 948
Synergen-Fall Art. 101 AEUV 516
Synergieeffekte
– Freistellung, Einzel- **Art. 101 AEUV** 1090
– Kopplungsgeschäft **Art. 102 AEUV** 635
– Zusammenschlüsse **Grundlagen** 470
Syngenta/Monsanto's Sunflower Seed Business Art. 2 FKVO 396
Synthetischer Kautschuk II-Fall Grundlagen 1504
Syrien Grundlagen 1799 ff.
Systematik
– Auslegung GVO **Art. 101 AEUV** 1215, 1219
Systemaußenseiter Art. 1 Vertikal-GVO 58; **Art. 4 Vertikal-GVO** 96, 199 ff.
Systeme der sozialen Sicherheit Grundlagen 1350 ff.
Systemische Nichteinhaltung Art. 18 DMA 1 ff.
Systemmärkte Art. 102 AEUV 106; **Art. 4 Kfz-GVO** 6
Systemsoftware Art. 2 DMA 88

T

Tabak Art. 101 AEUV 567; **Art. 102 AEUV** 144; **SB Landwirtschaft** 409
– Branchenverbandsvereinbarungen **SB Landwirtschaft** 446
– Mengensteuerung **SB Landwirtschaft** 469

4115

Sachverzeichnis

fette Zahl = Gesetz und Paragraf

Tabellen (Versicherungen) SB Versicherungswirtschaft 89 ff.
TACA-Fall Art. 102 AEUV 33, 420
tacit collusion Art. 101 AEUV 185; **Grundlagen** 311
Tafelgeschirr Art. 101 AEUV 567
Tafelgeschirr und Ziergegenstände Art. 1 Vertikal-GVO 67 ff.
Tagessatz Art. 15 FKVO 11
Tagesumsatz Art. 24 VO 1/2003 25
take note commitments Art. 8 FKVO 39, 94
Take-or-pay-Klauseln Art. 101 AEUV 573 f.
Tangible Risk Art. 8 VO 1/2003 7
Tankstellenverträge
– Freistellung, Vertikal-GVO **Art. 5 Vertikal-GVO** 31
Tarifautonomie Grundlagen 1290 ff.
– Grenzen der **Grundlagen** 1303
Tarife
– zweiteilige **Grundlagen** 677
Tarifierungssystem Art. 23 VO 1/2003 132
Tariftreue Grundlagen 1332, 1343
Tarifverhandlungen Grundlagen 1333
Tarifvertrag Art. 101 AEUV 27 f.; **Grundlagen** 1288 ff.
– Allgemeinverbindlicherklärung **Grundlagen** 1338 ff.
– Bereichsausnahmen **Grundlagen** 1290 ff.
– Doppelwirkung **Grundlagen** 1301
– Europäische **Grundlagen** 1336
– Flächen- **Grundlagen** 1303
– Marktmissbrauchsverbot **Grundlagen** 1340 ff.
– mit Doppelwirkung **Grundlagen** 1334
– Verhältnis zu Art. 101 AEUV **Grundlagen** 1290 ff.
– Verhältnis zu Art. 102 AEUV **Grundlagen** 1340
– Wettbewerbsbeschränkende Vereinbarungen **Grundlagen** 1330 ff.
Task Force Agrarmarkt SB Landwirtschaft 370, 482
Tateinheit Art. 23 VO 1/2003 52
Täterschaft und Teilnahme Art. 23 VO 1/2003 43
Tätigkeiten
– außerhalb des Wettbewerbs **Art. 101 AEUV** 27 ff.
– nach hoheitlichen Tätigkeiten **Art. 101 AEUV** 42
– vor hoheitlichen Tätigkeiten **Art. 101 AEUV** 46 ff.
– vor sozialen Tätigkeiten **Art. 101 AEUV** 43 ff.
Tätigkeitsbereich
– normaler geschäftlicher **Art. 5 FKVO** 7
Tätigkeitsdelikt Art. 101 AEUV 152
Tätigkeitsschwerpunkt Art. 1 FKVO 55
Tätigwerdenpflicht
– Kommission **Art. 102 AEUV** 2
Tatmehrheit Art. 23 VO 1/2003 52
Tatsachenermittlung
– EuG **Art. 101 AEUV** 1034
Tatsachenirrtum Art. 23 VO 1/2003 49 ff.
– Digital Markets Act **Art. 30 DMA** 16
– Freistellung, Einzel- **Art. 101 AEUV** 1063 ff.
Tatsachenwürdigung
– Gerichtliche Kontrolle **Art. 101 AEUV** 1037 ff.
Tatsächliche Nichtanwendung Art. 23 VO 1/2003 169
Tech-Firmen Grundlagen 701

Technische Daten
– Informationsaustausch (über) **Art. 101 AEUV** 372
Technische Normen
– Freistellung, Einzel- **Art. 101 AEUV** 1107
Technische Vereinbarungen
– Binnenverkehrs-VO **SB Verkehr** 314 ff.
Technischer Fortschritt
– Freistellung, Einzel- **Art. 101 AEUV** 1109 ff.
– Fusionskontrolle **Art. 2 FKVO** 6, 189
Technologie-GVO s. *TT-GVO*
Technologielizenzzusagen Art. 8 FKVO 70
Technologiemarkt Art. 101 AEUV 391 ff.; **Art. 1 TT-GVO** 94 ff.
– Marktabgrenzung **Art. 2 FKVO** 74; **Grundlagen** 1243 ff.
– Marktanteilsschwelle **Art. 8 TT-GVO** 6
– räumlich **Art. 1 TT-GVO** 95
– sachlich **Art. 1 TT-GVO** 94
Technologien
– ergänzende **Einl. TT-GVO** 51 ff.
– Essenzielle **Einl. TT-GVO** 50
– Standardessenzielle **Einl. TT-GVO** 50
– substituierbare **Einl. TT-GVO** 51 ff.
Technologieneutralität
– Freistellung, Einzel- **Art. 101 AEUV** 1113
Technologiepools Einl. TT-GVO 39, 48
– Assessment of Potential Anticompetitive Conduct in the Field of Intellectual Property Rights **Einl. TT-GVO** 67 ff.
– marktbeherrschende **Einl. TT-GVO** 54
– safe harbour **Einl. TT-GVO** 50
Technologierechte
– Begriff **Art. 1 TT-GVO** 3 ff.
– Fußabdruck **Art. 8 TT-GVO** 8
– gemischte Vereinbarungen **Art. 2 TT-GVO** 17
– In-House **Art. 8 TT-GVO** 11
– konkurrierende **Art. 4 TT-GVO** 63
Technologiesektor
– Kopplungen **Art. 2 FKVO** 473
– Marktanteilsentwicklung **Art. 2 FKVO** 260
– Prognosezeitraum **Art. 2 FKVO** 226
Technologietransfer-Vereinbarungen s. auch Lizenzen
– Begriff **Art. 1 TT-GVO** 45 ff.
– Freistellung **Einl. TT-GVO** 1 ff.
– Freistellung, Einzel- **Art. 101 AEUV** 1115, 1175
– Freistellung, TT-GVO **Art. 2 TT-GVO** 1 ff.
– Marktanteilsschwelle **Einl. TT-GVO** 58
– Nebenabrede **Einl. TT-GVO** 36
– Nichtangriffsklauseln **Art. 5 TT-GVO** 6 ff.; **Einl. TT-GVO** 30 ff.
– Produktmarkt, relevanter **Art. 1 TT-GVO** 92
– safe harbour **Einl. TT-GVO** 40 ff.
– SEP **Einl. TT-GVO** 42 ff.
– Spürbarkeit **Einl. TT-GVO** 57
– Technologiemarkt **Art. 1 TT-GVO** 94 ff.
– Technologien, ergänzende **Einl. TT-GVO** 51 ff.
– Technologien, standard-essenzielle **Einl. TT-GVO** 48 ff.
– Technologien, substituierbare **Einl. TT-GVO** 51 ff.
– Technologiepool **Einl. TT-GVO** 48
– USA **Einl. TT-GVO** 95 ff.
– Verbundene Unternehmen **Art. 1 TT-GVO** 122 ff.
Teerfarben-Fall Grundlagen 1429, 1614

magere Zahl = Randnummer

Sachverzeichnis

Teilanfechtung
– Nichtigkeitsklage **Rechtsschutz** 405
Teilbare Zusammenschlüsse
– Internationales Wettbewerbsrecht **Grundlagen** 1503
Teilerlass Leniency-Bekanntmachung
Teilerwerb
– Umsatzberechnung **Art. 5 FKVO** 31 ff.
– Zusammenschluss, keiner **Art. 3 FKVO** 95
Teile-und-Herrsche-Strategie Grdl. DMA 129
Teileverkauf Art. 5 Kfz-GVO 3 ff.
Teilfunktionsgemeinschaftsunternehmen s. *Teilfunktions-GU*
Teilfunktions-GU Art. 101 AEUV 684, 738 ff.
– Auflagen **Art. 101 AEUV** 751
– Bedingungen **Art. 101 AEUV** 751
– Begriff **Art. 101 AEUV** 738 f.
– Freistellung **Art. 101 AEUV** 746
– Fusionskontrolle **Einl. FKVO** 126
– Fusionskontrolle, Anwendungsbereich **Art. 3 FKVO** 2 ff.
– Gründung **Art. 101 AEUV** 471
– GVO **Art. 101 AEUV** 745
– Horizontalbeschränkungen **Art. 101 AEUV** 742 ff.
– Legalausnahme **Art. 101 AEUV** 746
– Nationale Fusionskontrolle **Art. 3 VO 1/2003** 41
– Organisationsstruktur, Änderung **Art. 3 FKVO** 136
– Rechtsgrundlagen **Art. 101 AEUV** 739
– Verpflichtungszusage **Art. 101 AEUV** 751
– Wettbewerbsbeschränkungen **Art. 101 AEUV** 471 ff.
Teilgebiet Art. 102 AEUV 863
Teilidentität Art. 16 VO 1/2003 9
Teilmarkt
– Bedarfsmarktkonzept **Art. 102 AEUV** 109
– Beherrschung **Grundlagen** 1247
– Bereichsausnahmen **Grundlagen** 1557
– Elektrizitätsmarkt **Art. 102 AEUV** 178
– Parallelimporte **Grundlagen** 1149
Teilnehmeranschlussleitung Art. 102 AEUV 728 ff.
Teilnichtigkeit
– Marktmissbrauch **Art. 102 AEUV** 880 ff., 892 ff.
– Nichtigkeit nach Art. 101 Abs. 2 AEUV **Art. 101 AEUV** 881 ff.
Teilrechte
– Immaterialgüterrecht **Art. 5 TT-GVO** 2
Teilrücknahme
– Anmeldung Fusionskontrolle **Art. 4 FKVO** 88
Teilschaden
– IPR **Grundlagen** 1536
Teilschritte
– Vollzugsverbot **Art. 7 FKVO** 52
Teiluntersagung
– Internationales Wettbewerbsrecht **Grundlagen** 1461
Teilveräußerung
– Umsatzberechnung **Art. 5 FKVO** 35
Teilverweisungen Art. 9 FKVO 81 ff.
Teilvollzugsverbot Art. 7 FKVO 41
– Internationales Wettbewerbsrecht **Grundlagen** 1460
Tele2 Polska-Fall Art. 5 VO 1/2003 3 ff.

Telefongespräche
– Abhörung **Art. 12 VO 1/2003** 32
Telefonica Deutschland/E-Plus Art. 2 FKVO 198, 203
Telefonica UK/Vodafone UK/Everything Everywhere/JV Art. 2 FKVO 402
Telefónica-Entscheidung Art. 101 AEUV 302
Telekommunikationssektor Grundlagen 664, 1026
– Bereichsausnahmen **Grundlagen** 1570
– Fusionskontrolle **Art. 2 FKVO** 125 ff.
– Kosten-Preis-Analyse **Art. 102 AEUV** 368
– Marktabgrenzung **Art. 101 AEUV** 621
– Umsatzberechnung **Art. 5 FKVO** 20
Telekommunikationspreise Grundlagen 1033 ff.
Telekommunikationssektor Art. 102 AEUV 190 f.; **Art. 106 AEUV** 126 ff.
– Bündelung **Art. 102 AEUV** 643
– Daseinsvorsorge **Art. 106 AEUV** 102
– Dienstleistungen von allgemeinem wirtschaftlichen Interesse **Art. 106 AEUV** 195
– Fernsehen **Art. 102 AEUV** 193
– Fusionskontrolle, Verweisungsverfahren **Art. 9 FKVO** 52
– Marktabgrenzung **Art. 102 AEUV** 133
– Marktbeherrschung **Art. 102 AEUV** 213
Telekommunikationsüberwachung
– Informationsaustausch, Behörden **Art. 12 VO 1/2003** 32
Telemarketing-Entscheidung Art. 102 AEUV 481 ff.
Telia/Teleno-Fall Grundlagen 1704
Teliasonera/Telenor/JV-Fall Art. 2 FKVO 125
TeliaSonera-Fall Art. 102 AEUV 3, 674, 691
Telmex-Sache Grundlagen 1735
Tepea/Kommission-Fall Einl. TT-GVO 12
Terrapin/Terranova-Fall Grundlagen 1140
Territorialitätsgrundsatz Grundlagen 1079, 1092, 1112, 1200
– Erschöpfung, Lizenz **Grundlagen** 1116
– Immaterialgüterrecht **Grundlagen** 1073
– Internationales Wettbewerbsrecht **Grundlagen** 1420 ff.
– Kollisionsrecht **Grundlagen** 1383
– Kollisionsrecht, objektive **Grundlagen** 1390
– Kollisionsrecht, strenge **Grundlagen** 1390
– Torwächterverpflichtungen **Art. 5 DMA** 46
– Verwertungsgesellschaften **Grundlagen** 1236
Testartikel
– Erschöpfung **Grundlagen** 1134
Testis unus-Grundsatz Leniency-Bekanntmachung 46, 54
Testverkäufe Art. 102 AEUV 696
– Freistellung, Vertikal-GVO **Einl. Vertikal-GVO** 25
Tetra Laval/Sidel-Fall Art. 102 AEUV 51 ff.; **Art. 2 FKVO** 419, 506 ff.; **Art. 8 FKVO** 8 ff., 81
Tetra Pak I-Fall Art. 102 AEUV 38 ff., 286
Tetra Pak II-Fall Art. 102 AEUV 324, 362, 396, 625, 634, 642, 690, 712
Tetra-Formel Art. 8 FKVO 180
TEU SB Verkehr 347
Thailand Grundlagen 1862
Theorie der angreifbaren Märkte Grundlagen 98 f.
– Online-Plattformen **Grdl. DMA** 128 ff.
– potentieller Wettbewerb **Grundlagen** 293 ff.

4117

Sachverzeichnis

fette Zahl = Gesetz und Paragraf

Theorie der Contestable Markets s. Theorie der angreifbaren Märkte
Theorie der Imperfect Competition Grundlagen 79
Theorie der Monopolistic Competition Grundlagen 79
Theorie der strategischen Außenhandelspolitik Grundlagen 706
Theorie des allgemeinen Gleichgewichts Grundlagen 75, 162
Theorie des dynamischen Wettbewerbs Grundlagen 107 ff.
Theorie des monopolistischen Wettbewerbs Grundlagen 79
Theorie des Regulatory Capture Grundlagen 682
Theorie sinnvoller Anknüpfung Grundlagen 1391
Theorie vom spezifischen Gegenstand Grundlagen 1075
Theory of Harm **Art. 101 AEUV** 498; **Art. 2 FKVO** 109 ff.; Grundlagen 1499
Third Parties Agreement **Art. 102 AEUV** 794
Thomson Corporation/Reuters-Fall **Art. 2 FKVO** 305
Thyssen/Krupp-Fall **Art. 101 AEUV** 769
Thyssen-Stahl **Art. 101 AEUV** 359
Ticketsystem **Art. 102 AEUV** 135
Tie-in Sales Grundlagen 606 ff.
Tierschutz, Initiativen zur Vermeidung von **Art. 101 AEUV** 482
Tierzucht Grundlagen 1564
Time Warner/EMI-Fall **Art. 2 FKVO** 355
Tipp-Ex-Fall **Art. 101 AEUV** 112
Tipping Effect **Art. 102 AEUV** 259; Grdl. **DMA** 72 ff.; **Art. 2 FKVO** 378; Grundlagen 665, 1060; SB Versicherungswirtschaft 150
– § 19a GWB **Art. 102 AEUV** 931
– Online-Plattformen **Art. 3 DMA** 8
T-Mobile Austria/Tele.ring-Fall **Art. 2 FKVO** 125; **Art. 8 FKVO** 63 ff.
T-Mobile Netherlands-Fall **Art. 101 AEUV** 158, 357; **Art. 2 VO 1/2003** 8 ff.
Tochterunternehmen
– Handelspartner **Art. 102 AEUV** 432
Toleranzklausel
– Spezialisierungs-GVO **Art. 4 Spezialisierungs-GVO** 2
Toleranzkorridor
– Marktanteilsschwelle **Art. 8 Vertikal-GVO** 7
Toll manufacturing **Art. 8 FKVO** 74
Tomra-Entscheidung **Art. 102 AEUV** 753
Tomra-Fall **Art. 102 AEUV** 686, 690, 716
Tomra-Urteil **Art. 102 AEUV** 678
TomTom/Tele Atlas **Art. 2 FKVO** 453, 462
Top-down Ansatz Grundlagen 1724 ff.
Topkins-Fall Grundlagen 339
Topographien **Art. 1 TT-GVO** 21 ff.
Top-slice-rebates **Art. 102 AEUV** 762
Torwächter **Art. 102 AEUV** 264 ff.
– Aktualisierungsermächtigung **Art. 12 DMA** 1 ff.
– Änderung **Art. 2 DMA** 6 f.
– Auflagen **Art. 10 DMA** 26; **Art. 9 DMA** 25
– Aussetzung **Art. 9 DMA** 1 ff.
– Aussetzung, Aussetzungsbeschluss **Art. 9 DMA** 5

– Aussetzung, Aussetzungsgegenstand **Art. 9 DMA** 7
– Aussetzung, Aussetzungsgrund **Art. 9 DMA** 8 ff.
– Aussetzung, Bestimmtheitserfordernis **Art. 9 DMA** 7
– Aussetzung, Beweislast **Art. 9 DMA** 16
– Aussetzung, Regelmäßige Überprüfung **Art. 9 DMA** 22
– Aussetzung, Verfahren **Art. 9 DMA** 17
– Aussetzung, vorläufige **Art. 9 DMA** 23
– Bedingungen **Art. 10 DMA** 26; **Art. 9 DMA** 25
– Befreiung **Art. 10 DMA** 1 ff.; **Art. 9 DMA** 2
– Befreiung, Bedingtheit **Art. 10 DMA** 9
– Befreiung, Befreiungsbeschluss **Art. 10 DMA** 5 ff.
– Befreiung, Befreiungsgründe **Art. 10 DMA** 11 ff.
– Befreiung, Regelmäßige Überprüfung **Art. 10 DMA** 22
– Befreiung, Verfahren **Art. 10 DMA** 18
– Befreiung, vorläufige **Art. 10 DMA** 23
– Begriff **Art. 2 DMA** 3 ff.; **Art. 3 DMA** 31 ff.
– Benennung **Art. 2 DMA** 6 f.
– Benennung, Einzelfallprüfung **Art. 3 DMA** 88 ff.
– Benennung, Marktuntersuchungen **Art. 17 DMA** 1 ff.
– Benennung, Regelfall **Art. 3 DMA** 65 ff.
– Benennung, Überblick **Art. 3 DMA** 1 ff.
– Berichterstattung **Art. 11 DMA** 1 ff.
– Beschluss, Aktualisierungsentscheidung **Art. 4 DMA** 24
– Beweislast **Art. 3 DMA** 29; **Art. 8 DMA** 30
– Beweismaß **Art. 3 DMA** 63, 82 ff.
– Compliance-Funktion **Art. 28 DMA** 1 ff.
– Compliance-Funktion, Befugnisse **Art. 28 DMA** 6 ff.
– Compliance-Funktion, Ressourcen **Art. 28 DMA** 6
– Compliance-Funktion, Sanktionen **Art. 28 DMA** 13
– Compliance-Funktion, Unabhängigkeit **Art. 28 DMA** 5
– Darlegungslast **Art. 8 DMA** 31
– Delegierte Rechtsakte **Art. 3 DMA** 84 ff.
– Dokumentenaufbewahrung **Art. 26 DMA** 7
– Doppelrolle **Art. 6 DMA** 43 ff., 118, 154
– Doppelrolle, Herausgeber **Art. 5 DMA** 261 ff.
– Doppelrolle, Werbetreibender **Art. 5 DMA** 261 ff.
– Effizienzeinrede **Art. 10 DMA** 3; **Art. 9 DMA** 3
– Emerging Gatekeeper **Einl. DMA** 12
– Entstehungsgeschichte **Art. 3 DMA** 11 ff.
– Fokalität **Grdl. DMA** 131
– Geldbußen **Art. 30 DMA** 11 ff.
– Grundrechte **Art. 7 DMA** 60
– Hinderndes Verhalten **Art. 5 DMA** 130
– Kommissionsermächtigung **Art. 12 DMA** 1 ff.
– Kommissionsverfahren **Art. 8 DMA** 35 ff.
– Liste **Art. 4 DMA** 26
– Markttest **Art. 8 DMA** 54 ff.
– Marktuntersuchungen **Art. 16 DMA** 1 ff.
– Marktuntersuchungen, Ersuchen um Einleitung **Art. 41 DMA** 1 ff.
– Marktuntersuchungen, Neuerungen **Art. 19 DMA** 1 ff.
– Marktuntersuchungen, Systemische Nichteinhaltung **Art. 18 DMA** 1 ff.
– mehrere **Art. 2 DMA** 14
– nationale **Art. 1 DMA** 27

Sachverzeichnis

magere Zahl = Randnummer

- Nichteinhaltungsbeschluss **Art. 29 DMA** 1 ff.
- Nichteinhaltungsbeschluss, Beratungsverfahren **Art. 29 DMA** 14
- Nichteinhaltungsbeschluss, Inhalt **Art. 29 DMA** 17 ff.
- Nichteinhaltungsbeschluss, Rechtsschutz **Art. 29 DMA** 33 ff.
- Nichteinhaltungsbeschluss, Verfahren **Art. 29 DMA** 9 ff.
- Nichteinhaltungsbeschluss, Wirkung **Art. 29 DMA** 29 ff.
- Nummernunabhängiger interpersoneller Kommunikationsdienst **Art. 7 DMA** 29 ff.
- Paritätsklauselverbot **Art. 5 DMA** 116 ff.
- Pflichten, Mitteilung **Art. 3 DMA** 58
- Pflichten, Selbstüberprüfung **Art. 3 DMA** 58
- Profiling-Techniken **Art. 15 DMA** 11 ff.
- Profiling-Techniken, Notifizierungspflicht **Art. 15 DMA** 22 ff.
- Profiling-Techniken, Prüfungspflicht **Art. 15 DMA** 1 ff.
- Profiling-Techniken, Publizierungspflicht **Art. 15 DMA** 30 ff.
- prospektive **Art. 17 DMA** 3 ff.; **Art. 4 DMA** 22 ff.
- Rechtfertigung, Effizienz **Art. 5 DMA** 266 ff.
- Rechtsschutz **Art. 10 DMA** 27; **Art. 13 DMA** 40; **Art. 20 DMA** 4; **Art. 4 DMA** 28; **Art. 6 DMA** 309; **Art. 7 DMA** 61; **Art. 8 DMA** 77; **Art. 9 DMA** 26
- Sanktionen **Art. 11 DMA** 15; **Art. 13 DMA** 39; **Art. 15 DMA** 37 ff.; **Art. 18 DMA** 14; **Art. 8 DMA** 63 ff.
- Sicherstellungspflichten **Art. 8 DMA** 1 ff.
- Überblick **Einl. DMA** 11 ff., 25 ff.
- Überprüfung, auf Antrag **Art. 4 DMA** 9 ff.
- Überprüfung, jederzeitige **Art. 4 DMA** 6 ff.
- Überprüfung, prospektiver Torwächter **Art. 4 DMA** 22 ff.
- Überprüfung, regelmäßige **Art. 4 DMA** 18 ff.
- Überprüfung, von Amts wegen **Art. 4 DMA** 9 ff.
- Überwachung **Art. 26 DMA** 1 ff.; **Art. 8 DMA** 33 ff.
- Überwachung, Beratungsverfahren **Art. 8 DMA** 57
- Überwachung, Durchführungsrechtsakt **Art. 8 DMA** 58
- Überwachung, Kommissionsbeschluss **Art. 8 DMA** 49 ff.
- Überwachung, Regulierungsdialog **Art. 8 DMA** 43
- Überwachung, Treuhänder **Art. 26 DMA** 8
- Überwachung, Verfahren **Art. 20 DMA** 1 ff.
- Überwachung, Verfahrensablauf **Art. 8 DMA** 52 ff.
- Überwachung, Verfahrenseinleitung **Art. 8 DMA** 35
- Überwachung, Wiederaufnahme des Verfahrens **Art. 8 DMA** 65 ff.
- Umgehungsverbot **Art. 13 DMA** 1 ff.; **Art. 8 DMA** 23
- Umgehungsverbot, Einwilligungen **Art. 13 DMA** 27
- Umgehungsverbot, Torwächterstellung **Art. 13 DMA** 12
- Umgehungsverbot, Umsetzungspflicht **Art. 13 DMA** 17
- Umgehungsverbot, Untergrabende Verhaltensweisen **Art. 13 DMA** 21
- Umgehungsverbot, Verhaltensvorgaben **Art. 13 DMA** 17
- Umgehungsverbot, Verschlechterungsverbot **Art. 13 DMA** 31
- Umsetzungsmaßnahmen der Kommission **Art. 8 DMA** 33 ff.
- Umsetzungspflicht **Art. 3 DMA** 107; **Art. 8 DMA** 1 ff.
- Umsetzungspflicht, Erreichen **Art. 8 DMA** 19 f.
- Umsetzungspflicht, Nachweis **Art. 8 DMA** 28 ff.
- Umsetzungspflicht, Überwachung **Art. 8 DMA** 33 ff.
- Umsetzungspflicht, Wirksames Erreichen **Art. 8 DMA** 21 ff.
- Vermutungen **Art. 3 DMA** 46 ff.
- Vermutungen, Widerlegung **Art. 3 DMA** 73 ff.
- Verpflichtungen **Art. 102 AEUV** 58, 916 ff.; **Art. 5 DMA** 1 ff.; **Art. 6 DMA** 1 ff.
- Verpflichtungen, Aktualisierung **Art. 102 AEUV** 920
- Verpflichtungen, Anti-Steering **Art. 5 DMA** 139 ff.
- Verpflichtungen, Aufdrängung von Diensten **Art. 5 DMA** 219 ff.
- Verpflichtungen, Aufzählung **Art. 5 DMA** 52 ff.
- Verpflichtungen, Ausnahmen **Art. 5 DMA** 95 ff.
- Verpflichtungen, Aussetzung **Art. 102 AEUV** 920
- Verpflichtungen, Befreiung **Art. 102 AEUV** 920
- Verpflichtungen, Behördenkontakt **Art. 5 DMA** 175 ff.
- Verpflichtungen, Berichterstattung **Art. 11 DMA** 1 ff.
- Verpflichtungen, Datennutzungsverbot **Art. 6 DMA** 43 ff.
- Verpflichtungen, Datenportabilität **Art. 6 DMA** 201 ff.
- Verpflichtungen, Datenzugang **Art. 6 DMA** 14 ff., 243 ff.
- Verpflichtungen, Datenzugangspflichten **Grdl. DMA** 117
- Verpflichtungen, Drittanbieternutzung **Art. 6 DMA** 90 ff.
- Verpflichtungen, Durchführungsvorschriften **Art. 6 DMA** 1, 23
- Verpflichtungen, Echtzeitzugang **Art. 6 DMA** 220 ff.
- Verpflichtungen, Eingriff in Freiheiten **Art. 5 DMA** 159 ff.
- Verpflichtungen, Erfüllung **Art. 12 DMA** 14
- Verpflichtungen, Gleichbehandlungs- **Art. 6 DMA** 3
- Verpflichtungen, Interoperabilität **Art. 6 DMA** 153 ff.; **Art. 7 DMA** 31 ff.
- Verpflichtungen, Kopplungsverbot **Art. 5 DMA** 193 ff.
- Verpflichtungen, Kündigungsbedingungen **Art. 6 DMA** 291 ff.
- Verpflichtungen, Leistungs- **Art. 6 DMA** 3
- Verpflichtungen, Leistungsmessung **Art. 6 DMA** 183 ff.
- Verpflichtungen, Nachweispflicht **Art. 8 DMA** 28 ff.

4119

Sachverzeichnis

fette Zahl = Gesetz und Paragraf

- Verpflichtungen, Nebendienste **Art. 5 DMA** 193 ff.
- Verpflichtungen, Nutzerwechsel **Art. 6 DMA** 7 ff.
- Verpflichtungen, Nutzungen **Art. 6 DMA** 138 ff.
- Verpflichtungen, Parallelnutzung **Art. 6 DMA** 7 ff.
- Verpflichtungen, Präzisierung durch Kommission **Art. 8 DMA** 1 ff.
- Verpflichtungen, Ranking **Art. 6 DMA** 115 ff., 243 ff.
- Verpflichtungen, räumliche Geltung **Art. 5 DMA** 46
- Verpflichtungen, Rechtsdurchsetzung **Art. 5 DMA** 270 ff.; **Art. 6 DMA** 305
- Verpflichtungen, Rechtsfolgen bei Verstößen **Art. 6 DMA** 303
- Verpflichtungen, Rechtsfolgen eines Verstoßes **Art. 5 DMA** 270 f.
- Verpflichtungen, Referenzangebot **Art. 7 DMA** 54 f.
- Verpflichtungen, Streitbeilegungsmechanismus **Art. 6 DMA** 280 ff.
- Verpflichtungen, Suchmaschinen **Art. 6 DMA** 243 ff.
- Verpflichtungen, Überblick **Art. 5 DMA** 8 ff.; **Art. 6 DMA** 6 ff.; **Einl. DMA** 26 ff.
- Verpflichtungen, Umsetzungspflicht **Art. 8 DMA** 17 ff.
- Verpflichtungen, Verhältnis zueinander **Art. 6 DMA** 20 ff.
- Verpflichtungen, Voreinstellungen **Art. 6 DMA** 69 ff.
- Verpflichtungen, Wechsel **Art. 6 DMA** 138 ff.
- Verpflichtungen, Werbeanzeigen **Art. 5 DMA** 238 ff.
- Verpflichtungen, Zugang **Art. 6 DMA** 153 ff.
- Verpflichtungen, Zugang zu Geschäften **Art. 6 DMA** 264 ff.
- Verpflichtungszusage **Art. 25 DMA** 1 ff.
- Verpflichtungszusage, Rechtsmittel **Art. 25 DMA** 19
- Verpflichtungszusage, Voraussetzungen **Art. 25 DMA** 5
- Verpflichtungszusage, Wiederaufnahme **Art. 25 DMA** 19
- Verpflichtungszusage, Zusagenbeschluss **Art. 25 DMA** 11
- Voraussetzungen, Qualitative Kriterien **Art. 3 DMA** 32 ff.
- Voraussetzungen, Quantitative Schwellen **Art. 3 DMA** 46 ff.
- Voraussetzungen, Überblick **Art. 3 DMA** 26 ff.
- Werbedienstleister **Art. 5 DMA** 261 ff.
- Zusammenschluss **Art. 14 DMA** 1 ff.
- Zusammenschluss, temporäres Verbot **Art. 18 DMA** 14
- Voraussetzungen, Plattformdienste **Art. 3 DMA** 36 ff.

Toshiba/Westinghouse Art. 2 FKVO 295
Toshiba-Urteil Art. 101 AEUV 104; **Art. 11 VO 1/2003** 83
Totalverbot
- Internetvertrieb **Art. 4 Vertikal-GVO** 165, 177 ff.
- Online-Vertrieb **Art. 101 AEUV** 551 ff.

Touristikmärkte
- Marktabgrenzung **Art. 102 AEUV** 155 ff.

Tournier-Fall Grundlagen 1082

Towercast-Fall Art. 102 AEUV 47
TPS-Fall Art. 101 AEUV 604
Tracking Art. 15 DMA 16
Trade off-Modell Grundlagen 96
Trade-Off
- Freistellung, Einzel- **Art. 101 AEUV** 1082 ff., 1153 ff.

Trampdienste SB Verkehr 334
Trans Atlantic Agreement-Entscheidung Art. 7 VO 1/2003 28 f.
Transaktion
- einheitliche **Art. 3 FKVO** 99

Transaktionen
- gestaffelte **Art. 3 FKVO** 48
- gestaffelte, Umsatzberechnung **Art. 5 FKVO** 36 ff.
- gestaffelte, Vermutung **Art. 5 FKVO** 37
- mehrere **Art. 3 FKVO** 84 ff.
- verknüpfte **Art. 3 FKVO** 87

Transaktionskomplementarität
- Marktabgrenzung **Grundlagen** 268 ff.

Transaktionskosten
- dynamische **Grundlagen** 521
- Einzelfreistellung **Art. 101 AEUV** 1088

Transaktionskostenökonomik Grundlagen 100 f.
Transaktionsmarkt Art. 102 AEUV 135
Transaktionsplattformen s. *Online-Plattformen*
Transaktionswert Art. 1 FKVO 45
Transaktionswertschwelle Art. 102 AEUV 48
Trans-Atlantic Conference Agreement Art. 102 AEUV 835
Transatlantisches Freihandelsabkommen Grundlagen 1863
Transparenz
- Faktorenanalyse **Art. 101 AEUV** 364
- Geldbuße **Art. 23 VO 1/2003** 125 ff.
- Informationsaustausch **Art. 101 AEUV** 384

Transparenzgebot
- Fusionskontrolle **Einl. FKVO** 113

Transparenzpflichten
- Behörden **Art. 1 DMA** 53

Transparenz-Richtlinie Art. 106 AEUV 162, 179
- Altmark Trans-Entscheidung **Art. 106 AEUV** 187 ff.
- Öffentliche Unternehmen **Art. 106 AEUV** 40 ff.

Transparenz-VO Art. 34 DMA 22; **Art. 27 VO 1/2003** 50
- Vermutung **Art. 27 VO 1/2003** 51

Transparenzvorschriften
- Fusionskontrolle, Überblick **Einl. DMA** 28 ff.

Transportbeton Deggendorf-Fall Art. 11 VO 1/2003 64 f.
Transportbeton Sachsen-Fall Art. 101 AEUV 376
Transporthaftpflichtversicherungen SB-Versicherungswirtschaft 279
Transportkosten
- Marktabgrenzung **Art. 102 AEUV** 117 ff., 130; **Art. 2 FKVO** 64

Transportkostendegression Art. 102 AEUV 118
Transportmärkte Art. 102 AEUV 195
- Schienenverkehr **Art. 102 AEUV** 196 ff.
- Wasserverkehr **Art. 102 AEUV** 199

Transportsektor Art. 1 FKVO 51
- Dienstleistungen von allgemeinem wirtschaftlichen Interesse **Art. 106 AEUV** 194

magere Zahl = Randnummer

Sachverzeichnis

Transportuntauglichkeit
– Marktabgrenzung **Art. 2 FKVO** 63
Transportversicherung SB Versicherungswirtschaft 243
Transportwirtschaft
– Marktabgrenzung **Art. 102 AEUV** 115
Travel Group-Fall Grundlagen 1539
Travelport/Woldspan-Entscheidung SB Versicherungswirtschaft 144
Treble Damages Art. 101 AEUV 923 f.
– IPR **Grundlagen** 1519
Treffen Art. 101 AEUV 353
Treffen zum Verfahrensstand s. State of Play Meetings
Trennbarkeit Art. 101 AEUV 69
– Nichtigkeit nach Art. 101 Abs. 2 AEUV **Art. 101 AEUV** 883
– Wirtschaftliche Tätigkeit **Art. 101 AEUV** 41 ff.
Trennungsprinzip
– Plattformdienste, zentrale **Art. 2 DMA** 20
Treueförderenden Effekt Art. 102 AEUV 743
Treuerabatte Grundlagen 613; **Art. 102 AEUV** 602 ff.; **Grundlagen** 1061
– Behinderungsmissbrauch, preisbezogener **Art. 102 AEUV** 698
– Marktmissbrauch **Art. 102 AEUV** 740 ff.
Treuhänder
– Fusionskontrolle **Art. 8 FKVO** 112
– Fusionskontrolle, Mustertext **Art. 8 FKVO** 101
– Überwachungs- **Art. 8 FKVO** 101
– Veräußerungs- **Art. 8 FKVO** 99
Treuhandverhältnis Art. 101 AEUV 578; **Art. 3 FKVO** 73
Triangular Meetings Art. 18 FKVO 40; **Art. 8 FKVO** 19
Trilogverfahren Einl. DMA 7 ff.
TRIPS Grundlagen 1737
TRIPS-Übereinkommen Grundlagen 1112
Trittbrettfahrerproblem s. Free Riding
Trojani-Fall Grundlagen 968
Tronox/Cristal-Fall Art. 2 FKVO 194, 249
Tschechische Republik
– Fusionskontrolle **Anh. FKVO** 230 ff.
– Grundrechtscharta **Grundlagen** 845
TT-GVO Art. 101 AEUV 564; **Grundlagen** 1206, 1211
– Anwendungsbereich, gespaltener **Art. 3 TT-GVO** 8
– Beweislast **Einl. TT-GVO** 108 ff.
– Entstehungsgeschichte **Einl. TT-GVO** 27 ff., 62 ff.
– Entzug des Rechtsvorteils **Art. 101 AEUV** 1248; **Art. 6 TT-GVO** 1 ff.
– Fallgruppen **Art. 2 TT-GVO** 25
– Freistellung **Art. 2 TT-GVO** 1 ff.
– Freistellung, Geltungsdauer **Art. 2 TT-GVO** 16 ff.
– Freistellung, mitfreigestellte Bestimmungen **Art. 2 TT-GVO** 20 ff.
– Freistellungsvoraussetzungen **Art. 2 TT-GVO** 12
– Geltungsdauer **Art. 11 TT-GVO** 1
– Kernbeschränkungen, konkurrierende Unternehmen **Art. 4 TT-GVO** 4 ff.
– Kernbeschränkungen, nicht konkurrierende Unternehmen **Art. 4 TT-GVO** 68 ff.
– Legaldefinitionen **Art. 1 TT-GVO** 1 f.
– Markt- und Kundenaufteilung **Art. 4 TT-GVO** 14

– Marktanteilsschwelle **Art. 3 TT-GVO** 1 ff.
– Marktanteilsschwelle, Ermittlung **Art. 8 TT-GVO** 1 ff.
– Marktanteilsschwelle, konkurrierende Unternehmen **Art. 3 TT-GVO** 3
– Marktanteilsschwelle, nicht konkurrierende Unternehmen **Art. 3 TT-GVO** 5
– Marktanteilsschwelle, Veränderungen **Art. 3 TT-GVO** 12
– Nicht freigestellte Beschränkungen, konkurrierende Unternehmen **Art. 5 TT-GVO** 12
– Nicht freigestellte Beschränkungen, nicht konkurrierendes Unternehmen **Art. 5 TT-GVO** 2
– Nichtangriffsvereinbarungen **Grundlagen** 1230 f.
– Nichtangriffsverpflichtungen **Art. 5 TT-GVO** 6
– Nichtanwendbarkeit auf Netze **Art. 101 AEUV** 1254 ff.
– Nichtanwendung der Verordnung **Art. 7 TT-GVO** 1
– Outputbeschränkungen **Art. 4 TT-GVO** 12
– Passivverkaufsverbot **Art. 4 TT-GVO** 73 ff.
– Prüfungsschema **Art. 2 TT-GVO** 2
– Rechtsfolge **Art. 2 TT-GVO** 26 ff.
– Rechtsfolgen **Einl. TT-GVO** 109 ff.
– Rechtsgrundlagen **Art. 101 AEUV** 1198
– Technologietransfer-Vereinbarung **Art. 1 TT-GVO** 45 ff.
– Überblick **Einl. TT-GVO** 1 ff.
– Übergangszeit **Art. 10 TT-GVO** 1
– Verhältnis zu GVOs **Art. 9 TT-GVO** 1
– Verhältnis zu GVOs, FuE-GVO **Einl. TT-GVO** 89 ff.
– Verhältnis zu GVOs, Spezialisierungs-GVO **Einl. Spezialisierungs-GVO** 20; **Einl. TT-GVO** 89 ff.
– Verhältnis zu GVOs, Vertikal-GVO **Einl. TT-GVO** 89 ff.; **Art. 2 Vertikal-GVO** 18 f., 57 ff.
– Vertriebssysteme, selektive **Art. 4 TT-GVO** 81 ff.
– Vollfunktions-GU, nicht gemeinschaftsweit **Art. 101 AEUV** 727
– Wettbewerbsbeschränkung **Art. 2 TT-GVO** 14 ff.
TTIP Grundlagen 1863
TUI/CP Ships-Fall Art. 2 FKVO 356
Tunesien Grundlagen 1799 ff.
Tuning Verkäue Art. 4 Vertikal-GVO 201
Türkei Grundlagen 1789 ff.
Tying Grundlagen 577, 640
Type 1-Error Art. 2 FKVO 13; **Art. 8 FKVO** 5 ff.
Type 2-Error Art. 2 FKVO 13; **Art. 8 FKVO** 5 ff.
Typische Transaktionen
– Kartelltheorie **Grundlagen** 356

U

UATP-Karten Art. 102 AEUV 164
Uber Grundlagen 660, 1318
Übergangsbestimmungen Art. 34 VO 1/2003 1
– FKVO **Art. 26 FKVO** 1
– Spezialisierungs-GVO **Art. 8 Spezialisierungs-GVO** 1
– Zuständigkeitsverteilung **Art. 104 AEUV** 1 ff.
Überkapazität
– Faktorenanalyse **Art. 101 AEUV** 382
– Ökonomie **Grundlagen** 656
Überkapazitäten Art. 102 AEUV 247
– Fusionskontrolle, Ausgleichsfaktoren **Art. 2 FKVO** 267 ff.

4121

Sachverzeichnis

fette Zahl = Gesetz und Paragraf

- Fusionskontrolle, Horizontale Zusammenschlüsse **Art. 2 FKVO** 360
- Vollfunktions-GU, nicht gemeinschaftsweit **Art. 101 AEUV** 731

Überlange Verfahrensdauer Art. 23 VO 1/2003 177

Übermaßverbot
- Marktmissbrauch **Art. 102 AEUV** 392

Übermittlung
- EFTA-Gerichtshof **Rechtsschutz** 142

Übernahme
- Marktstrukturmissbrauch **Art. 102 AEUV** 823
- schleichende **Art. 7 FKVO** 95 ff.

Übernahmerichtlinien
- Fusionskontrolle **Einl. FKVO** 146

Überprüfungsrechte
- Zusagenentscheidungen **Art. 9 VO 1/2003** 49 ff.

Überraschende Überprüfung
- Ökonomie **Grundlagen** 369

Überschusskapazitäten
- Kartelltheorie **Grundlagen** 349

Überschussmengenexport
- Handelsbeeinträchtigung **Art. 101 AEUV** 869

Übersendung der Beschwerdepunkte
- Verfahrenseinleitung **Art. 11 VO 1/2003** 79

Übertragung
- Immaterialgüterrechte **Art. 2 TT-GVO** 22

Übertragung von Marktmacht, These von der Grundlagen 535 ff.

Überwachungsbefugnisse
- Kontrollerwerb **Art. 3 FKVO** 27

Überwachungsphase Einl. FKVO 178

Überwachungstreuhänder Art. 26 DMA 8
- Zusagenentscheidungen **Art. 9 VO 1/2003** 56

UCB/Almirall-Fall Art. 102 AEUV 37 ff., 762

UCB-Almirall-Fall Art. 102 AEUV 607

UEFA Champions League Art. 102 AEUV 456

UEFA Champions League-Fall Art. 101 AEUV 431

UGP-Richtlinie Grundlagen 1052 f.
- Verhältnis zu geographischen Herkunftsangaben **Grundlagen** 1182

Uhren Art. 101 AEUV 567

UK
- Beweismaß **Art. 2 VO 1/2003** 7
- Elektrizitätsmarkt **Art. 102 AEUV** 180
- Freistellung **Art. 1 Vertikal-GVO** 89
- Fusionskontrolle **Anh. FKVO** 275 ff.
- Gasmarkt **Art. 102 AEUV** 186
- Grundrechtscharta **Grundlagen** 845
- Verhältnis von EU- und nationalem Recht **Art. 3 VO 1/2003** 127 ff.
- Wettbewerbspolitik **Grundlagen** 57

Ukraine Grundlagen 1804 ff.

Umbrella-Effekt Art. 101 AEUV 409

Umbrella-GVO Art. 101 AEUV 1198

Umfragen
- demoskopische **Art. 101 AEUV** 1125

Umgehung
- von Art. 101 Abs. 1 AEUV **Art. 101 AEUV** 268

Umgehungsverbot Art. 101 AEUV 137
- Digital Markets Act **Art. 102 AEUV** 921 f.
- Torwächter **Art. 13 DMA** 1 f.

UMICORE France-Fall Art. 102 AEUV 757

Umlenkungskennziffern Art. 2 FKVO 287

Umpackfälle Grundlagen 1080

Umsatz
- Aufgreifschwelle **Art. 1 FKVO** 28
- Begriff **Art. 2 DMA** 151
- Berechnung **Art. 23 VO 1/2003** 137
- Berechnung, Fusionskontrolle s. *Umsatzberechnung*
- Beteiligte Unternehmen **Art. 1 FKVO** 26, 36
- Dienstleistungen **Art. 5 FKVO** 5
- Digitale Märkte **Art. 1 FKVO** 44
- Ermittlung **Art. 23 VO 1/2003** 140
- EWR **Art. 1 FKVO** 30
- Finanzdienstleistungsunternehmen **Art. 1 FKVO** 43
- Fusionskontrolle, Anmeldung **Art. 4 FKVO** 40
- Fusionskontrolle, Zuordnung zu Unternehmen **Art. 3 FKVO** 70
- Gesamtmarktvolumen **Art. 8 Vertikal-GVO** 4
- Konzern- **Art. 5 FKVO** 68
- konzerninterne **Art. 23 VO 1/2003** 138
- konzerninterner **Art. 2 FKVO** 90
- Marktanteil, Berechnung **Art. 102 AEUV** 245
- Marktanteil, Schwelle **Art. 8 Vertikal-GVO** 2
- Marktanteilberechnung **Art. 2 FKVO** 86
- Marktanteilsschwelle **Art. 8 TT-GVO** 2 ff.
- Mindestumsatz, individueller **Art. 1 FKVO** 38
- Netto **Art. 5 FKVO** 9
- tatbezogener **Art. 23 VO 1/2003** 134
- Waren **Art. 5 FKVO** 5

Umsatzaddition
- Gestaffelte Transaktionen **Art. 5 FKVO** 38

Umsatzberechnung SB Versicherungswirtschaft 211 ff.
- Abzug, Abgaben **Art. 5 FKVO** 10
- Abzug, Rabatte **Art. 5 FKVO** 10 ff.
- Abzug, Steuern **Art. 5 FKVO** 10
- Beihilfen **Art. 5 FKVO** 8
- Dienstleistungen, grenzüberschreitende Elemente **Art. 5 FKVO** 16
- EFTA **Grundlagen** 1706
- Entflechtung **Art. 5 FKVO** 38 ff.
- Finanzinstitute **Art. 5 FKVO** 41 ff.
- Gemeinschaftsunternehmen **Art. 5 FKVO** 56 ff., 83
- Geschäftsjahr, letztes **Art. 5 FKVO** 23 ff.
- Grundsätze **Art. 5 FKVO** 5 ff.
- Kreditinstitute **Art. 5 FKVO** 41 ff.
- Management Buy-Out **Art. 5 FKVO** 66 ff.
- Rechtsquellen **Art. 5 FKVO** 4
- Stichtag **Art. 5 FKVO** 22
- Swap **Art. 5 FKVO** 64
- Tätigkeitsbereich, normaler geschäftlicher **Art. 5 FKVO** 7 f.
- Teilerwerb **Art. 5 FKVO** 33
- Teilveräußerung **Art. 5 FKVO** 35
- Transaktionen, gestaffelte **Art. 5 FKVO** 36 ff.
- Umsatz, Geografische Reichweite **Art. 5 FKVO** 14 ff.
- Umsatz, Konzern- **Art. 5 FKVO** 68
- Umsatz, konzerninterner **Art. 5 FKVO** 11
- Umsatz, Netto **Art. 5 FKVO** 9
- Unternehmensstruktur, Änderungen **Art. 5 FKVO** 26 ff.
- Unternehmensstruktur, Änderungen (vertragliche Verpflichtung zu) **Art. 5 FKVO** 30 ff.
- Verbundene Unternehmen **Art. 5 FKVO** 68 ff.
- Verbundklausel **Art. 5 FKVO** 54
- Versicherungsgesellschaften **Art. 5 FKVO** 49 ff.

magere Zahl = Randnummer

Sachverzeichnis

- Währungsumrechnung **Art. 5 FKVO** 13
- Zeitraum, relevanter **Art. 5 FKVO** 23 ff.

Umsatzschwelle
- Fusionskontrolle **Art. 1 FKVO** 24 ff., 43 ff.
- Inlandsumsätze **Grundlagen** 1491
- Spezialisierungs-GVO **Art. 3 Spezialisierungs-GVO** 1 f.
- Vertikal-GVO **Art. 2 Vertikal-GVO** 16; **Art. 9 Vertikal-GVO** 1 ff.

Umsatzsteigerung Art. 102 AEUV 325
Umsatzzielrabatt Art. 102 AEUV 762
Umsetzungsmaßnahmen
- Torwächter **Art. 8 DMA** 33 ff.

Umverpacken Grundlagen 1143, 1146 ff.
- Hinweis auf **Grundlagen** 1151
- Kriterien für das **Grundlagen** 1148 f.
- Musterzusendung **Grundlagen** 1153

Umverteilungsprinzip
- Rentenversicherungen **Grundlagen** 1368

Umweltrecht
- Marktmissbrauchsverbot **Art. 102 AEUV** 280 ff.

Umweltschutzvereinbarungen Art. 101 AEUV 215, 482
Umweltüberwachung Art. 101 AEUV 25
Unabhängigkeit
- Behörden **Art. 5 VO 1/2003** 23
- Gerichte **Art. 16 VO 1/2003** 5; **Grundlagen** 942; **Rechtsschutz** 47 ff.

Unanwendbarkeitsentscheidung
- Rechtsschutz, Nichtigkeitsklage **Rechtsschutz** 357

Unbeachtlichkeitskriterien Art. 101 AEUV 10 ff.
Unberührtheitsklausel Art. 3 VO 1/2003 42
Unbestimmte Rechtsbegriffe
- Gerichtliche Kontrolle **Art. 101 AEUV** 1029 ff.

Unbundling Grundlagen 1050
Uncommited Entry
- Marktmacht, Ermittlung **Grundlagen** 250
- potentieller Wettbewerb **Grundlagen** 294

UNCTAD Grundlagen 1743 f.
UNCTAD-Modell Gesetz Grundlagen 1744
Unerlässlichkeit
- Lizenz **Grundlagen** 1261 ff.
- Nachhaltigkeitsvereinbarung **SB Landwirtschaft** 434 f.
- Teilfunktions-GU **Art. 101 AEUV** 749
- Vollfunktions-GU, mit gemeinschaftsweit **Art. 101 AEUV** 676
- Vollfunktions-GU, nicht gemeinschaftsweit **Art. 101 AEUV** 734
- Wesentliche Einrichtungen **Art. 102 AEUV** 487, 499 ff.
- Wettbewerbsbeschränkungen **Art. 101 AEUV** 1158 ff.

Unfallversicherung Grundlagen 1359; **SB Versicherungswirtschaft** 237
- Anwendung des Art. 106 Abs. 2 AEUV **Grundlagen** 1373 f.
- Wettbewerbsprobleme **Grundlagen** 1369 ff.

Ungarn
- Fusionskontrolle **Anh. FKVO** 238 ff.

UniChem/Alliance Santé Art. 3 FKVO 105
Unionsbürgerschaft Grundlagen 968
Unionsgerichte
- Arbeitssprache **Rechtsschutz** 106
- Geschäftsverteilung **Rechtsschutz** 134
- Mündliche Verhandlung **Rechtsschutz** 172 ff.
- Rechtsquellen **Rechtsschutz** 99
- Schriftliches Verfahren **Rechtsschutz** 122 ff.
- Selbstbindung **Rechtsschutz** 201
- Sprache **Rechtsschutz** 103
- Überblick **Rechtsschutz** 4 ff.
- Urteil **Rechtsschutz** 188 ff.
- Urteilsfindung **Rechtsschutz** 188 ff.
- Verfahrensbeendigung **Rechtsschutz** 204 ff.
- Zustellung **Rechtsschutz** 139

Unionsinteressen
- Informationsaustausch, Nationale Gerichte **Art. 15 VO 1/2003** 19

Unionsmarke Grundlagen 1080
Unionsschutzrechte s. *Gemeinschaftsschutzrechte*
Unionstreue Art. 19 FKVO 1 ff.
Unisource Telefónica-Fall Art. 3 FKVO 40
Unisource-Fall Art. 101 AEUV 711
United Brands-Entscheidung Art. 102 AEUV 5, 115, 207 ff., 251 ff., 324, 354, 355 ff., 438, 458
Universaldienste-Modell Art. 106 AEUV 126 ff.
Universalitätsprinzip Grundlagen 1112, 1516
- IPR **Grundlagen** 1512

Unlauterer Wettbewerb
- Marktmissbrauch **Art. 102 AEUV** 913

Unmittelbare Anwendbarkeit
- Marktmissbrauchsverbot **Art. 1 VO 1/2003** 22

Unmittelbare Geltung Grundlagen 1560 ff.
- EU-Beitrittsabkommen **Grundlagen** 1788
- EWR-Wettbewerbsrecht **Grundlagen** 1694 ff.
- FHA-Schweiz **Grundlagen** 1815

Unmittelbare Wirkung
- Art. 101 Abs. 1 AEUV **Art. 1 VO 1/2003** 15 ff.
- Art. 106 AEUV **Art. 106 AEUV** 34, 77 ff.
- Digital Markets Act **Art. 39 DMA** 4; **Art. 5 DMA** 44; **Art. 6 DMA** 1
- Legalfreistellung (VO Nr. 1/2003) **Art. 101 AEUV** 966
- Marktmissbrauchsverbot **Art. 102 AEUV** 873
- Nichtigkeit nach Art. 101 Abs. 2 AEUV **Art. 101 AEUV** 876 ff.
- Richtlinien **Art. 106 AEUV** 50

Unmittelbarer Zwang
- Nachprüfungen **Art. 13 FKVO** 12

Unmittelbarkeit
- Internationales Wettbewerbsrecht **Grundlagen** 1398 f., 1434, 1472 ff.

Unmittelbarkeitsgrundsatz Art. 12 VO 1/2003 35; **Rechtsschutz** 65
- Verfahrensakten **Rechtsschutz** 294

Unschuldsvermutung Art. 2 VO 1/2003 4; **Art. 23 VO 1/2003** 31; **Grundlagen** 951
- Gerichtsverfahren **Rechtsschutz** 91
- Kartellverfahren **Art. 2 VO 1/2003** 24
- Nationale Behörden **Art. 2 VO 1/2003** 34 ff.

Untätigkeit
- Begriff **Rechtsschutz** 511

Untätigkeitsklage
- Aufgreifbefugnis der Kommission **Art. 11 VO 1/2003** 129
- Begründetheit **Rechtsschutz** 525
- Beschwerdeabweisung **Art. 13 VO 1/2003** 40 f.
- Beschwerdeführer **Art. 7 VO 1/2003** 58
- Beschwerdezurückweisung **Art. 13 VO 1/2003** 40 f.
- Informationsübermittlung **Art. 27 DMA** 7

4123

Sachverzeichnis

fette Zahl = Gesetz und Paragraf

- Nichteinhaltungsbeschluss **Art. 29 DMA** 34
- Überblick **Rechtsschutz** 49
- Zulässigkeitsvoraussetzungen **Rechtsschutz** 508
- Zuständigkeit **Rechtsschutz** 507

Untätigkeitsklagen Grundlagen 1654

Unteilbare Zusammenschlüsse
- Internationales Wettbewerbsrecht **Grundlagen** 1504

Unterauftragsvergabe Art. 101 AEUV 433

Unterbrechung
- Klagefrist **Rechtsschutz** 495

Untergrabende Verhaltensweisen Art. 13 DMA 21

Unterhaltungselektronik Art. 1 Vertikal-GVO 67 ff.

Unterinvestition Grundlagen 510 ff.

Unterkostenverkäufe Grundlagen 1066

Unterlagen
- zweckdienliche **Art. 4 FKVO** 71

Unterlagenübermittlungspflicht
- Nationale Gerichte **Art. 15 VO 1/2003** 43

Unterlagenvorlagepflicht
- Kommission **Art. 11 VO 1/2003** 21 ff.
- Nationale Behörden **Art. 11 VO 1/2003** 71

Unterlassung Art. 23 VO 1/2003 40
- Internationales Wettbewerbsrecht **Grundlagen** 1431

Unterlassungsanspruch
- Digital Markets Act **Art. 102 AEUV** 924 ff.; **Art. 39 DMA** 17
- EU-rechtliche Vorgaben **Art. 101 AEUV** 917 ff.
- FRAND-Einwand **Art. 102 AEUV** 807 ff.
- Kollisionsrecht **Art. 101 AEUV** 926 ff.
- Marktmissbrauch **Art. 102 AEUV** 910
- Naturalrestitution **Art. 102 AEUV** 904
- Zuständigkeit, internationale **Art. 101 AEUV** 926 ff.

Unterlizenz Grundlagen 1209

Unternehmen s. auch Unternehmensbegriff
- Addressat einer Sanktion **Art. 23 VO 1/2003** 59 ff.
- ausländische **Art. 101 AEUV** 22 ff.; **Art. 102 AEUV** 366
- Ausschließlichkeitsrechte s. Unternehmen mit Ausschließlichkeitsrechten
- Begriff **Art. 101 AEUV** 1 ff.
- Begriff, Vertikal-GVO **Art. 1 Vertikal-GVO** 118 ff.
- Besondere Rechte s. Unternehmen mit besonderen Rechten
- beteiligte **Art. 1 FKVO** 26, 36; **Art. 5 FKVO** 54
- beteiligte, nicht **Art. 5 FKVO** 54
- Digital Markets Act **Art. 30 DMA** 12 ff.
- effizientes **Art. 102 AEUV** 367
- Gerichtsverfahren, Parteifähigkeit **Rechtsschutz** 312
- Gerichtsverfahren, Postulationsfähigkeit **Rechtsschutz** 325
- Gerichtsverfahren, Rechtspersönlichkeitsnachweis **Rechtsschutz** 128
- Geschäftspolitik, Beeinflussung **Art. 102 AEUV** 828
- Geschäftspolitik, Einflussnahme **Art. 102 AEUV** 828
- Gestaltungsspielraum **Art. 102 AEUV** 576 f.
- Institutionelle Investoren **Art. 102 AEUV** 830

- Kollektiv beherrschende **Art. 102 AEUV** 824
- Konkurrierende **Art. 1 TT-GVO** 97 ff.; **Art. 3 TT-GVO** 3; **Art. 4 TT-GVO** 4 ff.
- Konkurrierende, nicht **Art. 3 TT-GVO** 5; **Art. 4 TT-GVO** 68 ff.
- Konkurrierende, Wechsel **Art. 4 TT-GVO** 83 f.
- Kontrollerwerb **Art. 3 FKVO** 70
- Leistungsstärke **Art. 102 AEUV** 7
- Marktbeherrschungsindikatoren **Art. 102 AEUV** 249 ff.
- mitkontrollierte **Art. 101 AEUV** 666 ff.
- nachrangig kooperierendes **Leniency-Bekanntmachung** 56
- öffentliche S. öffentliche Unternehmen
- potentielles **Art. 101 AEUV** 14 f.
- Standardisierungsorganisation **Art. 102 AEUV** 801
- Standort, formaler **Art. 5 FKVO** 17 ff.
- Standort, tatsächlicher **Art. 5 FKVO** 18 ff.
- Teilerwerb, Umsatzberechnung **Art. 5 FKVO** 33
- Unternehmensvereinigungen **Art. 101 AEUV** 61 ff.
- Veränderung der Unternehmensstruktur **Art. 101 AEUV**; s. Unternehmensstrukturveränderung

Unternehmen mit Ausschließlichkeitsrechten Art. 106 AEUV 42 ff.
- Beispiele **Art. 106 AEUV** 102
- Betrauung mit **Art. 106 AEUV** 83 ff.
- Beweislast **Art. 106 AEUV** 101
- Grundfreiheiten **Art. 106 AEUV** 69 ff.
- Rechtfertigung, Art. 106 AEUV **Art. 106 AEUV** 74 ff.
- Verhältnismäßigkeit **Art. 106 AEUV** 93 ff.
- Versicherungswirtschaft **SB Versicherungswirtschaft** 205
- Wettbewerbsrechtsverstoß **Art. 106 AEUV** 70
- Zulässigkeit **Art. 106 AEUV** 68 ff.

Unternehmen mit besonderen Rechten Art. 106 AEUV 43 f.

Unternehmensbegriff Art. 101 AEUV 1 ff.; **Grundlagen** 1331 ff.
- Anbieten von Gütern **Art. 102 AEUV** 76 ff.
- Arbeitgeber **Grundlagen** 1333
- Arbeitnehmer **Art. 101 AEUV** 53
- Arbeitsvermittlung **Grundlagen** 1351
- Beschaffungstätigkeit **Art. 102 AEUV** 76 ff.
- Bildungseinrichtungen **Art. 101 AEUV** 29 ff., 34
- Bundesanstalt für Arbeit **Grundlagen** 1352
- Captive-Versicherer **SB Versicherungswirtschaft** 15 ff.
- Deutschland, Verhältnis zu EU **Art. 101 AEUV** 67 ff.
- Digital Markets Act **Art. 2 DMA** 140 ff.
- EU, Verhältnis zu Deutschland **Art. 101 AEUV** 67 ff.
- Forschung **Art. 101 AEUV** 36
- Freie Berufe **Art. 101 AEUV** 54
- funktionaler **Art. 101 AEUV** 4 ff., 6; **Art. 106 AEUV** 37 ff.; **Grundlagen** 1331 ff., 1351 ff., 1365 f.
- Fusionskontrolle **Art. 3 FKVO** 7
- Gesamthandsgemeinschaft **Art. 101 AEUV** 11
- Gesellschafter **Art. 101 AEUV** 52
- Gewerkschaften **Grundlagen** 1331
- Händler **Art. 101 AEUV** 55
- Hoheitliche Tätigkeiten **Art. 101 AEUV** 24 ff., 69 f.

4124

magere Zahl = Randnummer

Sachverzeichnis

- Hoheitliche Tätigkeiten, Nachgang **Art. 101 AEUV** 42
- Hoheitliche Tätigkeiten, Vorfeld **Art. 101 AEUV** 46 ff.
- Konzerngesellschaften **Art. 101 AEUV** 52
- Krankenkassen **Art. 101 AEUV** 37 ff., 68, 71; **Art. 102 AEUV** 79; **Grundlagen** 1360 ff.
- Krankenkassenverbände **Art. 101 AEUV** 37 ff.
- Krankenversicherung **Grundlagen** 1351, 1372 f.
- Künstler **Art. 101 AEUV** 30
- Landwirte **SB Landwirtschaft** 366
- Marktmissbrauchsverbot **Art. 102 AEUV** 70 ff.
- materiell-institutioneller **Art. 101 AEUV** 5
- Mischtätigkeiten **Art. 101 AEUV** 41 ff.
- öffentliche Unternehmen **Art. 101 AEUV** 22 ff.; **Grundlagen** 1551 ff.
- relativer **Art. 101 AEUV** 4 ff., 7
- Relativität **Art. 101 AEUV** 41 ff.
- Religionsgemeinschaft **Art. 101 AEUV** 12
- Selbstständige **Art. 101 AEUV** 54
- Sozialbereich **Art. 101 AEUV** 37 ff.
- Sozialbereich, Tätigkeiten im Vorfeld **Art. 101 AEUV** 43 ff.
- Sozialeinrichtungen **Art. 101 AEUV** 37 ff.
- Sozialversicherungsträger **Grundlagen** 1351 ff.; **SB Versicherungswirtschaft** 21 ff.
- Sport **Art. 101 AEUV** 31 ff.
- Staaten **Grundlagen** 1551
- Torwächter **Art. 3 DMA** 18
- TT-GVO **Art. 1 TT-GVO** 46 ff.
- Unfallversicherung **Grundlagen** 1372 f.
- Vermittler **Art. 101 AEUV** 55
- Versicherungen **Art. 101 AEUV** 38
- Versicherungen, Zwangsmitgliedschaft **SB Versicherungswirtschaft** 20
- Versicherungsvermittler **SB Versicherungswirtschaft** 18 ff.
- Versicherungswirtschaft **SB Versicherungswirtschaft** 13 ff.
- Versorgungsanstalt des Bundes und der Länder **Grundlagen** 1362
- Vertreter **Art. 101 AEUV** 55
- Voraussetzungen, dauerhafte Tätigkeit **Art. 101 AEUV** 13
- Voraussetzungen, Entgeltlichkeit **Art. 101 AEUV** 19
- Voraussetzungen, Gewinnerzielungsabsicht **Art. 101 AEUV** 11, 21
- Voraussetzungen, Selbständigkeitspostulat **Art. 101 AEUV** 49 ff.
- Voraussetzungen, Trennbarkeit der Tätigkeit **Art. 101 AEUV** 41 ff., 69
- Voraussetzungen, Wirtschaftliche Tätigkeit **Art. 101 AEUV** 8 ff.; **Grundlagen** 1331, 1371 ff.
- Wirtschaftliche Tätigkeit **Art. 102 AEUV** 71 ff.

Unternehmensbezogene Wettbewerbsregeln Grundlagen 1422

Unternehmenserklärungen
- Inhalt **Leniency-Bekanntmachung** 12
- Leniency-Bekanntmachung **Leniency-Bekanntmachung** 62 ff., 65 ff.
- Leniency-Bekanntmachung, mündliche **Leniency-Bekanntmachung** 66

Unternehmenserwerb
- Marktstrukturmissbrauch **Art. 102 AEUV** 822 ff.

Unternehmenskaufvertrag Art. 101 AEUV 222, 230 ff.
- Informationsaustausch **Art. 101 AEUV** 350

Unternehmenskennzeichen Grundlagen 1086

Unternehmenspacht Art. 101 AEUV 578

Unternehmenspluralität Art. 101 AEUV 492 ff., 492

Unternehmensstrukturänderungen Art. 101 AEUV 577 ff.
- Abtrennbare Vereinbarungen **Art. 101 AEUV** 605
- Beschluss **Art. 101 AEUV** 589 ff.
- Börse **Art. 101 AEUV** 592 f.
- Erwerb wechselseitigen Einflusses **Art. 101 AEUV** 779 f.
- Fusionskontrolle **Art. 101 AEUV** 593 ff.
- Fusionskontrolle, keine **Art. 101 AEUV** 599 ff.
- Kontrollerwerb, verbleibender Minderheitseinfluss **Art. 101 AEUV** 774 ff.
- Marktstrukturmissbrauch **Art. 102 AEUV** 820 ff.
- Marktverhaltens- und -strukturkontrolle **Art. 101 AEUV** 584
- Minderheitseinfluss **Art. 101 AEUV** 752 ff.
- Nebenabreden **Art. 101 AEUV** 603 ff.
- Tatbestand Art. 101 Abs. 1 AEUV **Art. 101 AEUV** 581 ff.
- Teilfunktions-GU **Art. 101 AEUV** 738 ff.
- Umsatzberechnung **Art. 5 FKVO** 26 ff.
- Vereinbarung über unternehmerischen Einflusserwerb **Art. 101 AEUV** 589 ff.
- Verfahren zur Überprüfung **Art. 101 AEUV** 582
- Verhaltensweisen, abgestimmte **Art. 101 AEUV** 589 ff.
- Vollfunktions-GU, mit gemeinschaftsweit **Art. 101 AEUV** 606 ff.
- Vollfunktions-GU, nicht gemeinschaftsweit **Art. 101 AEUV** 684 ff.

Unternehmensteil
- Fusionskontrolle **Art. 3 FKVO** 13
- Kontrollerwerb, Kontrolle über **Art. 3 FKVO** 70

Unternehmensübernahmen
- Lizenzen **Einl. TT-GVO** 36

Unternehmensvereinigungen Art. 101 AEUV 27, 61 f., 138 ff.; **Art. 102 AEUV** 71 ff.; **Grundlagen** 1299
- Addressat einer Sanktion **Art. 23 VO 1/2003** 70 ff.
- Ausfallhaftung **Art. 23 VO 1/2003** 72 ff.
- Begriff **Grundlagen** 1331 ff.
- Beschlüsse *s. Beschlüsse von Unternehmensvereinigungen*
- Dienstleistungserbringer **Art. 2 Vertikal-GVO** 15
- Digital Markets Act **Art. 30 DMA** 14 ff.
- Fusionskontrolle, Auskunftspflicht **Art. 11 FKVO** 7
- Marktbeherrschung, kollektive **Art. 102 AEUV** 221
- Mitglieder **Art. 2 Vertikal-GVO** 13 ff.
- Versicherungswirtschaft **SB Versicherungswirtschaft** 27
- Vertikal-GVO **Art. 2 Vertikal-GVO** 11 ff.
- Wareneinzelhändler **Art. 2 Vertikal-GVO** 13 ff.
- Willensbildung **Art. 101 AEUV** 143
- Zusammenschlüsse **Art. 101 AEUV** 140
- Zwangsgeld **Art. 24 VO 1/2003** 33

Unternehmenswachstum, externes Grundlagen 1278

4125

Sachverzeichnis

fette Zahl = Gesetz und Paragraf

Unternehmenswert Grundlagen 1065
Unternehmenszerschlagung
– Abstellungsanordnung **Art. 7 VO 1/2003** 22
Unternehmenszusammenschluss
– Marktstrukturmissbrauch **Art. 102 AEUV** 822 ff.
Unternehmenszusammenschlüsse s. *Zusammenschlüsse*
Unternehmerische Freiheit Grundlagen 865
Unternemensbegriff
– autonomer **Art. 101 AEUV** 2
– einheitlicher **Art. 101 AEUV** 3
Unterrichtungspflicht
– Fusionskontrolle, Verweisung **Art. 22 FKVO** 54, 89
– Umverpacken **Grundlagen** 1153
– Verweisungsentscheidung **Art. 9 FKVO** 115
– Verweisungsverfahren **Art. 9 FKVO** 27
Untersagungsbefugnis
– Internationales Wettbewerbsrecht **Grundlagen** 1454, 1459, 1503 ff.
Untersagungsentscheidung Art. 2 FKVO 12
– Gerichtliche Kontrolle **Art. 2 FKVO** 500 ff.
Untersuchungsbefugnis
– Kommission **Art. 105 AEUV** 10 ff.
Untersuchungsgegenstand
– Beweisverwertung **Art. 12 VO 1/2003** 58 ff.
– identischer **Art. 13 VO 1/2003** 20
– Teilidentität **Art. 13 VO 1/2003** 21
Untersuchungsgrundsatz Art. 2 VO 1/2003 3; **Grundlagen** 924
– Kommissionsverfahren **Art. 2 VO 1/2003** 23
– Nationale Behörden **Art. 2 VO 1/2003** 30
– Torwächter **Art. 3 DMA** 63
Unverbindliche Maßnahmen Art. 101 AEUV 119
Unvereinbarkeitsentscheidung Art. 8 FKVO 143 ff.; **Einl. FKVO** 177
Unverfälschter Wettbewerb Grundlagen 745 f.
Unverletzlichkeit der Wohnung Grundlagen 888 f.
Unzulässigkeit, Einrede der Rechtsschutz 209
Unzuständigkeitsentscheidung Einl. FKVO 169
up-front buyer-Zusage Art. 8 FKVO 40, 62
UPM-Kymmene/Haindl-Fall Art. 2 FKVO 349
UPP-Analyse
– Fusionskontrolle **Art. 2 FKVO** 198
– Versicherungswirtschaft **SB Versicherungswirtschaft** 226
UPS Europe-Fall Art. 102 AEUV 826
UPS/TNT Express-Fall Art. 2 FKVO 127, 278
UPS-Entscheidung Art. 102 AEUV 359
Upstream Price Discrimination Art. 102 AEUV 214
Upward Pricing Pressure s. *Preissteigerungsdruck*
Upward Pricing Pressure-Analyse s. *UPP-Analyse*
Urheberidentifikation
– Informationsaustausch (über) **Art. 101 AEUV** 376
Urheberrecht Grundlagen 1086 f.
– Begriff **Art. 1 TT-GVO** 79 ff.
– Erschöpfung **Grundlagen** 1163 ff.
– Erschöpfung, Lizenz **Grundlagen** 1116
– im digitalen Binnenmarkt **Grundlagen** 1321
– Körperliche Zugänglichmachung **Grundlagen** 1166 f.
– spezifischer Gegenstand **Grundlagen** 1161 ff.
– Unkörperliche Zugänglichmachung **Grundlagen** 1168

– Verwertungsarten **Grundlagen** 1164 f.
Urheberrechtslizenzen
– Vertikal-GVO **Art. 2 Vertikal-GVO** 31
Urheberrechtsverwaltungsdienste Grundlagen 1234
Urheberrechtsverwertungsgesellschaften Art. 102 AEUV 395
Urproduktion Art. 102 AEUV 144
Ursprungsangaben Grundlagen 1173
Ursprungsbezeichnung, geschützte (gU) Grundlagen 1180
Ursprungsgleichheit Grundlagen 1140, 1146, 1150
Ursprungslandprinzip
– Beweiserhebung **Art. 12 VO 1/2003** 78
Urteil
– Auslegung **Rechtsschutz** 246
– Durchführung **Rechtsschutz** 529 ff.
– Ergänzung **Rechtsschutz** 248
– Nichtigkeitsklage **Rechtsschutz** 501 ff.
– Rechtskraft **Rechtsschutz** 199
– Rechtsmittel- **Rechtsschutz** 640
– Übermittlungspflicht **Art. 15 VO 1/2003** 37
– Unionsgerichte **Rechtsschutz** 188 ff.
– Verkündung **Rechtsschutz** 196
– Vertragsverletzungsverfahren, Beihilferecht **Rechtsschutz** 666
– Vorabentscheidungsverfahren **Rechtsschutz** 726
USA Grundlagen 716, 724
– amicus curiae **Art. 15 VO 1/2003** 32
– Ausbeutungsmissbrauch **Art. 102 AEUV** 353
– Best Practices zur Kooperation in Fusionsfällen **Art. 1 FKVO**
– Freihandelsabkommen **Grundlagen** 1862
– Fusionskontrolle **Art. 1 FKVO** 58
– Fusionskontrolle, Historie **Einl. FKVO** 2
– Hart-Scott-Rodino Act **Art. 7 FKVO** 87
– Internationales Wettbewerbsrecht **Grundlagen** 1484, 1403, 1419
– Kosten-Preis-Schere **Art. 102 AEUV** 724
– Leniency **Leniency-Bekanntmachung** 62 ff.
– Recoupment **Art. 102 AEUV** 712
– rule of reason **Art. 101 AEUV** 205 ff.
– Rule of Reason **Art. 101 AEUV** 999 ff.
– Sentencing Guidelines **Art. 23 VO 1/2003** 13
– Technologietransfer-Vereinbarungen **Einl. TT-GVO** 95 ff.
– Versicherungsvermittler **SB Versicherungswirtschaft** 136
– Vertical Merger Guidelines **Art. 2 FKVO** 461
– Verwaltungsabkommen **Grundlagen** 1864 ff.
– Wettbewerbspolitik **Grundlagen** 47 ff., 139
Usbekistan Grundlagen 1807
ut res magis valeat quam pereat Art. 101 AEUV 314
UTP-Richtlinie SB Landwirtschaft 481 ff.
– Anwendungsbereich **SB Landwirtschaft** 487
– Rechtsfolgen **SB Landwirtschaft** 499 ff.
– Umsetzung **SB Landwirtschaft** 485
– Unzulässige, unlautere Handelspraktiken **SB Landwirtschaft** 489 ff.

V

Validierende Tests Art. 101 AEUV 1125
Van den Bergh Foods-Fall Art. 101 AEUV 206; **Art. 102 AEUV** 335, 596

magere Zahl = Randnummer

Sachverzeichnis

van der Woude-Entscheidung **Grundlagen** 1296
Van Gend & Loos-Rechtsprechung Grundlagen 966, 972
Van Miert-Bericht Grundlagen 1739
Variable Kosten Art. 102 AEUV 676 ff.
Variable-proportions Production Function Grundlagen 546
Variation-Selektions-Prozesse Grundlagen 550
Variationskoeffizienten Grundlagen 399
Varietät Grundlagen 516
VBL-Gegenwert II-Fall Art. 102 AEUV 396
VEO s. *Erzeugerorganisationen, landwirtschaftliche*
Veränderungen des Sachverhalts
– Freistellungsprüfung **Art. 101 AEUV** 1027 ff.
Veranlassungsstaat Grundlagen 1384
Veranstaltermarkt Art. 102 AEUV 156
Verantwortlichkeit
– für Verbandsbeschlüsse **Art. 101 AEUV** 149 ff.
Veräußerer
– Fusionskontrolle, Anhörungsrecht **Art. 18 FKVO** 10
Veräußerung
– Abhilfemaßnahme **Grundlagen** 1284
Veräußerungen
– Minderheitseinfluss **Art. 101 AEUV** 757
– Umsatzberechnung, nachträgliche Berücksichtigung von **Art. 5 FKVO** 26
– Verpflichtungszusage **Art. 8 FKVO** 50
– Verpflichtungszusage, Benchmark **Art. 8 FKVO** 45
– Verpflichtungszusage, Käufer **Art. 8 FKVO** 103
– Verpflichtungszusage, Überwachung **Art. 8 FKVO** 98 ff.
– Verpflichtungszusage, Verhältnismäßigkeitsgrundsatz **Art. 2 FKVO** 232
Verband der freien Rohrwerke-Fall Art. 102 AEUV 225
Verband der Sachversicherer-Urteil SB Versicherungswirtschaft 6
Verbände
– Klagebefugnis **Rechtsschutz** 467 ff.
– Streithelfer **Rechtsschutz** 261
Verbandsautonomie Art. 101 AEUV 33
Verbandsbeschluss s. *Beschlüsse von Unternehmensvereinigungen*
Verbandsdiskriminierung
– Internationales Wettbewerbsrecht **Grundlagen** 1485
Verbandsempfehlungen Art. 101 AEUV 147
Verbandsklage Rechtsschutz 467 ff.
Verbandstarifverträgen Grundlagen 1289
Verbindlichkeit Art. 101 AEUV 87
Verbindung von Rechtssachen Rechtsschutz 119
Verbot der Nachteilsandrohung oder -zufügung
– Internationales Wettbewerbsrecht **Grundlagen** 1487 f.
Verbot der Vorteilsversprechung
– Internationales Wettbewerbsrecht **Grundlagen** 1487
Verbot mit Genehmigungsvorbehalt Einl. FKVO 99 f.
Verbotene Verhaltensweisen
– Konkurrenz **Art. 101 AEUV** 84
– Tatbestandsmerkmale, Verhältnis **Art. 101 AEUV** 79 ff.
– Übersicht über Tatbestände **Art. 101 AEUV** 75 ff.

Verbotseinschränkung
– Freistellung **Art. 101 AEUV** 1010
Verbotsentscheidung
– Zuständigkeit **Einl. FKVO** 192
Verbotsirrtum
– Freistellung, Einzel- **Art. 101 AEUV** 1064
Verbotsnorm
– Marktmissbrauchsverbot **Art. 102 AEUV** 878
Verbotsprinzip Art. 102 AEUV 1 ff.
– Freistellung **Art. 101 AEUV** 1012
Verbraucher
– Absatzmittler **Art. 101 AEUV** 1129 ff.
– Arbeitnehmer **Art. 101 AEUV** 1130
– Begriff **Art. 101 AEUV** 1129
– Drittstaaten **Art. 101 AEUV** 1131
– Schadensersatzanspruch **Art. 102 AEUV** 901 f.
Verbrauchergewinnbeteiligung Art. 101 AEUV 983 ff.
– Angemessenheit **Art. 101 AEUV** 1150
– Binnenmarktbezug **Art. 101 AEUV** 1157
– Effizienzgewinne **Art. 101 AEUV** 1136 ff.
– Freistellung, Einzel- **Art. 101 AEUV** 1128 ff.
– Gewinnbeteiligung **Art. 101 AEUV** 1135
– Interbrand-Wettbewerb **Art. 101 AEUV** 1148
– Konkretisierungsgrad **Art. 101 AEUV** 1140
– Kostenvorteile, indirekte **Art. 101 AEUV** 1141
– Oligopol **Art. 101 AEUV** 1148
– pass-through-Rate **Art. 101 AEUV** 1152
– Preise, geringe **Art. 101 AEUV** 1141
– Produktauswahl, Vergrößerung **Art. 101 AEUV** 1142
– Produkteinführung **Art. 101 AEUV** 1145
– Produktverbesserungen **Art. 101 AEUV** 1143
– qualitative **Art. 101 AEUV** 1142
– Teilfunktions-GU **Art. 101 AEUV** 748
– Trade-Off **Art. 101 AEUV** 1153 ff.
– Vollfunktions-GU, nicht gemeinschaftsweit **Art. 101 AEUV** 733
– Wahlmöglichkeiten **Art. 101 AEUV** 1144
– Wahrscheinlichkeit der Weitergabe **Art. 101 AEUV** 1146
Verbraucherinteressen
– Fusionskontrolle **Art. 2 FKVO** 6
Verbraucherleitbild Art. 101 AEUV 1132; **Grundlagen** 1056
Verbraucherprofile Art. 15 DMA 1 ff.
Verbraucherreaktion
– Fusionskontrolle, Horizontale Zusammenschlüsse **Art. 2 FKVO** 347 ff.
Verbraucherschaden
– Marktbeherrschung **Art. 102 AEUV** 214
– Marktmissbrauchstatbestandsmerkmal **Art. 102 AEUV** 10 ff.
Verbraucherschutz
– Ausbeutungsmissbrauch **Art. 102 AEUV** 352 ff.
– Marktmissbrauchsschutzzweck **Art. 102 AEUV** 10 ff.
– Verhältnis zum EU-Wettbewerbsrecht **Art. 3 VO 1/2003** 31
Verbraucherverbände
– Fusionskontrolle, Anhörungsrecht **Art. 18 FKVO** 11
Verbraucherverbandsklagen
– Digital Markets Act **Art. 42 DMA** 1 ff.; **Art. 5 DMA** 273

4127

Sachverzeichnis

fette Zahl = Gesetz und Paragraf

Verbrauchervorteile
- Fusionskontrolle **Art. 2 FKVO** 188 ff.

Verbraucherwohlfahrt Art. 101 AEUV 1128; **Art. 102 AEUV** 10

Verbraucherwohlfahrtstandard Art. 2 FKVO 183

Verbrauchsgüter
- Behinderungsmissbrauch, preisbezogener **Art. 102 AEUV** 697
- Kopplungsgeschäft **Art. 102 AEUV** 626

Verbrauchsgüter des täglichen Bedarfs Art. 2 FKVO 493

Verbundanalyse
- Bedarfsmarktkonzept **Art. 102 AEUV** 101

Verbundene Unternehmen Art. 1 FuE-GVO 45; **Art. 1 Spezialisierungs-GVO** 35; **Art. 1 TT-GVO** 122 ff.
- Addressat einer Sanktion **Art. 23 VO 1/2003** 61 ff.
- Begriff **Art. 1 Spezialisierungs-GVO** 35; **Art. 1 Vertikal-GVO** 118 ff.
- Geschäftsführungsrechte **Art. 5 FKVO** 76 ff.
- Kfz-GVO **Art. 1 Kfz-GVO** 27
- Marktanteilsberechnung **Art. 2 FKVO** 93
- Umsatzberechnung **Art. 5 FKVO** 68 ff.

Verbundener Markt
- Marktmachttransfer **Art. 102 AEUV** 347

Verbundenheit
- Wirtschaftliche Tätigkeit **Art. 101 AEUV** 41 ff.

Verbundgruppen
- Freistellung, Vertikal-GVO **Art. 2 Vertikal-GVO** 10

Verbundklausel Art. 5 FKVO 54
- Internationales Wettbewerbsrecht **Grundlagen** 1499
- Staatsunternehmen **Art. 5 FKVO** 81 ff.
- Zusammenschlussbegriff **Art. 3 FKVO** 4

Verbundvorteile Art. 101 AEUV 1092
- Daten **Grdl. DMA** 133 ff.
- Fusionskontrolle **Art. 2 FKVO** 189
- Fusionskontrolle, Konglomerate Zusammenschlüsse **Art. 2 FKVO** 487
- Fusionskontrolle, Vertikale Zusammenschlüsse **Art. 2 FKVO** 435
- Horizontale Zusammenschlüsse **Grundlagen** 470
- ökonomische Theorie des vollkommenen Wettbewerbs **Grundlagen** 164
- Produktionsvereinbarungen **Art. 101 AEUV** 413
- Torwächterbenennung **Art. 3 DMA** 95

Verdeckte Gesprächsaufnahmen
- Verwertungsverbot **Art. 12 VO 1/2003** 38

Verdrängungsabsicht Art. 102 AEUV 684 ff.
- Begriff **Art. 102 AEUV** 687
- Nachweis **Art. 102 AEUV** 688

Verdrängungseignung Art. 102 AEUV 328

Verdrängungspreise Art. 102 AEUV 714

Verdrängungswirkung Art. 102 AEUV 328
- Behinderungsmissbrauch, preisbezogener **Art. 102 AEUV** 680
- faktische **Grundlagen** 1615
- Immaterialgüterrecht **Grundlagen** 1251
- Kausalität **Art. 102 AEUV** 296
- Kopplungsgeschäft **Art. 102 AEUV** 618
- Vermutung **Art. 102 AEUV** 692

Vereinbarkeitsentscheidung Art. 2 FKVO 10; **Art. 8 FKVO** 24; **Einl. FKVO** 177
- bedingte **Art. 8 FKVO** 26 ff.

Vereinbarungen Art. 101 AEUV 77 ff., 85 ff.; **Art. 1 Spezialisierungs-GVO** 17
- Abgrenzung zum Parallelverhalten **Art. 101 AEUV** 153
- abtrennbare s. *Abtennbare Vereinbarungen*
- Abwehr gesetzlich verbotenen Verhaltens **Grundlagen** 1067
- Begriff **Art. 1 TT-GVO** 2 ff.
- Begriff, TT-GVO **Art. 1 TT-GVO** 2 f.
- Beweisgrundsätze **Art. 101 AEUV** 126 ff.
- Distanzierung **Art. 101 AEUV** 130 ff.
- Drittstaatsbezug, Handelsbeeinträchtigung **Art. 101 AEUV** 862 ff.
- Einseitige Maßnahmen **Art. 101 AEUV** 109 ff.
- Form **Art. 101 AEUV** 93
- Freistellung **Art. 101 AEUV** 952
- Gemeinsame Produktion **Art. 1 Spezialisierungs-GVO** 14 ff.
- Gentlemen's Agreement **Art. 101 AEUV** 108
- Hoheitliche Maßnahmen **Art. 101 AEUV** 124 f.
- horizontale s. *Horizontalvereinbarung*
- Kartellvertrag **Art. 101 AEUV** 107 ff.
- Konzernprivileg **Art. 101 AEUV** 96 ff.
- Marktbeherrschung, kollektive **Art. 102 AEUV** 220, 230
- nicht gegenseitige **Art. 2 Vertikal-GVO** 41
- Nichtigkeit **Art. 101 AEUV** 874 ff.
- Rechtsdurchsetzung, private **Art. 101 AEUV** 917 ff.
- Rechtsfolgen Art. 101 Abs. 2 AEUV s. *Rechtsfolgen, Art. 101 Abs. 2 AEUV*
- Rechtsfolgen, Anpassungsanspruch **Art. 101 AEUV** 929 ff.
- Rechtsfolgen, Konditionsansprüche **Art. 101 AEUV** 944 ff.
- Spezialisierung, Gegenseitige **Art. 1 Spezialisierungs-GVO** 8 ff.
- Spezialsierung, einseitige **Art. 1 Spezialisierungs-GVO** 3
- Tätigkeitsdelikt **Art. 101 AEUV** 152
- Übersicht **Art. 101 AEUV** 80
- unlautere **Grundlagen** 1069
- Unternehmensstrukturveränderungen **Art. 101 AEUV** 589 ff.
- vertikale s. *Vertikalvereinbarungen*
- Vertretungsmacht **Art. 101 AEUV** 94
- Verwertungsgesellschaften **Grundlagen** 1234 ff.
- Vollfunktions-GU, mit gemeinschaftsweit **Art. 101 AEUV** 628 ff.
- Vollfunktions-GU, nicht gemeinschaftsweit **Art. 101 AEUV** 701 ff.
- wechselseitige **Art. 1 TT-GVO** 61
- wechselseitige, nicht **Art. 1 TT-GVO** 67
- Willensübereinstimmung **Art. 101 AEUV** 86 ff.
- Zustandekommen **Art. 101 AEUV** 93 ff.

Vereine Art. 101 AEUV 63

Vereinfachtes Verfahren Art. 4 FKVO 55 ff.
- Anwendungsbereich **Art. 4 FKVO** 58 ff.
- extrem **Art. 4 FKVO** 29
- Marktangaben **Art. 4 FKVO** 46
- Nebenabreden **Art. 4 FKVO** 55

Vereinheitlichung
- weltweit **Grundlagen** 1727

Vereinigungen
- Klagebefugnis **Rechtsschutz** 467 ff.
- Streithelfer **Rechtsschutz** 261

magere Zahl = Randnummer

Sachverzeichnis

Vereinigungsfreiheit Grundlagen 884
Vereniging van Groothandelaren-Fall Art. 101 AEUV 833
Verfahren Grundlagen 909 ff.
– Beratender Ausschuss für die Kontrolle von Unternehmenszusammenschlüssen **Art. 19 FKVO** 23 ff.
– Beratender Ausschuss für Kartell- und Monopolfragen **Art. 14 VO 1/2003** 22 ff.
– Beweisverwertung aus anderen Verfahren **Art. 12 VO 1/2003** 53 ff.
– Bußgelder **Art. 14 FKVO** 38 ff.
– Dauer (angemessene) **Rechtsschutz** 83 ff.
– einstufiges **Einl. FKVO** 100 ff.
– EWR-Wettbewerbsrecht **Grundlagen** 1696
– Fallverteilung **Art. 11 VO 1/2003** 113
– Fusionskontrolle **Einl. FKVO** 1 ff.
– Fusionskontrolle, Überblick **Einl. FKVO** 159 ff.
– Fusionskontrolle, Zuständigkeit **Art. 22 FKVO** 34 ff.
– Gerichtsverfahren **Rechtsschutz** 49 ff.
– Gerichtsverfahren, kontradiktorische **Rechtsschutz** 48, 679
– Gerichtsverfahren, nicht-kontradiktorische **Rechtsschutz** 48
– Kartellverfahren **Art. 1 VO 1/2003** 1 ff.
– Ministererlaubnisverfahren **Grundlagen** 1502
– Nebenabrede **Art. 8 FKVO** 120 ff.
– Torwächter **Art. 20 DMA** 1 ff.
– Vollfunktions-GU **Art. 101 AEUV** 624
– Vorrang des EU-Wettbewerbsrechts **Art. 3 VO 1/2003** 85
– Zwangsgeld **Art. 15 FKVO** 8 ff.
– Zwischen-, Rechtsschutz **Rechtsschutz** 386 ff.
Verfahrensabschluss (national)
– Mitteilungspflicht, Kommission (an) **Art. 11 VO 1/2003** 44
Verfahrensakten Rechtsschutz 164
Verfahrensbeendigung
– Gerichtsverfahren **Rechtsschutz** 204 ff.
Verfahrensbeschleunigung Art. 25 VO 1/2003 4
Verfahrensbeteiligte Art. 27 VO 1/2003 3
Verfahrensbeteiligung
– tatsächliche **Rechtsschutz** 461 ff.
Verfahrenseinleitung Art. 6 FKVO 1 ff.
Verfahrensgarantien
– Gerichtliche Kontrolle **Art. 101 AEUV** 1032
Verfahrensgegenstand
– identischer **Art. 16 VO 1/2003** 9, 22
– Teilidentität **Art. 16 VO 1/2003** 9, 22
Verfahrensgrundsätze
– Gerichtsverfahren **Rechtsschutz** 57 ff.
– Kartellverfahren **Art. 23 VO 1/2003** 28
Verfahrenskosten Art. 23 VO 1/2003 214
Verfahrensrechte Grundlagen 909 ff.
Verfahrensrüge
– Rechtsmittelverfahren **Rechtsschutz** 639
Verfahrensverstoß
– Geldbuße **Art. 23 VO 1/2003** 85 ff.
Vervielfältigungsrecht Grundlagen 1161 f.
Verfolgungsverjährung Art. 25 VO 1/2003 1 ff.
– Beginn **Art. 25 VO 1/2003** 8
– Dauer **Art. 25 VO 1/2003** 7
– Ermittlungsmaßnahmen **Art. 25 VO 1/2003** 18
– Ruhen **Art. 25 VO 1/2003** 29 f.
– Unterbrechung **Art. 25 VO 1/2003** 16 ff.

– Unterbrechung, Reichweite **Art. 25 VO 1/2003** 26
– Unterbrechung, Wirkung **Art. 25 VO 1/2003** 27
Verfügbarkeitsklausel Art. 3 Kfz-GVO 13
Verfügbarkeitsparität
– Online-Plattformen **Art. 101 AEUV** 545
Vergaberecht
– Vergabekriterien, arbeitnehmerschützende **Grundlagen** 1344
– Verhältnis zum Arbeitsrecht **Grundlagen** 1343 ff.
Vergeltungsmaßnahmen Art. 23 VO 1/2003 162; **Art. 2 FKVO** 370 ff.
– Lebensmittel **SB Landwirtschaft** 491
Vergeltungsmechanismus, effektiver Art. 101 AEUV 367
Vergleichbarkeit
– Produkte **Art. 2 FKVO** 275 ff.
Vergleiche Art. 101 AEUV 911 ff.
Vergleichende Werbung Grundlagen 1058 ff.
Vergleichsausführung
– Akteneinsicht **Art. 27 VO 1/2003** 20
Vergleichsmarktanalyse Grundlagen 237, 1038 ff.
– Marktmissbrauch **Art. 102 AEUV** 376 ff.
– Wettbewerbanaloger Preis **Grundlagen** 594 ff.
Vergleichsportale Art. 4 Vertikal-GVO 236
Vergleichsstaaten Art. 102 AEUV 383 f.
Vergleichsstudien
– Versicherungswirtschaft **SB Versicherungswirtschaft** 118 ff.
Vergleichsvereinbarungen Art. 101 AEUV 107; **Grundlagen** 1222 ff.
Vergleichsverfahren Art. 23 VO 1/2003 189 ff.
Verhaltensabstimmung
– Überblick über Formen **Grundlagen** 306 ff.
Verhaltensabstimmung
– Informationsaustausch **Art. 101 AEUV** 352 ff.
– Versicherungswirtschaft **SB Versicherungswirtschaft** 194 ff.
Verhaltensanordnungen
– Internationales Wettbewerbsrecht **Grundlagen** 1464 ff.
Verhaltensauflage
– Vollfunktions-GU, mit gemeinschaftsweit **Art. 101 AEUV** 672
Verhaltenskoordinierende Wirkung
– Minderheitseinflüsse **Art. 101 AEUV** 771
– Vollfunktions-GU, mit gemeinschaftsweit **Art. 101 AEUV** 608
Verhaltensökonomie Grundlagen 126 ff.
Verhaltensverbote Grundlagen 1058
Verhaltensverzerrung
– Online-Plattformen **Grdl. DMA** 143
Verhaltensweisen Art. 101 AEUV 162 f.
– abgestimmte s. *abgestimmte Verhaltensweisen*
Verhaltenszusagen Art. 6 FKVO 34; **Art. 8 FKVO** 78 ff.
– Vertikale Zusammenschlüsse **Art. 2 FKVO** 420
Verhältnis von EU- und nationalem Recht
– Übergangsfragen **Art. 3 VO 1/2003** 139
– Verhältnis von EU- und nationalem Recht **Art. 3 VO 1/2003** 127 ff.
Verhältnismäßigkeitsgrundsatz Grundlagen 858 f., 953 ff., 1004 ff.
– Abnehmerbindung **Art. 102 AEUV** 614 ff.
– Arbeitnehmerschutznormen **Grundlagen** 1346
– Auskunftsverlangen **Art. 11 FKVO** 4

Sachverzeichnis

fette Zahl = Gesetz und Paragraf

- Betrauung öffentlicher Unternehmen **Art. 106 AEUV** 93 ff.
- Digital Markets Act, Datensicherheit **Art. 7 DMA** 52
- Digital Markets Act, Drittanbieternutzung **Art. 6 DMA** 112
- Digital Markets Act, Interoperabilität **Art. 6 DMA** 181
- Digital Markets Act, Kündigungsbedingungen **Art. 6 DMA** 298 ff.
- Durchführungsvorschriften **Art. 103 AEUV** 57 ff.
- Eigentumsfreiheit **Grundlagen** 872
- Einstweiliger Rechtsschutz **Rechtsschutz** 597 ff.
- Einzelfreistellung **Art. 101 AEUV** 1015
- Freistellung, Einzel- **Art. 101 AEUV** 1158 ff.
- Fusionskontrolle **Art. 2 FKVO** 228 ff.; **Einl. FKVO** 148
- Fusionskontrolle, Sanierungsfusion **Art. 2 FKVO** 212
- Geldbußen **Art. 23 VO 1/2003** 122 f.
- Immaterialgüterrecht **Grundlagen** 1095 f.
- Internationales Wettbewerbsrecht **Grundlagen** 1409 ff.
- Kommission **Vor Art. 7 VO 1/2003** 8 f.
- Landwirtschaft **SB Landwirtschaft** 392
- Lauterkeitsrecht **Grundlagen** 1056
- Tarifverträge **Grundlagen** 1290, 1303
- Versiegelung **Art. 20 VO 1/2003** 17
- Zusagenentscheidungen **Art. 9 VO 1/2003** 42 ff.
- Immaterialgüterrecht **Grundlagen** 1105 ff.
- Sportverbände **Art. 101 AEUV** 33

Verhandlungsgrundsatz
- Gerichtsverfahren **Rechtsschutz** 60

Verhandlungsmandat
- Kommission **Art. 24 FKVO** 2

Verhandlungstheorie
- Horizontale Zusammenschlüsse **Grundlagen** 445

Verhinderung
- Unionsgerichte **Rechtsschutz** 193 ff.

Verhinderung der Erzeugung neuen Produkts Art. 102 AEUV 350 ff.

Verhinderungsvertreter Art. 14 VO 1/2003 18

Verjährung
- Amtshaftungsklage **Rechtsschutz** 549 ff.
- Digital Markets Act **Art. 32 DMA** 1 ff.; **Art. 33 DMA** 1 ff.
- Geldbußen **Art. 14 FKVO** 40 ff.
- Hemmung **Grundlagen** 1595
- Leniency-Bekanntmachung **Leniency-Bekanntmachung** 75
- Verfolgungs- **Art. 25 VO 1/2003** 1 ff.
- Vollstreckungs- **Art. 26 VO 1/2003** 1 ff.

Verkauf
- aktiver **Art. 1 Vertikal-GVO** 109 ff.
- passiver **Art. 1 Vertikal-GVO** 114 ff.
- in eigenen Räumen **Art. 5 Vertikal-GVO** 30

Verkaufsagentur Art. 3 FKVO 156; **Grundlagen** 530

Verkaufsfremde Zahlungen
- Lebensmittel **SB Landwirtschaft** 491

Verkaufsgemeinschaftsunternehmen Art. 101 AEUV 742

Verkaufsmarkt
- nachgelagerter **Art. 101 AEUV** 419

Verkaufssyndikate Art. 101 AEUV 427

Verkehrsgemeinschaft SB Verkehr 311

Verkehrs-GVO
- Rechtsgrundlagen **Art. 101 AEUV** 1199

Verkehrshilfsgewerbe SB Verkehr 309

Verkehrsinfrastruktureinrichtungen
- Binnenmarktsbeherrschung **Art. 102 AEUV** 279

Verkehrsleistungen SB Verkehr 311

Verkehrsmarkt Art. 102 AEUV 195; **SB Verkehr** 311 ff.
- Besonderheiten **SB Verkehr** 295

Verkehrspolitik SB Verkehr 296 ff.

Verkehrsrecht
- Fusionskontrolle, Anwendungsbereich **Einl. FKVO** 144

Verkehrssektor Art. 101 AEUV 26; **Art. 102 AEUV**
- Bereichsausnahmen **Grundlagen** 1561, 1569
- Besonderheiten **SB Verkehr** 293 ff.
- Binnenverkehr **SB Verkehr** 306 ff.
- Daseinsvorsorge **Art. 106 AEUV** 102
- Dienstleistungen von allgemeinem wirtschaftlichen Interesse **Art. 106 AEUV** 194
- Fusionskontrolle **SB Verkehr** 304
- Luftverkehr **SB Verkehr** 352 ff.
- Marktmissbrauchsverbot **SB Verkehr** 304
- Preissenkung, selektive **Art. 102 AEUV** 716
- Rechtliche Vorgaben, Primär- **SB Verkehr** 296 ff.
- Rechtliche Vorgaben, Sekundär- **SB Verkehr** 304 ff.
- Seeverkehr **SB Verkehr** 326 ff.

Verkündung
- Urteil **Rechtsschutz** 196

Verlagskooperation Grundlagen 1564

Verlangsprogrammentwicklung Art. 101 AEUV 685

Verletzungsanzeige
- FRAND-Einwand **Art. 102 AEUV** 809 ff.

Vermarktungsvereinbarungen Art. 101 AEUV 426, 428
- Arbeitsgemeinschaftsgedanke **Art. 101 AEUV** 433 ff.
- reine **Art. 101 AEUV** 429

Vermarkungsagentur
- Kartelltheorie **Grundlagen** 342

Vermeidbare Kosten Art. 102 AEUV 343

Vermietrecht Grundlagen 1167, 1170

Vermietung Art. 1 Vertikal-GVO 21; **Art. 5 Vertikal-GVO** 31

Vermittler Art. 101 AEUV 55

Vermittlung
- Einleitung direkter Transaktionen **Art. 2 DMA** 52

Vermögenserwerb
- Kontrollerwerb **Art. 3 FKVO** 60

Vermögensschadenshaftpflichtversicherungen (VSH) SB Versicherungswirtschaft 229

Vermögensverwaltungsumsätze
- Fusionskontrolle **SB Versicherungswirtschaft** 218

Vermutung
- Abgestimmte Verhaltensweisen **Art. 101 AEUV** 189
- Akteneinsicht **Art. 27 VO 1/2003** 51
- Einzelfreistellung **Art. 4 TT-GVO** 39 ff.
- Einzelfreistellung, Marktanteil **Einl. Vertikal-GVO** 50
- Fusionskontrolle, unionsweite Bedeutung **Art. 4 FKVO** 165

magere Zahl = Randnummer

Sachverzeichnis

- Gestaffelte Transaktionen **Art. 5 FKVO** 37
- Gültigkeitsvermutung **Rechtsschutz** 352
- Handelsbeeinträchtigung **Art. 101 AEUV** 830, 836 f.
- Kausalzusammenhang **Art. 101 AEUV** 165 f.
- Marktabschottung **Art. 102 AEUV** 336
- Marktbeherrschung **Art. 102 AEUV** 267; **Art. 2 VO 1/2003** 22
- Torwächter, Erhebliche Auswirkungen **Art. 3 DMA** 47 ff.
- Torwächter, Gefestigte und Dauerhafte Position **Art. 3 DMA** 55 ff.
- Torwächter, Schwellenwerte **Art. 3 DMA** 46 ff.
- Torwächter, Widerlegung **Art. 3 DMA** 73 ff.
- Torwächter, Zugangstor **Art. 3 DMA** 52 ff.
- Verdrängungswirkung **Art. 102 AEUV** 692
- Versicherungen, Wettbewerbsbeschränkung **SB Versicherungswirtschaft** 65
- Wettbewerbsunschädlichkeit **Art. 101 AEUV** 487
- bestimmender Einflusses **Art. 101 AEUV** 101
- Erhebliche Behinderung wirksamen Wettbewerbs **Art. 2 FKVO** 106 ff.
- Fusionskontrolle, Horizontale Zusammenschlüsse **Art. 2 FKVO** 246, 254 ff.

Vernünftige andere Erklärung Art. 101 AEUV 193

Veröffentlichung
- Abstellungsentscheidung **Art. 7 VO 1/2003** 13
- Beschlüsse, Fusionskontrolle **Art. 6 FKVO** 58 ff.
- Entscheidungen **Art. 30 VO 1/2003** 1 ff.
- Fusionskontrolle, Beschlüsse **Art. 8 FKVO** 169 ff.
- Tarifprämien, künftige **SB Versicherungswirtschaft** 114
- Vertrauliche Informationen **Art. 30 VO 1/2003** 10 f.
- Zusammenfassungen **Art. 17 FKVO** 29
- Zusammenschlüsse, Anmeldung **Art. 4 FKVO** 86 ff.
- Zusammenschlüsse, Verweisung **Art. 4 FKVO** 120
- Beschlüsse (vor) **Art. 27 VO 1/2003** 53
- Preislisten **Grundlagen** 1066

Veröffentlichungspflicht Art. 27 VO 1/2003 53
- Fusionskontrolle **Art. 17 FKVO** 26
- Fusionskontrolle, Entscheidungen **Art. 20 FKVO** 3
- Fusionskontrolle, Geschäftsgeheimnisse **Art. 20 FKVO** 7

Verordnungen
- Rechtsgrundlage **Art. 103 AEUV** 59

Verordnungserlass
- Kommission **Art. 105 AEUV** 21 ff.

Verordnungsermächtigung Art. 103 AEUV 1 ff.
Verpachtung Art. 1 Vertikal-GVO 21; **Art. 5 Vertikal-GVO** 31

Verpflichtungsakt
- staatlicher **Art. 106 AEUV** 85 ff.

Verpflichtungszusagen
- Anforderungen **Art. 8 FKVO** 34
- Angebot **Art. 8 FKVO** 32
- Beweislast **Art. 8 FKVO** 35 ff.
- Frist, Fristverlängerung **Art. 10 FKVO** 11 ff.
- Fusionskontrolle, Anforderungen **Art. 6 FKVO** 33 ff.
- Fusionskontrolle, Ernsthafte Bedenken **Art. 6 FKVO** 22
- Fusionskontrolle, Frist **Art. 6 FKVO** 35

- Inhalt **Art. 8 FKVO** 45 ff.
- Internationales Wettbewerbsrecht **Grundlagen** 1460
- Kartellverfahren **Art. 9 VO 1/2003** 1 ff.
- Kartellverfahren, Angebot **Art. 9 VO 1/2003** 18 f.
- Kartellverfahren, Ausräumung von Bedenken **Art. 9 VO 1/2003** 21 f.
- Kartellverfahren, Beispiele **Art. 9 VO 1/2003** 37 ff.
- Kartellverfahren, Bindungswirkung **Art. 9 VO 1/2003** 36
- Kartellverfahren, Veröffentlichung **Art. 9 VO 1/2003** 23 ff.
- Minderheitsbeteiligung **Art. 8 FKVO** 66
- Rückerwerbsverbot **Art. 8 FKVO** 109
- Sprechklausel **Art. 8 FKVO** 109
- strukturelle **Art. 6 FKVO** 33; **Art. 8 FKVO** 44 ff., 65 ff.
- Teilfunktions-GU **Art. 101 AEUV** 751
- Übermittlung **Art. 19 FKVO** 7 f.
- Übermittlung an Nationale Behörden **Art. 19 FKVO** 7
- Veräußerungen **Art. 8 FKVO** 50
- Verfahren bei Vorlage **Art. 8 FKVO** 85 ff.
- Verhaltenszusagen **Art. 6 FKVO** 34; **Art. 8 FKVO** 44 ff., 78
- Vollfunktions-GU, nicht gemeinschaftsweit **Art. 101 AEUV** 736
- vollzugsfähig **Art. 9 VO 1/2003** 21
- Weiterveräußerungsverbot **Art. 8 FKVO** 109
- Wirkungen **Art. 8 FKVO** 33 ff.

Versammlungsfreiheit Grundlagen 884
Versandhandel
- Freistellung, Vertikal-GVO **Art. 4 Vertikal-GVO** 198

Versäumnisurteil Rechtsschutz 145
Verschlechterungsverbot
- Torwächter **Art. 13 DMA** 31

Verschmelzung
- Zusammenschlussanmeldung **Art. 4 FKVO** 21

Verschulden
- Amtshaftungsklage **Rechtsschutz** 553
- Geldbußen **Art. 23 VO 1/2003** 44 f.; **Art. 14 FKVO** 23
- Zwangsgeld **Art. 24 VO 1/2003** 5; **Art. 15 FKVO** 4

Verschulden bei Vertragsverhandlungen Art. 101 AEUV 949
Verschwiegenheitspflicht
- Leniency-Bekanntmachung **Leniency-Bekanntmachung** 21

Versicherer
- führende **SB Versicherungswirtschaft** 34

Versichererdienstleistungen
- Marktabgrenzung, räumliche **SB-Versicherungswirtschaft** 272
- Marktabgrenzung, sachliche **SB-Versicherungswirtschaft** 268 ff.

Versicherung gegen Arbeitsunfälle Grundlagen 1357
Versicherung gegen Berufskrankheiten Grundlagen 1357
Versicherungen Art. 101 AEUV 38; **Grundlagen** 1292, 1357
- Bereichsausnahmen **Grundlagen** 1564, 1573
- EFTA-Gerichtshof **Grundlagen** 1326

4131

Sachverzeichnis

fette Zahl = Gesetz und Paragraf

- Empfehlungen, einseitige **SB Versicherungswirtschaft** 196 ff.
- Empfehlungen, Konditionen **SB Versicherungswirtschaft** 197
- Empfehlungen, Prämien **SB Versicherungswirtschaft** 197
- Marktabgrenzung **Art. 102 AEUV** 170 ff.
- Meistbegünstigungsklausel **SB Versicherungswirtschaft** 200 ff.
- Originalbeiträge **SB Versicherungswirtschaft** 198
- Unternehmen **SB Versicherungswirtschaft** 13 ff.
- Vereinbarungen über Provisionshöchstsätze **SB Versicherungswirtschaft** 139
- Verhältnis Erst- und Rückversicherer **SB Versicherungswirtschaft** 191 ff.
- Vertikalvereinbarungen **SB Versicherungswirtschaft** 193
- Zwangsmitgliedschaft **Grundlagen** 1338 ff.; **SB Versicherungswirtschaft** 20

Versicherungsaufsichtsrechtliche Maßnahmen SB-Versicherungswirtschaft 285 ff.

Versicherungsdienstleistungsmarkt SB Versicherungswirtschaft 227

Versicherungsgesellschaften
- Fusionskontrolle **Art. 3 FKVO** 174
- Umsatzberechnung **Art. 5 FKVO** 49 ff.

Versicherungs-GVO SB Versicherungswirtschaft 8
- Auslaufen **SB Versicherungswirtschaft** 69 ff.
- Rechtsgrundlagen **Art. 101 AEUV** 1196

Versicherungskonditionen
- Einflussnahme auf **SB Versicherungswirtschaft** 192

Versicherungskonsortien SB Versicherungswirtschaft 32

Versicherungsleistungen Art. 101 AEUV 732 ff.

Versicherungsmakler
- Unternehmen **SB Versicherungswirtschaft** 14, 18

Versicherungsmanagement-Leistungen SB Versicherungswirtschaft 19

Versicherungsmärkte
- Marktabgrenzung **Art. 101 AEUV** 621

Versicherungsmittler
- Unternehmen **SB Versicherungswirtschaft** 18 ff.

Versicherungsmittlerverträge SB Versicherungswirtschaft 127

Versicherungspool SB Versicherungswirtschaft 37

Versicherungspools SB Versicherungswirtschaft 19

Versicherungsprämien SB Versicherungswirtschaft 28
- Absprachen, Brutto- **SB Versicherungswirtschaft** 28
- Absprachen, Netto- **SB Versicherungswirtschaft** 28
- konzerninterne **SB-Versicherungswirtschaft** 275
- Ökonomie **SB Versicherungswirtschaft** 2
- Vereinheitlichung **SB Versicherungswirtschaft** 63

Versicherungsprodukte
- Freistellung, Kfz-GVO **Art. 4 Kfz-GVO** 28

Versicherungssparten
- Marktabgrenzung **SB Versicherungswirtschaft** 225

Versicherungsverbände SB Versicherungswirtschaft 27, 107 ff.

Versicherungsvereine auf Gegenseitigkeit SB Versicherungswirtschaft 204

Versicherungsverträge
- Gruppen- **SB Versicherungswirtschaft** 48
- Mit- **SB Versicherungswirtschaft** 28
- Rückversicherungs- **SB Versicherungswirtschaft** 221
- Übertragung von **SB Versicherungswirtschaft** 220

Versicherungsvertrieb
- Alleinvertreterklausel **SB Versicherungswirtschaft** 132
- Bestpreisklauseln **SB Versicherungswirtschaft** 151
- Einfirmenvertreter **SB Versicherungswirtschaft** 132
- Fusionskontrolle **SB Versicherungswirtschaft** 222
- Kumulrisiken **SB Versicherungswirtschaft** 183
- Marktabgrenzung, räumliche **SB-Versicherungswirtschaft** 266 f.
- Marktabgrenzung, sachliche **SB-Versicherungswirtschaft** 260 ff.
- Matching-Plattformen **SB Versicherungswirtschaft** 142
- Online-Plattformen **SB Versicherungswirtschaft** 140 ff.
- Pflichtmitgliedschaften **SB Versicherungswirtschaft** 206
- Provisionsabgabeverbote **SB Versicherungswirtschaft** 134
- Rückversicherer **SB Versicherungswirtschaft** 182 ff.

Versicherungsvertriebsmarkt SB Versicherungswirtschaft 227

Versicherungsvertriebsverträge SB Versicherungswirtschaft 123 ff.
- Direktvertrieb **SB Versicherungswirtschaft** 124
- Regionalitätsprinzip **SB Versicherungswirtschaft** 126

Versicherungswirtschaft
- Ad-hoc-Mitversicherungen **SB Versicherungswirtschaft** 40 ff.
- Adressaten d. Wettbewerbsrechts **SB Versicherungswirtschaft** 13 ff.
- Anwendungsbereich d. Wettbewerbsrechts **SB Versicherungswirtschaft** 6 ff.
- Anwendungsbereich d. Wettbewerbsrechts, Zwischenstaatlichkeit **SB Versicherungswirtschaft** 7
- Benchmarking **SB Versicherungswirtschaft** 118 ff.
- Bereichsausnahme **SB Versicherungswirtschaft** 6
- Beteiligungsgeschäft *s. Mitversicherungen*
- Betriebsrentenfonds **SB Versicherungswirtschaft** 24
- Data Pooling Plattformen **SB Versicherungswirtschaft** 120 ff.
- Digital Markets Act **SB Versicherungswirtschaft** 152
- Einzelfreistellung **SB Versicherungswirtschaft** 31
- Freistellung **SB Versicherungswirtschaft** 8 ff.
- Freistellung, Ausstrahlungswirkung (negative) **SB Versicherungswirtschaft** 11

magere Zahl = Randnummer

Sachverzeichnis

- Freistellung, Ausstrahlungswirkung (positive) **SB Versicherungswirtschaft** 11
- Fronting-Vereinbarung **SB Versicherungswirtschaft** 186 ff.
- Fusionskontrolle **SB Versicherungswirtschaft** 210 ff.
- Informationsaustausch **SB Versicherungswirtschaft** 29, 88 ff.
- Informationsaustausch, Freistellung **SB Versicherungswirtschaft** 89 ff.
- Kartellverbot **SB Versicherungswirtschaft** 28 ff.
- Kontakte mit Wettbewerbern **SB Versicherungswirtschaft** 107 ff.
- Maklerkonzepte **SB Versicherungswirtschaft** 85 ff.
- Marktabgrenzung **SB Versicherungswirtschaft** 225 ff.
- Marktabgrenzung, Angebotsflexibilität **SB Versicherungswirtschaft** 228 ff.
- Marktabgrenzung, Bedarfsmarktkonzept **SB Versicherungswirtschaft** 221
- Marktabgrenzung, Dienstleistungen **SB-Versicherungswirtschaft** 268 ff.
- Marktabgrenzung, GUPP-Analyse **SB Versicherungswirtschaft** 226
- Marktabgrenzung, Nachfragesubstitution **SB Versicherungswirtschaft** 226
- Marktabgrenzung, Räumlich relevanter Markt **SB Versicherungswirtschaft** 249 ff.
- Marktabgrenzung, Rückversicherungen **SB Versicherungswirtschaft** 252 ff.
- Marktabgrenzung, Sachlich relevanter Markt **SB Versicherungswirtschaft** 237
- Marktabgrenzung, UPP-Analyse **SB Versicherungswirtschaft** 226
- Marktabgrenzung, Versicherungsvertrieb **SB-Versicherungswirtschaft** 266 f.
- Marktanteile **SB-Versicherungswirtschaft** 274
- Marktmacht **SB-Versicherungswirtschaft** 273 ff.
- Marktmissbrauchsverbot **SB Versicherungswirtschaft** 203 ff.
- Marktzutrittsschranken **SB-Versicherungswirtschaft** 278 ff.
- Mitversicherungen **SB Versicherungswirtschaft** 32 ff.
- Mitversicherungsgemeinschaft **SB Versicherungswirtschaft** 40 ff.
- Ökonomie **SB Versicherungswirtschaft** 1 ff.
- Online-Plattformen **SB Versicherungswirtschaft** 208
- Risikoeinschätzung, gemeinsame **SB Versicherungswirtschaft** 153
- Schadensabwicklung **SB Versicherungswirtschaft** 156 ff., 157 ff.
- Schadensabwicklung, Betrugsbekämpfung **SB Versicherungswirtschaft** 164 ff.
- Schadensabwicklung, Freistellung **SB Versicherungswirtschaft** 180
- Schadensabwicklung, Schadenteilungsabkommen **SB Versicherungswirtschaft** 157 ff.
- Schadensabwicklung, Vertikalrahmenverträge **SB Versicherungswirtschaft** 178 ff.
- Schadensmanagement **SB Versicherungswirtschaft** 172
- Sicherheitsvorkehrungsbewertung, gemeinsame **SB Versicherungswirtschaft** 154 f.

- Unternehmen, Begriff **SB Versicherungswirtschaft** 13 ff.
- Unternehmen, mit Ausschließlichkeitsrechten **SB Versicherungswirtschaft** 205
- Unternehmen, öffentliche **SB Versicherungswirtschaft** 205
- versicherungsaufsichtsrechtliche Maßnahmen **SB-Versicherungswirtschaft** 285 ff.
- Versicherungspool **SB Versicherungswirtschaft** 37
- Versicherungsvertrieb **SB Versicherungswirtschaft** 123 ff.
- Vertikalintegration **SB-Versicherungswirtschaft** 280
- Wettbewerbsbeschränkungen **SB Versicherungswirtschaft** 28 ff.

Versicherungszweige
- Marktabgrenzung **SB Versicherungswirtschaft** 225

Versiegelung
- Fusionskontrolle, Nachprüfung **Art. 13 FKVO** 10
- Kartellverfahren **Art. 20 VO 1/2003** 17
- Verhältnismäßigkeitsgrundsatz **Art. 20 VO 1/2003** 17
- Digital Markets Act **Art. 23 DMA** 33 ff.

Versorgungsanstalt des Bundes und der Länder
- Unternehmen **Grundlagen** 1362

Versorgungsengpässe Art. 101 AEUV 328
Versorgungssicherheit Art. 106 AEUV 117
Verstaatlichung Art. 106 AEUV 2
Verstärkungswirkung
- Kausalität **Art. 102 AEUV** 297

Verstöße
- besonders schwere **Art. 23 VO 1/2003** 132
- Dauer, kurze **Art. 23 VO 1/2003** 142
- Dauer, lange **Art. 23 VO 1/2003** 142
- Dauer, mittlere **Art. 23 VO 1/2003** 142
- minder schwere **Art. 23 VO 1/2003** 132; **Art. 14 FKVO** 8 ff.
- schwere **Art. 23 VO 1/2003** 132; **Art. 14 FKVO** 19 ff.

Versuch Art. 23 VO 1/2003 42
Versunkene Kosten
- Fusionskontrolle, Ausgleichsfaktoren **Art. 2 FKVO** 164, 173

versunkene Kosten
- Marktfähigkeit **Art. 101 AEUV** 216

Versunkene Kosten Art. 102 AEUV 247; **Grundlagen** 283, 513
- Online-Plattformen **Grdl. DMA** 130
- Preis-Kosten-Vergleiche **Art. 102 AEUV** 676

Verteidigerprivileg Art. 23 VO 1/2003 32; **Vor Art. 17–22 VO 1/2003** 17; **Grundlagen** 926, 948
- Drittstaatenanwälte **Vor Art. 17–22 VO 1/2003** 18
- Informationsaustausch, Behörden **Art. 12 VO 1/2003** 40 ff.
- Nachprüfungsbefugnisse **Art. 21 VO 1/2003** 12
- Syndikusanwälte **Vor Art. 17–22 VO 1/2003** 17
- Verwaltungsverfahren **Vor Art. 17–22 VO 1/2003** 17

Verteidigung, staatliche
- Zusammenschlussanmeldung **Art. 4 FKVO** 12

Verteidigungsrechte Grundlagen 910 f.
- Beeinträchtigung der **Rechtsschutz** 87

4133

Sachverzeichnis

fette Zahl = Gesetz und Paragraf

- Rechtsschutz, Nichtigkeitsklage **Rechtsschutz** 370
- **Verteidigungssektor**
- Bereichsausnahmen **Grundlagen** 1563
- **Vertieftes Prüfverfahren Einl. FKVO** 170 ff.
- Eröffnung, Zuständigkeit **Einl. FKVO** 193
- **vertikale Beschränkungen** s. auch vertikale Bindungen
- **Vertikale Gliederung Art. 102 AEUV** 182
- **Vertikale Preisbindung**
- Grenzkosten **Grundlagen** 519 ff.
- Ökonomie **Grundlagen** 528 ff., 564 ff.
- Ökonomie, Auswirkungen **Grundlagen** 547 ff.
- **Vertikale Wettbewerbsbeschränkungen Art. 101 AEUV** 484; **Grundlagen** 488
- Beispiele **Art. 1 Vertikal-GVO** 28 ff.
- Freistellung, Kfz-GVO **Art. 1 Kfz-GVO** 2
- Informationsaustausch **Art. 101 AEUV** 380
- Nichtigkeit **Art. 102 AEUV** 888
- Teilfunktions-GU **Art. 101 AEUV** 745
- Vertikal-GVO **Art. 1 Vertikal-GVO** 25
- Vollfunktions-GU, mit gemeinschaftsweit **Art. 101 AEUV** 634
- **Vertikale Zusammenschlüsse**
- Ausgleichsfaktoren **Art. 2 FKVO** 386, 423
- Digitale Märkte **Art. 2 FKVO** 397
- Doppelfunktion (Vorprodukt/Kunde) **Art. 2 FKVO** 408
- Fusionskontrolle, Kriterien **Art. 2 FKVO** 118, 130
- Fusionskontrolle, Marktmissbrauchsprognose **Art. 102 AEUV** 55
- Gruppeneffekt **Art. 2 FKVO** 464
- Informationsaustausch **Art. 2 FKVO** 464
- Marktmacht **Art. 2 FKVO** 398 ff., 429 ff.
- Marktstruktur **Art. 2 FKVO** 398 ff., 429 ff.
- Ökonomie **Grundlagen** 500 ff., 562 f.
- Ökonomie, Leverage-Effekte **Grundlagen** 540 ff.
- Ökonomie, Marktausschließungseffekte **Grundlagen** 540 ff.
- Safe Harbour **Art. 2 FKVO** 383
- Schadenstheorien **Art. 2 FKVO** 379 ff.
- Überblick **Art. 2 FKVO** 136 ff.
- vernetzte Produkte **Art. 2 FKVO** 441 ff.
- Wettbewerbsbeschränkung, spürbar **Art. 2 FKVO** 447
- Wirkungen, Abschottungswirkung **Art. 2 FKVO** 382 ff.
- Wirkungen, Koordinierte **Art. 2 FKVO** 384 ff., 455 ff.
- Wirkungen, Nicht-koordinierte **Art. 2 FKVO** 384 ff.
- **Vertikal-Fall Art. 4 Vertikal-GVO** 54
- **Vertikal-GVO Art. 101 AEUV** 511 ff.
- Anwendungsbereich **Art. 2 Vertikal-GVO** 3 ff.
- Anwendungsbereich, Geistiges Eigentum **Art. 2 Vertikal-GVO** 18 ff.
- Anwendungsbereich, Horizontalbeschränkungen **Art. 2 Vertikal-GVO** 60
- Anwendungsbereich, Informationsaustausch im dualen Vertrieb **Art. 2 Vertikal-GVO** 46 ff.
- Anwendungsbereich, Online-Vermittlungsdienste **Art. 2 Vertikal-GVO** 51 f.
- Anwendungsbereich, Unternehmensvereinigungen **Art. 2 Vertikal-GVO** 7 ff.

- Anwendungsbereich, Wettbewerber **Art. 2 Vertikal-GVO** 37 ff.
- Anwendungsbereich, zeitlicher **Grundlagen** 1589
- Beschränkungen, nicht freigestellte **Art. 5 Vertikal-GVO** 1 ff.
- Entstehungsgeschichte, 2022 **Einl. Vertikal-GVO** 18 ff.
- Entzug des Rechtsvorteils **Art. 101 AEUV** 1248; **Art. 6 Vertikal-GVO** 1 ff.
- Freistellung, Umfang **Art. 2 Vertikal-GVO** 5 ff.
- Geistiges Eigentum, Beispiele **Art. 2 Vertikal-GVO** 29 ff.
- Geltungsdauer **Art. 11 Vertikal-GVO** 1
- Gesamtumsatz **Art. 9 Vertikal-GVO** 1 ff.
- Immaterialgüterrecht **Grundlagen** 1211
- Informationsaustausch im dualen Vertrieb **Art. 2 Vertikal-GVO** 46 ff.
- Kernbeschränkungen **Art. 4 Vertikal-GVO** 1 ff.
- Kernbeschränkungen, Auslegung **Art. 4 Vertikal-GVO** 11 ff.
- Kernbeschränkungen, Ausnahmen **Art. 4 Vertikal-GVO** 11 ff.
- Kernbeschränkungen, bezweckte **Art. 4 Vertikal-GVO** 17
- Kernbeschränkungen, Fallgruppen **Art. 4 Vertikal-GVO** 27 ff.
- Kernbeschränkungen, nachträgliche Umstände **Art. 4 Vertikal-GVO** 9
- Marktanteilsschwelle **Art. 3 Vertikal-GVO** 1 ff.
- Marktanteilsschwelle, Allgemeine Vorgaben **Art. 8 Vertikal-GVO** 1
- Marktanteilsschwelle, Gesamtmarktvolumen **Art. 8 Vertikal-GVO** 4
- Marktanteilsschwelle, Toleranzkorridor **Art. 8 Vertikal-GVO** 7
- Marktanteilsschwelle, Veränderungen **Art. 101 AEUV** 1028
- nicht gegenseitige Vereinbarungen **Art. 2 Vertikal-GVO** 41 f., 42
- Nichtanwendbarkeit auf Netze **Art. 101 AEUV** 1254 ff.
- Nichtanwendung **Art. 7 Vertikal-GVO** 1 f.
- Online-Vermittlungsdienste **Art. 2 Vertikal-GVO** 51 f.
- Paritätsklauseln **Art. 101 AEUV** 548 ff.
- Rechtsgrundlagen **Art. 101 AEUV** 1196, 1198
- Selektives Vertriebssystem **Art. 5 Vertikal-GVO** 59 ff.
- Subsidiaritätsklausel **Art. 101 AEUV** 1232 ff.
- Übergangszeitraum **Art. 10 Vertikal-GVO** 1 ff.
- Unternehmensvereinigung **Art. 2 Vertikal-GVO** 11 ff.
- Verhältnis zu GVOs, FuE-GVO **Art. 2 Vertikal-GVO** 59
- Verhältnis zu GVOs, Kfz-Sektor **Art. 2 Vertikal-GVO** 55 f.
- Verhältnis zu GVOs, Spezialisierungs-GVO **Einl. Spezialisierungs-GVO** 21
- Verhältnis zu GVOs, Subsidiarität **Art. 2 Vertikal-GVO** 53 ff.
- Verhältnis zu GVOs, TT-GVO **Einl. TT-GVO** 89 ff.; **Art. 2 Vertikal-GVO** 18 f., 57 ff.
- Vollfunktions-GU, nicht gemeinschaftsweit **Art. 101 AEUV** 727
- Voraussetzungen, Geistiges Eigentum **Art. 2 Vertikal-GVO** 22 ff.

magere Zahl = Randnummer

Sachverzeichnis

- Voraussetzungen, Marktanteilsschwelle **Art. 3 Vertikal-GVO** 1 ff.
- Voraussetzungen, Online-Vermittlungsdienste **Art. 2 Vertikal-GVO** 46 ff.
- Voraussetzungen, Umsatzschwelle **Art. 2 Vertikal-GVO** 16 ff.
- Voraussetzungen, Unternehmensvereinigungen **Art. 2 Vertikal-GVO** 12 ff.
- Voraussetzungen, Wettbewerber **Art. 2 Vertikal-GVO** 37 ff.
- Wettbewerber **Art. 2 Vertikal-GVO** 37 ff.
- Wettbewerbsverbot, nachvertragliches **Art. 5 Vertikal-GVO** 33 ff.
- Wettbewerbsverbote, befristete **Art. 5 Vertikal-GVO** 12
- Anwendungsbereich **Einl. Vertikal-GVO** 22 f.
- Anwendungsbereich, Handelsvertreter **Art. 1 Vertikal-GVO** 98
- Anwendungsbereich, Horizontalbeschränkungen **Einl. Vertikal-GVO** 53
- Anwendungsbereich, Konzerngesellschaften **Art. 1 Vertikal-GVO** 14
- Anwendungsbereich, Nebenabrede **Einl. Vertikal-GVO** 25
- Anwendungsbereich, persönlicher **Einl. Vertikal-GVO** 35 ff.
- Anwendungsbereich, räumlicher **Einl. Vertikal-GVO** 34
- Anwendungsbereich, sachlicher **Einl. Vertikal-GVO** 40
- Begriffe **Art. 1 Vertikal-GVO** 1 ff.
- Beweislast **Art. 1 Vertikal-GVO** 7, 15, 16
- Entstehungsgeschichte **Einl. Vertikal-GVO** 6 ff.
- qualitativer Selektivvertrieb **Art. 1 Vertikal-GVO** 56
- Rechtsfolgen **Einl. Vertikal-GVO** 52 ff.
- Systematik **Einl. Vertikal-GVO** 4
- Überblick **Einl. Vertikal-GVO** 1 ff.
- Verhältnis zu GVOs **Einl. Vertikal-GVO** 45
- Verhältnis zum Marktmissbrauchsverbot **Einl. Vertikal-GVO** 46 ff.
- Verhältnis zum nationalen Recht **Einl. Vertikal-GVO** 23
- Voraussetzungen, Abgestimmte Verhaltensweisen **Art. 1 Vertikal-GVO** 2
- Voraussetzungen, Marktanteilsschwelle **Einl. Vertikal-GVO** 49 ff.
- Voraussetzungen, Vertikalbeschränkung **Art. 1 Vertikal-GVO** 25
- Voraussetzungen, Vertikalvereinbarung **Art. 1 Vertikal-GVO** 1 ff.

Vertikal-GVO 1999 Einl. Vertikal-GVO 14 f.
Vertikal-GVO 2010 Einl. Vertikal-GVO 16 f.
Vertikalintegration Art. 2 FKVO 303 ff.
- Fusionskontrolle, Horizontale Zusammenschlüsse **Art. 2 FKVO** 366
- Kosten-Preis-Schere **Art. 102 AEUV** 726
- Ökonomie **Grundlagen** 516
- Online-Plattformen **Grdl. DMA** 62, 86, 137
- Selbstbevorzugung **Art. 102 AEUV** 653
- Versicherungswirtschaft **SB-Versicherungswirtschaft** 280

Vertikal-Leitlinien
- Handelsvertreter **Art. 1 Vertikal-GVO** 101 ff.; **SB Versicherungswirtschaft** 127 ff.
- Minderheitseinfluss **Art. 101 AEUV** 753

- Vollfunktions-GU, mit gemeinschaftsweit **Art. 101 AEUV** 612

Vertikalvereinbarungen Art. 101 AEUV 483 ff.
- Absatzmittler **Art. 101 AEUV** 537 f.
- Alleinbelieferungsverpflichtung **Art. 101 AEUV** 521
- Alleinbezugsverpflichtung **Art. 101 AEUV** 513 ff.
- Ausfuhrverpflichtungen **Art. 101 AEUV** 532
- Begriff **Art. 101 AEUV** 483 f.; **Art. 1 Vertikal-GVO** 1 ff.
- Begriff und Formen **Grundlagen** 498 ff.
- Begriff, Vertikal-GVO **Art. 2 Vertikal-GVO** 3 f.
- Bündeltheorie **Art. 101 AEUV** 503
- Digitale Ökonomie **Art. 101 AEUV** 488 ff.
- Diskriminierungsverbot **Art. 101 AEUV** 507
- Doppelpreissysteme **Art. 101 AEUV** 522 f.
- Fallgruppen **Art. 101 AEUV** 512 ff.
- Folgeverträge **Art. 101 AEUV** 524
- Franchisevereinbarungen **Art. 101 AEUV** 525 ff.
- Freistellung, bezweckte Wirkungen **Art. 101 AEUV** 994
- Freistellung, Einzel- **Art. 101 AEUV** 1177
- Freistellung, Kfz-GVO **Art. 1 Kfz-GVO** 2
- Freistellung, Unerlässlichkeit **Art. 101 AEUV** 1163
- Freistellung, Vertikal-GVO **Art. 1 Vertikal-GVO** 1 ff.
- Freistellung, Vertriebsbezogene Vorteile **Art. 101 AEUV** 1100
- Freistellung, Warenverteilungsbezogene Vorteile **Art. 101 AEUV** 1105
- Freistellungen **Art. 101 AEUV** 511 ff.
- FuE-Kooperation **Art. 101 AEUV** 396
- Gebietsbeschränkung **Art. 101 AEUV** 529 ff.
- Gebietsschutz **Art. 101 AEUV** 529 ff.
- Gebietszuweisungen **Art. 101 AEUV** 529
- Handelsbeeinträchtigung **Art. 101 AEUV** 830, 850 ff.
- Handelsvertreter **Art. 101 AEUV** 492 ff., 537 f.
- Horizontalvereinbarung, Abgrenzung **Art. 101 AEUV** 297
- Hub and Spoke **Art. 101 AEUV** 572
- Importverbote **Art. 101 AEUV** 532
- Interessenlage **Art. 101 AEUV** 485 ff.
- Internationales Wettbewerbsrecht **Grundlagen** 1441 ff., 1478 ff.
- Klausel, englische **Art. 101 AEUV** 514 ff.
- Kopplung **Art. 101 AEUV** 539 ff.
- Kundengruppenbeschränkung **Art. 101 AEUV** 535 f.
- Kundenzuweisungen **Art. 101 AEUV** 529
- Landwirtschaft **SB Landwirtschaft** 382 ff.
- Marktabgrenzung **Art. 102 AEUV** 87
- Marktanalyse **Art. 101 AEUV** 496
- Markterschließungsgedanke **Art. 101 AEUV** 529
- Marktzutritt **Art. 101 AEUV** 219
- Meistbegünstigungsklausel **Art. 101 AEUV** 542
- Nebenabreden **Art. 101 AEUV** 499 f.
- Neuwagenvertrieb, Aktuelle Regelung **Art. 3 Kfz-GVO** 1 ff.
- Neuwagenvertrieb, Übergangsregelung **Art. 2 Kfz-GVO** 1 ff.
- Nichtigkeit **Art. 101 AEUV** 874 ff.
- Ökonomie **Grundlagen** 500 ff., 523 f.
- Ökonomie, Effizienzgewinne **Grundlagen** 502 ff.
- Ökonomie, Free Riding **Grundlagen** 505 ff.

4135

Sachverzeichnis

fette Zahl = Gesetz und Paragraf

- Ökonomie, Innovation **Grundlagen** 549
- Ökonomie, Marktausschließungseffekte **Grundlagen** 535 ff.
- Online-Plattformen **Art. 101 AEUV** 545 ff.
- Paritätsklauseln **Art. 101 AEUV** 545 ff.
- Preisbindungen **Art. 101 AEUV** 559
- Preisempfehlungen **Art. 101 AEUV** 561
- Produktgruppenmanagement-Vereinbarungen **Art. 101 AEUV** 499
- Rechtsdurchsetzung, private **Art. 101 AEUV** 917 ff.
- Rechtsfolgen **Art. 101 Abs. 2 AEUV** s. *Rechtsfolgen, Art. 101 Abs. 2 AEUV*
- Rechtsfolgen, Anpassungsanspruch **Art. 101 AEUV** 929 ff.
- Rechtsfolgen, Geltungserhaltende Reduktion **Art. 5 Vertikal-GVO** 22 ff.
- Rechtsfolgen, Konditionsansprüche **Art. 101 AEUV** 944 ff.
- Regelbeispiele **Art. 101 AEUV** 504 ff.
- Schutzrechtsvereinbarungen **Art. 101 AEUV** 564
- Spürbarkeit **Art. 101 AEUV** 509 f.
- Sternverträge **Art. 101 AEUV** 572
- Take-or-pay-Klauseln **Art. 101 AEUV** 573 f.
- Übertragung von Markenrechten **Grundlagen** 1205
- Unternehmenspluralität **Art. 101 AEUV** 492 ff.
- Unternehmensstrukturveränderung **Art. 101 AEUV** 578 ff.
- Versicherungswirtschaft **SB Versicherungswirtschaft** 178 ff., 193 ff.
- Vertrieb, selektiver **Art. 101 AEUV** 565 ff.
- Vertriebsmittler **Art. 101 AEUV** 492 ff.
- Vollfunktions-GU, mit gemeinschaftsweit **Art. 101 AEUV** 634
- Voraussetzungen **Art. 101 AEUV** 491 ff.
- Wettbewerbsbeschränkungen **Art. 101 AEUV** 529
- Wettbewerbsbeschränkungen, bewirkte **Art. 101 AEUV** 493 ff.
- Wettbewerbsbeschränkungen, bezweckte **Art. 101 AEUV** 493 ff.
- Zugangsvorauszahlungen **Art. 101 AEUV** 575 ff.
- Zuliefervereinbarungen **Art. 101 AEUV** 576

Vertikalverhältnis
- Abgestimmte Verhaltensweisen **Art. 101 AEUV** 177

Vertragliche Schuldverhältnisse
- IPR **Grundlagen** 1508 ff.

Vertragsanpassungspflichten Art. 101 AEUV 938
Vertragsbindung Art. 101 AEUV 496
Vertragsnetze Art. 101 AEUV 828
Vertragsparität, gestörte Grundlagen 1300
Vertragsprodukt Art. 2 TT-GVO 24
- Begriff **Art. 1 TT-GVO** 69

Vertragsstatut Grundlagen 1508
Vertragsstrafe
- Kartellverträge **Art. 101 AEUV** 944

Vertragsstreitigkeiten, privatrechtliche
- IPR **Grundlagen** 1506 ff.

Vertragsverhältnis
- Diensteanbieter und gewerblicher Nutzer **Art. 2 DMA** 56 ff.

Vertragsverhandlungsvollmacht
- Landwirtschaft **SB Landwirtschaft** 396

Vertragsverlängerung
- Informationsaustausch **SB Versicherungswirtschaft** 102

- stillschweigende **Art. 5 Vertikal-GVO** 18
- vorzeitige **Art. 5 Vertikal-GVO** 19

Vertragsverletzungsklage Grundlagen 1639
Vertragsverletzungsverfahren
- Beihilferecht s. *Vertragsverletzungsverfahren, Beihilferecht*
- Dienstleistungen von allgemeinem wirtschaftlichen Interesse **Art. 106 AEUV** 101
- Überblick **Rechtsschutz** 51 ff.
- Widersprüchliche Entscheidungen, Nationaler Gerichte **Art. 16 VO 1/2003** 12

Vertragsverletzungsverfahren, Beihilferecht
- Begründetheit **Rechtsschutz** 659 ff.
- Beweislast **Rechtsschutz** 661
- Sanktionen **Rechtsschutz** 666
- Überblick **Rechtsschutz** 643 ff.
- Zulässigkeitsvoraussetzungen **Rechtsschutz** 646 ff.
- Zuständigkeit **Rechtsschutz** 645

Vertragswerkstattverträge Art. 4 Kfz-GVO 24
Vertrauensschutz Grundlagen 958 ff.
- Spezialisierungs-GVO **Art. 6 Spezialisierungs-GVO** 1

Vertrauliche Informationen
- Akteneinsicht **Art. 18 FKVO** 52 ff.
- Veröffentlichung **Art. 30 VO 1/2003** 10 f.
- Verwertungsverbot **Art. 17 FKVO** 18 ff.

Vertrauliche Unterlagen
- Akteneinsicht **Art. 27 VO 1/2003** 15 ff.

Vertraulichkeit
- Gerichtsverfahren **Rechtsschutz** 73
- Streithelfer **Rechtsschutz** 74
- Zusammenschlussanmeldung **Art. 4 FKVO** 25

Vertraulichkeitsring
- Akteneinsicht **Art. 27 VO 1/2003** 25

Vertraulichkeitsvereinbarung
- Nebenabrede **Art. 8 FKVO** 139
- Vollfunktions-GU, mit gemeinschaftsweit **Art. 101 AEUV** 651

Vertretenmüssen
- Fristhemmung **Art. 10 FKVO** 26

Vertreter Art. 101 AEUV 55
- Fusionskontrolle, Auskunftspflicht **Art. 11 FKVO** 14

Vertretungsmacht Art. 101 AEUV 94
Vertrieb
- Begriff **Art. 1 Spezialisierungs-GVO** 34
- eigenständiger **Art. 101 AEUV** 685
- gemeinsamer **Art. 101 AEUV** 430 ff.; **Art. 2 Spezialisierungs-GVO** 18

Vertriebsabreden
- Internationales Wettbewerbsrecht **Grundlagen** 1442

Vertriebsbezogene Beschränkung
- Absatzbeschränkung **Art. 102 AEUV** 422 ff.

Vertriebsbindung
- Vertikal-GVO **Einl. Vertikal-GVO** 41

Vertriebsgemeinschaftsunternehmen Art. 101 AEUV 606 ff., 742
Vertriebs-Gemeinschaftsunternehmen Art. 3 FKVO 164
Vertriebsgesellschaften Art. 101 AEUV 738
Vertriebshändler Art. 101 AEUV 485
Vertriebskooperationen
- Freistellung, Vertikal-GVO **Art. 2 Vertikal-GVO** 10

magere Zahl = Randnummer

Sachverzeichnis

Vertriebsmärkte
- Marktabgrenzung **Art. 102 AEUV** 137 ff.

Vertriebsmittler Art. 101 AEUV 492 ff.

Vertriebsnetz
- Fusionskontrolle, Ausgleichsfaktoren **Art. 2 FKVO** 172
- Marktabgrenzung **Art. 2 FKVO** 65
- Verbrauchergewinnbeteiligung **Art. 101 AEUV** 748

Vertriebsnetzverstärkung Art. 101 AEUV 569

Vertriebsqualität Art. 4 Vertikal-GVO 191

Vertriebsrecht
- Marken **Grundlagen** 1133

Vertriebsstufentrennung Art. 4 Vertikal-GVO 210

Vertriebssystem
- Eigenvertrieb **Art. 102 AEUV** 578 ff.
- Einseitige Maßnahmen **Art. 101 AEUV** 112 ff.
- Freistellung, Vertikal-GVO **Art. 4 Vertikal-GVO** 98 ff.
- gemeinsames **Art. 101 AEUV** 98
- Gemeinschaftsunternehmen **Art. 3 FKVO** 163
- Gestaltungsspielraum **Art. 102 AEUV** 576 f.
- Handelsbeeinträchtigung **Art. 101 AEUV** 852
- mehrstufiges **Art. 4 Kfz-GVO** 25
- mitgliedsstaatübergreifend **Art. 101 AEUV** 805
- qualitativ **Art. 101 AEUV** 565 ff.; **Art. 1 Vertikal-GVO** 59
- quantitativ **Art. 101 AEUV** 565; **Art. 1 Vertikal-GVO** 59
- selektives **Art. 101 AEUV** 553 ff.; *s. Selektives Vertriebssystem*
- zweigleisige, Vertikal-GVO **Art. 2 Vertikal-GVO** 43

Vertriebsverbesserung
- Freistellung **Art. 101 AEUV** 1165

Vertriebsverbot Art. 101 AEUV 535

Vertriebsvereinbarung Art. 101 AEUV 107
- Beendigung **Art. 101 AEUV** 123
- Freistellung, Vertikal-GVO **Art. 1 Vertikal-GVO** 22
- Fusionskontrolle, Horizontale Zusammenschlüsse **Art. 2 FKVO** 316
- Landwirtschaft **SB Landwirtschaft** 367
- selektive **Art. 101 AEUV** 499

Vertriebsvereinbarungen Art. 101 AEUV 244, 525 ff.
- Vertikal-GVO **Art. 2 Vertikal-GVO** 34

Vervielfältigungsrecht Grundlagen 1169

Verwaltungsabkommen Grundlagen 1864 ff.
- Japan **Grundlagen** 1897 ff.
- Kanada **Grundlagen** 1590 ff.
- Korea, Republik **Grundlagen** 1900
- Schweiz **Grundlagen** 1901
- USA **Grundlagen** 1890

Verwaltungsschreiben Grundlagen 1617
- Vorrang des EU-Wettbewerbsrechts **Art. 3 VO 1/2003** 71

Verwaltungszwang Art. 23 VO 1/2003 24

Verwechslungsgefahr Grundlagen 1215

Verweisung
- Gerichtsverfahren **Rechtsschutz** 282, 367
- IPR **Grundlagen** 1537

Verweisungsantrag
- Einzel- **Art. 22 FKVO** 35 ff.
- Fusionskontrolle **Art. 1 FKVO** 52 ff.
- gemeinsamer **Art. 22 FKVO** 35 ff.
- Schwellenwert, unter **Art. 102 AEUV** 48

Verweisungsentscheidung Art. 9 FKVO 66 ff.; **Einl. FKVO** 180 ff.
- Zuständigkeit **Art. 9 FKVO** 66 ff.; **Einl. FKVO** 193

Verweisungsfiktion Art. 9 FKVO 94 ff.
- Genehmigungsfiktion **Art. 9 FKVO** 96

Verweisungspflicht Art. 9 FKVO 79

Verweisungsverfahren
- EFTA-Überwachungsbehörde **Art. 19 FKVO** 31
- EWR und EFTA **Grundlagen** 1702, 1709 ff.
- Freigabeentscheidung (nach der) **Art. 9 FKVO** 99 ff.
- Frist **Art. 9 FKVO** 92 ff.
- Frist, Hemmung **Art. 9 FKVO** 106 ff.
- Fusionskontrolle **Art. 1 FKVO** 52 ff.
- Fusionskontrolle, an Kommission **Art. 22 FKVO** 1 ff.
- Fusionskontrolle, Einzelverweisungen **Art. 22 FKVO** 8 ff.
- gemeinsamen Markt, wesentlicher Teil **Art. 9 FKVO** 47
- Historie **Einl. FKVO** 52
- Marktabgrenzung, räumliche **Art. 9 FKVO** 42
- Marktabgrenzung, sachliche **Art. 9 FKVO** 41
- Nationale Behörden, Beteiligungsrechte **Art. 19 FKVO** 15 ff.
- Nationalen Behörden, Informationspflichten **Art. 9 FKVO** 122 ff.
- Nationalen Behörde, Weiterbehandlung **Art. 9 FKVO** 117 ff.
- Rechtsschutz **Art. 9 FKVO** 130
- Sachnähe Nationale Behörden **Art. 9 FKVO** 55 ff.
- Teilverweisungen **Art. 9 FKVO** 81 ff.
- Überblick **Art. 9 FKVO** 1 ff.
- Veröffentlichung **Art. 20 FKVO** 12
- Verweisung (nach) **Art. 9 FKVO** 117 ff.
- Verweisung vor Anmeldung **Grundlagen** 1709
- Verweisungsentscheidung **Art. 9 FKVO** 66 ff.
- Verweisungsentscheidung, Kommission **Art. 9 FKVO** 108 ff.
- Verweisungsfiktion **Art. 9 FKVO** 94 ff.
- Verweisungspflicht **Art. 9 FKVO** 79
- Voraussetzungen, formelle **Art. 9 FKVO** 15
- Voraussetzungen, Gesonderter Markt **Art. 9 FKVO** 40
- Voraussetzungen, materielle **Art. 9 FKVO** 30
- Zusammenschlüsse **Art. 4 FKVO** 92 ff.

Verwendungsbeschränkung Art. 36 DMA 3 ff.; **Art. 38 DMA** 29
- Missbrauchstatbestand **Art. 102 AEUV** 414
- Vertikalvereinbarungen **Art. 101 AEUV** 505
- Zuliefervereinbarungen **Art. 101 AEUV** 576

Verwendungsmodalitäten Grundlagen 776 ff.

Verwendungsort
- Umsatzberechnung **Art. 5 FKVO** 15

Verwendungsverbot
- absolutes **Art. 36 DMA** 5
- relatives **Art. 36 DMA** 7

Verwendungszwecke
- Bedarfsmarktkonzept **Art. 102 AEUV** 104

Verwertung (gemeinsame) Art. 5 FuE-GVO 3 ff.

Verwertungsbeschränkungen
- Zuliefervereinbarungen **Art. 101 AEUV** 576

Sachverzeichnis

fette Zahl = Gesetz und Paragraf

Verwertungsgesellschaft
– Diskriminierung von Handelspartnern **Art. 102 AEUV** 431
Verwertungsgesellschaften Art. 101 AEUV 431; **Art. 102 AEUV** 238
– Beherrschung **Grundlagen** 1247
– Lizenzgebühren **Grundlagen** 1256
– Vereinbarungen **Grundlagen** 1234 ff.
Verwertungsverbot
– Berufsgeheimnis **Art. 17 FKVO** 14 ff.
– Fusionskontrolle, Adressaten **Art. 17 FKVO** 6
– Fusionskontrolle, Akteneinsicht **Art. 17 FKVO** 13
– Fusionskontrolle, EWR-Abkommen **Art. 17 FKVO** 30
– Fusionskontrolle, Geschäftsgeheimnisse **Art. 17 FKVO** 15
– Fusionskontrolle, Umfang **Art. 17 FKVO** 8 ff.
– Verwertungsbegriff **Art. 17 FKVO** 10 ff.
Verwirkung
– Grundrechte **Grundlagen** 941
Verzinsung
– Anwendungsbereich, zeitlicher **Grundlagen** 1595
Verzugszinsen Art. 23 VO 1/2003 215
– Geldbußen **Art. 23 VO 1/2003** 203 ff.
Vetorechte
– gemeinsame **Art. 3 FKVO** 122
– Generaldirektion **Einl. FKVO** 195
– Kontrolle, alleinige **Art. 3 FKVO** 110
– Kontrollerwerb **Art. 3 FKVO** 38
Viable business
– Verhaltenszusagen **Art. 8 FKVO** 51
Videoanrufe Art. 7 DMA 40
Videokonferenzdienste Art. 2 DMA 81
Video-Sharing-Plattform-Dienste Art. 2 DMA 35, 74
– Ranking **Art. 6 DMA** 129
Vier-Kriterien Test
– Lizenzverweigerung **Grundlagen** 1260 ff.
Vietnam Grundlagen 1860
VIG/AEGON-Fusion SB-Versicherungswirtschaft 291
Viho/Parker Pen-Fall Art. 101 AEUV 103; **Art. 1 Vertikal-GVO** 14
Virtuelle Assistenten Art. 2 DMA 9, 38; **Art. 6 DMA** 180
– Begriff **Art. 2 DMA** 95
– Geschäfte **Art. 2 DMA** 103
– Ranking **Art. 6 DMA** 129
VISA MIF-Fall Art. 9 VO 1/2003 38
Vitamine
– Marktabgrenzung **Art. 102 AEUV** 140
Vitaminkartell-Entscheidung Grundlagen 1403
Vivendi/Telecom Italia Art. 2 FKVO 415
VO (EWG) Nr. 4064/89
– Aufhebung **Art. 25 FKVO** 1
VO (Rat) Nr. 169/2009 s. *Verkehrs-GVO*
VO 1/2003
– Entstehungsgeschichte **Art. 1 VO 1/2003** 4 ff.
– Freie Beweiswürdigung **Art. 2 VO 1/2003** 27 ff.
– Inkrafttreten **Art. 45 VO 1/2003** 1
VO Nr. 1/2003 s. *Kartellverfahren*
VO Nr. 1017/68 SB Verkehr 301
VO Nr. 1151/2012 Grundlagen 1180
VO Nr. 1169/2011 (LMIV) Grundlagen 1182
VO (EU) 2023/1066 s. *FuE-GVO*
VO (EU) 2023/1067 s. *Spezialisierungs-GVO*

VO Nr. 1308/2013 s. *GMO-VO*
VO Nr. 141/62 SB Verkehr 301 ff.
VO Nr. 1534/91
– Rechtsgrundlagen **Art. 101 AEUV** 1196
VO Nr. 169/2009 SB Verkehr; s. *Binnenverkehrs-VO*
VO Nr. 17/62 Grundlagen 1601
– Freistellung **Art. 101 AEUV** 957 ff.
– Immaterialgüterrecht **Grundlagen** 1197 f.
– Krisenkartell **Art. 101 AEUV** 326
VO Nr. 19/65
– Rechtsgrundlagen **Art. 101 AEUV** 1196
VO Nr. 19/65 und Nr. 2821/71
– Änderung **Art. 40 VO 1/2003** 1 ff.
VO Nr. 2018/1807 (FFDR)
– Verhältnis zum Digital Markets Act **Art. 7 DMA** 24
VO Nr. 246/2009 SB Verkehr 305
– Rechtsgrundlagen **Art. 101 AEUV** 1196
VO Nr. 267/2010
– Impact Assessment der Kommission **SB Versicherungswirtschaft** 43
VO Nr. 2821/71
– Rechtsgrundlagen **Art. 101 AEUV** 1196
VO Nr. 2917/2393 SB Landwirtschaft 385
VO Nr. 316/2014 s. *TT-GVO*
VO Nr. 330/2010 Art. 101 AEUV 1198; **Art. 3 Kfz-GVO** 1 ff.
– Marktabgrenzung **Art. 3 Kfz-GVO** 3 ff.
– Marktabgrenzung, geographische **Art. 3 Kfz-GVO** 7
– Marktabgrenzung, Marktstufe **Art. 3 Kfz-GVO** 4
– Marktabgrenzung, Sachlich relevanter Markt **Art. 3 Kfz-GVO** 5
– Marktanteilsschwelle **Art. 3 Kfz-GVO** 3 ff.
VO Nr. 461/2010 s. *Kfz-GVO*
VO Nr. 487/2009 s. *Luftverkehrs-VO*
– Rechtsgrundlagen **Art. 101 AEUV** 1196
VO Nr. 720/2022 s. *Vertikal-GVO*
VO Nr. 773/2004
– Aussetzung des Verfahrens **Art. 13 VO 1/2003** 8
– Beschwerdeabweisung **Art. 13 VO 1/2003** 37 f.
– Beschwerdezurückweisung **Art. 13 VO 1/2003** 37 f.
– Einstellung des Verfahrens **Art. 13 VO 1/2003** 8
VO Nr. 906/2009 s. *Seeschiffahrts-GVO*
VO Nr. 906/2009 (GVO) s. *Schiffskonsortien-GVO*
VO Nr. 1017/68
– Änderung **Art. 36 VO 1/2003** 1
VO Nr. 2988/74
– Änderung **Art. 37 VO 1/2003** 1
VO Nr. 3975/87
– Änderung **Art. 39 VO 1/2003** 1 ff.
VO Nr. 3976/87
– Änderung **Art. 41 VO 1/2003** 1 ff.
VO Nr. 4056/86
– Änderung **Art. 38 VO 1/2003** 1 ff.
VO Nr. 479/92
– Änderung **Art. 42 VO 1/2003** 1
VO zur Förderung von Fairness und Transparenz für gewerbliche Nutzer von Online-Vermittlungsdienste s. *P2B-VO*
Vodafone Italia/TIM/INWIT JV Art. 2 FKVO 463
Vogelsang-Finsinger Mechanismus Grundlagen 680 ff.
Völck/Vervaecke-Fall Art. 101 AEUV 284

magere Zahl = Randnummer

Sachverzeichnis

Völkerrecht Grundlagen 1375, 1398
- Abwägungsgebot **Grundlagen** 1409 ff.
- Anwendbarkeit des US-amerikanischen Rechts **Grundlagen** 1419
- Auswirkungsprinzip **Grundlagen** 1388 ff.
- Courtoisie **Grundlagen** 1404, 1879
- Deutsches Recht **Grundlagen** 1476 f.
- Einmischungsverbot **Grundlagen** 1402 ff.
- EU-Wettbewerbsrecht **Grundlagen** 1424 f.
- Exportbeschränkungen **Grundlagen** 1420 ff.
- Fusionskontrolle **Grundlagen** 1452 ff.
- Inlandsauswirkungen **Grundlagen** 1417 f.
- Interessenabwägung **Grundlagen** 1409 ff.
- Personalitätsprinzip **Grundlagen** 1419
- Rechtsfolgenbegrenzung **Grundlagen** 1417 f.
- Territorialitätsprinzip **Grundlagen** 1420 ff.
- Verhältnismäßigkeitsgrundsatz **Grundlagen** 1409 ff.

Völkerrechtliche Abkommen Grundlagen 1078

Volkswagen/KPI Polska Art. 3 FKVO 92

Volkswagen-Entscheidung Art. 3 VO 1/2003 101; **Art. 1 Vertikal-GVO** 7 ff., 9

Vollendung
- Tat **Art. 23 VO 1/2003** 42

Vollfunktionalität Art. 101 AEUV 606

Vollfunktionsgemeinschaftsunternehmen s. *Vollfunktions-GU*

Vollfunktions-GU Art. 101 AEUV 577
- Begriff **Art. 101 AEUV** 606
- Deutsche Praxis **Art. 101 AEUV** 700
- Freistellung **Art. 101 AEUV** 1018
- Freistellung, Spezialisierungs-GVO **Einl. Spezialisierungs-GVO** 13 ff.
- Fusionkontrolle, FKVO-Novelle 1998 **Art. 101 AEUV** 614
- Fusionskontrolle, Anwendungsbereich **Art. 3 FKVO** 2 ff.
- Fusionskontrolle, FKVO-Novelle 1998 **Art. 101 AEUV** 696 f.
- Fusionskontrolle, Historie **Einl. FKVO** 45
- Fusionskontrolle, Koordinierungswirkungen **Art. 2 FKVO** 523 ff.
- Fusionskontrolle, VO (EG) 1/2003 **Art. 101 AEUV** 699
- mit gemeinschaftsweiter Bedeutung **Art. 101 AEUV** 606 ff.; *s. Vollfunktions-GU, mit gemeinschaftsweit*
- ohne gemeinschaftsweite Bedeutung **Art. 101 AEUV** 684 ff.; *s. Vollfunktions-GU, nicht gemeinschaftsweit*
- Organisationsstruktur, Änderung **Art. 3 FKVO** 136
- Überblick **Art. 3 FKVO** 138 ff.
- Zusammenschluss **Art. 3 FKVO** 113 ff.

Vollfunktions-GU, mit gemeinschaftsweit
- Abgestimmte Verhaltensweisen **Art. 101 AEUV** 628 ff.
- Anwendungsbereich Art. 101 AEUV **Art. 101 AEUV** 623 ff.
- Auflagen **Art. 101 AEUV** 671 f.
- Bedingungen **Art. 101 AEUV** 671 f.
- Bekanntmachungen **Art. 101 AEUV** 611
- Beschluss **Art. 101 AEUV** 628 ff.
- Doppelkontrollentscheidungen **Art. 101 AEUV** 614
- Freistellung **Art. 101 AEUV** 674

- Freistellung, Widerruf **Art. 101 AEUV** 678
- Fusionskontrolle, Rechtsfolgen **Art. 101 AEUV** 677
- Geschichte **Art. 101 AEUV** 614 f.
- Gründung eines **Art. 101 AEUV** 629 ff., 638 ff.
- Horizontalvereinbarung **Art. 101 AEUV** 634
- Koordinationsmärkte **Art. 101 AEUV** 616 ff.
- Koordinierung, Kriterien **Art. 101 AEUV** 644 ff.
- Marktabgrenzung, offengelassene **Art. 101 AEUV** 622 ff.
- Marktabgrenzung, räumliche **Art. 101 AEUV** 621 ff.
- Marktabgrenzung, sachliche **Art. 101 AEUV** 621 ff.
- Nennenswerte Präsenz **Art. 101 AEUV** 620
- Oligopolansatz **Art. 101 AEUV** 641 ff.
- Produktkopplung **Art. 101 AEUV** 573
- Rechtsgrundlagen **Art. 101 AEUV** 607 ff.
- Spürbarkeit **Art. 101 AEUV** 659
- Vereinbarungen **Art. 101 AEUV** 628 ff.
- Vertikalvereinbarungen **Art. 101 AEUV** 634
- Wettbewerbsbeschränkung, bewirkte **Art. 101 AEUV** 623 ff., 663 f.
- Wettbewerbsbeschränkung, bezweckte **Art. 101 AEUV** 623 ff., 663 f.
- Zurechnung von Verhalten **Art. 101 AEUV** 665 f.
- Zwischenstaatlichkeitsklausel **Art. 101 AEUV** 670

Vollfunktions-GU, nicht gemeinschaftsweit
- Abtrennbare Vereinbarungen **Art. 101 AEUV** 718 ff.
- Auflagen **Art. 101 AEUV** 736
- Bedingungen **Art. 101 AEUV** 736
- Begriff **Art. 101 AEUV** 684
- Benachbarte Märkte **Art. 101 AEUV** 715
- Beschluss **Art. 101 AEUV** 701 ff.
- Effizienzgewinne **Art. 101 AEUV** 731 ff.
- Fusionskontrolle **Art. 101 AEUV** 684
- Geschichte **Art. 101 AEUV** 696 ff.
- Gründung **Art. 101 AEUV** 686, 701, 717
- Gruppenfreistellungsverordnungen **Art. 101 AEUV** 727
- Horizontalbeschränkungen **Art. 101 AEUV** 709 ff.
- Horizontalbeschränkungen auf anderen Märkten **Art. 101 AEUV** 715 ff.
- Legalausnahme **Art. 101 AEUV** 728 ff.
- Marktabschottung **Art. 101 AEUV** 717 ff.
- nach VO (EG) 1/2003 **Art. 101 AEUV** 699
- Nachgelagerte Märkte **Art. 101 AEUV** 715
- Rechtsgrundlagen **Art. 101 AEUV** 687 f.
- Spezialisierungs-GVO **Art. 101 AEUV** 727
- Spürbarkeit **Art. 101 AEUV** 719
- Technologie-GVO **Art. 101 AEUV** 727
- Vereinbarung **Art. 101 AEUV** 701 ff.
- Vereinbarungen **Art. 101 AEUV** 701 ff.
- Verfahrensrecht **Art. 101 AEUV** 687 ff.
- Verhaltensweisen, abgestimmte **Art. 101 AEUV** 701 ff.
- Verpflichtungszusage **Art. 101 AEUV** 736
- Vertikal-GVO **Art. 101 AEUV** 727
- Vorgelagerte Märkte **Art. 101 AEUV** 715
- Wettbewerbsbeschränkung **Art. 101 AEUV** 704 ff.
- Wettbewerbsbeschränkung zum Gründer **Art. 101 AEUV** 705 ff.
- Wettbewerbsbeschränkung, bewirkte **Art. 101 AEUV** 725

Sachverzeichnis

fette Zahl = Gesetz und Paragraf

- Wettbewerbsbeschränkung, bezweckte **Art. 101 AEUV** 725
- Wirkung **Art. 101 AEUV** 684
- Zwischenstaatlichkeitsklausel **Art. 101 AEUV** 726

Vollkommener Wettbewerb
- Ökonomie **Grundlagen** 73 ff., 158 ff.
- und wirksamer Wettbewerb **Grundlagen** 233

Vollkostenansatz Art. 102 AEUV 372, 706
Vollsortiment Art. 102 AEUV 586
Vollstreckbarkeitserklärung
- Ordre Public **Art. 101 AEUV** 912 ff.

Vollstreckung
- Geldbuße **Art. 23 VO 1/2003** 199 ff.
- Zwangsgeld **Art. 24 VO 1/2003** 36 ff.

Vollstreckungsverjährung Art. 26 VO 1/2003 1 ff.
- Beginn **Art. 26 VO 1/2003** 3 ff.
- Ruhen **Art. 26 VO 1/2003** 10 ff.
- Unterbrechung **Art. 26 VO 1/2003** 5 ff.
- Unterbrechung, Wirkung **Art. 26 VO 1/2003** 8

Vollziehbarkeit Art. 24 VO 1/2003 11
Vollziehende Gewalt Grundlagen 1638 ff.
Vollzug ohne Genehmigung Art. 8 FKVO 145 ff.
- Geldbußen **Art. 8 FKVO** 153 ff., 153

Vollzugsdefizite
- Anwendungsbereich von Rechtsordnungen **Grundlagen** 1377

Vollzugsort Art. 1 FKVO 55
Vollzugspyramide Art. 8 DMA 16
Vollzugsverbot
- Ausnahmen **Einl. FKVO** 181
- Ausnahmen, Zuständigkeit **Einl. FKVO** 193
- Befreiung, Anhörung **Art. 18 FKVO** 30
- Befreiung, Veröffentlichung **Art. 20 FKVO** 5
- Befreiungen **Art. 7 FKVO** 99 ff.
- eingeschränktes **Art. 7 FKVO** 88 ff.
- Entflechtung **Art. 7 FKVO** 125
- Faktische Maßnahmen **Art. 7 FKVO** 73
- Freistellung **Art. 7 FKVO** 99 ff.
- Geldbußen **Art. 14 FKVO** 19 ff.
- Geltungsbereich, materieller **Art. 7 FKVO** 12 ff.
- Geltungsbereich, personeller **Art. 7 FKVO** 27 ff.
- Geltungsbereich, zeitlicher **Art. 7 FKVO** 31 ff.
- Informationsaustausch **Art. 7 FKVO** 78 ff.
- Inhalt **Art. 7 FKVO** 37 ff.
- Kontrollerwerb, Börse **Art. 7 FKVO** 24 ff., 88 ff.
- Kontrollerwerb, sonstige Weise **Art. 7 FKVO** 25 ff.
- Koordinierung des Marktverhaltens **Art. 7 FKVO** 78 ff.
- Nachprüfungen **Art. 7 FKVO** 125
- Rechtsfolgen **Art. 7 FKVO** 121 ff.
- Risiko, kartellrechtliches **Art. 7 FKVO** 85 ff.
- Teilschritte **Art. 7 FKVO** 52
- Teilvollzug **Art. 7 FKVO** 41
- Übernahme, öffentliche **Art. 7 FKVO** 88 ff.
- Übernahme, schleichende **Art. 7 FKVO** 95 ff.
- Verhältnis zu Art. 101 AEUV **Art. 7 FKVO** 47 ff.
- Verweisungsantrag **Art. 22 FKVO** 61
- Vetorechte **Art. 7 FKVO** 68 ff.
- Vollzugsmaßnahmen, faktische **Art. 7 FKVO** 73
- Wertpapiere **Art. 7 FKVO** 6
- Wirtschaftliches Risiko (Übergang des) **Art. 7 FKVO** 85 ff.
- Zweck **Art. 7 FKVO** 3 ff.

Volvo/Veng-Entscheidung Art. 102 AEUV 419, 472, 491; **Grundlagen** 1258 f.

Vorabentscheidungsverfahren Grundlagen 937 ff., 1655
- Begründetheit **Rechtsschutz** 724 ff.
- Beschleunigtes Verfahren **Rechtsschutz** 254
- Beschlüsse **Rechtsschutz** 731
- Klarstellung **Rechtsschutz** 171
- Kosten **Rechtsschutz** 233
- Marktmissbrauchverbot trotz Freistellung **Art. 102 AEUV** 40
- Postulationsfähigkeit **Rechtsschutz** 675
- Rechtsbehelfe **Rechtsschutz** 249
- Schriftsätze **Rechtsschutz** 143 ff.
- Überblick **Rechtsschutz** 54 ff., 669 ff.
- Urteile, Wirkung **Rechtsschutz** 726 ff.
- Verfahrensverzögerung **Rechtsschutz** 90
- Widersprüchliche Entscheidungen, Nationaler Gerichte **Art. 16 VO 1/2003** 18
- Zulässigkeitsvoraussetzungen **Rechtsschutz** 676 ff.
- Zuständigkeit **Rechtsschutz** 673

Vorausgegangenes Geschäftsjahr Art. 23 VO 1/2003 197
Vorauszahlung für den Zugang
- Freistellung, Vertikal-GVO **Art. 1 Vertikal-GVO** 34

Vorbehaltskunden Art. 4 Vertikal-GVO 125
Vorbereitung von Dienstleistungen Art. 1 Spezialisierungs-GVO 20
Vorbericht
- Gerichtsverfahren **Rechtsschutz** 151

Voreinstellungsänderungen Art. 6 DMA 69 ff.
- Rechtfertigungsgrund **Art. 6 DMA** 87

Vorfeldthese Grundlagen 1060
Vorführungsrecht Grundlagen 1161
Vorgelagerte Märkte
- Koordinierung **Art. 2 FKVO** 462
- Nachfragemacht **Art. 2 FKVO** 341 ff.
- Verkehrssektor **SB Verkehr** 313
- Vertikale Zusammenschlüsse **Art. 2 FKVO** 408
- Vollfunktions-GU, mit gemeinschaftsweit **Art. 101 AEUV** 616 ff., 650, 654
- Vollfunktions-GU, nicht gemeinschaftsweit **Art. 101 AEUV** 715

Vorgelagerter Markt
- Bedarfsmarktkonzept **Art. 102 AEUV** 102
- Inputmarkt **Art. 102 AEUV** 514

Vorhersehbarkeit
- Internationales Wettbewerbsrecht **Grundlagen** 1400, 1472 ff.

Vorkaufsrechte
- Marktstrukturmissbrauch **Art. 102 AEUV** 828

Vorlageberechtigung Rechtsschutz 677 ff.
Vorlagebeschluss Rechtsschutz 699
- Zweitvorlagen **Rechtsschutz** 722 ff.

Vorlagefragen Rechtsschutz 701 ff.
Vorlagegegenstand Rechtsschutz 710 ff.
Vorlagepflicht Rechtsschutz 690 ff.
- Sanktionen bei Verletzung **Grundlagen** 831

Vorlageverfahren
- Schiedsgericht **Grundlagen** 1542 ff.

Vorläufige Beurteilung
- Kommission **Art. 9 VO 1/2003** 8
- Rechtliches Gehör **Art. 34 DMA** 5 ff.

Vorläufige Entscheidungen
- Veröffentlichung **Art. 20 FKVO** 5

Vorläufiger Rechtsschutz
- Überblick **Rechtsschutz** 50

magere Zahl = Randnummer

Sachverzeichnis

Vorrang des EU-Rechts Art. 1 DMA 50; **Art. 3 VO 1/2003** 4 ff.; **Grundlagen** 813, 1613
- § 20 Abs. 1 GWB **Art. 3 VO 1/2003** 106 f.
- § 20 Abs. 2 GWB **Art. 3 VO 1/2003** 115
- § 20 Abs. 3 GWB **Art. 3 VO 1/2003** 112 ff.
- § 20 Abs. 5 GWB **Art. 3 VO 1/2003** 118
- § 21 Abs. 1 GWB **Art. 3 VO 1/2003** 121
- § 21 Abs. 2 GWB **Art. 3 VO 1/2003** 123
- Art. 101 AEUV **Art. 3 VO 1/2003** 68 ff.
- Art. 102 AEUV **Art. 3 VO 1/2003** 97 ff.
- Bußgeldverfahren **Art. 3 VO 1/2003** 85
- Frankreich **Art. 3 VO 1/2003** 126 ff.
- Freistellung **Art. 3 VO 1/2003** 93
- MittelstandsKartell **Art. 3 VO 1/2003** 92 ff.
- Portugal **Art. 3 VO 1/2003** 126 ff.
- Strafverfahren **Art. 3 VO 1/2003** 85
- Verwaltungsverfahren **Art. 3 VO 1/2003** 85
- Zivilprozess **Art. 3 VO 1/2003** 87

Vorrang des Kartellrechts Grundlagen 1047 ff.
Vorrangwirkung Grundlagen 1613 ff., 1695
- Ersatz-Vorrang **Grundlagen** 1695
- EWR-Wettbewerbsrecht **Grundlagen** 1694 ff.

Vorratsbestellungen Art. 102 AEUV 764
Vorratsdatenspeicherung Grundlagen 896
Vorratszeichen Grundlagen 1215
Vorrechtsvereinbarungen Grundlagen 1227
Vorsatz
- Geldbuße **Art. 23 VO 1/2003** 44 ff.

Vorschlagsrecht
- Prozessleitende Maßnahmen **Rechtsschutz** 168

Vorstandsbenennung
- Vollzugsverbot **Art. 7 FKVO** 54

Vorteil
- objektiver **Art. 101 AEUV** 1072 ff.

Vorteilsanrecung
- Amtshaftungsklage **Rechtsschutz** 557

Vorteilsarten
- Freistellung, Einzel- **Art. 101 AEUV** 1085 ff.

Vorteilsausgleichung
- Marktmissbrauch **Art. 102 AEUV** 905

Vorteilsgewährung Art. 102 AEUV 596
Vorteilsversprechung
- Internationales Wettbewerbsrecht **Grundlagen** 1487

Voruntersuchungsverfahren Art. 27 VO 1/2003 6; **Einl. FKVO** 165

Vorverfahren
- Untätigkeitsklage **Rechtsschutz** 512
- Vertragsverletzungsverfahren, Beihilferecht **Rechtsschutz** 652

Vorverkaufsregelung Art. 102 AEUV 456
Vorversichereranfrage SB Versicherungswirtschaft 93 ff.
- Einverständnis des Versicherungsnehmers **SB Versicherungswirtschaft** 96
- unzulässige **SB Versicherungswirtschaft** 95

Vorwärtsintegration Art. 102 AEUV 348, 511
Vorzugsbehandlung Art. 102 AEUV 440
VSH-Versicherungen SB Versicherungswirtschaft 229
VW I-Entscheidung Art. 101 AEUV 112, 120 f.
VW II-Entscheidung Art. 101 AEUV 112

W

Wachauf-Rechtsprechung Grundlagen 817, 873

Wachsende Märkte
- Kartelltheorie **Grundlagen** 360

Wachstumsbehinderung
- Fusionskontrolle, Horizontale Zusammenschlüsse **Art. 2 FKVO** 241 ff.

Wächteramt
- Kommission **Art. 105 AEUV** 4

Wacker/Air Products Art. 3 FKVO 119
Waffengleichheit (Prinzip der) Grundlagen 943
Wahltarife
- Krankenkassen **Grundlagen** 1360 ff.

Wahre Konflikte
- Internationales Wettbewerbsrecht **Grundlagen** 1405, 1414 f.

Wahrheitspflicht Art. 11 FKVO 19, 23; **Art. 14 FKVO** 8

Wahrscheinliche Wirkungen
- Bewirkte Wettbewerbsbeschränkung **Art. 101 AEUV** 262

Wahrscheinlichkeit
- Doppelte Prüfung **Art. 101 AEUV** 1080
- Einheitlicher Marktauftritt **Art. 102 AEUV** 228
- größte **Art. 6 FKVO** 19; **Art. 8 FKVO** 6
- größte (Fusionskontrolle) **Art. 2 FKVO** 512 ff.
- Handelsbeeinträchtigung **Art. 101 AEUV** 802 ff.
- Verbrauchergewinnbeteiligung **Art. 101 AEUV** 1146

Währungsumrechnung
- Umsatzberechnung **Art. 5 FKVO** 13

waiver Leniency-Bekanntmachung 12; **Einl. FKVO** 162

Walt Wilhelm-Entscheidung Art. 101 AEUV 1244; **Art. 102 AEUV** 66; **Art. 3 VO 1/2003** 68 f.; **Art. 21 FKVO** 18; **Grundlagen** 1614 ff., 1650 ff.

Walzasphalt, Sektoruntersuchung
- Vollfunktions-GU, nicht gemeinschaftsweit **Art. 101 AEUV** 700

Wanadoo-Fall Art. 102 AEUV 691 ff., 703; **Art. 11 VO 1/2003** 79, 112

WANO Schwarzpulver-Fall Art. 101 AEUV 714, 729

Warehousing
- Kontrollerwerb **Art. 3 FKVO** 51 f.

Warehousing-Konstruktionen
- Vollzugsverbot **Art. 7 FKVO** 52

Waren
- Absatz von **Art. 1 Vertikal-GVO** 20 ff.
- Begriff **Art. 1 Vertikal-GVO** 20 ff.
- Bezug von **Art. 1 Vertikal-GVO** 20 ff.
- gebrauchte, Erschöpfung **Grundlagen** 1143
- Gemeinschaftsunternehmen **Art. 3 FKVO** 152
- Spezialisierungs-GVO **Art. 2 Spezialisierungs-GVO** 6
- Umsatz **Art. 5 FKVO** 5
- Verkauf in eigenen Räumen **Art. 5 Vertikal-GVO** 25 f.
- Weiterverarbeitung **Art. 1 Vertikal-GVO** 20
- wiederverwendbare, Erschöpfung **Grundlagen** 1143

Warenaustausch
- grenzüberschreitender **Art. 101 AEUV** 797

Warenbeeinträchtigung
- Marken **Grundlagen** 1150

Wareneinzelhändler
- Vertikal-GVO **Art. 2 Vertikal-GVO** 13 ff.

4141

Sachverzeichnis

fette Zahl = Gesetz und Paragraf

Warenerwerb
- Lizenznehmer **Art. 2 TT-GVO** 21

Warenerzeugung
- Verbesserung **Art. 101 AEUV** 1069 f., 1097 ff.

Warenproben
- Erschöpfung **Grundlagen** 1134

Warentransit
- Erschöpfung **Grundlagen** 1138

Warenverkehrsfreiheit Grundlagen 751 ff., 759 f.
- Immaterialgüterrecht **Einl. TT-GVO** 4; **Grundlagen** 1073 f.
- Rechtfertigung nach Art. 36 AEUV **Grundlagen** 1083 ff.
- Unternehmen mit Ausschließlichkeitsrechten **Art. 106 AEUV** 69
- Urheberrechte **Grundlagen** 1168

Warenverteilung Art. 101 AEUV 747
- Verbesserung **Art. 101 AEUV** 1069 f., 1103 ff.

Warenzeichen
- Bauteilehersteller (OES) **Art. 5 Kfz-GVO** 17 f.

Warner-Lampert-Fall Art. 102 AEUV 828

Warnung
- Kartellteilnehmer **Art. 23 VO 1/2003** 161

Wartungsleistungen
- Freistellung, Nicht freigestellte Beschränkung **Art. 4 Kfz-GVO** 15
- Kfz-GVO **Art. 4 Kfz-GVO** 9

Wasser Art. 1 Vertikal-GVO 20 ff.

Wasserbetteffekt Grundlagen 217

Wasserpreise Calw-Fall Art. 102 AEUV 358

Wasserverkehr Art. 102 AEUV 198

Wasserversorgung Art. 102 AEUV 188 ff.
- Allgemeinwohlinteressen **Art. 102 AEUV** 25
- Daseinsvorsorge **Art. 106 AEUV** 102
- Fusionskontrolle, Zuständigkeit **Art. 21 FKVO** 65

Wasserwirtschaft Grundlagen 664, 1026
- Bereichsausnahmen **Grundlagen** 1564

Webbrowser Grdl. DMA 51; **Art. 2 DMA** 9, 38, 90

Webbrowser-Engine Art. 5 DMA 210

Wechselbereitschaft
- Fusionskontrolle, Vertikale Zusammenschlüsse **Art. 2 FKVO** 444

Wechselkosten Art. 102 AEUV 260
- datengetriebene **Grdl. DMA** 59
- dateninduzierte **Grdl. DMA** 93, 121
- Fusionskontrolle, Ausgleichsfaktoren **Art. 2 FKVO** 154
- Fusionskontrolle, Vertikale Zusammenschlüsse **Art. 2 FKVO** 443
- Marktzutrittsschranke **Grundlagen** 301
- Reduktion **Grdl. DMA** 132
- Torwächterbenennung **Art. 3 DMA** 96

Wechselmöglichkeit Art. 6 DMA 138 ff.
- Ausgleichsfaktoren **Art. 2 FKVO** 288
- Fusionskontrolle, Horizontale Zusammenschlüsse **Art. 2 FKVO** 241 ff.
- Fusionskontrolle, Vertikale Zusammenschlüsse **Art. 2 FKVO** 411

Wechselnde Mehrheiten Art. 3 FKVO 43
- Gemeinschaftsunternehmen **Art. 3 FKVO** 128

Wechselseitige Vereinbarungen
- Begriff **Art. 1 TT-GVO** 61

Wechselseitiger Einfluss
- Erwerb von *s. Erwerb wechselseitigen Einflusses*

Wechselwirkungen
- zwischen Märkten **Art. 101 AEUV** 618

Weihnachtsbekanntmachung 1962 Einl. TT-GVO 2

Wein
- Mengensteuerung **SB Landwirtschaft** 470

Weinbrand Grundlagen 1172

Weingesetz Grundlagen 1172

Weintrauben
- Orientierungspreise **SB Landwirtschaft** 451

Weißbuch „Eine wirksame EU-Fusionskontrolle" Art. 101 AEUV 601

Weißbuch über die Modernisierung der Vorschriften zur Anwendung der Art. 85 und 86 EG-Vertrag Art. 1 VO 1/2003 4 ff.

Weiße Klausel
- Praxishistorie **Art. 101 AEUV** 1226 ff.

Weiße Liste
- Nachhaltigkeitsvereinbarungen **Art. 101 AEUV** 461

Weißrussland Grundlagen 1804

Weistungen
- im Konzern **Art. 101 AEUV** 97

Weitergabequote
- Verbrauchergewinnbeteiligung **Art. 101 AEUV** 1152

Weiterverkauf von Teilen *s. Bauteileklausel*

Weiterverkaufsbeschränkung Art. 102 AEUV 590
- Internationales Wettbewerbsrecht **Grundlagen** 1441
- Marktmissbrauch **Art. 102 AEUV** 422 ff.

Weiterverkaufsbindung
- Vertikalvereinbarungen **Art. 101 AEUV** 559

Weiterverkaufspreis Art. 101 AEUV 504

Weiterverkaufsverbot Art. 101 AEUV 495, 499; **Art. 8 FKVO** 109; **Art. 1 Vertikal-GVO** 54
- Freistellung, Einzel- **Art. 101 AEUV** 1107
- Take-or-pay-Klauseln **Art. 101 AEUV** 574

Weitervermarktung
- Marktabgrenzung **Art. 2 FKVO** 52

Welthandelskonferenz Grundlagen 1743 f.

Welthandelsorganisation *s. WTO*

Weltkrieg
- zweiter **Grundlagen** 55 ff.

Weltmarkt Art. 102 AEUV 115; **Grundlagen** 1728

Weltweite Kartelle
- Umsatzberechnung **Art. 23 VO 1/2003** 137

Werbeanzeigen
- Auskunftspflicht **Art. 5 DMA** 238 ff.

Werbeflächenverkäufe Art. 2 DMA 18

Werbeinventar Art. 6 DMA 198

Werbekampagnen
- Milchsektor **SB Landwirtschaft** 403

Werbekostenzuschuss
- Vertikalvereinbarungen **Art. 101 AEUV** 559

Werbemaßnahmen Art. 102 AEUV 697

Werbepreise
- Vertikalvereinbarungen **Art. 101 AEUV** 504

Werbevermittlungsdienste Art. 2 DMA 16

Werbung Art. 4 Vertikal-GVO 151
- Fusionskontrolle, Ausgleichsfaktoren **Art. 2 FKVO** 172
- gemeinsame **Art. 101 AEUV** 432

Werkstatt
- Ausrüstungsverkauf **Art. 5 Kfz-GVO** 8 ff.

magere Zahl = Randnummer

Sachverzeichnis

- Ausrüstungsverkauf, Lieferant **Art. 5 Kfz-GVO** 15 ff.
- Fast Fit- **Art. 4 Kfz-GVO** 26
- freie **Einl. Kfz-GVO** 15 ff.
- netzangehörige **Art. 5 Kfz-GVO** 11
- unabhängige **Art. 5 Kfz-GVO** 3 ff.
- unabhängige, Begriff **Art. 1 Kfz-GVO** 11
- Vertrags- **Art. 4 Kfz-GVO** 24; **Art. 5 Kfz-GVO** 16
- zugelassene **Art. 1 Kfz-GVO** 18; **Einl. Kfz-GVO** 18
- zugelassene, Begriff **Art. 1 Kfz-GVO** 11
- zugelassene, Freistellung **Art. 4 Kfz-GVO** 17

Werkverträge
- Lizenzen **Einl. TT-GVO** 37

Wertaufteilungsklauseln
- Landwirtschaft **SB Landwirtschaft** 441

Werteverbund Grundlagen 835

Wertpapiere
- Erwerb, sukzessiver **Art. 3 FKVO** 86
- Fusionskontrolle, Vollzugsverbot **Art. 7 FKVO** 6 ff.

Wertpapiergeschäfte Art. 102 AEUV 169

Wertschöpfung
- Dritte **Grdl. DMA** 63
- eigene **Art. 3 FKVO** 164

Wertungswidersprüche
- Gerichtliche Kontrolle **Art. 101 AEUV** 1032

Wesensgehalt
- Eigentum **Grundlagen** 872
- Grundrechte **Grundlagen** 859

Wesentliche Einrichtungen Art. 102 AEUV 231; *s. auch Infrastruktureinrichtungen und Essential Facility Doktrin*
- Daten **Grundlagen** 655
- Definition **Art. 102 AEUV** 499 ff.
- Einrichtungsbegriff **Art. 102 AEUV** 505
- Essential Facility Doktrin **Art. 102 AEUV** 466, 478 ff.; **Grundlagen** 652 ff.
- Geschäftsverweigerung **Art. 102 AEUV** 478 ff.
- Marktzutrittsschranken **Grundlagen** 296
- Ökonomie **Grundlagen** 652 ff.
- Unerlässlichkeit des Zugangs **Art. 102 AEUV** 487
- Zugangspreise **Grundlagen** 678
- Zugangsverweigerung **Art. 102 AEUV** 486 ff.

Wesentlichkeitstheorie Grundlagen 1036

Wettbewerb
- aktueller **Art. 101 AEUV** 197
- äußerer **Art. 101 AEUV** 1183 ff.
- Begriff **Art. 101 AEUV** 199; **Grundlagen** 37, 71 ff.
- beschränkbarer **Art. 101 AEUV** 211 ff.
- Freiheit **Grundlagen** 114 f.
- geschützter **Art. 101 AEUV** 196 ff.
- hypothetischer **Art. 101 AEUV** 273 f.
- Immaterialgüterrecht **Grundlagen** 1185 ff.
- Informationsaustausch **Art. 101 AEUV** 173
- Innovation **Grundlagen** 104 ff.
- Intensität **Grundlagen** 16 ff.
- intermodaler **Grundlagen** 671
- interner **Art. 101 AEUV** 1183 ff.
- Markenrecht, Einfluss des **Grundlagen** 1204
- Nachhaltigkeitsziel **Art. 101 AEUV** 453
- potentieller *s. Potentieller Wettbewerb*
- Prestige- **Art. 101 AEUV** 567
- Theorien **Grundlagen** 70 ff.
- unlauterer **Grundlagen** 1057 ff.
- unverfälschter **Art. 101 AEUV** 199, 204; **Art. 102 AEUV** 3
- vollkommener **Grundlagen** 10 ff., 73 ff., 158 ff.
- wirksamer **Art. 2 FKVO** 4

Wettbewerb als Entdeckungsverfahren (Hayek) Grundlagen 387, 550

Wettbewerb auf der Plattform Grdl. DMA 141

Wettbewerb für den Markt Grdl. DMA 94

Wettbewerb im Markt Grdl. DMA 94

Wettbewerb um den Markt Art. 3 DMA 8; **Grdl. DMA** 127 ff.
- Interoperabilität **Art. 7 DMA** 9

Wettbewerber
- Anzahl **Art. 2 FKVO** 129
- Begriff **Art. 1 Vertikal-GVO** 37 ff.
- Begriff, Spezialisierungs-GVO **Art. 1 Spezialisierungs-GVO** 25
- einziger **Art. 2 FKVO** 126
- Fusionskontrolle, Anhörungsrecht **Art. 18 FKVO** 13
- Kfz-GVO **Art. 4 Kfz-GVO** 16
- Marktabgrenzung **Art. 1 Vertikal-GVO** 37 ff.
- nahe **Art. 2 FKVO** 127 ff., 241 ff., 249
- nahe, Anmeldung **Art. 4 FKVO** 50
- nahe, besonders **Art. 2 FKVO** 129, 272
- nahe, Vertikale Zusammenschlüsse **Art. 2 FKVO** 415
- potentieller **Art. 1 Vertikal-GVO** 38 ff.
- potentieller, Begriff **Art. 1 Spezialisierungs-GVO** 28
- potentieller, Fusionskontrolle **Art. 2 FKVO** 326 ff.
- Rechtsschutz, Klagebefugnis **Rechtsschutz** 443
- tatsächlicher **Art. 1 Vertikal-GVO** 38
- Vertikal-GVO **Art. 2 Vertikal-GVO** 37 ff.; **Einl. Vertikal-GVO** 38

Wettbewerbsbeschränkung
- Zweck *s. Bezweckte Wettbewerbsbeschränkung*

Wettbewerbsanalyse
- Entscheidungspraxis **Art. 101 AEUV** 1187 ff.
- Freistellung, Einzel- **Art. 101 AEUV** 1182 ff.
- Wettbewerbsdruck **Art. 101 AEUV** 1184 ff.
- Wettbewerbsquellen **Art. 101 AEUV** 1183 ff.

Wettbewerbsaufsicht
- Auffangvorschrift **Art. 105 AEUV** 1 ff.
- Zuständigkeit **Art. 105 AEUV** 1 ff.

Wettbewerbsausschaltung
- Fusionskontrolle **Art. 101 AEUV** 675
- Handel zwischen Mitgliedstaaten **Art. 101 AEUV** 796
- Teilfunktions-GU **Art. 101 AEUV** 750
- Vollfunktions-GU, nicht gemeinschaftsweit **Art. 101 AEUV** 735

Wettbewerbsbedingungen
- Bedarfsmarktkonzept **Art. 102 AEUV** 109

Wettbewerbsbeeinträchtigung
- Ausgleichsfaktoren **Art. 2 FKVO** 144, 150 ff.
- erhebliche **Art. 2 FKVO** 140 ff.
- Fusionskontrolle **Art. 2 FKVO** 121
- Fusionskontrolle, Verweisung **Art. 4 FKVO** 100
- Fusionskontrolle, Verweisungsantrag **Art. 22 FKVO** 74
- Rabatte **Art. 102 AEUV** 738 ff.

Wettbewerbsbehörden
- grenzüberschreitende Abstimmung **Grundlagen** 1764

4143

Sachverzeichnis

fette Zahl = Gesetz und Paragraf

- Ökonomie **Grundlagen** 709 ff.
- weltweite freiwillige Zusammenarbeit **Grundlagen** 1740
- Zusammenarbeit nach Brexit **Grundlagen** 1828
- Zusammenarbeit, International Competition Network (ICN) **Grundlagen** 1760

Wettbewerbsbehörden der Mitgliedsstaaten s. Nationale Behörden

Wettbewerbsbenachteiligung
- Diskriminierung **Art. 102 AEUV** 451 ff.

Wettbewerbsbeschränkung Art. 101 AEUV 196 ff.

Wettbewerbsbeschränkungen
- Ausnahme **Grundlagen** 1292 ff.
- Beweislast **Art. 2 VO 1/2003** 7 ff.
- bewirkte **Grundlagen** 1334
- bezweckte **Grundlagen** 1334
- Bündeltheorie **Art. 101 AEUV** 280 ff.
- EWR-Wettbewerbsrecht **Grundlagen** 1681 ff.
- Export **Grundlagen** 1420 ff.
- fehlende **Art. 101 AEUV** 205 ff.
- Freistellung, Art. 101 Abs. 3 AEUV **Art. 1 VO 1/2003** 18 ff.
- Freistellung, Tarifverträge **Grundlagen** 1337
- gemischt vertikal-horizontal **Art. 4 Vertikal-GVO** 1
- gleichartige **Art. 101 AEUV** 1254 ff.
- internationale **Grundlagen** 69
- Internationales Wettbewerbsrecht **Grundlagen** 1426 ff., 1436 ff.
- Kennzeichen der **Art. 101 AEUV** 199 ff.
- Kontextanalyse **Art. 101 AEUV** 266 ff.
- Marktabgrenzung **Art. 102 AEUV** 86 ff.
- Minderheitseinfluss **Art. 101 AEUV** 761 ff.
- mmaterialgüterrechte **Grundlagen** 1238 ff.
- private **Grundlagen** 43 ff.
- rule of reason **Art. 101 AEUV** 205 ff.
- Spürbarkeit **Art. 101 AEUV** 283 ff.
- Spürbarkeit, Tarifverträge **Grundlagen** 1335
- staatliche **Grundlagen** 41 ff.
- Tarifautonomie **Grundlagen** 1290 ff.
- Tarifverträge **Grundlagen** 1290 ff., 1330 ff., 1334, 1336
- Teilfunktions-GU **Art. 101 AEUV** 471 ff.
- Übersicht **Art. 101 AEUV** 196 ff.
- Unerlässlichkeit **Art. 101 AEUV** 1158 ff.
- Unerlässlichkeit, dem Grunde nach **Art. 101 AEUV** 1162
- Unerlässlichkeit, der Art nach **Art. 101 AEUV** 1167
- Unerlässlichkeit, Modalitäten **Art. 101 AEUV** 1169 ff.
- Unerlässlichkeit, Nebenabrede **Art. 101 AEUV** 1170
- Unternehmen **Grundlagen** 1331 ff.
- Unternehmensvereinigung **Grundlagen** 1331 ff.
- Verbot **Art. 1 VO 1/2003** 15 ff.
- Verhältnis von Art. 101 Abs. 1 und Abs. 3 AEUV **Art. 101 AEUV** 987 ff.
- Verhältnis zu Art. 102 AEUV **Art. 101 AEUV** 1190
- Verhältnis zur Fusionskontrolle **Art. 2 FKVO** 21 ff.; **Einl. FKVO** 118 ff.
- Versicherungswirtschaft **SB Versicherungswirtschaft** 28 ff.
- Versicherungswirtschaft, Ad-hoc-Mitversicherungen **SB Versicherungswirtschaft** 63 ff.
- Versicherungswirtschaft, Mitversicherungsgemeinschaft **SB Versicherungswirtschaft** 50 ff.
- Vollfunktions-GU zu Mutter **Art. 101 AEUV** 705 ff.
- wesentliche **Art. 101 AEUV** 1180 f.
- Wirkung s. Bewirkte Wettbewerbsbeschränkung
- Zwischenstaatlichkeitsklausel **Art. 101 AEUV** 786; **Grundlagen** 1336

Wettbewerbsbeseitigung
- Essential Facility Doktrin **Art. 102 AEUV** 498 ff.
- Vollfunktions-GU, nicht gemeinschaftsweit **Art. 101 AEUV** 710

Wettbewerbsdruck Art. 2 FKVO 272
- Fusionskontrolle, Vertikale Zusammenschlüsse **Art. 2 FKVO** 422
- schwacher **Art. 2 FKVO** 373 ff.

Wettbewerbseröffnungstheorie Einl. TT-GVO 21; **Grundlagen** 1207

Wettbewerbserstarrung Art. 102 AEUV 824

Wettbewerbsfreiheit Art. 101 AEUV 199; **Grundlagen** 866
- Unternehmensbegriff **Art. 101 AEUV** 3

Wettbewerbsintensität
- Kopplungsgeschäft **Art. 102 AEUV** 632

Wettbewerbskodex Grundlagen 1743

Wettbewerbskomitee der OECD Grundlagen 1745

Wettbewerbskommissar Einl. FKVO 190 f.
- Fusionskontrolle **Art. 8 FKVO** 20 ff.
- Verpflichtungszusagen **Art. 8 FKVO** 111
- Zuständigkeit **Einl. FKVO** 193

Wettbewerbskraft
- Beseitigung **Art. 2 FKVO** 318
- wichtige **Art. 2 FKVO** 127 ff., 242, 320

Wettbewerbspolitik Grundlagen 1 ff.
- Aufgreifbefugnis der Kommission **Art. 11 VO 1/2003** 130
- Begriff **Grundlagen** 43 ff.
- Belgien **Grundlagen** 59
- Dänemark **Grundlagen** 59
- Deregulierung **Grundlagen** 1018
- Deutschland **Grundlagen** 54 ff.
- diskretionäre **Grundlagen** 695 ff.
- Erweiterte Verhaltensanforderungen bei Missbrauch **Grundlagen** 1628
- EU **Grundlagen** 60 ff.
- EU-Beitrittsprozess **Grundlagen** 1772 ff.
- Finnland **Grundlagen** 59
- Folgerungen aus Wettbewerbstheorien **Grundlagen** 156
- Förderung der Innovation **Grundlagen** 104
- Frankreich **Grundlagen** 58
- Freistellung, Einzel- **Art. 101 AEUV** 1084
- FuE-Kooperation **Grundlagen** 388 ff.
- Gerichtliche Kontrolle **Art. 101 AEUV** 1035, 1040
- Geschichte **Grundlagen** 49
- globale **Grundlagen** 737 ff.
- Großbritannien **Grundlagen** 57
- Horizontale Zusammenschlüsse **Grundlagen** 489 ff.
- Industriepolitik **Grundlagen** 704 ff.
- institutionelle Grundlagen **Grundlagen** 688 ff.
- Integrationsziel **Grundlagen** 572

magere Zahl = Randnummer

Sachverzeichnis

- internationale **Grundlagen** 726 ff.
- internationaler Kontext **Grundlagen** 68 ff.
- Irland **Grundlagen** 59
- Italien **Grundlagen** 59
- Kartelltheorie **Grundlagen** 366 ff.
- Konvergenz **Grundlagen** 732
- Konzept der Werttbewerbsfreiheit **Grundlagen** 114 f.
- Kopplungsbindung **Grundlagen** 650 f.
- Kosten **Grundlagen** 694
- Landwirtschaft **SB Landwirtschaft** 369 ff.
- Missbräuchliches Verhalten **Grundlagen** 663
- Niederlande **Grundlagen** 59
- normative und theoretische Grundlagen **Grundlagen** 141 ff.
- Norwegen **Grundlagen** 59
- Ökonomie **Grundlagen** 659 ff.
- Österreich **Grundlagen** 59
- Patenthinterhalt **Grundlagen** 611
- Preisdiskriminierung **Grundlagen** 610
- regelorientierte **Grundlagen** 695 ff.
- Schweden **Grundlagen** 59
- Staatsversagen **Grundlagen** 690 ff.
- USA **Grundlagen** 47 ff., 139
- vertikale Vereinbarungen **Grundlagen** 571 ff.
- Vertikalvereinbarungen **Grundlagen** 534, 553 ff.
- Vertikalvereinbarungen, Kfz-Sektor **Grundlagen** 551
- Wesentliche Einrichtungen **Grundlagen** 653
- Wettbewerbstheorien, Folgerungen **Grundlagen** 89, 102, 109, 116, 123, 136 f.
- wirtschaftliche Integration **Grundlagen** 146
- Ziel, Einkommenserhöhung **SB Landwirtschaft** 375
- Ziele **Grundlagen** 3 ff., 141 ff.
- Ziele, Allokationseffizienz **Grundlagen** 143
- Ziele, Effizienz **Grundlagen** 8, 26, 30 ff.
- Ziele, Freiheit **Grundlagen** 150, 7, 26 ff.
- Ziele, Fusionskontrolle **Einl. FKVO** 77 ff.
- Ziele, Gemeinwohl **Grundlagen** 1021
- Ziele, Gerechtigkeit **Grundlagen** 151
- Ziele, gesellschaftspolitische **Grundlagen** 7 ff.
- Ziele, Innovation **Grundlagen** 145
- Ziele, Internationale Wettbewerbsfähigkeit **Grundlagen** 153
- Ziele, Nachhaltigkeit **Grundlagen** 155, 745
- Ziele, Produktionseffizienz **Grundlagen** 144
- Ziele, Schutz des Wettbewerbs **Grundlagen** 5 ff.
- Ziele, Schutz kleiner und mittlerer Unternehmen **Grundlagen** 152
- Ziele, soziale **Grundlagen** 745
- Ziele, unverfälschter Wettbewerb **Grundlagen** 745 f.
- Ziele, vollkommener Wettbewerb **Grundlagen** 10 ff., 158 ff.
- Ziele, weitere Wettbewerbstheorien **Grundlagen** 12 ff.
- Ziele, wirksamer wettbewerb **Grundlagen** 141 ff.
- Ziele, Wirtschaftliche Integration **Grundlagen** 154
- Ziele, wirtschaftspolitische **Grundlagen** 6 ff.
- Ziele, Wohlfahrt **Grundlagen** 8 f., 142 ff.
- Zusammenschlüssen, Vertikale **Grundlagen** 553 ff.

Wettbewerbsposition
- qualifizierte **Rechtsschutz** 445

Wettbewerbsprozess Art. 101 AEUV 200 ff.

Wettbewerbsrecht
- Adressaten **Grundlagen** 790 ff.
- Adressaten, Versicherungswirtschaft **SB Versicherungswirtschaft** 13 ff.
- Anwendungsbereich, internationaler s. Anwendungsbereich
- Anwendungsbereich, Öffentliche Unternehmen **Art. 106 AEUV** 52 ff.
- Anwendungsbereich, sachlicher **Grundlagen** 1547 ff.
- Anwendungsbereich, Versicherungswirtschaft **SB Versicherungswirtschaft** 6 ff.
- Berücksichtigung der Wettbewerbsökonomie **Grundlagen** 25
- Binnenmarktgefährdung **Grundlagen** 767 ff.
- Binnenmarktsbezug **Grundlagen** 765 ff.
- Digital Markets Act, Verhältnis zum **Art. 1 DMA** 32 ff.
- Durchsetzung **Grundlagen** 797
- EU **Grundlagen** 713 ff.
- Grundbegriffe **Art. 101 AEUV** 1 ff.
- Grundrechte **Grundlagen** 808 ff.
- Landwirtschaft **SB Landwirtschaft** 365 ff.
- Normenhierarchie **Grundlagen** 1188 ff.
- Ökonomie **Grundlagen** 708 ff., 724 ff.
- Rechtsdurchsetzung, internationale **Grundlagen** 726 ff.
- Rechtsdurchsetzung, öffentliche **Grundlagen** 708 ff.
- Rechtsdurchsetzung, private **Grundlagen** 714 ff.
- rechtspolitische Grundlagen **Grundlagen** 1 ff.
- supranationales **Grundlagen** 731, 735
- Verhältnis zu Grundfreiheiten **Grundlagen** 785 ff., 1190 ff.
- Verhältnis zu Immaterialgüterrecht **Grundlagen** 1072 ff.
- Verhältnis zum Digital Markets Act **Art. 5 DMA** 15 ff.; **Einl. DMA** 18 ff.
- Verhältnis zum Energiewirtschaftsrecht **Grundlagen** 1047 f.
- Verhältnis zum Immaterialgüterrecht **Grundlagen** 1184 ff.
- Verhältnis zum kollektiven Arbeitsrecht **Grundlagen** 1288 ff.
- Verhältnis zum Lauterkeitsrecht **Grundlagen** 1052 ff., 1057 ff.
- Verhältnis zum sektorspezifischen Regulierungsrecht **Grundlagen** 1022 ff.
- Verhältnis zum Sozialrecht **Grundlagen** 1350 ff.
- Verkehrskartellrecht **SB Verkehr** 293 ff.
- Verkehrskartellrecht, Binnenverkehr **SB Verkehr** 306 ff.
- Verkehrskartellrecht, Entwicklung **SB Verkehr** 299 ff.
- Verkehrskartellrecht, Luftverkehr **SB Verkehr** 352 ff.
- Verkehrskartellrecht, Seeverkehr **SB Verkehr** 326 ff.
- Ziele **Grundlagen** 3 ff., 24
- Ziele, Auslegung der Freistellungsregelung **Art. 101 AEUV** 977 ff.

Wettbewerbsrfreiheit
- Auslegung der Freistellungsregelung **Art. 101 AEUV** 979

Wettbewerbstheorien
- Berücksichtigung von Innovation **Grundlagen** 104 f.

4145

Sachverzeichnis

fette Zahl = Gesetz und Paragraf

- Effizienzorientierte Konzepte / Chicago School **Grundlagen** 91 ff.
- Empirische Industrieökonomik **Grundlagen** 81 ff.
- geschichtlicher Überblick **Grundlagen** 70 ff.
- Industrieökonomik, Theoretische **Grundlagen** 118 ff.
- institutionenökonomik, Theorie der Firma **Grundlagen** 121 ff.
- Konzept des funktionsfähigen Wettbewerbs / Harvard School **Grundlagen** 86 ff.
- Liberalismus **Grundlagen** 71 ff.
- Neoklassische Mikroökonomik **Grundlagen** 73 ff.
- Ordoliberalismus **Grundlagen** 113 ff.
- österreichische Marktprozesstheorie **Grundlagen** 111 ff.
- Post-Chicago Economis **Grundlagen** 117, 132 ff.
- Theorie der angreifbaren Märkte **Grundlagen** 98 f.
- Theorie des allgemeinen Gleichgewichts **Grundlagen** 75
- Theorie des dynamischen Wettbewerbs **Grundlagen** 107 ff.
- Theorie des monopolistischen Wettbewerbs **Grundlagen** 79
- Transaktionskostenökonomik **Grundlagen** 100 f.
- Verhaltensökonomie (Behavioural Economics) **Grundlagen** 126 ff.
- Vollkommener Wettbewerb **Grundlagen** 73 ff.
- Wettbewerbspolitische Folgerungen **Grundlagen** 89, 102, 109, 116, 123, 135 f.
- Workability-Konzeptionen **Grundlagen** 81 ff.

Wettbewerbsverbot
- Abnehmerbindung **Art. 102 AEUV** 597 ff.
- Anpassungsanspruch **Art. 101 AEUV** 932
- befristete **Art. 5 Vertikal-GVO** 11
- Franchisevereinbarungen **Art. 101 AEUV** 242 ff.
- Freistellung, Einzel- **Art. 101 AEUV** 1103
- Genossenschaftssatzung **Art. 101 AEUV** 237 ff.
- Gesellschaftsvertrag **Art. 101 AEUV** 237 ff.
- nachvertragliches **Art. 5 Vertikal-GVO** 33 ff.
- nachvertragliches, Begrenzung **Art. 5 Vertikal-GVO** 42 ff.
- nachvertragliches, Know-How **Art. 5 Vertikal-GVO** 43 ff.
- Nebenabrede **Art. 8 FKVO** 134 ff.
- Notwendigkeit **Art. 101 AEUV** 233 ff.
- Unternehmenskaufvertrag **Art. 101 AEUV** 230 ff.
- Vertikal-GVO, Begriff **Art. 1 Vertikal-GVO** 50
- Vertikal-GVO, Fallkonstellationen **Art. 1 Vertikal-GVO** 54
- Vertikalvereinbarungen **Art. 101 AEUV** 506, 513
- Zuliefervereinbarungen **Art. 101 AEUV** 576

Wettbewerbsverbot (polnisches)
- Fusionskontrolle, Zuständigkeit **Art. 21 FKVO** 69

Wettbewerbsverfälschung Art. 101 AEUV 196 ff.
- Kausalität **Art. 102 AEUV** 295 ff.
- Marktmissbrauchsschutzzweck **Art. 102 AEUV** 3 ff.

Wettbewerbsverfassung s. *Wirtschaftsverfassung*

Wettbewerbsverhältnis
- zwischen Rentenversicherungen **Grundlagen** 1368

Wettbewerbsverhinderung Art. 101 AEUV 196 ff.
- Lizenzverweigerung **Grundlagen** 1265 ff.

Wettbewerbsverhinderungsmacht Art. 102 AEUV 207 ff.

Wettbewerbsverzerrung, staatliche Art. 101 AEUV 57

Wettbewerbszwänge Art. 102 AEUV 207 ff.

Widerruf
- Freigabeentscheidung **Art. 8 FKVO** 162 ff.

Widersprüchliche Entscheidungen Art. 1 DMA 51
- Behörden **Art. 11 VO 1/2003** 126 ff.
- Nationale Behörden/Kommission **Art. 16 VO 1/2003** 22 ff.
- Nationale Gerichte/Kommission **Art. 16 VO 1/2003** 11 f.

Wiederaufbereitung Art. 101 AEUV 735

Wiederaufnahme des Verfahrens Rechtsschutz 241
- Fusionskontrolle **Art. 10 FKVO** 17
- Torwächter **Art. 8 DMA** 65 ff.
- Zusagenentscheidung, Digital Markets Act **Art. 25 DMA** 19
- Zusagenentscheidungen **Art. 9 VO 1/2003** 70

Wiedereinsetzung in den vorigen Stand
- Gerichtsverfahren **Rechtsschutz** 116

Wiedereröffnung der mündlichen Verhandlung Rechtsschutz 180

Wiederholte Interaktionen
- Kartelltheorie **Grundlagen** 323

Wiederholungsgefahr Rechtsschutz 482

Wiederholungstäter
- Geldbuße, Digital Markets Act **Art. 30 DMA** 22

Wiederverkäufer Art. 101 AEUV 248; **Art. 102 AEUV** 513; **Art. 4 Vertikal-GVO** 201; **Grundlagen** 1065
- Marktmissbrauch **Art. 102 AEUV** 426

Wiederverkäufermarkt
- Kfz-GVO **Art. 4 Kfz-GVO** 7

Wiederverkaufspreisbindung Art. 4 Vertikal-GVO 52

Wieland/Aurubis Art. 2 FKVO 406, 452

Wikingerhof-Fall Grundlagen 1511

Willensübereinstimmung Art. 101 AEUV 86 ff.

Williamson-Trade off Grundlagen 157

Willkür
- Internationales Wettbewerbsrecht **Grundlagen** 1406

Windstromproduktion Grundlagen 1024

Windsurfing International/Kommission-Entscheidung Einl. TT-GVO 29; **Grundlagen** 1229

Windsurfing-Fall Art. 102 AEUV 636

Winner's Curse SB Versicherungswirtschaft 2

Winner-takes-all-Markt Art. 3 DMA 8

Winthrop-Urteil Grundlagen 1108

Wippen-Prinzip Grdl. DMA 44

Wirksamer Wettbewerb Art. 2 FKVO 4
- Fusionskontrolle, Horizontale Zusammenschlüsse **Art. 2 FKVO** 353 ff.
- Landwirtschaft **SB Landwirtschaft** 373 ff.
- Ökonomie **Grundlagen** 141 ff.
- und vollkommener Wettbewerb **Grundlagen** 233 f.
- Vertikalvereinbarungen **Art. 101 AEUV** 485
- wettbewerbsanaloger Preis **Grundlagen** 1040

Wirkung
- Wettbewerbsbeschränkung s. *Bewirkte Wettbewerbsbeschränkung*

Wirkungen
- einseitige **Art. 2 FKVO** 109 ff.

magere Zahl = Randnummer

Sachverzeichnis

- koordinierte **Art. 2 FKVO** 109 ff.; **Grundlagen** 403, 441 ff.
- koordinierte, Feststellung **Grundlagen** 442 ff., 446 ff.
- koordinierte, Horizontale Zusammenschlüsse **Art. 2 FKVO** 237 ff., 344 ff.
- koordinierte, Konglomerate Zusammenschlüsse **Art. 2 FKVO** 468 ff., 498
- koordinierte, Leitlinien zur Beurteilung horizontaler Zusammenschlüsse **Grundlagen** 495
- koordinierte, Spieletheorie **Grundlagen** 442 ff.
- koordinierte, Vertikale Zusammenschlüsse **Art. 2 FKVO** 384 ff., 455 ff.
- nicht koordinierte **Art. 2 FKVO** 109 ff.; **Grundlagen** 402 ff.
- nicht koordinierte, Feststellung **Grundlagen** 418 ff.
- nicht koordinierte, Horizontale Zusammenschlüsse **Art. 2 FKVO** 237 ff.
- nicht koordinierte, Konglomerate Zusammenschlüsse **Art. 2 FKVO** 468 ff.; **Grundlagen** 578 ff.
- nicht koordinierte, Leitlinien zur Beurteilung horizontaler Zusammenschlüsse **Grundlagen** 494
- nicht koordinierte, Vertikale Zusammenschlüsse **Art. 2 FKVO** 384 ff.
- nichtkoordinierte, Grenzkosten **Grundlagen** 405 ff.

Wirkungsprivileg
- Schiedssprüche **Art. 101 AEUV** 911 ff.
- Vergleiche **Art. 101 AEUV** 911 ff.

Wirtschaftliche Abhängigkeit
- Kontrollerwerb **Art. 3 FKVO** 67
- Solo-Selbstständige **Grundlagen** 1316

Wirtschaftliche Einheit Art. 101 AEUV 50, 98 ff.
- Grundsatz der **Grundlagen** 1427 f.
- Online-Plattformen **SB Versicherungswirtschaft** 148
- Vertriebsmittler **Art. 101 AEUV** 492
- Vollfunktions-GU, mit gemeinschaftsweit **Art. 101 AEUV** 631

Wirtschaftliche Nachfolge Art. 23 VO 1/2003 66 ff.

Wirtschaftliche Selbstständigkeit
- Marktbeherrschung, kollektive **Art. 102 AEUV** 218

Wirtschaftliche Tätigkeit
- Anbieten von Gütern **Art. 102 AEUV** 76 ff.
- Hoheitliche Tätigkeiten **Art. 101 AEUV** 24 ff.
- Krankenversicherung **Grundlagen** 1371 ff.
- Landwirte **SB Landwirtschaft** 366
- Marktbeherrschung **Art. 102 AEUV** 212
- Private Nachfrage **Art. 101 AEUV** 23
- Unfallversicherung **Grundlagen** 1371 ff.
- Unternehmensbegriff **Art. 101 AEUV** 8 ff., 18 ff.; **Art. 102 AEUV** 71 ff.; **Grundlagen** 1331
- Unternehmensbegriff, Beschaffung **Art. 102 AEUV** 76 ff.

Wirtschaftliche Verbindung Art. 102 AEUV 220
Wirtschaftlicher Wert der Leistung Art. 102 AEUV 363 ff.
Wirtschaftliches Risiko
- Fusionskontrolle, Vollzugsverbot **Art. 7 FKVO** 85 ff.

Wirtschaftsberaterdaten Art. 2 FKVO 103
Wirtschaftsklauseln Art. 101 AEUV 938
Wirtschaftskraft
- Solo-Selbstständige **Grundlagen** 1320

Wirtschaftspolitik
- Natürliche Monopole **Grundlagen** 667 ff.

- Netzinfrastruktur **Grundlagen** 1028 ff.
- Öffentliche Unternehmen **Art. 106 AEUV** 4 ff.
- Teilfunktions-GU **Art. 101 AEUV** 739

Wirtschaftsverband
- Informationsaustausch **Art. 101 AEUV** 353

Wirtschaftsvereinigungen
- Verhältnis zum EU-Wettbewerbsrecht **Art. 3 VO 1/2003** 16

Wirtschaftsverfassung
- EU **Grundlagen** 740 ff.
- Ökonomie **Grundlagen** 38 ff.

Wirtz-Schaukel Grundlagen 1502
Wohlfahrt
- Ausbeutungsmissbrauch **Art. 102 AEUV** 352
- Auslegung der Freistellungsregelung **Art. 101 AEUV** 979

Wohlfahrtsstandard Grundlagen 6, 93, 133
- Kaldor-Hicks-Kriterium **Grundlagen** 147
- Ziel der Wettbewerbspolitik **Grundlagen** 147 ff.

Workability-Konzeptionen Grundlagen 14 ff., 81 ff.
Workarounds Grundlagen; s. *Alternativlösungswege*
Working Arrangements Advisory Commitee Art. 19 FKVO 9
Wortlaut
- Auslegung GVO **Art. 101 AEUV** 1215, 1217
- Wouters-Rechtsprechung **Art. 101 AEUV** 251 ff.; **Grundlagen** 801, 1065

WTO Grundlagen 1731 ff.
- Abkommen **Grundlagen** 1731 ff.
- Referenzpapier zur Telekommunikation **Grundlagen** 1734 f.
- Streitschlichtung **Grundlagen** 1738
- Wettbewerbsabkommen **Grundlagen** 1741 f.
- Agreement on an Multilateral Framework on Competition Policy **Grundlagen** 737

Wucher
- Anpassungsanspruch **Art. 101 AEUV** 931

Wurstlücke Art. 5 VO 1/2003 14

X

X-Ineffizienzen Grundlagen 219, 470, 476

Y

Yardstick-Regulierung Grundlagen 685
Yves Rocher-Entscheidung Art. 101 AEUV 246

Z

Zahlungsbedingungen
- Horizontalvereinbarung **Art. 101 AEUV** 333

Zahlungsdienst Art. 2 DMA 106; **Art. 5 DMA** 209
- Technischer Dienst zur Unterstützung **Art. 2 DMA** 106

Zahlungserleichterung
- Ruhen der Verjährung **Art. 26 VO 1/2003** 11

Zahlungsfrist
- Lebensmittel **SB Landwirtschaft** 491

Zahlungsklage
- Einwendung der Nichtigkeit **Art. 101 AEUV** 875

Zahlungsmodalität Art. 101 AEUV 496
Zahlungsunfähigkeit
- Unternehmensvereinigungen **Art. 23 VO 1/2003** 74

Sachverzeichnis

fette Zahl = Gesetz und Paragraf

Zahlungsziele
- Horizontalvereinbarung **Art. 101 AEUV** 332

Zeichenkonflikt, tatsächlicher Grundlagen 1215
Zeichenverwendungsfreiheit Grundlagen 1213
Zeitlicher Anwendungsbereich Grundlagen 1574 ff.
Zeitschriften Art. 101 AEUV 567
Zeitungen Art. 102 AEUV 257
Zeitungen und Zeitschriften Art. 1 Vertikal-GVO 67 ff.
Zellstoff I-Fall Art. 101 AEUV 168, 354; **Grundlagen** 1397, 1427 ff., 1431, 1451
Zellstoff II-Fall Art. 101 AEUV 350; **Art. 2 VO 1/2003** 25
Zement und Transportbeton, Sektoruntersuchung
- Vollfunktions-GU, nicht gemeinschaftsweit **Art. 101 AEUV** 700

Zementkartell Grundlagen 1429
Zentralaemerika Grundlagen 1855
Zertifizierung
- Handelsbeeinträchtigung **Art. 101 AEUV** 848
- Nachhaltigkeitsvereinbarungen **Art. 101 AEUV** 459

Zeugenvernehmung
- Antrag auf **Rechtsschutz** 94
- Informationsaustausch, Behörden **Art. 12 VO 1/2003** 31, 34

ZF/Wabco Art. 2 FKVO 92
Zielmarkt Art. 102 AEUV 348
Zielrabatte Art. 102 AEUV 762
Zielunternehmen Art. 101 AEUV 761 ff.
- Aufteilung des **Art. 3 FKVO** 48
- Gemeinschaftsunternehmen **Art. 5 FKVO** 56

Zitrusfrüchteauktion SB Landwirtschaft 405
Zivilprozess
- Vorrang des EU-Wettbewerbsrechts **Art. 3 VO 1/2003** 87 ff.

Zoll- und abgabenfreie Waren Art. 1 Vertikal-GVO 67 ff.
Zollunion Grundlagen 765
- Türkei **Grundlagen** 1790

Zolotukhin/Russland-Fall Art. 11 VO 1/2003 110 ff.
Zubehör
- Begriff **Art. 1 Kfz-GVO** 3

Zubehörteil
- Behinderungsmissbrauch, preisbezogener **Art. 102 AEUV** 697
- preisunwirksames **Art. 102 AEUV** 647

Züchner-Fall Art. 101 AEUV 88
Zuckermarkt-Entscheidung Art. 101 AEUV 174
Zuckersektor SB Landwirtschaft 408
- Branchenverbandsvereinbarungen **SB Landwirtschaft** 451
- Quotensystem **SB Landwirtschaft** 458

Zufall
- Wiedereinsetzung in den vorigen Stand **Rechtsschutz** 117

Zufallsfunde Art. 36 DMA 10; **Art. 12 VO 1/2003** 75 ff.; **Art. 28 VO 1/2003** 3; **Vor Art. 17–22 VO 1/2003** 26 ff.

Zugang zu
- Endergebnissen (FuE) **Art. 3 FuE-GVO** 1 ff.
- Know-how **Art. 4 FuE-GVO** 1 ff.

Zugangsbedingungen Art. 6 DMA 199, 218, 239, 275
Zugangsgleichwertigkeit Grdl. DMA 153
Zugangspreise Grundlagen 678
Zugangsregulierung
- Ökonomie **Grdl. DMA** 152 ff.

Zugangssabotage Grdl. DMA 153
Zugangstor
- Plattformdienste, zentrale **Art. 3 DMA** 36 ff.

Zugangsverweigerung Art. 102 AEUV 470
- Informationen **Art. 102 AEUV** 495 f.
- Marktbeherrschung, kollektive **Art. 102 AEUV** 236
- Marktmissbrauch **Art. 102 AEUV** 348
- Verhinderung der Erzeugung neuen Produkts **Art. 102 AEUV** 351
- Wesentliche Einrichtungen **Art. 102 AEUV** 486 ff.

Zugangsvorauszahlungen Art. 101 AEUV 575 ff., 575
Zulässigkeitsvoraussetzungen
- Amtshaftungsklage **Rechtsschutz** 541 ff.
- Direktklageverfahren **Rechtsschutz** 286 ff.
- Einstweiliger Rechtsschutz **Rechtsschutz** 566 ff.
- Nichtigkeitsklage **Rechtsschutz** 330 ff.
- Rechtsmittel **Rechtsschutz** 615 ff.
- Untätigkeitsklage **Rechtsschutz** 508
- Vertragsverletzungsverfahren, Beihilferecht **Rechtsschutz** 645
- Vorabentscheidungsverfahren **Rechtsschutz** 676 ff.

Zulieferer
- Tier 1 / Tier 2, KfZ-GVO **Art. 5 Kfz-GVO** 13

Zulieferprodukte
- Tarifverträge **Grundlagen** 1341

Zuliefervereinbarungen Art. 101 AEUV 576
- Freistellung, Vertikal-GVO **Art. 4 Vertikal-GVO** 242; **Einl. Vertikal-GVO** 26, 43
- Fusionskontrolle, Horizontale Zusammenschlüsse **Art. 2 FKVO** 316
- horizontale **Art. 101 AEUV** 416
- Lizenzen **Einl. TT-GVO** 37; **Grundlagen** 1209

Zurechenbarkeit Art. 23 VO 1/2003 56 ff.
- Nichtigkeitsklage **Rechtsschutz** 402 ff.

Zurechnung
- Unternehmen **Art. 14 FKVO** 24

Zusagen
- Ökonomie **Grundlagen** 702 f.

Zusagenangebote Einl. FKVO 175
Zusagenentscheidungen Art. 9 VO 1/2003 1 ff.
- Akteneinsicht **Art. 9 VO 1/2003** 34
- Ausräumung von Bedenken **Art. 9 VO 1/2003** 21 f.
- Begründungserfordernis **Art. 9 VO 1/2003** 54 ff.
- Beispiele **Art. 9 VO 1/2003** 37 ff.
- Bindungswirkung **Art. 102 AEUV** 898 f.; **Art. 9 VO 1/2003** 57 ff., 73
- Digital Markets Act **Art. 25 DMA** 1 ff.
- Digital Markets Act, Beschluss **Art. 25 DMA** 11
- Digital Markets Act, Rechtsmittel **Art. 25 DMA** 19
- Digital Markets Act, Voraussetzungen **Art. 25 DMA** 5
- Drittbetroffenheit **Art. 9 VO 1/2003** 66
- Eingrenzung **Art. 9 VO 1/2003** 67
- Entscheidungserlass **Art. 9 VO 1/2003** 27
- Erlass **Art. 9 VO 1/2003** 27

magere Zahl = Randnummer

Sachverzeichnis

- Erlass, Entscheidungsermessen **Art. 9 VO 1/2003** 27
- Geldbußenentscheidung **Art. 9 VO 1/2003** 28 ff.
- Inhalt **Art. 9 VO 1/2003** 35
- Inhalt, Angebotsbindung **Art. 9 VO 1/2003** 36
- Kündigungsrechte **Art. 9 VO 1/2003** 49 ff.
- Rechtsmittel, Adressat **Art. 9 VO 1/2003** 62 ff.
- Rechtsmittel, Dritter **Art. 9 VO 1/2003** 65
- Rechtsschutz, Nichtigkeitsklage **Rechtsschutz** 366
- Schadensersatzanspruch **Art. 102 AEUV** 898
- Überprüfungsrechte **Art. 9 VO 1/2003** 49 ff.
- Überwachungstreuhänder **Art. 9 VO 1/2003** 56
- Verfahrensrechte **Art. 9 VO 1/2003** 25 ff.
- Verhältnismäßigkeit **Art. 9 VO 1/2003** 42 ff.
- Verstöße, Folgen **Art. 9 VO 1/2003** 68 f.
- Voraussetzungen **Art. 9 VO 1/2003** 6 f.
- Wiederaufnahme des Verfahrens **Art. 9 VO 1/2003** 70
- Zwangsgeld **Art. 24 VO 1/2003** 14

Zusagenentscheidungen (national)
- Mitteilungspflicht, Kommission (an) **Art. 11 VO 1/2003** 48

Zusammenarbeit
- Behörden **Art. 11 VO 1/2003** 1 ff.
- enge **Art. 11 VO 1/2003** 10 ff.

Zusammenarbeitsverträge
- Versicherungswirtschaft **SB Versicherungswirtschaft** 28

Zusammenfassungen
- Veröffentlichung **Art. 17 FKVO** 29

Zusammenschaltung
- Digital Markets Act **Art. 1 DMA** 23 ff.

Zusammenschluss
- Anmeldepflicht, Kollisionsrecht **Grundlagen** 1455 ff., 1489 ff.
- Kontrollerwerb, verbleibender Minderheitseinfluss **Art. 101 AEUV** 775 ff.
- Minderheitseinfluss **Art. 101 AEUV** 753 ff., 768 ff., 773
- Versicherungswirtschaft **SB Versicherungswirtschaft** 224 ff.
- Vollfunktions-GU, mit gemeinschaftsweit **Art. 101 AEUV** 608 ff.
- Vollfunktions-GU, nicht gemeinschaftsweit **Art. 101 AEUV** 684
- Wettbewerbsausschaltung, GU **Art. 101 AEUV** 675

Zusammenschlüsse
- Anmeldepflicht **Art. 6 FKVO** 26 ff.
- Anteilserwerb **Art. 3 FKVO** 13
- Aufgabe **Art. 6 FKVO** 49 ff.
- Ausnahmen **Art. 3 FKVO** 169 ff.
- Bedeutung für den EWR **Art. 19 FKVO** 33
- Bedeutung, gemeinschaftsweite **Art. 9 FKVO** 32, 59 ff.
- Begriff **Art. 3 FKVO** 1 ff.
- Beteiligungsgesellschaften **Art. 3 FKVO** 190 ff.
- Franchisestandorten **Art. 3 FKVO** 72
- Fusion (durch) **Art. 3 FKVO** 14 ff.
- gemeinschaftsweite Bedeutung, Verweisung **Art. 22 FKVO** 70
- horizontale *s. Horizontale Zusammenschlüsse*
- hypothetische, alternative **Art. 2 FKVO** 149
- Kontrollerwerb **Art. 3 FKVO** 22 ff.

- Konzerninterne Restrukturierung **Art. 3 FKVO** 11
- Leveraging **Art. 8 FKVO** 82
- Minderheitsgesellschafter, Rechte **Art. 3 FKVO** 37
- modifizierte **Art. 8 FKVO** 27
- Natürliche Personen **Art. 3 FKVO** 10
- Neuanmeldung nach Verweisung **Art. 9 FKVO** 119 ff.
- Ökonomie, Grenzkosten **Grundlagen** 468 ff.
- Online-Plattformen, Unterrichtungspflicht **Art. 14 DMA** 1 ff.
- Rechte, marktspezifische **Art. 3 FKVO** 36
- Schwellenwerte, oberhalb **Art. 101 AEUV** 595
- Schwellenwerte, unterhalb **Art. 101 AEUV** 596
- Strukturelle Änderung im Markt **Art. 8 FKVO** 82
- teilbare **Grundlagen** 1503
- Teilerwerb, Einbezug von **Art. 3 FKVO** 95
- Transaktionen, mehrere **Art. 3 FKVO** 84 ff.
- Transaktionen, Mehrere **Art. 3 FKVO** 84
- Transaktionen, verknüpfte **Art. 3 FKVO** 87
- Überblick **Art. 101 AEUV** 577
- unteilbare **Grundlagen** 1504
- Unternehmen, Begriff **Art. 3 FKVO** 7
- Unternehmen, staatliche **Art. 3 FKVO** 9, 12
- Unternehmensstrukturveränderungen **Art. 101 AEUV** 593 ff.
- Unternehmensvereinigungen **Art. 101 AEUV** 140
- Vollfunktions-GU **Art. 3 FKVO** 113 ff.
- Vollzug ohne Genehmigung **Art. 8 FKVO** 145 ff.
- Vollzugsverbot **Art. 7 FKVO** 1 ff.
- Wesentlicher Teil des gemeinsamen Markts **Art. 9 FKVO** 47
- Wettbewerbsbeeinträchtigung, drohende erhebliche **Art. 9 FKVO** 34

Zusammenschlüsse, Anmeldung
- Änderungen **Art. 4 FKVO** 82
- Anmeldefähigkeit **Art. 4 FKVO** 14 ff.
- Anmeldepflicht **Art. 4 FKVO** 10 ff.
- Anmelder **Art. 4 FKVO** 19 ff.
- Befreiungen von **Art. 4 FKVO** 76
- Form **Art. 4 FKVO** 30
- gemeinsame **Art. 4 FKVO** 23
- Geschäftsgeheimnisse **Art. 4 FKVO** 75 ff.
- Inhalt **Art. 4 FKVO** 31 ff.
- Kostenfreiheit **Art. 4 FKVO** 91
- Mehrfache **Art. 4 FKVO** 18
- Neuanmeldung nach Rücknahme **Art. 4 FKVO** 88
- Richtigkeit **Art. 4 FKVO** 78 ff.
- Veröffentlichung **Art. 4 FKVO** 86 ff.
- Vereinfachtes Verfahren **Art. 4 FKVO** 55 f.
- Vereinfachtes Verfahren, Anwendungsbereich **Art. 4 FKVO** 58 ff.
- Vereinfachtes Verfahren, Marktangaben **Art. 4 FKVO** 46
- Vereinfachtes Verfahren, Nebenabreden **Art. 4 FKVO** 55
- Verweisung *s. Zusammenschlüsse, Verweisung*
- Vollständigkeit **Art. 4 FKVO** 78 ff.
- Vorbereitung **Art. 4 FKVO** 24 ff.
- Wirkung **Art. 4 FKVO** 84 ff.
- Zeitpunkt **Art. 4 FKVO** 10 ff.
- Zweck **Art. 4 FKVO** 1 ff.

Zusammenschlüsse, Verweisung
- Ablehnung, Kommission **Art. 4 FKVO** 141

4149

Sachverzeichnis

fette Zahl = Gesetz und Paragraf

- Ablehnung, Mitgliedstaaten **Art. 4 FKVO** 160 ff.
- Antrag, Richtigkeit **Art. 4 FKVO** 112, 158
- Antrag, Veröffentlichung **Art. 4 FKVO** 120
- Antrag, Vollständigkeit **Art. 4 FKVO** 112, 158
- Antragsbegründung **Art. 4 FKVO** 102 ff., 154
- Anwendbares Wettbewerbsrecht **Art. 4 FKVO** 135 ff.
- EWR-Abkommen **Art. 4 FKVO** 146, 176
- Kommission (an) **Art. 4 FKVO** 147 ff.
- Kommission (an), Voraussetzungen **Art. 4 FKVO** 149 ff.
- Kommission (durch) **Art. 9 FKVO** 1 ff.
- Ministererlaubnis **Art. 4 FKVO** 140 ff.
- Mitgliedsstaat (an) **Art. 4 FKVO** 92 ff.
- Mitgliedsstaat (an), Voraussetzungen **Art. 4 FKVO** 98 ff.
- Rechtsmittel **Art. 4 FKVO** 152 ff., 173
- Rückverweisung **Art. 4 FKVO** 168
- Vermutung der unionsweiten Bedeutung **Art. 4 FKVO** 165
- Zuständigen Behörden (an) **Art. 4 FKVO** 126
- Zustimmendes Schweigen, Prinzip des **Art. 4 FKVO** 131

Zusammenschlusskontrolle s. *Fusionskontrolle*

Zusammenschlusskontrolle, nationale
- Verhältnis zu EU-Wettbewerbsrecht **Art. 3 VO 1/2003** 37 ff.

Zusatzdienste
- Datensammlung **Grdl. DMA** 84

Zusatzkosten
- leistungsspezifische **Art. 102 AEUV** 708
- Maßstab **Art. 102 AEUV** 707

Zusatzleistung Art. 102 AEUV 437, 440, 454 f., 622 ff.

Zusatzrenten
- Kapitalisierungsprinzip **Grundlagen** 1355

Zusatzrentenfonds SB Versicherungswirtschaft 206

Zusatzrentenversicherung
- EFTA-Gerichtshof **Grundlagen** 1326

Zusatzvergütungen, erfolgsabhängige
- Versicherungsvermittler **SB Versicherungswirtschaft** 136 ff.

Zusatzversicherung SB Versicherungswirtschaft 207
- freiwillige **Grundlagen** 1353
- gesetzliche **SB Versicherungswirtschaft** 26

Zuständigkeit
- Amtshaftungsklage **Rechtsschutz** 535 ff.
- Auffangvorschrift **Art. 104 AEUV** 1
- Auffangvorschrift, Kommission **Art. 105 AEUV** 2, 8 ff.
- ausschließliche **Art. 11 VO 1/2003** 77 ff.
- Digital Makets Act, **Art. 38 DMA** 7
- Durchführungsvorschriften **Art. 103 AEUV** 45 ff.
- EFTA-Überwachungsbehörde **Grundlagen** 1697 ff.
- Einstweiliger Rechtsschutz **Rechtsschutz** 568
- Entzug des Rechtsvorteils **Art. 101 AEUV** 1252 f.
- international **Art. 101 AEUV** 926
- Kommission **Grundlagen** 1638 ff.; **Art. 4 VO 1/2003** 1; **Art. 11 VO 1/2003** 77; **Art. 6 Vertikal-GVO** 14; **FKVO Einl.** 100 ff., 156
- Nationale Behörden **Art. 5 VO 1/2003** 1 ff.
- parallele **Art. 11 VO 1/2003** 76 ff.
- Parallelzuständigkeiten bei **Art. 104 AEUV Art. 104 AEUV** 17
- Rechtsfolge des **Art. 104 AEUV Art. 104 AEUV** 16 ff.
- Übergangsvorschrift **Art. 104 AEUV** 1 ff.
- Unionsgerichte **Grundlagen** 1653 ff.; **Rechtsschutz** 275 ff.
- Untätigkeitsklage **Rechtsschutz** 507
- Vertragsverletzungsverfahren, Beihilferecht **Rechtsschutz** 646 ff.
- Völkerrecht **Grundlagen** 1419
- Vorabentscheidungsverfahren **Rechtsschutz** 673
- wettbewerbsbehördliche **Art. 104 AEUV** 1 ff.

Zustellung
- Unionsgerichte **Rechtsschutz** 139

Zustimmung
- Mitgliedsstaat, Fusionskontrollverweisung **Art. 4 FKVO** 121

Zustimmungsvorbehalte
- Kontrollerwerb **Art. 3 FKVO** 36
- Vollzugsverbot **Art. 7 FKVO** 55

Zuweisungsantrag
- gemeinsamer **Art. 22 FKVO** 5

Zuwiderhandlung
- fortgesetzte **Art. 25 VO 1/2003** 9 ff.
- hybride **Art. 5 DMA** 63
- passive **Art. 101 AEUV** 129
- Verjährungsbeginn **Art. 25 VO 1/2003** 9 ff.

Zwang
- Kopplungsgeschäft **Art. 102 AEUV** 629 ff.

Zwangsbetreibung
- Verjährungsunterbrechung **Art. 26 VO 1/2003** 6

Zwangsgeld
- Abgrenzung, Geldbuße **Art. 23 VO 1/2003** 35
- Adressaten **Art. 24 VO 1/2003** 24, 32
- Androhung **Art. 24 VO 1/2003** 17
- Festsetzung **Art. 24 VO 1/2003** 19 ff.
- Festsetzung, nachträgliche **Art. 24 VO 1/2003** 29
- Feststellung **Art. 24 VO 1/2003** 28
- Fusionskontrolle **Art. 15 FKVO** 1 ff.
- Fusionskontrolle, Nachprüfungen **Art. 13 FKVO** 7
- Fusionskontrolle, Tatbestand **Art. 15 FKVO** 6 ff.
- Historie **Art. 24 VO 1/2003** 6 f.
- Höhe, endgültige **Art. 24 VO 1/2003** 34
- Höhe, Höchstbetrag **Art. 24 VO 1/2003** 25, 34
- Höhe, Tagessatz **Art. 24 VO 1/2003** 25
- Kartellverfahren, Abstellungsentscheidung **Art. 24 VO 1/2003** 12
- Kartellverfahren, Auskunftsverlangen **Art. 24 VO 1/2003** 15
- Kartellverfahren, Einstweilige Maßnahme **Art. 24 VO 1/2003** 13
- Kartellverfahren, Nachprüfungsanordnung **Art. 24 VO 1/2003** 16
- Kartellverfahren, Voraussetzungen **Art. 24 VO 1/2003** 10
- Kartellverfahren, Zusagenentscheidung **Art. 24 VO 1/2003** 14
- Kommissionsentscheidung **Art. 24 VO 1/2003** 19, 28
- Rechtsgrundlage **Art. 103 AEUV** 27 ff.
- Rechtsnatur **Art. 24 VO 1/2003** 2
- Rechtsschutz **Art. 24 VO 1/2003** 38 ff.
- Rechtsschutz, Kartellverfahren **Art. 31 VO 1/2003** 1 ff.

magere Zahl = Randnummer

Sachverzeichnis

- Verfahren, zweistufiges **Art. 24 VO 1/2003** 4; **Art. 15 FKVO** 8 ff.
- Verschulden **Art. 24 VO 1/2003** 5; **Art. 15 FKVO** 4
- Vollstreckung **Art. 24 VO 1/2003** 36 ff.
- Voraussetzungen, Auskunftsverlangen **Art. 11 FKVO** 22

Zwangsgelder
- Digital Markets Act **Art. 31 DMA** 1 ff.
- Digital Markets Act, Rechtsfolgen **Art. 31 DMA** 15 ff.
- Digital Markets Act, Rechtsschutz **Art. 31 DMA** 21
- Digital Markets Act, Voraussetzungen **Art. 31 DMA** 4 ff.
- Digital Markets Act, Festsetzung **Art. 31 DMA** 13 ff.
- Digital Markets Act, Gerichtliche Kontrolle **Art. 45 DMA** 2
- Digital Markets Act, Verhängung **Art. 31 DMA** 4 ff.
- Digital Markets Act, Verjährung **Art. 32 DMA** 1 ff.
- Fusionskontrolle, Veröffentlichungspflicht **Art. 20 FKVO** 4
- Fusionskontrolle, Vollzugsverbotsverstoß **Art. 7 FKVO** 126
- Kartellverfahren, Einstweilige Maßnahmen **Art. 8 VO 1/2003** 24
- Rechtsschutz, Gerichtliche Kontrolle **Art. 16 FKVO** 8 ff.
- Rechtsschutz, Neufestsetzung **Art. 16 FKVO** 12 ff.
- Rechtsschutz, Nichtigkeitsklage **Rechtsschutz** 363
- Zusagenentscheidungen **Art. 9 VO 1/2003** 68

Zwangsjackeneffekt Art. 101 AEUV 1226; **Einl. Vertikal-GVO** 11

Zwangslizenzeinwand Art. 102 AEUV 800 ff. s. auch SEP

Zwangslizenzen Grundlagen 1158 ff., 1259
- angemessene Bedingungen **Grundlagen** 1272 ff.
- Produktverhinderung **Grundlagen** 1263 ff.
- Unerlässlichkeit der Lizenz **Grundlagen** 1261 ff.
- Wettbewerbsverhinderung **Grundlagen** 1265 ff.

Zwangsmaßnahmen
- Digital Markets Act **Art. 23 DMA** 42 ff.
- Gesetzmäßigkeit **Grundlagen** 962
- ökonomische Analyse **Grundlagen** 724 ff.
- Rechtsgrundlage **Art. 103 AEUV** 30 ff.

Zwangsmitgliedschaft Grundlagen 1354
- Berufsgenossenschaft **Grundlagen** 1359

Zwangsmittel
- Fusionskontrolle **Art. 14 FKVO** 1 ff.
- Kartellverfahren **Art. 20 VO 1/2003** 33 ff.

Zwangspartner Art. 102 AEUV

Zwangsvollstreckung
- EFTA **Grundlagen** 1721
- EFTA-Überwachungsbehörde **Grundlagen** 1721

Zweck
- Wettbewerbsbeschränkung s. *Bezweckte Wettbewerbsbeschränkung*

Zweckdienlichkeit
- Durchführungsvorschriften **Art. 103 AEUV** 24 ff.

Zweckmäßigkeitskontrolle Art. 16 FKVO 8

Zwei Pfeiler-Prinzip Grundlagen 1672 ff.

Zwei-Drittel-Regel s. *2/3-Klausel*

Zwei-Ebenen-System Grundlagen 736, 738

Zweigleisiger Vertrieb
- Freistellung, Kfz-GVO **Art. 4 Kfz-GVO** 16

Zwei-Märkte-Erfordernis
- Essential Facility Doktrin **Art. 102 AEUV** 507 ff.
- Lizenzverweigerung **Grundlagen** 1265 ff.

Zweiräder Art. 1 Kfz-GVO 5 ff.

Zweischranken-Regel Art. 12 VO 1/2003 28

Zweischrankentheorie Grundlagen 1615, 1625, 1664

Zweiseitige Märkte Art. 102 AEUV 133
- Marktabgrenzung **Grundlagen** 263 ff.

Zweiteilige Tarife Grundlagen 677

Zweiter Weltkrieg Grundlagen 55 ff.

Zweitgeschäftzwang Art. 102 AEUV 453

Zweitleistung Art. 102 AEUV 622 ff.

Zweitprodukt Art. 102 AEUV 622 ff.

Zwischenbericht
- Fusionskontrolle **Art. 18 FKVO** 4

Zwischenmaßnahmen
- Rechtsschutz, Nichtigkeitsklage **Rechtsschutz** 386 ff.

Zwischenprodukte
- Marktanteilsschwelle **Art. 3 Spezialisierungs-GVO** 4
- Spezialisierungsvereinbarungen **Einl. Spezialisierungs-GVO** 10

Zwischenstaatlichkeitsklausel Art. 101 AEUV 509 f., 782 ff.; **Grundlagen** 735, 1436 ff., 1445, 1447
- Absatzbeschränkung **Art. 102 AEUV** 867
- Ausbeutungsmissbrauch **Art. 102 AEUV** 864 ff., 868
- Behinderungsmissbräuche **Art. 102 AEUV** 860 ff.
- Doppelnatur **Art. 101 AEUV** 783
- Eignung zur Handelsbeeinflussung **Art. 101 AEUV** 798 ff.
- Entwicklungsbeschränkung **Art. 102 AEUV** 867
- EU-Wettbewerbsrecht **Grundlagen** 1596 ff.
- Funktion **Art. 101 AEUV** 784
- Fusionskontrolle **Art. 1 FKVO** 4; **Art. 2 FKVO** 145 ff.
- Geschäftsbedingungen, unangemessene **Art. 102 AEUV** 866
- Handel zwischen Mitgliedstaaten **Art. 101 AEUV** 790
- Kopplung **Art. 102 AEUV** 861
- Marktmissbrauchverbot **Art. 102 AEUV** 849 ff.
- Preise, unangemessene **Art. 102 AEUV** 865
- Produktionsbeschränkung **Art. 102 AEUV** 867
- Tarifverträge **Grundlagen** 1336
- Tatbestandsmerkmale **Art. 102 AEUV** 856 ff.
- Teilgebiet **Art. 102 AEUV** 863
- Torwächter **Art. 3 DMA** 35
- Unternehmen **Art. 101 AEUV** 74
- Versicherungswirtschaft **SB Versicherungswirtschaft** 7
- Vollfunktions-GU, mit gemeinschaftsweit **Art. 101 AEUV** 670
- Vollfunktions-GU, nicht gemeinschaftsweit **Art. 101 AEUV** 726
- Vorrang des EU-Wettbewerbsrechts **Art. 3 VO 1/2003** 9, 76

4151

Sachverzeichnis

fette Zahl = Gesetz und Paragraf

Zwischenstreit Rechtsschutz 207 ff.
Zwischenurteil
– Amtshaftungsklage **Rechtsschutz** 543

– Rechtsmittel **Rechtsschutz** 624
Zypern
– Fusionskontrolle **Anh. FKVO** 247 ff.